融媒体出版物

資治通鑒

文白对照精选本

第一卷

〔北宋〕司马光 编著

张宏儒 主编

党建读物出版社
（英华电子音像出版社）
河北冠林数字出版有限公司

图书在版编目（CIP）数据

文白对照资治通鉴精选本：全六卷／（北宋）司马光编著；张宏儒主编．—北京：党建读物出版社，2018.12

ISBN 978-7-5099-1064-1

Ⅰ．①文… Ⅱ．①司… ②张… Ⅲ．①中国历史—古代史—编年体②《资治通鉴》—译文 Ⅳ．① K204.3

中国版本图书馆 CIP 数据核字（2018）第 259727 号

文白对照资治通鉴精选本
WENBAI DUIZHAO ZIZHI TONGJIAN JINGXUANBEN
全六卷
（北宋）司马光 编著
张宏儒 主编

责任编辑：付艳霞 杜丽敏 孙微巍 郝英明
封面设计：高楠 嘉信一丁
出版发行：党建读物出版社
地　　址：北京市西城区西长安街 80 号东楼（邮编：100815）
网　　址：http: // www. djcb71. com
电　　话：010 - 58589989 / 9947
经　　销：新华书店
印　　刷：北京盛通印刷股份有限公司
2018 年 12 月第 1 版　2018 年 12 月第 1 次印刷
710 毫米 ×1000 毫米　16 开本　160.75 印张　3323 千字
ISBN 978-7-5099-1064-1　定价：360.00 元

出版说明

《文白对照〈资治通鉴〉（精选本）》为融媒体读物，由张宏儒主编，组织十余位专家学者对《资治通鉴》原书中有关国家兴衰、民生休戚的重要历史事件、历史人物及治世之道、用人之术等内容进行遴选，使其编纂成为文白对照精选版本。同时，我们组织数十位资深编辑出版人、资深播音员及数字出版技术人员等，运用先进的数字出版技术完成了音频制作、数据上传及数字出版技术合成。所选原文共294卷，约120万字，译文约180万字；二维码共300个；有声文件为全部译文的全程录音，约9000分钟。

中华民族历史悠久，博大精深的民族文化需要我们传承、弘扬，利用现代数字出版技术传播中华民族优秀文化是我们现代出版人义不容辞的责任。

编辑出版《文白对照〈资治通鉴〉（精选本）》融媒体读物是我们一次有益的尝试。我们还将把《资治通鉴》这一传世巨作，以有声图书、电子图书等形式，通过其他网络平台发布，给读者提供全方位的阅读体验。随着数字出版技术的升级，我们将进一步扩展载体，改进技术，健全功能，不断满足广大读者更为广泛的需求。

前言

《资治通鉴》是宋代著名政治家、史学家、文学家、一代名臣司马光主持编纂的我国历史上第一部编年体通史。司马光倾其心力，乃至“骸骨癯瘁，目视昏近，齿牙无几，神识衰耗”，历时19年成书。《资治通鉴》共294卷，另《考异》30卷，《目录》30卷，总共354卷，300多万字，记述了上起周威烈王二十三年（公元前403年），下终五代周世宗显德六年（公元959年），凡1362年的史实。

司马光编写《资治通鉴》的目的在于“资治”，即“鉴前世之兴衰，考当今之得失，嘉善矜恶，取是舍非”，乃“专取关国家兴衰，系生民休戚，善可为法，恶可为戒者”，成一部通史。书中记述的许多君王如汉文帝虚心接受臣下提出的治国强军谏议并实施执行，从而使国家繁荣强盛。他还曾下诏说农业是天下的根本，没有什么事情比农业更为重要。汉文帝身为国君，以节俭孝敬闻于天下，其母卧病三年，他常“目不交睫，衣不解带”，亲口尝试汤药。隋文帝勤俭治国，勤于政事，“鸡鸣上朝，日落不倦”，“居处服玩，务存节俭”；在政治、选官、军事等方面实行一系列改革，巩固了隋的统一，对后世产生了深远影响。唐太宗以隋亡为鉴戒，励精图治，以民为本，注意百姓的休养生息，推行均田制，任人唯贤，宽言纳谏，勤政节俭，从而使国家出现了人口增多、经济发展、社会稳定的局面，等等。相反，那些昏庸无道、奢侈腐化、吃喝淫乐的昏君佞臣，最终导致了国灭家亡的下场……

《资治通鉴》以其内容博大精深，记录史实详尽考据，成为史学者、研究者的必读之书；以其记述历朝历代的兴衰得失，镜鉴于后人，有资于治国施政，成为国家各级行政管理的领导人、决策者的必读之书；其中仁君贤臣的修身处世、待人接物的生活美德，可以启迪思想、辅导人生，成为普通大众的必读之书。

关于《资治通鉴》（精选本）的摘选原则，有三个要点。首先，要凝聚《资治通鉴》的精华。本书仍以通贯《资治通鉴》全书的政治、军事史为主题，兼及经济、法律、文化等其他方面，摘录东周至五代期间的重大事件和著名人物的言行，浓缩而不割断历史，集中反映各个时期的基本面貌和变迁。其次，尽可能地保留《资治通鉴》的特点。本书因袭《资治通鉴》的卷次和编年纪事的旧体，择要收录了司马光等史家的评论。这样做的目的，是希望能够不失《资治通鉴》的本貌，又便于读者查阅原书。在以上两点之外，我们还注意选取文字精彩或内容可读性强的段落，以供读者欣赏和学习。

本书由《文白对照全译〈资治通鉴〉》（中华书局2009年5月第一版）的主编张宏儒及王爱博、蒋和欣先生策划，张宏儒主编，马怡主持选编和翻译。选编及译者分别为马怡（第1—57卷）、孙家洲（第58—123卷）、侯明（第124—171卷）、袁熹（第172—191卷）、毛双民（第192—249卷）、柳宪（第250—294卷）。插图选编崔海、李远杰。

书中的错误与不当之处，敬请读者指正。

本书编委会

2018年6月

御制资治通鉴序

朕惟君子多识前言往行以畜其德，故能刚健笃实，辉光日新。《书》亦曰："王，人求多闻，时惟建事。"《诗》《书》《春秋》，皆所以明乎得失之迹，存王道之正，垂鉴戒于后世者也。

汉司马迁紬石室金匮之书，据左氏《国语》，推《世本》《战国策》《楚汉春秋》，采经摭传，罔罗天下放失旧闻，考之行事，驰骋上下数千载间，首记轩辕，至于麟止，作为纪、表、世家、书、传，后之述者不能易此体也。惟其是非不谬于圣人，褒贬出于至当，则良史之才矣。

若稽古英考，留神载籍，万机之暇，未尝废卷。尝命龙图阁直学士司马光论次历代君臣事迹，俾就秘阁翻阅，给吏史笔札，起周威烈王，讫于五代。光之志以为周积衰，王室微，礼乐征伐自诸侯出，平王东迁，齐、楚、秦、晋始大，桓、文更霸，犹托尊王为辞以服天下；威烈王自陪臣命韩、赵、魏为诸侯，周虽未灭，王制尽矣。此亦古人述作造端立意之所繇也。其所载明君、良臣，切摩治道，议论之精语，德刑之善制，天人相与之际，休咎庶证之原，威福盛衰之本，规模利害之效，良将之方略，循吏之条教，断之以邪正，要之于治忽，辞令渊厚之体，箴谏深切之义，良谓备焉。凡十六代，勒成二百九十四卷，列于户牖之间而尽古今之统，博而得其要，简而周于事，是亦典刑之总会，册牍之渊林矣。

荀卿有言："欲观圣人之迹，则于其粲然者矣，后王是也。"若夫汉之文、宣，唐之太宗，孔子所谓"吾无间焉"者。其余治世盛王，有惨怛之爱，有忠利之教，或知人善任，恭俭勤畏，亦各得圣贤之一体，孟轲所谓"吾于《武成》取二三策而已"；至于荒坠颠危，可见前车之失，乱贼奸宄，厥有履霜之渐。《诗》云："商鉴不远，在夏后之世。"故赐其书名曰资治通鉴，以著朕之志焉耳。

治平四年十月初开经筵，奉圣旨读《资治通鉴》。其月九日，臣光初进读，面赐御制序，令候书成日写入。

朕知道，君子多熟悉前人之行、往昔之事，以此来蓄养品德，所以能够刚健坚实，光辉日新。《尚书》也说："作为君王，应该广采众学，时刻有所建树。"《诗经》《尚书》《春秋》，都是说明得失的规律，存守王道的正统，给后代以借鉴和训戒的著作。

汉代司马迁缀集皇家石室和金柜里的典籍，根据左氏《国语》，推及《世本》《战国策》《楚汉春秋》等，博采经籍，摭取传纪，网罗天下轶事旧闻，纵横驰骋于上下数千年间，开篇记载黄帝轩辕氏，至于西汉发现麒麟而止，创作纪、表、世家、书、传形式，使后世述史者都不能改变这种体例。由于他判断是非不与圣人相悖，褒贬十分得当，才被称为优秀史家的人才。

父皇英宗，留神典籍，日理万机之时，也未尝辍止读书。曾命龙图阁直学士司马光论列历代君王大臣的事迹，让他在皇家秘阁翻阅文献档册，供给史官、笔纸，修撰起自周威烈王、讫于五代的历史。司马光的意见认为：周朝积弱，王室衰微，礼乐仪制和军事征讨都由诸侯恣意自为；周平王被迫东迁国都，齐国、楚国、秦国、晋国于是强大；但到齐桓公、晋文公交替称霸，还要假托尊崇周王为辞以收服天下心；直至周威烈王任命臣子韩、赵、魏三家为诸侯时，周朝虽尚未灭亡，但王室制度已丧失殆尽！这也是古人著书时开篇立意的宗旨。书中记载圣明君主、贤良大臣，切磋治国之道，议论中的精辟语句，道德、刑法双管齐下的良善制度，上天与人世相处的关系，吉凶、善恶现象的根源，作威作福兴盛衰弱的原因，规划利害的效果，优秀将领的战略，廉谨官员的治策，以邪正为标准进行判断，从郅治与怠忽中抓住要旨，直至词语渊博厚实的文体，哲理深刻的含义，实可称完备无缺。全书共记载十六个朝代，辑成二百九十四卷，放置于室中而尽知古今之道统，内容广博而得其要点，简明而又周详于事件，也可称为历代典制法规的总汇，档册文牍的全书。

荀况曾说过："若想观察圣人的形迹，便要寻其出类拔萃者，后代贤王即为其例。"像汉朝的文帝、宣帝，唐朝的太宗，正属孔子所说"我无可非议"者。其余太平治世享有盛名的君王，或有忧国忧民仁爱之心，或有忠贞利民的教诲，或知人善任，勤俭谨慎，也各得到圣贤的一方面，如孟轲所说"我对于《武成》只取其二三事而已"。至于荒淫覆亡者，可使我们见到前车之鉴；乱臣贼子，则引起我们严寒将至的警惕。《诗经》说："商朝的借鉴不远，就在夏朝的灭亡。"所以赐此书名为《资治通鉴》，以表明朕之心志。

治平四年十月初次开设御前讲经，奉圣旨讲读《资治通鉴》。是月九日，臣司马光开始进读，皇帝面赐御制序，命臣待书成之日写入。

目录

译文诵读

第一卷　周纪一

译文诵读

威烈王二十三年（戊寅，前403）

初，智宣子将以瑶为后，智果曰："不如宵也。瑶之贤于人者五，其不逮者一也。美鬓长大则贤，射御足力则贤，伎艺毕给则贤，巧文辩惠则贤，强毅果敢则贤；如是而甚不仁。夫以其五贤陵人而以不仁行之，其谁能待之？若果立瑶也，智宗必灭。"弗听。智果别族于太史，为辅氏。

赵简子之子，长曰伯鲁，幼曰无恤。将置后，不知所立，乃书训戒之辞于二简，以授二子曰："谨识之！"三年而问之，伯鲁不能举其辞；求其简，已失之矣。问无恤，诵其辞甚习；求其简，出诸袖中而奏之。于是简子以无恤为贤，立以为后。

简子使尹铎为晋阳，请曰："以为茧丝乎？抑为保障乎？"简子曰："保障哉！"尹铎损其户数。简子谓无恤曰："晋国有难，而无以尹铎为少，无以晋阳为远，必以为归。"

及智宣子卒，智襄子为政，与韩康子、魏桓子宴于蓝台。智伯戏康子而侮段规。智国闻之，谏曰："主不备难，难必至矣！"智伯曰："难将由我。我不为难，谁敢兴之！"对曰："不然。《夏书》有之：'一人三失，怨岂在明，不见是图。'夫君子能勤小物，故无大患。今主一宴而耻人之君相，又弗备，曰'不敢兴难'，无乃不可乎！蚋、蚁、蜂、虿，皆能害人，况君相乎！"弗听。

智伯请地于韩康子，康子欲弗与。段规曰："智伯好利而愎，不与，将伐我；不如与之。彼狃于得地，必请于他人；他人不与，必向之以兵，然后我得免于患而待事之变矣。"康子曰："善。"使使者致万家之邑于智伯。智伯悦。又求地于魏桓子，桓子欲弗与。任章曰："何故弗与？"桓子曰："无故索地，故弗与。"任章曰："无故索地，诸大夫必惧；吾与之地，智伯必骄。彼骄而轻敌，此惧而相亲；以相亲之兵待轻敌之人，智氏之命必不长矣。《周书》曰：'将欲败之，必姑辅之。将欲取之，必姑与之。'主不如与之，以骄智伯，然后可以择交而图智氏矣，奈何独以吾为智氏质乎！"桓子曰："善。"复与之万家之邑一。

智伯又求蔡、皋狼之地于赵襄子，襄子弗与。智伯怒，帅韩、魏之甲以攻赵氏。襄子将出，曰："吾何走乎？"从者曰："长子近，且城厚完。"襄子曰："民罢力以完之，又毙死以守之，其谁与我！"从者曰："邯郸之仓库实。"襄子曰："浚民之膏泽以实之，又因而杀之，其谁与我！其晋阳乎，先主之所属也，尹铎之所宽也，民必和矣。"乃走晋阳。

三家以国人围而灌之，城不浸者三版；沈灶产蛙，民无叛意。智伯行水，魏桓子御，韩康子骖乘。智伯曰："吾乃今知水可以亡人国也。"桓子肘康子，康子履桓子之跗，以汾水可以灌安邑，绛水可以灌平阳也。絺疵谓智伯曰："韩、魏必反矣。"智伯曰："子何以知之？"絺疵曰："以人事知之。夫从韩、魏之兵以攻赵，赵亡，难必及韩、魏矣。今约胜赵而三分其地，城不没者三版，人马相食，城降有日，而二子无喜志，有忧色，是非反而何？"明日，智伯以絺疵之言告二子，二子曰："此夫谗人欲为赵氏游说，使主疑于二家而懈于攻赵氏也。不然，夫二家岂不利朝夕分赵氏之田，而欲为危难不可成之事乎！"二子出，絺疵入曰："主何以臣之言告二子也？"智伯曰："子何以知之？"对曰："臣见其视臣端而趋疾，知臣得其情故也。"智伯不悛。絺疵请使于齐。

赵襄子使张孟谈潜出见二子，曰："臣闻唇亡则齿寒。今智伯帅韩、魏以攻赵，赵亡则韩、魏为之次矣。"二子曰："我心知其然也；恐事未遂而谋泄，则祸立至矣。"张孟谈曰："谋出二主之口，入臣之耳，何伤也！"二子乃潜与张孟谈约，为之期日而遣之。襄子夜使人杀守堤之吏，而决水灌智伯军。智伯军救水而乱，韩、魏翼而击之，襄子将卒犯其前，大败智伯之众，遂杀智伯，尽灭智氏之族。唯辅果在。

臣光曰：智伯之亡也，才胜德也。夫才与德异，而世俗莫之能辨，通谓之贤，此其所以失人也。夫聪察强毅之谓才，正直中和之谓德。才者，德之资也；德者，才之帅也。云梦之竹，天下之劲也；然而不矫揉，不羽括，则不能以入坚。棠谿之金，天下之利也；然而不熔范，不砥砺，则不能以击强。是故才德全尽谓之"圣人"，才德兼亡谓之"愚人"；德胜才谓之"君子"，才胜德谓之"小人"。凡取人之术，苟不得圣人、君子而与之，与其得小人，不若得愚人。何则？君子挟才以为善，小人挟才以为恶。挟才以为善者，善无不至矣；挟才以为恶者，恶亦无不至矣。愚者虽欲为不善，智不能周，力不能胜，譬如乳狗搏人，人得而制之。小人智足以遂其奸，勇足以决其暴，是虎而翼者也，其为害岂不多哉！夫德者人之所严，而才者人之所爱；爱者易亲，严者易疏，是以察者多蔽于才而遗于德。自古昔以来，国之乱臣，家之败子，才有余而德不足，以至于颠覆者多矣，岂特智伯哉！故为国为家者苟能审于才德之分而知所先后，又何失人之足患哉！

三家分智氏之田。赵襄子漆智伯之头，以为饮器。智伯之臣豫让欲为之报仇，乃诈为刑人，挟匕首，入襄子宫中涂厕。襄子如厕心动，索之，获豫让。左右欲杀之，襄子曰："智伯死无后，而此人欲为报仇，真义士也，吾谨避之耳。"乃舍之。豫让又漆身为癞，吞炭为哑。行乞于市，其妻不识也。行见其友，其友识之，为之泣曰："以子之才，臣事赵孟，必得近幸。子乃为所欲为，顾不易邪？何乃自苦如此？求以报仇，不亦难乎！"豫让曰："既已委质为臣，而又求杀之，是二心也。凡吾所为者，极难耳。然所以为此者，将以愧天下后世之为人臣怀二心者也。"襄子出，豫让伏于桥下。襄子至桥，马惊；索之，得豫让，遂杀之。

襄子为伯鲁之不立也，有子五人，不肯置后。封伯鲁之子于代，曰代成君，早卒；立其子浣为赵氏后。襄子卒，弟桓子逐浣而自立；一年卒。赵氏之人曰："桓子立非襄主意。"乃共杀其子，复迎浣而立之，是为献子。献子生籍，是为烈侯。魏斯者，魏桓子之孙也，是为文侯。韩康子生武子；武子生虔，是为景侯。

文侯与群臣饮酒，乐，而天雨，命驾将适野。左右曰："今日饮酒乐，天又雨，君将安之？"文侯曰："吾与虞人期猎，虽乐，岂可无一会期哉！"乃往，身自罢之。

韩借师于魏以伐赵，文侯曰："寡人与赵，兄弟也，不敢闻命。"赵借师于魏以伐韩，文侯应之亦然。二国皆怒而去。已而知文侯以讲于己也，皆朝于魏。魏于是始大于三晋，诸侯莫能与之争。

使乐羊伐中山，克之；以封其子击。文侯问于群臣曰："我何如主？"皆曰："仁君。"任座曰："君得中山，不以封君之弟而以封君之子，何谓仁君！"文侯怒，任座趋出。次问翟璜，对曰："仁君。"文侯曰："何以知之？"对曰："臣闻君仁则臣直。向者任座之言直，臣是以知之。"文侯悦，使翟璜召任座而反之，亲下堂迎之，以为上客。

文侯与田子方饮，文侯曰："钟声不比乎？左高。"田子方笑。文侯曰："何笑？"子方曰："臣闻之，君明乐官，不明乐音。今君审于音，臣恐其聋于官也。"文侯曰："善。"

子击出，遭田子方于道，下车伏谒。子方不为礼。子击怒，谓子方曰："富贵者骄人乎？贫贱者骄人乎？"子方曰："亦贫贱者骄人耳，富贵者安敢骄人！国君而骄人则失其国，大夫而骄人则失其家。失其国者未闻有以国待之者也，失其家者未闻有以家待之者也。夫士贫贱者，言不用，行不合，则纳履而去耳，安往而不得贫贱哉！"子击乃谢之。

文侯谓李克曰："先生尝有言曰：'家贫思良妻；国乱思良相。'今所置非成则璜，二子何如？"对曰："卑不谋尊，疏不谋戚。臣在阙门之外，不敢当命。"文侯曰："先生临事勿让！"克曰："君弗察故也。居视其所亲，富视其所与，达视其所举，穷视其所不为，贫视其所不取，五者足以定之矣，何待克哉！"文侯曰："先生就舍，吾之相定矣。"李克出，见翟璜。翟璜曰："今者闻君召先生而卜相，果谁为之？”克曰：“魏成。”翟璜忿然作色曰：“西河守吴起，臣所进也。君内以邺为忧，臣进西门豹。君欲伐中山，臣进乐羊。中山已拔，无使守之，臣进先生。君之子无傅，臣进屈侯鲋。以耳目之所睹记，臣何负于魏成！”李克曰：“子言克于子之君者，岂将比周以求大官哉？君问相于克，克之对如是。所以知君之必相魏成者，魏成食禄千钟，什九在外，什一在内；是以东得卜子夏、田子方、段干木。此三人者，君皆师之；子所进五人者，君皆臣之。子恶得与魏成比也！”翟璜逡巡再拜曰：“璜，鄙人也，失对，愿卒为弟子！”

吴起者，卫人，仕于鲁。齐人伐鲁，鲁人欲以为将，起取齐女为妻，鲁人疑之，起杀妻以求将，大破齐师。或谮之鲁侯曰：“起始事曾参，母死不奔丧，曾参绝之；今又杀妻以求为君将。起，残忍薄行人也！且以鲁国区区而有胜敌之名，则诸侯图鲁矣。”起恐得罪，闻魏文侯贤，乃往归之。文侯问诸李克，李克曰：“起贪而好色；然用兵，司马穰苴弗能过也。”于是文侯以为将，击秦，拔五城。

起之为将，与士卒最下者同衣食，卧不设席，行不骑乘，亲裹赢粮，与士卒分劳苦。卒有病疽者，起为吮之。卒母闻而哭之。人曰：“子，卒也，而将军自吮其疽，何哭为？”母曰：“非然也。往年吴公吮其父疽，其父战不旋踵，遂死于敌。吴公今又吮其子，妾不知其死所矣，是以哭之。”

安王十五年（甲午，前387）

魏文侯薨，太子击立，是为武侯。

武侯浮西河而下，中流顾谓吴起曰：“美哉山河之固，此魏国之宝也！”对曰：“在德不在险。昔三苗氏，左洞庭，右彭蠡；德义不修，禹灭之。夏桀之居，左河济，右泰华，伊阙在其南，羊肠在其北；修政不仁，汤放之。商纣之国，左孟门，右太行，常山在其北，大河经其南；修政不德，武王杀之。由此观之，在德不在险。若君不修德，舟中之人皆敌国也！”武侯曰：“善。”

魏置相，相田文。吴起不悦，谓田文曰：“请与子论功可乎？”田文曰：“可。”起曰：“将三军，使士卒乐死，敌国不敢谋，子孰与起？”文曰：“不如子。”起曰：“治百官，亲万民，实府库，子孰与起？”文曰：“不如子。”起曰：“守西河，秦兵不敢东乡，韩、赵宾从，子孰与起？”文曰：“不如子。”起曰：“此三者子皆出吾下，而位居吾上，何也？”文曰：“主少国疑，大臣未附，百姓不信，方是之时，属之子乎，属之我乎？”起默然良久曰：“属之子矣！”

久之，魏相公叔尚主而害吴起。公叔之仆曰：“起易去也。起为人刚劲自喜。子先言于君曰：‘吴起，贤人也，而君之国小，臣恐起之无留心也。君盍试延以女，起无留心，则必辞矣。’子因与起归而使公主辱子，起见公主之贱子也，必辞，则子之计中矣。”公叔从之，吴起果辞公主。魏武侯疑之而未信，起惧诛，遂奔楚。

楚悼王素闻其贤，至则任之为相。起明法审令，捐不急之官，废公族疏远者，以抚养战斗之士，要在强兵，破游说之言从横者。于是南平百越，北却三晋，西伐秦，诸侯皆患楚之强；而楚之贵戚大臣多怨吴起者。

二十一年（庚子，前381）

楚悼王薨。贵戚大臣作乱，攻吴起；起走之王尸而伏之。击起之徒因射刺起，并中王尸。既葬，肃王即位，使令尹尽诛为乱者；坐起夷宗者七十余家。

烈王六年（辛亥，前370）

齐威王来朝。是时周室微弱，诸侯莫朝，而齐独朝之，天下以此益贤威王。

齐威王召即墨大夫，语之曰："自子之居即墨也，毁言日至。然吾使人视即墨，田野辟，人民给，官无事，东方以宁；是子不事吾左右以求助也！"封之万家。召阿大夫，语之曰："自子守阿，誉言日至。吾使人视阿，田野不辟，人民贫馁。昔日赵攻鄄，子不救；卫取薛陵，子不知；是子厚币事吾左右以求誉也！"是日，烹阿大夫及左右尝誉者。于是群臣耸惧，莫敢饰诈，务尽其情，齐国大治，强于天下。

威烈王二十三年（戊寅，公元前403年）

当初，晋国的智宣子想以智瑶为继承人，族人智果说："他不如智宵。智瑶有超越他人的五项长处，只有一项短处。美发高大是长处，精于骑射是长处，才艺双全是长处，能写善辩是长处，坚毅果敢是长处。虽然如此却很不仁厚。如果他以五项长处来制服别人而做不仁不义的恶事，谁能和他和睦相处？要是真的立智瑶为继承人，那么智氏宗族一定灭亡。"智宣子置之不理。智果便向太史请求脱离智族姓氏，另立为辅氏。

赵国的大夫赵简子的儿子，长子叫伯鲁，幼子叫无恤。赵简子想确定继承人，不知立哪位好，于是把他的日常训诫言词写在两块竹简上，分别交给两个儿子，嘱咐说："好好记住！"过了三年，赵简子问起两个儿子，大儿子伯鲁说不出竹简上的话；再问他的竹简，已丢失了。又问小儿子无恤，竟然背诵竹简训词很熟习；追问竹简，他便从袖子中取出献上。于是，赵简子认为无恤十分贤德，便立他为继承人。

赵简子派尹铎去晋阳，临行前尹铎请示说："您是打算让我去抽丝剥茧般地搜刮财富呢，还是作为保障之地？"赵简子说："作为保障。"尹铎便少算居民户数，减轻赋税。赵简子又对儿子赵无恤说："一旦晋国发生危难，你不要嫌尹铎地位不高，不要怕晋阳路途遥远，一定要以那里作为归宿。"

等到智宣子去世，智襄子智瑶当政，他与韩康子、魏桓子在蓝台饮宴，席间智瑶戏弄韩康子，又侮辱他的家相段规。智瑶的家臣智国听说此事，就告诫说：

“主公您不提防招来灾祸，灾祸就一定会来了！”智瑶说：“人的生死灾祸都取决于我。我不给他们降临灾祸，谁还敢兴风作浪！”智国又说：“这话可不妥。《夏书》中说：‘一个人屡次三番犯错误，结下的仇怨岂能在明处，应该在它没有表现时就提防。’贤德的人能够谨慎地处理小事，所以不会招致大祸。现在主公一次宴会就得罪了人家的主君和臣相，又不戒备，说：‘不敢兴风作浪。’这种态度恐怕不行吧。蚊子、蚂蚁、蜜蜂、蝎子，都能害人，何况是国君、国相呢！”智瑶不听。

智伯向韩康子要地，韩康子想不给。段规说：“智伯贪财好利，又刚愎自用，如果不给，一定讨伐我们，不如姑且给他。他拿到地更加狂妄，一定又会向别人索要；别人不给，他必定向人动武用兵，这样我们就可以免于祸患而伺机行动了。”韩康子说：“好主意。”便派了使臣去送上有万户居民的领地。智伯大喜，果然又向魏桓子提出索地要求，魏桓子想不给。家相任章问：“为什么不给呢？”魏桓子说：“无缘无故来要地，所以不给。”任章说：“智伯无缘无故强索他人领地，一定会引起其他大夫官员的警惧；我们给智伯地，他一定会骄傲。他骄傲而轻敌，我们警惧而互相亲善；用精诚团结之兵来对付狂妄轻敌的智瑶，智家的命运一定不会长久了。《周书》说：‘要打败敌人，必须暂时听从他；要夺取敌人利益，必须先给他一些好处。’主公不如先答应智伯的要求，让他骄傲自大，然后我们可以选择盟友共同图谋，又何必单独以我们作智伯的靶子呢！”魏桓子说：“对。”也交给智伯一个有万户的封地。

智伯又向赵襄子要蔡和皋狼的地方。赵襄子拒绝不给。智伯勃然大怒，率领韩、魏两家甲兵前去攻打赵家。赵襄子准备出逃。问：“我到哪里去呢？”随从说：“长子城最近，而且城墙坚厚又完整。”赵襄子说：“百姓精疲力尽地修完城墙，又要他们舍生入死地为我守城，谁能和我同心？”随从又说：“邯郸城里仓库充实。”赵襄子说：“搜刮民脂民膏才使仓库充实，现在又因战争让他们送命，谁会和我同心。还是投奔晋阳吧，那是先主的地盘，尹铎又待百姓宽厚，人民一定能同我们同舟共济。”于是前往晋阳。

文侯访贤

智伯、韩康子、魏桓子三家围住晋阳，引水灌城。城墙头只差三版的地方没有被淹没，锅灶都被泡塌，青蛙孳生，人民仍是没有背叛之意。智伯巡视水势，魏桓子为他驾车，韩康子站在右边护卫。智伯说：“我今天才知道水可以让人亡国。”魏桓子用胳膊肘碰了一下韩康子，韩康子也踩了一下魏桓子脚。因为汾水可以灌魏国都城安邑，绛水也可以灌韩国都城平阳。智家的谋士絺疵对智伯说："韩、魏两家肯定会反叛。"智伯问："你何以知道？"絺疵说："以人之常情而论。我们调集韩、魏两家的军队来围攻赵家，赵家覆亡，下次灾难一定是连及韩、魏两家了。现在我们约定灭掉赵家后三家分割其地，晋阳城仅差三版就被水淹没，城内宰马为食，破城已是指日可待。然而韩康子、魏桓子两人没有高兴的心情，反倒面有忧色，这不是必反又是什么？"第二天，智伯把絺疵的话告诉了韩、魏二人，二人说："这一定是离间小人想为赵家游说，让主公您怀疑我们韩、魏两家而放松对赵家的进攻。不然的话，我们两家岂不是放着早晚就分到手的赵家田土不要，而要去干那危险必不可成的事吗？"两人出去，絺疵进来说："主公为什么把臣下我的话告诉他们两人呢？"智伯惊奇地反问："你怎么知道的？"回答说："我见他们认真看我而匆忙离去，因为他们知道我看穿了他们的心思。"智伯不改。于是絺疵请求让他出使齐国。

赵襄子派张孟谈秘密出城来见韩、魏二人，说："我听说唇亡齿寒。现在智瑶率领韩、魏两家来围攻赵家，赵家灭亡就该轮到韩、魏了。"韩康子、魏桓子也说："我们心里也知道会这样，只怕事情还未办好而计谋先泄露出去，就会马上大祸临头。"张孟谈又说："计谋出自二位主公之口，进入我一人耳朵，有何伤害呢？"于是两人秘密地与张孟谈商议，约好起事日期后送他回城了。夜里，赵襄子派人杀掉智军守堤官吏，使大水决口反灌智瑶军营。智瑶军队为救水淹而大乱，韩、魏两家军队乘机从两翼夹击，赵襄子率士兵从正面迎头痛击，大败智家军，于是杀死智瑶，又将智家族人尽行诛灭。只有辅果得以幸免。

臣司马光曰：智伯的灭亡，在于才胜过德。才与德是不同的两回事，而世俗之人往往分不清，一概而论之曰贤明，于是就看错了人。所谓才，是指聪明、明察、坚强、果毅；所谓德，是指正直、公道、平和待人。才，是德的辅助；德，是才的统帅。云梦地方的竹子，天下都称为刚劲，然而如果不矫正其曲，不配上羽毛，就不能作为利箭穿透坚物。棠谿地方出产的铜材，天下都称为精利，然而如果不经熔烧铸造，不锻打出锋，就不能作为兵器击穿硬甲。所以，德才兼备称之为圣人；无德无才称之为愚人；德胜过才称之为君子；才胜过德称之为小人。挑选人才的方法，如果找不到圣人、君子而委任，与其得到小人，不如得到愚人。原因何在？因为君子持有才干把它用到善事上；而小人持有才干用来作恶。持有才干做善事，能处处行善；而凭借才干作恶，就无恶不作了。愚人尽管想作恶，因为智慧不济，气力不胜任，好像小狗扑人，人还能制服它。而小人既有足够的阴谋诡计来发挥邪恶，又有足够的力量来逞凶施暴，就如恶虎生翼，他的危害难道不大吗！有德的人令人尊敬，有才的人使人喜爱；对喜爱的人容易宠信专任，对尊敬的人容易疏远，所以察选人才者经常被人的才干所蒙蔽而忘记了考察他的品德。自古至今，国家的乱臣奸佞，家族的败家浪子，因为才有余而德不足，导致家国覆亡的多了，又何止智瑶呢！所以治国治家者如果能审察才与德两种不同的标准，知道选择的先后，又何必担心失去人才呢！

赵、韩、魏三家瓜分智家的田土，赵襄子把智伯的头骨涂上漆，作为饮具。智伯的家臣豫让想为主公报仇，就伪装为罪人，怀揣匕首，混到赵襄子的宫室中打扫厕所。赵襄子上厕所时，忽然心动不安，令人搜索，抓获了豫让。左右随从要将他杀死，赵襄子说："智伯已死无后人，而此人还要为他报仇，真是一个义士，我小心躲避他好了。"于是释放豫让。豫让用漆涂身，弄成一个癞疮病人，又吞下火炭，弄哑嗓音。在街市上乞讨，连结发妻子见面也认不出来。路上遇到朋友，朋友认出他，为他垂泪道："以你的才干，如果投靠赵家，一定会成为亲信，那时你就为所欲为，不是易如反掌吗？何苦自残形体以至于此？这样来图谋报仇，不是太困难了吗！"豫让说："我要是委身于赵家为臣，再去刺杀他，就是怀有二心。我现在这种做法，是极困难的。然而之所以还要这样做，就是为了让天下与后世做人臣子而怀有二心的人感到羞愧。"赵襄子乘车出行，豫让潜伏在桥下。赵襄子到了桥前，马突然受惊，进行搜索，捕获豫让，于是杀死了他。

赵襄子因为赵简子没有立哥哥伯鲁为继承人，自己虽然有五个儿子，也不肯立为继承人。他封赵伯鲁的儿子于代国，称代成君，早逝；又立其子赵浣为赵家的继承人。赵襄子死后，弟弟赵桓子就驱逐赵浣，自立为国君，继位一年也死了。赵家的族人说："赵桓子做国君本来就不是赵襄子的主意。"大家一起杀死了赵桓子的儿子，再迎回赵浣，拥立为国君，这就是赵献子。赵献子生子名赵籍，就是赵烈侯。魏斯，是魏桓子的孙子，就是魏文侯。韩康子生子名韩武子，武子又生韩虔，被封为韩景侯。

魏文侯与群臣饮酒，奏乐间，下起了大雨，魏文侯却下令备车前往山野之中。左右侍臣问："今天饮酒正乐，外面又下着大雨，国君打算到哪里去呢？"魏文侯说："我与山野村长约好了去打猎，虽然这里很快乐，也不能不遵守约定！"于是前去，亲自告诉停猎。

韩国邀请魏国出兵攻打赵国。魏文侯说："我与赵国，是兄弟之邦，不敢从命。"赵国也来向魏国借兵讨伐韩国，魏文侯仍然用同样的理由拒绝了。两国使者都怒气冲冲地离去。后来两国得知魏文侯对自己的和睦态度，都前来朝拜魏国。魏国于是开始成为魏、赵、韩三国之首，各诸侯国都不能和它争雄。

魏文侯派乐羊攻打中山国，尽占其地，封给自己的儿子魏击。魏文侯问群臣："我是什么样的君主？"大家都说："您是仁德的君主！"只有任座说："国君您得了中山国，不用来封您的弟弟，却封给自己的儿子，这算什么仁德君主！"魏文侯勃然大怒，任座快步离开。魏文侯又问翟璜，翟璜回答说："您是仁德君主。"魏文侯问："你何以知道？"回答说："臣下我听说国君仁德，他的臣子就敢直言。刚才任座的话很耿直，于是我知道您是仁德君主。”魏文侯大喜，派翟璜去追任座回来，还亲自下殿堂去迎接，奉为上客。

魏文侯与田子方饮酒，文侯说：“编钟的乐声不协调吧？左边高。”田子方笑了，魏文侯问：“你笑什么？”田子方说：“臣下我听说，国君懂得任用乐官，不必懂得乐音。现在国君您精通音乐，我担心您会疏忽了任用官员的职责。”魏文侯说：“对。”

魏文侯的公子魏击出行，途中遇见国师田子方，下车伏拜行礼。田子方却不作回礼。魏击怒气冲冲地对田子方说：“富贵的人能对人骄傲呢，还是贫贱的人能对人骄傲？”田子方说：“当然是贫贱的人能对人骄傲啦，富贵的人哪里敢对人骄傲呢！国君对人骄傲就将亡国，大夫对人骄傲就将失去采地。失去国家的人，没有听说有以国主对待他的；失去采地的人，也没有听说有以家主对待他的。贫贱的游士呢，我的话不听，行为不合意，就穿上鞋子告辞了，到哪里得不到贫贱呢！”魏击于是谢罪。

魏文侯问李克：“先生曾经说过：‘家贫思良妻，国乱思良相。’现在我选相不是魏成就是翟璜，这两人怎么样？”李克回答说：“下属不参与尊长的事，外人不过问亲戚的事。臣子我在朝外任职，不敢接受命令。”魏文侯说：“先生不要临事推让！”李克说道：“国君您没有仔细观察呀！看人，平时看他所亲近的，富贵时看他所交往的，显赫时看他所推荐的，穷困时看他所不做的，贫贱时看他所不取的。仅此五条，就足以去断定人，又何必要等我指明呢！”魏文侯说：“先生请回府吧，我的国相已经选定了。”李克离去，遇到翟璜。翟璜问：“听说今天国君召您去征求宰相人选，到底定了谁呢？”李克说：“魏成。”翟璜立刻忿忿不平地变了脸色，说：“西河守令吴起，是我推荐的。国君担心内地的邺县，我推荐西门豹。国君想征伐中山国，我推荐乐羊。中山国攻克之后，没有人去镇守，我推荐了先生您。国君的公子没有老师，我推荐了屈侯鲋。凭耳闻目

吴起吮卒病疽

睹的这些事实，我哪点儿比魏成差！”李克说：“你把我介绍给你的国君，难道是为了结党以谋求高官吗？国君问我宰相的人选，我说了刚才那一番话。我所以推断国君肯定会选中魏成为相，是因为魏成享有千钟的俸禄，十分之九都用在外面，只有十分之一留作家用，所以向东得到了卜子夏、田子方、段干木。这三个人，国君都奉他们为老师；而你所举荐的五人，国君都任用为臣属。你怎么能和魏成比呢！”翟璜听罢徘徊不敢进前，一再行礼说：“我翟璜，真是个粗人，失礼了，愿终身为您的弟子！”

吴起，卫国人，在鲁国任官。齐国攻打鲁国，鲁国想任用吴起为将，但吴起娶的妻子是齐国人，鲁国猜疑吴起。于是，吴起杀死了自己的妻子，求得大将，大破齐国军队。有人在鲁国国君面前攻击他说：“吴起当初曾师事曾参，母亲死了也不回去治丧，曾参与他断绝关系。现在他又杀死妻子来求得您的大将职位。吴起，真是一个残忍缺德的人！况且，以我们小小的鲁国能有战胜齐国的名气，各个国家都要来算计鲁国了。”吴起恐怕鲁国治他的罪，又听说魏文侯贤明，于是就前去投奔。魏文侯征求李克的意见，李克说：“吴起为人贪婪而好色，然而他的用兵之道，连齐国的名将司马穰苴也超不过他。”于是魏文侯任命吴起为大将，攻击秦国，攻占五座城。

吴起做大将，与最下等的士兵同样穿衣吃饭，睡觉不铺席子，行军也不骑马，亲自挑上士兵的粮食，与士兵们分担疾苦。有个士兵患了毒疮，吴起为他吸吮毒汁。士兵的母亲听说后却痛哭。有人奇怪地问：“你的儿子是个士兵，而吴起将军亲自为他吸吮毒疮，你为什么哭？”士兵母亲答道：“不是这样啊！当年吴将军为孩子的父亲吸过毒疮，他父亲作战从不后退，就战死在敌阵中了。吴将军现在又为我儿子吸毒疮，我不知道他该死在哪里了，所以哭他。”

安王十五年（甲午，公元前387年）

魏国魏文侯去世，太子魏击即位，是为魏武侯。

魏武侯顺黄河而下，在中游对吴起说：“稳固的山河真美啊！这是魏国的宝啊！”吴起回答说：“国宝在于德政而不在于地势险要。当初三苗氏部落，左面有洞庭湖，右面有彭蠡湖，但他们不修德义，被禹消灭了。夏朝君王桀的居住之地，左边是黄河、济水，右边是泰华山，伊阙山在其南面，羊肠阪在其北面，但因朝政不仁，也被商朝汤王驱逐了。商朝纣王的都城，左边是孟门，右边是太行山，常山在其北面，黄河经过其南面，因他施政不德，被周武王杀了。由此可见，国宝在于德政而不在于地势险要。如果君主您不修德政，恐怕就是这条船上的人，也要成为您的敌人。”魏武侯听罢说道：“对。”

魏国设置国相，任命田文为相。吴起不高兴，对田文说：“我和你比较功劳如何？”田文说：“可以。”吴起便说：“统率三军，使士兵乐于战死，敌国不敢谋算，你比我吴起如何？”田文说：“我不如你。”吴起又问：“整治百官，亲善百姓，使仓库充实，你比我吴起如何？”田文说：“我不如你。”吴起再问：“镇守西河，使秦兵不敢向东侵犯，韩国、赵国依附听命，你比我吴起如何？”田文还是说：“我不如你。”吴起质问道：“这三条你都在我之下，而职位却在我之上，是什么道理？”田文说：“如今国君年幼，国多疑难，大臣们不能齐心归附，老百姓不能信服，在这个时候，是嘱托给你呢，还是嘱托给我呢？”吴起默默不语，想了一会儿说：“嘱托给你啊！”

过了很久，魏国国相公叔娶公主为妻而以吴起为忌。他的仆人献计说：“吴起容易去掉，吴起为人刚劲而沾沾自喜。您可以先对国君说：‘吴起是个杰出人才，但君主您的国家小，我担心他没有长留的心思。国君您何不试着要把女儿嫁给他，如果吴起没有久留之心，一定会辞谢的。’主人您再与吴起一起回去，让公主羞辱您，吴起看到公主如此轻视您，一定会辞谢国君的婚事，这样您的计谋就实现了。”公叔照此去做，吴起果然辞谢了与公主的婚事。魏武侯疑忌他，不敢信任，吴起害怕被诛杀，于是投奔了楚国。

楚悼王平素听说吴起是个人才，一到便任命他为国相。吴起严明法纪号令，裁减一些不重要的闲官，废除了王族中远亲疏戚，用来安抚奖励征战之士，大力增强军队，破除合纵连横游说言论。于是楚国向南平定百越，向北抵挡住韩、魏、赵三国的扩张，向西征讨秦国，各诸侯国都害怕楚国的强大，而楚国的王亲贵戚、权臣显要中却有很多人怨恨吴起。

二十一年（庚子，公元前381年）

楚悼王去世。贵族国戚和大臣作乱，攻打吴起，吴起逃到悼王尸体边，伏在上面。攻击吴起的暴徒用箭射吴起，并射中了悼王的尸体。办完丧事，楚肃王即位，命令楚相全数歼灭作乱者，因射吴起之事而被灭族的多达七十余家。

烈王六年（辛亥，公元前370年）

齐威王朝拜周烈王。当时周王室已十分衰弱，各诸侯国都不来朝拜，唯独齐王仍来朝拜，因此天下人愈发称赞齐威王贤德。

齐威王召见即墨大夫，对他说：“自从你到即墨任官，每天都有指责你的话传来。然而我派人去即墨察看，却是田土开辟整治，百姓丰足，官府无事，东方因而十分安定。于是我知道这是你不巴结我的左右内臣谋求内援的缘故。”便封赐即墨大夫享用一万户的俸禄。齐威王又召见阿地大夫，对他说：“自从你到阿地镇守，每天都有称赞你的好话传来。但我派人前去察看阿地，只见田地荒芜，百姓贫困饥饿。当初赵国攻打鄄地，你不救；卫国夺取薛陵，你不知道；于是我知道你用重金来买通我的左右近臣以求替你说好话！”当天，齐威王下令烹死阿地大夫及替他说好话的左右近臣。于是臣僚们毛骨悚然，不敢再弄虚假，都尽力做实事，齐国因此大治，成为天下最强盛的国家。

第二卷　周纪二

译文诵读

显王七年（己未，前362）

秦献公薨，子孝公立，孝公生二十一年矣。是时河、山以东强国六，淮、泗之间小国十余，楚、魏与秦接界。魏筑长城，自郑滨洛以北有上郡；楚自汉中，南有巴、黔中。皆以夷翟遇秦，摈斥之，不得与中国之会盟。于是孝公发愤，布德修政，欲以强秦。

八年（庚申，前361）

孝公下令国中曰："昔我穆公，自岐、雍之间修德行武，东平晋乱，以河为界，西霸戎翟，广地千里，天子致伯，诸侯毕贺，为后世开业甚光美。会往者厉、躁、简公、出子之不宁，国家内忧，未遑外事。三晋攻夺我先君河西地，丑莫大焉。献公即位，镇抚边境，徙治栎阳，且欲东伐，复穆公之故地，修穆公之政令。寡人思念先君之意，常痛于心。宾客群臣有能出奇计强秦者，吾且尊官，与之分土。"于是卫公孙鞅闻是令下，乃西入秦。

公孙鞅者，卫之庶孙也，好刑名之学。事魏相公叔痤，痤知其贤，未及进。会病，魏惠王往问之曰："公叔病如有不可讳，将奈社稷何？"公叔曰："痤之中庶子卫鞅，年虽少，有奇才，愿君举国而听之！"王嘿然。公叔曰："君即不听用鞅，必杀之，无令出境！"王许诺而去。公叔召鞅谢曰："吾先君而后臣，故先为君谋，后以告子。子必速行矣！"鞅曰："君不能用子之言任臣，又安能用子之言杀臣乎！"卒不去。王出，谓左右曰："公叔病甚，悲乎，欲令寡人以国听卫鞅也！既又劝寡人杀之，岂不悖哉！"卫鞅既至秦，因嬖臣景监以求见孝公，说以富国强兵之术；公大悦，与议国事。

十年（壬戌，前359）

卫鞅欲变法，秦人不悦。卫鞅言于秦孝公曰："夫民不可与虑始，而可与乐成。论至德者不和于俗，成大功者不谋于众。是以圣人苟可以强国，不法其故。"

甘龙曰："不然，缘法而治者，吏习而民安之。"卫鞅曰："常人安于故俗，学者溺于所闻，以此两者，居官守法可也，非所与论于法之外也。智者作法，愚者制焉；贤者更礼，不肖者拘焉。"公曰："善。"以卫鞅为左庶长。卒定变法之令。令民为什伍而相收司、连坐，告奸者与斩敌首同赏，不告奸者与降敌同罚。有军功者，各以率受上爵；为私斗者，各以轻重被刑大小。僇力本业，耕织致粟帛多者，复其身；事末利及怠而贫者，举以为收孥。宗室非有军功论，不得为属籍。明尊卑爵秩等级，各以差次名田宅、臣妾、衣服。有功者显荣，无功者虽富无所芬华。

令既具未布，恐民之不信，乃立三丈之木于国都市南门，募民有能徙置北门者予十金。民怪之，莫敢徙。复曰："能徙者予五十金！"有一人徙之，辄予五十金。乃下令。

令行期年，秦民之国都言新令之不便者以千数。于是太子犯法。卫鞅曰："法之不行，自上犯之。"太子，君嗣也，不可施刑，刑其傅公子虔，黥其师公孙贾。明日，秦人皆趋令。行之十年，秦国道不拾遗，山无盗贼，民勇于公战，怯于私斗，乡邑大治。秦民初言令不便者，有来言令便。卫鞅曰："此皆乱法之民也！"尽迁之于边。其后民莫敢议令。

臣光曰：夫信者，人君之大宝也。国保于民，民保于信；非信无以使民，非民无以守国。是故古之王者不欺四海，霸者不欺四邻，善为国者不欺其民，善为家者不欺其亲。不善者反之，欺其邻国，欺其百姓，甚者欺其兄弟，欺其父子。上不信下，下不信上，上下离心，以至于败。所利不能药其所伤，所获不能补其所亡，岂不哀哉！昔齐桓公不背曹沫之盟，晋文公不贪伐原之利，魏文侯不弃虞人之期，秦孝公不废徙木之赏。此四君者道非粹白，而商君尤称刻薄，又处战攻之世，天下趋于诈力，犹且不敢忘信以畜其民，况为四海治平之政者哉！

十五年（丁卯，前354）

魏惠王伐赵，围邯郸。楚王使景舍救赵。

十六年（戊辰，前353）

齐威王使田忌救赵。

初，孙膑与庞涓俱学兵法，庞涓仕魏为将军，自以能不及孙膑，乃召之；至，则以法断其两足而黥之，欲使终身废弃。齐使者至魏，孙膑以刑徒阴见，说齐使者；齐使者窃载与之齐。田忌善而客待之，进于威王。威王问兵法，遂以为师。于是威王谋救赵，以孙膑为将；辞以刑余之人不可，乃以田忌为将而孙子为师，居辎车中，坐为计谋。

田忌欲引兵之赵。孙子曰："夫解杂乱纷纠者不控拳，救斗者不搏撠，批亢捣虚，形格势禁，则自为解耳。今梁、赵相攻，轻兵锐卒必竭于外，老弱疲于内；子不若引兵疾走魏都，据其街路，冲其方虚，彼必释赵以自救：是我一举解赵之围而收弊于魏也。”田忌从之。十月，邯郸降魏。魏师还，与齐战于桂陵，魏师大败。

十八年（庚午，前351）

韩昭侯以申不害为相。

申不害者，郑之贱臣也，学黄、老、刑名，以干昭侯。昭侯用为相，内修政教，外应诸侯，十五年，终申子之身，国治兵强。

申子尝请仕其从兄，昭侯不许，申子有怨色。昭侯曰：“所为学于子者，欲以治国也。今将听子之谒而废子之术乎，已其行子之术而废子之请乎？子尝教寡人修功劳，视次第；今有所私求，我将奚听乎？”申子乃辟舍请罪曰：“君真其人也！”

昭侯有弊袴，命藏之。侍者曰：“君亦不仁者矣，不赐左右而藏之！”昭侯曰：“吾闻明主爱一嚬一笑，嚬有为嚬，笑有为笑。今袴岂特嚬笑哉！吾必待有功者。”

十九年（辛未，前350）

秦商鞅筑冀阙宫庭于咸阳，徙都之。令民父子、兄弟同室内息者为禁。并诸小乡聚，集为一县，县置令、丞，凡三十一县。废井田，开阡陌。平斗、桶、权、衡、丈、尺。

二十一年（癸酉，前348）

秦商鞅更为赋税法，行之。

二十八年（庚辰，前341）

魏庞涓伐韩。韩请救于齐。齐威王召大臣而谋曰：“蚤救孰与晚救？”成侯曰：“不如勿救。”田忌曰：“弗救则韩且折而入于魏，不如蚤救之。”孙膑曰：“夫韩、魏之兵未弊而救之，是吾代韩受魏之兵，顾反听命于韩也。且魏有破国之志，韩见亡，必东面而诉于齐矣。吾因深结韩之亲而晚承魏之弊，则可受重利而得尊名也。”王曰：“善。”乃阴许韩使而遣之。韩因恃齐，五战不胜，而东委国于齐。

齐因起兵，使田忌、田婴、田盼将之，孙子为师，以救韩，直走魏都。庞涓闻之，去韩而归。魏人大发兵，以太子申为将，以御齐师。孙子谓田忌曰：“彼三晋之兵素悍勇而轻齐，齐号为怯。善战者因其势而利导之。《兵法》：‘百里而趣利者蹶上将，五十里而趣利者军半至’”。乃使齐军入魏地为十万灶，明日为五万灶，又明日为二万灶。庞涓行三日，大喜曰：“我固知齐军怯，入吾地三日，士卒亡者过半矣！”乃弃其步军，与其轻锐倍日并行逐之。孙子度其行，暮当至马陵，马陵道狭而旁多阻隘，可伏兵，乃斫大树，白而书之曰：“庞涓死此树下！”于是令齐师善射者万弩夹道而伏，期日暮见火举而俱发。庞涓果夜到斫木下，见白书，以火烛之，读未毕，万弩俱发，魏师大乱相失。庞涓自知智穷兵败，乃自刭，曰：“遂成竖子之名！”齐因乘胜大破魏师，虏太子申。

二十九年（辛巳，前340）

卫鞅言于秦孝公曰：“秦之与魏，譬若人有腹心之疾，非魏并秦，秦即并魏。何者？魏居岭厄之西，都安邑，与秦界河，而独擅山东之利，利则西侵秦，病则东收地。今以君之贤圣，国赖以盛；而魏往年大破于齐，诸侯畔之，可因此时伐魏。魏不支秦，必东徙，然后秦据河、山之固，东乡以制诸侯，此帝王之业也。”公从之，使卫鞅将兵伐魏。魏使公子卬将而御之。

军既相距，卫鞅遗公子卬书曰：“吾始与公子欢；今俱为两国将，不忍相攻，可与公子面相见盟，乐饮而罢兵，以安秦、魏之民。”公子卬以为然，乃相与会；盟已，饮，而卫鞅伏甲士，袭虏公子卬，因攻魏师，大破之。

魏惠王恐，使使献河西之地于秦以和。因去安邑，徙都大梁。乃叹曰：”吾恨不用公叔之言！”

秦封卫鞅商於十五邑。号曰商君。

三十一年（癸未，前338）

秦孝公薨，子惠文王立。公子虔之徒告商君欲反，发吏捕之。商君亡之魏；魏人不受，复内之秦。商君乃与其徒之商於，发兵北击郑。秦人攻商君，杀之，车裂以徇，尽灭其家。

三十三年（乙酉，前336）

邹人孟轲见魏惠王，王曰：“叟，不远千里而来，亦有以利吾国乎？”孟子曰：“君何必曰利，仁义而已矣！君曰何以利吾国，大夫曰何以利吾家，士庶人曰何以利吾身，上下交征利而国危矣。未有仁而遗其亲者也，未有义而后其君者也。”王曰：“善。”

初，孟子师子思，尝问牧民之道何先。子思曰：“先利之。”孟子曰：“君子所以教民者，亦仁义而已矣，何必利！”子思曰：“仁义固所以利之也。上不仁则下不得其所，上不义则下乐为诈也，此为不利大矣。故《易》曰：‘利者，义之和也。’又曰：‘利用安身，以崇德也。’此皆利之大者也。”

臣光曰：子思、孟子之言，一也。夫唯仁者为知仁义之为利，不仁者不知也。故孟子对梁王直以仁义而不及利者，所与言之人异故也。

三十六年（戊子，前333）

初，洛阳人苏秦说秦王以兼天下之术，秦王不用其言。苏秦乃去，说燕文公曰："燕之所以不犯寇被甲兵者，以赵之为蔽其南也。且秦之攻燕也，战于千里之外；赵之攻燕也，战于百里之内。夫不忧百里之患而重千里之外，计无过于此者。愿大王与赵从亲，天下为一，则燕国必无患矣。"

文公从之，资苏秦车马，以说赵肃侯曰："当今之时，山东之建国莫强于赵，秦之所害亦莫如赵。然而秦不敢举兵伐赵者，畏韩、魏之议其后也。秦之攻韩、魏也，无有名山大川之限，稍蚕食之，傅国都而止。韩、魏不能支秦，必入臣于秦；秦无韩、魏之规则祸中于赵矣。臣以天下地图案之，诸侯之地五倍于秦，料度诸侯之卒十倍于秦。六国为一，并力西乡而攻秦，秦必破矣。夫衡人者皆欲割诸侯之地以与秦，秦成则其身富荣，国被秦患而不与其忧，是以衡人日夜务以秦权恐愒诸侯，以求割地。故愿大王熟计之也！窃为大王计，莫如一韩、魏、齐、楚、燕、赵为从亲以畔秦，令天下之将相会于洹水之上，通质结盟，约曰：'秦攻一国，五国各出锐师，或桡秦，或救之。有不如约者，五国共伐之！'诸侯从亲以摈秦，秦甲必不敢出于函谷以害山东矣。"肃侯大说，厚待苏秦，尊宠赐赉之，以约于诸侯。

会秦使犀首伐魏，大败其师四万余人，禽将龙贾，取雕阴，且欲东兵。苏秦恐秦兵至赵而败从约，念莫可使用于秦者，乃激怒张仪，入之于秦。

张仪者，魏人，与苏秦俱事鬼谷先生，学纵横之术，苏秦自以为不及也。仪游诸侯无所遇，困于楚，苏秦故召而辱之。仪恐，念诸侯独秦能苦赵，遂入秦。苏秦阴遣其舍人赍金币资仪，仪得见秦王。秦王说之，以为客卿。舍人辞去，曰："苏君忧秦伐赵败从约，以为非君莫能得秦柄；故激怒君，使臣阴奉给君资，尽苏君之计谋也。"张仪曰："嗟乎，此吾在术中而不悟，吾不及苏君明矣。为吾谢苏君，苏君之时，仪何敢言！"

于是苏秦说韩宣惠王曰："韩地方九百余里，带甲数十万，天下之强弓、劲弩、利剑皆从韩出。韩卒超足而射，百发不暇止。以韩卒之勇，被坚甲，蹠劲弩，带利剑，一人当百，不足言也。大王事秦，秦必求宜阳、成皋；今兹效之，明年复求割地。与则无地以给之；不与则弃前功，受后祸。且大王之地有尽而秦求无已，以有尽之地逆无已之求，此所谓市怨结祸者也，不战而地已削矣。鄙谚曰：'宁为鸡口，无为牛后。'夫以大王之贤，挟强韩之兵，而有牛后之名，臣窃为大王羞之！"韩王从其言。

苏秦说魏王曰："大王之地方千里，地名虽小，然而田舍庐庑之数，曾无所刍牧。人民之众，车马之多，日夜行不绝，輷輷殷殷，若有三军之众。臣窃量大王之国不下楚。今窃闻大王之卒，武士二十万，苍头二十万，奋击二十万，厮徒十万；车六百乘，骑五千匹；乃听于群臣之说，而欲臣事秦！故敝邑赵王使臣效愚计，奉明约，在大王之诏诏之。"魏王听之。

苏秦说齐王曰："齐四塞之国，地方二千余里，带甲数十万，粟如丘山。

三军之良，五家之兵，进如锋矢，战如雷霆，解如风雨，即有军役，未尝倍泰山、绝清河、涉渤海者也。临淄之中七万户，臣窃度之，不下户三男子，不待发于远县，而临淄之卒固已二十一万矣。临淄甚富而实，其民无不斗鸡、走狗、六博、蹋鞠。临淄之涂，车毂击，人肩摩，连衽成帷，挥汗成雨。夫韩、魏之所以重畏秦者，为与秦接境壤也。兵出而相当，不十日而战，胜存亡之机决矣。韩、魏战而胜秦，则兵半折，四境不守；战而不胜，则国已危亡随其后；是故韩、魏之所以重与秦战而轻为之臣也。今秦之攻齐则不然，倍韩、魏之地，过卫阳晋之道，经乎亢父之险，车不得方轨，骑不得比行，百人守险，千人不敢过也。秦虽欲深入则狼顾，恐韩、魏之议其后也，是故恫疑、虚喝、骄矜而不敢进，则秦之不能害齐亦明矣。夫不深料秦之无奈齐何，而欲西面而事之，是群臣之计过也。今无臣事秦之名而有强国之实，臣是故愿大王少留意计之！”齐王许之。

乃西南说楚威王曰：“楚，天下之强国也，地方六千余里，带甲百万，车千乘，骑万匹，粟支十年，此霸王之资也。秦之所害莫如楚，楚强则秦弱，秦强则楚弱，其势不两立。故为大王计，莫如从亲以孤秦。臣请令山东之国奉四时之献，以承大王之明诏；委社稷，奉宗庙，练士厉兵，在大王之所用之。故从亲则诸侯割地以事楚，衡合则楚割地以事秦，此两策者相去远矣，大王何居焉？”楚王亦许之。

于是苏秦为从约长，并相六国，北报赵，车骑辎重拟于王者。

四十八年（庚子，前321）

靖郭君有子四十人，其贱妾之子曰文。文通傥饶智略，说靖郭君以散财养士。靖郭君使文主家待宾客，宾客争誉其美，皆请靖郭君以文为嗣。靖郭君卒，文嗣为薛公，号曰孟尝君。孟尝君招致诸侯游士及有罪亡人，皆舍业厚遇之，存救其亲戚，食客常数千人，各自以为孟尝君亲己，由是孟尝君之名重天下。

孟尝君聘于楚，楚王遗之象床。登徒直送之，不欲行，谓孟尝君门人公孙戌曰：“象床之直千金，苟伤之毫发，则卖妻子不足偿也。足下能使仆无行者，有先人之宝剑，愿献之。”公孙戌许诺，入见孟尝君曰：“小国所以皆致相印于君者，以君能振达贫穷，存亡继绝，故莫不悦君之义，慕君之廉也。今始至楚而受象床，则未至之国将何以待君哉！”孟尝君曰：“善。”遂不受。公孙戌趋去，未至中闺，孟尝君召而反之，曰：“子何足之高，志之扬也？”公孙戌以实对。孟尝君乃书门版曰：“有能扬文之名，止文之过，私得宝于外者，疾入谏！”

臣光曰：孟尝君可谓能用谏矣。苟其言之善也，虽怀诈谖之心，犹将用之，况尽忠无私以事其上乎！《诗》云：“采葑采菲，无以下体。”孟尝君有焉。

显王七年（己未，公元前362年）

秦国秦献公去世，其子即位为秦孝公。孝公已经二十一岁了。这时黄河、崤山以东有六个强国，淮河、泗水流域十几个小国林立，楚国、魏国与秦国接壤。魏国筑有一道长城，从郑县沿着洛水直到上郡；楚国自汉中向南占有巴郡、黔中等地。各国都把秦国当作未开化的夷族，予以鄙视，不准参加中原各诸侯国的会议盟誓。目睹此情，秦孝公决心发愤图强，整顿国家，修明政治，让秦国强大起来。

八年（庚申，公元前361年）

秦孝公在国中下令说："当年我国的国君秦穆公，立足于岐山、雍地，励精图治，向东平定了晋国之乱，以黄河划定国界；向西称霸于戎翟等族，占地广达千里；被周王赐予方伯重任，各诸侯国都来祝贺，所开辟的基业是多么光大宏伟。只是后来历代国君厉公、躁公、简公及出子造成国内动乱不息，才无力顾及外事。魏、赵、韩三国夺去了先王开创的河西领土，这是无比的耻辱。到献公即位时，平定安抚边境，把都城迁到栎阳，亲往治理，准备向东征讨，收复穆公时的旧地，重修穆公时的政策法令。我想到先辈的未竟之志，常常痛心疾首。现在宾客群臣中谁能献上奇计，让秦国强盛，我就封他为高官，给他封地。"卫国的公孙鞅听到这道命令，于是西行来到秦国。

公孙鞅，是卫国宗族旁支后裔，喜好法家刑名之学。他在魏国国相公叔痤手下做事，公叔痤深知他的才干，但还未来得及推荐，就重病不起。魏惠王前来看望公叔痤，问道："您如果不幸去世，国家大事如何来处置？"公叔痤说："我手下任中庶子之职的公孙鞅，年纪虽轻，却有奇才，希望国君把国家交给他来治理！"魏惠王听罢默然不语。公叔痤又说："如果国君您不采纳我的建议而重用公孙鞅，那就要杀掉他，不要让他到别的国家去。"魏惠王许诺后告辞而去。公叔痤又急忙召见公孙鞅道歉说："我必须先忠于君上，然后才能照顾属下；所以先建议惠王杀你，现在又告诉你。你赶快逃走吧！"公孙鞅摇头说："国君不能听从你的意见来任用我，又怎么能听从你的意见来杀我呢？"到底没有出逃。魏惠王离开公叔痤，果然对左右近臣说："公叔痤病入膏肓，真是太可怜了。他先让我把国家交给公孙鞅去治理，一会儿又劝我杀了他，岂不是糊涂了吗？"公孙鞅到了秦国后，托宠臣景监推荐见到秦孝公，陈述了自己富国强兵的计划，孝公大喜过望，从此与他共商国家大事。

十年（壬戌，公元前359年）

公孙鞅想实行变法改革，秦国的贵族都不赞同。他对秦孝公说："对下层人，不能和他们商议开创的计划，只能和他们分享成功的利益。讲论至高道德的人，与凡夫俗子没有共同语言，要建成大业也不能去与众人商议。所以圣贤之人只要能够强国，就不必拘泥于旧传统。”大夫甘龙反驳说：“不对，按照旧章来治理，才能使官员熟悉规矩而百姓安定不乱。”公孙鞅说：“普通人只知道安于旧习，学者往往陷于所知范围不能自拔。这两种人，让他们做官守法可以，但不能和他们商讨旧章之外开创大业的事。聪明的人制订法规政策，愚笨的人只会受制于人；贤德的人因时而变，无能的人才死守成法。”秦孝公说：“说得好！”便任命公孙鞅为左庶长的要职。于是制定变法的法令。下令将人民编为五家一伍、十家一什，互相监督，犯法连坐。举报奸谋的人与杀敌立功的人获同等赏赐，隐匿不报的人按临阵降敌给以同等处罚。立军功者，可以获得上等爵位；私下斗殴内讧的，以其轻重程度处以大小刑罚。致力于本业，耕田织布生产粮食布匹多的人，免除他们的赋役。不务正业因懒惰而贫穷的人，全家收为国家奴隶。王亲国戚没有获得军功的，不能享有宗族的地位。明确由低到高的各级官阶等级，分别配给应享有的田地房宅、奴仆侍女、衣饰器物。使有功劳的人获得荣誉，无功劳的人即使富有也不能显耀。

法令已详细制订但尚未公布，公孙鞅怕百姓难以确信，于是在国都的集市南门立下一根长三丈的木杆，下令说有人能把它拿到北门去就赏给十金。百姓们感到此事很古怪，没人动手去搬。公孙鞅又说：“能拿过去的赏五十金。”于是有一个人半信半疑地拿着木杆到了北门，立刻获得了五十金的重赏。这时，公孙鞅才下令颁布变法法令。

变法令颁布一年后，秦国百姓前往国都控诉新法使民不便的数以千计。这时太子也触犯了法律，公孙鞅说：“新法不能顺利施行，就在于上层人士带头违犯。”太子是国君的继承人，不能施以刑罚，便将他的老师公子虔处刑，将另一个老师公孙贾脸上刺字，以示惩戒。第二天，秦国人听说此事，都小心翼翼地遵从法令。新法施行十年，秦国一片路不拾遗、山无盗贼的太平景象，百姓勇于为国作战，不敢再行私斗，乡野城镇都得到了治理。这时，那些当初说新法不便的人中，有些又来说新法好，公孙鞅说：“这些人都是乱法的刁民！”把他们全部驱赶到边疆去住。此后老百姓不敢再议论法令的是非。

臣司马光曰：信誉，是君主至高无上的法宝。国家靠人民来保卫，人民靠信誉来保护；不讲信誉无法使人民服从，没有人民便无法维持国家。所以古代成就王道者不欺骗天下，建立霸业者不欺骗四方邻国，善于治国者不欺骗人民，善于治家者不欺骗亲人。只有蠢人才反其道而行之，欺骗邻国，欺骗百姓，甚至欺骗兄弟、父子。上不信下，下不信上，上下离心，以致一败涂地。靠欺骗所占的一点儿便宜救不了致命之伤，所得到的远远大于失去的，这岂不令人痛心！当年齐桓公不违背曹沫以胁迫手段订立的盟约，晋文公不贪图攻打原地而遵守信用，魏文侯不背弃与山野之人打猎的约会，秦孝公不收回对移动木杆之人的重赏，这四位君主的治国之道尚称不上完美，而公孙鞅可以说是过于刻薄了，但他们处于你攻我夺的战国乱世，天下尔虞我诈、斗智斗勇之时，尚且不敢忘记树立信誉以收服人民之心，又何况今日治理一统天下的当政者呢！

十五年（丁卯，公元前354年）

魏惠王率军攻打赵国，围困邯郸城。楚王派景舍为将出兵救赵。

十六年（戊辰，公元前353年）

孙膑马陵伏弩

齐威王派田忌率军救赵。

起初，孙膑与庞涓一起学兵法，庞涓在魏国做将军，自己估量才能不如孙膑，便召孙膑前来魏国，又设计依法砍断孙膑的双脚，在脸上刺字，想使他终身成为废人。齐国使者来到魏国，孙膑以受刑罪人身份与他暗中相见，说动了齐国使者，偷偷地把孙膑藏在车中回到齐国。齐国大臣田忌把他奉为座上客，又推荐给齐威王。威王向他请教了兵法，于是聘请他为老师。这时齐威王计划出兵援救赵国，任命孙膑为大将，孙膑以自己是个残疾之人坚决辞谢，齐威王便以田忌为大将、孙膑为军师，让他坐在帘车里，出谋划策。

田忌准备率兵前往赵国，孙膑说："排解两方的斗殴，不能用拳脚将他们打开，更不能上手扶持一方帮着打，只能因势利导，乘虚而入，紧张的形势受到阻禁，就自然化解了。现在两国攻战正酣，精兵锐卒倾巢而出，国中只剩老弱病残；您不如率军急袭魏国都城，占据交通要道，冲击他们空虚的后方，魏军一定会放弃攻赵回兵救援。这样我们一举两得，既解了赵国之围，又给魏国国内以打击。"田忌听从了孙膑的计策。十月，赵国的邯郸城投降了魏国。魏军又急忙还师援救国内，在桂陵与齐国军队发生激战，魏军大败。

十八年（庚午，公元前351年）

韩昭侯任用申不害为国相。

申不害，原是郑国的卑贱小臣，后来学习黄帝、老子著作和法家刑名学问，向韩昭侯游说。韩昭侯便用他为国相，对内整顿政治，对外积极开展交往，这样进行了十五年，直到申不害去世，韩国一直国盛兵强。

申不害曾经请求让他的堂兄做个官，韩昭侯不同意，申不害很不高兴。韩昭侯对他说："我之所以向你请教，就是想治理好国家。现在我是批准你的私情来破坏你创设的法度呢，还是推行你的法度而拒绝你的私情呢？你曾经开导我要按功劳高低来封赏等级，现在你却有私人的请求，我该听哪种意见呢？"申不害便离开了自己正式居室，另居别处，向韩昭侯请罪说：“您真是我企望效力的贤明君主！”

韩昭侯有条破裤子，让侍从收藏起来，侍从说：“您真是太吝啬了，不赏给我们还让收起来。”韩昭侯说：“我知道贤明君主珍惜一举一动，一皱眉头，一个笑脸，都是有感而发。现在这裤子比皱眉笑脸更重要，必须等到有人立功才给。”

十九年（辛未，公元前350年）

秦国公孙鞅在咸阳修建宫殿，将国都迁到那里。又下令禁止百姓家庭不分长幼尊卑地父子、兄弟混居一堂。把四散的小村落合并到一起，成为一个县，设置县令、县丞等官员，共设了三十一个县。还废除旧的井田制度，打破原来的土地疆界。并统一斗、桶、权、衡、丈、尺等计量单位。

二十一年（癸酉，公元前348年）

秦国公孙鞅改革赋税制度，付诸施行。

二十八年（庚辰，公元前341年）

魏国庞涓率军攻打韩国。韩国派人向齐国求救。齐威王召集大臣商议说：“是早救好呢，还是晚救好呢？”成侯邹忌建议：“不如不救。”田忌不同意，说：“我们坐视不管，韩国就会灭亡，被魏国吞并。还是早些出兵救援为好。”孙膑却说：“现在韩国、魏国的军队士气正盛，我们就去救援，是我们代替韩国承受魏国的打击，反而听命于韩国了。这次魏国有吞并韩国的野心，待到韩国感到亡国迫在眉睫，一定会向东再来恳求齐国，那时我们再出兵，既可以加深与韩国的亲密关系，又可以乘魏国军队的疲敝，正是一举两得，名利双收。”齐威王说：“对。”便暗中答应韩国使臣的求救，让他回去，却迟迟不出兵。韩国以为有齐国的支持，便奋力抵抗，但经过五次大战都大败而归，只好把国家的命运

庞涓夜走马陵道

寄托在东方齐国身上。

齐国这时才出兵，派田忌、田婴、田盼为将军，孙膑为军师，前去援救韩国，仍用老办法，直袭魏国都城。庞涓听说，急忙放弃韩国，回兵国中。魏国集中了全部兵力，派太子申为将军，抵御齐国军队。孙膑对田忌说："魏、赵、韩那些地方的士兵向来骠悍勇猛，看不起齐国；齐国士兵的名声也确实不佳。善于指挥作战的将军必须因势利导，扬长避短。《孙武兵法》说：'从一百里外去奔袭会损失上将军，从五十里外去奔袭只有一半军队能到达。'"于是便命令齐国军队进入魏国地界后，做饭修造十万个灶，第二天减为五万个灶，第三天再减为二万个灶。庞涓率兵追击齐军三天，见此情况，大笑着说："我早就知道齐兵胆小，进入我国三天，士兵已逃散一多半了。"于是丢掉步兵，亲率轻兵精锐日夜兼程追击齐军。孙膑估计魏军的行程当晚将到达马陵。马陵这个地方道路狭窄而多险隘，可以伏下重兵，孙膑便派人刮去一棵大树的树皮，在白树干上书写六个大字："庞涓死此树下！"再从齐国军队中挑选万名优秀射箭手夹道埋伏，约定天黑后一见有火把亮光就万箭齐发。果然，庞涓在夜里赶到那棵树下，看见白树干上隐约有字，便令人举火照看，还未读完，两边箭如飞蝗，一齐射下，魏军大乱，溃不成军。庞涓自知败势无法挽回，便拔剑自尽，临死前叹息说："让孙膑这小子成名了！"齐军乘势大破魏军，俘虏了太子申。

二十九年（辛巳，公元前340年）

公孙鞅对秦孝公说："秦国与魏国的关系，譬如人有心腹大患，不是魏国吞并秦国，就是秦国攻占魏国。为什么呢？魏国东面是险厄山岭，建都于安邑城，与秦国以黄河为界，独享崤山以东的地利。它强盛时便向西侵入秦国，窘困时便向东收缩自保。现在秦国在您的贤明领导下，国势渐强；而魏国去年大败于齐国，各国都背弃了与它的盟约，我们可以乘此时攻伐魏国。魏国无法抵抗，只能向东迁徙。那时秦国据有黄河、崤山的险要，向东可以制服各诸侯国，就奠定了称王称霸的宏伟大业。"秦孝公听从了他的建议，派公孙鞅率兵攻打魏国。魏国也派公子卬为将军前来抵抗。

两军对垒，公孙鞅派人送信给公子卬，写道："当年我与公子您交情很好，现在都成为两军大将，不忍心互相攻杀。我们可以见面互相起誓结盟，畅饮之后罢兵回国，以使秦国、魏国的百姓安心。"公子卬信以为真，便前来赴会。两方盟誓已毕，正饮酒时，公孙鞅事先埋伏下的甲士冲出来，俘虏了公子卬又乘势攻击魏军，使其大败。

魏惠王闻知败讯，十分惊恐，派人向秦国献出河西一带的地方以求和。此后他离开安邑，迁都到大梁。这时才叹息说："我真后悔当年不听公叔痤的话，杀掉公孙鞅！"

秦国封赏给公孙鞅商於地方的十五个县。于是他号称为商君。

三十一年（癸未，公元前338年）

秦国秦孝公去世，其子即位为秦惠文王。因公子虔的门下人指控商君要谋反，便派官吏前去捕捉他。商君急忙逃往魏国，魏国人拒不接纳，把他送回到秦国。商君只好与他的门徒来到封地商於，起兵向北攻打郑。秦国军队向商君进攻，将他斩杀，车裂分尸，全家老小也被杀光。

孟母三迁

三十三年（乙酉，公元前336年）

邹地人士孟轲求见魏惠王。惠王问道："老先生，您不远千里而来，能给我的国家带来什么利益呢？"孟轲说："君主您何必张口就要利益，有了仁义就足够了！如果君主光说为国谋利益，大夫光说为家谋利益，士民百姓所说的也是如何让自身得到利益，上上下下都追逐利益，那么国家就危险了。只有仁爱的人不会抛弃他的亲人，忠义的人不会把国君放到脑后。"魏惠王点头说："对。"

起初，孟轲拜孔伋为师，曾经请教治理百姓什么是当务之急。孔伋说："叫他们先得到利益。"孟轲问道："贤德的人教育百姓，只谈仁义就够了，何必要说利益？"孔伋说："仁义原本就是利益！上不仁，则下无法安分；上不义，则下也尔虞我诈，这就造成最大的不利。所以《易经》中说：'利，就是义的完美体现。'又说：'用利益安顿人民，以弘扬道德。'这些是利益中最重要的。"

臣司马光曰：孔伋、孟子的话，都是一个道理。只有仁义的人才知道，仁义是最大的利，不仁义的人是不知道的。所以孟子对魏惠王直接宣扬仁义，闭口不谈利，是因为谈话的对象不同的缘故。

三十六年（戊子，公元前333年）

当初，洛阳人苏秦向秦王进献兼并天下的计划，秦王却不采纳，苏秦于是离去，又游说燕文公道："燕国之所以不遭受侵犯和掠夺，是因为南面有赵国做挡箭牌。秦国要想攻打燕国，必须远涉千里之外，而赵国要攻打燕国，只需行军百里以内。现在您不担忧眼前的灾患，反倒顾虑千里之外，办事情没有比这更错的了。我希望大王您能与赵国结为亲密友邦，两国一体，则燕国可以无忧无虑了。”

燕文公听从苏秦的劝告，资助他车马，让他去游说赵肃侯。苏秦对赵肃侯说道：“当今之时，崤山以东的国家以赵国最强，秦国的心腹之患也是赵国，然而秦国始终不敢起兵攻赵，就是怕韩国、魏国在背后算计。秦国要是攻打韩、魏两国，没有名山大川阻挡，只要吞并一些土地，很快就兵临国都。韩国、魏国不能抵挡秦国，必定会俯首称臣；秦国没有韩国、魏国的牵制，就立即把战祸蔓延到赵国头上。让我根据天下的地图来分析一下，各国的土地面积是秦国的五倍，估计各国的兵力是秦国的十倍，如果六国结成一气，向西进攻秦国，一定可以攻破。现在主张结好秦国的人都想割各国的土地去献给秦国，秦国成就霸业他们可以获得个人荣华富贵，而各国遭受秦国的践踏，他们却毫无分忧之感。所以这些人日日夜夜总是用秦国的威势来恐吓各国，以使各国割地。我劝大王好好地想一想！为大王着想，不如联合韩、魏、齐、楚、燕、赵各国为友邦，抵抗秦国，让各国派出大将、国相在洹水举行会议，互换人质，结成同盟，共同宣誓：‘如果秦国攻打某一国，其他五国都要派出精兵，或者进行牵制，或者进行救援。哪一国不遵守盟约，其他五国就一起讨伐它！’各国结成盟邦来对抗秦国，秦国就再也不敢派兵出函谷关来侵害崤山以东各国了。”赵肃侯听罢大喜，将苏秦奉为上宾，赏赐丰厚，让他去约会各国。

这时秦国派犀首为大将攻打魏国，大败四万多魏军，活捉魏将龙贾，攻取雕阴，又要引兵东下。苏秦担心秦兵到赵国会挫败联合各国的计划，盘算没有别人可以到秦国去用计，于是用激将法挑动张仪，前往秦国。

张仪，魏国人，当年与苏秦一起在鬼谷子先生门下，学习联合、分裂各国的政治权术，苏秦自认为才能不及张仪。张仪游说各国没有被赏识，流落楚国，这时苏秦便召他前来，又加以羞辱。张仪被激怒，心想各国中只有秦国能让赵国吃苦头，便前往秦国。苏秦又暗中派门下小官送钱去资助张仪，使张仪见到了秦王。秦王很高兴，以客卿地位礼待张仪。苏秦派来的人告辞时对张仪说明：“苏秦先生担心秦国攻打赵国会挫败联合各国计划，认为除了您没有人能操纵秦国，所以故意激怒您，又暗中派我来供给您费用，这些都是苏秦先生的计谋啊！”张仪感慨地说：“罢了！我在别人的计谋中还不自知，我不如苏秦先生是很明显的事了。请代我拜谢苏秦先生，只要他活着，我张仪就不说二话！”

于是苏秦又劝说韩宣惠王：“韩国方圆九百多里，有几十万甲士，天下的强弓、劲弩、利剑都产于韩国。韩国士兵双脚踏弩射箭，能连续百发以上。用这样勇猛的士兵，披上坚固的盔甲，张起强劲的弓弩，手持锋利宝剑，一个顶百个也不在话下。大王若是屈服秦国，秦国必定索要宜阳、成皋两城，现在满足了它，明年还会要割别的地。再给它已无地可给，不给又白费了以前的讨好，要蒙受后祸。况且大王的地有限而秦国的贪欲无止，以有限的地来迎合无穷的贪求，这正是自找苦吃，没打一仗就丢了土地。俗话说得好：‘宁为鸡口，不为牛后。’大王您这样贤明，拥有韩国的强兵，而落个尾从的名声，那时我也背地里要为您害羞了！”韩王听从了苏秦的劝说。

苏秦又对魏王说：“大王的领地方圆千里，表面上虽不算大，然而村镇房屋的稠密，已到了无处可放牧的地步。百姓、车马之多，日夜络绎不绝于道路，熙熙攘攘，好似千军万马。我私下估计，大王的国家不亚于楚国。现在听说大王有二十万武士、二十万苍头军、二十万敢死队、十万仆从、六百辆战车、五千匹战马，却打算听从群臣的浅见，去屈服秦国。所以我们赵王派我向您建议，订立盟约，望大王明察决断。”魏王也同意了苏秦的建议。

苏秦再游说齐王说：“齐国四面要塞，广袤二千余里，披甲士兵几十万，谷积如山。精良的三军，郊外二十县的五都之兵，进攻像离弦利箭，作战如雷霆万钧，解散似风雨扫过。有了他们，即使遇到战事，也不用到泰山、清河、渤海一带去征兵。临淄城里有七万户，以我的猜度，每户男子不下三人，不用到边远县乡去征发，仅临淄城里的人已够二十一万兵了。临淄城富庶殷实，居民都斗鸡、赛狗、下棋、踢球。临淄的道路上，车多得互相碰撞，人多得摩肩接踵，衣服连起来成了帷帐，众人挥汗如同下雨。那韩国、魏国之所以十分害怕秦国，是因为与秦国接壤，出兵对阵，作战用不了十天，就到了存亡的生死关头。韩国、魏国如果打败了秦国，自身也损伤过半，边境难守；如果败给秦国，那么紧接着国家就濒临危亡。所以韩国、魏国对与秦国作战十分慎重，常常表示屈服忍让。而秦国来攻齐国就不一样了，要背靠韩国、魏国的国土，经过卫国阳晋之路，再经过亢父的险隘，车辆、骑兵都难以并行。只要有一百人守住险要，一千人也不敢通过。秦国即使想驱兵深入，也要顾忌韩、魏两国在它背后的活动，所以它虽骄横，却又疑心重重，虚张声势而不敢冒进攻齐，以此可见，秦国难以危害齐国是明显的。而你们不仔细考虑秦国对齐国的无可奈何，却要向西俯首称臣，这是齐国群臣的失策。现在听我的建议，齐国可以免去屈服于秦国的卑名，而获得强国的实际利益，因此我希望大王您能留意划算一下！”齐王也应允了苏秦的建议。

苏秦又到西南劝说楚威王道：“楚国，是天下的强国，有方圆六千余里，百万甲士，千辆战车，万匹战马，存粮可支持十年，这是称霸天下的资本。秦国的心腹之患莫过于楚国，楚国强则秦国弱，秦国强则楚国弱，两国势不两立。所以我为大王着想，不如联合各国孤立秦国。我可以让崤山以东各国四季向您进贡，以求得大王的抗秦明令；再把江山社稷、祖先宗庙都托付给您，练兵整军，听从您的指挥。由此而见，联合结盟则各国割地来归附楚国，横向亲秦则楚国要割地去归附秦国，这两种办法有天壤之别，大王您选择哪一种呢？”楚王也听从苏秦的劝说。

于是苏秦成为主持六国联盟的纵约长，兼任六国的国相。他北归赵国复命时，车马随从之多，可与王君相比。

四十八年（庚子，公元前321年）

靖郭君有四十个儿子，其中一个地位卑贱的小老婆生的儿子叫田文。田文风流通达、富有智谋，他建议靖郭君广散钱财，蓄养心腹之士。靖郭君便让田文主持家政，接待宾客，宾客都在靖郭君面前争相称赞田文，建议让他做继承人。靖郭君死后，田文果然接班做了薛公，号为孟尝君。他四处招揽收留各国的游士和有罪出逃的人才，为他们添置家产，给以丰厚待遇，还救济他们的亲戚。这样，孟尝君门下收养的食客常达几千人，都各自认为孟尝君亲近自己。因此孟尝君的美名传遍天下。

孟尝君代表齐国前往楚国访问，楚王送他一张象牙床。孟尝君令登徒直先护送象牙床回国。登徒直却不愿意去，他对孟尝君门下人公孙戌说："象牙床价值千金，如果有一丝一毫的损伤，我就是卖了妻子儿女也赔不起啊！你要是能让我躲过这趟差使，我有一把祖传的宝剑，愿意送给你。"公孙戌答应了。他见到孟尝君说："各个小国家之所以都延请您担任国相，是因为您能扶助弱小贫穷，使灭亡的国家复存，使子孙断绝者延续，大家十分钦佩您的仁义，仰慕您的廉洁。现在您刚到楚国就接受了象牙床的厚礼，那些还没去的国家又拿什么来接待您呢！"孟尝君听罢回答说："你说得有理。"于是决定谢绝楚国的象牙床厚礼。公孙戌告辞快步离开，还没出小宫门，孟尝君就把他叫了回来，问道："你为什么那么趾高气昂、神采飞扬呢？"公孙戌只得把赚了宝剑的事如实报告。孟尝君于是令人在门上贴出布告，写道："无论何人，只要能弘扬我田文的名声，劝止我田文的过失，即使他私下接受了别人的馈赠，也没关系，请赶快来提出意见。"

臣司马光曰：孟尝君可以算是能虚心接受意见的人了。只要提的意见对，即使是别有用心，他也予以采纳，更何况那些毫无私心的尽忠之言呢！《诗经》写道："采集蔓菁，采集土瓜，根好根坏不要管它。"孟尝君是做到了这种兼容并包的雅度。

第三卷 周纪三

译文诵读

慎靓王二年（壬寅，前319）

魏惠王薨，子襄王立。孟子入见而出，语人曰：“望之不似人君，就之而不见所畏焉。卒然问曰：‘天下恶乎定？’吾对曰：‘定于一。’‘孰能一之？’对曰：‘不嗜杀人者能一之。’‘孰能与之？’对曰：‘天下莫不与也。王知夫苗乎？七、八月之间旱，则苗槁矣。天油然作云，沛然下雨，则苗勃然兴之矣。其如是，孰能御之！’”

四年（甲辰，前317）

张仪说魏襄王曰：“梁地方不至千里，卒不过三十万，地四平，无名山大川之限，卒戍楚、韩、齐、赵之境，守亭、障者不过十万，梁之地势固战场也。夫诸侯之约从，盟于洹水之上，结为兄弟以相坚也。今亲兄弟同父母，尚有争钱财相杀伤，而欲恃反覆苏秦之余谋，其不可成亦明矣。大王不事秦，秦下兵攻河外，据卷衍、酸枣，劫卫，取阳晋，则赵不南，赵不南则梁不北，梁不北则从道绝，从道绝则大王之国欲毋危不可得也。故愿大王审定计议，且赐骸骨。”魏王乃倍从约，而因仪以请成于秦。张仪归，复相秦。

五年（乙巳，前316）

巴、蜀相攻击，俱告急于秦。秦惠王欲伐蜀，以为道险狭难至，而韩又来侵，犹豫未能决。司马错请伐蜀。张仪曰：“不如伐韩。”王曰：“请闻其说。”仪曰：“亲魏，善楚，下兵三川，攻新城、宜阳，以临二周之郊，据九鼎，按图籍，挟天子以令于天下，天下莫敢不听，此王业也。臣闻争名者于朝，争利者于市。今三川、周室，天下之朝市也，而王不争焉，顾争于戎翟，去王业远矣。”司马错曰：“不然。臣闻欲富国者务广其地，欲强兵者务富其民，欲王者务博其德。三资者备而王随之矣。今王地小民贫，故臣愿先从事于易。夫蜀，西僻之国而戎翟之长也，有桀、纣之乱；以秦攻之，譬如使豺狼逐群羊；得其地足以广国，取其财足以富民，缮兵不伤众而彼已服焉。拔一国而天下不以为暴，利尽四海而天下不以为贪，是我一举而名实附也，而又有禁暴止乱之名。今攻韩，劫天子，恶名也，而未必利也；又有不义之名，而攻天下所不欲，危矣。臣请论其故：周，天下之宗室也。齐，韩之与国也。周自知失九鼎，韩自知亡三川，将二国并力合谋，以因乎齐、赵而求解乎楚、魏，以鼎与楚，以地与魏，王弗能止也。此臣之所谓危也。不如伐蜀完。”王从错计，起兵伐蜀；十月取之。贬蜀王，更号为侯；而使陈庄相蜀。蜀既属秦，秦以益强，富厚，轻诸侯。

赧王上元年（丁未，前314）

燕子之为王三年，国内大乱。将军市被与太子平谋攻子之。齐王令人谓太子曰："寡人闻太子将饬君臣之义，明父子之位，寡人之国唯太子所以令之。”太子因要党聚众，使市被攻子之，不克。市被反攻太子。构难数月，死者数万人，百姓恫恐。齐王令章子将五都之兵，因北地之众以伐燕。燕士卒不战，城门不闭。齐人取子之，醢之，遂杀燕王哙。

齐王问孟子曰："或谓寡人勿取燕，或谓寡人取之。以万乘之国伐万乘之国，五旬而举之，人力不至于此；不取，必有天殃。取之何如？”孟子对曰："取之而燕民悦则取之，古之人有行之者，武王是也。取之而燕民不悦则勿取，古之人有行之者，文王是也。以万乘之国伐万乘之国，箪食壶浆以迎王师，岂有他哉？避水火也。如水益深，如火益热，亦运而已矣！”

诸侯将谋救燕。齐王谓孟子曰："诸侯多谋伐寡人者，何以待之？”对曰："臣闻七十里为政于天下者，汤是也；未闻以千里畏人者也。《书》曰：‘徯我后，后来其苏。’今燕虐其民，王往而征之，民以为将拯己于水火之中也，箪食壶浆以迎王师。若杀其父兄，系累其子弟，毁其宗庙，迁其重器，如之何其可也！天下固畏齐之强也，今又倍地而不行仁政，是动天下之兵也。王速出令，反其旄倪，止其重器，谋于燕众，置君而后去之，则犹可及止也。”齐王不听。

已而燕人叛。王曰："吾甚惭于孟子。”陈贾曰："王无患焉。”乃见孟子，曰："周公何人也？”曰："古圣人也。”陈贾曰："周公使管叔监商，管叔以商畔也。周公知其将畔而使之与？”曰："不知也。”陈贾曰："然则圣人亦有过与？”曰："周公，弟也，管叔，兄也，周公之过不亦宜乎！且古之君子，过则改之；今之君子，过则顺之。古之君子，其过也如日月之食，民皆见之；及其更也，民皆仰之。今之君子，岂徒顺之，又从为之辞？”

二年（戊申，前313）

秦王欲伐齐，患齐、楚之从亲，乃使张仪至楚，说楚王曰："大王诚能听臣，闭关绝约于齐，臣请献商於之地六百里，使秦女得为大王箕帚之妾，秦、楚嫁女娶妇，长为兄弟之国。”楚王说而许之。群臣皆贺，陈轸独吊。王怒曰："寡人不兴师而得六百里地，何吊也？”对曰：“不然。以臣观之，商於之地不可得而齐、秦合，齐、秦合则患必至矣。”王曰：“有说乎？”对曰：“夫秦之所以重楚者，以其有齐也。今闭关绝约于齐则楚孤，秦奚贪夫孤国而与之商於之地六百里！张仪至秦，必负王。是王北绝齐交，西生患于秦也，两国之兵必俱至。为王计者，不若阴合而阳绝于齐，使人随张仪，苟与吾地，绝齐未晚也。”王曰：“愿陈子闭口，毋复言，以待寡人得地！”乃以相印授张仪，厚赐之。遂闭关绝约于齐，使一将军随张仪至秦。

张仪详堕车，不朝三月。楚王闻之，曰：“仪以寡人绝齐未甚邪？”乃使勇士宋遗借宋之符，北骂齐王。齐王大怒，折节以事秦，齐、秦之交合。张仪乃朝，见楚使者曰：“子何不受地？从某至某，广袤六里。”使者怒，还报楚王。楚王大怒，欲发兵而攻秦。陈轸曰：“轸可发口言乎？攻之不如因赂之以一名都，与之并力而攻齐，是我亡地于秦，取偿于齐也。今王已绝于齐而责欺于秦，是吾合齐、秦之交而来天下之兵也，国必大伤矣！”楚王不听，使屈匄帅师伐秦。秦亦发兵使庶长章击之。

三年（己酉，前312）

燕人共立太子平，是为昭王。昭王于破燕之后。吊死问孤，与百姓同甘苦，卑身厚币以招贤者。谓郭隗曰：“齐因孤之国乱而袭破燕，孤极知燕小力少，不足以报；然诚得贤士与共国，以雪先王之耻，孤之愿也。先生视可者，得身事之！”郭隗曰：“古之人君有以千金使涓人求千里马者，马已死，买其首五百金而返。君大怒，涓人曰‘死马且买之，况生者乎！马今至矣。’不期年，千里之马至者三。今王必欲致士，先从隗始，况贤于隗者，岂远千里哉！”于是昭王为隗改筑宫而师事之。于是士争趣燕：乐毅自魏往，剧辛自赵往。昭王以乐毅为亚卿，任以国政。

四年（庚戌，前311）

秦惠王使人告楚怀王，请以武关之外易黔中地。楚王曰：“不愿易地，愿得张仪而献黔中地。”张仪闻之，请行。王曰：“楚将甘心于子，奈何行？”张仪曰：“秦强楚弱，大王在，楚不宜敢取臣。且臣善其嬖臣靳尚，靳尚得事幸姬郑袖，袖之言，王无不听者。”遂往。楚王囚，将杀之。靳尚谓郑袖曰：“秦王甚爱张仪，将以上庸六县及美女赎之。王重地尊秦，秦女必贵而夫人斥矣。”于是郑袖日夜泣于楚王曰：“臣各为其主耳。今杀张仪，秦必大怒。妾请子母俱迁江南，毋为秦所鱼肉也！”王乃赦张仪而厚礼之。张仪因说楚王曰：“夫为从者无以异于驱群羊而攻猛虎，不格明矣。今王不事秦，秦劫韩驱梁而攻楚，则楚危矣。秦西有巴、蜀，治船积粟，浮岷江而下，一日行五百余里，不至十日而拒扞关，扞关惊则从境以东尽城守矣，黔中、巫郡非王之有。秦举甲出武关，则北地绝。秦兵之攻楚也，危难在三月之内，而楚待诸侯之救在半岁之外，夫待弱国之救，忘强秦之祸，此臣所为大王患也。大王诚能听臣，臣请令秦、楚长为兄弟之国，无相攻伐。”楚王已得张仪而重出黔中地，乃许之。

张仪遂之韩，说韩王曰：“韩地险恶山居，五谷所生，非菽而麦，国无二岁之食；见卒不过二十万。秦被甲百余万。山东之士被甲蒙胄以会战，秦人捐甲徒裼以趋敌，左挈人头，右挟生虏。夫战孟贲、乌获之士以攻不服之弱国，无异垂千钧之重于鸟卵之上，必无幸矣。大王不事秦，秦下甲据宜阳，塞成皋，则王之国分矣，鸿台之宫，桑林之苑，非王之有也。为大王计，莫如事秦以攻楚，以转祸而悦秦，计无便于此者！”韩王许之。

张仪归报，秦王封以六邑，号武信君。复使东说齐王曰：“从人说大王者必曰：‘齐蔽于三晋，地广民众，兵强士勇，虽有百秦，将无奈齐何。’大王贤其说而不计其实。今秦、楚嫁女娶妇，为昆弟之国；韩献宜阳；梁效河外；赵王入朝，割河间以事秦。大王不事秦，秦驱韩、梁攻齐之南地，悉赵兵，渡清河，指博关，临菑、即墨非王之有也！国一日见攻，虽欲事秦，不可得也！”齐王许张仪。

张仪去，西说赵王曰：“大王收率天下以摈秦，秦兵不敢出函谷关十五年。大王之威行于山东，敝邑恐惧，缮甲厉兵，力田积粟，愁居慑处，不敢动摇，唯大王有意督过之也。今以大王之力，举巴、蜀，并汉中，包两周，守白马之津。秦虽僻远，然而心忿含怒之日久矣。今秦有敝甲凋兵军于渑池，愿渡河，逾漳，据番吾，会邯郸之下，愿以甲子合战，正殷纣之事。谨使使臣先闻左右。今楚与秦为昆弟之国，而韩、梁称东藩之臣，齐献鱼盐之地，此断赵之右肩也。夫断右肩而与人斗，失其党而孤居，求欲毋危得乎！今秦发三将军，其一军塞午道，告齐使渡清河，军于邯郸之东，一军军成皋，驱韩、梁军于河外，一军军于渑池，约四国为一以攻赵，赵服必四分其地。臣窃为大王计，莫如与秦王面相约而口相结，常为兄弟之国也。”赵王许之。

张仪乃北之燕，说燕王曰：“今赵王已入朝，效河间以事秦。大王不事秦，秦下甲云中、九原，驱赵而攻燕，则易水、长城非大王之有也！且今时齐、赵之于秦，犹郡县也，不敢妄举师以攻伐。今王事秦，长无齐、赵之患矣。”燕王请献常山之尾五城以和。

张仪归报，未至咸阳，秦惠王薨，子武王立。武王自为太子时，不说张仪；及即位，群臣多毁短之。诸侯闻仪与秦王有隙，皆畔衡，复合从。

五年（辛亥，前310）

张仪说秦武王曰：“为王计者，东方有变，然后王可以多割得地也。臣闻齐王甚憎臣，臣之所在，齐必伐之。臣愿乞其不肖之身以之梁，齐必伐梁，齐、梁交兵而不能相去，王以其间伐韩，入三川，挟天子，案图籍，此王业也！”王许之。齐王果伐梁，梁王恐。张仪曰：“王勿患也！请令齐罢兵。”乃使其舍人之楚，借使谓齐王曰：“甚矣王之托仪于秦也！”齐王曰：“何故？”楚使者曰：“张仪之去秦也固与秦王谋矣，欲齐、梁相攻而令秦取三川也。今王果伐梁，是王内罢国而外伐与国，而信仪于秦王也。”齐王乃解兵还。张仪相魏一岁，卒。

仪与苏秦皆以纵横之术游诸侯，致位富贵，天下争慕效之。又有魏人公孙衍者，号曰犀首，亦以谈说显名。其余苏代、苏厉、周最、楼缓之徒，纷纭遍于天下，务以辩诈相高，不可胜纪；而仪、秦、衍最著。

八年（甲寅，前307）

赵武灵王北略中山之地，至房子，遂至代，北至无穷，西至河，登黄华之上。与肥义谋胡服骑射以教百姓，曰：“愚者所笑，贤者察焉。虽驱世以笑我，胡地、中山，吾必有之！”遂胡服。

国人皆不欲，公子成称疾不朝。王使人请之曰：“家听于亲，国听于君。今寡人作教易服而公叔不服，吾恐天下议己也。制国有常，利民为本；从政有经，令行为上。明德先论于贱，而从政先信于贵，故愿慕公叔之义以成胡服之功也。”公子成再拜稽首曰：“臣闻中国者，圣贤之所教也，礼乐之所用也，远方之所观赴也，蛮夷之所则效也。今王舍此而袭远方之服，变古之道，逆人之心，臣愿王孰图之也！”使者以报。王自往请之，曰：“吾国东有齐、中山，北有燕、东胡，西有楼烦、秦、韩之边。今无骑射之备，则何以守之哉？先时中山负齐之强兵，侵暴吾地，系累吾民，引水围鄗；微社稷之神灵，则鄗几于不守也。先君丑之，故寡人变服骑射，欲以备四境之难，报中山之怨。而叔顺中国之俗，恶变服之名，以忘鄗事之丑，非寡人之所望也！”公子成听命，乃赐胡服；明日服而朝。于是始出胡服令，而招骑射焉。

十六年（壬戌，前299）

五月，戊申，大朝东宫，传国于何。王庙见礼毕，出临朝，大夫悉为臣。肥义为相国，并傅王。武灵王自号“主父”。主父欲使子治国，身胡服，将士大夫西北略胡地。将自云中、九原南袭咸阳，于是诈自为使者，入秦，欲以观秦地形及秦王之为人。秦王不知，已而怪其状甚伟，非人臣之度，使人逐之；主父行已脱关矣，审问之，乃主父也。秦人大惊。

十七年（癸亥，前298）

或谓秦王曰：“孟尝君相秦，必先齐而后秦；秦其危哉！”秦王乃以楼缓为相，囚孟尝君，欲杀之。孟尝君使人求解于秦王幸姬，姬曰：“愿得君狐白裘。”孟尝君有狐白裘，已献之秦王，无以应姬求。客有善为狗盗者，入秦藏中，盗狐白裘以献姬。姬乃为之言于王而遣之。王后悔，使追之。孟尝君至关，关法，鸡鸣而出客，时尚蚤，追者将至，客有善为鸡鸣者，野鸡闻之皆鸣。孟尝君乃得脱归。

赵王封其弟为平原君。平原君好士，食客尝数千人。有公孙龙者，善为坚白同异之辩，平原君客之。孔穿自鲁适赵，与公孙龙论臧三耳，龙甚辩析。子高弗应，俄而辞出，明日复见平原君。平原君曰："畴昔公孙之言信辩也，先生以为何如？"对曰："然。几能令臧三耳矣。虽然，实难！仆愿得又问于君。今谓三耳甚难而实非也，谓两耳甚易而实是也，不知君将从易而是者乎，其亦从难而非者乎？"平原君无以应。明日，谓公孙龙曰："公无复与孔子高辩事也！其人理胜于辞；公辞胜于理，终必受诎。"

邹衍过赵，平原君使与公孙龙论白马非马之说。邹子曰："不可。夫辩者，别殊类使不相害，序异端使不相乱。抒意通指，明其所谓，使人与知焉，不务相迷也。故胜者不失其所守，不胜者得其所求。若是，故辩可为也。及至烦文以相假，饰辞以相惇，巧譬以相移，引人使不得及其意，如此害大道。夫缴纫争言而竞后息，不能无害君子，衍不为也。"座皆称善。公孙龙由是遂诎。

慎靓王二年（壬寅，公元前319年）

魏惠王去世，其子即位为魏襄王。孟轲前去拜见他，离开后对别人说："襄王的样子就不像一个君主，和他接触也无法产生敬畏之感。他猛然问我：'天下怎样才能安定？'我回答说：'统一才能安定。'他又问：'谁能统一？'回答：'不滥杀人的人能统一。''谁愿意让他统一呢？'我回答说：'天下的百姓都愿意。大王您知道禾苗吧，七八月间遇上大旱，禾苗都干枯萎靡。这时天上乌云密布，大雨滂沱，禾苗就生机勃勃，一片葱郁。这样的势头，谁能阻挡！'"

四年（甲辰，公元前317年）

张仪劝说魏襄王道："魏国地方不满千里，士兵不足三十万，地势四下平坦，没有崇关大河的险要。防军分别守卫与楚、韩、齐、赵接壤的边界，用来扼守要塞的不过十万人，所以，魏国历来是厮杀的战场。各国约定联合抗秦，在洹水结盟，作为兄弟之邦互相救援。然而同一父母的亲兄弟，有时还为争夺钱财互相残杀，各国之间，想靠反复无常小人苏秦的一番伎俩，就结成同盟，明显是不足恃的。大王您不与秦国结好，秦国就会发兵进攻河外，占据卷衍、酸枣等

西周　豐卣

地，袭击卫国，夺取阳晋。那时，赵国不能南下，魏国也不能北上，南北隔绝，就谈不上联合抗秦，大王您的国家想避免危险也不可能了。所以我希望大王您能深思熟虑，拿定主意，让我辞去魏国相位，回秦国去筹划修好。”魏王于是背弃了联合抗秦的盟约，派张仪前往秦国去求和。张仪回到秦国，再次出任国相。

五年（乙巳，公元前316年）

巴国、蜀国互相攻击，都来向秦国告急求救。秦惠王想出兵讨伐蜀国，但顾虑道路险峻难行，韩国又可能来侵犯，所以犹豫不决。司马错建议他仍旧出兵伐蜀，张仪却说：“不如去征讨韩国。”秦惠王说：“请谈谈你的见解。”张仪便陈述道：“我们应该与魏国、楚国亲善友好，然后出兵黄河、伊水、洛水一带，攻取新城、宜阳，兵临东西周王都，控制象征王权的九鼎和天下版图，挟持天子以号令天下，各国就不敢不从，这是称王的大业。我听人说，要博取名声应该去朝廷，要赚取金钱应该去集市。现在的黄河、伊洛一带和周朝王室，正好比天下的朝廷和集市，而大王您不去那里争雄，反倒纠缠于远方的戎狄小族争斗，这可不是帝王的大业啊！”司马错反驳张仪说：“不对。我也听说有这样的话：想要使国家富强必须先开拓疆土，想要使军队强大必须先让老百姓富庶，想要成就帝王大业必须先树立德望。这三个条件具备，帝王大业也就水到渠成。现在大王的国家地小民贫，所以我建议先从容易之事做起。蜀国，是西南偏僻之国，又是戎狄之族的首领，政治昏乱，如同夏桀、商纣；以秦国大兵攻蜀，就像狼入羊群一样。攻占它的土地可以扩大秦国疆域，夺取它的财富可以赡养百姓，而军队不须有大的伤亡就可以使蜀国屈服。这样，吞并一个国家而天下并不认为秦国强暴，获取广泛的利益天下也不认为秦国贪婪，我们一举两得、名利双收，更享有除暴安良的美誉。秦国若是攻打韩国、劫持周天子，就会臭名远扬，也不见得有什么实际利益。蒙受不义之名，攻打天下人所不愿攻占的地方，那可是很危险的！请让我细说其中的原因：周朝，是天下尊崇的王室；齐国，是韩国的亲睦友邦。周朝自知要失去九鼎，韩国自知要失去伊洛一带领土，两国将会齐心合力，共同谋划，求得齐国、赵国的援助，并与有旧怨的楚国、魏国和解，甚至不惜把鼎送给楚国，把土地割让给魏国，对此，大王您只能束手无策。这就是我所说的危险所在。所以，攻打蜀国才是十拿九稳的上策。”秦惠王听从了司马错的建议，起兵伐蜀，仅用了十个月就攻克全境，把蜀王降为侯，又任命陈庄为蜀国国相。蜀国为秦国吞并以后，秦国更加富庶和强盛而轻视周围各国。

赧王上元年（丁未，公元前314年）

燕国子之做国王三年，国内大乱，将军市被与太子姬平合谋攻打子之。齐王派人对燕太子说：“我听说您将要整饬君臣大义，申明父子名位，我的国家愿意支持您的号召，做坚强后盾。”燕太子于是聚集死党，派将军市被进攻子之，却没有得手，市被反倒戈攻打太子。国内动乱几个月，死亡达几万人，人心惶惶。此时，齐王命章子为大将，率领国都周围五城的军队及北方的部队征伐燕国。燕国士兵毫无战意，城门大开不守。齐国便捕获了子之，把他剁成肉酱。燕王姬哙也同时被杀。

齐王请教孟轲："有人建议我不要攻占燕国，有人却建议我乘机吞并它。我想，以万乘兵车的大国去进攻另一个同样的大国，五十天就征服，这靠人的力量是做不到的，只能是天意。现在我若不吞并燕国，上天一定会降祸怪罪。我把燕国并入齐国，怎么样？"孟轲回答说："吞并后如果燕国人民很高兴，那就吞并吧，古代有这样做的，比如周武王。吞并而使燕国人民气愤，就不要吞并，古代也有这样行事的，比如周文王。齐国以万乘兵车大国征讨另一个大国，那里的百姓都捧着食品、茶水来迎接齐军，没有别的原因，就是为了跳出水深火热的战祸啊！如果新统治下水更深，火更热，百姓又将转而投奔别的国家了。"

各国策划援救燕国。齐王又对孟轲问道："各国都谋划来讨伐我，怎么办？"回答说："我听说过只占有七十里而能统一号令天下的例子，就是商王汤。没听说过拥有千里之广的国家而总是畏惧别人的。《尚书》说：'盼望我们的君主，他来了我们就可以获得解救。'现在燕国虐待它的百姓，大王前往征服它，燕国人民认为是从水深火热中拯救了他们，都箪食壶浆前来迎接仁义之师。您如果杀了他们的父兄，囚捕他们的子弟，毁坏他们的祖庙，掠夺他们的国宝，那可就不行了。天下本来就畏惧齐国的强大，现在齐国土地又增加了一倍，如果不施行仁政，那么就会招致天下的讨伐。大王您应该立即下令，释放被捕的老幼百姓，停止掠夺燕国的财宝，与燕国民众商议，推举新的国君，然后离开燕国，这样做还来得及。"齐王却没有采纳孟轲的劝告。

不久，燕国人果然纷纷反叛齐国，齐王叹息道："我真惭愧没听孟轲的话。"陈贾说："大王不用担心。"于是他前去见孟轲，问："周公是什么样的人？"回答说："是古代的圣人。"陈贾又说："周公派管叔监视商朝旧地，管叔却在商地反叛。难道周公预先知道管叔会反叛而仍派他去吗？"回答："周公预先不知道。"陈贾便说："如此说来圣人也会犯错误吗？"孟轲说："周公，是弟弟，管叔，是哥哥，周公的错误是可以理解的。况且古代的君子，有了错误就改；现在的所谓君子，有了错误听之任之。古代的君子，他的过失像日食月食，人民都看得到；待到他改正，人民便更加景仰他。现在的君子，不但听任错误不改，反而寻找托辞。"

二年（戊申，公元前313年）

秦王想征伐齐国，又顾虑齐国与楚国有互助条约，便派张仪前往楚国。张仪对楚王说："大王如果能听从我的建议，与齐国废除盟约，断绝邦交，我可以向楚国献上商於地方的六百里土地，让秦国的美女来做侍奉您的妾婢。秦、楚两国互通婚嫁，就能永远结为兄弟之邦。"楚王十分高兴，答应张仪的建议。群臣都前来祝贺，只有陈轸表示哀痛。楚王恼怒地问："我一兵未发而得到六百里土地，有什么不好？"陈轸回答："您的想法不对。以我之见，商於的土地不会到手，齐国、

楚王斥退陈轸

秦国却会联合起来，齐、秦一联合，楚国即将祸事临门了。”楚王问：“你有什么解释呢？”陈轸回答：“秦国之所以重视楚国，就是因为我们有齐国做盟友。现在我们如果与齐国毁约断交，楚国便孤立了，秦国又怎么会偏爱一个孤立无援的国家而白送商於六百里地呢！张仪回到秦国以后，一定会背弃对大王您的许诺。那时大王北与齐国断交，西与秦国生出怨仇，两国必定联合发兵夹攻。为您算计，不如我们暗中与齐国仍旧修好而只表面上绝交，派人随张仪回去，如果真的割让给我们土地，再与齐国绝交也不晚。”楚王斥责道：“请你陈先生闭上嘴巴，不要再说废话了，等着看我去接收大片土地吧！”于是把国相大印授给张仪，又重重赏赐他。随后下令与齐国毁约断交，派一名将军同张仪前往秦国。

张仪回国后，假装从车上跌下，三个月不上朝。楚王听说后自语道：“张仪是不是觉得我与齐国断交做得还不够？”便派勇士宋遗借了宋国的符节，北上到齐国去辱骂齐王。齐王大怒，立即降低身份去讨好秦国，齐国、秦国于是和好。这时张仪才上朝，见到楚国使者，故作惊讶地问：“你为何还不去接受割地？从某处到某处，有六里多见方。”使者愤怒地回国报告楚王，楚王勃然大怒，想发兵攻打秦国。陈轸说：“我可以开口说话吗？攻秦国还不如用一座大城的代价去收买它，与秦国合力攻齐国。这样我们从秦国失了地，还可以在齐国得到补偿。现在大王您已经与齐国断交，又去质问秦国的欺骗行为，是我们促使齐国、秦国和好而招来天下的军队了，国家一定会有大损失！”楚王仍是不听他的劝告，派屈匄率军队征讨秦国，秦国也任命魏章为庶长之职，起兵迎击。

三年（己酉，公元前312年）

燕国贵族共同推举太子姬平为燕昭王。昭王是在燕国被齐国攻破后即位的，他凭吊死者，探访贫孤，与百姓同甘共苦。自己礼贤下士，用重金来招募人才。他问郭隗：“齐国乘我们的内乱而攻破燕国，我深知燕国国小力微，不足以报仇。然而招揽贤士与他们共商国是，以雪先王的耻辱，始终是我的愿望。先生您如果见到合适人才，我一定亲自服侍他。”郭隗说：“古时候有个君主派一个负责洒扫的涓人用千金去购求千里马，那个人找到一匹已死的千里马，用五百金买下马头带回。君主大怒，涓人解释说：‘死马您还买，何况活的呢！天下人知道了，好马就会送上来的。’不到一年，果然得到了三匹千里马。现在大王您打算招致人才，就请先从我郭隗开始，比我贤良的人，都会不远千里前来的。”于是燕昭王为郭隗翻建府第，尊他为老师。各地的贤士果然争相来到燕国：乐毅从魏国来，剧辛从赵国来。昭王奉乐毅为亚卿高位，委托以国家大事。

四年（庚戌，公元前311年）

秦惠王派人通知楚怀王，想用武关以外的地方换黔中之地。楚王说：“我不愿换地，只想用黔中之地来换张仪。”张仪听说后，请求秦王同意。秦王问：“楚国要杀死你才甘心，你为什么还要去？”张仪说：“秦国强，楚国弱，只要大王您在，估计楚国不敢把我怎么样。而且我和楚王的宠臣靳尚关系密切，靳尚又侍奉楚王的爱姬郑袖，郑袖的话，楚王没有不听的。”于是欣然前往楚国。楚王把他下在狱中，准备处死。靳尚对郑袖说：“秦王十分宠爱张仪，想用上庸等六个县及美女来赎回他。大王看重土地，又尊重秦国，那样秦国的美女将被宠幸，您就会遭到冷落。”于是郑袖日夜在楚王面前哭着哀求：“当年的事，不过是臣各为其主。现在要是杀了张仪，秦国必定震怒。我请求让我们母子两人先迁居江南，不要成为秦国刀下的鱼肉。”楚王于是赦免了张仪，还以厚礼相待。张仪劝说楚王道：“倡导各国联合抗秦，简直是赶着羊群去进攻猛虎，明显无法相斗。现在大王您不肯听命秦国，秦国如果逼迫韩国、驱使魏国来联合攻楚，楚国可就危险了。秦国西部有巴、蜀两地，备船积粮，沿岷江而下，一天可行五百余里，不到十天就兵临扞关。扞关惊动，则由此以东的各城都要修治守备，黔中、巫郡便不再是大王您的了。秦国如果大举甲兵攻出武关，那么楚国的北部就成为绝地，秦兵再南攻楚国，楚国的存亡只在三个月以内，而楚国等待各国来救援要在半年以上。坐等那些弱国来救，而忘记了强秦的威胁，我可要为大王您现在的做法担心啊！大王如果能诚心诚意地听我的意见，我可以让楚国、秦国永久结为兄弟之邦，不再互相攻杀。”楚王虽然已经得到了张仪，却又舍不得拿黔中之地来交换，于是同意了张仪的建议，让他离开。

张仪便前往韩国，劝说韩王：“韩国地方险恶多山，所产五谷，不是豆子而是杂麦，国家口粮积存不够两年，现在军中的士兵不过二十万，秦国却有甲兵一百余万。崤山以东的人要披上盔甲才可以参战，而秦国人个个赤膊便能上阵迎敌，左手提着人头，右手夹着俘虏。秦国用孟贲、乌获那些勇士们来进攻不肯臣服的弱国，正像在鸟蛋上压下千钧重石，无一可幸免。大王您不肯迎合秦国，若秦国发下甲兵占据宜阳，扼守成皋，大王的国家就被分裂，鸿台的宫殿，桑林的园苑，就不再是您能享有的了。为大王着想，您不如结好秦国进攻楚国，既转嫁了祸灾又取得秦国欢心，没有比这更好的主意了！”韩王听从了张仪的意见。

张仪回到秦国报告，秦王封赏给他六个城邑和武信君的爵位。又派他向东游说齐王说："主张联合抗秦的人，必对您说：'齐国有三晋作屏障，地广人多，兵强士勇，即使有一百个秦国，也拿齐国无可奈何。'大王您也总是称赞这种说法而不考虑实际情况。现在秦、楚两国互通婚姻，结为兄弟之国；韩国献给秦国宜阳；魏国交出河外之地；赵王也去朝见秦王，割让河间讨好秦国。大王若是不迎合秦国，秦国将驱使韩国、魏国之兵进攻齐国南部，再逼迫赵兵倾巢而出，渡过清河，直指博关。那时临淄、即墨等齐国心腹地带可就不属于您所有了。等到国家遭受攻击的那天，您再想讨好秦国，也来不及了！"齐王同样采纳了张仪的建议。

张仪离开齐国，又向西游说赵王道："大王带头联合各国抵抗秦国，使秦兵十五年不敢出函谷关侵犯各国。大王的威望在崤山以东传扬，我们秦国十分恐惧，缮甲厉兵，积蓄粮草，时刻担忧您的威慑，不敢放松警惕，唯恐大王您兴兵前来问罪。现在我们秦国托福您大王的神力，一举攻下巴、蜀，吞并汉中，包围两周，兵抵白马津。我们秦国虽然地处偏远，然而对赵国心存愤怒已不是一天了。如今秦国有一支不成样子的败甲残兵驻在渑池，愿意渡过黄河，越过漳水，进据番吾，前来邯郸城下相会。希望用古时甲子会战形式，重演武王伐纣的故事。为此，特派使臣我来通知您的左右。现在楚国与秦国结为兄弟之邦，韩国、魏国俯首称臣，齐国献出盛产鱼盐的海滨之地，这就像砍断了赵国的右臂。被砍断了右臂而与别人争斗，失去同党而又孤立无援，想要不灭亡，能办到吗！如果秦国派出三支大军，一支军队扼守午道，通知齐国渡过清河，在邯郸之东驻军；另一支军队驻扎成皋，驱使韩、魏军队进军河外；第三支军队驻扎渑池，约定四国联合攻赵，征服后必定四分其地。我为大王着想，不如与秦王当面亲口结下盟约，使两国成为长久的兄弟之国。"赵王也接受了张仪的劝说。

最后，张仪北上到达燕国，对燕王说："如今赵王已经去朝见秦王，并献出河间以迎合秦国。大王您不赶快结好秦国，秦国就会派甲兵到云中、九原，驱使赵国进攻燕国，易水、长城可就不是大王您的了！况且，现在齐国、赵国就像秦国的郡县一样，不敢妄起刀兵相攻伐。大王您服从秦国，就可以长年免除齐国、赵国的威胁了。"燕王于是请张仪献上恒山脚下的五个城以向秦国求和。

张仪回国报告，还没到咸阳，秦惠王就去世了，其子秦武王继位。武王从做太子时就不喜欢张仪，等到他一即王位，郡臣中很多人便前来诽谤数说张仪的短处。各国听说张仪与秦王间发生矛盾，都放弃了对秦国的许诺，再次联合抗秦。

五年（辛亥，公元前310年）

张仪向秦武王建议："为大王您考虑，东方发生事变，大王才能乘机多割得土地。我听说齐王十分憎恨我，我居留在哪里，齐国必定要去攻打。我请求让我这个不肖之人到魏国去，齐国必定要讨伐魏国，齐国、魏国正打得难解难分的时候，大王便可以乘机攻打韩国，进军三川，挟持天子，掌握天下的版图，这是帝王大业呀！"秦王允许张仪到魏国去。齐国果然出兵攻魏，魏王十分惊恐。张仪安慰说：

“大王不要担心！让我来退掉齐兵。”于是派他的手下人到楚国，借使臣之口对齐王说：“大王把张仪托付给秦国的办法真厉害呀！”齐王问：“怎么讲？”楚国使者说：“张仪离开秦国本来就是与秦王定下的计谋，想让齐、魏两国互相攻击而秦国乘机夺取三川地方。现在大王您果然攻打魏国，正是对内劳民伤财，对外结仇邻国，而使张仪重新获得秦王的信任。”齐王听罢，下令退兵回国。张仪在魏国做了一年的国相，便去世了。

张仪与苏秦都以合纵、连横的政治权术游说各国，达到富贵的高位，使天下人争相效法。还有个魏国人公孙衍，名号犀首，也以能说会道著称。其余的苏代、苏厉、周最、楼缓之流，纷纭而起，遍于天下，务必以诡辩诈术一争高下，多得举不胜举。然而还要数张仪、苏秦、公孙衍当时名声最为显赫。

八年（甲寅，公元前307年）

赵武灵王向北进攻中山国，大兵经房子城，抵达代地，再向北直至大漠中的无穷，向西攻到黄河，登上黄华山顶，与大臣肥义商议让百姓穿短衣胡服，学骑马与射箭。他说：“愚蠢的人会嘲笑我，但聪明的人是可以理解的。即使天下的人都嘲笑我，我也这样做，一定能把北方胡人的领地和中山国都夺过来！”于是带头改穿胡服。

国中的士人有不少反对，公子成假称有病，不来上朝。赵王派人前去说服他：“家事听从父母，国政服从国君，现在我向人民宣传改变服装，而叔父您不穿，我担心天下人会议论我徇私情。治理国家有一定章法，总以有利人民为根本；办理政事有一定常规，执行命令是最重要的。宣传道德要先针对卑贱的下层，而推行法令必须从贵族近臣做起。所以我希望能借助叔父您的榜样来完成改穿胡服的功业。”公子成拜谢道：“我听说，中国是在圣贤之人教化下，用礼乐仪制，使远方国家前来游观，让四方夷族学习效法的地方。现在君王您舍此不顾，去仿效远方外国的服装，是擅改古代习惯、违背人心的举动，我希望您慎重考虑。”使者回报赵王。赵王便亲自登门解释说：“我国东面有齐国、中山国；北面有燕国、东胡；西面是楼烦，与秦、韩两国接壤，如果没有骑马射箭的训练，怎么能守得住呢？先前中山国倚仗齐国的强兵，侵犯我们领土，掠夺人民，又引水围灌鄗城，如果不是老天保佑，鄗城几乎就失守了。此事先王深以为耻。所以我决心改变服装，学习骑射，想以此抵御四面的灾难，一报中山国之仇。而叔父您一味依循中国旧俗，厌恶改变服装，已经忘记了鄗城的奇耻大辱，我对您深感失望啊！”公子成幡然醒悟，欣然从命，赵王亲自赐给他胡服，第二天他便穿戴入朝。于是，赵王正式下达改穿胡服的法令，提倡学习骑马射箭。

十六年（壬戌，公元前299年）

五月，戊申（二十六日），赵王在东宫举行盛大仪式，把国君之位传给赵何。

赵何祭祀宗庙之后，登位治理政事，他属下的大夫都成为朝廷大臣。又任命肥义为相国，并尊称为国君老师。赵武灵王自称“主父”。赵主父想让儿子在国中治事，身穿胡人服装率领文臣武将去攻打西北胡人领地。他计划从云中、九原向南袭击秦都咸阳，便自己扮作使者，前往秦国，想借此来侦察秦国地形及秦王的为人。秦王没有觉察，事后觉得此人相貌伟岸不凡，不像是臣子能有的风度，派人急忙去追赶他；而赵主父一行已经出了边关。经过一番盘问调查，秦国人才知道他就是赵主父，大惊失色。

十七年（癸亥，公元前298年）

有人劝告秦王：“孟尝君做秦国丞相，一定会先照顾齐国而后才考虑秦国，秦国实在危险！”秦王于是仍任楼缓为丞相，囚禁孟尝君，想杀掉他。孟尝君派人向秦王宠爱的姬妾求情，姬妾说：“我希望得到你那件白狐皮袍。”孟尝君确实有件白狐皮袍，但已经献给了秦王，无法满足姬妾的要求。他的幕僚中有个人善于盗窃，便潜入秦宫国库，盗出白狐皮袍送给那个姬妾。姬妾于是替孟尝君说情让秦王释放他回国。可是秦王又后悔了，就派人去追。孟尝君急急逃到边关，按照守关制度，要等鸡叫才能放行过客，而这时天色还早。秦王派来追的人马上就到。幸亏孟尝君幕僚中有人善学鸡叫，四野的鸡一听他的叫声都引颈长鸣，孟尝君才得以出关脱身。

赵王封弟弟赵胜为平原君。平原君好养士，门下的食客常有几千人。其中有个公孙龙，善于作“坚白同异”的辩论考证，平原君尊他为座上宾。孔穿从鲁国来到赵国，与公孙龙辩论“奴婢有三个耳朵”的观点，公孙龙辩解十分精微，孔穿无以对答，一会儿就告辞了。第二天他再见平原君，平原君问：“昨天公孙龙的一番论述头头是道，先生觉得如何？”孔穿回答说：“是的，他几乎能让奴婢真的长出三只耳朵来。说起来虽然如此，实际上是困难的。我想再请教您：现在论证三个耳朵十分困难，又非事实；论证两个耳朵十分容易而确属事实，不知道您将选择容易、真实的，还是选择困难、虚假的？”平原君也哑口无言。第二天，平原君对公孙龙说：“您不要再和孔穿辩论了，他的道理胜过言辞，而您的言辞胜过道理，最后肯定占不了上风。”

邹衍路过赵国，平原君让他和公孙龙辩论“白马非马”的观点。邹衍说：“不行。所谓辩论，应该区别不同类型，不相侵害；排列不同概念，不相混淆；抒发自己的意旨和一般概念，表明自己的观点，让别人理解，而不是困惑迷惘。如此，辩论的胜者能坚持自己的立场，不胜者也能得到他所追求的真理，这样的辩论是可以进行的。如果用繁文缛节来作为凭据，用巧言饰辞来互相诋毁，用华丽辞藻来偷换概念，吸引别人使之不得要领，就会妨害治学的根本道理。那种纠缠不休，咄咄逼人，总要别人认输才肯住口的做法，有害君子风度，我邹衍是绝不参加的。”在座的人听罢都齐声叫好。从此，公孙龙便受到了冷落。

第四卷　周纪四

译文诵读

赧王中二十年（丙寅，前295）

赵主父封其长子章于代，号曰安阳君。

安阳君素侈，心不服其弟。主父使田不礼相之。李兑谓肥义曰："公子章强壮而志骄，党众而欲大，田不礼忍杀而骄，二人相得，必有阴谋。夫小人有欲，轻虑浅谋，徒见其利，不顾其害，难必不久矣。子任重而势大，乱之所始而祸之所集也。子何不称疾毋出而传政于公子成，毋为祸梯，不亦可乎！"肥义曰："昔者主父以王属义也，曰：'毋变而度，毋易而虑，坚守一心，以殁而世！'义再拜受命而籍之。今畏不礼之难而忘吾籍，变孰大焉！谚曰：'死者复生，生者不愧。'吾欲全吾言，安得全吾身乎！子则有赐而忠我矣。虽然，吾言已在前矣，终不敢失！"李兑曰："诺，子勉之矣！吾见子已今年耳。"涕泣而出。

李兑数见公子成以备田不礼。肥义谓信期曰："公子章与田不礼声善而实恶，内得主而外为暴，矫令以擅一旦之命，不难为也。今吾忧之，夜而忘寐，饥而忘食，盗出入不可以不备。自今以来，有召王者必见吾面，我将以身先之，无故而后王可入也。"信期曰："善。"

主父使惠文王朝群臣而自从旁窥之，见其长子傫也，反北面为臣，诎于其弟，心怜之，于是乃欲分赵而王公子章于代。计未决而辍。主父及王游沙丘，异宫，公子章、田不礼以其徒作乱，诈以主父令召王。肥义先入，杀之。高信即与王战。公子成与李兑自国至，乃起四邑之兵入距难，杀公子章及田不礼，灭其党。公子成为相，号安平君；李兑为司寇。是时惠文王少，成、兑专政。

公子章之败也，往走主父；主父开之。成、兑因围主父。公子章死，成、兑谋曰："以章故，围主父；即解兵，吾属夷矣！"乃遂围之，令："宫中人后出者夷！"宫中人悉出。主父欲出不得，又不得食，探雀鷇而食之。三月余，饿死沙丘宫。主父定死，乃发丧赴诸侯。主父初以长子章为太子，后得吴娃，爱之，为不出者数岁。生子何，乃废太子章而立之。吴娃死，爱弛；怜故太子，欲两王之，犹豫未决，故乱起。

三十年（丙子，前285）

齐湣王既灭宋而骄，乃南侵楚，西侵三晋，欲并二周，为天子。狐咺正议，斫之檀衢。陈举直言，杀之东闾。

燕昭王日夜抚循其人，益以富实，乃与乐毅谋伐齐。乐毅曰："齐，霸国之余业也，地大人众，未易独攻也。王必欲伐之，莫如约赵及楚、魏。"于是使乐毅约赵，别使使者连楚、魏，且令赵啖秦以伐齐之利。诸侯害齐王之骄暴，皆争合谋与燕伐齐。

三十一年（丁丑，前284）

燕王悉起兵，以乐毅为上将军。秦尉斯离帅师与三晋之师会之。赵王以相国印授乐毅，乐毅并将秦、魏、韩、赵之兵以伐齐。齐湣王悉国中之众以拒之，战于济西，齐师大败。乐毅还秦、韩之师，分魏师以略宋地，部赵师以收河间。身率燕师，长驱逐北。剧辛曰："齐大而燕小，赖诸侯之助以破其军，宜及时攻取其边城以自益，此长久之利也。今过而不攻，以深入为名，无损于齐，无益于燕而结深怨，后必悔之。"乐毅曰："齐王伐功矜能，谋不逮下，废黜贤良，信任谄谀，政令戾虐，百姓怨怼。今军皆破亡，若因而乘之，其民必叛，祸乱内作，则齐可图也。若不遂乘之，待彼悔前之非，改过恤下而抚其民，则难虑也。"遂进军深入。齐人果大乱失度，湣王出走。乐毅入临淄，取宝物、祭器，输之于燕。燕王亲至济上劳军，行赏飨士；封乐毅为昌国君，遂使留徇齐城之未下者。

齐王出亡之卫，卫君辟宫舍之，称臣而共具。齐王不逊，卫人侵之。齐王去奔邹、鲁，有骄色；邹、鲁弗内，遂走莒。楚使淖齿将兵救齐，因为齐相。淖齿欲与燕分齐地，乃执湣王而数之曰："千乘、博昌之间，方数百里，雨血沾衣，王知之乎？"曰："知之。""嬴、博之间，地坼及泉，王知之乎？"曰："知之。""有人当阙而哭者，求之不得，去则闻其声，王知之乎？"曰："知之。"淖齿曰："天雨血沾衣者，天以告也；地坼及泉者，地以告也；有人当阙而哭者，人以告也。天、地、人皆告矣，而王不知诫焉，何得无诛！"遂弑王于鼓里。

三十二年（戊寅，前283）

赵王得楚和氏璧，秦昭王欲之，请易以十五城。赵王欲勿与，畏秦强；欲与之，恐见欺。以问蔺相如，对曰："秦以城求璧而王不许，曲在我矣。我与之璧而秦不与我城，则曲在秦。均之二策，宁许以负秦。臣愿奉璧而往；使秦城不入，臣请完璧而归之！"赵王遣之。相如至秦，秦王无意偿赵城。相如乃以诈绐秦王，复取璧，遣从者怀之，间行归赵，而以身待命于秦。秦王以为贤而弗诛，礼而归之。赵王以相如为上大夫。

三十四年（庚辰，前281）

楚欲与齐、韩共伐秦，因欲图周。王使东周武公谓楚令尹昭子曰："周不可图也。"昭子曰："乃图周，则无之；虽然，何不可图？"武公曰："西周之地，绝长补短，不过百里。名为天下共主，裂其地不足以肥国，得其众不足以劲兵。虽然，攻之者名为弑君。然而犹有欲攻之者，见祭器在焉故也。夫虎肉臊而兵利身，人犹攻之；若使泽中之麋蒙虎之皮，人之攻之也必万倍矣。裂楚之地，足以肥国，诎楚之名，足以尊王。今子欲诛残天下之共主，居三代之传器，器南，则兵至矣！"于是楚计辍不行。

三十六年（壬午，前279）

秦王使使者告赵王，愿为好会于河外渑池。赵王欲毋行，廉颇、蔺相如计曰："王不行，示赵弱且怯也。"赵王遂行，相如从。廉颇送至境，与王诀曰："王行，度道里会遇之礼毕，还不过三十日；三十日不还，则请立太子以绝秦望。"王许之。

会于渑池。王与赵王饮，酒酣，秦王请赵王鼓瑟，赵王鼓之。蔺相如复请秦王击缶，秦王不肯。相如曰："五步之内，臣请得以颈血溅大王矣！"左右欲刃相如，相如张目叱之，左右皆靡。王不怿，为一击缶。罢酒，秦终不能有加于赵；赵人亦盛为之备，秦不敢动。赵王归国，以蔺相如为上卿，位在廉颇之右。

廉颇曰："我为赵将，有攻城野战之功。蔺相如素贱人，徒以口舌而位居我上，吾羞，不忍为之下！"宣言曰:"我见相如，必辱之！"相如闻之，不肯与会；每朝，常称病，不欲争列。出而望见，辄引车避匿。其舍人皆以为耻。相如曰："子视廉将军孰与秦王？"曰："不若。"相如曰："夫以秦王之威而相如廷叱之，辱其群臣；相如虽驽，独畏廉将军哉！顾吾念之，强秦所以不敢加兵于赵者，徒以吾两人在也。今两虎共斗，其势不俱生。吾所以为此者，先国家之急而后私雠也！"廉颇闻之，肉袒负荆至门谢罪，遂为刎颈之交。

初，燕人攻安平，临淄市掾田单在安平，使其宗人皆以铁笼傅车辖。及城溃，人争门而出，皆以辖折车败，为燕所擒；独田单宗人以铁笼得免，遂奔即墨。是时齐地皆属燕，独莒、即墨未下，乐毅乃并右军、前军以围莒，左军、后军围即墨。即墨大夫出战而死。即墨人曰："安平之战，田单宗人以铁笼得全，是多智习兵。"因共立以为将以拒燕。乐毅围二邑，期年不克，乃令解围，各去城九里而为垒，令曰："城中民出者勿获，困者赈之，使即旧业，以镇新民。"三年而犹未下。或谗之于燕昭王曰："乐毅智谋过人，伐齐，呼吸之间克七十余城，今不下者两城耳，非其力不能拔，所以三年不攻者，欲久仗兵威以服齐人，南面而王耳。今齐人已服，所以未发者，以其妻子在燕故也。且齐多美女，又将忘其妻子。愿王图之！"昭王于是置酒大会，引言者而让之曰："先王举国以礼贤者，非贪土地以遗子孙也。遭所传德薄，不能堪命，国人不顺。齐为无道，乘孤国之乱以害先王。寡人统位，痛之入骨，故广延群臣，外招宾客，以求报雠；其有成功者，尚欲与之同共燕国。今乐君亲为寡人破齐，夷其宗庙，报塞先仇，齐国固乐君所有，非燕之所得也。乐君若能有齐，与燕并为列国，结欢同好，以抗诸侯之难，燕国之福，寡人之愿也。汝何敢言若此！”乃斩之。赐乐毅妻以后服，赐其子以公子之服；辂车乘马，后属百两，遣国相奉而致之乐毅，立乐毅为齐王。乐毅惶恐不受，拜书，以死自誓。由是齐人服其义，诸侯畏其信，莫敢复有谋者。

顷之，昭王薨，惠王立。惠王自为太子时，尝不快于乐毅。田单闻之，乃纵反间于燕，宣言曰：“齐王已死，城之不拔者二耳。乐毅与燕新王有隙，畏诛而不敢归，以伐齐为名，实欲连兵南面王齐。齐人未附，故且缓攻即墨以待其事。齐人所惧，唯恐他将之来，即墨残矣。”燕王固已疑乐毅，得齐反间，乃使骑劫代将而召乐毅。乐毅知王不善代之，遂奔赵。燕将士由是愤惋不和。

田单令城中人食，必祭其先祖于庭，飞鸟皆翔舞而下城中。燕人怪之，田单因宣言曰：“当有神师下教我。”有一卒曰：“臣可以为师乎？”因反走。田单起引还，坐东乡，师事之。卒曰：“臣欺君。”田单曰：“子勿言也！”因师之。每出约束，必称神师。乃宣言曰：“吾唯惧燕军之劓所得齐卒，置之前行，即墨败矣！”燕人闻之，如其言。城中见降者尽劓，皆怒，坚守，唯恐见得。单又纵反间，言“吾惧燕人掘吾城外冢墓，可为寒心！”燕军尽掘冢墓，烧死人。齐人从城上望见，皆涕泣，共欲出战，怒自十倍。田单知士卒之可用，乃身操版、锸，与士卒分功；妻妾编于行伍之间；尽散饮食飨士。令甲卒皆伏，使老、弱、女子乘城，遣使约降于燕；燕军皆呼万岁。田单又收民金得千镒，令即墨富豪遗燕将，曰：“即降，愿无虏掠吾族家！”燕将大喜，许之。燕军益懈。田单乃收城中，得牛千余，为绛缯衣，画以五采龙文，束兵刃于其角，而灌脂束苇于其尾，烧其端，凿城数十穴，夜纵牛，壮士五千随其后。牛尾热，怒而奔燕军。燕军大惊，视牛皆龙文，所触尽死伤。而城中鼓噪从之，老弱皆击铜器为声，声动天地。燕军大骇，败走。齐人杀骑劫，追亡逐北，所过城邑皆叛燕，复为齐。田单兵日益多，乘胜，燕日败亡，走至河上，而齐七十余城皆复焉。乃迎襄王于莒；入临淄，封田单为安平君。

田单任貂勃于王。王有所幸臣九人，欲伤安平君，相与语于王曰：“燕之伐齐之时，楚王使将军将万人而佐齐。今国已定而社稷已安矣，何不使使者谢于楚王？”王曰：“左右孰可？”九人之属曰：“貂勃可。”貂勃使楚，楚王受而觞之，数月不反。九人之属相与语曰：“夫一人之身而牵留万乘者，岂不以据势也哉！且安平君之与王也，君臣无异而上下无别。且其志欲为不善，内抚百姓，外怀戎翟，礼天下之贤士，其志欲有为，愿王察之！”异日，王曰：“召相单而来！”田单免冠、徒跣、肉袒而进，退而请死罪，五日而王曰：“子无罪于寡人。子为子之臣礼，吾为吾之王礼而已矣。”貂勃从楚来，王赐之酒。酒酣，王曰：“召相单而来！”貂勃避席稽首曰：“王上者孰与周文王？”王曰：“吾不若也。”貂勃曰："然，臣固知王不若也。下者孰与齐桓公？"王曰："吾不若也。"貂勃曰："然，臣固知王不若也。然则周文王得吕尚以为太公，齐桓公得管夷吾以为仲父，今王得安平君而独曰'单'，安得此亡国之言乎！且自天地之辟，民人之始，为人臣之功者，谁有厚于安平君者哉？王不能守王之社稷，燕人兴师而袭齐，王走而之城阳之山中，安平君以惴惴即墨三里之城，五里之郭，敝卒七千人，禽其司马而反千里之齐，安平君之功也。当是之时，舍城阳而自王，天下莫之能止。然而计之于道，归之于义，以为不可，故栈道木阁而迎王与后于城阳山中，王乃得反，子临百姓。今国已定，民已安矣，王乃曰'单'，婴儿之计不为此也。王亟杀此九子者以谢安平君；不然，国其危矣！"乃杀九子而逐其家，益封安平君以夜邑万户。

田单将攻狄，往见鲁仲连。鲁仲连曰："将军攻狄，不能下也。"田单曰："臣以即墨破亡余卒破万乘之燕，复齐之墟，今攻狄而不下，何也？"上车弗谢而去，遂攻狄。三月不克。齐小儿谣曰："大冠若箕，修剑拄颐，攻狄不能下，垒枯骨成丘。"田单乃惧，问鲁仲连曰："先生谓单不能下狄，请闻其说。"鲁仲连曰："将军之在即墨，坐则织蒉，立则仗锸，为士卒倡曰：'无可往矣！宗庙亡矣！今日尚矣！归于何党矣！'当此之时，将军有死之心，士卒无生之气，闻君言莫不挥泣奋臂而欲战，此所以破燕也。当今将军东有夜邑之奉，西有淄上之娱，黄金横带而骋乎淄、渑之间，有生之乐，无死之心，所以不胜也。"田单曰："单之有心，先生志之矣。"明日，乃厉气循城，立于矢石之所，援枹鼓之；狄人乃下。

四十二年（戊子，前273）

赵人、魏人伐韩华阳。韩人告急于秦，秦王弗救。韩相国谓陈筮曰："事急矣，愿公虽病，为一宿之行！"陈筮如秦，见穰侯。穰侯曰："事急乎？故使公来。"陈筮曰："未急也。"穰侯怒曰："何也？"陈筮曰："彼韩急则将变而他从；以未急，故复来耳。"穰侯曰："请发兵矣。"乃与武安君及客卿胡阳救韩，八日而至，败魏军于华阳之下，走芒卯，虏三将，斩首十三万。武安君又与赵将贾偃战，沈其卒二万人于河。魏段干子请割南阳予秦以和。苏代谓魏王曰："欲玺者，段干子也，欲地者，秦也。今王使欲地者制玺，欲玺者制地，魏地尽矣！夫以地事秦，犹抱薪救火，薪不尽，火不灭。"王曰："是则然也。虽然，事始已行，不可更矣。"对曰："夫博之所以贵枭者，便则食，不便则止。今何王之用智不如用枭也？"魏王不听，卒以南阳为和，实修武。

赧王中二十年（丙寅，公元前295年）

赵主父把长子赵章封到代，号称安阳君。

安阳君平素为人骄横，内心对弟弟立为王十分不服。赵主父派田不礼做他的国相。李兑对肥义说："公子赵章身强力壮而怀有野心，党羽众多而贪欲极大，田不礼又残忍好杀，十分狂妄，两人互相勾结，必定会图谋不轨。小人有了野心，就要轻举妄动，他只看到想获取的利益，看不到带来的危害。一场灾难就在眼前了。你身居要职，权势很大，你将成为动乱的由头，灾祸也将集中在你身上。你何不称病不出，把朝政交给公子赵成去处理，免得被祸事牵连。这样不好吗！"肥义说："当年赵主父把赵王嘱托给我，说：'不要改变你的宗旨，不要改变你的心意，要坚守一心，至死效忠！'我再三拜谢承命并记录在案。现在如果怕田不礼加祸于我而忘掉当年的记录，就是莫大的背弃。俗话说：'面对复生的死者，活着的人无需感到惭愧。'我要维护我的诺言，哪能光顾保全生命！你对我的建议是一片好心，但是我已有誓言在先，决不敢放弃！"李兑说："好，你勉力而为吧！能见到你恐怕只有今年了。"说罢流泪而出。

李兑几次入见公子赵成，商议防备田不礼。肥义对信期说："公子赵章与田不礼语言动听而本质凶恶，在内讨得主父的欢心，在外恣意施暴。他们一旦假借主父的命令来发动政变，是很容易得手的。现在我忧虑此事，已到了废寝忘食的程度。强盗在身边出入不能不防！从此以后，有人奉主父命来召见赵王必须先见我的面，我将先前往，没有变故，赵王才能去。"信期说："好。"

赵主父让赵惠文王朝见群臣，自己在旁边窥察，只见当哥哥的赵章反而俯首称臣，无精打采地听高高在上的弟弟赵何训示，心中有些不忍，于是想把赵国一分为二，让赵章在代郡称王，但这个计划还没有最后决定就搁置起来。赵主父和赵王出游沙丘，分别住在两个行宫里。赵章、田不礼乘机率领门徒作乱，他们假称赵主父的命令召见赵王，肥义先进去，被杀死。高信便与赵王一同抵抗。公子赵成与李兑从国都邯郸赶来，发动四邑的军队入宫镇压叛乱，杀死赵章及田不礼，处死全部党羽。公子赵成担任相国，称为安平君；李兑被任命为司寇。当时赵惠文王还年幼，政权都掌握在公子赵成、李兑手中。

赵章败退的时候，逃到赵主父那里，赵主父开门接纳了他。公子赵成、李兑于是带兵包围了赵主父的行宫。杀死赵章后，公子赵成、李兑商议道："我们为追杀赵章，竟包围了主父的行宫，如此大罪，要是撤兵回去，会被满门抄斩的！"于是又下令围住赵主父行宫，宣布："宫中人晚出来的杀！"宫中的人听见命令全部逃出，赵主父想出来却不被准许，又得不到食物，只好捕捉幼鸟吃，三个多月后，他终于饿死在沙丘行宫中。直到赵主父确死无疑，赵国才向各国报告丧事。起初，赵主父定长子赵章为太子，后来他娶了美女吴娃，十分宠爱，曾经几年不出宫上朝。生下儿子赵何后，便废去太子赵章，立赵何为太子。吴娃死后，赵主父对赵何的偏爱也逐渐减退，又可怜起原来的太子，想立两个王。他总是犹豫不决，所以引起了内乱。

三十年（丙子，公元前285年）

齐湣王灭掉宋国后十分骄傲，便向南侵入楚国，向西攻打赵、魏、韩国，想吞并东西二周，自立为天子。狐咺义正辞严地劝谏他，被斩首于檀台大路上。陈举直言不讳地劝止，被杀死在东门。

燕昭王却日夜安抚教导百姓，使燕国更加富足，于是他与乐毅商议进攻齐国。乐毅说："齐国称霸以来，至今有余力，地广人多，我们独力攻打不易。大王一定要讨伐它，不如联合赵国及楚、魏三国。"燕王便派乐毅约定赵国，另派使者联系楚国、魏国，再让赵国用讨伐齐国的好处引诱秦国。各国苦于齐王的骄横暴虐，都争相赞成参加燕国的攻齐战争。

三十一年（丁丑，公元前284年）

燕王调动全部兵力，以乐毅为上将军。秦国尉斯离率军队与韩、赵、魏联军也前来会合。赵王把相国大印授给乐毅，乐毅统一指挥秦、魏、韩、赵大军发动进攻。齐王集中国内全部人力进行抵御，双方在济水西岸大战。齐国军队大败。乐毅便退回秦国、韩国军队，令魏国军队分兵进攻宋国旧地，部署赵国军队去收复河间。自己率领燕军，由北长驱直入齐国。剧辛劝说道："齐国大，燕国小，依靠各国的帮助我们才打败齐军，应该及时地攻取边境城市充实燕国领土，这才是长久的利益。现在大军过城不攻，一味深入，既无损于齐国又无益于燕国，只能结下深怨，日后必定要后悔。"乐毅说："齐王好大喜功，刚愎自用，不与下属商议，又罢黜贤良人士，专门信任谀谄小人，政令贪虐暴戾，百姓十分怨愤。现在齐国军队已溃不成军，如果我们乘胜追击，齐国百姓必然反叛，内部发生动乱，齐国就可以收拾了。如果不抓住时机，等到齐王痛改前非，体贴臣下而抚恤百姓，我们就难办了。"于是下令进军深入齐国。齐国果然大乱，失去常度，齐王出逃。乐毅率军进入齐都临淄，搜刮宝物和祭祀重器，运回燕国。燕王亲自到济水上游去慰劳军队，颁行奖赏，犒劳将士；燕王封乐毅为昌国君，让他留在齐国进攻其余未克的城市。

淖齿处死齐王

齐王出逃到卫国，卫国国君让出宫殿给他居住，向他称臣并供给日常用度。齐王却傲慢不逊，卫国人气愤地攻击他，齐王又出奔到邹、鲁国，仍旧面有骄色；邹、鲁两地闭门不纳，齐王又出奔莒地。

楚国派淖齿率军前来救援齐王，被任命为齐相。淖齿却想与燕国瓜分齐国，于是抓住齐王数说他的罪过："千乘、博昌之间的方圆几百里地，下血雨浸湿衣服，你齐王知道吗？"齐王回答："知道。""嬴、博之间，大地崩塌，泉水上涌，你齐王知道吗？"回答："知道。""有人堵着宫门哭泣，却不见人影，离开时又音响可闻，齐王你知道吗？"回答："知道。"淖齿说："天降血雨，是上天警告你；地崩泉涌，是大地警告你；人堵着宫门哭，是人心在警告你。天、地、人都警告，而你却不知改悔，你还想不死吗！"于是在鼓里这个地方将齐王处死。

三十二年（戊寅，公元前283年）

赵王得到楚国宝玉和氏璧，秦昭王想要，愿意用十五座城来交换。赵王想不给他，又畏惧秦国的强大；给他，又怕被秦王欺骗。便征求蔺相如的意见。蔺相如回答说："秦国用城来换宝玉而大王不允许，是我们理屈。而我们给他宝玉，他不给我们城，是秦国理屈。衡量两种办法，我看宁可让秦国在道义上有负于我们。我愿护持宝玉前去，假如秦国不交出城来，我一定能完璧归赵。"赵王便派他前往。蔺相如到了秦国，看出秦王并无真意用城来换赵国的宝玉，就哄骗秦王，取回和氏璧，派随从藏在怀中，从小道潜回赵国，而他自己留下来听任秦王的处置。无奈之际，秦王只好称赞蔺相如的贤能，不但不杀他，反而以礼相待，送他回国。蔺相如回到赵国，赵王封他为上大夫。

三十四年（庚辰，公元前281年）

楚国想联合齐国、韩国共同进攻秦国，顺便灭掉周王朝。周王派东周的武公对楚国任令尹职的昭子说："周朝可不能算计。"昭子说："要说算计周朝，那是没有的事。尽管如此，我想问你，周朝为什么不能灭掉？"武公回答："西周现在的地盘，取长补短，也不过方圆一百里。抢占这块地方并不足以使哪个国家富强，得到那里的百姓也不足以壮大军队。但西周却有天下共同拥戴的宗主名义，谁攻打它，谁就是犯上作乱。尽管如此，还是有人想去攻占它，是何原因呢？就是因为古代传下来的祭祀重器在那里。老虎的肉腥臊而又有尖牙利爪，仍有人猎取它；山林中的麋鹿没有爪牙之利，假如再给它披上一张诱人的虎皮，人们猎取它的欲望一定会增加万倍。楚国的情形正是这样，分割楚国的领土，足以使自己富庶；讨伐楚国的名义，又足以有尊崇周王室的声名。楚国要是残害了天下共同拥戴的周王朝，占有了夏、商、周三代相传的礼器，你刚把礼器运回南方，各国征讨的大兵也就到了！"令尹昭子觉得言之有理，于是放弃了楚国原来的打算。

三十六年（壬午，公元前279年）

秦王派使者通知赵王，愿意在黄河外的渑池和好相会。赵王不想赴会，廉颇、蔺相如建议说："大王若是不去，就显得赵国懦弱而又胆怯。"赵王于是决定前

廉颇肉袒负荆

往，由蔺相如随行。廉颇送到边境，与赵王告别时说：“大王此行，估计加上路程时间，到会议仪式全部结束，不超过三十天就会回来，如果超过三十天您还没有回来，请允许我们立太子为赵王，以断绝秦国的要挟念头。”赵王同意。

渑池相会，秦王与赵王饮酒。酒兴之间，秦王请赵王表演鼓瑟，赵王便演奏了。蔺相如也请秦王表演敲击瓦盆的音乐，秦王却不肯。蔺相如厉色说道：“在五步之内，我就可以血溅大王！”秦王左右卫士想上前杀死蔺相如，蔺相如怒目喝斥，左右人都畏缩不敢行动。秦王只好非常不情愿地敲了一下瓦盆。直到酒宴结束，秦国始终不能对赵国加以非分之求。再加上赵国人也早有军队戒备，秦国到底没敢轻举妄动。赵王回国，加封蔺相如为上卿之职，地位在大将廉颇之上。

廉颇不满地说：“我作为赵国大将，有攻城野战之功，蔺相如原不过是下层小民，只以能说善辩而位居我之上，我实在感到羞耻，忍不下这口气！”便宣称：“我遇到蔺相如，一定要羞辱他一番！”蔺相如听说后，不愿意和他遇见。每逢上朝，常常称病，不和廉颇去争排列顺序。出门在外，远远望见廉颇的车驾，便令自己的车回避。蔺相如的门客下属都感到十分羞耻。蔺相如对他们说：“你们看廉将军的威严比得上秦王吗？”回答都说：“比不上。”蔺相如说：“面对秦王那么大的威势，我都敢在他的朝廷上斥责他，羞辱他的群臣，我虽然无能，难道单单怕廉将军吗！我是考虑到：强暴的秦国之所以还不敢大举进犯赵国，就是因为我和廉将军在。我们两虎相争，必有一伤。我所以避让，是先考虑到国家的利益而后才去想个人的私怨啊！”廉颇听说了这番话十分惭愧，便赤裸着上身到蔺相如府上来负荆请罪，两人从此结为生死之交。

当初，燕国军队攻打齐国安平时，临淄市的一个小官田单正在城中，他预先让家族人都用铁皮包上车轴头。待到城破，人们争相涌出城门，都因为车轴互相碰断，车辆损坏难行，被燕军俘虏，只有田单一族因铁皮包裹车轴得以幸免，逃到了即墨。当时齐国大部分地区都被燕军占领，仅有莒城、即墨未沦陷。乐毅于是集中右军、前军包围莒城，集中左军、后军包围即墨。即墨大夫出战身亡。即墨人士说：“安平之战，田单一族人因铁皮包轴得以保全，可见田单足智多谋，熟悉兵事。”于是共同拥立他为守将抵御燕军。乐毅围攻两城，一年未能攻克，便下令解除围攻，退至城外九里处修筑营垒，下令说：“城中的百姓出来不要抓捕他们，有困饿的还要赈济，让他们各操旧业，以安抚新占地区的人民。”过了三年，城还未攻下。有人在燕昭王面前挑拨说：“乐毅智谋过人，进攻齐国，一口气攻克七十余城。现在只剩两座城，不是他的兵力不能攻下，之所以三年不攻，就是他想倚仗兵威来收服齐国人心，自己好南面称王而已。如今齐国人心已服，他之所以还不行动，就是因为妻子、儿子在燕国。况且齐国多有美女，他早晚将忘记妻子。希望大王早些防备！”燕昭王听罢下令设置盛大酒宴，拉出说此话的人斥责道：“先王倡导全国礼待贤明人才，并不是为了多得土地留给子孙。他不幸遇到继承人缺少德行，不能完成大业，使国内人民怨愤不从，无道的齐国趁着我们国家动乱得以残害先王。我即位以后，对此痛心疾首，才广泛延请群臣，对外招揽宾客，以求报仇。谁能使我成功，我愿意和他分享燕国大权。现在乐毅先生为我大破齐国，平毁齐国宗庙，报却了旧仇，齐国本来就应归乐毅先生所有，不是燕国该得到的。乐毅先生如果能拥有齐国，与燕国成为平等国家，结为友好的邻邦，抵御各国的来犯，这正是燕国的福气，我的心愿啊！你怎么敢说这种话呢！”于是将挑拨者处死。又赏赐乐毅妻子以王后服饰，赏赐他的儿子以王子服饰，配备君王车驾乘马，及上百辆属车，派宰相侍奉送到乐毅那里，立乐毅为齐王。乐毅十分惶恐，不敢接受，一再拜谢，写下辞书，并宣誓以死效忠燕王。从此齐国人敬服燕国乐毅的德义，各国也畏惧他的信誉，没有再敢来算计的。

不久，燕昭王去世，燕惠王即位。惠王从当太子时，就与乐毅有矛盾。田单听说了，便派人去燕国用反间计，散布说：“齐王已经死了，齐国仅有两座城未被攻克。乐毅与燕国新王有矛盾，害怕加祸不敢回国，他现在以攻打齐国为名，实际想率领军队在齐国称王。齐国人没有归附，所以他暂缓进攻即墨，等待时机举行大事。齐国人所怕的，是燕王派别的大将来，那样即墨就城破受害了。”燕惠王本来就疑心乐毅，中了齐国的反间计，便派骑劫代替乐毅为大将，召他回国。乐毅知道燕王换将居心不良，于是投奔了赵国。从此，燕军将士都愤愤不平，内部不和。

这时，田单下令让城中人吃饭时，先在庭院里祭祀祖先，四处飞鸟争吃祭饭都盘旋落到城中，燕军很是惊讶，田单又让人散布说：“会有天神派军师下界来帮助我们。”有个士兵说：“我可以做神师吗？”说罢起身便走。田单急忙离座追回他，让他面东高坐，奉为神师。士兵说：“我犯上欺主了。”田单忙悄声嘱咐：“你不要说出去。”便以他为师，每当发布号令，都必称奉神师之命。田单又令人散布说：“我就怕燕军把齐国俘虏割去鼻子，作为前导，那样即墨城就完了！”燕国人听说，果然这样做了。城中守兵看到投降燕军的人都被割去鼻子，万分痛恨，决心坚守不降，唯恐被俘。田单再使出反间计，说：“我怕燕军掘毁我们的城外坟墓，那样齐国人就寒心了。”燕军又中计，把城外坟墓尽行挖毁，焚烧死尸。齐国人从城上远远望见，都痛哭流涕，争相请求出战，怒气倍增。田单知道这时军士已经可以死战，于是带头拿起版、锹和士卒一起筑城，把自己的妻妾编进军队，还分发全部食品犒劳将士。他下令让披甲士兵都潜伏在城下，只以老弱人员、女子登城守卫，又派人去燕军中假意约定投降，燕军都欢呼万岁。田单在城中百姓中募集到一千镒金银，让即墨城的富豪送给燕军大将，说："我们马上就投降。请不要抢劫掠夺我们的家族！"燕国将军大喜，立刻应允。燕军戒备更加松懈。田单在城中搜罗到一千余头牛，给牛披上大红绸衣，绘上五彩天龙花纹，在牛角上绑束尖刀，而在牛尾绑上灌好油脂的苇草，然后点燃，趁着夜色，从预先凿好的几十个城墙洞中，赶牛冲出，后面紧随着五千名壮士。牛尾部被火燎烧，都惊怒地奔向燕军大营。燕军大惊失色，看到牛身上都是天龙花纹，碰到的不是死就是伤。加上城中敲锣打鼓齐声呐喊，老弱居民也敲击铜器助威，响声惊天动地。燕国军队万分恐惧，纷纷败逃。齐军趁乱杀死燕军大将骑劫，追杀逃亡的燕军，所经过的城邑都叛离燕国，再度归顺齐国。田单的军队越来越多，乘胜而入，燕军日日望风而逃，逃到黄河边，齐国失去的七十几座城都被收复。田单于是前往莒城迎齐襄王回国都临淄，襄王册封田单为安平君。

田单火牛破敌

田单向齐王推荐貂勃。齐王的九个宠幸臣子都想中伤田单。争相对齐王说："燕国攻打齐国时，楚王曾派将军率一万军队来帮助齐国。现在齐国已经安定，社会也日趋稳固，何不派使者前去楚国道谢？"齐王问："左右的人谁合适？"九个人都说："貂勃可以。"貂勃出使楚国，楚王予以热情款待，几个月不放他回去。九个人又一齐对齐王说："以貂勃一个人的地位能受到万乘车马的楚国重视，难道不是倚仗了田单的权势吗！田单与大王之间，不分君臣上下，况且他心怀不良之志，对内安抚百姓，对外关怀狄族，礼待天下的贤良人才，他的志向是想大有作为，希望大王明察！"过了几天，齐王喝道："召国相田单来！"田单非常惊恐，摘下帽子，光着脚，赤裸上身前来，退下时请齐王治他的死罪。过了五天，齐王却说："你没有得罪我。只不过要你行你臣子的礼节，我守我君王的礼节而已。"貂勃从楚国回来，齐王赐宴招待。饮到兴头上，齐王又喝道："召国相田单来！"貂勃离开座位下拜说："大王上比周文王如何？"齐王回答："我不如。"貂勃说："是的，我本知道大王不如。那么下比齐桓公如何？"齐王回答："我也不如。"貂勃又说："是的，我也知道大王不如。然而周文王得到吕尚，尊为太公；齐桓公得到管仲，敬为仲父。现在大王您得到安平君田单，却直呼'田单'，怎么能说这种亡国的话呢？何况自开天辟地，有人民起，做臣子的功劳，谁能比安平君更高？当年大王不能承守祖业，在燕国起兵袭击齐国时，大王逃到城阳的山里，安平君以人心危恐的即墨方圆三五里城郭，疲惫不堪的七千名士兵，力擒敌军大将，收复齐国千里领土，这些都是安平君的功劳呀！如果当时他置城阳的大王不顾，自立为王，天下没有谁能阻止。然而他从道德礼义考虑，认为坚决不能那样做，所以修筑栈道木阁前去城阳山中迎接大王和王后，大王您才能得以回归，治理百姓子民。现在国家已经稳定，人民已经安宁，大王却'田单、田单'地叫，小孩子也知道不该这样做。大王您赶快杀掉那九个家伙向安平君谢罪；不然，国家就危险了！"齐王听从指责，杀掉了那九个幸臣并流放其家族，加封给安平君夜邑地方的一万户俸禄收入。

田单准备攻打狄族，前去见鲁仲连，鲁仲连说："将军您去攻狄，恐怕攻不下来。"田单说："当年我以即墨的残兵败将击破拥有万乘战车的燕军，光复齐国沦亡土地；现在会攻不下狄族，有什么道理？"上车扬长而去。于是田单率军进攻狄族，三个月也未能攻克。齐国小孩子在歌谣中讥讽唱道："大冠像簸箕，长剑撑面皮，攻狄不能下，枯骨垒成丘。"田单开始惊惧起来，又去问鲁仲连："先生早日说我攻不下狄族，请让我知道原因。"鲁仲连说："将军在即墨的时候，坐着，手编草鞋；站着，手拿铁锹；带领士兵们唱歌道：'无可往矣！宗庙亡矣！今日有没有救，看我们有没有胆！'当时，将军有战死的决心，士兵无偷生的念头，听见您的号召无不挥泪奋臂，决一死战，所以才能打败燕军。现在将军您东面有夜邑丰厚的俸禄，西边有淄上封地的游乐，腰系黄金带，驰骋于淄水、渑水之间，有的只是生活的乐趣，而无战死之心，所以无法取胜啊！"田单说："我田单有这样的决心，是先生您为我下的。"第二天，他振奋精神，亲临城下，站在箭雨弹雹之中，手持鼓槌，击鼓进军，于是攻克了狄族大营。

四十二年（戊子，公元前273年）

赵国、魏国联合进攻韩国华阳。韩国向秦国告急，秦王不救。韩国相国对陈筮说："事情危急了！希望你能抱病连夜走一遭！"陈筮到了秦国，拜见魏冉。魏冉冷笑道："事情危急了吧？所以让你来。"陈筮却说："不着急。"魏冉生气地问："为什么？"陈筮回答："韩国要是真的逼急了，就会转而投靠别的国家。现在还不算急，所以再来秦国求救。”魏冉忙说：“我答应出兵了。”于是与武安君白起及客卿胡阳率军救韩，八天后到达，在华阳城下击败魏军，又赶跑芒卯，俘虏三员敌将，杀死十三万人。白起又与赵军大将贾偃交战，设计在黄河中淹死赵兵二万人。魏国的段干子建议割让南阳给秦国以求和。苏代对魏王说：“段干子想掌握秦国的相印，秦国想占据魏国的领土。现在大王您让想夺地的秦国控制相印，让想要相印的段干子来控制魏国土地，互相勾结，魏国的土地就会丧失干净！献地去向秦国讨好，好比抱着干柴去救火，干柴烧不完，火是不会灭的。”魏王说：“话虽是如此，但是，事情已经开始进行，无法改变了。”苏代又劝说：“下棋时之所以重视‘枭子’，是因为这个棋子方便时可以吃子，不便时可以停止。现在大王使用智谋为什么还不如下棋用‘枭子’那样灵活呢？”魏王到底没有听从苏代的劝告，割让了南阳求和。南阳，实际上就是修武。

第五卷　周纪五

译文诵读

赧王下四十四年（庚寅，前271）

赵田部吏赵奢收租税，平原君家不肯出；赵奢以法治之，杀平原君用事者九人。平原君怒，将杀之。赵奢曰："君于赵为贵公子，今纵君家而不奉公则法削，法削则国弱，国弱则诸侯加兵，是无赵也。君安得有此富乎！以君之贵，奉公如法则上下平，上下平则国强，国强则赵固，而君为贵戚，岂轻于天下邪！"平原君以为贤，言之于王。王使治国赋，国赋太平，民富而府库实。

四十五年（辛卯，前270）

秦伐赵，围阏与。赵王召廉颇、乐乘而问之曰："可救否？"皆曰："道远险狭，难救。"问赵奢，赵奢对曰："道远险狭，譬犹两鼠斗于穴中，将勇者胜。"王乃令赵奢将兵救之。去邯郸三十里而止，令军中曰："有以军事谏者死！"

秦师军武安西，鼓噪勒兵，武安屋瓦尽振。赵军中候有一人言急救武安，赵奢立斩之。坚壁二十八日不行，复益增垒。秦间入赵军，赵奢善食遣之。间以报秦将，秦将大喜曰："夫去国三十里而军不行，乃增垒，阏与非赵地也！"赵奢既已遣间，卷甲而趋，一日一夜而至，去阏与五十里而军，军垒成。秦师闻之，悉甲而往。赵军士许历请以军事谏，赵奢进之。许历曰："秦人不意赵至此，其来气盛，将军必厚集其陈以待之；不然，必败。"赵奢曰："请受教！"许历请刑，赵奢曰："胥，后令邯郸。"许历复请谏，曰："先据北山上者胜，后至者败。"赵奢许诺，即发万人趋之。秦师后至，争山不得上；赵奢纵兵击秦师，秦师大败，解阏与而还。赵王封奢为马服君，与廉、蔺同位；以许历为国尉。

初，魏人范雎从中大夫须贾使于齐，齐襄王闻其辩口，私赐之金及牛、酒。须贾以为雎以国阴事告齐也，归而告其相魏齐。魏齐怒，笞击范雎，折胁，折齿。雎佯死，卷以箦，置厕中，使客醉者更溺之，以惩后，令无妄言者。范雎谓守者曰："能出我，我必有厚谢。"守者请弃箦中死人。魏齐醉，曰："可矣。"范雎得出。魏齐悔，复召求之。魏人郑安平遂操范雎亡匿，更姓名曰张禄。

秦谒者王稽使于魏，范雎夜见王稽。稽潜载与俱归，荐之于王，王见之于离宫。范雎佯为不知永巷而入其中，王来而宦者怒逐之，曰："王至！"范雎谬曰："秦安得王，秦独有太后、穰侯耳！"王微闻其言，乃屏左右，跽而请曰："先生何以幸教寡人？"对曰："唯唯。"如是者三。王曰："先生卒不幸教寡人邪？"范雎曰："非敢然也！臣，羁旅之臣也，交疏于王，而所愿陈者皆匡君之事，处人骨肉之间，愿效愚忠而未知王之心也，此所以王三问而不敢对者也。臣知今日言之于前，明日伏诛于后，然臣不敢避也。且死者，人之所必不免也，苟可以少有补于秦而死，此臣之所大愿也。独恐臣死之后，天下杜口裹足，莫肯向秦耳。"王跽曰："先生，是何言也！今者寡人得见先生，是天以寡人溷先生而存先王之宗庙也。事无大小，上及太后，下至大臣，愿先生悉以教寡人，无疑寡人也！"范雎拜，王亦拜。范雎曰："以秦国之大，士卒之勇，以治诸侯，譬若走韩卢而博蹇兔也，而闭关十五年，不敢窥兵于山东者，是穰侯为秦谋不忠，而大王之计亦有所失也。"王跽曰："寡人愿闻失计！"然左右多窃听者，范雎未敢言内，先言外事，以观王之俯仰。因进曰："夫穰侯越韩、魏而攻齐刚、寿，非计也。齐湣王南攻楚，破军杀将，再辟地千里，而齐尺寸之地无得焉者，岂不欲得地哉？形势不能有也。诸侯见齐之罢敝，起兵而伐齐，大破之，齐几于亡，以其伐楚而肥韩、魏也。今王不如远交而近攻，得寸则王之寸也，得尺亦王之尺也。今夫韩、魏，中国之处而天下之枢也。王若用霸，必亲中国以为天下枢，以威楚、赵，楚强则附赵，赵强则附楚，楚、赵皆附，齐必惧矣，齐附则韩、魏因可虏也。"王曰："善。"乃以范雎为客卿，与谋兵事。

四十九年（乙未，前266）

范雎日益亲，用事，因承间说王曰："臣居山东时，闻齐之有孟尝君，不闻有王；闻秦有太后、穰侯，不闻有王。夫擅国之谓王，能利害之谓王，制杀生之谓王。今太后擅行不顾，穰侯出使不报，华阳、泾阳击断无讳，高陵进退不请，四贵备而国不危者，未之有也。为此四贵者下，乃所谓无王也。穰侯使者操王之重，决制于诸侯，剖符于天下，征敌伐国，莫敢不听；战胜攻取则利归于陶，战败则结怨于百姓而祸归于社稷。臣又闻之，木实繁者披其枝，披其枝者伤其心；大其都者危其国，尊其臣者卑其主。淖齿管齐，射王股，擢王筋，悬之于庙梁，宿昔而死。李兑管赵，囚主父于沙丘，百日而饿死。今臣观四贵之用事，此亦淖齿、李兑之类也。夫三代之所以亡国者，君专授政于臣，纵酒弋猎；其所授者妒贤疾能，御下蔽上以成其私，不为主计，而主不觉悟，故失其国。今自有秩以上至诸大吏，下及王左右，无非相国之人者，见王独立于朝，臣窃为王恐，万世之后有秦国者，非王子孙也！"王以为然，于是废太后，逐穰侯、高陵、华阳、泾阳君于关外，以范雎为丞相，封为应侯。

魏王使须贾聘于秦，应侯敝衣间步而往见之。须贾惊曰："范叔固无恙乎！"

留坐饮食，取一绨袍赠之。遂为须贾御而至相府，曰："我为君先入通于相君。"须贾怪其久不出，问于门下，门下曰："无范叔；向者吾相张君也。"须贾知见欺，乃膝行入谢罪。应侯坐，责让之，且曰："尔所以得不死者，以绨袍恋恋尚有故人之意耳！"乃大供具，请诸侯宾客；坐须贾于堂下，置莝、豆于前而马食之，使归告魏王曰："速斩魏齐头来！不然，且屠大梁！"须贾还，以告魏齐。魏齐奔赵，匿于平原君家。

五十年（丙申，前265）

秦伐赵，取三城。赵王新立，太后用事，求救于齐。齐人曰："必以长安君为质。"太后不可。齐师不出，大臣强谏。太后明谓左右曰："复言长安君为质者，老妇必唾其面！"左师触龙愿见太后，太后盛气而胥之入。左师公徐趋而坐，自谢曰："老臣病足，不得见久矣，窃自恕；而恐太后体之有所苦也，故愿望见太后。"太后曰："老妇恃辇而行。"曰："食得毋衰乎？"曰："恃粥耳。"太后不和之色稍解。左师公曰："老臣贱息舒祺，最少，不肖，而臣衰，窃怜爱之，愿得补黑衣之缺以卫王宫，昧死以闻！"太后曰："诺。年几何矣？"对曰："十五岁矣。虽少，愿及未填沟壑而托之。"太后曰："丈夫亦爱少子乎？"对曰："甚于妇人。"太后笑曰："妇人异甚。"对曰："老臣窃以为媪之爱燕后贤于长安君。"太后曰："君过矣！不若长安君之甚。"左师公曰："父母爱其子则为之计深远。媪之送燕后也，持其踵而泣，念其远也，亦哀之矣。已行，非不思也，祭祀则祝之曰：'必勿使反！'岂非为之计长久，为子孙相继为王也哉？"太后曰："然。"左师公曰："今三世以前，至于赵王之子孙为侯者，其继有在者乎？"曰："无有。"曰："此其近者祸及身，远者及其子孙。岂人主之子侯则不善哉？位尊而无功，奉厚而无劳，而挟重器多也。今媪尊长安君之位，而封之以膏腴之地，多与之重器，而不及今令有功于国，一旦山陵崩，长安君何以自托于赵哉？"太后曰："诺，恣君之所使之！"于是为长安君约车百乘质于齐。齐师乃出，秦师退。

五十二年（戊戌，前263）

楚顷襄王疾病。黄歇言于应侯曰："今楚王疾恐不起，秦不如归其太子。太子得立，其事秦必重而德相国无穷，是亲与国而得储万乘也。不归，则咸阳布衣耳。楚更立君，必不事秦，是失与国而绝万乘之和，非计也。"应侯以告王。王曰："令太子之傅先往问疾，反而后图之。"黄歇与太子谋曰："秦之留太子，欲以求利也。今太子力未能有以利秦也，而阳文君子二人在中。王若卒大命，太子不在，阳文君子必立为后，太子不得奉宗庙矣。不如亡秦，与使者俱出。臣请止，以死当之！"太子因变服为楚使者御而出关；而黄歇守舍，常为太子谢病。度太子已远，乃自言于王曰："楚太子已归，出远矣。歇愿赐死！"王怒，欲听之。应侯曰：

"歇为人臣，出身以徇其主，太子立，必用歇。不如无罪而归之，以亲楚。"王从之。黄歇至楚三月，秋，顷襄王薨，考烈王即位；以黄歇为相，封以淮北地，号曰春申君。

五十五年（辛丑，前260）

秦左庶长王龁攻上党，拔之。上党民走赵。赵廉颇军于长平，以按据上党民。王龁因伐赵。赵军数战不胜，止一裨将、四尉。

秦数败赵兵，廉颇坚壁不出。赵王以颇失亡多而更怯不战，怒，数让之。应侯又使人行千金于赵为反间，曰："秦之所畏，独畏马服君之子赵括为将耳！廉颇易与，且降矣！"赵王遂以赵括代颇将。蔺相如曰："王以名使括，若胶柱鼓瑟耳。括徒能读其父书传，不知合变也。"王不听。初，赵括自少时学兵法，以天下莫能当；尝与其父奢言兵事，奢不能难，然不谓善。括母问其故，奢曰："兵，死地也，而括易言之。使赵不将括则已；若必将之，破赵军者必括也。"乃括将行，其母上书，言括不可使。王曰："何以？"对曰："始妾事其父，时为将，身所奉饭而进食者以十数，所友者以百数，王及宗室所赏赐者，尽以与军吏士大夫；受命之日，不问家事。今括一旦为将，东乡而朝，军吏无敢仰视之者；王所赐金帛，归藏于家，而日视便利田宅可买者买之。王以为如其父，父子异心，愿王勿遣！"王曰："母置之，吾已决矣！"母因曰："即如有不称，妾请无随坐！"赵王许之。

秦王闻括已为赵将，乃阴使武安君为上将军而王龁为裨将，令军中："有敢泄武安君将者斩！"赵括至军，悉更约束，易置军吏，出兵击秦师。武安君佯败而走，张二奇兵以劫之。赵括乘胜追造秦壁，壁坚拒不得入；奇兵二万五千人绝赵军之后，又五千骑绝赵壁间。赵军分而为二，粮道绝。武安君出轻兵击之，赵战不利，因筑壁坚守以待救至。秦王闻赵食道绝，自如河内发民年十五以上悉诣长平，遮绝赵救兵及粮食。齐人、楚人救赵。赵人乏食，请粟于齐，王弗许。周子曰："夫赵之于齐、楚，扞蔽也，犹齿之有唇也，唇亡则齿寒；今日亡赵，明日患及齐、楚矣。救赵之务，宜若奉漏瓮沃焦釜然。且救赵，高义也；却秦师，显名也；义救亡国，威却强秦。不务为此而爱粟，为国计者过矣！"齐王弗听。九月，赵军食绝四十六日，皆内阴相杀食。急来攻垒，欲出为四队，四五复之，不能出。赵括自出锐卒搏战，秦人射杀之。赵师大败，卒四十万人皆降。武安君曰："秦已拔上党，上党民不乐为秦而归赵。赵卒反覆，非尽杀之，恐为乱。"乃挟诈而尽坑杀之，遗其小者二百四十人归赵，前后斩首虏四十五万人；赵人大震。

五十六年（壬寅，前259）

十月，武安君分军为三：王龁攻赵武安、皮牢，拔之。司马梗北定太原，尽有上党地。韩、魏使苏代厚币说应侯曰："武安君即围邯郸乎？"曰："然。"苏代曰："赵亡则秦王王矣；武安君为三公，君能为之下乎？虽欲无为之下，固不得已矣。秦尝攻韩，围邢丘，困上党，上党之民皆反为赵，天下不乐为秦民之日久矣。今亡赵，北地入燕，东地入齐，南地入韩、魏，则君之所得民无几何人矣。不如因而割之，无以为武安君功也。”应侯言于秦王曰：“秦兵劳，请许韩、赵之割地以和，且休士卒。”王听之，割韩垣雍、赵六城以和，正月，皆罢兵。武安君由是与应侯有隙。

赵王将使赵郝约事于秦，割六县。虞卿谓赵王曰：“秦之攻王也，倦而归乎？王以其力尚能进，爱王而弗攻乎？”王曰：“秦不遗余力矣，必以倦而归也。”虞卿曰：“秦以其力攻其所不能取，倦而归，王又以其力之所不能取以送之，是助秦自攻也。来年秦攻王，王无救矣。”赵王计未定，楼缓至赵，赵王与之计之。楼缓曰：“虞卿得其一，不得其二。秦、赵构难而天下皆说，何也？曰：‘吾且因强而乘弱矣。’今赵不如亟割地为和以疑天下，慰秦之心。不然，天下将因秦之怒，乘赵之敝，瓜分之，赵且亡，何秦之图乎！”虞卿闻之，复见曰：“危哉楼子之计，是愈疑天下，而何慰秦之心哉！独不言其示天下弱乎？且臣言勿与者，非固勿与而已也；秦索六城于王，而王以六城赂齐。齐，秦之深雠也，其听王不待辞之毕也。则是王失之于齐而取偿于秦，而示天下有能为也。王以此发声，兵未窥于境，臣见秦之重赂至赵而反媾于王也。从秦为媾，韩、魏闻之，必尽重王，是王一举而结三国之亲而与秦易道也。”赵王曰：“善。”使虞卿东见齐王，与之谋秦。虞卿未返，秦使者已在赵矣。楼缓闻之，亡去。赵王封虞卿以一城。

五十七年（癸卯，前258）

正月，王陵攻邯郸，少利，益发卒佐陵；陵亡五校。武安君病愈，王欲使代之。武安君曰：“邯郸实未易攻也；且诸侯之救日至。彼诸侯怨秦之日久矣，秦虽胜于长平，士卒死者过半，国内空，远绝河山而争人国都；赵应其内，诸侯攻其外，破秦军必矣。”王自命不行，乃使应侯请之。武安君终辞疾，不肯行；乃以王龁代王陵。

赵王使平原君求救于楚，平原君约其门下食客文武备具者二十人与之俱，得十九人，余无可取者。毛遂自荐于平原君。平原君曰：“夫贤士之处世也，譬若锥之处囊中，其末立见。今先生处胜之门下三年于此矣，左右未有所称诵，胜未有所闻，是先生无所有也。先生不能，先生留！”毛遂曰：“臣乃今日请处囊中耳！使遂蚤得处囊中，乃脱颖而出，非特其末见而已。”平原君乃与之俱，十九人相与目笑之。平原君至楚，与楚王言合从之利害，日出而言之，日中不决。毛遂按剑历阶而上，谓平原君曰：“从之利害，两言而决耳！今日出而言，日中不决，何也？”楚王怒叱曰：“胡不下！吾乃与而君言，汝何为者也？”毛遂按剑而前曰：“王之所以叱遂者，以楚国之众也。今十步之内，王不得恃楚国之众也！王之命悬于遂手。吾君在前，叱者何也？且遂闻汤以七十里之地王天下，文王以百里之壤而臣诸侯，岂其士卒众多哉？诚能据其势而奋其威也。今楚地方五千里，持戟百万，此霸王之资也。以楚之强，天下弗能当。白起，小竖子耳，率数万之众，兴师以与楚战，一战而举鄢、郢，再战而烧夷陵，三战而辱王之先人，此百世之怨而赵之所羞，而王弗之恶焉。合从者为楚，非为赵也。吾君在前，叱者何也？”楚王曰：“唯唯，诚若先生之言，谨奉社稷以从。”毛遂曰：“从定乎？”楚王曰：“定矣。”毛遂谓楚王之左右曰：“取鸡、狗、马之血来！”毛遂奉铜盘而跪进之楚王曰：“王当歃血以定从；次者吾君，次者遂。”遂定从于殿上。毛遂左手持盘血而右手招十九人曰：“公等相与歃此血于堂下！公等录录，所谓‘因人成事’者也。”平原君已定从而归，至于赵，曰：“胜不敢相天下士矣！”遂以毛遂为上客。

于是楚王使春申君将兵救赵，魏王亦使将军晋鄙将兵十万救赵。秦王使谓魏王曰：“吾攻赵，旦暮且下，诸侯敢救之者，吾已拔赵，必移兵先击之！”魏王恐，遣人止晋鄙，留兵壁邺，名为救赵，实挟两端。又使将军新垣衍间入邯郸，因平原君说赵王，欲共尊秦为帝，以却其兵。齐人鲁仲连在邯郸，闻之，往见新垣衍曰：“彼秦者，弃礼义而上首功之国也。彼即肆然而为帝于天下，则连有蹈东海而死耳，不愿为之民也！且梁未睹秦称帝之害故耳，吾将使秦王烹醢梁王！”新垣衍怏然不悦曰：“先生恶能使秦王烹醢梁王？”鲁仲连曰：“固也，吾将言之。昔者九侯、鄂侯、文王，纣之三公也。九侯有子而好，献之于纣，纣以为恶，醢九侯；鄂侯争之强，辩之疾，故脯鄂侯；文王闻之，喟然而叹，故拘之牖里之库百日，欲令之死。今秦，万乘之国也，梁，亦万乘之国也；俱据万乘之国，各有称王之名，奈何睹其一战而胜，欲从而帝之，卒就脯醢之地乎！且秦无已而帝，则将行其天子之礼以号令于天下，则且变易诸侯之大臣，彼将夺其所不肖而与其所贤，夺其所憎而与其所爱，彼又将使其子女谗妾为诸侯妃姬，处梁之宫，梁王安得晏然而已乎！而将军又何以得故宠乎！”新垣衍起，再拜曰：“吾乃今知先生天下之士也！吾请出，不敢复言帝秦矣！”

初，魏公子无忌仁而下士，致食客三千人。魏有隐士曰侯嬴，年七十，家贫，为大梁夷门监者。公子置酒大会宾客，坐定，公子从车骑虚左自迎侯生。侯生摄敝衣冠，直上载公子上坐不让；公子执辔愈恭。侯生又谓公子曰：“臣有客在市屠中，愿枉车骑过之。”公子引车入市，侯生下见其客朱亥，睥睨，故久立，与其客语，微察公子，公子色愈和；乃谢客就车，至公子家。公子引侯生坐上坐，遍赞宾客，宾客皆惊。及秦围赵，赵平原君之夫人，公子无忌之姊也，平原君使者冠盖相属于魏，让公子曰：“胜所以自附于婚姻者，以公子之高义，能急人之困也。今邯郸旦暮降秦而魏救不至，纵公子轻胜弃之，独不怜公子姊邪！”公子患之，数请魏王敕晋鄙令救赵，及宾客辩士游说万端，王终不听。公子乃属宾客约车骑百余乘，欲赴斗以死于赵；过夷门，见侯生。侯生曰：“公子勉之矣，老臣不能从！”公子去，行数里，心不快，复还见侯生。侯生笑曰：“臣固知公子之还也！今公子无他端而欲赴秦军，譬如以肉投馁虎，何功之有！”公子再拜问计。侯嬴屏人曰：“吾闻晋鄙兵符在王卧内，而如姬最幸，力能窃之。尝闻公子为如姬报其父仇，如姬欲为公子死无所辞。公子诚一开口，则得虎符，夺晋鄙之兵，北救赵，西却秦，此五伯之功也。”公子如其言，果得兵符。公子行，侯生曰：“将在外，君令有所不受。有如晋鄙合符而不授兵，复请之，则事危矣。臣客朱亥，其人力士，可与俱。晋鄙若听，大善；不听，可使击之！”于是公子请朱亥与俱。至邺，晋鄙合符，疑之，举手视公子曰：“吾拥十万之众屯于境上，今单车来代之，何如哉？”朱亥袖四十斤铁椎，椎杀晋鄙，公子遂勒兵下令军中曰：“父子俱在军中者，父归！兄弟俱在军中者，兄归！独子无兄弟者，归养！”得选兵八万人，将之而进。

王龁久围邯郸不拔，诸侯来救，战数不利。武安君闻之曰：“王不听吾计，今何如矣？”王闻之，怒，强起武安君。武安君称病笃，不肯起。

五十八年（甲辰，前257）

十月，免武安君为士伍，迁之阴密。十二月，益发卒军汾城旁。武安君病，未行，诸侯攻王龁，龁数却，使者日至，王乃使人遣武安君，不得留咸阳中。武安君出咸阳西门十里，至杜邮。王与应侯群臣谋曰：“白起之迁，意尚怏怏有余言。”王乃使使者赐之剑，武安君遂自杀。秦人怜之，乡邑皆祭祀焉。

公子无忌既存赵，遂不敢归魏，与宾客留居赵，使将将其军还魏。赵王与平原君计，以五城封公子。赵王扫除自迎，执主人之礼，引公子就西阶。公子侧行辞让，从东阶上，自言罪过，以负于魏，无功于赵。赵王与公子饮至暮，口不忍献五城，以公子退让也。赵王以鄗为公子汤沐邑。魏亦复以信陵奉公子。公子闻赵有处士毛公隐于博徒，薛公隐于卖浆家，欲见之；两人不肯见，公子乃间步从之游。平原君闻而非之。公子曰：“吾闻平原君之贤，故背魏而救赵。今平原君所与游，徒豪举耳，不求士也。以无忌从此两人游，尚恐其不我欲也，平原君乃以为羞乎！”为装欲去。平原君免冠谢，乃止。

秦太子之妃曰华阳夫人，无子；夏姬生子异人。异人质于赵；秦数伐赵，赵人不礼之。异人以庶孽孙质于诸侯，车乘进用不饶，居处困不得意。

阳翟大贾吕不韦适邯郸，见之，曰：“此奇货可居！”乃往见异人，说曰：“吾能大子之门！”异人笑曰：“且自大君之门！”不韦曰：“子不知也，吾门待子门而大。”异人心知所谓，乃引与坐，深语。不韦曰：“秦王老矣。太子爱华阳夫人，夫人无子。子之兄弟二十余人，子傒有秦国之业，士仓又辅之。子居中，不甚见幸，久质诸侯。太子即位，子不得争为嗣矣。”异人曰：“然则奈何？”不韦曰：“能立適嗣者，独华阳夫人耳。不韦虽贫，请以千金为子西游，立子为嗣。”异人曰：“必如君策，请得分秦国与君共之。”不韦乃以五百金与异人，令结宾客。复以五百金买奇物玩好，自奉而西，见华阳夫人之姊，而以奇物献于夫人，因誉子异人之贤，宾客遍天下，常日夜泣思太子及夫人，曰：“异人也以夫人为天！”夫人大喜。不韦因使其姊说夫人曰：“夫以色事人者，色衰则爱弛。今夫人爱而无子，不以繁华时蚤自结于诸子中贤孝者，举以为適，即色衰爱弛，虽欲开一言，尚可得乎！今子异人贤，而自知中子不得为適，夫人诚以此时拔之，是子异人无国而有国，夫人无子而有子也，则终身有宠于秦矣。”夫人以为然，承间言于太子曰：“子异人绝贤，来往者皆称誉之。”因泣曰：“妾不幸无子，愿得子异人立以为子以托妾身！”太子许之，与夫人刻玉符，约以为嗣，因厚馈遗异人，而请吕不韦傅之。异人名誉盛于诸侯。

吕不韦娶邯郸诸姬绝美者与居，知其有娠，异人从不韦饮，见而请之。不韦佯怒，既而献之，孕期年而生子政，异人遂以为夫人。邯郸之围，赵人欲杀之，异人与不韦行金六百斤予守者，脱亡赴秦军，遂得归。异人楚服而见华阳夫人，夫人曰：“吾楚人也，当自子之。”因更其名曰楚。

赧王下四十四年（庚寅，公元前271年）

赵国一个收田租的小官赵奢到平原君赵胜家去收租税，他的家人不肯交。赵奢以法处置，杀死平原君家中管事人九名。平原君十分恼怒，想杀死赵奢，赵奢便说：“您在赵国是贵公子，如果纵容家人而不奉公守法，法纪就会削弱，法纪削弱国家也就衰弱，国家衰弱则各国来犯，赵国便不存在了。您还到哪里找现在的富贵呢！以您的尊贵地位，带头奉公守法则上下一心，上下一心则国家强大，国家强大则赵家江山稳固，而您作为王族贵戚，难道会被各国轻视吗？”平原君认为赵奢很贤明，便介绍给赵王。赵王派他管理国家赋税，于是国家赋税征收顺利，人民富庶而国库充实。

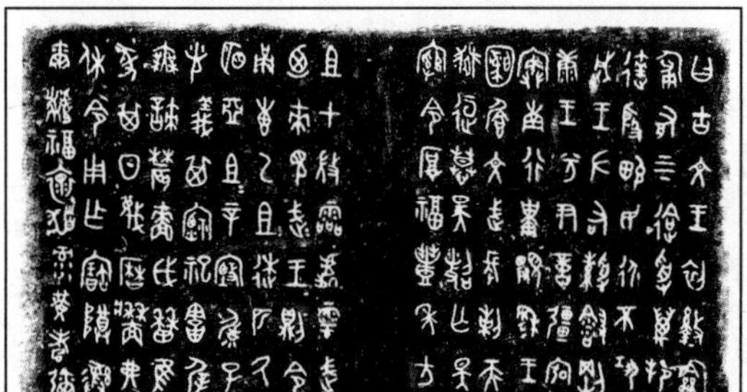

西周 墙盘

四十五年（辛卯，公元前270年）

秦国进攻赵国，围困阏与城。赵王召见廉颇、乐乘问道：“可以援救吗？”两人都说：“道路遥远，更兼险峻，难救。”再问赵奢，赵奢回答说：“道路遥远险峻，就好比两只老鼠在洞穴中咬斗，将是勇敢者取胜。”赵王于是令赵奢率领军队前去援救。赵奢刚离开邯郸三十里就停止不前，下令军中说：“如有人谈及军事，一律处死！”

秦国军队驻扎在武安城西，列阵大喊大擂，武安城内的屋瓦都为之震动。赵军中一个军吏忍不住提议急救武安，被赵奢立即斩首。赵奢军坚守二十八天不动，反倒增修营垒。秦国一个间谍潜入赵军，赵奢佯装不知，用好吃好喝招待他。间谍回去报告秦军大将，秦军大将十分高兴地说：“援军离开国都三十里就按兵不动，还增修营垒，阏与一定不是赵国的了！”赵奢放走间谍以后，下令部队卷起盔甲悄声前进，一天一夜便到了离阏与五十里的地方，扎下营来，修起营垒。秦国军队听说后，披甲前往迎敌。赵奢军中有个军士许历要求提出军事建议，赵奢便召他进来。许历说：“秦军没想到赵军会到这里，他们来势盛气凌人。赵将军你一定要集中兵力排出战阵对付，不然必败。”赵奢说：“我接受你的指教。”许历以自己违反了军纪，请处死刑，赵奢忙说：“且慢，现在是邯郸那次军令以后的事了。”许历便再次提出建议说：“先占领北山的人必胜，后到的必败。”赵奢点头称是，立即派出一万人前去北山，秦军后到，争夺北山无法攻上。于是，赵奢指挥全军猛击秦国军队，秦军大败，撤去对阏与的包围，退兵而还。赵王因此封赵奢为马服君，与廉颇、蔺相如同等地位；又任命许历为国尉。

起初，魏国人范雎随从中大夫须贾出使齐国，齐襄王听说他能言善辩，私下赠给他金子及酒食。须贾以为范雎把魏国的秘密告诉了齐国，回国后便向魏国宰相魏齐告发。魏齐十分震怒，下令鞭打范雎，折断了肋骨，打脱了牙齿。范雎只好装死，被卷进竹席，抛到厕所，魏齐还派醉酒的宾客向他身上撒尿，以惩戒后人，不得妄言。范雎悄悄对看守说：“你放出我，我必有重谢。”看守于是去请示把席中死人扔掉，魏齐正喝醉了酒，便说：“可以。”范雎这才得以脱身。事后魏齐后悔，又派人去搜索范雎。魏国人郑安平把范雎藏匿起来，改换姓名叫张禄。

秦国任谒者之职的王稽出使魏国，范雎深夜前去求见。王稽把他暗中装上使车，一起带回国，把范雎推荐给秦王。秦王决定在离宫召见范雎。范雎假装不识道路走入宫中巷道。秦王乘轿舆前来，宦官怒声驱赶范雎说：“大王来了！”范雎故意胡说道：“秦国哪里有大王，秦国只有王太后和穰侯而已！”秦王略微听见了几句，便屏退左右随从，下跪请求说：“先生有什么指教我的？”范雎只说：“是的是的。”如此三次。秦王又说：“先生到底不愿对我赐教吗？”范雎才说：“我哪里敢呢！我是一个流亡在外的人，和大王没有什么交往，而想向您陈述的又都是纠正您失误的大事，

范雎拜见秦王

关系到您骨肉亲人，我即使愿意一效愚忠却还不知大王的真心，所以大王三次下问我都不敢回答。我知道今天在您面前说出，明天就有处死的危险，但我还是不敢回避。死，是人人都无法免除的，如果我的死能对秦国有所裨益，就是我最大的愿望了。我只怕我被处死之后，天下的贤士都闭口不言，裹足不前，不再投奔秦国了。”秦王又下跪说：“先生您这是什么话啊！今天我能见到先生，是上天认为我浑浊，为了保存秦国的祖业宗庙而把您赐给我的。无论事情大小，上及王太后，下至大臣，希望您都一一对我指教，不要再怀疑我的真心了！”范雎于是下拜，秦王也急忙回拜。范雎这才说道：“以秦国的强大，士卒的勇猛，对付各国，就好比用韩卢那样的猛犬去追击跛脚兔子。而秦国却坐守关外十五年，不敢派兵出击崤山以东，这是穰侯魏冉为秦国的谋划不忠心，但是大王您的方针也有所失误。”秦王跪着说：“我想知道错在何处！”但是左右随从有不少人在侧耳偷听，范雎不敢提及内政，便先说到外事，以看秦王兴趣的高低。他于是说：“穰侯越过韩国、魏国去进攻齐国的刚、寿两地，不是好计划。当年齐王向南进攻楚国，破军杀将，开辟千里土地，而最后齐国连一尺一寸领土也未能得到，难道是他不想要地吗？实在是因为地理形势无法占有。而各国看到齐国征战疲劳，便起兵攻打齐国，大破齐军，使齐国几乎灭亡。这个结局就是因为齐国攻打楚国而使好处落到韩、魏两国手中。现在大王不如采取远交而近攻的方针，得一寸地就是您大王的一寸，得一尺地就是您大王的一尺。魏国、韩国，位于中原，是天下的中枢。大王如果想称霸，必须接近中原之地控制天下枢纽，以威逼楚国、赵国，楚国强就收附赵国，赵国强则收附楚国，楚国、赵国一旦归附您，齐国就惊慌失措了。齐国再归附，韩国、魏国便是秦国掌中之物了。”秦王说：“好。”于是以范雎为客卿，与他商议军事。

四十九年（乙未，公元前266年）

秦王日益亲信范雎，使他掌权，范雎便趁机建议秦王道：“我在崤山之东居住时，只听说齐国有孟尝君，不知道有齐王；只听说秦国有王太后、穰侯魏冉，不知道有秦王。所谓独掌国权称作王，决定国家利害称作王，控制生杀大权称作王。现在王太后擅自专行，不顾大王；穰侯出使外国也不报告大王；华阳君、泾阳君处事决断，无所忌讳；高陵君自由进退，也不请示大王。有这四种权贵而国家想不危亡，是不可能的。在这四种权贵的威势之下，可以说秦国并没有王。穰侯魏冉派使者控制大王的外交重权，决断与各国事务，出使遍天下，征讨敌国，无人敢不听从。如果战胜了，他就把所获利益全部收归自己的封地陶邑；如果战败了，他就把百姓的怨愤推到国家身上。我还听说过，果实太多会压折树的枝干，枝干折断会损伤树根，封地过于强大会威胁到国家，大臣过于尊显会使君主卑微。当年淖齿管理齐国，用箭射齐王的大腿，抽去齐王的筋，把他吊在房梁上，过了一夜才折磨死。李兑统治赵国，把赵主父关在沙丘宫里，一百天后活活饿死。如今我看秦国四种权贵的所作所为，也正像淖齿、李兑一类。夏、商、周三代最后亡国的原因，都是因为君王把专权转授给臣下，自己纵酒行猎；被授权者嫉贤妒能，欺下瞒上，以售其奸。他们不为主子考虑，而君主也不觉察醒悟，所以失去了国家。现在秦国自有秩小官直至各个大官，再到大王您的左右随从，无一不是丞相魏冉的人。我看到大王您孤孤零零地在朝廷上，真为您万分担忧。恐怕您去世后，拥有秦国的将不是大王您的子孙了！”秦王听后深以为然，于是毅然废黜太后的专权，把穰侯魏冉、高陵君、华阳君、泾阳君驱逐到关外去；任用范雎为丞相，封为应侯。

魏王派须贾出使秦国，应侯范雎身穿破衣、徒步前去见他。须贾惊奇地问他：“范叔你还是很好啊！”留下他用饭，又拿出一件丝棉袍送给他。范雎便为须贾驾车前去丞相府，说：“我先为你去向丞相通报。”很久未出，须贾感到奇怪，便问丞相府守门人，守门人回答说：“没有什么范叔，刚才进去的是我们丞相张先生。”须贾大惊失色，知道自己落入圈套，只好用膝盖匍匐跪行进去谢罪。应侯坐在上面，怒斥他说：“你之所以还能不死，是我念你赠送丝袍还有一丝照顾故人的旧情！”于是大设酒宴，招待各国宾客，令须贾坐在堂下，放一盘黑豆、碎草之类的喂马饲料让他吃，然后命令他回国告诉魏王：“快快砍下魏齐的头送来，不然，我就杀尽魏都大梁城的人！”须贾回国，把这番话告诉魏齐，魏齐只好逃奔赵国，藏匿在平原君赵胜家里。

五十年（丙申，公元前265年）

秦国进攻赵国，夺取三座城市。因为赵王新即位，赵太后便执掌政事，派人向齐国求救。齐国答复：“必须以赵公子长安君做人质。”赵太后不答应，于是齐国的救兵便不出发。赵国大臣一再劝说赵太后，太后却公然对左右随从说：“谁再提让长安君去做人质的事，我老婆子就要往他脸上吐口水！”左师触龙求见赵太后，太后气冲冲地等待他进来。触龙却慢吞吞走过来坐下，道歉说：“老臣我腿脚不好，很久没有来看望太后了，常常以此自我宽恕。又担心太后的身体有什么不适，所以还是希望能见到太后。”赵太后说：“老婆子我只能靠人推车来往了。”触龙又问：“饭量也减少了吧？”太后说：“只喝粥而已。”这时，太后脸上的不悦之色已稍稍宽解。触龙又说：“我的儿子舒祺，年岁最小，又不成器，而我因为年老，私下最怜爱他，想让他补个黑衣卫士的缺去护卫王宫，在此向您冒昧请求！”太后说：“可以。他年龄多大了？”回答说：“十五岁了。虽然还年轻，可我想趁我这把老骨头还没入土为他做个安排。”太后说：“大丈夫也知道疼爱小儿子吗？”回答说：“比妇人还厉害呢！”太后笑着说：“还是妇人更厉害！”触龙却说：“我觉得，老太太您爱女儿燕后胜过爱儿子长安君。”太后说：“你错了！我对燕后远不如对长安君。”触龙又说：“父母疼爱孩子，就要为他们考虑深远。老太太您送燕后出嫁时，抓住她的脚后跟直掉眼泪，想到她要到遥远的燕国去，心情十分哀伤。待到燕后离去，您不是不想她，可一逢祭祀就祝愿说：‘千万别让人把她退回来。’这难道不是为她长久打算，希望她的子孙能在燕国相继为王吗？”

太后点头说："是的。"触龙又说："从现在起三代以前，赵王的子孙被封侯的，现在还有没有继承人在位的？"太后回答："没有了。"触龙说："这就是说，近的，灾祸殃及其身；远的，殃及其子孙。难道说君王封侯的儿子都不成才？只是因为他们地位尊贵而无军功，俸禄丰厚而无劳苦，却享有国家的许多宝器。如今老太太您提高小儿子长安君的地位，封给他良田美宅，赐给他许多宝器，却不让他趁现在为国家立功。一旦您不在世上，长安君靠什么在赵国自立呢？"太后恍然大悟说："好吧，随你去安排他吧！"于是下令为长安君备齐一百乘车，去齐国做人质。齐国随即发兵，秦国军队便退回。

五十二年（戊戌，公元前263年）

楚顷襄王病重。黄歇对应侯范雎说："现在楚王的病恐怕难以痊愈，秦国不如让楚太子回国。太子能够即位，一定会更加侍奉秦国，感戴相国您的无穷恩德，这样做既与邻国结好，又为秦国储存下一个有万乘兵车的帮手。如果不让太子回去，他只是咸阳城里一个普通老百姓而已。楚国再立一个君王，肯定不会侍奉秦国，那么秦国就失去友邦又断送了与一个有万乘兵车大国间的和平。不是上策。"应侯范雎把此话告诉秦王，秦王说："让太子的老师先去看看楚王病的情况，回来再做商议。"黄歇与楚太子盘算道："秦国留下太子，想以此来换取利益。现在太子的力量又做不到什么有利秦国的事。阳文君的两个儿子都在楚国，楚王一旦去世，太子不在国中，阳文君的儿子肯定会被立为继承人，那么太子就不能接替祖业了。太子不如与使者一起逃离秦国，我留在这里，以死来对付秦王。"太子于是换上衣服扮作楚国使者的车夫混出关外；黄歇守在馆舍中，常常称太子生病谢绝来访。他估计太子已经走得很远，便自己去告诉秦王说："楚国太子已经归国，走得很远了。我黄歇情愿领受死罪。"秦王勃然大怒，想照此处理。应侯范雎劝道："黄歇作为臣下，献身以救他的主子，如果楚太子即位，一定会重用黄歇。我们不如赦免黄歇无罪放他回去，以与楚国结好。"秦王听从了劝告，放走黄歇。黄歇回到楚国三个月后的秋天，楚顷襄王去世，太子即位为楚考烈王；任命黄歇为国相，封给他淮河以北的领地，号称春申君。

五十五年（辛丑，公元前260年）

秦国派左庶长王龁进攻上党，予以攻克。上党百姓逃往赵国。赵国派廉颇率军驻守长平，接应上党逃来的百姓。王龁于是挥兵攻打赵国。赵军迎战，几战都不胜，一员副将和四名都尉阵亡。

赵兵屡次被秦军打败，廉颇便下令坚守营垒，拒不出战。赵王以为廉颇损兵折将后更加胆怯，不敢迎敌，气愤得多次斥责他。应侯范雎又派人用千金去赵国施行反间计，散布说："秦国所怕的，只是马服君赵奢的儿子赵括做大将。廉颇好对付，而且他也快投降了！"赵王中计，便用赵括代替廉颇为大将。蔺相如劝阻说："大王因为赵括有些名气就重用他，这是粘住调弦的琴柱再弹琴呀！赵括只知道死读他父亲的兵书，不知道随机应变。”赵王仍是不听。起初，赵括从小学习兵法时，就自以为天下无人可比。他曾与父亲赵奢讨论兵法，赵奢也难不倒他，但终究不说他有才干。赵括的母亲询问原因，赵奢说：“带兵打仗，就是出生入死，而赵括谈起来却很随便。赵国不用他为大将也还罢了，如果一定要用他，灭亡赵军的必定是赵括。”待到赵括将要出发，他的母亲急忙上书，指出赵括不能重用。赵王问：“为什么？”回答说：“当年我侍奉赵括的父亲，他做大将时，亲自去捧着饭碗招待的有几十位，他的朋友有几百人。大王及宗室王族给他的赏赐，他全部分发给将士。他自接受命令之日起，就不再理睬家事。而赵括刚刚做了大将，就向东高坐，接受拜见，大小军官没人敢抬头正脸看他。大王赏给他的金银绸缎，全部拿回家藏起来，每天忙于察看有什么良田美宅可买的就买下。大王您以为他像父亲，其实他们父子用心完全不同。请大王千万不要派他去。”赵王却说：“老太太你不用管，我已经决定了。”赵括母亲便说：“万一赵括出了什么差错，我请求不要连累我治罪。”赵王同意了赵母的请求。

秦王听说赵括已经上任为大将，便暗中派武安君白起为上将军，改王龁为副将，下令军中：“谁敢泄露白起为上将军的消息，格杀勿论！”赵括到了赵军中，全部推翻原来的规定，调换军官，下令出兵攻击秦军。白起佯装战败退走，预先布置下两支奇兵准备截击。赵括乘胜追击，直达秦军营垒，秦军坚守，无法攻克。这时，秦军一支二万五千人的奇兵已切断了赵军的后路，另一支五千人的骑兵堵截住赵军返回营垒的通道，赵军被一分为二，粮道也断绝。武安君白起便下令精锐轻军前去袭击，赵军迎战失利，只好坚筑营垒等待救兵。秦王听说赵军运粮通道已经切断，亲自到河内征发十五岁以上的百姓全部调往长平，阻断赵国救兵及运粮。齐国、楚国援救赵国。赵军缺乏粮食，向齐国请求接济，齐王不给。周子说：“赵国对于齐国、楚国来说，是一道屏障，就像牙齿外面的嘴唇，唇亡则齿寒。今天赵国灭亡了，明天灾祸就会降临齐国、楚国。援救赵国这件事，应该像捧着漏瓦罐去浇烧焦了的铁锅那样，刻不容缓。何况援救赵国是高尚的道义；抵抗秦军，是显示威名的好事。必须主持正义援救亡国，显示兵威击退强秦。不致力于此事反而爱惜粮食，这样为国家决策是个大错！”齐王仍是不听。九月，赵军已断粮四十六天，士兵们都在内部暗中残杀，互相吞吃。赵括着急，便下令进攻秦军营垒，想派出四支队伍，轮番进攻，到第五次，仍无法突围。赵括亲自率领精兵上前肉搏，被秦兵射死。赵军于是全线崩溃，四十万士兵全部投降。白起说：“当初秦军已攻克上党，上党百姓却不愿归秦而去投奔赵国。赵国士兵反复无常，不全部杀掉，恐怕会有后乱。”于是使用奸计把赵国降兵全部活埋，只放出二百四十个年岁小的回到赵国，前后共杀死四十五万人，赵国大为震惊。

五十六年（壬寅，公元前259年）

十月，武安君白起把军队分为三支；王龁率军进攻赵国武安、皮牢，予以攻

窃符救赵

克。司马梗向北平定太原，全部占据上党地区。韩国、魏国派苏代用丰厚金银去劝说应侯范雎："白起是否立即就要围攻邯郸？"范雎说："是的。"苏代劝道："赵国一亡，秦王便可以称王天下了；那时武安君白起将列入三公高位，您能甘心在他之下吗？即使不愿意屈居其下，也不得不如此了。秦国曾攻击韩国，围攻邢丘，困死上党，上党的百姓反而都去投奔赵国，天下人不愿做秦国的臣民，由来已久。现在把赵国灭亡了，北部地区的人逃到燕国，东部地区的人奔往齐国，南部地区的人流入韩国、魏国，你们能控制的老百姓就没有几个人了。你们不如乘势割去赵国的一些领土，就此罢手，不要让白起独享大功。"范雎动心，便向秦王建议："秦兵已经疲惫不堪，请允许韩国、赵国割地求和，让将士们暂时休息一下。"秦王听从了他的劝告，同意割韩国的垣雍、赵国的六座城后讲和。正月，双方都停战罢兵。白起从此与范雎产生矛盾。

赵王准备派赵郝赴秦国订立和约，允以割让六个县。虞卿对赵王说："秦国进攻赵国，是因为疲倦了自行撤退呢？还是余力尚能进攻，由于钟爱大王而不再进兵了呢？"赵王说："秦国想灭掉赵国已是不遗余力，现在当然是因为疲倦了才退去。"虞卿说："秦国用全部力量来进攻它不能得手的赵国，疲倦了才退去；那么大王您又把它力所不能夺取的地盘献上，实际上帮助秦国来进攻自己。明年秦国再来攻打赵国，大王您就没救了。"赵王尚未拿定主意，楼缓来到了赵国，赵王便与他商议。楼缓说："虞卿只知其一，不知其二。秦国、赵国互相征战，各国都很高兴，为什么呢？他们会说：'我们可借着强国去获益于弱国。'现在赵国不如马上割地给秦国，一方面安慰了秦国，一方面使各国疑心秦、赵之间已达成默契，不敢再算计赵国。不然的话，各国将借着秦国的怒气，趁着赵国的疲惫不堪，群起而瓜分。赵国就要灭亡，还谈得上什么对付秦国！"虞卿听说这番话，又来见赵王说："楼缓的计策太危险了！这样做更会使天下猜疑赵国，又哪里能安慰秦国的贪心呢！他为什么只字不提这样做是向天下暴露了赵国的怯懦？再说，我建议不割地给秦国，并非主张绝对不能割地；秦国向您索要六座城，大王却可以拿这六个城去贿赂齐国。齐国是秦国的世代仇家，齐王一定不会等到赵国使臣告辞就答应出兵，于是大王您虽然割地给了齐国，却可以从进攻秦国得到补偿，而且向天下显示赵国尚

公子婴齐、楚庄王、乐伯

有所作为。大王如果以此先发制人，那么大兵还未开到边境，就会看到秦国派出使臣带着丰厚礼物，反而来向您讲和。那时再答应秦国的讲和要求，韩国、魏国知道了，一定会对赵国刮目相看，于是大王您一举而与三国结下友好，和秦国交涉也就主动了。”赵王说：“对。”便派虞卿赴东方去见齐王，与他商议联合对付秦国。虞卿尚未回国，秦国果然已经派使者来到赵国了。楼缓见此情形，只好逃离赵国。赵王封给虞卿一座城池。

五十七年（癸卯，公元前258年）

正月，王陵进攻邯郸，几次失利，秦王便征发更多的兵丁去支援王陵；王陵损失了五校，仍不能胜。这时武安君白起病愈，秦王想派他去替代王陵。白起却说：“邯郸实在是不容易攻下的，而且诸侯救兵一天便可到达。那些国家对秦国的怨恨已经积蓄很久了。秦国虽然在长平一战大获全胜，但自己士兵也死亡过半，国内空虚，再长途跋涉去远攻别人的国都，这时如果赵国在内抵抗，各国在外围进攻，秦军必然大败。”秦王见亲自下命令不行，又让应侯范雎去劝说白起。白起始终以病坚决推辞，不肯前去，于是秦王只得派王龁去代替王陵。

赵王派平原君赵胜到楚国去求救，赵胜准备挑选门下食客中文武双全的二十个人一起前往，但只挑出十九个，剩下的都不足取。这时有个叫毛遂的人向赵胜自我推荐。赵胜说：“贤良人才为人处世，好比锥子在口袋中，锥尖立即能露出来。如今先生来到我赵胜门下已经三年，我左右的人没有谁称赞过你，我也未听说过你的作为，说明先生没有什么长处，先生不能干，先生留下吧！”毛遂说道：“我不过今天才请你把我放到口袋里而已！如果早把我放进去，我早就脱颖而出了，岂止是露出个锥尖呢！”平原君赵胜于是让毛遂一同赴楚，另外十九个人都相视嘲笑他。赵胜到了楚国，向楚王阐述联合抗秦的必要性，从太阳升起时开始谈，一直谈到中午，楚王仍是犹豫不决。毛遂于是手按宝剑顺着台阶走上去，对平原君说：“联合抗秦的重要性，‘利’‘害’两个字可以说清楚，做出决定！现在从日出时谈起，到中午还不能决断，是什么原因？”楚王怒斥毛遂道：“还不赶快滚下去，我和你的主人说话，你算是什么东西？”毛遂按着剑又上前几步说：“大王你之所以斥责我，是仗着楚国人多势众。现在咱们相距在十步以内，你不可能依仗楚国人多势众了！你的性命在我的手中。在我的主人面前，你为什么呵斥我？我毛遂听说商朝开国的汤王以七十里地方为开端，终于称王天下；周朝创业的周文王仅凭着一百里土地，使诸侯臣服。他们难道是仗着兵多将广、人多势众吗？只不过是顺应历史大势、振奋扬威而已。现在楚国有五千里广地，持戟战士一百万，这是称王称霸的资本呀！以楚国的强大，各国都难以抵挡。白起，不过是个小人物，带着几万兵，兴师动众与楚国作战，一战就夺去鄢、郢两城，再战便火烧夷陵，三战已将楚国宗庙平毁，侮辱楚王祖先。这是百世难解的仇怨，连赵国都替你羞愧，而大王却不以为难堪。现在提倡联合抗秦，实在是为了楚国，不是为赵国啊！我的主人在面前，你还呵斥我什么？”楚王只好说：“是的是的，正像先生指教的那样，我愿意以全国的力量与你们合作。”毛遂便说：“联合之事确定了吗？”楚王说：“确定了。”毛遂便对楚王左右随从说：“取鸡、狗、马的血来！”毛遂举起铜盘跪着上前对楚王说：“请大王歃血宣誓订立同盟，其次是我的主人，再次是我毛遂。”于是在大殿上订立了抗秦同盟。这时毛遂又左手持铜盘右手对随行的十九人招呼说：“你们也在堂下一起歃血宣誓吧！你们跟来跟去，还是靠着别人才办成了事情。”平原君赵胜与楚国订立盟约后回到赵国，叹息说：“从今后我不敢再说能识别天下人才了！”于是奉毛遂为上等宾客。

订立同盟后，楚王便派春申君黄歇率军救赵，魏王也令大将晋鄙统兵十万来救赵。秦王派人对魏王说：“我攻打赵国，早晚就会攻下，各国中谁敢来救赵国，我灭了赵国以后，必定调动大军先进攻它！”魏王惧怕，派人去让晋鄙停止前进，屯兵邺城坚守，名义上说是来救赵，实际上脚踩两边。魏王又派将军新垣衍潜入邯郸，通过平原君去劝说赵王，打算共同尊秦王为帝，以使他罢兵。齐国人士鲁仲连正在邯郸，听说此事，便来见新垣衍说：“那个秦国，是鄙弃礼义伦常而崇尚杀人立功的国家。如果它能公然称帝于天下各国，我鲁仲连只有去跳东海而死，绝不做秦国的臣民！况且，魏国还没有看到秦王称帝以后给它带来的危害，我将让秦王把魏王煮成肉酱。”新垣衍怏怏不快地问鲁仲连：“你哪儿能让秦王把魏王煮成肉酱呢？”鲁仲连说：“确实如此，听我慢慢说来。当年九侯、鄂侯、文王，是商纣王朝廷里的三公。九侯有个女儿，容貌姣好，将她献给纣王，纣王厌恶她，就把九侯剁成肉酱。鄂侯极力为九侯辩护，疾声呼冤，所以被纣王做成肉干；周文王听说了，只是喟然长叹，也被关押在牖里的仓库达一百天，想让他死。现在的秦国，是拥有万乘兵车的大国，魏国，也是同样的大国；都据有雄厚的国家实力，各自有称王的名位，为什么看到秦国打胜了一次战役，就想听从它的指挥，尊秦王为帝，从而使自己落到被人宰割做成肉酱的地步呢！如果秦王未被制止而称帝，就将施行天子的礼仪，号令于天下各国，并且将更换各国君主的大臣。他将剥夺他所看不起的人职位，转授给他所器重的人；他将剥夺他所憎恨的人职位，转授给他所宠爱的人；他又将使秦国的女子和惯说坏话的妾姬，指令婚配给各国君主。设想这些人在大梁宫殿中，魏王还能泰然处之吗？而将军你又有什么办法能保住在君主面前的旧日恩宠呢？”新垣衍听完心惊，离座再次拜谢说：“我今天才知道先生是天下高士啊！我这就告辞回国，不敢再提尊秦为帝的话了。”

当初，魏国公子魏无忌为人仁义而礼贤下士，收养食客三千人。魏国有个隐士名叫侯嬴，已经七十岁，家中贫穷，在魏都大梁任夷门守门官吏。一次，公子魏无忌设置盛大酒宴，招待宾客，来客已经坐定，魏无忌却吩咐备齐车马，空着左边位置，亲自去接侯嬴。侯嬴穿戴旧衣破帽，跳上车子，昂然上坐，也不谦让。魏无忌亲自驾车，更加恭敬。半途，侯嬴又对魏无忌说：“我有个朋友在集市上当屠户，请让车子绕到他那里去一下。”魏无忌指挥车子进了集市，侯嬴下车见到朋友朱亥，故意久久地站在那里与他谈话；同时微微斜视魏无忌，只见他态度仍然十分谦和，于是告辞朋友登车，到了魏无忌府第。魏无忌引侯嬴坐在上座，向各位宾客介绍称赞他，宾客们都很惊讶。这时秦兵围困赵国首都邯郸，赵国平原君赵胜的夫人，是魏无忌的姐姐。赵胜派到魏国求救的使者车马接连不断，指责魏无忌说：“赵胜我之所以与您联成姻亲，就是仰慕您的高尚道义，能够急人之危。现在邯郸早晚要落入秦国手中而魏国援兵裹足不前，即使您看不起我赵胜鄙弃我，难道也不可怜您的姐姐吗？”魏无忌十分焦急，多次请魏王命令大将晋鄙进兵救赵，又派门下能说善辩的宾客百般游说，然而魏王始终不为所动。魏无忌只好聚集门下宾客百余乘车马，准备赴赵国以死相拼。他路过夷门，去见侯嬴。侯嬴只淡淡地说：“公子您好自为之吧，我老了不能前去！”魏无忌离开后，走了数里，心中闷闷不快，又转回去见侯嬴。侯嬴笑着说：“我早就知道公子会回来！如今您没有别的办法而亲身去迎战秦军，好比用肉去投打饿虎，能有什么结果！”魏无忌于是下车再拜请教计策。侯嬴屏退左右随从悄声说道：“我听说晋鄙的调兵兵符在魏王卧室里，他最宠爱的如姬，有办法偷出来。曾听说公子您为如姬报过杀父之仇，如姬表示愿意为您办事，万死不辞。公子只要一开口，就可以得到调兵的虎符，夺去晋鄙的兵权，北上救赵，西抗强秦，建立五霸的功业了。”魏无忌照他的办法去做，果然拿到了兵符。临行前，侯嬴又说：“大将出征在外，君王的命令可以不接受。假如晋鄙以此合验兵符后仍不交出兵权，再向魏王请示，那事情就危险了。我的朋友朱亥，是个勇猛力士，可以与您一齐去。晋鄙如果听从，最好不过。如果不听从，可以让朱亥打死他！”于是魏无忌又邀请朱亥前去。到了邺城，晋鄙合验兵符后，仍很怀疑，摆手看着魏无忌说：“我率领十万大军在边境驻扎，而你只孤身单车前来替代我，是怎么回事呢？”朱亥立即从袖中掣出四十斤重的铁锥，打死晋鄙，魏无忌便部署军队，下令说：“父子两人都在军队中的，父亲可以回去！兄弟两人都在军队中的，哥哥可以回去！独子一个没有兄弟的，可以回去奉养父母！”于是选定八万士兵，挥军前进。

王龁围困邯郸已久，不能攻克，与各国救兵几次作战，也均失利。武安君白起听说后说：“大王不听我的建议，现在怎么办？”秦王听到此话，恼羞成怒，强令武安君前去统兵，白起又称病重，不肯起身。

春秋　彩绘蟠螭纹漆簋

五十八年（甲辰，公元前257年）

十月，秦王免除白起官爵，贬为士兵，把他迁到阴密。十二月，秦王调动更多士兵驻扎在汾城旁。被贬为士兵的白起因病，未能出征。各国援军向王龁进攻，王龁几次败退，告急使者往返于秦国，秦王羞恼，于是派人驱赶白起，不让他再滞留在咸阳城中。白起起身出了咸阳西门十里，到达杜邮。秦王又与应侯范雎等群臣议论说：“白起迁走时，怏怏不服，还有别的怨言。”秦王便派使者前去赐给他宝剑示意自裁，白起于是自杀。秦国人可怜他，城乡都祭祀他的灵位。

魏无忌救下赵国以后，也不敢再回魏国，与门下宾客留在赵国居住，派将军指挥军队回国。赵王与平原君赵胜商议，用五个城来赐封魏无忌。赵王布置打扫，亲自前去迎接魏无忌，以主人的礼节对待，引他由西面台阶登上大殿。魏无忌侧着身子辞让，从降一等级的东面台阶走上，自己口中说着罪过罪过，已经辜负了魏国，又对赵国没有什么功劳。赵王与魏无忌一直饮酒到天黑，因为魏无忌过于谦让，赵王始终不好意思说出送给他五个城的事。最后，赵王把城送给魏无忌，作为汤沐邑。后来，魏国也仍把魏无忌的原封地信陵送还给他。魏无忌听说赵国有个高士毛公隐居在赌徒之中，还有个薛公隐居在卖酒人家，想与他们见面，两人不肯见，魏无忌便徒步前去拜访，同他们出游。平原君赵胜听说后，不以为然。魏无忌便说：“我听说平原君是个贤德之人，才背弃魏国前去援救赵国。现在看他与一些人结交出游，只不过是阔绰的举动，不是为访求人才。我魏无忌跟着毛、薛二位出游，心里还直怕他们不愿意接纳我，平原君竟然认为这是羞耻！”于是整备行装，想离开赵国。赵胜急忙前去摘下帽子谢罪，魏无忌才留下。

秦国太子的夫人名叫华阳夫人，没有儿子；另一个夏姬生有儿子嬴异人。异人在赵国做人质，秦国几次攻打赵国，赵国人因此对他很不友善。异人又因为是秦王的庶孙，在国外做人质，车马及日常供给都不充盈，生活窘困，郁郁不得志。

阳翟有个大商人吕不韦去邯郸，见到嬴异人，说：“这是可以囤积起来卖好价钱的奇货呀！”于是前去拜见异人，说：“我可以提高你的门第！”异人笑着说：“你先提高自己的门第吧！”吕不韦说：“你不知道，我的门第要靠你的门第来提高。”异人心中知道他有所指，便邀他一起坐下深谈。吕不韦说：“秦王老了。太子宠爱华阳夫人，而华阳夫人却没有儿子。你兄弟二十余人中，子傒是长子，有继承秦国的条件，又有士仓辅佐他。你排行居中，不太受重视，长久在外做人质。如果太子即位做秦王，你很难争得继承人的地位。”异人说：“那怎么办呢？”吕不韦说：“能够确立嫡子继承人的，只有华阳夫人。我吕不韦虽然不算富，也愿意拿出千金为你到西边去游说，让她立你为继承人。”异人说：“如果能实现你说的计划，我愿意分割秦国与你共享。”吕不韦于是拿出五百金给异人，让他广交天下宾客，又有五百金置买奇宝珍玩，自己携带前去秦国。他见到华阳夫人的姐姐，通过她把珍宝献给华阳夫人，趁机称赞异人贤明，宾客遍天下，常常日夜哭着思念太子和华阳夫人，说：“异人把夫人当作自己的上天！”华阳夫人听了大喜，吕不韦又通过她姐姐劝说华阳夫人：“靠容貌侍奉别人，年老色衰则恩爱松弛。现在夫人虽受到宠爱却没有儿子，不趁着年华正盛自己早些在各个儿子中选一个贤良孝顺的，推举他为嫡子，等到年老恩爱淡漠时，即便想说一句话，也做不到了。现在异人贤明，又知道自己排行居中，做不了嫡子，夫人如果这时候提拔他，异人就从无国变成了有国，夫人也从无子变成了有子，便会终身在秦国得到宠幸。”华阳夫人认为说得很对，抓住机会便对太子说：“儿子异人绝顶贤明，来来往往的人都称誉他。”又哭道：“我不幸没有生儿子，想把异人立为自己的儿子，使后半辈子有个依靠！”太子答应了她，与华阳夫人刻下玉符，约定异人为继承人，于是送给异人丰厚财物，并请吕不韦辅佐他。异人的名望声誉从此在各国盛传。

吕不韦娶了一位邯郸美女中最美的，与他同居，知道她已怀孕。一次，异人与吕不韦饮酒，见到这位女子，便想要来。吕不韦假装动怒，不久又将她献给异人。这位女子怀孕一年后生下儿子，名叫嬴政，异人便把她立为正室夫人。邯郸被秦兵围困时，赵国人想杀死异人，异人与吕不韦用六百金送给看守，脱身逃到秦军中，于是得以回国。异人身穿楚国服装前去见华阳夫人，夫人说：“我是楚人啊！我把你当作亲生儿子。”于是把他的名字改为楚。

资治通鉴第六卷
秦纪一

译文诵读

昭襄王五十二年（丙午，前255）

楚春申君以荀卿为兰陵令。荀卿者，赵人，名况，尝与临武君论兵于赵孝成王之前。王曰："请问兵要。"临武君对曰："上得天时，下得地利，观敌之变动，后之发，先之至，此用兵之要术也。"荀卿曰："不然。臣所闻古之道，凡用兵攻战之本，在乎一民。弓矢不调，则羿不能以中；六马不和，则造父不能以致远；士民不亲附，则汤、武不能以必胜也。故善附民者，是乃善用兵者也。故兵要在乎附民而已。"临武君曰："不然。兵之所贵者势利也，所行者变诈也。善用兵者感忽悠暗，莫知所从出；孙、吴用之，无敌于天下，岂必待附民哉！"荀卿曰："不然。臣之所道，仁人之兵，王者之志也。君之所贵，权谋势利也。仁人之兵，不可诈也。彼可诈者，怠慢者也，露袒者也，君臣上下之间滑然有离德者也。故以桀诈桀，犹巧拙有幸焉。以桀诈尧，譬之以卵投石，以指桡沸，若赴水火，入焉焦没耳。故仁人之兵，上下一心，三军同力；臣之于君也，下之于上也，若子之事父，弟之事兄，若手臂之扞头目而覆胸腹也。诈而袭之，与先惊而后击之，一也。且仁人用十里之国则将有百里之听，用百里之国则将有千里之听，用千里之国则将有四海之听，必将聪明警戒，和傅而一。故仁人之兵，聚则成卒，散则成列，延则若莫邪之长刃，婴之者断；兑则若莫邪之利锋，当之者溃；圜居而方止，则若盘石然，触之者角摧而退耳。且夫暴国之君，将谁与至哉？彼其所与至者，必其民也。其民之亲我欢若父母，其好我芬若椒兰；彼反顾其上则若灼黥，若仇雠；人之情，虽桀、跖，岂有肯为其所恶，贼其所好者哉！是犹使人之子孙自贼其父母也。彼必将来告，夫又何可诈也！故仁人用，国日明，诸侯先顺者安，后顺者危，敌之者削，反之者亡。《诗》曰：'武王载发，有虔秉钺，如火烈烈，则莫我敢遏。'此之谓也。"

陈嚣问荀卿曰："先生议兵，常以仁义为本，仁者爱人，义者循理，然则又何以兵为？凡所为有兵者，为争夺也。"荀卿曰："非汝所知也。彼仁者爱人，爱人，故恶人之害之也；义者循理，循理，故恶人之乱之也。彼兵者，所以禁暴除害也，非争夺也。”

孝文王元年（辛亥，前250）

冬，十月，己亥，王即位；三日薨。子楚立，是为庄襄王；尊华阳夫人为华阳太后，夏姬为夏太后。

燕将攻齐聊城，拔之。或谮之燕王，燕将保聊城，不敢归。齐田单攻之，岁余不下。鲁仲连乃为书，约之矢以射城中，遗燕将，为陈利害曰：“为公计者，不归燕则归齐。今独守孤城，齐兵日益而燕救不至，将何为乎？”燕将见书，泣三日，犹豫不能自决。欲归燕，已有隙；欲降齐，所杀虏于齐甚众，恐已降而后见辱。喟然叹曰：“与人刃我，宁我自刃！”遂自杀。聊城乱，田单克聊城。归，言鲁仲连于齐，欲爵之。仲连逃之海上，曰：“吾与富贵而诎于人，宁贫贱而轻世肆志焉！”

庄襄王元年（壬子，前249）

吕不韦为相国。东周君与诸侯谋伐秦；王使相国帅师讨灭之，迁东周君于阳人聚。周既不祀。周比亡，凡有七邑：河南、洛阳、穀城、平阴、偃师、巩、缑氏。

三年（甲寅，前247）

蒙骜帅师伐魏，取高都、汲。魏师数败，魏王患之，乃使人请信陵君于赵。信陵君畏得罪，不肯还，诫门下曰：“有敢为魏使通者死！”宾客莫敢谏。毛公、薛公见信陵君曰：“公子所以重于诸侯者，徒以有魏也。今魏急而公子不恤，一旦秦人克大梁，夷先王之宗庙，公子当何面目立天下乎！”语未卒，信陵君色变，趣驾还魏。魏王持信陵君而泣，以为上将军。信陵君使人求援于诸侯。诸侯闻信陵君复为魏将，皆遣兵救魏。信陵君率五国之师败蒙骜于河外，蒙骜遁走。信陵君追至函谷关，抑之而还。

安陵人缩高之子仕于秦，秦使之守管。信陵君攻之不下，使人谓安陵君曰：“君其遣缩高，吾将仕之以五大夫，使为执节尉。”安陵君曰：“安陵，小国也，不能必使其民。使者自往请之。”使吏导使者至缩高之所。使者致信陵君之命，缩高曰：“君之幸高也，将使高攻管也。夫父攻子守，人之笑也；见臣而下，是倍主也。父教子倍，亦非君之所喜。敢再拜辞！”使者以报信陵君。信陵君大怒，遣使之安陵君所曰：“安陵之地，亦犹魏也。今吾攻管而不下，则秦兵及我，社稷必危矣。愿君生束缩高而致之！若君弗致，无忌将发十万之师以造安陵之城下。”安陵君曰：“吾先君成侯受诏襄王以守此城也，手授太府之宪。宪之上篇曰：‘臣弑君，子弑父，有常不赦。国虽大赦，降城亡子不得与焉。’今缩高辞大位以全父子之义，而君曰‘必生致之’，是使我负襄王之诏而废太府之宪也，虽死，终不敢行！”缩高闻之曰：“信陵君为人，悍猛而自用，此辞必反为国祸。吾已全己，无违人臣之义矣，岂可使吾君有魏患乎！”乃之使者之舍，刎颈而死。信陵君闻之，缟素辟舍，使使者谢安陵君曰：“无忌，小人也，困于思虑，失言于君，请再拜辞罪！

王使人行万金于魏以间信陵君，求得晋鄙客，令说魏王曰：“公子亡在外十年矣，今复为将，诸侯皆属，天下徒闻信陵君而不闻魏王矣。”王又数使人贺信陵君：“得为魏王未也？”魏王日闻其毁，不能不信，乃使人代信陵君将兵。信陵君自知再以毁废，乃谢病不朝，日夜以酒色自娱，凡四岁而卒。

五月，丙午，王薨。太子政立，生十三年矣，国事皆决于文信侯，号称仲父。

始皇帝上　元年（乙卯，前246）

韩欲疲秦人，使无东伐，乃使水工郑国为间于秦，凿泾水自仲山为渠，并北山，东注洛。中作而觉，秦人欲杀之。郑国曰：“臣为韩延数年之命，然渠成，亦秦万世之利也。”乃使卒为之。注填阏之水溉舄卤之地四万余顷，收皆亩一钟，关中由是益富饶。

二年（丙辰，前245）

赵以廉颇为假相国，伐魏，取繁阳。赵孝成王薨，子悼襄王立，使武襄君乐乘代廉颇。廉颇怒，攻武襄君；武襄君走。廉颇出奔魏；久之，魏不能信用。赵师数困于秦，赵王思复得廉颇，廉颇亦思复用于赵。赵王使使者视廉颇尚可用否。廉颇之仇郭开多与使者金，令毁之。廉颇见使者，一饭斗米，肉十斤，被甲上马，以示可用。使者还报曰：“廉将军虽老，尚善饭；然与臣坐，顷之三遗矢矣。”赵王以为老，遂不召。楚人阴使迎之。廉颇一为楚将，无功，曰：“我思用赵人！”卒死于寿春。

三年（丁巳，前244）

赵王以李牧为将，伐燕，取武遂、方城。李牧者，赵之北边良将也，尝居代、雁门备匈奴，以便宜置吏，市租皆输入莫府，为士卒费，日击数牛飨士；习骑射，谨烽火，多间谍，为约曰：“匈奴即入盗，急入收保。有敢捕虏者斩！”匈奴每入，烽火谨，辄入收保不战。如是数岁，亦不亡失。匈奴皆以为怯，虽赵边兵亦以为吾将怯。赵王让之，李牧如故。王怒，使他人代之。岁余，屡出战，不利，多失亡，边不得田畜。王复请李牧，李牧杜门称病不出。王强起之，李牧曰：“必欲用臣，如前，乃敢奉令。”王许之。李牧至边，如约。匈奴数岁无所得，终以为怯。边士日得赏赐而不用，皆愿一战。于是乃具选车得千三百乘，选骑得万三千匹，百金之士五万人，彀者十万人，悉勒习战；大纵畜牧、人民满野。匈奴小入，佯北不胜，以数十人委之。单于闻之，大率众来入。李牧多为奇阵，张左、右翼击之，大破之，杀匈奴十余万骑。灭襜褴，破东胡，降林胡。单于奔走，十余岁不敢近赵边。

九年（癸亥，前238）

初，王即位，年少，太后时时与文信侯私通。王益壮，文信侯恐事觉，祸及己，乃诈以舍人嫪毐为宦者，进于太后。太后幸之，生二子，封毐为长信侯，以太原为毐国，政事皆决于毐；客求为毐舍人者甚众。王左右有与毐争言者，告毐实非宦者，王下吏治毐。毐惧，矫王御玺发兵，欲攻蕲年宫为乱。王使相国昌平君、昌文君发卒攻毐，战咸阳，斩首数百；毐败走，获之。秋，九月，夷毐三族；党与皆车裂灭宗；舍人罪轻者徙蜀，凡四千余家。迁太后于雍萯阳宫，杀其二子。下令曰："敢以太后事谏者，戮而杀之，断其四支，积于阙下！"死者二十七人。齐客茅焦上谒请谏。王使谓之曰："若不见夫积阙下者邪？"对曰："臣闻天有二十八宿，今死者二十七人，臣之来固欲满其数耳。臣非畏死者也！"使者走入白之。茅焦邑子同食者，尽负其衣物而逃。王大怒曰："是人也，故来犯吾，趣召镬烹之，是安得积阙下哉！"王按剑而坐，口正沫出。使者召之入，茅焦徐行至前，再拜谒起，称曰："臣闻有生者不讳死，有国者不讳亡；讳死者不可以得生，讳亡者不可以得存。死生存亡，圣主所欲急闻也，陛下欲闻之乎？"王曰："何谓也？"茅焦曰："陛下有狂悖之行，不自知邪？车裂假父，囊扑二弟，迁母于雍，残戮谏士；桀、纣之行不至于是矣！今天下闻之，尽瓦解，无响秦者，臣窃为陛下危之！臣言已矣！"乃解衣伏质。王下殿，手自接之曰："先生起就衣，今愿受事！"乃爵之上卿，王自驾，虚左方，往迎太后，归于咸阳，复为母子如初。

楚考烈王无子，春申君患之，求妇人宜子者甚众，进之，卒无子。赵人李园持其妹欲进诸楚王，闻其不宜子，恐久无宠，乃求为春申君舍人。已而谒归，故失期而还。春申君问之，李园曰："齐王使人求臣之妹，与其使者饮，故失期。"春申君曰："聘入乎？"曰："未也。"春申君遂纳之。既而有娠，李园使其妹说春申君曰："楚王贵幸君，虽兄弟不如也。今君相楚二十余年而王无子，即百岁后将更立兄弟，彼亦各贵其故所亲，君又安得常保此宠乎！非徒然也，君贵，用事久，多失礼于王之兄弟，兄弟立，祸且及身矣。今妾有娠而人莫知，妾幸君未久，诚以君之重，进妾于王，王必幸之。妾赖天而有男，则是君之子为王也。楚国尽可得，孰与身临不测之祸哉！"春申君大然之。乃出李园妹，谨舍而言诸楚王。王召入，幸之，遂生男，立为太子。

李园妹为王后，李园亦贵用事，而恐春申君泄其语，阴养死士，欲杀春申君以灭口；国人颇有知之者。楚王病，朱英谓春申君曰："世有无望之福，亦有无望之祸。今君处无望之世，事无望之主，安可以无无望之人乎！"春申君曰："何谓无望之福？"曰："君相楚二十余年矣，虽名相国，其实王也。王今病，旦暮薨，薨而君相幼主，因而当国，王长而反政，不即遂南面称孤，此所谓无望之福也。""何谓无望之祸？”曰：“李园不治国而君之仇也，不为兵而养死士之日久矣。王薨，李园必先入，据权而杀君以灭口，此所谓无望之祸也。”“何谓无望之人？”曰：“君置臣郎中，王薨，李园先入，臣为君杀之，此所谓无望之人也。”春申君曰：“足下置之。李园，弱人也，仆又善之。且何至此！”朱英知言不用，惧而亡去。后十七日，楚王薨，李园果先入，伏死士于棘门之内。春申君入，死士侠刺之，投其首于棘门之外；于是使吏尽捕诛春申君之家。太子立，是为幽王。

十年（甲子，前237）

宗室大臣议曰：“诸侯人来仕者，皆为其主游间耳，请一切逐之。”于是大索，逐客。客卿楚人李斯亦在逐中，行，且上书曰：“昔穆公求士，西取由余于戎，东得百里于宛，迎蹇叔于宋，求丕豹、公孙支于晋，并国二十，遂霸西戎。孝公用商鞅之法，诸侯亲服，至今治强。惠王用张仪之计，散六国之从，使之事秦。昭王得范睢，强公室，杜私门。此四君者，皆以客之功。由此观之，客何负于秦哉！夫色、乐、珠、玉不产于秦而王服御者众；取人则不然，不问可否，不论曲直，非秦者去，为客者逐。是所重者在乎色、乐、珠、玉，而所轻者在乎人民也。臣闻太山不让土壤，故能成其大；河海不择细流，故能就其深；王者不却众庶，故能明其德；此五帝、三王之所以无敌也。今乃弃黔首以资敌国，却宾客以业诸侯，所谓藉寇兵，赍盗粮者也。”王乃召李斯，复其官，除逐客之令。李斯至骊邑而还。王卒用李斯之谋，阴遣辩士赍金玉游说诸侯，诸侯名士可下以财者厚遗结之，不肯者利剑刺之，离其君臣之计，然后使良将随其后，数年之中，卒兼天下。

十一年（乙丑，前236）

文信侯就国岁余，诸侯宾客使者相望于道，请之。王恐其为变，乃赐文信侯书曰：“君何功于秦，封君河南，食十万户？何亲于秦，号称仲父？其与家属徙处蜀！”文信侯自知稍侵，恐诛。

十二年（丙寅，前235）

文信侯饮鸩死，窃葬。其舍人临者，皆逐迁之。且曰：“自今以来，操国事不道如嫪毐、不韦者，籍其门，视此！”

十四年（戊辰，前233）

韩王纳地效玺，请为藩臣，使韩非来聘。韩非者，韩之诸公子也，善刑名法术之学，见韩之削弱，数以书干韩王，王不能用。于是韩非疾治国不务求人任贤，反举浮淫之蠹而加之功实之上，宽则宠名誉之人，急则用介胄之士，所养非所用，所用非所养。悲廉直不容于邪枉之臣，观往者得失之变，作《孤愤》《五蠹》《内·外储》《说林》《说难》五十六篇，十余万言。

王闻其贤，欲见之。非为韩使于秦，因上书说王曰："今秦地方数千里，师名百万，号令赏罚，天下不如。臣昧死愿望见大王，言所以破天下从之计，大王诚听臣说，一举而天下之从不破，赵不举，韩不亡，荆、魏不臣，齐、燕不亲，霸王之名不成，四邻诸侯不朝，大王斩臣以徇国，以戒为王谋不忠者也。"王悦之，未任用。李斯嫉之，曰："韩非，韩之诸公子也。今欲并诸侯，非终为韩不为秦，此人情也。今王不用，久留而归之，此自遗患也；不如以法诛之。"王以为然，下吏治非。李斯使人遗非药，令早自杀。韩非欲自陈，不得见。王后悔，使人赦之，非已死矣。

十七年（辛未，前230）

内史胜灭韩，虏韩王安，以其地置颍川郡。

十九年（癸酉，前228）

王翦击赵军，大破之，杀赵葱，颜聚亡，遂克邯郸，虏赵王迁。王如邯郸，故与母家有仇怨者皆杀之。还，从太原、上郡归。

燕太子丹怨王，欲报之，以问其傅鞠武。鞠武请西约三晋，南连齐、楚，北媾匈奴以图秦。太子曰："太傅之计，旷日弥久，令人心惛然，恐不能须也。"顷之，将军樊於期得罪，亡之燕；太子受而舍之。鞠武谏曰："夫以秦王之暴而积怒于燕，足为寒心，又况闻樊将军之所在乎！是谓委肉当饿虎之蹊也。愿太子疾遣樊将军入匈奴！"太子曰："樊将军穷困于天下，归身于丹，是固丹命卒之时也，愿更虑之！"鞠武曰："夫行危以求安，造祸以为福，计浅而怨深，连结一人之后交，不顾国家之大害，所谓资怨而助祸矣。"太子不听。

太子闻卫人荆轲之贤，卑辞厚礼而请见之。谓轲曰："今秦已虏韩王，又举兵南伐楚，北临赵；赵不能支秦，则祸必至于燕。燕小弱，数困于兵，何足以当秦！诸侯服秦，莫敢合从。丹之私计愚，以为诚得天下之勇士使于秦，劫秦王，使悉反诸侯侵地，若曹沫之与齐桓公，则大善矣；则不可，则因而刺杀之。彼大将擅兵于外而内有乱，则君臣相疑，以其间，诸侯得合从，其破秦必矣。唯荆卿留意焉！"荆轲许之。于是舍荆卿于上舍，太子日造门下，所以奉养荆轲，无所不至。及王翦灭赵，太子闻之惧，欲遣荆轲行。荆轲曰："今行而无信，则秦未可亲也。诚得樊将军首与燕督亢之地图，奉献秦王，秦王必说见臣，臣乃有以报。"太子曰："樊将军穷困来归丹，丹不忍也！"荆轲乃私见樊於期曰："秦之遇将军，可谓深矣，父母宗族皆为戮没！今闻购将军首，金千斤，邑万家，将奈何？"於期太息流涕曰："计将安出？"荆卿曰："愿得将军之首以献秦王，秦王必喜而见臣，臣左手把其袖，右手揕其胸，则将军之仇报而燕见陵之愧除矣！"樊於期曰："此臣之日夜切齿腐心也！"遂自刎。太子闻之，奔往伏哭，然已无奈何，遂以函盛其首。太子豫求天下之利匕首，使工以药淬之，以试人，血濡缕，人无不立死者。乃装为遣荆轲，以燕勇士秦舞阳为之副，使入秦。

秦昭襄王五十二年（丙午，公元前255年）

楚国春申君黄歇任用荀卿为兰陵县令。荀卿是赵国人，名况，曾经与临武君在赵国国君孝成王赵丹面前辩论用兵之道。孝成王说："请问什么是用兵的要旨？"临武君回答道："上得天时，下得地利，观察敌人的变化动向，比敌人后发兵而先到达，这即是用兵的关键方略。"荀况说："不是这样。我所听说的古人用兵的道理是，用兵攻战的根本，在于统一百姓。弓与箭不协调，就是善射的后羿也不能射中目标；六匹马不协力一致，即便善驭的造父也无法将马车赶往远方；士人与百姓不和亲附国君，即是商汤、周武王也不能有必胜的把握。因此，善于使百姓归附的人，才是善于用兵的人。所以用兵的要领在于使百姓依附。"临武君说："并非如此。用兵所重视的是形势要有利，行动要讲究诡诈多变。善用兵的人，行事疾速、隐蔽，没有人料得到他会从哪里出动。孙武、吴起采用这种战术，天下无敌，不见得一定要依靠百姓的归附啊！"荀况说："不对。我所说的，是仁人的用兵之道和要统治天下的帝王的志向。您所看重的是权术、谋略、形势、利害。则仁人用的兵，是不能欺诈的。能够施用欺骗之术对付的，是那些骄傲轻慢的军队、疲惫衰弱的军队，以及君与臣、上级与下属之间不和相互离心离德的军队。因此用夏桀的诈术对付夏桀，还有使巧成功或使拙失败的可能。而用夏桀的骗术去对付尧，就如同拿鸡蛋掷石头，把手指伸进滚水中搅动，如同投身到水火之中，不是被烧焦，便是被淹死。故而仁人的军队，上下一条心，三军同出力；臣子对国君，下属对上级，犹如儿子侍奉父亲，弟弟侍奉哥哥，犹如用手臂保护头颅、眼睛、胸膛和腹部。这样的军队，用欺诈之术去袭击它，与先惊动了它而后才去攻击它，是一回事。况且，仁人若统治着十里的国家，他的耳目将遍及百里，若统治着百里的国家，他的耳目便将遍及千里，若统治着千里的国家，他的耳目就会遍及天下，这样，他必将耳聪目明、机警而有戒备，和众如一。因此仁人的军队，集结起

楚庄王之王子午鼎

来即为一支支百人的部队，分散开时即成战阵行列；延长伸展好似莫邪宝剑的长刃，碰上的即被斩断；短兵精锐仿佛莫邪宝剑的利锋，遇到的即被瓦解；安营扎寨稳如磐石，顶撞它的，触即遭摧折而退却。再说那暴虐国家的君主，他所依靠的是什么呢？只能是他的百姓。而他的百姓爱我就如同爱他的父母，喜欢我就如同喜欢芬芳的椒兰；反之，想起他的君主好似畏惧遭受烧灼黥刑，好似面对不共戴天的仇敌一般。人之常情，即便是夏桀、盗跖，也不会为他所厌恶的人去残害他所喜爱的人！这就犹如让人的子孙去杀害自己的父母，是根本不可能的。如此，百姓一定会前来告发君主，那又有什么诈术可施呢！所以，由仁人治理国家，国家将日益强盛，各诸侯国先来归顺的则得到安定，后来依附的即遭遇危难；相对抗的将被削弱，进行反叛的即遭灭亡。《诗经》所谓‘商汤竖起大旗，诚敬地握着斧钺，势如熊熊烈火，谁敢把我阻拦？’正是说的这种情况。”

陈嚣问荀况说：“您议论用兵之道，总是以仁义为根本，而仁者爱人，义者遵循情理，既然如此又怎么用兵打仗呢？一切用兵之事都是为了争夺、攻伐啊。”荀况说：“并非像你所理解的这样。所谓仁者爱人，正因为爱人，才憎恶害人的人；义者遵循情理，正因为循理，才憎恶反叛、作乱的人。所以，用兵的目的在于禁暴除害，而不是为了争夺、攻伐。”

秦孝文王元年（辛亥，公元前250年）

冬季，十月，己亥（初四），孝文王正式登王位。但孝文王在位仅三天就去世了，他的儿子嬴异人继位，是为秦庄襄王。庄襄王尊奉嫡母华阳夫人为华阳太后，尊奉生母夏姬为夏太后。

燕国的一位将领率军攻克了齐国的聊城。但是有人却在燕王面前说这个将领的坏话。这位将领因此而据守聊城，不敢返回燕国。齐国相国田单率军反攻聊城，为时一年多仍然攻克不下。齐人鲁仲连便写了一封信，捆在箭上射入城中给那位燕将，向他陈述利害关系说：“替您打算，您不是回燕国就是归附齐国。而现在您独守孤城，齐国的军队一天天增多，燕国的援兵却迟迟不到，您将怎么办呢？”燕将见信后低声哭泣了好几天，但仍然犹豫不决。他想还归燕国，可是已与燕国有了嫌隙；想投降齐国，又因杀戮、俘获的齐国人太多，而害怕降齐后会遭受屈辱。于是长声叹息着说：“与其让人来杀我，宁可我自杀！”便自刎身亡。聊城城内大乱，田单趁机攻下了聊城。田单凯旋后向齐王述说鲁仲连的功绩，并要授给他爵位。鲁仲连为此逃到海边，说：“我与其因获得富贵而屈从于他人，宁可忍受贫贱而能放荡不羁，随心所欲！”

秦庄襄王元年（壬子，公元前249年）

吕不韦任秦国的相国。东周国国君与各诸侯国谋划着共同攻击秦国，庄襄王因此派吕不韦统帅军队讨灭了东周，将东周国君迁移到阳人聚。周王朝至此灭亡，再无人主持祭祀了。周朝至灭亡时共有七邑：河南、洛阳、谷城、平阴、偃师、巩、缑氏。

三年（甲寅，公元前247年）

秦将蒙骜率军进攻魏国，占领了高都和汲。魏军屡战屡败，魏安王为此而忧虑，便派人到赵国请信陵君魏无忌回国。信陵君惧怕归国后被判罪，不肯返回，并告诫他的门客们说："有胆敢给魏国使者通报消息的，处死！"于是，宾客们都不敢规劝他。毛公、薛公为此拜见信陵君说："您所以受到各国的敬重，只是因为强大的魏国还存在。现在魏国的情势危急，而您却毫不顾惜，如此，一旦秦国人攻陷了国都大梁，将先王的宗庙铲为平地，您当以何面目立在天下人的面前啊！"二人的话还未说完，信陵君已脸色大变，即刻驾车赶回魏国。魏王见到信陵君后握着他的手啜泣不止，随即便任命他为上将军。信陵君派人向各诸侯国求援，各国听说信陵君重又担任魏国的大将，都纷纷派兵援救魏国。信陵君率领五国联军在黄河以西击败蒙骜的军队，蒙骜带残部逃走。信陵君督师追击到函谷关，将秦军压制在关内后才领兵还魏。

魏国安陵人缩高的儿子在秦国供职，秦人让他负责守卫管城。信陵君率军攻管城不下，便派人去见安陵君说："如果您能遣送缩高到我这里来，我将授给他五大夫的军职，并让他担任执节尉。"安陵君说："安陵是个小国，百姓不一定都服从我的命令。还是请使者您自己前去邀请他吧。"于是就委派一个小官引导魏国的使者前往缩高的住地。使者向缩高传达了信陵君的命令，缩高听后说："信陵君之所以看重我，是为了让我出面去进攻管城。而为父亲的攻城，做儿子的却守城，这是要被天下人耻笑的。况且我的儿子如果见到我就放弃了他的职守，那便是背叛他的国君；做父亲的若是教儿子背叛，也不是信陵君所喜欢的行为。我冒昧地再拜，不能接受信陵君的旨令。"使者回报给信陵君，信陵君勃然大怒，又派使者到安陵君那里说："安陵国也是魏国的领地。现在我攻取不下管城，秦国的军队就会赶到这里来攻打我，这样一来，魏国肯定就危险了。希望您能将缩高活着捆送到我这里！如果您不肯这么做，我就将调动十万大军开赴安陵城下。"安陵君说："我的先代国君成侯奉魏襄王的诏令镇守此城，并亲手把太府中所藏的国法授给了我。国法的上篇说：'臣子杀君王，子女杀父亲，常法规定绝不赦免这类罪行。即使国家实行大赦，举城投降和临阵脱逃的人也都不能被赦免。'现在缩高推辞不受您要授予他的高位，以此成全他们的父子之义，而您却说'一定要将缩高活着捆送到我这里来'，如此便是要让我违背襄王的诏令并废弃太府所藏的国法啊，我纵然去死，也终归不敢执行您的指示！"缩高闻听这件事后说："信陵君这个人，性情凶暴蛮横，且刚愎自用，那些话必将给安陵国招致祸患。我已保全了自己的名声，没有违背作为臣子应尽的道义，既然如此，我又岂可让安陵君遭到来自魏国内部的危害呀！"于是便到使者居住的客舍，拔剑刎颈，自杀而死。信陵君获悉这一消息后，身着素服避住到厢房，并派使者去对安陵君道歉说："我真是个小人啊，因为被攻取管城的思虑所困扰，对您说了一些不该说的话，请让我再拜，为我的罪过向您道歉吧！"

庄襄王为了挑拨离间信陵君与魏王的关系，遣人携带万金前往魏国，寻找到被信陵君所杀的晋鄙的门客，让他去劝说魏王道："信陵君流亡国外十年，现在重新担任了魏国的大将，各诸侯国的将领都隶属于他，致使天下的人只听说有信陵君这个人，而不知道还有魏王您了。"庄襄王又多次派人奉送礼物给信陵君表示庆贺说："您做了魏国国君没有啊？"魏王天天都听到这类诽谤信陵君的话，不能不信，于是就令人代替信陵君统领军队。信陵君明白自己第二次因别人的诋毁而被废黜了，便以生病为由不再朝见魏王参与议事，日夜饮酒作乐，沉湎于女色中，过了四年就死去了。

五月，丙午（二十六日），庄襄王去世，太子嬴政继位。嬴政这时只有十三岁，故一切国家大事都由文信侯吕不韦决定，号称他为"仲父"。

秦始皇帝元年（乙卯，公元前246年）

韩国想要消耗秦国国力，使它不发兵东征，便派遣水利家郑国赴秦，游说秦国兴修水利，从仲山起，开凿一条引泾水、沿北山东注洛河的灌溉渠。工程进行中，秦王觉察到了韩国的意图，为此要杀郑国。郑国说："我确实是为韩国延长了几年的寿命，但是这条灌溉渠如果修成了，秦国也可享万世之利啊。"秦王于是命他继续主持施工，完成了此项工程。这条水渠引淤浊而有肥效的水灌溉盐碱地四万多顷，每亩的收成都高达六斛四斗，秦国的关中一带因此更加富裕起来。

二年（丙辰，公元前245年）

赵国任命廉颇代理相国之职，率军征伐魏国，攻取了繁阳。这时，赵国国君孝成王赵丹去世，他的儿子赵偃继位，是为悼襄王。悼襄王刚执政就令武襄君乐乘取代了廉颇。廉颇因此大怒，攻击乐乘，乐乘逃跑了。廉颇便逃奔到魏国的都城大梁。但他在魏很久，仍得不到信任重用。此时，赵国的军队多次遭秦军围困，赵王想重新任用廉颇，廉颇也渴望着再为赵国效力。赵王于是派使者前往大梁，观察廉颇是否还能被任用。廉颇的仇人郭开以重金贿赂那位使者，让他在赵王面前说廉颇的坏话。廉颇会见使者时，有意一餐饭吃下一斗米、十斤肉，然后披挂铠甲，跃上战马，以此显示自己还可以率军去攻城陷阵。使者回到赵国后向赵王报告说："廉将军虽然老了，但饭量还好。只是陪我坐着的时候，不一会就去拉了三次屎。"赵王由此认为廉颇已经老了，便不再召他回国。楚王获悉了这一情况，即偷偷地派人到魏国去迎接廉颇。廉颇一担任楚国的将领后，就没有什么战功了。于是他感慨地说："我真想指挥赵国的士兵啊！"最终死在了楚国的寿春。

李牧雁门纵牧

三年（丁巳，公元前244年）

赵国赵悼襄王任命李牧为大将，率军攻击燕国，占领了武遂、方城。李牧是赵国防守北部边疆的优秀将领，曾经领兵驻扎在代、雁门防备匈奴。根据当时的实际需要，他可以自行任用军吏官员，而城市的税收也都直接送到李牧的帐下，充作养兵的经费。李牧令人每天宰杀好几头牛，供给将士们食用，并指挥部队练习射箭和骑马，小心谨慎地把守烽火台，多多派出侦察人员打探敌情，同时申明约束，号令说："如果匈奴兵侵入边境进行掠夺，我军应立即收拾起人马、牛羊、物资等退入堡垒中固守，有胆敢逞强捕捉俘虏的，一律处斩！"如此，匈奴兵每次入侵，李牧的军队都严谨地点燃烽火报警，然后人马、物资退入堡垒中，只守不战。这样过了好几年，也没有什么伤亡损失。匈奴人因此全都认为李牧胆小，就连赵国的守边官兵也认为自己的将帅太胆小了。赵王为此而责备李牧，但李牧依旧维持老样子，不做变动。赵王怒不可遏，派其他人取代李牧统兵。此后一年多时间里，新任将领屡次率军迎击犯境的匈奴，可不但屡次作战失利，损失惨重，而且使边境骚扰不断，百姓无法正常地耕作和放牧。赵王不得已又派人请李牧复出，李牧以生病为由闭门不出，拒绝接见来者。可是赵王坚持着非要让他重新出马不可，李牧无奈，便说："如果一定要用我，必须允许我仍照从前的办法行事，我才敢接受您的命令。"赵王只好答应了他的要求。李牧重返北部边境，继续实行以往的约束。匈奴人几年来侵掠都毫无所获，却终究以为李牧是畏惧他们。守边军士每天得到赏赐却不被派用去抗击匈奴，故都希望与匈奴人打一仗。李牧于是备齐精选的战车一千三百辆，精选的战马一万三千匹，曾获过百金奖赏的勇士五万人，能拉硬弓的善射的士兵十万人，将他们全部组织起来，进行作战训练，并大力组织放牧，使放牧人遍布在边境田野。匈奴人小规模地入侵，李牧指令部队假败下来，且把数十人丢弃给匈奴。匈奴的单于听到这个消息后，即率军大举来犯。李牧多设奇阵，指挥部队从左、右两翼进行包抄，大破敌兵，斩杀匈奴十多万人马，乘胜灭掉了代地以北的胡族襜褴，攻破东胡，使林胡部族归降。匈奴单于领残兵逃奔而去，此后十多年不敢再接近赵国边境。

九年（癸亥，公元前238年）

当初，秦王嬴政即位时年龄尚幼，太后赵姬时常与文信侯吕不韦私通。嬴政渐渐长大，他担心此事败露，给自己招致祸患，便将自己的舍人假充作宦官，进献给太后。太后非常宠幸他，与他生了两个儿子，并封为长信侯，把太原作为国，国家政事都由这个宦官来决定。宾客中请求做舍人的人非常之多。嬴政身边有人曾与这个宦官发生过争执，因此告发他实际并不是阉割过的宦官。嬴政于是下令将他交给司法官吏治罪。宦官惊恐异常，便盗用御玺，假托秦王之命调兵遣将，企图攻击嬴政居住的蕲年宫，进行叛乱。嬴政派相国昌平君、昌文君发兵讨伐，在咸阳展开大战，斩杀叛军数百人，在兵败逃亡时宦官被秦王的军队抓获。秋季，九月，嬴政下令诛灭父族、母族、妻族三族，并将宦官党羽都处以车裂刑，杀灭这些党羽的宗族，舍人中因罪过较轻被放逐到蜀地的共四千多家。同时把太后迁移到雍城的萯阳宫囚禁起来，杀了她与宦官所生的两个儿子。嬴政还下令说："有敢于为太后事对我进行规劝的，一律斩首，砍断四肢，堆积在宫阙之下！"于是，有二十七人为此而死。自齐国来的客卿茅焦通名求见秦王。嬴政遣人告诉他说："你难道没有看见那些堆积在宫阙之下的尸体吗？"茅焦回答说："我听说天上有二十八个星宿，现在已经死了二十七个人了，我来原本就是为了凑够那二十八位数的。我可不是那种怕死的人！"使者跑回去向嬴政报告了茅焦的话。与茅焦住在一起的同乡因害怕受牵连，都背负衣物四散逃亡了。嬴政闻听使者的回报后怒发冲冠，说："这个家伙，竟敢故意冒犯我，快取大锅来把他煮杀了，看他还如何为凑满二十八星宿而堆尸在宫阙下！"嬴政手按宝剑坐在那里，口中唾沫星乱飞，随即令使者召茅焦入见。茅焦缓缓走上前来，伏地一拜再拜后起身，声言道："我听说有生命的人不忌讳谈人死，有国家的人不忌讳谈国亡；忌讳死的人不能维持人的生命，忌讳亡的人也不能保证国家的生存。有关生死存亡的道理，是圣明的君主急于要了解的，陛下想不想听我说一说呢？"嬴政道："你要谈的是什么啊？"茅焦说："陛下有狂妄悖理的行为，难道自己没有意识到吗？车裂假父宦官，把两个弟弟装进囊袋中用刑具拷打致死，将母亲迁移到雍囚禁起来，并残杀敢于进行规劝的臣子，即使是夏桀、商纣王的行为也不至于暴虐到这个地步了！如今只要天下的人听说了这些暴行，人心便全都涣散瓦解，再也不会有人向往秦国了。我为此私下里替陛下担忧！我的话都说完了！"于是便解开衣服，伏身在刑具上，等待受刑。嬴政闻言顿悟，匆忙下殿，亲自用手接扶他说："您请起身穿好衣服，我现在愿意接受您的劝告！"随即授给他上卿的爵位。嬴政还亲自驾车，空出左边的尊位，往雍城迎接太后返回都城咸阳，母子关系和好如初。

楚国楚考烈王没有儿子，春申君为此非常忧虑，遍寻许多能生育的妇女进献给楚王，但是她们最终仍没有为楚王生下儿子。赵国人李园带来他的妹妹想要献给楚王，可听说楚王不能养儿子，便担心时间久了，自己的妹妹会失去楚王的宠幸。于是他请求服侍春申君，做春申君的舍人。不久，李园告假回赵国探亲，故意超过期限才返归春申君处。春申君问他超假的原因，他说："齐国国君派人求娶我的妹妹，我陪那位使者饮酒，所以耽误了归期。"春申君说："已经下聘礼订婚了吗？”李园答道：“还没有。”于是春申君便将李园的妹妹纳为妾。没过多久，李园的妹妹怀了身孕。李园即让她去劝说春申君道：“楚王非常宠信您，即便是他的亲兄弟也比不上。如今您任楚国的相国二十多年了，可楚王依旧没有得到儿子。如此，待他去世后将改立他的兄弟为国君，而新国君也必定要使他的旧亲信分别得到显贵，这样的话，您又如何能永久地保持住您的荣宠地位呀！非但如此，而且由于您受楚王宠幸，长期执掌国事，肯定对楚王的兄弟有过许多失礼的地方，一旦他们登上王位，您就要大祸临头了。现在我身怀有孕，可还无人知晓，何况我获您宠爱时间不长，倘若果真以您的尊贵身分，将我进献给楚王，一定会得到他的宠幸。如果我依赖上天的恩赐生下一个男孩儿，那么就是您的儿子要继位为王了。这样一来，楚国便全都是您的了，这与在新君主统治下身临难以预料的灾祸相比，哪一个结果更好呢？”春申君大为赞同，便将李园的妹妹送出府，安置在馆舍中居住，派人谨慎地守护，然后向楚王推荐她。楚王即把她召纳入宫中，并且很宠爱她。不久，李园的妹妹果然生了个儿子，被立为太子。

李园的妹妹成为王后后，李园也随着地位显赫，当权主事。但是他又深恐春申君将他曾指使妹妹说过的话泄漏出去，便暗中收养敢死的武士，准备让他们去杀春申君以灭口。居住在楚国都城中的人有不少知道这件事情的。不久，楚王卧病不起。朱英对春申君说：“世上有未预料到而来的洪福，也有未预料到而来的灾祸。现在您处于生死变化不定的社会之中，为喜怒无常的君王效力，身边怎么能没有您尚未预料却忽然来到的帮手呢？”春申君说：“什么叫作‘未预料到而来的洪福’呢？”朱英答道：“您担任楚国的相国二十多年了，虽然名义上是相国，实际上却已相当于国君了。如今楚王病重，随时都会死去，一旦病故，您即可辅助幼主，从而掌握国家大权，待幼主成年后再还政给他，或者干脆就面南而坐，自称为王。这便是所谓的‘未预料到而来的洪福’了”。春申君又问：“那么什么是‘未预料到而来的灾祸’呢？”朱英说：“李园不治理国事，却是您的仇敌；不管理军务统率军队，却长期以来豢养一些勇士。如此，楚王一去世，李园必定抢先入宫廷夺权，杀您灭口。这即是所谓的‘未预料到而来的灾祸。’”春申君再问道：“这样说来，‘尚未预料却忽然来到的帮手’又是怎么回事呢？”朱英回答：“您将我安置在郎中的职位上，待楚王去世，李园抢先入宫时，我替您杀了他除掉后患。这就是所谓的‘尚未预料却忽然来到的帮手’。”春申君说：“您就不必过问这些事了。李园是个软弱无能的人，况且我又对他很好，哪至于发展到这个地步呀！”朱英明白自己的建议不会被春申君采纳了，便因担心发生变故累及自己而逃亡他乡。十七天后，楚王去世，李园果然抢先进宫，把他豢养的勇士埋伏在棘门里面。春申君一进来，勇士们即两面夹击，将他刺杀，并砍下他的头颅扔到宫门外面。接着，李园又派出官吏把春申君的家人全部捕获杀了。随后，太子芈悍继位，是为幽王。

十年（甲子，公元前237年）

秦国的王族大臣们建议说：“各诸侯国到秦国来做官谋职的人，大都是为自己的君主来游说，以挑拨离间我们君臣上下之间的关系，因此，请大王将他们一律驱逐出境。”于是，秦王下令全国实行大搜索，驱逐外来人。客卿楚国人李斯也在被逐之列。他在临离开前还上书秦王说：“从前穆公招纳贤才，由西部戎地选得由余，东方宛城物色到百里奚，在宋国迎取了蹇叔，晋国寻求到丕豹和公孙支。如此，秦国得以兼并二十多个封国，而称霸西戎。孝公任用商鞅实行变法，使各国都亲和服从，以至今日天下大治，国势强盛。惠王采纳张仪的策略，拆散六国的合纵联盟，使它们为秦国效力。昭王得到范雎的辅佐，加强了王室的权力，遏制了贵族家族的势力。这四位君王都是依靠客卿的作用而建功立业的。如此看来，客卿有什么地方辜负了秦国啊！美色、音乐、宝珠、美玉都不产在秦国，可大王搜集来使用、享受的却很多。但对人的取舍偏不是这样，不问可不可用，不论是非曲直，凡非秦国人就一概不用，凡是客卿就一律驱逐。似此便是只看重美色、音乐、宝珠、美玉等，而轻视人才了。我听说泰山不辞让细小的泥土，故能成就其巍峨；河海不择除细流，故能成就其深广；圣贤的君王不抛弃民众，故能明示他的恩德。这便是五帝三王所以能无敌于天下的原因。现在您抛弃那些非秦国籍的平民百姓，使他们去帮助敌国，辞退那些外来的宾客，令他们去为各诸侯效力，这就是所谓的把武器借给入侵者，把粮草送给盗匪了。”嬴政看了李斯上的这封信，即召他入见，要恢复他的官职，并撤销逐客令。此时李斯已走到了骊邑，接秦王召令后即刻回返。嬴政最终采用了李斯的计策，暗中派遣能言善辩的人携带金珠宝玉去游说各国国君。对各国有名望、有势力的人，凡是可以用钱财贿赂的，便出重金收买，结交他们，凡是不肯受贿的，便持利剑刺杀他们。挑拨各国国君与臣民之间的关系，离间他们的感情，然后派良将率兵攻打各国。这样，几年之内，秦国终于兼并了天下。

十一年（乙丑，公元前236年）

秦国文信侯吕不韦返回封国一年多了，在这期间，各诸侯国的宾客、使者纷纷前往邀请他，车马络绎不绝，在道上前后相望。嬴政为此担心吕不韦会生出什么变故，便写信给他说：“您为秦国立下了什么功劳呢？秦国封您在河南，享用十万户封地的收入？您与秦国有什么亲近关系？而要称您为‘仲父’？您还是携家属迁往蜀地居住吧！”吕不韦自知在渐渐地受到侵害逼迫，很惧怕被杀掉。

十二年（丙寅，公元前235年）

秦国的吕不韦饮毒酒自杀身亡。他的家人暗地里将他埋葬了。嬴政下令，吕不韦的舍人凡参加了哭吊的，一律驱逐、迁徙出境；并说：“从今以后，操持国家政事的人凡像嫪毐、吕不韦一样淫乱无道的，将其家族的所有财产没收入官，照此办理！”

十四年（戊辰，公元前233年）

韩国国君韩安向秦国割让土地，并献出国君的大印，请求作为秦国的附庸，派遣韩非为使节往秦国拜谒问安。韩非是韩国的公子之一，精通刑名法术的学说。他看到韩国国力日益削弱，多次写信给韩王求取录用，但总得不到韩王的任用。于是，韩非深恶韩国治国不致力于访求人才，选任贤能，反而推崇虚浮、淫乱无能的蠹虫之辈，把他们安置在与实际功劳不相称的高位上；国势宽松时骄纵宠爱那些徒有虚名的学者，国势紧急时就征用那些披甲戴盔的武士；所培养的人不是所能任用的人，所能任用的人却又不是所培养的人。他很为廉洁正直的人遭受奸邪不正的权臣的排斥而悲伤。他考察了以往的得失变化，撰写了《孤愤》《五蠹》《内储》《外储》《说林》《说难》等五十六篇文章，约十多万字。

秦王嬴政听说韩非是个德才兼备的人，便想约见他。韩非正好作为韩国的使者来到秦国，就趁机写信呈给嬴政，劝说道："现今秦国的疆域方圆数千里，军队号称百万，号令森严，赏罚公平，天下没有一个国家能比得上。而我鲁莽地冒死渴求见您一面，是想说一说破坏各国合纵联盟的计略。您若真能听从我的主张，那么，您如果不能一举拆散天下的合纵联盟，战领赵国，灭亡韩国，使楚国、魏国臣服，齐国、燕国归顺，不能令秦国确立霸主的威名，使四周邻国的国君前来朝拜，就请您把我杀了在全国示众，以此告诫那些为君主出谋划策不忠诚的人。"嬴政读后，心中颇为喜悦，但一时还没有任用他。李斯很忌妒韩非，便对嬴政说："韩非是韩国的一个公子，如今您想吞并各国，韩非最终还是要为韩国利益着想，而不会为秦国尽心效力的，这也是人之常情。现在您不用他，而让他在秦国长期逗留后再放他回去，这是自留后患啊。还不如依法将他除掉算了。"秦王嬴政认为李斯说得有理，便把韩非交司法官吏治罪。李斯又派人送毒药给韩非，让他及早自杀。韩非试图亲自向秦王嬴政陈述冤情，但却无法见到秦王。不久，秦王嬴政有些后悔，就派人去赦免韩非，可是韩非已经死了。

十七年（辛未，公元前230年）

秦国的内史胜率军灭掉了韩国，俘获韩国国君韩安。秦国在韩国的土地上设置了颍川郡。

十九年（癸酉，公元前228年）

秦将王翦率军攻击赵军，大败赵兵，杀赵葱，颜聚逃亡。秦军于是攻陷邯郸，俘虏了赵国国君赵迁。秦王嬴政亲自驾临邯郸，将过去与他母亲家有仇怨的人全部杀了。然后回驾，经太原、上郡返归秦都咸阳。

燕国太子姬丹怨恨秦王嬴政，想要实施报复，为此征求太傅鞠武的意见。鞠武建议太子丹西与韩、赵、魏三国订约，南与齐、楚联合，北与匈奴媾和，赖此共同图谋秦国。太子丹说："太傅的计略虽好，但要实现它却是旷日持久的事情，令人内心烦闷、焦躁，恐怕不能再等待了。”不久，秦国将领樊於期在本国获罪，逃到燕国。太子丹接纳了他，并让他住下。鞠武规劝太子丹说：“仅凭秦王的暴虐以及对燕国积存的愤怒、怨恨，就足以令人寒心的了，更何况他还将获悉樊将军被收留在燕国了呢！这就等于把肉弃置在饿虎往来的小道上。希望您尽快将樊将军送到匈奴去！”太子丹说：“樊将军走投无路，归附于我，这本来就是我应当舍命保护他的时候了，请您还是考虑一下其他的办法吧！”鞠武说：“做危险的事情来求取安全，制造灾祸以祈求幸福，谋略浅薄而致积怨加深，为了结交一个新的朋友，而不顾及国家将遭受大的危害，这即是所谓的积蓄怨仇并助长灾祸了！”太子丹对鞠武的劝说置之不理。

太子丹听说卫国人荆轲很贤能，便携带厚礼，以谦卑的言词求见他。太子丹对荆轲说：“现在秦国已俘虏了韩王，又乘势举兵向南进攻楚国，向北威逼赵国。赵国无力对付秦国，那么灾难就要降临到燕国头上了。燕国既小又弱，多次为战争所拖累，哪里还能够抵挡住秦国的攻势啊！各诸侯国都屈服秦国，没有哪个国家敢于再合纵抗秦了。目前，我个人的计策很愚鲁，认为如果真能获得一位天下最大无畏的勇士，让他前往秦国胁迫秦王嬴政，迫使他将兼并来的土地归还给各国，就像曹沫当年逼迫齐桓公归还鲁国丧失的领土一样。如此当然是最好的了。假若不行，便乘机刺杀掉秦王嬴政。秦国的大将拥兵在外，而国内发生动乱，于是君臣之间相互猜疑。趁此时机，各国如能够合纵抗秦，就一定可以击败秦军。希望您留心这件事情。”荆轲答应了充当刺客赴秦。太子丹于是安排荆轲住进上等客舍，并天天亲往舍中探望，凡能够进送、供给荆轲的东西，没有不送到的。及至秦将王翦灭亡了赵国，太子丹闻讯后惊恐不已，便想送荆轲出行。荆轲说：“我现在前往秦国，但没有令秦人信任我的理由，这就未必能接近秦王。倘若果真得到樊将军的头颅和燕国督亢的地图奉献给秦王，秦王必定很高兴召见我，那时我才能够刺杀他以回报您。”太子丹说：“樊将军在穷途末路时来投奔我，我实在不忍心杀他啊！”荆轲于是私下里会见樊於期说：“秦国对待您，可说是残酷之极，您的父母、宗族都被诛杀或没收为官奴了！现在听说秦国悬赏千斤黄金、万户封地购买您的头颅，您打算怎么办呢？”樊於期叹息地流着泪说：“那么能想出什么办法呢？”荆轲说：“希望能得到您的头颅献给秦王，秦王见此必定欢喜而召见我，那时我左手拉住他的袖子，右手持匕首刺他的胸膛。这样一来，您的大仇得报，燕国遭受欺凌的耻辱也可以消除了！”樊於期说：“这正是我日日夜夜切齿烂心地渴求实现的事情啊！”随即拔剑自刎。太子丹闻讯急奔而来，伏尸痛哭，但已经无可奈何了，就用匣子盛装起樊於期的头颅。此前，太子丹已预先求取到天下最锋利的匕首，令工匠把匕首烧红浸入毒药之中，又用这染毒的匕首试刺人，只需渗出一丝血，人就没有不立即倒毙的。于是便准备行装送荆轲出发，又派燕国的勇士秦舞阳当他的助手，二人作为使者前往秦国。

第七卷 秦纪二

译文诵读

始皇帝下 二十年（甲戌，前227）

荆轲至咸阳，因王宠臣蒙嘉卑辞以求见；王大喜，朝服，设九宾而见之。荆轲奉图而进于王，图穷而匕首见，因把王袖而揕之；未至身，王惊起，袖绝。荆轲逐王，王环柱而走。群臣皆愕，卒起不意，尽失其度。而秦法，群臣侍殿上者不得操尺寸之兵，左右以手共搏之，且曰："王负剑！"负剑，王遂拔以击荆轲，断其左股。荆轲废，乃引匕首擿王，中铜柱。自知事不就，骂曰："事所以不成者，以欲生劫之，必得约契以报太子也！"遂体解荆轲以徇。

二十一年（乙亥，前226）

王问于将军李信曰："吾欲取荆，于将军度用几何人而足？"李信曰："不过用二十万。"王以问王翦，王翦曰："非六十万人不可。"王曰："王将军老矣，何怯也！"遂使李信、蒙恬将二十万人伐楚；王翦因谢病归频阳。

二十二年（丙子，前225）

王贲伐魏，引河沟以灌大梁。三月，城坏。魏王假降，杀之，遂灭魏。

李信攻平舆，蒙恬攻寝，大破楚军。信又攻鄢郢，破之。于是引兵而西，与蒙恬会城父。楚人因随之，三日三夜不顿舍，大败李信，入两壁，杀七都尉；李信奔还。

王闻之，大怒，自至频阳谢王翦曰："寡人不用将军谋，李信果辱秦军。将军虽病，独忍弃寡人乎！"王翦谢："病不能将。"王曰："已矣，勿复言！"王翦曰："必不得已用臣，非六十万人不可！"王曰："为听将军计耳。"于是王翦将六十万人伐楚。王送至霸上，王翦请美田宅甚众。王曰："将军行矣，何忧贫乎！"王翦曰："为大王将，有功，终不得封侯，故及大王之向臣，以请田宅为子孙业耳。"王大笑。王翦既行，至关，使使还请善田者五辈。或曰："将军之乞贷亦已甚矣！"王翦曰："不然。王怚中而不信人，今空国中之甲士而专委于我，我不多请田宅为子孙业以自坚，顾令王坐而疑我矣。”

二十三年（丁丑，前224）

王翦取陈以南至平舆。楚人闻王翦益军而来，乃悉国中兵以御之；王翦坚壁不与战。楚人数挑战，终不出。王翦日休士洗沐，而善饮食，抚循之；亲与士卒同食。久之，王翦使人问“军中戏乎？”对曰：“方投石、超距。”王翦曰：“可用矣！”楚既不得战，乃引而东。王翦追之，令壮士击，大破楚师，至蕲南，杀其将军项燕，楚师遂败走。王翦因乘胜略定城邑。

二十四年（戊寅，前223）

王翦、蒙武虏楚王负刍，以其地置楚郡。

二十五年（己卯，前222）

大兴兵，使王贲攻辽东，虏燕王喜。

臣光曰：燕丹不胜一朝之忿以犯虎狼之秦，轻虑浅谋，挑怨速祸，使召公之庙不祀忽诸，罪孰大焉！而论者或谓之贤，岂不过哉！

夫为国家者，任官以才，立政以礼，怀民以仁，交邻以信；是以官得其人，政得其节，百姓怀其德，四邻亲其义。夫如是，则国家安如磐石，炽如焱火，触之者碎，犯之者焦，虽有强暴之国，尚何足畏哉！丹释此不为，顾以万乘之国，决匹夫之怒，逞盗贼之谋，功隳身戮，社稷为墟，不亦悲哉！

夫其膝行、蒲伏，非恭也；复言、重诺，非信也；糜金、散玉，非惠也；刎首、决腹，非勇也。要之，谋不远而动不义，其楚白公胜之流乎！

荆轲怀其豢养之私，不顾七族，欲以尺八匕首强燕而弱秦，不亦愚乎！故扬子论之，以要离为蛛蝥之靡，聂政为壮士之靡，荆轲为刺客之靡，皆不可谓之义。又曰：“荆轲，君子盗诸。”善哉！

二十六年（庚辰，前221）

王贲自燕南攻齐，猝入临淄，民莫敢格者。秦使人诱齐王，约封以五百里之地。齐王遂降，秦迁之共，处之松柏之间，饿而死。齐人怨王建不早与诸侯合从，听奸人宾客以亡其国，歌之曰：“松耶，柏耶！住建共者客耶！”疾建用客之不详也。

王初并天下，自以为德兼三皇，功过五帝，乃更号曰“皇帝”，命为“制”，令为“诏”，自称曰“朕”。追尊庄襄王为太上皇。制曰：“死而以行为谥，则是子议父，臣议君也，甚无谓。自今以来，除谥法。朕为始皇帝，后世以计数，二世、三世至于万世，传之无穷。”

初，齐威、宣之时，邹衍论著终始五德之运；乃始皇并天下，齐人奏之。始皇采用其说，以为周得火德，秦代周，从所不胜，为水德。始改年，朝贺皆自十月朔；衣服、旌旄、节旗皆尚黑；数以六为纪。

分天下为三十六郡，郡置守、尉、监。

收天下兵聚咸阳，销以为钟鐻、金人十二，重各千石，置宫庭中。一法度、衡、石、丈尺。徙天下豪杰于咸阳十二万户。

诸庙及章台、上林皆在渭南。每破诸侯，写放其宫室，作之咸阳北阪上，南临渭，自雍门以东至泾、渭，殿屋、复道、周阁相属，所得诸侯美人、钟鼓以充入之。

三十三年（丁亥，前214）

发诸尝逋亡人、赘婿、贾人为兵，略取南越陆梁地，置桂林、南海、象郡；以谪徙民五十万人戍五岭，与越杂处。

蒙恬斥逐匈奴，收河南地为四十四县。筑长城，因地形，用制险塞；起临洮至辽东，延袤万余里。于是渡河，据阳山，逶迤而北。暴师于外十余年，蒙恬常居上郡统治之；威振匈奴。

三十四年（戊子，前213）

丞相李斯上书曰："异时诸侯并争，厚招游学。今天下已定，法令出一，百姓当家则力农工，士则学习法令。今诸生不师今而学古，以非当世，惑乱黔首，相与非法教人；闻令下，则各以其学议之，入则心非，出则巷议，夸主以为名，异趣以为高，率群下以造谤。如此弗禁，则主势降乎上，党与成乎下。禁之便！臣请史官非秦记皆烧之；非博士官所职，天下有藏《诗》《书》、百家语者，皆诣守、尉杂烧之。有敢偶语《诗》《书》弃市；以古非今者族；吏见知不举，与同罪。令下三十日，不烧，黥为城旦。所不去者，医药、卜筮、种树之书。若有欲学法令者，以吏为师。"制曰："可。"

三十五年（己丑，前212）

始皇以为咸阳人多，先王之宫庭小，乃营作朝宫渭南上林苑中，先作前殿阿房，东西五百步，南北五十丈，上可以坐万人，下可以建五丈旗，周驰为阁道，自殿下直抵南山，表南山之颠以为阙。为复道，自阿房度渭，属之咸阳，以象天极、阁道，绝汉抵营室也。隐宫、徒刑者七十万人，乃分作阿房宫或作骊山。发北山石椁，写蜀、荆地材，皆至；关中计宫三百，关外四百余。于是立石东海上朐界中，以为秦东门。因徙三万家骊邑，五万家云阳，皆复不事十岁。

卢生说始皇曰："方中：人主时为微行以辟恶鬼。恶鬼辟，真人至。愿上所居宫毋令人知，然后不死之药殆可得也！"始皇曰："吾慕真人！"自谓"真人"，不称“朕”。乃令咸阳之旁二百里内宫观二百七十，复道、甬道相连，帷帐、钟鼓、美人充之，各案署不移徙。行所幸，有言其处者，罪死。始皇幸梁山宫，从山上见丞相车骑众，弗善也。中人或告丞相，丞相后损车骑。始皇怒曰：“此中人泄吾语！”案问，莫服，捕时在旁者，尽杀之。自是后，莫知行之所在。群臣受决事者，悉于咸阳宫。

侯生、卢生相与讥议始皇，因亡去。始皇闻之，大怒曰：“卢生等，吾尊赐之甚厚，今乃诽谤我！诸生在咸阳者，吾使人廉问，或为妖言以乱黔首。”于是使御史悉案问诸生。诸生传相告引，乃自除犯禁者四百六十余人，皆坑之咸阳，使天下知之，以惩后；益发谪徙边。始皇长子扶苏谏曰：“诸生皆诵法孔子。今上皆重法绳之，臣恐天下不安。”始皇怒，使扶苏北监蒙恬军于上郡。

三十七年（辛卯，前210）

冬，十月，癸丑，始皇出游；左丞相斯从，右丞相去疾守。始皇二十余子，少子胡亥最爱，请从；上许之。

十一月，行至云梦，望祀虞舜于九疑山。浮江下，观藉柯，渡海渚，过丹阳，至钱唐，临浙江。水波恶，乃西百二十里，从狭中渡。上会稽，祭大禹，望于南海；立石颂德。还，过吴，从江乘渡。并海上，北至琅邪、之罘。见巨鱼，射杀之。遂并海西，至平原津而病。

始皇恶言死，群臣莫敢言死事。病益甚，乃令中车府令行符玺事赵高为书赐扶苏曰：“与丧，会咸阳而葬。”书已封，在赵高所，未付使者。秋，七月，丙寅，始皇崩于沙丘平台。丞相斯为上崩在外，恐诸公子及天下有变，乃秘之不发丧，棺载辒凉车中，故幸宦者骖乘。所至，上食、百官奏事如故，宦者辄从车中可其奏事。独胡亥、赵高及幸宦者五六人知之。

初，始皇尊宠蒙氏，信任之。蒙恬任外将，蒙毅常居中参谋议，名为忠信，故虽诸将相莫敢与之争。赵高者，生而隐宫；始皇闻其强力，通于狱法，举以为中车府令，使教胡亥决狱；胡亥幸之。赵高有罪，始皇使蒙毅治之；毅当高法应死。始皇以高敏于事，赦之，复其官。赵高既雅得幸于胡亥，又怨蒙氏，乃说胡亥，请诈以始皇命诛扶苏而立胡亥为太子。胡亥然其计。赵高曰：“不与丞相谋，恐事不能成。”乃见丞相斯曰：“上赐长子书及符玺，皆在胡亥所。定太子，在君侯与高之口耳。事将何如？”斯曰：“安得亡国之言！此非人臣所当议也！”高曰：“君侯材能、谋虑、功高、无怨、长子信之，此五者皆孰与蒙恬？”斯曰：“不及也。”高曰：“然则长子即位，必用蒙恬为丞相，君侯终不怀通侯之印归乡里明矣！胡亥慈仁笃厚，可以为嗣。愿君审计而定之！”丞相斯以为然，乃相与谋，诈为受始皇诏，立胡亥为太子；更为书赐扶苏，数以不能辟地立功，士卒多耗，数上书，直言诽谤，日夜怨望不得罢归为太子；将军恬不矫正，知其谋；皆赐死，以兵属裨将王离。

扶苏发书，泣，入内舍，欲自杀。蒙恬曰：“陛下居外，未立太子；使臣将三十万众守边，公子为监，此天下重任也。今一使者来，即自杀，安知其非诈！复请而后死，未暮也。”使者数趣之。扶苏谓蒙恬曰：“父赐子死，尚安复请！”即自杀。蒙恬不肯死，使者以属吏，系诸阳周；更置李斯舍人为护军，还报。胡亥已闻扶苏死，即欲释蒙恬。会蒙毅为始皇出祷山川，还至。赵高言于胡亥曰：“先帝欲举贤立太子久矣，而毅谏以为不可；不若诛之！”乃系诸代。

遂从井陉抵九原。会暑，辒车臭，乃诏从官令车载一石鲍鱼以乱之。从直道至咸阳，发丧。太子胡亥袭位。

九月，葬始皇于骊山，下锢三泉；奇器珍怪，徙藏满之。令匠作机弩，有穿近者辄射之。以水银为百川、江河、大海，机相灌输。上具天文，下具地理。后宫无子者，皆令从死。葬既已下，或言工匠为机藏，皆知之，藏重即泄。大事尽，闭之墓中。

二世皇帝上元年（壬辰，前209）

夏，四月，二世至咸阳，谓赵高曰：“夫人生居世间也，譬犹骋六骥过决隙也。吾既已临天下矣，欲悉耳目之所好，穷心志之所乐，以终吾年寿，可乎？”高曰：“此贤主之所能行而昏乱主之所禁也。虽然，有所未可，臣请言之。夫沙丘之谋，诸公子及大臣皆疑焉；而诸公子尽帝兄，大臣又先帝之所置也。今陛下初立，此其属意怏怏皆不服，恐为变；臣战战栗栗，唯恐不终，陛下安得为此乐乎！”二世曰：“为之奈何？”赵高曰：“陛下严法而刻刑，令有罪者相坐，诛灭大臣及宗室；然后收举遗民，贫者富之，贱者贵之。尽除先帝之故臣，更置陛下之所亲信者，此则阴德归陛下，害除而奸谋塞，群臣莫不被润泽，蒙厚德，陛下则高枕肆志宠乐矣。计莫出于此！”二世然之。乃更为法律，务益刻深，大臣、诸公子有罪，辄下高鞠治之。于是公子十二人僇死咸阳市，十公主矺死于杜，财物入于县官，相连逮者不可胜数。

秋，七月，阳城人陈胜、阳夏人吴广起兵于蕲。是时，发闾左戍渔阳，九百人屯大泽乡，陈胜、吴广皆为屯长。会天大雨，道不通，度已失期；失期，法皆斩。陈胜、吴广因天下之愁怨，乃杀将尉，召令徒属曰：“公等皆失期当斩；假令毋斩，而戍死者固什六七。且壮士不死则已，死则举大名耳！王、侯、将、相宁有种乎！”众皆从之。乃诈称公子扶苏、项燕，为坛而盟，称大楚；陈胜自立为将军，吴广为都尉。攻大泽乡，拔之；收而攻蕲，蕲下。乃令符离人葛婴将兵徇蕲以东；攻铚、酂、苦、柘、谯，皆下之。行收兵；比至陈，车六七百乘，骑千余，卒数万人。攻陈，陈守、尉皆不在，独守丞与战谯门中，不胜；守丞死，陈胜乃入据陈。

初，大梁人张耳、陈余相与为刎颈交。秦灭魏，闻二人魏之名士，重赏购求之。张耳、陈余乃变名姓，俱之陈，为里监门以自食。里吏尝以过笞陈余，陈余欲起，张耳蹑之，使受笞。吏去，张耳乃引陈余之桑下，数之曰：“始吾与公言何如？今见小辱而欲死一吏乎！”陈余谢之。陈涉既入陈，张耳、陈余诣门上谒。陈涉素闻其贤，大喜。陈中豪桀父老请立涉为楚王，涉以问张耳、陈余。耳、余对曰：“秦为无道，灭人社稷，暴虐百姓；将军出万死之计，为天下除残也。今始至陈而王之，示天下私。愿将军毋王，急引兵而西；遣人立六国后，自为树党，为秦益敌；敌多则力分，与众则兵强。如此，则野无交兵，县无守城，诛暴秦，据咸阳，以令诸侯；诸侯亡而得立，以德服之，则帝业成矣！今独王陈，恐天下懈也。”陈涉不听，遂自立为王，号“张楚”。

陈王以吴叔为假王，监诸将以西击荥阳。

九月，沛人刘邦起兵于沛，下相人项梁起兵于吴，狄人田儋起兵于齐。

刘邦，字季，为人隆准、龙颜，左股有七十二黑子。爱人喜施，意豁如也；常有大度，不事家人生产作业。初为泗上亭长，单父人吕公，好相人，见季状貌，奇之，以女妻之。

既而季以亭长为县送徒骊山，徒多道亡。自度比至皆亡之，到丰西泽中亭，止饮，夜，乃解纵所送徒曰：“公等皆去，吾亦从此逝矣！”徒中壮士愿从者十余人。

刘季被酒，夜径泽中，有大蛇当径，季拔剑斩蛇。有老妪哭曰：“吾子，白帝子也，化为蛇，当道；今赤帝子杀之！”因忽不见。刘季亡匿于芒、砀山泽之间，数有奇怪；沛中子弟闻之，多欲附者。

及陈涉起，沛令欲以沛应之。掾、主吏萧何、曹参曰：“君为秦吏，今欲背之，率沛子弟，恐不听。愿君召诸亡在外者，可得数百人，因劫众，众不敢不听。”乃令樊哙召刘季。刘季之众已数十百人矣；沛令后悔，恐其有变，乃闭城城守，欲诛萧、曹。萧、曹恐，逾城保刘季。刘季乃书帛射城上，遗沛父老，为陈利害。父老乃率子弟共杀沛令，开门迎刘季，立以为沛公。萧、曹等为收沛子弟，得三千人，以应诸侯。

项梁者，楚将项燕子也，尝杀人，与兄子籍避仇吴中。吴中贤士大夫皆出其下。籍少时学书，不成，去；学剑，又不成。项梁怒之。籍曰：“书，足以记名姓而已！剑，一人敌，不足学；学万人敌！”于是项梁乃教籍兵法，籍大喜；略知其意，又不肯竟学。籍长八尺余，力能扛鼎，才器过人。会稽守殷通闻陈涉起，欲发兵以应涉，使项梁及桓楚将。是时，桓楚亡在泽中。梁曰：“桓楚亡，人莫知其处，独籍知之耳。”梁乃诫籍持剑居外，梁复入，与守坐，曰：“请召籍，使受命召桓楚。”守曰：“诺。”梁召籍入。须臾，梁眴籍曰：“可行矣！”于是籍遂拔剑斩守头。项梁持守头，佩其印绶。门下大惊，扰乱；籍所击杀数十百人，一府中皆慑伏，莫敢起。梁乃召故所知豪吏，谕以所为起大事，遂举吴中兵，使人收下县，得精兵八千人。梁为会稽守，籍为裨将，徇下县。籍是时年二十四。

田儋，故齐王族也。儋从弟荣，荣弟横，皆豪健，宗强，能得人。周市徇地至狄，狄城守。田儋详为缚其奴，从少年之廷，欲谒杀奴，见狄令，因击杀令，而召豪吏子弟曰："诸侯皆反秦自立。齐，古之建国也；儋，田氏，当王！"遂自立为齐王，发兵以击周市。周市军还去。田儋率兵东略定齐地。

秦始皇帝二十年（甲戌，公元前227年）

荆轲刺秦王

荆轲抵达秦国都城咸阳，通过秦王嬴政的宠臣蒙嘉，以谦卑的言词求见秦王，秦王嬴政大喜过望，穿上君臣朝会时的礼服，安排朝会大典迎见荆轲。荆轲手捧地图进献给秦王，图卷全部展开，匕首出现，荆轲乘势抓住秦王的袍袖，举起匕首刺向他的胸膛。但是未等荆轲近身，秦王嬴政已惊恐地一跃而起，挣断了袍袖。荆轲随即追逐秦王，秦王绕着柱子奔跑。这时，殿上的群臣都吓呆了，事发仓猝，大出意料，群臣全都失去了常态。秦国法律规定，在殿上侍从的群臣不得携带任何武器。因此大家只好徒手上前扑打荆轲，并喊道："大王，把剑推上背！"秦王嬴政将剑推到背上，便剑套倾斜，剑柄向前，即拔出剑来回击荆轲，砍断了他的左大腿。荆轲肢体残废无法再追，便把匕首向秦王投掷过去，但却击中了铜柱。荆轲知道行刺之事已无法完成，就大骂道："此事所以不能成功，只是想活捉你以后强迫你订立契约，归还所兼并的土地，以此回报燕太子啊！"于是，荆轲被分尸示众。

二十一年（乙亥，公元前226年）

秦王嬴政询问将军李信说："我想要夺取楚国，根据你的推测，需要出动多少人的军队才够？"李信说："不过用二十万人。"秦王嬴政又询问王翦，王翦说："非六十万人的大军不可。"秦王说："王将军已经老了，怎么如此胆怯啊！"便派李信、蒙恬率领二十万人进攻楚国。王翦于是称病辞职，返回故乡频阳。

二十二年（丙子，公元前225年）

秦将王贲率军征伐魏国，引汴河的水灌淹魏国都城大梁。三月，大梁城垣塌毁，魏王魏假投降，被秦军杀死。魏国灭亡。

秦将李信进攻平舆，蒙恬攻击寝，大败楚军。李信再攻鄢郢，攻克了该城，于

战国中期　中山王方壶

是率军西进，到城父与蒙恬的队伍会合。楚军趁机尾随在后，三天三夜不停宿休息，反击中大败李信的军队，攻入秦军的两个营地，斩杀了七个都尉。李信率残部逃奔回秦国。

秦王嬴政闻讯，暴跳如雷，亲自前往频阳向王翦道歉说："我没有采用将军你的计策，而李信果然使秦军蒙受了耻辱。现在将军你虽然患病，但难道就忍心抛下我不管吗？"王翦仍推辞道："我实在病得不能领兵打仗了。"秦王嬴政说："好啦，不要再这么说了！"王翦说："如果不得已一定要用我的话，非用六十万人的军队不可！"秦王嬴政答道："就听从将军你的主张行事吧。"于是王翦率领六十万大军征伐楚国，秦王亲自送行到霸上。王翦请求秦王赏赐他相当多的良田美宅。秦王说："你就出发吧，为什么还要担心日后贫穷呀！"王翦说："身为大王您的将领，虽立下战功，但最终仍不能被封侯，所以趁着大王现在正看重我，请求赏赐田宅，好为子孙留下产业啊。"秦王嬴政听后大笑不止。王翦率军开拔，抵达武关，又陆续派遣五位使者向秦王嬴政请求赏赐良田。有人说："将军您向秦王求讨东西也已是太过分了吧！"王剪答道："不是这样。大王心性粗暴而多猜忌，如今将国中的武装士兵调拨一空，专门托付给我指挥，我若不借多求赏赐田宅为子孙谋立产业，表示坚决为大王效力，大王反倒要无缘无故地对我有所怀疑了啊。"

二十三年（丁丑，公元前224年）

秦将王翦率大军取道陈丘以南抵达平舆。楚国人闻讯王翦增兵而来，便出动国中的全部兵力抵抗秦军。王翦下令坚守营寨不与楚军交锋。楚人多次到营前挑战，秦军始终也不出战。王翦每天让士兵休息、洗浴，享用好的饮食，安抚慰问他们，并亲自与他们共同进餐。这样过了很长一段时间，王翦派人打听："军中进行什么嬉戏啊？"回答说："军士们正在玩投石、跳跃的游戏。"王翦便说："这样的军队可以用来作战了。"此时楚军既然无法与秦军交锋，就挥师向东而去。王翦即率军尾追，令壮士们发起突击，大败楚军，直至蕲县之南，斩杀楚国将军项燕，楚军于是溃败逃亡。王翦乘胜夺取并平定了楚国的一些城镇。

二十四年（戊寅，公元前223年）

秦将王翦、蒙武俘获了楚国国君芈负刍，在楚地设置楚郡。

二十五年（己卯，公元前222年）

秦国大举兴兵，派王贲率兵进攻辽东，俘获了燕国国君姬喜。

臣司马光曰：燕太子丹不能忍受一时的激忿而去冒犯如狼似虎的秦国，虑事轻率，谋划浅薄，以致挑起怨恨，加速了灭亡之祸，使供奉燕国始祖召公的宗庙祭祀忽然中断，罪过没有比这个更大的了！而评论的人有的还把太子丹说成是德才兼备的人，这难道不是太过分了吗！

对于治理国家的人来说，任命有才能的人为官，按照礼制确立政策法规，以仁爱之心安抚百姓，凭借信义结交邻邦。如此，官员由有才干的人担任，政事得到礼教的节制，百姓人心归向他的德行，四邻亲近友善他的恪守信义。这样，国家则会安如磐石，炽如火焰，触犯它的一定被撞得粉碎，挨着它的一定被烧得焦头烂额。似此，即便是有强暴的敌国存在，又有什么值得畏惧的呢！太子丹放弃这条路不走，反而用万辆战车的大国去排解个人的私愤、炫耀盗贼式的谋略，结果是功名被毁坏，身命遭杀戮，江山社稷化作废墟，这难道不是很令人悲痛的事吗！

跪着前进，伏地而行，并不表示恭敬；言必行，重承诺，并不表示守信义；过度耗费金钱，散发玉器，并不表示施恩惠；自割颈部，自剖肚腹，并不表示勇敢。这种种问题的关键在于，只顾眼前利益不能深谋远虑而行动不合乎礼义，似此不过是楚国的为复仇而丧生的白公胜之流罢了！

荆轲心怀报答太子姬丹豢养的私情，不顾及全家七族之人会受牵连，想要用一把短小的匕首使燕国强大、秦国削弱，这难道不是愚蠢之极吗！所以扬雄对此评论说，要离的死是蜘蛛、蝥虫一类的死，聂政的死是壮士一类的死，荆轲的死是刺客一类的死，这些都不能算作“义”。他又说：“荆轲，按君子的道德观念来看，是类如盗贼之辈了。”此话说得好啊！

秦始皇嬴政

二十六年（庚辰，公元前221年）

秦将王贲率军从燕国向南进攻齐国，突然攻入都城临淄，齐国国民中没有敢于抵抗的。秦国派人诱降齐王，约定封给他五百里的土地，齐王于是便投降了。但是秦国却将他迁移到共地，安置在松柏之间，最终被饿死。齐国人埋怨君王田建不早参与诸侯国的合纵联盟，而却听信奸佞、宾客的意见，以致使国家遭到灭亡，故为此编歌谣说：“松树啊，柏树啊！使田建迁住共地饿死的，是宾客啊！”恨田建任用宾客不审慎考察。

秦王嬴政刚刚兼并六国，统一天下，自认为兼备了三皇的德行，功业超过了五帝，于是便改称号为“皇帝”，皇帝出命称“制书”，下令称“诏书”，皇帝的自称为“朕”。追尊父亲庄襄王为太上皇。并颁布制书说：“君王死后依据他生前的行为加定谥号，这是儿子议论父亲，臣子议论君王，实在没意思。从今以后，废除为帝王上谥号的制度。朕为始皇帝，后继者以序数计算，称为二世皇帝、三世皇帝，以至万世，无穷尽地传下去。”

当初，齐威王、齐宣王的时候，邹衍研究创立了金、木、水、火、土终而复始的“五德相运”学说。到了始皇帝合并天下时，齐国人将此说奏报给他。始皇采纳了这套学说，认为周朝是火德，秦取代周，从火不能胜水来推算，秦应是水德。于是开始下令更改岁历，新年朝见皇帝与庆贺典礼都从十月初一开始，以十月初一为元旦；衣服、旗帜、符节等都崇尚用黑色；计数以六为一个单位。

始皇帝于是下令把全国划分为三十六个郡，每个郡设置郡守、郡尉、监御史。

又下令收缴全国民间所藏的兵器，运送汇集到咸阳，熔毁后铸成大钟和钟架，以及十二个铜人，各重千石，放置在宫廷中。并统一法制和度量衡，将各地富豪十二万户迁徙到咸阳置于朝廷的监控下。

秦王朝祭祀祖先、神灵的宗庙等处所和章台宫、上林苑都设在渭水南岸。而秦国每征服一个国家，就摹画、仿照该国的宫室，在咸阳城北的山坡上同样建造一座。如此南临渭水，自雍门向东至泾水、渭水相交处，宫殿屋宇、天桥、楼阁相连接，所获得的各国美女、钟鼓等乐器都安置在里边。

三十三年（丁亥，公元前214年）

秦朝廷征召那些曾经逃亡的人、因贫穷而入赘女家的男子、商贩等入伍当兵，攻掠夺取南越的陆梁之地，设置了桂林、南海、象郡等郡；并将受贬谪的人五十万流放到五岭守边，与南越的本地人杂居一处。

秦将蒙恬率军驱逐斥退匈奴人，收复了黄河以南地区，设置四十四个县。接着就修筑长城，凭借地形而建，用以控制险关要塞，起自临洮，直至辽东，绵延一万多里。蒙恬于是又领兵渡过黄河，占据阳山，向北曲折前进。军队在野外扎营风餐露宿十余年，蒙恬则常驻上郡指挥军队，威震匈奴。

三十四年（戊子，公元前213年）

丞相李斯上书说：“过去诸侯国纷争，以高官厚禄招揽游说之士。现在天下已定，法令统一出自朝廷，百姓理家就要致力于耕田做工，读书人就要学习法令规章。但今日的儒生却不学习现代事务，只知一味地效法古代，并借此非议现实，蛊惑、扰乱民众，相互非难指责现行制度，并以此教导百姓；闻听命令颁下，就纷纷根据自己的学说、主张妄加评议，入朝时口是心非，出朝后便街谈巷议，夸饰君主以提高自己的声望，标新立异以显示自己的高明，煽动、引导一些人攻击诽谤国家法令。这种情况如不禁止，就势必造成君主的权势下降，臣下结党纳派活动蔓延民间。唯有禁止这些才有利于国家！因此我建议史官将除秦国史记之外的所有史书全部烧毁；除博士官按职责收藏书外，天下凡有私藏《诗》《书》、诸子百家著作的人，一律按期将所藏交到郡守、郡尉处，一并焚毁；有敢于相互私语谈论《诗》《书》的处死；借古非今的诛杀九族；官吏发现这种事情而不举报的与以上人同罪；此令颁布三十天后仍不将私藏书籍烧毁的，判处黥刑，并罚处修筑长城劳役的城旦刑。不予焚烧的，是医药、占卜、种植的书。如果想要学习法令，应以官吏为师。”始皇下制令说：“可以。”

三十五年（己丑，公元前212年）

始皇认为都城咸阳的人口过多，而先代君王营造的宫廷又嫌小，便命人在渭南上林苑中建筑宫殿，先修前殿阿房宫，长宽东西五百步，南北五十丈，上面可坐一万人，下面则能竖立五丈高的旗帜，周围是车马驰行的天桥，从前殿下直达南山，在南山的顶峰建牌楼作为标志。又筑造天桥，从阿房渡过渭水，与咸阳城相接，由此象征天上的北极星、阁道星横越银河抵达营室宿。征发遭受宫刑和判处其他徒刑的囚犯七十万人，分别修筑阿房宫或建造骊山始皇帝陵墓。并凿掘用作套棺的北山的石料，采伐蜀、荆两地的木材，都先后运到。在关中兴建宫殿计有三百座，关外营造宫殿四百多座。于是在东海郡的朐县界内刻立巨石，作为秦王朝东部的大门。又将三万家迁移到骊邑，五万家迁移至云阳，均免除十年的赋税徭役。

卢生劝说始皇帝道：“有一种方法，这就是皇帝不时地暗中秘密出行，借此躲避恶鬼。而避开了恶鬼，神仙真人便会来到。故此希望您所居住的宫室不要让别人知道，然后不死之药大概才可以得到！”始皇说：“我敬慕真人！”于是就自称“真人”，不再称“朕”。并下令咸阳城周围二百里内的二百七十处宫殿楼台，都用天桥、甬道相连接，帷帐、钟鼓及美女充斥其间，各自按部署登记，不作迁移。始皇巡行到某处居住下来，有敢于透露出他的驻地的，即获罪处死。始皇帝曾前往梁山宫，从山上望见丞相李斯的随行车马非常多，很不赞许。宦官近臣中有人将这事告诉了李斯，李斯随即减少了他的车马。始皇愤怒地说：“这一定是宫中人泄露了我的话！”于是审问随从人员，但是没有人承认。始皇就下令捉拿当时在场的人，全部杀掉。从此以后，再也没有人知道始皇到了什么地方。群臣中凡有事情要奏报并接受皇帝裁决的，便全都到咸阳宫等候。

侯生、卢生相互讥讽、评议始皇帝的暴戾，并因此逃亡而去。始皇闻讯勃然大怒，说：“卢生等人，我尊敬他们，并重重地赏赐他们，现在竟然敢诽谤我！这些人在咸阳的，我曾派人去查访过，其中有的人竟妖言惑众！”于是令御史逮捕并审问所有的儒生。儒生们彼此告发，始皇帝就亲自判处违法犯禁的人四百六十余名，把他们全部在咸阳活埋了。还向全国宣扬，让大家都知道这件事，以惩戒后世。同时谪罚更多的人流放到边地戍守。始皇的长子扶苏为此规劝道：“那些儒生们全诵读并效法孔子的言论。而今您全部用重法惩处他们，我担心天下会因此不安定。”始皇大为恼火，派扶苏赴上郡去监督蒙恬的军队。

三十七年（辛卯，公元前210年）

冬季，十月，癸丑，始皇帝出游，左丞相李斯陪同前往，右丞相冯去疾留守咸阳。始皇有二十多个儿子，小儿子胡亥最受宠爱，他要求随父皇出游，获始皇准许。

十一月，始皇帝一行到达云梦，向着九疑山遥祭葬在那里的舜帝。然后乘船顺长江而下，观览籍柯，渡经海渚，过丹阳，抵钱塘，到达浙江边。因钱塘江潮波涛汹涌，便向西行驶一百二十里，从富阳与分水之间的狭窄处渡江。随之始皇登上会稽山，祭祀禹帝，遥望南海，刻立巨石歌功颂德。然后起驾返回，归途中经过吴地，从江乘县渡过长江，沿海北上，抵达琅邪、之罘。始皇看见大鱼，即发箭将鱼射杀。接着又沿海西行，到了平原渡口后便病倒了。

始皇帝很厌恶谈论“死”，因此群臣中没有人敢于提关于死的事。待到他病势更加沉重时，才命中车府令、兼掌符玺事务的赵高写诏书给长子扶苏说：“参加丧事处理，灵柩到咸阳后安葬。”诏书已封好，但却搁置在赵高处，没有交给使者送出。秋季，七月，丙寅（二十日），始皇在沙丘宫平台驾崩。丞相李斯因皇帝在都城外病逝，唯恐各位皇子及天下发生什么变故，于是就秘不发丧，将棺材停放在能调节冷暖的凉车中，由始皇生前最宠信的宦官在车的右边陪乘。所到一地，上呈餐饭、百官奏报事务与过去一样，宦官即从车中接受并批复奏事。只有胡亥、赵高及受宠幸的宦官五六个人知道内情。

当初，始皇帝尊重宠爱蒙氏兄弟，很信任他们。蒙恬在外担任大将，蒙毅则在朝中参与商议国事，称为忠信大臣，即便是高级将领或丞相，也没有敢与他们一争高低的。赵高一生下来就被阉割了。始皇听说他办事能力很强，且通晓刑法，便提拔他担任了中车府令，并让他教小儿子胡亥学习审理判决诉讼案。胡亥非常宠爱他。赵高曾经犯下大罪，始皇派蒙毅惩治他。蒙毅认为赵高依法应被处死，但始皇因赵高办事灵活而赦免了他，并恢复了他的官职。赵高既然素来得到胡亥的宠幸，恰又怨恨蒙氏兄

赵高献策

弟，便劝说胡亥，让他诈称始皇遗诏命杀掉扶苏，立胡亥为太子。胡亥同意了赵高的计策。赵高又说："这件事如果不与丞相合谋进行，恐怕不能成功。"随即会见丞相李斯，说："皇上赐给扶苏的诏书及符玺都在胡亥那里。定立太子之事只在您我口中的一句话罢了。这件事将怎么办呢？"李斯说："怎么能够说这种亡国的话呀！此事不是我们这些为人臣子的人所应当议论的啊！"赵高道："您的才能、谋略、功勋、人缘以及获扶苏的信任，这五点全部拿来与蒙恬相比，哪一点比得上他呢？"李斯回答："都比不上他。"赵高说："既然如此，那么只要扶苏即位，就必定任用蒙恬为丞相，您最终不能怀揣通侯的印信返归故乡的结局已经是显而易见的了！而胡亥仁慈忠厚，是可以担当皇位继承人的。希望您慎重地考虑一下，做出定夺！"丞相李斯听后认为赵高说的有理，便与他共同谋划，诈称接受了始皇的遗诏，立胡亥为太子，又篡改始皇给扶苏的诏书，指斥他多年来不能开辟疆土、创立功业，却使士卒大量伤亡，并且数次上书，直言诽谤父皇，日日夜夜地抱怨不能获准解除监军职务，返归咸阳当太子；而将军蒙恬不纠正扶苏的过失，并参与和了解扶苏的图谋。因此令他们自杀，将兵权移交给副将王离。

扶苏接到诏书，哭泣着进入内室，打算自杀。蒙恬说："陛下在外地，并未确立谁是太子。他派我率领三十万军队镇守边陲，令您担任监军，这乃是天下的重任啊。现在仅仅一个使者前来传书，我们就自杀，又怎么能知道其中不是有诈呢？！让我们再奏请证实一下，然后去死也不晚呀。"但是使者多次催促他们自行了断，扶苏于是对蒙恬说："父亲赐儿子死，还哪里需要再请示查实呢！"随即自杀。蒙恬不肯死，使者便将他交给官吏治罪，囚禁在阳周；改置李斯的舍人担任护军，然后回报李斯、赵高。胡亥这时已听说扶苏死了，便想释放蒙恬。恰逢蒙毅代替始皇外出祈祷山川神灵求福后返回，赵高即对胡亥说："始皇帝想要荐举贤能确定你为太子已经很长时间了，可是蒙毅一直规劝他，认为不可如此。现在不如就把蒙毅杀掉算了！"于是逮捕了蒙毅，将他囚禁到代郡。

皇室车队于是从井陉抵达九原。当时正值酷暑，装载始皇遗体的凉车散发出恶臭，胡亥等便指示随从官员在车上装载一石鲍鱼，借鱼的臭味混淆腐尸的气味。从直道抵达咸阳后，发布治丧的公告。太子胡亥继承了皇位。

九月，将始皇安葬在骊山皇陵，把铜熔化后灌入，堵塞住地下深处的水。又运来各种奇珍异宝，藏满墓穴。还下令工匠制作带有机关的弓弩，遇到穿入靠近墓穴的人，即自动射杀。用水银做成百川、江河、大海，以机械灌注输送。墓穴顶部布有天文图像，底部设置地理模型。后宫嫔妃凡未生子女的，令她们全部陪葬。下葬以后，有人说工匠们制造隐藏的机械装置，知道其中的全部秘密，如果他们再做第二重机关，就会将其中的秘密泄露出去。于是待送终的大事完毕后，那些工匠即被尽数封闭在墓穴中。

秦二世皇帝元年（壬辰，公元前209年）

夏季，四月，二世抵达咸阳，对赵高说：“人生在世，就犹如驾着六匹骏马飞奔过缝隙一般的短促。我既已经统治天下，就想要尽享我的耳目所喜闻乐见的全部东西，享尽我心意中所喜欢的任何事物，直到我的寿命终结，你认为这行吗？”赵高说：“这是贤能的君主能做而昏庸暴乱的君王不能做的事情。虽然如此，还有不可做的地方，请让我来陈述一下：沙丘夺权之谋，诸位公子和大臣都有所怀疑。而各位公子都是您的哥哥，大臣又都是先帝所安置的。如今陛下刚刚即位，这些公子臣僚正怏怏不服，恐怕会发生事变。我尚且战战栗栗，生怕不得好死，陛下又怎么能够这样享乐呀！”二世道：“那该怎么办呢？”赵高说：“陛下应实行严厉的法律、残酷的刑罚，使有罪的人株连他人，这样可将大臣及皇族杀灭干净，然后收罗提拔遗民，使贫穷的富裕起来，卑贱的高贵起来，并把先帝过去任用的臣僚全都清除出去，改用陛下的亲信。这样一来，他们就会暗中感念您的恩德；祸害被除掉，奸谋遭堵塞，群臣没有不蒙受您的雨露润泽、大恩厚德的。如此，陛下就可以高枕无忧，纵情享乐了。再没有比这个更好的计策了！”二世认为赵高说得有理，于是便修订法律，务求更加严厉苛刻，凡大臣、各位公子犯了罪，总是交给赵高审讯惩处。就这样，有十二位皇子在咸阳街市上被斩首示众，十名公主在杜县被分裂肢体而死，他们的财产全部充公。受牵连被逮捕的人更是不可胜数。

秋季，七月，阳城人陈胜、阳夏人吴广在蕲县聚众起兵。当时，秦王朝征召闾左贫民百姓往渔阳屯戍守边，九百人途中屯驻在大泽乡，陈胜、吴广均被指派为屯长。恰巧遇上天降大雨，道路不通，推测时间已无法按规定期限到达渔阳防地。而按秦法规定，延误戍期，一律处斩。于是陈胜、吴广便趁着天下百姓生计愁苦和对秦的怨恨，杀掉押送他们的将尉，召集戍卒号令说：“你们都已经延误了戍期，当被杀头。即使不被斩首，因长久在外戍边而死去的本来也要占到十之六七。何况壮士不死则已，要死就图大事！王侯将相难道是天生的吗！”众人全都响应。陈胜、吴广便诈以已死的扶苏和故楚国的大将项燕为名，培土筑坛，登到上面宣布誓约，号称“大楚”。陈胜自立为将军，吴广为都尉。起义军随即攻陷大泽乡，接着招收义兵扩军，进攻蕲。蕲夺取后，即令符离人葛婴率军攻掠蕲以东地区，相继攻打铚、酂、苦、柘、谯等地，全都攻下了。义军沿路招收人马，等到抵达陈地时，已有战车六七百辆，骑兵千余，步兵数万人。当攻打陈城时，郡守和郡尉都不在，只有留守的郡丞在谯楼下的城门中抵抗义军，不能取胜，郡丞被打死。陈胜于是领兵入城，占据了陈地。

当初，大梁人张耳、陈余结为同生死、共患难的朋友。秦国灭魏时，听说两个人是魏国的名士，便悬重赏征求他们。张耳、陈余于是改名换姓，一起逃到了陈地，充任里门看守来糊口。管理里巷的官吏曾经因陈余出了小过失而鞭笞他，陈余想要与那官吏抗争，张耳踩他的脚，让他接受鞭笞。待那小官离开后，张耳将陈余拉到桑树下，数落他说："当初我是怎么对你说的？现在遇上一点小的侮辱，就想跟一个小官吏拼命啊！"陈余为此道了歉。及至陈胜率义军已进入陈地，张耳、陈余便前往陈胜的驻地通名求见。陈胜一向听说他俩很贤能，故而非常高兴。恰逢陈地中有声望的地方人士和乡官请求立陈胜为楚王，陈胜就拿这件事来询问张耳、陈余的意见。二人回答说："秦王朝暴乱无道，兼灭别人的国家，残害百姓。而今您冒万死的危险起兵反抗的目的，就是要为天下百姓除害啊。现在您才到达陈地即要称王，是向天下人显露您的私心。因此希望您不要称王，而是火速率军向西，派人去扶立六国国君的后裔，替自己培植党羽，以此为秦王朝增树敌人。秦的敌人多了，兵力就势必分散，大楚联合的国家多了，兵力就必然强大。这样一来，在野外军队不必交锋，遇到县城没有兵为秦守城。铲除残暴的秦政权，占据咸阳，以号令各诸侯国。灭亡的诸侯国得到复兴，您施德政使它们服从，您的帝王大业就完成了！如今只在一个陈县就称王，恐怕会使天下人斗志松懈了。"陈胜不听从这一意见，即自立为楚王，号称"张楚"。

陈胜任命吴广为代理楚王，督率众将领向西攻击荥阳。

九月，沛人刘邦在沛起兵，下相人项梁在吴起兵，狄人田儋在齐国旧地起兵。

刘邦，字季，为人高鼻梁、眉骨突起如龙额，左大腿上有七十二颗黑痣。对人友爱宽厚，喜欢施舍财物给人，心胸开阔，素来有远大的志向，不安于从事平民百姓的日常耕作。起初，刘邦担任泗水亭长，单父县人吕公，喜爱给人相面，看见刘邦的形状容貌，认为很不寻常，便将女儿嫁给了他。

不久，刘邦以亭长身份奉县里委派遣送被罚服劳役的夫役到骊山去，途中许多夫役逃亡。刘邦据此推测待到骊山时人已经都跑光了，于是便在行至丰乡西面的泽中亭后，停下来休息饮酒，到了晚上即释放所送的夫役们说："你们都走吧，我也从此逃命去了！"夫役中年轻力壮的汉子愿意跟随他的有十余人。

刘邦喝醉了，夜间从小道走进湖沼地，遇到一条大蛇挡在道上，他随即拔剑斩杀了大蛇。一位老妇人哭着说："我的儿子是白帝的儿子啊，化为蛇，挡在小道上，而今却被赤帝的儿子杀了！"说罢就忽然不见了踪影。刘邦随后逃亡，隐藏在芒、砀的山泽中，这山泽间于是常常出现怪异现象。沛县中的年轻人闻讯后，大都想要去归附他。

及至陈胜起兵，沛县县令打算举城响应，主吏萧何、狱掾曹参说："您身为秦朝官吏，现在想要背叛朝廷，以此率领沛县的青年，恐怕他们不会听从您的号令。望您把那些逃亡在外的人召集起来，可得数百人，借此威胁大众，众人便不敢不服从了。"县令于是便命樊哙去召刘邦来见，这时刘邦的部众已有百十来人了。县令事后很懊悔，担心召刘邦等人来会发生什么变故，就下令关闭城门，防守城池，并要诛杀萧何、曹参。萧、曹二人大为惊恐，翻过城去投奔刘邦以求自保。刘邦便在绸绢上草就一书，用箭射到城上，送给沛县的父老，陈说利害关系。父老们便率领年轻一辈一起杀掉了县令，敞开城门迎接刘邦，拥立他为"沛公"。萧何、曹参为刘邦召集沛县青年，得三千人，以此响应诸侯抗秦。

项梁是故楚国大将项燕之子，因曾经杀过人，与他哥哥的儿子项羽逃到吴中躲避仇家。吴中有声望的士人都在项梁之下，不及他。项羽少年时学习识字和写字，学不成即抛开了，去习练剑法击刺之术，又未学成。项梁为此非常生气，项羽说："识字写字，记名姓就行了！学剑也不过是只能抵挡一人，不值得去学。要学就学那可以抵抗万人的本事！"项梁因此便教授项羽兵法，项羽喜不自胜，但是在略知兵法大意之后，又不肯学下去。项羽身长八尺多，力能独自举鼎，才干、器度超过了一般人。会稽郡郡守殷通听到陈胜起兵抗秦的消息后，想要发兵响应陈胜，便令项梁和桓楚指挥所发动的兵马。这时，桓楚正亡命江湖之中。项梁说："桓楚在逃亡中，没有人晓得他在什么地方，只有项羽知道他的行踪。"项梁就嘱咐项羽持剑候在外面，自己又进去与郡守同坐，说："请您召见项羽，让他接受命令去召回桓楚。"殷通说："好吧。"项梁唤项羽入内受命。不一会儿，项梁向项羽使了个眼色说："可以动手了！"项羽随即拔剑斩下了殷通的头。项梁手提郡守的头颅，佩带上郡守的官印。郡守的侍从护卫们见状惊慌失措，混乱不堪，被项羽所击杀的有百十来人，一府之人都吓得趴在地上，没有一个敢于起身的。项梁随后便召集他从前熟悉的有势力的强干官吏，把所以要起事反秦的道理宣告给他们知晓，随即征集吴中的兵员，命人收取郡下所属各县丁壮，得精兵八千人。项梁自己做了会稽郡郡守，以项羽为副将，镇抚郡属各县。项羽此时年方二十四岁。

田儋是故齐国国君田氏的族人。他的堂弟田荣，田荣的弟弟是田横，都势力雄厚，家族强盛，颇能博得人心。楚将周市带兵巡行占领地方到达了狄县，狄县闭城固守。田儋假意将他的奴仆捆绑起来，让一伙年轻人跟着来到县衙门，想要进见县令，报请准许杀奴。待见到狄县县令时，田儋即趁势击杀了他，随后召集有声望有权势的官吏和青年说："各诸侯都反叛秦朝自立为王了。齐国是古时候就受封建立的国家。我田儋，是齐王田氏族人，应当为齐王！"于是即自封为齐王，发兵攻击周。周的军队退还。田儋随即率军向东攻取、平定了旧齐国的土地。

第八卷　秦纪三

译文诵读

二世皇帝下二年（癸巳，前208）

二世数诮让李斯："居三公位，如何令盗如此！"李斯恐惧，重爵禄，不知所出，乃阿二世意，以书对曰："夫贤主者，必能行督责之术者也。故申子曰：'有天下而不恣睢，命之曰"以天下为桎梏"者，无他焉，不能督责，而顾以其身劳于天下之民，若尧、禹然，故谓之桎梏也。'夫不能修申、韩之明术，行督责之道，专以天下自适也；而徒务苦形劳神，以身徇百姓，则是黔首之役，非畜天下者也，何足贵哉！故明主能行督责之术以独断于上，则权不在臣下，然后能灭仁义之涂，绝谏说之辩，荦然行恣睢之心而莫之敢逆。如此，群臣、百姓救过不给，何变之敢图！"二世说，于是行督责益严，税民深者为明吏，杀人众者为忠臣，刑者相半于道，而死人日成积于市；秦民益骇惧思乱。

腊月，陈王之汝阴，还，至下城父，其御庄贾杀陈王以降。初，陈涉既为王，其故人皆往依之。妻之父亦往焉，陈王以众宾待之，长揖不拜。妻之父怒曰："怙乱僭号，而傲长者，不能久矣！"不辞而去。陈王跪谢，遂不为顾。客出入愈益发舒，言陈王故情。或说陈王曰："客愚无知，颛妄言，轻威。"陈王斩之。诸故人皆自引去，由是无亲陈王者。陈王以朱防为中正，胡武为司过，主司群臣。诸将徇地至，令之不是，辄系而罪之。以苛察为忠；其所不善者，弗下吏，辄自治之。诸将以其故不亲附，此其所以败也。

梁闻陈王定死，召诸别将会薛计事，沛公亦往焉。居鄛人范增，年七十，素居家，好奇计，往说项梁曰："陈胜败，固当。夫秦灭六国，楚最无罪。自怀王入秦不反，楚人怜之至今。故楚南公曰：'楚虽三户，亡秦必楚。'今陈胜首事，不立楚后而自立，其势不长。今君起江东，楚蜂起之将皆争附君者，以君世世楚将，为能复立楚之后也。"于是项梁然其言，乃求得楚怀王孙心于民间，为人牧羊；夏，六月，立以为楚怀王，从民望也。陈婴为上柱国，封五县，与怀王都盱眙。项梁自号为武信君。

郎中令赵高恃恩专恣，以私怨诛杀人众多；恐大臣入朝奏事言之，乃说二世曰："天子之所以贵者，但以闻声，群臣莫得见其面故也。且陛下富于春秋，未必尽通诸事；今坐朝廷，谴举有不当者，则见短于大臣，非所以示神明于天下也。陛下不如深拱禁中，与臣及侍中习法者待事，事来有以揆之。如此，则大臣不敢奏疑事，天下称圣主矣。"二世用其计，乃不坐朝廷见大臣，常居禁中；赵高侍中用事，事皆决于赵高。

高闻李斯以为言，乃见丞相曰："关东群盗多，今上急益发繇，治阿房宫，聚狗马无用之物。臣欲谏，为位贱，此真君侯之事；君何不谏？"李斯曰："固也，吾欲言之久矣。今时上不坐朝廷，常居深宫。吾所言者，不可传也；欲见，无间。"赵高曰："君诚能谏。请为君候上闲，语君。"于是赵高侍二世方燕乐，妇女居前，使人告丞相："上方闲，可奏事。"丞相至宫门上谒。如此者三。二世怒曰："吾常多闲日，丞相不来；吾方燕私，丞相辄来请事！丞相岂少我哉，且固我哉？"赵高因曰："夫沙丘之谋，丞相与焉。今陛下已立为帝，而丞相贵不益，此其意亦望裂地而王矣。且陛下不问臣，臣不敢言。丞相长男李由为三川守，楚盗陈胜等皆丞相傍县之子，以故楚盗公行，过三川城，守不肯击。高闻其文书相往来，未得其审，故未敢以闻。且丞相居外，权重于陛下。"二世以为然，欲案丞相；恐其不审，乃先使人按验三川守与盗通状。

李斯闻之，因上书言赵高之短曰："高擅利擅害，与陛下无异。昔田常相齐简公，窃其恩威，下得百姓，上得群臣，卒弑简公而取齐国，此天下所明知也。今高有邪佚之志，危反之行，私家之富，若田氏之于齐矣，而又贪欲无厌，求利不止，列势次主，其欲无穷，劫陛下之威信，其志若韩玘为韩安相也。陛下不图，臣恐其必为变也。"二世曰："何哉！夫高，故宦人也；然不为安肆志，不以危易心，洁行修善，自使至此，以忠得进，以信守位，朕实贤之；而君疑之，何也？且朕非属赵君，当谁任哉！且赵君为人，精廉强力，下知人情，上能适朕；君其勿疑！"二世雅爱赵高，恐李斯杀之，乃私告赵高。高曰："丞相所患者独高；高已死，丞相即欲为田常所为。"

是时，盗贼益多，而关中卒发东击盗者无已。右丞相冯去疾、左丞相李斯、将军冯劫进谏曰："关东群盗并起，秦发兵诛击，所杀亡甚众，然犹不止。盗多，皆以戍、漕、转、作事苦，赋税大也。请且止阿房宫作者，减省四边戍、转。"二世曰："凡所为贵有天下者，得肆意极欲，主重明法，下不敢为非，以制御四海矣。夫虞、夏之主，贵为天子，亲处穷苦之实以徇百姓，尚何于法！且先帝起诸侯，兼天下，天下已定，外攘四夷以安边境，作宫室以章得意；而君观先帝功业有绪。今朕即位，二年之间，群盗并起，君不能禁，又欲罢先帝之所为，是上无以报先帝，次不为朕尽忠力，何以在位！"下去疾、斯、劫吏，案责他罪。去疾、劫自杀；独李斯就狱。二世以属赵高治之，责斯与子由谋反状，皆收捕宗族、宾客。赵高治斯，榜掠千余，不胜痛，自诬服。

斯所以不死者，自负其辩，有功，实无反心，欲上书自陈，幸二世寤而赦之。

乃从狱中上书曰："臣为丞相治民，三十余年矣。逮秦地之狭隘，不过千里，兵数十万。臣尽薄材，阴行谋臣，资之金玉，使游说诸侯；阴修甲兵，饬政教，官斗士，尊功臣；故终以胁韩，弱魏，破燕、赵，夷齐、楚，卒兼六国，虏其王，立秦为天下。又北逐胡、貉，南定百越，以见秦之强。更剋画，平斗斛、度量、文章，布之天下，以树秦之名。此皆臣之罪也，臣当死久矣！上幸尽其能力，乃得至今。愿陛下察之！"书上，赵高使吏弃去不奏，曰："囚安得上书！"

赵高使其客十余辈诈为御史、谒者、侍中，更往覆讯斯，斯更以其实对，辄使人复榜之。后二世使人验斯，斯以为如前，终不敢更言。辞服，奏当上。二世喜曰："微赵君，几为丞相所卖！"及二世所使案三川守由者至，则楚兵已击杀之。使者来，会丞相下吏，高皆妄为反辞以相傅会，遂具斯五刑论，腰斩咸阳市。斯出狱，与其中子俱执，顾谓其中子曰："吾欲与若复牵黄犬，俱出上蔡东门逐狡兔，岂可得乎！"遂父子相哭而夷三族。二世乃以赵高为丞相，事无大小皆决焉。

项梁已破章邯于东阿，引兵西，北至定陶，再破秦军。项羽、沛公又与秦军战于雍丘，大破之，斩李由。项梁益轻秦，有骄色。宋义谏曰："战胜而将骄卒惰者，败。今卒少惰矣，秦兵日益，臣为君畏之！"项梁弗听。乃使宋义使于齐，道遇齐使者高陵君显，曰："公将见武信君乎？"曰："然。"曰："臣论武信君必败；公徐行即免死，疾行则及祸。"二世悉起兵益章邯击楚军，大破之定陶，项梁死。

高陵君显在楚，见楚王曰："宋义论武信君之军必败；居数日，军果败。兵未战而先见败征，此可谓知兵矣！"王召宋义与计事而大说之，因置以为上将军，项羽为次将，范增为末将，以救赵。诸别将皆属宋义，号为"卿子冠军"。

初，楚怀王与诸将约："先入定关中者王之。"当是时，秦兵强，常乘胜逐北，诸将莫利先入关；独项羽怨秦之杀项梁，奋愿与沛公西入关。怀王诸老将皆曰："项羽为人，慓悍猾贼，尝攻襄城，襄城无遗类，皆坑之；诸所过无不残灭。且楚数进取，前陈王、项梁皆败，不如更遣长者，扶义而西，告谕秦父兄。秦父兄苦其主久矣，今诚得长者往，无侵暴，宜可下。项羽不可遣；独沛公素宽大长者，可遣。"怀王乃不许项羽，而遣沛公西略地，收陈王、项梁散卒以伐秦。

三年（甲午，前207）

宋义行至安阳，留四十六日不进。项羽曰："秦围赵急，宜疾引兵渡河；楚击其外，赵应其内，破秦军必矣！"宋义曰："不然。夫搏牛之虻，不可以破虮虱。今秦攻赵，战胜则兵疲，我承其敝；不胜，则我引兵鼓行而西，必举秦矣。故不如先斗秦、赵。夫被坚执锐，义不如公；坐运筹策，公不如义。"因下令军中曰："有猛如虎，狠如羊，贪如狼，强不可使者，皆斩之！"

乃遣其子宋襄相齐，身送之至无盐，饮酒高会。天寒，大雨，士卒冻饥。项羽曰："将戮力而攻秦，久留不行。今岁饥民贫，士卒食半菽，军无见粮，乃饮酒高会。不引兵渡河，因赵食，与赵并力攻秦，乃曰‘承其敝’。夫以秦之强，攻新造之赵，其势必举。赵举秦强，何敝之承！且国兵新破，王坐不安席，扫境内而专属于将军，国家安危，在此一举，今不恤士卒而徇其私，非社稷之臣也！”

十一月，项羽晨朝上将军宋义，即其帐中斩宋义头。出令军中曰：“宋义与齐谋反楚，楚王阴令籍诛之！”当是时，诸将皆慑服，莫敢枝梧，皆曰：“首立楚者，将军家也；今将军诛乱。”乃相与共立羽为假上将军。使人追宋义子，及之齐，杀之。使桓楚报命于怀王。怀王因使羽为上将军。

项羽已杀卿子冠军。威震楚国，乃遣当阳君、蒲将军将卒二万渡河救钜鹿。战少利，绝章邯甬道，王离军乏食。陈余复请兵。项羽乃悉引兵渡河，皆沈船，破釜、甑，烧庐舍，持三日粮，以示士卒必死，无一还心。于是至则围王离，与秦军遇，九战，大破之；章邯引兵却。诸侯兵乃敢进击秦军，遂杀苏角，虏王离；涉閒不降，自烧杀。当是时，楚兵冠诸侯；军救钜鹿者十余壁，莫敢纵兵。乃及楚击秦，诸侯将从壁上观。楚战士无不一当十，呼声动天地，诸侯军无不人人惴恐。于是已破秦军，项羽召见诸侯将；诸侯将入辕门，无不膝行而前，莫敢仰视。项羽由是始为诸侯上将军，诸侯皆属焉。

春，二月，沛公北击昌邑，遇彭越；彭越以其兵从沛公。越，昌邑人，常渔钜野泽中，为群盗。陈胜、项梁之起，泽间少年相聚百余人，往从彭越曰：“请仲为长。”越谢曰：“臣不愿也。”少年强请，乃许；与期旦日日出会，后期者斩。旦日日出，十余人后，后者至日中。于是越谢曰：“臣老，诸君强以为长。今期而多后，不可尽诛，诛最后者一人。”令校长斩之。皆笑曰：“何至于是！请后不敢。”于是越引一人斩之，设坛祭，令徒属，皆大惊，莫敢仰视。乃略地，收诸侯散卒，得千余人，遂助沛公攻昌邑。

昌邑未下，沛公引兵西过高阳。高阳人郦食其，家贫落魄，为里监门。沛公麾下骑士适食其里中人，食其见，谓曰：“诸侯将过高阳者数十人，吾问其将皆握龊，好苛礼，自用，不能听大度之言。吾闻沛公慢而易人，多大略，此真吾所愿从游，莫为我先。若见沛公，谓曰：‘臣里中有郦生，年六十余，长八尺，人皆谓之狂生。生自谓“我非狂生”。’”骑士曰：“沛公不好儒，诸客冠儒冠来者，沛公辄解其冠，溲溺其中，与人言，常大骂；未可以儒生说也。”郦生曰：“第言之。”骑士从容言，如郦生所诫者。

沛公至高阳传舍，使人召郦生。郦生至，入谒。沛公方倨床，使两女子洗足而见郦生。郦生入，则长揖不拜，曰：“足下欲助秦攻诸侯乎，且欲率诸侯破秦也？”沛公骂曰：“竖儒！天下同共苦秦久矣，故诸侯相率而攻秦，何谓助秦攻诸侯乎！”郦生曰：“必聚徒、合义兵诛无道秦，不宜倨见长者！”于是沛公辍洗，起，摄衣，延郦生上坐，谢之。郦生因言六国从横时。沛公喜，赐郦生食，问曰：“计将安出？”郦生曰：“足下起纠合之众，收散乱之兵，不满万人；欲以径入强秦，此所谓探虎口者也。夫陈留，天下之冲，四通五达之郊也；今其城中又多积粟。臣善其令，请得使之令下足下；即不听，足下引兵攻之，臣为内应。”于是遣郦生行，沛公引兵随之，遂下陈留；号郦食其为广野君。郦生言其弟商。时商聚少年得四千人，来属沛公，沛公以为将，将陈留兵以从。郦生常为说客，使诸侯。

王离军既没，章邯军棘原，项羽军漳南，相持未战。秦军数却，二世使人让章邯。章邯恐，使长史欣请事；至咸阳，留司马门三日，赵高不见，有不信之心。长史欣恐，还走其军，不敢出故道。赵高果使人追之，不及，欣至军，报曰：“赵高用事于中，下无可为者。今战能胜，高必疾妒吾功；不能胜，不免于死。愿将军孰计之！”

章邯狐疑，阴使候始成使项羽，欲约。约未成，项羽使蒲将军日夜引兵渡三户，军漳南，与秦军战，再破之。项羽悉引兵击秦军汙水上，大破之。章邯使人见项羽，欲约。项羽召军吏谋曰：“粮少，欲听其约。”军吏皆曰：“善！”项羽乃与期洹水南殷虚上。已盟，章邯见项羽而流涕，为言赵高。项羽乃立章邯为雍王，置楚军中；使长史欣为上将军，将秦军为前行。

初，中丞相赵高，欲专秦权，恐群臣不听，乃先设验，持鹿献于二世曰：“马也。”二世笑曰：“丞相误邪，谓鹿为马？”问左右，或默，或言马以阿顺赵高，或言鹿者。高因阴中诸言鹿者以法。后群臣皆畏高，莫敢言其过。

高前数言“关东盗无能为也”；及项羽虏王离等，而章邯等军数败，上书请益助。自关以东，大抵尽畔秦吏，应诸侯；诸侯咸率其众西向。八月，沛公将数万攻武关，屠之。高恐二世怒，诛及其身，乃谢病，不朝见。

二世梦白虎啮其左骖马，杀之，心不乐，怪问占梦。卜曰：“泾水为祟。”二世乃斋于望夷宫，欲祠泾水，沈四白马。使使责让高以盗贼事。高惧，乃阴与其婿咸阳令阎乐及弟赵成谋曰：“上不听谏；今事急，欲归祸于吾。欲易置上，更立子婴。子婴仁俭，百姓皆载其言。”乃使郎中令为内应，诈为有大贼，令乐召吏发卒追，劫乐母置高舍。遣乐将吏卒千余人至望夷宫殿门，缚卫令仆射，曰：“贼入此，何不止？”卫令曰：“周庐设卒甚谨，安得贼，敢入宫！”乐遂斩卫令，直将吏入，行射郎、宦者。郎、宦者大惊，或走，或格；格者辄死，死者数十人。郎中令与乐俱入，射上幄坐帏。二世怒，召左右；左右皆惶扰不斗。旁有宦者一人侍，不敢去。二世入内，谓曰：“公何不早告我，乃至于此！”宦者曰：“臣不敢言，故得全；使臣早言，皆已诛，安得至今！”阎乐前即二世，数曰：“足下骄恣，诛杀无道，天下共畔足下；足下其自为计！”二世曰：“丞相可得见否？”乐曰：“不可！”二世曰：“吾愿得一郡为王。”弗许。又曰：“愿为万户侯。”弗许。曰：“愿与妻子为黔首，比诸公子。”阎乐曰：“臣受命于丞相，为天下诛足下；足下虽多言，臣不敢报！”麾其兵进。二世自杀。阎乐归报赵高。赵高乃悉召诸大臣、公子，告以诛二世之状，曰：“秦故王国；始皇君天下，故称帝。今六国复自立，秦地益小，乃以空名为帝，不可；宜如故，便。”乃立子婴为秦王。以黔首葬二世杜南宜春苑中。

九月，赵高令子婴斋戒，当庙见，受玉玺；斋五日。子婴与其子二人谋曰：“丞相高杀二世望夷宫，恐群臣诛之，乃诈以义立我。我闻赵高乃与楚约，灭秦宗室而分王关中。今使我斋、见庙，此欲因庙中杀我。我称病不行，丞相必自来；来则杀之。”高使人请子婴数辈，子婴不行。高果自往，曰：“宗庙重事，王奈何不行？”子婴遂刺杀高于斋宫，三族高家以徇。

秦二世皇帝二年（癸巳，公元前208年）

二世多次谴责李斯：“身居三公高位，如何使盗贼猖狂到这种地步！”李斯颇为恐惧，但他又很看重贪恋官爵利禄，不知怎么办才好，便迎合二世的心意，上书应答说：“贤明的君主，必定是能对臣下施行考察罪过处以刑罚有统治权术的人。所以申不害说：拥有天下却不肆情放纵，称之为‘把天下当作自己的桎梏’的原因，并不是别的，就在于不能对臣下明察罪过施行惩处，反而以自身之力为天下平民百姓操劳，即如唐尧、大禹那样，故此称之为‘桎梏’。不能研习申不害、韩非的高明法术，实行察罪责罚的手段，一心将天下作为使自己快乐的资本，反而偏要劳身苦心地去为百姓效命，似此就成为平民百姓的奴仆，不能算是统治天下的君王了。这有什么值得崇尚的啊！所以贤明的君主能施行察罪责罚之术，在上独断专行，这样权力就不会旁落至下属臣僚手中，然后才能阻断实施仁义的道路，杜绝规劝者的论辩，独自称心如意地为所欲为，谁也不敢抵触反抗。如此，群臣、百姓想补救自己的过失还来不及呢，哪里还敢去图谋什么变故！”二世十分高兴，便更加严厉地实行察罪惩处，以向百姓征收重税的人为有才干的官吏，以杀人多的官员为忠臣，结果使路上的行人有一半是受过刑罚的罪犯，死人的尸体天天成堆地积陈在街市中，秦朝的百姓因此愈加惊骇恐惧，思念着发生动乱。

指鹿为马

腊月，陈胜

前往汝阴，返归时到达下城父，他的车夫庄贾将他刺杀，投降了秦军。当初，陈胜既已做了楚王，他过去的朋友们纷纷前往投靠。陈胜妻子的父亲也去了，但陈胜对他却以普通宾客相待，只是拱手高举行见面礼，并不下拜。陈胜的岳父因此生气地说："依仗着叛乱，超越本分自封帝王的称号，且对长辈傲慢无礼，不能长久！"即不辞而走。陈胜急忙跪下道歉，老人终究不予理会。陈胜的一位客人进进出出愈益放纵，谈论陈胜的往事。于是有人就劝陈胜道："客人愚昧无知，专门胡说八道，有损您的威严。"陈胜便把这位客人杀了。如此，陈胜昔日的朋友都自动离去，从此再也没有亲近他的人了。陈胜又任命朱防为中正，胡武为司过，专管督察群臣的过失。众将领攻城掠地到达目的地，凡有不听从陈胜命令的，即被抓起来治罪。以苛刻纠察同僚的过失为忠诚之举，对于所不喜欢的人，不送交司法官员审理，即擅自进行处置。众将领因此都不再亲近依附于陈胜。这是陈胜所以失败的原因。

项梁听说陈胜确实死了，便将各部将领召集到薛议事，刘邦也前往参加。居鄛人范增，年已七十，一向住在家中，好出奇计，前去劝说项梁道："陈胜的失败是本来就应当的。秦朝灭亡六国，楚国最没有罪过。且自从怀王到秦国后一去不返，楚国人怀念他直至今日。因此楚南公说：'楚国即便是只剩下三户人家，灭亡秦国的也必定是楚国。'如今陈胜首先起事反秦，不拥立楚王的后裔而自立为王，他的势力不能长久。现在您在江东起兵，楚地蜂拥而起的将领都争相归附您，正是因为您家世世代代是楚国的将领，故而能够重新拥立楚王后代的缘故啊！"项梁当时认为他说得很对，就从民间寻找到楚怀王的孙子芈心，芈心这时正在为人家放羊；到夏季，六月，项梁即拥立他为楚怀王，以顺从百姓的愿望。陈婴任楚国的上柱国，赐封五县，跟随怀王建都盱眙。项梁则自号为武信君。

秦朝郎中令赵高仰仗着受皇帝恩宠而专权横行，因报他的私怨杀害了很多人，因此恐怕大臣们到朝廷奏报政务时揭发他，就劝二世说："天子之所以尊贵，不过是因为群臣只能听到他的声音，而不能见到他的容颜罢了。况且陛下还很年轻，未必对件件事情都熟悉，现在坐在朝廷上听群臣奏报政务，若有赏罚不当之处，就会把自己的短处暴露给大臣们，似此便不能向天下人显示圣明了。所以陛下不如拱手深居宫禁之中，让我和熟习法令规章的侍中们在一起等待事务奏报，大臣们将事务报上来才研究处理。这样，大臣们就不敢奏报是非难辨的事情，天下便都称道您为圣明的君主了。"二世采纳了赵高的这一建议，不再坐朝接见大臣，常常住在深宫之中，赵高侍奉左右，独掌大权，一切事情都由他来决定。

赵高听说李斯对此不满而有非议，便去会见丞相李斯说："关东地区的盗贼纷纷起来闹事，现在皇上却加紧增征夫役去修建阿房宫，并搜集狗马一类无用的玩物。我想进行规劝，但因地位卑贱不敢言。这可实在是您的事情啊，您为什么不去劝谏呢？"李斯道："本来是该如此啊，我早就想说了。但如今皇上不坐朝接见大臣听取奏报，经常住在深宫中，我所要说的话，不能传达进去，而想要觐见，又没有机会。”赵高说：“倘若您真的要进行规劝，就请让我在皇上得空的时候通知您。”于是赵高等到二世正在欢宴享乐、美女站满面前时，派人通告李斯：“皇上正有空闲，可以进宫奏报事情。”李斯即到宫门求见。如此接连三次。二世大怒道：“我常常有空闲的日子，丞相不来。我正在闲居休息，丞相就来请示奏报！丞相这岂不是轻视我年幼看不起我吗？”赵高便趁机说道：“沙丘伪造遗诏逼扶苏自杀的密谋，丞相参与了。现在陛下已立为皇帝，而丞相的地位却没有提高，他的意思也是想要割地称王了。而且陛下若不问我，我还不敢说，丞相的长子李由任三川郡守，楚地盗贼陈胜等都是丞相邻县的人，因此这些盗贼敢于公然横行，以致经过三川城的时候，李由只是据城防守不肯出击。我听说他们还相互有文书往来，因尚未了解确实，所以没敢奏报给陛下。况且丞相在外面，权势比陛下大。”二世认为赵高说得有理，便想查办丞相，但又怕事实不确，于是就先派人去审核三川郡守与盗贼相勾结的情况。

李斯听说了这件事，即上奏书揭发赵高的短处说：“赵高专擅赏罚大权，他的权力跟陛下没有什么区别了。从前田常当齐国国君简公的相国，窃取了齐简公的恩德威势，下得百姓拥戴，上获群臣支持，终于杀掉了简公，夺取了齐国，这是天下周知的史事啊。如今赵高有邪恶放纵的心意，阴险反叛的行为，他私家的富足，与田氏在齐国一样，而又贪得无厌，追求利禄不止，地位权势仅次于君主，欲望无穷，窃取陛下的威信，他的野心就犹如韩玘当韩国国君韩安的丞相时那样了。陛下不设法对付，我怕他是必定会作乱的。”二世说：“这是什么话！赵高本来就是个宦官，但他却从不因处境安逸而放肆地胡作非为，不因处境危急而改变忠心，他行为廉洁向善，靠自己的努力才得到今天的地位。他因忠诚而得到进用，因守信义而保持职位，朕确实认为他贤能。但您却怀疑他，这是为什么呢？而且朕不依靠赵高，又当任用谁呀！何况赵高的为人，精明廉洁、强干有力，对下能了解人情民心，对上则能适合朕的心意，就请您不要猜疑了吧！”二世非常喜爱赵高，唯恐李斯把他杀掉，便暗中将李斯的话告诉了赵高。赵高说：“丞相所担心的只是我一个人，我死了，丞相就要干田常所干的那些事了。”

此时，盗贼日益增多，而秦朝廷不停地征发关中士兵去东方攻打盗贼，右丞相冯去疾、左丞相李斯、将军冯劫便为此提出规劝说：“关东群盗同时起事，秦朝发兵进剿，所诛杀的非常多，但仍然不能止息。盗贼之所以多，都是由于兵役、水陆运输和建筑等事劳苦不堪，赋税太重的缘故啊！恳请暂时让修建阿房宫的役夫们停工，减少四方戍守边防的兵役、运输等徭役。”二世说：“大凡所以能尊贵至拥有天下的原因，就在于能够为所欲为、极尽享乐，君主重在修明法制，臣下便不敢为非作歹，凭此即可驾驭天下了。虞、夏的君主，虽然高贵为天子，却亲自处于穷苦的实境，以为百姓献身，这还有什么可效法的呢？！况且先帝由诸侯起家，兼并了天下。天下已经平定，就对外排除四方蛮族以安定边境，对内兴修宫室以表达得意的心情，而你们是看到了先帝业绩的开创的。如今朕即位，两年的时间里，盗贼便蜂拥而起，你们不能加以禁止，又想要废弃先帝创立的事业，这即是上不能报答先帝，下不能为朕尽忠效力，如此你们凭什么占据着自己的官位呢？！”于是就将冯去疾、李斯、冯劫交给司法官吏，审讯责罚他们的其他罪过。冯去疾、冯劫自杀了，只有李斯被下至狱中。二世即交给赵高处理，查究李斯与儿子李由进行谋反的情况，将他们的家族、宾客全都逮捕了。赵高惩治李斯，笞打他一千余板，李斯不堪忍受苦痛，含冤认罪。

李斯之所以不自杀，是因为他自恃能言善辩，有功劳，实无反叛之心，而想要上书做自我辩解，希望二世能幡然醒悟，将他赦免。于是就从狱中上奏书说：“我任丞相治理百姓，已经三十多年了。曾赶上当初秦国疆土狭小，方圆不过千里，士兵仅数十万的时代。我竭尽自己微薄的才能，暗地里派遣谋臣，供给他们金玉珍宝，让他们去游说诸侯，同时暗中整顿武装，整治政令、教化，擢升敢战善斗的将士，尊崇有功之臣。故而终于能以此胁迫韩国，削弱魏国，击破燕国、赵国，铲平齐国、楚国，最终兼并六国，俘获了它们的国君，拥立秦王为天子。接着又在北方驱逐胡人、貉人，在南方戡定百越部族，以显扬秦王朝的强大。并改革文字，统一度量衡和制度，颁布于天下，以树立秦王朝的威名。这些都是我的罪状啊，早就应当被处死了！只是由于皇上希望我竭尽所能，才得以活到今日。故望陛下明察！”奏书呈上后，赵高却命狱吏丢弃而不予上报，并且说道：“囚犯怎么能上书！”

赵高派他的门客十多人假充御史、谒者、侍中，轮番审讯李斯，李斯则翻供以实情对答，于是赵高就让人再行拷打他。后来二世派人去验证李斯的供词，李斯以为还与以前一样，便终究不敢更改口供，在供词上承认了自己的罪状。判决书呈上去后，二世高兴地说：“如果没有赵君，我几乎就被丞相出卖了！”待二世派出去调查三川郡守李由的人抵达三川时，楚军已经杀死了李由。使者回来，正逢李斯被交给司法官吏审问治罪，赵高即捏造了李由谋反的罪证，与李斯的罪状合在一起，于是判处李斯五刑，在咸阳街市上腰斩。李斯走出监狱时，与他的次子一同被押解，李斯便回头对次子说：“我真想和你重牵黄狗，共同出上蔡东门去追逐狡兔，但哪里还能办得到哇！”于是父子二人相对痛哭。李斯三族的人也都被诛杀了。二世便任命赵高为丞相，事无巨细，全由赵高决定。

武信君项梁已在东阿击败了章邯的军队，就领兵西进，等到达定陶时，再度打垮秦军。项羽、刘邦又在雍丘与秦军交战，大败秦军，斩杀了三川郡守李由。项梁于是更加轻视秦军，显露出骄傲的神色。宋义便规劝道：“打了胜仗后，如若将领骄傲、士兵怠惰，必定会失败。现在士兵已有些怠惰了，而秦兵却在一天天地增多，我替您担心啊！”但项梁不听从劝告，竟又派宋义出使齐国。宋义在途中遇到齐国的使者高陵君显，问他道：“您将要去会见武信君吗？”显回答说：“是啊。”宋义道：“我论定武信君必会失败。您慢点去当可免遭一死，快步赶去就将遭受祸殃。”这时二世调动全部军队增援章邯攻打楚军，在定陶大败楚军，项梁战死。

这时齐国的使者高陵君显正在楚，就进见楚怀王说："宋义推论武信君的军队必败，过了不几天，项军果然失败。军队尚未开战就预见到了败亡的征兆，这可以说是颇懂得兵法了！"楚怀王即召宋义前来商议事情，十分喜欢他，因此便任命他为上将军，项羽为次将，范增为末将，领兵去援救赵国。各路部队的将领也都归宋义统领，号称他为"卿子冠军"。

当初，楚怀王与各路将领约定："谁先攻入关中，谁就在关中称王。"这时候，秦军还很强大，经常乘胜追击逃敌，故楚将中没有一个人认为先入关是有利的，唯独项羽怨恨秦军杀了项梁，激愤不已，愿同刘邦一起西进入关。楚怀王手下的老将们都说："项羽这个人，迅捷勇猛、狡诈凶残，曾经在攻破襄城时，将城中军民一个不留地统统活埋了。凡是他经过之处，无不遭到残杀毁灭。况且楚军几次进攻，在前的陈胜、项梁都失败了，因此不如改派敦厚老成的长者，以仁义为号召，率军向西进发，对秦国的父老兄弟们讲明道理。而秦国父老兄弟为他们君主的暴政所苦累已经很久了，如若现在真能有位宽厚的长者前往，不施侵夺暴虐，关中应当是可以攻下的了。项羽不可派遣，只有刘邦向来宽宏大量，有长者气度，可以派遣。"楚怀王于是没有答应项羽的请求，而派刘邦西进夺取土地，收容陈胜、项梁的散兵游勇，以攻击秦军。

三年（甲午，公元前207年）

宋义带领军队到达安阳，停留了四十六天不进兵。项羽说："秦军围困赵军形势紧急，应火速领兵渡黄河，如此由楚军在外攻击，赵军在内接应，打败秦军就是一定的了！"宋义道："不对。要拍打叮咬牛身的大虻虫，而不可以消灭牛毛中的小虮虱。现在秦军攻赵，打胜了，军队就会疲惫，我们即可乘秦军疲惫之机发起进攻；打不胜，我们就率军擂鼓西进，这样便必定能够攻克秦了。所以不如先让秦、赵两军相斗。身披铠甲、手持锐利的武器冲锋陷阵，我不如您；但运筹帷幄、制定策略，您却不如我。"因此在军中下达命令说："凡是猛如虎，狠如羊，贪如狼，倔强不服从指挥的人，一律处斩！"

霸王项籍

宋义随后派他的儿子宋襄去齐为相，并亲自把他送到无盐县，大摆宴席招待宾客。当时天气寒冷，大雨不停，士兵饥寒交迫。项羽便道："本当合力攻秦，却长久地滞留不前。而今年成荒歉，百姓贫困，士兵吃的是蔬菜拌杂豆子，军中没有存粮，竟还要设酒宴盛会宾客，不领兵渡黄河，取用赵地的粮食作军粮，与赵军合力击秦，却说什么‘乘秦军疲惫之机发动进攻’。以秦的强盛攻打新建立的赵，势必战胜。赵被攻占，秦军便将更加强大，哪里还会有疲惫的机会可乘！况且我军新近刚刚吃了败仗，楚王坐立不安，集中起全国的兵力交付给将军，国家安危，在此一举。现在不体恤士兵，而去屈从于一己私利，不是以国家为重的忠臣啊！”

十一月，项羽早晨去晋见上将军宋义时，就在营帐中斩了宋义的头。出帐后即向军中发布号令说：“宋义与齐合谋反楚，楚王密令我杀了他！”这时，众将领都因畏惧而屈服，无人敢于抗拒，一致说：“首先拥立楚王的是将军您家中的人，如今又是您诛除了乱臣贼子。”于是就共同推立项羽为代理上将军。项羽即派人去追赶宋义的儿子宋襄，追至齐将他杀了。并遣桓楚向怀王报告情况，怀王便让项羽担任了上将军。

项羽已经杀了“卿子冠军”宋义，威震楚国，就派当阳君黥布和蒲将军领兵两万渡黄河援救钜鹿。战事稍稍有利，即截断章邯所修的甬道，使王离的军队粮食短缺。陈余于是又请求增援兵力。项羽便率全军渡过黄河，都凿沉船只，砸毁锅、甑，烧掉营舍，携带三天的口粮，以此表示军队将决一死战，毫无退还之意。因此楚军一到钜鹿就包围了王离，与秦军接战，经九次交锋，大败秦军。章邯领兵退却。各国的援兵这时才敢出击秦军。即杀了苏角，俘获了王离。涉閒不肯投降，自焚而死。此时，楚军的雄威压倒了诸侯军；援救钜鹿的诸侯国的军队有营垒十多座，却都不敢发兵出击。待到楚军攻打秦军的时候，诸侯军的将领都在营垒上观战。见楚军士兵无不以一当十，喊杀声惊天动地，诸侯军人人都惊恐不已。这样打败了秦军后，项羽便召见诸侯军将领。这些将领们进入辕门时，没有一个不是跪着前行的，谁也不敢仰视。项羽从此始成为诸侯军的上将军，各路诸侯都归他统帅了。

春季，二月，刘邦向北攻打昌邑，遇到彭越，彭越即带领他的部队跟随了刘邦。彭越是昌邑人，经常在巨野湖沼中捕鱼，与人结伙为强盗。陈胜、项梁起事抗秦时，水泽中的青年一百多人聚合起来，前去追随彭越，说道：“请您出任首领。”彭越推辞说：“我不愿意啊。”青年们竭力请求，彭越才答应了，并与他们约定次日清晨太阳出来时集合，迟到的即斩首。第二天日出后，有十多个人晚到，最迟的直至中午才来。彭越于是抱歉地说：“我已经老了，你们执意要推举我为头领。如今到了约定时间而许多人迟到，不能够都杀掉，那么就将最后到达的一个人斩首吧。”即命校长杀那个人。大家都笑道：“哪至于这样啊！以后再不敢如此就是了。”彭越这时拉出那人杀了，设立土坛以人头祭祀，号令所属部下。部属们都惊恐万状，无人敢抬头望他。彭越随后便领兵攻夺土地，收集诸侯军中的散兵游勇，得到一千余人，即协助刘邦攻打昌邑。

昌邑城没有攻下，刘邦率军西进经过高阳。高阳人郦食其，家境贫寒，落魄飘零，做了个看管里门的小吏。刘邦部下中一名骑兵正好是郦食其的同乡，郦食其见到他时，对他说：“诸侯军将领路过高阳的有几十人，我打听得这些将领都器量狭小，好拘泥于繁文缛礼，自以为是，听不进气度豁达、抱负恢宏的言论。我还听说刘邦为人傲慢而看不起人，富于远见卓识，这真是我所愿意结交的人啊，可惜没有人为我引荐。你如果见到刘邦，就告诉他说：‘我的乡里中有个郦生，六十多岁了，身高八尺，人们都称他为狂生。但他自己却说：我不是狂生。’”这名骑兵道：“沛公不喜欢儒生，每当宾客中有戴着儒生帽子来的，沛公总是脱下他的帽子，在里面撒尿。与人谈话的时候，也常常破口大骂。所以你不可以儒生的身份前去游说他。”郦食其说：“你只管把这些话告诉他吧。”骑兵便将郦食其所嘱托的话从容地转达给了刘邦。

刘邦到了高阳的旅舍，派人召郦食其来见。郦食其一到，即进见。这时刘邦正叉开两腿坐在床上，让两个女子给他洗脚，如此便接见郦食其。郦其食进来，只是拱手高举行相见礼而不跪拜，说道：“您是想要协助秦朝攻打诸侯国呢，还是想要率领各路诸侯击败秦朝呢？”刘邦骂道：“没见识的儒生！天下的人共同受秦朝暴政苦累已经很久了，所以各国相继起兵攻秦，怎么说是帮助秦朝攻打诸侯呀！”郦食其说：“您若确是要聚集群众、会合正义的军队去讨伐暴虐无道的秦王朝，就不该如此傲慢无礼地接见年长的人！”刘邦于是停止洗脚，起身整理好衣服，请郦食其在尊客席上就座，向他道歉。郦食其便谈起了六国合纵连横的史事。刘邦很高兴，赏饭给郦食其吃，并问道：“计策将如何制定啊？”郦食其说：“您从一群乌合之众中起事，收拢了一些散兵游勇，部众还不足一万人，就想靠此径直去攻打强大的秦朝，这即叫做用手去掏虎口哇！陈留是天下的要冲，四通八达的枢纽地区，现在该城中又贮存有许多粮食，而我恰与陈留县令交情不错，请您让我出使陈留，劝他向您投降；假如他不听从劝告，您就领兵攻城，我做内应。”刘邦于是派郦食其出发，自己率军跟随，随即降服了陈留，便号封郦食其为广野君。郦食其对他的弟弟郦商说了这些事。当时郦商就召集青年，得四千人，前来归属刘邦，刘邦任用郦商为将军，命他率领陈留的部队相随。郦食其则常常作为说客，出使各诸侯国。

汉高祖斩白蛇

王离的军队已经覆没，章邯的军队驻扎在棘原，项羽的军队则屯驻漳水的南面，两军对垒相持，尚未交战。秦军几次后撤，二世为此派人去责问章邯。章邯颇为恐惧，遣长史司马欣前去请示事务。司马欣抵达咸阳后，在皇宫的外门司马门逗留了三天，赵高也不予接见，表示出不信任的意思。长史司马欣惊恐，奔回他的军中，不敢再走原路。赵高果然派人来追赶他，但是没追上。司马欣回到章邯军中，报告说："赵高在朝中专权，下面的人没有能有所作为的。现在作战如果能够获胜，赵高必定会嫉妒我们的功劳；不能取胜，便免不了一死。希望您对此仔细斟酌！"

章邯狐疑不决，暗地里派遣名叫始成的侦察官出使项羽军中，想要签订和约。和约未达成，项羽派蒲将军领兵昼夜兼行地渡过漳水三户渡口，驻扎在漳水南面，与秦军交锋，再次打败了他们。项羽随后又统领全军在污水边进攻秦军，大败敌兵。章邯于是派人求见项羽，想订立和约。项羽即召集军官们商议说："现在军中粮食短缺，我想就答应他们议和的要求。"军官们都说："可以。"项羽便与章邯约定在洹水南面的殷墟上会晤。订立盟约后，章邯进见项羽，流着泪向他诉说赵高的所做所为。项羽就立章邯为雍王，将他安顿在楚军中，并命长史司马欣任上将军，率领秦军为先头部队。

当初，中丞相赵高想独操秦朝大权，但又担心群臣不服，于是便先进行试验，牵来一只鹿献给二世说："这是马啊。"二世笑道："你错了吧？怎么把鹿叫做马？"即询问侍立左右的大臣们，群臣有的沉默不语，有的说是马以迎合赵高，有的则说是鹿。于是，赵高暗中借秦法陷害了那些明说是鹿的人。此后群臣都畏惧赵高，没有人敢谈他的过错。

赵高以前曾多次说"关东的盗贼成不了大事"，待到项羽俘获王离等人，而章邯等人的军队也多次被打败，赵高才上书请求增兵援助。这时自函谷关以东，大体上全都背叛秦朝官吏，响应诸侯；诸侯也都各自统率部众向西进攻。八月，刘邦率几万人攻打武关，屠灭了全城。赵高恐怕二世为此发怒，招致杀身之祸，就托病不出，不再朝见二世。

二世梦见一只白虎咬他的左骖马，并把马咬死，因此心中闷闷不乐，颇觉奇怪，便询问占梦的人。占梦人卜测说："是泾水神在作祟。"二世于是就在望夷宫实行斋戒，想祭祀泾水神，将四匹白马沉入河中。并为盗贼的事派人去责问赵高。赵高愈加害怕，即暗中与他的女婿咸阳县令阎乐、他的弟弟赵成商议说："皇上不听规劝，而今情势紧急，便想加祸于我。我打算更换天子，改立二世哥哥的儿子子婴为皇帝。子婴为人仁爱俭朴，百姓们都尊重他说的话。"随即命郎中令作为内应，诈称有大盗，令阎乐调兵遣将去追捕，同时劫持阎乐的母亲安置到赵高府中。又派阎乐率领官兵一千多人来到望夷宫殿门前，将卫令仆射捆绑起来，说："大盗进里面去了，为什么不进行阻拦？"卫令道："宫墙周围设置卫后，防守非常严密，怎么会有盗贼敢溜入宫中啊！"阎乐就斩杀了卫令，带兵径直闯进宫去，边走边射杀郎官和宦官。郎官、宦官惊恐万状，有的逃跑，有的抵抗，而反抗者即被杀死，这样死了几十人。郎中令和阎乐于是一同入内，箭射二世的蓬帐、帷帐。二世怒不可遏，召唤侍候左右的卫士，但近侍卫士都慌乱不堪，不上前格斗。二世身旁只有一名宦官服侍着，不敢离去。二世入内对这个宦官说："你为什么不早告诉我呀，竟至于到了这个地步！"宦官道："我不敢说，所以才能保全性命；倘若我早说了，已经被杀掉了，哪里还能活到今日！"阎乐这时走到二世面前，数落他说："您骄横放纵，滥杀无辜，天下人都背叛了您，您还是自己打算一下吧！"二世说："我可以见到丞相吗？"阎乐道："不行！"二世说："我希望得到一个郡来称王。"阎乐不准许。二世又道："我愿意做万户侯。"阎乐仍不答应。二世于是说："那么我甘愿与妻子儿女去做平民百姓，像各位公子的结局那样。"阎乐道："我奉丞相的命令，为天下百姓诛杀您，您再多说，我也不敢禀告！"随即指挥他的兵士上前。二世就自杀了。阎乐回报赵高，赵高便召集全体大臣、公子，告诉他们诛杀二世的经过情形，并说道："秦从前本是个王国，始皇帝统治了天下，因此称帝。现在六国重又各自独立，秦朝的地盘越来越小，仍然以一个空名称帝，不可如此。应还像过去那样称王才合适。"便立子婴为秦王，并用平民百姓的礼仪把二世葬在了杜县南面的宜春苑中。

九月，赵高让子婴斋戒，到宗庙参拜祖先，接受国君的印玺。斋戒五天后，子婴与他的两个儿子商量说："丞相赵高在望夷宫杀了二世皇帝，害怕群臣将他杀掉，才假装依据礼义拥立我为王。我听说赵高曾经与楚军约定，消灭秦朝的宗室之后，在关中分别称王。如今他让我斋戒，赴宗庙参拜，这是想乘朝见宗庙之机杀了我啊。我若托病不去，丞相必定会亲自前来请我，他来了就杀掉他。"赵高派了几批人去请子婴，子婴就是不动身。赵高果然亲自前往，说道："参拜宗庙是重大的事情，大王您为何不去啊？"子婴即在斋宫刺杀了赵高，并诛杀赵高家三族的人以示众。

第九卷　汉纪一

译文诵读

太祖高皇帝上之上元年（乙未，前206）

冬，十月，沛公至霸上；秦王子婴素车、白马，系颈以组，封皇帝玺、符、节，降轵道旁。诸将或言诛秦王。沛公曰："始怀王遣我，固以能宽容。且人已降，杀之不祥。"乃以属吏。

沛公西入咸阳，诸将皆争走金帛财物之府分之；萧何独先入收秦丞相府图籍藏之，以此沛公得具知天下厄塞、户口多少、强弱之处。沛公见秦宫室、帷帐、狗马、重宝、妇女以千数，意欲留居之。樊哙谏曰："沛公欲有天下耶，将为富家翁耶？凡此奢丽之物，皆秦所以亡也，沛公何用焉！愿急还霸上，无留宫中！"沛公不听。张良曰："秦为无道，故沛公得至此。夫为天下除残贼，宜缟素为资。今始入秦，即安其乐，此所谓'助桀所虐'。且忠言逆耳利于行，毒药苦口利于病，愿沛公听樊哙言！"沛公乃还军霸上。

十一月，沛公悉召诸县父老、豪杰，谓曰："父老苦秦苛法久矣！吾与诸侯约，先入关者王之；吾当王关中。与父老约，法三章耳：杀人者死，伤人及盗抵罪。余悉除去秦法，诸吏民皆案堵如故。凡吾所以来，为父老除害，非有所侵暴；无恐！且吾所以还军霸上，待诸侯至而定约束耳。"乃使人与秦吏行县、乡、邑，告谕之。秦民大喜，争持牛、羊、酒食献飨军士。沛公又让不受，曰："仓粟多，非乏，不欲费民。"民又益喜，唯恐沛公不为秦王。

或说沛公曰："秦富十倍天下，地形强。闻项羽号章邯为雍王，王关中，今则来，沛公恐不得有此。可急使兵守函谷关，无内诸侯军；稍征关中兵以自益，距之。"沛公然其计，从之。

已而项羽至关，关门闭；闻沛公已定关中，大怒，使黥布等攻破函谷关。十二月，项羽进至戏。沛公左司马曹无伤使人言项羽曰："沛公欲王关中，令子婴为相，珍宝尽有之。"欲以求封。项羽大怒，飨士卒，期旦日击沛公军。当是时，项羽兵四十万，号百万，在新丰鸿门；沛公兵十万，号二十万，在霸上。

范增说项羽曰："沛公居山东时，贪财，好色；今入关，财物无所取，妇女无所幸，此其志不在小。吾令人望其气，皆为龙虎，成五采，此天子气也。急击勿失！”

楚左尹项伯者，项羽季父也，素善张良，乃夜驰之沛公军，私见张良，具告以事，欲呼与俱去，曰：“毋俱死也！”张良曰：“臣为韩王送沛公；沛公今有急，亡去，不义，不可不语。”良乃入，具告沛公。沛公大惊。良曰：“料公士卒足以当项羽乎？”沛公默然曰：“固不如也。且为之奈何？”张良曰：“请往谓项伯，言沛公之不敢叛也。”沛公曰：“君安与项伯有故？”张良曰：“秦时与臣游，尝杀人，臣活之。今事有急，故幸来告良。”沛公曰：“孰与君少长？”良曰：“长于臣。”沛公曰：“君为我呼入，吾得兄事之。”张良出，固要项伯；项伯即入见沛公。沛公奉卮酒为寿，约为婚姻，曰：“吾入关，秋毫不敢有所近，籍吏民，封府库而待将军。所以遣将守关者，备他盗之出入与非常也。日夜望将军至，岂敢反乎！愿伯具言臣之不敢倍德也。”项伯许诺，谓沛公曰：“旦日不可不蚤自来谢。”沛公曰：“诺。”于是项伯复夜去，至军中，具以沛公言报项羽；因言曰：“沛公不先破关中，公岂敢入乎！今人有大功而击之，不义也；不如因善遇之。”项羽许诺。

沛公旦日从百余骑来见项羽鸿门，谢曰：“臣与将军戮力而攻秦，将军战河北，臣战河南；不自意能先入关破秦，得复见将军于此。今者有小人之言，令将军与臣有隙。”项羽曰：“此沛公左司马曹无伤言之；不然，籍何以至此！”项羽因留沛公与饮。范增数目项羽，举所佩玉玦以示之者三；项羽默然不应。范增起，出，召项庄，谓曰：“君王为人不忍。若入前为寿，寿毕，请以剑舞，因击沛公于坐，杀之。不者，若属皆且为所虏！”庄则入为寿，寿毕，曰：“军中无以为乐，请以剑舞。”项羽曰：“诺。”项庄拔剑起舞。项伯亦拔剑起舞，常以身翼蔽沛公，庄不得击。

于是张良至军门见樊哙。哙曰：“今日之事何如？”良曰：“今项庄拔剑舞，其意常在沛公也。”哙曰：“此迫矣，臣请入，与之同命！”哙即带剑拥盾入。军门卫士欲止不内，樊哙侧其盾以撞，卫士仆地。遂入，披帷立，瞋目视项羽，头发上指，目眦尽裂。项羽按剑而跽曰：“客何为者？”张良曰：“沛公之参乘樊哙也。”项羽曰：“壮士！赐之卮酒！”则与斗卮酒。哙拜谢，起，立而饮之。项羽曰：“赐之彘肩！”则与一生彘肩。樊哙覆其盾于地，加彘肩其上，拔剑切而啖之。项羽曰：“壮士复能饮乎？”樊哙曰：“臣死且不避，卮酒安足辞！夫秦有虎狼之心，杀人如不能举，刑人如恐不胜；天下皆叛之。怀王与诸将约曰：‘先破秦入咸阳者，王之。’今沛公先破秦，入咸阳，毫毛不敢有所近，还军霸上以待将军。劳苦而功高如此，未有封爵之赏，而听细人之说，欲诛有功之人，此亡秦之续耳，窃为将军不取也！”项羽未有以应，曰：“坐！”樊哙从良坐。

坐须臾，沛公起如厕，因招樊哙出。沛公曰：“今者出，未辞也，为之奈何？”樊哙曰：“如今人方为刀俎，我方为鱼肉，何辞为！”于是遂去。鸿门去霸上四十里，沛公则置车骑，脱身独骑；樊哙、夏侯婴、靳强、纪信等四人持剑、盾步走，从骊山下道芷阳，间行趣霸上。留张良使谢项羽，以白璧献羽，玉斗与亚父。沛公谓良曰："从此道至吾军，不过二十里耳。度我至军中，公乃入。"沛公已去，间至军中，张良入谢曰："沛公不胜杯杓，不能辞，谨使臣良奉白璧一双，再拜献将军足下；玉斗一双，再拜奉亚父足下。"项羽曰："沛公安在？"良曰："闻将军有意督过之，脱身独去，已至军矣。"项羽则受璧，置之坐上。亚父受玉斗，置之地，拔剑撞而破之，曰："唉，竖子不足与谋！夺将军天下者，必沛公也；吾属今为之虏矣！"沛公至军，立诛杀曹无伤。

项羽使人致命怀王；怀王曰："如约。"项羽怒曰："怀王者，吾家所立耳，非有功伐，何以得专主约！天下初发难时，假立诸侯后以伐秦。然身被坚执锐首事，暴露于野三年，灭秦定天下者，皆将相诸君与籍之力也。怀王虽无功，固当分其地而王之。"诸将皆曰："善！"春，正月，羽阳尊怀王为义帝，曰："古之帝者，地方千里，必居上游。"乃徙义帝于江南，都郴。

二月，羽分天下王诸将。羽自立为西楚霸王，王梁、楚地九郡，都彭城。羽与范增疑沛公，而业已讲解，又恶负约，乃阴谋曰："巴、蜀道险，秦之迁人皆居之。"乃曰："巴、蜀亦关中地也。"故立沛公为汉王，王巴、蜀、汉中，都南郑。

汉王怒，欲攻项羽；周勃、灌婴、樊哙皆劝之，萧何谏曰："虽王汉中之恶，不犹愈于死乎？"汉王曰："何为乃死也？"何曰："今众弗如，百战百败，不死何为！夫能诎于一人之下而信于万乘之上者，汤、武是也。臣愿大王王汉中，养其民以致贤人，收用巴、蜀，还定三秦，天下可图也。"汉王曰："善！"乃遂就国；以何为丞相。

夏，四月，诸侯罢戏下兵，各就国，项王使卒三万人从汉王之国。楚与诸侯之慕从者数万人，从杜南入蚀中。张良送至褒中，汉王遣良归韩；良因说汉王烧绝所过栈道，以备诸侯盗兵，且示项羽无东意。

初，淮阴人韩信，家贫，无行，不得推择为吏，又不能治生商贾，常从人寄食饮，人多厌之。信钓于城下，有漂母见信饥，饭信。信喜，谓漂母曰："吾必有以重报母。"母怒曰："大丈夫不能自食；吾哀王孙而进食，岂望报乎！"淮阴屠中少年有侮信者曰："若虽长大，好带刀剑，中情怯耳。"因众辱之曰："信能死，刺我；不能死，出我袴下！"于是信孰视之，俯出袴下，蒲伏。一市人皆笑信，以为怯。

及项梁渡淮，信杖剑从之；居麾下，无所知名。项梁败，又属项羽，羽以为郎中；数以策干羽，羽不用。汉王之入蜀，信亡楚归汉，未知名。为连敖，坐当斩；其辈十三人皆已斩，次至信，信乃仰视，适见滕公，曰："上不欲就天下乎，何为斩壮士？"滕公奇其言，壮其貌，释而不斩；与语，大说之，言于王。王拜以为治粟都尉，亦未之奇也。

信数与萧何语，何奇之。汉王至南郑，诸将及士卒皆歌讴思东归，多道亡者。

信度何等已数言王，王不我用，即亡去。何闻信亡，不及以闻，自追之。人有言王曰：“丞相何亡。”王大怒，如失左右手。居一二日，何来谒王。王且怒且喜，骂何曰：“若亡，何也？”何曰：“臣不敢亡也，臣追亡者耳。”王曰：“若所追者谁？”何曰：“韩信也。”王复骂曰：“诸将亡者以十数，公无所追；追信，诈也！”何曰：“诸将易得耳；至如信者，国士无双。王必欲长王汉中，无所事信；必欲争天下，非信无可与计事者。顾王策安所决耳！”王曰：“吾亦欲东耳，安能郁郁久居此乎！”何曰：“计必欲东，能用信，信即留；不能用信，终亡耳。”王曰：“吾为公以为将。”何曰：“虽为将，信不留。”王曰：“以为大将。”何曰：“幸甚！”于是王欲召信拜之。何曰：“王素慢无礼；今拜大将，如呼小儿，此乃信所以去也。王必欲拜之，择良日，斋戒，设坛场，具礼，乃可耳。”王许之。诸将皆喜，人人各自以为得大将。至拜大将，乃韩信也，一军皆惊。

信拜礼毕，上坐。王曰：“丞相数言将军；将军何以教寡人计策？”信辞谢，因问王曰：“今东乡争权天下，岂非项王耶？”汉王曰：“然。”曰：“大王自料，勇悍仁强孰与项王？”汉王默然良久，曰：“不如也。”信再拜贺曰：“惟信亦以为大王不如也。然臣尝事之，请言项王之为人也。项王暗噁叱咤，千人皆废，然不能任属贤将；此特匹夫之勇耳。项王见人，恭敬慈爱，言语呕呕，人有疾病，涕泣分食饮；至使人，有功当封爵者，印刓敝，忍不能予；此所谓妇人之仁也。项王虽霸天下而臣诸侯，不居关中而都彭城；背义帝之约，而以亲爱王诸侯，不平；逐其故主而王其将相，又迁逐义帝置江南，所过无不残灭；百姓不亲附，特劫于威强耳。名虽为霸，实失天下心，故其强易弱。今大王诚能反其道，任天下武勇，何所不诛；以天下城邑封功臣；何所不服；以义兵从思东归之士，何所不散！且三秦王为秦将，将秦子弟数岁矣，所杀亡不可胜计；又欺其众，降诸侯，至新安，项王诈坑秦降卒二十余万，唯独邯、欣、翳得脱。秦父兄怨此三人，痛入骨髓。今楚强以威王此三人，秦民莫爱也。大王之入武关，秋毫无所害；除秦苛法，与秦民约法三章；秦民无不欲得大王王秦者。于诸侯之约，大王当王关中，关中民咸知之；大王失职入汉中，秦民无不恨者。今大王举而东，三秦可传檄而定也。”于是汉王大喜，自以为得信晚，遂听信计，部署诸将所击；留萧何收巴、蜀租，给军粮食。

二年（丙申，前205）

冬，十月，项王密使九江、衡山、临江王击义帝，杀之江中。

初，阳武人陈平，家贫，好读书。里中社，平为宰，分肉甚均。父老曰：“善，陈孺子之为宰！”平曰：“嗟乎，使平得宰天下，亦如是肉矣！”及诸侯叛秦，平事魏王咎于临济，为太仆，说魏王，不听。人或谗之，平亡去。后事项羽，赐爵为卿。殷王反，项羽使平击降之；还，拜为都尉，赐金二十镒。

居无何，汉王攻下殷。项王怒，将诛定殷将吏。平惧，乃封其金与印，使使归项王，而挺身间行，杖剑亡，渡河，归汉王于修武，因魏无知求见汉王。

汉王召入，赐食，遣罢就舍。平曰："臣为事来，所言不可以过今日。"于是汉王与语而说之，问曰："子之居楚何官？"曰："为都尉。"是日，即拜平为都尉，使为参乘，典护军。诸将尽欢曰："大王一日得楚之亡卒，未知其高下，而即与同载，反使监护长者！"汉王闻之，愈益幸平。

汉王南渡平阴津，至洛阳新城。三老董公遮说王曰："臣闻'顺德者昌，逆德者亡'；'兵出无名，事故不成'。故曰：'明其为贼，敌乃可服。'项羽为无道，放杀其主，天下之贼也。夫仁不以勇，义不以力，大王宜率三军之众为之素服，以告诸侯而伐之，则四海之内莫不仰德，此三王之举也。"于是汉王为义帝发丧，袒而大哭，哀临三日，发使告诸侯曰："天下共立义帝，北面事之。今项羽放杀义帝江南，大逆无道！寡人悉发关中兵，收三河士，南浮江、汉以下，愿从诸侯王击楚之杀义帝者！"

田荣弟横收散卒，得数万人，起城阳。夏，四月，立荣子广为齐王，以拒楚。项王因留，连战，未能下。虽闻汉东，既击齐，欲遂破之而后击汉，汉王以故得率诸侯兵凡五十六万人伐楚。到外黄，彭越将其兵三万余人归汉。汉王曰："彭将军收魏地得十余城，欲急立魏后。今西魏王豹，真魏后。"乃拜彭越为魏相国，擅将其兵略定梁地。汉王遂入彭城，收其货宝、美人，日置酒高会。

项王闻之，令诸将击齐，而自以精兵三万人南，从鲁出胡陵于萧。晨，击汉军而东至彭城，日中，大破汉军。汉军皆走，相随入谷、泗水，死者十余万人。汉卒皆南走山，楚又追击至灵璧东睢水上；汉军却，为楚所挤，卒十余万人皆入睢水，水为之不流。围汉王三匝。会大风从西北起，折木，发屋，扬沙石，窈冥昼晦，逢迎楚军，大乱坏散，而汉王乃得与数十骑遁去。欲过沛收家室，而楚亦使人之沛取汉王家；家皆亡，不与汉王相见。

汉王道逢孝惠、鲁元公主，载以行。楚骑追之，汉王急，推堕二子车下。滕公为太仆，常下收载之；如是者三，曰："今虽急，不可以驱，奈何弃之！"故徐行。汉王怒，欲斩之者十余；滕公卒保护，脱二子。审食其从太公、吕后间行求汉王，不相遇，反遇楚军；楚军与归，项王常置军中为质。

是时，吕后兄周吕侯为汉将兵，居下邑；汉王间往从之，稍稍收其士卒。诸侯皆背汉，复与楚。

汉王自下邑徙军砀，遂至虞，谓左右曰："如彼等者，无足与计天下事！"谒者随何进曰："不审陛下所谓。"汉王曰："孰能为我使九江，令之发兵倍楚？留项王数月，我之取天下可以百全。"随何曰："臣请使之！"汉王使与二十人俱。

太祖高皇帝上之元年（乙未，公元前206年）

冬季，十月，沛公刘邦率军抵达霸上。秦王子婴乘素车、驾白马，颈上系着绳子以示自己该服罪自杀，手捧封好的皇帝玉玺和符节，伏在轵道亭旁向刘邦投降。众将领中有人主张杀掉秦王。刘邦说："当初怀王之所以派我前来，原本就是因为认定我能宽容人。何况人家已经降服了，还要杀人家，如此做是不吉利的。"于是便将秦王子婴交给了主管官员处置。

战国中期 玉双凤饰璧

刘邦领兵向西进入咸阳，众将领都争先恐后地奔往秦朝贮藏金帛财物的府库瓜分财宝，唯独萧何率先入宫取秦朝丞相府的地理图册、文书、户籍簿等档案收藏起来，刘邦借此全面了解了天下的山川要塞、户口的多少及财力物力强弱的分布。刘邦看到秦王朝的宫室、帷帐、名种狗马、贵重宝器和宫女数以千计，便想留下来在皇宫中居住。樊哙劝谏说："您是想拥有天下，还是只想做一个富翁啊？这些奢侈华丽之物，都是招致秦朝覆灭的东西，您要它们有什么用呀！望您尽快返回霸上，不要滞留在宫里！"刘邦不听。张良说："秦朝因为不施行仁政，所以您才能够来到这里。而为天下人铲除残民之贼，应如同丧服在身，把抚慰人民作为根本。现在刚刚进入秦的都城，就要安享其乐，这即是人们所说的'助桀为虐'了。况且忠言逆耳利于行，良药苦口利于病，望您能听取樊哙的劝告！"刘邦于是率军返回霸上。

十一月，刘邦把各县的父老和有声望的人召集起来，对他们说："父老们遭受秦朝严刑苛法的苦累已经很久了！我与各路诸侯约定，先入关中的人为王。据此我就应该在关中称王了。如今与父老们约法三章：杀人者处死，伤人者和抢劫者抵罪。除此之外，秦朝的法律统统废除，众官吏和百姓都照旧安定不动。我之所以到这里来，是为了替父老们除害，而不是来欺凌你们的，请你们不必害怕！况且我所以领兵回驻霸上，不过是为了等各路诸侯到来后订立一个约束大家行为的规章罢了。"随即派人和秦朝的官吏一起巡行各县、乡、城镇，向人们讲明道理。秦地的百姓都欢喜异常，争相拿着牛、羊、酒食来慰问款待刘邦的官兵。刘邦又辞让不肯接受，说道："仓库中的粮食还很多，并不缺乏，不想让百姓们破费。"百姓们于是更加高兴，唯恐刘邦不在秦地称王。

有人劝说刘邦道："关中地区比天下其他地方要富足十倍，而且地势险要。听说项羽封章邯为雍王，让他在关中称王。现在如果他来了，您恐怕就不能占据这个地方了。可以火速派兵把守函谷关，不让诸侯军进来，并逐步征召关中兵，以此增加自己的实力，抵御他们。"刘邦认为此计可行，就照着办了。

不久，项羽到达函谷关，但是关门紧闭。项羽听说刘邦已经平定了关中，勃然大怒，派黥布等人攻破了函谷关。十二月，项羽进军至戏水。刘邦的左司马曹无伤派人告诉项羽说："沛公想要在关中称王，任秦王子婴为相，奇珍异宝全都占有了。"企图借此求得项羽的封赏。项羽闻言怒不可遏，就让士兵们饱餐一顿，打算次日攻打刘邦的军队。这时，项羽拥兵四十万，号称百万大军，驻扎在新丰县的鸿门；刘邦拥兵十万，号称二十万，驻军霸上。

范增劝项羽说："刘邦住在崤山之东时，贪财而又好色。现今入关，却不搜取财物，不宠幸女色，这表明他的志向不小哇。我曾命人观望他那边的云气，都显示出龙虎的形状，出现五彩，这是天子之气啊！应该赶快进攻他，不要错过了时机！"

樊哙鸿门闯宴

楚国的左尹项伯是项羽的叔父，向来与张良要好，便连夜驰马到刘邦军中，私下里会见张良，将这些事情一五一十地对他说了，想要叫张良同他一起离开，说道："可别跟刘邦一块儿死啊！"张良说："我为韩王伴送沛公，而今沛公遇有急难，我却逃走了，这是不义的行为，我不能不告诉他。"于是张良即进去将项伯的话全都讲述给了刘邦。刘邦大吃一惊。张良说："您估计一下您的兵力足够抵挡项羽的吗？"刘邦沉默了一会儿道："的确是不如他呀。这可该怎么办呢？"张良说："请让我去告诉项伯，说您是绝不敢背叛项羽的。"刘邦道："您是怎么与项伯成为故交的啊？"张良说："在秦的时候，项伯与我有交往，他曾经杀过人，我救了他。现在事情紧急，所以还幸亏他前来告我。"刘邦说："你与他谁大谁小？"张良道："他比我大。"刘邦说："您替我唤他进来，我将把他当作兄长来对待。"张良于是出去，坚持邀请项伯入内，项伯便进去与刘邦相见。刘邦手捧酒杯向项伯敬酒祝福，并与他约定结为亲家，说："我进入关中，连毫毛般微小的东西都不敢沾边，只是登记官民，封存府库，等待着项羽将军的到来。之所以派将领把守函谷关，是为了防备有其他盗贼出入和有非常情况发生。我日日夜夜盼望着将军驾临，哪里敢谋反啊！望您能把我不敢忘恩负义的情况详尽地反映给项将军。"项伯答应了，对刘邦说："你明日不可不早些来亲自向项王道歉啊！"刘邦说："好吧。"项伯于是当夜就赶了回去，到达军营后，将刘邦的话一五一十地报告给项羽，并趁机道："要不是刘邦先攻下关中，您又怎么敢进来呀？如今人家建立了大功却还要去攻打人家，是不义的。不如就因此好好地对待他。"项羽同意了。

第二天，刘邦带领一百多骑随从人员到鸿门来见项羽，道歉说："我与将军您合力攻秦，您在黄河以北作战，我在黄河以南战斗，没料到自己能先进入关中破秦，得以在这里与您重又相见。如今有小人之言搬弄是非，使您和我之间产生了隔阂。"项羽道："这是您的左司马曹无伤散布的流言，不然的话，我何至于如此啊！”项羽于是就留刘邦与他一起喝酒。范增频频向项羽递眼色，并三次举起他所佩带的玉暗示项羽杀刘邦，项羽却只是默然不语，毫无反应。范增便起身出去招呼项庄，对他说：“项王为人心慈手软，还是你进去上前给刘邦敬酒，敬完酒，你就请求表演舞剑，然后乘势在座席上袭击刘邦，杀了他。不然的话，你们这些人都将成为他的阶下囚了！”项庄即入内为刘邦祝酒，敬完酒后，项庄道：“军营中没有什么可用来取乐的，就请让我来为你们舞剑助兴吧。”项羽说：“好哇。”项庄于是拔剑起舞。项伯见状也起身拔剑起舞，并时时用身子遮护刘邦，使得项庄无法行刺。

鸿门宴

鸿门宴

这时张良来到军门见樊哙。樊哙说：“今天的事情怎么样了？”张良说：“现在项庄拔剑起舞，他的用意却常在沛公身上啊。”樊哙道：“事情紧迫了，我请求进去，与他拼命！”樊哙随即带剑持盾闯入军门。军门的卫士想要阻止他进去，樊哙就侧过盾牌一撞，卫士扑倒在地。樊哙于是入内，掀开帷帐站立在那里，怒目瞪着项羽，头发直竖，两边的眼角都睁裂开了。项羽手按剑，跪起身，说道：“来客是干什么的？”张良说：“是沛公的陪乘卫士樊哙。”项羽道：“真是壮士啊！赐给他一杯酒喝！”左右的侍从即给了他一大杯酒。樊哙拜谢后，起身站着一饮而尽。项羽说：“再赐给他猪腿吃！”侍从们便又拿给他一条生猪腿。樊哙将他的盾牌倒扣在地上，把猪腿放在上面，拔出剑来切切就大口地吃了。项羽说：“壮士，你还能再喝酒吗？”樊哙道：“我连死都不逃避，一杯酒难道还值得我推辞吗？秦王的心肠狠如虎狼，杀人唯恐杀不完，用刑惩罚人唯恐用不够，致使天下的人都起来反叛他。怀王曾与各路将领约定说：‘先打败秦军进入咸阳城的人，在关中为王。’现在沛公最先击溃秦军，进入咸阳，毫毛般微小的东西都不敢染指，就率军返回霸上等待您的到来。这样劳苦功高，您非但不给予封地、爵位的奖赏，还听信小人的谗言，要杀有功之人。这是在重蹈秦朝灭亡的覆辙呀，我私下认为您的这种做法是不可取的！”项羽无话可答，就说：“坐吧。”樊哙于是在张良的身边坐下了。

坐了不一会儿，刘邦起身去上厕所，趁机招呼樊哙出来。刘邦说：“我现在出来，没有告辞，怎么办啊？”樊哙道：“现在人家正好比是屠刀和砧板，我们则是鱼肉，如此还告什么辞啊！”于是就这么走了。鸿门与霸上相距四十里，刘邦撇下车马，抽身独自骑马而行，樊哙、夏侯婴、靳强、纪信等四人手拿剑和盾牌，快步相随，经骊山下，取道芷阳，抄小路奔向霸上。留下张良，让他向项羽辞谢，将白璧敬献给项羽，大玉杯给亚父范增。刘邦临行前对张良说：“从这条路到我们的军营，只不过二十里地。您估计着我已经抵达军中时，再进去。”刘邦已走，抄小道回到军营，张良方才进去告罪说：“沛公禁不起酒力，无法来告辞，谨派臣张良捧上白璧一双，以连拜两次的隆重礼节敬献给将军您；大玉杯一双，敬呈给亚父您。”项羽说：“沛公现在哪里呀？”张良道：“他听说您有要责备他的意思，便抽身独自离去，现在已经回到军中了。”项羽就接受了白璧，放到座席上。亚父范增接受玉杯后搁在地上，拔剑击碎了它们，说：“唉，这小子不值得与他共谋大业！夺取项将军天下的人，必定是刘邦。我们这些人眼看着就要被他俘获了！”刘邦到达军中，立即杀掉了曹无伤。

项羽派人去回报请示楚怀王，怀王说：“照先前约定的办。”项羽暴跳如雷，说：“怀王这个人是我们家扶立起来的，并非因为他建有什么功绩，怎么能够一个人做主定约呢！全国起兵反秦伊始，暂时拥立过去各诸侯国国君的后裔为王，以利讨伐秦王朝。但是，身披坚固的铠甲、手持锐利的兵器首先起事，风餐露宿三年之久，终于灭亡秦朝平定天下，都是各位将相和我的力量啊！不过怀王虽然没什么功劳，却还是应当分给他土地，尊他为王。”众将领都说：“是啊！”春季，正月，项羽便假意尊推怀王为义帝，说道：“古代的帝王辖地千里，却必定要居住在江河的上游地带。”于是就把义帝迁移到长江以南，定都在长沙郡的郴县。

二月，项羽划分天下土地，封各位将领做侯王，自立为西楚霸王，管辖原魏国和楚国的九个郡，建都彭城。项羽与范增怀疑刘邦有夺取天下的野心，但双方已经讲和了，且又不愿意背上违约的罪名，于是就暗地里策划道：“巴、蜀两地道路艰险，秦朝所流放的人都居住在那里。”随即扬言：“巴郡、蜀郡也是关中的土地。”由此立刘邦为汉王，统辖巴、蜀两地和汉中郡，建都南郑。

汉王刘邦大怒，想要攻打项羽。周勃、灌婴、樊哙也都鼓动他打。萧何规劝他说：“在汉中当王虽然不好，但不是比死还强些吗？”汉王道：“哪里就至于死呀？”萧何说：“如今您兵众不如项羽，百战百败，不死又能怎么样呢？能够屈居于一人之下而伸展于万乘大国之上的，是商汤王和周武王。我希望大王您立足汉中，抚养百姓，招引贤才，收用巴、蜀二郡的资财，然后回师东进，平定雍、翟、塞三秦之地，如此天下可以夺取了。”汉王说：“好吧！”于是就去到他的封地，任用萧何为丞相。

夏季，四月，各路诸侯都离开主帅项羽，回各自的封国去。项羽即派三万士兵随从汉王刘邦前往他的封国。楚军与其他诸侯军中因仰慕而追随汉王的有好几万人，他们从杜县南面进入蚀中通道。张良送行到褒中，汉王派遣张良回韩王那里去。张良于是就劝说汉王烧断他们所经过的栈道，以防备诸侯的军队来犯，而且向项羽表示没有东还的意图。

当初，淮阴人韩信，家境贫寒，没有好的德行，不能被推选去做官，又不会经商做买卖谋生，常常跟着别人吃闲饭，人们大都厌恶他。韩信曾经在城下钓鱼，有位在水边漂洗丝绵的老太太看到他饿了，就拿饭来给他吃。韩信非常高兴，对那位老太太说："我一定会重重地报答您老人家。"老太太生气地说："男子汉大丈夫不能自己养活自己！我不过是可怜你这位公子才给你饭吃，难道是希图有什么报答吗？"淮阴县屠户中的青年里有人侮辱韩信道："你虽然身材高大，好佩带刀剑，内心却是胆小如鼠的。"并趁机当众羞辱他说："韩信你要真的不怕死，就来刺我。若是怕死，就从我的胯下爬过去！"韩信于是仔细地打量了那青年一会儿，便俯下身子，从他的双腿间钻了过去，匍匐在地。满街市的人都嘲笑韩信，认为他胆小。

待到项梁渡过淮河北上，韩信持剑去投奔他，留在项梁部下，一直默默无闻。项梁失败后，韩信又归属项羽，项羽任他做了郎中。韩信曾多次向项羽献策以求重用，但项羽却不予采纳。汉王刘邦进入蜀中，韩信又逃离楚军归顺了汉王，仍然不为人所知，做了个接待宾客的小官。后来韩信犯了法，应判处斩刑，与他同案的十三个人都已遭斩首，轮到韩信时，韩信抬头仰望，刚好看见了滕公夏侯婴，便说道："汉王难道不想得取天下吗？为什么要斩杀壮士啊！"滕公觉得他的话不同凡响，又见他外表威武雄壮，就释放了他而不处斩，并与他交谈，欢喜异常，随即将这情况奏报给了汉王。汉王于是授给韩信治粟都尉的官职，但还是没认为他有什么不寻常之处。

韩信登坛拜将

韩信好几次与萧何谈话，萧何感觉他不同于常人。待汉王到达南郑时，众将领和士兵都唱歌思念东归故乡，许多人中途就逃跑了。韩信估计萧何等人已经多次向汉王荐举过他，但汉王没有重用他，便也逃亡而去。萧何听说韩信逃走了，没来得及向汉王报告，就亲自去追赶韩信。有人告诉汉王说：

“丞相萧何逃跑了。”汉王大发雷霆，仿佛失掉了左右手一般。过了一两天，萧何来拜谒汉王。汉王又怒又喜，骂萧何道：“你为什么逃跑呀？”萧何说：“我不敢逃跑哇，我是去追赶逃跑的人啊。”汉王说：“你追赶的人是谁呀？”萧何道：“是韩信。”汉王又骂道：“将领们逃跑的已是数以十计，你都不去追找，说追韩信，纯粹是撒谎！”萧何说：“那些将领很容易得到。至于像韩信这样的人，却是天下无双的杰出人才啊。大王您如果只想长久地在汉中称王，自然没有用得着韩信的地方；倘若您要争夺天下，除了韩信，就没有可与您图谋大业的人了。只看您做哪种抉择了！”汉王说：“我也是想要东进的，怎么能够忧郁沉闷地老呆在这里呀！”萧何道：“如果您决计向东发展，那么能任用韩信，韩信就会留下来，如若不能使用他，他终究还是要逃跑的。”汉王说：“那我就看在你的面子上任他做将军吧。”萧何说：“即便是做将军，韩信也不会留下来的。”汉王道：“那就任他为大将军吧。”萧何说：“太好了。”于是汉王就想召见韩信授给他官职。萧何说：“大王您向来傲慢无礼，现在要任命大将军了，却如同呼喝小孩儿一样，这便是韩信所以要离开的原因啊。您如果要授给他官职，就请选择吉日，进行斋戒，设置拜将的坛台和广场，准备举行授职的完备仪式，这才行啊。”汉王应允了萧何的请求。众将领闻讯都很欢喜，人人各自以为自己会得到大将军的职务。但等到任命大将军时，竟然是韩信，全军都惊讶不已。

授任韩信的仪式结束后，汉王就座，说道：“丞相屡次向我称道您，您将拿什么计策来开导我啊？”韩信谦让了一番，就乘势问汉王道：“如今向东去争夺天下，您的对手难道不就是项羽吗？”汉王说：“是啊。”韩信道：“大王您自己估量一下，在勇敢、猛悍、仁爱、刚强等方面，与项羽比谁强呢？”汉王沉默了许久，说：“我不如他。”韩信拜了两拜，赞许道：“我韩信也认为大王您在这些方面比不上他。不过我曾经事奉过项羽，就请让我来谈谈他的为人吧。项羽厉声怒斥呼喝时，上千的人都吓得不敢动一动，但是他却不能任用有德才的将领。这只不过是匹夫之勇罢了。项羽待人，恭敬慈爱，言语温和，别人生了病，他会怜惜地流下泪来，把自己所吃的东西分给病人；但当所任用的人立了功，应该赏封爵位时，他却把刻好的印捏在手里，把玩得磨去了棱角还舍不得授给人家。这便是人们所说的妇人的仁慈啊。项羽虽然称霸天下而使诸侯臣服，但却不占据关中而是建都彭城；背弃义帝怀王的约定，把自己亲信偏爱的将领分封为王，诸侯忿忿不平；他还驱逐原来的诸侯国国王，而让诸侯国的将相为王，又把义帝迁移逐赶到江南；他的军队所经过的地方没有不遭残害毁灭的；老百姓都不愿亲近依附他，只不过是迫于他的威势勉强归顺罢了。如此种种，使他名义上虽然还是霸主，实际上却已经失去了天下人的心，所以他的强盛是很容易转化为虚弱的。现在大王您如果真的能反其道而行之，任用天下英勇善战的人才，那还有什么对手不能诛灭掉啊？把天下的城邑封给有功之臣，哪还有什么人会不心悦诚服的呢？用正义的军事行动去顺从惦念东归故乡的将士们，哪还有什么敌人打不垮、击不溃呀？况且分封在秦地的三个王都是过去秦朝的将领，他们率领秦朝的子弟作战已经有好几年了，被杀死和逃亡的多得数也数不清；而他们又欺骗自己的部下，投降了诸侯军，结果是抵达新安时，遭项羽诈骗而活埋的秦军降兵有二十多万人，唯独章邯、司马欣、董翳得以脱身不死。秦地的父老兄弟们怨恨这三个人，恨得痛彻骨髓。现今项羽倚仗自己的威势，强行把此三人封为王，秦地的百姓没有爱戴他们的。大王您进入武关时，秋毫无犯，废除了秦朝的严刑苛法，与秦地的百姓约法三章，秦地的百姓没有不希望您在关中做王的。而且按照原来与诸侯的约定，大王您理当在关中称王，这一点关中的百姓都知道。您失掉了应得的王位而去到汉中，对此秦地的百姓没有不怨恨的。如今大王您起兵向东，三秦之地只要发布一道征讨的文书就可以平定了。”汉王于是大喜过望，自认为韩信这个人才得到得太迟了，随即就听从韩信的计策，部署众将领所要攻击的任务，留下萧何收取巴、蜀两郡的租税，为军队供给粮食。

二年（丙申，公元前205年）

冬季，十月，项羽秘密派遣九江王、衡山王、临江王去攻打义帝，在长江上杀死了他。

起初，阳武人陈平，家境贫寒，喜好读书。乡里中祭祀土地神，陈平担当主持分配祭肉的人，将祭肉分得非常均匀。里中的父老们于是便说：“好哇，陈家的小子做主分祭肉的人了！”陈平却道：“唉呀，如果我能够主持天下，也会像分配这祭肉一样公平合理的！”到诸侯国反叛秦朝时，陈平在临济事奉魏王魏咎，任太仆。他曾向魏王献策，但是魏王不听。有的人就在魏王面前恶语中伤他，陈平于是逃离魏王而去。后来陈平又为项羽做事，项羽赐封给他卿一级的爵位。殷王司马卬反楚时，项羽即派陈平去攻打并降服了殷王。陈平领兵返回，项羽就授任他都尉之职，赏赐给他黄金二十镒。

过了不久，刘邦攻占了殷地。项羽为此怒不可遏，准备杀掉那些参与平定殷地的将领和官吏。陈平很害怕，便把他所得的黄金和官印封裹好，派人送还给项羽，随即毅然持剑抄小路逃亡，渡过黄河，到修武去投奔汉王，通过魏无知求见汉王。汉王于是召陈平进见，赐给他酒饭，然后就打发他到客舍中去歇息。陈平说：“我是为要事来求见您的，所要说的不能够延迟过今日。”汉王即与他交谈，颇喜欢他的议论，便问道：“你在楚军中任的是什么官职呀？”陈平说：“任都尉。”刘邦当天就授陈平都尉之职，让他做自己的陪乘官，负责监督各部将领。将领们因不服气都喧哗鼓噪起来，说：“大王您得到一名楚军的逃兵才一天，还不了解他本领的高低，就与他同乘一辆车子，且还反倒让他来监护我们这些有资历的老将！”汉王听到这种种非议后，反倒更加宠爱陈平了。

汉王率军南下渡过平阴津，抵达洛阳新城。新城县的三老董公拦住汉王劝说道：“我听说‘顺德者昌，逆德者亡’；‘师出无名，事情就不能成功’。所以说：‘点明要讨伐的人是乱臣贼子，敌人才可以被征服。’项羽行事大逆不道，放逐并杀害了他的君主义帝，实是令天下人痛恨的逆贼啊。仁德之士不逞一时之勇，正义之军不拼一己之力。大王您应当率领三军将士为义帝穿上丧服，以此通告诸侯王，共同讨伐项羽。这样一来，四海之内没有人不仰慕您的德行的，这可是像夏、殷、周三王那样的行为啊！”汉王于是便为义帝发丧，裸露着左臂痛哭流涕，全体举哀三天，并派使者向各路诸侯通报说：“天下共同拥立义帝，对他北面称臣。现在项羽却把义帝杀害在江南，纯属大逆不道！我要出动关中的全部兵马，征收河南、河东、河内地区的士兵，乘船沿长江、汉水南下，愿意追随诸侯王去攻打楚国这个杀害义帝的逆贼！”

田荣的弟弟田横四处收拢散兵游勇，得到几万人，即从城阳起兵反楚。夏季，四月，田横拥立田荣的儿子田广为齐王，抗拒楚军。项羽为此留在齐地，与齐军接连作战，但没能攻下城阳。项羽虽然闻听汉王东进，可是既然已经在攻击齐国，就想待打败齐军后再去攻打汉王的军队。汉王因此得以统率各路诸侯军共约五十六万人讨伐楚国。汉军抵达外黄时，彭越率领他的部队三万多人归顺了汉王。汉王说：“彭将军您夺取了魏地的十多个城邑，想要尽快扶立原魏国国君的后代。如今西魏王魏豹便是真正的魏国后裔呀。”随即任命彭越为魏国的相国，让他独自率领自己的部队去攻夺、平定梁地。汉王接着就攻入彭城，搜罗财宝美女，天天设置酒宴，犒劳部将宾朋。

韩信乞食

项王听到这个消息，于是命令众将领继续攻打齐国，自己则亲领精兵三万人南进，从鲁地出胡陵，抵达萧地。清晨，楚军从萧地袭击汉军，向东直打到彭城，至中午时分，大败汉军。汉军将士都纷纷奔逃，相跟着涌入谷水、泗水，死了十几万人。这时汉军士兵全往南向山里逃去。楚军又穷追不舍，尾随到灵壁东面的睢水边上。汉军仓皇退却，被楚军挤迫，十多万士兵全部落入睢水，致使河水都阻塞得流不动了。楚军将汉王重重包围起来。这时恰巧大风从西北刮起，风势摧枯拉朽，墙倒屋塌，飞沙走石，地暗天昏，迎头卷向楚军，楚军被吹得阵脚大乱，零落奔逃。汉王因此才得以偕同几十骑人趁乱溜走。汉王想经过沛去接取家眷，而楚国也派人到沛去掳掠汉王的家眷。家眷们于是都狼狈逃散，没能与汉王见面。

汉王在途中遇到他的嫡长子即后来的

孝惠帝刘盈和长女鲁元公主，就用车载着他们一起走。楚军骑兵疾追过来，汉王慌急，把两个孩子推下车去。滕公夏侯婴任掌管车马的太仆，他总要下车把两个孩子收载起来，这样做了三次，于是滕公说道："现在尽管情势紧急，车子也不可赶得太快，怎么能抛下孩子啊！"所以就慢慢地行走。汉王很是恼火，有十多次想杀掉滕公。这样，滕公终于保护着两个孩子脱离了险境。审食其随太公、吕后从小路寻找汉王，没遇见汉王，反而碰上了楚军。楚军就将他们一起带回，项羽便把他们安置在军营中做人质。

此时，吕后的哥哥周吕侯为汉王领兵驻在下邑，汉王即走小路去投奔他，逐渐地收集到属下一些溃散的士兵。诸侯王于是又都背叛了汉王，重新去亲附楚王。

汉王从下邑转移到砀地驻扎，随后到了虞地，对身边的随行官员说："像你们这样的人，没有够得上可以共商天下大事的！"谒者随何进言道："不知陛下指的是什么？"汉王说："有谁能为我出使九江王那里，让他起兵叛楚？只须把项羽拖住几个月，我夺取天下就十分有把握了。"随何便道："我请求出使！"汉王就派他带领二十个人一同前往。

第十卷　汉纪二

译文诵读

太祖高皇帝上之下三年（丁酉，前204）

冬，十月，韩信、张耳以兵数万东击赵。赵王及成安君陈余闻之，聚兵井陉口，号二十万。

广武君李左车说成安君曰：“韩信、张耳乘胜而去国远斗，其锋不可当。臣闻‘千里馈粮，士有饥色；樵苏后爨，师不宿饱。’今井陉之道，车不得方轨，骑不得成列；行数百里，其势粮食必在其后。愿足下假臣奇兵三万人，从间路绝其辎重；足下深沟高垒勿与战。彼前不得斗，退不得还，野无所掠，不至十日，而两将之头可致于麾下；否则必为二子所禽矣。”成安君尝自称义兵，不用诈谋奇计，曰：“韩信兵少而疲，如此避而不击，则诸侯谓吾怯而轻来伐我矣。”

韩信使人间视，知其不用广武君策，则大喜，乃敢引兵遂下。未至井陉口三十里，止舍。夜半，传发，选轻骑二千人，人持一赤帜，从间道萆山而望赵军。诫曰：“赵见我走，必空壁逐我；若疾入赵壁，拔赵帜，立汉赤帜。”令其裨将传餐，曰：“今日破赵会食！”诸将皆莫信，佯应曰“诺。”信曰：“赵已先据便地为壁；且彼未见吾大将旗鼓，未肯击前行，恐吾至阻险而还也。”乃使万人先行，出，背水陈；赵军望见而大笑。

平旦，信建大将旗鼓，鼓行出井陉口；赵开壁击之，大战良久。于是信与张耳佯弃鼓旗，走水上军；水上军开入之，复疾战。赵果空壁争汉旗鼓，逐信、耳。信、耳已入水上军，军皆殊死战，不可败。信所出奇兵二千骑共候赵空壁逐利，则驰入赵壁，皆拔赵旗，立汉赤帜二千。赵军已不能得信等，欲还归壁；壁皆汉赤帜，见而大惊，以为汉皆已得赵王将矣，兵遂乱，遁走，赵将虽斩之，不能禁也。于是汉兵夹击，大破赵军，斩成安君泜水上，禽赵王歇。

诸将效首虏，毕贺，因问信曰：“兵法：‘右倍山陵，前左水泽。’今者将军令臣等反背水陈，曰‘破赵会食’，臣等不服，然竟以胜。此何术也？”信曰：“此在兵法，顾诸君不察耳！兵法不曰：‘陷之死地而后生，置之亡地而后存’？且信非得素拊循士大夫也，此所谓‘驱市人而战之’，其势非置之死地，使人人自为战；今予之生地，皆走，宁尚可得而用之乎！”诸将皆服，曰：“善！非臣所及也。”

随何至九江，九江太宰主之，三日不得见。随何说太宰曰：“王之不见何，必以楚为强，汉为弱也。此臣之所以为使。使何得见，言之而是，大王所欲闻也；言之而非，使何等二十人伏斧质九江市，足以明王倍汉而与楚也。”太宰乃言之王。

王见之。随何曰：“汉王使臣敬进书大王御者，窃怪大王与楚何亲也？”九江王曰：“寡人北乡而臣事之。”随何曰：“大王与项王俱列为诸侯，北乡而臣事之者，必以楚为强，可以托国也。项王伐齐，身负版筑，为士卒先。大王宜悉九江之众，身自将之，为楚前锋；今乃发四千人以助楚。夫北面而臣事人者，固若是乎？汉王入彭城，项王未出齐也。大王宜悉九江之兵渡淮，日夜会战彭城下；大王乃抚万人之众，无一人渡淮者，垂拱而观其孰胜。夫托国于人者，固若是乎？大王提空名以乡楚而欲厚自托，臣窃为大王不取也！然而大王不背楚者，以汉为弱也。夫楚兵虽强，天下负之以不义之名，以其背盟约而杀义帝也。汉王收诸侯，还守成皋、荥阳，下蜀、汉之粟，深沟壁垒，分卒守徼乘塞。楚人深入敌国八九百里，老弱转粮千里之外。汉坚守而不动，楚进则不得攻，退则不能解，故曰楚兵不足恃也。使楚胜汉，则诸侯自危惧而相救；夫楚之强，适足以致天下之兵耳。故楚不如汉，其势易见也。今大王不与万全之汉而自托于危亡之楚，臣窃为大王惑之！臣非以九江之兵足以亡楚也；大王发兵而倍楚，项王必留；留数月，汉之取天下可以万全。臣请与大王提剑而归汉，汉王必裂地而封大王；又况九江必大王有也。”九江王曰：“请奉命。”阴许畔楚与汉，未敢泄也。

楚使者在九江，舍传舍，方急责布发兵。随何直入，坐楚使者上，曰：“九江王已归汉，楚何以得发兵？”布愕然。楚使者起。何因说布曰，“事已构，可遂杀楚使者，无使归，而疾走汉并力。”布曰：“如使者教。”于是杀楚使者，因起兵而攻楚。

楚数侵夺汉甬道，汉军乏食。汉王与郦食其谋桡楚权。食其曰：“昔汤伐桀，封其后于杞；武王伐纣，封其后于宋。今秦失德弃义，侵伐诸侯，灭其社稷，使无立锥之地。陛下诚能复立六国之后，此其君臣、百姓必皆戴陛下之德，莫不响风慕义，愿为臣妾。德义已行，陛下南乡称霸，楚必敛衽而朝。”汉王曰：“善！趣刻印，先生因行佩之矣。”

食其未行，张良从外来谒。汉王方食，曰：“子房前！客有为我计桡楚权者”，具以郦生语告良，曰：“何如？”良曰：“谁为陛下画此计者？陛下事去矣！”汉王曰：“何哉？”对曰：“臣请借前箸，为大王筹之。昔汤、武封桀、纣之后者，度能制其死生之命也；今陛下能制项籍之死命乎？其不可一也。武王入殷，表商容之闾，释箕子之囚，封比干之墓；今陛下能乎？其不可二也。发钜桥之粟，散鹿台之钱，以赐贫穷；今陛下能乎？其不可三也。殷事已毕，偃革为轩，倒载干戈，示天下不复用兵；今陛下能乎？其不可四也。休马华山之阳，示以无为；

今陛下能乎？其不可五也。放牛桃林之阴，以示不复输积；今陛下能乎？其不可六也。天下游士，离其亲戚，弃坟墓，去故旧，从陛下游者，徒欲日夜望咫尺之地。今复立六国之后，天下游士各归事其主，从其亲戚，反其故旧、坟墓，陛下谁与取天下乎？其不可七也。且夫楚唯无强，六国立者复桡而从之，陛下焉得而臣之？其不可八也。诚用客之谋，陛下事去矣！”汉王辍食，吐哺，骂曰：“竖儒几败而公事！”令趣销印。

汉王谓陈平曰：“天下纷纷，何时定乎？”陈平曰：“项王骨鲠之臣，亚父、钟离昧、龙且、周殷之属，不过数人耳。大王诚能捐数万斤金，行反间，间其君臣，以疑其心；项王为人，意忌信谗，必内相诛，汉因举兵而攻之，破楚必矣。”汉王曰：“善！”乃出黄金四万斤与平，恣所为，不问其出入。平多以金纵反间于楚军，宣言：“诸将钟离昧等为项王将，功多矣，然而终不得裂地而王，欲与汉为一，以灭项氏而分王其地。”项羽果意不信钟离昧等。

夏，四月，楚围汉王于荥阳，急；汉王请和，割荥阳以西者为汉。亚父劝羽急攻荥阳；汉王患之。项羽使使至汉，陈平使为大牢具。举进，见楚使，即佯惊曰：“吾以为亚父使，乃项王使！”复持去，更以恶草具进楚使。楚使归，具以报项王；项王果大疑亚父。亚父欲急攻下荥阳城，项王不信，不肯听。亚父闻项王疑之，乃怒曰：“天下事大定矣，君王自为之，愿赐骸骨！”归，未至彭城，疽发背而死。

五月，将军纪信言于汉王曰：“事急矣！臣请诳楚，王可以间出。”于是陈平夜出女子东门二千余人，楚因四面击之。纪信乃乘王车，黄屋，左纛，曰：“食尽，汉王降。”楚皆呼万岁，之城东观。以故汉王得与数十骑出西门遁去，令韩王信与周苛、魏豹、枞公守荥阳。羽见纪信，问：“汉王安在？”曰：“已出去矣。”羽烧杀信。

四年（戊戌，前203）

楚大司马咎守成皋，汉数挑战，楚军不出。使人辱之，数日，咎怒，渡兵汜水。士卒半渡，汉击之，大破楚军，尽得楚国金玉、货赂，咎及司马欣皆自刭汜水上。汉王引兵渡河，复取成皋，军广武，就敖仓食。

项羽下梁地十余城，闻成皋破，乃引兵还。汉军方围钟离昧于荥阳东，闻羽至，尽走险阻。羽亦军广武，与汉相守。数月，楚军食少。项王患之，乃为俎，置太公其上，告汉王曰：“今不急下，吾烹太公！”汉王曰：“吾与羽俱北面受命怀王，约为兄弟，吾翁即若翁；必欲烹而翁，幸分我一杯羹！”项王怒，欲杀之。项伯曰：“天下事未可知；且为天下者不顾家，虽杀之无益，祗益祸耳！”项王从之。

项王谓汉王曰：“天下匈匈数岁者，徒以吾两人耳。愿与汉王挑战，决雌雄，毋徒苦天下之民父子为也！”汉王笑谢曰：“吾宁斗智，不能斗力。”项王三令壮士出挑战，汉有善骑射者楼烦辄射杀之。项王大怒，乃自被甲持戟挑战。楼烦欲射之，项王瞋目叱之，楼烦目不敢视，手不敢发，遂走还入壁，不敢复出。汉王使人间问之，乃项王也，汉王大惊。

于是项王乃即汉王，相与临广武间而语。羽欲与汉王独身挑战。汉王数羽曰："羽负约，王我于蜀、汉，罪一；矫杀卿子冠军。罪二；救赵不还报，而擅劫诸侯兵入关，罪三；烧秦宫室，掘始皇帝冢，收私其财，罪四；杀秦降王子婴，罪五；诈坑秦子弟新安二十万，罪六；王诸将善地而徙逐故王，罪七；出逐义帝彭城，自都之，夺韩王地，并王梁、楚，多自与，罪八；使人阴杀义帝江南，罪九；为政不平，主约不信，天下所不容，大逆无道，罪十也。吾以义兵从诸侯诛残贼，使刑余罪人击公，何苦乃与公挑战！"羽大怒，伏弩射中汉王。汉王伤胸，乃扪足曰："虏中吾指。"汉王病创卧，张良强请汉王起行劳军，以安士卒，毋令楚乘胜。汉王出行军，疾甚，因驰入成皋。

韩信使人言汉王曰："齐伪诈多变，反覆之国也；南边楚。请为假王以镇之。"汉王发书，大怒，骂曰："吾困于此，旦暮望若来佐我；乃欲自立为王！"张良、陈平蹑汉王足，因附耳语曰："汉方不利，宁能禁信之自王乎！不如因而立之，善遇，使自为守；不然，变生。"汉王亦悟，因复骂曰："大丈夫定诸侯，即为真王耳，何以假为！"春，二月，遣张良操印立韩信为齐王，征其兵击楚。

项羽自知少助；食尽，韩信又进兵击楚，羽患之。汉遣侯公说羽请太公。羽乃与汉约，中分天下，割洪沟以西为汉，以东为楚。九月，楚归太公、吕后，引兵解而东归。汉王欲西归，张良、陈平说曰："汉有天下太半，而诸侯皆附；楚兵疲食尽，此天亡之时也。今释弗击，此所谓'养虎自遗患'也。"汉王从之。

汉高帝三年（丁酉，公元前204年）

冬季，十月，韩信和张耳率领几万名士兵向东攻打赵。赵王赵歇和成安君陈余闻讯，即在井陉口集结部队，号称二十万大军。

广武君李左车劝说成安君道："韩信、张耳乘胜势离开本国远征，锋芒锐不可当。我听说：'从千里之外供给军粮，士兵当会面有饥色；临时拾柴割草来做饭，军队当会常常食不果腹。'而今井陉这条路，车辆不能并行，骑兵不能成列，行军队伍前后拉开几百里，依此形势，随军的粮草必定落在大部队的后面。望您暂时拨给我三万人作为突击队，抄小路去截断对方的辎重粮草，而您则深挖壕沟、高筑营垒，坚守不出战。这样一来，他们向前无仗可打，退后无路可回，野外又无什么东西可抢，如此不到十天，韩信、张耳这两个将领的头颅就可以献到您的帐前了；否则就肯定要被他们二人所俘获。"但陈余曾经自称是义兵，不屑于使用诈谋奇计，故说："韩信兵力单薄且又疲惫不堪，对这样的军队还避而不击，各诸侯便会认为我胆怯而随便来攻打我了。”

韩信派人暗中打探消息，得知陈余不采纳广武君的计策，高兴异常，因此便敢率军径直前进，在距离井陉口三十里的地方停下来宿营。到半夜时分，韩信传令部队出发，挑选两千名轻骑兵，每人手拿一面红旗，从小道上山隐蔽起来，观察赵军的动向；并告诫他们说：“交战时赵军看到我军退逃，必会倾巢出动来追赶我们，你们即趁机迅速冲入赵军营垒，拔掉赵军的旗帜，遍插汉军的红旗。”又命他的副将传送一些食品给将士，说道：“待今天打败赵军后再会餐！”众将领们都不相信，只是假意应承道：“好吧。”韩信说：“赵军已经抢先占据了有利地形安营扎寨，而且他们没有看见我军大将的旗鼓，是不肯出兵攻打我们的先头部队的，这是因为他们怕我军到了险要的地方，遇阻后就会撤回去。”韩信随即派遣一万人打先锋，开出营寨，背靠河水摆开阵势。赵军望见后都哗然大笑。

天刚蒙蒙亮的时候，韩信打出了大将的旗鼓，鼓乐喧天地开出了井陉口。赵军洞开营门迎击，双方激战了很久。这时，韩信和张耳便假装丢旗弃鼓，逃回河边的阵营。河边部队大开营门放他们进去，然后又和赵军鏖战。赵军果然倾巢出动，争抢汉军抛下的旗鼓，追逐韩信和张耳。韩信、张耳进入河边的阵地后，全军即都拼死奋战，赵军无法打败他们。韩信派出的二千名骑兵突击队一起等到赵军将士全体出动去追逐争夺战利品时，立刻奔驰进入赵军营地，拔掉所有赵军旗帜，插上两千面汉军红旗。赵军已经无法抓获韩信等人，便想退回营地，但却见自己的营垒中遍是汉军的红旗，都惊慌失措，以为汉军已将赵王的将领全部擒获了，于是士兵们大乱，纷纷逃跑，赵将尽管不停地斩杀逃兵，也无法禁止溃败之势。汉军随即又前后夹击，大败赵军，在水边杀了陈余，活捉了赵王赵歇。

将领们献上敌人的首级和俘虏，都向韩信祝贺，并趁势问韩信说：“兵法上提出：‘布军列阵要右边和背面靠山，前面和左边临水。’而这次您却反而让我们背水布阵，还说什么‘待打败赵军后再会餐’，我们当时都颇不信服，但是竟然取胜了，这是什么战术呀？”韩信说：“这战术也是兵法上有的，只不过你们没有留意罢了！兵法上不是说‘陷之死地而后生，置之亡地而后存’吗？况且我所率领的并不是平时训练

韩信大败赵军

有素的将士，这即是所谓的‘驱赶着街市上的平民百姓去作战’，势必非把他们置于死地，使他们人人为各自的生存而战不可；倘若给他们留下活路，他们就会逃走了，那样一来，难道还能够用他们去冲锋陷阵吗！”将领们于是都心悦诚服地说：“对啊！您的谋略的确非我们所能比呀！”

汉军谒者随何来到九江王黥布处，九江太宰出面接待他，连过三天仍未能见到黥布。于是随何便劝太宰说：“九江王之所以不接见我，必定是由于他认为楚国强大，汉国弱小。而这正是我此次出使的原因啊。假如能让我见到九江王，若说得有理，就是大王想要听到的；倘若说得不对，就把我们二十人斩首在九江国的街市上，这将足够表明九江王背叛汉王而与楚王相交好了。”太宰便把这些话报告给了黥布。

黥布于是召见随何。随何说：“汉王派我敬呈书信给大王您，是因为我们私下里有些疑惑，不知大王您和楚王是个什么关系。”黥布道：“我是面朝北以臣子的身份侍奉他。”随何说：“大王您与楚王项羽同列诸侯，地位相等，而您却面北向他称臣，肯定是认为楚国强大，可以作为九江国的靠山了。但当项王攻打齐国，背负修筑营墙的墙版和筑杵，身先士卒地冲杀时，您本应出动九江国的全部兵力，亲自率领他们去为楚军打先锋，可如今却只调拨四千人去支援楚军。面向北侍奉他人的臣子，本来就该是这个样子的吗？汉王攻入彭城时，项王还没离开齐地回师，您理应率领九江国的全部兵力抢渡淮河，奔赴彭城投入与汉军的日夜会战，可您却拥兵万人，而无一人渡过淮河，只是袖手旁观人家的胜负。把江山社稷托付给别人的人，原本就该是这个样子的吗？您这是借依附楚国之名而想要行独立自主之实，我私下里认为您的这种做法是不可取的！然而您还不背弃楚国，不过是因为您以为汉国弱小罢了。但是，楚国的军队虽然强大，天下的人却给它背上了不义的恶名，这是由于它既违背盟约又杀害义帝的缘故。而汉王联合诸侯，率军回守成皋、荥阳，运来蜀和汉中的粮食，深挖壕沟，加固营垒，分兵把守边防要塞。楚军则因反攻荥阳、成皋，深入反楚的土地八九百里，老弱残兵从千里之外转运粮食，汉军却只坚守不出战。这么一来，楚军进不能攻取，退又无法脱身，所以说楚军是不足以依赖的。如果楚军战胜了汉军，各诸侯便会人人自危而相互救援。这么一来，楚军的强盛，倒恰好招致天下的军队都来与它抗衡了。所以楚国不如汉国的形势，是显而易见的。现在您不与万无一失的汉国结好，却要把自身托付给行将灭亡的楚国，我暗中对您的这种做法困惑不解。我并不是认为九江国的兵力足够用来消灭楚军了，而是觉得您如能起兵反叛楚国，项王就必定得留下来，只要拖住项王几个月，汉王夺取天下就会万无一失了。我请求随您一起提剑归汉，汉王保证会划分一块土地封给您，又何况九江国必定也仍旧归您所有啊。”黥布于是说：“那就遵命了。”即暗中许诺随何叛楚归汉，只是一时还不敢走漏风声。

楚国的使者在九江，住在客舍中，正加紧督促黥布发兵援楚。随何径直闯入客舍，坐到楚使者上面的座位上，说：“九江王已经归汉，楚国凭什么能来征调他的军队？”黥布听了大吃一惊。这时楚国使者便起身要走。随何乘势劝黥布说：“事已至此，可以就杀掉楚使者，不要让他回去，而您即火速投奔汉王，与汉军协力作战。”黥布道：“就按您指教的办。”于是杀掉了楚国使者，趁机起兵攻打楚国。

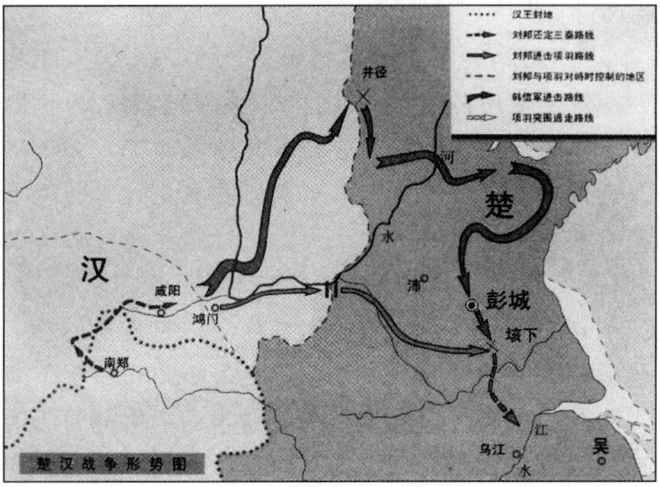

楚汉战争形势图

楚军屡次袭击截夺汉军运粮的通道，使汉军中粮食短缺。汉王因此与郦食其谋划如何削弱楚国的实力。郦食其说：“从前商汤讨伐夏桀，将夏桀王的后裔封在杞国；周武王讨伐商纣，将商纣王的子孙封在宋国。如今秦朝丧失德行、背弃道义，侵伐各诸侯国，灭掉各国后，使诸侯的后代生无立锥之地。陛下若真能重新扶立六国的后裔，当今六国的君臣、百姓都对陛下感恩戴德，无一不向往陛下的风范，仰慕陛下的仁义，都甘愿做陛下的臣民。如此德义已经施行，陛下即可面向南居帝位称霸天下，楚王也必定会整理衣冠，肃然起敬地前来朝拜了。”汉王说：“好！赶快去刻制印玺，您就可带上它们出使各国了。”

郦食其尚未起程，张良从外面回来谒见汉王。汉王当时正在吃饭，说道：“子房，你过来！宾客中有人为我策划了削弱楚国实力的办法。”随即把郦食其的话都告诉了张良，说：“你看怎么样呀？”张良道：“什么人为陛下谋划了这个计策？陛下统一天下的大事要完了！”汉王说：“为什么呢？”张良答道：“我请求借用您面前的筷子，来为您指划一下目前的形势：从前商汤、周武王之所以封立夏桀、商纣王的后裔，是因为估量到自己可以掌握住对他们的生死大权。而如今陛下能够决定项羽灭亡的命运吗？这是不可封六国国君后代的第一个理由。周武王进入殷商的都城，在里门表彰商纣王时的贤人商容的德行，释放了被囚禁的箕子，翻修比干的坟墓。而如今陛下能够这样做吗？这是不可封六国之后的第二个理由。周武王曾经发放商纣王巨桥粮仓的粮食，散拨鹿台府库的金钱，以赈济贫苦百姓。如今陛下可以这么做吗？这是不可封六国之后的第三个理由。殷商灭亡后，周武王废弃战车，改作乘车，倒置兵器，以向天下人表示不再用兵。如今陛下能这样做吗？这是不可封六国后代的第四个理由。把战马放养在华山的南面，以显示让它们休息不再驱用。如今陛下可以这么做吗？这是不可封六国后代的第五个理由。将牛放牧到桃林的北面，以表示不再用它们运输粮草辎重。如今陛下能够这样做吗？这是不可封六国后代的第六个理由。天下远游的士子，所以要远离自己的父母兄弟，抛弃自己祖先的坟墓，离开自己的老友，跟随陛下辗转奔波，为的就是得到那日思夜想的一点点封地。倘若今天重新封立六国国君的后裔，使天下远游之士各自回去事奉他们的君主，伴随他们的父母妻儿，返归他们旧友、祖坟所在的故土，那么陛下还依靠谁去夺取天下呢？这是不可封六国之后的第七个理由。况且当今只有楚国强大，尚无超过它的，假如复立的六国后代重又屈从楚国，那么陛下还怎么使他们臣服于汉呢？这是不可封六国之后的第八个理由。如若真的采用了那位宾客的计策，陛下统一天下的大事可不就完了吗？”汉王听了这番话后饭也不吃了，吐出口中的食物，骂道：“这个书呆子，几乎坏了我的大事！”立即下令，赶快销毁那些印玺。

汉王刘邦对陈平说：“天下纷扰混乱，到什么时候才能安定呀？”陈平说：“项王身边刚直不阿的臣子，如亚父范增、钟离眛、龙且、周殷之辈，也不过几个人罢了。大王您如果确能拿出几万斤黄金，施用反间计，离间楚国的君臣关系，使他们内心互相猜疑，而项羽的为人原就猜忌多疑，易听信谗言，这样一来，他们内部必然会自相残杀，我们即可乘机发兵去攻打他们，如此击败楚军是一定的啦。”汉王说：“对啊！”便取出黄金四万斤交给陈平，任凭他自行活动，不过问他使用的情况。陈平于是用许多黄金雇请间谍到楚军中去进行离间活动，扬言说：“各位将领如钟离眛等人为项王领兵打仗，功劳卓著，但是却终究不能分得一块土地而称王，因此他们便想与汉军联合起来，借此灭掉项氏，瓜分楚国的土地，各自称王。”项羽果然有所猜忌，不再信任钟离眛等人。

夏季，四月，楚军在荥阳围攻刘邦，形势紧急。刘邦向项羽请求议和，将荥阳西面的地区划归汉国。但范增却劝项羽火速攻打荥阳，汉王为此忧心忡忡。这时项羽派使者前往汉王处，陈平置备了丰富盛大的宴席，命人端去款待楚国的使者，一见到楚使，就假装惊诧地说：“我还以为是亚父的使者呢，原来竟是项王的使者啊！”随即将酒菜又端了出去，改换粗劣的饭菜送给楚使食用。楚使回国后，即把这些情况汇报给了项羽，项羽果然又对范增大加猜疑。范增想要加紧攻下荥阳城，项羽不信任他，不肯听从他的意见。范增闻听项羽对他有怀疑，便怒气冲冲地说：“天下事大体上已有定局了，您自己干吧，望能准许我辞职回家！”于是范增踏上了归途，还没有到达彭城时，就背上毒疮发作死去了。

五月，将军纪信告诉刘邦说：“势态紧急！我请求去迷惑一下楚军，您即可以悄悄地溜出荥阳城了。”随即由陈平趁着黑夜把二千多名妇女放出城东门，楚军即刻便从四面围攻这群妇女。纪信于是乘坐汉王的车驾，黄绸车盖、车衡左边的装饰物等一应俱全，驶到楚军前，说：“我军粮食已经吃光了，汉王前来乞降。”楚军都山呼万岁，涌到城东观望。汉王因此得以带领几十骑人马从西门出城逃走，命韩王信与周苛、魏豹、枞公继续把守荥阳。项羽见到纪信后问道：“汉王在哪里呀？”纪信说：“已经出城了。”项羽于是烧死了纪信。

四年（戊戌，公元前203年）

楚国大司马曹咎驻守成皋，汉军屡次挑战，楚军只是坚守不出。汉军于是派人到阵前百般辱骂曹咎，一连几天，激得曹咎暴怒，即领兵横渡汜水。楚国的士兵刚渡过一半，汉军就对它发起攻击，大败楚军，缴获了楚国的全部金银玉器和财物。曹咎和长史司马欣都在汜水之畔自杀身亡。汉王随即领兵渡过黄河，再次收复成皋，驻扎到广武，取用敖仓的粮食做军粮。

项羽攻下了梁地十多个城邑后，听说成皋又被攻破，就率军返回。这时汉军正在荥阳东面围攻钟离眜，听说项羽大军到了，就全部撤往险要的地方。项羽也在广武驻扎下来，与汉军对峙。这样过了几个月，楚军粮食短缺。项羽很是担忧，便架设肉案，把刘邦的父亲放到上面，通告汉王说："今日你如不赶快投降，我就煮杀了太公！"汉王道："我曾与你一起面向北作为臣子接受楚怀王的命令，盟誓结为兄弟，因此我的父亲就犹如你的父亲。倘若你一定要煮杀你的父亲，那么望你也分给我一杯肉羹！"项羽怒不可遏，想要杀掉太公。项伯说："天下的事情不可预料。况且有志争夺天下的人是不顾及自己家人的，即使杀了太公也没什么好处，不过徒增祸患罢了！"项羽依从了他的话。

项羽对刘邦说："天下沸沸扬扬地闹腾了好几年了，只是由于我们两个人相持不下的缘故。现在我愿意向你挑战，一决雌雄，不要再让天下的老百姓白白地忍受煎熬了！"汉王笑着推辞道："我宁肯斗智，不肯斗力。"项羽便连着三次命楚军壮士出阵挑战，但次次都被汉营中善于骑射的楼烦射杀了。项羽因此勃然大怒，就亲自披甲持戟上阵挑战。楼烦又想要射项羽，项羽这时愤怒地瞪着大眼厉声喝斥，使楼烦双眼不敢直视项羽的目光，双手不敢张弓发箭，随即奔回营垒，不敢再露面了。刘邦派人悄悄地探听那挑战者是谁，才知道竟是项羽本人，刘邦为此大吃一惊。

刘邦舍父对阵

这时项羽便靠近刘邦，相互隔着广武涧对话。项羽想要单独向刘邦挑战。刘邦历数项羽的罪状说："你项羽违背先约，封我到蜀、汉为王，这是第一条罪状；假托怀王的命令，杀害卿子冠军宋义，是第二条罪状；救赵之后不回报怀王，竟擅自胁迫诸侯军入关，是第三条罪状；焚烧秦朝宫室，掘毁秦始皇陵墓，盗取财物据为私有，是第四条罪状；诛杀已经归降的秦王子婴，是第五条罪状；采用欺诈手段，在新安活埋了已经归顺的二十万秦兵，是第六条罪状；把好的地方封给各将领，却迁徙放逐原来的诸侯王，是第七条罪状；将义帝逐出彭城，自己在那里建都，侵夺韩王的封地，并在梁、楚之地称王称霸，竭力扩充自己的地盘，是第八条罪状；派人到江南暗杀了义帝，是第九条罪状；执政不公平，主持盟约不守信义，为天下所不容，实属大逆不道，是第十条罪状。如今我率领正义的军队随各诸侯一起征讨你这残虐的贼子，只须让那些受过刑罚的罪犯来攻打你就行了，又何苦要与你单独挑战呢？”项羽闻言大怒，用暗伏的弩箭射中了汉王。汉王胸部负伤，却摸着脚说：“这贼子射中我的脚趾了！”汉王因受创伤而卧床休息，张良却坚持请他起身去军中抚慰将士，以安定军心，不要让楚军乘势取胜。汉王于是出去巡视军营，但终因伤势加重，而赶赴成皋养伤。

韩信派人向刘邦上书说：“齐国伪诈多变，是个反复无常的国家，且它的南边又临近楚国。请让我暂时代理齐王去镇抚齐国。”汉王打开书信一看，即大发雷霆，骂道：“我被困在这里，朝思暮想地盼你来协助我，你却想要自立为王！”张良、陈平连忙暗踩汉王的脚，接着就凑到他的耳边低声说：“汉军目前正处在不利的形势中，哪能禁止韩信擅自称王啊！倒不如就趁势立他为王，好好地对待他，让他自行镇守齐国。不然的话，就可能会发生兵变。”汉王这时也醒悟过来，乘机又改口骂道：“大丈夫平定了诸侯国，要做就做正式的君王，何必要当个代理国王呢？”春季，二月，汉王即派张良带着印信去封韩信为齐王，并征调他的部队去攻打楚军。

项羽自己明白楚军颇为缺乏援助力量，而且军粮已经全部吃完，韩信又在进兵攻打楚军，为此十分忧虑。汉王这时派侯公前来劝说项羽，请求接汉王的父亲太公回去。项羽于是就同汉王定下条约：二人平分天下，以战国时魏惠王所开的名为“鸿沟”的运河为界，鸿沟以西划归汉王，鸿沟以东划归楚王。九月，楚军将太公、汉王王后吕雉送归汉王，项羽随即领兵解阵而东行归去。汉王于是也想西行回国，张良、陈平便劝他道：“汉国已经得到了大半个天下，诸侯又都来归附，楚军却兵疲粮尽，这正是上天让我们灭亡楚国的大好时机啊。如今放走楚军而不去追击，这即叫作‘饲养猛虎给自己留下后患’呀。”汉王接受了他们的意见。

第十一卷　汉纪三

译文诵读

太祖高皇帝中五年（己亥，前202）

冬，十月，汉王追项羽至固陵，与齐王信、魏相国越期会击楚；信、越不至，楚击汉军，大破之。汉王复坚壁自守，谓张良曰："诸侯不从，奈何？"对曰："楚兵且破，二人未有分地，其不至固宜；君王能与共天下，可立致也。齐王信之立，非君王意，信亦不自坚；彭越本定梁地，始，君王以魏豹故拜越为相国；今豹死，越亦望王，而君王不早定。今能取睢阳以北至谷城皆以王彭越，从陈以东傅海与韩王信。信家在楚，其意欲复得故邑。能出捐此地以许两人，使各自为战，则楚易破也。"汉王从之。于是韩信、彭越皆引兵来。

十二月，项王至垓下，兵少，食尽，与汉战不胜，入壁；汉军及诸侯兵围之数重。项王夜闻汉军四面皆楚歌，乃大惊曰："汉皆已得楚乎？是何楚人之多也！"则夜起，饮帐中，悲歌慷慨，泣数行下；左右皆泣，莫能仰视。于是项王乘其骏马名骓，麾下壮士骑从者八百余人，直夜，溃围南出驰走。平明，汉军乃觉之，令骑将灌婴以五千骑追之。项王渡淮，骑能属者才百余人。至阴陵，迷失道，问一田父，田父绐曰"左"。左，乃陷大泽中，以故汉追及之。

项王乃复引兵而东，至东城，乃有二十八骑；汉骑追者数千人。项王自度不得脱，谓其骑曰："吾起兵至今，八岁矣；身七十余战，未尝败北，遂霸有天下。然今卒困于此，此天之亡我，非战之罪也！今日固决死，愿为诸君快战，必溃围，斩将，刈旗，三胜之，令诸君知天亡我，非战之罪也。"乃分其骑以为四队，四乡。汉军围之数重。项王谓其骑曰："吾为公取彼一将。"令四面骑驰下，期山东为三处。于是项王大呼驰下，汉军皆披靡，遂斩汉一将。是时，郎中骑杨喜追项王，项王瞋目而叱之，喜人马俱惊，辟易数里。项王与其骑会为三处，汉军不知项王所在，乃分军为三，复围之。项王乃驰，复斩汉一都尉，杀数十百人；复聚其骑，亡其两骑耳。乃谓其骑曰："何如？"骑皆伏曰："如大王言！"

于是项王欲东渡乌江，乌江亭长檥船待，谓项王曰："江东虽小，地方千里，众数十万人，亦足王也。愿大王急渡！今独臣有船，汉军至，无以渡。”项王笑曰：“天之亡我，我何渡为！且籍与江东子弟八千人渡江而西，今无一人还；纵江东父兄怜而王我，我何面目见之！纵彼不言，籍独不愧于心乎！”乃以所乘骓马赐亭长，令骑皆下马步行，持短兵接战。独籍所杀汉军数百人，身亦被十余创。顾见汉骑司马吕马童，曰：“若非吾故人乎？”马童面之，指示中郎骑王翳曰：“此项王也。”项王乃曰：“吾闻汉购我头千金，邑万户；吾为若德。”乃自刎而死。王翳取其头；余骑相蹂践争项王，相杀者数十人；最其后，杨喜、吕马童及郎中吕胜、杨武各得其一体；五人共会其体，皆是，故分其户，封五人皆为列侯。

诸侯王皆上疏请尊汉王为皇帝。二月甲午，王即皇帝位于汜水之阳。更王后曰皇后，太子曰皇太子；追尊先媪曰昭灵夫人。

帝置酒洛阳南宫，上曰：“彻侯、诸将毋敢隐朕，皆言其情。吾所以有天下者何？项氏之所以失天下者何？”高起、王陵对曰：“陛下使人攻城略地，因以与之，与天下同其利；项羽不然，有功者害之，贤者疑之，此其所以失天下也。”上曰：“公知其一，未知其二。夫运筹帷幄之中，决胜千里之外，吾不如子房；填国家，抚百姓，给饷馈，不绝粮道，吾不如萧何；连百万之众，战必胜，攻必取，吾不如韩信。三者皆人杰，吾能用之，此吾所以取天下者也。项羽有一范增而不能用，此所以为我禽也。”群臣说服。

韩信至楚，召漂母，赐千金。召辱己少年令出跨下者，以为中尉；告诸将相曰：“此壮士也。方辱我时，我宁不能杀之邪？杀之无名，故忍而就此。”

彭越既受汉封，田横惧诛，与其徒属五百余人入海，居岛中。帝以田横兄弟本定齐地，齐贤者多附焉；今在海中，不取，后恐为乱。乃使使赦横罪，召之。横谢曰：“臣烹陛下之使郦生，今闻其弟商为汉将；臣恐惧，不敢奉诏，请为庶人，守海岛中。”使还报，帝乃诏卫尉郦商曰：“齐王田横即至，人马从者敢动摇者，致族夷！”乃复使使持节具告以诏商状，曰：“田横来，大者王，小者乃侯耳；不来，且举兵加诛焉。”

横乃与其客二人乘传诣洛阳。未至三十里，至尸乡厩置。横谢使者曰：“人臣见天子，当洗沐。”因止留，谓其客曰：“横始与汉王俱南面称孤；今汉王为天子，而横乃为亡虏，北面事之，其耻固已甚矣。且吾烹人之兄，与其弟并肩而事主；纵彼畏天子之诏不敢动，我独不愧于心乎！且陛下所以欲见我者，不过欲一见吾面貌耳；今斩吾头，驰三十里间，形容尚未能败，犹可观也。”遂自刭，令客奉其头，从使者驰奏之。帝曰：“嗟乎！起自布衣，兄弟三人更王，岂不贤哉！”为之流涕，而拜其二客为都尉；发卒二千人，以王者礼葬之。既葬，二客穿其冢傍孔，皆自刭，下从之。帝闻之，大惊。以横客皆贤，余五百人尚在海中，使使召之；至，则闻田横死，亦皆自杀。

初，楚人季布为项籍将，数窘辱帝。项籍灭，帝购求布千金；敢有舍匿，罪三族。布乃髡钳为奴，自卖于鲁朱家。朱家心知其季布也，买置田舍；身之洛阳见滕公，说曰："季布何罪！臣各为其主用，职耳；项氏臣岂可尽诛邪？今上始得天下，而以私怨求一人，何示不广也！且以季布之贤，汉求之急，此不北走胡，南走越耳。夫忌壮士以资敌国，此伍子胥所以鞭荆平之墓也。君何不从容为上言之！"滕公待间，言于上，如朱家指。上乃赦布，召拜郎中，朱家遂不复见之。

布母弟丁公，亦为项羽将，逐窘帝彭城西。短兵接，帝急，顾谓丁公曰："两贤岂相厄哉！"丁公引兵而还。及项王灭，丁公谒见。帝以丁公徇军中，曰："丁公为项王臣不忠，使项王失天下者也。"遂斩之，曰："使后为人臣无效丁公也！"

臣光曰：高祖起丰、沛以来，罔罗豪桀，招亡纳叛，亦已多矣。及即帝位，而丁公独以不忠受戮，何哉？夫进取之与守成，其势不同。当群雄角逐之际，民无定主；来者受之，固其宜也。及贵为天子，四海之内，无不为臣；苟不明礼义以示之，使为臣者，人怀贰心以徼大利，则国家其能久安乎!是故断以大义，使天下晓然皆知为臣不忠者无所自容；而怀私结恩者，虽至于活己，犹以义不与也。戮一人而千万人惧，其虑事岂不深且远哉！子孙享有天禄四百余年，宜矣！

张良素多病，从上入关，即道引，不食谷，杜门不出，曰："家世相韩；及韩灭，不爱万金之资，为韩报雠强秦，天下振动。今以三寸舌为帝者师，封万户侯，此布衣之极，于良足矣。愿弃人间事，欲从赤松子游耳。"

臣光曰：夫生之有死，譬犹夜旦之必然；自古及今，固未有超然而独存者也。以子房之明辨达理，足以知神仙之为虚诡矣；然其欲从赤松子游者，其智可知也。夫功名之际，人臣之所难处。如高帝所称者，三杰而已；淮阴诛夷，萧何系狱，非以履盛满而不止耶！故子房托于神仙，遗弃人间，等功名于外物，置荣利而不顾，所谓"明哲保身"者，子房有焉。

六年（庚子，前201）

冬，十月，人有上书告楚王信反者。帝以问诸将，皆曰："亟发兵，坑竖子耳！"帝默然。又问陈平，陈平曰："人上书言信反，信知之乎？"曰："不知。"陈平曰："陛下精兵孰与楚？"上曰："不能过。"平曰："陛下诸将，用兵有能过韩信者乎？"上曰："莫及也。"平曰："今兵不如楚精而将不能及，举兵攻之，是趣之战也，窃为陛下危之！"上曰："为之奈何？"平曰："古者天子有巡狩，会诸侯。陛下第出，伪游云梦，会诸侯于陈。陈，楚之西界；信闻天子以好出游，其势必无事而郊迎谒；谒而陛下因禽之，此特一力士之事耳。"帝以为然；乃发使告诸侯会陈，"吾将南游云梦。"上因随以行。

楚王信闻之，自疑惧，不知所为。或说信曰："斩钟离昧以谒上，上必喜，无患。”信从之。十二月，上会诸侯于陈，信持昧首谒上；上令武士缚信，载后车。信曰：“果若人言：‘狡兔死，走狗烹；高鸟尽，良弓藏；敌国破，谋臣亡。’天下已定，我固当烹！”上曰：“人告公反。”遂械系信以归。

上还，至洛阳，赦韩信，封为淮阴侯。信知汉王畏恶其能，多称病，不朝从；居常鞅鞅，羞与绛、灌等列。尝过樊将军哙。哙跪拜送迎，言称臣，曰：“大王乃肯临臣！”信出门，笑曰：“生乃与哙等为伍！”

上尝从容与信言诸将能将兵多少。上问曰：“如我能将几何？”信曰：“陛下不过能将十万。”上曰：“于君何如？”曰：“臣多多而益善耳。”上笑曰：“多多益善，何为为我禽？”信曰：“陛下不能将兵而善将将，此乃信之所以为陛下禽也。且陛下，所谓‘天授，非人力’也。”

甲申，始剖符封诸功臣为彻侯。萧何封酂侯，所食邑独多。功臣皆曰：“臣等身被坚执锐，多者百余战，小者数十合。今萧何未尝有汗马之劳，徒持文墨议论，顾反居臣等上，何也？”帝曰：“诸君知猎乎？夫猎，追杀兽兔者，狗也；而发纵指示兽处者，人也。今诸君徒能得走兽耳，功狗也；至如萧何，发纵指示，功人也。”群臣皆不敢言。张良为谋臣，亦无战斗功；帝使自择齐三万户。良曰：“始，臣起下邳，与上会留，此天以臣授陛下；陛下用臣计，幸而时中。臣愿封留足矣，不敢当三万户。”乃封张良为留侯。封陈平为户牖侯，平辞曰：“此非臣之功也。”上曰：“吾用先生谋，战胜克敌，非功而何？”平曰：“非魏无知，臣安得进？”上曰：“若子，可谓不背本矣！”乃复赏魏无知。

上已封大功臣二十余人，其余日夜争功不决，未得行封。上在洛阳南宫，从复道望见诸将，往往相与坐沙中语。上曰：“此何语？”留侯曰：“陛下不知乎？此谋反耳！”上曰：“天下属安定，何故反乎？”留侯曰：“陛下起布衣，以此属取天下；今陛下为天子，而所封皆故人所亲爱，所诛皆生平所仇怨。今军吏计功，以天下不足遍封；此属畏陛下不能尽封。恐又见疑平生过失及诛，故即相聚谋反耳。”上乃忧曰：“为之奈何？”留侯曰：“上平生所憎、群臣所共知，谁最甚者？”上曰：“雍齿与我有故怨，数尝窘辱我；我欲杀之，为其功多，故不忍。”留侯曰：“今急先封雍齿，则群臣人人自坚矣。”于是上乃置酒，封雍齿为什方侯；而急趋丞相、御史定功行封。群臣罢酒，皆喜，曰：“雍齿尚为侯，我属无患矣！”

臣光曰：张良为高帝谋臣，委以心腹，宜其知无不言；安有闻诸将谋反，必待高帝目见偶语，然后乃言之邪！盖以高帝初得天下，数用爱憎行诛赏，或时害至公，群臣往往有觖望自危之心；故良因事纳忠以变移帝意，使上无阿私之失，下无猜惧之谋，国家无虞，利及后世。若良者，可谓善谏矣。

帝悉去秦苛仪，法为简易。群臣饮酒争功，醉，或妄呼，拔剑击柱，帝益厌之。叔孙通说上曰："夫儒者难与进取，可与守成。臣愿征鲁诸生，与臣弟子共起朝仪。"帝曰："得无难乎？"叔孙通曰："五帝异乐，三王不同礼；礼者，因时世、人情为之节文者也。臣愿颇采古礼，与秦仪杂就之。"上曰："可试为之，令易知，度吾所能行者为之！"

于是叔孙通使，征鲁诸生三十余人。鲁有两生不肯行，曰："公所事者且十主，皆面谀以得亲贵。今天下初定，死者未葬，伤者未起，又欲起礼、乐。礼、乐所由起，积德百年而后可兴也。吾不忍为公所为；公去矣，无污我！"叔孙通笑曰："若真鄙儒也，不知时变！"遂与所征三十人西，及上左右为学者与其弟子百余人，为绵蕞，野外习之。月余，言于上曰："可试观矣。"上使行礼；曰："吾能为此。"乃令群臣习肄。

七年（辛丑，前200）

冬，十月，长乐宫成，诸侯群臣皆朝贺。先平明，谒者治礼，以次引入殿门，陈东、西乡。卫官侠陛及罗立廷中，皆执兵，张旗帜。于是皇帝传警，辇出房；引诸侯王以下至吏六百石以次奉贺，莫不振恐肃敬。至礼毕，复置法酒。诸侍坐殿上，皆伏，抑首；以尊卑次起上寿。觞九行，谒者言"罢酒"，御史执法举不如仪者，辄引去。竟朝置酒，无敢欢哗失礼者。于是帝曰："吾乃今日知为皇帝之贵也！"乃拜叔孙通为太常，赐金五百斤。

初，秦有天下，悉内六国礼仪，采择其尊君、抑臣者存之。及通制礼，颇有所增损，大抵皆袭秦故，自天子称号下至佐僚及宫室、官名，少所变改。其书，后与律、令同录，藏于理官；法家又复不传，民臣莫有言者焉。

臣光曰：礼之为物大矣！用之于身，则动静有法而百行备焉；用之于家，则内外有别而九族睦焉；用之于乡，则长幼有伦而俗化美焉；用之于国，则君臣有叙而政治成焉；用之于天下，则诸侯顺服而纪纲正焉；岂直几席之上、户庭之间得之而不乱哉！夫以高祖之明达，闻陆贾之言而称善，睹叔孙之仪而叹息；然所以不能肩于三代之王者，病于不学而已。当是之时，得大儒而佐之，与之以礼为天下，其功烈岂若是而止哉！惜夫，叔孙生之器小也！徒窃礼之糠秕，以依世、谐俗、取宠而已，遂使先王之礼沦没而不振，以迄于今，岂不痛甚矣哉！是以扬子讥之曰："昔者鲁有大臣，史失其名。曰：'何如其大也！'曰：'叔孙通欲制君臣之仪，召先生于鲁，所不能致者二人。'曰'若是，则仲尼之开迹诸侯也非邪？'曰：'仲尼开迹，将以自用也。如委己而从人，虽有规矩、准绳，焉得而用之！'"善乎扬子之言也！夫大儒者，恶肯毁其规矩、准绳以趋一时之功哉！

上居晋阳，闻冒顿居代谷，欲击之。使人觇匈奴，冒顿匿其壮士、肥牛马，但见老弱及羸畜。使者十辈来，皆言匈奴可击。上复使刘敬往使匈奴，未还；汉悉兵三十二万北逐之，逾句注。刘敬还，报曰："两国相击，此宜夸矜，见所长；今臣往，徒见羸瘠、老弱，此必欲见短，伏奇兵以争利。愚以为匈奴不可击也。"是时，汉兵已业行，上怒，骂刘敬曰："齐虏以口舌得官，今乃妄言沮吾军！"械系敬广武。

帝先至平城，兵未尽到；冒顿纵精兵四十万骑，围帝于白登七日，汉兵中外不得相救饷。帝用陈平秘计，使使间厚遗阏氏。阏氏谓冒顿曰："两主不相困。今得汉地，而单于终非能居之也。且汉主亦有神灵，单于察之！"冒顿与王黄、赵利期，而黄、利兵不来，疑其与汉有谋，乃解围之一角。会天大雾，汉使人往来，匈奴不觉。陈平请令强弩傅两矢，外乡，从解角直出。帝出围，欲驱；太仆滕公固徐行。至平城，汉大军亦到，胡骑遂解去。汉亦罢兵归，令樊哙止定代地。

上至广武，赦刘敬，曰："吾不用公言，以困平城；吾皆已斩前使十辈矣！"乃封敬二千户为关内侯，号为建信侯。帝南过曲逆，曰："壮哉县！吾行天下，独见洛阳与是耳。"乃更封陈平为曲逆侯，尽食之。平从帝征伐，凡六出奇计，辄益封邑焉。

春，二月，上至长安。萧何治未央宫，上见其壮丽，甚怒，谓何曰："天下匈匈，劳苦数岁，成败未可知，是何治宫室过度也！"何曰："天下方未定，故可因以就宫室。且夫天子以四海为家，非壮丽无以重威，且无令后世有以加也。"上说。

臣光曰："王者以仁义为丽，道德为威，未闻其以宫室填服天下也。天下未定，当克己节用以趋民之急；而顾以宫室为先，岂可谓之知所务哉！昔禹卑宫室而桀为倾宫。创业垂统之君，躬行节俭以示子孙，其末流犹入于淫靡，况示之以侈乎！乃云"无令后世有以加"，岂不谬哉！至于孝武，卒以宫室罢敝天下，未必不由酂侯启之也！

汉高帝五年（己亥，公元前202年）

冬季，十月，汉王刘邦追击项羽到达固陵，与齐王韩信、魏国的相国彭越约定日期合击楚军。但是韩信、彭越的军队没有来，楚军攻打汉军，大败了汉军。刘邦于是重又坚固营垒加强防守，并对张良说："诸侯不遵守信约，怎么办啊？"张良答道："楚军即将被打败，而韩信、彭越二人没有分得确定的领地，因此他们不应约前来会合，原来是应当的。君王您如果能与他们一起共分天下，就可以立即把他们召来。齐王韩信的封立，并不是您的本意，韩信自己也不放心。彭越本来平定了梁地，当初您为了魏豹的缘故，封彭越为魏国相国。而今魏豹已死，彭越也想自己

西周中期　钟

称王，但您却不早做决定。现在，您可以把从睢阳以北到谷城的地区都封给彭越，把从陈郡以东到沿海地区的区域划给韩信。韩信的家乡在楚地，他的意思也是想要重新得到自己故乡的土地。您如果能拿出以上地方许给他们两人，让他们各自为自己的利益而战，那么楚国就很容易攻破了。”汉王听从了这一建议。于是韩信、彭越都率军前来。

十二月，项羽到了垓下，兵少粮尽，与汉军交战未能取胜，便退入营垒固守。这时汉军和诸侯的军队将项羽的军营重重包围了起来。项羽在晚上听到汉军四面都唱起楚歌，就大惊道：“汉军已经全部得到楚国的土地了吗？是什么原因楚人这么多呀！”便连夜起身，在帐中饮酒，慷慨悲歌，泪下数行，侍从人员见状也都纷纷哭泣，全不忍心抬头观看。项羽于是骑上他的名叫骓的骏马，部下的壮士骑马相随的有八百多人，当夜即突围往南奔驰。天大亮时，汉军才发觉，便命令骑将灌婴率五千名骑士追赶。项羽渡过淮河，相随的骑兵能跟得上他的才一百多人。到达阴陵后，项羽一行人迷了路，就向一个农夫问路，农夫骗他说“往左”。但是项羽等往左走，却陷进了大沼泽地中。汉军因此便追上了他们。

项羽于是又领兵向东奔走，到达东城，相随的只有二十八个骑兵了。而这时汉军骑兵追逐前来的有好几千人。项羽自己料想是不能脱身了，便对他的骑兵们说：“我从起兵到现在，已经八年了，身经七十多次战斗，不曾失败过，这才霸有了天下。但是今天终于被困在这里，这是上天要灭亡我啊，并不是我用兵有什么过错！今天定要一决生死，愿为你们痛快地打一仗，一定突破重围，斩杀敌将、砍倒汉旗，接连三次取胜，让你们知道是天要亡我，而不是我用兵的过错。”随即把他的人马分为四队，向四个方向冲杀。但汉军已将他们重重包围。项羽便对他的骑兵们说：“看我为你们斩杀他一员将领！”就命令骑士们从四面奔驰而下，约定在山的东边分三处会合。接着项羽便大声呼喝着策马飞奔而下，汉军随即都溃败散乱，项羽就斩杀了一员汉将。这时，郎中骑杨喜追击项羽，项羽瞪着双眼厉声呵斥他，杨喜人马都受到惊吓，退避了好几里地。项羽便与他的骑兵们分三处相会合，汉军不知道项羽究竟在哪里，于是分兵三路，重又把他们包围了起来。项羽随即奔驰冲杀，又斩杀了汉军的一名都尉，杀掉了汉军百十来人，重新聚拢了他的骑兵，至此不过仅损失了两名骑士罢了。项羽就对他的骑兵们说：“怎么样啊？”骑兵们都敬服地说：“正像大王您所说的一样！”

这时项羽就想东渡乌江，乌江亭长把船停泊在岸边等着他，并对项羽说：“江东虽然狭小，土地方圆千里，民众几十万人，却也足够用以称王的了。望大王您火速渡江！现在只有我有船，汉军到来，无船渡江。”项羽笑着说：“上天要灭亡我，我还要渡江做什么呀！况且我与江东子弟八千人渡江西征，而今没有一个人归还，纵使江东父老怜爱我，仍然以我为王，但我又有什么脸面去见他们啊！即便他们不说什么，难道我就不感到心中有愧吗！”于是就把自己所骑的骏马骓送给了亭长，命令他的骑兵都下马步行，手持短兵器与汉军交战。仅项羽一人就杀死了汉军几百人，项羽自己也身受十多处伤。这时项羽回头看见了汉军骑司马吕马童，就说：“你不是我的老朋友吗？”吕马童背过脸，指给中郎骑王翳说：“这就是项王！”项羽便说道：“我听说汉王悬赏千金买我的头颅，分给万户的封地，我就留给你一些恩德吧！”即自刎而死。王翳随即取下项羽的头颅。其余的骑兵便相互践踏着争抢项羽的躯体，互为残杀的有几十个人。到了最后，杨喜、吕马童和郎中吕胜、杨武各夺得项羽的一部分肢体。五个人把项羽的肢体会合拼凑到一起，都对得上，因此便分割原来悬赏的万户封地，将五人都封为列侯。

乌江自刎

诸侯王一致上疏，请求推尊汉王为皇帝。二月甲午（初三），汉王便在汜水北面登上帝位。改称王后为皇后，王太子为皇太子；追尊先母为昭灵夫人。

高帝刘邦在洛阳南宫举行酒宴，高帝说道：“各位列侯、各位将军，不要对朕隐瞒，都来说说这个道理：我之所以能取得天下的原因是什么？项羽之所以失掉天下的原因又是什么呀？”高起、王陵回答说：“陛下派人攻城掠地，攻取了城邑、土地就分封给他，与大家同享利益；项羽却不是这样，他对有功的人嫉恨，对贤能的人猜疑，这就是他失去天下的原因。”高帝说：“你们是只知其一，不知其二啊。谈到运筹帷幄之中，决胜千里之外，我不如张良；镇守国家，安抚百姓，供给粮饷，保持运粮道路畅通无阻，我不如萧何；统率百万大军，战必胜，攻必克，我不如韩信。这三位都是人中英杰，而我能够任用他们，这就是我所以能取得天下的原因。项羽虽然有一个范增，却不能信任使用他，这便是项羽所以被我捕捉打败的原因了。”群臣都心悦诚服。

韩信到了楚地，召见曾经分给自己饭吃的那位漂洗丝绵的老妇，赐给她一千金。又召见曾经羞辱自己、叫自己从胯下爬过去的那个人，任命他为楚国的中尉；并告诉将相们说：“这是位壮士啊。当他侮辱我时，我难道就不能杀了他吗？只是

汉高祖刘邦

杀他没有名义，所以忍了下来，才达到了今天这样的成就。”

彭越已经被汉封为梁王，田横怕被杀掉，与他的部下五百多人进入大海，居住在岛上。高帝刘邦认为田横兄弟几人本来曾平定了齐地，齐地贤能的人大都归附了他，今流亡在海岛中，如不加以招抚，以后恐怕会作乱。于是就派使者去赦免田横的罪过，召他前来。田横推辞说：“我曾煮杀了陛下的使臣郦食其，现在听说他的弟弟郦商是汉的将领，我很害怕，不敢奉诏前往，只请求做个平民百姓，留守在海岛中。”使者回报，高帝便诏令卫尉郦商说：“齐王田横即将到来，有敢动一动他的随从人马的人，即诛灭家族！”随即再派使者拿着符节把高帝诏令郦商的情况对田横一一讲明，并说道：“田横若能前来，高可以封王，低也是个侯哇。如果不来，便要发兵加以诛除了。”

田横便和他的两个宾客乘坐驿站的传车去到洛阳。离洛阳还有三十里，到达尸乡驿站。田横向使者道歉说：“为人臣子的人觐见天子时，应当沐浴。”随即住下来，对他的宾客说：“我起初与汉王一道面朝南称王，而今汉王做了天子，我却是作为败亡的臣虏，面北称臣伺候他，这耻辱本来已非常大了。何况我还煮死了人家的兄长，又怎么能同被煮人的弟弟并肩侍奉他们的君主呢？即便这位弟弟畏惧天子的诏令不敢动我，我难道内心就不感到惭愧吗？况且陛下想要见我的原因，不过是想看一看我的容貌罢了。现在斩下我的头颅，奔驰三十里地送去，神态容貌还不会变坏，仍然可以看的。”于是就用刀割断自己的脖子，并让宾客捧着他的头颅，随同使者疾驰洛阳奏报。高帝说：“唉呀！从平民百姓起家，兄弟三人相继为王，这难道不是很贤能的吗？”为田横流下了眼泪。接着授给田横的两个宾客都尉的官职，调拨士兵二千人，按葬侯王的礼仪安葬了田横。下葬以后，那两位宾客在田横的坟墓旁挖了个坑，都自刎而死，倒进坑里陪葬田横。高帝听说了这件事，大为震惊，认为田横的宾客都很贤能，余下的五百人还在海岛上，便派使者去招抚他们。使者抵达海岛，这五百人听说田横已死，也都自杀了。

当初，楚地人季布是项羽手下的将领，曾多次窘困羞辱汉王。项羽灭亡后，高帝刘邦悬赏千金捉拿季布，下令说有敢收留窝藏季布的，罪连三族。季布于是剃去头发，用铁箍卡住脖子当奴隶，把自己卖给鲁地的大侠朱家。朱家心里明白这个人是季布，就将他买下安置在田庄中。朱家随即到洛阳去进见滕公夏侯婴，劝他道：“季布有什么罪啊！臣僚各为他的君主效力，这是常理。项羽的臣下难道可以全都杀掉吗？如今皇上刚刚取得天下，便借私人的怨恨去寻捕一个人，怎么这样来显露自己胸襟的狭窄呀！况且根据季布的贤能，朝廷悬赏寻捕他如此急迫，这是逼他不向北投奔胡人，便往南投靠百越部族啊！忌恨壮士而以此资助敌国，这是伍子胥所以要掘墓鞭打楚平王尸体的缘由呀。您为什么不从容地向皇上说说这些道理呢？”滕公于是就待有机会时，按照朱家的意思向高帝进言，高帝便赦免了季布，并召见他，授任他为郎中。朱家从此也就不再见季布。

季布的舅父丁公，也是项羽手下的将领，曾经在彭城西面追困过高帝刘邦。短兵相接，高帝感觉事态危急，便回头对丁公说：“两个好汉难道要相互为难困斗吗？”丁公于是领兵撤还。等到项羽灭亡，丁公来谒见高帝。高帝随即把丁公拉到军营中示众，说道：“丁公身为项王的臣子却不忠诚，是使项王失掉天下的人啊！”就把他杀了，并说：“让后世为人臣子的人不要效法丁公！”

臣司马光曰：汉高祖刘邦从丰、沛起事以来，网罗强横有势力的人，招纳逃亡反叛的人，也已经是相当多的了。待到登上帝位，唯独丁公因为不忠诚而遭受杀戮，这是为什么啊？是由于进取与守成，形势不同的缘故呀。当群雄并起争相取胜的时候，百姓没有确定的君主，谁来投奔就接受谁，本来就该如此。待到贵为天子，四海之内无不臣服时，如果不明确礼义以显示给人，致使身为臣子的人，人人怀有二心以图求取厚利，那么国家还能长治久安吗？因此汉高祖据大义做出决断，使天下的人都清楚地知道，身为臣子却不忠诚的人没有自己可以藏身的地方，怀揣个人目的布施恩惠给人的人，尽管他甚至于救过自己的命，依照礼义仍不予宽容。似此杀一人而使千万人畏惧，考虑事情难道不是既深刻又远广吗？汉高帝的子孙享有上天赐予的禄位四百多年，应当的啊！

张良向来多病，随从高帝进入函谷关，就静居行气，不吃粮食，闭门不出，说道：“我家的人世代做韩国的宰相，及至韩国灭亡，我不吝惜万金资财，为韩国向强大的秦王朝报仇，使天下震动。如今凭借三寸之舌成为皇帝的军师，被封为万户侯，这已是一个平民所能享有的最高待遇了，对我来说足够啦。我只望抛开人间俗事，将追随仙人赤松子去云游罢了。”

臣司马光曰：大凡有生就有死，犹如黑夜过后是白天一样的必然。自古至今，原本就没有超越自然而独立存在的事物。按张良的明辨是非通晓事理而论，他是完全知道神仙不过是些虚幻奇异的东西罢了。但他却要随同赤松子远游，他的聪明智慧是可以知道的了。功勋和名位之间，正是为人臣子的人所难于长久立足之处。即如高帝刘邦所称道的，不过只三个才能出众的人罢了。但是淮阴侯韩信被诛除，相国萧何被拘禁到狱中，这不就是由于功名已达到巅峰却还不止步的缘故吗？所以张良借与神仙交游相推脱，遗弃人间凡事，视功名如同身外之物，把荣誉利禄抛在脑后，所谓“明哲保身”者，张良即是个榜样。

六年（庚子，公元前201年）

冬季，十月，有人上书告发楚王韩信谋反。高帝便征求将领们的意见，大家都说："赶快发兵，把这小子活埋罢了！"高帝默然不语。接着又询问陈平，陈平说："有人上书告韩信谋反，这事情韩信知道吗？"高帝说："不知道。"陈平说："陛下的精锐部队与楚王的相比谁更厉害呢？"高帝道："超不过他的。"陈平说："陛下的将领们，用兵之才有能比过韩信的吗？"高帝道："没有赶得上他的。"陈平说："现在军队不如楚国的精锐，将领又比不上韩信，却要举兵攻打他，这是促使他起兵反抗呀。我私下里为陛下感到危险！"高帝说："那该怎么办呢？"陈平说："古时候天子有时巡视诸侯镇守的地方，会见诸侯。陛下只管出来视察，假装巡游云梦，在陈地会见诸侯。而陈地在楚国的西部边界，韩信听说天子怀着友好会见诸侯的心意出游，必定是全国安稳无事，便会到郊外迎接谒见陛下。拜见时陛下就趁机捉拄他，这不过是一个力士即能办到的事罢了。"高帝认为说得不错，便派出使者去通告诸侯到陈地聚会，说："我将南游云梦"。高帝随即起程南行。

楚王韩信闻听这个消息后，自己颇为疑心害怕，不知怎么办才好。这时有人劝韩信说："杀了钟离昧去谒见皇上，皇上必定欢喜，如此就不会有什么祸患了。"韩信听从了他的建议。十二月，高帝在陈地会见诸侯，韩信提着钟离昧的头颅拜见高帝。高帝即命武士将韩信捆绑起来，装载到随皇帝车驾出行的副车上。韩信说："果然如同人们所说：'狡猾的兔子死了，奔跑的猎狗就遭煮杀；高飞的鸟儿没了，优良的弓箭就被收藏；敌对的国家攻破了，谋臣就要灭亡。'如今天下已经平定，我本来就应当被煮杀了！"高帝说："有人告发你谋反。"随即用镣铐枷锁锁住韩信而归。

高帝归还，到了洛阳，就赦免了韩信，封他为淮阴侯。韩信知道汉王刘邦害怕并厌恶他的才能，于是就多次声称有病，不参加朝见和随侍出行。平日在家总是闷闷不乐，为与绛侯周勃、将军灌婴这样的人处于同等地位感到羞耻。韩信曾去拜访将军樊哙。樊哙用跪拜的礼节送迎，口称臣子，说道："大王竟肯光临我这里！"韩信出门后，讪笑着说："我活着竟然要和樊哙等人为伍了！"

高帝曾与韩信闲谈，议论将领们能带多少兵。高帝问道："像我这个样能率领多少兵呀？"韩信说："陛下不过能带十万兵。"高帝说："对您来说怎样呢？"韩信道："我是越多越好啊。"高帝笑着说："越多越好，为什么却被我捉住了呀？"韩信说："陛下虽不能带兵却善于驾驭将领，这就是我所以被陛下逮住的原因了。何况陛下的才能，是人们所说的'此为上天赐予的，而不是人力能够取得的'啊！"

甲申（初九），高帝开始用把表示凭证的符信剖分成两半，朝廷与功臣各执一半为证的办法来分封各功臣为彻侯。萧何封为酂侯，所享用的食邑户数最多。功臣们都说："我们身披坚硬铠甲，手持锐利兵器，多的身经百余战，少的也交锋了几十回合。如今萧何不曾有过汗马功劳，只是操持文墨发发议论，封赏却在我们之上，这是为什么啊？"高帝说："你们知道打猎是怎么回事吗？打猎，追杀野兽兔子的是猎狗，而放开系狗绳指示野兽所在地方的是人。现在你们只不过是能捕捉到奔逃的野兽罢了，功劳就如猎狗一样；至于萧何，却是放开系狗绳指示猎取的目标，功劳和猎人相同啊。"群臣于是都不敢说三道四的了。张良身为谋臣，也没有什么战功，高帝让他自己选择齐地三万户作为封地。张良说："当初，我在下邳起兵，与陛下在留地相会，这是上天把我授给陛下。此后陛下采用我的计策，幸好有时能获得成功。我希望封得留地就足够了，不敢承受三万户的封地。"高帝于是便封张良为留侯。封陈平为户牖侯。陈平推辞说："我没有那么多功劳哇。"高帝道："我采纳您的计谋，克敌制胜，这不是功劳又是什么呀？"陈平说："如果没有魏无知的举荐，我哪里能够进见啊？"高帝道："像您这样，可以说是不忘本了！"随即又赏赐了魏无知。

高帝已经封赏了大功臣二十多人，其余的人日夜争功，一时决定不下来，便没能给予封赏。高帝在洛阳南宫，从天桥上望见将领们往往三人一群两人一伙，同坐在沙地中谈论着什么。高帝说："这是在说些什么呀？"留侯张良道："陛下不知道吗？这是在图谋造反啊！"高帝说："天下新近刚刚安定下来，为了什么缘故又要谋反呢？"留侯说："陛下由平民百姓起家，依靠这班人夺取了天下。如今陛下做了天子，所封赏的都是自己亲近喜爱的老友，所诛杀的都是自己生平仇视怨恨的人。现在军吏们计算功劳，认为即使把天下的土地都划作封国也不够全部封赏的了，于是这帮人就害怕陛下对他们不能全部封赏，又恐怕因往常的过失而被猜疑以至于遭到诛杀，所以就相互聚集到一起图谋造反了。"高帝于是担忧地说："这该怎么办呀？"留侯道："皇上平素最憎恶、且群臣又都知道的人，是谁啊？"高帝说："雍齿与我有旧怨，他曾经多次困辱我。我想杀掉他，但由于他功劳很多，所以不忍心下手。"留侯说："那么现在就赶快先封赏雍齿，这样一来，群臣也就人人都对自己能受封赏坚信不疑了。"高帝这时便置备酒宴，封雍齿为什方侯，并急速催促丞相、御史论定功劳进行封赏。群臣结束饮宴后，都欢喜异常，说道："雍齿尚且封为侯，我们这些人也就没有什么可担忧的啦！"

臣司马光曰：张良作为高帝的谋臣，被当作为心腹亲信，应该是知无不言，哪有已听说诸侯将要谋反，却一定要等到高帝眼见有人成双成对地议论，然后才述说这件事的道理啊！这是由于高帝刚刚得到天下，屡次依据自己的爱憎来诛杀封赏，有时候就会有损于公平，群臣因此往往怀有抱怨和感到自己有危险的心理。所以张良借着这件事进送忠言，以改变转移高帝的心思，使在上者无偏袒私情的过失，在下者无猜疑恐惧的念头，国家无忧患，利益延及后世。像张良这样，可以说是善于劝谏的了。

高帝全部除去秦朝烦琐的礼仪，力求礼仪规则简单易行，这时群臣们饮酒争功，喝得酩酊大醉，有的人就胡喊狂呼，拔剑乱砍殿柱，高帝渐渐对这种现象产生了反感。叔孙通于是劝高帝说："那班儒生，很难和他们一道攻打天下，但可以与他们一起保守成业坐天下。我愿意去征召鲁地的众儒生，来同我的弟子一块儿制定臣子朝见君主的礼仪规则。"高帝说："该不会挺繁难的吧？"叔孙通道："五帝的乐制不一样，三王的礼制不相同。礼制，是根据时代、人情的变化对人们的言行所确定的节制规范。我想稍微采用一些古代礼制，与秦朝的仪法搀糅到一起制定出来。"高帝说："可以试着做做，但要使这礼仪容易被人们了解，估计我所能做得到的，据此去制定它。"

于是，叔孙通就奉命作为使者，去征召了鲁地的儒生三十多人。鲁地有两个儒生不肯前往，说道："您所侍奉的将近有十个君主了，都是依靠当面阿谀逢迎来赢得亲近、尊贵。如今天下刚刚平定，死亡的人尚未安葬，伤残的人还不能行动，又想要制礼作乐。而礼乐的产生，是积累德政上百年之后才能制作兴起的。我们不能忍心去做您所要做的事情。您去吧，不要玷污了我们！"叔孙通笑着说："你们真是浅陋迂腐的儒生啊，不懂得时势的发展变化！"随即偕同他所征召的三十人西行入关，又邀请高帝身边有学术修养的近臣和自己的弟子，共一百多人，用绳索拦出演习场所，插立茅草表示出尊卑位次，在野外演习礼仪。经过一个多月后，叔孙通告诉高帝说："可以试看了。"高帝于是就让他们举行礼仪演练，看完演练后说道："我能够做这些。"就命令群臣们进行练习。

七年（辛丑，公元前200年）

冬季，十月，长乐宫落成，诸侯、群臣都前来参加朝贺典礼。仪式是在天亮之前举行，谒者主持典礼，按次序将所有人员引导入大殿门，排列在东、西两方，侍卫官员有的在殿下台阶两旁站立，有的排列在廷中，都持握兵器，竖立旗帜。这时皇帝乘坐辇车出房，众官员举旗传呼警戒，引导诸侯王以下至六百石级的官员依次序朝拜皇帝，无不震恐肃敬。到典礼仪式完毕，又置备正式酒宴。众侍臣官员陪坐在殿上的，都俯伏垂首，按官位的高低次序起身给皇上敬酒祝福。斟酒连敬九次，谒者宣告"结束宴饮"。御史执行礼仪规则，凡遇不遵照仪式规则举手投足的人就将他领出去。由此从朝贺典礼和酒宴开始直到结束，没有出现敢大声喧哗、不合礼节的人。这时高帝便说："我今天才知道身为皇帝的尊贵啊！"便授任叔孙通为太常，赏赐黄金五百斤。

当初，秦王朝统一了天下，收集六国的全部礼仪，选择出其中尊崇君主、卑抑臣下的规则保留下来。待到叔孙通制定礼仪规则，稍微做了一些增减，大体上都是沿袭秦朝的旧制，从天子称号以下到大小官吏及宫室、官名，更改变动不多。记载此礼仪规章的文本，后来和律、令收录在一起，收藏在司法机关。由于法家对此又不再传授，所以百姓臣僚也就没有谈论它的了。

臣司马光曰：礼的功能太大了！把它用到个人身上，动与静就有了规范，所有的行为就会完备无缺；把它用到家事上，内与外就井然有别，九族之间就会和睦融洽；把它用到乡里，长幼之间就有了伦理，风俗教化就会美好清明；把它用到封国，君主与臣子就尊卑有序，政令统治就会成功稳定；把它用到天下，诸侯就归顺服从，法制纪律就会整肃严正。难道仅仅只是把它用在宴会仪式之上、门户庭院之间维持秩序的吗？就高祖刘邦的明智通达说来，他可以聆听陆贾关于以文治巩固政权的进言而称赞极好，目睹叔孙通所定尊崇君主的礼仪而发声慨叹，但是他所以终究不能与夏、商、周三代圣明君王并列，就错在他不肯学习啊。在那个时候，如果能得到大儒来辅佐他，与大儒一道用礼制来治理天下，他的功勋业绩又怎么会在这一步便止住了呢？可惜啊，叔孙通的器度太小了！他只不过是窃取礼制中糠粃般微末无用的东西，借以依附时世，迎合风俗，求取宠幸罢了，这样便使先代君王所建立的礼制沦没而不振兴，以至于到了今天这个地步，难道不令人沉痛之极吗？因此扬雄对此指责说："从前鲁地有大儒，史书中没有记载他们的名字。有人问：'为什么说他们是大儒呀？'回答道：'叔孙通打算制定君臣的礼仪，便到鲁地去征召儒生，请不来的有两个，堪称大儒。'有人问道：'既然如此，那么孔子应聘的足迹遍及诸侯国也是不对的了？'回答道：'孔子周游列国，是为了要能按照自己的意图行事。倘若放弃自己的立场来顺从迁就他人，那么即便是确定出了规矩、准绳，又怎么能够拿来应用呀！'"精彩啊，扬雄的评论！大儒，是不肯破坏自己原有的规矩、准绳去追求一时的功利的！

高帝驻居晋阳，听说冒顿单于驻居在代谷，便想要去攻打他，就派人去侦察匈奴。这时冒顿把他的精壮士兵、肥壮牛马都藏了起来，只让人看见老弱残兵和瘦小的牲畜。汉军派去的使者相继回来的有十批，都报告说匈奴可以攻打。高帝于是又派刘敬出使匈奴，尚未返回，汉军就全部出动兵力三十二万向北追击匈奴，越过了句注山。刘敬回来后报告说："两国相攻，这本该炫耀显示自己的优势。但现在我到匈奴方面去，只看见瘦弱的牲畜和老弱的士兵，这必定是想要显露自己虚弱不堪，而埋伏奇兵以争取胜利。我认为匈奴不能攻打。"这时候，汉军业已出动，高帝大为恼火，骂刘敬说："你这个齐国的混蛋家伙，不过是靠着耍嘴皮子得到了一官半职，现在竟又来胡言乱语阻挠我的军队前进！"用刑具把刘敬拘禁到广武。

高帝先期抵达平城，军队尚未全部到来。冒顿便发出精兵四十万骑，把高帝围困在白登山达七天之久。汉军这时内外无法呼应救援，高帝于是就采用陈平的秘计，派使者暗中用重金贿赂冒顿的阏氏。阏氏随即便对冒顿说："两个君主不应彼此困窘迫害。如今即使夺得了汉朝的土地，单于您也终究不能居住在那里。况且汉朝的君主也有神灵保护，望您明察！”冒顿与王黄、赵利约定好时间会师，但王黄、赵利的军队却迟迟不来，由此就怀疑他们与汉军有什么谋划，这才解开包围圈的一角。正好遇到天降大雾，汉军便派人在白登山与平城之间往来走动，匈奴人毫无察觉。陈平这时请求高帝命令士兵们用强弩搭上两枝箭，箭朝外御敌，从解围的一角直冲出去。高帝脱出包围后，想要策马疾奔，太仆滕公夏侯婴却坚持慢慢地行走。到了平城时，汉的大队人马也赶到了，匈奴的骑兵便解围而去。汉军于是也收兵返回，命樊哙留下来平定代地。

高帝回到广武，赦免了刘敬，说道：“我不采用您的意见，因此被围困在平城。我已经把先前十多批使者都杀掉了！”接着就封给刘敬二千民户，爵位为关内侯，称作建信侯。高帝回师向南经过曲逆县，说道：“好壮观的县啊！我走遍天下，只见过洛阳和这里罢了。”就改封陈平为曲逆侯，享用全县民户的赋税收入。陈平跟随高帝南征北战，共六次进献妙计，每次都增加了封邑。

春季，二月，高帝抵达长安。萧何这时正主持营建未央宫，高帝见到未央宫如此壮丽，十分愤怒，对萧何说：“天下纷乱，连年受战事劳苦，如今成败尚未可知，为什么要把宫室修筑得过分豪华呢？”萧何说：“正是因为天下尚未安定，所以才可趁势营造宫室啊。何况天子以四海为家，宫殿不壮丽就不足以加重威严，而且也不能让后世宫室的建筑规模超过它呀。”高帝这才高兴起来。

臣司马光曰：圣明的君主以仁义为美丽，以道德为威，还不曾听说过有依靠宫室规模来镇服天下的。天下尚未安定，理当克制自己、节俭用度，前去解救百姓的危难，现却反倒以营建宫室为先任，这怎么可以说是明白自己所应有的职责啊！从前大禹住在简陋的宫室而夏桀仍修建奢华的寝宫。开创业绩把王位传给后代的君王，尽管身体力行于节俭为子孙做出表率，而他们的末流依旧还是沦落入骄奢淫逸之中，何况向后代子孙显示奢侈呢！萧何竟谈什么“不要让后世宫室的建筑规模超过它”，这难道不是荒谬吗！到了汉武帝时，终于因滥建宫室而致天下疲惫衰败，这种局面未必不是由酂侯萧何开的头吧！

第十二卷 汉纪四

译文诵读

太祖高皇帝下八年（壬寅，前199）

冬，上击韩王信余寇于东垣，过柏人。贯高等壁人于厕中，欲以要上。上欲宿，心动，问曰：“县名为何？”曰：“柏人。”上曰：“柏人者，迫于人也。”遂不宿而去。

九年（癸卯，前198）

贯高怨家知其谋，上变告之。于是上逮捕赵王及诸反者。赵午等十余人皆争自刭；贯高独怒骂曰：“谁令公为之？今天实无谋，而并捕王。公等皆死，谁白王不反者？”乃轞车胶致，与王诣长安。高对狱曰：“独吾属为之，王实不知。”吏治，搒笞数千，刺剟，身无可击者；终不复言。吕后数言：“张王以公主故，不宜有此。”上怒曰：“使张敖据天下，岂少而女乎！”不听。

廷尉以贯高事辞闻。上曰：“壮士！谁知者？以私问之。”中大夫泄公曰：“臣之邑子，素知之，此固赵国立义不侵、为然诺者也。”上使泄公持节往问之箯舆前。泄公与相劳苦，如生平欢，因问：“张王果有计谋不？”高曰：“人情宁不各爱其父母、妻子乎？今吾三族皆以论死，岂爱王过于吾亲哉？顾为王实不反，独吾等为之。”具道本指所以为者、王不知状。于是泄公入，具以报上。春，正月，上赦赵王敖，废为宣平侯，徙代王如意为赵王。

上贤贯高为人，使泄公具告之曰：“张王已出。”因赦贯高。贯高喜曰：“吾王审出乎？”泄公曰：“然。”泄公曰：“上多足下，故赦足下。”贯高曰：“所以不死、一身无余者，白张王不反也。今王已出，吾责已塞，死不恨矣。且人臣有篡弑之名，何面目复事上哉！纵上不杀我，我不愧于心乎！”乃仰绝亢，遂死。

十年（甲辰，前197）

定陶戚姬有宠于上，生赵王如意。上以太子仁弱，谓如意类己；虽封为赵王，常留之长安。上之关东，戚姬常从，日夜啼泣，欲立其子。吕后年长，常留守，益疏。上欲废太子而立赵王，大臣争之，皆莫能得。御史大夫周昌廷争之强，上问其说。昌为人吃，又盛怒，曰："臣口不能言，然臣期期知其不可！陛下欲废太子，臣期期不奉诏！"上欣然而笑。吕后侧耳于东厢听，既罢，见昌，为跪谢，曰："微君，太子几废。"

时赵王年十岁，上忧万岁之后不全也；符玺御史赵尧请为赵王置贵强相，及吕后、太子、群臣素所敬惮者。上曰："谁可者？"尧曰："御史大夫昌，其人也。"上乃以昌相赵，而以尧代昌为御史大夫。

初，上以阳夏侯陈豨为相国，监赵、代边兵；豨过辞淮阴侯。淮阴侯挈其手，辟左右，与之步于庭，仰天叹曰："子可与言乎？"豨曰："唯将军令之！"淮阴侯曰："公之所居，天下精兵处也；而公，陛下之信幸臣也。人言公之畔，陛下必不信；再至，陛下乃疑矣；三至，必怒而自将。吾为公从中起，天下可图也。"陈豨素知其能也，信之，曰："谨奉教！"

豨常慕魏无忌之养士，及为相守边，告归，过赵，宾客随之千余乘，邯郸官舍皆满。赵相周昌求入见上，具言豨宾客甚盛，擅兵于外数岁，恐有变。上令人覆案豨客居代者诸不法事，多连引豨。豨恐；韩王信因使王黄、曼丘臣等说诱之。

太上皇崩，上使人召豨，豨称病不至；九月，遂与王黄等反，自立为代王，劫略赵、代。上自东击之。至邯郸，喜曰："豨不据邯郸而阻漳水，吾知其无能为矣！"

周昌奏："常山二十五城，亡其二十城；请诛守、尉。"上曰："守、尉反乎？"对曰："不。"上曰："是力不足，亡罪。"

上令周昌选赵壮士可令将者，白见四人。上嫚骂曰："竖子能为将乎？"四人惭，皆伏地；上封各千户，以为将。左右谏曰："从入蜀、汉，伐楚，赏未遍行；今封此，何功？"上曰："非汝所知。陈豨反，赵、代地皆豨有。吾以羽檄征天下兵，未有至者，今计唯独邯郸中兵耳；吾何爱四千户，不以慰赵子弟！"皆曰："善！"

又闻豨将皆故贾人；上曰："吾知所以与之矣。"乃多以金购豨将，豨将多降。

十一年（乙巳，前196）

冬，上在邯郸。陈豨将侯敞将万余人游行，王黄将骑千余军曲逆，张春将卒万余人渡河攻聊城；汉将军郭蒙与齐将击，大破之。太尉周勃道太原入定代地，至马邑，不下，攻残之。赵利守东垣，帝攻拔之，更命曰真定。帝购王黄、曼丘臣以千金，其麾下皆生致之。于是陈豨军遂败。

淮阴侯信称病，不从击豨，阴使人至豨所，与通谋。信谋与家臣夜诈诏赦诸官徒、奴，欲发以袭吕后、太子；部署已定，待豨报。其舍人得罪于信，信囚，欲杀之。春，正月，舍人弟上变，告信欲反状于吕后。吕后欲召，恐其傥不就；乃与萧相国谋，诈令人从上所来，言豨已得，死，列侯、群臣皆贺。相国绐信曰："虽疾，强入贺。"信入，吕后使武士缚信，斩之长乐钟室。信方斩，曰："吾悔不用蒯彻之计，乃为儿女子所诈，岂非天哉！"遂夷信三族。

臣光曰：世或以韩信首建大策，与高祖起汉中，定三秦，遂分兵以北，禽魏，取代，仆赵，胁燕，东击齐而有之，南灭楚垓下，汉之所以得天下者，大抵皆信之功也。观其距蒯彻之说，迎高祖于陈，岂有反心哉！良由失职怏怏，遂陷悖逆。夫以卢绾里闬旧恩，犹南面王燕，信乃以列侯奉朝请；岂非高祖亦有负于信哉？臣以为高祖用诈谋禽信于陈，言负则有之；虽然，信亦有以取之也。始，汉与楚相距荥阳，信灭齐，不还报而自王；其后汉追楚至固陵，与信期共攻楚而信不至；当是之时，高祖固有取信之心矣，顾力不能耳，及天下已定，信复何恃哉！夫乘时以徼利者，市井之志也；酬功而报德者，士君子之心也。信以市井之志利其身，而以士君子之心望于人，不亦难哉！是故太史公论之曰："假令韩信学道谦让，不伐己功，不矜其能，则庶几哉！于汉家勋，可以比周、召、太公之徒，后世血食矣！不务出此，而天下已集，乃谋畔逆；夷灭宗族，不亦宜乎！"

上之击陈豨也，征兵于梁；梁王称病，使将将兵诣邯郸。上怒，使人让之。梁王恐，欲自往谢。其将扈辄曰："王始不往，见让而往，往则为禽矣；不如遂发兵反。"梁王不听。梁太仆得罪，亡走汉，"告梁王与扈辄谋反。于是上使使掩梁王，梁王不觉，遂囚之洛阳。有司治："反形已具，请论如法。"上赦以为庶人。传处蜀青衣。西至郑，逢吕后从长安来。彭王为吕后泣涕，自言无罪，愿处故昌邑。吕后许诺，与俱东。至洛阳，吕后白上曰："彭王壮士，今徙之蜀，此自遗患；不如遂诛之。妾谨与俱来。"于是吕后乃令其舍人告彭越复谋反。廷尉王恬开奏请族之，上可其奏。三月，夷越三族。枭越首洛阳，下诏："有收视者，辄捕之。"

梁大夫栾布使于齐，还，奏事越头下，祠而哭之。吏捕以闻。上召布，骂，欲烹之。方提趋汤，布顾曰："愿一言而死。"上曰："何言？"布曰："方上之困于彭城，败荥阳、成皋间，项王所以遂不能西者，徒以彭王居梁地，与汉合从苦楚也。当是之时，王一顾，与楚则汉破，与汉则楚破。且垓下之会，微彭王，项氏不亡。天下已定，彭王剖符受封，亦欲传之万世。今陛下一征兵于梁，彭王病不行，而陛下疑以为反；反形未具，以苛小案诛灭之。臣恐功臣人人自危也。今彭王已死，臣生不如死，请就烹！"于是上乃释布罪，拜为都尉。

五月，诏立秦南海尉赵佗为南粤王，使陆贾即授玺绶，与剖符通使，使和集百越，无为南边患害。

初，秦二世时，南海尉任嚣病且死，召龙川令赵佗，语曰："秦为无道，天下苦之。闻陈胜等作乱，天下未知所安。南海僻远，吾恐盗兵侵地至此，欲兴兵绝新道自备，待诸侯变；会病甚。且番禺负山险，阻南海，东西数千里，颇有中国人相辅；此亦一州之主也，可以立国。郡中长吏，无足与言者，故召公告之。”即被佗书，行南海尉事。嚣死，佗即移檄告横浦、阳山、湟谿关曰：“盗兵且至，急绝道，聚兵自守！”因稍以法诛秦所置长吏，以其党为假守。秦已破灭，佗即击并桂林、象郡，自立为南越武王。

陆生至，尉佗魋结、箕倨见陆生。陆生说佗曰：“足下中国人，亲戚、昆弟、坟墓在真定。今足下反天性，弃冠带，欲以区区之越与天子抗衡为敌国，祸且及身矣！且夫秦失其政，诸侯、豪杰并起，唯汉王先入关，据咸阳。项羽倍约，自立为西楚霸王，诸侯皆属，可谓至强。然汉王起巴、蜀，鞭笞天下，遂诛项羽，灭之；五年之间，海内平定。此非人力，天之所建也。天子闻君王王南越，不助天下诛暴逆，将相欲移兵而诛王。天子怜百姓新劳苦，故且休之，遣臣授君王印，剖符通使。君王宜郊迎，北面称臣；乃欲以新造未集之越，屈强于此！汉诚闻之，掘烧王先人冢，夷灭宗族，使一偏将将十万众临越，则越杀王降汉如反覆手耳！”于是尉佗乃蹶然起坐，谢陆生曰：“居蛮夷中久，殊失礼义。”因问陆生曰：“我孰与萧何、曹参、韩信贤？”陆生曰：“王似贤也。”复曰：“我孰与皇帝贤？”陆生曰：“皇帝继五帝、三皇之业，统理中国；中国之人以亿计，地方万里，万物殷富；政由一家，自天地剖判未始有也。今王众不过数十万，皆蛮夷，崎岖山海间，譬若汉一郡耳，何乃比于汉！”尉佗大笑曰：“吾不起中国，故王此；使我居中国，何遽不若汉！”乃留陆生与饮，数月，曰：“越中无足与语。至生来，令我日闻所不闻。”赐陆生橐中装直千金，他送亦千金。陆生卒拜尉佗为南越王，令称臣，奉汉约。归报，帝大悦，拜贾为太中大夫。

陆生时时前说称《诗》《书》，帝骂之曰：“乃公居马上而得之，安事《诗》《书》！”陆生曰：“居马上得之，宁可以马上治之乎？且汤、武逆取而以顺守之；文武并用，长久之术也。昔者吴王夫差、智伯、秦始皇，皆以极武而亡。乡使秦已并天下，行仁义，法先圣，陛下安得而有之！”帝有惭色，曰：“试为我著秦所以失天下、吾所以得之者及古成败之国。”陆生乃粗述存亡之征，凡著十二篇。每奏一篇，帝未尝不称善，左右呼万岁；号其书曰“《新语》”。

帝有疾，恶见人，卧禁中，诏户者无得入群臣，群臣绛、灌等莫敢入，十余日。舞阳侯樊哙排闼直入，大臣随之。上独枕一宦者卧。哙等见上，流涕曰：“始，陛下与臣等起丰、沛，定天下，何其壮也！今天下已定，又何惫也！且陛下病甚，大臣震恐；不见臣等计事，顾独与一宦者绝乎！且陛下独不见赵高之事乎？”帝笑而起。

秋，七月，淮南王布反。

初，淮阴侯死，布已心恐。及彭越诛，醢其肉以赐诸侯。使者至淮南，淮南王方猎，见醢，因大恐，阴令人部聚兵，候伺旁郡警急。布所幸姬，病就医，医家与中大夫贲赫对门，赫乃厚馈遗，从姬饮医家；王疑其与乱，欲捕赫。赫乘传诣长安上变，言“布谋反有端，可先未发诛也。”上读其书，语萧相国，相国曰：“布不宜有此，恐仇怨妄诬之。请系赫，使人微验淮南王。”淮南王见赫以罪亡上变，固已疑其言国阴事；汉使又来，颇有所验；遂族赫家，发兵反。反书闻，上乃赦贲赫，以为将军。

上召诸将问计。皆曰：“发兵击之，坑竖子耳，何能为乎！”汝阴侯滕公召故楚令尹薛公问之。令尹曰：“是固当反。”滕公曰：“上裂地而封之，疏爵而王之；其反何也？”令尹曰：“往年杀彭越，前年杀韩信；此三人者，同功一体之人也，自疑祸及身，故反耳！”滕公言之上，上乃召见，问薛公，薛公对曰：“布反不足怪也。使布出于上计，山东非汉之有也；出于中计，胜败之数未可知也；出于下计，陛下安枕而卧矣。”上曰：“何谓上计？”对曰：“东取吴，西取楚，并齐，取鲁，传檄燕、赵，固守其所，山东非汉之有也。”“何谓中计？”“东取吴，西取楚，并韩，取魏，据敖仓之粟，塞成皋之口，胜败之数未可知也。”“何谓下计？”“东取吴，西取下蔡，归重于越，身归长沙，陛下安枕而卧，汉无事矣。”上曰：“是计将安出？”对曰：“出下计。”上曰：“何为废上、中计而出下计？”对曰：“布，故丽山之徒也，自致万乘之主，此皆为身，不顾后、为百姓万世虑者也；故曰出下计。”上曰：“善！”封薛公千户。乃立皇子长为淮南王。

是时，上有疾，欲使太子往击黥布。太子客东园公、绮里季、夏黄公、角里先生说建成侯吕释之曰：“太子将兵，有功则位不益，无功则从此受祸矣。君何不急请吕后，承间为上泣言：‘黥布，天下猛将也，善用兵。今诸将皆陛下故等夷，乃令太子将此属，无异使羊将狼，莫肯为用；且使布闻之，则鼓行而西耳。上虽病，强载辎车，卧而护之，诸将不敢不尽力，上虽苦，为妻子自强！’”于是吕释之立夜见吕后。吕后承间为上泣涕而言，如四人意。上曰：“吾惟竖子固不足遣，而公自行耳。”

于是上自将兵而东，群臣居守，皆送至霸上。留侯病，自强起，至曲邮，见上曰：“臣宜从，病甚。楚人剽疾，愿上无与争锋！”因说上令太子为将军，临关中兵。上曰：“子房虽病，强卧而傅太子。”是时，叔孙通为太傅，留侯行少傅事。发上郡、北地、陇西车骑、巴蜀材官及中尉卒三万人为皇太子卫，军霸上。

十二年（丙午，前195）

冬，十月，上与布军遇于蕲西，布兵精甚。上壁庸城，望布军置陈如项籍军，上恶之。与布相望见，遥谓布曰：“何苦而反？”布曰：“欲为帝耳！”上怒骂之，遂大战。布军败走，渡淮，数止战，不利，与百余人走江南，上令别将追之。

上还，过沛，留，置酒沛宫，悉召故人、父老、诸母、子弟佐酒，道旧故为笑乐。酒酣，上自为歌，起舞，慷慨伤怀，泣数行下，谓沛父兄曰：“游子悲故乡。朕自沛公以诛暴逆，遂有天下；其以沛为朕汤沐邑，复其民，世世无有所与。”乐饮十余日，乃去。

相国何以长安地狭，上林中多空地，弃；愿令民得入田，毋收稿，为禽兽食。上大怒曰："相国多受贾人财物，乃为请吾苑！"下相国廷尉，械系之。数日，王卫尉侍，前问曰："相国何大罪，陛下系之暴也？"上曰："吾闻李斯相秦皇帝，有善归主，有恶自与。今相国多受贾竖金，而为之请吾苑以自媚于民，故系治之。"王卫尉曰："夫职事苟有便于民而请之，真宰相事；陛下奈何乃疑相国受贾人钱乎？且陛下距楚数岁，陈豨、黥布反，陛下自将而往；当是时，相国守关中，关中摇足，则关以西非陛下有也！相国不以此时为利，今利贾人之金乎？且秦以不闻其过亡天下；李斯之分过，又何足法哉！陛下何疑宰相之浅也！"帝不怿。是日，使使持节赦出相国。相国年老，素恭谨，入，徒跣谢。帝曰："相国休矣！相国为民请苑，吾不许；我不过为桀、纣主，而相国为贤相。吾故系相国，欲令百姓闻吾过也。"

上击布时，为流矢所中，行道，疾甚。吕后迎良医。医入见，曰："疾可治。"上嫚骂之曰："吾以布衣提三尺取天下，此非天命乎！命乃在天，虽扁鹊何益！"遂不使治疾，赐黄金五十斤，罢之。吕后问曰："陛下百岁后，萧相国既死，谁令代之？"上曰："曹参可。"问其次，曰："王陵可；然少戆，陈平可以助之。陈平知有余，然难独任。周勃重厚少文，然安刘氏者必勃也，可令为太尉。"吕后复问其次，上曰："此后亦非乃所知也。"夏，四月，甲辰，帝崩于长乐宫。丁未，发丧，大赦天下。

五月，丙寅，葬高帝于长陵。

初，高祖不修文学，而性明达，好谋，能听，自监门、戍卒，见之如旧。初顺民心作三章之约。天下既定，命萧何次律、令，韩信申军法，张苍定章程，叔孙通制礼仪；又与功臣剖符作誓，丹书、铁契，金匮、石室，藏之宗庙。虽日不暇给，规摹弘远矣。

平行，闻帝崩；畏吕媭谗之于太后，乃驰传先去。逢使者，诏平与灌婴屯荥阳。平受诏，立复驰至宫，哭殊悲；因固请得宿卫中。太后乃以为郎中令，使傅教惠帝。是后吕媭谗乃不得行。樊哙至，则赦，复爵邑。

太后令永巷囚戚夫人，髡钳，衣赭衣，令舂。遣使召赵王如意。使者三反，赵相周昌谓使者曰："高帝属臣赵王，王年少；窃闻太后怨戚夫人，欲召赵王并诛之，臣不敢遣王。王且亦病，不能奉诏。"太后怒，先使人召昌。昌至长安，乃使人复召赵王。王来，未到；帝知太后怒，自迎赵王霸上，与入宫，自挟与起居饮食。太后欲杀之，不得间。

孝惠皇帝元年（丁未，前194）

冬，十二月，帝晨出射。赵王年少，不能蚤起；太后使人持鸩饮之。黎明，帝还，赵王已死。太后遂断戚夫人手足，去眼，辉耳，饮喑药，使居厕中，命曰"人彘"。居数日，乃召帝观人彘。帝见，问知其戚夫人，乃大哭，因病，岁余不能起。使人请太后曰："此非人所为。臣为太后子，终不能治天下。"帝以此日饮为淫乐，不听政。

臣光曰：为人子者，父母有过则谏；谏而不听，则号泣而随之。安有守高祖之业，为天下之主，不忍母之残酷，遂弃国家而不恤，纵酒色以伤生！若孝惠者，可谓笃于小仁而未知大谊也。

二年（戊申，前193）

酂文终侯萧何病，上亲自临视，因问曰："君即百岁后，谁可代君者？"对曰："知臣莫如主。"帝曰："曹参何如？"何顿首曰："帝得之矣，臣死不恨！"

癸巳，以曹参为相国。参闻何薨，告舍人："趣治行！吾将入相。"居无何，使者果召参。始，参微时，与萧何善；及为将相，有隙；至何且死，所推贤惟参。参代何为相，举事无所变更，一遵何约束。择郡国吏木讷于文辞、重厚长者，即召除为丞相史；吏之言文刻深、欲务声名者，辄斥去之。日夜饮醇酒；卿、大夫以下吏及宾客见参不事事，来者皆欲有言，参辄饮以醇酒；间欲有所言，复饮之，醉而后去，终莫得开说，以为常。见人有细过，专掩匿覆盖之；府中无事。

参子窋为中大夫，帝怪相国不治事，以为"岂少朕与？"使窋归，以其私问参。参怒，笞窋二百，曰："趣入侍！天下事非若所当言也！"至朝时，帝让参曰："乃者我使谏君也。"参免冠谢曰："陛下自察圣武孰与高帝？"上曰："朕乃安敢望先帝！"又曰："陛下观臣能孰与萧何贤？"上曰："君似不及也。"参曰："陛下言之是也。高帝与萧何定天下，法令既明。今陛下垂拱，参等守职，遵而勿失，不亦可乎！"帝曰："善！"

参为相国，出入三年，百姓歌之曰："萧何为法，较若画一。曹参代之，守而勿失；载其清净，民以宁壹。"

三年（己酉，前192）

以宗室女为公主，嫁匈奴冒顿单于。是时，冒顿方强，为书，使使遗高后，辞极亵嫚。高后大怒，召将相大臣，议斩其使者，发兵击之。樊哙曰："臣愿得十万众横行匈奴中！"中郎将季布曰："哙可斩也！前匈奴围高帝于平城，汉兵三十二万，哙为上将军，不能解围。今歌吟之声未绝，伤夷者甫起，而哙欲摇动天下，妄言以十万众横行，是面谩也。且夷狄譬如禽兽，得其善言不足喜，恶言不足怒也。"高后曰："善！"令大谒者张释报书，深自谦逊以谢之，并遗以车二乘，马二驷。冒顿复使使来谢，曰："未尝闻中国礼义，陛下幸而赦之。"因献马，遂和亲。

七年（癸丑，前188）

秋，八月，戊寅，帝崩于未央宫。大赦天下。九月，辛丑，葬安陵。

初，吕太后命张皇后取他人子养之，而杀其母，以为太子。既葬，太子即皇帝位，年幼；太后临朝称制。

汉高帝八年（壬寅，公元前199年）

冬季，汉高帝刘邦在东垣攻打韩王信的余党，经过赵国的柏人城。赵相贯高派人藏在厕所的夹墙中，准备行刺高帝。高帝正想留宿城中，忽然心动不安，问："这个县叫什么？"回答说："柏人。"高帝说："柏人，就是受迫于人呀！"于是不住宿而离开。

九年（癸卯，公元前198年）

赵国相国贯高的阴谋被他的仇家探知，向高帝举报这桩不寻常的大事。高帝下令逮捕赵王及各谋反者。赵王属下赵午等十几人都争相表示要自杀，只有贯高怒骂道："谁让你们这样做的？如今赵王确实没有参与谋反，而被一并逮捕。你们都死了，谁来申明赵王不曾谋反的真情？"于是被关进胶封的木栏囚车，与赵王一起押往长安。贯高对审讯官员说："这是我们自己干的，赵王的确不知道。"狱吏动刑，拷打鞭笞几千下，又用刀刺，直至体无完肤，贯高始终不再说别的话。吕后几次说："赵王张敖娶了公主，不会有此事。"高帝怒气冲冲地斥骂她："要是张敖夺了天下，难道还缺少你的女儿不成！"不予理睬。

廷尉把审讯情况和贯高的话报告高帝，高帝感慨地说："真是个壮士，谁平时和他要好，用私情去探听一下。"中大夫泄公说："我和他同邑，平常很了解他，他在赵国原本就是个以义自立、不受侵辱、信守诺言的人。"高帝便派泄公持节去贯高的竹床前探问。泄公慰问他的伤情，见他像平日一样欢洽，便套问："赵王张敖真的有谋反计划吗？"贯高回答说："以人之常情，难道不各爱自己的父母、妻子儿女吗？现在我的三族都被定成死罪，难道我爱赵王胜过我的亲人吗？因为实在是赵王不曾谋反，只是我们自己这样干的。"又详细述说当初的谋反原因及赵王不曾知道的情况。于是泄公入朝一一报告了高帝。春季，正月，高帝下令赦免赵王张敖，废黜为宣平侯，另调代王刘如意为赵王。

高帝称许贯高的为人，便派泄公去告诉他："张敖已经放出去了。"同时赦免贯高。贯高高兴地问："我的大王真的放出去了？"泄公说："是的。"又告诉他："皇上看重你，所以赦免了你。"贯高却说："我之所以不死、被打得遍体鳞伤，就是为了表明赵王张敖没有谋反。现在赵王已经出去，我的责任也尽到了，可以死而无憾。况且，我作为臣子有谋害皇帝的罪名，又有什么脸再去侍奉皇上呢？

即使皇上不杀我，我就不心中有愧吗？”于是掐断自己的颈脉，自杀了。

十年（甲辰，公元前197年）

定陶女子戚夫人受高帝宠爱，生下赵王刘如意。高帝因为太子为人仁慈懦弱，认为刘如意像自己，虽然封他为赵王，却把他长年留在长安。高帝出巡关东，戚夫人也常常随行，日夜在高帝面前哭泣，想要立如意为太子。而吕后因年老，常留守长安，与高帝愈发疏远。高帝便想废掉太子而立赵王为继承人，大臣们表示反对，都未能说服他。御史大夫周昌在朝廷上强硬地争执，高帝问他理由何在。周昌说话口吃，又在盛怒之下，急得只是说：“臣口不能言，但臣期期知道不能这样做，陛下要废太子，臣期期不奉命！”高帝欣然而笑。吕后在东厢房侧耳聆听，事过后，她召见周昌，向他跪谢说：“要不是您，太子几乎就废了。”

当时赵王刚十岁，高帝担心自己死后他难以保全；符玺御史赵尧于是建议为赵王配备一个地位高而又强有力，平时能让吕后、太子及群臣敬惮的相。高帝问：“谁合适呢？”赵尧说：“御史大夫周昌正是这样的人。”高帝便任命周昌为赵国的相，而令赵尧代替周昌为御史大夫。

起初，高帝任命阳夏侯陈豨为相国，监管赵国、代国边境部队。陈豨拜访淮阴侯韩信并向他辞行。淮阴侯握着他的手，屏退左右随从，与他在庭院中散步，忽然仰天叹息道：“有几句话，能和你说吗？”陈豨说：“只要是将军您的指示，我都听从。”韩信说：“你所处的地位，集中了天下精兵；而你，又是陛下信任的大臣。如果有人说你反叛，陛下肯定不信；然而再有人说，陛下就会起疑心；说第三次，陛下必定会愤怒地亲自率领大兵来攻打你。请让我为你做个内应，那么天下就可以谋取了。”陈豨平常便知道韩信的能力，相信他，于是说：“遵奉你的指教！”

陈豨常常羡慕当年魏国信陵君魏无忌养士的行为，及至他做相国驻守边境，告假回来时，经过赵国，跟随他的宾客乘坐的车有一千多辆，把邯郸城的官舍都住满了。赵相周昌见此情况请求入京进见高帝，详述陈豨门下宾客盛多，又专擅兵权在外数年，恐怕会有事变等等。高帝令人再审查陈豨宾客在代国时的种种不法之事，很多牵连到陈豨。陈豨听说后十分恐慌，韩王信趁机派王黄、曼丘臣等人来劝诱他联成一伙儿。

太上皇驾崩时，高帝派人来召陈豨，陈豨称病不去；九月，他便与王黄等人公开反叛，自封为代王，率军劫掠赵国、代国。高帝领兵从东面进击，到达邯郸，高兴地说：“陈豨不占据邯郸而去扼守漳水，我知道他没多大能耐了！”

周昌奏报说：“常山郡二十五城，有二十城都失陷了，请处死郡守、郡尉。”高帝问：“郡守、郡尉反叛了吗？”周昌回答：“没有。”高帝说：“这是他们力量不足，没有罪。”

高帝又令周昌选挑赵国壮士中可充当将领的，周昌报告说有四个人，并让他们来进见。高帝谩骂道：“你们这群小子能当将军吗？”四人大为惭愧，都伏在地上；高帝却真的赏赐各人以一千户的封邑，任用为将领。左右随从劝阻说：“跟随您进兵蜀、汉，征讨楚王的功臣都没有全部封赏；今天封他们，凭的什么功劳？”高帝说：“这就不是你们所能知道的了。陈豨造反，赵国、代国一带都被他占有。我用紧急军书征调天下军队，至今都还没有到来，现在估计能够调遣的只有邯郸城中这些士兵而已，我为什么还要吝惜那四个千户封邑，不用来抚慰赵国子弟呢？”属下都点头说：“好主意。”

高帝又听说陈豨的部将很多过去都是商人，便说：“我知道如何对付他们了。”下令多用黄金去收买陈豨部将，果然有大部分来降。

十一年（乙巳，公元前196年）

冬季，高帝在邯郸城。陈豨的部将侯敞率一万余人游动袭击，王黄率骑兵一千余人屯军曲逆，张春率一万余士卒渡过黄河进攻聊城；汉朝将军郭蒙与齐国将军迎击，大破陈军。太尉周勃取道太原去平定代地，兵抵马邑，久攻不下，攻下后便大行杀戮。赵利守东垣城，高帝亲自率军攻克，将地名改为真定。高帝又悬赏千金捉拿王黄、曼丘臣，结果其部下都将他们活捉送来，于是陈豨军队溃败。

淮阴侯韩信假称有病，不随从高帝去攻击陈豨，暗中却派人到陈豨那里，与他勾结谋划。韩信想在夜间与家臣用伪诏书赦免官府的有罪工匠及奴隶，打算发动他们去袭击吕后、太子。已经部署完毕，只等陈豨的消息。韩信有个门下舍人曾因得罪韩信，被囚禁起来，准备处死。春季，正月，舍人的弟弟上书举报事变，将韩信打算谋反的情况告诉吕后。吕后想把韩信召来，又担心他可能不服从，便与相国萧何商议，假装让人从高帝处来，说陈豨已经被擒，处死。列侯及群臣闻讯都到朝中祝贺。萧何又欺骗韩信说：“你虽然病了，也应当强挺着来道贺。”韩信来到朝廷，吕后便派武士将他捆绑起来，在长乐宫钟室里斩首。韩信在斩首之前，叹息说：“我真后悔没用蒯彻的计策，竟上了小孩子、妇人的当，这难道不是天意吗？”吕后随后下令将韩信三族都连坐杀死。

臣司马光曰：世人有的认为，韩信为汉高祖首先奠定开业大计，与他一同在汉中起事，平定三秦后，又分兵向北，擒获魏国，夺取代国，扑灭赵国，胁迫燕国，再向东攻击占领齐国，复向南在垓下消灭楚国，汉朝之所以能得到天下，大致都归功于韩信。再看他拒绝蒯彻的建议，在陈地迎接高祖，哪里有反叛之心呢？实在是因为失去诸侯王的权位后怏怏不快，才陷于大逆不道。卢绾仅仅有高祖里巷旧邻的交情，就封为燕王，而韩信却以侯爵身份侍奉朝廷；高祖难道不也有亏待韩信的地方吗？我认为：汉高祖用诈骗手段在陈地抓获韩信，说他亏待是有的；不过，韩信也有咎由自取之处。当初，汉王与楚王在荥阳相持，韩信灭了齐国，不来奏报汉王却自立为王；其后，汉王追击楚王到固陵，与韩信约定共同进攻楚王，而韩信按兵不动；当时，高祖本已有诛杀韩信的念头了，只是力量还做不到罢了。待到天下已经平定，韩信还有什么可倚仗的呢？抓住机会去谋取利益，是市井小人的志向；建立大功以报答恩德，是有志操学问的君子的胸怀。韩信用市井小人的志向为自己谋取利益，而要求他人用君子的胸怀回报，不是太难了吗？所以，太史公司马迁评论说：“假如让韩信学习君臣之道，谦虚礼让，不夸耀自己的功劳，不矜持自己的才能，情况大概就不同了！他对汉家的功勋，可以与周公、召公、太公吕尚等人相比，后代也就可以享有祭祀了！他不去这样做，反而在天下已定之时，图谋叛逆，被斩灭宗族，不是理所当然的吗？”

高帝进攻陈豨时，向梁王彭越征兵，彭越称病，只派将军率兵赴邯郸。高帝大怒，令人前去斥责。彭越恐惧，想亲身入朝谢罪。部将扈辄说：“您当初不去，受到斥责后才去，去就会被擒，不如就势发兵反了吧。”彭越不听劝告。他的太仆因获罪逃往长安，控告梁王彭越与扈辄谋反。于是高帝派人突袭彭越，彭越事先没有发觉，便被俘囚禁到洛阳。有关部门审讯结果是：“已有谋反迹象，应按法律处死。”高帝赦免他为平民，押送到蜀郡青衣居住。彭越向西到了郑地，遇到吕后从长安来。彭越向吕后哭泣，说自己无罪，希望能到故地昌邑居住。吕后口中应允，与他一起东行。到了洛阳，吕后对高帝说：“彭越是个壮士，如今把他流放到蜀郡，这是自留后患，不如就此杀了他。我已与他同来。”吕后又指使彭越门下舍人控告彭越再行谋反。廷尉王恬开奏请将彭越灭三族，高帝予以批准。三月，彭越三族都被斩首。还割下彭越的首级在洛阳示众，并颁布诏令：“有来收敛尸体者，一律治罪。”

梁王彭越的大夫栾布出使齐国，回来后，在彭越的头颅下奏报，祭祀后大哭一场。官吏将他逮捕，报告高帝。高帝召来栾布，痛骂一番，想煮死他。两旁的人正提起他要投入滚水中，栾布回头说：“请让我说句话再死。”高帝便问：“还有什么话？”栾布说：“当年皇上受困于彭城，战败于荥阳、成皋之间，而项羽却不能西进，只是因为彭越守住梁地，与汉联合而使楚为难。当时，只要彭越一有倾向，与项羽联合则汉失败，与汉联合则楚失败。而且垓下会战，没有彭越，项羽就不会灭亡。如今天下已经平定，彭越接受符节，被封为王，也想传给子孙后代。而如今陛下向梁国征一次兵，彭越因病不能前来，陛下就疑心以为造反；未见到反叛迹象，便以苛细小事诛杀了他。我担心功臣会人人自危。现在彭越已经死了，我活着也不如死，请煮死我吧！”高帝认为有理，便赦免了栾布的罪，封他为都尉。

五月，高帝下诏立原秦朝南海尉赵佗为南粤王，派陆贾前往授予印信绶带，颁发符节，互通使者，让他团结安抚百越，不要成为南方边境的祸害。

当初，秦二世时，南海尉任嚣病重将死，他召来龙川县令赵佗，对赵佗说：“秦朝的政治暴虐无道，天下都十分怨愤。听说陈胜等人已起兵造反，天下不知怎样才能安定。我们南海虽然地处偏远，我也担心盗贼匪兵到这里来侵占地盘，想发动军队切断秦朝修筑的通往内地的新道，以自做准备，等待诸侯的变化，恰在此时我却病重。再说我们的番禺城后山势险要，前有南海阻隔，东西几千里，有很多中原人在辅佐治理，这也是一州之主，可以建立个国家。我看郡中的官员，没有人足以商议，所以召你前来，告诉你我的嘱托。”任嚣说完，便为赵佗写下委任书，请他代理南海尉的政事。任嚣死后，赵佗立即发出檄文通知横浦、阳山、湟谿关说："盗匪军队就要来到，各地立即断绝通道，聚兵自守。”随后又逐渐地利用法律诛杀秦朝所设官员，以他的同党做代理郡守。秦朝灭亡后，赵佗立即发兵进攻吞并桂林、象郡，自立为南越武王。

陆贾来到南越，赵佗头上盘着南越族的头髻，伸开两脚坐着接见他。陆贾劝说赵佗："您是中原人士，亲戚、兄弟、祖先坟墓都在真定。现在您违反天性，抛弃华夏冠带，想以区区南越之地与汉朝天子相抗衡成为敌国，大祸就要临头了！再说，秦朝丧失德政，各地诸侯、豪强纷纷起兵反抗，只有汉王能先入关中，占据咸阳。项羽背约，自立为西楚霸王，诸侯都成为他的部属，他可以说是极强大的了。但汉王起兵巴、蜀后，便横扫天下，终于诛杀了项羽，消灭了楚军。五年之间，海内获得平定，这并非人力所为，而是上天的建树啊！汉朝天子听说您在南越称王，却不协助天下诛杀暴逆，文武将相都请求派兵来剿灭您。但天子怜悯百姓刚刚经过兵事劳苦，所以暂且休兵不发，派我前来授您君王印信，颁发符节，互通使臣。您应该亲自到郊外迎接，向北称臣才是，而您竟要凭借新近缔造尚未安定的越国，对汉朝如此倔强不服从！汉朝要是知道了，掘毁焚烧您祖先的坟墓，杀光您的宗族，再派一员偏将率领十万大兵压境，那么南越人杀掉您而投降汉朝，是易如反掌的！”于是赵佗大惊失色，立即离开座位，向陆贾谢罪说："我在蛮夷民族中居住已久，太没有礼义了。”他又问陆贾："我与萧何、曹参、韩信比，谁高明？”陆贾回答："似乎是您高明些。”赵佗又问："那么我与汉朝皇帝比，谁高明？”陆贾说："皇帝继承三皇、五帝的伟业，统一治理中国；中原人口以亿计算，土地方圆万里，万物殷实丰富；皇帝能把政权集于一家之手，是开天辟地以来未曾有过的事。您的臣民不过几十万，还都是蛮夷，散布在崎岖的崇山大海之间，好像是汉朝的一个郡而已，怎么可以与汉朝相提并论！”赵佗大笑着说："我没有在中原兴起，所以在这里称王；如果我在中原，怎么就见得不如汉朝！”说完便留下陆贾与他畅饮。过了几个月，赵佗说："南越没有可说话的人，直到你来，才让我每天听到从未听过的事。”又赏赐陆贾一袋珠宝，价值千金，其他馈赠也达千金之多。陆贾最后便拜赵佗为南越王，令他向汉朝称臣，遵守汉朝的约定。陆贾回朝报告，高帝大为高兴，封陆贾为太中大夫。

陆贾时时在高帝面前称道《诗经》《尚书》，高帝斥骂他说："你老子是在马上打下的天下，哪里用得着《诗经》《尚书》！”陆贾反驳道："在马上得天下，难道可以在马上治理天下吗？况且商朝汤王、周朝武王都是起兵造反取天下，顺势怀柔守天下。文武并用，才是长治久安的方法。当年吴王夫差、智伯瑶、秦始皇，也都是因为穷兵黩武而遭致灭亡。假使秦国吞并天下之后，推行仁义，效法先圣，陛下今天怎能拥有天下！”高帝露出惭愧面容，说：“请你试为我写出秦国所以失去天下，我所以得到天下及古代国家成败的道理。”陆贾于是大略阐述了国家存亡的征兆，共写成十二篇。每奏上一篇，高帝都称赞叫好，左右随从也齐呼万岁。该书被称为《新语》。

高帝生了病，讨厌见人，躺在宫中，命令守宫门官员不准群臣进入，周勃、灌婴等群臣都不敢进去。这样过了十几天，舞阳侯樊哙闯开宫门直冲而入，各大臣也随后跟进。只见高帝正以一个宦官为枕头，独自躺在那里。樊哙等人见了高帝，流着眼泪说：“想当年，陛下与我们一同在丰、沛起事，平定天下，是何等的雄壮！现在天下已经安定，又是多么的疲惫不堪！而且，陛下病重，大臣们都感到震惊恐惧；陛下不接见我们商议国家大事，就只是和一个宦官到死吗？再说陛下难道不知道赵高篡权的事吗？”高帝便笑着起了身。

秋季，七月，淮南王黥布反叛。

起初，淮阴侯韩信被杀，黥布已感到心惊。待到彭越也遭处死，高帝又把他的肉制成肉酱分赐各地诸侯。使者到了淮南，淮南王黥布正在打猎，见了肉酱，大为惊恐，便暗中派人部署军队，等候邻郡报警告急。黥布的一个宠姬，因病去就医，医生与中大夫贲赫住对门。贲赫便备下厚礼，陪同宠姬在医生家饮酒。黥布却怀疑贲赫与宠姬私通，想抓起贲赫治罪。贲赫觉察，乘传车跑到长安城向高帝告发事变，说：“黥布谋反，已有迹象，应该趁他尚未发动先行诛杀。”高帝读了他的举报信，对萧何说起，萧何认为：“黥布不至于做这种事，恐怕是仇人妄行诬告他。可以先把贲赫抓起来，派人暗中查验黥布。”黥布见贲赫畏罪逃去向高帝控告，本来已经疑心他会说出本国的阴谋；汉朝使者又来，查验出不少证据；便杀光贲赫全家，发兵反叛。关于黥布造反的报告传至，高帝于是赦免贲赫，任命为将军。

高帝召集众将询问对策，大家都说：“发兵征讨，坑杀这家伙罢了，他有什么能耐！”汝阴侯滕公夏侯婴召来原楚国的令尹薛公，向他征求意见。薛公说：“黥布当然要反。”夏侯婴问：“皇上割地封给他，又分赐爵位让他称王，还有什么造反的道理？”薛公回答道：“皇上前不久杀了彭越，再早些还杀了韩信，他们三人，功劳相同是三位一体的，他自己疑心大祸降临，所以便造反了。”夏侯婴将此话告诉高帝，高帝于是传来薛公，问他，薛公回答说：“黥布造反不足为怪。但是，如果他采用上策，崤山之东便不再是汉朝所有的了；如果他采用中策，两方谁胜谁负还难以预料；如果他采用下策，那么陛下就可以高枕无忧了。”高帝问：“什么是他的上策？”回答说：“向东攻取吴地，向西夺占楚地，吞并齐地，占据鲁地，传令给燕、赵两地，让他们固守本土，那么崤山以东就不在汉朝手中了。”“什么是他的中策？”“向东攻取吴地，向西夺占楚地，吞并韩地，占据魏地，掌握敖仓的储粮，阻塞成皋通道，那么谁胜谁负就难以预料。”“什么是他的下策？”“向东攻取吴地，向西夺占下蔡，然后把辎重送回越地，自己回到长沙，那么陛下就可以高枕无忧，汉朝就没事了。”高帝又问：“他将会使哪种计策呢？”薛公说：“必使下策。”高帝问：“为什么他会舍弃上、中策而采用下策呢？”薛公答道：“黥布其人，原是个骊山的刑徒，自己奋力爬到王的高位，这些都使他只顾自身，不顾以后，更不会为百姓做长远打算。所以说他必采用下策。”高帝说：“好！”下令封薛公一千户。于是立皇子刘长为淮南王。

这时，高帝正有病，想让太子前去进攻黥布。太子的宾客东园公、绮里季、夏黄公、角里先生劝建成侯吕释之说：“太子统领大军，有了功劳地位已无以再增高，没有功劳便从此受祸。你何不赶快去请求吕后，抓个机会在皇上面前哭求说：‘黥布是天下闻名的猛将，擅长用兵。而我方众将领又都是过去与陛下平起平坐的旧人，要是让太子指挥这些人，无异于让羊去驱使狼，无人听命于他。况且假使黥布知道，便会击鼓向西，长驱直入了。皇上您虽然有病，也要勉强上帘车，躺着指挥，众将领就不敢不尽力。皇上虽然生病困苦，为了妻子儿女还是要自己振作一下！’”于是吕释之立刻连夜求见吕后。吕后找个机会对高帝流泪哀求，照四位宾客的意思说了。高帝说：“我本知道这小子不配派遣，还是我自己去吧！”

于是高帝亲自统领大兵向东进发，君臣留守朝中，都送行到霸上。留侯张良生了病，也支撑身子，来到曲邮，对高帝说：“我本应随您出征，但实在病重。黥布那些楚国人剽悍凶猛，望皇上不要和他硬拼！”又建议高帝让太子为将军，监领关中军队。高帝说：“张先生虽然有病在身，请勉强支撑，躺着辅佐太子。”当时，叔孙通是太子的太傅，张良代理少傅之事。高帝又下令征发上郡、北地、陇西的车、骑兵，巴、蜀两地的材官及京师中尉的军队三万人，作为皇太子的警卫部队，驻扎在霸上。

十二年（丙午，公元前195年）

冬季，十月，高帝刘邦与黥布军队在蕲西对阵。黥布军队十分精锐，高帝便在庸城坚壁固守。远远望去，黥布军队的布阵如同当年的项籍军队，高帝心中厌恶。他与黥布互相望见，远远地质问黥布：“你何苦要造反？”黥布回答说：“想当皇帝而已！”高帝怒声斥骂他，于是双方大战。黥布军

高帝庸城固守

队败退而逃，渡过淮河，虽然几次停住阵脚再战，仍不能取胜。他只好与一百余人逃到长江南岸，高帝便另派一员将军继续追击。

高帝凯旋，路过沛县，留下来，在沛宫举行酒宴。把旧友、父老、女性长辈、家族子弟全部召来陪同饮酒，共叙旧情，欢笑作乐。酒喝到畅快时，高帝自己作歌，欣然起舞，唱到慷慨伤怀之时，洒下了几行热泪。高帝对沛县父老兄弟说：“游子悲故乡。我以沛公名义起事诛灭秦朝暴逆，才夺取了天下。现在把沛县当做我的汤沐邑，免除县中百姓的赋役，世世代代不予征收。”高帝在沛县饮酒欢乐十余天后，才离去。

相国萧何因为长安地方狭窄，而皇家上林苑中有很多空地，且荒弃不用，希望能让百姓入内耕种，留下禾杆不割，作为苑中鸟兽的饲料。高帝一听勃然大怒说：“相国你一定收下了商人的大批财物，才替他们算计我的上林苑！”将萧何交付廷尉，用刑具锁铐。过了几天，一个姓王的卫尉侍奉高帝，上前探问：“相国犯了什么大罪，陛下突然把他拘禁起来？”高帝说：“我听说李斯做秦始皇的丞相时，有善行就归功于君主，有过失就自己承担。现在萧何接受了商人的大批财物，为他们要我的上林苑，以讨好下民，所以拘禁起来治罪。”王卫尉便劝说：“份内的事只要对百姓有利就向皇帝建议，这是真正的宰相行为，陛下为什么竟疑心相国受了商人钱财呢？况且，陛下与楚霸王作战几年，陈豨、黥布造反，您亲自率军出征。当时，相国独守关中，只要关中一有动摇，函谷关以西就不再是陛下所有了！相国不在那时为自己谋利，反而在现在贪图商人的金钱吗？再说，秦朝就是因为不知道自己的过失才丧失了天下，李斯为秦始皇分担过失的作为，又有什么值得效法的呢？陛下为什么如此轻易地怀疑相国呢！”高帝听完很不高兴。当天，派人持符节赦免释放了萧何。萧何年纪已老，平时对高帝很恭谨，进宫后光着脚前去谢恩。高帝说：“相国您不要这样！相国为人民讨要上林苑，我不准许，我不过是夏桀、商纣那样的昏君，而相国您是贤相。我所以抓起相国，就是想让百姓知道我的过失啊！”

高帝刘邦进攻黥布时，曾被流箭射中，行军路上，病势沉重。吕后请来一位良医，医生入内诊视后说：“病可以治。”高帝却破口大骂：“我以一个老百姓手提三尺剑夺取了天下，这不是天命吗？我的生死在天，即使扁鹊复生又有什么用！”于是不让医生治病，而赏给医生黄金五十斤，让他回去。吕后问高帝：“陛下百年之后，萧何相国死了，让谁代替他呢？”高帝说：“曹参可以。”吕后再问曹参之后，高帝说：“王陵可以，但他有点憨，陈平可以帮助他。陈平智谋有余，但难以独自承担重任。周勃为人厚道不善言辞，但将来安定刘家天下的必定是他，可任用为太尉。”吕后再追问其后，高帝只说：“这以后的事也就不是你能操心的了。”夏季，四月，甲辰（二十五日），高帝刘邦驾崩于长乐宫。丁未（二十八日），朝廷发布丧事消息，宣布大赦天下。

五月，丙寅（十七日），将高帝刘邦安葬在长陵。

当初，高帝刘邦不修习学术，而秉性聪明通达，喜谋略，能采纳旁人意见，纵是守门官或戍卒，见面时也如同老熟人一般。当年他顺应民心约法三章，天下平定以后，又命令萧何整理法律、法令，韩信申明军法，张苍制订历法及度量衡章程，叔孙通规定礼仪；又与功臣剖分符节，立下誓言，用朱砂写就，以铁制成，放入国家收存重要文书的金柜石室，妥藏在宗庙中。高帝虽然众事繁多，日不暇接，但创立制度规模宏远。

陈平一行走到中途，听到高帝驾崩消息。陈平怕吕太后的妹妹吕媭在吕太后面前说他的坏话，便驱驰驿车先行回都。路上他又遇到朝廷使者，传诏命令陈平与灌婴屯守荥阳。陈平接受诏书后，立即又疾驰到宫中，哭得十分悲哀，又坚决要求亲自守卫内宫。吕太后于是任命他为掌管宫殿门户的郎中令，还让他辅导汉惠帝刘盈。此后，吕媭便无法说陈平的坏话。樊哙到长安，便被赦免，恢复原来的爵位和封地。

吕太后下令把戚夫人关在宫中永巷里，剃去头发，带上刑具，穿上土红色的囚服，做舂米的苦活。又派使者去召赵王刘如意，使者三次往返，赵相周昌对使者说："高帝生前把赵王嘱托给我，赵王年纪小，我听说吕太后怨恨戚夫人，想把赵王召去一齐杀掉，我不敢让赵王去。而且赵王也病了，不能接受命令。"吕太后听到回报，大为愤怒，便先派人去召周昌。待周昌到了长安，才派人再去召赵王。赵王前来，还未到达时，汉惠帝听说吕太后要对赵王动怒，便亲自去霸上迎接赵王，与他一起入宫，自己带着他一同吃饭睡觉。吕太后想杀掉赵王，但找不到机会。

汉惠帝元年（丁未，公元前194年）

冬季，十二月，惠帝凌晨便出去打猎，赵王因为年纪小，不能早起同去，吕太后便派人拿着毒酒让赵王喝。黎明，惠帝回宫时，赵王已经死了。吕太后又下令砍断戚夫人的手、脚，挖去眼珠，熏聋耳朵，喝哑药，让她呆在厕所里，称她为"人彘"。过了几天，吕太后便召惠帝来看"人彘"。惠帝见后，问知这就是戚夫人，便大哭起来，从此患病，一年多不能起身。他派人向吕太后请求说："这种事不是人做的。我虽然是太后您的儿子，到底还是治不了这个天下。"惠帝因此每天饮酒淫乐，不理政事。

臣司马光曰：做儿子的，见父母有过失就应该劝谏；劝谏不听，就应该跟着痛哭。哪有继承汉高祖的伟业，当天下的君主，因为不忍心于母亲的残酷，便抛弃国家不顾念，纵情酒色自伤身体的道理！像汉惠帝这样，可以说只是固执于小的仁爱，而不知道大义啊！

二年（戊申，公元前193年）

酂文终侯萧何病重，惠帝亲自前去探视，问他：“您百年之后，谁可以替接您？”萧何说：“最了解臣下的还是皇上。”惠帝又问：“曹参怎么样？”萧何立即叩头说：“皇上已找到人选，我死也没有什么遗憾了。”

癸巳（二十七日），朝廷任命曹参为相国。曹参刚听说萧何去世时，就对门下舍人说：“快准备行装！我要进京去做相国了。”过了不久，使者果然前来召曹参入朝。起初，曹参当平民时，和萧何相交甚好；及至做了将相，两人有些隔阂。到萧何快死时，所推举接替自己的贤能之人唯独曹参。曹参接替做了相国后，所有的条令都不做变更，一律遵照萧何当年的规定。他挑选各郡各封国中为人质朴、拘谨不善言辞、敦厚的长者，召来任命为丞相的属官。对那些言谈行文苛刻、专门追逐名声的官员，都予以斥退。然后曹参日夜只顾饮香醇老酒。卿、大夫以下的官员及宾客见他不管政事，来看望时都想劝说，曹参却总是劝他们喝酒；喝酒间隙中再想说话，曹参又劝他们再喝，直到喝醉了回去，始终没机会开口说话。这样的情况成为常事。曹参见到别人犯有小错误，也一味包庇掩饰，相国府中终日无事。

曹参的儿子曹窋任中大夫之职，惠帝向他埋怨曹参不理政事，认为“难道是因为我年纪轻吗”？让曹窋回家时，以私亲身份探问曹参。曹参大怒，鞭笞曹窋二百下，喝斥：“快回宫去侍候，国家大事不是你该说的！”到上朝时，惠帝责备曹参说：“那天是我让曹窋劝你的。”曹参立即脱下帽子谢罪，说：“陛下自己体察圣明威武比高帝如何？”惠帝说：“朕哪里敢比高帝！”曹参又问：“陛下再看我的才能比萧何谁强？”惠帝说：“你好像不如他。”曹参便说：“陛下说得太对了。高帝与萧何平定天下，法令已经明确。如今陛下垂手治国，我们臣下恭谨守职，大家认真遵守不去违反旧时法令，不就够了吗！”惠帝说：“对。”

曹参做相国，前后三年，百姓唱歌称颂他说：“萧何制法，整齐划一；曹参接替，守而不失；做事清净，百姓安心。”

三年（己酉，公元前192年）

惠帝以宗室女子作为公主，嫁给匈奴冒顿单于。当时，冒顿正强大，写信派人送给吕太后，措辞极为亵污傲慢。吕太后大为愤怒，召集将相大臣，商议要杀掉匈奴来使，发兵攻打。樊哙说：“我愿意率领十万军队去横扫匈奴！”中郎将季布却说：“樊哙真该杀！从前匈奴在平城围困高帝，那时汉兵有三十二万，樊哙身为上将军，而不能解围。如今四方百姓哀苦之声尚未断绝，受伤兵士刚能起身，而樊哙却想搞乱天下，妄称以十万军队横扫匈奴，这是当面说谎！况且，匈奴好比禽兽一般，听了他的好话不必高兴，听了他的谩骂也不值得生气。”吕太后说：“说得对。”便派大谒者张释送去回信，十分谦逊地致以歉意，并送给匈奴二乘车、八匹马。冒顿单于接信后又派使臣前来道歉，说：“我们从不知道中国的礼义，感谢陛下的宽恕。”于是献上马匹，与汉朝和亲为好。

七年（癸丑，公元前188年）

秋季，八月，戊寅（十二日），汉惠帝刘盈在未央宫驾崩。大赦天下。九月，辛丑（初五），惠帝下葬在安陵。

当初，吕太后让张皇后找个别人的孩子来抚养，杀死他的母亲，以他为太子。惠帝下葬后，太子登上皇帝之位，因为年幼，便由吕太后在朝廷上行使天子权力。

第十三卷　汉纪五

译文诵读

高皇后元年（甲寅，前187）

冬，太后议欲立诸吕为王，问右丞相陵，陵曰："高帝刑白马盟曰：'非刘氏而王，天下共击之。'今王吕氏，非约也。"太后不说，问左丞相平、太尉勃，对曰："高帝定天下，王子弟；今太后称制，王诸吕，无所不可。"太后喜。罢朝。王陵让陈平、绛侯曰："始与高帝喋血盟，诸君不在邪！今高帝崩，太后女主，欲王吕氏；诸君纵欲阿意背约，何面目见高帝于地下乎？"陈平、绛侯曰："于今，面折廷争，臣不如君；全社稷，定刘氏之后，君亦不如臣。"陵无以应之。十一月，甲子，太后以王陵为帝太傅，实夺之相权；陵遂病免归。

乃以左丞相平为右丞相；以辟阳侯审食其为左丞相，不治事，令监宫中，如郎中令。食其故得幸于太后，公卿皆因而决事。

四年（丁巳，前184）

少帝浸长，自知非皇后子，乃出言曰："后安能杀吾母而名我！我壮，即为变！"太后闻之，幽之永巷中，言帝病。左右莫得见。太后语群臣曰："今皇帝病久不已，失惑昏乱，不能继嗣治天下；其代之。"群臣皆顿首言："皇太后为天下齐民计，所以安宗庙、社稷甚深；群臣顿首奉诏。"遂废帝，幽杀之。五月，丙辰，立恒山王义为帝，更名曰弘；不称元年，以太后制天下事故也。

七年（庚申，前181）

是时，诸吕擅权用事；朱虚侯章，年二十，有气力，忿刘氏不得职。尝入侍太后燕饮，太后令章为酒吏。章自请曰："臣将种也，请得以军法行酒。"太后曰："可。"酒酣，章请为《耕田歌》；太后许之，章曰："深耕概种，立苗欲疏，非其种者，锄而去之！"太后默然。顷之，诸吕有一人醉，亡酒，章追，拔剑斩之而还，报曰："有亡酒一人，臣谨行法斩之！"太后左右皆大惊，业已许其军法，无以罪也；因罢。自是之后，诸吕惮朱虚侯，虽大臣皆依朱虚侯，刘氏为益强。

陈平患诸吕，力不能制，恐祸及己；尝燕居深念，陆贾往，直入坐；而陈丞相不见。陆生曰："何念之深也！"陈平曰："生揣我何念？"陆生曰："足下极富贵，无欲矣；然有忧念，不过患诸吕、少主耳。"陈平曰："然。为之奈何？"陆生曰："天下安，注意相；天下危，注意将。将相和调，则士豫附；天下虽有变，权不分。为社稷计，在两军掌握耳。臣尝欲谓太尉绛侯；绛侯与我戏，易吾言。君何不交欢太尉，深相结！"因为陈平画吕氏数事。陈平用其计，乃以五百金为绛侯寿，厚具乐饮；太尉报亦如之。两人深相结，吕氏谋益衰。陈平以奴婢百人、车马五十乘、钱五百万遗陆生为饮食费。

八年（辛酉，前180）

秋，七月，太后病甚，乃令赵王禄为上将军，居北军；吕王产居南军。太后诫产、禄曰："吕氏之王，大臣弗平。我即崩，帝年少，大臣恐为变。必据兵卫宫，慎毋送丧，为人所制！"辛巳，太后崩，遗诏：大赦天下，以吕王产为相国，以吕禄女为帝后。高后已葬，以左丞相审食其为帝太傅。

诸吕欲为乱，畏大臣绛、灌等，未敢发。朱虚侯以吕禄女为妇，故知其谋，乃阴令人告其兄齐王，欲令发兵西，朱虚侯、东牟侯为内应，以诛诸吕，立齐王为帝。齐王乃与其舅驷钧、郎中令祝午、中尉魏勃阴谋发兵。齐相召平弗听。八月，丙午，齐王欲使人诛相；相闻之，乃发卒卫王宫。魏勃绐召平曰："王欲发兵，非有汉虎符验也。而相君围王固善，勃请为君将兵卫王。"召平信之。勃既将兵，遂围相府，召平自杀。于是齐王以驷钧为相，魏勃为将军，祝午为内史，悉发国中兵。

相国吕产等闻之，乃遣颍阴侯灌婴将兵击之。灌婴至荥阳，谋曰："诸吕拥兵关中，欲危刘氏而自立。今我破齐还报，此益吕氏之资也。"乃留屯荥阳，使使谕齐王及诸侯与连和，以待吕氏变，共诛之。齐王闻之，乃还兵西界待约。

吕禄、吕产欲作乱，内惮绛侯、朱虚等，外畏齐、楚兵；又恐灌婴畔之，欲待灌婴兵与齐合而发，犹豫未决。

当是时，济川王太、淮阳王武、常山王朝及鲁王张偃皆年少，未之国，居长安；赵王禄、梁王产各将兵居南、北军；皆吕氏之人也。列侯群臣莫自坚其命。

太尉绛侯勃不得主兵。曲周侯郦商老病，其子寄与吕禄善。绛侯乃与丞相陈平谋，使人劫郦商，令其子寄往绐说吕禄曰："高帝与吕后共定天下，刘氏所立九王。吕氏所立三王，皆大臣之议，事已布告诸侯，皆以为宜。今太后崩，帝少，而足下佩赵王印，不急之国守藩，乃为上将，将兵留此，为大臣诸侯所疑。足下何不归将印，以兵属太尉，请梁王归相国印，与大臣盟而之国。齐兵必罢，大臣得安，足下高枕而王千里，此万世之利也。"吕禄信然其计，欲以兵属太尉；使人报吕产及诸吕老人，或以为便，或曰不便，计犹豫未有所决。

吕禄信郦寄，时与出游猎，过其姑吕媭。媭大怒曰："若为将而弃军，吕氏今无处矣！”乃悉出珠玉、宝器散堂下，曰：“毋为他人守也！”

九月，庚申旦，平阳侯窋行御史大夫事，见相国产计事。郎中令贾寿使从齐来，因数产曰：“王不早之国；今虽欲行，尚可得耶！”具以灌婴与齐、楚合从欲诛诸吕告产，且趣产急入宫。平阳侯颇闻其语，驰告丞相、太尉。

太尉欲入北军，不得入。襄平侯纪通尚符节，乃令持节矫内太尉北军。太尉复令郦寄与典客刘揭先说吕禄曰：“帝使太尉守北军，欲足下之国。急归将印，辞去！不然，祸且起。”吕禄以为郦况不欺己，遂解印属典客，而以兵授太尉。太尉至军，吕禄已去。太尉入军门，行令军中曰：“为吕氏右袒，为刘氏左袒！”军中皆左袒。太尉遂将北军；然尚有南军。丞相平乃召朱虚侯章佐太尉；太尉令朱虚侯监军门，令平阳侯告卫尉：“毋入相国产殿门！”

吕产不知吕禄已去北军，乃入未央宫，欲为乱。至殿门，弗得入，徘徊往来。平阳侯恐弗胜，驰语太尉。太尉尚恐不胜诸吕，未敢公言诛之，乃谓朱虚侯曰：“急入宫卫帝！”朱虚侯请卒，太尉予卒千余人。入未央宫门，见产廷中。日铺时，遂击产；产走。天风大起，以故其从官乱，莫敢斗；逐产，杀之郎中府吏厕中。朱虚侯已杀产，帝命谒者持节劳朱虚侯。朱虚侯欲夺其节，谒者不肯。朱虚侯则从与载，因节信驰走，斩长乐卫尉吕更始。还，驰入北军报太尉，太尉起拜贺。朱虚侯曰：“所患独吕产；今已诛，天下定矣！”遂遣人分部悉捕诸吕男女，无少长皆斩之。辛酉，捕斩吕禄而笞杀吕媭，使人诛燕王吕通而废鲁王张偃。戊辰，徙济川王王梁。遣朱虚侯章以诛诸吕事告齐王，令罢兵。

诸大臣相与阴谋曰：“少帝及梁、淮阳、恒山王，皆非真孝惠子也；吕后以计诈名他人子，杀其母养后宫，令孝惠子之，立以为后及诸王，以强吕氏。今皆已夷灭诸吕，而所立即长，用事，吾属无类矣！不如视诸王最贤者立之。”或言：“齐王，高帝长孙，可立也。”大臣皆曰：“吕氏以外家恶而几危宗庙，乱功臣。今齐王舅驷钧，虎而冠；即立齐王，复为吕氏矣。代王方今高帝见子最长，仁孝宽厚；太后家薄氏谨良。且立长固顺，况以仁孝闻天下乎！”乃相与共阴使人召代王。

乃命宋昌参乘，张武等六人乘传，从诣长安。至高陵，休止，而使宋昌先驰之长安观变。昌至渭桥，丞相以下皆迎。昌还报。代王驰至渭桥，群臣拜谒称臣，代王下车答拜。太尉勃进曰：“愿请闲。”宋昌曰：“所言公，公言之；所言私，王者无私。”太尉乃跪上天子玺、符。代王谢曰：“至代邸而议之。”

后九月，己酉晦，代王至长安，舍代邸，群臣从至邸。丞相陈平等皆再拜言曰：“子弘等皆非孝惠子，不当奉宗庙。大王，高帝长子，宜为嗣。愿大王即天子位！”代王西乡让者三，南乡让者再，遂即天子位；群臣以礼次侍。

东牟侯兴居曰：“诛吕氏，臣无功，请得除宫。”乃与太仆汝阴侯滕公入宫，前谓少帝曰：“足下非刘氏子，不当立！”乃顾麾左右执戟者掊兵罢去；有数人不肯去兵，宦者令张释谕告，亦去兵。滕公乃召乘舆车载少帝出。少帝曰：“欲将我安之乎？”滕公曰：“出就舍。”舍少府。乃奉天子法驾迎代王于邸，报曰：“宫谨除。”代王即夕入未央宫。有谒者十人持卫端门，曰：“天子在也，足下何为者而入！”代王乃谓太尉。太尉往谕，谒者十人皆掊兵而去，代王遂入。夜，拜宋昌为卫将军，镇抚南北军；以张武为郎中令，行殿中。有司分部诛灭梁、淮阳、恒山王及少帝于邸。文帝还坐前殿，夜，下诏书赦天下。

太宗孝文皇帝上元年（壬戌，前179）

陈平谢病；上问之，平曰：“高祖时，勃功不如臣，及诛诸吕，臣功亦不如勃；愿以右丞相让勃。”十一月，辛巳，上徙平为左丞相，太尉勃为右丞相，大将军灌婴为太尉。诸吕所夺齐、楚故地，皆复与之。

论诛诸吕功，右丞相勃以下益户、赐金各有差。绛侯朝罢趋出，意得甚；上礼之恭，常目送之。郎中安陵袁盎谏曰：“诸吕悖逆，大臣相与共诛之。是时丞相为太尉，本兵柄，适会其成功。今丞相如有骄主色，陛下谦让；臣主失礼，窃为陛下弗取也！”后朝，上益庄，丞相益畏。

十二月，诏曰：“法者，治之正也。今犯法已论，而使无罪之父母、妻子、同产坐之，及为收帑，朕甚不取！其除收帑诸相坐律令！”

三月，立太子母窦氏为皇后。皇后，清河观津人。有弟广国，字少君，幼为人所略卖，传十余家，闻窦后立，乃上书自陈。召见，验问，得实，乃厚赐田宅、金钱，与兄长君家于长安。绛侯、灌将军等曰：“吾属不死，命乃且县此两人，两人所出微，不可不为择师傅、宾客；又复效吕氏，大事也！”于是乃选士之有节行者与居。窦长君、少君由此为退让君子，不敢以尊贵骄人。

时有献千里马者。帝曰：“鸾旗在前，属车在后，吉行日五十里，师行三十里；朕乘千里马，独先安之？”于是还其马，与道里费；而下诏曰：“朕不受献也。其令四方毋求来献。”

帝益明习国家事。朝而问右丞相勃曰：“天下一岁决狱几何？”勃谢不知；又问：“一岁钱谷入几何？”勃又谢不知；惶愧，汗出沾背。上问左丞相平。平曰：“有主者。”上曰：“主者谓谁？”曰：“陛下即问决狱，责廷尉；问钱谷，责治粟内史。”上曰：“苟各有主者，而君所主者何事也？”平谢曰：“陛下不知其驽下，使待罪宰相。宰相者，上佐天子，理阴阳，顺四时；下遂万物之宜；外镇抚四夷诸侯；内亲附百姓，使卿大夫各得任其职焉。”帝乃称善。右丞相大惭，出而让陈平曰：“君独不素教我对！”陈平笑曰：“君居其位，不知其任邪？且陛下即问长安中盗贼数，君欲强对邪？”于是绛侯自知其不如平远矣。居顷之，人或说勃曰：“君既诛诸吕，立代王，威震天下。而君受厚赏，处尊位，久之，即祸及身矣。”勃亦自危，乃谢病，请归相印，上许之。秋，八月，辛未，右丞相勃免，左丞相平专为丞相。

初，隆虑侯灶击南越，会暑湿，士卒大疫，兵不能隃领。岁余，高后崩，即罢兵。赵佗因此以兵威财物赂遗闽越、西瓯、骆，役属焉。东西万余里，乘黄屋左纛，称制与中国侔。

帝乃为佗亲冢在真定者置守邑，岁时奉祀；召其昆弟，尊官、厚赐宠之。复使陆贾使南越，赐佗书曰："朕，高皇帝侧室之子也，弃外，奉北藩于代。道里辽远，壅蔽朴愚，未尝致书。高皇帝弃群臣，孝惠皇帝即世，高后自临事，不幸有疾，诸吕为变，赖功臣之力，诛之已毕。朕以王、侯、吏不释之故，不得不立，今即位。乃者闻王遗将军隆虑侯书，求亲昆弟，请罢长沙两将军。朕以王书罢将军博阳侯；亲昆弟在真定者，已遣人存问，修治先人冢。前日闻王发兵于边，为寇灾不止。当其时，长沙苦之，南郡尤甚。虽王之国，庸独利乎！必多杀士卒，伤良将吏，寡人之妻，孤人之子，独人父母；得一亡十，朕不忍为也。朕欲定地犬牙相入者；以问吏，吏曰：'高皇帝所以介长沙土也，'朕不得擅变焉。今得王之地，不足以为大；得王之财，不足以为富。服领以南，王自治之。虽然，王之号为帝。两帝并立，亡一乘之使以通其道，是争也；争而不让，仁者不为也。愿与王分弃前恶，终今以来，通使如故。"

贾至南越。南越王恐，顿首谢罪；愿奉明诏，长为藩臣，奉贡职。于是下令国中曰："吾闻两雄不俱立，两贤不并世。汉皇帝，贤天子。自今以来，去帝制、黄屋、左纛。"因为书，称："蛮夷大长、老夫臣佗昧死再拜上书皇帝陛下曰，老夫，故越吏也，高皇帝幸赐臣佗玺，以为南越王。孝惠皇帝即位，义不忍绝，所以赐老夫者厚甚。高后用事，别异蛮夷，出令曰：'毋与蛮夷越金铁、田器、马、牛、羊；即予，予牡，毋予牝。'老夫处僻，马、牛、羊齿已长。自以祭祀不修，有死罪，使内史藩、中尉高、御史平凡三辈上书谢过，皆不反。又风闻老夫父母坟墓已坏削，兄弟宗族已诛论。吏相与议曰：'今内不得振于汉，外亡以自高异，'故更号为帝，自帝其国，非敢有害于天下。高皇后闻之，大怒，削去南越之籍，使使不通。老夫窃疑长沙王谗臣，故发兵以伐其边。老夫处越四十九年，于今抱孙焉。然夙兴夜寐，寝不安席，食不甘味，目不视靡曼之色，耳不听钟鼓之音者，以不得事汉也。今陛下幸哀怜，复故号，通使汉如故；老夫死，骨不腐。改号，不敢为帝矣！"

二年（癸亥，前178）

上每朝，郎、从官上书疏，未尝不止辇受其言。言不可用置之，言可用采之，未尝不称善。

帝从霸陵上欲西驰下峻阪。中郎将袁盎骑，并车揽辔。上曰："将军怯邪？"盎曰："臣闻'千金之子，坐不垂堂'。圣主不乘危，不徼幸。今陛下驰六飞驰下峻山，有如马惊车败，陛下纵自轻，奈高庙、太后何！"上乃止。

上所幸慎夫人，在禁中常与皇后同席坐。及坐郎署，袁盎引却慎夫人坐。慎夫人怒，不肯坐；上亦怒，起，入禁中。盎因前说曰："臣闻'尊卑有序，则上下和'。今陛下既已立后，慎夫人乃妾；妾、主岂可与同坐哉！且陛下幸之，即厚赐之；陛下所以为慎夫人，适所以祸之也。陛下独不见‘人彘’乎！”于是上乃说，召语慎夫人，慎夫人赐盎金五十斤。

贾谊说上曰：“《管子》曰：‘仓廪实而知礼节，衣食足而知荣辱。’民不足而可治者，自古及今，未之尝闻。古之人曰：‘一夫不耕，或受之饥；一女不织，或受之寒。’生之有时而用之无度，则物力必屈。古之治天下，至纤，至悉，故其畜积足恃。今背本而趋末者甚众，是天下之大残也；淫侈之俗，日日以长，是天下之大贼也。残、贼公行，莫之或止；大命将泛，莫之振救。生之者甚少而靡之者甚多，天下财产何得不蹶！

“汉之为汉，几四十年矣，公私之积，犹可哀痛。失时不雨，民且狼顾；岁恶不入，请卖爵子；既闻耳矣。安有为天下阽危者若是而上不惊者！

“世之有饥、穰，天之行也；禹、汤被之矣。即不幸有方二三千里之旱，国胡以相恤？卒然边境有急，数十百万之众，国胡以馈之？兵、旱相乘，天下大屈，有勇力者聚徒而衡击，罢夫、羸老，易子啮其骨。政治未毕通也，远方之能僭拟者并举而争起矣；乃骇而图之，岂将有及乎！夫积贮者，天下之大命也；苟粟多而财有余，何为而不成！以攻则取，以守则固，以战则胜，怀敌附远，何招而不至！

“今驱民而归之农，皆著于本；使天下各食其力，末技、游食之民转而缘南亩，则畜积足而人乐其所矣。可以为富安天下，而直为此廪廪也，窃为陛下惜之！”

上感谊言，春，正月，丁亥，诏开藉田，上亲耕以率天下之民。

汉高后元年（甲寅，公元前187年）

冬季，高太后吕雉在朝议事，提出准备册封几位吕氏外戚为诸侯王，征询右丞相王陵的意见，王陵回答说：“高帝曾与群臣杀白马饮血盟誓：‘假若有不是刘姓的人称王，天下臣民共同消灭他。’现在分封吕氏为王，不符合白马之盟所约。”太后很不高兴，又问左丞相陈平、太尉周勃，二人回答说：“高帝统一天下，分封刘氏子弟为王；现在太后临朝管理国家，分封几位吕氏为王，没有什么不可以的。”太后听了很高兴。朝议结束后，王陵责备陈平、周勃说：“当初与高皇帝饮血盟誓时，你们二位不在场吗？现在高帝驾崩了，太后以女主当政，要封吕氏为王，你们即使是要逢迎太后意旨而背弃盟约，可又有何脸面去见高帝于地下呢？”陈平、周勃对王陵说：“现在，在朝廷之上当面谏阻太后，我二人确实不如您；可将来安定国家，确保高祖子孙的刘氏天下，您却不如我二人。”王陵无言答对。十一月，甲子，太后明升王陵为皇帝的太傅，实际上剥夺了他原任右丞相的实权；王陵于是称病，被免职归家。

彩绘蟠螭纹漆簋

太后升左丞相陈平为右丞相；任命辟阳侯审食其为左丞相，但不执行左丞相的职权，只负责管理宫廷事务，同郎中令一样。但审食其早就得太后宠幸，公卿大臣都要通过审食其裁决政事。

四年（丁巳，公元前184年）

少帝渐渐长大，自知并非惠帝张皇后的儿子，就发牢骚说："皇后怎么能杀了我的生身之母而冒充我的母亲！我成人之后，就要复仇！"太后得知，就把少帝幽禁于后宫的永巷中，宣称少帝患病。任何人不得与少帝相见。太后告诉群臣说："如今皇帝长期患病不愈，精神失常，不能继承皇统治理天下了；应该另立皇帝。"群臣都顿首回答："皇太后的旨意，是为天下百姓着想，对于安宗庙、保国家必定产生深远影响；群臣顿首奉诏。"于是就废掉少帝，并暗中杀死。五月，丙辰（十一日），太后立恒山王刘义为皇帝，改名为刘弘。由于太后称制治理天下，所以新皇帝即位不称元年。

七年（庚申，公元前181年）

这一时期，诸吕把持朝政；朱虚侯刘章，年方二十，身强力壮，对刘氏宗室不能执掌政权心怀不满。他曾经在后宫侍奉太后参加酒宴，太后令刘章为监酒官。刘章自己请求说："我本是将门之后，请太后允许我按军法监酒。"太后回答："可以。"酒酣之时，刘章请求吟唱一首《耕田歌》，太后准许。刘章吟唱道："深耕播种，株距要疏；不是同种，挥锄铲除！"太后知其歌中所指，默然无语。一会儿，参加宴席的诸吕中有一人醉酒，避席离去，刘章追上来，拔剑斩了此人，还报太后说："有一人逃酒而走，我以军法将他处斩！"太后及左右人等都大吃一惊，但因业已同意他以军法监酒，也就无法将他治罪；酒席不欢而散。从此之后，诸吕都很惧怕朱虚侯刘章，即便是朝廷大臣也都要倚重他，刘氏宗室的势力由此而增强。

陈平担忧诸吕横暴，自己又无力制止，恐怕大祸临头，曾独居静室，苦思对策。恰在此时陆贾来访，未经通报直入室中坐下，陈丞相正苦思冥想，竟未察觉。陆贾说："丞相思虑何事，竟然如此全神贯注！"陈平说："先生猜测我思虑何事？"陆贾说："您富贵无比，不会有什么欲望了；但是，您却有忧虑，不外乎是担心诸吕和皇上年幼罢了。"陈平说："先生猜得对。此事应该怎么办呢？"陆贾说："天下安，注意相；天下危，注意将。将与相关系和谐，士人就会归附；天下即使有重大变故，大权也不会被瓜分。安定国家的根本大计，就在你们二位文武大臣掌握之中。我曾想对太尉绛侯周勃说明这一利害关系，绛侯平素与我常开玩笑，不会重视我的话。丞相为何不与太尉交好，密切联合呢？"接着陆贾为陈平谋划将来平定诸吕的几个关键问题。陈平采纳陆贾的计谋，用五百斤黄金为绛侯周勃祝寿，举办丰盛的宴席，太尉周勃也以同样的礼节回报。陈平与周勃互相紧密团结，吕氏图谋篡国的心气渐渐衰减。陈平送给陆贾一百个奴婢、五十乘车马、五百万钱做为饮食费。

八年（辛酉，公元前180年）

秋季，七月，太后病重，于是下令任命赵王吕禄为上将军，统领北军；吕王吕产统领南军。太后告诫吕产、吕禄说："封立吕氏为王，大臣心中多不服。我就要去世，皇帝年幼，恐怕大臣们乘机向吕氏发难。你们务必要统率禁军，严守宫廷，千万不要为送丧而轻离重地，以免被人所制！"辛巳（三十日），太后去世，留下遗诏：大赦天下，命吕王吕产为相国，以吕禄之女为皇后。高后丧事处理完毕，朝廷改任左丞相审食其为皇帝太傅。

诸吕打算作乱，因惧怕大臣周勃、灌婴等人，未敢贸然行事。朱虚侯刘章娶吕禄之女为妻，所以得知吕氏的阴谋，就暗中派人告知其兄齐王刘襄，让齐王统兵西征，朱虚侯、东牟侯为他做内应，图谋诛除吕氏，立齐王为皇帝。齐王就与他舅父驷钧、郎中令祝午、中尉魏勃暗中密谋发兵。齐相召平反对举兵。八月，丙午（二十六日），齐王准备派人杀国相召平；召平得知，就发兵包围了王宫。魏勃欺骗召平说："齐王没有汉朝廷的发兵虎符，就要发兵，这是违法的。您发兵包围了齐王本是对的，我请求为您带兵入宫软禁齐王。"召平信以为真，让魏勃指挥军队。魏勃掌握兵权之后，就命令包围相府，召平自杀。于是，齐王命驷钧为相，魏勃为将军，祝午为内史，征发齐国的全部兵员。

相国吕产等人闻讯齐王举兵，就派颍阴侯灌婴统兵征伐。灌婴率军行至荥阳，与其部下计议说："吕氏在关中手握重兵，图谋篡夺刘氏天下，自立为帝。如果我们现在打败齐军，回报朝廷，这就增强了吕氏的力量。"于是，灌婴就在荥阳屯兵据守，并派人告知齐王和诸侯，约定互相联合，静待吕氏发起变乱，即一同诛灭吕氏。齐王得知此意，就退兵到齐国的西部边界，待机而动。

吕禄、吕产想发起变乱，但内惧朝中绛侯周勃、朱虚侯刘章等人，外怕齐国和楚国等宗室诸王的重兵，又恐手握军权的灌婴背叛吕氏，打算等灌婴所率汉兵与齐军交战之后再动手，所以犹豫未决。

此时，济川王刘太、淮阳王刘武、常山王刘朝及鲁王张偃，都年幼，没有就职于封地，居住于长安；赵王吕禄、梁王吕产分别统率南军和北军，都是吕氏一党。列侯群臣没有人能自保安全。

太尉绛侯周勃手中没有军权。曲周侯郦商年老有病，其子郦寄与吕禄交好。绛侯就与丞相陈平商定一个计策，派人劫持了郦商，让他儿子郦寄去欺骗吕禄说："高帝与吕后共同安定天下，立刘氏九人为诸侯王，立吕氏三人为诸侯王，都是经过朝廷大臣议定的，并已向天下诸侯公开宣布，诸侯都认为理应如此。现在太后驾崩，皇帝年幼，您身佩赵王大印，不立即返回封国镇守，却出任上将，率兵留在京师，必然会受到大臣和诸侯王的猜忌。您为何不交出将印，把军权还给太尉，请梁王归还相国大印给朝廷，您二人与朝廷大臣盟誓后各归封国？这样，齐兵必会撤走，大臣也得以心安，您高枕无忧地去做方圆千里的一国之王，这是造福于子孙万代的事。”吕禄相信了郦寄的计谋，想把军队交给太尉统率；派人把这个打算告知吕产及吕氏长辈，有人同意，有人反对，计策犹豫未决。

吕禄信任郦寄，经常结伴外出游猎，途中曾前往拜见其姑母吕媭。吕媭大怒说：“你身为上将而轻易地离军游猎，吕氏如今将无处容身了！”吕媭把家中的珠玉、宝器全拿出来，抛散到堂下，说：“不要为别人珍藏这些东西了！”

九月，庚申（初十）清晨，行使御史大夫职权的平阳侯曹窋，前来与相国吕产议事。郎中令贾寿出使齐国返回，批评吕产说：“大王不早些去封国，现在即便是想去，还来得及吗？”贾寿把灌婴已与齐、楚两国联合欲诛灭吕氏的事告诉了吕产，并且催吕产迅速入据皇宫，设法自保。平阳侯曹窋听到了贾寿的话，快马加鞭，赶来向丞相和太尉报告。

太尉想进入北军营垒，但被阻止不得入内。襄平侯纪通负责典掌皇帝符节，太尉便命令他持节，伪称奉皇帝之命允许太尉进入北军营垒。太尉又命令郦寄和典客刘揭先去劝说吕禄：“皇帝指派太尉代行北军指挥职务，要您前去封国。立即交出将印，告辞赴国！否则，将有祸事发生！”吕禄认为郦寄不会欺骗自己，就解下将军印绶交给典客刘揭，而把北军交给太尉指挥。太尉进入北军时，吕禄已经离去。太尉进入军门，下令军中说：“拥护吕氏的袒露右臂膀，拥护刘氏的袒露左臂膀！”军中将士全都袒露左臂膀。太尉就这样取得了北军的指挥权。但是，还有南军未被控制。丞相陈平召来朱虚侯刘章辅佐太尉。太尉令朱虚侯监守军门，又令平阳侯曹窋告诉统率宫门禁卫军的卫尉说：“不许相国吕产进入殿门！”

吕产不知吕禄已离开北军，进入未央宫，准备作乱。吕产来到殿门前，无法入内，在殿门外徘徊往来。平阳侯恐怕难以制止吕产入宫，策马告知太尉。太尉还怕未必能战胜诸吕，没敢公开宣称诛除吕氏，就对朱虚侯说：“立即入宫保护皇帝！”朱虚侯请求派兵同往，太尉拨给他一千多士兵。朱虚侯进入未央宫门，见到吕产正站立在廷中。时近傍晚，朱虚侯立即率兵向吕产冲击，吕产逃走。天空狂风大作，因此吕产所带党羽亲信慌乱，都不敢接战搏斗；朱虚侯等人追逐吕产，在郎中府的厕所中将吕产杀死。朱虚侯已杀吕产，皇帝派谒者持皇帝之节前来慰劳朱虚侯。朱虚侯要夺皇帝之节，谒者不放手，朱虚侯就与持节的谒者共乘一车，凭着皇帝之节，驱车疾驰，斩长乐卫尉吕更始。事毕返回，驰入北军，报知太尉。太尉起立向朱虚侯拜贺说：“最令人担忧的就是吕产。现在吕产被杀，天下已定！”于是，太尉派人分头逮捕所有吕氏男女，不论老小一律处斩。辛酉（十一日），捕斩吕禄，将吕媭乱棒打死，派人杀燕王吕通，废除鲁王张偃。戊辰（十八日），改封济川王刘太为梁王，派朱虚侯刘章去告知齐王，吕氏已被诛灭，令齐罢兵。

诸位大臣暗地共同商量说：“少帝和梁王、淮阳王、恒山王，都不真是孝惠帝的儿子，当年吕后设计取他人的儿子，杀死他们的生母，把他们收养在后宫中，令孝惠帝认作儿子，立为继承人和诸侯王，用来加强吕氏的力量。现在，吕氏已被灭族，但吕氏所立的人，很快就要长大，等他们掌握实权，我们恐怕都要被灭族！不如从诸侯王中另选最贤者立为皇帝。”有人说：“齐王，是高帝的长孙，可立他为帝。”大臣们都说：“吕氏正因为外戚强横，几乎危及皇帝宗庙，摧残功臣，现在齐王的舅舅驷钧，为人暴恶好像戴着冠帽的老虎，假若立齐王为帝，驷钧一族就会成为第二个吕氏。代王是高帝在世诸子中年龄最大的一位，为人仁孝宽厚，太后薄氏一家谨慎温良。立年长的本来就名正言顺，更何况代王又以仁孝而闻名于天下呢？”于是，大臣们共同议定拥立代王为帝，并暗地派人召代王入京。

代王于是命令宋昌作为自己的陪乘，同车而行，张武等六人乘坐官府驿车，一起随代王到长安。行至高陵县，暂停休整，代王命宋昌先驰入长安观察动静。宋昌行至渭桥，丞相及以下百官都来迎接。宋昌回来报告。代王驰车赶到渭桥，群臣跪拜进见，俯首称臣，代王下车还礼。太尉周勃近前说：“希望与您单独谈话。”宋昌回答说：“您要说的，如果是公事，就公开说；如果是私事，做王的人是没有私情的。”太尉才跪下，呈上天子所专用的玺和符，代王辞谢说：“到代国官邸再商量此事。”

闰九月，己酉晦（二十九日），代王刘恒进入都城长安，住在长安的代国官邸，朝廷群臣都护送到官邸。丞相陈平等人再次跪拜启奏说：“刘弘等人都不是孝惠帝的儿子，不应侍奉宗庙做天子。大王是高帝的年长之子，应继承皇统。我们恭请大王登基做皇帝！”代王谦逊地按宾主的礼仪面向西，辞谢了三次，又按君臣之仪面向南，辞谢了两次，于是，即皇帝位；群臣按朝见皇帝的礼仪和官秩高低排班侍立。

东牟侯刘兴居说：“诛除吕氏，我没有立功，请皇帝允许我前去清理皇宫。”他和太仆汝阴侯滕公夏侯婴一道进入皇宫，逼近少帝说：“您不是刘氏后代，不应做皇帝！”接着，刘兴居转身命令左右持戟卫士，放下兵器退出皇宫；有几个卫士不愿放下兵器，宦者令张释告知情由，他们也随之放下了兵器。滕公夏侯婴命令用车子将少帝送出宫外。少帝问：“你们要把我安置到何处？”滕公说：“让您住到皇宫外面。”就把他安置在少府的官衙中。于是，刘兴居和夏侯婴排列天子法驾前来代王官邸，恭迎代王入宫，他们报告说：“清理皇宫已毕。”代王于当晚进入未央宫。有十位持戟守卫端门的谒者阻拦说：“天子居住于宫中，您是干什么的，竟要入宫！”代王告知太尉周勃，周勃便前来谕告谒者有关废立皇帝的事，十位谒者都放下兵器离去，代王于是进入未央宫。当天夜间，代王就任命宋昌为卫将军，指挥南军和北军；任命张武为郎中令，负责管理殿中事务。有关机构分别派人在梁王、淮阳王、恒山王和少帝的住处杀死他们。文帝返回未央宫前殿就座，当夜颁布诏书，大赦天下。

汉文帝元年（壬戌，公元前179年）

丞相陈平因病请求辞职，汉文帝询问原因，陈平说：“高祖开国时，周勃的功劳不如我大，在诛除诸吕的事件中，我的功劳不如周勃；我请求将右丞相的职务让给周勃担任。”十一月，辛巳（初八），文帝将陈平调任为左丞相，任命太尉周勃为右丞相，大将军灌婴为太尉。文帝还下令，把吕后当政时割夺齐、楚两国封立诸吕的封地，全部归还给齐国和楚国。

朝廷对诛灭诸吕的人论功行赏，右丞相周勃以下，都被增加封户和赐金，数量各有差别。绛侯周勃散朝时小步疾行退出，十分得意；文帝对绛侯以礼相待，很为恭敬，经常目送他退朝。担任郎中的安陵人袁盎谏阻文帝说：“诸吕骄横谋反，大臣们合作将吕氏诛灭。那时，丞相身为太尉，掌握兵权，才天缘凑巧建立了这番功劳。现在，丞相好像已有对人主骄矜的神色，陛下却对他一再谦让；臣子和君主都有失礼节，我私下认为陛下不该如此！”以后朝会时，文帝越来越庄重威严，丞相周勃也就越来越敬畏。

十二月，文帝下诏说：“法律，是治理天下的依据。现在的法律对违法者本人做了处罚之后，还要株连到他本来没有犯罪的父母、妻子、兄弟，以至将他们收为官奴婢，朕认为这样的法律十分不可取！自今以后废除各种收罪犯家属为奴婢及各种相连坐的律令！”

三月，立太子生母窦氏为皇后。窦皇后是清河郡观津县人。她有位弟弟窦广国，字少君，幼年时被人拐卖，先后转换了十多家，听说窦氏被立为皇后，便上书自言身世。窦皇后召见他，核验询问，证实无误，就赐给他大量的田宅和金钱，与其兄长君在长安安家居住。绛侯、灌将军等人议论说：“我等不死，命运就将取决于此两人。他们两人出身微贱，不可不为他们慎选师傅和宾客；否则，他们又有可能效法吕氏以外戚专权，这是大事！”于是，大臣们从士人中精选有节行的人与二人同住。窦长君、窦少君由此成为退让君子，不敢以皇后至亲的尊贵地位对人骄矜。

这时，有人向皇帝进献日行千里的宝马。汉文帝说：“每当天子出行，前有鸾旗为先导，后有属车做护卫，平时出行，每日行程不超过五十里，率军出行，每日只走三十里；朕乘坐千里马，能先单独奔到何处呢？”于是，文帝把马还给了进献者，并给他旅途费用；接着下诏说：“朕不接受贡献之物。命令全国不必要求前来进献。”

文帝越来越明习国家政事。朝会时，文帝问右丞相周勃说：“全国一年内判决多少案件？”周勃谢罪说不知道；文帝又问：“一年内全国钱谷收入有多少？”周勃又谢罪说不知道；紧张和惭愧之下，周勃汗流浃背。文帝又问左丞相陈平。陈平说：“有专门主管这些事务的官员。”文帝问：“由谁主管？”陈平回答：“陛下如果要了解诉讼刑案，应该责问廷尉；如果要了解钱谷收支，应该责问治粟内史。”文帝说：“假若各事都有主管官吏，那么您是负责什么事情的呢？”陈平谢罪说：“陛下由于不知道我的平庸低能，任命我为宰相。宰相的职责，对上辅佐天子，理通阴阳，顺应四季变化；对下使万物各得其所；对外安抚四夷和诸侯，对内使百姓归附，使卿大夫各自得到能发挥其专长的职务。”文帝这才赞好。右丞相周勃极为惭愧，退朝之后责备陈平说：“就是您平素不教我如何回答！”陈平笑着说：“您身为宰相，却不知宰相的职责是什么吗？况且，如果陛下问长安城中有多少盗贼，您能勉强回答吗？”由此，绛侯周勃自知能力比陈平差得很远。过了一段时间，有人劝周勃说：“您诛灭吕氏，扶立代王为帝，威名震动天下。现在您接受朝廷厚赏，担任职位尊崇的右相，时间一长，将要大祸临头了。”周勃也为自己担忧，就自称有病，请求辞去丞相职务，文帝批准了他的请求。秋季，八月，辛未（二十日），文帝罢免了右丞相周勃，左丞相陈平一人担任丞相。

当初，隆虑侯周灶领兵进攻南越国，正值暑热潮湿，士卒中流行瘟疫，军队无法越过阳山岭。过了一年多，高后去世，便撤兵了。赵佗乘此机会，用兵威胁迫并以财物引诱闽越、西瓯、骆，使它们归属南越统治。南越国东西长达万余里，赵佗乘坐供天子专用的黄屋左纛车，自称皇帝，一切礼仪与汉朝皇帝相同。

汉文帝于是下令，为赵佗在真定的父母亲的坟墓设置专司守墓的民户，按每年四季祭祀；又召来赵佗的兄弟，用尊贵的官位和丰厚的赏赐表示优宠。文帝又派遣陆贾出使南越国，带去文帝致赵佗的一封书信，信中说：“朕是高皇帝侧室所生之子，被安置于外地，在北方代地做藩王。因路途辽远，加上我眼界不开阔，朴实愚鲁，所以那时没有与您通信问候。高皇帝不幸去世，孝惠帝也去世了；高后亲自裁决国政，晚年不幸患病，诸吕乘机谋反，幸亏有开国功臣之力，诛灭了吕氏。朕因无法推辞诸侯王、侯和百官的拥戴，不得不登基称帝，现已即位。前不久，得知大王曾致书于将军隆虑侯周灶，请求寻找您的亲兄弟，请求罢免长沙国的两位将军。朕因为您的这封书信，已罢免了将军博阳侯；您在真定的亲兄弟，朕已派人前去慰问，并修整了您先人的坟墓。前几日听说大王在边境一带发兵，不断侵害劫掠。当时长沙国受害，而南郡尤其严重；即便是大王治理下的南越王国，难道就能在战争中只获利益而不受损害吗？战事一起，必定使许多士卒丧生，将吏伤身，造成许多寡妇、孤儿和无人赡养的老人；朕不忍心做这种得一亡十的事情。朕本来准备对犬牙交错的地界做出调整，征求官员意见，回答说‘这是高皇帝为了隔离长沙国而划定的’，朕不得擅自变更地界。现在，汉若夺取大王的领地，并不能够增加多少疆域；夺得大王的财富，也不足以增加多少财源。五岭以南的土地，大王尽可自行治理。即便大王已有皇帝的称号，但两位皇帝同时并立，互相之间没有一位使者相互联系，这是以力相争；只讲力争而不讲谦让，这是仁人所不屑于做的。愿与大王共弃前嫌，自今以后，互通使者往来，恢复原有的良好关系。”

陆贾到达南越。南越王赵佗见了文帝书信，十分惶恐，顿首谢罪；表示愿意遵奉皇帝明诏，永为藩国臣属，遵奉贡纳职责。赵佗随即下令于国中说：“我听说，两雄不能同时共立，两贤不能一时并存。汉廷皇帝，是贤明天子。从今以后，我废去帝制、黄屋、左纛。”于是写了一封致汉文帝的回信，说：“蛮夷大长、老夫臣赵佗昧死再拜上书皇帝陛下：老夫是供职于旧越地的官员，幸得高皇帝宠信，赐我玺印，封为南越王。孝惠皇帝即位后，根据道义，不忍心断绝与南越的关系，所以对老夫有十分丰厚的赏赐。高后当政，歧视和隔绝蛮夷之地，下令说：'不得给蛮夷南越金铁、农具、马、牛、羊；如果给它牲畜，也只能给雄性的，不给雌性的。'老夫地处偏僻，马、牛、羊也已经老了，自以为未能行祭祀之礼，犯下死罪，故派遣内史藩、中尉高、御史平等三批人上书朝廷谢罪，但他们都没有返回。又据风闻谣传，说老夫的父母坟墓已被平毁，兄弟宗族人等已被判罪处死。官员一同议论说：'现在对内不能得到汉朝尊重，对外没有自我显示与众不同的地方。'所以才改王号，称皇帝，只在南越国境内称帝，并无危害天下的胆量。高皇后得知，勃然大怒，削去南越国的封号，断绝使臣往来。老夫私下怀疑是长沙王阴谋陷害我，所以才发兵攻打长沙国边界。老夫在越地已生活了四十九年，现在已抱孙子了。但我夙兴夜寐，睡觉难安枕席，吃饭也品尝不出味道，目不视美女之色，耳不听钟鼓演奏的音律，就是因为不能侍奉汉廷天子。现在，有幸得到陛下哀怜，恢复我原来的封号，允许我像过去一样派人出使汉廷；老夫即是死去，尸骨也不朽灭。改号为王，不敢再称帝了！"

二年（癸亥，公元前178年）

文帝每次上朝，郎官和从官进呈奏疏，他从来都是停下辇车接受。奏疏所说的，如不可采用就放过一边，如可用就加以采用，未尝不深加赞赏。

汉文帝从霸陵上山，想要向西纵马奔驰下山。中郎将袁盎骑马上前，与文帝车驾并行伸手挽住马缰绳。文帝说："将军胆怯了吗？"袁盎回答："我听说'家有千金资财的人，不能坐在堂屋的边缘'。圣明的君主不能冒险，不求侥幸。现在陛下要想放纵驾车的六匹骏马，奔驰下险峻的高山，如果马匹受惊，车辆被撞毁，陛下纵然是看轻自身安危，又怎么对得起高祖的基业和太后的抚育之恩呢？"文帝这才停止冒险。

文帝非常宠幸慎夫人，在宫中经常与皇后同席而坐。等到她们一起到郎官府衙就座时，袁盎把慎夫人的座席排在下位。慎夫人恼怒，不肯入座；文帝也大怒，站起身来，返回宫中。袁盎借此机会上前规劝文帝说："我听说'尊卑次序严明，就能上下和睦'。现在，陛下既然已册立了皇后，慎夫人只是妾，妾怎么能与主人同席而坐呢？况且如果陛下真的宠爱慎夫人，就给她丰厚的赏赐；而陛下现在宠爱慎夫人的做法，恰恰会给慎夫人带来祸害。陛下难道不见'人彘'的悲剧吗？"文帝这才醒悟，转怒为喜，召来慎夫人，把袁盎的话告诉了她。慎夫人赐给袁盎黄金五十斤以示感谢。

贾谊对文帝说："《管子》书中说：'仓库充实人们才会讲究礼节，衣服粮食充足人们才有荣辱观念。'假若百姓的温饱问题没有解决，却乐意听命于君主的统治，这种事情，从古到今，我都没有听说过。古代有人说：'一个农夫不耕作，就有人要挨饿；一个女子不织布，就有人要挨冻。'无论什么产品，生产它都有一定的季节时令，用起来如果毫无限制，物资就必会缺乏。古人治理天下，安排得很细微，很周到，所以国家的积贮足以支付开销。现在，脱离农桑本业而从事工商业的人太多了，这是危害天下的一大流弊；追求奢侈的风俗日益增长，这是危害天下的一大公害。这两种流弊和公害盛行，没有谁给以制止；政权面临毁坏，没有谁能够挽救。天下财富，生产的人很少而挥霍的人却很多，怎能不枯竭？

“大汉建国以来，已近四十年了，国库和私人积贮数量之少，仍然令人悲哀痛惜。一旦老天不按时降雨，百姓就惶恐不安；年景不好，没有收成，百姓或者出卖爵位，或者自卖儿女，换粮度日；此类事情，陛下已经听到了。哪有天下如此危险而主上不惊恐的？

“世上有丰年有歉年，这是自然规律；古代圣王夏禹和商汤也都曾经历过。假若不幸出现了方圆两三千里的大面积旱灾，国家靠什么去救济百姓？突然间边境有紧急情况，征调数十百万将士，国家用什么供应军需？战争和旱灾同时发生，国家财力无法应付，就会天下大乱，有勇力的人啸聚部众劫掠地方，疲困和老弱的人，就相互交换子女吃人肉。政事的治理没有完全通畅，远方那些势力强大有称帝野心的人，就会一起举兵争着起事；若发展到这般田地才大吃一惊图谋制止，怎能来得及呢？积贮是国家的命脉；如果国家积贮了大量粮食而钱财有余，还有什么办不成的事情？以它为依凭，进攻就攻取，防守就牢固，作战就胜利，要感化、安抚敌人，或者吸引远方部族归附朝廷，怎么会招而不到？

“现在如果引导民众归返农事，都依附于土地，让天下人都从事生产满足本人生活需要，让工商业者、游民都改为从事农耕，那么，国家就会有充裕的积贮，百姓就会安居乐业了。这样国家富足，天下就会安定。而现在却发生了这种令人危惧的事情，我私下为陛下感到惋惜！”

文帝被贾谊的话所打动，春季，正月，丁亥（十五日），下诏举行“藉田”仪式，皇帝亲自耕作，为天下臣民做出表率。

第十四卷　汉纪六

译文诵读

太宗孝文皇帝中前三年（甲子，前177）

初，赵王敖献美人于高祖，得幸，有娠。及贯高事发，美人亦坐系河内。美人母弟赵兼因辟阳侯审食其言吕后；吕后妒，弗肯白。美人已生子，恚，即自杀。吏奉其子诣上，上悔，名之曰长，令吕后母之，而葬其母真定。后封长为淮南王。

淮南王早失母，常附吕后，故孝惠、吕后时得无患；而常心怨辟阳侯，以为不强争之于吕后，使其母恨而死也。及帝即位，淮南王自以最亲，骄蹇，数不奉法；上常宽假之。是岁，入朝，从上入苑囿猎，与上同车，常谓上"大兄"。王有材力，能扛鼎。乃往见辟阳侯，自袖铁椎椎辟阳侯，令从者魏敬刭之；驰走阙下，肉袒谢罪。帝伤其志为亲，故赦弗治。当是时，薄太后及太子、诸大臣皆惮淮南王。淮南王以此，归国益骄恣，出入称警跸，称制拟于天子。袁盎谏曰："诸侯太骄，必生患。"上不听。

初，南阳张释之为骑郎，十年不得调，欲免归。袁盎知其贤而荐之，为谒者仆射。

释之从行，登虎圈，上问上林尉诸禽兽簿。十余问；尉左右视，尽不能对。虎圈啬夫从旁代尉对。上所问禽兽簿甚悉，欲以观其能；口对响应，无穷者。帝曰："吏不当若是邪！尉无赖。"乃诏释之拜啬夫为上林令。释之久之前，曰："陛下以绛侯周勃何如人也？"上曰："长者也。"又复问："东阳侯张相如何如人也？"上复曰："长者。"释之曰："夫绛侯、东阳侯称为长者，此两人言事曾不能出口，岂效此啬夫喋喋利口捷给哉！且秦以任刀笔之吏，争以亟疾苛察相高，其敝，徒文具而无实，不闻其过，陵迟至于土崩。今陛下以啬夫口辩而超迁之，臣恐天下随风而靡，争为口辩而无其实。夫下之化上，疾于景响，举错不可以审也！"帝曰："善！"乃不拜啬夫。上就车，召释之参乘。徐行，问释之秦之敝，具以质言。至宫，上拜释之为公车令。

顷之，太子与梁王共车入朝，不下司马门。于是释之追止太子、梁王，无得入殿门，遂劾"不下公门，不敬"，奏之。薄太后闻之；帝免冠，谢教儿子不谨。薄太后乃使使承诏赦太子、梁王，然后得入。帝由是奇释之，拜为中大夫；顷之，至中郎将。

从行至霸陵，上谓群臣曰："嗟乎！以北山石为椁，用纻絮斫陈漆其间，岂可动哉！"左右皆曰："善！"释之曰："使其中有可欲者，虽锢南山犹有隙；使其中无可欲者，虽无石椁，又何戚焉！"帝称善。

是岁，释之为廷尉。上行出中渭桥，有一人从桥下走，乘舆马惊，于是使骑捕之，属廷尉。释之奏当："此人犯跸，当罚金。"上怒曰："此人亲惊吾马；马赖和柔，令他马，固不败伤我乎！而廷尉乃当之罚金！"释之曰："法者，天下公共也。今法如是；更重之，是法不信于民也。且方其时，上使使诛之则已。今已下廷尉；廷尉，天下之平也，壹倾，天下用法皆为之轻重，民安所错其手足！唯陛下察之！"上良久曰："廷尉当是也。"

其后人有盗高庙坐前玉环，得；帝怒，下廷尉治。释之按"盗宗庙服御物者"为奏当弃市。上大怒曰："人无道，乃盗先帝器！吾属廷尉者，欲致之族；而君以法奏之，非吾所以共承宗庙意也。"释之免冠顿首谢曰："法如是，足也。且罪等，然以逆顺为差。今盗宗庙器而族之，有如万分一，假令愚民取长陵一抔土，陛下且何以加其法乎？"帝乃白太后许之。

四年（乙丑，前176）

上召河东守季布，欲以为御史大夫。有言其勇、使酒、难近者；至，留邸一月，见罢。季布因进曰："臣无功窃宠，待罪河东，陛下无故召臣，此人必有以臣欺陛下者。今臣至，无所受事，罢去，此人必有毁臣者。夫陛下以一人之誉而召臣，以一人之毁而去臣，臣恐天下有识闻之，有以窥陛下之浅深也！"上默然，惭，良久曰："河东，吾股肱郡，故特召君耳。"

绛侯周勃既就国，每河东守、尉行县至绛，勃自畏恐诛，常被甲，令家人持兵以见之。其后人有上书告勃欲反，下廷尉；廷尉逮捕勃，治之。勃恐，不知置辞；吏稍侵辱之。勃以千金与狱吏，吏乃书牍背示之曰："以公主为证。"公主者，帝女也，勃太子胜之尚之。薄太后亦以为勃无反事。帝朝太后，太后以冒絮提帝曰："绛侯始诛诸吕，绾皇帝玺，将兵于北军，不以此时反，今居一小县，顾欲反邪！"帝既见绛侯狱辞，乃谢曰："吏方验而出之。"于是使使持节赦绛侯，复爵邑。绛侯既出，曰："吾尝将百万军，然安知狱吏之贵乎！"

五年（丙寅，前175）

初，秦用半两钱，高祖嫌其重，难用，更铸荚钱。于是物价腾踊，米至石万钱。夏，四月，更造四铢钱；除盗铸钱令，使民得自铸。

是时，太中大夫邓通方宠幸，上欲其富，赐之蜀严道铜山，使铸钱。吴王濞有豫章铜山，招致天下亡命者以铸钱，东煮海水为盐，以故无赋而国用饶足。于是吴、邓钱布天下。

六年（丁卯，前174）

淮南厉王长自作法令行于其国，逐汉所置吏，请自置相、二千石；帝曲意从之。又擅刑杀不辜及爵人至关内侯；数上书不逊顺。帝重自切责之，乃令薄昭与书风谕之，引管、蔡及代顷王、济北王兴居以为儆戒。

王不说，令大夫但、士伍开章等七十人与棘蒲侯柴武太子奇谋以辇车四十乘反谷口；令人使闽越、匈奴。事觉，有司治之；使使召淮南王。王至长安，丞相张苍、典客冯敬行御史大夫事，与宗正、廷尉奏："长罪当弃市。"制曰："其赦长死罪，废，勿王；徙处蜀郡严道邛邮。"尽诛所与谋者。载长以辎车，令县以次传之。

袁盎谏曰："上素骄淮南王，弗为置严傅、相，以故致此。淮南王为人刚，今暴摧折之，臣恐卒逢雾露病死，陛下有杀弟之名，奈何？"上曰："吾特苦之耳，今复之。"

淮南王果愤恚不食死。县传至雍，雍令发封，以死闻。上哭甚悲，谓袁盎曰："吾不听公言，卒亡淮南王！今为奈何？"盎曰："独斩丞相、御史以谢天下乃可。"上即令丞相、御史逮考诸县传送淮南王不发封馈侍者，皆弃市；以列侯葬淮南王于雍，置守冢三十户。

匈奴单于遗汉书曰："前时，皇帝言和亲事，称书意，合欢。汉边吏侵侮右贤王；右贤王不请，听后义卢侯难支等计，与汉吏相距。绝二主之约，离兄弟之亲，故罚右贤王，使之西求月氏击之。以天之福，吏卒良，马力强，以夷灭月氏，尽斩杀、降下，定之；楼兰、乌孙、呼揭及其旁二十六国，皆已为匈奴，诸引弓之民并为一家，北州以定。愿寝兵，休士卒，养马，除前事，复故约，以安边民。皇帝即不欲匈奴近塞，则且诏吏民远舍。"帝报书曰："单于欲除前事，复故约，朕甚嘉之！此古圣王之志也。汉与匈奴约为兄弟，所以遗单于甚厚；倍约、离兄弟之亲者，常在匈奴。然右贤王事已在赦前，单于勿深诛！单于若称书意，明告诸吏，使无负约，有信，敬如单于书。"

后顷之，冒顿死，子稽粥立，号曰老上单于。老上单于初立，帝复遣宗室女翁主为单于阏氏，使宦者燕人中行说傅翁主。说不欲行，汉强使之。说曰："必我也，为汉患者！"中行说既至，因降单于，单于甚亲幸之。

初，匈奴好汉缯絮、食物。中行说曰："匈奴人众不能当汉之一郡，然所以强者，以衣食异，无仰于汉也。今单于变俗，好汉物；汉物不过什二，则匈奴尽归于汉矣。"其得汉缯絮，以驰草棘中，衣裤皆裂敝，以示不如旃裘之完善也；得汉食物，皆去之，以示不如湩酪之便美也。于是说教单于左右疏记，以计课其人众、畜牧。其遗汉书牍及印封，皆令长大，倨傲其辞，自称"天地所生、日月所置匈奴大单于"。

汉文帝前三年（甲子，公元前177年）

当初，赵王张敖向高祖献上一位美人，美人得宠幸而怀孕。等到赵相贯高谋杀高祖的计划败露，美人也受株连被囚禁于河内。美人的弟弟赵兼，请辟阳侯审食其向吕后求情，吕后嫉妒美人，不肯为她说话。美人这时已经生子，感到愤恨，便自杀身亡。官吏将其所生之子送给高祖，高祖也有后悔之意，为婴儿取名刘长，令吕后收养，并葬其生母于真定。后来，高祖封刘长为淮南王。

西汉酒具

淮南王刘长自幼丧母，一直亲附吕后，所以在孝惠帝和吕后临朝时，没有受到吕后的迫害；但他心中却常常怨恨辟阳侯审食其，认为审食其没有向吕后力争，才使他的生母含恨而死。及至文帝即位，淮南王刘长自认为与文帝最亲近，骄傲蛮横，屡违法纪；文帝经常从宽处置，不予追究。本年，淮南王入朝，跟随文帝去苑囿打猎，与文帝同乘一车，经常称文帝为“大哥”。刘长有勇力，能举起大鼎。他去见辟阳侯审食其，用袖中所藏铁锤将他击倒，并令随从魏敬割取他的头颅。然后，刘长疾驰到皇宫门前，袒露上身，表示请罪。文帝感念他的为母亲复仇之心，所以没有治他的罪。当时，薄太后及太子和大臣们都惧怕淮南王。因此，淮南王归国以后，更加骄横恣肆，出入让臣民回避，一切礼仪典制袭用皇帝规格。袁盎进谏说：“诸侯过于骄傲，必生祸患。”文帝不听。

当初，南阳人张释之当骑郎，历时十年未得升迁，曾打算辞官返归故里。袁盎知道张释之是个有德才的人，就向文帝推荐他，升为谒者仆射。

张释之跟随文帝，来到禁苑中养虎的虎圈，文帝向上林尉询问禁苑中所饲养的各种禽兽的登记数目，先后问了十多种，上林尉仓皇失措，左右观望，全都答不上来。站立于一旁的虎圈啬夫代上林尉回答了文帝的提问。文帝十分详细地询问禽兽登记的情况，想考察虎圈啬夫的才能；虎圈啬夫随问随答，没有一个问题被难倒。文帝说：“官吏难道不应像这样吗！上林尉不可信赖。”于是，文帝诏令张释之去任命啬夫为管理禁苑的上林令。张释之停了许久，走近文帝说：“陛下以为绛侯周勃是什么样的人呢？”文帝回答说：“他是长者。”张释之又问：“东阳侯张相如是什么样的人呢？”文帝答：“长者。”张释之说：“绛侯周勃、东阳侯张相如被称作长者，他们两人在论事时尚且有话说不出口，哪能效法这个啬夫的多言善辩呢！秦王朝重用刀笔之吏，官场之上争着用敏捷苛察比较高低，它的害处是空有其表而无实际的内容，皇帝听不到对朝政过失的批评，却使国家走上土崩瓦解的末路。现在陛下因啬夫善于辞令而破格升官，我只怕天下人争相效仿，都去练习口辩之术而无真才实能。在下位的受到在上位的感化，比影随景，响应声还快。君主的举动不可不审慎啊！”文帝说：“您说得好啊！”于是不给啬夫升官。文帝上车返回皇宫，令张释之为陪乘。一路上缓缓而行，文帝询问秦朝政治的弊端，张释之都给以回答。车驾返抵宫中，文帝任命张释之为公车令。

时隔不久，太子与梁王共乘一车入朝，经过司马门，二人也未曾下车示敬。于是，张释之追上太子和梁王，禁止他们二人进入殿门，并马上劾奏太子和梁王“经公门不下车，为不敬”。薄太后也得知此事，文帝为此向太后免冠赔礼，承认自己教子不严的过错。薄太后于是派专使传诏赦免太子和梁王，二人才得以进入殿门。由此，文帝更惊奇和赏识张释之的胆识，升他为中大夫；不久，任命他为中郎将。

张释之随从文帝巡视霸陵，文帝对群臣说：“唉呀！我的陵墓用北山岩石做外，把麻絮切碎填充在间隙中，再用漆将它们粘合为一体，如此坚固，难道有谁能打得开吗！”左右近侍都说：“对！”唯独张释之说：“假若里面有能勾起人们贪欲的珍宝，即便熔化金属把整个南山封起来，也会有间隙；假若里面没有珍宝，即便是没有石墩，又有什么可忧虑的啊！”文帝称赞他说得好。

这一年，张释之被任命为廷尉。文帝出行经过中渭桥，有一人从桥下跑出，惊动了为皇帝驾车的马匹；于是，文帝令骑士追捕，并将他送交廷尉治罪。张释之奏报处置意见：“此人违犯了清道戒严的规定，应当罚金。”文帝发怒说：“此人直接惊了我乘舆的马，仗着这马脾性温和，假若是其他马，能不伤害我吗！可廷尉却判他罚金！”张释之解释说：“法，是天下公共的。这一案件依据现在的法律就是这样定罪；加罪重判，法律就不能取信于民众。况且，在他惊动马匹之际，如果皇上派人将他杀死，也就算了。现在已把他交给廷尉，廷尉是天下公平的典范，稍有倾斜，天下用法就可轻可重，没有标准了，百姓还怎样安放自己的手脚呢！请陛下深思。”文帝思虑半晌，说：“廷尉的判决是对的。”

汉文帝屈尊劳将

其后，有人偷盗高祖庙中神位前的玉环而被捕，汉文帝大怒，交给廷尉治罪。张释之奏报判案意见：按照“偷盗宗庙服御器物”的律条，案犯应当在街市公开斩首。汉文帝大怒说：“此人大逆不道，竟敢盗先帝器物！我将他交给廷尉审判，是想将他诛灭全族；而你却依法判他死罪，这是违背我恭奉宗庙的本意的。”张释之见皇帝震怒，免冠顿首谢罪说：“依法这样判，已经满够了。况且，同样的罪名，还应该根据情节逆顺程度区别轻重。今天此人以偷盗宗庙器物之罪被灭族，若万一有愚昧无知之辈，从高祖的长陵上取了一捧土，陛下将怎样给他加以更重的惩罚呢？”于是，文帝向太后说明情况，批准了张释之的判刑意见。

前四年（乙丑，公元前176年）

文帝召河东郡郡守季布来京，想任命为御史大夫。有人说季布勇武难制、酗酒好斗，不适于做皇帝的亲近大臣，所以，季布到京后，在官邸中滞留一个月，才得到召见，并令他还归原任。季布对文帝说：“我本无功劳而有幸得到陛下宠信，担任河东郡守，陛下无故召我来京，必定是有人向陛下言过其实地推荐我。现在我来京，没有接受新的使命，仍归原任，这一定是有人诋毁我。陛下因一人的赞誉而召我来，又因一人的诋毁而令我去，我深恐天下有识之士得知此事，会有人以此来窥探陛下的深浅得失！”文帝默然，面露惭色，过了好久才说：“河东郡，是我重要而得力的郡，所以特地召你来面谈。”

绛侯周勃在前往封地之后，每当河东郡的郡守、郡尉巡行县级属地来到绛地，周勃都深怕他们是受命前来捕杀自己，经常身穿铠甲，令家中人手执兵器，然后与郡守、郡尉相见。其后，有人向皇帝上书，举告周勃要造反，皇帝交给廷尉处置，廷尉将周勃逮捕下狱，审讯案情。周勃极为恐惧，不知怎样对答才好；狱吏逐渐对周勃有所凌辱。周勃用千金行贿狱吏，狱吏就在公文木牍背面写了“以公主为证”，暗示周勃让公主作证。公主是指文帝的女儿，周勃的长子周胜之娶她为妻。薄太后也以为周勃不会谋反。文帝朝见太后时，太后恼怒地将护头的帽絮扔到文帝身上说：“绛侯周勃当初在诛灭诸吕的时候，手持皇帝玉玺，身统北军将士，他不利用这一时机谋反，今天住在一个小县，反而要谋反吗！”文帝此时已见到了周勃在狱中所写的辩白之辞，于是向太后谢罪说：“狱吏刚刚证实他无罪，就要释放他了。”汉文帝派使者持皇帝信节赦免绛侯周勃，恢复他原有的爵位和封地。绛侯周勃获释之后说：“我曾经统帅过百万雄兵，但怎知狱吏的尊贵呢！”

前五年（丙寅，公元前175年）

当初，秦通用半两钱，高祖嫌半两钱过重，使用不便，另行铸造荚钱。至此时，物价暴涨，一石米贵至一万钱。夏季，四月，文帝下诏：另行铸造四铢钱；废除禁止私人铸钱的禁令，允许民间自行铸钱。

这时，太中大夫邓通正得到文帝的宠幸，文帝为了使邓通成为巨富，就把蜀郡严道县的铜山赏赐给他，让他采铜铸钱。吴王刘濞境内的豫章郡有产铜的矿山，他召集了许多不向官府登记户籍的流民开矿铸钱；在吴国东部用海水煮盐；所以，吴王刘濞不必向百姓收取赋税而官府费用却极为充裕。于是，吴国和邓通所铸造的钱币流通于全国。

前六年（丁卯，公元前174年）

淮南王刘长自设法令，推行于封国境内，驱逐了汉朝廷所任命的官员，请求允许他自己任命相和二千石官员；汉文帝违背自己的愿望同意了他的请求。刘长又擅自刑杀无罪的人，擅自给人封爵，最高到关内侯；多次给朝廷上书都有不逊之语。文帝不愿意亲自严厉地责备他，就让薄昭致书淮南王，委婉地规劝他，征引周初管叔、蔡叔以及本朝代顷王刘仲、济北王刘兴居骄横不法，最终被废被杀之事，请淮南王引以为戒。

淮南王刘长接到薄昭书信，很不高兴，指派大夫但、士伍开章等七十余人与棘蒲侯柴武的太子柴奇合谋，准备用四十辆辇车在谷口发动叛乱；刘长还派出使者，去与闽越、匈奴联络。反情败露，有关机构追究此事来龙去脉；文帝派使臣召淮南王进京。淮南王刘长来到长安，丞相张苍、代行御史大夫职责的典客冯敬，与宗正、廷尉等大臣启奏："刘长应被处以死刑。"文帝命令说："赦免刘长的死罪，废去王号；把他遣送安置在蜀郡严道县的邛邮。"与刘长通谋造反的人，都被处死。刘长被安置在密封的囚车中，文帝下令沿途所过各县依次传送。

袁盎进谏说："皇上一直骄宠淮南王，不为他配设严厉的太傅和相，所以才发展到这般田地。淮南王秉性刚烈，现在如此突然地摧残折磨他，我担心他突然遭受风露生病而死于途中，陛下将有杀害弟弟的恶名，可如何是好？"文帝说："我的本意，只不过要让刘长受点困苦罢了，现在就派人召他回来。"

淮南王刘长果然愤恨绝食而死。囚车依次传送到雍县，雍县的县令打开了封闭的囚车，向朝廷报告了刘长的死讯。文帝哭得很伤心，对袁盎说："我没听你的话，终于害死了淮南王！现在该怎么办？"袁盎说："只有斩杀沿途有关官员以向天下谢罪才行。"文帝立即命令丞相、御史大夫逮捕拷问传送淮南王的沿途各县不开启封门送食物的官员，把他们全都处死；用列侯的礼仪把淮南王安葬在雍县，配置了三十户百姓专管看护坟墓。

匈奴单于给汉朝廷送来书信说："前些时候，皇帝谈到和亲的事，与书信的意思一致，双方都很喜悦。汉朝边境官员侵夺侮辱我匈奴右贤王，右贤王未经向我请示批准，听从了后义卢侯难支等人的计谋，与汉朝官吏相互敌对，断绝了两家君主的和好盟约，离间了兄弟之国的情谊，为此我惩罚右贤王，命令他向西方寻找并攻击月氏国。由于苍天降福保佑，将士精良，战马强壮，现已消灭了月氏，其部众已全部被杀或投降，月氏已被我征服；楼兰、乌孙、呼揭及其附近的二十六国，都已归匈奴统辖，所有擅长骑射的游牧部族，都合并为一家，北部由此而统一和安宁。我愿意放下刀兵，休息士卒，牧养马匹，消除以前的仇恨和战争，恢复原来的结好盟约，以安定双方边境的民众。如果皇帝不希望我们匈奴靠近汉的边境，我就暂且诏令匈奴的官民远离边界居住。"汉文帝复信说："单于准备消除双方以前的不愉快，恢复原来的盟约，朕对此极表赞赏！这是古代圣明君主追求的目标。汉与匈奴相约为兄弟，用来赠送单于的东西是很丰厚的；违背盟约、离间兄弟情谊的事情，多发生在匈奴一方。但右贤王那件事情发生在大赦以前，单于就不必过分责备他了！单于如果能按来信所说去做，明确告知大小部属官员，约束他们不再违背和约，守信用，就遵守单于信上的约定。”

其后不久，冒顿死去，他的儿子稽粥继位，称为老上单于。老上单于刚继位，文帝又指派一位宗室的女儿翁主嫁给他做单于阏氏，并派宦官、燕地人中行说去辅佐翁主。中行说不愿意去匈奴，汉朝廷逼迫他去。中行说恼怒地说：“我一定要使汉朝廷深受祸患！”中行说到匈奴以后，就归降了单于，单于很宠信他。

当初，匈奴喜好汉朝的缯帛丝绵和食品。中行说劝单于说：“匈奴的人口，还不如汉朝一个郡的人口多，然而却是汉的强敌，原因就在于匈奴的衣食与汉不同，不需要仰仗于汉朝。现在，假若单于改变习俗，喜爱汉朝的东西；汉朝只要拿出不到十分之二的东西，那么匈奴就要都被汉朝收买过去了。最好的办法是：把所得的汉朝的丝绸衣裳，令人穿在身上冲过草丛荆棘，衣服裤子都撕裂破烂，以证明它们不如用兽毛制成的旃裘完美实用；把所得的汉朝的食物，都扔掉，以显示它不如乳酪便利和味美可口。”于是，中行说教单于的左右侍从学习文字，用以统计匈奴的人口和牲畜数量。凡是匈奴送给汉朝的书信木札以及印封，其规格都增长加宽，并使用傲慢不逊的言辞，自称为：“天地所生、日月所置的匈奴大单于”。

第十五卷　汉纪七

译文诵读

太宗孝文皇帝下前十一年（壬申，前169）

错又上言曰“臣闻秦起兵而攻胡、粤者，非以卫边地而救民死也，贪戾而欲广大也，故功未立而天下乱。且夫起兵而不知其势，战则为人禽，屯则卒积死。夫胡、貉之人，其性耐寒；扬、粤之人，其性耐暑。秦之戍卒不耐其水土，戍者死于边，输者偾于道。秦民见行，如往弃市，因以谪发之，名曰：‘谪戍’；先发吏有谪及赘婿、贾人，后以尝有市籍者，又后以大父母、父母尝有市籍者，后入闾取其左。发之不顺，行者愤怨，有万死之害而亡铢两之报，死事之后，不得一算之复，天下明知祸烈及己也；陈胜行戍，至于大泽，为天下先倡，天下从之如流水者，秦以威劫而行之之敝也。

“胡人衣食之业，不著于地，其势易以扰乱边境，往来转徙，时至时去；此胡人之生业，而中国之所以离南亩也。今胡人数转牧、行猎于塞下，以候备塞之卒，卒少则入。陛下不救，则边民绝望而有降敌之心；救之，少发则不足，多发，远县才至，则胡又已去。聚而不罢，为费甚大；罢之，则胡复入。如此连年，则中国贫苦而民不安矣。陛下幸忧边境，遣将吏发卒以治塞，甚大惠也。然今远方之卒守塞，一岁而更，不知胡人之能。不如选常居者家室田作，且以备之，以便为之高城深堑；要害之处，通川之道，调立城邑，毋下千家。先为室屋，具田器，乃募民，免罪，拜爵，复其家，予冬夏衣、禀食，能自给而止。塞下之民，禄利不厚，不可使久居危难之地。胡人入驱而能止其所驱者，以其半予之，县官为赎。其民如是，则邑里相救助，赴胡不避死。非以德上也，欲全亲戚而利其财也；此与东方之戍卒不习地势而心畏胡者功相万也。以陛下之时，徙民实边，使远方无屯戍之事；塞下之民，父子相保，无系虏之患；利施后世，名称圣明，其与秦之行怨民，相去远矣。”

上从其言，募民徙塞下。

十二年（癸酉，前168）

晁错言于上曰：“圣王在上而民不冻饥者，非能耕而食之，织而衣之也，为开其资财之道也。故尧有九年之水，汤有七年之旱，而国亡捐瘠者，以畜积多而备先具也。今海内为一，土地人民之众不减汤、禹，加以无天灾数年之水旱，而畜积未及者，何也？地有遗利，民有余力；生谷之土未尽垦，山泽之利未尽出，游食之民未尽归农也。

“今农夫五口之家，其服役者不下二人，其能耕者不过百亩，百亩之收不过百石。春耕，夏耘，秋获，冬藏，伐薪樵，治官府，给繇役；春不得避风尘，夏不得避暑热，秋不得避阴雨，冬不得避寒冻，四时之间无日休息；又私自送往迎来、吊死问疾、养孤长幼在其中。勤苦如此，尚复被水旱之灾，急政暴赋，赋敛不时，朝令而暮改。有者半贾而卖，无者取倍称之息，于是有卖田宅，鬻妻子以偿责者矣。而商贾，大者积贮倍息，小者坐列贩卖，操其奇赢，日游都市，乘上之急，所卖必倍。故其男不耕耘，女不蚕织，衣必文采，食必粱肉；无农夫之苦，有仟伯之得。因其富厚，交通王侯，力过吏势，以利相倾；千里游敖，冠盖相望，乘坚、策肥，履丝、曳缟。此商人所以兼并农人，农人所以流亡者也。

“方今之务，莫若使民务农而已矣。欲民务农，在于贵粟；贵粟之道，在于使民以粟为赏罚。今募天下入粟县官，得以拜爵，得以除罪。如此，富人有爵，农民有钱，粟有所渫。夫能入粟以受爵，皆有余者也；取于有余以供上用，则贫民之赋可损，所谓损有余，补不足，令出而民利者也。今令民有车骑马一匹者，复卒三人。车骑者，天下武备也，故为复卒。神农之教曰：‘有石城十仞，汤池百步，带甲百万，而无粟，弗能守也。’以是观之，粟者，王者大用，政之本务。今民入粟受爵至五大夫以上，乃复一人耳，此其与骑马之功相去远矣。爵者，上之所擅，出于口而无穷；粟者，民之所种，生于地而不乏。夫得高爵与免罪，人之所甚欲也；使天下人入粟于边以受爵、免罪，不过三岁，塞下之粟必多矣。”

帝从之，令民入粟于边，拜爵各以多少级数为差。

十三年（甲戌，前167）

齐太仓令淳于意有罪，当刑，诏狱逮系长安。其少女缇萦上书曰：“妾父为吏，齐中皆称其廉平，今坐法当刑。妾伤夫死者不可复生，刑者不可复属，虽后欲改过自新，其道无繇也。妾愿没入为官婢，以赎父刑罪，使得自新。”

天子怜悲其意，五月，诏曰：“《诗》曰：‘恺弟君子，民之父母。’今人有过，教未施而刑已加焉，或欲改行为善而道无繇至，朕甚怜之！夫刑至断支体，刻肌肤，终身不息，何其刑之痛而不德也！岂为民父母之意哉！其除肉刑，有以易之；及令罪人各以轻重，不亡逃，有年而免。具为令！”

丞相张苍、御史大夫冯敬奏请定律曰：“诸当髡者为城旦、舂；当黥髡者钳为城旦、舂；当劓者笞三百；当斩左止者笞五百；当斩右止及杀人先自告及吏坐受赇、枉法、守县官财物而即盗之、已论而复有笞罪者皆弃市。罪人狱已决为城旦、舂者，各有岁数以免。”制曰：“可。”

是时，上既躬修玄默，而将相皆旧功臣，少文多质。惩恶亡秦之政，论议务在宽厚，耻言人之过失；化行天下，告讦之俗易。吏安其官，民乐其业，畜积岁增，户口浸息。风流笃厚，禁罔疏阔，罪疑者予民，是以刑罚大省，至于断狱四百，有刑错之风焉。

六月，诏曰："农，天下之本，务莫大焉。今勤身从事而有租税之赋，是为本末者无以异也，其于劝农之道未备。其除田之租税！"

十四年（乙亥，前166）

上辇过郎署，问郎署长冯唐曰："父家何在？"对曰："臣大父赵人，父徙代。"上曰："吾居代时，吾尚食监高祛数为我言赵将李齐之贤，战于钜鹿下。今吾每饭意未尝不在钜鹿也。父知之乎？"唐对曰："尚不如廉颇、李牧之为将也。"上搏髀曰："嗟乎，吾独不得廉颇、李牧为将！吾岂忧匈奴哉！"唐曰："陛下虽得廉颇、李牧，弗能用也。"

上怒，起，入禁中，良久，召唐，让曰："公奈何众辱我，独无间处乎！"唐谢曰："鄙人不知忌讳。"上方以胡寇为意，乃卒复问唐曰："公何以知吾不能用廉颇、李牧也？"唐对曰："臣闻上古王者之遣将也，跪而推毂，曰：'阃以内者，寡人制之；阃以外者，将军制之。'军功爵赏皆决于外，归而奏之，此非虚言也。臣大父言，李牧为赵将，居边，军市之租，皆自用飨士；赏赐决于外，不从中覆也。委任而责成功，故李牧乃得尽其智能；选车千三百乘，彀骑万三千，百金之士十万，是以北逐单于，破东胡，灭澹林，西抑强秦，南支韩、魏。当是之时，赵几霸。其后会赵王迁立，用郭开谗，卒诛李牧，令颜聚代之，是以兵破士北，为秦所禽灭。今臣窃闻魏尚为云中守，其军市租尽以飨士卒，私养钱五日一椎牛，自飨宾客、军吏、舍人，是以匈奴远避，不近云中之塞。虏曾一入，尚率车骑击之，所杀甚众。夫士卒尽家人子，起田中从军，安知尺籍、伍符！终日力战，斩首捕虏，上功幕府，一言不相应，文吏以法绳之，其赏不行；而吏奉法必用。臣愚以为陛下赏太轻，罚太重。且云中守魏尚坐上功首虏差六级，陛下下之吏，削其爵，罚作之。由此言之，陛下虽得廉颇、李牧，弗能用也！"上说。是日，令唐持节赦魏尚，复以为云中守，而拜唐为车骑都尉。

二年（己卯，前162）

御史大夫梁国申屠嘉，故以材官蹶张从高帝，封关内侯；庚午，以嘉为丞相，封故安侯。嘉为人廉直，门不受私谒。是时，太中大夫邓通方爱幸，赏赐累钜万；帝尝燕饮通家，其宠幸无比。嘉尝入朝，而通居上旁，有怠慢之礼。嘉奏事毕，因言曰："陛下幸爱群臣，则富贵之；至于朝廷之礼，不可以不肃。"上曰："君勿言，吾私之。"罢朝，坐府中，嘉为檄召通诣丞相府，不来，且斩通。通恐，入言上；上曰："汝第往，吾令使人召若。"通诣丞相府，免冠、徒跣，顿首谢嘉。嘉坐自如，弗为礼，责曰："夫朝廷者，高帝之朝廷也。通小臣，戏殿上，大不敬，当斩。吏！今行斩之！"通顿首，首尽出血，不解。上度丞相已困通，使使命持节召通而谢丞相："此吾弄臣，君释之！"邓通既至，为上泣曰："丞相几杀臣！"

六年（癸未，前158）

冬，匈奴三万骑入上郡，三万骑入云中，所杀略甚众，烽火通于甘泉、长安。以中大夫令免为车骑将军，屯飞狐；故楚相苏意为将军，屯句注；将军张武屯北地；河内太守周亚夫为将军，次细柳；宗正刘礼为将军，次霸上；祝兹侯徐厉为将军，次棘门；以备胡。上自劳军，至霸上及棘门军，直驰入，将以下骑送迎。已而之细柳军，军士吏被甲，锐兵刃，彀弓弩持满，天子先驱至，不得入。先驱曰："天子且至！"军门都尉曰："将军令曰：'军中闻将军令，不闻天子之诏。'"居无何，上至，又不得入。于是上乃使使持节诏将军："吾欲入营劳军。"亚夫乃传言"开壁门。"壁门士请车骑曰："将军约：军中不得驰驱。"于是天子乃按辔徐行。至营，将军亚夫持兵揖曰："介胄之士不拜，请以军礼见。"天子为动，改容，式车，使人称谢："皇帝敬劳将军。"成礼而去。既出军门，群臣皆惊。上曰："嗟乎，此真将军矣！曩者霸上、棘门军若儿戏耳，其将固可袭而虏也。至于亚夫，可得而犯耶！"称善者久之。月余，汉兵至边，匈奴亦远塞，汉兵亦罢。乃拜周亚夫为中尉。

七年（甲申，前157）

夏，六月己亥，帝崩于未央宫。遗诏曰："朕闻之：盖天下万物之萌生，靡不有死。死者，天地之理，万物之自然，奚可甚哀！当今之世，咸嘉生而恶死，厚葬以破业，重服以伤生，吾甚不取。且朕既不德，无以佐百姓；今崩，又使重服久临以罹寒暑之数，哀人父子，伤长老之志，损其饮食，绝鬼神之祭祀，以重吾不德，谓天下何！朕获保宗庙，以眇眇之身托于天下君王之上，二十有余年矣。赖天之灵，社稷之福，方内安宁，靡有兵革。朕既不敏，常惧过行以羞先帝之遗德，惟年之久长，惧于不终。今乃幸以天年得复供养于高庙，其奚哀念之有！其令天下吏民：令到，出临三日，皆释服；毋禁取妇、嫁女、祠祀、饮酒、食肉；自当给丧事服临者，皆无跣绖；绖带毋过三寸，毋布车及兵器；毋发民哭临宫殿中；殿中当临者，皆以旦夕各十五举音，礼毕罢；非旦夕临时，禁毋得擅哭临；已下棺，服大功十五日，小功十四日，纤七日，释服。他不在令中者，皆以此令比类从事。布告天下，使明知朕意。霸陵山川因其故，毋有所改。归夫人以下至少使。"乙巳，葬霸陵。

帝即位二十三年，宫室、苑囿、车骑、服御，无所增益；有不便，辄弛以利民。尝欲作露台，召匠计之，直百金。上曰："百金，中人十家之产也。吾奉先帝宫室，尝恐羞之，何以台为！"身衣弋绨；所幸慎夫人，衣不曳地；帷帐无文绣；

以示敦朴，为天下先。治霸陵，皆瓦器，不得以金、银、铜、锡为饰，因其山，不起坟。吴王诈病不朝，赐以几杖。群臣袁盎等谏说虽切，常假借纳用焉。张武等受赂金钱，觉，更加赏赐以愧其心；专务以德化民。是以海内安宁，家给人足，后世鲜能及之。

丁未，太子即皇帝位。尊皇太后薄氏曰太皇太后，皇后曰皇太后。

孝景帝上元年（乙酉，前156）

五月，复收民田半租，三十而税一。

初，文帝除肉刑，外有轻刑之名，内实杀人；斩右止者又当死；斩左止者笞五百，当劓者笞三百，率多死。是岁，下诏曰："加笞与重罪无异；幸而不死，不可为人。其定律：笞五百曰三百，笞三百曰二百。"

二年（丙戌，前155）

令天下男子年二十始傅。

六月，丞相申屠嘉薨。时内史晁错数请间言事，辄听，宠幸倾九卿，法令多所更定。丞相嘉自绌所言不用，疾错。错为内史，东出不便，更穿一门南出。南出者，太上皇庙堧垣也。嘉闻错穿宗庙垣，为奏，请诛错。客有语错，错恐，夜入宫上谒，自归上。至朝，嘉请诛内史错。上曰："错所穿非真庙垣，乃外堧垣，故冗官居其中，且又我使为之，错无罪。"丞相嘉谢。罢朝，嘉谓长史曰："吾悔不先斩错乃请之，为错所卖。"至舍，因欧血而薨。错以此愈贵。

梁孝王以窦太后少子故，有宠，王四十余城，居天下膏腴地。赏赐不可胜道，府库金钱且百巨万，珠玉宝器多于京师。筑东苑，方三百余里，广睢阳城七十里，大治宫室，为复道，自宫连属于平台三十余里。招延四方豪俊之士，如吴人枚乘、严忌，齐人羊胜、公孙诡、邹阳，蜀人司马相如之属皆从之游。每入朝，上使使持节以乘舆驷马迎梁王于关下。既至，宠幸无比；入则侍上同辇，出则同车，射猎上林中；因上疏请留，且半岁。梁侍中、郎、谒者著籍引出入天子殿门，与汉宦官无异。

汉文帝前十一年（壬申，公元前169年）

晁错再一次上书说：臣听说秦起兵攻打匈奴和百越，不是为了保卫边境安宁、防止人民死于战争，而是残暴贪婪，要想扩大它的疆域，所以，功业没有建立，天下已经大乱。而且如果用兵而不了解敌人的虚实强弱，进攻就会被敌人所俘虏，屯守就会被敌人所困死。北方的胡人和貊人，生性耐寒；南方扬、粤一带的人，生性耐暑。秦朝的戍卒不服南北两地的水土，戍守边疆的死在边境，输送给养的死于路上。秦朝百姓被征发当兵，就如同去刑场被处死，于是秦王朝就征发犯罪的人去戍边，称作‘谪戍’。先是征发犯罪的官吏以及赘婿和商人充军，后来又扩大到曾有市籍经过商的人，然后又扩大到祖父母、父母曾有市籍经过商的人，最后强迫居住于闾左按规定不负担兵役的人，也去当兵。胡乱征发，被强迫当兵的人都心怀愤恨，他们遭受必死无疑的厄运，朝廷却不给以丝毫的补偿，死于战场，他们的家属得不到国家免收一算赋税的回报，天下人都清楚地知道秦的暴政祸及自己。陈胜前去戍边，到达大泽乡，首先为天下人做出了反秦的表率。天下人响应陈胜，如同流水下泄势不可挡，这是秦以严威强制征兵的恶果。

“匈奴人的衣食来源，不依靠土地，所以经常扰乱边境，往来转移，有时入侵，有时撤走；这是匈奴人的谋生之业，却使中原汉人离开了农田。现在匈奴人经常在边界一带放牧、打猎，察看汉军守边士兵的状况，发现汉军人少，就会入侵。如果陛下不发兵救援，边境百姓不能指望朝廷的救兵，就会萌发投降敌人的念头；如果陛下发兵救援，发兵太少就不起作用，多发援兵，来自于远方的各县援兵刚刚到达，匈奴军队又已撤走了。不撤走聚集在边境的大量军队，军费开支太大；撤走援兵，匈奴人又乘虚而入。这样连年折腾，那么中原地区就会陷入贫困，百姓无法安居乐业了。幸得陛下担忧边境问题，派遣将吏发兵加强边塞防务，这是对边境百姓的很大恩惠。但是现在远方的士兵驻防边塞，一年轮换一批，不了解匈奴人的本领。不如选常居的人在边境安家从事农耕生产，并且用于防御匈奴入侵，利用有利地势建成高城深沟；在战略要地、交通要道，规划建立城镇，规模不小于千户人口。官府先在城中修建房屋，准备农具，再召募百姓来边城居住，赦免罪名，赏给爵位，免除应募者全家的赋税劳役，并向他们提供冬夏季衣服和粮食，直到他们能生产自足时为止。如果不给边塞民众优厚的利禄，就无法使他们长期定居在这片危险困苦的土地上。匈奴入侵，有人能从匈奴手中夺回所掠财物，就把其中的一半给他，由官府为他折价偿还财物原主。边塞的百姓得到这样的待遇，就会邻里街坊相互救援帮助，冒死与匈奴搏斗。他们这样做，并不是对皇帝感恩戴德想有所报答，而是要想保全亲戚邻居，并贪恋他们的财产；与那些不了解本地地形并且对匈奴心怀畏惧的东方戍卒相比，他们防御匈奴的功效要高出一万倍。在陛下当政之时，迁徙百姓以充实边防，使远方没有屯戍边境的徭役；而边塞的居民，父子相互保护，免受被匈奴俘虏的苦难；陛下这样做，利益传到后世，得到圣明的名声，这与秦朝征发满怀怨恨的百姓去戍守边疆，是不能相比的。”

晁错

文帝采纳晁错的建议，招募百姓迁往边塞定居。

前十二年（癸酉，公元前168年）

晁错对文帝说：“英明的君主在位，百姓不受饥寒的折磨，这并不是君主能亲自耕作供给百姓食物，亲自织布为百姓做衣服，而是君主为百姓开辟了生财之路。所以尧遇到九年的大涝灾，商汤七年的大旱灾，而全国并没有被抛弃的病饿者，其原因就在蓄积多而预先做了充分的准备。现在海内大一统，土地之广、人口之众，不亚于商汤和夏禹时代，再加上没有持续几年的旱涝天灾，但蓄积却没有那时多，原因何在？是因为土地还有余力没有利用，百姓还有余力没有发挥；可生长谷物的土地还没有全部开垦，山林川泽的财富还没有全部开发，不从事生产而消耗粮食的游民还没有全部回归农业生产。

“现在家中有五口人的农民家庭，为官府服徭役的不少于两个人，能耕种的土地不过一百亩，百亩土地的收获量不超过一百石。农民春季耕种，夏季锄草，秋季收获，冬季贮藏，砍柴禾，修缮官府房屋，服徭役；春天不能避风尘，夏天不能避暑热，秋天不能避阴雨，冬天不能避严寒，一年四季没有休息的日子；还有民间的人情往来，吊唁死者慰问病人、赡养父母、哺育子女等负担，也得从一百石的收获物中支付。农民如此勤劳困苦，还要再蒙受旱涝灾害，官府政令严苛而赋税繁重，不按规定时间征收赋税，早上发布的政令晚上又有变化。农民家中有资财的，以半价折卖，家中贫穷的，只好去借利息双倍的高利贷，于是就有人卖土地房宅、卖妻卖子以偿还债务了。而那些行商坐贾，实力大的积贮钱财发放双倍利息的高利贷，实力小的坐在市肆中做买卖，依靠手中囤积的物品，每天游荡在都市之中，得知皇帝急需某种物品，就把价格提高到两倍以上。所以商人男的不去耕田耘草，女的不去养蚕纺织，但穿衣服却非穿华丽的绸缎不可，吃饭非吃好米好肉不可。商人不受农民那样的辛苦，却可以得到很多钱财。商人依仗手中大量的钱财，与王侯显贵结交，势力超过了一般官员，于是以财利进行倾轧；商人到千里之外遨游，车子在路上前后相望，络绎不绝。他们乘坐着坚实的车子，鞭策着肥马，踏着丝制的鞋子，穿着精美的白色绸缎衣服。这就是商人兼并农民、农民破产流亡的原因。

“现在的当务之急，没有比使百姓从事农耕更重要的了。要想使百姓务农，关键在于使全社会把粮食看成为珍宝；使全社会把粮食看做珍宝的方法，在于朝廷把粮食作为奖惩手段统治百姓。可以召募天下百姓向官府缴纳粮食，用以购买爵位免除罪名。这样，富人可以拥有爵位，农民可以得到钱，粮食就不会被囤积。那些能够缴纳粮食换取爵位的人，都是粮食有余的，收取余粮供给国家使用，就可以减少对贫困百姓收取的赋税，这就是所说的‘损有余，补不足’，政令一公布就可以给百姓带来利益。现行的律令规定：有一匹战马的人家，可免除三人的兵役；战马，是天下的重要军事装备，所以给予免除兵役的优待。神农的教令说：‘有高达十仞的石砌城墙，有宽达一百步的滚沸的护城河，有一百万全副武装的士兵，但没有粮食，就无法守住城池。’由此看来，粮食是君主的重要资本，是国家政治的根本所在。现在百姓缴纳粮食要得到五大夫以上的爵位，才能免除一人的兵役，这与对有战马的人的优待相比较，差得太远了。封爵的权力，是君主所专有的，由口而出可以无穷无尽；粮食，是百姓所种的，生长于土地而不会缺乏。得到高等爵位和免除罪名，是天下百姓最迫切的欲望；让天下人输送粮食到边境地区，以换取爵位、免除罪名，不用三年时间，边塞的粮食储备就必定会很多了。”

文帝采纳晁错的意见，下令规定：百姓输送粮食到边塞，依据输送粮食的多少，分别授给高低不同的爵位。

前十三年（甲戌，公元前167年）

齐国太仓令淳于意犯了罪，当处以肉刑，被逮捕拘压在长安诏狱。他的小女儿缇萦向皇帝上书说：“我父亲做官，齐国人都称赞他廉洁公平；现在他犯了罪，按法律应判处肉刑。我感到悲痛伤心的是，死人不能复生，受刑者残肢不能再接，即使以后想改过自新，也没有办法了。我愿意没入官府做官婢，以抵赎我父亲该受的刑罚，使他得以改过自新。”

文帝很怜悯和同情缇萦的孝心，五月，下诏书说：“《诗经》说‘开明宽厚的君主，是爱护百姓的父母。’现在人们有了过错，还没有加以教育就处以刑罚，有的人想改变行为向善，也无路可走了，朕很怜惜！肉刑的残酷，以至于切断人的肢体，摧残人的皮肉，使人终生无法生育，这是多么残酷和不合道德！难道这符合为民父母的本意吗？应该废除肉刑，用别的惩罚去代替它；此外，应规定犯罪的人各依据罪名的轻重，只要不从服刑的地方潜逃，服刑到一定年数，就可以释放他。要制定出有关的法令！”

丞相张苍、御史大夫冯敬奏请制定这样的法律条文：“原来应判处髡刑的，改为罚作城旦和城旦舂；原来应判处黥髡刑的，改作钳为城旦、钳为城旦舂；原来应判处劓刑的，改为笞三百；原来应判处斩左脚的，改为笞五百；原来判处斩右脚以及杀人之后先去官府自首的，官吏因受贿、枉法、监守自盗等罪名已被处置但后来又犯了应判处笞刑的，全都改为公开斩首。罪犯已被判处为城旦、城旦舂的，各自服刑到一定年数后赦免。”文帝下达批准文书：“同意。”

这一时期，文帝自身谦逊自守，而将相大臣都是老功臣，少文采而多质朴。君臣以导致秦灭亡的弊政为鉴戒，论议国政讲究以宽厚为本，耻于议论别人的过失；这种风气影响到全国，改变了那种互相指斥、攻击的风俗。官吏安于自己的官位，百姓乐于自己的职业，府库储蓄每年都有增加，人口繁衍。风俗归于笃实厚道，禁制法网宽松，有犯罪嫌疑的，从宽发落，所以，刑罚大量减少，甚至一年之内全国只审判了四百起案件，出现了停止动用刑罚的景象。

六月，文帝下诏书说：“农业，是天下的根本，没有什么事情比农业更为重要。现在那些辛苦勤劳的农民，还要缴纳租税，这样做，使从事农耕本业和从事工商末业的人没有区别，说明鼓励发展农业生产的政策不完备，应当免除农田的租税！”

前十四年（乙亥，公元前166年）

文帝乘辇车经过中郎的官府，问郎署长冯唐说：“您老人家原籍是何处？”冯唐回答说："我的祖父是赵国人，父亲迁居代国。"文帝说："我在代国时，我的尚食监高祛多次对我称赞当年赵国将军李齐的贤能，讲述他与秦兵大战于钜鹿城下的事情。现在，我每次吃饭，心思没有不在钜鹿的时候。老人家您知道吗？"冯唐回答说："李齐还不如廉颇、李牧为将带兵的本领大。"文帝拍着大腿说："唉！我偏偏得不到廉颇、李牧那样的人做将军！有了这样的将军，我难道还担忧匈奴的入侵吗？"冯唐说："陛下即使得到了廉颇、李牧也不能任用他们。"

文帝大怒，起身返回宫中，过了许久，召见冯唐，责备说："您为什么要当众侮辱我，难道没有适当的机会吗？"冯唐谢罪说："我是个乡鄙之人，不懂得忌讳。"文帝正在担忧匈奴的入侵问题，于是终于再问冯唐说："您怎么知道我不能任用廉颇和李牧呢？"冯唐回答说："我听说上古明君派遣将军出征时，跪着推将军的车辆前行，而且说：'国门之内的事，由我来决定；国门以外的事情，请将军裁决。'一切军功、封爵、奖赏的事都由将军在外面决定，回国后再奏报君主。这并不是虚假的传言。我的祖父说：李牧为赵国将军，驻守边境时，把从军中交易市场上收得的税收，都自行用于犒劳将士；赏赐都由将军在外决定，不必向朝廷请示批准。对他委以重任而责令成功，所以李牧才能充分发挥他的聪明才干；他率领着精选出来的一千三百辆战车、一万三千名善于骑射的骑兵，十万训练有素的将士，所以能够在北方驱逐匈奴，击败东胡，消灭澹林，在西方抑制了强大的秦国，在南方抵御了韩国和魏国。在那个时候，赵国几乎成为一个霸主之国。后来，恰逢赵王赵迁继位，他听信郭开的谗言，终于诛杀李牧，命令颜聚代替李牧而统兵。正因为如此，赵国军队溃败，将士逃散，被秦军消灭。现在我私下听说魏尚担任云中郡郡守时，把军中交易市场所得的税收全都用来犒劳士卒，还用自己的官俸钱，每五天宰杀一头牛，自己宴请宾客、军吏和幕僚属官，因此，匈奴远避，不敢接近云中边塞。匈奴曾经入侵云中郡一次，魏尚率领车骑部队出击，杀了很多匈奴人。那些士兵都是平民百姓的子弟，从田间出来参军从征，怎能知道'尺籍''伍符'之类的军令军规！整日拼死战斗，斩敌首级，捕获俘虏，在向幕府呈报战果军功时，只要一个字有出入，那些舞文弄墨的官员，就引用军法来惩治他们，他们应得到的赏赐就被取消了；而那些官吏所奉行的法令却必须执行。我认为陛下的赏赐太轻，而惩罚却太重。而且云中郡守魏尚因为上报斩杀敌军首级的数量差了六个，陛下就把他交给官吏治罪，削去他的爵位，判罚他做一年的刑徒。由此说来，陛下即使得到廉颇、李牧，也不能任用啊！"文帝高兴地接受了冯唐的批评。当天，就令冯唐持皇帝信节去赦免魏尚，重新任命魏尚做云中郡守，并任命冯唐为车骑都尉。

后二年（己卯，公元前162年）

御史大夫梁国人申屠嘉，当年曾以步兵强弩射手的身份跟随高帝征战，封为关内侯；庚午（初四），文帝任命申屠嘉为丞相，封为故安侯。申屠嘉为人廉洁正直，在家中不接见私人拜谒的人。当时，太中大夫邓通正得皇帝宠幸，赏赐的财物累计万万钱；文帝曾在他家中欢宴饮酒，宠幸的程度无人能够相比。申屠嘉曾来朝见文帝，见到邓通正在文帝身边，礼节很简慢。申屠嘉奏报完了政事，就说："陛下如果宠信亲近臣子，可以让他富贵，至于朝廷之礼，却不能不整肃。"文帝说："你不必说了，我私下会告诫他。"散朝之后，申屠嘉坐在丞相府中，用公文召邓通来丞相府。邓通不来，申屠嘉便要斩杀邓通。邓通很恐惧，进宫去告知文帝，文帝说："你只管前去，我会派人召你。"邓通来到丞相府，摘下帽子，赤着双脚，向申屠嘉叩头请罪。申屠嘉坐着，安然自若，不予礼待，责备说："朝廷，那是高皇帝的朝廷。你邓通只不过是一个小臣，意在殿上戏闹，这是大不敬之罪，该判处斩首。来人！立即把邓通处斩！"邓通吓得一再磕头，磕得头到处流血，申屠嘉仍不表示宽恕。文帝估计丞相已让邓通吃了苦头，就派使者持皇帝信节前来传唤邓通，并且转达文帝向丞相表示歉意的话："这个人是我所戏弄的昵臣，您就赦免了他吧！"邓通回到宫中，哭着对文帝说："丞相差一点杀了我！"

后六年（癸未，公元前158年）

冬季，匈奴三万骑兵入侵上郡，三万骑兵入侵云中郡，杀害和掳掠了很多军民，报警的烽火一直传到甘泉和长安城。朝廷任命中大夫令免为车骑将军，率军屯守飞狐；任命原楚相苏意为将军，守句注；命将军张武屯守北地郡；命河内郡守周亚夫为将军，驻扎细柳；命宗正刘礼为将军，驻扎霸上；命祝兹侯徐厉为将军，驻扎棘门，以防备匈奴。文帝亲自犒劳军队，到达驻扎霸上和棘门的军营时，文帝一行人直接驰马进入营垒，将军和他的部属都骑着马迎送文帝出入。接着文帝到达细柳的军营，只见将士们身披铠甲，手执锋利的武器，张满弓弩。文帝的先导队伍到达，不能进入军营。先导说："天子马上就到了！"把守军门的都尉说："将军命令说：'军中只听将军的号令，不听天子的诏令。'"过了一会儿，文帝来到，也不能进入军营。于是文帝便派使者持节诏告将军："朕想进入军营慰劳军队。"周亚夫才传达军令说："打开军营大门。"守卫军营大门的军官向皇帝的车马随从说："将军有规定：在军营内不许策马奔跑。"文帝一行人便拉着马缰绳缓慢地前进。来军营中，周亚夫手执兵器对着文帝拱手作揖说："身上穿着盔甲的武士不能下拜，请允许我以军礼参见陛下。"文帝被打动了，面容变得庄重肃穆，手扶车前的横木，向军营将士致意，并派人向周亚夫表示歉意，说："皇帝恭敬地慰劳将军。"完成了劳军的仪式后离去。走出营门，群臣都表示惊讶。文帝说："唉！周亚夫才是真正的将军呢！前面所经过的霸上和棘门的军队，如同儿戏罢了，那些将军很容易受到袭击而被人俘虏。至于周亚夫，谁能冒犯他呢？"文帝对周亚夫称赞了很久。过了一个多月，汉军到达边境，匈奴远远地离开了边界，汉军也就撤回来了。于是，文帝任命周亚夫为中尉。

后七年（甲申，公元前157年）

夏季，六月，己亥（初一），文帝在未央宫驾崩。文帝留下的遗诏说："朕听说，天下万物萌生，没有不死的；死，是天地的常理，是万物的自然规则，有什么值得特别悲哀的呢？现在这个时代，世人都乐于生而厌恶死，为了追求厚葬而倾家荡产，为了强调服丧尽孝而损害身体健康，朕很不赞成这些做法。况且，朕本人既然没有什么德行，没有帮助百姓，现在死了，如果再让臣民们长期地为朕服丧哭悼，经历寒暑变化那么久，使民众父子悲哀，老人伤感，减少了他们的饮食，停止了对鬼神的祭祀，这是加重了朕的失德，怎么对得起天下人呢？朕获得了保护宗庙的权力，以渺小之身，托身于天下君王之上，已经有二十多年了。依赖上天的神灵，社稷的福运，才使境内安宁，没有战争。朕确实不聪明，时常害怕自己做出错事，而使先帝遗留下来的美德蒙受耻辱，惧怕年久日长，自己可能会因失德而不得善终。现在万幸的是我得以享尽天年，又可在高庙奉养高帝，哪里还有什么值得悲哀的呢？诏告天下官员百姓：令到以后，哭吊三天，就都脱下丧服；不要禁止娶妻嫁女、祭祀、饮酒、吃肉。亲戚中应当参加丧事穿丧服哭吊的，都不要赤脚；孝带不要超过三寸宽；不要在车辆和兵器上蒙盖丧布；不要调发百姓到宫中来哭吊；殿中应当哭祭的人，都在早晚哀哭十五次，礼仪完毕就停止哭祭；非早晚哭祭时间，禁止擅自前来哭祭；棺椁入土后，凡属'大功'的宗室亲戚，穿丧服十五天，'小功'穿丧服十四天，'纤服'穿丧服七天，然后脱下丧服。其他未在诏令中规定的问题，都要比照诏令的用意办理。此诏要向天下臣民公布，使大家清楚知道朕的心意。霸陵周围的山脉河流都保持原貌，不许有所改变。后宫中的妃嫔，从夫人以下到少使，都送归母家。"乙巳（初七），文帝被安葬在霸陵。

文帝即位以来，历时二十三年，宫室、园林、车骑仪仗、服饰器具等，都没有增加；有对百姓不便的禁令条例，就予以废止以利于民众。文帝曾想修建一个露台，召来工匠计算，需花费一百斤黄金。文帝说："一百斤黄金，相当于中等民户十家财产的总和，我居住着先帝的宫室，经常惧怕使它蒙羞，还修建露台干什么呢？"文帝自己身穿黑色的粗丝衣服，他宠爱的慎夫人，所穿的衣服不拖到地面；所用的帷帐都不刺绣花纹，以显示朴素，为天下人做出表率。修建霸陵，都使用陶制器物，不准用金、银、铜、锡装饰，利用山陵形势，不另兴建高大的坟堆。吴王刘濞伪称有病，不来朝见，文帝反而赐给他几案手杖。群臣之中，袁盎等人的进谏言辞激烈而尖锐，文帝常常予以宽容并采纳他们的批评意见。张武等人接受金钱贿赂，事情被觉察后，文帝反而赏赐他们钱财，使他们心中愧疚；他全力以德政去教化百姓。所以，国家安宁，百姓富裕，后世很少能做到这一点。

丁未（初九），太子刘启即位称帝。尊奉皇太后薄氏为太皇太后，尊奉皇后为皇太后。

汉景帝前元年（乙酉，公元前156年）

五月，朝廷恢复向百姓征收田税的一半，税率为三十分之一。

当初，文帝废除肉刑，表面上有减轻刑罚之名，实际上却多杀了人；原判斩右脚的改死刑；原判斩左脚的改笞打五百下，原判割鼻的改笞打三百，这些人大多被打死。这一年，景帝下诏说："增加笞打数与处死没有什么不同；即便侥幸而保住生命，也成了残废，无法维持生计。应制定法律：原定笞打五百下的罪，改为笞打三百下；原定笞打三百下的罪，改为笞打二百下。"

前二年（丙戌，公元前155年）

景帝命令全国男子，从二十岁开始编入成丁户籍，承担国家的徭役和兵役。

六月，丞相申屠嘉去世。当时，内史晁错多次请求单独与景帝谈论国政，景帝每每采纳他的意见，受宠幸超过了九卿，经晁错的建议修改了许多法令。丞相申屠嘉因景帝不采用他的意见而自行黜退，因此很恼恨晁错。晁错作为内史，内史府的门东出不便，就另开了一个门南出。这个南门，开凿在太上皇庙外空地的围墙上。申屠嘉听说晁错打通了宗庙的墙，就上奏景帝，请诛杀晁错。有人把此事告知晁错，晁错很害怕，夜里入宫求见景帝，向景帝认罪，寻求保护。到天亮上朝时，申屠嘉奏请诛杀内史晁错。景帝说："晁错所打通的墙，并不是真正的庙墙，而是宗庙外边的围墙，原来的一些散官住在那里；而且又是我让晁错这样做的，晁错没有罪。"丞相申屠嘉只好表示谢罪。散朝之后，申屠嘉对长史说："我后悔没有先把晁错斩首再去奏请皇上认可，现在却被晁错占了上风。"回到府中，申屠嘉吐血而死。晁错因此越发尊贵。

梁孝王因为是窦太后的小儿子，受到宠爱，封国内有四十多座城，封地是全国最肥沃富饶的土地。给他的赏赐多得说不清，府库中所藏的金钱接近了一百万万，珠宝玉器比京城还要多。梁孝王修建了方圆三百余里的东苑，扩大其都城睢阳城的规模，使之达到周长七十里，大规模兴建宫室，修建了架于空中的通道，从宫室连接到平台达三十余里。招揽延聘四方豪杰，如吴地人枚乘、严忌，齐地人羊胜、公孙诡、邹阳，蜀地人司马相如之流，都跟随他交游。每当梁王入朝时，景帝都派出使者持皇帝符节，用四匹马拉着皇帝专用的车辆，到函谷关前迎接梁王。梁王到达长安之后，所受的宠幸无人可比；进入皇宫就陪侍景帝乘坐同一辇车，外出就与景帝乘坐同一御车，在上林苑中射猎。梁王借机向景帝上书，要求留居长安，一住将近半年。梁王的侍中、郎官、谒者都在名册上登记，可出入天子的殿门，与朝廷的宦官没有区别。

第十六卷　汉纪八

译文诵读

孝景皇帝下前三年（丁亥，前154）

冬，十月，梁王来朝。时上未置太子，与梁王宴饮，从容言曰："千秋万岁后传于王。"王辞谢，虽知非至言，然心内喜；太后亦然。詹事窦婴引卮酒进上曰："天下者，高祖之天下，父子相传，汉之约也；上何以得传梁王！"太后由此憎婴；婴因病免；太后除婴门籍，不得朝请。梁王以此益骄。

初，孝文时，吴太子入见，得侍皇太子饮、博。吴太子博争道，不恭；皇太子引博局提吴太子，杀之。遣其丧归葬，至吴，吴王愠曰："天下同宗，死长安即葬长安，何必来葬为！"复遣丧之长安葬。吴王由此稍失藩臣之礼，称疾不朝。京师知其以子故，系治、验问吴使者；吴王恐，始有反谋。后使人为秋请，文帝复问之，使者对曰："王实不病；汉系治使者数辈，吴王恐，以故遂称病。夫'察见渊中鱼不祥'；唯上弃前过，与之更始。"于是文帝乃赦吴使者，归之，而赐吴王几杖，老，不朝。吴得释其罪，谋亦益解。然其居国，以铜、盐故，百姓无赋；卒践更，辄予平贾；岁时存问茂材，赏赐闾里；他郡国吏欲来捕亡人者，公共禁弗予。如此者四十余年。

晁错数上书言吴过，可削；文帝宽，不忍罚，以此吴日益横。及帝即位，错说上曰："昔高帝初定天下，昆弟少，诸子弱，大封同姓，齐七十余城，楚四十余城，吴五十余城；封三庶孽，分天下半。今吴王前有太子之郤，诈称病不朝，于古法当诛。文帝弗忍，因赐几杖，德至厚，当改过自新；反益骄溢，即山铸钱，煮海水为盐，诱天下亡人谋作乱。今削之亦反，不削亦反。削之，其反亟，祸小；不削，反迟，祸大。"上令公卿、列侯、宗室杂议，莫敢难；独窦婴争之，由此与错有郤。及楚王戊来朝，错因言："戊往年为薄太后服，私奸服舍，请诛之。"诏赦，削东海郡。及前年，赵王有罪，削其常山郡；胶西王卬以卖爵事有奸，削其六县。

廷臣方议削吴。吴王恐削地无已，因发谋举事；念诸侯无足与计者，闻胶西王勇，好兵，诸侯皆畏惮之，于是使中大夫应高口说胶西王曰："今者，主上任用邪臣，听信谗贼，侵削诸侯，诛罚良重，日以益甚。语有之曰：‘狧糠及米。’吴与胶西，知名诸侯也，一时见察，不得安肆矣。吴王身有内疾，不能朝请二十余年，常患见疑，无以自白，胁肩累足，犹惧不见释。窃闻大王以爵事有过。所闻诸侯削地，罪不至此；此恐不止削地而已！”王曰：“有之。子将奈何？”高曰：“吴王自以为与大王同忧，愿因时循理，弃躯以除患于天下，意亦可乎？胶西王瞿然骇曰：“寡人何敢如是！主上虽急，固有死耳，安得不事！”高曰：“御史大夫晁错，营惑天子，侵夺诸侯，诸侯皆有背叛之意，人事极矣。彗星出，蝗虫起，此万世一时；而愁劳，圣人所以起也。吴王内以晁错为诛，外从大王后车，方洋天下，所向者降，所指者下，莫敢不服。大王诚幸而许之一言，则吴王率楚王略函谷关，守荥阳、敖仓之粟，距汉兵，治次舍，须大王。大王幸而临之，则天下可并，两主分割，不亦可乎！”王曰：“善！”归，报吴王，吴王犹恐其不果，乃身自为使者，至胶西面约之。

初，楚元王好书，与鲁申公、穆生、白生俱受《诗》于浮丘伯；及王楚，以三人为中大夫。穆生不耆酒，元王每置酒，常为穆生设醴。及子夷王、孙王戊即位，常设，后乃忘设焉。穆生退，曰：“可以逝矣！醴酒不设，王之意怠；不去，楚人将钳我于市。”遂称疾卧。申公、白生强起之，曰：“独不念先王之德与？今王一旦失小礼，何足至此！”穆生曰：“《易》称：‘知几其神乎！几者，动之微，吉凶之先见者也。君子见几而作，不俟终日。’先王之所以礼吾三人者，为道存也；今而忽之，是忘道也。忘道之人，胡可与久处，岂为区区之礼哉！”遂谢病去。申公、白生独留。王戊稍淫暴，太傅韦孟作诗讽谏，不听，亦去，居于邹。戊因坐削地事，遂与吴通谋。申公、白生谏戊，戊胥靡之，衣之赭衣，使雅舂于市。休侯富使人谏王。王曰：“季父不吾与，我起，先取季父矣！”休侯惧，乃与母太夫人奔京师。

及削吴会稽、豫章郡书至，吴王遂先起兵，诛汉吏二千石以下；胶西、胶东、淄川、济南、楚、赵亦皆反。楚相张尚、太傅赵夷吾谏王戊，戊杀尚、夷吾。赵相建德、内史王悍谏王遂，遂烧杀建德、悍。齐王后悔，背约城守。济北王城坏未完，其郎中令劫守，王不得发兵。胶西王、胶东王为渠率，与淄川、济南共攻齐，围临淄。赵王遂发兵住其西界，欲待吴、楚俱进，北使匈奴与连兵。

吴王悉其士卒，下令国中曰：“寡人年六十二，身自将；少子年十四，亦为士卒先。诸年上与寡人同，下与少子等，皆发。”凡二十余万人。南使闽、淄、东越，闽、东越亦发兵从。吴王起兵于广陵，西涉淮，因并楚兵，发使遗诸侯书，罪状晁错，欲合兵诛之。吴、楚共攻梁，破棘壁，杀数万人；乘胜而前，锐甚。梁孝王遣将军击之，又败梁两军，士卒皆还走。梁王城守睢阳。

初，文帝且崩，戒太子曰：“即有缓急，周亚夫真可任将兵。”及七国反书闻，上乃拜中尉周亚夫为太尉，将三十六将军往击吴、楚，遣曲周侯郦寄击赵，将军栾布击齐；复召窦婴，拜为大将军，使屯荥阳监齐、赵兵。

上与错议出军事，错欲令上自将兵而身居守；又言：“徐、僮之旁吴所未下者，可以予吴。”错素与吴相袁盎不善，错所居坐，盎辄避；盎所居坐，错亦避；两人未尝同堂语。及错为御史大夫，使吏按盎受吴王财物，抵罪；诏赦以为庶人。吴、楚反，错谓丞、史曰：“袁盎多受吴王金钱，专为蔽匿，言不反；今果反，欲请治盎，宜知其计谋。”丞、史曰：“事未发，治之有绝；今兵西向，治之何益！且盎不宜有谋。”错犹与未决。人有告盎，盎恐，夜见窦婴，为言吴所以反，愿至前，口对状。婴入言，上乃召盎。盎入见，上方与错调兵食。上问盎：“今吴、楚反，于公意何如？”对曰：“不足忧也！”上曰：“吴王即山铸钱，煮海为盐，诱天下豪杰；白头举事，此其计不百全，岂发乎！何以言其无能为也？”对曰：“吴铜盐之利则有之，安得豪杰而诱之！诚令吴得豪杰，亦且辅而为谊，不反矣。吴所诱皆无赖子弟、亡命、铸钱奸人，故相诱以乱。”错曰：“盎策之善。”上曰：“计安出？”盎对曰：“愿屏左右。”上屏人，独错在；盎曰：“臣所言，人臣不得知。”乃屏错。错趋避东厢，甚恨。上卒问盎，对曰：“吴、楚相遗书，言高皇帝王子弟各有分地，今贼臣晁错擅适诸侯，削夺之地，以故反，欲西共诛错，复故地而罢。方今计独有斩错，发使赦吴、楚七国，复其故地，则兵可毋血刃而俱罢。”于是上默然良久，曰：“顾诚何如？吾不爱一人以谢天下。”盎曰：“愚计出此，唯上孰计之！”乃拜盎为太常，密装治行。后十余日，上令丞相青、中尉嘉、廷尉欧劾奏错：“不称主上德信，欲疏群臣、百姓，又欲以城邑予吴，无臣子礼，大逆无道。错当要斩，父母、妻子、同产无少长皆弃市。”制曰：“可。”错殊不知。壬子，上使中尉召错，绐载行市，错衣朝衣斩东市。上乃使袁盎与吴王弟子宗正德侯通使吴。

袁盎、刘通至吴，吴、楚兵已攻梁壁矣。宗正以亲故，先入见，谕吴王，令拜受诏。吴王闻袁盎来，知其欲说，笑而应曰：“我已为东帝，尚谁拜！”不肯见盎，而留军中，欲劫使将；盎不肯，使人围守，且杀之。盎得间，脱亡归报。

太尉引兵东北走昌邑。吴攻梁急，梁数使使条侯求救，条侯不许；又使使诉条侯于上。上使告条侯救梁，亚夫不奉诏，坚壁不出；而使弓高侯等将轻骑兵出淮泗口，绝吴、楚兵后，塞其饷道。梁使中大夫韩安国及楚相张尚弟羽为将军；羽力战，安国持重，乃得颇败吴兵。吴兵欲西，梁城守，不敢西；即走条侯军，会下邑，欲战。条侯坚壁不肯战；吴粮绝卒饥，数挑战，终不出。条侯军中夜惊，内相攻击，扰乱至帐下，亚夫坚卧不起，顷之，复定。吴奔壁东南陬，亚夫使备西北；已而其精兵果奔西北，不得入。吴、楚士卒多饥死叛散，乃引而去。二月，亚夫出精兵追击，大破之。吴王濞弃其军，与壮士数千人夜亡走，楚王戊自杀。

吴王之初发也，吴臣田禄伯为大将军。田禄伯曰：“兵屯聚而西，无他奇道，难以立功。臣愿得五万人，别循江、淮而上，收淮南、长沙，入武关，与大王会，此亦一奇也。”吴王太子谏曰：“王以反为名，此兵难以借人，人亦且反王，奈何？且擅兵而别，多他利害，徒自损耳！”吴王即不许田禄伯。

三王之围临淄也，齐王使路中大夫告于天子。天子复令路中大夫还报，告齐王坚守，“汉兵今破吴楚矣。”路中大夫至，三国兵围临淄数重，无从入。三国将与路中大夫盟曰：“若反言：‘汉已破矣，齐趣下三国，不，且见屠。’”路中大夫既许，至城下，望见齐王曰：“汉已发兵百万，使太尉亚夫击破吴、楚，方引兵救齐；齐必坚守无下！”三国将诛路中大夫。齐初围急。阴与三国通谋，约未定；会路中大夫从汉来，其大臣乃复劝王无下三国。会汉将栾布、平阳侯等兵至齐，击破三国兵。解围已，后闻齐初与三国有谋，将欲移兵伐齐。齐孝王惧，饮药自杀。

胶西、胶东、淄川王各引兵归国。胶西王徒跣、席藁。饮水谢太后。王太子德曰：“汉兵还，臣观之，已罢，可袭，愿收王余兵击之！不胜而逃入海，未晚也。”王曰：“吾士卒皆已坏，不可用。”弓高侯韩颓当遗胶西王书曰：“奉诏诛不义：降者赦除其罪，复故；不降者灭之。王何处？须以从事。”王肉袒叩头，诣汉军壁谒曰：“臣卬奉法不谨，惊骇百姓，乃苦将军远道至于穷国，敢请菹醢之罪！”弓高侯执金鼓见之曰：“王苦军事，愿闻王发兵状。”王顿首膝行，对曰：“今者晁错天子用事臣，变更高皇帝法令，侵夺诸侯地。卬等以为不义，恐其败乱天下，七国发兵且诛错。今闻错已诛，卬等谨已罢兵归。”将军曰：“王苟以错为不善，何不以闻？及未有诏、虎符，擅发兵击义国？以此观之，意非徒欲诛错也。”乃出诏书，为王读之，曰：“王其自图！”王曰：“如卬等死有余罪！”遂自杀，太后、太子皆死。胶东王、淄川王、济南王皆伏诛。

郦将军兵至赵，赵王引兵还邯郸城守。郦寄攻之，七月不能下。匈奴闻吴、楚败，亦不肯入边。栾布破齐还，并兵引水灌赵城；城坏，王遂自杀。

帝以齐首善，以迫劫有谋，非其罪也，召立齐孝王太子寿，是为懿王。

济北王亦欲自杀，幸全其妻子。齐人公孙玃谓济北王曰：“臣请试为大王明说梁王，通意天子；说而不用，死未晚也。”公孙玃遂见梁王曰：“夫济北之地，东接强齐，南牵吴、越，北胁燕、赵。此四分五裂之国，权不足以自守，劲不足以捍寇，又非有奇怪云以待难也；虽坠言于吴，非其正计也。乡使济北见情实，示不从之端，则吴必先历齐，毕济北，招燕、赵而总之，如此，则山东之从结而无隙矣。今吴王连诸侯之兵，驱白徒之众，西与天子争衡；济北独底节不下，使吴失与而无助，跬步独进，瓦解土崩，破败而不救者，未必非济北之力也。夫以区区之济北而与诸侯争强，是以羔犊之弱而扞虎狼之敌也。守职不桡，可谓诚一矣。功义如此，尚见疑于上，胁肩低首，累足抚衿，使有自悔不前之心，非社稷之利也。臣恐藩臣守职者疑之！臣窃料之，能历西山，径长乐，抵未央，攘袂而正议者，独大王耳。上有全亡之功，下有安百姓之名，德沦于骨髓，恩加于无穷，愿大王留意详惟之！”孝王大说，使人驰以闻；济北王得不坐，徙封于淄川。

六年（庚寅，前151）

初，燕王臧荼有孙女曰臧儿，嫁为槐里王仲妻，生男信与两女而仲死；更嫁长陵田氏，生男蚡、胜。文帝时，臧儿长女为金王孙妇，生女俗。臧儿卜筮之，曰："两女皆当贵。"臧儿乃夺金氏妇，金氏怒，不肯予决；内之太子宫，生男彻。彻方在身时，王夫人梦日入其怀。

及帝即位，长男荣为太子；其母栗姬，齐人也。长公主嫖欲以女嫁太子，栗姬以后宫诸美人皆因长公主见帝，故怒而不许；长公主欲与王夫人男彻，王夫人许之。由是长公主日谗栗姬而誉王夫人之美；帝亦自贤之，又有曩者所梦日符，计未有所定。王夫人知帝嗛栗姬，因怒未解，阴使人趣大行请立栗姬为皇后。帝怒曰："是而所宜言邪！"遂按诛大行。

七年（辛卯，前150）

是岁，以太仆刘舍为御史大夫，济南太守郅都为中尉。

始，都为中郎将，敢直谏。当从入上林，贾姬如厕，野彘卒来入厕。上目都，都不行；上欲自持兵救贾姬。都伏上前曰："亡一姬，复一姬进，天下所少，宁贾姬等乎！陛下纵自轻，奈宗庙，太后何！"上乃还，彘亦去。太后闻之，赐都金百斤，由此重都。都为人，勇悍公廉，不发私书，问遗无所受，请谒无所听。及为中尉，先严酷，行法不避贵戚；列侯、宗室见都，侧目而视，号曰"苍鹰"。

中二年（癸巳，前148）

初，梁孝王以至亲有功，得赐天子旌旗，从千乘万骑，出跸入警。王宠信羊胜、公孙诡，以诡为中尉。胜、诡多奇邪计，欲使王求为汉嗣。栗太子之废也，太后意欲以梁王为嗣，尝因置酒谓帝曰："安车大驾，用梁王为寄。"帝跪席举身曰："诺。"罢酒，帝以访诸大臣，大臣袁盎等曰："不可。昔宋宣公不立子而立弟，以生祸乱，五世不绝。小不忍，害大义，故《春秋》大居正。"由是太后议格，遂不复言。王又尝上书"愿赐容车之地，径至长乐宫，自使梁国士众筑作甬道朝太后。"袁盎等皆建以为不可。

梁王由此怨袁盎及议臣，乃与羊胜、公孙诡谋，阴使人刺杀袁盎及他议臣十余人。贼未得也，于是天子意梁；逐贼，果梁所为。上遣田叔、吕季主往按梁事，捕公孙诡、羊胜；诡、胜匿王后宫。使者十余辈至梁，责二千石急。梁相轩丘豹及内史韩安国以下举国大索，月余弗得。安国闻诡、胜匿王所，乃入见王而泣曰："主辱者臣死。大王无良臣，故纷纷至此。今胜、诡不得，请辞，赐死！"王曰："何至此！"安国泣数行下，曰："大王自度于皇帝，孰与临江王亲？"王曰："弗如也。"安国曰："临江王適长太子，以一言过，废王临江；用宫垣事，卒自杀中尉府。何者？治天下终不用私乱公。今大王列在诸侯，诎邪臣浮说，犯上禁，桡明法。天子以太后故，不忍致法于大王；太后日夜涕泣，幸大王自改，大王终不觉悟。有如太后宫车即晏驾，大王尚谁攀乎？"语未卒，王泣数行而下，谢安国曰："吾今出胜、诡。"王乃令胜、诡皆自杀，出之。上由此怨望梁王。

梁王恐，使邹阳入长安，见皇后兄王信说曰：“长君弟得幸于上，后宫莫及，而长君行迹多不循道理者。今袁盎事即穷竟，梁王伏诛，太后无所发怒，切齿侧目于贵臣，窃为足下忧之。”长君曰：“为之奈何？”阳曰：“长君诚能精为上言之，得毋竟梁事；长君必固自结于太后，太后厚德长君入于骨髓，而长君之弟幸于两宫，金城之固也。昔者舜之弟象，日以杀舜为事，及舜立为天子，封之于有卑。夫仁人之于兄弟，无藏怒，无宿怨，厚亲爱而已。是以后世称之。以是说天子，徼幸梁事不奏。”长君曰：“诺。”乘间入言之，帝怒稍解。

是时，太后忧梁事不食，日夜泣不止，帝亦患之。会田叔等按梁事来还，至霸昌厩，取火悉烧梁之狱辞，空手来见帝。帝曰：“梁有之乎？”叔对曰：“死罪！有之。”上曰：“其事安在？”田叔曰：“上毋以梁事为问也！”上曰：“何也？”曰：“今梁王不伏诛，是汉法不行也；伏法而太后食不甘味，卧不安席，此忧在陛下也。”上大然之，使叔等谒太后，且曰：“梁王不知也；造为之者，独在幸臣羊胜、公孙诡之属为之耳，谨已伏诛死，梁王无恙也。”太后闻之，立起坐餐，气平复。

梁王因上书请朝。既至关，茅兰说王，使乘布车、从两骑入，匿于长公主园。汉使使迎王，王已入关，车骑尽居外，不知王处。太后泣曰：“帝果杀吾子！”帝忧恐。于是梁王伏斧质于阙下谢罪。太后、帝大喜，相泣，复如故，悉召王从官入关。然帝益疏王，不与同车辇矣。帝以田叔为贤，擢为鲁相。

六年（丁酉，前144）

冬，十月，梁王来朝，上疏欲留；上弗许。王归国，意忽忽不乐。

夏，四月，梁孝王薨。窦太后闻之，哭极哀，不食，曰：“帝果杀吾子！”帝哀惧，不知所为；与长公主计之，乃分梁为五国，尽立孝王男五人为王：买为梁王，明为济川王，彭离为济东王，定为山阳王，不识为济阴王；女五人皆食汤沐邑。奏之太后，太后乃说，为帝加一餐。孝王未死时，财以巨万计，及死，藏府余黄金尚四十余万斤，他物称是。

上既减笞法，笞者犹不全；乃更减笞三百曰二百，笞二百曰一百。又定棰令：棰长五尺，其本大一寸，竹也；末薄半寸，皆平其节。当笞者笞臀；毕一罪，乃更人。自是笞者得全。然死刑既重而生刑又轻，民易犯之。

六月，匈奴入雁门，至武泉，入上郡，取苑马；吏卒战死者二千人。陇西李广为上郡太守，尝从百骑出，遇匈奴数千骑，见广，以为诱骑，皆惊，上山陈。广之百骑大恐，欲驰还走。广曰：“吾去大军数十里，今如此以百骑走，匈奴追射我立尽。今我留，匈奴必以我为大军之诱，必不敢击我。”广令诸骑曰：“前！”未到匈奴阵二里所，止，令曰：“皆下马解鞍！”其骑曰：“虏多且近，即有急，奈何？”广曰：“彼虏以我为走；令皆解鞍以示不走，用坚其意。”于是胡骑遂不敢击。有白马将出，护其兵；李广上马，与十余骑奔，射杀白马将而复还，至其骑中解鞍，令士皆纵马卧。是时会暮，胡兵终怪之，不敢击。夜半时，胡兵亦以为汉有伏军于旁，欲夜取之，胡皆引兵而去。平旦，李广乃归其大军。

后元年（戊戌，前143）

八月，壬辰，以御史大夫卫绾为丞相，卫尉南阳直不疑为御史大夫。初，不疑为郎，同舍有告归，误持其同舍郎金去。已而同舍郎觉亡，意不疑；不疑谢有之，买金偿。后告归者至而归金，亡金郎大惭。以此称为长者，稍迁至中大夫。人或廷毁不疑，以为盗嫂。不疑闻，曰："我乃无兄。"然终不自明也。

帝居禁中，召周亚夫赐食，独置大胾，无切肉，又不置箸。亚夫心不平，顾谓尚席取箸。上视而笑曰："此非不足君所乎？"亚夫免冠谢上，上曰："起！"亚夫因趋出。上目送之曰："此鞅鞅，非少主臣也。"

居无何，亚夫子为父买工官尚方甲盾五百被，可以葬者。取庸苦之，不与钱。庸知其盗买县官器，怨而上变，告子，事连污亚夫。书既闻，上下吏。吏簿责亚夫，亚夫不对。上骂之曰："吾不用也！"召诣廷尉。廷尉责问曰："君侯欲反何？"亚夫曰："臣所买器，乃葬器也，何谓反乎？"吏曰："君纵不欲反地上，即欲反地下耳！"吏侵之益急。初，吏捕亚夫，亚夫欲自杀，其夫人止之，以故不得死，遂入廷尉。因不食五日，欧血而死。

二年（己亥，前142）

夏，四月，诏曰："雕文刻镂，伤农事者也；锦绣纂组，害女工者也。农事伤则饥之本，女工害则寒之原也。夫饥寒并至而能亡为非者寡矣。朕亲耕，后亲桑，以奉宗庙粢盛祭服，为天下先；不受献，减太官，省繇赋，欲天下务农蚕，素有蓄积，以备灾害。强毋攘弱，众毋暴寡；老耆以寿终，幼孤得遂长。今岁或不登，民食颇寡，其咎安在？或诈伪为吏，以货赂为市，渔夺百姓，侵牟万民。县丞，长吏也；奸法与盗盗，甚无谓也！其令二千石各修其职；不事官职、耗乱者，丞相以闻，请其罪。布告天下，使明知朕意。"

三年（庚子，前141）

春，正月，诏曰："农，天下之本也。黄金、珠、玉，饥不可食，寒不可衣，以为币用，不识其终始。间岁或不登，意为末者众，农民寡也。其令郡国务劝农桑，益种树，可得衣食物。吏发民若取庸采黄金、珠、玉者，坐赃为盗。二千石听者，与同罪。"

甲子，帝崩于未央宫。太子即皇帝位，年十六。尊皇太后为太皇太后，皇后为皇太后。

汉兴，接秦之弊，作业剧而财匮，自天子不能具钧驷，而将相或乘牛车，齐民无藏盖。天下已平，高祖乃令贾人不得衣丝、乘车，重租税以困辱之。孝惠、高后时，为天下初定，复弛商贾之律；然市井之子孙，亦不得仕宦为吏。量吏禄，度官用，以赋于民。而山川、园池、市井租税之入，自天子以至于封君汤沐邑，皆各为私奉养焉，不领于天子之经费。漕转山东粟以给中都官，岁不过数十万石。继以孝文、孝景，清净恭俭，安养天下，七十余年之间，国家无事，非遇水旱之灾，民则人给家足。都鄙廪庾皆满，而府库余货财；京师之钱累巨万，贯朽而不可校；太仓之粟陈陈相因，充溢露积于外，至腐败不可食。众庶街巷有马，而阡陌之间成群，乘字牝者摈而不得聚会。守闾阎者食粱肉；为吏者长子孙，居官者以为姓号。故人人自爱而重犯法，先行义而后诎辱焉。当此之时，罔疏而民富，役财骄溢，或至兼并；豪党之徒，以武断于乡曲。宗室有土、公、卿、大夫以下，争于奢侈，室庐、舆服僭于上，无限度。物盛而衰，固其变也；自是之后，孝武内穷侈靡，外攘夷狄，天下萧然，财力耗矣！

汉景帝前三年（丁亥，公元前154年）

冬季，十月，梁王来长安朝见景帝。当时，景帝没有立太子，与梁王宴饮时，景帝很随便地说："等我百年之后，把帝位传给你。"梁王表示谦谢，虽然知道这不是认真的话，但心中很高兴；窦太后也是如此。詹事窦婴捧着一杯酒献给景帝说："这个天下，是高祖的天下，帝位由父亲传给儿子，这是汉朝的规定，皇上怎么能够传给梁王？"窦太后因此憎恶窦婴；窦婴便借口有病而辞职；窦太后在准许出入皇宫殿门的名册上除去了窦婴的姓名，不许他参加春秋两季的盛大朝会。梁王因此更加骄横。

当初，孝文帝在位时，吴国太子进京朝见文帝，得以陪伴皇太子饮酒、博戏。吴太子在博戏过程中与太子争棋路，态度不恭；皇太子就拿起棋盘猛击吴太子，把他打死了。朝廷送他的灵柩回去安葬，灵柩到达吴国，吴王恼怒地说："天下都是刘氏一家的天下，死在长安就葬在长安，何必送回来安葬呢？"吴王又把太子的灵柩送回长安安葬。吴王从此渐渐失去藩臣的礼节，声称身体有病，不来朝见皇帝。京城知道吴王是为了儿子的缘故，就拘留和审问吴国的使者；吴王恐惧，开始产生了谋反的念头。后来，吴王派人代替他去长安行秋季朝见之礼，文帝再一次追问吴王不来朝见的原因，使臣回答说："吴王其实没有生病；朝廷拘留了几批吴国使者，又治他们的罪，吴王恐惧，所以才声称有病。有这么一句话，'察见深潭中的鱼，不吉利'；希望皇上不再追究他以前的过失，让他改过自新。"这样，文帝就释放了吴国使者，让他们回去；并且赏赐给吴王几案和拐杖，表示照顾他年事已高，不必前来朝见。吴王见朝廷不再追究他的罪名，谋反之心也就渐渐消除了。但是，因为他国内有冶铜、制盐的财源，便不向百姓征收赋税；百姓应该为官府服役时，总是由吴王发给代役金，另外雇人应役；每到年节时，慰问有贤才的士人，赏赐平民百姓；其他郡国的官吏要来吴国捕捉流亡的人，吴国公然阻止，不把罪犯交出去。这样，前后持续了四十多年。

晁错多次上书奏说吴王的罪过，认为可以削减其封地；汉文帝宽厚，不忍心惩罚，所以吴王日益骄横。等到汉景帝即位，晁错劝说景帝："当初，高帝刚刚平定天下，兄弟少，儿子们年幼，大封同姓诸侯王，封给齐国七十多座城，封给楚国四十多座城，封给吴国五十多座城；封给这三个并非嫡亲的诸侯王的领地，就去了全国的一半。现在，吴王以前因有吴太子之死的嫌隙，假称有病不来朝见，按照古法应当处死。文帝不忍心，因而赐给他几案、手杖，对他恩德极为深厚，他本应该改过自新；但他反而更加骄横无法，利用矿山采铜铸钱，熬海水制盐，招诱天下流亡人口，图谋叛乱。如今，削减他的封地他会叛乱，不削减他的封地，他也会叛乱；如果削减他的封地，他反得快，祸害会小一些；如果不削减他的封地，他反得慢，将来有备而发，祸害更大。"景帝下令公卿、列侯、宗室共同讨论晁错的建议，没有人敢与晁错辩驳；只有窦婴一人坚决反对，从此与晁错之间产生了矛盾。等到楚王刘戊来京朝见，晁错借机说："刘戊去年为薄太后服丧期间，在服丧的居室里私下奸淫，请求处死他。"景帝下诏，免去刘戊的死罪，但把原楚国封地东海郡收归朝廷。另外，在前一年，赵王有罪，朝廷削夺了他的常山郡；胶西王刘因在卖爵事上有不法行为，朝廷削夺了他封地中的六县之地。

朝廷大臣们正在议论削夺吴王的封地。吴王刘濞恐怕削夺没有止境，就打算举兵叛乱；想到其他诸侯王没有足以共商大事的，听说胶西王刘卬勇武，喜欢兵法，诸侯都畏惧他，于是，吴王派中大夫应高去亲口游说胶西王刘卬，说："现在，主上重用奸邪之臣，听信谗言恶语，侵夺削弱诸侯国，对诸侯王的惩罚极为严厉，而且一天比一天厉害。俗语有这样的说法：'开头吃糠，后来就会发展到吃米。'吴国和胶西国，都是著名的诸侯王国，一旦被朝廷注意，就不会有安宁的日子了。吴王身体患有暗疾，已有二十多年不能朝见，时常担心受到朝廷怀疑，无法自己表白，无论怎样谨小慎微，自我约束，都怕得不到朝廷的宽容，我私下听说大王因出卖爵位的过失而受朝廷处置。我所听到的其他诸侯被削夺封地的事情，若按所犯罪名来处理，都不应该受到如此严重的惩罚。恐怕朝廷的用意，不仅仅是要削夺诸侯王的封地吧！"胶西王刘卬说："我确实有被削夺的事。你认为该怎么办？"应高说："吴王自认为与大王面临着共同的忧患，希望顺应时势，遵循情理，牺牲生命去为天下消除祸患，我想您也同意吧？"胶西王大吃一惊，说："我怎么敢做这样的事！天子待诸侯虽然很严苛，我只有一死了事，怎能起意反叛呢？"应高说："御史大夫晁错，在天子身边蒙骗蛊惑，侵夺诸侯封地，诸侯王都有背叛之心，从这些来看，形势已发展到极点了。彗星出现，蝗灾发生，这是千载难逢的好时机；而且愁恼困苦的局势，正是圣人挺身而出之时。吴王准备对朝廷提出清除晁错的要求，在战场上则跟随于大王之后，纵横天下，所向无敌，锋芒所指之处，没有人胆敢不服。大王若真能许诺一句话，吴王就率领楚王直捣函谷关，据守荥阳、敖仓的粮库，敌御汉军，整治好驻扎之地，恭候大王到来。有幸得到大王光临，就可以吞并天下，吴王和大王平分江山，不也很好吗？”胶西王说：“好！”应高返归吴国，向吴王汇报，吴王还怕胶西王不实行诺言，就亲自前往，到胶西国与刘印当面约定。

当初，楚元王刘交喜爱书籍，和鲁地人申公、穆生、白生都拜浮丘伯为师，学习《诗经》；等到他当了楚王，就任命他们三人为中大夫。穆生不喜欢喝酒；楚元王每次设宴饮酒时，都特意为穆生准备甜酒。等到楚元王的儿子夷王以及孙子刘戊为王时，也总在举行宴会时为穆生特备甜酒，但以后就忘记这样做了。穆生退席而出，说：“应该离去了！不特设甜酒，说明楚王对我已怠慢了；再不离去，楚王将会给我戴上刑具在街市上示众。”于是，穆生声称有病，卧床不起。申公、白生极力劝他继续为楚王效力，说：“你就不念先王的恩德吗？现在楚王一时稍有礼貌不周怎么至于这样？”穆生说：“《易经》上说：‘知道契机的神妙吗？契机，是动机的微妙变化，是显示吉凶的先兆。君子看到契机而采取行动，并不整天等待。’先王礼待我们三人的原因，是他心中有道义；现在楚王怠慢我们，是忘记了道义。怎么能和忘记了道义的人长期共处，难道我这样只是因为那区区的礼节吗？”于是，穆公声称有病，离开了楚国。申公和白生却继续留任楚国。楚王刘戊逐渐荒淫残暴，太傅韦孟做了一首诗，用来进行委婉的批评，楚王不加理睬，韦孟也离开楚国，去邹地居住。刘戊因犯罪被朝廷削夺封地，就与吴王刘濞通谋，准备叛乱。申公、白生去劝谏刘戊，刘戊将他们二人罚为罪徒，用绳索把他们拴着，穿着刑徒的红褐色囚衣，在街市上舂米。休侯刘富派人来劝阻楚王，楚王说：“叔父不与我合作，我一旦起事，就先攻打叔父了！”休侯刘富害怕，就与他的母亲太夫人逃奔长安。

及至朝廷削夺吴国会稽郡、豫章郡的文书到达，吴王刘濞就首先起兵，杀死朝廷任命的二千石以下的官员；胶西王、胶东王、川王、济南王、楚王、赵王也都举兵叛乱。楚相张尚、太傅赵夷吾谏阻楚王刘戊，刘戊杀死了张尚和赵夷吾。赵相建德、内史王悍谏止赵王刘遂，刘遂将他们两人烧死。齐王后悔通谋叛乱，违背与吴楚的盟约，固守城池进行抵御。济北王的城墙坏了没有修好，他的郎中令劫持了他，使他无法举兵参加叛乱。胶西王和胶东王为统帅，联合川王、济南王共同攻打齐国，围攻齐国都城临淄。赵王刘遂把军队调往赵国西部边境，准备与吴、楚等国军队联合进攻，又向北方的匈奴派出使者，联络匈奴一起举兵。

吴王征发了所有士卒，下令全国说：“我今年六十二岁了，亲自担任统帅；我的小儿子十四岁，也身先士卒。所有年龄上与我一样，下与我的小儿子一样的人，都征发从军！”吴国共征发了二十多万人。吴王向南方派出使者去联络闽、东越，闽和东越也发兵响应。吴王在广陵起兵，向西渡过淮河，随即与楚国的军队合并，派使者致书诸侯，指控晁错罪状，准备联合进兵诛杀晁错。吴、楚两国军队一起攻打梁国，攻破了棘壁，杀死数万人；吴、楚联军乘胜前进，兵锋锐不可当。梁孝王派将军迎击，又有两支军队被吴、楚联军打败，梁军士兵都向后逃跑。梁王固守都城睢阳。

当初，汉文帝临终前，告诉太子说："假若国家有危难，周亚夫足以胜任军队统帅的重担。"等到七国叛乱的文书到达朝廷，景帝就任命中尉周亚夫为太尉，统帅三十六位将军及其部队，前去迎击吴、楚叛军；派遣曲周侯郦寄攻打赵国，派将军栾布攻打齐境叛军；景帝又召回窦婴，任命他为大将军，让他率军驻守荥阳，监督用兵于齐国和赵国境内的汉军。

景帝与晁错商谈出军平叛的事情，晁错想让景帝统兵亲征而他自己留守长安；晁错又建议："徐县、僮县附近一带，吴国没有攻占的地方，可以送给吴国，争取他们退兵。"晁错一直与吴相袁盎不友善，有晁错在的地方，袁盎总是避开；袁盎出现在何处，晁错也总是避开；两人未曾在同一个室内说过话。等到晁错升任御史大夫，派官员审查袁盎接受吴王财物贿赂的事，处以相当的刑罚，确定袁盎有罪；景帝下诏赦免袁盎，把他降为平民。吴、楚叛乱发生后，晁错对御史丞、侍御史说："袁盎接受了吴王的许多金钱，专门为吴王掩饰，说他不会叛乱；现在，吴王果然反叛了，我想奏请严惩袁盎，他肯定知道吴王的密谋。"御史丞、侍御史说："如果在吴国叛乱前，治袁盎的罪，可能会中止叛乱密谋；现在叛军大举向西进攻，审查袁盎，能有什么作用？况且，袁盎不会参与密谋。"晁错犹豫不决。有人把晁错的打算告知了袁盎，袁盎很害怕，连夜去见窦婴，对他说明吴王叛乱的原因，希望能面见景帝，亲口说明原委。窦婴入宫奏报景帝，景帝就召见袁盎。袁盎入宫晋见，景帝正与晁错在调度军粮。景帝问袁盎："现在吴、楚叛乱，你觉得局势会怎样？"袁盎回答说："不值得担忧！"景帝说："吴王利用矿山就地铸钱，熬海水为盐，招诱天下豪杰；军队头裹白布举兵叛乱，如果他的图谋没有万全的把握，难道会起事吗？为什么说他不能有所作为呢？"袁盎回答说："吴王确实有采铜铸币、熬海水为盐的财利，但哪有什么豪杰被他招诱去了呢？假若吴王真的招到了豪杰，豪杰也会辅佐他按仁义行事，也就不会叛乱了。吴王所招诱的，都是些无赖子弟、没有户籍的流民、私铸钱币的坏人，所以才能相互勾结而叛乱。"晁错说："袁盎分析得很好。"景帝问："应采取什么妙计？"袁盎说："请陛下让左右回避。"景帝让人退出，唯独还有晁错在场；袁盎说："我要说的话，任何臣子都不应听到。"景帝就让晁错回避。晁错迈着小而快的步伐，退避到东边的厢房中，对袁盎极为恼恨。景帝突然问袁盎，袁盎回答说："吴王和楚王互相通信，说高皇帝分封子弟为王，各自有封地，现在贼臣晁错擅自贬谪诸侯，削夺他们的封地，因此他们才造反，准备向西进军，共同诛杀晁错，恢复原有的封地才罢休。现在的对策，只有斩晁错，派出使臣宣布赦免吴、楚七国，恢复他们原有的封地，那么，七国的军队可以不经过战争就都会撤走。"于是，景帝沉默了很长时间，说："不这样做，还有什么别的办法？我不会为了爱惜他一个人而向天下谢罪的。"袁盎说："我计策就是这样，请皇上认真考虑！"景帝就任命袁盎为太常，秘密收拾行装，做出使吴王的准备。过了十多天，景帝授意丞相陶青、中尉嘉、廷尉张欧上疏弹劾晁错：“辜负皇上的恩德和信任，要使皇上与群臣、百姓疏远，又想把城邑送给吴国，毫无臣子的礼节，犯下了大逆无道之罪。晁错应判处腰斩，他的父母、妻子、兄弟不论老少全部公开处死。”景帝批复说：“同意所拟判决。”晁错对此却一无所知。壬子（二十九日），景帝派中尉召晁错，欺骗他说坐着车巡察市中，于是，晁错穿着上朝的官服在东市被斩首。景帝就派袁盎与吴王的侄子、宗正德侯刘通为使臣，出使吴国。

袁盎、刘通到达吴国，吴军和楚军已开始进攻梁国的壁垒了。宗正刘通因是同姓亲属，先入内会见吴王，告知吴王，让他跪拜接受皇帝的诏书。吴王听说袁盎来了，估计到他要劝说自己撤兵，就笑着回答说：“我已经做了东方的皇帝了，还向谁跪拜呢？”吴王不肯与袁盎见面，把他留在军营中，准备强迫他担任吴军的将领；袁盎不答应，吴王派人把他关押起来，准备杀死他。袁盎寻机逃脱回来向景帝汇报出使情况。

太尉周亚夫领兵向东北到达昌邑。吴军猛烈进攻梁国，梁王多次派使者向条侯周亚夫求救，周亚夫不答应。梁王又派使臣向景帝告状，说周亚夫不肯救援。景帝派使臣命令周亚夫援救梁国，周亚夫不执行皇帝诏令，仍坚守营垒，不派军队出战；但他却命令弓高侯韩颓当等人率领轻骑兵，奔袭淮泗口，断绝吴、楚军队的后路，堵塞吴、楚的粮道。梁国派中大夫韩安国及楚相张尚的弟弟张羽为将军；张羽作战勇猛，韩安国指挥持重，才得以挫败吴军。吴军想向西进兵，但因梁军据城死守，便不敢越过梁向西进兵；因此，吴军就前来进攻条侯周亚夫的军队，两军在下邑相遇，吴军急于求战。条侯坚守壁垒不肯交战；吴军粮道断绝，士卒饥饿，多次挑战，周亚夫始终不应战。周亚夫的军营中，夜间突然惊乱，内部互相攻击，甚至闹到了周亚夫的大帐附近，周亚夫坚持睡着不起，过了一会儿，就恢复平静了。吴军向汉军营垒的东南角调集军队，周亚夫却命令营中加强对西北方向的防御，不久，吴、楚的精兵果然突袭汉营西北，因汉军早有防备，不能攻入。吴、楚军队中，有许多士卒饿死或者背叛离散，吴王就领兵撤退了。二月，周亚夫派出精锐军队追击，大败吴、楚军队。吴王刘濞丢下他的军队，与几千名精壮士兵连夜逃跑；楚王刘戊自杀。

吴王刚开始举兵叛乱时，吴国臣子田禄伯担任大将军。田禄伯说：“大军集结向西进攻，没有可以出奇兵的通道，难以成功。我请求给我五万人马，另外沿长江、淮河逆流而上，占领淮南、长沙，攻入武关，与大王主力军队会师，这也是一路奇兵。”吴王的太子劝阻说：“大王以造反为名义，这样的军队不能让别人带领，假若别人也背叛您，又该怎么办？况且，让别人全权指挥一支军队，又走另外一条路，容易产生许多其他利害问题，只是白白地削弱了自己的力量！”吴王就没有批准田禄伯的请求。

当胶西王等三个诸侯王的叛军围困临淄的时候，齐王派一位姓路的中大夫向景帝报告。景帝又命令这位姓路的中大夫返回齐国复命，告诉齐王坚守临淄，说：“朝廷军队已经打败吴、楚叛军了。”路中大夫赶回时，三国的军队已把临城重重包围，无法入城。三国的将领迫使路中大夫与他们结盟，说：“你反过来说：‘汉朝廷的军队已被打败了，齐国赶快向三个王国的军队投降吧。不然，临淄就要被踏平了。’”路中大夫应允了，到了城下，远远见到齐王，他就说：“汉已经派出了百万大军，让太尉周亚夫指挥，打败了吴、楚军队，正领兵前来救齐，齐一定要坚守不降！”三个王国的将领杀死了路中大夫。齐都城当初被围紧急时，齐王曾暗中与三个王国联络，准备参与叛乱，盟约未定；恰好路中大夫从汉朝廷而来，齐王的大臣们又劝他不能向三国叛军投降。恰逢汉将栾布、平阳侯曹襄等率军到达齐国，打败了三国的军队。解除了临淄之围以后，汉军将领听说齐王当初与三国密谋勾结，就准备调集军队攻打齐国。齐孝王害怕，服毒自杀。

胶西王、胶东王、川王分别领军队返回封地。胶西王赤着脚，坐卧在禾秆编的席上饮水，向太后请罪。胶西王的太子刘德说：“汉军已开始撤兵，据我观察，他们已很疲乏，可以突袭，希望召集大王的残余军队去袭击他们！如果突袭不能获胜，再逃入海岛隐蔽，也还不晚。”胶西王说：“我的部队都已残破，无法作战了。”弓高侯韩颓当给胶西王送来一封信，信中说：“我奉皇帝诏令诛杀不义的人，投降的，赦免他的罪名，恢复原有的官爵；不投降的，一定要消灭他。你准备选择哪一条道路？等待你做出选择，我好采取相应的处置措施。”胶西王光着上身、磕着头来到汉军营垒前请谒，他说：“我刘卬遵法不谨慎，惊骇了百姓，竟使将军辛苦地远道来到我们这个穷国，我请求处以剁成肉酱的惩罚！”弓高侯手持指挥作战用的金鼓来见他，说：“你被发兵的举动害苦了，我希望听你解释发兵的原因。”胶西王一边磕头一边跪着向前走，回答说：“当时，晁错是受天子信任的执政大臣，变更高皇帝的法令，侵夺诸侯王国的封地。我们认为他的做法不符合道义，恐怕他败坏、扰乱天下，所以我们七国才发兵，准备杀晁错。现在听说晁错已被皇帝处死，我们就很谨慎地撤兵回国了。”韩将军说：“你如果认为晁错不好，为什么不向皇上奏报？并在没有接到皇上诏令和调兵虎符的情况下，擅自调发军队去进攻忠于朝廷的封国？由此看来，你们发兵的用意，不只是想杀晁错。”韩将军就拿出诏书，向胶西王宣读，然后说：“你自己考虑应该怎样处置吧！”胶西王说：“像我刘卬这样的人，死有余辜！”于是自杀了，胶西王国的太后、太子都死了。胶东王、川王、济南王都被处死。

郦将军的军队到达赵国，赵王领兵从边界返回都城邯郸，据城自守。郦寄发动进攻，连续用兵七个月，没有攻破邯郸城。匈奴得知吴军和楚军失败，也不肯进入边境援救赵王。栾布平定齐国率军返回，与

周亚夫

郦将军的军队会合，引河水淹灌邯郸；城墙毁坏，赵王刘遂自杀。

景帝因为齐国首先抵御叛军，后来因迫于形势与叛军有串联，不是齐王的罪过，就召来齐孝王的太子刘寿，立为齐王，他就是齐懿王。

济北王也准备自杀，以求侥幸保全他的妻子儿女。齐国人公孙玃对济北王说："我请求试为大王去劝说梁王，通过他向皇上解释；如果我的劝说不被采纳，大王再死也不晚。"公孙玃就去求见梁王，说："济北国的封地，东边邻近强大的齐国，南面连接着吴国和越国，北面受到燕国和赵国的威胁。这是一个四面受敌，随时有可能被人瓜分的国家，济北王的权谋不足以自守封地，实力不足以防御外敌入侵，又没有什么奇方妙计可用来抵御灾难；虽然他曾失言答应与吴国联合行动，却并不是出于他的本意，只不过是为形势所迫。假若当初济北王表露出忠于朝廷的真心，显示出不顺从吴王的痕迹，那么，吴国一定会先放过齐国，攻占济北国，招诱燕国、赵国而统领它们，这样，崤山以东的诸侯联盟就会形成，并可连成完整的一片。现在吴王会合七国的军队，驱使没有受过训练的徒众，向西进军与天子争夺天下；而只有济北一国固守臣节不归降吴王，使吴国丧失盟友而孤立无援，只能艰难地单独进军，结果土崩瓦解，一蹶不振，追寻其原因，未必不是济北国坚守不降所做出的贡献。用微不足道的济北国，与几国叛军相抗衡，这就如同弱小的羊羔牛犊与凶猛的虎狼搏斗一样。济北王恪尽职守，不肯屈服，可称得上忠心耿耿了。济北王有这样的功业道义，竟然还受到朝廷的怀疑，整天缩肩低头，手足无措，使他产生了后悔当初没有与吴王联合行动的念头，这对国家是不利的。我害怕那些恪尽职守的封国诸侯，都由此而产生疑虑！我私下估计：在当今能够经过西方的山险，直入长乐宫和未央宫，在太后和皇上面前勇于据理力争的，只有大王您一个人。这样，上有保全面临亡国厄运的济北国的功德，下有安定百姓的名誉，您的功德及于骨髓，您的恩惠世代相传，希望大王认真考虑这件事！"梁孝王听了很高兴，派人急速进京向朝廷奏报；因此，济北王得以不被治罪，被改封到川国为王。

前六年（庚寅，公元前151年）

当初，燕王臧荼有个孙女，名叫臧儿，嫁给槐里王仲为妻，生下儿子王信和两个女儿之后，王仲死了；臧儿便改嫁长陵人田氏，生下儿子田蚡和田胜。汉文帝时，臧儿的大女儿嫁给金王孙为妻，生下女儿金俗。臧儿替子女占卜命运，卜人说："两个女儿都应当是尊贵的命。"臧儿就从金王孙家中夺回女儿，金王孙愤怒，不肯与妻子分手；臧儿却把大女儿送到太子宫中，生下儿子刘彻。王夫人怀着刘彻的时候，曾梦见太阳进入她的怀中。

等到景帝即位，大儿子刘荣被立为太子；太子刘荣的生母栗姬，是齐国人。景帝的姐姐长公主刘嫖，想把自己的女儿嫁给太子，栗姬因为后宫中各位美人都是由长公主推荐给景帝的，所以对长公主很恼怒而未予同意。长公主又想把女儿嫁给王夫人所生的皇子刘彻，王夫人同意了。从此之后，长公主每天都在景帝面前说栗姬的坏话而称赞王夫人的美德；景帝自己也觉得王夫人贤惠，又有从前梦日入怀的祥瑞符兆，对是否应改立太子和皇后的事，犹豫未定。王夫人知道景帝恨栗姬，趁着景帝怒火未熄，暗中派人去催促大行，让大行请求景帝立栗姬为皇后。景帝大怒，说："这是你应该说的话吗？"就把大行问罪处死了。

前七年（辛卯，公元前150年）

这一年，景帝任命太仆刘舍任御史大夫，任命济南郡太守郅都为中尉。

从前，郅都担任中郎将，敢于直言进谏。他曾经跟随景帝进入上林苑，当贾姬去上厕所时，一头野猪突然闯入厕所。景帝用眼光示意郅都去救护贾姬，郅都站立不走；景帝打算自己拿着武器去救贾姬，郅都跪伏在景帝面前说："失去了一个姬妾，又会有另一个姬妾进宫，天下所缺少的，难道是贾姬这一类的人吗？陛下纵然不爱惜自己，又如何对待宗庙和太后？"景帝就走了回来，野猪也离去了。太后听说了这件事，赏赐给郅都一百斤黄金，从此器重郅都。郅都为人勇猛有力，公正廉洁，不拆阅私人给他的书信，不接受问候馈赠的礼品，不理睬托人情、拉关系的要求。及至做了中尉，倡导严厉酷苛的作风，执行法律进行赏罚，不避开皇亲国戚。列侯和宗室皇族见到郅都，都侧目而视，送他一个绰号叫"苍鹰"。

二年（癸巳，公元前148年）

当初，梁孝王因为与景帝是一母所生，关系最为亲密，又有平定吴、楚叛乱的大功，被赐予天子使用的旗旗，有成千上万的车辆马匹做随从，出入都要清道戒严。梁孝王宠信羊胜、公孙诡，任命公孙诡为中尉。羊胜和公孙诡有许多歪门邪道的计谋，想怂恿梁孝王争取成为汉景帝的继承人。当栗太子被废的时候，窦太后想让梁王为帝位继承人，曾利用宴饮的时候对景帝说："你出入乘坐大驾和安车，要让梁王在你身旁。"景帝跪坐在席上，挺直了身回答说："好。"喝完了酒，景帝就此征询大臣们的意见，大臣袁盎等人说："不成。过去宋宣公不传位给儿子而传位给弟弟，因此产生了祸乱，祸乱持续了五代人。小处不忍心，会伤害大义，所以《春秋》赞成大义为主宰。"因此，太后的意见被阻止，也就再不提让梁王继承帝位了。梁王又曾经上书给景帝："希望赐给我能容得下车辆通过的地方，直达太后居住的长乐宫，我自己派梁国的士兵修筑一条甬道，以便朝见太后。"袁盎等大臣都建议不批准梁王的请求。

梁王因此怨恨袁盎和参与议论的大臣，就和羊胜、公孙诡商量，暗中派人刺杀了袁盎及其他参与议论的大臣十多人。刺客没有抓到，于是景帝估计与梁王有关；追查刺客，果然是梁王派来的。景帝派田叔、吕季主前往梁国查究此案，逮捕公孙诡和羊胜；公孙诡和羊胜躲藏在梁王的后宫中。朝廷派出的十多批使臣先后来到梁国，严厉地责问二千石官员。梁相轩丘豹和内史韩安国及以下官员，进行了全国性大搜捕，经过一个多月，没有抓到公孙诡和羊胜。韩安国得知公孙诡和羊胜藏匿在梁王宫中，就进入王宫去见梁王，哭着说：“君主蒙受耻辱，臣子应该为他而死。大王身边没有良臣辅佐，所以才闹到这种地步。现在捉不到羊胜、公孙诡，我请求与您诀别，赐我自杀！”梁王说：“为什么至于这样呢？”韩安国泪如泉涌，说：“大王自己估计您与皇上的关系，比起皇上和临江王来，哪一个更亲？”梁王说：“我不如临江王。”韩安国说：“临江王是皇上的亲生长子，又曾是太子，因为一句错话，被废去太子，封为临江王；又因为修宫侵占围墙的事，终于在中尉府自杀。为什么这样呢？皇上治理天下终究不能因为私情而干扰公事。现在大王身为诸侯，受奸臣胡言乱语的引诱，违犯皇上的禁令，扰乱尊严的法律。皇上因为太后疼爱您的缘故，才不忍心按国法来惩办您；太后日夜哭泣，希望大王能改过自新，大王却始终不觉悟。假若太后即刻去世，大王还依靠谁呢？”话还没有说完，梁王泪流满面，向韩安国赔罪说：“我现在就交出羊胜和公孙诡。”梁王就命令羊胜、公孙诡都自杀，交出了他们的尸体。景帝因此怨恨梁王。

梁王恐惧，派邹阳到达长安，去见皇后的哥哥王信说：“您的妹妹得到皇上的宠幸，在后宫没人能比得上，但是您的行为却有许多不遵循道理的地方。现在如果袁盎被杀一事追究到底，梁王被依法处死，太后的怒火无处发泄，就会向贵臣咬牙侧目地痛恨，我私下为您担忧。”王信说：“那该怎么办呢？”邹阳说：“您如果能好好地劝告皇上，使他能不深究梁王的事，您一定会受到太后的信任，太后从内心深深感谢您的大德，而您的妹妹可以受到太后和皇上的宠幸，这就会使你们家的荣宠像金城一样牢固。当初，舜的弟弟象，整日只想杀死舜，等到舜做了天子，却把象封到了有卑。仁义的人对于自己的弟弟，不暗藏怒火，不记过去的怨仇，只是很好地对待他罢了。正因为如此，后代人都称赞舜。用这番道理去劝说皇上，梁王的事就可能侥幸不处置了。”王信说：“好。”他找到一个机会，入宫向景帝说了上面的这番道理，景帝对梁王的恼怒稍稍化解。

这时，太后担心梁王的事情，不进饮食，日夜哭泣不止，景帝也很忧虑。正好田叔等人查办完梁王的事，返回长安，到达霸昌厩，田叔等用火把在梁国办案取得的证词全部烧毁，空着手来见景帝。景帝问：“梁王有罪吗？”田叔回答说：“犯死罪的事是有的。”景帝问：“他的罪证在哪里？”田叔说：“陛下不要过问梁王的罪证了。”景帝问：“为什么？”田叔说：“有了罪证，如今不杀梁王，就废弃了汉朝的法律；如果处死梁王，太后会吃东西没有滋味，睡不好觉，这样就会给陛下带来忧愁。”景帝非常赞成他所说的道理，让田叔等人谒见太后，并且说：“梁王不知情；主持这件事的，只有梁王的宠臣羊胜、公孙诡之流，这些人都已经按国法处死，梁王没有受到伤害。”太后听到这些话，立即起来坐着吃饭，情绪也稳定了。

梁王乘机上书请求朝见景帝，已经到达函谷关，茅兰劝说梁王，让他乘坐着普通的布车，只带两名骑士为随从入关，藏匿在长公主的园内。朝廷派使臣迎接梁王，梁王已入关，随从的车骑都在关外，不知道梁王的下落。太后哭着说：“皇帝果然杀了我儿子！”景帝很担忧害怕。这时，梁王来到皇宫门前，伏在刑具上面，表示认罪，请求处置。太后、景帝喜出望外，三人相对哭泣，恢复原来的骨肉手足之情，把梁王的随从官员都召入关内。但是，景帝愈发疏远梁王，不再和他乘坐一辆车出入了。景帝认为田叔贤能，就提升他做了鲁国的相。

六年（丁酉，公元前144年）

冬季，十月，梁王来京朝见，给景帝上书想留居长安；景帝不同意。梁王返回封国，心情郁郁不乐。

夏季，四月，梁孝王去世。窦太后听到消息，哭得极其悲哀，不进饮食，说：“皇帝果然杀了我儿子！”景帝悲哀恐惧，不知怎么办才好；与姐姐长公主商议，于是把梁国分为五国，把梁孝王的五个儿子全都封为诸侯王：刘买为梁王，刘明为济川王，刘彭离为济东王，刘定为山阳王，刘不识为济阴王；梁孝王的五个女儿也都封给汤沐邑。景帝把这一决定禀告窦太后，太后才高兴起来，为景帝这一做法而吃了一顿饭。梁孝王没死的时候，有数以万万计的财产，他死后，梁国府库中剩余的黄金还有四十多万斤，其他财物的价值也与此相当。

景帝减少了对罪犯的笞打次数之后，受笞刑的人还难保全生命；就再次减少笞刑，该笞打三百下的，减为笞打二百，该笞打二百下的，减为笞打一百。又制定了实施笞刑的法令：用于打人的笞杖，长为五尺，用竹子做成，根部手握之处，竹管的直径为一寸；末梢为半寸薄的竹片，竹节全要磨平。被判处笞刑的人，笞打他的臀部；一个罪人打完之后，才更换行刑的人。从此以后，受笞刑的人就得以保全了。但这样一来，死刑很重而不到死刑的其他惩罚又很轻，百姓就把违法犯罪看得很轻淡了。

六月，匈奴攻入雁门郡，直到武泉县，并攻入上郡，抢去了官府牧马场的马匹；汉军将士二千人战死。陇西人李广担任上郡太守，曾率领一百名骑士出行，遇到几千匈奴骑兵。匈奴人看见李广的小队伍，以为是汉军大部队派出的诱兵，都吃了一惊，占据高山摆开阵势。李广所率领的一百名骑兵都很害怕，想驰马逃跑回去，李广制止说：“我们离开大军数十里远，现在，如果就靠这一百骑兵的队伍逃跑，匈奴人追杀射击，我们马上就完了。现在我们留在这里，匈奴人必定把我们看成大军的诱敌队伍，一定不敢进攻我们。”李广命令骑兵们说：“前进！”来到距离匈奴阵地约有二里的地方，停止下来，李广命令说：“都下马解下马鞍！”他的骑兵说：“敌人很多，而且离我们很近，如果出现紧急情况，怎么办？”李广说：“敌人估计我们会逃跑；我命令都解下马鞍，向他们表示不逃跑，用这个办法来坚定他们认为我们是诱敌部队的想法。”于是匈奴骑兵便真的不敢进攻。有一位骑白马的匈奴将领出阵来，监护他的军队，李广上马，和十多个骑兵奔向前去，射死了匈奴的白马将军，又返回来，到达他的百骑阵营中，解下马鞍，命令战士们放开战马，卧地休息。这时，正好是黄昏，匈奴骑兵一直对李广部队的行为觉得奇怪，不敢进攻。到了半夜时分，匈奴军队仍然认为附近有埋伏的汉朝大军，想夜间袭击他们，便都领兵撤走了。到黎明时，李广才回到他的大军营垒。

元年（戊戌，公元前143年）

八月壬辰，景帝任命御史大夫卫绾为丞相，任命卫尉南阳人直不疑为御史大夫。当初，直不疑做郎官，同住一处的某人告假回家，错拿了同处另一位郎官的黄金走了。不久，同住一处的郎官发觉自己丢了金子，怀疑是直不疑偷去了；直不疑向他道歉说确有其事，买来黄金还给了失金人。后来，告假回家的人回来，交还了错拿的黄金，丢失黄金的那位郎官大为惭愧。因此，直不疑被称为长者，他慢慢地升官直至做了中大夫。有人在朝廷上诋毁直不疑，说他与嫂子私通。直不疑听到了，就说："我并没有哥哥。"可是终究不做自我辩白。

景帝在宫中，召见周亚夫，赏赐食物，只放了一大块肉，没有切开，又不准备筷子。周亚夫心中不高兴，回过头来吩咐主管宴席的官员取筷子来。景帝看着周亚夫，笑着问："这样做莫非不满足您的心意吗？"周亚夫摘下帽子向景帝谢罪，景帝说："起来！"周亚夫就快步退了出去，景帝目送着他走出去。说道："这位愤愤不平的人，不能做幼年君主的臣子。"

不久，周亚夫的儿子给父亲从工官那里买了专给皇室制造的可用于殉葬的五百件铠甲盾牌，虐待搬运这些东西的雇工，却不给他们工钱。雇工知道这是盗买皇室专用器物，怀着怨恨上书朝廷，检举周亚夫的儿子，事情牵连到周亚夫。景帝见到了检举信，就下令将此案交给司法官员审理。官员按着文书上写的情况审问周亚夫，周亚夫拒不回答。景帝得知，骂他说："朕不必要你的供词，也可以杀你！"下诏让周亚夫去廷尉处接受审判。廷尉审问说："您为什么要造反？"周亚夫说："我购买的东西，都是殉葬用的，怎能说是要造反呢？"审案的官员说："您即使不在地上造反，也要在地下造反！"官吏的审讯逼供越来越残酷。当初，官吏逮捕周亚夫的时候，周亚夫就想要自杀，他夫人劝阻了他，因此没有死，被关进了廷尉的牢狱。于是，周亚夫绝食五天，吐血而死。

二年（己亥，公元前142年）

夏季，四月，景帝下诏说："追求器物的精雕细镂，就会损害农业；追求丝织物品的锦绣多彩，就会损害纺织业。农业受到损害，是造成天下饥荒的根本原因，纺织业受到损害，是导致百姓受寒的根本原因。天下百姓，在饥寒交迫时还能够不违法犯罪的，是很少的。朕亲身从事农耕，皇后亲自种桑养蚕，以其收获作为供奉宗庙的粮食和祭服，为天下做表率；不接受进贡，减少太官的皇家饮食供应，节省徭役和赋税，想让天下百姓都从事农业和纺织，平常都有储备，以防备灾害；强的不抢夺弱的，多的不欺凌少的，老年人可以安享天年，年幼的孤儿可以平安长大成人。而现在，只要有一年收成不好，百姓的食物就很缺乏，造成这种局面的祸根是什么？或许是因为奸诈的人做了官吏，公开行贿受贿，贪求钱财，剥削百姓，侵夺万民。县丞是重要官员，执法犯法，与盗贼共盗，太不像话！命令郡国守、相等二千石官员，各自严格遵守职责；不履行职责、政绩不好的官员，丞相要向朕奏报，议定处置的罪名。把诏书向全国公布，使天下吏民都知道朕的本意。”

三年（庚子、公元前141年）

春季，正月，景帝下诏说：“农业是天下的根本。黄金、珍珠、美玉之类的东西，饥饿时不能当饭吃，寒冷时不能做衣穿，把它当做货币使用，不知它何时使用何时废止。近来有时年成不好，或许是因为从事工商末业的人多，从事农业的人少。命令郡国官员，一定要提倡发展农桑，多种树，这样就可以得到衣服和食物等用品。官吏如果征发百姓，雇他们去开采黄金、珍珠、美玉，就按偷盗的罪名，把所得作为赃物来定罪处置。二千石官员如果听之任之，也按同样的罪名处置。”

甲子（二十七日），景帝在未央宫驾崩。太子当上了皇帝，年仅十六岁。尊奉皇太后为太皇太后，尊奉皇后为皇太后。

汉朝建国，承接的是秦末营造繁多而财力匮乏的疲困社会，纵是天子都不能配备四匹同样毛色的马匹拉车，将相有的只能坐牛车，平民百姓没有积蓄。天下平定之后，高祖就命令商人不许穿丝织的衣服，不许坐车，并且加重征收他们的租税，用这些办法来控制和贬低商人。孝惠帝和高后在位时，因为天下刚刚平定，又放松了限制商人的律令，但是商人的子孙，仍然不允许做官为吏。朝廷计算官吏俸禄和官府各项费用的总额，据此向百姓征收赋税。而自天子到封君的汤沐邑，都把山川、园池、市井商业税收作为各自费用的来源，而不向朝廷领取经费。经由陆路、水路运输到京师，供给各官府使用的来自于崤山以东地区的粮食，每年不超过数十万石。接着是孝文帝、孝景帝先后治理国家，清静廉正，谨慎俭朴，安养天下百姓，七十多年之间，国家无事，如果不发生旱涝灾害，百姓就可以人人自给，家家足用。城乡的粮仓都装满了粮食，府库中贮存了剩余的物资；京城国库中的钱累积万万，串钱的绳子都已朽烂，无法清点数目；京城粮仓中的陈旧粟米一层盖一层，装满太仓而流出仓外，只好在外面堆积着，以至于腐烂而不能食用。百姓居住的大街小巷都可看见马，在田野间的马匹更是成群结队，骑母马的人要受到排斥而不能与人聚会。把守里巷大门的人吃的是白米好肉；做官的人长期任职，可在任期内把子孙抚养成人，有的人则把官名作为自己的姓。所以人人自爱而不愿触犯法律，以行义为先而避免羞辱。在这个时期，法网稀疏，百姓富足，有人依凭钱财骄横不法，以至于兼并土地；那些豪强之辈，在乡间作威作福，横行霸道。享有封地的宗室贵族、公、卿、大夫及以下官员，互相比赛谁更奢侈，房屋、车辆、衣服都不顾地位名分地僭越于上，没有限度。事物发展到鼎盛就会走向衰败，这本是变化的规律。从此之后，孝武帝对内穷奢极侈，对外攻打夷狄各族，天下萧条，财富全都耗费完了！

第十七卷　汉纪九

译文诵读

世宗孝武皇帝上之上建元元年（辛丑，前140）

冬，十月，诏举贤良方正直言极谏之士，上亲策问以古今治道，对者百余人。广川董仲舒对曰："道者，所繇适于治之路也，仁、义、礼、乐，皆其具也。故圣王已没，而子孙长久，安宁数百岁，此皆礼乐教化之功也。夫人君莫不欲安存，而政乱国危者甚众；所任者非其人而所繇者非其道，是以政日以仆灭也。夫周道衰于幽、厉，非道亡也，幽、厉不繇也。至于宣王，思昔先王之德，兴滞补敝，明文、武之功业，周道粲然复兴，此夙夜不懈行善之所致也。

"孔子曰：'人能弘道，非道弘人。'故治乱废兴在于己，非天降命，不可得反；其所操持悖谬，失其统也。为人君者，正心以正朝廷，正朝廷以正百官，正百官以正万民，正万民以正四方。四方正，远近莫敢不壹于正，而亡有邪气奸其间者，是以阴阳调而风雨时，群生和而万民殖，诸福之物，可致之祥，莫不毕至，而王道终矣！"

"《春秋》大一统者，天地之常经，古今之通谊也。今师异道，人异论，百家殊方，指意不同，是以上无以持一统，法制数变，下不知所守。臣愚以为诸不在"六艺"之科、孔子之术者，皆绝其道，勿使并进，邪辟之说灭息，然后统纪可一法度可明，民知所从矣！"

天子善其对，以仲舒为江都相。会稽庄助亦以贤良对策，天子擢为中大夫。丞相卫绾奏："所举贤良，或治申、韩、苏、张之言乱国政者，请皆罢。"奏可。董仲舒少治《春秋》，孝景时为博士，进退容止，非礼不行，学者皆师尊之。及为江都相，事易王。易王，帝兄，素骄，好勇。仲舒以礼匡正，王敬重焉。

二年（壬寅，前139）

初，景帝以太子傅石奋及四子皆二千石，乃集其门，号奋为"万石君"。万石君无文学，而恭谨无与比。子孙为小吏，来归谒，万石君必朝服见之，不名。子孙有过失，不责让，为便坐，对案不食；然后诸子相责，因长老肉袒谢罪，改之，乃许。子孙胜冠者在侧，虽燕居必冠。其执丧，哀戚甚悼。子孙遵教，皆以孝谨闻乎郡国。及赵绾、王臧以文学获罪，窦太后以为为儒者文多质少；今万石君家不言而躬行，乃以其长子建为郎中令，少子庆为内史。建在上侧，事有可言，屏人恣言极切，至廷见，如不能言者；上以是亲之。庆尝为太仆，御出，上问车中几马，庆以策数马毕，举手曰："六马。"庆于诸子中最为简易矣。

初，堂邑侯陈午尚帝姑馆陶公主嫖，帝之为太子，公主有力焉；以其女为太子妃，及即位，妃为皇后。窦太主恃功，求请无厌，上患之。皇后骄妒，擅宠而无子，与医钱凡九千万，欲以求子，然卒无之；后宠浸衰。皇太后谓上曰："汝新即位，大臣未服，先为明堂，太皇太后已怒；今又忤长主，必重得罪。妇人性易悦耳，宜深慎之！"上乃于长主、皇后复稍加恩礼。

上祓霸上，还，过上姊平阳公主，悦讴者卫子夫。子夫母卫媪，平阳公主家僮也；主因奉送子夫入宫，恩宠日隆。陈皇后闻之，恚，几死者数矣；上愈怒。

子夫同母弟卫青，其父郑季，本平阳县吏，给事侯家，与卫媪私通而生青，冒姓卫氏。青长，为侯家骑奴。大长公主执囚青，欲杀之；其友骑郎公孙敖与壮士篡取之。上闻，乃召青为建章监、侍中，赏赐数日间累千金。既而以子夫为夫人，青为太中大夫。

三年（癸卯，前138）

是岁，上始为微行，北至池阳，西至黄山，南猎长杨，东游宜春，与左右能骑射者期诸殿门。常以夜出，自称平阳侯；旦明，入南山下，射鹿、豕、狐、兔，驰骛禾稼之地，民皆号呼骂詈。鄠、杜令欲执之，示以乘舆物，乃得免。又尝夜至柏谷，投逆旅宿，就逆旅主人求浆，主人翁曰："无浆，正有溺耳！"且疑上为奸盗，聚少年欲攻之；主人妪睹上状貌而异之，止其翁曰："客非常人也；且又有备，不可图也。"翁不听，驱饮翁以酒，醉而缚之。少年皆散走，妪乃杀鸡为食以谢客。明日，上归，召妪，赐金千斤，拜其夫为羽林郎。后乃私置更衣，从宣曲以南十二所，夜投宿长杨、五柞等诸宫。

上以道远劳苦，又为百姓所患，乃使太中大夫吾丘寿王举籍阿城以南，盩厔以东，宜春以西，提封顷亩，及其贾直，欲除以为上林苑，属之南山。又诏中尉、左右内史表属县草田，欲以偿鄠、杜之民。寿王奏事，上大说称善。时东方朔在傍，进谏曰："夫南山，天下之阻也。汉兴，去三河之地，止霸、浐以西，都泾、渭之南，此所谓天下陆海之地，秦之所虏西戎、兼山东者也。其山出玉、石、金、银、铜、铁、良材，百工所取给，万民所卬足也。又有粳、稻、梨、栗、桑、麻、竹箭之饶，土宜姜、芋，水多蛙、鱼，贫者得以人给家足，无饥寒之忧。故酆、镐之间，号为土膏，其贾亩一金。今规以为苑，绝陂池水泽之利而取民膏腴之地，上乏国家之用，下夺农桑之业，是其不可一也。盛荆棘之林。广狐菟之苑，大虎狼之虚，坏人冢墓，发人室庐，令幼弱怀土而思，耆老泣涕而悲，是其不可二也。斥而营之，垣而囿之，骑驰东西，车骛南北，有深沟大渠。夫一日之乐，不足以危无堤之舆，是其不可三也。夫殷作九市之宫而诸侯畔，灵王起章华之台而楚民散，秦兴阿房之殿而天下乱。粪土愚臣，逆盛意，罪当万死！”上乃拜朔为太中大夫、给事中，赐黄金百斤。然遂起上林苑，如寿王所奏。

六年（丙午，前135）

六月癸巳，丞相昌免；武侯田蚡为丞相。蚡骄侈：治宅甲诸第，田园极膏腴；市买郡县物，相属于道；多受四方赂遗；其家金玉、妇女、狗马、声乐、玩好，不可胜数。每入奏事，坐语移日，所言皆听；荐人或起家至二千石，权移主上。上乃曰："君除吏已尽未？吾亦欲除吏。"尝请考工地益宅，上怒曰："君何不遂取武库！"是后乃稍退。

闽越王郢兴兵击南越边邑；南越王守天子约，不敢擅兴兵，使人上书告天子。于是天子多南越义，大为发兵，遣大行王恢出豫章，大农令韩安国出会稽，击闽越。

淮南王安上书谏曰："陛下临天下，布德施惠，天下摄然，人安其生，自以没身不见兵革。今闻有司举兵将以诛越，臣安窃为陛下重之。

"间者，数年岁比不登，民待卖爵、赘子以接衣食。赖陛下德泽振救之，得毋转死沟壑；四年不登，五年复蝗，民生未复。今发兵行数千里，资衣粮，入越地，舆轿而逾领，拖舟而入水，行数百千里，夹以深林丛竹，水道上下击石；林中多蝮蛇、猛兽，夏月暑时，欧泄霍乱之病相随属也；曾未施兵接刃，死伤者必众矣。前时南海王反，陛下先臣使将军间忌将兵击之，以其军降，处之上淦。后复反，会天暑多雨，楼船卒水居击棹，未战而疾死者过半；亲老涕泣，孤子啼号，破家散业，迎尸千里之外，裹骸骨而归。悲哀之气，数年不息，长老至今以为记，曾未入其地而祸已至此矣。陛下德配天地，明象日月，恩至禽兽，泽及草木，一人有饥寒不终其天年而死者，为之凄怆于心。今方内无狗吠之警，而使陛下甲卒死亡，暴露中原，沾渍山谷，边境之民为之早闭晏开，朝不及夕，臣安窃为陛下重之。"

东海太守濮阳汲黯为主爵都尉。始，黯为谒者，以严见惮。东越相攻，上使黯往视之。不至，至吴而还，报曰："越人相攻，固其俗然，不足以辱天子之使。"河内失火，延烧千余家，上使黯往视之。还，报曰："家人失火，屋比延烧，不足忧也。臣过河南，河南贫人伤水旱万余家，或父子相食，臣谨以便宜，持节发河南仓粟以振贫民。臣请归节，伏矫制之罪。"上贤而释之。其在东海，治官理民，好清静，择丞、史任之、责大指而已，不苛小。黯多病，卧闺阁内不出；岁余，东海大治，称之。上闻，召为主爵都尉，列于九卿。其治务在无为，引大体，不拘文法。

黯为人，性倨少礼，面折，不能容人之过。时天子方招文学儒者，上曰："吾欲云云。"黯对曰："陛下内多欲而外施仁义，奈何欲效唐、虞之治乎！”上默然，怒，变色而罢朝，公卿皆为黯惧。上退，谓左右曰：“甚矣汲黯之戆也！”群臣或数黯，黯曰：“天子置公卿辅弼之臣，宁令从谀承意，陷主于不义乎！且已在其位。纵爱身，奈辱朝廷何！”黯多病，病且满三月；上常赐告者数，终不愈。最后病，庄助为请告。上曰：“汲黯何如人哉？”助曰：“使黯任职居官，无以逾人；然至其辅少主，守城深坚，招之不来，麾之不去，虽自谓贲、育亦不能夺之矣！”上曰：“然。古有社稷之臣，至如黯，近之矣！”

元光元年（丁未，前134）

卫尉李广为骁骑将军，屯云中，中尉程不识为车骑将军，屯雁门；六月，罢。广与程不识俱以边太守将兵，有名当时。广行无部伍、行陈，就善水草舍止，人人自便，不击刁斗以自卫，莫府省约文书；然亦远斥候，未尝遇害。程不识正部曲、行伍、营陈，击刁斗，士吏治军簿至明，军不得休息；然亦未尝遇害。不识曰：“李广军极简易，然虏卒犯之，无以禁也；而其士卒亦佚乐，咸乐为之死。我军虽烦扰，然虏亦不得犯我。”然匈奴畏李广之略，士卒亦多乐从李广而苦程不识。

臣光曰：《易》曰：“师出以律，否臧凶。”言治众而不用法，无不凶也。李广之将，使人人自便。以广之材，如此焉可也；然不可以为法。何则？其继者难也；况与之并时而为将乎！夫小人之情，乐于安肆而昧于近祸，彼既以程不识为烦扰而乐于从广，且将仇其上而不服。然则简易之害，非徒广军以禁虏之仓卒而已也！故曰“兵事以严终”，为将者，亦严而已矣。然则效程不识，虽无功，犹不败；效李广，鲜不覆亡哉！

汉武帝建元元年（辛丑，公元前140年）

冬季，十月，汉武帝下诏，令大臣举荐贤良方正直言极谏的人才，武帝亲自出题，围绕着古往今来治理天下的“道”，进行考试。参加考试的有一百多人。广川人董仲舒在答卷中说：“所谓的‘道’，是指由此而达到天下大治的道路，仁、义、礼、乐都是推行‘道’的具体方法。所以，古代圣明的君王去世之后，他的后代可以长期稳坐天下，国家几百年太平无事，这都是推行礼乐教化的功绩。凡是君主，没有人不希望自己的国家能安宁长存，但是政治昏乱、国家危亡的却很多。用人不当，治理国家的方法不是正道，所以国家政治一天

董仲舒

比一天接近灭亡。周王朝有幽王、厉王时期出现衰败，并不是由于治国的道路不存在了，而是由于幽王、厉王不遵循治国之道。到了周宣王在位时，他仰慕过去先王的德政，恢复被淡忘的先王善政，弥补残缺，发扬周文王、周武王的功业，周代的王道再次焕发出灿烂的光彩，这是日夜不懈地推行善政而取得的成效。

“孔子说：‘人可以发扬光大道，而不是道弘扬人。’所以，国家的治乱兴亡在于君主自己，只要不是天意要改朝换代，统治权就不会丧失；君主的作为悖理错误，就会丧失统治地位。做君主的人，要端正自己的思想，整肃朝廷，整肃了朝廷才能用以整肃百官，整肃了百官才能用以整肃天下百姓，整肃了天下百姓才能用以整肃四方的夷狄各族。四方的夷狄各族都已整肃完毕，远近没有胆敢不统一于正道的，就没有邪气冲犯天地之间，因此阴阳谐和，风调雨顺，生物安和相处，百姓繁衍生息，所有象征幸福的东西和可以招致吉祥的事，全都出现，这就是王道的最佳境界了！

“《春秋》推崇的天下一统，这是天地之间的永久原则，是古往今来的一致道义。现在，每个经师传授的道不同，每个人的论点各异，百家学说旨趣不同，因此，君主没有办法实现统一，法令制度多次变化，臣下不知应该遵守什么。我认为，方向不同，所有不属于儒家‘六艺’范围之内，不符合孔子学说的学派，都禁绝其理论，不许它们与儒学并进，使邪恶不正的学说归于灭绝，这样做了就能政令统一，法度明确，臣民就知道该遵循什么了！”

武帝很赞赏董仲舒的对答，任命他做江都国的相。会稽人庄助也以贤良的身份参加了考试对答，武帝提拔他担任中大夫。丞相卫绾向武帝上奏：“举荐来的贤良，有研究申不害、韩非、苏秦、张仪的学说，扰乱国家政治的，请都予以遣返。”武帝批准了奏请。董仲舒从小研究《春秋》。孝景帝时做了博士官，进退举止，不做任何不合乎礼法的事，学者们都用尊师的礼节尊敬他。等到董仲舒做了江都国的相，侍奉江都易王刘非。易王刘非，是武帝的哥哥，历来骄横，好逞勇猛武力。董仲舒用礼义来辅佐纠正他，易王也很敬重董仲舒。

二年（壬寅，公元前139年）

当初，汉景帝因为太子太傅石奋及其四个儿子，都有二千石的官秩，就总计他一门父子五人的官秩之和，称石奋为“万石君”。万石君没有文才学问，但恭敬谨慎却没有人可以与他相比。子孙做小官，回来看望他，万石君必定身穿朝服以礼相见，不叫他们的名字。子孙有了过错，他不加以责备，而为此离开正室坐到厢屋中，对着桌子不吃饭；然后，儿子们互相批评，有过失的人通过长辈人来求情，并且袒露上身前来请罪，表示一定要改正，石奋才答应他的要求而进餐。已经成年的子孙在身边，石奋即使闲居无事，也必定衣冠整齐。他主持丧事，表情极为悲痛。子孙遵循他的教导，都以孝顺谨慎闻名于各地。等到赵绾、王臧因有文采学问却犯了罪，窦太后就认为儒生富于文采却欠缺质朴，现在万石君一家人不多说话却能身体力行，就任命他的大儿子石建担任郎中令，任命他的小儿子石庆担任内史。石建在武帝身边任职，发现了应该进谏的事，让人回避之后，他对武帝畅所欲言，十分尖锐。到了朝廷上与百官朝见武帝时，石建却像一个不善言谈的人。武帝因此很亲近他。石庆曾担任太仆，为武帝驾车外出，武帝问有几匹马拉车，石庆举起马鞭一一点数马匹后，举起手来回答："有六匹马。"石庆在石奋的儿子中是最为随便的，做事还如此恭敬谨慎。

当初，武帝的姑姑馆陶公主刘嫖下嫁给堂邑侯陈午，武帝能得以立为太子，馆陶公主是发挥了很大作用的；公主把她的女儿嫁给太子做正妃，等到武帝即位称帝，妃就做了皇后。窦太主即馆陶公主刘嫖，自恃授立武帝有功，无休无止地请求赏赐、干预国政，武帝对她很不满。陈皇后骄横嫉妒，独占君宠，却没有生育孩子，给医生的费用合计九千万，想求得生个儿子，但是终究没有生育；对陈皇后的宠爱渐渐衰退。皇太后对武帝说："你刚刚做上皇帝，大臣还没有归附你，就先兴建明堂，太皇太后已经很恼怒了；现在又得罪窦太主，必定会受到重责。妇人的性情是容易高兴的，你应该慎之又慎！"武帝于是就对窦太主、陈皇后母女俩又稍稍以恩礼相待。

武帝到霸上举行祓除祭祀仪式，返宫途中，去看望他的姐姐平阳公主，看中了平阳公主府中的歌女卫子夫。卫子夫的母亲卫媪，是平阳公主家的奴婢；平阳公主就把卫子夫送入宫中，卫子夫日益受到武帝的宠幸。陈皇后得知，极为恼怒，好几次几乎给气死；武帝对陈皇后更为恼怒。

卫子夫的同母异父弟卫青的父亲郑季，本来是平阳县的县吏，去平阳侯家中供职当差，和卫媪私通而生了卫青，让他冒充姓卫。卫青长大了，在平阳侯家中当骑奴。大长公主刘嫖抓住卫青囚禁起来，想杀了他；卫青的好友骑郎公孙敖和勇士把他给抢了回来。武帝得知此事，就召见卫青并任命他为建章宫的宫监，还给他侍中的官衔，几天之内给卫青高达上千金的赏赐。不久，武帝立卫子夫为夫人，任命卫青为太中大夫。

三年（癸卯，公元前138年）

这一年，武帝开始改换装束暗中离宫外出，向北走到池阳县，向西走到黄山宫，向南到长杨宫打猎，向东去宜春宫游乐。武帝与能骑马射箭的左右亲随相约在殿门前集会，经常在夜时出宫，自称平阳侯；黎明时，到达终南山脚下，射杀鹿、野猪、狐狸、野兔等动物，策马践踏农田庄稼，百姓都大声怒骂。鄠县和杜县的县令想要收捕这批人，这批人拿了天子专用的物品为证，才得以脱身。又有一次，武帝等人曾在夜时到达柏谷，去旅店投宿，向旅店的主人要酒，主人说："没有酒，只有尿！"而且，旅店的主人怀疑武帝一行人是强盗，召集了一些青年后生准备收拾他们；店主的妻子见到武帝的体态容貌，觉得不同寻常，就劝阻丈夫说："来客不是普通人，而且他们已有准备，不能图谋收拾他们。"丈夫不听她的劝告，她就

汉武帝

让丈夫喝酒，等他喝醉了之后就把他捆绑起来。召集来的青年后生都走了，店主的妻子就杀鸡做饭招待客人。第二天，武帝返回宫中，召见那位妇人，赏赐千金，任命她的丈夫做羽林郎。后来，武帝就为外出巡游设立了秘密的更衣休息的地方，从宣曲宫向南共设了十二处，夜间投宿在长杨宫、五柞宫等宫殿。

武帝因为道路遥远身体劳苦，又给百姓带来祸患，就派太中大夫吾丘寿王把阿城以南、以东、宜春以西这一区域的土地及其价格，统计登记，准备把它修建成上林苑，连接到终南山。武帝又下诏命令中尉、左右内史，上报所属各县的荒田数量，准备给鄠县和杜县的百姓作为补偿。吾丘寿王办理完毕回来报告，武帝很高兴连声称赞。当时，东方朔正在武帝身边，提出批评意见说："终南山是国家的天然屏障。汉朝建国，离开了三河之地，在霸水、浐水之西，泾河、渭河之南建立都城，这就是所谓的天下像大海一般富饶的陆上之地，秦王朝凭借着它降服西戎，兼并崤山以东的地区。这一带山中出产玉、石、金、银、铜、铁、优质木材，各种手工业用它们做原料，百姓靠它们维持生活。又盛产粳、稻、梨、栗、桑、麻、竹箭等物品，土地适宜于种植姜和芋头，水中有许多青蛙和鱼类，贫穷的人可以人人温饱家家富足，不必担忧受饥寒之苦；所以酆水与镐水之间，号称肥沃之地，每亩土地价值一斤黄金。现在将这片土地划为上林苑，断绝了池沼湖泽的财利来源，夺取了百姓的肥沃土地，对上减少了国家财政费用的来源，对下破坏了农桑生产，这是不应该这样做的第一个理由。荆棘之林得以蔓延，扩大狐狸、野兔、虎、狼的活动范围，破坏百姓的坟墓，拆毁百姓的房屋，使幼童怀恋故土而忧愁，老人痛哭流涕而悲伤，这是不应该这样做的第二个理由。开拓并营建上林苑，周围筑墙以作为禁苑，策马东西奔驰，驱车南北追逐，其中有深沟大河。为追求一天射猎的乐趣，不值得尊贵无比的天子去涉险犯难，这是不应该这样做的第三个理由。当年商纣王兴建了内有九市的宫殿导致诸侯背叛，楚灵王筑起章华台而导致楚国百姓四散逃走，秦始皇兴造阿房宫而导致天下大乱。我只是卑贱愚笨的臣仆，竟然冒犯陛下的旨意，真是罪该万死！"武帝就任命东方朔为太中大夫，并授以给事中的官衔，赐给他一百斤黄金以示奖励。但是，武帝仍然按照吾丘寿王所奏报的规模兴建了上林苑。

六年（丙午、公元前135）

六月，癸巳（初三），丞相许昌被免职，武安侯田蚡任丞相。田蚡骄横奢侈：修建的住宅比所有官员的住宅都豪华，占有的田园最肥沃；从各郡各县购买的物品，在道路上络绎不绝；大量接受各地的贿赂；他家的金玉、美女、狗马、歌妓舞女、古董器物，多得数不过来。田蚡每次进宫奏报政务，坐在那儿对着武帝一说就是大半天，所说的都被武帝所采纳；他推荐的人，有的从平民百姓直接做到了二千石的高官，侵夺了皇帝的权力。武帝不满地说："您任命的官吏，任命完了没有？我也想任命官吏。"田蚡曾经请求把考工官府的土地拨给他，以便扩建住宅，武帝愤怒地说："您为什么不干脆要武库！"从此以后，他的气焰才稍收敛了一些。

闽越王郢发兵进攻南越国的边境城邑，南越王遵守武帝的约定，不敢擅自发兵，派人向武帝上书告急。因此，武帝很赞赏南越王的忠义，调集大批军队去援救南越，派大行王恢率军从豫章郡出发，派大农令韩安国率军从会稽郡出发，合力进攻闽越。

淮南王刘安上书劝阻说："陛下统治天下，推行德政普施恩惠，天下太平，每个人都专心地从事自己的产业，自认为一生不会见到战争。现在听说有关官员将要率兵去进攻闽越，我刘安私下替陛下感到担忧。

"最近，连续几年收成不好，百姓要靠出卖爵位、让儿子充当赘婿换回钱财维持生活。仰赖陛下的恩德救济百姓，百姓才得以不饿死在流亡途中；前年歉收，去年又闹蝗灾，百姓的生活没有恢复正常。现在调兵远征数千里之外，应征的人，自带衣物粮食，进入越人居住地区，抬着轿子翻越山岭，拉着船在水中跋涉，远行数百里甚至上千里，河两岸是繁密的树林和丛生的乱竹，船在河中上下行走，经常撞在石头上；树林中有许多蝮蛇、猛兽，夏季炎热之时，上吐下泻以及霍乱等瘟疫接连不断，不必等到交战，死伤的人必定就很多了。前些时期南海王反叛，陛下已去世的臣子、我的先父派遣将军间忌率军进攻他们，南海王率领他的军队归降，就把他们安置在上淦地区。后来他们再次叛乱，正是暑热多雨季节，前来平叛的楼船水军将士长期居住在水面上，还要划桨行船，有一大半的人还没有交战就死于疾病；年迈的父母流泪，幼小的孤儿哭号，变卖所有家财产业，到千里之外，去接亲人的尸体，肉已不存，只好包裹骸骨返乡。那种悲痛哀伤的气氛，持续几年没有消失，老人们至今记忆犹新，当时还没有进入越人的居住地区，就造成了如此巨大的祸害。陛下的仁德如同天地一样广大，英明如同日月高照，恩惠施加到禽兽和草木，如果有一个人身受饥寒没有安享天年而死，陛下就为此而心中凄惨悲伤。现在境内没有任何不安的现象，连犬吠的惊吓都没有，却使陛下的士兵丧生，尸身暴露原野，鲜血浸染山谷。边境的百姓因此在下午早早关闭城门，上午很晚才敢打开城门，这样每天早上还要为晚上能否平安无事而担忧，我刘安私下替陛下觉得此事应该三思而行。"

东海太守濮阳县人汲黯担任主爵都尉。当初，汲黯担任谒者，因他为人威严而被大家敬畏。东越部族相互攻击，武帝派汲黯前去巡视。他没有达到东越，仅走到吴地就回来了，向武帝报告说："越人自相攻击，本来他们的习俗就是如此，不值得为此烦劳天子的使臣。"河内郡失火，火势蔓延烧毁了一千多家民房，武帝派汲黯前去视察。他返回之后，报告说："平民百姓不慎失火，因为房屋毗连而蔓延燃烧起来，不值得陛下忧虑。我经过河南郡见河南郡的贫民遭受洪水干旱灾害磨难的有一万多家，有的甚至于到了父子相食的悲惨境地，我谨借出使的机会，用陛下的符节，命令发放河南官仓积粮以救济贫民。我请求归还符节，甘愿领受假托天子命令的惩罚。”武帝很赏识他，就赦免了他的罪。他在东海郡时，整肃官吏，治理百姓，喜好清静无为，谨慎地选择郡丞和各曹掾史，然后放手任用，他只关注大事，不苛求细枝末节。汲黯身体多病，躺在内室中不出门；过了一年多，东海郡治理得很好，百姓交口称赞汲黯。武帝听到了，召汲黯入朝，担任主爵都尉，地位与九卿相同。他处理政务，主张清静无为，从大的方向引导，不拘泥法令条文。

汲黯为人，性情倨傲，缺少礼数，当面使人难堪，不能容忍别人的过失。当时武帝正招揽文学之士和儒家学者，武帝说：“我想要怎样怎样。”汲黯应声回答说：“陛下心中藏着许多欲望，而表面上却做出施行仁义的样子，怎么可能效法唐尧虞舜那样的政绩呢？”武帝沉默不语，接着勃然大怒，脸色很难看地宣布结束朝会，公卿大臣都替汲黯担忧。武帝退朝回到内宫，对左右侍从说：“汲黯的愚笨刚直也太过分了！”群臣中有人批评汲黯，汲黯说：“天子设立公卿等辅佐大臣，难道是让他们阿谀奉承，使君主陷入不仁不义的境地吗？况且，我既然已经处在公卿的位置上，如果只想顾全自身性命，那就会使朝廷蒙受耻辱，那怎么得了！”汲黯身体多病，病假将要接近三个月的限期了，武帝多次特许延长他休病假的时间，还是没有痊愈。最后病重时，庄助替他请假。武帝说：“汲黯这个人怎么样呢？”庄助说：“让汲黯任职当官，没有什么超越常人的才能；但要说到让他辅佐年幼的君主，会坚定不移地维护祖先基业，有人以利禄引诱他，他不会前去投靠，君主严辞苛责地驱赶他，他也不会离去，即使有人认为像孟贲、夏育那样勇猛无敌，也无法改变他的耿耿忠心！”武帝说：“说得对。古时有所谓的社稷之臣，说到汲黯，就很接近了！”

元光元年（丁未，公元前134年）

卫尉李广担任骁骑将军，驻守云中郡，中尉程不识担任车骑将军，驻守雁门郡。六月，朝廷罢免了他们二人的军事职务。李广和程不识都以边境郡守的身份指挥军队，当时很有名气。李广指挥行军没有固定编制和行列阵势，选择水甜草肥的地方驻扎下来，人人自便，夜间也不派设巡更士兵敲打着刁斗警卫营盘，军中指挥部的文书简单便宜；但是，他也远远地派出监视敌军的侦察哨兵，军营未曾遭到袭击。程不识则整肃军事编制，讲究队列和布阵安营，夜间敲刁斗巡逻，军中官佐处理军队文书一直忙到天明，军队不能随意休息；然而也没有遇到危险。程不识说：“李广的军队很简单便宜，但是，如果敌人突然袭击它，就没有办法抵御；而李广的士兵也很自在，都心甘情愿地为他拼力死战。我的军队虽然军务烦扰，但敌人也不能侵犯我。”然而，匈奴人更害怕李广的谋略，汉军士兵也多数愿意跟随李广作战，而苦于跟随程不识。

臣司马光曰：《易经》说：“军队一出动就要有严格的军纪，否则，不论胜败都是凶。”这是说统领大军而不用法纪来控驭，没有不凶的。李广统领军队，使人人自便。凭李广的奇才，这样是可以的，但是，不能把他的方法引为楷模来效法。为什么呢？谁要继续沿用这一方法却很难，更何况与李广同时做将领的人呢？说到普通人的本来性情，都喜好安逸，而不知道接近祸害的危险，那些士兵们既然认为程不识治军严苛烦扰，而愿意跟随李广作战，势必将要仇视他们的长官而不服从指挥。这样说来，指挥军队简单便宜的危害，就不仅仅是李广的军队无法防御敌人突然袭击之一点了！所以说“军队的事情要始终严格”，统领军队，也就是严格而已。如果这样的话，仿效程不识用兵，即便是打不了胜仗，还可以保证不失败；如果学习李广的方法，很少能避免全军覆灭的结局啊！

第十八卷　汉纪十

译文诵读

世宗孝武皇帝上之下元光二年（戊申，前133）

夏，六月，以御史大夫韩安国为护军将军，卫尉李广为骁骑将军，太仆公孙贺为轻车将军，大行王恢为将屯将军，太中大夫李息为材官将军，将车骑、材官三十余万匿马邑旁谷中，约单于入马邑纵兵。阴使聂壹为间，亡入匈奴，谓单于曰："吾能斩马邑令、丞，以城降，财物可尽得。"单于爱信，以为然而许之。聂壹乃诈斩死罪囚，悬其头马邑城下，示单于使者为信，曰："马邑长吏已死，可急来！"于是单于穿塞，将十万骑入武州塞。未至马邑百余里，见畜布野而无人牧者，怪之。乃攻亭，得雁门尉史，欲杀之；尉史乃告单于汉兵所居。单于大惊曰："吾固疑之。"乃引兵还，出曰："吾得尉史，天也！"以尉史为天王。塞下传言单于已去，汉兵追至塞，度弗及，乃皆罢兵。王恢主别从代出击胡辎重，闻单于还，兵多，亦不敢出。

上怒恢。恢曰："始，约为入马邑城，兵与单于接，而臣击其辎重，可得利。今单于不至而还，臣以三万人众不敌，只取辱。固知还而斩，然完陛下士三万人。"于是下恢廷尉，廷尉当"恢逗桡，当斩。"恢行千金丞相蚡，蚡不敢言上，而言于太后曰："王恢首为马邑事，今不成而诛恢，是为匈奴报仇也。"上朝太后，太后以蚡言告上。上曰："首为马邑事者恢，故发天下兵数十万，从其言为此。且纵单于不可得，恢所部击其辎重，犹颇可得以尉士大夫心。今不诛恢，无以谢天下。"于是恢闻，乃自杀。自是之后，匈奴绝和亲，攻当路塞，往往入盗于汉边，不可胜数；然尚贪乐关市，嗜汉财物；汉亦关市不绝以中其意。

三年（己酉，前132）

初，孝景时，魏其侯窦婴为大将军，武安侯田蚡乃为诸郎，侍酒跪起如子侄。已而蚡日益贵幸，为丞相。魏其失势，宾客益衰，独故燕相颍阴灌夫不去。婴乃厚遇夫，相为引重，其游如父子然。夫为人刚直，使酒，诸有势在己之右者必陵之；数因酒忤丞相。丞相乃奏案："灌夫家属横颍川，民苦之。"收系夫及支属，皆得弃市罪。魏其上书论救灌夫，上令与武安东朝廷辨之。魏其、武安因互相诋讦。上问朝臣："两人孰是？"唯汲黯是魏其，韩安国两以为是；郑当时是魏其，后不敢坚。上怒当时曰："吾并斩若属矣！"即罢。起，入，上食太后，太后怒不食，曰："今我在也，而人皆藉吾弟；令我百岁后，皆鱼肉之乎！"上不得已，遂族灌夫；使有司案治魏其，得弃市罪。

五年（辛亥，前130）

初，王恢之讨东越也，使番阳令唐蒙风晓南越。南越食蒙以蜀枸酱，蒙问所从来，曰："道西北牂柯江。牂柯江广数里，出番禺城下。"蒙归至长安，问蜀贾人。贾人曰："独蜀出枸酱，多持窃出市夜郎。夜郎者，临牂柯江，江广百余步，足以行船。南越以财物役属夜郎，西至桐师，然亦不能臣使也。"蒙乃上书说上曰："南越王黄屋左纛，地东西万余里，名为外臣，实一州主也。今以长沙、豫章往，水道多绝，难行。窃闻夜郎所有精兵可得十余万，浮船牂柯江，出其不意，此制越一奇也。诚以汉之强，巴、蜀之饶，通夜郎道为置吏，甚易。"上许之。

乃拜为中郎将，将千人，食重万余人，从巴、蜀筰关入，遂见夜郎侯多同。蒙厚赐，喻以威德，约为置吏，使其子为令。夜郎旁小邑皆贪汉缯帛，以为汉道险，终不能有也，乃且听蒙约。还报，上以为犍为郡，发巴、蜀卒治道，自僰道指牂柯江，作者数万人，士卒多物故，有逃亡者；用军兴法诛其渠率，巴、蜀民大惊恐。上闻之，使司马相如责唐蒙等，因谕告巴、蜀民以非上意；相如还报。

是时，邛、筰之君长闻南夷与汉通，得赏赐多，多欲愿为内臣妾，请吏比南夷。天子问相如，相如曰："邛、筰、冉駹者近蜀，道亦易通；秦时尝通，为郡县，至汉兴而罢。今诚复通，为置郡县，愈于南夷。"天子以为然，乃拜相如为中郎将，建节往使，及副使王然于等乘传，因巴、蜀吏币物以赂西夷；邛、筰、冉駹、斯榆之君皆请为内臣。除边关；关益斥，西至沫、若水，南至牂柯为徼，通零关道，桥孙水以通邛都，为置一都尉、十余县，属蜀。天子大说。

初，上尝置酒窦太主家，主见所幸卖珠儿董偃，上赐之衣冠，尊而不名，称为"主人翁"，使之侍饮；由是董君贵宠，天下莫不闻。常从游戏北宫，驰逐平乐观，鸡、鞠之会，角狗、马之足，上大欢乐之。上为窦太主置酒宣室，使谒者引内董君。是时，中郎东方朔陛戟殿下，辟戟而前曰："董偃有斩罪三，安得入乎！"上曰："何谓也？"朔曰："偃以人臣私侍公主，其罪一也。败男女之化，而乱婚姻之礼，伤王制，其罪二也。陛下富于春秋，方积思于《六经》；偃不遵经劝学，反以靡丽为右，奢侈为务，尽狗马之乐，极耳目之欲，是乃国家之大贼，人主之大蜮，其罪三也。"上默然不应，良久曰："吾业已设饮，后而自改。"朔曰："夫宣室者，先帝之正处也，非法度之政不得入焉。故淫乱之渐，其变为篡。是以竖貂为淫而易牙作患，庆父死而鲁国全。"上曰："善！"有诏止，更置酒北宫，引董君从东司马门入；赐朔黄金三十斤。董君之宠由是日衰。

是岁，征吏民有明当世之务、习先圣之术者，县次续令，令与计偕。

时对者百余人，太常奏弘第居下。策奏，天子擢弘对为第一，拜为博士，待诏金马门。

是时，巴、蜀四郡。凿山通西南夷，千余里戍转相饷。数岁，道不通，士罢饿、离暑湿死者甚众；西南夷又数反，发兵兴击，费以巨万计而无功。上患之，诏使公孙弘视焉。还奏事，盛毁西南夷无所用，上不听。弘每朝会，开陈其端，使人主自择，不肯面折廷争。于是上察其行慎厚，辩论有余，习文法吏事，缘饰以儒术，大说之，一岁中迁至左内史。

弘奏事，有不可，不廷辨。常与汲黯请间，黯先发之，弘推其后，天子常说，所言皆听，以此日益亲贵。弘尝与公卿约议，至上前，皆倍其约以顺上旨。汲黯廷诘弘曰："齐人多诈而无情实。始与臣等建此议，今皆倍之，不忠！"上问弘。弘谢曰："夫知臣者，以臣为忠；不知臣者，以臣为不忠。"上然弘言。左右幸臣每毁弘，上益厚遇之。

六年（壬子，前129）

匈奴入上谷，杀略吏民。遣车骑将军卫青出上谷，骑将军公孙敖出代，轻车将军公孙贺出云中，骁骑将军李广出雁门，各万骑，击胡关市下。卫青至龙城，得胡首虏七百人；公孙贺无所得；公孙敖为胡所败，亡七千骑；李广亦为胡所败。胡生得广，置两马间，络而盛卧，行十余里；广佯死，暂腾而上胡儿马上，夺其弓，鞭马南驰，遂得脱归汉。下敖、广吏，当斩，赎为庶人；唯青赐爵关内侯。青虽出于奴虏，然善骑射，材力绝人，遇士大夫以礼，与士卒有恩，众乐为用，有将帅材，故每出辄有功。天下由此服上之知人。

元朔元年（癸丑，前128）

临淄人主父偃、严安，无终人徐乐，皆上书言事。

始，偃游齐、燕、赵，皆莫能厚遇，诸生相与排摈不容；家贫，假贷无所得，乃西入关，上书阙下，朝奏，暮召入。所言九事，其八事为律令；一事谏伐匈奴，其辞曰："《司马法》曰：'国虽大，好战必亡；天下虽平，忘战必危。'夫怒者逆德也，兵者凶器也，争者末节也。夫务战胜，穷武事者，未有不悔者也。

"昔秦皇帝并吞战国，务胜不休，欲攻匈奴。李斯谏曰：'不可。夫匈奴，无城郭之居，委积之守，迁徙鸟举，难得而制也。轻兵深入，粮食必绝；踵粮以行，重不及事。得其地，不足以为利也；得其民，不可调而守也；胜必杀之，非民父母也；靡敝中国，快心匈奴，非长策也。'秦皇帝不听，遂使蒙恬将兵攻胡，辟地千里，以河为境。地固沮泽，咸卤，不生五谷。然后发天下丁男以守北河，暴兵露师十有余年，死者不可胜数，终不能逾河而北，是岂人众不足，兵革不备哉？其势不可也。又使天下蜚刍、挽粟，起于东腄、琅邪负海之郡，转输北河，率三十锺而致一石。男子疾耕，不足于粮饷，女子纺织，不足于帷幕，百姓靡敝，孤寡老弱不能相养，道路死者相望，盖天下始畔秦也。

“及至高皇帝，定天下，略地于边，闻匈奴聚于代谷之外而欲击之。御史成进谏曰：‘不可。夫匈奴之性，兽聚而鸟散，从之如搏影。今以陛下盛德攻匈奴，臣窃危之。’高帝不听，遂北至于代谷，果有平城之围。高皇帝盖悔之甚，乃使刘敬往结和亲之约，然后天下忘干戈之事。

“夫匈奴难得而制，非一世也；行盗侵驱，所以为业也，天性固然。上及虞、夏、殷、周，固弗程督，禽兽畜之，不属为人。夫上不观虞、夏、殷、周之统，而下循近世之失，此臣之所大忧，百姓之所疾苦也。”

严安上书曰：“今天下人民，用财侈靡，车马、衣裘、宫室，皆竞修饰，调五声使有节族，杂五色使有文章，重五味方丈于前，以观欲天下。彼民之情，见美则愿之，是教民以侈也。侈而无节，则不可赡，民离本而徼末矣。末不可徒得，故搢绅者不惮为诈，带剑者夸杀人以矫夺，而世不知愧，是以犯法者众。臣愿为民制度以防其淫，使贫富不相耀，以和其心；心志定，则盗贼消，刑罚少，阴阳和，万物蕃也。昔秦王意广心逸，欲威海外，使蒙恬将兵以北攻胡，又使尉屠睢将楼船之士以攻越。当是时，秦祸北构于胡，南挂于越，宿兵于无用之地，进而不得退。行十余年，丁男被甲，丁女转输，苦不聊生，自经于道树，死者相望。及秦皇帝崩，天下大畔，灭世绝祀，穷兵之祸也。故周失之弱，秦失之强，不变之患也。今徇西夷，朝夜郎，降羌、僰，略薉州，建城邑，深入匈奴，燔其龙城，议者美之；此人臣之利，非天下之长策也。”

徐乐上书曰：“臣闻天下之患，在于土崩，不在瓦解，古今一也。

“何谓土崩？秦之末世是也。陈涉无千乘之尊、尺土之地，身非王公、大人、名族之后，乡曲之誉，非有孔、曾、墨子之贤，陶朱、猗顿之富也；然起穷巷。奋棘矜，偏袒大呼，天下从风。此其故何也？由民困而主不恤，下怨而上不知，俗已乱而政不修。此三者，陈涉之所以为资也，此之谓土崩。故曰天下之患在乎土崩。

“何谓瓦解？吴、楚、齐、赵之兵是也。七国谋为大逆，号皆称万乘之君，带甲数十万，威足以严其境内，财足以劝其士民；然不能西攘尺寸之地而身为禽于中原者，此其故何也？非权轻于匹夫而兵弱于陈涉也。当是之时，先帝之德未衰而安土乐俗之民众，故诸侯无竟外之助，此之谓瓦解。故曰天下之患不在瓦解。

“此二体者，安危之明要，贤主之所宜留意而深察也。

“间者，关东五谷数不登，年岁未复，民多穷困，重之以边境之事；推数循理而观之，民宜有不安其处者矣。不安，故易动；易动者，土崩之势也。故贤主独观万化之原，明于安危之机，修之庙堂之上而销未形之患也，其要期使天下无土崩之势而已矣。”

书奏，天子召见三人，谓曰：“公等皆安在，何相见之晚也！”皆拜为郎中。主父偃尤亲幸，一岁中凡四迁，为中大夫；大臣畏其口，赂遗累千金。或谓偃曰：“太横矣！”偃曰：“吾生不五鼎食，死即五鼎烹耳！”

二年（甲寅，前127）

主父偃说上曰："古者诸侯不过百里，强弱之形易制。今诸侯或连城数十，地方千里，缓则骄奢，易为淫乱，急则阻其强而合从以逆京师；以法割削之，则逆节萌起；前日晁错是也。今诸侯子弟或十数，而嫡嗣代立，余虽骨肉，无尺地之封，则仁孝之道不宣。愿陛下令诸侯得推恩分子弟，以地侯之，彼人人喜得所愿；上以德施，实分其国，不削而稍弱矣。"上从之。春，正月，诏曰："诸侯王或欲推私恩分子弟邑者，令各条上，朕且临定其号名。"于是藩国始分，而子弟毕侯矣。

主父偃言："河南地肥饶，外阻河，蒙恬城之以逐匈奴，内省转输戍漕，广中国，灭胡之本也。"上下公卿议，皆言不便。上竟用偃计，立朔方郡，使苏建兴十余万人筑朔方城，复缮故秦时蒙恬所为塞，因河为固。转漕甚远，自山东咸被其劳，费数十百巨万，府库并虚。汉亦弃上谷之斗辟县造阳地以予胡。

主父偃说上曰："茂陵初立，天下豪杰，并兼之家，乱众之民，皆可徙茂陵，内实京师，外销奸猾，此所谓不诛而害除。"上从之，徙郡国豪杰及訾三百万以上于茂陵。

轵人郭解，关东大侠也，亦在徙中。卫将军为言："郭解家贫，不中徙。"上曰："解，布衣，权至使将军为言，此其家不贫。"卒徙解家。解平生睚眦杀人甚众，上闻之，下吏捕治解，所杀皆在赦前。轵有儒生侍使者坐，客誉郭解，生曰："解专以奸犯公法，何谓贤！"解客闻，杀此生，断其舌。吏以此责解，解实不知杀者，杀者亦绝莫知为谁。吏奏解无罪，公孙弘议曰："解，布衣，为任侠行权，以睚眦杀人；解虽弗知，此罪甚于解杀之，当大逆无道。"遂族郭解。

齐厉王次昌亦与其姊纪翁主通。主父偃欲纳其女于齐王，齐纪太后不许。偃因言于上曰："齐临淄十万户，市租千金，人众殷富，巨于长安，非天子亲弟、爱子，不得王此。今齐王于亲属益疏，又闻与其姊乱，请治之！"于是帝拜偃为齐相，且正其事。偃至齐，急治王后宫宦者，辞及王；王惧，饮药自杀。偃少时游齐及燕、赵，及贵，连败燕、齐。赵王彭祖惧，上书告主父偃受诸侯金，以故诸侯子弟多以得封者。及齐王自杀，上闻，大怒，以为偃劫其王令自杀，乃征下吏。偃服受诸侯金，实不劫王令自杀。上欲勿诛，公孙弘曰："齐王自杀，无后，国除为郡入汉，主父偃本首恶。陛下不诛偃，无以谢天下。"乃遂族主父偃。

三年（乙卯，前126）

以公孙弘为御史大夫。是时，方通西南夷，东置苍海，北筑朔方之郡。公孙弘数谏，以为罢敝中国以奉无用之地，愿罢之。天子使朱买臣等难以置朔方之便，发十策，弘不得一。弘乃谢曰："山东鄙人，不知其便若是，愿罢西南夷、苍海而专奉朔方。"上乃许之。春。罢苍海郡。

弘为布被，食不重肉。汲黯曰："弘位在三公，奉禄甚多，然为布被，此诈也。”上问弘，弘谢曰：“有之。夫九卿与臣善者无过黯，然今日廷诘弘，诚中弘之病。夫以三公为布被，与小吏无差，诚饰诈，欲以钓名，如汲黯言。且无汲黯忠，陛下安得闻此言！”天子以为谦让，愈益尊之。

初，匈奴降者言：“月氏故居敦煌、祁连间，为强国，匈奴冒顿攻破之。老上单于杀月氏王，以其头为饮器。余众遁逃远去，怨匈奴，无与共击之。”上募能通使月氏者。汉中张骞以郎应募，出陇西，径匈奴中。单于得之，留骞十余岁。骞得间亡，乡月氏西走，数十日，至大宛。大宛闻汉之饶财，欲通不得，见骞，喜，为发导译抵康居，传致大月氏。大月氏太子为王，既击大夏，分其地而居之，地肥饶，少寇，殊无报胡之心。骞留岁余，竟不能得月氏要领，乃还；并南山，欲从羌中归，复为匈奴所得，留岁余。会伊稚斜逐於单，匈奴国内乱，骞乃与堂邑氏奴甘父逃归。上拜骞为太中大夫，甘父为奉使君。骞初行时百余人，去十三岁，唯二人得还。

是岁，中大夫张汤为廷尉。汤为人多诈，舞智以御人。时上方乡文学，汤阳浮慕，事董仲舒、公孙弘等；以千乘兒宽为奏谳掾，以古法义决疑狱。所治：即上意所欲罪，与监、史深祸者；即上意所欲释，与监、史轻平者；上由是悦之。汤于故人子弟调护之尤厚；其造请诸公，不避寒暑。是以汤虽文深、意忌、不专平，然得此声誉。汲黯数质责汤于上前曰：“公为正卿，上不能褒先帝之功业，下不能抑天下之邪心，安国富民，使囹圄空虚，何空取高皇帝约束纷更之为！而公以此无种矣。”黯时与汤论议，汤辩常在文深小苛；黯伉厉守高，不能屈，忿发，骂曰：“天下谓刀笔吏不可以为公卿，果然！必汤也，令天下重足而立，侧目而视矣！”

汉武帝元光二年（戊申，公元前133年）

夏季，六月，汉武帝任命御史大夫韩安国为护军将军，卫尉李广为骁骑将军，太仆公孙贺为轻车将军，大行王恢为将屯将军，太中大夫李息为材官将军，统率战车、骑兵、步兵共三十多万人暗中埋伏在马邑附近的山谷中，约定等单于进入马邑就挥军出击。汉军暗地派聂壹当间谍，逃到匈奴人那儿，聂壹对单于说：“我能杀马邑县的县令和县丞，献城归降，您可以得到全城的所有财物。”单于很喜欢和信任聂壹，认为他说得对，就同意了他的计划。聂壹返回马邑县城，就斩杀死刑囚犯，用来假冒县令、县丞，把他们的头挂在马邑城下，让单于的使者观看，以此作为证明，说：“马邑县的长官已经死了，你们可以赶快来！”于是，单于越过边塞，统率十万骑兵进入武州塞。走到距离马邑县城还有一百多里的地方，单于见牲畜遍野，却没有一个放牧的人，感到奇怪。单于就派人攻打亭隧，俘虏了雁门郡的尉史，要杀掉他，这个尉史就告诉单于汉兵埋伏的地点。单于大吃一惊，说：“我本来就怀疑其中有诈。”就领兵撤退，在撤出汉境之后，单于说：“我俘虏了这个尉史，是天保佑我啊！”就称尉史为“天王”。边塞守军传报单于已率军退走，汉军追到边塞，估计追不上了，就全军撤回。王恢指挥的另一支军队，从代地出发，准备袭击匈奴的后勤给养，听说单于返回，军队很多，也不敢出击。

武帝对王恢很恼怒。王恢说：“根据原来的计划，约定引匈奴进入马邑县城，主力军队与单于交战，而我率军袭击他们的后勤给养，可以获胜。现在单于未到马邑就全军撤回，我用三万人的军队打不过匈奴大军，那样做只能是自辱。我本知道撤兵回来是要杀头的，但这样却保全了陛下的三万将士。”于是汉武帝就把王恢交付廷尉审判，廷尉判决：“王恢避敌观望，不敢出击，判处斩首。”王恢暗中向丞相田蚡行贿一千金，求他开脱罪名，田蚡不敢向武帝说，就对太后说：“王恢第一个提出了在马邑诱歼匈奴主力的计划，现在行动失败而杀了王恢，这是等于为匈奴报了仇啊。”武帝朝见太后时，太后就把田蚡的话告诉了武帝。武帝说：“王恢是马邑计划的主谋，我听从了他的建议，调集了天下几十万人马，安排了这次军事行动。况且，即使捉不到单于，王恢的军队袭击匈奴的后勤给养，仍然可以安慰将士们的心。如今不杀王恢，无法向天下人谢罪。”王恢得知了武帝的话，就自杀了。从此之后，匈奴断绝了与汉的和亲，进攻扼守大路的要塞，常常入侵汉朝边境，不可胜数；但是匈奴仍然贪图在边关的互市贸易，喜爱汉朝的财物；汉朝也不关闭边境贸易市场，以投其所好。

三年（己酉，公元前132年）

当初，孝景帝在位时，魏其侯窦婴担任大将军，武安侯田蚡才是个普通的郎官，陪侍窦婴饮酒时，田蚡下跪起立如同儿子、侄子一样；后来，田蚡日益显贵受宠，出任丞相。而魏其侯窦婴失去了权势，依附他的宾客越来越少，唯独原来的燕相、颍阴县人灌夫不离去。窦婴就厚待灌夫，两人互相援引、互相倚重，来往如同父子一样。灌夫为人刚强正直，好借酒使气，对那些权势在自己之上的权贵，必定给予凌辱；他多因酒后闹事冒犯丞相田蚡。丞相就向武帝弹劾：“灌夫家属在颍川郡横行霸道，百姓都被害苦了。”于是收捕灌夫和包括旁支亲属在内的家人，都被判处公开斩首示众的罪名。魏其侯窦婴上书营救灌夫，武帝命令他和武安侯田蚡到太后居住的东宫中，当廷申辩。魏其侯、武安侯就利

李广率军征战

用这个机会互相诋毁。武帝问朝廷群臣："他们两人谁对？"只有汲黯认为魏其侯对，韩安国认为两人都对；郑当时本认为魏其侯对，后来不敢坚持。武帝怒骂郑当时说："我把你这类的人一起斩了！"随即罢朝，站起来，进入内宫，侍奉太后用餐，太后气冲冲地不吃饭，说："如今我还活着，别人已经在欺负我的弟弟；假若我死了，他们就都来宰杀他了！"武帝没有办法，就下令将灌夫满门处斩；派执法官员审查魏其侯，判处魏其侯斩首示众。

五年（辛亥，公元前130年）

当初，王恢率军讨伐东越的时候，派番阳县令唐蒙去向南越王说明进军意图。南越人让唐蒙吃蜀地所产的枸酱，唐蒙问是从什么地方来的。南越人说："是从西北方向的柯江运来的。柯江宽几里，从番禺城近旁流过。"唐蒙回到长安，又问蜀地的商人。商人说："只有蜀地出产枸酱，许多人私自带着它出境去卖给夜郎。夜郎靠近柯江，柯江宽一百多步，行船毫无问题。南越国利用财物引诱和支配夜郎，向西一直影响到桐师人的居住地，但也不能让这一地区成为南越的臣属国，对它俯首听命。"唐蒙就向武帝上书说："南越王使用只有皇帝才能用的黄屋左纛，盘踞东西长达万余里的地区，名义上是朝廷的外臣，实际上是一州之主。现在如果从长沙国、豫章郡出兵征讨南越，水路大多淤塞断绝，难以通行。我听说夜郎的精兵总计可有十余万人，我军乘船顺柯江而下，出其不意，这是制服南越的一条奇计。只要真的使用汉朝的强威，再加上巴、蜀两地富裕的经济力量，那么，打通夜郎的道路，在那儿设置官吏实施统治，是很容易做到的。"武帝批准了唐蒙的建议。

于是，武帝任命唐蒙为中郎将，率领士兵一千人和运输粮食衣物的民夫一万多人，经过巴蜀两郡，从筰关进入夜郎境内，于是拜见了夜郎侯多同。唐蒙带来厚重的赏赐，告知汉朝的严威圣德，约定由朝廷在当地任命官吏，并让多同的儿子担任县令一级官员。夜郎附近的小城邑都贪图得到汉朝的丝绸，他们以为从汉朝到当地来，道路艰险，汉朝终究不可能占有这片地区，于是就暂且表示服从唐蒙的约定。唐蒙返京奏报，武帝就在这一地区设立了犍为郡，征发巴、蜀两郡的士卒修筑道路，从僰道直通柯江，修路的人有数万人，许多士卒死亡，有的士卒就逃跑了；唐蒙等人用"军兴法"诛杀逃亡士卒的头目，巴、蜀百姓极度惊恐。武帝得知此事，就派司马相如前去责备唐蒙等人，并公开告知巴蜀一带的百姓，唐蒙等人的做法并不是皇帝的本意；司马相如返京奏报处置情况。

这时，邛人和筰人的部落酋长听说南夷与汉朝结交，得到很多的赏赐，大多甘愿做汉朝统治下的臣民，请朝廷仿照统治南夷的模式，在他们的居住地任命官吏。武帝询问司马相如的意见，相如说："邛、筰、冉都靠近蜀郡，道路也容易开通；秦朝时曾经开通，设置过郡县，到汉朝建国才罢废。现在如果真能再次开通，在那儿设置郡县，将胜过南夷地区。"天子认为他说得对，就任命司马相如为中郎将，持皇帝的符节出使西夷，相如和副使王然于等人乘坐驿车，利用巴蜀两郡的官府财物收买西夷；邛、筰、冉、斯榆各部族的酋长，都请求做汉朝直接统治下的臣民。废除了原有的边关，新设立的边关向外扩展，西部到达沫水、若水，南至柯江为界，开通了零关道，在孙水上架起了桥，用来接连邛都，在这一地区设立了一个都尉、十多个县，隶属于蜀郡。武帝很高兴。

当初，武帝曾经在窦太主家中摆设酒席，窦太主引见了她宠幸的珠宝商人董偃，武帝赏赐给董偃衣服和冠帽，为了表示尊重，不称他的名字而称他为“主人翁”，让他陪侍饮酒；从此董偃尊贵受宠，天下人没有不知道的。董偃经常陪同武帝在北宫游戏，在平乐观骑马追逐，参与斗鸡、踢球，赛狗、赛马，武帝十分欢喜。武帝在宣室中摆酒款待窦太主，派谒者引导董偃入内。当时，中郎东方朔持戟立在殿下。他放下戟走近武帝说：“董偃犯有三项死罪，怎能让他进来呢？”武帝说：“你说的是什么呢？”东方朔说：“董偃以臣子的身份私通公主，这是他的第一条罪状。败坏男女风化，扰乱婚姻礼法，破坏圣王制度，这是他的第二条罪状。陛下年轻，正在努力学习《六经》等儒学典籍，董偃不遵循经书教诲劝勉学习，反而崇尚豪华追求奢侈，尽情地享受斗狗赛马的欢乐，极力满足感官欲望，他是国家的大贼，君主的大害，这是他的第三条罪状。”武帝沉默不答，过了很久才说：“我今天已准备好宴席了，以后再自己改正吧。”东方朔说：“宣室，本来是先帝处理政务的地方，不是讨论有关法度政务的人都不得进入。所以淫乱的苗头发展，就会变成篡夺君位。正是由于这个道理，当年齐桓公因信用竖貂和易牙受害，而庆父死后，鲁国就得以保全。”武帝说：“你说得好！”下诏让董偃停下来待命，重新在北宫设置酒宴，领董偃从东司马门入宫，赏赐给东方朔三十斤黄金。董偃所受的宠爱，自此以后日益衰减。

这一年，武帝征召官吏百姓中明晓当世政务、熟知古代圣王治国之术的人到朝廷任职，命令应征者与各地进京的“上计吏”同行，由沿途各县供应饭食。

当时参加对策考试的有一百多人，太常奏报考试成绩，把公孙弘列为下等。对策上呈武帝，武帝把公孙弘的对策成绩提升为第一名，任命他为博士，在金马门做待诏官。

这时，巴、蜀等四郡开凿山险修筑连接西南夷的通道，千余里外转运粮饷。过了几年，道路没有开通，修路的士兵疲惫饥饿、遭受炎热潮湿折磨而死的人很多，西南夷又多次反叛，调集军队去进攻，军费开支以万万计，却不见功效。武帝很担忧，下诏派公孙弘前去该地视察情况。公孙弘返京奏报情况，极力批评开通西南夷没有什么作用，武帝不听从他的意见。公孙弘每当在朝廷讨论问题时，总是列举陈述事情的原委，让武帝自己抉择，不肯在朝廷之上与武帝当面争辩。因此武帝看出他为人谨慎厚道，善于辩论，熟悉文书法令和具体的官府公务，又会用儒术加以文饰，对他非常欣赏，一年之中升官到左内史。

公孙弘上奏，遇到武帝不同意时，他不在朝廷上争辩。常与汲黯请求单独召见，先由汲黯提出问题，后由公孙弘进一步补充，武帝经常听得很高兴，所提的建议都加以采纳，因此，公孙弘越来越得到武帝的亲近和重用。公孙弘曾经和公卿商定某一问题的处置意见，到了武帝面前，他却完全背弃了原来的约定，而迎合武帝的心意。汲黯当即在朝廷上批评公孙弘说："齐人大多欺诈而不忠诚老实；他开始和我们一道商定此条建议，现在却全都背弃了，这是不忠！"武帝责问公孙弘，公孙弘谢罪说："了解我的人，认为我忠；不了解我的人，认为我不忠。"武帝认为他说得对。武帝身边的亲信经常诋毁公孙弘，武帝对他却更加优待。

六年（壬子，公元前129年）

匈奴入侵上谷郡，杀害抢掠官吏百姓。武帝派遣车骑将军卫青从上谷郡出兵，骑将军公孙敖从代国出兵，轻车将军公孙贺从云中郡出兵，骁骑将军李广从雁门郡出兵，各自率领一万骑兵，出击屯兵在边关贸易市场附近的匈奴军队。卫青进攻到龙城，斩首和俘获匈奴七百多人；公孙贺一无所得；公孙敖被匈奴打败，损失了七千骑兵；李广也被匈奴打败。匈奴人活捉了李广，把他安置在两匹并行的马匹中间，让他躺在用绳子结成的网袋中，走出了十多里路；李广先是装死，后来突然纵身跃起，跳到了一个匈奴人骑坐的马上，夺得他的弓箭，打着马向南奔驰，于是得以逃脱归来。汉朝廷把公孙敖、李广交付司法官吏审讯，罪当斩首，后出钱赎罪，做了平民；只有卫青被赏给关内侯的爵位。卫青虽然出身于奴仆，但是善于骑马射箭，勇力超过常人；对官吏士大夫以礼相待，对士兵有恩，众人都愿为他效力，他有做军事统帅的才能，所以每次率兵出征能立下战功。天下人由此都佩服武帝的知人善任。

元朔元年（癸丑，公元前128年）

临淄人主父偃、严安，无终县人徐乐，都向武帝上书议论政事。

当初，主父偃在齐、燕、赵各地活动，都没有受到人家的厚待，儒生们联合起来排斥他，不能相容；家中贫穷，借贷无门，主父偃就西入关中，到皇宫门前上书武帝，早晨把奏书呈上，晚上就被召入宫中拜见武帝。他上书谈了九项事情，其中八项是关于律令问题；另外一项是谏止征伐匈奴，他写道："《司马法》说：'国家虽大，喜好战争必定灭亡；天下虽太平，忘掉战事必定危险。'愤怒是悖逆之德，兵器是不祥之物，争斗是最末的节操。那些追求战争胜利、穷兵黩武的人，没有不悔恨的。

"从前，秦始皇吞并列国，求胜的欲望没有止休，就想攻打匈奴。李斯劝阻说：'不可这样做。匈奴没有城郭等定居的处所，没有储藏物资钱粮的仓库，迁徙不定，如同鸟飞，很难得以制服它。军队轻装深入敌境，粮食供应必定断绝；军队携带军粮行动，就会因负重而赶不上战机。夺得匈奴的土地，不足以为国家带来好处；俘获匈奴的民众，不可调教，也无法设置官员进行管理；如果战胜匈奴，只能杀掉他们，而这又不是为民父母的明君该有的行为；使中原地区疲敝，使匈奴人快意，这不是正确的决策。’秦始皇不听从劝告，就派蒙恬率军进攻匈奴，开辟疆土千里，与匈奴以黄河河套划界。这一带本来就是湖泊和盐碱地，不能种植五谷。后来，秦始皇又调集全国成年男子去戍守北河，军队暴露在外十多年，死者多得无法统计，终究不能越过黄河占领北部地区，这难道是因为兵力不足、装备不齐吗？是形势不允许啊。又使天下百姓急速地用车船运输粮草，从东腄、琅邪等沿海郡县开始，运输到北河，大约起运时的三十钟粮食，运到目的地仅存一石。男子拼命耕作，收获不够缴纳军粮，女子纺线绩麻，织出的布帛满足不了军营帐篷的需要，百姓倾家荡产，无法养活孤寡老弱，路上死去的人一个接一个，天下人就从此开始反叛秦朝了。

“等到高皇帝平定天下，到边境巡行，听说匈奴人集中在代谷的外面，就想去进攻他们。有位名叫成的御史进言劝阻说：‘不能这样做。匈奴人的习性，忽而如同野兽聚集，忽而如同鸟类分飞，追赶他们就好像与影子搏斗一样，无从下手。现在，凭陛下这样的盛大功德，却要去攻击匈奴，我私下认为很危险。’高皇帝不听从他的意见，于是就向北进军到达代谷，果然发生了被围困在平城的事变，高皇帝大概非常后悔，才派遣刘敬前往匈奴，缔结和亲的盟约，从此之后全国上下就忘记了战争的事情了。

“匈奴难以制服，不是这一代才如此。侵犯城邑劫掳人畜，这是他们的生业，天性本来就是这样。远到虞、夏、殷、周统治时期，本来就不对匈奴征收贡赋、实施监督，只把他们视为禽兽，不当做人来看待。不向上回顾虞、夏、殷、周的传统，却向下沿用近代的失误，这是我所最忧虑的事，也是天下百姓所疾苦的事。”

严安上书说：“现在全国的百姓，花费钱财，生活奢侈腐化，车辆马匹、衣服裘装、房屋住宅竞相修饰得富丽堂皇，谐调音乐使它有节奏，混杂颜色使它色彩斑斓，美味佳肴广列于前，用来显示自己的欲望。那些百姓的本性，见到漂亮的东西就要仿效，这是用奢侈来引导民众；追求奢侈而无节制，就无法满足欲望，百姓就会脱离农桑本业而去从事工商末业了。工商末业的财利不能凭空飞来，所以穿官服的不忌惮作欺诈的事，带剑的竞相杀人以巧取豪夺，对这样的行径，世人不知羞愧，因此犯法的人很多。我希望给民众设立制度以约束他们的过度欲望，使富有者不向贫困者夸耀以调和人心；人心安定了，盗贼就会消除，少用刑罚，阴阳和调，万物就会茂盛。过去，秦始皇踌躇满志，贪得无厌，想向海外显示威力，派蒙恬率兵向北进攻匈奴，又派郡尉屠睢率领水军将士去进攻越人。在这个时期，秦朝兵连祸结，北方与匈奴交战，南方和越人难分胜负，军队驻扎在无用之地，只能前进而无法退回。历时十多年，成年男子当兵打仗，成年女子运送粮饷，生活悲惨，活不下去，纷纷在路边树上上吊自杀，死者一个接一个。等到秦始皇死，天下反叛，秦被灭了后代，绝了祭祀，这是穷兵黩武产生的祸害啊！所以，周朝失之于衰弱，秦朝失之于强暴，都是不改变国政所产生的恶果。现在，朝廷要征服西夷地区，诱使夜郎入朝称臣，降服羌人和僰人，攻取薉州，建筑城邑，进军匈奴腹地，烧毁匈奴

严安上书

的龙城，议事的大臣们都赞美这些行动和计划；但这只能够让主持其事的大臣得到好处，对于国家来说不是好计策。”

徐乐上书武帝，说：“我听说天下的最大祸害，在于土崩，不在于瓦解，古今都是如此。

“什么叫‘土崩’？秦朝末年就是土崩。陈涉没有千乘之主的尊位，没有一尺的封地，本身不是王公贵人名门望族的后代，没有获得乡里的赞誉，没有孔子、曾子、墨子那样的贤德，也没有陶朱公和猗顿那样的财富；但是，他起自贫民居住的街巷，举起长戟，袒露一个臂膀大呼，天下人闻风响应。这是什么原因呢？这是由于民众困苦而君主却不加体恤，臣民怨恨而君主却毫不知情，社会风俗已乱而国家政治却仍不进行整治。这三条，正是陈涉用来起事的资本，这就是所说的土崩。所以说天下最大的祸害在于土崩。

“什么叫‘瓦解’？吴、楚、齐、赵的举兵叛乱就是瓦解。七国之主图谋叛乱，他们都号称是拥有万辆战车的诸侯王，有数十万的军队，其威力足以控制封地全境，其财力足以奖励他属下的官吏百姓；但是他们却不能向西夺取国家一尺一寸的土地，反而在中原地区被俘虏，这是什么原因呢？并不是因为他们的权势比一个平民轻，也不是因为他们的兵力比陈涉弱。在那时，先帝的德政影响还没有衰减，而且安土乐俗的百姓很多，所以诸侯得不到本人封地之外的援助，这就是所说的瓦解。所以说天下最大的祸害不在于瓦解。

“这两个问题，是关系国家安危的关键，贤明的君主对此是应该注意并且认真观察的。

“近来，函谷关以东地区粮食连年歉收，年景没有恢复正常，百姓大多穷困，再加上还要承担边境战争的负担，按照规律和常理来看，百姓之中应该出现不安分守己的人了。不安分守己，就容易动乱；百姓容易动乱，这就是土崩的局势。所以贤明的君主只注意观察万物变化的根本原因，明了安危的关键，治理于朝廷之上，就能消除尚未完全形成的祸患，其要领不过是设法使天下没有土崩的局势罢了。”

奏书上呈武帝，武帝召见了他们三人，对他们说：“诸位原来都在何处，我们为什么相见得这样晚？”武帝都把他们任命为郎中。主父偃更受武帝信任宠幸，一年之内共升了四次官，担任了中大夫；大臣们都害怕主父偃，贿赂赠送他的财物总计有千金。有人对主父偃说："您太蛮横了！"主父偃说："我如果活着享受不到列五鼎进餐的贵人生活，死时就受五鼎烹的酷刑好了！"

二年（甲寅，公元前127年）

主父偃劝说武帝道："古代诸侯的封地不超过方圆百里，朝廷强地方弱的这种格局，容易控制。现在的诸侯有的连城数十座，封地方圆千里，朝廷控制较宽时，他们就骄横奢侈，容易做出淫乱的事情，朝廷控制一紧时，他们就会凭借自身的强大而联合起来反叛朝廷；如果用法令来分割削弱他们，就会产生叛乱的苗头。以前晁错推行削藩政策而导致吴楚七国叛乱就是这种情况。现在诸侯王的子弟有的多达十几人，而只有嫡长子继承王位，其他人虽然也是诸侯王的亲生骨肉，却不能享有一尺的封地，这就使得仁孝之道不明显了。希望陛下命令诸侯王可以把朝廷给他的恩惠推广到其他子弟的身上，用本封国的土地封他们做侯，他们人人都为得到了希望得到的东西而欢喜；陛下用的是推行恩德的方法，实际上却分割了诸侯的封国领地，朝廷没有采用削夺的政策，而王国却逐渐衰弱了。"武帝听从了他的意见。春季，正月，武帝下诏说："诸侯王中有想推广自己所享受的恩惠，分封领地给子弟的，命令各自一一奏报，朕准备亲自给他们确定封邑的名号。"从此之后，诸侯王国开始被分割，而诸侯王的子弟们都成了侯了。

主父偃说："黄河以南地区，土地肥沃富饶，对外有黄河天险为屏障，蒙恬当年在此地修筑城池以驱逐匈奴，对内节省了转运输送屯戍漕运的人力物力，又扩大了中国的疆域，这是消灭匈奴的根本方法。"武帝把他的意见交给公卿大臣讨论，大家都说不便利。武帝终究还是采用了主父偃的计谋，设置了朔方郡，派遣苏建征调十多万民夫修筑朔方城，又修缮原秦王朝时期蒙恬所建造的要塞，利用黄河天险作屏障。水陆运输的路程十分遥远，自崤山以东的地区，人民都蒙受运输的劳苦，耗资高达数十百万万，钱府粮库被支付一空。汉朝还放弃了上谷郡所辖的与匈奴犬牙交错的僻远县份造阳县，把这片土地给了匈奴。

主父偃对武帝说："茂陵邑刚刚设立，天下有名的豪强人物、兼并他人的富家大户、鼓励大众动乱的人，都可以迁移到茂陵邑居住；这样对内充实了京师，对外消除了奸邪势力，这就是所说的不用诛杀就消除了祸害。"武帝听从了他的意见，迁徙各郡国的豪强人物和财产超过三百万钱以上的富户到茂陵邑居住。

轵县人郭解，是函谷关以东地区的著名侠士，也在被迁徙之列。卫将军替郭解说好话："郭解家中贫困，不合迁徙的标准。"武帝说："郭解是平民，他的权势大到使将军替他说情，这证明他家不穷。"终究迁徙了郭解全家。郭解平生因被人瞪视之类的小事杀了许多人，武帝听说了，就下令司法官吏把郭解逮捕，立案审查，审查的结果说明，郭解所犯的罪都在颁布赦令之前。轵县有位儒生陪侍前来审案的使者就座，有位门客赞扬郭解，儒生就说："郭解专门以奸邪触犯国法，怎么能说他贤能？”郭解的门客听了这话，就杀死了这个儒生，并割去他的舌头。审案官吏用这件事来责问郭解，郭解确实不知道是谁杀的人，杀人凶手到最后也没有查清是谁。官吏向武帝奏报郭解无罪，公孙弘议论说：“郭解只是一个平民百姓，做行侠弄权的事情，看谁不顺眼就随意杀掉；轵县儒生的被杀，郭解虽然不知情，但这个罪比郭解亲手杀人还要大，应按大逆无道的罪名判决论罪。”于是就把郭解灭族。

齐厉王刘次昌也与他姐姐纪翁主私通。主父偃想把女儿嫁给齐王，齐王的母亲纪太后不同意。主父偃就趁机对武帝说：“齐都临淄是有十万户居民的大都会，市井商税高达千金，人口众多而且地方富裕，超过长安，不是天子的亲弟和得宠的儿子，不得在此地为王。现在的齐王和陛下的血亲关系越发疏远了，又听说他和他姐姐通奸乱伦，请求查处齐王！”于是，武帝就任命主父偃担任齐国的相，并且负责审查齐王的问题。主父偃一到齐国，就立即捕审齐王后宫中的宦官，供词牵连到齐王；齐王害怕了，喝毒药自杀。主父偃年轻时曾游历齐和燕、赵三国之地，等到他身居高位，接连毁灭了燕、齐两国，赵王刘彭祖害怕自己成为主父偃的下一个迫害的目标，就上书给武帝，告发主父偃接受诸侯贿赂的金钱，由于这个原因诸侯王的子弟大多得以封侯。等到武帝得知齐王自杀的消息，勃然大怒，认为是主父偃劫持齐王迫使他自杀，就把主父偃召回，逮捕下狱。主父偃承认他接受诸侯金钱贿赂，但实在没有强迫齐王自杀。武帝想不杀主父偃，公孙弘说：“齐王自杀，没有后代继承，封国被废除改设为郡，领地归属朝廷。这件灭人之国的恶事，主父偃是罪魁。陛下如果不杀主父偃，就没有办法向天下人谢罪道歉。”于是，武帝就把主父偃全家灭族。

三年（乙卯，公元前126年）

汉武帝任命公孙弘担任御史大夫。这时，朝廷正开通西南夷，在东方设置苍海郡，在北方修筑朔方郡的郡城。公孙弘多次进谏，认为以中原地区疲惫不堪为代价，去供奉那些无用之地，得不偿失，请求废止这些举动。武帝让朱买臣等人就设置朔方郡的便利，对公孙弘进行反驳，提了十个问题，公孙弘连一个也回答不了。公孙弘就表示请罪说：“我是崤山以东的乡鄙之人，不知道设置朔方郡有这么多的好处，请求废止对西南夷、苍海地区的经营而集中力量经营朔方郡。”武帝同意了他的请求。春季，罢废了苍海郡的建置。

公孙弘用麻布做被子，一顿饭不摆设两种肉菜。汲黯说：“公孙弘高居三公之位，朝廷给他的俸禄很多，但是他用布做被子，这是骗人的把戏。”武帝就此询问公孙弘，公孙弘谢罪说：“确有其事。说到九卿当中与我关系好的，没有人超过汲黯了，可是今天他在朝廷之上质问我，确实切中我的问题。说到以三公的显赫富贵，而制作布被，与小官吏没有区别，这确实是矫饰做作，想借此沽名钓誉，正像汲黯所说的那样。况且，如果没有汲黯的忠直，陛下怎么能听到这些话？”武帝认为公孙弘谦让，越发尊重他。

起初，匈奴归降朝廷的人说：“月氏原来居住在敦煌和祁连山之间，是一个强国，匈奴冒顿单于攻破了它。老上单于杀了月氏国王，把他的头骨做成了饮酒的器皿。其余的月氏部众逃走到远方，怨恨匈奴，但没有人与他们联合去进攻匈奴。”武帝就招募能出使月氏国的人。汉中人张骞以郎官的身份应募，从陇西郡出发，直接进入匈奴的腹地。匈奴单于捉住了张骞，把他拘留了十多年。张骞得到机会逃脱，向着月氏国所在的西方走去，过了数十日，到达大宛国。大宛国早就听说中国富有，想通使结好，却不能实现，见到张骞，十分高兴，替他安排了向导和翻译，抵达康居国，再转送到大月氏国。大月氏原来的太子做了国王，进攻大夏国之后，分割了大夏国的土地而安居下来，当地土地肥沃富饶，很少有外敌入侵，已没有丝毫向匈奴复仇的打算了。张骞滞留了一年多，终究不知道月氏人打的什么主意，就启程返回；张骞沿着南山走，想通过羌人的居住地返归，又被匈奴人捉住了，拘留了一年多。正逢伊雅斜驱逐於单，匈奴国内混乱，张骞就和堂邑氏的奴隶甘父逃脱归来。武帝任命张骞为太中大夫，甘父为奉使君。张骞当初出发时有一百多人，离开汉朝十三年，只有他们二人得以生还。

这一年，中大夫张汤出任廷尉。张汤为人十公狡诈，玩弄巧智驾驭他人。当时，武帝正倾心儒学，张汤就假装敬慕儒家大师的样子，尊重董仲舒、公孙弘等人；他任用千乘人兒宽担任奏谳掾，用古代的法令和经义判决疑难案件。张汤审判案件的手法是：倘若是皇上想加罪处治的人，就把他交给那些执法严苛的监、史审判；如果是皇上想要从宽解脱的人，就把他交给执法轻平的监、史审判；武帝因此对他很满意。张汤对于老朋友的子弟，照顾得特别周到；他去诸公重臣家中问候请安，不避严寒酷暑。所以，张汤虽然执法严苛、心怀妒忌，断狱不公平，却博得了好名声。汲黯多次在武帝而前质问、责备张汤说：“您身为正卿，上不能褒扬先帝的功业，下不能抑制天下百姓的邪心，使国家安定、百姓富裕，使监狱空虚，为什么却只知把高皇帝所定的律令胡乱变更？而且您将会因此而断子绝孙了。”汲黯经常与张汤争辩，张汤的言论紧扣律令条文，论证细致上占优势；汲黯刚直严峻，坚守原则，却不能驳倒张汤。他愤极发怒，大骂张汤说：“天下人都说刀笔吏不能做公卿，果然如此！如果一切都按张汤的主张去做，将使天下人陷入重足而立、侧目而视的恐惧之中了！”

第十九卷　汉纪十一

译文诵读

世宗孝武皇帝中之上元朔五年（丁巳，前124）

冬，十一月，乙丑，薛泽免。以公孙弘为丞相，封平津侯。丞相封侯自弘始。

弘性意忌，外宽内深；诸尝与弘有隙，无近远，虽阳与善，后竟报其过。董仲舒为人廉直，以弘为从谀，弘嫉之。胶西王端骄恣，数犯法，所杀伤二千石甚众。弘乃荐仲舒为胶西相；仲舒以病免。汲黯常毁儒，面触弘，弘欲诛之以事，乃言上曰："右内史界部中多贵臣、宗室，难治，非素重臣不能任，请徙黯为右内史。"上从之。

匈奴右贤王数侵扰朔方。天子令车骑将军青将三万骑出高阙，卫尉苏建为游击将军，左内史李沮为强弩将军，太仆公孙贺为骑将军，代相李蔡为轻车将军，皆领属车骑将军，俱出朔方；大行李息、岸头侯张次公为将军，俱出右北平；凡十余万人，击匈奴。右贤王以为汉兵远，不能至，饮酒，醉。卫青等兵出塞六七百里，夜至，围右贤王。右贤王惊，夜逃，独与壮骑数百驰，溃围北去。得右贤裨王十余人，众男女万五千余人，畜数十百万，于是引兵而还。

于是青尊宠，于群臣无二，公卿以下皆卑奉之，独汲黯与亢礼。人或说黯曰："自天子欲群臣下大将军，大将军尊重，君不可以不拜。"黯曰："夫以大将军有揖客，反不重邪！"大将军闻，愈贤黯，数请问国家朝廷所疑，遇黯加于平日。大将军虽贵，有时侍中，上踞厕而视之；丞相弘燕见，上或时不冠；至如汲黯见，上不冠不见也。上尝坐武帐中，黯前奏事，上不冠，望见黯，避帐中，使人可其奏。其见敬礼如此。

初，淮南王安，好读书属文，喜立名誉，招致宾客方术之士数千人。其群臣、宾客，多江、淮间轻薄士，常以厉王迁死感激安。建元六年，彗星见，或说王曰："先吴军时，彗星出，长数尺，然尚流血千里。今彗星竟天，天下兵当大起。"王心以为然，乃益治攻战具，积金钱。

郎中雷被获罪于太子迁，时有诏，欲从军者辄诣长安，被即愿奋击匈奴。太子恶被于王，斥免之，欲以禁后。是岁。被亡之长安，上书自明。事下廷尉治，踪迹连王，公卿请逮捕治王。太子迁谋令人衣卫士衣，持戟居王旁，汉使有非是者，即刺杀之，因发兵反。天子使中尉宏即讯王，王视中尉颜色和，遂不发。公卿奏："安壅阏奋击匈奴者，格明诏，当弃市。"诏削二县。即而安自伤曰："吾行仁义，反见削地。"耻之，于是为反谋益甚。

六年（戊午，前123）

夏，四月，卫青复将六将军出定襄，击匈奴，斩首虏万余人。右将军建、前将军信并军三千余骑独逢单于兵，与战一日余，汉兵且尽。信故胡小王，降汉，汉封为翕侯，及败，匈奴诱之，遂将其余骑可八百降匈奴。建尽亡其军，脱身亡，自归大将军。

初，平阳县吏霍仲孺给事平阳侯家，与青姊卫少兒私通，生霍去病。去病年十八，为侍中，善骑射，再从大将军击匈奴，为票姚校尉，与轻骑勇八百，直奔大军数百里赴利，斩捕首虏过当。于是天子曰"票姚校尉去病，斩首虏二千余级，得相国、当户，斩单于大父行藉若侯产，生捕季父罗姑，比再冠军，封去病为冠军侯。"

是时，汉比岁发十余万众击胡，斩捕首虏之士受赐黄金二十余万斤，而汉军士马死者十余万，兵甲转漕之费不与焉。于是大司农经用竭，不足以奉战士。六月，诏令民得买爵及赎禁锢，免臧罪。置赏官，名曰武功爵，级十七万，凡直三十余万金。诸买武功爵至千夫者，得先除为吏。吏道杂而多端，官职耗废矣。

元狩元年（己未，前122）

王召中郎伍被与谋反事，被曰："王安得此亡国之言乎？臣见宫中生荆棘，露沾衣也！"王怒，系伍被父母，囚之。三月，复召问之，被曰："昔秦为无道，穷奢极虐，百姓思乱者十家而六七。高皇帝起于行陈之中，立为天子，此所谓蹈瑕候间，因秦之亡而动者也。今大王见高皇帝得天下之易也，独不观近世之吴、楚乎！夫吴王王四郡，国富民众，计定谋成，举兵而西；然破于大梁，奔走而东，身死祀绝者何？诚逆天道而不知时也。方今大王之兵，众不能十分吴、楚之一，天下安宁，万倍吴、楚之时，大王不从臣之计，今见大王弃千乘之君，赐绝命之书，为群臣先死于东宫也。"王涕泣而起。

王有孽子不害，最长，王弗爱，王后、太子皆不以为子、兄数。不害有子建，材高有气，常怨望太子，阴使人告太子谋杀汉中尉事，下廷尉治。

王患之，欲发，复问伍被曰："公以为吴兴兵，是邪，非邪？"被曰："非也。臣闻吴王悔之甚，愿王无为吴王之所悔。"王曰："吴何知反！汉将一日过成皋者四十余人；今我绝成皋之口，据三川之险，招山东之兵，举事如此，左吴、赵贤、朱骄如皆以为什事九成，公独以为有祸无福，何也？必如公言，不可徼幸邪？"被曰："必不得已，被有愚计。当今诸侯无异心，百姓无怨气，可伪为丞相、御史请书，徙郡国豪杰高赀于朔方，益发甲卒，急其会日；又伪为诏狱书，逮诸侯太子、幸臣；如此，则民怨，诸侯惧，即使辩士随而说之，傥可徼幸什得一乎！”王曰：“此可也。虽然，吾以为不至若此。”

于是王乃作皇帝玺，丞相、御史大夫、将军、军吏、中二千石及旁近郡太守、都尉印，汉使节。欲使人伪得罪而西，事大将军，一日发兵，即刺杀大将军。且曰：汉廷大臣，独汲黯好直谏，守节死义，难惑以非，至如说丞相弘等，如发蒙振落耳！”

王欲发国中兵，恐其相、二千石不听，王乃与伍被谋，先杀相、二千石。又欲令人衣求盗衣，持羽檄从东方来，呼曰：“南越兵入界！”欲因以发兵。

会廷尉逮捕淮南太子，淮南王闻之，与太子谋，召相、二千石，欲杀而发兵。召相，相至，内史、中尉皆不至。王念，独杀相，无益也，即罢相。王犹豫，计未决。太子即自刭，不殊。

伍被自诣吏，告与淮南王谋反踪迹如此。吏因捕太子、王后，围王宫，尽求捕王所与谋反宾客在国中者，索得反具，以上。下公卿治其党与，使宗正以符节治王。未至，淮南王安自刭，杀王后荼、太子迁，诸所与谋反者皆族。

初，张骞自月氏还，具为天子言西域诸国风俗：“大宛在汉正西，可万里。其俗土著，耕田；多善马，马汗血；有城郭、室屋，如中国。其东北则乌孙，东则于阗。于阗之西，则水皆西流注西海，其东，水东流注盐泽。盐泽潜行地下，其南则河源出焉。盐泽去长安可五千里。匈奴右方居盐泽以东，至陇西长城，南接羌，鬲汉道焉。乌孙、康居、奄蔡、大月氏，皆行国，随畜牧，与匈奴同俗。大夏在大宛西南，与大宛同俗。臣在大夏时，见邛竹杖、蜀布，问曰：‘安得此？’大夏国人曰：‘吾贾人往市之身毒。’身毒在大夏东南可数千里，其俗土著，与大夏同。以骞度之，大夏去汉万二千里，居汉西南；今身毒国又居大夏东南数千里，有蜀物，此其去蜀不远矣。今使大夏，从羌中，险，羌人恶之；少北，则为匈奴所得；从蜀，宜径，又无寇。”

天子既闻大宛及大夏、安息之属，皆大国，多奇物，土著，颇与中国同业，而兵弱，贵汉财物。其北有大月氏、康居之属，兵强，可以赂遗设利朝也。诚得而以义属之，则广地万里，重九译，致殊俗，威德遍于四海，欣然以骞言为然。乃令骞因蜀、犍为发间使王然于等四道并出，出駹，出冉，出徙，出邛、僰，指求身毒国，各行一二千里，其北方闭氐、莋，南方闭巂、昆明。昆明之属无君长，善寇盗，辄杀略汉使，终莫得通。于是汉以求身毒道，始通滇国。滇王当羌谓汉使者曰：“汉孰与我大？”及夜郎侯亦然。以道不通，故各自以为一州主，不知汉广大。使者还，因盛言滇大国，足事亲附；天子注意焉，乃复事西南夷。

二年（庚申，前121）

夏，去病复与合骑侯公孙敖将数万骑俱出北地，异道。卫尉张骞、郎中令李广俱出右北平，异道。广将四千骑先行，可数百里，骞将万骑在后。匈奴左贤王将四万骑围广，广军士皆恐；广乃使其子敢独与数十骑驰贯胡骑，出其左右而还，告广曰："胡虏易与耳！"军士乃安。广为圜陈，外向。胡急击之，矢下如雨，汉兵死者过半，汉矢且尽。广乃令士持满毋发，而广身自以大黄射其裨将，杀数人，胡虏益解。会日暮，吏士皆无人色，而广意气自如，益治军，军中皆服其勇。明日，复力战，死者过半，所杀亦过当。会博望侯军亦至，匈奴军乃解去。汉军罢，弗能追。罢归。汉法：博望侯留迟后期，当死，赎为庶人。广军功自如，无赏。而票骑将军去病深入二千余里，与合骑侯失，不相得。票骑将军逾居延，过小月氏，至祁连山，得单桓、酋涂王，及相国、都尉以众降者二千五百人，斩首虏三万二百级，获裨小王七十余人。天子益封去病五千户，封其裨将有功者鹰击司马赵破奴为从票侯，校尉高不识为宜冠侯，校尉仆多为煇渠侯。合骑侯敖坐行留不与票骑会，当斩，赎为庶人。

是时，诸宿将所将士、马、兵皆不如票骑，票骑所将常选；然亦敢深入，常与壮骑先其大军；军亦有天幸，未尝困绝也。而诸宿将常留落不偶，由此票骑日以亲贵，比大将军矣。

秋，匈奴浑邪王降。是时，单于怒浑邪王、休屠王居西方为汉所杀虏数万人，欲召诛之。浑邪王与休屠王恐，谋降汉，先遣使向边境要遮汉人，令报天子。是时，大行李息将城河上，得浑邪王使，驰传以闻。天子闻之，恐其以诈降而袭边，乃令票骑将军将兵往迎之。休屠王后悔，浑邪王杀之，并其众。票骑既渡河，与浑邪王众相望。浑邪王裨将见汉军，而多不欲降者，颇遁去。票骑乃驰入，得与浑邪王相见，斩其欲亡者八千人，遂独遣浑邪王乘传诣至行在所，尽将其众渡河。降者四万余人，号称十万。既至长安，天子所以赏赐者数十巨万；封浑邪王万户，为漯阴侯，封其裨王呼毒尼等四人皆为列侯；益封票骑千七百户。

休屠王太子日磾与母阏氏、弟伦俱没入官，输黄门养马。久之，帝游宴，见马，后宫满侧，日等数十人牵马过殿下，莫不窃视，至日磾独不敢。日磾长八尺二寸，容貌甚严，马又肥好，上异而问之，具以本状对；上奇焉，即日赐汤沐、衣冠，拜为马监，迁侍中、驸马都尉、光禄大夫。日磾既亲近，未尝有过失，上甚信爱之；赏赐累千金，出则骖乘，入侍左右。贵戚多窃怨曰："陛下妄得一胡儿，反贵重之。"上闻，愈厚焉。以休屠作金人为祭天主，故赐日磾姓金氏。

三年（辛酉，前120）

是岁，得神马于渥洼水中。上方立乐府，使司马相如等造为诗赋，以宦者李延年为协律都尉，佩二千石印；弦次初诗以合八音之调。诗多尔雅之文，通一经之士不能独知其辞，必集会《五经》家相与共讲习读之，乃能通知其意。及得神马，次以为歌。汲黯曰："凡王者作乐，上以承祖宗，下以化兆民。今陛下得马，诗以为歌，协于宗庙，先帝百姓岂能知其音邪？"上默然不说。

四年（壬戌，前119）

冬，有司言："县官用度太空，而富商大贾冶铸、煮盐，财或累万金，不佐国家之急；请更钱造币以赡用，而摧浮淫并兼之徒。"是时，禁苑有白鹿而少府多银、锡，乃以白鹿皮方尺，缘以藻缋，为皮币，直四十万。王侯、宗室，朝觐、聘享必以皮币荐璧，然后得行。又造银、锡为白金三品；大者圜之，其文龙，直三千；次方之，其文马，直五百；小者椭之，其文龟，直三百。令县官销半两钱，更铸三铢钱，盗铸诸金钱罪皆死；而吏民之盗铸白金者不可胜数。

于是以东郭咸阳、孔仅为大农丞，领盐铁事；桑弘羊以计算用事。咸阳，齐之大煮盐，仅，南阳大冶，皆致生累千金；弘羊，洛阳贾人子，以心计，年十三侍中。三人言利，事析秋毫矣。

诏禁民敢私铸铁器、煮盐者左趾，没入其器物。公卿又请令诸贾人末作各以其物自占，率缗钱二千而一算；及民有轺车若船五丈以上者，皆有算。匿不自占，占不悉，戍边一岁，没入缗钱。有能告者，以其半畀之。其法大抵出张汤。汤每朝奏事，语国家用，日晏，天子忘食；丞相充位，天下事皆决于汤。百姓骚动，不安其生，咸指怨汤。

上与诸将议曰："翕侯赵信为单于画计，常以为汉兵不能度幕轻留，今大发士卒，其势必得所欲。"乃粟马十万，令大将军卫青、票骑将军去病各将五万骑，私负从马复四万匹，步兵转者踵军后又数十万人，而敢力战深入之士皆属票骑。票骑始为出定襄，当单于；捕虏言单于东，乃更令票骑出代郡，令大将军出定襄。郎中令李广数自请行，天子以为老，弗许；良久，乃许之，以为前将军。太仆公孙贺为左将军，主爵都尉赵食其为右将军。平阳侯曹襄为后将军，皆属大将军。赵信为单于谋曰："汉兵既度幕，人马罢，匈奴可坐收虏耳。"乃悉远北其辎重，以精兵待幕北。

大将军既出塞，捕虏知单于所居，乃自以精兵走之，而令前将军广并于右将军军，出东道。东道回远而水草少，广自请曰："臣部为前将军，今大将军乃徙令臣出东道。且臣结发而与匈奴战，今乃一得当单于，臣愿居前，先死单于。"大将军亦阴受上诫，以为"李广老，数奇，毋令当单于，恐不得所欲。"而公孙敖新失侯，大将军亦欲使敖与俱当单于，故徙前将军广，广知之。固自辞于大将军；大将军不听，广不谢而起行，意甚愠怒。

大将军出塞千余里，度幕，见单于兵陈而待。于是大将军令武刚车自环为营，而纵五千骑往当匈奴；匈奴亦纵可万骑。会日且入，大风起，砂砾击面，两军不相见，汉益纵左右翼绕单于。单于视汉兵多而士马尚强，自度战不能如汉兵，单于遂乘六骡，壮骑可数百，直冒汉围，西北驰去。时已昏，汉匈奴相纷拿，杀伤大当。汉军左校捕虏言，单于未昏而去，汉军发轻骑夜追之，大将军军因随其后，匈奴兵亦散走。迟明，行二百余里，不得单于，捕斩首虏万九千级，遂至窴颜山赵信城，得匈奴积粟食军，留一日，悉烧其城余粟而归。

前将军广与右将军食其军无导，惑失道，后大将军，不及单于战。大将军引还，过幕南，乃遇二将军。大将军使长史责问广、食其失道状，急责广之幕府对簿。广曰："诸校尉无罪，乃我自失道，吾今自上簿至莫府。"广谓其麾下曰："广结发与匈奴大小七十余战，今幸从大将军出接单于兵，而大将军徙广部，行回远而又迷失道，岂非天哉！且广年六十余矣，终不能复对刀笔之吏！"遂引刀自刭。广为人廉，得赏赐辄分其麾下，饮食与士共之，为二千石四十余年，家无余财，猿臂，善射，度不中不发。将兵，乏绝之处见水，士卒不尽饮，广不近水，士卒不尽食，广不尝食；士以此爱乐为用。及死，一军皆哭；百姓闻之，知与不知，无老壮皆为垂涕。而右将军独下吏，当死，赎为庶人。

票骑将军骑兵车重与大将军等，而无裨将，悉以李敢等为大校，当裨将，出代、右北平二千余里，绝大幕，直左方兵，获屯头王、韩王等三人，将军、相国、当户、都尉八十三人，封狼居胥山，禅于姑衍，登临翰海，卤获七万四百四十三级。天子以五千八百户益封票骑将军；又封其所部右北平太守路博德等四人为列侯，从票侯破奴等二人益封，校尉敢为关内侯，食邑；军吏卒为官、赏赐甚多。而大将军不得益封，军吏皆无封侯者。

两军之出塞，塞阅官及私马凡十四万匹，而复入塞者不满三万匹。

乃益置大司马位，大将军、票骑将军皆为大司马，定令，令票骑将军秩禄与大将军等。自是之后，大将军青日退而票骑日益贵。大将军故人、门下士多去事票骑，辄得官爵，唯任安不肯。

票骑将军为人，少言不泄，有气敢往。天子尝欲教之孙、吴兵法，对曰："顾方略何如耳，不至学古兵法。"天子为治第，令票骑视之，对曰："匈奴未灭，无以家为也！"由此上益重爱之。然少贵，不省士，其从军，天子为遣太官赍数十乘；既还，重车余弃粱肉，而士有饥者；其在塞外，卒乏粮或不能自振，而票骑尚穿域蹋鞠；事多此类。大将军为人仁，喜士退让，以和柔自媚于上。两人志操如此。

是时，汉所杀虏匈奴合八九万，而汉士卒物故亦数万。是后匈奴远遁，而幕南无王庭。汉渡河自朔方以西至令居，往往通渠，置田官，吏卒五六万人，稍蚕食匈奴以北；然亦以马少，不复大出击匈奴矣。

先是，宁成为关都尉，吏民出入关者号曰："宁见乳虎，无值宁成之怒。"及义纵为南阳太守，至关，宁成侧行送迎；至郡，遂按宁氏，破碎其家；南阳吏民重足一迹。后徙定襄太守，初至，掩定襄狱中重罪、轻系二百余人，及宾客、昆弟私入视亦二百余人，一捕，鞫曰"为死罪解脱"，是日，皆报杀四百余人，其后郡中不寒而栗。是时，赵禹、张汤以深刻为九卿，然其治尚辅法而行；纵专以鹰击为治。

王温舒始为广平都尉，择郡中豪敢往吏十余人，以为爪牙，皆把其阴重罪，而纵使督盗贼。快其意所欲得，此人虽有百罪，弗法；即有避，因其事夷之，亦灭宗。以其故，齐、赵之郊盗贼不敢近广平，广平声为道不拾遗。迁河内太守；以九月至，令郡具马五十匹为驿，捕郡中豪猾，相连坐千余家。上书请，大者至族，小者乃死，家尽没入偿臧。奏行不过二三日得可，事论报，至流血十余里，河内皆怪其奏，以为神速。尽十二月，郡中毋声，毋敢夜行，野无犬吠之盗。其颇不得，失之旁郡国，追求。会春，温舒顿足叹曰："嗟乎！令冬月益展一月，足吾事矣！"

天子闻之，皆以为能，故擢为中二千石。

汉武帝元朔五年（丁巳，公元前124年）

冬季，十一月，乙丑（初五），汉武帝免除薛泽职务，任命公孙弘为丞相，封为平津侯。担任丞相而封侯，是从公孙弘开始的。

西汉前期 绕襟女舞俑

公孙弘生性好猜忌，外表宽厚而内里心机很深。凡是曾经与他不合的人，不论关系远近，虽然表面上装作友善，后来终究要予以报复。董仲舒为人清廉正直，认为公孙弘阿谀奉承，引起公孙弘的嫉恨。胶西王刘端骄横放纵，多次违犯法令，杀伤国中二千石官多人。于是公孙弘推荐董仲舒为胶西国相，董仲舒因病而得免。汲黯经常诋毁儒生，当面触犯公孙弘，公孙弘想找借口将其杀死，便向汉武帝建议："右内史管界居住着很多显贵的大臣、皇室子弟，难于治理，不是平素有威望的大臣不能胜任，请让汲黯改任右内史。"汉武帝听从了他的建议。

匈奴右贤王多次率兵侵扰朔方郡。汉武帝任命车骑将军卫青率兵三万自高阙出塞，任命卫尉苏建为游击将军，左内史李沮为强弩将军，太仆公孙贺为骑将军，代相李蔡为轻车将军，他们都归车骑将军统属，一同率兵自朔方出塞；命大行李息、岸头侯张次公为将军，一同自右北平出塞，共调集了十几万人出击匈奴。匈奴右贤王认为汉军距自己路途遥远，不可能到达，经常饮酒而醉，毫不戒备。卫青等率兵出边塞六七百里，乘夜赶到，将右贤王大营团团包围。右贤王大惊，乘夜而逃，只率数百名精壮骑兵冲出包围圈向北逃奔。此战共俘获右贤王手下各部首领十余人，匈奴男女部众一万五千余人，牲畜近百万头，汉军于是班师回朝。

当时，汉武帝对卫青的尊崇宠信超过了任何一位朝廷大臣，三公、九卿及以下官员都对卫青卑身奉承，唯独汲黯用平等的礼节对待卫青。有人劝汲黯说："皇上

扶余国主

想让群臣全都居于大将军之下，大将军地位尊贵，您不可以不下拜。”汲黯说：“以大将军身份而有长揖不拜的平辈客人，大将军反而不尊贵了吗？”卫青得知，越发觉得汲黯贤明，多次向汲黯请教国家和朝廷的疑难大事，对待他比平日更为尊重。卫青虽然地位尊贵，但有时入宫，汉武帝就坐在床边接见他；丞相公孙弘在汉武帝空闲时谒见，汉武帝有时也不戴帽子；至于汲黯谒见时，汉武帝没戴上帽子就不接见。有一次，汉武帝正坐在陈列兵器的帐中，汲黯前来奏事，汉武帝当时没戴帽子，远远望见汲黯，急忙躲入后帐，派人传话，批准汲黯所奏之事。汲黯受到的尊重和礼敬就是这样的。

当初，淮南王刘安喜欢读书做文章，又爱沽名钓誉，罗致四方宾客和各种技能之士数千人。他的臣僚、宾客，大多是江、淮一带的轻薄之徒，常常用厉王刘长在流放途中死于非命一事刺激刘安。建元六年时，天空出现彗星，有人向刘安游说道：“以前，吴王刘濞起兵时，彗星出现，长仅数尺，尚且流血千里。如今彗星贯穿天际，恐怕天下将有大规模战事发生。”刘安认为说得有道理，就加紧制造进攻性的武器，积好金钱。

郎中雷被得罪了淮南王的太子刘迁，此时，汉武帝正颁下诏书，让有志参军报国的人到长安来应征，于是雷被表示愿意参军去打匈奴。但因刘迁在淮南王面前说了雷被的坏话，所以刘安将雷被斥责了一顿，并将其免职，以防止其他人效法。就在这一年，雷被逃到长安，上书朝廷说明自己的冤情。汉武帝将此事交给廷尉处理，因牵连到淮南王，公卿请求将刘安逮捕治罪。太子刘迁定计，让人身穿卫士服装，手持长戟站在淮南王刘安身边，如果朝廷派来的使者欲将淮南王治罪，则就立即将其刺杀，然后举兵反叛。汉武帝派中尉段宏到淮南王处询问有关情况，淮南王见段宏神色平和，于是才没有动手。公卿大臣奏称：“刘安拒绝有志奋击匈奴的壮士的请求，是犯了阴碍圣旨的大罪，应当众斩首。”汉武帝下诏削减淮南国的两个县。事后，刘安自怨自艾说：“我做仁义之事，反而被削减封地。”他以此为耻，于是，谋反的准备越发加紧了。

六年（戊午，公元前123年）

夏季，四月，卫青再次率领公孙敖等六位将军自定襄出击匈奴，斩杀及俘虏匈奴一万余人。右将军苏建与前将军赵信合并了部队，共有骑兵三千余人，单独与匈奴单于亲自统帅的部队相遇，经过一天多的交战，汉军伤亡殆尽。赵信本是胡人的一位部落首领，投降汉朝后被封为翕侯。及至此次兵败，匈奴引诱他投降，便率领本部所余骑兵约八百人投降了匈奴。苏建全军覆没，脱身逃走独自返回卫青大营。

当初，平阳县小吏霍仲孺在平阳侯曹寿家做事，与卫青的姐姐卫少私通，生下霍去病。霍去病十八岁时当了侍中，精通骑马、射箭之术。在第二次随卫青出击匈奴时，霍去病身为票姚校尉，率领八百名轻骑勇士，一直把大军抛弃到数百里之后去寻找战机，其斩杀和俘获的匈奴人数超过己方的损失。于是，汉武帝说："票姚校尉霍去病斩杀及俘获匈奴二千余人，生擒匈奴的相国、当户，杀死匈奴单于祖父辈的藉若侯栾提产，活捉单于叔父栾提罗姑，战功屡次冠于全军，封霍去病为冠军侯。上谷太守郝贤四次跟随大将军出征，其斩杀、擒获匈奴二千余人，封郝贤为众利侯。"

当时，汉朝连年征调十几万人出击匈奴，曾斩杀或俘获敌人的将士，被赏赐黄金二十余万斤，而汉军兵士马匹死亡也达十几万，还不算兵器衣甲和往前方运送粮草的费用。因此，大司农府库枯竭，无法供应军需。六月，汉武帝颁下诏书，允许百姓出钱买爵和以钱免除禁锢，也可以交钱免除盗财贪赃之罪。又设"赏官"，称为"武功爵"，第一级为铜钱十七万枚，以上递增，共值黄金三十余万斤。凡购买武功爵至"千夫"的人，可以优先被任命为官吏。从此，做官的途径变得既杂且多，官职就混乱败坏了。

元狩元年（己未，公元前122年）

刘安召见中郎伍被，与他商议谋反之事，伍被说道："大王您怎么能有这种亡国的言论呢？我好像已经看到王宫中生满荆棘，露水打湿人衣服的凄惨景象了！"刘安大怒，将伍被的父母逮捕，囚禁了三个月。刘安又将伍被召来询问，伍被说："当初秦朝无道，极为奢侈暴虐，十分之六七的老百姓都希望天下大乱。高皇帝在行伍中崛起，最终成为天子，这是因为利用对方的缺点、把握时机，趁秦朝土崩瓦解的机会举兴大业。如今大王见到高皇帝得天下容易，却单单不看不久前'七国之乱'的吴、楚吗？吴王刘濞统辖着四个郡的地方，国家富强，人口众多，经过周密计划和准备，兴兵西进攻取长安。然而为什么大梁一战失败，向东逃亡，本人身死，祭祀灭绝？是因为他逆天行事，不知时势。现在，大王的兵力还不足吴、楚的十分之一，而天下的形势却比吴、楚兴兵时安定一万倍。大王如不听从我的劝告，马上就会看到您丢掉千乘之国的王位，接到赐死的命令，先于群臣死在东宫的惨景。"刘安听了，流着眼泪站了起来。

刘安有一个庶出的儿子名叫刘不害，年龄最大，刘安不喜欢他，王后不把他当儿子看待，太子刘迁也不将他视为兄长。刘不害有一个儿子叫刘建，才高而气盛，经常对刘迁心怀不满，暗中派人告发刘迁曾企图刺杀朝廷中尉，汉武帝将此事交给廷尉处理。

刘安很害怕，想要举兵谋反，又一次和伍被商量，说道：“先生认为当初吴王兴兵造反，是对呢，还是不对呢？”伍被道：“不对。我听说吴王后来非常后悔，希望大王不要像吴王那样后悔。”刘安说道：“吴王哪里懂得什么叫造反？当初朝廷的将领一天中有四十余人经过成皋。如今我截断成皋通道，占据三川的险要之地，再征召崤山以东的兵马，在这样的情况下举事，左吴、赵贤、朱骄如等都认为可以有九成把握，只有您认为是有祸无福，这是为什么呢？一定会像你说的那样，不可能侥幸成功吗？”伍被回答说：“如果大王一定要干的话，我有一计。当今各封国国君对朝廷都没有二心，老百姓也没有怨气。大王可以伪造丞相、御史的奏章，说是要请求皇上将各郡、国的豪杰之士和殷实富户迁徙到朔方郡，大量征发士兵，使集合期限紧迫。再伪造诏狱之书，声言要逮捕各封国的太子和宠臣。如此一来，就会百姓怨恨，诸侯恐惧，再派遣能言善道之人接着到各地游说，或许可以侥幸有十分之一的希望吧！”刘安道：“这是可以的。不过我觉得用不着这么麻烦。”

于是，刘安伪造了皇帝印玺和丞相、御史大夫、将军、军吏、中二千石及周围各郡太守、都尉的印信，并伪造了朝廷使者的信节。又准备派人伪装在淮南国犯罪而西逃长安，投到大将军卫青门下，一旦发兵，立即将卫青刺死。刘安并且说：“朝廷大臣中，只有汲黯喜欢犯颜直谏，能够严守臣节，为忠义而死，难以迷惑，至于游说丞相公孙弘之流，就如同去掉物件上的覆盖物或摇掉树枝上的枯叶一般容易。”

刘安打算调动本国的军队，怕丞相和二千石官员不肯依从，便与伍被商议，计划先将丞相和二千石官员杀死，同时打算派人身穿治安人员服装，手持告急文书从东边奔来，高喊：“南越国的军队攻入我国边界了！”要以此为借口起兵。

就在此时，廷尉前来逮捕淮南国太子刘迁。刘安听到消息后，与刘迁密谋，召丞相和二千石官员前来，企图杀死他们，兴兵造反。不料，只有丞相一人应召前来，内史、中尉都托辞不来。刘安犹豫，拿不定主意，刘迁便刎颈自杀，但没有死成。

伍被自己前往廷尉那里，告发与刘安图谋反叛的情节。廷尉于是派人逮捕了淮南国太子和王后，并且包围王宫，悉数搜捕在淮南国内与淮安王一道谋反的宾客，取得谋反证据后，奏闻朝廷。汉武帝命公卿处治刘安党羽，派宗正手持皇帝符节前往淮南国处治刘安。没等宗正来到，刘安便自刎而死。于是，将淮南王后荼、主子刘迁处死，所有参与谋反计划的人一律灭族。

当初，张骞从月氏国回到汉朝后，向汉武帝详细介绍了西域各国的风土民情：“大宛国在我国正西方约一万里处。当地人定居，耕种田地，多产好马，马汗像血一样红；有城郭、房屋，与中国相同。大宛国东北为乌孙国，它的东面为于窴国。于窴以西，河水都向西流入西海；以东的河水则向东流入盐泽。盐泽一带河流在地下流淌，成为暗河，往南就是黄河源头。盐泽距长安约五千里。匈奴国的西界在盐泽东面，直到陇西长城，南面与羌人部落接壤，将我国通往西域的道路隔断。乌孙、康居、奄蔡、大月氏都是游牧国家。随牲畜逐水草而居，风俗与匈奴一样，大夏国在大宛西南方，其风俗与大宛相同。我在大夏时，曾见到我国邛山出产的竹杖和蜀地的布，我问他们：'这东西是从哪里得来的？'大夏人说：'是我国商人去身毒买来的。'身毒国在大夏东南约几千里之外，习俗是定居，与大夏一样。据我估计，既然大夏在我国西南一万二千里外的地方，而身毒国又在大夏东南几千里外，且有我国蜀地的东西，说明身毒距蜀地不太远。如今我国出使大夏，如取道羌人地区，道路险恶，羌人又会阻挠；如从稍北一些的地区走，便会落入匈奴人手中；而通过蜀地，应当是直路，又没有强盗。"

汉武帝听到大宛及大夏、安息等都是大国，多产奇异之物，人民定居，颇与中国相同，但军事力量薄弱，喜爱中国财物；北面大月氏、康居等国，兵力强盛，但可以用贿赂、引诱的方法使他们归附中国，如果真能不通过战争就争取到他们的归附，那么，中国的疆域可以扩大万里，远方的人将通过九重翻译来朝见，风俗各异的国家将归入中国版图，天子的威德将遍布四海。因此，汉武帝欣然同意了张骞的建议，命张骞从蜀郡、犍为郡派王然于等人作为使者，由駹、冉、徙及邛、僰间四道向身毒国进发。各路使者分别走出一二千里之后，北路被阻于氐、筰，南路被阻于嶲、昆明等地。昆明一带没有君长，盗匪众多，经常劫杀汉朝使者，所以始终无人能通过其地。这次汉朝使者为寻访去往身毒国的道路，才第一次通滇国，滇王当羌问汉朝使者说："汉朝与我国相比，谁大呢？"夜郎王也向汉朝使者提出相同的疑问。因为道路阻塞，他们都各霸一方为王，不知汉朝的广大。使者回国后，一再强调滇国是大国，值得争取它归附，引起了汉武帝的注意，于是重新开始经营西南夷地区。

二年（庚申，公元前121年）

夏季，霍去病又与合骑侯公孙敖率领数万骑兵同时从北地分两路出击匈奴，卫尉张骞、郎中令李广也同时从右北平分路出击。李广率骑兵四千为先锋，距大部队约数百里，张骞率骑兵万余人殿后。匈奴左贤王率骑兵四万，将李广率领的先头部队团团包围。李广的军士都感到恐惧，李广便命自己的儿子李敢独自率领数十名骑兵直穿敌阵，从敌阵左右冲出后返回。李敢向李广报告说："匈奴兵很容易对付。"军士的情绪才安定下来。李广命部下将士面对敌军列成圆形战阵，匈奴兵向汉军阵地发起猛烈进攻，箭如雨下，汉军士卒阵亡过半，箭也快用尽了。李广便命令部下拉满弓弦，但不发射，由他亲自用特大的黄色强弓射匈奴将领，一连射死好几名，敌人的攻势才渐渐缓和下来。此时天色已晚，汉军将士全都面无人色，只有李广神情自如，更愈发加紧巡视阵地，调整部署，全军上下全都钦佩他的勇气。第二天，汉军再次奋力与匈奴兵激战，虽然死亡大半，但消灭的敌人超过己方的损失。这时，张骞的大军也赶到，匈奴军才撤围而去。汉军疲惫，无力追击，也撤兵

李敢直穿敌阵

而还。根据汉朝的法律：博望侯张骞由于行动迟缓，贻误军机，应处死，赎身后成为平民。李广功过相抵，没有封赏。骠骑将军霍去病深入匈奴地区二千余里，与公孙敖部失去联络，未能会师。但霍去病率领部队跨越居延海，经过小月氏，抵达祁连山，生擒匈奴单桓、酋涂二王，丞相、都尉率众二千五百人投降，斩杀三万零二百人，俘获部落小王七十余人。汉武帝增加霍去病食邑五千户，封其部下有功将领鹰击司马赵破奴为从票侯，校尉高不识为宜冠侯，校尉仆多为渠侯。合骑侯公孙敖因中途逗留，未能与霍去病会合，本应处斩，赎身后成为平民。

当时，汉军中老资格的将领们统帅的将士、马匹、兵器都不如霍去病，霍去病所用通常都经过挑选，但他也确敢深入敌军，经常与精壮骑兵走在大部队的前面；老天也似乎对他的部队特别照顾，从来没有陷入困绝之境。可是，老将们却经常因迟留落后而不能建功。因此，霍去病的地位越来越亲信尊贵，和大将军卫青差不多了。

秋季，匈奴浑邪王投降汉朝。当时，匈奴浑邪王、休屠王住在西部地区，被汉军擒杀了好几万人，单于十分生气，想将他们召到王庭处死。浑邪王与休屠王感到害怕，计划投降汉朝，先派人在边境拦截经过当地的汉人，让他们向武帝报告。此时，大行李息正在黄河边筑城，见到浑邪王使者后，派传车急速去报告朝廷。汉武帝听到这一消息，担心他们是用诈降手段偷袭边塞，便命霍去病率兵前往迎接。休屠王对降汉之事后悔，浑邪王将他杀死，吞并其属下部众。霍去病渡过黄河之后，与浑邪王所部遥遥相望。浑邪王部下将领见到汉军后，很多人不愿投降，纷纷逃走。霍去病便纵马驰入浑邪王大营，与他相见，将其部下企图逃跑的八千人斩杀，又派遣浑邪王一人乘传车到汉武帝所居之处。同时命其部下人众全部渡过黄河，投降的共四万余人，号称十万。浑邪王到长安后，汉武帝赏赐数十万，封浑邪王为漯阴侯，食邑一万户，其部下小王呼毒尼等四人全都被封为列侯。又增加霍去病食邑一千七百户。

休屠王太子日磾和他的母亲阏氏、弟弟伦都被罚为官府奴隶，派到属于少府管辖的黄门养马。过了很久，汉武帝在一次游乐饮宴中检阅马匹，他的身边排满了后宫的美女，日磾等数十人牵马从殿下通过，没有人不偷偷窥视。而到日磾通过时，却唯独不敢。日磾身高八尺二寸，容貌十分庄严，所养的马匹又肥壮，汉武帝感到惊奇，召他上前询问，日磾便将自己的身世一一奏告。汉武帝对他另眼相看，当日便让他洗澡、赐给衣帽，任命为马监后升为侍中、驸马都尉，一直做到光禄大夫。日磾受到皇帝宠爱，从未有过过失，汉武帝对他十分信任，赏赐累计达黄金千斤，出门时让他陪乘车上，回宫后在左右随侍。很多皇亲国戚都私下抱怨说：“皇上不知从哪儿找来个‘胡儿’，竟然当成宝贝。”汉武帝听到后，愈发厚待日磾。因为休屠王曾制造金人用来祭祀天神，所以汉武帝赐日磾姓金。

三年（辛酉，公元前120年）

这一年，在西北渥洼水中得到一匹神马。汉武帝正在设立乐府，命司马相如等创作诗赋；任命宦官李延年为协律都尉，佩带二千石印信。将新作的诗赋配上弦乐，使它们符合八音曲调。由于这些诗赋中多用深奥的文辞，仅仅读通一部经书的人自己看不懂，必须汇集五经专家共同研究诵读，才能全部了解它的含意。及至获得神马，汉武帝又命令创作诗赋，配成歌曲，汲黯劝道：“凡圣明的君主制作乐章，上应赞美祖先，下要教化人民。如今陛下得了一匹马，就要将诗谱成歌曲，在宗庙中演唱，先帝和老百姓怎么能知道唱的是什么呢？”汉武帝听了不说话，很不高兴。

四年（壬戌，公元前119年）

冬季，主管官员奏称：“国家的经费非常困难，而豪富的大商人通过冶炼金属和煮制食盐等，家财有的积蓄到黄金万斤，却不肯用来资助国家急需。请陛下重新制造钱币使用，以打击那些浮滑奸邪、吞并别人财物之徒。”当时，御苑中有一种白鹿，少府衙门有很多银、锡。于是，汉武帝命人用一尺见方的白鹿皮，四边绣上五彩花纹，称为皮币，值四十万钱。同时下令：凡王侯、皇族进京朝觐，或相互聘问，以及参加祭祀大典时，都必须将呈献的玉璧放在皮币之上，然后才能通行。又用银、锡制造出三种白金币：大币为圆形，以龙为图，值三百钱。又命令地方官府销毁半两钱，改铸三铢钱，凡私自铸造各种钱币的人一律处死。但官吏和民间私自铸造白金币的人仍然不可胜数。

因此，汉武帝任命东郭咸阳、孔仅二人为大农丞，负责盐铁事务；桑弘羊也以擅长计算而受到重用。东郭咸阳本为齐地的大煮盐商，孔仅则是南阳的大冶炼商，二人都扩大产业而积聚千金。桑弘羊为洛阳商人子弟，精于心算，十三岁就做了侍中。他们三人商讨谋利的事，连细微末节都能分析到。

汉武帝颁布诏书，禁止民间私铸铁器和煮盐，犯禁者受左脚穿铁鞋之刑，工具和产品没收。公卿大臣们又奏请汉武帝命令从事各种工商末业的人各自申报自己的财产，以一千钱为一缗，每二千缗纳税一百二十钱，作为一算。另外，凡百姓家有小形马车，或有五丈以上船只的，都要征算。凡隐匿财产不报，或申报不实的，戍守边塞一年，钱财没收。告发别人隐匿财产的人，赏给被告发者财产的一半。这些法令大部分出自张汤。张汤每次朝会，奏报国家财用情况，都到很晚，汉武帝因此忘记了吃饭。丞相李蔡坐在位子上充数，天下大事都由张汤决策。百姓骚动，无法安心生活，都怨恨张汤。

汉武帝与各位军事将领商议说：“翕侯赵信给匈奴单于出谋划策，常常认为我国军队不能够轻装穿过大沙漠，即使到了那里也不能久留。此次我们发动大军，一定要达到我们的目的。”于是征选了用粟米饲养的战马十万匹，命大将军卫青、骠骑将军霍去病各率骑兵五万，跟随官兵私人驮运行装的马匹也有四万匹，步兵和运送辎重的人夫跟在大军之后有数十万人，其中敢于深入匈奴腹地作战的都隶属于骠骑将军霍去病，骠骑将军霍去病才准备出塞，正面攻击匈奴单于。后从俘虏口中得知单于在东边，于是改命霍去病自代郡出塞，卫青自定襄出塞。郎中令李广屡次主动请求出征，汉武帝认为他年事已高，不准所请，过了很长时间才答应他，任命为前将军。太仆公孙贺被任命为左将军，主爵都尉赵食其为右将军，平阳侯曹襄为后将军，都隶属于大将军卫青。赵信为单于谋划说：“汉国横穿大沙漠后，人马必然疲惫，我军可以坐等擒获敌军。”于是将己方的辎重运到北方很远的地方，命精锐部队在沙漠以北等候汉军。

霍去病渡河受款

卫青出塞后，自俘虏口中得知单于住地，便亲自率精兵挺进，命前将军李广与右将军赵食其合兵一处，由东路进军。李广因东路绕远，水草也少，主动请求说：“我的部队是前将军的部队，而今大将军却改命我部为东路军。我自少年时就开始与匈奴作战，今天才有机会正面对付单于，所以愿意做前锋，先去与单于死战。”卫青曾受汉武帝暗中告诫，认为：“李广年纪已老，运气又不好，不要让他与单于正面作战，恐怕他不能完成擒获单于的任务。”而公孙敖不久前失去侯爵，卫青也想让他与自己一同正面与单于作战立功，所以将前将军李广调到东路。李广知道内情，坚决地向卫青推辞，遭到卫青拒绝。李广未向卫青告辞就动身出发，心中十分恼怒。

卫青率大军出塞一千余里，横穿大沙漠，见匈奴单于的军队正列阵以待，便下令将兵车环绕一周结成营阵，派出五千骑兵攻击匈奴，匈奴也放出约一万骑兵迎战。恰好太阳将要西沉，狂风忽起，砂砾扑打人脸，两军士卒相互不能分辨。卫青增派左右两翼的军队包抄单于。单于见汉军人多，兵马仍然很强，估计自己打不过汉军，便乘坐六匹健骡，在约数百名精壮骑兵的保护下直冲汉军防线，向西北方向飞奔而去。这时天已黑，汉军与匈奴的将士们仍在激烈搏杀，双方损失大体相当。

汉军左翼校尉报告卫青说，他从抓到的俘虏那里得知，单于已于天未黑时离去。于是卫青派出轻骑兵连夜追击，自率大军跟随其后，匈奴兵也四散逃走。将近天明时，汉军已追出二百余里，没有抓到单于，但擒获和斩杀匈奴一万九千余人。于是到颜山赵信城，夺得匈奴的存粮供应军队。在该地停留一日之后，将该城和所余的粮食全部烧光，然后班师而还。

前将军李广与右将军赵食其率领的东路军因没有向导，在沙漠中迷失了道路，所以落到卫青的后面，没能赶上与单于的那一战。直到卫青率部班师，经过沙漠南部时才遇到李、赵二位将军。卫青派长史责问二人迷路的情况，并命李广马上到大将军处听候传讯。李广说道："校尉们没有罪，是我自己迷了路，我现在自己到大将军幕府去受审。"又对他的部下说："我从少年时开始作战，而大将军却将我部调到东路，路途本就绕远，又迷失了道路，难道这不是天意吗！况且我六十多岁了，毕竟不能再去面对那些刀笔小吏！"于是拔刀自刎。李广为人清廉，得到赏赐就分给部下，与士卒一起吃喝，做了四十多年二千石官，家中却没有多余的财产。他的手臂像猿臂又长又灵活，擅长射箭，估计射不中目标，便不发箭。他带领军队，在困境中找到水，士卒没有都喝过，李广不沾水；士卒没有都吃过，李广不进食。士卒因此乐意被他使用。及至李广死去，全军都哭了。百姓听到死讯，认识他的和不认识他的，无论年老还是年轻，都为他流泪，右将军赵食其一人被交付审判，其罪当死，赎身后成为平民。

骠骑将军霍去病率领的骑兵军车和辎重都与大将军卫青相同，但没有副将，将李敢等人全都任命为大校，充当副将，从代郡、右北平郡出塞二千余里，穿越大沙漠，与匈奴左部的军队遭遇，擒获匈奴屯头王、韩王等三人，以及将军、相国、当户、都尉等八十三人，在狼居胥山祭祀天神，姑衍山祭祀地神，又登上翰海旁边的山峰眺望，共俘获匈奴七万零四百四十三人。汉武帝增加霍去病食邑五千八百户，又封其部将右北平太守路博德等四人为列侯，从票侯赵破奴等二人增加食邑，封校尉李敢为关内侯，赐食邑。低级军官和兵卒升官，受赏的人很多。而大将卫青却没有增加食邑，部下军吏士兵全都没有被封侯的。

卫青与霍去病两支部队出塞时，曾在边塞检阅，官私马匹加起来共十四万匹，至班师重新入塞时，马匹不到三万。

于是，汉武帝增设大司马一职，由卫青、霍去病同时担任，还规定霍去病的官级和俸禄与卫青一样。从此以后，卫青的权势日渐衰落，而霍去病日益尊贵。很多卫青以往的朋友和门客去改投霍去病，马上得到了官职、爵位，只有任安不肯这样做。

霍去病为人寡言沉稳，有勇气，敢于任事，汉武帝曾想教他学习孙武、吴起兵法，他说："作战只看谋略如何罢了，用不着古代兵法。"汉武帝为霍去病修建府第，让他前往观看，他说："匈奴还没有消灭，要家干什么呢！"因此，汉武帝更加爱重他了。但霍去病少年显贵，对部下不关心。他率军出征时，汉武帝派负责宫廷膳食的太官给他送来的食物装了数十辆车。班师时，车上装满吃剩下的粮食和肉类，而士兵却有饿肚子的。在塞外时，军队有时因缺粮而士气不振，可霍去病却修建踢球的场地游戏。像这样的事例有很多。卫青为人仁和，尊重士子，谦虚退让，以温顺柔和博取汉武帝的喜爱。二人的志趣节操就是如此。

这时，汉朝消灭匈奴共八九万人，汉军也死亡了数万人。此后，匈奴迁往很远的地方，沙漠以南再没有匈奴的王庭了。汉军渡过黄河，从朔方以西到令居县，处处开通河渠，设置田官，派士卒五六万人屯垦，逐渐蚕食到匈奴旧地以北。但也因缺少马匹，不再大举出击匈奴了。

先前，宁成担任函谷关都尉时，官吏百姓出入此关的都说："宁愿碰到正在喂奶的母老虎，也别遇上宁成发怒。"及至义纵被任为南阳太守，途经函谷关，宁成在迎、送时都恭敬地走在旁边。义纵到郡接任后，便调查宁氏一家的罪状，将其满门抄斩，南阳郡的官吏百姓震恐异常，重足而立，不敢迈步。后来义纵改任定襄太守，一到任，就突然封闭了定襄监狱，将狱中轻、重人犯二百余人，及私自入狱探视的犯人有二百余人，一起逮捕，宣判他们犯有"为死罪囚犯私自解脱枷镣"的罪名；当天将这四百余人全部判决处死，从此郡中人人不寒而栗。当时，赵禹、张汤都因严苛而位列九卿，但他们还是以法律为辅治事，而义纵则专门用老鹰捕兽的手段治事。

王温舒开始做广平都尉时，在郡中挑选了十几名豪勇敢闯的官吏充当爪牙，办好他想办的事的人，尽管此人犯过许多罪，也不处罚；如不能尽心尽力地为他办事，王温舒就根据此人的旧事杀他，甚至灭族。因此，齐国、赵国野外的盗贼都不敢靠近广平，使广平郡的治安良好，有"道不拾遗"的美誉。后调任河内太守，九月到任，命郡中为他准备五十匹传送信件的驿马，然后搜捕郡中豪勇奸猾之徒，相互牵连的有一千余家。王温舒奏请朝廷：罪大的诛杀全族，罪小的本人处死，其家产全部没收以抵往日的赃物。奏章送走不过两三天，就得到朝廷的批准，于是对案件进行判决，致使血流十余里，河内郡的人们对他传送奏章的神速惊骇不已。到十二月底，郡中无人敢出声，无人敢夜间出门，乡村中也听不到因有人偷盗而引起的狗叫声。凡有逃亡的罪犯，王温舒都要派人到邻近的郡县或封国去追缉。恰好春天到了，照例停止行刑，王温舒跺着脚叹道："唉！如果冬季延长一个月，就够办我的事了。"

汉武帝听说义纵和王温舒的所作所为，认为二人都很有才干，所以将他们提升为中二千石官。

第二十卷　汉纪十二

译文诵读

世宗孝武皇帝中之下元狩五年（癸亥，前118）

上以为淮阳，楚地之郊，乃召拜汲黯为淮阳太守。黯伏谢不受印，诏数强予，然后奉诏。黯为上泣曰："臣自以为填沟壑，不复见陛下，不意陛下复收用之。臣常有狗马病，力不能任郡事。臣愿为中郎，出入禁闼，补过拾遗，臣之愿也。"上曰："君薄淮阳邪？吾今召君矣。顾淮阳吏民不相得，吾徒得君之重，卧而治之。"

黯既辞行，过大行李息曰："黯弃逐居郡，不得与朝廷议矣。御史大夫汤，智足以拒谏，诈足以饰非，务巧佞之语，辩数之辞，非肯正为天下言，专阿主意。主意所不欲，因而毁之；主意所欲，因而誉之。好兴事，舞文法，内怀诈以御主心，外挟贼吏以为威重。公列九卿，不早言之，公与之俱受其戮矣。"息畏汤，终不敢言；及汤败，上抵息罪。

使黯以诸侯相秩居淮阳，十岁而卒。

六年（甲子，前117）

是岁，孔仅为大农令，而桑弘羊为大农中丞，稍置均输，以通货物。

初，异以廉直，稍迁至九卿。上与张汤既造白鹿皮币，问异，异曰："今王侯朝贺以苍璧，直数千，而以皮荐反四十万，本末不相称。"天子不说。张汤又与异有郤，及人有告异以他事，下张汤治异。异与客语初令下有不便者，异不应，微反唇。汤奏当："异九卿，见令不便，不入言而腹诽，论死。"自是之后，有腹诽之法比，而公卿大夫多谄谀取容矣。

二年（丙寅，前115）

冬，十一月，张汤有罪自杀。

初，御史中丞李文，与汤有郤，汤所厚吏鲁谒居阴使人上变告文奸事，事下汤治，论杀之。汤心知谒居为之，上问："变事踪迹安起？"汤佯惊曰："此殆文故人怨之。”谒居病，汤亲为之摩足。赵王素怨汤，上书告：“汤大臣，乃与吏摩足，疑与为大奸。”事下廷尉。谒居病死，事连其弟。弟系导官，汤亦治他囚导官，见谒居弟，欲阴为之，而佯不省。谒居弟弗知，怨汤，使人上书，告汤与谒居谋共变告李文。事下减宣，宣尝与汤有郤，及得此事，穷竟其事，未奏也。会人有盗发孝文园瘗钱，丞相青翟朝，与汤约俱谢，至前，汤独不谢。上使御史按丞相，汤欲致其文“丞相见知”，丞相患之。丞相长史朱买臣、王朝、边通，皆故九卿、二千石，仕宦绝在汤前。汤数行丞相事，知三长史素贵，故陵折，丞史遇之，三长史皆怨恨，欲死之。乃与丞相谋，使吏捕案贾人田信等，曰：“汤且欲奏请，信辄先知之，居物致富，与汤分之。”事辞颇闻，上问汤曰：“吾所为，贾人辄先知之，益居其物，是类有以吾谋告之者。”汤不谢，又佯惊曰：“固宜有。”减宣亦奏谒居等事。天子以汤怀诈面欺，使赵禹切责汤，汤乃为书谢，因曰：“陷臣者，三长史也。”遂自杀。汤既死，家产直不过五百金。昆弟诸子欲厚葬汤，汤母曰：“汤为天子大臣，被污恶言而死，何厚葬乎！”载以牛车，有棺无椁。天子闻之，乃尽按诛三长史。十二月，壬辰，丞相青翟下狱，自杀。

四年（戊辰，前113）

是时，吏治皆以惨刻相尚，独左内史兒宽，劝农业，缓刑罚，理狱讼，务在得人心；择用仁厚士，推情与下，不求名声，吏民大信爱之；收租税时，裁阔狭，与民相假贷，以故租多不入。后有军发，左内史以负租课殿，当免；民闻当免，皆恐失之，大家牛车、小家担负输租，繦属不绝，课更以最。上由此愈奇宽。

初，南越文王遣其子婴齐入宿卫，在长安取邯郸樛氏女，生子兴。文王薨，婴齐立，乃藏其先武帝玺，上书请立樛氏女为后，兴为嗣。汉数使使者风谕婴齐入朝。婴齐尚乐擅杀生自恣，惧入见要，用汉法比内诸侯，固称病，遂不入见。婴齐薨，谥曰明王。太子兴代立，其母为太后。

太后自未为婴齐姬时，尝与霸陵人安国少季通。是岁，上使安国少季往谕王、王太后以入朝，比内诸侯，令辩士谏大夫终军等宣其辞，勇士魏臣等辅其决，卫尉路博德将兵屯桂阳待使者。南越王年少，太后中国人；安国少季往，复与私通。国人颇知之，多不附太后。太后恐乱起，亦欲倚汉威，数劝王及群臣求内属；即因使者上书，请比内诸侯，三岁一朝，除边关。

五年（己巳，前112）

南越王、王太后饬治行装，重赍为入朝具。其相吕嘉，年长矣，相三王，宗族仕宦为长吏者七十余人，男尽尚王女，女尽嫁王子弟、宗室，及苍梧秦王有连，其居国中甚重，得众心愈于王。王之上书，数谏止王，王弗听；有畔心，数称病，不见汉使者。

天子闻嘉不听命，王、王太后孤弱不能制，使者怯无决；又以为王、王太后已附汉，独吕嘉为乱，不足以兴兵，欲使庄参以二千人往使。参曰："以好往，数人足矣；以武往，二千人无足以为也。"辞不可，天子罢参。郏壮士故济北相韩千秋奋曰："以区区之越，又有王、王太后应，独相吕嘉为害，愿得勇士三百人，必斩嘉以报。"于是天子遣千秋与王太后弟樛乐将二千人往。入越境。吕嘉等乃遂反，下令国中曰："王年少。太后，中国人也，又与使者乱，专欲内属，尽持先王宝器入献天子以自媚；多从人行，至长安，虏卖以为僮仆；取自脱一时之利，无顾赵氏社稷、为万世虑计之意。"乃与其弟将卒攻杀王、王太后及汉使者，遣人告苍梧秦王及其诸郡县，立明王长男越妻子术阳侯建德为王。而韩千秋兵入，破数小邑。其后越开直道给食，未至番禺四十里，越以兵击千秋等，遂灭之；使人函封汉使者节置塞上，好为谩辞谢罪，发兵守要害处。

齐相卜式上书，请父子与齐习船者往死南越。天子下诏褒美式，赐爵关内侯，金六十斤，田十顷，布告天下；天下莫应。是时列侯以百数，皆莫求从军击越。会九月尝酎，祭宗庙，列侯以令献金助祭。少府省金，金有轻及色恶者，上皆令劾以不敬，夺爵者百六人。辛巳，丞相赵周坐知列侯酎金轻，下狱，自杀。

六年（庚午，前111）

楼船将军杨仆入越地，先陷寻陿，破石门，挫越锋，以数万人待伏波将军路博德至俱进，楼船居前，至番禺，南越王建德、相吕嘉城守。楼船居东南面，伏波居西北面。会暮，楼船攻败越人，纵火烧城。伏波为营，遣使者招降者，赐印绶，复纵令相招。楼船力攻烧敌，驱而入伏波营中。黎旦，城中皆降。建德、嘉已夜亡入海，伏波遣人追之。校尉司马苏弘得建德，越郎都稽得嘉。戈船、下濑将军兵及驰义侯所发夜郎兵未下，南越已平矣。遂以其地为南海、苍梧、郁林、合浦、交趾、九真、日南、珠崖、儋耳九郡。师还，上益封伏波；封楼船为将梁侯，苏弘为海常侯，都稽为临蔡侯，及越降将苍梧王赵光等四人皆为侯。

初，司马相如病且死，有遗书，颂功德，言符瑞，劝上封泰山。上感其言，会得宝鼎，上乃与公卿诸生议封禅。封禅用希旷绝，莫知其仪，而诸方士又言："封禅者合不死之名也。黄帝以上，封禅皆致怪物，与神通，秦皇帝不得上封。陛下必欲上，稍上即无风雨、遂上封矣。"上于是乃令诸儒采《尚书》《周官》《王制》之文，草封禅仪，数年不成。上以问左内史兒宽，宽曰："封泰山，禅梁父，昭姓考瑞，帝王之盛节也；然享荐之义，不著于《经》。臣以为封禅告成，合祛于天地神祇，唯圣主所由，制定其当，非群臣之所能列。今将举大事，优游数年，使群臣得人人自尽，终莫能成。唯天子建中和之极，兼总条贯，金声而玉振之，以顺成天庆，垂万世之基。"上乃自制仪，颇采儒术以文之。上为封禅祠器，以示群儒，或曰"不与古同"，于是尽罢诸儒不用。上又以古者先振兵释旅，然后封禅。

元封元年（辛未，前110）

天子即已封泰山，无风雨，而方士更言蓬莱诸神若将可得，于是上欣然庶几遇之，复东至海上望焉。上欲自浮海求蓬莱，群臣谏，莫能止。东方朔曰："夫仙者，得之自然，不必躁求。若其有道，不忧不得；若其无道，虽至蓬莱见仙人，亦无益也。臣愿陛下第还宫静处以须之，仙人将自至。"上乃止。会奉车霍子侯暴病，一日死。子侯，去病子也，上甚悼之；乃遂去，并海上，北至碣石，巡自辽西，历北边，至九原，五月，乃至甘泉。凡周行万八千里云。

先是，桑弘羊为治粟都尉，领大农，尽管天下盐铁。弘羊作平准之法，令远方各以其物如异时商贾所转贩者为赋而相灌输。置平准于京师，都受天下委输。大农诸官，尽笼天下之货物，贵即卖之，贱则买之，欲使富商大贾无所牟大利，而万物不得腾踊。至是，天子巡狩郡县，所过赏赐，用帛百余万匹，钱金以巨万计，皆取足大农。弘羊又请吏得入粟补官及罪人赎罪。山东漕粟益岁六百万石，一岁之中，太仓、甘泉仓满，边余谷，诸物均输，帛五百万匹，民不益赋而天下用饶。于是弘羊赐爵左庶长，黄金再百斤焉。

是时小旱，上令官求雨。卜式言曰："县官当食租衣税而已，今弘羊令吏坐市列肆，贩物求利，烹弘羊，天乃雨。"

汉武帝元狩五年（癸亥，公元前118年）

汉武帝因为淮阳郡地处楚地交通要冲，所以召来汲黯，任命他为淮阳太守。汲黯伏地辞谢，不肯接受印信，经汉武帝数次下诏强行授予，才接受这一职务。汲黯流着眼泪对汉武帝说："我自以为老死无用，将填沟渠，再也见不到陛下了，想不到陛下还会收用我。我时常患病，不能胜任一郡的繁重事务，愿意充当中郎之职，出入宫廷，为陛下弥补过失和提醒遗漏之事，这是我的心愿。"汉武帝说道："你看不起淮阳吗？我很快就会召你回来的。顾念到淮阳的官吏与老百姓不和，我只想借重你的威望，你能够躺在床上处理郡事就行。"

汲黯辞行以后，拜访大行李息，说道："我被弃置到地方郡县，不能再参与朝廷议事了。御史大夫张汤，其智谋足以拒绝规劝，狡诈足以掩饰错误，专门说乖巧、奸佞的话，用辞诡辩，不肯为天下正事发言，一心迎合主上的意思。凡是主上所不喜欢的，他就乘机诋毁；凡是主上所喜欢的，他就乘机称赞。他还爱制造事端，玩弄法律条文，心怀奸诈以左右主上的心意，依靠不法官吏来建立自己的威望。你身居九卿高位，如不早加揭露，您恐怕会与张汤一同受到惩处。"李息因惧怕张汤权势，始终未敢开口。及至张汤倒台时，汉武帝将李息一同治罪。

汉武帝给予汲黯诸侯国相的待遇，命其居守淮阳，十年后去世。

六年（甲子，公元前117年）

这一年，孔仅作了大农令，桑弘羊作了大农中丞，逐渐在郡、国设置均输官，负责调节各地物资，互通有无。

当初，颜异因廉洁正直逐步升到九卿高位。汉武帝和张汤商议要制造“白鹿皮币”时，曾询问颜异的意见，颜异说：“现在藩王和列侯朝贺时的礼物，都是黑色璧玉，价值才数千钱，而用作衬垫的皮币反而价值四十万，本末不相称。”汉武帝听了很不高兴。张汤又与颜异不和，这时有人告发颜异在一件别的事上触犯法令，汉武帝命张汤给颜异定罪。颜异的一位客人议论诏令初下时有不恰当的地方，颜异听到后没有应声，微微撇了一下嘴唇。张汤奏称：“颜异身为九卿，见到诏令有不当之处，不提醒皇上，却在心里加以诽谤，应处死刑。”从此以后，有了“腹诽”的案例，而公卿大臣们大多以阿谀谄媚的办法来保全自己的身家性命。

二年（丙寅，公元前115年）

冬季，十一月，张汤因有罪而自杀。

当初，御史中丞李文与张汤不和。张汤所赏识的官吏鲁谒居，暗中唆使人上书汉武帝，告发李文有奸恶之事。汉武帝交张汤处理，张汤将李文判罪处死。张汤明知是鲁谒居所为，但当汉武帝问到：“告发的事是从哪里引起的呢？”张汤假装吃惊道：“这大概是李文的故人对他不满而引起的。”后来鲁谒居生病，张汤亲自给他按摩脚。赵王刘彭祖一向怨恨张汤，听说此事后，上书汉武帝告发说：“张汤身为大臣，竟给一个小吏按摩脚，我怀疑他们有大阴谋。”汉武帝将此事交给廷尉处理。鲁谒居病死了，此事又牵连到鲁谒居的弟弟，被囚禁在导官衙门。张汤也因审问别的囚犯到了导官，见到鲁谒居的弟弟，打算暗中救助，表面上却装作不理会。鲁谒居的弟弟不知张汤心意，怨恨张汤，便让人上书朝廷，揭发张汤与鲁谒居同谋告发李文。汉武帝将此事交给减宣处理，减宣与张汤结怨，及至抓住此事，便穷追到底，但一时还没有结案奏报。就在此时，汉文帝陵园中所埋钱币被人盗挖，丞相庄青翟上朝，与张汤约定一同向汉武帝请罪，可到了汉武帝面前，张汤却独自不谢罪。汉武帝命张汤负责审理庄青翟在此事中的责任，张汤企图给庄青翟加上“丞相已知故纵”的罪名，庄青翟非常害怕。丞相长史朱买臣、王朝、边通以前都曾做过九卿或二千石官，做官都比张汤早。张汤曾几次代行丞相职权，知道这三位长史一向尊贵，就故意欺凌折辱他们，将他们看作低级小吏一般，所以三位长史都对张汤心怀怨恨，想置张汤于死地。于是，他们与庄青翟商议，派官吏逮捕审讯商人田信等，然后散布说：“张汤向皇上奏请政事，田信每每事先知道，囤积居奇赚了大钱，再分给张汤。”消息传到汉武帝耳中，便问张汤：“我做的事，商人每每事先知道，多囤积货物，好像有人将我的计划告诉了他们。”张汤不谢罪，又做吃惊的样子说：“很可能有这回事。”减宣也将调查鲁谒居一事的结果奏闻。因此，汉武帝认为张汤心怀奸诈且当面欺瞒，派赵禹严厉谴责张汤，张汤只得上书向汉武帝谢罪，并指控："陷害我的，是三名丞相长史。"然后自杀而死。张汤死后，所留家产价值不过五百金。张汤的兄弟子侄想要厚葬他，其母说："张汤身为天子重臣，竟被污言秽语中伤而死，何必要厚葬呢！"便将张汤放在牛车上运到墓地，只有一口棺材，并无外椁。汉武帝听说后，就将三名丞相长史全部处死。十二月壬辰（二十五日），丞相庄青翟被逮捕下狱，自杀。

四年（戊辰，公元前113年）

这一时期，用法严酷成为整个官场的风尚，只有左内史兒宽，鼓励农业生产，放宽刑罚，处理诉讼纠纷，争取人心。他选择心地忠厚的人加以任用，与下级推心置腹，不求名声，受到官吏和百姓的衷心爱戴。征收赋税时，调节缓急，借给百姓钱物，因此租税常常收不上来。后来国家有重大军事行动，兒宽因税收不足，政绩最差，应该免职。当地老百姓听说兒宽会被罢免，都唯恐失去这样一位好官，于是富室大家用牛车，穷家小户用担挑，络绎不绝地将租税送到官府，兒宽征税的成绩一跃成为最好，汉武帝也因此对兒宽越发另眼相看。

当初，南越王赵胡派其子赵婴齐入宫为汉武帝充当侍卫，婴齐在长安娶邯郸女子樛氏为妻，生一子，取名赵兴。赵胡死后，赵婴齐继承王位，隐藏其先祖南越武帝赵佗的印玺，上书朝廷，请求立樛氏女为王后，赵兴为世子。朝廷多次派遣使臣，提醒赵婴齐入京朝觐。赵婴齐愿自操生杀予夺大权，随心所欲，害怕一旦入朝，朝廷会用法令像约束内地诸侯一样约束他，所以假称有病，没有到长安朝见。赵婴齐死后，谥号称明王。太子赵兴即王位，其母樛氏为王太后。

樛氏在没有成为赵婴齐的姬妾之前，曾与霸陵人安国少季有私情。这年，汉武帝派安国少季至南越国，告谕赵兴和他的母亲入京朝觐，同于内地诸侯；又派能言善辩的谏大夫终军等宣告朝廷的谕旨，勇士魏臣等帮助他们做决定；并命卫尉路博德率兵屯驻桂阳等待使臣。由于南越王年纪还小，樛氏又是汉朝人，安国少季到南越国后，又与樛氏私通，国中之人颇有耳闻，所以多数人都不拥护樛氏。樛氏害怕发生变乱，也想倚靠朝廷的威势，多次劝赵兴和南越国群臣请求归属朝廷，于是便借这次朝廷使臣前来的机会，上书请求比照内地诸侯，每三年朝觐一次，解除边界关卡。

五年（己巳，公元前112年）

南越王赵兴、王太后樛氏置办行装和重礼，准备入京朝觐。南越国丞相吕嘉年事已高，历任三代国王的丞相，其家族成员在南越国担任重要官职的有七十余人，男子都娶了国王的女儿，女子都嫁给国王的子弟或王族成员，与苍梧秦王也有姻亲关系。吕嘉在南越国的地位十分重要，比南越王更得人心。南越王上书汉朝请求归附，吕嘉曾多次谏阻，但南越王不听，吕嘉便生出离叛之心，几次推说有病，不肯与汉使相见。

汉武帝听说吕嘉不肯听命，而南越王、王太后又势孤力弱，不能控制，所派使臣怯懦无决断；又认为既然南越王、王太后已肯于归附，只有吕嘉从中捣乱，用不着举兵，想派庄参率兵二千前往南越国。庄参奏道：“要是以友好的目的前往，几个人就够了；如果是以武力去胁迫，二千人是不够用的。”推辞说不能去，汉武帝将庄参免职。郏县壮士、曾任济北国承相的韩千秋自告奋勇说：“一个小小的南越国，又有其国王和王太后的响应，只丞相吕嘉一人捣乱，给我三百勇士，必能斩杀吕嘉回报。”于是汉武帝派韩千秋和南越王太后的弟弟樛乐率兵二千前往。汉军进入南越国境，吕嘉等便反叛，号令全国说：“国王年轻，王太后本是汉朝人，又与汉使淫乱，一心想归附汉朝，将先王的宝器全都献给汉天子来讨好；还想带去大批随从之人，到达长安后卖为奴隶，只顾自己眼前利益，却不顾赵氏的江山社稷，没有为子孙万代着想的意思。”吕嘉与其弟率兵攻杀了南越王赵兴、王太后樛氏及汉朝使臣，派人告知苍梧秦王及各郡县，立南越明王赵婴齐大儿子赵越的南越妻子所生的儿子术阳侯赵建德为王。韩千秋率兵进入南越国后，攻破了几座小城。后南越人诱其直入，提供饭食，在距其都城番禺约四十里的地方将韩千秋所部汉军歼灭，然后派人把汉使的符节用函封好，放到边塞上，以动听的诳骗言辞谢罪，同时派兵加强边界要隘的镇守。

齐国丞相卜式上书朝廷，请求汉武帝批准他父子和齐国熟习舰船的人前往南越为国尽力。为此，汉武帝颁布诏书，表扬卜式，封卜式为关内侯，赏金六十斤、土地十顷，并宣告全国，然而全国却无人响应。当时列侯数以百计，没有一个人要求从军打南越。正好举行祭祀活动，天下列侯奉命进献黄金助祭。少府检查所献黄金，凡重量不足或成色不好的，皇上命令一律以“不敬”罪加以参劾。结果，因此而被革去爵位的，有一百零六人。辛巳（初六），丞相赵周也被指控“明知列侯所献黄金重量不足，却纵容包庇”，被逮捕下狱，赵周自杀。

六年（庚午，公元前111年）

楼船将军杨仆率兵进入南越国，首先攻陷寻陿，击破石门，挫败南越军的前锋，然后率部下数万人等待伏波将军路博德到来一同前进。杨仆为前导，到达南越国都番禺。南越王赵建德、丞相吕嘉等据城垣坚守。杨仆屯兵城东南面，路博德屯兵城西北面。黄昏时，杨仆军攻破南越军，放火烧城。路博德则设下营垒，派人招揽投降官兵，赏给印信、绶带，再命他们去招降同伴。杨仆军猛烈进攻，火烧敌军，南越军被驱赶到路博德营中。黎明时，城中南越人全部投降。赵建德、吕嘉已于半夜逃到海上，路博德派人追击。校尉司马苏弘生擒赵建德，原南越国郎官都稽活捉吕嘉。戈船将军、下濑将军的部队及驰义侯率领的夜郎军尚未赶到，南越国已被剿平。汉朝于是在南越旧地设南海、苍梧、郁林、合浦、交趾、九真、日南、珠崖、儋耳九郡。大军返回后，汉武帝加封路博德食邑，封杨仆为将梁侯，苏弘为海常侯，都稽为临蔡侯；南越降将原苍梧王赵光等四人也都被封为列侯。

当初，司马相如病重将死，临终时留下遗书，称颂汉武帝的功德，并谈及祥瑞之事，劝汉武帝到泰山封禅祭祀天地。汉武帝深受感动，适逢获得宝鼎，他便与公卿大臣和儒生们商议封禅之事。天子封禅泰山，是极为少见的事，又没有人懂得它的礼仪。方士们认为：“封禅的意义就是不死。黄帝以前的君主，封禅都招来怪物，以与神灵相通，而秦始皇就未能在泰山顶上祭天。陛下如一定要登泰山，应缓缓前进，如无风雨，就可以登上泰山山顶举行祭天大典了。”于是，汉武帝命儒生们采用《尚书》《周官》《王制》等书的记载，草拟封禅的礼仪。但数年之后，还未拟出。汉武帝询问左内史兒宽的意见，兒宽说：“在泰山祭天，在梁父山祭地，显扬祖先的姓氏，考求上天的瑞应，是帝王的盛典，但献礼的仪式，经书中却无记载。我认为，封禅典礼的完成，意味着同天地神灵的联系，只有圣明的君主才能制定适当的礼仪，而非臣下所能拟就。如今将要举行大典，已经拖了数年时间，使群臣人人各自尽了全力，却始终未能拟出。只有天子才能掌握中正平和的最高原则，综合条理各种头绪，发出金玉般的声音，以顺利促成这一天下最大的庆典，作为万世遵奉的法则。”于是汉武帝自定礼仪，多采用儒家学说加以修饰。又制作封禅用的祭器，拿给儒生们观看，有的儒生说：“与古代的不一样。”于是汉武帝将儒生一律罢斥不用。又按着古代的做法，首先振奋军威，用酒食飨众，然后举行封禅大典。

元封元年（辛未，公元前110年）

汉武帝在泰山祭祀天地时，并无风雨，而方士们更加强调蓬莱山的神仙大概能够请到，于是汉武帝再次东至海边，兴高采烈地盼望能遇到神仙。汉武帝打算亲自乘船出海去寻找蓬莱仙山，群臣劝谏，但无人能够阻止。东方朔说道：“与神仙相遇，要出于自然，不必急躁强求。若是有仙缘，就不愁遇不到；如果无仙缘，纵然到了蓬莱山，见到神仙，也没有益处。我希望陛下只管回到宫中，安静地等待，神仙自会降临。”汉武帝这才打消了出海的念头。正巧奉车都尉霍子侯突然重病，一日之间死去。霍子侯是霍去病的儿子，汉武帝非常难过，于是起驾离去，沿海岸北上至碣石，自辽西巡视北部边疆到九原，五月回到甘泉。此次出巡，行程共一万八千里。

当初，桑弘羊以治粟都尉的身份兼任大农令，主持全国的盐铁专营事务。桑弘羊创立平抑物价之法，令相距较远的地方官府以各自的特产作为贡赋，参考商人在不同时期向不同地区转贩不同商品的做法，相互转输。又在京师设立平准官，负责全国各地的转输事务，大农令所属各官，控制天下全部货物，价高时卖出，价低时买进，目的是让大商人无法牟取暴利，使各种货物的价格不能高涨。如今，汉武帝出巡各地，所到之处，赏赐丝织品共一百多万匹，金钱以万万计，都由大农令充分供应。桑弘羊又奏请以武帝批准，小吏可以用捐献粮食的办法升为官员，犯罪的人也可以用此法来赎罪。因此，崤山以东地区一年的漕粮比规定数目多出六百万石，一年之间，太仓、甘泉仓全部贮满，边塞地区的粮食储备也有盈余；各地货物相互流通，都有余裕，如丝织品就余出五百万匹。百姓赋税没有增加，而天下财物却变得富饶有余。于是，汉武帝赐给桑弘羊左庶长爵位和黄金二百斤。

这时，发生小规模的旱灾，汉武帝命官员求雨。卜式说道："朝廷的衣食供应全靠赋税，如今桑弘羊却让官吏们坐在市场店铺之中，贩卖货物，追求利润。只有烹杀桑弘羊，天才会下雨。"

第二十一卷
汉纪十三

译文诵读

世宗孝武皇帝下之上元封二年（壬申，前109）

初，全燕之世，尝略属真番、朝鲜，为置吏，筑障塞。秦灭燕。属辽东外徼。汉兴，为其远难守，复修辽东故塞，至浿水为界，属燕。燕王卢绾反，入匈奴。燕人卫满亡命，聚党千余人，椎髻、蛮夷服而东走出塞，渡浿水，居秦故空地上下障，稍役属真番、朝鲜蛮夷及燕亡命者王之，都王险。会孝惠、高后时，天下初定，辽东太守即约：满为外臣，保塞外蛮夷，无使盗边；诸蛮夷君欲入见天子，勿得禁止。以故满得以兵威财物侵降其旁小邑，真番、临屯皆来服属，方数千里。传子至孙右渠，所诱汉亡人滋多，又未尝入见；辰国欲上书见天子，又雍阏不通。是岁，汉使涉何诱谕，右渠终不肯奉诏。何去至界上，临浿水，使御刺杀送何者朝鲜裨王长，即渡，驰入塞，遂归报天子曰："杀朝鲜将。"上为其名美，即不诘，拜何为辽东东部都尉。朝鲜怨何，发兵袭攻杀何。

是时，汉灭两越，平西南夷，置初郡十七，且以其故俗治，毋赋税。南阳、汉中以往郡，各以地比，给初郡吏卒奉食、币物、传车、马被具。而初郡时时小反，杀吏，汉发南方吏卒往诛之，间岁万余人，费皆仰给大农。大农以均输、调盐铁助赋，故能赡之。然兵所过，县为以訾给毋乏而已，不敢言擅赋法矣。

三年（癸酉，前108）

汉兵入朝鲜境，朝鲜王右渠发兵距险。楼船将军将齐兵七千人先至王险。右渠城守，窥知楼船军少，即出城击楼船；楼船军败散，遁山中十余日，稍求退散卒，复聚。左将军击朝鲜浿水西军，未能破。天子为两将未有利，乃使卫山因兵威往谕右渠。右渠见使者，顿首谢："愿降，恐两将诈杀臣；今见信节，请复降。"遣太子入谢，献马五千匹，及馈军粮；人众万余，持兵方渡浿水。使者及左将军疑其为变，谓太子："已服降，宜令人毋持兵。"太子亦疑使者、左将军诈杀之，遂不渡浿水，复引归。山还报天子。天子诛山。

左将军破浿水上军，乃前至城下，围其西北，楼船亦往会，居城南。右渠遂坚守城，数月未能下。左将军所将燕、代卒多劲悍，楼船将齐卒已尝败亡困辱，卒皆恐，将心惭，其围右渠，常持和节。左将军急击之，朝鲜大臣乃阴间使人私约降楼船，往来言尚未肯决。左将军数与楼船期战，楼船欲就其约，不会。左将军亦使人求间隙降下朝鲜，朝鲜不肯，心附楼船，以故两将不相能。左将军心意楼船前有失军罪，今与朝鲜私善，而又不降，疑其有反计，未敢发。

天子以两将围城乖异，兵久不决，使济南太守公孙遂往正之，有便宜得以从事。遂至，左将军曰："朝鲜当下，久之不下者，楼船数期不会。"具以素所意告，曰："今如此不取，恐为大害。"遂亦以为然，乃以节召楼船将军入左将军营计事，即命左将军麾下执楼船将军，并其军；以报天子，天子诛遂。

左将军已并两军，即急击朝鲜。朝鲜相路人、相韩阴、尼谿相参、将军王唊相与谋曰："始欲降楼船，楼船今执，独左将军并将，战益急，恐不能与战；王又不肯降。"阴、唊、路人皆亡降汉，路人道死。夏，尼谿参使人杀朝鲜王右渠来降。王险城未下，故右渠之大臣成已又反，复攻吏。左将军使右渠子长、降相路人之子最告谕其民，诛成已。以故遂定朝鲜，为乐浪、临屯、玄菟、真番四郡。封参为澅清侯，阴为长苴侯，唊为平州侯，长为几侯，最以父死颇有功，为涅阳侯。

五年（乙亥，前106）

上既攘却胡、越，开地斥境，乃置交趾、朔方之州，及冀、幽、并、兖、徐、青、扬、荆、豫、益、凉等州，凡十三部，皆置刺史焉。

六年（丙子，前105）

乌孙使者见汉广大，归报其国，其国乃益重汉。匈奴闻乌孙与汉通，怒，欲击之；又其旁大宛、月氏之属皆事汉；乌孙于是恐，使使愿得尚汉公主，为昆弟。天子与群臣议，许之。乌孙以千匹马往聘汉女。汉以江都王建女细君为公主，往妻乌孙，赠送甚盛；乌孙王昆莫以为右夫人。匈奴亦遣女妻昆莫，以为左夫人。公主自治宫室居，岁时一再与昆莫会，置酒饮食。昆莫年老，言语不通，公主悲愁思归，天子闻而怜之，间岁遣使者以帷帐锦绣给遗焉。昆莫曰："我老。"欲使其孙岑娶尚公主。公主不听，上书言状。天子报曰："从其国俗，欲与乌孙共灭胡。"岑娶遂妻公主。昆莫死，岑娶代立，为昆弥。

是时，汉使西逾葱岭，抵安息。安息发使，以大鸟卵及黎轩善眩人献于汉，及诸小国驩潜、大益、车姑师、扜罙、苏韰之属皆随汉使献见天子，天子大悦。西国使更来更去，天子每巡狩海上，悉从外国客，大都、多人则过之，散财帛以赏赐，厚具以饶给之，以览示汉富厚焉。大角抵，出奇戏、诸怪物，多聚观者。行赏赐，酒池肉林，令外国客遍观名仓库府藏之积，见汉之广大，倾骇之。大宛左右多蒲萄，可以为酒；多苜蓿，天马嗜之；汉使采其实以来，天子种之于离宫别观旁，极望。然西域以近匈奴，常畏匈奴使，待之过于汉使焉。

太初元年（丁丑，前104）

汉使入西域者言："宛有善马，在贰师城，匿不肯与汉使。"天子使壮士车令等持千金及金马以请之。宛王与其群臣谋越曰："汉去我远，而盐水中数败，出其北有胡寇，出其南乏水草，又且往往而绝邑，乏食者多，汉使数百人为辈来，而常乏食，死者过半，是安能致大军乎！无奈我何。贰师马，宛宝马也。"遂不肯予汉使。汉使怒，妄言，椎金马而去。宛贵人怒曰："汉使至轻我！"遣汉使去，令其东边郁成王遮攻，杀汉使，取其财物。

于是天子大怒。诸尝使宛姚定汉等言："宛兵弱，诚以汉兵不过三千人，强弩射之，可尽虏矣。"天子尝使浞野侯以七百骑虏楼兰王，以定汉等言为然；而欲侯宠姬李氏，乃拜李夫人兄广利为贰师将军，发属国六千骑及郡国恶少年数万人，以往伐宛。期至贰师城取善马，故号贰师将军。赵始成为军正，故浩侯王恢使导军，而李哆为校尉，制军事。

臣光曰：武帝欲侯宠姬李氏，而使广利将兵伐宛，其意以为非有功不侯，不欲负高帝之约也。夫军旅大事，国之安危、民之死生系焉。苟为不择贤愚而授之，欲徼幸咫尺之功，藉以为名而私其所爱，不若无功而侯之为愈也。然则武帝有见于封国，无见于置将；谓之能守先帝之约，臣曰过矣。

二年（戊寅，前103）

闰月，丁丑，以太仆公孙贺为丞相，封葛绎侯。时朝廷多事，督责大臣，自公孙弘后，丞相比坐事死。石庆虽以谨得终，然数被谴。贺引拜为丞相，不受印绶，顿首涕泣不肯起。上乃起去，贺不得已，拜，出曰："我从是殆矣！"

贰师将军之西也，既过盐水，当道小国各城守，不肯给食，攻之不能下；下者得食，不下者数日则去。比至郁成，士至者不过数千，皆饥罢。攻郁成，郁成大破之，所杀伤甚众。贰师将军与李哆、赵始成等计："至郁成尚不能举，况至其王都乎！"引兵而还。至敦煌，士不过什一二。使使上书言："道远乏食，且士卒不患战而患饥，人少，不足以拔宛，愿且罢兵，益发而复往。"天子闻之，大怒，使使遮玉门曰："军有敢入者辄斩之！"贰师恐，因留敦煌。

三年（己卯，前102）

初，高祖封功臣为列侯百四十有三人。时兵革之余，大城、名都民人散亡，户口可得而数，裁什二三。大侯不过万家，小者五六百户。其封爵之誓曰："使黄河如带，泰山若厉，国以永存，爰及苗裔。"申以丹书之信，重以白马之盟。及高后时，尽差第列侯位次，藏诸宗庙，副在有司。逮文、景，四五世间，流民既归，户口亦息，列侯大者至三四万户，小国自倍，富厚如之。子孙骄逸，多抵法禁，陨身失国，至是见侯裁四人，罔亦少密焉。

汉既亡浞野之兵，公卿议者皆愿罢宛军，专力攻胡。天子业出兵诛宛，宛小国而不能下，则大夏之属渐轻汉，而宛善马绝不来，乌孙、轮台易苦汉使，为外国笑，乃案言伐宛尤不便者邓光等。赦囚徒，发恶少年及边骑，岁余而出敦煌六万人，负私从者不与，牛十万，马三万匹，驴、橐驼以万数，赍粮、兵弩甚设。天下骚动，转相奉伐宛五十余校尉。宛城中无井，汲城外流水，于是遣水工徙其城下水，空以穴其城。益发戍甲卒十八万酒泉、张掖北，置居延、休屠屯兵以卫酒泉，而发天下吏有罪者、亡命者及赘婿、贾人、故有市籍、父母大父母者市籍者凡七科，适为兵；及载糒给贰师，转车人徒相连属；而拜习马者二人为执、驱马校尉，备破宛择取其善马云。

于是贰师后复行。兵多，所至小国莫不迎，出食给军。至轮台，轮台不下，攻数日，屠之。自此而西，平行至宛城，兵到者三万。宛兵迎击汉兵，汉兵射败之，宛兵走入，保其城。贰师欲攻郁成城，恐留行而令宛益生诈，乃先至宛，决其水原移之，则宛固已忧困，围其城，攻之四十余日。宛贵人谋曰："王毋寡匿善马，杀汉使，今杀王而出善马，汉兵宜解；即不解，乃力战而死，未晚也。"宛贵人皆以为然，共杀王。其外城坏，虏宛贵人勇将煎靡。宛大恐，走入城中，持王毋寡头，遣人使贰师约曰："汉无攻我，我尽出善马恣所取，而给汉军食。即不听，我尽杀善马，康居之救又且至，至，我居内，康居居外，与汉军战。孰计之，何从？"是时，康居候视汉兵尚盛，不敢进。贰师闻宛城中新得汉人，知穿井，而其内食尚多，计以为"来诛首恶者毋寡，毋寡头已至，如此不许则坚守，而康居候汉兵罢来救宛，破汉兵必矣。"乃许宛之约。宛乃出其马，令汉自择之，而多出食食汉军。汉军取其善马数十匹，中马以下牝牡三千余匹，而立宛贵人之故时遇汉善者名昧蔡为宛王，与盟而罢兵。

四年（庚辰，前101）

春，贰师将军来至京师。贰师所过小国闻宛破，皆使其子弟从入贡献，见天子，因为质焉。军还，入马千余匹。后行，军非乏食，战死不甚多，而将吏贪，不爱卒，侵牟之，以此物故者矣。天子为万里而伐，不录其过，乃下诏封李广利为海西侯，封赵弟为新畤侯，以上官桀为少府，军官吏为九卿者三人，诸侯相、郡守、二千石百余人，千石以下千余人，奋行者官过其望，以谪过行，皆黜其劳，士卒赐直四万钱。

天子欲因伐宛之威遂困胡，乃下诏曰："高皇帝遗朕平城之忧，高后时，单于书绝悖逆。昔齐襄公复九世之仇，《春秋》大之。"且鞮侯单于初立，恐汉袭之，乃曰："我儿子，安敢望汉天子，汉天子，我丈人行也。"因尽归汉使之不降者路充国等，使使来献。

天汉元年（辛巳，前100）

上嘉匈奴单于之义，遣中郎将苏武送匈奴使留在汉者，因厚赂单于，答其善意。武与副中郎将张胜及假吏常惠等俱，既至匈奴，置币遗单于。单于益骄，非汉所望也。

会缑王与长水虞常等及卫律所将降者，阴相与谋劫单于母阏氏归汉。卫律者，父故长水胡人，律善协律都尉李延年，延年荐言律使于匈奴，使还，闻延年家收，遂亡降匈奴。单于爱之，与谋国事，立为丁灵王。虞常在汉时素与副张胜相知，私候胜曰："闻汉天子甚怨卫律，常能为汉伏弩射杀之。吾母、弟在汉，幸蒙其赏赐。"张胜许之，以货物与常。后月余，单于出猎，独阏氏、子弟在，虞常等七十余人欲发，其一人夜亡告之。单于子弟发兵与战，缑王等皆死，虞常生得。

单于使卫律治其事，张胜闻之，恐前语发，以状语武。武曰："事如此，此必及我，见犯乃死，重负国。"欲自杀，胜、惠共止之。虞常果引张胜。单于怒，召诸贵人议，欲杀汉使者。左伊秩訾曰："即谋单于，何以复加！宜皆降之。"单于使卫律召武受辞。武谓惠等："屈节辱命，虽生，何面目以归汉！"引佩刀自刺。卫律惊，自抱持武，驰召医，凿地为坎，置煴火，覆武其上，蹈其背以出血。武气绝，半日复息。惠等哭、舆归营。单于壮其节，朝夕遣人候问武，而收系张胜。

武益愈，单于使使晓武，欲降之，会论虞常，欲因此时降武；剑斩虞常已，律曰："汉使张胜谋杀单于近臣，当死，单于募降者赦罪。"举剑欲击之，胜请降。律谓武曰："副有罪，当相坐。"武曰："本无谋，又非亲属，何谓相坐！"复举剑拟之，武不动。律曰："苏君！律前负汉归匈奴，幸蒙大恩赐号称王，拥众数万，马畜弥山，富贵如此！苏君今日降，明日复然；空以身膏草野，谁复知之！"武不应。律曰："君因我降，与君为兄弟；今不听吾计，后虽欲复见我，尚可得乎！"武骂律曰："汝为人臣子，不顾恩义，畔主背亲，为降虏于蛮夷，何以汝为见！且单于信汝，使决人死生，不平心持正，反欲斗两主，观祸败。南越杀汉使者，屠为九郡；宛王杀汉使者，头悬北阙；朝鲜杀汉使者，即时诛灭；独匈奴未耳。若知我不降明，欲令两国相攻，匈奴之祸从我始矣。"律知武终不可胁，白单于，单于愈益欲降之。乃幽武置大窖中，绝不饮食；天雨雪，武卧，啮雪与旃毛并咽之，数日不死。匈奴以为神，乃徙武北海上无人处，使牧羝，曰"羝乳乃得归。"别其官属常惠等，各置他所。

二年（壬午，前99）

初，李广有孙陵，为侍中，善骑射，爱人下士。帝以为有广之风，拜骑都尉，使将丹阳、楚人五千人，教射酒泉、张掖以备胡。及贰师击匈奴，上诏陵，欲使为贰师将辎重。陵叩头自请曰："臣所将屯边者，皆荆楚勇士奇材剑客也，力扼虎，射命中，愿得自当一队，到兰于山南以分单于兵，毋令专乡贰师军。"上曰："将恶相属邪！吾发军多，无骑予女。"陵对："无所事骑，臣愿以少击众，步兵五千人涉单于庭。”上壮而许之，因诏路博德将兵半道迎陵军。博德亦羞为陵后距，奏言：“方秋，匈奴马肥，未可与战，愿留陵至春俱出。”上怒，疑陵悔不欲出而教博德上书，乃诏博德引兵击匈奴于西河。诏陵以九月发，出遮虏障，至东浚稽山南龙勒水上，徘徊观虏，即无所见，还，抵受降城休士。陵于是将其步卒五千人，出居延，北行三十日，至浚稽山止营，举图所过山川地形，使麾下骑陈步乐还以闻。步乐召见，道陵将率得士死力，上甚悦，拜步乐为郎。

陵至浚稽山，与单于相值，骑可三万围陵军，军居两山间，以大车为营。陵引士出营外为陈，前行持戟、盾，后行持弓、弩。虏见汉军少，直前就营。陵搏战攻之，千弩俱发，应弦而倒，虏还走上山，汉军追击杀数千人。单于大惊，召左、右地兵八万余骑攻陵。陵且战且引南行。数日，抵山谷中，连战，士卒中矢伤，三创者载辇，两创者将车，一创者持兵战，复斩首三千余级。引兵东南，循故龙城道行，四五日，抵大泽葭苇中，虏从上风纵火，陵亦令军中纵火以自救。南行至山下，单于在南山上，使其子将骑击陵。陵军步斗树木间，复杀数千人，因发连弩射单于，单于下走。是日捕得虏，言“单于曰：‘此汉精兵，击之不能下，日夜引吾南近塞，得无有伏兵乎？’诸当户君长皆言：‘单于自将数万骑击汉数千人不能灭，后无以复使边臣，令汉益轻匈奴。复力战山谷间，尚四五十里，得平地，不能破，乃还。’”

是时陵军益急，匈奴骑多，战一日数十合，复伤杀虏二千余人。虏不利，欲去，会陵军候管敢为校尉所辱，亡降匈奴，具言：“陵军无后救，射矢且尽，独将军麾下及校尉成安侯韩延年各八百人为前行，以黄与白为帜；当使精骑射之即破矣。”单于得敢大喜，使骑并攻汉军，疾呼曰：“李陵、韩延年趣降！”遂遮道急攻陵。陵居谷中，虏在山上，四面射，矢如雨下；汉军南行，未至鞮汗山，一日五十万矢皆尽，即弃车去。士尚三千余人，徒斩车辐而持之，军吏持尺刀入狭谷，单于遮其后，乘隅下垒石，士卒多死，不得行。昏后，陵便衣独步出营，止左右：“毋随我，丈夫一取单于耳！”良久，陵还，太息曰：“兵败，死矣！”于是尽斩旌旗，及珍宝埋地中，陵叹曰：“复得数十矢，足以脱矣。今无兵复战，天明，坐受缚矣，各鸟兽散，犹有得脱归报天子者。”令军士人持二升糒，一片冰，期至遮虏障者相待。夜半时，击鼓起士，鼓不鸣。陵与韩延年俱上马，壮士从者十余人，虏骑数千追之。韩延年战死。陵曰：“无面目报陛下！”遂降。军人分散，脱至塞者四百余人。

陵败处去塞百余里，边塞以闻。上欲陵死战；后闻陵降，上怒甚，责问陈步乐，步乐自杀。群臣皆罪陵，上以问太史令司马迁，迁盛言：“陵事亲孝，与士信，常奋不顾身以徇国家之急，其素所畜积也，有国士之风。今举事一不幸，全躯保妻子之臣随而媒糵其短，诚可痛也！且陵提步卒不满五千，深蹂戎马之地，抑数万之师，虏救死扶伤不暇，悉举引弓之民共攻围之，转斗千里，矢尽道穷拳，士张空拳，冒白刃，北首争死敌，得人之死力，虽古名将不过也。身虽陷败，然其所摧败亦足暴于天下。彼之不死，宜欲得当以报汉也。”上以迁为诬罔，欲沮贰师，为陵游说，下迁腐刑。

久之，上悔陵无救，曰：“陵当发出塞，乃诏强弩都尉令迎军；坐预诏之，得令老将生奸诈。”乃遣使劳赐陵余军得脱者。

汉武帝元封二年（壬申，公元前109年）

当初，燕国全盛之时，曾经占领真番、朝鲜为属地，设置官吏，修筑边防要塞。秦灭掉燕国之后，这一带成为辽东郡的外部边界。汉朝兴起后，因该地遥远，难于守御，所以只重修了辽东地区的原有边塞，以水作为边界，属燕国管辖。燕王卢绾谋反，逃入匈奴，燕国人卫满聚集亲信一千余人，头梳发髻，身穿蛮夷服装向东逃出边塞，渡过浿水，占据秦时旧有空地，自立为王，逐渐将真番、朝鲜的蛮夷部族和从燕国逃出的人归于自己的统治之下，建都王险。到汉惠帝、汉高后时期，因天下刚刚安定不久，辽东太守便与卫满约定：由卫满作为汉朝的外臣，保护汉朝边塞之外的蛮夷部族不对汉朝边塞进行侵扰；如果各蛮夷部族的首领要到汉朝觐见天子，卫满不得禁止。因此，卫满得以利用兵威和财物侵略和降服周围弱小部族，真番、临屯都来臣服归属，使其统治地域扩大到方圆数千里。王位传到卫满的孙子卫右渠时，卫氏朝鲜招降的汉朝逃亡之人越来越多，而卫右渠又从来未到长安朝见过汉朝天子；辰国国君想要上书汉朝，觐见汉天子，也因卫氏朝鲜的阻隔而不得通行。汉朝于本年派使臣涉何前去劝说卫右渠，但卫右渠却到底不肯接受诏令。涉何离开朝鲜，来到边界，在浿水河边，命驾车人将护送他的朝鲜副王长刺杀，然后立即渡过浿水，驰入汉朝边塞，回来报告汉武帝说：“杀死了朝鲜将领。”汉武帝认为他有杀朝鲜人的美名，未加责问，任命他为辽东东部都尉。朝鲜怨恨涉何，派兵攻击辽东，将涉何杀死。

此时，汉朝先后灭掉了南越和东越两国，剿平了西南夷各部族，新增设了十七个郡，并仍按当地原有风俗习惯进行治理，不征收赋税。南阳、汉中等旧有各郡，则各根据距离的远近，为新设各郡的官吏和兵卒提供粮食、钱物、邮传车、马匹及配件用具。由于新设各郡时常发生小规模叛乱，杀死官吏，汉朝便征调南方各郡的官吏兵卒前往镇压，过了一年达一万多人，所需费用全部依靠大农。大农靠调剂各地的物资和盐、铁专卖的所得，补充赋税的不足，所以还可以供应。然而军队所过之处，地方官府供应军需，只不使缺乏而已，不敢再提擅自动用赋税的法令了。

三年（癸酉，公元前108年）

汉军进入朝鲜境内，朝鲜王卫右渠派兵占据险要之地进行抵抗。楼船将军杨仆率领齐国军队七千人先行抵达王险。卫右渠据城坚守，探知杨仆兵力单薄，便出城

西汉 朱雀衔环杯

袭击杨仆。杨仆军兵败溃散，逃入山中十几天，后逐渐找回溃散的兵卒，重新聚集起来。左将军荀彘率部攻击朝鲜浿水西面的军队，未能攻破。汉武帝因为两位将军未能取胜，便派卫山前往朝鲜，用军事压力劝谕卫右渠归顺。卫右渠会见卫山，叩头道歉，说道："我愿意归降，但害怕两位将军用诈术杀我；如今见到天子信节，所以请求再次归降。"卫右渠派太子前往汉朝谢罪，并献马五千匹，又为汉军提供军粮。朝鲜太子率众一万余人，手持武器，将要渡过浿水，卫山和荀彘疑心要生出变故，便对太子说："既然已经归降，应命你手下人不要携带兵器。"太子也怕卫山和荀彘用计杀他，于是不肯渡浿水，带人返回。卫山回京报告汉武帝，汉武帝将卫山诛杀。

荀彘攻破浿水岸上的朝鲜军队，于是向前推进，逼临王险城下，包围城西北。杨仆也率领部众前往会合，屯兵城南。卫右渠坚决守城，汉军一连数月未能攻下。荀彘率领的燕、代地区兵卒大多强劲剽悍；而杨仆所率齐国兵卒因曾经遭到败亡困辱，全都心怀恐惧，将领也感到惭愧不安，所以在围困王险城时，常常主张和平解决。荀彘督军猛攻，朝鲜大臣们就暗中派人与杨仆私下商议投降之事。使者往来磋商，都没有做出决定。荀彘几次和杨仆商约共同作战的日期，但杨仆想与朝鲜私定和约，所以不与荀彘会合。荀彘也派人寻找机会劝说朝鲜归降，而朝鲜不肯，而希望向杨仆投降，从而引起荀、杨两位将军的不和。荀彘认为，杨仆先前曾经兵败，犯下丧失所属部队之罪，而今与朝鲜私相友善，而朝鲜又不归降，所以怀疑他有背叛的阴谋，但未敢发动攻击。

汉武帝因为荀彘、杨仆二人包围王险城后行动不一致，军队许久不决战，所以派济南太守公孙遂前往纠正，并授权公孙遂遇事可以相机行事。公孙遂到达后，荀彘说："朝鲜早就应当攻下；所以拖了这么久还未攻下，是因为楼船将军好几次不按照约定的日期会合。"又将平时自己对杨仆的怀疑一一告诉公孙遂，说道："现在这样还不先发制人，恐怕会成大祸。"公孙遂也同意荀彘的看法，使用天子符节召楼船将军杨仆来左将军营中议事，当即命左将军帐下武士将楼船将军逮捕，并兼并了其所属部队。公孙遂将此事报告汉武帝，汉武帝将公孙遂处死。

左将军荀彘将两支部队合并后，随即加紧对朝鲜发动进攻。朝鲜国相路人、韩阴、尼谿相参、将军王唊等相互商议道："当初打算向楼船将军投降，今楼船将军已被逮捕，只有左将军一人指挥汉军，攻击越来越猛烈，恐怕我方无法抵挡，而国王偏又不肯向左将军投降。"于是韩阴、王唊、路人都逃亡投向汉军大营，路人死于半途之中。夏季，尼谿相参派人杀死朝鲜王卫右渠，前来投降。汉军尚未开进王险城时，原卫右渠的大臣成已降而复叛，再次进攻汉朝官吏。荀彘命卫右渠的儿子卫长、降相路人的儿子路最劝告朝鲜民众归顺汉朝，并诛杀成已。汉朝因此而平定朝鲜，设置乐浪、临屯、玄菟、真番四郡。封参为澅清侯，韩阴为长苴侯，王唊为平州侯，卫长为几侯；路最的父亲路人为降汉而死，颇有功劳，封为涅阳侯。

五年（乙亥，公元前106年）

汉武帝已经驱逐了北方的匈奴，消灭了南方的越族政权，开疆拓土，于是设置交趾、朔方二州，以及冀州、幽州、并州、兖州、徐州、青州、扬州、荆州、豫州、益州、凉州，共将全国划分为十三州，全都设刺史。

六年（丙子，公元前105年）

乌孙使臣看到汉朝地域广大，回国后向其国王报告，乌孙于是更加重视与汉朝的关系。匈奴听说乌孙与汉朝建立联系，感到恼怒，准备出兵攻打乌孙；而其旁边的大宛、月氏等国也都服从汉朝。乌孙国王害怕匈奴对其发动攻击，派使臣向汉朝表示愿意娶汉朝公主为妻，与汉结为兄弟。汉武帝与群臣商议，决定同意乌孙王的请求。于是，乌孙王以一千匹马作为聘礼，派人去迎接汉朝公主。汉武帝封江都王刘建的女儿刘细君为公主，嫁给乌孙王，并赠以十分丰盛的陪嫁；乌孙王昆莫封汉公主为右夫人。匈奴也嫁给乌孙王一女，被封为左夫人。汉朝公主自建宫室居住，一年四季与乌孙王见面一两次，在一起饮酒吃饭。由于乌孙王年老，语言又不通，所以公主悲伤忧愁，思念家乡。汉武帝听说后很可怜她，每隔一年派使臣给她送去锦帐、绸缎等物。乌孙王对汉公主说："我年纪已老。"想让公主嫁给他的孙子军须靡为妻。汉公主不肯依从，并上书汉武帝报告此事。汉武帝回复她说："你应当遵从乌孙国的风俗，因为我国希望与乌孙共灭匈奴。"军须靡终于娶了汉公主。昆莫去世后，其孙军须靡即位，号为昆弥王。

此时，汉朝使者向西越过葱岭，抵达安息国。安息国也派出使者，并将大鸟蛋和精通魔术的黎轩人作为礼品献给汉朝。其他如驩潜、大益、车姑师、扜罙、苏（韰）等各小国也都派人随汉使来长安进献礼品，朝见天子，汉武帝非常高兴。西域各国派往汉朝的使臣此来彼去，络绎不绝，汉武帝每次到沿海地区巡游，都要将各国使臣全部带去，遇到大都会或人口稠密的地方，都要从中经过，散发财物丝帛进行赏赐，准备丰厚的物品充分供应，以显示汉朝的富有和宽厚。还进行大规模角抵游戏，演出奇戏，展示各种怪物等，聚集许多人观看。每逢赏赐，都要大摆酒宴，筑池蓄酒，悬肉为林；又让外国宾客到处参观各个仓库中储存的物品，以显示汉朝的广大富强，使他们倾慕惊骇。大宛周围盛产葡萄，可以造酒；还盛产苜蓿，大宛出的天马最喜欢吃；汉使将葡萄、苜蓿的果实采集带回，汉武帝大量种在行宫附近，一眼望不到头。然而，因西域各国靠近匈奴，常常对匈奴使者怀有畏惧，对他们比对汉使更为恭顺。

太初元年（丁丑，公元前104年）

汉朝派到西域去的使臣奏道："大宛有好马，藏在贰师城中，不肯献给汉使。"于是汉武帝派壮士车令等带着黄金千斤和一匹金马前往大宛，请求交换。大宛国王与其群臣商议道："汉朝离我国很远，而盐中道路艰难，屡屡致人死亡；如从此北路来，有匈奴骚扰；从南路来，没有水草，又往往缺少城郭、食粮。汉朝派数百人作为使团前来，还常因缺乏粮食死亡过半，这怎能派大军前来呢！所以汉朝对我们无可奈何。贰师城的马，是我们大宛国的宝马。"于是不肯给汉使。汉使恼怒，破口大骂，用锤击破金马而去。大宛众贵族生气地说："汉使太轻视我们！"让汉使离去，然后命驻守东部边境的郁成王率兵拦截，杀死汉使，夺取了汉使携带的财物。

汉武帝闻报大怒。曾经出使大宛的姚定汉等奏道："大宛军事力量薄弱，只要派去三千人马，用强弩射杀，就可将其全部俘获。"汉武帝因曾经派浞野侯赵破奴率七百骑兵生擒过楼兰王，认为姚定汉等说得对；况且，汉武帝此时正想封宠姬李夫人家为侯，于是任命李夫人的哥哥李广利为贰师将军，征发附属国骑兵六千及各郡、国品行恶劣的青年数万人，前往征讨大宛国。期望李广利到贰师城取得好马，所以称他为贰师将军。另外又任命赵始成为军正官，原浩侯王恢为军前向导，李哆为校尉，负责军事指挥。

臣司马光曰：汉武帝想封自己宠爱的姬妾李夫人的娘家为侯，所以派李广利率兵征伐大宛，他的意思是，没有为国立功就不能封侯，不想改变高祖皇帝的约定。但军务大事关系着国家的安危、民众的生死，如果不辨贤愚就授予军事大权，希望拿侥幸的微小功劳，作为封自己所喜欢的人为侯的借口，还不如无功就封侯好些。汉武帝在处理封国事务上颇有见地，却在任命将领方面失当。所以，说他能够遵守先帝的约定，我认为是过分了。

二年（戊寅，公元前103年）

闰月，丁丑，汉武帝任命太仆公孙贺为丞相，封葛绎侯。当时，国家多事，汉武帝对大臣督责严厉，自公孙弘之后，丞相连续被指控有罪而死。石庆虽然因为谨小慎微而得以善终，但也多次受到谴责。公孙贺被引来举行拜授丞相的仪式时，不接受印信，叩头在地上，哭着不肯起来。汉武帝不理他，起身而去。公孙贺不得已接受印信，出宫后叹道："我从此危险了！"

贰师将军李广利率兵西征，过盐泽之后，沿途小国都据城自守，不肯供应汉军粮食，攻又攻不下；攻下之后，粮食自可得到补充；如不能攻破，数日后便离去。等到达郁成时，全军只剩下数千人，且全都饥饿疲惫。进攻郁成，反被镇守郁成的军队打得大败，伤亡惨重。李广利与李哆、赵始成等商议道："到郁成尚且不能攻破，更何况到大宛的国都呢！"于是领兵返回。到敦煌时，士兵只剩下出征时

李广冥山射虎

的十分之一二。李广利派人上奏汉武帝："道路遥远，粮食缺乏，将士们虽不惧战斗，但饥饿难忍；况且人数太少，不足以攻下大宛，希望能暂且罢兵，待征调更多的军队后再前往征讨。"汉武帝闻奏大怒，派使臣至玉门阻拦，同时下令："军队有胆敢退入玉门关的，一律斩首！"李广利大为惶恐，因而留在敦煌。

三年（己卯，公元前102年）

起初，汉高祖分封功臣为侯，共一百四十三人。当时正是战乱之后，大城和著名都会的百姓散失，国家掌握的户口数字，只有从前的十分之二三。所以汉初所封列侯，其食邑大的不过一万户，小的只有五六百家。分封时，汉高祖曾经立誓说："即使黄河变得像腰带一样狭窄，泰山变得像砥石一样矮小，各位列侯的封国食邑也将永存，传给后世子孙。"并将誓言用朱砂写下，杀白马祭告上苍，表示守信和郑重。到汉高后时，重新核定列侯的位次高低，将记录存在宗庙之内，副本存于有关官署。到汉文帝、汉景帝时，已过了四五世，流民已经回归故里，户口也有增加，列侯中，大的食邑达到三四万户，小的也增加了一倍，财富的增长也与食邑相同。列侯的子孙们骄奢淫逸，多触犯国家法律，不仅本人丧命，祖宗留下的食邑也因而失去，到如今，现存的功臣侯国只剩下四家，而法网也越发严密了。

汉朝丧失了赵破奴这支部队后，议论此事的公卿大臣们都希望停止征讨大宛，集中全力对付匈奴。而汉武帝则认为，既已出兵征讨大宛，如果连大宛这样一个小国都不能征服，那么大夏等国将逐渐轻视汉朝，大宛的好马不会来，乌孙、轮台等国将随意虐待汉朝使团，从而使汉朝遭到外国的耻笑。于是汉武帝处罚了认为征讨大宛不利的邓光等人。赦免正在服刑的囚徒，征发品行恶劣的青年和边塞地区的骑兵，一年多的时间里，派到敦煌增援贰师将军李广利的人达六万多人，背负私人装备而跟从的人未计算在内。另外，又征调了牛十万头，马三万匹，驴、骆驼等数以万计，以及十分充足的粮食和兵器弓弩。全国都受到震动，从各地调到征讨大宛部队中的校尉军官也达五十余名。因大宛城中无井，靠汲引城外河水使用，所以汉武帝派水工随军前往，准备将大宛城外河水引向别处，利用旧水道挖洞攻城。又增调了十八万戍卒进驻酒泉、张掖以北地区，并在居延、休屠两地屯兵以卫护酒泉。汉武帝下令：全国犯罪的官吏、逃亡者、入赘妇家的男子、商人、原属商人户籍者、其父母或祖父母属商人户籍者，共七种人，一律谪罚为兵。为贰师运送粮食的车辆和役夫络绎不绝。汉武帝还任命两名熟悉马匹情况的人充当执马校尉和驱马校尉，预备在攻破大宛后挑选好马。

贰师将军李广利得到巨大的人力物力增援后，再次率兵出征。由于汉军兵多，所到之处，西域各小国无不迎接，为汉军提供粮食供应。行至轮台，轮台国不降，汉军攻城数日，在城中进行了一场大屠杀。自此向西，汉军一路平安推进，直抵大宛城下，到达的士兵共三万人。大宛军队出城迎击汉军，汉军以箭射杀，大宛军大败，逃入城中拒守。李广利本想攻取郁成城，又恐怕一时难于攻克，反使大宛生出其他计谋，于是先到大宛城，挖开水源，引向别处。城中的大宛军民本已忧愁困扰，汉军再将全城包围，攻击四十余日。大宛贵族密谋道："大王毋寡将好马隐藏起来，又杀死汉朝使臣，如今我们将大王杀死，把好马献出，汉军就会解围而去；如仍不解围退兵，我们再拼死力战，也为时未晚。"大家都表示同意，于是一起行动，将大宛王杀死。此时大宛的外城已破，大宛的贵族猛将煎靡被汉军俘获。大宛极为恐慌，逃入内城，派人手持大宛王毋寡的人头，前去见李广利，相约说："汉军如不进攻我们，我们将把所有的好马都拿出来，任凭汉军随意挑选，并为汉军提供粮食。如不接受我们的建议，我们将杀死所有的好马。康居的援兵又即将到达，援兵一到，我们居内，康居兵居外，两面夹击汉军。请将军仔细考虑，怎么办好？"此时，康居探知汉军还很强盛，不敢前进。李广利闻知大宛城中新近抓到一些汉人，懂得了凿井技术，且城中粮食尚多，因而考虑："此次前来主要是为了诛杀罪魁祸首毋寡，而今毋寡的人头已然送到，这样再不接受他们的请求，他们必定会坚守城池，而康居等到汉军疲惫来援救大宛，汉兵必为其所败。"所以接受了大宛的求和条件。于是，大宛将马献出，让汉军自己选择，并拿出大批粮食供给汉军。汉军挑选了数十匹好马，中等及以下的雌、雄马三千余匹，又扶立过去对汉朝态度友好的大宛贵族昧蔡登上大宛国王位，与其订立盟约后罢兵而还。

四年（庚辰，公元前101年）

春季，贰师将军李广利回到京城长安。沿途经过的西域小国听说大宛被汉军攻破，全都派其子弟跟随李广利来到长安向汉朝进贡，拜见汉武帝，并留在长安充当人质。大军回来时，入关的马有一千余匹。此番再次出征，并非缺乏军粮，战死的人也不太多，只因将领贪暴，不爱惜士卒，掠夺、虐待他们，因此死亡很多。汉武帝因李广利万里征伐，不计其过失，下诏书封李广利为海西侯，赵弟为新侯，任命上官桀为少府，其他军官为九卿的三人，任诸侯国相、郡太守、二千石官职的一百余人，任一千石及以下官职的一千余人。凡自愿随军出征的人，所授官职都超出了他们自己的希望；凡因罪过而谪罚出征的人，一律免其罪而不记功劳；对士卒的赏赐价值四万钱。

汉武帝打算乘征伐大宛的兵威困扰匈奴，便颁发诏书说："高皇帝给朕留下平城的忧恨，高后时，匈奴单于给我朝的书信又悖逆绝伦。当年齐襄公报九世先祖之仇，《春秋》认为他的行为符合了大义。”且鞮侯单于刚刚即位，害怕汉军袭击他，便向汉朝表示：“我是小孩子，岂敢和大汉天子相比，汉朝天子是我的长辈。”于是将不愿投降而被扣留在匈奴的汉使路充国等全部放回，又派使臣前来进贡。

天汉元年（辛巳，公元前100年）

汉武帝嘉许匈奴单于的诚意，派中郎将苏武将留在汉朝的匈奴使臣送回匈奴，顺便携带厚礼，答谢匈奴单于的好意。苏武与副使中郎将张胜及暂时充任使团官吏的常惠等一同前往，到达匈奴后，将礼品送给单于。单于却更加骄横，不是汉朝原来所希望的样子。

正在此时，曾经归降过汉朝的匈奴缑王和长水人虞常，以及卫律所率领的投降匈奴的原汉朝人暗中商议，企图劫持匈奴单于母亲阏氏回到汉朝。卫律的父亲原是长水地区的匈奴人，卫律本人则因与汉朝的协律都尉李延年关系很好，经李延年推荐，受汉朝派遣出使匈奴。卫律出使归来，听说李延年一家被收捕，便逃到匈奴投降。单于很喜欢他，与他商讨国家大事，封他为丁灵王，虞常在汉朝时一直与副使张胜关系密切，私下拜访张胜时说：“听说大汉天子非常怨恨卫律，我可以埋伏弓弩手为汉朝将其射死。我的母亲和弟弟都在汉朝，希望他们能得到赏赐。”张胜答应了虞常的要求，并送给他很多财物。一个多月以后，单于出外打猎，只有他母亲和部分子弟留在王庭。虞常等七十余人正准备发动政变，不料其中一人于夜间逃走，告发了虞常等人的政变计划。于是单于子弟调兵与虞常等人交战，缑王等全部被杀，虞常被活捉。

苏武牧羊

匈奴单于派卫律处理此事。张胜听到消息后，害怕先前与虞常约定之事被查出，便向苏武报告。苏武说：“发生了这样的事，肯定会涉及到我，如受到侵犯再死，那就更加辜负国家了。”于是准备自杀，被张胜、常惠一起阻止。后虞常果然供出张胜，单于大怒，召集贵族们商议，打算杀死汉使。匈奴左伊秩訾官说：“谋杀卫律就要处死，如果谋害单于，又应如何加重惩处呢！应让他们全部归降。”单于派卫律传话给苏武。苏武对常惠等人说：“如果卑躬屈节，有辱我们的使命，即使活着，又有何面目再回到我们大汉呢！”说完拔出佩刀刺入自己的身体。卫律大吃一惊，一把将苏武抱住，急忙召医生前来，在地上挖了一个土洞，点起炭火，将苏武放在洞上，用脚踩苏武的后背，使淤血流出。苏武气绝，半日才慢慢苏醒。常惠等痛哭，将苏武抬回驻地。单于很钦佩苏武的气节，早晚都派人问候，而将张胜逮捕。

苏武逐渐痊愈，单于派人来劝谕苏武，要苏武归降匈奴。正在此时，虞常被定为死罪，便打算借此机会逼苏武投降。用剑斩下虞常的人头之后，卫律说："汉使张胜想谋杀单于的亲信大臣，其罪当死，单于招募归降，降者赦免。"说完举剑要刺张胜，张胜请求投降。卫律又对苏武说："副使有罪，你作为正使，应连坐受罚。"苏武回答说："我本未参与其事，与张胜又没有亲属关系，为什么要连坐受罚！"卫律又举剑威胁苏武，苏武纹丝不动。卫律说："苏先生！我以前背叛汉朝，归顺匈奴，有幸蒙单于大恩、赐号称王，并拥有数万人众，马匹牲畜满山，这样富贵！苏先生如果今日归降，明日就会和我一样，否则白白横尸荒野，又有谁知道呢！"苏武闭口不答。卫律又说："你要是听我的话，归降匈奴，我与你就如兄弟一般；如今日不听我的建议，以后即使想再见我，还能够办得到吗？"苏武骂道："你身为汉朝臣子，却不顾恩义，背叛君主、亲人，投降蛮夷异族，我见你干什么！况且单于信任你，让你决定别人的生死，你不但不公平处理，反而想挑动两国君主相互争斗，在一旁坐观成败。南越国杀死汉使，被汉灭掉后变为九郡；大宛王杀死汉使，其人头被悬于长安宫廷北门；朝鲜杀死汉使，立即招来灭国之祸；只有匈奴还没有干过这种事。你明知我不会投降，却想借此挑起两国之间的战争，只怕匈奴的灾难，将会从我开始了。"卫律明白苏武终究不会受他的胁迫，只得禀报单于。单于见苏武如此忠心，越发想争取他归顺，便将苏武囚禁于一个大地窖中，断绝苏武的饮食，企图逼其就范。当时正下大雪，苏武躺在地上，靠吞食雪片和衣服上的毡毛，一同咽下，几天后竟然未死。匈奴人以为有神灵庇护，便将苏武放逐到北海荒无人烟之处，让他放牧一群公羊，并对苏武说："等到公羊能产出羊奶，你就可以回国了。"常惠等使团中不肯投降的官员，也被分别扣留在其他地方。

二年（壬午，公元前99年）

当初，李广的孙子李陵担任侍中，精通骑马射箭之术，爱护士卒，谦恭地对待贤士。汉武帝认为李陵颇有其祖父李广的风范，封他为骑都尉，命他带领丹阳和楚地人五千，在酒泉、张掖一带教习射箭之术，以防备匈奴。李广利出击匈奴时，汉武帝召见李陵，想命他为李广利押运辎重。李陵叩头请求说："我所率领屯戍边塞的人，都是荆楚地区勇武之士和奇才剑客，论力量能够手扼猛虎，论箭术堪称百发百中，希望能让我自己率领一队人马，前往兰于山以南地区，用以分散匈奴单于的兵力，使其不能全力对抗贰师将军的部队。"汉武帝说："你不愿作别人的部下吗！这次我调动的军队太多，没有马匹分配给你。"李陵说："我用不着马匹，愿以少敌众，率五千步兵直捣匈奴单于的王庭。"汉武帝赞赏李陵的豪情壮志，同意了他的请求，下诏命路博德在半途中接应李陵。路博德也羞于做李陵的后援部队，便上奏说："如今正值秋季，匈奴马肥，不宜于此时与匈奴交战，希望陛下命李陵稍等，到明年春天再一同出征。”汉武帝很生气，怀疑是李陵胆怯后悔，不想出征，而让路博德上书，便下诏命路博德率兵赴西河袭击匈奴，同时命李陵于九月自居延遮虏障出发，深入东浚稽山南面的龙勒水边巡回观察匈奴动静，如果不见敌踪，便退回受降城休养士卒。于是，李陵率领步兵五千人，出居延向北推进，三十天后抵达浚稽山，停下扎营，沿途命人将所过之处的山川地形绘制成图，派部下骑兵陈步乐送回长安。汉武帝召见陈步乐，听他报告说李陵能使部下拼死效力，非常高兴，封陈步乐为郎官。

李陵在浚稽山与单于率领的匈奴军队相遇，匈奴约三万骑兵将李陵的部队包围。李陵屯兵两山之间，用大车围成营寨，亲自率领士卒在营外列下战阵，前排手持戟、盾，后排手持弓、弩。匈奴兵见汉军人少，便直逼营前阵地。李陵率部迎击，展开搏斗，汉军千弩齐发，匈奴兵纷纷应弦倒地，只得退回山上，汉军追击，杀死匈奴数千人。单于大惊，召左、右两翼军八万余骑兵前来围攻李陵。李陵率部且战且走，向南撤退，数日后，来到一个山谷之中。汉军接连作战，士卒大多身带箭伤，仍顽强苦战，受伤三处的坐在车上，受伤两处的驾车，受伤一处的手持武器坚持战斗，又斩杀匈奴三千余人。李陵率部沿着龙城旧道向东南方撤退，四五日后，退到一大片沼泽芦苇之中。匈奴在上风放火，企图烧死汉军；李陵也命部下放火烧光周围的芦苇以自救。汉军继续南行，来到一座山下。单于在南山上命他的儿子率领骑兵向汉军进攻。汉军在树林之中步战，又杀死匈奴数千人，并用连弩机射单于，单于下山逃避。这一天，汉军抓到部分匈奴俘虏，据他们说：“我们听单于说：‘这是汉朝的精兵，猛攻也没能将他们消灭，他们日夜引我们向南接近汉塞，莫非是有埋伏的军队吗？’各位当户、君长都说：‘单于亲率数万骑兵攻击汉军数千人而不能将他们消灭，以后将无法再号令边臣，还会使汉朝更加轻视匈奴。所以要在山谷中再次力战，还有四五十里才到平原地区，如仍不能取胜就返回。’”

此时汉军处境越发凶险。匈奴骑兵多，一日交战数十回合，汉军又杀伤匈奴二千余人。匈奴作战不利，打算撤兵离去。然而就在此时，李陵军中有一个名叫管敢的军候，因受到校尉的欺辱，逃到匈奴军中投降，一一说出汉军实情：“李陵部队并无后援，箭矢也即将用尽，只有将军部下和校尉成安侯韩延年所属部队各八百人在前面开路，以黄旗和白旗作为标志。应当派精锐骑兵用弓箭射杀他们，汉军立即就可击破。”单于得到管敢，喜出望外，命匈奴骑兵一齐向汉军发起进攻，同时令人大声喊叫：“李陵、韩延年快快投降！”又派兵截断汉军的道路，猛攻李陵。李陵的部队被困在山谷之中，匈奴军在山上，从四面射箭，箭如雨下。李陵继续向南退却，尚未到达汗山，一天中五十万支箭已全部用尽，于是放弃辎重车辆，继续前往。此时军中士兵还有三千余人，只能砍下车的辐条拿在手中做武器，文职人员也手持短刀加入战斗行列。汉军退入狭谷之中，单于亲自率兵截断汉军后路，指挥匈奴兵卒将山上巨石滚入谷中，汉军多数死去，不能前进。黄昏以后，李陵独自一人身穿便衣走出大营，止住左右随从说：“不要跟着我，我要独自一人生擒单于！”过了很长一段时间，李陵回到营中，叹道：“我们已然兵败，即将死于此地了！”于是将所有的旌旗尽行砍倒，与珍宝一起埋入地下，李陵叹了口气，对部下说道：“如果再有数十支箭，我们就足以逃脱了。现在已没有武器再战，天亮以后，就只能坐等被擒了，不如各自逃命，还有人能够侥幸逃脱回去报告天子。”于是命将士每人身带二升干粮，一片冰，约定到遮虏障会合。半夜时，李陵命人击鼓叫醒将士们，但战鼓已破，敲不响。李陵与韩延年都跨上战马，十几名壮士跟随。匈奴数千名骑兵随后追击，韩延年战死。李陵说道：“我已无面目报答皇帝陛下！”于是投降了。其他人分散突围，逃回边塞的有四百余人。

李陵兵败之处距边塞只有一百余里，边塞将领将此事报告朝廷。汉武帝本希望李陵能死战，后听说李陵投降匈奴，十分愤怒，责问陈步乐，陈步乐自杀而死。满朝大臣都说李陵有罪，汉武帝问太史令司马迁对此事的看法，司马迁竭力为李陵分辩说：“李陵对父母孝顺，对士人讲信义，常常奋不顾身，赴国家急难，这正是他平时的志愿所在，颇有国士的风范。如今出征偶然不幸失败，那些保全自身性命和妻子儿女的臣子就跟着捏造他的短处，实在令人痛心！况且李陵率领不到五千步兵，深入满是战马的匈奴腹地，抵挡数万敌军；匈奴被打得连救死扶伤都顾不过来，将全国所有能拉弓射箭的人全部调来围攻李陵。李陵率部转战千里，箭矢用尽，无路可走，将士们手拿着没有箭的空弩机，冒着敌人锋利的枪尖刀刃，仍然面向北方拼死力战，能够得到部下这样的拼死效力，即使是古代的名将，也不过如此！李陵虽然兵败，但他对匈奴的打击也足以使他名扬天下了。李陵之所以没有死节，当是想找机会报效国家。”汉武帝认为司马迁在诬陷欺骗，是为了诋毁李广利，为李陵游说开脱，下令对司马迁施以宫刑。

很久以后，汉武帝才对原先使李陵陷入孤立无援的境地表示后悔，说道：“应当在李陵率军出塞时，再让强弩将军路博德前去接应；而我预先就颁下诏书，使老将路博德生出奸诈之心，不肯接应李陵。”于是派使臣对逃脱回来的李陵余部进行慰劳赏赐。

汉纪十四　第二十二卷

译文诵读

世宗孝武皇帝下之下天汉三年（癸未，前98）

初榷酒酤。

四年（甲申，前97）

时上遣敖深入匈奴迎李陵，敖军无功远，因曰："捕得生口，言李陵教单于为兵以备汉军，故臣无所得。"上于是族陵家。既而闻之，乃汉将降匈奴者李绪，非陵也。陵使人刺杀绪。大阏氏欲杀陵，单于匿之北方；大阏氏死，乃还。单于以女妻陵，立为右校王，与卫律皆贵用事。卫律常在单于左右；陵居外，有大事乃入议。

太始三年（丁亥，前94）

是岁，皇子弗陵生。弗陵母曰河间赵婕妤，居钩弋宫，任身十四月而生。上曰："闻昔尧十四月而生，今钩弋亦然。"乃命其所生门曰尧母门。

臣光曰：为人君者，动静举措不可不慎，发于中必形于外，天下无不知之。当是时也，皇后、太子皆无恙，而命钩弋之门曰尧母，非名也。是以奸人逆探上意，知其奇爱少子，欲以为嗣，遂有危皇后、太子之心，卒成巫蛊之祸，悲夫！

赵人江充为水衡都尉。初，充为赵敬肃王客，得罪于太子丹，亡逃；诣阙告赵太子阴事，太子坐废。上召允入见。充容貌魁岸，被服轻靡，上奇之；与语政事，大悦，由是有宠，拜为直指锈衣使者，使督察贵戚、近臣逾侈者。充举劾无所避，上以为忠直，所言皆中意。尝从上甘泉，逢太子家使乘车马行驰道中，充以属吏。太子闻之，使人谢充曰："非爱车马，诚不欲令上闻之，以教敕亡素者；唯江君宽之！"充不听，遂白奏。上曰："人臣当如是矣！"大见信用，威震京师。

征和元年（己丑，前92）

丞相公孙贺夫人君孺、卫皇后姊也，贺由是有宠。贺子敬声代父为太仆，骄奢不奉法，擅用北军钱千九百万；发觉，下狱。是时诏捕阳陵大侠朱安世甚急，贺自请逐捕安世以赎敬声罪，上许之。后果得安世。安世笑曰："丞相祸及宗矣！"遂从狱中上书，告"敬声与阳石公主私通；上且上甘泉，使巫当驰道埋偶人，祝诅上，有恶言。"

二年（庚寅，前91）

春，正月，下贺狱，案验；父子死狱中，家族。

闰月，诸邑公主、阳石公主及皇后弟子长平侯伉皆巫蛊诛。

初，上年二十九乃生戾太子。甚爱之。及长，性仁恕温谨，上嫌其材能少，不类己；而所幸王夫人生子闳，李姬生子旦、胥，李夫人生子髆，皇后、太子宠浸衰，常有不自安之意。上觉之，谓大将军青曰："汉家庶事草创，加四夷侵陵中国，朕不变更制度，后世无法；不出师征伐，天下不安；为此者不得不劳民。若后世又如朕所为，是袭亡秦之迹也。太子敦重好静，必能安天下，不使朕忧。欲求守文之主，安有贤于太子者乎！闻皇后与太子有不安之意，岂有之邪？可以意晓之。"大将军顿首谢。皇后闻之，脱簪请罪。太子每谏征伐四夷，上笑曰："吾当其劳，以逸遗汝，不亦可乎！"

上每行幸，常以后事付太子，宫内付皇后；有所平决，还，白其最，上亦无异，有时不省也。上用法严，多任深刻吏；太子宽厚，多所平反，虽得百姓心，而用法大臣皆不悦。皇后恐久获罪，每戒太子，宜留取上意，不应擅有所纵舍。上闻之，是太子而非皇后。群臣宽厚长者皆附太子，而深酷用法者皆毁之；邪臣多党与，故太子誉少而毁多。卫青薨，臣下无复外家为据，竞欲构太子。

上与诸子疏，皇后希得见。太子尝谒皇后，移日乃出。黄门苏文告上曰："太子与宫人戏。"上益太子宫人满二百人。太子后知之，心衔文。文与小黄门常融、王弼等常微伺太子过，辄增加白之。皇后切齿，使太子白诛文等。太子曰："第勿为过，何畏文等！上聪明，不信邪佞，不足忧也！"上尝小不平，使常融召太子，融言"太子有喜色"，上嘿然。及太子至，上察其貌，有涕泣处，而佯语笑，上怪之；更微问，知其情，乃诛融。皇后亦善自防闲，避嫌疑，虽久无宠，尚被礼遇。

是时，方士及诸神巫多聚京师，率皆左道惑众，变幻无所不为。女巫往来宫中，教美人度厄，每屋辄埋木人祭祀之；因妒忌恚詈，更相告讦，以为祝诅上，无道。上怒，所杀后宫延及大臣，死者数百人。上心既以为疑，尝昼寝，梦木人数千持杖欲击上，上惊寤，因是体不平，遂苦忽忽善忘。江充自以与太子及卫氏有隙，见上年老，恐晏驾后为太子所诛，因是为奸，言上疾祟在巫蛊。于是上以充为使者，治巫蛊狱。充将胡巫掘地求偶人，捕蛊夜祠、视鬼，染污令有处，辄收捕验治，烧铁钳灼，强服之。民转相诬以巫蛊，吏辄劾以为大逆无道，自京师、三辅连及郡、国，坐而死者前后数万人。

是时，上春秋高，疑左右皆为蛊祝诅；有与无，莫敢讼其冤者。充既知上意，因胡巫檀何言："宫中有蛊气；不除之，上终不差。"上乃使充入宫，至省中，坏御座，掘地求蛊；又使按道侯韩说、御史章赣、黄门苏文等助充。充先治后宫希幸夫人，以次及皇后、太子宫，掘地纵横，太子、皇后无复施床处。充云："于太子宫得木人尤多，又有帛书，所言不道，当奏闻。"太子惧，问少傅石德。德惧为师傅并诛，因谓太子曰："前丞相父子、两公主及卫氏皆坐此，今巫与使者掘地得征验，不知巫置之邪，将实有也，无以自明。可矫以节收捕充等系狱，穷治其奸诈。且上疾在甘泉，皇后及家吏请问皆不报；上存亡未可知，而奸臣如此，太子将不念秦扶苏事邪！"太子曰："吾人子，安得擅诛！不如归谢，幸得无罪。"太子将往之甘泉，而江充持太子甚急；太子计不知所出，遂从石德计。秋，七月，壬午，太子使客诈为使者，收捕充等；按道侯说疑使者有诈，不肯受诏，客格杀说。太子自临斩充，骂曰："赵虏！前乱乃国王父子不足邪！乃复乱吾父子也！"又炙胡巫上林中。

太子使舍人无且持节夜入未央宫殿长秋门，因长御倚华具白皇后，发中厩车载射士，出武库兵，发长乐宫卫卒。长安扰乱，言太子反。苏文迸走，得亡归甘泉，说太子无状。上曰："太子必惧，又忿充等，故有此变。"乃使使召太子。使者不敢进，归报云："太子反已成，欲斩臣，臣逃归。"上大怒。丞相屈牦闻变，挺身逃，亡其印绶，使长史乘疾置以闻。上问："丞相何为？"对曰："丞相秘之，未敢发兵。"上怒曰："事籍籍如此，何谓秘也！丞相无周公之风矣，周公不诛管、蔡乎！"乃赐丞相玺书曰："捕斩反者，自有赏罚。以牛车为橹，毋接短兵，多杀伤士众！坚闭城门，毋令反者得出！"太子宣言告令百官云："帝在甘泉病困，疑有变；奸臣欲作乱。"上于是从甘泉来，幸城西建章宫，诏发三辅近县兵，部中二千石以下，丞相兼将之。太子亦遣使者矫制赦长安中都官囚徒，命少傅石德及宾客张光等分将；使长安囚如侯持节发长水及宣曲胡骑，皆以装会。侍郎马通使长安，因追捕如侯，告胡人曰："节有诈，勿听也！"遂斩如侯，引骑入长安；又发楫棹士以予大鸿胪商丘成。初，汉节纯赤，以太子持赤节，故更为黄旄加上以相别。

太子立车北军南门外，召护北军使者任安，与节，令发兵。安拜受节，入，闭门不出。太子引兵去，驱四市人凡数万众，至长乐西阙下，逢丞相军，合战五日，死者数万人，血流入沟中。民间皆云"太子反"，以故众不附太子，丞相附兵浸多。

庚寅，太子兵败，南奔覆盎城门。司直田仁部闭城门，以为太子父子之亲，不欲急之；太子由是得出亡。丞相欲斩仁，御史大夫暴胜之谓丞相曰："司直，吏二千石，当先请，奈何擅斩之！"丞相释仁。上闻而大怒，下吏责问御史大夫曰：

"司直纵反者，丞相斩之，法也；大夫何以擅止之？"胜之惶恐，自杀。诏遣宗正刘长、执金吾刘敢奉策收皇后玺绶，后自杀。上以为任安老吏，见兵事起，欲坐观成败，见胜者合从之，有两心，与田仁皆要斩。上以马通获如侯，长安男子景建从通获石德，商丘成力战获张光，封通为重合侯，建为德侯，成为秺侯。诸太子宾客尝出入宫门，皆坐诛；其随太子发兵，以反法族；吏士劫略者皆徙敦煌郡。以太子在外，始置屯兵长安诸城门。

上怒甚，群下忧惧，不知所出。壶关三老茂上书曰："臣闻父者犹天，母者犹地，子犹万物也，故天平，地安，物乃茂成；父慈，母爱，子乃孝顺。今皇太子为汉适嗣，承万世之业，体祖宗之重，亲则皇帝之宗子也。江充，布衣之人，闾阎之隶臣耳；陛下显而用之，衔至尊之命以迫蹴皇太子，造饰奸诈，群邪错缪，是以亲戚之路鬲塞而不通。太子进则不得见上，退则困于乱臣，独冤结而无告，不忍忿忿之心，起而杀充，恐惧逋逃，子盗父兵，以救难自免耳。臣窃以为无邪心。《诗》曰：'营营青蝇，止于藩。恺悌君子，无信谗言。谗言罔极，交乱四国。'往者江充谗杀赵太子，天下莫不闻。陛下不省察，深过太子，发盛怒，举大兵而求之，三公自将；智者不敢言，辩士不敢说，臣窃痛之！唯陛下宽心慰意，少察所亲，毋患太子之非，亟罢甲兵，无令太子久亡！臣不胜惓惓，出一旦之命，待罪建章宫下。"书奏，天子感寤，然尚未敢显言赦之也。

太子亡，东至湖，藏匿泉鸠里。主人家贫，常卖屦以给太子。太子有故人在湖，闻其富赡，使人呼之而发觉。八月，辛亥，吏围捕太子。太子自度不得脱，即入室距户自经。山阳男子张富昌为卒，足蹋开户，新安令史李寿趋抱解太子，主人公遂格斗死，皇孙二人并皆遇害。上既伤太子，乃封李寿为邘侯，张富昌为题侯。

三年（辛卯，前90）

初，贰师之出也，丞相刘屈牦为祖道，送至渭桥。广利曰："愿君侯早请昌邑王为太子；如立为帝，君侯长何忧乎！"屈氂许诺。昌邑王者，贰师将军女弟李夫人子也；贰师女为屈氂子妻，故共欲立焉。会内者令郭穰告"丞相夫人祝诅上及与贰师共祷祠，欲令昌邑王为帝"，按验，罪至大逆不道。六月，诏载屈牦厨车以徇，要斩东市，妻子枭首华阳街；贰师妻子亦收。贰师闻之，忧惧，其掾胡亚夫亦避罪从军，说贰师曰："夫人、室家皆在吏，若还，不称意适与狱会，郅居以北，可复得见乎！"贰师由是狐疑，深入要功，遂北至郅居水上。虏已去，贰师遣护军将二万骑度郅居之水，逢左贤王、左大将将二万骑，与汉兵合战一日，汉军杀左大将，虏死伤甚众。军长史与决眭都尉辉渠侯谋曰："将军怀异心，欲危众求功，恐必败。"谋共执贰师。贰师闻之，斩长史，引兵还至燕然山。单于知汉军劳倦，自将五万骑遮击贰师，相杀伤甚众；夜，堑汉军前，深数尺，从后急击之，军大乱；贰师遂降。单于素知其汉大将，以女妻之，尊宠在卫律上。宗族遂灭。

吏民以巫蛊相告言者，案验多不实。上颇知太子惶恐无他意，会高寝郎田千秋上急变，讼太子冤曰："子弄父兵，罪当笞。天子之子过误杀人，当何罪哉！臣尝梦一白头翁教臣言。"上乃大感寤，召见千秋，谓曰："父子之间，人所难言也，公独明其不然。此高庙神灵使公教我，公当遂为吾辅佐。"立拜千秋为大鸿胪，而族灭江充家，焚苏文于横桥上。及泉鸠里加兵刃于太子者，初为北地太守，后族。上怜太子无辜，乃作思子宫，为归来望思之台于湖，天下闻而悲之。

四年（壬辰，前89）

丁巳，以大鸿胪田千秋为丞相，封富民侯。千秋无他材能，又无伐阅功劳，特以一言寤意，数月取宰相，封侯，世未尝有也。然为人敦厚有智，居位自称，逾于前后数公。

先是搜粟都尉桑弘羊与丞相、御史奏言："轮台东有溉田五千顷以上，可遣屯田卒，置校尉三人分护，益种五谷。张掖、酒泉遣骑假司马为斥候；募民壮健敢徙者诣田所，益垦溉田，稍筑列亭，连城而西，以威西国，辅乌孙。"上乃下诏，深陈既往之悔曰："前有司奏欲益民赋三十，助边用，是重困老弱孤独也。而今又请遣卒田轮台。轮台西于车师千余里，前开陵侯击车师时，虽胜，降其王，以辽远乏食，道死者尚数千人，况益西乎！

"乃者贰师败，军士死略离散，悲痛常在朕心。今又请远田轮台，欲起亭隧，是扰劳天下，非所以优民也，朕不忍闻！大鸿胪等又议欲募囚徒送匈奴使者，明封侯之赏以报忿，此五伯所弗为也。且匈奴得汉降者常提掖搜索，问以所闻，岂得行其计乎！当今务在禁苛暴，止擅赋，力本农，修马复令以补缺，毋乏武备而已。郡国二千石各上进畜马方略补边状，与计对。"

由是不复出军，而封田千秋为富民侯，以明休息，思富养民也。又以赵过为搜粟都尉。过能为代田，其耕耘田器皆有便巧，以教民，用力少而得谷多，民皆便之。

> 臣光曰：天下信未尝无士也！武帝好四夷之功，而勇锐轻死之士充满朝廷，辟土广地，无不如意。及后息民重农，而赵过之俦教民耕耘，民亦被其利。此一君之身趣好殊别，而士辄应之，诚使武帝兼三王之量以兴商、周之治，其无三代之臣乎！

后元元年（癸巳，前88）

初，侍中仆射马何罗与江充相善。及卫太子起兵，何罗弟通以力战封重合侯。后上夷灭宗族、党与，何罗兄弟惧及，遂谋为逆。侍中驸马都尉金日磾视其志意有非常，心疑之，阴独察其动静，与俱上下。何罗亦觉日磾意，以故久不得发。是时上行幸林光宫，日磾小疾卧庐，何罗与通及小弟安成矫制夜出，共杀使者，发兵。明旦，上未起，何罗无何从外入。日磾奏厕，心动，立入，坐内户下。须臾，何罗袖白刃从东厢上，见日磾，色变；走趋卧内，欲入，行触宝瑟，僵。日磾得抱何罗，因传曰："马何罗反！"上惊起。左右拔刃欲格之，上恐并中日磾，止勿格。日磾投何罗殿下，得禽缚之。穷治，皆伏辜。

时钩弋夫人之子弗陵，年数岁，形体壮大，多知，上奇爱之，心欲立焉，以其年稚，母少，犹与久之。欲以大臣辅之，察群臣，唯奉车都尉、光禄大夫霍光，忠厚可任大事，上乃使黄门画周公负成王朝诸侯以赐光。后数日，帝谴责钩弋夫人，夫人脱簪珥，叩头。帝曰："引持去，送掖庭狱！"夫人还顾，帝曰："趣行，汝不得活！"卒赐死。顷之，帝闲居，问左右曰："外人言云何？"左右对曰："人言'且立其子，何去其母乎？'"帝曰："然，是非儿曹愚人之所知也。往古国家所以乱，由主少、母壮也。女王独居骄蹇，淫乱自恣，莫能禁也。汝不闻吕后邪！故不得不先去之也。"

二年（甲午，前87）

上病笃，霍光涕泣问曰："如有不讳，谁当嗣者？"上曰："君未谕前画意邪？立少子，君行周公之事！"光顿首让曰："臣不如金日磾！"日磾亦曰："臣，外国人，不如光；且使匈奴轻汉矣！"乙丑，诏立弗陵为皇太子，时年八岁。丙寅，以光为大司马、大将军，日磾为车骑将军，太仆上官桀为左将军，受遗诏辅少主，又以搜粟都尉桑弘羊为御史大夫，皆拜卧内床下。光出入禁闼二十余年，出则奉车，入侍左右，小心谨慎，未尝有过。为人沈静详审，每出入、下殿门，止进有常处，郎、仆设射窃识视之，不失尺寸。日磾在上左右，目不忤视者数十年；赐出宫女，不敢近；上欲内其女后宫，不肯；其笃慎如此，上尤奇异之。日磾长子为帝弄儿，帝甚爱之。其后弄儿壮大，不谨，自殿下与宫人戏，日磾适见之，恶其淫乱，遂杀弄儿。上闻之，大怒。日磾顿首谢，具言所以杀弄儿状。上甚哀，为之泣；已而心敬日磾。上官桀始以材力得幸，为未央厩令。上尝体不安，及愈，见马，马多瘦，上大怒曰："令以我不复见马邪！"欲下吏。桀顿首曰："臣闻圣体不安，日夜忧惧，意诚不在马。"言未卒，泣数行下。上以为爱己，由是亲近，为侍中，稍迁至太仆。三人皆上素所爱信者，故特举之，授以后事。丁卯，帝崩于五柞宫，入殡未央宫前殿。

帝聪明能断，善用人，行法无所假贷。隆虑公主子昭平君尚帝女夷安公主。隆虑主病困，以金千斤、钱千万为昭平君豫赎死罪，上许之。隆虑主卒，昭平君日骄，醉杀主傅，系狱，廷尉以公主子上请。左右人人为言："前又入赎，陛下许之。"上曰："吾弟老有是一子，死，以属我。"于是为之垂涕，叹息良久，曰："法令者，先帝所造也，用弟故而诬先帝之法，吾何面目入高庙乎！又下负万民。"乃可其奏，哀不能自止，左右尽悲。待诏东方朔前上寿，曰："臣闻圣王为政，赏不避仇雠，诛不择骨肉。《书》曰：'不偏不党，王道荡荡。'此二者，五帝所重，三王所难也，陛下行之，天下幸甚！臣朔奉觞昧死再拜上万寿！"上初怒朔，既而善之，以朔为中郎。

班固赞曰：汉承百王之弊，高祖拨乱反正，文、景务在养民，至于稽古礼文之事，犹多阙焉。孝武初立，卓然罢黜百家，表章《六经》，遂畴咨海内，举其俊茂，与之立功。兴太学，修郊祀，改正朔，定历数，协音律，作诗乐，建封禅，礼百神，绍周后，号令文章，焕然可述，后嗣得遵洪业而有三代之风。如武帝之雄材大略，不改文、景之恭俭以济斯民，虽《诗》《书》所称，何有加焉！

臣光曰：孝武穷奢极欲，繁刑重敛，内侈宫室，外事四夷，信惑神怪，巡游无度，使百姓疲敝，起为盗贼，其所以异于秦始皇者无几矣。然秦以之亡，汉以之兴者，孝武能尊先王之道，知所统守，受忠直之言，恶人欺蔽，好贤不倦，诛赏严明，晚而改过，顾托得人，此其所以有亡秦之失而免亡秦之祸乎！

汉武帝天汉三年（癸未，公元前98年）

开始实行酒类专卖。

四年（甲申，公元前97年）

汉武帝派公孙敖率兵深入匈奴腹地去接李陵，公孙敖无功而回，便上奏说：“据擒获的匈奴俘虏说，李陵教单于制造兵器，以防备汉军，所以我无所收获。”于是汉武帝下令将李陵的家属满门抄斩。但不久听说，是投降匈奴的汉朝将领李绪所为，并非李陵。李陵派人将李绪刺杀。匈奴单于的母亲大阏氏要杀李陵，单于将他藏在北方，直到大阏氏死后，李陵才回到王庭。单于将自己的女儿嫁给李陵为妻，封其为右校王，与卫律同时都受到尊重，并握有权力。卫律经常在单于身边，李陵则在外地，有大事才到王庭商议。

太始三年（丁亥，公元前94年）

这一年，皇子刘弗陵出生。刘弗陵的母亲是河间人，姓赵，受封为婕妤，住在钩弋宫，怀孕十四个月后生刘弗陵。汉武帝说：“听说当年尧是十四个月才出生的，如今赵婕妤生这个孩子也是如此。”于是下令将钩弋宫宫门改称尧母门。

臣司马光曰：作为君主，每一动静、措施都不能不慎重，内心想的事，外表必然会显露出来，天下人都会知道。那时，皇后、太子全部安然健在，汉武帝却下令将钩弋宫门称为尧母门，在名义上是不妥当的。正因为如此，才使奸猾之徒揣摩皇上的心意，认为他非常宠爱幼子，想立幼子为皇位继承人，于是产生出危害皇后、太子之心，终于酿成巫师用邪术害人的祸难，可悲啊！

赵国人江充被任命为水衡都尉。当初，江充本是赵敬肃王的门客，因为得罪了赵王太子刘丹，逃出赵国，来到朝廷告发了刘丹的隐私秘事，刘丹因此被废除赵国太子之位。汉武帝召江充入宫见面，见他仪表堂堂，身体魁梧，衣着轻暖而华丽，暗中称奇。与他谈论一番政事后，汉武帝大为高兴，从此对江充宠信，封其为直指绣衣使者，让他督察皇亲国戚、天子近臣中的违背体制、奢侈不法行为。江充检举参劾，毫无避讳，汉武帝因此认为他忠正直率，所说的话都合汉武帝的心意。江充曾随汉武帝前往甘泉宫，正遇上太子刘据派遣去甘泉宫问安的使者坐着马车在皇帝专用的"驰道"上行走，江充便将其逮捕问罪。太子听说后，派人向江充求情说："我并非爱惜车马，实在是不愿让皇上知道后，认为我平时没有管教左右，希望江先生宽恕！"江充并不理睬，径自上奏。汉武帝说："作臣子的，就应当这样！"对江充大加信任，从而使江充威镇京师。

征和元年（己丑，公元前92年）

丞相公孙贺的夫人卫君孺，是卫皇后的姐姐，公孙贺因此受到宠信。公孙贺的儿子公孙敬声接替父亲担任太仆，骄横奢侈。不遵守法纪，擅自动用北军军费一千九百万钱，事情败露后被捕下狱。这时，汉武帝正诏令各地紧急通缉阳陵大侠客朱安世，于是公孙贺请求汉武帝让他负责追捕朱安世，来为其子公孙敬声赎罪，汉武帝批准了他的请求。后来，公孙贺果然将朱安世抓捕。朱安世却笑着说："丞相将要祸及全族了！"于是从狱中上书朝廷，揭发说："公孙敬声与阳石公主私通；他得知皇上将要前往甘泉宫，便让巫师在皇上专用的驰道上埋藏木偶人，诅咒皇上，口出恶言。"

二年（庚寅，公元前91年）

春季，正月，公孙贺被逮捕下狱，经调查罪名属实，父子二人都死于狱中，并被灭族。

闰四月，诸邑公主、阳石公主及卫皇后之弟卫青的儿子长平侯卫伉，都因巫术害人案而被处死。

当初，汉武帝二十九岁时才有了戾太子刘据，对他非常喜爱。刘据长大后，性格仁慈宽厚、温和谨慎，汉武帝嫌他不像自己那样精明强干；汉武帝平日宠爱的王夫人也生一子名叫刘闳，李姬生二子刘旦、刘胥，李夫人生一子刘髆。皇后、太子因皇上对他们

西汉时的方砖铭

的宠爱逐渐减少，常常有不能自安的感觉。汉武帝察觉后，对大将军卫青说："我朝有很多事都还处于草创阶段，再加上周围的外族对我国的侵扰不断，朕如不变更制度，后代就将失去准则依据；如不出师征伐，天下就不能安定，因此不能不使百姓们受些劳苦。但倘若后代也像朕这样去做，就等于重蹈了秦朝灭亡的覆辙。太子性格稳重好静，肯定能安定天下，不会让朕忧虑。要找一个能够以文治国的君主，还能有谁比太子更强呢！听说皇后和太子有不安的感觉，难道真是如此吗？你可以把朕的意思转告他们。"卫青叩头感谢。皇后听说后，特意摘掉首饰向汉武帝请罪。每当太子劝阻征伐四方时，汉武帝就笑着说："由我来担当艰苦重任，而将安逸留给你，不也挺好吗！"

汉武帝每次出外巡游，经常将留下的事交付给太子，宫中事务交付给皇后。如果有所裁决，待汉武帝回来后就将其中最重要的向他报告，汉武帝也没有不同意的，有时甚至不过问。汉武帝用法严厉，任用的多是严苛残酷的官吏；而太子待人宽厚，经常将一些他认为处罚过重的事从轻发落。太子这样做虽然得百姓之心，但那些执法大臣都不高兴。皇后害怕长此下去会获罪，经常告诫太子，应注意顺从皇上的意思，不应擅自有所纵容宽赦。汉武帝听说后，认为太子是对的，而皇后不对。群臣中，为人宽厚的都依附太子，而用法严苛的则都诋毁太子。由于奸邪的臣子大多结党，所以为太子说好话的少，说坏话的多。卫青去世后，那些臣子认为太子不再有母亲娘家的靠山，便竞相陷害太子。

汉武帝与儿子们很少在一起，与皇后也难得见面。一次，太子进宫谒见皇后，太阳都转过去半天了，才从宫中出来。黄门太监苏文向汉武帝报告说："太子调戏宫女。"于是汉武帝将太子宫中的宫女增加到二百人。后来太子知道了这件事，便对苏文怀恨在心。苏文与小黄门太监常融、王弼等经常暗中寻找太子的过失，然后再去添枝加叶地向汉武帝报告。对此，皇后恨得咬牙切齿，让太子禀明皇上杀死苏文等人。太子说："只要我不做错事，又何必怕苏文等人！皇上圣明，不会相信邪恶谗言，用不着忧虑。"有一次，汉武帝感到身体有点不舒服，派常融去召太子，常融回来后对汉武帝说："太子面带喜色。"汉武帝默然无语。及至太子来到，汉武帝观其神色，见他脸上有泪痕，却强装有说有笑，汉武帝感到很奇怪，再暗中查问，才得知事情真相，于是将常融处死。皇后自己也小心防备，远避嫌疑，所以尽管已有很长时间不再得宠，却仍能使汉武帝以礼相待。

这时，方士和各类神巫多聚集在京师长安，大都是以左道旁门的奇幻邪术迷惑众人，无所不为。一些女巫来于宫中，教宫中美人躲避灾难的办法，在每间屋里都埋上木头人，进行祭祀。因相互妒忌争吵时，就轮番告发对方诅咒皇上、大逆不道。汉武帝大怒，将被告发的人处死，后宫妃嫔、宫女以及受牵连的大臣共杀了数百人。汉武帝产生疑心以后，有一次，在白天小睡，梦见有好几千木头人手持棍棒想要袭击他，霍然惊醒，从此感到身体不舒服，精神恍惚，记忆力大减。江充自以为与太子及皇后有嫌隙，见汉武帝年纪已老，害怕皇上去世后被太子诛杀，便定下奸谋，说皇上的病是因为有巫术作祟造成的。于是汉武帝派江充为使者，负责查出巫术案。江充率领胡人巫师到各处掘地寻找木头人，并逮捕了那些用巫术害人，夜间祷祝及自称能见到鬼魂的人，又命人事先在一些地方洒上血污，然后对被捕之人进行审讯，将那些染上血污的地方指为他们以邪术害人之处，并施以铁钳烧灼之刑，强迫他们认罪。于是百姓们相互诬指对方用巫术害人；官吏则每每参劾别人为大逆不道。从京师长安、三辅地区到各郡、国，因此而死的先后共有数万人。

此时，汉武帝年事已高，怀疑周围的人都在用巫术诅咒于他；而那些被逮捕治罪的人，无论真实情况如何，谁也不敢诉说自己有冤。江充窥探出汉武帝的疑惧心理，便指使胡人巫师檀何言称："宫中有蛊气，不将这蛊术气除去，皇上的病就一直不会好。"于是汉武帝派江充进入宫中，直至宫禁深处，毁坏皇帝的宝座，挖地找蛊；又派按道侯韩说、御史章赣、黄门苏文等协助江充。江充先从后宫中汉武帝已很少理会的妃嫔的房间着手，然后依次搜寻，一直搜到皇后宫和太子宫中，各处的地面都被纵横翻起，以致太子和皇后连放床的地方都没有了。江充扬言："在太子宫中找出的木头人最多，还有写在丝帛上的文字，内容大逆不道，应当奏闻皇上。"太子非常害怕，问少傅石德应当怎么办。石德害怕因为自己是太子的老师而受牵连被杀，便对太子说："先前公孙贺父子、两位公主以及卫伉等都被指犯有用巫术害人之罪而被杀死，如今巫师与皇上的使者又从宫中挖出证据，不知是巫师放置的呢，还是确实有，自己是无法解释清楚的。你可假传圣旨，将江充等人逮捕下狱，彻底追究其奸谋。况且皇上有病住在甘泉宫，皇后和您派去请安的人都没能见到皇上，皇上是否还在，实未可知，而奸臣竟敢如此，难道您忘了秦朝太子扶苏之事了吗！"太子说道："我这做儿子的怎能擅自诛杀大臣！不如前往甘泉宫请罪，或许能侥幸无事。"太子打算亲自前往甘泉宫，但江充却抓住太子之事逼迫甚急，太子想不出别的办法，于是按着石德的计策行事。秋季，七月壬午（初九），太子派门客冒充皇帝使者，逮捕了江充等人。按道侯韩说怀疑使者是假的，不肯接受诏书，被太子门客杀死。太子亲自监杀江充，骂道："你这赵国的奴才，先前扰害你们国王父子，还嫌不够，如今又来扰害我们父子！"又将江充手下的胡人巫师烧死在上林苑中。

太子派侍从门客无且携带符节乘夜进入未央宫长秋门，通过长御女官倚华将一切报告皇后，然后调发皇家马车运载射手，打开武器库拿出武器，又调发长乐宫的卫兵。长安城中一片混乱，纷纷传言："太子造反"。苏文得以逃出长安，来到甘泉宫，向汉武帝报告说太子很不像话。汉武帝说道："太子肯定是害怕了，又愤恨江充等人，所以发生这样的变故。"因而派使臣召太子前来。使臣不敢进入长安，回去报告说："太子已经造反，要杀我，我逃了回来。"汉武帝大怒。丞相刘屈氂听到事变消息后，抽身就逃，连丞相的官印、绶带都丢掉了，派长史乘驿站快马奏报汉武帝。汉武帝问道："丞相是怎么做的？"长史回答说："丞相封锁消息，没敢发兵。"汉武帝生气地说："事情已经这样沸沸扬扬，还有什么秘密可言！丞相没有周公的遗风，难道周公能不杀管叔和蔡叔吗！”于是给丞相颁赐印有玺印的诏书，命令他：“捕杀叛逆者，朕自会赏罚分明。应用牛车作为掩护，不要和叛逆者短兵相接，杀伤过多兵卒！紧守城门，决不能让叛军冲出长安城！”太子发表宣言，向文武百官发出号令说：“皇上因病困居甘泉宫，我怀疑可能发生了变故，奸臣们想乘机叛乱。汉武帝于是从甘泉宫返回，来到长安城西建章宫，颁布诏书征调三辅附近各县的军队，部署中二千石以下官员，归丞相兼职统辖。太子也派使者假传圣旨，将关在长安中都官狱中的囚徒赦免放出，命少傅石德及门客张光等分别统辖；又派长安囚徒如侯持符节征发长水和宣曲两地的胡人骑兵，一律全副武装前来会合。侍郎马通受汉武帝派遣来到长安，得知此事后立即追赶前去，将如侯逮捕，并告诉胡人：“如侯带来的符节是假的，不能听他调遣！”于是将如侯处死，带领胡人骑兵开进长安；又征调船只和水手，交给大鸿胪商丘成指挥。当初，汉朝的符节是纯赤色，因太子用赤色符节，所以在汉武帝所发的符节上改加黄缨以示区别。

太子来到北军军营南门之外，站在车上，将护北军使者任安召出，颁与符节，命令任安发兵。但任安拜受符节后，却返回营中，闭门不出。太子带人离去，将长安四市的市民约数万人强行武装起来，到长乐宫西门外，正遇到丞相刘屈牦率领的军队，双方会战五天，死亡数万人，鲜血像水一样流入街边的水沟。民间都说“太子谋反”，所以人们不依附太子，而丞相一边的兵力却不断加强。

庚寅（十七日），太子兵败，南逃到长安城覆盎门。司直田仁正率兵把守城门，因觉得太子与皇上是父子关系，不愿逼迫太急，所以使太子得以逃出城外。丞相刘屈牦要杀田仁，御史大夫暴胜之对丞相说：“司直为朝廷二千石大员，理应先行奏请，怎能擅自斩杀呢！”于是丞相将田仁释放。汉武帝听说后大发雷霆，将暴胜之逮捕治罪，责问他道：“司直放走谋反的人，丞相杀他，是执行国家的法律，你为什么要擅加阻止？”暴胜之惶恐不安，自杀而死。汉武帝下诏派宗正刘长、执金吾刘敢携带皇帝下达的谕旨收回皇后的印玺和绶带，皇后自杀。汉武帝认为，任安是老官吏，见出现战乱之事，想坐观成败，看谁取胜就归附谁，对朝廷怀有二心，因此将任安与田仁一同腰斩，汉武帝因马通擒获如侯，封其为重合侯；长安男子景建跟随马通，擒获石德，封其为德侯；商丘成奋力战斗，擒获张光，封其秺侯。太子的众门客，因曾经出入宫门，所以一律处死；凡是跟随太子发兵谋反的，一律按谋反罪灭族；各级官吏和兵卒凡非出于本心，而被太子胁迫的，一律放逐到敦煌郡。因太子逃亡在外，所以开始在长安各城门设置屯守军队。

汉武帝非常愤怒，群臣感到忧虑和恐惧，不知如何是好。壶关三老令孤茂上书汉武帝说：“我听说，父亲就好比是天，母亲就好比是地，儿子就好比是天地间的万物，所以只有上天平静，大地安然，万物才能茂盛；只有父慈母爱，儿子才能孝顺。如今皇太子本是汉朝的合法继承人，将承继万世大业，执行祖宗的重托，论关系又是皇上的嫡长子。江充本为一介平民，不过是个市井中的奴才罢了，陛下却对他尊显重用，让他挟至尊之命来迫害皇太子，纠集一批奸邪小人，对皇太子进行欺诈栽赃、逼迫陷害，使陛下与太子的父子至亲关系隔塞不通。太子进则不能面见皇上，退则被乱臣的陷害困扰，独自蒙冤，无处申诉，忍不住忿恨的心情，起而杀死江充，却又害怕皇上降罪，被迫逃亡。太子作为陛下的儿子，盗用父亲的军队，不过是为了救难，使自己免遭别人的陷害罢了，臣认为并非有什么险恶的用心。《诗经》上说：'绿蝇往来落篱笆，谦谦君子不信谗。否则谗言无休止，天下必然出大乱。'以往，江充曾以谗言害死赵太子，天下人无不知晓。而今陛下不加调查，就过分地责备太子，发雷霆之怒，征调大军追捕太子，还命丞相亲自指挥，致使智慧之人不敢进言，善辩之士难以张口，我心中实在感到痛惜。希望陛下放宽心怀，平心静气，不要苛求自己的亲人，不要对太子的错误耿耿于怀，立即结束对太子的征讨，不要让太子长期逃亡在外！我以对陛下的一片忠心，随时准备献出我短暂的性命，待罪于建章宫外。"奏章递上去，汉武帝见到后受到感动而醒悟，但还没有公开颁布赦免。

太子向东逃到湖县，隐藏在泉鸠里农户家。主人家境贫寒，经常织卖草鞋来奉养太子。太子有一位以前相识的人住在湖县，听说很富有，太子派人去叫他，于是消息泄露。八月辛亥（初八），地方官围捕太子。太子自己估计难以逃脱，便回到屋中，紧闭房门，自缢而死。前来搜捕的兵卒中，有一山阳男子名叫张富昌，用脚踹开房门。新安县令史李寿跑上前去，将太子抱住解下。主人与搜捕太子的人格斗而死，二位皇孙也一同遇害。汉武帝感伤于太子之死，便封李寿为邘侯，张富昌为题侯。

三年（辛卯，公元前90年）

当初，李广利出塞时，丞相刘屈牦为他祭祀路神送行到渭桥。李广利说："希望您早日奏请皇上立昌邑王为太子。如果昌邑王能即皇帝位，您以后还有什么可忧虑的呢？"刘屈牦应诺。昌邑王刘髆为李广利的妹妹李夫人所生，李广利女儿又是刘屈牦的儿媳妇，所以二人都希望立昌邑王为太子。就在这时，内者令郭穰向朝廷告发说："丞相夫人诅咒皇上，又与贰师将军一起祈祷神灵，要让昌邑王为帝。"汉武帝命人调查属实，定为大逆不道之罪。六月，汉武帝下令逮捕丞相刘屈牦，将他放在装载食物的车上游街示众，然后押往长安东市腰斩，刘屈牦的夫人和儿子在华阳街斩首后悬首挂头颅示众；李广利的妻子儿女也被逮捕。李广利听到这一消息后，忧愁惊恐。一位因避罪而从军的幕僚胡亚夫劝说李广利道："将军的夫人和家属都已被逮捕下狱，将军若是回去，稍不如皇上之意，就等于自投罗网。那时候，要想逃到郅居水以北，归降匈奴就不可能了。"李广利于是狐疑不定，但仍然希望能够深入匈奴腹地立功，则皇上或许还能回心转意，于是率军继续北进至郅居水畔。匈奴军已然退去，李广利命令护军将领率骑兵二万渡过郅居水，与匈奴左贤王、左大将率领的二万骑兵遭遇，双方交战一日，汉军杀死左大将，匈奴兵死伤甚众。汉军长史与决眭都尉辉渠侯商议道："贰师将军已怀有二心，却想将全军置于危险境地，以求自己建立功绩，恐怕一定要失败。”于是二人合谋共同将李广利擒住。李广利听到消息后，将长史处斩，率兵退至燕然山。单于知道汉军已疲劳不堪，便亲率骑兵五万拦击李广利，双方都伤亡惨重。入夜后，匈奴派人在汉军前进的路上挖了一条深达数尺的壕沟，然后在汉军背后发动猛烈攻击，汉军大乱，李广利于是投降。单于平时早就听说李广利是汉朝大将，便将女儿嫁给李广利为妻，对他的尊宠在卫律之上。汉武帝听说李广利投降匈奴，便将其满门抄斩。

官吏和百姓以巫术害人罪相互告发的，经过调查发现其多为不实。此时汉武帝也颇知太子刘据是因被江充逼迫，惶恐不安，才起兵诛杀江充，并无他意，正好守卫汉高祖刘邦祭庙的郎官田千秋又上紧急奏章，为太子鸣冤说：“做儿子的擅自动用父亲的军队，其罪应受鞭打。天子的儿子误杀了人，又有什么罪呢！我梦见一位白发老翁，叫我上此奏章。”于是汉武帝霍然醒悟，召见田千秋，对他说：“我们父子之间的事，一般认为外人难以插言，只有你知道其间的不实之处。这时高祖皇帝的神灵派您来指教于我，您应当担任我的辅佐大臣。”立即就任命田千秋为大鸿胪，并下令将江充满门抄斩，将苏文烧死在横桥之上。曾在泉鸠里对太子兵刃相加的人，最初被任命为北地太守，后也遭满门抄斩。汉武帝怜惜太子无辜遭害，便特修一座思子宫，又在湖县建了一座归来望思之台，天下人听说这件事后，都很悲伤。

四年（壬辰，公元前89年）

六月，丁巳（二十五日），汉武帝擢升大鸿胪田千秋为丞相，封为富民侯。田千秋没有其他的才干，又没有什么资历和功劳，只因一句话使汉武帝醒悟，就在数月之中登上丞相高位，晋封侯爵，这是世上从未有过的。然而田千秋为人敦厚，又有智慧，身居相位颇为称职，超过他前后的几位丞相。

在此之前，搜粟都尉桑弘羊与丞相、御史奏道：“轮台东部有能够灌溉的农田五千顷以上，可派屯田兵前去屯田，设置校尉三人分别掌管，多种五谷；由张掖、酒泉派骑兵下级小吏担任警戒；招募民间强壮有力、敢于远赴边塞的人前往该地，垦荒灌溉；逐渐修筑亭燧，城墙向西延伸，用以威镇西域各国，辅助乌孙。”为此，汉武帝专门颁布诏书，对他以往的所作所为深表悔恨，说道：“前些时，有关部门奏请要增加赋税，每个百姓多缴三十钱，用以加强边防，这是加重老弱孤独者的负担。如今又奏请派遣兵卒赴轮台屯田。轮台在车师西面一千余里，上次开陵侯成娩攻打车师时，虽然取得了胜利，迫使车师王归降，但因路途遥远，粮食缺乏，死于途中的尚有数千人，何况再往西呢！

“从前李广利兵败，将士们或战死，或被俘，或四散逃亡，朕每念及此，常感悲伤。如今又奏请要派人远赴轮台屯垦，想修筑亭燧，这是使天下人困扰劳苦之举，而非对百姓的优待，这样的建议，朕不忍听！大鸿胪等又建议招募囚犯护送匈奴使者返回，以封侯作为奖赏，让他们刺杀匈奴单于，以发泄我们的怨忿，而这样的事是春秋五霸都不肯做的。况且匈奴得到汉朝归降的人，常常浑身上下严密搜查，并加以盘问，此计又怎能施行呢！如今当务之急，在于严禁官吏对百姓苛刻暴虐，废止擅自增加赋税的法令，全力务农，恢复为国家养马者免其徭役赋税的法令，用以补充战马损失的缺额，不使国家军备削弱而已。各郡、国二千石官员要分别进呈本地畜养马匹补充边备的计划，与呈送户籍、财政簿册的人员一同赴京奏对。”

从此，汉武帝不再派兵出征，封田千秋为富民侯，以表示他要使百姓休息，希望能增加财富，养育百姓。汉武帝又任命赵过为搜粟都尉。赵过精通轮耕保持地力的代田之法，在土地耕耘技术和农具制造方面都有改良。赵过将这些技巧教给老百姓，使老百姓用力少而收获多，因此都感到很便利。

臣司马光曰：天下果然并非没有人才。汉武帝先是喜欢征服四周蛮夷建功立业，便有许多很勇猛不怕死的人充满朝廷，使其开疆拓土，无不如愿。到后来休养百姓，重视农业生产，又有赵过等人教导百姓耕耘，使百姓们获得很大的利益。同一位君王，前后的兴趣爱好迥然不同，而总有人才相应。假如汉武帝兼有夏禹、商汤、周文王的器度，来复兴商、周时期的太平盛世，难道会没有夏、商、周三代的辅佐之臣吗！

后元元年（癸巳，公元前88年）

当初，侍中仆射马何罗与江充关系很好。太子刘据起兵时，马何罗的弟弟马通因奋力作战，被封为重合侯。后汉武帝诛灭江充全族之人及其同党，马何罗兄弟害怕牵连受害，便密谋反叛朝廷。侍中驸马都尉金日磾看到马氏兄弟的心思不同寻常，感到可疑，便独自在暗中注意他们的动静，与他们一起进出。马何罗也觉察到了金日磾的用意，所以过了很长时间没敢动手。这时，汉武帝前往林光宫，金日磾因身体有些不舒服，躺在值班室休息。马何罗、马通和小弟马安成假传圣旨，乘夜出宫，一同将朝廷使者杀死，发兵造反。第二天早上，汉武帝尚未起床，马何罗无故从外面闯进入宫中，金日磾正要去上茅厕，忽然心中一动，立刻进入寝殿，坐在汉武帝的卧室门前。不久，马何罗袖中藏着利刃从东厢房上殿，看见金日磾，脸色一变，便跑向汉武帝的卧室，想要进去，奔跑中撞到陈放的宝瑟，摔倒在地。金日磾抱住了马何罗，大声叫道：“马何罗谋反！”汉武帝惊起，身边的侍卫要刺杀马何罗，汉武帝怕一并伤到金日磾，急忙加以制止。金日磾将马何罗摔到殿前，侍卫上前将其捆绑起来。经过严厉的追究和审讯，所有参与谋反的人全部认罪伏法。

此时，钩弋夫人所生的皇子刘弗陵，虽然只有几岁，却长得身体粗壮，聪明懂事。汉武帝对他极为疼爱，想立他为太子，只因其年纪幼小，母亲也太年轻，所以一直犹豫不决。汉武帝想选择合适的大臣辅佐刘弗陵，观察群臣，只有奉车都尉、光禄大夫霍光为人忠厚，可以当此重任。于是，汉武帝让黄门官画了一幅周公背负周成王接受诸侯朝见的图画赐给霍光。几天后，汉武帝借故谴责钩弋夫人，钩弋夫人摘去首饰，叩头请求宽恕。汉武帝说："拉出去，送到掖庭狱中！"钩弋夫人回头看着汉武帝求饶，汉武帝说："快走，你不能活下去！"终于将她处死。不久之后，汉武帝闲居无事，向周围的人们问道："外面对处死钩弋夫人一事怎么说？"被问者回答说："人们都说'将要立她儿子为太子，为什么还要杀他母亲呢？'"汉武帝说道："是啊，这就不是你们这些愚蠢的人能够懂得的了。自古以来，所以出现乱国之事，都是因为国君年幼而其母青春正盛。女主一人独居，就会骄横不法，荒淫秽乱，为所欲为，而无人能够禁止。你没听说过吕后之事吗！所以不能不先将她除掉。"

二年（甲午，公元前87年）

汉武帝病重，霍光哭着问道："万一陛下不幸离去，应当由谁继承皇位呢？"汉武帝说："你难道没有理解先前赐给你的那幅画的含意吗？立我最小的儿子，由你担任周公的角色！"霍光叩头推辞说："我不如金日磾！"金日磾也说："我是外国人，不如霍光。况且由我辅政，会使匈奴轻视我大汉！"乙丑（十二日），汉武帝颁布诏书，立刘弗陵为皇太子，时年八岁。丙寅（十三日），汉武帝任命霍光为大司马、大将军，金日磾为车骑将军，太仆上官桀为左将军，由他们三人接受遗诏，辅佐幼主，又任命搜粟都尉桑弘羊为御史大夫，全都在汉武帝卧室床下叩拜受职。霍光出入宫廷二十余年，出外则陪同汉武帝乘车，入宫则侍奉在汉武帝的左右，小心谨慎，从未有过什么过失。他为人沉静仔细，每次出入宫廷、下殿门，止步和前进都有一定的地方，郎官、仆射们在暗中观察、默记，发现他尺寸不差。金日磾在汉武帝身边几十年，从不看他不该看的东西，赐给他宫女，他也不敢亲近；汉武帝想将他女儿纳为后宫嫔妃，他也不肯；其诚笃谨慎如此，汉武帝感到特别奇异。金日磾的长子是汉武帝的玩童，很受宠爱，长大后行为不检点，在殿下与宫女调情，正好被金日磾看到。金日磾对其子的淫乱行为非常厌恶，便将他杀死。汉武帝听说后勃然大怒。金日磾叩头请罪，陈述了杀死其子的缘由。汉武帝深感悲哀，为此落下眼泪，后来对金日磾却由衷敬重。上官桀开始因膂力过人而得到汉武帝的赏识，被任命为未央厩令。有一次，汉武帝感到身体不舒服，等到痊愈后，检查御马，发现马匹大多瘦弱，于是汉武帝大发雷霆，说："厩令认为我再也看不到这些马了吗！"便要将上官桀逮捕下狱。上官桀叩头说："我听说皇上圣体欠安，日夜忧愁害怕，实在没心思照料马匹。"话未说完，已经流下几行眼泪。汉武帝认为上官桀爱自己，因此与他亲近，任命他为侍中，逐渐升到太仆。霍光、金日磾、上官桀三人都是汉武帝平时宠爱信任的人，所以特意将自己身后之事托付给他们。丁卯（十四日），汉武帝在五柞宫驾崩，遗体运到未央宫前殿入殓。

汉武帝人很聪明，遇事有决断，善于用人，执法严厉，毫不容情。隆虑公主的儿子昭平君娶了汉武帝的女儿夷安公主。隆虑公主病危时，进献黄金千斤、钱千万，请求预先为儿子昭平君赎一次死罪，汉武帝答应了她的请求。隆虑公主去世后，昭平君日益骄纵，竟在喝醉酒之后将公主的保姆杀死，被逮捕入狱。廷尉因昭平君是公主之子而请示武帝，汉武帝身边的人都为昭平君说话："先前隆虑公主又曾出钱预先赎罪，陛下应允了她。"汉武帝说："我妹妹年纪很大了才生下一个儿子，临终前又将他托付给我。"当时泪流满面，叹息了很久，说："法令是先帝创立的，若是因妹妹的缘故破坏先帝之法，我还有何脸面进高祖皇帝的祭庙！同时也对不住万民。"于是批准了廷尉的请求，将昭平君处死，但仍然悲痛难忍，周围的人也一起跟着伤感不已。待诏官东方朔上前祝贺汉武帝说："我听说圣明的君王治理国政，奖赏不回避仇人，惩罚不区分骨肉。《尚书》上说：'不偏向，不结党，君王的大道坦荡平直。'这两项原则，古代的黄帝、颛顼、帝喾、尧、舜五帝非常重视，而夏禹、商汤、周文王三王都难以做到，如今陛下却做到了，这是天下的幸运！我东方朔捧杯，冒死连拜两拜为陛下祝贺！"开始，汉武帝对东方朔非常恼火，接着又觉得他是对的，将东方朔任为中郎。

班固称赞说：汉朝承接了历朝帝王的积弊，高祖拨乱反正，文帝、景帝则致力于修养百姓，而在研习古代的礼节仪式方面，尚有很多缺失。汉武帝即位之初，就以卓越的气魄，罢黜了各家学说，唯独尊崇儒家的《诗》《书》《礼》《易》《乐》《春秋》六种经典，并向天下征召，选拔其中的优秀人才，共同建功立业。又兴办太学，整顿祭祀仪式，更改月份，重新制定历法，协调音律，提倡诗赋乐章，到泰山封禅祭祀天地，礼敬各种神灵，封赐周朝的后裔等等。汉武帝的号令文章，都焕发光彩，值得称道，后继者得以继承他的大业，因而具有夏、商、周三代的遗风。如果以汉武帝的雄才大略，不改变汉文帝、汉景帝时的俭朴作风，爱护百姓，即使是《诗经》《尚书》上所称道的古代圣王也不过如此！

臣司马光曰：汉武帝穷奢极欲，刑罚繁重，横征暴敛，对内大肆兴建宫室，对外征讨四方蛮夷，又迷惑于神怪之说，巡游无度，致使百姓疲劳凋敝，很多人被迫做了盗贼，与秦始皇没有多少不同。但为什么秦朝因此而灭亡，汉朝却因此而兴盛呢？是因为汉武帝能够遵守先王之道，懂得如何治理国家，守住基业，能接受忠正刚直之人的谏言，厌恶被人欺瞒蒙蔽，始终喜好贤才，赏罚严明，到晚年又能改变以往的过失，将继承人托付给合适的大臣，这正是汉武帝有造成秦朝灭亡一样的错误，却避免了秦朝灭亡的灾祸的原因吧！

第二十三卷
汉纪十五

译文诵读

孝昭皇帝上始元元年（乙未，前86）

九月，丙子，秺敬侯金日磾薨。初，武帝病，有遗诏，封金日磾为侯，上官桀为安阳秺侯，霍光为博陆侯；皆以前捕反者马何罗等功封。日磾以帝少，不受封，光等亦不敢受。及日磾病困，光白封，日卧受印绶；一日薨。日磾两子赏、建俱侍中，与帝略同年，共卧起。赏为奉车，建驸马都尉。及赏嗣侯，佩两绶，上谓霍将军曰："金氏兄弟两人，不可使俱两绶邪？"对曰："赏自嗣父为侯耳。"上笑曰："侯不在我与将军乎？"对曰："先帝之约，有功乃得封侯。"遂止。

二年（丙申，前85）

或说霍光曰："将军不见诸吕之事乎？处伊尹、周公之位，摄政擅权，而背宗室，不与共职，是以天下不信，卒至于灭亡。今将军当盛为位，帝春秋富，宜纳宗室，又多与大臣共事，反诸吕道。如是，则可以免患。"光然之，乃择宗室可用者，遂拜楚元王孙辟疆及宗室刘长乐皆为光禄大夫，辟疆守长乐卫尉。

三年（丁酉，前84）

初，霍光与上官桀相亲善。光每休沐出，桀常代光入决事。光女为桀子安妻，生女，年甫五岁，安欲因光内之宫中，光以为尚幼，不听。盖长公主私近子客河间丁外人，安素与外人善，说外人曰："安子容貌端正，诚因长主时得入为后，以臣父子在朝而有椒房之重，成之在于足下。汉家故事，常以列侯尚主，足下何忧不封侯乎！"外人喜，言于长主。长主以为然。诏召安女为婕妤，安为骑都尉。

五年（己亥，前82）

有男子乘黄犊车诣北阙，自谓卫太子，公车以闻。诏使公、卿、将军、中二千石杂识视。长安中吏民聚观者数万人。右将军勒兵阙下以备非常。丞相、御史、中二千石至者并莫敢发言。京兆尹不疑后到，叱从吏收缚。或曰："是非未可知，且安之！”不疑曰：“诸君何患于卫太子！昔蒯聩违命出奔，辄距而不纳，《春秋》是之。卫太子得罪先帝，亡不即死，今来自诣，此罪人也！”遂送诏狱。天子与大将军霍光闻而嘉之曰：“公卿大臣当用有经术、明于大谊者。”繇是不疑名声重于朝廷，在位者皆自以不及也。廷尉验治何人，竟得奸诈，本夏阳人，姓成，名方遂，居湖，以卜筮为事。有故太子舍人尝从方遂卜，谓曰：“子状貌甚似卫太子。”方遂心利其言，冀得以富贵。坐诬罔不道，要斩。

六年（庚子，前81）

春，二月，诏有司问郡国所举贤良、文学，民所疾苦、教化之要，皆对：“愿罢盐、铁、酒榷、均输官，毋与天下争利，示以俭节，然后教化可兴。”桑弘羊难，以为：“此国家大业，所以制四夷，安边足用之本，不可废也。”于是盐铁之议起焉。

初，苏武既徙北海上，禀食不至，掘野鼠、去草实而食之。杖汉节牧羊，卧起操持，节旄尽落。武在汉，与李陵俱为侍中；陵降匈奴，不敢求武。久之，单于使陵至海上，为武置酒设乐，因谓武曰：“单于闻陵与子卿素厚，故使来说足下，虚心欲相待。终不得归汉，空自苦；亡人之地，信义安所见乎！足下兄弟二人，前皆坐事自杀；来时，太夫人已不幸；子卿妇年少，闻已更嫁矣；独有女弟二人、两女、一男，今复十余年，存亡不可知。人生如朝露，何久自苦如此！陵始降时，忽忽如狂，自痛负汉，加以老母系保宫。子卿不欲降，何以过陵！且陛下春秋高，法令无常，大臣无罪夷灭者数十家。安危不可知，子卿尚复谁为乎！”武曰：“武父子无功德，皆为陛下所成就，位列将，爵通侯，兄弟亲近，常愿肝脑涂地。今得杀身自效，虽斧钺、汤镬，诚甘乐之！臣事君，犹子事父也；子为父死，无所恨。愿勿复再言！”陵与武饮数日，复曰：“子卿壹听陵言！”武曰：“自分已死久矣，王必欲降武，请毕今日之欢，效死于前！”陵见其至诚，喟然叹曰：“嗟乎，义士！陵与卫律之罪上通于天！”因泣下沾衿，与武决去。赐武牛羊数十头。

后陵复至北海上，语武以武帝崩。武南乡号哭欧血，旦夕临，数月。及壶衍鞮单于立，母阏氏不正，国内乖离，常恐汉兵袭之，于是卫律为单于谋，与汉和亲。汉使至，求苏武等，匈奴诡言武死。后汉使复至匈奴，常惠私见汉使，教使者谓单于，言：“天子射上林中，得雁，足有系帛书，言武等在某泽中。”使者大喜，如惠语以让单于。单于视左右而惊，谢汉使曰：“武等实在。”乃归武及马宏等。马宏者，前副光禄大夫王忠使西国，为匈奴所遮；忠战死，马宏生得，亦不肯降。故匈奴归此二人，欲以通善意。于是李陵置酒贺武曰：“今足下还归，扬名于匈奴，功显于汉室，虽古竹帛所载，丹青所画，何以过子卿！陵虽驽怯，令汉贳陵罪，全其老母，使得奋大辱之积志，庶几乎曹柯之盟，此陵宿昔之所不忘也。收族陵家，为世大戮，陵尚复何顾乎！已矣，令子卿知吾心耳！”陵泣下数行，因与武决。

单于召会武官属，前已降及物故，凡随武还者九人。既至京师，诏武奉一太牢谒武帝园庙，拜为典属国，秩中二千石，赐钱二百万，公田二顷，宅一区。武留匈奴凡十九岁，始以强壮出，及还，须发尽白。霍光、上官桀与李陵素善，遣陵故人陇西任立政等三人俱至匈奴招之。陵曰："归易耳，丈夫不能再辱！"遂死于匈奴。

秋，七月，罢榷酤官，从贤良、文学之议也。武帝之末，海内虚耗，户口减半。霍光知时务之要，轻徭薄赋，与民休息。至是匈奴和亲，百姓充实，稍复文、景之业焉。

元凤元年（辛丑，前80）

上官桀父子既尊，盛德长公主，欲为丁外人求封侯，霍光不许。又为外人求光禄大夫，欲令得召见，又不许。长主大以是怨光，而桀、安数为外人求官爵弗能得，亦惭。又桀妻父所幸充国为太医监，阑入殿中，下狱当死。冬月且尽，盖主为充国入马二十匹赎罪，乃得减死论。于是桀、安父子深怨光而重德盖主。自先帝时，桀已为九卿，位在光右，及父子并为将军，皇后亲安女，光乃其外祖，而顾专制朝事，由是与光争权。燕王旦自以帝兄不得立，常怀怨望。及御史大夫桑弘羊建造酒榷、盐、铁，为国兴利，伐其功，欲为子弟得官，亦怨恨光。于是盖主、桀、安、弘羊皆与旦通谋。

旦遣孙纵之等前后十余辈，多赍金宝、走马赂遗盖主、桀、弘羊等。桀等又诈令人为燕王上书，言："光出都肄郎、羽林，道上称趩，太官先置。"又引"苏武使匈奴二十年不降，乃为典属国；大将军长史敞无功，为搜粟都尉，又擅调益莫府校尉。光专权自恣，疑有非常。臣旦愿归符玺，入宿卫，察奸臣变。"候司光出沐日奏之。桀欲从中下其事，弘羊当与诸大臣共执退光。书奏，帝不肯下。明旦，光闻之，止画室中不入。上问："大将军安在？"左将军桀对曰："以燕王告其罪，故不敢入。"有诏："召大将军。"光入，免冠、顿首谢。上曰："将军冠！朕知是书诈也，将军无罪。"光曰："陛下何以知之？"上曰："将军之广明都郎，近耳；调校尉以来，未能十日，燕王何以得知之！且将军为非，不须校尉。"是时帝年十四，尚书、左右皆惊。而上书者果亡，捕之甚急。桀等惧，白上："小事不足遂。"上不听。后桀党与有谮光者，上辄怒曰："大将军忠臣，先帝所属以辅朕身，敢有毁者坐之！"自是桀等不敢复言。

桀等谋令长公主置酒请光，伏兵格杀之，因废帝，迎立燕王为天子，旦置驿书往来相报，许立桀为王，外连郡国豪桀以千数。旦以语相平，平曰："大王前与刘泽结谋，事未成而发觉者，以刘泽素夸，好侵陵也。平闻左将军素轻易，车骑将军少而骄，臣恐其如刘泽时不能成，又恐既成反大王也。"旦曰："前日一男子诣阙，自谓故太子，长安中民趣乡之，正欢不可止。大将军恐，出兵陈之，以自备耳。我，帝长子，天下所信，何忧见反！"后谓群臣："盖主报言，独患大将军与右将军王莽。今右将军物故，丞相病，幸事必成，征不久。"令群臣皆装。

安又谋诱燕王至而诛之，因废帝而立桀。或曰："当如皇后何？"安曰："逐麋之狗，当顾菟邪！且用皇后为尊，一旦人主意有所移，虽欲为家人亦不可得。此百世之一时也！”会盖主舍人父稻田使者燕仓知其谋，以告大司农杨敞。敞素谨，畏事，不敢言，乃移病卧，以告谏大夫杜延年；延年以闻。九月，诏丞相部中二千石逐捕孙纵之及桀、安、弘羊、外人等，并宗族悉诛之；盖主自杀。燕王旦闻之，召相平曰：“事败，遂发兵乎？”平曰：“左将军已死，百姓皆知之，不可发也！”王忧懑，置酒与群臣、妃妾别。会天子以玺书让旦，旦以绶自绞死，后、夫人随旦自杀者二十余人。天子加恩，赦王太子建为庶人，赐旦谥曰剌王。皇后以年少，不与谋，亦霍光外孙，故得不废。

四年（甲辰，前77）

楼兰王死，匈奴先闻之，遣其质子安归归，得立为王。汉遣使诏新王令入朝，王辞不至。楼兰国最在东垂，近汉，当白龙堆，乏水草，常主发导，负水担粮，送迎汉使；又数为吏卒所寇，惩艾，不便与汉通。后复为匈奴反间，数遮杀汉使。其弟尉屠耆降汉，具言状。骏马监北地傅介子使大宛，诏因令责楼兰、龟兹。介子至楼兰、龟兹，责其王，皆谢服。介子从大宛还，到龟兹，会匈奴使从乌孙还，在龟兹，介子因率其吏士共诛斩匈奴使者。还，奏事，诏拜介子为中郎，迁平乐监。

介子谓大将军霍光曰：“楼兰、龟兹数反覆，而不诛，无所惩艾。介子过龟兹时，其王近就人，易得也；愿往刺之以威示诸国！”大将军曰：“龟兹道远，且验之于楼兰。”于是白遣之。介子与士卒俱赍金币，扬言以赐外国为名，至楼兰。楼兰王意不亲介子，介子阳引去，至其西界，使译谓曰：“汉使者持黄金、锦绣行赐诸国。王不来受，我去之西国矣。”即出金、币以示译。译还报王，王贪汉物，来见使者。介子与坐饮，陈物示之，饮酒皆醉。介子谓王曰：“天子使我私报王。”王起，随介子入帐中屏语，壮士二人从后刺之，刃交匈，立死，其贵臣、左右皆散走。介子告谕以王负汉罪，“天子遣我诛王，当更立王弟尉屠耆在汉者。汉兵方至，毋敢动，自令灭国矣！”介子遂斩王安归首，驰传诣阙，悬首北阙下。

乃立尉屠耆为王，更名其国为鄯善，为刻印章；赐以宫女为夫人，备车骑、辎重。丞相率百官送至横门外，祖而遣之。王自请天子曰：“身在汉久，今归单弱，而前王有子在，恐为所杀。国中有伊循城，其地肥美，愿汉遣一将屯田积谷，令臣得依其威重。”于是汉遣司马一人、吏士四十人田伊循以填抚之。

秋，七月，乙巳，封范明友为平陵侯，傅介子为义阳侯。

臣光曰：王者之于戎狄，叛则讨之，服则舍之。今楼兰王既服其罪，又从而诛之，后有叛者，不可得而怀矣。必以为有罪而讨之，则宜陈师鞠旅，明致其罚。今乃遣使者诱以金币而杀之，后有奉使诸国者，复可信乎！且以大汉之强而为盗贼之谋于蛮夷，不亦可羞哉！论者或美介子以为奇功，过矣！

汉昭帝始元元年（乙未，公元前86年）

九月丙子（初二），秺侯金日磾去世。当初汉武帝病危时，曾留下遗诏，封金日磾为秺侯，上官桀为安阳侯，霍光为博陆侯，都是因为先前逮捕叛逆者马何罗等人之功而赐予封爵。金日磾以新皇帝年纪幼小为理由，不肯接受封爵，霍光等也不敢接受。等到金日磾病重时，霍光才将武帝临终时封他们三人为侯的事报告汉昭帝，于是金日磾躺在病床上接受了秺侯的印信和绶带，一天后去世。金日磾的两个儿子金赏、金建都担任侍中，与汉昭帝年龄差不多一般大小，起床、睡觉都在一起。金赏的官职是奉车都尉，金建是驸马都尉。后来金赏继承了父亲金日磾的侯爵，佩戴两种绶带，汉昭帝便对霍光说道："金氏兄弟二人，不能让他们都佩戴两种绶带吗？"霍光回答说："只能由金赏一人继承他父亲的侯爵。"汉昭帝笑着说："封侯不是由我和将军决定吗？"霍光说："根据先皇的约定，对国家有功的人才能封侯。"于是汉昭帝作罢。

二年（丙申，公元前85年）

有人劝霍光说："将军没有看到当初吕氏家族覆亡的教训吗？吕氏身处伊尹、周公的地位，主持朝政，专擅大权，却疏远皇族成员，不与他们共享朝权，因此失去了天下人的信任，最后终于灭亡。如今将军身居高位，皇上年幼，应当纳用皇族成员，并多与大臣共商政事，与吕氏家族的做法相反。如果这样，便可以免除祸患。"霍光认为有道理，便在皇室成员中选择可以担任官职的人才，任命楚元王之孙刘辟疆和皇室成员刘长乐都为光禄大夫，刘辟疆还兼任长乐宫卫尉。

三年（丁酉，公元前84年）

当初，霍光与上官桀关系亲密，每当霍光休假离朝，上官桀常代替霍光入朝裁决政事。霍光的女儿是上官桀之子上官安的妻子，生下一个女儿，只有五岁，上官安想通过霍光的关系使女儿进入后宫，霍光认为外孙女年纪还小，不肯答应。汉昭帝的姐姐盖长公主与她儿子的门客河间人丁外人私通，上官安平时与丁外人关系很好，便对丁外人说："我女儿容貌端正，如能得到长公主的帮助，入宫成为皇后，我与我父亲在朝为官就有皇后作为依靠，此事的成败全都在您。按汉朝的惯例，公主常常嫁给列侯，您又何愁不能封侯呢！"丁外人非常高兴，便将此事告诉长公主，长公主表示赞同，于是让汉昭帝颁布诏书，将上官安的女儿召入宫中，封为婕妤，并任命上官安为骑都尉。

五年（己亥，公元前82年）

有一位男子，乘坐黄牛犊车来到未央宫北门，自称他是汉武帝的前太子刘据，公车官将此事奏闻朝廷。汉昭帝下诏书命三公、九卿、将军、中二千石官等一同前往辨认。长安城中的一般官吏和百姓前去围观的达数万人。右将军为防止发生不测之事，率兵守在宫门前面。前往辨认的丞相、御史、中二千石官等，谁也不敢发言。京兆尹隽不疑最后赶到，命手下官吏将该男子逮捕。有人劝他说："是否真是前太子还不能确定，暂且不要处理！"隽不疑说道："各位又何必怕他是否真是前太子！春秋时期，卫国太子卫蒯聩因违抗卫灵公之命出逃，后其子卫辄继位，拒不接纳其父回国，此事得到《春秋》的肯定。前太子得罪了先帝，逃亡在外，当时没死，如今自己又回来了，也是国家的罪人。"于是将该男子押送到牢狱。汉昭帝与大将军霍光听说后，称赞隽不疑说："公卿大臣就应当由这种精通经典、明白大义的人来担任。"于是隽不疑在朝中名重一时，其他身居高位的人都自认为比不上他。后经廷尉审讯核问那个人，竟然发现是一骗局。那位自称是前太子的人本是夏阳人，姓成，名方遂，住在湖县，以占卜为职业。前太子的一位侍从曾经请他占卜，并对他说："您的身材相貌都很像前太子。"成方遂听到此言之后颇为动心，希望借此取得富贵。成方遂被定以欺诈不道之罪，腰斩。

西汉 龙凤纹重环玉佩

六年（庚子，公元前81年）

春季，二月，汉昭帝下诏命有关官员向各郡、国举荐的贤良、询问文学，了解民间疾苦和教化百姓的要点，大家都建议："希望取消盐、铁、酒类的专卖制度，罢黜均输官，不要与天下人争利，向百姓表示节俭，然后才可以振兴、教化。"但桑弘羊表示反对，他认为："盐、铁、酒类的专卖制度和均输措施等，都是国家赖以控制四夷、保卫边疆，使财用充足的根本大业，不能废除。"于是，一场关于盐铁专卖等问题的辩论开始了。

当初，苏武被匈奴放逐到北海边以后，得不到粮食供应，便挖掘野鼠，吃鼠洞中的草籽。他手持汉朝的符节牧羊，无论睡卧还是起身都带着它，以致节杖上的毛缨全部脱落了。苏武在汉朝时，与李陵同为侍中，李陵投降匈奴后，不敢求见苏武。过了很长时间，单于派李陵来到北海边，为苏武摆下酒席，并以乐队助兴。李陵对苏武说："单于听说我与你一向情谊深厚，所以派我来劝你，单于愿意对你虚心相待。你终究不能再回汉朝，自己白白受苦在这荒无人烟的地方，你的信义节操，又有谁看到呢！你的两个兄弟，先前已都因罪自杀；我来此时，你母亲也已不幸去世；你的夫人年轻，听说已经改嫁别人了；只剩下两个妹妹、两个女儿、一个儿子，如今又过了十几年，是否还在人世，不得而知。人的一生，就像早晨的露水一般短暂，你又何必长久地如此自苦！我刚投降匈奴时，精神恍惚，像要发疯，恨自己辜负汉朝，还连累老母被拘禁牢狱。你不愿归降匈奴的心情，怎么会超过我！况且皇上年事已高，法令变化无常，大臣无罪而被抄杀满门的达数十家，安危不可知，你还要为谁这样做呢！”苏武说：“我父子本无才德功绩，全靠皇上栽培，才得以身居高位，与列侯、将军并列，且使我们兄弟得以亲近皇上，所以我常常希望能够肝脑涂地，报答皇上的大恩。如今得以杀身报效皇上，即使是斧钺加身，汤锅烹煮，我也心甘情愿！为臣的侍奉君王，就如同儿子侍奉父亲一般，儿子为父亲而死，没有遗憾。希望你不要再说了。”李陵与苏武一连饮酒数日，又劝道：“子卿你再听我一句话。”苏武说：“我自己料想必死已经很久了，大王你一定要我苏武投降，就请结束今日的欢聚，让我死在你的面前！”李陵见苏武一片至诚，长叹道：“唉！你真是忠义之士！我与卫律的罪过上通于天！”不觉泪湿衣襟，与苏武告别而去。赐给苏武牛羊数十头。

后来，李陵又来到北海边，告诉苏武汉武帝已然去世。苏武一连数月，每天早晚面对南方号啕痛哭，甚至吐血。壶衍鞮单于即位后，其母阏氏行为不正，国内分崩离析，常常害怕汉军前来袭击，于是卫律为单于定计，要求与汉朝和亲。汉使来到匈奴，要求放苏武等人回国，匈奴假称苏武已死。后来汉使又来到匈奴，常惠暗中面见汉使，教使者对单于说：“汉天子在上林苑射猎，射下一只大雁，雁脚上系着一块写字的绸缎，上面说苏武等人在某湖泽之地。”使者大喜，按常惠之言责问单于。单于环视左右侍从，大吃一惊，然后向汉使道歉说：“苏武确实还活着。”这才将苏武及马宏等人放还。马宏先前是汉朝派往西域各国的使者，光禄大夫王忠的副使，因受到匈奴军队的拦截，王忠战死，马宏被俘，也不肯投降匈奴。所以匈奴这次将苏武、马宏二人放回，是想向汉朝表示他们的善意。于是，李陵摆设酒筵祝贺苏武说：“如今你返回祖国，名声传遍匈奴，功劳显扬于汉朝，即使是史籍所记载、丹青所描画的人物，又怎能超过你！我虽然愚笨怯懦，假如当年汉朝能宽恕我的罪过，保全我的老母，使我能够忍辱负重，春秋时曹刿劫持齐桓公于柯盟的壮举正是我当时念念不忘的志向。谁知汉朝竟将我满门抄斩，这是当世最残酷的杀戮，我还能再顾念什么呢！如今一切都已过去，现在不过是想让你知道我的心罢了！”李陵泪流满面，便与苏武告别。

单于召集当年随苏武前来的汉朝官员及随从，除先前已归降匈奴和去世的以外，共有九人与苏武一同回到汉朝。苏武一行来到长安后，汉昭帝诏令苏武用牛、羊、猪各一头，以最隆重的仪式祭拜汉武帝的陵庙，封苏武为典属国，品秩为中二千石，并赏赐苏武钱二百万、公田二顷、住宅一所。苏武被扣留匈奴共十九年，去时正当壮年，归来时头发、胡须全都白了。霍光、上官桀一向都和李陵关系很好，所以特派李陵的旧友陇西人任立政等三人一同前往匈奴劝说李陵回国。李陵对他们说：“回去容易，但大丈夫不能两次受辱！”于是老死于匈奴。

秋季，七月，汉昭帝接受贤良、文学们的建议，撤销负责酒类专卖的官员。汉武帝末年，国家财力虚耗，户口减少了一半。霍光了解当时的要务，减轻赋税和徭役，使百姓得到休息。如今与匈奴恢复和亲，百姓生活充实，渐渐恢复了汉文帝、汉景帝时期的定安、繁荣局面。

元凤元年（辛丑，公元前80年）

上官桀父子的地位既已尊贵，对长公主非常感恩，便想为丁外人谋求封侯，但霍光不许。上官桀父子又请求任命丁外人为光禄大夫，想使其取得受皇帝召见的资格，霍光仍然不许。长公主因此怨恨霍光，而上官桀、上官安几次为丁外人谋求官爵都未能实现，也觉脸上无光。上官桀的岳父所宠爱的一个叫充国的人，担任太医监，因私自闯入宫殿，被逮捕下狱，定为死罪。当时，处决犯人的冬季即将过去，长公主为充国交纳二十匹马赎罪，使其被免除死刑。于是，上官桀、上官安父子深怨霍光而更加感激长公主。自从汉武帝时，上官桀已位列九卿，地位高于霍光，及至上官桀父子同为将军，皇后又是上官安的亲女儿，而霍光只是皇后的外祖父，却反而专制朝政，因此上官安父子与霍光争权。燕王刘旦觉得自己是汉昭帝的兄长，未能继承皇位，所以常常心怀怨恨。御史大夫桑弘羊创立盐、铁、酒类专卖制度，为国兴利，自认为于国有功，想为其子弟求取官职，遭到霍光拒绝，因而也怨恨霍光。于是，盖长公主、上官桀、上官安、桑弘羊都与刘旦串通一气，密谋除掉霍光。

刘旦派遣孙纵之等人前后十余批，携带大批金银、珠宝、快马等前往长安，贿赂盖长公主、上官桀、桑弘羊等人。上官桀等又命人伪造燕王上书，言称："霍光出外校阅郎官及羽林军时，就仿佛皇上出巡一般，命人清道，驱赶行人，派太官为其预先安排饮食。"又称："苏武出使匈奴，被扣留二十年而不肯投降，回朝后只不过给了个典属国的官职；而大将军长史杨敞并无功劳，却被任命为搜粟都尉；另外，霍光还擅自增选大将军府的校尉。霍光独揽大权，为所欲为，是否会做出不利于朝廷的非常之举，令人怀疑。因此，我愿意交还燕王的印玺，进入宫廷，侍卫在皇上左右，监督奸臣的行动，以防有变。"等到霍光休假不在朝中时奏闻汉昭帝。上官桀本打算从朝廷中交给有关官员去查办，由桑弘羊与各大臣一起逮捕霍光，撤销其职。但上奏后，汉昭帝却扣留不发。第二天早晨，霍光入朝，听说此事后，停在画室中不敢贸然进殿。汉昭帝问："大将军在什么地方？"左将军上官桀回答说："因燕王控告大将军的罪行，所以他不敢进殿。"汉昭帝下诏："召大将军进来。"霍光进殿后，脱下官帽，叩头请罪。汉昭帝说道："将军请戴上帽子。朕知道这道奏章是假的，将军并没有罪。"霍光说："陛下是怎么知道的呢？"汉昭帝说："将军去广明校阅郎官，是最近的事，选调校尉以来，也还不到十天，燕王怎么能知道这些事呢！况且将军如要谋反，也用不着选调校尉。"此时汉昭帝年仅十四岁，尚书及左右官员全都震惊了。后发现呈递这奏章的人果然逃亡，汉昭帝下令紧急追捕。上官桀等人心中害怕，便对汉昭帝说："区区小事，用不着穷追不放。"汉昭帝不听。后上官桀的同党中有人说霍光的坏话，汉昭帝立即怒斥道：

“大将军是忠臣，先帝托付他辅佐我，谁再胆敢诬蔑大将军，就问他的罪！”从此，上官桀等不敢再攻击霍光。

上官桀等密谋由长公主设酒宴邀请霍光，埋伏武士将霍光杀死，然后乘机废掉汉昭帝，迎立燕王刘旦为皇帝。刘旦设置驿马传书，往来递送消息，许诺事成后封上官桀为王，并对外联络了数以千计的各郡、国的豪杰之士。刘旦将这一计划告诉燕国丞相，这位名叫平的燕国丞相说道：“大王以前与刘泽合谋，事情还未成功，消息已然走漏，是因为刘泽平时性情浮夸，好欺凌属下。我听说左将军一向办事不稳重，车骑将军又年轻骄横，我担心他们与刘泽那时一样成不了事，又担心他们事成之后背叛大王。”刘旦说：“前些日子，有一男子到皇宫门前，自称是前太子，长安城中的百姓纷纷上前，喧哗不绝。大将军感到害怕，派出军队，为的是保护自己。我本先帝长子，天下信任，还怕被人反对吗！”后又对其臣下说：“盖长公主告诉我，只是担心大将军霍光与右将军王莽。如今右将军去世，丞相又有病，大事必然成功，不久就可证实。”命臣下一律整治行装，随时准备出发。

上官安又密谋将燕王刘旦引诱前来杀死，然后再废掉汉昭帝，拥立其父上官桀为皇帝。有人问他：“对皇后又当如何？”上官安说：“追逐大鹿的猎狗，会顾及兔子吗！况且因皇后而获得尊贵的地位，一旦皇上移情别爱，即使想做一名普通老百姓，也不可能了。这是百世难逢的好机会！”恰巧盖长公主一位舍人的父亲、担任稻田使者的燕仓了解到上官桀等人的阴谋，将此事告诉了大司农杨敞。杨敞平时为人谨慎怕事，不敢奏报朝廷，便上书称病，卧居在家，同时将此事告知谏大夫杜延年。杜延年将此事奏闻朝廷。九月，汉昭帝下诏命丞相率领中二千石大臣缉捕孙纵之及上官桀、上官安、桑弘羊、丁外人等人，连同他们的宗族，全部诛杀。盖长公主自杀。燕王刘旦得到消息后，召燕国丞相平前来商议道：“事已败露，是否应随即发兵造反？”平说：“左将军已被处死，老百姓都已知晓，不可发兵！”刘旦忧愤懊恼，摆设酒席，与臣子和妻妾诀别。正好汉昭帝下达正式诏书责问刘旦，刘旦便用王印的绶带将自己绞死，刘旦的王后、夫人等二十余人也随其一起自杀。汉昭帝加恩，赦免燕王太子刘建死罪，废为平民，赐刘旦谥号“刺王”。上官皇后因年纪幼小，未曾参与政变阴谋，又是霍光的外孙女，所以未被废黜。

四年（甲辰，公元前77年）

楼兰国王去世，匈奴最先听到这一消息，便将在匈奴充当人质的楼兰国王子安归护送回国，安归得以当上楼兰国王。汉朝派使臣前往楼兰国传达汉昭帝的诏令，命新即位的楼兰王来长安朝见，楼兰王推辞不来。楼兰国位于西域的最东部，靠近汉朝，中间隔着白龙堆沙漠。此地缺乏水源、牧草，以往楼兰国经常负责派出向导，命人背水担粮，迎送汉朝派往西域各国的使者。因多次受到汉朝官吏和兵卒的欺扰，楼兰国逐渐对汉朝产生了戒惧，不愿再与汉朝来往。后来，又受了匈奴的离间，多次拦杀汉朝使臣。楼兰王安归的弟弟尉屠耆归降汉朝，将内情一一报告汉朝。担任骏马监的北地人傅介子出使大宛，汉昭帝下诏命其顺路去责问楼兰、龟兹两国。傅介子来到楼兰和龟兹，责问两国国王为何背叛汉朝，两国都表示道歉服罪。傅介子从大宛回来，又到龟兹，正好匈奴使臣从乌孙返回，正在龟兹，于是傅介子率其随从官兵一同将匈奴使臣杀死。回国后，傅介子向朝廷报告了此事，汉昭帝诏封傅介子为中郎，改任平乐监。

傅介子对大将军霍光说："楼兰、龟兹两国多次反复，不诛杀，就无所惩戒。我经过龟兹时，发现龟兹王接近外人，对付他容易得手。我愿意去刺杀他，以此向西域各国显示汉朝之威。"大将军说道："龟兹路远，且先到楼兰去试试。"于是禀告汉昭帝，派傅介子前去刺杀楼兰国王。傅介子率领卫士，携带金银财物，宣称要赏赐外国，借此名义来到楼兰。楼兰王不愿亲近傅介子，傅介子便假装离去，到达楼兰西部边界时，让翻译人员对楼兰国王说："汉朝使者携带黄金、绸缎等一路对各国进行赏赐，大王如不来接受，我就离开这里到西边国家去了。"随即拿出黄金、财宝等给翻译看。翻译回去向楼兰王报告，楼兰王贪图汉朝财物，便前来面见汉使。傅介子与其共坐饮酒，故意将金宝等陈列显示。一直喝到大家都醉了，傅介子对楼兰王说："汉朝天子让我秘密报告大王。"于是楼兰王起身随傅介子进入后帐，屏退侍从人员密谈。突然，两名壮士从背后刺向楼兰王，利刃穿胸相交，楼兰王立即死亡。楼兰国的贵族大臣、侍从人员等四散逃亡。傅介子宣告楼兰王背叛汉朝之罪，说道："天子派我诛杀楼兰王，应改立在汉朝的王弟尉屠耆为王。汉军立即就到，不要轻举妄动，否则将自己招来灭国之祸！"傅介子于是将楼兰王安归的人头割下，用驿马快速送到皇宫，悬于未央宫北门之外。

汉朝立尉屠耆为楼兰王，改国名为鄯善，并颁刻印章，赐给尉屠耆宫女作为夫人，又为他准备了车马、辎重，由丞相率领文武百官送至长安横门之外，祭祀路神，置酒饯行，然后送其回国。尉屠耆自己向汉昭帝请求说："我久居汉朝，如今回国后势单力弱，况且前王之子尚在，恐怕被其报复杀害。我国有一处地方叫作伊循城，土地肥沃，希望汉朝能派一位将军，在伊循城一带屯田，聚积粮食，使我能够借重汉朝的兵威。"于是汉朝派司马一名、部属四十人到伊循城屯田，以镇抚鄯善国。

秋季，七月，乙巳（二十三日），汉昭帝封范明友为平陵侯，傅介子为义阳侯。

臣司马光曰：圣明的君王，对待戎狄外族的态度应当是：如果背叛，就发兵征讨；如果臣服，就不再追究。如今楼兰王既已服罪，却又加以诛杀，则以后再有背叛者，就不能使他们归附了。如果认为楼兰王有罪，一定要征讨，也应堂堂正正地派遣军队，公开地施行惩罚。而今竟派使臣用金宝财物进行引诱，然后乘机将其杀死，以后再有奉命出使各国的使者，还能再让人信任吗！况且以大汉朝的强盛，竟然用盗贼的诡计来对付蛮夷外族，实在令人羞耻！有人评论此事，赞美傅介子立了一件奇功，未免太过分了。

第二十四卷 汉纪十六

译文诵读

孝昭皇帝下元平元年（丁未，前74）

夏，四月，癸未，帝崩于未央宫；无嗣。时武帝子独有广陵王胥，大将军光与群臣议所立，咸持广陵王。王本以行失道，先帝所不用；光内不自安。郎有上书言：“周太王废太伯立王季，文王舍伯邑考立武王，唯在所宜，虽废长立少可也。广陵王不可以承宗庙。”言合光意。光以其书示丞相敞等。擢郎为九江太守。即日承皇后诏，遣行大鸿胪事少府乐成、宗正德、光禄大夫吉、中郎将利汉迎昌邑王贺，乘七乘传诣长安邸。光又白皇后，徙右将军安世为车骑将军。

贺，昌邑哀王之子也，在国素狂纵，动作无节。武帝之丧，贺游猎不止。尝游方与，不半日驰二百里。

及征书至，夜漏未尽一刻，以火发书。其日中，王发，晡时，至定陶，行百三十五里，侍从者马死相望于道。王吉奏书戒王曰：“臣闻高宗谅暗，三年不言。今大王以丧事征，宜日夜哭泣悲哀而已，慎毋有所发！大将军仁爱、勇智、忠信之德，天下莫不闻，事孝武皇帝二十余年，未尝有过。先帝弃群臣，属以天下，寄幼孤焉。大将军抱持幼君襁褓之中，布政施教，海内晏然，虽周公、伊尹无以加也。今帝崩无嗣，大将军惟思可以奉宗庙者，攀援而立大王，其仁厚岂有量哉！臣愿大王事之，敬之，政事壹听之，大王垂拱南面而已。愿留意，常以为念！”

王至济阳，求长鸣鸡，道买积竹杖。过弘农，使大奴善以衣车载女子。至湖，使者以让相安乐。安乐告龚遂，遂入问王，王曰：“无有。”遂曰：“即无有，何爱一善以毁行义！请收属吏，以湔洒大王。”即捽善属卫士长行法。

王到霸上，大鸿胪郊迎，驺奉乘舆车。王使寿成御，郎中令遂参乘。且至广明、东都门，遂曰：“礼，奔丧望见国都哭。此长安东郭门也。”王曰：“我嗌痛，不能哭。”至城门，遂复言，王曰：“城门与郭门等耳。”且至未央宫东阙，遂曰：“昌邑帐在是阙外驰道北，未至帐所，有南北行道，马足未至数步。大王宜下车，乡阙西面伏哭，尽哀止。”王曰：“诺。”到，哭如仪。六月，丙寅，王受皇帝玺绶，袭尊号，尊皇后曰皇太后。

太仆丞河东张敞上书谏，曰："孝昭皇帝早崩无嗣，大臣忧惧，选贤圣承宗庙，东迎之日，唯恐属车之行迟。今天子以盛年初即位，天下莫不拭目倾耳，观化听风。国辅大臣未褒，而昌邑小辇先迁，此过之大者也。"王不听。

大将军光忧懑，独以问所亲故吏大司农田延年；延年曰："将军为国柱石，审此人不可，何不建白太后，更选贤而立之？"光曰："今欲如是，于古尝有此不？"延年曰："伊尹相殷，废太甲以安宗庙，后世称其忠。将军若能行此，亦汉之伊尹也。"光乃引延年给事中，阴与车骑将军张安世图计。

光即与群臣俱见，白太后，具陈昌邑王不可以承宗庙状。皇太后乃车驾幸未央承明殿，诏诸禁门毋内昌邑群臣。王入朝太后还，乘辇欲归温室，中黄门宦者各持门扇，王入，门闭，昌邑群臣不得入。王曰："何为？"大将军跪曰："有皇太后诏，毋内昌邑群臣！"王曰："徐之，何乃惊人如是！"光使尽驱出昌邑群臣，置金马门外。车骑将军安世将羽林骑收缚二百余人，皆送廷尉诏狱。令故昭帝侍中中臣侍守王。光敕左右："谨宿卫！卒有物故自裁，令我负天下，有杀主名。"王尚未自知当废，谓左右："我故群臣从官安得罪，而大将军尽系之乎？"

顷之，有太后诏召王。王闻召，意恐，乃曰："我安得罪而召我哉？"太后被珠襦，盛服坐武帐中，侍御数百人皆持兵，期门武士陛戟陈列殿下，群臣以次上殿，召昌邑王伏前听诏。光与群臣连名奏王，尚书令读奏曰："丞相臣敞等昧死言皇太后陛下：孝昭皇帝早弃天下，遣使征昌邑王典丧，服斩衰，无悲哀之心，废礼谊，居道上不素食，使从官略女子载衣车，内所居传舍。始至谒见，立为皇太子，常私买鸡豚以食。受皇帝信玺、行玺大行前，就次，发玺不封。从官更持节引内昌邑从官、驺宰、官奴二百余人，常与居禁闼内敖戏。为书曰：'皇帝问侍中君卿：使中御府令高昌奉黄金千斤，赐君卿取十妻。'大行在前殿，发乐府乐器，引内昌邑乐人击鼓，歌吹，作徘倡；召内泰壹、宗庙乐人，悉奏众乐。驾法驾驱驰北宫、桂宫，弄彘，斗虎。召掖庭令：'敢泄言，要斩！'……"太后曰："止！为人臣子，当悖乱如是邪！"王离席伏。尚书令复读曰："……取诸侯王、列侯、二千石绶及墨绶、黄绶以并佩昌邑郎官者免奴。发御府金钱、刀剑、玉器、采缯，赏赐所与游戏者。与从官、官奴夜饮，湛沔于酒。独夜设九宾温室，延见姊夫昌邑关内侯。祖宗庙祠未举，为玺书，使使者持节以三太牢祠昌邑哀王园庙，称'嗣子皇帝'。受玺以来二十七日，使者旁午，持节诏诸官署征发凡一千一百二十七事。荒淫迷惑，失帝王礼谊，乱汉制度。臣敞等数进谏，不变更，日以益甚；恐危社稷，天下不安。臣敞等谨与博士议，皆曰：'今陛下嗣孝昭皇帝后，行淫辟不轨。五辟之属，莫大不孝。'周襄王不能事母，《春秋》曰：'天王出居于郑，由不孝出之，绝之于天下也。宗庙重于君，陛下不可以承天序，奉祖宗庙，子万姓，当废！'臣请有司以一太牢具告祠高庙。"皇太后诏曰："可。"光令王起，拜受诏，王曰："闻'天子有争臣七人，虽亡道不失天下。'"光曰："皇太后诏废，安得称天子！"乃即持其手，解脱其玺组，奉上太后；扶王下殿，出金马门，群臣随送。王西面拜曰："愚戆，不任汉事！"起，就乘舆副车；大将军光送至昌邑邸。光谢曰："王行自绝于天，臣宁负王，不敢负社稷！愿王自爱，臣长不复左右。"光涕泣而去。

群臣奏言："古者废放之人，屏于远方，不及以政。请徙王贺汉中房陵县。"太后诏归贺昌邑，赐汤沐邑二千户，故王家财物皆与贺；及哀王女四人，各赐汤沐邑千户；国除，为山阳郡。

初，卫太子纳鲁国史良娣，生子进，号史皇孙。皇孙纳涿郡王夫人，生子病已，号皇曾孙。皇曾孙生数月，遭巫蛊事，太子三男、一女及诸妻、妾皆遇害，独皇曾孙在，亦坐收系郡邸狱。故廷尉监鲁国丙吉受诏治巫蛊狱，吉心知太子无事实，重哀皇曾孙无辜，择谨厚女徒渭城胡组、淮阳郭徵卿，令乳养曾孙，置闲燥处。吉日再省视。

巫蛊事连岁不决，武帝疾，来往长杨、五柞宫，望气者言长安狱中有天子气，于是武帝遣使者分条中都官，诏狱系者无轻重，一切皆杀之。内谒者令郭穰夜到郡邸狱，吉闭门拒使者不纳，曰："皇曾孙在。他人无辜死者犹不可，况亲曾孙乎！"相守至天明，不得入。穰还，以闻，因劾奏吉。武帝亦寤，曰："天使之也。"因赦天下。郡邸狱系者，独赖吉得生。

既而吉谓守丞谁如："皇孙不当在官。"使谁如移书京兆尹，遣与胡组俱送；京兆尹不受，复还。及组日满当去，皇孙思慕，吉以私钱雇组令留，与郭徵卿并养，数月，乃遣组去。后少内啬夫白吉曰："食皇孙无诏令。"时吉得食米、肉，月月以给皇曾孙。曾孙病，几不全者数焉，吉数敕保养乳母加致医药，视遇甚有恩惠。吉闻史良娣有母贞君及兄恭，乃载皇曾孙以付之。贞君年老，见孙孤，甚哀之，自养视焉。

后有诏掖庭养视，上属籍宗正。时掖庭令张贺，尝事戾太子，思顾旧恩，哀曾孙，奉养甚谨，以私钱供给，教书。既壮，贺欲以女孙妻之。是时昭帝始冠，长八尺二寸。贺弟安世为右将军。辅政，闻贺称誉皇曾孙，欲妻以女，怒曰："曾孙乃卫太子后也，幸得以庶人衣食县官足矣，勿复言予女事！"于是贺止。时暴室啬夫许广汉有女，贺乃置酒请广汉，酒酣，为言"曾孙体近，下乃关内侯，可妻也。"广汉许诺。明日，妪闻之，怒。广汉重令人为介，遂与曾孙；贺以家财聘之。曾孙因依倚广汉兄弟及祖母家史氏，受《诗》于东海澓中翁，高材好学，然亦喜游侠，斗鸡走狗，以是具知闾里奸邪，吏治得失。数上下诸陵，周遍三辅，尝困于莲勺卤中。尤乐杜、鄠之间，率常在下杜。时会朝请，舍长安尚冠里。

及昌邑王废，霍光与张安世诸大臣议所立，未定。丙吉奏记光曰："将军事孝武皇帝，受襁褓之属，任天下之寄。孝昭皇帝早崩亡嗣，海内忧惧，欲亟闻嗣主。发丧之日，以大谊立后；所立非其人，复以大谊废之；天下莫不服焉。方今社稷、宗庙、群生之命在将军之壹举，窃伏听于众庶，察其所言诸侯、宗室在列位者，未有所闻于民间也。而遗诏所养武帝曾孙名病已在掖庭、外家者，吉前使居郡邸时，见其幼少；至今十八九矣，通经术，有美材，行安而节和。愿将军详大义，参以蓍龟岂宜，褒显先使入侍，令天下昭然知之，然后决定大策，天下幸甚！”杜延年亦知曾孙德美，劝光、安世立焉。

秋，七月，光坐庭中，会丞相以下议所立，遂复与丞相敞等上奏曰：“孝武皇帝曾孙病已，年十八，师受《诗》《论语》《孝经》，躬行节俭，慈仁爱人，可以嗣孝昭皇帝后，奉承祖宗庙，子万姓。臣昧死以闻！”皇太后诏曰：“可。”光遣宗正德至曾孙家尚冠里，洗沐，赐御衣；太仆以軨猎车迎曾孙，就斋宗正府。庚申，入未央宫，见皇太后，封为阳武侯。已而群臣奏上玺绶，即皇帝位，谒高庙；尊皇太后为太皇太后。

初，许广汉女适皇曾孙，一岁，生子奭。数月，曾孙立为帝，许氏为婕妤。是时霍将军有小女与皇太后亲，公卿议更立皇后，皆心拟霍将军女，亦未有言。上乃诏求微时故剑。大臣知指，白立许婕妤为皇后。十一月，壬子，立皇后许氏。霍光以后父广汉刑人，不宜君国；岁余，乃封为昌成君。

中宗孝宣皇帝上之上本始元年（戊申，前73）

大将军光稽首归政，上谦让不受；诸事皆先关白光，然后奏御。自昭帝时，光子禹及兄孙云皆为中郎将，云弟山奉车都尉、侍中，领胡、越兵，光两女婿为东、西宫卫尉，昆弟、诸婿、外孙皆奏奉朝请，为诸曹、大夫、骑都尉、给事中，党亲连体，根据于朝廷。及昌邑王废，光权益重，每朝见，上虚己敛容，礼下之已甚。

二年（己酉，前72）

春，大司农田延年有罪自杀。昭帝之丧，大司农僦民车，延年诈增僦直，盗取钱三千万，为怨家所告。霍将军召问延年，欲为道地。延年抵曰：“无有是事！”光曰：“即无事，当穷竟！”御史大夫田广明谓太仆杜延年曰：“《春秋》之义，以功覆过。当废昌邑王时，非田子宾之言，大事不成。今县官出三千万自乞之，何哉？愿以愚言白大将军！”延年言之大将军，大将军曰：“诚然，实勇士也！当发大仪时，震动朝廷。”光因举手自抚心曰：“使我至今病悸。谢田大夫晓大司农，通往就狱，得公议之。”田大夫使人语延年。延年曰：“幸县官宽我耳，何面目入牢狱，使众人指笑我，卒徒唾吾背乎！”即闭阁独居斋舍，偏袒，持刀东西步。数日，使者召延年诣廷尉。闻鼓声，自刎死。

三年（庚戌，前71）

春，正月，癸亥，恭哀许皇后崩。时霍光夫人显欲贵其小女成君，道无从。会许后当娠，病，女医淳于衍者，霍氏所爱，尝入宫侍皇后疾。衍夫赏为掖庭户卫，谓衍：“可过辞霍夫人，行为我求安池监。”衍如言报显，显因心生，辟左右，字谓衍曰：“少夫幸报我以事，我亦欲报少夫，可乎？”衍曰：“夫人所言，何等不可者！”显曰：“将军素爱小女成君，欲奇贵之，愿以累少夫！”衍曰：“何谓邪？”显曰：“妇人免乳，大故，十死一生。今皇后当免身，可因投毒药去也，成君即为皇后矣。如蒙力，事成，富贵与少夫共之。”衍曰：“药杂治，常先尝，安可？”显曰：“在少夫为之耳。将军领天下，谁敢言者！缓急相护，但恐少夫无意耳。”衍良久曰：“愿尽力！”即捣附子，赍入长定宫。皇后免身后，衍取附子并合大医大丸以饮皇后，有顷，曰：“我头岑岑也，药中得无有毒？”对曰：“无有。”遂加烦懑，崩。衍出，过见显，相劳问，亦未敢重谢衍。后人有上书告诸医侍疾无状者，皆收系诏狱，劾不道。显恐急，即以状具语光，因曰：“既失计为之。无令吏急衍！”光大惊，欲自发举，不忍，犹与。会奏上，光署衍勿论。显因劝光内其女入宫。

是岁，颍川太守赵广汉为京兆尹。颍川俗，豪桀相朋党。广汉为缿筒，受吏民投书，使相告讦，于是更相怨咎，奸党散落，盗贼不敢发。匈奴降者言匈奴中皆闻广汉名，由是入为京兆尹。广汉遇吏，殷勤甚备，事推功善，归之于下，行之发于至诚，吏咸愿为用，僵仆无所避。广汉聪明，皆知其能之所宜，尽力与否；其或负者，辄收捕之，无所逃；案之，罪立具，即时伏辜。尤善为钩距以得事情，闾里铢两之奸皆知之。长安少年数人会穷里空舍，谋共劫人；坐语未讫，广汉使吏捕治，具服。其发奸擿伏如神。京兆政清，吏民称之不容口。长老传以为自汉兴，治京兆者莫能及。

四年（辛亥，前70）

胜为人，质朴守正，简易无威仪，或时谓上为君，误相字于前，上亦以是亲信之。尝见，出道上语，上闻而让胜，胜曰：“陛下所言善，臣故扬之。尧言布于天下，至今见诵。臣以为可传，故传耳。”朝廷每有大议，上知胜素直，谓曰：“先生建正言，无惩前事！”

地节元年（壬子，前68）

春，霍光病笃。车驾自临问，上为之涕泣。光上书谢恩，愿分国邑三千户以封兄孙奉车都尉山为列侯，奉兄去病祀。即日，拜光子禹为右将军。三月，庚午，光薨。上及皇太后亲临光丧，中二千石治冢，赐梓宫、葬具皆如乘舆制度，谥曰宣成侯。

上思报大将军德，乃封光兄孙山为乐平侯，使以奉车都尉领尚书事。魏相因昌成君许广汉奏封事，言：“《春秋》讥世卿，恶宋三世为大夫及鲁季孙之专权，皆危乱国家。自后元以来，禄去王室，政由冢宰。今光死，子复为右将军，兄子秉枢机，昆弟、诸婿据权势，在兵官，光夫人显及诸女皆通籍长信宫，或夜诏门出入，骄奢放纵，恐浸不制，宜有以损夺其权，破散阴谋，以固万世之基，全功臣之世。”又故事：诸上书者皆为二封，署其一曰“副”，领尚书者先发副封，所言不善，屏去不奏。相复因许伯白去副封以防壅蔽。帝善之，诏相给事中，皆从其议。

帝兴于闾阎，知民事之艰难。霍光既薨，始亲政事，厉精为治，五日一听事。自丞相以下各奉职奏事，敷奏其言，考试功能。侍中、尚书功劳当迁及有异善，厚加赏赐，至于子孙，终不改易。枢机周密，品式备具，上下相安，莫有苟且之意。及拜刺史、守、相，辄亲见问，观其所由，退而考察所行以质其言，有名实不相应，必知其所以然。常称曰："庶民所以安其田里而亡叹息愁恨之心者，政平讼理也。与我共此者，其唯良二千石乎！"以为太守，吏民之本，数变易则下不安；民知其将久，不可欺罔，乃服从其教化。故二千石有治理效，辄以玺书勉厉，增秩、赐金，或爵至关内侯；公卿缺，则选诸所表，以次用之。是以汉世良吏，于是为盛，称中兴焉。

汉昭帝元平元年（丁未，公元前74年）

夏季，四月，癸未（十七日），汉昭帝在未央宫驾崩，没有儿子。当时，汉武帝的儿子只有广陵王刘胥还在，大将军霍光与群臣商议立谁为新皇帝，大家都认为应当立广陵王。广陵王本来因行为不合礼法，汉武帝不喜欢他，所以霍光心中感到不安。有一位郎官上书朝廷指出："周太王废弃年长的儿子太伯，立太伯的弟弟王季为继承人；周文王舍弃年长的儿子伯邑考，立伯邑考的弟弟周武王为继承人。这两个事例说明，只要适合继承皇位，即使是废长立幼也完全可以。广陵王不能继位。"这道奏章的内容正合霍光的心意。霍光将奏章拿给丞相杨敞等人观看，并提升这位郎官做了九江太守。当日，由上官皇后颁下诏书，派代理大鸿胪职务的少府乐成、宗正刘德、光禄大夫丙吉、中郎将利汉用七辆驿车将昌邑王刘贺迎接到长安的昌邑王官邸。霍光又禀明皇后，调右将军张安世为车骑将军。

汉昭帝刘弗陵

刘贺为昌邑哀王刘髆之子，他在封国中一向狂妄放纵，所做所为毫无节制。在汉武帝丧期中，刘贺依旧出外巡游狩猎不止。他曾经出游方与县，不到半天时间就驰骋了二百里远。

皇后征召刘贺继承皇位的诏书到来时，正值初夜，刘贺在火烛下打开诏书。中午，刘贺出发前往长安，黄昏时就到定陶，走了一百三十五里，沿途不断有随从人员的马匹累死。王吉上书劝诫刘贺说："我听说商高宗武丁在居丧期间，三年没有说话。如今大王因丧事而受征召，应当日夜哭泣悲哀才是，千万不可发号施令！大将军仁爱、智勇、忠信的品德，天下无人不知。他侍奉孝武皇帝二十余年，从未有过过失。孝武皇帝抛弃群臣而离开人世时，将天下和幼弱孤儿托付给大将军。大将军扶持尚在襁褓中的幼主，发布政令，教化万民，使国家得以平安无事，即使是周公、伊尹也不能超过他。而今皇上去世，没有儿子，大将军思考可以继承皇位的人，最终选拔了大王，其仁义忠厚的胸怀岂有限量！我希望大王能依靠大将军，尊敬大将军，国家政事全都听从大将军的安排，大王自己则只是垂衣拱手地坐在皇帝宝座上而已。希望大王注意，常常想到我这番话！”

刘贺行至济阳，派人索求长鸣鸡，并在途中购买用竹子合制而成的积竹杖。经过弘农时，刘贺派一名叫作善的奴仆用有帘幕遮蔽的车运载随行的美女。来到湖县，朝廷派来迎接的使者以此事责备昌邑国相安乐。安乐转告龚遂，龚遂去向刘贺询问此事，刘贺说：“没有的事。”龚遂说：“如果并无此事，大王又何必为了庇护一个奴仆而破坏礼仪呢！请将善逮捕，交付有关官员惩处，以洗清大王的名声。”于是立即将善抓起来，交卫士长处死。

刘贺抵达霸上，朝廷派大鸿胪到郊外迎接，侍奉刘贺换乘皇帝乘坐的御车。刘贺命昌邑国太仆寿成驾车，郎中令龚遂相陪。即将到达广明、东都门时，龚遂说道：“按照礼仪，奔丧的人看到国都，便应痛哭。前面就是长安外郭的东门了。”刘贺说：“我咽喉疼痛，不能哭。”来到城门之前，龚遂再次提醒他。刘贺说：“城门与郭门一样。”将至未央宫东阙，龚遂说：“昌邑国吊丧的帐幕在阙外御用大道的北边，帐前有一条南北通道，马匹走不了几步，大王应当下车，朝着门阙，面向西方，伏地痛哭，极尽哀痛之情，方才停止。”刘贺答应道：“好吧。”于是步行上前，依照礼仪哭拜。六月丙寅（初一），刘贺接受皇帝玉玺，承袭帝位，尊上官皇后为皇太后。

太仆丞河东人张敞上书劝说道：“孝昭皇帝早逝，没有儿子，朝中大臣忧虑惶恐，选择贤能圣明的人承继帝位，到东方迎接圣驾之时，唯恐跟随您的从车行进迟缓。如今陛下正当盛年，初即帝位，天下人无不擦亮眼睛，侧着耳朵，盼望看到和听到陛下实施善政。然而，辅国的重臣尚未得到褒奖，而昌邑国拉车的小吏却先获得升迁，这是个大过错。”刘贺不听。

大将军霍光见此情景，忧愁烦恼，便单独向他亲近的旧部、大司农田延年询问对策。田延年说：“将军身为国家柱石，既然认为此人不行，何不禀告太后，改选贤明的人来拥立呢？”霍光说：“我如今正想如此，古代曾否有人这样做过吗？”田延年说：“当年伊尹在商朝为相，为了国家的安定将太甲废黜，后人因此称颂伊尹忠心为国。如今将军若能这样做，也就成为汉朝的伊尹。”于是霍光命田延年兼任给事中，与车骑将军张安世秘密谋划废黜刘贺。

霍光随即与群臣一同晋见太后，向太后禀告，陈述昌邑王刘贺不能承继皇位的情状。于是皇太后乘车驾前往未央宫承明殿，下诏命皇宫各门不许放昌邑国群臣入内。刘贺朝见太后之后，乘车准备返回温室殿，此时禁宫宦者已分别抓住门扇，刘贺一进去，便将门关闭，昌邑国群臣不能入内，刘贺问道："这是干什么？"大将军霍光跪地回答说："皇太后有诏，不许昌邑国群臣入宫。"刘贺说："慢慢吩咐就是了，为什么竟如此吓人！"霍光命人将昌邑国群臣全部驱赶到金马门之外。车骑将军张安世率领羽林军将被赶出来的昌邑国群臣二百余人逮捕，全部押送廷尉所属的诏狱。霍光命曾在汉昭帝时担任过侍中的宦官守护刘贺，并命令手下人说："一定要严加守护！如果他突然死去或自杀，就会让我对不起天下人，背上杀主的恶名。"此时刘贺还不知道自己即将被废黜，问身边的人说："我以前的群臣、从属犯了什么罪？大将军为什么将他们全部关押起来呢？"

不久，皇太后下诏召刘贺进见。刘贺听说太后召见，感到害怕，说道："我犯了什么错？太后为什么召我？"太后身披用珠缀串而成的短衣，盛装打扮，坐在武帐之中，数百名侍卫全部手握兵器，与持戟的期门武士排列于殿下。文武群臣按照品位高低依次上殿，然后召昌邑王上前伏于地下，听候宣读诏书。霍光与群臣连名奏劾昌邑王，由尚书令宣读奏章："丞相杨敞等冒死上奏皇太后陛下：孝昭皇帝过早地抛弃天下而去，朝廷派使者征召昌邑王前来，主持丧葬之礼。而昌邑王身穿丧服，并无悲哀之心，废弃礼义，在路上不肯吃素，还派随从官员掳掠女子，用有帘幕遮蔽的车来运载，在沿途驿站陪宿。初到长安，谒见皇太后之后，被立为皇太子，仍经常私下派人购买鸡、猪肉食用。在孝昭皇帝灵柩之前接受皇帝的印玺，回到住处，打开印玺后就不再封存。派侍从官手持皇帝符节前去召引昌邑国的侍从官、车马官、官奴仆等二百余人，与他们一起居住在宫禁之内，肆意游戏娱乐。曾经写信说：'皇帝问候侍中君卿，特派中御府令高昌携带黄金千斤，赐君卿娶十个妻子。'孝昭皇帝的灵柩还停在前殿，竟搬来乐府乐器，让昌邑国善于歌舞的艺人入宫击鼓，歌唱欢弹，演戏取乐；又调来泰一祭坛和宗庙的歌舞艺人，遍奏各种乐曲。驾着天子车驾，在北宫、桂宫等处往来奔驰，并玩猪、斗虎。擅自调用皇太后乘坐的小马车，命官奴仆骑乘，在后宫中游戏。与孝昭皇帝的叫蒙的宫女等淫乱，还下诏给掖庭令：'有敢泄漏此事者腰斩！'……"太后说："停下！做臣子的，竟会如此悖逆荒乱吗！"刘贺离开席位，伏地请罪。尚书令继续读道："……取朝廷赐予诸侯王、列侯、二千石官员的绶带及黑色、黄色绶带，赏给昌邑国郎官，及被免除奴仆身份的人佩带。将皇家仓库中的金钱、刀剑、玉器、彩色丝织品等赏给与其一起游戏的人。与侍从官、奴仆彻夜狂饮，酒醉沉迷。在温室殿设下隆重的九宾大礼，于夜晚单独接见其姐夫昌邑关内侯。尚未举行祭祀宗庙的大礼，就颁发正式诏书，派使者携带皇帝符节，以三牛、三羊、三猪的祭祀大礼前往祭祀其父昌邑哀王的陵庙，还自称'嗣子皇帝'。即位以来二十七天，向四面八方派出使者，持皇帝符节，用诏令向各官署征求调发，共一千一百二十七次。荒淫昏乱，失去了帝王的礼义，败坏了大汉的制度。杨敞等多次规劝，但并无改正，反而日益加甚，恐怕这样下去将危害国家，使天下不安。我们与博士官商议，一致认为：'当今陛下继承孝昭皇帝的帝位，行为淫邪不轨。《孝经》上说：“五刑之罪当中，以不孝之罪最大。”昔日周襄王不孝顺母亲，所以《春秋》上说他：“天王出居郑国，”因其不孝，所以出居郑国，被迫抛弃天下。宗庙要比君王重要得多，陛下既然不能承受天命，侍奉宗庙，爱民如子，就应当废黜！’因此，臣请求太后命有关部门用一牛、一羊、一猪的祭祀大礼，祭告于高祖皇帝的祭庙。”皇太后下诏说：“可以。”于是霍光命刘贺站起来，拜受皇太后诏书。刘贺说道：“我听说：‘天子只要有七位耿直敢言的大臣在身边，即使无道，也不会失去天下。’”霍光说：“皇太后已经下诏将你废黜，岂能自称天子！”随即抓住刘贺的手，将他身上佩戴的玉玺绶带解下，献给皇太后，然后扶着刘贺下殿，从金马门走出皇宫，群臣随后相送。刘贺出宫后，面向西方叩拜道：“我太愚蠢，不能担当汉家大事！”然后起身，登上御驾的副车，由大将军霍光送到长安昌邑王官邸。霍光道歉说：“大王的行为是自绝于上天，我宁愿对不起大王，不敢对不起社稷！希望大王自爱，我不能再常侍奉于大王的左右了。”说完洒泪而去。

大将军霍光

文武群臣上奏太后说：“古时候，被废黜之人，要放逐到远方去，使其不能再参与政事。请将昌邑王刘贺迁徙到汉中房陵县。”太后下诏，命刘贺回昌邑居住，赐给他二千户人家作为生息之地，他当昌邑王时的家财也全部发还给他，其姐妹四人，各赐一千户人家作为修养地；撤销昌邑国，改为山阳郡。

当初，前太子刘据纳姓史的鲁国女子为良娣，生了一个儿子名叫刘进，号称史皇孙。史皇孙娶涿郡女子王夫人，生一子名叫刘病已，号称皇曾孙。皇曾孙生下几个月，就赶上巫术之祸，前太子刘据及其三子一女连同他的诸妻妾全部被害，只剩下皇曾孙一人，也因连坐被关入大鸿胪所属的郡邸狱。原廷尉监鲁国人丙吉受汉武帝诏命，负责审理巫术案。丙吉知道说刘据并无犯罪事实，对皇曾孙无辜受到连累深为哀怜，便选择谨慎忠厚的女囚犯渭城人胡组、淮阳人郭徵卿，命她们住在宽敞干爽的地方哺养皇曾孙刘病已。丙吉每日前往探视两次。

巫蛊案连年不能结束。汉武帝患病，往来于长杨、五柞两宫。观望云气的方士说，长安监狱中有一股天子之气，于是汉武帝下诏命使臣分别通知京中各官府，凡各监狱在押的犯人，无论罪行轻重，一律处死。内谒者令郭穰于夜晚来到郡邸狱传达汉武帝诏令，丙吉关闭大门，不让郭穰进去，说道："皇曾孙在此。其他人尚且不应无辜被杀，何况是皇上的亲曾孙呢！"双方僵持到天明，郭穰未能进去。郭穰返回，将此事奏明汉武帝，并弹劾丙吉。汉武帝也已醒悟，说道："是上天让丙吉这样做的。"于是下诏大赦天下。在长安的监狱中，唯独郡邸狱的囚犯，靠丙吉得以保住了性命。

不久，丙吉对狱丞官谁如说："皇曾孙不应住在监狱之中。"派谁如写信给京兆尹，将皇曾孙与胡组一起送去，因京兆尹不肯接受，又回到狱中。等到胡组服刑期满，应当离去时，皇曾孙对她甚为依恋，于是丙吉自己出钱雇胡组留下，让她与郭徵卿一起抚养皇曾孙，又过了几个月，才放胡组离去。后少内啬夫禀告丙吉说："没有得到皇上的诏令，不能供给皇曾孙饮食。"当时丙吉的俸禄里有米和肉，便按月供给皇曾孙。皇曾孙患病，好几次几乎性命不保，丙吉总是督促养育皇曾孙的乳母请医喂药，对皇曾孙恩惠很深。丙吉听说皇曾孙的祖母史良娣的母亲贞君和兄长史恭尚在，便用车将皇曾孙送给他们抚养。贞君年纪已老，见女儿的孙子如此孤苦无依，极为哀怜，便亲自抚养。

后汉武帝下诏，命掌管宫女事物的掖庭抚养皇曾孙，并命宗正为其登记皇族属籍。当时，担任掖庭令的张贺曾经是原太子刘据的宾客，感念太子旧恩，哀怜皇曾孙，于是小心奉养，自己出钱供给其日用，教其读书。皇曾孙长大后，张贺想把自己的孙女嫁给他。此时汉昭帝刚刚举行完加冠礼，身高八尺二寸。张贺的弟弟张安世以右将军的身份辅政，听哥哥称赞皇曾孙，并想把女儿嫁给他，便生气地对哥哥说："皇曾孙为前太子的后代，能以一个平民的身份由国家养着，已经是很侥幸的事，不要再提嫁女之事了！"于是张贺作罢。当时，暴室啬夫许广汉也有一个女儿，于是张贺摆下酒席，请许广汉前来赴宴。饮到兴浓时，张贺对许广汉说："皇曾孙为皇上近亲，将来最不济也是一个关内侯，你可将女儿嫁给他。"许广汉答应了。第二天，许广汉的妻子听说此事，非常生气。但许广汉主意已定，重新请人做媒，将女儿嫁给皇曾孙。张贺用自己的家财为皇曾孙备办婚事。从此，皇曾孙以许广汉兄弟和祖母娘家史家为依靠，又跟随东海人澓中翁学习《诗经》。皇曾孙聪明好学，但也喜爱游侠之事，斗鸡走狗，所以对下层社会的奸邪丑恶和官吏的好坏得失了解得十分清楚。皇曾孙多次周游往来于各皇陵所在，足迹遍及三辅地区，有一次，曾经在莲勺县盐池一带为人所困辱。他特别喜欢杜县、鄠县一带地区，经常住在下杜。有时参加朝会，就住在长安尚冠里。

及至昌邑王刘贺被废黜之后，霍光与张安世及各位大臣商议重新确定皇位继承人，但一时未能决定。丙吉上书霍光说："当年将军曾侍奉孝武皇帝，孝武皇帝临终前，将襁褓中的孤儿和整个国家都托付给了将军。孝昭皇帝又过早去世，没有留下后嗣，全国上下都非常忧愁恐惧，急切盼望听到新主继位。给孝昭皇帝发丧的时候，将军以大义为其选立后嗣，后发现所立之人不当，又以大义将其废黜，天下人无不敬服。如今，社稷、宗庙、百姓的命运全部系于将军的一举一动之中。我曾听百姓们议论，了解到民间对现在身为诸侯或居于高位的皇族成员，都没有好评。而奉遗诏养育在掖庭及其外曾祖史家的孝武皇帝曾孙刘病已，我以前在郡邸狱时，见他年纪幼小，如今已有十八九岁了，通晓儒家经术，很有才干，举止安详，性格平和。希望将军对刘病已的主要方面详加考察，再参考占卜的结果，看让他承继帝位是否合适。可先让他入宫侍奉太后，以显示对他的褒扬，使天下人都知道他，然后再决定大计。若能如此，天下人就太幸运了。”杜延年也知道皇曾孙刘病已品德美好，劝霍光、张安世立他为皇位继承人。

秋季，七月，霍光坐在庭中，召集丞相及以下大臣共同议定皇位继承人。于是，霍光再次会同丞相杨敞等上奏皇太后说：“孝武皇帝曾孙刘病已，年十八岁，从师学习《诗经》《论语》《孝经》，行为节俭，仁慈爱人，可以作为孝昭皇帝的继承人，侍奉宗庙，治理天下百姓。我等冒死奏明太后！”皇太后下诏：“可以。”霍光派宗正刘德来到尚冠里刘病已家中，侍奉其洗浴，更换太后所赐御衣，由太仆用轻便车辆将刘病已迎接到宗正府进行斋戒。庚申（二十五日），刘病已进入未央宫，见皇太后，被封为阳武侯。随即，由群臣奉上皇帝玉玺、绶带，刘病已正式即皇帝位，拜谒汉高祖祭庙，尊皇太后为太皇太后。

当初，许广汉的女儿嫁给皇曾孙刘病已，一年后生下一子，名叫刘奭。数月之后，刘病已即皇帝位，封许氏为婕妤。此时，霍光有一小女儿，与皇太后有亲属关系，所以公卿大臣商议立皇后，心中都认为应立霍光的女儿，但也没有明说。汉宣帝下诏寻找微贱时用的宝剑，大臣们懂得皇上的心意，便奏请立许婕妤为皇后。十一月壬子（十九日），许氏被立为皇后。霍光认为其父亲许广汉是受过刑的人，不宜做封国的国君。一年多以后，才封许广汉为昌成君。

汉宣帝本始元年（戊申，公元前73年）

大将军霍光在朝堂上以头触地，郑重请求归政于皇上，汉宣帝谦让，不肯接受。朝中各项事务都先向霍光报告，然后上奏。汉昭帝时，霍光的儿子霍禹和霍光兄长的孙子霍云都被任命为中郎将，霍云的弟弟霍山被任命为奉车都尉、侍中，统率由胡人、越人组成的军队，霍光的两个女婿分别担任东宫、西宫卫尉；霍光的兄弟、女婿、外孙全都参加朝会，担任诸曹、大夫、骑都尉、给事中等职。霍氏一家的亲戚骨肉结成一体，在朝廷盘根错节。昌邑王被废黜以后，霍光的权势越发加重，每次朝见，汉宣帝总是以谦虚恭敬的态度对待他，甚至有些礼遇过分。

二年（己酉，公元前72年）

春季，大司农田延年因罪自杀。为汉昭帝发丧时，大司农雇用民间车辆，田延年假称雇车费用增加，贪污了三千万钱，被与他有仇怨的人告发。霍光召田延年来询问，本打算为他开脱。可是田延年拒不承认，说：“没有此事！”霍光说：“如果真的没有此事，就应当深入追究！”御史大夫田广明对太仆杜延年说：“按照《春秋》大义，可以用功劳掩盖过失。当初在废黜昌邑王时，若不是田延年站出来，则大事不能成功。如今就当作是他自己向朝廷乞求赐给他三千万钱，怎样呢？希望将我这番话禀告大将军。”杜延年把田广明的话告诉了大将军霍光，霍光说：“确实如此，田延年真是勇士。当初在决定大事时，多亏田延年挺身而出，震动朝廷。”霍光于是抬手按在自己的心口上，继续说：“当时的情景，使我至今还心有余悸。请你代我向田大夫道歉，让他明白告诉大司农田延年，到监狱去，会得到公平的裁决。”田广明派人通知田延年，田延年说道：“就算朝廷幸而宽恕我，我又有何面目进入牢狱，让众人对我指点、讥笑，让狱卒囚犯在我背后唾骂呢！”于是一个人住在大司农官衙旁边的屋子里，紧闭房门，袒露一臂，拿着刀在屋中徘徊。几天后，朝廷使者前来召田延年去廷尉。田延年听到开读诏书的鼓声，便自刎而死。

三年（庚戌，公元前71年）

春季，正月，癸亥（十三日），恭哀许皇后去世。当时，霍光的夫人叫作显，想要让她的小女儿霍成君成为皇后，却无机会。正巧许皇后怀孕，身体不适，有一位平时与霍家关系密切的女郎中名叫淳于衍，曾入宫侍奉许皇后之病。淳于衍的丈夫叫作赏，担任掖庭户卫，对淳于衍说道：“你可先去拜访霍夫人，向她辞行，乘机为我请求安池监一职。”淳于衍果然按照丈夫的话去向霍夫人请求。霍夫人于是心生一计，便屏退左右，称呼着淳于衍的表字说：“少夫有事托我，我也有事想拜托少夫，可以吗？”淳于衍说：“夫人吩咐，有什么事不可以呢！”霍夫人说：“霍将军一向最爱小女儿成君，希望她成为最尊贵的人，我想把此事托少夫成全。”淳于衍说：“此话怎么讲？”霍夫人说：“女人生孩子是一件大事，九死一生。如今皇后即将临盆，可以乘机下毒药将她除去，成君就成为皇后了。如蒙大力相助，事成之后，当与少夫共享富贵。”淳于衍说：“皇后吃的药，都是各位医生一起决定的，还要命人事先尝过，怎么行呢？”霍夫人说：“这就在少夫所为了。霍将军统领天下，谁敢说话！即使有什么急事，也有霍将军相护，只怕少夫不愿帮忙罢了。”淳于衍沉吟了很久，说：“愿意尽力效劳！”于是淳于衍将毒药附子捣碎，带入长定宫。皇后生产后，淳于衍取出附子，掺到御医为皇后开的丸药之中，让皇后服下。过了一会儿，皇后说：“我感到头昏发闷，药里莫非有毒药？”淳于衍说：“没有。”皇后更加烦闷难受，终于死去。淳于衍出宫来见霍夫人，互相道贺慰问，但霍夫人也不敢马上重谢淳于衍。后有人上书朝廷，控告各御医对皇后没有尽心侍奉、诊治，汉宣帝命将所有为皇后诊治的御医，一律以大逆不道罪逮捕，囚禁到诏狱。霍夫人大为惊恐，便将此事的来龙去脉全部告诉霍光，并说：“既然做出如此失策之事，只能让审案官员不要逼迫淳于衍！”霍光大惊，想自己举发此事，可又于心不忍，犹豫不决。正好主管部门向朝廷奏报有关皇后病逝一案的处理意见，霍光便在奏章上批示，此事与淳于衍无关，应免于追究。霍光夫人乘机劝霍光将女儿送入皇宫。

这一年，颍川太守赵广汉被任命为京兆尹。颍川地区风俗，地方豪杰之人往往成帮结派。赵广汉设置了一个竹筒，接受官吏和百姓的举报控诉，鼓励人们彼此揭发。当地人因此相互结怨，不法帮派瓦解，盗贼不敢动作。据一些归降汉朝的匈奴人说，他们在匈奴时就都听说过赵广汉的名字，赵广汉因此被调入长安担任京兆尹。赵广汉对待其属下官吏殷勤周到，遇有功劳或奖赏之事，总是归之于部下，他的行为是出于至诚，所以官吏都乐于受他差遣，即便赴死也不逃避。赵广汉很聪明，对他手下人的能力、特长及是否尽力办事，都了解得非常清楚。如有人蒙骗于他，立即就会被抓住，谁也别想逃脱。审讯定案，证据确凿，立时服罪，无法抵赖。赵广汉还特别善于了解事情的真相，市井中一些细小的不法之事他都知道。有几个长安少年，曾在一处偏僻的空房中商议共同抢劫，坐下话没说完，赵广汉已派官吏前来将他们逮捕治罪，一个个都招认服罪。类似情形，说明赵广汉察觉奸邪之人，揭露隐秘之事有如神灵一般。赵广汉担任京兆尹时期，长安地区政治清明，官吏百姓们赞不绝口。老辈人认为，自汉朝建立以来，没有一个京兆尹能比得上赵广汉。

四年（辛亥，公元前70年）

夏侯胜为人正直质朴，平易近人，没有威仪，有时竟称皇帝为“君”，或在皇帝面前直呼别人的表字，而汉宣帝却也因此而亲信他。有一次，夏侯胜晋见汉宣帝，出宫后将汉宣帝讲的话说给别人，汉宣帝知道后责备夏侯胜，夏侯胜说：“陛下的话说得好，所以我才转告别人。昔日帝尧的话天下传扬，至今还被人背诵。我认为陛下的话值得传扬，所以才传扬。”每当朝廷商议国家大事，汉宣帝知道夏侯胜一向直率，便对他说：“先生发表高论时，不要把以前的事放在心上。”

地节元年（壬子，公元前68年）

春季，霍光病重，汉宣帝亲自前往探望，为他流泪。霍光上书谢恩，表示希望能在自己的封地中分出三千户，封兄长霍去病的孙子奉车都尉霍山为列侯，以祀奉霍去病的香火。当日，汉宣帝任命霍光之子霍禹为右将军。三月庚午（初八），霍光去世。汉宣帝与皇太后亲自前往霍光灵堂进行祭悼，命令中二千石官员负责霍光墓的修建事务，赏赐棺木、葬具等，都与御用规格一样；赐霍光谥号为“宣成侯”。

汉宣帝想报答大将军霍光拥立自己做皇帝的大德，便封霍光兄长霍去病的孙子霍山为乐平侯，命他以奉车都尉的身份主管尚书事务。魏相通过昌成君许广汉向汉宣帝上了一道秘密奏章，说道：“《春秋》讥讽由贵族世代为卿的制度，厌恶春秋时宋国三代没有大夫和鲁国季孙氏专擅国政，都使国家陷于危亡混乱之中。我朝自孝武皇帝后元以来，皇室不能控制各级官员的俸禄，朝政大事都由职权最高的大臣决定。如今霍光虽死，他的儿子仍为右将军，侄儿掌管中枢事务，兄弟、女婿们都身居权要之职，或担任军事将领，霍光的夫人显以及几个女儿都在长信宫门录有姓名，甚至半夜也能叫开宫门出入。霍氏一门骄奢放纵，恐怕会渐渐难以控制，所以应设法削弱他们的权势，消灭他们可能会生出的阴谋，以巩固皇家的万世基业，也保全功臣的后代子孙。”依照惯例，凡上书朝廷，都是一式两份，其中一份注明为副本，由主管尚书事务的人先打开副本审视，如所奏之事不妥，则不予上奏。魏相又通过许广汉向汉宣帝建议，取消奏章副本，防止阻塞言路而蒙蔽皇上。汉宣帝认为很对，下诏命魏相担任给事中，全部采纳了魏相的意见。

汉宣帝出身于民间，了解下层人民的艰难困苦。霍光死后，汉宣帝开始亲自主持朝政，励精图治，每隔五天，就要召集群臣，听取他们对朝政事务的意见。自丞相以下，群臣各就自己负责的事务分别奏报，再将他们陈述的意见分别下达有关部门试行，考察、检验其功效。凡任侍中、尚书的官员有功应当升迁，或有特殊成绩，就厚加赏赐，甚至及于他们的子孙，长久不改变。中枢机构严密，法令、制度完备，上下相安无事，没有人抱着苟且敷衍的态度办事。至于任命州刺史、郡太守、封国丞相等高级地方官吏，汉宣帝总是亲自召见询问，观察他的抱负和打算，再考察他的行为，看是否与他当初说的一样。凡查出有言行不统一的，一定要追究其原因何在。汉宣帝常说：“老百姓之所以能安居家乡，没有叹息、怨愁，主要就在于为政公平清明，处理诉讼之事合乎情理。能与我一起做到这一点的，不正是那些优秀的郡太守和封国丞相等二千石官员吗！”汉宣帝认为，郡太守为治理官吏和百姓的关键，如变换频繁则容易引起治下百姓的不安。百姓们知道他们的郡太守将长期留任，不可欺罔，才能服从郡太守的教化。所以，凡地方二千石官员治理地方有成效的，汉宣帝总是正式颁布诏书加以勉励，增加其官阶俸禄，赏赐黄金，甚至赐爵为关内侯，遇有公卿职位空缺，则按照他们平时所受奖励的先后、多少依次挑选补任。因此，汉朝的好官，是以这一时期最多，号称中兴。

第二十五卷

汉纪十七

译文诵读

中宗孝宣帝上之下地节三年（甲寅，前67）

霍显闻立太子，怒恚不食，欧血，曰："此乃民间时子，安得立！即后有子，反为王邪？"复教皇后令毒太子。皇后数召太子赐食，保、阿辄先尝之，后挟毒不得行。

霍氏骄侈纵横。太夫人显，广治第室，作乘舆辇，加画，绣细冯，黄金涂；韦絮荐轮，侍婢以五采丝挽显游戏第中；与监奴冯子都乱。而禹、山亦并缮治第宅，走马驰逐平乐馆。云当朝请，数称病私出，多从宾客，张围猎黄山苑中，使仓头奴上朝谒，莫敢谴者。显及诸女昼夜出入长信宫殿中，亡期度。

帝自在民间，闻知霍氏尊盛日久，内不能善。既躬亲朝政，御史大夫魏相给事中。显谓禹、云、山："女曹不务奉大将军余业，今大夫给事中，他人壹间女，能复自救邪！"后两家奴争道，霍氏奴入御史府，欲蹋大夫门；御史为叩头谢，乃去。人以谓霍氏，显等始知忧。

会魏大夫为丞相，数燕见言事；平恩侯与侍中金安上等径出入省中。时霍山领尚书，上令吏民得奏封事，不关尚书，群臣进见独往来，于是霍氏甚恶之。上颇闻霍氏毒杀许后而未察，乃徙光女婿度辽将军、未央卫尉、平陵侯范明友为光禄勋，出次婿诸吏、中郎将、羽林监任胜为安定太守。数月，复出光姊婿给事中、光禄大夫张塑为蜀郡太守，群孙婿中郎将王汉为武威太守。顷之，复徙光长女婿长乐卫尉邓广汉为少府。戊戌，更以张安世为卫将军，两宫卫尉、城门、北军兵属焉。以霍禹为大司马，冠小冠，亡印绶；罢其屯兵官属，特使禹官名与光俱大司马者。又收范明友度辽将军印绶，但为光禄勋；及光中女婿赵平散骑、骑都尉、光禄大夫，将屯兵，又收平骑都尉印绶。诸领胡、越骑、羽林及两宫卫将屯兵，悉易以所亲信许、史子弟代之。

初，孝武之世，征发烦数，百姓贫耗，穷民犯法，奸轨不胜，于是使张汤、赵禹之属，条定法令，作见知故纵、监临部主之法，缓深、故之罪，急纵、出之诛。其后奸猾巧法转相比况，禁罔浸密，律令烦苛，文书盈于几阁，典者不能遍睹。是以郡国承用者驳，或罪同而论异，奸吏因缘为市，所欲活则傅生议，所欲陷则予死比，议者咸冤伤之。

十二月，诏曰：“间者吏用法巧文浸深，是朕之不德也。夫决狱不当，使有罪兴邪，不辜蒙戮，父子悲恨，朕甚伤之！今遣廷史与郡鞠狱，任轻禄薄，其为置廷尉平，秩六百石，员四人。其务平之。以称朕意！”于是每季秋后请谳时，上常幸宣室，斋居而决事，狱刑号为平矣。

上自初即位，数遣使者求外家；久远，多似类而非是。是岁，求得外祖母王媪及媪男无故、武。上赐无故、武爵关内侯。旬日间，赏赐以钜万计。

四年（乙卯，前66）

春，二月，赐外祖母号为博平君；封舅无故为平昌侯，武为乐昌侯。

霍显及禹、山、云自见日侵削，数相对啼泣自怨。山曰：“今丞相用事，县官信之，尽变易大将军时法令，发扬大将军过失。又，诸儒生多窭人子，远客饥寒，喜妄说狂言，不避忌讳，大将军常雠之。今陛下好与诸儒生语，人人自书对事，多言我家者。尝有上书言我家昆弟骄恣，其言绝痛，山屏不奏。后上书者益黠，尽奏封事，辄使中书令出取之，不关尚书，益不信人。又闻民间欢言‘霍氏毒杀许皇后’，宁有是邪？”显恐急，即具以实告禹、山、云。禹、山、云惊曰：“如是，何不早告禹等！县官离散、斥逐诸婿，用是故也。此大事，诛罚不小，奈何？”于是始有邪谋矣。

云舅李竟所善张赦，见云家卒卒，谓竟曰：“今丞相与平恩侯用事，可令太夫人言太后，先诛此两人；移徙陛下，在太后耳。”长安男子张章告之，事下廷尉、执金吾，捕张赦等。后有诏，止勿捕。山等愈恐，相谓曰：“此县官重太后，故不竟也。然恶端已见，久之犹发，发即族矣，不如先也。”遂令诸女各归报其夫，皆曰：“安所相避！”

禹、山等家数有妖怪，举家忧愁。山曰：“丞相擅减宗庙羔、菟、蛙，可以此罪也！”谋令太后为博平君置酒，召丞相、平恩侯以下，使范明友、邓广汉承太后制引斩之，因废天子而立禹。约定，未发，云拜为玄菟太守，太中大夫任宣为代郡太守。会事发觉，秋，七月，云、山、明友自杀。显、禹、广汉等捕得；禹要斩，显及诸女昆弟皆弃市；与霍氏相连坐诛灭者数十家。太仆杜延年以霍氏旧人，亦坐免官。八月，己酉，皇后霍氏废，处昭台宫。乙丑，诏封告霍氏反谋者男子张章、期门董忠、左曹杨恽、侍中金安上、史高皆为列侯。恽，丞相敞子；安上，车骑将军日磾弟子；高，史良娣兄子也。

初，霍氏奢侈，茂陵徐生曰：“霍氏必亡。夫奢则不逊，不逊则侮上。侮上者，逆道也，在人之右，众必害之。霍氏秉权日久，害之者多矣；天下害之，而又行以逆道。不亡何待！”乃上疏言：“霍氏泰盛，陛下即爱厚之，宜以时抑制，无使至亡！”书三上，辄报闻。其后霍氏诛灭，而告霍氏者皆封，人为徐生上书曰：“臣闻客有过主人者，见其灶直突，傍有积薪，客谓主人：‘更为曲突，远徙其薪，不者且有火患！’主人嘿然不应。俄而家果失火，邻里共救之，幸而得息。于是杀牛置酒，谢其邻人，灼烂者在于上行，余各以功次坐，而不录言曲突者。人谓主人曰：‘乡使听客之言，不费牛酒，终亡火患。今论功而请宾，曲突徙薪无恩泽，焦头烂额为上客邪？’主人乃寤而请之。今茂陵徐福，数上书言霍氏且有变，宜防绝之。向使福说得行，则国无裂土出爵之费，臣无逆乱诛灭之败。往事既已，而福独不蒙其功，唯陛下察之。贵徙薪曲突之策，使居焦发灼烂之右！”上乃赐福帛十匹，后以为郎。

帝初立，谒见高庙，大将军光骖乘，上内严惮之。若有芒刺在背。后车骑将军张安世代光骖乘，天子从容肆体，甚安近焉。及光身死而宗族竟诛，故俗传霍氏之祸萌于骖乘。后十二岁，霍后复徙云林馆，乃自杀。

班固赞曰：霍光受襁褓之托，任汉室之寄，匡国家，安社稷，拥昭，立宣，虽周公、阿衡何以加此！然光不学亡术，暗于大理；阴妻邪谋，立女为后，湛溺盈溢之欲，以增颠覆之祸，死财三年，宗族诛夷，哀哉！

臣光曰：霍光之辅汉室，可谓忠矣；然卒不能庇其宗，何也？夫威福者，人君之器也；人臣执之，久而不归，鲜不及矣。以孝昭之明，十四而知上官桀之诈，固可以亲政矣。况孝宣十九即位，聪明刚毅，知民疾苦，而光久专大柄，不知避去，多置私党，充塞朝廷，使人主蓄愤于上，吏民积怨于下，切齿侧目，待时而发，其得免于身幸矣，况子孙以骄侈趣之哉！虽然，向使孝宣专以禄秩赏赐富其子孙，使之食大县，奉朝请，亦足以报盛德矣；乃复任之以政，授之以兵，乃事丛衅积，更加裁夺，遂至怨惧以生邪谋，岂徒霍氏之自祸哉？亦孝宣酝酿以成之也。昔斗椒作乱于楚，庄王灭其族而赦箴尹克黄，以为子文无后，何以劝善。夫以显、禹、云、山之罪，虽应夷灭，而光之忠勋不可不祀；遂使家无噍类，孝宣亦少恩哉！

元康元年（丙辰，前65）

上令群臣举可使西域者，前将军韩增举上党冯奉世以卫候使持节送大宛诸国客至伊循城。会故莎车王弟呼屠徵与旁国共杀其王万年及汉使者奚充国，自立为王。时匈奴又发兵攻车师城，不能下而去。莎车遣使扬言“北道诸国已各属匈奴矣”，于是攻劫南道，与歃盟畔汉，从鄯善以西皆绝不通。都护郑吉、校尉司马憙皆在北道诸国间，奉世与其副严昌计，以为不亟击之，则莎车日强，其势难制，必危西域，遂以节谕告诸国王，因发其兵，南北道合万五千人，进击莎车，攻拔其城。莎车王自杀，传其首诣长安，更立他昆弟子为莎车王。诸国悉平，威振西域，奉世乃罢兵以闻。帝召见韩增曰：“贺将军所举得其人。”

奉世遂西至大宛。大宛闻其斩莎车王，敬之异于他使，得其名马象龙而还。上甚说，议封奉世。丞相、将军皆以为可，独少府萧望之以为：“奉世奉使有指，而擅制违命，发诸国兵，虽有功效，不可以为后法。即封奉世，开后奉使者利以奉世为比，争逐发兵，要功万里之外，为国家生事于夷狄，渐不可长。奉世不宜受封。”上善望之议，以奉世为光禄大夫。

二年（丁巳，前64）

上欲立皇后，时馆陶主母华婕妤及淮阳宪王母张婕妤、楚孝王母卫婕妤皆爱幸。上欲立张婕妤为后；久之，惩艾霍氏欲害皇太子，乃更选后宫无子而谨慎者，二月，乙丑，立长陵王婕妤为皇后，令母养太子；封其父奉光为邛成侯。后无宠，希得进见。

魏相好观汉故事及便宜章奏，数条汉兴已来国家便宜行事及贤臣贾谊、晁错、董仲舒等所言，奏请施行之。相敕掾史按事郡国，及休告，从家还至府，辄白四方异闻。或有逆贼、风雨灾变，郡不上，相辄奏言之。与御史大夫丙吉同心辅政，上皆重之。

丙吉为人深厚，不伐善。自曾孙遭遇，言绝口不道前恩，故朝廷莫能明其功也。会掖庭宫婢则令民夫上书，自陈尝有阿保之功，章下掖庭令考问，则辞引使者丙吉知状。掖庭令将则诣御史府以视吉，吉识，谓则曰：“汝尝坐养皇曾孙不谨，督笞汝，汝安得有功！独渭城胡组、淮阳郭徵卿有恩耳。”分别奏组等共养劳苦状。诏吉求组、徵卿；已死，有子孙，皆受厚赏。诏免则为庶人，赐钱十万。上亲见问，然后知吉有旧恩而终不言，上大贤之。

三年（戊午，前63）

乙未，诏曰：“朕微眇时，御史大夫丙吉、中郎将史曾、史玄、长乐卫尉许舜、侍中、光禄大夫许延寿皆与朕有旧恩，及故掖庭令张贺，辅导朕躬，修文学经术，恩惠卓异，厥功茂焉。《诗》不云乎：‘无德不报’，封贺所子弟子侍中、中郎将彭祖为阳都侯，追赐贺谥曰阳都哀侯，吉为博阳侯，曾为将陵侯，玄为平台侯，舜为博望侯，延寿为乐成侯。”贺有孤孙霸，年七岁，拜为散骑、中郎将，赐爵关内侯。故人下至郡邸狱复作尝有阿保之功者，皆受官禄、田宅、财物，各以恩深浅报之。

吉临当封，病；上忧其不起，将使人就加印绋而封之，及其生存也。太子太傅夏侯胜曰：“此未死也！臣闻有阴德者必飨其乐，以及子孙。今吉未获报而疾甚，非其死疾也。”后病果愈。

张安世自以父子封侯，在位太盛，乃辞禄，诏都内别藏张氏无名钱以百万数。安世谨慎周密，每定大政，已决，辄移病出。闻有诏令，乃惊，使吏之丞相府问焉。自朝廷大臣，莫知其与议也。尝有所荐，其人来谢，安世大恨，以为“举贤达能，岂有私谢邪”！绝弗复为通。有郎功高不调，自言安世，安世应曰：“君之功高，明主所知，人臣执事何长短，而自言乎！”绝不许。已而郎果迁。安世自见父子尊显，怀不自安，为子延寿求出补吏，上以为北地太守；岁余，上闵安世年老，复征延寿为左曹、太仆。

夏，四月丙子，立皇子钦为淮阳王。皇太子年十二，通《论语》《孝经》。太傅疏广谓少傅受曰："吾闻'知足不辱，知止不殆。'今仕宦至二千石，官成名立，如此不去，惧有后悔。"即日，父子俱移病，上疏乞骸骨。上皆许之，加赐黄金二十斤，皇太子赠以五十斤。公卿故人设祖道供张东都门外，送者车数百两。道路观者皆曰："贤哉二大夫！"或叹息为之下泣。

广、受归乡里，日令其家卖金共具，请族人、故旧、宾客，与相娱乐。或劝广以其金为子孙颇立产业者，广曰："吾岂老悖不念子孙哉！顾自有旧田庐，令子孙勤力其中，足以共衣食，与凡人齐。今复增益之以为赢余，但教子孙怠堕耳。贤而多财，则损其志，愚而多财，则益其过。且夫富者众之怨也，吾既无以教化子孙，不欲益其过而生怨。又此金者，圣主所以惠养老臣也，故乐与乡党、宗族共飨其赐，以尽吾余日，不亦可乎！"于是族人悦服。

颍川太守黄霸使邮亭、乡官皆畜鸡、豚，以赡鳏、寡、穷者；然后为条教，置父老、师帅、伍长，班行之于民间，劝以为善防奸之意，及务耕桑、节用、殖财、种树、畜养，去浮淫之费。其治，米盐靡密，初若烦碎，然霸精力能推行之。吏民见者，语次寻绎，问他阴伏以相参考，聪明识事，吏民不知所出，咸称神明，豪厘不敢有所欺。奸人去入他郡，盗贼日少。霸力行教化而后诛罚，务在成就全安长吏。许丞老，病聋，督邮白欲逐之。霸曰："许丞廉吏，虽老，尚能拜起送迎，正颇重听何伤！且善助之，毋失贤者意！"或问其故，霸曰："数易长吏，送故迎新之费，及奸吏因缘，绝簿书，盗财物，公私费耗甚多，皆当出于民。所易新吏又未必贤，或不如其故，徒相益为乱。凡治道，去其泰甚者耳。"霸以外宽内明，得吏民心，户口岁增，治为天下第一，征守京兆尹。顷之，坐法，连贬秩，有诏复归颍川为太守，以八百石居。

汉宣帝地节三年（甲寅，公元前67年）

霍光的妻子霍显听说刘奭被立为太子，气得饭也吃不下，并吐了血，说："刘奭是皇上为平民时生的儿子，怎能被立为皇太子！如果将来皇后生了儿子，反倒只能做诸侯王吗？"于是霍显又教皇后霍成君毒死皇太子。皇后几次召太子前来，赐给食物，但太子的保姆和奶妈总是先尝过之后再让太子吃，皇后拿着毒药，却无从下手。

霍氏一家在朝中势力强大，骄横奢侈。太夫人霍显大规模地兴建府第，又制造同皇帝规格相同的人拉辇车，绘以精美的图画，车上的褥垫用锦绣制成，车身涂以黄金，车轮外裹上熟皮和绵絮，以减轻车身的颠簸，由侍女用五彩丝绸拉着霍显

西汉 铜马和坐俑

在府中游玩娱乐。另外，霍显还与管家冯子都淫乱。霍禹、霍山也同时扩建宅第，常常在平乐馆中骑马奔驰追逐。霍云几次在朝会时称病而私自出游，带着许多宾客，到黄山苑中行围打猎，派奴仆去朝廷报到，却无人敢于指责。霍显和她的几个女儿，昼夜随意出入上官太后居住的长信宫，没有限度。

汉宣帝早在民间时，就听说霍氏一家因长期地位尊贵，不能自我约束。亲掌朝政以后，命御史大夫魏相任给事中。霍显对霍禹、霍云、霍山说："你们不设法继承大将军的事业，如今御史大夫当了给事中，一旦有人在他面前说你们的坏话，你们还能救自己吗！"后霍、魏两家的奴仆因争夺道路引起冲突，霍家奴仆闯入御史府，要踢魏家大门，御史为此叩头道歉，方才离去。有人将此事告诉霍家，霍显等才开始感到忧虑。

当魏相成为丞相，多次在汉宣帝闲暇时受到召见，报告国事，平恩侯许广汉和侍中金安上也可以径自出入宫廷。当时，霍山主管尚书事务，汉宣帝却下令，允许官吏百姓直接向皇帝呈递秘密奏章，不必经过尚书，群臣也可直接拜见皇帝。这些都使霍氏一家人极为恼恨。汉宣帝听说不少关于霍显毒死许皇后的传闻，只是尚未调查，于是将霍光的女婿度辽将军、未央卫尉、平陵侯范明友调任光禄勋，将霍光的二女婿诸吏、中郎将、羽林监任胜调出京师，任安定太守。几个月之后，又将霍光的姐夫给事中、光禄大夫张塑调出京师，任蜀郡太守，将霍光的孙女婿之一、中郎将王汉调任武威太守。稍后，又将霍光的大女婿长乐卫尉邓广汉调任少府。八月戊戌（十四日），改由张安世为卫将军，未央、长乐两宫卫尉，长安十二门的警卫军队和北军都归张安世统领。任命霍禹为大司马，却不让他戴照例应戴的大官帽，而戴小官帽，且不颁给印信、绶带，撤销他以前统领的屯戍部队和官属，只使他的官名和霍光同样为大司马。又将范明友的度辽将军印信和绶带收回，只让他担任光禄勋一职。霍光的另一个女婿赵平本为散骑、骑都尉、光禄大夫，统领屯戍部队，如今也将赵平的骑都尉印信和绶带收回。所有统领胡人和越人骑兵、羽林军以及未央、长乐两宫警卫部队的将领，都改由汉宣帝所亲信的许、史两家子弟担任。

当初，汉武帝时，征调频繁，百姓困乏，穷苦之人触犯法律，纷纷作乱，无法平息。于是，汉武帝命张汤、赵禹等酷吏制定法令，定出有关"明知有人犯法而不举报"和"长官有罪，其僚属连坐"等惩罚条例。对犯有给人定罪过严或者栽赃陷害之罪的官吏，往往从宽处理；而对那些宽释犯人的官吏则加重惩处。以后，很多奸猾的官吏玩弄法律，转相引用比照苛刻的判例，使法网日益严密，律令更加繁苛，法律文件堆得满桌满屋，主管官员根本看不过来。因此各郡、国在引用法令时出现混乱，有的罪行相同而处罚各异，奸猾官吏借机进行交易，索取贿赂。想使罪犯活命，就附会出能让他活命的法令；想致其于死地，就引用使其非死不可的条文。人们议论法律，都认为冤屈太多而感到悲伤。

十二月，汉宣帝下诏书说："近来，官吏们舞文弄法的现象越来越严重，这都是朕的错误。案狱处理不当，使有罪者愈发作恶，无辜者遭受严刑处罚，父子兄弟悲伤愤恨，朕对此甚为难过！如今派廷尉史参与各郡的司法事务，但职权小俸禄少，应再设置廷尉平四名，俸禄为六百石。务必使审判公平，以符合朕的心意！"于是每年秋天，当对一年中的案狱做最后决定时，汉宣帝经常到宣室殿，住那里实行斋戒，亲自裁决。从此，对各类刑罚案狱的判决号称公平。

汉宣帝自即皇位以来，多次派使者查访其外祖父家的消息。然而，因时间已相隔太久，查访到的人家，大多虽像而实际不是。这一年，找到了其外祖母王媪和王媪的儿子王无故和王武。汉宣帝赐王无故、王武关内侯爵。短短十天时间，对王家的赏赐就以万万计。

四年（乙卯，公元前66年）

春季，二月，汉宣帝赐其外祖母"博平君"称号，封其舅父王无故为平昌侯、王武为乐昌侯。

霍显和霍禹、霍山、霍云眼看霍家的权势日益被削弱，多次聚在一起痛哭流涕，自怨自艾。霍山说："如今丞相当权，受到天子的信任，将大将军在世时的法令全部更改，还专门宣扬大将军的过失。再者，那些儒生大都为贫贱出身，从偏远的地方来到京中，衣食无着，却爱说狂言，不避忌讳，大将军一向痛恨他们，但如今皇上却专爱和这些腐儒谈话。他们每人都上书奏事，纷纷指责我们霍家。曾经有人上书说我们兄弟骄横霸道，言词十分激烈，被我压下没有呈奏。后来上书者越来越狡猾，都改成秘密奏章，皇上总是让中书令出来取走，并不通过尚书，日益不信任我。又听说民间纷纷传言'霍氏毒死许皇后'，难道有这回事吗？"霍显吓坏了，便将实情告诉霍禹、霍山、霍云。霍禹、霍山、霍云大惊，说道："果真如此，为什么不早告诉我们！皇上将霍家女婿都贬斥放逐，就是为了这个缘故。这是大事，一旦事发，必遭严惩，怎么办？"于是开始有反叛朝廷的阴谋。

霍云的舅父李竟有一位要好的朋友，名叫张赦，看到霍云一家人惊慌不安，便对李竟说："如今是丞相魏相和平恩侯许广汉当权，可以让霍太夫人向上官太后进言，先将这两人杀死。废掉当今皇上，改立新君，全由皇太后决定。"后被长安男子张章告发，汉宣帝将此事交给廷尉和执金吾处理，逮捕了张赦等人。后来，汉宣帝下诏，命令不要抓人。霍山等更加慌恐，商议说："这是皇上尊重太后，所以不深究，但已可看出苗头不妙，时间长了还会爆发。一旦爆发，就是灭门之祸，不如先下手为强。”于是命霍家女儿各自回家告知自己的丈夫，霍家各位女婿都说“大祸一来，我们谁也跑不了！”

霍禹、霍山等家中多次出现妖怪之事，全家人都非常忧虑。霍山说：“丞相擅自减少宗庙祭祀用的羊羔、兔子和青蛙，可以以此为借口向他问罪。”于是，密谋让上官太后设酒宴款待博平君王媪，召丞相魏相、平恩侯许广汉及其属下作陪，然后让范明友、邓广汉奉太后之命将他们斩杀，乘机废掉汉宣帝，立霍禹为皇帝。密谋已定，尚未动手，汉宣帝任命霍云为玄菟太守，太中大夫任宣为代郡太守。就在此时，霍氏的政变阴谋被发觉。秋季，七月，霍云、霍山、范明友自杀。霍显、霍禹、邓广汉等被逮捕，霍禹被腰斩，霍显及霍氏兄弟姐妹全部被当众处死，因与霍氏有牵连而被诛杀的有数十家。太仆杜延年因为是霍家旧友，也被罢免官职。八月己酉（初一），霍皇后被废，囚禁于昭台宫。乙丑（十七日），汉宣帝下诏，将告发霍氏政变密谋的男子张章、期门董忠、左曹杨恽、侍中金安上、史高封为列候。其中杨恽是前丞相杨敞的儿子，金安上是前车骑将军金日磾弟弟的儿子，史高是史良娣哥哥的儿子。

当初，霍氏一家骄横奢侈，茂陵人徐福就曾指出：“霍氏必亡。凡奢侈无度，必然傲慢不逊；傲慢不逊，必然冒犯主上；冒犯主上就是大逆不道。身居高位的人，必然会受到众人的厌恶。霍氏一家长期把持朝政，遭到很多人的厌恶，天下人厌恶，又做出大逆不道的事，怎么可能不灭亡呢！”于是，上书朝廷说：“霍氏一家权势太大，陛下既然厚爱他们，就应随时加以约束限制，不要让他们发展到灭亡的地步！”上书三次，天子听到了，未加采纳。后霍氏一家被诛杀，曾告发过霍氏的人都被封赏，有人上书汉宣帝，为徐福鸣不平说：“我听说，有一位客人到主人家拜访，见主人家炉灶的烟囱是直的，旁边又堆有柴薪，这位客人便对主人说：‘您的烟囱应改为弯曲的，并将柴薪搬到远处去，不然的话，将会发生火灾！’主人默然，不予理会。不久，主人家果然失火，邻居们共同抢救，幸而将火扑灭。于是，主人家杀牛摆酒，对邻居表示感谢，在救火中烧伤的被请到上座，其余则各按出力大小依次就座，却没有请那位建议他改弯烟囱的人。有人对这家主人说：‘当初要是听了那位客人的劝告，就不用杀牛摆酒，终究不会有火灾。如今论功请客酬谢，建议改弯烟囱、移走柴薪的人没有功劳，而在救火时被烧得焦头烂额的人才是上客吗？’主人这才醒悟，将那位客人请来。茂陵人徐福多次上书说霍氏将会有叛逆行为，应预先加以防范制止。假如陛下接受徐福的劝告，则国家就可节省划出土地分封列候的费用，臣下也不会谋逆叛乱，遭受诛杀的大祸。现在事情已然过去，而只有徐福的功劳没有受到奖赏，希望陛下明察，嘉奖其‘弯曲烟囱、移走柴薪’的远见，使他居于‘焦头烂额’者之上！”汉宣帝这才赐给徐福绸缎十匹，后又任命他为郎官。

汉宣帝初即皇位时，前往汉高祖庙祭拜，由大将军霍光同车陪乘，汉宣帝心中十分畏惧，有如芒刺在背，很不舒服。后改由车骑将军张安世同车陪乘，汉宣帝这才觉得轻松从容，十分安全亲近。等到霍光死后，其宗族最终遭到诛杀，所以民间传说，霍家的灾祸早在霍光陪同汉宣帝乘车时就已萌芽了。十二年后，霍皇后又被迁到云林馆囚居，自杀身亡。

班固称赞说：霍光身受辅佐幼主的重托，掌握着汉朝的安危存亡，匡扶国家，安定社稷，维护汉昭帝，拥立汉宣帝，即使是周公、伊尹，又怎能超过！然而，霍光不学无术，不明大理，隐瞒妻子的邪恶逆谋，立自己的女儿为皇后，沉溺于过多的欲望，使覆亡的灾祸加剧，身死才三年，宗族就遭诛灭，实在令人悲哀！

臣司马光曰：霍光辅佐汉朝，可以说是忠心耿耿，然而却终究未能庇护他的宗族，是什么原因呢？威严权柄，只有君王才能享有，如果由臣下享有，长期不归还君王，则很少能逃脱灭亡的命运。以汉昭帝的贤明，十四岁就能洞察上官桀的奸诈行为，原来可以亲理朝政了，更何况汉宣帝十九岁即皇位，聪明刚毅，了解民间疾苦，而霍光却依然长期专擅大权，不知引退，反在朝中广植私党，致使君王积蓄怨愤于上，官、民积蓄不满于下，咬牙切齿，侧目而视，都在等待时机发动乱。霍光自己能够免祸，已然是侥幸了，何况子孙更加骄横奢侈呢！尽管如此，假如当初汉宣帝专用官阶和俸禄赏赐霍光的子孙，使他们富有，让他们享用大县的收入，定期前来朝见皇帝，也就足以报答霍光的盛德了；而汉宣帝仍然让他们主持朝政，授以兵权，等到事态严重，这才对他们加以裁夺，以至他们恐惧怨恨，生出反叛朝廷的阴谋。这难道只是霍氏一家自己招致的灾祸吗？这也是汉宣帝酝酿而成的。春秋时，斗椒在楚国作乱，楚庄王灭其宗族，却赦免了担任箴尹一职的斗克黄，认为如果不让当初于国有功的斗於菟留下后代，就不利于勉励人们行善立功。以霍显、霍禹、霍云、霍山犯下的罪行，当然应诛灭全族，但立下大功的忠臣霍光却不可无人祭祀，汉宣帝竟将其全族老小全部处死，一个不留，也未免刻薄寡恩了！

元康元年（丙辰，公元前65年）

汉宣帝命群臣举荐能够出使西域的人选。经前将军韩增举荐，上党人冯奉世以卫候身份充当使者，携带皇帝符节，护送大宛等国客人到达伊循城。正巧前莎车王的弟弟呼屠徵联合邻国势力一同杀死其王万年和汉朝使者奚充国，自立为莎车王。当时，匈奴再次出兵攻打车师城，未能攻下，撤兵而还。莎车国派使者扬言：“西域北路各国已归属匈奴了。”于是派兵攻打南路各国，与各国结盟，背叛汉朝，使西域自鄯善国以西全部与汉朝绝交。此时都护郑吉、校尉司马都在北路各国间，冯奉世与其副使严昌商议，认为如不立即攻击莎车，那么莎车将日益强盛，难以控制，必定危及整个西域。于是以皇帝符节告谕各国国王，征调各国军队，南北两路共一万五千人，进攻莎车。结果莎车城被攻克，莎车王自杀，首级被送至长安，改立前莎车王其他兄弟的儿子为莎车王，冯奉世率兵将各国全部平定，威震西域，然后罢兵，奏闻朝廷。汉宣帝召见韩增说：“祝贺将军，你举荐的人非常出色。”

冯奉世于是西至大宛，大宛王听说他杀死了莎车王，所以对他特别恭敬，与对别的使臣不同，大宛国向汉朝皇帝进献了一匹名叫象龙的名马，冯奉世将其带回长安。汉宣帝大为高兴，与朝臣商议，打算封冯奉世为侯。丞相、将军等都认为可以，只有少府萧望之表示反对，他认为："冯奉世作为朝廷的使臣，有指定的任务，而他却违背使命，擅自用皇上的名义征调各国军队，虽然建立功勋，却不能让后人效法。如封冯奉世为侯，以后奉命出使的人将以他为榜样，争着征调各国军队，以图建功于万里之外，使国家在外族地区多生事端，此风不可渐长。因此，冯奉世不宜受封。"汉宣帝认为萧望之的话很有道理，于是任命冯奉世为光禄大夫，没有封侯。

二年（丁巳，公元前64年）

汉宣帝打算立皇后。当时，馆陶公主的母亲华婕妤及淮阳宪王的母亲张婕妤、楚孝王的母亲卫婕妤都受到汉宣帝的宠爱。汉宣帝想立张婕妤为皇后，但迟迟不决，鉴于前皇后霍成君企图害死皇太子刘奭的教训，便挑选后宫中没有儿子且行为谨慎的人立为皇后。二月，乙丑（二十六日），汉宣帝立长陵人王婕妤为皇后，命她作为皇太子的母亲，负起养育太子的责任；封其父王奉光为邛成侯。新皇后因为不受宠爱，很少能见到皇上。

魏相喜欢阅读有关汉朝旧事的记载和前人提出改良建议的奏章，多次列举汉朝建国以来推行的于国有益的措施以及贤臣贾谊、晁错、董仲舒等人的建议，奏请汉宣帝批准实行。丞相府的官员因公事到郡国及休假从家回到相府，魏相都命他们将各地发生的奇闻异事报告给他。如果有的地区出现逆贼，或自然灾害，郡府不向朝廷报告，总是由魏相奏闻朝廷。魏相与御史大夫丙吉同心协力辅佐朝政，汉宣帝对二人都很倚重。

丙吉为人深沉忠厚，不夸耀自己的功劳。自汉宣帝即位以来，丙吉绝口不提以前对汉宣帝的恩惠，所以朝中无人知道他的功劳。正巧一个名叫则的掖庭所属宫婢让自己的平民丈夫上书朝廷，陈述自己对皇帝曾有抚育之功，汉宣帝命掖庭令负责查问此事，宫婢则在供词中提到丙吉了解当时的情况。掖庭令将宫婢则带到御史府来见丙吉，丙吉认识她，对她说："你当年抚育皇曾孙时，因照顾不周，我还曾责打过你，你有什么功劳！只有渭城人胡组、淮阳人郭徵卿对皇曾孙有恩。"于是分别将胡组等当年共同辛勤抚养的情况上奏汉宣帝。汉宣帝下诏，命寻访胡组、郭徵卿，但二人已然去世，只有子孙尚在，都受到丰厚的赏赐。汉宣帝又下诏赦免则的官奴婢身份，使她成为平民，赐给她十万钱，并亲自召见，询问当年情况，这才知道丙吉对自己有旧恩，却一直不肯透露，因此对丙吉的贤德大为感动。

三年（戊午，公元前63年）

乙未（初二），汉宣帝下诏说："朕在平民时，御史大夫丙吉，中郎将史曾、史玄，长乐卫尉许舜，侍中、光禄大夫许延寿都对朕有旧恩。还有已故掖庭令张贺对朕辅导教育，使朕研习儒术，恩惠卓著，功劳最大。《诗经》上说：‘没有不应报答的恩情。’今特封张贺的养子侍中、中郎将张彭祖为阳都侯，追赐张贺谥号为阳都哀侯，丙吉为博阳侯，史曾为将陵侯，史玄为平台侯，许舜为博望侯，许延寿为乐成侯。”张贺有一孤孙名叫张霸，年仅七岁，被任命为散骑、中郎将，赐爵为关内侯。凡是汉宣帝从前的老相识，下至当初在郡邸狱中按刑律服劳役的妇女中，曾对他有抚育之恩的人，都被赐给官禄、土地、房屋、财物，分别按照恩德的深浅予以报答。

丙吉在受封时身患疾病，汉宣帝担心他一病不起，准备派人将博阳侯印信送到他的身边，让他能在生前受封。太子太傅夏侯胜说：“丙吉这次不会死！我听说，凡是积有阴德的人，必然能在生前受到回报，并延及子孙。如今丙吉尚未得到陛下的报答而病重，这个病不会死。”后丙吉的病果然痊愈。

张安世自认为父子都被封侯，权位太盛，便向汉宣帝请求辞去俸禄。汉宣帝命大司农所属都内衙门单独为张安世收藏这笔无名钱，达到数百万。张安世做事谨慎周密，每次与皇帝商议大事，决定后，他总是称病退出。等听到皇帝颁布诏令后，再假装大吃一惊，派人到丞相府去询问。所以即使是朝廷大臣，也无人知道他曾参与此事的决策。张安世曾向朝廷举荐过一个人，此人前来道谢，张安世非常生气，认为：“为国家举荐贤能，难道可以私相酬谢吗！”从此与此人绝交。有一位郎官功劳很大，却没有调升，自己去求张安世为他说话。张安世对他说道：“你的功劳很大，皇上是知道的，做人臣子的，怎么能自说长短处！”坚决不答应他。不久，这位郎官果然升官了。张安世见自己父子地位尊显，内心深感不安，便为儿子张延寿请求出任地方官。汉宣帝任命张延寿为北地太守。一年多后，汉宣帝怜恤张安世年老，又将张延寿调回朝廷，担任左曹、太仆。

夏季，四月，丙子（十四日），汉宣帝立皇子刘钦为淮阳王。皇太子刘奭年十二岁，已通晓《论语》《孝经》。太傅疏广对少傅疏受说：“我听说‘知道满足的人不会受辱，知道适可而止的人不会遇到危险。’而今我们做官已到二千石高位，功成名就，这样再不离去，恐怕将来会后悔。”于是，当天，叔侄二人就一起以身体患病为理由，上书汉宣帝请求退休。汉宣帝批准所请，加赐黄金二十斤，皇太子也赠送黄金五十斤。公卿大臣和故人在东都门外设摆酒宴，陈设帷帐，为他们送行，前来相送的人乘坐的车辆达数百辆之多。沿途观看的人都赞道：“两位大夫真是贤明！”有人甚至为之感叹落泪。

疏广和疏受回到家乡，每天都命家人变卖黄金，设摆宴席，请族人、旧友、宾客等一起取乐。有人劝疏广用黄金为子孙购置一些产业，疏广说：“我难道年迈昏庸，不顾子孙吗？我想到，我家原本就有土地房屋，让子孙们在上面勤劳耕作，就足够供他们饮食穿戴，过与普通人同样的生活。如今再要增加产业，使有盈余，只会使子孙们懒惰懈怠。贤能的人，如果财产太多，就会磨损他们的志气；愚蠢的人，如果财产太多，就会增加他们的过错。况且富有的人是众人怨恨的目标，我既然无法教化子孙，就不愿增加他们的过错而产生怨恨。再说这些金钱，乃是皇上用来恩养老臣的，所以我愿与同乡、同族的人共享皇上的恩赐，以度过我的余生，不也很好吗？”于是族人都心悦诚服。

颍川太守黄霸命郡内驿站和乡官一律畜养鸡、猪，用以救济独身男子、寡妇和贫穷之人；后来又订立规章制度，设置父老、师帅、伍长，在民间推行，教育百姓行善防恶，务农养蚕，节俭用度，增加财富，种植树木，饲养家畜，不要将钱财浪费在表面或无益之处。黄霸治理地方，既杂且细，开始时似乎繁琐细碎，黄霸却能集中力量贯彻推行。接见属下官吏、百姓时，从交谈中寻找线索，询问发现诸多问题以相参考。黄霸聪明而能够认识事情的真相，属吏及百姓们不知其所以然，都称赞他如神明一般，不敢有丝毫欺瞒。奸邪坏人纷纷逃到别的郡，颍川地区盗贼日益减少。黄霸对下属官吏首先进行教育和感化，如有人不遵教化，再对其施以刑罚，力求成就、保全他们。许县县丞年老耳聋，郡督邮禀告黄霸，打算将其斥逐不用。黄霸说：“许县县丞是个清廉官吏，虽然年老，但尚能下拜起立，送往迎来，只不过有些耳聋，又有什么妨碍！应好好帮助他，不要使贤能的人失望。”有人问他这样做的原因，他说：“频繁地变更重要官吏，会增加送旧迎新的费用，奸猾官吏也会借机藏匿档案记载，盗取财物。公私费用耗费过多，全要由百姓们承担。新换的官吏也未必贤能，或许是还不如原来的，就会徒然增加混乱。治理的方法，不过是去掉太不称职的官吏而已。”黄霸外表宽厚，内心明察，很得官吏百姓之心，郡内户口年年增加，政绩天下第一，汉宣帝征召他担任京兆尹。不久，因被指控违法，连续受到降级处分。后汉宣帝下诏让他重新回到颍川，以八百石的官秩充任颍川太守。

第二十六卷 汉纪十八

译文诵读

中宗孝宣皇帝中神爵元年（庚申，前61）

义渠安国至羌中，召先零诸豪三十余人，以尤桀黠者皆斩之；纵兵击其种人，斩首千余级。于是诸降羌及归义羌侯杨玉等怨怒，无所信乡，遂劫略小种，背畔犯塞，攻城邑，杀长吏。安国以骑都尉将骑二千屯备羌，至浩亹，为虏所击，失亡车重、兵器甚众。安国引还，至令居，以闻。

时赵充国年七十余，上老之，使丙吉问谁可将者。充国对曰："无逾于老臣者矣！"上遣问焉，曰："将军度羌虏何如？当用几人？"充国曰："百闻不如一见。兵难遥度，臣愿驰至金城，图上方略。羌戎小夷，逆天背畔，灭亡不久，愿陛下以属老臣，勿以为忧！"上笑曰："诺。"乃大发兵诣金城。夏，四月，遣充国将之，以击西羌。

赵充国至金城，须兵满万骑，欲渡河，恐为虏所遮，即夜遣三校衔枚先渡，渡，辄营陈；会明毕，遂以次尽渡。虏数十百骑来，出入军傍，充国曰："吾士马新倦，不可驰逐，此皆骁骑难制，又恐其为诱兵也。击虏以殄灭为期，小利不足贪！"令军勿击。遣骑候四望峡中无虏，夜，引兵上至落都，召诸校司马谓曰："吾知羌虏不能为兵矣！使虏发数千人守杜四望峡中，兵岂得入哉！"

充国常以远斥候为务，行必为战备，止必坚营壁，尤能持重，爱士卒，先计而后战。遂西至西部都尉府，日飨军士，士皆欲为用。虏数挑战，充国坚守。

时上已发内郡兵屯边者合六万人矣。酒泉太守辛武贤奏言："郡兵皆屯备南山，北边空虚，势不可久。若至秋冬乃进兵，此虏在境外之册。今虏朝夕为寇，土地寒苦，汉马不耐冬，不如以七月上旬赍三十日粮，分兵出张掖、酒泉，合击罕、幵在鲜水上者。虽不能尽诛，但夺其畜产，虏其妻子，复引兵还，冬复击之，大兵仍出，虏必震坏。"天子下其书充国，令议之。充国以为："一马自负三十日食，为米二斛四斗，麦八斛，又有衣装、兵器，难以追逐。虏必商军进退，稍引去，逐水草，入山林。随而深入，虏即据前险，守后厄，以绝粮道，必有伤危之忧。为夷狄笑，千载不可复。而武贤以为可夺其畜产，虏其妻子，此殆空言，非至计也。先零首为畔逆，他种劫略，故臣愚册，欲捐罕、幵暗昧之过，隐而勿章，先行先零之诛以震动之。宜悔过反善，因赦其罪，选择良吏知其俗者，拊循和辑。此全师保胜安边之册。”

天子下其书，公卿议者咸以为“先零兵盛而负罕、幵之助，不先破罕、幵，则先零未可图也。”上乃拜侍中许延寿为强弩将军，即拜酒泉太守武贤为破羌将军，赐玺书嘉纳其册。以书敕让充国曰：“今转输并起，百姓烦扰，将军将万余之众，不早及秋共水草之利，争其畜食，欲至冬，虏皆当畜食，多臧匿山中，依险阻，将军士寒，手足皲瘃，宁有利哉！将军不念中国之费，欲以岁数而胜敌，将军谁不乐此者！今诏破羌将军武贤等将兵，以七月击罕羌；将军其引兵并进，勿复有疑！”

充国上书曰：“陛下前幸赐书，欲使人谕罕，以大军当至，汉不诛罕，以解其谋。臣故遣幵豪雕库宣天子至德；罕、幵之属皆闻知明诏。今先零羌杨玉阻石山木，候便为寇，罕羌未有所犯，乃置先零。先击幵，释有罪，诛无辜，起壹难，就两害，诚非陛下本计也！臣闻兵法：‘攻不足者守有余。’又曰：‘善战者致人，不致于人。’今罕羌欲为敦煌、酒泉寇，宜饬兵马，练战士，以须其至。坐得致敌之术，以逸击劳，取胜之道也。今恐二郡兵少，不足以守，而发之行攻，释致虏之术而从为虏所致之道，臣愚以为不便。先零羌虏欲为背畔，故与罕、幵解仇结约，然其私心不能无恐汉兵至而罕、幵背之也。臣愚以为其计常欲先赴罕、幵之急以坚其约。先击罕羌，先零必助之。今虏马肥、粮食方饶，击之恐不能伤害，适使先零得施德于罕羌，坚其约，合其党。虏交坚党，合精兵二万余人，迫胁诸小种，附著者稍众，莫须之属不轻得离也。如是，虏兵浸多，诛之用力数倍。臣恐国家忧累，由十年数，不二三岁而已。于臣之计，行诛先零已，则罕、幵之属不烦兵而服矣。先零已诛而罕、幵不服，涉正月击之，得计之理，又其时也。以今进兵，诚不见其利！”戊申，充国上奏。秋，七月，甲寅，玺书报，从充国计焉。

充国乃引兵至先零在所。虏久屯聚，懈弛，望见大军，弃车重，欲渡湟水，道厄狭；充国徐行驱之。或曰：“逐利行迟。”充国曰：“此穷寇，不可迫也。缓之则走不顾，急之则还致死。”诸校皆曰：“善。”虏赴水溺死者数百，降及斩首五百余人。虏马、牛、羊十万余头，车四千余两。兵至罕地，令军毋燔聚落、刍牧田中。罕羌闻之，喜曰：“汉果不击我矣！”豪靡忘使人来言：“愿得还复故地。”充国以闻，未报。靡忘来自归，充国赐饮食，遣还谕种人。护军以下皆争之曰：“此反虏，不可擅遣！”充国曰：“诸君但欲便文自营，非为公家忠计也！”语未卒，玺书报，令靡忘以赎论。后罕竟不烦兵而下。

上诏破羌、强弩将军诣屯所，以十二月与充国合，进击先零。时羌降者万余人矣，充国度其必坏，欲罢骑兵，屯田以待其敝。作奏未上，会得进兵玺书，充国子中郎将卬，使客谏充国曰：“诚令兵出，破军杀将，以倾国家，将军守之可也。即利与病，又何足争！一旦不合上意，遣绣衣来责将军，将军之身不能自保，何国家之安！”充国叹曰：“是何言之不忠也！本用吾言，羌虏得至是邪！往者举可先行羌者，吾举辛武贤；丞相御史复白遣义渠安国，竟沮败羌。金城、湟中谷斛八钱，吾谓耿中丞：‘籴三百万斛谷，羌人不敢动矣！’耿中丞请籴百万斛，乃得四十万斛耳；义渠再使，且费其半。失此二册，羌人致敢为逆。失之豪厘，差以千里，是既然矣。今兵久不决，四夷卒有动摇，相因而起，虽有知者不能善其后，羌独足忧邪！吾固以死守之，明主可为忠言。”

遂上屯田奏曰：“臣所将吏士、马牛食所用粮谷、茭稿，调度甚广，难久不解，徭役不息，恐生他变，为明主忧，诚非素定庙胜之册。且羌易以计破，难用兵碎也，故臣愚心以为击之不便！计度临羌东至浩亹，羌虏故田及公田，民所未垦，可二千顷以上，其间邮亭多坏败者。臣前部士入山，伐林木六万余枚，在水次。臣愿罢骑兵，留步兵万二百八十一人，分屯要害处，冰解漕下，缮乡亭，浚沟渠，治湟峡以西道桥七十所，令可至鲜水左右。田事出，赋人三十亩；至四月草生，发郡骑及属国胡骑各千，就草为田者游兵，以充入金城郡，益积畜，省大费。今大司农所转谷至者，足支万人一岁食，谨上田处及器用簿。”

上报曰：“即如将军之计，虏当何时伏诛？兵当何时得决？孰计其便，复奏！”

充国上状曰：“臣闻帝王之兵，以全取胜，是以贵谋而贱战。‘百战而百胜，非善之善者也，故先为不可胜以待敌之可胜。’蛮夷习俗虽殊于礼义之国，然其欲避害就利，爱亲戚，畏死亡，一也。今虏亡其美地荐草，愁于寄托，远遁，骨肉心离，人有畔志。而明主班师罢兵，万人留田，顺天时，因地利，以待可胜之虏，虽未即伏辜，兵决可期月而望，羌虏瓦解，前后降者万七百余人，及受言去者凡七十辈，此坐支解羌虏之具也。臣谨条不出兵留田便宜十二事：步兵九校、吏士万人留屯，以为武备，因田致谷，威德并行，一也。又因排折羌虏，令不得归肥饶之地，贫破其众，以成羌虏相畔之渐，二也。居民得并田作，不失农业，三也。军马一月之食，度支田士一岁，罢骑兵以省大费，四也。至春，省甲士卒，循河、湟漕谷至临羌，以示羌虏，扬威武，传世折冲之具，五也。以闲暇时，下先所伐材，缮治邮亭，充入金城，六也。兵出，乘危徼幸；不出，令反畔之虏窜于风寒之地，离霜露、疾疫、瘃、堕之患，坐得必胜之道，七也。无经阻、远追、死伤之害，八也。内不损威武之重，外不令虏得乘间之势，九也。又亡惊动河南大幵使生他变之忧，十也。治隍中道桥，令可至鲜水以制西域，伸威千里，从枕席上过师，十一也。大费既省，徭役豫息，以戒不虞，十二也。留屯田得十二便，出兵失十二利，唯明诏采择！”

上复赐报曰：“兵决可期月而望者，谓今冬邪，谓何时也？将军独不计虏闻兵颇罢，且丁壮相聚，攻扰田者及道上屯兵，复杀略人民，将何以止之？将军孰计复奏！”

充国复奏曰：“臣闻兵以计为本，故多算胜少算。先零羌精兵，今余不过七八千人，失地远客分散，饥冻畔还者不绝。臣愚以为虏破坏可日月冀，远在来春，故曰兵决可期月而望。窃见北边自敦煌至辽东万一千五百余里，乘塞列地有吏卒数千人，虏数以大众攻之而不能害。今骑兵虽罢，虏见屯田之士精兵万人，从今尽三月，虏马羸瘦，必不敢捐其妻子于他种中，远涉河山而来为寇，亦不敢将其累重，还归故地。是臣之愚计所以度虏且必瓦解其处，不战而自破之册也。至于虏小寇盗，时杀人民，其原未可卒禁。臣闻战不必胜，不苟接刃；攻不必取，不苟劳众。诚令兵出，虽不能灭先零，但能令虏绝不为小寇，则出兵可也。即今同是，而释坐胜之道，从乘危之势，往终不见利，空内自疲敝，贬重以自损，非所以示蛮夷也。又大兵一出，还不可复留，湟中亦未可空，如是，徭役复更发也。臣愚以为不便。臣窃自惟念：奉诏出塞，引军远击，穷天子之精兵，散车甲于山野，虽亡尺寸之功，偷得避嫌之便，而亡后咎余责，此人臣不忠之利，非明主社稷之福也！”

充国奏每上，辄下公卿议臣。初是充国计者什三；中什五；最后什八。有诏诘前言不便者，皆顿首服。魏相曰：“臣愚不习兵事利害。后将军数画军册，其言常是，臣任其计必可用也。”上于是报充国，嘉纳之；亦以破羌、强弩将军数言当击，以是两从其计，诏两将军与中郎将卬出击。强弩出，降四千余人；破羌斩首二千级；中郎将卬斩首降者亦二千余级；而充国所降复得五千余人。诏罢兵，独充国留屯田。

二年（辛酉，前60）

夏，五月，赵充国奏言：“羌本可五万人军，凡斩首七千六百级，降者三万一千二百人，溺河湟、饿死者五六千人，定计遗脱与煎巩、黄羝俱亡者不过四千人。羌靡忘等自诡必得，请罢屯兵！”奏可。充国振旅而还。

所善浩星赐迎说充国曰：“众人皆以破羌、强弩出击，多斩首、生降，虏以破坏。然有识者以为虏势穷困，兵虽不出，即自服矣。将军即见，宜归功于二将军出击，非愚臣所及。如此，将军计未失也。”充国曰：“吾年老矣，爵位已极，岂嫌伐一时事以欺明主哉！兵势，国之大事，当为后法。老臣不以余命壹为陛下明言兵之利害，卒死，谁当复言之者！”卒以其意对。上然其计，罢遣辛武贤归酒泉太守，官充国复为后将军。

吉既破车师，降日逐，威震西域，遂并护车师以西北道，故号都护。都护之置，自吉始焉。上封吉为安远侯。吉于是中西域而立莫府，治乌垒城，去关阳二千七百余里。匈奴益弱，不敢争西域，僮仆都尉由此罢。都护督察乌孙、康居等三十六国动静，有变以闻，可安辑，安辑之，不可者诛伐之，汉之号令班西域矣。

三年（壬戌，前59）

是岁，东郡太守韩延寿为左冯翊。始，延寿为颍川太守，颍川承赵广汉构会吏民之后，俗多怨仇。延寿改更，教以礼让；召故老，与议定嫁娶、丧祭仪品，略依古礼，不得过法。百姓遵用其教。卖偶车马、下里伪物者，弃之市道。黄霸代延寿居颍川，霸因其迹而大治。延寿为吏，上礼义，好古教化，所至必聘其贤士，以礼待，用广谋议，纳谏争；表孝弟有行，修治学官，春秋乡射，陈钟鼓、管弦，盛升降、揖让；及都试讲武，设斧钺、旌旗，习射御之事；治城郭，收赋租，先明布告其日，以期会为大事。吏民敬畏，趋乡之。又置正、五长，相率以孝弟，不得舍奸人，闾里阡陌有非常，吏辄闻知，奸人不敢入界。其始若烦，后吏无追捕之苦，民无棰楚之忧，皆便安之。接待下吏，恩施甚厚而约誓明。或欺负之者，延寿痛自刻责：“岂其负之，何以至此！”吏闻者自伤悔，其县尉至自刺死。及门下掾自刭，人救不殊，延寿涕泣，遣吏医治视，厚复其家。在东郡三岁，令行禁止，断狱大减，由是入为冯翊。

延寿出行县至高陵，民有昆弟相与讼田，自言。延寿大伤之，曰：“幸得备位，为郡表率，不能宣明教化，至令民有骨肉争讼，既伤风化，重使贤长吏、啬夫、三老、孝弟受其耻，咎在冯翊，当先退！”是日，移病不听事，因入卧传舍，闭阁思过。一县莫知所为，令、丞、啬夫、三老亦皆自系待罪。于是讼者宗族传相责让，此两昆弟深自悔，皆自髡，肉袒谢，愿以田相移，终死不敢复争。郡中歙然，莫不传相敕厉，不敢犯。延寿恩信周遍二十四县，莫敢以辞讼自言者。推其至诚，吏民不忍欺绐。

汉宣帝神爵元年（庚申，公元前61年）

义渠安国到达羌中，召集先零部落众首领三十余人前来，将其中最为桀骜狡猾者全部杀死，又纵兵袭击先零人，斩首一千余人。于是引起归附汉朝的各羌人部落和归义羌侯杨玉的愤怒怨恨，不再信任、顺服汉朝，于是劫掠弱小种族，侵犯汉朝边塞，攻打城池，杀伤官吏。义渠安国以骑都尉身份率领二千骑兵防备羌人，进至浩亹，遭到羌人袭击，损失了很多车马辎重和武器。义渠安国率兵撤退，到达令居，奏闻朝廷。

此时，赵充国年纪已七十有余，汉宣帝认为他已老，派丙吉前去问他谁能担任大将。赵充国回答说：“谁也不如我合适。”汉宣帝又派人问他说：“你估计羌人会怎样？应当派多少人？”赵充国说：“百闻不如一见，行兵打仗之事难以遥测，我愿赶到金城，画出地图，制定方略，再上奏陛下。羌人不过是戎夷小种，逆天背叛，不久就会灭亡，希望陛下将此事交给老臣来办，不必担忧。”汉宣帝笑着说：“可以。”于是调发大兵前往金城。夏季，四月，派赵充国率领金城军队进攻西羌。

赵充国来到金城，等骑兵集结到一万名时，打算渡过黄河，怕遭羌军拦击，便于夜晚派出三名军校悄无声息地先行偷渡，渡河后立即设立营阵，正巧天色已明，于是大军依次全部渡过黄河。羌军约百名骑兵出现在汉军附近，赵充国说：“我军现在兵马劳乏，不能奔驰追击，这都是敌人的精锐骑兵，不易制服，又怕是敌人的诱兵。我们此战的目标是要将敌军全部消灭，不能贪图小利！”下令全军不准出击。赵充国派人到四望峡侦察，发现峡中并无敌兵。夜晚，赵充国率军穿过四望峡，抵达落都山，召集各位军校、司马说道：“我知道羌人不懂用兵之法了。假如羌人派兵数千，堵住四望峡，我军怎么进得去呢！”

赵充国经常注意向远处派出侦察兵，行军时一定做好战斗准备，扎营时一定使营垒坚固，他特别老成持重，爱护士卒，必先制定好作战计划，然后再进行战斗。他率军向西来到西部都尉府，每天都用丰富的饮食让将士们饱餐，将士们都愿意为他效劳。羌军多次挑战，赵充国坚守不出。

此时，汉宣帝已征发内地郡国的军队达六万人。酒泉太守辛武贤上奏说：“各郡军队都屯扎在南山，使北部边疆空虚，其势难以长久。如等到秋冬季节再出兵，那是敌人远在边境之外的策略，如今羌人日夜不停地进行侵扰，当地气候寒冷，汉军马匹不能过冬，不如在七月上旬，携带三十日粮，自张掖、酒泉分路出兵，合击鲜水之畔的两部羌人。虽不能全部剿灭，但可夺其畜产，掳其妻子儿女，然后率兵退还，到冬天再次进攻。大军频繁出击，羌人必定震恐。”汉宣帝将辛武贤的奏章交给赵充国，命他发表意见。赵充国认为：“每匹马要载负一名战士三十日的粮食，即米二斛四斗，麦八斛，再加上行装、武器，难以奔驰追击。敌人必然会估计出我军进退的时间，稍稍撤退，追逐水草，深入山林。我军随之深入，敌人就占据前方险要，扼守后方通路，断绝我军粮道，必使我军有伤亡危险的忧虑，受到夷狄之人的嘲笑，这种耻辱永远也无法报复。而辛武贤认为可以掳夺羌人的畜产、妻子儿女等，这怕是一派空话，不是最好的计策。先零为叛逆祸首，其他部族只是被其胁迫，所以，我的计划是：舍弃两部羌人昏昧不明的过失，暂时隐忍不宣，先诛讨先零，以震动羌人，他们将会悔过，反过来向善，再赦免其罪，挑选了解他们风俗的优秀官吏，前往安抚和解。这才是既能保全部队，又能获取胜利、保证边疆安定的策略。”

赵充国派军校偷渡黄河

汉宣帝将赵充国的奏章交给公卿大臣们讨论，大家都认为：“先零兵力强盛，又依仗羌人的帮助，如不先破羌人，就不能进攻先零。”于是汉宣帝任命侍中许延寿为强弩将军，就地任命酒泉太守辛武贤为破羌将军，颁赐诏书嘉勉辛武贤的建议，并写信责备赵充国说：“如今到处都在向前方输送军粮，使百姓受到烦扰，将军率领大军一万余人，不及早利用秋季水草茂盛的时机，争夺羌人的牲畜、粮食，却要等到冬季再行出击，但那时羌人都会积蓄粮食，多数藏匿于深山之中，据守险要，而将军士卒寒苦，手足皲裂，难道会有利吗！将军不念国家耗费巨大，只想拖延数年而取胜，这样的将军，谁不愿当？现在诏令破羌将军辛武贤等率兵于七月进击羌人，将军率兵同时出击，不得再有迟疑！”

赵充国上书汉宣帝说：“陛下上次赐我书信，打算派人劝谕两部羌人，大军将会前来，但汉朝并不是要征讨他们，以此来瓦解羌人联合叛汉的计划。所以我派羌人首领雕库去宣示天子盛德，这些羌人都已听到了天子的明诏。如今先零羌首领杨玉凭借山中树木岩石自保，并寻机出山骚扰，而羌人并无冒犯行为，却放过有罪的先零，先打无辜的羌人，一个部族起来叛乱，却给两个部族留下伤害，实在违背陛下原来的计划！我听说兵法上讲：‘不足以进攻的力量，用于防守却能有余。’又说：‘善于打仗的人，能主动引诱敌人，而不被敌人所引诱。’如今羌人企图进犯敦煌、酒泉，本应整顿兵马，训练士卒，等待敌人前来，坐在那里，用引诱敌人的战术，以逸击劳，这才是取胜之道。现在唯恐二郡兵力单薄，不足防守，却出兵进攻，放弃引诱敌人的战术，而被敌人所引诱，我认为不利。先零羌人打算背叛我朝，所以才与两部羌人化解怨仇，缔结盟约，但其内心深处不能不害怕汉军一到而背叛他们。我认为先零时常希望能先为羌人解救危急，以巩固他们的联盟。先攻羌人，先零肯定会援助他们。现在，羌人的马匹正肥，粮食正多，攻击他们，恐怕不能造成伤害，而正好使先零有机会施德于羌，巩固其联盟，团结其党羽。先零巩固其联盟之后，会合精兵二万余人，胁迫其他弱小部族，归附者逐渐增多，像莫须部羌人之类的弱小部族，要想脱离其控制就不容易了。果真如此，则羌人兵力逐渐增多，要征讨他们，就需增加几倍的力量，我恐怕国家的忧烦困扰，当以十年计，而不只二三年了。按我的计划，先诛杀了先零，则其他羌人之流不必再劳烦军队，就可顺服。如先零已经诛杀，而其他羌人等仍不肯屈服，等到明年正月再攻击他们，则不但合理，而且适时。现在进兵，实在看不到有什么利益！”戊申（二十八日），赵充国奏闻朝廷。秋季，七月甲寅（初五），汉宣帝颁赐诏书，采纳赵充国的计划。

于是赵充国率兵进抵先零地区。羌人屯兵已久，戒备松懈，忽见汉军大兵来到，慌忙抛弃车马辎重，企图渡过湟水，道路狭窄，赵充国率军缓缓前行，驱赶羌军。有人对赵充国说：“要取得战果，推进速度不宜迟缓。”赵充国说：“这是走投无路的敌兵，不可逼迫太急。缓慢追击，他们只逃跑不回头；逼迫太急，则回头死战。”各位军校都说：“有理。”羌人掉入水中淹死数百人，投降及被汉军所杀达五百余人，汉军缴获马、牛、羊十万余头，车四千余辆。汉军所到之地，赵充国下令不得焚烧羌人村落，不得在羌人耕地中牧马。羌听说后，高兴地说：“汉军果然不打我们！”其首领靡忘派人前来对赵充国说：“希望能让我们回到原来的地方。”赵充国上奏朝廷，未得到回音。靡忘亲自前来归降，赵充国赐其饮食，派他回去告谕本部羌人。护军及以下将领都说：“靡忘是国家叛逆，不能擅自放走！”赵充国说：“你们都只是为了自己的方便和利益，并不忠心为国家着想！”话未讲完，诏书来到，命靡忘将功赎罪。后羌终于未用兵而平定。

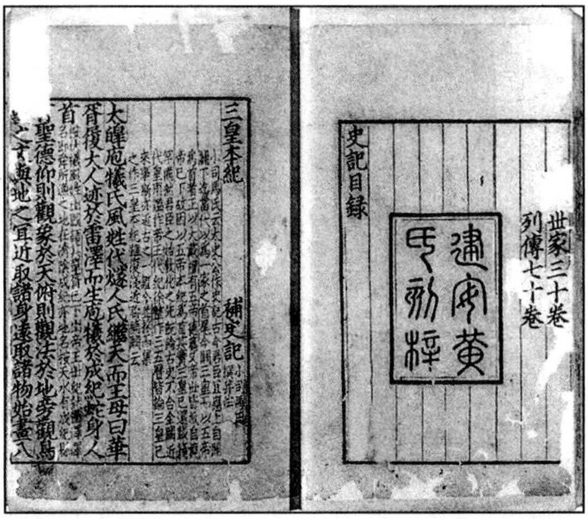

司马迁撰写《史记》

汉宣帝下诏书命破羌将军辛武贤、强弩将军许延寿率兵前往赵充国屯兵之处，于十二月与赵充国会合，进攻先零。当时，羌人投降汉军已一万有余了，赵充国估计羌人肯定要失败，打算撤除骑兵，以步兵在当地屯垦戍卫，等待羌人因自身疲惫而败亡。奏章写好，还未上奏，恰于此时接到汉宣帝命其进兵的诏书。赵充国的儿子中郎将赵印感到害怕，便让幕僚去劝赵充国说：“假如出兵会损兵折将，倾覆国家，将军坚持己见，防守不出也还可以。而如果只是利与弊的区别，又有什么可争执的呢？一旦违背了皇上之意，派御史前来责问，将军本身不能自保，又怎能保证国家的安全！”赵充国叹息说：“这话是多么不忠！若是原来就采纳我的意见，羌人能发展到这一步吗！当初，推荐先去西羌巡行的人选，我推荐了辛武贤；而丞相、御史又奏请皇上，派义渠安国前去，结果败坏了大事。金城、湟中地区谷价一斛八钱，我曾对司农中丞耿寿昌说：‘只要我们购买三百万斛谷物储备，羌人就不敢轻举妄动了。’而耿寿昌请求购买一百万斛，实际只得四十万斛而已，义渠安国再次出行，又用去一半。这两项计划都未实现，才使羌人敢于叛逆。正所谓失之毫厘，差以千里！如今战事长期不能结束，如果四方蛮夷突然动摇，借机相继起兵造反，即使高明的人也无法收拾，岂只是羌人值得忧虑！我誓死也要坚持我的意见，皇上圣明，可以向他陈述我的忠言。”

于是，赵充国上书请求屯田说：“我率领的将士、马牛食用的粮食、草料须大范围地从各处征调，羌乱长久不能解除，则徭役不会止息，又恐发生其他变故，为陛下增加忧虑，确实不是朝廷克敌制胜的上策。况且，对羌人之叛，用智谋瓦解较易，用武力镇压则较难，所以我认为进攻不是上策！据估计，从临羌向东至浩，羌人旧有的私田和公田，民众没有开垦的荒地，约有二千顷以上，其间驿站多数颓坏。我以前曾派士卒入山，砍伐林木六万余株，存于湟水之滨。我建议：撤除骑兵，留步兵一万二百八十一人，分别屯驻在要害地区，待到河水解冻，木材顺流而下，正好用来修缮乡亭，疏浚沟渠，在湟以西建造桥梁七十座，使至鲜水一带的道路畅通。明年春耕时，每名屯田兵卒分给三十亩土地；到四月草木长出后，征调郡属骑兵和属国胡人骑兵各一千，到草地为屯田者充当警卫。屯田收获的粮食，运入金城郡，增加积蓄，节省大量费用。现在大司农运来的粮食，足够一万人一年所食，谨呈上屯田区划及需用器具清册。”

汉宣帝下诏询问赵充国说：“如按照将军的计划，羌人叛乱当何时可以剿灭？战事当何时能够结束？仔细研究出最佳方案，再次上奏！”

赵充国上奏说：“我听说，帝王的军队，应当不受什么损失就能取得胜利，所以重视谋略，轻视拼杀。《孙子兵法》说：‘百战百胜，并非高手中的高手，所以应先使自己立于不败之地，再等待可以战胜敌人的机会。’蛮夷外族的习俗虽与我们礼义之邦有所不同，但希望能躲避危害，争取有利，爱护亲属，惧怕死亡，则与我们一样。现在，羌人丧失了他们肥美的土地和茂盛的牧草，逃到遥远的荒山野地，为自己的寄身之地而发愁，骨肉离心，人人都产生了背叛之念。而此时陛下班师罢兵，留下万人屯田，顺应天时，利用地利，等待战胜羌人的机会。羌人虽未立即剿灭，然可望于一年之内结束战事。羌人已在迅速瓦解之中，前后共有一万七百余人投降，接受我方劝告，回去说服自己的同伴不再与朝廷为敌的共有七十批，这些人恰是瓦解羌人的工具。我谨归纳了不出兵而留兵屯田的十二项有益之处：九位步兵指挥官和万名官兵留此屯田，进行战备，耕田积粮，威德并行，此其一。因屯田而排斥羌人，不让他们回到肥沃的土地上去，使其部众贫困破败，以促成羌人相互背叛的趋势，此其二。居民得以一同耕作，不破坏农业，此其三。骑兵，包括战马一个月的食用，能够屯田士兵维持一年，撤除骑兵可节省大量费用，此其四。春天来临，调集士卒，顺黄河和湟水将粮食运到临羌，向羌人显示威力，这是后世御敌的资本，此其五。农闲时，将以前砍伐的木材运来，修缮驿站，将物资输入金城，此其六。如果现在出兵，冒险而无必胜把握；暂不出兵，则使叛逆羌人流窜于风寒之地，遭受霜露、瘟疫、冻伤的灾患，我们则坐等必胜的机会，此其七。可以避免遭遇险阻、深入追击和将士死伤的损害，此其八。对内不使朝廷的威严受到损害，对外不给羌人以可乘之机，此其九。又不会惊动黄河南岸大部落而产生新的事变，增加陛下之忧，此其十。修建湟中的桥梁，使至鲜水的道路畅通，以控制西域，扬威千里之外，使军队从此经过如同经过自家的床头一般容易，此其十一。大费用既已节省，便可不征发徭役，以防止出现预想不到的变故，此其十二。留兵屯田可得此十二项便利，出兵攻击则失此十二项便利，请陛下英明抉择！”

汉宣帝再次回复说：“你说可望于一年之中结束战事，是说今年冬季吗？还是何时？难道你不考虑羌人听说我们撤除骑兵，会集结精锐，攻袭骚扰屯田兵卒和道路上的守军，再次杀掠百姓，我们将用什么来制止？将军深入思考后再次上奏。”

赵充国再次上奏说：“我听说，军事行动以谋略为根本，所以多算胜于少算。先零羌之精兵，如今剩下不过七八千人，丧失了原有的土地，分散于远离家乡的地区，挨饿受冻，不断有人叛逃回家。我认为他们崩溃败亡的时间可望以日月计算，最远在明年春天，所以说可望于一年中结束战事。我看到，北部边疆自敦煌直到辽东，共一万一千五百多里，守卫边塞的官吏和戍卒有数千人，敌人多次以大兵攻击，都不能取胜。现在即使撤除骑兵，而羌人见有屯田戍卫的精兵万人，且从现在开始，到三月底，羌人马匹瘦弱，必不敢将妻子儿女丢在其他部族，远涉山河前来侵扰；也不敢将其家属送还家乡。这正是我预计他们必将就地瓦解，不战自破而制定的策略。至于羌人小规模的侵扰掳掠，偶尔杀伤百姓，原本就无法立刻禁绝。我听说，打仗如无必胜的把握，就不能轻易与敌人交手；进攻如无必取的把握，就不能轻易劳师动众。如果发兵出击，即使不能灭亡先零，但能禁绝羌人小规模的侵扰活动，则可以出兵。如果今天同样不能禁绝，却放弃坐而取胜的机会，采取危险的行动，到底得不到好处，还白白使自己内部疲惫、破败，贬低国家威严而损害自己，不能这样对付蛮夷外族。再者大兵一出，返回时便不可再留，而湟中又不能无人戍守，如果这样，则徭役又将兴起，我认为实无益处。我自己思量，如果尊奉陛下的诏令出塞，率兵远袭羌人，用尽天子的精兵，将车马、甲胄散落在山野之中，即使立不下尺寸之功，也能苟且避免嫌疑，过后还能不负责任，不受指责。然而，这些个人的好处却是对陛下的不忠，不是明主和国家之福！”

赵充国每次上奏，汉宣帝都给公卿大臣讨论研究。开始，认为赵充国意见正确的人为十分之三，后增加到十分之五，最后更增至十分之八。汉宣帝询问开始不同意赵充国意见的人为什么改变观点，这些人都叩首承认自己原来的意见不对。丞相魏相说：“我对军事上的利害关系不了解，后将军赵充国曾多次筹划军事方略，他的意见通常都很正确，我担保他的计划一定行得通。”于是汉宣帝回复赵充国，嘉勉并采纳了赵充国的计划，又因破羌将军辛武贤、强弩将军许延寿多次建议进兵攻击，所以也同时批准，下诏命两将军与中郎将赵卬率部出击。许延寿出击羌人，招降四千余人；辛武贤斩首二千人；赵卬斩首及招降也有二千余人；而赵充国又招降了五千余人。汉宣帝下诏罢兵，只留下赵充国在当地负责屯田事务。

二年（辛酉，公元前60年）

夏季，五月，赵充国上奏说：“羌人部众和军队本约五万人，前后被斩首共七千六百人，投降三万一千二百人，在黄河、湟水中淹死以及饿死的有五六千人，计算起来，剩下跟随其首领煎巩、黄羝一起逃亡的不过四千人。现已归降的羌人首领靡忘等自己保证可以擒获这些人，所以我请求罢除屯田部队。”汉宣帝批准所奏。赵充国整顿部队返回。

赵充国的好友浩星赐前往迎接赵充国，对他说：“大家都认为破羌、强弩二将军率兵出击，多有斩获、招降，所以才使羌人败亡。然而，有见识的人则认为羌人已到穷途末路，即使不发兵出击，也会很快自行投降。将军见到皇上时，应归功于破羌、强弩二位将军率兵出击，你自己并不能与之相比。这样做对你并无什么损失。”赵充国说：“我年岁大了，爵位也到头了，岂能为避免夸耀一时功劳的嫌疑而欺骗皇上！军事措施是国家大事，应当为后人立下榜样。我如不利用自己的余生专为皇上明白分析军事上的利害，一旦去世，谁能再对皇上说这些呢！”终于将自己的想法奏明汉宣帝。汉宣帝接受了他的意见，免除辛武贤破羌将军职务，派其仍回酒泉太守原任。赵充国恢复了后将军职务。

郑吉攻破了车师国，招降了日逐王，威震西域，于是兼管车师以西的西域北路，所以号称“都护”。汉朝设置都护一职，即从郑吉开始。汉宣帝封郑吉为安远侯。郑吉于是在西域中部设立幕府，修筑乌垒城，离阳关二千七百余里。匈奴愈发衰弱，不敢与汉朝争夺西域，从此便取消统治西域的僮仆都尉。汉西域都护负责督察乌孙、康居等三十六国动静，如发生事变，则奏闻朝廷，能安抚则安抚，不能安抚便进行讨伐，从而使汉朝的号令得以颁布于整个西域。

三年（壬戌，公元前59年）

这一年，东郡太守韩延寿被任命为左冯翊。当初，韩延寿担任颍川太守时，颍川郡在前任太守赵广汉鼓励人民相互告发之后，民间多结怨仇。韩延寿改变做法，教导百姓们讲究礼让，又征召年纪大、阅历丰的长者，与他们共同研究决定嫁娶、丧葬、祭祀的礼仪，基本上依照古礼，不许超过规定。百姓们都遵从韩延寿的教导。凡贩卖纸车纸马以及其他陪葬用的各种假器物者，将其物品没收，抛弃于街市之上。后黄霸代韩延寿为颍川太守，继续遵循韩延寿的方法，将颍川治理得非常出色。韩延寿为官，崇尚礼义，爱好古人古事，推行教化，每到一地，必定聘请当地贤士，以礼相待，以广泛地听取建议，采纳他们的批评意见。韩延寿还注意表彰孝顺父母、友爱兄弟的品行高尚之人，修建地方公立学校。每年春秋两季，都要进行古代的“乡射”之礼，用比赛射箭的办法选拔人才。这时，赛场上陈列钟鼓、管弦，举行隆重的仪式，人们上下赛场时，都相互作揖礼让。到每年检阅地方武装的“都试”举行时，在考场上设置斧、旌旗，命将士们演练骑马射箭之事。修理城池，收取赋税，都于事前明白布告日期，把按期集合作为一件大事。官吏和百姓非常敬服畏惧，都奔走前往。又在民间设置“正”、“伍长”等管理人员，督率百姓孝顺父母，友爱兄弟，禁止收留奸邪之人，街巷、村落之中如有不寻常之事发生，官吏立即就会闻知，所以奸邪之人不敢进入韩延寿管辖地界。开始时，各项事务似乎有些繁琐，但后来官吏却因此而不受追捕盗寇之苦，百姓也因此而不必担忧遭受杖责，所以都感到安全便利。对待下级官吏，既施以十分深厚恩德，又加以严格约束。如有人欺瞒、辜负韩延寿，韩延寿就痛切自责：“难道我有什么事对不起他，否则他怎会如此！”属下听说后，都深自愧悔，其所属某县尉甚至因此而自杀。有一位门下官吏也因此而自刎，被人救活，韩延寿感动得流下眼泪，派官吏和医生探视医治，并大大地减免他家的赋税徭役。韩延寿在东郡三年，有令必行，有禁必止，刑狱大为减少，因此而调入京师任左冯翊。

韩延寿出外巡视各县，来到高陵县，百姓中有两兄弟，因争夺田产而相互控告，分别向韩延寿申诉。韩延寿为此深感悲伤，说道："我有幸被摆在左冯翊这一职位上，是全郡的表率，而今却不能宣明教化，致使民间出现亲骨肉因争夺产业而相互控告的事，既伤风化，又使贤德的地方长官及啬夫、三老、孝弟等民间乡官蒙受耻辱，过错在我，我应首先退下。"当天就自称有病，不再处理公事，躺在客舍中闭门思过。全县官员见韩延寿如此，都不知如何是好，县令、县丞、啬夫、三老也都自己把自己关了起来，等待处罚。于是诉讼的两兄弟同宗族的人相互责备，两兄弟也深自悔恨，都自己剃去头发，袒露身体，前来谢罪，表示愿将土地让给对方，终生不敢再争。全郡上下一片和睦，都传播此事，互相告诫劝勉，不敢犯同样的错误。韩延寿的恩德威信遍及所属二十四县，无人敢自己挑起诉讼争端。韩延寿以至诚待人，官吏和百姓都不忍心欺骗他。

第二十七卷
汉纪十九

译文诵读

中宗孝宣皇帝下神爵四年（癸亥，前58）

颍川太守黄霸在郡前后八年，政事愈治；是时凤皇、神爵数集郡国，颍川尤多。夏，四月，诏曰："颍川太守霸，宣明诏令，百姓向化，孝子、弟弟、贞妇、顺孙日以众多，田者让畔，道不拾遗，养视鳏寡，赡助贫穷，狱或八年无重罪囚；其赐爵关内侯、黄金百斤、秩中二千石。"而颍川孝、弟、有行义民，三老、力田皆以差赐爵及帛。后数月，征霸为太子太傅。

五凤元年（甲子，前57）

韩延寿代萧望之为左冯翊。望之闻延寿在东郡时放散官钱千余万，使御史案之。延寿闻知，即部吏案校望之在冯翊时廪牺官钱放散百余万。望之自奏："职在总领天下，闻事不敢不问，而为延寿所拘持。"上由是不直延寿，各令穷竟所考。望之卒无事实。而望之遣御史案东郡者，得其试骑士日奢僭逾制；又取官铜物，候月食铸刀剑，效尚方事；及取官钱私假繇使吏；及治饰车甲三百万以上。延寿竟坐狡猾不道，弃市。吏民数千人送至渭城，老小扶持车毂，争奏酒炙。延寿不忍距逆，人人为饮，计饮酒石余。使掾、史分谢送者："远苦吏民，延寿死无所恨！"百姓莫不流涕。

三年（丙寅，前55）

二月，壬辰，黄霸为丞相。霸材长于治民，及为丞相，功名损于治郡。时京兆尹张敞舍鹖雀飞集丞相府，霸以为神雀，议欲以闻。敞奏霸曰："窃见丞相请与中二千石、博士杂问郡、国上计长史、守丞为民兴利除害，成大化，条其对。有耕者让畔，男女异路，道不拾遗，及举孝子、贞妇者为一辈，先上殿；举而不知其人数者，次之；不为条教者在后。叩头谢丞相，口虽不言，而心欲其为之也。长史、守丞对时，臣敞合有鹖雀飞止丞相府屋上，丞相以下见者数百人。边吏多知鹖雀者，问之，皆阳不知。丞相图议上奏曰：'臣问上计长史、守丞以兴化条，皇天报下神爵。’后知从臣敞舍来，乃止。郡国吏窃笑丞相仁厚有知略，微信奇怪也。臣敞非敢毁丞相也，诚恐群臣莫白，而长史、守丞畏丞相指，归舍法令，各为私教，务相增加，浇淳散朴，并行伪貌，有名亡实，倾摇解怠，甚者为妖。假令京师先行让畔、异路、道不拾遗，其实亡益廉贪、贞淫之行，而以伪先天下，固未可也。即诸侯先行之，伪声轶于京师，非细事也，汉家承敝通变，造起律令，所以劝善禁奸，条贯详备，不可复加。宜令贵臣明饬长史、守丞，归告二千石，举三老、孝弟、力田、孝廉、廉吏，务得其人，郡事皆以法令为检式，毋得擅为条教；敢挟诈伪以奸名誉者，必先受戮，以正明好恶。”天子嘉纳敞言，召上计吏，使侍中临饬，如敞指意。霸甚惭。

又，乐陵侯史高以外属旧恩侍中，贵重，霸荐高可太尉。天子使尚书召问霸："太尉官罢久矣。夫宣明教化，通达幽隐，使狱无冤刑，邑无盗贼，君之职也。将相之官，朕之任焉。侍中、乐陵侯高，帷幄近臣，朕之所自亲，君何越职而举之？”尚书令丞相对，霸免冠谢罪，数日，乃决，自是后不敢复有所请。然自汉兴，言治民吏，以霸为首。

四年（丁卯，前54）

大司农中丞耿寿昌奏言："岁数丰穰，谷贱，农人少利。故事：岁漕关东谷四百万斛以给京师，用卒六万人。宜籴三辅、弘农、河东、上党、太原郡谷，足供京师，可以省关东漕卒过半。”上从其计。寿昌又白："令边郡皆筑仓，以谷贱增其贾而籴，谷贵时减贾而粜，名曰常平仓。”民便之。上乃下诏赐寿昌爵关内侯。

甘露元年（戊辰，前53）

杨恽之诛也，公卿奏京兆尹张敞，恽之党友，不宜处位。上惜敞材，独寝其奏，不下。敞使掾絮舜有所案验，舜私归其家曰："五日京兆耳，安能复案事！”敞闻舜语，即部吏收舜系狱，昼夜验治，竟致其死事。舜当出死，敞使主簿持教告舜曰："五日京兆竟何如？冬月已尽，延命乎？”乃弃舜市。会立春，行冤狱使者出，舜家载尸并编敞教，自言使者。使者奏敞贼杀不辜。上欲令敞得自便，即先下敞前坐杨恽奏，免为庶人。敞诣阙上印绶，便从阙下亡命。数月，京师吏民解弛，枹鼓数起，而冀州部中有大贼，天子思敞功效，使使者即家在所召敞。敞身被重劾，及使者至，妻子家室皆泣，而敞独笑曰："吾身亡命为民，郡吏当就捕。今使者来，此天子欲用我也。”装随使者，诣公车上书曰："臣前幸得备位列卿，待罪京兆，坐杀掾絮舜。舜本臣敞素所厚吏，数蒙恩贷，以臣有章劾当免，受记考事，便归卧家，谓臣‘五日京兆’。背恩忘义，伤薄俗化。臣窃以舜无状，枉法以诛之。臣敞贼杀不辜，鞠狱故不直，虽伏明法，死无所恨！”天子引见敞，拜为冀州刺史。敞到部，盗贼屏迹。

皇太子柔仁好儒，见上所用多文法吏，以刑绳下，常侍燕从容言："陛下持刑太深，宜用儒生。”帝作色曰：“汉家自有制度，本以霸王道杂之；奈何纯任德教，用周政乎！且俗儒不达时宜，好是古非今，使人眩于名实，不知所守，何足委任！”乃叹曰：“乱我家者太子也！”

淮阳宪王好法律，聪达有材，王母张婕好尤幸。上由是疏太子而爱淮阳宪王，数嗟叹宪王曰：“真我子也！”常有意欲立宪王，然用太子起于微细，上少依倚许氏，及即位而许后以杀死，故弗忍也。久之，上拜韦玄成为淮阳中尉，以玄成尝让爵于兄，欲以感谕宪王；由是太子遂安。

乌孙狂王复尚楚主解忧，生一男鸱靡，不与主和；又暴恶失众。汉使卫司马魏和意、副侯任昌至乌孙。公主言：“狂王为乌孙所患苦，易诛也。”遂谋置酒，使士拔剑击之。剑旁下，狂王伤，上马驰去。其子细沈瘦会兵围和意、昌及公主于赤谷城；数月，都护郑吉发诸国兵救之，乃解去。汉遣中郎将张遵持医药治狂王，赐金帛；因收和意、昌系琐，从尉犁槛车至长安，斩之。

初，肥王翁归靡胡妇子乌就屠，狂王伤时，惊，与诸翎侯俱去，居北山中，扬言母家匈奴兵来，故众归之；后遂袭杀狂王，自立为昆弥。是岁，汉遣破羌将军辛武贤将兵万五千人至敦煌，通渠积谷，欲以讨之。

初，楚主侍者冯嫽，能史书，习事，尝持汉节为公主使，城郭诸国敬信之，号曰冯夫人，为乌孙右大将妻。右大将与乌就屠相爱，都护郑吉使冯夫人说乌就屠，以汉兵方出，必见灭，不如降。乌就屠恐，曰“愿得小号以自处！”帝征冯夫人，自问状；遣谒者竺次、期门甘延寿为副，送冯夫人。冯夫人锦车持节，诏乌就屠诣长罗侯赤谷城，立元贵靡为大昆弥，乌就屠为小昆弥，皆赐印绶。破羌将军不出塞，还。后乌就屠不尽归翎侯人众，汉复遣长罗侯将三校屯赤谷，因为分别人民地界，大昆弥户六万余，小昆弥户四万余；然众心皆附小昆弥。

二年（己巳，前52）

匈奴呼韩邪单于款五原塞，愿奉国珍，朝三年正月。诏有司议其仪。丞相、御史曰：“圣王之制，先京师而后诸夏，先诸夏而后夷狄。匈奴单于朝贺，其礼仪宜如诸侯王，位次在下。”太子太傅萧望之以为：“单于非正朔所加，故称敌国，宜待以不臣之礼，位在诸侯王上。外夷稽首称藩，中国让而不臣，此则羁縻之谊，谦亨之福也。《书》曰：‘戎狄荒服，’言其来服荒忽亡常。如使匈奴后嗣卒有鸟窜鼠伏，阙于朝享，不为畔臣，万世之长策也。”天子采之，下诏曰：“匈奴单于称北蕃，朝正朔。朕之不德，不能弘覆。其以客礼待之，令单于位在诸侯王上，赞谒称臣而不名。”

三年（庚午，前51）

匈奴呼韩邪单于来朝，赞谒称藩臣而不名；赐以冠带、衣裳，黄金玺、盭绶，玉具剑、佩刀，弓一张，矢四发，棨戟十，安车一乘，鞍勒一具，马十五匹，黄金二十斤，钱二十万，衣被七十七袭，锦绣、绮縠、杂帛八千匹，絮六千斤。礼毕，使使者道单于先行宿长平。上自甘泉宿池阳宫。上登长平阪，诏单于毋谒，其左右当户皆得列观，及诸蛮夷君长、王、侯数万、咸迎于渭桥下，夹道陈。上登渭桥，咸称万岁。单于就邸长安。置酒建章宫，飨赐单于，观以珍宝。二月，遣单于归国。单于自请“愿留居幕南光禄塞下；有急，保汉受降城。”汉遣长乐卫尉、高昌侯董忠、车骑都尉韩昌将骑万六千，又发边郡士马以千数，送单于出朔方鸡鹿塞。诏忠等留卫单于，助诛不服，又转边谷米糒，前后三万四千斛，给赡其食。先是，自乌孙以西至安息诸国近匈奴者，皆畏匈奴而轻汉；及呼韩邪朝汉后，咸尊汉矣。

上以戎狄宾服，思股肱之美，乃图画其人于麒麟阁，法其容貌，署其官爵、姓名；唯霍光不名，曰“大司马、大将军、博陆侯，姓霍氏”，其次张安世，韩增、赵充国、魏相、丙吉、杜延年、刘德、梁丘贺、萧望之、苏武，凡十一人，皆有功德，知名当世，是以表而扬之，明著中兴辅佐，列于方叔、召虎、仲山甫焉。

诏诸儒讲五经同异，萧望之等平奏其议，上亲称制临决焉。乃立梁丘《易》，大、小夏侯《尚书》，穀梁《春秋》博士。

乌孙大昆弥元贵靡及鸱靡皆病死。公主上书言：“年老土思，愿得归骸骨，葬汉地！”天子闵而迎之。冬，至京师，待之一如公主之制。后二岁卒。

元贵靡子星靡代为大昆弥，弱。冯夫人上书：“愿使乌孙，镇抚星靡。”汉遣之。都护奏乌孙大吏大禄、大监皆可赐以金印紫绶，以尊辅大昆弥。汉许之。其后段会宗为都护，乃招还亡叛，安定之。星靡死，子雌栗靡代立。

黄龙元年（壬申，前49）

帝寝疾，选大臣可属者，引外属侍中乐陵侯史高、太子太傅萧望之、少傅周堪至禁中，拜高为大司马、车骑将军，望之为前将军、光禄勋，堪为光禄大夫，皆受遗诏辅政，领尚书事。冬，十二月，甲戌，帝崩于未央宫。

癸巳，太子即皇帝位，谒高庙，尊皇太后曰太皇太后，皇后曰皇太后。

汉宣帝神爵四年（癸亥，公元前58年）

颍川太守黄霸在颍川郡前后八年，郡中事务治理得愈加出色。当时，凤凰、神雀多次飞集各郡国，其中以颍川郡最多。夏季，四月，汉宣帝颁布诏书说：“颍川太守黄霸，对各项诏令都明确宣示，大力推行，属下百姓向往礼义教化，孝顺父母的子女、相互友爱的兄弟、贞节的妇女、尊敬老人的孙子日益增多，田界相连的农民相互谦让，在路上遗失的东西无人贪心拾取，奉养照顾孤寡老人，帮助贫苦穷弱，有的监狱连续八年没有重罪囚犯。赐黄霸关内侯爵位，黄金一百斤和中二千石俸禄。”对颍川郡中孝顺、友爱和其他具有仁义品行的百姓，以及三老、力田等乡官，都分别赐予不等的爵位和财帛。几个月后，汉宣帝又征调黄霸担任太子太傅。

五凤元年（甲子，公元前57年）

韩延寿代替萧望之担任左冯翊。萧望之听说韩延寿在东郡太守任上，曾发放官府之钱一千余万，便派御史前去调查，韩延寿听到消息，也派人调查萧望之在左冯翊任内发放属于廪牺令掌管的一百多万钱之事。萧望之上奏说：“我的职责是总领天下监察事务，听到有人检举，就不敢不闻不问，却受到韩延寿的要挟。”汉宣帝因此认为韩延寿不对，命分别调查到底。结果指控萧望之动用官钱一事并无事实根据，而萧望之派到东郡的御史却查出韩延寿在考试骑兵之日，奢侈豪华，超过规定；又动用官钱，仿照尚方铸造御用刀剑之法，等到月食时铸造刀剑；还动用官钱，私自雇用管理徭役的官吏；并加装自己车辆的防箭设施，花费在三百万钱以上。韩延寿竟因此被指控犯有“狡猾不道”之罪，斩首示众。行刑时，官吏和百姓数千人送他到渭城，人们扶老携幼，攀住韩延寿的囚车车轮不放，争相进奉酒肉。韩延寿不忍拒绝，一一饮用，共计喝酒一石有余，并让原属下官吏分别向前来送他的百姓致谢，说道：“辛苦各位远程相送，我死而无恨！”百姓无不痛哭流涕。

三年（丙寅，公元前55年）

二月，壬辰，黄霸被任命为丞相。黄霸的才能主要在治理百姓，当了丞相以后，声誉比做郡守时有所下降。当时，京兆尹张敞家的鹖雀飞集丞相府，黄霸以为是神雀，与人商议，准备奏闻汉宣帝。张敞上奏说：“我看到丞相要求与中二千石大臣及博士等一同向来京报告本年度工作情况的各郡、国长史、守丞询问为民兴利除害、推行教化的情况，让他们逐条回答。有报告当地农民谦让田地界线，男女不走一条道，路不拾遗，以及能举出当地孝顺子孙、贞节妇女人数的，列为一等，先上殿；虽然举出，却不知其人数的，列为二等；说不出这方面政绩的，列在最后，向丞相叩头谢罪。丞相虽未明言，心中却是希望他们也能举出这方面的例子。长史、守丞对答时，我家有一群鹖雀飞到丞相府，落在屋顶上，自丞相以下，看到的有数百人。那些从边地来的官吏，大多知道是鹖雀，但丞相问他们，却都装作不知道。丞相与人商议，准备上奏说：‘我问各郡、国来京报告工作的长史、守丞各地的情况，都说礼义教化大兴，所以上天派下神雀以回报陛下的盛德。’后来得知是从我家飞来，方才停止。各郡、国官吏都暗笑丞相虽然仁厚有智，但有些轻信奇闻怪事。我并不是敢于诋毁丞相，只是怕群臣谁都不敢说

东汉　铜车马

明此事，而各郡、国长史、守丞又畏惧丞相指责，回去后废弃国家法令，人人执行自己的条令，竞相增多，使原本淳朴的风气变得日益浮薄，人人行为虚伪，有名无实，动摇懈怠，严重的甚至做邪恶之事。假如京师长安率先倡导农民互相谦让田地界线，男女不同走一路，道不拾遗等等，实际上对区分廉洁贪婪、贞节淫乱的行为并无益处，反倒以虚伪的政绩列为天下第一，这当然是不对的。即使是封国先这样做，以虚假政绩欺骗朝廷，也不是小事。我大汉承接了秦朝的各种弊端，加以变通而制定法令，目的在于鼓励善行，禁止奸恶，条理详实周密，已不能再有增加。所以我认为，应派地位尊贵的大臣明确指示各郡、国长史、守丞，回去转告各地二千石官员，在保举三老、孝弟、力田、孝廉及廉洁官吏时，务必选人得当，处理郡、国事务都应以国家法令为依据，不得擅自增加、修改。如有敢于靠弄虚作假来欺世盗名者，必须先受诛杀，用以明确显示朝廷的好恶。”汉宣帝对张敞的建议极为赞赏，予以采纳，召集各地来京报告工作的官员，派侍中前往发布指示，如同张敞的建议。黄霸深感惭愧。

再有，乐陵侯史高依靠外戚的身份及对汉宣帝的旧时恩义，担任侍中，地位尊贵、显赫，黄霸推荐史高担任太尉。汉宣帝派尚书召见黄霸问道：“太尉一职早已撤销。你的职责是：宣明教化，让隐情上达，使国家无冤狱，城乡无盗贼。将相一类官员的任免是朕的任务。侍中、乐陵侯史高，是朕的亲近大臣，朕对他非常了解，你为何越权保举？”命尚书令听取黄霸的回答。黄霸摘下帽子谢罪。数日之后，汉宣帝才下令对此事不予追究。从此以后，黄霸再也不敢有所建议。然而，自汉朝建立以来。说到治理百姓的官吏，黄霸居第一位。

四年（丁卯，公元前54年）

大司农中丞耿寿昌上奏说：“连续几年丰收，谷价低，农民获利少。按以往惯例，每年从函谷关以东地区运输粮食四百万斛以供应京师，需用运粮卒六万人。应从三辅、弘农、河东、上党、太原等郡购买粮食，以供应京师，可以节省函谷关以东运粮卒一半以上。”汉宣帝接受了耿寿昌的建议。耿寿昌又禀告说：“命令沿边各郡一律修建粮仓，在粮价低时加价买进，粮价高时减价售出，名为‘常平仓’。”百姓因此受益。汉宣帝于是下诏赐耿寿昌关内侯爵。

甘露元年（戊辰，公元前53年）

杨恽被杀之后，公卿上奏弹劾京兆尹张敞，说他是杨恽的朋党，不应再占据官位。汉宣帝爱惜张敞的才干，特将奏章压下不发。张敞派下属官员絮舜调查某事，絮舜私自回家，说道：“张敞这个京兆尹最多再干五天罢了，怎能再来查问！”张敞听说絮舜如此说他，立即派官吏将絮舜逮捕下狱，昼夜审讯，终于使他被定成死罪。絮舜被杀之前，张敞派主簿拿着他写的字条，告诉絮舜：“我这个‘五天京兆尹’究竟怎么样？冬季已经过去，想多活几天吗？”于是将絮舜斩首示众。适逢立春，朝廷派出调查冤狱的使者，絮舜的家属抬着絮舜的尸体，将张敞写给絮舜的字条贴在辩冤状上，向使者控告张敞。使者上奏汉宣帝，称张敞残杀无辜。汉宣帝打算对张敞从轻发落，便先将以前弹劾张敞为杨恽朋党的奏章发下，将其免官，贬为平民。张敞到宫门前交还印绶，然后从宫门前逃走。数月之后，京师官吏百姓懈怠，多次敲响追捕盗贼的警鼓，冀州也出现巨盗。汉宣帝想起张敞为政的功效，派使臣前往张敞家征召张敞。张敞身遭严厉弹劾，当朝廷使臣到来，其妻子、家属都吓哭了，只有张敞笑着说："我是一个逃亡的平民，应由郡中派官员来逮捕我。如今朝廷使臣到来，这是天子要起用我。"于是整治行装，随使臣前往公车府，上书汉宣帝说："我先前有幸位列九卿，担任京兆尹，被指控杀死属员絮舜。絮舜本是我平时厚待的官吏，曾几次加恩宽恕他的过失。他认为我受人弹劾，当会免官，所以我派他去查办事情，他竟然回家睡大觉，说我只能再当五天京兆尹，实在是忘恩负义，伤风败俗。我因他态度恶劣，便借法令以泄私愤，将他诛杀。我残杀无辜，判案故意不公，即使伏法，也死而无恨！"汉宣帝召见张敞，任命他为冀州刺史。张敞到任后，盗贼敛迹不敢再出。

皇太子刘奭性格温柔仁厚，喜欢儒家经术，看到汉宣帝任用的官员大多为精通法令的人，依靠刑法控制臣下，曾在陪侍汉宣帝进餐的时候，从容进言说："陛下过于依赖刑法，应重用儒生。"汉宣帝生气地说："我大汉自有大汉的制度，本来就是'王道'与'霸道'兼用，怎能像周朝那样，纯用所谓'礼义教化'呢！况且俗儒不识时务，喜欢肯定古人古事，否定今人今事，使人分不清何为'名'，何为'实'，不知所守，怎能委以重任！"于是叹息道："败坏我家基业的人将是太子！"

淮阳王刘钦喜欢研究法律，聪明通达，很有才干。其母张婕妤特别受汉宣帝宠爱。因此，汉宣帝疏远太子刘奭，疼爱淮阳王刘钦，曾几次赞叹刘钦说："真是我的儿子！"曾有意要立刘钦为太子，但因刘奭生于自己微贱之时，那时自己曾靠刘奭的母亲许氏娘家照顾，而即位后，许皇后又被人害死，所以不忍心。过了很长一段时间，汉宣帝任命韦玄成为淮阳中尉，因韦玄成曾让爵位给其兄长，汉宣帝想以此感动、教育刘钦。于是太子刘奭的地位才稳固了。

乌孙狂王泥靡又娶楚公主刘解忧为妻，生下一子，取名鸱靡。狂王与公主关系不和睦，又暴戾凶恶，不得众人之心。汉朝派卫司马魏和意为使臣，卫侯任昌为副使来到乌孙。公主说："狂王给乌孙带来灾患困苦，杀他很容易。"于是定计，设置酒宴，派武士拔剑刺杀狂王。但剑锋刺偏，狂王受伤，上马奔驰而去。狂王之子细沈瘦率兵将魏和意、任昌以及公主等包围在赤谷城中。数月之后，都护郑吉征调西域各国军队前来救援，围城之兵方才离去。汉朝派中郎将张遵携带医药来给狂王医治，并赏赐黄金丝帛；将魏和意、任昌锁拿，从尉犁用囚车押解到长安，处斩。

当初，乌孙肥王翁归靡与匈奴妻子生的儿子乌就屠，在狂王受伤时惊恐不安，与乌孙诸翎侯一齐逃走，藏在北方的山中，扬言其母亲娘家匈奴派兵前来，所以乌孙百姓纷纷归附于他。后乌就屠袭杀狂王，自立为王。这一年，汉朝派破羌将军辛武贤率兵一万五千来到敦煌，疏通河道，积聚粮食，准备征讨乌就屠。

当初，刘解忧的侍女冯嫽能够撰写文书，了解汉朝与西域各国事务，所以曾携带汉朝符节为公主出使，各城邦国对她尊敬信任，称其为冯夫人。她是乌孙右大将的妻子。右大将与乌就屠是亲密朋友，所以都护郑吉派冯嫽劝说乌就屠：汉朝军队即将出击，乌孙必将被汉军所灭，不如归降。乌就屠感到恐慌，说道："希望汉朝封我一个小王名号，使我得以安身。"汉宣帝征召冯嫽来京师，亲自询问乌孙情况，然后派冯嫽乘坐锦车，携带皇帝符节作为正使，以谒者竺次、期门甘延寿为副使，护送冯嫽来到乌孙，传达汉宣帝诏令，命乌就屠到赤谷城去见长罗侯常惠，立元贵靡为大昆弥，乌就屠为小昆弥，都赐予印信、绶带。破羌将军辛武贤未曾出塞，即率兵撤回。后乌就屠不肯将翎侯的部众全部归还，于是汉朝又派长罗侯常惠率领三位军校所属部队屯兵赤谷城，为乌孙划分人口和地界，大昆弥统辖六万余户，小昆弥统辖四万余户。然而，乌孙民众全都心向小昆弥。

二年（己巳，公元前52年）

匈奴呼韩邪单于抵达五原边塞，表示愿奉献本国珍宝，于甘露三年正月来长安朝见汉宣帝。汉宣帝下诏命主管官员商议朝见仪式。丞相、御史大夫都说："依古代圣王的制度，先京师而后诸侯，先诸侯而后夷狄。匈奴单于前来朝贺，其礼仪应与诸侯王相同，位次排在诸侯王之后。"太子太傅萧望之认为："单于不奉汉朝正朔，本不是我国的臣属，所以称为匹敌之国，应不用臣属的礼仪对待他，使其位次在诸侯王之上。外夷向我国低头，自愿居于藩属地位；我国谦让，不以臣属之礼对待他，为的是笼络于他，显示我国的谦虚大度。《尚书》有言：'戎狄外族很难驯服。'说明外夷的归附反复无常。如果将来匈奴的后代子孙突然像飞鸟远窜、老鼠潜伏一般不再前来朝见进贡，也不算我国的背叛之臣，这才是万代的长远策略。"汉宣帝采纳了萧望之的意见，下诏说："匈奴单于自称我国北方藩属，将于明年正月初一前来朝见。朕的恩德不够，不能受此隆重大礼。应以国宾之礼相待，使单于的位次在诸侯王之上，拜谒时只称臣，不具名。"

三年（庚午，公元前51年）

匈奴呼韩邪单于前来朝见，拜见汉宣帝时，自称藩臣而不称名字。汉宣帝赐给他冠带、官服，黄金印玺、绿色绶带，玉石装饰的宝剑、佩刀、一张弓、四十八支箭，十支有戟套的长戟，安车一辆，马鞍马辔一套，马十五匹，黄金二十斤，钱二十万，衣衫被褥七十一套，锦绣、绸缎、各种细绢八千匹，丝绵六千斤。朝会典礼结束后，汉宣帝派使臣带领单于先至长平阪住宿，自己也从甘泉前往池阳宫住宿。汉宣帝登上长平阪，下诏命单于不必参拜，允许单于左右的大臣列队观瞻，蛮夷各国的国君，各诸侯王、列侯等数万人，全部来到渭桥下夹道迎接。汉宣帝登上渭桥，众人齐呼万岁。过后单于到长安居住。汉宣帝在建章宫设酒宴款待单于，请他观赏珍宝。二月，送单于回国。单于自己请求："希望留居于大沙漠之南的光禄塞下，遇有紧急情况，退入汉受降城自保。"汉宣帝派长乐卫尉高昌侯董忠、车骑都尉韩昌率领骑兵一万六千，又征发边疆各郡数以千计的士兵、马匹，送单于出朔方郡鸡鹿塞。下诏命董忠等留下保卫单于，帮助单于征讨不服其统治的匈奴人，又转运边疆的谷米干粮，前后共三万四千斛，供给匈奴人食用。以前，自乌孙以西直到安息，与匈奴接近的西域各国，全都畏惧匈奴，轻视汉朝；自呼韩邪单于至汉朝朝见后，则全部遵从汉朝号令了。

汉宣帝因四方戎狄臣服，想到辅佐大臣的功劳，便命人在麒麟阁上，为他们绘制画像，描绘容貌，注明官爵、姓名，只有霍光不注名字，只写"大司马、大将军、博陆侯，姓霍氏"，其次为张安世、韩增、赵充国、魏相、丙吉、杜延年、刘德、梁丘贺、萧望之、苏武，共十一人，他们都为国立过大功，闻名于当世，所以表彰他们，表明他们对中兴汉朝的辅佐之功可以媲美于古代的方叔、召虎、仲山甫。

汉宣帝下诏命儒家学者们讲述他们对五经的解释的相同和不同之处，由萧望之等公平上奏，再由汉宣帝亲自出席做出裁决。决定以梁丘贺注解的《易经》，夏侯胜、夏侯建注解的《尚书》，梁赤注解的《春秋》作为标准本，分别设置博士。

乌孙大昆弥元贵靡及鸱靡全都病死，公主刘解忧上书汉宣帝说："我年纪已老，思念故乡，希望能让我返回家乡，葬在汉朝的土地上！"汉宣帝很觉可怜，派人将她接回汉朝。冬季，刘解忧回到长安，接待她的礼仪与真正的公主一般无二。两年后死去。

元贵靡的儿子星靡继位为乌孙大昆弥，但年纪尚小。冯嫽上书汉宣帝说："我

西岳降灵图

愿出使乌孙，镇抚星靡。”汉宣帝批准所请，派她出使乌孙。都护韩宣奏称，乌孙的大禄、大监等大臣都可赐予黄金印信、紫色绶带，让他们尊重、辅佐大昆弥。汉宣帝批准所请。后来段会宗担任都护，帮助乌孙招回流亡叛逃在外的乌孙人，使乌孙安定下来。星靡死去，其子雌栗靡接替他成为乌孙大昆弥。

黄龙元年（壬申，公元前49年）

汉宣帝卧病在床，挑选可以嘱托后事的大臣，召外戚侍中乐陵侯史高、太子太傅萧望之、少傅周堪来到宫中，任命史高为大司马、车骑将军，萧望之为前将军、光禄勋，周堪为光禄大夫，共同接受遗诏，辅佐朝政，主管尚书事务。冬季，十二月，甲戌（初七），汉宣帝在未央宫驾崩。

癸巳（二十六日），皇太子刘奭即皇帝位，拜谒汉高祖祭庙，尊皇太后为太皇太后，皇后为皇太后。

第二十八卷 汉纪二十

译文诵读

孝元皇帝上初元元年（癸酉，前48）

上素闻琅邪王吉、贡禹皆明经洁行，遣使者征之。吉道病卒。禹至，拜为谏大夫。上数虚己问以政事，禹奏言："古者人君节俭，什一而税，无他赋役，故家给人足。高祖、孝文、孝景皇帝，宫女不过十余人，厩马百余匹。后世争为奢侈，转转益甚；臣下亦相放效。臣愚以为如太古难，宜少放古以自节焉。方今宫室已定，无可奈何矣；其余尽可减损。故时齐三服官，输物不过十笥；方今齐三服官，作工各数千人，一岁费数巨万，厩马食粟将万匹。武帝时，又多取好女至数千人，以填后宫。及弃天下，多藏金钱、财物，鸟兽、鱼鳖凡百九十物；又皆以后宫女置于园陵。至孝宣皇帝时，陛下恶有所言，群臣亦随故事，甚可痛也！故使天下承化，取女皆大过度，诸侯妻妾或至数百人，豪富吏民畜歌者至数十人，是以内多怨女，外多旷夫。及众庶葬埋，皆虚地上以实地下。其过自上生，皆在大臣循故事之罪也。唯陛下深察古道，从其俭者。大减损乘舆服御器物，三分去二；择后宫贤者，留二十人，余悉归之，及诸陵园女无子者，宜悉遣；厩马可无过数十匹，独舍长安城南苑地，以为田猎之囿。方今天下饥馑，可无大自损减以救之称天意乎！天生圣人，盖为万民，非独使自娱乐而已也。"天子纳善其言，下诏，令诸宫馆希御幸者勿缮治；太仆减谷食马；水衡省肉食兽。

臣光曰：忠臣之事君也，责其所难，则其易者不劳而正；补其所短，则其长者不劝而遂。孝元践位之初，虚心以问禹，禹宜先其所急，后其所缓。然则优游不断，谗佞用权，当时之大患也，而禹不以为言；恭谨节俭，孝元之素志也，而禹孜孜而言之，何哉！使禹之智足不以知，乌得为贤！知而不言，为罪愈大矣！

二年（甲戌，前47）

乐陵侯史高以外属领尚书事，前将军萧望之、光禄大夫周堪为之副。望之名儒，与堪皆以师傅旧恩，天子任之，数宴见，言治乱，陈王事。望之选白宗室明经有行散骑、谏大夫刘更生给事中，与侍中金敞并拾遗左右。四人同心谋议，劝导上以古制，多所欲匡正；上甚乡纳之。史高充位而已，由此与望之有隙。

中书令弘恭、仆射石显，自宣帝时久典枢机，明习文法；帝即位多疾，以显久典事，中人无外党，精专可信任，遂委以政，事无大小，因显白决，贵幸倾朝，百僚皆敬事显。显为人巧慧习事，能深得人主微指，内深贼，持诡辩，以中伤人，忤恨睚眦，辄被以危法；亦与车骑将军高为表里，议论常独持故事，不从望之等。

望之等患苦许、史放纵，又疾恭、显擅权，建白以为："中书政本，国家枢机，宜以通明公正处之。武帝游宴后庭，故用宦者，非古制也。宜罢中书宦官，应古不近刑人之义。"由是大与高、恭、显忤。上初即位，谦让，重改作，议久不定，出刘更生为宗正。

望之、堪数荐名儒、茂材以备谏官，会稽郑朋阴欲附望之，上书言车骑将军高遣客为奸利郡国，及言许、史弟子罪过。章视周堪，堪白："令朋待诏金马门。"朋奏记望之曰："今将军规模，云若管、晏而休，遂行日昃，至周、召乃留乎？若管、晏而休，则下走将归延陵之皋，没齿而已矣。如将军兴周、召之遗业，亲日昊之兼听，则下走其庶几愿竭区区奉万分之一！"望之始见朋，接待以意；后知其倾邪，绝不与通。朋，楚士，怨恨，更求入许、史，推所言许、史事，曰："皆周堪、刘更生教我；我关东人，何以知此！"于是侍中许章白见朋。朋出，扬言曰："我见言前将军小过五，大罪一。"待诏华龙行污秽，欲入堪等，堪等不纳，亦与朋相结。

恭、显令二人告望之等谋欲罢车骑将军，疏退许、史状，候望之出休日，令朋、龙上之。事下弘恭问状，望之对曰："外戚在位多奢淫，欲以匡正国家，非为邪也。"恭、显奏："望之、堪、更生朋党相称举，数谮诉大臣，毁离亲戚，欲以专擅权势。为臣不忠，诬上不道，请谒者召致廷尉。"时上初即位，不省召致廷尉为下狱也，可其奏。后上召堪、更生，曰："系狱。"上大惊曰："非但廷尉问邪！"以责恭、显，皆叩头谢。上曰："令出视事。"恭、显因使史高言："上新即位，未以德化闻于天下，而先验师傅。即下九卿、大夫狱，宜因决免。"于是制诏丞相、御史："前将军望之，傅朕八年，无他罪过。今事久远，识忘难明，其赦望之罪，收前将军、光禄勋印绶；及堪、更生皆免为庶人。"

上复征周堪、刘更生，欲以为谏大夫；弘恭、石显白，皆以为中郎。

上器重萧望之不已，欲倚以为相；恭、显及许、史子弟、侍中、诸曹皆侧目于望之等。更生乃使其外亲上变事，言"地震殆为恭等，不为三独夫动。臣愚以为宜退恭、显以章蔽善之罚，进望之等以通贤者之路。如此，则太平之门开，灾异之愿塞矣。"书奏，恭、显疑其更生所为，白请考奸诈，辞果服；遂逮更生系狱，免为庶人。

会望之子散骑、中郎伋亦上书讼望之前事，事下有司，复奏："望之前所坐明白，无谮诉者，而教子上书，称引亡辜之诗，失大臣体，不敬；请逮捕。”弘恭、石显等知望之素高节，不诎辱，建白：“望之前幸得不坐，复赐爵邑，不悔过服罪，深怀怨望，教子上书，归非于上，自以托师傅，终必不坐，非颇屈望之于牢狱，塞其怏怏心，则圣朝无以施恩厚！”上曰：“萧太傅素刚，安肯就吏！”显等曰：“人命至重，望之所坐，语言薄罪，必无所忧。”上乃可其奏。冬，十二月，显等封诏以付谒者，敕令召望之手付。因令太常急发执金吾车骑驰围其第。使者至，召望之。望之以问门下生鲁国朱云，云者，好节士，劝望之自裁。于是望之仰天叹曰：“吾尝备位将相，年逾六十矣，老入牢狱，苟求生活，不亦鄙乎！”字谓云曰：“游，趣和药来，无久留我死！”竟饮鸩自杀。天子闻之惊，拊手曰：“曩固疑其不就牢狱，果然杀吾贤傅！”是时，太官方上昼食，上乃却食，为之涕泣，哀动左右。于是召显等责问；以议不详，皆免冠谢，良久然后已。上追念望之不忘，每岁时遣使者祠祭望之冢，终帝之世。

臣光曰：甚矣孝元之为君，易欺而难寤也！夫恭、显之谮诉望之，其邪说诡计，诚有所不能辨也。至于始疑望之不肯就狱，恭、显以为必无忧。已而果自杀，则恭、显之欺亦明矣。在中智之君，孰不感动奋发以底邪臣之罚！孝元则不然。虽涕泣不食以伤望之，而终不能诛恭、显，才得其免冠谢而已。如此，则奸臣安所惩乎！是使恭、显得肆其邪心而无复忌惮者也。

初，武帝灭南越，开置珠厓、儋耳郡，在海中洲上；吏卒皆中国人，多侵陵之。其民亦暴恶，自以阻绝，数犯吏禁，率数年壹反，杀吏；汉辄发兵击定之。二十余年间，凡六反。至宣帝时，又再反。上即位之明年，珠厓山南县反，发兵击之。诸县更叛，连年不定。上博谋于群臣，欲大发军。待诏贾捐之曰：“臣闻尧、舜、禹之圣德，地方不过数千里，西被流沙，东渐于海，朔南暨声教，言欲与声教则治之，不欲与者不强治也。故君臣歌德，含气之物各得其宜。武丁、成王、殷、周之大仁也，然地东不过江、黄，西不过氐、羌，南不过蛮荆，北不过朔方，是以颂声并作，视听之类咸乐其生，越裳氏重九译而献，此非兵革之所能致也。以至于秦，兴兵远攻，贪外虚内而天下溃畔。孝文皇帝偃武行文，当此之时，断狱数百，赋役轻简。孝武皇帝厉兵马以攘四夷，天下断狱万数，赋烦役重，寇贼并起，军旅数发，父战死于前，子斗伤于后，女子乘亭障，孤儿号于道，老母、寡妇饮泣巷哭，是皆廓地泰大，征伐不休之故也。今关东民众久困，流离道路。人情莫亲父母，莫乐夫妇；至嫁妻卖子，法不能禁，义不能止，此社稷之忧也。今陛下不忍悁悁之忿，欲驱士众挤之大海之中，快心幽冥之地，非所以救助饥馑，保全元元也。

“臣窃以往者羌军言之，暴师曾未一年，兵出不逾千里，费四十余万万；大司农钱尽，乃以少府禁钱续之。夫一隅为不善，费尚如此，况于劳师远攻，亡士毋功乎！求之往古则不合，施之当今又不便，臣愚以为非冠带之国，《禹贡》所及，

《春秋》所治，皆可且无以为。愿遂弃珠厓，专用恤关东为忧。”上以问丞相、御史。御史大夫陈万年以为当击，丞相于定国以为：“前日兴兵击之连年，护军都尉、校尉及丞凡十一人，还者二人，卒士及转输死者万人以上，费用三万万余，尚未能尽降。今关东困乏，民难摇动，捐之议是，”上从之。捐之，贾谊曾孙也。

五年（丁丑，前44）

上用诸儒贡禹等之言，诏太官毋日杀，所具各减半；乘舆秣马，无乏正事而已。罢角抵、上林宫馆希御幸者、齐三服官、北假田官、盐铁官、常平仓。博士弟子毋置员，以广学者；令民有能通一经者，皆复。省刑罚七十余事。

永光元年（戊寅，前43）

春，正月，上行幸甘泉，郊泰畤。视毕，因留射猎。薛广德上书曰：“窃见关东困极，人民流离。陛下日撞亡秦之钟，听郑、卫之乐，臣诚悼之。今士卒暴露，从官劳倦，愿陛下亟反宫，思与百姓同忧乐，天下幸甚！”上即日还。

秋，上酎祭宗庙，出便门，欲御楼船。薛广德当乘舆车，免冠顿首曰：“宜从桥。”诏曰：“大夫冠。”广德曰：“陛下不听臣，臣自刎，以血污车轮，陛下不得入庙矣！”上不说。先驱光禄大夫张猛进曰：“臣闻主圣臣直。乘船危，就桥安；圣主不乘危。御史大夫言可听！”上曰：“晓人不当如是邪！”乃从桥。

九月，陨霜杀稼，天下大饥。丞相于定国，大司马、车骑将军史高，御史大夫薛广德，俱以灾异乞骸骨。赐安车、驷马、黄金六十斤，罢。太子太傅韦玄成为御史大夫。广德归，县其安车，以传示子孙为荣。

石显惮周堪、张猛等，数谮毁之。

二年（己卯，前42）

秋，七月，陇西羌彡姐旁种反，诏召丞相韦玄成等入议。是时，岁比不登，朝廷方以为忧，而遭羌变，玄成等漠然，莫有对者。右将军冯奉世曰：“羌虏近在竟内背畔，不以时诛，无以威制远蛮，臣愿帅师讨之！”上问用兵之数，对曰：“臣闻善用兵者，役不再兴，粮不三载，故师不久暴而天诛亟决。往者数不料敌，而师至于折伤，再三发调，则旷日烦费，威武亏矣。今反虏无虑三万人，法当倍，用六万人；然羌戎，弓矛之兵耳，器不犀利，可用四万人。一月足以决。”丞相、御史、两将军皆以为：“民方收敛时未可多发；发万人屯守之，且足。”奉世曰：“不可。天下被饥馑，士马羸耗，守战之备久废不简，夷狄有轻边吏之心，而羌首难。今以万人分屯数处，虏见兵少，必不畏惧；战则挫兵病师，守则百姓不救，如此，怯弱之形见。羌人乘利，诸种并和，相扇而起，臣恐中国之役不得止于四万，非财币所能解也。故少发师而旷日，与一举而疾决，利害相万也。”固争之，不能得。有诏，益二千人。于是遣奉世将万二千人骑，以将屯为名，典属国任立、护军都尉韩昌为偏裨，到陇西，分屯三处。昌先遣两校尉与羌战，羌虏盛多，皆为所破，杀两校尉。奉世具上地形部众多少之计，愿益三万六千人，乃足以决事。书奏，天子大为发兵六万余人。八月，拜太常弋阳侯任千秋为奋武将军以助之。冬，十月，兵毕至陇西，十一月，并进，羌虏大破，斩首数千级，余皆走出塞。兵未决间，汉复发募士万人，拜定襄太守韩安国为建威将军，未进，闻羌破而还。诏罢吏士，颇留屯田，备要害处。

汉元帝初元元年（癸酉，公元前48年）

元帝一向听说琅邪王吉、贡禹都精通儒家经典，品行廉洁，便派遣使节征召二人到京师长安。王吉在途中病逝，贡禹到达之后，被任命为谏大夫。元帝屡次虚心地向他请教如何治理国家，贡禹说："古代君王节约俭朴，只征收十分之一的赋税，没有其他的赋税和徭役，所以家家户户都过着富足的生活。高祖、孝文帝、孝景帝，宫女不过十余人，御马百余匹。但是后世争着追求奢侈，日益严重，臣下也逐渐仿效。我愚昧地认为，像远古一样当然困难，但也应稍稍仿效古代，实行节俭。现在宫殿已经落成，无可奈何了，其余的开支，可以尽量减少。过去设立在齐郡的皇家织造厂，每年为皇室制作的高级丝织服装，不过十竹箱。而今，这三座织造厂，其工人各有数千人，一年耗资数以亿计。而皇家饲养的御马，已将近一万匹。武帝时，又广泛征集美女达数千人，用来充实后宫。到他去世，陪葬的金钱、财物、鸟兽、鱼鳖总共一百九十种，而所有的宫女，都被送到陵园，看守陵墓。到宣帝安葬时，陛下不能提出任何减省的意见，臣子们也援照先例，太令人痛惜了！这种风气影响全国，娶妻纳妾，往往大大超过正常限度。诸侯王的妻妾有的多到数百人，豪强官吏以及富民，有的拥有歌女达数十人。因此，闺房内多有怨女，而单身汉也随之增多。至于庶民百姓，丧葬时都用尽地上的钱财珍宝，将大量随葬品埋于地下。这一过失，来自天子，全是大臣们援例厚葬的结果。我建议陛下，深入考察古代的道理，遵从节约的方法，大大减少御用车子、衣服、器物的开支，三分减去二分。选择后宫贤德的美女，只留下二十人，其余都送回各自的家。凡看守陵园没有生育过的女子，一律遣散。御马可以不超过数十匹，只留长安城南苑地，作为打猎场所。因为天下而今正值饥饿荒年，难道可以不大大地缩小支出，用作拯救困苦的人民，以称天意吗？上天降生圣人，是为广大人民谋福利，不是独使他自己享乐而已。"元帝赞成，采纳了贡禹的建议，下诏：凡是皇帝很少使用的离宫别馆，不要修缮，太仆减少喂养的马匹，水衡减少供皇帝打猎或观赏用的吃肉的野兽。

臣司马光曰：忠臣侍奉君王，责求君王去做困难的事，那么，容易的事用不着费大力气便可以纠正；弥补君王的短缺，那么他的长处不必劝勉就自然可以发扬。元帝刚刚即位，向贡禹虚心请教，贡禹应该把急事放在首要位置，把缓事摆在第二位。优柔寡断，邪恶之辈掌权，是当时的大患，而贡禹不在这方面发言。谦恭谨慎、节约俭朴，是元帝一向所具有的品质，贡禹却煞费苦心，提出建议。这是为什么？假如他的智慧连这些都不知道，怎么可称贤能！假如他知道而不肯说，罪就更大了。

二年（甲戌，公元前47年）

乐陵侯史高以外戚的缘故主管尚书事宜，前将军萧望之、光禄大夫周堪做他的副手。萧望之是当时著名的大儒，他与周堪都曾担任过元帝的老师，旧情很深。元帝对二人很信任，屡次宴请接见二人，谈论历代的安危兴衰，陈述国家的大政方针。萧望之推荐皇族出身，精通儒家经典，品行纯正的散骑、谏大夫刘向任给事中，与侍中金敞同在元帝左右，纠正元帝的过失。四人同心合力，筹谋商议，规劝引导元帝实行古代制度，打算多方纠正政治上的失误。元帝对此，心意十分向往，且纳用其言。史高不过在高位上充数罢了，因此跟萧望之有了嫌隙。

中书令弘恭、仆射石显，从宣帝时代，就长期掌管中枢机要，熟悉法令条文。元帝即位后多病，因为石显长期担任要职，又是宦官，无婚姻之家，少骨肉之亲，在朝廷中没有党羽，精明干练，顶以信任，于是就把大权托付给他。朝廷事无大小，都通过石显转奏，再由皇帝裁断。石显的权势，超越所有朝臣，文武百官，都对他恭敬地侍奉。石显为人乖巧聪明，通晓事理，很能领会皇帝隐藏在内心深处的旨意。他心肠阴险狠毒，以似是而非的狡辩诬陷他人，任何一点小小的怨恨，都会被他滥用法律加害。他跟车骑将军史高内外勾结，在讨论国家大事时，常坚持奉行旧制度，不接受萧望之等人的主张。

萧望之等人憎恶许氏家族和史高家族的放纵，又痛恨弘恭、石显的专权，于是向元帝建议："中书是传宣诏书的地方，位居朝廷中枢，掌管机要，应该由光明正大的人士担任那里的工作。武帝因为常在后宫游玩宴乐，才改用宦官，这不是古代的制度。应解除宦官兼任中书官职的规定，这才符合古代君主不近受过刑罚之人的礼制。"这项建议激化了萧望之与史高、弘恭、石显的矛盾。而元帝刚即位不久，谦让谨慎，不想轻易改变祖先的安排。所以这件事久议不决，最后把刘向由中朝调出，改任外朝官宗正。

萧望之、周堪多次向元帝推荐著名儒士和学者，作为谏官人选。会稽郡人郑朋暗中试图投靠萧望之，于是上书元帝，揭发车骑将军史高派遣门客到各地营私，以及许、史两大家族子弟的罪恶。元帝把这份奏章拿给周堪过目，周堪建议说："命令郑朋在金马门等待召见。"郑朋遂上一份签呈给萧望之，说："现在将军为国家谋划法制，只不过像管仲、晏婴那样罢了？还是忙得过了中午才吃饭，直追周公、召公的勋业才停止？如果像管仲、晏婴便止休，那么我将回故乡延陵看守祖先的坟墓，直到老死。如果将军复兴周公、召公留下的事业，不倦地兼听群言，那么我也许愿意竭尽小小的力量，奉献给您！”萧望之开始接见郑朋，推心置腹相待。后来看出他是一个投机取巧的邪恶之徒，与他断绝了往来。郑朋是楚地士人，由失望而怨恨，于是就改而投靠许、史家族。对他过去所做的事解释说：“那都是周堪、刘向教唆我干的，我远在函谷关以东，怎么知道朝廷里的事？”侍中许章于是奏请元帝亲自召见郑朋。在跟元帝对话后，郑朋出了皇宫，宣称：“我向圣上检举萧望之有五项小过，一项大罪。”待诏华龙，品行恶劣，也想加入周堪等人组成的派系，周堪等不肯接纳。于是华龙也与郑朋勾结在一起。

弘恭、石显命令郑朋、华龙二人控告萧望之等密谋罢黜车骑将军史高，使圣上疏远许、史两大家族。等到萧望之休假那天，让郑朋、华龙呈递奏章。元帝交付弘恭查办。在询问萧望之时，萧望之回答说：“外戚身居高位，大多荒淫奢侈，我期望圣上疏远他们，是为了扶正国家，并没有邪恶的意念。”弘恭、石显上奏说：“萧望之、周堪、刘向，结党营私，互相称许推荐，多次诋毁国家重臣，离间陛下的亲戚，图谋控制朝廷，独揽权势。作为一个臣子是不忠，诬陷陛下是无道。请派谒者把全案移送廷尉。”当时元帝即位不久，不了解移送廷尉是关进监狱，于是就批准了奏请。后来，元帝要召周堪、刘向，左右回答说：“他们已被逮捕关押。”元帝大惊说：“不是仅仅由廷尉问话吗！”责备弘恭、石显，二人都叩头谢罪。元帝说：“快让他们出来做事！”弘恭、石显唆使史高对元帝说：“陛下刚刚即位，没有以德感人而闻名全国，却先用法律核验师傅。既然已把九卿、大夫级官员下狱，应就此将他们免职。”元帝于是下诏给丞相、御史：“前将军萧望之，做过我八年的师傅，没有其他罪过，现今事情久远，记忆遗忘，难于明了，赦免他的罪过，收回他的前将军、光禄勋印绶；而周堪、刘向一律免官，贬为庶人。”

元帝再次征召周堪、刘向，准备任命他们当谏大夫。弘恭、石显向元帝进言，从中作梗，元帝于是任命二人当中郎。

元帝一直非常尊重萧望之，想倚重他，让他担任丞相。弘恭、石显，与许、史两家族的兄弟，以及侍中、诸曹，都怨恨萧望之等人。刘向于是指使他的外亲就地震灾难上书说：“地震发生，大概是针对弘恭等来的，而不是因为萧望之、周堪、刘向三个匹夫。我非常愚昧，但我认为，应该罢黜弘恭、石显，以示对于压制善良的惩罚。应该进升萧望之等，以便疏通贤者的道路。如果是这样，则天下太平的大门洞开，灾异的泉源也就阻塞了。”奏章呈上之后，弘恭、石显怀疑是刘向干的，要求元帝准许追究其中的奸诈真相。上书人在供词中果然承认是受刘向指使。于是逮捕刘向，囚禁于牢狱，免官，贬为平民。

恰好萧望之的儿子散骑、中郎萧伋也上书为其父的前案呼冤。奏章交付给有关部门。有关部门复查后上奏说：“萧望之以前被指控的罪证很明确，并不是诬告陷害。他却教唆儿子，向陛下上书，引用《诗经》上关于无罪的诗篇。有失大臣体统，不敬，请逮捕审讯。”弘恭、石显等了解萧望之平素气节高尚，不可能接受下狱的屈辱，因此建议说：“萧望之侥幸没有牵连进前案中去，而又得赐爵位封邑，他不悔过认罪，反而满腹牢骚，教唆儿子上书，把过失推到陛下身上。自以为是陛下的师傅，无论怎么都不会治罪。如果不用监狱的痛苦压制萧望之，阻止他的怨恨，那么陛下就再也无法施厚恩于臣子了！”元帝说：“萧太傅素来性情刚烈，怎么肯去坐牢？”石显等人说：“人所最重视的是性命，而萧望之被指控的，不过语言上的轻罪，必定不会有什么可担忧的。”元帝于是同意奏请。冬季，十二月，石显等把诏书封好，交给谒者，命令让萧望之亲自拆封。同时下令太常迅速调发执金吾所属车马，赶来包围萧望之住宅。谒者到达萧宅，召萧望之。萧望之就此问他的学生鲁国人朱云，朱云是崇尚节操之士，劝萧望之自杀。当时，萧望之仰天长叹说：“我曾经立于将相之列，而今年纪已超过六十。这么老的年纪被关进监狱，去苟且求生，岂不鄙贱？”遂呼唤朱云的字说：“游，快把药和好，不要延长我等死的时间！”于是饮下鸩酒，自杀身死。元帝接到报告，大为震惊。拍手说：“我本来就怀疑他不会去坐牢，果然杀了我的好师傅。”这时，太官正呈上午餐，元帝不肯进食，泪流满面，悲哀感动了旁边的人。于是召石显等责问，石显等承认当初判断错误，都摘掉官帽，叩头请罪，过了很久，事情才算了结。元帝追思哀悼萧望之，不能忘情，每年四季都派使节去他坟墓前祭祀，直到自己去世。

臣司马光曰：元帝这位君王，太容易受欺骗而又难以醒悟了！弘恭、石显诬陷萧望之，其阴谋诡计，诚然有时候很难分辨。至于他开始怀疑萧望之不肯入狱，弘恭、石显却说必定不会出现意外，不久萧望之果然自杀，则弘恭、石显的欺诈，已经很明显了。属于中等智慧的君王，谁不情绪激动，勃然大怒，给奸邪的臣子以惩罚！而元帝则不然，虽然以痛哭流涕、不进食来哀悼师傅，却终究不能杀掉弘恭、石显，只不过使他们脱下官帽谢罪而已。如此，奸臣怎么惩治呢？这正是导致弘恭、石显肆意妄为而不再有忌惮的原因。

起初，汉武帝吞并南越，在海南岛上，开始设置珠崖郡、澹耳郡。官吏以及士兵，全是中原人。对当地土著，多有侵夺凌辱之事。而土著人民，也很强悍凶恶，认为海南岛隔绝在大海之外，不断地违犯官吏的禁令。大约每隔几年，就叛乱一次，击杀官吏。汉朝廷每次都出动军队，予以平定。二十余年之间，共发生过六次叛乱。到宣帝在位期间，又有两次叛乱。元帝即位的第二年，珠崖郡山南县叛乱，汉朝出兵镇压。而其他各县也跟着叛乱，接连两年不能平定。元帝广泛征求群臣的意见，准备出动大军镇压。待诏贾捐之说：“我曾经听说，尧、舜、禹这些圣明有德的君王，其统辖的范围，不过数千里。西接流沙，东临大海，朔方以南都是中国声威和教化普及的地区。声明愿接受中国声威和教化的，中国就去治理；不愿接受中国声威和教化的，中国并不强迫。因此君王和臣子，都有德可以歌颂，凡有生命的动物，都得到它们的需要。我听说武丁、成王是商王朝和周王朝至仁的君王，然而其领地东方不过到达江国、黄国，西方不过到达氐、羌二部落，南方不过到达蛮人的楚部落，北方不过到

王昭君

达朔方。因此颂扬的声音遍起，凡是会听会看的生物，都乐于生存。越裳部落，经过九重翻译，而向中国进贡，这不是用武力可以得到的。后来到了秦王朝，出动军队远征，贪功于外，而使国内虚弱，天下背叛，朝廷崩溃。到了汉孝文皇帝，停息武备，修明文教，在那个时代，审理和判决的案件，不过几百起，赋税和徭役，少而简单。到了孝武皇帝，磨好武器，喂饱战马，用以打击东西南北四方夷族，审理和判决的案件，多达几万起，赋税频繁，徭役沉重。盗贼四起，而大军不断出击，做父亲的在前方战死，做儿子又相继为战事而负伤。女人守卫边塞的堡垒，孤儿在道路上啼号，老母、寡妇在小巷里吞声而哭。这都是开拓的疆土太大，战争不能停止的缘故。而现在，函谷关以东人民，长期困穷，流离失所。人情，最亲莫过于父母，最爱莫过于夫妇。到了卖妻子、卖儿女，法律不能禁绝，道义无法制止的地步，这是国家的忧患啊。现在陛下不能忍受一时的愤怒，准备驱使壮士，把他们推入大海之中，在那个蛮荒黑暗的孤岛上，显示威力，并不是拯救饥饿，保全百姓的好方法。

“我私下用以前平定西羌叛乱的军事行动作为例证。军队在前线作战，还不满一年，而战场距京师长安，还没有超过一千里，军费已达四十余亿。大司农所辖国库钱财用光，更动用少府征收的山海池泽之税接续。解决一个角落的问题，费用还这么多，何况使军队长途跋涉，去攻击敌人，造成伤亡而不可能有功呢！从古代寻找同类的事，则找不到。在现代干这类事，害处如此。我很愚蠢，认为除非是懂得文明礼教的国家，《禹贡》谈到的地方，《春秋》记载的地方，都可以放到一边。因此建议：放弃珠崖郡，专心救济函谷关以东的受灾饥民，排除国家的忧患。”元帝询问丞相、御史。御史大夫陈万年认为应当出击。丞相于定国认为：“朝廷连年发兵镇压珠崖郡叛乱，护军都尉、校尉和丞，共十一人，只有二人生还，战士和转运粮草的人，死亡达万人以上，费用达三亿多钱，还不能全都平服。而今函谷关以东又遭灾荒，严重缺粮，民心动摇，贾捐之的建议是正确的。”元帝批准。贾捐之是贾谊的曾孙。

五年（丁丑，公元前44年）

元帝采用儒家学者和贡禹等人的建议，下令太官不要每天都宰杀牲畜，所供应的饮食，各减少一半。皇帝使用的御车御马，只要能维持正事使用就够了。撤销角抵这种表演游戏，释放上林宫馆内很少有机会同皇帝见面的宫女，撤销位于齐郡的三座皇家织造厂，放弃北假一带皇家农田，撤销盐铁官，撤销常平粮仓，博士弟子的名额不加限制，黎民对儒家经典，能精通其中任何一经的，都免除赋税徭役。废除刑罚的七十余项判例。

永光元年（戊寅，公元前43年）

春季，正月，元帝前往甘泉，在郊外祭祀天神。祭祀完毕，就留那里进行射猎。御史大夫薛广德上书说："我看到，函谷关以东地区，困顿已达极点，百姓流离失所，而陛下却每天撞着被灭亡的秦国的大钟，听着郑国、卫国的音乐，我对此实在哀痛。护卫陛下的大军，暴露在外，随从的官员，疲劳困倦。希望陛下火速回宫，心里想着跟百姓同忧同乐。这样，才是天下的大福。"元帝当天返回长安。

秋季，元帝用重酿之酒祭祀祖庙，出便门，准备乘楼船。薛广德拦着皇帝的车，脱下官帽，叩头说："请走河桥。"元帝传下话来，说："请御史大夫戴上官帽！"薛广德说："陛下如果不接受我的建议，我就在此刎颈自杀，用鲜血污染车轮，陛下就进不了祖庙了！"元帝不高兴。负责开道的光禄大夫张猛说："我听说，主上圣明，臣子自然正直。坐船危险，而过桥却安全，圣明的君主不冒危险。御史大夫的话，可以听从！"元帝说："劝告别人，难道不应像这样把道理说清楚吗！"于是改从桥上走。

九月，寒霜毁掉农田庄稼，天下发生了大饥荒。丞相于定国，大司马、车骑将军史高，御史大夫薛广德，都因为这场天灾，引咎辞职。元帝批准，赏赐他们安车、四匹马、黄金六十斤，罢了官。提升太子太傅韦玄成担任御史大夫。薛广德回到故乡，把皇上赏赐给他的安车悬挂起来，留传给子孙，以示荣幸。

中书令石显忌惮光禄勋周堪、光禄大夫张猛等，不断在元帝面前诬陷诽谤他俩。

二年（己卯，公元前42年）

秋季，七月，陇西羌族部落造反。元帝召集丞相韦玄成等高级官员，入宫举行会议。这时，粮食连年歉收，朝廷正在忧虑，突然传来羌族叛乱的消息，韦玄成等高级官员默不作声，没有人敢开口。右将军冯奉世说："羌民近在境内背叛，如果不及时诛灭，就无法控制远方蛮族，我愿率大军前往讨伐。"元帝问他需要多少部队，冯奉世说："我听说，一个善于统兵的大将，兵役不需要两次征发，粮草不需要运送三次。所以大军不至于长期暴露在原野之外，而是速战速决。从前，我们屡屡不能正确估计对手，大军才遭到挫败，不得不一而再、再而三地增派援兵，不但拖延的日子长，所需的军费多，而且国家的威望也受到损害。现在叛军约有三万人，依据兵法，攻击部队应当加倍，需要六万人。然而羌族军队的武器落后，只有弓箭与长矛，我们的部队可以减少为四万人，一个月足以解决。"然而，丞相、御史、车骑将军王接、左将军许嘉都以为："民间正逢秋收，不可在农忙时多征调人入伍，征发一万人前往屯守，差不多够了。"冯奉世说："不可。天下百姓受到天灾饥饿的袭击，兵士战马不但体力瘦弱，而且数量也大都消耗，很久以来，防守与作战的训练和装备已经废弃。夷民狄民对边塞的汉朝官吏，都不放在眼里，所以羌民才首先发难。而今我们用一万人，分别驻防几个地方，敌人发现我们兵力单薄，必然不会害怕。我们如果进攻，就会遭受挫折，损兵折将。如果固守，则不能拯救边民。这样，便显露出胆怯衰弱的形象。羌民将抓着对他们有利的机会，各种族各部落，势将互相呼应，纷纷起兵。到那时候，我恐怕朝廷集结四万人的兵力都不够，花再多的钱都不能解决。所以，少发兵而拖延时日，与多发兵而一举解决，利与害之间，相差万倍。"他坚持自己的意见而谏争，然而得不到支持。元帝下诏，增加两千人的军队。于是派遣冯奉世率领一万二千骑兵，以领兵屯田为名，任命典属国任立、护军都尉韩昌作为助手，抵达陇西，分别屯驻在三处要塞。韩昌先派遣两个校尉，向羌民出击。羌民大举迎战，击溃汉朝军队，杀死两位校尉。冯奉世呈报山川地图和兵力分配计划，请求增援三万六千人。认为只有这样，才有把握取得决定性的胜利。元帝看到冯奉世的上奏，大举发兵达六万余人。八月，元帝任命太常弋阳侯任千秋为奋武将军，作冯奉世的助手。冬季，十月，大军都到了陇西。十一月，数路并进，大破叛军，斩杀数千人，残余部众全都逃出边塞。在两军尚未决战的时候，朝廷又招募战士一万人，任命定襄太守韩安国为建威将军，还没有出发，听说羌族已经溃败，于是停止前进。元帝下诏班师回朝，但留下不少部队开荒屯垦，防卫要害地区。

第二十九卷 汉纪二十一

译文诵读

孝元皇帝下永光三年（庚辰，前41）

复盐铁官；置博士弟子员千人。以用度不足，民多复除，无以给中外徭役故也。

建昭元年（癸未，前38）

上幸虎圈斗兽，后宫皆坐；熊逸出圈，攀槛欲上殿，左右、贵人、傅婕好等皆惊走；冯婕妤直前，当熊而立。左右格杀熊。上问："人情惊惧，何故前当熊？"婕妤对曰："猛兽得人而止；妾恐熊至御坐，故以身当之。"帝嗟叹，倍敬重焉。傅婕妤惭，由是与冯婕妤有隙。冯婕妤，左将军奉世之女也。

二年（甲申，前37）

东郡京房学《易》于梁人焦延寿。延寿常曰："得我道以亡身者，京生也。"其说长于灾变，分六十卦，更直日用事，以风雨寒温为候，各有占验。房用之尤精，以孝廉为郎，上疏屡言灾异，有验。天子说之，数召见问。

是时，中书令石显颛权，显友人五鹿充宗为尚书令，二人用事。房尝宴见，问上曰："幽、厉之君何以危？所任者何人也？"上曰："君不明而所任者巧佞。"房曰："知其巧佞而用之邪，将以为贤也？"上曰："贤之。"房曰："然则今何以知其不贤也？"上曰："以其时乱而君危知之。"房曰："若是，任贤必治，任不肖必乱，必然之道也。幽、厉何不觉悟而更求贤，曷为卒任不肖以至于是？"上曰："临乱之君，各贤其臣；令皆觉寤，天下安得危亡之君！"房曰："齐恒公、秦二世亦尝闻此君而非笑之；然则任竖刁、赵高，政治日乱，盗贼满山，何不以幽、厉卜之而觉寤乎？"上曰："唯有道者能以往知来耳。"房因免冠顿首曰："《春秋》纪二百四十二年灾异，以示万世之君。今陛下即位以来，日月失明，星辰逆行，山崩，泉涌，地震，石陨，夏霜，冬雷，春凋，秋荣，陨霜不杀，水、旱、螟虫，民人饥、疫，盗贼不禁，刑人满市，《春秋》所记灾异尽备。陛下视今为治邪，乱邪？”上曰：“亦极乱耳，尚何道！”房曰：“今所任用者谁与？”上曰：“然，幸其愈于彼，又以为不在此人也。”房曰：“夫前世之君，亦皆然矣。臣恐后之视今，犹今之视前也！”上良久，乃曰：“今为乱者谁哉？”房曰：“明主宜自知之。”上曰：“不知也；如知，何故用之！”房曰：“上最所信任，与图事帷幄之中，进退天下之士者是矣。”房指谓石显，上亦知之，谓房曰：“已谕。”房罢出，后上亦不能退显也。

臣光曰：人君之德不明，则臣下虽欲竭忠，何自而入乎！观京房所以晓孝元，可谓明白切至矣，而终不能寤，悲夫！《诗》曰：“匪面命之，言提其耳。匪手携之，言示之事。”又曰：“诲尔谆谆，听我藐藐。”孝元之谓矣！

石显、五鹿充宗皆疾房，欲远之，建言，宜试以房为郡守。帝于是以房为魏郡太守，得以考功法治郡。

房自请：“岁竟，乘传奏事。”天子许焉。房自知数以论议为大臣所非，与石显等有隙，不欲远离左右，乃上封事曰：“臣出之后，恐为用事所蔽，身死而功不成，故愿岁尽乘传奏事，蒙哀见许。乃辛巳，蒙气复乘卦，太阳侵色，此上大夫覆阳而上意疑也。己卯、庚辰之间，必有欲隔绝臣，令不得乘传奏事者。”

房去月余，竟征下狱。初，淮阳宪王舅张博，倾巧无行，多从王求金钱，欲为王求入朝。博从京房学，以女妻房。房每朝见，退辄为博道其语。博因记房所说密语，令房为王作求朝奏草，皆持柬与王，以为信验。石显知之，告：“房与张博通谋，非谤政治，归恶天子，诖误诸侯王。”皆下狱，弃市，妻子徙边。郑弘坐与房善，免为庶人。

石显威权日盛，公卿以下畏显，重足一迹。显与中书仆射牢梁、少府五鹿充宗结为党友，诸附倚者皆得宠位。民歌之曰：“牢邪！石邪！五鹿客邪！印何累累，绶若若邪！”

显内自知擅权，事柄在掌握，恐天子一旦纳用左右耳目以间己，乃时归诚，取一信以为验。显尝使至诸官，有所征发，显先自白：“恐后漏尽宫门闭，请使诏吏开门。”上许之。显故投夜还，称诏开门入。后果有上书告“显颛命，矫诏开宫门”，天子闻之，笑以其书示显。显因泣曰：“陛下过私小臣，属任以事，群下无不嫉妒，欲陷害臣者，事类如此非一，唯独明主知之。愚臣微贱，诚不能以一躯称快万众，任天下之怨；臣愿归枢机职，受后宫扫除之役，死无所恨。唯陛下哀怜财幸，以此全活小臣！”天子以为然而怜之，数劳勉显，加厚赏赐，赏赐及赂遗訾一万万。初，显闻众人多匈匈，言己杀前将军萧望之，恐天下学士讪己，以谏大夫贡禹明经著节，乃使人致意，深自结纳，因荐禹天子，历位九卿，礼事之甚备。议者于是或称显，以为不妒谮望之矣。显之设变诈以自解免，取信人主者，皆此类也。

三年（乙酉，前36）

冬，使西域都护、骑都尉北地甘延寿、副校尉山阳陈汤共诛斩郅支单于于康居。

始，郅支单于自以大国，威名尊重，又乘胜骄，不为康居王礼，怒杀康居王女及贵人、人民数百，或支解投都赖水中；发民作城，日作五百人，二岁乃已。又遣使责阖苏、大宛诸国岁遗，不敢不予。汉遣使三辈至康居，求谷吉等死，郅支困辱使者，不肯奉诏；而因都护上书，言“居困厄，愿归计强汉，遣子入侍”。其骄嫚如此。

汤为人沉勇，有大虑，多策略，喜奇功，与延寿谋曰：“夷狄畏服大种，其天性也。西域本属匈奴，今郅支单于威名远闻，侵陵乌孙、大宛，常为康居画计，欲降服之；如得此二国，数年之间，城郭诸国危矣。且其人剽悍，好战伐，数取胜；久畜之，必为西域患。虽所在绝远，蛮夷无金城、强弩之守。如发屯田吏士，驱从乌孙众兵，直指其城下，彼亡则无所之，守则不足自保，千载之功可一朝而成也！”延寿以为然，欲奏请之。汤曰：“国家与公卿议，大策非凡所见，事必不从。”延寿犹与不听。会其久病，汤独矫制发城郭诸国兵、车师戊己校尉屯田吏士。延寿闻之，惊起，欲止焉。汤怒，按剑叱延寿曰：“大众已集会，竖子欲沮众邪！”延寿遂从之。部勒行陈，汉兵、胡兵合四万余人。延寿、汤上疏自劾奏矫制，陈言兵状，即日引军分行，别为六校：其三校从南道逾葱岭，径大宛；其三校都护自将，发温宿国，从北道入赤谷，过乌孙，涉康居界，至阗池西。而康居副王抱阗将数千骑寇赤谷城东，杀略大昆弥千余人，驱畜产甚多，从后与汉军相及，颇寇盗后重。汤纵胡兵击之，杀四百六十人，得其所略民四百七十人，还付大昆弥，其马、牛、羊以给军食。又捕得抱阗贵人伊奴毒。入康居东界，令军不得为寇。间呼其贵人屠墨见之，谕以威信，与饮、盟，遣去。径引行，未至单于城可六十里，止营。复捕得康居贵人具色子男开牟以为导。具色子，即屠墨母之弟，皆怨单于，由是具知郅支情。明日，引行，未至城三十里，止营。

单于遣使问：“汉兵何以来？”应曰：“单于上书言：‘居困厄，愿归计强汉，身入朝见’，天子哀闵单于，弃大国，屈意康居，故使都护将军来迎单于妻子。恐左右惊动，故未敢至城下。”使数往来相答报，延寿、汤因让之：“我为单于远来，而至今无名王、大人见将军受事者，何单于忽大计，失客主之礼也！兵来道远，人畜罢极，食度且尽，恐无以自还，愿单于与大臣审计策！”

明日，前至郅支城都赖水上，离城三里，止营傅陈。望见单于城上立五采幡帜，数百人被甲乘城；又出百余骑往来驰城下，步兵百余人夹门鱼鳞陈，讲习用兵。城上人更招汉军曰：“斗来！”百余骑驰赴营，营皆张弩持满指之，骑引却。颇遣吏士射城门骑、步兵，骑、步兵皆入。延寿、汤令军：“闻鼓音，皆薄城下，四面围城，各有所守，穿堑，塞门户，卤楯为前，戟弩为后，仰射城楼上人。”楼上人下走；土城外有重木城，从木城中射，颇杀伤外人。外人发薪烧木城，夜，数百骑欲出，外迎射，杀之。

初，单于闻汉兵至，欲去。疑康居怨己，为汉内应，又闻乌孙诸国兵皆发，自以无所之。郅支已出，复还，曰："不如坚守。汉兵远来，不能久攻。"单于乃被甲在楼上，诸阏氏、夫人数十皆以弓射外人。外人射中单于鼻，诸夫人颇死；单于乃下。夜过半，木城穿；中人却入土城，乘城呼。时康居兵万余骑，分为十余处，四面环城，亦与相应和。夜，数奔营，不利，辄却。平明，四面火起，吏士喜，大呼乘之，钲、鼓声动地。康居兵引却；汉兵四面推卤楯，并入土城中。单于男女百余人走入大内。汉兵纵火，吏士争入，单于被创死。军候假丞杜勋斩单于首。得汉使节二及谷吉等所赍帛书；诸卤获以畀得者。凡斩阏氏、太子、名王以下千五百一十八级；生虏百四十五人，降虏千余人，赋予城郭诸国所发十五王。

竟宁元年（戊子，前33）

春，正月，匈奴呼韩邪单于来朝，自言愿婿汉氏以自亲。帝以后宫良家子王嫱字昭君赐单于。单于欢喜，上书："愿保塞上谷以西至敦煌，传之无穷。请罢边备塞吏卒，以休天子人民。"天子下有司议，议者皆以为便。郎中侯应习边事，以为不可许。上问状，应曰："周、秦以来，匈奴暴桀，寇侵边境；汉兴，尤被其害。臣闻北边塞至辽东，外有阴山，东西千余里，草木茂盛，多禽兽，本冒顿单于依阻其中，治作弓矢，来出为寇，是其苑囿也。至孝武世，出师征伐，斥夺此地，攘之于幕北，建塞徼，起亭隧，筑外城，设屯戍以守之，然后边境用得少安。幕北地平，少草木，多大沙，匈奴来寇，少所蔽隐；从塞以南，径深山谷，往来差难。边长老言：'匈奴失阴山之后，过之未尝不哭也！'如罢备塞吏卒，示夷狄之大利，不可一也。今圣德广被，天覆匈奴，匈奴得蒙全活之恩，稽首来臣。夫夷狄之情，困则卑顺，强则骄逆，天性然也。前已罢外城，省亭隧，才足以候望，通烽火而已。古者安不忘危，不可复罢，二也。中国有礼义之教，刑罚之诛，愚民犹尚犯禁；又况单于，能必其众不犯约哉！三也。自中国尚建关梁以制诸侯，所以绝臣下之觊欲也。设塞徼，置屯戍，非独为匈奴而已，亦为诸属国降民本故匈奴之人，恐其思旧逃亡，四也。近西羌保塞，与汉人交通，吏民贪利，侵盗其畜产、妻子，以此怨恨，起而背畔。今罢乘塞，则生嫚易分争之渐，五也。往者从军多没不还者，子孙贫困，一旦亡出，从其亲戚，六也。又边人奴婢愁苦，欲亡者多，曰：'闻匈奴中乐，无奈候望急何！'然时有亡出塞者，七也。盗贼桀黠，群辈犯法，如其窘急，亡走北出，则不可制，八也。起塞以来百有余年，非皆以土垣也。或因山岩、石、木、溪谷、水门，稍稍平之，卒徒筑治，功费久远，不可胜计。臣恐议者不深虑其终始，欲以壹切省徭戍，十年之外，百岁之内，卒有他变，障塞破坏，亭隧灭绝，当更发屯缮治，累岁之功不可卒复，九也。如罢戍卒，省候望，单于自以保塞守御，必深德汉，请求无已；小失其意，则不可测。开夷狄之隙，亏中国之固，十也。非所以永持至安，威制百蛮之长策也！"对奏，天子有诏："勿议罢边塞事。”使车骑将军嘉口谕单于曰：“单于上书愿罢北塞吏士屯戍，子孙世世保塞。单于乡慕礼义，所以为民计者甚厚，此长久之策也。朕甚嘉之！中国四方皆有关梁障塞，非独以备塞外也，亦以防中国奸邪放纵，出为寇害，故明法度以专众心也。敬谕单于之意，朕无疑焉。为单于怪其不罢，故使嘉晓单于。”单于谢曰：“愚不知大计，天子幸使大臣告语，甚厚！”

单于号王昭君为宁胡阏氏；生一男伊屠智牙师，为右日逐王。

初，石显见冯奉世父子为公卿著名，女又为昭仪在内；显心欲附之，荐言：“昭仪兄谒者逡修敕，宜侍帷幄。”天子召见，欲以为侍中。逡请间言事。上闻逡言显专权，大怒，罢逡归郎官。及御史大夫缺，在位多举逡兄大鸿胪野王；上使尚书选第中二千石，而野王行能第一。上以问显，显曰：“九卿无出野王者；然野王，亲昭仪兄，臣恐后世必以陛下度越众贤，私后宫亲以为三公。”上曰：“善，吾不见是！”因谓群臣曰：“吾用野王为三公，后世必谓我私后宫亲属，以野王为比。”

初，中书令石显尝欲以姊妻甘延寿，延寿不取。及破郅支还，丞相、御史亦恶其矫制，皆不与延寿等。陈汤素贪，所卤获财物入塞，多不法。司隶校尉移书道上，系吏士，按验之。汤上疏言：“臣与吏士共诛郅支单于，幸得禽灭，万里振旅，宜有使者迎劳道路。今司隶反逆收系按验，是为郅支报仇也！”上立出吏士，令县、道出酒食以过军。既至，论功，石显、匡衡以为：“延寿、汤擅兴师矫制，幸得不诛；如复加爵土，则后奉使者争欲乘危徼幸，生事于蛮夷，为国招难。”帝内嘉延寿、汤功而重违衡、显之议，久之不决。

故宗正刘向上疏曰：“郅支单于囚杀使者、吏士以百数，事暴扬外国，伤威毁重，群臣皆闵焉。陛下赫然欲诛之，意未尝有忘。西域都护延寿，副校尉汤，承圣指，倚神灵，总百蛮之君，揽城郭之兵，出百死，入绝域，遂蹈康居，屠三重城，搴歙侯之旗，斩郅支之首，县旌万里之外，扬威昆山之西，埽谷吉之耻，立昭明之功，万夷慑伏，莫不惧震。呼韩邪单于见郅支已诛，且喜且惧，乡风驰义，稽首来宾，愿守北藩，累世称臣。立千载之功，建万世之安，群臣之勋莫大焉。”

于是天子下诏赦延寿、汤罪勿治，令公卿议封焉。议者以为宜如军法捕斩单于令。匡衡、石显以为“郅支本亡逃失国，窃号绝域，非真单于”。帝取安远侯郑吉故事，封千户；衡、显复争。夏，四月，戊辰，封延寿为义成侯，赐汤爵关内侯，食邑各三百户，加赐黄金百斤。拜延寿为长水校尉，汤为射声校尉。

初，太子少好经书，宽博谨慎；其后幸酒，乐燕乐，上不以为能。而山阳王康有才艺，母傅昭仪又爱幸，上以故常有意欲以山阳王为嗣。上晚年多疾，不亲政事，留好音乐；或置鼙鼓殿下，天子自临轩槛上，隤铜丸以擿鼓，声中严鼓之节。后宫及左右习知音者莫能为，而山阳王亦能之，上数称其材。史丹进曰：“凡所谓材者，敏而好学，温故知新，皇太子是也。若乃器人于丝竹鼙鼓之间，则是陈惠、李微高于匡衡，可相国也！”于是上嘿然而笑。

及上寝疾，傅昭仪、山阳王康常在左右，而皇后、太子希得进见。上疾稍侵，意忽忽不平，数问尚书以景帝时立胶东王故事。是时太子长舅阳平侯王凤为卫尉、侍中，与皇后、太子皆忧，不知所出。史丹以亲密臣得侍视疾，候上间独寝时，丹直入卧内，顿首伏青蒲上，涕泣而言曰："皇太子以适长立，积十余年，名号系于百姓，天下莫不归心臣子。见山阳王雅素爱幸，今者道路流言，为国生意，以为太子有动摇之议。审若此，公卿以下必以死争，不奉诏。臣愿先赐死以示群臣！"天子素仁，不忍见丹涕泣，言又切至，意大感寤，喟然太息曰："吾日困劣，太子、两王幼少，意中恋恋，亦何不念乎！然无有此议。且皇后谨慎，先帝又爱太子，吾岂可违指！驸马都尉安所受此语？"丹即却，顿首曰："愚臣妄闻，罪当死！"上因纳，谓丹曰："吾病寖加，恐不能自还，善辅道太子，毋违我意！"丹嘘唏而起，太子由是遂定为嗣。而右将军、光禄大夫王商、中书令石显亦拥佑太子，颇有力焉。夏，五月，壬辰，帝崩于未央宫。

六月，己未，太子即皇帝位，谒高庙。尊皇太后曰太皇太后，皇后曰皇太后。以元舅侍中、卫尉、阳平侯王凤为大司马、大将军、领尚书事。

汉元帝永光三年（庚辰，公元前41年）

恢复盐铁专卖制度。规定博士弟子的定员为一千人。这是因为朝廷经费不够开支，而民间又有许多人免除赋税徭役，使朝廷无法供应内外徭役的缘故。

建昭元年（癸未，公元前38年）

元帝前往虎圈，观赏野兽搏斗，妃嫔们都在座奉陪。一只熊突然跳出圈外，攀着栏杆想上殿堂。元帝左右的侍从、贵族，包括傅婕妤在内的妃嫔们，都惊慌逃命。只有冯婕妤，一直向前站着挡住熊。武士把熊杀死。元帝惊魂初定后，问她："人人恐惧，你为什么上前阻挡熊？"冯婕妤说："猛兽凶性发作，只要抓着一个人，就会停止攻击，我恐怕它直扑陛下的座位，所以以身阻挡它。"元帝感激嗟叹，对冯婕妤倍加敬重。而傅婕妤大为惭愧，从此与冯婕妤产生隔阂。冯婕妤是左将军冯奉世的女儿。

二年（甲申，公元前37年）

东郡人京房跟从梁人焦延寿学习《易经》。焦延寿常说："得到我的学问而丧失生命的，就是京房。"他的学说长于占卜天灾人祸，共分六十卦，轮流交替地指定日期，用风雨冷热作为验证，都很准确。京房运用这种学说，尤其功力深厚，被地方官府推荐为"孝廉"之后，他到朝廷充当郎，屡次上书元帝，议论天象变异，十分灵验。元帝喜欢他，数次召见，向他询问。

西汉前期　玉舞人

这时，中书令石显正独揽大权。石显的好友五鹿充宗任尚书令，二人联合执政。有一次，元帝在闲暇时召见京房，京房问元帝：“周幽王、周厉王为什么导致国家出现危机？他们任用的是些什么人？”元帝说：“君王昏庸，任用的都是善于伪装的奸佞。”京房进一步问：“君王是明知奸佞而仍用他们？还是认为贤能才用他们？”元帝回答说：“是认为他们贤能。”京房说：“可是，今天为什么我们却知道他们不是贤能呢？”元帝说：“根据当时局势混乱，君王身处险境便可以知道。”京房说：“如果是这样的话，任用贤能时国家必然治理得好，任用奸邪时国家必定混乱，这是事物发展的必然轨迹。为什么幽王、厉王不觉悟而另外任用贤能，为什么终究要任用奸佞以致后来陷入困境？”元帝说：“乱世君王，各自认为他所任用的官员全是贤能。假如都能觉悟到自己的错误，天下怎么还会有危亡的君王？”京房说：“齐桓公、秦二世也曾经知道周幽王、周厉王的故事，并讥笑过他们。可是，齐桓公任用竖刁，秦二世任用赵高，以致政治日益混乱，盗贼满山遍野。为什么不能用周幽王、周厉王的例子检验自己的行为，而觉悟到用人的不当？”元帝说：“只有治国有法的君王，才能依据往事而预测将来。”京房于是脱下官帽，叩头说：“《春秋》一书，记载二百四十二年间的天变灾难，用来给后世君王看。而今陛下登极以来，出现日食月食，星辰逆行；山崩泉涌，大地震动，天落陨石；夏季降霜，冬季响雷，春季百花凋谢，秋季树叶茂盛，降霜后草木并不凋谢。水灾、旱灾、虫灾，百姓饥饿，瘟疫流行。盗贼制伏不住，受过刑罚的人充满街市。《春秋》所记载的灾异，已经俱备。陛下看现在是治世，还是乱世？”元帝说：“已经乱到极点了，这还用问？”京房说：“陛下现在任用的是些什么人？”元帝说：“今天的灾难变异和为政之道，幸而胜过前代。而且我认为责任不在这些人身上。”京房说：“前世的那些君王，也是陛下这种想法。我恐怕后代看今天，犹如今天看古代。”元帝过了很久才说：“现在扰乱国家的是谁？”京房回答说：“陛下自己应该知道。”元帝说：“我不知道，如果知道，哪里还会用他？”京房说：“陛下最信任，跟他在宫廷之中共商国家大事，掌握用人权柄的人，就是他。”京房所指的是石显。元帝也知道，他对京房说：“我晓得你的意思。”京房告退。后来，汉元帝还是不能让石显回避。

臣司马光曰：君王的德行不昌明，则臣属虽然想竭尽忠心，又从何着手呢？观察京房对元帝的诱导，可以说是把道理说得十分清楚透彻了，而最终仍不能使元帝觉悟，可悲啊！《诗经》说："我不但当面把你教训过，而且提起过你的耳朵。不但是用手携带着你，而且指示了你许多事。"又说："我教导你是那么的恳切细致，而你却漫不经心，听不进去。"这说的就是汉元帝啊！

然而石显、五鹿充宗都痛恨京房，想使京房远离元帝，于是向元帝建议，应该调任京房为郡守。元帝遂任命京房当魏郡太守，允许他以考功法去治理本郡。

京房请求："年终时候，请准许我乘坐驿车前来，向陛下当面报告。"元帝许可。京房自知数次因为议论受到大臣的非议，跟石显之间怨恨已成，不想远离元帝身边，于是上密封的奏章："我一出京师，恐怕被当权大臣所害，身死而事败，所以盼望在年终之时，得以乘驿车到京师向陛下奏事，幸而蒙陛下哀怜而允许。然而，六月，辛巳（二十日），阴云乱风四起，太阳光芒暗淡，显示高级官员蒙蔽天子，而天子心里怀疑。六月己卯（十八日）、庚辰（十九日）之间，定有要隔绝陛下与我的关系，使我不得乘坐驿车奏事的事情发生。"

京房离开一月余，竟被召回京师，逮捕入狱。当初，淮阳宪王刘钦的舅父张博是一个看风行事，无善行的人物，向刘钦要了许多金钱，到京师长安活动征召刘钦入朝。张博曾跟随京房学习《易经》，而且把女儿嫁给京房。京房每次朝见，回家之后，都把跟元帝之间问答的话告诉张博。张博于是暗中记下京房所说的机密言语，让京房代刘钦草拟请求入朝的奏章。他把这些密语记录和奏章草稿，都送给刘钦过目，作为他工作的证明。石显知道此事后，指控："京房跟张博通谋，诽谤治国措施，把罪恶推到皇帝身上，贻误连累诸侯王。"于是京房跟张博都被捕入狱，在街市上斩首，妻子儿女被放逐到边塞。御史大夫郑弘，被控跟京房是朋友，遭免职，贬作平民。

石显的淫威和权势日益增长，公卿及以下的官员都害怕他，人人自危，不敢稍有宽纵。石显与中书仆射牢梁、少府五鹿充宗结为死党密友，凡依附他们的人，都得到了高官厚禄。民间有歌谣说："你是姓牢的人，还是姓石的人，是五鹿家的门客吗？官印何其多，绶带何其长！"

石显心知自己专权，把持朝政，怕元帝一旦听取亲信的抨击而疏远自己，便时常向元帝表示忠诚，取得信任，验证元帝对自己的态度。石显曾经奉命到诸官府征集人力和物资，他先向元帝请求："恐怕有时回宫太晚，漏壶滴尽，宫门关闭，我可不可以说奉陛下之命，教他们开门！"元帝允许。一天石显故意到夜里才回来，宣称元帝命令，唤开宫门入内。后来，果然有人上书控告："石显专擅皇命，假传圣旨，私开宫门。"元帝听说了这件事，笑着把奏章拿给石显看。石显抓住时机，流泪说："陛下过于宠爱我，委任我办事，下面无人不妒火中烧，想陷害我，类似这种情形已不止一次，只有圣明的主上才知道我的忠心。我出身微贱，实在不能以我一个人去使万人称心快意，担负起全国所有的怨恨。请允许我辞去中枢机要职务，只负责后宫的清洁洒扫，死而无恨。唯求陛下哀怜裁择，再给我一次宠幸，以此保全我的性命。”元帝认为石显说得对而怜悯他，不断慰问勉励，又重重赏赐。这样的赏赐及百官赠送的资金达一亿。当初，石显听说人们议论愤激，都说是他逼死前将军萧望之，怕招来全国儒生的抨击。由于谏大夫贡禹深明儒家经典，节操高尚而有名望，石显便托人向贡禹表示问候之意，用心结交，并向元帝推荐，使贡禹擢升九卿，并对他以礼相待，很是周详。于是舆论也有赞扬石显的，认为他不曾妒恨陷害萧望之。石显谋略变诈，善于为自己解围，以取得皇帝的信任，用的都是此类手法。

三年（乙酉，公元前36年）

冬季，命西域都护、骑都尉、北地郡人甘延寿，和副校尉、山阳郡人陈汤一同出兵，在康居王国斩杀郅支单于。

最初，郅支单于自以为匈奴汗国是一个大国，威名远扬，颇受别国尊重，又乘军事胜利而十分骄傲。因为不得康居王礼敬，一怒之下杀了康居王的女儿及康居贵族、平民数百人，有的还截其四肢，扔到都赖水里。他强迫康居人为他建筑城垣，每日有五百名工匠施工，历时二年才完成。又派出使节，前往阖苏王国、大宛王国，责令每年进贡。两国畏惧郅支单于，不敢不给。汉朝前后派出三批使节，前往康居郅支单于处，查问谷吉等人的遗体下落。郅支对于汉朝使节窘困侮辱，不肯接受汉朝皇帝的诏书，只是通过西域都护上书，说：“居住的地方环境困苦，愿意归顺强大的汉朝，还打算派儿子去当人质。”其态度傲慢如此。

陈汤为人沉着勇敢，能深思熟虑，富有计策谋略，渴望建立奇特的功勋，他向甘延寿建议说：“边境各族畏惧匈奴，这是天性。西域各国，本来都属匈奴管辖，而今郅支单于的威名传播很远，不断侵略乌孙王国和大宛王国，经常给康居王国出谋划策，企图使乌孙、大宛投降归顺。如果把这两国征服，只要几年时间，西域城邦国家都会陷于危险的境地。郅支单于性情剽悍，喜好战争，不断取得胜利。日子一久，必将成为西域的灾难。虽然他现在地处遥远，幸而他们没有坚固的城堡和强劲的弓弩，无法固守。我们如果征发屯田的军队，并率领乌孙王国的军队，一直挺进到他的城堡之下，他要逃没有地方可逃，要守则兵力不足以自保，千载难逢的功业可以在一天早上完成。”甘延寿认为有理，准备先奏请朝廷批准。陈汤说：“圣上

汉远征军攻入土城

一定会召集公卿商议，远大的策略，不是平庸的官僚所能了解，肯定不同意。”甘延寿迟疑，不肯听他的话。正好甘延寿久病卧床，陈汤单独行动，假传圣旨，征发各城邦国家的军队、车师戊己校尉的屯田部队。甘延寿听说了这件事，大惊而起，要加阻止，陈汤大怒，手按剑柄，叱责甘延寿说：“大军已经集中会合，你小子打算阻止大军吗？”甘延寿于是顺从。他俩部署、集结汉朝和西域多国兵力，共有四万余人。甘延寿、陈汤上奏章自我弹劾假传圣旨之罪，陈述所以如此做的理由。发出奏章的当天，大军出发，分成六路纵队，其中三路纵队沿南道越过葱岭，穿过大宛王国。另三路纵队，由都护甘延寿亲自率领，从温宿国出发，由北道经乌孙王国首府赤谷城，穿过乌孙王国，进入康居王国边界，挺进到阗池西岸。而这时康居王国的副王抱阗，率领数千骑兵，在赤谷城东方攻击乌孙王国大昆弥地区，屠杀及俘虏千余人，抢走牛、羊、马等大批牲畜，然后从后面追上汉军，夺取汉军后部的大批辎重。陈汤命西域兵迎战，杀四百六十人，夺回抱阗所掳掠的乌孙百姓四百七十人，交给大昆弥。而夺回的马匹、牛、羊，则留下来作为军队食物。又逮捕到抱阗手下的贵族伊奴毒。进入康居王国东部国界后，陈汤严明军纪，不准烧杀抢掠。秘密召康居王国的贵族屠墨来会晤，向他展示汉朝的威力与决心，摆下酒席，共同盟誓，然后送他回去。大军继续挺进，在距新筑的单于城约六十里处，安营扎寨。这时，又俘虏康居王国另一贵族具色子男开牟，让他做向导。具色子男开牟是屠墨的舅父，也痛恨郅支单于的凶暴。汉朝军队于是对郅支单于内部的情况了如指掌。第二天，大军继续挺进，距单于城三十里，扎下营寨。

郅支单于派使节前来询问：“汉朝军队到这里来的目的何在？”汉军的官员回答说：“你们单于曾经上书汉朝皇帝，说：‘居住环境困苦，愿意归降强大的汉朝，亲身到长安朝见。’皇帝怜悯单于放弃幅员广大的国土，委屈地住在康居，所以派遣都护将军，率军前来迎接单于及妻子儿女。恐怕单于的左右惊动，所以没有敢于直接到达城下。”双方使节来往了几次之后，甘延寿、陈汤出面，责备郅支单于的使节说：“我们为了单于，不远万里来到此地，然而，一直到今天，他还没有派出一位名王、显贵，前来晋见都护将军。为什么单于对大事这么疏忽，不讲主人待客人的礼节？我们从遥远的地方到此，人马困乏已极，而粮草又快用完，恐怕连回程都不够用，请单于跟大臣们慎重考虑。”

次日，大军挺进到都赖水畔，在距单于城三里外扎营，构筑阵地，遥望单于城上，五色旗帜迎风飘扬，数百匈奴人披甲戴胄，登上城楼守备。又从城中冲出一百余名骑兵，往来奔驰城下。一百余名匈奴步兵，在城门两侧，结成“鱼鳞阵”，正做战斗演习。城上守军还向汉朝军队挑战说：“你们来打吧！”一百余名匈奴骑兵直冲汉营，汉营的强弩全部拉满，箭矢外指。匈奴骑兵不敢攻击而撤退。强弩部队射击城门外操练的匈奴骑兵、步兵，匈奴兵全部退入城内。甘延寿、陈汤下令总攻说：“听到鼓声，都直扑城下，四面包围，各军记住所分配的位置，开凿洞穴，堵塞射击孔。盾牌在前，戟弩在后，仰射城楼上的守军。”攻击开始，城楼上的匈奴守军退下逃走。土城之外，还有由两层木樯构成的重木城。匈奴人由木城射击，使汉朝远征军多有伤亡。于是远征军以薪纵火，焚烧木城。入夜，匈奴守军骑兵数百名突围，汉军予以迎头痛击，箭如雨下，全部歼灭。

当初，郅支单于听说汉朝军队到达，打算离开此城。可是，怀疑康居王对他怨恨，与汉朝勾结，里应外合，又听说乌孙王国等西域各国，都派出军队，自以为无处可以投奔。所以，他已逃出单于城，却又返回，说："不如坚守。汉朝军队远征万里，不可能持久进攻。"郅支单于全身披甲，在城楼上指挥作战。他的阏氏、夫人共数十名，也都用弓箭射城外的汉军。汉朝的弩兵射中郅支单于的鼻子，而他的夫人也多有死亡。郅支单于于是从城楼下来。午夜之后，木城被攻破，木城中的匈奴军退入土城，登上城头，呼号呐喊。这时，康居王国一万余人的骑兵援军来到郅支城附近，分散在十余处，环绕城的东西南北四面部署，跟城上的匈奴守军互相呼应。乘着夜色，多次向汉朝军队的营地冲击，然而不能得手，每次都退下来。天将亮时，四面火起，官兵振奋，乘火势大喊，鼓号之声动地。康居军队再向后撤。汉朝军队推举盾牌，从四面同时冲入土城中。郅支单于率匈奴男女一百余人逃入王宫，汉朝军队纵火焚烧王宫，官兵争先冲入，郅支单于身受重伤而死。军候假丞杜勋，砍下郅支单于人头。在王宫中搜出汉朝使臣的符节两只以及谷吉等携带的写在帛上的书信。凡是抢掠的财物，都归抢掠者所有。斩阏氏、太子、名王及以下共一千五百一十八人，生擒一百四十五人，投降的一千余人，分配给领兵围剿单于的西域十五个国王。

竟宁元年（戊子，公元前33年）

春季，正月，匈奴呼韩邪单于前来朝见，请求准许他当汉家女婿，使他有缘亲近汉朝。元帝把后宫良家女子王嫱，别名王昭君，赏赐给呼韩邪单于。呼韩邪单于非常欢喜，上书汉元帝："愿保护东起上谷，西至敦煌的汉朝边塞，永远相传。请撤销边境防务和守塞的官吏士卒，使天子的子民获得休息。"元帝把呼韩邪单于的建议交给有关官员讨论，参与讨论的官员都认为可以接受。郎中侯应了解边塞事务，认为不可以允许。元帝问他原因，侯应说："周朝和秦朝以来，匈奴暴戾强悍，不断侵略边境。汉王朝建立之初，尤其受到它的伤害。据我了解，北方边塞，东到辽东，外有阴山，东西长达一千余里，草木茂盛，禽兽众多，本来冒顿单于依赖这里地势险要，制造弓箭，出来抢劫，正是匈奴畜养禽兽的圈地。直到孝武皇帝出军北征，把这一地区夺到手，而将匈奴赶到大漠以北。在这一地区，建立城堡，修筑道路，兴建外城，派遣军队前往屯戍守卫。然后，边境才比从前稍稍安宁。漠北土地平坦，草木稀少，沙漠相连。匈奴前来侵扰，缺少隐蔽之地。边塞之南，道路深远，山谷起伏，往来十分困难。边塞老一辈的人说：'匈奴丧失阴山之后，每次经过那里都伤心痛哭。'如果撤销边防军队，对夷狄大为有利，这是不能答应的理由之一。现在，圣上的恩德宽阔广大，如天一样覆盖着匈奴。匈奴人得到拯救，才能活下去。感激救命之恩，叩头称臣。不过，夷狄的性情，穷困时谦卑顺从，强大时骄傲横逆，天性如此。前些时，已撤除了外城，减少了亭、燧等军事建筑，现在的边防军队，仅够担任瞭望，互通烽火而已。古人居安思危，边防不可再撤除，这是理由之二。中国有礼义的教育，有刑罚的惩处，愚昧的小民还要犯禁。何况匈奴单于，他能绝对保证他的部众不违犯规定吗？这是理由之三。即令在中国境内，还在水陆要道设立关卡，用以控制封国王侯，使做臣属的断绝非分之想。在边塞设置亭障，屯田戍守，不仅仅是为了防备匈奴，也是因为各属国的降民，他们本是匈奴的人，恐怕他们念旧而逃亡。这是理由之四。近年来，接近边塞的西羌部落，与汉人来往。汉朝的官吏小民贪图财利，掠夺盗取他们的牲畜，甚至强占他们的妻子，因为这些怨恨，激起他们叛变。现在如果撤除边防军队，可能发生这种因欺侮而起的纷争。这是理由之五。过去，从军的战士，很多人没有回来，留在匈奴，他们的子孙生活贫困，有可能大批前往匈奴投靠亲友。这是理由之六。沿边一带，奴仆婢子忧愁悲苦，想逃亡的人多，都说：'听说匈奴那里快乐，无可奈何的是边塞的监视太紧！'然而时常仍有逃出边塞的人。这是理由之七。窃贼强盗凶暴狡诈，结成团伙触犯法令，如被追捕得急了，就会北逃匈奴，则不可以制裁。这是理由之八。自从沿边设立要塞，已有一百余年，并不完全用土筑墙，有的利用山岩，有的利用石木，有的利用山谷，有的利用水峡，稍加连接增补，征发士兵、刑徒修建，长年累月，用去的劳力经费，无法计算。我恐怕主张撤除边塞的官员，没有深刻考虑到事情的来龙去脉，只想暂时减少戍边的负担。十年之后，百年之内，如果突然发生变化，而边塞已经破坏，烽火亭已经湮没，还要再征发戍卒修建。可是，百余年累积下来的工程，不可能马上恢复。这是理由之九。如果撤销边防军队，废除边境上用于伺望瞭察的土堡，匈奴单于必定自认为保塞守边，对汉朝有大恩德，将不断请求赏赐，如果稍有失望，那么后果就难以推测。引起夷狄与汉族感情上的裂痕，毁坏中国的防卫。这是理由之十。由于以上十项理由，我认为：撤除边防军队，不是保持永久和平安定，控制百蛮的好策略！"奏书上去后，元帝下诏："停止讨论撤除边塞这件事。"派车骑将军许嘉向单于传达口谕说："单于上书，请求汉朝撤走北方边塞屯田戍守的军队，愿意子孙世代永远保卫边陲。单于向往仰慕礼义，为人民想得很周到，这的确是一个有久远意义的计划，朕非常赞美。中国四方都有关卡、要塞，不是专门为防备来自长城以北的侵扰，也是为了防备中国的奸邪之徒到外面肆无忌惮地胡作非为，造成祸害，所以设边塞表明法规，消灭人们的邪念。朕怀着敬意了解了单于的心意，决不怀疑。因恐怕单于误会中国不撤退边塞军队的原因，因此派遣许嘉向单于解释。"单于道歉说："我愚昧，没有想到这些重大的谋划。幸亏天子派大臣告诉我，待我这么优厚！"

呼韩邪单于称王昭君为宁胡阏氏；生下一个男孩，名叫栾提伊屠智牙师，被封为右日逐王。

当初，中书令石显，看到冯奉世父子都当公卿，名声显著，女儿又是元帝后宫的昭仪，存心要亲近这家权贵。于是向元帝推荐：“冯昭仪的哥哥谒者冯逡，品格美好，行为端正，应该侍奉左右。”于是，元帝召见冯逡，打算任命他当侍中。冯逡请求单独接见谈事情。元帝听他抨击石显专擅权力，很不高兴，让他仍然回到原来郎官的位置。等到御史大夫出缺，很多官员推荐冯逡的哥哥大鸿胪冯野王继任。元帝命尚书在二千石官员中遴选，而冯野王以品行好，能力强被评为第一。元帝询问石显的意见，石显说；“九卿中，没有比冯野王更恰当的人选。然而冯野王是冯昭仪的亲哥，我恐怕后世评论起来，必然认为陛下越过许多贤能，对后宫亲属徇私而任命为三公。”元帝说：“好，我没有看到这一点！”于是，告诉众位大臣说：“我如果用冯野王当三公，后世一定抨击我对后宫亲属徇私，会把冯野王拿出来作为例证。”

当初，中书令石显，曾经打算把姐姐嫁给甘延寿，甘延寿拒绝。等到甘延寿打败郅支单于，返回长安，丞相、御史也对假传圣旨这件事深恶痛绝，对甘延寿的功勋并不赞许。而陈汤又一向贪财，把在外国掳掠的金银财宝带入塞内，违反了多项法令。司隶校尉用公文通知沿途郡县，逮捕陈汤的部下，加以审问。陈汤上书元帝说：“我和我的部下共同诛讨郅支单于，幸而将他擒获歼灭，从万里之外，凯旋班师，应有朝廷派出的使者在道上迎接慰劳。然而今天司隶校尉反而逮捕审问，这是替郅支单于报仇啊！”元帝下令，立即释放所有被捕官兵，命沿途地方官府用酒和食品慰劳通过的军队。甘延寿、陈汤返回长安后，评论功劳，石显、匡衡认为：“甘延寿、陈汤假传圣旨，擅自调动军队，不诛杀他们，已是宽大，如果再赐他们爵号，封他们土地，那么以后派出的使节，就会争先恐后地采取冒险行动，以图侥幸成功，在蛮夷中间生事，给国家招来灾难。”元帝内心嘉许甘延寿、陈汤的功劳，而又难于违反匡衡、石显的意见。过了很久，事情仍不能定下来。

前任宗正刘向上书说：“郅支单于囚禁和杀害的中国使节以及随从官员，数以百计。这种事在外国广为传播，严重地伤害中国的威望，朝廷群臣都为此而痛苦难过。陛下大怒，要诛杀郅支单于，这一欲念从未忘怀。西域都护甘延寿，副校尉陈汤，秉承圣上旨意，倚仗神灵，统率百蛮的君主，集结各城邦的军队，百死一生，深入极远的地域，于是击破康居，攻杀郅支单于的三层城防。拔掉歙侯大旗，砍下郅支单于人头，悬挂战旗于万里之外，为国家扬威到昆仑山之西。洗刷掉谷吉被杀的耻辱，建立了光辉的功勋，所有的夷民全都慑服，无不震恐。呼韩邪单于看到郅支单于已经伏诛，既高兴又害怕，归化慕义，驱驰而来，叩首朝拜，愿为中国守卫北方边疆，世代做中国的臣属。建立千年永垂的功劳，为国家奠定万世和平，所有官员都没有这么大的贡献。”

于是元帝下诏赦免甘延寿、陈汤，不准指控，命公卿讨论如何赐封他们爵位。大家认为应该按照军法“捕斩单于令”，可是匡衡、石显认为“郅支本已逃亡，失去国土，在极远的地域盗用单于名号，而不是真单于”。元帝援用安远侯郑吉的前例，要封给甘延寿、陈汤各一千户的采邑。匡衡、石显再次争执。夏季，四月，戊辰（三十日），元帝赐封甘延寿“义成侯”，赐封陈汤“关内侯”，采邑各三百户人家，加赐黄金各一百斤。任命甘延寿当长水校尉，陈汤当射声校尉。

当初，太子刘骜从小就喜爱儒家经典，宽厚、博学、谨慎。可是后来却爱饮酒，喜欢安乐，元帝认为他没有能力。而另一位皇子山阳王刘康有才干，他的母亲傅昭仪又受到宠爱，元帝因此常有意改封刘康为太子。元帝晚年多病，不过问国家大事，喜爱音乐。有时候把军中所用的骑鼓放在殿下，元帝亲自走到廊上，凭倚栏杆，用铜丸从远处投击鼓面，发出紧密的节奏。侍妾们与左右对音乐有素养的人，都办不到，可是刘康却能够，元帝多次夸奖他的才干。史丹进言说：“才干的意义是，聪明而喜好学问，温习旧的知识，能够得到新的理解和体会，皇太子就是这样的人。如果是用演奏乐器的能力衡量人，那么陈惠、李微比匡衡高明，可以辅助国政了。”元帝沉默不语，一笑了之。

及至元帝卧病，长久不能起床。傅昭仪和她的儿子山阳王刘康，经常在病床前侍奉。而皇后王政君和太子刘骜，却很少能够进见。元帝的病势渐渐沉重，心绪不宁，几次向尚书查问汉景帝废掉皇太子刘荣，改立胶东王刘彻当皇太子的旧事。这时，太子的大舅父阳平侯王凤当卫尉、侍中，和皇后、太子忧心忡忡，不知道用什么方法才能挽救危局。史丹是元帝最亲密的大臣之一，因此能够直接进入寝殿探病，等到元帝单独躺着的时候，他径直进入寝殿，在地面的青蒲上叩头，流泪说：“刘骜以嫡长子的身份，被封作太子，已十多年了，他的尊号家喻户晓，天下无不归心，愿做他的臣子。我见山阳王刘康一向得到陛下的宠爱，如今道路上纷纷传言，既为国家也有个人考虑，认为太子的地位不稳。如果是这样，三公、九卿及其以下高级官员，必然以死相争，拒绝接受这样的诏令。我请求陛下先赐我死，作为群臣的表率。”元帝素来仁慈，不忍看到史丹伤心流泪，而史丹的话又恳切中肯，甚为感动，有所觉悟，喟然叹息说：“我的病日益沉重，太子刘骜、山阳王刘康、信都王刘兴、年纪都小，心中思恋，对他们的未来怎不悬念！可是，并没有改立太子的念头。而皇后王政君一向谨慎小心，先帝又喜爱太子，我怎么能违背他的意旨？你从什么地方听到这些话？”史丹立即向后退，叩头说：“我愚昧妄信传言，罪当处死。”汉元帝于是接受劝谏，对史丹说：“我的病势越来越沉重，恐不能痊愈，你要好好辅导刘骜，不要辜负了我的重托。”史丹唏嘘起身告退。太子的地位，从此才告巩固。而右将军、光禄大夫王商，中书令石显，也都站在刘骜一边，用力拥戴辅助。夏季，五月，壬辰（二十四日），汉元帝在未央宫驾崩。

六月，己未（二十二日），太子刘骜即帝位，拜谒汉高祖的祭庙。尊祖母皇太后张氏“太皇太后”，尊母亲皇后王政君“皇太后”。任命大舅父侍中、卫尉、阳平侯王凤为大司马、大将军，主管尚书事务。

第三十卷 汉纪二十二

译文诵读

孝成皇帝上之上建始元年（己丑，前32）

石显迁长信中太仆，秩中二千石。显既失倚，离权，于是丞相、御史条奏显旧恶；及其党牢梁、陈顺皆免官，显与妻子徙归故郡，忧懑不食，道死。诸所交结以显为官者，皆废罢；少府五鹿充宗左迁玄菟太守，御史中丞伊嘉为雁门都尉。

司隶校尉涿郡王尊劾奏："丞相衡，御史大夫谭，知显等颛权擅势，大作威福，为海内患害，不以时白奏行罚；而阿谀曲从，附下罔上，怀邪迷国，无大臣辅政之义，皆不道！在赦令前。赦后，衡、谭举奏显，不自陈不忠之罪，而反扬著先帝任用倾覆之徒，妄言'百官畏之，甚于主上'；卑君尊臣，非所宜称，失大臣体！"于是衡惭惧，免冠谢罪，上丞相、侯印绶。天子以新即位，重伤大臣，乃左迁尊为高陵令。

二年（庚寅，前31）

呼韩邪死，雕陶莫皋立，为复株累若鞮单于。复株累若鞮单于以且麋胥为左贤王，且莫车为左谷蠡王，囊知牙斯为右贤王。复株累单于复妻王昭君，生二女，长女云为须卜居次，小女为当于居次。

三年（辛卯，前30）

秋，关内大雨四十余日。京师民相惊，言大水至；百姓奔走相蹂躏，老弱号呼，长安中大乱。天子亲御前殿，召公卿议。大将军凤以为："太后与上及后宫可御船，令吏民上长安城以避水。"群臣皆从凤议。左将军王商独曰："自古无道之国，水犹不冒城郭；今政治和平，世无兵革，上下相安，何因当有大水一日暴至，此必讹言也！不宜令上城，重惊百姓。"上乃止。有顷，长安中稍定；问之，果讹言。上于是美壮商之固守，数称其议；而凤大惭，自恨失言。

十二月，戊申朔，日有食之。其夜，地震未央宫殿中。诏举贤良方正能直言极谏之士。杜钦及太常丞谷永上对，皆以为后宫女宠太盛，嫉妒专上，将害继嗣之咎。

四年（壬辰，前29）

大雨水十余日，河决东郡金堤。先是清河都尉冯逡奏言："郡承河下流，土壤轻脆易伤，顷所以阔无大害者，以屯氏河通两川分流也。今屯氏河塞，灵鸣犊口又益不利，独一川兼受数河之任，虽高增堤防，终不能泄。如有霖雨，旬日不霁，必盈溢。九河故迹，今既灭难明，屯氏河新绝未久，其处易浚；又其口所居高，于以分杀水力，道里便宜，可复浚以助大河，泄暴水，备非常。不豫修治，北决病四、五郡，南决病十余郡，然后忧之，晚矣！"事下丞相、御史，白遣博士许商行视，以为"方用度不足，可且勿浚。"后三岁，河果决于馆陶及东郡金堤，泛滥兖、豫及平原、千乘、济南，凡灌四郡、三十二县，水居地十五万余顷，深者三丈；坏败官亭、室庐且四万所。

冬，十一月，御史大夫尹忠以对方略疏阔，上切责其不忧职，自杀。遣大司农非调调均钱谷河决所灌之郡，谒者二人发河南以东船五百艘，徙民避水居丘陵九万七千余口。

上即位之初，丞相匡衡复奏："射声校尉陈汤以吏二千石奉使，颛命蛮夷中，不正身以先下，而盗所收康居财物，戒官属曰，'绝域事不覆校。'虽在赦前，不宜处位。"汤坐免。

会西域都护段会宗为乌孙兵所围，驿骑上书，愿发城郭、敦煌兵以自救；丞相商、大将军凤及百僚议数日不决。凤言："陈汤多筹策，习外国事，可问。"上召汤见宣室。汤击郅支时中寒，病两臂不屈申；汤入见，有诏毋拜，示以会宗奏。汤对曰："臣以为此必无可忧也。"上曰："何以言之？"汤曰："夫胡兵五而当汉兵一，何者？兵刃朴钝，弓弩不利。今闻颇得汉巧，然犹三而当一。又《兵法》曰：'客倍而主人半，然后敌。'今围会宗者人众不足以胜会宗，唯陛下勿忧！且兵轻行五十里，重行三十里，今会宗欲发城郭、敦煌，历时乃至，所谓报雠之兵，非救急之用也。"上曰："奈何？其解可必乎？度何时解？"汤知乌孙瓦合，不能久攻，故事不过数日，因对曰："已解矣！"屈指计其日，曰："不出五日，当有吉语闻。"居四日，军书到，言已解。大将军凤奏以为从事中郎，莫府事壹决于汤。

河平元年（癸巳，前28）

春，杜钦荐犍为王延世于王凤，使塞决河。凤以延世为河堤使者。延世以竹落长四丈，大九围，盛以小石，两船夹载而下之。三十六日，河堤成。三月，诏以延世为光禄大夫，秩中二千石，赐爵关内侯、黄金百斤。

二年（甲午，前27）

六月，上悉封诸舅：王谭为平阿侯，商为成都侯，立为红阳侯，根为曲阳侯，逢时为高平侯。五人同日封，故世谓之"五侯"。太后母李氏更嫁为河内苟宾妻，生子参；太后欲以田蚡为比而封之。上曰："封田氏，非正也！"以参为侍中、水衡都尉。

三年（乙未，前26）

上以中秘书颇散亡，使谒者陈农求遗书于天下。诏光禄大夫刘向校经传、诸子、诗赋，步兵校尉任宏校兵书，太史令尹咸校数术，侍医李柱国校方技。每一书已，向辄条其篇目，撮其指意，录而奏之。

刘向以王氏权位太盛，而上方向《诗》《书》古文，向乃因《尚书·洪范》，集合上古以来，历春秋、六国至秦、汉符瑞、灾异之记，推迹行事，连傅祸福，著其占验，比类相从，各有条目，凡十一篇，号曰《洪范五行传论》，奏之。天子心知向忠精，故为凤兄弟起此论也；然终不能夺王氏权。

河复决平原，流入济南、千乘，所坏败者半建始时。复遣王延世与丞相史杨焉及将作大匠许商、谏大夫乘马延年同作治，六月乃成。复赐延世黄金百斤。治河卒非受平贾者，为著外繇六月。

四年（丙申，前25）

琅邪太守杨肜与王凤连昏，其郡有灾害，丞相王商按问之。凤以为请，商不听，竟奏免肜，奏果寝不下。凤以是怨商，阴求其短，使频阳耿定上书，言"商与父傅婢通；及女弟淫乱，奴杀其私夫，疑商教使。"天子以为暗昧之过，不足以伤大臣。凤固争，下其事司隶。太中大夫蜀郡张匡，素佞巧，复上书极言诋毁商。有司奏请召商诣诏狱，上素重商，知匡言多险，制曰："勿治！"凤固争之。夏，四月，壬寅，诏收商丞相印绶。商免相三日，发病，欧血薨，谥曰戾侯。而商子弟亲属为驸马都尉、侍中、中常侍、诸曹、大夫、郎吏者，皆出补吏，莫得留给事、宿卫者。有司奏请除国邑；有诏："长子安嗣爵为乐昌侯。"

阳朔元年（丁酉，前24）

时大将军凤用事，上谦让无所颛。左右尝荐光禄大夫刘向少子歆通达有异材，上召见，歆诵读诗赋，甚悦之，欲以为中常侍；召取衣冠，临当拜，左右皆曰："未晓大将军。"上曰："此小事，何须关大将军！"左右叩头争之，上于是语凤，凤以为不可，乃止。

王氏子弟皆卿、大夫、侍中、诸曹，分据势官，满朝廷。杜钦见凤专政泰重，戒之曰："愿将军由周公之谦惧，损穰侯之威，放武安之欲，毋使范雎之徒得间其说！"凤不听。

时上无继嗣，体常不平。定陶共王来朝，太后与上承先帝意，遇共王甚厚，赏赐十倍于他王，不以往事为纤介；留之京师，不遣归国。上谓共王："我未有子，人命不讳，一朝有他，且不复相见，尔长留侍我矣！"其后天子疾益有瘳，共王因留国邸，旦夕侍上；上甚亲重之。大将军凤心不便共王在京师，会日食，凤因言："日食，阴盛之象。定陶王虽亲，于礼当奉藩在国；今留侍京师，诡正非常，故天见戒，宜遣王之国！"上不得已于凤而许之。共王辞去，上与相对涕泣而决。

王章素刚直敢言，虽为凤所举，非凤专权，不亲附凤，乃奏封事，言"日食之咎，皆凤专权蔽主之过。"上召见章，延问以事。章对曰："天道聪明，佑善而灾恶，以瑞应为符效。今陛下以未有继嗣，引近定陶王，所以承宗庙，重社稷，上顺天心，下安百姓，此正议善事，当有祥瑞，何故致灾异！灾异之发，为大臣专政者也。今闻大将军猥归日食之咎于定陶王，建遣之国，苟欲使天子孤立于上，颛擅朝事以便其私，非忠臣也。且日食，阴侵阳，臣颛君之咎。今政事大小皆自凤出，天子曾不壹举手，凤不内省责，反归咎善人，推远定陶王。且凤诬罔不忠，非一事也。前丞相乐昌侯商，本以先帝外属，内行笃，有威重，位历将相，国家柱石臣也，其人守正，不肯屈节随凤委曲；卒用闺门之事为凤所罢，身以忧死，众庶愍之。又凤知其小妇弟张美人已尝适人，于礼不宜配御至尊，托以为宜子，内之后宫，苟以私其妻弟；闻张美人未尝任身就馆也。且羌、胡尚杀首子以荡肠正世，况于天子，而近已出之女也！此三者皆大事，陛下所自见，足以知其余及他所不见者。凤不可令久典事，宜退使就第，选忠贤以代之！"

自凤之白罢商，后遣定陶王也，上不能平；及闻章言，天子感寤，纳之，谓章曰："微京兆尹直言，吾不闻社稷计。且唯贤知贤，君试为朕求可以自辅者。"于是章奏封事，荐信都王舅琅邪太守冯野王，忠信质直，智谋有余。上自为太子时，数闻野王名，方倚以代凤。章每召见，上辄辟左右。时太后从弟子侍中音独侧听，具知章言，以语凤。凤闻之，甚忧惧。杜钦令凤出就第，上疏乞骸骨，其辞指甚哀。太后闻之，为垂涕，不御食。上少而亲倚凤，弗忍废，乃优诏报凤，强起之；于是凤起视事。

上使尚书劾奏章："知野王前以王舅出补吏，而私荐之，欲令在朝，阿附诸侯；又知张美人体御至尊，而妄称引羌胡杀子荡肠，非所宜言"；下章吏。廷尉致其大逆罪，以为"比上夷狄，欲绝继嗣之端；背畔天子，私为定陶王。"章竟死狱中，妻子徙合浦。自是公卿见凤，侧目而视。

冯野王惧不自安，遂病；满三月，赐告，与妻子归杜陵就医药。大将军凤风御史中丞劾奏："野王赐告养病而私自便，持虎符出界归家，奉诏不敬。"杜钦奏记于凤曰："二千石病，赐告得归，有故事；不得去郡，亡著令。《传》曰：'赏疑从予'，所以广恩劝功也；'罚疑从去'，所以慎刑，阙难知也。今释令与故事而假不敬之法，甚违'阙疑从去'之意。即以二千石守千里之地，任兵马之重，不宜去郡，将以制刑为后法者，则野王之罪在未制令前也。刑赏大信，不可不慎!"凤不听，竟免野王官。

是岁，陈留太守薛宣为左冯翊。宣为郡，所至有声迹。宣子惠为彭城令，宣尝过其县，心知惠不能，不问以吏事。或问宣：“何不教戒惠以吏职？”宣笑曰：“吏道以法令为师，可问而知；及能与不能，自有资材，何可学也！”众人传称，以宣言为然。

汉成帝建始元年（己丑，公元前32年）

石显调任长信中太仆，官秩为中二千石。石显已失去了靠山，又被调离中枢要职，于是丞相、御史上奏成帝，列数石显过去的罪恶。石显及其党羽牢梁、陈顺均被免官，石显与妻子儿女也被逐归原郡。石显忧郁愤懑，不进饮食，死在途中。那些因结交石显而得到官位的人，全部被罢免。少府五鹿充宗被贬为玄菟郡太守，御史中丞伊嘉被谪调雁门都尉。

司隶校尉、涿郡人王尊上书弹劾：“丞相匡衡，御史大夫张谭，明知石显等专权擅势，作威作福，是海内祸害，却不及时奏报皇上，予以惩罚，反而百般谄媚，曲意奉承，攀附臣下，欺瞒主上，心怀邪恶，迷惑君王，丧失大臣辅政的原则，都为大逆不道！这些罪恶发生在大赦之前，尚可不究。然而，在大赦之后，匡衡、张谭指控石显时，不自责不忠之罪，反而故意宣扬突出先帝任用倾覆小人的失误。妄言什么‘文武百官畏惧石显，超过了皇上’。这种卑君尊臣的言论，是不该说的，有失大臣体统！”于是匡衡惭愧恐惧，脱掉官帽谢罪，缴还丞相、侯爵的印信、绶带。成帝因新即位，不愿伤害大臣，就下令贬王尊为高陵县令。

二年（庚寅，公元前31年）

呼韩邪死，雕陶莫皋即位，称复株累若鞮单于。他任命且麋胥为左贤王，且莫车为左谷蠡王，囊知牙斯为右贤王。复株累若鞮单于按照匈奴的习俗，再娶王昭君为妻，生下二女：长女云公主，嫁匈奴贵族须卜氏；小女嫁匈奴贵族当于氏。

三年（辛卯，公元前30年）

秋季，关内大雨连绵四十余日。京师百姓惊恐相告，传言洪水就要来到。百姓纷纷奔逃，混乱中互相践踏，老弱呼号，长安城中大乱。成帝亲临前殿，召集公卿商议。大将军王凤认为：“太后跟皇上以及后宫嫔妃可以登上御船。命令官吏百姓登上长安城墙，以避洪水。”群臣都附和王凤的意见，只有左将军王商说：“自古以来，即便是无道的王朝，大水都没有淹没过城郭。如今政治和平，世上没有战争，上下相安，凭什么会有洪水一天内突然涌来？这一定是谣言！不应该下令让官吏百姓登城墙，那样会更增加百姓的惊恐。”成帝于是作罢。不久，长安城中逐渐平定下来，经查问，果然是谣言。成帝因而对王商固守不动的建议十分赞赏，多次称赞。而王凤则大感惭愧，自恨失言。

十二月，戊申朔（初一），出现日食。当夜，未央宫殿中发生地震。成帝下诏，要求举荐贤良、方正和能直言规谏的人士。杜钦及太常丞谷永上书，都认为：“发生日食地震，都是因为后宫美女太盛，有人心怀嫉妒，使皇帝专宠自己。这样下去，将会有危害皇位继承人的灾祸。”

四年（壬辰，公元前29年）

大雨连下十余日，黄河在东郡金堤决口。在此之前，清河郡都尉冯逡奏报说：“清河郡位于黄河下游，土壤松脆，容易崩塌。暂时没有发生大灾害，是由于屯氏河通畅，可以两河分流。如今屯氏河已经淤塞，灵鸣犊口也越来越不通畅，只有一条河，却要兼容数条河流的水量，虽然加高堤防，最终却无法使它顺畅宣泄，若有大雨，十日不停，河水必然满盈泛滥。夏禹时代的九河故道，如今既已湮没难寻，而屯氏河刚刚淤塞不久，容易疏通。再有，黄河与屯氏河分流的叉口处地势较高，实施分减水力的工程，施工起来也方便。可重新疏通屯氏河，以帮助黄河宣泄洪水，防备非常情况的发生。如果不预先修治，黄河一旦在北岸决口，将危害四、五郡；在南岸决口，将危害十余郡。事后再忧虑，就晚了！”成帝将冯逡的奏章交给丞相和御史去处理，他们奏请派遣博士许商去巡视那一地区。根据许商视察的结果，他们认为：“现在国家经费不足，可暂且不疏通。”三年后，黄河果然在馆陶及东郡金堤决口，洪水泛滥兖州、豫州以及平原郡、千乘郡、济南郡，共淹了四郡三十二县，十五万余顷土地变为泽国，水深的地方达三丈。冲毁官署驿站及民间房舍近四万所。

冬季，十一月，由于御史大夫尹忠的救灾方案疏漏而不切实际，成帝严厉斥责他不尽心职守，尹忠自杀。成帝派大司农调拨均平钱谷救济受淹各郡，又派两名谒者向河南以东地区征调船舶五百艘，从洪灌区中抢救灾民九万七千余人，把他们迁移到丘陵高地。

成帝即位初期，丞相匡衡再次上奏说：“射声校尉陈汤，以二千石官员的身份出使西域，专门负责西域蛮夷事务，他不能持身以正，做部下的表率，反而盗取所没收的康居王国财物，并告诫下属官员说：‘远在外域发生的事，不会核查追究。’此事虽发生在大赦之前，但他已不适宜再担任官职。”陈汤获罪被免官。

正好，西域都护段会宗被乌孙王国的军队围困，段会宗用驿马上书，请求成帝征发西域诸国军队，以及汉朝在敦煌的军队救援。丞相王商、大将军王凤以及百官会议数天也做不出决定。王凤说：“陈汤富于谋略，又熟悉外国的情况，可以询问他。”成帝在宣室殿召见陈汤。陈汤在进攻郅支单于时，中了风寒，两臂不能屈伸，入见时，成帝下诏准许他不必跪拜，把段会宗的奏书拿给他看。陈汤回答说：“我认为这件事一定没什么可忧虑的。”成帝说：“你为什么这样讲？”陈汤说：“五个胡兵才能抵挡一名汉兵，为什么呢？因为他们的刀剑不锋利，弓弩也不强。最近听说颇学得一些汉人制作兵器的技巧，然而仍是三个胡兵抵挡一个汉兵。再说，《兵法》上说：‘客兵必须是守军人数的两倍，才能对敌。’现在围困段会宗的敌兵人数不足以战胜他，请陛下不必忧虑！况且军队轻装日行五十里，重装备则日行三十里。现在段会宗打算征发西域诸国和敦煌的军队，部队行军需较长时间才能赶到，这成了所谓报仇之军，而不是救急之兵了。”成帝说：“那怎么办呢？围困一定可以解除吗？你估计什么时候可以解围？”陈汤知道乌孙之兵，不过是乌合之众，不能久攻，以经验推测，不过数日。因此回答说：“现在已经解围了！”又屈指计算日期，然后说：“不出五日，就会听到好消息。”过了四天，军书到，声称已经解围。大将军王凤上奏，要求任命陈汤为从事中郎。从此大将军幕府的大事，均由陈汤一人决定。

河平元年（癸巳，公元前28年）

春季，杜钦向王凤推荐犍为人王延世，让他负责堵塞黄河决口的工程。王凤任命王延世为河堤使者。王延世命人用竹子编成长四丈，九人合抱那么大的竹笼，里面装上小石头，用两条船夹着搬运，沉入决口处。三十六天后，河堤修好。三月，成帝下诏任命王延世为光禄大夫，官秩为中二千石，封为关内侯，赐黄金一百斤。

二年（甲午，公元前27年）

六月，成帝给他的舅父们全部封侯：王谭封为平阿侯；王商封为成都侯；王立封为红阳侯；王根封为曲阳侯；王逢时封为高平侯。五人同日封侯，因此世人称他们为“五侯”。皇太后的母亲李氏，改嫁给河内人苟宾为妻，生子叫苟参。太后想比照田蚡的先例封苟参为侯爵。成帝说：“封田蚡，并不合正理！”只任命苟参为侍中、水衡都尉。

三年（乙未，公元前26年）

成帝因为皇宫藏书有许多已经散失，派谒者陈农到全国去搜求失传的书籍。诏令光禄大夫刘向校正经传、诸子、诗赋；步兵校尉任宏校正兵书；太史令尹咸校正占卜之书；侍医李柱国校正医药书。每一部书校正完毕，刘向就条列出它的篇目，写出内容摘要，呈报成帝。

刘向因外戚王氏权位太盛，而皇上现在正在留意《诗经》《书经》等古书，就根据《尚书·洪范篇》，汇集自上古以来，历经春秋战国，直至秦汉，所有关于祥瑞、天灾、变异的记载，推测天象变迁的原因，联系比附人间的祸福，突出其占卜与应验，分门别类，各立条目，共十一篇，书名为《洪范五行传论》，呈献成帝。成帝心里明白刘向忠心耿耿，是因为王凤兄弟权势太盛，才著作此书。然而他到底不能剥夺王氏的权柄。

黄河再次在平原郡决口，洪水灌入济南、千乘，所造成的损失是建始年间洪灾的一半。朝廷再次派遣王延世跟丞相史杨焉，以及将作大匠许商、谏大夫乘马延年，共同负责治理工程。六个月后，工程才完工。再次赏赐王延世黄金百斤。治河卒没有发给工钱的，都登记姓名在册，折合抵消徭戍六个月。

四年（丙申，公元前25年）

琅邪太守杨肜与王凤是姻亲，琅邪郡发生灾害，由丞相王商查问此事，王凤为杨肜向王商说情，王商不听，竟上奏请求罢免杨肜的官职。奏章上去后，果然留中不下。王凤因此怨恨王商，秘密搜求他的短处，指使频阳人耿定上书弹劾王商说："王商与他父亲身边的婢女通奸。他妹妹淫乱，奴仆把奸夫杀死，我怀疑奴仆杀人是王商教唆指使的。"天子认为，这些都是无法证明的暧昧过失，不足以构成大罪而伤害大臣。王凤则极力争辩，坚持把此事交付司隶查办。太中大夫、蜀郡人张匡，一向险恶谄媚，也上书极力诋毁王商。主管官员上奏要求召王商到诏狱进行审讯。成帝一向器重王商，知道张匡的话多为阴险不实之词，于是批示说："不许究治！"王凤仍坚持追究。夏季，四月，壬寅（二十日），成帝下诏，收缴王商的丞相印信、绶带。王商被免相三天后，发病，吐血而死。谥号为戾侯。而王商的子弟亲属担任驸马都尉、侍中、中常侍、诸曹、大夫、郎吏等官职的，全部被调出宫廷补任其他官职，不许留在给事、宿卫等可接近皇帝的位置上。主管官员还上奏，要求撤销王商的封地。成帝却下诏说："王商长子王安继承爵位为乐昌侯。"

王昭君

阳朔元年（丁酉，公元前24年）

当时，大将军王凤掌握国家大权，成帝谦让软弱，没有实权。成帝身边的侍臣，曾向他推荐光禄大夫刘向的幼子刘歆，说他博学卓识有奇才。成帝召见刘歆，刘歆为他诵读诗赋。成帝非常喜欢他，想任命他为中常侍，命左右取来中常侍的衣冠，正准备行拜官礼时，左右侍从之人都说："还没有让大将军知道。"成帝说："这是小事，何必通报大将军！"左右之人叩头力争，于是成帝便告诉了王凤。王凤认为不可以，此事便作罢。

王氏子弟全都当上卿、大夫、侍中、诸曹，分别占据显官要职，达官显贵充满朝廷。杜钦见王凤过于专权，告诫他说："我希望将军采取周公的谦恭谨慎态度，减少穰侯魏冉的威风，放弃武安侯田蚡的贪欲，不要使范雎之流得以从中挑拨离间！"王凤不听。

这时，成帝没有继嗣，身体又常患病。定陶王刘康来朝见，太后与成帝秉承先帝的遗愿，待他十分优厚，给予的赏赐是其他诸侯王的十倍，对当初夺嫡之事，也不存丝毫责问。成帝把他留在京师，不让他归国，还对他说："我没有儿子，人命无常，不必避讳，一旦有别的变化，将再也看不见你了。你就长期留在京师，随侍在我身边吧！"后来，成帝病情渐渐减轻，刘康于是留居在封国驻京府邸，日夜进宫服侍成帝，成帝对他十分亲近看重。大将军王凤对刘康留居京师感到不方便，恰好发生日食，王凤就乘机说："发生日食，是阴气过盛的征象。定陶王虽亲，按礼应当在自己的封国当藩王。如今留在京师侍奉天子，是不正常的，因此天现异象发出警告。陛下应遣送定陶王返回封国！"成帝无法违抗王凤，只好同意。刘康辞行，成帝和他相对流泪而别。

王章一向刚直敢言，他虽由王凤举荐，但不赞成王凤专权，不亲近依附王凤。他上密封奏书说："发生日食，都应归咎于王凤专权，蒙蔽主上。"成帝召见王章，进一步询问。王章回答说："上天行事，耳聪目明，保佑善良，惩罚邪恶，用祥瑞或灾异作为效验的征兆。如今陛下因为没有亲子，而召见亲近定陶王，这是为了承接宗庙，以国家为重，上顺天意，下安民心，这是正确的决定和善事，上天应当报以祥瑞，怎么会招致灾异！灾异的发生，是因为大臣专权的缘故。现在听说大将军错将日食的发生归咎于定陶王，建议遣送他回封国。假如是想使天子在上面孤立，而由他专擅朝政，以便实现私欲，那他就不是忠臣了。而且发生日食，是阴气侵抑阳气，应归咎于臣下专权而压抑君王。如今大小政事都由王凤决定，天子连手都没有举过一次，王凤不从内心反省自责，反而归咎于善良的人，把定陶王排挤到远方。而且王凤诬陷欺骗不忠之事，不止一件。前丞相、乐昌侯王商，本是先帝的亲戚，品行敦厚，威望很高，历任将相，是国家栋梁之臣。他坚持正义，不肯违心地屈膝追随王凤。最后被王凤用闺房阴私之事而致罪罢黜，忧伤而死，百姓都怜惜他。又如，王凤明知他小妾的妹妹张美人已嫁过人，按礼不适宜上配至尊的皇帝，王凤却托言张美人适宜生男孩，将她献入后宫，用不正当的手段为小妾的妹妹谋取私利。然而，听说到现在张美人也未曾怀孕。而且，即使是羌人、胡人，还要杀死头胎婴儿，以洗女人的肠肚，使未来所生之子血统纯正。何况是天子，怎能亲近已嫁过人的女子！以上所说的三件都是大事，是陛下亲眼所见到的，根据这些，足以推知其余和另外那些所看不到的事情。陛下不可让王凤长期主持国事，应让他退官回到府第，另选忠诚贤能的人代替他！"

自从因王凤的弹劾，王商被罢黜，到后来遣送定陶王归国，成帝心里一直郁愤不平，此时听了王章的话，有所感触而醒悟，打算采纳他的建议。成帝对王章说：

“若不是京兆尹直言，我听不到国家大计。况且只有贤能者才了解贤能者，请你试为朕找一位能够辅政的人。”于是王章再上密封奏书，举荐信都王刘兴的舅父、琅邪太守冯野王，说他忠诚正直，又富于谋略。成帝从当太子时，就多次听说冯野王的声名，于是准备依靠他代替王凤。王章每次进见，成帝都命左右随从退出。但当时太后堂弟之子、侍中王音独自窃听，全部了解王章谈话的内容，并报告了王凤。王凤听了甚为忧虑恐惧。杜钦劝王凤搬出大将军府，回到原来的侯府，上书请求辞职退休，措辞十分哀痛。太后闻讯，为王凤流下眼泪，不肯进食。成帝从小就亲近倚靠王凤，不忍心罢黜他，就下诏以礼安抚，勉强他继续任职。于是王凤复行视事。

成帝让尚书弹劾王章，说：“王章明知冯野王先前因为是诸侯王的舅父，而外放补官，而却因私心，违制推荐，想让他在朝中任职，以阿谀攀附诸侯。又明知张美人已入宫侍奉皇帝，却狂妄地引述羌胡杀子洗肠的风俗，这不是所应说的话。”把王章交付司法官吏处理。廷尉说成是大逆罪，认为：“把皇帝比做羌胡蛮族，想使皇上绝嗣，背叛天子，私心为定陶王打算。”王章终于死在狱中，妻子儿女流放到合浦。从此，公卿见到王凤，都侧目而视。

冯野王恐惧不自安，就得了疾病。病假满三个月后，成帝批准他带职养病，他就跟妻子回到故乡杜陵就医。大将军王凤暗示御史中丞弹劾他说：“冯野王被皇上赐准带职养病，却私自趁便拿着虎符越过郡界回家，犯了奉诏不敬之罪。”杜钦给王凤上书说：“官秩为二千石的官员得了病，被批准带职养病而就此回家的，有前例可鉴。法令中并没有不许离郡的条文。经传上说：‘拿不准该不该赏赐的，姑且给予赏赐。’目的在于广施恩德，勉励有功之人。还说：‘拿不准该不该惩罚的，姑且赦免。’目的在于谨慎刑罚，免生差错。现在，不顾法令和前例，而以不敬的法条治罪，完全违背了‘拿不准该不该惩罚的，姑且赦免’的古训。即使认为二千石的高级官员管辖千里之地，负有军事上的重任，不应轻易离开辖郡，准备制定律条作为以后的法令，那么冯野王的罪过也在新的条文制定之前。刑罚和赏赐，关系国家的重大信誉，不可不慎重！”王凤不听，竟然罢免了冯野王的官职。

本年，任用陈留太守薛宣为左冯翊。薛宣担任郡长官，所到之处有治绩政声。薛宣的儿子薛惠当彭城令，薛宣曾经过彭城，他心里清楚儿子没有才干，便不问他行政方面的事。有人问薛宣说：“你为何不指教、告诫儿子官吏的职责？”薛宣笑着说：“为吏之道，以法令为师，可向法令讨教而学会。至于能干不能干，自有天分，怎么能够学呢？”众人传播称赞他的这番话，认为他的见解正确。

第三十一卷 汉纪二十三

译文诵读

孝成皇帝上之下阳朔三年（己亥，前22）

秋，王凤疾，天子数自临问，亲执其手涕泣曰："将军病，如有不可言，平阿侯谭次将军矣！"凤顿首泣曰："谭等虽与臣至亲，行皆奢僭，无以率导百姓，不如御史大夫音谨敕，臣敢以死保之！"及凤且死，上疏谢上，复固荐音自代，言谭等五人必不可用；天子然之。初，谭倨，不肯事凤，而音敬凤，卑恭如子，故凤荐之。八月，丁巳，凤薨。九月，甲子，以王音为大司马、车骑将军，而王谭位特进，领城门兵。安定太守谷永以谭失职，劝谭辞让，不受城门职；由是谭、音相与不平。

鸿嘉元年（辛丑，前20）

上始为微行，从期门郎或私奴十余人，或乘小车，或皆骑，出入市里郊野，远至旁县甘泉、长杨、五柞，斗鸡、走马，常自称富平侯家人。富平侯者，张安世四世孙放也。放父临，尚敬武公主，生放，放为侍中、中郎将，娶许皇后女弟，当时宠幸无比，故假称之。

二年（壬寅，前19）

初，元帝俭约，渭陵不复徙民起邑；帝起初陵，数年后，乐霸陵曲亭南，更营之。将作大匠解万年使陈汤为奏，请为初陵徙民起邑，欲自以为功，求重赏。汤因自请先徙，冀得美田宅。上从其言，果起昌陵邑。

夏，徙郡国豪桀赀五百万以上五千户于昌陵。

三年（癸卯，前18）

王氏五侯争以奢侈相尚。成都侯商尝病，欲避暑，从上借明光宫。后又穿长安城，引内沣水，注第中大陂以行船，立羽盖，张周帷，楫棹越歌。上幸商第，见穿城引水，意恨，内衔之，未言。后微行出，过曲阳侯第，又见园中土山、渐台，象白虎殿，于是上怒，以让车骑将军音。商、根兄弟欲自黥、劓以谢太后。上闻之，大怒，乃使尚书责问司隶校尉、京兆尹，知成都侯商等奢僭不轨，藏匿奸猾，皆阿纵，不举奏正法；二人顿首省户下。又赐车骑将军音策书曰："外家何甘乐祸败！而欲自黥、劓，相戮辱于太后前，伤慈母之心，以危乱国家！外家宗族强，上一身寖弱日久，今将一施之，君其召诸侯，令待府舍！"是日，诏尚书奏文帝诛将军薄昭故事。车骑将军音藉稿请罪，商、立、根皆负斧质谢，良久乃已。上特欲恐之，实无意诛也。

初，许皇后与班婕妤皆有宠于上。上尝游后庭，欲与婕妤同辇载，婕妤辞曰："观古图画，贤圣之君皆名臣在侧，三代末主乃有嬖妾；今欲同辇，得无近似之乎！"上善其言而止。太后闻之，喜曰："古有樊姬，今有班婕妤！"

其后，上微行过阳阿主家，悦歌舞者赵飞燕，召入宫，大幸；有女弟，复召入，姿性尤醲粹，左右见之，皆啧啧嗟赏。有宣帝时披香博士淖方成在帝后，唾曰："此祸水也，灭火必矣！"姊、弟俱为婕妤，贵倾后宫。许皇后、班婕妤皆失宠。于是赵飞燕谮告许皇后、班婕妤挟媚道，祝诅后宫，詈及主上。冬，十一月，甲寅，许后废处昭台宫，后姊谒皆诛死，亲属归故郡。考问班婕妤，婕妤对曰："妾闻'死生有命，富贵在天。'修正尚未蒙福，为邪欲以何望！使鬼神有知，不受不臣之诉；如其无知，诉之何益！故不为也。"上善其对，赦之，赐黄金百斤。赵氏姊、弟骄妒，婕妤恐久见危，乃求共养太后于长信宫。上许焉。

永始元年（乙巳，前16）

上欲立赵婕妤为皇后，皇太后嫌其所出微甚，难之。太后姊子淳于长为侍中，数往来通语东宫；岁余，乃得太后指，许之。夏，四月，乙亥，上先封婕妤父临为成阳侯。谏大夫河间刘辅上书，言："昔武王、周公，承顺天地以飨鱼、乌之瑞，然犹君臣祗惧，动色相戒。况于季世，不蒙继嗣之福，屡受威怒之异者乎！虽夙夜自责，改过易行，畏天命，念祖业，妙选有德之世，考卜窈窕之女，以承宗庙，顺神祇心，塞天下望，子孙之祥犹恐晚暮！今乃触情纵欲，倾于卑贱之女，欲以母天下，不畏于天，不愧于人，惑莫大焉！里语曰：'腐木不可以为柱；人婢不可以为主。'天人之所不予，必有祸而无福，市道皆共知之，朝廷莫肯壹言。臣窃伤心，不敢不尽死！"书奏，上使侍御史收缚辅，系掖庭秘狱，群臣莫知其故。

初，太后兄弟八人，独弟曼早死，不侯。太后怜之。曼寡妇渠供养东宫，子莽幼孤，不及等比。其群兄弟皆将军、五侯子，乘时侈靡，以舆马声色佚游相高。莽因折节为恭俭，勤身博学，被服如儒生；事母及寡嫂，养孤兄子，行甚敕备；又外交英俊，内事诸父，曲有礼意。大将军凤病，莽侍疾，亲尝药，乱首垢面，不解衣带连月。凤且死，以托太后及帝，拜为黄门郎，迁射声校尉。久之，叔父成都侯商上书，愿分户邑以封莽。长乐少府戴崇、侍中金涉、中郎陈汤等皆当世名士，咸为莽言，上由是贤莽，太后又数以为言。五月，乙未，封莽为新都侯，迁骑都尉、光禄大夫、侍中。宿卫谨敕，爵位益尊，节操愈谦，散舆马、衣裘振施宾客，家无所余；收赡名士，交结将、相、卿、大夫甚众。故在位者更推荐之，游者为之谈说，虚誉隆洽，倾其诸父矣。敢为激发之行，处之不惭恧。尝私买侍婢，昆弟或颇闻知，莽因曰："后将军朱子元无子，莽闻此儿种宜子。"即日以婢奉朱博。其匿情求名如此！

六月，丙寅，立皇后赵氏，大赦天下。

皇后既立，宠少衰。而其女弟绝幸，为昭仪，居昭阳舍，其中庭彤朱而殿上髹漆；切皆铜沓，黄金涂；白玉阶；壁带往往为黄金釭，函蓝田璧、明珠、翠羽饰之；自后宫未尝有焉。赵后居别馆，多通侍郎、宫奴多子者，昭仪尝谓帝曰："妾姊性刚，有如为人构陷，则赵氏无种矣！"因泣下凄恻。帝信之，有白后奸状者，帝辄杀之。由是后公为淫恣，无敢言者，然卒无子。

光禄大夫刘向以为王教由内及外，自近者始，于是采取《诗》《书》所载贤妃、贞妇兴国显家及孽、嬖乱亡者，序次为《列女传》，凡八篇；及采传记行事，著《新序》《说苑》，凡五十篇，奏之；数上疏言得失，陈法戒。书数十上，以助观览，补遗阙。上虽不能尽用，然内嘉其言，常嗟叹之。

昌陵制度奢泰，久而不成。刘向上疏曰："臣闻王者必通三统，明天命所授者博，非独一姓也。自古及今，未有不亡之国。孝文皇帝尝美石椁之固，张释之曰：'使其中有可欲，虽锢南山犹有隙。'夫死者无终极而国家有废兴，故释之之言为无穷计也。孝文寤焉，遂薄葬。棺椁之作，自黄帝始。黄帝、尧、舜、禹、汤、文、武、周公，丘垅皆小，葬具甚微；其贤臣孝子亦承命顺意而薄葬之，此诚奉安君父忠孝之至也。孔子葬母于防，坟四尺。延陵季子葬其子，封坟掩坎，其高可隐。故仲尼孝子而延陵慈父，舜、禹忠臣，周公弟弟，其葬君、亲、骨肉皆微薄矣，非苟为俭，诚便于体也。秦始皇葬于骊山之阿，下锢三泉，上崇山坟，水银为江、海，黄金为凫、雁，珍宝之臧，机械之变，棺椁之丽，宫馆之盛，不可胜原。天下苦其役而反之，骊山之作未成，而周章百万之师至其下矣。项籍燔其宫室，营宇，牧儿持火照求亡羊，失火烧其臧椁。自古及今，葬未有盛如始皇者也；数年之间，外被项籍之灾，内离牧竖之祸，岂不哀哉！是故德弥厚者葬弥薄，知愈深者葬愈微。无德寡知，其葬愈厚，丘垅弥高，宫阙甚丽，发掘必速。由是观之，明暗之效，葬之吉凶，昭然可见矣！陛下即位，躬亲节俭，始营初陵，其制约小，天下莫不称贤明；及徙昌陵，增庳为高，积土为山，发民坟墓，积以万数，营起邑居，期日迫卒，功费大万百余。死者恨于下，生者愁于上，臣甚闵焉！以死者为有知，发人之墓，其害多矣；若其无知，又安用大！谋之贤知则不说；以示众庶则苦之，若苟以说愚夫淫侈之人，又何为哉！唯陛下上览明圣之制以为则，下观亡秦之祸以为戒，初陵之模，宜从公卿大臣之议，以息众庶！"上感其言。

初，解万年自诡昌陵三年可成，卒不能就。群臣多言其不便者。下有司议，皆曰："昌陵因卑为高，度便房犹在平地上；客土之中，不保幽冥之灵，浅外不固。

卒徒工庸以巨万数，至然脂夜作，取土东山，且与谷同贾，作治数年，天下遍被其劳。故陵因天性，据真土，处势高敞，旁近祖考，前又已有十年功绪，宜还复故陵，勿徙民，便！”秋，七月，诏曰：“朕执德不固，谋不尽下，过听将作大匠万年言‘昌陵三年可成’，作治五年，中陵、司马殿门内尚未加功。天下虚耗，百姓罢劳，客土疏恶，终不可成，朕惟其难，怛然伤心。夫‘过而不改，是谓过矣’。其罢昌陵，及故陵勿徙吏民，令天下毋有动摇之心！”

二年（丙午，前15）

谷永为凉州刺史，奏奉京师，讫，当之部，上使尚书问永，受所欲言。永对曰：“臣闻王天下、有国家者，患在上有危亡之事而危亡之言不得上闻。如使危亡之言辄上闻，则商、周不易姓而迭兴，三正不变改而更用。夏、商之将亡也，行道之人皆知之；晏然自以若天有日，其能危，是故恶日广而不自知，大命倾而不寤，《易》曰：‘危者有其安者也，亡者保其存者也。’陛下诚垂宽明之听，无忌讳之诛，使刍荛之臣得尽所闻于前，群臣之上愿，社稷之长福也！

“元年，九月，黑龙见；其晦，日有食之。今年二月，己未夜，星陨；乙酉，日有食之。六月之间，大异四发，二二而同月。三代之末，春秋之乱，未尝有也。臣闻三代所以陨社稷，丧宗庙者，皆由妇人与群恶沈湎于酒；秦所以二世、十六年而亡者，养生泰奢，奉终泰厚也。二者，陛下兼而有之，臣请略陈其效：

“建始、河平之际，许、班之贵，倾动前朝，熏灼四方，女宠至极，不可上矣。今之后起，什倍于前。废先帝法度，听用其言，官秩不当，纵释王诛，骄其亲属，假之威权，从横乱政，刺举之吏，莫敢奉宪。又以掖庭狱大为乱阱，榜棰瘠于炮烙，绝灭人命，主为赵、李报德复怨。反除白罪，建治正吏，多系无辜，掠立迫恐。至为人起责，分利受谢，生入死出者，不可胜数。是以日食再既，以昭其辜。

“王者必先自绝，然后天绝之。今陛下弃万乘之至贵，乐家人之贱事，厌高美之尊号，好匹夫之卑字，崇聚僄轻无义小人以为私客，数离深宫之固，挺身晨夜，与群小相随，乌集杂会，醉饱吏民之家，乱服共坐，沉湎媟嫚，混淆无别，黾勉遁乐，昼夜在路，典门户、奉宿卫之臣执干戈而守空宫，公卿百僚不知陛下所在，积数年矣。

“王者以民为基，民以财为本，财竭则下畔，下畔则上亡。是以明王爱养基本，不敢穷极，使民如承大祭。今陛下轻夺民财，不爱民力，听邪臣之计，去高敞初陵，改作昌陵，役百乾溪，费拟骊山，靡敝天下，五年不成而后反故。百姓愁恨感天，饥馑仍臻，流散冗食，馁死于道，以百万数。公家无一年之畜，百姓无旬月之储，上下俱匮，无以相救。《诗》云：‘殷监不远，在夏后之世。’愿陛下追观夏、商、周、秦所以失之，以镜考已行，有不合者，臣当伏妄言之诛！

“汉兴九世，百九十余载，继体之主七，皆承天顺道，遵先祖法度，或以中兴，或以治安。至于陛下，独违道纵欲，轻身妄行，当盛壮之隆，无继嗣之福，有危亡之忧，积失君道，不合天意，亦以多矣。为人后嗣，守人功业如此，岂不负哉！方今社稷、宗庙祸福安危之机在于陛下；陛下诚能昭然远寤，专心反道，旧愆毕改，新德既章，则赫赫大异庶几可销，天命去就庶几可复，社稷、宗庙庶几可保！唯陛下留神反覆，熟省臣言！”

帝性宽，好文辞，而溺于宴乐，皆皇太后与诸舅夙夜所常忧；至亲难数言，故推永等使因天变而切谏，劝上纳用之。永自知有内应，展意无所依违，每言事辄见答礼。至上此对，上大怒。卫将军商密擿永令发去。上使侍御史收永，敕过交道厩者勿追；御史不及永，还。上意亦解，自悔。

十一月，壬子，擢方进为丞相，封高陵侯。以诸吏、散骑、光禄勋孔光为御史大夫。方进以经术进，其为吏，用法刻深，好任势立威；有所忌恶，峻文深诋，中伤甚多。有言其挟私诋欺不专平者，上以方进所举应科，不以为非也。光，褒成君霸之少子也，领尚书，典枢机十余年，守法度，修故事，上有所问，据经法，以心所安而对，不希指苟合；如或不从，不敢强谏争，以是久而安。时有所言，辄削草稿。以为章主之过以奸忠直，人臣大罪也。有所荐举，唯恐其人之闻知。沐日归休，兄弟妻子燕语，终不及朝省政事。或问光：“温室省中树，皆何木也？”光嘿不应，更答以他语，其不泄如是。

汉成帝阳朔三年（己亥，公元前22年）

秋季，王凤患病，成帝数次亲临探望，并亲自握着王凤的手流泪说：“将军染病，如有意外，我想让平阿侯王谭接替大将军！”王凤叩头哭泣说：“王谭等虽与我是至亲，但他们行事追求奢侈，超越本分，无法统率百姓，不如御史大夫王音谨慎小心，行事走正道。我敢用生命保举他！”及至王凤将死时，上书感谢皇恩，再次坚决推荐王音接替自己，说王谭等五人必不可用。成帝同意了。早先，王谭倨傲，不肯奉迎王凤。而王音则对王凤礼敬有加，卑恭如子，所以王凤保举他。八月，丁巳（二十四日），王凤去世。九月，甲子（初二），任命王音为大司马、车骑将军。赐王谭为特进，主管城门兵。安定太守谷永，因为王谭没有得到大将军的职位，劝他辞让，不接受主管城门的职务。自此王谭、王音互相不满，结下怨恨。

鸿嘉元年（辛丑，公元前20年）

成帝开始微服出行，跟随的期门郎或私奴有十余人，或乘小车，或全部骑马，出入市内街巷和郊野，远到邻县的甘泉、长杨、五柞，斗鸡走马，成帝还常自称是富平侯家人。所谓富平侯，是张安世的四世孙张放。张放的父亲张临，娶敬武公主为妻，生下张放。张放为侍中、中郎将，娶许皇后的妹妹为妻，当时所受荣宠，没有可以比得上的。因此成帝假称自己是富平侯家人。

二年（壬寅，公元前19年）

当初，汉元帝十分俭省节约，他的陵墓渭陵，不再强迫居民迁来，建立县邑。而成帝建筑他的初陵，经营数年后，又看上霸陵曲亭以南，就更改地点，重新营建。将作大匠解万年，让陈汤替他上奏，请求为成帝新建陵墓迁移居民，建立县邑，想以此为自己邀功，求得重赏。陈汤因而请求准许他最先搬迁，希图分到肥沃的田地和美好的住宅。皇上听从他们的建议，果然设立了昌陵邑。

夏季，下令迁移郡国豪族资产在五百万以上的五千户，充实昌陵地区。

能歌善舞的赵飞燕

三年（癸卯，公元前18年）

王氏五侯竞相崇尚奢华。成都侯王商曾得病，想找个避暑的地方，就向皇上借用明光宫。后来，他又凿穿长安城墙，引来沣水，注入他家宅第中的大水池，使可以行船取乐。游船上树立羽毛华盖，四周全都张挂帷幔，还命令划船的人唱越歌。有一次，成帝到王商的府第，看见池水是穿城挖渠引来的，十分恼怒，但只含恨隐忍，没有说话。后来，成帝微服出行时，经过曲阳侯府第，看见园中修筑土山、渐台，模仿白虎殿，于是成帝大怒，用五侯僭越的罪行指责车骑将军王音。王商、王根兄弟十分恐慌，就想用在自己脸上刺字割鼻的办法，向太后谢罪。成帝听说后，更加怒不可遏，就派尚书去责问司隶校尉和京兆尹；明知成都侯王商等奢侈、僭越等种种不轨行为，甚至窝藏坏人，却都阿谀纵容，不举奏揭发，将他们绳之以法。司隶校尉和京兆尹两人在禁宫门外叩头请罪。成帝又给车骑将军王音下策书说："外戚为什么自己甘愿犯罪从而败落呢？竟然打算给自己刺面割鼻，在太后面前摆出一副受戮辱的样子，大伤太后的慈母之心，从而危害搅乱国家。外戚宗族势力过强，朕在他们的包围熏染下，很长一段时间都软弱无所作为，今天我要对他们一一处罚。你立即把王商等人召到你那里，等待处理！"这天，成帝还诏令尚书，奏报汉文帝诛杀将军薄昭的旧事。车骑将军王音坐在草垫子上，请罪待刑。王商、王立、王根都背负刀斧和砧板，表示谢罪待刑。过了很久，此事才平息。成帝不过是要恐吓他们，实在并没有诛杀他们的意思。

最初，许皇后与班婕妤都受成帝宠爱。有一次，成帝在后宫庭院游玩，想跟班婕妤同乘一辆车，班婕妤推辞说："我观看古代的图画，圣贤的君王身旁，都跟随

班婕妤

着名臣，而三代末世的君王身旁，才有宠妾。现在陛下想让我同车，是不是有些相似呢！”成帝对她的回答很赞赏，也就不再勉强。太后听说了，高兴地说：“古代有樊姬，今天有班婕妤！”

此后，成帝微服出行，到阳阿公主的家，喜欢上公主家的歌舞女赵飞燕，把她召入宫中，大加宠爱。赵飞燕有个妹妹，也被召入宫，姿容特别美艳，毫无瑕疵。成帝左右的人看见她，都惊叹赞赏。有位汉宣帝时的披香博士淖方成，当时正站在成帝身后，却唾口水说：“这是祸水呀，定会扑灭汉王朝之火！”赵飞燕姐妹俩都被封为婕妤，一时尊贵荣宠，压倒后宫。许皇后、班婕妤都失宠了。于是赵飞燕向成帝进谗言说，许皇后、班婕妤用妖术诅咒后宫得宠的美人，甚至连皇上都骂到了。冬季，十一月，甲寅（十六日），许后被废，迁居昭台宫。许后的姐姐许谒等人全被诛杀，许后的亲属被逐归原郡。审讯班婕妤时，班婕妤回答说：“我听说‘死生有命，富贵在天’。我修行持正，尚且没有享到幸福，如果做邪的事，就更不用想有好结果了。假使鬼神有知，不会听取诅咒主上的恶诉；假使鬼神无知，向鬼神诉说又有什么用呢？所以用妖术诅咒之事，我不会做的。”成帝认为她说的有道理，就赦免了她，并赐黄金百斤。赵氏姐妹骄横妒嫉，班婕妤怕时间长了，终为所害，就请求到长信宫侍奉太后。皇上予以批准。

永始元年（乙巳，公元前16年）

成帝想封赵飞燕为皇后，但皇太后嫌她出身太微贱，从中阻拦。太后姐姐的儿子淳于长任侍中，多次往来于东宫，为成帝传话。经过一年多，才得到太后的旨意，予以允许。夏季，四月，乙亥（十五日），成帝先封赵飞燕的父亲赵临为成阳侯。谏大夫、河间人刘辅上书说：“往昔武王、周公承顺天地，因而有白鱼入王舟、火焰变乌鸦的祥瑞，然而君臣仍然心怀恭敬和恐惧，脸为变色，互相诫勉。何况现在正处末世，没有太子降生的福气，却屡次遭受上天降威震怒的变异呢！虽然日夜自责检讨，改过易行，敬畏天命，思念祖宗大业，精选品德高尚的家族，从中稽考挑选窈窕淑女，以承奉宗庙，顺从神灵之心，满足天下人的希望，然而要想有生子生孙的福气，仍然恐怕太晚！可是陛下现在却放纵情欲，倾心迷恋卑贱之女，想让这样的女子做天下之母，既不畏惧上天，又不愧于人，陛下的迷惑，没有比现在更大的了！俚语说：‘腐木不可用做梁柱，婢女不可成为主人。’上天和人民都不赞成的事情，必然有祸而无福，这是街市小民和路人都懂得的道理，朝廷却没有人肯说一句话，我为此痛心，不敢不冒死劝谏。”奏章上去后，成帝派侍御史逮捕了刘辅，囚禁在宫廷秘密监狱里。群臣都不知道他被捕的原因。

最初，太后有兄弟八人，唯独弟弟王曼早死，没有封侯。太后怜惜他，把王曼的遗孀渠供养在东宫。王曼的儿子王莽，从小成孤儿，不能与其他人相比。那些兄弟的父亲都是将军、王侯，可以凭父亲当时的地位恣意奢华，在车马声色放荡游乐方面互相竞赛。而王莽是屈己下人，态度谦恭，勤学苦修，学识渊博，穿着像一般的儒生。侍奉母亲跟寡嫂，抚养亡兄的孤儿，十分尽心周到。同时，在外结交的都是些俊杰之士，在内对待诸位伯父叔父，能委曲迁就，礼敬有加。大将军王凤病重时，王莽侍候他，亲口尝药，一连几个月都不能解衣入睡，因而蓬头垢面。王凤将死时，把王莽托付给太后及成帝，王莽因此被封为黄门郎，以后又升任射声校尉。很久以后，叔父成都侯王商上书，表示愿分出自己封地上的土地和百姓，请求皇上封给王莽。长乐少府戴崇、侍中金涉、中郎陈汤等，都是当代名士，也都为王莽美言。成帝因而认为王莽贤能，太后又屡次以此嘱咐成帝。五月，乙未（初六），封王莽为新都侯，升为骑都尉、光禄大夫、侍中。王莽在宫廷服务谨慎尽心，爵位越尊贵，他的礼节操守越谦恭。他把自己的车马、衣物、皮裘周济给门下宾客，而自己却家无余财。他收罗赡养名士，结交很多将、相、卿、大夫。因而在位的官员轮番向皇帝推荐他，善游说的人也为他到处宣传，虚假不实的声誉隆盛无比，压过了他的诸位伯父叔父。他敢于做违俗立异的事情，而又安然处之，毫无愧色。王莽曾私下买了一个婢女，兄弟中有人听说了，王莽于是辩解：“后将军朱子元没有儿子，我听说此女有宜男相。”当天就把婢女奉送给朱博。他就是这样隐匿真情博取名声！

六月丙寅（七日），成帝封赵飞燕为皇后，大赦天下。

赵飞燕当上皇后以后，成帝对她的宠爱稍有衰退。而她的妹妹却受宠空前，被封为昭仪，赐住昭阳舍，居处中庭全用朱红色，而殿上则漆成黑色。门限全用铜包，再涂以黄金。台阶用白玉雕成。屋内墙壁上带状的横木，处处嵌有黄金环，环内镶上蓝田玉璧、明珠、翠羽来装饰。其奢华是后宫从来没有过的。赵皇后居住在另外一个宫殿，跟侍郎和多子的宫奴屡次私通。赵昭仪曾对成帝说：“我姐姐性格刚烈，假如被人指控陷害，则我们赵氏就要绝种了！”趁势哭得十分凄恻。成帝相信了她的话，有报告皇后奸情的人，成帝就把他杀死。从此，赵皇后公然恣意宣淫，没有人敢报告了，然而始终不生孩子。

光禄大夫刘向认为，国家的道德风化教育，应该由内及外，先从皇帝身边的人开始。于是摘录《诗经》《书经》所记载的贤妃、贞妇使国家振兴、家族显达的事迹，以及君王因宠爱嫔妃，造成天下大乱、国家灭亡的故事，按次序，编成《列女传》，共八篇；并采录传、记、行事，著《新序》《说苑》共五十篇。书成，奏请成帝阅览。他还屡次上书，谈论国家政治得失，陈述应当效法或鉴戒的史事。前后上书数十次，想帮助天子观察政事，补救错误和遗漏。成帝对他的建议，虽不能都采用，但内心却很赞同，常感叹不已。

昌陵工程规划庞大、奢华，历时很久都未能完成。刘向上书说："我听说君王必须通达天、地、人三统，明白天命可以授予的人，是很多的，并非只一姓。自古到今，没有不灭亡的国家。孝文皇帝曾经赞美石棺椁的坚固，张释之说：'假使其中有人们想得到的东西，就是用铜铁浇铸南山，人们仍会凿出隙缝。'死亡的事永远不会有完，国家有兴有废，因此张释之的话，是为文帝做长远的打算。孝文帝醒悟，于是采用薄葬。安葬使用棺椁，自黄帝开始。黄帝、尧、舜、禹、汤、周文王、周武王、周公，坟冢都很小，葬具极简单。他们的贤臣孝子也秉承命令顺从意旨，实行薄葬，这才是令君父平安的至为忠孝的做法。孔子把母亲安葬在防，坟高四尺。延陵人季子埋葬他的儿子，隐蔽坟丘，低矮得几乎看不出来。所以说，孔子是孝子，而季子是慈父，舜、禹是忠臣，而周公能友爱兄弟。他们安葬君王、父母、骨肉亲人都很简单微薄。并非草率而实行节俭，实在是为了便于实行。秦始皇葬在骊山旁，堵塞了地下深处的三重泉，把坟丘堆得像山一样高，墓室里用水银做成江、海，用黄金做成野鸭、飞雁。珍宝的收藏、机械的巧妙、棺椁的华丽、宫殿的宏伟，后世不能超越、重现。天下不堪修陵徭役的困苦，纷纷反叛。骊山坟墓还没修完，周章率领的百万抗秦大军已打到骊山脚下。项羽烧了宫殿、屋宇，牧童手持火把到墓中寻找丢失的羊，失火烧毁了隐藏其中的棺椁。自古到今，厚葬还没有超过秦始皇的，然而数年之间，外受项羽纵火之灾，内遭牧童失火之祸，岂不可悲！因而恩德越深厚者，安葬越简陋，智慧越高深者，安葬越微薄。反而是无德又无智慧的人，安葬越奢华，坟墓也越高大，宫殿十分宏丽，必然迅速被人发掘。由此观之，明显与隐蔽的不同效果，安葬的吉祥与凶险，不是昭然可见吗？陛下即位之初，亲自推行节俭，最早营建的陵，规模很小，天下没有不称颂陛下贤明的。然而后来改迁昌陵，把低下的地方增高，堆土成山，挖掘人民的祖先坟墓，累计达到一万多座，而又设立县邑，修建房舍，限期急迫，功时费用超过万百。工程中死去的人在地下含恨，活着的人在地上愁苦，使人无限痛惜！如果认为死后有知，那么铲除别人坟墓，灾害恐怕无法估计；如果认为死后无知，又何必把坟墓修得如此之大？贤能的人不会喜悦，而小民却怀无边怨恨。假定只为了使愚昧奢侈的人高兴，却又何必？请陛下上观

赵飞燕起舞图

圣明的制度，作为效法，下看秦朝灭亡的祸害，作为鉴戒。预定墓地的规模，最好听从公卿大臣的建议，安抚人民！”皇上深为他的话感动。

当初，解万年诡称昌陵三年可以建成，最后不能完工。群臣大多认为修筑昌陵不利，成帝把群臣的奏议交付有关官署讨论，都认为：“昌陵把低地堆土增高，但估计地宫中的宝座位置仍在平地上。由于堆坟的土从别处运来，难以保护幽灵的平安，陵墓的浅表外层也不坚固。修筑陵墓使用士卒、罪徒、夫役、工匠的费用以万万计，甚至燃点油脂照明，连夜赶工。要远到东山去取土，运费昂贵，土价几乎与谷价相等。兴工数年，天下都感疲劳。原来的初陵，由于天然条件有利，坟土都是原地之土，所处地势高而开阔，又在祖父、父亲的陵墓近旁，又已有从前十年兴作的基础，应该仍恢复从前的初陵，不再移民，才是上策！”秋季，七月，成帝下诏说：“朕不能坚持以德治国，又没有广泛征求臣下的意见，错误地听信将作大匠解万年所说‘昌陵三年便可修成’的话，修筑昌墓五年，中陵、司马殿门内现在还没开始修建，使得天下虚耗，百姓疲劳。从远处运来的坟土疏松而质地差，陵墓终究不能修成。朕想到修陵的艰难，感到惊骇而又伤心。古人说：‘有过失而不改正，才是真正的过失。’朕命令撤销昌陵，恢复以前的初陵，而且不再迁移吏民，使天下人心安定。”

二年（丙午，公元前15年）

谷永为凉州刺史，到京师奏事完毕，正准备返回凉州，成帝派尚书去问谷永，有什么想说的话可由尚书转告。谷永回答说：“我听说君临天下、主宰国家的人，忧患在于上有危亡的事情，而指出挽救危亡的建议却不能上达君王。如若能很快上达，那么商、周就不会‘改姓而接替兴起，历法也不会做三次改变而更换使用。夏、商行将灭亡，行路之人都很清楚，而君王却安然自得，自以为就像天上永远有太阳一样，没有谁能危害他。因此罪恶日增而自己还毫无觉察’，直到王位倾覆，仍不醒悟。《易经》说：‘危机出现时，有使其转危为安的办法；国家将亡时，有使其保全长存的措施。’陛下若能宽容地垂听下面的建议，不因言论触犯忌讳就加以诛杀，使地位低下如草芥的臣子也能在陛下面前畅所欲言，那就是群臣最大的愿望，也是国家的长久福气！

“去年九月，出现黑龙，同月三十日，发生日食。今年二月二十八日夜晚，有陨星坠落，同月三十日，又出现日食。六个月之间，大的变异就发生四次，而且两两同月发生。夏、商、周三代之末，春秋乱世，也未曾出现过。我听说三代之所以国家灭亡、宗庙丧失，都是由于妇人和一群恶人沉湎于酒；秦王朝之所以仅传二世、历十六年就灭亡，是由于奉养活着的皇帝太过奢侈，埋葬死去的皇帝又太过丰厚。以上两方面，陛下兼而有之。我请求大略陈述其后果：

“建始、河平年间，许氏、班氏显贵，权倾朝廷，势焰熏灼四方，对美女宠爱之甚，无以复加。如今对后来的美女的宠爱，更十倍于前。废除先帝的法令制度，听信采用她们的话，不妥当地升或罢贬官员，甚至纵容释放触犯王法应处死刑的人。使她们的亲属骄横不可一世，借天子的威权，横行霸道，扰乱国政。负责监察和举荐的官员，谁都不敢按法令行事。她们还利用宫廷秘密监狱，滥肆设陷捕人，用棍棒捶击拷打，比炮烙之刑还要惨痛，甚至打人至死。国家的法律，成了替赵、李两家报恩复仇的工具，罪证确凿的，反而被免除；受到弹劾惩处的，是正直的官员。狱中关押的多是无辜之人，用逼迫恐吓的手段进行拷问。赵、李二家甚至为人放债，分取利钱和接受谢礼，活着入狱，死后才出牢者不可胜数。因此日食才接连发生，以昭示赵、李两家的罪过。

“君王必然首先自绝于上天，然后上天才会使其灭亡。而今陛下放弃了拥有万乘兵车的天子身份，喜好平民所做的下贱之事，厌恶崇高美好的尊号，却喜好匹夫的贱名。推重和聚集一些轻佻无义的小人，作为私人门客。多次离开禁卫森严的皇宫，不顾危险，不分早晚，和众小人混在一起，像乌鸦聚集似的，乱七八糟的人会合在一起，跑到吏民家里大吃大喝，穿着不合身份的服装同坐在一起，沉湎于轻狂的嬉闹，上下混淆，没有区别，尽力追逐跑闹取乐，陛下白天黑夜都在路上奔波，让掌管门户、负责宿卫的臣子手执武器而守护着空宫，公卿百官不知道皇帝在什么地方。这种状况，已存在数年了。

“君临天下的人以人民为基础，人民以财产为根本。财源枯竭，则下面可反叛；下面反叛，则上层要灭亡。因此圣明的君王爱护培养根基，不敢无穷尽地盘剥，役使人民像举行祭祀大典那样谨慎，而今陛下轻率地夺取人民的财物，不爱惜民力，听信奸邪之臣的主意，舍去地势高而开阔的初陵，改建昌陵，工役百倍于楚灵王，费用可与秦始皇骊山墓相比，使天下疲惫。五年修不成，而又返回修筑原先的初陵。百姓的愁恨感动上天，饥馑频繁到来，人民流散，四处讨饭，饿死于道者，数以百万计。国家府库没有一年的储备，百姓没有一个月的存粮，上下均匮，没有办法互相救济。《诗经》说：‘殷商的鉴戒不远，只看夏朝如何灭亡便知。’愿陛下追溯夏、商、周、秦之所以失天下的原因，用它作镜子来检查自己的行为，如有不符合的，我应当接受妄言之罪的惩罚！

“汉朝兴起，已传九世，一百九十余年，继承王位的君主有七位，他们都是承天命顺正道，遵奉先祖的法度，或使国家中兴，或使天下大治安定。至于陛下，唯独违背正道，纵欲贪欢，看轻自己的身份，胡行妄为。正当盛壮之年，却没有生下太子的福气，反而有危亡的忧虑。合计起来，陛下失去君王之道，不合天意的地方也太多了。作为刘姓后嗣守护祖先功业竟如此糟糕，岂不有负于祖先！现在，关系国家宗庙祸福安危的关键，正掌握陛下手里。陛下如能明白过来，一心回到正道上，将过去的过错全部改正，让新的恩德显明以后，则巨大的灾异也许可以消除，准备抛弃陛下的天命也许可复回，国家、宗庙也许可以保全。请陛下留神反复考虑，好好想一下我的话。”

成帝性情宽厚，喜好文辞而沉溺于欢宴娱乐之中，这都使皇太后和诸位舅父日夜忧虑不安。可是作为至亲，不好再三劝说，因此就推给谷永等人，请他们趁天变恳切地劝谏，使成帝能采纳实行他们的建议。谷永自知宫内有人支持，因而畅所欲言，毫无顾忌。他往常每次奏事，总是得到有礼的回答。到这次上奏，成帝却大发怒火。卫将军王商秘密指使谷永赶快离开。成帝派侍御史逮捕谷永，并敕令追过交道厩就不要再追了。御史没有追上谷永，便回来。成帝的怒气也平息下来，自己感到懊悔。

十一月，壬子（初二），擢升翟方进为丞相，封高陵侯。任命诸吏、散骑、光禄勋孔光为御史大夫。翟方进由于精通儒学经术而升迁，他做官，引用法令严厉苛刻，喜好凭借官势树威。凡被他忌恨嫌恶的，都用最严厉的条文深加诋毁，有很多人被他中伤。有人说他挟有私心，诬陷欺骗，处理事务不专一公平。而成帝认为，翟方进所做的决定，都以律条为根据，并无错处。孔光是褒成君孔霸的小儿子，主管尚书，负责中枢机要事务有十余年，遵守法度，凡事依照成规前例行事。成帝有所提问，他引据经典和法令，用自己心中认为是正确的话来回答，不希图苟且迎合成帝的意图。成帝有时不听从采纳，他从不敢强自谏争，因此长期安然无祸。有时也想有所建议，奏书写完，马上毁掉草稿，认为以显示主上的过错来谋取忠直的名声，实为人臣的大罪。有时向成帝举荐人才，唯恐本人知道感恩。假日回家休息，与兄弟、妻子儿女说起家常话，始终只字不提朝廷和尚书省的政事。甚至有人问孔光：“皇宫内温室殿中的树木，都是些什么树？”他都默然不应，或回答些其他的话。孔光就是这样不泄露朝中之事。

第三十二卷　汉纪二十四

译文诵读

孝成皇帝中元延元年（己酉，前12）

上以灾变，博谋群臣。北地太守谷永对曰："王者躬行道德，承顺天地，则五征时序，百姓寿考，符瑞并降；失道妄行，逆天暴物，则咎征著邮，妖孽并见，饥馑荐臻；终不改寤，恶洽变备，不复谴告，更命有德。此天地之常经，百王之所同也。加以功德有厚薄，期质有修短，时世有中季，天道有盛衰。陛下承八世之功业，当阳数之标季，涉三七之节纪，遭'无妄'之卦运，直《百六》之灾厄，三难异科，杂焉同会。建始元年以来，二十载间，群灾大异，交错锋起，多于《春秋》所书。内则为深宫后庭，将有骄臣悍妾、醉酒狂悖卒起之败，北宫苑囿街巷之中、臣妾之家幽闲之处徵舒、崔杼之乱；外则为诸夏下土，将有樊并、苏令、陈胜，项梁奋臂之祸。安危之分界，宗庙之至忧，臣永所以破胆寒心，豫言之累年。下有其萌，然后变见于上，可不致慎！祸起细微，奸生所易。愿陛下正君臣之义，无复与群小媟黩宴饮；勤三纲之严，修后宫之政，抑远骄妒之宠，崇近婉顺之行；朝觐法驾而后出，陈兵清道而后行，无复轻身独出，饮食臣妾之家。三者既除，内乱之路塞矣。诸夏举兵，萌在民饥馑而吏不恤，兴于百姓困而赋敛重，发于下怨离而上不知。《传》曰：'饥而不损，兹谓泰，厥咎亡。'比年郡国伤于水灾，禾麦不收，宜损常税之时，而有司奏请加赋，甚缪经义，逆于民心，市怨趋祸之道也。臣愿陛下勿许加赋之奏，益减奢泰之费，流恩广施，振赡困乏，敕劝耕桑，以慰绥元元之心，诸夏之乱庶几可息！"

中垒校尉刘向上书曰："臣闻帝舜戒伯禹'毋若丹朱傲'，周公戒成王'毋若殷王纣'，圣帝明王常以败乱自戒，不讳废兴，故臣敢极陈其愚，唯陛下留神察焉！

"谨按《春秋》二百四十二年，日食三十六，今连三年比食，自建始以来，二十岁间而八食，率二岁六月而一发，古今罕有。异有小大希稠，占有舒疾缓急，观秦、汉之易世，览惠、昭之无后，察昌邑之不终，视孝宣之绍起，皆有变异著于汉纪。天之去就，岂不昭昭然哉！臣幸得托末属，诚见陛下宽明之德，冀销大异而兴高宗、成王之声，以崇刘氏，故恳恳数奸死亡之诛！天文难以相晓，臣虽图上，犹须口说，然后可知；愿赐清燕之间，指图陈状！”上辄入之，然终不能用也。

特进、安昌侯张禹请平陵肥牛亭地。曲阳侯根争，以为此地当平陵寝庙，衣冠所出游道，宜更赐禹他地。上不从，卒以赐禹。根由是害禹宠，数毁恶之。天子愈益敬厚禹，每病，辄以起居闻，车驾自临问之，上亲拜禹床下，禹顿首谢恩。禹小子未有官，禹数视其小子；上即禹床下拜为黄门郎、给事中。禹虽家居，以特进为天子师，国家每有大政，必与定议。

时吏民多上书言灾异之应，讥切王氏专政所致，上意颇然之，未有以明见，乃车驾至禹弟，辟左右，亲问禹以天变，因用吏民所言王氏事示禹。禹自见年老，子孙弱，又与曲阳侯不平，恐为所怨，则谓上曰：“《春秋》日食、地震，或为诸侯相杀，夷狄侵中国。灾变之意，深远难见，故圣人罕言命，不语怪神，性与天道，自子贡之属不得闻，何况浅见鄙儒之所言？陛下宜修政事，以善应之，与下同其福喜，此经义意也。新学小生，乱道误人，宜无信用，以经术断之。”上雅信爱禹，由此不疑王氏。后曲阳侯根及诸王子弟闻知禹言，皆喜说，遂亲就禹。

故槐里令朱云上书求见，公卿在前，云曰：“今朝廷大臣，上不能匡主，下无以益民，皆尸位素餐，孔子所谓‘鄙夫不可与事君，苟患失之，亡所不至’者也！臣愿赐尚方斩马剑，断佞臣一人头以厉其余！”上问：“谁也？”对曰：“安昌侯张禹！”上大怒曰：“小臣居下讪上，廷辱师傅，罪死不赦！”御史将云下；云攀殿槛，槛折。云呼曰：“臣得下从龙逄、比干游于地下，足矣！未知圣朝何如耳！”御史遂将云去。于是左将军辛庆忌免冠，解印绶，叩头殿下曰：“此臣素著狂直于世，使其言是，不可诛；其言非，固当容之。臣敢以死争！”庆忌叩头流血；上意解，然后得已。及后当治槛，上曰：“勿易，因而辑之，以旌直臣！”

四年（壬子，前9）

中山王兴、定陶王欣皆来朝，中山王独从傅，定陶王尽从傅、相、中尉。上怪之，以问定陶王，对曰：“令诸侯王朝，得从其国二千石。傅、相、中尉，皆国二千石，故尽从之。”上令诵《诗》，通习，能说。他日，问中山王：“独从傅在何法令？”不能对；令诵《尚书》，又废；及赐食于前，后饱；起下，袜系解。帝由此以为不能，而贤定陶王，数称其材。是时诸侯王唯二人于帝为至亲，定陶王祖母傅太后随王来朝，私赂遗赵皇后、昭仪及票骑将军王根。后、昭仪、根见上无子，亦欲豫自结，为长久计，皆更称定陶王。劝帝以为嗣。帝亦自美其材，为加元服而遣之，时年十七矣。

绥和元年（癸丑，前8）

上召丞相翟方进、御史大夫孔光、右将军廉褒、后将军朱博入禁中，议“中山、定陶王谁宜为嗣者？”方进、根、褒、博皆以为：“定陶王，帝弟之子。

《礼》曰‘昆弟之子，犹子也。为其后者，为之子也。’定陶王宜为嗣。”光独以为：“礼，立嗣以亲。以《尚书·盘庚》殷之及王为比，兄终弟及。中山王，先帝之子，帝亲弟，宜为嗣。”上以“中山王不材；又礼，兄弟不得相入庙”，不从光议。二月，癸丑，诏立定陶王欣为皇太子，封中山王舅谏大夫冯参为宜乡侯，益中山国三万户，以慰其意。使执金吾任宏守大鸿胪，持节征定陶王。定陶王谢曰：“臣材质不足以假充太子之宫；臣愿且得留国邸，旦夕奉问起居，俟有圣嗣，归国守藩。”书奏，天子报“闻”。戊午，孔光以议不合意，左迁廷尉；何武为御史大夫。

上以太子既奉大宗后，不得顾私亲，十一月，立楚孝王孙景为定陶王。太子议欲谢；少傅阎崇以为“为人后之礼，不得顾私亲，不当谢”，太傅赵玄以为“当谢”，太子从之，诏问所以谢状，尚书劾奏玄，左迁少府；以光禄勋师丹为太傅。

初，太子之幼也，王祖母傅太后躬自养视；及为太子，诏傅太后、丁姬自居定陶国邸，不得相见。顷之，王太后欲令傅太后、丁姬十日一至太子家，帝曰：“太子承正统，当共养陛下，不得复顾私亲。”王太后曰：“太子小而傅太后抱养之；今至太子家，以乳母恩耳，不足有所妨！”于是令傅太后得至太子家；丁姬以不养太子，独不得。

卫尉、侍中淳于长有宠于上，大见信用，贵倾公卿，外交诸侯、牧、守，赂遗、赏赐累巨万，淫于声色。许后姊孊为龙雒思侯夫人，寡居；长与孊私通，因取为小妻。许后时居长定宫，因孊赂遗长，欲求复为婕妤。长受许后金钱乘舆、服御物前后千余万，诈许为白上，立为左皇后。孊每入长定宫，辄与孊书，戏侮许后，嫚易无不言；交通书记，赂遗连年。

时曲阳侯根辅政，久病，数乞骸骨。长以外亲居九卿位，次第当代根。侍中、骑都尉、光禄大夫王莽心害长宠，私闻其事。莽侍曲阳侯病，因言：“长见将军久病意喜，自以当代辅政，至对衣冠议语署置。”具言其罪过。根怒曰：“即如是，何不白也！”莽曰：“未知将军意，故未敢言！”根曰：“趣白东宫！”莽求见太后，具言长骄佚，欲代曲阳侯；私与长定贵人姊通，受取其衣物。太后亦怒曰：“儿至如此！往，白之帝！”莽白上；上以太后故，免长官，勿治罪，遣就国。

初，红阳侯立不得辅政，疑为长毁谮，常怨毒长；上知之。及长当就国，立嗣子融从长请车骑，长以珍宝因融重遗立。立因上封事，为长求留曰：“陛下既托文以皇太后故，诚不可更有他计。”于是天子疑焉，下有司按验。吏捕融，立令融自杀以灭口。上愈疑其有大奸，遂逮长系洛阳诏狱，穷治。长具服戏侮长定宫，谋立左皇后，罪至大逆，死狱中。

方进智能有余，兼通文法吏事，以儒雅缘饰，号为通明相，天子器重之。又善求人主微指，奏事无不当意。方淳于长用事，方进独与长交，称荐之。及长坐大逆诛，上以方进大臣，为之隐讳，方进内惭，上疏乞骸骨，上报曰：“定陵侯长已伏其辜，君虽交通，传不云乎：‘朝过夕改，君子与之。’君何疑焉！其专心壹意，毋怠医药，以自持。”

上以王莽首发大奸，称其忠直；王根因荐莽自代。丙寅，以莽为大司马，时年三十八。莽既拔出同列，继四父而辅政，欲令名誉过前人，遂克己不倦。聘诸贤良以为掾、史，赏赐、邑钱悉以享士，愈为俭约。母病，公卿列侯遣夫人问疾，莽妻迎之，衣不曳地，布蔽膝，见之者以为僮使，问知其夫人。其饰名如此。

汉成帝元延元年（己酉，公元前12年）

因为发生灾害和变异，成帝广泛地征求群臣的意见。北地太守谷永回答说：“作为君主，若亲身实行道德，承顺天地的旨意，那么自然的五种征候，会按顺序正常运转，百姓会长寿，祥瑞征兆会同时降临。若不按正道行事，违背上天的旨意，浪费财物，则罪责的征兆就会尤其显著，妖孽同时出现，饥荒连续发生。若终不醒悟改悔，恶行普遍，上天就不再作谴责的警告，而将天命归于另一位有德的君王。这是天地的正常规律，它对所有的君王都是一视同仁的。此外，还会考虑到君王的功德有厚有薄，期限有长有短，资质有高有低，所处时代有中期、晚期，同时天道本身的变化也有盛有衰。陛下继承西汉八位皇帝的功业，正当阳数中的末季，接近二百一十年的劫数，遭逢《易经》上‘无妄’卦的命运，正当‘百六’之灾难，三种灾难性质都不一样，但却掺杂会合在一起。建始元年以来，二十年间，各种灾害和大的天象变异，如群蜂四起，比《春秋》记载的还要多。这表示：对内来说，深宫后庭之中，将有骄横的内臣和凶悍的姬妾，醉酒狂乱，突然来败坏国家。北宫花园街巷之中，侍臣和姬妾家里的幽静之处，将会发生夏征舒、崔杼那样的变乱；对外来说，普天之下，将会发生樊并、苏令、陈胜、项梁之辈奋臂造反的灾祸。现在正处在平安和危机的分界线上，是宗庙能否保存的最为忧愁的时期，所以我谷永甘冒胆破心寒的杀头之祸，连年发出这种预言。下面有变乱的萌芽，然后才会在上面演化成变乱，怎能不谨慎！祸患是从细微逐渐发展而来，奸恶是因轻视忽略而产生。愿陛下端正君臣大义，再不要与那群小人亲狎，玷污身份，同他们在一起饮宴。应严格按照‘三纲’的原则，治理后宫，压制疏远那些骄横妒嫉的宠妃，尊崇贞婉、顺服的德行。出门时，要先朝见皇太后，使用皇帝仪仗，然后才可出宫，在街上布列士兵，清道戒严之后才可走上街头。不要再仅带几个随从就独自出宫，到臣妾家吃饭饮酒。以上三点除去以后，发生内乱的道路就被堵死了。而今天下到处举兵谋反，变乱萌发于人民饥荒而官吏不加体恤，产生于百姓困苦而赋敛沉重，发端于下层人民怨恨背离而上面却不知道。《洪范·传》说：‘人民饥饿不减少赋税，却宣称国泰民安，一定蒙祸而死。’郡国连年遭受水灾的损失，禾麦不收，这正是应该减免赋税的时候，而有关官署却奏请增加赋税，这与儒家经典的大义甚为不符，不顺民心，是招怨惹祸的做法。我请求陛下不批准加赋的奏文，再减少一些奢华的费用，广泛地布施恩泽，赈济赡给困乏之人，下敕书劝民勤于耕田植桑，以此来安抚小民之心，各地的叛乱也许就可平息！”

中垒校尉刘向上书说：“我听说，帝舜曾警告伯禹：‘不要像丹朱那么骄傲。’周公曾告诫成王：‘不要学殷纣王。’圣明的帝王，常以败亡变乱的事例告诫自己，不忌讳谈论王朝的废兴，因此我才敢极力陈述愚昧的见解，请陛下留神考察！

“查考《春秋》二百四十二年里，日食不过才三十六次。可是现在连续三年发生日食，自建始年间以来，二十年的时间，就出现日食八次，平均每二年六个月就出现一次，古今罕有。天象变异有大小、疏密之分，而占验结果也有迟早、缓急的区别。观秦、汉的改朝换代，看汉惠帝、昭帝都没有后嗣，察昌邑王刘贺被废夺太子位，览孝宣皇帝承天命崛起继位，都有变异明确地记载在汉的编年史书上。上天的舍弃和俯就，岂不是十分清楚么！我有幸为皇族弱枝后裔，诚然看到陛下有宽厚贤明的圣德，希望能消除变异，而复兴商高宗、周成王那样的声誉，以增高刘氏的功业，因此才不断恳切地冒死上书。天象复杂，难以向陛下述说清楚，我虽呈献上天文图表，但仍需口说解释，然后才能使陛下明白，请陛下赐一点清闲的时间，让我指着图表向陛下详述。”成帝立即召刘向进宫，但是到底不能采纳他的建议。

官位特进的安昌侯张禹，请求成帝把平陵肥牛亭那片土地赐给他。曲阳侯王根表示反对，认为此片地在平陵墓园寝庙附近，正当衣冠出游的必经之路，应换一块地赐给他。成帝不听，终于把那块地赐给了张禹。王根因此对张禹的得宠十分妒恨，多次在成帝面前诋毁张禹。但是，成帝却越发尊敬厚待张禹，张禹每次患病，成帝都打听他的饮食休息情况，甚至坐车到张禹家问候，亲自在病床前拜见张禹，张禹叩头谢恩。张禹的幼子没有官职，张禹频频用眼看那个孩子，成帝就在张禹床前封他为黄门郎、给事中。张禹虽然家居，但以“特进”的身份当天子的老师，国家每有大事，成帝必与他磋商后才决定。

当时吏民中有很多人上书，谈论灾异的出现，讽刺指责王氏专权招致灾异。成帝也认为颇有道理，但又觉得，事实不明显。就坐车来到张禹的宅邸，屏退左右，亲自询问张禹关于天象变异的事，把吏民上书谈到的王氏之事告诉张禹。张禹清楚自己已年老，子孙太弱，又与曲阳侯王根不和，恐怕被王氏怨恨，就对成帝说：“《春秋》上记载的日食、地震，或者因为诸侯互相攻杀，或者因为夷狄犯中国。上天降下灾害变异，含意十分深远，难以明见。因此圣人很少谈论天命，也不说有关神怪的事。性命与天道，连子贡之辈，也未能听到孔子谈论，更何况那些见识肤浅鄙陋的儒生所说的话呢！陛下应该使政治修明，用善来应对上天的警戒，与臣下一同多行善举，这才是儒家经义的本意。那些新学小生，胡言乱语，误人不浅，不要相信和任用他们。一切只按儒学经术。”成帝一向信任爱戴张禹，因此不再怀疑王氏。后来曲阳侯王根以及诸位王氏子弟听说了张禹的话，都感到欢喜，于是亲近张禹。

曾做过槐里县令的朱云，上书求见皇帝。在公卿面前，朱云对成帝说："现今朝廷大臣，上不能匡扶主上，下不能有益于人民，都是些白占着官位领取俸禄而不干事的人，正如孔子所说：'卑鄙的人不可让他侍奉君王，他们害怕失去官位，会无所不为。'我请求陛下赐给我尚方斩马剑，斩断一个佞臣的头颅，以警告其他人！"成帝问："谁是佞臣？"朱云回答说："安昌侯张禹！"成帝大怒，说："小小官员在下，竟敢诽谤国家重臣，公然在朝廷之上侮辱帝师。处以死罪，决不宽恕！"御史将朱云逮下，朱云紧抓住宫殿栏杆，栏杆被他拉断，他大呼说："我能够追随龙逢、比干，游于地下，心满意足了！却不知圣明的汉王朝将会有什么下场！"御史挟持着朱云押下殿去。当时左将军辛庆忌脱下官帽，解下印信绶带，伏在殿下叩头说："朱云这个臣子，一向以狂癫耿直闻名于世，假使他的话说得对，不可以杀他；即使他的话说的不对，也本该宽容他。我敢以死请求陛下！"辛庆忌叩头流血，成帝怒意稍解，杀朱云之事遂作罢。后来，当要修理宫殿栏杆时，成帝说："不要变动！就原样补合一下，我要用它来表彰直臣！"

四年（壬子，公元前9年）

中山王刘兴和定陶王刘欣，都到长安朝见。中山王只由师傅陪同，而定陶王则把师傅、丞相、中尉都带来了。成帝奇怪，就询问定陶王，他回答说："汉朝法令规定：诸侯王朝见天子，可以由王国中官秩在二千石的官员陪同。傅、相、中尉都是国中二千石的官员，因此让他们全都来了。"成帝又命令他背诵《诗经》，他不仅能熟练地背诵，而且还能解释。另一天，成帝问中山王刘兴说："你只由师傅一人陪同前来，有什么法令根据？"刘兴不能回答。命他背诵《尚书》，又背不下去。成帝赐饮食与他共餐，成帝已用完餐，他还在吃，吃饱才罢休。吃完起身下去，袜带松开了，他还不知道。成帝因此认为刘兴没有能力，而认为刘欣贤能，屡次称赞他的才干。当时诸侯王中，只有他们两人跟皇帝血缘关系最为亲近，定陶王祖母傅太后随王一起来朝见，私下馈赠礼物贿赂赵皇后、赵昭仪以及骠骑将军王根。皇后、昭仪和王根见皇帝无子，也想预先私自结交诸侯王，以为长久之计，因而轮流在成帝面前称赞定陶王，劝说成帝立他为继嗣。成帝自己也很欣赏他的才能，亲自为他主持加冠礼后送他回国。刘欣这年十七岁。

绥和元年（癸丑，公元前8年）

成帝召丞相翟方进、御史大夫孔光、右将军廉褒、后将军朱博进宫，讨论中山王刘兴和定陶王刘欣，谁更适合继承帝位。翟方进、王根、廉褒、朱博都认为："定陶王是皇上弟弟的儿子，《礼记》说：'兄弟的儿子，如同自己的儿子。立他为后嗣，就成为儿子。'定陶王适合立为嗣子。"只有孔光认为："依礼，立后嗣应以血缘关系亲疏为根据。此照《尚书·盘庚》记载的商朝君王传位的方式，是哥哥去世，弟弟继位。中山王是先帝的儿子，皇上的亲弟弟，应立他为后嗣。"成

西汉长信宫灯

帝认为："中山王没有才干；再者，依礼，兄弟的牌位不能一同进入宗庙"为理由，没有听从孔光的建议。二月，癸丑（初九），成帝下诏立定陶王刘欣为皇太子。封中山王的舅父、谏大夫冯参为宜乡侯，再增加中山国采邑三万户人家，以示安慰。成帝派执金吾任宏，暂时署理大鸿胪职，持符节征召定陶王入京。定陶王上书辞谢说："以我的才能资质，不足以充当太子。我愿暂时留住京师的定陶国邸，早晚进宫问安，等到皇上有了亲子，我就返回藩国守土。"成帝览奏，批复说："已阅。"戊午（十四日），成帝因为孔光的建议不合自己心意，将他贬调为廷尉。任命何武为御史大夫。

成帝因太子既然已继承大宗，就不能再顾念自己的骨肉亲人，于是在十一月，封楚孝王的孙子刘景为定陶王，使刘欣生父一脉得以延续。刘欣与左右商议，准备上书叩谢皇恩。少傅阎崇认为："既当别人的继承人，依礼，就不能再顾念自己的骨肉亲人，不应当叩谢。"太傅赵玄却认为："应当叩谢。"太子听从了赵玄的建议。成帝诏问太子因何叩谢的情况后，尚书上奏弹劾赵玄，赵玄被贬降为少府，而任命光禄勋师丹为太傅。

最初，太子幼年时，是由祖母傅太后亲自抚养。等到成为太子，成帝诏令傅太后和太子亲母丁姬留居京师的定陶国邸，不许相见。不久，皇太后想让傅太后、丁姬十天一次去太子宫探望，成帝说："太子已承继正统，理当奉养太后陛下，不能再顾念自己的骨肉亲人。"太后说："太子小时候是傅太后抱养大的，现在允许她到太子宫探望，不过是以乳娘的恩情对待她，不足以造成什么妨碍。"于是下令傅太后可以到太子家探望，丁姬因为没有抚养太子，只有她不能去。

卫尉、侍中淳于长在成帝面前很得宠，大受信任和重用，权贵压倒公卿。他在外结交诸侯、州牧、太守，那些人贿赂他的钱财，和皇帝给予的赏赐，累积巨万，他整日放纵于声色之中。许皇后的姐姐许孊，是龙雒思侯夫人，寡居在家，淳于长与她私通，因而娶她为妾。许皇后这时居住在长定宫，通过姐姐许孊贿赂淳于长，谋求再当婕妤。淳于长接受了许后的金钱和御用的车马、衣物器具等，前后千余万钱的贿赂，欺骗许后，假装许诺为她向成帝请求，立为左皇后。许孊每次到长定宫探望许后，淳于长就让许孊捎书信给许后，戏弄侮辱她，侮辱轻薄，无所不言。这种书信往来及贿赂，连续很多年。

这时曲阳侯王根为辅政大臣，久病在床，多次请求辞职。淳于长以外戚的身份，又位居九卿，按顺序应当代替王根而掌权柄。侍中、骑都尉、光禄大夫王莽对淳于长的得宠心怀妒忌，就暗中打听他的那些坏事。王莽在伺候曲阳侯王根的病时，趁机说："淳于长见将军久病，感到高兴，自以为应当代替将军辅政，甚至已对士大夫及贵族子弟谈论到任官设署等事。”接着一一说出淳于长的罪过。王根大怒说：“如果有这等事，为什么不告诉我！”王莽说：“不知将军心里的想法，因此没敢说。”王根说：“快去禀告太后！”王莽求见太后，详细讲述了淳于长骄奢淫逸，想代替曲阳侯，以及与废后许氏的姐姐私通，收取许氏的衣物等贿赂。太后也发怒说：“这孩子放肆到这种地步！快去奏告皇上！”王莽又报告了成帝，成帝因为淳于长是太后的亲属的缘故，虽免去了他的官职，但不治其罪，把他遣送回封国。

最初，红阳侯王立不能得到辅政大臣的位置，怀疑是淳于长诽谤诬陷的结果，时常怨恨他。这种情况，皇上也清楚。等到淳于长将回封国，王立的嫡长子王融，请求淳于长把车辆马匹送给他，淳于长让王融捎回赠送给王立的珍宝重礼。王立因此上密封奏书，请求成帝把淳于长留在京师。他说：“陛下既然在诏书中说因皇太后的缘故不加罪淳于长，就实在不应该再有其他惩罚。”于是引起成帝怀疑，就把此事交付有关官署去追查验证。主管官吏逮捕了王融，王立令王融自杀以灭口。成帝愈发怀疑这其中有大的奸谋，就逮捕了淳于长，关押在洛阳诏狱，对他严厉追究，淳于长全部供出戏弄侮辱废后许氏、承诺立她为左皇后等事，罪名达到“大逆”，就在狱中处死。

翟方进的智谋才能绰绰有余，又兼精通法令条文和行政事务，善用儒学经典装饰自己的举止谈吐，使其高雅不俗，被人称为通达明理的丞相，受到天子的器重。他又善于揣摩皇上的心思，所奏之事，没有不合皇上心意的。当淳于长受重用时，翟方进只与淳于长结交，在成帝面前称赞和推荐他。等到淳于长犯大逆罪被处死，成帝因为翟方进是朝廷重臣，为他隐瞒掩饰。翟方进内心惭愧，上疏请求退休，成帝回答说：“定陵侯淳于长已伏罪，你虽与他交往，古书不是说：‘早上的过失，晚上改正了，君子都赞许。’你还疑虑什么呢？请专心一意休养，不要耽误了医药，自己保重。”

成帝因为王莽首先揭发重大奸恶，称赞他忠心正直。王根因而保荐王莽代替自己。丙寅（二十六日），任命王莽为大司马，时年三十八岁。王莽既然超出同列受到提拔，继四位伯父、叔父，成为辅政大臣，就想让自己的名誉超越前人，于是克制自己的欲望，修养不倦。聘请各位贤良做掾、史等属官，将皇帝的赏赐和封国的收入全部用来供养名士。他越发俭朴节约，母亲患病，公卿列侯都派夫人去探问，王莽的妻子出来迎客，衣裙的长度不拖地，穿着布围裙，看见她的人，还以为是奴婢，询问之下，才知是王莽夫人。他就是这样矫饰做作，以博取名声。

資治通鑑

文白对照精选本

第二卷

〔北宋〕司马光 编著
张宏儒 主编

融媒体出版物

党建读物出版社
（英华电子音像出版社）
河北冠林数字出版有限公司

目录

译文诵读

第三十三卷 汉纪二十五

译文诵读

孝成皇帝下绥和二年（甲寅，前7）

二月，壬子，丞相方进薨。

时荧惑守心，丞相府议曹平陵李寻奏记方进，言：“灾变迫切，大责日加，安得保斥逐之戮！阖府三百馀人，唯君侯择其中，与尽节转凶。”方进忧之，不知所出。会郎贲丽善为星，言大臣宜当之。上乃召见方进。还归，未及引决，上遂赐册，责让以政事不治，灾害并臻，百姓穷困，曰：“欲退君位，尚未忍，使尚书令赐君上尊酒十石，养牛一，君审处焉！”方进即日自杀。上秘之，遣九卿策赠印绶，赐乘舆秘器、少府供张，柱槛皆衣素。天子亲临吊者数至，礼赐异于他相故事。

> 臣光曰：晏婴有言：“天命不慆，不贰其命。”祸福之至，安可移乎！昔楚昭王、宋景公不忍移灾于卿佐，曰：“移腹心之疾，置诸股肱，何益也！”藉其灾可移，仁君犹不忍为，况不可乎！使方进罪不至死而诛之，以当大变，是诬天也；方进有罪当刑，隐其诛而厚其葬，是诬人也；孝成欲诬天、人而卒无所益，可谓不知命矣。

丙戌，帝崩于未央宫。

帝素强无疾病，是时，楚思王衍、梁王立来朝，明旦，当辞去，上宿供张白虎殿；又欲拜左将军孔光为丞相，已刻侯印，书赞。昏夜，平善，乡晨，傅绔袜欲起，因失衣，不能言，昼漏上十刻而崩。民间讙哗，咸归罪赵昭仪。皇太后诏大司马莽杂与御史、丞相、廷尉治，问皇帝起居发病状；赵昭仪自杀。

夏，四月丙午，太子即皇帝位，谒高庙；尊皇太后曰太皇太后，皇后曰皇太后。大赦天下。

哀帝初立，躬行俭约，省减诸用，政事由己出，朝廷翕然望至治焉。

有诏问丞相、大司空：“定陶共王太后宜当何居？”丞相孔光素闻傅太后为人刚暴，长于权谋，自帝在襁褓，而养长教道至于成人，帝之立又有力；光心恐傅太后与政事，不欲与帝旦夕相近，即议以为："定陶太后宜改筑宫。"大司空何武曰："可居北宫。"上从武言。北宫有紫房复道通未央宫，傅太后果从复道朝夕至帝所，求欲称尊号，贵宠其亲属，使上不得由直道行。高昌侯董宏希指，上书言："秦庄襄王，母本夏氏，而为华阳夫人所子，及即位后，俱称太后。宜立定陶共王后为帝太后。"事下有司，大司马王莽、左将军、关内侯、领尚书事师丹劾奏宏："知皇太后至尊之号，天下一统，而称引亡秦以为比喻，诖误圣朝，非所宜言，大不道！"上新立，谦让，纳用莽、丹言，免宏为庶人。傅太后大怒，要上，欲必称尊号。上乃白太皇太后，令下诏尊定陶恭王为恭皇。

诏曰："《春秋》，母以子贵。宜尊定陶太后曰恭皇太后、丁姬曰恭皇后，各置左右詹事，食邑如长信宫、中宫。"追尊傅父为崇祖侯，丁父为褒德侯；封舅丁明为阳安侯，舅子满为平周侯，皇后父晏为孔乡侯，皇太后弟侍中、光禄大夫赵钦为新城侯。太皇太后诏大司马莽就第，避帝外家；莽上疏乞骸骨。帝遣尚书令诏起莽，又遣丞相孔光、大司空何武、左将军师丹、卫尉傅喜白太皇太后曰："皇帝闻太后诏，甚悲！大司马即不起，皇帝即不敢听政！"太后乃复令莽视事。

王莽荐中垒校尉刘歆有材行，为侍中，稍迁光禄大夫，贵幸；更名秀。上复令秀典领《五经》，卒父前业；秀于是总群书而奏其七略，有《辑略》、有《六艺略》、有《诸子略》、有《诗赋略》、有《兵书略》、有《术数略》、有《方技略》。凡书六略，三十八种，五百九十六家、万三千二百六十九卷。其叙诸子，分为九流：曰儒，曰道，曰阴阳，曰法，曰名，曰墨，曰从横，曰杂，曰农，以为："九家皆起于王道既微，诸侯力政，时君世主，好恶殊方，是以九家之术蜂出并作，各引一端，崇其所善，以此驰说，取合诸侯。其言虽殊，譬如水火相灭，亦相生也；仁之与义，敬之与和，相反而皆相成也。《易》曰：'天下同归而殊涂，一致而百虑。'今异家者推所长，穷知究虑，以明其指，虽有蔽短，合其要归，亦《六经》之支与流裔；使其人遭明王圣主，得其所折中，皆股肱之材已。仲尼有言：'礼失而求诸野。'方今去圣久远，道术缺废，无所更索，彼九家者，不犹愈于野乎！若能修《六艺》之术，而观此九家之言，舍短取长，则可以通万方之略矣。"

初，董仲舒说武帝，以"秦用商鞅之法，除井田，民得卖买，富者田连阡陌，贫者亡立锥之地，邑有人君之尊，里有公侯之富，小民安得不困！古井田法虽难卒行，宜少近古，限民名田以赡不足，塞并兼之路；去奴婢，除专杀之威；薄赋敛，省徭役，以宽民力，然后可善治也！"及上即位，师丹复建言："今累世承平，豪富吏民訾数巨万，而贫弱愈困，宜略为限。"天子下其议，丞相光、大司空武奏请："自诸侯王、列侯、公主名田各有限；关内侯、吏、民名田皆毋过三十顷；奴婢毋过三十人。期尽三年，犯者没入官。"时田宅、奴婢贾为减贱，贵戚近习皆不便也，诏书："且须后。"遂寝不行。又诏："齐三服官、诸官，织绮绣难成、害女红之物，皆止，无作输。除陈任子令及诽谤诋欺法。掖庭宫人年三十以下，出嫁之；官奴婢五十以上，免为庶人。益吏三百石以下俸。”

汉成帝绥和二年（甲寅，公元前7年）

二月，壬子（十三日），丞相翟方进去世。

西汉霍去病墓卧虎

当时星象显示火星停留在心宿。丞相府议曹平陵人李寻向翟方进上呈文说：“灾害天变迫切，严厉的谴责天天增加，怎样才能做到只受斥逐的惩罚！整个丞相府有三百余人，请您从中挑选合适的人与他一起尽节，转移凶险。”翟方进感到忧愁，不知如何是好。正好郎官贲丽精通天文星象，说大臣应当代替天子身当灾祸。于是成帝召见翟方进。翟方进从宫里回来，还没来得及自裁，成帝就下册书，斥责他把国家政事管理得乱七八糟，天灾人祸同时并作，百姓穷困。并说：“本打算把你免职，但尚未忍心，派尚书令赐予你上等好酒十石，肥牛一头，你好自为之！”翟方进即日自杀。成帝对此事保密，派九卿拿着皇帝的册书，赠翟方进印信绶带，赐御用冥器车马，由少府供设帷帐，房柱和栏杆都裹以白布。成帝数次亲临吊唁，礼仪之隆重，赏赐之多，不同于其他丞相。

臣司马光曰：晏婴曾说：“天命不容怀疑，命运只有一个，无法改变。”祸福降临，难道可以转移吗？从前楚昭王、宋景公不忍将灾祸转移到大臣身上，说：“把心腹的疾患，转移到四肢，有什么好处呢！”假如灾祸可以转移，仁慈的君王还不忍心那样做，何况不可转移呢！假使翟方进罪不至死而诛杀了他，以承当天变，这是诬蔑上天；假使翟方进有罪应当处以死刑，却秘密诛杀，又赐以厚葬，这是欺骗人心。孝成皇帝想欺天、欺人，但最后并没有好处，可以说是不知天命。

丙戌（十八日），成帝在未央宫驾崩。

成帝一向身体强壮，没有疾病。当时，楚王刘衍、梁王刘立来京朝见，第二天早晨就要辞行归国。成帝铺设帷帐，宿于白虎殿。成帝又想拜左将军孔光为丞相，已刻好侯爵的印信，准备了封拜诏书。黄昏和夜间，还一切平静如常，临近清晨，成帝穿裤袜要起床，突然衣服滑落，不能言语，当计时的昼漏到十刻时，成帝驾崩。民间喧哗，都归罪于赵昭仪。皇太后诏令大司马王莽，与御史、丞相、廷尉一起追究审理，查问成帝起居和发病的情况。赵昭仪自杀。

夏季，四月，丙午（初八），太子即皇帝位。拜谒汉高祖刘邦的祭庙。尊皇太后为太皇太后，皇后为皇太后。大赦天下。

哀帝即位之初，亲自厉行节俭，减省各项费用，政事由自己裁决处理，朝廷上下一致希望能天下大治。

哀帝下诏询问丞相、大司空："定陶共王太后应当居住在什么地方才合适？"丞相孔光素来听说傅太后为人刚强暴烈，工于心计，善于弄权，哀帝在襁褓中时，便由她抚养教导，以至成人，哀帝能继位，她又出了大力，孔光担心傅太后会干预政事，不想使她与皇帝早晚接近，于是就建议说："定陶太后应另行修筑宫室居住。"大司空何武却说："可以住在北宫。"哀帝听从何武的建议。北宫有紫房复道通到未央宫，傅太后果然从复道早晚去哀帝住所，请求哀帝加封她尊号，提拔宠信她的亲属，使哀帝无法以正道行事。高昌侯董宏迎合哀帝、傅太后的心意，上书说："秦庄襄王的母亲，本来是夏氏，后来庄襄王被华阳夫人认为嗣子。等到继位后，夏氏、华阳夫人都被尊称为太后。应该尊定陶共王后为帝太后。"哀帝把此奏章交给有关官署讨论，大司马王莽、左将军、关内侯、主管尚书事师丹联合上奏弹劾董宏说："董宏明知皇太后是最为尊贵的称号，现今天下一统，他却援引亡秦的事例作为比喻，贻误圣朝，这不是应该说的话，犯了大逆不道之罪。"哀帝新继位，态度谦让，采纳了王莽、师丹的意见，把董宏免官，贬为平民。傅太后勃然大怒，要挟哀帝，非要称尊号不可。哀帝于是转告太皇太后，太皇太后同意下诏尊定陶恭王为恭皇。

哀帝下诏说："《春秋》说，母以子贵。所以应尊定陶太后为恭皇太后，尊丁姬为恭皇后。各自设置左右詹事，采邑如同长信宫皇太后和中宫皇后。"同时追尊傅太后的父亲为崇祖侯，丁姬的父亲为褒德侯。封哀帝舅父丁明为阳安侯，舅父的儿子丁满为平周侯，傅皇后的父亲傅晏为孔乡侯。又封皇太后赵飞燕的弟弟、侍中、光禄大夫赵钦为新城侯。太皇太后王政君诏令大司马王莽离开朝廷，回到府第，以避开哀帝的外戚。王莽上书请求退休。哀帝派尚书令持诏书命令王莽出来任职。又派丞相孔光、大司空何武、左将军师丹、卫尉傅喜向太皇太后报告说："皇上听到太皇太后的诏书，十分悲痛！如果大司马不出来任职，皇上就不敢听政了。"太皇太后于是又命令王莽上朝处理政事。

王莽举荐中垒校尉刘歆，说他有才干德行，任命为侍中，逐步升为光禄大夫，地位显贵，受到皇帝宠信。刘歆改名为刘秀。哀帝又命令刘秀负责审核校对儒学《五经》，完成其父刘向未完成的事业。刘秀于是汇总群书，编成《七略》上奏，有《辑略》《六艺略》《诸子略》《诗赋略》《兵书略》《术数略》《方技略》。记录书目的共有六略，包括三十八种、五百九十六家、一万三千二百六十九卷。其中叙述诸子的，分为九大流派：儒家、道家、阴阳家、法家、名家、墨家、纵横家、杂家、农家。他认为："九家都兴起于王道已经衰微、诸侯以实力为政的时代，当时的君主们的喜好厌恶大不相同，因此九家学派同时兴起，各持一端，推崇所喜好的学说，并用这些学说去游说各国，争取诸侯的赞同。主张虽然不同，但就像水火相灭，同时也相生一样，它们也是相反相成的。比如仁与义，敬与和，虽然相反，但也都是相成的。《易经》说：'天下人都回到同一个地方，但走的路不同；天下的道理是一致的，但人们却有许多种思虑。'而今，各个不同学派的人推崇自己学派的长处，如果深入研究，弄清它们的宗旨，虽然都有掩蔽短处的现象，但综合各家学说的主要内容和宗旨，也不过是儒学《六经》的支派或末流。倘若这些人能遇到圣王明主，将他们的主张折中修正，那么他们都可成为栋梁之才。孔子说：'礼仪失传，到乡野去寻找。'现在距闻圣人的时代，已经很久远了，当时的道术不是缺失，就是废止了，无处追寻，这九家学派，不是胜过乡野吗！如果能钻研儒学《六艺》，再参考这九家学说，舍弃短处，采取精华，就可以精通万种方略了。"

王莽像

早先，董仲舒曾劝说汉武帝："秦国采用商鞅之法，废除井田，人民可以买卖土地，造成富者田地一望无际，贫者没有立锥之地。县邑有尊贵如君王一样的人，乡里有富比公侯的财主，小民怎能不困乏呢？古代的井田法现在虽然难以仓猝实行，但也应该少有恢复，应限制人民占田的数额，将多余的土地补给不足者，堵塞兼并土地的途径。取消奴婢制度，除去主人可以随便杀害奴婢的特权。减少赋税，减轻徭役，使人民得以休息。然后才可把国家治理好。"等到哀帝即位，师丹又建议说："而今连续几代的太平盛世，豪有吏民的家产数目达数万万，而贫弱的人却愈加困乏，应该略为限制一下占田数额。"哀帝把这个奏议让大家讨论。丞相孔光、大司空何武上奏，请求："从诸侯王开始，诸侯王、列侯、公主占田各定限额。关内侯、官吏、庶民占田都不得超过三十顷，奴婢人数不得超过三十人。期限定为三年，三年后有违犯规定的，财产没收入官。"这一来，造成一时田宅、奴婢的价格下跌，皇帝贵戚和天子的亲信都感到对自己不利，于是哀帝就下诏书说："暂且等待以后再说。"这个办法遂停止不行。哀帝又下诏："设于齐国的三服官以及其他主管皇家服装的官署，由于绮罗的纺织刺绣，十分艰难，因而全部停止不再制作和向京师运送；废除二千石官员可以保荐子弟当官的任子令以及诽谤诋欺法；掖庭宫女年龄在三十岁以上的，令其出宫嫁人；官奴婢年龄在五十岁以上的，免除奴婢身份，成为庶民；增加官秩在三百石以下的官吏的俸禄。"

第三十四卷
汉纪二十六

译文诵读

孝哀皇帝中建平二年（丙辰，前5）

上即位，司隶校尉解光、骑都尉李寻白贺良等，皆待诏黄门。数召见，陈说：“汉历中衰，当更受命。成帝不应天命，故绝嗣。今陛下久疾，变异屡数，天所以谴告人也；宜急改元易号，乃得延年益寿，皇子生，灾异息矣。得道不得行，咎殃且无不有，洪水将出，灾火且起，涤荡民人。”上久寝疾，冀其有益，遂从贺良等议，诏大赦天下，以建平二年为太初元年，号曰“陈圣刘太平皇帝”，漏刻以百二十为度。

上以寝疾，尽复前世所尝兴诸神祠凡七百余所，一岁三万七千祠云。

三年（丁巳，前4）

上使使者召丞相平当，欲封之；当病笃，不应。室家或谓当：“不可强起受侯印为子孙邪？”当曰：“吾居大位，已负素餐责矣；起受侯印，还卧而死，死有馀罪。今不起者，所以为子孙也！”遂上书乞骸骨，上不许，三月，己酉，当薨。

四年（戊午，前3）

关东民无故惊走，持稾或掫一枚，转相付与，曰“行西王母筹”，道中相过逢，多至千数；或被发徒跣，或夜折关，或逾墙入，或乘车骑奔驰，以置驿传行，经郡国二十六至京师，不可禁止。民又聚会里巷阡陌，设博具，歌舞祠西王母，至秋及止。

驸马都尉、侍中云阳董贤得幸于上，出则参乘，入御左右，赏赐累巨万，贵震朝廷。常与上卧起；尝昼寝，偏藉上袖，上欲起，贤未觉，不欲动贤，乃断袖而起。又诏贤妻得通引籍殿中，止贤庐。又召贤女弟以为昭仪，位次皇后。昭仪及贤与妻旦夕上下，并侍左右。以贤父恭为少府，赐爵关内侯。诏将作大匠为贤起大第北阙下，重殿，洞门，土木之功，穷极技巧。赐武库禁兵、上方珍宝。其选物上弟尽在董氏，而乘舆所服及其副也。及至东园秘器、珠襦、玉匣，豫以赐贤，无不备具。又令将作为贤起冢茔义陵旁，内为便房，刚柏题凑，外为徼道，周垣数里，门阙罘罳甚盛。

上欲侯董贤而未有缘，侍中傅嘉劝上定息夫躬、孙宠告东平本章，去宋弘，更言因董贤以闻，欲以其功侯之，皆先赐爵关内侯。顷之，上欲封贤等而心惮王嘉，乃先使孔乡侯晏持诏书示丞相、御史。于是嘉与御史大夫贾延上封事言："窥见董贤等三人始赐爵，众庶匈匈，咸曰贤贵，其余并蒙恩；至今流言未解。陛下仁恩于贤等不已，宜暴贤等本奏语言，延问公卿、大夫、博士、议郎，考合古今，明正其义，然后乃加爵土；不然，恐大失众心，海内引领而议。暴评其事，必有言当封者，在陛下所从；天下虽不说，咎有所分，不独在陛下。前定陵侯淳于长初封，其事亦议，大司农谷永以长当封；众人归咎于永，先帝不独蒙其讥。臣嘉，臣延，材驽不称，死有余责，知顺指不迕，可得容身须臾；所以不敢者，思报厚恩也。"上不得已，且为之止。

上使中黄门发武库兵，前后十辈，送董贤及上乳母王阿舍。执金吾毋将隆奏言："武库兵器，天下公用。国家武备，缮治造作，皆度大司农钱。大司农钱，自乘舆不以给共养；共养劳赐，一出少府。盖不以本臧给末用，不以民力共浮费，别公私，示正路也。古者诸侯、方伯得颛征伐，乃赐斧钺，汉家边吏职任距寇，亦赐武库兵，皆任事然后蒙之。《春秋》之谊，家不臧甲，所以抑臣威，损私力也。今贤等便僻弄臣，私恩微妾，而以天下公用给其私门，契国威器，共其家备，民力分于弄臣，武兵设于微妾，建立非宜，以广骄僭，非所以示四方也。孔子曰：'奚取于三家之堂！'臣请收还武库。"上不说。

谏大夫渤海鲍宣上书曰："窃见孝成皇帝时，外亲持权，人人牵引所私以充塞朝廷，妨贤人路，浊乱天下，奢泰亡度，穷困百姓，是以日食且十，彗星四起。危亡之征，陛下所亲见也；今奈何反复剧于前乎！

今民有七亡：阴阳不和，水旱为灾，一亡也；县官重责更赋租税，二亡也；贪吏并公，受取不已，三亡也；豪强大姓，蚕食亡厌，四亡也；苛吏徭役，失农桑时，五亡也；部落鼓鸣，男女遮列，六亡也；盗贼劫略，取民财物，七亡也。七亡尚可，又有七死：酷吏殴杀，一死也；治狱深刻，二死也；冤陷亡辜，三死也；盗贼横发，四死也；怨仇相残，五死也；岁恶饥饿，六死也；时气疾疫，七死也。民有七亡而无一得，欲望国安，诚难；民有七死而无一生，欲望刑措，诚难。此非公卿、守相贪残成化之所致邪！

汉哀帝建平二年（丙辰，公元前5年）

哀帝即位后，司隶校尉解光、骑都尉李寻，向哀帝介绍夏贺良等人，使他们都成为待诏得以在黄门伺应召对。夏贺良等人多次被哀帝召见，向哀帝述说："汉朝的历运中衰，应当重新受命。孝成皇帝没有应合天命，因此断绝了后嗣。如今陛下患病已久，天象变异屡屡发生，这是上天在谴责和警告人们。应该赶快改换年号，才能延年益寿，诞生皇子，平息灾害变异。明白了这个道理，却不实行，灾祸就会无所不有：洪水将会涌出，大火将会燃起，冲淹和焚毁人民。”哀帝久病在床，希望更改年号能得到些益处，就听从夏贺良等人的建议，下诏大赦天下，并改建平二年为太初元年，自称“陈圣刘太平皇帝”，还把计时漏器的刻度改为一百二十度。

哀帝因为卧病在床，把过去成帝时曾祭祀过的各种神祠全部予以恢复，共七百余所。一年之中，祭祀的次数达三万七千次。

三年（丁巳，公元前4年）

哀帝派使者召丞相平当，打算封他为侯爵。平当病重，没有应召前往。家中有的人对平当说：“难道不能为子孙勉强起来接受侯印吗？”平当说：“我居丞相高位，已经背着白吃饭不干事的罪责了。若起来接受侯印，回家倒在床上就死去，是死有余辜。现在我所以不起来，正是为子孙打算啊！”遂上书请求退休，哀帝不准。三月，己酉（二十八日），平当去世。

四年（戊午，公元前3年）

函谷关以东地区人民无故惊恐奔走，拿着一枝禾秆或麻秆，互相传递，说：“将西王母的筹策传递天下。”在道路中相遇转手，多达一千余枝。有的披头散发光着脚，有的夜里绕关而行，有的翻墙而过，有的乘车骑马奔驰，利用国家设置的驿传车马赶路传递。经过二十六个郡国，传递到了京师，无法禁止。人们又在街巷、田间小路上聚会，设赌具赌博，唱歌跳舞祭祀西王母，一直闹到秋天才停止。

王嘉、贾延上书哀帝

驸马都尉、侍中、云阳人董贤很得哀帝的宠爱，出则陪同乘车，入则随侍左右，赏赐累积有巨万，他的显贵震动了朝廷。董贤常与哀帝睡在一张床上，有一次睡午觉，董贤斜身压住了哀帝的袖子，哀帝想起床，但董贤还没睡醒，哀帝不愿惊动他，于是就把袖子割断了再起床。哀帝又诏命董贤的妻子可以经向门使通报姓名记录在案后进入皇宫，住在董贤在宫中的住所。又召董贤的妹妹入宫，封为昭仪，地位仅次于皇后。昭仪与董贤夫妻日夜侍奉哀帝，一同跟随左右。哀帝还任命董贤的父亲董恭为少府，赐爵关内侯。哀帝又下诏，命令将作大匠为董贤在北宫门外建筑宏大的宅邸，里面有前后大殿，殿门宽阔，工程浩大，豪华精巧绝伦。又赐给他武器库里宫中专用的兵器和皇宫的珍宝，宫中珍宝物品上等的，全都被挑选进了董贤的家里，而皇帝所用的不过是次一等的了。甚至连皇家丧葬用的棺木、珍珠连缀制成的寿衣、玉璧制成的寿裤，都预先赐给了董贤，无不齐备。又下令让将作大匠在哀帝的陵墓义陵帝为董贤建筑墓园，内修别室，还用坚实的柏木，大头朝内排垒在棺外。墓园外修筑巡察道路，围墙有数里之长。门阙和用作守望防御的网状障墙十分堂皇。

哀帝想封董贤侯爵，又没有什么借口。侍中傅嘉劝哀帝更改息夫躬、孙宠告发东平王的奏章，抹去宋弘的名字，改说成是由于董贤报告，皇上才得以知晓。哀帝想用这个功劳封董贤侯爵，就先把进行告发的有功人员全赐封为关内侯。不久，哀帝想封董贤等人，又心里顾忌王嘉反对，便先派孔乡侯傅晏将诏书拿给丞相、御史看。于是王嘉与御史大夫贾延上密封奏书说：“我们看到董贤等三人当初被赐封关内侯时，众人议论纷纷，都说董贤是因为贵宠而得赐封，捎带着其余两人也一起蒙恩受封，至今流言没有平息。陛下对董贤等施加仁恩不已，就应该公布董贤等人的奏章原文，询问公卿、大夫、博士、议郎，请他们考查是否合乎古今前例，使此事能名正名顺，然后再加封他们爵位采邑。不然的话，恐怕会大失众心，天下人要伸长脖子议论抨击。若公开评论此事，必有说应当加封的人，陛下不过是听从采纳其建议，如此，天下人虽然不高兴，责任也有人分担，不单在陛下一人了。从前定陵侯淳于长初封爵之时，也曾经有议论，大司农谷永认为淳于长应当加封，众人怪罪于谷永，先帝因而没有单独蒙受讥刺。臣王嘉、臣贾延，无才无能不称职，虽死仍有余责，明知顺从陛下的旨意，不违逆陛下，可以暂时保全身家性命。所以不敢这样做，是想报答陛下的厚恩啊！”哀帝不得已，暂且停止这样做。

哀帝派中黄门到武库拿兵器，前后十次，送到董贤和哀帝乳母王阿的住所。执金吾毋将隆上奏说：“武库兵器，是天下公用的东西。国家武器装备的建造制作，都是用大司农的钱。大司农的钱，连天子的生活费用等都不供给。天子的生活费用和犒劳赏赐臣下的钱，一律出自少府。这就是不把国家用于根本的储藏用在不重要的事情上，不以民财人力供应无谓的消耗。区别公私，以表示所行是正路。古代诸侯、方伯受命主持讨伐，天子才赐给他们斧钺。汉朝边疆官吏接受抗拒侵略的任务和职务时，也赐给他们武库兵器，都是先接受军事和军职，然后接受兵器。《春秋》之义，强调臣民之家不可以私藏武器铠甲，目的在于抑制臣子的武威，削弱私家的力量。而今董贤等不过是陛下亲近宠爱的弄臣、对陛下有私情的卑贱奴仆，而陛下却把国家公用的东西送进私人家门，取走国家的威武之器，供应他们家用，使人民的财力分散于弄臣，国家的武库兵器摆设在卑贱奴仆之家，所做不当，将使骄横僭越愈演愈烈，不能够给四方做出好的榜样。孔子说：‘雍乐怎么会出现在三家的庙堂！’我请陛下把兵器收还武库。”哀帝听后不高兴。

谏大夫渤海人鲍宣上书说：“我见到孝成皇帝时，外戚把持权柄，人人引荐他们各自的亲信来充塞朝廷，妨碍贤能之士的进身之路，混乱天下，又奢侈无度，使百姓穷困，因此发生了将近十次日食，四次彗星。这些危险覆亡的征兆，都是陛下所亲眼见到的。如今为什么反而比以前更严重呢！

“现在百姓生业有七失：阴阳不和，出现水旱灾害，是一失；国家加重征收更赋和租税，苛责严酷，是二失；贪官污吏借口为公，勒索不已，是三失；豪强大姓蚕食兼并小民土地，贪得无厌，是四失；苛吏横征滥发徭役，耽误种田养蚕的农时，是五失；发现盗贼，村落鸣鼓示警，男女追捕清剿，是六失；盗贼抢劫，夺民财物，是七失。七失尚可勉强忍受，然而还有七死：被酷吏殴打致死，是一死；入狱被虐致死，是二死；无辜被冤枉陷害而死，是三死；盗贼劫财残杀致死，为四死；怨仇相报残杀而死，为五死；荒年饥馑活活饿死，为六死；瘟疫流行染病而死，为七死。人民生业有七失而没有一得，想让国家安定，也实在困难；百姓有七条死路而没有一条生路，想要无人犯法，废弃刑罚，也实在困难。这难道不是公卿、守相贪婪残忍成风所造成的后果吗”？

第三十五卷　汉纪二十七

译文诵读

孝哀皇帝下元寿元年（己未，前2）

丞相嘉奏封事曰："孝元皇帝奉承大业，温恭少欲，都内钱四十万万。尝幸上林，后宫冯贵人从临兽圈，猛兽惊出，贵人前当之，元帝嘉美其义，赐钱五万。掖庭见亲，有加赏赐，属其人勿众谢。示平恶偏，重失人心，赏赐节约。是时外戚赀千万者少耳，故少府、水衡见钱多也。虽遭初元、永光凶年饥馑，加以西羌之变，外奉师旅，内振贫民，终无倾危之忧，以府臧内充实也。孝成皇帝时，谏臣多言燕出之害，及女宠专爱，耽于酒色，损德伤年，其言甚切，然终不怨怒也。宠臣淳于长、张放、史育，育数贬退，家赀不满千万，放斥逐就国，长榜死于狱，不以私爱害公义，故虽多内讥，朝廷安平，传业陛下。

陛下在国之时，好诗、书，上俭节，征来，所过道上称诵德美，此天下所以回心也。初即位，易帏帐，去锦绣，乘舆席缘绨缯而已。共皇寝庙比当作，忧闵元元，惟用度不足，以义割恩，辄且止息，今始作治。而驸马都尉董贤亦起官寺上林中，又为贤治大第，开门乡北阙，引王渠灌园池，使者护作，赏赐吏卒，甚于治宗庙。贤母病，长安厨给祠具，道中过者皆饮食。为贤治器，器成，奏御乃行，或物好，特赐其工；自贡献宗庙、三宫，犹不至此。贤家有宾婚及见亲，诸官并共，赐及仓头、奴婢人十万钱。使者护视、发取市物，百贾震动，道路讙哗，群臣惶惑。诏书罢苑，而以赐贤二千馀顷，均田之制从此堕坏。奢僭放纵，变乱阴阳，灾异众多，百姓讹言，持筹相惊，天惑其意，不能自止。陛下素仁智慎事，今而有此大讥。

孔子曰：'危而不持，颠而不扶，则将安用彼相矣！'臣嘉幸得备位，窃内悲伤不能通愚忠之信；身死有益于国，不敢自惜。唯陛下慎己之所独乡，察众人之所共疑！往者邓通、韩嫣，骄贵失度，逸豫无厌，小人不胜情欲，卒陷罪辜，乱国亡躯，不终其禄，所谓'爱之适足以害之'者也！宜深览前世，以节贤宠，全安其命。"上由是于嘉浸不说。

初，王莽既就国，杜门自守。其中子获杀奴，莽切责获，令自杀。在国三岁，吏民上书冤讼莽者百数。至是，贤良周护、宋崇等对策，复深讼莽功德；上于是征莽及平阿侯仁还京师，侍太后。

初，廷尉梁相治东平王云狱时，冬月未尽二旬，而相心疑云冤狱，有饰辞，奏欲传之长安，更下公卿复治。尚书令鞫谭，仆射宗伯凤以为可许。天子以为相等皆见上体不平，外内顾望，操持两心，幸云逾冬，无讨贼疾恶主仇之意，免相等皆为庶人。后数月，大赦，嘉荐“相等皆有材行，圣王有计功除过，臣窃为朝廷惜此三人。”书奏，上不能平。后二十余日，嘉封还益董贤户事，上乃发怒，召嘉诣尚书，责问以“相等前坐不为忠，罪恶著闻，君时辄已自劾；今又称誉，云‘为朝廷惜之’，何也？”嘉免冠谢罪。

事下将军朝者，光禄大夫孔光等劾“嘉迷国罔上，不道，请谒者召嘉诣廷尉诏狱。”议郎龚等以为“嘉言事前后相违，宜夺爵土，免为庶人。”永信少府猛等以为“嘉罪名虽应法，大臣括发关械，裸躬就笞，非所以重国，褒宗庙也。”上不听，诏“假谒者节，召丞相诣廷尉诏狱。”

使者既到，府掾、史涕泣，共和药进嘉，嘉不肯服。主簿曰：“将相不对理陈冤，相踵以为故事，君侯宜引决！”使者危坐府门上，主簿复前进药。嘉引药杯以击地，谓官属曰：“丞相幸得备位三公，奉职负国，当伏刑都市，以示万众。丞相岂儿女子邪！何谓咀药而死！”嘉遂装，出见使者，再拜受诏；乘吏小车，去盖，不冠，随使者诣廷尉。廷尉收嘉丞相、新甫侯印绶，缚嘉载致都船诏狱。上闻嘉生自诣吏，大怒，使将军以下与五二千石杂治。吏诘问嘉，嘉对曰：“案事者思得实。窃见相等前治东平王狱，不以云为不当死，欲关公卿，示重慎，诚不见其外内顾望、阿附为云验，复幸得蒙大赦。相等皆良善吏，臣窃为国惜贤，不私此三人。”狱吏曰；“苟如此，则君何以为罪？犹当有以负国，不空入狱矣。”吏稍侵辱嘉，嘉喟然仰天叹曰：“幸得充备宰相，不能进贤、退不肖，以是负国，死有余责。”吏问贤、不肖主名。嘉曰：“贤故丞相孔光、故大司空何武，不能进；恶高安侯董贤父、子乱朝，而不能退。罪当死，死无所恨！”嘉系狱二十余日，不食，欧血而死。

十二月，庚子，以侍中、驸马都尉董贤为大司马、卫将军，册曰：“建尔于公，以为汉辅！往悉尔心，匡正庶事，允执其中！”是时贤年二十二，虽为三公，常给事中，领尚书事，百官因贤奏事。以父卫尉恭不宜在卿位，徙为光禄大夫，秩中二千石；弟宽信代贤为驸马都尉。董氏亲属皆侍中、诸曹、奉朝请，宠在丁、傅之右矣。

初，丞相孔光为御史大夫，贤父恭为御史，事光；及贤为大司马，与光并为三公。上故令贤私过光。光雅恭谨，知上欲尊宠贤。及闻贤当来也，光警戒衣冠出门待，望见贤车乃却入，贤至中门，光入阁，既下车，乃出，拜谒、送迎甚谨，不敢以宾客钧敌之礼。上闻之，喜，立拜光两兄子为谏大夫、常侍。贤自是权与人主侔矣。

是时，成帝外家王氏衰废，唯平阿侯谭子去疾为侍中，弟闳为中常侍。闳妻父中郎将萧咸，前将军望之子也，贤父恭慕之，欲为子宽信求咸女为妇，使闳言之。咸惶恐不敢当，私谓闳曰："董公为大司马，册文言'允执其中'，此乃尧禅舜之文，非三公故事，长老见者莫不心惧。此岂家人子所能堪邪！"闳性有知略，闻咸言，亦悟；乃还报恭，深达咸自谦薄之意。恭叹曰："我家何用负天下，而为人所畏如是！"意不说。后上置酒麒麟殿，贤父子、亲属宴饮，侍中，中常侍皆在侧，上有酒所，从容视贤笑曰："吾欲法尧禅舜，何如？"王闳进曰："天下乃高皇帝天下，非陛下有也！陛下承宗庙，当传子孙于亡穷，统业至重，天子亡戏言！"上默然不说，右左皆恐。于是遣闳出归郎署。

二年（庚申，前1）

六月，戊午，帝崩于未央宫。

帝睹孝成之世禄去王室，及即位，屡诛大臣，欲强主威以则武、宣。然而宠信谗谄，憎疾忠直，汉业由是遂衰。

太皇太后闻帝崩，即日驾之未央宫，收取玺绶。太后召大司马贤，引见东箱，问以丧事调度；贤内忧，不能对，免冠谢。太后曰："新都侯莽，前以大司马奉送先帝大行，晓习故事，吾令莽佐君。"贤顿首："幸甚！"太后遣使者驰召莽，诏尚书，诸发兵符节、百官奏事、中黄门、期门兵皆属莽。莽以太后指，使尚书劾贤，帝病不亲医药，禁止贤不得入宫殿司马中；贤不知所为，诣阙免冠徒跣谢。己未，莽使谒者以太后诏即阙下册贤曰："贤年少，未更事理，为大司马，不合众心，其收大司马印绶，罢归第！"即日，贤与妻皆自杀；家惶恐，夜葬。莽疑其诈死；有司奏请发贤棺，至狱诊视，因埋狱中。太皇太后诏"公卿举可大司马者。"莽故大司马，辞位避丁、傅，众庶称以为贤，又太皇太后近亲，自大司徒孔光以下，举朝皆举莽。

太皇太后与莽议立嗣。安阳侯王舜，莽之从弟，其人修饬，太皇太后所信爱也，莽白以舜为车骑将军。秋，七月，遣舜与大鸿胪左咸使持节迎中山王箕子以为嗣。

九月，辛酉，中山王即皇帝位，大赦天下。

平帝年九岁，太皇太后临朝，大司马莽秉政，百官总己以听于莽。莽权日盛，孔光忧惧，不知所出，上书乞骸骨；莽白太后，帝幼少，宜置师傅，徙光为帝太傅，位四辅，给事中，领宿卫、供养，行内署门户，省服御食物。以马宫为大司徒，甄丰为右将军。

孝平皇帝上元始元年（辛酉，1）

春，正月，王莽风益州，令塞外蛮夷自称越裳氏重译献白雉一、黑雉二。莽白太后下诏，以白雉荐宗庙。于是群臣盛陈莽功德，"致周成白雉之瑞；周公及身在而托号于周，莽宜赐号曰安汉公，益户畴爵邑。”太后诏尚书具其事。莽上书言：“臣与孔光、王舜、甄丰、甄邯共定策；今愿独条光等功赏，寝置臣莽，勿随辈列。”甄邯白太后下诏曰：“‘无偏无党，王道荡荡。’君有安宗庙之功，不可以骨肉故蔽隐不扬，君其勿辞！”莽复上书固让数四，称疾不起；左右白太后，“宜勿夺莽意，但条孔光等”，莽乃肯起。二月，丙辰，太后下诏：“以太傅、博山侯光为太师，车骑将军、安阳侯舜为太保，皆益封万户；左将军、光禄勋丰为少傅，封广阳侯；皆授四辅之职。侍中、奉车都尉邯封承阳侯。”四人既受赏，莽尚未起。群臣复上言：“莽虽克让，朝所宜章，以时加赏，明重元功，无使百僚元元失望！”太后乃下诏：“以大司马、新都侯莽为太傅，干四辅之事，号曰安汉公，益封二万八千户。”于是莽为惶恐，不得已而起，受太傅、安汉公号，让还益封事，云：“愿须百姓家给，然后加赏。”群臣复争，太后诏曰：“公自期百姓家给，是以听之，其令公奉赐皆倍故。百姓家给人足，大司徒、大司空以闻。”莽复让不受，而建言褒赏宗室群臣，立故东平王云太子开明为王；又以故东平思王孙成都为中山王，奉孝王后；封宣帝耳孙信等三十六人皆为列侯；太仆王恽等二十五人皆赐爵关内侯。又令诸侯王公、列侯、关内侯无子而有孙若同产子者，皆得以为嗣；宗室属未尽而以罪绝者，复其属；天下吏比二千石以上年老致仕者，参分故禄，以一与之，终其身。下及庶民鳏寡，思泽之政，无所不施。

莽既媚说吏民，又欲专断；知太后老，厌政，乃风公卿奏言：“往者吏以功次迁至二千石，州部所举茂材异等吏，率多不称，宜皆见安汉公。又，太后春秋高，不宜亲省小事。”令太后下诏曰：“自今以来，唯封爵乃以闻，他事安汉公、四辅平决。州牧、二千石及茂材吏初除奏事者，辄引入，至近署对安汉公，考故官，问新职，以知其称否。”于是莽人人延问，密致恩意，厚加赠送，其不合指，显奏免之，权与人主侔矣。

二年（壬戌，2）

郡国大旱、蝗，青州尤甚，民流亡。王莽白太后：宜衣缯练，颇损膳，以示天下。莽因上书愿出钱百万，献田三十顷，付大司农助给贫民。于是公卿皆慕效焉，凡献田宅者二百三十人，以口赋贫民。又起五里于长安城中，宅二百区，以居贫民。莽帅群臣奏太后言：“幸赖陛下德泽，间者风雨时，甘露降，神芝生，蓂荚、朱草、嘉禾，休征同时并至。愿陛下遵帝王之常服，复太官之法膳，使臣子各得尽欢心，备共养！”莽又令太后下诏，不许。每有水旱，莽辄素食，左右以白太后。太后遣使者诏莽曰：“闻公菜食，忧民深矣。今秋幸孰，公以时食肉，爱身为国！”

莽欲以女配帝为皇后以固其权，奏言：“皇帝即位三年，长秋宫未建，掖庭媵未充。乃者国家之难，本从无嗣，配取不正，请考论《五经》，定取后礼，正十二女之义，以广继嗣，博采二王后及周公、孔子世、列侯在长安者适子女。”事下有司，上众女名，王氏女多在选中者，莽恐其与己女争，即上言：“身无德，子材下，不宜与众女并采。”太后以为至诚，乃下诏曰：“王氏女，朕之外家，其勿采。”庶民、诸生、郎吏以上守阙上书者日千余人，公卿大夫或诣廷中，或伏省户下，咸言：“安汉公盛勋堂堂若此，今当立后，独奈何废公女，天下安所归命！愿得公女为天下母！”莽遣长史以下分部晓止公卿及诸生，而上书者愈甚。太后不得已，听公卿采莽女。莽复自白：“宜博选众女。”公卿争曰：“不宜采诸女以贰正统。”莽乃曰：“愿见女。”

汉哀帝元寿元年（己未，公元前2年）

丞相王嘉上密封奏书说：“孝元皇帝继承大业，温良谦恭，少有欲望，国库存钱达四十亿。元帝曾前往上林苑，后宫冯贵人跟随一起到了兽圈，猛兽受惊窜出，冯贵人挺身向前，用身体遮挡住皇帝。元帝嘉勉她的义勇，赏赐不过五万钱。在深宫后庭，对宠爱的人加以特别的赏赐，元帝总要嘱咐她，不要在众人面前谢恩。这是为了表示公平，不愿被人指责不公，看重人心的得失，而且赏赐节约。当时外戚资产达千万的很少，因而少府、水衡的积钱才很多。虽然遭受初元、永光年间的灾荒饥馑，再加西羌部族的叛变，对外要供给作战部队的需要，对内要赈济贫苦的灾民，然而国家始终没有倾覆崩溃的忧虑，是因为国库积藏充实。孝成皇帝时，谏臣大多提出皇帝私自出宫的危害，并说到专宠美女，耽于酒色，有损德行，伤身短寿等，言词非常激烈，然而成帝始终不怨恨发怒。宠臣淳于长、张放、史育三人，史育多次被贬退，家资不满千万；张放被斥退逐回封国；淳于长在监狱中被拷打致死。成帝并不以私爱而妨害公义，因此，虽然因宠爱内宫而招致很多讥讽，但是朝廷安定平稳，这才能把大业传给陛下。

“陛下在封国之时，喜好《诗经》、《书经》，崇尚节俭。征召前来长安时，一路经过的地方，都称颂陛下的美德，这正是天下之人把希望转而寄托在陛下身上的原因。初即位时，陛下更换帷帐，撤去锦绣，车马和座席的靠垫不过用绨缯包边而已。每逢共皇寝庙应当兴建，都因怜悯百姓劳苦，考虑国家经费不足，为了公义割舍亲情，总是暂停修建，直到最近才开始动工。可是驸马都尉董贤，也在上林苑中兴建官衙，陛下还为他修建了宏大的宅第，开门朝着皇宫的北门，引王渠灌注园林水池，陛下派使者监督施工，赏赐吏卒，超过修建宗庙之时。董贤母亲患病，由官家长安的厨官提供祈祷的用具和食品，道路过往行人都可获得施舍的饮食。陛下为董贤制造器具，做成后，必须奏报陛下审查，才可送去。如果工艺精巧，还特别赏赐工匠。即便是奉献宗庙、奉养三宫太后，也没有达到这种程度。遇到董贤家招待宾客、举办婚礼以及亲戚相见，由各官署一起供献财物，甚至赏赐仆人、奴婢的钱，一人达十万钱。董贤家去街市购买物品，有圣上派的使者陪同，监视交易，百商震恐，路人喧哗，群臣为之惶惑。陛下诏令裁撤皇家苑林，却用来赏赐董贤两千余顷土地，官员限田的制度从此破坏。奢侈僭越，横行放纵，变乱阴阳，灾异众多，流言在百姓中传播，路人手持禾秆麻秆惊恐奔走，上天也对百姓的流言和奔走感到迷惑，不能使他们自行停止。陛下一向仁慈智慧，行事谨慎，而今却有这些过失被人大肆嘲讽。

“孔子说：‘国家有危险不去解救，见颠覆不去匡扶，要你们这些宰相有什么用！’臣王嘉有幸能够位居丞相，自己私下常内心悲伤，无法使陛下相信我的愚忠。如果身死能够有益于国家，我不敢爱惜自己的生命。请陛下审慎地对待自己的偏宠，细察众人共同的疑惑！从前邓通、韩嫣骄横显贵没有限度，逸乐无厌，小人不能克制情欲，终于犯下大罪，把国家搞乱，使自己丧生，不能最终保全富贵。正所谓‘爱他，却恰恰足以害他’。应该深察前世的教训，节制对董贤的宠爱，以保全他的生命。”哀帝由此对王嘉渐渐不满。

当初，王莽返回封国后，闭门不见宾客，以求自保。他的次子王获杀死家奴，王莽严厉责备王获，命他自杀。在封国三年，官吏百姓上书为王莽呼冤的，数以百计。到本年，贤良周护、宋崇等在朝廷对策时，又大大颂扬王莽的功德，为他辩冤。哀帝于是征召王莽以及平阿侯王仁回到京师，让他们侍奉太皇太后。

当初，廷尉梁相审理东平王刘云一案时，冬月只剩下二十日，而梁相心里怀疑刘云一案是冤案，供辞有虚饰不实的地方，因而上奏哀帝，请求把一干人犯押解长安，改由公卿复审。尚书令鞫谭、仆射宗伯凤认为可以准许。哀帝则认为，梁相等人都见皇上病情没有起色，内外顾望，怀有二心，希图刘云一案侥幸拖过冬季，则可减刑免死，没有痛恨奸恶、为主上讨贼报仇的忠心，于是罢免了梁相等人的官职，都贬为平民。数月后，大赦天下。王嘉举荐说：“梁相等人都有才干德行，圣明的君王对臣下总是计其功劳、抹去过失，我私下里为朝廷怜惜这三个人才。”奏书呈上，哀帝愤愤不平。过了二十余日，王嘉封还为董贤增加封国户数的诏书，哀帝于是大怒，召王嘉到尚书那里，令尚书责问他：“梁相等人前些时犯了对天子不忠之罪，罪恶昭著，人所共闻，当时你也曾自我弹劾。现在却又称誉赞美他们，说‘为朝廷怜惜他们’，这是为什么？”王嘉脱下官帽谢罪。

王嘉蒙冤

哀帝把此案交付将军和当时入朝的官员讨论。光禄大夫孔光等弹劾王嘉说：“王嘉迷惑国家，欺骗主上，大逆不道，请派谒者召王嘉前往廷尉诏狱。”议郎龚等认为：“王嘉的奏言前后不一致，应该剥夺爵位采邑，免去官职，贬为平民。”永信少府猛等认为：“王嘉的罪名虽然应该依法惩处，但是把大臣束住头发，锁上刑具，裸露身体，鞭笞拷打，这不是使国家受到尊重，宗庙受到褒美的做法。”哀帝不听猛的劝告，诏令使者：“凭谒者的符节，召丞相到廷尉诏狱。”

使者到了丞相府，丞相府的掾、史等官员流泪哭泣，共同调和毒药请王嘉喝，王嘉不肯服用。主簿说：“将相不面对执法官为自己诉冤，这种做法世代相沿，已成为惯例，君侯应当自裁！”使者严肃地坐在府门那边，主簿再次上前送上毒药。王嘉拿起药杯扔到地下，对相府官属们说：“丞相我有幸位居三公，如果奉职不谨慎，辜负了国家，理应在都市上服刑受死，向万众宣告。丞相难道是小儿小女吗！为什么要吃毒药而死！”于是王嘉穿戴官服，出来见使者，再拜，接受诏书，然后乘上小吏坐的小车，去掉车篷，脱下官帽，随使者到了廷尉官衙。廷尉收缴了王嘉的丞相和新甫侯印信绶带，把他捆绑起来，押送到都船诏狱。哀帝听说王嘉活着亲自去见廷尉，勃然大怒，派将军以下官员和五名二千石官员，共同审讯。官吏审问王嘉时，他回答说：“审理案件的人，希望得到事实真相。我见梁相等过去审理东平王一案，并不认为刘云不该处死，只是希望公卿参与审理，以表示慎重。实在看不出他们有内外顾望怀有二心，阿谀攀附刘云的罪证。以后他们又有幸蒙恩获得大赦。梁相等都是优秀的官吏，我是为国惜才，并不是偏袒他们三人。”狱吏说：“假如是这样，那么你为什么有罪？你还是有负国的行为，不是凭白入狱的。”狱吏逐渐开始侵犯凌辱王嘉，王嘉喟然仰天叹息说：“我有幸能够充任丞相，不能引进贤能，斥退奸佞，因此是犯有负国之罪，死有余辜。”狱吏问贤者和奸佞者的名字，王嘉说：“贤者，前丞相孔光、前大司空何武，却不能举荐引进他们；恶者，高安侯董贤父子奸佞乱朝，却不能斥退他们。罪当处死，死无所憾！”王嘉被关押在监狱二十余天，不进饮食，吐血而死。

十二月，庚子（初六），任命侍中、驸马都尉董贤为大司马、卫将军。任命策书上说：“树立你为三公，作为汉朝的辅佐！我一向知道你的忠心，能匡正众事，真诚地坚持中庸之道。”当时董贤二十二岁，虽然为三公，但常在宫中随侍，主管尚书事务，百官必须通过董贤才可奏事。哀帝又因为董贤的父亲卫尉董恭不再适合处在卿位，就把他调升为光禄大夫，官秩为中二千石。董贤的弟弟董宽信，接替董贤为驸马都尉。董氏亲属都成为侍中、诸曹，能够定期朝见皇帝，荣宠在丁、傅两家之上。

当初，丞相孔光为御史大夫时，董贤的父亲董恭为御史，要事奉孔光。等到董贤当上大司马，与孔光同为三公。哀帝故意让董贤私下去孔光家拜访。孔光素来恭谨小心，知道皇上要尊宠董贤。一听说董贤要到了，孔光布置警戒，穿上官服、戴上官帽，出大门等候。望见董贤的车队，才退入大门。董贤到达中门，孔光进入客厅，等董贤下车后，孔光才出来，拜见、迎送之礼非常恭敬谨慎。不敢用接待同等地位宾客的礼节来接待董贤。哀帝听说后，喜在心头，立即授孔光的两个侄子为谏大夫、常侍。从此，董贤的权势与皇帝相等了。

这时，成帝的外戚王氏家族已经衰微了，只有平阿侯王谭的儿子王去疾担任侍中，弟弟王闳担任中常侍。王闳的岳父是中郎将萧咸，萧咸是过去的前将军萧望之的儿子。董贤的父亲董恭对萧咸很仰慕，想为儿子董宽信求娶萧咸的女儿为妻，就请王闳去对萧咸说明这个意思。萧咸惶恐不敢答允，私下对王闳说："任命董公为大司马时，策书上说：'真诚地坚持中庸之道。'这是尧将大位禅让给舜时所说的一句话，不是拜三公所惯用的语言。前辈们见到的，无不感到恐惧。这岂是我们普通人家的孩子，所能承当得起的？"王闳生性聪明，有谋略，听了萧咸的话，也醒悟了。于是回报董恭，转达了萧咸自感地位卑微，高攀不上的意思，代致深深的歉意。董恭叹息说："我家怎么对不起天下，而竟被人畏惧到这种程度！"感到不悦。后来，哀帝在麒麟殿设酒宴，与董贤父子、亲属一起宴饮，侍中、中常侍都在旁边侍候。哀帝喝多了点酒，从容地看着董贤，笑着说："我打算效法尧禅位于舜，怎么样？"王闳插话说："天下乃高皇帝的天下，并非陛下所有！陛下承继宗庙，应当传子孙于无穷。王统帝业是至关重大的事情，天子不可戏言！"哀帝默然不悦，左右都感到震惊。于是哀帝命王闳出宫，回到郎署，不许再随侍禁中。

战国早期玉透雕双龙佩

二年（庚申，公元前1年）

六月，戊午（二十六日），哀帝在未央宫驾崩。

哀帝目睹了孝成皇帝时代政权脱离王室情形，及至登极，他屡次诛杀大臣，想效法汉武帝和汉宣帝，加强君主之威。然而他宠任奸佞，听信谗言，憎恨忠直之臣，汉朝的大业从此便衰落了。

太皇太后得到哀帝驾崩的消息，当天就驾临未央宫，收走了皇帝的玉玺、绶带。太后召大司马董贤，在东厢接见，询问他关于哀帝丧事的布置安排。董贤内心忧惧，不能回答，只有脱下官帽谢罪。太后说："新都侯王莽，先前曾以大司马身份，办理过先帝的丧事，熟悉旧例，我命他来辅佐你。"董贤叩头说："那就太好了！"太后派使者骑马速召王莽，并下诏给尚书：所有征调军队的符节、百官奏事、中黄门和期门武士等，都归王莽掌管。王莽遵照太后旨令，命尚书弹劾董贤，说他在哀帝病重时不亲自侍奉医药，因此禁止董贤进入宫殿禁卫军中。董贤不知如何才好，到皇宫大门，脱下官帽，赤着脚叩头谢罪。己未（二十七日），王莽派谒者拿着太后诏书，就在宫门口罢免了董贤，说："董贤年轻，未经历过事理，当大司马不合民心。着即收回大司马印信、绶带，免去官职，遣回宅第。"当天，董贤与妻子都自杀了。其家人惶恐万分，趁夜将他悄悄埋葬。王莽疑心他诈死，于是主管官员奏请发掘董贤棺柩，把棺柩抬到监狱验视，就将他埋葬在狱中。太皇太后诏令“公卿举荐可担任大司马的人选。”王莽从前是大司马，为避开丁、傅两家才辞去职务，众人都认为他贤能，又是太皇太后的近亲，满朝文武百官自大司徒孔光以下，全都推举他担任大司马。

太皇太后与王莽商议选立皇位继承人。安阳侯王舜，是王莽的堂弟，为人正直谨慎，受到太皇太后的信任宠爱，王莽就奏请太皇太后，任命王舜为车骑将军。秋季，七月，派王舜和大鸿胪左咸持符节迎接中山王刘箕子，立为皇位继承人。

九月，辛酉（初一），中山王刘箕子即帝位，大赦天下。

平帝时年九岁，太皇太后临朝听政，大司马王莽把持国政。百官各自负责本职，最后都听王莽裁决。王莽的权势日益上升，孔光忧虑恐惧，不知如何才好，上书请求退休。王莽奏报太后，认为皇帝年幼，应该为他配置师傅。于是调任孔光为皇帝的太傅，位居四辅，兼给事中，负责皇宫宿卫和皇帝的供养，兼管禁中官署门户，察看皇帝服饰、御用、食物等。任命马宫为大司徒，甄丰为右将军。

汉平帝元始元年（辛酉，公元1年）

春季，正月，王莽暗示益州地方官，命令塞外蛮族自称越裳氏部落，通过几道翻译，向天子进献一只白野鸡，两只黑野鸡。王莽向太皇太后报告此事，建议太后下诏，用白野鸡祭献宗庙。于是群臣大肆歌颂王莽的功德，认为他“像周公姬旦使周成王获得白野鸡的祥瑞一样。姬旦活着时就被称为‘周公’，因此王莽也应该被赐号为‘安汉公’，并增加他的采邑人户，使与公爵爵位相称。”太皇太后诏令尚书备办此事。王莽上书说：“我与孔光、王舜、甄丰、甄邯共同制定迎立今上的策略，现在我希望仅让孔光等人论功行赏，抛开我王莽，不要与他们列在一起。”甄邯向太皇太后报告，太皇太后下诏说：“《尚书》说：‘不偏向，不结党，圣王之道，宽广坦荡。’你有安定宗庙的大功，不能因为你是我的骨肉亲戚，就遮盖隐讳，不加宣扬褒奖。请你不要推辞了。”王莽又四次上书坚持推让，称病不上朝。左右臣子对太后说：“还是不要硬改变王莽谦让的心意，只论功赏赐孔光等人吧。”王莽才肯起床。二月，丙辰（二十八日），太皇太后下诏：“任命太傅、博山侯孔光为太师，车骑将军、安阳侯王舜为太保，均增加采邑民户到万户。任命左将军、光禄勋甄丰为少傅，封广阳侯。以上三人都分别授予四辅的职务。封侍中、奉车都尉甄邯为承阳侯。”四人接受封赏后，而王莽尚未起来上朝理事。群臣又进言：“王莽虽然克己谦让，但朝廷对应当表彰的大臣，还是应及时加以封赏，以表明重视元勋，不要使百官和人民失望！”于是太皇太后下诏：“任命大司马、新都侯王莽为太傅，主管四辅事务，称‘安汉公’，增加采邑民户到二万八千户。”于是王莽惶恐，不得已而起来，接受太傅、安汉公的封号，但推辞了增加的采邑民户。他说：“我愿等到百姓家家自足，然后才能接受赏赐。”群臣又力争，太皇太后下诏说："安汉公自己约定要等到百姓家家自足之后才接受赏赐，因此，听从安汉公的意见，不过要让俸禄和赏赐都增加一倍。等到百姓家家自足时，大司徒、大司空再行奏报。"王莽仍然谦让不接受，而建议褒奖赏赐宗室和群臣。于是，立已故东平王刘云的太子刘开明为东平王；又立已故东平思王的孙子刘成都为中山王，为中山孝王的后嗣；封汉宣帝的曾孙刘信等三十六人都为列侯；又赐太仆王恽等二十五人爵位，均为关内侯；又命诸侯王公、列侯、关内侯，凡无儿子，但有孙子或同母兄弟的儿子的，都可作为继承人；皇族近亲支系的后裔，因犯罪而被开除宗室谱籍的，恢复原来的身份；全国官秩为比二千石以上的官员，年老退休的，以原俸禄的三分之一作为退休金，直到死亡。下至平民百姓、鳏夫寡妇，都使用恩惠照顾政策，无所不施。

王莽已经讨好取悦于吏民，又想独断专行。他知道太皇太后年老了，厌倦政事，就暗示公卿上奏说："以往根据官吏的功绩和资历，按顺序逐阶提升到二千石。各州部刺史所举荐的茂材、异能等被委任为官吏，大多数不称职。应该让他们都去谒见安汉公。另外，太皇太后年事已高，不适宜亲自过问这些小事。"让太皇太后下诏说："从今以后，只有封爵之事才禀告我，其他事项，由安汉公和四辅裁决处理。新任命的州牧、二千石以及茂材出身的官吏奏报情况，就直接引到安汉公官署回答所问问题，安汉公考核官吏过去的治绩，询问到任后打算如何施政，以了解他们是否能称职。"于是王莽对这些官员一一接见询问，关怀备至，示以恩意，赠送厚重的礼品。对那些不迎合他的旨意的人，就公开奏报，予以免职。王莽的权力几乎与皇帝相等了。

二年（壬戌，公元2年）

郡国发生大旱灾、蝗灾，青州尤其严重，人民逃荒流亡。王莽禀告太皇太后：应该改穿没有花纹的丝帛服装，减省御用膳食，以向天下表示克己节约。王莽乘机上书，愿意拿出百万钱的捐款和献田三十顷，交付大司农以救助贫民。于是公卿大臣都敬仰而仿效，共有二百三十人捐献田宅，把这些田宅按人口数分配给贫民。又在长安城中兴建五个里，盖民宅二百所，用来安置贫民居住。然后王莽率领群臣奏报太皇太后说："有幸仰赖陛下的盛德恩泽，最近以来，风雨依时，甘露从天而降，灵芝生长，荚、朱草、嘉禾等诸般美好祥瑞的征兆，同时并至。愿陛下仍然遵照规定穿帝王正常的服装，恢复太官的正常膳食供应。使做臣子的各自都能尽力使陛下有和乐之心，精心周到地供养陛下。"王莽又让太皇太后下诏，表示不同意。每遇水旱灾害，王莽就吃素食。左右侍臣将此情况报告太皇太后，太皇太后派使者诏令王莽说："听说安汉公只吃素食，真是忧民至深。今年秋天幸而庄稼丰收，请公及时吃肉，为国家爱护自己的身体！"

王莽想把女儿嫁给平帝为皇后，以巩固自己的权力。就上奏说："陛下即位已三年，还没有立皇后，后宫嫔妃也空缺。以往国家的灾难，本由于无继承人，后妃的来路不正所引起。请考查讨论儒学五经的有关记载，制定聘娶皇后之礼，使古代天子娶十二个女子的规定，纳入正轨，以广求继嗣。广泛地在殷、周天子的后裔，周公、孔子的后代，以及在长安的列侯之家中，挑选合适的女子。”太皇太后将此事交付有关主管机关办理，主管官员呈上众女的名单，王氏家族的女子多被选中。王莽恐怕王氏其他人的女儿会与自己的女儿争当皇后，就上书说：“我本身没有高尚的品德，女儿的资质才能又为下等，她不适宜与众女子一起被挑选。”太皇太后以为他是诚心诚意谦虚，就下诏说：“王氏家族的女子，是我娘家人，就不要参加挑选了。”平民、诸生、郎吏及以上官吏，守候在皇宫大门上书的，每天有一千余人。公卿大夫，有的前往廷中，有的俯伏在宫内官署的门下，都要求说：“安汉公的盛大功勋，如此辉煌，如今应当立他的女儿为皇后，为什么单单剔除了安汉公的女儿，天下人将把期望归聚到哪一位身上呢？我们希望能让安汉公的女儿做天下之母！”王莽派遣长史及以下官员，分别去劝说阻止公卿及诸生的请愿，然而上书请愿的人反而愈来愈多。太皇太后不得已，就听从公卿的意见，挑选王莽的女儿为皇后。王莽又为自己辩白说：“应该广选众女。”公卿争辩说：“再选取其他女子，就会出现两个正统，是不应当的。”王莽只好说：“请察看我的女儿吧。”

第三十六卷

汉纪二十八

译文诵读

孝平皇帝下元始三年（癸亥，3）

夏，安汉公奏车服制度，吏民养生、送终、嫁娶，奴婢、田宅、器械之品，立官稷，及郡国、县邑、乡聚皆置学官。

四年（甲子，4）

夏，太保舜等及吏民上书者八千余人，咸请“如陈崇言，加赏于安汉公。”章下有司，有司请“益封公以召陵、新息二县及黄邮聚、新野田；采伊尹、周公称号，加公为宰衡，位上公，三公言事称‘敢言之’；赐公太夫人号曰功显君；封公子男二人安为褒新侯，临为赏都侯；加后聘三千七百万，合为一万万，以明大礼；太后临前殿亲封拜，安汉公拜前，二子拜后，如周公故事。”莽稽首辞让，出奏封事：“愿独受母号，还安、临印韨及号位户邑。”事下，太师光等皆曰：“赏未足以直功；谦约退让，公之常节，终不可听。忠臣之节亦宜自屈，而伸主上之义。宜遣大司徒、大司空持节承制诏公亟入视事；诏尚书勿复受公之让奏。”奏可。莽乃起视事，止减召陵、黄邮、新野之田而已。

莽复以所益纳征钱千万遗太后左右奉共养者。莽虽专权，然所以诳耀媚事太后，下至旁侧长御，方故万端，赂遗以千万数。白尊太后姊、妹号皆为君，食汤沐邑。以故左右日夜共誉莽，莽又知太后妇人，厌居深宫中，莽欲虞乐以市其权，乃令太后四时车驾巡狩四郊，存见孤、寡、贞妇，所至属县，辄施恩惠，赐民钱帛、牛酒，岁以为常。太后旁弄儿病，在外舍，莽自亲候之。其欲得太后意如此。

群臣奏言：“昔周公摄政七年，制度乃定。今安汉公辅政四年，营作二旬，大功毕成，宜升宰衡位在诸侯王上。”诏曰：“可。”仍令议九锡之法。

莽自以北化匈奴，东致海外，南怀黄支，唯西方未有加，乃遣中郎将平宪等多持金币诱塞外羌，使献地愿内属。宪等奏言：“羌豪良愿等种可万二千人，愿为内臣，献鲜水海、允谷、盐池，平地美草，皆与汉民；自居险阻处为藩蔽。问良愿降意，对曰：‘太皇太后圣明，安汉公至仁，天下太平，五谷成孰，或禾长丈余，或一粟三米，或不种自生，或茧不蚕自成；甘露从天下，醴泉自地出；凤皇来仪，神爵降集。从四岁以来，羌人无所疾苦，故思乐内属。’宜以时处业，置属国领护。”事下莽，莽复奏：“今已有东海、南海、北海郡，请受良愿等所献地为西海郡。分天下为十二州，应古制。”奏可。冬，置西海郡。又增法五十条，犯者徙之西海。徙者以千万数，民始怨矣。

五年（乙丑，5）

吏民以莽不受新野田而上书者前后四十八万七千五百七十二人，及诸侯王公、列侯、宗室见者皆叩头言：“宜亟加赏于安汉公。”于是莽上书言：“诸臣民所上章下议者，事皆寝勿上，使臣莽得尽力毕制礼作乐；事成，愿赐骸骨归家，避贤者路。”甄邯等白太后，诏曰：“公每见辄流涕叩头言，愿不受赏；赏即加，不敢当位。方制作未定，事须公而决，故且听公制作；毕成，群公以闻，究于前议。其九锡礼仪亟奏！”

五月，策命安汉公莽以九锡，莽稽首再拜，受绿韨，衮冕，衣裳，玚琫、玚珌、句履，鸾路，乘马，龙旂九旒，皮弁、素积，戎路、乘马，彤弓矢、卢弓矢，左建朱钺，右建金戚，甲、胄一具，秬鬯二卣，圭瓒二，九命青玉珪二，朱户，纳陛，署宗官、祝官、卜官、史官，虎贲三百人。

王恽等八人使行风俗还，言天下风俗齐同，诈为郡国造歌谣、颂功德，凡三万言。闰月，丁酉，诏以羲和刘秀等四人使治明堂、辟雍，令汉与文王灵台、周公作洛同符。太仆王恽等八人使行风俗，宣明德化，万国齐同，皆封为列侯。

泉陵侯刘庆上书言：“周成王幼小，周公居摄。今帝富于春秋，宜令安汉公行天子事，如周公。”群臣皆曰：“宜如庆言。”

时帝春秋益壮，以卫后故，怨不悦。冬，十二月，莽因腊日上椒酒，置毒酒中；帝有疾。莽作策，请命于泰畤，愿以身代，藏策金縢，置于前殿，敕诸公勿敢言。丙午，帝崩于未央宫。大赦天下。莽令天下吏六百石以上皆服丧三年。奏尊孝成庙曰统宗；孝平庙曰元宗。敛孝平，加元服，葬康陵。

太后与群臣议立嗣。时元帝世绝，而宣帝曾孙有见王五人，列侯四十八人，莽恶其长大，曰：“兄弟不得相为后。”乃悉征宣帝玄孙，选立之。

是月，前辉光谢嚣奏武功长孟通浚井得白石，上圆下方，有丹书著石，文曰：“告安汉公莽为皇帝”。符命之起，自此始矣。莽使群公以白太后，太后曰：“此诬罔天下，不可施行！”太保舜谓太后曰：“事已如此，无可奈何；沮之，力不能止。又莽非敢有他，但欲称摄以重其权，填服天下耳！”太后心不以为可，然力不能制，乃听许。舜等即共令太后下诏曰：“孝平皇帝短命而崩，已使有司征孝宣皇帝玄孙二十三人，差度宜者，以嗣孝平皇帝之后。玄孙年在襁褓，不得至德君子，孰能安之！安汉公莽，辅政三世，与周公异世同符。今前辉光嚣、武功长通上言丹石之符，朕深思厥意，云‘为皇帝’者，乃摄行皇帝之事也。其令安汉公居摄践祚，如周公故事，具礼仪奏！”于是群臣奏言：“太后圣德昭然，深见天意，诏令安汉公居摄。臣请安汉公践祚，服天子韨冕，背斧依立于户牖之间，南面朝群臣，听政事；车服出入警跸，民臣称臣妾，皆如天子之制。郊祀天地，宗祀明堂，共祀宗庙，享祭群神，赞曰：‘假皇帝’，民臣谓之‘摄皇帝’，自称曰‘予’。平决朝事，常以皇帝之诏称‘制’。以奉顺皇天之心，辅翼汉室，保安孝平皇帝之幼嗣，遂寄托之义，隆治平之化。其朝见太皇太后、帝皇后皆复臣节。自施政教于宫家国采，如诸侯礼仪故事。”太后诏曰：“可。”

王莽上居摄元年（丙寅，6）

三月，己丑，立宣帝玄孙婴为皇太子，号曰孺子。婴，广戚侯显之子也。年二岁；托以卜相最吉，立之。尊皇后曰皇太后。

四月，安众侯刘崇与相张绍谋曰：“安汉公莽必危刘氏，天下非之，莫敢先举，此乃宗室之耻也。吾帅宗族为先，海内必和。”绍等从者百余人遂进攻宛；不得入而败。

绍从弟竦与崇族父嘉诣阙自归；莽赦弗罪。竦因为嘉作奏，称莽德美，罪状刘崇：“愿为宗室倡始，父子兄弟负笼荷锸，驰之南阳，猪崇宫室，令如古制；及崇社宜如亳社，以赐诸侯，用永监戒！”于是莽大说，封嘉为率礼侯，嘉子七人皆赐爵关内侯；后又封竦为淑德侯。长安为之语曰：“欲求封，过张伯松。力战斗，不如巧为奏。”自后谋反皆污池云。

群臣复白：“刘崇等谋逆者，以莽权轻也；宜尊重以填海内。”五月，甲辰，太后诏莽朝见太后称“假皇帝”。

二年（丁卯，7）

东郡太守翟义，方进之子也，与姊子上蔡陈丰谋曰：“新都侯摄天子位，号令天下，故择宗室幼稚者以为孺子，依托周公辅成王之义，且以观望，必代汉家，其渐可见。方今宗室衰弱，外无强蕃，天下倾首服从，莫能亢扞国难。吾幸得备宰相子，身守大郡，父子受汉厚恩，义当为国讨贼，以安社稷；欲举兵西，诛不当摄者，选宗室子孙辅而立之。设令时命不成，死国埋名，犹可以不惭于先帝。今欲发之，汝肯从我乎？”丰年十八，勇壮，许诺。义遂与东郡都尉刘宇、严乡侯刘信、信弟武平侯刘璜结谋，以九月都试日斩观令，因勒其车骑、材官士，募郡中勇敢，部署将帅。信子匡时为东平王，乃并东平兵，立信为天子；义自号大司马、柱天大将军；移檄郡国，言“莽鸩杀孝平皇帝，摄天子位，欲绝汉室。今天子已立，共行天罚！”郡国皆震。比至山阳，众十余万。

莽闻之，惶惧不能食。太皇太后谓左右曰：“人心不相远也。我虽妇人，亦知莽必以此自危。”

三辅闻翟义起，自茂陵以西至汧二十三县，盗贼并发。槐里男子赵朋、霍鸿等自称将军，攻烧官寺，杀右辅都尉及斄令，相与谋曰："诸将精兵悉东，京师空，可攻长安！"众稍多至十余万，火见未央宫前殿。

诸将东至陈留淄，与翟义会战，破之，斩刘璜首。莽大喜，复下诏先封车骑都尉孙贤等五十五人皆为列侯，即军中拜授。因大赦天下。于是吏士精锐遂攻围义于圉城，十二月，大破之。义与刘信弃军亡，至固始界中，捕得义，尸磔陈都市；卒不得信。

始初元年（戊辰，8）

司威陈崇奏：莽兄子衍功侯光私报执金吾窦况，令杀人；况为收系，致其法。莽大怒，切责光。光母曰："汝自视孰与长孙、中孙！"长孙、中孙者，宇及获之字也。遂母子自杀，及况皆死。初，莽以事母、养嫂、抚兄子为名，及后悖虐，复以示公义焉。令光子嘉嗣爵为侯。

梓潼人哀章学问长安，素无行，好为大言，见莽居摄，即作铜匮，为两检，署其一日"天帝行玺金匮图"，其一署曰"赤帝玺某传予皇帝金策书"。某者，高皇帝名也。书言王莽为真天子，皇太后如天命。图书皆书莽大臣八人，又取令名王兴、王盛，章因自窜姓名，凡十一人，皆署官爵，为辅佐。章闻齐井、石牛事下，即日昏时，衣黄衣，持匮至高庙，以付仆射。仆射以闻。戊辰，莽至高庙拜受金匮神禅，御王冠，谒太后，还坐未央宫前殿，下书曰："予以不德，托于皇初祖考黄帝之后，皇始祖考虞帝之苗裔，而太皇太后之末属。皇天上帝隆显大佑，成命统序，符契、图文、金匮策书，神明诏告，属予以天下兆民。赤帝汉氏高皇帝之灵，承天命，传金策之书，予甚祇畏，敢不钦受！以戊辰直定，御王冠，即真天子位，定有天下之号曰新。其改正朔，易服色，变牺牲，殊徽帜，异器制。以十二月朔癸酉为始建国元年正月之朔；以鸡鸣为时。服色配德上黄，牺牲应正用白，使节之旄幡皆纯黄，其署曰'新使五威节'，以承皇天上帝威命也。"

莽将即真，先奉诸符瑞以白太后，太后大惊。是时以孺子未立，玺臧长乐宫。及莽即位，请玺，太后不肯授莽。莽使安阳侯舜谕指。舜素谨敕，太后雅爱信之。舜既见太后，太后知其为莽求玺，怒骂之曰："而属父子宗族，蒙汉家力，富贵累世，既无以报，受人孤寄，乘便利时夺取其国，不复顾恩义。人如此者，狗猪不食其余，天下岂有而兄弟邪！且若自以金匮符命为新皇帝，变更正朔、服制，亦当自更作玺，传之万世，何用此亡国不祥玺为，而欲求之！我汉家老寡妇，旦暮且死，欲与此玺俱葬，终不可得！"太后因涕泣而言，旁侧长御以下皆垂涕。舜亦悲不能自止，良久，乃仰谓太后："臣等已无可言者。莽必欲得传国玺，太后宁能终不与邪！"太后闻舜语切，恐莽欲胁之，乃出汉传国玺投之地，以授舜曰："我老已死，知而兄弟今族灭也！"舜既得传国玺，奏之；莽大说，乃为太后置酒未央宫渐台，大纵众乐。

莽又欲改太后汉家旧号，易其玺绶，恐不见听；而莽疏属王谏欲谄莽，上书言："皇天废去汉而命立新室，太皇太后不宜称尊号，当随汉废，以奉天命。"莽以其书白太后，太后曰："此言是也！"莽因曰："此悖德之臣也，罪当诛！"于是冠军张永献符命铜壁文，言太皇太后当为新室文母太皇太后；莽乃下诏从之。于是鸩杀王谏而封张永为贡符子。

汉平帝元始三年（癸亥，公元3年）

夏季，安汉公王莽奏报关于车马和衣服穿着的制度，全国官吏平民的日常生活，丧葬送终，男婚女嫁，以及奴婢的买卖和待遇，田地房产的转移，各种用具等等，分别定立等级。又设置祭祀五谷的神庙，并在各郡、各封国、各县、各城、各乡、各村，都设置学官。

四年（甲子，公元4年）

夏季，太保王舜等以及官民八千余人上书朝廷，一致请求："请按照大司徒司直陈崇的建议，增加对安汉公王莽的赏赐。"奏章交给主管官吏，主管官吏奏报："增加安汉公王莽的封地，把召陵、新息二县，跟黄邮聚、新野两地的耕田全都划入。采用伊尹和周公的称号，给安汉公加上宰衡的官号，位居上公。三公向安汉公报告工作，自称'冒昧陈辞'。封王莽的母亲为功显君，封王莽的两个儿子王安为褒新侯、王临为赏都侯。增加皇后彩礼三千七百万钱，合成一万万钱，用来表明礼仪的隆重。太后来到前殿，亲自赐封爵位和称号。王莽在前面下拜，两个儿子在后面下拜，一如周公的旧例。"王莽叩头辞让，出宫以后送上密封的奏章，说："仅愿接受对我母亲的封号，而退还王安、王临的印玺绶带和爵位称号、封邑民户。"太师孔光等都说："赏赐不足以抵过功劳，谦虚辞让是安汉公的一贯作风，到底不可以听从。忠臣的气节有时应该自己屈服，使主上的大义得以伸张。应该派遣大司徒、大司空拿着符节，奉皇帝命令征召安汉公赶快入宫主持朝政。并下令尚书，拒绝接受安汉公任何推辞退让的奏章。"奏章被批准了，王莽这才起来办理公务，仅减少召陵、黄邮聚、新野三地的封土罢了。

王莽又在所增加彩礼的三千七百万中，提出一千万，送给太后左右侍从人员。王莽虽然独裁，但他千方百计迷惑谄媚取悦太后，甚至太后身旁那些常侍的随从，都使用多种方法，致送数以千万计的贿赂。又建议封太后的姐、妹为君，各有汤沐邑。因此，太后身旁的人日夜共同赞美王莽。此外，王莽知道，太后仍是一个女人，厌恶居住在深宫之中。他打算用娱乐换取在太后手里的权力，于是，春夏秋冬四季，都请太后到长安四郊游览，慰问孤儿、寡妇和贞妇。所到长安各属县，都布施恩惠，赏赐平民钱币、丝织品、牛肉、美酒，每年都是如此。太后身旁供使唤的小子有病，王莽亲自前往探望。王莽想得到太后的好感，所用手段就是这样。

文武百官奏称："从前，周公代周成王处理国政七年，国家的制度才处理妥当。而今，安汉公辅助国政四年，修建明堂等用了二十天，却大功全部完成。所以，应该把宰衡的地位，提高到侯爵亲王之上。"下诏说："可以。"同时下令讨论九锡礼仪之法。

王莽自以为他的德威，北边感化了匈奴，东边招来了海外国家，南边怀柔了黄支，只有西边没有施加影响。便派遣平宪等人多多携带金钱礼物，去招引边界以外的羌人，使他们献出土地，归属汉朝。平宪等人奏报说："羌人以良愿等为首的部落，人口约一万二千，愿意成为汉朝的臣民，献出鲜水海和允谷、盐池，该地区地平草茂，都交给汉朝百姓，自己住到险阻之处，作为汉朝的屏障。我们询问良愿归降的用意，他回答说：'太后圣明，安汉公最仁慈，天下太平，五谷成熟，有的禾苗长到一丈多高，有的一粒谷子包含三粒米，有的不须种植自己生长，有的茧不要蚕吐丝就可以自织而成，甘露从天上降下，甘泉从地下涌出，凤凰前来朝贺，神雀飞临聚集。四年来，羌人没有遭遇过艰难困苦，所以希望并喜欢归属汉朝。'应及时安排他们的生产和生活，设置属国统辖保护他们。"事情交给王莽处理，王莽回奏说："现在已有东海郡、南海郡、北海郡，请接受良愿等所献土地设置西海郡。全国分为十二州，以符合古代制度。"平帝批准。冬季，设置西海郡。又增订法律五十条，违犯者被流放到西海郡去。被流放的人数多达千万，这时百姓开始怨恨了。

五年（乙丑，公元5年）

官吏、平民因为王莽不接受新野县的田地而上书的，前后达四十八万七千五百七十二人，以及诸侯王、公卿、列侯和皇族被接见的，都叩头说："应该赶快对安汉公加以奖赏。"于是王莽上书说："官民所上奏章交下来讨论的，应全部搁置不再呈上，使我得以尽力完成制作礼仪和乐章。等到制作完成，我愿退休返回故乡，避开贤能人才上进的道路。"右将军甄邯等奏报太后，太后下诏给王莽："安汉公每次进见，都流着眼泪，叩头陈情，不愿接受奖赏。如果加以奖赏，您就不敢处在高位。现在制作礼乐制度的工作没有完成，这件大事，必须靠您决定，所以暂且由您制作礼乐。等工作完成，群臣报告之后，再研究大家从前的建议。但关于九锡礼仪，仍要迅速制定奏报。"

五月，颁策书加赐王莽九锡，王莽叩头再拜，接受了绿色的蔽膝和龙冠、礼服，用金玉装饰的佩刀，鞋头突出的履，有铃大车和套马，装饰着九束缘子的大龙旗，皮帽子和细褶白布衫，军车和套马，红色的弓和箭，黑色的弓和箭，立在左边的红色钺斧，立在右边的有金饰的戚斧，铠甲和头盔一套，美酒二卣，玉勺两只，九级青玉两枚，规定家里可以安装红漆大门和修建檐内台阶。设置宗官、祝官、卜官、史官，拥有护卫勇士三百人。

王恽等八位使者考察风俗回京，说全国风俗整齐划一，并编造各地民歌民谣，颂扬功德，共有三万字。闰月丁酉（初四），平帝下诏命羲和刘秀等四人，负责兴建明堂、辟雍，使汉朝的土木工程，跟周朝文王兴建灵台、周公兴建洛阳城相符。太仆王恽等八人，周游全国，考察风俗，宣扬阐明朝廷的恩德教化，使风俗整齐划一。刘秀等四人和王恽等八人，全封列侯。

泉陵侯刘庆上书："周成王年龄幼小，由周公居位摄政。当今圣上年龄还轻，应当让安汉公代行天子的职务，像周公一样。"群臣都说："应当照刘庆所说的办。"

这时，平帝的年龄渐长，因母亲卫皇太后的缘故，怨恨不快。冬季，十二月，王莽借着腊日向平帝进献椒酒的时机，在椒酒中下了毒。平帝中毒害病。王莽写下策书，到泰祈祷，请求保全平帝的性命，愿意用自身代平帝去死。他把策书收藏在金柜里，放在前殿，告诫各大臣不准说出去。丙午，平帝在未央宫驾崩。大赦天下。王莽命令官秩六百石以上的官员，一律服丧三年。建议尊称成帝庙叫作统宗，平帝庙叫作元宗。收殓孝平帝，戴上成人冠帽，埋葬在康陵。

太后与文武百官，商议遴选继任皇帝。这时元帝的后代断绝了，而宣帝的曾孙为王的有五人，为列侯的四十八人，王莽厌恶他们已经长大，便说："兄弟之间不能互相作为后代。"于是全部征召宣帝玄孙，逐一选择。

这个月，前辉光谢嚣奏报，武功县长孟通疏浚水井挖得了一块白石头，上头是圆形，下部是四方形，有朱红文字写在石头上，文字是"宣告安汉公王莽为皇帝"。符命的兴起，从此开始了。王莽使各大臣把这件事上报太后，太后说："这是欺骗天下，不可以施行！"太保王舜告诉太后："事已如此，无可奈何。想要制止，力量也达不到。而且王莽没有别的想法，只是想要公开宣告代行皇帝的职权来加强他的权力，好去镇服全国罢了。"太后心里知道不可以这样做，但自己的力量不能制止，只好答应。王舜等人就一起让太后下诏书道："孝平皇帝短命驾崩，已经命令主管官吏征召孝宣皇帝曾孙二十三人，选择合适的，让他做孝平皇帝的后嗣，玄孙年龄还很幼小，如果不求得有最高德行的君子，谁能够维护他？安汉公王莽，辅佐朝政已经三代，跟周公时代虽异而功业相同。现在前辉光谢嚣和武功县长孟通上报丹书白石的符命，我深深地思索它的意思，说'为皇帝'的含义，就是代行皇帝的职权。现命令安汉公登上皇位，代行职权，仿照周公的旧例。开列典礼仪式上报。"于是群臣上书说："太后圣德英明，深深地看到了天意，下诏书让安汉公居位摄政。我们请求安汉公登上皇位，代行职权，穿着天子的礼服，戴着天子的礼帽，背靠着设置在门窗之间的斧形图案屏风，向着南面接受臣子们的朝见，处理政事。他的车驾进出要戒严，平民和臣下向他自称为男奴女奴，全部按照天子的礼仪制度办事。在郊外祭祀天地，在明堂和宗庙祭祀祖宗，祭祀各种神祇，赞辞称'假皇帝'，平民和臣下称他为'摄皇帝'，自称为'予'。讨论决定朝廷大事，通常用皇帝的诏书形式，称为'制'，从而秉承和遵循上天的心意，辅佐汉朝，抚育孝平皇帝的幼小继承人，完成委托的义务，振兴治平的教化。在朝见太后和孝平皇后时，都恢复臣下的礼节。在他的官署、家宅、封国、采邑，可以独立地实行政治教化，按照诸侯礼仪的成例办。”太后下诏批准。

王莽居摄元年（丙寅，公元6年）

三月，己丑（初一）册立宣帝玄孙刘婴作皇太子，称号叫作孺子。刘婴是广戚侯刘显的儿子，年仅二岁。王莽声称，卜卦的结果，认为他最吉利，所以才册立。尊王皇后为皇太后。

四月，安众侯刘崇跟封国丞相张绍商量道：“安汉公王莽一定要危害刘家。天下人反对他，竟没有人敢首先起事，这是我们皇族的耻辱。我率领同族的人倡首，全国必定响应。”张绍等跟随者共一百多人于是进攻宛城，但没有攻进去就失败了。

张绍的堂弟张竦和刘崇的远房伯叔刘嘉前往朝廷自首，王莽赦免了他们，没有加罪。张竦代替刘嘉撰写奏章，歌颂王莽美德，痛斥刘崇有罪，声称：“愿意给皇族带头，父子兄弟背着箩筐，扛着锸锹，跑到南阳郡去，掘毁刘崇的宫室使之成为蓄积污水的池沼，像古代的制度一样。还有，刘崇的土地神社应当像亡国的亳社一样毁掉，把它分赐给各王侯，用来作永远的鉴戒！”于是王莽非常高兴，封刘嘉为率礼侯，刘嘉的七个儿子都封为关内侯。后来又封张竦为淑德侯。长安人为这件事编成俗语说：“要想封，去找张柏松。拼命斗，不如巧上奏。”从此以后，凡是谋反的人，都把他们的房屋掘毁成污池。

群臣又上报：“刘崇等人敢于造反，就是因为王莽的权力还小，应当提高他的权力地位去镇服全国。”五月甲辰（十七日），太后命令王莽在朝见她的时候自称“假皇帝”。

二年（丁卯，公元7年）

东郡太守翟义是翟方进的儿子，与姐姐的儿子上蔡人陈丰密谋说：“新都侯王莽代理皇位，向全国发号施令，故意在皇族中挑选一个幼年孩子，称为孺子，假托周公辅佐成王的做法，试探天下人心，他必然取代汉家，迹象已经逐渐可见。而今，皇族衰弱，长安以外又没有强大的封国，天下全都低头顺从，没有人能挽救国家的灾难。我有幸是宰相的儿子，自己又是一个大郡的郡守，父子都受汉朝的厚恩，有义务为国家讨伐叛贼，使国家安定。我打算发动军队西进，诛杀不应当代理皇位的人，而另行选择、辅助皇族子弟当皇帝。即使事情不能成功，为国而死，身虽埋葬，名却长存，还可以无愧于先帝。如今我准备行动，你肯追随我吗？”陈丰十八岁，勇猛强壮，一口承诺。翟义于是与东郡都尉刘宇和严乡侯刘信及刘信的弟弟武平侯刘璜合谋，在九月检阅军队的日子斩杀观县县令，控制了本地的战车、骑兵、弓箭手，再征召郡中勇士，部署将帅。刘信的儿子刘匡，当时是东平王，于是与东平国的防卫部队合兵一处，拥立刘信为皇帝。翟义自称大司马兼柱天大将军。

通报各郡、各封国，指出：“王莽用鸩酒毒死孝平皇帝，代理皇位，目的在铲除汉朝政权。现在，天子已经即位，当共同代天行罚！”各郡、各封国大为震动。大军抵达山阳时，已有十余万人。

王莽得到消息，惊惶失措，连饭都吃不下。太后对她的侍从说：“人同此心，心同此理。我虽然是一个女人，也知道王莽必定因此而自危。”

京城附近地区听到翟义起兵的消息，自茂陵以西到汧，共二十三县，盗贼一齐爆发。槐里男子赵朋、霍鸿等自称为将军，攻击、焚烧官府，击杀右辅都尉及斄县县令。他们会商说：“众将和精兵全部东征，京师空虚，我们可以进攻长安！”军队渐渐增多到十余万人，未央宫前殿可以见到火光。

各位将军率军东征，抵达陈留郡县，与翟义的军队进行会战，取得胜利，斩杀刘璜。王莽大喜，再次下诏，将车骑都尉孙贤等五十五人都封为列侯，就在军中授予爵位。因此大赦天下。于是，用精兵围攻翟义于圉城，十二月，大败翟义。翟义与刘信放弃军队逃亡，逃到固始县界内，翟义被捕，押解到淮阳国所属陈县，施以分裂肢体的酷刑，在市上示众；而刘信最终没有抓到。

始初元年（戊辰，公元8年）

司威陈崇奏报：王莽哥哥的儿子、衍功侯王光私下告知执金吾窦况，让窦况替他杀人。窦况替他拘禁了那个人，用法律把那个人处死了。王莽大怒，严厉地责备了王光。王光的母亲对王光说：“你看自己和长孙、仲孙相比怎么样？”长孙、仲孙是王莽长子王宇、次子王获的表字。王光母子便自杀了，连窦况也死了。起初，王莽由于服侍母亲，供养嫂子，抚育兄长的儿子求得了名誉，等到后来狂妄凶暴，又这样来显示公正无私。令王光的儿子王嘉继承爵位为侯。

梓潼县人哀章在长安学习，一向品行不好，喜欢说大话。他看见王莽居位摄政，就制造了一只铜柜，做了两道标签，一道写作“天帝行玺金匮图”，另一道写作“赤帝行玺某传予黄帝金策书”。所谓某，就是高皇帝的名字。那策书说王莽是真天子，皇太后应遵照天意行事。图和策书都写明王莽的大臣八人，又加上两个好名字王兴和王盛，哀章乘机把自己的姓名也塞在里面，共十一人，都写明了官职和爵位，作为辅佐。哀章听到齐郡新井和巴郡石牛事件下达了，当天黄昏时候，穿着黄衣，拿着铜柜到高帝祭庙，把它交给了仆射。仆射奏报。戊辰（二十五日），王莽到高帝祭庙拜受天神命令转让统治权的铜柜。他戴上王冠，进见太后，回来便坐在未央宫的前殿，发布文告说：“我德行不好，幸赖是皇初祖黄帝的后代，是皇始祖虞帝的子孙，又是太后的微末亲属。皇天上帝予以隆厚的庇佑，令我继承大统。符命、图文，金柜中的策书，都是神明的诏告，把天下千百万人民托付我。赤帝汉朝高皇帝的神灵，秉承上天的命令，传给我转让政权的金策书，我非常敬畏，敢不敬谨接受！根据占卜，戊辰日（二十五日）是吉日，我戴上王冠，登上真天子的座位，建立‘新王朝’。决定改变历法，改变车马、服饰的颜色，改变供祭祀用的牲畜的毛色，改变旌旗，改变用器制度。把今年十二月朔癸酉（初一）定为始建国元年正月的初一，把鸡鸣之时作为一天的开始。车马、服饰的颜色配合土德崇尚黄色，祭祀用的牲畜与正月建丑相应而使用白色，使者符节的旄头旗幡都采用纯黄色，写上‘新使五威节’，表明我们是秉承皇天上帝的威严命令。”

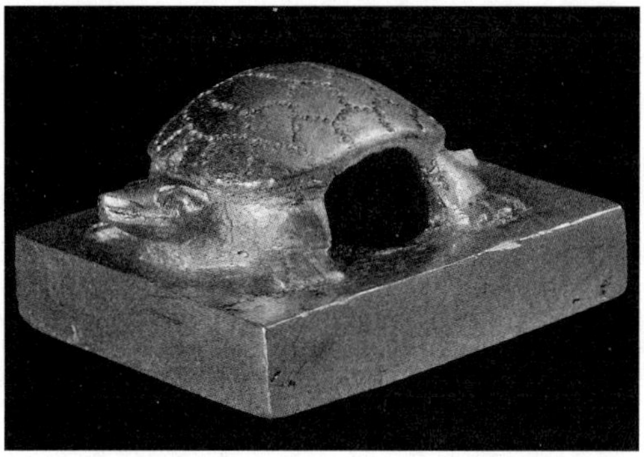

西汉 太子金印

王莽将要即位当真皇帝，先捧来各种符命祥瑞向太后报告，太后大吃一惊。这时，因孺子刘婴并没有即位，所以皇帝玉玺仍放在太后所住的长乐宫。等到王莽即位，向太后请求交出玉玺，太后不肯给。王莽让安阳侯王舜规劝。王舜一向谨慎恭敬，太后平素喜欢他、信任他。王舜见到了太后，太后知道他是为王莽索求玉玺，怒骂他道：“你们父子宗族，靠着汉朝的力量，几代富贵，不但没有回报，反而利用人家托孤寄子的机会，夺取政权，不再顾念恩义。这样的人，连猪狗都不吃他剩余的东西，天下难道会容下你们兄弟吗！而且你们自己以金匮符命当新皇帝，改变历法，改变车马、服饰颜色，改变制度，也应该自己另刻玉玺，使它传到万世，用这个亡国不祥的玺做什么，而想得到它？我是汉朝的老寡妇，早晚就要死，打算跟玉玺一同埋葬。你们终究得不到！”太后一面说，一面哭泣。身边的常侍随从及下面的人都跟着哭泣。王舜也哀恸落泪，不能自止。过了很久，王舜才抬头问太后：“我等已无话可说，只是王莽一定要得到传国玉玺，太后难道能够最终不给他吗？”太后听王舜的话恳切，又怕王莽用暴力胁迫，于是拿出汉朝的传国玉玺扔到地上，对王舜说：“待我老死后，你们兄弟将被灭族！”王舜得到传国玉玺后，报告王莽。王莽万分喜悦，于是为太后在未央宫渐台设酒宴，让众人纵情欢乐。

王莽又打算改变王太后在汉朝时的旧封号，更换她的印玺绶带，但又怕她拒绝。而王莽的远族王谏打算向王莽献媚，上奏说：“皇天废除汉朝，而命令建立新朝，太后不宜再称尊号，应该跟汉朝同时废除，顺应天命。”王莽把奏章呈报太后，太后说：“此话有理！”王莽于是说：“这是违背德义之臣，罪当杀！”当时冠军人张永呈献璧形铜片，上有符命文字，说太后应称为“新室文母太后”。王莽下诏接受。于是用鸩酒毒死王谏，封张永为贡符子。

第三十七卷 汉纪二十九

译文诵读

王莽中始建国元年（己巳，9）

春，正月，朔，莽帅公侯卿士奉皇太后玺韨上太皇太后，顺符命，去汉号焉。

莽乃策命孺子为定安公，封以万户，地方百里；立汉祖宗之庙于其国，与周后并行其正朔、服色；以孝平皇后为定安太后。读策毕，莽亲执孺子手，流涕歔欷曰："昔周公摄位，终得复子明辟；今予独迫皇天威命，不得如意！"哀叹良久。中傅将孺子下殿，北面而称臣。百僚陪位，莫不感动。

是日，封拜卿大夫、侍中、尚书官凡数百人，诸刘为郡守者皆徙为谏大夫。改明光宫为定安馆，定安太后居之；以大鸿胪府为定安公第；皆置门卫使者监领。敕阿乳母不得与婴语，常在四壁中，至于长大，不能名六畜；后莽以女孙宇子妻之。

又曰："汉氏诸侯或称王，至于四夷亦如之，违于古典，缪于一统。其定诸侯王之号皆称公，及四夷僭号称王者皆更为侯。"于是汉诸侯王三十二人皆降为公，王子侯者百八十一人皆降为子，其后皆夺爵焉。

莽以刘之为字"卯、金、刀"也，诏正月刚卯、金刀之利皆不得行，乃罢错刀、契刀及五铢钱，更作小钱，径六分，重一铢，文曰"小钱直一"，与前"大钱五十"者为二品，并行。欲防民盗铸，乃禁不得挟铜、炭。

莽曰："古者一夫田百亩，什一而税，则国给民富而颂声作。秦坏圣制，废井田，是以兼并起，贪鄙生，强者规田以千数，弱者曾无立锥之居。又置奴婢之市，与牛马同阑，制于民臣，颛断其命，缪于'天地之性人为贵'之义。减轻田租，三十而税一，常有更赋，罢癃咸出；而豪民侵陵，分田劫假。厥名三十税一，实什税五也。故富者犬马余菽粟，骄而为邪；贫者不厌糟糠，穷而为奸；俱陷于辜，刑用不错。今更名天下田曰'王田'，奴婢曰'私属'，皆不得卖买。其男口不盈八而田过一井者，分余田予九族、邻里、乡党。故无田、今当受田者，如制度。敢有非井田圣制、无法惑众者，投诸四裔，以御魑魅，如皇始祖考虞帝故事！"

二年（庚午，10）

国师公刘秀言："周有泉府之官，收不售，与欲得，即《易》所谓'理财正辞，禁民为非'，者也。"莽乃下诏曰："《周礼》有赊贷，《乐语》有五均，传记各有筦焉。今开赊贷、张五均、设诸筦者，所以齐众庶，抑并兼也。"遂于长安及洛阳、邯郸、临淄、宛、成都立五均司市、钱府官。司市常以四时仲月定物上中下之贾，各为其市平。民卖五谷、布帛、丝绵之物不售者，均官考检厥实，用其本贾取之；物贵过平一钱，则以平贾卖与民；贱减平者，听民自相与市。又民有乏绝欲赊贷者，钱府予之；每月百钱收息三钱。

又以《周官》税民，凡田不耕为不殖，出三夫之税；城郭中宅不树艺者为不毛，出三夫之布；民浮游无事，出夫布一匹；其不能出布者冗作，县官衣食之。诸取金、银、连、锡、鸟、兽、鱼、鳖于山林、水泽及畜牧者，嫔妇桑蚕、织纴、纺绩、补缝，工匠、医、巫、卜、祝及他方技，商贩、贾人，皆各自占所为于其所之，县官除其本，计其利十分之，而以其一为贡；敢不自占、自占不以实者，尽没入所采取而作县官一岁。

羲和鲁匡复奏请榷酒酤，莽从之。又禁民不得挟弩、铠，犯者徙西海。

定安公太后自刘氏之废，常称疾不朝会。时年未二十，莽敬惮伤哀，欲嫁之，乃更号曰黄皇室主，欲绝之于汉；令孙建世子盛饰，将医往问疾。后大怒，鞭笞其傍侍御，因发病，不肯起。莽遂不复强也。

莽恃府库之富，欲立威匈奴，乃更名匈奴单于曰"降取服于"，下诏遣立国将军孙建等率十二将分道并出：五威将军苗䜣、虎贲将军王况出五原；厌难将军陈钦、震狄将军王巡出云中；振武将军王嘉、平狄将军王萌出代郡；相威将军李棽、镇远将军李翁出西河；诛貉将军杨俊、讨涉将军严尤出渔阳；奋武将军王骏、定胡将军王晏出张掖；及偏裨以下百八十人，募天下囚徒、丁男、甲卒三十万人，转输衣裘、兵器、粮食，自负海江、淮至北边，使者驰传督趣，以军兴法从事。先至者屯边郡，须毕具乃同时出；穷追匈奴，内之丁令。分其国土人民以为十五，立呼韩邪子孙十五人皆为单于。

莽以钱币讫不行，复下书曰："宝货皆重则小用不给，皆轻则僦载烦费；轻重大小各有差品，则用便而民乐。"于是更作金、银、龟、贝、钱、布之品，名曰宝货。钱货六品，金货一品，银货二品，龟货四品，贝货五品，布货十品，凡宝货五物、六名、二十八品。铸作钱布，皆用铜，殽以连、锡。百姓溃乱，其货不行。莽知民愁，乃但行小钱直一与大钱五十，二品并行；龟、贝、布属且寝。盗铸钱者不可禁，乃重其法，一家铸钱，五家坐之，没入为奴婢。吏民出入持钱，以副符传，不持者厨传勿舍，关津苛留。公卿皆持以入宫殿门，欲以重而行之。是时百姓便安汉五铢钱，以莽钱大小两行，难知，又数变改，不信，皆私以五铢钱市买；讹言大钱当罢，莫肯挟。莽患之，复下书："诸侠五铢钱、言大钱当罢者，比非井田制，投四裔！"及坐卖买田宅、奴婢、铸钱，自诸侯、卿大夫至于庶民，抵罪者不可胜数。于是农商失业，食货俱废，民人至涕泣于市道。

三年（辛未，11）

吏士屯边者所在放纵，而内郡愁于征发，民弃城郭，始流亡为盗贼，并州、平州尤甚。莽令七公、六卿号皆兼称将军，遣著武将军逯并等镇名都，中郎将、绣衣执法各五十五人，分镇缘边大郡，督大奸猾擅弄兵者。皆乘便为奸于外，挠乱州郡，货赂为市，侵渔百姓。莽下书切责之曰："自今以来，敢犯此者，辄捕系，以名闻！"然犹放纵自若。北边自宣帝以来，数世不见烟火之警，人民炽盛，牛马布野；及莽挠乱匈奴，与之构难，边民死亡系获，数年之间，北边虚空，野有暴骨矣。

四年（壬申，12）

初，莽为安汉公时，欲谄太皇太后，以斩郅支功奏尊元帝庙为高宗，太后晏驾后，当以礼配食云。及莽改号太后为新室文母，绝之于汉，不令得体元帝，堕坏孝元庙，更为文母太后起庙；独置孝元庙故殿以为文母篹食堂，既成，名曰长寿宫，以太后在，故未谓之庙。莽置酒长寿宫，请太后。既至，见孝元庙废彻涂地，太后惊泣曰："此汉家宗庙，皆有神灵，与何治而坏之！且使鬼神无知，又何用庙为！如令有知，我乃人之妃妾，岂宜辱帝之堂以陈馈食哉！"私谓左右曰："此人慢神多矣，能久得祐乎！"饮酒不乐而罢。自莽篡位后，知太后怨恨，求所以媚太后者无不为，然愈不说。莽更汉家黑貂著黄貂；又改汉正朔、伏腊日。太后令其官属黑貂；至汉家正、腊日，独与其左右相对饮食。

五年（癸酉，13）

春，二月，文母皇太后崩，年八十四；葬渭陵，与元帝合，而沟绝之。新室世世献祭其庙；元帝配食，坐于床下。莽为太后服丧三年。

天凤元年（甲戌，14）

莽复申下金、银、龟、贝之货，颇增减其贾直，而罢大、小钱，改作货布、货泉二品并行。又以大钱行久，罢之恐民挟不止，乃令民且独行大钱；尽六年，毋得复挟大钱矣。每一易钱，民用破业而大陷刑。

王莽始建国元年（己巳，公元9年）

春季，正月朔（初一），王莽率领公侯卿士捧着新制的皇太后玉玺，呈上太皇太后，遵从上天的符命，去掉汉朝的名号。

王莽下策书命孺子为定安公，把居民一万户，土地纵横各一百里，赐封给他。

在封国里建立汉朝祖宗的祠庙，与周朝的后代一样，都使用自己的历法和车马服饰的颜色。把孝平皇后立为定安太后。宣读策书完毕，王莽亲自握着孺子的手，流着眼泪抽泣道："从前周公代理王位，最后能够把明君的权力归还周成王；现在我偏偏迫于上天威严的命令，不能够如自己的意！"悲伤叹息很久。中傅带着孺子下殿，向着北面自称臣下。百官陪在旁边，没有人不受感动。

这一天，授任卿大夫、侍中、尚书官职总共几百人。各刘姓皇族担任郡太守的，都调任谏大夫。王莽把明光宫改为定安馆，让定安太后住在那里。把大鸿胪官署作为定安公住宅，都设置门卫、使者监护管理。告诫保育人员和奶妈不准跟定安公谈话，让他常在四壁合围的屋子里。一直到长大，定安公还不能叫出六畜的名称。后来王莽把孙女王宇的女儿嫁给了他。

王莽又说道："汉朝有的诸侯称王，以至四方的夷民也仿效这样称呼，这违反了古代制度，背离了一统的原则。如今确定诸侯王的名号都称为公，以及四方夷民，冒用帝王尊号的都改为侯。"于是汉诸侯王三十二人的名号都降为公，诸侯王的子弟名号为侯的一百八十一人都降为子，他们在后来都被剥夺了爵号。

王莽认为"刘"字由"卯、金、刀"组成，因而下诏，"正月刚卯"佩饰和金刀钱都不准再使用。于是，废除错刀币、契刀币以及五铢钱，改铸小钱，直径六分，重量一铢，上面有"小钱值一"的字样，加上以前的"大钱五十"的货币为两类，同时发行。为了防止民间私自铸造，便下禁令不准挟带铜、炭。

王莽下诏："古代一夫分田一百亩，按十分之一交租税，就能够国家丰裕，百姓富足，于是歌颂的舆论兴起来了。秦破坏圣人制度，废除井田，因此并吞土地的现象出现了，贪婪卑鄙的行为发生了，强者占田数千亩，贫者竟没有立锥之地。又设置买卖奴婢的市场，与牛马一同关闭在栅栏之内，被地方官吏控制，专横地裁决他们的命运，违背了天地之间的生命，人类最宝贵的原则。汉朝减轻土地税，按三十分之一征税，但是经常有代役税，病残而丧失劳力的都要交纳。加以土豪劣绅侵犯欺压，利用租佃关系掠夺财物，于是名义上按三十分之一征税，实际上征收了十分之五的税。所以富人的狗马有吃不完的粮食，因骄奢而做邪恶的事；穷人却吃不饱酒渣糠皮，因贫困而做邪恶的事。他们都陷于犯罪，刑罚因此不能搁置不用。现在把全国的田改名叫'王田'，奴婢叫'私属'，都不准买卖。那些家庭人口男性不满八人，而占有田亩超过一井的，把多余的田亩分给亲属、邻居和同乡亲友。原来没有田，现在应当分得田的，按照规定办。敢有反对井田这种圣人首创的制度，无视法律惑乱民众的，把他们流放到四方极远的地方，去抵挡妖怪鬼神，如同我的始祖虞舜帝惩罚四凶的旧例。"

二年（庚午，公元10年）

国师公刘秀奏称："周王朝有泉府之官，收购民间卖不出去的产品，供应民间缺乏的货物，也就是《易经》说：'治理财富，端正言行，禁止人民为非作歹。’”于是王莽下诏说：“《周礼》上有由官府办理赊贷的记载，《乐语》上有五均的设立，史书上有关于诸筦的记载。现在，开展赊贷、设立五均、诸筦，目的在于使民众均平，遏止富豪侵吞兼并。”于是在长安以及洛阳、邯郸、临淄、宛、成都设立五均司市、钱府官。司市于每季的第二个月，对货物定出上、中、下三等价钱，保持市价的稳定。民间卖不出去的五谷、麻布、丝绸、棉絮等，均官经过调查，认为确实之后，依照成本收购。一旦物价上涨，超过平价一钱，均官将所藏货物以平价卖给百姓。如物价比平价低，则听凭百姓自由交易。另外百姓如果无钱需要赊贷，则钱府可以借给，每月一百钱收利息三钱。

同时，新朝朝廷依照古书《周礼》，规定：凡有田不耕种，称为不殖，要罚交三个人的赋税，城市中房宅不种树的称为不毛，罚交三个人的布匹；平民游手好闲，无所事事，处罚布匹一匹。缴纳不出布匹的，则应为官府做工，由官府给他衣食。凡是在山林水泽开采金矿、银矿、铅矿、锡矿的工人，捕捉鸟兽的猎人，捞取鱼鳖的渔夫，以及从事畜牧业的牧民，种桑养蚕、织布纺线、缝纫的妇女，工匠、医生、巫师、算卦的人，祭司及有其他技能的人等和小贩、商人，全都要在所前往的地方自己申报经营所得，由地方官府除去其成本，在纯利中征收十分之一作为贡税。胆敢不自行申报，或申报不实的，把经营所得没收，并处罚为官府服役一年。

羲和鲁匡又奏请酒类由官府专卖，王莽批准。又下令禁止民间挟带弩弓和铠甲，违犯者流放到西海郡。

定安太后自从汉朝灭亡，时常称病，不去朝见。当时她还不满二十岁，王莽对她既尊敬害怕，又忧伤哀怜，打算让她改嫁。于是取消定安太后称号，改称黄皇室主，想使她跟汉朝一刀两断。命孙建的儿子刻意装扮，带着御医，前往问病。定安太后大怒，鞭打她身旁的侍从，于是真的患病，不肯起床。王莽便不再勉强她。

王莽仗恃国库储藏丰富，打算对匈奴显示国威，于是把匈奴单于改称为“降奴服于”，下诏派立国将军孙建率领十二位将领，分道并进，讨伐匈奴：五威将军䜣苗、虎贲将军王况从五原出击；厌难将军陈钦、震狄将军王巡从云中出击；振武将军王嘉、平狄将军王萌从代郡出击；相威将军李棽、镇远将军李翁从西河出击；诛貉将军杨俊、讨涉将军严尤从渔阳出击；奋武将军王骏、定胡将军王晏从张掖出击。此外，还有偏裨将领一百八十人。募集天下囚犯、成年男子、兵士，共三十万人。转运军服皮衣、兵器和粮食，从沿海、长江、淮河流域到北部边郡，使者乘坐倚车疾行，监督催促，按战时法令行事。先到达的部队在边郡驻扎，等全部到齐才同时出击。目标是穷追匈奴，直追到丁令部落。把匈奴国土百姓分成十五个部分，物色呼韩邪单于的子孙十五人，全都立为单于。

王莽因为钱币一直不流通，又下诏说：“钱币都是大面额，则不能应付小额交易；钱币都是小面额，则运输装载就麻烦费事。轻重大小各有等级，那么使用方便，百姓就欢迎。”于是，更铸宝币六种：金币、银币、龟币、贝币、钱币、布币。其中钱币六种，金币一种，银币二种，龟币四种，贝币五种，布币十种。总计，货币共有五类、六种名称、二十八个等级。钱币、布币都用铜铸作，其中混杂铅锡。因为货币的种类太多，百姓生活陷于混乱，货币不能流通。王莽了解人民的怨愁，于是只使用值一钱的小钱和值五十的大钱，两种并行，龟币、贝币、布币暂且停止使用。私自铸钱的无法禁止，便加重那方面的刑罚，一家铸钱，邻居五家连坐，将这些人送到官府做奴婢。官吏和平民外出要携带钱币作为通行副证，不携带的人，旅舍不允许住宿，关卡和渡口要盘问留难，公卿大臣都要携带它才能进入宫殿大门，想要用这样的办法提高它的身价从而得以流通。当时，百姓认为汉五铢钱方便适用，而王莽钱因有大有小，两种钱同时发行，难以分辨，并且不断变化，所以不信任它，都私下用五铢钱在市场上购买商品，并谣传说大钱会废除，没有人肯于挟带。王莽深感烦恼，再下诏书："凡是挟带五铢钱，说大钱要废除的人，比照'诽谤井田制'罪状，放逐到四方边远地区！"连同被指控买卖田宅、买卖奴婢、盗铸钱币的人，从封国国君、朝廷官员到平民，犯法的人不计其数。于是农民、商人失业，全国经济崩溃，百姓甚至在街市道路上哭泣。

三年（辛未，公元11年）

驻扎在边塞的部队在当地放纵扰民，而内地各郡因征兵催税，苛刻迫急，百姓不堪愁苦，纷纷抛弃家园，开始流浪逃亡，成为盗贼，并州、平州尤其严重。王莽下令七公、六卿都兼任将军，派著武将军逯并等，镇守各大名城；另派中郎将、绣衣执法各五十五人，分别镇守沿边大郡，监察擅动干戈兴兵作乱的刁徒。而这些人都利用镇守之便在外地干坏事，扰乱州郡，行贿受贿像做买卖一样，掠夺百姓的财物。王莽下诏书严厉斥责："自今以后，胆敢再犯这类罪行的，就逮捕监禁，把名字报上来。"然而还是照样胡作非为。中国北部边疆，自从汉宣帝以来，百姓已数代看不见烽火的警报，人口繁殖，牛马遍野。及至王莽扰乱匈奴，与匈奴结成仇怨，沿边百姓或死亡，或被俘虏，几年之间，北方边疆一片荒凉，野外有无人掩埋的白骨。

四年（壬申，公元12年）

当初，王莽做安汉公时，打算谄媚太皇太后，借口斩杀郅支单于的功劳，报告尊称汉元帝的祭庙为高宗，待太皇太后去世后，就将按照礼仪跟丈夫分享祭祀香火。到新朝建立后，王莽改太皇太后号为"新室文母"，断绝她跟汉朝的关系，不让她跟元帝一体享受汉朝的祭祀，把高宗祭庙摧毁，而另给文母太后盖一座祭庙，只保留高宗祭庙的一个殿作为文母的膳堂。落成之后，名叫长寿宫。只因太皇太后仍在人世，所以不称庙。王莽在长寿宫摆设酒席，宴

玉龙形佩

请太皇太后。太皇太后到了之后，看见孝元祭庙被彻底废弃，无法收拾，惊骇悲伤地哭着说："这些汉朝的祭庙，都是神灵的，什么地方得罪了你，非把它摧毁！况且假使没有鬼神，何必盖庙？假使有鬼神，我是他的妻子，难道应该羞辱元帝的庙堂来摆放祭祀我的食品！"她悄悄对侍从说："这个人得罪神灵的地方太多了，能够长久得到神灵的保佑吗？"这次饮酒在不愉快中结束。王莽篡权之后，知道太皇太后怨恨，所以凡是可以取悦讨好她的手段，全部使用。然而，太皇太后愈发不高兴。汉朝的宫廷服装，都用黑色貂皮，王莽下令改穿黄色貂皮。汉朝以正月一日作为元旦，王莽改十二月一日作为元旦。汉朝每年十二月举行腊祭，祭祀天地神灵，王莽改在九月举行。太皇太后教她的官属仍穿汉朝的黑色貂皮，在汉朝元旦和腊祭之日，独自与身边的人聚餐。

五年（癸酉，公元13年）

春季，二月，文母皇太后驾崩，终年八十四岁，安葬在渭陵，与元帝合葬一处，中间开了一条沟把它们隔开来。在常安设立祠庙，规定新朝要世世代代祭祀。元帝配享，神主安放在太后神主的龛架下面。王莽为太后服丧三年，表示哀悼。

天凤元年（甲戌，公元14年）

王莽又下令恢复金币、银币、龟币、贝币，对价值略加调整。取消大钱、小钱，改由新发行的货布、货泉二种钱币代替。但是，因为大钱流通已久，一旦废除，恐怕无法禁绝人们携带，于是特准百姓暂且使用大钱，以六年为期，六年后完全禁绝。每改变一次币制，百姓随着破产一次，往往因而陷于刑网。

第三十八卷 汉纪三十

译文诵读

王莽下天凤二年（乙亥，15）

莽意以为制定则天下自平，故锐思于地理，制礼，作乐，讲合《六经》之说。公卿旦入暮出，论议连年不决，不暇省狱讼冤结，民之急务。县宰缺者数年守兼，一切贪残日甚。中郎将、绣衣执法在郡国者，并乘权势，传相举奏。又十一公士分布劝农桑，班时令，按诸章，冠盖相望，交错道路，召会吏民，逮捕证左，郡县赋敛，递相赇赂，白黑纷然，守阙告诉者多。莽自见前颛权以得汉政，故务自揽众事，有司受成苟免。诸宝物名、帑藏、钱谷官皆宦者领之；吏民上封事，宦官、左右开发，尚书不得知，其畏备臣下如此。又好变改制度，政令烦多，当奉行者，辄质问乃以从事，前后相乘，愦眊不渫。莽常御灯火至明，犹不能胜。尚书因是为奸，寝事，上书待报者连年不得去，拘系郡县者逢赦而后出，卫卒不交代者至三岁。谷籴常贵，边兵二十余万人，仰衣食县官；五原、代郡尤被其毒，起为盗贼，数千人为辈，转入旁郡。莽遣捕盗将军孔仁将兵与郡县合击，岁余乃定。

三年（丙子，16）

先是，莽以制作未定，上自公侯，下至小吏，皆不得俸禄。夏，五月，莽下书曰："予遭阳九之厄，百六之会，国用不足，民人骚动，自公卿以下，一月之禄十緵布二匹，或帛一匹。予每念之，未尝不戚焉。今厄会已度，府帑虽未能充，略颇稍给。其以六月朔庚寅始，赋吏禄皆如制度。"四辅、公卿、大夫、士下至舆、僚，凡十五等。僚禄一岁六十六斛，稍以差称。上至四辅而为万斛云。莽又曰："古者岁丰穰则充其礼，有灾害则有所损，与百姓同忧喜也。其用上计时通计，天下幸无灾害者，太官膳羞备其品矣；即有灾害，以什率多少而损膳焉。自十一公、六司、六卿以下，各分州郡、国邑保其灾害，亦以十率多少而损其禄。郎、从官、中都官吏食禄都内之委者，以太官膳羞备损而为节。冀上下同心，劝进农业，安元元焉。"莽之制度烦碎如此，课计不可理，吏终不得禄，各因官职为奸，受取赇赂以自共给焉。

五年（戊寅，18）

琅邪樊崇起兵于莒，众百余人，转入太山。群盗以崇勇猛，皆附之，一岁间至万余人。崇同郡人逄安、东海人徐宣、谢禄、杨音各起兵，合数万人，复引从崇；共还攻莒，不能下，转掠青、徐间。又有东海刀子都，亦起兵钞击徐、兖。莽遣使者发郡国兵击之，不能克。

六年（己卯，19）

春，莽见盗贼多，乃令太史推三万六千岁历纪，六岁一改元，布天下；下书自言“己当如黄帝仙升天”，欲以诳耀百姓，销解盗贼。众皆笑之。

更始将军廉丹击益州，不能克。益州夷栋蚕、若豆等起兵杀郡守；越嶲夷人大牟亦叛，杀略吏人。莽召丹还，更遣大司马护军郭兴、庸部牧李晔击蛮夷若豆等、太傅羲叔士孙喜清洁江湖之盗贼。而匈奴寇边甚，莽乃大募天下丁男及死罪囚、吏民奴，名曰猪突、豨勇，以为锐卒。一切税天下吏民，訾三十取一，缣帛皆输长安。令公卿以下至郡县黄绶皆保养军马，多少各以秩为差；吏尽复以与民。又博募有奇技术可以攻匈奴者，将待以不次之位，言便宜者以万数：或言能渡水不用舟楫，连马接骑，济百万师；或言不持斗粮，服食药物，三军不饥；或言能飞，一日千里，可窥匈奴；莽辄试之，取大鸟翮为两翼，头与身皆著毛，通引环纽，飞数百步堕。莽知其不可用，苟欲获其名，皆拜为理军，赐以车马，待发。

地皇元年（庚辰，20）

望气为数者多言有土功象；九月，甲申，莽起九庙于长安城南，黄帝庙方四十丈，高十七丈，余庙半之，制度甚盛。博征天下工匠及吏民以义入钱谷助作者，骆驿道路；穷极百工之巧；功费数百余万，卒徒死者万数。

二年（辛巳，21）

春，正月，莽妻死，谥曰孝睦皇后。初，莽妻以莽数杀其子，涕泣失明；莽令太子临居中养焉。莽妻旁侍者原碧，莽幸之，临亦通焉；恐事泄，谋共杀莽。临妻愔，国师公女，能为星，语临宫中且有白衣会，临喜，以为所谋且成；后贬为统义阳王，出在外第，愈忧恐。会莽妻病困，临予书曰：“上于子孙至严，前长孙、中孙年俱三十而死。今臣临复适三十，诚恐一旦不保中室，则不知死命所在！”莽候妻疾，见其书，大怒，疑临有恶意，不令得会丧。既葬，收原碧等考问，具服奸、谋杀状。莽欲秘之，使杀案事使者司命从事，埋狱中，家不知所在。赐临药；临不肯饮，自刺死。又诏国师公：“临本不知星，事从愔起。”愔亦自杀。

莽既轻私铸钱之法，犯者愈众，及伍人相坐，没入为官奴婢；其男子槛车，女子步，以铁琐琅当其颈，传诣钟官以十万数。到者易其夫妇。愁苦死者什六七。

初，四方皆以饥寒穷愁起为盗贼，稍群聚，常思岁熟得归乡里，众虽万数，不敢略有城邑，日阕而已；诸长吏牧守皆自乱斗中兵而死，贼非敢欲杀之也，而莽终不谕其故。是岁，荆州牧发奔命二万人讨绿林贼；贼帅王匡等相率迎击于云杜，大破牧军，杀数千人，尽获辎重。牧欲北归，马武等复遮击之，钩牧车屏泥，刺杀其骖乘，然终不敢杀牧。贼遂攻拔竟陵，转击云杜、安陆，多略妇女，还入绿林中，至有五万余口，州郡不能制。

三年（壬午，22）

春，正月，九庙成，纳神主。莽谒见，大驾乘六马，以五采毛为龙文衣，著角，长三尺。又造华盖九重，高八丈一尺，载以四轮车；挽者皆呼“登仙”，莽出，令在前。百官窃言：“此似辆车，非仙物也。”

夏，四月，遣太师王匡、更始将军廉丹东讨众贼。初，樊崇等众既寖盛，乃相与为约：“杀人者死，伤人者偿创。”其中最尊号三老，次从事，次卒史。及闻太师、更始将讨之，恐其众与莽兵乱，乃皆朱其眉以相识别，由是号曰赤眉。匡、丹合将锐士十余万人，所过放纵。东方为之语曰：“守逢赤眉，不逢太师！太师尚可，更始杀我！”

绿林贼遇疾疫，死者且半，乃各分散引去。王常、成丹西入南郡，号“下江兵”；王凤、王匡、马武及其支党朱鲔、张印等北入南阳，号“新市兵”；皆自称将军。

秋，七月，新市贼王匡等进攻随；平林人陈牧、廖湛复聚众千余人，号“平林兵”，以应之。

初，长沙定王发生春陵节侯买，买生戴侯熊渠，熊渠生考侯仁。仁以南方卑湿，徙封南阳之白水乡，与宗族往家焉。仁卒，子敞嗣；值莽篡位，国除。节侯少子外为郁林太守，外生钜鹿都尉回，回生南顿令钦。钦娶湖阳樊重女，生三男：缜，仲，秀，兄弟早孤，养于叔父良。缜性刚毅，慷慨有大节，自莽篡汉，常愤愤，怀复社稷之虑，不事家人居业，倾身破产，交结天下雄俊。秀隆准日角，性勤稼穑；缜常非笑之，比于高祖兄仲。秀姊元为新野邓晨妻，秀尝与晨俱过穰人蔡少公，少公颇学图谶，言“刘秀当为天子”；或曰：“是国师公刘秀乎？”秀戏曰：“何用知非仆邪！”坐者皆大笑。晨心独喜。

宛人李守，好星历、谶记，为莽宗卿师，尝谓其子通曰：“刘氏当兴，李氏为辅。”及新市、平林兵起，南阳骚动，通从弟轶谓通曰：“今四方扰乱，汉当复兴。南阳宗室，独刘伯升兄弟泛爱容众，可与谋大事。”通笑曰：“吾意也！”会秀卖谷于宛，通遣轶往迎秀，与相见，因具言谶文事，与相约结，定计议。通欲以立秋材官都试骑士日，劫前队大夫甄阜及属正梁丘赐，因以号令大众，使轶与秀归春陵举兵以相应，于是缜召诸豪杰计议曰：“王莽暴虐，百姓分崩；今枯旱连年，兵革并起，此亦天亡之时，复高祖之业，定万世之秋也！”众皆然之。于是分遣亲客于诸县起兵，缤自发舂陵子弟。诸家子弟恐惧，皆亡匿，曰：“伯升杀我！”及见秀绛衣大冠，皆惊曰；”谨厚者亦复为之！”乃稍自安。凡得子弟七八千人，部署宾客，自称“柱天都部”。秀时年二十八。

刘缤欲进攻宛，至小长安聚，与甄阜、梁丘赐战；时天密雾，汉军大败。秀单马走，遇女弟伯姬，与共骑而奔；前行，复见姊元，趣令上马，元以手挥曰：“行矣，不能相救，无为两没也！”会追兵至，元及三女皆死，缤弟仲及宗从死者数十人。

新市、平林见汉兵数败，阜、赐军大至，各欲解去，缤甚患之。会下江兵五千余人至宜秋，缤即与秀及李通造其壁曰：“愿见下江一贤将，议大事。”众推王常。缤见常，说以合从之利，常大悟曰：“王莽残虐，百姓思汉。今刘氏复兴，即真主也；诚思出身为用，辅成大功。”缤曰：“如事成，岂敢独飨之哉！”遂与常深相结而去。常还，具为余将成丹、张印言之。丹、印负其众曰：“大丈夫既起，当各自为主，何故受人制乎！”常乃徐晓说其将帅曰：“王莽苛酷，积失百姓之心，民之讴吟思汉，非一日也，故使吾属因此得起。夫民所怨者，天所去也；民所思者，天所与也。举大事，必当下顺民心，上合天意，功乃可成；若负强恃勇，触情恣欲，虽得天下，必复失之。以秦、项之势，尚至夷覆，况今布衣相聚草泽，以此行之，灭亡之道也。今南阳诸刘举兵，观其来议者，皆有深计大虑，王公之才，与之并合，必成大功，此天所以佑吾属也！”下江诸将虽屈强少识，然素敬常，乃皆谢曰：“无王将军，吾属几陷于不义！”即引兵与汉军、新市、平林合。于是诸部齐心同力，锐气益壮。

王莽天凤二年（乙亥，公元15年）

王莽认为制度一经确定，那么天下自然太平，所以精心思考划分地域，制定礼仪，创作乐教，都讲求符合《六经》的说法。公卿大臣早晨上朝，傍晚退朝，议论连年，不能够做出决断，没有时间处理诉讼冤案和百姓迫切需要解决的问题。县宰缺额往往好几年都是派人代理，各种贪赃枉法的行径，一天比一天厉害。派驻郡和封国的中郎将、绣衣执法，纷纷利用权势，互相检举弹劾。还有十一公士分布各地，督促农耕和蚕桑，安排每季每月的工作，检查各种规章的实行情况，车水马龙，在路上络绎不绝。召集官民，逮捕取证，郡县官府征收赋税和财物，层层贿赂，是非清浊不分，前往朝廷申诉冤苦的人很多。王莽看到自己从前因专权而取得了汉朝政权，所以总想自己包揽众事，而有关官员只按既定的政令办事，以图能够免除罪责。各宝库、国库和钱粮官，都由宦官管理；官吏和平民的密奏，由宦官和左右随从开拆，尚书不得知道。他提防臣下就是这样。又喜欢改变制度，政令繁多，本来应当由下面奉命执行的，总要考察过问以后才交去办理，以致前面的事情没有完，后面的事情又赶上了，昏乱糊涂，没完没了。王莽时常在灯光下办公，直到天明还没有办完。尚书借此机会舞弊，阻塞下情，奏报后等待回答的人连年无法离去，被关押在郡县监狱里的人要遇到大赦才得出来，京城卫戍士兵不能轮换甚至达到三年之久。谷物常常很贵，边疆的军队二十多万人仰赖官府供应吃穿。五原郡和代郡尤其遭殃，有的人成为盗贼，几千人成群结队，转到邻近各郡。王莽派遣捕盗将军孔仁率领军队会同地方官兵联合进击，经过一年多才平定。

三年（丙子，公元16年）

先前，王莽以厘订制度未完为由，上自公爵侯爵，下到小吏，全都停发俸禄。夏季，五月，王莽下诏书说："我遭遇不幸的命运，灾难难避，国家财政开支不足，人民骚动，从公卿以下，一个月的俸禄只有十布二匹，或丝帛一匹。我每想到这件事，没有不忧愁的。现在困难时期已经过去，国库储备虽然还不充足，但已略微宽裕，将从六月朔（初一）庚寅开始，按照制度发给官吏俸禄。"四辅、公卿、大夫、士，下至舆、僚，共十五等。僚的俸禄每年六十六斛，按照等差逐渐上升，到四辅则是一万斛。王莽又下诏："古时候，年岁丰收则俸禄增加，年岁歉收则俸禄减少，表示官吏与平民同喜同忧。现在，利用年终统计作为统一计算的根据，天下幸而没有灾害的时候，御厨房各种膳食全备。如有灾害，则以十为率，计算数量而减少膳食。十一位公爵、六司、六卿及以下，各分到若干州郡、封国，保护这些地区渡过灾害，也以十为率，计算受灾多少而削减俸禄。从京师仓库的储积粮里面领取俸禄的郎官、侍从官和京师官吏，以太官膳食的齐备或减少作为尺度。希望上下同心同德，鼓励、促进农业生产，安抚善良的老百姓。"王莽的制度如此琐碎，核算课计很难办理，官吏到底还是领不到俸禄，于是纷纷利用自己的职权干坏事，靠收受贿赂来解决自己的费用开支。

五年（戊寅，公元18年）

琅邪樊崇在莒城聚众起兵，有一百多人，辗转进入泰山。盗贼们因樊崇勇猛，纷纷归附。一年之间，集结到一万余人。樊崇的同郡人逄安，东海人徐宣、谢禄、杨音，也分别起兵，总共有数万人之多，又带着部下跟随樊崇，并一同回军进攻莒城，未能攻下。他们就在青州、徐州一带流窜，抢掠。又有东海人刁子都，也起兵，在徐州、兖州一带抢劫掠夺。王莽派遣使者征调各郡、各封国军队进击，未能取胜。

六年（己卯，公元19年）

春季，王莽发现全国盗贼很多，于是命令太史推算出三万六千年的日历。下令每隔六年改换一次年号，布告天下。又下诏书："我会跟黄帝一样成仙升天。"想以此对百姓欺骗和夸耀，使盗贼瓦解。众人都觉得可笑。

更始将军廉丹攻打益州郡，不能取胜。益州郡夷人栋蚕、若豆等起兵，击杀郡守。越嶲郡夷人大牟也叛变了，屠杀官吏平民，并侵占他们的财产。王莽召廉丹回来，改派大司马护军郭兴、庸部牧李晔去攻打蛮夷若豆等部落，派太傅羲叔士孙喜去平定江湖的盗贼。同时匈奴侵犯边境很厉害，王莽便大规模招集全国的壮丁以及死刑罪犯和官吏、平民的家奴，起名叫猪突、豨勇，把他们作为精锐的士兵。向全国一切官吏和平民征税，抽取财产三十分之一，绸绢都运送到长安。命令公卿及以下直到郡县佩带黄色绶带的官吏都要保养军马，马匹的多少根据各人的官秩规定等级，而官吏都把这个负担转嫁给老百姓。又广泛招集有奇巧技术可以用来攻打匈奴的人才，打算越级提升他们。于是上言建议者有万人左右，有的说能够不用舟船桨楫渡过江河，连接马匹，可以渡过百万军队；有的说不要携带一斗粮食，只要服食药物，军队可以不饥饿；还有的说能够飞行，一天飞行一千里，可以去侦察匈奴。王莽就进行试验，那个人拿大鸟的羽毛做成两扇翅膀，头上和身上都附上羽毛，翅膀用扣环纽带操纵，飞行几百步就掉下来了。王莽知道他们不能起作用，但硬要博取珍惜人才的名声，将他们都任命作理军，赏赐车马，等待出发。

地皇元年（庚辰，公元20年）

很多观察云气的人都说出现了大兴土木的征象；九月甲申，王莽在长安城南兴建皇家九座祭庙。其中黄帝庙东西南北四方各长四十丈，高十七丈，其它祭庙只有黄帝庙的一半，规模十分宏伟。广泛征召全国工匠及捐助钱粮者，人马粮草在道路上络绎不断。九庙的设计与施工，都极尽各种工匠的技巧。支出数百万钱，而役夫丧生的有一万人左右。

二年（辛巳，公元21年）

春季，正月，王莽的妻子去世，谥号为孝睦皇后。当初，王莽的妻子由于王莽几次杀死了她的儿子，哭瞎了眼睛。王莽让太子王临住在宫中照顾她。王莽奸淫了妻子身边的侍女原碧，后来王临也跟她通奸，恐怕事情泄漏，两个人便计划一同杀死王莽。王临的妻子刘愔，是国师公的女儿，会观察星象，告诉王临宫中将会有白衣之会。王临喜悦，以为自己计划的事会成功。后来被贬降作统义阳王，又被打发到外面的宅第居住，更加忧虑恐惧。当王莽的妻子病得厉害的时候，王临给她一封信说："皇上对于子孙极为严厉，从前我的哥哥长孙和仲孙都是三十岁的年纪就死了。现在我又刚好三十岁，恐怕一旦母后有什么不幸，我就不知道会死在哪里！"王莽来探望妻子的病情，看见了那封信，大怒，怀疑王临有恶意，不让他参加丧礼。安葬结束逮捕原碧等审问，原碧完全承认了通奸、谋杀等情况。王莽想要掩盖这件事，派人杀死了奉命办案的司命及属官，尸体埋在狱中，死者家里都不知所在。赐给王临毒药，王临不肯喝，自杀而亡。王莽又命令国师公说："王临本来不懂得星象，事情是从刘愔发端的。”刘愔也自杀了。

王莽减轻私自铸钱的处罚后，犯法的就更多了，加上邻居连坐，都被收作官府的奴婢。其中男子坐囚车，妇女步行，用铁锁链套住他们的脖子，前往铸钱的官府，以十万计。到达后拆散夫妻，另行改配，愁苦而死的十有六七。

起初，各地人民都由于饥寒贫苦才起来做盗贼，众人聚集在一起，时常盼望着年景好时能够返回家园。聚众虽然以万计，但不敢攻占城市，劫掠到食物，当天吃完而已。各县长官和州牧、郡太守都是自己乱斗被武器杀伤而死的，盗贼并不敢存心杀死他们，可是王莽始终不懂得这个道理。这一年，荆州牧动员称作奔命的部队二万人攻击绿林贼寇，贼寇首领王匡等率部众在云杜迎战，大破州府官军，杀数千人，把所有的军用物资全部掳获。荆州牧准备向北撤退，绿林将领马武等再予截击，钩住荆州牧车上挡泥的装饰板，刺杀在车上陪乘的人。然而，却始终不敢杀害州牧。贼寇于是攻陷竟陵，转而袭击云杜、安陆，大量掳掠妇女，退回绿林山中。此时已增加到五万余人，州郡官府已无法制止。

三年（壬午，公元22年）

春季，正月，九庙建筑竣工，安放了神主。王莽去拜见，车队按照最高规格组成：他的乘车套着六匹马，每匹马都披着用五彩羽毛织成龙形图案的套子，头上装着角，有三尺长。又制造华丽的车盖九层，高八丈一尺，用四轮大车装载，拉车的人都呼喊“登仙”的口号。王莽外出时，让它走在前头。官吏们私下时说：“这像灵柩车，不是神仙的用物。”

夏季，四月，王莽派遣太师王匡、更始将军廉丹东征讨伐众盗贼。最初，樊崇等人的部众既然逐渐强盛，于是互相约定：“杀人的抵命，伤人的养创。”其中最尊贵的称号是三老，其次是从事，再其次是卒史。等到听说太师与更始将军率军前来讨伐他们，恐怕部众跟王莽军队在混战时难于辨别，于是下令都用朱砂涂抹双眉，以便互相认识辨别，因此号称赤眉。王匡、廉丹一起率领精兵十余万人，一路放任士兵，不加约束。东部地区为此出现民谣说：“宁遇赤眉，不遇太师！太师尚可，更始杀我！”确实像田况所说的一样。

周郎顾曲图

绿林盗贼遇到瘟疫，死亡的将近一半，于

是分兵离开了绿林山。王常、成丹等向西进入南郡，称“下江兵”；王凤、王匡、马武及其部下朱鲔、张印等向北进入南阳，称“新市兵”。他们都自称将军。

秋季，七月，新市盗贼王匡等进攻随县。平林人陈牧、廖湛又聚众一千余人，称“平林兵”，以响应新市兵的攻势。

最初，汉朝长沙定王刘发，生了春陵节侯刘买，刘买生了戴侯刘熊渠，刘熊渠生了考侯刘仁。刘仁因南方地势低下，气候潮湿，被改封到南阳郡的白水乡，与宗族迁居于此。刘仁死后，儿子刘敞继承爵位，正逢王莽篡夺帝位，封国撤除。春陵节侯刘买的小儿子刘外当郁林太守，刘外生了钜鹿都尉刘回，刘回生了南顿令刘钦。刘钦娶湖阳樊重的女儿为妻，生了三个儿子：刘縯、刘仲、刘秀。兄弟幼年丧父，由叔父刘良抚养。刘縯性情刚强有毅力，慷慨有大节。自从王莽篡夺汉朝政权之后，刘縯时常愤愤不平，心怀光复汉朝的志向，不经营家产，反而卖田卖宅，用来结交天下英雄俊杰。刘秀生得鼻梁高耸，额角隆起，性格勤勉，爱好种田。刘縯常讥笑他，把他比做刘邦的哥哥刘喜。刘秀的姐姐刘元，是新野县邓晨的妻子，刘秀曾经跟邓晨一块儿拜访穰县蔡少公，少公对图谶颇有研究，说：“刘秀当作天子！”有人接着说：“这说的是国师公刘秀吧？”刘秀开玩笑说：“你怎么知道不是我呢？”在座的人都哄堂大笑。只有邓晨暗喜。

宛城人李守，喜好星象与谶书，担任王莽的宗卿师，曾对他的儿子李通说：“刘姓当会复兴，李姓将做辅佐大臣。”等到新市兵、平林兵崛起，南阳郡人心浮动，李通的堂弟李轶对李通说：“现在天下动乱，汉朝当会重新兴盛。南阳刘姓皇族，只有刘伯升兄弟博爱，对人宽大，可以与其磋商大事。”李通笑着说：“我正有此意。”正好刘秀运粮食到宛城贩卖。李通派李轶前往迎接刘秀，与其相见，详细地谈了谶文的事，于是互相结交，商定了计划。李通打算在立秋那天，趁着骑兵武士大检阅的时候，劫持前队大夫甄阜和属正梁丘赐，然后发号施令，聚众起兵，让李轶与刘秀回到春陵起兵，以互相呼应。于是刘縯召集当地豪杰商量说：“王莽凶残暴虐，百姓分崩离析，而今又连年大旱，到处兵荒马乱，这是上天灭亡他的时候，是恢复高祖的大业，建立千秋万世的功劳的时候！”大家都表示同意。于是分别派出亲友宾客到各县起事，刘縯自己则发动春陵的子弟。各家子弟都感到害怕，纷纷逃避躲藏，说：“刘縯害死我了！”到看见刘秀身着红衣，头戴大冠，改穿将军服装，都吃了一惊，说：“谨慎忠厚的人也干上了呀！”心里才逐渐安定。共集结子弟七八千人，安排下属，自称柱天都部。刘秀当时二十八岁。李通的起兵计划还未付诸实施，就泄漏了，因而逃亡。他的父亲李守与家属因罪被诛杀，共死六十四人。

刘縯打算进攻宛城，挺进到小长安聚，与前队大夫甄阜、属正梁丘赐交战。当时，大雾迷漫，刘縯率领的汉军大败。刘秀单骑逃命，遇到妹妹刘伯姬，兄妹共乘一马奔跑。向前行进，又遇到姐姐刘元，刘秀叫她火速上马。刘元挥手说：“跑吧，你们无法救我，不要死在一起！”这时追兵已到，刘元跟她的三个女儿都被官府军诛杀。刘縯的弟弟刘仲及刘姓宗族一同死亡的有数十人。

新市兵、平林兵看到汉兵多次遭到挫败，而甄阜、梁丘赐的军队要大举进攻，纷纷打算逃走，刘縯忧心如焚。正好下江兵五千余人进抵宜秋聚，刘縯带着刘秀、李通亲自到他们营寨拜访，说："我们愿见下江的一位贤明将领，商议大事。"下江兵推举王常。刘縯见到王常，陈述联合作战的利益。王常大大省悟，说："王莽残酷暴虐，百姓思念汉朝。而今刘姓家族复兴，就是真正的天下之主。我愿挺身而出效力，辅佐大业成功。"刘縯说："如果事业成功，我岂敢独自享受？"于是与王常深相结交，告辞而去。王常回来，把他的想法告诉下江兵的其他将领成丹、张印。成丹、张印自负他们的兵力强大，说："大丈夫既然起事，应该自己当主子，为什么受别人控制呢？"王常于是不慌不忙地向他们分析说："王莽苛刻残酷，不断丧失民心。百姓歌唱吟咏，思念汉朝，已经不是一天的事了。正因为如此，我们才能够趁机崛起。民心怨恨的，上天定会铲除；民心盼望的，上天定会赐予。兴起大事业，必须下顺民心，上合天意，然后大功才可以成就。如果仗恃自己强大勇猛，感情用事，为所欲为，虽然得到天下，必然会再失掉它。以秦王朝和西楚霸王项羽的势力，尚且归于消灭，何况而今我们这些平民，在山林水泽聚集成群，如果也任情纵欲，那是走灭亡之路。而今，南阳郡刘姓家族起兵，观察他们派来跟我们商谈的这几位，都有深谋远虑，有王爵公爵的才能。与他们合作，必然成就大功，这是上天用来保我们的啊！"下江兵的将领们虽然倔强，而又缺少见识，然而向来尊敬王常，于是一致道歉说："如果没有王将军，我们几乎陷于不义！"立即率军与汉军、新市兵、平林兵会合。于是各部同心协力，士气高昂。

第三十九卷
汉纪三十一

译文诵读

淮阳王更始元年（癸未，23）

春陵戴侯曾孙玄在平林兵中，号更始将军。时汉兵已十余万，诸将议以兵多而无所统一，欲立刘氏以从人望。南阳豪杰及王常等皆欲立刘縯；而新市、平林将帅乐放纵，惮縯威明，贪玄懦弱，先共定策立之，然后召縯示其议。

二月，辛巳朔，设坛场于淯水上沙中，玄即皇帝位，南面立，朝群臣；羞愧流汗，举手不能言。于是大赦，改元，以族父良为国三老，王匡为定国上公，王凤为成国上公，朱鲔为大司马，刘縯为大司徒，陈牧为大司空，余皆九卿将军。由是豪杰失望，多不服。

王莽欲外示自安，乃染其须发，立杜陵史谌女为皇后；置后宫，位号视公、卿、大夫、元士者凡百二十人。

三月，王凤与太常偏将军刘秀等徇昆阳、定陵、郾，皆下之。

王莽闻严尤、陈茂败，乃遣司空王邑驰传，与司徒王寻发兵平定山东；征诸明兵法六十三家以备军吏，以长人钜毋霸为垒尉，又驱诸猛兽虎、豹、犀、象之属以助威武。邑至洛阳，州郡各选精兵，牧守自将，定会者四十三万人，号百万；余在道者，旌旗、辎重，千里不绝。夏，五月，寻、邑南出颍川，与严尤、陈茂合。

诸将见寻、邑兵盛，皆反走，入昆阳，惶怖，忧念妻孥，欲散归诸城。刘秀曰："今兵谷既少而外寇强大，并力御之，功庶可立；如欲分散，势无俱全。且宛城未拔，不能相救；昆阳即拔，一日之间，诸部亦灭矣。今不同心胆，共举功名，反欲守妻子财物邪！"诸将怒曰："刘将军何敢如是！"秀笑而起。会候骑还，言："大兵且至城北，军陈数百里，不见其后。"诸将素轻秀，及迫急，乃相谓曰："更请刘将军计之。"秀复为图画成败，诸将皆曰："诺。"时城中唯有八九千人，秀使王凤与廷尉大将军王常守昆阳，夜与五威将军李轶等十三骑出城南门，于外收兵。

时莽兵到城下者且十万，秀等几不得出。寻、邑纵兵围昆阳，严尤说邑曰："昆阳城小而坚，今假号者在宛，亟进大兵，彼必奔走；宛败，昆阳自服。"邑曰："吾昔围翟义，坐不生得以见责让，今将百万之众，遇城而不能下，非所以示威也。当先屠此城，蹀血而进，前歌后舞，顾不快邪！"遂围之数十重，列营百数，钲鼓之声闻数十里，或为地道、冲輣撞城；积弩乱发，矢下如雨，城中负户而汲。王凤等乞降，不许。寻、邑自以为功在漏刻，不以军事为忧。严尤曰："《兵法》：'围城为之阙'，宜使得逸出以怖宛下。"邑又不听。

刘秀至郾、定陵，悉发诸营兵；诸将贪惜财物，欲分兵守之。秀曰："今若破敌，珍宝万倍，大功可成；如为所败，首领无余，何财物之有！"乃悉发之。六月，己卯朔，秀与诸营俱进，自将步骑千余为前锋，去大军四五里而陈；寻、邑亦遣兵数千合战，秀奔之，斩首数十级。诸将喜曰："刘将军平生见小敌怯，今见大敌勇，甚可怪也！且复居前，请助将军！"秀复进，寻、邑兵却，诸部共乘之，斩首数百、千级。连胜，遂前，诸将胆气益壮，无不一当百，秀乃与敢死者三千人从城西水上冲其中坚。寻、邑易之，自将万余人行陈，敕诸营皆按部毋得动，独迎与汉兵战，不利，大军不敢擅相救；寻、邑陈乱，汉兵乘锐崩之，遂杀王寻。城中亦鼓噪而出，中外合势，震呼动天地；莽兵大溃，走者相腾践，伏尸百余里。会大雷、风，屋瓦皆飞，雨下如注，滍川盛溢，虎豹皆股战，士卒赴水溺死者以万数，水为不流。王邑、严尤、陈茂轻骑乘死人渡水逃去，尽获其军实辎重，不可胜算，举之连月不尽，或燔烧其余。士卒奔走，各还其郡，王邑独与所将长安勇敢数千人还洛阳，关中闻之震恐。于是海内豪杰翕然响应，皆杀其牧守，自称将军，用汉年号以待诏命；旬月之间，遍于天下。

新市、平林诸将以刘縯兄弟威名益盛，阴劝更始除之。秀谓縯曰："事欲不善。"縯笑曰："常如是耳。"更始大会诸将，取縯宝剑视之；绣衣御史申屠建随献玉玦；更始不敢縯发。舅樊宏谓縯曰："建得无有范增之意乎？"縯不应。李轶初与縯兄弟善，后更谄事新贵；秀戒縯曰："此人不可复信！"縯不从。縯部将刘稷，勇冠三军，闻更始立，怒曰："本起兵图大事者，伯升兄弟也。今更始何为者邪！"更始以稷为抗威将军，稷不肯拜；更始乃与诸将陈兵数千人，先收稷，将诛之；縯固争。李轶、朱鲔因劝更始并执縯，即日杀之；以族兄光禄勋赐为大司徒。秀闻之，自父城驰诣宛谢。司徒官属迎吊秀，秀不与交私语，惟深引过而已，未尝自伐昆阳之功；又不敢为縯服丧，饮食言笑如平常。更始以是惭，拜秀为破虏大将军，封武信侯。

成纪隗崔、隗义、上邽杨广、冀人周宗同起兵以应汉，攻平襄，杀莽镇戎大尹李育。崔兄子嚣，素有名，好经书，崔等共推为上将军；崔为白虎将军，义为左将军。嚣遣使聘平陵方望，以为军师。望说嚣立高庙于邑东；己巳，祠高祖、太宗、世宗，嚣等皆称臣执事，杀马同盟，以兴辅刘宗；移檄郡国，数莽罪恶。勒兵十万，击杀雍州牧陈庆、安定大尹王向。分遣诸将徇陇西、武都、金城、武威、张掖、酒泉、敦煌，皆下之。

初，茂陵公孙述为清水长，有能名；迁导江卒正，治临邛。汉兵起，南阳宗成、商人王岑起兵徇汉中以应汉，杀王莽庸部牧宋遵，众合数万人。述遣使迎成等，成等至成都，虏掠暴横。述召郡中豪杰谓曰："天下同苦新室，思刘氏久矣，故闻汉将军到，驰迎道路。今百姓无辜而妇子系获，此寇贼，非义兵也。"乃使人诈称汉使者，假述辅汉将军、蜀郡太守兼益州牧印绶；选精兵西击成等，杀之，并其众。

莽愈忧，不知所出。崔发言："古者国有大灾，则哭以厌之。宜告天以求救！"莽乃率群臣至南郊，陈其符命本末，仰天大哭，气尽，伏而叩头。诸生、小民旦夕会哭，为设餐粥；甚悲哀者，除以为郎，郎至五千余人。

莽拜将军九人，皆以虎为号，将北军精兵数万人以东，内其妻子宫中以为质。时省中黄金尚六十余万斤，他财物称是，莽愈爱之，赐九虎士人四千钱；众重怨，无斗意。

邓晔开武关迎汉兵。李松将三千余人至湖，与晔等共攻京师仓，未下。晔以弘农掾王宪为校尉，将数百人北渡渭，入左冯翊界。李松遣偏将军韩臣等径西至新丰击莽波水将军，追奔至长门宫。王宪北至频阳，所过迎降。诸县大姓各起兵称汉将军，率众随宪。李松、邓晔引军至华阴，而长安旁兵四会城下；又闻天水隗氏方到，皆争欲入城，贪立大功、卤掠之利。莽赦城中囚徒，皆授兵，杀狶，饮其血，与誓曰："有不为新室者，社鬼记之！"使更始将军史谌将之。渡渭桥，皆散走；谌空还。众兵发掘莽妻、子、父、祖冢，烧其棺椁及九庙、明堂、辟雍，火照城中。

火及掖庭、承明，黄皇室主所居。黄皇室主曰："何面目以见汉家！"自投火中而死。

莽避火宣室前殿，火辄随之。莽绀袀服，持虞帝匕首；天文郎按式于前，莽旋席随斗柄而坐，曰："天生德于予，汉兵其如予何！"庚戌，且明，群臣扶掖莽自前殿之渐台，公卿从官尚千余人随之。王邑昼夜战，罢极，士死伤略尽；驰入宫，间关至渐台，见其子侍中睦解衣冠欲逃，邑叱之，令还，父子共守莽。军人入殿中，闻莽在渐台，众共围之数百重。台上犹与相射，矢尽，短兵接；王邑父子、㥄恽、王巡战死，莽入室。下铺时，众兵上台，苗䜣、唐尊、王盛等皆死。商人杜吴杀莽，校尉东海公宾就斩莽首；军人分莽身，节解脔分，争相杀者数十人。

传莽首诣宛，悬于市；百姓共提击之，或切食其舌。

更始将都洛阳，以刘秀行司隶校尉，使前整修宫府。秀乃置僚属，作文移，从事司察，一如旧章。时三辅吏士东迎更始，见诸将过，皆冠帻而服妇人衣，莫不笑之；及见司隶僚属，皆欢喜不自胜，老吏或垂涕曰："不图今日复见汉官威仪！"由是识者皆属心焉。

更始遣使降赤眉。樊崇等闻汉室复兴，即留其兵，将渠帅二十余人随使者至洛阳，更始皆封为列侯。崇等既未有国邑，而留众稍有离叛者，乃复亡归其营。

更始欲令亲近大将徇河北，大司徒赐言："诸家子独有文叔可用。"朱鲔等以为不可，更始狐疑，赐深劝之；更始乃以刘秀行大司马事，持节北渡河，镇慰州郡。

大司马秀至河北，所过郡县，考察官吏，黜陟能否，平遣囚徒，除王莽苛政，复汉官名；吏民喜悦，争持牛酒迎劳，秀皆不受。

秀自兄縯之死，每独居辄不御酒肉，枕席有涕泣处，主簿冯异独叩头宽譬；秀止之曰："卿勿妄言！"异因进说曰："更始政乱，百姓无所依戴。夫人久饥渴，易为充饱。今公专命方面，宜分遣官属徇行郡县，宣布惠泽。"秀纳之。

故赵缪王子林说秀决列人河水以灌赤眉，秀不从；去之真定。林素任侠于赵、魏间，王莽时，长安中有自称成帝子子舆者，莽杀之。邯郸卜者王郎缘是诈称真子舆，云"母故成帝讴者，尝见黄气从上下，遂任身；赵后欲害之，伪易他人子，以故得全。"林等信之，与赵国大豪李育、张参等谋共立郎。

二年（甲申，24）

更始纳赵萌女为夫人，故委政于萌，日夜饮宴后庭；群臣欲言事，辄醉不能见，时不得已，乃令侍中坐帷中与语。韩夫人尤嗜酒，每侍饮，见常侍奏事，辄怒曰："帝方对我饮，正用此时持事来邪！"起，抵破书案。赵萌专权，生杀自恣。郎吏有说萌放纵者，更始怒，拔剑斩之，自是无敢复言。以至群小、膳夫皆滥授官爵，长安为之语曰："灶下养，中郎将。烂羊胃，骑都尉。烂羊头，关内侯。"

会故广阳王子接起兵蓟中以应郎，城内扰乱，言邯郸使者方到，二千石以下皆出迎。于是秀趣驾而出，至南城门，门已闭；攻之，得出，遂晨夜南驰，不敢入城邑，舍食道傍。至芜蒌亭，时天寒烈，冯异上豆粥。至饶阳，官属皆乏食。秀乃自称邯郸使者，入传舍，传吏方进食，从者饥，争夺之。传吏疑其伪，乃椎鼓数十通，绐言"邯郸将军至"；官属皆失色。秀升车欲驰，既而惧不免，徐还坐，曰："请邯郸将军入。"久，乃驾去。晨夜兼行，蒙犯霜雪，面皆破裂。

至下曲阳，传闻王郎兵在后，从者皆恐。至滹沱河，候吏还白"河水流澌，无船，不可济"。秀使王霸往视之。霸恐惊众，欲且前，阻水还，即诡曰："冰坚可度。"官属皆喜。秀笑曰："候吏果妄语也！"遂前。比至河，河冰亦合，乃令王霸护渡，未毕数骑而冰解。至南宫，遇大风雨，秀引车入道傍空舍，冯异抱薪，邓禹爇火，秀对灶燎衣，冯异复进麦饭。

进至下博城西，惶惑不知所之。有白衣老父在道旁，指曰："努力！信都郡为长安城守，去此八十里。"秀即驰赴之。是时郡国皆已降王郎，独信都太守南阳任光、和戎太守信都邳肜不肯从。光自以孤城独守，恐不能全，闻秀至，大喜；吏民皆称万岁。

耿纯言于秀曰："久守钜鹿，士众疲弊；不如及大兵精锐，进攻邯郸，若王郎已诛，钜鹿不战自服矣。"秀从之。夏，四月，留将军邓满守钜鹿；进军邯郸，连战，破之，郎乃使其谏大夫杜威请降。威雅称郎实成帝遗体，秀曰："设使成帝复生，天下不可得，况诈子舆者乎！”威请求万户侯，秀曰：“顾得全身可矣！”威怒而去。秀急攻之，二十余日；五月，甲辰，郎少傅李立开门内汉兵，遂拔邯郸。郎夜亡走，王霸追斩之。秀收郎文书，得吏民与郎交关谤毁者数千章；秀不省，会诸将军烧之，曰：“令反侧子自安！

秀部分吏卒各隶诸军，士皆言愿属大树将军。大树将军者，偏将军冯异也，为人谦退不伐，敕吏士非交战受敌，常行诸营之后。每所止舍，诸将并坐论功，异常独屏树下，故军中号曰“大树将军”。

更始遣使立秀为萧王，悉令罢兵，与诸将有功者诣行在所。

萧王居邯郸宫，昼卧温明殿，耿弇入，造床下请间，因说曰：“吏士死伤者多，请归上谷益兵。”萧王曰：“王郎已破，河北略平，复用兵何为？”弇曰：“王郎虽破，天下兵革乃始耳。今使者从西方来，欲罢兵，不可听也。铜马、赤眉之属数十辈，辈数十百万人，所向无前，圣公不能办也，败必不久。”萧王起坐曰：“卿失言，我斩卿！”弇曰：“大王哀厚弇如父子，故敢披赤心。”萧王曰：“我戏卿耳，何以言之？”弇曰：“百姓患苦王莽，复思刘氏，闻汉兵起，莫不欢喜，如去虎口得归慈母。今更始为天子，而诸将擅命于山东，贵戚纵横于都内，虏掠自恣，元元叩心，更思莽朝，是以知其必败也。公功名已著，以义征伐，天下可传檄而定也。天下至重，公可自取，毋令他姓得之！”萧王乃辞以河北未平，不就征，始贰于更始。

赤眉樊崇等将兵入颍川，分其众为二部，崇与逄安为一部，徐宣、谢禄、杨音为一部。赤眉虽数战胜，而疲弊厌兵，皆日夜愁泣，思欲东归；崇等计议，虑众东向必散，不如西攻长安。于是崇、安自武关，宣等从陆浑关，两道俱入。更始使王匡、成丹与抗威将军刘均等分据河东、弘农以拒之。

淮阳王更始元年（癸未，公元23年）

春陵戴侯刘熊渠的曾孙刘玄，在平林兵中，称更始将军。这时汉兵已有十余万人，将领们议论，军队虽多，却没有共同的领袖。于是打算拥立一位汉朝的刘姓皇族，以便顺从大家的希望。南阳郡的豪杰与下江兵王常等，都主张立刘縯。而新市兵、平林兵的将领乐于放纵，害怕刘縯的威武严明，贪图刘玄的懦弱，抢先共同定下策略拥立刘玄，造成既成事实，然后召来刘縯告知决议。

二月，辛巳朔（初一），在水畔沙滩中设置坛场，刘玄登极，面向南方站立，接受群臣朝拜。他感到羞愧，满脸流汗，只举手而说不出话来。于是宣布大赦，改变年号，任命堂叔刘良当国三老，王匡当定国上公，王凤当成国上公，朱鲔当大司马，刘縯当大司徒，陈牧当大司空，其他将领都当九卿将军。从此，英雄豪杰感到失望，多有不服。

王莽想要显示自己的心情是安定的，于是染黑了胡子和头发，立杜陵人史谌的女儿作皇后。此外还设置后宫，遴选嫔妃一百二十人，地位封号分别比照公、卿、大夫、元士。

彩绘乐舞纹鸳鸯盒

三月，王凤和太常偏将军刘秀等率领汉军攻掠昆阳、定陵、郾等城，都予攻克。

王莽知道了严尤、陈茂失败，就派遣司空王邑乘坐传车急速出发，和司徒王寻一起发兵去平定崤山以东地区。同时征召通晓六十三家兵法的人为军官，任用巨人巨毋霸为中垒校尉，又赶来虎、豹、犀、象等猛兽以助军威。王邑到了洛阳，各州郡选派精锐的士兵，由州郡的长官亲自带领，定期会集起来的有四十三万人，号称百万；其余的正在路上走，旌旗、辎重千里不绝。夏季，五月，王寻、王邑离开颍川南下，同严尤、陈茂会合。

汉军的将领们看到王寻、王邑兵多势众，都往回跑，进入昆阳城，惊慌不安，担忧老婆孩子，想从这里分散而到其他城邑去。刘秀对他们说："现在城内兵、粮既少，而城外敌军又强大，合力抵抗敌军，也许可以立功；如果分散，势必不能一一保全。况且刘缜部队还没有攻下宛城，不能前来救援；假如昆阳被敌军占领，只要一天的工夫，我军各部也就都完了。现在怎么能不同心同力，共举大业，反而想要守着妻子财物呢？"将领们发怒说："刘将军怎么敢这样说！"刘秀笑而起身。正在此时，侦察的骑兵回来，报告说："敌人大军即将来到城的北面，军阵达几百里，看不到它的尾部。"将领们一向轻视刘秀，到了这样紧急的时候，才互相议论道："再去请刘将军谋划这件事。"刘秀又给将领们描述成败因素，将领们都说："是的。"这时城中只有八九千人，刘秀让王凤和廷尉大将军王常守卫昆阳，自己夜里同五威将军李轶等十三人骑马驰出昆阳城的南门，在外面收集士兵。

当时开到昆阳城下的王莽军将近十万，刘秀等人几乎不能出去。王寻、王邑纵兵包围昆阳，严尤向王邑献策说："昆阳城小而坚固，现在假冒皇帝名号的刘玄在宛城，我们大军迅速向那里进兵，他必定奔逃；宛城方面的汉军一旦失败，昆阳城里的汉军自然向我军降服。"王邑说："我以前围攻翟义，因没有活捉住他而受到责备，如今带领百万之众，遇城而不能攻下，这就不能显示军威了。应当先攻陷屠杀此城，踏着血泊前进，前歌后舞，难道不痛快吗？"于是把昆阳包围了几十重，列营上百个，钲鼓之声响彻几十里，还挖掘地道，用战车撞城；用许多弓弩向城内乱射，矢下如雨，城内的人为了躲避飞矢，背着门板出外打水。王凤等乞求投降，不被理睬。王寻、王邑自以为片刻就可成功，不担心军事上会出其他事故。严尤建议说："《兵法》上写着：'围城要留下缺口'，应让被围之敌得以逃出，从

汉军退守昆阳城

而使围攻宛城的绿林军害怕。”王邑又不听取这个建议。

刘秀到了郾、定陵等地，调发各营的全部军队；将领们贪惜财物，想要分出一部分兵士留守。刘秀说：“现在如果打垮敌人，有万倍的珍宝，大功可成；如果被敌人打败，头都被杀掉了，还有什么财物！”于是征发了全部军队。六月，己卯朔（初一），刘秀和各营部队一同出发，亲自带领步兵和骑兵一千多人为先头部队，在距离王莽大军四五里远的地方摆开阵势。王寻、王邑也派几千人来交战，刘秀带兵冲了过去，斩了几十人首级。将领们高兴地说：“刘将军平时看到弱小的敌军都胆怯，现在见到强敌反而英勇，太奇怪了！还是我们在前面吧，请让我们协助将军！”刘秀又向前进兵，王寻、王邑的部队退却；汉军各部一同冲杀过去，斩了数百上千个首级。汉军接连获胜，继续进兵，将领们胆气更壮，没有一个不是以一当百。刘秀就和敢于牺牲的三千人从城西水岸边攻击王莽军的主将营垒。王寻、王邑轻视汉军，亲自带领一万余人巡行军阵，戒令各营都按兵不动，单独迎上来同汉军交战，不利，大部队又不敢擅自相救；王寻、王邑所部阵乱，汉军乘机击溃敌军，终于杀了王寻。昆阳城中的汉军也击鼓大喊而冲杀出来，里应外合，呼声震天动地；王莽军大溃，逃跑者互相践踏，倒在地上的尸体遍布一百多里。适值迅雷、大风，屋瓦全都被风刮得乱飞，大雨好似从天上倒灌下来，水暴涨，虎豹都吓得发抖，掉入水中溺死的士兵上万，河水因此不能流动。王邑、严尤、陈茂等以轻骑踏着死人渡过水逃走。汉军获得王莽军抛下的全部军用物资，不可胜计，接连几个月都运不完，有些余下的就被烧掉。王莽军的士兵奔跑，各还故乡，只有王邑和他带领的长安勇士几千人回到洛阳，关中听到这个消息十分惊惧。于是海内豪杰一致响应，都杀掉当地的州郡长官，自称将军，用更始年号，等待更始皇帝的诏命；一个月之内，这种形势遍于天下。

新市兵、平林兵的将领们因为刘縯兄弟威名日盛，秘密建议更始帝刘玄除掉他俩。刘秀对刘縯说：“看情况，更始帝打算跟我们过不去。”刘縯笑着说：“一向就是如此。”不久，刘玄集合全体将领，教刘縯拿出他的宝剑，接过来仔细观察。这时，绣衣御史申徒建跟着呈上玉，暗示更始帝早下决断，但更始帝不敢动手。刘缜的舅舅樊宏对刘缜说："申徒建莫非有范增的意图？"刘缜不做回答。李轶最初跟刘缜兄弟感情很好，可是后来转而谄媚拥有权柄的新贵，刘秀告诫刘缜："对这个人不能再信任了！"刘缜不听从。刘缜的部将刘稷，勇冠三军，听说刘玄即位的消息，大怒说："当初起兵图谋大事的，是刘缜兄弟。而今更始是干什么的呢！"刘玄任命刘稷当抗威将军，刘稷不肯拜受这一任命。刘玄于是与将领们部署数千军队，先逮捕刘稷，准备诛杀。刘缜坚持反对。李轶、朱鲔趁机建议刘玄同时逮捕刘缜，并于当天跟刘稷一齐斩首。刘玄任命堂兄光禄勋刘赐当大司徒。刘秀听到这个消息，从父城奔回宛城，向刘玄请罪。司徒所属官员迎接刘秀，表示哀悼，刘秀不与他们谈一句私话，唯有深自责备而已，不曾自己夸耀保卫昆阳的战功，又不敢为刘缜服丧；饮食言谈欢笑跟平常一样。刘玄因此惭愧，任命刘秀当破虏大将军，封武信侯。

成纪人隗崔和隗义、上邽人杨广、冀人周宗同时聚众起兵，响应刘玄的汉军。他们进攻平襄，击杀王莽镇戎大尹李育。隗崔哥哥的儿子隗嚣一向有很好名声，喜爱儒家经典，隗崔等共同推举隗嚣当上将军，隗崔当白虎将军，隗义当左将军。隗嚣派遣使者聘请平陵人方望担任军师。方望建议隗嚣，在平襄东郊兴建汉高祖刘邦祭庙。己巳（二十二日），祭祀汉高祖、太宗、世宗，隗嚣等都称臣执事，杀马盟誓，同心合力辅佐刘姓皇族；向各郡、各封国传递文告，声讨王莽罪行。统率军队十万，击杀雍州牧陈庆、安定大尹王向。然后，分别派出将领，攻打陇西、武都、金城、武威、张掖、酒泉、敦煌，全部攻克。

最初，茂陵公孙述当清水县长，以才能干练闻名于世。后调升导江郡卒正，郡府设于临邛。汉兵崛起时，南阳人宗成、商县人王岑也起兵响应，夺取汉中，杀死王莽庸部牧宋遵，集结数万人。公孙述派人迎接宗成等。宗成等到成都，劫夺抢掠，残暴蛮横。公孙述召集郡中豪杰，对他们说："天下人不堪新朝的迫害，怀念汉朝很久了，所以听说汉朝的将军来到，奔走相告，到道路上迎接。而今人民无罪，妻子儿女却受到凌辱，这些人是强盗，而不是义军。"于是，派人假冒更始政权的使者，授予公孙述辅汉将军、蜀郡太守兼益州牧的印信。公孙述选派精兵西击宗成等，把他们杀死，兼并了他们的部队。

王莽更加忧虑，不知所措。崔发说："古时候国家有了大灾难，就用哭向上天告哀来战胜它。应该祷告上天祈求救助。"王莽于是率领群臣到南郊，陈述他承受符命的首尾经过，仰天大哭，声嘶气绝，伏地叩头。众儒生和老百姓每天早晚会集起来哭，给他们准备了稀饭。哭得非常悲哀的人，被任命作郎官，郎官达到五千多人。

王莽任命将军九人，都用"虎"作为将军的名号，率领禁卫军精锐士兵几万人向东方开去，把他们的妻子儿女收容到皇宫里作为人质。这时宫中储存的黄金还有六十多万斤，其他的贵重珍宝差不多也是这个数目，王莽更加爱不释手，对九虎将军部属，每人仅赏赐四千钱。大家很怨恨，毫无斗志。

邓晔打开武关关门，迎接汉兵。李松率三千人抵达湖县，与邓晔等会合，共同进攻京师仓，没有攻下。邓晔任命弘农掾王宪当校尉，率领数百人北渡渭河，进入左冯翊境内。李松派遣偏将军韩臣等，一直向西推进到新丰，攻击王莽波水将军窦融。窦融败退，韩臣追击，直抵长门宫。王宪部队推进到频阳，沿途地方官府都迎而降服。各县大姓分别起兵，自称是汉朝将军，率领部众追随王宪。李松、邓晔率军抵达华阴时，长安附近的部队已从四方汇集到城下。大家听说天水隗家军也将抵达，都争着要第一个入城，贪图建立大功和抢劫财宝。王莽赦免城里监狱的犯人，都发给武器，杀猪饮血，跟他们立誓说："如有不为新朝效力的人，社鬼记住他！"让更始将军史谌率领着他们。这些人渡过渭桥，都四散逃跑了，只剩史谌一个人回来。各路士兵挖掘王莽的妻子、儿子、父亲、祖父的坟墓，焚烧他们的棺材以及九庙、明堂和辟雍，火光映照城中。

大火蔓延到掖庭、承明殿，这里是黄皇室主居住的地方。黄皇室主说："我还有什么脸面再见汉朝人？"自己纵身投入火中而死。

王莽避火到了未央宫宣室前殿，火总是跟着他。王莽穿着全套天青色的衣服，拿着虞帝匕首。天文郎在前面按着占测时日的栻，王莽转动座席随着斗柄所指的方向坐着，说道："上天把这样的品德赋予我，汉军能把我怎么样？"庚戌（初三），天快亮了，群臣搀扶着王莽，从前殿去渐台，公卿等随从官吏还有一千多人跟着他。王邑白天黑夜都在战斗，疲倦极了，士兵死伤快完了，他飞马进入宫中，辗转来到了渐台，看见他的儿子侍中王睦脱下衣帽想要逃走，王邑喝住他，让他转回，父子俩一同守卫着王莽。兵士进入殿中，听说王莽在渐台，众人将其包围了数百重。台上仍用弓箭与包围的士兵对射，箭用尽了，便短兵相接。王邑父子、䟓恽、王巡战斗而死，王莽躲进内室。下午五时三刻，大批士兵上了渐台，苗䜣、唐尊、王盛等人都死在台上。商县人杜吴杀死了王莽，校尉东海人公宾就砍下了王莽的脑袋。兵士们分裂了王莽的身躯，四肢关节、肌肉被切割成许多块，争着去砍杀的有几十人。

传送王莽的脑袋前往宛城，挂在街市示众，百姓都去掷击它，有人切下他的舌头来吃。

刘玄将要建都洛阳，任命刘秀代理司隶校尉，派他先到洛阳修建宫殿官府。刘秀于是设置下属官吏，用正式公文通知地方官府，处理政事完全按照西汉旧制。当时三辅的官员们派代表到洛阳迎接更始帝刘玄，看见将领们经过，都用布包头，穿着女人的衣裳，没有不耻笑的。等到看见司隶校尉的下属官员，都高兴得不能自制，有些年纪大的官员流泪说："想不到今天重新看到了汉朝官员威武的仪表！"从此，有见识的人都归心刘秀。

更始皇帝刘玄派人说降赤眉。樊崇等听说汉朝复兴，便留下部众，率将领二十余人，随同使节来到洛阳。刘玄把他们都封为列侯。可是，樊崇等既没有采邑，而留在原地的部众又逐渐有背叛离去的，于是又逃回他的营地。

刘玄打算派亲信大将巡行河北，大司徒刘赐说："南阳刘姓宗族子弟中，只有刘秀可以胜任。"朱鲔等认为不可以，刘玄疑惑不决。刘赐恳切规劝他，刘玄这才任命刘秀代理大司马，持节北渡黄河，镇抚慰问各州郡。

大司马刘秀到达黄河以北在所经的郡县，考察官吏政绩，根据能力的大小任用或罢免，公平审理诉讼刑狱，废除王莽残酷的政令，恢复汉朝官名制度。官民喜悦，争先恐后地拿着牛肉与美酒迎接慰劳。刘秀一律不接受。

刘秀自从哥哥刘縯被杀，每逢单独居住，总是不吃酒肉，枕席上有他悲泣的泪痕。主簿冯异单独叩头进言宽慰。刘秀阻止他说："你可别乱讲！"冯异趁机建议说："更始帝政治混乱，百姓无所依附拥戴。一个人饥渴得太久，容易使他吃饱。而今阁下得以不待命令而独行事于自己控制的一大块土地，应该分别派遣官属巡行郡县，传播善政恩德。"刘秀采纳了他的建议。

汉朝已故赵缪王刘元的儿子刘林，建议刘秀，在列人县境内决开黄河，用以淹没赤眉军。刘秀没有听从，前往真定。刘林在赵、魏之间，一向讲义气，好打抱不平。新朝时，有人自称是汉成帝的儿子刘子舆，王莽把他处死了。此时，邯郸一位占卜先生王郎因此谎称他才是真正的刘子舆。他解释说："母亲本是成帝的歌女，曾经看见一股黄气罩到身上，就怀了孕。赵后打算谋害她，幸而用别人家的婴儿顶替，所以能保全一命。"刘林等相信这项解释，与赵国有影响力的豪杰李育、张参等谋划共同拥戴王郎当皇帝。

二年（甲申，公元24年）

刘玄娶赵萌的女儿当夫人，所以把政事都让赵萌去管，日夜在后宫饮宴。臣属们想向君主奏闻或议论政事，刘玄总是因醉酒而不能相见，有时不得已，就命侍中坐帐幕之中与群臣说话。韩夫人尤其爱好喝酒，每当侍奉刘玄喝酒，见中常侍向天子奏事，总是发怒说："皇上正和我喝酒，你偏利用这时奏事呀！"于是起身，击破书案。赵萌专擅大权，自己随意杀人。郎官中有人说赵萌放纵，刘玄大怒，拔剑斩杀了那个人，从此没有人敢再说赵萌的不是。以至众小人、厨子，都被滥授官爵。长安人把这件事编成歌谣："灶下炊烹忙，升为中郎将。烹煮烂羊胃，当了骑都尉。烹煮烂羊头，当了关内侯。"

正巧原广阳王的儿子刘接在蓟中起兵，以响应王郎，城内搅扰，混乱不堪，传说王郎的使节刚到，二千石及以下的官吏都出来迎接。于是刘秀急催车辆而出，到南城门，城门已经关闭。攻击南城门，才得出城。于是昼夜向南奔驰，不敢进入城市，食宿都在路旁。到芜蒌亭，当时天气酷寒，冯异呈上豆粥。到饶阳，属官都缺乏食品。刘秀于是自称邯郸的使节，进入客馆。客馆的官吏正在吃饭，刘秀的随从饥饿难忍，争抢食物。官吏怀疑刘秀是假使节，于是用棒槌敲打鼓数十遍，欺哄说："邯郸将军到。"刘秀的属官都吓得变了脸色。刘秀登车打算逃走，随后又怕逃不掉，慢慢回到座位上，说："请邯郸将军进来。"过了很久，才乘车辆离开。

日夜兼程，顶霜冒雪，满面裂痕。

刘秀等到了下曲阳，传言王郎追兵在后，随从的官员都很害怕。到滹沱河，探听消息的官员回来说："河水解冻，冰随水流，没有船，不可以渡。"刘秀派王霸前往观看。王霸恐怕惊吓众人，打算暂且向前，受到水的阻挡再回来，就狡诈地说："河水结冰，坚实可渡。"属官都很高兴。刘秀笑着说："去探听的官吏果然瞎说！"于是向前。等到了河畔，河水却也结冰了。刘秀命令王霸监护渡河，只剩下几个骑马的人还没有到达河对岸时，冰就融解了。到了南宫，遇到大风雨，刘秀引车进入路旁的空房，冯异抱来柴草，邓禹点燃火，刘秀对灶烤衣，冯异又呈上麦饭。

刘秀等人前进到下博城西，惊惶迷惑，不知道往哪里去。有身着白衣的老人在路旁，指着前面说："努力干吧！信都郡是长安的门户，离这里还有八十里。"刘秀立即奔赴那里。当时各郡国都已投降王郎，只有信都太守南阳人任光、和戎太守信都人邳彤不肯归附。任光自己认为独守孤城，恐怕不能保全，听说刘秀到来，非常高兴，官民齐呼万岁。

耿纯向刘秀建议："我们长期围守钜鹿，官兵将会疲惫。不如趁大军士气旺盛进攻邯郸，如果王郎被诛，钜鹿用不着战斗自会服从。"刘秀采纳。夏季，四月，刘秀留下将军邓满继续围困钜鹿。自率大军向邯郸挺进，连续战斗，打败敌人。王郎于是派谏大夫杜威请求投降。杜威强调王郎确实是汉成帝刘骜的嫡亲骨肉，刘秀说："假使汉成帝复活，也不能得到天下，何况他的冒牌儿子？"杜威请求封王郎万户侯，刘秀说："饶他不死已经够了。"杜威大怒离去。刘秀发动猛烈攻击，历时二十余日。五日甲辰（初一），王郎少傅李立打开城门让汉兵入内，于是邯郸陷落。王郎乘夜逃走，王霸追捕擒获，就地斩首。刘秀检查王郎的文书，发现有自己的官吏与平民的奏章数千，奏章上除了向王郎表示效忠外，还有谤毁刘秀的内容。刘秀并不察看，他集合全体将领，用火烧毁奏章，说："使背叛的人安心。"

刘秀把新官兵分配给各将领。大家都说愿属大树将军。所谓大树将军是指偏将军冯异。冯异为人谦逊退让，不夸耀自己的才能、功劳，他命令他的部队，除非跟敌人交战或遭受敌人的攻击，通常要排在别的部队的后面。每到一个地方停留，当将领们坐在一起谈论功劳时，冯异常常独自躲到树下。所以军中称他"大树将军"。

光武帝朝太傅邓禹像

刘玄派遣使节封刘秀当萧王，下令所有部队一律复员。命刘秀与有功将领，一同到长安。

刘秀住在邯郸赵王宫，白天在温明殿睡觉。耿弇闯入，来到床前请求单独谈话。乘机说："官兵死伤太多，请准许我回上谷补充兵员。"刘秀说："王郎已经消灭，黄河以北略微平定，还用兵干什么？"耿弇说："王郎虽被打败，天下争战却刚刚开始。现在，朝廷的使节从西方来，要让我们的士兵复员，不可听从。铜马、赤眉一类的部队有数十支，而每一支都有数十万人，甚至一百万人，所向无敌。刘玄没有能力应付，不久就会溃败。"刘秀从床上起来坐下说："你说了不该说的话，我杀了你！"耿弇说："大王怜爱厚待我如同父子，所以我敢赤诚相待。"刘秀说："我和你开玩笑罢了，你为什么这样说？"耿弇说："全国百姓被王莽害得很苦，因而再次思念刘氏，听说汉兵崛起，无不高兴，如同逃脱虎口，回到慈母那里一样。现在刘玄当皇帝，将领们在崤山以东不受节制，皇亲国戚在长安胡作非为，随意抢劫掠夺，百姓捶打胸口，转而思念王莽新朝。因此，我知道刘玄必定失败。您的丰功英名传播海内，为了正义进行征伐，天下可以靠传递文告而安定。天下最重要的是政权您应该自己取得，莫让非刘姓皇族的人占有！"刘秀于是以河北还没有平定为推辞的理由，没有接受征召，开始与刘玄离异。

赤眉首领樊崇等率军进入颍川，把他的部众分为两部分：樊崇、逢安率领一部分，徐宣、谢禄、杨音率领另一部分。赤眉军虽然不断打胜仗，但已精疲力尽，对战争感到厌倦，都日夜哭泣，想要回到东方。樊崇等商议，担心部众回到东方必然一哄而散，不如向西攻击长安。于是，樊崇、逢安从武关，徐宣等从陆浑关，分两路一同向长安进军。刘玄命王匡、成丹和抗威将军刘均等人，分别驻防河东、弘农，堵截赤眉军。

第四十卷 汉纪三十二

译文诵读

世祖光武皇帝上之上建武元年（乙酉，25）

夏，四月，述即帝位，号成家，改元龙兴。

异、恂移檄上状，诸将入贺，因上尊号。将军南阳马武先进曰："大王虽执谦退，奈宗庙社稷何！宜先即尊位，乃议征伐。今此谁贼而驰骛击之乎？"王惊曰："何将军出此言？可斩也！"乃引军还蓟。复遣吴汉率耿弇、景丹等十三将军追尤来等，斩首万三千余级，遂穷追至浚靡而还。贼散入辽西、辽东，为乌桓、貊人所钞击略尽。

还至中山，诸将复上尊号；王又不听。行到南平棘，诸将复固请之；王不许。诸将且出，耿纯进曰："天下士大夫，捐亲戚，弃土壤，从大王于矢石之间者，其计固望攀龙鳞，附凤翼，以成其所志耳。今大王留时逆众，不正号位，纯恐士大夫望绝计穷，则有去归之思，无为久自苦也。大众一散，难可复合。"纯言甚诚切，王深感曰："吾将思之。"

行至鄗，召冯异，问四方动静。异曰："更始必败，宗庙之忧在于大王，宜从众议！"会儒生强华自关中奉《赤伏符》来诣王曰："刘秀发兵捕不道，四夷云集龙斗野，四七之际火为主。"群臣因复奏请。六月己未，王即皇帝位于鄗南；改元，大赦。

赤眉进至华阴，军中有齐巫，常鼓舞祠城阳景王，巫狂言："景王大怒曰：'当为县官，何故为贼！'"有笑巫者辄病，军中惊动。方望弟阳说樊崇等曰："今将军拥百万之众，西向帝城，而无称号，名为群贼，不可以久；不如立宗室，挟义诛伐，以此号令，谁敢不从！"

先是，赤眉过式，掠故式侯萌之子恭、茂、盆子三人自随。恭少习《尚书》，随樊崇等降更始于洛阳，复封式侯，为侍中，在长安。茂与盆子留军中，属右校卒史刘侠卿，主牧牛。及崇等欲立帝，求军中景王后，得七十余人，唯茂、盆子及前西安侯孝最为近属。崇等曰："闻古者天子将兵称上将军"，乃书札为符曰"上将军"。又以两空札置笥中，于郑北设坛场，祠城阳景王，诸三老、从事皆大会；列盆子等三人居中立，以年次探札，盆子最幼，后探，得符；诸将皆称臣，拜。盆子时年十五，被发徒跣，敝衣赭汗，见众拜，恐畏欲啼。茂谓曰："善臧符！"盆子即啮折，弃之。以徐宣为丞相，樊崇为御史大夫，逢安为左大司马，谢禄为右大司马，其余皆列卿、将军。盆子虽立，犹朝夕拜刘侠卿，时欲出从牧儿戏；侠卿怒止之，崇等亦不复候视也。

九月，赤眉入长安；更始单骑走。从厨城门出。式侯恭以赤眉立其弟，自系诏狱；闻更始败走，乃出，见定陶王祉，祉为之除械，相与从更始于渭滨。右辅都尉严本，恐失更始为赤眉所诛，即将更始至高陵，本将兵宿卫，其实围之。更始将相皆降赤眉，独丞相曹竟不降，手剑格死。

辛未，诏封更始为淮阳王；吏民敢有贼害者，罪同大逆；其送诣吏者封列侯。

冬，十月，癸丑，车驾入洛阳，幸南宫，遂定都焉。

赤眉下书曰："圣公降者，封为长沙王；过二十日，勿受。"更始遣刘恭请降，赤眉使其将谢禄往受之。更始随禄，肉袒，上玺绶于盆子。赤眉坐更始，置庭中，将杀之；刘恭、谢禄为请，不能得，遂引更始出。刘恭追呼曰："臣诚力极，请得先死！"拔剑欲自刎；樊崇等遽共救止之。乃赦更始，封为畏威侯。刘恭复为固请，竟得封长沙王。更始常依谢禄居，刘恭亦拥护之。

三辅苦赤眉暴虐，皆怜更始，欲盗出之；张卬等深以为虑，使谢禄缢杀之。刘恭夜往，收藏其尸；帝诏邓禹葬之于霸陵。

隗嚣归天水，复招聚其众，兴修故业，自称西州上将军。三辅士大夫避乱者多归嚣。嚣倾身引接，为布衣交；以平陵范逡为师友，前凉州刺史河内郑兴为祭酒，茂陵申屠刚、杜林为治书，马援为绥德将军，杨广、王遵、周宗及平襄行巡、阿阳王捷、长陵王元为大将军，安陵班彪之属为宾客，由此名震西州，闻于山东。马援少时，以家用不足辞其兄况，欲就边郡田牧。况曰："汝大才，当晚成；良工不示人以朴，且从所好。"遂之北地田牧。常谓宾客曰："丈夫为志，穷当益坚，老当益壮。"后有畜数千头，谷数万斛，既而叹曰："凡殖财产，贵其能赈施也，否则守钱虏耳！"乃尽散于亲旧。闻隗嚣好士，往从之。嚣甚敬重，与决筹策。

初，平陵窦融累世仕宦河西，知其土俗，与更始右大司马赵萌善，私谓兄弟曰："天下安危未可知；河西殷富，带河为固，张掖属国精兵万骑，一旦缓急，杜绝河津，足以自守，此遗种处也！"乃因萌求往河西。萌荐融于更始，以为张掖属国都尉。融既到，抚结雄杰，怀辑羌虏，甚得其欢心。是时，酒泉太守安定梁统、金城太守库钧、张掖都尉茂陵史苞、酒泉都尉竺曾、敦煌都尉辛肜，并州郡英俊，融皆与厚善。及更始败，融与梁统等计议曰："今天下扰乱，未知所归。河西斗绝在羌、胡中，不同心戮力，则不能自守，权钧力齐，复无以相率，当推一人为大将军，共全五郡，观时变动。"议既定，而各谦让。以位次，咸共推梁统；统固辞，乃推融行河西五郡大将军事。

二年（丙戌，26）

刘恭知赤眉必败，密教弟盆子归玺绶，习为辞让之言。及正旦大会，恭先曰："诸君共立恭弟为帝，德诚深厚！立且一年，淆乱日甚，诚不足以相成，恐死而无益，愿得退为庶人，更求贤知，唯诸君省察！"樊崇等谢曰："此皆崇等罪也。"恭复固请，或曰："此宁式侯事邪！"恭惶恐起去。盆子乃下床解玺绶，叩头曰："今设置县官而为贼如故，四方怨恨，不复信向，此皆立非其人所致。愿乞骸骨，避贤圣路！必欲杀盆子以塞责者，无所离死！"因涕泣嘘唏。崇等及会者数百人，莫不哀怜之，乃皆避席顿首曰："臣无状，负陛下，请自今已后，不敢复放纵！"因共抱持盆子，带以玺绶；盆子号呼，不得已。既罢出，各闭营自守。三辅翕然，称天子聪明，百姓争还长安，市里且满。后二十余日，复出，大掠如故。

庚辰，悉封诸功臣为列侯；梁侯邓禹、广平侯吴汉皆食四县。博士丁恭议曰："古者封诸侯不过百里，强干弱枝，所以为治也。今封四县，不合法制。"帝曰："古之亡国皆以无道，未尝闻功臣地多而灭亡者也。"

长安城中粮尽，赤眉收载珍宝，大纵火烧宫室、市里，恣行杀掠，长安城中无复人行；乃引兵而西，众号百万，自南山转掠城邑，遂入安定、北地。邓禹引兵南至长安，军昆明池，谒祠高庙，收十一帝神主，送诣洛阳；因巡行园陵，为置吏士奉守焉。

壬子，以太中大夫京兆宋弘为大司空。弘荐沛国桓谭，为议郎、给事中。帝令谭鼓琴，爱其繁声。弘闻之，不悦；伺谭内出，正朝服坐府上，遣吏召之。谭至，不与席而让之，且曰："能自改邪，将令相举以法乎？"谭顿首辞谢；良久，乃遣之。后大会群臣，帝使谭鼓琴；谭见弘，失其常度。帝怪而问之，弘乃离席免冠谢曰："臣所以荐桓谭者，望能以忠正导主；而令朝廷耽悦郑声，臣之罪也。"帝改容谢之。

湖阳公主新寡，帝与共论朝臣，微观其意。主曰："宋公威容德器，群臣莫及。"帝曰："方且图之。"后弘被引见，帝令主坐屏风后，因谓弘曰："谚言'贵易交，富易妻'，人情乎？"弘曰："臣闻贫贱之知不可忘，糟糠之妻不下堂。"帝顾谓主曰："事不谐矣！"

帝以阴贵人雅性宽仁，欲立以为后。贵人以郭贵人有子，终不肯当。六月，戊戌，立贵人郭氏为皇后，以其子强为皇太子；大赦。

赤眉、延岑暴乱三辅，郡县大姓各拥兵众，禹不能定。帝乃遣偏将军冯异代禹讨之，车驾送至河南，敕异曰："三辅遭王莽、更始之乱，重以赤眉、延岑之丑，元元涂炭，无所依诉。将军今奉辞讨诸不轨，营保降者，遣其渠帅诣京师；散其小民，令就农桑；坏其营壁，无使复聚。征伐非必略地、屠城，要在平定安集之耳。诸将非不健斗，然好虏掠。卿本能御吏士，念自修敕，无为郡县所苦！"异顿首受命，引而西；所至布威信，群盗多降。

臣光曰：昔周人颂武王之德曰："铺时绎思，我徂惟求定。"言王者之兵志在布陈威德安民而已。观光武之所以取关中，用是道也。岂不美哉！

汉光武帝建武元年（乙酉，公元25年）

夏季，四月，公孙述在成都即帝位，号称"成家"，改年号为"龙兴"。

冯异、寇恂发送文书呈报战果，将领们进帐祝贺，乘机请刘秀称帝。将军南阳人马武首先说："大王您虽然谦恭退让，但国家宗庙社稷托付给谁？您应先即帝位，然后再讨论征讨的事。像现在名号未正，东闯西杀，到底谁是贼呢？"刘秀很吃惊，说："将军怎么说出这种话？够杀头的罪了！"于是率军返回蓟县，又派吴汉率领耿弇、景丹等十三位将军追击尤来等贼军，斩首一万三千余人，紧接着穷追到浚靡县才返回。贼军散入辽西、辽东，被乌桓、貊人抢掠击杀，几乎死尽。

刘秀回到中山县，将领们再次请求他称帝，他再次拒绝。大军走到南平棘，将领们再次坚决恳请，他仍然不答应。将领们将要退出，耿纯进谏说："天下的士大夫舍弃亲属，背井离乡，在弹雨之中跟随大王，他们一心向往的，本是攀龙附凤，以成就志向。现在您拖延时间，违背众意，不确定尊号，我恐怕士大夫会失去希望，无计可施，从而产生退归故里的想法，不会长期忍耐下去。众人一散，就很难再聚合到一处了。"耿纯的话非常诚恳殷切，刘秀十分感谢，说："我将予以考虑。"

刘秀的军队走到鄗县，刘秀召见冯异打听各方军情。冯异说："更始必败，忧虑宗庙的大任在您身上，您应当听从大家的建议。"这时，恰好儒生强华从关中拿着《赤伏符》来晋见刘秀，符上说："刘秀发兵惩奸贼，四方云集龙斗野，四七二八汉当立。"群臣因此再次奏请。六月，己未（二十二日），刘秀在鄗县之南即皇帝位，改年号，大赦天下。

汉光武帝刘秀

赤眉军进抵华阴，随军有一位齐地的巫师，常常击鼓舞蹈，祭祀城阳景王刘章。巫师口出狂言："景王大怒说：'应当做天子，为什么当盗贼！'"凡是嘲笑巫师的人，都患了病，为此全军震惊。方望的弟弟方阳劝说樊崇等人："现在将军拥有百万大军，向西面对帝王都城，却没有称号，被人称作盗贼，不可能长期维持下去。不如拥立一位刘氏宗室，挟天子的名义诛杀讨伐，以此号令天下，谁敢不服从！”樊崇等认为说得很对，而巫师的狂言也越来越厉害。向前进军抵达郑县，于是共同商议说：“现在已经逼近长安，而鬼神的旨意是这样，应该寻求一位刘氏宗室，共同尊他为皇帝。”

早先，赤眉军经过式县，劫持故式侯刘萌的儿子刘恭、刘茂、刘盆子，让三人随军。刘恭幼时学习《尚书》，后来跟从樊崇等在洛阳投降更始皇帝刘玄，重新封为式侯，担任侍中，后到长安。刘茂和刘盆子留在军中，归右校卒史刘侠卿管辖，负责放牛。等到樊崇等想要拥立皇帝时，在军中寻找景王刘章的后代，找到七十余人，其中只有刘茂、刘盆子以及前西安侯刘孝血统最为亲近。樊崇等人说：“听说古时候，天子亲自领兵，称为上将军。”于是用一片木简做符，上写“上将军”三个字，又把两片未写字的木简也放在竹筒中。在郑县北面修筑坛场，祭祀城阳景王刘章，各位三老、从事全都聚会于此。请刘盆子等三人居台中排列站立，按照长幼顺序抽签。刘盆子年纪最小，最后抽，抽中了符。将领们全都向刘盆子称臣叩拜。刘盆子当时十五岁，披散着头发，光着双脚，穿着破衣服，紫涨着脸，浑身冒汗。他看见众将跪拜，惊恐得要哭出来。刘茂对他说：“把你的符藏好！”刘盆子却立即把木简放到口中咬断，扔掉。他任命徐宣为丞相，樊崇为御史大夫，逄安为左大司马，谢禄为右大司马，其余的全被任命为卿、将军。刘盆子虽被立为皇帝，但每天早晚还要叩拜刘侠卿。他时常想到外面去和牧童们嬉戏，刘侠卿愤怒地制止他。樊崇等人也不再来问候探视。

九月，赤眉军进入长安，刘玄一个人骑马从厨城门逃出长安。刘玄所封的式侯刘恭因为赤眉军拥立他的弟弟刘盆子做皇帝，就自己绑缚起来，囚禁诏狱。听说刘玄兵败逃跑，才出狱，去见定陶王刘祉。刘祉替他除去身上的刑具，一起到渭水河畔跟随刘玄。右辅都尉严本害怕刘玄被赤眉军所杀，就挟持刘玄到高陵，严本亲自率兵守卫，实际是把刘玄包围起来。刘玄的文武官员全都投降了赤眉军，只有丞相曹竟不降，手持宝剑格斗而死。

辛未（初六），刘秀下诏封刘玄为淮阳王。诏书说，无论官吏或百姓敢有杀害刘玄的，罪与大逆相同；有把刘玄送到官府的，封为侯爵。

冬季，十月，癸丑（十八日），刘秀进入洛阳，临幸南宫，于是定都。

赤眉拥立的刘盆子颁布诏书说：“刘玄如果投降，封为长沙王。超过二十天就不再接受。”刘玄派遣刘恭去请降。赤眉命右大司马谢禄前往接受刘玄投降。刘玄跟着谢禄，光着臂膀，向刘盆子呈上玉玺、绶带。赤眉将领们让刘玄坐在大庭中央，准备杀他。刘恭、谢禄替他求情，不被采纳。然后赤眉将领们把刘玄拉出去行刑。刘恭一面追一面大声喊：“陛下！我已经尽了最大的努力，请让我先死！”拔剑就要自刎，樊崇等急忙一同上前救助，制止了他。这才赦免了刘玄，封为畏威侯。刘恭又坚持替刘玄请求，刘玄终于得以被封为长沙王。刘玄常常依靠谢禄，和他在一起居住，刘恭也支持保护他。

三辅人民苦于赤眉军的暴虐，全都怜悯刘玄，想把他从赤眉军中救出来。张卬等深感忧虑，于是让谢禄勒死刘玄。刘恭连夜前往，收藏刘玄的尸体。刘秀听说，命邓禹把他安葬在霸陵。

隗嚣回到天水，又招集部众，重整旧时功业，自称西州上将军。三辅的士大夫为了避乱，大都归附隗嚣。隗嚣热诚接待，像平民一样交为朋友。他任命平陵人范逡为师友，以前凉州刺史河内人郑兴为祭酒，以茂陵人申屠刚、杜林为治书，以马援为绥德将军，以杨广、王遵、周宗以及平襄人行巡、阿阳人王捷、长陵人王元为大将军，以安陵人班彪等为宾客，由此威名震动西方州郡，闻名于崤山以东。马援年轻时，因家庭贫困，辞别哥哥马况，准备到边郡一带种田放牧。马况说："你是大器晚成的人，能工巧匠不把未雕琢的玉石拿给人看。权且按照你自己的意愿，想干什么就干什么吧。"于是马援到北地种田放牧。他常对宾客们说："大丈夫立志，穷困的时候应当更坚定，年老的时候应当更雄壮。"后来，他拥有数千头牲畜，数万斛粮食。不久又叹息说："增长财富，可贵之处在于能够赈济施舍，否则的话，不过是守财奴罢了！"于是把全部家产分送给亲友故旧。得知隗嚣礼贤下士，就去投奔他。隗嚣十分敬重马援，让他参与筹划决策。

当初，平陵人窦融一家几代人曾在河西地区做官，了解当地的风土民情。窦融和刘玄的右大司马赵萌关系很好。窦融私下跟他的弟弟说："天下是安定还是混乱，不可预测。河西一带殷实富足，有黄河作为牢固的屏障。张掖属国有一万精锐骑兵，一旦有什么变化，切断黄河渡口，完全可以自守。这是保全我们子孙免于灭绝的地方！"于是，窦融凭借赵萌的关系请求前往河西。赵萌向刘玄举荐窦融，窦融被任命为张掖属国都尉。他到任后，抚慰结交豪杰，笼络西羌各部族，深得他们的欢心。当时，酒泉太守安定人梁统、金城太守库钧、张掖都尉茂陵人史苞、酒泉都尉竺曾、敦煌都尉辛肜都是州郡的英雄俊杰，窦融全都和他们交往甚厚。等到更始朝覆亡，窦融跟梁统等计议说："现在天下大乱，我们不知应归往何处。河西一带偏处在羌人和胡人之间，如果不同心协力，就不能自守。大家的权力和力量都相等，又谁也不能统率谁。我们应当推举一人做大将军，共同保全五郡，观察时局的变化。"商定之后，大家各自谦让。按照地位的高低，一致推举梁统当大将军。梁统坚决推辞，于是推举窦融代理河西五郡大将军职务。

二年（丙戌，公年26年）

刘恭已知赤眉政权必定会瓦解，秘密嘱咐弟弟刘盆子交出玉玺绶带，并教他练习推辞谦让的话。及至元旦大会群臣，刘恭首先说："各位共同拥立我的弟弟做皇帝，恩德深厚。但即位将近一年，天下混乱，一天比一天厉害。我的弟弟实在不能胜任大家的重托，恐怕就是死了也不会对国家有好处。希望能够让我的弟弟退位做一个老百姓，再另求贤达智慧的人选。谨请各位将军仔细考虑！"樊崇等道歉说：

“这都是我们的过失。”刘恭再次坚持请求退位。有人说：“这难道是式侯你的事吗？”刘恭害怕，起身离去。于是刘盆子下了宝座解下玉玺绶带，叩头说：“现在虽然立了皇帝，可是大家像过去一样做强盗，四方怨恨，不再信服向往我们，这全都是因为立皇帝立错了人的缘故。恳请各位将军让我退下，为圣贤让路！如果一定要杀我来抵塞罪责，我也没有什么地方可以逃离一死！”说完，痛哭流涕。樊崇等及朝会的数百人，听到刘盆子的话，没有不哀怜的，于是全都离开座位叩头说：“我们不好，对不起陛下。从今往后，不敢再有放纵的行为！”于是一起把刘盆子抱上宝座，给他挂上玉玺绶带。刘盆子又号又呼，但身不由己。朝会完毕，将领们出宫，各自紧闭营门自守。三辅地区的人一致称颂皇帝聪明，老百姓争着返回长安，街市里人群拥挤。可是，过了二十多天，官兵们又跑出营门，照旧大肆抢劫。

正月，庚辰（十七日），刘秀把所有的功臣都封为侯爵。梁侯邓禹、广平侯吴汉都亭有四个县的封地。博士丁恭发表意见，说：“古时候，分封诸侯不过百里。树干强壮，树枝弱小，以此来把国家治理好。现在封四个县，不合法制。”刘秀说：“古时候的亡国全是因为无道，从来没有听说过因功臣封地多而亡国的。”

长安城中粮食耗尽，赤眉将领们把搜来的金银财宝装上车，大举纵火焚烧宫室、街巷民宅，恣意烧杀掳掠，长安城中再也看不见行人。赤眉于是领兵向西，号称百万大军。从南山起，对所经过的城邑进行抢掠。随后进入安定、北地。邓禹率领军队向南到达长安，驻屯昆明池，拜谒祭祀高庙，收集西汉十一位皇帝的神位，送往洛阳。同时巡行陵园，安排官兵事奉守护。

壬子（十九日），刘秀任命太中大夫京兆人宋弘当大司空。宋弘举荐沛国人桓谭当了议郎、给事中。刘秀让桓谭弹琴，喜爱那种复杂的音调。宋弘听说后，感到不高兴。打听到桓谭从宫中出来，宋弘穿戴好公服坐在大司空府中，官吏去召桓谭。桓谭到来之后，宋弘不给他座位就责备他，并且说：“能自己改正过失吗？还是让我根据法律检举你呢？”桓谭磕头谢罪。过了很久，宋弘才打发他走。后来，刘秀大会群臣，让桓谭弹琴。桓谭看见宋弘，失却常态。刘秀感到奇怪，问宋弘是怎么回事。宋弘于是离开座席，摘下帽子，谢罪说：“我所以举荐桓谭，是盼望他能用忠心和正义辅导君主；而他却让朝廷上下沉湎于郑国的音乐，这是我的罪过。”刘秀一听，表情由奇怪变为惭愧，向宋弘表示歉意。

贵人阴丽华

刘秀的姐姐湖阳公主新近守寡，刘秀和她一块儿评论朝臣，暗中察看她的心意。公主说：“宋弘的威仪容貌，道德气度，群臣没有人能赶得上他。”刘秀说：“我正计划这件事。”不久宋弘被刘秀召见，刘秀事先让公主坐在屏风后，然后对宋弘说：“谚语说‘贵易交，富易妻’，这是人之常情吧？”宋弘说：“我听说，贫贱之交不能忘；糟糠之妻不下堂。”刘秀回头对公主说：“事情办不成了！”

刘秀因为贵人阴丽华性情温柔宽厚，想立她为皇后。阴贵人因为郭贵人已有儿子，始终不肯承受这一封号。六月，戊戌（初七），刘秀封贵人郭氏为皇后，以她生的儿子刘强为皇太子。实行大赦。

赤眉军和延岑军同时在三辅地区横暴作乱，郡县的大家族各自集结兵众自保，邓禹无能为力。刘秀于是派遣偏将军冯异接替邓禹讨伐赤眉等贼军。刘秀送冯异到河南，告诫冯异说：“三辅地区遭受王莽、更始的灾难，又加上赤眉、延岑的暴行，生灵涂炭，没有地方哀告倾诉。将军现在奉命讨伐叛逆，对那些投降的营寨，将其首领送到京城洛阳，遣散小民，让他们回家耕田种桑；摧毁营寨堡垒，使他们不能再聚集起来。出征讨伐并不是一定要夺取土地、屠杀城池，关键在于平息叛乱、安抚百姓而已。将领们不是不善于战斗，但喜好掳掠。你本可以驾驭部众，要常常告诫自己，不要给郡县的百姓造成痛苦！”冯异叩头，接受命令，率军向西进发。他在所经过的地方传播威望和信誉，很多盗贼投降。

臣司马光曰：从前，西周时代的人称颂周武王的恩德说：“宣扬令人怀念的美德，我的追求只是天下安定。”这是说君王的军事行动，目的仅在于传布威望美德，使人民安乐而已。刘秀所以能夺取关中，所用的就是这个原则。这难道不是美好的事吗？

第四十一卷

汉纪三十三

译文诵读

世祖光武皇帝上之下建武三年（丁亥，27）

冯异与赤眉约期会战，使壮士变服与赤眉同，伏于道侧。旦日，赤眉使万人攻异前部，异少出兵以救之；贼见势弱，遂悉众攻异，异乃纵兵大战。日昃，贼气衰，伏兵卒起，衣服相乱，赤眉不复识别，众遂惊溃；追击，大破之于崤底，降男女八万人。帝降玺书劳异曰："始虽垂翅回谿，终能奋翼渑池，可谓失之东隅，收之桑榆。方论功赏，以答大勋。"

赤眉余众东向宜阳。甲辰，帝亲勒六军，严陈以待之。赤眉忽遇大军，惊震不知所谓，乃遣刘恭乞降曰："盆子将百万众降陛下，何以待之？"帝曰："待汝以不死耳！"丙午，盆子及丞相徐宣以下三十余人肉袒降，上所得传国玺绶。积兵甲宜阳城西，与熊耳山齐。赤眉众尚十余万人，帝令县厨皆赐食。明旦，大陈兵马临雒水，令盆子君臣列而观之。帝谓樊崇等曰："得无悔降乎？朕今遣卿归营，勒兵鸣鼓相攻，决其胜负，不欲强相服也。"徐宣等叩头曰："臣等出长安东都门，君臣计议，归命圣德。百姓可与乐成，难与图始，故不告众耳。今日得降，犹去虎口归慈母，诚欢诚喜，无所恨也！"帝曰："卿所谓铁中铮铮，佣中佼佼者也！"戊申，还自宜阳。帝令樊崇等各与妻子居雒阳，赐之田宅。其后樊崇、逄安反，诛；杨音、徐宣卒于乡里。帝怜盆子，以为赵王郎中；后病失明，赐荥阳均输官地，使食其税终身。刘恭为更始报仇，杀谢禄，自系狱；帝赦不诛。

四年（戊子，28）

隗嚣使马援往观公孙述。援素与述同里闬，相善，以为既至，当握手欢如平生；而述盛陈陛卫以延援入，交拜礼毕，使出就馆。更为援制都布单衣、交让冠，会百官于宗庙中，立旧交之位，述鸾旗、旄骑，警跸就车，磬折而入，礼飨官属甚盛，欲授援以封侯大将军位。宾客皆乐留。援晓之曰："天下雌雄未定，公孙不吐哺走迎国士，与图成败，反修饰边幅，如偶人形，此子何足久稽天下士乎！"因辞归，谓嚣曰："子阳，井底蛙耳，而妄自尊大！不如专意东方。"

嚣乃使援奉书雒阳。援初到，良久，中黄门引入。帝在宣德殿南庑下，但帻，坐，迎笑，谓援曰："卿遨游二帝间；今见卿，使人大惭。"援顿首辞谢，因曰："当今之世，非但君择臣，臣亦择君矣！臣与公孙述同县，少相善；臣前至蜀，述陛戟而后进臣。臣今远来，陛下何知非刺客奸人，而简易若是！"帝复笑曰："卿非刺客，顾说客耳。"援曰："天下反复，盗名字者不可胜数；今见陛下恢廓大度，同符高祖，乃知帝王自有真也。

五年（己丑，29）

帝使来歙持节送马援归陇右。隗嚣与援共卧起，问以东方事，曰："前到朝廷，上引见数十，每接燕语，自夕至旦，才明勇略，非人敌也。且开心见诚，无所隐伏，阔达多大节，略与高帝同；经学博览，政事文辨，前世无比。"嚣曰："卿谓何如高帝？"援曰："不如也。高帝无可无不可；今上好吏事，动如节度，又不喜饮酒。"嚣意不怿，曰："如卿言，反复胜邪！"

隗嚣问于班彪曰："往者周亡，战国并争，数世然后定。意者从横之事将复起于今乎，将承运迭兴，在于一人也？"彪曰："周之废兴，与汉殊异。昔周爵五等，诸侯从政，本根既微，枝叶强大，故其末流有从横之事，势数然也。汉承秦制，改立郡县，主有专己之威，臣无百年之柄。至于成帝，假借外家，哀、平短祚，国嗣三绝，故王氏擅朝，能窃号位，危自上起，伤不及下，是以即真之后，天下莫不引领而叹。十余年间，中外骚扰，远近俱发，假号云合，咸称刘氏，不谋同辞。方今雄杰带州域者，皆无六国世业之资，而百姓讴吟思仰，汉必复兴，已可知矣。"

初，窦融等闻帝威德，心欲东向，以河西隔远，未能自通，乃从隗嚣受建武正朔；嚣皆假其将军印绶。嚣外顺人望，内怀异心，使辩士张玄说融等曰："更始事已成，寻复亡灭，此一姓不再兴之效也！今即所有主，便相系属，一旦拘制，自令失柄，后有危败，虽悔无及。方今豪杰竞逐，雌雄未决，当各据土宇，与陇、蜀合从，高可为六国，下不失尉佗。"融等召豪杰议之，其中识者皆曰："今皇帝姓名见于图书，自前世博物道术之士谷子云、夏贺良等皆言汉有再受命之符，故刘子骏改易名字，冀应其占。及莽末，西门君惠谋立子骏，事觉被杀，出谓观者曰：'谶文不误，刘秀真汝主也！'此皆近事暴著，众所共见者也。况今称帝者数人，而雒阳土地最广，甲兵最强，号令最明，观符命而察人事，他姓殆未能当也！"众议或同或异。

融遂决策东向，遣长史刘钧等奉书诣雒阳。先是，帝亦发使遗融书以招之，遇钧于道，即与俱还。帝见钧欢甚，礼飨毕，乃遣令还，赐融玺书曰："今益州有公孙子阳，天水有隗将军。方蜀、汉相攻，权在将军，举足左右，便有轻重。以此言之，欲相厚岂有量哉！欲遂立桓、文，辅微国，当勉卒功业；欲三分鼎足，连衡合从，亦宜以时定。天下未并，吾与尔绝域，非相吞之国。今之议者，必有任嚣教尉佗制七郡之计。王者有分土，无分民，自适己事而已。”因授融为凉州牧。玺书至河西，河西皆惊，以为天子明见万里之外。

时张步都剧，使其弟蓝将精兵二万守西安，诸郡太守合万余人守临淄，相去四十里。弇进军画中，居二城之间。弇视西安城小而坚，且蓝兵又精，临淄名虽大而实易攻，乃敕诸校后五日会攻西安。蓝闻之，晨夜警守。至期，夜半，弇敕诸将皆蓐食，会明，至临淄城。护军荀梁等争之，以为“攻临淄，西安必救之，攻西安，临淄不能救，不如攻西安。”弇曰：“不然，西安闻吾欲攻之，日夜为备，方自忧，何暇救人！临淄出不意而至，必惊忧，吾攻之一日，必拔。拔临淄，即西安孤，与剧隔绝，必复亡去，所谓‘击一而得二’者也。若先攻西安，不能卒下，顿兵坚城，死伤必多。纵能拔之，蓝引军还奔临淄，并兵合势，观人虚实；吾深入敌地，后无转输，旬月之间，不战而困矣。”遂攻临淄；半日，拔之，入据其城。张蓝闻之，惧，遂将其众亡归剧。

弇乃令军中无得虏掠，须张步至乃取之，以激怒步。步闻，大笑曰：“以尤来、大彤十余万众，吾皆即其营而破之；今大耿兵少于彼，又皆疲劳，何足惧乎！”乃与三弟蓝、弘、寿及故大彤渠帅重异等兵号二十万，至临淄大城东，将攻弇。于是弇先出淄水上，与重异遇；突骑欲纵，弇恐挫其锋，令步不敢进，故示弱以盛其气，乃引归小城，陈兵于内，使都尉刘歆、泰山太守陈俊分陈于城下。步气盛，直攻弇营，与刘歆等合战。弇升王宫坏台望之，视歆等锋交，乃自引精兵以横突步陈于东城下，大破之。飞矢中弇股，以佩刀截之，左右无知者。至暮，罢；弇明旦复勒兵出。

是时帝在鲁，闻弇为步所攻，自往救之。未至，陈俊谓弇曰：“剧虏兵盛，可且闭营休士，以须上来。”弇曰：“乘舆且到，臣子当击牛、酾酒以待百官，反欲以贼虏遗君父邪！”乃出兵大战。自旦及昏，复大破之；杀伤无数，沟堑皆满。弇知步困将退，豫置左右翼为伏以待之；人定时，步果引去，伏兵起纵击，追至钜昧水上，八九十里，僵尸相属，收得辎重二千余两。步还剧，兄弟各分兵散去。

后数日，车驾至临淄，自劳军，群臣大会。帝谓弇曰：“昔韩信破历下以开基，今将军攻祝阿以发迹，此皆齐之西界，功足相方。而韩信袭击已降，将军独拔勍敌，其功又难于信也。又，田横亨郦生，及田横降，高帝诏卫尉不听为仇；张步前亦杀伏隆，若步来归命，吾当诏大司徒释其怨，又事尤相类也。将军前在南阳，建此大策，常以为落落难合，有志者事竟成也！”

是岁，诏征处士太原周党、会稽严光等至京师。党入见，伏而不谒，自陈愿守所志。

诏曰：“自古明王、圣主，必有不宾之士，伯夷、叔齐不食周粟，太原周党不受朕禄，亦各有志焉。其赐帛四十匹，罢之。”

帝少与严光同游学，及即位，以物色访之，得于齐国，累征乃至；拜谏议大夫，不肯受，去，耕钓于富春山中。以寿终于家。

汉光武帝建武三年（丁亥，公元27年）

冯异同赤眉军定好日期会战。他挑选精壮的士兵，让他们改换服装，穿戴和赤眉军一样，在路边埋伏下来。第二天，赤眉派出一万人攻击冯异军的前部，冯异出动少数军队救援。赤眉见冯异军势弱，于是全军进攻冯异，冯异这才发兵同赤眉军大战。到太阳偏西，赤眉军士气衰落，路边的伏兵突然杀出来，因衣服混杂，赤眉军不能再辨别谁是自己人，于是惊恐溃散。冯异军追击，在崤底大败赤眉军，收降赤眉军男女八万人。刘秀下诏书慰劳冯异说："你虽然开始时在回阪垂下翅膀，但最终能在渑池奋起双翼。可以说早上在东方丢了东西，晚上在西方找回来。正在为你论功行赏，以报答你卓越的功勋。"

赤眉军残部向东方的宜阳移动。甲辰（十七日），刘秀亲率大军，严阵以待。赤眉突然遇到大军，震惊得不知所措。于是，刘盆子派刘恭向刘秀乞降，说："我率领百万部众投降陛下，陛下怎样对待呢？"刘秀说："饶恕你不死罢了！"丙午（十九日），刘盆子和丞相徐宣及以下三十余人袒露出臂膀投降，献出所得的传国玉玺和绶带。赤眉的兵器堆积在宜阳城西，和熊耳山一样高。赤眉部众还有十余万人，刘秀命令宜阳县厨房赐给所有的人食物。第二天，刘秀在洛水边陈列大军，命刘盆子君臣排队观看。刘秀对樊崇等人说："该不会后悔投降吧？我今天送你们回营，统率军队鸣起战鼓再战，一决胜负。不想强迫你们服输。"徐宣等叩头说："我们走出长安东都门，君臣商议，要把自己的生命交给陛下。可以和百姓同享受成果，难以和他们同谋开端，所以没有告诉众人。今天能够投降，就像离开虎口，回到慈母的怀抱，确实欢乐欣喜，没有什么可遗憾的！"刘秀说："你就是所谓铁中的刚利部分，凡人中的出类拔萃者！"戊申（二十日），刘秀从宜阳返回洛阳。他让樊崇等人各自偕妻子儿女住在洛阳，赐给他们田地和住宅。后来樊崇、逄安谋反，被诛杀。杨音、徐宣在他们的故乡去世。刘秀可怜刘盆子，任命他当赵王刘良的郎中。后来刘盆子患病，双目失明，刘秀把荥阳均输官掌握的国有土地赏赐给他，使他终身以收取地租为生。刘恭替刘玄报仇，杀了谢禄，自己投入临狱。刘秀赦免了他，不予诛杀。

四年（戊子，公元28年）

隗嚣派马援前往成都观察公孙述的情况。马援和公孙述是同乡，关系很好，他以为到达之后，公孙述一定像平时那样和他握手言欢。但公孙述让许多卫士排列在殿阶下，戒备森严，然后请马援进入。行过交拜礼之后，公孙述让马援出去，到宾馆休息。又替马援制作布衣服和交让冠。在宗庙中召集百官，设立了旧交老友的座位。公孙述用绣着鸾鸟的旗帜、披头散发的骑士作前导，开路清道，实行警戒，登车出发。他向左向迎候的官员屈身作答后，进入宗庙。礼仪祭品及百官的阵容十分盛大。公孙述准备封马援侯爵，任命当大将军。马援带领的宾客们都乐意留下来。马援向他们解释说："天下胜负未定，公孙述不懂得吐出口中的饭，奔走迎接有才干的人，与他共同图谋成败的大事，他反而注重繁琐的小节，就像一个木偶人，这种人怎么能够长久留住天下有志之士呢？"因此告辞返回，对隗嚣说："公孙述不过是井底之蛙罢了，却妄自尊大！我们不如一心与东方的刘秀往来。"

于是隗嚣派马援带着给刘秀的信到洛阳去。马援初到，等了很久，中黄门引进。刘秀在宣德殿南面的廊屋里，只戴着头巾，坐在那里，笑迎马援。刘秀对马援说："您在两个皇帝之间游历，今天见到您，令人非常惭愧。"马援叩头辞谢，于是说："当今的天下，不但君主选择臣子，臣子也选择君主。我和公孙述同是一县的人，自幼关系很好。我前些时候到成都，公孙述让武士持戟立在殿阶下，然后才接见我。我今天远道而来，您怎么知道我不是刺客或奸恶的人，而这样平易地接见我！"刘秀又笑着说："您不是刺客，不过是说客罢了。"马援说："天下大局，反复未定，盗用帝王称号的人不计其数。今天我看见您恢宏大度，和高祖一样，才知道自有真正的天子。"

五年（己丑，公元29年）

刘秀派遣来歙持符节送马援回到陇右。隗嚣和马援一同睡觉、起床，询问东方的情况。马援说："先前到朝廷，皇上接见我有数十次。每次接见，都在一起闲谈，从晚上一直到天亮。他的聪明才智，勇气谋略，不是他人所能匹敌的。并且心胸开阔，坦率真诚，无所隐藏，豁达而注重大节，和汉高祖很相像。他博读经书，政事处理得条理清楚，前世的帝王没人能够和他相比。"隗嚣说："你认为他和汉高祖相比，怎样？"马援说："不如。高祖没有什么可以不可以，而当今皇上喜好处理政务，行动符合规矩，又不喜欢喝酒。"隗嚣感到不高兴，说："要像你说的那样，皇上反而比高祖更高明了！"

隗嚣问班彪说："从前，周朝灭亡，战国时期群雄争战，几代以后天下才统一。大概合纵连横的旧事将会在今天重演吧？将由一个人承受天命，再度兴起吗？"班彪说："周朝的兴亡，同汉朝完全不同。过去周朝把爵位分成五等，诸侯各自为政。衰微以后，枝叶强大，所以到了末期出现合纵连横的事，是形势发展的必然结果。汉朝继承秦朝的政治制度，改置郡县，君主有专制独裁的威严，臣下没有积累到一百年的权力。到了汉成帝时，把皇帝的威严让给外戚。以后汉哀帝、汉平帝在位时间都很短，皇位的合法继承人三次断绝。所以王莽专擅朝政，得以篡夺皇位。国家的危机来自最上层，没有伤害到百姓。所以王莽篡夺皇位成为事实以后，天下人无不伸长脖子叹息。在十余年时间里，内扰外乱，远近一齐爆发。各路人马风起云涌，全都假借刘姓宗室的名号，大家不谋而合。当今拥有州郡的英雄豪杰，都没有六国那种世代积累的资本，而老百姓讴歌、吟咏、思念、仰慕的是汉朝，汉朝必然复兴，已经可以知道了。”

东汉 持矛铜骑俑

当初，窦融等听说刘秀的威望恩德，一心向往东方，因为河西和洛阳相隔遥远，自己不能直接联系，于是自隗嚣那里接受东汉“建武”的年号。隗嚣一并授给他将军印信和绶带。隗嚣表面上顺应众望，实际上怀有二心，他派善辩之士张玄劝说窦融等人道：“更始的大事已经成功，但很快又灭亡，这是刘氏一姓不能再起的证明。如果马上就认定君主，隶属于他，一旦受到束缚和制约，自己就会失掉权力。以后跟着他败亡，后悔莫及。当今英雄豪杰相互竞争，胜败未定。我们应当各守地盘，和陇西隗嚣、西蜀公孙述结成合纵联盟。搞得好可以成为战国时代的六国之一，搞不好也可成为南海尉佗。”窦融等召集豪杰们商议，其中有见识的人都说：“当今皇帝的名字，在预言书中可以看到，前辈的法术大师谷子云、夏贺良等都认为，汉朝有再度兴起的祥瑞征兆，所以刘歆改名为刘秀，希望应和预言书上的话。等到王莽末年，西门君惠谋划拥立刘歆做皇帝，事情败露被杀。西门在被绑缚刑场的途中，对围观的人说：‘预言书上的话不错，刘秀确实是你们的君主！’这是近年发生的事，人人皆知，大家亲眼所见。何况当今号称皇帝的几个人中，刘秀拥有的土地最多，兵力最为强盛，军令最为严明。观察预言书上的话，考察世间的事情，其他姓氏的人恐怕不能担当君主。”大家商议，有的赞同，有的反对。

窦融于是决定归顺东方的刘秀，派长史刘钧等人带着给刘秀的信到洛阳去。在这之前，刘秀也派使者给窦融送信招致他。刘秀的使者在路上遇到刘钧，就和刘钧一起返回洛阳。刘秀见到刘钧十分高兴，和他以礼相见，设宴款待，然后，让他回去汇报，赐给窦融诏书说：“现在益州有公孙述，天水有隗嚣。公孙述和隗嚣两家正互相攻打，胜败的命运掌握在将军手中，有着举足轻重的作用。由此说来，您打算帮助某一方时，力量岂能计量！如果要创立齐桓公、晋文公的霸业，辅佐我这个弱小的政权，就应当努力完成这一功业；如果想实现三足鼎立的局面，连横合纵，也应该抓住时机决定。天下还没有统一，我和您土地不接壤，不会互相吞并。现在谈论这件事的人，一定有像任嚣让尉佗控制七个郡那样的计策。君王可以分封土地，但不分割百姓。自己做适合自己的事情罢了。”于是任命窦融当凉州牧。诏书传到河西，整个地区震惊，认为天子明察，远到万里之外。

当时张步以剧县作为都城。他派弟弟张蓝率领精兵二万人驻守西安县，派各郡太守集合一万余人守卫临淄县，两地相距四十里。耿弇率军进军画中，画中位于西安和临淄之间。耿弇看到西安城垣小，但很坚固，而且张蓝的军队又很精锐，临淄虽有盛名，但实际上却容易攻取。于是，耿弇命令各指挥官，五天以后联合攻打

耿弇宫台望战

西安。张蓝听说以后，日夜警戒守卫。到了预定日期，夜半时分，耿弇命将领们全都在住宿地吃饭。到天亮时，抵达临淄城。护军荀梁等表示反对，认为："攻打临淄，西安必定救援；攻打西安，临淄不能救援，不如攻打西安。"耿弇说："不是这样。西安方面知道我们要攻打他们，日夜戒备，正担心自己的安全，哪有功夫援救别人！临淄方面想不到我们会去攻打他们，一定会惊慌失措。我用一天的时间，必能攻破。攻陷了临淄，西安立即变得孤立，和剧县的交通被我们切断，西安守军必然再弃城逃跑。这正是所谓'击一而得二'。如果先攻打西安，不能很快攻下，军队被困在坚城之下，伤亡一定很多。纵使能够攻破，张蓝将率军逃回临淄，和那里的守军合并，观察我们的虚实。我们深入敌地，后面没有补给运送，一个月之内，不打仗就已困窘不堪了。"于是进攻临淄，半天时间后攻陷，进占该城。张蓝听到消息，十分恐惧，于是率领军队逃回到剧县。

耿弇于是下令军队不能掳掠，等到张步到来时才取财物，以激怒张步。张步听后，大笑说："以尤来、大彤的十余万人之多，我都到他们的营垒摧毁他们。现在耿弇的军队比他们少，又全疲劳不堪，有什么可怕的？"于是联合三个弟弟张蓝、张弘、张寿以及前大彤军首领重异等的军队，号称二十万人，抵达临淄大城东，准备进攻耿弇。于是耿弇率军先出营到淄水边，与重异遭遇。骑兵突击队就进攻，耿弇恐怕挫败敌军锐气，使张步不敢前进，就有意显示自己懦弱而助长对方的骄气，率军回到临淄小城，陈兵城内，派都尉刘歆、泰山太守陈俊分别在城下布阵。张步气盛，径直攻打耿弇军营，同刘歆等交战。耿弇登上原齐国宫殿残破的高台观望，察看刘歆等同张步作战的情况，于是亲自率领精锐部队，在东城下横冲进张步的军队，大败敌军。流箭射中耿弇大腿。耿弇用佩刀截断箭杆，左右没人知道主帅受伤。战到天黑，收兵。第二天早晨，耿弇又率军出营。

这时刘秀在鲁城，听说耿弇被张步攻击的消息，亲自率军前去援救。还未抵达，陈俊对耿弇说："剧县敌兵士气正盛，我们可以暂且关闭营门，休养军士，等皇上前来。"耿弇说："皇上将到，臣子应当杀牛备酒等待百官，反而要把盗贼匪徒送给君王吗！"于是出兵大战，从早晨到黄昏，再次大败敌军。杀伤敌人无数，尸体填满了水沟战壕。耿弇料到张步受到重创以后将会撤军，预先在左右两翼设下伏兵等候。深夜，张步果然率军离去。伏兵奋起攻击，一直追到钜昧水畔。前后八九十里，死尸相连。耿弇缴获张步的辎重车两千余辆。张步逃回剧县，兄弟们各自带兵离开。

又过了几天，刘秀抵达临淄，亲自慰劳军队，大会文武百官。刘秀对耿弇说：“过去韩信攻破历下，开创了大业的基础；今天将军攻破祝阿，建立了功绩，这些地方全是故齐国的西方边界，你们二人的功劳足可以相比。而韩信攻击的是已经投降的军队，将军单独打败强大的敌人，建功又比韩信艰难了。再有，田横曾经烹杀郦食其，等到田横投降刘邦，刘邦下诏卫尉郦商不要报仇。张步先前也杀了伏隆，今天如果他来归顺，我将下诏让大司徒伏湛解除怨恨，这两件事情又尤其相似。将军以前在南阳时，曾提出建树这项功业的重大策略。我总感到计划庞大，难以实现。但对于有志的人，事情终究可以成功！”

这一年，刘秀下诏征召隐居的士人。太原人周党、会稽人严光等到洛阳。周党晋见时，伏下身子，不叩头拜谒，也不通报姓名，对刘秀说愿意恪守自己的志向。

刘秀下诏说：“自古以来，英明的君王，圣贤的天子，都必定会遇到不服从的士人。伯夷、叔齐不吃周王朝的粮食，太原人周党不接受我的俸禄，也是各有志向。赐给周党帛四十匹，送回故乡。”

刘秀幼时和严光同窗读书，等到刘秀即帝位，派人按照形貌察访，在齐地找到了严光。刘秀多次征召后，严光才到洛阳。任命他当谏议大夫，严光不肯接受。他离开了洛阳，在富春山种田钓鱼，最后在故乡寿终。

第四十二卷 汉纪三十四

译文诵读

世祖光武皇帝中之上建武六年（庚寅，30）

帝乃诏隗嚣，欲从天水伐蜀。嚣上言："白水险阻，栈阁败绝。述性严酷，上下相患，须其罪恶孰著而攻之，此大呼响应之势也。"帝知其终不为用，乃谋讨之。

隗嚣遂发兵反。使王元据陇坻，伐木塞道。诸将因与嚣战，大败，各引兵下陇；嚣追之急，马武选精骑为后拒，杀数千人，诸军乃得还。

六月，辛卯，诏曰："夫张官置吏，所以为民也。今百姓遭难，户口耗少，而县官吏职，所置尚繁；其令司隶、州牧各实所部，省减吏员，县国不足置长吏者并之。"于是并省四百余县，吏职减损，十置其一。

癸巳，诏曰："顷者师旅未解，用度不足，故行十一之税。今粮储差积，其令郡国收见田租，三十税一，如旧制。"

七年（辛卯，31）

春，三月，罢郡国轻车、骑士、材官，令还复民伍。

八年（壬辰，32）

夏，闰四月，帝自将征隗嚣，光禄勋汝南郭宪谏曰："东方初定，车驾未可远征。"乃当车拔佩刀以断车靷。帝不从，西至漆。诸将多以王师之重，不宜远入险阻，计冘豫未决；帝召马援问之。援因说隗嚣将帅有土崩之势，兵进有必破之状；又于帝前聚米为山谷，指画形势，开示众军所从道径，往来分析，昭然可晓。帝曰："虏在吾目中矣！"明旦，遂进军，至高平第一。

窦融率五郡太守及羌虏小月氏等步骑数万，辎重五千余两，与大军会。是时军旅草创，诸将朝会礼容多不肃，融先遣从事问会见仪适。帝闻而善之，以宣告百僚，乃置酒高会，待融等以殊礼。

遂共进军，数道上陇。使王遵以书招牛邯，下之，拜邯太中大夫。于是嚣大将十三人、属县十六、众十余万皆降。嚣将妻子奔西城，从杨广。

颍川盗贼群起，寇没属县，河东守兵亦叛，京师骚动。帝闻之曰："吾悔不用郭子横之言。"秋，八月，帝自上邽晨夜东驰，赐岑彭等书曰："两城若下，便可将兵南击蜀虏。人苦不知足，既平陇，复望蜀，每一发兵，头须为白！"

九年（癸巳，33）

隗嚣病且饿，餐糗糒，恚愤而卒。王元、周宗立嚣少子纯为王，总兵据冀。公孙述遣将赵匡、田弇助纯。帝使冯异击之。

公孙述遣其翼江王田戎、大司徒任满、南郡太守程泛将数万人下江关，击破冯骏等军，遂拔巫及夷道、夷陵，因据荆门、虎牙，横江水起浮桥、关楼，立欑柱以绝水道，结营跨山以塞陆路，拒汉兵。

盗杀阴贵人母邓氏及弟䜣。帝甚伤之，封贵人弟就为宣恩侯。复召就兄侍中兴，欲封之，置印绶于前。兴固让曰："臣未有先登陷陈之功，而一家数人，并蒙爵土，令天下觖望，诚所不愿！"帝嘉之，不夺其志。贵人问其故，兴曰："夫外戚家苦不知谦退，嫁女欲配侯王，取妇眄睨公主，愚心实不安也。富贵有极，人当知足，夸奢益为观听所讥。"贵人感其言，深自降挹，卒不为宗亲求位。

十年（甲午，34）

初，隗嚣将安定高峻拥兵据高平第一，建威大将军耿弇等围之，一岁不拔。帝自将征之，寇恂谏曰："长安道里居中，应接近便，安定、陇西必怀震惧；此从容一处，可以制四方也。今士马疲倦，方履险阻，非万乘之固也。前年颍川，可为至戒。"帝不从，进幸汧。峻犹不下，帝遣寇恂往降之。恂奉玺书至第一，峻遣军师皇甫文出谒，辞礼不屈；恂怒，将诛之。诸将谏曰："高峻精兵万人，率多强弩，西遮陇道，连年不下，今欲降之而反戮其使，无乃不可乎？"恂不应，遂斩之，遣其副归告峻曰："军师无礼，已戮之矣！欲降，急降；不欲，固守！"峻惶恐，即日开城门降。诸将皆贺，因曰："敢问杀其使而降其城，何也？"恂曰："皇甫文，峻之腹心，其所取计者也。今来，辞意不屈，必无降心。全之则文得其计，杀之亡其胆，是以降耳。"诸将皆曰："非所及也！"

十一年（乙未，35）

公孙述以王元为将军，使与领军环安拒河池。六月，来歙与盖延等进攻元、安，大破之，遂克下辨，乘胜遂进。蜀人大惧，使刺客刺歙，未殊，驰召盖延。延见歙，因伏悲哀，不能仰视。歙叱延曰："虎牙何敢然！今使者中刺客，无以报国，故呼巨卿，欲相属以军事，而反效儿女子涕泣乎！刃虽在身，不能勒兵斩公邪！"延收泪强起，受所诫。歙自书表曰："臣夜人定后，为何人所贼伤，中臣要害。臣不敢自惜，诚恨奉职不称，以为朝廷羞。夫理国以得贤为本，太中大夫段襄，骨鲠可任，愿陛下裁察。又臣兄弟不肖，终恐被罪，陛下哀怜，数赐教督。”投笔抽刃而绝。帝闻，大惊，省书揽涕；以扬武将军马成守中郎将代之。歙丧还洛阳，乘舆缟素临吊，送葬。

汉光武帝建武六年（庚寅，公元30年）

刘秀于是给隗嚣下诏，打算让他从天水出兵攻打公孙述。隗嚣上书说：“白水关险恶，难以通过，栈道残破断绝，无法利用。公孙述性情严厉残暴，上下相互不信任，等到他的罪恶显露出来再攻打他，就能造成一呼而内外响应的形势。”刘秀知道隗嚣终不能被己所用，于是策划出兵讨伐他。

隗嚣于是起兵叛变。命王元防守陇坻，砍伐树木，堵塞道路。东汉将领们因此和隗嚣交战，被打得大败，各自率兵逃下陇山。隗嚣急速追赶，东汉将军马武挑选精锐骑兵断后，杀敌数千人，各路军队才得以返回。

六月，辛卯（二十四日），刘秀下诏说：“设置官吏，是替老百姓服务。而今百姓遭难，户口减少，而国家官吏的设置还很繁多。现令司隶、州牧各自在所辖范围核实实际需要，裁减官员。无论是县还是封国，不足以设置长吏的，予以合并。”于是合并减少四百余个县，官吏的职位也减少了，十个官员，留任一个。

癸巳（二十八日），刘秀下诏：“前些时战事不息，国家经费不足，所以按十分之一收税。如今粮食储备增多，从现在起，各郡、各封国收取现有田地的田租，按三十分之一征税，恢复原来的制度。”

七年（辛卯，公元31年）

春季，三月，免去郡县、封国的轻车、骑士、材官，命他们回归为民。

八年（壬辰，公元32年）

夏季，闰四月，刘秀亲自率军征伐隗嚣。光禄勋汝南人郭宪劝阻说：“东方刚刚平定，陛下不能远征。”于是挡住车，拔出佩刀，砍断引车前行的皮带。刘秀不听，西行至漆县。将领们多数都认为，皇上率领的军队重要，不宜远行深入到险恶、阻塞的地方。刘秀拿不定主意，召见马援询问意见。马援于是说，隗嚣的将领们已有土崩瓦解之势，如果进军，就会有必破之状。他又在刘秀面前，用米聚成山谷，指出敌我双方的形势，展示大军进攻的路线，来回分析，十分清晰明白。刘秀说：“敌人的情况都在我的眼里了！”第二天一早，大军出发，抵达高平县第一城。

窦融率领五郡太守以及羌族、小月氏等步骑兵数万人、辎重车五千余辆，和刘秀的大军会合。当时军队还处于草创时期，将领们朝拜皇帝的礼仪多不整肃。窦融先派从事请示朝见的恰当礼仪。刘秀听后认为很好，宣告百官让他们效法。于是设置盛大的酒宴，用特别的尊贵礼仪招待窦融等。

于是，联军共同进军，分成几路上陇山。刘秀命王遵写信招降牛邯。牛邯投降，刘秀任命他当太中大夫。于是隗嚣的十三位大将、所属的十六个县、部众十余万人全部归降。隗嚣带着妻子儿女逃往西城，投奔杨广。

颍川郡盗贼蜂起，攻陷本郡所属县城，河东郡的守军也叛变了，京都洛阳震动。刘秀听到消息说："我后悔没有听郭宪的话！"秋季，八月，刘秀从上邽县日夜向东奔驰。他写信给岑彭等，说："如果攻陷两城，就可率领军队向南攻打公孙述。人被不知足所苦，已经平定了陇，又想得到蜀。每一次出兵，头发胡须都因此变白。"

九年（癸巳，公元33年）

隗嚣患病，又赶上饥荒，只能吃到黄豆干饭，愤恨而死。王元、周宗拥立隗嚣的幼子隗纯为王，统兵据守冀县。公孙述派遣将领赵匡、田弇协助隗纯。刘秀派遣冯异攻击。

公孙述派遣翼江王田戎、大司徒任满、南郡太守程汎率领数万人下江关，击败东汉将领冯骏等的军队，于是攻陷巫县和夷道、夷陵，随后占据荆门山、虎牙山。在长江上驾起浮桥，建筑关楼。把木柱集中在一起，竖立在江中阻断水道，跨山连接营垒堵塞陆路，以抗拒汉军。

强盗杀害阴贵人的母亲邓氏和弟弟阴䜣。刘秀非常悲伤，封阴贵人的弟弟阴就为宣恩侯。又召见阴就的哥哥侍中阴兴，也要封侯，把印信绶带放到他面前。阴兴坚持推辞，说："我没有冲锋陷阵的功劳，而一家人中，已有好几个人承蒙封爵赐土，使天下人不满，这确实是我不愿意的！"刘秀赞美他的举动，不强迫他改变想法。阴贵人问阴兴为什么要这样做，阴兴说："皇帝的外戚家往往被不知谦让退避所害。嫁女儿要配侯王，娶媳妇要打公主的主意，我心里实在不安。富贵有极限，人应当知足，夸耀奢侈会增加世人的指责。"阴贵人为他的话所感动，深深地自我贬抑，始终不替亲属要求官爵。

十年（甲午，公元34年）

最初，隗嚣的将领安定人高峻带领军队据守高平县第一城。建威大将军耿弇等包围该城，一年未能攻陷。刘秀准备亲自征伐，寇恂劝告说："长安的位置在洛阳和高平的中间，接应近便。陛下坐镇长安，安定、陇西之人必定心中震恐。这样，从容地待在一处，就可以控制四方。现在人困马乏，要到险阻的地方，对陛下是不安全的。去年颍川郡盗贼蜂起的往事，应当引以为大戒。"刘秀不听，进军到汧县。高峻依然不降，刘秀派遣寇恂前往劝降。寇恂带着刘秀的诏书到达第一城，高峻派遣军师皇甫文出城拜见。皇甫文的言辞礼节毫不卑屈。寇恂大怒，准备诛杀。

将领们劝阻说："高峻有精兵一万人，多半都是强弩射手，在西面堵塞陇道，连年不能攻下。现在准备招降高峻，却反而屠戮他的来使，恐怕不行吧？"寇恂不答应，于是诛杀皇甫文。放他的副使回去。转告高峻说："军师无礼，已经杀死了！要投降，赶快投降；不想投降，继续坚守！"高峻惊慌恐惧，当天打开城门投降。将领们全都向寇恂祝贺，顺便问他："请教您，杀了他的使节而又能使他献城投降，为什么呢？"寇恂说："皇甫文是高峻的心腹，是为高峻谋划的智囊。这次前来，言辞态度强硬，肯定没有归降的意思。如果保全他则皇甫文的计策得逞，杀掉他则使高峻丧胆，所以高峻投降。"将领们全都叹服说："您的智慧不是我们所能赶得上的！"

十一年（乙未，公元35年）

公孙述任命王元为将军，命他和领军环安在河池御敌。六月，来歙和盖延等进攻王元、环安，大败敌军。于是攻克下辨，乘胜前进。蜀人十分恐慌，派刺客行刺来歙，来歙未死，命人紧急召来盖延。盖延看到来歙，伏地哀痛，不能抬头仰视。来歙斥责盖延说："你怎么敢这个样子！现在我被刺客刺中，不能报效国家，所以叫你来，要把军事托付给你，你反而学小儿女那样哭吗！刀虽然在我身上，我就不能用兵杀了你吗？"盖延收住眼泪，勉强起身接受嘱托。来歙亲手书写奏章，说："我在深夜时，不知被什么人刺伤，中了要害。我不敢痛惜自己，深恨没有尽到职责，给朝廷带来羞辱。治理国家以能够任用贤才为根本，太中大夫段襄，正直刚强，可以重用，望陛下裁决明察。此外我的兄弟不贤，最终恐会获罪，请陛下可怜他们，时常教诲监督。"写罢，扔掉笔，拔出凶器，气绝身亡。刘秀听到消息，极为震惊，一面看奏章，一面流泪。任命扬武将军马成代理中郎将，接替来歙。来歙的灵车运回洛阳。刘秀乘车，身穿丧服，亲自吊丧、送葬。

第四十三卷 汉纪三十五

译文诵读

世祖光武皇帝中之下建武十二年（丙申，36）

帝戒吴汉曰："成都十余万众，不可轻也。但坚据广都，待其来攻，勿与争锋。若不敢来，公转营迫之，须其力疲，乃可击也。"汉乘利，遂自将步骑二万进逼成都；去城十余里，阻江北营，作浮桥，使副将武威将军刘尚将万余人屯于江南，为营相去二十余里。帝闻之大惊，让汉曰："比敕公千条万端，何意临事勃乱！既轻敌深入，又与尚别营，事有缓急，不复相及。贼若出兵缀公，以大众攻尚，尚破，公即败矣。幸无他者，急引兵还广都。"诏书未到，九月，述果使其大司徒谢丰、执金吾袁吉将众十许万，分为二十余营，出攻汉，使别将将万余人劫刘尚，令不得相救。汉与大战一日，兵败，走入壁，丰因围之。汉乃召诸将厉之曰："吾与诸君逾越险阻，转战千里，遂深入敌地，至其城下。而今与刘尚二处受围，势既不接，其祸难量；欲潜师就尚于江南，并兵御之。若能同心一力，人自为战，大功可立；如其不然，败必无余。成败之机，在此一举。"诸将皆曰："诺。"于是飨士秣马，闭营三日不出，乃多树旛旗，使烟火不绝，夜，衔枚引兵与刘尚合军。丰等不觉，明日，乃分兵拒水北，自将攻江南。汉悉兵迎战，自旦至晡，遂大破之，斩丰、吉。于是引还广都，留刘尚拒述，具以状上，而深自谴责。帝报曰："公还广都，甚得其宜，述必不敢略尚而击公也。若先攻尚，公从广都五十里悉步骑赴之，适当值其危困，破之必矣！"自是汉与述战于广都、成都之间，八战八克，遂军于其郭中。

冬，十一月，臧宫军咸阳门；戊寅，述自将数万人攻汉，使延岑拒宫。大战，岑三合三胜，自旦及日中，军士不得食，并疲。汉因使护军高午、唐邯将锐卒数万击之，述兵大乱；高午奔陈刺述，洞胸堕马，左右舆入城。述以兵属延岑，其夜，死；明旦，延岑以城降。辛巳，吴汉夷述妻子，尽灭公孙氏，并族延岑，遂放兵大掠，焚述宫室。帝闻之怒，以谴汉。又让刘尚曰："城降三日，吏民从服，孩儿、老母，口以万数。一旦放兵纵火，闻之可为酸鼻。尚宗室子孙，尝更吏职，何忍行此！仰视天，俯视地，观放麑、啜羹，二者孰仁？良失斩将吊民之义也！"

初，述征广汉李业为博士，业固称疾不起。述羞不能致，使大鸿胪尹融奉诏命以劫业，“若起则受公侯之位，不起赐以毒酒。”融譬旨曰：“方今天下分崩，孰知是非，而以区区之身试于不测之渊乎！朝廷贪慕名德，旷官缺位，于今七年，四时珍御，不以忘君；宜上奉知己，下为子孙，身名俱全，不亦优乎！”业乃叹曰：“古人危邦不入，乱邦不居，为此故也。君子见危授命，何乃诱以高位重饵哉！”融曰：“宜呼室家计之。”业曰：“丈夫断之于心久矣，何妻子之为！”遂饮毒而死。述耻有杀贤之名，遣使吊祠，赙赠百匹，业子翚逃，辞不受。述又聘巴郡谯玄，玄不诣；亦遣使者以毒药劫之，太守自诣玄庐，劝之行，玄曰：“保志全高，死亦奚恨！”遂受毒药。玄子瑛泣血叩头于太守，愿奉家钱千万以赎父死，太守为请，述许之。述又征蜀郡王皓、王嘉，恐其不至，先系其妻子，使者谓嘉曰：“速装，妻子可全。”对曰：“犬马犹识主，况于人乎！”王皓先自刎，以首付使者。述怒，遂诛皓家属。王嘉闻而叹曰：“后之哉！”乃对使者伏剑而死。犍为费贻不肯仕述，漆身为癞，阳狂以避之。同郡任永、冯信皆托青盲以辞征命。帝既平蜀，诏赠常少为太常，张隆为光禄勋。谯玄已卒，祠以中牢，敕所在还其家钱，而表李业之闾。征费贻、任永、冯信，会永、信病卒，独贻仕至合浦太守。上以述将程乌、李育有才干，皆擢用之。于是西土咸悦，莫不归心焉。

是岁，参狼羌与诸种寇武都，陇西太守马援击破之，降者万余人，于是陇右清静。援务开恩信，宽以待下，任吏以职，但总大体，而宾客故人日满其门。诸曹时白外事，援辄曰：“此丞、掾之任，何足相烦！颇哀老子，使得遨游，若大姓侵小民，黠吏不从令，此乃太守事耳。”傍县尝有报仇者，吏民惊言羌反，百姓奔入城，狄道长诣门，请闭城发兵。援时与宾客饮，大笑曰：“虏何敢复犯我！晓狄道长，归守寺舍。良怖急者，可床下伏！”后稍定，郡中服之。

帝以睢阳令任延为武威太守，帝亲见，戒之曰：“善事上官，无失名誉。”延对曰：“臣闻忠臣不和，和臣不忠。履正奉公，臣子之节；上下雷同，非陛下之福。善事上官，臣不敢奉诏。”帝叹息曰：“卿言是也！”

十三年（丁酉，37）

戊子，诏曰：“郡国献异味，其令太官勿复受！远方口实所以荐宗庙，自如旧制。”时异国有献名马者，日行千里，又进宝剑，价直百金。诏以剑赐骑士，马驾鼓车。上雅不喜听音乐，手不持珠玉。尝出猎，车驾夜还，上东门候汝南郅恽拒关不开。上令从者见面于门间，恽曰：“火明辽远。”遂不受诏。上乃回，从东中门入，明日，恽上书谏曰：“昔文王不敢槃于游田，以万民惟正之供。而陛下远猎山林，夜以继昼，其如社稷宗庙何！”书奏，赐恽布百匹，贬东中门候为参封尉。

帝在兵间久，厌武事，且知天下疲耗，思乐息肩，自陇、蜀平后，非警急，未尝复言军旅。皇太子尝问攻战之事，帝曰：“昔卫灵公问陈，孔子不对。此非尔所及。”邓禹、贾复知帝偃干戈，修文德，不欲功臣拥众京师，乃去甲兵，敦儒学。

帝亦思念，欲完功臣爵土，不令以吏职为过，遂罢左、右将军官。耿弇等亦上大将军、将军印绶，皆以列侯就第，加位特进，奉朝请。

邓禹内行淳备，有子十三人，各使守一艺，修整闺门，教养子孙，皆可以为后世法，资用国邑，不修产利。

贾复为人刚毅方直，多大节，既还私第，阖门养威重。朱祜等荐复宜为宰相，帝方以吏事责三公，故功臣并不用，是时，列侯唯高密、固始、胶东三侯与公卿参议国家大事，恩遇甚厚。帝虽制御功臣，而每能回容，宥其小失。远方贡珍甘，必先遍赐诸侯，而太官无余，故皆保其福禄，无诛谴者。

益州传送公孙述瞽师、效庙乐器、葆车、舆辇，于是法物始备。时兵革既息，天下少事，文书调役，务从简寡，至乃十存一焉。

十五年（己亥，39）

帝以天下垦田多不以实自占，又户口、年纪互有增减，乃诏下州郡检核。于是刺史、太守多为诈巧，苟以度田为名，聚民田中，并度庐屋、里落，民遮道啼呼；或优饶豪右，侵刻羸弱。

时诸郡各遣使奏事，帝见陈留吏牍上有书，视之云："颍川、弘农可问，河南、南阳不可问。"帝诘吏由趣，吏不肯服，抵言"于长寿街上得之"。帝怒。时东海公阳年十二，在幄后言曰："吏受郡敕，当欲以垦田相方耳。"帝曰："即如此，何故言河南、南阳不可问？"对曰："河南帝城，多近臣；南阳帝乡，多近亲；田宅逾制，不可为准。"帝令虎贲将诘问吏，吏乃实首服，如东海公对。上由是益奇爱阳。

十六年（庚子，40）

春，二月，徵侧与其妹徵贰反，九真、日南、合浦蛮俚皆应之，凡略六十五城，自立为王，都麓泠。交趾刺史及诸太守仅得自守。

郡国群盗处处并起，郡县追讨，到则解散，去复屯结，青、徐、幽、冀四州尤甚。冬十月，遣使者下郡国，听群盗自相纠擿，五人共斩一人者，除其罪；吏虽逗留回避故纵者，皆勿问，听以禽讨为效。其牧守令长坐界内有盗贼而不收捕者，又以畏愞捐城委守者，皆不以为负，但取获贼多少为殿最，唯蔽匿者乃罪之。于是更相追捕，贼并解散，徙其魁帅于他郡，赋田受禀，使安生业。自是牛马放牧不收，邑门不闭。

十七年（辛丑，41）

郭后宠衰，数怀怨怼，上怒之。冬，十月，辛巳，废皇后郭氏，立贵人阴氏为皇后。诏曰："异常之事，非国休福，不得上寿称庆。"郅恽言于帝曰："臣闻夫妇之好，父不能得之于子，况臣能得之于君乎！是臣所不敢言。虽然，愿陛下念其可否之计，无令天下有议社稷而已。”帝曰：“恽善恕己量主，知我必不有所左右而轻天下也！”帝进郭后子右翊公辅为中山王，以常山郡益中山国，郭后为中山太后；其余九国公皆为王。

甲申，帝幸章陵，修园庙，祠旧宅，观田庐，置酒作乐，赏赐。时宗室诸母因酣悦相与语曰：“文叔少时谨信，与人不款曲，唯直柔耳，今乃能如此！”帝闻之，大笑曰：“吾治天下，亦欲以柔道行之。”

徵侧等寇乱连年，诏长沙、合浦、交趾具车船，修道桥，通障谿，储粮谷。拜马援为伏波将军，以扶乐侯刘隆为副，南击交趾。

十九年（癸卯，43）

郭后既废，太子强意不自安。郅恽说太子曰：“久处疑位，上违孝道，下近危殆，不如辞位以奉养母氏。”太子从之，数因左右及诸王陈其恳诚，愿备藩国。上不忍，迟回者数岁。六月，戊申，诏曰：“《春秋》之义，立子以贵。东海王阳，皇后之子，宜承大统。皇太子强，崇执谦退，愿备藩国，父子之情，重久违之。其以强为东海王，立阳为皇太子，改名庄。”

陈留董宣为雒阳令。湖阳公主苍头白日杀人，因匿主家，吏不能得。及主出行，以奴骖乘，宣于夏门亭候之，驻车叩马，以刀画地，大言数主之失；叱奴下车，因格杀之。主即还宫诉帝，帝大怒，召宣，欲棰杀之。宣叩头曰：“愿乞一言而死。”帝曰：“欲何言？”宣曰：“陛下圣德中兴，而纵奴杀人，将何以治天下乎？臣不须棰，请得自杀！”即以头击楹，流血被面。帝令小黄门持之。使宣叩头谢主，宣不从；强使顿之，宣两手据地，终不肯俯。主曰：“文叔为白衣时，藏亡匿死，吏不敢至门；今为天子，威不能行一令乎？”帝笑曰：“天子不与白衣同！”因敕：“强项令出！”赐钱三十万；宣悉以班诸吏。由是能搏击豪强，京师莫不震栗。

九月，壬申，上行幸南阳；进幸汝南南顿县舍，置酒会，赐吏民，复南顿田租一岁。父老前叩头言：“皇考居此日久，陛下识知寺舍，每来辄加厚恩，愿赐复十年。”帝曰：“天下重器，常恐不任，日复一日，安敢远期十岁乎！”吏民又言：“陛下实惜之，何言谦也！”帝大笑，复增一岁。

二十年（甲辰，44）

广平忠侯吴汉病笃，车驾亲临，问所欲言，对曰：“臣愚，无所知识，惟愿陛下慎无赦而已。”五月，辛亥，汉薨；诏送葬如大将军霍光故事。

汉性强力，每从征伐，帝未安，常侧足而立。诸将见战陈不利，或多惶惧，失其常度，汉意气自若，方整厉器械，激扬吏士。帝时遣人观大司马何为，还言方修战攻之具，乃叹曰：“吴公差强人意，隐若一敌国矣！”每当出师，朝受诏，夕则引道，初无辨严之日。及在朝廷，斤斤谨质，形于体貌。汉尝出征，妻子在后买田业，汉还，让之曰："军师在外，吏士不足，何多买田宅乎！"遂尽以分与昆弟、外家。故能任职以功名终。

秋，九月，马援自交趾还，平陵孟冀迎劳之。援曰："方今匈奴、乌桓尚扰北边，欲自请击之，男儿要当死于边野，以马革裹尸还葬耳，何能卧床上在儿女子手中邪！"冀曰："谅！为烈士当如是矣！"

二十二年（丙午，46）

初，陈留刘昆为江陵令，县有火灾，昆向火叩头，火寻灭；后为弘农太守，虎皆负子渡河。帝闻而异之，征昆代林为光禄勋。帝问昆曰："前在江陵，反风灭火，后守弘农，虎北渡河，行何德政而致是事？"对曰："偶然耳。"左右皆笑，帝叹曰："此乃长者之事言也！"顾命书诸策。

汉光武帝建武十二年（丙申，公元36年）

刘秀告诫吴汉说："成都有十余万大军，不能轻视。只可坚守广都，等待敌人来攻，千万不要和敌人一争高下。如果敌人不敢来攻，你就移动军营逼迫他们，等到敌人精疲力尽，才可发起攻击。"而吴汉却乘着胜利，自己率领步、骑兵二万人进逼成都，离城十余里，隔江在北岸扎营，架浮桥，命副将武威将军刘尚率领一万余人在江南屯兵，军营相隔二十余里。刘秀听说以后十分震惊，责备吴汉说："我不久前告诫你千言万语，怎料想事到临头就乱来！你既然轻敌深入，又和刘尚分别扎营，一旦发生危急，就不能再互相顾及。敌人如果出兵牵制你，用主力攻击刘尚，刘尚失败，你也就失败了。幸而还没有其他变故，你要火速率军返回广都。"诏书还未到达，已进入九月。公孙述果然派大司徒谢丰、执金吾袁吉率领军队大约十万人，分成二十余营，攻打吴汉；另派其他将领率领一万余人牵制刘尚，使他不能救援。吴汉大战了一整天，兵败，退回到营垒。谢丰趁机包围。于是吴汉召集将领们，勉励他们说："我和你们各位越过险阻，转战千里，才深入敌境，进逼城下。可是现在和刘尚分别困在两地，既然不能互相援救，大祸不可估量。我准备悄悄率军到南岸和刘尚会师，合力抵抗敌人。如果能够同心协力，人人全力奋战，可以建立大功业；否则的话，定会一败涂地。成败的关键，在此一举。"将领们都说："听您的吩咐！"于是犒劳士兵，喂饱

汉 绿釉熊足仓

战马，关闭营门，三天不出。并多多竖立旌旗，使烟火不断。入夜，吴汉悄悄率领军队与刘尚会合。谢丰等没有发觉。第二天，兵分两路，一路在江北据守，谢丰自己率军进攻江南。吴汉投入所有兵力迎战，从早晨打到下午，大败敌军，斩杀谢丰、袁吉。于是率军返回广都，留下刘尚抗拒公孙述。吴汉把情况一一向刘秀报告，深刻地谴责自己。刘秀回答说："你回到广都，最恰当不过。公孙述必定不敢绕过刘尚而攻打你。他如果先攻打刘尚，你从广都救援，五十里的路程，出动全部步兵骑兵赶赴，这时正是敌军危险困顿的时候，打败他们是必定的！"自此，吴汉和公孙术在广都和成都之间交战，八战八胜，东汉大军终于进入成都外城。

冬季，十一月，臧宫进驻成都咸阳门。戊寅（十八日），公孙述亲自率领数万人攻打吴汉，派延岑抗击臧宫。双方展开大战，延岑三战三胜，从早晨打到中午，官兵得不到饭食，全都感到疲劳。吴汉于是派遣护军高午、唐邯率领精锐部队数万人攻打公孙述，公孙述的军队大乱。高午直奔阵前，猛刺公孙述，公孙述胸被刺穿，掉下战马，左右将他抬入城中。公孙述把军队交给延岑，当夜去世。第二天，延岑献城投降。辛巳（二十一日），吴汉诛杀公孙述的妻子儿女，屠杀公孙氏家族，长幼不留。并将延岑灭族，然后纵兵大肆掳掠，焚烧公孙述宫室。刘秀听说以后大怒，因此谴责吴汉。又谴责刘尚说："成都城投降已经三天，官民都服从归顺。连同孩子和母亲，人口数以万计，一旦纵兵放火，听到的人都会酸鼻掉泪。你是汉宗室子弟，又曾经当过官吏，怎么忍心做出这种事！仰视苍天，俯视大地，比较秦西巴释放小鹿、乐羊吃他儿子的肉羹，这两个人谁仁义？你们真是失掉了斩杀敌将、拯救百姓的道义！"

当初，公孙述征召广汉人李业当博士，李业坚持说有病而不肯接受。公孙述因不能把李业召来而感到羞耻，派大鸿胪尹融拿着诏书胁迫李业："你如果接受职位就封公侯，如果不接受职位就赐予毒酒。"尹融解释说："当今天下分崩离析，谁知道什么是是和非，而敢用区区身体去试探不可测的深渊？朝廷仰慕您的名望品德，给您留下官位，到现在已七年了。四季进贡的山珍美味，不会忘记送给您。您应该上奉知己，下为子孙，性命和名誉都可保全，这样做不是上策吗？"李业于是叹息说："古人说，危险之邦不进入，混乱之邦不居住，我正是为了这个缘故。君子遇到危险而肯献出生命，为什么竟用高官厚禄引诱呢？"尹融说："应该叫家人来商量。"李业说："大丈夫决心断绝仕途已经很久了，为什么要和妻子儿女商量？"于是饮毒酒而死。公孙述耻于背上杀死贤才的名声，派使者吊丧祭祀，赠送一百匹绢帛助丧。李业的儿子李翚逃跑，推辞不接受。公孙述又聘请巴郡人谯玄，谯玄不接受任命。公孙述也派使者用毒药相威胁。太守亲自到谯玄家拜访，劝他动身，谯玄说："坚持我的志向，保全我的气节，死又有何遗憾！"于是接受毒药。谯玄的儿子谯瑛痛哭，向太守磕头，情愿捐献家产一千万钱，以赎父亲的死罪。太守为此请示公孙述，公孙述应允。公孙述又征召蜀郡人王皓、王嘉，怕他们不来，先拘捕他们的妻子儿女。使节对王嘉说："赶快整理行装，妻子儿女可以保全。"

王嘉回答说："狗、马还认识主人，何况人呢？"王皓先自刎而死，使者用首级上报。公孙述大怒，于是诛杀王皓的家属。王嘉听说后叹息说："我走在后面了！"于是面对使节用剑自杀而死。犍为郡人费贻，不肯做公孙述的官，身涂油漆成为癞疮，假装疯狂以逃避做官。同郡人任永、冯信全都假托患青光眼而辞谢征召。刘秀平定蜀地后，下诏追赠常少为太常，追赠张隆为光禄勋。谯玄已经去世，用羊、猪各一头祭祀，命令当地官府还给他家赎死的钱。在李业家所居地的里门刻石，表彰他的节操。征召费贻、任永、冯信，正巧任永、冯信病逝，只有费贻官至合浦太守。刘秀因公孙述的将领程乌、李育有才干，一齐提拔任用。于是蜀地上下喜悦，百姓无不归顺。

这一年，参狼羌部落和其他羌人部落侵犯武都。陇西太守马援，击败羌军，一万余人投降，于是陇右一带平安无事。马援的宗旨是要对人有恩德，讲求信誉，对下宽厚，任用官吏职责分明，自己只总揽大局。因此，宾客故旧每天都挤满大门。各部门主管有时向他报告外面的公事，马援就说："这是丞、掾分内的事，哪值得麻烦我！可怜可怜我这老头子，让我能够游乐玩耍。如果豪强大姓侵犯小民，或者狡猾的官吏枉法，这才是太守的事。"邻县曾有人报私仇，官民震惊，传言羌人反叛，百姓跑到城内。狄道县长上门，请求关闭城门征调军队。当时马援正和宾客喝酒，大笑说："羌人怎么敢再来侵犯我？告诉狄道县长，回去守在官舍，害怕得太厉害的话，可以伏在床底下。"后来，情况逐渐安定，全郡人都佩服马援。

刘秀任命睢阳县令任延当武威太守。刘秀亲自召见，告诫他说："好好侍奉长官，不要丢掉名誉。"任延回答说："我听说忠诚的臣子与人不和睦，与人和睦的臣子不忠诚。履行正道，奉公守法，是臣子的节操。如果下级对上级随声附和，那不是陛下的福分。陛下说要好好侍奉长官，我不敢接受。"刘秀叹息说："你说得对呀！"

十三年（丁酉，公元37年）

戊子（正月二十九日），刘秀下诏："各郡、封国进贡山珍海味，太官不能再接受。远方进献祭祀宗庙食物，则依照旧例。"当时外国有进献良马的，可日行千里；又有人进献宝剑，价值一百两黄金。刘秀下诏，把宝剑赏赐给骑士，让良马去驾皇家的鼓车。刘秀平素不喜欢听音乐，手不持珍珠宝玉。有一次外出打猎，车驾夜里返回，上东门候汝南人郅恽拒绝开门。刘秀命随从在门缝间和郅恽见面，郅恽说："灯火太远，看不清是谁。"于是不接受诏命。刘秀只好返回，从东中门进城。第二天，郅恽上书规劝说："从前，周文王不敢沉溺于狩猎，全身心地为万民服务。可是陛下远到山林中打猎，夜以继日，这对社稷和宗庙有什么好处呢？"奏章呈上后，刘秀赏赐郅恽一百匹布，贬逐东中门候当参封县尉。

刘秀在军旅中时间很长，厌倦战争，而且知道天下百姓疲惫贫困，渴望休息。自从陇、蜀平定之后，除非有危险紧急的情况，未曾再谈论军事。皇太子曾向他请教打仗的事，刘秀说："从前卫灵公请教战争的事，孔子不肯答复。这不是你应该问的。"邓禹、贾复知道刘秀决定放下武器，用礼乐教化进行统治，不愿功臣们身在洛阳而拥有重兵，于是二人交出军权，潜心研究儒家经典。刘秀也考虑到功臣们今后的去向，想保全他们的爵位和封地，不让他们因为职务而有过失，于是撤销左将军、右将军的官职。耿弇等也交出大将军、将军的印信绶带，全都以侯爵的身份离开朝廷，回到自己的宅第。他们被加以特进之衔，定期参加朝会。

邓禹性格敦厚，有十三个儿子，让他们各自研习一种技能。他治家的严谨，对子孙的教育，都可以作为后世效法的榜样。家里的开支取自封地的收入，不从其他产业营利。

贾复刚毅正直，有大节。回到宅第以后，关起门来修身养性。朱祜等举荐贾复，认为他适宜做宰相，而刘秀正责成三公整顿官吏制度，所以一律不任用功臣。这时，侯爵中只有高密侯邓禹、固始侯李通、胶东侯贾复三人和三公九卿一起议论国家大事，恩宠特别深厚。刘秀虽然控制功臣，但往往能维护包容他们，原谅他们的小过失。远方进贡珍味美食，一定先赏赐所有诸侯，而太官都没有多余的，因此功臣全都保持他们的爵位财产，没有被诛杀或谴退的。

益州把公孙述的盲人乐师、祭祀用的乐器、用五彩羽毛编成篷盖的车，以及帝王后妃专用的各种车辆等送到洛阳，于是帝王仪仗所用的器物才开始完备。当时战事已经平息，天下少事，各种公文的往来和差役的调遣，力求从简从少，只有从前的十分之一。

十五年（己亥，公元39年）

刘秀因为全国的耕地面积自行申报，多不据实，并且户口、年龄都有增减，于是下诏，令各州郡进行检查核实。当时州刺史、郡太守多行诡诈，投机取巧，他们胡乱地以丈量土地为名，把农民聚集到田中，连房屋、乡里村落也一并丈量，百姓挡在道路上啼哭呼喊；有的官吏优待豪强，侵害苛待贫弱的百姓。

当时各郡各自派使者呈递奏章，刘秀发现陈留郡官吏的简牍上面有字，看到上面写的是："颍川、弘农可以问，河南、南阳不可问。"刘秀责问陈留的官吏是怎么回事，官吏不肯承认，抵赖说是在长寿街上捡到的，刘秀大怒。当时东海公刘阳只有十二岁，在帐子后面说："那是官吏接受郡守下的指令，将要同其他郡丈量土地的情况做比较。"刘秀说："既然这样，为什么说河南、南阳不可问？"刘阳回答说："河南是京都，有很多陛下亲近的臣僚；南阳是陛下的故乡，有很多皇亲国戚。他们的田地住宅都超过规定，不能做标准。"刘秀命虎贲中郎将责问陈留官吏，那个官吏才据实承认，正像东海公刘阳所回答的一样。刘秀于是更加喜爱刘阳，认为他不同寻常。

十六年（庚子，公元40年）

春季，二月，征侧和她的妹妹征贰反叛。九真、日南，合浦的蛮人全都起来响应，共攻占六十五个城。征侧自立为王，建都麊泠。交趾郡刺史和各郡太守仅能勉强自守，无力征讨。

各郡、封国的盗贼处处并起，郡县派兵追击征剿，军队到时盗贼就散开，军队离开后又重新屯聚集结，青州、徐州、幽州、冀州四个州尤其厉害。冬季，十月，朝廷派使节到各郡、封国，听凭盗贼们自相检举攻击。五个人共同斩杀一个人，免除五个人的罪。即使官吏畏怯逗留、逃避、故意放纵盗贼，也一律不追究，允许以擒贼讨贼立功。州、郡太守、县令县长在所辖界内有盗贼而不拘捕，或因畏惧懦弱弃城放弃职责的，全都不予处罚，只看捕获盗贼的多少来排列先后名次。仅对窝藏盗贼的人才加罪。于是，大捕盗贼，盗贼全部解散。把他们的头领迁徙到其他郡，给他们土地，供应粮食，使他们安心生产。从此以后，放牧的牛马晚上不用牵回，城门夜间不用关闭，一片升平景象。

十七年（辛丑，公元41年）

郭皇后失宠，常怀有怨恨，刘秀对她很生气。冬季，十月，辛巳（十九日），废黜皇后郭氏，立贵人阴氏为皇后。下诏说："这是一件异常的事，不是国家之福，不准祝福庆贺。"郅恽对刘秀说："我听说夫妇之间的私情，做父亲的尚且不能干涉儿子，何况我们做臣子的，能够干涉君王吗？所以，我不敢说什么。尽管如此，希望陛下考虑是否可行，不要让天下人议论社稷而已。"刘秀说："你善于用自己的心揣度君王，知道我一定会适当处理，不会轻视天下人的反应。"刘秀封郭后的儿子右翊公刘辅为中山王，把常山郡并入中山国。封郭后为中山太后。其余九位皇子，全从公爵晋封为王。

十月，甲申（二十二日），刘秀前往章陵。修葺先人墓园祭庙，祭祀旧宅，巡视田地农舍，摆设酒宴，演奏乐曲，进行赏赐。当时刘氏宗室的伯母、姑母、婶娘们因喝酒喝得酣畅高兴，在一起说："刘秀小时候谨慎守信，和人交往不殷勤应酬，仅知柔和而已，今天竟能如此！"刘秀听说以后，大笑说："我治理天下，也要推行柔和之道。"

征侧等连年为寇作乱，朝廷命长沙、合浦、交趾等郡准备车辆船只，修筑道路、桥梁，打通山间溪谷的道路，储备粮食。任命马援当伏波将军、扶乐侯刘隆当副统帅，南征交趾。

十九年（癸卯，公元43年）

郭皇后被废，皇太子刘强心不自安。郅恽劝告太子说："长久地处在不稳定的位置上，上违背孝道，下靠近危险。不如辞去太子之位，以奉养母亲。"刘强听从劝告。多次托刘秀左右亲信和诸王表达他的诚意，希望退居藩国。刘秀不忍心这样做，迟疑徘徊了几年。本年六月，戊申（二十六日），刘秀下诏："《春秋》大

湖阳公主

义，选立继承人，以身份高贵为标准。东海王刘阳是皇后之子，应该继承皇位。皇太子刘强，坚决谦让，愿退居藩国。出于父子之情，难以长久违背他的愿望。今封刘强为东海王；立刘阳为皇太子，改名刘庄。”

陈留人董宣担任洛阳令。刘秀的姐姐湖阳公主的奴仆白天杀人，就藏在公主家里，官吏不能逮捕他。后来公主出门，让这奴仆陪同乘车。董宣在夏门亭等候，叫车停下，上前扣住了马缰绳，用刀划着地，大声数落公主的过失，怒喝那奴仆下车，接着就杀死了他。公主立即回宫告诉了刘秀。刘秀大怒，召董宣前来，要用刑杖把他打死。董宣叩头说：“我请求说句话再死。”刘秀说：“打算说什么？”董宣说：“陛下圣德，复兴汉室，却放纵奴仆杀人，将怎么治理天下呢？我不等着被打死，请让我自杀吧！”就头撞大柱，流了一脸血，刘秀命太监拽住他。后来让董宣叩头向公主道歉，董宣不服从，就叫人使劲按他的脑袋。董宣两手撑着地面，到底不肯低头。公主对刘秀说：“你当平民百姓的时候，窝藏逃犯，官吏不敢上门来找；现在当了皇帝，威权就不能行使在一个县令的身上吗？”刘秀笑着说：“天子跟平民不同！”接着命令：“硬脖子县令出去！”刘秀赏钱三十万，董宣都分给了手下官吏。从此他能够打击豪强，京城的人，无不震惊害怕。

九月，壬申（二十一日），刘秀前往南阳。又前往汝南郡南顿县，设置盛大酒宴，赏赐官民，下令免除南顿县田租一年。父老们上前叩头，说：“陛下的父亲住在本县时间很长，陛下对本县的官府衙门也很熟悉，每次圣驾来临淄都赐予厚恩。愿陛下免除本县田租十年。”刘秀说：“帝王之位是天下大器，常常担心不能胜任，过一天是一天，怎么敢远推到十年呢？”大家又说：“陛下实际是吝惜，为什么要说谦恭的话呢？”刘秀大笑。于是又增加一年。

二十年（甲辰，公元44年）

广平忠侯吴汉病重，刘秀亲往探望，问他有什么话要说。吴汉回答说：“我愚昧没有知识，只希望陛下特别谨慎，不要赦免罪犯而已。”五月辛亥（初四），吴汉去世。刘秀下诏，命隆重安葬，礼仪如同安葬大将军霍光的旧例。

吴汉性格刚强有力。每当跟随刘秀出征，刘秀没有安顿好，他就总是小心地侍立。将领们看到战斗形势不利，多数人惊慌失措，失去常度，而吴汉却神态自若，同时加紧准备兵器，激励官兵的士气。刘秀有时派人去看吴汉在干什么，回报就说正在准备作战进攻的装备。刘秀于是叹息说："吴汉比较令人满意，他的威重使人感到就像一个敌国。"吴汉每次出征，早上接到命令，晚上就踏上征途，从来没有时间准备行装。及至在朝廷，他处处谨慎，表现在举止和态度上。有一次吴汉率军出征，妻子儿女在后方购置田产。吴汉回来，责备她说："军队在外，官兵供给不足，为什么要大量购置田地房舍呢！"于是全都分给兄弟和舅父家。吴汉因此能够终身任职，享有功名。

秋季，九月，马援从交趾返回，平陵人孟冀迎接、慰劳他。马援说："现在匈奴、乌桓还在侵扰北部边疆，我想请求出兵讨伐。男子汉只应当战死在疆场，用马革裹尸送回家乡安葬罢了，怎么能躺在床上，死在女人手中呢？"孟冀说："确实如此！做烈士就应当这样！"

二十二年（丙午，公元46年）

起初，陈留人刘昆当江陵令，县里发生火灾，刘昆对着烈火磕头，大火随即熄灭。后来刘昆当弘农太守，郡中老虎都背着幼虎渡过黄河远去。刘秀听说以后感到惊奇，征召刘昆代替杜林当光禄勋。刘秀问刘昆："以前你在江陵，转变风向，扑灭烈火；后在弘农任太守，老虎向北渡过黄河。你推行的什么德政，竟至发生这样的事？"刘昆回答："不过是偶然碰上罢了。"左右侍从都忍不住笑起来。刘秀叹息说："这才是长者说的话。"下令把这件事记载在史书上。

第四十四卷 汉纪三十六

译文诵读

世祖光武皇帝下建武二十五年（己酉，49）

初，援尝有疾，虎贲中朗将梁松来候之，独拜床下，援不答。松去后，诸子问曰："梁伯孙，帝婿，贵重朝廷，公卿已下莫不惮之，大人奈何独不为礼？"援曰："我乃松父友也，虽贵，何得失其序乎！"

援兄子严、敦并喜讥议，通轻侠，援前在交趾，还书诫之曰："吾欲汝曹闻人过失，如闻父母之名，耳可得闻，口不可得言也。好论议人长短，妄是非政法，此吾所大恶也；宁死，不愿闻子孙有此行也。龙伯高敦厚周慎，口无择言，谦约节俭，廉公有威，吾爱之重之，愿汝曹效之。杜季良豪侠好义，忧人之忧，乐人之乐，父丧致客，数郡毕至，吾爱之重之，不愿汝曹效也。效伯高不得，犹为谨敕之士，所谓'刻鹄不成尚类鹜'者也；效季良不得，陷为天下轻薄子，所谓'画虎不成反类狗'者也。"伯高者，山都长龙述也；季良者，越骑司马杜保也；皆京兆人。会保仇人上书，讼"保为行浮薄，乱群惑众，伏波将军万里还书以诫兄子，而梁松、窦固与之交结，将扇其轻伪，败乱诸夏。"书奏，帝召责松、固，以讼书及援诫书示之，松、固叩头流血，而得不罪。诏免保官，擢拜龙述为零陵太守。松由是恨援。

及援讨武陵蛮，军次下隽，有两道可入，从壶头则路近而水崄，从充则涂夷而运远。耿舒欲从充道；援以为弃日费粮，不如进壶头，扼其喉咽，充贼自破；以事上之，帝从援策。进营壶头，贼乘高守隘，水疾，船不得上；会暑甚，士卒多疫死，援亦中病，乃穿岸为室以避炎气。贼每升险鼓噪，援辄曳足以观之，左右哀其壮意，莫不为之流涕。耿舒与兄好畤侯弇书曰："前舒上书当先击充，粮虽难运而兵马得用，军人数万，争欲先奋。今壶头竟不得进，大众怫郁行死，诚可痛惜！前到临乡，贼无故自致，若夜击之，即可殄灭，伏波类西域贾胡，到一处辄止，以是失利。今果疾疫，皆如舒言。"弇得书奏之，帝乃使梁松乘驿责问援，因代监军。

会援卒，松因是构陷援。帝大怒，追收援新息侯印绶。初，援在交趾，常饵薏苡实，能轻身，胜障气，军还，载之一车。及卒后，有上书谮之者，以为前所载还皆明珠文犀。帝益怒。

援妻孥惶惧，不敢以丧还旧茔，稿葬城西，宾客故人，莫敢吊会。严与援妻子草索相连，诣阙请罪。帝乃出松书以示之，方知所坐，上书诉冤，前后六上，辞甚哀切。

前云阳令扶风朱勃，诣阙上书曰："窃见故伏波将军马援，拔自西州，钦慕圣义，间关险难，触冒万死，经营陇、冀，谋如涌泉，势如转规，兵动有功，师进辄克。诛锄先零，飞矢贯胫；出征交趾，与妻子生诀。间复南讨，立陷临乡，师已有业，未竟而死；吏士虽疫，援不独存。夫战或以久而立功，或以速而致败，深入未必为得，不进未必为非，人情岂乐久屯绝地不生归哉！惟援得事朝廷二十二年，北出塞漠，南渡江海，触冒害气，僵死军事，名灭爵绝，国土不传，海内不知其过，众庶未闻其毁，家属杜门，葬不归墓，怨隙并兴，宗亲怖栗，死者不能自列，生者莫为之讼，臣窃伤之！夫明主醲于用赏，约于用刑，高祖尝与陈平金四万斤以间楚军，不问出入所为，岂复疑以钱谷间哉！愿下公卿，平援功罪，宜绝宜续，以厌海内之望。"帝意稍解。

初，勃年十二，能诵《诗》《书》，常候援兄况，辞言娴雅，援裁知书，见之自失。况知其意，乃自酌酒慰援曰："朱勃小器速成，智尽此耳，卒当从汝禀学，勿畏也。"勃未二十，右扶风请试守渭城宰。及援为将军封侯，而勃位不过县令。援后虽贵，常待以旧恩而卑侮之，勃愈身自亲。及援遇谗，唯勃能终焉。

二十六年（庚戌，50）

初作寿陵。帝曰："古者帝王之葬，皆陶人、瓦器、木车、茅马，使后世之人不知其处。太宗识终始之义，景帝能述遵孝道，遭天下反覆，而霸陵独完受其福，岂不美哉！今所制地不过二三顷，无山陵陂池，裁令流水而已。使迭兴之后，与丘陇同体。"

二十七年（辛亥，51）

朗陵侯臧宫、杨虚侯马武上书曰："匈奴贪利，无有礼信，穷则稽首，安则侵盗。虏今人畜疫死，旱蝗赤地，疲困乏力，不当中国一郡，万里死命，悬在陛下。福不再来，时或易失，岂宜固守文德而堕武事乎！今命将临塞，厚悬购赏，喻告高句骊、乌桓、鲜卑攻其左，发河西四郡、天水、陇西羌、胡击其右，如此，北虏之灭，不过数年。臣恐陛下仁恩不忍，谋臣狐疑，令万世刻石之功不立于圣世！"诏报曰："《黄石公记》曰：'柔能制刚，弱能制强。舍近谋远者，劳而无功；舍远谋近者，逸而有终。故曰："务广地者荒，务广德者强，有其有者安，贪人有者残。残灭之政，虽成必败。'今国无善政，灾变不息，百姓惊惶，人不自保，而复欲远事边外乎！孔子曰：'吾恐季孙之忧不在颛臾。'且北狄尚强，而屯田警备，传闻之事，恒多失实。诚能举天下之半以灭大寇，岂非至愿！苟非其时，不如息民。”自是诸将莫敢复言兵事者。

二十八年（壬子，52）

上大会群臣，问“谁可傅太子者！”群臣承望上意，皆言“太子舅执金吾原鹿侯阴识可。”博士张佚正色曰：“今陛下立太子，为阴氏乎，为天下乎？即为阴氏，则阴侯可；为天下，则固宜用天下之贤才！”帝称善，曰：“欲置傅者，以辅太子也；今博士不难正朕，况太子乎！”即拜佚为太子太傅，以博士桓荣为少傅，赐以辎车、乘马。

三十年（甲寅，54）

春，二月，车驾东巡。群臣上言：“即位三十年，宜封禅泰山。”诏曰：“即位三十年，百姓怨气满腹，‘吾谁欺，欺天乎？’‘曾谓泰山不如林放乎！’何事污七十二代之编录！若郡县远遣吏上寿，盛称虚美，必髡，令屯田。”于是郡臣不敢复言。

三十一年，（乙卯，55）

京兆掾第五伦领长安市，公平廉介，市无奸枉。每读诏书，常叹息曰：“此圣主也，一见决矣。”等辈笑之曰：“尔说将尚不能下，安能动万乘乎！”伦曰：“未遇知己，道不同故耳。”后举孝廉，补淮阳王医工长。

中元元年（丙辰，56）

春，正月，淮阳王入朝，伦随官属得会见。帝问以政事，伦因此酬对，帝大悦；明日，复特召入，与语至夕。帝谓伦曰：“闻卿为吏，篣妇公，不过从兄饭，宁有之邪？”对曰：“臣三娶妻，皆无父。少遭饥乱，实不敢妄过人食。众人以臣愚蔽，故生是语耳。”帝大笑。以伦为扶夷长，未到官，追拜会稽太守；为政清而有惠，百姓爱之。

初，上以《赤伏符》即帝位，由是信用谶文，多以决定嫌疑。给事中桓谭上疏谏曰：“凡人情忽于见事而贵于异闻。观先王之所记述，咸以仁义正道为本，非有奇怪虚诞之事。盖天道性命，圣人所难言也，自子贡以下，不得而闻，况后世浅儒，能通之乎！今诸巧慧小才、伎数之人，增益图书，矫称谶记，以欺惑贪邪，诖误人主，焉可不抑远之哉！臣谭伏闻陛下穷折方士黄白之术，甚为明矣；而乃欲听纳谶记，又何误也！其事虽有时合，譬犹卜数只偶之类。陛下宜垂明听，发圣意，屏群小之曲说，述《五经》之正义。”疏奏，帝不悦。会议灵台所处，帝谓谭曰：“吾欲以谶决之，何如？”谭默然，良久曰：“臣不读谶。”帝问其故，谭复极言谶之非经。帝大怒曰：“桓谭非圣无法，将下，斩之！”谭叩头流血，良久，乃得解。出为六安郡丞，道病卒。

范晔论曰：桓谭以不善谶流亡，郑兴以逊辞仅免；贾逵能傅会文致，最差贵显；世主以此论学，悲哉！

二年（丁巳，57）

二月，戊戌，帝崩于南宫前殿，年六十二。帝每旦视朝，日昃乃罢，数引公卿、朗将讲论经理，夜分乃寐。皇太子见帝勤劳不怠，承间谏曰："陛下有禹、汤之明，而失黄、老养性之福，愿颐爱精神，优游自宁。"帝曰："我自乐此，不为疲也！"虽以征伐济大业，及天下既定，乃退功臣而进文吏，明慎政体，总揽权纲，量时度力，举无过事，故能恢复前烈，身致太平。

显宗孝明皇帝上永平三年（庚申，60）

甲子，立贵人马氏为皇后，皇子炟立为太子。

后，援之女也，光武时，以选入太子宫，能奉承阴后，傍接同列，礼则修备，上下安之，遂见宠异；及帝即位，为贵人。时后前母姊女贾氏亦以选入，生皇子炟；帝以后无子，命养之，谓曰："人未必当自生子，但患爱养不至耳！"后于是尽心抚育，劳悴过于所生。太子亦孝性淳笃，母子慈爱，始终无纤介之间。后常以皇嗣未广，荐达左右，若恐不及。后宫有进见者，每加慰纳；若数所宠引，辄加隆遇。

及有司奏立长秋宫，帝未有所言，皇太后曰："马贵人德冠后宫，即其人也。"后既正位宫闱，愈自谦肃，好读书。常衣大练，裙不加缘；朔望诸姬主朝请，望见后袍衣疏粗，以为绮縠，就视，乃笑。后曰："此缯特宜染色，故用之耳。"群臣奏事有难平者，帝数以试后，后辄分解趣理，各得其情，然未尝以家私干政事。帝由是宠敬，始终无衰焉。

帝性褊察，好以耳目隐发为明，公卿大臣数被诋毁，近臣尚书以下至见提曳。常以事怒郎药崧，以杖撞之，崧走入床下，帝怒甚，疾言曰："郎出！"崧乃曰："天子穆穆，诸侯皇皇，未闻人君，自起撞郎。"帝乃赦之。

汉光武帝建武二十五（己酉，公元49年）

起初，马援曾经患病，虎贲中郎将梁松

马援聚米为山

前往探望。梁松独自在床下拜见，而马援没有还礼。梁松走后，马援的儿子们问道："梁伯孙是皇上的女婿，朝廷显贵，公卿以下的官员没有不惧怕他的，为何唯独您对他不礼敬？"马援答道："我是他父亲的朋友，他身份虽贵，可怎能不讲辈份呢？"

马援的侄子马严、马敦都爱发议论，结交游侠。马援先前在交趾时，曾写信回家告诫他们："我希望你们在听到他人过失的时候，就像听到自己父母的名字一样，耳可以听，而口却不能讲。好议论他人是非，随意褒贬时政和法令，这是我最厌恶的事情。我宁可死，也不愿听到子孙有此类行径。龙伯高为人宽厚谨慎，言谈合乎礼法，谦恭而俭朴，廉正而威严，我对他既敬爱，又尊重，希望你们效法他。杜季良为人豪侠仗义，将别人的忧虑当作自己的忧虑，将别人的快乐当作自己的快乐。他父亲去世开吊，几郡的客人全来了。我对他又敬爱又尊重，却不希望你们效法他。效法龙伯高不成，还可以做恭谨之士，正如人们所说的'刻鸿鹄不成还像鸭'；若是效法杜季良不成，就会堕落成天下的轻浮子弟，正如人们所说的'画虎不成反似狗'了。"龙伯高，即山都县长龙述；杜季良，即越骑司马杜保，两人都是京兆人。适逢杜保的仇人上书，指控杜保："行为浮躁，蛊惑人心，伏波将军马援远从万里之外写信回家告诫侄儿不要与他来往，而梁松、窦固却同他结交，对他的轻薄伪诈行为煽风点火，败坏扰乱国家。"奏书呈上，光武帝召梁松、窦固责问，出示指控的奏书和马援告诫侄儿的书信。梁松、窦固叩头流血，才未获罪。诏命免去杜保官职，将龙述擢升为零陵太守。梁松由此憎恨马援。

到后来，马援征讨武陵蛮人，大军到达下隽。有两条道路可入蛮界：一从壶头，这条路近而水势深险；一从充县，这条路是坦途，但运输线太长。耿舒主张走充县，马援却认为那样会消耗时日和军粮，不如进军壶头，扼住蛮人咽喉，则充县之敌将不攻自破。两种意见上报朝廷，光武帝批准了马援的战略。于是汉军进兵壶头。蛮贼登高，把守险要，水流湍急，汉军船只不能上行。适逢酷暑，很多士兵患瘟疫而死，马援也被传染，于是在河岸凿窟栖身以避暑热。每当蛮贼爬到高处擂鼓呐喊，马援便蹒跚跛行着察看敌情，左右随从无不为他的壮志所感而哀痛流泪。耿舒在给他哥哥好畤侯耿弇的信中写道："当初我曾上书建议先打充县，尽管粮草运输困难，但兵马前进无阻，大军数万，人人奋勇争先。而如今竟在壶头滞留，官兵忧愁抑郁，行将病死，实在令人痛惜！前在临淄乡，敌兵无故自来，如果乘夜出击，就可以将他们全歼。但马援就像个做生意的西域商人，所到之处，处处停留，这就是失利的原因。现在果然遇到了瘟疫，完全同我预言的一样。"耿弇收到信后上奏朝廷，于是光武帝派梁松乘驿车前去责问马援，并就此代理监军事务。

正当此时，马援去世，梁松乘机陷害马援。光武帝大怒，下令收回马援的新息侯印信。当初，马援在交趾时经常服食薏苡仁，因为此物可使身体轻健，抵御瘴气。班师时，曾载回了一车。等到马援死后，却有人上书诬告他当初用车载的全是上好的珍珠和犀角。于是光武帝益发愤怒。

马援的妻子儿女又慌又怕，不敢将马援的棺柩运回祖坟，便草草葬在城西。他门下的宾客旧友，没有人来祭吊。马严和马援的妻子把自己用草绳捆绑起来，连在一起，到皇宫门口请罪。于是光武帝拿出梁松的奏书给他们看，他们方才得知马援的罪名，便上书鸣冤，前后共六次，情辞十分哀伤悲切。

前任云阳县令、扶风人朱勃前往皇宫门阙上书说："我看见已故的伏波将军马援，从西州崛起，钦敬仰慕皇上圣明仁义，历经艰险，万死一生，在陇、冀两地征战。他的智谋如泉水一样喷涌不绝，行动如转动圆规一样灵活迅速。他用兵战无不胜，出师攻无不克。剿伐先零时，飞箭曾射穿他的小腿；出征交趾时，以为此行必死，曾与妻儿诀别。过了不久又再度南征，很快攻陷临乡，大军已经建立功业，但未完成而马援先死。军官士兵虽然遭受瘟疫，而马援也没有独自生还。战争有以持久而取胜的，也有因速战而败亡的；深入敌境未必就正确，不深入也未必为不对。论人之常情，难道有乐意久驻危险之地不生还的吗？马援得以为朝廷效力二十二年，在北方出塞到大漠，在南方渡江漂海。他触冒瘟疫，死在军中，名声被毁，失去爵位，封国失传。天下不知他所犯的过错，百姓不知对他的指控。他的家属紧闭门户，遗体不能归葬祖坟。对马援的怨恨和嫌隙一时并起，马氏家族震恐战栗。已死的人，不能自己剖白；活着的人，不能为他分辩。我为此感到痛心！圣明的君王重于奖赏，轻于刑罚。高祖曾经交给陈平四万斤金用以离间楚军，并不问账目与用途，又岂能疑心那些钱谷的开销呢？请将马援一案交付公卿议论，评判他的功罪，决定是否恢复爵位，以满足天下人的愿望。"光武帝的怒气稍有消解。

起初，朱勃十二岁时就能背诵《诗经》《书经》，经常拜望马援之兄马况，言辞温文尔雅。当时马援才开始读书，看到朱勃，他自觉不如，若有所失。马况看出了马援的心情，就亲自斟酒安慰他说："朱勃是小器，早成，聪明才智仅此而已，他最终将从学于你，不要怕他。"朱勃还不到十二岁，右扶风便试用他代理渭城县宰。而等到马援做了将军并封侯的时候，朱勃的官位还不过是个县令。马援后来虽然身居显贵，仍然常常以旧恩照顾朱勃，但又卑视和怠慢他，而朱勃本人的态度却愈发亲近。及至马援受到诬陷，唯有朱勃能够最终保持忠诚不渝。

二十六年（庚戌，公元50年）

开始兴建皇陵。光武帝说："古代帝王的随葬之物，全都是陶人、瓦器、木制之车、茅编之马，使后世的人不知道陵墓所在。文帝明了生死的真义，景帝能够遵从孝道，所以经历了天下大乱的变故之后，霸陵唯独有幸保全，这岂不是美事吗！现在设计的陵墓，占地不过二三顷，不起山陵，不修池，只令不积水而已。使陵墓在改朝换代之后，能与丘陇泥土成为一体。"

二十七年（辛亥，公元51年）

朗陵侯臧宫、杨虚侯马武上书说："匈奴贪图利益，没有礼仪和信义，困难时向汉朝叩头，太平时便侵边掳掠。如今北匈奴遇到瘟疫，人马、牲畜病死，又遭旱灾、蝗灾，赤地千里，疲惫困顿不堪，实力抵不过汉朝的一个郡。万里之外的垂死性命，悬在陛下之手。福运不会再来，时机容易丧失，难道应当死守斯文道德而放弃武力吗？现在应当命令将领进驻边塞，悬以重赏，命高句丽、乌桓、鲜卑进攻北匈奴左翼。如果这样，北匈奴的灭亡，不过数年之事。我们担心陛下仁慈恩厚，不忍开战，而参谋之臣又犹豫不决，使刻石铭记流传万代的功业不能在圣明的今世建立！”光武帝用诏书回报道：“《黄石公记》说：‘柔能克刚，弱能胜强。舍弃近处而经营远方，劳碌而无功效；舍弃远方而经营近处，轻松而有成果。所以说：一心扩充地盘就会精疲力尽，一心推广恩德就会壮大强盛。拥有自己所有的人，得到安宁；贪图别人所有的人，变得凶恶。残暴的政令，即便一时成功，也终将失败。’如今国家没有为民造福的政策，灾祸变异不断，百姓惊慌不安，不能保全自己，难道还要再去经营遥远的塞外吗？孔子说：‘我恐怕季孙家的祸患不是外部之敌颛臾，而在内部。’况且北匈奴的实力仍然强盛，而我们屯兵边境，开垦田地，戒备敌侵，传闻的事，总是多有失实。果真能以一半国力消灭大敌，岂不是我最高的愿望！若是时机未到，不如让人民休息。”从此，将领们不敢再建议用兵。

二十八年（壬子，公元52年）

光武帝召集百官，询问：“谁人可任太子的师傅？”百官迎合光武帝的意思，一致说：“太子的舅父、执金吾原鹿侯阴识可以担当此任。”博士张佚神情严肃地说：“如今陛下立太子，是为阴家呢，还是为天下呢？若是为阴家，那么阴识可用；若是为天下，那么就定当用天下贤才！”光武帝表示赞许，说道：“我所以要设太子太傅，是为了辅佐太子，今天博士不难匡正朕的偏误，何况对于太子呢！”随即任命张佚为太子太傅，任命博士桓荣为太子少傅，赐予帷车、马匹。

三十年（甲寅，公元54年）

春季，二月，光武帝乘车去东方巡视。大臣们向光武帝建议：“陛下即位已三十年，应当到泰山封禅，祭祀天地。”光武帝下诏答复道：“朕即位三十年来，百姓怨恨满腹，《论语》说：‘我欺骗谁？难道欺骗上天吗？’‘居然以为泰山的神灵不如林放吗？’为什么要玷污记载七十二位封禅贤君的史册！若是各郡县远道派官吏前来上寿，用虚浮溢美之辞歌功颂德，朕一定剃去他们的头发，处以髡刑，并命他们去边疆屯垦。”于是大臣们不敢再建议封禅。

三十一年（乙卯，公元55年）

京兆掾第五伦负责管理长安的市，他公平正直，清廉耿介，市中奸邪冤枉之事绝迹。第五伦每次阅读诏书，总叹息道：“这是一位圣明的君主，见一次面便可以决定大事。”同辈们嘲笑他道：“你连地方长官都不能说动，又怎能说动皇上！”

第五伦道："只因没有遇到知己，道不同不能与谋罢了。"后来，他被推举为孝廉，任淮阳王医工长。

中元元年（丙辰，公元56年）

春季，正月，淮阳王入京朝觐，第五伦随同其他官属得以会见光武帝。光武帝垂问政事，第五伦乘机应对，光武帝十分高兴。第二天，又特地召第五伦入宫，交谈直至黄昏。光武帝对第五伦说："听说你做了官，曾拷打过你的岳父；又听说你拜访堂兄家而不肯留下吃饭，难道有这等事吗？"第五伦回答说："我先后娶过三次妻，但她们都没有父亲。我小时候遭受过饥荒动乱，实在不敢随便到别人家吃饭。人们认为我愚笨不开窍，因此制造了这些谣言。"光武帝大笑，任命第五伦为扶夷县长。第五伦还没到任，又被任命为会稽郡太守。他主持地方政务，清明廉正，施惠于民，受到百姓的爱戴。

当初，光武帝认为自己是应验了《赤伏符》的预言而登上帝位的，因此相信符谶，多用来解决疑难困惑。给事中桓谭上书劝谏道："但凡人之常情，总是忽略眼前的常见事物而看重奇异的传闻。察看圣明先王的史迹，都以仁义正道作为根本，并无奇异怪诞的事情。天道与命运，是圣人也难以阐说的高深莫测的问题，自子贡以后，已听不到孔子讲述。何况后世学识浅陋的儒生，能通晓吗？如今一些有聪明、小技能的人，编造图书，伪称这就是符谶，用来欺骗迷惑贪心大、不正派的人，连累了君主，对他们怎能不拒而远之呢！我听说陛下对方士烧炼丹药点化金银之术穷根究底，百般质疑，甚是英明，但却愿意听从符谶之言，这又是何等的失误！符谶的预言虽然有时与事实相符，但这不过如同占卜单双之类，总有巧合。陛下应当听取正确意见，发扬圣明思想，摒弃那些小人的邪说，遵循儒学五经——《诗经》《书经》《礼记》《易经》《春秋》所讲述的正道。"奏书呈上，光武帝感到不快。适逢朝廷为灵台选址进行讨论，光武帝便对桓谭说："我打算用符谶来决定此事，怎么样？"桓谭沉默不语，过了很久才说："我不读符谶之书。"光武帝问原因，桓谭再次极力论说符谶之书不是经典。光武帝大怒道："桓谭诽谤神圣，目无国法，把他带下去，斩首！"桓谭叩头请罪，直至头部流血。过了很久，光武帝之怒才告平息。桓谭调走担任六安郡丞，在赴任途中病死。

范晔论曰：桓谭因反对符谶而流亡，郑兴也反对符谶，但由于言辞恭顺，仅免一死；而贾逵却以能对符谶附会演绎，最为显贵。世上的君主用这种标准来对待学术，真是可悲啊！

二年（丁巳，公元57年）

二月，戊戌（初五），光武帝在南宫前殿驾崩，享年六十二岁。光武帝生前，每日早晨主持朝会，午后才散，屡屡召见卿、郎将讲说经书义理，到半夜才睡。皇太子见光武帝辛勤劳苦而不知疲倦，找机会劝谏道："陛下有夏禹、商汤的圣明，却没有黄帝、老子涵养本性的福分。希望您爱惜身体而颐养精神，悠游岁月而自求宁静。”光武帝说：“我自己乐于做这些事，不为此感到劳累！”光武帝虽以武力建立帝业，但到了天下安定之后，却并不重用有功的武将，反而提拔文官。他清醒谨慎地制定国策，大权总揽，审时度势，量力而为，措施得当，所以能恢复前代的功业，在有生之年实现了天下太平。

汉明帝永平三年（庚申，公元60年）

甲子，汉明帝立马氏为皇后，皇子炟被立为太子。

马皇后是马援的女儿，光武帝时被选入太子宫。她能够侍奉顺承阴皇后，和同辈友好相处，礼数周全，上下和睦，于是特别受到宠幸。及至明帝即位，便将她立为贵人。当初，她的异母姐姐的女儿贾氏也被选入太子宫，生下儿子刘炟。明帝因马氏没有儿子，便命她抱养刘炟，对她说：“人不一定非得亲自生儿子，只担心爱心不够、养护不周罢了。”于是马氏全心全意地抚育刘炟，操劳辛苦胜过亲母对待亲子。刘炟也天性孝顺，于是母慈子爱，两人始终亲密无间。马氏常因明帝子嗣不多，向明帝推荐左右的美女，唯恐做的不周全。每当后宫有人陪伴了明帝，她总是加以慰存和接见；若是有人被多次召幸，便给予崇厚的待遇。

及至有关官员上书建议选立皇后，明帝还没有开口，阴太后便说：“马贵人在后宫中品德最佳，就选这个人吧。”马氏登上皇后之位以后，越发自谦庄重，爱好读书。她常穿粗丝之服，裙脚不加边缘。每月初一、十五，嫔妃和公主们入宫请安，远远看见皇后衣着简单粗糙，还以为是特制的丝绸，走近一看，才笑了起来。皇后道：“这种绸料特别适于染色，所以用它。”百官上书中有难以决定的事项，明帝曾多次用来试验皇后的才识。皇后便分析推理，一一得到了真实情况。然而她从不为家人私情干预政事。明帝因此对她既宠爱，又敬重，始终不衰。

明帝性情狭隘而苛察，好用耳目窥探群臣的隐私，认为这就是英明。公卿等高级官员屡屡被辱骂，陪伴近侧的尚书以下官员甚至遭到殴打。明帝曾因事对郎官药崧发火，用手杖责打药崧。药崧逃跑，躲到床下。明帝十分愤怒，厉声喊道：“郎官出来！”药崧便说：“‘天子庄重严肃，诸侯尊重贵堂皇’，没听哪个朝代，皇上自己动手打下人的！”明帝这才将他放过。

第四十五卷 汉纪三十七

译文诵读

显宗孝明皇帝下永平四年（辛酉，61）

陵乡侯梁松坐怨望、悬飞书诽谤，下狱死。

初，上为太子，太中大夫郑兴子众以通经知名，太子及山阳王荆因梁松以缣帛请之，众曰："太子储君，无外交之义；汉有旧防，蕃王不宜私通宾客。"松曰："长者意，不可逆。"众曰："犯禁触罪，不如守正而死。"遂不往。及松败，宾客多坐之，唯众不染于辞。

八年（乙丑，65）

丙子，募死罪系囚诣度辽营；有罪亡命者，令赎罪各有差。楚王英奉黄缣、白纨诣国相曰："托在藩辅，过恶累积，欢喜大恩，奉送缣帛，以赎愆罪。"国相以闻，诏报曰："楚王诵黄、老之微言，尚浮屠之仁慈，洁齐三月，与神为誓，何嫌何疑，当有悔吝！其还赎，以助伊蒲塞、桑门之盛馔。"

初，帝闻西域有神，其名曰佛，因遣使之天竺求其道，得其书及沙门以来。其书大抵以虚无为宗，贵慈悲不杀；以为人死，精神不灭，随复受形；生时所行善恶，皆有报应，故所贵修炼精神，以至为佛。善为宏阔胜大之言，以劝诱愚俗。精于其道者，号曰沙门。于是中国始传其术，图其形像，而王公贵人，独楚王英最先好之。

九年（丙寅，66）

广陵王荆复呼相工谓曰："我貌类先帝，先帝三十得天下，我今亦三十，可起兵未？"相者诣吏告之，荆惶恐，自系狱，帝加恩，不考极其事，诏不得臣属吏民，唯食租如故，使相、中尉谨宿卫之。荆又使巫祭祀、祝诅。诏长水校尉樊鯈等杂治其狱，事竟，奏请诛荆。帝怒曰："诸卿以我弟故，欲诛之；即我子，卿等敢尔邪？"鯈对曰："天下者高帝天下，非陛下之天下也。《春秋》之义，君亲无将，将而必诛。臣等以荆属托母弟，陛下留圣心，加恻隐，故敢请耳；如令陛下子，臣等专诛而已。”帝叹息善之。鯈，宏之子也。

十三年（庚午，70）

楚王英与方士作金龟、玉鹤，刻文字为符瑞。男子燕广告英与渔阳王平、颜忠等造作图书，有逆谋；事下案验。有司奏：“英大逆不道，请诛之。”帝以亲亲不忍。十一月，废英，徙丹阳泾县，赐汤沐邑五百户；男女为侯、主者，食邑如故；许太后勿上玺绶，留住楚宫。先是有私以英谋告司徒虞延者，延以英藩戚至亲，不然其言。及英事觉。诏书切让延。

十四年（辛未，71）

楚王英至丹阳，自杀。诏以诸侯礼葬于泾。

是时，穷治楚狱，遂至累年。其辞语相连，自京师亲戚、诸侯、州郡豪杰及考按吏，阿附坐死、徒者以千数，而系狱者尚数千人。

英阴疏天下名士，上得其录，有吴郡太守尹兴名，乃征兴及掾史五百余人诣廷尉就考。诸吏不胜掠治，死者大半；惟门下掾陆续、主簿梁宏、功曹史驷勋，备受五毒，肌肉消烂，终无异辞。续母自吴来雒阳，作食以馈续。续虽见考，辞色未尝变，而对食悲泣不自胜。治狱使者问其故，续曰：“母来不得见，故悲耳。”问：“何以知之？”续曰：“母截肉未尝不方，断葱以寸为度，故知之。”使者以状闻，上乃赦兴等，禁锢终身。

颜忠、王平辞引隧乡侯耿建、朗陵侯臧信、濩泽侯邓鲤、曲成侯刘建。建等辞未尝与忠、平相见。是时，上怒甚，吏皆惶恐，诸所连及，率一切陷入，无敢以情恕者。侍御史寒朗心伤其冤，试以建等物色，独问忠、平，而二人错愕不能对。朗知其诈，乃上言：“建等无奸，专为忠、平所诬；疑天下无辜，类多如此。”帝曰：“即如是，忠、平何故引之？”对曰：“忠、平自知所犯不道，故多有虚引，冀以自明。”帝曰：“即如是，何不早奏？”对曰：“臣恐海内别有发其奸者。”帝怒曰：“吏持两端！”促提下捶之。左右方引去，朗曰：“愿一言而死。”帝曰：“谁与共为章？”对曰：“臣独作之。”上曰：“何以不与三府议？”对曰：“臣自知当必族灭，不敢多污染人。”上曰：“何故族灭？”对曰：“臣考事一年，不能穷尽奸状，反为罪人讼冤，故知当族灭。然臣所以言者，诚冀陛下一觉悟而已。臣见考囚在事者，咸共言妖恶大故，臣子所宜同疾，今出之不如入之，可无后责。是以考一连十，考十连百。又公卿朝会，陛下问以得失，皆长跪言：‘旧制，大罪祸及九族；陛下大恩，裁止于身，天下幸甚！’及其归舍，口虽不言而仰屋窃叹，莫不知其多冤，无敢牾陛下言者。臣今所陈，诚死无悔！”帝意解，诏遣朗出。

后二日，车驾自幸洛阳狱录囚徒，理出千余人。时天旱，即大雨。马后亦以楚狱多滥，乘间为帝言之，帝恻然感悟，夜起彷徨，由是多所降宥。

十六年（癸酉，73）

固使假司马班超与从事郭恂俱使西域。超行到鄯善，鄯善王广奉超礼敬甚备，后忽更疏懈。超谓其官属曰："宁觉广礼意薄乎？"官属曰："胡人不能常久，无他故也。"超曰："此必有北虏使来，狐疑未知所从故也。明者睹未萌，况已著邪！"乃召侍胡，诈之曰："匈奴使来数日，今安在乎？"侍胡惶恐曰："到已三日，去此三十里。"超乃闭侍胡，悉会其吏士三十六人，与共饮，酒酣，因激怒之曰："卿曹与我俱在绝域，今虏使到裁数日，而王广礼敬即废。如令鄯善收吾属送匈奴，骸骨长为豺狼食矣，为之奈何？"官属皆曰："今在危亡之地，死生从司马！"超曰："不入虎穴，不得虎子。当今之计，独有因夜以火攻虏，使彼不知我多少，必大震怖，可殄尽也。灭此虏，则鄯善破胆，功成事立矣。"众曰："当与从事议之。"超怒曰："吉凶决于今日；从事文俗吏，闻此必恐而谋泄，死无所名，非壮士也。"众曰："善！"初夜，超遂将吏士往奔虏营。会天大风，超令十人持鼓藏虏舍后，约曰："见火然，皆当鸣鼓大呼。"余人悉持兵弩，夹门而伏。超乃顺风纵火；前后鼓噪，虏众惊乱，超手格杀三人，吏兵斩其使及从士三十余级，余众百许人悉烧死。明日乃还，告郭恂，恂大惊；既而色动，超知其意，举手曰："掾虽不行，班超何心独擅之乎！"恂乃悦。超于是召鄯善王广，以虏使首示之，一国震怖。超告以汉威德，"自今以后，勿复与北虏通。"广叩头，"愿属汉，无二心"，遂纳子为质。还白窦固，固大喜，具上超攻效，并求更选使使西域。帝曰："吏如班超，何故不遣，而更选乎！今以超为军司马，令遂前功。"

固复使超使于寘，欲益其兵；超愿但将本所从三十六人，曰："于寘国大而远，今将数百人，无益于强；如有不虞，多益为累耳。"是时于寘王广德雄张南道，而匈奴遣使监护其国。超既至于寘，广德礼意甚疏。且其俗信巫，巫言："神怒，何故欲向汉？汉使有騧马，急求取以祠我！"广德遣国相私来比就超请马。超密知其状，报许之，而令巫自来取马。有顷，巫至，超即斩其首；收私来比，鞭笞数百。以巫首送广德，因责让之。广德素闻超在鄯善诛灭虏使，大惶恐，即杀匈奴使者而降。超重赐其王以下，因镇抚焉。于是诸国皆遣子入侍，西域与汉绝六十五载，至是乃复通焉。超，彪之子也。

十八年（乙亥，75）

八月，壬子，帝崩于东宫前殿，年四十八。遗诏："无起寝庙，藏主于光烈皇后更衣别室。"

帝遵奉建武制度，无所变更，后妃之家不得封侯与政。馆陶公主为子求郎，不许，而赐钱千万，谓群臣曰："郎官上应列宿，出宰百里，苟非其人，则民受其殃，是以难之。"公车以反支日不受章奏，帝闻而怪曰："民废农桑，远来诣阙，而复拘以禁忌，岂为政之意乎！"于是遂蠲其制。尚书阎章二妹为贵人，章精力晓旧典，久次当迁重职，帝为后宫亲属，竟不用。是以吏得其人，民乐其业，远近畏服，户口滋殖焉。

焉耆、龟兹攻没都护陈睦，北匈奴围关宠于柳中城。会中国有大丧，救兵不至，车师复叛，与匈奴共攻耿恭。恭率厉士众御之，数月，食尽穷困，乃煮铠弩，食其筋革。恭与士卒推诚同死生，故皆无二心，而稍稍死亡，余数十人。单于知恭已困，欲必降之，遣使招恭曰："若降者，当封为白屋王，妻以女子。"恭诱其使上城，手击杀之，炙诸城上。单于大怒，更益兵围恭，不能下。

汉明帝永平四年（辛酉，公元61年）

陵乡侯梁松因怨恨朝廷、悬挂匿名书进行诽谤而被捕入狱，处以死刑。

当初，皇上做太子的时候，太中大夫郑兴之子郑众以精通儒家经典而闻名于世。太子和山阳王刘荆曾让梁松用绸缎作礼物聘请郑众做门客，郑众说："太子是王储，没有同外界随便交往的道理。汉朝有旧时禁令，亲王也不应私自招徕宾客。"梁松说："这是上面的意思，不可忤逆。"郑众说："与其违禁犯罪，不如坚守正道而死。"便拒绝梁松之请，没有应聘前往。及至梁松获罪，宾客们多被指控有罪，唯独郑众不受案中供辞的牵连。

八年（乙丑，公元65年）

十月，丙子（初四），募集犯有死罪的囚徒前往度辽营。命令逃亡的罪犯赎罪，依据不同的情况，各分等级。楚王刘英带着黄色细绢和素色薄绸去见国相，说道："我身居藩国，罪过积累，我非常高兴，蒙受大恩。献上细绢薄绸，以赎我罪。"国相将此事上报朝廷，明帝下诏答复说："楚王口念黄帝、老子的精微之言，崇尚佛家的仁爱慈悲，曾戒斋三个月，对佛立誓。有什么猜嫌和疑问，应当悔恨？把那些赎罪之物退还，赞助他以美食款待佛门弟子。"

起初，明帝听说西域有一神祇，名字叫做"佛"，于是派使者前往天竺国寻求佛教道义。使者在西域找到了佛经，并带着沙门回到中原。佛经大抵以一切虚无为本，崇尚慈悲不杀生。认为人死之后，精神不灭，可以再次投胎转世，而人生前所做的善事恶事，全都会有报应。因此，提倡修炼精神，直至成"佛"。佛家擅于使用恢弘博大的言词，以劝化诱导愚昧的凡夫俗子。精通佛家道义的人，称为"沙门"。于是佛教便开始在中原传播，图画佛门形像。在天子、诸王和显贵当中，唯独楚王刘英最先喜好佛教。

九年（丙寅，公元66年）

广陵王刘荆又召来相面的术士，说道："我的容貌和先帝相像。先帝三十岁时即位称帝，我如今也三十岁了，可以起兵了吗？"相面的术士向有关官员告发了此事。刘荆惊慌恐惧，到狱中将自己囚禁起来。明帝特别加恩，不对事情进行追究。下诏不许他统治封国的官员和百姓，只可继续享用租税收入。并命令封国国相和中尉对他严密监护。刘荆又让巫师进行祭祷和诅咒。明帝下诏，命令长水校尉樊儵等人联合审判此案。审判结束后，樊儵等人上书，请将刘荆处死。明帝生气地说道："你们因广陵王是我弟弟的缘故，所以要杀他，如果是我的儿子，你们敢这样吗？"樊儵回答道："天下是高帝的天下，不是陛下的天下。根据《春秋》大义，君王至亲不得有弑逆图谋，有则必杀。我们因为刘荆是陛下同母之弟，陛下特别留意，恻隐有加，所以才敢请示。如果是陛下的儿子，我们只专断诛杀而已。"明帝叹息着表示赞许。樊儵是樊宏之子。

十三年（庚午，公元70年）

楚王刘英和方士制作金龟、玉鹤，刻上文字，用作将为皇帝的天赐凭证。有个叫燕广的男子，告发刘英与渔阳人王平、颜忠等编造符谶之书，蓄谋造反。朝廷将此事下交有关部门追查核实。主管官员上奏道："刘英大逆不道，请将他处死。"明帝因手足之亲而不忍批准。十一月，废掉刘英王位，将他迁往丹阳郡泾县，赏赐五百户赋税。刘英的儿子和女儿当侯、当公主的，依旧享用原有食邑。命刘英的母亲许太后不必上交她的玺印绶带，留在楚王宫中居住。先前，曾有人暗中将刘英的逆谋告诉司徒虞延，但虞延认为刘英是明帝手足至亲，不相信密报。及至刘英逆谋暴露，明帝下诏严厉责备虞延。

十四年（辛未，公元71年）

楚王刘英抵达丹阳郡后自杀。明帝下诏，命令以诸侯之礼将他葬在泾县。

当时，朝廷极力追究楚王之案，以至连年不止。案中的供词互相牵连，从京城皇亲国戚、诸侯、州郡豪杰，直到审案官吏，因附从反逆而被处死、流放的数以千计，而关在狱中的还有几千人。

刘英曾暗中将天下名人记录在册。明帝得到这个名单，见上面有吴郡太守尹兴的名字，便召尹兴及其属官五百多人到廷尉受审。属官们经受不住苦刑拷打，大部分人死去。唯有门下掾陆续、主簿梁宏、功曹吏驷勋，虽受尽五种毒刑，肌肉溃烂，但到底也不改口供。陆续的母亲从吴郡来到洛阳，做了食物送给陆续。陆续以往虽遭拷打，言辞神色从不改变，但面对饭菜却痛哭流涕，不能自制。审案官问是何缘故，陆续说："母亲来了，而我们不能相见，所以悲伤。"审案官问："你怎么知道她来了？"陆续说："我母亲切肉无不方方正正，切葱也总是一寸长短。我见到这食物，所以知道她来了。"审案官将此情况上报后，明帝便赦免尹兴等人，但限制他们终生不准做官。

颜忠、王平的供词牵连到隧乡侯耿建、朗陵侯臧信、濩泽侯邓鲤、曲成侯刘建。耿建等人声称从未同颜忠和王平见过面。当时，明帝十分愤怒，审案官员全都惶恐不安，凡被牵连者，几乎一律判罪定案，无人敢根据实情予以宽恕。侍御史寒朗怜悯耿建等人冤枉，便以耿建等人的形貌特征，单独讯问颜忠和王平。颜、王二人仓皇惊愕不能应对。寒朗知道其中有诈，便上书说："耿建等人没有罪过，只是被颜忠和王平诬陷了。我怀疑天下的无辜罪人，遭遇多与此相似。"明帝问："如果是这样，那么颜忠、王平为什么要牵连他们？"寒朗回答道："颜忠、王平自己知道犯了大逆不道之罪，所以虚招了许多人，企图以此来表白自己。"明帝问："如果是这样，你为什么不早报告？"寒朗回答说："我担心国内另有人真能揭发出耿建等人的奸谋。"明帝生气地说："你这审案官，骑墙滑头！"便催人把寒朗拉下去责打。左右侍卫刚要拉走寒朗，寒朗说："我想说一句话再死。"明帝问："谁和你一起写的奏章？"回答说："是我一个人写的。"明帝问："为什么不和三府商议？"回答说："我自己知道一定会有灭族之罪，不敢多连累他人。"明帝问："为什么是灭族之罪？"回答说："我审案一年，不能彻底清查奸谋的实情，反而为罪人辩冤，所以知道该当灭族之罪。然而我所以上奏，实在是盼望陛下能一下子觉悟罢了。我见审问囚犯的官员，众口一词地说臣子对叛逆大罪应同仇敌忾，如今判人无罪不如判人有罪，可以以后免受追究。因此，官员审讯一人便牵连十人，审讯十人便牵连百人。还有，公卿上朝的时候，当陛下询问案情处理是否得当，他们全都直身跪着回答：'依照以往制度，大罪要诛杀九族，而陛下大恩，只处决当事者，天下人太幸运了！'而等他们回到家里，口中虽无怨言，却仰望屋顶暗自叹息。没有人不知道这里多有冤枉，但不敢忤逆陛下而直言。我今天说出这番话，真是死而不悔！"明帝怒气消解，便下令将寒郎放走。

两天以后，明帝亲临洛阳监狱甄别囚犯，释放了一千多人。当时正值天旱，立刻降下了大雨。马皇后也认为楚王之案多有滥捕滥杀，便乘机向明帝进言。明帝醒悟过来，恻然而悲，夜间起床来回走动。从此对罪犯多所宽赦。

十六年（癸酉，公元73年）

窦固派副司马班超和从事郭恂一同出使西域。班超到达鄯善国时，鄯善王广用十分尊敬周到的礼节接待他，但后来忽然变得疏远懈怠了。班超对他的部下说："你们可曾觉出广的态度冷淡了吗？"部下说："胡人行事无常性，并没有别的原因。"班超说："这一定是因为有北匈奴的使者前来，而鄯善王心里犹豫，不知所从的缘故。明眼人能够在事情未发生前看出端倪，何况事情已显著暴露！"于是他召来胡人侍者，假装已知实情，说："匈奴使者来了几天，如今在什么地方？"胡人侍者慌忙答道："已经来了三天，离此地三十里。"

西汉前期彩绘木侍俑

班超投笔封侯

于是班超就把胡人侍者关起来，召集全体属员，共三十六人，和他们一同饮酒。饮到酣畅之时，班超借酒激怒众人说："你们和我同在绝远荒域，如今北匈奴使者才来了几天，而鄯善王就已不讲礼节了，若是使者命令鄯善王把我们抓起来送给匈奴，那么我们的骨头就要永远喂给豺狼了。我们应该怎么办？"部下一致回答："如今处在危亡之地，我们跟随司马同生共死！"班超说："不入虎穴，不得虎子。如今可行的办法，只有乘夜用火进攻匈奴人，使对方不知我们到底有多少人马，必定大为震恐，这样便可将他们一网打尽。除掉了北匈奴使者，那么鄯善人就会胆战心惊，我们便成功了。"众人说："应当和从事商议此事。"班超生气地说："命运的吉凶就在今天决定，而从事不过是平庸的文吏，听到我们的打算定要害怕，计谋便会泄露，到那时候，我们死得没有名堂，就不是英雄了。"众人说："好！"一入夜，班超便带领部下奔向北匈奴使者的营地。当时正刮着大风，班超命令十人拿鼓，躲到匈奴人的帐房后面，相约道："看见火起，就要一齐擂鼓呐喊。"其余的人全都手持刀剑弓弩，埋伏在帐门两侧。于是班超顺风放火，大火一起，帐房前后鼓声齐鸣，杀声震耳。匈奴人惊慌失措，一时大乱。班超亲手格杀三人，下属官兵斩杀北匈奴使者及其随从共三十余人，其余约一百人全部被火烧死。班超等人次日返回，将事情的经过告诉了郭恂。郭恂大为震惊，接着神色一变。班超明白了他的意思，举手声称："从事虽然没有前去参与行动，可班超怎有心一人居功！"郭恂这才大喜。于是班超叫来鄯善王广，给他看匈奴使者的首级，鄯善全国震恐。班超将汉朝的国威和恩德告诉鄯善王，并说："从今以后，不要再同北匈奴来往。"广叩头声称："我愿臣属汉朝，没有二心。"于是将王子送到汉朝充当人质。班超归来后，向窦固讲述了出使经过，窦固十分高兴，将班超的功劳一一上报，并请求重新选派使者出使西域。明帝说："有班超这样的官员，为什么不派遣，而要另选他人呢？现任命班超为军司马，让他完成先前的功业。"

窦固又让班超出使于窴国，想为他增加随行兵马，但班超只愿带领原来跟从的三十六人。他说："于窴是个大国，道路遥远，如今率领几百人前往，无益于显示强大。而如有不测之事发生，人多反而成为累赘。"当时，于窴王广德称雄于西域南道，但该国仍受匈奴使者的监护。班超到达于窴后，广德待他礼仪态度十分疏淡。于窴又有信巫之俗，而巫师声称："神已发怒，问我们为何要倾向汉朝？汉朝的使者有一匹黑唇黄马，快去找来给我做祭品！"于是广德派宰相私来比向班超索求赠马。班超暗中获知底细，便答应此事，但要巫师亲自前来取马。不久，巫师来了，班超便立刻将他斩首，并逮捕了私来比，痛打数百皮鞭。班超将巫师的首级送给广德，借机对他进行谴责。广德早已听说过班超在鄯善斩杀北匈奴使者的事迹，大为惊恐，便随即杀死匈奴使者投降。班超重赏于寘王及其大臣，就此镇服安抚于寘。于是西域各国全都派出王子到汉朝做人质。西域与汉朝的关系曾中断了六十五年，至此才恢复交往。班超是班彪之子。

十八年（乙亥，公元75年）

八月，壬子（初六），明帝在东宫前殿驾崩，年四十八岁。遗诏说："不要为我兴建寝殿祭庙，可将牌位放在阴太后陵寝的便殿中。"

明帝遵守奉行光武帝创建的制度，无所改变更动。皇后妃子之家都不得封侯参政。馆陶公主曾为儿子请求郎官之职，明帝不许，只赏了一千万钱。他对群臣说："郎官与天上的星宿相应，派到地方是一县之长，如果任人不当，那么人民将受其害，所以我拒绝这一请求。"掌管皇宫大门的官署公车，每逢"反支日"都不接受奏章。明帝听到这一情况后责怪道："人民丢掉自己的农耕桑蚕之业，远行到宫门拜谒投诉，却又受到这种禁忌的限制，这难道是为政的本意吗！"于是取消了这项制度。尚书阎章有两个妹妹是贵人，他本人研究并且精通过去的典章和制度，早就应当提升要职，但明帝因他是后宫妃子的亲属，竟不擢用。由于明帝施政得当，所以官吏称职胜任，人民安居乐业，远近蛮夷敬畏臣服，国家户口繁衍增殖。

焉耆和龟兹两国进攻西域都护陈睦，陈睦全军覆没。北匈奴的军队则在柳中城包围了己校尉关宠。当时明帝驾崩，汉朝出了大丧事，没有派出救兵。于是车师再度反叛，同匈奴一道进攻耿恭。耿恭率领勉励官兵进行抵抗。几个月后，汉军粮食耗尽，便用水煮铠甲弓弩，吃上面的兽筋皮革。耿恭和士卒推诚相见，同生共死，所以众人全无二心。但死者日渐增多，只剩下了数十人。北匈奴单于知道耿恭已身陷绝境，定要让他投降，便派使者去招抚道："你如果投降，单于就封你做白屋王，给你女子为妻。"耿恭引诱使者登城，亲手将他杀死，在城头用火炙烤。单于大为愤怒，便增派援兵围困耿恭，但仍不能破城。

第四十六卷　汉纪三十八

译文诵读

肃宗孝章皇帝上建初元年（丙子，76）

酒泉太守段彭等兵会柳中，击车师，攻交河城，斩首三千八百级，获生口三千余人。北匈奴惊走，车师复降。会关宠已殁，谒者王蒙等欲引兵还；耿恭军吏范羌，时在军中，固请迎恭。诸将不敢前，乃分兵二千人与羌，从山北迎恭，遇大雪丈余，军仅能至。城中夜闻兵马声，以为虏来，大惊。羌遥呼曰："我范羌也，汉遣军迎校尉耳。"城中皆称万岁。开门，共相持涕泣。明日，遂相随俱归。虏兵追之，且战且行。吏士素饥困，发疏勒时，尚有二十六人，随路死没，三月至玉门，唯余十三人，衣屦穿决，形容枯槁。中郎将郑众为恭以下洗沐，易衣冠，上疏奏："恭以单兵守孤城，当匈奴数万之众，连月逾年，心力困尽，凿山为井，煮弩为粮，前后杀伤丑虏数百千计，卒全忠勇，不为大汉耻，宜蒙显爵，以厉将帅。"恭至雒阳，拜骑都尉。诏悉罢戊、己校尉及都护官，征还班超。

超将发还，疏勒举国忧恐；其都尉黎弇曰："汉使弃我，我必复为龟兹所灭耳，诚不忍见汉使去。"因以刀自刭。超还至于窴，王侯以下皆号泣曰："依汉使如父母，诚不可去！"互抱超马脚不得行。超亦欲遂其本志，乃更还疏勒。疏勒两城已降龟兹，而与尉头连兵。超捕斩反者，击破尉头，杀六百余人，疏勒复安。

二年（丁丑，77）

上欲封爵诸舅，太后不听。会大旱，言事者以为不封外戚之故，有司请依旧典。太后诏曰："凡言事者，皆欲媚朕以要福耳。昔王氏五侯同日俱封，黄雾四塞，不闻澍雨之应。夫外戚贵盛，鲜不倾覆；故先帝防慎舅氏，不令在枢机之位，又言'我子不当与先帝子等'，今有司奈何欲以马氏比阴氏乎！且阴卫尉，天下称之，省中御者至门，出不及履，此蘧伯玉之敬也；新阳侯虽刚强，微失理，然有方略，据地谈论，一朝无双；原鹿贞侯，勇猛诚信；此三人者，天下选臣，岂可及哉！马氏不及阴氏远矣。吾不才，夙夜累息，常恐亏先后之法，有毛发之罪吾不释，言之不舍昼夜，而亲属犯之不止，治丧起坟，又不时觉，是吾言之不立而耳目之塞也。

“吾为天下母，而身服大练，食不求甘，左右但著帛布，无香薰之饰者，欲身率下也。以为外亲见之，当伤心自敕；但笑言‘太后素好俭’。前过濯龙门上，见外家问起居者，车如流水，马如游龙，仓头衣绿褠，领袖正白，顾视御者，不及远矣。故不加谴怒，但绝岁用而已，冀以默愧其心；犹懈怠无忧国忘家之虑。知臣莫若君，况亲属乎！吾岂可上负先帝之旨，下亏先人之德，重袭西京败亡之祸哉！”固不许。

太后尝诏三辅：诸马婚亲有属托郡县、干乱吏治者，以法闻。太夫人葬起坟微高，太后以为言，兄卫尉廖等即时减削。其外亲有谦素义行者，辄假借温言，赏以财位；如有纤介，则先见严恪之色，然后加谴。其美车服、不遵法度者，便绝属籍，遣归田里。广平、钜鹿、乐成王，车骑朴素，无金银之饰，帝以白太后，即赐钱各五百万。于是内外从化，被服如一；诸家惶恐，倍于永平时。置织室，蚕于濯龙中，数往观视，以为娱乐。常与帝旦夕言道政事及教授小王《论语》经书，述叙平生，雍和终日。

四年（乙卯，79）

校书郎杨终建言：“宣帝博征群儒，论定《五经》于石渠阁。方今天下少事，学者得成其业，而章句之徒，破坏大体。宜如石渠故事，永为后世则。”帝从之。冬，十一月，壬戌，诏太常：“将、大夫、博士、郎官及诸儒会白虎观，议《五经》同异。”使五官中郎将魏应承制问，侍中淳于恭奏，帝亲称制临决，作《白虎议奏》，名儒丁鸿、楼望、成封、桓郁、班固、贾逵及广平王羡皆与焉。固，超之兄也。

七年（壬午，82）

初，明德太后为帝纳扶风宋杨二女为贵人，大贵人生太子庆；梁松弟竦有二女，亦为贵人，小贵人生皇子肇。窦皇后无子，养肇为子。

八年（癸未，83）

太子肇之立也，梁氏私相庆；诸窦闻而恶之。皇后欲专名外家，忌梁贵人姊妹，数谮之于帝，渐致疏嫌。是岁，窦氏作飞书，陷梁竦以恶逆，竦遂死狱中，家属徙九真，贵人姊妹以忧死。

宪恃宫掖声势，自王、主及阴、马诸家，莫不畏惮。宪以贱直请夺沁水公主园田，主逼畏不敢计。后帝出过园，指以问宪，宪阴喝不得对。后发觉，帝大怒，召宪切责曰：“深思前过夺主田园时，何用愈赵高指鹿为马！久念使人惊怖。昔永平中，常令阴党、阴博、邓叠三人更相纠察，故诸豪戚莫敢犯法者。今贵主尚见枉夺，何况小民哉！国家弃宪，如孤雏、腐鼠耳！”宪大惧，皇后为毁服深谢，良久乃得解，使以田还主。虽不绳其罪，然亦不授以重任。

臣光曰：人臣之罪，莫大于欺罔，是以明君疾之。孝章谓窦宪何异指鹿为马，善矣；然卒不能罪宪，则奸臣安所惩哉！夫人主之于臣下，患在不知其奸，苟或知之而复赦之，则不若不知之为愈也。何以言之？彼或为奸而上不之知，犹有所畏；既知而不能讨，彼知其不足畏也，则放纵而无所顾矣！是故知善而不能用，知恶而不能去，人主之深戒也。

帝拜班超为将兵长史，以徐干为军司马，别遣卫候李邑护送乌孙使者。邑到于寘，值龟兹攻疏勒，恐惧不敢前，因上书陈西域之功不可成，又盛毁超："拥爱妻，抱爱子，安乐外国，无内顾心。"超闻之叹曰："身非曾参而有三至之谗，恐见疑于当时矣！"遂去其妻。帝知超忠，乃切责邑曰："纵超拥爱妻，抱爱子，思归之士千余人，何能尽与超同心乎！"令邑诣超受节度，诏："若邑任在外者，便留与从事。"超即遣邑将乌孙侍子还京师。徐干谓超曰："邑前亲毁君，欲败西域，今何不缘诏书留之，更遣他吏送侍子乎？"超曰："是何言之陋也！以邑毁超，故今遣之。内省不疚，何恤人言！快意留之，非忠臣也。"

元和元年（甲申，84）

九月，辛丑，幸章陵；十月，己未，进幸江陵；还，幸宛。召前临淮太守宛人朱晖，拜尚书仆射。晖在临淮，有善政，民歌之曰："强直自遂，南阳朱季，吏畏其威，民怀其惠。"时坐法免，家居，故上召而用之。十一月，己丑，车驾还宫。尚书张林上言："县官经用不足，宜自煮盐，及复修武帝均输之法。"朱晖固执以为不可，曰："均输之法，与贾贩无异，盐利归官，则下民穷怨，诚非明主所宜行。"帝因发怒切责诸尚书，晖等皆自系狱。三日，诏敕出之，曰："国家乐闻驳义，黄发无愆；诏书过耳，何故自系！"晖因称病笃，不肯复署议。尚书令以下惶怖，谓晖曰："今临得谴让，奈何称病，其祸不细！"晖曰："行年八十，蒙恩得在机密，当以死报。若心知不可，而顺旨雷同，负臣子之义！今耳目无所闻见，伏待死命。"遂闭口不复言。诸尚书不知所为，乃共劾奏晖。帝意解，寝其事。后数日，诏使直事郎问晖起居，太医视疾，太官赐食，晖乃起谢；复赐钱十万，布百匹，衣十领。

鲁国孔僖、涿郡崔骃同游太学，相与论："孝武皇帝，始为天子，崇信圣道，五六年间，号胜文、景；及后恣己，忘其前善。"邻房生梁郁上书，告"骃、僖诽谤先帝，刺讥当世"，事下有司，骃诣吏受讯。僖以书自讼曰："凡言诽谤者，谓实无此事而虚加诬之也。至如孝武皇帝，政之美恶，显在汉史，坦如日月，是为直说书传实事，非虚谤也。夫帝者，为善为恶，天下莫不知，斯皆有以致之，故不可以诛于人也。且陛下即位以来，政教未过而德泽有加，天下所具也，臣等独何讥刺哉！假使所非实是，则固应悛改，傥其不当，亦宜含容，又何罪焉！陛下不推原大数，深自为计，徒肆私忌以快其意，臣等受戮，死即死耳；顾天下之人，必回视易虑，以此事窥陛下心，自今以后，苟见不可之事，终莫复言者矣。齐桓公亲扬其先君之恶以唱管仲，然后群臣得尽其心。今陛下乃欲为十世之武帝远讳实事，岂不与桓公异哉！臣恐有司卒然见构，衔恨蒙枉，不得自叙，使后世论者擅以陛下有所比方，宁可复使子孙追掩之乎！谨诣阙伏待重诛。”书奏，帝立诏勿问，拜僖兰台令史。

汉章帝像

汉章帝建初元年（丙子，公元76年）

酒泉郡太守段彭等人率军在柳中集结，进击车师，攻打交河城，斩杀三千八百人，俘虏三千余人。北匈奴惊慌而逃，车师再度投降。这时，关宠已经去世，谒者王蒙等人打算引兵东归。耿恭的一位军吏范羌当时正在王蒙军中，他坚持要求去救耿恭。将领们不敢前往，便分出两千救兵交给范羌。范羌经由山北之路去接耿恭，途中曾遇到一丈多深的积雪。援军精疲力尽，仅能勉强到达。耿恭等人夜间在城中听到兵马之声，以为匈奴来了援军，大为震惊。范羌从远处喊道：“我是范羌，汉朝派部队迎接校尉来了！”城中的人齐呼万岁。于是打开城门，大家互相拥抱，痛哭流涕。次日，他们便同救兵一道返回。北匈奴派兵追击，汉军边战边走。官兵饥饿已久，从疏勒城出发时，还有二十六人，沿途不断死亡，到三月抵达玉门时，只剩下了十三人。这十三人衣衫褴褛，鞋履洞穿，面容憔悴，形销骨立。中郎将郑众为耿恭及其部下安排洗浴，更换衣帽，并上书说：“耿恭以微弱的兵力固守孤城，抵抗匈奴数万大军，经年累月，耗尽了全部心力，凿山打井，煮食弓弩，先后杀伤敌人数以千计，忠勇俱全，没有使汉朝蒙羞。应当赐给他荣耀的官爵，以激励将帅。”耿恭到达洛阳后，被任命为骑都尉。章帝下诏，将戊校尉、己校尉和西域都护一并撤销，召班超回国。

班超将要动身返回，疏勒全国一片忧虑恐慌。疏勒都尉黎弇说：“汉朝使者抛弃我们，疏勒必定再次被龟兹毁灭，我真不忍见汉朝使者离去！”于是拔刀刎颈自杀。班超在归途中经过于窴，于窴王和贵族群臣全都号啕痛哭，说道：“我们依赖汉朝使者，犹如依赖父母，您确实不能走啊！”他们抱住班超的马腿，使他不能前进。班超也想实现自己本来的志愿，于是重新返回疏勒。这时疏勒已有两城投降了龟兹，并与尉头国结盟。班超逮捕斩杀了叛变者，打败尉头国，杀死六百余人。疏勒再度恢复安定。

二年（丁丑，公元77年）

章帝打算赐封各位舅父，但马太后不同意。适逢天旱，有人上书说是因为未封外戚的缘故，于是有关部门奏请依照旧制赐封。马太后下诏说："那些上书建议封外戚的人，都是要向朕献媚，以谋求好处罢了。从前，王氏家族一日之内有五人一起封侯，而当时黄雾弥漫，并未听说有天降好雨的反应。外戚富贵过盛，很少不倾覆的。所以先帝对他的舅父慎重安排，不放在朝廷要位，还说：'我的儿子不应与先帝的儿子等同。'如今有关部门为什么要将马家同阴家相比呢！况且卫尉阴兴，受到天下人的称赞，宫中的使者来到门前，他连鞋都来不及穿，便急忙出迎，如同蘧伯玉一样恭敬有礼；新阳侯阴就，虽然性格刚强，略失规矩，然而胸有谋略，以手撑地，坐着发表议论，朝中无人能与他相比；原鹿贞侯阴识，勇敢忠诚而有信义。这三个人都是天下群臣中的出类拔萃者，难道能比得上吗！马家比阴家差远了。我没有才干，日夜因恐惧而喘息不安，总怕有损先后订立的法则。即便是细小的过失，我也不肯放过，日夜不停地告诫。然而我的亲属们仍然不断犯法，丧葬时兴筑高坟，又不能及时察觉错误，这表明我的话没有人听，我的耳目已被蒙蔽。

"我身为天下之母，然而身穿粗丝之服，饮食不求香甜，左右随从之人只穿普通帛布，不使用熏香饰物，目的就是要亲身做下面的表率。本以为娘家人看到我的行为当会痛心自责，但他们只是笑着说'太后一向喜爱节俭'。前些时候，我经过濯龙门，看见那些到我娘家问候拜访的人们，车辆如流水不断，马队如游龙蜿蜒，奴仆身穿绿色单衣，衣领衣袖雪白。回视我的车夫，差得远了。我所以对娘家人并不发怒谴责，而只是裁减每年的费用，是希望能使他们内心暗愧。然而他们仍然懈怠放任，没有忧国忘家的觉悟。了解臣子的，莫过于君王，更何况他们是我的亲属呢！我难道可以上负先帝的旨意，下损先人的德行，重蹈前朝外戚败亡的灾祸吗！"她坚持不同意赐封。

太后曾对三辅下诏："马氏家族及其亲戚，如有因请托郡县官府，干预扰乱地方行政的，应依法处置、上报。"马太后的母亲下葬时堆坟稍高，马太后对此提出反对意见，她的哥哥卫尉马廖等人就立即将坟减低。在马家亲属和亲戚中，有行为谦恭正直的，马太后便以温言好语相待，赏赐财物和官位。如果有人犯了微小的错误，马太后便首先显出严肃的神色，然后加以谴责。对于那些车马衣服华美、不遵守法律制度的家属和亲戚，马太后就将他们从皇亲名册中取消，遣送回乡。广平王刘羡、钜鹿王刘恭和乐成王刘党，车马朴素无华，没有金银饰物。章帝将此情况报告了太后，太后便立即赏赐他们每人五百万钱。于是内外亲属全都接受太后的教导和影响，一致崇尚谦逊朴素。外戚家族惶恐不安，超过了明帝时期。马太后曾设立织室，在濯龙园中种桑养蚕，并频频前往查看，把这当成一项娱乐。她经常与章帝早晚在一起谈论国家大事，教授年幼的皇子读《论语》等儒家经书，讲述平生经历，终日和睦欢洽。

四年（己卯，公元79年）

校书郎杨终建议："宣帝曾广召儒生，在石渠阁讨论儒家《五经》：《诗经》、《书经》、《仪礼》、《易经》和《春秋》。如今天下太平，学者们得以完成事业，但那些只知分析注释文章辞句的人，却破坏了《五经》的主旨。应当依照石渠阁的先例，重新研究弘扬经书大义，作为后世永久的法则。"章帝采纳了他的建议。冬季，十一月壬戌（十一日），章帝对太常下诏说："命诸将、大夫、博士、郎官及儒生们在白虎观集会，就众人对《五经》的相同与不同的见解进行讨论。"章帝命五官中郎将魏应承命发问，侍中淳于恭向上奏报，由章帝亲自出席，做出裁决，将结果记录下来，撰成《白虎议奏》。著名儒家学者丁鸿、楼望、成封、桓郁、班固、贾逵及广平王刘羡都曾参与此会。班固是班超之兄。

七年（壬午，公元82年）

当初，马太后为章帝选纳扶风人宋杨的两个女儿为贵人，其中大贵人生下了太子刘庆。梁松的弟弟梁竦有两个女儿，也是章帝的贵人，其中小贵人生下了皇子刘肇。窦皇后没有儿子，便抚养刘肇，作为自己的儿子。

八年（癸未，公元83年）

皇子刘肇被立为太子以后，梁家私下互相庆贺。窦家听到这个消息，感到厌恶。窦皇后想使窦家成为刘肇唯一的舅家，因而忌恨梁贵人姐妹，不断地在章帝面前进行诋毁，逐渐使章帝与她们日益疏远而产生嫌弃之心。本年，窦家用匿名书诬告梁竦，使他陷入谋反大罪。梁竦死在狱中，家属被流放到九真，梁贵人姊妹则忧愁而死。

窦宪倚仗皇后的影响和势力，从亲王、公主，到阴家、马家等外戚，没有人不怕他。窦宪曾以低价强买沁水公主的庄园，公主害怕他的权势而不敢计较。后来章帝出行时经过那里，指着庄园向窦宪询问，窦宪暗中喝阻左右的人不得照实回答。后来，章帝发现了真相，大为愤怒，把窦宪叫来严厉责备道："深思以前经过你强夺的公主庄园时，你为什么要采取甚于赵高指鹿为马的欺骗手段！这件事多让人震惊。从前，在永平年间，先帝经常命令阴党、阴博、邓叠三人互相监察，所以诸贵戚中没有人敢触犯法律。如今尊贵的公主尚且横遭掠夺，何况小民呢！国家抛弃窦宪，就像丢掉一只小鸟和腐臭的死鼠！"窦宪大为恐惧，窦皇后也因此脱去皇后的衣饰深切地表示谢罪。过了很久，章帝的愤怒才告平息，命窦宪将庄园还给公主。章帝虽对窦宪没有依法治罪，但也不再委以重任。

臣司马光曰：臣子的罪恶，莫过于欺骗君主，所以圣明的君主痛恨这种行为。孝章皇帝称窦宪的行为无异于指鹿为马，这是对的；然而他最终不能降罪于窦宪，那么奸臣在哪里受惩诫呢！君主对待臣子，困难在于不知道谁是邪恶之辈，假如已经知道而又将他赦免，那还不如不知道更好。为什么这样讲？奸臣为非作歹而君主不知，奸臣心中还有所畏惧；君主已知而又不能予以处罚，奸臣便明白君主不值得畏惧，就会放纵大胆而无所顾忌了！因此，已知良臣而不能任用，已知恶人而不能铲除，乃是君主的大戒。

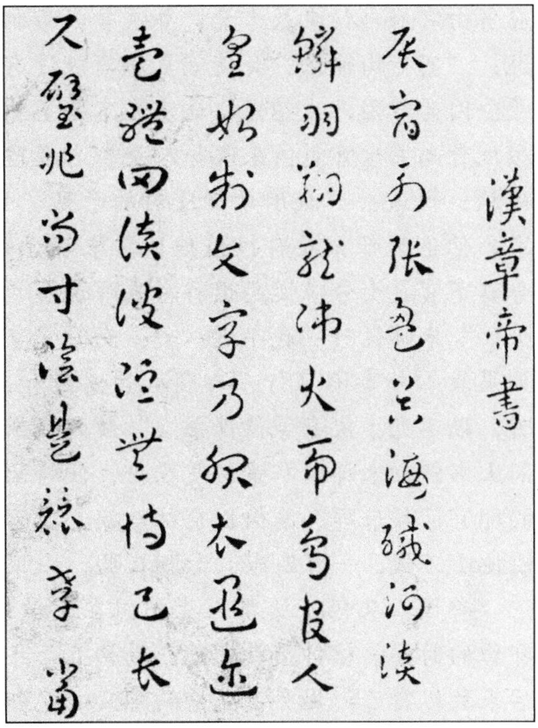

传世的东汉章帝草书

章帝任命班超为将兵长史，徐干为军司马。又另派卫侯李邑护送乌孙使者回国。李邑到达于窴时，正值龟兹进攻疏勒，他因恐惧而不敢前进，便上书声称西域的功业不可能成功，还大肆诋毁班超，说班超：“拥爱妻，抱爱子，在外国享安乐，没有思念中原之心。”班超听到消息后叹息道：“我虽不是曾参，却碰到曾参所遇的三次谗言，恐怕要受到朝廷的猜疑了！”于是将妻子送走。章帝知道班超的忠心，便严厉斥责李邑说：“纵然班超拥爱妻，抱爱子，而思念家乡的汉军还有一千余人，为什么能都与班超同心呢！”章帝命令李邑到班超那里听候指挥，并下诏给班超说：“如果李邑在西域能够胜任，就留他随从办事。”但班超却随即派李邑带领乌孙送往汉朝做人质的王子返回京城。徐干对班超说：“先前李邑亲口诋毁阁下，想要破坏我们在西域的事业，如今为何不以诏书为理由将他留下，另派其他官员送人质呢？”班超说：“这话是多么的浅陋！正是因为李邑诋毁我，所以如今才派他回去。我自问内心无愧，为什么要怕别人的议论！为求自己称心快意而留下李邑，不是忠臣所为。”

元和元年（甲申，公元84年）

九月，辛丑（十八日），章帝临幸章陵。十月，己未（初七），又临幸江陵。在归途之中，又临幸宛城。章帝召见前任临淮太守、宛人朱晖，将他任命为尚书仆射。朱晖在临淮任上做了不少好事，人民歌颂道：“刚强自专，南阳朱季，官怕其威，民怀其惠。”当时朱晖因犯法免职，正在家中闲居，因此章帝召他出来任用。十一月，己丑（初七），章帝返回京城皇宫。尚书张林上奏说：“国家经费不足，应当由官府自行煮盐专卖，并恢复武帝时的均输法。”朱晖坚决反对这一建议，他说：“实行均输法，会使官员和商贩没有区别。而将卖盐所得之利归于官府，盐民就会因为贫困产生怨恨，这实在不是圣明君王所应做的事情。”于是章帝大怒，严厉斥责尚书台官员，朱晖等人全都自投监狱等待问罪。三天以后，章帝下诏将他们释放，说道：“我乐于听反对的意见，老先生并没有罪，只是诏书的斥责过分罢了，你们为什么要自投监狱！”朱晖于是自称病重，不肯再在奏议上署名。尚书令以下官员十分惊慌恐惧，对朱晖说：“如今正面临谴责，怎么可以称病，此祸不小！”朱晖说：“我年近八十，而蒙受皇恩，能够参与尚书机密，应当以死相报。如果我心知事不可行，却顺从旨意附和，那就违背了做臣子的大义！如今我耳不听，眼不见，伏身等待诛杀。”便闭口不再说话。尚书们不知如何是好，于是就一同上书弹劾朱晖。章帝怒气已平，便将此事搁置。又过了几天，章帝下诏，命值班的郎官问候朱晖，派御医前往诊病，太官送去食物。朱晖这才起来谢恩。章帝又赏赐他十万钱，一百匹布，十套衣服。

鲁国人孔僖、涿郡人崔骃同在太学读书，他们在一起谈论道：“孝武皇帝刚即位的时候，信仰圣人之道，最初五六年的政绩，被人称作胜过文、景二帝。但到后来放纵自己，抛弃了从前的善政。”邻屋的另一位太学生梁郁听到议论，上书控告他们：“崔骃、孔僖诽谤先帝，讽刺当朝。”此案交付有关部门审理。崔骃去见官吏。孔僖上书自我申辩说：“但凡说到诽谤，是指无中生有地进行诬蔑。至于孝武皇帝，他政绩上的得失，都显示在汉史上，清楚如日月一样，而我们的议论，只是直述史书记载的事实，并不是诽谤。身为皇帝，无论做好事还是坏事，天下人无不知晓，那都是能够了解到的，因此不能对议论者进行责备。况且陛下即位以来，政治、礼教没有过失，而恩德增加，这是天下人俱知的事实。我们偏要讽刺什么呢！假如我们批评的是事实，那么本应诚心改正，倘若不当，也应包涵，又为什么要向我们问罪！陛下不推求研究国家命运，深入考虑本朝国策，而只是大搞个人忌讳，以求快意。我们被诛杀，死就死罢了，只怕天下人定将转过目光，改变看法，以这件事来窥测陛下的心思。从今以后，即使见到不对的事，却终不肯再出来说话了。春秋时，齐桓公曾亲自公布前任国君的罪恶，向管仲请教处理的办法，从此以后，群臣才尽心地为他效力。而如今陛下却要为远在十世的武帝掩盖事实真相，这岂不是与齐桓公大相径庭！我担心有关部门会突然定案，让我衔恨蒙冤，不能自做申辩，因而使后世评论历史的人擅将陛下有所比喻，难道可以再要子孙为陛下掩饰吗？我谨来到皇宫门前，伏身等候严厉的处罚。”奏书呈上，章帝立即下诏停止追究，并将孔僖任命为兰台令史。

第四十七卷
汉纪三十九

译文诵读

肃宗孝章皇帝下元和二年（乙酉，85）

乙丑，帝耕于定陶。辛未，幸泰山，柴告岱宗；进幸奉高。壬申，宗祀五帝于汶上明堂；丙子，赦天下。进幸济南。三月，己丑，幸鲁；庚寅，祠孔子于阙里，及七十二弟子，作六代之乐，大会孔氏男子二十以上者六十二人。帝谓孔僖曰："今日之会，宁于卿宗有光荣乎？"对曰："臣闻明王圣主，莫不尊师贵道。今陛下亲屈万乘，辱临敝里，此乃崇礼先师，增辉圣德；至于光荣，非所敢承！"帝大笑曰："非圣者子孙焉有斯言乎！"拜僖郎中。

冬，南单于遣兵与北虏温禺犊王战于涿邪山，斩获而还。武威太守孟云上言："北虏以前既和亲，而南部复往抄掠，北单于谓汉欺之，谋欲犯塞，谓宜还南所掠生口以慰安其意。"诏百官议于朝堂。太尉郑弘、司空第五伦以为不可许，司徒桓虞及太仆袁安以为当与之。弘因大言激厉虞曰："诸言当还生口者，皆为不忠！"虞廷叱之，伦及大鸿胪韦彪皆作色变容。司隶校尉举奏弘等，弘等皆上印绶谢。诏报曰："久议沈滞，各有所志，盖事以议从，策由众定，訚訚衎衎，得礼之容，寝嘿抑心，更非朝廷之福。君何尤而深谢！其各冠履！"帝乃下诏曰："江海所以长百川者，以其下之也。少加屈下，尚何足病！况今与匈奴君臣分定，辞顺约明，贡献累至，岂宜违信，自受其曲！其敕度辽及领中郎将庞奋倍雇南部所得生口以还北虏；其南部斩首获生，计功受赏，如常科。"

三年（丙戌，86）

司空第五伦以老病乞身；五月，丙子，赐策罢，以二千石俸终其身。伦奉公尽节，言事无所依违。性质悫，少文采，在位以贞白称。或问伦曰："公有私乎？"对曰："昔人有与吾千里马者，吾虽不受，每三公有所选举，心不能忘，亦终不用也。若是者，岂可谓无私乎！"

孝和皇帝上 永元元年（己丑，89）

窦宪将征匈奴，三公、九卿诣朝堂上书谏，以为："匈奴不犯边塞，而无故劳师远涉，损费国用，徼功万里，非社稷之计。"书连上，辄寝，宋由惧，遂不敢复署议，而诸卿稍自引止；唯袁安、任隗守正不移，至免冠朝堂固争，前后且十上，众皆为之危惧，安、隗正色自若。侍御史鲁恭上疏曰："国家新遭大忧，陛下方在谅闇，百姓阙然，三时不闻警跸之音，莫不怀思皇皇，若有求而不得。今乃以盛春之月兴发军役，扰动天下以事戎夷，诚非所以垂恩中国，改元正时，由内及外也。万民者，天之所生；天爱其所生，犹父母爱其子，一物有不得其所，则天气为之舛错，况于人乎！故爱民者必有天报。夫戎狄者，四方之异气，与鸟兽无别；若杂居中国，则错乱天气，污辱善人，是以圣王之制，羁縻不绝而已。今匈奴为鲜卑所破，远藏于史侯河西，去塞数千里，而欲乘其虚耗，利其微弱，是非义之所出也。今始征发，而大司农调度不足，上下相迫，民间之急，亦已甚矣。群僚百姓咸曰不可，陛下奈何以一人之计，弃万人之命，不恤其言乎！上观天心，下察人志，足以知事之得失。臣恐中国不为中国，岂徒匈奴而已哉！"尚书令韩棱、骑都尉朱晖、议郎京兆乐恢，皆上疏谏，太后不听。

三年（辛卯，91）

诏窦宪与车驾会长安。宪至，尚书以下议欲拜之，伏称万岁，尚书韩棱正色曰："夫上交不谄，下交不渎；礼无人臣称万岁之制！"议者皆惭而止。尚书左丞王龙私奏记、上牛酒于宪，棱举奏龙，论为城旦。

汉章帝元和二年（乙酉，公元85年）

二月，乙丑（十五日），章帝在定陶举行耕藉之礼。二月辛未（二十一日），临幸泰山，燃柴祭告岱宗。继而前往奉高。二月，壬申（二十二日），在汶上明堂祭祀五帝。二月，丙子（二十六日），大赦天下。继而临幸济南。三月，己丑（初十），临幸鲁。三月，庚寅（十一日），在阙里祭祀孔子以及孔子的七十二位弟子，奏黄帝、尧、舜、禹、汤、周等六代古乐，并举行大会，召见孔家二十岁以上的男子共六十二人。章帝对孔僖说："今天的大会，对你们家族是不是很荣耀？"孔僖回答道："我听说，圣明的君王无不尊重师道。如今陛下以天子的身份亲自屈驾，光临我们卑微的乡里，这是崇敬先师，发扬君王的圣德。至于说荣耀，我们可不敢当！"章帝大笑，说道："不是圣人的子孙，怎能说出这样的话！"于是将孔僖任命为郎中。

冬季，南匈奴单于发兵，同北匈奴温禺犊王在涿邪山交战。南匈奴得胜，斩杀并俘虏北匈奴的百姓和牲畜后返回。武威太守孟云上书说："北匈奴先前已同汉朝和解，而南匈奴又去进行抢掠，北匈奴单于会说汉朝是在欺弄他，因而打算进犯边塞。我建议，应当让南匈奴归还抢来的俘虏和牲畜，以安抚北匈奴。”章帝下诏，命群臣在朝堂会商。太尉郑弘、司空第五伦认为不应归还，司徒桓虞和太仆袁安则认为应当归还。双方意见争执不下，郑弘因而大声激怒桓虞说：“凡是声称应当归还俘虏和牲畜的，都是不忠之人！”桓虞也在朝堂呵斥郑弘，第五伦和大鸿胪韦彪全都愤怒得变了脸色。于是司隶校尉上书弹劾郑弘等人，郑弘等人全都交上印信绶带谢罪。章帝下诏答复道：“问题反复讨论，迟迟不决，群臣们的意见，各不相同。大事需要集思广益，政策需由众人商定。忠诚、正直而和睦，这才符合朝廷之礼，而缄默不语压抑情志，更不是朝廷之福。你们有什么过失要谢罪？请各自戴上官帽，穿上鞋！”于是章帝便下诏决定：“江海所以成为百川的首领，是由于其地势低下。汉朝略受委屈，又有什么危害！何况如今在汉朝与北匈奴之间，君臣的名分已确定。北匈奴言辞恭顺而守约，不断进贡，难道我们应当违背信义，自陷于理亏的境地？现命令度辽将军兼中郎将庞奋，用加倍的价格赎买南匈奴所抢得的俘虏和牲畜，归还给北匈奴。而南匈奴曾杀敌擒虏，应当论功行赏，一如惯例。”

三年（丙戌，公元86年）

司空第五伦因年老患病请求退休。五月，丙子（初三），章帝赐策书，将第五伦免官，赏给他二千石的终身俸禄。第五伦奉公尽节，发表政见时观点鲜明，从不模棱两可。他天性质朴诚实，少有文采，为官以清白著称。有人问第五伦说：“阁下有私心吗？”他回答道：“从前曾有人送我千里马，我虽未接受，但每当要三公举荐人才的时候，心中总不忘此事，只是最终也没有举荐这个人。像这样，难道能说没有私心吗？”

汉和帝永元元年（己丑，公元89年）

窦宪将要出征讨伐匈奴。三公及九卿到朝堂上书劝阻，认为：“匈奴并未侵犯边塞，而我们却要无缘无故地劳师远行，消耗国家资财，求取万里以外的功勋，这不是为国家着想的策略。”奏书接连呈上，却都被搁置下来。太尉宋由感到恐惧，便不敢再在奏章上署名，九卿也逐渐自动停止劝谏。唯独司徒袁安、司空任隗严守正道，坚定不移，甚至脱去官帽在朝堂力争，先后上书约达十次。众人都为他们感到危险和恐惧，但袁、任二人却神情镇定，举止如常。侍御史鲁恭上书说：“我国新近有大忧，陛下正在守丧，百姓失去了先帝的庇护，夏、秋、冬三季听不到圣上出

西汉早期　云纹漆钟

巡时禁卫军警戒喝道的声音，人们无不因思念而惶惶不安，如同有求而不能得。如今却在盛春之月征发兵役，为了远征匈奴而搅扰全国，这实在不符合恩待自己国家、改年号而变更朝代、由内及外地处理政务的原则。万民百姓，乃是上天所生。上天爱所生，犹如父母爱子女。天下万物中，只要有一物不能安适，那么天象就会为此发生错乱，何况对于人呢？因此，爱民的，上天必有回报。戎狄异族，如同四方的异气，与鸟兽没有分别，如果让他们混居在中原内地，就会扰乱天象，玷污良善之人。所以，圣明君王的做法，只是对他们采取不断笼络和约束的政策而已。如今北匈奴已被鲜卑打败，远远地躲藏到史侯河以西，距离汉朝边塞数千里，而我们打算乘他们空虚之机，利用他们的疲弱，这不是仁义的举动。现在刚刚开始征发，而物资已不能满足大司农的调度，上官下官互相逼迫，人民的困苦也已到了极点。群臣和百姓都说此事不可行，而陛下为什么只为窦宪一人打算，因而毁弃万人的性命，不体恤他们忧患的呼声呢！上观天心，下察民意，便足以明白事情的得失了。我担心中国将不再是真正的中国，岂只匈奴不把中国当中国看待而已！”尚书令韩棱、骑都尉朱晖、京兆人议郎乐恢，也都上书劝谏，但太后不听。

三年（辛卯，公元91年）

和帝下诏，命令窦宪到长安会面。窦宪到达时，尚书下面的官员中有人提出要向窦宪叩拜，伏身口称“万岁”。尚书韩棱正色说道：“同上面的人交往，不可谄媚；同下面的人交往，不可轻慢。在礼仪上，没有对人臣称‘万岁’的制度！”倡议者都感到惭愧，因而作罢。尚书左丞王龙私自向窦宪上书，并奉献牛、酒，受到韩棱的弹劾。王龙被判处服苦役四年。

第四十八卷　汉纪四十

译文诵读

孝和皇帝下永元四年（壬辰，92）

初，庐江周荣辟袁安府，安举奏窦景及争立北单于事，皆荣所具草，窦氏客太尉掾徐齮深恶之，胁荣曰："子为袁公腹心之谋，排奏窦氏，窦氏悍士、刺客满城中，谨备之矣！"荣曰："荣，江淮孤生，得备宰士，纵为窦氏所害，诚所甘心！"因敕妻子："若卒遇飞祸，无得殡敛，冀以区区腐身觉悟朝廷。"

窦氏父子兄弟并为卿、校，充满朝廷，穰侯邓叠、叠弟步兵校尉磊及母元、宪女婿射声校尉郭举、举父长乐少府璜共相交结。元、举并出入禁中，举得幸太后，遂共图为杀害，帝阴知其谋。是时，宪兄弟专权，帝与内外臣僚莫由亲接，所与居者阉宦而已。帝以朝臣上下莫不附宪，独中常侍钩盾令郑众，谨敏有心几，不事豪党，遂与众定议诛宪，以宪在外，虑其为乱，忍而未发；会宪与邓叠皆还京师。时清河王庆，恩遇尤渥，常入省宿止；帝将发其谋，欲得《外戚传》，惧左右，不敢使，令庆私从千乘王求，夜，独内之；又令庆传语郑众，求索故事。庚申，帝幸北宫，诏执金吾、五校尉勒兵屯卫南、北宫，闭城门，收捕郭璜，郭举、邓叠、邓磊，皆下狱死。遣谒者仆射收宪大将军印绶，更封为冠军侯，与笃、景、瓌皆就国。帝以太后故，不欲名诛宪，为选严能相督察之。宪、笃、景到国，皆迫令自杀。

九年（丁酉，97）

闰月，辛巳，皇太后窦氏崩。初，梁贵人既死，宫省事秘，莫有知帝为梁氏出者。舞阴公主子梁扈遣从兄禅奏记三府，以为"汉家旧典，崇贵母氏，而梁贵人亲育圣躬，不蒙尊号，求得申议。"太尉张酺言状，帝感恸良久，曰："于君意若何？"酺请追上尊号，存录诸舅。帝从之。会贵人姊南阳樊调妻嫕上书自讼曰："妾父竦冤死牢狱，骸骨不掩；母氏年逾七十，及弟棠等远在绝域，不知死生。愿乞收竦朽骨，使母、弟得归本郡。"帝引见嫕，乃知贵人枉殁之状。三公上奏，"请依光武黜吕太后故事，贬窦太后尊号，不宜合葬先帝"，百官亦多上言者。帝手诏曰："窦氏虽不遵法度，而太后常自减损。朕奉事十年，深惟大义：礼，臣子无贬尊上之文，恩不忍离，义不忍亏。按前世，上官太后亦无降黜，其勿复议！"丙申，葬章德皇后。

西域都护定远侯班超遣掾甘英使大秦、条支，穷西海，皆前世所不至，莫不备其风土，传其珍怪焉。及安息西界，临大海，欲渡，船人谓英曰："海水广大，往来者逢善风，三月乃得渡，若遇迟风，亦有二岁者；故入海，人皆赍三岁粮，海中善使人思土恋慕，数有死亡者。"英乃止。

十四年（壬寅，102）

班超久在绝域，年老思土，上书乞归曰："臣不敢望到酒泉郡，但愿生入玉门关。谨遣子勇随安息献物入塞，及臣生在，令勇目见中土。"朝廷久之未报，超妹曹大家上书曰："蛮夷之性，悖逆侮老；而超旦暮入地，久不见代，恐开奸宄之原，生逆乱之心。而卿大夫咸怀一切，莫肯远虑，如有卒暴，超之气力不能从心，便为上损国家累世之功，下弃忠臣竭力之用，诚可痛也！故超万里归诚，自陈苦急，延颈逾望，三年于今，未蒙省录。妾窃闻古者十五受兵，六十还之，亦有休息，不任职也。故妾敢触死为超求哀，丐超余年，一得生还，复见阙庭，使国家无劳远之虑，西域无仓卒之忧，超得长蒙文王葬骨之恩，子方哀老之惠。"帝感其言，乃征超还。八月，超至雒阳，拜为射声校尉；九月，卒。

初，太傅邓禹尝谓人曰："吾将百万之众，未尝妄杀一人，后世必有兴者。"其子护羌校尉训，有女曰绥，性孝友，好书传，常昼修妇业，暮诵经典，家人号曰"诸生"。叔父陔曰："尝闻活千人者子孙有封。兄训为谒者，使修石臼河，岁活数千人，天道可信，家必蒙福。"绥后选入宫为贵人，恭肃小心，动有法度，承事阴后，接抚同列，常克己以下之，虽宫人隶役，皆加恩借，帝深嘉焉。尝有疾，帝特令其母、兄弟入亲医药，不限以日数，贵人辞曰："宫禁至重，而使外舍久在内省，上令陛下有私幸之讥，下使贱妾获不知足之谤，上下交损，诚不愿也！"帝曰："人皆以数入为荣，贵人反以为忧邪！"每有宴会，诸姬竞自修饰，贵人独尚质素，其衣有与阴后同色者，即时解易，若并时进见，则不敢正坐离立，行则偻身自卑，帝每有所问，常逡巡后对，不敢先后言。阴后短小，举指时失仪，左右掩口而笑，贵人独怆然不乐，为之隐讳，若己之失。帝知贵人劳心曲体，叹曰："修德之劳，乃如是乎！"后阴后宠衰，贵人每当御见，辄辞以疾。时帝数失皇子，贵人忧继嗣不广，数选进才人以博帝意。阴后见贵人德称日盛，深疾之；帝尝寝病，危甚，阴后密言："我得意，不令邓氏复有遗类！"贵人闻之，流涕言曰："我竭诚尽心以事皇后，竟不为所祐。今我当从死，上以报帝之恩，中以解宗族之祸，下不令阴氏有人豕之讥。"即欲饮药。宫人赵玉者固禁止之，因诈言"属有使来，上疾已愈"，贵人乃止。明日，上果瘳。及阴后之废，贵人请救，不能得；帝欲以贵人为皇后，贵人愈称疾笃，深自闭绝。冬，十月，辛卯，诏立贵人邓氏为皇后；后辞让，不得已，然后即位。郡国贡献，悉令禁绝，岁时但供纸墨而已。帝每欲官爵邓氏，后辄哀请谦让，故兄骘终帝世不过虎贲中郎将。

十五年（癸卯，103）

岭南旧贡生龙眼、荔枝，十里一置，五里一候，昼夜传送。临武长汝南唐羌上书曰："臣闻上不以滋味为德，下不以贡膳为功。伏见交趾七郡献生龙眼等，鸟惊风发；南州土地炎热，恶虫猛兽，不绝于路，至于触犯死亡之害。死者不可复生，来者犹可救也。此二物升殿，未必延年益寿。"帝下诏曰："远国珍羞，本以荐奉宗庙，苟有伤害，岂爱民之本。其敕太官勿复受献！"

冬，十二月，辛未，帝崩于章德前殿。初，帝失皇子，前后十数，后生者辄隐秘养于民间，群臣无知者。及帝崩，邓皇后乃收皇子于民间。长子胜，有痼疾；少子隆，生始百余日，迎立以为皇太子，是夜，即皇帝位。尊皇后曰皇太后，太后临朝。是时新遭大忧，法禁未设，宫中亡大珠一箧；太后念欲考问，必有不辜，乃亲阅宫人，观察颜色，即时首服。又，和帝幸人吉成，御者共枉吉成以巫蛊事，下掖庭考讯，辞证明白。太后以吉成先帝左右，待之有恩，平日尚无恶言，今反若此，不合人情；更自呼见实核，果御者所为，莫不叹服以为圣明。

汉和帝永元四年（壬辰，公元92年）

当初，庐江人周荣在司徒袁安府中供职。袁安弹劾窦景和反对封立北匈奴单于等事所上的奏章，都由周荣起草。窦家的门客、太尉掾徐齮深为痛恨，他威胁周荣说："您做袁公的心腹谋士，排斥弹劾窦家，窦家的壮士、刺客遍布京城，请好生防备吧！"周荣说："我周荣是长江、淮河地区的一介孤单书生，有幸能在司徒府中任职，纵然被窦家所害，也确实心甘情愿！"于是他告诫妻子："如果我突然遭遇飞来横祸，不要收殓安葬，我希望借此区区遗躯使朝廷省悟。"

窦氏父子兄弟同为九卿、校尉，遍布朝廷。穰侯邓叠，他的弟弟、步兵校尉邓磊，母亲元，窦宪的女婿、射声校尉郭举，郭举的父亲、长乐少府郭璜等人，相互勾结在一起。其中元、郭举都出入宫廷，而郭举又得到窦太后的宠幸，他们便共同策划杀害和帝。和帝暗中了解到他们的阴谋。当时，窦宪兄弟掌握大权，和帝与内外臣僚无法亲身接近，一同相处的只有宦官而已。和帝认为朝中大小官员无不依附窦宪，唯独中常侍、钩盾令郑众谨慎机敏而有心计，不谄事窦氏集团，便同他密谋，决定杀掉窦宪。由于窦宪出征在外，怕他兴兵作乱，所以暂且忍耐而未敢动手。恰在此刻，窦宪和邓叠全都回到了京城。当时清河王刘庆特别受到和帝的恩遇，经常进入宫廷，留下住宿。和帝即将采取行动，想得《汉书·外戚传》一阅。但他惧怕左右随从之人，不敢让他们去找，便命刘庆私下向千乘王刘伉借阅。夜里，和帝将刘庆单独接入内室。又命刘庆向郑众传话，让他搜集皇帝诛杀舅父的先例。六月，庚申（二十三日），和帝临幸北宫，下诏命令执金吾和北军五校尉领兵备战，驻守南宫和北宫；关闭城门，逮捕郭璜、郭举、邓叠、邓磊，将他们全部送往监狱处死。并派谒者仆射收回窦宪的大将军印信绶带，将他改封为冠军侯，同窦笃、窦景、窦瓌一并前往各自的封国。和帝因窦太后的缘故，不愿正式处决窦宪，而为他选派严苛干练的封国宰相进行监督。窦宪、窦笃、窦景到达封国以后，全都强迫命令自杀。

九年（丁酉、公元97年）

闰八月，辛巳（十四日），皇太后窦氏驾崩。当初，梁贵人死后，宫廷保守秘密，没有人知道和帝是梁贵人所生。至此，舞阴公主之子梁扈派堂兄梁禪向太尉、司徒、司空三府上书，提出："汉朝旧制，一向尊崇皇帝生母。然而梁贵人亲自诞育皇上，却没有尊号，请求得到申理讨论。"太尉张酺向和帝报告了实情。和帝伤感哀痛良久，说道："您认为应当怎样？"张酺建议为梁贵人追加尊号，并查找各位舅父，给予他们应有的名分。和帝听从了他的建议。适逢梁贵人的姐姐、南阳人樊调的妻子梁嫕上书自诉道："我的父亲梁竦屈死在牢狱之中，尸骨不得掩埋；母亲年过七十，同弟弟梁堂等在极远的边域，不知道是死是活。我请求准许安葬父亲的朽骨，让我的母亲和弟弟返回故郡。"和帝召见梁嫕，这才知道生母梁贵人枉死的惨状。三公上书："请依照光武帝罢黜吕太后的先例，贬去窦太后的尊号，不应让她与先帝合葬。"文武百官也纷纷上言。和帝亲手写诏作答："窦氏家族虽不遵守法律制度，但窦太后却常常自我减损。朕将她当作母亲，侍奉了十年。深思母子大义，依据礼制，为臣、为子者没有贬斥尊长的道理。从亲情出发，不忍将太后之墓与先帝之墓分离；从仁义考虑，不忍做有损于窦太后的事情。考察前代，上官桀被诛杀，而上官太后也不曾遭到贬降罢黜。对此事不要再做议论！"丙申（二十九日），安葬窦太后。

西域都护、定远侯班超派遣属官甘英出使大秦帝国和条支王国。甘英走遍了西海一带，沿途所经，都是前代之人所未到过的地方，他在各处都全面了解风土人情，收集带走珍奇的物产。当他到达安息国西部边界的时候，遇到了大海。他打算渡过大海，船夫告诉他说："海水广阔，航海者遇到顺风，要用三个月才能到达彼岸；如果遇到逆风，也有用两年的。所以，渡海的人都带上三年的口粮。海上容易使人怀恋乡土，经常有人死亡。"甘英这才作罢。

十四年（壬寅，公元102年）

班超久在遥远的边域，因年老而思念故乡，上书请求回国。奏书说："我不敢企望能到酒泉郡，但愿能活着进入玉门关。现在派遣我的儿子班勇随同安息国的进贡使者入塞，趁我尚在人世，让班勇亲眼看到中原的风土。"奏书呈上，朝廷久不答复。班超的妹妹曹大家上书说："蛮夷生性欺老，而班超已经年迈，随时可能故世，却久不被人替代。我担心这将打开奸恶的源泉，使蛮夷萌生叛逆之心。但大臣们都只顾眼前，不肯做长远考虑。如果猝然有变，班超力不从心，将对上损害国家累世建立的功业，对下毁弃忠臣竭力经营的成果，实在是令人痛惜！因此，班超万里之外表示忠诚，陈述困苦急迫之情，伸长脖颈遥望，至今已经三年，但朝廷却没有考虑批准他的请求。我曾听说，在古代，十五岁当兵，六十岁复员，也有休息之日，年老便不再任职。因此我胆敢冒死代班超哀求，请在班超的余年，让他能够活着回来，再次看到京都城阙和皇家宫庭，使国家没有远方的忧虑，西域没有猝然的变故，而班超也能蒙受周文王埋葬骸骨的厚恩和田子方哀怜老马的仁慈。"和帝被班超的奏书所感动，于是召班超回国。本年八月，班超抵达洛阳，被任命为射声校尉。九月，班超去世。

当初，太傅邓禹曾对人说："我率领百万兵众，却不曾错杀一人，后世必有子孙兴起。"他的儿子、护羌校尉邓训，有个女儿名叫邓绥，性情孝顺友爱，喜好读书，经常白天学习妇女的活计，晚上诵读儒家经典，家人称她为"女学生"。她的叔父邓陔说："我曾听说，救活一千人的，子孙将会受封。我的兄长邓训当谒者时，奉命修石臼河，每年救活数千人。天道可以信赖，我家必定蒙福。"后来，邓绥被选入后宫，当了贵人。她谦恭小心，举止合乎法度，侍奉阴皇后和同其他嫔妃相处时，总是克制自己，居人之下。即使是对宫人和做杂役的奴仆，也都施以恩惠和帮助。和帝对她深为赞赏。邓绥曾患病，和帝特命她的母亲和兄弟入宫照料医药，不限定天数。邓绥辞让说："皇宫是最重要的禁地，而让外戚久住在内，上会给陛下召来宠幸私亲的讥讽，下将使我遭到不知足的非议，上下都要受损，我实在不愿如此！"和帝说："人们都以亲属多次进宫为荣耀，你反而以此为忧虑吗！"每逢宴会，嫔妃们都争着修饰自己，唯独邓贵人喜欢朴素无华。她的衣服如有和阴皇后一样颜色的，便立即脱下换掉。若是和阴皇后同时进见，则不敢正坐或并立，行走时微躬上身，表示自己身份卑微。每当和帝有所询问，她总是退让在后，不敢先于阴皇后开口。阴皇后身材矮小，举止时有不合礼仪之处，左右随从之人掩口窃笑，唯独邓贵人忧而不乐，为阴皇后隐瞒遮掩，仿佛是自己的过失一样。和帝知道邓贵人的苦心和委屈，叹息道："修养德性的辛劳，竟达到这种样子！"后来，阴皇后失宠，邓贵人每当遇到和帝召见，就借病推辞。当时和帝接连失去皇子，邓贵人担心后嗣不多，屡次挑选才人进献，以博取和帝的欢心。阴皇后见邓贵人的德望

东汉著名的军事家和外交家班超像

一天比一天高，十分嫉妒。和帝曾经卧病，情况非常危险，阴皇后暗中说："我若是能够得意，就不让邓家再留下活口！"邓贵人听到这番话，流泪说道："我全心全意地侍奉皇后，竟然得不到她的护佑。我今天应当跟随皇上去死，上报皇上的大恩，中解家族的灾祸，下不使阴氏如吕太后那样有'人彘'的讥讽。"说完，就要喝毒药自杀。有个叫赵玉的宫人坚决阻止她，于是谎称："适才有差人来，皇上的病已经好了。"邓贵人这才作罢。次日，和帝果然病愈。及至阴皇后被罢黜，邓贵人求情挽救，没有成功。和帝打算将邓贵人立为皇后，而邓贵人却愈发谦恭，她声称病重，闭门深居，把自己隔绝起来。本年冬季，十月辛卯（二十四日），和帝下诏，将邓贵人立为皇后。邓贵人表示辞让，不得已，然后才即位为皇后。她下令：各郡、各封国一律不再进贡物品，每年四季只供应纸墨而已。每当和帝想封邓氏家族官爵时，邓皇后总是苦苦哀求，表示谦让。因此，在和帝生前，她的哥哥邓骘的官职没有超过虎贲中郎将。

十五年（癸卯，公元103年）

以往，岭南地区进贡鲜龙眼和荔枝，十里设一个驿站，五里设一个岗亭，日夜不停地传送。临武县长汝南人唐羌上书说："我听说，在上位的人不因享受美味而为有德，在下位的人不因进贡美味而为有功。我看到交趾州的七郡进贡鲜龙眼等物，一路疾驰，鸟惊风动。南方州郡土地炎热，毒虫猛兽在路上到处可见，传送贡物的人甚至会遭到死亡的危害。已死的人不能复活，后来的人仍可挽救。而将这两种水果献上殿堂，也不一定能使人延年益寿。"和帝下诏说："边远地区进贡珍奇的美味，本是用来供奉宗庙。如果因此造成伤害，岂是爱护人民的本意！现在下令：太官不再接受此类贡品！"

冬季，十二月辛未（二十二日），和帝在章德前殿驾崩。当初，和帝的儿子接连夭亡，前后达十余人。后出生的皇子就被秘密地送到民间养育，群臣无人知晓。及至和帝驾崩，邓皇后才将皇子从民间收回。长子刘胜，身患久治不愈的顽疾；幼子刘隆，出生才一百多天。于是邓皇后将刘隆接回宫中，立为皇太子。当夜，刘隆即位为皇帝。邓皇后被尊称为皇太后，临朝摄政。当时刚刚遭受大丧，法律、禁令还不完备，宫中丢失大珠一箱。邓太后想到，如果要审问，必会牵累无罪受冤的人。于是她亲自查看宫人，审视涉嫌者的面容神色。盗珠人当即自首认罪。再有，和帝的一个宠幸者叫吉成，侍从们一同诬陷他施用巫蛊害人。吉成被交付掖庭进行审讯，供词、证据都很清楚。但邓太后认为吉成是和帝身边的人，对他有恩，平时尚且不讲自己的坏话，如今反而采取这种手段，不合人情。于是她亲自下令传见吉成，重新核实，查出果然是出自侍从们的陷害。众人无不赞叹佩服，认为太后圣明。

第四十九卷 汉纪四十一

译文诵读

孝殇皇帝延平元年（丙午，106）

八月，辛卯，帝崩。癸丑，殡于崇德前殿。太后与兄车骑将军骘、虎贲中郎将悝等定策禁中，其夜，使骘持节以王青盖车迎清河王子祜，斋于殿中。皇太后御崇德殿，百官皆吉服陪位，引拜祜为长安侯。乃下诏，以祜为孝和皇帝嗣，又作策命。有司读策毕，太尉奉上玺绶，即皇帝位，太后犹临朝。

尚书郎南阳樊准以儒风寖衰，上疏曰："臣闻人君不可以不学。光武皇帝受命中兴，东西诛战，不遑启处，然犹投戈讲艺，息马论道。孝明皇帝庶政万机，无不简心，而垂情古典，游意经艺，每飨射礼毕，正坐自讲，诸儒并听，四方欣欣。又多征名儒，布在廊庙，每宴会则论难衎，共求政化，期门、羽林介胄之士，悉通《孝经》，化自圣躬，流及蛮荒，是以议者每称盛时，咸言永平。今学者益少，远方尤甚，博士倚席不讲，儒者竞论浮丽，忘蹇蹇之忠，习谈之辞。臣愚以为宜下明诏，博求幽隐，宠进儒雅，以俟圣上讲习之期。"太后深纳其言，诏："公、卿、中二千石各举隐士、大儒，务取高行，以劝后进，妙简博士，必得其人。"

孝安皇帝上永初元年（丁未，107）

秋，九月，庚午，太尉徐防以灾异、寇贼策免。三公以灾异免，自防始。辛未，司空尹勤以水雨漂流策免。

仲长统《昌言》曰：光武皇帝愠数世之失权，忿强臣之窃命，矫枉过直，政不任下，虽置三公，事归台阁。自此以来，三公之职，备员而已；然政有不治，犹加谴责。而权移外戚之家，宠被近习之竖，亲其党类，用其私人，内充京师，外布州郡，颠倒贤愚，贸易选举，疲驽守境，贪残牧民，挠扰百姓，忿怒四夷，招致乖叛，乱离斯瘼，怨气并作，阴阳失和，三光亏缺，怪异数至，虫螟食稼，水旱为灾。此皆戚宦之臣所致然也，反以策让三公，至于死、免，乃足为叫呼苍天，号咷泣血者矣！又，中世之选三公也，务于清悫谨慎，循常习故者，是乃妇女之检柙，乡曲之常人耳，恶足以居斯位邪！势既如彼，选又如此，而欲望三公勋立于国家，绩加于生民，不亦远乎！昔文帝之于邓通，可谓至爱，而犹展申徒嘉之志。夫见任如此，则何患于左右小臣哉！至如近世，外戚、宦竖，请托不行，意气不满，立能陷人于不测之祸，恶可得弹正者哉！曩者任之重而责之轻，今者任之轻而责之重。光武夺三公之重，至今而加甚；不假后党以权，数世而不行；盖亲疏之势异也！今人主诚专委三公，分任责成，而在位病民，举用失贤，百姓不安，争讼不息，天地多变，人物多妖，然后可以分此罪矣！

二年（戊申，108）

夏，旱。五月丙寅，皇太后幸雒阳寺及若卢狱录囚徒。雒阳有囚，实不杀人而被考自诬，羸困舆见，畏吏不敢言，将去，举头若欲自诉。太后察视觉之，即呼还问状，具得枉实。即时收雒阳令下狱抵罪。行未还宫，澍雨大降。

三年（乙酉，109）

壬寅，司徒鲁恭罢。恭再在公位，选辟高第至列卿、郡守者数十人，而门下耆生或不蒙荐举，至有怨望者。恭闻之，曰："学之不讲，是吾忧也，诸生不有乡举者乎！"终无所言，亦不借之议论。学者受业，必穷核问难，道成，然后谢遣之。学者曰："鲁公谢与议论，不可虚得。"

四年（庚戌，110）

邓骘在位，颇能推进贤士，荐何熙、李郃等列于朝廷，又辟弘农杨震、巴郡陈禅等置之幕府，天下称之。震孤贫好学，明欧阳《尚书》，通达博览，诸儒为之语曰："关西孔子杨伯起。"教授二十余年，不答州郡礼命，众人谓之晚暮，而震志愈笃。骘闻而辟之，时震年已五十余，累迁荆州刺史、东莱太守。当之郡，道经昌邑，故所举荆州茂才王密为昌邑令，夜怀金十斤以遗震。震曰："故人知君，君不知故人，何也？"密曰："暮夜无知者。"震曰："天知，地知，我知，子知，何谓无知者！"密愧而出。后转涿郡太守。性公廉，子孙常蔬食、步行；故旧或欲令为开产业，震不肯，曰："使后世称为清白吏子孙，以此遗之，不亦厚乎！"

皇太后母新野君病，太后幸其第，连日宿止；三公上表固争，乃还宫。冬，十月，甲戌，新野君薨，使司空护丧事，仪比东海恭王。邓骘等乞身行服，太后欲不许，以问曹大家，大家上疏曰："妾闻谦让之风，德莫大焉。今四舅深执忠孝，引身自退，而以方垂未静，拒而不许，如后有毫毛加于今日，诚恐推让之名不可再得。"太后乃许之。及服除，诏骘复还辅朝政，更授前封，骘等叩头固让，乃止。于是并奉朝请，位次三公下，特进、侯上，其有大议，乃诣朝堂，与公卿参谋。

六年（壬子，112）

春，正月，甲寅，诏曰："凡供荐新味，多非其节，或郁养强孰，或穿掘萌芽，味无所至而夭折生长，岂所以顺时育物乎！《传》曰：‘非其时不食。’自今当奉祠陵庙及给御者，皆须时乃上。”凡所省二十三种。

二年（乙卯，115）

怀令虞诩说尚曰：“兵法：弱不攻强，走不逐飞，自然之势也。今虏皆马骑，日行数百里，来如风雨，去如绝弦，以步追之，势不相及，所以虽屯兵二十余万，旷日而无功也。为使君计，莫如罢诸郡兵，各令出钱数千，二十人共市一马，以万骑之众，逐数千之虏，追尾掩截，其道自穷。便民利事，大功立矣！”尚即上言，用其计，遣轻骑击杜季贡于丁奚城破之。

太后闻虞诩有将帅之略，以为武都太守。羌众数千遮诩于陈仓崤谷，诩即停军不进，而宣言“上书请兵，须到当发”。羌闻之，乃分钞傍县。诩因其兵散，日夜进道，兼行百余里，令吏士各作两灶，日增倍之，羌不敢逼。或问曰：“孙膑减灶而君增之；兵法日行不过三十里，以戒不虞，而今日且二百里：何也？”诩曰：“虏众多，吾兵少，徐行则易为所及，速进则彼所不测。虏见吾灶日增，必谓郡兵来迎，众多行速，必惮追我。孙膑见弱，吾今示强，势有不同故也。”既到郡，兵不满三千，而羌众万余，攻围赤亭数十日。诩乃令军中，强弩勿发，而潜发小弩；羌以为矢力弱，不能至，并兵急攻。诩于是使二十强弩共射一人，发无不中，羌大震，退。诩因出城奋击，多所伤杀。明日，悉陈其兵众，令从东郭门出，北郭门入，贸易衣服，回转数周；羌不知其数，更相恐动。诩计贼当退，乃潜遣五百余人于浅水设伏，候其走路；虏果大奔，因掩击，大破之，斩获甚众，贼由是败散。诩乃占相地势，筑营壁百八十所，招还流亡，假赈贫民，开通水运。诩始到郡，谷石千，盐石八千，见户万三千；视事三年，米石八十，盐石四百，民增至四万余户，人足家给，一郡遂安。

汉殇帝延平元年（丙午，公元106年）

八月，辛卯，皇帝驾崩。癸丑（初八），将皇帝入殓后，灵柩停放在崇德前殿。邓太后与她的哥哥车骑将军邓骘、虎贲中郎将邓悝等在宫中商议大计，决定了继位人选。当夜，派邓骘持符节，用已封王的皇子才能乘坐的青盖车将清河王的儿子刘祜接来，在殿中斋戒。皇太后登上崇德殿，文武百官都穿上吉服陪同出席。刘祜被引导上殿，皇太后将他封为长安侯。随即下诏，将刘祜立为和帝的后嗣。接着又撰写了册立皇帝的诏命。有关官员宣读完诏令，太尉献上皇帝的御玺，刘祜便正式即位。邓太后仍旧临朝摄政。

尚书郎、南阳人樊准因儒家学风日渐衰颓，上书说：“我听说，君主不可以不学习。光武皇帝承受天命，使汉朝中兴，东征西伐，顾不上安居休息。但他仍然放下武器，讲说儒家学问；停鞍歇马，讨论圣人之道。孝明皇帝日理万机，事事经心，但却爱好古籍，留意儒家经典，每当行过乡射礼，在学校举办宴会和射箭比赛之后，都坐在正位上，亲自讲解经书，儒生们则一同聆听，四方都欢欣喜悦。他还广召著名的儒家学者，将他们安置在朝廷，每逢宴会，便亲切地和他们讨论疑难，共同研究治国和教化之道。即便是期门、羽林的武士军官，也都人人通晓《孝经》。儒学的影响从圣明的君王身上开始，扩展到野蛮荒凉之地。因此，每当人们称颂盛世的时候，都谈到明帝永平年代。如今学者日益减少，京城以外的远方尤其严重。博士把座席放在一旁，不再讲学，儒生则竞相追求华而不实的理论，忘掉了正直忠诚的原则，只熟悉谄媚阿谀的言词。我认为应当颁布诏书，明告天下，广泛寻访隐居的学者，提拔渊博的儒士，等到将来圣上上学的时候，为他讲解经书。”邓太后认为樊准的意见很对，予以采纳，下诏说：“三公、九卿和中二千石官员，要各自举荐隐士、大儒；被举荐者务必具有高尚的德行，以劝导晚生后进。从中精选博士，一定可以得到适当的人选。”

汉安帝永初元年（丁未，公元107年）

秋季，九月，庚午（初一），太尉徐防因天灾、天象异常和叛匪作乱而被颁策罢免。太尉、司徒、司空三公由于天灾或天象异常而遭罢免，徐防乃是首例。辛未（初二），司空尹勤因大雨水灾被颁策罢免。

仲长统《昌言》曰：光武皇帝因西汉数世失去权柄而愤慨，对强悍之臣窃取帝位深为痛恨。因此他矫枉过正，权力不交给臣下，虽然设立了三公，政事却归尚书台总理。从此以后，三公的作用，只是充数而已，但当国家治理不善的时候，仍对三公加以谴责。而实权却转移到皇后家族，宠信则施加到皇帝身边的宦官。这些人亲近自己的同类同党，任用私己，在内充斥京城，在外遍布州郡。他们颠倒贤能与愚劣，利用举荐人才的机会，进行私人交易。使无能不才者守卫疆土，贪婪凶残者统治人民。黎民百姓受到搅扰，四方外族又被激怒，终于导致反叛，带来战乱流亡和忧患疾苦。怨愤之气一时并发，阴阳失和，日、月、星三光出现亏缺，怪异不断降临，害虫吃掉庄稼，水旱带来灾难。这样的局面都是外戚宦官所造成的，而朝廷反而颁策责备三公，甚至将三公处死、免官，足以使人为此呼叫苍天，号啕泣血！再者，从中期开始，选任三公，都务必从清廉忠厚而又谨慎小心、循规蹈矩而又熟悉旧典的人中擢拔。这乃是妇女的楷模，乡间的平常之人罢了，怎么足以身居三公高位呢！三公的势力既然已是那样低落，人选又是如此平庸，却希望三公为国家建立功勋，为人民取得政

汉陶俑

绩，这岂不是遥远的事情吗！从前，汉文帝对待邓通，可以说是宠爱之至，但仍使申徒嘉得以实现自己的意图，惩罚了邓通。受到这般信任，那么对皇帝左右的小臣又有什么顾忌呢！可是到了近代，对待外戚、宦官，官员如果不执行他们的请托，馈献不够丰足，立刻便会陷入意外的灾祸，哪里还能够弹劾纠正他们呢！从前，对三公信任多而责罚轻，如今，对三公信任少而责罚重。光武帝夺去三公的大权，如今则剥夺得更为彻底；光武帝制定不让皇后家族掌权的政策，几代之后却已不再遵行，其原因就在于皇帝与三公和外戚的亲疏关系不同。如今，若是君主真能信赖三公，将权力交给他们，责令完成重任，而三公身居高位却为害人民，不能举荐任用贤才，致使百姓不安，纠纷不断，天地变化无常，人间妖物大量出现，到了那个时候，才可以让三公分担此罪！

二年（戊申，公元108年）

夏季，发生旱灾。五月丙寅（初一），邓太后亲临洛阳地方官府及若卢监狱，审查囚犯的罪状。有个洛阳的囚犯，实际上并没有杀过人，但被屈打成招，自认有罪。他十分瘦弱，身有伤残，被人抬上来进见，却因惧怕官吏而不敢开口。将要离去的时候，他抬起头来，像要为自己申诉。邓太后看到后，有所察觉，便马上把他叫回来询问情况，查清了全部冤屈事实。于是立即将洛阳令逮捕入狱，抵偿罪过。太后起驾，还没有回到皇宫，一场丰沛的及时雨便从天而降。

三年（己酉，公元109年）

三月，壬寅（十二日），将司徒鲁恭罢免。鲁恭曾两次出任三公，由他遴选征召的成绩优秀的官吏，升任九卿和郡太守的有几十人。而那些长期跟随他的学生门徒，却往往得不到举荐，有人甚至产生了怨恨。鲁恭听到这个情况后，说："学问讲解得不明白，才是我所操心的事。诸位儒生不是可以由故乡郡县来举荐吗！"他到底不肯开口举荐，也不借此发表议论。学生向他学习，他总是对难点穷根究底地不断提问。学业完成以后，才同学生辞别，让他们离去。学者们说："鲁公的辞别和议论，都不可凭空得到。"

四年（庚戌，公元110年）

邓骘身居大将军之位，颇能推举贤能人才。他保荐何熙、李郃等进入朝廷任职，还延聘弘农人杨震、巴郡人陈禅等做自己的幕僚，受到天下人的称赞。杨震自幼孤弱贫困而好学，通晓欧阳氏解释的《尚书》，而且知识丰富，博览群书，儒家学者们称他为"关西孔子杨伯起"。他教生授徒二十多年，不接受州郡官府的延聘征召。人们认为杨震年岁已大，步入仕途已晚，但他的志向却愈发坚定。邓骘听到杨震的名声以后，将他聘为幕僚。当时，杨震已经五十多岁，接连出任荆州刺史和东莱太守。在前往东莱郡的路上，途经昌邑，他先前所举荐的荆州茂才王密正担任昌邑县令。夜里，王密揣着十斤金来送给杨震。杨震说："故人了解你，你却不了解故人，这是为什么？"王密说："黑夜之中，没有人知道。"杨震说："天知，地知，我知，你知，怎能说没有人知道！"于是王密惭愧地出门走了。杨震后转任涿郡太守。他公正清廉，子孙经常以蔬菜为食，徒步出行。有的故人旧友劝杨震为子孙置办产业，但杨震不肯，他说："使后代人说他们是清官的子孙，把这当作遗产留下，不也很丰厚吗？"

邓太后的母亲新野君患病。邓太后前往新野君府省亲，连续留居数日。三公上表坚决反对这种举动，邓太后这才回宫。冬季，十月甲戌（二十三日），新野君去世。邓太后命令司空负责治丧，礼仪比照东海恭王刘强。邓骘兄弟请求辞官服丧，邓太后打算拒绝，询问曹大家的意见。曹大家上书说："我听说，谦让的风格，是最大的美德。如今四位舅父坚持忠孝原则，自动引身退下高位，而陛下却因边境战乱不宁，不肯应允。然而，如果将来有人对今日的做法提出毫毛般的指摘，我担心那谦让的美名便不可再得。"邓太后这才答应了邓骘等人的请求。及至服丧期满，邓太后下诏命令邓骘重新回来辅佐朝政，并再次授予以前曾欲加封的爵位。邓骘等一再叩头，坚决地辞让，邓太后这才罢休。于是邓氏兄弟全都被赐予"奉朝请"的名义，他们的地位在三公之下，在特进及侯之上，遇到国家大事，便前往朝堂，与三公九卿一同参议。

六年（壬子，公元112年）

春季，正月甲寅（十一日），诏书说："各地进贡的新鲜食物，多数违反时令。或者用火熏暖，强使成熟；或者萌芽时便从土中掘出，还未生出滋味，便已夭折。这难道是顺应天时化育万物吗！《论语》说：'不合乎时令的东西不吃。'从今以后，供奉皇家陵园宗庙及御用的食物，一律等到成熟时再进献。"省减的食物共有二十三种。

二年（乙卯，公元115年）

怀县县令虞诩向中郎将任尚建议说："依据兵法，弱的不去进攻强的，走的不去追赶飞的，这是自然之势。如今羌兵全都骑马，每天可行数百里，来时像急风骤雨，去时像离弦飞箭，而我军用步兵追赶，是势必追不上的。所以，尽管集结兵力二十余万，旷日持久，却没有战功。我为阁下打算，不如让各郡郡兵复员，命他们每人出数千钱，二十人合买一匹马，这样便可用一万骑兵去驱逐数千敌寇，尾追截击，羌人自然走投无路。既方便了人民，也有利于战事，大功便可以建立了！"于是任尚根据虞诩的建议上书，被朝廷采纳。任尚派轻骑兵在丁奚城打败了羌人杜季贡。

邓太后听说虞诩有将帅的韬略，将他任命为武都郡太守。数千羌军在陈仓崤谷集拦截虞诩。虞诩得知后，立即下令部队停止前进，宣称："我已上书请求援兵，等援兵到后，再动身出发。”羌军听说以后，便分头前往邻县劫掠。虞诩乘羌军兵力分散的机会，日夜前进，兼程行进了一百余里。他让官兵每人各做两个灶，以后每日增加一倍。于是羌军不敢逼近。有人问虞诩：“以前孙膑使用过减灶的计策，而您却增加灶的数量；兵法说每日行军不超过三十里，以保持体力，防备不测，而您如今却每天行军将近二百里，这是什么道理？”虞诩说：“敌军兵多，我军兵少，走慢了容易被追上，走快了对方便不能测知我军的底细。敌军见我军的灶数日益增多，必定以为郡兵已来接应。我军人数既多，行动又快，敌军必然不敢追赶。孙膑有意向敌人示弱，我现在有意向敌人示强，这是由于形势不同的缘故。”虞诩到达郡府以后，兵员不足三千，而羌军有一万余人，围攻赤亭达数十日。虞诩便向部队下令，不许使用强弩，只许暗中使用小弩。羌人误认为汉军弓弩力量微弱，射不到自己，便集中兵力猛烈进攻。于是虞诩命令每二十只强弩集中射一个敌人，射无不中。羌军大为震恐，纷纷退下。虞诩乘胜出城奋战，杀伤众多敌人。次日，他集合全部兵众，命令他们先从东门出城，再从北门入城，然后改换服装，往复循环多次。羌人不知城中有多少汉军，于是更加惊恐不安。虞诩估计羌军将要撤走，便秘密派遣五百余人在河道浅水处设下埋伏，守住羌军的逃路。羌军果然大举奔逃，汉军乘机突袭，大败羌军，杀敌擒虏数量极多。羌军从此溃败离散。于是虞诩查看研究地形，修建营堡一百八十处，并招回流亡的百姓，赈济贫民，开通水路运输。虞诩刚到任时，谷价每石一千钱，盐价每石八千钱，仅存户口一万三千户。而在任三年之后，米价每石八十钱，盐价每石四百钱，居民增加到四万多户。人人富足，家家丰裕，从此一郡平安。

第五十卷 汉纪四十二

译文诵读

孝安皇帝中元初三年（丙辰，116）

旧制：公卿、二千石、刺史不得行三年丧，司徒刘恺以为“非所以师表百姓，宣美风俗”。丙戌，初听大臣行三年丧。

永宁元年（庚申，120）

北匈奴率车师后王军就共杀后部司马及敦煌长史索班等，遂击走其前王，略有北道。鄯善逼急，求救于曹宗，宗因此请出兵五千人击匈奴，以报索班之耻，因复取西域；公卿多以为宜闭玉门关，绝西域。太后闻军司马班勇有父风，召诣朝堂问之。勇上议曰：“昔孝武皇帝患匈奴强盛，于是开通西域，论者以为夺匈奴府藏，断其右臂。光武中兴，未遑外事，故匈奴负强，驱率诸国；及至永平，再攻敦煌，河西诸郡，城门昼闭。孝明皇帝深惟庙策，乃命虎臣出征西域，故匈奴远遁，边境得安；及至永元，莫不内属。会间者羌乱，西域复绝，北虏遂遣责诸国，备其逋租，高其价直，严以期会，鄯善、车师皆怀愤怨，思乐事汉，其路无从；前所以时有叛者，皆由牧养失宜，还为其害故也。今曹宗徒耻于前负，欲报雪匈奴，而不寻出兵故事，未度当时之宜也。夫要功荒外，万无一成，若兵连祸结，悔无所及。况今府藏未充，师无后继，是示弱于远夷，暴短于海内，臣愚以为不可许也。旧敦煌郡有营兵三百人，今宜复之，复置护西域副校尉，居于敦煌，如永元故事，又宜遣西域长史将五百人屯楼兰，西当焉耆、龟兹径路，南强鄯善、于寘心胆，北扞匈奴，东近敦煌，如此诚便。”

于是从勇议，复敦煌郡营兵三百人，置西域副校尉居敦煌，虽复羁縻西域，然亦未能出屯。其后匈奴果数与车师共入寇钞，河西大被其害。

初，当煎种饥五同种大豪卢怱、忍良等千余户别留允街，而首施两端。

建光元年（辛酉，121）

二月，皇太后寝疾，癸亥，赦天下。三月，癸巳，皇太后邓氏崩。未及大敛，帝复申前命，封邓骘为上蔡侯，位特进。

丙午，葬和熹皇后。

太后自临朝以来，水旱十载，四夷外侵，盗贼内起，每闻民饥，或达旦不寐，躬自减彻以救灾厄，故天下复平，岁还丰穰。

上始亲政事，尚书陈忠荐隐逸及直道之士颍川杜根、平原成翊世之徒，上皆纳用之。忠，宠之子也。初，邓太后临朝，根为郎中，与同时郎上书言："帝年长，宜亲政事。"太后大怒，皆令盛以缣囊，于殿上扑杀之，既而载出城外，根得苏；太后使人检视，根遂诈死，三日，目中生蛆，因得逃窜，为宜城山中酒家保，积十五年。成翊世以郡吏亦坐谏太后不归政抵罪。帝皆征诣公车，拜根侍御史，翊世尚书郎。或问根曰："往者遇祸，天下同义，知故不少，何至自苦如此？"根曰："周旋民间，非绝迹之处，邂逅发露，祸及亲知，故不为也。"

帝少号聪明，故邓太后立之。及长，多不德，稍不可太后意；帝乳母王圣知之。太后征济北、河间王子诣京师；河间王子翼，美容仪，太后奇之，以为平原怀王后，留京师。王圣见太后久不归政，虑有废置，常与中黄门李闰、江京候伺左右，共毁短太后于帝，帝每怀忿惧。及太后崩，宫人先有受罚者怀怨恚，因诬告太后兄弟悝、弘、阊先从尚书邓访取废帝故事，谋立平原王。帝闻，追怒，令有司奏悝等大逆无道，遂废西平侯广宗、叶侯广德、西华侯忠、阳安侯珍、都乡侯甫德皆为庶人，邓骘以不与谋，但免特进，遣就国；宗族免官归故郡，没入骘等赀财田宅。徙邓访及家属于远郡。郡县迫逼，广宗及忠皆自杀。又徙封骘为罗侯；五月，庚辰，骘与子凤并不食而死。骘从弟河南尹豹、度辽将军舞阳侯遵、将作大匠畅皆自杀；唯广德兄弟以母与阎后同产，得留京师。复以耿夔为度辽将军，征乐安侯邓康为太仆。丙申，贬平原王翼为都乡侯，遣归河间。翼谢绝宾客，闭门自守，由是得免。

帝以江京尝迎帝于邸，以为京功，封都乡侯，封李闰为雍乡侯，闰、京并迁中常侍。京兼大长秋，与中常侍樊丰、黄门令刘安、钩盾令陈达及王圣、圣女伯荣扇动内外，竞为侈虐；伯荣出入宫掖，传通奸赂。司徒杨震上疏曰："臣闻政以得贤为本，治以去秽为务；是以唐、虞俊乂在官，四凶流放，天下咸服，以致雍熙。方今九德未事，嬖幸充庭。阿母王圣，出自贱微，得遭千载，奉养圣躬，虽有推燥居湿之勤，前后赏惠，过报劳苦，而无厌之心不知纪极，外交属托，扰乱天下，损辱清朝，尘点日月。夫女子、小人，近之喜，远之怨，实为难养。宜速出阿母，令居外舍，断绝伯荣，莫使往来；令恩德两隆，上下俱美。"奏御，帝以示阿母等，内幸皆怀忿恚。

尚书令祋讽等奏，以为"孝文定约礼之制，光武皇帝绝告宁之典，贻则万世，诚不可改，宜复断大臣行三年丧"。尚书陈忠上疏曰："高祖受命，萧何创制，大臣有宁告之科，合于致忧之义。建武之初，新承大乱，凡诸国政，多趣简易，大臣既不得告宁而群司营禄念私，鲜循三年之丧以报顾复之恩者，礼义之方，实为凋损。陛下听大臣终丧，圣功美业，靡以尚兹。《孟子》曰：‘老吾老以及人之老，幼吾幼以及人之幼，天下可运于掌。’臣愿陛下登高北望，以甘陵之思揆度臣子之心，则海内咸得其所。”时宦官不便之，竟寝忠奏。庚子，复断二千石以上行三年丧。

袁宏论曰：古之帝王所以笃化美俗，率民为善，因其自然而不夺其情，民犹有不及者，而况毁礼止哀，灭其天性乎！

延光元年（壬戌，122）

汝南太守山阳王龚，政崇宽和，好才爱士。以袁阆为功曹，引进郡人黄宪、陈蕃等；宪虽不屈，蕃遂就吏。阆不修异操而致名当时，蕃性气高明，龚皆礼之，由是群士莫不归心。

宪世贫贱，父为牛医。颍川荀淑至慎阳，遇宪于逆旅，时年十四；淑竦然异之，揖与语，移日不能去，谓宪曰：“子，吾之师表也。”既而前至袁阆所，未及劳问，逆曰：“子国有颜子，宁识之乎？”阆曰：“见吾叔度耶？”是时同郡戴良，才高倨傲，而见宪未尝不正容，及归，罔然若有失也。其母问曰：“汝复从牛医儿来邪？”对曰：“良不见叔度，自以为无不及；既睹其人，则瞻之在前，忽然在后，固难得而测矣。”陈蕃及同郡周举尝相谓曰：“时月之间，不见黄生，则鄙吝之萌复存乎心矣。”太原郭泰，少游汝南，先过袁阆，不宿而退；进，往从宪，累日方还。或以问泰，曰：“奉高之器，譬诸氿滥，虽清而易挹。叔度汪汪若千顷陂，澄之不清，淆之不浊，不可量也。”宪初举孝廉，又辟公府。友人劝其仕，宪亦不拒之，暂到京师，即还，竟无所就，年四十八终。

二年（癸亥，123）

北匈奴连与车师入寇河西，议者欲复闭玉门、阳关以绝其患。敦煌太守张珰上书曰：“臣在京师，亦以为西域宜弃，今亲践其土地，乃知弃西域则河西不能自存。谨陈西域三策：北虏呼衍王常展转蒲类、秦海之间，专制西域，共为寇钞。今以酒泉属国吏士二千余人集昆仑塞，先击呼衍王，绝其根本，因发鄯善兵五千人胁车师后部，此上计也。若不能出兵，可置军司马，将士五百人，四郡供其犁牛、谷食，出据柳中，此中计也。如又不能，则宜弃交河城，收鄯善等悉使入塞，此下计也。”朝廷下其议，陈忠上疏曰：“西域内附日久，区区东望扣关者数矣，此其不乐匈奴、慕汉之效也。今北虏已破车师，势必南攻鄯善，弃而不救，则诸国从矣。若然，则虏财贿益增，胆势益殖，威临南羌，与之交通，如此，河西四郡危矣。河西既危，不可不救，则百倍之役兴，不訾之费发矣。议者但念西域绝远，恤之烦费，不见孝武苦心勤劳之意也。方今敦煌孤危，远来告急；复不辅助，内无以慰劳吏民，外无以威示百蛮，蹙国减土，非良计也。臣以为敦煌宜置校尉，按旧增四郡屯兵，以西抚诸国。”帝纳之，于是复以班勇为西域长史，将兵五百人出屯柳中。

陈忠荐汝南周燮、南阳冯良学行深纯，隐居不仕，名重于世；帝以玄纁羔币聘之；燮宗族更劝之曰："夫修德立行，所以为国，君独何为守东冈之陂乎？"燮曰："夫修道者度其时而动，动而不时，焉得亨乎！"与良皆自载至近县，称病而还。

三年（甲子，124）

初，樊丰、周广、谢恽等见杨震连谏不从，无所顾忌，遂诈作诏书，调发司农钱谷、大匠见徒材木，各起冢舍、园池、庐观，役费无数。震复上疏曰："臣备台辅，不能调和阴阳，去年十二月四日，京师地动，其日戊辰；三者皆土，位在中宫，此中臣、近官持权用事之象也。臣伏惟陛下以边境未宁，躬自菲薄，宫殿垣屋倾倚，枝拄而已。而亲近幸臣，未崇断金，骄溢逾法，多请徒士，盛修第舍，卖弄威福，道路讙哗，地动之变，殆为此发。又，冬无宿雪，春节未雨，百僚焦心，而缮修不止，诚致旱之征也。惟陛下奋乾刚之德，弃骄奢之臣，以承皇天之戒！"震前后所言转切，帝既不平之，而樊丰等皆侧目愤怨，以其名儒，未敢加害。会河间男子赵腾上书指陈得失，帝发怒，遂收考诏狱，结以罔上不道。震上疏救之曰："臣闻殷、周哲王，小人怨詈，则还自敬德。今赵腾所坐，激讦谤语，为罪与手刃犯法有差，乞为亏除，全腾之命，以诱刍荛舆人之言。"帝不听，腾竟伏尸都市。及帝东巡，樊丰等因乘舆在外，竞修第宅，太尉部掾高舒召大匠令史考校之，得丰等所诈下诏书，具奏，须行还上之，丰等惶怖。会太史言星变逆行，遂共谮震云："自赵腾死后，深用怨怼；且邓氏故吏，有恚恨之心。"壬戌，车驾还京师，便时太学，夜，遣使者策收震太尉印绶；震于是柴门绝宾客。丰等复恶之，令大鸿胪耿宝奏："震大臣，不服罪，怀恚望。"有诏，遣归本郡。震行至城西夕阳亭，乃慷慨谓其诸子、门人曰："死者，士之常分。吾蒙恩居上司，疾奸臣狡猾而不能诛，恶嬖女倾乱而不能禁，何面目复见日月！身死之日，以杂木为棺，布单被，裁足盖形，勿归冢次，勿设祭祀！"因饮鸩而卒。弘农太守移良承樊丰等旨，遣吏于陕县留停震丧，露棺道侧，谪震诸子代邮行书；道路皆为陨涕。

汉安帝元初三年（丙辰，公元116年）

以往制度规定：三公、九卿、二千石官员、刺史，不得守丧三年。司徒刘恺认为："这种做法不能成为百姓的表率和倡导优良风俗。"十一月丙戌（十一日），首次允许大臣守丧三年。

永宁元年（庚申，公元120年）

北匈奴率领车师后王军就，一同杀死后部司马及敦煌长史索班等人，乘胜赶走车师前王，控制了西域北道。鄯善国形势危急，向曹宗求救。于是曹宗上书朝廷，请求出兵五千人进攻匈奴，为索班雪耻，就此重新收回西域。朝中公卿多数认为应当关闭玉门关，和西域断绝关系。邓太后听说军司马班勇有其父之风，便召他到朝堂进见，询问他的意见。班勇建议道："从前孝武皇帝因匈奴强盛而感到忧虑，于是开通了西域。评论者认为，这一举动是夺取了匈奴的宝藏，切断了匈奴的右臂。光武帝使大业中兴，未能顾及外部事务，因此匈奴得以仗恃强力，驱使各国服从。到了永平年间，匈奴再次进攻敦煌，致使河西地区各郡的城门白天关闭。孝明皇帝深思熟虑，制定国策，命虎将出征西域，匈奴因此向远方逃遁，边境才得到了安宁。及至永元年间，异族无不归附汉朝。但不久之前又发生了羌乱，汉朝与西域的关系再度中断。于是北匈奴派遣使者，督责各国缴纳拖欠的贡物，并提高价值，严格规定缴纳期限。鄯善、车师两国全都心怀怨愤，愿意臣属于汉朝，但却找不到途径。从前西域所以时常发生叛乱，都是由于汉朝官员对他们管理不当，并加以迫害的缘故。如今曹宗只是为先前的失败感到羞耻，要向匈奴报仇雪恨，并不研究从前的战史，也未衡量当前战略的利弊。在遥远的蛮荒建立功业，可能性极其微小，如果导致战争连年，祸事不断，则将后悔不及。况且如今国库并不充足，大军没有后继力量。这是向远方的异族显示我们的弱点，向天下暴露我们的短处，我认为不可批准曹宗的请求。从前敦煌郡有营兵三百人，现在应当恢复，并重新设置护西域副校尉，驻扎敦煌，如同永元年间的旧例。还应派遣西域长史率领五百人驻扎楼兰，在西方控制焉耆、龟兹的通道，在南方增强鄯善、于窴的信心和胆量，在北方抵抗匈奴，在东方捍卫敦煌。我确信这是上策。"

于是朝廷采纳了班勇的建议，向敦煌郡重新派遣营兵三百人，并设置西域副校尉驻守敦煌。朝廷虽然再次控制西域，却未能越出边境，到西域驻兵。后来，匈奴果然屡次同车师一道侵犯内地，河西地区受到严重伤害。

当初，与饥五同族的当煎部落首领卢忽、忍良等一千余户单独居住在允街，而摇摆不定待机而动。

建光元年（辛酉，公元121年）

二月，邓太后卧病。癸亥（十二日），大赦天下。三月，癸巳（十三日），邓太后驾崩。还未等到大敛，安帝便重申先前发布的命令，将邓骘封为上蔡侯，位居特进。

丙午（二十六日），安葬邓太后。

自从邓太后临朝摄政以来，水旱灾害达十年，四方异族从外入侵，盗贼叛匪在内纷起。每当听说民间饥馑，邓太后往往通宵不眠，亲自裁膳撤乐，削减个人享受，以拯救灾难。因此天下重新安定，恢复了丰收年景。

安帝开始亲自接管政事。尚书陈忠举荐"隐逸"及"直道"之士颍川人杜根、平原人成翊世等人，安帝全部接纳而予以任用。陈忠是陈宠之子。当初，邓太后主持朝政，杜根任郎中，他与当时的一位郎官共同上书说：“皇上已经长大，应当亲自主持政事。”邓太后大怒，命人将他们全都装入白绢制的袋中，在殿上当场打死，然后用车运出城外。杜根苏醒过来，邓太后派人查看尸体时，他便装死。三天之后，他的眼中长出了蛆虫，才得以逃走，成为宜城山中一家酒铺的佣工，长达十五年。成翊世原是郡府的官吏，也因劝谏邓太后归还大权而被判罪。安帝命二人前往公车，也就是主管征召事务的官署报到，将杜根任命为侍御史，将成翊世任命为尚书郎。有人问杜根说：“从前您遇到灾祸时，天下人都认为您是义士，您的知交故人不少，何至于让自己这样受苦？”杜根说：“奔走躲藏于民间，那不是隐匿踪迹的处所，一旦被人碰见而暴露身份，就会给亲友带来灾祸，所以我不肯那样做。”

安帝在幼年时，人们都说他聪明，所以邓太后将他立为皇帝。但等到长大以后，却有很多不好的品质，渐渐不合太后的心意。安帝的奶娘王圣了解这个情况。邓太后曾征召济北王和河间王的儿子们前来京城，其中，河间王的儿子刘翼相貌堂堂，邓太后认为他不同寻常，便让他做平原怀王刘隆的继承人，留在京城，王圣见邓太后久不归还政权，担心安帝会被废黜，经常同中黄门李闰和江京围在安帝身边，一同诋毁太后，安帝每每感到怨愤和恐惧。及至邓太后驾崩，先前因受处罚而怀恨的宫人便诬告邓太后的兄弟邓悝、邓弘、邓阊曾向尚书邓访索取废黜皇帝的历史档案，策划改立平原王刘翼。安帝听到后，回想往事而大怒，命令有关部门弹劾邓悝等大逆无道。于是废掉西平侯邓广宗、叶侯邓广德、西华侯邓忠、阳安侯邓珍和都乡侯邓甫德的爵位，将他们全部贬为平民；邓骘因不曾参与密谋，只免去特进之衔，遣回封国；邓氏宗亲一律免去官职，返回原郡；没收邓骘等人的资财、田地和房产；将邓访及其家属，放逐到边远的郡县。在郡县官员的迫害下，邓广宗、邓忠二人自杀。后又将邓骘改封为罗侯。五月庚辰（初一），邓骘和他的儿子邓凤一同绝食而死。邓骘的堂弟、河南尹邓豹，度辽将军、舞阳侯邓遵，以及将作大匠邓畅，全部自杀。唯独邓广德兄弟因母亲与阎皇后是亲姐妹，得以留在京城。安帝重新任命耿夔为度辽将军。征召乐安侯邓康，任命为太仆。五月丙申（十七日），将平原王刘翼贬为都乡侯，遣回河间。刘翼不再会见宾客，紧闭大门而深居自守，因此得以免罪。

安帝因江京当年曾前往清河国驻京官邸迎接自己入宫即位，认为江京有功，将他封为都乡侯，将李闰封为雍乡侯，二人全都提升为中常侍。江京兼任大长秋，与中常侍樊丰、黄门令刘安、钩盾令陈达，以及王圣和王圣的女儿伯荣在内外活动，竞相显示奢侈和暴虐。伯荣能够出入皇宫，便从事串通奸恶和传送贿赂的勾当。司徒杨震上书说：“我听说，执掌政权，以得到贤才为基本条件；治理国家，以铲除奸恶为主要任务。因此唐尧虞舜时代，俊杰之士当权，‘四凶’之类的恶人遭到流放，天下全都敬服，因此达到人心和睦。如今具备《尚书》所提出的‘九德’的人未在朝中任职，而嬖幸奸佞之辈却充斥宫廷。奶娘王圣，出身微贱，遇到千载难逢的机会，奉养皇上，虽然有精心侍候的辛勤，但先后对她的赏赐与恩德，已经超过对功劳的报答。然而她贪得无厌，不知法纪的限度，勾结宫外之人，接受请托贿赂，扰乱大局，损害朝廷，玷污了陛下日月般的圣明。女子和小人，接近他们便高兴，疏远他们便怨恨，委实难以豢养。陛下应当尽早让奶娘出宫，命她在外面居住，切断伯荣和宫廷的联系，不许她往来奔走。这样可以同时发扬皇恩与圣德，对上对下两全其美。”奏书呈上，安帝让奶娘等人传阅，他们全都心怀愤慨和怨恨。

尚书祋讽等人上书指出：“孝文皇帝制订简单的礼仪，光武皇帝革除官吏告假奔丧的制度，这是给万世留下的法则，实在不应更改。应当重新取消大臣守丧三年的规定。”尚书陈忠上书说：“高祖承受天命，萧何创立制度，大臣有守丧三年的规定，合乎孝子哀悼父母的原则。光武帝建武初年，刚刚经受了大乱，国家的各项规章制度，多趋于简单易行。既然大臣不得告假奔丧，而下面的官员们追求私利，便很少有人守丧三年，以报答父母的养育之恩，这就使礼义方面确实受到了损害。陛下准许大臣守丧三年，在神圣美好的功业中，没有哪一项比这更为崇高。《孟子》说：‘尊敬我的长辈，推及到别人的长辈；爱护我的幼儿，推及到别人的幼儿，天下便可把握运转在手掌上。’我愿陛下登高遥望北方，用陛下对甘陵的思念推想臣子的心情，那么天下之人就可以各得其所。”当时，宦官认为守丧三年的制度对自己不便，竟将陈忠的奏章搁置下来。庚子（二十三日），安帝重新取消二千石以上官员守丧三年的规定。

袁宏论曰：古代的帝王所以能使美好的风俗更为淳厚，率领百姓向善，是由于顺其自然而不强行剥夺人的感情，然而有些百姓仍然不能受到教化，更何况破坏礼制而不让为父母尽哀，毁灭了天性呢！

延光元年（壬戌，公元122年）

汝南太守山阳人王龚，为官崇尚宽厚平和，喜爱人才贤士。他任命袁阆为功曹，本郡人黄宪、陈蕃等受到举荐。尽管黄宪不肯服从征召，陈蕃却因此就任官职。袁阆并不标新立异，当时却很有名望，陈蕃则性格气质清高爽朗。王龚对他们全都以礼相待，因此士人们无不对王龚十分向往。

黄宪家世贫贱，父亲是一名牛医。颍川人荀淑来到慎阳，在旅店遇到黄宪，黄宪当时十四岁，荀淑对他大感惊异，拱手为礼而交谈，很久都不肯离去。他对黄宪说：“您就是我的老师。”接着他前往袁阆处，没来得及讲寒暄的话，迎面便说：“贵郡有个像孔子学生颜回那样的人，你可认识他？”袁阆说：“是遇到了我们的黄叔度吗？”当时，同郡人戴良富有才华而心气高傲，而见了黄宪，却总是十分恭敬，等到回家后，则感到惘然若有所失。他的母亲问道：“你又是从牛医儿子那里来吗？”戴良回答说：“我没看到黄叔度时，自以为没有地

窦宪像

方不如他，相见以后，却好像看他就在前面，而忽然又在后面出现，实在高深莫测。”陈蕃与同郡人周举曾交谈，一致认为：“如果三个月不见黄宪，那么卑鄙可耻的念头就会重新在内心萌芽了。”太原人郭泰，少年时曾在汝南郡游历。他先去拜访袁阆，没有留下过夜便告辞了。又去拜访黄宪，却一连住了几天才返回。有人问郭泰是什么原因，郭泰说：“袁奉高的才具，好比泉水，虽清但容易舀取。而黄叔度却像千顷汪洋，无法使它澄清，也无法使它浑浊，不可估量。”黄宪最初曾被本郡推举为孝廉，后来又受到三公府的征召。黄宪的友人劝他去做官，他也并不拒绝，但只是暂时前往京城，随即就回来了，竟什么官也没做。黄宪四十八岁时去世。

二年（癸亥，公元123年）

北匈奴接连与车师侵入河西地区，议论此事的官员主张再次关闭玉门关和阳关，以杜绝外患。敦煌太守张珰上书说：“我在京城时，也曾认为应当放弃西域，而如今亲自踏上这块土地，才知道如果放弃西域，那么河西地区就不能独自存在。我谨献上有关西域的上中下三策：北匈奴呼衍王经常辗转来往于蒲类海和秦海之间，控制西域地区，带领西域各国一同侵略汉朝。现在可以派酒泉属国的部队二千余人集合到昆仑塞，先去攻打呼衍王，除掉祸根，随即征调鄯善国军队五千人威胁车师后国，这是上策。如果不能出兵，可以设置军司马，领兵五百人，由河西四郡武威、酒泉、张掖、敦煌供给犁、牛、粮食，出塞进据柳中，这是中策。如果还不行，那么就应放弃交河城，收揽鄯善等友好国家的人民，让他们全部进入塞内。这是下策。”朝廷让群臣讨论张珰的建议。陈忠上书说：“西域归心汉朝已久，有不少国家热诚地向往东方，到边关探询请求，这是他们不满匈奴、仰慕汉朝的证明。如今北匈奴已经打败了车师，势必向南进攻鄯善。如果我们放弃他们而不去援救，各国就要归附北匈奴了。若是如此，那么北匈奴的财富就会愈发增多，胆量就会愈发变大，威势逼近南羌地区，与羌人联络，这样河西四郡就危险了。河西地区既然危险，不可不去救援，那么就要征发百倍的徭役，动用无数的

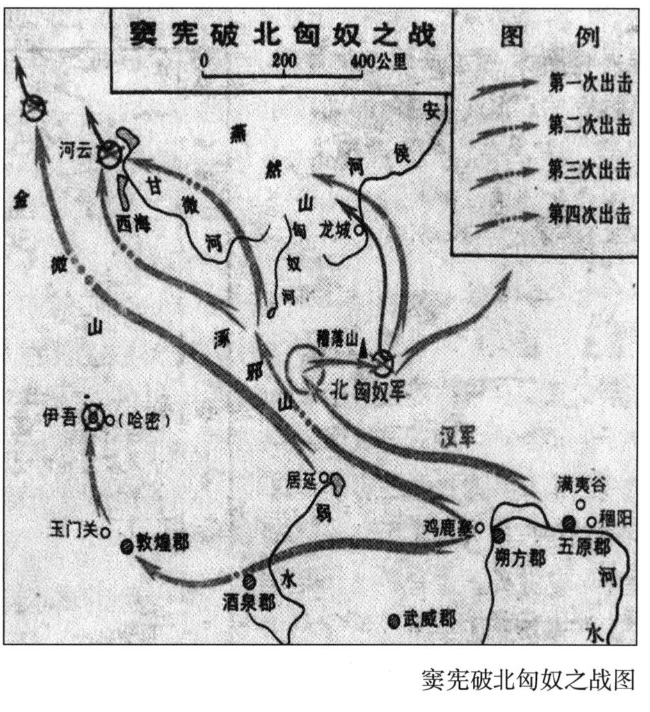

窦宪破北匈奴之战图

资财了。议论此事的人，只想到西域距离极远，照顾这一地区花费太多，却看不到孝武皇帝苦心操劳的本意。目前敦煌孤立危险，从远方向朝廷告急，再不给予帮助，对内无法安慰官吏和人民，对外无法向各异族示威，势必削减自己的领土，这不是好计策。我认为应当在敦煌设置校尉，依照旧例增加河西四郡的驻军，以镇抚四方各国。”安帝采纳了他的意见。于是重新将班勇任命为西域长史，率兵五百人出塞，驻扎柳中。

陈忠举荐汝南人周燮、南阳人冯良，称赞他们学识高深，品行纯正，隐居乡间而不入仕途，在当世享有盛名。于是安帝用黑色绸缎和羔皮做礼品，征聘他们做官。周燮家庭的人进一步劝说周燮道：“培养道德，砥砺品行，目的是为国效力，您为什么偏偏要守在东山坡呢？”周燮说：“培养品德学问的人，要等待时机而动。时机未到就动，怎么能行得通呢！”他和冯良都自己坐车到本县县府，声称有病，然后回家。

三年（甲子，公元124年）

起初，樊丰、周广、谢恽等人见杨震接连进谏却未被采纳，因而无所顾忌，后来便伪造诏书，征调大司农的钱粮、大匠的现有徒夫、木材，各自兴建巨宅、林园池塘和亭台楼阁，劳役及费用无法统计。杨震再次上书说：“我身在三公之位，未能调和阴阳。去年十二月四日，京城发生地震，那一天是‘戊辰’日，地与戊、辰三者都属‘土’，而地震的位置在中宫，这是宦官幸臣掌权用事的征象。我想到，陛下由于边境平静，自己十分俭省，皇宫的墙垣殿堂倾斜，只用支柱撑起而已。然而那些亲近的宠臣，却不能尊崇与陛下同心的原则，他们骄傲奢侈超过法律的限制，大量征调役夫，大修宅第，作威作福，致使行人在路上喧哗，地震的灾变，恐怕就是为此而发。还有，去冬无积雪，春天未下雨，百官感到心焦，但修缮未停止，这诚然是导致干旱的征兆。愿陛下振奋帝王的阳刚之德，抛弃那些骄傲奢侈之臣，以回报上天的警告！”杨震前后的言论由温和转为激烈，安帝已感到不满，而樊丰等人全都对杨震侧目而视，十分愤恨。但由于杨震是知名的儒者，他们未敢加害于他。恰在此时，河间男子赵腾上书分析批评朝廷得失，安帝发怒，于是将赵腾逮捕，送到诏狱审问，以欺骗主上、大逆不道定罪。杨震上书营救赵腾，说：“我听说殷代、周代的圣明君王，受到小人的抱怨和诟骂后，反而自我警戒，进一步修养品德。如今赵腾受到指控的原因，是用激烈的言辞进行诽谤，罪行与持刀杀人犯法有所不同。我请求为赵腾减刑，保全他的性命，以劝诱草野民众为国进言。”安帝不听。赵腾终于被处死，横尸于都市街头。及至安帝去东方巡视，樊丰等因皇上在外而竞相大修宅第。太尉部掾高舒叫来大匠令史询问核查，得到了樊丰等人伪造发下的诏书。杨震将全部情况写成奏书，准备等安帝回京后呈上，樊丰等人大为惶恐。这时，恰好太史报告说星象发生变化，出现了逆行现象。于是樊丰等人便一同诋毁杨震说：“自从赵腾死后，杨震深为不满，而且他是邓氏家族的旧人，有怨恨之心。”三月，壬戌（二十九日），安帝回到京城洛阳，临时在太学休息。当夜，派使者颁策，收回杨震的太尉印信。于是杨震紧闭门户，不再会见宾客。樊丰等人又感到厌恶，指使大鸿胪耿宝上奏说：“杨震本是大臣，竟不服罪而心怀怨恨。”安帝下诏，将杨震遣回原郡。杨震来到洛阳城西的夕阳亭，便满怀慷慨地对他的儿子、门徒们说：“死亡，乃是士的平常遭遇。我蒙受皇恩而身居高位，痛恨奸臣狡诈，却不能进行惩罚；痛恨淫妇作乱，却不能予以禁止，还有什么面目再见日月！我死以后，要以杂木作棺材，用单被包裹，仅够盖住身体即可，不要归葬祖坟，不要祭祀！”于是服毒而死。弘农郡太守移良遵照樊丰等人的意思，派官吏在陕县留住杨震的丧车，使棺木暴露在大道之旁，并谪罚杨震的儿子们为驿站传递文书。路上的行人都为他们洒泪。

第五十一卷
汉纪四十三

译文诵读

孝安皇帝下延光四年（乙丑，125）

庚申，帝至宛，不豫。乙丑，帝发自宛；丁卯，至叶，崩于乘舆。年三十二。

皇后与阎显兄弟、江京、樊丰等谋曰："今晏驾道次，济阴王在内，邂逅公卿立之，还为大害。"乃伪云"帝疾甚"，徙御卧车。所在上食、问起居如故。驱驰行四日，庚午，还宫。辛未，遣司徒刘熹诣效庙、社稷，告天请命；其夕，发丧。尊皇后曰皇太后。太后临朝。以显为车骑将军、仪同三司。太后欲久专国政，贪立幼年，与显等定策禁中，迎济北惠王子北乡侯懿为嗣。济阴王以废黜，不得上殿亲临梓宫，悲号不食；内外群僚莫不哀之。

阎显忌大将军耿宝位尊权重，威行前朝，乃风有司奏："宝及其党与中常侍樊丰、虎贲中郎将谢恽、侍中周广、野王君王圣、圣女永等更相阿党，互作威福，皆大不道。"辛卯，丰、恽、广皆下狱，死；家属徙比景。贬宝及弟子林虑侯承皆为亭侯，遣就国；宝于道自杀。王圣母、子徙雁门。于是以阎景为卫尉，耀为城门校尉，晏为执金吾，兄弟并处权要，威福自由。

北乡侯病笃，中常侍孙程谓济阴王谒者长兴渠曰："王以嫡统，本无失德；先帝用谗，遂至废黜。若北乡侯不起，相与共断江京、阎显，事无不成者。"渠然之。又中黄门南阳王康，先为太子府史，及长乐太官丞京兆王国等并附同于程。江京谓阎显曰："北乡侯病不解，国嗣宜以时定，何不早征诸王子，简所置乎！"显以为然。辛亥，北乡侯薨；显白太后，秘不发丧，更征诸王子，闭宫门，屯兵自守。

十一月，乙卯，孙程、王康、王国与中黄门黄龙、彭恺、孟叔、李建、王成、张贤、史泛、马国、王道、李元、杨佗、陈予、赵封、李刚、魏猛、苗光等聚谋于西钟下，皆截单衣为誓。丁巳，京师及郡国十六地震。是夜，程等共会崇德殿上，因入章台门。时江京、刘安及李闰、陈达等俱坐省门下，程与王康共就斩京、安、达。以李闰权势积为省内所服，欲引为主，因举刃胁闰曰："今当立济阴王，毋得摇动！"闰曰："诺。"于是扶闰起，俱于西钟下迎济阴王即皇帝位，时年十一。

召尚书令、仆射以下从辇幸南宫，程等留守省门，遮扞内外。帝登云台，召公卿、百僚，使虎贲、羽林士屯南、北宫诸门。

阎显时在禁中，忧迫不知所为，小黄门樊登劝显以太后诏召越骑校尉冯诗、虎贲中郎将阎崇将兵屯平朔门以御程等。显诱诗入省，谓曰："济阴王立，非皇太后意，玺绶在此。苟尽力效功，封侯可得。"太后使授之印曰："能得济阴王者，封万户侯；得李闰者，五千户侯。"诗等皆许诺，辞以"卒被召，所将众少"。显使与登迎吏士于左掖门外，诗因格杀登，归营屯守。

显弟卫尉景遽从省中还外府，收兵至盛德门。孙程传召诸尚书使收景。尚书郭镇时卧病，闻之，即率直宿羽林出南止车门，逢景从吏士拔白刃呼曰："无干兵！"镇即下车持节诏之，景曰："何等诏！"因斫镇，不中。镇引剑击景堕车，左右以戟叉其胸，遂禽之，送廷尉狱，即夜死。

戊午，遣使者人省，夺得玺绶，帝乃幸嘉德殿，遣侍御史持节收阎显及其弟城门校尉耀、执金吾晏，并下狱，诛；家属皆徙比景。迁太后于离宫。己未，开门，罢屯兵。壬戌，诏司隶校尉："惟阎显、江京近亲，当伏辜诛，其余务崇宽贷。"封孙程等皆为列侯：程食邑万户，王康、王国食九千户，黄龙食五千户，彭恺、孟叔、李建食四千二百户，王成、张贤、史泛、马国、王道、李元、杨佗、陈予、赵封、李刚食四千户，魏猛食二千户，苗光食千户：是为十九侯，加赐车马、金银、钱帛各有差。

孝顺皇帝上永建元年（丙寅，126）

中常侍张防卖弄权势，请托受取；诩案之，屡寝不报。诩不胜其愤，乃自系廷尉，奏言："昔孝安皇帝任用樊丰，交乱嫡统，几亡社稷。今者张防复弄威柄，国家之祸将重至矣。臣不忍与防同朝，谨自系以闻，无令臣袭杨震之迹！"书奏，防流涕诉帝，诩坐论输左校；防必欲害之，二日之中，传考四狱。狱吏劝诩自引，诩曰："宁伏欧刀以示远近！喑呜自杀，是非孰辨邪！"浮阳侯孙程、祝阿侯张贤相率乞见，程曰："陛下始与臣等造事之时，常疾奸臣，知其倾国。今者即位而复自为，何以非先帝乎！司隶校尉虞诩为陛下尽忠，而更被拘系；常侍张防臧罪明正，反构忠良。今客星守羽林，其占宫中有奸臣；宜急收防送狱，以塞天变。"时防立在帝后，程叱防曰："奸臣张防，何不下殿！"防不得已，趋就东箱。程曰："陛下急收防，无令从阿母求请！"帝问诸尚书，尚书贾朗素与防善，证诩之罪；帝疑焉，谓程曰："且出，吾方思之！"于是诩子颉与门生百余人，举幡候中常侍高梵车，叩头流血，诉言枉状。梵入言之，防坐徙边，贾朗等六人或死或黜；即日赦出诩。程复上书陈诩有大功，语甚切激。帝感悟，复征拜议郎；数日，迁尚书仆射。

二年（丁卯，127）

初，南阳樊英，少有学行，名著海内，隐于壶山之阳，州郡前后礼请，不应；

公卿举贤良、方正、有道，皆不行；安帝赐策书征之，不赴。是岁，帝复以策书、玄纁，备礼征英，英固辞疾笃。诏切责郡县，驾载上道。英不得已，到京，称疾不肯起；强舆入殿，犹不能屈。帝使出就太医养疾，月致羊酒。其后帝乃为英设坛，令公车令导，尚书奉引，赐几、杖，待以师傅之礼，延问得失，拜五官中郎将。数月，英称疾笃；诏以为光禄大夫，赐告归，令在所送谷，以岁时致牛酒。英辞位不受，有诏譬旨，勿听。

英初被诏命，众皆以为必不降志。南郡王逸素与英善，因与其书，多引古譬谕，劝使就聘。英顺逸议而至；及后应对无奇谋深策，谈者以为失望。河南张楷与英俱征，谓英曰："天下有二道，出与处也。吾前以子之出，能辅是君也，济斯民也。而子始以不訾之身怒万乘之主，及其享受爵禄，又不闻匡救之术，进退无所据矣。"

臣光曰：古之君子，邦有道则仕，邦无道则隐。隐非君子之所欲也。人莫已知而道不得行，群邪共处而害将及身，故深藏以避之。王者举逸民，扬仄陋，固为其有益于国家，非以徇世俗之耳目也。是故有道德足以尊主，智能足以庇民，被褐怀玉，深藏不市，则王者当尽礼而致之，屈己以访之，克己以从之，然后能利泽施于四表，功烈格于上下。盖取其道不取其人，务其实不务其名也。

其或礼备而不至，意勤而不起，则姑内自循省而不敢强致其人，曰：岂吾德之薄而不足慕乎？政之乱而不可辅乎？群小在朝而不敢进乎？诚心不至而忧其言之不用乎？何贤者之不我从也？苟其德已厚矣，政已治矣，群小远矣，诚心至矣，彼将扣阍而自售，又安有勤求而不至者哉！荀子曰："耀蝉者，务在明其火，振其木而已；火不明，虽振其木，无益也。今人主有能明其德，则天下归之，若蝉之归明火也。"或者人主耻不能致，乃至诱之以高位，胁之以严刑。使彼诚君子邪，则位非所贪，刑非所畏，终不可得而致也；可致者，皆贪位畏刑之人也，乌足贵哉！

若乃孝弟著于家庭，行谊隆于乡曲，利不苟取，仕不苟进，洁己安分，优游卒岁，虽不足以尊主庇民，是亦清修之吉士也；王者当褒优安养，俾遂其志。若孝昭之待韩福，光武之遇周党，以励廉耻，美风俗，斯亦可矣，固不当如范升之诋毁，又不可如张楷之责望也。

至于饰伪以邀誉，钓奇以惊俗，不食君禄而争屠沽之利，不受小官而规卿相之位，名与实反，心与迹违，斯乃华士、少正卯之流，其得免于圣王之诛幸矣，尚何聘召之有哉！

时又征广汉杨厚、江夏黄琼。琼，香之子也。厚既至，豫陈汉有三百五十年之厄以为戒，拜议郎。琼将至，李固以书逆遗之曰："君子谓伯夷隘，柳下惠不恭。

不夷不惠，可否之间，圣贤居身之所珍也。诚欲枕山栖谷，拟迹巢、由，斯则可矣；若当辅政济民，今其时也。自生民以来，善政少而乱俗多，必待尧、舜之君，此为士行其志终无时矣。尝闻语曰：‘峣峣者易缺，皦皦者易污。’盛名之下，其实难副。近鲁阳樊君被征初至，朝廷设坛席，犹待神明，虽无大异，而言行所守，亦无所缺；而毁谤布流，应时折减者，岂非观听望深，声名太盛乎！是故俗论皆言‘处士纯盗虚声’。愿先生弘此远谟，令众人叹服，一雪此言耳！”琼至，拜议郎，稍迁尚书仆射。琼昔随父在台阁，习见故事；及后居职，达练官曹，争议朝堂，莫能抗夺。数上疏言事，上颇采用之。

李固，郃之子，少好学，常改易姓名，杖策驱驴，负笈从师，不远千里，遂究览坟籍，为世大儒。每到太学，密入公府，定省父母，不令同业诸生知其为郃子也。

汉安帝延光四年（乙丑，公元125年）

庚申（初三），安帝抵宛，身体顿觉不适。乙丑（初八），从宛出发。丁卯（初十），抵达叶县，就死在车上。年仅三十二岁。

皇后和她的兄弟阎显等，以及宦官江京、樊丰等密谋说：“如今皇帝死在道上，他的亲生儿子济阴王却留在京都洛阳。消息一旦传出，如果公卿大臣集会，拥立济阴王继承帝位，将给我们带来大祸。”于是谎称皇帝病重，将尸首抬上卧车，所过之处，贡献饮食、问候起居，和往常一样。车队急行四天，于庚午（十三日）返抵皇宫。辛未（十四日），派司徒刘熹前往郊庙、社稷，祷告天地。当晚，发丧，尊皇后为皇太后。太后临朝主政，任命其兄阎显为车骑将军、仪同三司。太后为了长期把持朝廷大权，想选立一个年幼的皇帝。于是和阎显等在禁宫中定策，决定迎立济北惠王的儿子、北乡侯刘懿继位。而济阴王因在此前已遭废黜，反而不得上殿在棺木前哀悼父亲，他悲痛号哭，饮食不进。宫廷内外文武百官，无不为之哀伤。

阎显顾忌大将军耿宝位尊权重，威望又高，于是指使有关官吏弹劾：“耿宝和他的同党中常侍樊丰、虎贲中郎将谢恽、侍中周广、野王君王圣、王圣的女儿永等人，互相结党营私，作威作福，都大逆不道。”辛卯（初五），樊丰、谢恽、周广都被捕下狱处死，家属流放比景。耿宝和侄儿林虑侯耿承都贬为亭侯，遣归封国。耿宝在途中自杀。王圣母子，流放雁门。于是，阎显又任命其弟阎景为卫尉，阎耀为城门校尉，阎晏

东汉“汉委奴国王”金印

为执金吾，兄弟同居权力中枢，任意作威作福。

北乡侯刘懿病重，中常侍孙程对济阴王谒者长兴渠说："济阴王是皇帝嫡子，原本没有过失，先帝听信奸臣谗言，竟被废黜。如果北乡侯的病不能痊愈，我与你联合除掉江京、阎显，没有不成功之理。"长兴渠同意。此外，中黄门、南阳郡人王康，先前曾担任太子府史，以及长乐太官丞、京兆王国等人，也都赞成孙程的意见。江京对阎显说："北乡侯的病不愈，继位人应该按时确定，何不及早征召诸王之子，从中选择可以继位的人？"阎显认为有理。辛亥（二十七日），北乡侯去世。阎显急忙禀告太后，暂时秘不发丧，再征召诸王之子进宫，关闭宫门，驻兵把守。

十一月，乙卯（初二），孙程、王康、王国和中黄门黄龙、彭恺、孟叔、李建、王成、张贤、史泛、马国、王道、李元、杨佗、陈予、赵封、李刚、魏猛、苗光等，在西钟楼下秘密聚会，每人撕下一幅衣襟进行盟誓。丁巳（初四），京都洛阳和十六个郡和封国发生地震。当晚，孙程等先在崇德殿上集合，然后进入章台门。当时，江京、刘安和李闰、陈达等正好都坐在禁门下，孙程和和王康一齐动手，斩杀江京、刘安和陈达。因李闰长久享有权势，为宫内人所信服，想让他来领头。所以举刀胁迫李闰说："你必须答应拥戴济阴王为帝，不得动摇！"李闰回答："是。"于是，大家将李闰扶起来，都到西钟楼下迎济阴王即皇帝位，当时济阴王十一岁。接着召集尚书令、仆射以下官吏跟随御车，进入南宫。孙程等留守禁门，断绝内外交通。皇帝登上云台，召集公卿百官。派遣虎贲和羽林卫士分别驻守南宫和北宫的所有宫门。

阎显这时正在宫中，闻讯后惊惶失措，不知如何应变。小黄门樊登劝阎显用太后诏命征召越骑校尉冯诗、虎贲中郎将阎崇，率军驻守平朔门，以抵御孙程等人。于是，阎显用征召的办法引诱冯诗入宫，并对他说："济阴王即位，不是皇太后的旨意，皇帝玺印还在这里。如果你能尽力效劳，可以得到封侯。"太后派人送来印信说："能拿获济阴王的，封万户侯。拿获李闰的，封五千户侯。"冯诗等人虽都承诺，但报告说："因仓猝被召，带兵太少。"阎显派冯诗等和樊登去左掖门外迎接增援的将士，冯诗等趁机斩杀樊登，归营固守。

阎显的弟弟卫尉阎景仓猝从宫中返回外府，收兵抵达盛德门。孙程传诏书命令尚书们逮捕阎景。当时，尚书郭镇正卧病在床，一听到命令，立即率领值班的羽林卫士，从南止车门出来，正遇上阎景的部属拔刀大叫："不要挡道！"郭镇立即下车持节宣读诏书，阎景说："什么诏书！"于是举刀砍郭镇，没有砍中。郭镇拔剑将阎景击落车下，羽林卫士用戟叉住他的胸脯，将其活捉，送至廷尉狱囚禁，当夜死去。

戊午（初五），派使者入北宫，夺到皇帝玺印。于是，皇帝亲临嘉德殿，派遣侍御史持符节，将阎显及其弟城门校尉阎耀、执金吾阎晏一并逮捕，下狱处死，家属全都流放比景。将太后迁往离宫。己未（初六），打开宫门，撤走驻兵。壬戌

（初九），下诏给司隶校尉："只有阎显、江京近亲应当被诛杀，其他的人，均须从宽处理。"孙程等都被封为列侯：孙程食邑万户，王康、王国食邑九千户，黄龙食邑五千户，彭恺、孟叔、李建各食邑四千二百户，王成、张贤、史泛、马国、王道、李元、杨佗、陈予、赵封、李刚，各食邑四千户，魏猛食邑二千户，苗光食邑千户，号为十九侯。同时，分别等级，赏赐车马、金银和钱帛。

汉顺帝永建元年（丙寅，公元126年）

因中常侍张防利用权势，接受贿赂和请托，虞诩曾多次请求将他法办，都被搁置，没有回音。虞诩不胜愤慨，于是自投廷尉监狱，上书顺帝说："过去，安帝任用樊丰，废黜皇室正统，几乎使社稷灭亡。现在，张防又玩弄权势，亡国之祸，将再降临。我不忍心和张防同列朝廷，谨自囚廷尉狱以报，免得让我重蹈杨震的覆辙！"奏章呈上后，张防在顺帝面前流泪哭诉，于是，虞诩坐罪，被遣送到左校罚做苦役。而张防仍然不肯放过虞诩，必欲置之死地。两天之内，虞诩被传讯拷打四次。狱吏劝虞诩自杀，虞诩回答说："我宁愿伏刑刀死于市，让远近的人都知道！如果不声不响地自杀，谁能分辨是非呢？"浮阳侯孙程和祝阿侯张贤相继请求面见顺帝，孙程说："陛下当初和我们起事的时候，常痛恨奸臣，深知他们会使国家倾覆。而今即位以后，却又自己纵容和包庇奸佞，又怎么能责备先帝不对？司隶校尉虞诩为陛下尽忠，却被逮捕囚禁。中常侍张防贪赃枉法，证据确凿，反而陷害忠良。今观天象，客星守羽林，是宫中有奸臣的征兆。应该急捕张防下狱，以堵塞上天所降的灾异。"当时，张防站在顺帝背后，孙程大声呵斥张防说："奸臣张防，为何不下殿去！"张防迫不得已，小步疾走退入东厢。孙程又对顺帝说："陛下，请立即下令逮捕张防，不要让他去向您的奶母求情！"顺帝征求尚书们的意见，尚书贾朗跟张防素来交情很好，争辩说虞诩有罪。顺帝疑惑，对孙程说："你们先出去，朕正在考虑！"于是，虞诩的儿子虞和颉门生一百余人，举着旗帜，等候中常侍高梵的车子，向高梵叩头流血，申诉虞诩被冤枉的情况。高梵入宫后将情况报告给顺帝。结果，张防因罪被流放到边疆，尚书贾朗等六人，有的处死，有的免官，并于当天释放虞诩。孙程又上书陈述虞诩有大功，措辞甚为直率激烈。顺帝感动醒悟，又任命虞诩为议郎。几天后，擢升为尚书仆射。

二年（丁卯，公元127年）

当初，南阳郡人樊英，从小学问、品行兼优，闻名天下，隐居在壶山南麓，州郡官府曾先后多次征聘他出来当官，他不应命。朝廷公卿大臣荐举他为贤良、方正、有道，他都不肯动身。安帝赐策书征召，他还是不去。同年，安帝又用策书和黑色的缯帛，非常礼敬地征召樊英，而他以病重为理由坚决推辞。诏书严厉谴责州郡官府办事不得力，于是州郡官府把樊英抬到车上上路。樊英不得已，来到京都洛阳。到洛阳后，樊英又称病不肯起床，于是，用轿子强行将他抬进宫殿，但他还是不肯屈从。安帝让他出去，到太医处养病，每月送给羊和酒。其后，安帝又特地为樊英设立讲坛，命公车令在前面引路，尚书陪同，赏赐小桌和手杖，用尊敬老师的礼节来对待他，询问朝廷大政的得失，将他任命为五官中郎将。数月之后，樊英又声称病重，安帝下诏，将他任命为光禄大夫，准许回家养病，令当地官府送谷米，每年四季送给牛和酒。樊英请求辞去职位，有诏书晓告皇帝旨意，不予批准。

樊英刚接到诏书时，大家都认为，他一定不会贬抑自己的志气，而去应命。南郡人王逸平素和樊英很要好，因而特地写信给他，引用了许多古人的事进行比喻，劝他接受朝廷的征召。于是，樊英听从了王逸的建议，而前往洛阳。可是，后来他在应对皇帝的提问时，没有什么奇谋远策，大家都很失望。河南人张楷和樊英同时接受征聘，他对樊英说："天下只有两条路，即出仕和隐退。我先前认为，如果你应召出仕，一定会辅佐君王，拯救百姓。而你开始时以贵重之极的生命，去激怒君王，等到享受爵禄之后，却又听不到你有扶正补救的方法，这是进退没有依据。"

臣司马光曰：古代的正人君子，当国家政治清明时，他就出来做官，国家政治暴虐时，他就隐退为民。隐退为民，本来不是正人君子所愿意的。但他们深知，没有人真正了解自己，则正道不能得到推行，而和一群奸佞之辈共事，终将伤害自己，所以，才隐藏自己的才能，远远躲开。圣明的君王之所以选用避世隐居的逸民和提拔出身卑微的人，原本是因为他们对国家有益，并不是以此来迎合世俗的视听。所以，在道德上足以使君主尊敬，在智慧和才能上足以庇护百姓的人，就犹如身穿粗布衣而怀有美玉一样，深藏不露。而圣明的君王应该竭尽礼节，将他征聘到手；降低自己的身份，向他请教；克制自己，听从他的意见。然后，才能使恩泽普施于四方，功业流传千古。因为圣明的君王所用的是隐士逸民的治国方法，而不是隐士逸民本身，因此，必须注重实际效果，而不是徒求虚名。

如果礼节很完备，情意很殷勤，而贤才仍不愿出来做官，则圣明的君王不应该采取强制手段，而应该冷静地深自反省：难道是我的品德太薄，而不值得他仰慕？政治太混乱使他无法辅佐？奸佞当权，使他不敢出来做官？我的诚意不够，使他忧虑自己的意见不会被采纳？为什么贤才不接受我的征聘？假如我的品德已厚，朝政已清明，奸佞已疏远，诚意已到，那么，贤才定将叩门求见而自荐，哪里会有再三征召而不肯应聘的！荀子说："晚上燃火捕蝉，必须把火光照亮，再摇动树枝就行了。如果火光不亮，只摇树枝，也没有用处。而今，君王如能发扬厚德，则天下的人都会归心，犹如蝉去投奔亮光。"有些人主因贤才不应征聘而感到羞耻，于是，用高位来引诱他，用严刑峻法来威胁他。假如他是一个真正的正人君子，则对高位一定不贪婪，对严刑一定不畏惧，君主最终还是得不到他。能够得到的，都是贪图高位和贪生怕死的人，又怎么值得尊重呢？

如果能以孝悌著称于家庭，品行高尚闻名于乡里，不要不义之财，不采取不正当手段谋求做官，洁身自好，安守本分，悠然自得地过日子，虽然才能不足以辅佐君主和造福百姓，但也还属于品行洁美的善人。圣明的君王，应该给予褒奖和优待，成全他的志向。如汉昭帝对待韩福，光武帝对待周党，用以砥砺廉耻之心，美化风俗，这也就可以了。实在不应该如范升，去加以诋毁，也不要如张楷，加以指责和抱怨。

至于那些做假伪装来窃取荣誉，以奇特的举动惊动世人，提高声望，不要朝廷俸禄而和屠夫酒贩一样争利，拒绝做小官而想爬上宰相和九卿的高位的人，他们的名与实恰恰相反，心里想的和行动做的完全不一样，他们就是华士、少正卯之流，得免于圣明君王的诛杀，就是很幸运的了，还有什么值得征召的？

这时，朝廷又征召广汉郡人杨厚、江夏郡人黄琼。黄琼，即黄香的儿子。杨厚到洛阳以后，向朝廷上奏，预言汉朝到三百五十年左右，将会面临险恶的命运，提出了警告。他被任命为议郎。黄琼快到洛阳时，李固派人送给他一封信，信上说："正人君子认为伯夷心胸太狭隘，而柳下惠则又太傲慢，既不效法伯夷，又不效法柳下惠，而是选择在两者之间，这才是圣贤做人的准则。如果真正愿意头枕山峰，身卧山谷，步巢父、许由的后尘，那就罢了。如果认为应该出来辅佐朝廷，拯救百姓，现在正是时候。自从有人类以来，善政少而暴政多，一定要等有了唐尧、虞舜一样的君主，才出来推行自己救国救民的理想，恐怕永远没有这种机会。我曾经听说过这样一句话：'山太高易崩，玉太白易污。'盛名之下，其实难副。最近，鲁阳人樊英受到征召，初到时，朝廷专门为他设立讲坛，犹如对待神明。他虽然没有提出什么奇谋深策，但言行谨慎，也没有什么失误。可是，对他的诋毁和谴责到处流传，他的声誉随着时间的推移而降低，岂不是因为大家对他的期望太高，他的声名太盛！因而，世俗的舆论都说：'所谓隐居之士，纯粹盗取虚名。'但愿先生这次能够提出深远的建议，让大家赞叹佩服，以洗刷这种舆论。"黄琼到达洛阳以后，先被任命为议郎，后来逐渐被擢升为尚书仆射。黄琼过去曾跟随其父黄香在尚书台，熟悉典章制度，等到后来他自己在这里任职时，对尚书诸曹的事务都很精通。每当在朝堂争议国家大事时，大家都不能驳倒他的意见。他曾经多次上奏言事，往往被皇帝所采纳。

李固是李郃的儿子，自幼喜爱读书，经常改换姓名，执鞭赶驴，载着书箱，不远千里，投奔名师。于是遍览各种古本秘籍，成为当代的大儒。他每次到太学，都要秘密地进入三公府，去向父母请安，不让同学们知道他是李郃的儿子。

第五十二卷 汉纪四十四

译文诵读

孝顺皇帝下阳嘉三年（甲戌，134）

五月，戊戌，诏以春夏连旱，赦天下。上亲自露坐德阳殿东厢请雨。以尚书周举才学优深，特加策问。举对曰："臣闻阴阳闭隔，则二气否塞。陛下废文帝、光武之法，而循亡秦奢侈之欲，内积怨女，外有旷夫。自枯旱以来，弥历年岁，未闻陛下改过之效，徒劳至尊暴露风尘，诚无益也。陛下但务其华，不寻其实，犹缘木希鱼，却行求前。诚宜推信革政，崇道变惑，出后宫不御之女，除太官重膳之费。《易传》曰：'阳感天下旋日。'惟陛下留神裁察！"

太史令张衡亦上疏言："前年京师地震土裂，裂者，威分；震者，民扰也。窃惧圣思厌倦，制不专己，恩不忍割，与众共威。威不可分；德不可共。愿陛下思惟所以稽古率旧，勿使刑德八柄不由天子，然后神望允塞，灾消不至矣！"

衡又以中兴之后，儒者争学《图》《纬》，上疏言："《春秋元命包》有公输班与墨翟，事见战国；又言别有益州，益州之置在于汉世。又刘向父子领校秘书，阅定九流，亦无《谶录》。则知《图谶》成于哀、平之际，皆虚伪之徒以要世取资，欺罔较然，莫之纠禁。且律历、卦候、九宫、风角，数有征效，世莫肯学，而竞称不占之书，譬犹画工恶图犬马而好作鬼魅，诚以实事难形而虚伪不穷也！宜收藏《图谶》，一禁绝之，则朱紫无所眩，典籍无瑕玷矣！"

永和元年（丙子，136）

武陵太守上书，以蛮夷率服，可比汉人，增其租赋。议者皆以为可。尚书令虞诩曰："自古圣王，不臣异俗。先帝旧典，贡赋多少，所由来久矣；今猥增之，必有怨叛。计其所得，不偿所费，必有后悔。"帝不从。澧中、溇中蛮各争贡布非旧约，遂杀乡吏，举种反。

三年（戊寅，138）

初，尚书令左雄荐冀州刺史周举为尚书；既而雄为司隶校尉，举故冀州刺史冯直任将帅。直尝坐臧受罪，举以此劾奏雄。雄曰："诏书使我选武猛，不使我选清高。"举曰："诏书使君选武猛，不使君选贪污也！"雄曰："进君，适所以自伐也。"举曰："昔赵宣子任韩厥为司马，厥以军法戮宣子仆，宣子谓诸大夫曰：'可贺我矣！吾选厥也任其事。'今君不以举之不才误升诸朝，不敢阿君以为君羞；不寤君之意与宣子殊也。"雄悦，谢曰："吾尝事冯直之父，又与直善；今宣光以此奏吾，是吾之过也！"天下益以此贤之。

是时，宦官竞卖恩势，唯大长秋良贺清俭退厚。及诏举武猛，贺独无所荐。帝问其故，对曰："臣生自草茅，长于宫掖，既无知人之明，又未尝交加士类。昔卫鞅因景监以见，有识知其不终。今得臣举者，匪荣伊辱，是以不敢！"帝由是赏之。

六年（辛巳，141）

秋，八月，乘氏忠侯梁商病笃，敕子冀等曰："吾生无以辅益朝廷，死何可耗费帑藏！衣衾、饭含、玉匣、珠贝之属，何益朽骨！百僚劳扰，纷华道路，只增尘垢耳。宜皆辞之。"丙辰，薨；帝亲临丧。诸子欲从其诲，朝廷不听，赐以东园秘器、银镂、黄肠、玉匣。及葬，赐轻车、介士，中宫亲送。帝至宣阳亭，瞻望车骑。壬戌，以河南尹、乘氏侯梁冀为大将军，冀弟侍中不疑为河南尹。

臣光曰：成帝不能选任贤俊，委政舅家，可谓暗矣；犹知王立之不材，弃而不用。顺帝援大柄，授之后族，梁冀顽嚚凶暴，著于平昔，而使之继父之位，终于悖逆，荡覆汉室；校于成帝，闇又甚焉！

汉安元年（壬午，142）

丁卯，遣侍中河内杜乔、周举、守光禄大夫周栩、冯羡、魏郡栾巴、张纲、郭遵、刘班分行州郡，表贤良，显忠勤；其贪污有罪者，刺史、二千石驿马上之，墨绶以下便辄收举。乔等受命之部，张纲独埋其车轮于雒阳都亭，曰："豺狼当路，安问狐狸！"遂劾奏"大将军冀、河南尹不疑，以外戚蒙恩，居阿衡之任，而专肆贪叨，纵恣无极，谨条其无君之心十五事，斯皆臣子所切齿者也。"书御，京师震竦。时皇后宠方盛，诸梁姻戚满朝，帝虽知纲言直，不能用也。杜乔至兖州，表奏泰山太守李固政为天下第一，上征固为将作大匠。八使所劾奏，多梁冀及宦者亲党；互为请救，事皆寝遏。侍御史河南种暠疾之，复行案举。廷尉吴雄、将作大匠李固亦上言："八使所纠，宜急诛罚。"帝乃更下八使奏章，令考正其罪。

章为冀州刺史，有故人为清河太守，章行部，欲案其奸臧，乃请太守为设酒肴，陈平生之好甚欢。太守喜曰："人皆有一天，我独有二天！"章曰："今夕苏孺文与故人饮者，私恩也；明日冀州刺史案事者，公法也。"遂举正其罪；州境肃然。后以摧折权豪忤旨，坐免。时天下日敝，民多愁苦，论者日夜称章，朝廷遂不能复用也。祐为胶东相，政崇仁简，民不忍欺。啬夫孙性，私赋民钱，市衣以进其父，父得而怒曰："有君如是，何忍欺之！"促归伏罪。性惭惧诣阁，持衣自首。祐屏左右问其故，性具谈父言。祐曰："掾以亲故受污秽之名，所谓'观过斯知仁矣'。"使归谢其父，还以衣遗之。

建康元年（甲申，144）

辛巳，立皇子炳为太子，改元，赦天下。太子居承光宫，帝使侍御史种暠监太子家。中常侍高梵从中单驾出迎太子，时太傅杜乔等疑不欲从而未决，暠乃手剑当车曰："太子，国之储副，人命所系。今常侍来，无诏信，何以知非奸邪？今日有死而已！"梵辞屈，不敢对，驰还奏之。诏报，太子乃得去。乔退而叹息，愧暠临事不惑；帝亦嘉其持重，称善者良久。

庚午，帝崩于玉堂前殿。太子即皇帝位，年二岁。尊皇后曰皇太后。太后临朝。丁丑，以太尉赵峻为太傅，大司农李固为太尉，参录尚书事。

孝冲皇帝永嘉元年（乙酉，145）

春，正月，戊戌，帝崩于玉堂前殿。梁太后以扬、徐盗贼方盛，欲须所征诸王侯到乃发丧。太尉李固曰："帝虽幼少，犹天下之父。今日崩亡，人神感动，岂有人子反共掩匿乎！昔秦皇沙丘之谋及近日北乡之事，皆秘不发丧，此天下大忌，不可之甚者也！"太后从之，即暮发丧。

征清河王蒜及渤海孝王鸿之子缵皆至京师。蒜父曰清河恭王延平；延平及鸿皆乐安夷王宠之子，千乘贞王伉之孙也。清河王为人严重，动止有法度，公卿皆归心焉。李固谓大将军冀曰："今当立帝，宜择长年，高明有德，任亲政事者，愿将军审详大计，察周、霍之立文、宣，戒邓、阎之利幼弱！"冀不从，与太后定策禁中。丙辰，冀持节以王青盖车迎缵入南宫。丁巳，封为建平侯。其日，即皇帝位，年八岁。蒜罢归国。

汉顺帝阳嘉三年（甲戌，公元134年）

五月，戊戌（初四），顺帝下诏，因春季和夏季连续大旱，大赦天下。顺帝亲到德阳殿东厢庭院中，露天而坐，祈求上天降雨。因尚书周举才学兼优，顺帝特地就此征询他的意见。周举回答说："我曾经听说，阴阳闭隔，则二气一定闭塞不通。陛下废弃文帝、光武帝所建立的朴素节俭传统，而因袭促使秦朝灭亡的奢侈欲望，使宫廷内增加了许多怨恨的美女，而宫廷外却增加了许多已到婚龄而不得婚配的男子。自从发生大旱以来，整整过去一年了，而没有听说陛下有改过的表现，徒劳至尊之体露坐风尘，实在无益。陛下只是在问题的表面上下功夫，不去寻找它的实质所在，犹如缘木求鱼，也好比向后倒退，却想前进一样，于事无补。应该诚心诚意地革除弊政，遵守先王制订的规章制度，改变目前奢侈腐化的混乱局面，放走后宫中未曾召幸过的美女，省去御膳房制作奢侈菜肴的费用。《易传》上说：'天子为善一日，上天立刻以善来回报。'请陛下留意裁夺！"顺帝再次召见周举，当面询问朝政上的得失，周举回答说："应该慎重地任命官吏，铲除贪污，疏远奸佞。"顺帝又问："谁是贪官污吏？谁是奸佞之臣？"周举回答说："我从下面的州刺史府，被擢升到掌管朝廷机密的尚书台，还没有能力辨别群臣。然而，在三公、九卿等朝廷大臣中，凡是多次敢于直言不讳地批评朝政的，是忠贞之臣。而阿谀奉承和随声附和的，则是奸佞之臣。"

太史令张衡也上书说："去年，京都洛阳发生地震，大地崩裂。土地崩裂象征着权威分割；地震象征着人民受到惊扰。我深恐陛下厌倦处理政务，政令不专由自己决定，或者不忍心割断私恩，导致与众人共享威权。然而，威权是不可分割的，恩德也是不可共有的。但愿陛下考虑古代君主所制定的规章，千万不要使刑、德八种权柄，脱离帝王之手。然后，神圣的威严就获得充实，灾异就消失而不再来了。"

张衡又因为东汉王朝建立以来，儒家学派的学者争相学习《图》、《纬》这种神秘的预言书，于是上书说："《春秋元命包》一书中，载有公输般和墨翟，他俩的事都发生在战国时期；又提到别有益州，而益州的设置，是在汉代。并且，刘向、刘歆父子主管皇家图书馆，校订群书，查阅审定九家学说时，也没有发现《谶录》这部书。由此可以推断，《图谶》成书于哀帝、平帝之际，都是虚妄之徒用来欺世盗名和骗取钱财的，欺骗的意图非常明显，但朝廷却没有加以查禁。而且，律历、卦候、九宫、风角所做的预测，曾不断应验，世人不肯学习，却争相称赞谶纬之书，正犹如画工厌恶画狗画马，却喜好画鬼怪，确实是因为实在的事物很难画好，而虚无飘渺的东西可以信笔乱画。因此，对《图谶》这些神秘的预言书，朝廷应该加以收缴，一律禁绝，这样，朱色和紫色才不会混淆，圣人典籍也不致受到玷污！"

永和元年（丙子，公元136年）

武陵郡太守向朝廷上书，认为武陵郡内的蛮夷已归服了汉朝，可以比照汉人，增加他们的田租和赋税。参加集议论的人都认为可行，但尚书令虞诩却说："自古以来，圣明的君王对风俗习惯跟我们不同的民族，不当作自己的臣民。先帝已制定了规章，明确规定武陵蛮夷应缴纳的赋税额，时间已经很久了。而今滥行增加，必然引起他们的怨恨和反叛，计算所能得到的，抵偿不了所耗费的，定会后悔。"顺帝没有采纳。其后，中和中蛮人各因所征收的贡布不是原来规定的数量而起来抗争，于是杀掉征收赋税的乡吏，全族反叛。

三年（戊寅，公元138年）

最初，尚书令左雄，推荐冀州刺史周举为尚书。接着，左雄任司隶校尉，又推荐前任冀州刺史冯直有将帅之才。因冯直曾经犯过贪污罪，周举便就此弹劾左雄。左雄说："圣旨让我推荐武猛的人才，不是让我推荐品行清白高洁的人才。"周举回答说："圣旨是让你推荐武猛的人才，但也没有教你推荐犯有贪污罪的人。"左雄又说："我推荐了您，反受您的打击，恰恰是自作自受。"周举回答说："过去，赵宣子任用韩厥为司马，韩厥却用军法将赵宣子的奴仆杀掉，赵宣子对各位大夫说：'你们应该向我祝贺，我推荐韩厥，他果然尽忠职守。'而今，承蒙您不嫌弃我没有才能，而误将我推荐到朝廷，所以，我不敢迎合您，让您蒙羞。可是，想不到您的看法和赵宣子完全不一样。"左雄大为高兴，向周举道歉说："我曾经做过冯直父亲的部属，又和冯直是好朋友。如今你因此而弹劾我，正是我的过错。"从此，天下的人对左雄更为尊敬。

这时，宦官倚仗皇帝的宠信，争相卖弄权势，唯有大长秋良贺清廉淡泊，谦让敦厚。等到皇帝下诏，命各人推荐武力勇猛的人才时，唯独良贺没有举荐。顺帝问他什么原因，良贺回答说："我出生于荒野民间，在宫廷中长大，既没有识别人的聪明，又没有和有才能的人士交往。过去，卫鞅由宦官景监推荐，有识之士就预见到他没有好结果。现在，能得到我推荐的人，他不仅不会引以为荣，反而觉得是一种耻辱。因此我不敢举荐。"顺帝从此赏识良贺。

六年（辛巳，公元141年）

秋季，八月，乘氏侯梁商病重，告诫他的儿子梁冀等人说："我活着的时候，没能辅佐朝廷，死后怎可耗费国家库藏？装殓的衣服单被，放在口中的含饭含玉，用作葬服的金缕玉衣，以及珠宝贝壳之类东西，对死人又有什么益处？劳累和骚扰文武百官，一路上弄得繁华盛丽，只是增加尘土和污垢罢了，应该都加以谢绝。"丙辰（初四），梁商去世，顺帝亲来吊丧。他的儿子们准备遵照遗嘱来办理丧事，朝廷不许，赏赐东园制作的葬具一副，棺用白银雕花，椁用黄心柏木，以及玉衣一件。等到安葬时，又派武装士兵驾兵车护送。皇后梁妠亲自送灵。顺帝到宣阳亭，遥望丧葬车队。壬戌（初十），擢升河南尹、乘氏侯梁冀为大将军；梁冀的弟弟梁不疑为河南尹。

臣司马光曰：汉成帝不能选任贤能，把政权交给舅父家族，可谓昏庸。但他总还知道王立没有才能，摒弃不用。顺帝把朝廷大权交给皇后家族，而梁冀顽钝嚣张，凶狠暴虐，平时已很明显，却使他继承其父官位，终于导致狂悖叛逆，颠覆东汉王朝。跟成帝比较，昏庸更甚！

汉安元年（壬午，公元142年）

丁卯（二十一日），东汉朝廷派遣侍中河内人杜乔、周举，代理光禄大夫周栩、冯羡，魏郡人栾巴、张纲、郭遵、刘班，分别到各州郡进行视察，表扬有德行和忠于职守的地方官吏。对于贪赃枉法的人，属于刺史、郡太守等二千石以上的官吏，将他们的罪行用驿马迅速上奏朝廷；属于县令、县长及以下的官吏，便就地直接逮捕法办。杜乔等接受使命后出发到各州郡，唯独张纲把车轮埋在洛阳城的都亭，他说："豺狼当道，怎么去问狐狸？"于是上书弹劾："大将军梁冀、河南尹梁不疑，因身为外戚而蒙受皇恩，肩负辅佐皇帝的重任，却大肆贪污，任情纵欲。谨列举出他目无君王、贪赃枉法的十五件大事，这都是做臣子的人所切齿痛恨的。"奏章呈上去后，京都洛阳为之震惊。当时，皇后梁妠正大受宠幸，梁氏家族亲戚布满朝廷，顺帝虽知道张纲说得对，但不能采纳。杜乔到兖州视察以后，向朝廷上表，称泰山郡太守李固的政绩为天下第一。于是，顺帝将李固征召到京都洛阳，任命他为将作大匠。八位使者向朝廷所弹劾的地方官吏，多数是梁冀和宦官的亲友和同党。由于皇亲和宦官互相请托和庇护，所有的弹劾案都被搁置。侍御史、河南人种暠对此感到痛恨，再次进行举报。廷尉吴雄、将作大匠李固也上书说："八位使者所指控的地方官吏，应迅速惩处。"顺帝这才把八位使者的弹劾奏章，重新交付给有关官吏，命令审查定罪。

苏章任冀州刺史，他的一位故人是清河郡太守，苏章在辖区巡视，准备查问他的贪赃枉法罪行。于是他请这位太守备下酒和菜肴，畅叙平生友情，甚为欢洽。太守高兴地说："别人都只有一个天，唯独我有两个天！"以为老朋友苏章定能为他遮盖罪恶。苏章说："今天晚上，我苏孺文跟故人喝酒，这是私情；明天，冀州刺史调查案情，则是国法。"于是举发并判定了他的罪名，全州肃然。苏章后因打击权贵而违背皇帝圣旨，获罪免官。当时，朝政日趋凋敝，人民更加忧愁困苦，议论时事的人日夜称赞苏章，但朝廷却不能再任用他。吴祐出任胶东国相，为政崇尚仁爱简约，百姓都不忍心欺骗他。有一位乡啬夫，名叫孙性，私自赋敛百姓钱财，买衣服送给自己的父亲。父亲得到衣服，大怒说："你有这样的长官，怎么忍心欺骗他？"催促他回去认罪。孙性怀着惭愧和畏惧的心情，拿着衣服，到官府自首。吴祐教左右退出，询问缘故，孙性就把父亲所说的话，全都告诉了吴祐。吴祐安慰他说："你为父亲的缘故而蒙受了贪污的恶名，真是所谓：看他的过失，知道他有仁爱的品德。"他命孙性回家向父亲道谢，又把衣服赠给了孙性的父亲。

建康元年（甲申，公元144年）

辛巳（十五日），立皇子刘炳为太子，改年号。大赦天下。太子住在承光宫，顺帝派侍御史种暠做太子宫中的总管。中常侍高梵从内宫乘一辆车子出来迎接太子。当时，太傅杜乔等感到怀疑，不想让高梵把太子接走，但又决定不下。于是，种暠手提宝剑，挡住车说："太子是国家的王位继承人，关系着人民的生命。如今常侍前来，没有诏书和符信，怎么知道不是奸谋呢？今天，只有一死而已。"高梵说不过种暠，不敢回答，急忙驱车回宫奏报。拿来顺帝诏书后，太子才得以离开。杜乔退下后叹息，自愧不如种暠遇事不乱。顺帝也夸奖种暠持重谨慎，称赞了很久。

庚午（初六），顺帝在玉堂前殿驾崩。太子刘炳即皇帝位，年仅二岁。尊皇后梁妠为皇太后。皇太后临朝主管朝政。丁丑（十三日），任命太尉赵峻为太傅，大司农李固为太尉，参与主持尚书事务。

汉冲帝永嘉元年（乙酉，公元145年）

春季，正月，戊戌（初六），冲帝在玉堂前殿驾崩。梁太后因扬州、徐州的盗贼正在兴盛之时，打算等受征召的诸侯王、王子们抵达京都洛阳以后再发布冲帝去世的消息。太尉李固说："冲帝虽然年龄幼小，但他仍然是全国的君父，今天已经去世，人民和神明，无不为之悲痛，哪里有做子民的反而共同隐瞒君父去世消息的做法？从前，秦始皇死后的沙丘之谋，以及最近的迎立北乡侯之事，都是秘不发丧，这是天下最大的禁忌，绝对不可以这样做。"梁太后听从，便于当天晚上发丧。

受到征召的清河王刘蒜及渤海孝王刘鸿的儿子刘缵，都来到京都洛阳。刘蒜的父亲是清河恭王刘延平。刘延平和刘鸿，都是乐安王刘宠的儿子，千乘王刘伉的孙子。清河王刘蒜为人严肃庄重，行动举止遵循法令制度，三公九卿都从心里归服。李固对大将军梁冀说："现在确定继位皇帝，应当选择年长，高超明智而有道德，能够亲自处理朝廷政事的人，请将军仔细考虑国家大计，体察当初周勃所以选立文帝、霍光之所以选立宣帝的道理，以邓氏家族和阎氏家族选立幼弱的前事为戒。"梁冀不听，与梁太后在宫中决策。丙辰（二十四日），由梁冀持节，用封王的皇子乘用的青盖车迎接刘缵进入南宫。丁巳（二十五日），刘缵被封为建平侯，并于当天即皇帝位，年仅八岁。清河王刘蒜则被遣回封国。

第五十三卷　汉纪四十五

译文诵读

孝质皇帝本初元年（丙戌，146）

帝少而聪慧，尝因朝会，目梁冀曰："此跋扈将军也！"冀闻，深恶之。闰月，甲申，冀使左右置毒于煮饼而进之；帝苦烦盛，使促召太尉李固。固入前，问帝得患所由；帝尚能言，曰："食煮饼。今腹中闷，得水尚可活。"时冀亦在侧，曰："恐吐，不可饮水。"语未绝而崩。固伏尸号哭，推举侍医；冀虑其事泄，大恶之。

丁亥，冀说太后，先策免固。戊子，以司徒胡广为太尉；司空赵戒为司徒，与大将军冀参录尚书事；太仆袁汤为司空。汤，安之孙也。庚寅，使大将军冀持节以王青盖车迎蠡吾侯志入南宫；其日，即皇帝位，时年十五。太后犹临朝政。

孝桓皇帝上之上建和元年（丁亥，147）

十一月，清河刘文与南郡妖贼刘鲔交通，妄言"清河王当统天下"，欲共立蒜。事觉，文等遂劫清河相谢暠曰："当立王为天子，以暠为公。"暠骂之，文刺杀暠。于是捕文、鲔，诛之。有司劾奏蒜；坐贬爵为尉氏侯，徙桂阳，自杀。

梁冀因诬李固、杜乔，云与文、鲔等交通，请逮按罪；太后素知乔忠，不许。冀遂收固下狱；门生渤海王调贯械上书，证固之枉，河内赵承等数十人亦要鈇锧诣阙通诉；太后诏赦之。及出狱，京师市里皆称万岁。冀闻之，大惊，畏固名德终为己害，乃更据奏前事。大将军长史吴祐伤固之枉，与冀争之；冀怒，不从。从事中郎马融主为冀作章表，融时在坐，祐谓融曰："李公之罪，成于卿手。李公若诛，卿何面目视天下人！"冀怒，起，入室；祐亦径去。固遂死于狱中。

冀使人胁杜乔曰："早从宜，妻子可得全。"乔不肯。明日，冀遣骑至其门，不闻哭者，遂白太后收系之；亦死狱中。

冀暴固、乔尸于城北四衢，令："有敢临者加其罪。"固弟子汝南郭亮尚未冠，左提章、钺，右秉鈇锧，诣阙上书，乞收固尸，不报；与南阳董班俱往临哭，守丧不去。夏门亭长呵之曰："卿曹何等腐生！公犯诏书，欲干试有司乎！"亮曰："义之所动，岂知性命！何为以死相惧邪！"太后闻之，皆赦不诛。杜乔故掾陈留杨匡，号泣星行，到雒阳，著故赤帻，托为夏门亭吏，守护尸丧，积十二日；都官从事执之以闻，太后赦之。匡因诣阙上书，并乞李、杜二公骸骨，使得归葬，太后许之。匡送乔丧还家，葬讫，行服，遂与郭亮、董班皆隐匿，终身不仕。

三年（己丑，149）

前朗陵侯相荀淑卒。淑少博学有高行，当世名贤李固、李膺皆师宗之。在朗陵，莅事明治，称为神君。有子八从：俭、绲、靖、焘、汪、爽、肃、专，并有名称，时人谓之八龙。所居里旧名西豪，颍阴令渤海苑康以为昔高阳氏有才子八人，更命其里曰高阳里。

膺性简亢，无所交接，唯以淑为师，以同郡陈寔为友。荀爽尝就谒膺，因为其御；即还，喜曰："今日乃得御李君矣！"其见慕如此。

陈寔出于单微，为郡西门亭长。同郡钟皓以笃行称，前后九辟公府，年辈远在寔前，引与为友。皓为郡功曹，辟司徒府；临辞，太守问："谁可代卿者？"皓曰："明府欲必得其人，西门亭长陈寔可。"寔闻之曰："钟君似不察人，不知何独识我！"太守遂以寔为功曹。时中常侍侯览托太守高伦用吏，伦教署为文学掾，寔知非其人，怀檄请见，言曰："此人不宜用，而侯常侍不可违，寔乞从外署，不足以尘明德。"伦从之。于是乡论怪其非举，寔终无所言。伦后被征为尚书，郡中士大夫送至纶氏，伦谓众人曰："吾前为侯常侍用吏，陈君密持教还而于外白署，比闻议者以此少之，此咎由故人畏惮强御，陈君可谓'善则称君，过则称己'者也。"寔固自引愆，闻者方叹息，由是天下服其德。后为太丘长，修德清静，百姓以安。邻县民归附者，寔辄训导譬解发遣，各令还本。司官行部，吏虑民有讼者，白欲禁之；寔曰："讼以求直，禁之，理将何申！其勿有所拘。"司官闻而叹息曰："陈君所言若是，岂有冤于人乎！"亦竟无讼者。以沛相赋敛违法，解印绶去；吏民追思之。

和平元年（庚寅，150）

葬顺烈皇后。增封大将军冀万户，并前合三万户；封冀妻孙寿为襄城君，兼食阳翟租，岁入五千万，加赐赤绂，比长公主。寿善为妖态以蛊惑冀，冀甚宠惮之。冀爱监奴秦宫，官至太仓令，得出入寿所，威权大震，刺史、二千石皆谒辞之。冀与寿对街为宅，殚极土木，互相夸竞，金玉珍怪，充积藏室；又广开园圃，采土筑山，十里九阪，深林绝涧，有若自然，奇禽驯兽飞走其间。冀、寿共乘辇车，游观第内，多从倡伎，酣讴竟路，或连日继夜以骋娱恣。客到门不得通，皆请谢门者；门者累千金。又多拓林苑，周遍近县，起兔苑于河南城西，经亘数十里，移檄所在调发生兔，刻其毛以为识，人有犯者，罪至死刑。尝有西域贾胡不知禁忌，误杀一兔，转相告言，坐死者十余人。又起别第于城西，以纳奸亡；或取良人悉为奴婢，至数千口，名曰自卖人。冀用寿言，多斥夺诸梁在位者，外以示谦让，而实崇孙氏。孙氏宗亲冒名为侍中、卿、校、郡守、长吏者十余人，皆贪饕凶淫，各使私客籍属县富人，被以他罪，闭狱掠拷，使出钱自赎，赀物少者至于死。又扶风人士孙奋，居富而性吝，冀以马乘遗之，从贷钱五千万，奋以三千万与之。冀大怒，乃告郡县，认奋母为其守藏婢，云盗白珠十斛、紫金千斤以叛，遂收考奋兄弟死于狱中，悉没其赀财亿七千余万。冀又遣客周流四方，远至塞外，广求异物，而使人复乘势横暴，妻略妇女，殴击吏卒；所在怨毒。

时皇子有疾，下郡县市珍药；而冀遣客赍书诣京兆，并货牛黄。京兆尹南阳延笃发书收客，曰："大将军椒房外家，而皇子有疾，必应陈进医方，岂当使客千里求利乎！"遂杀之。冀惭而不得言。有司承旨求其事，笃以病免。

元嘉元年（辛卯，151）

春，正月朔，群臣朝会，大将军冀带剑入省。尚书蜀郡张陵呵叱令出，敕虎贲、羽林夺剑，冀跪谢，陵不应，即劾奏冀，请廷尉论罪。有诏，以一岁俸赎；百僚肃然。河南尹不疑尝举陵孝廉，乃谓陵曰："昔举君，适所以自罚也！"陵曰："明府不以陵不肖，误见擢序，今申公宪以报私恩！不疑有愧色。

十一月，辛巳，京师地震。诏百官举独行之士。涿郡举崔寔，诣公车，称病，不对策；退而论世事，名曰《政论》。其辞曰："凡天下所以不治者，常由人主承平日久，俗渐敝而不悟，政寖衰而不改，习乱安危，怢不自睹。或荒耽耆欲，不恤万机；或耳蔽箴诲，厌伪忽真；或犹豫岐路，莫适所从；或见信之佐，括囊守禄；或疏远之臣，言以贱废；是以王纲纵弛于上，智士郁伊于下。悲夫！

凡为天下者，自非上德，严之则治，宽之则乱。何以明其然也？近孝宣皇帝明于君人之道，审于为政之理，故严刑峻法，破奸轨之胆，海内清肃，天下密如，算计见效，优于孝文。及元帝即位，多行宽政，卒以堕损，威权始夺，遂为汉室基祸之主。政道得失，于斯可鉴。"山阳仲长统尝见其书，叹曰："凡为人主，宜写一通，置之坐侧。"

> 臣光曰：汉家之法已严矣，而崔寔犹病其宽，何哉？盖衰世之君，率多柔懦，凡愚之佐，唯知姑息，是以权幸之臣有罪不坐，豪猾之民犯法不诛；仁恩所施，止于目前；奸宄得志，纪纲不立。故崔寔之论，以矫一时之枉，非百世之通义也。孔子曰："政宽则民慢，慢则纠之以猛；猛则民残，残则施之以宽。宽以济猛，猛以济宽，政是以和。"斯不易之常道矣。

汉质帝本初元年（丙戌，公元146年）

质帝年幼，但聪明智慧，曾在一次早朝时，眨眼看着梁冀，说："这是跋扈将军！”梁冀听到以后，对质帝深恶痛绝。闰六月甲申（初一），梁冀让质帝身边的侍从把毒药放在汤饼里，给质帝进上。药性发作，质帝非常难受，派人急速传召太尉李固。李固进宫，走到质帝榻前，询问质帝得病的来由。质帝还能讲话，说：“我吃过汤饼，现在觉得腹中堵闷，给我水喝，我还能活。”梁冀这时也站在旁边，阻止说：“恐怕呕吐，不能喝水。”话还没有说完，质帝已经驾崩。李固伏到质帝的尸体上号哭并弹劾侍候质帝的御医。梁冀担心会泄露下毒的真相，对李固非常痛恨。

丁亥（初四），梁冀劝说梁太后，先颁策将太尉李固免职。戊子（初五），任命司徒胡广为太尉，司空赵戒为司徒，和大将军梁冀共同主管尚书事务。又擢升太仆袁汤为司空。袁汤是袁安的孙子。庚寅（初七），梁太后派大将军梁冀持符节，用封王的皇子乘用的青盖车迎接蠡吾侯刘志进入南宫。当天，刘志即皇帝位。当时，他年十五岁。梁太后仍然临朝听政。

汉桓帝建和元年（丁亥，公元147年）

十一月，清河人刘文和南郡的妖贼刘鲔相勾结，胡妄宣称：“清河王刘蒜应当统御天下。”打算共同拥立刘蒜为皇帝。此事被发觉，刘文等人便劫持清河国相谢暠，对他说：“应当拥立清河王刘蒜当皇帝，由您当三公。”谢暠骂他们，刘文将他刺杀。于是，朝廷逮捕刘文和刘鲔，将其诛杀。有关官吏上奏弹劾刘蒜，刘蒜因罪被贬爵为尉氏侯，并被放逐到桂阳，刘蒜自杀。

于是，梁冀诬陷李固、杜乔，指控他们和刘文、刘鲔等人互相勾结，请求将其逮捕治罪。梁太后一向了解杜乔忠直，不肯答应。梁冀便将李固一个人逮捕下狱。李固的门生、渤海人王调，身戴刑具向朝廷上书谏争，说李固冤枉。河内人赵承等数十人，也带着执行腰斩时用的刑具到宫门上诉。于是，梁太后下诏释放李固。等到李固出狱之时，京都洛阳的大街小巷都齐呼万岁。梁冀听到消息后，大为惊骇，害怕李固的声名和品德终将伤害自己，于是重向新朝廷弹劾李固和刘文、刘鲔相勾结的旧案。大将军长史吴祐对李固的冤狱深为伤感，向梁冀据理力争。梁冀大怒，不肯听从。从事中郎马融负责为梁冀起草奏章，当时他正好在座，吴祐便责问马融说：“李固的罪状，是你一手罗织出来的，李固如果被诛杀，你还有什么脸面去见天下人！”梁冀一怒而起，进入内室，吴祐也径直离去。李固于是死在狱中。

其后，梁冀又派人威胁杜乔说：“你应该快点自杀，妻子和儿女可以得到保全。”杜乔不肯接受。第二天，梁冀派人骑马到杜乔家门，没有听到里面有人啼哭，于是报告梁太后，将杜乔逮捕下狱。杜乔也死在狱中。

梁冀把李固、杜乔的尸首，放在洛阳城北十字路口示众，下令：“有敢来哭泣吊丧的，予以惩治。”李固的学生、汝南人郭亮，还不到二十岁，左手拿着奏章和斧子，右手抱着铁砧，到宫门上书，乞求为李固收尸，没有得到答复。郭亮又和南阳人董班一同去吊丧哭泣，守着尸体不走。夏门亭长喝斥说：“你们是何等迂腐的书生！公然冒犯皇帝的圣旨，想试试官府的厉害吗！”郭亮回答说：“我们为他们的大义所感动，岂知顾及自己的性命？为什么要用死来威胁呢？”梁太后听到后，将郭亮、董班二人全都赦免。杜乔从前的属吏、陈留杨匡，悲号哭泣，星夜赶到京都洛阳，穿上旧官服，头戴束发的赤巾，假称是夏门亭吏，在杜乔的尸体旁护丧，达十二天之久。都官从事将他逮捕，奏报朝廷，梁太后将他赦免。于是杨匡到宫门上书，向朝廷请求使李固和杜乔的尸体得以归葬家乡。梁太后批准。于是，杨匡将杜乔的灵柩送回家乡，安葬完毕，又为他服丧，于是和郭亮、董班都藏匿起来，终身不出来做官。

三年（己丑，公元149年）

前任朗陵侯国相荀淑去世。荀淑年轻时，不仅学问渊博，而且德行高尚，当时最著名的贤人李固、李膺，都像对待老师一样地尊崇他。荀淑在朗陵侯国任职，治理政事明快果断，被人们奉若神明。荀淑共有八个儿子：荀俭、荀绲、荀靖、荀焘、荀汪、荀爽、荀肃、荀专，都享有盛名，当时人称他们为“八龙”。荀淑所居住的里名，原来叫西豪里，颍阴县令渤海人苑康，因从前高阳氏有八个多才的儿子，就将西豪里改名为高阳里。

李膺性格简朴正直，跟人很少交往，只把荀淑当作老师，和同郡人陈寔结交。荀爽曾经去拜见李膺，就势给李膺驾车。回来后，他高兴地说：“今天，我竟得以为李君驾车了！”李膺就是这样被人倾慕。

陈寔出身贫贱，担任颍川郡西门亭长。同郡人钟皓，以行为惇厚著称，前后九次被三公府征聘，年龄和辈份都远在陈寔之上，却跟陈寔成为好友。钟皓原任郡功曹，后被征聘到司徒府去任职，他向郡太守辞行时，郡太守问：“谁可以接替你的职务？”钟皓回答说：“如果您一定想要得到合适的人选，西门亭长陈寔可以胜任。”陈寔听到消息后说：“钟君似乎不会推荐人，不知为什么单单举荐我？”于是，郡太守就任命陈寔为郡功曹。当时，中常侍侯览嘱托郡太守高伦任用自己所推荐的人为吏，高伦便签署命令，将这个人命为文学掾。陈寔知道这个人不能胜任，就拿着高伦签署的命令求见，对高伦说：“这个人不可任用，然而侯常侍的意旨也不可违抗。不如由我来签署任命，这样的话，就不会玷污您完美的品德。”高伦听从。于是，乡里的舆论哗然，都奇怪陈寔怎么会举用这样不合适的人，而陈寔始终不作分辩。后来，高伦被

汉桓帝永兴元年 乙瑛碑

征召到朝廷去担任尚书，郡太守府的官吏和士绅们都来为他送行，一直送到纶氏县。高伦对大家说："我前些时把侯常侍推荐的人任命为吏，陈寔却把我签署的任命书秘密送还，而改由他来任用。我接连听说议论此事的人因此轻视陈寔，而这件事的责任，是因为我畏惧侯览的势力太大，才这样做的，而陈君可以称得上把善行归于主君，把过错归于自己的人。"但陈寔仍然坚持是自己的过失，听到的人无不叹息。从此，天下的人都佩服他的品德。后来，陈寔担任太丘县的县长，修饬德教，无为而治，使百姓得以安居乐业。邻县的人民都来归附，陈寔总是对他们进行开导和解释，然后遣送他们回到原县。上级官员来县视察，本县的官吏恐怕人民上诉，请求陈寔加以禁止。陈寔说："上诉的目的，是为了求得公平，如果加以禁止，将怎样讲理！不要限制。"前来视察的主管官员听到后，叹息说："陈寔君说这样的话，难道会冤枉人吗？"终究也没有人来越级上诉。后来陈寔担任沛国相，被指控违法征收赋税，他便解下印信，离职而去。官吏和人民都很怀念他。

东汉中期 永元兵器册

和平元年（庚寅，公元150年）

安葬梁太后，谥号为顺烈皇后。增封大将军梁冀食邑一万户，连同以前所封食邑，共三万户。封梁冀的妻子孙寿为襄城君，同时收取阳翟县的租税，每年收入达五千万钱之多，加赐红色的绶带，与长公主相同。孙寿善于做出各种妖媚的姿态来迷惑梁冀，梁冀对她既很宠爱，又非常害怕。梁冀所宠爱的管家奴秦宫，做官做到太仓令，可以出入孙寿的住所，威势和权力都很大，州刺史和郡太守等二千石高级地方官吏，在赴任之前都要谒见秦宫，向他辞行。梁冀和孙寿分别在街道两旁相对兴建住宅，建筑工程穷极奢华，互相竞争夸耀，金银财宝，奇珍怪物，充满房舍。又大举开拓园林，从各处运来土石，堆砌假山，十里大道，有九里都紧傍池塘，林木深远，山涧流水，宛如天然生成。奇异的珍禽和驯养的走兽在园林中飞翔奔跑。梁冀和孙寿共同乘坐人力辇车，在家宅之内游玩观赏，后面还跟随着许多歌舞艺人，一路欢唱。有时，甚至夜以继日地纵情娱乐。客人登门拜访和求见，也不许通报。求见的人全都向看门的人行贿，以致看门的人家产达千金之多。梁冀在京都洛阳邻近各县都修筑了园林，在河南洛阳城西建立了一处兔苑，面积纵横数十里，发布文书，命令当地官府向人民征调活兔，每只兔都剃掉一撮兔毛，作为标志。若有人胆敢猎取苑兔，甚至要判处死刑。曾有一位西域的胡商，不知道这个兔苑的禁令，误杀了一只兔，结果人们互相控告，因罪至死的达十余人。梁冀又在洛阳城西兴建了一座别墅，用来收容奸民和藏匿逃亡犯。甚至抢夺良家子女，都用来充当奴婢，多达数千人，称他们为“自卖人”。梁冀采纳孙寿的建议，罢免了许多梁姓家族成员的官职，表面上显示梁冀的谦让，而实际上却抬高了孙氏家族的地位。在孙氏家族中假冒虚名担任侍中、卿、校、郡守、长吏的，共有十余人，全都贪得无厌、穷凶极恶。他们派自己的私人宾客，分别到所管辖的各县，调查登记当地富人，然后加以罪名，将富人逮捕关押，严刑拷打，让富人出钱赎罪。家财不足的，因为出不起那么多钱，甚至活活被打死。扶风人士孙奋，富有而吝啬，梁冀曾送给他一匹乘马，要求借贷五千万钱，而孙奋只借给他三千万钱。梁冀大怒，于是派人到孙奋所在的郡县，诬告孙奋的母亲是梁冀家里看守库房的婢女，曾经偷盗白珍珠十斛、紫金一千斤逃亡。于是将孙奋兄弟逮捕下狱，严刑拷打至死，全部没收孙奋的家产，共值一亿七千余万钱。梁冀还派遣门客周游四方，甚至远到塞外，四处征求各地的异物，而这些被派出的门客，又都仗着梁冀的势力横征暴敛，抢夺百姓的妻子和女儿，殴打地方官吏和士卒，他们所到之处，都激起怨恨。

这时，皇子有病，下令各郡县购买珍贵的药材。梁冀也趁此机会，派门客带着他写的书信去京兆，要求同时购买牛黄。京兆尹南阳人延笃打开梁冀所写的书信一看，便将梁冀派来的门客逮捕，说：“大将军是皇亲国戚，而皇子有病，必应进献医方，怎么会派门客到千里之外谋利呢？”于是将其斩杀。梁冀虽然感到羞惭，但不能开口。其后，有关官吏奉承梁冀的意旨，追查这一杀人案件，以延笃有病为理由，将他免职。

元嘉元年（辛卯，公元151年）

春季，正月朔（初一），群臣朝见桓帝，大将军梁冀佩戴宝剑，进入宫中。尚书蜀郡人张陵厉声斥责梁冀，让他退出，并命令虎贲和羽林卫士，夺下他所佩带的宝剑。于是，梁冀跪下向张陵认错，张陵没有答应，立即向桓帝上书弹劾梁冀，请求将他交给廷尉治罪。桓帝下诏，罚梁冀一年的俸禄赎罪。因此，文武百官都对张陵肃然起敬。河南尹梁不疑，曾经荐举张陵为孝廉，于是对张陵说：“过去荐举你，今天正好来惩罚我们梁家自己！”张陵回答说：“您不认为我没有才能，错误地将我提拔任用，我今天伸张朝廷法度，以报答您的私恩！”梁不疑面有愧色。

十一月辛巳（二十八日），京都洛阳发生地震。桓帝下诏，命朝廷的文武百官推荐志节高尚，不随俗浮沉的“独行”人才。涿郡太守推荐崔寔。崔寔到达京都洛阳皇宫负责接待的公车衙门时，声称有病，没有参加回答皇帝策问的考试。回乡后，撰写了一篇评论当代政事的文章，篇名叫作《政论》。文章说：“凡天下所以不能治理，通常是由于人主继承太平盛世为时太久。风俗已经逐渐敝败，却仍不觉悟；政令已经逐渐衰败，却不知道改弦更张。以乱为治，以危为安，熟视无睹。有的沉溺于酒色，荒淫纵欲，不忧虑国事；有的听不进任何规劝，爱听假话而听不进真话；有的不能分辨人的忠和奸，事情的是和非，在歧路上犹豫不决，不知所从；于是，亲信的辅佐大臣，害怕得罪奸邪，闭口不言，只求保全自己的高官厚禄；而疏远的臣下，虽然敢说真话，但因为地位卑微，意见不能受到重视和采用。因此，朝廷的法度在上面遭到破坏，才智之士在下面感到无可奈何，真是可悲！

“凡治理天下的君主，如果不是具有最好的品德，则采用严厉的手段，就能够治理；采用宽纵的手段，国家就混乱。何以知道会是这样？近代孝宣皇帝，明白统治人民的道理，知道为政的真谛，所以，采用严刑峻法，使为非作歹的人心胆俱裂，海内清平，天下安静，总结他的政绩，高于文帝。等到元帝即位，在许多方面放宽了政令，终使朝政衰败，皇帝的威势和权力开始下降，汉王朝的大祸，在他手中奠下基础。为政之道的得失，从这里可以明鉴。”山阳郡人仲长统曾经看到了这篇文章，叹息说：“凡是君主，都应把它抄写下来，放在座位旁边，作为座右铭。”

臣司马光曰：汉朝的法令已经是严厉的了，然而，崔寔还嫌它宽大，这是为什么呢？因为衰败之世的君王大多懦弱，平庸愚昧的辅佐之臣，只知道姑息。所以，有权势而得君王宠幸的臣下，即使有罪，也得不到应有的惩罚；豪强和不守法度的刁徒，即使违法，也不被诛杀；施加仁爱恩惠，只限于眼前；使为非作歹的人得逞，纲纪不能维持。所以，崔寔的评论是用来矫正一时的弊端，不是百代通用的法则。孔子说：“为政太宽大，则人民不在乎，人民一旦不在乎，则用严刑峻法来纠正。施行严刑峻法，则人民感到暴虐，人民一旦感到暴虐，则改施宽大之政。用宽大和严厉两种手段互相补充，政局才能稳定。”这是永世不变的常规。

第五十四卷
汉纪四十六

译文诵读

孝桓皇帝上之下延熹二年（己亥，159）

梁皇后恃姊、兄荫势，恣极奢靡，兼倍前世，专宠妒忌，六宫莫得进见。及太后崩，恩宠顿衰。后既无嗣，每宫人孕育，鲜得全者。帝虽迫畏梁冀，不敢谴怒，然进御转希，后益忧恚。秋，七月，丙午，皇后梁氏崩。乙丑，葬懿献皇后于懿陵。

梁冀一门，前后七侯，三皇后，六贵人，二大将军，夫人、女食邑称君者七人，尚公主者三人，其余卿、将、尹、校五十七人。冀专擅威柄，凶恣日积，宫卫近侍，并树所亲，禁省起居，纤微必知。其四方调发，岁时贡献，皆先输上第于冀，乘舆乃其次焉。吏民赍货求官、请罪者，道路相望。百官迁召，皆先到冀门笺檄谢恩，然后敢诣尚书。下邳吴树为宛令，之官辞冀，冀宾客布在县界，以情托树，树曰："小人奸蠹，比屋可诛。明将军处上将之位，宜崇贤善以补朝阙。自侍坐以来，未闻称一长者，而多托非人，诚非敢闻！"冀默然不悦。树到县，遂诛杀冀客为人害者数十人。树后为荆州刺史，辞冀，冀鸩之，出，死车上。辽东太守侯猛初拜，不谒冀，冀托以他事腰斩之。

冀秉政几二十年，威行内外，天子拱手，不得有所亲与，帝既不平之；及陈授死，帝愈怒。和熹皇后从兄子郎中邓香妻宣，生女猛，香卒，宣更适梁纪；纪，孙寿之舅也。寿以猛色美，引入掖庭，为贵人，冀欲认猛为其女，易猛姓为梁。冀恐猛姊婿议郎邴尊沮败宣意，遣客刺杀之。又欲杀宣，宣家与中常侍袁赦相比，冀客登赦屋，欲入宣家，赦觉之，鸣鼓会众以告宣。宣驰入白帝，帝大怒，因如厕，独呼小黄门史唐衡，问："左右与外舍不相得者，谁乎？"衡对："中常侍单超、小黄门史左悺与梁不疑有隙；中常侍徐璜、黄门令具瑗常私忿疾外舍放横，口不敢道。"于是帝呼超、悺入室，谓曰："梁将军兄弟专朝，迫胁内外，公卿以下，从其风旨，今欲诛之，于常侍意如何？"超等对曰："诚国奸贼，当诛日久；臣等弱劣，未知圣意如何耳。"帝曰："审然者，常侍密图之。"对曰："图之不难，但恐陛下腹中狐疑。"帝曰："奸臣胁国，当伏其罪，何疑乎！"于是召璜、瑗，五人共定其议，帝啮超臂出血为盟。超等曰："陛下今计已决，勿复更言，恐为人所疑。"

冀心疑超等，八月，丁丑，使中黄门张恽入省宿，以防其变。具瑗敕吏收恽，以"辄从外入，欲图不轨"。帝御前殿，召诸尚书入，发其事，使尚书令尹勋持节勒丞、郎以下皆操兵守省阁，敛诸符节送省中，使具瑗将左右厩驺、虎贲、羽林、都候剑戟士合千余人，与司隶校尉张彪共围冀第，使光禄勋袁盱持节收冀大将军印绶，徙封比景都乡侯。冀及妻寿即日皆自杀；不疑、蒙先卒。悉收梁氏、孙氏中外宗亲送诏狱，无少长皆弃市；他所连及公卿、列校，刺史、二千石，死者数十人。太尉胡广、司徒韩缜、司空孙朗皆坐阿附梁冀，不卫宫，止长寿亭，减死一等，免为庶人。故吏、宾客免黜者三百余人，朝廷为空。是时，事猝从中发，使者交驰，公卿失其度，官府市里鼎沸，数日乃定；百姓莫不称庆。收冀财货，县官斥卖，合三十余万万，以充王府用，减天下税租之半，散其苑囿，以业穷民。

壬午，立梁贵人为皇后，追废懿陵为贵人冢。帝恶梁氏，改皇后姓为薄氏，久之，知为邓香女，乃复姓邓氏。

诏赏诛梁冀之功，封单超、徐璜、具瑗、左悺、唐衡皆为县侯，超食二万户，璜等各万余户，世谓之五侯。

尚书令陈蕃上疏荐五处士，豫章徐稚、彭城姜肱、汝南袁闳、京兆韦著、颍川李昙；帝悉以安车、玄𫄸备礼征之，皆不至。

稚家贫，常自耕稼，非其力不食，恭俭义让，所居服其德；屡辟公府，不起。陈蕃为豫章太守，以礼请署功曹；稚不之免，既谒而退。蕃性方峻，不接宾客，唯稚来，特设一榻，去则悬之。后举有道，家拜太原太守，皆不就。稚虽不应诸公之辟，然闻其死丧，辄负笈赴吊。常于家豫炙鸡一只，以一两绵絮渍酒中暴干，以裹鸡，径到所赴冢隧外，以水渍绵，使有酒气，斗米饭，白茅为藉，以鸡置前，醊酒毕，留谒则去，不见丧主。

肱与二弟仲海、季江俱以孝友著闻，常同被而寝，不应征聘。肱尝与弟季江俱诣郡，夜于道为盗所劫，欲杀之，肱曰："弟年幼，父母所怜，又未聘娶，愿杀身济弟。"季江曰："兄年德在前，家之珍宝，国之英俊，乞自受戮，以代兄命。"盗遂两释焉，但掠夺衣资而已。既至，郡中见肱无衣服，怪问其故，肱托以他辞，终不言盗。盗闻而感悔，就精庐求见征君，叩头谢罪，还所略物。肱不受，劳以酒食而遣之。帝既征肱不至，乃下彭城，使画工图其形状。肱卧于幽暗，以被韬面，言患眩疾，不欲出风，工竟不得见之。

闳，安之玄孙也，苦身修节，不应辟召。

著隐居讲授，不修世务。

昙继母苦烈，昙奉之逾谨，得四时珍玩，未尝不先拜而后进，乡里以为法。

帝又征安阳魏桓，其乡人劝之行，桓曰："夫干禄求进，所以行其志也。今后宫千数，其可损乎？厩马万匹，其可减乎？左右权豪，其可去乎？"皆对曰："不可。”桓乃慨然叹曰：“使桓生行死归，于诸子何有哉！”遂隐身不出。

三年（庚子，160）

春，正月，丙申，赦天下，诏求李固后嗣。初，固既策罢，知不免祸，乃遣三子基、兹、燮皆归乡里。时燮年十三，姊文姬为同郡赵伯英妻，见二兄归，具知事本，默然独悲曰：“李氏灭矣！自太公已来，积德累仁，何以遇此！”密与二兄谋，豫藏匿燮，托言还京师，人咸信之。有顷，难作，州郡收基、兹，皆死狱中。文姬乃告父门生王成曰：“君执义先公，有古人之节；今委君以六尺之孤，李氏存灭，其在君矣！”成乃将燮乘江东下，入徐州界，变姓名为酒家佣，而成卖卜于市，各为异人，阴相往来。积十余年，梁冀既诛，燮乃以本末告酒家，酒家具车重厚遣之，燮皆不受。遂还乡里，追行丧服，姊弟相见，悲感傍人。姊戒燮曰：“吾家血食将绝，弟幸而得济，岂非天邪！宜杜绝众人，勿妄往来，慎无一言加于梁氏！加梁氏则连主上，祸重至矣，唯引咎而已。”燮谨从其诲。后王成卒，燮以礼葬之，每四节为设上宾之位而祠焉。

丙午，新丰侯单超卒，赐东园秘器，棺中玉具；及葬，发五营骑士、将作大匠起冢茔。其后四侯转横，天下为之语曰：“左回天，具独坐，徐卧虎，唐雨堕。”皆竞起第宅，以华侈相尚，其仆从皆乘牛车而从列骑，兄弟姻戚，宰州临郡，辜较百姓，与盗无异，虐遍天下；民不堪命，故多为盗贼焉。

汉桓帝延熹二年（戊戌，公元159年）

梁皇后仗恃姊姊梁太后和哥哥大将军梁冀的庇护和势力，穷极奢华，比前世加倍，独占桓帝的宠爱，嫉妒成性，六宫的其他嫔妃都不得侍奉桓帝。等到梁太后去世，桓帝对她的恩宠顿时衰退。梁皇后自己没有儿子，每当其他嫔妃怀有身孕，很少能得到保全。桓帝虽然畏惧梁冀，不敢谴责和发怒，然而让梁皇后来陪侍的次数变得稀少，梁皇后越来越忧愁愤恨。秋季，七月丙午（初八），梁皇后去世。乙丑（二十七日），将她安葬在懿陵，谥号为懿献皇后。

梁冀家族一门，前后共有七个侯，三个皇后，六个贵人，两个大将军，夫人和女儿享有食邑而称君的七人，娶公主为妻的三人，其他担任卿、将、尹、校等官职的五十七人。梁冀把持朝廷威权，独断专行，凶暴放肆，日甚一日。宫廷禁军和皇帝最亲近的侍卫和随从中，都有他的亲信，皇宫内部皇帝的起居，再细小的情况，他都必定了如指掌。向四方征调的物品，以及各地每年按时向皇帝贡献的礼品，都先将最好的呈送给梁冀，皇帝还得排在他的后面。官吏和百姓带着财物，到梁冀家里请求做官或者免罪的，在道路上前后相望。文武百官升迁或被征召，都要先到梁冀家门呈递谢恩书，然后才敢到尚书台去接受指示。下邳国人吴树被任命为宛县县令，上任之前向梁冀辞行，梁冀的宾客散布在宛县县境的很多，梁冀托吴树照顾他们。吴树说：“邪恶的小人是残害百姓的蛀虫，即使是近邻，也应诛杀。将军高居上将之位，应该崇敬贤能，弥补朝廷的缺失。可是，自从我随同您坐下以后，没有听见您称赞一位长者，而嘱托我照顾很多不恰当的人，我实在不敢听！”梁冀沉默不语，心里很不高兴。吴树到县上任后，便将梁冀的宾客中为人民所痛恨的数十人诛杀。吴树后来升任荆州刺史，上任前向梁冀辞行，梁冀请他喝下了毒酒。吴树出来，死在车上。东郡太守侯猛，刚刚接受任命时，没有去谒见梁冀，梁冀就另外找了一个罪名将他腰斩。

梁冀把持朝政将近二十年，威势和权力震动内外，桓帝只好拱手，什么事都不能亲自参与。对于这种情况，桓帝早已忿忿不平，及至陈授死去，他愈发愤怒。和熹皇后邓绥的侄儿、郎中邓香的妻子宣，生下女儿邓猛。邓香死后，宣改嫁给梁纪为妻。梁纪，即梁冀之妻孙寿的舅父。孙寿因邓猛美貌，把她送进掖庭，被桓帝封为贵人。梁冀打算把邓猛认作自己的女儿，将邓猛改姓为梁猛，可是害怕邓猛的姊夫、议郎邴尊从中破坏，说服岳母宣予以拒绝，于是派刺客将邴尊杀死。其后，梁冀又想杀害邓猛的母亲宣。宣家和中常侍袁赦的家相邻，当梁冀派遣的刺客爬上袁赦家的屋顶，准备进入宣家时，被袁赦发觉。于是袁赦擂鼓聚集众人，通知宣家。宣急忙奔入皇宫，向桓帝报告，桓帝勃然大怒。于是，他单独招呼小黄门史唐衡跟随他上厕所，问道：“我的左右侍卫，和皇后娘家不投合的，有谁？”唐衡回答说：“中常侍单超、小黄门史左悺和梁不疑有仇。中常侍徐璜、黄门令具瑗，经常私下对皇后娘家放纵骄横表示愤恨，只是不敢开口。”于是，桓帝将单超、左悺叫进内室，对他俩说：“梁将军兄弟在朝廷专权，胁迫内外，三公、九卿以下，都得按着他们的旨意行事，现在，我想要诛杀他们，你们二位的意思如何？”单超等回答说：“梁冀兄弟的确是国家的奸贼，早就应该诛杀；只是我们的力量太弱小，不知圣意如何罢了。”桓帝又说：“确实如你们所说，那么，请你们秘密谋划。”单超等回答说：“谋划并不困难，只恐怕陛下心中狐疑不决。”桓帝说：“奸臣威胁国家，应当定罪伏法，为什么狐疑不决呢！”于是，把徐璜、具瑗叫来，桓帝和五个宦官共同定计，桓帝将单超的手臂咬破出血，作为盟誓。单超等人对桓帝说：“陛下如今既然已下定决心，千万不要再提这件事，怕会引起猜疑。”

东汉石翼兽

梁冀果然对单超等产生猜疑，八月，丁丑（初十），派遣中黄门张恽入宫住宿，以防范意外变故。具瑗命令属吏逮捕张恽，罪名是：“擅自从外入宫，想要图谋不轨。”桓帝登上前殿，召集各位尚书前来，揭发了这件事，派遣尚书令尹勋持节统率丞、郎以下官吏，命全都手执兵器，守卫省阁，将所有代表皇帝和朝廷的符节收集起来，送进内宫。又派遣具瑗率领左右御厩的骑士、虎贲、羽林卫士、都候所属的剑戟士，共计一千余人，和司隶校尉张彪一同包围梁冀的府第。派光禄勋袁盱持节，向梁冀收缴了他的大将军印信，将他改封为比景都乡侯。梁冀和他的妻子孙寿，当天双双自杀。梁不疑、梁蒙在此以前已经去世。将梁氏和孙氏家族，包括他们在朝廷和地方的亲戚，全部逮入诏狱，不论男女老幼，全都押往闹市斩首，尸体暴露街头。受牵连的公卿、列校、州刺史、二千石官员，被诛杀的有数十人。太尉胡广、司徒韩縯、司空孙朗，都因阿附梁冀，没有去保卫宫廷而停留在长寿亭，被指控有罪，以减死罪一等论处，免去官职，贬为平民。此外，梁冀的旧时属吏和宾客，被免官的有三百余人，整个朝廷，为之一空。当时，事情突然从皇宫中发动，使者来往奔驰，三公九卿等朝廷大臣都失去常态，官府和大街小巷犹如鼎中的开水一片沸腾，数日之后，方才安定，百姓们无不称快，表示庆祝。桓帝下令没收梁冀的财产，由官府变卖，收入共计三十余亿，全都上缴国库，减收当年全国租税的一半。并将梁冀的园林分散给贫民耕种。

壬午（十五日），桓帝立梁贵人为皇后，并将梁冀的妹妹、梁皇后的坟墓懿陵贬称为贵人冢。桓帝厌恶梁氏，便将皇后梁猛的姓，改为薄氏。过了许久，才知道皇后是邓香的女儿，于是，又重新改姓邓氏。

桓帝下诏，赏赐诛杀梁冀的功臣，将单超、徐璜、具瑗、左悺、唐衡，都封为县侯，单超食邑二万户，徐璜等四人各一万余户，当世称他们为“五侯”。

尚书令陈蕃向桓帝上书，推荐五位隐居不肯出来做官的士人：豫章人徐稚、彭城人姜肱、汝南人袁闳、京兆人韦著、颍川人李昙。桓帝对所有的人都送给用一马牵拉的安车和黑色的币帛，礼仪周全地征聘他们，但他们都不肯应聘。

徐稚家境贫穷，经常亲自耕种，不吃不是自己劳动得来的食物，谦恭节俭，待人礼让，当地的人都很佩服他的品德。三公府多次前来征聘，他都没有答应。陈蕃担任豫章郡太守时，曾很礼敬地请他出来担任功曹。徐稚也不推辞，但在晋见陈蕃后，即行告退，不肯就职。陈蕃性格方正严峻，从不接见宾客，唯独徐稚来时，特地为他摆设一张坐塌，徐稚走后，他就把坐榻悬挂起来。后来，徐稚又被推举为“有道”之士，在家中被任命为太原郡太守，他仍不肯就任。徐稚虽然不肯接受诸公的征聘，但是听到他们的死讯，一定背着书箱前往吊丧。他通常是先在家里烤好一只鸡，另外将一两绵絮浸泡在酒中，再晒干，然后用绵絮包裹烤鸡，一直来到死者的坟墓隧道之外，用水将绵絮泡湿，使酒味溢出，准备一斗米饭，以白茅草为垫，把鸡放在坟墓前面，将酒洒在地上进行祭吊后，留下自己的名帖，立即离去，不去见主丧的人。

姜肱和两个弟弟姜仲海、姜季江，都以孝敬父母、友爱兄弟而著称，经常同盖一条被子睡觉。他们不肯答应官府的征聘。姜肱曾经和他的弟弟姜季江一道前往郡府，夜间在道路上遇到强盗抢劫。强盗要杀他俩，姜肱对强盗说：“我的弟弟年龄还小，受到父母怜爱，又没有定亲娶妻，我希望你们把我杀死，保全我弟弟的性命。”然而，姜季江却对强盗说：“我的哥哥年龄比我大，品德比我高，是我家的珍宝，国家的英才，请来杀我，我愿代哥哥一死。”强盗听后很受感动，便将他俩都释放了，只将衣服和财物抢光而已。兄弟二人到了郡府，人们看见姜肱没有穿衣服，觉得奇怪，问他是什么缘故。姜肱用其他原因进行推托，到底不肯指控强盗。强盗听到这个消息，感到惭愧和后悔，就到姜肱的学舍来拜见他，叩头请罪，奉还所抢走的衣物。姜肱不肯接受，用酒饭招待强盗，送走他们。桓帝既然不能将姜肱征聘到京都洛阳，于是下诏，命彭城地方官派画工画出姜肱的肖像。姜肱躺卧在一间幽暗的房屋里，用被子蒙住脸，声称患了昏眩病，不愿出来受风，画工竟然未能见到他的面目。

袁闳，即袁安的玄孙，刻苦修养自己的节操，不接受官府和朝廷的征召。

韦著隐居在家，讲授经书，不肯过问世事。

李昙的继母非常凶暴，可是李昙对她的奉养却愈发恭谨，得到四季的珍贵玩物，从来没有不先行礼，而后送上给继母的，乡里都将他作为榜样。

桓帝又征召安阳人魏桓，魏桓家乡的人都劝他前往应聘。魏桓对他们说：“接受朝廷的俸禄，追求升迁高级官职，目的是为了实现自己的政治理想。如今后宫美女数以千计，能缩小数目吗？御厩骏马一万匹，能减少吗？皇帝左右的权贵豪门，能排除吗？”大家都回答说：“不能。”于是，魏桓慨然长叹说：“让我活着前去就聘，死后再被送回，对你们有什么好处？”于是隐居不出。

三年（庚子，公元160年）

春季，正月，丙申（初一），大赦天下。桓帝下诏寻找李固的后裔。当初，李固被颁策罢官以后，知道免不了要遭大祸，于是，就把他的三个儿子李基、李兹、李燮，都送回故乡。当时，李燮十三岁，他的姐姐李文姬嫁给同郡人赵伯英为妻，看到两位哥哥从京都洛阳回来，全部了解了事情的本末，暗暗独自悲叹：“李家要灭亡了。自祖父李郃以来，积德积仁，怎么会落得如此下场！”她秘密地跟两位哥哥商议，事先把三弟李燮藏匿起来，然后传出消息说李燮已回京都洛阳，人们全都相信。不久，大祸发生，州郡官府逮捕李基、李兹，二人全都死在狱中。于是，李文姬亲自拜托父亲的学生王成说：“您为我的先父坚持正义，有古人的气节。而今，我把六尺高的孤儿托付给您。李家是存还是灭，就在您的身上了！”王成便带着李燮乘船沿长江东下，进入徐州境内。李燮改名换姓，在一家酒店里做佣工，王成则在街市上给人占卦算命，二人假装不认识，暗地里互相来往。过了十余年之久，当梁冀被诛杀后，李燮才将自己身世告诉酒店老板。酒店老板大为震惊，准备了车马和丰厚的礼物，要送李燮回乡，李燮都不肯接受。李燮于是回到故乡为他的父亲追补服丧。姐弟相见，十分悲伤，旁边的人无不为之感动。姐姐李文姬告诫李燮说：“我们李家的祭祀几乎灭绝，你幸而逃得活命，岂不是天意吗？应该闭门自守，不要随便和别人往来，千万不要对梁家有一言抨击，如果抨击梁家，势必牵连到主上，大祸就会重新降临了，我们只有引咎自责而已。”李燮遵从了姐姐的教诲。后来，王成去世，李燮按照礼节将他安葬，每年的春夏秋冬等四季，都将王成的牌位，摆放在上宾之位，进行祭祀。

丙午（十一日），新丰侯单超去世。桓帝赏赐给他御用棺木和玉衣。等到埋葬时，又调发五营的骑士，由将作大匠督率，为他兴筑坟墓。其后，剩下的“四侯”，更加骄横跋扈，天下的人民流传着一句刻画他们形象的歌谣说：“左悺有回天之力，具瑗是唯我独尊，徐璜的威风如卧虎，唐衡的势力像大雨。”他们竞相修建宅第，追求豪华奢侈，连仆从都乘坐牛车，有骑马卫士跟随。他们的兄弟和有婚姻关系的亲戚中，担任州刺史和郡太守的，搜刮和掠夺百姓的财富，和盗贼没有区别，暴虐遍及全国各地。民不聊生，所以很多人去做盗贼。

第五十五卷

汉纪四十七

译文诵读

孝桓皇帝中延熹七年（甲辰，164）

春，二月，丙戌，邟乡忠侯黄琼薨。将葬，四方远近名士会者六七千人。

初，琼之教授于家，徐稚从之咨访大义，及琼贵，稚绝不复交。至是，稚往吊之，进酹，哀哭而去，人莫知者。诸名士推问丧宰，宰曰："先时有一书生来，衣粗薄而哭之哀，不记姓字。"众曰："必徐孺子也。"于是选能言者陈留茅容轻骑追之，及于涂。容为沽酒市肉，稚为饮食。容问国家之事，稚不答。更问稼穑之事，稚乃答之。容还，以语诸人，或曰："孔子云：'可与言而不与言，失人。'然则孺子其失人乎？"太原郭泰曰："不然。孺子之为人，清洁高廉，饥不可得食，寒不可得衣，而为季伟饮酒食肉，此为已知季伟之贤故也！所以不答国事者，是其智可及，其愚不可及也！

泰博学，善谈论。初游雒阳，时人莫识，陈留符融，一见嗟异，因以介于河南尹李膺。膺与相见，曰："吾见士多矣，未有如郭林宗者也。其聪识通朗，高雅密博，今之华夏，鲜见其俦。"遂与为友，于是名震京师。后归乡里，衣冠诸儒送至河上，车数千两，膺唯与泰同舟而济，众宾望之，以为神仙焉。

泰性明知人，好奖训士类，周游郡国。茅容，年四十余，耕于野，与等辈避雨树下，众皆夷踞相对，容独危坐愈恭；泰见而异之，因请寓宿。旦日，容杀鸡为馔，泰谓为己设；容分半食母，余半庋置，自以草蔬与客同饭。泰曰："卿贤哉远矣！郭林宗犹减三牲之具以供宾旅，而卿如此，乃我友也。"起，对之揖，劝令从学，卒为盛德。钜鹿孟敏，客居太原，荷甑堕地，不顾而去。泰见而问其意，对曰："甑已破矣，视之何益！"泰以为有分决，与之言，知其德性，因劝令游学，遂知名当世。陈留申屠蟠，家贫，佣为漆工；鄢陵庾乘，少给事县廷为门士；泰见而奇之，其后皆为名士。自余或出于屠沽、卒伍，因泰奖进成名者甚众。

陈国童子魏昭请于泰曰："经师易遇，人师难遭，愿在左右，供给洒扫。"泰许之。泰尝不佳，命昭作粥，粥成，进泰，泰呵之曰："为长者作粥，不加意敬，使不可食！"以杯掷地。昭更为粥重进，泰复呵之。如此者三，昭姿容无变。泰乃曰："吾始见子之面，而今而后，知卿心耳！"遂友而善之。

陈留左原，为郡学生，犯法见斥，泰遇诸路，为设酒肴以慰之。谓曰："昔颜涿聚，梁甫之巨盗，段干木，晋国之大驵，卒为齐之忠臣，魏之名贤；蘧瑗、颜回尚不能无过，况其余乎！慎勿恚恨，责躬而已！"原纳其言而去。或有讥泰不绝恶人者，泰曰："人而不仁，疾之已甚，乱也。"原后忽更怀忿结客，欲报诸生。其日，泰在学，原愧负前言，因遂罢去。后事露，众人咸谢服焉。

或问范滂曰："郭林宗何如人？"滂曰："隐不违亲，贞不绝俗，天子不得臣，诸侯不得友，吾不知其他。"

泰尝举有道，不就，同郡宋冲素服其德，以为自汉元以来，未见其匹，尝劝之仕。泰曰："吾夜观乾象，昼察人事，天之所废，不可支也，吾将优游卒岁而已。"然犹周旋京师，诲诱不息。徐稚以书戒之曰："大木将颠，非一绳所维，何为栖栖不遑宁处！"泰感寤曰："谨拜斯言，以为师表。"

济阴黄允，以隽才知名，泰见而谓曰："卿高才绝人，足成伟器，年过四十，声名著矣。然至于此际，当深自匡持，不然，将失之矣！"后司徒袁隗欲为从女求姻，见允，叹曰："得婿如是，足矣。"允闻而黜遣其妻。妻请大会宗亲为别，因于众中攘袂数允隐慝十五事而去，允以此废于时。

初，允与汉中晋文经并恃其才智，曜名远近，征辟不就。托言疗病京师，不通宾客，公卿大夫遣门生旦暮问疾，郎吏杂坐其门，犹不得见；三公所辟召者，辄以询访之，随所臧否，以为与夺。符融谓李膺曰："二子行业无闻，以豪桀自置，遂使公卿问疾，王臣坐门，融恐其小道破义，空誉违实，特宜察焉。"膺然之。二人自是名论渐衰，宾徒稍省，旬日之间，惭叹逃去，后并以罪废弃。

陈留仇香，至行纯嘿，乡党无知者。年四十，为蒲亭长。民有陈元，独与母居，母诣香告元不孝，香惊曰："吾近日过元舍，庐落整顿，耕耘以时，此非恶人，当是教化未至耳。母守寡养孤，苦身投老，奈何以一旦之忿，弃历年之勤乎！且母养人遗孤，不能成济，若死者有知，百岁之后，当何以见亡者！"母涕泣而起。香乃亲到元家，为陈人伦孝行，譬以祸福之言，元感悟，卒为孝子。考城令河内王奂署香主簿，谓之曰："闻在蒲亭，陈元不罚而化之，得无少鹰鹯之志邪？"香曰："以为鹰鹯不若鸾凤，故不为也。"奂曰："枳棘之林非鸾凤所集，百里非大贤之路。"乃以一月奉资香，使入太学。郭泰、符融赍刺谒之，因留宿；明旦，泰起，下床拜之曰："君，泰之师，非泰之友也。"香学毕归乡里，虽在宴居，必正衣服，妻子事之若严君；妻子有过，免冠自责，妻子庭谢思过，香冠，妻子乃敢升堂，终不见其喜怒声色之异。不应征辟，卒于家。

八年（乙巳，165）

中常侍侯览兄参为益州刺史，残暴贪婪，累臧亿计。太尉杨秉奏槛车征参，参于道自杀，阅其车重三百余两，皆金银锦帛。秉因奏曰："臣案旧典，宦者本在给使省闼，司昏守夜；而今猥受过宠，执政操权，附会者因公褒举，违忤者求事中伤，居法王公，富拟国家，饮食极肴膳，仆妾盈纨素。中常侍侯览弟参，贪残元恶，自取祸灭；览顾知衅重，必有自疑之意，臣愚以为不宜复见亲近。昔懿公刑邴歜之父，夺阎职之妻，而使二人参乘，卒有竹中之难。览宜急屏斥，投畀有虎，若斯之人，非恩所宥，请免官送归本郡。”书奏，尚书召对秉掾属，诘之曰：“设官分职，各有司存。三公统外，御史察内；今越奏近官，经典、汉制，何所依据？其开公具对！”秉使对曰：“《春秋传》曰：‘除君之恶，唯力是视。’邓通懈慢，申屠嘉召通诘责，文帝从而请之。汉世故事，三公之职，无所不统。”尚书不能诘，帝不得已，竟免览官。司隶校尉韩缜因奏左悺罪恶，及其兄太仆南乡侯称请托州郡，聚敛为奸，宾客放纵，侵犯吏民。悺、称皆自杀。缜又奏中常侍具瑗兄沛相恭臧罪，征诣廷尉。瑗诣狱谢，上还东武侯印绶，诏贬为都乡侯。超及璜、衡袭封者，并降为乡侯，子弟分封者，悉夺爵土。刘普等贬为关内侯，尹勋等亦皆夺爵。

九年（丙午，166）

初，帝为蠡吾侯，受学于甘陵周福，及即位，擢福为尚书。时同郡河南尹房植有名当朝，乡人为之谣曰：“天下规矩，房伯武；因师获印，周仲进。”二家宾客，互相讥揣，遂各树朋徒，渐成尤隙。由是甘陵有南北部，党人之议自此始矣。

汝南太守宗资以范滂为攻曹，南阳太守成瑨以岑晊为功曹，皆委心听任，使之褒善纠违，肃清朝府。滂尤刚劲，疾恶如仇。滂甥李颂，素无行，中常侍唐衡以属资，资用为吏；滂寝而不召。资迁怒，捶书佐朱零，零仰曰：“范滂清裁，今日宁受笞而死，滂不可违。”资乃止。郡中中人以下，莫不怨之。于是二郡为谣曰：“汝南太守范孟博，南阳宗资主画诺；南阳太守岑公孝，弘农成瑨但坐啸。”

太学诸生三万余人，郭泰及颍川贾彪为其冠，与李膺、陈蕃、王畅更相褒重。学中语曰：“天下模楷，李元礼；不畏强御，陈仲举；天下俊秀，王叔茂。”于是中外承风，竞以臧否相尚，自公卿以下，莫不畏其贬议，屣履到门。

宛有富贾张泛者，与后宫有亲，又善雕镂玩好之物，颇以赂遗中官，以此得显位，用势纵横。岑晊与贼曹史张牧劝成瑨收捕泛等；既而遇赦，瑨竟诛之，并收其宗族宾客，杀二百余人，后乃奏闻。小黄门晋阳赵津，贪暴放恣，为一县巨患。太原太守平原刘瓆使郡吏王允讨捕，亦于赦后杀之。于是中常侍侯览使张泛妻上书讼冤，宦者因缘谮诉瑨、瓆。帝大怒，征瑨、瓆，皆下狱。有司承旨，奏瑨、瓆罪当弃市。

山阳太守翟超以郡人张俭为东部督邮。侯览家在防东，残暴百姓；览丧母还家，大起茔冢。俭举奏览罪，而览伺候遮截，章竟不上。俭遂破览冢宅，藉没资财，具奏其状，复不得御。徐璜兄子宣为下邳令，暴虐尤甚。尝求故汝南太守李暠女不能得，遂将吏卒至暠家，载其女归，戏射杀之。东海相汝南黄浮闻之，收宣家属，无少长，悉考之。掾史以下固争，浮曰：“徐宣国贼，今日杀之，明日坐死，足以瞑目矣！”即案宣罪弃市，暴其尸。于是宦官诉冤于帝，帝大怒，超、浮并坐髡钳，输作左校。

太尉陈蕃、司空刘茂共谏，请瑨、瓆、超、浮等罪；帝不悦。有司劾奏之，茂不敢复言。蕃乃独上疏曰：“今寇贼在外，四支之疾；内政不理，心腹之患。臣寝不能寐，食不能饱，实忧左右日亲，忠言日疏，内患渐积，外难方深。

“陛下深宜割塞近习与政之源，引纳尚书朝省之士，简练清高，斥黜佞邪。如是天和于上，地洽于下，休祯符瑞，岂远乎哉！”帝不纳。宦官由此疾蕃弥甚，选举奏议，辄以中诏谴却，长史以下多至抵罪，犹以蕃名臣，不敢加害。

瑨、瓆竟死狱中。瑨、瓆素刚直，有经术，知名当时，故天下惜之。岑晊、张牧逃窜获免。

晊之亡也，亲友竞匿之；贾彪独闭门不纳，时人望之。彪曰：“《传》言‘相时而动，无累后人。’公孝以要君致衅，自遗其咎，吾已不能奋戈相待，反可容隐之乎！”于是咸服其裁正。彪尝为新息长，小民困贫，多不养子；彪严为其制，与杀人同罪。城南有盗劫害人者，北有妇人杀子者，彪出按验，掾吏欲引南；彪怒曰：“贼寇害人，此则常理；母子相残，逆天违道！”遂驱车北行，按致其罪。城南贼闻之，亦面缚自首。数年间，人养子者以千数。曰：“此贾父所生也。”皆名之为贾。

河南张成，善风角，推占当赦，教子杀人。司隶李膺督促收捕，既而逢宥获免；膺愈怀愤疾，意按杀之。成素以方伎交通宦官，帝亦颇讯其占；宦官教成弟子牢修上书，告“膺等养太学游士，交结诸郡生徒，更相驱驰，共为部党，诽讪朝廷，疑乱风俗。”于是天子震怒，班下郡国，逮捕党人，布告天下，使同忿疾。案经三府，太尉陈蕃却之曰：“今所按者，皆海内人誉，忧国忠公之臣，此等犹将十世宥也，岂有罪名不章而致收掠者乎！”不肯平署。帝愈怒，遂下膺等于黄门北寺狱，其辞所连及，太仆颍川杜密、御史中丞陈翔及陈寔、范滂之徒二百余人。或逃遁不获，皆悬金购募，使者四出相望。陈寔曰：“吾不就狱，众无所恃。”乃自往请囚。范滂至狱，狱吏谓曰：“凡坐系者，皆祭皋陶。”滂曰：“皋陶，古之直臣，知滂无罪，将理之于帝，如其有罪，祭之何益！”众人由此亦止。陈蕃复上书极谏，帝讳其言切，托以蕃辟召非其人，策免之。

时党人狱所染逮者，皆天下名贤，度辽将军皇甫规，自以西州豪桀，耻不得与，乃自上言：“臣前荐故大司农张奂、是附党也。又，臣昔论输左校时，太学生张凤等上书讼臣，是为常人所附也，臣宜坐之。”朝廷知而不问。

汉桓帝延熹七年（甲辰，公元164年）

春季，二月，丙戌，乡侯黄琼去世。临下葬时，四方远近知名人士前来吊丧的有六七千人。

最初，黄琼在家中教授经书时，徐稚曾经向他询问要旨，到黄琼的地位尊贵以后，徐稚就和黄琼绝交，不再来往。黄琼去世，徐稚前往吊丧，以酒洒地表示祭奠，放声痛哭后离去，别人都不知道他是谁。吊丧的知名人士们询问主持丧事的人，他说："早些时候的确有一位儒生来过这里，他衣着粗糙单薄，哭声悲哀，不记得他的姓名。"大家都说："肯定是徐稚。"于是选派善于言辞的陈留人茅容，跨上快马急忙去追赶他，在半途追到。茅容为徐稚沽酒买肉，请他一道饮食。当茅容问及国家大事时，徐稚不做回答。茅容改变话题，谈论耕种和收获谷物的事，徐稚才回答他。茅容返回以后，将上述情况告诉大家。有人说："孔子曾经说过：'遇上可以交谈的人，却不和他谈论，未免有失于人。'这样说来，徐稚岂不是有失于人吗？"太原人郭泰说："不是这样。徐稚为人清高廉洁，他饥饿时不会轻易接受别人的食物，寒冷时不会随便穿别人的衣服。而他答应茅容的邀请，一道饮酒食肉，这是因为已经知道茅容贤能的缘故。所以不回答国家大事，是由于他的智慧我们可以赶得上，他的故作愚昧我们却赶不上。"

东汉 御仆俑与铜轺车

郭泰学问渊博，善于言谈议论。他刚到京都洛阳留学时，当时的人并不认识他。陈留人符融一见他就赞叹惊异，因而将他推荐给河南尹李膺。李膺跟他见面后说："我所见到过的读书人很多，却从来没有遇到过像郭泰您这样的人。您聪慧通达，高雅慎密，在今天的中国，很少有人能与您相比。"便和他结交为好友，于是郭泰的名声立刻震动京城洛阳。后来，郭泰从洛阳启程返回家乡时，官员和士绅以及儒生将他送到黄河渡口，车子多达数千辆。只有李膺和郭泰同船渡河，前来送行的各位宾客望着他俩，认为简直是神仙。

郭泰善于识别人的贤愚善恶，喜欢奖励和教导读书人，足迹遍布四方。茅容年龄已经四十余岁，在田野中耕作时和一群同伴到树底下避雨，大家都随便地坐在地上，只有茅容正襟危坐，非常恭敬。郭泰路过那里，见此情景，大为惊异，因而向茅容请求借宿。第二天，茅容杀鸡作为食品，郭泰以为是为自己准备的，但茅容分了半只鸡侍奉母亲，将其余半只鸡收藏在阁橱里，自己用粗劣的蔬菜和客人一同吃饭。郭泰说："你的贤良大大地超过了普通人。我自己尚且减少对父母亲的供养来款待客人，而你却是这样，真是我的好友。"于是，郭泰站起身来，向他作揖，劝他读书学习。茅容最终成为很有德行的人。巨鹿人孟敏，在太原郡客居，肩上扛的瓦罐掉在地上，他一眼不看便离开了。郭泰见此情景，问他为什么这样，孟敏回答说："瓦罐已经破碎了，看它有什么益处？"郭泰认为他有分辨和决断能力，于是和他交谈，了解他的天赋和秉性，因而劝他外出求学。结果孟敏成为闻名当世的人。陈留人申屠蟠家境贫困，受雇于人做漆工，鄢陵人庾乘年少时在县府担任门卒，郭泰见到他们，对他们另眼相待，后来他们都成为知名的人士。其他人，有的是屠户出身，有的是卖酒出身，有的是士卒出身，因受到郭泰的奖励和引进而成名的很多。

陈国少年魏昭向郭泰请求说："教授经书的老师容易遇到，但传授做人道理的老师却难遇到。我愿意跟随在您的身边，给您洒扫房屋和庭院。"郭泰许诺。后来，郭泰曾因身体不适，命魏昭给他煮稀饭。稀饭煮好以后，魏昭端给郭泰，郭泰大声喝斥魏昭说："你给长辈煮稀饭，不存敬意，使我不能进食。"将杯子扔到地上。魏昭又重新煮好稀饭，再次端给郭泰，郭泰又喝斥他。这样一连三次，魏昭的态度和脸色始终没有改变。于是郭泰说："我开始只看到你的表面，从今以后，我知道你的内心了！"就把魏昭当做好友，善意对待。

陈留人左原是郡学的学生，因违反法令，被郡学斥退。郭泰在路上遇见他，特地摆设酒和菜肴，对他进行安慰，说："从前，颜涿聚原是梁甫地区的大盗，段干木本是晋国的大市侩，可是，前一位终于成了齐国的忠臣，后一位终于成了魏国的著名贤人。蘧瑗、颜回尚且不能没有过错，何况其他的人？你千万不要心怀怨恨，只是反躬责问自己而已。"左原虚心听取郭泰的劝导后离去。有人讥讽郭泰不能和恶人断绝关系，郭泰说："对于不合于仁的人，如果厌恶他太甚，就会使他为乱。"左原后来忽然重新心怀忿怒，结集宾客，想要报复郡学的学生。可是，这一天，郭泰正在郡学，左原惭愧自己辜负了郭泰以前的劝导，于是终于离去。后来这件事传开，大家全都佩服郭泰。

有人询问范滂说："郭泰是个什么样的人？"范滂回答说："隐居而不离开双亲，坚贞而不隔绝世俗，天子不能使他为臣下，诸侯不能使他为友，除此之外，我不知道还有别的。"

郭泰曾经被地方官府推荐为"有道"人才，郭泰不肯接受。同郡人宋冲一向佩服郭泰的品德和学问，认为自从汉朝建立以来，没有人能超过他，曾经劝他出去做官。郭泰说："我夜间观看天象，白天考察人事，上天要灭亡的，人力不能支持，我将悠闲地过日子而已。"但他还是经常到京都洛阳，不停地教诲和劝诱人们读书求学。徐稚写信警告他说："大树快要倒下，不是一根绳子所能拴住的，为何奔波忙碌，不能安定下来！"郭泰有所感而觉悟说："恭敬地拜受你的话，当做老师的指教。"

济阴人黄允，以才智出众而知名。郭泰跟他见面时，对他说："你才华很高，超过常人，一定会成为大器，年过四十岁以后，名声一定显著。然而，到了那时候，应该严格要求自己，匡正持重，不然，将丧失声名。”后来，司徒袁隗想为他的侄女选择丈夫，见到黄允，赞叹说：“能得到像黄允这样的女婿，就心满意足了。”黄允听说后，便将妻子休掉，让她回娘家。黄妻请求同所有宗族和亲戚见面辞别，于是当着众人的面，揎袖捋臂历数黄允的十五件隐私，然后登车而去。黄允因此名声败坏。

起初，黄允和汉中人晋文经，同时仗恃他们的才能智慧而远近闻名，官府征聘他们做官，都不肯接受。他俩托辞到京都洛阳疗养疾病，拒绝任何来访的宾客。三公九卿和大夫等派遣他们的门生早晚前来探问病情，郎吏错杂挤坐门房，仍然不能见面。三公府征聘属吏，往往先去征求他俩的意见，根据他俩的品评和褒贬，再决定任用或罢黜。符融对李膺说：“他俩的操行和事业都没有声名，却以豪杰自居，以致三公九卿都派人前往探病，朝廷命臣都去坐在门房等候召见。我怕他们的小道术会破坏儒家大义，徒具虚名而和实际不相符合，特别应该留意考察。”李膺赞同符融的意见。黄允和晋文经二人的名誉从此逐渐衰落，宾客和门徒稍稍减少，不到十天的时间，他俩惭愧叹息而逃走。后来，他俩都因有罪而被人们抛弃。

陈留人仇香虽德行高尚，但沉默寡言，乡里无人知道他。年龄四十岁时，担任蒲亭亭长。有个叫陈元的老百姓，一个人和母亲同住，他的母亲向仇香控告陈元忤逆不孝。仇香吃惊地说：“我最近经过陈元的房舍，院落整理得干干净净，耕作也很及时，说明他不是一个恶人，只不过没有受到教化，不知道如何做罢了。你年轻时守寡，抚养孤儿，劳苦一生，而今年纪已老，怎能为了一时的恼怒，抛弃多年的勤劳和辛苦？而且，你抚养丈夫遗留的孤儿，有始无终，倘若死者在地下有知，你百年之后，在地下怎么跟亡夫相见？”陈元的母亲哭泣着起身告辞。于是仇香亲自来到陈元家里，教导伦理孝道，讲解祸福的道理。陈元感动省悟，终于成为孝子。考城县令河内人王奂任命仇香为主簿，对他说：“听说你在蒲亭，对陈元没有进行处罚，而是用教化来改变他，恐怕是缺少苍鹰搏击的勇气吧？”仇香回答说：“我认为苍鹰搏击不如鸾凤和鸣，所以不肯那样去做。”王奂又对他说：“荆棘的丛林，不是鸾凤栖身之所，百里之内的县府官职，不是大贤的道路。”于是用一个月的俸禄资助仇香，让他进入太学。郭泰、符融拿着名帖求见仇香，于是留宿。第二天早上，郭泰起来，在床前向仇香下拜说：“您是我的老师，不是我的朋友。”仇香在太学学成，回归乡里，即令是在闲暇无事的时候，也一定是衣服整齐。妻子和儿女侍奉他，就像对待严正的君王一样。妻子和儿女有了过错，仇香就摘下帽子，责备自己，妻子和儿女在院子里道歉思过，仇香才戴上帽子，妻子和儿女才敢进入堂屋。平常，从来看不见仇香因喜怒而改变声音脸色。他不接受官府的征聘，后来在家里去世。

八年（乙巳，公元165年）

中常侍侯览的弟弟侯参担任益州刺史，残暴贪婪，赃款累计多达一亿。太尉杨秉进行弹劾，朝廷用囚车把侯参押解回京，侯参在途中自杀。查看他携载物资的三百余辆车，装的都是金银和锦帛。因此，杨秉又上书弹劾说："我查考朝廷旧有的典章制度，宦官本来只限于在皇宫内听候差遣，负责早晚看守门户，而今却大多倍受过份的宠信，掌握朝廷大权。凡是依附宦官的人，宦官就趁着朝廷征用人才时推荐他们做官；凡是违背和冒犯宦官的人，宦官便随便找一个借口对他们进行中伤。宦官的居处效法王公，他们拥有的财富可与帝王相比，饮食极尽佳肴珍膳，奴仆侍妾都穿精致洁白的细绢。中常侍侯览的弟弟侯参，是贪赃残暴的首恶，自取灾祸和灭亡。侯览深知罪恶深重，一定会自感疑惧不安，我愚昧地认为，不应该把侯览再放在陛下左右。过去，齐懿公给邴歜的父亲加刑，又夺去阎职的妻子，却使他们二人陪同乘车，终于发生竹林中的大祸。因此，侯览应被急速斥退，投到豺狼虎豹群中。像这一类人，不能施行恩德宽恕罪行，请免除官职，送回本郡。"奏章呈上以后，尚书召来杨秉的属吏，责问说："朝廷设立官职，各有各的职责范围。三公对外管理政务，御史对内监察官吏。而今，三公超越职责范围，弹劾皇宫内的宦官，无论是经书典籍，还是汉朝制度，有什么根据？请公开做具体答复。"杨秉派遣的属吏回答说："《春秋左传》上说：'为君王排奸去恶，要使出全身的力量。'邓通懈怠轻慢，申屠嘉召邓通进行责问，汉文帝因而为邓通说情。汉朝的传统制度是，三公的职责，没有一件事情不可以过问。"尚书无法反驳。桓帝迫不得已，终于将侯览免职。司隶校尉韩缜乘机弹劾左悺的罪恶，以及左悺的哥哥、南乡侯左称向州郡官府请托，搜刮财货，作奸犯科，宾客放纵，侵犯官吏和百姓的罪过。左悺、左称都自杀了。韩缜又弹劾中常侍具瑗的哥哥、沛国相具恭贪赃枉法。桓帝下令将具恭征召回京都洛阳，送到廷尉狱治罪。于是，具瑗也主动到廷尉狱认罪，并向上交东武侯印信。桓帝下诏将具瑗贬封为都乡侯。单超及徐璜、唐衡的封爵继承人都被贬为乡侯，子弟得到分封的，全部取消封爵和食邑。刘普等被贬为关内侯，尹勋等也都被取消封爵。

九年（丙午，公元166年）

起初，当桓帝还是蠡吾侯的时候，曾经跟着甘陵国人周福读过书。等到他当了皇帝以后，擢升周福担任尚书。当时，和周福同郡的河南尹房植，在朝廷也很有名望。于是，乡里的人编了一首歌谣说："天下为人言行正派，有房植；靠当老师做官，有周福。"两家的宾客，互相讥笑和攻击，于是各人树立自己的党羽和门徒，逐渐结成怨仇。因此，甘陵国的士人便分为南北两个部党，对党人的议论从此开始。

汝南郡太守宗资任命范滂为功曹，南阳郡太守成瑨任命岑晊为功曹，都非常信任，让他们奖励善良，惩罚邪恶，整顿和澄清太守府的吏治。范滂尤其刚毅强劲，看见罪恶犹如见到仇敌。范滂的外甥李颂一向没有德行，中常侍唐衡将他托付给汝南郡太守宗资，宗资任用李颂为吏，范滂却将公文搁置案头，不肯召见。宗资迁怒他人，捶打书佐朱零。朱零抬头对宗资说：“这是范滂刚正的决断，今天我宁愿被笞打而死，也不违背范滂的决定。”宗资方才作罢。郡太守府中的中级官吏以下无不怨恨。于是，两郡就传出讽刺性的谣言说：“汝南郡的太守是范滂，南阳郡人宗资只不过负责在文书上签字。南阳郡的太守是岑晊，弘农郡人成瑨只是闲坐着吟咏。”

太学学生共有三万余人，郭泰和颍川郡人贾彪是他们的首领。他俩和李膺、陈蕃、王畅互相褒扬标榜。学生中间流行这样一句赞美他们的话：“天下楷模是李膺，不怕强梁横暴是陈蕃，天下才智出众是王畅。”于是朝廷内外受这样的风气影响，竟相以品评朝政的善恶得失为时尚，自三公九卿以下的朝廷大臣，无不害怕受到这种舆论的谴责和非议，都争先恐后地登门和他们结交。

宛县有一位富商名叫张泛，他和皇宫的某一位妃子沾点亲戚，而又善于雕刻供人赏玩嗜好的物品，经常不断地送给宦官作礼物，因此，在地方上很有地位，仗恃权势横行霸道。岑晊和贼曹史张牧说服太守成瑨，将张泛等人逮捕。不久遇着朝廷颁布大赦令，成瑨竟然不顾，将张泛诛杀，并收捕他的宗族和宾客共二百余人，全部处死，事后方才奏报朝廷。小黄门晋阳县人赵津，贪污残暴，骄纵恣肆，成了全县的大祸害。太原郡太守平原郡人刘瓆，派遣郡吏王允将赵津逮捕，也是在朝廷颁布赦令之后，将赵津诛杀。于是中常侍侯览指使张泛的妻子，向朝廷上书替张泛鸣冤，宦官又趁着这个机会，诬陷成瑨和刘瓆。桓帝勃然大怒，将成瑨、刘瓆二人征召回京都洛阳，囚禁监狱。有关官吏秉承宦官的意旨，弹劾成瑨、刘瓆罪大恶极，应当绑赴市场，斩首示众。

山阳郡太守翟超任命该郡人张俭担任东部督邮。中常侍侯览家在防东县，残害百姓。侯览母亲病故时，他回到家乡兴建高大的坟墓。张俭向朝廷上书，弹劾侯览的罪行，然而侯览伺机拦截张俭的奏章，使奏章无法呈送到皇帝面前。于是张俭便摧毁侯览的坟墓和住宅，没收所有的家赀和财产，再详细奏报侯览的罪状。奏章仍然不能上达。中常侍徐璜的侄儿徐宣，担任下邳县令，更加残暴酷虐。他曾经要求娶前汝南郡太守李暠的女儿为妻，因为没有得到手，就率领吏卒冲进李暠家里，将李暠的女儿抢回自己家中，以箭射女作为游戏，将她杀死。东海国宰相汝南郡人黄浮听说这件事后，逮捕徐宣和他的家属，不分男女老幼，一律用严刑拷问。掾史以下的属吏竭力劝阻，黄浮说：“徐宣是国家的蠹贼，今天杀掉他，明天我坐罪抵命，死也瞑目。”立即判处将徐宣绑赴市场斩首，尸体示众。于是宦官向桓帝控诉，桓帝勃然大怒，翟超、黄浮两人都被坐罪，剃掉头发，并送往左校营罚服苦役。

太尉陈蕃和司空刘茂联名上书劝说桓帝，请求赦免成瑨、刘瓆、翟超、黄浮等人的罪，桓帝很不高兴。于是有关官吏便对陈蕃和刘茂进行弹劾，刘茂不敢再说话。陈蕃仍单独上书说：“现在，外面的盗贼，只不过是人体四肢的毛病；而内政不能治理，才是心腹的祸患。我寝不能安，食不能饱，真正忧虑的是，陛下的左右亲近，越发受到宠信，忠言却越发稀少，内患一天比一天严重，外忧一天比一天加深。

“我盼望陛下应该切断和堵塞宦官参与朝政的本源，任用尚书台和朝廷大臣，精心挑选清廉高洁的人士，斥退和废黜奸佞小人。如能这样，则上天气和，地下融洽，吉利和祥瑞的征兆，难道还需很长时间才能出现？”桓帝没有采纳。宦官因此更加痛恨陈蕃，凡是遇到陈蕃上呈有关选择举用贤能的奏章，都宣称是皇帝的指示，严加谴责，加以退回。长史以下的官吏，很多都被判处罪刑。只因陈蕃是朝廷的著名大臣，暂时还不敢对他加以谋害。”

成瑨、刘瑱竟然死在狱中。成瑨、刘瑱一向刚强正直，通晓经学，是当时的知名人士，所以，天下的人无不惋惜。岑晊、张牧逃亡流窜在外，幸免于难。

岑晊逃亡时，亲戚朋友都竟相掩护藏匿。唯独贾彪闭门不肯接纳，当时人们对于贾彪的这种行为全都怨恨指责。贾彪说：“《左传》上说：‘等到时机来时才发动，不要连累别的人。’岑晊胁迫他的长官，闯出大祸，是他自己遗害自己。我恨不得挥动兵器来对待他，岂能反过来掩护隐匿他？”于是，大家都佩服他的裁处公正。贾彪曾经担任过新息县长，人民困苦贫穷，生下儿女多不能养育。贾彪下令严厉禁止，认为杀婴和杀人同罪。有一次，城南有强盗劫掠杀人，城北有妇人杀害自己的儿子，贾彪出车前往巡查验问，属吏打算引着他的车往城南去，贾彪发怒说：“强盗劫掠杀人，这是常理；母亲杀害儿子，违背天道。”便驱车前往城北，判决杀子之罪。城南强盗听到消息后，也将两手反绑于身后，到官府自首。数年之间，民间养育儿子的，以千计数。大家说：“这是贾父生的儿子。”并且，都用“贾”作为名字。

河南尹人张成精通占候之术，他预先推算朝廷将要颁布大赦令，就教他的儿子杀人。司隶校尉李膺督促属吏，逮捕张成父子。不久，果然遇着朝廷颁布赦令，应该赦免。李膺心中更加愤怒，竟将张成父子处斩。但张成一向用占候术和宦官结交，桓帝有时候也向张成讯问占候。于是宦官指使张成的徒弟牢修上书，控告“李膺等人专门蓄养太学的游士，结交各郡派到京都洛阳求学的学生和门徒，互相标榜，结成朋党，诽谤朝廷，迷惑和扰乱风俗。”奏章呈上后，桓帝盛怒，下诏各郡、各封国，逮捕党人，并且明白布告天下，使大家同仇敌忾。公文经过太尉、司徒、司空三府，太尉陈蕃将诏书退回，说：“这次所搜捕的，都是海内享有盛名，忧心国事，忠于国家的大臣，即令他们犯了什么罪过，也应该宽恕十世。岂有罪名暧昧不明，而遭致逮捕拷打？”拒绝联合签署。桓帝更加发怒，便直接下令，逮捕李膺等人，囚禁在黄门北寺监狱。李膺等人的供词牵连涉及到的有太仆颍川郡人杜密、御史中丞陈翔，以及太学学生陈寔、范滂等二百余人。有的人事先逃亡，未能逮捕归案，朝廷则悬赏缉拿，派遣出去搜捕党人的使者，到处可以见到。陈寔说：“我不到监狱，大家都没有依靠。”于是，自己前往监狱请求囚禁。范滂被捕，送到监狱，狱吏对他说：“凡是获罪系狱的人犯，都要祭拜皋陶。”范滂回答说：

“皋陶是古代的正直大臣，如果他知道我范滂没有犯罪，将会代我向天帝申诉，如果我犯了罪，祭祀他又有什么裨益？”所以，其他的囚犯也都不再祭祀。陈蕃再次上书，极力规劝桓帝。桓帝忌讳陈蕃言辞激切，假托陈蕃推荐征召的官员不称职，下诏免除陈蕃的官职。

当时，因党人之狱而被牵连逮捕入狱的人，都是天下知名的贤才。度辽将军皇甫规认为自己是西州的英雄豪杰，而竟没有被捕入狱，觉得耻辱，于是自己上书说：“我以前曾经推荐过前任大司农张奂，是阿附党人。并且，我过去被判处送往左校营罚服苦役时，太学生张凤等曾经上书为我申诉辩护，是为党人所依附，我应该坐罪。”朝廷知道后，也不过问。

第五十六卷
汉纪四十八

译文诵读

孝桓皇帝下永康元年（丁未，167）

陈蕃既免，朝臣震栗，莫敢复为党人言者。贾彪曰："吾不西行，大祸不解。"乃入雒阳，说城门校尉窦武、尚书魏郡霍谞等，使讼之。帝意稍解，使中常侍王甫就狱讯党人范滂等，皆三木囊头，暴于阶下，甫以次辩诘曰："卿等更相拔举，迭为唇齿，其意如何？"滂曰："仲尼之言，'见善如不及，见恶如探汤'，滂欲使善善同其清，恶恶同其污，谓王政之所愿闻，不悟更以为党。古之修善，自求多福。今之修善，身陷大戮。身死之日，愿埋滂于首阳山侧，上不负皇天，下不愧夷、齐。"甫愍然为之改容，乃得并解桎梏。李膺等又多引宦官子弟，宦官惧，请帝以天时宜赦。六月，庚申，赦天下，改元；党人二百余人皆归田里，书名三府，禁锢终身。

丁丑，帝崩于德阳前殿。戊寅，尊皇后曰皇太后。太后临朝。

孝灵皇帝上之上建宁元年（戊申，168）

春，正月，壬午，以城门校尉窦武为大将军。前太尉陈蕃为太傅，与武及司徒胡广参录尚书事。

己亥，解渎亭侯至夏门亭，使窦武持节，以王青盖车迎入殿中；庚子，即皇帝位，改元。

初，窦太后之立也，陈蕃有力焉。及临朝，政无大小，皆委于蕃。蕃与窦武同心戮力，以奖王室，征天下名贤李膺、杜密、尹勋、刘瑜等，皆列于朝廷，与共参政事。于是天下之士，莫不延颈想望太平。而帝乳母赵娆及诸女尚书，旦夕在太后侧，中常侍曹节、王甫等共相朋结，谄事太后，太后信之，数出诏命，有所封拜。蕃、武疾之，尝共会朝堂，蕃私谓武曰："曹节、王甫等，自先帝时操弄国权，浊乱海内，今不诛之，后必难图。"武深然之。蕃大喜，以手推席而起。武于是引同志尚书令尹勋等共定计策。

会有日食之变，蕃谓武曰："昔萧望之困一石显，况今石显数十辈乎！蕃以八十之年，欲为将军除害，今可因日食斥罢宦官，以塞天变。”武乃白太后曰：“故事，黄门、常侍但当给事省内门户，主近署财物耳；今乃使与政事，任重权，子弟布列，专为贪暴。天下匈匈，正以此故，宜悉诛废以清朝廷。”太后曰：“汉元以来故事，世有宦官，但当诛其有罪者，岂可尽废邪！”时中常侍管霸，颇有才略，专制省内，武先白收霸及中常侍苏康等，皆坐死。武复数白诛曹节等，太后犹豫未忍，故事久不发。

是月，太白犯房之上将，入太微。侍中刘瑜素善天官，恶之，上书皇太后曰：“案《占书》：宫门当闭，将相不利，奸人在主傍；愿急防之。”又与武、蕃书、以星辰错缪，不利大臣，宜速断大计。于是武、蕃以朱寓为司隶校尉，刘祐为河南尹、虞祁为雒阳令。武奏免黄门令魏彪，以所亲小黄门山冰代之，使冰奏收长乐尚书郑飒，送北寺狱。蕃谓武曰：“此曹子便当收杀，何复考为！”武不从，令冰与尹勋、侍御史祝瑨杂考飒，辞连及曹节、王甫。勋、冰即奏收节等，使刘瑜内奏。

九月，辛亥，武出宿归府。典中书者先以告长乐五官史朱瑀、瑀盗发武奏，骂曰：“中官放纵者，自可诛耳，我曹何罪，而当尽见族灭！”因大呼曰：“陈蕃、窦武奏白太后废帝，为大逆！”乃夜召素所亲壮健者长乐从官史共普、张亮等十七人，歃血共盟，谋诛武等。曹节白帝曰：“外间切切，请出御德阳前殿。”令帝拔剑踊跃，使乳母赵娆等拥卫左右，取棨信，闭诸禁门，召尚书官属，胁以白刃，使作诏板，拜王甫为黄门令，持节至北寺狱，收尹勋、山冰。冰疑，不受诏，甫格杀之，并杀勋；出郑飒，还兵劫太后，夺玺绶。令中谒者守南宫，闭门绝复道。使郑飒等持节及侍御史谒者捕收武等。武不受诏，驰入步兵营，与其兄子步兵校尉绍共射杀使者。召会北军五校士数千人屯都亭，下令军士曰：“黄门、常侍反，尽力者封侯重赏。”陈蕃闻难，将官属诸生八十余人，并拔刃突入承明门，到尚书门，攘臂呼曰：“大将军忠以卫国，黄门反逆，何云窦氏不道邪！”王甫时出与蕃相遇，适闻其言，而让蕃曰：“先帝新弃天下，山陵未成，武有何功，兄弟父子并封三侯！又设乐饮宴，多取掖庭宫人，旬日之间，赀财巨万，大臣若此，为是道邪！公为宰辅，苟相阿党，复何求贼！”使剑士收蕃，蕃拔剑叱甫，辞色逾厉。遂执蕃，送北寺狱。黄门从官驺蹋踧蕃曰：“死老魅！复能损我曹员数、夺我曹禀假不！”即日，杀之。时护匈奴中郎将张奂征还京师，曹节等以奂新至，不知本谋，矫制以少府周靖行车骑将军、加节，与奂率五营士讨武。夜漏尽，王甫将虎贲、羽林等合千余人，出屯朱雀掖门，与奂等合，已而悉军阙下，与武对陈。甫兵渐盛，使其士大呼武军曰：“窦武反，汝皆禁兵，当宿卫宫省，何故随反者乎！先降有赏！”营府兵素畏服中官，于是武军稍稍归甫，自旦至食时，兵降略尽。武、绍走，诸军追围之，皆自杀，枭首雒阳都亭；收捕宗亲宾客姻属，悉诛之，及侍中刘瑜、屯骑校尉冯述，皆夷其族。宦官又谮虎贲中郎将河间刘淑、故尚书会稽魏朗，云与武等通谋，皆自杀。迁皇太后于南宫，徙武家属于日南；自公卿以下尝为蕃、武所举者及门生故吏，皆免官禁锢。

曹节迁长乐卫尉，封育阳侯。王甫迁中常侍，黄门令如故。朱瑀、共普、张亮等六人皆为列侯，十一人为关内侯。于是群小得志，士大夫皆丧气。

二年（乙酉，169）

初，李膺等虽废锢，天下士大夫皆高尚其道而污秽朝廷，希之者唯恐不及，更共相标榜，为之称号：以窦武、陈蕃、刘淑为三君，君者，言一世之所宗也；李膺、荀翌、杜密、王畅、刘祐、魏郎、赵典、朱寓为八俊，俊者，言人之英也；郭泰、范滂、尹勋、巴肃及南阳宗慈、陈留夏馥、汝南蔡衍、泰山羊陟为八顾，顾者，言能以德行引人者也；张俭、翟超、岑晊、苑康及山阳刘表、汝南陈翔、鲁国孔昱、山阳檀敷为八及，及者，言其能导人追宗者也；度尚及东平张邈、王孝、东郡刘儒、泰山胡母班、陈留秦周、鲁国蕃向、东莱王章为八厨，厨者，言能以财救人者也。及陈、窦用事，复举拔膺等；陈、窦诛，膺等复废。

宦官疾恶膺等，每下诏书，辄申党人之禁。侯览怨张俭尤甚，览乡人朱并素佞邪，为俭所弃，承览意指，上书告俭与同乡二十四人别相署号，共为部党，图危社稷，而俭为之魁。诏刊章捕俭等。冬，十月，大长秋曹节因此讽有司奏"诸钩党者故司空虞放及李膺、杜密、朱寓、荀翌、翟超、刘儒、范滂等，请下州郡考治。"是时上年十四，问节等曰："何以为钩党？"对曰："钩党者，即党人也；"上曰："党人何用为恶而欲诛之邪？"对曰："皆相举群辈，欲为不轨。"上曰："不轨欲如何？"对曰："欲图社稷。"上乃可其奏。

或谓李膺曰："可去矣！"对曰："事不辞难，罪不逃刑，臣之节也。吾年已六十，死生有命，去将安之！"乃诣诏狱，考死；门生故吏并被禁锢。侍御史蜀郡景毅子顾为膺门徒，未有录牒，不及于谴，毅慨然曰："本谓膺贤，遣子师之，岂可以漏脱名籍，苟安而已！"遂自表免归。

汝南督邮吴导受诏捕范滂，至征羌，抱诏书闭转舍，伏床而泣，一县不知所为。滂闻之曰："必为我也。"即自诣狱。县令郭揖大惊，出，解印绶，引与俱亡，曰："天下大矣，子何为在此！"滂曰："滂死则祸塞，何敢以罪累君。又令老母流离乎！"其母就与之诀，滂白母曰："仲博孝敬，足以供养。滂从龙舒君归黄泉，存亡各得其所。惟大人割不可忍之恩，勿增感戚！"仲博者，滂弟也。龙舒君者，滂父龙舒侯相显也。母曰："汝今得与李、杜齐名，死亦何恨！既有令名，复求寿考，可兼得乎！"滂跪受教，再拜而辞。顾其子曰："吾欲使汝为恶，恶不可为；使汝为善，则我不为恶。"行路闻之，莫不流涕。

凡党人死者百余人，妻子皆徙边，天下豪桀及儒学有行义者，宦官一切指为党人；有怨隙者，因相陷害，睚眦之忿，滥入党中。州郡承旨，或有未尝交关，亦离祸毒，其死、徙、废、禁者又六七百人。

张俭亡命困迫，望门投止，莫不重其名行，破家相容，后流转东莱，止李笃家。外黄令毛钦操兵到门，笃引钦就席曰："张俭负罪亡命，笃岂得藏之！若审在此，此人名士，明廷宁宜执之乎？”钦因起抚笃曰：“蘧伯玉耻独为君子，足下如何专取仁义！”笃曰：“今欲分之，明廷载半去矣。”钦叹息而去。笃导俭以北海戏子然家，遂入渔阳出塞。其所经历，伏重诛者以十数，连引收考者布遍天下，宗亲并皆殄灭，郡县为之残破。俭与鲁国孔褒有旧，亡抵褒，不遇，褒弟融，年十六，匿之。后事泄，俭得亡走，国相收褒、融送狱，未知所坐。融曰：“保纳舍藏者，融也，当坐。”褒曰：“彼来求我，非弟之过。”吏问其母，母曰：“家事任长，妾当其辜。”一门争死，郡县疑不能决，乃上谳之，诏书竟坐褒。及党禁解，俭乃还乡里，后为卫尉，卒，年八十四。夏馥闻张俭亡命，叹曰：“孽自己作，空污良善，一人逃死，祸及万家，何以生为！”乃自翦须变形，入林虑山中，隐姓名，为冶家佣，亲突烟炭，形貌毁瘁，积二三年，人无知者。馥弟静载缣帛追求饷之，馥不受曰：“弟奈何载祸相饷乎！”党禁未解而卒。

初，太尉袁汤三子，成、逢、隗，成生绍，逢生术。逢、隗皆有名称，少历显官。时中常侍袁赦以逢、隗宰相家，与之同姓，推崇以为外援，故袁氏贵宠于世，富奢甚，不与他公族同。绍壮健有威容，爱士养名，宾客辐凑归之，辎軿、柴毂，填接街陌。术亦以侠气闻。逢从兄子闳，少有操行，以耕学为业，逢、隗数馈之，无所受。闳见时方险乱，而家门富盛，常对兄弟叹曰：“吾先公福祚，后世不能以德守之，而竞为骄奢，与乱世争权，此即晋之三郤矣。”及党事起，闳欲投迹深林，以母老，不宜远遁，乃筑土室四周于庭，不为户，自牖纳饮食。母思闳时，往就视，母去，便自掩闭，兄弟妻子莫得见也。潜身十八年，卒于土室。

初，范滂等非讦朝政，自公卿以下皆折节下之，太学生争慕其风，以为文学将兴，处士复用。申屠蟠独叹曰：“昔战国之世，处士横议，列国之王至为拥彗先驱，卒有坑儒烧书之祸，今之谓矣。”乃绝迹于梁、砀之间，因树为屋，自同佣人。居二年，滂等果罹党锢之祸，唯蟠超然免于评论。

> 臣光曰：天下有道，君子扬于王庭以正小人之罪，而莫敢不服。天下无道，君子囊括不言以避小人之祸，而犹或不免。党人生昏乱之世，不在其位，四海横流，而欲以口舌救之，臧否人物，激浊扬清，撩虺蛇之头，践虎狼之尾，以至身被淫刑，祸及朋友，士类歼灭而国随以亡，不亦悲乎！夫唯郭泰既明且哲，以保其身，申屠蟠见几而作，不俟终日，卓乎其不可及已！

汉桓帝永康元年（丁未，公元167年）

陈蕃被免职以后，朝廷文武大臣大为震动恐惧，再没有人敢向朝廷替党人求情。贾彪说：“我如果不西去京都洛阳一趟，大祸不可能解除。”于是，他就亲自来到洛阳，说服城门校尉窦武、尚书魏郡人霍谞等人，使他们出面营救党人。桓帝

的怒气稍稍化解，派中常侍王甫前往监狱审问范滂等党人。腕戴铁铐，脚挂铁镣，布袋蒙住头脸，暴露在台阶下面。王互相推举保荐，像嘴唇和牙齿一样地结成一党，究竟有什么“孔丘有言：‘看见善，立刻学习都来不及。看见恶，就好该马上停止。’我希望奖励善良使大家同样清廉，嫉恨恶人在。本以为朝廷会鼓励我们这么做，从没有想到这是结党。为自己谋取多福。而今修德积善，却身陷死罪。我死后，但阳山之侧，上不辜负皇天，下不愧对伯夷、叔齐。”王甫深可怜他们的无辜遭遇，于是命有关官吏解除他们身上的刑具中，又牵连出许多宦官子弟，宦官们也深恐事态继续扩大。日食作为借口，将他们赦免。六月庚申（初八），桓帝下诏，党人共二百余人，都遣送回各人的故乡；将他们的姓名编写徒、司空三府，终身不许再出来做官。

丁丑（二十八日），桓帝在德阳前殿驾崩。戊寅（二十九皇太后。窦太后临朝主持朝政。

汉灵帝建宁元年（戊申，公元168年）

春季，正月，壬午（初三），升城门校尉窦武为大将军。傅，和窦武以及司徒胡广统领尚书台事宜。

己亥（二十日），解渎亭侯刘宏抵达夏门亭。窦太后命王时专用的青盖车，将刘宏迎接入宫。庚子（二十一日），刘帝，改年号。

起初，窦妙被册封为皇后，陈蕃曾经尽过力量。等到窦妙持朝政时，就把大小政事全部交付陈蕃。陈蕃和窦武同心合力，下闻名的贤才李膺、杜密、尹勋、刘瑜等人，都进入朝廷，共同是，天下的士人，无不伸长脖子殷切盼望太平盛世的来临。然而跟女尚书们，早晚都守候在窦太后身边，和中常侍曹节、王甫等窦太后。于是，得到窦太后的宠信，多次颁布诏书，封爵拜官。为痛恨。有一次，在朝堂上共同商议朝廷政事，陈蕃私下对窦武等人，从先帝时起，就操纵国家大权，扰乱天下，今天如果不杀下手。”窦武也很同意陈蕃的意见。陈蕃大为高兴，用手推席起和志同道合的尚书令尹勋等人，共同制定计策。

正好遇上发生日食的灾变，陈蕃对窦武说：“过去，萧望里，何况今天有数十个石显！我今年已八十岁，只想帮助将军住发生日食这个机会，斥退废黜宦官，来消除天象变异。”于是“按照旧日的典章制度，黄门、常侍只在宫内供职，负责管理

今却教他们参与朝廷政事，掌握重要权力，家人子弟，布满天下，专门贪赃天下舆论沸腾，正是为了这个缘故，应该将他们全部诛杀或废黜，以肃清朝窦太后吃惊地说："自从汉王朝建立以来，按照旧日的典章制度，世世代代官，只应当诛杀其中犯法有罪的，怎么能够将他们全都消灭？"当时，中常很有才能和谋略，在禁宫独断专行。窦武请准窦太后，先行逮捕管霸，以侍苏康等，都坐罪处死。窦武又多次向窦太后请求诛杀曹节等，窦太后犹豫不忍批准，所以，便把事情拖延下去。

月，金星侵犯房宿上将星，深入太微星座。侍中刘瑜一向精于天文，对上述到厌恶，于是向窦太后上书说："根据《占书》，天上有此星象，宫门应当将对将相不利，奸人近在咫尺，但愿紧急防备。"同时，又写信警告窦武、指出星辰错乱，对大臣不利，应该迅速确定大计。于是窦武、陈蕃任命朱寓校尉，刘祐为河南尹，虞祁为洛阳县令。窦武奏准将黄门令魏彪免官，任命的小黄门山冰接替。然后由山冰出面，弹劾和逮捕长乐尚书郑飒，送往北寺禁。陈蕃对窦武说："对于这批家伙，抓住便应当场诛杀，还用审问？"窦听从，命山冰、尹勋、侍御史祝瑨共同审问郑飒。郑飒在供辞中，牵连到曹甫。尹勋、山冰根据郑飒的口供，立即奏请窦太后准予逮捕曹节等人，奏章瑜呈递。

月，辛亥（初七），窦武休假，出宫回家住宿。负责主管奏章的宦官得到先行报告长乐五官史朱瑀、朱瑀秘密拆阅窦武的奏章，诟骂说："宦官放任自然可以诛杀，可是我们又有什么罪过，却应当全都遭到灭族？"因而大声："陈蕃、窦武奏请皇太后废黜皇帝，大逆不道！"便连夜召集一向亲近的官、长乐从官史共普、张亮等十七人歃血共同盟誓，合谋诛杀窦武等人。曹向灵帝报告说："外面情况紧急，请陛下赶快登上德阳前殿。"并且，教灵佩剑，做出欢欣奋起的模样，派奶妈赵娆等在灵帝左右保护，收取符信，关，召唤尚书台官属，用利刀威胁，命他们撰写诏书，任命王甫为黄门令，持寺监狱，逮捕尹勋、山冰。山冰怀疑诏书不是真的，拒不受诏，王甫格杀山接着又杀死尹勋，将郑飒释放出狱。随后，王甫又率领卫士回宫，劫持窦太取皇帝的玺印。命中谒者守卫南宫，紧闭宫门，切断通往北宫的复道。派郑持节，率领侍御史、谒者，逮捕窦武等人。窦武拒不受诏，投奔步兵校尉军很他的侄儿、步兵校尉窦绍，共同射杀使者。召集会合北军五校尉营将士数进屯都亭，对军士下令说："黄门、中常侍谋反，努力作战的，封侯、重陈蕃听到事变，率领他的部属官员，和学生门徒八十余人，各人拔出刀剑，承明门，一直走到尚书台门前，振臂大声呼喊说："大将军忠心卫国，黄门为何反说窦武大逆不道？"当时，王甫出来，正好和陈蕃相遇，听见他的呼斥责陈蕃说："先帝刚刚去世，修筑坟墓尚未竣工，窦武有什么功劳，兄弟父人同时都封侯爵?窦武家中大摆筵席，饮酒作乐，挑选宫中美女作陪，十日之

间，家积财产上万，朝廷大臣这种行为，不是无道，又是什么？你是宰辅大臣，苟且互相结党，还去什么地方捉拿奸贼？”命令武士逮捕陈蕃，陈蕃拔剑斥责王甫，言辞和脸色都更加严厉。可是，武士终于把陈蕃拘捕，送到北寺监狱囚禁。黄门从官骑士用脚踢着陈蕃得意洋洋地说：“死老精怪，还能不能裁减我们的人员数目，克扣我们的俸给和借贷？”并于当天在狱中将陈蕃杀死。这时，护匈奴中郎将张奂正好被召回京都洛阳。曹节等人因张奂新到，不了解政变的内幕。于是假传皇帝圣旨，擢升少府周靖为行车骑将军、加节，和张奂率领五校尉营留下的将士前往讨伐窦武。此时，天已微明，王甫率领虎贲武士、羽林军等共计一千余人，出朱雀掖门布防，跟张奂等会合。不久，全部抵达宫廷正门，和窦武对阵。这样，王甫的兵力渐盛，他教士兵向窦武军队大声呼喊说：“窦武谋反，你们都是皇帝的警备部队，应当保卫皇宫，为什么追随谋反的人？先投降的有赏！”北军五营校尉府的官兵，一向畏惧归服宦官，于是窦武的军队开始有人投奔王甫，从清晨到早饭时，几乎全部归降。窦武、窦绍被迫逃走，各路军队追捕包围，他们两人都自杀身亡，被砍下人头悬挂在洛阳都亭示众。紧接着，又大肆搜捕窦武的亲族、宾客、姻戚，全部加以诛杀。侍中刘瑜、屯骑校尉冯述，被屠灭全族。宦官又诬陷虎贲中郎将河间国人刘淑，前尚书会稽郡人魏郎，说他俩和窦武等人通谋，他俩也都自杀。将窦太后迁到南宫，把窦武的家属放逐到日南郡。从三公、九卿以下，凡是陈蕃、窦武所推荐的官员，以及他们的学生门徒和过去的部属，全都免官，从此不许再出来做官。

曹节升任长乐卫尉，封为育阳侯。王甫升任中常侍，仍照旧兼任黄门令。朱瑀、共普、张亮等六人，都封为列侯。另外，还有十一人封为关内侯。于是，一群小人得志，士大夫们都垂头丧气。

二年（己酉，公元169年）

起初，李膺等虽然遭到废黜和禁锢，但天下的士族和文人都很尊敬他们，认为是朝廷政治恶浊，盼望能跟他们结交，唯恐不被他们接纳，而他们也互相赞誉，各人都有美号。称窦武、陈蕃、刘淑为三君，所谓君，说他们是一代宗师；李膺、荀翌、杜密、王畅、刘祐、魏郎、赵典、朱寓为八俊，所谓俊，说他们是一代英雄俊杰；郭泰、范滂、尹勋、巴肃，以及南阳郡人宗慈、陈留郡人夏馥、汝南郡人蔡衍，泰山郡人羊陟为八顾，所谓顾，说他们是一代德行表率；张俭、翟超、岑晊、苑康，以及山阳郡人刘表、汝南郡人陈翔、鲁国人孔昱、山阳郡人檀敷为八及，所谓及，说他们是一代导师；度尚以及东平国人张邈、王孝、东郡人刘儒、泰山郡人胡母班、陈留郡人秦周、鲁国人蕃响、东莱郡人王章为八

东汉 双虎纽錞于

厨，所谓厨，说他们是一代舍财救人的侠士。等到后来，陈蕃、窦武掌握朝廷大权，重新举荐和提拔李膺等人。陈蕃、窦武被诛杀，李膺等人再度被废黜。

宦官们对李膺等人非常痛恨，所以皇帝每次颁布诏书，都要重申对党人的禁令。中常侍侯览对张俭的怨恨尤为厉害。侯览的同郡人朱并素来奸佞邪恶，曾被张俭尖刻抨击过，便秉承侯览的旨意，上书检举说，张俭和同郡二十四人，分别互起称号，共同结成朋党，企图危害国家，而张俭是他们的首领。灵帝下诏，命将朱并的姓名除掉，公布奏章，逮捕张俭等人。冬季，十月，大长秋曹节暗示有关官吏奏报："互相牵连结党的，有前司空虞放，以及李膺、杜密、朱寓、荀翌、翟超、刘儒、范滂等，请交付州郡官府拷讯审问。"当时，灵帝年仅十四岁，问曹节说："什么叫做互相牵连结党？"曹节回答说："互相牵连结党，就是党人。"灵帝又问："党人有什么罪恶，一定要诛杀？"曹节又回答说："他们互相推举，结成朋党，准备有不轨行动。"灵帝又问："不轨行动，想干什么？"曹节回答说："打算推翻朝廷。"于是，灵帝便批准。

有人告诉李膺说："你应该逃了。"李膺说："侍奉君王不辞艰难，犯罪不逃避刑罚，这是臣属的节操。我年已六十，生死有命，逃向何方？"便主动前往诏狱报到，被酷刑拷打而死。他的学生和过去的部属都被禁锢，不许再做官。侍御史蜀郡人景毅的儿子景顾是李膺的学生，因为在名籍上没有写他的名字，所以没有受到处罚。景毅感慨地说："我本来就认为李膺是一代贤才，所以才教儿子拜他为师，岂可以因为名籍上脱漏而苟且偷安？"便自己上书检举自己，免职回家。

汝南郡督邮吴导接到逮捕范滂的诏书，抵达征羌侯国时，紧闭驿站旅舍的屋门，抱着诏书伏在床上哭泣，全县的人都不知道发生了什么事情。范滂得到消息后说："一定是为我而来。"即自行到监狱报到。县令郭揖大吃一惊，把他接出来，解下印信，要跟范滂一道逃亡，说："天下大得很，你怎么偏偏到这个地方来？"范滂回答说："我死了，则灾祸停止，怎么敢因为我犯罪来连累你，而又使我的老母亲流离失所！"他的母亲来和他诀别，范滂告诉母亲说："范仲博孝顺恭敬，足可供养您。我则跟从龙舒君归于九泉之下。生者和死者，都各得其所。只求您舍弃不能忍心的恩情，不要增加悲伤。"范仲博是范滂的弟弟。龙舒君是范滂的父亲，即已故的龙舒侯国宰相范显。母亲说："你今天得以和李膺、杜密齐名，死有何恨！既已享有美名，又要盼望长寿，岂能双全？"范滂跪下，聆听母亲教诲，听完以后，再拜而别。临行时，回头对儿子说："我想教你作恶，但恶不可做；教你行善、即我不作恶。"行路的人听见，无不感动流涕。

因党人案而死的共有一百余人，他们的妻子和儿女都被放逐到边郡。天下英雄豪杰，以及有良好品行和道义的儒家学者，宦官一律把他们指控为党人。有私人怨恨的，也乘机争相陷害，甚至连瞪了一眼的小积忿，也滥被指控为党人。州郡官府秉承上司的旨意，有的人和党人从来没有牵连和瓜葛，也遭到惩处。因此而被处死、放逐、废黜、禁锢的人，又有六七百人之多。

张俭逃亡，困急窘迫，每当望见人家门户，便投奔请求收容。主人无不敬重他的声名和德行，宁愿冒着家破人亡的危险也要收容他。后来他辗转逃到东莱郡，住在李笃家里。外黄县令毛钦手持兵器来到李笃家中，李笃领着毛钦就座以后说："张俭是背负重罪的逃犯，我怎么会窝藏他！假如他真的在我这里，这人是有名的人士，您难道非捉拿他不可？"毛钦因而站起身来，抚摸着李笃的肩膀说："蘧伯玉以单独为君子而感到耻辱，你为何一个人专门获得仁义？"李笃回答说："而今就想和你分享，你已经获得了一半。"于是毛钦叹息告辞而去。李笃便引导张俭经由北海郡戏子然家，再进入渔阳郡，逃出塞外。张俭自逃亡以来，所投奔的人家，因为窝藏和收容他而被官府诛杀的有十余人，被牵连遭到逮捕和审问的几乎遍及全国，这些人的亲属也都同时被灭绝，甚至有的郡县因此而残破不堪。张俭和鲁国人孔褒是旧友，当他去投奔孔褒时，正好遇上孔褒不在家，孔褒的弟弟孔融年仅十六岁，做主把张俭藏匿在家。后来事情被泄露，张俭虽然得以逃走，但鲁国宰相将孔褒、孔融逮捕，送到监狱关押，不知道应该判处谁来坐罪？孔融说："接纳张俭并把他藏匿在家的，是我孔融，应当由我坐罪。"孔褒说："张俭是来投奔我的，不是弟弟的罪过。"负责审讯的官吏征求他俩母亲的意见，母亲说："一家的事，由家长负责，罪在我身。"一家母子三人，争相赴死，郡县官府疑惑不能裁决，就上报朝廷。灵帝下诏，将孔褒诛杀抵罪。等到党禁解除以后，张俭才返回家乡，后来又被朝廷任命为卫尉，去世时，享年八十四岁。当初，夏馥听到张俭逃亡的消息，叹息说："自己作孽，应由自己承当，却凭空去牵连善良的人。一人逃命，使万家遭受灾祸，何必活下去！"于是他把胡须剃光，改变外貌，逃入林虑山中，隐姓埋名，充当冶铸金属人家的佣工，亲自挖掘烟炭，形容憔悴，为时二三年，没有人知道他是谁。夏馥的弟弟夏静带着缣帛，追着要馈赠与他。夏馥不肯接受，并且对夏静说："你为什么带着灾祸来送给我？"党禁还没有解除，他便去世了。

当初，太尉袁汤生有三个儿子：袁成、袁逢、袁隗。袁成生袁绍，袁逢生袁术。袁逢、袁隗都有声望，自幼便担任显要官职。当时，中常侍袁赦认为袁逢、袁隗出身宰相之家，又和他同姓，特别推崇和结纳作为自己的外援，所以袁姓家族以尊贵荣宠著称当世，非常富有奢侈，跟其他三公家族绝不相同。袁绍体格健壮，仪容庄重，喜爱结交天下名士，宾客们从四面八方前来归附于他，富人乘坐的有帘子的辎车，贱者乘坐的简陋小车，填满街巷，首尾相接。袁术也以侠义闻名当世。袁逢的堂侄袁闳少年时便有良好的品行，以耕种和读书为业，袁逢、袁隗多次馈赠于他，袁闳全不接受。袁闳眼看时局险恶昏乱，而袁姓家族富有贵盛，常对兄弟们叹息说："我们先祖的福禄，后世的子孙不能用德行保住，而竞相骄纵奢侈，与乱世争权夺利，这就会如晋国的三大夫一样。"等到党人之案爆发，袁闳本想逃到深山老林，但因母亲年老，不适宜远逃，于是在庭院里建筑了一间土屋，只有窗而没有门，饮食都从窗口递进。母亲思念儿子时，到窗口去看看他，母亲走后，就自己把窗口关闭，连兄弟和妻子儿女都不见面。一直隐身居住了十八年，最后在土屋中去世。

起初，范滂等非议和抨击朝廷政事。自三公、九卿以下文武官员，都降低自己的身份，对他恭敬备至。太学学生争先恐后地仰慕和学习他的风度，认为文献经典之学将再度兴起，隐居的士人将会重新得到重用。只有申屠蟠独自叹息说："过去，战国时代隐居的士人肆意议论国家大事，各国的国王甚至亲自为他们执帚扫除，作为前导，结果产生焚书坑儒的灾祸。这正是今天所面临的形势。"于是在梁国和砀县之间，再也见不到他的行迹。他靠着大树，建筑一栋房屋，把自己变成佣工模样。大约居住了两年，范滂等果然遭受党锢大祸，只有申屠蟠超脱世事，才免遭抨击。

臣司马光曰：天下政治清明，正人君子在朝廷上扬眉吐气，依法惩治小人的罪过，没有人敢不服从。天下政治混乱，正人君子闭口不言，以躲避小人的陷害，尚且不能避免。党人生在政治昏暗混乱的时代，又不担任朝廷的高官显位，面对天下民怨沸腾，却打算用舆论去挽救。评论人物的善恶，斥恶奖善，这就犹如用手去撩拨毒蛇的头，用脚践踏老虎和豺狼的尾巴，以致自身遭受酷刑，灾祸牵连朋友。读书人被大批杀害，王朝也跟着覆亡，岂不可悲！其中只有郭泰最为明智，竟能择安去危，保全自身。申屠蟠见机行动，不到一天，立刻回头，他的卓识远见，不是平常人所能赶得上的！

第五十七卷
汉纪四十九

译文诵读

孝灵皇帝上之下熹平元年（壬子，172）

窦太后母卒于比景，太后忧思感疾，癸巳，崩于云台。宦者积怨窦氏，以衣车载太后尸置城南市舍，数日，曹节、王甫欲用贵人礼殡。帝曰："太后亲立朕躬，统承大业，岂宜以贵人终乎！"于是发丧成礼。

节等欲别葬太后，而以冯贵人配祔。诏公卿大会朝堂，令中常侍赵忠监议。太尉李咸时病，扶舆而起，捣椒自随，谓妻子曰："若皇太后不得配食桓帝，吾不生还矣！"既议，坐者数百人，各瞻望良久，莫肯先言。赵忠曰："议当时定！"廷尉陈球曰："皇太后以盛德良家，母临天下，宜配先帝，是无所疑。"忠笑而言曰："陈廷尉宜便操笔。"球即下议曰："皇太后自在椒房，有聪明母仪之德；遭时不造，援立圣明承继宗庙，功烈至重。先帝晏驾，因遇大狱，迁居空宫，不幸早世，家虽获罪，事非太后，今若别葬，诚失天下之望。且冯贵人冢尝被发掘，骸骨暴露，与贼并尸，魂灵污染，且无功于国，何宜上配至尊！"忠省球议，作色俯仰，蚩球曰："陈廷尉建此议甚健！"球曰："陈、窦既冤，皇太后无故幽闭，臣常痛心，天下愤叹！今日言之，退而受罪，宿昔之愿也！"李咸曰："臣本谓宜尔，诚与意合。"于是公卿以下皆从球议。曹节、王甫犹争，以为："梁后家犯恶逆，别葬懿陵，武帝黜废卫后，而以李夫人配食，今窦氏罪深，岂得合葬先帝！"李咸复上疏曰："臣伏惟章德窦后虐害恭怀，安思阎后家犯恶逆，而和帝无异葬之议，顺朝无贬降之文。至于卫后，孝武皇帝身所废弃，不可以为比。今长乐太后尊号在身，亲尝称制，且援立圣明，光隆皇祚。太后以陛下为子，陛下岂得不以太后为母！子无黜母，臣无贬君，宜合葬宣陵，一如旧制。"帝省奏，从之。

四年（乙卯，175）

春，三月，诏诸儒正《五经》文字，命议郎蔡邕为古文、篆、隶三体书之，刻石，立于太学门外。使后儒晚学咸取正焉。碑始立，其观视及摹写者车乘日千余两，填塞街陌。

五年（丙辰，176）

闰月，永昌太守曹鸾上书曰："夫党人者，或耆年渊德，或衣冠英贤，皆宜股肱王室，左右大猷者也；而久被禁锢，辱在涂泥。谋反大逆尚蒙赦宥，党人何罪，独不开恕乎！所以灾异屡见，水旱荐臻，皆由于斯。宜加沛然，以副天心。"帝省奏，大怒，即诏司隶、益州槛车收鸾，送槐里狱，掠杀之。于是诏州郡更考党人门生、故吏、父子，兄弟在位者，悉免官禁锢，爰及五属。

光和元年（戊午，178）

秋，七月，壬子，青虹见玉堂后殿庭中。诏召光禄大夫杨赐等诣金商门，问以灾异及消复之术。

议郎蔡邕对曰："臣伏思诸异，皆亡国之怪也。天于大汉殷勤不已，故屡出祆变以当谴责，欲令人君感悟，改危即安。今霓堕、鸡化，皆妇人干政之所致也。前者乳母赵娆，贵重天下，谗谀骄溢，续以永乐门史霍玉，依阻城社，又为奸邪。今道路纷纷，复云有程大人者，察其风声，将为国患；宜高为堤防，明设禁令，深惟赵、霍，以为至戒。今太尉张颢，为玉所进；光禄勋伟璋，有名贪浊；又长水校尉赵玹，屯骑校尉盖升，并叨时幸，荣富优足；宜念小人在位之咎，退思引身避贤之福。伏见廷尉郭禧，纯厚老成；光禄大夫桥玄，聪达方直；故太尉刘宠，忠实守正；并宜为谋主，数见访问。夫宰相大臣，君之四体，委任责成，优劣已分，不宜听纳小吏，雕琢大臣也。又，尚方工技之作，鸿都篇赋之文，可且消息，以示惟忧，宰府孝廉，士之高选，近者以辟召不慎，切责三公，而今并以小文超取选举，开请托之门，违明王之典，众心不厌，莫之敢言，臣愿陛下忍而绝之，思惟万机，以答天望。圣朝既自约厉，左右近臣亦宜从化，人自抑损，以塞咎戒，则天道亏满，鬼神福谦矣。夫君臣不密，上有漏言之戒，下有失身之祸，愿寝臣表，无使尽忠之吏受怨奸仇。"章奏，帝览而叹息；因起更衣，曹节于后窃视之，悉宣语左右，事遂漏露。其为邕所裁黜者，侧目思报。

初，邕与大鸿胪刘郃素不相平，叔父卫尉质又与将作大匠阳球有隙。球即中常侍程璜女夫也。璜遂使人飞章言"邕、质数以私事请托于郃，郃不听。邕含隐切，志欲相中。"于是诏下尚书召邕诘状。邕上书曰："臣实愚戆，不顾后害，陛下不念忠臣直言，宜加掩蔽，诽谤卒至，便用疑怪。臣年四十有六，孤特一身，得托名忠臣，死有余荣，恐陛下于此不复闻至言矣！"于是下邕、质于雒阳狱，劾以"仇怨奉公，议害大臣，大不敬，弃市。"事奏，中常侍河南吕强愍邕无罪，力为伸请，帝亦更思其章，有诏："减死一等，与家属髡钳徙朔方，不得以赦令除。"阳球使客追路刺邕，客感其义，皆莫为用。球又赂其部主，使加毒害，所赂者反以其情戒邕，由是得免。

是岁，初开西邸卖官，入钱各有差：二千石二千万；四百石四百万；其以德次应选者半之，或三分之一；于西园立库以贮之。或诣阙上书占令长，随县好丑，丰约有贾。富者则先入钱，贫者到官然后倍输。又私令左右卖公卿，公千万，卿五百万。初，帝为侯时常苦贫，及即位，每叹桓帝不能作家居，曾无私钱，故卖官聚钱以为私藏。

二年（己未，179）

王甫、曹节等奸虐弄权，扇动内外，太尉段颎阿附之。节、甫父兄子弟为卿、校、牧、守、令、长者布满天下，所在贪暴。甫养子吉为沛相，尤残酷，凡杀人，皆磔尸车上，随其罪目，宣示属县，夏月腐烂，则以绳连其骨，周遍一郡乃止，见者骇惧。视事五年，凡杀万余人。尚书令阳球常拊髀发愤曰："若阳球作司隶，此曹子安得容乎！"既而球果迁司隶。

甫使门生于京兆界辜榷官财物七千余万，京兆尹杨彪发其奸，言之司隶。彪，赐之子也。时甫休沐里舍，颎方以日食自劾。球诣阙谢恩，因奏甫、颎及中常侍淳于登、袁赦、封昺等罪恶，辛巳，悉收甫、颎等送雒阳狱，及甫子永乐少府萌、沛相吉。球自临考甫等，五毒备极；萌先尝为司隶，乃谓球曰："父子既当伏诛，亦以先后之义，少以楚毒假借老父。"球曰："尔罪恶无状，死不灭责，乃欲论先后求假借邪！"萌乃骂曰："尔前奉事吾父子如奴，奴敢反汝主乎！今日临厄相挤，行自及也！"球使以土窒萌口，棰扑交至，父子悉死于杖下，颎亦自杀。乃僵磔甫尸于夏城门，大署榜曰："贼臣王甫。"尽没入其财产，妻子皆徙比景。

球既诛甫，欲以次表曹节等，乃敕中都官从事曰："且先去权贵大猾，乃议其余耳。公卿豪右若袁氏儿辈，从事自办之，何须校尉邪！"权门闻之，莫不屏气。曹节等皆不敢出沐。会顺帝虞贵人葬，百官会丧还，曹节见磔甫尸道次，慨然抆泪曰："我曹可自相食，何宜使犬舐其汁乎！"语诸常侍："今且俱入，勿过里舍也。"节直入省，白帝曰："阳球故酷暴吏，前三府奏当免官，以九江微功，复见擢用。愆过之人，好为妄作，不宜使在司隶，以骋毒虐。"帝乃徙球为卫尉。时球出谒陵，节敕尚书令召拜，不得稽留尺一。球被召急，因求见帝，曰："臣无清高之行，横蒙鹰犬之任，前虽诛王甫、段颎，盖狐狸小丑，未足宣示天下，愿假臣一月，必令豺狼鸱枭各服其辜。"叩头流血。殿上呵叱曰："卫尉捍诏邪！"至于再三，乃受拜。

汉灵帝熹平元年（壬子，公元172年）

窦太后的母亲于比景病故，窦太后过度忧伤，思念成疾。癸巳（初十），在南宫云台去世。因宦官们对窦姓家族积怨甚深，所以用运载衣服的车，把窦太后的尸体运到洛阳城南的市舍，停放数日后，曹节、王甫想用贵人的礼仪来埋葬窦太后。灵帝说："窦太后亲自拥立朕为皇帝，继承大业，怎么能用贵人的礼仪为她送终？"于是仍照皇太后的礼仪发丧。

曹节等人又打算将窦太后埋葬到别处，而把冯贵人的尸体移来和桓帝合葬。灵帝下诏，召集三公、九卿等文武百官，在朝堂上集会议论，命中常侍赵忠监督集议。当时，太尉李咸正卧病在床，挣扎着抱病上车，并且随身携带了毒药，临走时对妻子说："倘若皇太后不能随桓帝一同祭祀，我决不活着回家！"会议开始后，与会者数百人，互相观望了很久，没有人肯先发言。赵忠催促说："议案应当迅速确定！"廷尉陈球说："皇太后品德高尚，出身清白，以母仪治理天下，应该配享先帝，这是毫无疑问的。"赵忠笑着说："那就请陈廷尉赶快执笔起草议案。"陈球立即下笔写道："窦太后身处深宫之中，天赋聪明，兼备天下之母的仪容和品德。遭逢时世艰危，窦太后援立陛下为帝，继承皇家宗庙祭祀，功勋卓著。先帝去世后，不幸兴起大狱，窦太后被迁往空宫居住，过早离开人世。窦家虽然有罪，但事情并非太后主使发动。而今倘若改葬别处，确实使天下失望。并且冯贵人的坟墓曾经被盗贼发掘过，骨骸已经暴露，与贼寇尸骨混杂，魂灵蒙受污染。何况冯贵人对国家又没有任何功劳，怎么有资格配享至尊？"赵忠看完陈球起草的议案，气得脸色大变，全身发抖，嗤笑说："陈廷尉起草的议案真好！"陈球回答说："陈蕃、窦武既已遭受冤枉，窦太后又无缘无故地被幽禁，我一直很痛心，天下之人无不愤慨叹息！今天，我既然已经把话说了出来，即使是会议之后遭到报复，决不后悔，这正是我一向的愿望。"太尉李咸紧接着说："我原来就认为应该如此，陈廷尉的议案和我的意见完全相同。"于是三公、九卿以下的文武百官全都赞成陈球的意见。曹节、王甫仍继续争辩，他们认为："梁皇后为先帝正妻，后因梁家犯恶逆大罪，将梁皇后别葬在懿陵。汉武帝废黜正妻卫皇后，而以李夫人配享。现在窦家罪恶如此深重，怎么能和先帝合葬？"太尉李咸又向灵帝上书说："我俯伏回想，章帝窦皇后陷害梁贵人，安帝阎皇后家犯恶逆大罪，然而和帝并没有提出将嫡母窦皇后改葬别处，顺帝也没有下诏贬降嫡母阎皇后。至于废黜卫皇后，那是武帝在世时亲自做出的决定，不可以用来相比。而今长乐太后一直拥有皇太后的尊号，又曾亲身临朝治理天下，况且援立陛下为帝，使皇位光大兴隆。皇太后既然把陛下当作儿子，陛下怎能不把皇太后当作母亲？儿子没有废黜母亲的，臣属没有贬谪君王的。所以应将窦太后与先帝合葬宣陵，一切都要遵从旧制。"灵帝看了奏章，完全采纳李咸的意见。

四年（乙卯，公元175年）

春季，三月，灵帝下诏，命儒学大师们校正《五经》文字，命议郎蔡邕用古文、大篆、隶书三种字体书写，刻在石碑上，竖立在太学门外，使后来的儒生晚辈，都以此作为标准。石碑刚竖立时，坐车前来观看以及临摹和抄写的，每天有一千余辆之多，填满大街小巷。

五年（丙辰，公元176年）

永昌郡太守曹鸾上书说："所谓党人，有的是老年高德，有的是士大夫中的英俊贤才，都应该辅佐皇室，在陛下左右参与朝廷的重大决策。然而竟被长期禁锢，不许做官，甚至被驱逐到泥泞地带，备受羞辱。犯了谋反大逆的重罪，尚且能蒙陛下的赦免，党人又有什么罪过，独独不能受到宽恕？之所以灾异经常出现，水灾和旱灾接踵而至，原因都由于此。陛下应该赐下恩典，以符合上天的心意。"灵帝看完奏章，勃然大怒，立即下诏，命司隶和益州官府逮捕曹鸾，用囚车押到京都洛阳监禁，严刑拷打而死。于是灵帝又下诏各州、各郡官府，重新调查党人的学生门徒、旧时的部属、父亲、儿子、兄弟，凡是当官的，全都被免职，加以禁锢，不许再做官。这种处分，扩大到包括党人同一家族中五服之内的亲属。

光和元年（戊午，公元178年）

秋季，七月，壬子，南宫玉堂后殿庭院中发现青色彩虹。灵帝下诏，召集光禄大夫杨赐等人到金商门，向他们询问天降灾异的原因，以及消除的方法。

议郎蔡邕回答说："我俯伏思念各种灾异，都是亡国之怪。只因为上天对汉王朝仍有旧情，所以屡次显示妖孽变异的反常现象作为警告和谴责，希望让人君感动悔悟，远离危险，转向平安。而今青虹下坠，母鸡变成公鸡，都是妇人干涉朝政的结果。从前乳母赵娆位尊权重，闻名全国，谗害忠良，谄媚求宠，骄纵横溢。接着是永乐门史霍玉依仗国家的权势，作奸犯科。而今道路上纷纷传言，又说宫内出了一位程大人，看他的声势，将要成为国家的祸患。应该高筑堤防，明白设置禁令，以赵娆、霍玉作为最深刻的鉴戒。现在的太尉张颢是霍玉推荐引进的；光禄勋伟璋是有名的贪官，还有长水校尉赵玹、屯骑校尉盖升，都同时得到宠幸，享尽荣华富贵。应该顾念小人在位的灾祸，退而思考抽身让贤的福佑。我曾见到廷尉郭禧忠纯笃厚，年高有德；光禄大夫桥玄聪明通达，端平正直；前太尉刘宠忠诚老实，笃守正道，都应该成为主谋的人，陛下应该多向他们征求意见。宰相等三公大臣是君王的四肢，应该委以重任，责令他们成功，优劣既已分明，不应该再听信小吏的谗言，罗织大臣的罪状。同时，宫廷百工技艺的制作，鸿都门学校创作辞赋的篇章，似乎应该暂时停止，以表示专心国家的忧患。出任州刺史、郡太守的孝廉，本是读书人中的优秀人才，近来因推荐征召不当，又下诏严辞谴责三公。而今都只因为写了一篇小文章，便得越级提拔，因而大开请托之

跪拜俑

汉中郎蔡邑

门，违背圣明君王的典章制度，众心不服，没有人敢说出来。我希望陛下忍痛割舍，专心致志治理国家大事，以报答上天的厚望。陛下既亲自带头约束限制，左右亲近的大臣也应当跟着效法，上下人人谦卑，以堵塞灾祸的警戒，则上天将把灾祸惩罚骄傲自满的人，鬼神将把福佑赏赐谦卑的人。君王和臣属之间，如果说话不能严守秘密，则君王将会受到泄漏言语的指责，臣属将有遭到丧失生命的大祸。请陛下千万不要泄漏我的奏章，以免尽忠的官吏遭到奸佞邪恶的怨恨和报复。”奏章呈上去后，灵帝一边观看，一边叹息。后因灵帝起身更换衣服，曹节在后面偷偷观看，把内容全告诉他左右的人，事情被泄露出去。其中被蔡邕提出要制裁和废黜的人，都对他恨之入骨图谋报复。

当初，蔡邕和大鸿胪刘郃一向互相不服。蔡邕的叔父卫尉蔡质又和将作大匠阳球有怨恨。而阳球正是中常侍程璜的女婿。于是程璜便唆使别人用匿名信诬告说：“蔡邕、蔡质多次因私事请托刘郃，都被刘郃拒绝，因此蔡邕怀恨在心，蓄意打算中伤刘郃。”于是灵帝下诏，命尚书召唤蔡邕质问情况。蔡邕上书说：“我实在愚昧而又憨直，完全没有顾及到日后的祸害，陛下不垂怜忠臣直言的苦心，应该加以掩蔽和保护，诽谤一旦出现，便对我产生怀疑和责怪。我今年已有四十六岁，孑然一身，孤立无援，得以寄托忠臣而显名，虽然身死也有余荣，但恐怕陛下从此再也不能听到真实的言语。”结果，逮捕蔡邕、蔡质，关押到洛阳监狱。有关官吏弹劾他俩说：“公报私仇，企图伤害大臣，犯了大不敬的罪，应绑赴街市斩首示众。”奏报上去后，中常侍、河南尹人吕强，怜悯蔡邕无辜冤枉，竭力为他求情，灵帝也重新回想蔡邕的密封奏章，下诏说：“减死罪一等，和家属一道全都剃去头发，用铁圈束颈，贬逐到朔方郡，即使遇到赦令也不得赦免。”阳球一路上接连派出刺客，追赶和刺杀蔡邕，所有的刺客都为蔡邕的大义所感动，不肯听命。阳球又贿赂并州刺史、朔方郡太守，命他们下毒手杀害，并州刺史、朔方郡太守反将实情告诉蔡邕，让他戒备，蔡邕这才得以死里逃生。

同年，第一次开设“西邸”机构，公开出卖官爵，按照官位高低收钱多少不等。俸禄等级为二千石的官卖钱二千万，四百石的官卖钱四百万，其中按着德行依次当选的出一半的钱，或者至少出三分之一的钱。凡是卖官所得到的钱，在西园另外设立一个钱库贮藏起来。有人曾到宫门上书，指定要买某县的县令、长官职，根据每个县的大小、贫富等好坏情况，县令、长的价格多少不等。有钱的富人先交现钱买官，贫困的人到任以后照原定价格加倍偿还。灵帝还私下命令左右的人出卖三公、九卿等朝廷大臣的官职，每个公卖钱一千万，每个卿卖钱五百万。当初，灵帝为侯时经常苦于家境贫困，等到当了皇帝以后，常常叹息桓帝不懂经营家产，没有私钱。所以，大肆卖官，聚敛钱财，作为自己的私人积蓄。

二年（己未，公元179年）

王甫、曹节等人奸邪暴虐，玩弄权势，朝廷内外无不插手，太尉段颎又迎合顺从他们。曹节、王甫的父亲和兄弟，以及养子，侄儿们，都分别担任九卿、校尉、州牧、郡太守、县令、长等重要官职，几乎布满全国各地，他们所到之处，贪污残暴。王甫的养子王吉担任沛国的宰相，更为残酷，每逢杀人，都把尸体剖成几块放到囚车上，张贴罪状，拉到所属各县陈尸示众。遇到夏季尸体腐烂，则用绳索把骨骼穿连起来，游遍一郡方才罢休，看到这种惨状的人，无不震骇恐惧。他在任五年，共诛杀一万余人。尚书令阳球曾用手拍着大腿发愤说："如果有一天我阳球担任了司隶校尉，这一群宦官崽子怎能容他们横行？"过了不久，阳球果然调任司隶校尉。

这时，正好王甫派他的门生在京兆的境界内独自侵占公家财物七千余万钱，被京兆尹杨彪检举揭发，并呈报给司隶校尉。杨彪是杨赐的儿子。当时，王甫正在家中休假，段颎也正好因发生日食而对自己提出弹劾。阳球入宫谢恩，于是趁着这个机会，向灵帝当面弹劾王甫、段颎，以及中常侍淳于登、袁赦、封昻等人的罪恶。辛巳（初八），便将王甫、段颎等，以及王甫的养子、永乐少府王萌，沛国的宰相王吉，全都逮捕，关押在洛阳监狱。阳球亲自审问王甫等人，五种酷刑全都用上。王萌先前曾经担任过司隶校尉，于是他对阳球说："我们父子当然应该被诛杀，但求你念及我们前后同官，宽恕我的老父亲，教他少受点苦刑。"阳球说："你的罪恶举不胜举，即令是死了也不会磨灭你的罪过，还跟我说什么前后同官，请求宽恕你的老父？"王萌便破口大骂说："你从前侍奉我们父子，就像一个奴才一样，奴才竟然胆敢反叛你的主子！今天乘人之危，落井下石，你会自己受到报应。"阳球命从人用泥土塞住王萌的嘴巴，鞭棍齐下，王甫父子全被活活打死。段颎也自杀。于是阳球把王甫的僵尸剖成几块，堆放在夏城门示众，并且张贴布告说："这是贼臣王甫！"把王甫的家产全部没收，并将他的家属全都放逐到比景。

阳球既已将王甫诛杀，打算按照次序，弹劾曹节等人，于是，他告诉中都官从事说："暂且先将权贵大奸除掉，再商议除掉其他的奸佞。至于三公、九卿中的豪强大族，像袁姓家族那一群小孩子，你这位从事自己去惩办就行了，何必还要我这位校尉出面动手！"权贵豪门听到这个消息，无不吓得不敢大声呼吸。曹节等人连休假日也都不敢出宫回家。正好遇着顺帝的妃子虞贵人去世，举行葬礼，文武百官送葬回城，曹节看见已被剁碎了的王甫尸体抛弃在道路旁边，禁不住悲愤地擦着眼泪说："我们可以自相残杀，却怎能教狗来舔我们的血？"于是他对其他中常侍说："现在我们暂且都一起进宫，不要回家。"曹节一直来到后宫，向灵帝禀报说："阳球过去本是一个暴虐的酷吏，司徒、司空、太尉等三府曾经对他提出过弹劾，应当将他免官。只因他在担任九江郡太守任期内微不足道的功劳，才再任命他做官。犯过罪的人，喜爱妄作非为，不应该教他担任司隶校尉，任他暴虐。”灵帝便调任阳球为卫尉。当时，阳球正在外出晋见皇家陵园，曹节命尚书令立即召见阳球，宣布这项任命，不得拖延诏令。阳球见到被召急迫，因此请求面见灵帝，说：“我虽然没有清洁高尚的德行，却承蒙陛下教我担任犹如飞鹰和走狗一样的重任。前些时虽然诛杀王甫、段颎，不过是几个狐狸小丑，不足以布告天下。请求陛下准许我再任职一个月，一定会让犹如豺狼和恶鸟一样的奸佞邪恶全都低头认罪。”说罢，又叩头不止地向灵帝请求，竟然出血。宦官们在殿上大声斥责说：“卫尉，你敢违抗圣旨呀！”一连喝斥了两三次，阳球只好接受任命。

第五十八卷 汉纪五十

译文诵读

孝灵皇帝中光和四年（辛酉，181）

是岁，帝作列肆于后宫，使诸采女贩卖，更相盗窃争斗；帝著商贾服，从之饮宴为乐。又于西园弄狗，著进贤冠，带绶。又驾四驴，帝躬自操辔，驱驰周旋；京师转相仿效，驴价遂与马齐。

帝好为私蓄，收天下之珍货，每郡国贡献，先输中署，名为“导行费”。中常侍吕强上疏谏曰：“天下之财，莫不生之阴阳，归之陛下，岂有公私！而今中尚方敛诸郡之宝，中御府积天下之缯，西园引司农之藏，中厩聚太仆之马，而所输之府，辄有导行之财，调广民困，费多献少，奸吏因其利，百姓受其敝。又，阿媚之臣，好献其私，容谄姑息，自此而进。旧典：选举委任三府，尚书受奏御而已；受试任用，责以成功，功无可察，然后付之尚书举劾，请下廷尉覆按虚实，行其罪罚；于是三公每有所选，参议掾属，咨其行状，度其器能；然犹有旷职废宫，荒秽不治。今担任尚书，或有诏用，如是，三公得免选举之负，尚书亦复不坐，责赏无归，岂肯空自劳苦乎！”书奏，不省。

五年（壬戌，182）

诏公卿以谣言举刺史、二千石为民蠹害者。太尉许馘、司空张济承望内官，受取货赂，其宦者子弟、宾客，虽贪污秽浊，皆不敢问，而虚纠边远小郡清修有惠化者二十六人，吏民诣阙陈诉。司徒陈耽上言：“公卿所举，率党其私，所谓放鸥枭而囚鸾凤。”帝以让馘、济，由是诸坐谣言征者，悉拜议郎。

六年（癸亥，183）

初，钜鹿张角奉事黄、老，以妖术教授，号“太平道”。咒府水以疗病，令病者跪拜首过，或时病愈，众共神而信之。角分遣弟子周行四方，转相诳诱，十余年间，徒众数十万，自青、徐、幽、冀、荆、扬、兖、豫八州之人，莫不毕应。或弃卖财产，流移奔赴，填塞道路，未至病死者亦以万数。郡县不解其意，反言角以善道教化，为民所归。

角遂置三十六方；方，犹将军也，大方万余人，小方六七千，各立渠帅；讹言“苍天已死，黄天当立，岁在甲子，天下大吉。”以白土书京城寺门及州郡官府，皆作“甲子”字。大方马元义等先收荆、扬数万人，期会发于邺。元义数往来京师，以中常侍封、徐奉等为内应，约以三月五日内外俱起。

中平元年（甲子，184）

春，角弟子济南唐周上书告之。于是收马元义，车裂于雒阳。诏三公、司隶按验宫省直卫及百姓有事角道者，诛杀千余人；下冀州逐捕角等。角等知事已露，晨夜驰敕诸方，一时俱起，皆著黄巾以为标帜，故时人谓之“黄巾贼”。二月，角自称天公将军，角弟宝称地公将军，宝弟梁称人公将军，所在燔烧官府，劫略聚邑，州郡失据，长吏多逃亡；旬月之间，天下响应，京师震动。安平、甘陵人各执其王应贼。

帝召群臣会议。北地太守皇甫嵩以为宜解党禁，益出中藏钱、西园厩马以班军士。嵩，规之兄子也。上问计于中常侍吕强，对曰：“党锢久积，人情怨愤，若不赦宥，轻与张角合谋，为变滋大，悔之无救。今请先诛左右贪浊者，大赦党人，料简刺史、二千石能否，则盗无不平矣。”帝惧而从之。壬子，赦天下党人，还诸徙者；唯张角不赦。发天下精兵，遣北中郎将卢植讨张角，左中郎将皇甫嵩、右中郎将朱俊讨颍川黄巾。

是时中常侍赵忠、张让、夏恽、郭胜、段珪、宋典等皆封侯贵宠，上常言：“张常侍是我公，赵常侍是我母。”由是宦官无所惮畏，并起第宅，拟则宫室。上尝欲登永安候台，宦官恐望见其居处，乃使中大人尚但谏曰：“天子不当登高，登高则百姓虚散。”上自是不敢复升台榭。及封谞、徐奉事发，上诘责诸常侍曰：“汝曹常言党人欲为不轨，皆令禁锢，或有伏诛者。今党人更为国用，汝曹反与张角通，为可斩未？”皆叩头曰：“此王甫、侯览所为也！”于是诸常侍人人求退，各自征还宗亲、子弟在州郡者。

波才围皇甫嵩于长社。嵩兵少，军中皆恐。贼依草结营，会大风，嵩约敕军士皆束苣乘城，使锐士间出围外，纵火大呼，城上举燎应之，嵩从城中鼓噪而出，奔击贼陈，贼惊，乱走。会骑都尉沛国曹操将兵适至，五月，嵩、操与朱俊合军，更与贼战，大破之，斩首数万级。封嵩都乡侯。

操父嵩，为中常侍曹腾养子，不能审其生出本末，或云夏侯氏子也。操少机警，有权数，而任侠放荡，不治行业；世人未之奇也，唯太尉桥玄及南阳何颙异焉。玄谓操曰：“天下将乱，非命世之才，不能济也。能安之者，其在君乎！”颙见操，叹曰：“汉家将亡，安天下者，必此人也。”玄谓操曰：“君未有名，可交许子将。”子将者，训之从子劭也，好人伦，多所赏识，与从兄靖俱有高名，好共核论乡党人物，每月辄更其品题，故汝南俗有月旦评焉。尝为郡功曹，府中闻之，莫不改操饰行。曹操往造劭而问之曰："我何如人？"劭鄙其为人，不答。操乃劫之，劭曰："子，治世之能臣，乱世之奸雄。"操大喜而去。

北中郎将卢植连战破张角，斩获万余人，角等走保广宗。植筑围凿堑，造作云梯，垂当拔之。帝遣小黄门左丰视军，或劝植以赂送丰，植不肯。丰还，言于帝曰："广宗贼易破耳，卢中郎固垒息军，以待天诛。"帝怒，槛车征植，减死一等；遣东中郎将陇西董卓代之。

巴郡张脩以妖术为人疗病，其法略与张角同，令病家出五斗米，号"五斗米师"。秋，七月，脩聚众反，寇郡县；时人谓之"米贼"。

冬，十月，皇甫嵩与张角弟梁战于广宗，梁众精勇，嵩不能克；明日，乃闭营休士以观其变，知贼意稍懈，乃潜夜勒兵，鸡鸣，驰赴其陈，战至晡时，大破之，斩梁，获首三万级，赴河死者五万许人。角先已病死，剖棺戮尸，传首京师。十一月，嵩复攻角弟宝于下曲阳，斩之，斩获十余万人。即拜嵩为左车骑将军，领冀州牧，封愧里侯。嵩能温恤士卒，每军行顿止，须营幔修立，然后就舍，军士皆食，尔乃尝饭，故所向有功。

南阳太守秦颉杀忠，余众复奉孙夏为帅，还屯宛。俊急攻之，司马孙坚率众先登；癸巳，拔宛城。孙夏走，俊追至西鄂精山，复破之，斩万余级。于是黄巾破散，其余州郡所诛，一郡数千人。

豫州刺史太原王允破黄巾，得张让宾客书，与黄巾交通，上之。上责怒让；让叩头陈谢，竟亦不能罪也。让由是以事中允，遂传下狱，会赦，还为刺史；旬日间，复以他罪被捕。杨赐不欲使更楚辱，遣客谢之曰："君以张让之事，故一月再征，凶慝难量，幸为深计！"诸从事好气决者，共流涕奉药而进之。允厉声曰："吾为人臣，获罪于君，当伏大辟以谢天下，岂有乳药求死乎！"投杯而起，出就槛车。既至，大将军进与杨赐、袁隗共上疏请之，得减死论。

二年（乙丑，185）

又诏发州郡材木文石，部送京师。黄门常侍辄令谴呵不中者，因强折贱买，仅得本贾十分之一，因复货之，宦官复不为即受，材木遂至腐积，宫室连年不成。刺史、太守复增私调，百姓呼嗟。又令西园驺分道督趣，恐动州郡，多受赇赂。刺史、二千石及茂才、孝廉迁除，皆责助军、修宫钱，大郡至二三千万，余各有差。当之官者，皆先至西园谐价，然后得去；其守清者乞不之官，皆迫遣之。时钜鹿太守河内司马直新除，以有清名，减责三百万。直被诏，怅然曰："为民父母而反割剥百姓以称时求，吾不忍也。"辞疾；不听。行至孟津，上书极陈当世之失，即吞药自杀。书奏，帝为暂绝修宫钱。

司徒袁隗免。三月，以廷尉崔烈为司徒。烈，寔之从兄也。

是时，三公往往因常侍、阿保入钱西园而得之，段颎、张温等虽有功勤名誉，然皆先输货财，乃登公位。烈因傅母入钱五百万，故得为司徒。及拜日，天子临轩，百僚毕会，帝顾谓亲幸者曰：“悔不少靳，可至千万！”程夫人于傍应曰：“崔公，冀州名士，岂肯买官！赖我得是，反不知姝邪！”烈由是声誉顿衰。

谏议大夫刘陶上言：“天下前遇张角之乱，后遭边章之寇，今西羌逆类已攻河东，恐遂转盛，豖突上京。民有百走退死之心，而无一前斗生之计，西寇浸前，车骑孤危，假令失利，其败不救。臣自知言数见厌，而言不自裁者，以为国安则臣蒙其庆，国危则臣亦先亡也。谨复陈当今要急八事。”大较言天下大乱，皆由宦官。宦官共谗陶曰：“前张角事发，诏书示以威恩，自此以来，各各改悔。今者四方安静，而陶疾害圣政，专言妖孽。州郡不上，陶何缘知？疑陶与贼通情。”于是收陶下黄门北寺狱，掠按日急。陶谓使者曰：“臣恨不与伊、吕同畴，而以三仁为辈。今上杀忠謇之臣，下有憔悴之民，亦在不久，后悔何及！”遂闭气而死。前司徒陈耽为人忠正，宦官怨之，亦诬陷，死狱中。

是岁，帝造万金堂于西园，引司农金钱、缯帛牣积堂中，复藏寄小黄门、常侍家钱各数千万，又于河间买田宅，起第观。

四年（丁卯，187）

韩遂杀边章及北宫伯玉、李文侯，拥兵十余万，进围陇西，太守李相如叛，与遂连和。

凉州刺史耿鄙率六郡兵讨遂。鄙任治中程球，球通奸利，士民怨之。汉阳太守傅燮谓鄙曰：“使君统政日浅，民未知教。贼闻大军将至，必万人一心，边兵多勇，其锋难当；而新合之众，上下未和，万一内变，虽悔无及。不若息军养德，明赏必罚，贼得宽挺，必谓我怯，群恶争势，其离可必。然后率已教之民，讨成离之贼，其功可坐而待也！”鄙不从。夏，四月，鄙行至狄道，州别驾反应贼，先杀程球，次害鄙，贼遂进围汉阳。城中兵少粮尽，燮犹固守。

狄道人王国使故酒泉太守黄衍说燮曰：“天下已非复汉有，府君宁有意为吾属帅乎？”燮按剑叱衍曰：“若剖符之臣，反为贼说邪！”遂麾左右进兵，临陈战殁。耿鄙司马扶风马腾亦拥兵反，与韩遂合，共推王国为主，寇掠三辅。

汉灵帝光和四年（辛酉，公元181年）

这一年，灵帝在后宫修建了许多商业店铺，让宫女们行商贩卖。于是，后宫中相互盗窃和争斗的事情屡有发生。灵帝穿上商人的服装，与行商的宫女们一起饮酒作乐。灵帝又在西园玩狗，狗的头上戴着文官的帽子，身上披着绶带。他还手执缰绳，亲自驾驶着四头驴拉的车子，在园内来回奔驰。京城洛阳的人竞相仿效，致使驴的售价与马价相等。

灵帝还喜好积蓄私房钱，收集天下的各种奇珍异宝。每次各郡、国向朝廷进贡，都要先精选出一部分珍品，送交管理皇帝私人财物的中署，叫做“导行费”。中常侍吕强上书规劝说：“普天之下的财富，无不生于阴阳，都归陛下所有，难道有公私之分！而现在，中尚方广敛各郡的珍宝，中御府堆满天下出产的丝织品，西园里收藏着理应由大司农管理的钱物，騄厩中则饲养着本该归太仆管理的马匹。而各地向朝廷交纳贡品，都要送上导行费。这样，征调数量增加，人民贫困，花费增多，贡品却少。贪官污吏从中取利，黎民百姓深受其苦。更有一些阿谀献媚的臣子，喜欢进献私人财物，陛下对他们姑息纵容，这种不良之风因此越来越盛。依照以往制度，选拔官员的事情应由三府负责，尚书只负责将三府的奏章转呈给陛下。被选拔者通过考核，加以委任，并责求他们拿出政绩。没有政绩者，才交付尚书进行弹劾，提请转到给廷尉核查虚实，加以处罚。因此，三公在选拔人才时，都要与僚属仔细评议，了解这些人的品行，评估他们的才干。尽管如此严格，仍然有些官员不能胜任，使政务荒废。如今只由尚书负责选拔官员，或由陛下颁下诏书，直接任用，这样，三公就免除了选拔不当的责任，尚书也不再因此获罪。奖惩都得不到，难道谁还肯自己白白地辛劳吗？”奏章呈上，灵帝未加理睬。

五年（壬戌，公元182年）

灵帝下诏，命令公卿根据流传的民谣，检举为害百姓的刺史和郡守。太尉许馘和司空张济投靠有权势的宦官，收受贿赂，对那些担任刺史、郡守的宦官子弟或宾客，尽管他们贪赃枉法、声名狼藉，全不敢过问，却毫无根据地检举了地处边远小郡，清廉而颇有政绩的官员二十六人。这些官员的部属及治下的百姓，到洛阳皇宫门前为他们申诉。司徒陈耽上书说：“这次公卿的检举行动，大都包庇各自的私党，正是所谓是放走鸱鸮那样的恶鸟，而将凤凰囚禁起来。”灵帝为此责备了许馘、张济，并将那些因所谓民谣而被征召问罪的官员，全都任命为议郎。

六年（癸亥，公元183年）

最初，钜鹿人张角信奉黄帝、老子，以法术和咒语等传授门徒，号称“太平道”。他用念过咒语的符水治病，先让病人下跪，说出自己所犯的错误，然后喝下符水。有些病人竟然就此痊愈，于是，人们将他信奉如神明。张角派他的弟子走遍四方，不断诳骗引诱，十余年的时间，信徒多达数十万，青州、徐州、幽州、冀州、荆州、扬州、兖州和豫州等八州之人，无不响应。有的信徒卖掉自己的家产，前往投奔张角，他们塞满道路，尚未到达而死在途中的也数以万计。郡、县的官员不了解张角的真实意图，反而讲张角教民向善，因而为百姓所拥戴。

张角设置三十六个方，方，犹如将军。大方统率一万余人，小方统率六七千人，各立首领。他宣称：“苍天已死，黄天当立，岁在甲子，天下大吉。”并用白土在京城洛阳各官署及各州、郡官府的大门上都写上“甲子”二字。他们计划，由大方马元义等先集结荆州、扬州的党徒数万人，按期会合，在邺城起事。马元义多次前往京城洛阳，以中常侍封谞、徐奉等人为内应，约定于次年的三月五日，京城内外同时发动。

中平元年（甲子，公元184年）

春季，张角的弟子济南人唐周上书告密。于是，朝廷逮捕了马元义，在洛阳用车裂的酷刑将他处死。灵帝下诏，命令三公和司隶校尉调查皇宫及朝廷官员、禁军将士和普通百姓中信奉张角“太平教”者，处死了一千余人。同时还下令让冀州的官员捉拿张角等人。张角等得知计划已经泄露，便派人昼夜兼程赶往各地，通知各方首领，一时间各方全都起兵，他们个个头戴黄巾作为标志，因此当时人称他们为“黄巾贼”。二月，张角自称天公将军，他弟弟张宝称地公将军，张梁称人公将军。他们焚烧当地官府，劫掠城镇。州郡官员无力抵抗，大多弃职逃跑。不过一个月的时间，天下纷纷响应，京城洛阳为之震动。安平国和甘陵国的人民分别生擒了安平王和甘陵王，响应黄巾军。

汉灵帝游乐园

灵帝召集群臣商议对策。北地郡太守皇甫嵩认为，应该解除禁止党人做官的禁令，并拿出皇帝私人所有的中藏府钱财以及西园骥厩中的良马，赏赐给出征的将士。皇甫嵩是皇甫规哥哥的儿子。灵帝询问中常侍吕强的意见，吕强说：“对党人的禁令时间已经很长了，人心怨恨愤怒，若不予以赦免，他们将轻举妄动，与张角联合起来，叛乱之势便会更趋扩大，到那时，后悔就来不及了。现在，请先将陛下左右贪赃枉法的官员处死，大赦所有的党人，并考察各地刺史、郡守的能力。如果这样做，叛乱就不会不平息了。”灵帝对黄巾军的势力感到害怕，接受了吕强的建议。壬子（初七），大赦天下党人，已经被流放到边疆地区的党人及其家属都可以重返故乡，唯有张角不在赦免范围之内。与此同时，征调全国各地的精兵，派遣北中郎将卢植去征讨张角，左中郎将皇甫嵩、右中郎将朱俊征讨在颍川地区活动的黄巾军。

当时，中常侍赵忠、张让、夏恽、郭胜、段珪、宋典等都被封为侯爵，身份贵宠。灵帝常说：“张常侍是我父亲，赵常侍是我母亲。”于是，宦官无所忌惮，纷纷大兴土木，仿照皇宫的式样修建宅第。一次，灵帝曾想登上永安宫的望台，观看皇宫周围的景致。宦官们生怕灵帝看到自己的宅第，便让中大人尚但劝阻灵帝，说："天子不应当登高，登高则会使人民流散。"灵帝从此不再敢登较高的楼台亭榭。及至封谞、徐奉为张角做内应的事情败露，灵帝斥责诸位常侍说："你们常说党人图谋不轨，将他们全都禁锢起来，有人甚至遭到诛杀。现在党人倒是在为国家出力，你们反与张角勾结，该不该处斩？"宦官们都叩头说："这些都是王甫、侯览干的。"于是，诸位常侍都收敛退避，各自将他们在外担任州、郡官员的亲属及子弟召回。

波才率黄巾军将皇甫嵩围困在长社县城。皇甫嵩兵少，军中都感到恐慌。黄巾军的营寨所设之处荒草遍野，适逢狂风大作，皇甫嵩让士兵们全都手持成束苇草上城。另命一批勇士，偷偷地越过包围圈，放火烧草并高声呐喊。与此同时，城上的军士也一齐点燃火把，与之呼应。皇甫嵩率军从城中擂鼓呐喊而出，直捣敌阵。黄巾军大惊，溃散奔逃。这时，恰好骑都尉、沛国人曹操率兵赶到。五月，皇甫嵩、曹操与朱俊会师，再次出战，大败黄巾军，斩杀数万人。灵帝封皇甫嵩为都乡侯。

曹操的父亲曹嵩，是中常侍曹腾的养子，他原来的姓氏已无法确定，据传为夏侯氏。曹操自小为人机警，有谋略，善权术，并喜欢行侠仗义，行为放荡，不经营家产事业。因此，当时人认为他并无什么过人之处。唯有太尉桥玄和南阳人何颙对他另眼相看。桥玄对他说："天下即将大乱，不是掌握时代命运的杰出人才，不能拯救。能够平息这场大乱的人，恐怕就是你吧。"何颙看到曹操后叹息说："汉朝就要灭亡，能够重新安定天下的，一定是此人。"桥玄向曹操建议说："你在世上尚无名气，可以与许子将结交。"许子将就是许训的侄子许劭。许劭善于待人接物，能够辨别人的品行和能力，与他的堂兄许靖都有很高的名望。两人喜欢一起评论本地的知名人士，并根据这些人士的所作所为，逐月更改评语和排列顺序。为此，汝南人称之为"月旦评"。许劭曾经担任过郡府中管理人事的功曹，府中官员听说了他的名望，无不改变、修饰自己的操行，以求得到一个较好的评语，曹操前去拜访许劭，询问他对自己的评价，说："我是一个什么样的人呢？"许劭鄙视曹操的为人，故闭口不答。曹操于是加以威胁，许劭才说："你在天下太平时可以成为一个能臣，在天下大乱时则会成为一个奸雄。"曹操听后，大喜而去。

北中郎将卢植率军连续战败张角，斩杀和俘虏黄巾军一万余人，张角等退保广宗县城。卢植率军将广宗城包围，修筑长墙，挖掘壕沟，制造攻城用的云梯，马上就要攻下广宗城。恰在此时，灵帝派小黄门左丰到卢植军中视察。有人劝卢植贿赂左丰，卢植不肯。左丰回到洛阳，对灵帝说："据守广宗的贼寇很容易攻破，然而卢植只是让军队躲在营垒里休息，等待上天诛杀张角。"灵帝大怒，派人用囚车将卢植押解回洛阳，判处比死罪轻一等的处分。派东中郎将、陇西人董卓代替卢植任职。

巴郡人张脩用法术为人治病，所用方法大致与张角相同。他治病时，让病家出五斗米，因此号为"五斗米师"。秋季，七月，张脩聚众起来造反，攻打郡、县，当时人称他们为"米贼"。

冬季，十月，皇甫嵩与张角的弟弟张梁交战于广宗，张梁率领的黄巾军骁勇善战，皇甫嵩未能取胜。第二天，皇甫嵩关闭营门，让士兵休息，以观察敌军的变化。看到黄巾军情绪逐渐松懈，便趁夜部署军队，清晨鸡鸣之时，疾驰冲向敌阵。交战至傍晚时，黄巾军大败，张梁被斩首，黄巾军三万多人被杀，约五万人被逼落河中淹死。张角在此之前已经病故，他的棺材被剖开，乱刀碎尸，头颅被送到洛阳。十一月，皇甫嵩又在下曲阳进攻张角的弟弟张宝，张宝被斩杀，黄巾军被杀、被俘共十余万人。灵帝闻讯大喜，立即任命皇甫嵩为左车骑将军，兼冀州牧，并封为槐里侯。皇甫嵩能够体恤士兵，每次行军休息时，总是等到营帐全部修好，他才去休息，士兵全都吃上饭，他才去吃。所以能够所向无敌，建立功勋。

南阳太守秦颉杀死韩忠，剩下的黄巾军又推举孙夏为统帅，再次占领宛城。朱俊发起猛攻，司马孙坚率领部下首先登上城墙。癸巳（二十二日），攻下宛城。孙夏逃走，朱俊追至西鄂县的精山，再次击溃黄巾军，斩杀一万余人。黄巾军溃不成军。其他州、郡诛杀的黄巾余众，每郡数千人。

豫州刺史太原人王允打败黄巾军，从收缴物品中查出宦官首领张让门下的宾客与黄巾军往来联系的书信，便将这些信件上报朝廷。灵帝知道后大发雷霆，斥责张让。张让叩头请罪，灵帝竟也不再追究。于是张让寻机诬告王允，遂将王允逮捕入狱。恰巧赶上大赦，王允得以恢复原职。可是在十天之内又以别的罪名被捕。杨赐不愿让王允再遭受拷打的痛苦和羞辱，派人对王允说："因为你揭发了张让，所以会一月之内再次被捕。张让凶恶无比，阴险难测，希望你好好考虑一下，是否还要再受折辱。"王允属下那些年轻气盛的从事们，泪流满面，一同将毒药进奉给王允。王允厉声说道："我身为一个臣子，得罪了君王，理应由司法机构正式处死，以公告天下，怎么能服毒自杀呢！"于是摔掉药杯，奋然起身，出门登上囚车。他被押解到廷尉以后，大将军何进与杨赐、袁隗一起上书营救，王允才得以免死，被判处减死一等之罪。

二年（乙丑，公元185年）

灵帝又下诏让各州、郡向朝廷进献木材及纹理美观的石料，分批送往京城洛阳。宦官们在验收时，百般挑剔，对认为不合格的，强迫州、郡官贱卖，价格仅为原价的十分之一。各州、郡不能完成定额，于是重新购买木材，而宦官们仍是百般挑剔，不肯立即接收，致使运来的木材都堆积在一起朽坏了，宫殿则连年未能修成。各地的刺史、太守更乘机私自增加百姓赋税，从中贪污，人民怨叹哀鸣。灵帝又命令西园的皇家卫士分别到各州、郡去督促，这些人恐吓惊扰州郡官府，收受大量贿赂。刺史、二千石官员以及茂才、孝廉在升迁和赴任时，都要交纳"助军"和"修宫"钱。大郡的太守，通常要交二三千万钱，其余的依官职等级不同而有差别。凡是新委任的官员，都要先去西园议定应交纳的钱数，然后方能赴任。有些清廉之士，请求辞职不去的，也都被逼迫上任、交钱。当时，河内人司马直刚刚被任命为钜鹿太守，因他平素有清廉之称，故将他应交的数额减少三百万。司马直接到诏书后，怅然长叹，说：“身为百姓的父母官，却要剥削百姓去迎合当前这种弊政，我于心不忍。”遂借口有病而辞职，但是未获批准。在赴任途中，他走到孟津，上书极为详细直率地陈述了当时的各种弊政，然后服毒自杀。他的奏章呈上后，灵帝受到震动，暂时停止征收修宫钱。

司徒袁隗被免职。三月，任命廷尉崔烈为司徒。崔烈是崔寔的堂兄。

当时，官员往往通过宦官或者灵帝幼时的乳母，向西园进献财物后，才能出任三公。段颎、张温等人虽然立有军功或是很有声望，但也都是先进献钱物，然后才能登上三公之位。崔烈通过灵帝的乳母进献五百万钱，因此当上司徒。到正式任命那天，灵帝亲自出席，百官都来参加。灵帝对左右的亲信说：“真后悔没有稍吝惜一些，否则可以要到一千万。”乳母程夫人在旁边接着说：“崔烈是冀州的名士，怎么肯用钱来买官！多亏了我，他才肯出这么多，您反而不满意吗！”因此，崔烈的声望顿时大为下跌。

谏议大夫刘陶上书说：“天下先有张角之乱，后有边章之乱。如今西边的羌族叛军已在攻打河东郡，恐怕要越闹越大，威胁到京城洛阳的安全。百姓们只有许多撤退逃生的念头，而没有一点前进奋战以求生存的打算。西面的叛军日渐逼近，车骑将军张温孤军无援，假如疆场失利，败局将不可收拾。我深知这样反复上书，必将招致陛下的厌烦，但是仍然不克制自己，要继续向陛下进言，是因为我知道，国家平安，我也将从中受益；国家危险，我则会先行毁灭。现在，我再次陈述目前急待处理的八件事情。”这八件要事的主旨，是指出天下之所以大乱，都是因宦官引起。于是宦官们一齐向灵帝诬陷刘陶，说：“以前，张角反叛之后，陛下发布诏书，威恩并施。从那以后，叛乱者都已改悔。现在四方安宁，而刘陶对陛下圣明的政治不满，专门揭露妖孽一类的黑暗面。刘陶所言之事，州、郡并没有上报，他又是怎么知道的？我们怀疑刘陶与贼人有联系。”灵帝于是下令逮捕刘陶，送交宦官控制的黄门北寺监狱，严刑拷问，日益迫急。刘陶对代表皇帝审讯的使臣说：“我恨自己不能像伊尹、吕尚那样为明主出力，却与商朝末年的微子、箕子、比干三位仁人同一命运。如今上面滥杀忠良正直的臣子，下面的百姓则憔悴不堪，这个政权也不会支持很久了，将来后悔也来不及了！”于是，闭住气自杀身亡。前任司徒陈耽为人忠正，宦官们很怨恨他，也加以诬陷，使他死在狱中。

本年，灵帝在西园修造万金堂，把大司农所管国库中的金钱及绸缎等都搬到万金堂中，堆得满满的。灵帝还把钱寄存在小黄门、中常侍家中，每家各存数千万。并在他当皇帝之前的封地河间购买田地，修建住宅。

四年（丁卯，公元187年）

韩遂杀死边章及北宫伯玉、李文侯，吞并了他们的部队，指挥着十余万大军行动包围了陇西郡。陇西郡太守李相如叛变朝廷，与韩遂联合在一起。

凉州刺史耿鄙率领属下六郡的军队讨伐韩遂。耿鄙很信任治中程球，但程球贪赃枉法，好营私利，引起士人和百姓的不满。汉阳太守傅燮对耿鄙说：“您到职的时间不长。人民还没有很好地受到教化。贼军听说官军即将征讨，必然会万众一心。边疆地区士兵人多骁勇善战，锋锐难当。而我军则是由六郡的军队新近组合而成，上下尚未和睦，万一发生内乱，尽管后悔也来不及了。不如让军队修整一下，培养统帅的威信，做到赏罚分明。贼军看到形势缓和，必然认为我军胆怯，他们之间就会争权夺利，必然离心离德。然后，您率领已经教化好的民众，去征伐已然分崩离析的贼军，大功可以坐着等待完成！”耿鄙不听从。夏季，四月，耿鄙大军行进到狄道，凉州别驾叛变，响应贼军，先杀程球，后杀耿鄙。贼军因而进兵包围了汉阳郡，城中兵少，粮尽，但傅燮仍然坚守。

狄道人王国派前酒泉太守黄衍前来劝说傅燮道：“汉朝已不再能统治天下了，您愿意做我们的首领吗？”傅燮按剑叱责黄衍说：“你身为国家正式任命的太守，反倒为叛军做说客吗？”于是，傅燮率领左右冲向贼军，临阵战死。耿鄙属下的司马扶风人马腾也率军造反，与韩遂联盟，共同推举王国为首领，攻击抢掠三辅地区。

第五十九卷 汉纪五十一

译文诵读

孝灵皇帝下中平五年（戊辰，188）

太常江夏刘焉见王室多故，建议以为："四方兵寇，由刺史威轻，既不能禁，且用非其人，以致离叛。宜改置牧伯，选清名重臣以居其任。"焉内欲求交趾牧。侍中广汉董扶私谓焉曰："京师将乱，益州分野有天子气。"焉乃更求益州。会益州刺史郤俭赋敛烦扰，谣言远闻，而耿鄙、张懿皆为盗所杀，朝廷遂从焉议，选列卿、尚书为州牧，各以本秩居任。以焉为益州牧，太仆黄琬为豫州牧，宗正东海刘虞为幽州牧。州任之重，自此而始。

八月，初置西园八校尉，以小黄门蹇硕为上军校尉，虎贲中郎将袁绍为中军校尉，屯骑校尉鲍鸿为下军校尉，议郎曹操为典军校尉，赵融为助军左校尉，冯芳为助军右校尉，谏议大夫夏牟为左校尉，淳于琼为右校尉；皆统于蹇硕。帝自黄巾之起，留心戎事；硕壮健有武略，帝亲任之，虽大将军亦领属焉。

六年（己巳，189）

蹇硕忌大将军进，与诸常侍共说帝遣进西击韩遂；帝从之。进阴知其谋，奏遣袁绍收徐、兖二州兵，须绍还而西，以稽行期。

初，帝数失皇子，何皇后生子辩，养于道人史子眇家，号曰"史侯"。王美人生子协，董太后自养之，号曰"董侯"。群臣请立太子。帝以辩轻佻无威仪，欲立协，犹豫未决。会疾笃，属协于蹇硕。丙辰，帝崩于嘉德殿。硕时在内，欲先诛何进而立协，使人迎进，欲与计事；进即驾往。硕司马潘隐与进早旧，迎而目之。进惊，驰从傿道归营，引兵入屯百郡邸，因称疾不入。

戊午，皇子辩即皇帝位，年十四。尊皇后曰皇太后。太后临朝。赦天下，改元为光熹。封皇弟协为勃海王。协年九岁。以后将军袁隗为太傅，与大将军何进参录尚书事。

进既秉朝政，忿蹇硕图己，阴规诛之。袁绍因进亲客张津，劝进悉诛诸宦官。进以袁氏累世贵宠，而绍与从弟虎贲中郎将术皆为豪杰所归，信而用之。复博征智谋之士何颙、荀攸及河南郑泰等二十余人，以颙为北军中侯，攸为黄门侍郎，泰为尚书，与同腹心。攸，爽之从孙也。

蹇硕疑不自安，与中常侍赵忠、宋典等书曰："大将军兄弟秉国专朝，今与天下党人谋诛先帝左右，扫灭我曹，但以硕典禁兵，故且沈吟。今宜共闭上阁，急捕诛之。"中常侍郭胜，进同郡人也，太后及进之贵幸，胜有力焉，故亲信何氏；与赵忠等议，不从硕计，而以其书示进。庚午，进使黄门令收硕，诛之，因悉领其屯兵。

袁绍复说何进曰："前窦武欲诛内宠而反为所害者，但坐言语漏泄；五营兵士皆畏服中人，而窦氏反用之，自取祸灭。今将军兄弟并领劲兵，部曲将吏皆英俊名士，乐尽力命，事在掌握，此天赞之时也。将军宜一为天下除患，以垂名后世，不可失也！"进乃白太后，请尽罢中常侍以下，以三署郎补其处。太后不听，曰："中官统领禁省，自古及今，汉家故事，不可废也。且先帝新弃天下，我奈何楚楚与士人共对事乎！"进难违太后意，且欲诛其放纵者。绍以为中官亲近至尊，出纳号令，今不悉废，后必为患。而太后母舞阳君及何苗数受诸宦官赂遗，知进欲诛之，数白太后为其障蔽；又言："大将军专杀左右，擅权以弱社稷。"太后疑以为然。进新贵，素敬惮中官，虽外慕大名而内不能断，故事久不决。

绍等又为画策，多召四方猛将及诸豪杰，使并引兵向京城，以胁太后；进然之。主簿广陵陈琳谏曰："谚称'掩目捕雀'，夫微物尚不可欺以得志，况国之大事，其可以诈立乎！今将军总皇威，握兵要，龙骧虎步，高下在心，此犹鼓洪炉燎毛发耳。但当速发雷霆，行权立断，则天人顺之。而反委释利器，更征外助，大兵聚会，强者为雄，所谓倒持干戈，授人以柄，功必不成，只为乱阶耳！"进不听。典军校尉曹操闻而笑曰："宦者之官，古今宜有，但世主不当假之权宠，使至于此。既治其罪，当诛元恶，一狱吏足矣，何至纷纷召外兵乎！欲尽诛之，事必宣露，吾见其败也。"

何进召卓使将兵诣京师。侍御史郑泰谏曰："董卓强忍寡义，志欲无厌，若借之朝政，授以大事，将恣凶欲，必危朝廷。明公以亲德之重，据阿衡之权，秉意独断，诛除有罪，诚不宜假卓以为资援也！且事留变生，殷鉴不远，宜在速决。"尚书卢植亦言不宜召卓，进皆不从。泰乃弃官去，谓荀攸曰："何公未易辅也。"

董卓闻召，即时就道，并上书曰："中常侍张让等，窃幸承宠，浊乱海内。臣闻扬汤止沸，莫若去薪；溃痈虽痛，胜于内食。昔赵鞅兴晋阳之甲以逐君侧之恶，今臣辄鸣钟鼓如雒阳，请收让等以清奸秽！"太后犹不从。何苗谓进曰："始共从南阳来，俱以贫贱依省内以致富贵，国家之事，亦何容易。覆水不收，宜深思之，且与省内和也。"卓至渑池，而进更狐疑，使谏议大夫种卲宣诏止之。卓不受诏，遂前至河南；卲迎劳之，因譬令还军。卓疑有变，使其军士以兵胁卲。卲怒，称诏叱之，军士皆披，遂前质责卓；卓辞屈，乃还军夕阳亭。卲，暠之孙也。

八月，戊辰，进入长乐宫，白太后，请尽诛诸常侍。中常侍张让、段珪相谓曰："大将军称疾，不临丧，不送葬，今欻入省，此意何为？窦氏事竟复起邪？"使潜听，具闻其语。乃率其党数十人持兵窃自侧闼入，伏省户下，进出，因诈以太后诏召进，入坐省阁。让等诘进曰："天下愦愦，亦非独我曹罪也。先帝尝与太后不快，几至成败，我曹涕泣救解，各出家财千万为礼，和悦上意，但欲托卿门户耳。今乃欲灭我曹种族，不亦大甚乎！"于是尚方监渠穆拔剑斩进于嘉德殿前。让、珪等为诏，以故太尉樊陵为司隶校尉，少府许相为河南尹。尚书得诏版，疑之，曰："请大将军出共议。"中黄门以进头掷与尚书曰："何进谋反，已伏诛矣！"

董卓之入也，步骑不过三千，自嫌兵少，恐不为远近所服，率四五日辄夜潜出军近营，明旦，乃大陈旌鼓而还，以为西兵复至，雒中无知者。俄而进及弟苗部曲皆归于卓，卓又阴使丁原部曲司马五原吕布杀原而并其众，卓兵于是大盛。乃讽朝廷，以久雨，策免司空刘弘而代之。

初，蔡邕徙朔方，会赦得还。五原太守王智，甫之弟也，奏邕谤讪朝廷；邕遂亡命江海，积十二年。董卓闻其名而辟之，称疾不就。卓怒，詈曰："我能族人！"邕惧而应命，到，署祭酒，甚见敬重，举高第，三日之间，周历三台，迁为侍中。

九月，癸酉、卓大会百僚、奋首而言曰："皇帝暗弱，不可以奉宗庙，为天下主。今欲依伊尹、霍光故事，更立陈留王，何如？"公卿以下皆惶恐，莫敢对。卓又抗言曰："昔霍光定策，延年按剑。有敢沮大议，皆以军法从事！"坐者震动。尚书卢植独曰："昔太甲既立不明，昌邑罪过千余，故有废立之事。今上富于春秋，行无失德，非前事之比也。"卓大怒，罢坐。将杀植，蔡邕为之请，议郎彭伯亦谏卓曰："卢尚书海内大儒，人之望也；今先害之，天下震怖。"卓乃止，但免植官，植遂逃隐于上谷。卓以废立议示太傅袁隗，隗报如议。

甲戌，卓复会群僚于崇德前殿，遂胁太后策废少帝，曰："皇帝在丧，无人子之心，威仪不类人君，今废为弘农王，立陈留王协为帝。"袁隗解帝玺绶，以奉陈留王，扶弘农王下殿，北面称臣。太后鲠涕，群臣含悲，莫敢言者。

十一月，以董卓为相国，赞拜不名，入朝不趋，剑履上殿。

董卓性残忍，一旦专政，据有国家甲兵、珍宝，威震天下，所愿无极，语宾官曰："我相，贵无上也！"侍御史扰龙宗诣卓白事，不解剑，立挝杀之。是时，雒中贵戚，室第相望，金帛财产，家家充积，卓纵放兵士，突其庐舍，剽虏资物，妻略妇女，不避贵戚；人情崩恐，不保朝夕。

孝献皇帝甲初平元年（庚午，190）

春，正月，关东州郡皆起兵以讨董卓，推勃海太守袁绍为盟主；绍自号车骑将军，诸将皆板授官号。绍与河内太守王匡屯河内，冀州牧韩馥留邺，给其军粮。豫州刺史孔伷屯颍川，兖州刺史刘岱、陈留太守张邈、邈弟广陵太守超、东郡太守桥瑁、山阳太守袁遗、济北相鲍信与曹操俱屯酸枣，后将军袁术屯鲁阳，众各数万。豪桀多归心袁绍者；鲍信独谓曹操曰："夫略不世出，能拨乱反正者，君也。苟非其人，虽强必毙。君殆天之所启乎！"

董卓以山东兵盛，欲迁都以避之，公卿皆不欲而莫敢言。卓表河南尹朱俊为太仆以为己副，使者召拜，俊辞，不肯受；因曰："国家西迁，必孤天下之望，以成山东之衅，臣不知其可也。"使者曰："召君受拜而君拒之，不问徙事而君陈之，何也？"俊曰："副相国，非臣所堪也；迁都非计，事所急也。辞所不堪，言其所急，臣之宜也。"由是止不为副。

卓遣军至阳城，值民会于社下，悉就斩之，驾其车重，载其妇女，以头系车辕，歌呼还雒，云攻贼大获。卓焚烧其头，以妇女与甲兵为婢妾。

丁亥，车驾西迁，董卓收诸富室，以罪恶诛之，没入其财物，死者不可胜计；悉驱徙其余民数百万口于长安，步骑驱蹙，更相蹈藉，饥饿寇掠，积尸盈路。卓自留屯毕圭苑中，悉烧宫庙、官府、居家，二百里内，室屋荡尽，无复鸡犬。又使吕布发诸帝陵及公卿以下冢墓，收其珍宝。卓获山东兵，以猪膏涂布十余匹，用缠其身，然后烧之，先从足起。

三月，乙巳，车驾入长安，居京兆府命，后乃稍葺宫室而居之。时董卓未至，朝政大小皆委之王允。允外相弥缝，内谋王室，甚有大臣之度，自天子及朝中皆倚允；允屈意承卓，卓亦雅信焉。

初，荆州刺史王睿与长沙太守孙坚共击零、桂贼，以坚武官，言颇轻之。及州郡举兵讨董卓，睿与坚亦皆起兵。睿素与武陵太守曹寅不相能，扬言当先杀寅。寅惧，诈作按行使者檄移坚，就睿罪过，令收，行刑讫，以状上。坚承檄，即勒兵袭睿。睿闻兵至，登楼望之，遣问"欲何为？"坚前部答曰："兵久战劳苦，欲诣使君求资直耳。"睿见坚惊曰："兵自求赏，孙府君何以在其中？"坚曰："被使者檄诛君！"睿曰："我何罪？"坚曰："坐无所知！"睿穷迫，刮金饮之而死。坚前至南阳，众已数万人。南阳太守张咨不肯给军粮，坚诱而斩之；郡中震栗，无求不获。前到鲁阳，与袁术合兵。术由是得据南阳，表坚行破虏将军、领豫州刺史。

董卓在雒阳，袁绍等诸军皆畏其强，莫敢先进。曹操曰："举义兵以诛暴乱，大众已合，诸君何疑！向使董卓倚王室，据旧京，东向以临天下，虽以无道行之，犹足为患。今焚烧宫室，劫迁天子，海内震动，不知所归，此天亡之时也，一战而天下定矣。"遂引兵西，将据成皋，张邈遣将卫兹分兵随之。进至荥阳汴水，遇卓将玄菟徐荣，与战，操兵败，为流矢所中，所乘马被创。从弟洪以马与操，操不受。洪曰："天下可无洪，不可无君！"遂步从操，夜遁去。荣见操所将兵少，力战尽日，谓酸枣未易攻也，亦引兵还。

董卓坏五铢钱，更铸小钱，悉取雒阳及长安铜人，钟虡、飞廉、铜马之属以铸之，由是货贱物贵，谷石至数万钱。

冬，孙坚与官属会饮于鲁阳城东，董卓步骑数万猝至，坚方行酒，谈笑，整顿部曲，无得妄动。后骑渐益，坚徐罢坐，导引入城，乃曰："向坚所以不即起者，恐兵相蹈藉，诸君不得入耳。"卓兵见其整，不敢攻而还。

汉灵帝中平五年（戊辰，公元188年）

太常江夏人刘焉看到汉朝王室多难，向灵帝建议："各地到处发生叛乱，是由于刺史权小威轻，既不能禁制，又用人不当，所以引起百姓叛离朝廷。应该改置州牧，选用有清廉名声的重臣担任。"刘焉内心里想担任交趾牧，但侍中、广汉人董扶私下里对刘焉说："京城洛阳将要发生大乱，根据天象，益州地区将出现新的皇帝。"于是，刘焉改变主意，要求去益州。正好益州刺史郤俭横征暴敛，有关他的暴政的民谣广泛流传；再加上耿鄙、张懿都被盗贼杀死，朝廷就采纳刘焉建议，选用列卿、尚书为州牧，各自以本来的官秩出任。任命刘焉为益州牧、太仆黄琬为豫州牧、宗正东海人刘虞为幽州牧。各州长官权力的增重由此开始。

八月，开始设置西园八校尉。任命小黄门蹇硕为上军校尉，虎贲中郎将袁绍为中军校尉，屯骑校尉鲍鸿为下军校尉，议郎曹操为典军校尉，赵融为助军左校尉，冯芳为助军右校尉，谏议大夫夏牟为左校尉，淳于琼为右校尉，都由蹇硕统一指挥。灵帝自黄巾军起事以后，开始留心军事。蹇硕身体壮健，又通晓军事，很受灵帝信任，连大将军也要听从他的指挥。

六年（己巳，公元189年）

蹇硕忌恨大将军何进，与诸常侍共同劝说灵帝派遣何进西征韩遂，灵帝同意了。何进暗中获悉他们的阴谋后，上奏请求派袁绍到徐州和兖州去调集军队，要等到袁绍回来再进行西征，以便拖延行期。

当初，灵帝连续死去了几个儿子，因此，何皇后生下儿子刘辩后，就送到道人史子眇家去抚养，故被称为"史侯"。王美人生下儿子刘协，由董太后亲自抚养，被称为"董侯"。群臣请求灵帝立太子。灵帝认为刘辩为人轻佻，缺乏威仪，想立刘协，但犹豫未决。正在这时，灵帝病重，把刘协托付给蹇硕。丙辰（十一日），灵帝于嘉德殿驾崩。蹇硕当时在皇宫中，想先杀何进，然后立刘协为皇帝。他派人去接何进要与他商议事情，何进即刻乘车前往。蹇硕的司马潘隐与何进早有交谊，在迎接他时用眼神示意。何进大惊，驰车抄近道跑回自己控制的军营，率军进驻各郡国在京城的官邸，声称有病，不再进宫。

戊午（四月十三日），皇子刘辩即帝位，当时他十四岁。尊称母亲何皇后为皇太后。何太后临朝主持朝政，大赦天下，改年号为光熹。封皇弟刘协为勃海王，当时他只有九岁。任命后将军袁隗为太傅，与大将军何进共同主持尚书事务。

何进既已掌握朝政大权，怨恨蹇硕想谋害自己，暗中计划将他杀死。袁绍通

东汉 双虎钮錞于

过何进的亲信门客张津，劝说何进将所有的宦官一网打尽。何进因袁氏历代都有人做高官，袁绍与堂弟虎贲中郎将袁术又为天下豪杰所拥戴，因此相信并任用他们。又广泛征聘有智谋的人士何颙、荀攸及河南人郑泰等二十人，任命何颙为北军中侯，荀攸为黄门侍郎，郑泰为尚书，把他们都作为自己的心腹。荀攸是荀爽的族孙。

蹇硕心里疑虑不安，写信给中常侍赵忠、宋典等人说："大将军何进兄弟控制朝政，独断专行，如今与天下的党人策划要诛杀先帝左右的亲信，消灭我们。只是因为我统率禁军，所以暂且迟疑。现在应该一起动手，关闭宫门，赶快将何进逮捕处死。"中常侍郭胜与何进是同郡之人，何太后及何进能有贵宠的地位，他帮了很大的忙，因此他亲近信赖何氏。郭胜与赵忠等人商议后，拒绝蹇硕的提议，而把蹇硕的信送给何进看。庚午（二十五日），何进令黄门令逮捕蹇硕，将他处死，于是把禁军全部置于自己指挥之下。

袁绍又向何进建议说："从前窦武他们想要消灭宦官，反而被宦官所杀害，只是因为消息泄露。五营兵士一向畏惧宦官的权势，而窦氏反而利用他们，所以自取灭亡。如今将军兄弟同时统帅禁军劲旅，部下将领官吏都是俊杰名士，乐于为您效命，事情全在掌握之中，这是天赐良机。将军应该一举为天下除去大害，垂名后世，不要错过这个机会！"何进于是向太后建议，请求全部撤换中常侍及以下的宦官，委派三署郎官代替他们的职务。何太后不答应，说："从古至今，都是由宦官来管理皇宫内的事情，这条汉朝的传统制度，不能废掉。何况先帝刚刚去世，我怎能衣冠整齐地与士人相对共事呢！"何进难以违背太后的意思，打算暂且诛杀最跋扈的宦官。袁绍认为宦官最亲近太后和皇帝，百官的奏章及皇帝诏命都由他们来回传递，现在如果不彻底除掉，将来一定会有后患。但是何太后的母亲舞阳君和弟弟何苗多次接受宦官们的贿赂，知道何进要消灭宦官，屡次向何太后进言阻止，又说："大将军擅自杀害左右近臣，专权独断，削弱国家。"太后心中疑虑，认为他们的话有理。何进新近掌握重权，但他一向对宦官们既尊敬又畏惧，虽然羡慕得到除去宦官的美名，但心中不能当机立断，因此事情拖下来，久久不能决定。

袁绍又为何进出谋划策，劝他多召各地的猛将和英雄豪杰，让他们都率军向京城洛阳进发，以此来威胁何太后，何进同意了这一计划。主簿、广陵人陈琳劝阻说："民间有一句谚语，叫'闭起眼睛捉麻雀'。像那样的小事，尚且不可用欺诈手段达到目的，何况国家大事，怎么可以用欺诈办成呢？如今将军身集皇家威望，手握兵权，龙行虎步，为所欲为。这样对付宦官，好比是用炉火去烧毛发。只要您发动，用雷霆万钧之势当机立断，发号施令，那么上应天意，下顺民心，很容易达到目的。然而如今反而放弃手中的权柄，去征求外援。等到各地大军聚集时，强大者就将称雄，这样做就是所谓倒拿武器，而把手柄交给别人一样，必定不会成功，只会带来大乱罢了。”何进不听。典军校尉曹操听说后笑着说：“在宫中服务的宦官，古今都应该有，只是君王不应该给予大权和宠信，使他们发展到现在这个程度。既然要惩治他们，应当除去首恶，只要一个狱吏就足够了。何至于纷纷攘攘地征召各地部队呢！假如要想将他们一网打尽，事情必然会泄露，我将看到此事的失败。”

何进召董卓率军到洛阳来。侍御史郑泰劝谏说：“董卓为人强悍，不讲仁义，又贪得无厌。假如朝廷依靠他的支持，授以兵权，他将为所欲为，必然会威胁到朝廷的安全。您作为皇帝国戚，掌握国家大权，可以依照本意独断独行，惩治那些罪人，实在不应该依靠董卓作为外援！而且事情拖得太久，就会起变化，先前窦武之事的教训并不久远，应该赶快决断。”尚书卢植也认为不应当召董卓，何进都不接受。郑泰于是辞职而去，告诉荀攸说：“何进是个不容易辅佐的人。”

董卓接到何进召他进京的命令，立刻上路出发。同时上书说：“中常侍张让等人，利用得到皇帝宠幸之机，扰乱天下。我曾听说，扬汤止沸，不如釜底抽薪；疮痈溃烂虽然疼痛，但胜于向内侵蚀脏腑。从前赵鞅统率晋阳的军队来清除君王身边的恶人，如今我则敲响钟鼓到洛阳来，请求逮捕张让等人，以清除奸邪！”太后仍然不答应。何苗对何进说：“我们当初一起从南阳来，出身贫贱，都是依靠宦官的扶助，才有今天的富贵。国家大事，又谈何容易，覆水难收，应该多加考虑。应暂且与宦官们和解。”董卓到渑池时，何进更加犹豫不决，派谏议大夫种卲拿着皇帝诏书去阻止董卓。董卓不接受诏命，一直进军到河南。种卲迎接慰劳他的军队，并劝令他退军。董卓疑心洛阳政局已发生变动，命部下用武器威胁种卲。种卲大怒，用皇帝的名义叱责他们，士兵都害怕地散开。于是种卲上前当面责问董卓，董卓理屈词穷，只好撤军回到夕阳亭。种卲是种暠的孙子。

八月，戊辰（二十五日），何进入长乐宫，奏告何太后，请求杀死全体中常侍。中常侍张让、段珪商议说：“大将军何进自称有病，不参加先帝的丧礼，不送葬到墓地去，如今突然入宫，这是什么意图？难道窦武事件竟要重演吗？”派人去窃听何进兄妹的谈话，获知全部谈话内容。于是率领自己的党羽数十人，手持武器，偷偷从侧门进去，埋伏在殿门下。等何进出来，就假传太后的旨意召他。何进入宫，坐在省阁。于是张让等人责问何进说：“天下大乱，也不单是我们宦官的罪过。先帝曾经跟太后生气，几乎废黜太后，我们流着泪进行解救，各人都献出家财千万作为礼物，使先帝缓和下来，只是要托身于你的门下罢了。如今你竟想把我们杀死灭族，不也太过分了吗！”于是尚方监渠穆拔出剑来，在喜德殿前杀死何进。张让、段珪等写下诏书，任命前太尉樊陵为司隶校尉，少府许相为河南尹。尚书看到诏书，觉得可疑，说：“请大将军何进出来共同商议。”中黄门将何进的人头扔

董卓像

给尚书，说："何进谋反，已被处死了！"

董卓到洛阳，手下只有步、骑兵三千人，嫌自己兵力单薄，担心不能使远近慑服。于是，每隔四五天，就派军队夜里悄悄出发到军营附近处，第二天早上，再严整军容，大张旗鼓地返回，让人以为西方凉州又派来了援军，而洛阳城中没有人知道他的底细。不久，何进与何苗的部下都投靠董卓，董卓又暗中指使丁原部下的司马、五原人吕布杀死丁原而吞并了他的部队，从此董卓兵力大增。于是他暗示朝廷，以下雨不停止为理由，让皇帝颁策罢免司空刘弘的职务，由自己接任。

起初，蔡邕被流放到朔方郡，遇到大赦后，得以返回家乡。五原郡太守王智是中常侍王甫的弟弟，指控蔡邕诽谤朝廷，于是蔡邕流亡江湖，前后达十二年。董卓听说了蔡邕的名声，便征召他做自己的僚属。蔡邕自称有病，不肯接受征召。董卓大怒，骂道："我能把蔡邕全族杀得一个不剩！"蔡邕感到恐惧，只得接受命令。他到洛阳后，被任命为司空祭酒。董卓对蔡邕十分敬重，以考绩优秀为理由举荐他，使他在三日内连续升迁三次，在三个不同的官署任职，最后被任命为侍中。

九月，癸酉，董卓召集文武百官，蛮横地说："皇帝没有能力，不可以奉承宗庙，做统治天下的君主。如今，我想依照伊尹、霍光的前例，改立陈留王为皇帝，你们觉得怎样？"公卿及以下官员都十分惶恐，没有人敢回答。董卓又高声说："从前霍光定下废立的大计后，田延年手握剑柄，准备诛杀反对的人。现在有谁胆敢反对这项计划，都以军法从事！"在座的人无不震骇。只有尚书卢植说："从前太甲继位后昏庸不明，昌邑王有千余条罪状，所以有废立之事发生。现在的皇帝年龄尚幼，行为没有过失，不能与前例相比。"董卓大怒，离座而去。他准备杀卢植，蔡邕为卢植求情，议郎彭伯也劝阻董卓，说："卢尚书是全国有名的大儒，受人尊敬。现在先杀了他，将使全国都陷入恐怖之中。"董卓这才停止动手，只是免去卢植的官职。于是，卢植逃到上谷郡隐居起来。董卓派人把废立皇帝的计划送给太傅袁隗看，袁隗回报同意。

九月，甲戌（初一），董卓又在崇德前殿召集百官，威胁何太后下诏废黜少帝刘辩，诏书说："皇帝为先帝守丧期间，没有尽到做儿子的孝心，而且仪表缺乏君王应有的威严。如今，废他为弘农王，立陈留王为皇帝。"袁隗把少帝刘辩身上佩带的玺绶解下来，进奉给陈留王刘协。然后扶弘农王刘辩下殿，向坐在北面的刘协称臣。何太后哽咽流涕，群臣都心中悲伤，但没有一个人敢说话。

十一月，任命董卓为相国。允许他在参拜皇帝时不唱名，上朝不趋行，佩剑穿鞋上殿。

董卓性情残忍，一旦控制朝政大权，全国武装力量和国库中的珍宝等全由他掌握，威震天下，欲望没有止境。他对门下的宾客说："我的相貌，是尊贵无上的！"侍御史扰龙宗晋见董卓汇报事情，没有解下佩剑，立刻就被打死。当时，洛阳城内的皇亲国戚很多，宅第相望，家家都堆满了金银财宝。董卓放纵部下的士兵冲入他们的内宅，强夺财物，奸淫掳掠妇女，并不顾及是否皇亲国戚。致使人心惶恐，朝不保夕。

汉献帝初平元年（庚午，公元190年）

春季，正月，函谷关以东的各州、郡全都起兵讨伐董卓，推举勃海太守袁绍为盟主。袁绍自称车骑将军，诸将全都被临时授予官号。袁绍与河内郡太守王匡驻军河内、冀州牧韩留守邺城，供应军粮。豫州刺史孔伷驻军颍川，兖州刺史刘岱、陈留郡太守张邈、张邈的弟弟广陵郡太守张超、东郡太守桥瑁、山阳郡太守袁遗、济北国相鲍信和曹操都驻军酸枣，后将军袁术驻军鲁阳。各路军马都有数万人。各路豪杰多拥戴袁绍，只有鲍信对曹操说："现在谋略超群，能拨乱反正的人，就是阁下了。假如不是这种人才，尽管强大，却必将失败。您恐怕是上天所派来的吧！"

董卓认为崤山以东的军事联盟声势浩大，打算把京都由洛阳迁到长安进行躲避。公卿都不愿意，但没有敢说。董卓上表推荐河南尹朱俊为太仆，作为自己的副手，派使者去召朱俊接受任命。朱俊拒不接受，对使者说："把京都向西迁徙，必然会使天下失望，反而给崤山以东的联军造成了机会，我认为不应该这样做。"使者说："召您接受太仆的任命，而您拒绝了，没有问起迁都的事情，您却说了许多，这是为什么？"朱俊说："作为相国的副手，是我所不能承担的重任；而迁都是失策，又很急迫。我拒绝无力承担的重任，说出认为是当务之急的事情，正是做臣子的本分。"因此，董卓不再勉强朱俊做自己的副手。

董卓派军队到阳城，正好百姓在祭祀土地神的场所集会。军队就当场把男人全部斩杀，用他们的车子，装载俘虏的妇女，把人头系在车辕上，唱着叫着回到洛阳，宣称："攻击叛军，大获全胜！"董卓把人头烧掉，把妇女分给士兵做奴婢或妾。

丁亥（十七日），献帝刘协西迁长安。董卓逮捕洛阳城中富豪，加以罪恶之名处死，把他们的财物没收，死者不计其数。驱赶剩下的数百万居民，都向长安迁徙。命步兵、骑兵在后逼迫，马踏人踩，互相拥挤，加上饥饿和抢掠，百姓不断死去，沿途堆满尸体。董卓自己留驻在毕圭苑中，命部下纵火焚烧一切宫殿、官府及百姓住宅，二百里内，房屋尽毁，不再有鸡犬。又让吕布率兵挖掘历代皇帝陵寝和公卿及以下官员的墓地，搜罗珍宝。董卓曾捉到一批山东兵，他命人用十余匹涂上猪油的布裹到这些山东兵的身上，然后从脚点火，将他们烧死。

三月，乙巳（初五），献帝到达长安，在京兆尹的府中住下。后将宫殿稍加修整，才搬入宫中。这时董卓还未到长安，朝中大小事务都交给司徒王允负责。王允在外补救缺失，在内为王室筹划，很有大臣风度，从天子到文武百官，都倚靠王允。王允对董卓曲意逢迎，而董卓也一直信任王允。

起初，荆州刺史王睿与长沙太守孙坚共同讨伐零陵、桂阳二郡的叛贼。王睿因孙坚是个武官，言语之中，很轻视他。及至各州、郡起兵讨伐董卓时，王睿与孙坚也一同起兵。王睿一向与武陵太守曹寅互不相下，扬言要先杀死曹寅。曹寅害怕了，就伪造一份朝廷按行使者的公文给孙坚，宣布王睿的罪状，要孙坚拘捕王睿，行刑后，再把情况上报。孙坚得到这份公文，就率军袭击王睿。王睿听说孙坚部队到来，登上城楼眺望，派人前去询问："你们要干什么？"孙坚的前锋部队回答说："士兵长期征战，很辛苦，想面见刺史请求发给军饷。"王睿在楼上见到孙坚，大惊，问他："士兵自来求赏，孙太守怎么也在其中？"孙坚说："接到使者的公文，要处死你。"王睿说："我犯了什么罪？"孙坚说："你犯了'无所知'的罪，"王睿被逼无奈，只好刮下金屑，吞饮而死。孙坚率军前进到南阳，部众已经有数万人。南阳太守张咨不肯供给军粮，孙坚将他诱出而斩杀。南阳郡中十分震恐，孙坚要什么就给什么。孙坚进军到鲁阳，与袁术合兵。袁术因此得以占领南阳，上表保奏孙坚代理破虏将军、兼豫州刺史。

董卓镇守洛阳，袁绍等各部队都畏惧董卓军力强盛，无人胆敢先行进攻。曹操说："我们兴起义兵来诛除暴乱，大军已经集结，诸位还有什么迟疑！假如董卓倚仗皇帝的权威，据守洛阳，向东进军，尽管他凶残无道，也会成为我们的大患。如今他烧毁宫殿，强迫天子迁徙，全国震动，不知道该跟从谁，这正是上天赐予我们灭亡董卓的时机，一战就可以平定天下。"于是，曹操率军向西进发，准备攻占成皋，张邈拨出部分军队，派部将卫兹率领，随曹操一同进军。曹军行进到荥阳汴水，与董卓部将玄菟人徐荣的部队相遇，双方交战，曹军战败。曹操被流箭射中，所骑的马也受了伤。他的堂弟曹洪把马让给他，他不肯接受，曹洪说："天下可以没有曹洪，不可以没有您！"于是曹操上马，曹洪步行跟从，乘着黑夜逃走。而徐荣见曹操虽然兵少，但奋战了一整天才败退，认为酸枣不容易攻破，也率军返回。

董卓废除五铢钱，另铸小钱作为货币。把洛阳及长安所有的铜人、鹿头龙身铜像、雀头鹿身蛇尾铜像、铜马等都熔掉铸钱，从此钱贱物贵，物价猛涨，每石谷价高达数万钱。

冬季，孙坚与部下官员正在鲁阳城东饮酒聚会，董卓部下数万步兵、骑兵忽然来到。孙坚一边敬酒谈笑，一边整顿军队，不许轻举妄动。后来骑兵逐渐增多，孙坚才慢慢站起身。他率领大家入城后，才说："刚才，我所以没有立即起身。是恐怕部队慌乱，互相拥挤，使你们无法入城。"董卓的军队看孙坚部伍严整，不敢进攻而退还。

第六十卷　汉纪五十二

译文诵读

孝献皇帝乙初平二年（辛未，191）

二月，丁丑，以董卓为太师，位在诸侯王上。

卓谓长史刘艾曰："关东军败数矣，皆畏孤，无能为也。惟孙坚小戆，颇能用人，当语诸将，使知忌之。孤昔与周慎西征边、韩于金城，孤语张温，求引所将兵为慎作后驻，温不听。温又使孤讨先零叛羌，孤知其不克而不得止，遂行，留别部司马刘靖将步骑四千屯安定以为声势。叛羌欲截归道，孤小击辄开，畏安定有兵故也。虏谓安定当数万人，不知但靖也。而孙坚随周慎行，谓慎求先将万兵造金城，使慎以二万作后驻。边、韩畏慎大兵，不敢轻与坚战，而坚兵足以断其运道。儿曹用其言，凉州或能定也。温既不能用孤，慎又不能用坚，卒用败走。坚以佐军司马，所见略与人同，固自为可；但无故从诸袁儿，终亦死耳！"乃使东中郎将董越屯渑池，中郎将段煨屯华阴，中郎将牛辅屯安邑，其余诸将布在诸县，以御山东。辅，卓之婿也。卓引还长安。孙坚修塞诸陵，引军还鲁阳。

绍客逢纪谓绍曰："将军举大事而仰人资给，不据一州，无以自全。"绍曰："冀州兵强，吾士饥乏，设不能办，无所容立。"纪曰："韩馥庸才，可密要公孙瓒使取冀州，馥必骇惧，因遣辩士为陈祸福，馥迫于仓卒，必具逊让。"绍然之，即以书与瓒。瓒遂引兵而至，外托讨董卓而阴谋袭馥，馥与战不利。会董卓入关，绍还军延津，使处甥陈留高干及馥所亲颍川辛评、荀谌、郭图等说馥曰："公孙瓒将燕、代之卒乘胜来南，而诸郡应之，其锋不可当。袁车骑引军东向，其意未可量也，窃为将军危之！"馥惧，曰："然则为之奈何？"谌曰："君自料宽仁容众为天下所附，孰与袁氏？"馥曰："不如也。""临危吐决，智勇过人，又孰与袁氏？"馥曰："不如也。"谌曰："袁氏一时之杰，将军资三不如之势，久处其上，彼必不为将军下也。夫冀州，天下之重资也，彼若与公孙瓒并力取之，危亡可立而待也。夫袁氏，将军之旧，且为同盟，当今之计，若举冀州以让袁氏，彼必厚德将军，瓒亦不能与之争矣。是将军有让贤之名，而身安于泰山也。"馥性恇怯，因然其计。……绍遂领冀州牧，承制以馥为奋威将军，而无所将御，亦无官属。绍以广平沮授为奋武将军，使监护诸将，宠遇甚厚。魏郡审配、钜鹿田丰并以正直不得志于韩馥，绍以丰为别驾，配为治中，及南阳许攸、逄纪、颍川荀谌皆为谋主。

鲍信谓曹操曰："袁绍为盟主，因权专利，将自生乱，是复有一卓也。若抑之，则力不能制，只以遘难。且可规大河之南以待其变。"操善之。会墨山、于毒、白绕、眭固等十余万众略东郡，王肱不能御。曹操引兵入东郡，击白绕于濮阳，破之。袁绍因表操为东郡太守，治东武阳。

是时关东州、郡务相兼并以自强大，袁绍、袁术亦自离贰。术遣孙坚击董卓未返，绍以会稽周昂为豫州刺史，袭夺坚阳城。坚叹曰："同举义兵，将救社稷，逆贼垂破而各若此，吾当谁与戮力乎！"引兵击昂，走之。袁术遣公孙越助坚攻昂，越为流矢所中死。公孙瓒怒曰："余弟死，祸起于绍。"遂出军屯磐河，上书数绍罪恶，进兵攻绍。冀州诸城多叛绍从瓒，绍惧，以所佩勃海太守印绶授瓒从弟范，遣之郡，而范遂背绍，领勃海兵以助瓒。瓒乃自署其将帅严纲为冀州刺史，田楷为青州刺史，单经为兖州刺史，又悉改置郡、县守、令。

初，涿郡刘备，中山靖王之后也，少孤贫，与母以贩履为业，长七尺五寸，垂手下膝，顾自见其耳；有大志，少语言，哀怒不形于色。尝与公孙瓒同师事卢植，由是往依瓒。瓒使备与田楷徇青州有功，因以为平原相。备少与河东关羽、涿郡张飞相友善；以羽、习为别部司马，分统部曲。备与二人寝则同床，恩若兄弟，而稠人广坐，侍立终日，随备周旋，不避艰险。常山赵云为本郡将吏兵诣公孙瓒，瓒曰："闻贵州人皆愿袁氏，君何独迷而能反乎！"云曰："天下汹汹，未知孰是，民有倒县之厄，鄙州论议，从仁政所在，不为忽袁公，私明将军也。"刘备见而奇之，深加接纳，云遂从备至平原，为备主骑兵。

刘焉在益州阴图异计。沛人张鲁，自祖父陵以来世为五斗米道，客居于蜀。鲁母以鬼道常往来焉家，焉乃以鲁为督义司马，以张脩为别部司马，与合兵掩杀汉中太守苏固，断绝斜谷阁，杀害汉使。焉上书言"米贼断道，不得复通"。又托他事杀州中豪强王咸、李权等十余人，以立威刑。犍为太守任岐及校尉贾龙由此起兵攻焉，焉击杀岐、龙。焉意渐盛，作乘舆车具千余乘，刘表上"焉有似子夏在西河疑圣人"之论。时焉子范为左中郎将，诞为治书御史，璋为奉车都尉，皆从帝在长安，惟小子别部司马瑁素随焉；帝使璋晓喻焉，焉留璋不遣。

三年（壬申，192）

初，荀淑有孙曰彧，少有才名，何颙见而异之，曰："王佐才也！"及天下乱，彧谓父老曰："颍川四战之地，宜亟避之。"乡人多怀土不能去，彧独率宗族去依韩馥。会袁绍已夺馥位，待彧以上宾之礼。彧度绍终不能定大业，闻曹操有雄略，乃去绍从操。操与语，大悦，曰："吾子房也！"以为奋武司马。其乡人留者，多为傕、汜等所杀。

卓忍于诛杀，诸将言语有蹉跌者，便戮于前，人不聊生。司徒王允与司隶校尉黄琬、仆射士孙瑞、尚书杨瓒密谋诛卓。中郎将吕布，便弓马，膂力过人，卓自以遇人无礼，行止常以布自卫，甚爱信之，誓为父子。然卓性刚褊，尝小失卓意，卓拔手戟掷布，布拳捷避之。而改容顾谢，卓意亦解。布由是阴怨于卓。卓又使布守中阁，而私于傅婢，益不自安。王允素善待布，布见允，自陈卓几见杀之状，允因以诛卓之谋告布，使为内应。布曰："如父子何？"曰："君自姓吕，本非骨肉。今忧死不暇，何谓父子？掷戟之时，岂有父子情邪！"布遂许之。

夏，四月，丁巳，帝有疾新愈，大会未央殿。卓朝服乘车而入，陈兵夹道，自营至宫，左步右骑，屯卫周匝，令吕布等捍卫前后。王允使士孙瑞自书诏以授布，布令同郡骑都尉李肃与勇士秦谊、陈卫等十余人伪著卫士服，守北掖门内以待卓。卓入门，肃以戟刺之；卓衷甲，不入，伤臂，堕车，顾大呼曰："吕布何在！"布曰："有诏讨贼臣！"卓大骂曰："庸狗，敢如是邪！"布应声持矛刺卓，趣兵斩之。主簿田仪及卓仓头前赴其尸，布又杀之，凡所杀三人。布即出怀中诏版以令吏士曰："诏讨卓耳，余皆不问。"吏士皆正立不动，大称万岁。百姓歌舞于道，长安中士女卖其珠玉衣装市酒肉相庆者，填满街肆。弟旻、璜等及宗族老弱在郿，皆为其群下所斫射死。暴卓尸于市，天时始热，卓素充肥，脂流于地，守尸吏为大炷，置卓脐中然之，光明达曙，如是积日。诸袁门生聚董氏之尸，焚灰扬之于路。坞中有金二三万斤，银八九万斤，锦绮奇玩积如丘山。以王允录尚书事，吕布为奋威将军、假节、仪比三司，封温侯，共秉朝政。

卓之死也，左中郎将高阳侯蔡邕在王允坐，闻之惊叹。允勃然，叱之曰："董卓国之大贼，几亡汉室，君为王臣，所宜同疾，同怀其私遇，反相伤痛，岂不共为逆哉！"即收付廷尉。邕谢曰："身虽不忠，古今大义，耳所厌闻，口所常玩，岂当背国而向卓也！愿黥首刖足，继成汉史。"士大夫多矜救之，不能得。太尉马日磾谓允曰："伯喈旷世逸才，多识汉事，当续成后史，为一代大典；而所坐至微，诛之，无乃失人望乎！"允曰："昔武帝不杀司马迁，使作谤书流于后世。方今国祚中衰，戎马在郊，不可令佞臣执笔在幼主左右，既无益圣德，复使吾党蒙其讪议。"日磾退而告人曰："王公其无后乎！善人，国之纪也；制作，国之典也；灭纪废典，其能久乎！"邕遂死狱中。

初，吕布劝王允尽杀董卓部曲，允曰："此辈无罪，不可。"布欲以卓财物班赐公卿、将校，允又不从。允素以剑客遇布，布负其功劳，多自夸伐，既失意望，渐不相平。允性刚棱疾恶，初惧董卓，故折节下之。卓既歼灭，自谓无复患难，颇自骄傲，以是群下不甚附之。

时百姓讹言当悉诛凉州人，卓故将校遂转相恐动，皆拥兵自守，更相谓曰："蔡伯喈但以董公亲厚尚从坐；今既不赦我曹而欲使解兵，今日解兵，明日当复为鱼肉矣"。吕布使李肃至陕，以诏命诛牛辅，辅等逆与肃战，肃败，走弘农，布诛杀之。辅恇怯失守，会营中无故自惊，辅欲走，为左右所杀。李傕等还，辅已死，傕等无所依，遣使诣长安求赦。王允曰："一岁不可再赦。"不许。傕等益惧，不知所为，欲各解散，间行归乡里，讨虏校尉武威贾诩曰：“诸君若弃军单行，则一亭长能束君矣；不如相率而西，以攻长安，为董公报仇，事济，奉国家以正天下；若其不合，走未晚也。”傕等然之，乃相与结盟，率军数千，晨夜西行。王允以胡文才、杨整修皆凉州大人，召使东，解释之，不假借以温颜，谓曰：“关东鼠子，欲何为邪！卿往呼之！”于是二人往，实召兵而还。

傕随道收兵，比至长安，已十余万，与卓故部曲樊稠、李蒙等合围长安城，城峻不可攻，守之八日。吕布军有叟兵内反，六月，戊午，引傕众入城，放兵虏掠。布与战城中，不胜，将数百骑以卓头系马鞍出走，驻马青琐门外，招王允同去。允曰：“若蒙社稷之灵，上安国家，吾之愿也；如其不获，则奉身以死之。朝廷幼少，恃我而已，临难苟免，吾不忍也。努力谢关东诸公，勤以国家为念！”太常种拂曰：“为国大臣，不能禁暴御侮，使白刃向宫，去将安之！”遂战而死。

傕等以贾诩为左冯翊，欲侯之，诩曰：“此救命之计，何功之有！”固辞不受。又以为尚书仆射，诩曰：“尚书仆射，官之师长，天下所望，诩名不素重，非所以服人也。”乃以为尚书。

曹操追黄巾至济北，悉降之，得戎卒三十余万，男女百余万口，收其精锐者，号青州兵。

操辟陈留毛玠为治中从事，玠言于操曰：“今天下分崩，乘舆播荡，生民废业，饥馑流亡，公家无经岁之储，百姓无安固之志，难以持久。夫兵义者胜，守位以财，宜奉天子以令不臣，修耕植以畜军资，如此，则霸王之业可成也。”操纳其言，遣使诣河内太守张杨，欲假涂西至长安；杨不听。

定陶董昭说杨曰：“袁、曹虽为一家，势不久群。曹今虽弱，然实天下之英雄也，当故结之。况今有缘，宜通其上事，并表荐之，若事有成，永为深分。”杨于是通操上事，仍表荐操。昭为操作书与李傕、郭汜等，各随轻重致殷勤。

傕、汜见操使，以为关东欲自立天子，今曹操虽有使命，非其诚实，议留操使。黄门侍郎钟繇说傕、汜曰：“方今英雄并起，各矫命专制，唯曹兖州乃心王室，而逆其忠款，非所以副将来之望也！”傕、汜乃厚加报答。繇，皓之曾孙也。

四年（癸酉，193）

曹操军甄城。袁术为刘表所逼，引兵屯封丘，黑山别部及匈奴於扶罗皆附之。曹操击破术军，遂围封丘；术走襄邑，又走宁陵。操追击，连破之。术走九江，扬州刺史陈瑀拒术不纳。术退保阴陵，集兵于淮北，复进向寿春；瑀惧，走归下邳，术遂领其州，兼称徐州伯。李傕欲结术为援，以术为左将军，封阳翟侯，假节。

前太尉曹嵩避难在琅邪，其子操令泰山太守应劭迎之。嵩辎重百余两，陶谦别将守阴平，士卒利嵩财宝，掩袭嵩于华、费间，杀之，并少子德。秋，操引兵击谦，攻拔十余城，至彭城，大战，谦兵败，走保郯。

初，京、雒遭董卓之乱，民流移东出，多依徐土，遇操至，坑杀男女数十万口于泗水，水为不流。

操攻郯不能克，乃去，攻取虑、睢陵、夏丘，皆屠之，鸡犬亦尽，墟邑无复行人。

汉献帝初平二年（辛未，公元191年）

二月，丁丑（十二日），任命董卓为太师，地位在诸侯王之上。

董卓对长史刘艾说："关东的叛军屡败，都畏惧我，不会有什么作为。只有孙坚有点不知死活，挺会用人，应该告诉诸将，让他们知道提防。我从前与周慎到金城郡西征边章、韩遂，我向张温请求率领部下做周慎的后援，张温不同意。张温又派我去讨伐先零的叛乱羌人，我知道不能取胜，但又不能不去，于是出发，留下别部司马刘靖率领四千步、骑兵驻在安定，作为呼应。羌军想切断我的归路，我只作轻微攻击就冲开了阻截，这是因为他们害怕安定的驻军。羌军以为安定会有数万大军，不知只有刘靖一支部队。孙坚随周慎作战，向周慎请求先率一万人前往金城，让周慎率二万人为后援。边章、韩遂害怕周慎的大军，不敢轻易与孙坚开战，而孙坚的军队足以切断他们的粮道。假如周慎那帮小子能用孙坚的计谋，凉州或许能够平安。而张温既不能听从我，周慎又不能听从孙坚，最后只能战败而退走。孙坚是个佐军司马，见解却与我大致相同，确实是可用之才。只是他无缘无故地跟随袁家的那些公子，最终还是会送命的！"于是，董卓派东中郎将董越驻守渑池，中郎将段煨驻守华阴，中郎将牛辅驻守安邑，其余的将领分布各县，以抵御山东联军的进攻。牛辅是董卓的女婿。董卓回到长安。孙坚在修复历代皇帝的陵墓后，率军回到鲁阳。

袁绍的门客逢纪对袁绍说："将军倡导大事，却要依靠别人供应粮草，如果不能占据一个州作为根据地，就不能保全自己。"袁绍说："冀州兵强，而我的部下又饥又乏，假如不能成功，就没有立足之处了。"逢纪说："韩馥是一个庸才，您可秘密联络公孙瓒，让他攻打冀州。韩馥必然惊慌恐惧，我们便乘机派遣有口才的使节去为他分析祸福，韩馥迫于突然发生的危机，必然肯把冀州出让给您。"袁绍觉得有理，就写信给公孙瓒。公孙瓒率军到冀州，表面上声称去讨伐董卓，而密谋袭击韩馥。韩馥与公孙瓒交战，失败。正好董卓进入函谷关，袁绍便率军返回延津，派外甥、陈留人高幹与韩馥所亲信的颍川人辛评、荀谌、郭图等人去游说韩馥："公孙瓒统率燕、代两地的军队乘胜南下，各郡纷纷响应，军锋锐不可当。袁绍又率军向东移动，意图不可估量，我们为将军担心。"韩馥心中恐慌，问他们说："既然这样，那么该怎么办呢？"荀谌说："您自己判断一下，宽厚仁义，能为天下豪杰所归附，比得上袁绍吗？"韩馥说："比不上。"荀谌又问："那么，临危不乱，遇事果断，智勇过人，比得上袁绍吗？"韩馥说："比不上。"

荀谌再问："数世以来，广布恩德，使天下家家受惠，比得上袁绍吗？"韩馥说："比不上。"荀谌说："袁绍是这一时代的人中豪杰，将军以三方面都不如他的条件，却又长期在他之上，他必然不会屈居将军之下。冀州是天下物产丰富的重要地区，他要是与公孙瓒合力夺取冀州，将军立刻就会陷入危亡的困境。袁绍是将军的旧交，又曾结盟共讨董卓，现在办法是，如果把冀州让给袁绍，他必然感谢您的厚德，而公孙瓒也无力与他来争。这样，将军便有让贤的美名，而自身则比泰山还要安稳。"韩馥性情怯懦，于是同意了他们的计策。袁绍于是兼任冀州牧，以皇帝的名义任命韩为奋威将军，但既没有兵，也没有官属。袁绍任命广平人沮授为奋武将军，派他监护所有将领，对他十分宠信。魏郡人审配、巨鹿人田丰都因为人正直，不为韩馥欣赏，袁绍任命田丰为别驾，审配为治中，与南阳人许攸、逢纪、颍川人荀谌都成为袁绍的主要谋士。

鲍信对曹操说："袁绍身为盟主，却利用职权，专谋私利，将自行生乱，成为第二个董卓。如果抑制他，我们没有力量，只会树敌。我们可暂且先去黄河以南发展势力，等待形势变化。"曹操十分同意。正好黑山、于毒、白绕、眭固等十余万人进攻东郡，太守王肱不能抵御。曹操就率军进入东郡，在濮阳进攻白绕，将白绕打败。于是，袁绍便向朝廷举荐曹操为东郡太守，曹操将郡府设在东武阳。

这时，函谷关以东的各州、郡长官只顾相互吞并，扩充自己的势力，袁绍、袁术兄弟自身也离心离德。袁术派孙坚前去攻打董卓，孙坚尚未返回，袁绍就任命会稽人周昂为豫州刺史，偷袭并攻占孙坚的根据地阳城。孙坚叹息道："大家共同为大义而起兵，想要拯救国家，现在逆贼董卓就要被打败了，但我们却各自如此相待，我能与谁一起合力奋战呢！"孙坚率军还击周昂，周昂败退。袁术派公孙越帮助孙坚进攻周昂，公孙越被流箭射死。公孙瓒知道后大怒，说："我弟弟的死，祸首就是袁绍。"于是他率军驻扎磐河，上书朝廷，历数袁绍所犯的罪恶，然后进军攻击袁绍。冀州下属各城多数背叛袁绍而响应公孙瓒。袁绍感到恐慌，便把自己所佩带的勃海太守印绶授予公孙瓒的堂弟公孙范，派他前往勃海郡出任太守，以求和解。然而，公孙范随即便背叛了袁绍，率领勃海郡的军队，前去协助公孙瓒。于是公孙瓒自行任命部将严纲为冀州刺史，田楷为青州刺史，单经为兖州刺史，并全部更换了各郡、县的长官。

当初西汉中山靖王刘胜的后裔、涿郡人刘备，幼年丧父，家境贫苦，与母亲一起靠贩卖草鞋为生。刘备身高七尺五寸，双手下垂时能够超过膝盖，耳朵很大，连自己的眼睛都能看得到。他胸怀大志，不多说话，喜怒不形于色。他因曾经与公孙瓒一起在卢植门下学习儒家经义，所以便投靠公孙瓒。公孙瓒派他与田楷夺取青州，建立了战功，因此被任命为平原国相。刘备年轻时与河东人关羽、涿郡人张飞交情深厚，于是委派他们两人为别部司马，分别统领部队。他与这两人同榻而眠，情同手足，但是在大庭广众之中，关羽和张飞整日站在刘备身边侍卫。他们跟随刘备应付周旋，不避艰险。常山人赵云率领本郡的队伍前去投奔公孙瓒，公孙瓒问他说："听说你们冀州人都愿归顺袁绍，怎么唯独你能迷途知返呢？"赵云答道："天下大乱，不知道谁是能够拯救大难的人。百姓遭受的痛苦，就像是被倒吊起来一样。我们冀州的百姓，只是向往仁政，并不是轻视袁绍而亲附将军。"刘备见到赵云后，认为他胆识出众，便用心交结。于是赵云就随刘备到平原国，为他统领骑兵。

刘焉在益州暗中策划独立。沛国人张鲁从他祖父张陵创立五斗米道以来，世代信奉，迁到蜀地居住。张鲁的母亲因会神秘的道术，经常出入刘焉家中，于是刘焉任命张鲁为督义司马，张脩为别部司马，派两人联合率兵攻杀汉中郡太守苏固，并封锁了益州到长安的通道斜谷阁，截杀朝廷派来的使臣。刘焉上书朝廷，说："米贼将道路阻断，不能再与朝廷联系。"又找借口杀死州中豪强王咸、李权等十余人，以建立刑威。犍为郡太守任岐与校尉贾龙因此起兵攻打刘焉，刘焉迎击，杀死任岐、贾龙。刘焉渐渐得意忘形，制作了唯有皇帝才能使用的御车及其他车具一千多辆。荆州刺史刘表为此上书说："刘焉在益州处处仿效皇帝，就像子夏在西河模仿孔圣人一样。"当时，刘焉的儿子刘范为左中郎将，刘诞为治书御史，刘璋为奉车都尉，都跟随献帝住在长安，只有小儿子别部司马刘瑁一直跟随在刘焉身边。献帝派刘璋到益州，向刘焉讲清道理，刘焉则将刘璋留下，不让他再回长安。

三年（壬申，公元192年）

当初，荀淑的孙子荀彧，从小就有才华名望。何颙见到他大为惊异，说："真是一个辅佐君王的人才！"及至天下大乱，荀彧对乡里父老说："颍川地势平阔，四面受敌，应该尽早躲避。"乡里人多依恋故土，舍不得离去。只有荀彧率领他的家族前去投奔韩馥。这时袁绍已经夺取了韩馥的地位，他用上宾之礼接待荀彧。荀彧认为袁绍最终不能成就大业，听说曹操有雄才大略，于是离开袁绍，前去投奔曹操。曹操与他面谈之后，大为高兴，说："这就是我的张良！"于是任命他为奋武司马。那些留在颍川未走的乡人，多在这次劫难中被李傕、郭汜等杀害。

董卓性情残暴，随意杀人，部下将领言语稍有差错，就被当场处死，致使人人自危。司徒王允与司隶校尉黄琬、仆射士孙瑞、尚书杨瓒等密谋除掉董卓。中郎将吕布精于骑射，力气超过常人。董卓知道自己待人寡恩无礼，害怕遭到暗害，无论去什么地方，都常常让吕布做自己的随从侍卫，对他十分宠信，发誓说情同父子。但是董卓性情刚愎，曾经为了一件不合自己心意的小事，拔出手戟掷向吕布。吕布身手矫健，避开手戟，又和颜悦色地向董卓道歉，董卓才息怒作罢。吕布从此暗中怨恨董卓。董卓又命吕布守卫中，吕布乘机与董卓的一位侍女私通，越发心中不安。王允一向待吕布很好。吕布见王允时，主动说出几乎被董卓所杀的事情，于是王允将诛杀董卓的计划告诉吕布，并让他做内应。吕布说："但我们有父子之情，怎么办？"王允说："你自姓吕，与他本没有骨肉关系，如今顾虑自己的生死都来不及，还谈什么父子！他在掷戟之时，难道有父子之情吗！"吕布于是应允。

马日磾为蔡邕向王允说情

夏季，四月，丁巳，献帝患病初愈，在未央殿大会朝中百官。董卓身穿朝服，乘车入朝。从军营到皇宫的道路两侧警卫密布，左侧是步兵，右侧是骑兵，戒备森严，由吕布等在前后侍卫。王允命士孙瑞自己书写诏书交给吕布。吕布让同郡人、骑都尉李肃与勇士秦谊、陈卫等十余人冒充卫士，身穿卫士的服装，埋伏在北掖门等待董卓。董卓一进门，李肃举戟刺去，董卓内穿铁甲，未能刺入，只伤了他的手臂，跌到车下。董卓回头大喊："吕布在哪里？"吕布说："奉皇帝诏令，讨伐贼臣！"董卓大骂说："狗崽子，你胆敢如此！"吕布没等董卓骂完，就手持铁矛将他刺死，并催促士兵砍下他的头颅。主簿田仪及董卓的奴仆扑到董卓的尸前，又被吕布杀死，共杀了三个人。吕布随即从怀中取出诏书，命令官兵们说："皇帝下诏，只讨董卓，其他人一概不问。"官兵们听后都立正不动，高呼万岁。百姓大街道上唱歌跳舞，以示庆祝。长安城中的士人、妇女卖掉珠宝首饰及衣服，用来买酒买肉，互相庆贺，街市拥挤得水泄不通。董卓的弟弟董旻、董璜以及留在郿坞的董氏家族老幼，都被他们的部下用刀砍死，或用箭射死。董卓的尸体被拖到市中示众。当时天气渐热，董卓一向身体肥胖，油脂流到地上，看守尸体的官吏便作了一个大灯捻，放在董卓的肚脐上点燃，从晚上烧到天亮，就这样一连烧了几天。受过董卓迫害的袁氏家族的门生们，把已被斩碎的董卓尸体收拢起来，焚烧成灰，扬撒在大路上。郿坞中藏有黄金二三万斤，白银八九万斤，绫罗绸缎、奇珍异宝堆积如山。献帝任命王允主持尚书事务；吕布为奋威将军、假节，礼仪等待遇均与三公相等，封温侯，与王允一起主持朝政。

董卓被杀时，左中郎将、高阳侯蔡邕正在王允家中做客，听到这一消息后，为之惊叹。王允勃然大怒，斥责说："董卓是国家的大贼，几乎灭亡了汉朝王室的统治。你是汉朝的大臣，应当同仇敌忾，而你怀念他的私人恩惠，反为他悲痛，这岂不是与他共同为逆吗！"当时就将蔡邕逮捕，送交廷尉。蔡邕承认自己有罪，说："虽然我身处这样一个不忠的地位，但对古今的君臣大义，耳中常听，口中常说，怎么会背叛国家而袒护董卓呢！我情愿在脸上刺字，砍去脚，让我继续写完《汉史》。"许多士大夫同情蔡邕，设法营救他，但没有成功。太尉马日磾对王允说："蔡伯喈是旷世奇才，对汉朝的史事典章了解很多，应当让他完成史书，这将是一代大典。而且他所犯的罪是微不足道的，杀了他，岂不使天下士人失望！”王允说：“从前武帝不杀司马迁，结果使得他所作的谤书《史记》流传后世。如今国运中衰，兵马就在郊外，不能让奸佞之臣在幼主身边撰写史书，这既无益于皇帝的圣德，还会使我们这些人受到讥讽。”马日磾退出后，对别人说：“王允的后代大概要灭绝！善人是国家的楷模，史著是国家的经典。毁灭楷模，废除经典，国家如何能够长久？”于是，蔡邕就死在狱中。

当初，吕布劝王允把董卓的部曲全部杀死，王允说：“这些人没有罪，不能处死。”吕布想把董卓的财物赏赐给朝中大臣及统兵将领，王允又没有答应。王允一向把吕布视为一员武将，不愿他干预朝政。而吕布认为自己诛杀董卓有功，到处夸耀。既然屡次失望，心中逐渐不高兴。王允性情刚直方正，嫉恶如仇，当初因为畏惧董卓，不得不委曲低头。董卓被诛之后，他自认为不会再有什么祸难，颇为骄傲，因此部属们对他并不十分拥戴。

当时，百姓中盛传要杀死所有的凉州人，于是那些原为董卓部下的将领惊恐不安，全都控制军队，以求自保。他们还相互传言：“蔡邕只因受过董卓的信任和厚待，尚且被牵连处死。现在既没有赦免我们，又要解散我们的军队。如果今天解散军队，明天我们就会成为任凭宰杀的鱼肉了。”吕布派李肃前往陕县，宣布皇帝诏命，诛杀牛辅。牛辅等率军迎击李肃。李肃战败，逃回弘农，被吕布处死。牛辅心中惶恐不安，恰巧遇上军营中无故发生夜惊，牛辅想弃军逃走，被左右亲信杀死。李傕等回到大营时，牛辅已死，李傕等无以依靠，便派使者前往长安请求赦免。王允回答说：“一年之内，不能发布两次赦免令。”拒绝了他们的请求。李傕等更加害怕，不知如何是好，打算解散军队，各人分别走小路逃回家乡。讨虏校尉、武威人贾诩说：“如果你们放弃军队，孤身逃命，只需一个亭长就能把你们捉起来，不如大家齐心合力，西进攻打长安，去为董卓报仇。如果事情成功，可以拥戴皇帝以号令天下，如若不成，再逃走也不迟。”李傕等同意。于是一起宣誓结盟，率领着数千人马，昼夜兼程向长安进发。王允知道胡文才、杨整修都是凉州有威望的人物，便召见胡、杨二人，想让他们去东方会见李傕等人，解释误会。可是王允在面见他们时，并没有和颜悦色，而是说：“这些潼关东面的鼠辈，想要干什么？你们去把他们叫来！”因此，胡文才和杨整修去见李傕等人，实际上是把大军召回长安。

李傕沿途招集人马，等到达长安时，已有十余万之众。他们与董卓旧部樊稠、李蒙等会合，一起包围了长安。长安城墙高大，无法进攻。守到第八天，吕布属下的蜀郡士兵叛变。六月，戊午（初一），叛军引李傕部队入城，李傕等放纵士兵大肆抢掠。吕布与李傕等在城中交战不胜，便率领数百名骑兵，把董卓的头颅挂在马鞍上，突围出走。他在青琐门外停马，招呼王允一起逃走，王允回答说：“如果得到社稷之灵保佑，国家平安，这是我最大的愿望，如果此愿不能实现，那么我将为之献出生命。如今皇帝年龄幼小，只能倚仗着我，遇到危险而自己逃命，我不忍心这样做。请勉励关东的各位将领，常将皇帝和国家大局放在心上。”太常种拂说：“身为国家大臣，不能禁止暴力，抵御凌辱，致使刀枪指向皇宫，还想逃到哪里！”于是奋战而死。

李傕等任命贾诩为左冯翊，想封他为侯爵。贾诩说：“我提出的只是救命之计，有什么功劳！”坚决辞让不受。李傕又任命他为尚书仆射，贾诩说：“尚书仆射是宫廷的主要官员，为天下所瞩目，我平素名望不重，不能使人心服。”于是任命贾诩为尚书。

曹操追击黄巾军到济北，黄巾军全体投降。曹操得到兵士三十余万，男女一百余万口。曹操从中挑选精锐，称为“青州兵”。

曹操延聘陈留人毛玠为治中从事，毛玠向曹操进言：“如今天下四分五裂，皇帝流亡在外，百姓无法生产，因饥荒而弃家流亡。官府没有一年的存粮，百姓不能安心，这种局面难以持久。奉行仁义的军队，才以取得胜利；拥有丰富的财源，才能巩固自己的地位。应该尊奉天子，用朝廷的名义向那些叛逆之臣发号施令；发展农业和桑蚕业，以积蓄军用物资。这样，就能够成就霸王之业。”曹操采纳了他的建议，派人晋见河内郡太守张杨，想借道西上长安与朝廷联系，被张杨拒绝。

定陶人董昭劝说张杨：“虽然袁绍与曹操联盟，但势必不会长久合作。曹操如今势力虽弱，然而他实际上是天下真正的英雄。应当寻找机会与他结交，何况现有借路这个机缘。最好允许他的使者通过，将他的奏章上呈朝廷，并上表推荐他。如果事情成功，就可以成为长久的深交。”于是张杨允许曹操的使者通过河内郡前往长安，同时自己上表推荐曹操。董昭还以曹操的名义写信给李傕、郭汜等人，依照他们的权势轻重，分别致以问候。

李傕、郭汜见到曹操的使者，认为关东诸将领想自己拥立皇帝，如今曹操虽然派使前来表示效忠，但并不是真心诚意。李傕、郭二人商议，准备把使者扣留在长安。黄门侍郎钟繇向李傕、郭汜建议说：“如今天下英雄一同崛起，各自冒用朝廷的名义独断专行。唯有曹操心向王室。假如朝廷拒不接受他的忠诚，会使将来打算效法他的人失望。”李傕、郭汜于是款待曹操的来使，并给以很丰厚的回报。钟繇是钟皓的曾孙。

四年（癸酉，公元193年）

曹操驻军甄城。袁术受荆州刺史刘表军队的逼迫，率军移驻封丘，黑山军的一个分支部队与南匈奴单于於扶罗都归附袁术。曹操击败袁术军队，于是包围封丘。袁术退到襄邑，又退到宁陵，曹操在后面追击，接连打败袁术。袁术逃到九江，扬州刺史陈瑀率军抵御，不许袁术入境。袁术退守阴陵，在淮河以北集结部队，又向寿春进军。陈瑀大为恐惧，逃回下邳。于是袁术占领寿春，自称扬州刺史，兼称徐州伯。李傕想拉拢袁术作外援，便任命袁术为左将军，封阳翟侯，假节。

前任太尉曹嵩在琅邪躲避战乱，他的儿子曹操命令泰山郡太守应劭迎接曹嵩到兖州。曹嵩携带辎重一百余车，陶谦的一个部将驻守在阴平县，其士兵贪图曹嵩的财产，于是在华县与费县的交界处发动袭击，杀死曹嵩和他的小儿子曹德。秋天，曹操率军进攻陶谦，攻克十余城。到达彭城时，与陶谦的军队展开大战，陶谦战败，逃到郯县固守。

先前，洛阳一带遭受董卓之乱，百姓向东迁徙，大多投奔徐州。这次遇到曹操到来，男女老幼数十万人被驱赶到泗水河中淹死，尸体阻塞了河道，致使水不能流。

曹操围攻郯县，未能攻下，于是离开，攻取虑、睢陵、夏丘三县，所过之处全都遭到屠戮，鸡犬不留，旧城废址不再有行人。

第六十一卷
汉纪五十三

译文诵读

孝献皇帝丙兴平元年（甲戌，194）

陶谦告急于田楷，楷与平原相刘备救之。备自有兵数千人，谦益以丹阳兵四千，备遂去楷归谦，谦表为豫州刺史，屯小沛。曹操军食亦尽，引兵还。

曹操使司马荀彧、寿张令程昱守甄城，复往攻陶谦，遂略地至琅邪、东海，所过残灭。还，击破刘备于郯东。谦恐，欲走归丹阳。会陈留太守张邈叛操迎吕布，操乃引军还。

时操使宫将兵留屯东郡，遂以其众潜迎布为兖州牧。布至，邈乃使其党刘翊告荀彧曰："吕将军来助曹使君击陶谦，宜亟供其军食。"众疑惑，彧知邈为乱，即勒兵设备，急召东郡太守夏侯惇于濮阳；惇来，布遂据濮阳。时操悉军攻陶谦，留守兵少，而督将、大吏多与邈、宫通谋，惇至，其夜，诛谋叛者数十人，众乃定。

是时，兖州郡县皆应布，唯鄄城、范、东阿不动。布军降者言："陈宫欲自将兵取东阿，又使氾嶷取范。"吏民皆恐。程昱本东阿人，彧谓昱曰："今举州皆叛，唯有此三城，宫等以重兵临之，非有以深结其心，三城必动。君，民之望也，宜往抚之。"昱乃归过范，说其令靳允曰："闻吕布执君母、弟、妻子，孝子诚不可为心。今天下大乱，英雄并起，必有命世能息天下之乱者，此智者所宜详择也。得主者昌，失主者亡。陈宫叛迎吕布而百城皆应，似能有为；然以君观之，布何如人哉？夫布粗中少亲，刚而无礼，匹夫之雄耳。宫等以势假合，不能相君也；兵虽众，终必无成。曹使君智略不世出，殆天所授；君必固范，我守东阿，则田单之功可立也。孰与违忠从恶而母子俱亡乎？唯君详虑之！"允流涕曰："不敢有贰心。"时氾嶷已在县，允乃见嶷，伏兵刺杀之，归，勒兵自守。

吕布有别屯在濮阳西，曹操夜袭破之，未及还；会布至，身自搏战，自旦至日昳，数十合，相持甚急。操募人陷陈，司马陈留典韦将应募者进当之，布弓弩乱发，矢至如雨，韦不视，谓等人曰："虏来十步，乃白之。"等人曰："十步矣。"又曰："五步乃白。"等人惧，疾言"虏至矣！"韦持戟大呼而起，所抵无不应手倒者，布众退。会日暮，操乃得引去；拜韦都尉，令常将亲兵数百人，绕大帐左右。

濮阳大姓田氏为反间，操得入城，烧其东门，示无反意。及战，军败，布骑得操而不识，问曰：“曹操何在？”操曰：“乘黄马走者是也。”布骑乃释操而追黄马者。操突火而出，至营，自力劳军，令军中促为攻具，进，复攻之，与布相守百余日。蝗虫起，百姓大饿，布粮食亦尽，各引去。九月，操还鄄城。布到乘氏，为其县人李进所破，东屯山阳。

徐州牧陶谦疾笃，谓别驾东海麋竺曰：“非刘备不能安此州也。”谦卒，竺率州人迎备。备未敢当，曰：“袁公路近在寿春，君可以州与之。”典农校尉下邳陈登曰：“公路骄豪，非治乱之主，今欲为使君合步骑十万，上可以匡主济民，下可以割地守境；若使君不见听许，登亦未敢听使君也。”北海相孔融谓备曰：“袁公路岂忧国忘家者邪！冢中枯骨，何足介意！今日之事，百姓与能；天与不取，悔不可追。”备遂领徐州。

初，孙坚娶钱唐吴氏，生四男策、权、翊、匡及一女。坚从军于外，留家寿春。策年十余岁，已交结知名。舒人周瑜与策同年，亦英达夙成，闻策声问，自舒来造焉，便推结分好，劝策徙居舒；策从之。瑜乃推道旁大宅与策，升堂拜母，有无通共。及坚死，策年十七，还葬曲阿；已乃渡江，居江都，结纳豪俊，有复仇之志。

二年（乙亥，195）

曹操败吕布于定陶。

董卓初死，三辅民尚数十万户，李傕等放兵劫掠，加以饥馑，二年间，民相食略尽。李傕、郭汜、樊稠各相与矜功争权，欲斗者数矣，贾诩每以大体责之，虽内不能善，处相含容。

傕数设酒请郭汜，或留汜止宿。汜妻恐汜爱傕婢妾，思有以间之。会傕送馈，妻以豉为药，擿以示汜曰：“一栖不两雄，我固疑将军信李公也。”他日，傕复请汜，饮大醉，汜疑其有毒，绞粪汁饮之，于是各治兵相攻矣。

帝使侍中、尚书和傕、汜，傕、汜不从。汜谋迎帝幸其营，夜有亡者，告傕。三月，丙寅，傕使兄子暹将数千兵围宫。以车三乘迎帝。太尉杨彪曰：“自古帝王无在人家者，诸君举事，奈何如是！”暹曰：“将军计定矣。”于是群臣步从乘舆以出，兵即入殿中，掠宫人、御物。帝至傕营，傕又徙御府金帛置其营，遂放火烧宫殿、官府、民居悉尽。帝复使公卿和傕、汜，汜留杨彪及司空张喜、尚书王隆、光禄勋刘渊、卫尉士孙瑞、太仆韩融、廷尉宣播、大鸿胪荣郃、大司农朱俊、将作大匠梁邵、屯骑校尉姜宣等于其营以为质。朱俊愤懑发病死。

郭汜飨公卿，议攻李傕。杨彪曰：“群臣共斗，一人劫天子，一人质公卿，可行乎！”汜怒，欲手刃之。彪曰：“卿尚不奉国家，吾岂求生邪！”中郎将杨密固谏，汜乃止。傕召羌、胡数千人，先以御物缯彩与之，许以宫人、妇女，欲令攻郭汜。汜阴与傕党中郎将张苞等谋攻傕。丙申，汜将兵夜攻傕门，矢及帝帘帷中，又贯傕左耳。苞等烧屋，火不然。杨奉于外拒汜，汜兵退，苞等因将所领兵归汜。

吕布将薛兰、李封屯钜野，曹操攻之，布救兰等，不胜而走，操遂斩兰等。操军乘氏，以陶谦已死，欲遂取徐州，还乃定布。荀彧曰："昔高祖保关中，光武据河内，皆深根固本以制天下，进足以胜敌，退足以坚守，故虽有困败而终济大业。将军本以兖州首事，平山东之难，百姓无不归心悦服。且河、济，天下之要地也，今虽残坏，犹易以自保，是亦将军之关中、河内也，不可以不先定。今已破李封、薛兰，若分兵东击陈宫，宫必不敢西顾，以其间收熟麦，约食畜谷，一举而布可破也。破布，然后南结扬州，共讨袁术，以临淮、泗。若舍布而东，多留兵则不足用，少留兵则民皆保城，不得樵采，布乘虚寇暴，民心益危，唯甄城、范、卫可全，其余非己之有，是无兖州也。若徐州不定，将军当安所归乎！且陶谦虽死，徐州未易亡也。彼惩往年之败，将惧而结亲，相为表里。今东方皆已收麦，必坚壁清野以待将军，攻之不拔，略之无获，不出十日，则十万之众，未战而先自困耳。前讨徐州，威罚实行，其子弟念父兄之耻，必人自为守，无降心，就能破之，尚不可有也。夫事故有弃此取彼者，以大易小可也，以安易危可也，权一时之势，不患本之不固可也。今三者莫利，惟将军熟虑之。"操乃止。

布复从东缗与陈宫将万余人来战，操兵皆出收麦，在者不能千人，屯营不固。屯西有大堤，其南树木幽深，操隐兵堤里，出半兵堤外；布益进，乃令轻兵挑战，既合，伏兵乃悉乘堤，步骑并迫，大破之，追至其营而还。布夜走，操复攻拔定陶，分兵平诸县。布东奔刘备，张邈从布，使其弟超将家属保雍丘。

布初见备，甚尊敬之，谓备曰："我与卿同边地人也！布见关东起兵，欲诛董卓。布杀卓东出，关东诸将无安布者，皆欲杀布耳。"请备于帐中。坐妇床上，令妇向拜，酌酒饮食，名备为弟。备见布语言无常，外然之而内不悦。

李傕、郭汜相攻连月，死者以万数。六月，傕将杨奉谋杀傕，事泄，遂将兵叛傕，傕众稍衰。庚午，镇东将军张济自陕至，欲和傕、汜，迁乘舆权幸弘农。帝亦思旧京，遣使宣谕，十反，汜、傕许和，欲质其爱子。傕妻爱其男，和计未定，而羌、胡数来窥省门，曰："天子在此中邪！李将军许我宫人，今皆何在？"帝患之，使侍中刘艾谓宣义将军贾诩曰："卿前奉职公忠，故仍升荣宠；今羌、胡满路，宜思方略。"诩乃召羌、胡大帅饮食之，许以封赏，羌、胡皆引去，傕由此单弱。于是复有言和解之计者，傕乃从之，各以女为质。

秋，七月，甲子，车驾出宣平门，当渡桥，汜兵数百人遮桥曰："此天子非也？"车不得前。傕兵数百人，皆持大戟在乘舆车前，兵欲交，侍中刘艾大呼曰："是天子也！"使侍中杨琦高举车帷，帝曰："诸君何敢迫近至尊邪？"汜兵乃却。既渡桥，士众皆称万岁。夜到霸陵，从者皆饥，张济赋给各有差。傕出屯池阳。

冬，十月，以曹操为兖州牧。

于是董承等以新破傕等，可复东引。庚申，车驾发东，董承、李乐卫乘舆，胡才、杨奉、韩暹、匈奴右贤王于后为拒。傕等复来战，奉等大败，死者甚于东涧。光禄邓渊、廷尉宣播、少府田芬、大司农张义皆死。司徒赵温、太常王绛、卫尉周忠、司隶校尉管郃为傕所遮，欲杀之，贾诩曰："此皆大臣，卿奈何害之！"乃止。李乐曰："事急矣，陛下宜御马。"上曰："不可舍百官而去，此何辜哉！"兵相连缀四十里，方得至陕，乃结营自守。

乘舆居棘篱中，门户无关闭，天子与群臣会，兵士伏篱上观，互相镇压以为笑。

帝又遣太仆韩融至弘农与傕、汜等连和，傕乃放遣公卿百官，颇归所掠宫人及乘舆器服。已而粮谷尽，宫人皆食菜果。

是时，长安城空四十余日，强者四散，羸者相食，二三年间，关中无复人迹。

沮授说袁绍曰："将军累叶台辅，世济忠义。今朝廷播越，宗庙残毁，观诸州郡虽外托义兵，内实相图，未有忧存社稷恤民之意。今州域粗定，兵强士附，西迎大驾，即宫邺都，挟天子而令诸侯，畜士马以讨不庭，谁能御之！"颍川郭图、淳于琼曰："汉室陵迟，为日久矣，今欲兴之，不亦难乎！且英雄并起，各据州郡，连徒聚众，动有万计，所谓秦失其鹿，先得者王。今迎天子自近，动辄表闻，从之则权轻，违之则拒命，非计之善者也。"授曰："今迎朝廷，于义为得，于时为宜，若不早定，必有先之者矣。"绍不从。

初，丹阳朱治尝为孙坚校尉，见袁术政德不立，劝孙策归取江东。时吴景攻樊能、张英等，岁余不克。策说术曰："家有旧恩在东，愿助舅讨横江；横江拔，因投本土召募，可得三万兵，以佐明使君定天下。"术知其恨，而以刘繇据曲阿，王朗在会稽，谓策未必能定，乃许之，表策为折冲校尉。将兵千余人、骑数十匹，行收兵，比至历阳，众五六千。时周瑜从父尚为丹阳太守，瑜将兵迎之，仍助以资粮，策大喜，曰："吾得卿，谐也！"进攻横江、当利、皆拔之，樊能、张英败走。

策渡江转斗，所向皆破，莫敢当其锋者。百姓闻孙郎至，皆失魂魄。长吏委城郭，窜伏山草。及策至，军士奉令，不敢虏略，鸡犬菜茹，一无所犯，民乃大悦，竞以牛酒劳军。策为人，美姿颜，能笑语，阔达听受，善于用人，是以士民见者莫不尽心，乐为致死。

策以张纮为正议校尉，彭城张昭为长史，常令一人居守，一人从征讨，及广陵秦松、陈端等亦参与谋谟。策待昭以师友之礼，文武之事，一以委昭。昭每得北方士大夫书疏，专归美于昭，策闻之，欢笑曰："昔管子相齐，一则仲父，二则仲父，而桓公为霸者宗。今子布贤，我能用之，其功名独不在我乎！"

袁术以从弟胤为丹阳太守。周尚、周瑜皆还寿春。

刘繇自丹徒将奔会稽，许劭曰："会稽富实，策之所贪，且穷在海隅，不可往也。不如豫章，北连豫壤，西接荆州；若收合吏民，遣使贡献，与曹兖州相闻，虽有袁公路隔在其间，其人豺狼，不能久也。足下受王命，孟德、景升必相救济。”繇从之。

公孙瓒既杀刘虞，尽有幽州之地，志气益盛，恃其才力，不恤百姓，记过忘善，睚眦必报。衣冠善士，名在其右者，必以法害之，有材秀者，必抑困使在穷苦之地。或问其故，瓒曰：“衣冠皆自以职分当贵，不谢人惠。”故所宠爱，类多商贩、庸儿，与为兄弟，或结婚姻，所在侵暴，百姓怨之。

汉献帝兴平元年（甲戌，公元194年）

徐州牧陶谦向青州刺史田楷告急，田楷与平原国相刘备率兵去援救他。刘备拥有自己的军队数千人，陶谦又增拨丹阳郡兵士四千名归他指挥，于是刘备就脱离田楷，投奔陶谦。陶谦上表推荐刘备担任豫州刺史，驻扎在小沛。正好曹操军粮也已告尽，率军撤回兖州。

曹操委派司马荀彧、寿张县令程昱留守鄄城，自己再次前往徐州进攻陶谦，于是沿途攻掠，直到琅邪、东海，所过之处受到严重破坏。大军返回，又在郯县以东击败刘备的军队。陶谦震恐，打算逃回丹阳。正在这时，陈留太守张邈背叛曹操，迎接吕布入兖州，于是曹操撤军，回救兖州。

当时曹操派陈宫率兵留守东郡，于是陈宫就率军秘密迎接吕布来担任兖州牧。吕布到达后，张邈就派他的党羽刘翊告诉荀彧说：“吕将军来帮助曹刺史进攻陶谦，应该赶快供给他军粮。”众人感到疑惑，荀彧知道张邈将要背叛，就立即部署军队进行防守，并急速征召在濮阳的东郡太守夏侯惇。夏侯惇前来救援，吕布便占据濮阳。当时曹操把所有的军队都带去进攻陶谦，留守的兵很少，而且大部分将领和主要官吏都参与了张邈、陈宫的阴谋。夏侯惇赶到以后，当天夜里，就诛杀了几十个参与叛变阴谋的官员，情势才稳定下来。

当时，兖州属下的郡、县全都响应吕布，只有鄄城、范县、东阿县没有动摇。吕布军中归降的人说：“陈宫准备自己率军攻取东阿，又派氾嶷攻取范县。”官民全都感到恐慌。程昱本是东阿人，荀彧对他说：“如今全州都已背叛，只剩下了这三座城。陈宫等派大军攻城，如果我们不能紧密地团结民心，这三城必定会动摇。你在东阿人民中声望很高，应该前去进行安抚。”于是，程昱离开鄄城返回东阿，在途中经过范县，劝说范县县令靳允道；“听说吕布已将您的母亲、弟弟和妻子儿女都抓了起来，孝子的心情自然十分沉重。如今天下大乱，英雄纷纷崛起，其中必定会有一位主宰时代命运安定天下的人，这是智者应该对比仔细选择的。跟对主人，才能兴旺；跟错主人，就会败亡。陈宫背叛曹操，迎接吕布，而诸城全都响应，似乎能有所作为。然而据您观察，吕布是个什么样的人？吕布为人粗暴而很少与人亲近，又刚愎无礼，不过是个勇猛的匹夫而已。陈宫等人在目前形势下与他联合，只是互相利用，不会奉吕布为主，因此，他们虽然兵多，但终究不会成事。曹操的智慧谋略盖世，简直是上天特别授予他的。您一定要坚守范县，我来守住东阿，就可以立下田单恢复齐国那样的大功。这样，难道不比你违背忠义去跟随恶人，结果母子都被杀死要好吗？请您好好考虑！”靳允流着泪说：“我不敢有二心。”这时，氾嶷已率兵进入范县，靳允便出来会见氾嶷，用伏兵将氾嶷刺杀。回城后，部署军队坚守。

吕布有一支部队驻在濮阳以西，曹操乘夜袭击，将其击溃。还未来得及撤回，正遇上吕布前来援救。吕布亲自冲锋陷阵，自清晨一直战到太阳偏西，交战数十回合，两军相持不下，十分危急。曹操召募壮士去突击敌阵，司马、陈留人典韦率领那些应募壮士在阵前抵御吕布军队的进攻。吕布军中弓弩齐发，箭如雨下。典韦对敌人连看也不看，对那些壮士说：“敌人来到距我们十步的地方，再告诉我。”壮士们说：“已经十步了。”典韦又说：“相距五步时再告诉我。”那些壮士们见敌人已到面前，大为惊惶，赶快喊：“敌人已经到了！”典韦手执铁戟，大喊而起，冲入敌阵，对面的敌人无不应手而倒，吕布的军队后撤。这时天色已晚，曹操才得以率军退回自己的营寨。回营后，曹操提升典韦为都尉，命他平日率领亲兵数百人，在自己的大帐左右负责警卫。

濮阳县的大姓田氏为吕布实行反间计，假意作曹操的内应。曹操得以进入濮阳城后，纵火焚烧所经过的东门，表示自己不再退回。及至与吕布交战，曹军大败，吕布部下的骑士捉到曹操而不认识，问道：“曹操在哪里？”曹操说：“骑黄马逃走的那人，就是曹操。”吕布的骑士就放开曹操，而去追那骑黄马的人。曹操从大火中突围而出，回到营中，亲自慰问军士，命令军中赶快制作攻城用的器械。随即进军，再次攻击濮阳。他与吕布相持一百余天，发生蝗灾，百姓饥馑，吕布的存粮也已吃尽，两军各自撤退。九月，曹操回到鄄城。吕布率军到乘氏县，被乘氏县人李进击败，向东退到山阳。

徐州牧陶谦病势危重，他对别驾、东海人糜竺说：“除非刘备，不能保护本州的安全。”陶谦去世后，糜竺率领徐州官民迎接刘备。刘备不敢担当此任，说：“袁术近在寿春，你们可以把徐州交给他。”典农校尉、下邳人陈登说：“袁术骄奢横暴，不是能治理乱世的君主。如今，我们打算为您集结起十万步、骑大军，上可以辅佐君王，拯救百姓，下可以割据一方，保守疆土。如果您不答应我们的请求，我们也不敢听从您的建议。”北海国相孔融说：“袁术岂是忧国忘家的人！不过是依仗祖上遗留下的威望，根本不足介意。今天的事情，是百姓选择贤能。这种上天赐予的机会，如果拒绝，后悔就来不及了。”于是刘备接受他们的请求，兼任徐州牧。

当初，孙坚娶钱唐人吴氏为妻子，生下四个儿子，即孙策、孙权、孙翊、孙匡，此外还有一个女儿，孙坚在外征战，把家眷留在寿春。孙策十余岁时，已开始结交当地知名之士。舒县人周瑜与孙策同岁，也英武豪迈，少年早成，听到孙策的

西汉 竹节熏炉

名声，便从舒县前来拜访，两人一见如故，互相推心置腹。周瑜劝孙策移居舒县，孙策同意，周瑜就把临近道路的一座大宅院让给孙策居住。周瑜还到内堂去拜见了孙策的母亲，两家互通有无。孙坚死时，孙策十七岁，把父亲的棺木送回老家曲阿去安葬。安葬后，他渡过长江，住在江都，结交天下豪杰，立志为父亲报仇。

二年（乙亥，公元195年）

曹操在定陶击败吕布。

董卓刚死的时候，三辅地区的百姓还有数十万户。由于李傕等人纵兵抢掠，加上饥荒，百姓吃人肉充饥，两年之间，几乎死尽。李傕、郭汜、樊稠相互夸耀自己的功勋，争权夺利，有几次要冲突起来。贾诩每次都责备他们要以大局为重，因此，虽然他们内部不能友好相处，但表面还是团结一致。

李傕经常摆下酒宴款待郭汜，有时还留郭汜住宿在自己家中。郭汜的妻子恐怕郭汜会喜欢上李家的侍女，想用计阻止郭汜前往。正好李傕送来食物，郭汜妻把豆豉说成毒药，挑出来给郭汜看，说："一群鸡中容不下两只公鸡，我实在不明白将军为什么这样信任李傕。"另一天，李傕又宴请郭汜，郭汜饮酒过量而大醉。他疑心酒里有毒，就喝下粪汁来使自己呕吐。于是，他们各自部署队伍，相互攻击。

献帝派侍中、尚书去调解李傕和郭汜的矛盾，但李傕、郭汜都不服从。郭汜阴谋劫持献帝到他的军营，夜里，有人逃到李傕营中，将郭汜的计划告诉李傕。三月，丙寅（二十五日），李傕派侄子李暹率领数千名兵士包围皇宫，用三辆车迎接献帝到自己营中。太尉杨彪说："自古以来，帝王从没有住在臣民家中的，你们做事，怎么能这样呢！"李暹说："将军的计划已经定了。"于是，群臣徒步跟在献帝的车后出宫。军队立即就进入宫殿，抢掠宫女和御用器物。献帝到李傕营中后，李傕又将御府所收藏的金帛搬到自己营里，随即放火将宫殿、官府和百姓的房屋全部烧光。献帝又派公卿调解李傕、郭汜的矛盾，郭汜就把太尉杨彪及司空张喜、尚书王隆、光禄勋刘渊、卫尉士孙瑞、太仆韩融、廷尉宣播、大鸿胪荣郃、大司农朱俊、将作大匠梁邵、屯骑校尉姜宣等都扣留在营中，作为人质。朱俊十分气愤，发病而死。

郭汜设宴款待被扣的朝廷大臣，商议进攻李傕。太尉杨彪说："你们这些臣属互相争斗，一个人劫持天子，一个人将公卿做人质，这怎么能行呢！"郭汜大怒，想要亲手用刀杀死杨彪，杨彪说："你连皇上都不尊奉，我难道还会求生吗？"中郎将杨密竭力劝阻，郭汜这才作罢。李傕召集数千名羌人和胡人，先以御用物品和绸缎赏赐他们，许诺还将赏赐宫女和民间妇女，打算要他们进攻郭汜。郭汜则暗中与李傕的党羽中郎将张苞等勾结，策划进攻李傕。丙申（二十五日），郭汜率军乘夜进攻李傕营门，飞箭射到献帝御帐的帷帘中，还贯穿了李傕的左耳。张苞等人在营内放火烧房，但火没有燃着。李傕部下杨奉在营外抵抗郭汜，郭汜军撤退，张苞于是率领部下投奔郭汜。

吕布的部将薛兰、李封驻军巨野，曹操向他们发动进攻，吕布前来援救，被曹操击败，退走。于是曹操斩杀薛兰等人。曹操驻军乘氏，因徐州牧陶谦已死，便准备先夺取徐州，回来再攻打吕布。荀彧说："从前高祖守保关中，光武帝占据河内，都巩固基地以控制天下，进足以胜敌，退足以坚守，所以虽有困顿失利，但最终完成统一天下的大业。将军本来从兖州起兵，平定山东之乱，百姓无不对您心悦诚服。而且，兖州处于黄河与济水之间，是天下的冲要之地，如今虽已残破，但还易于自保，这正是将军的'关中'、'河内'，不能不先把这个基地安定下来。现在，已击破李封、薛兰，如果分兵向东进攻陈宫，他必然不敢再有西进的打算，我们便乘机收获已成熟的麦子，节约饭食，储备粮草，就可以一举击败吕布。击败吕布后，再向南与扬州刺史刘繇结盟，共同讨伐袁术，控制淮水、泗水一带。如果现在不管吕布，而去向东攻打徐州，多留兵则出征兵力不足，少留兵则只有让全体百姓守城，不要说收麦，连上山砍柴也不能进行。吕布乘虚进攻，民心就会更加动摇，只有鄄城、范县、濮阳可以保全，其余的城都会失去，那就等于您不再占有兖州了。如果出征不能平定徐州，将军将回到哪里去呢！而且陶谦虽然已死，徐州并不容易灭亡。那里的人接受往年失败的教训，必然因畏惧而团结一致，内外呼应。如今东边徐州的麦子已经收割，他们必定坚壁清野，等待将军。既攻不下城，又抢掠不到物资，不出十天，十万大军还没有作战，已先自陷困境了。上次讨伐徐州，您曾实行威罚，徐州的子弟们想到父兄的仇恨，必然人人固守，不肯归降，即使您能攻破城池，仍不能使他们归顺。在考虑事情时，经常要有舍此取彼的选择，可以取大而舍小，可以求安全而舍危险，可以在不威胁根本稳固的前提下采取权宜之计。现在东征徐州，并不符合以上三个取舍标准，请将军仔细斟酌。"曹操这才打消了东征的念头。

吕布再次从东缗出发，与陈宫率领万余人来进攻曹操。曹操部下的士兵全都出去收割麦子，在营中的不到一千人，难以守住营寨。在营寨西边有一条大堤，南边有一片茂密深广的树林。曹操把一半士兵埋伏在堤后，另一半士兵暴露在堤外布下阵势。吕布的军队逼近时，曹操才命轻装部队挑战，等到两军厮杀在一起以后，伏兵才登上大堤杀出，步兵与骑兵一齐冲锋，大破吕布的军队，直追到吕布的营寨才返回。吕布当夜撤退。曹操又攻下定陶，分兵平定各县。吕布向东到徐州投奔刘备。张邈跟随吕布，让自己的弟弟张超带领家属退守雍丘。

吕布初见刘备时，十分尊敬，对刘备说："我与你都是边疆出身的人，我见到函谷关以东诸州、郡起兵，目的是讨伐董卓。但我杀死董卓后，来到关东，关东的诸将领没有一个接纳我，而都要杀死我！”吕布请刘备到自己帐中，坐在妻子的床上，让自己妻子向刘备行礼。又设酒宴款待刘备，称刘备为弟。刘备见吕布语无伦次，外表上与他应酬，内心里感到不快。

李傕、郭汜相互攻击，一连几个月，死者数以万计。六月，李傕部将杨奉打算谋杀李傕，计划泄露，便率领部下背叛李傕，李傕的势力逐渐衰落。庚午，镇东将军张济从陕县来到长安，打算调解李傕与郭汜的争端，迎接献帝前往弘农。献帝也思念旧京洛阳，便派遣使者到李傕、郭汜营中传达圣旨。使者反复十次，李傕与郭汜才答应讲和，打算互相交换爱子，作为人质。李傕的妻子疼爱儿子，所以和约没有谈成。而在这段时间，李傕部下的羌人与胡人不断地到献帝住地的大门窥探，说：“皇帝在这里面吗！李傕答应赐给我们的宫女，如今都在什么地方？”献帝不安，派侍中刘艾对宣义将军贾诩说：“你以前对国家忠心耿耿，恪尽职守，因此得到提升，享受荣宠。如今羌人与胡人塞满道路，你应该筹划一个对策。”于是，贾诩大开酒宴，款待羌人和胡人的首领，许诺授予他们爵位和赏赐财物，这些羌人和胡人才全部离去，李傕从此势力单弱。于是又有人提出和解的建议时，李傕便同意与郭汜讲和，相互交换女儿作人质。

秋季，七月，甲子，献帝乘车出宣平门，正要过护城河桥，郭汜部下数百名士兵在桥上拦住去路，问：“这是不是天子！”献帝车驾无法前进。李傕部下数百名士兵，全都手执大戟守在车前，两军就要交手，侍中刘艾大声喊：“真的是天子！”让侍中杨琦把车帘高高掀起，献帝说：“你们怎敢这样迫近至尊！”郭汜的兵才撤退，渡过桥后，官兵一起高呼：“万岁！”晚上走霸陵，侍从官员与卫士都饥饿不堪，张济根据各人官职大小，分别给予饮食。李傕离开长安，驻军池阳。

冬季，十月，任命曹操为兖州牧。

于是董承等人认为李傕等刚刚被打败，可以继续东行。庚申（二十四日），献帝一行向东进发，董承、李乐保护车驾，胡才、杨奉、韩暹与匈奴右贤王去卑率军作为后卫。李傕等又来进攻，杨奉等大败，死亡人数比在弘农东涧时还多。光禄勋邓渊、廷尉宣播、少府田芬、大司农张义全都被杀。司徒赵温、太常王绛、卫尉周忠、司隶校尉管郃被李傕俘虏，李傕要杀死他们，贾诩说：“这些人都是朝中大臣，你怎么能杀害他们！”李傕这才作罢。李乐对献帝说：“形势十分危急，陛下应该上马。”献帝说：“我不能丢下百官，自己逃命，他们有什么罪！”军队断断续续地在道路上连接有四十里长，然后到达陕县，于是筑起营寨固守。

献帝住在以荆棘为篱的房中。门窗不能关闭，献帝与群臣们举行朝会时，兵士们就趴在篱笆上观望，相互拥挤取乐。

献帝又派太仆韩融到弘农，与李傕、郭汜等讲和，李傕这才放走被他俘虏的公卿百官，并归还了不少被掠去的宫女和御用物品。不久，粮食吃光，宫女们全都以野菜、野果充饥。

这时候，长安城中无人管理，达四十余天。身强力壮的都四散逃命，老幼病弱的只能自相残杀，靠吃人肉度日。两三年间，关中地区不再有人的踪迹。

沮授向袁绍建议说：“将军的祖先，几代都是国家大臣，世传忠义。如今，天子流离失所，宗庙也残败毁坏。我看到各州、郡虽然表面上都声称是义兵，实际上互相图谋，并没有忧国忧民的想法。如今，将军已基本平定冀州地区，兵强马壮，将士听命，如果您向西去迎接天子，迁都邺城，就可以挟天子而令诸侯，积蓄兵马，讨伐不服从朝廷的叛逆，天下有谁能与您对抗？”颍川人郭图、淳于琼说：“汉朝王室的没落，为时已久，如今要使它复兴，不是太困难了吗！而且英雄豪杰纷纷起兵，各据州、郡，部下人马动辄数以万计。这正是秦朝失其鹿，先得者为王的时机。现在，要是把天子迎接到自己身边，一举一动都要上表奏请服从天子，则自己权力减轻；不服从，则要蒙受违抗圣旨的罪名。这不是上策。”沮授说：“现在迎接天子，既符合君臣大义，又是最有利的时机，如果不能早日决定，必定会有人抢先下手。”袁绍没有采纳沮授的建议。

当初，丹阳人朱治曾经在孙坚部下担任过校尉，他看到袁术为政混乱，对待下属刻薄，就劝孙策返回故乡，去占据江东。当时孙策的舅父吴景攻打樊能、张英等人，一年多未能取胜。孙策便向袁术请求说：“我家在江东地区对人民有旧恩，我愿意帮助舅父去进攻横江。攻陷横江后，我便回到家乡去招募兵马，可以集结起三万兵众，用来辅佐将军平定天下。”袁术知道孙策对自己心怀不满，但由于当时扬州刺史刘繇占据曲阿，会稽郡太守王朗守在本郡，他认为孙策不一定能将他们击败，于是同意了孙策的请求，上表推荐他为折冲校尉。孙策率领千余名步兵和数十名骑兵出发，一边走一边招兵，到达历阳的时候，已经增加到五六千人。这时，周瑜的伯父周尚为丹阳郡太守，周瑜率兵迎接孙策，并援助他军费和粮草。孙策大喜，说：“我得到你的帮助，一定能成功！”孙策进攻横江、当利，全都攻克，樊能、张英战败逃走。

孙策渡江以后，辗转作战，战无不胜，没有人能抵挡住他的攻势，百姓听到孙策将要到达，全都失魂落魄；各地官员弃城出逃，躲到深山之中。及至孙策到来，军队奉有命令，不敢进行掳掠，民间的一只鸡、一条狗、一棵蔬菜，都不能触动。于是民心大为欢悦，争先用牛肉和美酒去慰劳孙策的军队。孙策相貌英俊，言谈幽默，性格豁达，能接受别人的意见，善于使用人才。因此，无论士大夫还是一般百姓，凡是见过他的人，都为他尽心尽力，乐意为他效死。

孙策委任张纮为正议校尉，彭城人张昭为长史，经常让他们一个人留守，一个人跟随自己出征。广陵人秦松、陈端等也参与决策。孙策以老师和朋友的礼节对待张昭，行政与军务大事，全都委托他来处理。张昭经常收到北方士大夫的书信，信中把江东地区的政绩都归功于张昭。孙策知道后，高兴地说：“从前管仲在齐国为相，把诸事都交给他做主，而齐桓公终于成为五霸之首。如今，张昭为人贤明，我能任用他，他的功名难道不属于我吗！”

袁术委任堂弟袁胤为丹阳郡太守，周尚与周瑜都回到寿春。

刘繇想从丹徒逃到会稽郡，许劭对他说：“会稽郡殷实富裕，正是孙策所贪图的，而且该郡又远在海边，你不能去那里。还不如到豫章郡，那里北连豫州，西接荆州，如果能把官员与百姓安顿好，派使者到朝廷去进贡，与占据兖州的曹操取得联系，尽管现在袁术隔断了豫章与中原的联系，但像他这样豺狼之辈不会长久。您是朝廷正式任命的刺史，曹操与刘表必定会予以援助。”刘繇听从了他的劝告。

公孙瓒杀死刘虞后，占有全部幽州，更加趾高气扬，倚仗自己的才干和武力，不体恤百姓。只记住别人的过失，却不记得别人的好处，连瞪他一眼的小事，也必定要报复。对士大夫名望在他之上的，一定假借法律来加以陷害；对有才能的人，一定要想法压抑，把对方置于穷困之地。有人问公孙瓒这样做的原因，公孙瓒说：“士大夫们全都自认为他们应该富贵，给他们富贵，他们也不会感谢。”所以公孙瓒所宠信的都是商贩一类的庸人，与这些人结为兄弟，或者互通婚姻。这些人到处侵扰欺人，百姓非常怨恨他们。

第六十二卷 汉纪五十四

译文诵读

孝献皇帝丁建安元年（丙子，196）

袁术攻刘备以争徐州，备使司马张飞守下邳，自将拒术于盱眙、淮阴，相持经月，更有胜负。下邳相曹豹，陶谦故将也，与张飞相失，飞杀之，城中乖乱。袁术与吕布书，劝令袭下邳，许助以军粮。布大喜，引军水陆东下。备中郎将丹阳许耽开门迎之。张飞败走，布虏备妻子及将吏家口。备闻之，引还，比至下邳，兵溃。备收余兵东取广陵，与袁术战，又败，屯于海西，饥饿困踧，吏士相食，从事东海糜竺以家财助军。备请降于布，布亦忿袁术运粮不继，乃召备，复以为豫州刺史，与并势击术，使屯小沛。布自称徐州牧。

袁术以谶言"代汉者当涂高"，自云名字应之。又以袁氏出陈，为舜后，以黄代赤，德运之次，遂有僭逆之谋。闻孙坚得传国玺，拘坚妻而夺之。及闻天子败于曹阳，乃会群下议称尊号；众莫敢对。主簿阎象进曰："昔周自后稷至于文王，积德累功，参分天下有其二，犹服事殷。明公虽奕世克昌，未若有周之盛；汉室虽微，未若殷纣之暴也！"术默然。

孙策闻之，与术书曰："成汤讨桀称'有夏多罪'，武王伐纣曰'殷有重罚'，此二主者，虽有圣德，假使时无失道之过，无由逼而取也。今主上非有恶于天下，徒以幼小，胁于强臣，异于汤、武之时也。且董卓贪淫骄陵，志无纪极，至于废主自兴，亦犹未也，而天下同心疾之，况效尤而甚焉者乎！又闻幼主明智聪敏，有夙成之德，天下虽未被其恩，咸归心焉。使君五世相承，为汉宰辅，荣宠之盛，莫与为比，宜效忠守节，以报王室，则旦、奭之美，率土所望也。时人多惑图纬之言，妄牵非类之文，苟以悦主为美，不顾成败之计，古今所慎，可不孰虑！忠言逆耳，驳议致憎，苟有益于尊明，无所敢辞。"术始自以为有淮南之众，料策必与己合，及得其书，愁沮发疾。既不纳其言，策遂与之绝。

曹操在许，谋迎天子。众以为"山东未定，韩暹、杨奉，负功恣睢，未可卒制。"荀彧曰："昔晋文公纳周襄王而诸侯景从，汉高祖为义帝缟素而天下归心。自天子蒙尘，将军首唱义兵，徒以山东扰乱，未遑远赴。今銮驾旋轸，东京榛芜，义士有存本之思，兆民怀感旧之哀。诚因此时，奉主上以从人望，大顺也；乘至公以服天下，大略也；扶弘义以致英俊，大德也。四方虽有逆节，其何能为？韩暹、杨奉，安足恤哉！若不时定，使豪杰生心，后虽为虑，亦无及矣。”操乃遣扬武中郎将曹洪将兵西迎天子，董承等据险拒之，洪不得进。

韩暹矜功专恣，董承患之，因潜召操；操乃将兵诣洛阳。既至，奏韩暹、张杨之罪。暹惧诛，单骑奔杨奉。帝以暹、杨有翼车驾之功，诏一切勿问。辛亥，以曹操领司隶校尉、录尚书事。操于是诛尚书冯硕等三人，讨有罪也；封卫将军董承等十三人为列侯，赏有功也；赠射声校尉沮俊为弘农太守，矜死节也。

操引董昭并坐，问曰："今孤来此，当施何计？"昭曰："将军兴义兵以诛暴乱，入朝天子，辅翼王室，此五霸之功也。此下诸将，人殊意异，未必服从。今留匡弼，事势不便，惟有移驾幸许耳。然朝廷播越，新还旧京，远近跂望，冀一朝获安，今复徙驾，不厌众心。夫行非常之事，乃有非常之功，愿将军算其多者。"操曰："此孤本志也。杨奉近在梁耳，闻其兵精，得无为孤累乎？"昭曰："奉少党援，心相凭结，镇东、费亭之事，皆奉所定，宜时遣使厚遗答谢，以安其意。说'京都无粮，欲车驾暂幸鲁阳，鲁阳近许，转运稍易，可无县乏之忧。'奉为人勇而寡虑，必不见疑，比使往来，足以定计，奉何能为累！"操曰："善！"即遣使诣奉。庚申，车驾出轘辕而东，遂迁都许。己巳，幸曹操营，以操为大将军，封武平侯。始立宗庙社稷于许。

操以荀彧为侍中，守尚书令。操问彧以策谋之士，彧荐其从子蜀郡太守攸及颍川郭嘉。操征攸为尚书，与语，大悦，曰："公达，非常人也。吾得与之计事，天下当何忧哉！"以为军师。

初，郭嘉往见袁绍，绍甚敬礼之，居数十日，谓绍谋臣辛评、郭图曰："夫智者审于量主，故百全而功名可立。袁公徒欲效周公之下士，而不知用人之机，多端寡要，好谋无决，欲与共济天下大难，定霸王之业，难矣。吾将更举而求主，子盍去乎！"二人曰："袁氏有恩德于天下，人多归之，且今最强；去将何之！"嘉知其不寤，不复言，遂去之。操召见，与论天下事，喜曰："使孤成大业者，必此人也！"嘉出，亦喜曰："真吾主也！"操表嘉为司空祭酒。

中平以来，天下乱离，民弃农业，诸军并起，率乏粮谷，无终岁之计，饥则寇掠，饱则弃余，瓦解流离，无敌自破者，不可胜数。袁绍在河北，军人仰食桑椹，袁术在江淮，取给蒲蠃，民多相食，州里萧条。羽林监枣祗请建置屯田，曹操从之，以祗为屯田都尉，以骑都尉任峻为典农中郎将。募民屯田许下，得谷百万斛。于是州郡例置田官，所在积谷，仓廪皆满。故操征伐四方，无运粮之劳，遂能兼并群雄。军国之饶，起于祗而成于峻。

袁术畏吕布为己害，乃为子求婚，布复许之。术遣将纪灵等步骑三万攻刘备，备求救于布。诸将谓布曰："将军常欲杀刘备，今可假手于术。"布曰："不然。术若破备，则北连泰山诸将，吾为在术围中，不得不救也。"便率步骑千余驰往赴之。灵等闻布至，皆敛兵而止。布屯沛城西南，遣铃下请灵等，灵等亦请布，布往就之，与备共饮食。布谓灵等曰："玄德，布弟也，为诸君所困，故来救之。布性不喜合斗，喜解斗耳。"乃令军候植戟于营门，布弯弓顾曰："诸君观布射戟小支，中者当各解兵，不中可留决斗。"布即一发，正中戟支。灵等皆惊，言："将军天威也！"明日复欢会，然后各罢。

备合兵得万余人，布恶之，自出兵攻备；备败走，归曹操，操厚遇之，以为豫州牧。或谓操曰："备有英雄之志，今不早图，后必为患。"操以问郭嘉，嘉曰："有是。然公起义兵，为百姓除暴，推诚杖信以招俊杰，犹惧其未也。今备有英雄名，以穷归己而害之，是以害贤为名也。如此，则智士将自疑，回心择主，公谁与定天下乎！夫除一人之患以沮四海之望，安危之机也，不可不察。"操笑曰："君得之矣！"遂益其兵，给粮食，使东至沛，收散兵以图吕布。

平原祢衡，少有才辩，而尚气刚傲，孔融荐之于曹操。衡骂辱操，操怒，谓融曰："祢衡竖子，孤杀之，犹雀鼠耳！顾此人素有虚名，远近将谓孤不能容之。"乃送与刘表，表廷礼以为上宾。衡称表之美盈口，而好讥贬其左右，于是左右因形而谮之曰："衡称将军之仁，西伯不过也，唯以为不能断，终不济者，必由此也。"其言实指表短，而非衡所言也。表由是怒，以江夏太守黄祖性急，送衡与之，祖亦善待焉。后衡众辱祖，祖杀之。

二年（丁丑，197）

袁绍与操书，辞语骄慢。操谓荀彧、郭嘉曰："今将讨不义而力不敌，何如？"对曰："刘、项之不敌，公所知也。汉祖惟智胜项羽，故羽虽强，终为所禽。今绍有十败，公有十胜，绍虽强，无能为也。绍繁礼多仪，公体任自然，此道胜也。绍以逆动，公奉顺以率天下，此义胜也。桓、灵以来，政失于宽，绍以宽济宽，故不摄，公纠之以猛，上下知制，此治胜也。绍外宽内忌，用人而疑之，所任唯亲戚子弟，公外易简而内机明，用人无疑，唯才所宜，不间远近，此度胜也。绍多谋少决，失在后事，公得策辄行，应变无穷，此谋胜也。绍高议揖让以收名誉，士之好言饰外者多归之，公以至心待人，不为虚美，士之忠正远见而有实者皆愿为用，此德胜也。绍见人饥寒，恤念之，形于颜色，其所不见，虑或不及，公于目前小事，时有所忽，至于大事，与四海接，恩之所加，皆过其望，虽所不见，虑无不周，此仁胜也。绍大臣争权，谗言惑乱，公御下以道，浸润不行，此明胜也。绍是非不可知，公所是进之以礼，所不是正之以法，此文胜也。绍好为虚势，不知兵要，公以少克众，用兵如神，军人恃之，敌人畏之，此武胜也。"操笑曰："如卿所言，孤何德以堪之！"嘉又曰："绍方北击公孙瓒，可因其远征，东取吕布；若绍为寇，布为之援，此深害也。"彧曰："不先取吕布，河北未易图也。"操曰："然，吾所惑者，又恐绍侵扰关中，西乱羌、胡，南诱蜀、汉，是我独以兖、豫抗天下六分之五也，为将奈何？"彧曰："关中将帅以十数，莫能相一，唯韩遂、马腾最强，彼见山东方争，必各拥众自保，今若抚以恩德，遣使连和，虽不能久安，比公安定山东，足以不动。侍中、尚书仆射钟繇有智谋，若属以西事，公无忧矣。”操乃表繇以侍中守司隶校尉，持节督关中诸军，特使不拘科制。繇至长安，移书腾、遂等。为陈祸福，腾、遂各遣子入侍。

泰山贼帅臧霸袭琅邪相萧建于莒，破之。霸得建资实，许以赂布而未送，布自往求之。其督将高顺谏曰：“将军威名宣播，远近所畏，何求不得，而自行求赂！万一不克，岂不损邪！”布不从。既至莒，霸等不测往意，固守拒之，无获而还。

顺为人清白有威严，少言辞，所将七百余兵，号令整齐，每战必克，名“陷陈营”。布后疏顺，以魏续有内外之亲，夺其兵以与续，及当攻战，则复令顺将，顺亦终无恨意。布性决易，所为无常，顺每谏曰：“将军举动，不肯详思，忽有失得，动辄言误，误岂可数乎！”布知其忠而不能从。

秋，九月，司空曹操东征袁术。术闻操来，弃军走，留其将桥蕤等于蕲阳以拒操；操击破蕤等，皆斩之。术走渡淮，时天旱岁荒，士民冻馁，术由是遂衰。

操辟陈国何夔为掾，问以袁术何如，对曰：“天之所助者顺，人之所助者信。术无信顺之实而望天人之助，其可得乎！”操曰：“为国失贤则亡，君不为术所用，亡，不亦宜乎！”操性严，掾属公事往往加杖；夔常蓄毒药，誓死于辱，是以终不见及。

沛国许褚，勇力绝人，聚少年及宗族数千家，坚壁以御外寇，淮、汝、陈、梁间皆畏惮之，操徇淮、汝，褚以众归操，操曰：“此吾樊哙也！”即日拜都尉，引入宿卫，诸从褚侠客，皆以为虎士焉。

韩暹、杨奉在下邳，寇掠徐、扬间，军饥饿，辞吕布，欲诣荆州；布不听。奉知刘备与布有宿憾，私与备相闻，欲共击布；备阳许之。奉引军诣沛，备请奉入城，饮食未半，于座上缚奉，斩之。暹失奉，孤特，与十余骑归并州，为杼秋令张宣所杀。胡才、李乐留河东，才为怨家所杀。乐自病死。郭汜为其将伍习所杀。

三年（戊寅，198）

夏，四月，使谒者仆射裴茂，诏关中诸将段煨等讨李傕，夷其三族。以煨为安南将军，封阌乡侯。

初，袁绍每得诏书，患其有不便于己者，欲移天子自近，使说曹操以许下埤湿，雒阳残破，宜徙都鄄城以就全实；操拒之。田丰说绍曰：“徙都之计，既不克从，宜早图许，奉迎天子，动托诏书，号令海内，此算之上者。不尔，终为人所禽，虽悔无益也。”绍不从。

吕布复与袁术通，遣其中郎将高顺及北地太守雁门张辽攻刘备；曹操遣将军夏侯惇救之，为顺等所败。秋，九月，顺等破沛城，虏备妻子，备单身走。

曹操欲自击布，诸将皆曰：“刘表、张绣在后，而远袭吕布，其危必也。”荀攸曰：“表、绣新破，势不敢动。布骁猛，又恃袁术，若从横淮、泗间，豪杰必应之。今乘其初叛，众心未一，往可破也。”操曰：“善！”此行，泰山屯帅臧霸、孙观、吴敦、尹礼、昌豨等皆附于布。操与刘备遇于梁，进至彭城。陈宫谓布：“宜逆击之，以逸待劳，无不克也。”布曰：“不如待其来，蹙著泗水中。”冬，十月，操屠彭城。广陵太守陈登率郡兵为操先驱，进至下邳。布自将屡与操战，皆大败，还保城，不敢出。

操掘堑围下邳，积久，士卒疲敝，欲还。荀攸、郭嘉曰：“吕布勇而无谋，今屡战皆北，锐气衰矣。三军以将为主，主衰则军无奋意。陈宫有智而迟，今及布气之未复，宫谋之未定，急攻之，布可拔也。”乃引沂、泗灌城，月余，布益困迫，临城谓操军士曰：“卿曹无相困我，我当自首于明公。”陈宫曰：“逆贼曹操，何等明公！今日降之，若卵投石，岂可得全也！”

布将侯成亡其名马，已而复得之，诸将合礼以贺成，成分酒肉先入献布。布怒曰：“布禁酒而卿等酝酿，为欲因酒共谋布邪！”成忿惧，十二月，癸酉，成与诸将宋宪、魏续等共执陈宫、高顺，率其众降。布与麾下登白门楼。兵围之急，布令左右取其首诣操，左右不忍，乃下降。

布见操曰：“今日已往，天下定矣。”操曰：“何以言之？”布曰：“明公之所患不过于布，今已服矣。若令布将骑，明公将步，天下不足定也。”顾谓刘备曰：“玄德，卿为坐上客，我为降虏，绳缚我急，独不可一言邪！”操笑曰：“缚虎不得不急。”乃命缓布缚，刘备曰：“不可。明公不见吕布事丁建阳、董太师乎！”操颔之。布目备曰：“大耳儿，最叵信！”

操谓陈宫曰：“公台平生自谓智有余，今竟何如！”宫指布曰：“是子不用宫言，以至于此。若其见从，亦未必为禽也。”操曰：“奈卿老母何？”宫曰：“宫闻以孝治天下者不害人之亲，老母存否，在明公，不在宫也。”操曰：“奈卿妻子何？”宫曰：“宫闻施仁政于天下者不绝人之祀，妻子存否，在明公，不在宫也。”操未复言。宫请就刑，遂出，不顾，操为之泣涕，并布、顺皆缢杀之，传首许市。操召陈宫之母，养之终其身，嫁宫女，抚视其家，皆厚于初。

前尚书令陈纪、纪子群在布军中，操皆礼用之。张辽将其众降，拜中郎将。臧霸自亡匿，操募索得之，使霸招吴敦、尹礼、孙观等，皆诣操降。操乃分琅邪、东海为城阳、利城、昌虑郡，悉以霸等为守、相。

袁术以周瑜为居巢长，以临淮鲁肃为东城长。瑜、肃知术终无所成，皆弃官渡江从孙策，策以瑜为建威中郎将。肃因家于曲阿。

汉献帝建安元年（丙子，公元196年）

袁术进攻刘备，以争夺徐州。刘备派司马张飞守下邳，自己率军到盱眙、淮阴一带抵抗袁术。两军相持一个多月，各有胜负。下邳国相曹豹，是已故徐州牧陶谦的旧部，与张飞关系不好，被张飞杀死，下邳城中大乱。袁术写信给吕布，劝他袭击下邳，应许援助军粮。吕布大喜，率军水陆并进，向东袭击下邳。刘备部下的中郎将、丹阳人许耽打开城门，迎接吕布。张飞兵败退走，吕布俘虏了刘备的妻子儿女以及官员、将领们的家属。刘备听到消息后，率军回救，到达下邳后，全军溃散。刘备收拾残部，向东攻取广陵，与袁术交战，又被打败，退守海西。军中将士饥饿不堪，只好自相残杀，以人肉充饥。从事、东海人糜竺拿出家中财产，资助军费。刘备向吕布请求投降。吕布也正忿恨袁术运粮中断，于是召刘备前来，又委任他为豫州刺史。吕布要与刘备一起进攻袁术，让刘备驻军小沛。吕布自称徐州牧。

袁术认为，民间流行的一句预言“代汉者当途高”中的“途”与自己的名字“术”和表字“公路”相应，并认为袁氏的祖先出于春秋时代的陈国，是舜的后裔，舜是土德，黄色；汉是火德，赤色；以黄代赤，是五行运转顺序。于是他就有了篡位的打算。听说孙坚得到传国御玺，袁术就拘留了孙坚的妻子，强行夺下。及至他听到献帝败于曹阳的消息，就召集部下，商议称帝事宜。部下无人胆敢应对。主簿阎象进言道：“从前，周朝自始祖后稷传到文王，累积恩德，功勋卓著。三分天下，已经占有二分，但仍然臣服于殷朝。虽然您家世代为官显赫，但没有周朝当初的兴盛，汉朝王室虽然衰微，却没有殷纣王那样的暴行！”袁术听后默然不语。

孙策听到消息后，写信给袁术说：“商汤讨伐夏桀时说：‘有夏多罪’，周武王讨伐殷纣王时说：‘殷有重罚’，商汤与周武王，虽然有圣德，但假如当时夏桀、殷纣没有失道的过失，也没有理由逼迫他们而夺取天下。如今天子并未对天下百姓犯有过失，只是因为年龄幼小，被强臣所胁迫，与商汤和周武王的时代不同。即使像董卓那样贪淫凶暴，欺上凌下，野心极大的人，也还未敢废黜天子，自立为帝。而天下还是一致痛恨他，何况仿效他而做得更过分呢！又听说年幼的天子明智聪敏，有早成之德，天下虽然还未承受到他的恩泽，但全都归心于他。您家中五代连续出任汉朝的三公或辅佐大臣，荣宠的深厚，任何家族都不能相比，应该忠心耿耿，严守臣节，以报答王室。这便是周公姬旦、召公姬奭的美业，天下人的愿望。现在人们多被图纬之类的预言书所迷惑，望文生义，牵强附会，只求讨主人的欢心，并不考虑成败。称帝的事，从古至今都十分慎重，岂能不深思熟虑！忠言逆耳，异议招致憎恶，但只要对您有益，我一切都不敢推辞。”袁术开始时自以为拥有淮南的兵众，预料孙策一定会拥护自己。及至接到孙策的信后，因忧虑沮丧而生病。他既然没有听从孙策的意见，孙策便与他断绝了关系。

曹操在许县，计划迎接献帝。部下众人都认为：“崤山以东尚未平定，而且韩暹、杨奉等人自认为护驾有功，骄横凶暴，不能迅速制服。”荀彧说：“以前，晋文公重耳迎纳周襄王，各国一致推举他为霸主；汉高祖为义帝发丧，身穿孝服，使得天下百姓诚心归附。自从天子流离在外，将军首先倡导兴起义军，只因崤山以东局势混乱，来不及远行迎驾。如今献帝返回旧京，但洛阳荒废，忠义之士希望能保全根本，黎民百姓也怀念旧的王室，为之悲伤。借此时机，奉迎天子以顺从民心，是最合乎时势的行动；用大公无私的态度使天下心悦诚服，是最正确的策略；坚守君臣大义，辅佐朝廷，招揽天下英才，是最大的德行。这样，尽管四方还有不遵从朝廷的叛逆，但他们能有什么作为？韩暹、杨奉之辈，有什么值得顾虑！如果不及时决定，使别的豪杰生出奉迎的念头，以后尽管再费心机，也来不及了。”于是曹操派遣扬武中郎将曹洪率兵向西，到洛阳迎接献帝。董承等扼守险要阻拦，曹洪不能前进。

袁绍像

韩暹倚仗护驾有功，专横霸道，董承对他十分厌恨，就私下派人召请曹操。于是曹操亲率大军到达洛阳。到达后，向献帝奏报韩暹、张杨的不法行为。韩暹害怕被杀，单人匹马投奔杨奉。献帝认为韩暹、张杨护驾有功，下诏一切不予追究。辛亥（十八日），命曹操兼任司隶校尉，主持尚书事务。于是曹操诛杀尚书冯硕等三人，处罚他们犯下的罪过；封卫将军董承等十三人为列侯，奖赏他们护驾有功；追赠射声校尉沮俊为弘农太守，哀怜他为国尽节而死。

曹操请董昭与自己并坐在一起，问他：“现在我已到洛阳，应当采取什么策略？”董昭说：“将军兴起义兵，讨伐暴乱，入京朝见天子，辅佐王室，这是春秋时期五霸的功业。现在洛阳的各位将领，都有自己的打算，未必听从将军的指挥。如今留在洛阳控制朝政，有许多不利因素，只有请天子移驾到许县这个办法最好。但是天子在外流离多时，刚回到旧都城，远近都盼望迅速获得安定，如今再要移驾，是不符合民心的。不过，只有做不同寻常的事情，才能建立不同寻常的功业，希望将军做出利多弊少的选择。”曹操说：“我本来的计划就是这样的。只是杨奉近在梁县，听说他兵强马壮，该不会阻挠我吗？”董昭说：“杨奉缺少外援党羽，所以他愿与将军结交。任命您为镇东将军、封费亭侯的事情，都是杨奉的主意，应该及时派遣使者带去重礼表示感谢，使他安心。并告诉他说：‘洛阳无粮，想让献帝暂时移驾鲁阳，鲁阳靠近许县，运输较为便利，可以免去粮食匮乏的忧虑。’杨奉这个人有勇无谋，一定不会疑心，在使者往来期间，足以定下大计，杨奉怎能进行阻挠！”曹操说：“很好！”立即派使者去晋见杨奉。庚申（二十七日），献帝车驾出轘关，向东行进，于是迁都于许县，改称许县为许都。己巳，献帝抵达曹操军营，任命曹操为大将军，封武平侯。开始在许都建立祭祀皇家祖先的宗庙与作为国家象征的祭祀土、谷之神的社稷。

曹操委任荀彧为侍中，代理尚书令。曹操请荀彧推荐出谋划策之士，荀彧推荐自己的侄子、蜀郡太守荀攸和颍川人郭嘉。曹操征召荀攸为尚书，和他谈话后，大为高兴，说：“荀攸不是寻常之人，我能与他商议大事，天下会有什么可忧虑的呢！”任用荀攸为军师。

起初，郭嘉去见袁绍，袁绍对他十分礼敬。郭嘉住了几十天，对袁绍的谋臣辛评、郭图说：“有智之士要审慎地选择主人，才能保全自己，建立功业。袁绍只想仿效周公姬旦礼贤下士，却不懂得用人的方法。事务繁杂，却缺少重点；喜欢谋略，但又优柔寡断。要与他共同拯救天下的大难，建立霸王之业，太困难了。我将另投明主，你们为何不离去呢？”辛评、郭图说：“袁氏家族对天下有恩德，人们多来归附，而且现在他的势力最强，还要去投奔谁？”郭嘉知道他们执迷不悟，便不再说，于是离去。曹操召见郭嘉，与他谈论天下大事，高兴地说：“使我成就大业的，一定就是此人！”郭嘉出来后，也高兴地说：“这真是我的主人！”曹操上表推荐郭嘉为司空祭酒。

汉灵帝中平年以来，天下混乱分裂，百姓无法从事农业生产。各地纷纷组织军队，但都缺乏粮草，没有一年的储备。饥饿时就抢掠，吃饱后就扔掉剩下的粮食。军队分崩离析，未受攻击就自行瓦解的，数不胜数。袁绍在河北，军士靠吃桑葚度日；袁术在长江、淮河之间，以蛤蚌为食。很多百姓互相残杀，用人肉充饥，各地都是一片萧条景象。羽林监枣祗请求建立屯田制度，曹操采纳了他的建议。曹操委任枣祗为屯田都尉，委任骑都尉任峻为典农中郎将。招募百姓在许都周围屯田，收获谷物一百万斛。于是州、郡依照规定设置主管屯田的官员，各地存粮都装满了仓库。所以曹操出兵征战四方，无须运粮的劳苦，便能兼并各地方割据势力。军队与国家的富裕，是由枣祗创业，而由任峻完成的。

袁术害怕吕布危害自己，就为儿子向吕布女儿求婚，吕布答应了。袁术派遣部将纪灵等率领步、骑兵三万进攻刘备，刘备向吕布求救。吕布属下的将领们对吕布说：“将军一直想杀刘备，这次可以借袁术的手来实现。”吕布说：“不然。袁术如果击溃刘备，就可以向北联络泰山的诸将领，我就将陷入袁术的包围之中，因此不能不救刘备。”吕布便率领步、骑兵一千余人急速赶赴刘备处。纪灵等听说吕布前来，都收兵回营，停止攻战。吕布驻军沛城西南，派遣侍卫去请纪灵等人，纪灵等也派人来请吕布，吕布就前往纪灵营中，邀请刘备一起赴宴。吕布对纪灵等人说：“刘玄德是我的弟弟，被你们围困，所以我来救他。我生性不喜欢聚合别人争斗，只喜欢化解别人的争斗。”于是命令军官把铁戟竖立在营门，吕布拉满了弓，对旁观的人说：“你们看我射戟头旁边的戟支，如果射中，你们就各自罢兵，如果不中，你们可以留下厮杀。”吕布随即射了一箭，正中戟支。纪灵等全都大吃一惊，说：“将军真是天赋神威！”第三天，又设酒欢宴，然后各自班师。

刘备集合起一万余人的部队，吕布认为受到了威胁，就亲自出兵攻打刘备。刘备败走，投奔曹操。曹操对他的待遇十分优厚，又让朝廷任命他为豫州牧。有人对曹操说：“刘备有英雄大志，如今不趁早除掉他，必然会有后患。”曹操为此征询郭嘉的意见，郭嘉说：“这种说法是对的。但是，您兴起义兵，为百姓除暴，诚心诚意地招募天下英雄豪杰，还唯恐他们不来。如今刘备有英雄之名，因走投无路前来投靠，而您却杀掉他，这将会使您得到谋害贤才的恶名。果真如此，有才智的人士将各自疑虑，改变心意，另选主人，您还去和谁一起平定天下！因除去一个人的祸患，而失去天下人的期望，这是关系今后安危的关键，您不可不仔细考虑。”曹操笑着说：“你分析得很对。”于是拨给刘备一些军队，供应粮草，让他往东到小沛一带，集合被击溃的残部，与吕布对抗。

平原人祢衡自幼有才华，能言善辩，但气盛、刚直而又骄傲，孔融把他推荐给曹操。祢衡辱骂曹操，曹操大怒，对孔融说：“祢衡这个小子，我要杀他，不过像宰一只麻雀或老鼠一样罢了！只是想到此人一向有虚名，杀了他，远近之人将说我没有容人之量。”于是把祢衡送给刘表。刘表对祢衡礼节周到，把他当做上宾。祢衡很赞美刘表的所作所为，但却爱讥讽刘表左右的亲信。于是，刘表的亲信就势诬陷祢衡，对刘表说：“祢衡称颂将军仁义爱人，可以与周文王相比。但又认为将军临事不能决断，而最终的失败，必定是由于这个原因。”这话实际上指出了刘表的缺点，但却不是祢衡说的。刘表因此大怒，知道江夏郡太守黄祖性情暴躁，就把祢衡送到江夏。黄祖对祢衡也很优待，但后来祢衡当众辱骂黄祖，黄祖将他杀死。

二年（丁丑，公元197年）

袁绍在给曹操的信中，措辞十分傲慢。曹操对荀彧、郭嘉说：“现在，我准备讨伐背逆君臣大义的袁绍，但势力没有他强大，应该怎么办？”他们回答说：“刘邦的势力比不上项羽，是您所知道的。刘邦只靠谋略战胜项羽，所以项羽虽强，最终仍被击败。如今，袁绍有十项失败因素，而您有十项胜利因素，袁绍虽然强大，却不会有什么作为。袁绍讲究排场，礼仪繁多；而您待人接物出于自然，这是在处世之道上胜过他。袁绍身为臣子，如果起兵进攻，便是叛逆；而您尊奉天子以统率天下，这是在道义上胜过他。自从桓帝、灵帝以来，政令失于松弛，袁绍却用松弛来补救松弛，因此缺乏法纪，令出不行；而您用严厉来纠正松弛，使得大小官员都知道遵守法纪，这是在治理上胜过他。袁绍外表宽厚而内心猜忌，用人好起疑心，只信任亲戚子弟；而您外表平易近人，内心机敏善察，用人不疑，只看才干，不问远近亲疏，这是在器度上胜过他。袁绍计谋多而决断少，往往错过时机；而您制定了策略就立即施行，可应付无穷的变化，这是在谋略上胜过他。袁绍喜欢高谈阔论，谦恭揖让，以沽名钓誉，因此，那些华而不实的士大夫多去投奔他；而您以至诚待人，不虚情假意，忠诚正直、有远见和真才实学之士都愿为您效力，这是在品德上胜过他。袁绍看到他人饥寒交迫，怜悯之情便在面色上显露出来，但对没有看到的，就有时考虑不周；而您对于眼前的小事，经常忽略不管，但对于大事，以及与全国各地的交往，您所施的恩惠却往往出人意外，对于看不到的事情，也考虑得无不十分周全，这是在仁义上胜过他。袁绍手下的大臣争权夺利，互进谗言，混淆视听；而您管理属下有方，谗言诬陷行不通，这是在明智上胜过他。袁绍做事没有标准，所是所非不可知；而您对正直、有功的人礼敬，对邪恶、犯罪的人以法律制裁、这是在文治上胜过他。袁绍喜欢虚张声势，而不知兵家要诀；而您善于以弱胜强，用兵如神，部下信赖，敌人畏惧，这是在武功上胜过他。”曹操笑道：“照你们的分析，我有什么德能担当得起！”郭嘉又说：“袁绍正在北方攻击公孙瓒，可乘他远征之机，先向东收拾吕布。如果袁绍攻我，吕布在旁支援，就会成为大害。”荀彧说：“不先击败吕布，我们就不容易攻击占据河北的袁绍。”曹操说：“你们分析得对。我感到为难的是，又怕袁绍扰乱关中，向西联合羌人、胡人，向南勾结蜀、汉地方势力，那样的话，则我将仅以兖州、豫州来对抗全国其余六分之五的地区，该怎么办呢？”荀彧说：“关中将领数以十计，各自为政，不能统一，其中韩遂、马腾势力最强，他们看到崤山以东地区发生争斗，必然各自拥兵自保，如今，要是用恩德去安抚他们，派使者去与他们联和，虽然不会长久安定，但足以维持到您克定崤山以东。侍中、尚书仆射钟繇有智谋，如果让他处理关中事务，您就不必忧虑了。”曹操于是上表推荐，并由朝廷批准，任命钟繇以侍中兼任司隶校尉持符节，监督关中地区诸军，还授予他不受法令制度约束的特权。钟繇到达长安后，发送文书给马腾、韩遂等，为他们陈述利害，马腾、韩遂等都表示服从朝廷，各自派遣儿子到朝廷任职，充当人质。

泰山盗贼首领臧霸到莒县去袭击琅邪国相萧建，攻陷莒县，得到萧建的辎重。臧霸曾答应送给吕布一部分，但没有送到，吕布就亲自前去索取。吕布的部将高顺劝阻吕布说：“将军威名远扬，远近畏惧，想要什么会要不到，何必自己去索取财物！万一不成，岂不损害威名吗！”吕布不听。吕布到莒县后，臧霸等不知吕布的来意，坚守城池，抵御吕布，吕布空手而归。

高顺为人廉洁，有威望，很少说话。部下有七百余兵，号令整齐，每战必胜，号称“陷阵营”。吕布后来疏远高顺，因为魏续是自己的亲戚，就把高顺的部下拨给魏续指挥。等到需要冲锋陷阵时，才又交给高顺率领，但高顺始终没有怨恨。吕布性情不稳定，反复无常，高顺每每劝他说：“将军行动，不肯多加思考，忽然失利后，总说有错误，但错误怎么可一再发生呢？”吕布知道他忠于自己，但不能采纳他的意见。

冬季，九月，司空曹操东征袁术，袁术听说曹操前来，抛下军队逃跑，留大将桥蕤等据守蕲阳抵抗曹操。曹操大破桥蕤等，将桥蕤等将领全部斩杀。袁术渡过淮河，逃到淮北。当时旱灾很重，土地荒芜，百姓饥寒交迫，袁术从此便没落下去。

曹操延聘陈国人何夔为自己的僚属，问他对袁术的看法。何夔说：“只有顺应潮流，才能得到上天帮助；只有信誉卓著，才能得到百姓帮助。袁术既不顺应潮流，又缺乏信誉，却盼望上天与百姓帮助他，怎么可以得到呢！”曹操说：“任何一个政权，失去贤能的人才，都会灭亡，袁术不能重视你这样的人才，灭亡的命运不是注定了吗？”曹操性情严厉，部下僚属往往因公事而受到棍棒的责打，何夔常常随身携带毒药，誓死不受责打的侮辱，因此，他到底也未受过责打。

沛国人许褚勇力过人，聚集少年勇士及宗族数千家，坚守寨垒，以抵御外侵。

淮河、汝水、陈国、梁国一带都很畏惧他的势力。曹操进军到淮河、汝水一带时，许褚率领部众归附曹操，曹操高兴地说："这就是我的樊哙！"当天就委任许褚为都尉，让他做自己的侍卫首领，跟随许褚的少年侠客们，都被任命为侍卫武士。

韩暹、杨奉在下邳，纵兵抢掠徐州与扬州交界地区，但军队仍然饥饿，便向吕布告辞，打算到荆州投靠刘表。吕布不允许他们离开。杨奉知道刘备与吕布有宿怨，便暗中与刘备联络，想与刘备一起进攻吕布。刘备假装同意。杨奉率军到沛县，刘备请杨奉进城，摆宴席款待杨奉。酒宴还未到一半，就在席上将杨奉捆起来，随即斩杀。韩暹失去杨奉，十分孤立，率领部下十余名骑士投奔并州，途中被杼秋县令张宣杀死。胡才、李乐留在河东，胡才被仇人杀死，李乐自己病死。郭汜被部将伍习杀死。

三年（戊寅，公元198年）

夏季，四月，朝廷派谒者仆射裴茂到关中传达献帝所下诏书，命令段煨等诸将领联合讨伐李傕。段煨等将李傕的本族亲属全部诛灭，任命段煨为安南将军，封乡侯。

起初，袁绍每接到诏书，对其中一些于自己不利的措施，很觉烦恼，因此想把天子迁到离自己较近的持方。他派使者去游说曹操，指出许都地势低而潮湿，洛阳已经残破，最好迁都到鄄城，以靠近富裕的地区，便于供应。曹操拒绝了这个建议。袁绍的谋士田丰劝袁绍说："迁都的建议既然已被拒绝，应当早日进攻许都，奉迎天子。然后，就可利用皇帝的诏书，号令全国，这是上策。不这样，最终会受制于人，就算后悔也没有用了。"袁绍未予采纳。

吕布又与袁术联合，派其部将中郎将高顺与北地太守、雁门人张辽进攻刘备。曹操派将军夏侯惇去援救刘备，被高顺等击败。秋季，九月，高顺等攻破沛城，俘虏了刘备的妻子儿女，刘备只身逃走。

曹操打算亲自去进击吕布，诸将都说："刘表、张绣在后，如果您率军远袭吕布，必然会发生危机。"荀攸说："刘表、张绣新近受创，在此情势下，不敢有所举动。吕布为人骁勇，又倚仗袁术的势力，如果他纵横淮河、泗水之间，必有其他豪杰起来响应。如今趁他刚刚背叛朝廷，众心不定，大军前往，可以将他击破。"曹操说："很好！"等到曹操大军出动时，泰山军首领臧霸、孙观、吴敦、尹礼、吕豨等都归附于吕布。曹操在梁地遇到刘备，一同进驻彭城。陈宫对吕布说："应当迎击他们，以逸待劳，无往不胜！"吕布说："不如等待他们自己前来，我把他们赶到泗水中淹死。"冬季，十月，曹操在彭城、屠城。广陵郡太守陈登率领广陵郡郡兵作为曹操的先锋，进抵下邳。吕布亲自率军，屡次与曹操交战，全都大败，只好退守城池，不敢出战。

曹操挖掘壕沟包围下邳城。但很久未能攻克，兵士十分疲惫，他打算撤军。荀攸、郭嘉说："吕布有勇无谋，现在连战连败，锐气已衰。三军完全要看主将的情况，主将锐气一衰，则三军斗志全消。陈宫虽有智谋，但机变不够。现在应该乘吕布锐气未复，陈宫智谋未定的时机，发动猛攻，可以消灭吕布。”于是，曹军开凿沟渠，引沂水、泗水来灌城。又过了一个月，吕布更加困窘，登上城头对曹军士兵说：“你们不要这样逼迫我，我要向明公自首。”陈宫说：“曹操不过是个逆贼，怎么配称明公！我们现在投降，就好像用鸡蛋去敲石头，岂能保住性命！”

吕布部将侯成丢失一匹好马，不久又找回来，将领们联合送礼给侯成，向他道贺。侯成设宴招待诸将，先分一份酒肉献给吕布。吕布发怒说：“我下令禁酒，而你们又违令酿酒，打算借饮酒来共同算计我吗？”侯成又气又怕。十二月，癸酉（二十四日），侯成与宋宪、魏续等将领共同捉住陈宫、高顺，率领部众归降曹操。吕布率领左右亲兵登上白门楼，曹军四面紧逼，吕布命令左右亲兵砍下他的人头去投降曹操，亲兵们不忍下手，吕布于是下楼投降。

吕布见到曹操，说：“从今以后，天下可以平定了。”曹操说：“为什么这样讲？”吕布说：“您所顾忌的人，不过是我吕布。现在，我已归顺，如果让我率领骑兵，您自统步兵，则天下无人能敌。”吕布又回头对刘备说：“刘玄德，你是座上客，我为阶下囚，绳子把我捆得太紧，难道不能帮我说句话吗？”曹操笑着说：“捆绑猛虎，不能不紧。”于是下令给吕布松绑，刘备说：“不行，您没有看到吕布事奉丁原与董卓的情形吗？”曹操点头赞同。吕布瞪着刘备说：“大耳朵的家伙，最不可信！”

曹操对陈宫说：“你平生自以为智谋有余，现在怎么样？”陈宫指着吕布说：“这个人不用我的计策，才落到这样的下场。如果他听我的话，也未必就被你捉住。”曹操说：“那你的老母怎么办呢？”陈宫说：“我听说，以孝道治理天下的人，不伤害别人的双亲，我老母的生死，决定于您，而不在我。”曹操说：“你的妻子儿女怎么办？”陈宫说：“我听说施仁政于天下的人，不灭绝别人的后代，妻子儿女的生死，也决定于您，而不在我。”曹操没有再说话。陈宫请求受刑，于是走出门，不再回头，曹操忍不住为他落泪。陈宫与吕布、高顺全都被绞死，他们的头颅被送到京师许都。曹操把陈宫的母亲召来，赡养她直到去世；又把他的女儿嫁出去，对陈宫家属的持养照顾，比当初陈宫跟随自己时还要丰厚。

前任尚书令陈纪与他儿子陈群在吕布军中，曹操对他们全都以礼相待，并任用他们为官。张辽率领他的部下归降，被任命为中郎将。臧霸自己逃到民间隐藏起来，曹操悬赏将他捉拿，派他去招降吴敦、尹礼、孙观等，这些人全都到曹操营中归降。曹操于是分割琅邪和东海，增置城阳、利城和昌虑三郡，将臧霸等人全都任命为郡太守和封国国相。

袁术委任周瑜为居巢县长，临淮人鲁肃为东城县长。周瑜与鲁肃知道袁术最后成不了大事，都抛弃官职，渡过长江来投奔孙策。孙策任用周瑜为建威中郎将。鲁肃于是把全家都搬到曲阿来定居。

第六十三卷 汉纪五十五

译文诵读

孝献皇帝戊建安四年（己卯，199）

渔阳田豫说太守鲜于辅曰：“曹氏奉天子以令诸侯，终能定天下，宜早从之。”辅乃率其众以奉王命。诏以辅以建忠将军，都督幽州六郡。

初，乌桓王丘力居死，子楼班年少，从子蹋顿有武略，代立，总摄上谷大人难楼、辽东大人苏仆延、右北平大人乌延等。袁绍攻公孙瓒，蹋顿以乌桓助之。瓒灭，绍承制皆赐蹋顿、难楼、苏仆延、乌延等单于印绶；又以阎柔得乌桓心，因加宠尉以安北边。其后难楼、苏仆延奉楼班为单于，以蹋顿为王，然蹋顿犹秉计策。

初，操在兖州举魏种孝廉。兖州叛，操曰：“唯魏种且不弃孤。”及闻种走，操怒曰：“种不南走越、北走胡、不置汝也！”既下射犬，生禽种，操曰：“唯其才也！”释其缚而用之，以为河内太守，属以河北事。

绍简精兵十万、骑万匹，欲以攻许。沮授谏曰：“近讨公孙瓒，师出历年，百姓疲敝，仓库无积，未可动也。宜务农息民，先遣使献捷天子；若不得通，乃表曹操隔我王路，然后进屯黎阳，渐营河南，益作舟船，缮修器械，分遣精骑抄其边鄙，令彼不得安，我取其逸，如此，可坐定也。”郭图，审配曰：“以明公之神武，引河朔之强众，以伐曹操，易如覆手，何必乃尔！”授曰：“夫救乱诛暴，谓之义兵；恃众凭强，谓之骄兵；义者无敌，骄者先灭。曹操奉天子以令天下，今举师南向，于义则违。且庙胜之策，不在强弱。曹操法令既行，士卒精练，非公孙瓒坐而受攻者也。今弃万安之术而兴无名之师，窃为公惧之！”图、配曰：“武王伐纣，不为不义；况兵加曹操，而云无名！且以公今日之强，将士思奋，不及时以定大业，所谓‘天与不取，反受其咎’，此越之所以霸，吴之所以灭也。临军之计在于持牢，而非见时知几之变也。”绍纳图言。图等因是谮授曰：“授监统内外，威震三军，若其浸盛，何以制之！夫臣与主同者亡，此《黄石》之所忌也。且御众于外，不宜知内。”绍乃分授所统为三都督，使授及郭图、淳于琼各典一军。骑都尉清河崔琰谏曰：“天子在许，民望助顺，不可攻也！”绍不从。

许下诸将闻绍将攻许，皆惧，曹操曰：“吾知绍之为人，志大而智小，色厉而胆薄，忌克而少威，兵多而分画不明，将骄而政令不壹，土地虽广，粮食虽丰，适足以为吾奉也。”孔融谓荀彧曰：“绍地广兵强，田丰、许攸智士也，为之谋；审配、逢纪忠臣也，任其事；颜良、文丑勇将也，统其兵。殆难克乎！”彧曰：“绍兵虽多而法不整，田丰刚而犯上，许攸贪而不治，审配专而无谋，逢纪果而自用；此数人者，势不相容，必生内变。颜良、文丑，一夫之勇耳，可一战而禽也。”

秋，八月，操进军黎阳，使臧霸等将精兵入青州以捍东方，留于禁屯河上。九月，操还许，分兵守官渡。

关中诸将以袁、曹方争，皆中立顾望。凉州牧韦端使从事天水杨阜诣许，阜还，关右诸将问：“袁、曹胜败孰在？”阜曰：“袁公宽而不断，好谋而少决；不断则无威，少决则后事，今虽强，终不能成大业。曹公有雄才远略，决机无疑，法一而兵精，能用度外之人，所任各尽其力，必能济大事者也。”

袁绍使人求助于刘表，表许之而竟不至，亦不援曹操。从事中郎南阳韩嵩、别驾零陵刘先说表曰：“今两雄相持，天下之重在于将军。若欲有为，起乘其敝可也；如其不然，固将择所宜从。岂可拥甲十万，坐观成败，求援而不能助，见贤而不肯归！此两怨必集于将军，恐不得中立矣。曹操善用兵，贤俊多归之，其势必举袁绍，然后移兵以向江、汉，恐将军不能御也。今之胜计，莫若举荆州以附曹操，操必重德将军；长享福祚，垂之后嗣，此万全之策也。”蒯越亦劝之，表狐疑不断，乃遣嵩诣许曰：“今天下未知所定，而曹操拥天子都许，君为我观其衅。”嵩曰：“圣达节；次守节。嵩，守节者也。夫君臣名定，以死守之；今策名委质，唯将军所命，虽赴汤蹈火，死无辞也。以嵩观之，曹公必得志于天下。将军能上顺天子，下归曹公，使嵩可也；如其犹豫，嵩至京师，天子假嵩一职，不获辞命，则成天子之臣，将军之故吏耳。在君为君，则嵩守天子之命，义不得复为将军死也。惟加重思，无为负嵩！”表以为惮使，强之。至许，诏拜嵩侍中、零陵太守。及还，盛称朝廷、曹公之德，劝表遣子入侍。表大怒，以为怀贰，大会寮属，陈兵，持节，将斩之，数曰：“韩嵩敢怀贰邪！”众皆恐，欲令嵩谢。嵩不为动容，徐谓表曰：“将军负嵩，嵩不负将军！”且陈前言。表妻蔡氏谏曰：“韩嵩，楚国之望也；且其言直，诛之无辞。”表犹怒，考杀从行者，知无他意，乃弗诛而囚之。

策盛兵将徇豫章，屯于椒丘，谓功曹虞翻曰：“华子鱼自有名字，然非吾敌也。若不开门让城，金鼓一震，不得无所伤害。卿便在前，具宣孤意。”翻乃往见华歆曰：“窃闻明府与鄙郡故王府君齐名中州，海内所宗，虽在东垂，常怀瞻仰。”歆曰：“孤不如王会稽。”翻复曰：“不审豫章资粮器仗，士民勇果，孰与鄙郡？”歆曰：“大不如也。”翻曰：“明府言不如王会稽，谦光之谭耳；精兵不如会稽，实如尊教。孙讨逆智略超世，用兵如神，前走刘扬州，君所亲见；南定鄙郡，亦君所闻也。今欲守孤城，自料资粮，已知不足，不早为计，悔无及也。今大军已次椒丘，仆便还去，明日日中迎檄不到者，与君辞矣。”歆曰：“久在江表，常欲北归；孙会稽来，吾便去也。”乃夜作檄，明旦，遣吏赍迎。策便进军，歆葛巾迎策。策谓歆曰："府君年德名望，远近所归；策年幼稚，宜修子弟之礼。"便向歆拜，礼为上宾。

曹操复屯官渡。操常从士徐他等谋杀操，入操帐，见校尉许褚，色变，褚觉而杀之。

初，车骑将军董承称受帝衣带中密诏，与刘备谋诛曹操。操从容谓备曰："今天下英雄，惟使君与操耳，本初之徒，不足数也！"备方食，失匕箸；值天雷震，备因曰："圣人云'迅雷风烈必变'，良有以也。"遂与承及长水校尉种辑、将军吴子兰、王服等同谋。会操遣备与朱灵邀袁术，程昱、郭嘉、董昭皆谏曰："备不可遣也！"操悔，追之，不及。术既南走，朱灵等还。备遂杀徐州刺史车胄，留关羽守下邳，行太守事，身还小沛。东海贼昌豨及郡县多叛操为备。备众数万人，遣使与袁绍连兵，操遣司空长史沛国刘岱、中郎将扶风王忠击之，不克。备谓岱等曰："使汝百人来，无如我何；曹公自来，未可知耳！"

五年（庚辰，200）

春，正月，董承谋泄；壬子，曹操杀承及王服、种辑，皆夷三族。

操欲自讨刘备，诸将皆曰："与公争天下者，袁绍也。今绍方来而弃之东，绍乘人后，若何？"操曰："刘备，人杰也，今不击，必为后患。"郭嘉曰："绍性迟而多疑，来必不速。备新起，众心未附，急击之，必败。"操师遂东。冀州别驾田丰说袁绍曰："曹操与刘备连兵，未可卒解。公举军而袭其后，可一往而定。"绍辞以子疾，未得行。丰举杖击地曰："嗟乎！遭难遇之时，而以婴儿病失其会，惜哉，事去矣！

曹操击刘备，破之，获其妻子；进拔下邳，禽关羽；又击昌豨，破之。备奔青州，因袁谭以归袁绍。绍闻备至，去邺二百里迎之；驻月余，所亡士卒稍稍归之。

曹操还军官渡，绍乃议攻许，田丰曰："曹操既破刘备，则许下非复空虚。且操善用兵，变化无方，众虽少，未可轻也，今不如以久持之。将军据山河之固，拥四州之众，外结英雄，内修农战，然后简其精锐，分为奇兵，乘虚迭出以扰河南，救右则击其左，救左则击其右，使敌疲于奔命，民不得安业，我未劳而彼已困，不及三年，可坐克也。今释庙胜之策而决成败于一战，若不如志，悔无及也。"绍不从。丰强谏忤绍，绍以为沮众，械系之。于是移檄州郡，数操罪恶。二月，进军黎阳。

袁超遣其将颜良攻东郡太守刘延于白马。沮授曰："良性促狭，虽骁勇，不可独任。"绍不听。夏，四月，曹操北救刘延。荀攸曰："今兵少不敌，必分其势乃可。公到延津，若将渡兵向其后者，绍必西应之，然后轻兵袭白马，掩其不备，颜良可禽也。"操从之。绍闻兵渡，即分兵西邀之。操乃引军兼行趣白马，未至十余里，良大惊，来逆战。操使张辽、关羽先登击之。羽望见良麾盖，策马刺良于万众之中，斩其首而还，绍军莫能当者。遂解白马之围，徙其民，循河而西。

绍军至延津南，操勒兵驻营南阪下，使登垒望之，曰：“可五六百骑。”有顷，复白：“骑稍多，步兵不可胜数。”操曰：“勿复白。”令骑解鞍放马。是时，白马辎重就道。诸将以为敌骑多，不如还保营。荀攸曰：“此所以饵敌，如何去之！”操顾攸而笑。绍骑将文丑与刘备将五六千骑前后至。诸将复白“可上马。”操曰：“未也。”有顷，骑至稍多，或分趣辎重。操曰：“可矣。”乃皆上马。时骑不满六百，遂纵兵击，大破之，斩丑。丑与颜良，皆绍名将也，再战，悉禽之，绍军夺气。

初，操壮关羽之为人，而察其心神无久留之意，使张辽以其情问之，羽叹曰：“吾极知曹公待我厚；然吾受刘将军恩，誓以共死，不可背之。吾终不留，要当立效以报曹公乃去耳。”辽以羽言报操，操义之。及羽杀颜良，操知其必去，重加赏赐。羽尽封其所赐，拜书告辞，而奔刘备于袁军。左右欲追之，操曰：“彼各为其主，勿追也。”

广陵太守陈登治射阳，孙策西击黄祖，登诱严白虎余党，图为后害。策还击登，军到丹徒，须待运粮。初，策杀吴郡太守许贡，贡奴客潜民间，欲为贡报仇、策性好猎，数出驱驰，所乘马精骏，从骑绝不能及，卒遇贡客三人，射策中颊，后骑寻至，皆刺杀之。策创甚，召张昭等谓曰：“中国方乱，以吴、越之众，三江之固，足以观成败，公等善相吾弟！”呼权，佩以印绶，谓曰：“举江东之众，决机于两陈之间，与天下争衡，卿不如我；举贤任能，各尽其心以保江东，我不如卿。”丙午，策卒，时年二十六。

权悲号，未视事，张昭曰：“孝廉！此宁哭时邪！”乃改易权服，扶令上马，使出巡军。昭率僚属，上表朝廷，下移属城，中外将校，各令奉职。周瑜自巴丘将兵赴丧，遂留吴，以中护军与张昭共掌众事。时策虽有会稽、吴郡、丹阳、豫章、庐江、庐陵，然深险之地，犹未尽从，流寓之士，皆以安危去就为意，未有君臣之固，而张昭、周瑜等谓权可与共成大业，遂委心而服事焉。

时操制新科，下州郡，颇增严峻，而调绵绢方急。长广太守何夔言于操曰：“先生辨九服之赋以殊远近；制三典之刑以平治乱。愚以为此郡宜依远域新邦之典，其民间小事，使长吏临时随宜，上不背正法，下以顺百姓之心。比及三年，民安其业，然后乃可齐之以法也。”操从之。

曹操出兵与袁绍战，不胜，复还，坚壁。绍为高橹，起土山，射营中，营中皆蒙楯而行。操乃为霹雳车，发石以击绍楼，皆破；绍复为地道攻操，操辄于内为长堑以拒之。操众少粮尽，士卒疲乏，百姓困于征赋，多叛归绍者。操患之，与荀彧书，议欲还许，以致绍师。彧报曰：“绍悉众聚官渡，欲与公决胜败。公以至弱当至强，若不能制，必为所乘，是天下之大机也。且绍，布衣之雄耳，能聚人而不能用。以公之神武明哲而辅以大顺，何向而不济！今谷食虽少，未若楚、汉在荥阳、成皋间也。是时刘、项莫肯先退者，以为先退则势屈也。公以十分居一之众，画地而守之，搤其喉而不得进，已半年矣。情见势竭，必将有变。此用奇之时，不可失也。”操从之，乃坚壁持之。

操见运者，抚之曰：“却十五日为汝破绍，不复劳汝矣。”绍运谷车数千乘至官渡。荀攸言于操曰：“绍运车旦暮至，其将韩猛锐而轻敌，击，可破也！”操曰：“谁可使者？”攸曰：“徐晃可。”乃遣偏将军河东徐晃与史涣邀击猛，破走之，烧其辎重。

冬，十月，绍复遣车运谷，使其将淳于琼等将兵万余人送之，宿绍营北四十里。沮授说绍：“可遣蒋奇别为支军于表，以绝曹操之钞。”绍不从。

许攸曰：“曹操兵少而悉师拒我，许下余守，势必空弱。若分遣轻军，星行掩袭，许可拔也。许拔，则奉迎天子以讨操，操成禽矣。如其未溃，可令首尾奔命，破之必也。”绍不从，曰：“吾要当先取操。”会攸家犯法，审配收系之，攸怒，遂奔操。

操闻攸来，跣出迎之，抚掌笑曰：“子卿远来，吾事济矣！”既入坐，谓操曰：“袁氏军盛，何以待之？今有几粮乎？”操曰：“尚可支一岁。”攸曰：“无是，更言之！”又曰：“可支半岁。”攸曰：“足下不欲破袁氏邪，何言之不实也！”操曰：“向言戏之耳。其实可一月，为之奈何？”攸曰：“公孤军独守，外无救援而粮谷已尽，此危急之日也。袁氏辎重万余乘，在故市、乌巢，屯军无严备，若以轻兵袭之，不意而至，燔其积聚，不过三日，袁氏自败也。”操大喜，乃留曹洪、荀攸守营，自将步骑五千人，皆用袁军旗帜，衔枚缚马口，夜从间道出，人抱束薪，所历道有问者，语之曰：“袁公恐曹操钞略后军，遣兵以益备。”闻者信以为然，皆自若。既至，围屯，大放火，营中惊乱。会明，琼等望见操兵少，出陈门外，操急击之，琼退保营，操遂攻之。

绍闻操击琼，谓其子谭曰：“就操破琼，吾拔其营，彼固无所归矣！”乃使其将高览、张郃等攻操营。郃曰：“曹公精兵往，必破琼等，琼等破，则事去矣，请先往救之。”郭图固请攻操营。郃曰：“曹公营固，攻之必不拔。若琼等见禽，吾属尽为虏矣。”绍但遣轻骑救琼，而以重兵攻操营，不能下。

绍骑至乌巢，操左右或言“贼骑稍近，请分兵拒之。”操怒曰：“贼在背后，乃白！”士卒皆殊死战，遂大破之，斩琼等，尽燔其粮谷，士卒千余人，皆取其鼻，牛马割唇舌，以示绍军。绍军将士皆恟惧。郭图惭其计之失，复谮张郃于绍曰：“郃快军败。”郃忿惧，遂与高览焚攻具，诣操营降。曹洪疑不敢受，荀攸曰：“郃计画不用，怒而来奔，君有何疑！”乃受之。

于是绍军惊扰，大溃。绍及谭等幅巾乘马，与八百骑渡河。操追之不及，尽收其辎重、图书、珍宝。余众降者，操尽坑之，前后所杀七万余人。

沮授不及绍渡，为操军所执，乃大呼曰：“授不降也，为所执耳！”操与之有旧，迎谓曰：“分野殊异，遂用圮绝，不图今日乃相禽也！”授曰：“冀州失策，自取奔北。授知力俱困，宜其见禽。”操曰：“本初无谋，不相用计，今丧乱未定，方当与君图之。”授曰：“叔父、母弟，县命袁氏，若蒙公灵，速死为福。”

操叹曰："孤早相得，天下不足虑也。"遂赦而厚遇焉。授寻谋归袁氏，操乃杀之。

操收绍书中，得许下及军中人书，皆焚之，曰："当绍之强，孤犹不能自保，况众人乎！"

绍为人宽雅，有局度，喜怒不形于色，而性矜愎自高，短于从善，故至于败。

曹操闻孙策死，欲因丧伐之。侍御史张纮谏曰："乘人之丧，既非古义，若其不克，成仇弃好，不如因而厚之。"操即表权为讨虏将军，领会稽太守。

操欲令纮辅权内附，乃以纮为会稽东部都尉。纮至吴，太夫人以权年少，委纮与张昭共辅之。纮思惟补察，知无不为。太夫人问扬武都尉会稽董袭曰："江东可保不？"袭曰："江东有山川之固，而讨逆明府恩德在民，讨虏承基，大小用命，张昭秉众事，袭等为爪牙，此地利人和之时也，万无所忧。"权遣张纮之部，或以纮本受北任，嫌其志趣不止于此，权不以介意。

鲁肃将北还，周瑜止之，因荐肃于权曰："肃才宜佐时，当广求其比以成功业。"权即见肃，与语，悦之。宾退，独引肃合榻对饮，曰："今汉室倾危，孤思有桓、文之功，君何以佐之！"肃曰："昔高帝欲尊事义帝而不获者，以项羽为害也。今之曹操，犹昔项羽，将军何由得为桓、文乎！肃窃料之，汉室不可复兴，曹操不可卒除，为将军计，惟有保守江东以观天下之衅耳。若因北方多务，剿除黄祖，进伐刘表，竟长江所极，据而有之，此王业也。"权曰："今尽力一方，冀以辅汉耳，此言非所及也。"张昭毁肃年少粗疏，权益贵重之，赏赐储偫，富拟其旧。

权料诸小将兵少而用薄者，并合之。别部司马汝南吕蒙，军容鲜整，士卒练习。权大悦，增其兵，宠任之。

汉献帝建安四年（己卯，公元199年）

渔阳人田豫劝告本郡太守鲜于辅说："曹操尊奉天子来号令诸侯，最终能够平定天下，应该早早归顺他。"鲜于辅于是率领部下归附朝廷。献帝下诏任命鲜于辅为建忠将军，都督幽州六郡军务。

起初，乌桓王丘力居死后，他的儿子楼班年龄还小，侄儿蹋顿勇武善战，富有谋略，就接替了丘力居的王位，总领上谷大人难楼、辽东大人苏仆延、右北平大人乌延等。袁绍进攻公孙瓒时，蹋顿率领乌桓人帮助袁绍。公孙瓒灭亡后，袁绍用皇帝的名义对蹋顿、难楼、苏仆延、乌延等都赐予单于印绶。袁绍又因为阎柔受到乌桓人敬重，对阎柔待遇特别优厚，以求得北方边境的安定。后来，难楼、苏仆延共同尊奉楼班为单于，以蹋顿为王，但实际事务仍由蹋顿掌管。

当初，曹操在兖州推荐魏种为孝廉。兖州反叛时，曹操说："只有魏种不会辜负我。”及至听到魏种逃走的消息，曹操大怒，说：“你魏种不逃到南越、北胡，我就不放过你！”攻下射犬以后，生擒魏种，曹操说：“只因为他有才干！”解开捆绑他的绳索，任用他为河内郡太守，让他负责黄河以北的事务。

袁绍挑选了精兵十万，良马万匹，打算攻打许都。沮授劝阻他说：“近来讨伐公孙瓒，连年出兵，百姓疲困不堪，仓库中又没有积蓄，不能出兵。应当抓紧农业生产，使百姓休养生息。先派遣使者将消灭公孙瓒的捷报呈献天子，如果捷报不能上达天子，就可以上表指出曹操断绝我们与朝廷的联系，然后出兵进驻黎阳，逐渐向黄河以南发展。同时多造船只，整修武器，分派精锐的骑兵去骚扰曹操的边境，使他不得安定，而我们以逸待劳，这样，坐着就可以统一全国。”郭图、审配说：“以您用兵如神的谋略，统率北方的强兵，去讨伐曹操，易如反掌，何必那样费事？”沮授说：“用兵去救乱除暴，被称为义兵；倚仗人多势众，被称为骄兵。义兵无敌，骄兵先亡。曹操尊奉天子以号令天下，如今我们要是举兵南下，就违背了群臣大义。而且，克敌制胜的谋略，不在于强弱。曹操法令严明，士兵训练有素，不是公孙瓒那样坐等被打的人。如今要舍弃万全之计而出动无名之师，我为您担忧！”郭图、审配说：“周武王讨伐商纣王，并不是不义；何况我们是讨伐曹操，怎么能说是师出无名？而且以您今天的强盛，将士们急于立功疆场，不乘此时机奠定大业，就正像古人所说的：‘不接受上天给予的赏赐，就会反受其害。’这正是春秋时期越国所以兴盛，吴国所以灭亡的原因，监军沮授的计策过于持重，不是随机应变的谋略。”袁绍采纳了郭图等的意见。郭图等乘机向袁绍讲沮授的坏话，说：“沮授总管内外，威震三军，如果势力逐渐扩张，将怎样控制他！臣下的权威与君主一样，就一定会灭亡，这是兵书《黄石》指出的大忌。而且统军在外的人，不应同时主持内部政务。”袁绍就把沮授所统领的军队分为三部分，由三位都督指挥，派沮授、郭图与淳于琼各统一军。骑都尉、清河人崔琰劝阻袁绍说：“天子在许都，民心倾向于那边，不能进攻！”袁绍不听。

西汉前期铜马及手俑

许都的将领们听说袁绍要来进攻，都心中害怕。曹操说：“我知道袁绍的为人，志向很大而智谋短浅，外表勇武而内心胆怯，猜忌刻薄而缺少威信，人马虽多而调度无方，将领骄横而政令不一，他的土地虽然广大，粮食虽然丰足，却正好是为我们预备的。”孔融对荀彧说：“袁绍地广兵强，有田丰、许攸这样的智士为他出谋划策，审配、逢纪这样的忠臣为他办事，颜良、文丑这样的勇将为他统领军队，恐怕难以战胜吧！”荀彧说：“袁绍的兵马虽多，但法纪不严。田丰刚直，但冒犯上司；许攸贪婪，又治理无方；审配专权，却没有谋略；逢纪处事果断，但自以为是。这几个人，势必不能相容，一定会生内讧。颜良、文丑不过是匹夫之勇，一仗就可以捉住他们。”

秋季，八月，曹操进军黎阳，派臧霸等充领精兵，到青州去保卫东方边境，留于禁驻扎在黄河之畔。九月，曹操返回许都，分兵驻守官渡。

关中地区的将领们看到袁绍与曹操正在争斗，都保持中立，坐观成败。凉州牧韦端派遣从事、天水人杨阜前往许都，杨阜返回后，关中将领们问他：“袁绍与曹操相争，将会谁胜谁败？”杨阜说：“袁公宽容而不果断，好谋而迟疑不决；不果断就没有威信，迟疑不决就会错过时机，如今虽强，但终究不能成就大业。曹公有雄才大略，当机立断，毫不迟疑，法令统一，兵强马壮，能不拘一格地任用人才，部下各尽其力，一定能成就大业。”

袁绍派使者向荆州牧刘表请求援助，刘表应许他的请求，但援军始终不到，而他也不帮助曹操。从事中郎、南阳人韩嵩和别驾、零陵人刘先劝刘表说：“如今袁绍、曹操两雄相持，天下的重心在于将军。如果您想有所作为，可以乘他们斗得两败俱伤时起兵；如果没有那个意思，就应当选择所应归附的对象，进行援助。怎么能拥兵十万，坐观成败，遇到求援而不能相助，看见贤能的人而不肯归附！这样，双方的怨恨必定都集中到您身上，您恐怕就不能中立了。曹操善于用兵，贤才俊杰多为他效力，势必战胜袁绍，然后他再进军长江、汉水一带，恐怕将军您抵御不住。如今最好的办法，不如将荆州归附曹操，曹操一定会感激将军，将军就可以长享福运，并可传给后代，这是万全之策。”蒯越也劝刘表这样做，刘表犹豫不决，于是派韩嵩前往许都，对韩嵩说：“如今天下不知谁能最后胜利，而曹操拥戴天子，建都于许县，你为我去观察一下那里的形势。”韩嵩说：“圣人可以通达权变，次者只能严守节操。我是个守节的人，君臣名分一定，就以死守之。如今我作为将军的僚属，只服从您的命令，赴汤蹈火，虽死不辞。据我看来，曹操一定会统一天下。如果将军能上尊天子，下归曹操，就可以派我出使许都；如果将军犹豫不决，我到京城，万一天子授予我一个官职，又无法辞让，则我就成为天子之臣，只是将军的旧部了。既成为天子的臣属，便遵奉天子的命令，在大义上就不能再为将军效命了。请您三思，不要辜负了我的一腔忠诚！”刘表以为韩嵩害怕出使到许都，就强迫他去。韩嵩到达许都，献帝下诏，任命韩嵩为侍中、零陵郡太守。韩嵩从许都返回后，盛赞朝廷与曹操的恩德，劝刘表把儿子送到朝廷做人质。刘表大怒，认为韩嵩有二心，就召集全体僚属，排列武士，手持代表天子权力的符节，打算杀死韩嵩。刘表责问韩嵩说：“韩嵩，你竟敢怀有二心吗！”大家都为他担心，劝他向刘表谢罪。韩嵩不动声色，态度从容地对刘表说：“是将军辜负了我，我并没有辜负将军！”就把自己以前说过的话又重复了一遍。刘表的妻子蔡氏劝告刘表说：“韩嵩是楚地有名望的人士，而且他的话有理，杀他没有罪名。”刘表仍然怒气不息，用重刑拷问跟随韩嵩出使的官员，有的被拷打致死，终于知道韩嵩没有背叛自己的意思，就未杀韩嵩，而把他囚禁起来。

孙策统大军准备进攻豫章郡，驻扎在椒丘，他对功曹虞翻说："华歆虽有名望，但不是我的对手。如果他不开门让城，一旦发动进攻，不会没有死伤。请你就在他的面前，讲明我的意思。"虞翻就先去拜见华歆，说："听说您与我郡的前任太守王郎在中原地区都享有盛名，受到海内的一致尊崇，虽然我居住在偏远的东方，心中常常景仰。"华歆说："我不如王朗。"虞翻又说："不知豫章郡的粮草储存，武器装备以及民众的勇敢斗志，比我们会稽郡如何？"华歆说："远远比不上。"虞翻说："您说名望不如王朗，是谦虚之词；但兵力精强比不上会稽，则正如您的判断。孙将军智谋出众，用兵如神。以前，他攻破扬州刺史刘繇，是您亲眼所见；再向南平定我们会稽郡，您也一定有耳闻。如今，你要固守孤城，自己已知粮草不足，不早做打算，后悔就来不及了。现在孙将军大军已到椒丘，我这就回去，如果明天中午迎接孙将军的檄文还没送到，我就不能与您再见了。"华歆说："我久在江南，常想北归家乡，孙将军一到，我就离开。"于是，华歆连夜赶写迎接孙策的檄文，第二天一早，就派人送到孙策军前。孙策随即领军前进，华歆头戴葛巾，身着便装迎接孙策。孙策对华歆说："您年高德劭，名满天下，深为远近人心所归；我年幼识浅，应当用子弟拜见长辈的礼节见您。"于是，孙策按照子弟的礼节拜见华歆，将华歆尊为上宾。

曹操又进驻官渡。曹操身边的侍卫徐他等策划谋杀曹操。他们进入曹操的营帐，刚想动手，见到校尉许褚，脸色大变。许褚发觉，将徐他等杀死。

当初，车骑将军董承声称接受了献帝衣带中的密诏，与刘备一起密谋刺杀曹操。一天，曹操从容地对刘备说："如今天下的英雄，只有您和我罢了，袁绍之流，是算不上数的！"刘备正在吃东西，匙子和筷子跌落，正遇到天上打雷，刘备乘机说："圣人说：'遇到迅雷和暴风，使人改变脸色。'真是这样。"事后，刘备便与董承以及长水校尉种辑、将军吴子兰、王服等一同策划。这时，曹操派遣刘备与朱灵去截击袁术，程昱、郭嘉、董昭等都劝阻曹操，说："不可派遣刘备率兵外出！"曹操后悔，派人去追，没有追上。袁术既向南退回寿春，朱灵等班师回朝。刘备就杀死徐州刺史车胄，留关羽镇守下邳，代理下邳郡太守，自己回到小沛。东海乱匪首领昌豨以及其他郡县多背叛曹操，归附刘备。刘备拥有部众数万人，派使者与袁绍联系会师。曹操派遣司空长史、沛国人刘岱和中郎将、扶风人王忠率军进攻刘备，刘岱等失利。刘备对刘岱等人说："像你们这样的，来上一百个，也不能把我怎么样；如果曹公亲自来，胜负就难以预料了。"

五年（庚辰，公元200年）

春季，正月，董承的密谋败露。壬子（疑误），曹操杀死董承和王服、种辑，并将他们的三族全部屠灭。

曹操打算亲自出马讨伐刘备，将领们都说："与您争夺天下的是袁绍，如今袁绍大军压境，而您却向东讨伐刘备，如果袁绍在背后进行攻击，怎么办？”曹操说：“刘备是人中豪杰，如今不进攻他，必定成为后患。”郭嘉说：“袁绍性情迟钝，而且多疑，即使来进攻，也必定不会很快。刘备刚刚创立基业，人心还没有完全归附，赶快进攻，一定能将刘备击败。”曹操于是挥师东征刘备。冀州别驾田丰劝袁绍说：“曹操与刘备交战，不会立即分出胜负，将军率军袭击他的后方，可以一举成功。”袁绍因儿子患病而推辞，未能出兵。田丰举杖击地说：“唉！遇到这种难得的机会，却因为婴儿的病而放弃，可惜啊，大事完了！”

曹操进攻刘备，将刘备打败，俘虏了他的妻子家小。曹操接着攻克下邳，捉住关羽，又击败昌豨。刘备逃奔青州，通过袁谭投奔袁绍。袁绍听说刘备来到，出邺城二百里，亲自去迎接刘备。刘备在邺城住了一个多月，被打散的士兵逐渐回到刘备身边。

曹操率军回到官渡，袁绍才开始计议进攻许都。田丰说：“曹操既然击败刘备，则许都已不再空虚。而且曹操善于用兵，变化无穷，兵马虽少，却不可轻视。现在，不如按兵不动，与他相持。将军据守山川险固，拥有四州的民众，对外结交英雄，对内抓紧农耕，加强战备。然后，挑选精锐之士，分出来组成奇兵，频繁攻击薄弱之处，扰乱黄河以南。敌军救右，我军则击其左；救左，则击其右，使得敌军疲于奔命，百姓无法安心生产，我们没有劳苦，而敌军已经陷入困境，不到三年，就可坐等胜利。现在放弃必胜的谋略，而要以一战来决定成败，万一不能如愿，后悔就来不及了。”袁绍没有采纳。田丰竭力劝谏，冒犯了袁绍，袁绍认为田丰扰乱军心，给他戴上刑具，关押起来。于是，袁绍用公文通告各州、郡，宣布曹操的罪状。二月，袁绍进军黎阳。

袁绍派大将颜良到白马进攻东郡太守刘延，沮授说：“颜良性情急躁狭隘，虽然骁勇，但不可让他独当一面。”袁绍不听。夏季，四月，曹操率军向北援救刘延。荀攸说：“如今我们兵少，不是袁军的对手，只有分散他的兵力才行。您到延津后，做出准备渡河袭击袁绍后方的样子，袁绍必然向西应战。然后，您率军轻装急进，袭击白马，攻其不备，就可击败颜良。”曹操听从了荀攸的计策。袁绍听说曹军要渡河，就分兵向西阻截。曹操于是率军急速向白马挺进，还差十余里，颜良才得到消息，大吃一惊，前来迎战。曹操派张辽、关羽作先锋，关羽望见颜良的旌旗伞盖，策马长驱直入，在万众之中刺死颜良，斩下他的头颅而归，袁绍军中无人能够抵挡。于是，解开白马之围，曹操把全城百姓沿黄河向西迁徙。

袁绍大军到达延津以南，曹操部署军队在南阪下安营，派人登上营垒瞭望。瞭望的人报告说：“敌军大约有五六百骑兵。”一会儿，又报告说：“骑兵逐渐增多，步兵不可胜数。”曹操说：“不必再报告了。”命令骑兵解下马鞍，放马休息。这时，从白马运送的辎重已经上路，将领们认为敌军骑兵多，不如回去守卫营垒。荀攸说：“这正是引敌上钩，怎么能离开？”曹操看着荀攸微微一笑。袁绍的骑兵将领文丑与刘备率领五六千骑兵先后赶到，曹军将领们都说：“可以上马了。”曹操说：“还没到时候。”又过了一会儿，袁军的骑兵更多了，有的已分别攻击曹军的辎重车队，曹操说：“时候到了。”于是曹军全体骑兵上马。当时曹军骑兵不到六百人，曹操挥军猛击，大破袁军，斩杀文丑。文丑与颜良都是袁绍军中有名的大将，两次交战，先后被曹军杀死，袁绍军中士气大衰。

起初，曹操欣赏关羽的为人，但观察关羽的心思，没有久留之意，就派张辽去了解关羽的想法，并羽叹息说：“我十分明白曹公待我情义深厚，但我受刘将军厚恩，已发誓与他同生死，共患难，不能背弃誓言。我最终不会留在这里，但要立功报答曹公后才离去。”张辽把关羽的话报告给曹操，曹操佩服他的义气。等到关羽杀死颜良后，曹操知道他一定要去，就重加赏赐。关羽把所有曹操赏赐的东西都封存起来，留下一封拜别的书信向曹操辞行，就到袁绍军投奔刘备。曹操的左右将领要去追赶关羽，曹操说：“他是各为其主，不要去追。”

广陵郡太守陈登把郡府设在射阳，孙策向西攻击黄祖，陈登引诱严白虎的余党，准备在孙策后方起事。孙策率军回击陈登，先驻在丹徒，等待运输粮草。当初，孙策曾杀死吴郡太守许贡，许贡的家奴和门客藏在民间，打算为许贡报仇。孙策性喜打猎，经常在外追赶野兽，他骑的一匹骏马速度极快，卫士们的马根本追不上。孙策乘马驱驰时，突然遇到许贡的三个门客，他们用箭射中孙策面颊，后面的卫士骑马随即将门客全部刺杀。孙策受伤很重，召唤张昭等人，对他们说：“中原正在大乱，以吴、越的人力，据守三江险要，足以坐观成败。你们一定要好好辅佐我的弟弟！”把孙权叫来，把印绶给孙权佩上，对孙权说：“率领江东的人马，决战于疆场，与天下英雄相争，你不如我；遴选贤才，任用能臣，使他们各尽忠心，保守江东，我不如你。”四月，丙午（初四），孙策去世，当时他二十六岁。

孙权悲痛号哭，没有去主持军政事务。张昭对他说：“孙孝廉，这难道是哭的时候吗？”于是给孙权换好官服，扶孙权上马，要他出去巡视军营。张昭率领僚属，向朝廷上表奏报孙策的死讯，并通知属下郡、县，命令各地官吏和大小将领都严守岗位。周瑜从巴丘率兵前来奔丧，就留在吴郡，担任中护军，与张昭一起主持军政事务。当时孙策虽然已经占有会稽、吴郡、丹阳、豫章、庐江、庐陵这几个郡，但偏远山区，还未全部控制。流亡客居在江南的士大夫，也还怀有暂时避难的想法，与孙策、孙权未建立起稳定的君臣关系。但张昭、周瑜等人认为可以与孙权共同完成大业，于是尽心尽力地为孙权效力。

当时曹操制定了新的法令，颁下州、郡执行，比以前严厉得多，而且征收棉、绢相当急迫。长广郡太守何夔对曹操说：“古代的君王把赋税分为九等，以距京城的远近作为标准，而且根据归附早晚与治乱的情况订立了轻典、中典、重典三种不同的刑法标准。我认为长广郡应该按照归附较晚的边远地区施行法律，赋税从轻，法令从宽。民间的小事，由地方官员因地制宜，自行处理，上不违背朝廷正法，下可顺应百姓之心。等到三年以后，百姓安居乐业，然后再推行朝廷的统一法令。”曹操批准了这个意见。

曹操出兵与袁绍交战，没有取胜，又退回营垒，坚守不出。袁绍军中制造高楼，堆起土山，居高临下地向曹营射箭，曹军在营中行走，都要用盾牌遮挡飞箭。曹操制成霹雳车，发射石块，将袁绍的高楼全都击毁。袁绍又挖地道进攻，曹军在营内挖一道长长的深沟，以抵御袁军从地下来攻。曹操兵少粮尽，士兵疲惫不堪，百姓无法交纳沉重的赋税，纷纷背叛而降附袁绍。曹操大为忧虑，给荀彧写信，说准备用退回许都的办法，引诱袁军深入。荀彧回信说："袁绍集中全部军队到官渡，打算与您一决胜负。您以最弱者抵抗最强者，如果不能制敌，就将为敌所制，这正是夺取天下的关键。而且，袁绍只是布衣中的英雄罢了，能把人才招集在自己身边，却不能任用。以您的神武明智，加上尊奉天子、名正言顺，有谁能阻拦得住！如今，粮食虽少，但还没有到楚、汉在荥阳、成皋对峙时的困境。那时刘邦、项羽谁也不肯先向后撤，是因为先退就会处于劣势。您的军队只有袁绍军队的十分之一，但您坚守不动，扼住袁军的咽喉，使袁军无法前进，已长达半年。情势显现，已到终结，必将发生变化，这正是出奇制胜的时机，一定不能放弃。"曹操听从荀彧的劝告，于是坚守营垒，与袁绍相持。

曹操见到运输粮草的人，安抚他们说："再过十五天，为你们击败袁绍，就不再辛苦你们运粮了。"袁绍的运粮车数千辆来到官渡，荀攸对曹操说："袁绍的运送辎重的车队马上就要来了，押运的大将韩猛勇敢而轻敌，进攻他，可以把他击败！"曹操说："派谁去合适？"荀攸说："徐晃最合适。"于是，曹操派遣偏将军河东人徐晃与史涣在半路截击韩猛，击退韩猛，烧毁辎重。

冬季，十月，袁绍又派大批车辆运粮草，让大将淳于琼等率领一万余人护送，停留在袁绍大营以北四十里处。沮授劝袁绍说："可派遣蒋奇率一支军队，在运粮队的外围巡逻，以防曹操派军袭击。"袁绍不听。

许攸说："曹操兵少，而集中全力来抵抗我军，许都由剩下的人守卫，防备一定空虚，如果派一支队伍轻装前进，连夜奔袭，可以攻陷许都。占领许都后，就奉迎天子以讨伐曹操，必能捉住曹操。假如他未立刻溃散，也能使他首尾不能兼顾，疲于奔命，一定可将他击败。"袁绍不同意，说："我一定要先捉住曹操。"正在这时，许攸家里有人犯法，留守邺城的审配将他们逮捕，许攸知道后大怒，就投奔曹操。

曹操听说许攸前来，等不及穿鞋，光着脚出来迎接他，拍手笑着说："许子卿，你远道而来，我的大事可成功了！"入座以后，许攸对曹操说："袁军势大，你有什么办法对付他？现在还有多少粮草？"曹操说："还可以支持一年。"许攸说："没有那么多，再说一次。"曹操又说："可以支持半年。"许攸说："您不想击破袁绍吗？为什么不说实话呢！"曹操说："刚才只是开玩笑罢了，其实只可应付一个月，怎么办呢？"许攸说："您孤军独守，外无救援，而粮草已尽，这是危急的关头。袁绍有一万多辆辎重车，在故市、乌巢，守军戒备不严密，如果派轻装部队袭击，出其不意而来，焚毁他们的粮草与军用物资，不出三天，袁绍大军就会自行溃散。”曹操大喜，于是留下曹洪、荀攸防守大营，亲自率领五千名步骑兵出击。军队一律用袁军的旗号，兵士嘴里衔着小木棍，把马嘴绑上，以防发出声音，夜里从小道出营，每人抱一捆柴草。经过的路上遇到有人盘问，就回答说：“袁公恐怕曹操袭击后方辎重，派兵去加强守备。”听的人信以为真，全都毫无戒备。到达乌巢后，围住袁军辎重，四面放火，袁军营中大乱。正在这时，天已渐亮，淳于琼等看到曹军兵少，就在营外摆开阵势，曹操进军猛击，淳于琼等抵挡不住，退守营寨，于是曹军开始进攻。

袁绍听到曹操袭击淳于琼的消息，对儿子袁谭说：“就算曹操攻破淳于琼，我去攻破他的大营，让他无处可归。”于是，派遣大将高览、张郃去攻打曹军大营。张郃说：“曹操亲率精兵前去袭击，必能攻破淳于琼等，他们一败，辎重被毁，则大势已去，请先去救援淳于琼。”郭图坚持要先攻曹操营寨。张郃说：“曹操营寨坚固，一定不能攻克。如果淳于琼等被捉，我们都将成为俘虏。”袁绍只是派轻兵去援救淳于琼，而派重兵进攻曹军大营，未能攻下。

袁绍增援的骑兵到达乌巢，曹操左右有人说：“敌人的骑兵逐渐靠近，请分兵抵抗。”曹操怒喝道：“敌人到了背后，再来报告！”曹军士兵都拼死作战，于是大破袁军，斩杀淳于琼等，烧毁袁军全部粮秣。将一千余名袁军士兵的鼻子全都割下，将所俘获的牛马的嘴唇、舌头也割下，拿给袁绍军队看。袁军将士看到后，大为恐惧。郭图因自己的计策失败，心中羞愧，就又去袁绍那里诬告张郃，说：“张郃听说我军失利，十分幸灾乐祸。”张郃听说后，又恨又怕，就与高览烧毁了攻营的器械，到曹营去投降。曹洪生怕中计，不敢接受他们投降。荀攸说：“张郃因为计策不为袁绍采用，一怒之下来投奔，您有什么可怀疑的！”于是接受张郃、高览的投降。

于是，袁军惊恐，全面崩溃。袁绍与袁谭等戴着头巾，骑着快马，率领八百名骑士渡过黄河而逃。曹军追赶不及，但缴获了袁绍的全部辎重、图书和珍宝。袁军残部投降，全部被曹操活埋掉，先后杀死的有七万余人。

沮授来不及跟上袁绍渡河逃走，被曹军俘虏，于是他大喊：“我不是投降，只是被擒！”曹操和他是老相识，亲自来迎接他，对他说：“咱们处在不同的地区，一直被隔开不能相见，想不到今天你会被我捉住。”沮授说：“袁绍失策，自取失败。我的才智和能力全都无法施展，该当被擒。”曹操说：“袁绍缺乏头脑，不能采用你的计策，如今，天下战乱未定，我要与你一同创立功业。”沮授说：“我叔父与弟弟的性命，都控制在袁绍手中。如果蒙您看重，就请

张郃街亭绝汲

快些杀我，这才是我的福气。”曹操叹息说：“我如果早就得到你，天下大事都不值得担忧了。”于是，赦免沮授，并给予他优厚待遇。不久，沮授策划逃回袁绍军中，曹操这才将他杀死。

曹操收缴袁绍的往来书信，得到许都官员及自己军中将领写给袁绍的信，他将这些信全部烧掉，说：“当袁绍强盛之时，连我都不能自保，何况众人呢！”

袁绍为人宽厚文雅，有气度，喜怒不形于色，但性格刚愎自用，难于采纳别人的正确意见，所以最终失败。

曹操听到孙策的死讯，打算乘孙权等正在办丧事之机，大举讨伐。侍御史张纮说：“乘人办丧事进行讨伐，是不符合古代道义的，如果不能攻克，便化友为敌，不如利用这个机会厚待他。”于是曹操上表推荐孙权担任讨虏将军，兼任会稽郡太守。

曹操想让张纮辅佐孙权，劝导孙权归附朝廷，于是，上表推荐张纮担任会稽郡东部都尉。张纮来到吴郡，孙权的母亲吴夫人认为孙权年纪尚轻，委托张纮与张昭共同辅佐孙权。张纮一心辅政，尽心尽力。吴夫人向扬武校尉、会稽人董袭说：“江东能保得住吗？”董袭说：“江东地形险要，易守难攻。孙策将军的恩德留在民间，孙权将军继承基业，大小官员都拥护他。张昭主持大局。我们这些武将作为爪牙，这正是地利人和之时，万无一失，不必担忧。”孙权派遣张纮到会稽郡上任，有人认为张纮本是朝廷任命的官员，疑心他的志向不仅在此，但孙权并不因此而介意。

鲁肃将要返回北方故乡，周瑜劝他留下，并向孙权推荐说：“鲁肃才干出众，应当委以重任，还要多延聘一些他这样的人才，以成就大业。”孙权立即接见鲁肃，与他交谈，大为赏识。等到宾客都告辞后，单独留下鲁肃，把坐榻合在一处，相对饮酒。孙权说：“如今汉王室垂危，我想建立齐桓公、晋文公那样的功业，你有什么办法帮助我？”鲁肃说：“从前，汉高祖刘邦打算尊奉义帝，但并未如愿，是因为项羽从中阻碍。如今的曹操，正像当年的项羽，将军有什么办法去效仿齐桓公、晋文公呢？我私下推测，汉朝王室已不能复兴，曹操也不能一下就被消灭掉。为将军打算，只有保守江东，以观察天下大局的变化。如果能乘曹操在北方用兵，无暇南顾之机，消灭黄祖，进讨刘表，把长江流域全部控制，这就能建立帝王之业。”孙权说：“如今我尽力经营一方，只是希望辅佐汉王室罢了，你所说的这些我还没有想到。”张昭诽谤鲁肃年轻、粗疏，但孙权却越发重视鲁肃，赏赐给他财物，使鲁肃的豪富同鲁家当年一样。

孙权检查属下的低级将领，将部下兵力较少而能力又差的加以合并。别部司马、汝南人吕蒙，部下军容整齐，训练有素，孙权大为夸奖，为他增兵，并加以宠任。

第六十四卷　汉纪五十六

译文诵读

孝献皇帝己建安六年（辛巳，201）

操自击刘备于汝南，备奔刘表，龚都等皆散。表闻备至，自出郊迎，以上宾礼待之，益其兵，使屯新野。备在荆州数年，尝于表坐起至厕，慨然流涕。表怪，问备，备曰："平常身不离鞍，髀肉皆消。今不复骑，髀里肉生。日月如流，老将至矣，而功业不建，是以悲耳。"

张鲁以鬼道教民，使病者自首其过，为之请祷。实无益于治病，然小人昏愚，竞共事之。犯法者，三原，然后乃行刑；不置长吏，皆以祭酒为治。民、夷便乐之，流移寄在其地者，不敢不奉其道。后遂袭取巴郡。朝廷力不能征，遂就宠鲁为镇民中郎将，领汉宁太守，通贡献而已。

七年（壬午，202）

袁绍自军败，惭愤，发病呕血；夏，五月，薨。

曹操下书责孙权任子，权召群僚会议，张昭、秦松等犹豫不决。权引周瑜诣吴夫人前定议，瑜曰："昔楚国初封，不满百里之地。继嗣贤能，广土开境，遂据荆、扬，传业延祚，九百余年。今将军承父兄余资，兼六郡之众，兵精粮多，将士用命，铸山为铜，煮海为监，境内富饶，人不思乱，有何逼迫而欲送质？质一人，不得不与曹氏相首尾，与相首尾，则命召不得不往，如此，便见制于人也。极不过一侯印，仆从十余人，车数乘，马数匹，岂与南面称孤同哉！不如勿遣，徐观其变。若曹氏能率义以正天下，将军事之未晚；若图为暴乱，彼自亡之不暇，焉能害人！"吴夫人曰："公瑾议是也。公瑾与伯符同年，小一月耳，我视之如子也，汝其兄事之。"遂不送质。

八年（癸未，203）

春，二月，曹操攻黎阳，与袁谭、袁尚战于城下，谭、尚败走，还邺。夏，四月，操追至邺，收其麦；诸将欲乘胜遂攻之，郭嘉曰："袁绍爱此二子，莫适立也。今权力相侔，各有党与，急之则相保，缓之则争心生。不如南向荆州以待其变；变成而后击之，可一举定也。”操曰：“善！”五月，操还许，留其将贾信屯黎阳。

袁尚自将攻袁谭，大破之，谭奔平原，婴城固守。尚围之急，谭遣辛评弟毗诣曹操请救。

辛毗至西平见曹操，致谭意，群下多以为刘表强，宜先平之，谭、尚不足忧也。荀攸曰：“天下方有事，而刘表坐保江、汉之间，其无四方之志可知矣。袁氏据四州之地，带甲数十万，绍以宽厚得众心；使二子和睦以守其成业，则天下之难未息也。今兄弟遘恶，其势不两全，若有所并则力专，力专则难图也；及其乱而取之，天下定矣，此时不可失也。”操从之。

后数日，操更欲先平荆州，使谭、尚自相敝，辛毗望操色，知有变，以语郭嘉。嘉白操，操谓毗曰：“谭必可信，尚必可克不？”毗对曰：“明公无问信与诈也，直当论其势耳。袁氏本兄弟相伐，非谓他人能间其间，乃谓天下可定于己也。今一旦求救于明公，此可知也。显甫见显思困而不能取，此力竭也。兵革败于外，谋臣诛于内，兄弟谗阋，国分为二，连年战伐，介胄生虮虱，加以旱蝗，饥馑并臻；天灾应于上，人事困于下，民无愚智，皆知土崩瓦解，此乃天亡尚之时也。今往攻邺，尚不还救，即不能自守；还救，即谭踵其后。以明公之威，应困穷之敌，击疲敝之寇，无异迅风之振秋叶矣。天以尚与明公，明公不取而伐荆州；荆州丰乐，国未有衅。仲虺有言，‘取乱侮亡’。方今二袁不务远略而内相图，可谓乱矣；居者无食，行者无粮，可谓亡矣。朝不谋夕，民命靡继，而不绥之，欲待他年；他年或登，又自知亡而改修厥德，失所以用兵之要矣。今因其请救而抚之，利莫大焉。且四方之寇，莫大于河北，河北平，则六军盛而天下震矣。”操曰：“善！”乃许谭平。

冬，十月，操至黎阳。尚闻操渡河，乃释平原还邺。

九年（甲申，204）

二月，袁尚复攻袁谭于平原，留其将审配、苏由守邺。曹操进军至洹水，苏由欲为内应，谋泄，出奔操。操进至邺，为土山、地道以攻之。尚武安长尹楷屯毛城，以通上党粮道。夏，四月，操留曹洪攻邺，自将击楷，破之而还；又击尚将沮鹄于邯郸，拔之。

五月，操毁土山、地道，凿堑围城，周回四十里，初令浅，示若可越。配望见，笑之，不出争利。操一夜浚之，广深二丈，引漳水以灌之；城中饿死者过半。

尚兵既至，诸将皆以为：“此归师，人自为战，不如避之。”操曰：“尚从大道来，当避之；若循西山来者，此成禽耳。”尚果循西山来，东至阳平亭，去邺十七里，临滏水为营。夜，举火以示城中，城中亦举火相应。配出兵城北，欲与尚对决围。操逆击之，败还，尚亦破走，依曲漳为营，操遂围之。未合，尚惧，遣使求降；操不听，围之益急。尚夜遁，保祁山，操复进围之；尚将马延、张颛等，临陈降，众大溃，尚奔中山。尽收其辎重，得尚印绶、节钺及衣物，以示城中，城中崩沮。审配令士卒曰："坚守死战！操军疲矣，幽州方至，何忧无主！"操出行围，配伏弩射之，几中。

配兄子荣为东门校尉，八月，戊寅，荣夜开门内操兵。配拒战城中，操兵生获之。辛评家系邺狱，辛毗驰往，欲解之，已悉为配所杀。操兵缚配诣帐下，毗逆以马鞭击其头，骂之曰："奴，汝今日真死矣！"配顾曰："狗辈，正由汝曹，破我冀州，恨不得杀汝也；且汝今日能杀生我邪！"有顷，操引见，谓配曰："曩日孤之行围，何弩之多也！"配曰："犹恨其少！"操曰："卿忠于袁氏，亦自不得不尔。"意欲活之。配意气壮烈，终无桡辞，而辛毗等号哭不已，遂斩之。冀州人张子谦先降，素与配不善，笑谓配曰："正南，卿竟何如我？"配厉声曰："汝为降虏，审配为忠臣，虽死，岂羡汝生邪！"临行刑，叱持兵者令北向，曰："我君在北也。"操乃临祀绍墓，哭之流涕；慰劳绍妻，还其家人宝物，赐杂缯絮，禀食之。

初，袁绍与操共起兵，绍问操曰："若事不辑，则方面何所可据？"操曰："足下意以为何如？"绍曰："吾南据河，北阻燕、代，兼戎狄之众，南向以争天下，庶可以济乎！"操曰："吾任天下之智力，以道御之，无所不可。"

许攸恃功骄嫚，尝于众坐呼操小字曰："某甲，卿非我，不得冀州也！"操笑曰："汝言是也。"然内不乐，后竟杀之。

十年（乙酉，205）

春，正月，曹操攻南皮，袁谭出战，士卒多死。操欲缓之，议郎曹纯曰："今县师深入，难以持久，若进不能克，退必丧威。"乃自执桴鼓以率攻者，遂克之。谭出走，追斩之。

李孚自称冀州主簿，求见操曰："今城中强弱相陵，人心扰乱，以为宜令新降为内所识信者宣传明教。"操即使孚往入城，告谕吏民，使各安故业，不得相侵，城中乃安。操于是斩郭图等及其妻子。

郭嘉说操多辟青、冀、幽、并名士以为掾属，使人心归附，操从之。官渡之战，袁绍使陈琳为檄书，数操罪恶，连及家世，极其丑诋。及袁氏败，琳归操，操曰："卿昔为本初移书，但可罪状孤身，何乃上及父祖邪！"琳谢罪，操释之，使与陈留阮瑀俱管记室。

秘书监、侍中荀悦作《申鉴》五篇，奏之。悦，爽之兄子也。时政在曹氏，天子恭己，悦志在献替，而谋无所用，故作是书。其大略曰："为政之术，先屏四患，乃崇五政。伪乱俗，私坏法，放越轨，奢败制：四者不除，则政末由行矣，是谓四患。兴农桑以养其生，审好恶以正其俗，宣文教以章其化，立武备以秉其威，明赏罚以统其法，是谓五政。人不畏死，不可惧以罪；人不乐生，不可劝以善。故在上者，先丰民财以定其志，是谓养生。善恶要乎功罪，毁誉效于准验，听言责事，举名察实，无或诈伪以荡众心。故俗无奸怪，民无淫风，是谓正俗。荣辱者，赏罚之精华也，故礼教荣辱以加君子，化其情也；桎梏鞭扑以加小人，化其形也。若教化之废，推中人而坠于小人之域，教化之行，引中人而纳于君子之涂，是谓章化。在上者必有武备以戒不虞，安居则寄过内致，有事则用之军旅，是谓秉威。赏罚，政之柄也。人主不妄赏，非爱其财也，赏妄行，则善不劝矣；不妄罚，非矜其人也，罚妄行，则恶不惩矣。赏不劝，谓之止善，罚不惩，谓之纵恶。在上者能不止下为善，不纵下为恶，则国法立矣。是谓统法。四患既独，五政又立，行之以诚，守之以固，简而不怠，疏而不失，垂拱揖让，而海内平矣。”

汉献帝建安六年（辛巳，公元201年）

曹操亲自率军到汝南进攻刘备，刘备败走，到荆州投靠刘表，龚都等人都四散而逃。刘表听到刘备来的消息，亲自到郊外来迎接，用上宾的礼节接待刘备，又给刘备增加一些部队，让刘备驻扎在新野。刘备在荆州住了好几年。曾有一次，他在会见刘表时起身上厕所，感慨地流下泪来。刘表感到奇怪，问他是什么原因，刘备说：“我平常身不离马鞍，大腿内侧没有什么肉。如今不再骑马，大腿内侧长出了肉。日月如同流水，人已经快老了，但功业没有建立，所以悲伤。”

张鲁用鬼神之道教化百姓。他让病人自己坦白所犯的过失，再由他为病人向上天祈祷。这种方法实际上并不能治病，但那些愚昧的人却深信不疑，争着一同信奉张鲁。对犯法的人，张鲁饶恕三次，然后才施用刑法。不设置官吏，而全部由天师道中的首领祭酒来管理各级行政事务。当地的百姓以及夷人对张鲁的制度都很欢迎，外地流亡到汉中地区的人，也不敢不信奉天师道。后来，张鲁又夺取巴郡。朝廷无力进行征讨，只好安抚张鲁，任命他为镇民中郎将，兼任汉宁郡太守。张鲁对特朝廷，只是进贡当地土特产而已。

七年（壬申，公元202年）

袁绍自从官渡战败之后，羞愧愤恨，发病吐血。夏季，五月，袁绍去世。

曹操发下公文，要孙权派自己的弟弟或儿子到朝廷来做官。孙权召集众官员进行会商，张昭、秦松等人犹豫不决。孙权领周瑜来见自己母亲吴夫人，在她面前做最后决定。周瑜说：“从前，楚国开始受封于周朝时，统治的区域方圆不到一百里。后继的国君贤明能干，开拓疆土，遂占有荆州与扬州，王业相传延续，达九百多年。如今，将军承袭父、兄的基业，拥有六郡的地盘与人力，兵精粮足，将士听命。上山开采铜矿，沿海炼制食盐，境内富庶，人心安定，有什么压力使咱们要送人质？人质一送去，就不能不与曹操紧密联系，既然紧密联系，那么朝廷下令征召时就不能不前往。这样，就会被人所控制。最多不过是得一个侯印，有十几个仆从，几辆车，几匹马，难道与面向南方而称孤道寡相同吗！不如不送人质，慢慢观察事态变化。如果曹操真能以君臣大义来治理天下，将军再侍奉他也不晚。如果他图谋不轨，犯上作乱，他救自己都顾不上，又怎么能害人？”吴夫人对孙权说：“周瑜说得很对。他与你哥哥孙策同年，只小一个月。我把他看做自己的儿子，你要当做哥哥来尊敬他。”因此决定不送人质。

八年（癸未，公元203年）

春季，二月，曹操进攻黎阳，与袁谭、袁尚在黎阳城下展开大战，袁谭、袁尚败走，退回邺城。夏季，四月，曹操大军追到邺城，收割了地里的小麦。曹军将领都提出要乘胜攻打邺城，郭嘉说：“袁绍生前喜欢这两个儿子，没能决定让谁做继承人。如今，他们权力相等，各有党羽辅佐。情况危急，就相互援救；局势稍有缓和，就又会争权夺利。不如先向南进取荆州，等待他们兄弟内讧，然后再进攻，可以一举平定。”曹操说：“好！”五月，曹操回到许都，留部将贾信驻守黎阳。

袁尚亲自统帅大军进攻袁谭，袁谭大败，逃到平原，据城固守。袁尚将城围住，发动猛攻。袁谭派辛评的弟弟辛毗到曹操那里求救。

辛毗到西平拜见曹操，转达袁谭求救的请求。曹操部下官员多认为刘表势大，应当先消灭刘表，袁谭、袁尚自相残杀，不足忧虑。荀攸说：“目前，正是天下英雄争霸之机，而刘表坐守江、汉之间，可知他胸无占有四方的大志。袁氏家族占据四州之地，有兵马数十万，袁绍以宽厚而得民心，假如他的两个儿子和睦相处，共守已有的基业，则天下灾难不能平息。如今他们兄弟相争，势不两立，如果一个人吞并了另一个人，则力量就会集中起来，力量集中后，再想进取就困难了。应该乘他们相持不下时动手夺取，天下就可以平定了。这个机会不能失去。”曹操表示同意。

过了几天，曹操又打算先平定荆州，让袁谭、袁尚自相削弱。辛毗观察曹操脸色，知道他又改变主意，就去告诉郭嘉。郭嘉报告曹操，曹操对辛毗说：“袁谭是否一定可信？袁尚是否一定能被攻克？”辛毗说：“您不要问是否有诈，只应看整个形势的发展变化。袁谭、袁尚兄弟相争，并未考虑到别人会乘机利用，只是认为天下可由自己平定。如今，袁谭向您求救，表明他已走投无路；袁尚看到袁谭陷入困境，却不能一举攻破袁谭，说明袁尚也已智穷力竭。他们的形势是军队在外战败，谋士在内被杀，兄弟内讧，土地割裂，连年征战，将士的甲胄里都长出虱子。再加上旱灾与蝗灾，造成饥荒，天灾人祸，上下交应，百姓无论智慧或是愚笨，都已知道袁氏统治将要土崩瓦解，这正是上天灭亡袁尚的时机。如今您去攻打邺城，袁尚不撤军回救，邺城就不能自守；袁尚返回救援，袁谭就会在后攻击。以您的军威，对付穷困之敌，进击疲惫之军，犹如疾风去吹落秋叶一般。上天把袁尚赏赐给您，您却不去进攻袁尚，而要讨伐荆州。荆州富裕安乐，没有机会可供您利用。从前仲虺说：‘敌人有内乱则夺取，敌人有覆亡迹象则侵入。’如今，袁氏兄弟不顾长远大局，自相攻击，可称为内乱；居民饥饿，行人无粮，可称为覆亡的迹象。黄河以北的百姓朝不虑夕，性命全无保障，而您不立即去安抚，却要等到以后。以后如果赶上丰收，袁氏兄弟又醒悟到已濒于危亡而痛改前非，则您就将失去用兵的机会。现在，利用袁谭求救而去援助，对您是最有利的。而且您的敌人，没有比占据黄河以北的袁氏更强大的了。您平定黄河以北后，就军威大盛，震动天下了。”曹操说：“对！”于是，答应出兵救援袁谭。

冬季，十月，曹操进军到黎阳。袁尚听到曹军渡过黄河的消息，解除对平原的包围，撤回邺城。

九年（甲申，公元204年）

二月，袁尚又到平原去进攻袁谭，留部将审配、苏由镇守邺城。曹操进军到洹水，苏由打算为曹操作内应，因密谋泄露，苏由就出城投奔曹操。曹操大军到达邺城后，上筑土山，下挖地道，发动进攻。袁尚委任的武安县县长尹楷驻军毛城，以保护通向上党的粮道。夏季，四月，曹操留曹洪继续攻打邺城，亲自统军进攻尹楷，击败尹楷后回师。又去进攻镇守邯郸的袁尚部将沮鹄，攻陷邯郸。

五月，曹操毁去土山、地道，开凿壕沟，包围邺城，围圈达四十里。最初让挖得很浅，看去好像可以越过。审配在城上看见，放声大笑，没有派兵出来破坏。曹操派人乘夜疏浚，一夜之间，挖成深二丈、宽二丈的深壕，把漳河水引入壕沟，完全断绝了邺城内外的联系。城中人饿死大半。

袁尚的援军到达以后，曹军将领们都认为：“这是思归之军，人人都将拼死作战，不如先避开。”曹操说：“袁尚如果从大路来，应当避开；如果沿着西山来，则将被我们击败。”袁尚果然沿着西山向邺城出发，在距邺城十七里的阳平亭，在滏水边扎营。晚上，点火告知城中守军，城中也点火相应。审配率军出城，驻在城北，准备与袁尚内外夹击，冲破曹军的包围。曹操迎击审配，审配抵挡不住，退回城里。袁尚也被曹军击败，退到漳河拐弯处安营。曹操于是包围袁尚营寨，还未安全围住时，袁尚畏惧，派使者向曹操请求投降，曹操拒绝接受，加紧部署包围。袁尚乘夜逃走，退守祁山。曹操又进军包围，袁尚部将马延、张顗等临阵投降，袁尚全军溃散，袁尚逃往中山。曹军俘获了袁尚的全部辎重，得到袁尚的印绶、节杖、黄钺以及衣物等，拿去给邺城守军看，守军斗志顿时崩溃。审配命令将士们说：“坚守死战！曹操已经疲惫不堪了，袁熙率领的幽州援军就要来到，我们还怕没有人来做主吗！”曹操出营巡视围城部队，审配埋伏强弩射击，几乎射中曹操。

审配哥哥的儿子审荣为邺城东门校尉。八月，戊寅（初二），审荣乘夜打开城门，放曹军入城。审配在城中抵抗，被曹军生擒。辛评的家眷被关在邺城监狱中，辛毗赶去，打算救护他们，但全家都已被审配下令杀死。曹军士兵把审配绑起来带到大帐，辛毗迎面用马鞭猛抽审配头部，大骂他说：“奴才，你今天死定了！”审配瞪着辛毗说："狗东西，正是由于你们这些人，冀州才遭到曹军蹂躏，我恨不能亲手杀死你。而且，你今天能决定我的生死吗！"过了一会儿，曹操接见审配，对他说："那天我巡视围城部队，你怎么有那么多弓弩！"审配说："我还恨弓弩少！"曹操说："你效忠于袁氏，也不得不那样做。"有心宽恕审配。但审配意气壮烈，始终不说一句屈服求饶的话，而辛毗等人在旁号哭不止，曹操遂下令杀死审配。冀州人张子谦先投降了曹操，他一向与审配关系不好，笑着对审配说："审配，你到底比我怎么样？"审配厉声叱责他说："你是投降的俘虏，而我是忠臣，虽然一死，难道羡慕你活吗！"等到行刑时，审配大声命令刽子手让自己面向北方，说："我的君主在北方。"曹操亲自去袁绍墓前祭祀，痛哭流涕。安慰袁绍的妻子，退还袁家的金银财宝，并赐给绸缎丝绵等，发给生活费用。

起初，袁绍与曹操共同起兵讨伐董卓，袁绍问曹操说："假如大事不成，有什么地方可以据守？"曹操说："你的意思如何？"袁绍说："我南据黄河，北方依靠燕、代地区，召集北方蛮族兵力，向南争夺天下，大概可以成功吧！"曹操说："我任用天下的贤能智士，加以正确指导，在什么地方都成。"

许攸仗恃功劳，态度傲慢，曾在众人坐在一起的场合中，喊着曹操的小名说："曹阿瞒，要不是我，你得不到冀州！"曹操笑着说："你说得对。"但心里感到不高兴，后来竟杀掉了许攸。

十年（乙酉，公元205年）

春季，正月，曹操进攻南皮，袁谭率军出战，曹军伤亡惨重。曹操准备稍微减缓攻势，议郎曹纯说："如今，咱们孤军深入，难以持久，如果进不能攻克敌城，一后退就会大损军威。"曹操于是亲自擂动战鼓，命令部下进攻，遂攻陷南皮。袁谭出逃，被曹军追上，杀死。

李孚自称冀州主簿，求见曹操，对曹操说："现在城中秩序骚乱，百姓不分强弱，相互攻杀，人心惶惶。我认为，应当派遣新近归降而又为城内所认识信任的人去传达您的命令。"曹操立即派李孚入城，告诉城中官民，让他们各安故业，不得互相侵犯，城中才安定下来。曹操于是斩杀袁谭的谋士郭图等及其妻子儿女。

郭嘉劝说曹操多延聘青、冀、幽、并四州的名士作为属官，使人心归附，曹操采纳了他的意见。官渡之战前，袁绍命令陈琳撰写讨伐曹操的檄文，历数曹操的罪恶，并攻击曹家的祖先，极尽丑化诋毁之能事。等到袁绍失败后，陈琳投降曹操，曹操对他说："你从前为袁绍写檄文，只该攻击我本人，为什么要向上攻击到我的父亲、祖父？"陈琳谢罪，曹操便赦免他，派他与陈留人阮瑀一同担任主管撰写奏章的记室。

秘书监、侍中荀悦，撰写《申鉴》五篇，上奏给献帝。荀悦是荀爽哥哥的儿子。当时，政权掌握在曹操手中，献帝只是表面上的最高统治者，荀悦有志为朝廷贡献自己的才干，但他的谋略都无处施展，所以著述此书。书中的主要内容是：

“治理天下的办法，首先是消灭‘四患’，然后要推行‘五政’。以虚伪败坏风俗，用私心破坏法纪，行为放荡而超越正常规定，奢侈靡费而损坏国家制度，不消灭这四种现象，就无法推行政令，所以称之为‘四患’。振兴农业与桑蚕业，以保障百姓生活；分辨善恶，以纠正民间习俗；推行文化教育，以改善社会风气；建立武备，以维持朝廷的威严；赏罚分明，以统一法令，这就是‘五政’。百姓不怕死，就不要以刑罚来恐吓他们；百姓没有生趣，就不可能劝导他们向善。所以，身居高位的人，要先使百姓富足起来。使他人安居乐业，这就是保障民生。对于善、恶，要以功、罪为标准来判定；对于毁谤与赞誉，要用实际效果来进行检验。对人不仅要听他的言论，更要观察他的行为；不被他的名声所困扰，要考察他是否名实相符；不能让虚伪狡诈的人得逞，免得人们去纷纷仿效。因此，没有奸怪的习俗，民间没有淫乱之风，这就是纠正民俗。奖励与羞辱是赏赐、惩罚的核心，所以礼教规定，荣誉与羞辱只能施加于君子，以改变他们的内心；枷锁与鞭笞则专用来对付小人，以改变他们的行为。如果不推行教化，就会使中等资质的人也堕落成小人；而推行教化，就能使这些中等资质的人升为君子；这就是改善社会风气。作为统治者，必然要拥有军队，以防备不能预料的变化，平时用来管理内政，战时则效命疆场，这就是维持威严。赏赐与惩罚，是执政的权柄。君王不随意赏赐，并不是爱息财物，而是因为，随意赏赐，就不能用赏赐来劝导人们行善；君王不随意惩罚，并不是姑息怜悯，而是因为，随意惩罚，就不能使惩罚来打击犯罪。赏赐而没有起到劝导的作用，就是阻止人们行善；惩罚而没有起倒打击的作用，就是纵容人们作恶。作为统治者，能够不阻止下面的人行善，不纵容下面的人作恶，则国法确立，这就是统一法令。除去了‘四患’，又建立了‘五政’，诚心诚意地执行，长期坚持，简要而不懈怠，疏阔而不遗漏。这样，不需劳神费心，天下就能太平了。”

第六十五卷 汉纪五十七

译文诵读

孝献皇帝庚建安十一年（丙戌，206）

曹操自将击高幹，留其世子丕守邺，使别驾从事崔琰傅之。操围壶关，三月，壶关降。高干自入匈奴求救，单于不受；干独与数骑亡，欲南奔荆州，上洛都尉王琰捕斩之，并州悉平。

初，山阳仲长统游学至并州，过高幹，幹善遇之，访以世事。统谓幹曰："君有雄志而无雄材，好士而不能择人，所以为君深戒也。"幹雅自多，不悦统言，统遂去之。幹死，荀彧举统为尚书郎。著论曰《昌言》，其言治乱，略曰："豪杰之当天命者，未始有天下之分者也，无天下之分，故战争者竞起焉。角智者皆穷，角力者皆负，形不堪复伉，势不足复校，乃始羁首系颈，就我之衔绁耳。及继体之时，豪杰之心既绝，士民之志已定，贵有常家，尊在一人。当此之时，虽下愚之才居之，犹能使恩同天地，威侔鬼神，周、孔数千无所复角其圣，贲、育百万无所复奋其勇矣。彼后嗣之愚主，见天下莫敢与之违，自谓若天地之不可亡也，乃奔其私嗜，骋其邪欲，君臣宣淫，上下同恶，荒废庶政，弃忘人物。信任亲爱者，尽佞谄容说之人也；宠贵隆丰者，尽后妃姬妾之家也。遂至熬天下之脂膏，斲生民之骨髓，怨毒无聊，祸乱并起，中国扰攘，四夷侵叛，土崩瓦解，一朝而去，昔之为我哺乳之子孙者，今尽是我饮血之寇仇也。至于运徙势去，犹不觉悟者，岂非富贵生不仁，沉溺致愚疾邪！存亡以之迭代，治乱从此周复，天道常然之大数也。"

十二年（丁亥，207）

曹操将击乌桓。诸将皆曰："袁尚亡虏耳，夷狄贪而无亲，岂能为尚用。今深入征之，刘备必说刘表以袭许，万一为变，事不可悔。"郭嘉曰："公虽威震天下，胡恃其远，必不设备，因其无备，卒破击之，可破灭也。且袁绍有恩于民夷，而尚兄弟生存。今四州之民，徒以威附，德施未加，舍而南征，尚因乌桓之资，招其死主之臣，胡人一动，民夷俱应，以生蹋顿之心，成觊觎之计，恐青、冀非已之有也。表坐谈客耳，自知才不足以御备，重任之则恐不能制，轻任之则备不为用，虽虚国远征，公无忧矣。”操从之。行至易，郭嘉曰：“兵贵神速。今千里袭人，辎重多，难以趋利，且彼闻之，必为备；不如留辎重，轻兵兼道以出，掩其不意。”

初，袁绍数遣使召田畴于无终，又即授将军印，使安辑所统，畴皆拒之。及曹操定冀州，河间邢颙谓畴曰：“黄巾起来，二十余年，海内鼎沸，百姓流离。今闻曹公法令严。民厌乱矣，乱极则平，请以身先。”遂装还乡里。畴曰：“邢颙，天民之先觉者也。”操以颙为冀州从事。畴忿乌桓多杀其本郡冠盖，意欲讨之而力未能。操遣使辟畴，畴戒其门下趣治严。门人曰：“昔袁公慕君，礼命五至，君义不屈；今曹公使一来而君若恐弗及者，何也？”畴笑曰：“此非君所识也。”遂随使者到军，拜为蓨令，随军次无终。

操令畴将其众为乡导，上徐无山，堑山堙谷，五百余里，经白檀，历平冈，涉鲜卑庭，东指柳城。未至二百里，虏乃知之。尚、熙与蹋顿及辽西单于楼班、右北平单于能臣抵之等将数万骑逆军。八月，操登白狼山，卒与虏遇，众甚盛。操车重在后，被甲者少，左右皆惧。操登高，望虏阵不整，乃纵兵击之，使张辽为前锋，虏众大崩，斩蹋顿及名王已下，胡、汉降者二十余万口。

辽东单于速仆丸与尚、熙奔辽东太守公孙康，其众尚有数千骑。或劝操遂击之，操曰：“吾方使康斩送尚、熙首，不烦兵矣。”九月，操引兵自柳城还。公孙康欲取尚、熙以为功，乃先置精勇于厩中，然后请尚、熙入，未及坐，康叱伏兵禽之，遂斩尚、熙，并速仆丸首送之。诸将或问操：“公还而康斩尚、熙，何也？”操曰：“彼素畏尚、熙，吾急之则并力，缓之则自相图，其势然也。”操枭尚首，令三军：“敢有哭之者斩！”帝招独设祭悲哭，操义之，举为茂才。

初，琅邪诸葛亮寓居襄阳隆中，每自比管仲、乐毅；时人莫之许也，惟颍川徐庶与崔州平谓为信然。州平，烈之子也。

刘备在荆州，访士于襄阳司马徽。徽曰：“儒生俗士，岂识时务，识时务者在乎俊杰。此间自有伏龙、凤雏。”备问为谁，曰：“诸葛孔明、庞士元也。”徐庶见备于新野，备器之。庶谓备曰：“诸葛孔明，卧龙也，将军岂愿见之乎！”备曰：“君与俱来。”庶曰：“此人可就见，不可屈致也，将军宜枉驾顾之。”

备由是诣亮，凡三往，乃见。因屏人曰：“汉室倾颓，奸臣窃命，孤不度德量力，欲信大义于天下，而智术浅短，遂用猖蹶，至于今日。然志犹未已，君谓计将安出？”亮曰：“今曹操已拥百万之众，挟天子而令诸侯，此诚不可与争锋。孙权据有江东，已历三世，国险而民附，贤能为之用，此可与为援而不可图也。荆州北据汉、沔，利尽南海，东连吴、会，西通巴、蜀，此用武之国，而其主不能守，此殆天所以资将军也。益州险塞，沃野千里，天府之土；刘璋暗弱，张鲁在北，民殷国富而不知存恤，智能之士思得明君。将军既帝室之胄，信义著于四海，若跨有荆、益，保其岩阻，抚和戎、越，结好孙权，内修政治，外观时变，则霸业可成，汉室可兴矣。”备曰：“善！”于是与亮情好日密。关羽、张飞不悦，备解之曰：

“孤之有孔明，犹鱼之有水也。愿诸君勿复言。”羽、飞乃止。

十三年（戊子，208）

初，巴郡甘宁将僮客八百人归刘表，表儒人，不习军事，宁观表事势终必无成，恐一朝众散，并受其祸，欲东入吴。黄祖在夏口，军不得过，乃留，依祖三年，祖以凡人畜之。孙权击祖，祖军败走，权校尉凌操将兵急追之。宁善射，将兵在后，射杀操，祖由是得免。军罢，还营，待宁如初。祖都督苏飞数荐宁，祖不用；宁欲去，恐不免；飞乃白祖，以宁为邾长。宁遂亡奔孙权，周瑜、吕蒙共荐达之，权礼异，同于旧臣。

宁献策于权曰：“今汉祚日微，曹操终为篡盗。南荆之地，山川形便，诚国之西势也。宁观刘表，虑既不远，儿子又劣，非能承业传基者也。至尊当早图之，不可后操。图之之计，宜先取黄祖。祖今昏耄已甚，财谷并乏，左右贪纵，吏士心怨，舟船战具，顿废不修，怠于耕农，军无法伍，至尊今往，其破可必。一破祖军，鼓行而西，据楚关，大势弥广，即可渐规巴、蜀矣。”权深纳之。张昭时在坐，难曰：“今吴下业业，若军果行，恐必致乱。”宁谓昭曰：“国家以萧何之任付君，君居守而忧乱，奚以希慕古人乎！”权举酒属宁曰：“兴霸，今年行讨，如此酒矣，决以付卿。卿但当勉建方略，令必克祖，则卿之功，何嫌张长史之言乎！”

权遂西击黄祖。祖横两蒙冲挟守沔口，以栟闾大绁系石为矴，上有千人，以弩交射，飞矢雨下，军不得前。偏将军董袭与别部司马凌统俱为前部，各将敢死百人，人被两铠，乘大舸，突入蒙冲里。袭身以刀断两绁，蒙冲乃横流，大兵遂进。祖令都督陈就以水军逆战。平北都尉吕蒙勒前锋，亲枭就首。于是将士乘胜，水陆并进，傅其城，尽锐攻之。遂屠其城。祖挺身走，追斩之，虏其男女数万口。

夏，六月，罢三公官，复置丞相、御史大夫。癸巳，以曹操为丞相。操以冀州别驾从事崔琰为丞相西曹掾，司空东曹掾陈留毛玠为丞相东曹掾，元城令河内司马朗为主簿，弟懿为文学掾，冀州主簿卢毓为法曹议令史。毓，植之子也。

琰、玠并典选举，其所举用皆清正之士，虽于时有盛名而行不由本者，终莫得进。拔敦实，斥华伪，进冲逊，抑阿党。由是天下之士莫不以廉节自励，虽贵宠之臣，舆服不敢过度，至乃长吏还者，垢面羸衣，独乘柴车，军吏入府，朝服徒行，吏洁于上，俗移于下。操闻之，叹曰：“用人如此，使天下人自治，吾复何为哉！”

司马懿，少聪达，多大略。崔琰谓其兄朗曰：“君弟聪亮明允，刚断英特，非子所及也！”操闻而辟之，懿辞以风痹。操怒，欲收之，懿惧，就职。

壬子，太中大夫孔融弃市。融恃其才望，数戏侮曹操，发辞偏宕，多致乖忤。操以融名重天下，外相容忍而内甚嫌之。融又上书，“宜准古王畿之制，千里寰内不以封建诸侯。”操疑融所论建渐广，益惮之。融与郗虑有隙，虑承操风旨，构成其罪，令丞相军谋祭酒路粹奏："融昔在北海，见王室不静，而招合徒众，欲规不轨。及与孙权使语，谤讪朝廷。又，前与白衣祢衡跌荡放言，更相赞扬。衡谓融曰'仲尼不死'，融答'颜回复生'，大逆不道，宜极重诛。"操遂收融，并其妻子皆杀之。

初，刘表二子，琦、琮。表为琮娶其后妻蔡氏之侄，蔡氏遂爱琮而恶琦，表妻弟蔡瑁、外甥张允并得幸于表，日相与毁琦而誉琮。琦不自宁，与诸葛亮谋自安之术，亮不对。后乃共升高楼，因令去梯。谓亮曰："今日上不至天，下不至地，言出子口，而入吾耳，可以言未？"亮曰："君不见申生在内而危，重耳居外而安乎？"琦意感悟，阴规出计。会黄祖死，琦求代其任，表乃以琦为江夏太守。表病甚，琦归省疾。瑁、允恐其见表而父子相感，更有托后之意，乃谓琦曰："将军使君抚临江夏，其任至重；今释众擅来，必见谴怒。伤亲之欢，重增其疾，非孝敬之道也。"遂遏于户外，使不得见，琦流涕而去。表卒，瑁、允等遂以琮为嗣。琮以侯印授琦，琦怒，投之地，将因奔丧作难。会曹操军至，琦奔江南。

章陵太守蒯越及东曹掾傅巽等劝刘琮降操，曰："逆顺有大体，强弱有定势。以人臣而拒人主，逆道也；以新造之楚而御中国，必危也；以刘备而敌曹公，不当也。三者皆短，将何以待敌？且将军自料何如刘备？若备不足御曹公，则虽全楚不能以自存也；若足御曹公，则备不为将军下也。"琮从之。九月，操至新野，琮遂举州降，以节迎操。诸将皆疑其诈，娄圭曰："天下扰扰，各贪王命以自重，今以节来，是必至诚。"操遂进兵。

时刘备屯樊，琮不敢告备。备久之乃觉，遣所亲问琮，琮令官属宋忠诣备宣旨。时曹操已在宛，备乃大惊骇，谓忠曰："卿诸人作事如此，不早相语，今祸至方告我，不亦太剧乎！"引刀向忠曰："今断卿头，不足以解忿，亦耻丈夫临别复杀卿辈！"遣忠去。乃呼部曲共议，或劝备攻琮，荆州可得。备曰："刘荆州临亡托我以孤遗，背信自济，吾所不为，死何面目以见刘荆州乎！"备将其众去，过襄阳，驻马呼琮；琮惧，不能起。琮左右及荆州人多归备。备过辞表墓，涕泣而去。比到当阳，众十余万人，辎重数千两，日行十余里，别遣关羽乘船数百艘，使会江陵。或谓备曰："宜速行保江陵，今虽拥大众，被甲者少，若曹公兵至，何以拒之！"备曰："夫济大事必以人为本，今人归吾，吾何忍弃去！"

操以江陵有军实，恐刘备据之，乃释辎重，轻军到襄阳。闻备已过，操将精骑五千急追之，一日一夜行三百余里，及于当阳之长坂。备弃妻子，与诸葛亮、张飞、赵云等数十骑走，操大获其人众辎重。

到夏口，闻操已向荆州，晨夜兼道，比至南郡，而琮已降，备南走，肃径迎之，与备会于当阳长坂。肃宣权旨，论天下事势，致殷勤之意。且问备曰："豫州今欲何至？"备曰："与苍梧太守吴巨有旧，欲往投之。"肃曰："孙讨虏聪明仁惠，敬贤礼士，江表英豪，咸归附之，已据有六郡，兵精粮多，足以立事。今为君计，莫若遣腹心自结于东，以共济世业。而欲投吴巨，巨是凡人，偏在远郡，行将为人所并，岂足托乎！”备甚悦。肃又谓诸葛亮曰：“我，子瑜友也。”即共定交。子瑜者，亮兄瑾也，避乱江东，为孙权长史。备用肃计，进住鄂县之樊口。

曹操自江陵将顺江东下。诸葛亮谓刘备曰：“事急矣，请奉命求救于孙将军。”遂与鲁肃俱诣孙权。亮见权于柴桑，说权曰：“海内大乱，将军起兵江东，刘豫州收众汉南，与曹操共争天下。今操芟夷大难，略已平矣，遂破荆州，威震四海。英雄无用武之地，故豫州遁逃至此，愿将军量力而处之！若能以吴、越之众与中国抗衡，不如早与之绝；若不能，何不按兵束甲，北面而事之！今将军外托服从之名而内怀犹豫之计，事急而不断，祸至无日矣。”权曰：“苟如君言，刘豫州何不遂事之乎？”亮曰：“田横，齐之壮士耳，犹守义不辱；况刘豫州王室之胄，英才盖世，众士慕仰，若水之归海。若事之不济，此乃天也，安能复为之下乎！”权勃然曰：“吾不能举全吴之地，十万之众，受制于人。吾计决矣！非刘豫州莫可以当曹操者；然豫州新败之后，安能抗此难乎？”亮曰：“豫州军虽败于长坂，今战士还者及关羽水军精甲万人，刘琦合江夏战士亦不下万人。曹操之众，远来疲敝，闻追豫州，轻骑一日一夜行三百余里，此所谓‘强弩之末势不能穿鲁缟’者也。故《兵法》忌之，曰‘必蹶上将军’。且北方之人，不习水战；又，荆州之民附操者，逼兵势耳，非心服也。今将军诚能命猛将统兵数万，与豫州协规同力，破操军必矣。操军破，必北还；如此，则荆、吴之势强，鼎足之形成矣。成败之机，在于今日！”权大悦，与其群下谋之。

是时，曹操遗权书曰：“近者奉辞伐罪，旌麾南指，刘琮束手。今治水军八十万众，方与将军会猎于吴。”权以示臣下，莫不响震失色。长史张昭等曰：“曹公，豺虎也，挟天子以征四方，动以朝廷为辞；今日拒之，事更不顺。且将军大势可以拒操者，长江也；今操得荆州，奄有其地，刘表治水军，蒙冲斗舰乃以千数，操悉浮以沿江，兼有步兵，水陆俱下，此为长江之险已与我共之矣，而势力众寡又不可论。愚谓大计不如迎之。”鲁肃独不言。权起更衣，肃追于宇下。权知其意，执肃手曰：“卿欲何言？”肃曰：“向察众人之议，专欲误将军，不足与图大事。今肃可迎操耳，如将军不可也。何以言之？今肃迎操，操当以肃还付乡党，品其名位，犹不失下曹从事，乘犊车，从吏卒，交游士林，累官故不失州郡也。将军迎操，欲安所归乎？愿早定大计，莫用众人之议也！”权叹息曰：“诸人持议，甚失孤望。今卿廓开大计，正与孤同。”

时周瑜受使至番阳，肃劝权召瑜还。瑜至，谓权曰：“操虽托名汉相，其实汉贼也。将军以神武雄才，兼仗父兄之烈，割据江东，地方数千里，兵精足用，英雄乐业，当横行天下，为汉家除残去秽；况操自送死，而可迎之邪！请为将军筹之：今北土未平，马超、韩遂尚在关西，为操后患；而操舍鞍马，仗舟楫，与吴、越争衡，今又盛寒，马无藁草；驱中国士众远涉江湖之间，不习水土，必生疾病。此数者用兵之患也，而操皆冒行之，将军禽操，宜在今日。瑜请得精兵数万人，进住夏口，保为将军破之！”权曰：“老贼欲废汉自立久矣，徒忌二袁、吕布、刘表与孤耳；今数雄已灭，惟孤尚存。孤与老贼势不两立，君言当击，甚与孤合，此天以君授孤也。”因拨刀斫前奏案曰：“诸将吏敢复有言当迎操者，与此案同！”乃罢会。

是夜，瑜复见权曰：“诸人徒见操书言水步八十万而各恐慑，不复料其虚实，便开此议，甚无谓也。今以实校之，彼所将中国人不过十五六万，且已久疲；所得表众亦极七八万耳，尚怀狐疑。夫以疲病之卒御狐疑之众，众数虽多，甚未足畏。瑜得精兵五万，自足制之，愿将军勿虑！”权抚其背曰：“公瑾，卿言至此，甚合孤心。子布、元表诸人，各顾妻子，挟持私虑，深失所望；独卿与子敬与孤同耳，此天以卿二人赞孤也。五万兵难卒合，已选三万人，船粮战具俱办。卿与子敬、程公便在前发，孤当续发人众，多载资粮，为卿从援。卿能办之者诚决，邂逅不如意，便还就孤，孤当与孟德决之。”遂以周瑜、程普为左右督，将兵与备并力逆操；以鲁肃为赞军校尉，助画方略。

进，与操遇于赤壁。

时操军众，已有疾疫。初一交战，操军不利，引次江北。瑜等在南岸，瑜部将黄盖曰：“今寇众我寡，难与持久。操军方连船舰，首尾相接，可烧而走也。”乃取蒙冲斗舰十艘，载燥荻、枯柴，灌油其中，裹以帷幕，上建旌旗，豫备走舸，系于其尾。先以书遗操，诈云欲降。时东南风急，盖以十舰最著前，中江举帆，余船以次俱进。操军吏士皆出营立观，指言盖降。去北军二里余，同时发火，火烈风猛，船往如箭，烧尽北船，延及岸上营落。顷之，烟炎张天，人马烧溺死者甚众。瑜等率轻锐继其后，雷鼓大震，北军大坏。操引军从华容道步走，遇泥泞，道不通，天又大风，悉使羸兵负草填之，骑乃得过。羸兵为人马所蹈藉，陷泥中，死者甚众。刘备、周瑜水陆并进，追操至南郡。时操军兼以饥疫，死者太半。操乃留征南将军曹仁、横野将军徐晃守江陵，折冲将军乐进守襄阳，引军北还。

益州牧刘璋闻曹操克荆州，遣别驾张松致敬于操。松为人短小放荡，然识达精果。操时已定荆州，走刘备，不复存录松。主簿杨修白操辟松，操不纳；松以此怨，归，劝刘璋绝操，与刘备相结，璋从之。

汉献帝建安十一年（丙戌，公元206年）

曹操亲自率军征讨并州刺史高干，留下世子曹丕镇守邺城，派别驾、从事崔琰辅佐曹丕。曹操大军包围壶关。三月，壶关投降。高干亲自去向匈奴求救，被匈奴单于拒绝。高干身边只剩几名骑兵卫士，想南逃到荆州去投奔刘表。半路上，被上洛都尉王琰捉获，斩首。并州全部平定。

当初，山阳人仲长统游学来到并州，拜访刺史高干，高干对他待遇优厚，征求他对时局的看法。仲长统对高干说：“你有雄心大志，却缺乏雄才大略；喜好贤能之士，却不能鉴别人才。在这些事上面，你要深以为戒。”高干一向自以为是，对仲长统的话很不高兴，仲长统就离开了高干。高干死后，荀彧推荐仲长统担任尚书郎。仲长统撰写《昌言》，分析国家的安危治乱，主要大意是：“受命于上天的英雄豪杰，并不是从开始时就有统一天下的名分，由于没有这种名分，所以竞争者纷纷崛起。但到后来，那些仗恃智谋的，智谋穷尽，仗恃力量的，力量枯竭。形势不允许再对抗，也不足以再较量，于是才被捉住头，捆住颈，置于我们控制之下。等到第二代统治者继位时，那些豪杰已不再有争夺天下的雄心，士大夫与百姓都已习惯于遵从命令，富贵之家已经固定，威权都集中于君主一人手中。在这时候，即使是一个下等的蠢材坐在皇帝的宝座上，也能使他的恩德大到与天地相同，使他的威严达到与鬼神相似的地步。即使是有几千个周公姬旦和孔夫子这样的圣人，也无法再发挥他们的圣明；有百万个孟贲和夏育之类的勇士，也无处再施展他们的勇力。那些继承天下的愚蠢帝王，见到天下没有人敢违抗旨意，就自认为政权会像天地不会灭亡，于是随意发展自己的嗜好，放纵自己的邪恶欲望，君主与臣僚都为所欲为，上下一齐作恶，荒废朝政，排斥人才。所信任亲近的，都是奸佞谄媚的小人；所宠爱提升的，都是后宫妃嫔的家族。以至达到熬尽天下民脂民膏，敲骨吸髓的程度。人民身受怨毒，痛苦不堪，灾祸战乱，同时而起。中原大地纷扰不安，四方外族相继背叛，政权土崩瓦解，毁于一旦。从前受我养护哺育的小民，如今全都成为喝我鲜血的仇敌。至于那些大势已去，还不觉悟的人，岂不是富贵产生的麻木不仁，溺爱导致的愚昧顽劣吗！政权的存亡相互交替，治理与战乱也不断周而复始地循环，这正是天地运行的规律。”

十二年（丁亥，公元207年）

曹操准备出兵征讨乌桓，将领们都说：“袁尚只不过是个逃亡罪犯，乌桓人贪得无厌而不念旧情，岂能受袁尚利用。如今大军深入塞外征乌桓，刘备必然劝说刘表乘虚袭击许都，万一发生变化，事情就后悔不及了。”郭嘉说：“您虽然威震天下，但乌桓人倚仗距离遥远，一定不会预先防备，乘其不备，突然袭击，可以一战告捷。况且，袁绍对这一地区的百姓以及塞外的异族有恩德，而袁尚兄弟现在还活在世上。如今冀、青、幽、并四州的百姓，只是因畏惧而服从我们，并没有受过我们的恩德。如果我们离开这里而率军南征，袁尚利用乌桓的武力作资本，招集愿为恩主效死的部属，乌桓人一动，四州的百姓及异族都会纷纷响应，这会使蹋顿动心，生出非分的打算，恐怕青州与冀州就不会再在您的控制下了。刘表不过是个只会坐在那里发议论的人，他自知才干不能驾驭住刘备，重用刘备则害怕控制不住，轻用则刘备不会为他所用。因此，即使我们调走全国兵力远征，您也不必担忧。”曹操听从了郭嘉的意见。大军进发到易县，郭嘉提议说：“兵贵神速，如今远涉千里进行奇袭，辎重太多，难以掌握先机。而且假如乌桓人得到消息，必然加强戒备；不如留下辎重，军队轻装以加倍的速度急进，出其不意地进攻。”

起初，袁绍几次派使者到无终县去征召田畴，又派人授予田畴将军的印信，让田畴召抚所统部众，田畴都拒绝了。到曹操平定冀州后，河间人邢颙对田畴说："黄巾军起事以来，已二十多年，天下动荡不定，百姓流离失所。如今，听说曹公法令严明，百姓对战乱已经厌恶，乱到极点，就会归于平静，请让我先去试探一下。"于是，邢颙收拾行装，返回家乡。田畴说："邢颙是个先知先觉的人。"曹操委任邢颙为冀州从事。田畴忿恨乌桓人经常杀害本郡著名的士大夫，想讨伐乌桓而力量不够。曹操派使者来征召田畴，田畴要他的部属赶快为他治理行装，部属说："以前，袁绍仰慕您的名声，曾五次礼聘，您一直拒绝；如今，曹操的使者一来，您就好像迫不及待，这是什么原因？"田畴笑着说："这就不是你们所能知道的了。"他随同使者一起到曹操军中，被任命为蓨令，随大军进驻无终县。

曹操命令田畴率领他的部众做向导，上徐无山，凿山填谷，行进五百余里，经过白檀、平冈，又穿过鲜卑部落的王庭，向东直指柳城。距离二百余里时，乌桓人才知道。袁尚、袁熙与蹋顿以及辽西单于楼班、右北平单于能臣抵之等率领数万名骑兵迎击曹军。八月，曹操登上白狼山，突然与乌桓军相遇，而乌桓军军力强盛。曹军车辆辎重都在后边，身披铠甲的将士很少，曹操左右的人都感到畏惧。曹操登高，看到乌桓军队不整，就纵兵攻击，派张辽为先锋，乌桓军队大乱，斩杀蹋顿和各部落王爷及以下的乌桓首领，投降的胡人与汉人共有二十余万。

辽东单于速仆丸与袁尚、袁熙投奔辽东郡太守公孙康，跟随他们的还有数千名骑兵。有人劝曹操乘势追击，曹操说："我将使公孙康送来袁尚、袁熙的人头，不必再劳师动众。"九月，曹操率大军从柳城班师。公孙康想要杀死袁尚、袁熙，作为对朝廷立下的功劳，于是先埋伏精兵在马厩中，然后请袁尚、袁熙进来，他们还没来得及入座，公孙康叫出伏兵，把他们捉住。于是斩杀袁尚、袁熙，连同速仆丸的人头一起送给曹操。将领中有人问曹操："您已退军而公孙康杀死袁尚、袁熙，这是为什么？"曹操说："公孙康一向畏惧袁尚、袁熙，我如果急攻，他们就会合力抵抗；缓和时，他们就会自相残杀；是形势使他们这样做的。"曹操把袁尚的头颅悬挂起来示众，号令三军："有敢于哭泣的，处斩！"牵招却独自设祭，放声悲哭，曹操认为他是忠于故主的义士，推荐他为茂才。

起初，琅邪人诸葛亮寓居襄阳隆中，经常把自己比作管仲和乐毅；但当时人并不认可，只有颍川人徐庶与崔州平认为确是如此。崔州平是崔烈的儿子。

刘备在荆州，向襄阳人司马徽询访人才。司马徽说："一般的儒生与俗士，怎么能认清时务，能认清时务的，只有俊杰之士。在襄阳这里，自有伏龙与凤雏。"刘备问是谁，司马徽说："就是诸葛亮与庞统。"徐庶在新野县见到刘备，刘备对徐庶很器重。徐庶对刘备说："诸葛亮乃是卧龙，将军愿见他吗？"刘备说："请你与他一起来。"徐庶说："这个人，你可以去见他，不可以召唤他来，将军应当屈驾去拜访他。"

刘备于是拜访诸葛亮，一共去了三次，才见到诸葛亮。于是，刘备让左右的

刘备三顾茅庐拜访诸葛亮

人都出去，说道："汉朝王室已经衰败，奸臣窃据朝政大权，我不度德量力，打算伸张正义于天下，但智谋短浅，以致于遭受挫折，到了今天这个地步。但我的雄心壮志仍然未息，你认为应当如何去做？"诸葛亮说："如今，曹操已经拥有百万大军，挟持天子以号令天下，此人确实不可与他争锋。孙权占据江东，已经历三代，地势险要，民心归附，贤能人才都为他尽力，此人可以与他联盟，却不可算计他。荆州地区，北方以汉水、沔水为屏障，南方直通南海，东边连接吴郡、会稽，西边可通巴郡、蜀郡，正是用武之地，但主人刘表却不能守，这恐怕是上天赐给将军的资本。益州四边地势险阻，中有沃野千里，是天府之地，而益州牧刘璋昏庸懦弱，北边还有张鲁相邻，虽然百姓富庶，官府财力充足，却不知道珍惜，智士贤才都希望有一个圣明的君主。将军既是汉朝王室的后裔，信义闻名天下，如果能占有荆州与益州，据守险要，安抚戎、越等族，与孙权结盟，对内修明政治，对外观察时局变化，这样，就能建成霸业，复兴汉朝王室了。"刘备说："很好！"从此与诸葛亮的情谊日益亲密。关羽、张飞对此感到不满，刘备对他们解释说："我得到诸葛亮，是如鱼得水，希望你们不要再说了。"关羽、张飞才停止抱怨。

十三年（戊子，公元208年）

起初，巴郡人甘宁率领奴仆和宾客八百人投奔刘表。刘表是个儒者，不懂军事，甘宁看出刘表终究难以成就大业，恐怕一朝众叛亲离，自己也要受牵连，就打算东入吴郡。但刘表的部将黄祖据守夏口，甘宁的部众无法通过，只好留下来，在黄祖部下待了三年，黄祖一直把他当作凡人来对待。孙权攻击黄祖，黄祖军队大败而逃，孙权部下的校尉凌操领兵急速追赶。甘宁善于射箭，率兵在后掩护，射死凌操，黄祖因此免于一死。黄祖收军，回营后，对待甘宁还像过去一样。黄祖部下的都督苏飞屡次推荐甘宁，黄祖仍不加以重用。甘宁打算离开，但又怕边防戒备森严，难于脱身。苏飞就向黄祖推荐甘宁担任邾县县长。甘宁于是逃亡，投奔孙权。周瑜、吕蒙共同向孙权推荐甘宁，孙权对甘宁礼遇特别优厚，与跟随自己多年的旧臣一样。

甘宁向孙权献计说："如今，汉朝王室日见衰弱，曹操终究会篡夺江山。荆州南部，山川险要，在我们的西边，控制着长江上游。据我观察，刘表既没有深谋远虑，他的儿子又更加拙劣，不是能继承基业的人。您应当尽早采取行动，不能落在曹操后面。夺取荆州的策略，是应该先进攻黄祖。黄祖现在已经十分老迈昏愦，钱财与粮草都很缺乏，左右亲信都贪赃枉法，官吏与兵士都心怀怨恨，战船武器废坏，无人修整，农业荒废，军无法纪。如果您现在出兵征讨，一定可攻破黄祖。攻破黄祖后，大张旗鼓地向西占据楚关，则势力大增，就可以逐步规划夺取巴、蜀地区了。"孙权很以为然。张昭当时也在座，提出疑问说："现在吴郡民心不稳，大军如果出征，恐怕会发生变乱。"甘宁对张昭说："国家把萧何那样的重任托付给您，您留守后方，却担心发生变化，怎么能效法古代名臣呢！"孙权举杯向甘宁敬酒，说："甘兴霸，今年进行讨伐，就像这杯酒，已决定交付给你。你只管努力去制定策略，使得一定能攻破黄祖，就是你的大功，何必在乎张长史的话呢！"

于是孙权西征黄祖。黄祖用两艘以生牛皮包裹的狭长的蒙冲战船封锁沔口，用粗大的棕绳捆住巨石，作为碇石，固定船身。船上有一千人，用弓弩向外轮流发射，箭如雨下，孙权军队无法上前。偏将军董袭与别部司马凌统都是孙权的先锋，各率敢死队一百人，每人身披两副铠甲，乘大船，闯入黄祖的蒙冲战船之间。董袭抽刀砍断两根棕绳，蒙冲战船横漂在水上，孙权大军才得以前进。黄祖命令都督陈就率水军迎战。孙权部将平北都尉吕蒙统率前锋，亲手斩下陈就的人头，悬挂示众。于是吴军将士乘胜猛追，水陆并进，逼近夏口城，出动全部精锐部队猛攻，攻陷后大肆屠杀。黄祖突围而逃，被追上杀死。吴军俘虏了数万男女。

夏季，六月，朝廷撤除三公的职位，重新设置丞相、御史大夫。癸巳（初九），任命曹操为丞相。曹操委任冀州别驾、从事崔琰为丞相西曹掾，司空东曹掾陈留人毛玠为丞相东曹掾，元城县县令河内人司马朗为主簿，他弟弟司马懿为文学掾，冀州主簿卢毓为法曹议令史。卢毓是卢植的儿子。

崔琰与毛玠一起负责官员的选拔、任免事务，他们所选用的都是清廉正直的人士。虽然当时名望很高，但品行不佳的人，始终不能获得任用。他们选拔敦厚务实的人才，排斥只会空谈的浮华虚伪之人；进用谦虚和睦的长者，压抑结党营私的小人。因此，天下的士大夫无不以清廉的节操来勉励自己，即使是高官宠臣，车辆、衣服的形式，也不敢超越制度。以至高级官员回家时，蓬头垢面，衣服破烂，独自乘坐柴车；文武官员入府办公时，穿着朝服，徒步从家中走到官署。身居高位的官员都如此廉洁，民间的风俗也随之改变。曹操知道后，叹息说："像这样任用人才，使天下人都自我控制，我还有什么可做的呢！"

司马懿自小聪明通达，有雄才大略。崔琰对他哥哥司马朗说："你弟弟聪明机智，遇事果断，是个杰出的人才，你比不上他！"曹操听说后，征聘司马懿为僚属，司马懿借口患有风湿病而加以推辞。曹操大怒，想要逮捕他，司马懿畏惧，才接受了职务。

壬子（二十九日），太中大夫孔融被公开处死，孔融倚仗自己的才干与名望，屡次戏弄、嘲笑曹操，随便发表议论，褒贬人物，多与曹操意见不合。曹操因为孔融名重天下，所以表面上容忍他的言行，而心里十分厌恶。孔融又上书给献帝，提出："应该遵照古代的王畿制度，在京师周围一千里的地方，不可建立封国。"曹操发现孔融的议论范围越来越广，对孔融更加忌惮。孔融与郗虑一向有矛盾，郗虑秉承曹操的意思，罗织孔融的罪状，命令丞相军谋祭酒路粹上奏："孔融从前担任北海国国相时，看到天下大乱，就召集徒众，准备图谋不轨。后来与孙权的使者谈话，又讥讽、诽谤朝廷。另外，他从前与平民祢衡在一起行为放荡，互相标榜，祢衡称赞孔融为'孔子不死'，孔融称赞祢衡是'颜回复生'。这些都是大逆不道的行为，应该处以极刑。"曹操于是下令逮捕孔融，连他的妻子儿女一起处死。

起初，刘表有两个儿子，刘琦与刘琮。刘表把后妻蔡氏的侄女嫁给刘琮，蔡氏就喜爱刘琮而厌恶刘琦。蔡氏的弟弟蔡瑁与刘表的外甥张允都是刘表的亲信，他们经常称赞刘琮，诋毁刘琦。刘琦心中不安，就与诸葛亮商议保护自己的对策，但诸葛亮不回答。后来，刘琦与诸葛亮一起登上高楼，命令左右把梯子撤开，对诸葛亮说："如今上不着天，下不着地，话从你嘴里说出，只进入我一个人的耳中，可以说了吗？"诸葛亮说："你难道不记得，春秋时晋国的太子申生在国中遭到危险，而他弟弟重耳在外流亡却终获平安的事情？"刘琦领悟了诸葛亮的意思，暗中策划从刘表身边离开。正好黄祖被孙权杀死，刘琦就请求接替黄祖的职务。刘表于是委任刘琦为江夏郡太守。不久，刘表病重，刘琦从江夏回襄阳来探视。蔡瑁、张允恐怕他与刘表相见，触动父子感情，刘表可能会立刘琦为继承人，于是就对刘琦说："将军委派你镇守江夏，责任十分重大。如今你擅离职守，父亲见到你一定会生气。伤害亲人的感情，增重他的病势，不是孝顺之道。"他们把刘琦关到门外，不许他与刘表见面，刘琦只好流着眼泪离开。刘表去世后，蔡瑁、张允等就拥立刘琮继任荆州牧。刘琦大怒，把印信扔到地上，准备借奔丧的名义起兵讨伐刘琮。正在这时，曹操大军已南下荆州，刘琦就投奔江南。

章陵郡太守蒯越及东曹掾傅巽等劝刘琮投降曹操，对他说："逆顺有一定的道理，强弱有一定的形势。以臣属的身份去抗拒天子，是对国家叛逆；以刚接手的荆州去抵御朝廷大军，必会陷入危险；依靠刘备去对抗曹操，一定失败。这三个方面我们都不行，拿什么去对付曹操大军？而且将军您自己考虑一下，您比得上刘备吗？如果刘备挡不住曹操，则即使是投入荆州的全部力量，也不足以自保；如果刘备挡得住曹操，则他就不会再居于将军之下了。”刘琮听从他们的意见。九月，曹操到达新野县，刘琮就以荆州投降曹操，派人用朝廷过去颁发的符节去迎接曹操。曹军将领都疑心刘琮是诈降，娄圭说：“现在天下分裂，各地割据势力都贪图用代表王命的符节来抬高自己的身份。这次送来符节，这必定是真心诚意。”曹操于是接受刘琮的投降，继续进军。

当时，刘备驻军樊城，刘琮不敢把投降的事告诉刘备。刘备过了很久才察觉情况不对，派遣亲信去问刘琮，刘琮命令属官宋忠去向刘备传达旨意。当时，曹操已在宛城，于是刘备大惊失色，对宋忠说：“你们这些人怎么能这样办事，不早些告诉我，如今大祸临头才讲，不也太过分了吗！”拔出刀指着宋忠说：“如今即使砍下你的头，也不足以解我心中的愤恨，而且我也耻于身为大丈夫而临别时还杀你们这些人！”就放宋忠回去。于是，刘备召集部属，共商对策。有人劝刘备进攻刘琮，可以夺下荆州。刘备说：“刘表临死时，把孤儿刘琮托付给我，请我代为照顾。违背信义，只图私利的事情，我不能做。否则，死后有什么脸去见刘表呢！”刘备率领部下撤离，经过襄阳时，停下马来呼喊刘琮，刘琮害怕，不敢露面。刘琮的左右亲信和荆州的人士，有许多都跟随刘备离去。刘备到刘表的墓前祭奠，流着泪辞别而去。到达当阳时，跟随刘备的已有十余万人，还有辎重车几千辆，每天只能走十余里。刘备另派关羽率部乘几百艘船，让他从水路到江陵会师。有人对刘备说：“您应当火速行动，保守江陵。如今人数虽众，但披有铠甲的兵士并不多，如果曹军来到，怎样抵挡！”刘备说：“要成大事业，必须以民众为根本，如今百姓来归附于我，我怎么忍心舍弃他们而去呢？”

曹操知道江陵贮有军用物资，恐怕刘备先到，占据江陵，就留下辎重，轻装前进。到达襄阳后，听说刘备已经过去，曹操亲自率领五千名精锐骑兵急速追赶，一天一夜跑了三百余里，在当阳县的长坂追上刘备。刘备抛下妻子及儿子，与诸葛亮、张飞、赵云等数十人骑马逃走，曹操俘获了大量的人马辎重。

鲁肃到达夏口，听说曹操大军已向荆州进发，便日夜兼程前往，等他到达南郡时，刘琮已经投降曹操，刘备已经向南撤退。鲁肃便直接去见刘备，在当阳的长坂与他相会。鲁肃传达了孙权的意图，与刘备讨论天下大事，对刘备表示诚恳的关心。并且询问刘备说：“刘豫州，如今您打算到什么地方去？”刘备说：“苍梧郡太守吴巨是我的老朋友，打算去投奔他。”鲁肃说：“孙将军聪明仁惠，敬重与优待贤能之士，江南的英雄豪杰都归附于他。现在已占有六郡的土地，兵精粮多，足以成就一番事业。如今为您打算，最好是派遣心腹之人到江东去与孙权将军联系，可以共建大业。而您却想投奔吴巨，吴巨不过是个凡夫俗子，又在偏远的边郡，即将被别人吞并，怎么可以托身于他呢？”刘备听后大为高兴。鲁肃又对诸葛亮说：

“我是诸葛子瑜的朋友。”于是诸葛亮与鲁肃也成为朋友。诸葛子瑜就是诸葛亮的哥哥诸葛瑾，他避乱到江东，担任孙权的长史。刘备采纳鲁肃的计策，进驻鄂县的樊口。

曹操从江陵出发，将要顺长江东下。诸葛亮对刘备说：“形势危急，我请求奉命去向孙将军求救。”于是他就和鲁肃一起去见孙权。诸葛亮在柴桑见到孙权，对孙权说：“天下大乱，将军在长江以东起兵，刘备在汉水以南召集部众，与曹操共同争夺天下。现在，曹操基本已经消灭北方的主要强敌，接着南下攻破荆州，威震四海。在曹操大军面前，英雄无用武之地，所以刘备逃到这里，希望将军量力来加以安排。如果将军能以江东的人马，与占据中原的曹操相抗衡，不如及早与操断绝关系；如果不能，为什么不早点解除武装，向他称臣？现在，将军表面上服从朝廷，而心中犹豫不决，事情已到危急关头而不果断处理，大祸马上就要临头了。”孙权说：“假如像你说的那样，刘备为什么不服从曹操？”诸葛亮说：“田横，不过是齐国的壮士，还坚守节义，不肯屈辱投降；何况刘备是皇室后裔，英雄才略，举世无双，士大夫们对他的仰慕，如同流水归向大海。如果大事不成，这是天意，怎么能再居于曹操之下呢？”孙权勃然大怒，说：“我不能把全部吴国故地和十万精兵拱手奉送，去受曹操的控制。我的主意已定！除刘备以外，再没有能抵挡曹操的人，但刘备新近战败之后，怎么能担当这项重任呢？”诸葛亮说：“刘备的军队虽然在长坂大败，但现在陆续回来的战士和关羽的水军加起来有一万精兵，刘琦集结江夏郡的战士，也不下一万人。曹操的军队远道而来，已经疲惫。听说在追赶刘备时，轻骑兵一天一夜奔驰三百余里，这正是所谓‘强弩射出的箭，到了力量已尽的时候，连鲁国生产的薄绸都穿不透’。所以《兵法》以此为禁忌，说‘必定会使上将军受挫’。而且，北方地区的人，不善于进行水战。另外，荆州地区的民众归附曹操，只是在他军队的威逼之下，并不是心悦诚服。如今，将军如能命令猛将统领数万大军，与刘备齐心协力，一定能打败曹军。曹操失败后，必然退回北方，这样荆州与东吴的势力就强大起来，可以形成鼎足三分的局势。成败的关键，就在于今天！”孙权听后非常高兴，就去与他的部属们商议。

这时，曹操写信给孙权说：“最近，我奉天子之命，讨伐有罪的叛逆，军旗指向南方，刘琮降服。如今，我统领水军八十万人，将要与将军在吴地一道打猎。”孙权把这封书信给部属们看，他们无不惊惶失色。长史张昭等人说：“曹操是豺狼虎豹，挟持天子以征讨四方，动不动就用朝廷的名义来发布命令。今天我们如果进行抗拒，就更显得名不正而言不顺。况且将军可以抵抗曹操的，是依靠长江天险。现在，曹操占有荆州的土地，刘表所训练的水军，包括数以千计的蒙冲战船，已由曹操接管，曹操让全部船只沿长江而下，再加上步兵，水陆并进。这样，长江天险已由曹操与我们共有，而双方势力的众寡又不能相提并论。因此，依我们的愚见，最好是迎接曹操，投降朝廷。”只有鲁肃一言不发。孙权起身上厕所，鲁肃追到房檐下，孙权知道鲁肃的意思，握着鲁肃的手说：“你想说什么？”鲁肃说：“刚

诸葛亮赴江东向孙权求助

才，我观察众人的议论，只是想贻误将军，不足以与他们商议大事。现在，像我鲁肃这样的人可以迎降曹操，但将军却不可以。为什么这样说呢？现在我在迎接曹操，曹操一定会把我交给乡里父老去评议，以确定名位，也还会做一个下曹从事，能乘坐牛车，有吏卒跟随，与士大夫们结交，步步升官，也能当上州、郡的长官。可是将军迎接曹操，打算到哪里去安身呢？希望将军能早定大计，不要听那些人的意见。”孙权叹息说：“这些人的说法，太让我失望了。如今，你阐明的策略，正与我想的一样。”

当时，周瑜奉命到达番阳，鲁肃劝孙权把他召回来。周瑜来到后，对孙权说：“曹操虽然名义上是汉朝的丞相，但实际上是汉朝的贼臣。将军以神武英雄的才略，又凭借父、兄的基业，割据江东，统治的地区有几千里，精兵足够使用，英雄乐于效力，应当横行天下，为汉朝清除邪恶的贼臣。何况曹操自己前来送死，怎么可以去迎降？请允许我为将军分析：如今北方尚未完全平定，马超、韩遂还驻兵函谷关以西，是曹操的后患。而曹操舍弃鞍马，改用船舰，与生长在水乡的江东人来决一胜负。现在正是严寒，战马缺乏草料。而且，驱使中原地区的士兵远道跋涉来到江湖地区，不服水土，必然会发生疾疫。这几方面是用兵的大患，而曹操都贸然行事。将军抓住曹操的时机，正在今天。我请求率领精兵数万人，进驻夏口，保证能为将军击破曹操。”孙权说：“曹操老贼早就想要废掉汉朝皇帝，自己篡位了，只是顾忌袁绍、袁术、吕布、刘表与我孙权。现在，那几个英雄都已被消灭，只剩下我还存在。我与老贼势不两立。你主张迎战曹军，正合我意，是上天把你授给了我！”孙权就势拔出佩刀，砍向面前的奏案，说：“将领官吏们，有胆敢再说应当投降曹操的，就与这个奏案一样！”于是散会。

当天夜里，周瑜又去见孙权，说：“众人只看到曹操信中说有水、陆军八十万而各自惊恐，不再去分析其中的虚实，就提出向曹操投降的意见，太不像话。现在咱们据实计算一下，曹操所率领的中原部队不过十五六万人，而且长期征战，早已疲惫；新接收的刘表的部队，至多有七八万人，仍然心怀猜疑。以疲惫的士卒，驾驭心怀猜疑的部众，人数虽多，却并没有什么可怕的。我只要有五万精兵，就足以制服敌军，望将军不要顾虑！”孙权拍着周瑜的背说：“周公瑾，你说到这个地步，非常合我的心意。张昭、秦松等人，各顾自己的妻子儿女，怀有私心，非常使我失望。只有你与鲁肃和我的看法相同，这是上天派你们两个人来辅佐我。五万精兵一时难以集结，已挑选了三万人，战船、粮草及武器装备都已备齐，你和鲁肃、程普率兵先行，我当继续调集人马，多运辎重、粮草，作为你的后援。你能战胜曹军，就当机立断；如果失利，就退到我这里来，我当与曹操决一胜负。”于是，孙权任命周瑜、程普为左、右督，率兵与刘备合力迎战曹操；又任命鲁肃为赞军校尉，协助筹划战略。

周瑜大军继续前进，在赤壁与曹操相遇。

当时曹操的部队中已发生疾疫。两军初次交战，曹军失利，退到长江北岸。周瑜等驻军在长江南岸，周瑜部将黄盖说：“如今敌众我寡，难以长期相持。曹军正把战船连在一起，首尾相接，可以用火攻，击败曹军。”于是，选取蒙冲战船十艘，装上干荻和枯柴，在里边浇上油，外面裹上帷幕，上边插上旌旗，预先备好快艇，系在船尾。黄盖先派人送信给曹操，谎称打算投降。当时东南风正急，黄盖将十艘战船排在最前面，到江心时升起船帆，其余的船在后依次前进。曹操军中的官兵都走出营来站着观看，指着船，说黄盖来投降了。离曹军还有二里多远，那十艘船同时点火，火烈风猛，船像箭一样向前飞驶，把曹军战船全部烧光，火势还蔓延到曹军设在陆地上的营寨。顷刻间，浓烟烈火，遮天蔽日，曹军人马烧死和淹死的不计其数。周瑜等率领轻装的精锐战士紧随在后，鼓声震天，奋勇向前，曹军大败。曹操率军从华容道步行撤退，遇到泥泞，道路不通，天又刮起大风。曹操让所有老弱残兵背草铺在路上，骑兵才勉强通过。老弱残兵被人马所践踏，陷在泥中，死了很多。刘备、周瑜水陆并进，追赶曹操直到南郡。这时，曹军又饿又病，死了一大半。曹操就留下征南将军曹仁、横野将军徐晃镇守江陵，折冲将军乐进镇守襄阳，自己率军返回北方。

先前，益州牧刘璋听到曹操占领荆州的消息，派遣别驾张松去向曹操表达敬意。张松身材矮小，行为放荡，但他通达事理，精明果断。曹操当时已平定荆州，打得刘备狼狈逃走，不再像从前对待贤士那样亲切地接待张松。主簿杨修建议曹操征聘张松为僚属，曹操没有采纳。张松因此心怀怨恨，回到益州后，劝刘璋与曹操断绝关系，与刘备结交，刘璋听从了。

第六十六卷 汉纪五十八

译文诵读

孝献皇帝辛建安十四年（己丑，209）

周瑜攻曹仁岁余，所杀伤甚众，仁委城走。权以瑜领南郡太守，屯据江陵；程普领江夏太守，治沙羡；吕范领彭泽太守；吕蒙领寻阳令。刘备表权行车骑将军，领徐州牧。会刘琦卒，权以备领荆州牧，周瑜分南岸地以给备。备立营于油口，改名公安。

权以妹妻备。妹才捷刚猛，有诸兄风，侍婢百余人，皆执刀侍立，备每入，心常凛凛。

曹操密遣九江蒋幹往说周瑜。幹以才辨独步于江、淮之间，乃布衣葛巾，自托私行诣瑜。瑜出迎之，立谓幹曰："子翼良苦，远涉江湖，为曹氏作说客邪！"因延幹，与周观营中，行视仓库、军资、器仗讫，还饮宴，示之侍者服饰珍玩之物。因谓干曰："丈夫处世，遇知己之主，外托君臣之义，内结骨肉这恩，言行计从，祸福共之，假使苏、张更生，能移其意乎！"幹但笑，终无所言。还白操，称瑜雅量高致，非言辞所能间也。

十五年（庚寅，210）

十二月，己亥，操下令曰："孤始举孝廉，自以本非岩穴如名之士，恐为世人之所凡愚，欲好作政教以立名誉，故在济南，除残去秽，平心选举。以是为强豪所忿，恐致家祸，故以病还乡里。时年纪尚少，乃于谯东五十里筑精舍，欲秋夏读书，冬春射猎，为二十年规，待天下清乃出仕耳。然不能得如意，征为典军校尉，意遂更欲为国家讨贼立功，使题墓道言'汉故征西将军曹侯之墓'，此其志也。而遭值董卓之难，兴举义兵。后领兖州，破降黄巾三十万众；又讨击袁术，使穷沮而死；摧破袁绍，枭其二子；复定刘表，遂平天下。身为宰相，人臣之贵已极，意望已过矣。设使国家无有孤，不知当几人称帝，几人称王。或者人见孤强盛，又性不信天命，恐妄相忖度，言有不逊之志，每用耿耿，故为诸君陈道此言，皆肝鬲之要也。然欲孤便尔委捐所典兵众以还执事，归就武平侯国，实不可也。何者？诚恐已离兵为人所祸，既为子孙计，又己败则国家倾危，是以不得慕虚名而处实祸也！然兼封四县，食户三万，何德堪之！江湖未静，不可让位；至于邑土，可得而辞。今上还阳夏、柘、苦三县，户二万，但食武平万户，且以分损谤议，少减孤之责也！”

刘表故吏士多归刘备，备以周瑜所给地少，不足以容其众，乃自诣京见孙权，求都督荆州。瑜上疏于权曰：“刘备以枭雄之姿，而有关羽、张飞熊虎之将，必非久屈为人用者。愚谓大计，宜徒备置吴，盛为筑宫室，多其美女玩好，以娱其耳目；分此二人各置一方，使如瑜者得挟与攻战，大事可定也。今猥割土地以资业之，聚此三人俱在疆埸，恐蛟龙得云雨，终非池中物也！”吕范亦劝留之。权以曹操在北，方当广揽英雄，不从。备还公安，久乃闻之，叹曰：“天下智谋之士，所见略同。时孔明谏孤莫行，其意亦虑此也。孤方危急，不得不往，此诚险途，殆不免周瑜之手！”

周瑜诣京见权曰：“今曹操新败，忧在腹心，未能与将军连兵相事也。乞与奋威俱进，取蜀而并张鲁，因留奋威固守其地，与马超结援，瑜还与将军据襄阳以蹙操，北方可图也。”权许之。奋威者，孙坚弟子奋威将军、丹阳太守瑜也。

周瑜还江陵为行装，于道病困，与权笺曰：“修短命矣，诚不足惜；但恨微志未展，不复奉教命耳。方今曹操在北，疆场未静；刘备寄寓，有似养虎；天下之事，未知终始，此朝士旰食之秋，至尊垂虑之日也。鲁肃忠烈，临事不苟，可以代瑜。傥所言可采，瑜死不朽矣！”卒于巴丘。权闻之哀恸，曰：“公瑾有王佐之资，今忽短命，孤何赖哉！”自迎其丧于芜湖。瑜有一女、二男，权为长子登娶其女；以其男循为骑都尉，妻以女；胤为兴业都尉，妻以宗女。

初，权谓吕蒙曰：“卿今当涂掌事，不可不学！”蒙辞以军中多务。权曰：“孤岂欲卿治经为博士邪！但当涉猎，见往事耳。卿言多务，孰若孤？孤常读书，自以为大有所益。”蒙乃始就学。及鲁肃过寻阳，与蒙论议，大惊曰：“卿今者才略，非复吴下阿蒙！”蒙曰：“士别三日，即更刮目相待，大兄何见事之晚乎！”肃遂拜蒙母，结友而别。

刘备以从事庞统守耒阳令，在县不治，免官。鲁肃遗备书曰：“庞士元非百里才也，使处治中、别驾之任，始当展其骥足耳！”诸葛亮亦言之。备见统，与善谭，大器之，遂用统为治中，亲待亚于诸葛亮，与亮并为军师中郎将。

十六年（辛卯，211）

春，正月，以曹操世子丕为五官中郎将，置官属，为丞相副。

扶风法正为刘璋军议校尉，璋不能用，又为其州里俱侨客者所鄙，正邑邑不得志。益州别驾张松与正善，自负其才，忖璋不足与有为，常窃叹息，松劝璋结刘备，璋曰：“谁可使者？”松乃举正。璋使正往，正辞谢，佯为不得已而行。还，为松说备有雄略，密谋奉戴以为州主。

会曹操遣钟繇向汉中，璋闻之，内怀恐惧。松因说璋曰："曹公兵无敌于天下，若因张鲁之资以取蜀土，谁能御之！刘豫州、使君之宗室而曹公之深仇也，善用兵；若使之讨鲁，鲁必破矣。鲁破，则益州强，曹公虽来，无能为也！今州诸将庞羲、李异等，皆恃功骄豪，欲有外意。不得豫州，则敌攻其外，民攻其内，必败之道也！"璋然之，遣法正将四千人迎备。主簿巴西黄权谏曰："刘左将军有骁名，今请到，欲以部曲遇之，则不满其心；欲以宾客礼待，则一国不容二君，若客有泰山之安，则主有累卵之危。不若闭境以待时清。"璋不听，出权为广汉长。从事广汉王累，自倒悬于州门以谏，璋一无所纳。

法正至荆州，阴献策于刘备曰："以明将军之英才，乘刘牧之懦弱；张松，州之股肱，响应于内；以取益州，犹反掌也。"备疑未决。庞统言于备曰："荆州荒残，人物殚尽，东有孙车骑，北有曹操，难以得志。今益州户口百万，土沃财富，诚得以为资，大业可成也！"备曰："今指与吾为水火者，曹操也。操以急，吾以宽；操以暴，吾以仁；操以谲，吾以忠；每与操反，事乃可成耳。今以小利而失信义于天下，奈何？"统曰："乱离之时，固非一道所能定也。且兼弱攻昧，逆取顺守，古人所贵。若事定之后，封以大国，何负于信！今日不取，终为人利耳。"备以为然。乃留诸葛亮、关羽等守荆州，以赵云领留营司马，备将步卒数万人入益州。

孙权闻备西上，遣舟船迎妹；而夫人欲将备子禅还吴，张飞、赵云勒兵截江，乃得禅还。

刘璋敕在所供奉备，备入境如归，前后赠遗以巨亿计。备至巴郡，巴郡太守严颜拊心叹曰："此听谓'独坐穷山，放虎自卫'者也。"备自江州北由垫江水诣涪。璋率步骑三万余人，车乘帐幔，精光耀日，往会之。张松令法正白备，便于会袭璋。备曰："此事不可仓卒！"庞统曰："今因会执之，则将军无用兵之劳而坐定一州也。"备曰："初入他国，恩信未著，此不可也。"璋推备行大司马，领司隶校尉；备亦推璋行镇西大将军，领益州牧。所将吏士，更相之适，欢饮百余日。璋增备兵，厚加资给，使击张鲁，又令督白水军。备并军三万余人，车甲、器械、资货甚盛。璋还成都，备北到葭萌，未即讨鲁，厚树恩德以收众心。

十七年（壬辰，212）

春，正月，曹操还邺。诏操赞拜不名，入朝不趋，剑履上殿，如萧何故事。

冬，十月，曹操东击孙权。董昭言于曹操曰："自古以来，人臣匡世，未有今日之功；有今日之功，未有久处人臣之势者也。今明公耻有惭德，乐保名节；然处大臣之势，使人以大事疑己，诚不可不重虑也。"乃与列侯诸将议，以丞相宜进爵国公，九锡备物，以彰殊勋。荀彧以为："曹公本兴义兵以匡朝宁国，秉忠贞之诚，守退让之实；君子爱人以德，不宜如此。"操由是不悦。及击孙权，表请彧劳军于谯，因辄留彧，以侍中、光禄大夫、持节、参丞相军事。操军向濡须，彧以疾留寿春，饮药而卒。彧行义修整而有智谋，好推贤进士，故时人皆惜之。

刘备在葭萌，庞统言于备曰：“今阴选精兵，昼夜兼道，径袭成都，刘璋既不武，又素无豫备，大军卒至，一举便定，此上计也。杨怀、高沛，璋之名将，各杖强兵，据守关头，闻数有笺谏璋，使发遣将军还荆州。将军遣与相闻，说荆州有急，欲还救之，并使装束，外作归形，此二子既服将军英名，又喜将军之去，计必乘轻骑来见将军，因此执之，进取其兵，乃向成都，此中计也。退还白帝，连引荆州，徐还图之。此下计也。若沈吟不去，将致大困，不可久矣。”备然其中计。

及曹操攻孙权，权呼备自救。备贻璋书曰：“孙氏与孤本为唇齿，而关羽兵弱，今不往救，则曹操必取荆州，转侵州界，其忧甚于张鲁。鲁自守之贼，不足虑也。”因求益万兵及资粮，璋但许兵四千，其余皆给半。备因激怒其众曰：“吾为益州征强敌，师徒勤瘁，而积财吝赏，何以使士大夫死战乎！”张松书与备及法正曰：“今大事垂立，如何释此去乎！”松兄广汉太守肃，恐祸及己，因发其谋。于是璋收斩松，敕关戍诸将文书皆勿复得与备关通。备大怒，召璋白水军督杨怀、高沛，责以无礼，斩之；勒兵径至关头，并其兵，进据涪城。

十八年（癸巳，213）

春，正月，曹操进军濡须口，号步骑四十万，攻破孙权江西营，获其都督公孙阳。权率众七万御之，相守月余。操见其舟船器仗军伍整肃，叹曰：“生子当如孙仲谋；如刘景升儿子，豚犬耳！”权为笺与操，说：“春水方生，公宜速去。”别纸言：“足下不死，孤不得安。”操语诸将曰：“孙权不欺孤。”乃撤军还。

五月，丙申，以冀州十郡封曹操为魏公，以丞相领冀州牧如故。又加九锡：大辂、戎辂各一，玄牡二驷；衮冕之服，赤舄副焉；轩县之乐，六佾之舞；朱户以居；纳陛以登；虎贲之士三百人；鈇、钺各一；彤弓一，彤矢百，玈弓十，玈矢千；秬鬯一卣，珪、瓒副焉。

益州从事广汉郑度闻刘备举兵，谓刘璋曰：“左将军悬军袭我，兵不满万，士众未附，军无辎重，野谷是资，其计莫若尽驱巴西、梓潼民内、涪水以西，其仓廪野谷，一皆烧除，高垒深沟，静以待之。彼至，请战，勿许，久无所资，不过百日，必将自走，走而击之，此必禽耳。”刘备闻而恶之，以问法正。正曰：“璋终不能用，无忧也。”璋果谓其群下曰：“吾闻拒敌以安民，未闻动民以避敌也。”不用度计。

秋，七月，魏始建社稷、宗庙。

汉献帝建安十四年（己丑，公元209年）

周瑜率军围攻曹仁一年有余，杀伤曹军甚多，曹仁弃城撤走。孙权任命周瑜兼任南郡太守，屯驻江陵；程普兼任江夏太守，设郡府在沙羡；吕范兼任彭泽太守；吕蒙兼任寻阳县令。刘备向朝廷上表，推荐孙权代理车骑将军，兼任徐州牧。正在这时，刘琦去世，孙权让刘备兼任荆州牧，周瑜将荆州长江以南的地区分给刘备。刘备将军营设在油口，并把那里改名为公安。

孙权把妹妹嫁给刘备。孙权的妹妹才思敏捷，性情刚猛，有她兄长们的风度。她的侍婢一百余人，都手执利刃站在旁边侍候。刘备每次进入内宅，心都很恐惧。

曹操秘密派遣九江人蒋干去游说周瑜。蒋干以才能、机辩闻名于长江、淮河之间，没有人能胜过他。蒋干换上平民穿的布衣，戴上葛布制成的头巾。自称因私人交谊来看望周瑜。周瑜出来迎接他，站着对他说："蒋子翼，你真是很辛苦，涉水远道而来，是为曹操做说客吗！"遂邀请蒋干进来，与他一同参观军营，巡视仓库、军用物资与武器装备之后。回来设宴款待蒋干，酒席间让蒋干看自己的侍女、服装、饰物以及各种珍贵的宝物，并对他说："大丈夫生活在世上，遇到知己的君主，外表上有君臣关系，内心却情同骨肉，言听计从，有福共享，有难同当，即使苏秦、张仪重生，能转移他的心意吗！"蒋干只是笑，一直不谈私人关系之外的话。他回来向曹操汇报，称颂周瑜胸襟宽广，志向远大，不是言语所能挑拨离间的。

十五年（庚寅，公元210年）

十二月，己亥，曹操下令说："我最初被推荐为孝廉时，自以为本来不是隐居深山的知名之士，恐怕被世人看作平庸无能，打算好好处理政务，推行教化，以树立名誉，故在济南国任国相时，铲除残暴邪恶势力，公正地选拔人才。由于这样，受到强门豪族的忌恨，我恐怕给家中招来灾祸，就借口有病，回到家乡。当时年纪还不大，就在谯县县城以东五十里处修建书房，打算秋季与夏季读书，冬季与春季射猎，计划这样过二十年，等天下安定以后，再出来做官。但我未能如愿，被朝廷征召为典军校尉，于是改变主意，想为国家讨贼立功，使墓道的石碑上可以题写'汉朝故征西将军曹侯之墓'，这就是我的志愿。而后遇到董卓之乱，我兴起义兵。以后，我任兖州牧，击败黄巾军，迫使三十万黄巾军投降；又讨伐袁术，使他走投无路，穷困而死；击败袁绍，将他的两个儿子斩首示众；再消灭刘表，于是平定天下。我身为宰相，作为臣子达到尊贵的顶点，也已超出了我的愿望。假设国家没有我，不知会有几个人称帝，几个人称王？或许有人看到我势力强盛，又生性不信天命，恐怕会随便猜测，说我有篡位的野心，每一想到这些，心中就感到不安。所以，向你们述说这些话，都是我的肺腑之言。然而，想要我就这样放弃所统领的军队，交还给主管部门，回到我的封地武平侯国，实在是不可能的。为什么呢？我确实害怕自己一离开军队就会被人谋害，既是为我的子孙打算，又因为我一失败就会使国家危亡，所以，我不能追求虚名，而遭受实际的灾祸。然而，我的封地共有四个县，享有收取三万户百姓租税的权利，我的品德怎么能配得上呢？天下尚未安定，我不可以辞去官位；至于封地，是可以退让的。如今，我把阳夏、柘、苦三县的二万户封地归还给国家，只享受武平的一万户百姓的租税，姑且以此来减少对我的诽谤议论，同时也稍微减轻我的责任！”

刘表原来的部属大多数归附刘备，刘备因为周瑜拨给他的土地太少，不足以容纳自己的部下，就亲自到京口去面见孙权，请求把荆州全部交给自己管理。周瑜上书给孙权说：“刘备是一代枭雄，而且有关羽、张飞这些熊、虎一样的猛将辅佐，肯定不能长久屈居，为人所用。我认为，从大计考虑，应当把刘备迁走，安置在吴郡，为他大兴土木建造住宅，多给他供应美女和其他玩赏娱乐的物品，使他耳目迷恋。同时，把关羽和张飞这两个人分开，派他们各驻一地，使像我周瑜这样的将领能统率他们的攻战，天下大事就可以安定了。如今滥割土地给他作为资本，使这三人都聚在疆界，恐怕就会像蛟龙得到云雨的赞助，终究不会再留在水池中了。”吕范也劝孙权留下刘备。孙权认为曹操在北方，正应该广为招揽英雄豪杰，没有听从他们的建议。刘备回到公安后，过了很久才听到这些内幕，叹息说：“天下的智谋之士，看法都差不多，当时诸葛亮劝我不要去，也是担心发生这样的事情。我正在危急中，不得不去，这实在是走险路，几乎逃不出周瑜之手！”

周瑜到京口去拜见孙权，说：“现在，曹操新近在赤壁大败而归，担心内部有人叛变，不能同将军用军队交战，我请求与奋威将军一起进军，夺取蜀地，并吞张鲁，然后，留奋威将军牢固地守卫那里，与马超结成联盟。我回来与将军据守襄阳，紧逼曹操，这样，就可以规划进取北方了。”孙权同意这个计划。奋威将军，是指孙坚弟弟的儿子，丹阳太守孙瑜。

周瑜回到江陵准备行装，在途中病势沉重，上书给孙权说：“人寿命的长短都是由命运决定的，实在不足惋惜。我只恨心中的微小志愿尚未实现，再也不能执行您的命令罢了。现在，曹操在北方，疆场并没有平静；刘备寄居在荆州，好像是在家里养了一只老虎。天下的大局，还在动荡不定，这正是大臣和将士们奋发忘食之时，也是您思虑运筹之日。鲁肃为人忠烈，临事不苟，可以接替我的职务。假如我的建议可以被采纳，我就虽死不朽了。”周瑜在巴丘去世。孙权得到消息后，十分悲痛，大哭着说：“周瑜有辅佐帝王的才能，现在忽然短命而死，我依靠谁呢？”孙权亲自到芜湖去迎接周瑜的灵柩。周瑜有一个女儿、两个儿子，孙权为自己的大儿子孙登娶周瑜的女儿为妻；任命周瑜的儿子周循为骑都尉，把自己的女儿嫁给他；又任命周瑜的另一个儿子周胤为兴业都尉，把自己宗族的一个姑娘嫁给他。

起初，孙权对吕蒙说：“你现在担任要职，执掌权力，不能不学习。”吕蒙推辞说军中事多，没有时间学习。孙权说：“我难道是要你研究儒家经典，去做博士吗？我只是要你去浏览书籍，了解过去发生过的事情。你说事多，但谁会像我这样忙？我经常读书，自以为得到很多好处。”于是吕蒙开始读书。等到鲁肃经过寻阳时，与吕蒙谈话，大吃一惊说：“你今天的才干谋略，再不是吴郡那里的阿蒙了！”吕蒙说：“士别三日，就应该重新刮目相看，大哥为什么对这个道理明白得这么晚呢！”鲁肃就去拜见吕蒙的母亲，与吕蒙结为好友才分手。

刘备任命从事庞统为耒阳县县令，庞统在任时政务荒废，被免官。鲁肃写信给刘备，说：“庞统的才干不适于管理一个方圆百里的小县，让他处在治中、别驾的职务上，才能发挥他的才干。”诸葛亮也谈到庞统的才干。刘备召见庞统，与他详细谈论天下大势后，大为器重，就任命他为治中，对他的亲信程度及待遇仅次于诸葛亮，委任庞统与诸葛亮同时担任军师中郎将。

十六年（辛卯，公元211年）

春季，正月，任命曹操世子曹丕为五官中郎将，设置官属，作为丞相曹操的副手。

扶风人法正担任益州牧刘璋的军议校尉，但未受到刘璋的重用，又受到与他一起客居益州同州老乡们的鄙视，法正心情郁闷而不得志。益州别驾张松与法正关系亲密，张松对自己的才干十分自负，觉得刘璋庸庸碌碌，不能同他一起有所作为，经常暗中叹息。张松劝刘璋与刘备结交，刘璋说：“谁可以充当使者？”于是张松推荐法正。刘璋派法正担任使者，法正推辞，然后假装是不得已而接受任务出发。法正回来后，对张松说刘备有雄才大略，他们两人密谋策划奉迎刘备作为益州之主。

正在这时，曹操派遣钟繇率军讨伐占据汉中的张鲁，刘璋听到消息后，心中恐惧。张松乘机劝他说：“曹操的兵马天下无敌，如果攻下汉中后，利用张鲁的库存物资来进攻益州，谁能抵抗得住！刘备是您的同宗，曹操的大仇人，又善于用兵，如果让刘备讨伐张鲁，一定能击破张鲁。张鲁一破，则益州势力增强，曹操即使来攻，也无能为力了。现在本州的将领们如庞羲、李异等都自恃功劳，骄横不法，想要向外投靠。如果得不到刘备的帮助，则敌人在外面进攻，百姓在内叛变，一定会失败。”刘璋同意他的见解，派法正率领四千人去迎接刘备。主簿巴西人黄权劝谏刘璋说：“刘备以骁勇闻名于世，现在把他请来，要把他当做部曲来看待，则他不会满意；要以宾客的礼节接待，则一国不容二主。如果客人安如泰山，则主人就会危如累卵。不如关闭边界，以等待时局安定。”刘璋不听，把黄权调出，去担任广汉县县长。从事广汉人王累，把自己倒吊在成都城门来劝阻刘璋，刘璋一概不听。

法正到荆州后，暗中向刘备献计说：“以将军的英明才干，正应利用刘璋的懦弱无能；张松是益州的主要官员，在内响应；这样来攻取益州，易如反掌。”刘备迟疑不决。庞统对刘备说：“荆州荒凉残破，人才已尽，东有孙权，北有曹操，难以得志。如今，益州的户口有一百万，土地肥沃，财产丰富，如果真得到益州作为资本，可成大业！”刘备说：“现在，与我势同水火的，只有曹操。曹操严厉，我则宽厚；曹操凶暴，我则仁慈；曹操诡诈，我则忠信。总与曹操相反，事情才能成功。如果现在因为贪图小利而对天下失去信义，怎么办？”庞统说：“天下大乱之时，本不是靠一种方法就能平定的。而且兼并弱小，进攻愚昧，用不合礼义的方法取得，再用合乎礼义的方法加以治理，这些行为都是古人所崇尚的。如果在事定之后，赐给刘璋面积广大的封地，对信义有什么违背！今天咱们不去夺取，终究会落入别人手中。”刘备同意他的看法。于是，留下诸葛亮、关羽等守卫荆州，任命赵云兼任留营司马，刘备亲自率领几万名步兵进入益州。

孙权听到刘备西入益州的消息，派船来接妹妹；孙夫人打算带刘备的儿子刘禅返回吴郡娘家，张飞、赵云部署军队在长江拦截孙权的船队，才把刘禅带回荆州。

刘璋命令沿途各郡、县为刘备提供所需物资，刘备进入益州境内，好像回到家中，刘璋前后赠送各种物资数以亿计。刘备到达巴郡，巴郡太守严颜扶胸叹息说：“这正是应验了‘独自坐在深山中，放出老虎来自卫’的谚语。”刘备自江州向北经垫江从水路到达涪县。刘璋率领步、骑兵三万余人，车辆悬挂着帐帷，耀眼生辉，与阳光互映，到涪县来会见刘备。张松让法正向刘备建议，就在会面时袭击刘璋。刘备说：“这件事不可仓猝！”庞统说：“现在，乘会面时捉住刘璋，则将军不必动用武力，就可坐得一州。”刘备说：“刚刚进入别人的地盘，恩德与信义尚未表现出来，不能这样做。”刘璋推举刘备代理大司马，兼任司隶校尉；刘备也推举刘璋代理镇西大将军，兼任益州牧。两人部下的官兵，也相互交往，在一起欢宴一百余日。刘璋给刘备增兵，拨给大量军用物资，让他去进攻张鲁，又命刘备指挥驻在白水的益州部队。加上刘璋拨来的部队，刘备部下已有三万余人，车辆、甲胄、器械及粮草钱财等都很充足。刘璋回到成都，刘备向北进发，到达葭萌，没有立即进攻张鲁，先广施恩德，收买人心。

十七年（壬辰，公元212年）

春季，正月，曹操回到邺城，献帝下诏，命令在曹操拜见皇帝时，司仪官只称他的官职，不称名字；准许曹操入朝见到皇帝时，不必迈小步向前急走，并可以佩剑穿鞋上殿，遵照汉初丞相萧何的先例。

冬季，十月，曹操率军东征孙权。董昭对曹操说：“自古以来，人臣拯救国家的功劳，从来没有您今天的功业这样大；有您今天功业的人，没有长久居于臣属的。现在，您以惭愧为耻，乐于保持名节；然而您处在大臣的地位，会使人为这件大事怀疑您，实在不可不多加考虑。”于是，与列侯及将领们商议，认为丞相曹操应该进爵为国公，由皇帝赐给他表示特权的九锡，来表彰曹操的特殊功勋。荀彧认为：“曹公原来是为了拯救朝廷，安定天下而发起义兵的，怀有忠贞的诚心，严守退让的实意。君子以德爱人，不应当这样。”曹操因此很不高兴。到东征孙权时，曹操上表请求献帝派荀彧到谯县来慰劳军队。荀彧到后，曹操就借机留下他，让他以侍中、光禄大夫的身份，持符节，参预丞相府的军事。曹操大军向濡须进发，荀彧因病留在寿春，喝下毒药而死。荀彧品德高尚，行为端正，而且有智谋，喜欢推荐贤能的士人，因此，当时人们对他的去世都很惋惜。

刘备驻军在葭萌，庞统向刘备建议说：“现在，应暗中挑选精兵，昼夜不停地兼程赶路，直接袭击成都，刘璋既不懂军事，又一向没有预备，大军突然到达，可以一举平定，这是上策。杨怀、高沛都是刘璋部下的名将，各领强兵，据守关头，听说他们多次上书，劝刘璋把将军送回荆州。将军派人去告诉他们，说荆州有紧急情况，您打算回军救援，并让人打点行装，表面上做出要回去的样子。这两个人既佩服将军的英名，又高兴将军离去，我想他们一定会轻装骑马来见将军。乘机把他们捉住，吞并他们的部队，再向成都进军，这是中策。退回白帝城，与荆州力量联合在一起，再慢慢策划进取益州的办法，这是下策。如果迟疑着不离去，将会陷入严重困境，不能再耽误了。”刘备同意采用庞统的中策。

等到曹操进攻孙权，孙权要求刘备回军援救。刘备写信给刘璋，说：“孙权和我本是唇齿相依，而关羽兵力薄弱，现在不去援救，曹操就一定夺取荆州，进而侵犯益州边界，这远比张鲁更值得担心。张鲁是个只求自保的贼寇，不足以使人忧虑。”乘机要求刘璋给他增拨一万名士兵和军用物资，刘璋只允许拨给四千人，军用物资也都只给一半。刘备就以此为借口，激怒他部下的将士说：“我们为益州讨伐强敌，士卒劳苦，而刘璋却爱惜财物，如此吝啬，怎么能使士大夫为他死战呢！”张松写信给刘备和法正说：“现在，大事马上就可完成，怎么能放弃这里离去呢？”张松的哥哥、广汉郡太守张肃知道张松的密谋后，恐怕祸事会连累自己，就告发了张松的阴谋。于是刘璋逮捕张松，把他处斩，同时，向各关口要塞守将发布文书，命令他们都不要再与刘备往来。刘备大怒，召见刘璋部下的白水军督杨怀、高沛，责备他们对客人无礼，把这两人处斩。刘备率领军队直接进驻关头，吞并了杨怀、高沛的部队。继续进军，占领涪城。

十八年（癸巳，公元213年）

春季，正月，曹操大军攻到濡须口，号称步、骑兵四十万人，攻破孙权设在长江西岸的营寨，俘获孙权部下的都督公孙阳。孙权率领七万人抵抗曹军，两军相持一个多月。曹操看到孙权的战船、武器精良，军队严整，叹息说：“生儿子应当像孙权，至于刘表的儿子，不过是猪狗！”孙权写信给曹操，说：“春水正要上涨，您应当赶快撤军。”另附的一张纸上写着：“您不死，我就不能安宁。”曹操对部将们说：“孙权不欺骗我。”于是撤军返回北方。

五月，丙申（初十），献帝封曹操为魏公，把冀州属下的十个郡作为他的封地，曹操仍继续担任丞相，兼任冀州牧。同时，加“九锡”：御用大车和兵车各一辆，各配有四匹黑色雄马驾车；龙袍、冠冕并配上红色的礼鞋；诸侯享用的三面悬挂的乐器和三十六个人演出的方阵舞；住宅的大门可以漆成红色；登堂的台阶可以修在檐下；虎贲卫士三百人；象征权威的兵器斧、钺各一柄；朱红色的弓一把，朱红色的箭一百枝，黑色的弓十把，黑色的箭一千枝；祭神用的美酒一罐，并配有玉圭和玉勺。

益州从事、广汉人郑度听到刘备起兵的消息，对刘璋说：“左将军刘备孤军深入，远道来袭，他部下士兵不到一万人，而且将士并未全心归附他，军队又没有辎重，只能靠抢掠田野的庄稼为食。因此，最好的办法是把巴西与梓潼境内的百姓全部驱赶到内水、涪水以西，把巴西与梓潼仓库中的粮食物资以及田野里的庄稼全部烧掉，咱们高垒深沟，静待变化。刘备率军前来挑战，咱们坚守不出。他们无处抢掠粮草，不过一百天，必然会自动撤退，等他们后退时咱们再出击，一定可以捉到刘备。”刘备听到消息后，十分忧虑，向法正询问对策，法正说：“刘璋最终不会采用郑度的计策，您不必担心。”刘璋果然对部下说：“我听说过抵抗敌人以保护百姓，从未听说要迁徙百姓来躲避敌人的。”不用郑度的计策。

秋季，七月，魏国开始建立祭祀土神与谷神的社稷坛和曹氏祖先的宗庙。

第六十七卷
汉纪五十九

孝献皇帝壬建安十九年（甲午，214）

三月，诏魏公操位在诸侯王上，改授金玺、赤绂、远游冠。

诸葛亮留关羽守荆州，与张飞、赵云将兵溯流克巴东。至江州，破巴郡太守严颜，生获之。飞呵颜曰："大军既至，何以不降，而敢拒战！"颜曰："卿等无状，侵夺我州。我州但有断头将军，无降将军也！"飞怒，令左右牵去斫头。颜容止不变，曰："斫头便斫头，何为怒邪！"飞壮而释之，引为宾客。分遣赵云从外水定江阳、犍为，飞定巴西、德阳。

刘备围雒城且一年，庞统为流矢所中，卒。法正笺与刘璋，为陈形势强弱，且曰："左将军从举兵以来，旧心依依，实无薄意。愚以为可图变化，以保尊门。"璋不答。雒城溃，备进围成都。诸葛亮、张飞、赵云引兵来会。

马超知张鲁不足与计事，又鲁将杨昂等数害其能，超内怀于邑。备使建宁督邮李恢往说之，超遂从武都逃入氐中，密书请降于备。备使人止超，而潜以兵资之。超到，令引军屯城北，城中震怖。

备围城数十日，使从事中郎涿郡简雍入说刘璋。时城中尚有精兵三万人，谷帛支一年，吏民咸欲死战。璋言："父子在州二十余年，无恩德以加百姓。百姓攻战三年，肌膏草野者，以璋故也，何心能安！"遂开城，与简雍同舆出降，群下莫不流涕。备迁璋于公安，尽归其财物，佩振威将军印绶。

时议者欲以成都名田宅分赐诸将。赵云曰："霍去病以匈奴未灭，无用家为。今国贼非但匈奴，未可求安也。须天下都定，各反桑梓，归耕本土，乃其宜耳。益州人民，初罹兵革，田宅皆可归还，令安居复业，然后可役调，得其欢心；不宜夺之，以私所爱也。"备从之。

法正外统都畿，内为谋主，一餐之德、睚眦之怨，无不报复，擅杀毁伤己者数人。或谓诸葛亮曰："法正太纵横，将军宜启主公，抑其威福。"亮曰："主公之在公安也，北畏曹操之强，东惮孙权之逼，近则惧孙夫人生变于肘腋。法孝直为之辅翼，令翻然翱翔，不可复制。如何禁止孝直，使不得少行其意邪！"

诸葛亮佐备治蜀，颇尚严峻，人多怨叹者。法正谓亮曰：“昔高祖入关，约法三章，秦民知德。今君假借威力，跨据一州，初有其国，未垂惠抚；且客主之义，宜相降下，愿缓刑驰禁以慰其望。”亮曰：“君知其一，未知其二。秦以无道，政苛民怨，匹夫大呼，天下土崩；高祖因之，可以弘济。刘璋暗弱，自焉以来，有累世之恩，文法羁縻，互相承奉，德政不举，威刑不肃。蜀土人士，专权自恣，君臣之道，渐以陵替。宠之以位，位极则贱；顺之以恩，恩竭则慢。所以致敝，实由于此。吾今威之以法，法行则知恩；限之以爵，爵加则知荣。荣恩并济，上下有节，为治之要，于斯而著矣。”

帝自都许以来，守位而已，左右侍卫莫非曹氏之人者。议郎赵彦常为帝陈言时策，魏公操恶而杀之。操后以事入见殿中，帝不任其惧，因曰：“君若能相辅，则厚；不尔，幸垂恩相舍。”操失色，俯仰求出。旧议：三公领兵，朝见，令虎贲执刃挟之。操出，顾左右，汗流浃背；自后不复朝请。

董承女为贵人，操诛承，求贵人杀之。帝以贵人有妊，累为请，不能得。伏皇后由是怀惧，乃与父完书，言曹操残逼之状，令密图之，完不敢发。至是，事乃泄，操大怒，十一月，使御史大夫郗虑持节策收皇后玺绶，以尚书令华歆为副，勒兵入宫，收后。后闭户，藏壁中。歆坏户发壁，就牵后出。时帝在外殿，引虑于坐，后被发、徒跣、行泣，过诀曰：“不能复相活邪？”帝曰：“我亦不知命在何时！”顾谓虑曰：“郗公，天下宁有是邪！”遂将后下暴室，以幽死；所生二皇子，皆鸩杀之，兄弟及宗族死者百余人。

二十年（乙未，215）

初，刘备在荆州，周瑜、甘宁等数劝孙权取蜀。权遣使谓备曰：“刘璋不武，不能自守，若使曹操得蜀，则荆州危矣。今欲先攻取璋，次取张鲁，一统南方，虽有十操，无所忧也。”备报曰：“益州民富地险，刘璋虽弱，足以自守。今暴师于蜀、汉，转运于万里，欲使战克攻取，举不失利，此孙、吴所难也。议者见曹操失利于赤壁，谓其力屈，无复远念；今操三分天下已有其二，将欲饮马于沧海，观兵于吴会，何肯守此坐须老乎！而同盟无故自相攻伐，借枢于操，使敌乘其隙，非长计也。且备与璋托为宗室，冀凭威灵以匡汉朝。今璋得罪于左右，备独悚惧，非所敢闻，愿加宽贷。”权不听，遣孙瑜率水军住夏口。备不听军过，谓瑜曰：“汝欲取蜀，吾当被发入山，不失信于天下也。”使关羽屯江陵，张飞屯秭归，诸葛亮据南郡，备自住孱陵，权不得已召瑜还。及备西攻刘璋，权曰：“猾虏，乃敢挟诈如此！”备留关羽守江陵，鲁肃与羽邻界；羽数生疑贰，肃常以欢好抚之。

及备已得益州，权令中司马诸葛瑾从备求荆州诸郡。备不许，曰：“吾方图凉州，凉州定，乃尽以荆州相与耳。”权曰：“此假而不反，乃欲以虚辞引岁也。”遂置长沙、零陵、桂阳三郡长吏。关羽尽逐之。权大怒，遣吕蒙督兵二万以取三郡。

鲁肃欲与关羽会语，诸将疑恐有变，议不可往。肃曰："今日之事，宜相开譬。刘备负国，是非未决，羽亦何敢重欲干命！"乃邀羽相见，各驻兵马百步上，但诸将军单刀俱会。肃因责数羽以不返三郡，羽曰："乌林之役，左将军身在行间，戮力破敌，岂得徒劳，无一块土，而足下来欲收地邪！"肃曰："不然。始与豫州觐于长阪，豫州之众不当一校，计穷虑极，志势摧弱，图欲远窜，望不及此。主上矜愍豫州之身无有处所，不爱土地士民之力，使有所庇荫以济其患；而豫州私独饰情，愆德堕好。今已藉手于西州矣，又欲翦并荆州之土，斯盖凡夫所不忍行，而况整领人物之主乎！"羽无以答。会闻魏公操将攻汉中，刘备惧失益州，使使求和于权。权令诸葛瑾报命，更寻盟好。遂分荆州，以湘水为界：长沙、江夏、桂阳以东属权，南郡、零陵、武陵以西属备。诸葛瑾每奉使至蜀，与其弟亮但公会相见，退无私面。

张鲁闻阳平已陷，欲降，阎圃曰："今以迫往，功必轻；不如依杜濩赴朴胡，与相拒，然后委质，功必多。"乃奔南山入巴中。左右欲悉烧宝货仓库，鲁曰："本欲归命国家，而意未得达。今之走避锐锋，非有恶意。宝货仓库，国家之有。"遂封藏而去。操入南郑，甚嘉之。又以鲁本有善意，遣人慰喻之。

丞相主簿司马懿言于操曰："刘备以诈力虏刘璋，蜀人未附，而远争江陵，此机不可失也。今克汉中，益州震动，进兵临之，势必瓦解。圣人不能违时，亦不可失时也。"操曰："人苦无足，既得陇，复望蜀邪！"刘晔曰："刘备，人杰也，有度而迟；得蜀日浅，蜀人未恃也。今破汉中，蜀人震恐，其势自倾。以公之神明，因其倾而压之，无不克也。若少缓之，诸葛亮明于治国而为相，关羽、张飞勇冠三军而为将，蜀民既定，据险守要，则不可犯矣。今不取，必为后忧。"操不从。居七日，蜀降者说："蜀中一日数十惊，守将虽斩之而不能安也。"操问晔曰："今尚可击不？"晔曰："今已小定，未可击也。"乃还。以夏侯渊为都护将军，督张郃、徐晃等守汉中；以丞相长史杜袭为驸马都尉，留督汉中事。袭绥怀开导，百姓自乐出徙洛、邺者八万余口。

十一月，张鲁将家属出降。魏公操逆拜鲁镇南将军，待以客礼，封阆中侯，邑万户。封鲁五子及阎圃等皆为列侯。

二十一年（丙申，216）

夏，五月，进魏公操爵为王。

初，中尉崔琰荐钜鹿杨训于操，操礼辟之。及操进爵，训发表称颂功德。或笑训希世浮伪，谓琰为失所举。琰从训取表草视之，与训书曰："省表，事佳耳。时乎，时乎！会当有变时。"琰本意，讥论者好谴呵而不寻情理也。时有与琰宿不平者，白琰"傲世怨谤，意旨不逊"，操怒，收琰付狱，髡为徒隶。前白琰者复白之云："琰为徒，对宾客虬须直视，若有所瞋。"遂赐琰死。

崔琰从弟林，尝与陈群共论冀州人士，称琰为首，群以智不存身贬之。林曰：

“大丈夫为有邂逅耳，即如卿诸人，良足贵乎！”

汉献帝建安十九年（甲午，公元214年）

三月，献帝颁发诏书，确认魏公曹操地位在诸侯王之上，改授金制印玺、帝王和诸侯专用的红色绶带，以及诸侯王专用的远游冠。

诸葛亮让关羽留守荆州，与张飞、赵云率兵溯长江而上，攻克巴东。至江州，打败并生擒了巴郡太守严颜。张飞呵斥严颜：“我大军已到，你为什么不投降，而敢率军顽抗！”严颜说：“你们无理夺取我江州，江州只有断头将军，没有投降将军！”张飞大怒，命令左右部属把严颜拉出去斩首。严颜形容举止不变，说：“砍头便砍头，发什么火！”张飞佩服严颜的胆魄，将他释放，并让他做自己的宾客。诸葛亮派遣赵云经外水出兵平定江阳、犍为，派张飞平定巴西、德阳。

刘备围攻雒城近一年，庞统被流矢射中而死。法正写信给刘璋，分析了形势强弱，并说：“左将军刘备起兵后，对您仍有旧情，实际上没有恶意。我认为您应改变态度，以保住家门的尊贵。”刘璋未予答复。刘备攻破雒城，进而包围了成都。诸葛亮、张飞、赵云也率兵前来会合。

马超知道张鲁是个不值得与其计议大事的人，张鲁的部将杨昂等人又多次诋毁他的才能，因此心中忧郁。刘备派建宁督邮李恢前去游说马超，马超便从武都逃到氐人部落，秘密写信给刘备请求归降。刘备派人制止了马超，但暗中派兵给以帮助。马超来到成都，刘备命他率军驻扎城北，成都城内的人非常震惊，心中恐惧。

刘备包围成都数十天，派从事中郎涿郡人简雍进城劝降刘璋。此时城中还有精兵三万人，粮食和丝帛可以支持一年，官吏和百姓都愿死战到底。刘璋说：“我们父子统领益州二十余年，对百姓没有什么恩德。百姓苦战三年，暴尸荒野，实在是因为我刘璋的缘故，我怎能安心！”因此命令打开城门，和简雍同乘一辆车出来投降，部属无不伤心落泪。刘备把刘璋安置在公安这个地方，归还他的全部财物，让他佩带振威将军印绶。

当时，有人建议把成都有名的肥田沃土和住宅分给将领们。赵云说：“霍去病曾认为匈奴尚未消灭，不应考虑自己的家业。现在的国贼远非匈奴可比，我们不能贪图安乐。等到天下都安定以后，将士们重归故里，在自己的田地上耕作，才会各得其所。益州的百姓，刚刚遭受兵灾战祸，土地、田宅都应归还原来的主人，使百姓平安定居，恢复生产，然后才可以向他们征发兵役，收取租税，获得他们的好感；不应该夺取他们财物，以私宠自己所爱的将领。”刘备接受了赵云的意见。

法正在外统辖蜀郡，在内是为刘备出谋划策的主要人物。他恩怨分明，对他有过一餐饭的恩惠，他都予以报答；对他有一瞪眼的怨恨，他也无不报复，擅自杀害了一些伤害过自己的人。有人对诸葛亮说：“法正肆意横行，将军您应该禀报

诸葛孔明像

主公，限制他作威作福。”诸葛亮说：“主公在公安的时候，北边畏惧曹操的强大，东边害怕孙权的威胁，近处则担心孙夫人在家中搞出内乱，法正像羽翼一样辅佐主公，使主公能够自由翱翔，不再受制于他人。怎么能禁止法正，而不许他稍稍随心所欲呢！”

诸葛亮辅佐刘备治理蜀地，很强调严刑峻法，很多人怨恨叹息。法正对诸葛亮说：“以前汉高祖入函谷关，约法三章，秦地的百姓感恩戴德。如今，您借助权势的力量，占据一州的地方，刚刚建立国家，还没有施加恩惠，进行安抚，况且从外来的客与本地的主之间的关系讲，客人的姿态应当降低，希望您能放宽刑律和禁令，以适应当地人的意愿。”诸葛亮回答说：“您只知其一，不知其二。秦因为暴虐无道，政令苛刻，造成人民对它的怨恨，所以一介草民大呼一声，天下就土崩瓦解。汉高祖在这种情况下，可以采用宽大的政策而获得很大成功。刘璋糊涂软弱，从其父刘焉那时起，刘家对蜀地的人两世的恩惠，全靠典章和礼仪维系上下的关系，互相奉承，德政不能施行，刑罚失掉威业。蜀地的人专权而为所欲为，君臣之道，渐渐破坏。给予高官表示宠爱，官位无法再高时，反而被臣下轻视；顺从臣下的要求，施加恩惠，不能的时候，臣下便会轻狂怠慢。蜀地所以到了破败的地步，实在是由于这样的原因引起的。我现在要树立法令的威严，法令被执行，人们便会知道我们的恩德；以爵位限定官员的地位，加爵的人便会觉得很荣耀。荣耀和恩德相辅相成，上下之间有一定的规矩，治国的主要原则，由此清楚地显示出来了。”

汉献帝自从建都许昌以来，仅仅能够保住自己的皇帝地位而已，左右随从侍卫无一不是曹操的人。议郎赵彦经常为汉献帝分析时势，进献对策，因此遭到魏公曹操的憎恶而被杀害。后来，曹操有事进殿见献帝，汉献帝无法控制恐惧，对曹操说：“您若能辅佐我，就宽厚些；否则，您就开恩把我抛开。”曹操大惊失色，急忙应付着请求告辞。汉朝旧制规定：领兵的三公在朝见皇帝时，都要由虎贲武士持刀挟持。曹操出殿后，回顾左右，汗流浃背，从此不再朝见献帝。

董承的女儿是献帝的贵人，曹操杀掉董承以后，要求把他的女儿董贵人也杀死。汉献帝以贵人有身孕为由，多次向曹操求情，曹操都不同意。伏皇后因此而心怀恐惧，写信给父亲伏完，谈了曹操逼迫皇帝的凶恶行为。到这时，事情泄露出来，曹操知道后非常愤怒。十一月，派御史大夫郗虑带着符节和策书，收缴了皇后的印玺绶带，派尚书令华歆为副，率兵入宫逮捕伏皇后。皇后关上门，藏在夹墙里。华歆砸门破壁，把皇后拖了出来。汉献帝当时在外殿，招呼郗虑坐下，皇后披头散发，光着双脚，边走边哭，经过献帝面前诀别道：“不能再救我一命吗？”献帝说："我也不知道自己能活到几时！"他看着郗虑说："郗公，天下难道竟有这样的事吗！"就这样把皇后关在宫中的监狱里，幽禁而死。她生的两个皇子，也被用毒酒杀死了，她的兄弟以及宗族亲属被害者有一百余人。

二十年（乙未，公元215年）

以前，刘备在荆州时，周瑜、甘宁等人多次劝孙权夺取蜀地。孙权派遣使者对刘备说："刘璋软弱，不能保护自己，假如曹操得到蜀地，荆州就危险了。我现在计划先攻破刘璋，再击败张鲁，统一南方，即使有十个曹操，我也没有什么可担忧的了。"刘备回答说："益州人民富裕，地势险要，刘璋虽然软弱，保护自己还有足够的力量。现在若使军队行进在蜀、汉之地，餐风宿露，在万里道路上转运给养，要想战必克，攻必取，举措不失利，就是孙武和吴起也难以做到。议论的人见曹操在赤壁失败，就说他已经没有什么力量，不再有长远打算。然而现今三分天下曹操已拥有其二，准备到沧海去饮马，到吴郡会稽来阅兵，怎么会守着这个局面坐等年老呢？而抗曹的同盟之间却无故自相攻伐，把机会借给曹操，让敌人钻空子，这不是长久之计。况且我和刘璋都是刘姓皇族，希望凭借祖上尊严的神灵匡扶汉朝。如今刘璋得罪了您，我独自感到惶恐，不敢听从您的计划，请求宽恕。"孙权不听刘备的劝告，派孙瑜率水军驻在夏口。刘备不允许孙权的军队过境，对孙瑜说："你们若要攻取蜀地，我将披头散发，隐遁山林之中，不能在天下人面前失信。"便派关羽驻守江陵，张飞屯兵在秭归，诸葛亮据守南郡，他自己坐镇孱陵。孙权不得已，把孙瑜召回。及至刘备向西进攻刘璋时，孙权说："这个滑头，竟敢如此搞阴谋诡计！"刘备留下关羽防守江陵，鲁肃的防区与关羽为邻；关羽多次产生疑虑，鲁肃则经常以友好的态度使他安心。

刘备得到益州后，孙权派中司马诸葛瑾向刘备索求荆州的各郡。刘备不同意，说："我正准备夺取凉州，取得凉州以后，才能把荆州全部给你们。"孙权说："这是有借无还，不过是找借口以拖延时日罢了。"因此任命了长沙、零陵、桂阳三郡的地方长官。关羽则全部加以驱逐。孙权大怒，派吕蒙率兵二万人夺取三郡。

鲁肃准备与关羽会谈，将领们恐怕发生变故，劝鲁肃不要去。鲁肃说："事到如今，最好的办法是开导、劝说。刘备忘恩负义，是非还没有最后的结论，关羽又如何敢再打算谋害我的性命！"于是，邀请关羽会面，各自在百步以外止住自己的部队，只有双方的将领带佩刀相见。鲁肃责备关羽不返还三郡，关羽说："乌林那次战役，刘左将军直接参战，竭尽全力打败了敌人，难道能白白辛苦，不拥有一块土地？而您要来收取土地了吗！"鲁肃说："不对！开始在长阪与刘备会面时，他的部众抵挡不了一校的人马，智竭计穷，士气低落，势力衰颓，打算远逃，那时想不到会有今天。我们主公可怜刘备无处守身，不吝惜土地和百姓的劳役，使刘备有了落脚之地，帮助他解决了困难。而刘备却自私自利，虚情假意，辜负恩德，损坏我们的友好关系。现在他已得到益州，有了力量，又要兼并荆州土地，这样的事连普通人都不忍心做，何况领导一邦的领袖人物！”关羽无话可答。正这时，有人说魏公曹操将要攻打汉中，刘备恐怕失去益州，派使者向孙权求和。孙权命令诸葛瑾答复刘备，愿再度和好。于是双方以湘水为界，分割了荆州：长沙、江夏、桂阳以东归属孙权，南郡、零陵、武陵以西归属刘备。诸葛瑾每次作为使者到蜀，和他的弟弟诸葛亮只在公务会议上相见，退下后并不私相会面。

张鲁听说阳平已被曹军攻陷，要投降。阎圃说：“现在因为受到曹军压力而被迫投降，一定没有什么功；不如通过濩杜投奔朴胡，一同抗拒曹军，然后再归顺，功一定大。”于是逃奔南山进入巴中。张鲁部下要烧毁全部宝物和仓库，张鲁说：“本来我们准备归顺国家，而这样的意愿还没有转达上去。如今离开这里，只是为了躲避大军的锋锐，并没有恶意。宝物仓库，本是国家所有。”于是，把府库封存好以后，张鲁等人才离去。曹操进入南郑，对张鲁的做法非常赞赏。又因为张鲁原本有善意，派人前往安慰晓谕。

丞相主簿司马懿向曹操建议：“刘备靠奸诈劫持了刘璋，蜀人还没有归附他，他却去远行争夺江陵，这是个不能失去的好机会。现在，我们攻克了汉中，益州受到震动，此时进兵攻击，势必土崩瓦解。圣人不能违背天时，也不能错过良机。”曹操说：“人都是苦于不知足，既得到陇地，又眼望着蜀地吗！”刘晔说：“刘备，是人中豪杰，做事有章法，但是缓慢；取得蜀地时间不长，还不能依靠蜀人。我们刚刚攻取汉中，蜀地之人受到很大震动，非常恐慌，势将自行崩溃。以主公的英明，趁其崩溃时率兵压境，一定能取胜。如果稍有迟缓，诸葛亮擅长治国而为相，关羽、张飞勇冠三军而为将，蜀地人民安定以后，据守险要之处，我们就很难进攻了。现在不去攻取，必将成为我们的后患。”曹操没有听从这些建议。七天后，蜀地来降的人说：“蜀中一天发生数十次惊扰，守将虽然以斩杀来弹压，仍然安定不下来。”曹操问刘晔：“现在还能进攻吗？”刘晔回答：“现在蜀地已初步安定，不能再进攻。”于是撤军。任命夏侯渊为都护将军，率领张郃、徐晃等人守卫汉中；任命丞相长史杜袭为驸马都尉，留下掌管汉中的事务。杜袭采取怀柔政策进行开导，汉中的百姓自愿出来迁徙到洛、邺两地的有八万余人。

十一月，张鲁率领家属出来投降。魏公曹操亲迎，授予张鲁镇南将军的官职，按照宾客的礼节接待他，封他为阆中侯，食邑万户。同时，封张鲁的五个儿子以及阎圃等人为列侯。

二十一年（丙申，公元216年）

夏季，五月，进封魏公曹操为王。

当初，中尉崔琰把巨鹿人杨训推荐给曹操，曹操以礼征召并任用杨训。及至曹操晋爵为王，杨训作表为他歌功颂德。有人嘲笑杨训阿谀世俗，轻浮虚伪，说崔琰推荐人不当。崔琰从杨训那里把上表的底稿取来查看，给杨训写信说：“看了你的上表，事情做得很好。什么时代啊！总有一天会改变的。”崔琰的本意，是讥讽那些乱议论的人太苛求，而不通情理。当时有与崔琰历来不和的人，上告崔琰“傲慢而目空一切，怨愤诽谤，信中有悖逆不逊之意”。曹操很气愤，下令把崔琰逮捕入狱，处以剃光头发服苦役的刑罚。那个告发崔琰的人又说：“崔琰当了刑徒，对宾客捻着胡须直视，似乎心有所恨。”曹操于是命令崔琰自杀。

崔琰的堂弟崔林，曾经和陈群一同评论冀州的人物，称崔琰为第一，陈群则认为崔琰的才智还不足以保护自身，因而贬低崔琰。崔林说：“大丈夫只看有没有机会遇到明主罢了，如果像各位一样，就真值得赞誉吗？”

第六十八卷

汉纪六十

译文诵读

孝献皇帝癸建安二十二年（丁酉，217）

夏，四月，诏魏王操设天子旌旗，出入称警跸。

魏以五官中郎将丕为太子。

初，魏王操娶丁夫人，无子；妾刘氏，生子昂；卞氏生四子，丕、彰、植、熊。王使丁夫人母养昂；昂死于穰，丁夫人哭泣无节，操怒而出之，以卞氏为继室。植性机警、多艺能，才藻敏赡，操爱之。操欲以女妻丁仪，丕以仪目眇，谏止之。仪由是怨丕，与弟黄门侍郎廙，及丞相主簿杨修，数称临淄侯植之才，劝操立以为嗣。脩，彪之子也。操以函密访于外，尚书崔琰露版答曰："《春秋》之义，立子以长。加五官将仁孝聪明，宜承正统，琰以死守之。"植，琰之兄女婿也。尚书仆射毛玠曰："近者袁绍以嫡庶不分，覆宗灭国。废立大事，非所宜闻。"东曹掾邢颙曰："以庶代宗，先世之戒也，愿殿下深察之。"丕使人问太中大夫贾诩以自固之术。诩曰："愿将军恢崇德度，躬素士之业，朝夕孜孜，不违子道，如此而已。"丕从之，深自砥砺。他日，操屏人问诩，诩嘿然不对。操曰："与卿言，而不答，何也？"诩曰："属有所思，故不即对耳。"操曰："何思？"诩曰："思袁本初、刘景升父子也。"操大笑。

操尝出征，丕、植并送路侧，植称述功德，发言有章，左右属目，操亦悦焉。丕怅然自失，济阴吴质耳语曰："王当行，流涕可也。"及辞，丕涕泣而拜，操及左右咸歔欷，于是皆以植多华辞而诚心不及也。植既任性而行，不自雕饰，五官将御之以术，矫情自饰，宫人左右并为之称说，故遂定为太子。

法正说刘备曰："曹操一举而降张鲁，定汉中，不因此势以图巴、蜀，而留夏侯渊、张郃屯守，身遽北还，此非其智不逮，而力不足也，必将内有忧逼故耳。今策渊、郃才略，不胜国之将帅，举众往讨，必可克之。克之之日，广农积谷，观衅伺隙，上可以倾覆寇敌，尊奖王室；中可以蚕食雍、凉，广拓境土；下可以固守要害，为持久之计。此盖天以与我，时不可失也。"备善其策，乃率诸将进兵汉中，遣张飞、马超、吴兰等屯下辨。魏王操遣都护将军曹洪拒之。

二十三年（戊戌，218）

曹洪将击吴兰，张飞屯固山，声言欲断军后，众议狐疑。骑都尉曹休曰："贼实断道者，当伏兵潜行；今乃先张声势，此其不能，明矣。宜及其未集，促击兰，兰破，飞自走矣。"洪从之，进，击破兰，斩之。三月，张飞、马超走。休，魏王族子也。

刘备屯阳平关，夏侯渊、张郃、徐晃等与之相拒。备遣其将陈式等绝马鸣阁道，徐晃击破之。张郃屯广石，备攻之不能克，急书发益州兵。诸葛亮以问从事犍为杨洪，洪曰："汉中，益州咽喉，存亡之机会，若无汉中，则无蜀矣。此家门之祸也，发兵何疑。"时法正从备北行，亮于是表洪领蜀郡太守；众事皆办，遂使即真。

初，犍为太守李严辟洪为功曹，严未去犍为而洪已为蜀郡；洪举门下书佐何祗有才策，洪尚在蜀郡，而祗已为广汉太守。是以西土咸服诸葛亮能尽时人之器用也。

秋，七月，魏王操自将击刘备；九月，至长安。

二十四年（己亥，219）

初，夏侯渊战虽数胜，魏王操常戒之曰："为将当有怯弱时，不可但恃勇也。将当以勇为本，行之以智计；但知任勇，一匹夫敌耳。"及渊与刘备相拒逾年，备自阳平南渡沔水，缘山稍前，营于定军山。渊引兵争之。法正曰："可击矣。"备使讨虏将军黄忠乘高鼓噪攻之，渊军大败，斩渊及益州刺史赵颙。张郃引兵还阳平。是时新失元帅，军中扰扰，不知所为。督军杜袭与渊司马太原郭淮收敛散卒，号令诸军曰："张将军国家名将，刘备所惮；今日事急，非张将军不能安也。"遂权宜推郃为军主。郃出，勒兵按陈，诸将皆受郃节度，众心乃定。明日，备欲渡汉水来攻；诸将以众寡不敌，欲依水为陈以拒之。郭淮曰："此示弱而不足挫敌，非算也。不如远水为陈，引而致之，半济而后击之，备可破也。"既陈，备疑，不渡。淮遂坚守，示无还心。以状闻于魏王操，操善之，遣使假郃节，复以淮为司马。

三月，魏王操自长安出斜谷，军遮要以临汉中。刘备曰："曹公虽来，无能为也，我必有汉川矣。"乃敛众拒险，终不交锋。操运米北山下，黄忠引兵欲取之，过期不还。翊军将军赵云将数十骑出营视之，值操扬兵大出，云猝与相遇，遂前突其陈，且斗且却。魏兵散而复合，追至营下，云入营，更大开门，偃旗息鼓。魏兵疑云有伏，引去；云雷鼓震天，惟以劲弩于后射魏兵。魏兵惊骇，自相蹂践，堕汉水中死者甚多。备明旦自来，至云营，视昨战处，曰："子龙一身都为胆也！"

操与备相守积月，魏军士多亡。夏，五月，操悉引出汉中诸军还长安，刘备遂有汉中。

秋，七月，刘备自称汉中王，设坛场于沔阳，陈兵列众，郡臣陪位，读奏讫，乃拜受玺绶，御王冠。

孙权攻合肥。时堵州兵戍淮南。扬州刺史温恢谓兖州刺史裴潜曰：“此间虽有贼，然不足忧。今水潦方生，而子孝县军，无有远备，关羽骁猾，政恐征南有变耳。”已而关羽果使南郡太守糜芳守江陵，将军傅仁守公安，羽自率众攻曹仁于樊。仁使左将军于禁、立义将军庞德等屯樊北。八月，大霖雨，汉水溢，平地数丈，于禁等七军皆没。禁与诸将登高避水，羽乘大船就攻之，禁等穷迫，遂降。庞德在堤上，被甲持弓，箭不虚发，自平旦力战，至日过中，羽攻益急；矢尽，短兵接，德战益怒，气愈壮，而水浸盛，吏士尽降。德乘小船欲还仁营，水盛船覆，失弓矢，独抱船覆水中，为羽所得，立而不跪。羽谓曰：“卿兄在汉中，我欲以卿为将，不早降何为！”德骂羽曰：“竖子，何谓降也！魏王带甲百万，威振天下；汝刘备庸才耳，岂能敌邪！我宁为国家鬼，不为贼将也！”羽杀之。魏王操闻之曰：“吾知于禁三十年，何意临危处难，反不及庞德邪！”封德二子为列侯。

羽急攻樊城，城得水，往往崩坏，众皆恟惧。或谓曹仁曰：“今日之危，非力所支，可及羽围未合，乘轻船夜走。”汝南太守满宠曰：“山水速疾，冀其不久。闻羽遣别将已在郏下，自许以南，百姓扰扰，羽所以不敢遂进者，恐吾军掎其后耳。今若遁去，洪河以南，非复国家有也，君宜待之。”仁曰：“善！”乃沈白马与军人盟誓，同心固守。城中人马才数千人，城不没者数板。羽乘船临城，立围数重，外内断绝。羽又遣别将围将军吕常于襄阳。荆州刺史胡脩、南乡太守傅方皆降于羽。

陆浑民孙狼等作乱，杀县主簿，南附关羽。羽授狼印，给兵，还为寇贼，自许以南，往往遥应羽，羽威震华夏。魏王操议徙许都以避其锐，丞相军司马司马懿、西曹属蒋济言于操曰：“于禁等为水所没，非战攻之失，于国家大计未足有损。刘备、孙权，外亲内疏，关羽得志，权必不愿也。可遣人劝权蹑其后，许割江南以封权，则樊围自解。”操从之。

初，鲁肃尝劝孙权以曹操尚存，宜且抚辑关羽，与之同仇，不可失也。及吕蒙代肃屯陆口，以为羽素骁雄，有兼并之心，且居国上流，其势难久，密言于权曰：“今令征虏守南郡，潘璋住白帝，蒋钦将游兵万人循江上下，应敌所在，蒙为国家前据襄阳，如此，何忧于操，何赖于羽！且羽君臣矜其诈力，所在反覆，不可以腹心待也。今羽所以未便东向者，以至尊圣明，蒙等尚存也。今不于强壮时图之，一旦僵仆，欲复陈力，其可得邪！”权曰：“今欲先取徐州，然后取羽，何如？”对曰：”今操远在河北，抚集幽、冀，未暇东顾，余土守兵，闻不足言，往自可克。然地势陆通，骁骑所骋，至尊今日取徐州，操后旬必来争，虽以七八万人守之，犹当怀忧。不如取羽，全据长江，形势益张，易为守也。”权善之。

权尝为其子求昏于羽，羽骂其使，不许昏；权由是怒。及羽攻樊，吕蒙上疏曰：“羽讨樊而多留备兵，心恐蒙图其后故也。蒙常有病，乞分士众还建业，以治疾为名，羽闻之，必撤备兵，尽赴襄阳。大军浮江昼夜驰上，袭其空虚，则南郡可下而羽可禽也。”遂称病笃。权乃露檄召蒙还，阴与图计。蒙下至芜湖，定威校尉陆逊谓蒙曰：“关羽接境，如何远下，后不当可忧也？”蒙曰：“诚如来言，然我病笃。”逊曰：“羽矜其骁气，陵轹于人，始有大功，意骄志逸，但务北进，未嫌于我；有相闻病，必益于备，今出其不意，自可禽制。下见至尊，宜好为计。”蒙曰：“羽素勇猛，既难为敌，且已据荆州，恩信大行，兼始有功，胆势益盛，未易图也。”蒙至都，权问：“谁可代卿者？”蒙对曰：“陆逊意思深长，才堪负重，观其规虑，终可大任；而未有远名，非羽所忌，无复是过也。若用之，当令外自韬隐，内察形便，然后可克。”权乃召逊，拜偏将军、右部督，以代蒙。逊至陆口，为书与羽，称其功美，深自谦抑，为尽忠自托之意。羽意大安，无复所嫌，稍撤兵以赴樊。逊具启形状，陈其可禽之要。

孙权为笺与魏王操，请以讨羽自效，及乞不漏，令羽有备。操问群臣，群臣咸言宜密之。董昭曰：“军事尚权，期于合宜。宜应权以密，而内露之。羽闻权上，若还自护，围则速解，便获其利。可使两贼相对衔持，坐待其敝。秘而不露，使权得志，非计之上。又，围中将吏不知有救，计粮怖惧，傥有他意，为难不小。露之为便。且羽为人强梁，自恃二城守固，必不速退。”操曰：“善！”即敕徐晃以权书射著围里及羽屯中，围里闻之，志气百倍；羽果犹豫不能去。

吕蒙至寻阳，尽伏其精兵𦪇𦨴中，使白衣摇橹，作商贾人服，昼夜兼行，羽所置江边屯候，尽收缚之，是故羽不闻知。麋芳、士仁素皆嫌羽轻己，羽之出军，芳、仁供给军资不悉相及，羽言“还，当治之”，芳、仁咸惧。于是蒙令故骑都尉虞翻为书说仁，为陈成败，仁得书即降。翻谓蒙曰：“此谲兵也，当将仁行，留兵备城。”遂将仁至南郡。麋芳城守，蒙以仁示之，芳遂开门出降。蒙入江陵，释于禁之囚，得关羽及将士家属，皆抚慰之，约令军中：“不得干历人家，有所求取。”蒙麾下士，与蒙同郡人，取民家一笠以覆官铠；官铠虽公，蒙犹以为犯军令，不可以乡里故而废法，遂垂涕斩之。于是军中震栗，道不拾遗。蒙旦暮使亲近存恤耆老，问所不足，疾病者给医药，饥寒者赐衣粮。羽府藏财宝，皆封闭以待权至。

关羽闻南郡破，即走南还。曹仁会诸部议，咸曰：“今因羽危惧，可追禽也。”赵俨曰：“权邀羽连兵之难，欲掩制其后，顾羽还救，恐我乘其两疲，故顺辞求效，乘衅因变以观利钝耳。今羽已孤迸，更宜存之以为权害。若深入追北，权则改虞于彼，将生患于我矣，王必以此为深虑。”仁乃解严。魏王操闻羽走，恐诸将追之，果疾敕仁如俨所策。

关羽数使人与吕蒙相闻，蒙辄厚遇其使，周游城中，家家致问，或手书示信。羽人还，私相参讯，咸知家门无恙，见待过于平时，故羽吏士无斗心。

关羽自知孤穷，乃西保麦城。孙权使诱之，羽伪降，立幡旗为象人于城上，因遁走，兵皆解散，才十余骑。权先使朱然、潘璋断其径路，十二月，璋司马马忠获羽及其子平于章乡，斩之，遂定荆州。

权后与陆逊论周瑜、鲁肃及蒙曰：“公瑾雄烈，胆略兼人，遂破孟德，开拓荆州，邈焉寡俦。子敬因公瑾致达于孤，孤与宴语，便及大略帝王之业，此一快也。后孟德因获刘琮之势，张言方率数十万众水步俱下，孤普请诸将，咨问所宜，无适先对；至张子布、秦文表俱言宜遣使修檄迎之，子敬即驳言不可，劝孤急呼公瑾，付任以众，逆而击之，此二快也。后虽劝吾借玄德地，是其一短，不足以损其二长也。周公不求备于一人，故孤忘其短而贵其长，常以比方邓禹也。子明少时，孤谓不辞剧易，果敢有胆而已；及身长大，学问开益，筹略奇至，可以次于公瑾，但言议英发不及之耳。图取关羽，胜于子敬。子敬答孤书云：‘帝王之起，皆有驱除，羽不足忌。’此子敬内不能办，外为大言耳，孤亦怒之，不苟责也。然其作军屯营，不失令行禁止，部界无废负，路无拾遗，其法亦美矣。”

魏王操表孙权为骠骑将军，假节，领荆州牧，封南昌侯。权遣校尉梁寓入贡，又遣朱光等归，上书称臣于操，称说天命。操以权书示外曰：“是儿欲踞吾著炉火上邪！”侍中陈群等皆曰：“汉祚已终，非适今日。殿下功德巍巍，群生注望，故孙权在远称臣。此天人之应，异气齐声，殿下宜正大位，复何疑哉！”操曰：“若天命在吾，吾为周文王矣。”

汉献帝建安二十二年（丁酉，公元217年）

夏季，四月，献帝下诏：魏王曹操可用皇帝专用的旌旗，出入同帝王一样，有人实行戒严和清道。

魏立五官中郎将曹丕为太子。

当初，魏王曹操娶丁夫人，没有生儿子。妾刘氏，生儿子曹昂；卞氏生下四个儿子：曹丕、曹彰、曹植、曹熊。曹操让丁夫人以母亲的名义抚养曹昂；曹昂死在穰城，丁夫人哭泣得不能自制，曹操气忿之下，休了丁夫人，以卞氏继为正妻。曹植生性机警，富有能力，才华横溢而敏捷多智，曹操很爱他。曹操要把女儿嫁给丁仪为妻，曹丕因为丁仪一只眼瞎，劝阻了曹操。丁仪因此怨恨曹丕，和弟弟黄门侍郎丁廙，以及丞相主簿杨修，多次称赞临淄侯曹植的才干，劝曹操立他为继承人。杨修本是杨彪的儿子。曹操用信秘密探访外面对立继承人的看法。尚书崔琰用不封口的信答复说：“按照《春秋》之义，应立长子。而且五官将曹丕仁厚、忠孝、聪明，应做继承人，我的看法至死不变。”曹植是崔琰哥哥的女婿。尚书仆射毛玠说：“前不久，袁绍因嫡亲、旁支不分，宗族和国土都遭覆灭。废立继承人的大事，不是臣子所应听到的。”东曹掾邢颙说：“以旁支代替正统继承人，是先世的戒条，希望殿下深入考虑。”曹丕派人向太中大夫贾诩询问巩固自己地位的方法。贾诩说：“愿将军您能发扬德行和气度，亲身去做寒素之人的事情，早晚孜孜不倦，不违背做儿子应该遵守的规矩，这样就可以了。”曹丕听从了贾诩的话，暗自深深地磨炼自己。一天，曹操命众人退下，询问贾诩，贾诩默然不答。”曹操说：“我与你说话，你却不回答，这是为什么？”贾诩说：“我正在考虑，所以没有立即回答您。”曹操说：“你考虑什么？”贾诩回答说：“我是在想袁绍、刘表两对父子啊。”曹操大笑起来。

一次，曹操带兵出征，曹丕和曹植共同送到路旁，曹植称颂曹操的功德，出口成章，旁边的人都瞩目赞赏，曹操自己也很高兴。曹丕感到惆怅，若有所失，济阴人吴质在他耳边说：“魏王即将上路的时候，流泪哭泣即可。”及至辞行时，曹丕哭着下拜，曹操和部属们都很伤感。因此，大家都认为曹植华丽的辞藻多而诚心不及曹丕。曹植既然做事任性，言行不加掩饰，而曹丕则施用权术，掩盖真情，自我矫饰，宫中的人和曹操部属大多为他说好话，所以最终被立为太子

法正向刘备建议说：“曹操一举收降了张鲁，占据汉中，不借助这个有利时机进攻巴、蜀两地，却留夏侯渊、张郃驻守汉中，自己急速北返，这样做并非是他才智不够，而是力量不足，必将有内忧的缘故。如今估计夏侯渊、张郃的才能，不及我们的将领，现在举兵进攻，一定可以取胜。夺取汉中后，广开农田，积蓄粮草，等待有可乘之机。搞得好，可以将曹操彻底击败，恢复皇室的权威；次之，可以蚕食雍、凉二州，拓展我们的疆土；最次，也可以据险固守，与曹操长期对峙。这是上天的赐与，时机不可丧失。”刘备赞同法正的策略，于是率将领进军汉中，派张飞、马超、吴兰等驻军下辨。魏王曹操派都护将军曹洪拒敌。

二十三年（戊戌，公元218年）

曹洪将要攻击吴兰，而张飞驻军固山，声称要切断曹军的后路。曹洪和将领们商议，犹豫不决。骑都尉曹休说：“张飞等人若确实要切断我军后路，应该派军队隐蔽行军，而现在却先大造声势，而实际上做不到，这是很清楚的。我军应趁敌人尚未集结，迅速攻击吴兰，吴兰被击败，张飞自然退走。”曹洪听从了这一建议，进军击败吴兰军，斩杀吴兰。三月，张飞、马超撤退。曹休是魏王曹操的同族子侄辈。

刘备驻军阳平关，曹军夏侯渊、张郃、徐晃等与他对峙。刘备派部下将领陈式等人去切断马鸣阁的道路，被徐晃打败。张郃驻守在广石，刘备攻打不下来，急发文书调集益州军队。诸葛亮问从事、犍为人杨洪应如何处理此事，杨洪说：“汉中是益州的咽喉，存亡的关键，如失去汉中，就没有蜀了，这是家门前的祸患，对发兵有什么疑问！”当时蜀郡太守法正跟随刘备到了北方，诸葛亮于是上表请求由杨洪代理蜀郡太守。杨洪将各项政务全都办理妥当，于是获得正式任命。

从前，犍为太守李严曾任命杨洪为功曹，李严未离开犍为，而杨洪已做了蜀郡太守。杨洪推荐自己门下的书佐何祗，称他有才干；杨洪仍在蜀郡，而何祗已经做了广汉太守。因此，西土人士都佩服诸葛亮，能够充分利用当时的人才。

秋季，七月，魏王曹操亲自率兵进攻刘备。九月，到达长安。

二十四年（己亥，公元219年）

当初，夏侯渊虽然多次打胜仗，魏王曹操却经常告诫他说："作为将领，应有胆怯的时候，不能单凭勇猛。将领应当以勇敢为根本，但在行动时要依靠智慧和计谋；仅依靠勇敢，只能敌得过一名普通人罢了。"后来，夏侯渊与刘备对峙了一年有余，刘备从阳平向南，渡过沔水，顺着山势稍微前行，在定军山扎下营盘。夏侯渊率兵争夺定军山。法正说："可以发动攻击了。"刘备派讨虏将军黄忠率兵居高临下，擂鼓呐喊，发动进攻，夏侯渊的军队大败，夏侯渊和益州刺史赵颙被斩。张郃率军退回阳平。此时，曹军新失统帅，军中人心惶惶，不知如何是好。督军杜袭和夏侯渊的司马、太原人郭淮集合散乱的兵卒，对各营将士发出号令："张郃将军是国家的名将，为刘备所惧怕；如今军情紧迫，只有在张郃将军的指挥下，才能转危为安。"于是临时推举张郃为军中主帅。张郃出来统率军队，巡视阵地，将领们都接受张郃的指挥，军心才安定下来。第二天，刘备打算渡汉水发动攻击；曹军将领们认为寡不敌众，准备依凭汉水列阵抵抗。郭淮说："这是向敌人示弱，而不能挫败敌人，不是好计策。不如远离汉水列阵，把敌人吸引过来，等他们渡过一半后，我们再出击，就可以打败刘备。"曹军列好阵，刘备产生怀疑，命令不要渡河。郭淮于是坚守阵地，表明曹军没有撤退之心。郭淮等人把情况上报魏王曹操，曹操很同意他们的做法，派使者把符节授予张郃，仍任命郭淮为司马。

蜀主刘备

三月，魏王曹操从长安出发，穿过斜谷，派兵据守险要之处，以便大军顺利到达汉中。刘备说："曹公虽然亲自前来，也起不了什么作用，我一定要占有汉川。"于是集结军队，占据险要阻拦。始终不与曹军交战。曹军在北山下运送粮米，黄忠率军企图夺取，超过约定的时间，不见回转。翊军将军赵云率领骑兵数十人出营查看，恰巧曹操大军出动，赵云与敌人猝然相遇，便冲击敌阵，且战且退。曹军散开后再度汇合，追至赵云的军营前，赵云进入军营，又大开营门，偃旗息鼓。曹军怀疑营中有埋伏，于是撤退。赵云命令擂起战鼓，鼓声震天，却只以强弩在后面射杀曹兵。曹军非常惊骇，自相践踏，落入汉水中而死的很多。第二天一早，刘备亲自来到赵云的兵营，察看了昨天的战场，说："子龙一身都是胆啊！"

曹操与刘备对峙了一个月，曹军有很多人逃跑。夏季，五月，曹操率领所有进攻汉中的军队返回长安，刘备因此占据了汉中。

秋季，七月，刘备自称汉中王，在沔阳设坛场，布置军队排列成阵，郡臣都来陪从，读过奏章，跪拜接受汉中王的印玺绶带，戴上王冠。

孙权进攻合肥。当时各州的军队都驻守在淮南。扬州刺史温恢对兖州刺史裴潜说："此处虽然有贼人，却不值得担忧。现在刚刚涨水，征南将军曹仁却孤军深入，没有长远的准备，关羽强悍狡猾，只恐怕征南将军会有变故。"不久，关羽果然令南郡太守糜芳守卫江陵，将军士仁守公安，他自己率军向樊城的曹仁进攻。曹仁派左将军于禁、立义将军庞德等人驻守樊城之北。八月，天降大雨，汉水泛滥，平地水深数丈，于禁等开路兵马都被大水所淹。于禁和将领们登到高处避水，关羽乘大船前来进攻，于禁等无处可逃，于是投降。庞德站在堤上，身穿铠甲，手挽弓，箭无虚发，自清晨拼力死战，到日过中午，关羽的进攻愈来愈急。庞德的箭射尽了，就短兵相接，庞德愈战愈怒，胆气愈壮，但水势愈来愈大，部下的官员和士兵都投降了。庞德乘上小船，想返回曹仁的军营，小船被大水冲翻，失去了弓箭，只有他一人在水中抱住翻船，被关羽俘虏。见关羽时，他站着不肯下跪。关羽对他说："你的兄长在汉中，我准备让你做我的将领，为什么不早早投降呢？"庞德大骂说："小子，什么叫投降！魏王统帅百万大军，威振天下；你家刘备不过是个庸才，岂能和魏王匹敌！我宁可做国家的鬼，也不做贼人的将领！"关羽杀掉了庞德。魏王曹操闻知此事，说："我和于禁相识三十年，怎料在危难之处，于禁反而不如庞德呢！"于是封庞德的两个儿子为列侯。

关羽向樊城发起猛攻，城中进水，处处崩塌，众人都惊恐不安。有人对曹仁说："现在的危难，不是我们的力量所能应付的，应该趁关羽的包围尚未完成，乘轻便船只连夜退走。"汝南太守满宠说："山洪来得快，去得也快，希望不会滞留很久。据说关羽已经派别的部队至郏下，许都以南百姓混乱下安。关羽之所以不敢再向前推进，是顾虑我们攻击他的后路。现在如果我军退走，黄河以南地区，就不再为国家所有了，您应该在这里坚守以待。"曹仁说："你说得对！"于是将白马沉入河中，与将士们盟誓，齐心合力，坚守樊城。城中军队只有数千人，未被水淹没的城墙也仅有几尺高。关羽乘船至城下，立即将樊城重重包围，使其内外断绝。关羽又派别的将领把将军吕常包围在襄阳。荆州刺史胡修、南乡太守傅方都投降了关羽。

陆浑百姓孙狼等造反作乱，杀死了县主簿，向南归附关羽。关羽授给孙狼官印，给他军队，让他回去作寇贼。在许都以南，处处有人与关羽遥相呼应，关羽的威名震动了整个中原。魏王曹操与群臣商议，准备离开许都，以躲避关羽的威风、锐气。丞相军司马司马懿、西曹属蒋济对曹操说："于禁等人战败，是因为大水淹没，并非因为攻战失利，对国家大计没有构成大损害。刘备和孙权，从外表看关系密切，实际上很疏远，关羽得志，孙权必然不愿意。可派人劝孙权威胁关羽的后方，答应孙权把江南封给他，这样樊城之围自然就解除了。"曹操听从了他们的建议。

当初，鲁肃曾经劝说孙权，由于曹操势力仍然存在，应该暂且安抚结交关羽，

三国 吴 庖厨俑

和他共同对敌，不能失去和睦。乃至吕蒙代替鲁肃驻军陆口，认为关羽一贯勇猛雄武，怀有兼并江南的野心，况且他的军队驻扎在孙权势力的上游，这种形势难以持久，便秘密告诉孙权说："如果现在命令征虏将军孙皎守南郡，潘璋驻守白帝，蒋钦率领流动部队一万人沿长江上下活动，哪里出现敌人，就在哪里投入战斗，而我在我方的上游据守襄阳，这样，何必担忧曹操，何必依赖关羽！况且关羽君臣自负他们的诡诈力量，反复无常，不可以真心相待。现在关羽所以未立即向东进攻我们，是因为您圣贤英明，以及我和其他将领们还存在。如今，不在我们强壮时解除这一后患，一旦我们死去，再想与他较量，还有可能吗？"孙权说："现在，我准备先攻取徐州，然后再进攻关羽，怎么样？"吕蒙回答说："如今曹操远在黄河以北，安抚幽州、冀州，来不及考虑东部的事情，其余地区的守军，听说不值得一提，前去进攻，就可以打败。然而陆地交通方便，适合骁勇的骑兵驰骋，您今天夺取了徐州，曹操十天之后就一定会来争夺，尽管用七八万人防守，仍会令人担忧。不如击败关羽，将长江上下游全部占据，我们的势力更加壮大，也就容易守卫了。"孙权很赞同吕蒙的建议。

孙权曾经为自己的儿子向关羽的女儿求婚，关羽骂了孙权的使者，拒绝通婚，孙权因此很恼怒。及至关羽进攻樊城，吕蒙向孙权上书说："关羽征讨樊城，却留下很多军队防守，一定是害怕我从后面进攻他。我经常患病，请求您允许我以治病为名，率一部分士兵回建业，关羽知道后，必定撤走防守的军队，全部调往襄阳。我大军昼夜乘船溯长江而上，趁他的防守空虚，进行袭击，南郡就可攻取，关羽也会被我擒获。"于是，吕蒙自称病重。孙权则公开发布命令召吕蒙返回，暗中与他进行策划。吕蒙顺江而下至芜湖时，定威校尉陆逊对吕蒙说："关羽和您的防区相邻，为什么远远离开，以后不会为此而担忧吗？"吕蒙说："的确如您所说，可是我病得很重。"陆逊说："关羽自负骁勇，欺压他人，刚刚取得大功，骄傲自大，一心致力向北进攻，对我军未加怀疑，又听说您病重，必然更无防备，如果出其不意，就可以将他擒服。您见到主公，应该妥善筹划此事。"吕蒙说："关羽素来勇猛善战，我们很难与他为敌，况且他已占据荆州，大施恩德和信义，再加上刚刚取得很大成功，胆略和气势更加旺盛，不易对付。"吕蒙回到建业，孙权询问："谁可以代替你？"吕蒙回答说："陆逊思虑深远，有能力担负重任，看他的气度，终究可以大用；而且他没有大名声，不是关羽所顾忌的人，没有人比他更合适了。如果任用他，应该要他在外隐藏锋芒，内里观察形势，寻找可乘之机，然后向敌人进攻，可以取得胜利。"孙权于是召来陆逊，任命他为偏将军、右部督，以接替吕蒙。陆逊至陆口，写信给关羽，称颂关羽的功德，深深地自我谦恭，表示愿意尽忠和托付自己的前程。关羽因此感到很安定，不再有疑心，便逐渐撤出防守的军队赶赴樊城。陆逊把全部情况向孙权做了汇报，陈述可以擒服关羽的战略要点。

孙权写信给魏王曹操，请求允许他讨伐关羽，为朝廷效力，并请求不要把消息泄漏出去，使关羽有所防范。曹操问群臣，群臣都说应当保密。董昭却说："军事行动，注重权变，要求合乎时宜。我们应当答应孙权为他保密，但暗中将消息泄露出去。关羽知道孙权来信的内容以后，若要回兵保护自己，樊城的包围就迅速解除，我们便可获利。同时，还使孙权、关羽像两匹被勒住马衔的斗马一样，相互敌对而动弹不得，我们可以坐着等待他们精疲力尽。如果保守秘密不泄露，使孙权如意，这不是上策。再者，被围的将士不知道有救兵，计算城中粮食不足以持久，心中会惶恐不安。倘若再有其他的想法，危害不会小，还是泄露出去为好。况且关羽为人强悍，自恃江陵、公安两城防守坚固，一定不会很快退兵。"曹操说："很对！"立即下令徐晃将孙权的书言用箭射入围城之内和关羽军营中。被围的将士得到书信后，士气增长百倍，关羽果然犹豫不决，不愿撤兵离去。

吕蒙到达寻阳，把精锐士卒都埋伏在名为艒䑿的船中，让百姓摇橹，穿商人的衣服，昼夜兼程，将关羽设置在江边守望的官兵全都捉了起来，所以关羽对吕蒙的行动一无所知。麋芳、士仁一直都不满意关羽轻视自己，关羽率兵在外，麋芳、士仁供应军用物资不能全部送到，关羽说："回去后，当会治罪。"麋芳、士仁都感到恐惧。于是吕蒙命令原骑都尉虞翻写信游说士仁，为其指明得失，士仁得到虞翻信后，便投降了。虞翻对吕蒙说："这种隐秘的军事行动，应该带着士仁同行，留下军队守城。"于是带着士仁至南郡。麋芳守城，吕蒙要士仁出来与他相见，麋芳于是开城出来投降了。吕蒙到达江陵，把被囚的于禁释放，俘虏了关羽其将士们的家属，对他们都给以抚慰，对军中下令："不得骚扰百姓和向百姓索取财物。"吕蒙帐下有一亲兵，与吕蒙是同郡人，从百姓家中拿了一个斗笠遮盖官府的铠甲；铠甲虽然是公物，虽蒙仍认为他违犯了军令，不能因为是同乡的缘故而破坏军法，便流着眼泪将这个亲兵处斩了。于是全军震恐战惊。南郡因此道不拾遗。吕蒙还在早晨和晚间派亲信去慰问和抚恤老人，询问他们生活有什么困难，给病人送去医药，对饥寒的人赐与衣服和粮食。关羽库存的财物、珍宝，全部被封闭起来，等候孙权前来处理。

关羽得知南郡失守后，立即向南回撤。曹仁召集将领们商议，众人都说："如今趁关羽身陷困境，内心恐惧，可派兵追击，将他擒获。"赵俨说："孙权侥幸乘关羽和我军鏖战之机，试图进攻关羽后路，又顾忌关羽率军回救，怕我军趁其双方疲劳时，从中取利，所以才言辞和顺地请求为我效力，不过是乘事机的变化观望胜败罢了。如今关羽已势力孤单，正仓促奔走，我们更应让他继续存在，去危害孙权。如果对战败的关羽穷追不舍，孙权就将由防备关羽改为给我们制造祸患了，魏王必将对此深为忧虑。"于是，曹仁下令不要再穷追关羽。魏王曹操知道关羽退走，唯恐将领们追击他，果然迅速给曹仁下达命令，正如赵俨的判断。

关羽多次派使者与吕蒙联系，吕蒙每次都厚待关羽的使者，允许在城中各处游览，向关羽部下亲属各家表示慰问，有人亲手写信托他带走，作为平安的证明。使者返回，关羽部属私下向他询问家中情况，尽知家中平安，所受对待超过以前，因此关羽的将士都无心再战了。

关羽自知孤立困穷，便向西退守麦城。孙权派人诱降，关羽伪装投降，把幡旗做成人像立在城墙上，然后逃遁，士兵都跑散了，跟随他的只有十余名骑兵。孙权已事先命令朱然、潘璋切断了关羽的去路。十二月，潘璋手下的司马马忠在章乡擒获关羽及其儿子关平，予以斩首，于是，孙权占据荆州。

后来，孙权与陆逊评论周瑜、鲁肃和吕蒙时说："周公瑾有雄心大志，胆略过人，因此能打败曹操，攻取荆州，很少有人能够和他相比。鲁子敬经周瑜的推荐和我相识，我与他闲谈，便谈及建立帝王大业的远大谋略，这是第一件痛快事。后来，曹操接着收服刘琮的声势，扬言亲率水、陆军数十万同时南下，我询问所有将领，请教对策，谁都不愿先回答，问到张昭、秦松时，都说应派使者写好公文，前去迎接。鲁子敬当即反驳说不可，劝我迅速召回周公瑾，命令他率大军迎击曹操，这是第二件痛快事。此后，他虽然劝我把土地借给刘备，这是他的一个失误，但却不足以损害他的两大贡献。周公对一个人不求全责备，所以我忽略他的失误而重视他的贡献，常常将他比作邓禹。吕子明年轻时，我认为他只是不怕艰难，果敢不怕死而已；在他年长以后，学问愈来愈好，韬略常常出奇制胜，可仅次于周公瑾，只是言谈议论、才华横溢不如他罢了。谋划消灭关羽这一点，却超过鲁子敬。鲁子敬给我的信中说：'成就帝王大业的人，都要利用他人的力量开路，对关羽不值得顾忌。'这是鲁子敬实际不能对付关羽，外表却空说大话罢了；我仍原谅了他，没有苛刻指责。可是他行军作战，安营驻守，能做到令行禁止，他的辖区内，官员都尽心尽职，治安良好，路不拾遗，他的治理方法还是很好的。"

魏王曹操上表给皇帝，推荐孙权为骠骑将军，授予符节，兼任荆州牧，封为南昌侯。孙权派校尉梁寓入朝进贡，又将被俘虏的朱光等人送还，上书向曹操称臣，劝曹操顺应天命，即位称帝。曹操把孙权的信给大家看，说："这小子要把我放在炉火上烤吗！"侍中陈群等人都说："汉朝的统治已经结束，并非只是今日。殿下您的功德，如同高山一样巍峨，天下人都寄希望于您，所以孙权在远方向您称臣。这是天意在人间的反应，所以异口同声，殿下应该正式登基称帝，还有什么可犹豫的！"曹操说："如果上天要我做皇帝，我还是当周文王吧。"

第六十九卷　魏纪一

译文诵读

世祖文皇帝上黄初元年（庚子，220）

春，正月，武王至洛阳；庚子，薨。王知人善察，难眩以伪。识拔奇才，不拘微贱，随能任使，皆获其用。与敌对陈，意思安闲，如不欲战然；及至决机乘胜，气势盈溢。勋劳宜赏，不吝千金；无功望施，分豪不与。用法峻急，有犯必戮，或对之流涕，然终无所赦。雅性节俭，不好华丽。故能芟刈群雄，几平海内。

是时太子在邺，军中骚动。群僚欲秘不发丧。谏议大夫贾逵以为事不可秘，乃发丧。或言宜易诸城守，悉用谯、沛人。魏郡太守文陵徐宣厉声曰："今者远近一统，人怀效节，何必专任谯、沛，以沮宿卫者之心！"乃止。青州兵擅击鼓相引去；众人以为宜禁止之，不从者讨之。贾逵曰："不可。"为作长檄，令所在给其禀食。鄢陵侯彰从长安来赴，问逵先王玺绶所在。逵正色曰："国有储副，先王玺绶，非君侯所宜问也。"凶问至邺，太子号哭不已。中庶子司马孚谏曰："君王晏驾，天下恃殿下为命；当上为宗庙，下为万国，奈何效匹夫孝也！"太子良久乃止，曰："卿言是也。"时群臣初闻王薨，相聚哭，无复行列。孚厉声于朝曰："今君王违世，天下震动，当早拜嗣君，以镇万国，而但哭邪！"乃罢群臣，备禁卫，治丧事。孚，懿之弟也。群臣以为太子即位，当须诏命。尚书陈矫曰："王薨于外，天下惶惧。太子宜割哀即位，以系远近之望。且又爱子在侧，彼此生变，则社稷危矣。"即具官备礼，一日皆办。明旦，以王后令，策太子即王位，大赦。汉帝寻遣御史大夫华歆奉策诏，授太子丞相印、绶，魏王玺、绶，领冀州牧。于是尊王后曰王太后。

王弟鄢陵侯彰等皆就国。临淄监国谒者灌均，希指奏"临淄侯植醉酒悖慢，劫胁使者。"王贬植为安乡侯，诛右刺奸掾沛国丁仪及弟黄门侍郎廙并其男口，皆植之党也。

尚书陈群，以天朝选用不尽人才，乃立九品官人之法；州、郡皆置中正以定其选，择州郡之贤有识鉴者为之，区别人物，第其高下。

左中郎将李伏、太史丞许芝表言："魏当代汉，见于图纬，其事众甚。"群臣因上表劝王顺天人之望，王不许。

冬，十月，乙卯，汉帝告祠高庙，使行御史大夫张音持节奉玺绶诏册，禅位于魏。王三上书辞让，乃为坛于繁阳，辛未，升坛受玺绶，即皇帝位，燎祭天地、岳渎，改元，大赦。

十二月，初营洛阳宫。戊午，帝如洛阳。

帝欲徙冀州士卒家十万户实河南。时天旱蝗，民饥，群司以为不可，而帝意甚盛。侍中辛毗与朝臣俱求见，帝知其欲谏，作色以待之，皆莫敢言。毗曰："陛下欲徙士家，其计安出？"帝曰："卿谓我徙之非邪？"毗曰："诚以为非也。"帝曰："吾不与卿议也。"毗曰："陛下不以臣不肖，置之左右，厕之谋议之官，安能不与臣议邪！臣所言非私也，乃社稷之虑也，安得怒臣！帝不答，起入内；毗随而引其裾，帝遂奋衣不还，良久用也，曰："佐治，卿持我何太急邪！"毗曰："今徙，既失民心，又无以食也，故臣不敢不力争。"帝乃徙其半。帝尝出射雉，顾群臣曰：射雉乐哉！毗对曰："于陛下甚乐，于群下甚苦。"帝默然，后遂为之稀出。

二年（辛丑，221）

蜀中传言汉帝已遇害，于是汉中王发丧制服，谥曰孝愍皇帝。群下竞言符瑞，劝汉中王称尊号。前部司马费诗上疏曰："殿下以曹操父子逼主篡位，故乃羁旅万里，纠合士众，将人以讨贼。今大敌未克而先自立，恐心疑惑。昔高祖与楚约，先破秦者王之。乃屠咸阳，获子婴，犹怀推让；况今殿下未出门庭，便欲自立邪！愚臣诚不为殿下取也。"王不悦，左迁诗为部永昌从事。夏，四月，丙午，汉中王即皇帝位于武担之南，大赦，改元章武。以诸葛亮为丞相，许靖为司徒。

汉主耻关羽之没，将击孙权。翊军将军赵云曰："国贼，曹操，非孙权也。若先灭魏，则权自服。今操身虽毙，子丕篡盗，当因众心，早图关中，居河、渭上流以讨凶逆，关东义士必裹粮策马以迎王师。不应置魏，先与吴战。兵势一交，不得卒解，非策之上也。"群臣谏者甚众，汉主皆不听。广汉处士秦宓陈天时必无利，坐下狱幽闭，然后贷出。

初，车骑将军张飞，雄壮威猛亚于关羽；羽善待卒伍而骄于士大夫，飞爱礼君子而不恤军人。汉主常戒飞曰："卿刑杀既过差，又日鞭楇健儿而令在左右，此取祸之道也。"飞犹不悛。汉主将伐孙权，飞当率兵万人自阆中会江州。临发，其帐下交张达、范强杀飞，以其首顺流奔孙权。汉方闻飞营都督有表，曰："噫，飞死矣！"

秋，七月，汉主自率诸军击孙权，权遣使求和于汉。南郡太守诸葛瑾遗汉主笺曰："陛下以关羽之亲，何如先帝？荆州大小，孰与海内？俱应仇疾，谁当先后？若审此数，易于反掌矣。"汉主不听。时或言瑾别遣亲人与汉主相闻者，权曰："孤与子瑜，有死生不易之誓，子瑜之不负孤，犹孤之不负子瑜也。"然谤言流闻于外，陆逊表明瑾必无此，宜有以散其意。权报曰："子瑜与孤从事积年，恩如骨肉，深相明究。其为人，非道不行，非义不言。玄德昔遣孔明至吴，孤尝语子瑜曰：‘卿与孔明同产，且弟随兄，于义为顺，何以不留孔明？孔明若留从卿者，孤当以书解玄德，意自随人耳。’子瑜答孤言：‘弟亮已失身于人。委质定分，义无二心。弟之不留，犹瑾之不往也。’其言足贯神明，今岂当有此乎！前得妄语文疏，即封示子瑜，并手笔与之。孤与子瑜，可谓神交，非外言后间。知卿意至，辄封来表以示子瑜，使知卿意。

汉主遣将军吴班、冯习攻破权将李异、刘阿等于巫，进兵秭归，兵四万余人。武陵蛮夷皆遣使往请兵。权以镇西将军陆逊为大都督、假节，督将军朱然、潘璋、宋谦、韩当、徐盛、鲜于丹、孙桓等五万人拒之。

八月，孙权遣使称臣，卑辞奉章，并送于禁等还，朝臣皆贺，刘晔独曰："权无故求降，必内有急。权前袭杀关羽，刘备必大兴师伐之。外有强寇，众心不安，又恐中国往乘其衅，故委在求降，一以却中国之兵，二假中国之援，以强其众而疑敌人耳。天下三分，中国十有其八。吴、蜀各保一州，阴山依水，有急相救，此小国之利也；今还自相攻，天亡之也，宜大兴师，径渡江袭之。蜀攻其外，我袭其内，吴之亡不出旬日矣。吴亡则蜀孤，若割吴之半以与蜀，蜀固不能久存，况蜀得其外，我得其内乎！"帝曰："人称臣降而伐之，疑天下欲来者心，不若且受吴降而袭蜀之后也。"对曰："蜀远吴近，又闻中国伐之，便还军，不能止也。今备已怒，兴兵击吴，闻我伐吴，知吴必亡，将喜而进与我争割吴地，必不改计抑怒救吴也。"帝不听，遂受吴降。

于禁须发皓白，形容憔悴，见帝，泣涕顿首。帝慰谕以荀林父、孟明视故事，拜安远将军，令北诣邺谒高陵。帝使豫于陵屋画关羽战克、庞德愤怒、禁降伏之状。禁见，惭恚发病死。

臣光曰：于禁将数万众，败不能死，生降于敌，既而复归；文帝废之可也，杀之可也，乃画陵屋以辱之，斯为不君矣！

丁巳，遣太常邢贞奉策即拜孙权为吴王，加九锡。

刑贞至吴，吴人以为宜称上将军，九州伯，不当受魏封，吴王曰："九州伯，于古未闻也。昔沛公亦受项羽封为汉王，盖时宜耳，复何损邪！"遂受之。吴王出都亭候贞，贞入门，不下车。张昭谓贞曰："夫礼无不敬，法无不行。而君敢自尊大，岂以江南寡弱，无方寸之刃故乎！"贞即遽下车。中郎将琅邪徐盛忿愤，顾谓同列曰："盛等不能奋身出命，为国家并许、洛，吞巴、蜀，而令吾君与贞盟，不亦辱乎！"因涕泣横流。贞闻之，谓其徒曰："江东将相如此，非久下人者也。"

三年（壬寅，222）

汉主自秭归将进击吴，治中从事黄权谏曰："吴人悍战，而水军沿流，进易退难。臣请为先驱以当寇，陛下宜为后镇。”汉主不从，以权为镇北将军，使督江北诸军；自率诸将，自江南缘山截领，军于夷道猇亭。吴将皆欲迎击之。陆逊曰：“备举军东下，锐气始盛；且乘高守险，难可卒攻。攻之纵下，犹难尽克，若有不利，损我大势，非小故也。今但且奖厉将士，广施方略，以观其变。若此间是平原旷野，当恐有颠沛交逐之忧：今缘山行军，势不得展，自当罢于木石之间，徐制其敝耳。”诸将不解，以为逊畏之，各怀愤恨。

汉人自巫峡建平连营至夷陵界，立数十屯，以冯习为大督，张南为前部督，自正月与吴相拒，至六月不决。汉主遣吴班将数千人于平地立营，吴将帅皆欲击之。”陆逊曰：“此必有谲，且观之。”汉主知其计不行，乃引伏兵八千从谷中出，逊曰：“所以不听诸君击班者，揣之必有巧故也。”逊上疏于吴王曰：“夷陵要害，国之关限，虽为易得，亦复易失。失之，非徒损一郡之地，荆州可忧，今日争之，当令必谐。备干天常，不守窟穴而敢自送，臣虽不材，凭奉威灵，以顺讨逆，破坏在近，无可忧者。臣初嫌之水陆俱进，今反舍船就步，处处结营，察其布置，必无他变。伏愿至尊高枕，不以为念也。”

闰月，逊将进攻汉军，诸将并曰：“攻备当在初，今乃令入五六百里，相守经七八月，其诸要害皆已固守，击这必无利矣。”逊曰：“备是猾虏，更尝事多，其军始集，思虑精专，未可干也。今住已久，不得我便，兵疲意沮，计不复生。掎角此寇，正在今日。”乃先攻一营，不利，诸将皆曰：“空杀兵耳！”逊曰：“吾已晓破之之术。”乃敕各持一把茅，以火攻，拔之；一尔势成，通率诸军，同时俱攻，斩张南、冯习及胡王沙摩柯等首，破其四十余营。汉将杜路、刘宁等穷逼请降。

汉主升马鞍山，陈兵自绕，逊督促诸军，四面蹙之，土崩瓦解，死者万数，汉主夜遁，驿人自担烧铙铠断后，仅得入白帝城，其舟船、器械，水、步军资，一时略尽，尸骸塞江而下。汉主大惭恚曰：“吾乃为陆逊所折辱，岂非天耶！”将军义阳傅彤为后殿，兵众尽死，彤气益烈。吴人谕之使降，彤骂曰：“吴狗，安有汉将军而降者！”遂死之。从事祭酒程畿溯江而退，众曰：“后追将至，宜解舫轻行。”畿曰：“吾在军，未习为敌之走也。”亦死之。

初，逊为大都督，诸将或讨逆时旧将，或公室贵戚，各自矜持，不相听从。逊按剑曰：“刘备天下知名，曹操所惮，今在疆界，此强对也。诸君并荷国恩，当相辑睦，共翦此虏，上报所受，而不相顺，何也？仆虽书生，受命主上，国家所以屈诸君使相承望者，以仆尺寸可称，能忍辱负重故也。各在其事，岂复得辞！军令有常，不可犯也！”及至破备，计多出逊，诸将乃服。吴王闻之曰：“公何以初不启诸将违节度者邪？”对曰：“受恩深重，此诸将或任腹心，或堪爪牙，或是功臣，皆国家所当与共克定大事者，臣窃慕相如、寇恂相下之义以济国事。”王大笑称善，加逊辅国将军，领荆州牧，改封江陵侯。

初，诸葛亮与尚书令法正好尚不同，而以公义相取，亮每奇正智术。及汉主伐吴而败，时正已卒，亮叹曰："孝直若在，必能制主上东行；就使东行，必不倾危矣。"汉主在白帝，徐盛、潘璋、宋谦等各竞表言"备必可禽，乞复攻之。"吴王以问陆逊。逊与朱然、骆统上言曰："曹丕大合士众，外托助国讨备，内实有奸心，谨决计辄还。"

初，帝闻汉兵树栅连营七百余里，谓群臣曰："备不晓兵，岂有七百里营可以拒敌者乎！'苞原隰险阻而为军者为敌所禽'，此兵忌也。孙权上事今至矣。"后七日，吴破汉书到。

九月，甲午，诏曰："夫妇人与政，乱之本也。自今以后，群臣不得奏事太后，后族之家不得当辅政之任，又不得横受茅土之爵。以此诏传之后世，若有背违，天下共诛之。"卞太后每见外亲，不假以颜色，常言："居处当节俭，不当望赏、念自佚也。外舍当怪吾遇之太薄，吾自有常度故也。吾事武帝四五十年，行俭日久，不能自变为奢。有犯科禁者，吾且能加罪一等耳，莫望钱米恩贷也。"

魏文帝黄初元年（庚子，公元220年）

春季，正月，魏武王曹操抵达洛阳；庚子（二十三日），曹操去世。魏王知人善任，善于洞察别人，很难被假象所迷惑；能够发掘和提拔有特殊才能的人，不论地位多么低下，都按照才能加以任用，使他们充分发挥自己的才智。和敌人对阵时，他仪态安详，似乎不愿意打仗；可是一旦制定好策略，向敌人发动攻击，便气势充沛，斗志昂扬。对有功的将士和官吏，赏赐时不吝千金；而对没有功却希望受到赏赐的人，则分文不给。执法时严峻急切，违法的一定加以惩罚，有时对犯罪的人伤心落泪，也不加赦免。生活俭朴，不崇尚富丽奢华。所以能够消灭各个强大的割据势力，几乎统一全国。

此时，太子曹丕正在邺城，驻洛阳的军队骚动不安。大臣们想先保守秘密，暂时不公布曹操去世的消息。谏议大夫贾逵认为不应该保密，这才把丧事公之于众。有人说，应当把各个城池的守将都换上曹操家乡的谯县人和沛国人。魏郡太守、广陵人徐宣大声说："如今各地都归于一统，每个人都怀有效忠之心，何必专用谯县人和沛国人，以伤害那些守卫将士的感情！"撤换之事才不再提起。青州籍的原黄巾军士兵擅自击鼓离去，大家认为应加制止，对不服从命令者派兵征讨。贾逵说："不可以这样做。"于是他写了一篇很长的文告，命令青州兵所到之处的地方官府，要给他们提供粮食。鄢陵侯曹彰从长安赶来，询问贾逵魏王的印玺在何处，贾逵严肃地说："国家已经确定了先王的继承人，先王的印玺，不是君侯您应当询问的。"噩耗传到邺城，太子曹丕恸哭不已。中庶子司马孚劝谏说："先王去世，举国上下都仰仗殿下您的号令。您应上为祖宗的基业着想，下为全国的百姓考虑，怎么能效法普通人尽孝的方式呢？"曹丕很久以后才止住哭声，对司马孚说："你说

曹丕像

得对。”当时，大臣们刚刚听到曹操去世的消息，相聚痛哭，一片混乱。司马孚在朝堂上大声说：“如今君王去世，全国震动，当务之急是拜立新君，以镇抚天下，难道你们只会哭泣吗？”于是命令群臣退出朝堂，安排好宫廷警卫，处理丧事。司马孚是司马懿的弟弟。大臣们认为太子曹丕即魏王位，应该有汉献帝的诏令。尚书陈矫说：“魏王在外去世，全国惊惶恐惧。太子应节哀即位，以安定全国上下的人心。况且魏王钟爱的儿子曹彰正守在灵柩旁边，他若在此时有不智之举，生出变故，国家就危险了。”当即召集百官，安排礼仪，一天之内，全部办理完毕。第二天清晨，以魏王后的命令，策命太子曹丕继承曹操为魏王，下令大赦天下罪犯。不久，汉献帝派御史大夫华歆带着诏书，授予曹丕丞相印绶和魏王玺绶，仍兼任冀州牧，于是曹丕尊奉母后卞氏为王太后。

魏王曹丕的弟弟鄢陵侯曹彰等人都回到自己的封地。临淄侯曹植的监国谒者灌均，迎合曹丕的意图，上奏说：“临淄侯曹植酗酒，言辞轻狂傲慢，劫持并胁迫魏王的使者。”曹丕贬曹植为安乡侯，将曹植的党羽右刺奸掾、沛国人丁仪，黄门侍郎丁廙兄弟二人及两家男子全部处死。

尚书陈群认为，汉朝任用的官员，并没有把人才都选举出来，于是设立九品官人的制度：在州和郡都设置中正的职位，以确定应该选用哪些人；中正由各州、郡中贤德、能够鉴别人才的人担任，由他们鉴别人物品行、能力，分出高低不同等级。

左中郎将李伏、太史丞许芝向曹丕上书说：“魏应该取代汉，经过占验河图和纬书，很多事例都证明了这一点。”大臣们因此都上表，劝魏王曹丕遵从上天的意志，顺应官员和百姓的愿望，取代汉朝，登基称帝，曹丕不同意。

冬季，十月，乙卯（十三日），汉献帝在高祖庙祭祀，报告列祖列宗，派代理御史大夫张音带着符节，捧着皇帝玺绶以及诏书，要让位给魏王曹丕。曹丕三次上书推辞，然后在繁阳筑起高坛，辛未（二十九日），登坛受皇帝玺绶，即皇帝位。燃起大火祭祀天地、山川，更改年号，大赦全国。

十二月，开始营建洛阳宫殿。戊午（十七日），魏文帝曹丕到洛阳。

文帝要迁徙冀州籍士兵的家属十万户，充实河南郡。当时，天大旱，又闹蝗灾，百姓饥馑，朝廷各部门都认为不可以，而文帝态度却很坚决。侍中辛毗和朝廷大臣请求觐见，文帝知道他们要劝谏，板起面孔等着，大家见他脸色不好，都不敢说话。辛毗说：“陛下要迁徙士兵家属，理由是什么？”曹丕说：“你认为我的做法不对？”辛毗回答说：“确实不对。”文帝说：“我不和你讨论。”辛毗说：

玉夔龙纹环

“陛下不认为我不成才，所以将我安排在陛下身边，作为咨询的官员，陛下怎么能不和我讨论呢？我的话并非对我个人有什么好处，而是为国家着想，有什么理由对我发脾气呢？”文帝不答，起身要进内室；辛毗在后面赶上，拉住他的衣襟，文帝猛地拽过衣襟，头也不回地走了进去，过了很久，他又出来，对辛毗说：“辛佐治，你为什么把我挟持得那么急迫！”辛毗说：“迁徙民众，既失人心，又缺少粮食，所以我不得不力争。”这样，文帝只迁徙了五万户。文帝曾出外打野鸡取乐，对官员们说：“射野鸡，实在令人高兴！”辛毗对答说：“这对陛下来说，的确是件高兴事；对我们这些臣子，可是件苦差事。”文帝默然无语，以后就很少出来打猎了。

二年（辛丑，公元221年）

蜀地传言汉献帝已经遇害，于是，汉中王刘备下令披麻戴孝，为汉献帝举行丧礼，尊谥汉献帝为孝愍皇帝。群臣纷纷上书，说有很多吉祥之兆，请求刘备即位称帝。前部司马费诗上书说：“殿下因为曹操父子逼迫皇帝，篡夺帝位所以才万里流亡，召集士卒，领兵讨伐曹氏奸贼。如今大敌尚未击败，您却先自称皇帝，恐怕人们会对您的行为产生疑惑。从前，汉高祖与楚人相约，谁先灭掉秦朝，谁就称王。等到攻克咸阳，俘获了秦皇帝子婴，汉高祖对王的称号仍然推让。而殿下如今尚未走出门庭，便要自己称皇帝，愚臣我实在认为您不应该这样做。”汉中王对此很不高兴，将费诗降职为州部永昌从事。夏季，四月，丙午（初六），汉中王刘备在成都西北的武担山之南登基称帝，大赦罪犯，改年号为章武。任命诸葛亮为丞相，许靖为司徒。

刘备因关羽的被杀深感耻辱，准备进攻孙权，翊军将军赵云说：“国贼是曹操，而不是孙权。如果先灭掉魏，则孙权自然归服。如今曹操虽然已经死去，他的儿子曹丕窃夺了汉朝的皇位。我们应当顺应民心，尽早夺取关中，占据黄河、渭水上游，以利于征讨凶顽叛逆，函谷关以东的义士，一定会自带军粮，驱策战马迎接陛下的正义之师。我们不应置曹操而不顾，先和孙权开战。两国战端一开，不可能很快结束，这不是上策。”大臣中劝谏的人很多，汉王都不同意。广汉郡一个不愿为官的士人秦宓，上书陈述天时对蜀军必定不利，因此而被治罪入狱拘押，后来才被赦免。

当初，车骑将军张飞，英勇善战、雄壮威武仅次于关羽。关羽关心士兵，对士大夫却很傲慢；张飞则对士大夫彬彬有礼，而不关心士兵。汉王经常告诫张飞说：“你刑罚过严，杀人太多，再把那些受过鞭打的将士留在自己的身边，这是招来祸患的做法。”张飞还是不改。汉王刘备将要征讨孙权，张飞应率兵一万人从阆中出发，与大军在江州会合。发兵之前，帐下将领张达、范强杀死了张飞，二人带着张飞的头颅，顺长江而下投降了孙权。汉王听说张飞军营的营都督前来上表，便说：“哎呀，张飞死了！”

秋季，七月，汉王亲自率领各路军队进攻孙权，孙权派使臣向蜀汉求和。孙权的南郡太守诸葛瑾写信给汉王：“陛下认为您和关羽的感情，是否比您和先帝的感情更亲密？荆州的大小，比全国怎么样？都是仇敌，哪个在先，哪个在后？如果把这想明白，该怎么办就易如反掌了。”汉王置之不理。当时有人传言诸葛瑾派遣亲信和汉王互通消息，孙权说：“我和诸葛瑾有生死不变的誓言，他不会背叛我，如同我不会背弃他一样。”然而流言仍然四处传播，陆逊上表说，诸葛瑾肯定不会做那种事，但是应该有所表示，解除他心中的顾虑。孙权回信说：“诸葛瑾和我共事多年，情同骨肉，互相了解很深。他的为人是，不合道德的事不做，不合礼义的话不说。以前刘备派诸葛亮到我吴地，我曾对诸葛瑾说：‘你与诸葛亮是同胞兄弟，弟弟顺从兄长，才符合礼义，为什么不把诸葛亮留下呢？诸葛亮如果留下和你在一起，我会写信给刘备解释，我想他会同意的。’诸葛瑾回答说：‘我弟弟诸葛亮已经失于算计为刘备效劳，双方有了君臣的名分，按照礼义不应再有二心。弟弟不留在这里，如同我不投降刘备，是一个道理。’他的话足以上达神明，现在怎么会做出那种事？以前收到对他有诽谤言论的上书，我立即封起来送给他，并亲笔写上批语。我和诸葛瑾，可以说是推心置腹之交，决非外人的流言所能离间。我已明白你的想法，立即封起你的奏表，送给诸葛瑾，让他了解你的意思。

刘备派将军吴班、冯习在巫县击溃孙权的将领李异、刘阿等人，率兵四万余人继续向秭归进军。武陵的蛮夷各部都派使者请求派兵前往。孙权派镇西将军陆逊为大都督，持符节，统领将军朱然、潘璋、宋谦、韩当、徐盛、鲜于丹、孙桓等五万人，对抗蜀汉的军队。

八月，孙权派使者向魏称臣，奏章言辞谦卑，还将于禁等人送还。朝廷大臣都表示祝贺，唯独刘晔说：“孙权无故向我投降，一定是内部发生危机。前不久，他偷袭并杀死了关羽，刘备必然会出动大军讨伐他。孙权外部有强大的敌寇，部属心情不安，又恐怕我们乘机进攻，所以献上土地请求投降，一可防止我们进兵，二可借助我们的援助，加强他自己的地位，迷惑他的敌人。如今天下三分，我们占有全国土地的十分之八，吴和蜀各自仅保有一个州的地域，凭恃险要，依托长江大湖，有急难时互相援救，这样才对小国有利。我们应大举进兵，直接渡江袭击孙权。蜀从外部进攻，我们从内部偷袭，不出十天，吴必亡。吴灭亡，蜀的势力也就孤单了，即使将吴的一地割让给蜀，它也不会存在很久，何况蜀只得到吴的边远地区，我们却能得到吴的本土。”文帝说：“有人投降称臣，我们却讨伐他，会使天下愿意归附我们的人产生疑心，不如暂且接受吴的归降，袭击蜀的后路。”刘晔说；“我们距蜀的路途远，但靠近吴，蜀知道我们向它进攻，便退军攻击吴国，听说我军伐吴，知道吴必亡，将会很高兴地迅速向吴进军，同我们争夺、分割吴的疆土，而决不会改变计划，抑制自己的怒火去救援吴。”文帝不听，接受了吴国的归降。

于禁的头发胡须全都白了，面容憔悴，见到文帝，哭泣着下拜叩首。文帝以古代晋国荀林父、秦国孟明视的故事做比喻安慰他，任命他为安远将军，要他北到邺城去拜谒曹操的陵墓高陵。文帝事先派人在陵园的屋子里画上关羽得胜、庞德发怒、于禁投降的壁画。于禁看到这些画，惭愧悔恨，患病而死。

臣司马光曰：于禁率兵数万人，兵败而不能战死疆场，为求生而降敌，后来又回到本土，文帝可以罢黜他，也可以处死他，竟然在陵园里作画羞辱他，这就不像个君王了。

丁巳（十九日），魏文帝派太常邢贞带策命，封孙权为吴王，为表示尊礼，加赐九锡。

邢贞抵吴，吴的大臣认为孙权应自称上将军、九州伯，而不应接受曹魏的封号。吴王孙权说：“从古至今，尚未听说过九州伯这一称号。从前沛公刘邦也接受项羽封给的汉王，这是一时的权宜之计，又有什么损害！”于是孙权决定接受曹魏的封号。吴王至都城的亭舍等侯邢贞，邢贞进门不下车。张昭对邢贞说：“没有不恭敬的礼节，也没有不被实行的法令。而客下敢于妄自尊大，是不是以为江南人少力弱，连一寸兵刃都没有！”邢贞当即迅速下车。中郎将琅邪人徐盛愤怒地看着其他将领说：“我们不能拼出性命为国家兼并许都、洛阳，吞并巴、蜀，却使君王与邢贞结盟，难道不感到羞辱吗？”说着便泪流满面。邢贞听到这些话，对随从说：“吴国有这样的将相，不会甘心久居人下的。”

三年（壬寅，公元222年）

汉王刘备从秭归出兵，进攻吴国。治中从事黄权劝谏说：“吴人强悍善战，而我们的水军顺长江而下，前进容易，撤退困难。请陛下派我率军为前锋，向敌人发动攻击，陛下应该在后方坐镇。”汉王没有采纳，却任命黄权为镇北将军，派他统领长江以北的各路蜀军。同时，亲率将士，沿长江南岸翻山越岭向吴进发，驻军在夷道县的猇亭。吴国将领都请求出兵迎击，陆逊说：“刘备率军沿长江东下，锐气正盛，而且凭据高山，坚守险要，很难向他们发起迅猛的进攻。即使攻击成功，也不能完全将他们击败，如果攻击不利，将损伤我们的主力，绝不是小小的失误。目前，我们只有褒奖和激励将士，多方采纳和实施破敌的策略，观察形势变化。如果这一带为平原旷野，我们还要担心有互相追逐的困扰；如今他们沿着山岭布署军队，不但兵力无法展开，反而因困在树木乱石之中，自己渐渐精疲力竭，我们要有耐心，等待他们自己败坏而加以攻击。”各位将领仍不理解，认为陆逊惧怕刘备大军，对他强烈不满。

蜀军自巫峡建平扎营，直至夷陵附近，设立数十座营盘，以冯习为总指挥，张南为前军指挥，从正月开始与吴军对峙，到六月仍未决战。汉王命令吴班率数千人在平地扎营，吴军将领都要求出击，陆逊说：“这一定有诡诈，我们暂且观察。”汉王见计划无法实现，只好命令八千伏兵从山谷中出来。陆逊说：“我之所以没有听从诸位进攻吴班的建议，是因为我估计刘备一定有计谋的缘故。”陆逊向吴王上书说：“夷陵是军事要地，它的得失，关系到我们的生死存亡。夷陵虽然易得，也容易再失去。失去夷陵，不仅仅是损失了一个郡，就连荆州也令人担忧。今日争夺夷陵，一定要彻底取得胜利。刘备违背常情，不守护自己的巢穴，竟胆敢自己送上门来，臣下虽然不才，凭借大王的威灵，名正言顺地讨伐逆贼，大败敌军就在眼前，没有什么可忧虑的。我当初担心刘备会水陆并进，现在他却舍水路不走，从陆路进发，随处扎营，观察他的军事部署，一定不会有什么变化了。希望至尊的大王高枕而卧，不必把这件事老挂在心上。”

闰六月，陆逊要向蜀军发动进攻，部下将领都说：“发动进攻，应在刘备立足未稳的时候，如今蜀军已深入我国五六百里，和我们对峙七八个月，占据了险要，加强了防守，现在进攻不会顺利。”陆逊说：“刘备是个很狡猾的家伙，再加之经验丰富，蜀军刚集结时，他思虑周详，我们无法向他发动攻击。如今蜀军已驻扎很长时间，却仍找不到我军的漏洞，将士疲惫，心情沮丧，再也无计可施。现在正是我们对他前后夹击的好机会。”于是，下令先向蜀军的一个营垒发动攻击，战斗失利，将领们都说：“白白损兵折将！”陆逊说：“我已经有了破敌之策。”命令战士每人拿一束茅草，用火攻击，取得胜利；这样一来，又乘势领各路军队全面出击，斩杀蜀军营垒四十余座。蜀将杜路、刘宁走投无路，只得向吴军请求投降。

汉王登上马鞍山，环绕自己布置军队，陆逊督促各军四面围攻，紧缩包围圈，蜀军土崩瓦解，战死一万余人。汉王连夜逃走，驿站官员亲自挑着兵器铠甲在险要路口焚烧，以阻挡吴军的追击，汉王才得以逃入白帝城。蜀军的船只、器械，水、陆军的军用物资，一下子全被夺取；尸体塞满长江江面，顺流而下。汉王既惭愧又失望地说：“我被陆逊羞辱，这是天意啊！”将军义阳人傅彤掩护大军退却，部下全部战死，他却愈战愈勇，吴军劝他投降，他大骂说：“吴国的狗东西，哪有汉将军会投降的！”终于血战而死。从事祭酒程畿逆长江乘船退却，部下说：“后面追兵紧迫，应把两船连结的方舟拆开，轻舟撤退。”程畿说：“我从军以来，还未学过如何逃跑。”也战死了。

陆逊开始被任命为大都督时，部下将领，有些是讨逆将军孙策的老部下，有些是孙权的同族或亲戚，都很骄傲自大，不服从指挥调度。陆逊手按宝剑说：“刘备是天下闻名的强人，曹操都忌惮他，如今已率大军进入我国境内，是我们的强劲对手。诸位都受过国家大恩，应该和睦相处，齐心合力消灭强敌，以报国家；但是，你们却不服从我的指挥，究竟为什么？我陆逊虽为一介书生，却是受了主公的委任。主公之所以委屈各位做我的部下，是认为我还有一点点可以称道，就是能忍辱负重。大家各有职责，岂能推辞！军有常法，不可违犯！”等到大败刘备，知道计谋多出自陆逊，各位将领才心服口服。吴王知道这些事情以后，对陆逊说："将军当初为什么不向我举报那些不听指挥的人？"陆逊回答说："我受主公恩德深重，而这些将领，或者是陛下的心腹爱将，或者是陛下的得力助手，或者是国家功臣，都是陛下应当依赖、共同成就大业的人。我仰慕蔺相如、寇恂以国事为重，委屈求全的做法，为的是有利于国家大事。"吴王大笑，倍加赞赏，加给陆逊辅国将军称号，兼任荆州牧，改封为江陵侯。

从前，诸葛亮和尚书令法正的爱好、崇尚不同，但是二人都以公事为重，各取所长，诸葛亮很赞赏法正的智谋。汉王攻吴惨败的时候，法正已经去世，诸葛亮感叹说："如果法正仍然在世，一定能够阻止主公进攻吴国的行动；即使东下，也绝不会失败。"汉王逃至白帝城，吴将徐盛、潘璋、宋谦等人争相上表请求"继续进攻，一定能够生擒刘备"。吴王问陆逊怎么办。陆逊和朱然、骆统上书说："曹丕正在调集军队，表面上宣称帮助我们讨伐刘备，实际包藏祸心，请您下令全军退回。"

当初，魏文帝听蜀军树立木栅扎营，相连七百余里，便对他的大臣们说："刘备不懂军事，哪有连营七百里能够和敌人对峙的！'在杂草丛生、地势平坦、潮湿低洼、艰险阻塞等处安营的军队，一定会被敌人打败'，这是兵家大忌。孙权报捷的上奏，很快就到。"仅过七天，吴军攻破蜀军的捷报果然送来了。

九月，甲午（初三），文帝下诏："妇人参政，是国家动乱的根源。从今以后，大臣有事不得向皇太后上奏，皇太后和皇后的亲属不能担任辅佐朝政的大臣，也不能封为王或诸侯。这一诏书要传给后代，谁若违背，天下共诛之。"卞太后每次会见自己的亲属，都不表示亲热。她常说："生活要节俭，不应有盼望赏赐、贪图安逸的想法。我的族人常怪我对他们太薄情，这是因为我有自己的准则。我侍奉武皇帝四五十年，已经过惯了俭朴的生活，不可能变得奢侈豪华。族人违犯法令制度，我还要比对平常人罪加一等，不能指望我会送金钱、粮食给你们，或者宽免你们。"

第七十卷　魏纪二

译文诵读

世祖文皇帝下黄初四年（癸卯，223）

汉主病笃，命丞相亮辅太子，以尚书令李严为副。汉主谓亮曰："君才十倍曹丕，必能安国，终定大事。若嗣子可辅，辅之；如其不才，君可自取。"亮涕泣曰："臣敢不竭股肱之力，效忠贞之节，继之以死！"汉主又为诏敕太子曰："人五十不称夭，吾年已六十有余，何所复恨，但以卿兄弟为念耳。勉之，勉之！勿以恶小而为之，勿以善小而不为！惟贤惟德，可以服人。汝父德薄，不足效也。汝与丞相从事，事之如父。"夏，四月，癸巳，汉主殂于永安，谥日昭烈。

丞相亮奉丧还成都，以李严为中都护，留镇永安。

五月，太子禅即位，时年十七。尊皇后曰皇太后，大赦，改元建兴。封丞相亮为武乡侯，领益州牧，政事无巨细，咸决于亮。亮乃约官职，修法制，发教与群下曰："夫参署者，集众思，广忠益也。若远小嫌，难相违覆，旷阙损矣。违覆而得中，犹弃敝跻而获珠玉。然人心苦不能尽，惟徐元直处兹不惑。又，董幼宰参署七年，事有不至，至于十反，来相启告。苟能慕元直之十一，幼宰之勤渠，不忠于国，则亮可以少过矣。"又曰："昔初交州平，屡闻得失；后交元直，勤见启诲；前参事于幼宰，每言则尽；后从事于伟度，数有谏止。虽资性鄙暗，不能悉纳，然与此四子终始好合，亦足以明其不疑于直言也。"伟度者，亮主簿义阳胡济也。

亮尝自校簿书，主簿杨颙直入，谏曰："为治有体，上下可不相侵。请为明公以作家譬之：今有人，使奴执耕稼，婢典炊爨，鸡主司晨，犬主吠盗，牛负重载，马涉远路；私业无旷，所求皆足，雍容高枕，饮食而已。忽一旦尽欲以身亲其役，不复付任，劳其体力，为此碎务，形疲神困，终无一成。岂其智之不如奴婢鸡狗哉？失为家主之法也。是故古人称'坐而论道，谓之王公；作而行之，谓之士大夫。'故丙吉不问横道死人而忧牛喘，陈平不肯知钱谷之数，云'自有主者'，彼诚达于位分之体也。今明公为治，乃躬自校簿书，流汗终日，不亦劳乎！"亮谢之。及颙卒，亮垂泣三日。

汉尚书义阳邓芝言于诸葛亮曰："今主上幼弱，初即尊位，宜遣大使重申吴好。”亮曰：“吾思之久矣，未得其人耳，今日始得之。”芝问：“其人为谁？”亮曰：“即使君也。”乃遣芝以中郎将修好于吴。冬，十月，芝至吴，时吴王犹未与魏绝，狐疑，不时见芝。芝乃自表请见曰：“臣今来，亦欲为吴，非但为蜀也。“吴王见之，曰：“孤诚愿与蜀和亲，然恐蜀主幼弱，国小势逼，为魏所乘，不自保全耳。”芝对曰：“吴、蜀二国，四州之地。大王命世之英，诸葛亮亦一时之杰也。蜀不重险之固，吴有三江之阻。合此二长，共为唇齿，进可并兼天下，退可鼎足而立，此理之自然也。大王今若委质于魏，魏必上望大王之入朝，下求太子之内侍，若不从命，则奉辞伐叛，蜀亦顺流见可而进，如此，江南之地非复大王之有也。”吴王默然良久曰：“君言是也。”遂绝魏，专与汉连和。

五年（甲辰，224）

吴王使辅义中郎将吴郡张温聘于汉，自是吴、蜀信使不绝。时事所宜，吴主常令陆逊语诸葛亮；又刻印置逊所，王每与汉主及诸葛亮书，常过示逊，轻重、可否有所不安，每令改定，以印封之。

汉复遣邓芝聘于吴，吴主谓之曰：“若天下太平，二主分治，不亦乐乎？”芝对曰：“天无二日，土无二王。如并魏之后，大王未深识天命，君各茂其德，臣各尽其忠，将提枹鼓，则战争方始耳。”吴王大笑曰：“君之诚款乃当尔邪！

吴张温少以俊才有盛名，顾雍以为当今无辈，诸葛亮亦重之。温荐引同郡暨艳为选部尚书。艳好为清议，弹射百僚，核奏三署，率皆贬高就下，降损数等，其守故者，十未能一；其居位贪鄙，志节污卑者，皆以为军吏，置营府以处之；多扬人暗昧之失以显其谪。同郡陆逊、逊弟瑁及侍御史朱据皆谏止之。瑁与艳书曰：“夫圣人嘉善矜愚，忘过记功，以成美化。加今王业始建，将一大统，此乃汉高弃瑕录用之时也。若令善恶异流，贵汝、颍月旦之评，诚可以厉俗明教，然恐未易行也。宜远模仲尼之泛爱，近则郭泰之容济，庶有益于大道也。”据谓艳曰：“天下未定，举清厉浊，足以沮劝；若一时贬黜，惧有后咎。”艳皆不听。于是怨愤盈路，争言艳及选曹郎徐彪专用私情，憎爱不由公理；艳、彪皆坐自杀。温素与艳、彪同意，亦坐斥还本郡以给厮吏，卒于家。始，温方盛用事，余姚虞俊叹曰：“张惠恕才多智少，华而不实，怨之所聚，有覆家之祸；吾见其兆矣。”无几何而败。

六年（乙巳，225）

吴丞相北海孙劭卒。初，吴当置丞相，众议归张昭，吴王曰：“方今多事，职大者责重，非所以优之也。”及劭卒，百僚复举昭，吴王曰：“孤岂为子布有爱乎！领丞相事烦，而此公性刚，所言不从，怨咎将兴，非所以益之也。”六月，以太常顾雍为丞相、平尚书事。雍为人寡言，举动时当，吴王尝叹曰：“顾君不言，言必有中。”至饮宴欢乐之际，左右恐有酒失，而雍必见之，是以不敢肆情。吴王亦曰：“顾公在坐，使人不乐。”其见惮如此。初领尚书令，封阳遂乡侯；拜侯还寺，而家人不知，后闻，乃惊。及为相，其所选用文武将吏，各随能所任，心无适莫。时访逮民间及政职所宜，辄密以闻，若见纳用，则归之于上；不用，终不宣泄；吴王以此重之。然于公朝有所陈及，辞色虽顺而所执者正；军国得失，自非面见，口未尝言。王常令中书郎诣雍有所咨访，若合雍意，事可施行，即相与反覆究而论之，为设酒食；如不合意，雍即正色改容，默然不言，无所施设。郎退告王，王曰："顾公欢悦，是事合宜也；其不言者，是事未平也。孤当重思之。"江边诸将，各欲立功自效，多陈便宜，有所掩袭。王以访雍。雍曰："臣闻兵法戒于小利，此等所陈，欲邀功名而为其身，非为国也。陛下宜禁制，苟不足以曜威损敌，所不宜听也。"王从之。

七年（丙午，226）

票骑将军都阳侯曹洪，家富而性吝啬，帝在东宫，尝从洪贷绢百匹，不称意，恨之；遂以舍客犯法，下狱当死，群臣并救，莫能得。卞太后责怒帝曰："梁、沛之间，非子廉无有今日。"又谓郭后曰："令曹洪今日死，吾明日敕帝废后矣！"于是郭后泣涕屡请，乃得免官，削爵土。

初，郭后无子，帝使母养平原王睿；以睿母甄夫人被诛，故未建为嗣。睿事后甚谨，后亦爱之。帝与睿猎，见子母鹿，帝亲射杀其母，命睿射其子；睿泣曰："陛下已杀其母，臣不忍复杀其子。"帝即放弓矢，为之恻然。夏，五月，帝疾笃，乃立睿为太子。丙辰，召中军大将军曹真、镇军大将军陈群、抚军大将军司马懿，并受遗诏辅政。丁巳，帝殂。

太子即皇帝位，尊皇太后曰太皇太后，皇后曰皇太后。

初，明帝在东宫，不交朝臣，不问政事，惟潜思书籍；即位之后，群下想闻风采。居数日，独见侍中刘晔，语尽日，众人侧听，晔既出，问："何如？"曰："秦始皇、汉孝武之俦，才具微不及耳。"

帝初莅政，陈群上疏曰："夫臣下雷同，是非相蔽，国之大患也。若不和睦则有仇党，有仇党则毁誉无端，毁誉无端则真伪失实，此皆不可不深察也。"

吴陆逊陈便宜，劝吴王以施德缓刑，宽赋息调。又云："忠谠之言，不能极陈；求容小臣，数以利闻。"王报曰："《书》载'予违汝弼'，而云不敢极陈，何得为忠谠哉！"于是令有司尽写科条，使郎中褚逢赍以就逊及诸葛瑾，意所不安，令损益之。

烈祖明皇帝上之上太和元年（丁未，227）

三月，蜀丞相亮率诸军北驻汉中，使长史张裔、参军蒋琬统留府事。临发，上疏曰："先帝创业未半而中道崩殂，今天下三分，益州疲敝，此诚危急存亡之秋也。然侍卫之臣不懈于内，忠志之士忘身于外者，盖追先帝之殊遇，欲报之于陛下也。诚宜开张圣听，以光先帝遗德，恢弘志士之气；不宜妄自菲薄，引喻失义，以塞忠谏之路也。

“宫中、府中，俱为一体，陟罚臧否，不宜异同。若有作奸犯科，及为忠善者，宜付有司论其刑赏，以昭陛下平明之理，不宜偏私，使内外异法也。

“侍中、侍郎郭攸之、费祎、董允等，此皆良实，志虑忠纯，是以先帝简拔以遗陛下。愚以为宫中之事，事无大小，悉以咨之，然后施行，必能裨补阙漏，有所广益。将军向宠，性行淑均，晓畅军事，试用于昔日，先帝称之曰能，是以众议举宠为督。愚以为营中之事，悉以咨之，必能使行陈和睦，优劣得所。

“亲贤臣，远小人，此先汉所以兴隆也；亲小人，远贤臣，此后汉所以倾颓也。先帝在时，每与臣论此事，未尝不叹息痛恨于桓、灵也。侍中、尚书、长史、参军，此悉端良、死节之臣，愿陛下亲之，信之，则汉室之隆，可计日而待也。

“臣本布衣，躬耕南阳，苟全性命于乱世，不求闻达于诸侯。先帝不以臣卑鄙，猥自枉屈，三顾臣于草庐之中，咨臣以当世之事；由是感激，遂许先帝以驱驰。后值倾覆，受任于败军之际，奉命于危难之间，尔来二十有一年矣。先帝知臣谨慎，故临崩寄臣以大事也。

“受命以来，夙夜忧叹，恐托付不效，以伤先帝之明。故五月渡泸，深入不毛。今南方已定，甲兵已足，当奖率三军，北定中原，庶竭驽钝，攘除奸凶，兴复汉室，还于旧都，此臣所以报先帝，而忠陛下之职分也。至于斟酌损益，进尽忠言，则攸之、祎、允之任也。愿陛下托臣以讨贼兴复之效，不效，则治臣之罪以告先帝之灵，责攸之、祎、允等之慢以章其咎。陛下亦宜自谋，以谘诹善道，察纳雅言，深追先帝遗诏，臣不胜受恩感激。今当远离，临表涕零，不知所言。”遂行，屯于沔北阳平石马。

魏文帝黄初四年（癸卯，公元223年）

汉王病重，命令丞相诸葛亮辅佐太子刘禅，以尚书令李严做诸葛亮的副手。汉王对诸葛亮说：“你的才干胜过曹丕十倍，必定能安定国家，完成大业。如果刘禅还可以辅佐，你就辅佐他；如果他没有才德，你可取而代之。”诸葛亮淌着泪说：“臣下怎敢不竭尽全力辅佐太子，忠贞不二地为国效命，至死不渝！”汉王又下诏给太子：“人活五十而死不能称为夭折，我已经活了六十多岁，还有什么遗憾，只是牵挂你们兄弟。要努力，再努力啊！不要因坏事很小就去做，也不要因为好事很小就不去做！只有贤明和德行，才会使人折服。父亲德行浅薄，不值得你们效法。你与丞相共同处理政务，对待他要像父亲一样。”夏季，四月，癸巳，汉王刘备病逝于永安，谥号为昭烈皇帝。

丞相诸葛亮护送灵车回到成都，由李严做中都护，留下镇守永安。

五月，太子刘禅即位为蜀汉皇帝，当时十七岁，尊奉皇后为皇太后，大赦罪犯，改年号为建兴。封丞相诸葛亮为武乡侯，兼任益州牧，国事无论大小，都取决于诸葛亮。于是诸葛亮精简官职，修订法制，向百官发下文告说：“所谓参预朝政，署理政务，就是要集合众人的心思，采纳有益国家的意见。如果因为一些小隔阂而彼此疏远，就无法听到不同意见，我们的事业将会受到损失。听取不同意见而能得出正确的结论，如同扔掉破草鞋而获得珍珠美玉。然而人们很难做到这一点，只有徐庶在听取各种意见时不受困惑。还有董和，参预朝政、署理政务七年，某项措施有不稳妥之处，反复十次征求意见，向我报告。如果能做到徐庶的十分之一，像董和那样勤勉、尽职、效忠，我就可以减少过失了。”他又说：“过去我结交崔州平，他多次指出我的优缺点；后来又结交徐庶，得到很多启发和教诲；先前与董和商议事情，他每次都能做到知无不言，言无不尽；随后又与胡伟度共事，他的多次劝谏，使我避免了很多失误。我虽然生性愚昧，见识浅陋，对他们给我的教益不能全部吸取，然而和这四人的关系始终很好，也可表明我对直言是不疑的。”胡伟度，就是诸葛亮的主簿义阳人胡济。

诸葛亮曾经亲自校对公文，主簿杨颙径直入内劝他说：“治理国家是有制度的，上司和下级做的工作不能混淆。请您允许我以治家作比喻：现在有一个人，命奴仆耕田，婢女烧饭，雄鸡报晓，狗咬盗贼，以牛拉车，以马代步；家中事务无一旷废，要求的东西都可得到满足，悠闲自得，高枕无忧，只是吃饭饮酒而已。忽然有一天，对所有的事情都要亲自去做，不用奴婢、鸡狗、牛马，结果劳累了自己的身体，陷身琐碎事务之中，弄得疲惫不堪，精神萎靡，却一事无成。难道他的才能不及奴婢和鸡狗吗？不是，而是因为他忘记了作为一家之主的职责。所以古人说‘坐着讨论问题，做出决定的人是王公；执行命令，亲身去做事情的人，称作士大夫’。因此，丙吉不过问路上杀人的事情，却担心耕牛因天热而喘；陈平不去了解国家的钱、粮收入，而说‘这些自有具体负责的人知道’，他们都真正懂得各司其职的道理。如今您管理全国政务，却亲自校改公文，终日汗流浃背，不是太劳累了吗？”诸葛亮深深表示感谢。杨颙去世，诸葛亮哭泣了三天。

诸葛亮像

汉尚书、义阳人邓芝对诸葛亮说：“如今皇上年幼弱小，刚刚即位，应派重要使臣到吴再次申明和好的愿望。”诸葛亮说：“我对此事已考虑很久了，只是一直没有合适的人选，现在找到了。”邓芝问：“这人是谁？”诸葛亮说：“就是使君你啊。”于是派邓芝以中郎将的身份与吴重建友好关系。冬季，十月，邓芝到达吴。当时吴王尚未和魏断绝关系，所以犹豫不决，没有立即接见邓芝。邓芝便自己上表请求接见，上表说：“臣下这次来，也是为吴着想，不仅仅只为蜀的利益。”吴王这才接见了他，说；“孤确实愿意与蜀和好，可是恐怕蜀国君主幼弱，疆域狭窄，势力不强，给魏以可乘之机，你们无法保全自己。”邓芝对他说：“吴、蜀两国，占有四个州的地域。大王您是当世的英雄，诸葛亮也是一代人杰。蜀国地势险要，防守坚固，吴国有长江等三条大江的阻隔。两国的优势加在一起，再联合起来像唇齿一样相辅相依，进可兼并天下，退可与魏鼎足而立，这是很自然的道理。假如大王归附于魏，魏一定会进一步提出无理要求，上逼您朝拜，下求太子做人质，如果不服从，便以讨伐叛逆为借口，发动进攻，蜀则顺流东下，趁机分取利益，到那时，江南之地可就不再为大王您所有了。”吴王沉默了很久，说：“你说得很对”。于是和魏断绝关系，专与蜀汉和好。

五年（甲辰，公元224年）

吴王派辅议中郎将吴郡人张温到蜀汉聘问，从此以后，吴、蜀两国使者和书信往来不断。有事需要互通消息，吴王常令陆逊告诉诸葛亮；还专刻一枚自己的印章放在陆逊那里，吴王给蜀汉后主或诸葛亮写信，常先给陆逊看过，言辞轻重、处事可否，有不当之处，即令陆逊改正，再用印封好发出。

蜀汉再次派邓芝到吴拜会，吴王对他说：“如果天下太平，由两国君主分而治之，不也是很好吗？”邓芝回答说：“天上没有两个太阳，地上也不能并存两个皇帝。在兼并魏之后，假如大王未能深刻领会上天的意旨，两国国君各自发扬德行，两国的臣子为各自的君王尽忠，将领则擂起战鼓，那时战争才刚刚开始。”吴王大笑说：“你的诚实竟到了这个地步吗！”

吴国张温年轻时，以聪明才智享有盛名，顾雍认为当时无人能与他相比，诸葛亮也很推重他。张温推荐同郡人暨艳做吴的选部尚书。暨艳喜欢议论朝政，弹劾朝廷百官，对五官、左右三署郎官，审查尤其严格，几乎都被降职，甚至被降数级，能够保住原来官位的，十个人中也没有一个；那些为官贪婪鄙下，没有志向和节操的人，都被他发落成为军吏，安插在军队的各营各府。他还经常揭发别人的隐私，加以夸大张扬，以证明他处罚得当。同郡人陆逊、陆瑁写信给暨艳说：“圣贤的人赞扬善行，而体谅别人的愚昧；忘记别人的过错，而记住人家的功劳，以形成美好的风化。如今大王的伟业刚刚开始，将要统一全国，现在正是如同汉高祖不求全责备，广泛招揽人才的时代。如果一定要在善恶好坏之间划出一条清楚的界限，重视像过去许劭所做的人物品评，固然可以改变风俗，申明教化，然而恐怕目前很难推行。应该远学孔子的泛爱亲仁，近效郭泰的宽厚容人，这才有益于正道常理。”朱据也对暨艳说：“天下尚未平定，如果只举荐那些完全清白的人，而容不得一丝缺点，恰恰破坏了劝导作用；如果一下子都被免职，恐怕会带来祸患。”暨艳不听。于是怨恨之声遍布于路途，人们都争着告发暨艳和选曹郎徐彪专凭私人感情任用官吏，爱憎不以公理作标准；暨艳和徐彪都被治罪自杀了。张温和暨艳、徐彪素来意见一致，也被牵连治罪，逐回本郡的官府做杂役，后来死在家中。当初，在张温得势的时候，余姚人虞俊叹息说：“张温才能有余而明智不足，华而不实，人们的怨忿将会聚集在他身上，有败家之祸，我已经看见先兆了。”不久，张温果然被治罪逐回。

六年（乙巳，公元225年）

吴丞相北海人孙劭去世。当初，吴国要设置丞相一职，大家首推张昭。吴王说：“如今是多事之秋，职位越高，责任愈重，这一职务对张昭来说，并非优待。”孙劭去世，文武官员再次推举张昭，吴王又说：“孤岂不敬爱张子布？丞相负责的政务烦多，而张昭性情刚烈，我若不听从他，他就会不满和怨忿，这对他并没有什么好处。”六月，任太常顾雍为丞相，平尚书事。顾雍为人沉默寡言，举止稳妥，吴王曾赞叹说：“顾君不说话则已，说话即能抓住要害。”每次设筵饮酒作乐，大臣们都恐怕酒后失态，被在场的顾雍看到，所以不敢放开酒量。吴王也说：“顾公在座，使人不乐。”可见大臣和吴王多么忌惮他。顾雍刚兼任尚书令的时候，被封变阳遂乡侯；拜过爵位后，回到官邸，家人仍不知道他已被封侯，后来听说，都很吃惊。及至受任为丞相，他选用文官武将，都各按才能加以任用，而不夹杂自己的好恶。常常私下到民间访查政治得失，每当有好的建议，都秘密上报，如被采纳，将功劳归于主上；如不被采纳，则始终不泄露出去；吴王为此很看重他。然而他在朝廷发表意见时，言辞虽然和顺，却能将正确意见坚持到底；对于政治得失，若非亲眼所见，决不妄加评论。吴王有事情，常令中书郎到顾雍那里咨询访问。如果顾雍同意，觉得此事可以施行，便与中书郎反复讨论研究，并为他预备酒饭；如果不同意，顾雍便表情严肃，默然无语，什么都不预备。中书郎回去将情况报告吴王，吴王说：“顾公高兴，说明此事应该办；他不发表意见，表明办法还不稳妥，孤应当反复考虑。”驻守长江岸边的将领，都想建功立业，报效国家，很多人上书，认为时机有利，应发兵袭击魏军。吴王为此事询访顾雍，顾雍说：“我听说贪图小利为兵家所戒，他们的这些条陈，是要为自己邀取功名，而不是为国家着想。陛下应加制止，如果不能扬我威武，重创敌人，就不应听从。”吴王采纳了顾雍的意见。

七年（丙午，公元226年）

骠骑将军都阳侯曹洪，家中富有，但很吝啬。文帝做太子时，曾向曹洪借用一百匹绢，未能满意，所以心怀忌恨。后来，曹洪宾客犯法，便将曹洪逮捕入狱，判处死刑，大臣们都为曹洪求情，仍不赦免。卞太后气愤地责备文帝：“当年在梁沛之间大战时，若没有曹洪，我们怎么会有今天。”又对郭皇后说：“皇帝今天处死曹洪，我明天就要他废掉你这个皇后！”于是，郭皇后多次哭着为曹洪求情，曹洪才免于一死，被免去官职，削去爵位和封地。

当初，郭皇后没有儿子，文帝让她以母亲的名义抚养平原王曹睿，曹睿因为母亲甄夫人被杀，没有被立为太子。他谨慎侍奉郭皇后，深得郭皇后喜爱。一天，文帝和曹睿父子二人射猎，见到一只母鹿带着一只小鹿，文帝亲手射死了母鹿，要曹睿射那只小鹿，曹睿哭着说："陛下已经杀了母亲，我不忍心再杀她的儿子。"文帝当即放下弓箭，恻然心伤。夏季，五月，文帝病重，立曹睿为太子。丙辰（十六日），召中军大将军曹真、镇军大将军陈群、抚军大将军司马懿，发布遗诏，命令他们辅佐太子曹睿主持政事。丁巳（十七日），文帝去世。

太子曹睿即帝位，尊皇太后卞氏为太皇太后，养母郭皇后为皇太后。

当初，魏明帝曹睿在东宫做太子的时候，不结交朝廷大臣，不过问政事，只是埋头读书。即位后，大臣们都想见识他的风采。过了数天，只接见了侍中刘晔，谈了一整天，其他人在外侧耳而听。刘晔出来，都问："怎么样？"刘晔说："志向可与秦始皇、汉武帝相比，只是才智稍稍不及。"

明帝开始主持政事，陈群上书说："大臣随声附和，是非不分，是国家的大祸害。但是，如果不和睦相处，则又各树党羽；必然互相仇视，无端诋毁、诽谤；无端诋毁、诽谤，造成真假难辨，这些都不可以不深入考察。"

吴将陆逊对有利于国家的措施提出建议，劝吴王广施德政，缓和刑罚，放宽赋税，免征徭役。又说："忠诚善良的建议，不能彻底向君王陈述；取悦君王的小臣，才反复以小利上奏。"回复说："《尚书》上记载：'我有错误，你要帮我改正。'你在信中不敢彻底陈述，怎么能称作忠心善良呢？"于是命令有关人员，把将要实施的条款拟好，派郎中令褚逢带给陆逊和诸葛瑾，让他们对其中的不妥之处进行删改或增添。

魏明帝太和元年（丁未，公元227年）

三月，蜀汉丞相诸葛亮率领各路军队向北挺进，驻军汉中，以长史张裔、参军蒋琬留下处理丞相府的各项政务。出发前，诸葛亮上书说："先皇帝开创大业，刚刚见些成效，却中途溘然长逝了。如今的天下分成三个政权鼎足而立，要算益州的蜀国最为贫穷困乏，这正是一个生死存亡的时刻。然而身边近臣仍能兢兢业业、毫不怠懈地在朝内尽其职守；忠勇将士舍身奋战在沙场，出生入死，是因为追念先皇帝的知遇之恩，想要全力报答给陛下。陛下正应虚心听取各方面意见，发扬光大先皇帝遗下的威德，振奋有志之士的气节；而不应自己轻视自己，讲出不合道理的话来，以致阻塞忠臣进谏的渠道。

"宫廷和相府，是一个整体，提升、贬黜、表彰、指责，不应有什么区别。如果有触犯法纪的行为，或尽忠立功的表现，应该让有关部门按规定给予处罚、奖赏，以显示陛下公允、明察，不能有偏私之心，使宫廷内外执法不统一。

"侍中、侍郎郭攸之、费祎、董允等人，都是善良诚实、思想纯正的忠臣，所以先皇帝特意选拔他们留下来辅佐陛下。我以为宫廷中事务，不论大小，都应先和他们商议，然后再付诸实施，这样一定能弥补缺漏，得到更多的好处。将军向宠，品行平和公正，通晓军事，在以前经过考验，先皇帝称赞他很有才能，所以被大家推举为掌管禁兵的中部督。我认为各项军务，都应征求他的意见，必定会令将士和睦，使才智出众和能力较差的人都能各得其所。

“亲近贤臣，疏远小人，这是前汉得以兴盛的原因；亲近小人，疏远贤臣，这是后汉衰败的根由。先皇帝在世，每次与我谈起这些，没有一次不对桓帝、灵帝时代的政治腐败痛心疾首。侍中郭攸之、费祎，尚书陈震，长史张裔，参军蒋琬，都是端正善良、能以死报国的忠臣，希望陛下亲近他们，信任他们，则汉室的兴盛，将指日可待。

“我本是一介平民，在南阳亲自耕作，本来只想在风雨飘摇的动荡年代保全性命，从未想通达贵显，名扬天下。先皇帝不嫌弃我地位卑下，屈尊俯就，三次往茅庐相访，向我询问天下形势，使我感激万分，这才答应为先皇帝奔走效命。后来军事上遇到挫折，在败军之际承担重任，在危难时刻接受使命，从那时至今，已整整二十一年了。先皇帝深知我行事谨慎，因此在临终前托付国家大事。

“自从接受先皇帝遗命以来，日夜忧虑叹息，唯恐辜负重托，有损先皇帝知人之明。于是五月渡过泸水，深入到荒凉的不毛之地。如今南方已经平定，军力充足，正应当激励将士，统率三军北定中原，我愿竭尽平庸之力，铲除奸贼，恢复大汉皇室，重返故都，这正是我报答先皇帝，效忠陛下的本分。至于处理政事，掌握分寸，进纳忠言，则是郭攸之、费祎、董允等人的职责。希望陛下将讨伐国贼、复兴大汉朝廷的重任交给我，若无成效，请您治罪，以告先皇帝在天之灵；如果郭攸之、费祎、董允疏忽失职，就责备追究他们的过错。陛下自己也应慎重考虑，征询和选择妥善的治国方略，访察、采纳好的建议，真正遵循先皇帝遗训。如此则臣下我就受恩不浅，感激不尽了。现在将要远离陛下，在写这份表章时激动得泪流不止，不知该说些什么。”于是率军出发，驻屯在沔水北岸的阳平石马。

第七十一卷　魏纪三

译文诵读

烈祖明皇帝上之下太和二年（戊申，228）

初，征西将军夏侯渊之子楙尚太祖女清河公主，文帝少与之亲善，及即位，以为安西将军，都督关中，镇长安，使承渊处。

诸葛亮将入寇，与群下谋之。丞相司马魏延曰："闻夏侯楙，主婿也，怯而无谋。今假延精兵五千，负粮五千，直从褒中出，循秦岭而东，当子午而北，不过十日，可到长安。楙闻延奄至，必弃城逃走。长安中惟御史、京兆太守耳。横门邸阁与散民之谷，足周食也。比东方相合聚，尚二十许日，而公从斜谷来，亦足以达。如此，则一举而咸阳以西可定矣。"亮以为此危计，不如安从坦道，可以平取陇右。十全必克而无虞，故不用延计。

亮扬声由斜谷道取郿，使镇东将军赵云、扬武将军邓芝为疑兵，据箕谷。帝遣曹真都督关右诸军军郿。亮身率大军攻祁山，戎陈整齐，号令明肃。始，魏以汉昭烈既死，数岁寂然无闻，是以略无备豫；而卒闻亮出，朝野恐惧，于是天水、南安、安定皆叛应亮，关中响震，朝臣未知计所出，帝曰："帝阻山为固，今者自来，正合兵书致人之术，破亮必也。"乃勒兵马步骑五万，遣右将军张郃督之，西拒亮。丁未，帝行如长安。

初，越巂太守马谡，才器过人，好论军计，诸葛亮深加器异；汉昭烈临终，谓亮曰："马谡言过其实，不可大用，君其察之！"亮犹谓不然，以谡为参军，每引见谈论，自昼达夜。及出军祁山，亮不用旧将魏延、吴懿等为先锋，而以谡督诸军在前，与张郃战于街亭。

谡违亮节度，举措烦扰，舍水上山，不下据城。张郃绝其汲道，击，大破之，士卒离散。亮进无所据，乃拔西县千余家还汉中。收谡下狱，杀之。亮自临祭，为之流涕，抚其遗孤，恩若平生。蒋琬谓亮曰："昔楚杀得臣，文公喜可知也。天下未定而戮智计之士，岂不惜乎！"亮流涕曰："孙武所以能制胜于天下者，用法明也；是以扬干乱法，魏绛戮其仆。四海分裂，兵交方始，若复废法，何用讨贼邪！"

或劝亮更发兵者，亮曰："大军在祁山、箕谷，皆多于贼，而不破贼，乃为贼所破，此病不在兵少也，在一人耳。今欲减兵省将，明罚思过，校变通之道于将来；若不能然者，虽兵多何益！自今已后，诸有忠虑于国者，但勤攻吾之阙，则事可定，贼可死，功可跻足而待矣。"于是考微劳，甄壮烈，引咎责躬，布所失于境内，厉兵讲武，以为后图，戎士简练，民忘其败矣。

亮之出祁山也，天水参军姜维诣亮降。亮美维胆智，辟为仓曹掾，使典军事。

汉诸葛亮闻曹休败，魏兵东下，关中虚弱，欲出兵击魏，群臣多以为疑。亮上言天汉主曰："先帝深虑以汉、贼不两立，王业不偏安，故托臣以讨贼。以先帝之明，量臣之才，固当知臣伐贼，才弱敌强；然不伐贼，王业亦亡，惟坐而待亡，孰与伐之！是故托臣而弗疑也。臣受命之日，寝不安席，食不甘味，思惟北征，宜先入南，故五月渡泸，深入不毛。臣非不自惜也，顾王业不可偏全于蜀都，故冒危难以奉先帝之遗意也，而议者以为非计。今贼适疲于西，又务于东，兵法乘劳，此进趋之时也。谨陈其事如左：高帝明并日月，谋臣渊深，然涉险被创，危然后安。今陛下未及高帝，谋臣不如良、平，而欲以长计取胜，坐定天下，此臣之未解一也。刘繇、王朗各据州郡，论安言计，动引圣人，群疑满腹，众难塞胸，今岁不战，明年不征，使孙策坐大，遂并江东，此臣之未争二也。曹操智计殊绝于人，其用兵也，仿佛孙、吴；然困于南阳，险于乌巢，危于祁连，逼于黎阳，几败伯山，殆死潼关，然后伪定一时耳；况臣才弱，而欲以不危定之，此臣之未三也。曹操五攻昌霸不下，四越巢湖不成，任用李服而图之，委夏侯而夏侯败亡；先帝每称操为能，犹有此失，况臣驽下，何能必胜！此臣之未解四也。自臣到汉中，中间期年耳，然丧赵云、阳群、马玉、阎芝、丁立、白寿、刘郃、邓铜等及曲长、屯将七十余人，突将、无前、賨叟、青羌、散骑、武骑一千余人，皆数十年之内，纠合四方之精锐，非一州之所有；若复数年，则损三分之二，当何以图敌！此臣之未解五也。今民穷兵疲，而事不可息，事不可息，则住与行，劳费正等，而不及虚图之，欲以一州之地与贼支久，此臣之未解六也。夫难平者事也，昔先帝败军于楚，当此时，曹操拊手，谓天下已定。然后先帝东连吴、越，西取巴、蜀，举兵北征，夏侯授首，此操之失计而汉事将成也。然后吴更违盟，关羽毁败，秭归蹉跌，曹丕称帝。凡事如是，难可逆见。臣鞠躬尽力，死而后已，至于成败利钝，非臣之明所能逆睹也。"

十二月，亮引兵出散关，围陈仓，陈仓已有备，亮不能克。亮使郝昭乡人靳详于城外遥说昭，昭于楼上应之曰："魏家科法，卿所练也；我之为人，卿所知也。我受国恩多而门户重，卿无可言者，但有必死耳。卿还谢诸葛，便可攻也。"详以昭语告亮，亮又使详重说昭，言"人兵不敌，空自破灭。"昭谓详曰："前言已定矣，我识卿耳，箭不识也。"详乃去。亮自以有众数万，而昭兵才千余人，又度东救未能便到，乃进兵攻昭，起云梯冲车以临城，昭于是以火箭逆射其梯，梯然，梯上人皆烧死；昭又以绳连石磨压其冲车，冲车折。亮乃更为井阑百尺以射城中，以土丸填堑，欲直攀城，昭又于内筑重墙。亮又为地突，欲踊出于城里，昭又于城内穿地横截之。昼夜相攻拒二十余日。

曹真遣将军费耀等救之。帝召张郃于方城，使击亮。帝自幸河南城，置酒送郃，问郃曰："迟将军到，亮得无已得陈仓乎！"郃知亮深入无谷，屈指计曰："比臣到，亮已走矣。"郃晨夜进道，未至，亮粮尽，引去；将军王双追之，亮击斩双。诏赐昭爵关内侯。

吴王以扬州牧吕范为大司马，印绶未下而卒。初，孙策使范典财计，时吴王年少，私从有求，范必关白，不敢志许，当时以此见望。吴王守阳羡长，有所私用，策或料覆，功曹周谷辄为傅著簿书，使无谴问，王临时悦之。及后统事，以范忠诚，厚见信任，以谷能欺更簿书，不用也。

三年（己酉，229）

夏，四月，丙申，吴王即皇帝位，大赦，改元黄龙。百官毕会，吴主归功周瑜。绥远将军张昭，举笏欲褒赞功德，未及言，吴主曰："如张公之计，今已乞食矣。"昭大惭，伏地流汗。吴主追尊父坚为武烈皇帝，兄策为长沙桓王，立子登为皇太子，封长沙桓王子绍为吴侯。

张昭以老病上还官位及所统领，更拜辅吴将军，班亚三司，改封娄侯，食邑万户。昭每朝见，辞气壮厉，义形于色，曾以直言逆旨，中不进见。后汉使来，称汉德美，而群臣莫能屈，吴主汉曰："使张公在坐，彼不折则废，安复自夸乎！"明日，遣中使劳问，因请见昭，昭避席谢，吴主跪止之。昭坐定，仰曰："昔太后、桓王不以老臣属陛下，而以陛下属老臣，是以思尽臣节以报厚恩，而意虑浅短，违逆盛旨。然臣愚心所以事国，志在忠益毕命而已；若乃变心易虑以偷荣取容，此臣所不能也！"吴主辞谢焉。

九月，吴主迁都建业，皆因故府，不复增改，留太子登及尚书九官于武昌，使上大将军陆逊辅太子，并掌荆州及豫章三郡事，董督军国。

张纮还吴迎家，道病卒。临困，授子留笺曰："自古有国有家者，咸欲修德政以比隆重盛世，至于其治，多不馨香，非无忠臣贤佐也，由主不胜其情，弗能用耳。夫人情惮难而趋易，好同而恶异，与治道相反。《传》曰：'从善如登，从恶如崩'，言善之难也。人君承奕世之基，据自然之势，操八柄之威，甘易同之欢，无假取于人，而忠臣挟难进之术，吐逆耳之言，其不合也，不亦宜乎！离则有衅，巧辩缘间，眩于小忠，恋于恩爱，贤愚杂错，黜陟失序，其所由来，情乱之也。故明君寤之，求贤如饥渴，受谏而不厌，抑情损欲，以义割恩，则上无偏谬之授，下无希冀之望矣！"吴主省书，为之流涕。

四年（庚戌，230）

尚书琅邪诸葛诞、中书郎南阳邓飏等相与结为党友，更相题表，以散骑常侍夏侯玄等四人为四聪，诞辈八人为八达。玄，尚之子也。中书监刘放子熙，中书令孙资子密，吏部尚书卫臻子烈，三人咸不及比，以其父居势位，容之为三豫。

行司徒事董昭上疏曰："凡有天下者，莫不贵尚敦朴忠信之士，深疾虚伪不真之人者，以其毁教乱治，败俗伤化也。近魏讽伏诛建安之末，曹伟斩戮黄初之始。伏惟前后圣诏，深疾浮伪，欲以破散邪党，常用切齿；而执法之吏，皆畏其权势，莫能纠擿，毁坏风俗，侵欲滋甚。窃见当今年少不复以学问为本，专更以交游为业；国士不以孝悌清修为首，乃以趋势游利为先。合党连群，互相褒叹，以毁訾为罚戮，用党誉为爵赏，附己者则叹之盈言，不附者则为作瑕衅。至乃相谓：'今世何忧不度邪，但求人道不勤，罗之不博耳；人何患其不己知，但当吞之以药而柔调耳。'又闻或有使奴客名作在职家人，冒之出入，往来禁奥，交通书疏，有所探问。凡此诸事，皆法之所不取，刑之所不赦，虽讽，伟之罪，无以加也！"帝善其言。二月，壬午，诏曰："世之质文，随教而变。兵乱以来，经学废绝，后生进趣，不由典谟。岂训导未洽，将进用者不以德显乎？其郎吏学通一经，才任牧民，博士课试，擢其高第者，亟用；其浮华不务道本者，罢退之！"于是免诞、飏等官。

大司马曹真以"汉人数入寇，请由斜谷伐之；诸将数道并进，可以大克。"帝从之，诏大将军司马懿溯汉水由西城入，与真会汉中，诸将或由子午谷、或由武威入。司空陈群谏曰："太祖昔到阳平攻张鲁，多收豆麦以益军粮，鲁未下而食犹乏。今既无所因，且斜谷阻险，难以进退，转运必见钞截，多留兵守要，则损战士，不可不熟虑也！"帝从群议。真复表从子午道；群又陈其不便，并言军事用度之计。诏以群议下真，真据之遂行。

汉丞相亮闻魏兵至，次于成固赤坂以待之。召李严使将二万人赴汉中，表严子丰为江州都督，督军典严后事。

会天大雨三十余日，栈道断绝，太尉华歆上疏曰："陛下以圣德当成、康之降，愿先留心于治道，以征伐为后事。为国者以民为基，民以衣食为本。使中国无饥寒之患，百姓无离上之心，则二贼之衅可坐而待也！"帝报曰："贼凭恃山川，二祖劳于前世，犹不克平，朕岂敢自多，谓必灭之哉！诸将以为不一探取，无由自敝，是以观兵以窥其衅。若天时未至，周武还师，乃前事之鉴，朕敬不忘所戒。"

九月，诏曹真等班师。

汉丞相亮以蒋琬为长史。亮数外出，琬常足食足兵，以相供给。亮每言："公琰托志忠雅，当与吾共赞王业者也。

魏明帝太和二年（戊申，公元228年）

起初，征西将军夏侯渊的儿子夏侯楙和太祖的女儿清河公主结了婚，文帝年少时和他亲近友好，等到即了帝位，便任命他为安西将军，都督关中，镇守长安，让他承接夏侯渊的防区。

诸葛亮将要攻打魏国，和部下商量这次军事行动。丞相司马魏延说：“听说夏侯楙是魏帝的女婿，此人胆怯而没有智谋。现请给我五千人的精锐部队，带着五千人口粮，直接从褒中出发，沿着秦岭向东，到子午道后折向北方，用不了十天工夫，可以抵达长安。夏侯楙听到我突然来到，一定弃城逃走。长安城中就只有御史、京兆太守了。横门粮仓的存粮以及百姓逃散剩下的粮食，足以供给军粮。等到魏国在东方集结起军队，还要二十多天时间，而您从斜谷出来接应，也完全可以到达。这样，就可以一举而平定咸阳以西的地区了。”诸葛亮认为这是危而不妥的计策，不如安全地从平坦的路上出去，可以稳稳当当地取得陇右地区，有百分之百的把握取胜而不会有失，所以不用魏延之计。

诸葛亮扬言从斜谷取郿城，命令镇东将军赵云、扬武将军邓芝充当疑兵，据守箕谷；明帝派遣曹真都督关右地区各军驻扎在郿城。诸葛亮亲自统率大军进攻祁山，军阵整齐，号令严明。起初，魏认为蜀汉昭烈帝刘备已经去世，几年来没有什么动静，因此放松了防备；而突然听到诸葛亮出兵，朝廷和民众都很惧怕。于是，天水、南安、安定等郡都背叛魏国而响应诸葛亮，关中如雷轰顶，受到震动，朝廷大臣不知有什么对策，明帝说：“诸葛亮本来依据山险固守，现在亲自前来，正合乎兵书所说招敌前来的策略，一定能够打败诸葛亮。”于是统领步兵和骑兵五万大军，命右将军张郃监管军务，向西抵御诸葛亮。丁未，明帝到达长安。

起初，越巂太守马谡，才气和抱负超过常人，喜好议论军事谋略，诸葛亮对他深为器重；昭烈帝刘备临终之时对诸葛亮说：“马谡言语浮夸，超过实际才能，不可委任大事，您要对他多加考察。”诸葛亮还认为不是这样，让马谡做参军，时常接见一起谈论，从白天直到黑夜。等到出兵祁山，诸葛亮不用旧将魏延、吴懿等为先锋，而是让马谡统领各军在前，同张郃在街亭交战。

马谡违背诸葛亮的指挥调度，军事行动混乱无章，放弃水源上山驻扎，不在山下据守城邑。张郃断绝马谡取水的道路，发动进攻并大败马谡，蜀军溃散。诸葛亮前进没有据点，就搬迁西县一千多人家回到汉中。把马谡关进监狱，杀了他。诸葛亮亲自吊丧，为他痛哭流涕，安抚他的

诸葛亮挥泪斩马谡

子女，如同平素一样恩待他们。蒋琬对诸葛亮说：“古时候晋国同楚国交战楚国杀了领兵的得臣，晋文公喜形于色。现在天下没有平定，而杀了智谋之士，难道不惋惜吗？”诸葛亮流着眼泪说：“孙武能够制敌而取胜于天下的原因，是用法严明；所以晋悼公的弟弟扬干犯法，魏绛就杀了为他驾车的人。现在天下分裂，交战刚刚开始，如果又废弃军法，怎么能够讨伐敌人呢？”

有人劝说诸葛亮再次发兵，诸葛亮说：“大军在祁山、箕谷的时候，都多于敌军，但没有打败敌人，反而被敌人打败，问题不在于兵少，而在于将领。现在我打算减少兵将，显明责罚，反思过失，将来另想变通的办法。如果不能这样，即使兵多也没有什么用处！从今以后，凡是一心为国家分忧效忠的人，只要多多批评我的过错，那么大事就可以安定，敌人就可以打垮，大功就可跷足而待了。”于是考察有功将士，连微小的功劳也不遗漏，对壮烈之士，一一加以甄别，引过自责，把自己的过失在境内公开宣布，练兵讲武，准备将来进取。将士精简干练，民众忘记既往的兵败了。

诸葛亮出兵祁山的时候，天水参军姜维向诸葛亮归降。诸葛亮很赞赏姜维的胆识，任用他做仓曹掾，掌管军事。

蜀汉诸葛亮听说曹休战败，魏军东下，关中虚弱，打算出兵攻魏，群臣对能否取胜多存怀疑。诸葛亮对汉后主进言说：“先帝深深忧虑的是汉和魏贼不能同时并立，帝王的基业不能偏安于蜀地，所以托付我讨伐敌人。以先帝的英明，度量我的才干，当然了解我讨伐敌人的能力不足而敌人强大；但是不讨伐敌人，帝王的基业也会夭亡，只是坐等失败，还不如去讨伐敌人呢！所以，托付我这一重任而不加怀疑。我自从接受命令的那一天起，睡觉不安稳，吃饭没滋味，想着由于要北伐敌人，应当先安定南方，所以五月渡过泸水，深入偏远荒蛮的地区。我不是不爱惜自己，是考虑到帝王的基业不可以在蜀都，所以顶着危难来继承先帝的遗志，但议论的人认为这不是好办法。如今敌人刚刚在西面的祁山之役中疲惫不堪，又对吴国用兵，兵法上有乘敌人疲劳之机的说法，这正是进取的时机。谨请让我陈述下列事项：汉帝刘邦明如日月，谋臣智谋深远，但也历经危难，受过重创，危难过后，才转而安定天下。如今陛下比不上高帝，谋臣不如张良、陈平，而打算用持久之计取胜，坐收统一天下之利，这是我不敢懈怠的第一个原因。刘繇、王朗各自占据州郡，谈论安危之计，动辄引证圣人之言，然而对人疑忌满腹，办事众难填胸，今年不打仗，明年不征伐，使得孙策安然地强大起来，以致于吞并江东，这是我不敢懈怠的第二个原因。曹操的智谋超过别人，指挥作战好似孙武、吴起，但也曾在南阳被困，乌巢遇险，祁连临危，黎阳受逼，几乎败于伯山，差一点死在潼关，然后才篡得天下，获一时平定；何况我才疏力弱，而想不经过危难就平定天下，这是我不敢懈怠的第三个原因。曹操五次攻打昌霸不能攻下，四次跨越巢湖不能成功，任用李服而李服谋害他，委任夏侯渊而夏侯渊败亡；先帝每每称赞曹操是英才，还有这些失误，何况我是庸才，怎能必胜！这是我不敢懈怠的第四个原因。自从我到了汉中，只经过一年时间，竟丧亡了赵云、阳群、马玉、阎芝、丁立、白寿、刘郃、邓铜等和曲长、屯将七十余人，突将、无前、賨叟、青羌、散骑、武骑一千余人，都是几十年之内，从四面八方集合起来的精英，不是一州所能具有；如果再过几年，就要损失三分之二，还能用什么去打垮敌人呢？这是我不敢懈怠的第五个原因。如今民众贫困兵士疲乏，可是国家大事不可停息，国家大事不可停息，那么原地驻守和出兵进取，付出的辛劳和费用正好相等，而不乘关中宽虚的时机进攻敌人，打算以一州之地同敌人长期对峙，这是我不敢懈怠的第六个原因。心中难以平静下来的是天下大事，以前先帝在楚地战败，当时曹操拍手高兴，说天下已定。然而后来先帝东连孙吴，西取益州，挥师北伐，杀了夏侯渊，这是曹操的失策而汉朝大业将要成功了。但后来吴国又违背盟约，关羽败亡，秭归受挫，曹丕称帝。世上事情都是如此曲折，实在难以预料。我只有鞠躬尽力，死而后已，至于成败得失，不是我的见识所能预见的了。”

十二月，诸葛亮率领大军从散关出发，包围陈仓，陈仓早已有准备，诸葛亮没能攻下来。诸葛亮让郝昭同乡人靳详在城外远远地劝说郝昭，郝昭在城楼上对靳详说：“魏国的法律，您是熟悉的，我的为人，您是了解的。我深受国恩而且门第崇高，您不必多说，只有一死而已。您回去告诉诸葛亮，就来攻打吧。”靳详把郝昭的话告诉了诸葛亮，诸葛亮又让靳详再次劝告郝昭，说“兵众悬殊，抵挡不住，和必白白自取毁灭。”郝昭对靳详说：“前面已说定了，我认识您，箭可不认识您。”靳详只好返回。诸葛亮自以为几万兵马，而郝昭才有一千多兵众，又估计东来的救兵未必就能赶到，于是进军攻打郝昭，架起云梯，云梯燃烧起来，梯上的人都被烧死，郝昭又用绳子系上石磨，掷击汉军的冲车，冲车被击毁。诸葛亮就又制做了百尺高的井字形木栏，以向城中射箭，用土块填塞护城的壕沟，想直接攀登城墙；郝昭又在城内筑起一道城墙。诸葛亮又挖地道，想从地道进入城里，郝昭又在城内挖横向地道进行拦截。昼夜攻守相持了二十多天。

曹真派遣将军费耀等援救郝昭。明帝召见在方城的张郃，命他攻击诸葛亮。明帝亲自来到河南城，摆下酒席为张郃送行，问张郃：“等将军赶到，诸葛亮是不是已经取得陈仓呢？”张郃了解诸葛亮深入作战缺乏粮食，屈指计算一下说：“等到我到了那里，诸葛亮已撤走了。”张郃日夜兼程赶路，还没到达，诸葛亮的粮食已尽，领兵退去；将军王双追赶，被诸葛亮击杀。明帝颁布诏书赐郝昭关内侯的爵位。

吴王任用扬州牧吕范为大司马，印信和绶带还没有下达，吕范就去世了。最初，孙策让吕范掌管财经，当时吴王孙权年少，私下向吕范借钱索物，吕范定要禀告，不敢专断许可，为此，当时即被孙权怨恨。后来，孙权代理阳美长，有私下开支，孙策有时进行核计审查，功曹周谷就为孙权制造假账，使他不受责问，孙权那时十分满意他。但等到孙权统管国事后，认为吕范忠诚，深为信任，而周谷善于欺骗，伪造簿册文书，不予录用。

三年（己酉，公元229年）

夏季，四月，丙申（十三日），吴王即皇帝位，大赦天下，改年号为黄龙。文武百官都来朝会，吴王把功劳归于周瑜。绥远将军张昭，举起笏板想要歌功颂德，没等开口说话，吴王说："如果当初听了张公的计议，现在已经要饭了。"张昭极为羞愧，伏在地上直流汗。吴王追尊父亲孙坚为武烈皇帝，哥哥孙策为长沙桓王，立儿子孙登为皇太子，封长沙桓王孙策的儿子孙绍为吴侯。

张昭因年老多病辞去官职，交回所辖部众，改为辅吴将军，班位仅次于三公，并改封为娄侯，食邑一万户。张昭每次朝见，辞严气盛，义形于色，曾以直言冒犯旨意，以后不肯来朝见。后来，蜀汉使节来到吴国，称赞蜀汉的美德，然而文武众臣都不能辩倒他。吴王叹息说："假使张公在座，他不折不服，气焰也会收敛，怎么可能再自夸呢？"次日，由宫中派遣使者问候张昭，接着亲自请见。张昭离开席位请罪，吴王跪下阻止了他。张昭坐定之后，仰起头说："以前太后、桓王没有把老臣托付给陛下，而是把陛下托付给老臣，所以我是想竭尽臣节报答厚恩，然而见识肤浅，违逆陛下旨意。可是，我是一片愚拙之心为国效劳，志在忠心效命而已！如若变心，想要为了荣华富贵巴结奉承，这是我不能做的。"吴王连连辞谢。

九月，吴王迁都建业，全部承用原有的宫室王府，不再增设改建，留下太子孙登及尚书九卿在武昌，让大将军陆逊辅佐太子，并掌管荆州及豫章三郡事务，监督全国的军政大事。

张纮回吴郡迎接家眷，中途发病死去。临终时，将写好的遗表交给儿子。遗表说："自古以来主持国家的人，全都打算修行德政与太平盛世相媲美。至于治理的结果，多不能实现，不是没有忠臣贤能辅佐，而是由于主上不能克制自己的私情，不能任用他们。人之常情都是畏惧艰难，趋就容易，喜好相同意见，厌恶不同意见，这与治国之道正好相反。古书上说，'从善如同登山，从恶如同山崩'，是比喻为善多么困难。君王承袭祖先累世的基业，据有至尊的自然之势，有掌握天下八种权柄的威严，喜好容易受到赞同带来的欢快，无需听取采纳别人意见，而忠义之臣提出难以采纳的方案，说出逆耳的言语，与君王不能契合，不也正当如此吗！君王与忠臣疏远就会出现裂痕，花言巧语之人借机离间，君王被这点所谓的忠心搞得迷迷糊糊，迷恋于个人私恩错爱，使得贤明和愚下混在一起，罢免和进用都失去标准，这种情形由来的原因，是私情作怪。所以圣明的君王明察此情，求访贤能如饥似渴，接受规劝而不厌烦，抑制私情，损减私欲，出于大义割舍私恩，那么上面没有偏颇错廖的任用，下面也就不抱非分之想了。"吴王读着这封遗书，感动得流出热泪。

四年（庚戌，公元230年）

尚书琅琊人诸葛诞、中书郎南阳人邓飏等互相结成朋党，争相题品吹捧，以散骑常侍夏侯玄等四人为四聪，诸葛诞等八人为八达。夏侯玄是夏侯尚的儿子。中书监刘放的儿子刘熙、中书令孙资的儿子孙密、吏部尚书卫臻的儿子卫烈三人都不能与他们相提并论，但因他们的父亲高居权势之位，特别容纳三人得参预题品，称为三豫。

行司徒事董昭上书说："凡拥有天下的帝王，无不崇尚尊重朴实忠信之士，深恶虚伪不真之人，这是因后者毁坏教化，扰乱秩序，伤风败俗。近有魏讽在建安末年被诛杀，曹伟在黄初二年被处死。俯伏思量陛下前后颁布的诏书，极为痛恶浮华虚伪，想要打破拆散朋党，常常因此而切齿痛恨；而执法的官吏，却畏惧他们的权势，不敢监督揭发，败坏风俗行为，越来越严重。我暗中观察，当今年轻人不再把做学问当作进取之本，而专门以互相结交朋友为业。国中士人不以孝悌清廉修身为第一，而以趋炎附势营利为先，结成朋党，连成群伙，互相恭维，叹息怀才不遇，把诋毁当作惩罚羞辱，把朋党赞誉看作封爵奖赏，对依附自己的人则连声赞叹，好话说尽，对不依附自己的人则百般挑剔，以至互相说：'当今之世什么忧虑不能消除，只怕人事关系不够，交结党友不多而已，还担心什么别人不了解自己，只要让他听几句好话，就会像吃了灵丹妙药对你温和服帖。'又听说有的人还指使家中奴仆宾客冒充属下差役，出入宫廷官府禁地，来往书信，探听消息。凡是这一类事情，都是法律不容许，刑罚不赦免的。即使魏讽、曹伟的罪过，也不比他们更重！"明帝同意董昭的说法。二月，壬午（初四），下诏说："社会风气的朴实和浮华，随着教化而改变。兵荒战乱以来，儒家经典的教授完全荒废，年轻人进取的途径，不在经典，这岂不是训导不恰当、对将提拔任用的人不突出考察品德吗？从现在起，郎官必须通晓一种经典才可以升任地方长官，博士课的考试，择取成绩优秀者马上录用，华而不实、不务正道的人罢免！"于是，免去诸葛诞、邓飏的官职。

大司马曹真认为："蜀汉多次入侵，请下令由斜谷出兵讨伐，各将领分几路同时并进，可以大胜。"明帝听从了曹真的建议，颁布诏书命大将军司马懿逆汉水由西城进军，与曹真在汉中汇合，其他将领有的由子午谷，有的由武威进军入蜀。司空陈群劝谏说："太祖以前到阳平攻打张鲁，大量收集豆麦以增加军粮供给，张鲁没有攻下而粮食已经缺乏。如今既然不能就地取粮，况且斜谷地势险阻，无论进退，都很困难。转运粮食肯定会被抄袭截击，如果多留士兵据守险要之处，便会使战士受损失，不可不深思熟虑！"明帝听从了陈群的建议。曹真再次上书要从子午道进攻汉中，陈群又陈述不便行事的理由，并谈到军事费用的预算情况。明帝下诏把陈群的议论交给曹真参考，曹真却据此诏书随即出动。

蜀汉丞相诸葛亮听说魏军来到，驻扎在成固、赤坂等待魏军。让李严率领二万人赶往汉中，上表请让李严的儿子李丰为江州都督，统领军队掌管接应之事。

正值大雨不停，连降三十多天，栈道断绝，太尉华歆上书说："陛下以圣道而处在像成康之治一样的盛世，希望先专心于国家的文治，把征伐作为以后的事情。

主持国家的人以民众为基础，民众以衣食为根本。如能使中原没有饥饿寒冷之苦，百姓对上边没有离心离德之意，那么吴、蜀二贼的矛盾，可以坐待其爆发！”明帝答道：“敌人凭借高山大川，太祖和世祖前世劳苦，还没平定，朕岂敢自己吹嘘，说一定消灭敌人呢？将领们以为不一一进取，二贼不可能自行败亡，因此用兵以窥测敌人的破绽。如果天时还没有到来，周武王伐纣，会师盟津而回军，就是前车之鉴，朕不会忘记历史的鉴戒。”

九月，下诏命曹真班师。

蜀丞相诸葛亮任用蒋琬为长史，诸葛亮数次外出征战，蒋琬常能筹措足够的粮食和兵员供给诸葛亮。诸葛亮每次都说：“蒋琬忠心而又有雅量，当是与我共同佐助帝王之业的人。”

第七十二卷　魏纪四

译文诵读

烈祖明皇帝中之上太和五年（辛亥，231）

汉丞相亮命李严以中都护署府事。严更名平。亮帅诸军入寇，围祁山，以木牛运。于是大司马曹真有疾，帝命司马懿西屯长安，督将军张郃、费曜、戴陵、郭淮等以御之。

懿等寻亮后至于卤城。张郃曰："彼远来逆我，请战不得，谓我利在不战，欲以长计制之也。且祁山知大军已在近，人情自固，可止屯于此，分为奇兵，示出其后，不宜进前而不敢逼，坐失民望也。今亮孤军食少，亦行去矣。"懿不从，故寻亮。既至，又登山掘营，不肯战。贾栩、魏平数请战，因曰："公畏蜀如虎，奈天下笑何！"懿病之。诸将咸请战。夏，五月，辛巳，懿乃使张郃攻无当监何平于南围，自按中道向亮。亮使魏延、高翔、吴班逆战，魏兵大败，汉人获甲首三千，懿还保营。

六月，亮以粮尽退军，司马懿遣张郃追之。郃进至木门，与亮战，蜀人乘高布伏，弓弩乱发，飞矢中郃右膝而卒。

八月，诏曰："先帝著令，不欲使诸王在京都者，谓幼主在位，母后摄政，防微以渐，关诸盛衰也。朕惟不见诸王十有二载，悠悠之怀，能不兴思！其令诸王及宗室公侯各将适子一人朝明年正月，后有少主、母后在宫者，自如先帝令。"

汉丞相亮之攻祁山也，李平留后，主督运事。会天霖雨，平恐运粮不继，遣参军狐忠、督军成藩喻指，呼亮来还；亮承以退军，平闻军退，乃更阳惊，说"军粮饶足，何以便归！"又欲杀督运岑述以解己不办之责。又表汉主，说"军伪退，欲以诱贼。"亮具出其前后手笔书疏，本末违错。平辞穷情竭，首谢罪负。于是亮表平前后过恶，免官，削爵土，徙梓潼郡。复以平子丰为中郎将、参军事，出教敕之曰："吾与君父子戮力以奖汉室，表都护典汉中，委君于东关，谓至心感动，终始可保，何图中乘乎！若都护思负一意，君与公琰推心从事，否可复通，逝可复还也。详思斯戒，明吾用心！"

六年（壬子，232）

公孙渊阴怀贰心，数与吴通。帝使汝南太守田豫督青州诸军自海道，幽州刺史王雄自陆道讨之。散骑常侍蒋济谏曰："凡非相吞之国，不侵叛之臣，不宜轻伐。伐之而不能制，是驱使为贼也。故曰：'虎狼当路，不治狐狸。'先除大害，小害自已。今海表之地，累世委质，岁选计、孝，不乏职贡，议者先之。正使一举便克，得其民不足益国，得其财不足为富；傥不如意，是为结怨失信也。"帝不听。豫等往皆无功，诏令罢军。

侍中刘晔为帝所亲重。帝将伐蜀，朝臣内外皆曰："不可。"晔入与帝议，是曰"可伐"；出与朝臣言，则曰"不可"。晔有胆智，言之皆有形。中领军杨暨，帝之亲臣，又重晔，执不可伐之议最坚，每从内出，辄过晔，晔讲不可之意。后暨与帝论伐蜀事，暨切谏，帝曰："卿书生，焉知兵事！"暨谢曰："臣言诚不足采，侍中刘晔，先帝谋臣，常曰蜀不可伐。"帝曰："晔与吾言蜀可伐。"暨曰："晔可召质也。"诏召晔至，帝问晔，终不言。后独见，晔责帝曰："伐国，大谋也，臣得与闻大谋，常恐眯梦漏泄以益臣罪，焉敢向人言之！夫兵诡道也，军事未发，不厌其密。陛下显然露之，臣恐敌国已闻之矣。"于是帝谢之。晔见出，责暨曰："夫钓者中大鱼，则纵而随之，须可制而后牵，则无不得也。人主之威，岂徒大鱼而已！子诚直臣，然计不足采，不可不精思也。"暨亦谢之。

或谓帝曰："晔不尽忠，善伺上意所趋而合之，陛下试与晔言，皆反意而问之，若皆与所问反者，是晔常与圣意合也。每问皆同者，晔之情必无所逃矣。"帝如言以验之，果得其情，从此疏焉。晔遂发狂，出为大鸿胪，以忧死。

帝尝卒至尚书门，陈矫跪问帝曰："陛下欲何之？"帝曰："欲案行文书耳。"矫曰："此自臣职分，非陛下所宜临也。若臣不称其职，则请就黜退，陛下宜还。"帝惭，回车而反。帝尝问矫；"司马公忠贞，可谓社稷之臣乎？"矫曰："朝廷之望也；社稷则未知也。"

青龙元年（癸丑，233）

公孙渊遣校尉宿舒、郎中令孙综奉表称臣于吴；吴主大悦，为之大赦。三月，吴主遣太常张弥、执金吾许晏、将军贺达将兵万人，金宝珍货，九锡备物，乘海授渊，封渊为燕王。举朝大臣自顾雍以下皆谏，以为"渊未可信而宠待太厚，但可遣吏兵护送舒、综而已；"吴主不听。张昭曰："渊背魏惧讨，远来求援，非本志也。若渊改图，欲自明于魏，两使不反，不亦取笑于天下乎！"吴主反覆难昭，昭意弥切。吴主不能堪，按刀而怒曰："吴国士人入宫则拜孤，出宫则拜君，孤之敬君亦为至矣，而数于众中折孤，孤常恐失计。"昭孰视吴主曰："臣虽知言不用，每竭愚忠者，诚以太后临崩，呼老臣于床下，遗诏顾命之言故在耳。"因涕泣横流；吴主掷刀于地，与之对泣，然卒遣弥、晏往。昭忿言之不用，称疾不朝；吴主恨之，土塞其门，昭又于内以土封之。

公孙渊知吴远难恃，乃斩张弥、许晏等首，传送京师，悉没其兵资珍宝。冬，十二月，诏拜渊大司马，封乐浪公。

吴主闻之，大怒曰："朕年六十，世事难易，靡所不尝。近为鼠子所前却，令人气踊如山。不自截鼠子头以掷于海，无颜复临万国，就令颠沛，不以为恨!

陆逊上疏曰；"陛下以神武之资，诞膺期运，破操乌林，败备西陵，禽羽荆州；斯三虏者，当世雄杰，皆摧其锋。圣化所绥，万里草偃，方荡平华夏，总一大猷。今不忍小忿而发雷霆之怒，违垂党之戒，轻万乘之重，此臣之所惑也。臣闻之，行万里者不中道而辍足，图四海者不怀细以害大。强寇在境，荒服未庭，陛下乘桴远征，必致窥阚，慼至而忧，悔之无及。若使大事时捷，则渊不讨自服。今乃远惜辽东众之与马，奈何独欲捐江东万安之本业而不惜乎！"

吴主数遣人慰谢张昭，昭固不起。吴主因出，过其门呼昭，昭辞疾笃。吴主烧其门，欲以恐之，昭亦不出。吴主使人灭火，住门良久。昭诸子共扶昭起，吴主载以还宫，深自克责，昭不得已，然后朝会。

诸葛亮劝农讲武，作木牛、流马，运米集斜谷口，治斜谷邸阁；息民休士，三年而后用之。

二年（甲寅，234）

春，二月，亮悉大众十万由斜谷入寇，遣使约吴同时大举。

诸葛亮至郿，军于渭水之南。司马懿引军渡渭，背水为垒拒之，谓诸将曰："亮若出武功，依山而东，诚为可忧；若西上五丈原，诸将无事矣。"亮果屯五丈原。

雍州刺史郭淮言于懿曰："亮必争北原，宜先据之。"议者多谓不然，淮曰："若亮跨渭登原，连兵北山。隔绝陇道，摇荡民夷，此非国之利也。"懿乃使淮屯北原。堑垒未成，汉兵大至，淮逆击却之。

亮以前者数出，皆以运粮不继，使己志不伸，乃分兵屯田为久驻之基，耕者杂于渭滨居民之间，而百姓安堵，军无私焉。

五有，吴主入居巢湖口，向合肥新城，众号十万；又遣陆逊、诸葛瑾将万余人入江夏、沔口，向襄阳；将军孙韶、张承入淮，向广陵、淮阴。六月，满宠欲率诸军救新城，殄夷将军田豫曰："贼悉众大举，非图小利，欲质新城以致大军耳。宜听使攻城，挫其锐气，不当与争锋也。城不可拔，众必罢怠；罢怠然后击之，可大克也。若贼见计，必不攻城，势将自走。若便进兵，适入其计矣。"

时东方吏士皆分休，宠表请召中军兵，并召所休将士，须集击之。散骑常侍广平刘劭议以为："贼众新至，心专气锐，宠以少人自战其地，若便进击，必不能制。宠请待兵，未有所失也，以为可先遣步兵五千，精骑三千，先军前发，扬声进道，震曜形势。骑到合肥，疏其行队，多其旌鼓，曜兵城下，引出贼后，拟其归路，要其粮道。贼闻大军来，骑断其后，必震怖遁走，不战自破矣。"帝从之。

宠欲拔新城守，致贼寿春，帝不听，曰："昔汉光武遣兵据略阳，终以破隗嚣，先帝东置合肥，南守襄阳，西固祁山，贼来辄破于三城之下者，地有所必争也。纵权攻新城，必不能拔。敕诸将坚守，吾将自往征之，比至，恐权走也。"乃使征蜀护军秦朗督步骑二万助司马懿御诸葛亮，敕懿："但坚壁拒守以挫其锋，彼进不得志，退无与战，久停则粮尽，虏略无所获，则必走；走而追之，全胜之道也。"秋，七月，帝御龙舟东征。

满宠募壮士焚吴攻具，射杀吴主之弟子泰；又吴吏士多疾病。帝未至数百里，疑兵先至。吴主始谓帝不能出，闻大军至，遂遁，孙韶亦退。

司马懿与诸葛亮相守百余日，亮数挑战，懿不出。亮乃遗懿巾帼妇人之服；懿怒，上表请战，帝使卫尉辛毗杖节为军师以制之。护军姜维谓亮曰："辛佐治杖节而到，贼不复出矣。"亮曰："彼本无战情，所以固请战者，以示武于其众耳。将在军，君命有所不受，苟能制吾，岂千里而请战邪！"

亮遣使者至懿军，懿问其寝食及事之烦简，不问戎事。使者对曰："诸葛公夙兴夜寐，罚二十以上，皆亲览焉；所啖食不至数升。"懿告人曰："诸葛孔明食少事烦，其能久乎！"

亮病笃，汉主使尚书仆射李福省侍，因谘以国家大计。福至，与亮语已，别去，数日复还。亮曰："孤知君还意，近日言语虽弥日，有所不尽，更来求决耳。公所问者，公琰其宜也。"福谢："前实失不咨请，如公百年后，谁可任大事者，故辄还耳。乞复请蒋琬之后，谁可任者？"亮曰："文伟可以继之。"又问其次，亮不答。

是月，亮卒于军中。长史杨仪整军而出。百姓奔告司马懿，懿追之。姜维令仪反旗鸣鼓，若将向懿者，懿敛军退，不敢逼。于是仪结陈而去，入谷然后发丧。百姓为之谚曰："死诸葛走生仲达。"懿闻之，笑曰："吾能料生，不能料死故也。"懿按行亮之营垒处所，叹曰："天下奇才也！"追至赤岸，不及而还。

诸军还成都，大赦，谥诸葛亮曰忠武侯。初，亮表于汉主曰："成都有桑八百株，薄田十五顷，子弟衣食，自有余饶，臣不别治生以长尺寸。若臣死之日，不使内有余帛，外有赢财，以负陛下。"卒如其所言。

丞相长史张裔常称亮曰："公赏不遗远，罚不阿近，爵不可以无功取，刑不可以贵势免，此贤愚之所以佥忘其身者也！

初，长水校尉廖立，自谓才名宜为诸葛亮之副，常以职位游散，怏怏怨谤无已，亮废立为民，徙之汶山。及亮卒，立垂泣曰："吾终为左衽矣！"李平闻之，亦发病死。平常冀亮复收己，得自补复，策后人不能故也。

汉主以左将军吴懿为车骑将军，假节，督汉中，以丞相长吏蒋琬为尚书令，总统国事，寻加琬行都护，假节，领益州刺史。时新丧元帅，远近危悚，琬出类拔萃，处群僚之右，既无戚容，又无喜色，神守举止，有如平日，由是众望渐服。

魏明帝太和五年（辛亥，公元231年）

蜀汉丞相诸葛亮命李严以中都护的官职署理汉中留府的事务，李严改名李平。诸葛亮率领各路大军进犯魏境，围祁山，用木牛运输军用物资。这时大司马曹真有病，明帝命司马懿向西驻扎在长安，统领将军张郃、费曜、戴陵、郭淮等将领抵御诸葛亮。

司马懿尾随诸葛亮之后到达卤城。张郃说："他们远来迎战我军，要求作战达不到目的，认为我军利于不战，打算以持久之计制胜。况且祁山方面知道大军已经靠近，人心自然稳定，可以在这里驻军，分出一支奇兵，出现在他们的后路，不应当只敢尾随而不敢追击，使得民众失望。现在诸葛亮孤军作战，粮食又少，也快要走了。"司马懿不听从张郃的意见，有意尾随诸葛亮。已经赶上，又上山扎营，拒绝同诸葛亮交战。贾栩、魏平多次请求出战，还说："您畏蜀如虎，怎能不让天下人取笑！"司马懿对此很不满意。将领们纷纷请求出战。夏季，五月，辛巳（初十），司马懿便让张郃攻击围祁山之南的蜀无当军监军何平，亲自据中路与诸葛亮正面对峙。诸葛亮命魏延、高翔、吴班迎战，魏军大败，蜀军俘获了三千人，司马懿退军保卫大营。

六月，诸葛亮因为粮尽退军，司马懿命张郃追击。张郃进兵到木门，与诸葛亮交战，蜀军利用居于高地布下伏兵，万箭齐发，张郃右膝中箭而死。

八月，明帝下诏说："先帝颁布诏令，不想让亲王们留在京都的原因，是因为皇帝年幼，母后摄政，防微杜渐，关系国家盛衰。朕不见各亲王已有十二年，悠悠情怀，怎能不思念！现下令所有亲王及皇族的公爵侯爵，各派嫡子一人于明年正月来京朝会，但以后如有皇帝年少、母后在宫摄政的情况，自当按先帝的诏令办。"

蜀汉丞相诸葛亮进攻祁山的时候，李平留守后方，掌管督运军需事务。当时正值霪雨连绵，李平担心运粮供应不上，派遣参军狐忠、督军成藩传喻后主旨意，叫诸葛亮退军。诸葛亮承此旨退回。李平听到退军的消息，假装惊讶，说"军粮充足，为什么就回来？"又要杀督运军粮的岑述来解脱自己失职不办的责任。还向汉王上表，说"军队假装退却，是想引诱敌人"。诸葛亮出示李平前后亲笔所写的全部信函、书奏等，矛盾重重。李平理屈词穷，低头认罪。于是诸葛亮上表奏明李平前后的罪恶，罢掉官职，削去封爵和食邑，流放到梓潼郡。又任用李平的儿子李丰为中郎将、参军事，写信告诫他说："我和你们父子同心合力辅助汉室，上表推荐你父亲典理汉中事务，委任你在东关镇守，自认为真心感动，自始至终可以依靠，怎么会想到中途背离呢？如果你父亲能认罪悔过，一心一意为国效忠，你与蒋琬推心置腹，同心共事，那么闭塞的可以通泰，失去的可以再得到。请仔细思考这一劝诫，明白我的用心。"

六年（壬子，公元232年）

辽东太守公孙渊暗地怀有二心，多次与吴国联系，明帝命汝南太守田豫督领青州各路大军从海道，幽州刺史王雄从陆路同时进军讨伐公孙渊。散骑常侍蒋济劝谏说：“凡不是准备加以吞并的国家，不骚扰又不叛逆的藩属，都不宜轻易出兵讨伐。讨伐他们而不能制服，是迫使他们成为寇贼。所以说：‘虎狼当路，不治狐狸。’先除掉大害，小害自会消失。如今海边之地，世世代代臣属于朝廷，每年上计报告人口、赋税、刑狱等情况，推举孝廉，不缺赋税和贡品，朝廷官员议论时都把辽东排在前面。即使一举出兵就能把他们打败，获得的民众也不足以增加国力，获得的财物也不能使我们富足；倘若失败，会由此结下怨恨，自毁信誉。”明帝不接受。田豫等前往征讨都徒劳无功，下诏停止用兵。

侍中刘晔为明帝所亲近器重。明帝将要讨伐蜀国，朝廷内外都说：“不可。”刘晔入朝与明帝商议，则说可讨伐；出来和朝廷大臣讨论，则又曰不可。刘晔有胆有识，谈论起来，有声有色，很动听，中领军杨暨是明帝的亲信大臣，也看重刘晔，是持不可伐意见中最为强硬的人，每次从朝廷出来，就去拜访刘晔，刘晔都讲不可讨伐的道理。后来，杨暨和明帝谈起伐蜀之事，杨暨恳切规劝，明帝说：“你是个书生，怎么知晓军事！”杨暨谢罪说：“我的话诚然不足采纳，侍中刘晔是先帝的谋臣，常常说蜀不可讨伐。”明帝说：“刘晔与我说蜀可伐。”杨暨说：“可以把刘晔叫来对质。”明帝下诏让刘晔来，问刘晔，刘晔始终不说话。后来刘晔单独晋见，责备明帝说：“讨伐一个国家，是一项重大的决策，我知道这件大事后，常常害怕说梦话泄漏出去增加我的罪过，怎么敢向人说这件事？用兵之道在于诡诈，军事行动没开始时，越机密越好。陛下公开泄漏出去，我恐怕敌国已经听说了。”于是明帝向他道歉。刘晔出来后，责怪杨暨说：“渔夫钓到一条大鱼，就要放长线跟在后，必须到可以制用时再用线将它牵回，那就没有得不到的。帝王的威严，难道只是一条大鱼而已！你诚然是正直的臣僚，然而计谋不足以采纳，不可不仔细想一想。”杨暨也向他道歉。

有人对明帝说：“刘晔不尽忠心，善于探察皇上的意向而献媚迎合，请陛下试一试，和刘晔说话时全用相反的意思问他，如果他的回答都与所问意思相反，说明刘晔经常与陛下圣意相一致。如果他的回答都与所问意思相同，刘晔的迎合之情必然暴露无遗。”明帝如其所言检验刘晔，果然发现他的迎合之情，从此疏远了他。刘晔于是精神失常，出任大鸿胪，因忧虑而死。

明帝曾经突然来到尚书台门，陈矫跪着向明帝说：“陛下要去哪里？”明帝说：“我想看一看公文。”陈矫说：“这是我的职责，不是陛下应该亲临的事情。如果我不称职，那么就请罢免我，陛下应该回去。”明帝惭悔，乘车返回。明帝曾经问陈矫：“司马懿忠贞不渝，可以称得上是国家大臣吗？”陈矫答：“他是朝廷中有声望的人，国家能不能依靠他不知道。”

青龙元年（癸丑，公元233年）

公孙渊派遣校尉宿舒、郎中令孙综携带表章赴吴称臣，吴王非常高兴，为此大赦天下。三月，吴王派遣太常张弥、执金吾许晏、将军贺达率领大军万人，携带金银财宝、奇珍异货及九锡齐备，乘船渡海赏赐公孙渊，封公孙渊为燕王。自顾雍以下的满朝大臣都直言规劝，认为："公孙渊不可轻信，这样做，对他的恩遇太厚了，只要派遣官兵护送宿舒、孙综就够了。"吴王不接受。张昭说："公孙渊背叛魏国，害怕讨伐，从远地而来求援，绝不是他的本意。如果公孙渊改变主意，打算自动向魏表明忠心，我们的两位使节不能返回，不也让天下人取笑吗？"吴王反复驳诘张昭，张昭越发坚持己见。吴王不能忍受，按着佩剑恼怒地说："吴国士族之人入宫则参拜我，出宫则参拜您，我敬重您已经到了极点，而您屡次在大庭广众之下顶撞我，我常常唯恐自己做出不愿做的事。"张昭看着吴王说："我虽然知陛下不会采纳我的建议，但每次都竭尽愚忠的原因，实在是因为太后临终时呼唤我到她的床前，留下遗诏，吩咐我辅佐陛下的话音犹在耳边的缘故。"接着泪流满面，吴王将刀扔在地上，与张昭相对哭泣。然而还是派遣张弥、许晏去往辽东。张昭对不采纳他的意见忿忿不平，声称有病不去朝见。吴王怨恨张昭，下令用土将张昭家的大门堵住，张昭又从里面用土将门封死。

公孙渊自知吴国相距遥远难以依靠，于是斩张弥、许晏等人首级，送到京城，全部吞并了吴国的士兵及带来的金银财宝。冬季，十二月，颁诏任命公孙渊为大司马，封为乐浪公。

吴王听到消息勃然大怒说："朕年已六十，人世间的艰难困苦，还有什么没经历过，近来却被鼠辈所戏弄，令人气涌如山。如不亲手斩掉鼠辈的脑袋扔进大海，就再也无颜君临万国，即令为此亡国颠沛，也决不怨恨！"

陆逊上书说："陛下以神明威武的资质，生当大命，在乌林大破曹操，在西陵大败刘备，在荆州生擒关羽，这三个敌虏都是当世英雄，却都被陛下摧折他们的锋芒。圣明的教化安抚四方，风行万里而小草为之倾倒，如今，正临荡平中原、统一天下之时，现在不能忍住小恨而发出雷霆万钧般怒火，是违背了'千金之子，坐不垂堂'的古训，轻视自己为帝王的贵重身份，这是我感到困惑的。我听说，行万里路的人不在中途止步，立志取得天下的人不对小事耿耿于怀而危害大局。强大的敌人压境，荒远之地还没有臣服，陛下乘船远征，必然给敌人以可乘之机，事到临头才去忧虑，恐怕后悔都来不及了。如能使国家大事及时报捷，那么公孙渊不用征讨自己就会归顺。而今陛下还恋惜远在辽东的人口和马匹，怎么单单要舍弃江东万安的根本基业而不珍惜呢？"

吴王多次派人慰问张昭，向他道歉，张昭始终不出来。吴王有次出宫，经过张昭家门呼唤他，张昭声答病重。吴王让人火烧张昭家门，想要恐吓张昭，张昭也不出来。吴王便让人把火灭掉，在门中长时间等候，张昭几个儿子一齐扶张昭起床，吴王用自己的车把他拉回宫，深切地责备自己，张昭不得已，然后参加朝会。

诸葛亮鼓励发展农业，训练军队，制作木牛、流马为运载工具，运粮集存在斜谷口，修整斜谷囤积军粮和物资的仓库；百姓和士兵得以休息，三年后，才动用他们。

二年（甲寅，公元234年）

春季，二月，诸葛亮倾十万大军从斜谷出兵攻魏，并派遣使节前往吴国，相约同时大举出兵。

诸葛亮到达郿县，大军驻扎在渭水的南面。司马懿率领军队渡过渭水，背水立营抵御诸葛亮，对将领们说："诸葛亮如果从武功出兵，依山而往东，确实可怕；如果向西前往五丈原，将领们就没事了。"诸葛亮果然驻扎在五丈原。

雍州刺史郭淮对司马懿说："诸葛亮肯定争夺北原，应当先去占据它。"议论的人多数都说不必这样，郭淮说："如果诸葛亮跨过渭水登上北原，和北山连兵，断绝长安通往陇西的道路，使百姓和羌人动荡不安，这对国家是不利的。"司马懿便让郭淮驻防在北原。营垒还没有筑成，蜀军大部队已经到来，郭淮迎战，击退了蜀军。

诸葛亮因为前几次出兵，都是由于运粮跟不上，使自己的志向不能伸展，就分出部队实行屯田，作为长期驻军的基础，屯田的士兵和渭水之滨居民杂处在一起，而百姓安居乐业，蜀军并无私弊。

五月，吴王率军入驻巢湖口，直指合肥新城，号称十万大军；又派遣陆逊、诸葛瑾统率一万余人进入江夏、沔口，进指襄阳；将军孙韶、张承进入淮河，直指广陵、淮阴。六月，满宠想要率领各路大军救援新城，殄夷将军田豫说："敌人倾巢出动，大举进攻，不是为图小利，而是打算以新城为钓饵，引诱我大军前来。应当听任他们攻打新城，挫伤其锐气，不应与之争战以决胜负，城攻不下，士兵必然疲怠；待他们疲怠后再攻击，可以大获全胜。如果敌人看出这一计策，必不再攻城，势必自行撤退。如果我们马上进军，正中了他们的奸计。"

此时，在东方的部队正轮番休假，满宠上表请征召中军兵，并征召休假的将士，集中力量迎战。散骑常侍广平人刘劭商议时认为："敌军人数众多，而且刚刚来到，意志专一，士气旺盛，满宠因守军人少又在自己防地作战，即使出击，肯定不能制胜敌军。他请求援军，没什么过失。我认为可以先派遣步兵五千，精骑兵三千，作为先头出发，扬言从数道进军，造成震慑敌人的形势。骑兵到达合肥，疏散队列，多布旌旗，多擂战鼓，在城下展示兵力，然后带领部队从敌人背后出现，占其退路，扼其粮道。敌人听说我大军前来，骑兵截断了后路，必定震惊而逃，不战自破。"明帝采纳了这一建议。

满宠想要转移新城守军，引敌人到寿春，明帝不同意，说："从前汉光武派遣部队占据略阳，终于攻破隗嚣。先帝在东方设置合肥，在南方把守襄阳，在西方固守祁山，贼兵一来就在这三城之下被击败，其原因正是因为它们处于必争之地。即使孙权攻打新城，肯定不能攻下。命令将士们坚持守住，我将亲自前往征讨。到那时，孙权恐已经逃走。"于是派遣征蜀护军秦朗统率步、骑兵二万人援助司马懿抵御诸葛亮，命令司马懿："一定要坚守壁垒，不与决战，挫败敌军锋芒，使他们进攻不能得逞，撤退不能交战，停留时间长久，粮食就要耗尽，劫掠也不会有收获，则必撤军。待敌撤退时再去追击，才是全胜之道。"秋季，七月，明帝亲登龙舟东征。

满宠招募壮士焚烧吴国攻城的器械，射死吴王的侄子孙泰，而且吴国官兵多有生病。明帝离吴国驻地数百里时，迷惑敌人的先遣军已先行到达。吴王开始认为明帝不会亲征，听到率大军已到，于是撤走，孙韶也退兵了。

司马懿同诸葛亮相持了一百多天，诸葛亮多次挑战，司马懿就是不出兵。诸葛亮就把妇女使用的头巾、发饰和衣服送给司马懿，司马懿恼羞成怒，上表请求出战。明帝派遣卫尉辛毗执持符节为军师来节制司马懿的行动。护军姜维对诸葛亮说："辛毗持符节来到，贼军不会再出战了。"诸葛亮说："司马懿本来就无心作战，所以一定要请求出战，是向部众表示敢于用武而已。将领在军中，君主的命令可以不接受，如果他能制胜我军，难道还要远隔千里而请求作战吗？"

诸葛亮派遣使者到司马懿军中，司马懿向使者询问诸葛亮的睡眠、饮食和办事多少，不打听军事情况，使者答道："诸葛公早起晚睡，凡是二十杖以上的责罚，都亲自披阅；所吃的饭食不到几升。"司马懿告诉人说："诸葛孔明进食少而事务烦，他还能活得长久吗！"

诸葛亮病重，汉后主派遣尚书仆射李福前来问候，同时询问国家大事。李福来到，和诸葛亮谈话完毕，辞别而去，几天之后又回来。诸葛亮说："我知道您返回来的意图，近来虽然整天谈话，有些事还没有交待，又来听取决定了。你所要问的事蒋琬适合。"李福道歉说："日前确实不曾询问，如您百年之后，谁可以担负重任，所以就又返回。再请问蒋琬之后，谁可承担重任？"诸葛亮说："费祎可以继任。"又问费祎之后怎么样？诸葛亮没有回答。

这个月，诸葛亮在军中去世，长史杨仪整顿军队而退。百姓跑着去报告司马懿，司马懿追赶汉军。姜维命令杨仪调转战旗方向，擂响战鼓，像是即将对司马懿进攻。司马懿收军后退，不敢向前逼进。于是杨仪结阵离去，进入斜谷之后才发丧。百姓为此事编了一句谚语说："死诸葛亮吓走活仲达。"司马懿听到后笑着说："这是我能够意料诸葛亮活着，不能料想诸葛亮已死的缘故。"司马懿到诸葛亮驻军营垒处所察看，感叹说："真是天下的奇才啊！"追到赤岸，没有追上蜀军而还。

各路大军返回成都，大赦天下，赐诸葛亮谥号为忠武侯。当初，诸葛亮曾上表汉王说："我在成都有桑树八百株，薄田十五顷，家中子弟衣食，自有富裕，我没有别的收入增加家产。臣死去之日，必不让家内有多余的绢帛，家外有多余的钱财，而有负陛下。"最后，果如其所言。

丞相长史张裔常称赞诸葛亮："他行赏不遗忘疏远的人，处罚不宽恕亲近的人，封爵不允许无功者取得，刑责不因为是权贵而免除。这就是贤能者和一般人都能够忘身报国的原因。”

当初，长水校尉廖立，自以为才气名声适宜做诸葛亮的副手，常因职位调动频繁，抱怨诽谤，怏怏不已。诸葛亮罢免廖立为平民，放逐到汶山。到诸葛亮去世，廖立流着泪说：“我终生要做野人了！”李平听到噩耗，也发病而死。这是由于李平常常希望诸葛亮再次收用自己，得以补过，而料想后来的当权者不能这样做的缘故。

汉后主任左将军吴懿为车骑将军，授予符节，督领汉中，任丞相长史蒋琬为尚书令，总管国事，不久又给蒋琬加官行都护，授予符节，兼益州刺史。当时刚刚失去统帅，远近都惶惶不安，蒋琬则出类拔萃，处在百官之首，既没有悲戚的面容，也没有高兴的样子，神态举止，如同平日。于是逐渐赢得人心。

第七十三卷　魏纪五

译文诵读

烈祖明皇帝中之下青龙三年（乙卯，235）

春，正月，戊子，以大将军司马懿为太尉。

夏，四月，汉主以蒋琬为大将军、录尚书事；费祎代琬为尚书令。

帝好土功，既作许昌宫，又治洛阳宫，起昭阳太极殿，筑总章观，高十余丈，力役不已，农桑失业。司空陈群上疏曰：“昔禹承唐、虞之盛，犹卑宫室而恶衣服。况今丧乱之后，人民至少，比汉文、景之时，不过汉一大郡。加以边境有事，将士劳苦，若有水旱之患，国家之深忧也。昔刘备自成都至白水，多作传舍，兴费人役，太祖知其疲民也。今中国劳力，亦吴、蜀之所愿；此安危之机也，惟陛下虑之！”帝答曰：“王业、宫室，亦宜并立，灭贼之后，是当罢守御耳，岂可复兴役邪！是固君之职，萧何之大略也。”群曰：“昔汉祖惟与项羽争天下，羽已灭，宫室烧焚，是以萧何建武库、太仓，皆是要急，然高祖犹非其壮丽。今二虏未平，诚不宜与古同也。夫人之所欲，莫不有辞，况乃天王，莫之敢违。前欲坏武库，谓不可不坏也；后欲置之，谓不可不置也。若必作之，固非臣下辞言所屈；若少留神，卓然回意，亦非臣下之所及也。汉明帝欲起德阳殿，钟离意谏，即用其言，后乃复作之；殿成，谓群臣曰：‘钟离尚书在，不得”成此殿也。’夫王者岂惮一人，盖为百姓也。今臣曾不能少凝圣听，不及意远矣。帝乃为之少有减省。”

帝耽于内宠，妇官秩石拟百官之数，自贵人以下至掖庭洒扫，凡数千人，选女子知书可付信者六人，以为女尚书，使典省外奏事，处当画可。廷尉高柔上疏曰：“昔汉文惜十家之资，不营小台之娱；去病虑匈奴之害，不遑治第之事。况今所损者非惟百金之费，所忧者非徒北狄之患乎！可粗成见所营立以充朝宴之仪，讫罢作者，使得就农；二方平定，复可徐兴。《周礼》，天子后妃以下百二十人，嫔嫱之仪，既已盛矣；窃闻后庭之数，或复过之，圣嗣之昌，殆能由此。臣愚以为可妙简淑媛以备内官之数，其余尽遣还家，且以育精养神，专静为宝。如此，则《螽斯》之征可庶而致矣。”帝报曰：“辄克昌言，他复以闻。”

少府杨阜上疏曰：“陛下奉武皇帝开拓之大业，守文皇帝克终之元绪，诚宜思齐往古圣贤之善治，总观季世放荡之恶政。曩使桓、灵不废高祖之法度，文、景之恭俭，太祖虽有神武，于何所施，而陛下何由处斯尊哉！今吴、蜀未定，军旅在外，诸所缮治，惟陛下务从约节。”帝优诏答之。

阜复上疏曰：“尧尚茅茨而万国安其居，禹卑宫室而天下乐其业；及至殷、周，或堂崇三尺，度以九筵耳。桀作璇室象廊，纣为倾宫鹿台，以丧其社稷，楚灵以筑章华而身受祸，秦始皇作阿房，二世而灭。夫不度万民之力以从耳目之欲，未有不亡者也。陛下当以尧、舜、禹、汤、文、武为法则，夏桀、殷纣、楚灵、秦皇为深诫，而乃自暇自逸，惟宫台是饰，必有颠覆危亡之祸矣。君作元首，臣为股肱，存亡一体，得失同之。臣虽驽怯，敢忘争臣之义！言不切至，不足以感悟陛下；陛下不察臣言，恐皇祖、烈考之祚坠于地。使臣身死有补万一，则死之日犹生之年也，谨叩棺沐浴，伏俟重诛！”奏御，帝感其忠言，手笔诏答。

帝尝著帽，被缥绫半袖。阜问帝曰：“此于礼何法服也？”帝默不答。自是不法服不以见阜。

阜又上疏欲省宫人诸不见幸者，乃召御府吏问后宫人数。吏守旧令，对曰：“禁密，不得宣露！”阜怒，杖吏一百，数之曰：“国家不与九卿为密，反与小吏为密乎！”帝愈严惮之。

帝性严急，其督修宫室有稽限者，帝亲召问，言犹在口，身首已分。散骑常侍领秘书监王肃上疏曰：“今宫室未就，见作者三四万人。九龙可以安圣体，其内足以列六宫；惟泰极已前，功夫尚大。愿陛下取常食禀之士，非急要者之用，选其丁壮，择留万人，使一期而更之。咸知息代有日，则莫不悦以即事，劳而不怨矣。计一岁有三百六十万夫，亦不为少。当一岁成者，听且三年，分遣其余，使皆即农，无穷之计也。夫信之于民，国家大宝也。前车驾当幸洛阳，发民为营，有司命以营成而罢；既成，又利其功力，不以时遣；有司徒营目前之利，不顾经国之体。臣愚以为自今已后，傥复使民，宣明其令，使必如期；以次有事，宁使更发，无或失信。凡陛下临时之所行刑，皆有罪之吏、宜死之人也；然众庶不知，谓为仓卒。故愿陛下下之于吏，而暴其罪钧其死也，无使污于宫掖而为远近所疑。且人命至重，难生易杀，气绝而不续者也，是以圣贤重之。昔汉文帝欲杀犯跸者，廷尉张释之曰：‘方其时，上使诛之则已，今下廷尉，廷尉，天下之平，不可倾也。’臣以为大失其议，非忠臣所宜陈也。廷尉者，天子之吏也，犹不可以失平，而天子之身反可以惑谬乎！斯重于为己而轻于为君，不忠之甚者也，不可不察。”

四年（丙辰，236）

十二月，癸巳，颍阴靖侯陈群卒。群前后数陈得失，每上封事，辄削其草，时人及其子弟莫能知也。论者或讥群居位拱默；正始中，诏撰群臣上书以为《名臣奏议》，朝士乃见群谏事，皆叹息焉。

诏公卿举才德兼备者各一人，司马懿以兖州刺史太原王昶应选。昶为人谨厚，名其兄子曰默，曰沈，名其子曰浑，曰深，为书戒之曰："吾以四者为名，欲使汝曹顾名思义，不敢违越也。夫物速成则疾亡，晚就而善终，朝华之草，夕而零落，松柏之茂，隆寒不衰，是以君子戒于阙党也。夫能屈以为伸，让以为得，弱以为强，鲜不遂矣。夫毁誉者，爱恶之原而祸福之机也。孔子曰：吾之于人，谁毁谁誉，'以圣人之德犹尚如此，况庸庸之徒而轻毁誉哉！人或毁己，当退而求之于身。若己有可毁之行，则彼言当矣；若己无可毁之行，则彼言妄矣。当则无怨于彼，妄则无害于身，又何反报焉！谚曰：'救寒莫如重裘，止谤莫如自修。'斯言信矣。"

景初元年（丁巳，237）

公孙渊数对国中宾客出恶言，帝欲讨之，以荆州刺史毌丘俭为幽州刺史。俭上疏曰："陛下即位以来，未有可书。吴、蜀恃险，未可卒平，卿可以此方无用之士克定辽东。"光禄大夫卫臻曰："俭所陈皆战国细术，非王者之事也。吴频岁称兵，寇乱边境，而犹按甲养士，未果致讨者，诚以百姓疲劳故也。渊生长海表，相承三世，外抚戎夷，内修战射，而俭欲以偏军长驱，朝至夕卷，知其妄矣。"帝不听，使俭帅诸军及鲜卑、乌桓屯辽东南界，玺书征渊。渊遂发兵反，逆俭于辽隧。会天雨十余日，辽水大涨，俭与战不利，引军还右北平。渊因自立为燕王，改元绍汉，置百官，遣使假鲜卑单于玺，封拜边民，诱呼鲜卑以侵扰北方。

高堂隆上疏曰："今世之小人，好说秦、汉之奢靡以荡圣心；求取亡国不度之器，劳役费损以伤德政；非所以兴礼乐之和，保神明之休也。"帝不听。

尚书卫觊上疏曰："今议者多好悦耳，其言政治，则比陛下于尧、舜；其言征伐，则比二虏于狸鼠。臣以为不然。四海之内，分而为三，群士陈力，各为其主，是与六国分治无以为异也。当今千里无烟，遗民困苦；陛下不善留意，将遂凋敝，难可复振。武皇帝之时，后宫食不过一肉，衣不用锦绣，茵蓐不缘饰，器物无丹漆，用能平定天下，遗福子孙，此皆陛下之所览也。当今之务，宜君臣上下，计校府库，量入为出，犹恐不及；而工役不辍，侈靡日崇，帑藏日竭。昔汉武信神仙之道，谓当得云表之露以餐玉屑，故立仙掌以承高露，陛下通明，每所非笑。汉武有求于露而犹尚见非，陛下无求于露而空设之，不益于好而糜费功夫，诚皆圣虑所宜裁制也！"

帝深疾浮华之士，诏吏部尚收卢毓曰："选举莫取有名，名如画地作饼，不可啖也。"毓对曰："名不足以致异人而可以得常士；常士畏教慕善，然后有名，非所当疾也。愚臣既不足以识异人，又主者正以循名按常为职，但当有以验其后耳。古者敷奏以言，明试以功；今考绩之法废，而以毁誉相进退，故真伪浑杂，虚实相蒙。"帝纳其言。诏散骑常侍刘邵作考课法。邵作《都官考课法》七十二条，又作《说略》一篇，诏下百官议。

司隶校尉崔林曰："按《周官》考课，其文备矣。自康王以下，遂以陵夷，此即考课之法存乎其人也。及汉之季，其失岂在乎佐吏之职不密哉！方今军旅或猥或卒，增减无常，固难一矣。且万目不张，举其纲，众毛不整，振其领，皋陶仕虞，伊尹臣殷，不仁者远。若大臣能任其职，式是百辟，则孰敢不肃，乌在考课哉！”

卢毓论人及选举，皆先性行而后言才，黄门郎冯翊李丰尝以问毓，毓曰：“才所以为善也，故大才成大善，小才成小善；今称之有才而不能为善，是才不中器也！”丰服其言。

魏明帝青龙三年（乙卯，公元235年）

春季，正月，戊子（初八），任命大将军司马懿为太尉。

夏季，四月，汉后主任命蒋琬担任大将军、录尚书事，费祎接替蒋琬担任尚书令。

明帝热衷于土木建筑工程，已经兴建了许昌宫，又修复洛阳宫，建起昭阳太极殿，筑成总章观，观高十余丈。于是不停地征调劳役，农桑之事几乎停顿。司空陈群上书说：“古代大禹承继唐尧、虞舜的昌盛基业，还是居住低矮的宫室，身穿粗劣的衣服，何况如今正在战乱之后，人口很少，比之汉文帝、汉景帝之时，不超过当时的一个大郡。加之边疆战事不断，将士劳累辛苦，如果出现水灾、旱灾，就会成为国家的深重忧虑。以前刘备从成都出发到白水，沿途大建居室馆所，耗费大量人力，太祖知道他是使民众疲惫。而今中原大用民力，也正是吴国、西蜀所希望的，这是关系国家安危的关键问题，愿陛下考虑！”明帝答道：“帝王之业和帝王宫殿，也应该并行建立，消灭敌人之后，只须罢兵防守，怎么可以再大兴劳役呢？这本来是你的职责，同萧何当初修治未央宫一样。”陈群说：“从前汉高祖只与项羽争夺天下，项羽已然被灭，而宫室都被烧毁，所以萧何修建了武器库、粮库，都是紧急需要，然而高祖还责怪修建得过于华丽。而今吴、蜀两国还没平定，实在不应与古代等同并论。人们要想满足私欲，没有找不到托辞的，何况帝王，更没有人敢于违抗。陛下以前想要拆毁武器库，说是不可不拆毁；以后打算重新设置，又说不可不设置。如果一定要兴建，固然不是臣下的话所能改变的；如果稍加留意历史教训，臣下回心转意，也不是高瞻远瞩地所能比得上的。汉明帝打算修建德阳殿，钟离意直言规劝，就采纳了他的意见，以后又重新兴建；宫殿建成后，对群臣说：‘如果钟离尚书还在，此殿就建不成了。’作为帝王怎么可以只怕一个人？应该一切为百姓考虑。现在我不能使陛下稍稍听取一些意见，比起钟离意差得太远了。”为

青釉博山炉

此，明帝稍有减省。

明帝沉迷于宠妃美女之中，宫中女官的官位和俸禄比照文武百官的数目，自贵人以下到担任宫廷洒扫的宫女有千人，挑选读书识字可以信赖的六人任为女尚书，让她们审查不经尚书省直接上奏的朝臣奏章，分别处理，可者准奏。廷尉高柔上书说："从前汉文帝爱惜十家的资财，不建造一个小小的楼台娱乐，霍去病忧虑匈奴的危害，没有闲暇营治宅第，何况现在所耗费的绝非只是百金的资财，所忧虑的绝非只是北狄的危害！我认为，只可粗略地完成已动工的工程，充当朝会和宴会之用，竣工之后遣返在工地上劳动的民夫，使他们能够回去务农，待西蜀和吴国平定之后，再可慢慢兴建。《周礼》规定，天子可有后妃以下一百二十人，嫔妃的仪制，已经够盛大了。我私下听说，后宫的人数可能已超过这个数目，圣下的子嗣未能昌盛，大概全是由于此吧。我认为可以挑选少量贤淑美女，备齐内官的数目，其余的全部遣送回家，陛下可以育精养神，专一静养。那么，《诗经·螽斯》所说多子多孙的征兆不久就可出现了。"明帝回答说："你经常正言进谏，其它事情，请再进言。"

少府杨阜上书说："陛下承继武皇帝开拓的帝王大业，保持文皇帝一贯遵循的方向，实在应该向古代圣贤的治世看齐，总观各朝末世放荡的弊政。以前假使汉桓帝、汉灵帝不废弛汉高祖的法令制度，不破坏汉文帝、汉景帝的谦恭节俭，我们太祖虽有神武之威，又往何处施展，而陛下又怎么能够处在至尊地位呢？而今吴、蜀两国还没平定，军队在外戍边，各项修缮整治工程，请陛下务必简约节省。"明帝下诏对他的意见表示称赞。

杨阜又上书说："尧帝推崇简陋的茅屋，万国安居，大禹居住低矮的宫室，天下乐业。到了商朝和周朝，殿堂堂基不过高三尺，宽只能容纳九张席子而已。夏桀用玉石建造居室，用象牙装饰走廊，商纣建造倾宫、鹿台，因而断送了王朝大业。楚灵王因修筑章华台而身遭大祸，秦始皇修建阿房宫，传位二世即归灭亡。如果不估量民力的极限，只为满足自己耳目的享受，没有哪一个不灭亡的。陛下应当以尧、舜、禹、商汤、文王、武王为榜样，以夏桀、殷纣、楚灵王、秦始皇的教训为鉴戒，不这样而是贪图自己闲暇安逸，只是关心宫殿台阁的修饰，一定有朝廷颠覆国家灭亡的灾祸。君王好比是头脑，大臣好比是四肢，生死与共，利害相同。我虽然愚蠢胆怯，岂敢忘记诤臣的大义，言辞不激切，便不足以感动陛下；陛下如不体察我的进言，恐怕皇祖、先帝创建的大业将坠落在地。即使我以身死而能于事有万分之一的补救，那么我死去了也如同活着。谨敲击棺木，沐浴更衣，听候诛杀。"奏章呈上后，明帝被他的忠言感动，亲笔写诏回答。

明帝曾经头戴便帽，身穿淡青色短袖绸衫。杨阜问明帝："这是符合礼制的哪一种服装？"明帝沉默不语。从此以后，不穿礼制规定的标准服装不见杨阜。

杨阜又上书打算减去宫女中那些不被皇帝宠幸的人，于是召来御府吏员询问后宫人数，吏员遵守原有的规定，答道："这是宫中的秘密，不能泄漏。"杨阜大怒，责打他一百棍，数落他说：“国家对九卿没有秘密，反而对小吏有什么秘密吗？”明帝更加惧惮杨阜。

明帝性情严厉急躁，对那些监督修建宫殿而没能如期完工的人，亲自召来责问，话还没出口，已被杀头。散骑常侍兼秘书监王肃上书说：“而今宫殿还没建成，参加劳作的人已有三四万。九龙殿可以使陛下安居，里面足够安置六宫人员；只有泰极殿前边的工程尚大。愿陛下指派领取国家粮饷目前又无紧急任务的士兵，挑选身体强壮者一万人，让他们一年轮换一次。都知道休息替代有日可待，就都会乐于在工地劳动，虽然辛苦而不再有怨言了。总计一年有三百六十万工，也不算少。本应当一年完成的，不妨三年完成，遣散其余的民工，使他们都回去务农，这是长远之计。取信于民，是国家的重要珍宝。以前陛下临幸洛阳，征发百姓修建营垒，有关部门命令营垒修成就放民工回家；结果营垒建成，又贪图百姓工力的便宜，不按时放还。有关部门只营求眼前利益，不顾治国大体。我愚昧地认为，从今以后，倘若再使用民工，应该明确宣布期限，使用民工一定遵守时限。如果又有劳役，宁可重新征发，也不要失信。凡陛下临时施刑的人，都是有罪的官吏、当死的人，可是众人不知道详情，说是仓促行事。所以，愿陛下交给主管官吏处理。同样是死，不要让罪犯的血污染宫廷，还被远近猜疑。况且人命至重，容易诛杀而难于复生，一旦气绝，不可能再接续，所以圣贤对此都很重视。以前汉文帝想要杀死冒犯御驾的人，廷尉张释之说：‘正当事情发生时，皇上派人诛杀他就算了，现在既然下交到廷尉，廷尉是天下的天平，不可偏颇。’我认为这是完全失去大义，不是忠臣所该说的话。廷尉也是天子的属官，都不可以失去公平，而天子反倒可以迷惑错谬吗？这是看重自己而轻视帝王，是严重不忠的人，不可不明察。”

四年（丙辰，公元236年）

十二月，癸巳（二十四日），颍阴靖侯陈群去世。陈群曾前后多次上书陈述治国得失，每次都是封好上奏即毁掉底稿，当时的人和他的儿子、兄弟都不知道其中内容。议论的人中有的讥讽陈群身居高位，只是拱手而默无所言。正始年间，诏命选录群臣上书编纂《名臣奏议》，在朝人士才见到陈群进谏事迹，都赞叹不止。

诏命三公九卿每人推举才德兼备者一人，司马懿推荐的兖州刺史太原人王昶应选。王昶为人恭谨忠厚，他给侄子起名王默、王沉，给儿子起名王浑、王深，写信告诫他们说：“我以这四字作为你们的名字，是要你们能顾名思义，不敢违犯。事物都是成熟得快死亡得也快，晚成必有好结果；早晨开花的小草，到晚上就凋零了，松柏的茂盛，寒冬也不会衰减，所以君子都以‘阙党小子’的急于求成为诫鉴。如果能把委曲看作是舒展，能把谦让看作是获得，能把柔弱看作是刚强，便很少不能成功了。毁谤和赞誉，是喜爱和厌恶的根源，也是灾祸和福分的契机。孔子说：‘我对别人，不毁谤，不赞誉。’凭圣人的德行尚且如此，何况平庸之辈，怎么可以轻易毁谤和赞誉呢？别人有时攻击自己，应当退而自己质问自己，如自己有可以攻击的行为，那么别人的攻击就是对的；如果自己没有应受攻击的行为，那么他的话就是虚妄之言。说得对就不要怨恨他，说得不对也无害于己，又何必报复他？谚语说：‘救寒莫如厚皮袄，止谤莫如自修身。’这句话确实如此啊！”

景初元年（丁巳，公元237年）

公孙渊多次对魏的宾客口出恶言，明帝打算讨伐他，命荆州刺史毌丘俭担任幽州刺史。毌丘俭上书说：“陛下即位以来，没有可以载入史书的丰功伟绩，吴、蜀两国依仗地势险阻，不能很快平定，暂且可以调用这里无处用武的士兵平定辽东。”光禄大夫卫臻说：“毌丘俭所述的都是战国时代的细微之术，不是帝王的大事。吴国年年频繁地举兵侵犯边境，而我们仍是按兵不动休养士卒，没有前去征讨，原因实在是百姓极度疲劳的缘故。公孙渊生长在海边，子孙三代相承，在外安抚戎狄，在内练兵备战，而毌丘俭打算以偏师长驱作战，早晨到达晚上就能席卷得胜，可见这些话完全是胡说。”明帝不听劝说，命毌丘俭统率各军及鲜卑、乌桓部落在辽东南界驻屯，以玺书征召公孙渊入朝。公孙渊立即发兵反叛，在辽隧迎战毌丘俭。当时正值大雨下了十多天，辽河大涨，毌丘俭出战不利，率军回到右北平。公孙渊乘机自立为燕王，改年号为绍汉，设置文武百官，派遣使节授予鲜卑单于印玺，对边民封官授爵，引诱鲜卑人侵扰魏北部边境。

高堂隆上书说：“如今世上邪恶之人，喜好议论秦、汉之时的奢靡生活以动摇陛下的圣心，引诱陛下求取已亡国家不合法度的器物，致使百姓劳苦，钱财浪费，伤害德政，这不是提倡礼乐的和谐，保持神明的喜庆。”明帝不采纳。

尚书卫觊上书说：“如今议论的人多爱说好听的话，他们谈论政治，则把陛下比作尧、舜；谈论征伐，就把吴、蜀两敌比作狸猫和田鼠，我认为并不如此。四海之内，分而为三，群僚尽力，各自效忠自己的君主，这与当初六国分治的形势没什么差别。如今千里无炊烟，百姓贫困不堪，陛下如不多加留意，必将很快衰败，再难以振兴起来。武皇帝时候，后宫每餐不超过一盘肉，衣服不穿锦缎绣饰，坐垫不镶花边，所用器物也没有红漆，所以才能平定天下，给子孙留下福分，这都是陛下亲眼所见的。当务之急应是君臣上下，核算国家财政库存，量入为出，恐怕还来不及；如果还是征调工匠役夫不停，侈奢糜费一天胜似一天，国家府库将日渐枯竭。从前汉武帝相信神仙之道，说应当取得云表的露水来和玉屑一起服用，所以竖立了仙掌来承接从高而下的露水，陛下通达圣明，每每嗤笑其非。汉武帝有求于露水还被非议，陛下无求于露水而虚设承露盘，毫无益处并浪费了很多人力，这些实在都是陛下圣虑所应克制减省的啊！”

明帝对华而不实的士人深恶痛绝，下诏给吏部尚书卢毓说：“选拔举荐人才时，不要唯名是取，名声如同地上的画饼，只能看不能吃。”卢毓说：“凭名声选拔，不足以得到奇异的人才，但可以得到一般的人才；一般的人敬畏教化、仰慕善行，然后才会出名，不应当痛恶这样的人。我既不能够识别奇异的人才，而主事官吏的责任又是根据名次按常规任命官职，只有从以后的实际中检验了。古代以上奏陈事考察言谈，用实际工作考察能力。如今考绩的办法已经废弛，只是凭借赞誉或毁谤的舆论决定晋升和罢免，所以真假混杂，虚实难辨。”明帝接受了他的建议，颁布诏书让散骑常侍刘邵制定考课法。刘邵制定《都官考课法》七十二条，又作《说略》一篇，下诏让百官讨论。

司隶校尉崔林说：“《周官》考课之法，条例已十分完备了。从周康王以后，就逐渐废弛，这就说明考课之法能否保持完全看人的掌握。到汉代末年，失误岂止在于佐吏的职责不详密！如今军队或聚或散，减增无常，本来就很难统一标准。况且万目不张，就要拉住它的纲绳；裘毛不整，就要抖动它的衣领。皋陶在虞舜的手下做事，伊尹在商王朝供职，邪恶的人自会远离。如果大臣们能尽到他的职责，成为百官效法的榜样，那么谁敢不恭恭敬敬地尽职尽责，难道在于考核吗？”

卢毓议论人才及选举之事，都是优先考虑德性品行而后再谈才干。黄门郎冯翊人李丰曾经就这个问题问卢毓，卢毓说：“才干是要用来行善的，所以大才干能够成就大的善行，小才干能够成就小的善行。如今只说是有才而不能行善，这样的才干是不适合做官的！”李丰佩服他的见解。

第七十四卷　魏纪六

译文诵读

烈祖明皇帝下景初二年（戊午，238）

春，正月，帝召司马懿于长安，使将兵四万讨辽东。议臣或以为四万兵多，役费难供。帝曰："四千里征伐，虽云用奇，亦当任力，不当稍计役费也。"帝谓懿曰："公孙渊将何计以待君？"对曰："渊弃城豫走，上计也；据辽东拒大军，其次也；坐守襄平，此成禽耳。"帝曰："然则三者何出？"对曰："唯明智能审量彼我，乃豫有所割弃。此既非渊所及，又谓今往孤远，不能支久，必先拒辽水，后守襄平也。"帝曰："还往几日？"对曰："往百日，攻百日，还百日，以六十日为休息，如此，一年足矣。"

六月，司马懿军至辽东，公孙渊使大将军卑衍、杨祚将步骑数万屯辽隧，围堑二十余里。诸将欲击之，懿曰："贼所以坚壁，欲老吾兵也，今攻之，正堕其计。且贼大众在此，其巢窟空虚；直指襄平，破之必矣。"乃多张旗帜，欲出其南，衍等尽锐趣之。懿潜济水，出其北，直趣襄平；衍等恐，引兵夜走。诸军进至首山，渊复使衍等逆战，懿击，大破之，遂进围襄平。

雨霁，懿乃合围，作土山地道，楯橹钩冲，昼夜攻之，矢石如雨。渊窘急，粮尽，人相食，死者甚多，其将杨祚等降。八月，渊使相国王建、御史大夫柳甫请解围却兵，当君臣面缚。懿命斩之，檄告渊曰："楚、郑列国，而郑伯犹肉袒牵羊迎之。孤天子上公，而建等欲孤解围退舍，岂得礼邪！二人老耄，传言失指，已相为斩之。若意有未已，可更遣年少有明决者来！"渊复遣侍中卫演乞克日送任，懿谓演曰："军事大要有五：能战当战，不能战当守，不能守当走；余二事，但有降与死耳。汝不肯面缚，此为决就死也，不须送任！"壬午，襄平溃，渊与子脩将数百骑突围东南走，大兵急击之，斩渊父子于梁水之上。懿既入城，诛其公卿以下及兵民七千余人，筑为京观。辽东、带方、乐浪、玄菟四郡皆平。

吴主使中书郎吕壹典校诸官府及州郡文书，壹因此渐作威福，深文巧诋，排陷无辜，毁短大臣，纤介必闻。太子登数谏，吴主不听，群臣莫敢复言，皆畏之侧目。

壹诬白故江夏太守刁嘉谤讪国政，吴主怒，收嘉，系狱验问。时同坐人皆怖畏壹，并言闻之。侍中北海是仪独云无闻，遂见穷诘累日，诏旨转厉，群臣为之屏息。仪曰："今刀锯已在臣颈。臣何敢为嘉隐讳，自取夷灭，为不忠之鬼！顾以闻知当有本末。"据实答问，辞不倾移，吴主遂舍之；嘉亦得免。

上大将军陆逊、太常潘濬忧壹乱国，每言之，辄流涕。壹白丞相顾雍过失，吴主怒，诘责雍。黄门侍郎谢厷语次问壹："顾公事何如？"壹曰："不能佳。"厷又问："若此公免退，谁当代之？"壹未答。厷曰："得无潘太常得之乎？"壹良久曰："君语近之也。"厷曰："潘太常常切齿于君，但道无因耳。今日代顾公，恐明日便击君矣！"壹大惧，遂解散雍事。潘濬求朝，诣建业，欲尽辞极谏，至，闻太子登已数言之而不见从；濬乃大请百寮，欲因会手刃杀壹，以身当之，为国除患。壹密闻知，称疾不行。

西陵督步骘上疏曰："顾雍、陆逊、潘濬，志在竭诚，寝食不宁，念欲安国利民，建久长之计，可谓心膂股肱社稷之臣矣。宜各委任，不使他官监其所司，课其殿最。此三臣思虑不到则已，岂敢欺负所天乎！"

左将军朱据部曲应受三万缗，工王遂诈而受之。壹疑据实取，考问主者，死于杖下；据哀其无辜，厚棺敛之，壹又表据吏为据隐，故厚其殡。吴主数责问据，据无以自明，藉草待罪；数日，典军吏刘助觉，言王遂所取。吴主大感悟，曰："朱据见枉，况吏民乎！"乃穷治壹罪，赏助百万。

丞相雍至廷尉断狱，壹以囚见。雍和颜色问其辞状，临出，又谓壹曰："君意得无欲有所道乎？"壹叩头无言。时尚书郎怀叙、面詈辱壹，雍责叙曰："官有正法，何至于此！"有司奏壹在辟，或以为宜加焚裂，用彰元恶。吴主以访中书令会稽阚泽，泽曰："盛明之世，不宜复有此刑。"吴主从之。

壹既伏诛，吴主使中书郎袁礼告谢诸大将，因问时事所当损益。礼还，复有诏责诸葛瑾、步骘、朱然、吕岱等曰："袁礼还云：'与子瑜、子山、义封、定公相见，并咨以时事当有所先后，各自以不掌民事，不肯便有所陈，悉推之伯言、承明。伯言、承明见礼，泣涕恳恻，辞旨辛苦，至乃怀执危怖，有不自安之心。'闻之怅然，深自刻怪！何者？夫惟圣人能无过行，明者能自见耳。人之举厝，何能悉中！独当己有以伤拒众意，忽不自觉，故诸君有嫌难耳。不尔，何缘乃至于此乎？与诸君从事，自少至长，发有二色，以谓表里足以明露，公私分计足用相保，义虽君臣，恩犹骨肉，荣福喜戚，相与共之。忠不匿情，智无遗计，事统是非，诸君岂得从容而已哉！同船济水，将谁与易！齐桓有善，管子未尝不叹，有过未尝不谏，谏而不得，终谏不止。今孤自省无桓公之德，而诸君谏诤未出于口，仍执嫌难；以此言之，孤于齐桓良优，未知诸君于管子何如耳！"

三年（己未，239）

春，正月，懿至，入见，帝执其手曰："吾以后事属君，君与曹爽辅少子。死乃可忍，吾忍死待君，得相见，无所复恨矣！”乃召齐、秦二王以示懿，别指齐王芳谓懿曰：“此是也，君谛视之，勿误也！”又教齐王令前抱懿颈。懿顿首流涕。是日，立齐王为皇太子。帝寻殂。

帝沈毅明敏，任心而行，料简功能，屏绝浮伪。行师动众，论决大事，谋臣将相，咸服帝之大略。性特强识，虽左右小臣，宫簿性行，名迹所履，及其父兄子弟，一经耳目，终不遗忘。

太子即位，年八岁；大赦。尊皇后曰皇太后，加曹爽、司马懿侍中，假节钺，都督中外诸军、录尚书事。诸所兴作宫室之役，皆以遗诏罢之

爽、懿各领兵三千人更宿殿内，爽以懿年位素高，常父事之，每事谘访，不敢专行。

初，并州刺史东平毕轨及邓飏、李胜、何晏、丁谧皆有才名，而急于富贵，趋时附势，明帝恶其浮华，皆抑而不用。曹爽素与亲善，及辅政，骤加引擢，以为腹心。晏，进之孙；谧，斐之子也。晏等咸共推戴爽，以为重权不可委之于人。丁谧为爽画策，使爽白天子发诏，转司马懿为太傅，外以名号尊之，内欲令尚书奏事，先来由己，得制其轻重也。爽从之。二月，丁丑，以司马懿为太傅、以爽弟羲为中领军、训为武卫将军、彦为散骑常侍、侍讲，其余诸弟皆以列侯侍从，出入禁闼，贵宠莫盛焉。

爽事太傅，礼貌虽存，而诸所兴造，希复由之。爽徙吏部尚书卢毓为仆射，而以何晏代之，以邓飏、丁谧为尚书，毕轨为司隶校尉。晏等依势用事，附会者升进，违忤者罢退，内外望风。莫敢忤旨。黄门侍郎傅嘏谓爽弟羲曰：“何平叔外静而内躁，铦巧好利，不念务本，吾恐必先惑子兄弟，仁人将远而朝政废矣！”晏等遂与嘏不平，因微事免嘏官。又出卢毓为廷尉，毕轨又枉奏毓免官，众论多讼之，乃复以为光禄勋。孙礼亮直不挠，爽心不便，出为扬州刺史。

二年（辛酉，241）

朝廷欲广田畜谷于扬、豫之间，使尚书郎汝南邓艾行陈、项以东至寿春。艾以为：“昔太祖破黄巾，因为屯田，积谷许都以制四方。今三隅已定，事在淮南，每大军出征，运兵过半，功费巨亿。陈、蔡之间，土下田良，可省许昌左右诸稻田，并水东下，令淮北二万人，淮南三万人，什二分休，常有四万人且田且守；益开河渠以增溉灌，通漕运。计除众费，岁完五百万斛以为军资，六、七年间，可积三千万斛于淮上，此则十万之众五年食也。以此乘吴，无不克矣。”太傅懿善之。是岁，始开广漕渠，每东南有事，大兴军众，泛舟而下，达于江、淮，资食有余而无水害。

四年（癸亥，243）

吴诸葛恪远遣谍人观相径要，欲图寿春。太傅懿将兵入舒，欲以攻恪，吴主徙恪屯于柴桑。

征东将军、都督扬、豫诸军事王昶上言："地有常险，守无常势。今屯宛去襄阳三百余里，有急不足相赴。"遂徙屯新野。

五年（甲子，244）

春，正月，吴主以上大将军陆逊为丞相，其州牧、都护、领武昌事如故。

征西将军、都督雍、凉诸军事夏侯玄，大将军爽之姑子也。玄辟李胜为长史，胜及尚书邓飏欲令爽立威名于天下，劝使伐蜀；太傅懿止之，不能得。三月，爽西至长安，发卒十余万人，与玄自骆口入汉中。

汉中守兵不满三万，诸将皆恐，欲守城不出以待涪兵。王平曰："汉中去涪垂千里，贼若得关，便为深祸，今宜先遣刘护军据兴势，平为后拒；若贼分向黄金，平帅千人下自临之，比尔间涪军亦至，此计之上也。"诸将皆疑，惟护军刘敏与平意同，遂帅所领据兴势，多张旗帜，弥亘百余里。

闰月，汉主遣大将军费祎督诸军救汉中，将行，光禄大夫来敏诣祎别，求共围棋；于时羽檄交至，人马擐甲，严驾已讫，祎与敏对戏，色无厌倦。敏曰："向聊观试君耳；君信可人，必能辨贼者也。".

大将军爽兵距兴势不得进，关中及氐、羌转输不能供，牛马骡驴多死，民夷号泣道路，涪军及费祎兵继至。参军杨伟为爽陈形势，宜急还，不然，将败。邓飏、李胜与伟争于爽前。伟曰："飏、胜将败国家事，可斩也！"爽不悦。

太傅懿与夏侯玄书曰："《春秋》责大德重。昔武皇帝再入汉中，几至大败，君所知也。今兴势至险，蜀已先据，若进不获战，退见邀绝，覆军必矣，将何以任其责！"玄惧，言于爽；五月，引军还。费祎进据三岭以截爽，爽争险苦战，仅乃得过，失亡甚众，关中为之虚耗。

六年（乙丑，245）

吴太子和与鲁王同宫，礼秩如一，群臣多以为言，吴主乃命分宫别僚；二子由是有隙。

卫将军全琮遣其子寄事鲁王，以书告丞相陆逊，逊报曰："子弟苟有才，不忧不用，不宜私出以要荣利；若其不佳，终为取祸。且闻二宫势敌，必有彼此，此古人之厚忌也。"寄果阿附鲁王，轻为交构。逊书与琮曰："卿不师日磾而宿留阿寄，终为足下家门致祸矣。"琮既不答逊言，更以致隙。

鲁王曲意交结当时名士。偏将军朱绩以胆力称，王自至其廨，就之坐，欲与结好；绩下地住立，辞而不当。绩，然之子也。

于是自侍御、宾客，造为二端，仇党疑贰，滋延大臣，举国中分。

太常顾谭，逊之甥也，亦上疏曰："臣闻有国有家者，必明嫡庶之端，异尊卑之礼，使高下有差，等级逾邈；如此，则骨肉之恩全，觊觎之望绝。昔贾谊陈治安之计，论诸侯之势，以为势重虽亲，必有逆节之累，势轻虽疏，必有保全之祚。故淮南亲弟，不终飨国，失之于势重也；吴芮疏臣，传祚长沙，得之于势轻也。昔汉文帝使慎夫人与皇后同席，袁盎退夫人之位，帝有怒色；及盎辨上下之义，陈人彘之戒，帝既悦怿，夫人亦悟。今臣所陈，非有所偏，诚欲以安太子而便鲁王也。”由是鲁王与谭有隙。

芍陂之役，谭弟承及张休皆有功；全琮子端、绪与之争功，谮承、休于吴主，吴主徙谭、承、休于交州，又追赐休死。

太子太傅吾粲请使鲁王出镇夏口，出杨竺等不得令在京师，又数以消息语陆逊；鲁王与杨竺共谮之，吴主怒，收粲下狱，诛。数遣中使责问陆逊，逊愤恚而卒。其子抗为建武校尉，代领逊众，送葬东还，吴主以杨竺所白逊二十事问抗，抗事事条答，吴主意乃稍解。

冬，十一月，汉大司马琬卒。

十二月，汉费祎至汉中，行围守。

汉尚书令董允卒；以尚书吕乂为尚书令。

董允秉心公亮，献可替否，备尽忠益，汉主甚严惮之。宦人黄皓，便僻佞慧，汉主爱之。允上则正色规主，下则数责于皓；皓畏允，不敢为非，终允之世，皓位不过黄门丞。

费祎以选曹郎汝南陈祗代允为侍中，祗矜厉有威容，多技艺，挟智数，故祎以为贤，越次而用之。祗与皓相表里，皓始预政，累迁至中常侍，操弄威柄，终以覆国。自陈祗有宠，而汉主追怨董允日深，谓为自轻，由祗阿意迎合而皓浸润构间故也。

魏明帝景初二年（戊午，公元238年）

春季，正月，明帝从长安召回司马懿，命他率军四万人讨伐辽东。参与谋议的大臣有的认为四万兵员太多，军费难以提供。明帝说：“四千里远征讨伐，虽说要出奇制胜，但也应当依靠实力，不应斤斤计较军费。”明帝对司马懿说：“公孙渊放弃守城先行逃走，是上策；据守辽东抗拒大军，是中策；如死守襄平，必被生擒。”明帝说：“那么，三者中他将采用哪一种？”回答说：“只有明

司马懿大战公孙渊

智的人，才能审慎度量敌我双方的力量，才会预先有所舍弃。这既不是公孙渊的才智所能达到的，他又会认为我军是孤军远征，不能支持长久，一定是先在辽水抗拒，然后退守襄平。”明帝说：“往返需多少天？”回答说：“进军一百天，攻战一百天，返回一百天，以六十天作为休息日，这样的话，一年足够了。”

六月，司马懿大军到达辽东，公孙渊命大将军卑衍、杨祚统率步、骑兵数万人驻扎在辽隧，围城挖掘了长达二十余里的壕沟。魏军将领们想要攻城，司马懿说：“敌人所以坚守壁垒不肯决战，是打算拖死我军，现在攻打他们，正中其计。而且敌人主力在此，他们的老巢必定空虚，我军直指襄平，必能攻破。”于是，打出许多战旗，佯作要向南方出动，卑衍等率全部精锐部队随之向南。司马懿率军暗中渡过辽河，向北挺进，直扑襄平。卑衍等大为惊恐，率军连夜撤回。魏各路大军进抵首山，公孙渊再命卑衍等迎战。司马懿迎击，大败卑衍，遂进军包围襄平。

雨止，司马懿随即合拢包围圈，高堆土山，深挖地道，用楯干、橹车、钩梯、冲车，日夜攻城，射箭与石密集如雨。公孙渊窘迫危急，粮食已尽，以致人与人互相格杀残食，死亡极多，部将杨祚等投降。八月，公孙渊派遣相国王建、御史大夫柳甫请求解围退兵，如果同意，君臣定当自缚面降。司马懿命斩来使，用檄文通知公孙渊说：“楚国和郑国地位相等，可是郑伯还光着脊背牵羊出城迎降。我是天子的上公，而王建等想要我解围后退，难道不失礼吗？这两个老糊涂，传话失去意指，已被我杀掉。如还有请降之意，就另派年轻有明快决断的人前来。”公孙渊又派侍中卫演，请求指定日期，派送人质。司马懿对卫演说：“军事大要有五条，能战则战，不能战就当坚守，不能坚守就当逃走。剩下的两条路，就只有投降和死了。公孙渊不肯自缚面降，这是决心去死，不必送来人质！”壬午，襄平城败溃，公孙渊和儿子公孙修带领数百骑兵从东南突围逃走，魏军急忙追击，在梁水岸边斩杀了公孙渊父子。司马懿既已进入襄平城，诛杀城中公卿以下官吏及兵民七千余人，积尸封土，筑成大坟，辽东、带方、乐浪、玄菟四郡全部平定。

吴王让中书郎吕壹主管各官府及州郡公文，吕壹因此渐渐作威作福起来，援引法律条文进行狡诈地诋毁，排斥陷害无辜，诽谤朝廷大臣，连细微小事也禀闻吴王。太子孙登屡次规劝，吴王都不接受，群臣不敢再表示意见，对吕壹都深怀恐惧，侧目而视。

吕壹诬告前江夏太守刁嘉诽谤讥讽朝政，吴王大怒，逮捕了刁嘉，下狱审问。当时被牵连的人都畏惧吕壹，都说听到过刁嘉诽谤之词，只有侍中北海人是仪一人说没有听到过，于是被连日穷追诘问，诏书也越发严厉，群臣都为他捏着一把汗，是仪说：“如今刀锯已经架在脖颈上，我怎敢为刁嘉隐瞒，自取杀身灭门之祸，成为不忠的鬼魂？只是要说听到、了解此事，必须有头有尾。”是仪据实回答审问，供辞不改，吴王于是放了他，刁嘉也被免罪。

上大将军陆逊、太常潘濬忧虑吕壹祸乱国政，一谈到这件事，就止不住流泪。吕壹指控丞相顾雍有过失，吴王大怒，责问顾雍。黄门侍郎谢厷在闲谈时问吕壹：

“顾公之事如何？”吕壹答：“不能乐观。”谢厷又问：“如果此公被免，应当是谁代替他？”吕壹没回答。谢厷说：“莫非是潘浚？”吕壹答：“你的话差不多。”谢厷又说：“潘浚常常对你恨得咬牙切齿，只是没有机会讲罢了。今日他如接替顾公，恐怕明日就会打击你了。”吕壹万分恐惧，亲自去建业，打算尽辞极谏。到达后，听说太子孙登已经多次揭发吕壹，而不被接受。潘浚于是宴请文武百官，打算在席间亲手杀死吕壹，再以性命抵罪，为国除害。吕壹得到密报，声称有病不去赴宴。

西陵督步骘上书说：“顾雍、陆逊、潘浚志在竭诚报国，睡觉吃饭都不安宁，思虑着怎样安国利民，建立国家的长治久安之计，可以说是君王的心腹和肢体，国家的重臣了。应当对他们分别委以重任，不要让其他官员监督他们主管的工作，考核他们的政绩等次。这三位大臣思虑不到的事情就算了，岂敢欺骗辜负君王呢？”

左将军朱据的部曲应领受三万钱，工匠王遂将钱诈骗冒领。吕壹怀疑朱据实际将钱私取，拷问朱据部下主事的军吏，将他打死在棍棒之下。朱据哀伤他无辜屈死，丰厚地为他入殓安葬。吕壹又上表说朱据军吏为朱据隐瞒，所以朱据为他厚葬。吴王屡次责问朱据，朱据无法表明自己清白，只好搬出家门，坐卧在草席上听候定罪。几天后，典军吏刘助发觉此事，说钱被王遂取走。吴王深有感触，省悟地说：“朱据尚被冤枉，何况小小吏民呢！”于是深究吕壹罪责，赏赐刘助百万钱。

丞相顾雍到廷尉审理和判决案件，吕壹以阶下囚身分相见，顾雍面色温和地审问他的口供，临走出时，又对吕壹说：“您是否还有什么要讲的？”吕壹叩头无语。当时尚书郎怀叙当面责骂羞辱吕壹，顾雍责备怀叙说：“官府有正常的法律，为什么要这样！”有关部门奏请处以吕壹死刑，有的认为应加以焚烧、车裂之刑，以表明他是罪魁祸首，吴王就此事请问中书令会稽人阚泽，阚泽说：“盛明之世，不宜再有此刑。”吴王听从了他的意见。

吕壹既已处死，吴王让中书郎袁礼向诸位大将道歉，同时询问他们对时事兴革的意见。袁礼返回后，又有诏书责备诸葛瑾、步骘、朱然、吕岱等说：“袁礼回来后说：‘与诸葛瑾、步骘、朱然、吕岱相见，同时向他们询问时事先后安排的意见，各人都以不掌民事为由，不肯当即发表意见，全推给陆逊、潘浚。陆逊、潘浚见到袁礼，流泪不止，态度诚恳痛切，辞意辛酸痛苦，甚至心怀危惧，有一种感觉不安全的神情。’我听了不禁怅然，内心深感困惑。为什么？天下只有圣人才能无过，只有聪明人才能自察。普通人的举止行动，怎么可能全部正确？自以为是而有伤害抵触众意的地方，一时忽视而没有觉察，所以使各位心存疑忌畏难了。不然的话，有什么缘由至于这样？和各位共事，从年少至年长，如今头发已经花白，自以为表里都可以和诸位坦诚相见，公私情分足以互保；大义上我们是君臣关系，但恩情上犹如骨肉至亲，荣耀、福分、喜乐、悲戚，都共同分享和承受。忠臣不应该隐瞒实情，智士不应该保留谋略，不论事情是非如何，各位怎么可以袖手旁观，自得悠闲呢？我们是同舟共济，还有谁能替代？古代齐桓公有善行，管仲没有不赞叹；

有过失，没有不直言规劝；如不被采纳，则永不休止地规劝。如今我自知没有齐桓公的德行，可是各位不肯开口直言规劝，仍然采取避嫌畏难的态度，就这一点而言，我比齐桓公还好一点，不知各位比起管仲来又是如何？”

三年（己未，公元239年）

春季，正月，司马懿回到京师，入见明帝。明帝拉着他的手说：“我把后事嘱托给您，您要与曹爽一起辅佐幼子。死岂是可以忍住的，我强忍着不死是为等待您。能够与您相见，再无遗恨了。”于是召来齐王曹芳、秦王曹询拜见司马懿，又指着齐王曹芳对司马懿说：“就是他了，您仔细看看，不要看错！”又教齐王曹芳上前抱住司马懿的脖颈，司马懿叩头流泪。这一天，立齐王曹芳为皇太子，明帝旋即去世。

明帝深沉刚毅，聪明敏捷，但纵情任性。能够择别官吏的事功和能力，排除虚浮不实。每次发兵出征，讨论决定大事，谋臣将相，全都佩服明帝的远大谋略。记忆力极强，虽然只是左右卑微小官，但档案中所记有关的禀性行为、主要事迹和经历，及家中父兄子弟的情况，一经过目，终身不忘。

太子曹芳即位，时年八岁。大赦天下，尊称皇后为皇太后，给曹爽、司马懿加封侍中官职，授符节、黄钺，为都督中外诸军事、录尚书事。各处修建宫殿的劳役，都以遗诏的名义罢除。

曹爽、司马懿各自领兵三千人轮流在宫内宿卫，曹爽因司马懿年纪已大，地位一向很高，经常把他当作父辈侍奉，每有事情必去拜访咨询，不敢独断专行。

最初，并州刺史东平人毕轨及邓飏、李胜、何晏、丁谧都有才名，但急于富贵，趋炎附势，明帝厌恶他们虚浮不实，都加抑制而不录用。曹爽一向与他们亲近友好，到掌权辅政，马上引荐提升，成为心腹。何晏是何进的孙子，丁谧是丁斐之子。何晏等都共同推戴曹爽，认为大权不能托付给别人。丁谧替曹爽出谋划策，让曹爽禀告皇帝发布诏书，改任司马懿为太傅，外表上用虚名使他尊贵，实际上打算让尚书主事，上奏先由曹爽过目，以便控制轻重缓急，曹爽听从其计。二月，丁丑（二十一日），任命司马懿担任太傅，曹爽弟曹羲担任中领军，曹训担任武卫将军，曹彦担任散骑常侍、侍讲，其余兄弟都以列侯身份侍从，出入宫廷禁地，尊贵宠信没有超过他们的了。

曹爽侍奉太傅，外表仍恭敬有礼，但各项决定很少再经他认可。曹爽让吏部尚书卢毓为仆射，而让何晏取而代之。任命邓飏、丁谧担任尚书，毕轨担任司隶校尉，何晏等依仗曹爽势力用事，迎合的人升官进职，违抗的人罢黜斥退，朝廷内外都看风向行事，不敢违抗他们的意旨。黄门侍郎傅嘏对曹爽的兄弟曹羲说：“何晏外表文静而内心浮躁，巧取好利，不求务本，我恐怕他一定先诱惑你们兄弟，仁人志士将远远离去，而朝政将要荒废了。”何晏等于是对傅嘏心怀不满，因细微小事免去他的官职。又让卢毓从尚书省出来任为廷尉，但毕轨又上奏诬谄，卢毓被免官，舆论多为卢毓辩冤，才又任命他为光禄勋。孙礼耿直不屈，曹爽感到不利，就让孙礼出京担任扬州刺史。

二年（辛酉，公元241年）

魏打算在扬州、豫州之间开荒垦田，积蓄粮谷，令尚书郎汝南人邓艾到陈县、项县以东至寿春一带巡视，邓艾认为："从前太祖大破黄巾施行屯田，在许都囤积粮谷用来制胜四方。如今三边都已平定，军事行动集中在淮河以南，每次大军出征，转运军粮的兵士占了一半，耗费多亿。陈县、蔡县一带土地平坦肥沃，可以减少许昌附近稻田，把水并入河道向东灌溉，命令淮河以北二万人，淮河以南三万人，十分之二轮流休息，常驻的四万人边屯田边防守。宜多挖河渠增加灌溉，开通漕运。除去全部开支，总计每年可获五百万斛作为军费。六七年内，可在淮河土地上积蓄二千万斛，这就是十万大军五年的粮食。以此雄厚基础攻吴，无往而不胜。"太傅司马懿认为妥善。这一年，开始扩开漕渠。以后每次东南方出现战事，遂大举出兵，乘舟而下，直抵长江、淮河，军费、粮食都绰绰有余，并且消除了水患。

四年（癸亥，公元243年）

吴诸葛恪派遣暗探，观察山川地要，准备攻打寿春。太傅司马懿率军进入舒县，打算由此进攻诸葛恪。吴王调移诸葛恪在柴桑驻屯。

征东将军及都督扬、豫诸军事王昶上书说："地势的险阻固定不变，防守的形势却变化无常。如今驻屯的宛县，距离襄阳三百余里，遇有紧急情况，来不及赴援。"于是移驻在新野县。

五年（甲子，公元244年）

春季，正月，吴王任命上大将军陆逊担任丞相，原担任的州牧、都护、领武昌事等官职继续兼任。

征西将军及都督雍、凉诸军事夏侯玄，是大将军曹爽姑母之子。夏侯玄征召李胜担任长史，李胜与尚书邓飏打算让曹爽在天下树立威名，劝他伐蜀。太傅司马懿劝止他们，没能止住。三月，曹爽西行至长安，发兵十余万人，与夏侯玄一起从骆口进入汉中。

汉中守军不足三万人，将领们都很恐慌，打算坚守城池不出兵迎战，等待涪县的救援。王平说："汉中距离涪县将近一千里，敌人如果攻占了关城，便成为深灾大祸，应该先派遣刘护军占据兴势，我在后面拒敌。如果敌人分兵向黄金攻击，我率领一千人亲自迎战，周旋之间，涪县援军便会到达，这是上策。"将领们都持怀疑，只有护军刘敏与王平意见相同，便率所领部队占据兴势，并漫山遍野插上战旗，连绵一百余里。

闰三月，汉后主派遣大将军费祎统领各军救赴汉中，将出发时，光禄大夫来敏来到费祎住所送别，请求一起下一局围棋。此时，战地文书交错送到，士兵战马都已披挂铠甲，出动命令已经下达，可是费祎与来敏对弈，仍面无厌倦。来敏说："我是故意考验您的，您确实令人满意，一定可以退敌。"

大将军曹爽率领部队到达兴势后受到抵抗，不能前进。关中以及氐、羌部落转运的军粮供给不上，牛马骡驴大量死亡，当地百姓在路边哀号哭泣，涪县大军及费祎部队相继到达。参军杨伟向曹爽分析形势，认为应当紧急撤还，不然将大败。邓飏、李胜与杨伟在曹爽面前争执起来，杨伟说："邓飏、李胜将败坏国家大事，应该斩首！"曹爽大为不快。

太傅司马懿给夏侯玄去信说："《春秋》大义，对大臣重臣要求严而施恩重。从前武皇帝第二次进入汉中，几乎大败，你是知道的。如今兴势地形十分险要，蜀军已率先占据，如果进攻，敌人不应战，退却又被阻截，全军必然覆灭，你将承担什么责任？"夏侯玄恐惧，对曹爽说了上面的话。五月，率领大军退还，费祎进军占据三岭阻截曹爽，曹爽争险夺关进行苦战，仅得以逃出，失散伤亡甚重，关中地区为这次行动白白耗费了大量人力、物力。

六年（乙丑，公元245年）

吴国太子孙和与鲁王孙霸同住一宫，礼仪和俸禄完全一样，群臣对此颇有议论。吴王于是命令两人分宫居住，僚属也加区别。由此，兄弟之间产生了感情上的裂痕。

卫将军全琮让儿子全寄侍奉鲁王，写信告诉丞相陆逊，陆逊回答说："你的儿子如果真有才干，不必担忧不被任用，不宜出任私门幕职，邀取荣华。如果才力不佳，最终也会招来灾祸；况且听说两宫势均力敌，必定各要党羽，这是古人最避忌的。"全寄果然攀附鲁王，轻率地与之结交。陆逊写信给全琮说："你不学汉朝金日磾严格对待儿子，反而庇护阿寄，最终会为你的家门招来灾祸。"全琮不仅不回答陆逊，反而与陆逊发生了裂痕。

鲁王一心要结交当时知名人士。偏将军朱绩以有胆力著称，鲁王亲自到他的官署，挨近他坐下，想要与他结好。朱绩走下座位站在一旁，推辞不敢承当。朱绩是朱然的儿子。

从那时起，从侍从到宾客，形成对立的两派，仇视敌党，猜忌贰心，逐渐蔓延到朝廷大臣，全国分为两派。

太常顾谭是陆逊的外甥，也上书说："我听说无论是国还是家，一定要明确嫡庶的区别，使尊卑之礼各不相同，高下有别，等级不可超越。只有这样，骨肉的恩情才能保全，夺嫡的邪念才可断绝。从前贾谊陈述治安之策，议论诸侯的形势，认为势力太重虽是亲族也必有叛逆的危险，势力轻微虽然疏远，也必有保全的福分。所以淮南王虽是文帝的亲弟弟，但没能终身享受他的封邑俸养，是失之于势力太重；吴芮是疏远的臣僚，世代在长沙做官享福，是得益于势力轻微。从前汉文帝让慎夫人与皇后并坐，袁盎让慎夫人座位后退，文帝面有怒色；等到袁盎谈论起上下尊卑大义，陈说戚夫人被砍成人彘的警戒，文帝已然面有喜色，慎夫人也醒悟。今天我所陈述的，并不偏袒任何一方，实在是打算稳定太子并便利鲁王。”由此，鲁王与顾谭有了隔阂。

芍陂之战，顾谭的弟弟顾承和张休都立有功劳。全琮的儿子全端、全绪与他们争功，向吴王诬谄顾承、张休，吴王贬顾承、张休到交州，又追赐张休自尽。

太子太傅吾粲请求派鲁王出镇夏口，逐出杨竺等人，不要让他们留在京师，又多次向陆逊通报消息。鲁王与杨竺一起诬陷吾粲，吴王大怒，拘捕吾粲下狱处死，屡次派遣中使责问陆逊，陆逊愤懑而死。陆逊的儿子陆抗担任建武校尉，代管陆逊的部队，送葬东行回吴郡。吴王又拿杨竺指控陆逊的二十件事一一质问陆抗，陆抗一件一件地做出回答，吴王怒意才稍稍化解。

冬季，十一月，蜀大司马蒋琬去世。

十二月，蜀费祎抵达汉中，巡视戍边军队。

蜀尚书令董允去世，任命尚书吕乂担任尚书令。

董允心地正直无私，诤言进谏，竭尽忠心。汉王对他非常敬畏。宦官黄皓，善于花言巧语，逢迎献媚，汉王对他十分宠爱。董允对上则严肃地规劝汉王，对下则多次指责黄皓。黄皓畏惧董允，不敢胡作非为，直到董允去世时，黄皓的官位不过黄门丞。

费祎任命选曹郎汝南人陈祗接替董允担任侍中，陈祗端庄威严，多才多艺，很有心计，所以费祎认为他是贤能，越级提拔任用。陈祗与黄皓内外勾结，黄皓才开始参予政事，多次升迁至中常侍，操弄权柄，终于断送了蜀国。自从陈祗受到宠信，汉后主追怨董允日渐加深，认为董允轻视他，这是由于陈祗阿谀迎合及黄皓不断离间的缘故。

第七十五卷　魏纪七

译文诵读

邵陵厉公中正始七年（丙寅，246）

秋，九月，吴主以骠骑将军步骘为丞相，车骑将军朱然为左大司马，卫将军全琮为右大司马。分荆州为二部：以镇南将军吕岱为上大将军，督右部，自武昌以西至蒲圻；以威北将军诸葛恪为大将军，督左部，代陆逊镇武昌。

汉主以凉州刺史姜维为卫将军，与大将军费祎并录尚书事。汶山平康夷反，维讨平之。

八年（丁卯，247）

二月，日有食之。

时尚书何晏等朋附曹爽，好变改法度。太尉蒋济上疏曰："昔大舜佐治，戒在比周；周公辅政，慎于其朋。夫为国法度，惟命世大才，乃能张其纲维以垂于后，岂中下之吏所宜改易哉！终无益于治，适足伤民。宜使文武之臣，各守其职，率以清平，则和气祥瑞可感而致也！"

大将军爽用何晏、邓飏、丁谧之谋，迁太后于永宁宫，专擅朝政，多树亲党，屡改制度。太傅懿不能禁，与爽有隙。五月，懿始称疾，不与政事。

帝好亵近群小，游宴后园。秋，七月，尚书何晏上言："自今御幸式乾殿及游豫后园，宜皆从大臣，询谋政事，讲论经义，为万世法。"冬，十二月，散骑常侍、谏议大夫孔乂上言："今天下已平，陛下可绝后园习骑乘马，出必御辇乘车，天下之福，臣子之愿也。"帝皆不听。

九年（戊辰，248）

五月，汉费祎出屯汉中，自蒋琬及祎，虽身居于外，庆赏刑威，皆遥先谘断，然后乃行。祎雅性谦素，当国功名，略与琬比。

大将军爽，骄奢无度，饮食衣服，拟于乘舆；尚方珍玩，充牣其家；又私取先帝才人以为伎乐。作窟室，绮疏四周，数与其党何晏等纵酒其中。弟羲深以为忧，数涕泣谏止之，爽不听。爽兄弟数俱出游，司农沛国桓范谓曰："总万机，典禁兵，不宜并出，若有闭城门，谁复内入者？"爽曰："谁敢尔邪！"

冬，河南尹李胜出为荆州刺史，过辞太傅懿。懿令两婢侍。持衣，衣落；指口言渴，婢进粥，懿不持杯而饮，粥皆流出沾胸。胜曰："众情谓明公旧风发动，何意尊体乃尔！"懿使声气才属，说："年老枕疾，死在旦夕。君当屈并州，并州近胡，好为之备！恐不复相见，以子师、昭兄弟为托。"胜曰："当还忝本州，非并州。"懿乃错乱其辞曰："君方到并州？"胜复曰："当忝荆州。"懿曰："年老意荒，不解君言。今还为本州，盛德壮烈，好建功勋！"胜退，告爽曰："司马公尸居余气，形神已离，不足虑矣。"他日，又向爽等垂泣曰："太傅病不可复济，令人怆然！"故爽等不复设备。

太傅懿阴与其子中护军师、散骑常侍昭谋诛曹爽。

嘉平元年（己巳，249）

春，正月，甲午，帝谒高平陵，大将军爽与弟中领军羲、武卫将军训、散骑常侍彦皆从。太傅懿以皇太后令，闭诸城门，勒兵据武库，授兵出屯洛水浮桥；召司徒高柔假节行大将军事，据爽营；太仆王观行中领军事，据羲营。因奏爽罪恶于帝曰："臣昔从辽东还，先帝诏陛下、秦王及臣升御床，把臣臂，深以后事为念。臣言'太祖、高祖亦属臣以后事，此自陛下所见，无所忧苦。万一有不如意，臣当以死奉明诏。'今大将军爽，背弃顾命，败乱国典，内则僭拟，外则专权，破坏诸营，尽据禁兵，群官要职，皆置所亲，殿中宿卫，易以私人，根据盘互，纵恣日甚。又以黄门张当为都监，伺察至尊，离间二宫，伤害骨肉，天下汹汹，人怀危惧。陛下便为寄坐，岂得久安！此非先帝诏陛下及臣升御床之本意也。臣虽朽迈，敢忘往言！太尉臣济等皆以爽为有无君之心，兄弟不宜典兵宿卫，奏永宁宫，皇太后令敕臣如奏施行。臣辄敕主者及黄门令：'罢爽、羲、训吏兵，以侯就第，不得逗留，以稽车驾；敢有稽留，便以军法从事！'臣辄力疾将兵屯洛水浮桥，伺察非常。"爽得懿奏事，不通；迫窘不知所为，留车驾宿伊水南，伐木为鹿角，发屯田兵数千人以为卫。

懿使侍中高阳许允及尚书陈泰说爽，宜早自归罪，又使爽所信殿中校尉尹大目谓爽，唯免官而已，以洛水为誓。泰，群之子也。

初，爽以桓范乡里老宿，于九卿中特礼之，然不甚亲也。及懿起兵，以太后令召范，欲使行中领军。范欲应命，其子止之曰："车驾在外，不如南出。"范乃出。至平昌城门，城门已闭。门候司蕃，故范举吏也，范举手中版示之，矫曰："有诏召我，卿促开门！"蕃欲求见诏书，范呵之曰："卿非我故吏邪，何以敢尔？乃开之。范出城，顾谓蕃曰："太傅图逆，卿从我去！"蕃徒行不能及，遂避侧。懿谓蒋济曰："智囊往矣！"济曰"范则智矣；然驽马恋栈豆，爽必不能用也。"

范至，劝爽兄弟以天子诣许昌，发四方兵以自辅。爽疑未决，范谓羲曰："此事昭然，卿用读书何为邪！于今日卿等门户，求贫贱复可得乎！且匹夫质一人，尚欲望活；卿与天子相随，令于天下，谁敢不应也！”俱不言。范又谓羲曰：“卿别营近在阙南，洛阳典农治在城外，呼召如意。今诣许昌，不过中宿，许昌别库，足相被假；所忧当在谷食，而大司农印章在我身。”羲兄弟默然不从，自甲夜至五鼓，爽乃投刀于地曰：“我亦不失作富家翁！”范哭曰：“曹子丹佳人，生汝兄弟，犊耳！何图今日坐汝等族灭也！”

爽乃通懿奏事，白帝下诏免己官，奉帝还宫。爽兄弟归家，懿发洛阳吏卒围守之；四角作高楼，令人在楼上察视爽兄弟举动。爽挟弹到后园中，楼上便唱言：“故大将军东南行！”爽愁闷不知为计。

戊戌，有司奏“黄门张当私以所择才人与爽，疑有奸。”收当付廷尉考实，辞云：“爽与尚书何晏、邓飏、丁谧、司隶校尉毕轨、荆州刺史李胜等阴谋反逆，须三月中发。”于是收爽、羲、训、晏、飏、谧、轨、胜并桓范皆下狱，劾以大逆不道，与张当俱夷三族。

何晏性自喜，粉白不去手，行步顾影。尤好老、庄之书，与夏侯玄、荀粲及山阳王弼之徒，竞为清谈，祖尚虚无，谓《六经》为圣人糟粕。由是天下士大夫争慕效之，遂成风流，不可复制焉。粲，彧之子也。

丁未，以太傅懿为丞相，加九锡；懿固辞不受。

初，右将军夏侯霸为曹爽所厚，以其父渊死于蜀，常切齿有报仇之志，为讨蜀护军，屯于陇西，统属征西。征西将军夏侯玄，霸之从子，爽之外弟也。爽既诛，司马懿召玄诣京师，以雍州刺史郭淮代之。霸素与淮不叶，以为祸必相及，大惧，遂奔汉。汉主谓曰：“卿父自遇害于行间耳，非我先人之手刃也。”遇之甚厚。姜维问于霸曰：“司马懿既得彼政，当复有征伐之志不？”霸曰：“彼方营立家门，未遑外事。有钟士季者，其人虽少，若管朝政，吴、蜀之忧也。”士季者，钟繇之子尚书郎会也。

三年（辛未，251）

八月，戊寅，舞阳宣文侯司马懿卒。诏以其子卫将军师为抚军大将军、录尚书事。

初，南匈奴自谓其先本汉室之甥，因冒姓刘氏。太祖留单于呼厨泉于邺，分其众为五部，居并州境内。左贤王豹，单于於扶罗之子也，为左部帅，部族最强。城阳太守邓艾上言：“单于在内，羌夷失统，合散无主。今单于之尊日疏而外土之威日重，则胡虏不可不深备也。闻刘豹部有叛胡，可固叛割为二国，以分其势。去卑功显前朝而子不继业，宜加其子显号，使居雁门。离国弱寇，追录旧勋，此御边长计也。”又陈“羌胡与民同处者，宜以渐出之，使居民表，以崇廉耻之教，塞奸宄之路。”司马师皆从之。

吴立节中郎将陆抗屯柴桑，诣建业治病。病差，当还，吴主涕泣与别，谓曰：

"吾前听用谗言，与汝父大义不笃，以此负汝，前后所问，一焚灭之，莫令人见也。"

吴主以太子亮幼少，议所付托，孙峻荐大将军诸葛恪可付大事。吴主嫌恪刚很自用，峻曰："当今朝臣之才，无及恪者。"乃召恪于武昌。恪将行，上大将军吕岱戒之曰："世方多难，子每事必十思。"恪曰："昔季文子三思而后行，夫子曰：'再思可矣。'今君令恪十思，明恪之劣也！"岱无以答，时咸谓之失言。

四年（壬申，252）

吴主病困，召诸葛恪、孙弘、滕胤及将军吕据、侍中孙峻入卧内，属以后事。夏，四月，吴主殂。孙弘素与诸葛恪不平，惧为恪所治，秘不发丧，欲矫诛恪；孙峻以告恪。恪请弘咨事，于坐中杀之。乃发丧，谥吴主曰大皇帝。太子亮即位。大赦，改元建兴。闰月，以诸葛恪为太傅，滕胤为卫将军，吕岱为大司马。恪乃命罢视听，息校官，原逋责，除关税，崇恩泽，众莫不悦。恪每出入，百姓延颈思见其状。

十一月，诏王昶等三道击吴。十二月，王昶攻南郡，毌丘俭向武昌，胡遵、诸葛诞率众七万攻东兴。甲寅，吴太傅恪将兵四万，晨夜兼行，救东兴。胡遵等敕诸军作浮桥以渡，陈于堤上，分兵攻两城；城在高峻，不可卒拔。诸葛恪使冠军将军丁奉与吕据、留赞、唐咨为前部，从山西上。奉谓诸将曰："今诸军行缓，若贼据便地，则难以争锋，我请趋之。"乃辟诸军使下道，奉自率麾下三千人径进。时北风，奉举帆二日即至东关，遂据徐塘。时天雪，寒，胡遵等方置酒高会。奉见其前部兵少，谓其下曰："取封侯爵赏，正在今日！"乃使兵皆解铠，去矛戟，但兜鍪刀楯，倮身缘堨。魏人望见，大笑之，不即严兵。吴兵得上，便鼓噪，斫破魏前屯，吕据等继至；魏军惊扰散走，争渡浮桥，桥坏绝，自投于水，更相蹈藉。前部督韩综、乐安太守桓嘉等皆没，死者数万。综故吴叛将，数为吴害，吴大帝常切齿恨之，诸葛恪命送其首以白大帝庙。获车乘、牛马、骡驴各以千数，资器山积，振旅而归。

魏邵陵厉公正始七年（丙寅，公元246年）

秋季，九月，吴王任命骠骑将军步骘为丞相，车骑将军朱然为左大司马，卫将军全琮为右大司马。把荆州分为两个部分：任命镇南将军吕岱为上大将军，督领右部，管辖武昌以西至蒲圻一带地区；任命威北将军诸葛恪为大将军，督领左部，代替陆逊，镇守武昌。

汉后主刘禅任命凉州刺史姜维为卫将军，与大将军费祎一起任录尚书事。汶山郡平康县的夷人反叛，姜维率军去讨伐，平定了叛乱。

八年（丁卯，公元247年）

二月，发生日食。

此时魏国尚书何晏等人勾结依附于曹爽，喜好更改国家的法规制度。太尉蒋济上疏说：“古时大舜辅佐唐尧治国，以结党营私为戒；周公协助成王理政，对结交什么人也极为慎重。国家的法度，只有那些著名于世的伟大人才，才能总掌其纲领而留传于后世，岂是中下等官吏所能随便改变的？而且更改国家法度最终不仅无益于治理国家，却反而足以伤害人民。所以应该让文武大臣们，恪守各自的职责，都能做到清廉公正，那么平和之气、吉祥符瑞就可以受到感应而降临了。”

大将军曹爽采纳何晏、邓飏、丁谧的计谋，把太后迁居到永宁宫，并独揽朝政大权，广泛地提拔亲戚党羽，多次更改制度。太傅司马懿不能禁止，就与曹爽之间产生矛盾。五月，司马懿开始称病，不上朝参与政事。

魏帝喜好宠幸亲近一群小人，在后园游乐饮宴。秋季，七月，尚书何晏上疏说：“从今以后皇帝到式乾殿或者到后园游乐时，应该都有大臣跟随，以便询问商量政事，讲解讨论经书大义，并为世世代代所效法。”冬季，十二月，散骑常侍、谏议大夫孔乂又上疏说：“如今天下已经太平，陛下可以不必再到后园学习骑术，外出一定要乘坐辇车，这是天下之福，也是臣子的愿望。”魏帝都没有听从他们的意见。

九年（戊辰，公元248年）

五月，蜀汉的费祎出都城屯兵于汉中。从蒋琬到费祎，虽然身居于外，但国家的庆典赏赐及刑罚等大事，都先要远远地向他们咨询，做出决断，然后才加以实行。费祎性情谦逊朴素，治理国政的功绩名望，大致与蒋琬相当。

大将军曹爽骄奢无度，饮食衣服，与皇帝相同，尚方署中的珍宝玩好，也充满了他的家，他还私自留用明帝的宫中女官做歌舞乐妓。他掘开地面建造地下宫室，在四周雕饰了华丽的花纹，并经常与他的党羽何晏等人在里面饮酒作乐。他的弟弟曹羲深深地为此忧虑，多次哭泣着劝阻他别再这样做，但曹爽不听。曹爽兄弟几个经常一起出去游玩，司农、沛国人桓范对他说：“您总理万机，掌管城内禁兵，弟兄们不宜同时出城，如果有人关闭城门，又有谁在城内接应呢？”曹爽说：“谁敢这样做呢！”

冬季，河南令尹李胜出任荆州刺史，到太傅司马懿家去辞行。司马懿让两个婢女侍奉着出来接见。让他更衣，他却把衣服掉在地上；指着嘴说口渴，婢女端来了粥，司马懿拿不动碗，就由婢女端着喝，粥从嘴边流出，沾满了前胸。李胜说：“大家都说您的中风病旧病复发，没想到您的身体竟这样糟！”司马懿气喘吁吁地说：“我年老体弱卧病不起，不久就要死了。你屈就并州刺史，并州靠近胡地，要很好地加强戒备。恐怕我们不能再见面了，我把我的儿子司马师和司马昭兄弟托付给你。”李胜说：“我是回去愧居本家乡的州官，不是并州。司马懿装聋作哑，故意听错他的话说：“你刚刚到过并州？”李胜又说：“是愧居荆州。”司马懿说：“我年老耳聋思绪迷乱，没听明白你的话。如今你回到本家乡的州，正好轰轰烈烈地大展德才建立功勋。”李胜告退后，禀告曹爽说：“司马公只是比死人多一口气，形体与精神已经分离，离死不远，不足以忧虑了。”过了几天，他又流着泪向曹爽等人说：“太傅的病体不能再复元了，实在令人悲伤。”因此曹爽等人不再对司马懿加以戒备。

太傅司马懿暗地里和他的儿子中护军司马师、散骑常侍司马昭密谋诛杀曹爽。

嘉平元年（己巳，公元249年）

春季，正月，甲午（初六），魏帝祭扫高平陵，大将军曹爽和他的弟弟中领军曹羲、武卫将军曹训、散骑常侍曹彦等都随侍同行。太傅司马懿以皇太后名义下令，关闭了各个城门，率兵占据了武库，并派兵出城据守洛水浮桥；命令司徒高柔持节代理大将军职事，占据曹爽营地；太仆王观代理中领军职事，占据曹羲营地。然后向魏帝禀奏曹爽的罪恶说：“我过去从辽东回来时，先帝诏令陛下、秦王和我到御床跟前，拉着我的手臂，深为后事忧虑。我说道：‘太祖、高祖也曾把后事嘱托给我，这是陛下您亲眼见到的，没有什么可忧虑烦恼的。万一发生什么不如意的事，我当誓死执行您的诏令。’如今大将军曹爽，背弃先帝的遗命，败坏扰乱国家的制度；在朝内则超越本分自比君主，在外部则专横拔扈独揽大权；破坏各个军营的编制，完全把持了禁卫部队；各种重要官职，都安置他的亲信担任；皇宫的值宿卫士，也都换上了他自己的人；这些人相互勾结盘踞在一起，恣意妄为日甚一日。曹爽又派宦官黄门张当担任都监，侦察陛下的情况，挑拨离间陛下和太后二宫的关系，伤害骨肉之情，天下动荡不安，人人心怀畏惧。这种形势下，陛下也只是暂时寄居天子之位，岂能长治久安。这绝不是先帝诏令陛下和我到御床前谈话的本意。我虽老朽不堪，怎敢忘记以前说的话？太尉蒋济等人也都认为曹爽有篡夺君位之心，他们兄弟不宜掌管部队担任皇家侍卫，我把这些意见上奏皇太后，皇太后命令我按照奏章所言施行。我已擅自做主告诫主管人及黄门令说：‘免去曹爽、曹羲、曹训的官职兵权，以侯爵的身分退职归家，不得逗留而延滞陛下车驾，如敢于延滞车驾，就以军法处置。’我还擅自做主勉力支撑病体率兵驻扎在洛水浮桥，侦察非常情况。”曹爽得到司马

汉魏车马

懿的奏章，没有通报魏帝。他惶急窘迫不知所措，于是就把魏帝车驾留宿于伊水之南，伐木构筑了防卫工事，并调遣了数千名屯田兵士为护卫。

司马懿派遣侍中、高阳人许允和尚书陈泰去劝说曹爽，告诉他应该尽早归降认罪；又派曹爽所信任的殿中校尉尹大目去告诉曹爽，只是免去他的官职而已，并指着洛水发了誓。陈泰是陈群之子。

当初，曹爽因桓范是他同乡年长的故旧，所以在九卿之中对桓范特别加以礼遇，但关系不太亲近。司马懿起兵时，以太后的名义下令，想要让桓范担任中领军之职。桓范打算接受任命，但他的儿子劝阻他说："皇帝的车驾在外，您不如出南门去投奔。"于是桓范就离城出去。走到平昌城门时，城门已经关闭。守门将领司蕃是桓范过去提拔的官吏，桓范把手中的版牒向他一亮，谎称说："有诏书召我前往，请你快点开门。"司蕃想要亲眼看看诏书，桓范大声呵斥说："你难道不是我过去手下的官吏吗？怎敢如此对我？"司蕃只好打开城门。桓范出城以后，回过头来对司蕃说："太傅图谋叛逆，你还是跟我走吧！"司蕃步行追赶不及，只好在道旁躲避。司马懿得知后对蒋济说："曹爽的智囊去了！"蒋济说："桓范是很有智谋的，但曹爽就像劣马贪恋马房的草料一样，因顾恋他的家室而不能做长远打算，所以必然不能采纳桓范的计谋。"

桓范到了之后，劝说曹爽兄弟把天子挟持到许昌，然后调集四方兵力辅助自己。曹爽仍犹豫不决，桓范就对曹羲说："这件事明摆着只能如此办理，真不知你读书是干什么用的！在今天的形势下，像你们这样门第的人想要求得贫贱平安的日子还可能吗？而且普通百姓有一人被劫作人质，人们尚且希望他能存活，何况你们与天子在一起，挟天子以令天下，谁敢不从。"他们都默然不语。桓范又对曹爽说："你的中领军别营近在城南，洛阳典农的治所也在城外，你可随意召唤调遣他们。如今到许昌去，不过两天两夜的路程，许昌的武器库，也足以武装军队，我们所忧虑的当是粮食问题，但大司农的印章在我身上，可以签发征调。"然而曹羲兄弟却默然不动，从初夜一直坐到五更。曹爽然后把刀扔在地上说："即使投降，我仍然不失为富贵人家！"桓范悲痛地哭泣道："曹子丹这样有才能的人，却生下你们这群如猪如牛的兄弟！没想到今日受你们的连累要灭族了。"

于是曹爽向魏帝通报了司马懿上奏的事，告诉魏帝下诏书免除自己的官职，并侍奉魏帝回宫。曹爽兄弟回家以后，司马懿派洛阳的兵士包围了曹府并日夜看守；府宅的四角搭起了高楼，派人在楼上监视曹爽兄弟的举动。曹爽若是挟着弹弓到后园去，楼上的人就高声叫喊："故大将军向东南去了。"弄得曹爽愁闷不已，不知如何是好。

戊戌（初十），有关部门奏告"黄门张当私自把选择的才人送给曹爽，怀疑他们之间隐有奸谋。"于是逮捕了张当，交廷尉讯问查实。张当交待说："曹爽与尚书何晏、邓飏、丁谧，司隶校尉毕轨，荆州刺史李胜等人阴谋反叛，等到三月中旬起事"。于是把曹爽、曹羲、曹训、何晏、邓飏、丁谧、毕轨、李胜以及桓范等人都逮捕入狱，以在逆不道罪劾奏朝廷，并与张当一起都被诛灭三族。

何晏生性风流自赏，搽脸的白粉从不离手，走路也顾影自怜。他尤其喜好老、庄之书，与夏侯玄、荀粲以及山阳人王弼等人清谈玄理，崇尚虚无之论，说《六经》是圣人的糟粕。从此后天下的士大夫争相羡慕而仿效他们，终于形成一时之风气，不可遏制。荀粲是荀彧之子。

丁未（十九日），任命太傅司马懿为丞相，赐九锡；司马懿坚决推辞不受。

当初，右将军夏侯霸受到曹爽厚遇，因他父亲夏侯渊死于蜀，所以常常咬牙切齿立志报仇雪恨，担任讨蜀护军，驻扎在陇西，属于征西将军所统率。征西将军夏侯玄，是夏侯霸的侄子，曹爽的表弟。曹爽被诛以后，司马懿召夏侯玄回京城，让雍州刺史郭淮代替他的职位。夏侯霸平素与郭淮不和，认为此番必然祸害及身，十分害怕，所以就逃奔到蜀汉。汉后主对他说："你的父亲是自己在交战之中阵亡的，不是我的先辈杀死的。"然后给予他十分丰厚的待遇。姜维问夏侯霸："司马懿既已把持魏国朝政，你看他会不会有征伐别国的企图？"夏侯霸说："他正在经营整理内部事务，还顾不上对外征伐。但有一个叫钟士季的人，年纪虽轻，如果管理朝政，将是吴、蜀两国的忧患。"钟士季，就是钟繇的儿子尚书郎钟会。

三年（辛未，公元251年）

八月，戊寅（初五），舞阳宣文侯司马懿去世。诏令任命司马懿之子司马师为抚军大将军、录尚书事。

起初，南匈奴人自称其先人本是汉室的外甥，于是就冒充姓刘氏。太祖曹操把单于呼厨泉留在邺都，把他的人分成五部，居住在并州境内。左贤王刘豹，是单于於扶罗之子，任左部统帅，他的部族实力最强。城阳太守邓艾上书说："单于在内地，羌夷人失去统治，合合散散没有主脑。如今单于的尊严日见微弱，而外地的威势日见加重，这样对胡人就不可不深加戒备。听说刘豹的部族中有背叛的胡人，可以利用其背叛的情况分割为二国，以分散刘豹的势力。去卑的功劳显赫于前朝，而他的儿子却不能继承父业，应该给他的儿子加封显赫的名号，让其居住在雁门。割裂他们的国家，削弱敌人，追记他们旧日的功勋，这是统治边境地区的长久之计。"又进言说："羌胡之人与百姓同居一处的，应逐渐把他们分出，让他们居于百姓编户之外，以便推行礼义廉耻的教育，阻塞奸恶作乱之路。"司马师全部采用了他的主张。

吴国立节中郎将陆抗驻扎在柴桑，到建业治病。病好将还之时，吴王流着泪与他告别，对他说："我以前听信谗言，对你父亲在君臣大义上没有能真诚纯厚，因此也对不住你；我前后责问你父亲的诏书，一切都焚毁消灭，不要再让人看到了。"

吴王因为太子孙亮年幼，商议找个可以托付国事之人，孙峻推荐大将军诸葛恪，认为他可承担大事。吴王嫌诸葛恪刚愎自用，孙峻说："当今朝廷大臣之才，没有能赶得上诸葛恪的。”于是就召诸葛恪到武昌来。诸葛恪临行之时，上大将军吕岱告诫他说：“现在世上正是多难之时，望你每件事必先想十次再做。”诸葛恪说：“从前季文子三思而后行，孔子说：‘只要想两次就可以了’。而您却让我想十次，这明明是认为我才能低劣！”吕岱无言以对，当时人都认为他失言。

四年（壬申，公元252年）

吴王病情危重，召诸葛恪、孙弘、滕胤以及将军吕据、侍中孙峻等人入卧室内，嘱托后事。夏季，四月，吴王去世。孙弘平素与诸葛恪不和，害怕被诸葛恪整治，于是封锁消息先不发丧，想要假造诏令杀掉诸葛恪；孙峻把此事报告了诸葛恪。诸葛恪请孙弘前来议事，就在座位中把他杀了。然后举行丧礼，为吴王加谥号为大皇帝。太子孙亮即位。实行大赦，改年号为建兴。闰月，任命诸葛恪为太傅，滕胤为卫将军，吕岱为大司马。诸葛恪下令罢免了充作朝廷耳目的各官，原宥拖欠的税赋债务，免除关税，广施恩泽于百姓，众人皆大欢喜。诸葛恪每次出入，百姓们都伸着脖颈想看看他的模样。

十一月，诏令王昶等三路兵马袭击吴国。十二月，王昶进攻南郡，毌丘俭进攻武昌，胡遵、诸葛诞率七万大军攻打东兴。甲寅（十九日），吴国太傅诸葛恪率兵四万，日夜兼程，救援东兴。胡遵等人命令各军做浮桥渡水，陈兵于大堤之上，分兵攻打两城；城在高峻险要之处，不能很快攻破。诸葛恪派冠军将军丁奉和吕据、留赞、唐咨等人为前锋，从山的西面攻上。丁奉对各将领说：“现在各部队行动迟缓，如果魏兵占据有利地形，就难以与他争锋交战了，我请求快速攻上。”于是让各路军马从道路上避开，丁奉亲自率领属下三千人快速突进。当时正刮北风，丁奉扬帆行船两天就到达了东关，随即占据了徐塘。当时漫天飘雪，十分寒冷，胡遵等人正在聚会饮酒。丁奉见魏军前部兵力稀少，就对手下人说：“求取封侯赏爵，正在今天。”于是让士兵们都脱下铠甲，丢掉长矛大戟，只戴着头盔拿着刀和盾牌，裸身爬上堤堰。魏兵看见他们，都大笑不止，而不立即整兵对敌。吴兵爬上之后，立即击鼓呐喊，袭击攻破魏军前部营垒，吕据等人也相继赶到；魏军惊恐万状四散奔逃，争相抢渡浮桥，浮桥毁坏断裂，魏兵自己跳入水中，互相践踏着逃跑。魏军前部督韩综、乐安太守桓嘉等人都沉没在水中，死者数万人。韩综过去是吴国的叛将，多次为害吴国，吴大帝孙权常常痛恨得咬牙切齿，诸葛恪命人送回韩综首级以祭告大帝庙。缴获魏军的车辆、牛马、骡驴等都数以千计，资材器物堆积如山，凯旋而归。

第七十六卷　魏纪八

译文诵读

邵陵厉公下嘉平五年（癸酉，253）

光禄大夫张缉言于师曰："恪虽克捷，见诛不久。"师曰："何故？"缉曰："威震其主，功盖一国，求不死，得乎！"

二月，吴军还自东兴。进封太傅恪阳都侯，加荆、扬州牧，督中外诸军事。恪遂有轻敌之心，复欲出军，诸大臣以为数出罢劳，同辞谏恪；恪不听。中散大夫蒋延固争，恪命扶出。因著论以谕众曰："凡敌国欲相吞，即仇雠欲相除也。有仇而长之，祸不在己，则在后人，不可不为远虑也。昔秦但得关西耳，尚以并吞六国。今以魏比古之秦，土地数倍；以吴与蜀，比古六国，不能半也。然今所以能敌之者，但以操时兵众，于今适尽，而后生者未及长大，正是贼衰少未盛之时。加司马懿先诛王凌，续自陨毙，其子幼弱而专彼大任，虽有智计之士，未得施用。当今伐之，是其厄会；圣人急于趋时，诚谓今日。若顺众人之情，怀偷安之计，以为长江之险可以传世，不论魏之终始而以今日遂轻其后，此吾所以长叹息者也！今闻众人或以百姓尚贫，欲务闲息，此不知虑其大危而爱其小勤者也。昔汉祖幸已自有三秦之地，何不闭关守险以自娱乐，空出攻楚，身被创痍，介胄生虮虱，将士厌困苦，岂甘锋刃而忘安宁哉？虑于长久不得两存者耳。每鉴荆邯说公孙述以进取之图，近见家叔父表陈与贼争竞之计，未尝不喟然叹息也！夙夜反侧，所虑如此，故聊疏愚言，以达二三君子之末。若一朝陨没，志画不立，贵令来世知我所忧，可思于后耳。"众人虽皆心以为不可，然莫敢复难。

汉姜维自以练西方风俗，兼负其才武，欲诱诸羌、胡以为羽翼，谓自陇以西，可断而有。每欲兴军大举，费祎常裁制不从，与其兵不过万人，曰："吾等不如丞相亦已远矣；丞相犹不能定中夏，况吾等乎！不如且保国治民，谨守社稷，如其功业，以俟能者，无为希冀徼幸，决成败于一举；若不如志，悔之无及。"及祎死，维得行其志，及将数万人出石营，围狄道。

吴诸葛恪入寇淮南，驱略民人。诸将或谓恪曰："今引军深入，疆埸之民，必相率远遁，恐兵劳而功少；不如止围新城，新城困，救必至，至而图之，乃可大获。”恪从其计，五月，还军围新城。

诏太尉司马孚督军二十万往赴之。大将军师问于虞松曰：“今东西有事，二方皆急，而诸将意沮，若之何？”松曰：“昔周亚夫坚壁昌邑而吴、楚自败，事有似弱而强，不可不察也。今恪悉其锐众，足以肆暴，而坐守新城，欲以致一战耳。若攻城不拔，请战不可，师老众疲，势将自走，诸将之不径进，乃公之利也。姜维有重兵而县军应恪，投食我麦，非深根之寇也。且谓我并力于东，西方必虚，是以径进。今若使关中诸军倍道急赴，出其不意，殆将走矣。”师曰：“善！”乃使郭淮、陈泰悉关中之众，解狄道之围；敕毌丘俭按兵自守，以新城委吴。陈泰进至洛门，姜维粮尽，退还。

扬州牙门将涿郡张特守新城，吴人攻之连月，城中兵合三千人，疾病战死者过半，而恪起土山急攻，城将陷，不可护。特乃谓吴人曰：“今我无心复战也。然魏法，被攻过百日而救不至者，虽降，家不坐；自受敌以来，已九十余日矣，此城中本有四千余人，战死者已过半，城虽陷，尚有半人不欲降，我当还为相语，条别善恶，明日早送名，且以我印绶去为信。”乃投其印绶与之。吴人听其辞而不取印绶。特乃投夜彻诸屋材栅，补其缺为二重，明日，谓吴人曰：“我但有斗死耳！”吴人大怒，进攻之，不能拔。

会大暑，吴士疲劳，饮水，泄下、流肿，病者太半，死伤涂地。诸营吏日白病者多，恪以为诈，欲斩之，自是莫敢言。恪内惟失计，而耻城不下，忿形于色。将军朱异以军事迕恪，恪立夺其兵，斥还建业。都尉蔡林数陈军计，恪不能用，策马来奔。诸将伺知吴兵已疲，乃进救兵。秋，七月，恪引军去，士卒伤病，流曳道路，或顿仆坑壑，或见略获，存亡哀痛，大小嗟呼。而恪晏然自若，出住江渚一月，图起田于浔阳；诏召相衔，徐乃旋师。由是众庶失望，怨黩兴矣。

孙峻因民之多怨，众之所嫌，构恪于吴主，云欲为变。冬，十月，孙峻与吴主谋置酒请恪。恪将入之夜，精爽扰动，通夕不寐；又，家数有妖怪，恪疑之。旦日，驻车宫门，峻已伏兵于帷中，恐恪不时入，事泄，乃自出见恪曰：“使君若尊体不安，自可须后，峻当具白主上。”欲以尝知恪意，恪曰：“当自力入。”散骑常侍张约、朱恩等密书与恪曰：“今日张设非常，疑有他故。”恪以书示滕胤，胤劝恪还。恪曰：“儿辈何能为！正恐因酒食中人耳。”恪入，剑履上殿，进谢还坐。设酒，恪疑未饮。孙峻曰：“使君病未善平，有常服药酒，可取之。”恪意乃安。别饮所赍酒，数行，吴主还内；峻起如厕，解长衣，著短服，出曰：“有诏收诸葛恪。”恪惊起，拔剑未得，而峻刀交下，张约从旁斫峻，裁伤左手，峻应手斫约，断右臂。武卫之士皆趋上殿，峻曰：“所取者恪也，今已死！”悉令得刃，乃除地更饮。恪二子竦、建闻难，载其母欲来奔，峻使人追杀之。以苇席裹恪尸，篾束腰，投之石子冈。又遣无难督施宽就将军施绩、孙壹军，杀恪弟奋威将军融于公安，及其三子。恪外甥都乡侯张震、常侍朱恩，皆夷三族。

初，恪少有盛名，大帝深器重之，而恪父瑾常以为戚，曰：“非保家之主也。”父友奋威将军张承亦以为恪必败诸葛氏。陆逊尝谓恪曰：“在我前者吾必奉之同升，在我下者则扶接之；今观君气陵其上，意蔑乎下，非安德之基也。”汉侍中诸葛瞻，亮之子也。恪再攻淮南，越巂太守张嶷与瞻书曰：“东主初崩，帝实幼弱，太傅受寄托之重，亦何容易！亲有周公之才，犹有管、蔡流言之变，霍光受任，亦有燕、盖、上官逆乱之谋，赖成、昭之明以免斯难耳。昔每闻东主杀生赏罚，不任下人，又今以垂没之命，卒召太傅，属以后事，诚实可虑。加吴、楚剽急，乃昔所记，而太傅离少主，履敌庭，恐非良计长算也。虽云东家纲纪肃然，上下辑睦，百有一失，非明者之虑也。取古则今，今则古也，自非郎君进忠言于太傅，谁复有尽言者邪！旋军广农，务行德惠，数年之中，东西并举，实为不晚，愿深采察！”恪果以此败。

高贵乡公上正元元年（甲戌，254）

春，二月，杀中书令李丰。初，丰年十七八，已有清名，海内翕然称之。其父太仆恢不愿其然，敕使闭门断客。曹爽专政，司马懿称疾不出，丰为尚书仆射，依违二公间，故不与爽同诛，丰子韬，以选尚齐长公主。司马师秉政，以丰为中书令。是时，太常夏侯玄有天下重名，以曹爽亲，不得在势任，居常怏怏；张缉以后父去郡家居，亦不得意：丰皆与之亲善。师虽擢用丰，丰私心常在玄。丰在中书二岁，帝数召丰与语，不知所说。师知其议己，请丰相见以诘丰，丰不以实告；师怒，以刀镮筑杀之，送尸付廷尉，遂收丰子韬及夏侯玄、张缉等皆下廷尉，钟毓按治，云：“丰与黄门监苏铄，永宁署令乐敦，冗从仆射刘贤等谋曰：‘拜贵人日，诸营兵皆屯门，陛下临轩，因此同奉陛下，将群僚人兵，就诛大将军；陛下傥不从人，便当劫将去耳。’”又云：“谋以玄为大将军，缉为车骑将军；玄、辑皆知其谋。”庚戌，诛韬、玄、缉、铄、敦、贤，皆夷三族。

夏侯霸之入蜀也，邀玄欲与之俱，玄不从。及司马懿薨，中领军高阳许允谓玄曰：“无复忧矣！”玄叹曰：“士宗，卿何不见事乎！此人犹能以通家年少遇我，子元、子上不吾容也。”及下狱，玄不肯下辞，钟毓自临治之。玄正色责毓曰：“吾当何罪！卿为令史责人也，卿便为吾作！”毓以玄名士，节高，不可屈，而狱当竟，夜为作辞，令与事相附，流涕以示玄；玄视，颔之而已。及就东市，颜色不变，举动自若。

正始中，夏侯玄、何晏、邓飏俱有盛名，欲交尚书郎傅嘏，嘏不受。嘏友人荀粲怪而问之，嘏曰：“太初志大其量，能合虚声而无实才。何平叔言远而情近，好辩而无诚，所谓利口覆邦国之人也。邓玄茂有为而无终，外要名利，内无关钥，贵同恶异，多言而妒前；多言多衅，妒前无亲。以吾观此三人者，皆将败家；远之犹恐祸及，况昵之乎！”嘏又与李丰不善，谓同志曰：“丰饰伪而多疑，矜小智而昧于权利，若任机事，其死必矣！”

帝以李丰之死，意殊不平。安东将军司马昭镇许昌，诏召之使击姜维。九月，昭领兵入见，帝幸平乐观以临军过。左右劝帝因昭辞，杀之，勒兵以退大将军；已书诏于前，帝惧，不敢发。

昭引兵入城，大将军师乃谋废帝。甲戌，师以皇太后令召群臣会议，以帝荒淫无度，亵近倡优，不可以承天绪；群臣皆莫敢违。乃奏收帝玺绶，归藩于齐。使郭芝入白太后，太后方与帝对坐，芝谓帝曰："大将军欲废陛下，立彭城王据！"帝乃起去。太后不悦。芝曰："太后有子不能教，今大将军意已成，又勒兵于外以备非常，但当顺旨，将复何言！"太后曰："我欲见大将军，口有所说。"芝曰："何可见邪！但当速取玺绶！"太后意折，乃遣傍侍御取玺绶著坐侧。芝出报师，师甚喜。又遣使者授帝齐王印绶，出就西宫。帝与太后垂涕而别，遂乘王车，从太极殿南出，群臣送者数十人，司马孚悲不自胜，余多流涕。

师又使使者请玺绶于太后。太后曰："彭城王，我之季叔也，今来立，我当何之！且明皇帝当永绝嗣乎！高贵乡公，文帝之长孙，明皇帝之弟子，于礼，小宗有后大宗之义，其详议之。"丁丑，师更召群臣，以太后令示之，乃定迎高贵乡公髦于元城。髦者，东海定王霖之子也，时年十四，使太常王肃持节迎之。

二年（乙亥，255）

春，正月，俭、钦矫太后诏，起兵于寿春，移檄州郡以讨司马师，乃表言："相国懿，忠正，有大勋于社稷，宜宥及后世，请废师，以侯就第，以弟昭代之。太尉孚，忠孝小心，护军望，忠公亲事，皆宜亲宠，授以要任。"望，孚之子也。俭又遣使邀镇南将军诸葛诞，诞斩其使。俭、钦将五六万众渡淮，西至项；俭坚守，使钦在外为游兵。

司马师问计于河南尹王肃，肃曰："昔关羽虏于禁于汉滨，有北向争天下之志，后孙权袭取其将士家属，羽士众一旦瓦解。今淮南将士父母妻子皆在内州，但急往御卫，使不得前，必有关羽土崩之势矣。"时师新割目瘤，创甚，或以为大将军不宜自行，不如遣太尉孚拒之。唯王肃与尚书傅嘏、中书侍郎钟会劝师自行，师疑未决。嘏曰："淮、楚兵劲，而俭等负力远斗，其锋未易当也。若诸将战有利钝，大势一失，则公事败矣。"师蹶然起曰："我请舆疾而东。戊午，师率中外诸军以讨俭、钦，以弟昭兼中领军，留镇洛阳，召三方兵会于陈、许。

闰月，甲申，师次于滍桥，俭将史招、李续相次来降。王基复言于师曰："兵闻拙速，未睹为巧之久也。方今外有强寇，内有叛臣，若不时决，则事之深浅未可测也。议者多言将军持重。将军持重，是也；停军不进，非也。持重，非不行之谓也，进而不可犯耳。今保壁垒以积实资虏而远运军粮，甚非计也。"师犹未计。基曰："将在军，君令有所不受。彼得亦利，我得亦利，是谓争地，南顿是也。"遂辄进据南顿，俭等人项亦欲往争，发十余里，闻基先到，乃复还保项。

俭之初起，遣健步赍书至兖州，兖州刺史邓艾斩之，将兵万余人，兼道前进，先趋乐嘉城，作浮桥以待师。俭使文钦将兵袭之。师自汝阳潜兵就艾于乐嘉，钦猝见大军，惊愕未知所为。钦子鸯，年十八，勇力绝人，谓钦曰："及其未定，击之可破也。"于是分为二队，夜夹攻军，鸯帅壮士先至鼓噪，军中震扰。师惊骇，所病目突出，恐众知之，啮被皆破。钦失期不应，会明，鸯见兵盛，乃引还。师与诸将曰："贼走矣，可追之！"诸将曰："钦父子骁猛，未有所屈，何苦而走！"师曰："夫一鼓作气，再而衰。鸯鼓噪失应，其势已屈，不走何待！"钦将引而东，鸯曰："不先折其势，不得去也。"乃与骁骑十余摧锋陷陈，所向皆披靡，遂引去。师使左长史司马班率骁骑八千翼而追之，鸯以匹马入数千骑中，辄杀伤百余人，乃出，如此者六七，追骑莫敢逼。

是日，毌丘俭闻钦退，恐惧夜走，众遂大溃。钦还至项，以孤军无继，不能自立，欲还寿春，寿春已溃，遂奔吴。吴孙峻至东兴，闻俭等败，壬寅，进至橐皋，文钦父子诣军降。毌丘俭走，北至慎县，左右人兵稍弃俭去，俭藏水边草中。甲辰，安风津民张属就杀俭，传首京师，封属为侯。诸葛诞至寿春，寿春城中十余万口，惧诛，或流迸山泽，或散走入吴。诏以诞为镇东大将军、仪同三司，都督扬州诸军事。

汉姜维复议出军，征西大将军张翼廷争，以为："国小民劳，不宜黩武。"维不听，率车骑将军夏侯霸及翼同进。八月，维将数万人至枹罕，趋狄道。

征西将军陈泰敕雍州刺史王经进屯狄道，须泰军到，东西合势乃进。泰军陈仓，经所统诸军于故关与汉人战不利，经辄渡洮水。泰以经不坚据狄道，必有他变，率诸军以继之。经已与维战于洮西，大败，以万余人还保狄道城，余皆奔散，死者万计。张翼请维曰："可以止矣，不宜复进，或毁此大功，为蛇画足。"维大怒，遂进围狄道。

辛未，诏长水校尉邓艾行安西将军，与陈泰并力拒维，戊辰，复以太尉孚为后继。泰进军陇西，诸将皆曰："王经新败，贼众大盛，将军以乌合之众，继败军之后，当乘胜之锋，殆必不可。古人有言：'蝮蛇螫手，壮士解腕。'《孙子》曰：'兵有所不击，地有所不守。'盖小有所失而大有所全故也。不如据险自保，观衅待敝，然后进救，此计之得者也。"泰曰："姜维提轻兵深入，正欲与我争锋原野，求一战之利。王经当高壁深垒，挫其锐气，今乃与战，使贼得计。经既破走，维若以战克之威，进兵东向，据栎阳积谷之实；放兵收降，招纳羌、胡，东争关、陇，传檄四郡，此我之所恶也。而乃以乘胜之兵，挫峻城之下，锐气之卒，屈力致命，攻守势殊，客主不同。兵书曰：'修橹轒辒，三月乃成，拒堙三月而后已。'诚非轻军远入之利也。今维孤军远侨，粮谷不继，是我速进破贼之时，所谓疾雷不及掩耳，自然之势也。洮水带其表，维等在其内，今乘高据势，临其项领，不战必走。寇不可纵，围不可久，君等何言如是！"遂进军度高城岭，潜行，夜至狄道东南高山上，多举烽火，鸣鼓角。狄道城中将士见救至，皆愤踊。维不意救兵卒至，缘山急来攻之，泰与交战，维退。泰引兵扬言欲向其还路，维惧，九月，甲辰，维遁走，城中将士乃得出。王经叹曰："粮不至旬，向非救兵速至，举城屠裂，覆丧一州矣！”泰慰劳将士，前后遣还，更差军守，并治城垒，还屯上邽。

魏邵陵厉公嘉平五年（癸酉，公元253年）

光禄大夫张缉对司马师说：“诸葛恪虽然获得了胜利，但离被诛杀却不远了。”司马师问道：“这是什么缘故？”张缉说：“他的声威震慑其君主，功劳盖过全国，想要求得不死，还可能吗？”

二月，吴国军队自东兴返回。进封太傅诸葛恪为阳都侯，并兼任荆州、扬州牧，都督中外诸军事。诸葛恪于是产生了轻敌之心，想要再度出兵，各位大臣认为频繁出兵军队疲惫不堪，就异口同声地劝谏诸葛恪，但诸葛恪不听。中散大夫蒋延仍坚持争谏，但诸葛恪却命人把他架扶出去。诸葛恪因此事著文晓谕众人说：“凡是敌对国家想要互相吞并，也就是仇敌想要互相铲除。有仇敌而使之发展，祸患如果不在眼前，就是留给了后人，所以不能不深谋远虑。古时秦国只有关西之地，尚且能吞并六国。如今以魏国与古代的秦国相比，土地却不到六国的一半。然而今天我们之所以能与魏国对敌，只是因为曹操时期的士兵到今天已经老弱不能打仗，而后来出生的人还没有长大，这正是敌人兵力微弱而未及强盛之时，再加上司马懿先诛杀了王淩，接着自己死去，他的儿子幼弱却专擅那里的大权，虽然有聪明的谋士，却未能加以任用。如今去讨伐，正是他们的厄运到来之日。圣人急于顺随时势，指的实在就是今天的这种情况。如果顺从众人之情，心怀苟且偷安的想法，认为长江天险可以世代保持，不考虑魏国全面的情况而只看现在的形势就轻视其以后的发展，这就是我一直为之难过叹息的原因。如今我听说有些人认为百姓还很贫困，想要先从事休养生息之事，这是不知考虑其大的危害则只是怜惜其小的勤苦的想法。以前汉高祖幸运地占据了三秦之地，为什么他不闭关守住险要以自享娱乐，却偏要发动全部兵力去攻打西楚项羽，以致于身受创伤，甲胄里生满了虱子，将士们饱受艰难困苦，难道他甘心在刀剑里生活而忘记安宁了吗？这是因为考虑到天长日久他与项羽势不两存的缘故。每当我借鉴荆邯劝说公孙述锐意进取的图谋，以及近来见到家叔诸葛亮上表陈述与敌人争竞的计策，我都要喟然叹息！我朝夕辗转反侧，所想的就是这些，因此姑且陈述我的浅见，以送达各位君子明鉴。如果一旦我死去，志向计划不能实现，重要的是让来世之人了解我所忧虑的事情，在我死后深入地思考此事。”众人虽然心里都认为他说得不对，但没有人再敢提出异议了。

蜀将姜维自以为详熟西部风俗，再加上对自己的才华武略颇为自负，所以总想诱使各个羌、胡的部族成为自己的羽翼，他认为从陇地往西，都可以断为己有。每次他想要兴兵大举进攻，费祎就常常加以阻止，不听从他的主张，调给他的兵力也不足一万人。费祎说：“我们这些人比诸葛丞相差得远了。丞相尚且不能平定中原，更何况我们呢？所以我们不如先保国治民，谨守住自己的国土，至于建功立业扩大疆土，那就要等待有才能的人去干了。我们不要寄希望于侥幸，把成败系于一举，如果不能如愿以偿，后悔就来不及了。”等到费祎死后，姜维才得以实行他的计划，率兵将数万人越过石营，围攻狄道县。

吴国的诸葛恪进犯淮南，驱杀掠夺百姓。将领中有人对诸葛恪说：“如今率兵深入敌境，境内的百姓必然都一起远远地逃离了，恐怕我们的兵士费尽辛劳而功效甚少，不如仅围困新城，新城被困，必然会有救兵来，等救兵一到，再与他们交战，就可以大获全胜。”诸葛恪采纳了这个计策，五月，撤回军队围困新城。

诏命太尉司马孚率军二十万人奔赴战场。大将军司马师询问虞松说：“如今东西都有战事，两个地方都很紧急，但诸位将领却意志沮丧，应该怎么办？”虞松说：“从前西汉周亚夫坚守昌邑而吴、楚之军不战自败，有些事情看似弱而实际强，所以不能不详察。如今诸葛恪带来他全部的精锐部队，足以肆意逞强施暴，但他却坐等在新城，想要招来魏军与他一战。如果他不能攻破城池，请战也无人理睬，军队就会士气低落疲劳不堪，势必将自动撤退，诸位将领不愿径直进击，对您反而是有利的。姜维握有重兵，但却是深入我境的孤军与诸葛恪遥相呼应，他们没有运粮部队，只以我们境内的麦子为食，不是能坚持长久作战的军队。而且他认为我们全力投入东方的战斗，西方必定空虚，所以径直深入我方境内。现在如果令关中各军日夜兼程快速奔赴前线，出其不意地攻打姜维，他大概就要撤走了。”司马师说：“好！”于是命令郭淮、陈泰率领关中全部军队，去解救狄道的围困；命令毌丘毌俭按兵不动坚守营地，而把新城交给吴国去围攻。陈泰行军至洛门，姜维粮尽，只好撤退。

姜维智灭三师

扬州牙门将涿郡人张特守卫新城，吴国人连月攻打，城中兵士共三千人，疾病战死者超过了一半，而诸葛恪又堆起了土山猛烈进攻，新城将要失陷，不能再守护了。于是张特对吴国人说：“现在我已经无心再战了。但魏国法律规定，被围攻超过百日而救兵仍然未至者，虽然投降，其家属也不治罪；我自受围攻以来，已经九十多天了，这城中本来有四千余人，战死者已超过一半，城虽然失陷，但还有一半人不愿投降，我要回去劝说他们，逐一辨别好坏，明天一早送名单过来，请先把我的印绶拿去当作信物。”随即把他的印绶扔给了吴人。吴人听信了他的话而没要他的印绶。于是张特连夜拆除城内房屋的木材，修补加固城墙缺口成为双重防护，第二天，对吴人说：“我只有战斗而死，决不投降！”吴人愤怒已极，加紧攻城，但却不能攻克。

当时天气十分炎热，吴国士兵疲劳不堪，饮用了不洁净的水，造成了腹泻、浮肿病流行，生病者过半，死伤之人满地都是。各兵营的官吏每天都报告生病者太多，诸葛恪认为他们谎报，要杀掉他们，从此没有人再敢说了。诸葛恪心中没有良策，又耻于攻城不下，所以忿恨之情常流露于外表。将军朱异在军事上与诸葛恪发生抵触，诸葛恪就立刻夺去他的兵权，驱逐他回建业。都尉蔡林多次提出军事计策，诸葛恪都不采纳，结果蔡林骑马逃走投降魏国。魏国将领伺察了解到吴国兵士已疲惫不堪，于是发出救兵。秋季，七月，诸葛恪率军退却，那些受伤生病的士卒流落在道路上，艰难地互相扶持着行走，有的人困顿地倒毙于沟中，有的人则被俘获，全军上下沉浸在哀痛悲叹之中。但诸葛恪却安然自若，外出在江中小洲上住了一月，还计划在浔阳地区开发田地，召他回去的诏书接连不断，他才慢慢地返回。从此他在群臣百姓中失去威望，人们对他的怨恨之言也越来越多。

孙峻因为臣民百姓大都怨恨嫌恶诸葛恪，就在吴王面前诬陷诸葛恪，说他想要发动变乱。冬季，十月，孙峻与吴王密谋在酒筵上杀死诸葛恪。诸葛恪将要赴宴的前一天晚上，精神躁动不安，整夜都不能入睡；另外，家里又发生了几次怪异之事，诸葛恪起了疑心。第二天，诸葛恪把车停在宫门，当时孙峻已经在帷帐之中设下伏兵，唯恐诸葛恪不按时进来使事情泄露，于是就亲自出来见诸葛恪说："您如果贵体欠安，可以等以后再说，我会把情况禀告主上的。"他说这话实际是想探试诸葛恪的态度。诸葛恪说："我要勉力进去见主上。"当时散骑常侍张约、朱恩等人写密信给诸葛恪说："今日宫内的陈设不同一般，我们怀疑有其他变故。"诸葛恪把密信给滕胤看，滕胤劝诸葛恪回府。诸葛恪说："这些小辈能干什么？恐怕他们是在酒食中下毒来害人而已。"诸葛恪进入宫内，带着剑不脱鞋上殿，上前谢过主上，回来坐在座位上。摆上酒宴，诸葛恪因有疑心就不饮酒。孙峻说："您的病没有大好，如果有常服的药酒，就请派人取来。"诸葛恪这才安了心。诸葛恪喝着自己人送来的酒，喝了几杯之后，吴王回到内室；这时孙峻也起来上厕所，在那儿脱下长衣，换上短衣服，一出来就喊道："主上有诏命立即拘捕诸葛恪！"诸葛恪慌忙站起，还没拔出剑而孙峻的刀已经砍了下来，张约从旁边刀劈孙峻，但只伤及左手，孙峻却回手砍断了张约的右臂。这时，宫内的卫兵都跑上殿来，孙峻说："今天要捕取的只是诸葛恪，现在他已经死了。"然后命令卫兵全都把刀收起来，又把地上清除打扫一番重新开筵。诸葛恪的两个儿子诸葛竦和诸葛建听说父亲遭难，就用车拉起母亲想要投奔魏国，孙峻派人追赶并杀掉了他们。又命令用芦席裹住诸葛恪的尸体，中间用竹篾一捆，扔到了石子冈。另外派遣无难督施宽到将军施绩、孙壹的军队中，在公安县杀了诸葛恪的弟弟奋威将军诸葛融和他的三个儿子。诸葛恪的外甥都乡侯张震、常侍朱恩也都被诛灭三族。

当初，诸葛恪少年即名声大振，吴大帝孙权非常器重他，而他的父亲诸葛瑾常为此事忧虑，说诸葛恪不是能保护家族的主人。诸葛瑾的朋友张承也认为诸葛恪必将败坏诸葛氏家族。陆逊曾对诸葛恪说："在我前面的人，我必然尊奉他，与他共同升迁；在我之下者，我就去扶持接引他。如今我看你气势凌驾于你前面的人之上，心意中又蔑视在你之下的人，这不是安定德业的根基。"蜀汉的侍中诸葛瞻，是诸葛亮之子。诸葛恪再次攻打淮南时，越嶲太守张嶷给诸葛瞻写信说：“吴王刚刚驾崩，现在的皇帝实在太年幼怯弱，太傅诸葛恪承受辅政托孤的重担，又哪里是容易的事！以周公之才且有亲戚关系，来摄理朝政，仍然会有管叔、蔡叔散布流言发动叛乱；霍光受命摄理朝政，也有燕王刘旦、盖主和上官桀等人阴谋陷害霍光的活动，只是依赖周成王、汉昭帝的圣明才得以免遭危难。以前常听说吴王生杀赏罚的大权，从不交给下人，如今却在垂死之时，终于召来太傅，把后事托付给他，这实在令人忧虑。另外从以前的记载看，吴、楚地方的人性格轻飘急躁，但太傅却远离年幼的君主，深入敌国境内，这恐怕不是良好而长远的计策。虽然说吴国国家纲纪整肃，君臣上下和睦相处，但百事中即使有一次失误，也不是明智者的谋略。用古事来衡量今天的事情，则今事如同古事一样，如果您不向太傅进献忠言，还有谁能直言相告呢？希望您能劝他撤回军队扩展农业，致力于推行仁德恩惠，数年之中，我们东西两国再同时大举进攻魏国，也不算晚，希望您深刻地考虑和采纳我的建议！”后来诸葛恪果然如张嶷所言而失败。

魏高贵乡公正元元年（甲戌，公元254年）

春季，二月，魏国杀中书令李丰。当初，李丰十七八岁时，已经颇有清雅之名，海内人士交口称誉。他的父亲太仆李恢不愿让他这样，所以就令他闭门谢客，不与人往来。曹爽独揽朝政时，司马懿称病不出，当时李丰任尚书仆射，就在曹爽、司马懿二人之中周旋反复，因此没有与曹爽一起被诛杀。李丰的儿子李韬，被选中娶齐长公主为妻。司马师主持朝政时，任命李丰为中书令。当时，太常夏侯玄在天下极有威望，但因为与曹爽是亲戚，不能担任有权势的职位，平时常常怏怏不乐；张缉因为是皇后之父而免去郡守闲居在家，他也很不得意；李丰与夏侯玄和张缉关系十分亲密。司马师虽然提拔了李丰，但李丰心里更为看重夏侯玄。李丰担任中书令的两年中，皇帝多次召见李丰一起交谈，但不知说些什么。司马师知道他们是在议论自己，所以请李丰来相见，向他询问，但李丰却不以实言相告；司马师勃然大怒，就用刀把上的铁环捶死了李丰，把尸体送交廷尉，接送又逮捕了李丰之子李韬和夏侯玄、张缉等人，都送交廷尉收监。钟毓负责审讯治狱，他说：“李丰与黄门监苏铄、永宁宫署令乐敦，冗从仆射刘贤等人阴谋策划说：‘拜贵人的那天，各营的兵力都把守在宫门口，陛下临近前廊时，借此机会共同侍奉陛下，再率领众官兵士，近前去诛杀大将军；陛下如果不听从，就要挟持着他离开。’”又说：“他们阴谋商定以夏侯玄为大将军，张缉为骠骑将军；夏侯玄、张缉都知道这个阴谋。”庚戌（二十二日），诛杀李韬、夏侯玄、张缉、苏铄、乐敦、李贤等人，并诛灭三族。

夏侯霸投奔蜀国时，曾邀请夏侯玄和他一同去，但夏侯玄没有听从。等司马懿去世，中领军高阳人许允对夏侯玄说：“以后不用再忧虑了。”夏侯玄叹道：“士宗啊，你怎么不明事理呢？司马懿还是能把我作为世代交好的少年来对待我，而司马师、司马昭就不会容我了。”入狱之后，夏侯玄不肯招供，钟毓亲自去处理。夏侯玄表情严肃地斥责钟毓说：“我有什么罪！你身为公府令史亲自来责问我，那你就替我写！”钟毓认为夏侯玄是名士，志节清高，不可屈服，但案子要了结，于是连夜为他写了供状，使与所查察之事相符合，然后流着眼泪给夏侯玄看；夏侯玄看后，只是微微点了点头而已。等到推到东市斩首，他仍然脸不变色，举动自如。

正始年间，夏侯玄、何晏、邓飏都很有名气，他们想要结交尚书郎傅嘏，但傅嘏却不接受。傅嘏的朋友荀粲奇怪地问他何以如此，傅嘏说：“夏侯玄的志向超过了其能力，他能符合虚有的声名却没有实际的才干。何晏话说得很高远而情感却很浅近，喜好辩论却没有真诚，这就是所谓口齿伶俐却会颠覆邦国的人。邓飏有所作为但最终没有成就，他在外邀取名利，而内心却毫无节制，喜欢与自己相同而讨厌与自己不同的意见，多嘴多舌而且嫉妒超过自己的人；多嘴多舌就会造成很多矛盾，嫉妒超过自己的人就会失去亲近的朋友。以我看这三个人都将要家败族灭，我远远地避开他们还恐怕会招惹灾祸，更何况与他们亲近呢？”傅嘏又与李丰不和，曾对朋友说：“李丰善于掩饰其虚伪而且生性多疑，沾沾自喜于小聪明而又热衷于权利，如果让他掌管机密要事，那么他被杀是必定无疑的！”

魏帝对李丰之死，心中颇为愤愤不平。安东将军司马昭镇守武昌，诏令召入京然后去攻打姜维。九月，司马昭领兵来晋见魏帝，魏帝到平乐观检阅他的军队。左右亲信劝魏帝借司马昭进见辞行的机会杀掉他，然后再领兵击退大将军司马师；在此之前已经写好诏书，但魏帝害怕，不敢发。

司马昭领兵入城，大将军司马师就阴谋废掉魏帝。甲戌（十九日），司马师假传皇太后的命令召集群臣开会议论，以魏帝荒淫无度宠幸亲近歌舞艺人为理由，认为他不能再承担帝王的重任了。群臣都不敢反对。于是上奏章要没收魏帝的御玺，贬为齐王。又让郭芝入宫告诉太后。太后正在与魏帝对坐闲谈，郭芝就对魏帝说：“大将军想要废掉陛下，立彭城王曹据为帝！”魏帝站起来就走了。太后很不高兴。郭芝说：“太后有儿子却不能教育，现在大将军主意已定，又领兵在外以防备非常事变，只能顺着他的旨意，还有什么可说的！”太后说：“我要见大将军，对他有话说。”郭芝说：“有什么可见的！现在只应该快点取来御玺！”太后无奈，就让身边的侍从官取来御玺放在座位旁。郭芝出来报告司马师，司马师很高兴。又派使者把齐王之印绶给魏帝，让他出来住在西宫。魏帝与太后垂泪而别，然后乘坐亲王规格的车子，从太极殿出来往南而行，群臣出来送别的有数十人，司马孚悲痛欲绝，其他人也都挥泪相送。

司马师又派使者向太后索要御玺，太后说：“彭城王是我的小叔，他立为天子，我该到哪儿去？再说明皇帝难道就永绝后嗣了吗？高贵乡公是文皇帝的长孙，明皇帝之弟的儿子，按照礼制，可以选择小宗的后代来继承大宗的统绪，你们再详细议论议论。”丁丑（二十二日），司马师再次召集群臣，把太后的命令给他们看，然后决定到元城迎接高贵乡公曹髦。曹髦是东海定王曹霖之子，当时年仅十四岁，所以让太常王肃持符节去迎接他。

二年（乙亥，公元255年）

春季，正月，毌丘俭、文钦假称受太后诏书，在寿春起兵，并向各州郡发檄文以共同讨伐司马师，又上表说："相国司马懿，为人忠正，为国家立了伟大功勋，应该宽宥他的后世，请求只废掉司马师的官职，让他以侯爵的身份退居家中，让其弟司马昭代替他。太尉司马孚尽忠尽孝小心奉职，护军司马望也能忠心耿耿尽职尽责，他们都应得到亲近和信任，授予他们重要职务。"司马望是司马孚之子。毌丘俭又派使者邀请镇南将军诸葛诞共讨司马师，但诸葛诞杀掉了使者。毌丘俭、文钦率五六万大军渡过淮河，向西到达项县；毌丘俭坚守城池，让文钦在外率领游动兵力。

司马师向河南尹王肃询问计策，王肃说："从前关羽在汉水之滨俘虏了于禁，有向北争夺天下的志向，后来孙权袭击攻取了其将士的家属，结果关羽的军队一下子就瓦解了。现在淮南众将士的父母妻子都留在内地州县，只要迅速派兵去保护其家属抵御毌丘俭、文钦的军队，不让他们进来，那他们必然会像关羽那样土崩瓦解。"当时司马师刚刚割掉眼部肿瘤，创口很大，很多人都认为此时大将军不应自己率兵前往，不如派太尉司马孚去抵抗叛军。只有王肃与尚书傅嘏、中书侍郎钟会等人劝司马师亲自去，但司马师犹豫不决。傅嘏说："淮、楚地区的兵力强劲，而且毌丘俭等自负力量强大要远征拼斗，其锋锐之势不易抵挡。如果诸将的战斗出现不利，大势一去，那么您的事情就要失败。"司马师快速地站起来说："我要抱病登车前去东边。"戊午（初五），司马师率领中外各军去讨伐毌丘俭和文钦，让其弟司马昭兼任中领军，留守洛阳，并召集三个方面的军队在陈县、许县会合。

闰月，甲申（初一），司马师驻军于桥，毌丘俭的将领史招、李续相继来投降。王基又对司马师说："用兵只听说宁拙而能速胜，还未见过求巧而能持久。如今外部有强大的敌人，内部有叛乱的臣子，如果不及时做出决断，那么事态发展的深浅祸福则是难以预测的。议论的人都说将军持重稳健。您持重稳健是对的，但按兵不动则不对。持重，不是不往前行的意思，而是指前进而不可抵挡。如今我们坚守营垒，使其他各地积存的粮食资助了叛军而我们却从远方运输军粮，这实在不是好的计谋。"但司马师仍然不准进军。王基说："将领在行军作战时，君主的命令也可以不接受。如果敌人得到对敌人有利，我方得到对我方有利，这就是所谓争地，这个地方就是南顿。"随即就进军占据了南顿，毌丘俭等人从项县出发也想去争夺南顿，发兵行进了十余里，听说王基已经抢先到达，于是又撤兵坚守项县。

毌丘俭起兵之初，曾派遣善于走路的人到兖州送信，兖州刺史邓艾把他杀了。然后领兵一万多人，兼程前进，抢先赶到乐嘉城，制作了浮桥以等待司马师的大军。毌丘俭让文钦领兵去袭击乐嘉城。但司马师从汝阳秘密进兵到了乐嘉城与邓艾会合，文钦突然看到大军，大吃一惊不知如何是好。文钦之子文鸯，十八岁，勇猛强健，体力超人，此时就对文钦说："我们趁其尚未安定，猛然出击可以攻破他们。"于是兵分二路，当夜就开始夹攻进击，文鸯率领强壮的士兵首先赶到，大声鼓噪进攻，城内军队惊扰不安。司马师也十分惊恐，急得他那只病眼也向外突了出来，他恐怕众人知道，就咬住被子强忍疼痛，结果把被子都咬破了。但文钦误了约定的时间未来接应，等到天明，文鸯见到对方兵力强盛，就撤兵而回。司马师对诸将说："叛贼跑了，现在可以去追击他们！"诸将说："文钦父子骁勇异常，没有受到挫折，苦于什么而要逃跑呢？"司马师说："打仗时第一次击鼓进攻士气大振，再次击鼓士气就衰弱了。文鸯鼓噪一夜又失去策应，其士气已然受挫，不逃走还等什么？"文钦将要领兵向东而退，文鸯说："如果不先挫其威势，我们是走不了的。"于是就同十几个骁勇骑兵杀入敌兵冲锋陷阵，所向披靡，然后才领兵而去，司马师派左长史司马班率领骁勇骑兵八千人从两翼追击，文鸯单枪匹马闯入数千骑兵之中，一次就杀伤百余人，然后突出重围而走，像这样来回六七次，追赶的骑兵也不敢向前紧逼。

这天，毌丘俭听说文钦败退，十分恐惧，就连夜逃走，将士也随之四散溃逃。文钦退回到项县，因孤军无援，自己难以立足，想要回到寿春，而寿春已经溃败，于是就投奔了吴国。吴国孙峻到达东兴，听说毌丘俭等人失败，壬寅（十九日），进军到橐皋，文钦父子到军前来投降。毌丘俭逃走，向北到了慎县，左右的士兵逐渐都弃他而去，毌丘俭就藏身于水边的草丛中。甲辰（二十一日），安风津的百姓张属过去杀掉了毌丘俭，毌丘俭的首级送到京师，于是加封张属为侯爵。诸葛诞到达寿春，寿春城中十余万人口害怕被杀，有的人流窜到山林川泽，有的人则分散地逃入吴国。诏令任命诸葛诞为镇东大将军、仪同三司，都督扬州诸军事。

蜀汉的姜维又讨论出兵之事，征西大将军张翼在朝廷上劝谏他，认为："国家弱小人民劳苦，不宜滥用兵力。"但姜维不同意，还是率领车骑将军夏侯霸以及张翼共同进军。八月，姜维率领数万人到达罕县，并向狄道进军。

征西将军陈泰命令雍州刺史王经进驻狄道，等待陈泰军队到达，再把东西兵力合在一起进军。陈泰军队驻扎在陈仓，而王经所统领的各军在旧边关地区与蜀汉交战不利，于是王经渡过洮水。陈泰认为王经不坚守狄道，必然是有其他变故，就率领各军去接应他。此时王经已经与姜维在洮西交战，结果大败，又率领万余人返回保卫狄道城，其余的兵士全都四散奔逃，被杀者以万计。张翼请求姜维说："我们可以停止了，不应再向前进，如果再向前进，也许就要毁掉这次大的胜利，而变成画蛇添足了。"姜维勃然大怒，不听张翼的意见，于是进军包围了狄道。

辛未（二十二日），诏命长水校尉邓艾出任安西将军，与陈泰协力抵抗姜维，戊辰，又让太尉司马孚为后续部队。陈泰进军至陇西，诸将都对陈泰说："王经新近才失败，敌兵气势正盛，而将军您率领临时杂凑起来的军队，又是继败军之后，去抵挡正乘胜前进的锋锐部队，恐怕必定不能取胜。古人有言：'被蝮蛇螫了手，壮士就砍掉了手腕。'《孙子》说：'兵有时不必出击，地有时不必坚守。'这是因为小的方面有所失而大的方面就能保全的缘故。您不如先占据险要之地以求自保，观察敌人的失误等待敌人出现漏洞，然后再进军救援，这个计策是最好的。”陈泰说：“姜维带领轻装军队深入我境，正是想与我们在原野上一争锋芒，希求一战而胜。王经应当高筑营垒坚守不出，挫败敌人的锐气，但现在竟与敌人交战，使敌人的计策得以实现。王经既已失败逃去，姜维如果凭借战胜的威势，向东进兵，占据栎阳这座有粮食储备的城池，然后放出兵力四处收罗降兵降将，招纳羌、胡部族，向东争夺关、陇地区，再向陇西、南安、天水、略阳四郡发布檄文，这是我们所担忧之事。但姜维却用士气强盛的兵力围攻狄道，使兵力受挫于坚固的城池之下，锐气耗尽仍竭力拼命攻城，攻与守的形势差别很大，主与客也有不同。兵书上说：‘制作大盾牌和攻城的战车，三个月才能完成；堆积土山攻城，也要三个月时间才能完成。’因此围攻城池对于轻装远来的军队是十分不利的。如今姜维孤军深入远离本土客居我方境内，粮草接济不上，这正是我军迅速前进消灭敌人的时机，所谓迅雷不及掩耳，这是自然形成的威势。洮水像带子一样围在敌军外面，姜维的兵力在洮水以内，如今我们登高占据险要地势，突然出现在敌人头上的高处，不用交战他们就必定要逃走。敌寇不可纵容，围城不可持久。你们怎能说这样的话！”于是进军爬过高城岭，秘密行军，夜里到达狄道东南的高山之上，突然举起众多火把，同时击鼓吹响号角。狄道城中的将士们见到救兵来到，都奋发振作欢呼跳跃起来。姜维没想到救兵突然到达，并借山势紧急向他进攻。陈泰与姜维交战，姜维退却。陈泰又领兵扬言要截断姜维退路，姜维十分惊恐。九月，甲辰（二十五日），姜维率兵逃走，狄道城中的将士才得以出来。王经感叹地说：“我们的粮食已不足十天所用，如果不是救兵迅速赶到，全城之人就要遭到屠杀，我们也要丧失一州之地了！”陈泰慰劳守城将士，先后让他们返回，另外选择军队把守狄道城，并修筑了城垒，然后率兵撤回，驻扎在上邽。

曹操横槊赋诗

第七十七卷　魏纪九

译文诵读

高贵乡公下甘露元年（丙子，256）

姜维在钟提，议者多以为维力已竭，未能更出。安西将军邓艾曰：“洮西之败，非小失也，士卒凋残，仓廪空虚，百姓流离。今以策言之，彼有乘胜之势，我有虚弱之实，一也。彼上下相习，五兵犀利，我将易兵新，器仗未复，二也。彼以船行，吾以陆军，劳逸不同，三也。狄道、陇西、南安、祁山各当有守，彼专为一，我分为四，四也。从南安、陇西因食羌谷，若趣祁山，熟麦千顷，为之外仓，五也。贼有黠计，其来必矣。”

秋，七月，姜维复率众出祁山，闻邓艾已有备，乃回，从董亭趣南安；艾据武城山以拒之。维与艾争险不克，其夜，渡渭东行，缘山趣上邽，艾与战于段谷，大破之。以艾为镇西将军、都督陇右诸军事。维与其镇西大将军胡济期会上邽，济失期不至，故败，士卒星散，死者甚众，蜀人由是怨维。维上书谢，求自贬黜，乃以卫将军行大将军事。

八月庚午，诏司马昭加号大都督，奏事不名，假黄钺。

二年（丁丑，257）

征东大将军诸葛诞素与夏侯玄、邓飏等友善，玄等死，王凌、毌丘俭相继诛灭，诞内不自安，乃倾帑藏振施，曲赦有罪以收众心，畜养扬州轻侠数千人以为死士。因吴人欲向徐堨，请十万众以守寿春，又求临淮筑城以备吴寇。司马昭初秉政，长史贾充请遣参佐慰劳四征，且观其志。昭遣充至淮南，充见诞，论说时事，因曰：“洛中诸贤，皆愿禅代，君以为如何？”诞厉声曰：“卿非贾豫州子乎？世受魏恩，岂可欲以社稷输人乎！若洛中有难，吾当死之。”充默然；还，言于昭曰：“诸葛诞再在扬州，得士众心。今召之，必不来，然反疾而祸小；不召，则反迟而祸大，不如召之。”昭从之。甲子，诏以诞为司空，召赴京师。诞得诏书，愈恐，疑扬州刺史乐綝间己，遂杀綝，敛淮南及淮北郡县屯田口十余万官兵，扬州新附胜兵者四五万人，聚谷足一年食，为闭门自守之计。遣长史吴纲将少子靓至吴，称臣请救，并请以牙门子弟为质。

司马昭奉帝及太后讨诸葛诞。

吴纲至吴，吴人大喜，使将军全怿、全端、唐咨、王祚将三万众，与文钦同救诞；以诞为左都护，假节、大司徒、骠骑将军、青州牧，封寿春侯。怿，琮之子；端，其从子也。

六月，甲子，车驾次项，司马昭督诸军二十六万进屯丘头，以镇南将军王基行镇东将军、都督扬、豫诸军事，与安东将军陈骞等围寿春。基始至，围城未合，文钦、全怿等从城东北，因山乘险，得将其众突入城。昭敕基敛军坚壁。基累求进讨，会吴朱异率三万人进屯安丰，为文钦外势，诏基引诸军转据北山。基谓诸将曰："今围垒转固，兵马向集，但当精修守备以待越逸，而更移兵守险，使得放纵，虽有智者，不能善其后矣！"遂守便宜，上疏曰："今与贼家对敌，当不动如山，若迁移依险，人心摇荡，于势大损。诸军并据深沟高垒，众心皆定，不可倾动，此御兵之要也。"书奏，报听。于是基等四面合围，表里再重，堑垒甚峻。文钦等数出犯围，逆击，走之。司马昭又使奋武将军监青州诸军事石苞督兖州刺史州泰、徐州刺史胡质简锐卒为游军，以备外寇。泰击破朱异与阳渊，异走，泰追之，杀伤二千人。

秋，七月，吴大将军綝大发兵出屯镬里，复遣朱异帅将军丁奉、黎斐等五人前解寿春之围。异留辎重于都陆，进屯黎浆，石苞、州泰又击破之。太山太守胡烈以奇兵五千袭都陆，尽焚异资粮，异将余兵食葛叶，走归孙綝；綝使异更死战，异以士卒乏食，不从綝命。綝怒，九月，己巳，綝斩异于镬里。辛未，引兵还建业。綝既不能拔出诸葛诞，而丧败士众，自戮名将，由是吴人莫不怨之。

司马昭曰："异不得至寿春，而吴人杀之，非其罪也，欲以谢寿春而坚诞意，使其犹望救耳。今当坚围，备其越逸，而多方以误之。"乃纵反间，扬言"吴救方至，大军乏食，分遣羸疾就谷淮北，势不能从。"诞等益宽恣食，俄而城中乏粮，外救不至。将军蒋班、焦彝，皆诞腹心谋主也，言于诞曰："朱异等以大众来而不能进，孙綝杀异而归江东，外以发兵为名，内实坐须成败。今宜及众心尚固，士卒思用，并力决死，攻其一面，虽不能尽克，犹有可全者，空坐守死，无为也。"文钦曰："公今举十余万之众归命于吴，而钦与全端等皆同居死地，父兄子弟尽在江表，就孙綝不欲来，主上及其亲戚岂肯听乎！且中国无岁无事，军民并疲，今守我一年，内变将起，奈何舍此，欲乘危侥幸乎！"班、彝固劝之，钦怒。诞欲杀班、彝，二人惧，十一月，弃诞逾城来降。全怿兄子辉、仪在建业，与其家内争讼，携其母将部曲数十家来奔。于是怿与兄子靖及全端弟翩、缉皆将兵在寿春城中，司马昭用黄门侍郎钟会策，密为辉、仪作书，使辉、仪所亲信赍入城告怿等，说"吴中怒怿等不能拔寿春，欲尽诛诸将家，故逃来归命。"十二月，怿等帅其众数千人开门出降，城中震惧，不知所为。诏拜怿平东将军，封临湘侯，端等封拜各有差。

三年（戊寅，258）

春，正月，文钦谓诸葛诞曰："蒋班、焦彝谓我不能出而走，全端、全怿又率众逆降，此敌无备之时也，可以战矣。"诞及唐咨等皆以为然，遂大为攻具，昼夜五六日攻南围，欲决围而出。围上诸军临高发石车火箭，逆烧破其攻具，矢石雨下，死伤蔽地，血流盈堑，复还城。城内食转竭，出降者数万口。钦欲尽出北方人省食，与吴人坚守，诞不听，由是争恨。钦素与诞有隙，徒以计合，事急愈相疑。钦见诞计事，诞遂杀钦。钦子鸯、虎将兵在小城中，闻钦死，勒兵赴之，众不为用，遂单走逾城出，自归于司马昭。军吏请诛之，昭曰："钦之罪不容诛，其子固应就戮；然鸯、虎以穷归命，且城未拔，杀之是坚其心也。"乃赦鸯、虎，使将数百骑巡城，呼曰："文钦之子犹不见杀，其余何惧！"又表鸯、虎皆为将军，赐爵关内侯。城内皆喜，且日益饥困。司马昭身自临围，见城上持弓者不发，曰："可攻矣！"乃四面进军，同时鼓噪登城。二月，乙酉，克之。诞窘急，单马将其麾下突小城欲出，司马胡奋部兵击斩之，夷其三族。诞麾下数百人，皆拱手为列，不降，每斩一人，辄降之，卒不变，以至于尽。吴将于诠曰："大丈夫受命其主，以兵救人，既不能克，又束手于敌，吾弗取也。"乃免胄冒陈而死。唐咨、王祚等皆降。吴兵万众，器仗山积。

司马昭之克寿春，钟会谋画居多；昭亲待日隆，委以腹心之任，时人比之子房。

孙綝奉牛酒诣吴主，吴主不受，赍诣左将军张布；酒酣，出怨言曰："初废少主时，多劝吾自为之者；吾以陛下贤明，故迎之。帝非我不立，今上礼见拒，是与凡臣无异，当复改图耳。"布以告吴主，吴主衔之，恐其有变，数加赏赐。戊戌，吴主诏曰："大将军掌中外诸军事，事统烦多，其加卫将军、御史大夫恩侍中，与大将军分省诸事。"或有告綝怀怨侮上，欲图反者，吴主执以付綝，綝杀之，由是益惧，因孟宗求出屯武昌，吴主许之。綝尽敕所督中营精兵万余人，皆令装载；又取武库兵器，吴主咸令给与。綝求中书两郎典知荆州诸军事，主者奏中书不应外出，吴主特听之。其所请求，一无违者。

将军魏邈说吴主曰："綝居外，必有变。"武卫士施朔又告綝谋反。吴主将讨綝，密问辅义将军张布，布曰："左将军丁奉，虽不能吏书，而计略过人，能断大事。"吴主召奉告之，且问以计画，奉曰："丞相兄弟支党甚盛，恐人心不同，不可卒制；可因腊会有陛兵以诛之。"吴主从之。

十二月，丁卯，建业中谣言明会有变，綝闻之，不悦。夜，大风，发屋扬沙，綝益惧。戊辰，腊会，綝称疾不至；吴主强起之，使者十余辈，綝不得已，将入，众止焉。綝曰："国家屡有命，不可辞。可豫整兵，令府内起火，因是可得速还。"遂入，寻而火起，綝求出，吴主曰："外兵自多，不足烦丞相也。"綝起离席，奉、布目左右缚之。綝叩头曰："愿徙交州。"吴主曰："卿何不徙滕胤、吕据于交州乎！"綝复曰："愿没为官奴。"吴主曰："卿何不以胤、据为奴乎！"

遂斩之。以綝首令其众曰："诸与綝同谋者，皆赦之。"放仗者五千人。孙闿乘船欲降北，追杀之。夷綝三族，发孙峻棺，取其印绶，斫其木而埋之。

元皇帝上景元元年（庚辰，260）

帝见威权日去，不胜其忿。五月，己丑，召侍中王沈、尚书王经、散骑常侍王业，谓曰："司马昭之心，路人所知也。吾不能坐受废辱，今日当与卿自出讨之。"王经曰："昔鲁昭公不忍季氏，败走失国，为天下笑。今权在其门，为日久矣，朝廷四方皆为之致死，不顾逆顺之理，非一日也。且宿卫空阙，兵甲寡弱，陛下何所资用；而一旦如此，无乃欲除疾而更深之邪！祸殆不测，宜见重详。"帝乃出怀中黄素诏投地曰："行之决矣！正使死何惧，况不必死邪！"于是入白太后。沈、业奔走告昭，呼经欲与俱，经不从。帝遂拔剑升辇，率殿中宿卫苍头官僮鼓噪而出。昭弟屯骑校尉伷遇帝于东止车门，左右呵之，伷众奔走。中护军贾充自外入，逆与帝战于南阙下，帝自用剑。众欲退，骑督成倅弟太子舍人济问充曰："事急矣，当云何！"充曰："司马公畜养汝等，正为今日。今日之事，无所问也！"济即抽戈前刺帝，殒于车下。昭闻之，大惊，自投于地。太傅孚奔往，枕帝股而哭甚哀，曰："杀陛下者，臣之罪也！"

昭入殿中，召群臣会议。尚书左仆射陈泰不至，昭使其舅尚书荀顗召之，泰曰："世之论者以泰方于舅，今舅不如泰也。"子弟内外咸共逼之，乃入，见昭，悲恸，昭亦对之泣曰："玄伯，卿何以处我？"泰曰："独有斩贾充，少可以谢天下耳。"昭久之曰："卿更思其次。"泰曰："泰言惟有进于此，不知其次。"昭乃不复更言。顗，彧之子也。

太后下令，罪状高贵乡公，废为庶人，葬以民礼。收王经及其家属付廷尉。经谢其母，母颜色不变，笑而应曰："人谁不死，正恐不得其所；以此并命，何恨之有！"及就诛，故吏向雄哭之，哀动一市。王沈以功封安平侯。庚寅，太傅孚等上言，请以王礼葬高贵乡公，太后许之。

魏高贵乡公甘露元年（丙子，公元256年）

姜维在钟提，人们议论多认为他兵力已经衰竭，不能再次出征。但安西将军邓艾说："我们在洮西的失败，并不是小的损失，士卒伤残严重，十分衰弱，粮食仓库也已经空虚，百姓们流离失所。如今从谋略方面说，他们有乘胜进军的实力，而我们的现状却虚弱不堪，这是一。他们官兵上下相互熟习，兵器齐备而犀利，而我们更换了将领，更新了士兵，兵器也不完备，这是二。他们是坐船行进，而我们是陆地行军，劳逸不同，这是三。狄道、陇西、南安、祁山各地都应当有人守卫，他们是专门进攻一处，而我们却分守四方，这是四。他们从南安、陇西进军可以就地食用羌人的粮食，如果向祁山进军，那里成熟的麦子有千顷之多，足以成为他们的外部粮仓，这是五。敌人素来狡黠善于算计，他们来进攻是必然的。”

秋季，七月，姜维再次率兵出祁山，听说邓艾已有防备，就撤兵返回，从董亭奔向南安；邓艾据守武城山来抵抗姜维。姜维与邓艾争夺险要之地未能成功，当天夜里，他渡过渭水向东而行，沿山奔向上邽，邓艾又与姜维在段谷交战，把姜维打得大败。魏国任命邓艾为镇西将军，都督陇右诸军事。姜维与蜀汉的镇西大将军胡济约定在上会合，胡济误期未能到达，因此姜维失败了，士兵们四散奔逃，伤亡惨重，蜀人因此而埋怨姜维。姜维上书谢罪，自求贬职，蜀汉就让他以卫将军代行大将军的职权。

八月，庚午（二十六日），诏令司马昭加大都督封号，奏事可以不称名，出师持黄钺。癸酉（二十九日），任命太尉司马孚为太傅。九月，任命司徒高柔为太尉。

二年（丁丑，公元257年）

彩陶漩涡纹壶

征东大将军诸葛诞平时与夏侯玄、邓飏等人关系亲密，夏侯玄等人死了，王凌、毌丘俭等也相继被诛杀，诸葛诞内心很不安，于是就尽量拿出官府库中的财物广泛地赈济施舍，又曲法赦免那些有罪之人以收买众人之心，还蓄养了扬州的轻捷侠客数千人当作护卫自己的敢死队。因为吴国人想要攻打徐塌，诸葛诞就请求率十万兵众去守卫寿春，又要求濒临淮水建筑一座城以防备吴人进犯。司马昭刚刚执掌朝政，长史贾充建议派遣部下去慰劳征东、征南、征西、征北四将军，并观察他们的志趣、动向。司马昭派贾充到了淮南，贾充见到诸葛诞，一起谈论时事，贾充说道：“洛中的诸位贤达之人，都希望实行禅让，您认为如何？”诸葛诞严厉地说：“你不是贾豫州的儿子吗？你家世代受到魏国的恩惠，怎能想把国家转送他人？如果洛中发生危难，我愿为国家而死。”贾充默然无语。回来之后，贾充对司马昭说：“诸葛诞再次到扬州后，深得士众之心。如今召他来，他必然不来，还会反叛，但早反叛祸害不大；如果不召他来，那么晚反叛祸害就大了，因此不如召他来。”司马昭采纳了这个意见。甲子（二十四日），诏令任命诸葛诞为司空，并召他往赴京师。诸葛诞得到诏书，更加恐惧，怀疑是扬州刺史乐綝离间自己，于是就杀掉乐綝，聚集了在淮南及淮北郡县屯田的十余万官兵和扬州地区新招募的身强力壮的兵士四五万人，又聚集了足够食用一年的粮食，做了闭门自守的长期准备。又派遣长史吴纲带着他的小儿子诸葛靓到吴国，向吴王称臣请求救援，并请求再让部下将士的子弟当作人质。

司马昭侍奉魏帝和太后共同去讨伐诸葛诞。

吴纲到了吴国，吴人大喜，派将军全怿、全端、唐咨、王祚等人领兵三万人，与文钦一起去救援诸葛诞；任命诸葛诞为左都护，持符节、大司徒、骠骑将军、青州牧，并封为寿春侯。全怿是全琮之子，全端是全琮之侄。

六月，甲子（二十五日），魏帝车驾到达项县，司马昭率诸军二十六万人进驻丘头。让镇南将军王基为行镇东将军，都督扬、豫诸军事，并与安东将军陈骞等人围攻寿春。王基刚到寿春，包围圈还未形成时，文钦、全怿等人从城东北凭借险要的山势，才得以率领军队突入城中。司马昭命令王基聚拢军队坚守壁垒不与敌人交战。王基屡次要求进攻，恰好吴国的朱异率领三万人进驻安丰，成为文钦的外部接应势力，诏令王基率领诸军转移占据北山。王基对诸将说："如今包围的营垒已经坚固了，兵马也近于集中，此时只应精心整治守备力量以等待敌人突围逃跑，但是却命令我们转移兵力把守险要之地，使城内敌人得以放纵，如果这样做，即使有聪明之人，也不能很好地处理以后的战事！"于是就坚持有利的做法继续包围寿春，同时又上疏说："如今与敌人对峙，我们就像山那样岿然不动，如果转移部队依据险要，人心就会动荡不安，对于形势有很大损害。各军都已据守深沟高垒的营盘，众心都已稳定，不可再加以动摇，这是治军的要领。"上奏章之后，回报说同意王基的意见。于是王基等人四面合围，形成里外两层包围圈，深沟高垒的防御工事非常坚固。文钦等人多次出城企图突破包围，都受到迎面还击而逃回。司马昭又派奋武将军监青州诸军事石苞统领兖州刺史州泰、徐州刺史胡质的轻装精锐士卒作为游动军队，以防备外面的敌兵。州泰在阳渊击败了朱异，朱异逃走，州泰在后面追赶，杀伤了敌兵二千人。

秋季，七月，吴国大将军孙綝出动众多兵力驻扎在镬里，又派朱异率将军丁奉、黎斐等五人前去解寿春之围。朱异把辎重粮草留在都陆，进驻黎浆，石苞、州泰又击败了他。太山太守胡烈率奇兵五千人偷袭了都陆，全部焚毁了朱异的物资粮草，朱异率领剩余兵力吃着葛叶，逃归孙綝处；孙让朱异再次拼死出战，朱异以士卒缺乏粮食为由，不服从孙綝的命令。孙綝大怒，九月，己巳（初一），孙綝在镬里杀了朱异。辛未（初三），领兵回到建业。孙綝既不能救出诸葛诞，而且又伤亡了大量士卒，还杀戮自己的名将，因此吴人没有不怨恨他的。

司马昭说："朱异不能到达寿春，不是他的罪过，但吴人却杀了他，这是想以此来安抚寿春的将士而坚定诸葛诞守城的意志，让他仍然盼望着救兵。如今应加强包围，防备他们突围逃跑，而且要想方设法使他们判断失误。"于是到处放风行反间之计，扬言说："吴国救兵就要到了，魏国的大军缺乏粮食，要分散派遣病弱的士卒到淮北去吃那里的粮食，看形势围攻不会太久了。"诸葛诞等人更加放宽心任意吃粮，没过多久城中粮食告乏，而外边的救兵仍然未到。将军蒋班、焦彝，都是诸葛诞的心腹主谋之人，此时对诸葛诞说："朱异等人率众多兵力前来而不能进城，孙綝杀掉朱异而回到江东，表面上是以发救兵为名，内里实际上是要坐等成败。如今应趁众人之心还能稳定，士卒愿意效力，集中力量拼死命攻其一面，尽管不能获全胜，仍有可能保全部队实力，如果空坐这里死守，是没有出路的。”文钦说：“您如今率领十余万士卒来归附于吴国，而我与全端等人都与您共同居于死地，我们的父兄子弟都在江南，即使孙綝不想来，而主上及其亲戚又怎么肯听他的呢？而且魏国没有一年是没事的，军民都很疲惫，如今他们围守我们一年，内变就将兴起，为什么我们要舍弃这里而想冒着危险侥幸一战呢？”蒋班、焦彝仍坚持劝他，文钦十分恼怒。诸葛诞要杀掉蒋班、焦彝，二人非常害怕，十一月，他们背弃诸葛诞越过城墙来投降。全怿哥哥的儿子全辉、全仪在建业，与家内之人发生争执，就带着母亲率领部曲数十家来投奔魏国。此时全怿与其兄之子全靖以及全端之弟全翩、全缉都领兵在寿春城中，司马昭采用黄门侍郎钟会的计策，秘密地替全辉、全仪写了书信，并让全辉、全仪的亲信之人送入城中告诉全怿等人，说：“吴国朝廷恼怒全怿等人不能击败包围寿春的敌兵，而想要杀尽诸将的家属，因此跑出来归顺魏国。”十二月，全怿等人率领手下兵将数千人开城门出来投降，城中的人十分震恐，不知怎么办好。诏令任命全怿为平东将军，封临湘侯，全端等人的拜官封职各有差等。

三年（戊寅，公元258年）

春季，正月，文钦对诸葛诞说：“蒋班、焦彝认为我们不能出城而走，全端、全怿又已率众投降，这正是敌人没有防备的时机，可以出城一战了。”诸葛诞和唐咨等人都认为很对，于是就大力准备进攻的器具，连续五六个昼夜进攻南面的包围，想要突破重围而出。包围圈上的魏国诸军站在高处发射石车火箭，迎面烧破敌方的进攻器具，箭石像雨一样泻下，死伤者遍地，流血充满堑沟，诸葛诞等又被迫返回城中。城内的粮食越来越少，出城投降者有数万人之多。文钦想让北方人都出城投降以节省粮食，留下他与吴国人一起坚守，但诸葛诞不同意，从此两人之间互相怨恨。文钦平时就与诸葛诞有矛盾，只是因为反对司马昭的想法相同而结合，事态紧急了就愈加互相猜疑。文钦进见诸葛诞商量事情，诸葛诞就杀掉了文钦。文钦之子文鸯、文虎领兵在小城中，听到文钦的死讯，就想带兵去为父报仇，但众人不为他们效命，二人随即独自越过城墙逃出来，投降了司马昭。军吏请求杀了他们，司马昭说：“文钦罪不容诛，他的儿子本来也应该杀掉；但文鸯、文虎因走投无路而归顺，而且城还没攻破，杀了他们就更坚定了城内敌兵的死守之心。”于是赦免了文鸯、文虎，让他们率数百骑兵巡城高呼：“文钦之子尚且不被杀，其余之人有什么可害怕！”又让文鸯、文虎都担任将军，并赐爵关内侯。城内之人闻讯都很高兴，而且人们也日益饥饿困乏。司马昭亲自来到包围圈，见城上持弓者不发箭，就说：“可以进攻了。”于是下令四面进军，同时鼓噪呐喊登上城墙，二月，乙酉（二十日），攻克寿春城。诸葛诞情急窘迫，单枪匹马率领麾下突击小城想要闯出城，司马胡奋手下的兵士把他杀死，又诛杀其三族。诸葛诞麾下的数百人，都拱手排成队列，却不投降，每杀一人，就问其余的人降不降，而他们的态度终究不变，以至于最后全部杀尽。吴将于诠说：“大丈夫受命于君主，带兵来救人，既不能取胜，又要被敌人俘虏，我决不如此。”于是就脱掉盔甲突入敌人兵阵而战死。唐咨、王祚等人都投降了。俘虏的吴国兵卒有一万多人，缴获的兵器堆得像山一样。

司马昭攻克寿春，钟会出谋划策很多；因此，司马昭对他日益亲近重视，委任他办理机密要事，当时人把他比之为汉代的张良。

孙綝带着牛和酒去拜见吴王，但吴王不收，只好送到左将军张布家里；酒意正浓的时候，孙綝口出怨言说：“当初废掉少主之时，很多人劝我自立为君；我认为陛下贤明，因此把他迎来。没有我他当不了皇帝，但我今天给他送礼却遭到拒绝，这是对我与一般大臣没有区别，我当再另立别人为君。”张布把这些话告诉了吴王，吴王怀恨在心，恐怕他发动变乱，所以多次加以赏赐。戊戌，吴王下诏说：“大将军掌管中外诸军事，事务繁多，今加卫将军、御史大夫孙恩侍中之职，与大将军一起分担各种事务。”有人报告孙綝心怀怨恨侮辱主上，想图谋造反，吴王就把那人抓起来交给孙綝，孙綝把那人杀了，但从此心里更加害怕，通过孟宗向吴王要求外出驻扎在武昌，吴王答应了。孙綝命令他所统领的中军精兵万余人，都让他们上船，又取走了武库中的兵器，吴王都下令给他。孙綝又要求让中书两郎一同去管理荆州诸军事，主管者奏明中书不应外出，但吴王也特许孙綝带走中书。孙綝所要求的事没有一件不同意的。

将军魏邈对吴王说：“孙綝居住在外，必然会有变乱。”武卫士施朔也报告说孙綝要谋反。吴王将要讨伐孙綝，就秘密地向辅义将军张布询问计策，张布说：“左将军丁奉，虽不能撰写文书，但他计谋过人，能决断大事。”吴王召来了丁奉，讲了自己的想法，并向他询问计策，丁奉说：“丞相的兄弟党羽很多，恐怕人心不同，不能突然制服他，可以乘腊祭集会之机用宿卫之兵杀掉他。”吴王同意了。

十二月，丁卯（初七），建业城中有谣言流传说明日腊祭要有事变，孙綝听到后，很不高兴。夜里，刮起了大风，吹掀了屋顶扬起漫天风沙，孙綝更加害怕。戊辰（初八），腊祭集会，孙綝称疾不去；吴王强令他来，派使者催促十余次，孙綝不得已，将要入宫，众人劝他别去。孙綝说：“国家多次下令，我不可推辞。你们可以预先整顿好兵力，在府内放一把火，以这个为借口我可以很快回来。”随即入宫，不久府内起了火，孙綝要求出去看看，吴王说：“外面兵力自然很多，不用麻烦丞相亲自去。”孙綝起身离席，丁奉、张布目示左右之人把他绑起来。孙綝叩头说：“我愿意迁徙到交州。”吴王说：“你为什么不把滕胤、吕据迁到交州？”孙綝又说：“我愿当个官家奴隶。”吴王说：“你为什么不让滕胤、吕据为奴呢？”随即就把他杀了。又拿着孙綝的首级对他手下的兵将说：“凡与孙綝同谋的人，一律赦免。”放下兵器投降者有五千人。孙闿乘船逃走想要投降魏国，吴王派人追杀了他。诛杀了孙綝的三族，又掘开孙峻的坟墓，取出他的印绶，削薄了他的棺木然后再埋上。

魏元帝景元元年（庚辰，公元260年）

魏帝见自己的权力威势日渐削弱，感到不胜忿恨。五月，己丑（初七），召见侍中王沈、尚书王经、散骑常侍王业，对他们说："司马昭的野心，连路上的行人都知道。我不能坐等被废黜的耻辱，今日我将亲自与你们一起出去讨伐他。"王经说："古时鲁昭公因不能忍受季氏的专权，讨伐失败而出走，丢掉了国家，被天下人所耻笑。如今权柄掌握在司马昭之手已经很久了，朝廷内以及四方之臣都为他效命而不顾逆顺之理，也不是一天了。而且宫中宿卫空缺，兵力十分弱小，陛下凭借什么？而您一旦这样做，不是想要除去疾病却反而使病更厉害了吗？祸患恐怕难以预测，应该重新加以详细研究。"魏帝这时就从怀中拿出黄绢诏书扔在地上说："这样做已经决定了！纵使死了又有什么可怕的，何况不一定会死呢！"说完就进内宫禀告太后。王沈、王业跑出去告诉司马昭，想叫王经与他们一起去，但王经不去。魏帝随即拔出剑登辇，率领殿中宿卫和奴仆们呼喊着出了宫。司马昭的弟弟屯骑校尉司马伷在东止车门遇到魏帝，魏帝左右之人怒声呵斥他们，司马伷的兵士被吓得逃走了。中护军贾充从外而入，迎面与魏帝战于南面宫阙之下，魏帝亲自用剑拼杀。众人想要退却，骑督成倅之弟太子舍人成济问贾充说："事情紧急了，你说怎么办？"贾充说："司马公养你们这些人，正是为了今日。今日之事，没什么可问的！"于是成济立即抽出长戈上前刺杀魏帝，把他杀死于车下。司马昭闻讯大惊，自己跪倒在地上。太傅司马孚奔跑过去，把魏帝的头枕在自己的腿上哭得十分悲哀，哭喊着说："陛下被杀，是我的罪过啊！"

司马昭进入殿中，召集群臣议论。尚书左仆射陈泰不来，司马昭让陈泰之舅尚书荀顗去叫他，陈泰说："人们议论说我陈泰可以和您相比，今天看来您不如我陈泰。"但子弟们里里外外都逼着陈泰去，这才不得已而入宫，见到司马昭，悲恸欲绝，司马昭也对着他流泪，说："玄伯，你将怎样对待我呢？"陈泰说："只有杀掉贾充，才能稍稍谢罪于天下。"司马昭考虑了很久才说："你再想想其他办法。"陈泰说："我说的只能是这些，不知其他。"司马昭就不再说话了。荀顗是荀彧之子。

太后下令，列举高贵乡公的罪状，把他废为庶人，以百姓的丧礼安葬。拘捕了王经及其家属交付廷尉处置。王经向他母亲谢罪，他母亲脸色不变，笑着回答说："人谁能不死，只恐怕死的不得其所。为此事大家同死，还有什么遗恨！"到被诛杀的那天，故吏向雄为之痛哭，悲哀之情感动了整个街市之人。王沈因有功被封为安平侯。庚寅（初八），太傅司马孚等人向朝廷进言，请求以藩王的丧礼安葬高贵乡公，太后同意了。

第七十八卷　魏纪十

译文诵读

元皇帝下景元三年（壬午，262）

汉大将军姜维将出军，右车骑将军廖化曰："兵不戢，必自焚，伯约之谓也。智不出敌而力小于寇，用之无厌，将何以存！"冬，十月，维入寇洮阳，邓艾与战于侯和，破之，维退住沓中。初，维以羁旅依汉，身受重任，兴兵累年，功绩不立。黄皓用事于中，与右大将军阎宇亲善，阴欲废维树宇。维知之，言于汉主曰："皓奸巧专恣，将败国家，请杀之！"汉主曰："皓趋走小臣耳，往董允每切齿，吾常恨之，君何足介意。！"维见皓枝附叶连，惧于失言，逊辞而出。汉主敕皓诣维陈谢。维由是自疑惧，返自洮阳，因求种麦沓中，不敢归成都。

吴主以濮阳兴为丞相，廷尉丁密、光禄勋孟宗为左右御史大夫。初，兴为会稽太守，吴主在会稽，兴遇之厚；左将军张布尝为会稽王左右督将，故吴主即位，二人皆贵宠用事；布典宫省，兴关军国，以佞巧更相表里，吴人失望。

谯郡嵇康，文辞壮丽，好言老、庄而尚奇任侠，与陈留阮籍、籍兄子咸、河内山涛、河南向秀、琅邪王戎、沛国刘伶特相友善，号竹林七贤。皆崇尚虚无，轻蔑礼法，纵酒昏酣，遗落世事。

阮籍为步兵校尉，其母卒，籍方与人围棋，对者求止，籍留与决赌。既而饮酒二斗，举声一号，吐血数升，毁瘠骨立。居丧，饮酒无异平日。司隶校尉何曾恶之，面质籍于司马昭座曰："卿，纵情、背礼、败俗之人，今忠贤执政，综核名实，若卿之曹，不可长也！"因谓昭曰："公方以孝治天下，而听阮籍以重哀饮酒食肉于公座，何以训人！宜摈之四裔，无令污染华夏。"昭爱籍才，常拥护之。曾，夔之子也。

钟会方有宠于司马昭，闻嵇康名而造之，康箕踞而锻，不为之礼。会将去，康曰："何所闻而来，何所见而去？"会曰："闻所闻而来，见所见而去！"遂深衔之。

山涛为吏部郎，举康自代；康与涛书，自说不堪流俗，而非薄汤、武。昭闻而怒之。康与东平吕安亲善，安兄巽诬安不孝，康为证其不然。会因谮"康尝欲助毌丘俭，且安、康有盛名于世，而言论放荡，害时乱教，宜因此除之。”昭遂杀安及康。康尝诣隐者汲郡孙登，登曰：“子才多识寡，难乎免于今之世矣！”

昭欲大举伐汉，朝臣多以为不可，独司隶校尉钟会劝之。昭谕众曰：“自定寿春以来，息役六年，治兵缮甲以拟二虏。今吴地广大而下湿，攻之用功差难，不如先定巴蜀，三年之后，因顺流之势，水陆并进，此灭虢取虞之势也。计蜀战士九万，居守成都及备他境不下四万，然则余众不过五万。今绊姜维于沓中，使不得东顾，直指骆谷，出其空虚之地以袭汉中，以刘禅之暗，而边城外破，士女内震，其亡可知也。”乃以钟会为镇西将军，都督关中。征西将军邓艾以为蜀未有衅，屡陈异议；昭使主簿师纂为艾司马以谕之，艾乃奉命。

姜维表汉主：“闻钟会治兵关中，欲规进取，宜并遣左右车骑张翼、廖化，督诸军分护阳安关口及阴平之桥头，以防未然。”黄皓信巫鬼，谓敌终不自致，启汉主寝其事，群臣莫知。

四年（癸未，263）

诏诸军大举伐汉，遣征西将军邓艾督三万余人自狄道趣甘松、沓中，以连缀姜维；雍州刺史诸葛绪督三万余人自祁山趣武街桥头，绝维归路。钟会统十余万众分从斜谷、骆谷、子午谷趣汉中。以廷尉卫瓘持节监艾、会军事，行镇西军司。瓘，觊之子也。

会过幽州刺史王雄之孙戎，问：“计将安出？”戎曰：“道家有言，‘为而不恃’。非成功难，保之难也。”或以问参相国军事平原刘寔曰：“钟、邓其平蜀乎？”寔曰：“破蜀必矣，而皆不还。”客问其故，寔笑而不答。

汉人闻魏兵且至，乃遣廖化将兵诣沓中为姜维继援，张翼、董厥等诣阳安关口为诸围外助。大赦，改元炎兴。敕诸围皆不得战，退保汉、乐二城，城中各有兵五千人。翼、厥北至阴平，闻诸葛绪将向建威，留住月余待之。钟会率诸军平行至汉中。九月，钟会使前将军李辅统万人围王含于乐城，护军荀恺围蒋斌于汉城。会径过西趣阳安口，遣人祭诸葛亮墓。

初，汉武兴督蒋舒在事无称，汉朝令人代之，使助将军傅佥守关口，舒由是恨。钟会使护军胡烈为前锋，攻关口。舒诡谓佥曰：“今贼至不击而闭城自守，非良图也。”佥曰：“受命保城，惟全为功；今违命出战，若丧师负国，死无益矣。”舒曰：“子以保城获全为功，我以出战克敌为功，请各行其志。”遂率其众出；佥谓其战也，不设备。舒率其众迎降胡烈，烈乘虚袭城，佥格斗而死。佥，肜之子也。钟会闻关口已下，长驱而前，大得库藏积谷。

邓艾遣天水太守王颀直攻姜维营，陇西太守牵弘邀其前，金城太守杨欣趣甘松。维闻钟会诸军已入汉中，引兵还，欣等追蹑于强川口，大战，维败走。闻诸葛绪已塞道屯桥头，乃从孔函谷入北道，欲出绪后；绪闻之，却还三十里。维入北道三十余里，闻绪军却，寻还，从桥头过，绪趣截维，较一日不及。维遂还至阴平，合集士众，欲赴关城；未到，闻其已破，退趣白水，遇廖化、张翼、董厥等，合兵守剑阁以拒会。

姜维列营守险，会攻之不能克，粮道险远，军食乏，欲引还。邓艾上言：“贼已摧折，宜遂乘之，若从阴平由邪径经汉德阳亭趣涪，出剑阁西百里，去成都三百余里，奇兵冲其腹心，出其不意，剑阁之守必还赴涪，则会方轨而进，剑阁之军不还，则应涪之兵寡矣。”遂自阴平行无人之地七百余里，凿山通道，造作桥阁。山谷高深，至为艰险，又粮运将匮，濒于危殆，艾以毡自裹，推转而下。将士皆攀木缘崖，鱼贯而进。先登至江油，蜀守将马邈降。诸葛瞻督诸军拒艾，至涪，停住不进。尚书郎黄崇，权之子也，屡劝瞻宜速行据险，无令敌得入平地，瞻犹豫未纳；崇再三言之，至于流涕，瞻不能从。艾遂长驱而前，击破瞻前锋，瞻退住绵竹。艾以书诱瞻曰：“若降者，必表为琅邪王。瞻怒，斩艾使，列陈以待艾。艾遣子惠唐亭候忠出其右，司马师纂等出其左。忠、纂战不利，并引还，曰：“贼未可击！”艾怒曰：“存亡之分，在此一举，何不可之有！”叱忠、纂等，将斩之。忠、纂驰还更战，大破，斩瞻及黄崇。瞻子尚叹曰：“父子荷国重恩，不早斩黄皓，使败国殄民，用生何为！”策马冒陈而死。

汉人不意魏兵卒至，不为城守调度；闻艾已入平土，百姓扰扰，皆迸山泽，不可禁制。汉主使群臣会议，或以蜀之与吴，本为与国，宜可奔吴；或以为南中七郡，阻险斗绝，易以自守，宜可奔南。光禄大夫谯周以为：“自古以来，无寄他国为天子者，若入吴国，亦当臣服。且治政不殊，则大能吞小，此数之自然也。由此言之，则魏能并吴，吴不能并魏明矣。等为称臣，为小孰与为大，再辱之耻何与一辱！且若欲奔南，则当早为之计，然后可果；今大敌已近，祸败将及，群小之心，无一可保，恐发足之日，其变不测，何至南之有乎！”或曰：“今艾已不远，恐不受降，如之何？”周曰：“方今东吴未宾，事势不得不受，受之不得不礼。若陛下降魏，魏不裂土以封陛下者，周请身诣京都，以古义争之。”众人皆从周议。汉主犹欲入南，狐疑未决。周上疏曰：“南方远夷之地，平常无所供为，犹数反叛，自丞相亮以兵威逼之，穷乃率从。今若至南，外当拒敌，内供服御，费用张广，他无所取，耗损诸夷，其叛必矣！”汉主乃遣侍中张绍等奉玺绶以降于艾。北地王谌怒曰：“若理穷力屈，祸败将及，便当父子君臣背城一战，同死社稷，以见先帝可也，奈何降乎！”汉主不听。是日，谌哭于昭烈之庙，先杀妻子而后自杀。

姜维等闻诸葛瞻败，未知汉主所向，乃引军东入于巴。钟会进军至涪，遣胡烈等追维。维至郪，得汉主敕命，乃令兵悉放仗，送节传于胡烈，自从东道与廖化、张翼、董厥等同诣会降。将士咸怒，拔刀斫石。于是诸郡县围守皆被汉主敕罢兵降。钟会厚待姜维等，皆权还其印绶节盖。

邓艾在成都，颇自矜伐，谓蜀士大夫：“诸君赖遭艾，故得有今日耳，如遇吴汉之徒，已殄灭矣。”艾以书言于晋公昭曰：“兵有先声而后实者，今因平蜀之势以乘吴，吴人震恐，席卷之时也。然大举之后，将士疲劳，不可便用，且徐缓之。留陇右兵二万人、蜀兵二万人，煮盐兴冶，为军农要用。并作舟船，豫为顺流之事。然后发使告以利害，吴必归化，可不征而定也。今宜厚刘禅以致孙休，封禅为扶风王，锡其资财，供其左右。郡有董卓坞，为之宫舍，爵其子为公侯，食郡内县，以显归命之宠；开广陵、城阳以待吴人，则畏威怀德，望风而从矣！”昭使监军卫瓘喻艾：“事当须报，不宜辄行。”艾重言曰：“衔命征行，奉指授之策，元恶既服，至于承制拜假，以安初附，谓合权宜。今蜀举众归命，地尽南海，东接吴、会，宜早镇定。若待国命，往复道途，延引日月。《春秋》之义，‘大夫出疆，有可以安社稷、利国家，专之可也。’今吴未宾，势与蜀连，不可拘常，以失事机。《兵法》：‘进不求名，退不避罪。’艾虽无古人之节，终不自嫌以损国家计也！”

钟会内有异志，姜维知之，欲构成扰乱，乃说会曰：“闻君自淮南已来，算无遗策，晋道克昌，皆君之力。今复定蜀，威德振世，民高其功，主畏其谋，欲以此安归乎！何不法陶朱公泛舟绝迹，全功保身邪！”会曰：“君言远矣，我不能行。且为今之道，或未尽于此也。”维曰：“其他则君智力之所能，无烦于老夫矣。”由是情好欢甚，出则同举，坐则同席。会因邓艾承制专事，乃与卫瓘密白艾有反状。会善效人书，于剑阁要艾章表、白事，皆易其言，令辞指悖傲，多自矜伐；又毁晋公昭报书，手作以疑之。

咸熙元年（甲申，264）

春，正月，壬辰，诏以槛车征邓艾。晋公昭恐艾不从命，敕钟会进军成都，又遣贾充将兵入斜谷。昭自将大军从帝幸长安，以诸王公皆在邺，乃以山涛为行军司马，镇邺。

钟会遣卫瓘先至成都收邓艾，会以瓘兵少，欲令艾杀瓘，因以为艾罪。瓘知其意，然不可得距，乃夜至成都，檄艾所统诸将，称：“奉诏收艾，其余一无所问；若来赴官军，爵赏如先；敢有不出，诛及三族！”比至鸡鸣，悉来赴瓘，唯艾帐内在焉。平旦，开门，瓘乘使者车，径入至艾所；艾尚卧未起，遂执艾父子，置艾于槛车。诸将图欲劫艾，整仗趣瓘营；瓘轻出迎之，伪作表草，将申明艾事，诸将信之而止。

丙子，会至成都，送艾赴京师。会所惮惟艾，艾父子既禽，会独统大众，威震西土，遂决意谋反。会欲使姜维将五万人出斜谷为前驱，会自将大众随其后。既至长安，令骑士从陆道、步兵从水道，顺流浮渭入河，以为五日可到孟津，与骑兵会洛阳，一旦天下可定也。会得晋公书云：“恐邓艾或不就征，今遣中护军贾充将步骑万人径入斜谷，屯乐城，吾自将十万屯长安，相见在近，”会得书惊，呼所亲语之曰：“但取邓艾，相国知我独办之；今来大重，必觉我异矣，便当速发。事成，可得天下；不成，退保蜀、汉，不失作刘备也！”丁丑，会悉请护军、郡守、牙门骑督以上及蜀之故官，为太后发哀于蜀朝堂，矫太后遗诏，使会起兵废司马昭，皆班示坐上人，使下议讫，书版署置，更使所亲信代领诸军；所请群官，悉闭著益州诸曹屋中，城门宫门皆闭，严兵围守。卫瓘诈称疾笃，出就外廨。会信之，无所复惮。

姜维欲使会尽杀北来诸将，己因杀会，尽坑魏兵，复立汉主，密书与刘禅曰：“愿陛下忍数日之辱，臣欲使社稷危而复安，日月幽而复明。”会欲从维言诛诸将，犹豫未决。

会帐下督丘建本属胡烈，会爱信之。建愍烈独坐，启会，使听内一亲兵出取饮食，诸牙门随例各内一人。烈绐语亲兵及疏与子渊曰：“丘建密说消息，会已作大坑，白棓数千，欲悉呼外兵人，人赐白帢，拜散将，以次棓杀，内坑中。”诸牙门亲兵亦咸说此语，一夜，转相告，皆遍。己卯，日中，胡渊率其父兵雷鼓出门，诸军不期皆鼓噪而出，曾无督促之者，而争先赴城。时会方给姜维铠杖，白外有匈匈声，似失火者，有顷，白兵走向城。会惊，谓维曰：“兵来似欲作恶，当云何？”维曰：“但当击之耳！”会遣兵悉杀所闭诸牙门郡守，内人共举机以拄门，兵斫门，不能破。斯须，城外倚梯登城，或烧城屋，蚁附乱进，矢下如雨，牙门郡守各缘屋出，与其军士相得。姜维率会左右战，手杀五六人，众格斩维，争前杀会。会将士死者数百人，杀汉太子璿及姜维妻子，军众钞略，死丧狼籍。卫瓘部分诸将，数日乃定。

邓艾本营将士追出艾于槛车，迎还。卫瓘自以与会共陷艾，恐其为变，乃遣护军田续等将兵袭艾，遇于绵竹西，斩艾父子。艾之入江油也，田续不进，艾欲斩续，既而舍之，及瓘遣续，谓曰：“可以报江油之辱矣。”镇西长史杜预言于众曰：“伯玉其不免乎！身为名士，位望已高，既无德音，又不御下以正，将何以堪其责乎！瓘闻之，不候驾而谢预。预，恕之子也。邓艾余子在洛阳者悉伏诛，徙其妻及孙于西城。

丁亥，封刘禅为安乐公，子孙及群臣封侯者五十余人。晋王与禅宴，为之作故蜀技，旁人皆为之感怆，而禅喜笑自若。王谓贾充曰：“人之无情，乃至于此；虽使诸葛亮在，不能辅之久全，况姜维邪！”他日，王问禅曰：“颇思蜀否？”禅曰：“此间乐，不思蜀也。”郤正闻之，谓禅曰：“若王后问，宜泣而答曰：‘先人坟墓，远在岷、蜀，乃心西悲，无日不思。’因闭其目。”会王复问，禅对如前，王曰：“何乃似郤正语邪！”禅惊视曰：“诚如尊命。”左右皆笑。

初，晋王娶王肃之女，生炎及攸，以攸继景王后。攸性孝友，多才艺；清和平允，名闻过于炎，晋王爱之，常曰：“天下者，景王之天下也，吾摄居相位，百年之后，大业宜归攸。”炎立发委地，手垂过膝，尝从容问裴秀曰：“人有相否？”因以异相示之。秀由是归心。羊琇与炎善，为炎画策，察时政所宜损益，皆令炎豫记之，以备晋王访问。晋王欲以攸为世子，山涛曰：“废长立少，违礼不祥。”贾充曰：“中抚军有君人之德，不可易也。”何曾、裴秀曰：“中抚军聪明神武，有超世之才，人望既茂，天表如此，固非人臣之相也。”晋王由是意定，丙午，立炎为世子。

魏元帝景元三年（壬午，公元262年）

蜀汉大将军姜维将要出兵征战，右车骑将军廖化说："兵不止，必自焚，说的就是姜维。智谋超不出敌人，力量也小于敌人，而用兵没有满足的时候，将何以自存？"冬季，十月，姜维入侵洮阳，邓艾与他在侯和交战，打败了他。姜维撤兵驻扎在沓中。当初，姜维因寄居在外而投奔蜀汉，身受重任，连年兴兵，但没有建立什么功绩。黄皓在朝内当政，与右大将军阎宇关系交好，暗地里想废掉姜维而树立阎宇。姜维知道后，就对汉后主说："黄皓奸诈巧伪专权任意，将会败坏国家，请杀了他！"汉后主说："黄皓不过是在前面往来奔走的小臣，以前董允也常对他切齿痛恨，我常常为此遗憾，你何必介意他！"姜维见黄皓的党羽像树木的枝叶那样相互依附勾结，害怕自己失言，说了几句谦恭的话就出来了。汉后主让黄皓到姜维那里解释、谢罪。姜维从此就更加疑虑恐惧，从洮阳返回后，就要求到沓中去种麦，不敢返回成都。

吴王任命濮阳兴为丞相，廷尉丁密、光禄勋孟宗为左右御史大夫。当初，濮阳兴任会稽太守，吴王居住在会稽，濮阳兴对他很好，左将军张布曾任会稽王的左右督将，因此吴王即位之后，濮阳兴和张布二人受到尊崇而执掌朝政；张布主管朝内官署，濮阳兴主管军国之事，二人在里里外外阿谀欺蒙，吴国人很失望。

谯郡人嵇康，文章写得雄壮清丽，喜好谈论《老子》、《庄子》，高节奇行，行侠仗义。他与陈留人阮籍、阮籍的侄子阮咸、河内人山涛、河南人向秀、琅邪人王戎、沛国人刘伶是至交好友，号称竹林七贤。他们都崇尚虚无之论，轻蔑礼仪法度，每日以纵情饮酒为乐，不问世事。

阮籍任步兵校尉，他母亲去世时，他正在与别人下围棋，对方要求停止，但阮籍却要他留下一决胜负。下完棋喝了两斗酒，高声一哭，吐血数升，极度哀痛而消瘦得只剩皮包骨了。居丧期间，和平日一样饮酒无度。司隶校尉何曾很讨厌他，就在司马昭座位前当面指责阮籍说："你是个纵情无度、违背礼仪、败坏风俗的人，如今忠贤之人执掌朝政，要综合考察人事的名与实，像你这类人，不可助长你的恶习！"于是就对司马昭说："您正在以孝道治理天下，却听任阮籍居丧期间在您的座前饮酒吃肉，以后还怎么教训别人？应该把他流放到四方荒远之地，不让他污染我们华夏的风气。"司马昭喜爱阮籍之才，常常扶助保护他。何曾是何夔之子。

钟会正受到司马昭的宠爱，听到嵇康的名声就去拜访他，嵇康伸腿坐在那里毫不在乎地打铁，很不礼貌地对待钟会。钟会将要离去，嵇康问他说："你听到了什么而来，见到了什么而去？"钟会说："听我所听到的而来，见我所见到的而去！"从此他对嵇康怀恨在心。

山涛任吏部郎，推荐嵇康代替自己；嵇康给山涛写信，说自己不堪忍受流俗，又菲薄商汤、周武王。司马昭听到后十分生气。嵇康与东平的吕安是好朋友，吕安之兄吕巽诬陷吕安不孝，嵇康为他作证说并非不孝。钟会借此事诬告说："嵇康曾经想帮助毌丘俭，而且吕安、嵇康在世上享有盛名，但他们的言论放荡不羁，伤害时俗，扰乱政教，应该乘此机会把他们除掉。”于是司马昭就杀了吕安和嵇康。嵇康曾去拜访隐士汲郡人孙登，孙登说：“你才气多见识少，在当今之世难免被杀！”

司马昭想要大举讨伐蜀汉，朝臣们大都认为不可，只有司隶校尉钟会赞成。司马昭告谕众人说：“自从平定寿春以来，已经六年没有战事了，我们要整治军队去攻打两个敌国。如今吴国土地广大而地势低湿，攻打他施展兵力较为困难，不如先平定巴蜀，三年之后，就顺流而下，水陆并进，这就是春秋时晋献公先灭虢国再乘势攻取虞国的那种形势。蜀国的战士共计有九万，居守成都以及防卫其他边境的不下四万人，这样剩余的战士不过五万人。如今把姜维牵制在沓中，让他不能向东出兵。我们发兵直向骆谷，通过他们的空虚地带去袭击汉中，以刘禅的暗弱无能，又加上边境城市在外面被攻破，蜀国的男女老少就会在内地震恐不安，这样敌人的灭亡就是意料之中的事。”于是任命钟会为镇西将军，都督关中。征西将军邓艾认为蜀国没有可乘之机，屡次陈述不同意见；司马昭让主簿师纂担任邓艾的司马去给他讲明道理，于是邓艾也就奉命行事了。

姜维向汉后主上表说：“听说钟会在关中整治军队，想图谋进攻，应该派遣左右车骑将军张翼、廖化率领诸军分别守护阳安关口和阴平的桥头，以防患于未然。”黄皓相信鬼神巫术，认为敌人终究不会自己找上门来，于是就奏明汉后主让他不提这件事，因而群臣没人知道。

四年（癸未，公元263年）

司马昭令诸军大举进攻蜀汉，派征西将军邓艾率领三万人从狄道奔赴甘松、沓中，以牵制姜维；派雍州刺史诸葛绪率领三万多人从祁山奔赴武街、桥头，断绝姜维的退路。钟会统兵十万余人分别从斜谷、骆谷、子午谷奔赴汉中。让廷尉卫瓘持符节监督邓艾、钟会的军事，兼镇西军司。卫瓘是卫觊之子。

钟会去拜访幽州刺史王雄之孙王戎，问他：“我将怎样去干？”王戎说：“道家有句话说‘为而不恃’，也就是说成功并不难，而保持它则很难。”有人问参相国军事、平原人刘寔说：“钟会、邓艾能平定蜀国吗？”刘寔说：“破蜀是必然的，但他们都回不来。”对方问是什么原因，刘寔笑而不答。

蜀汉听到魏兵将至，就派遣廖化率兵到沓中作姜维的后援，派张翼、董厥等人到阳安关口帮助各个外围据点。实行大赦，改年号为炎兴。命令各外围据点不得与敌人交战，退守汉、乐二城，城中各有兵力五千人。张翼、董厥向北到达阴平，听到诸葛绪将向建威发兵，就留住一个多月等待敌兵。钟会率诸军齐头并进，到达汉中。九月，钟会让前将军李辅统兵万人把王含包围在乐城，让护军荀恺把蒋斌包围在汉城。钟会直接从西路奔向阳安口，派人祭奠了诸葛亮墓。

当初，蜀汉的武兴督蒋舒在位庸碌无为，蜀汉朝廷让人代替了他，派助将军傅佥把守关口，蒋舒因此怀恨在心。钟会派护军胡烈为前锋，进攻关口。蒋舒诡诈地向傅佥说："如今敌兵到了，不去进击而闭城自守，不是好的计策。"傅佥说："你以保全此城为功劳，我以出战打败敌人为功劳，希望我们各行其志。"于是率领他的兵士出城；傅佥认为他是去交战，因此没有防备。蒋舒率领他的士兵迎接投降了胡烈，胡烈乘虚袭击城池，傅佥格斗拼杀而死。傅佥是傅肜之子。钟会听到关口已被攻克，就长驱直入，获得大量库藏的粮食。

邓艾派遣天水太守王颀直攻姜维营垒，陇西太守牵弘在前面阻截，金城太守杨欣奔赴甘松。姜维听说钟会诸军已经进入汉中，就领兵返回，杨欣等人在后面紧追至强川口，激烈交战，姜维败走。姜维又听到诸葛绪已经阻塞道路占据了桥头，于是就从孔函谷进入北部道路，想绕到诸葛绪的身后，诸葛绪知道后往回退却三十里。姜维进入北道三十多里后，听到诸葛绪退兵，赶紧往回走，从桥头过去，诸葛绪赶上去阻截姜维，但晚了一天没有赶上。姜维于是退至阴平，聚集军队，想要奔赴关城；还没到达，听说关城已破，于是退兵奔向白水，遇到了廖化、张翼、董厥等人，兵合一处据守剑阁以抵御钟会。

姜维排列营垒据守险要之地，钟会进攻不能取胜，而且运粮道路既危险又遥远，想要领兵撤回。邓艾上书说："敌兵已经受到摧折，应乘胜进军，如果从阴平出发由小路经过汉朝的德阳亭奔赴涪县，从剑阁之西一百里处进军，离成都三百余里，在这里出奇兵冲击其腹心之地，那么剑阁的守军必然往回奔赴涪县，而钟会就可以两车并行着向前推进。如果剑阁的守军不往回撤，那么接应涪县的兵力就会很少了。"于是从阴平出发走了七百余里的无人之地，凿山开路，架桥梁建阁道，山高谷深，非常艰险，运来的粮食也将吃尽，濒临危险的绝境，邓艾用毡毯裹住自己，翻转着滚下山去，将士们也都攀缘着树木崖壁，鱼贯而进。邓艾首先到达江油，蜀国守将马邈投降。诸葛瞻率诸军抵御邓艾，到达涪县后，停住不进。尚书郎黄崇是黄权之子，他屡次劝说诸葛瞻应迅速前进占据险要，不让敌人进入平地，诸葛瞻犹豫不决没有采纳；黄崇再三劝说，甚至流着眼泪说，但诸葛瞻仍然不听。于是邓艾长驱直入，击败诸葛瞻的前锋，诸葛瞻退兵驻扎在绵竹。邓艾写信劝诱诸葛瞻说："如果投降，必定表奏你为琅邪王。"诸葛瞻大怒，杀掉邓艾的使者，排列阵势以等待邓艾进攻。邓艾派他儿子惠唐亭侯邓忠攻其右翼，派司马师纂等人攻其左翼。邓忠与师纂战斗不

邓忠、师纂大败敌兵

利，都撤兵而还，说："敌兵还不能攻破！"邓艾大怒，说："存亡之别就在此一举，有什么不能的。"怒叱邓忠、师纂等人，说再攻不破就要杀了他们。邓忠、师纂跑回来再战，大败敌兵，杀了诸葛瞻和黄崇。诸葛瞻之子诸葛尚叹息说："我们父子蒙受国家重恩，没有早点杀了黄皓，致使国败民亡，活着还有什么用！"于是骑马冲入敌阵而死。

蜀汉人没想到魏兵突然而至，没做守城的准备；听说邓艾已经进入平地，百姓们惊恐万状，都逃往山林大泽，不可禁止。汉后主召集群臣讨论，有人认为蜀与吴本来是友好邻邦，应该投奔到吴国；有人认为南中七郡，山势陡峭险峻，容易防守，应该奔向南面。光禄大夫谯周却认为："自古以来，没有寄居别国仍为天子的，如果到吴国去，也当臣服于吴。而且治国之道从来就没有什么不同，大国吞并小国，这是形势发展的自然趋势。从这点上说，魏国能吞并吴国，而吴国不能吞并魏国，这是很明显的事。同样是称臣，对小国称臣就不如对大国称臣，与其忍受两次受辱之耻不如一次受辱！而且如果想要奔赴南方，就应当及早计划好，才能成功；如今大敌已经临近，灾祸失败也将要降临，而且众小人之心，没有一个可保其不变，恐怕我们出发的时候，其变化不可预料，怎么能到达南中呢？"有人说："如今邓艾已经不远，恐怕他不接受我们投降，怎么办呢？"谯周说："现在吴国还没有臣服于魏，事情的形势使他不得不接受，接受了也不得不待之以礼。如果陛下投降魏国，而魏国不划分土地封给陛下的话，我请求只身到洛阳，用古代的大义与他们争辩。"众人都听从了谯周的建议。汉后主仍然想入南中，犹豫不决。谯周上疏说："南方偏远蛮夷之地，平常就不交纳供奉租税，还多次反叛，自丞相诸葛亮用武力威逼他们，走投无路才顺服。如今如果去南中，外要抗拒敌兵，内要供奉日常粮食物品，费用浩大，没有其他地方可以收取，只能耗损各个夷人部族，那他们必然会反叛。"于是汉后主就派侍中张绍等人奉着御玺向邓艾投降。北地王刘谌愤怒地说："如果我们理穷力屈，灾祸败亡将至，就应当父子君臣一起背城一战，共同为社稷而死，这样才能见先帝于地下，为什么要投降？"汉后主不听。这一天，刘谌哭诉于昭烈帝刘备之庙，先杀了妻子儿女，然后自杀而死。

姜维等人听说诸葛瞻失败，但不知汉后主的意向，于是率军向东进入巴中。钟会进军到涪县，派遣胡烈等人追击姜维。姜维到达郪县，得到汉后主的命令，于是命令士兵都放下武器，把符节传送交给胡烈，自己从东道与廖化、张翼、董厥等一起到钟会那里投降。将士们都十分震怒，气得挥刀砍石。至此各郡县和驻点的部队都接到汉后主的命令而罢兵投降。钟会给了姜维等人优厚的待遇，把印绶、符节、车盖等都暂时还给了他们。

邓艾在成都，颇为居功自傲，他对蜀国的士大夫们说："诸君多亏是遇到了我，所以才能有今日，如果遇到东汉初年吴汉那样的人，恐怕已经灭亡了。"邓艾写信对晋公司马昭说："用兵有先造声势然后发兵的情形，如今乘平定蜀国的威势去攻打吴国，吴人必将受到震恐，这是一举攻灭吴国的大好时机。但是我们在大规模用兵之后，将士们都十分疲劳，不能立即用兵，应暂缓一些时日。我想留下陇右兵二万人、蜀兵二万人，在这里煮盐炼铁，以备军事农事之用。同时制作舟船，预先为顺流攻吴做准备。然后派出使者告以利害，吴国必定归顺，可以不用征战就平定吴国。如今应厚待刘禅以招致孙休，封刘禅为扶风王，赐给他资财，供给他左右侍奉之人。扶风郡有董卓坞，可当作他的宫舍，赐给他儿子以公侯的爵位，以郡内的县为食邑，以此来显示归顺所受到的恩宠。再开放广陵、城阳二郡作为封国以等待吴人归顺，这样他们畏惧我们的威严，感念我们的恩德，就会望风而顺从了。”司马昭让监军卫瓘去晓喻邓艾说：“做事当须上报，不宜立即按己意实行。”邓艾严厉地说：“我受命出征，奉行指示给我的计策，现在首恶已经归服，至于秉承旨意授予他们官爵，以安抚刚刚依附之人，我认为也是合乎权宜的计策。如今蜀举国上下都已归顺，国土南至南海，东接吴国，应该尽早使其镇定下来。如果等待朝廷命令，来往于道路，就会拖延时日。《春秋》之义说：‘大夫出国在外，如果有可以安社稷、利国家之事，自行决断是可以的。’如今吴国尚未归服，势必与蜀国联合，所以不可拘于常理，而失去事情的机会。《兵法》上说：‘进不求名，退不避罪。’我虽然没有古人的节操，也终究不会自我疑惑而损害国家利益！”

钟会内心怀有叛离之志，姜维已有所察觉，就想促成他的作乱，于是就劝说钟会：“听说您自淮南之战以来，计策从未有过失误，司马氏能够昌盛，全依赖您的力量。如今又平定了蜀国，威德振世，百姓颂扬您的功劳，主上畏惧您的谋略，您还想因此安然而归吗？何不效法陶朱公范蠡泛舟湖上远避是非，以保全自己的功名性命呢！”钟会说：“您说的太远了，我不能离开。而且从现在的形势看，还没有到这种地步。”姜维说：“其他的事情凭您的智慧、力量就能做到，用不着我多说了。”从此他们俩感情融洽关系密切，出则同车，坐则同席。钟会因邓艾承旨专权行事，就与卫瓘一起密报邓艾有谋反的表现。钟会善于摹仿别人的字体，就在剑阁拦截了邓艾的奏章和上报事情的书信，改写了其中的话，让言辞狂悖傲慢，有很多居功自夸之处，同时又毁掉晋公司马昭的回信，亲手重新再写以使邓艾生疑。

咸熙元年（甲申，公元264年）

春季，正月，壬辰，诏令用囚车押回邓艾。晋公司马昭怕邓艾不从命，就命令钟会进军成都，又派遣贾充率兵入斜谷。司马昭则亲自率领大军跟着魏帝到达长安，因诸王公都在邺城，就任命山涛为行军司马镇守邺城。

钟会派卫瓘先到成都拘捕邓艾，钟会因卫瓘兵力少，想让邓艾杀掉卫瓘，再借此事定邓艾的罪。卫瓘知道他的意图，但又不能抗拒命令，于是在深夜到达成都，传檄文给邓艾所统领的将领，声称：“我奉诏来拘捕邓艾，其余的人一概不予追究；你们投向官军这一边，则如先前平蜀时一样再加爵赏，如胆敢不出，则要诛及三族！”等到鸡鸣时分，诸将都跑到卫瓘这里，只有邓艾帐内之人未来。到早晨，打开营门，卫瓘乘坐使者车，直接进入邓艾帐内；邓艾还躺着未起，于是把邓艾父

蜀汉后主刘禅像

子抓起来，把邓艾置于囚车中。诸将想要劫持邓艾，就整兵奔向卫瓘的营帐；卫瓘不带卫兵只身出来迎接，又假装书写表章，说将要申明邓艾没有反心。诸将相信了他而未劫持。

丙子（十五日），钟会到了成都，派人把邓艾押送京师。钟会所忌惮者只有邓艾，邓艾父子既已被擒，钟会则独自统领大众，威震西部地区，于是下定决心阴谋反叛。钟会想让姜维率五万人出斜谷为前锋，自己率领大众跟随其后。到长安之后，命令骑兵从陆路走，步兵从水路走，顺流从渭水进入黄河，认为五日即可到达孟津，再与骑兵会合于洛阳，一时之间就能平定天下。恰在此时，钟会收到了晋公的信，信中说："恐怕邓艾不甘心接受惩处，现已派遣中护军贾充率领步骑兵一万人直接进斜谷，驻扎在乐城，我亲自率十万人驻扎在长安，近日即可相见。"钟会接到书信大惊失色，叫来亲信之人对他们说："如果只取邓艾，相国知道我能独自办理；如今带来重兵，必定觉察到我有变异，我们应当迅速发难。事情成功了，就可得天下；不成功，就可以退保蜀汉，仍可做个刘备一样的人。"丁丑（十六日），钟会把护军、郡守、牙门骑督以上以及过去的蜀国官吏都请了来，在成都的朝堂为郭太后致哀，并假造了太后的遗诏，说让钟会起兵废掉司马昭，把遗诏向座上众人宣布，让大家议论之后，开始授官任职，又让所亲信之人代领诸军；把所请来的群官，都关在益州各官署的屋中，关闭了城门宫门，派重兵把守。卫瓘诈称病重，出来住在外面的官舍。钟会相信他，对他也无所忌惮。

姜维想让钟会杀尽从北方来的诸将，自己再借机杀掉钟会，全部坑杀魏国兵士，重立汉王。他给刘禅写密信说："希望陛下再忍受数日之辱，我要让国家危而复安，日月幽而复明。"钟会想听从姜维的意见诛杀诸将，但仍犹豫不决。

钟会的帐下督丘建，本属于胡烈手下，钟会喜爱并信任他。丘建怜悯胡烈一人独自被囚，就请求钟会，让他允许一名亲兵进出取饮食，各牙门将也都随此例让一人进来侍奉。胡烈欺骗亲兵并让他传递消息给儿子胡渊说："丘建秘密地透露消息，说钟会已经挖了大坑，做了数千根白色大棒，想叫外面的兵士全部进来，每人赐一白帽，授散将之职，依次击杀诸将，埋入坑中。"诸牙门将的亲兵也都说同样的话，一夜之间，辗转相告，大家都知道了。己卯（十八日），中午时分，胡渊率领其父的兵士擂鼓而出，各军也都不约而同地呐喊着跑出来，竟然连督促之人都没有，就争先恐后地跑向城里。当时钟会正在给姜维铠甲兵器，报告说外面有汹汹嘈杂之声，好像是失火似的，一会儿，又报告说有兵跑往城里。钟会大惊，问姜维说："兵来似乎是想作乱，应当怎么办？"姜维说："只能攻击他们！"钟会派兵去杀那些被关起来的牙门将、郡守，而里面的人都拿起几案顶住门，兵士砍门却砍不破。过了一会儿，城外的人爬着梯子登上城墙，有的人焚烧城内的屋子，兵士们像蚂蚁那样乱哄哄地涌进来，箭如雨下，那些牙门将、郡守都从屋子上爬出来，与他们手下的军士汇合在一处。姜维带着钟会左右拼杀，亲手杀死五六人，众人格杀了姜维，又争相向前杀死了钟会。钟会的将士死了数百人，兵士们又杀了蜀汉太子刘璿和姜维的妻子儿女，并到处抢掠，死伤满地一片狼藉。卫瓘部署诸将去平息，过了几天才平定下来。

邓艾本营的将士追上囚车把邓艾救出并迎接回来。卫瓘认为自己与钟会共同陷害邓艾，恐怕他回来会有变乱，就派遣护军田续等人领兵去袭击邓艾，在绵竹西边遇上，于是杀了邓艾父子。当初邓艾进入江油时，田续不往前进，邓艾想杀了他，后来又放了他。卫瓘派遣田续时，对他说："你可以为江油受的耻辱报仇了。"镇西长史杜预对众人说："卫瓘是免不了一死了！他身为名士，地位声望很高，但是既没有足以表示美德的言语，又不能用正道驾驭下属，他怎能承担自己的责任呢？"卫瓘听到后，不等驾车就跑去感谢杜预。杜预是杜恕之子。邓艾其余的儿子在洛阳者被诛杀，又把他的妻子及孙子迁到西城县。

丁亥（二十七日），封刘禅为安乐公，刘禅的子孙及群臣封侯者五十余人。晋王与刘禅一起宴饮，为他表演蜀国的歌舞，旁人都为之伤感不已，而刘禅却高高兴兴同平时一样。晋王对贾充说："人之无情，竟然到这种程度；即使诸葛亮还在，也不能辅佐他长久平安，何况姜维呢！"过了几天，晋王问刘禅说："你还思念蜀国吗？"刘禅说："在这里很快乐，不思念蜀国。"郤正听到后，就对刘禅说："如果晋王以后再问，你应当哭着回答说：'祖先的坟墓，都远在岷、蜀，我心常常西望而悲，没一天不思念。'然后闭上眼睛。"后来晋王又问他，刘禅就像郤正说的那样回答，晋王说："你说得怎么像郤正的话。"刘禅惊讶地睁开眼说："确实像您所说的那样。"左右之人都哈哈大笑。

当初，晋王娶王肃的女儿为妻，生了司马炎和司马攸，把司马攸过继给景王司马师为后。司马攸对父母孝顺，对兄弟友爱，多才多艺，清静平和，为人公正，名望超过司马炎，晋王很喜爱他，常常说："天下本是景王的天下，我不过是代理宰相之位，我死之后，大业应该归于司马攸。"司马炎垂直了长发可以拖到地面，双手下垂超过膝盖，他曾经从容地问裴秀说："人能不能看相？"于是就把自己奇异的相貌展示给裴秀。裴秀从此就归顺了他。羊琇与司马炎相友善，就为司马炎出谋划策，观察时政所应减损和补益之处，让司马炎都预先记住，以备晋王询问时回答。晋王想立司马攸为世子，山涛说："废弃长子而立幼子，违背礼义不吉祥。"贾充说："中抚军有君主的德行，不可让别人代替。"何曾、裴秀也说："中抚军聪慧过人，神明而威武，有超越世人的奇才，已经享有极高的声望，帝王的仪容就是如此，这本不是人臣的相貌。"晋王因此拿定了主意，丙午（二十日），立司马炎为世子。

第七十九卷　晋纪一

译文诵读

世祖武皇帝上之上泰始元年（乙酉，265）

十二月，壬戌，魏帝禅位于晋；甲子，出舍于金墉城。太傅司马孚拜辞，执帝手，流涕歔欷不自胜，曰："臣死之日，固大魏之纯臣也。"丙寅，王即皇帝位，大赦，改元。丁卯，奉魏帝为陈留王，即宫于邺。优崇之礼，皆仿魏初故事。

二年（丙戌，266）

吴主以陆凯为左丞相，万彧为右丞相。吴主恶人视已，群臣侍见，莫敢举目。陆凯曰："君臣无不相识之道，若猝有不虞，不知所赴。"吴主乃听凯自视，而他人如故。

吴主居武昌，扬州之民溯流供给，甚苦之，又奢侈无度，公私穷匮。凯上疏曰："今四边无事，当务养民丰财，而更穷奢极欲；无灾而民命尽，无为而国财空，臣窃忧之。昔汉室既衰，三家鼎立；今曹、刘失道，皆为晋有，此目前之明验也。臣愚但为陛下惜国家耳。武昌土地危险塉确，非王者之都；且童谣云：'宁饮建业水，不食武昌鱼；宁还建业死，不止武昌居。'以此观之，足明人心与天意矣。今国无一年之蓄，民有离散之怨，国有露根之渐，而官吏务为苛急，莫之或恤。大帝时，后宫列女及诸织络数不满百，景帝以来，乃有千数，此耗财之甚也。又左右之臣，率非其人，群党相扶，害忠隐贤，此皆蠹政病民者也。臣愿陛下省息百役，罢去苛扰，料出宫女，清选百官，则天悦民附，国家永安矣。"吴主虽不悦，以其宿望，特优容之。

十二月，吴主还都建业，使后父卫将军、录尚书事滕牧留镇武昌。朝士以牧尊戚，颇推令谏争，滕后之宠由是渐衰，更遣牧居苍梧，虽爵位不夺，其实迁也，在道以忧死。何太后常保佑滕后，太史又言中宫不可易，吴主信巫觋，故得不废，常供养升平宫，不复进见；诸姬佩皇后玺绂者甚众，滕后受朝贺表疏而已。吴主使黄门遍行州郡，料取将吏家女，其二千石大臣子女，岁岁言名，年十五、六一简阅，简阅不中，乃得出嫁。后宫以千数，而采择无已。

三年（丁亥，267）

司隶校尉上党李憙劾故立进令刘友、前尚书山涛、中山王睦、尚书仆射武陔各占官稻田，请免涛、睦等官，陔已亡，请贬其谥。诏曰："友侵剥百姓以缪惑朝士，其考竟以惩邪佞。涛等不贰其过，皆勿有所问。憙亢志在公，当官而行，可谓邦之司直矣。光武有云：'贵戚且敛手以避二鲍。'其申敕群僚，各慎所司，宽宥之恩，不可数遇也！"睦，宣帝之弟子也。

臣光曰：政之大本，在于刑赏，刑赏不明，政何以成！晋武帝赦山涛而褒李憙，其于刑赏两失之。使憙所言为是，则涛不可赦；所言为非，则憙不足褒。褒之使言，言而不用，怨结于下，威玩于上，将安用之！且四臣同罪，刘友伏诛而涛等不问，避贵施贱，可谓政乎！创业之初而政本不立，将以垂统后世，不亦难乎！

帝以李憙为太子太傅，征犍为李密为太子洗马。密以祖母老，固辞，许之。密与人交，每公议其得失而切责之，常言："吾独立于世，顾影无俦；然而不惧者，以无彼此于人故也。"

四年（戊子，268）

春，正月丙戌，贾充等上所刊修律令。帝亲自临讲，使尚书郎裴楷执读。楷，秀之从弟也。侍中卢珽、中书侍郎范阳张华请抄新律死罪条目，悬之亭传以示民；从之。

又诏河南尹杜预为黜陟之课，预奏："古者黜陟，拟议于心，不泥于法；末世不能纪远而专求密微，疑心而信耳目，疑耳目而信简书，简书愈繁，官方愈伪。魏氏考课，即京房之遗意，其文可谓至密；然失于苛细以违本体，故历代不能通也。岂若申唐尧之旧制，取大舍小，去密就简，俾之易从也！夫曲尽物理，神而明之，存乎其人；去人而任法，则以文伤理。莫若委任达官，各考所统，岁第其人，言其优劣。如此六载，主者总集，采按其言，六优者超擢，六劣者废免，优多劣少者平叙，劣多优少者左迁。其间所对不钧，品有难易，主者固当准量轻重，微加降杀，不足曲以法尽也。其有优劣徇情，不叶公论者，当委监司随而弹之。若令上下公相容过，此为清议大颓，虽有考课之法，亦无益也。"事竟不行。

五年（己丑，269）

帝有灭吴之志。壬寅，以尚书左仆射羊祜都督荆州诸军事，镇襄阳；征东大将军卫瓘都督青州诸军事，镇临淄；镇东大将军东莞王伷都督徐州诸军事，镇下邳。

祜绥怀远近，甚得江、汉之心，与吴人开布大信，降者欲去，皆听之，减戍逻之卒，以垦田八百余顷。其始至也，军无百日之粮；及其季年，乃有十年之积。祜在军，常轻裘缓带，身不被甲，铃阁之下，侍卫不过十数人。

初，汝南何定尝为吴大帝给使，及吴主即位，自表先帝旧人，求还内侍。吴主以为楼下都尉，典知酤籴事，遂专为威福；吴主信任之，委以众事。左丞相陆凯面责定曰："卿见前后事主不忠，倾乱国政，宁有得以寿终者邪！何以专为奸邪，尘秽天听，宜自改厉。不然，方见卿有不测之祸。"定大恨之。凯竭心公家，忠恳内发，表疏皆指事不饰。及疾病，吴主遣中书令董朝问所欲言，凯陈"何定不可信用，宜授以外任。奚熙小吏，建起浦里塘，亦不可听。姚信、楼玄、贺邵、张悌、郭逴、薛莹、滕修及族弟喜、抗，或清白忠勤，或资才卓茂，皆社稷之良辅，愿陛下重留神思，访以时务，使各尽其忠，拾遗万一。"邵，齐之孙；莹，综之子；玄，沛人；修，南阳人也。凯寻卒，吴主素衔其切直，且日闻何之谮，久之，竟徙凯家于建安。

六年（庚寅，270）

夏，四月，吴左大司马施绩卒。以镇军大将军陆抗都督信陵、西陵、夷道、乐乡、公安诸军事，治乐乡。

抗以吴主政事多阙，上疏曰："臣闻德均则众者胜寡，力侔则安者制危，此六国所以并于秦，西楚所以屈于汉也。今敌之所据，非特关右之地，鸿沟以西，而国家外无连衡之援，内非西楚之强，庶政陵迟，黎民未乂。议者所恃，徒以长江、峻山限带封域，此乃守国之末事，非智者之所先也。臣每念及此，中夜抚枕，临餐忘食。夫事君之义，犯而勿欺，谨陈时宜十七条以闻。"吴主不纳。

初，魏人居南匈奴五部于并州诸郡，与中国民杂居，自谓其先汉氏外孙，因改姓刘氏。

七年（辛卯，271）

吴人刁玄诈增谶文曰："黄旗紫盖，见于东南，终有天下者，荆、扬之君。"吴主信之。是月晦，大举兵出华里，载太后、皇后及后宫数千人，从牛渚西上。东观令华覈等固谏，不听。行遇大雪，道涂陷坏，兵士被甲持仗，百人共引一车，寒冻殆死，皆曰："若遇敌，便当倒戈。"吴主闻之，乃还。帝遣义阳王望统中军二万、骑三千屯寿春以备之。闻吴师退，乃罢。

贾充将之镇，公卿饯于夕阳亭。充私问计于荀勖，勖曰："公为宰相，乃为一夫所制，不亦鄙乎！然是行也，辞之实难，独有结婚太子，可不辞而自留矣。"充曰："然则孰可寄怀？"勖曰："勖请言之。"因谓冯𬘘曰："贾公远出，吾等失势；太子婚尚未定，何不劝帝纳贾公之女乎！"𬘘亦然之。初，帝将纳卫瓘女为太子妃，充妻郭槐赂杨后左右，使后说帝求纳其女。帝曰："卫公女有五可，贾公女有五不可：卫氏种贤而多子，美而长、白；贾氏种妒而少子，丑而短、黑。"后固以为请，荀𫖮、荀勖、冯𬘘皆称充女绝美，且有才德，帝遂从之。留充复居旧任。

八年（壬辰，272）

二月，辛卯，皇太子纳贾妃。妃年十五，长于太子二岁，妒忌多权诈，太子嬖而畏之。

帝与右将军皇甫陶论事，陶与帝争言，散骑常侍郑徽表请罪之。帝曰："忠谠之言，唯患不闻，徽越职妄奏，岂朕之意。"遂免徽官。

秋，七月，以贾充为司空，侍中、尚书令、领兵如故。充与侍中任恺皆为帝所宠任，充欲专名势而忌恺，于是朝士各有所附，朋党纷然。帝知之，召充、恺宴于式乾殿而谓之曰："朝廷宜壹，大臣当和。"充、恺等各拜谢。既而充、恺以帝已知而不责，愈无所惮，外相崇重，内怨益深。充乃荐恺为吏部尚书，恺侍觐转希；充因与荀勖、冯紞承间共谮之，恺由是得罪，废于家。

八月，吴主征昭武将军、西陵督步阐。阐世在西陵，猝被征，自以失职，且惧有谗，九月，据城来降，遣兄子玑、璿诣洛阳为任。诏以阐为都督西陵诸军事、卫将军、开府仪同三司、侍中，领交州牧，封宜都公。

羊祜归自江陵，务修德信以怀吴人。每交兵，刻日方战，不为掩袭之计。将帅有欲进谲计者，辄饮以醇酒，使不得言。祜出军行吴境，刈谷为粮，皆计所侵，送绢偿之。每会众江、沔游猎，常止晋地，若禽兽先为吴人所伤而为晋兵所得者，皆送还之。于是吴边人皆悦服。祜与陆抗对境，使命常通：抗遗祜酒，祜饮之不疑；抗疾，求药于祜，祜以成药与之，抗即服之。人多谏抗，抗曰："岂有鸩人羊叔子哉！"抗告其边戍曰："彼专为德，我专为暴，是不战而自服也。各保分界而已，无求细利。"吴主闻二境交和，以诘抗，抗曰："一邑一乡不可以无信义，况大国乎！臣不如此，正是彰其德，于祜无伤也。"

羊祜不附结中朝权贵，荀勖、冯紞之徒皆恶之。从甥王衍尝诣祜陈事，辞甚清辩；祜不然之，衍拂衣去。祜顾谓宾客曰："王夷甫方当以盛名处大位，然败俗伤化，必此人也。"及攻江陵，祜以军法将斩王戎。衍，戎之从弟也，故二人皆憾之，言论多毁祜。时人为之语曰："二王当国，羊公无德。"

晋武帝泰始元年（乙酉，公元265年）

十一月，壬戌（十二日），魏元帝把皇位禅让给晋王。甲子（十四日），魏元帝搬到金墉城居住。太傅司马孚与魏元帝辞别，拉着魏元帝的手，流泪叹息不能自制，说："我到死的那一天，仍然是大魏真正的臣子。"丙寅（十六日），晋王司马炎登上皇帝位，大赦天下，改年号为泰始。丁卯（十七日），尊奉魏元帝为陈留王，宫室安排在邺城，优厚高贵的礼制待遇，都仿效魏国初期的制度。

二年（丙戌，公元266年）

吴主任命陆凯为左丞相，万彧为右丞相。吴主憎恶别人注视他，群臣朝见或在一旁侍候，没有人敢抬眼看他。陆凯说：“君臣之间没有不相识的道理，如果突然发生了意料不到的事情，就不知道该怎么办了。”吴主于是听凭陆凯注视他，而对别人却依然如故。

吴主居住在武昌，扬州的百姓逆流而上提供物资，异常劳苦。再加上吴主奢侈无度，使得国家和人民都穷困匮乏。陆凯上疏说：“如今四周边境都没有战事，应当致力于休养民力，积蓄财富，然而却愈发穷奢极欲；还没有发生灾难而百姓的精力已尽，还没有什么作为而国库的资财已经空虚，我私下为此感到忧虑。从前汉室衰微，三家鼎立，如今曹、刘失道，都被晋所占有，这是近在眼前的、十分明显的证据。我蠢笨无知，只是为陛下珍惜国家而已。武昌地势高险，土质薄，多山石，并非帝王建都的地方，况且童谣说：‘宁饮建业水，不食武昌鱼；宁还建业死，不在武昌居。’由此看来，是可以证明人心与天意了。现在国家仅有不足一年的积蓄，百姓有离散的怨言，国家这棵大树已经渐渐露出了根本，而官吏却致力于苛刻催逼百姓，没有人体恤他们。大帝的时候，后宫的女子以及各种织工，人数不足百人，景帝以来，人数已经上千，这就使资财的耗费非常严重了。另外，您身边的臣子，大多没有什么才能，他们结成帮派相互扶持，陷害忠良，埋没贤达，这都是些损政害民的人。我希望陛下减省、停止多种劳役，免去苛刻的骚扰，清理、减少宫女，严格选拔官吏，那么就会使天喜悦而民归附，国家长久安定了。”吴主虽然不高兴，但由于陆凯的名望大，就对他特别宽容。

十二月，吴主又把国都迁回建业，派皇后的父亲、卫将军、录尚书事滕牧留下来镇守武昌。朝廷中的官吏因滕牧是显贵的皇亲，都推举他，让他向上谏争，滕皇后因此逐渐地失去了恩宠。吴主又让滕牧去苍梧居住，虽然没有削夺他的爵位，实际上是把他放逐了，他在半路上由于忧郁而死去。何太后时常护佑着滕后，又加上太史说皇后不可更换，吴主信巫术，所以滕后没有被废，日常供养在升平宫，不再进见吴主。宫中的姬妾很多人都佩戴着皇后印玺绶带，滕后却只是接受大臣们的朝贺和上奏的表疏而已。吴主派遣宦官走遍了州郡，挑先将吏家中的女子；只要是二千石大臣家里的女儿，每年都要申报姓名年龄，到了十五六岁就要进行考察、检选，没有被选中的才可以出嫁。后宫女子已有上千人，吴主仍然不断地挑选新人入宫。

三年（丁亥，公元267年）

司隶校尉、上党人李憙，揭发从前的立进县令刘友、前尚书山涛、中山王司马睦、尚书仆射武陔等都有霸占官府稻田的行为，请求免去山涛、司马睦等人的官职，武陔已经死亡，请求将他的谥号降级。晋武帝下诏说：“刘友欺凌掠夺百姓，迷惑朝廷官吏，应对其拷问处死以惩罚邪佞之人。如果山涛等人不再重犯已往的过错，对他们就免于追究。李憙一心为公，对官员行使职责，可称为邦国中之司直了。汉光武帝有言：‘贵戚尚且缩起手以躲避二鲍。’即指整肃百官群僚，使他们各自谨慎于自己的职责。而宽容的恩典是不应该经常使用的！”司马睦是晋宣帝弟弟的儿子。

臣司马光曰：政治的根本在于刑与赏，刑赏不分明，政治如何能成就！晋武帝赦免山涛而褒奖李憙，在刑与赏两方面都丧失了。如果李憙所言是正确的，那么山涛就不可以赦免；所言为非，李憙就不值得褒奖。褒奖李憙让他说话，他说了却又不采用，结果在下属中结下怨恨，在上则使权威被轻慢，这样又将如何使用李憙？况且四位大臣罪行相同，但刘友被处死而对山涛等人却不问罪，避开权贵而施法于轻贱，这能说是治政之道吗？正处于创业之初却不能树立治理国家的根本，要想把基业传给后世，不是很难的事吗？

晋武帝任命李憙为太子太傅，征召犍为人李密为太子洗马。李密因为祖母上了年纪，坚决辞让不受，晋武帝允许了。李密与人交往，往往公然议论其得失优劣而严厉地责备其人，他常常说：“我独自立于人世，自顾其影而没有伴侣，但我却心无恐惧，就是因为我对别人没有厚此薄彼的缘故。”

四年（戊子，公元268年）

春季，正月，丙戌（十八日），贾充等人奉上他们所修改的律令，晋武帝来到讲解之处，让尚书郎裴楷在一旁诵读。裴楷是裴秀的堂弟。侍中卢珽、中书侍郎范阳人张华，请求抄写新律令有关死罪的条目，在驿站张贴，以告示民众，晋武帝听从了这一建议。

晋武帝又命令河南尹杜预对官吏的进退升降进行考核，杜预上奏说：“古时候进退人才，筹划于心，不拘泥于法规；到了衰亡之世，不能考虑长久的通行而专求细密、周到，心存疑忌就相信所见所闻，对所见所闻产生怀疑又相信文书、信札，文书、信札越来越繁琐，为官之道越来越虚伪。魏氏考核官吏的方法，正是汉代京房遗留的法则，其文辞条令可称为极其细密，然而不足的是苛求细枝末节而违背了主体，所以历代都不能通行无阻。还不如申明唐尧时期的旧制度，取其大而舍其小，去其细密而从其简明，使之易于遵循。要想说透事物的常理，彰明精神实质，全在于人本身；抛开人而依赖法令，就会以文辞、条令损害事理。不如委任显贵的官员，各自考核其所统领范畴内的官吏，每年都进行考查，议论其优劣，这样连续六年，主管人综合六年的情况，审查对其六年的评议，六年成绩都是优良的人，可以超格选拔；六年成绩都是劣的，就要废黜免职。优多劣少的人平级调任，劣多优少的人就要降职。在这当中如有对答不平衡，品评有难有易，主管人自然应当准确地衡量轻重，稍加损益，不必曲折以求尽合于法。有对优劣的品评徇私情，不符合公正的议论的，应当交付监察部门进行劾察。假如使上下公然地容忍过错，那么这就使公正的评论彻底地衰败，即使有对官吏考核的法令，也不会有益处。”这件事到底也没有实行。

五年（己丑，公元269年）

晋武帝有灭吴的志向。壬寅（十一日），任命尚书左仆射羊祜统领荆州诸项军事，镇守襄阳；任命征东大将军卫瓘统领青州诸项军事，镇守临淄；任命镇东大将军、东莞王司马伷统领徐州各项军事，镇守下邳。

羊祜对远近百姓都安抚关切，在江、汉地区深得人心。他与吴人开诚布公讲信用，投降的吴人想离开，都听从他们的心愿。羊祜裁减守边、巡逻的士兵，让他们开垦了八百多顷农田。他刚到那里的时候，军队的粮食不足以维持百日，等到了后期，已经有了够吃十年的积粮。羊祜在军中，时常穿着轻暖的裘皮衣服，衣带宽松，不披挂铠甲。他居住的地方，侍卫也不过十几人。

当初，汝南人何定曾经担任吴大帝的内侍，等到吴主孙皓即位，何定就自己表白是先帝的旧人，请求还去做内侍。吴主让他当了楼下都尉，掌管买酒买粮等事，他便独断专行，作威作福，吴主信任他，很多事情都交给他去办。左丞相陆凯当面指责何定说：“你看看前后侍奉主人不忠诚、祸害扰乱国家政权的人，难道有得以寿终正寝的吗？你为什么专做邪恶事，污染圣上的视听，你应当改掉恶习，不然的话，就要看到你料想不到的祸事。”何定对陆凯恨之入骨。陆凯一心一意为国家，忠诚恳切发自内心，所上表疏全都摆出事实，不为文饰。等陆凯病倒了，吴主派中书令董朝去问陆凯有什么话要说，陆凯陈述道：“何定不可信用，应当授予他朝廷以外的官职。奚熙这个小官，建起浦里塘田，也不要听他的话。姚信、楼玄、贺邵、张悌、郭逴、薛莹、滕修以及我的同族弟弟陆喜、陆抗，这些人有的清白、忠诚、勤恳；有的资质才能卓越、优秀，他们都是国家贤能的辅佐，希望陛下多留神费心，国家的事与他们商议，使他们各尽忠诚，能够纠正、补漏于万一。”贺邵是贺齐的孙子；薛莹是薛综的儿子；楼玄是沛人；滕修是南阳人。陆凯不久就去世了，吴主平时就对陆凯的严厉耿直怀恨于心，况且耳朵里天天听到何定的谗言，日久天长，终于把陆凯的家属放逐到建安去了。

六年（庚寅，公元270年）

夏季，四月，吴国左大司马施绩去世。任命镇军大将军陆抗统领信陵、西陵、夷道、乐乡、公安各地的军事，治所设在乐乡。

陆抗因吴主处理政事多有过失，上疏说：“我听说在恩德均等的情况下，人多的一方可以战胜人少的一方；在力量相同的情况下，安定的一方可以制服危难的一方，这正是六国之所以被秦吞并、西楚之所以屈服于汉的原因。现在敌人所凭据的，不只是关西地区，不只是鸿沟以西，而国家外没有六国时连衡之援助，内没有当时西楚那样强大，各种政务衰落，百姓没有得到治理。议论的人们所倚仗的，只不过以长江、高山这些天险为疆界，这是守卫国土中不足为凭的小事，并不是有才智的人首先要考虑的。我每当想到此，半夜里抚摸枕头睡不着，面对饭菜忘记了进食。侍奉君主的道理在于可以冒犯他却不可以欺骗他，我恭敬地陈述于时势合宜的十七条，使您能够听到。”吴主没有采纳他的意见。

当初，魏人把南匈奴的五部安置在并州诸郡中居住，与中原地区汉族杂居。南匈奴人自称他们的祖先是汉朝的外孙，所以改姓为刘氏。

七年（辛卯，公元271年）

吴人刁玄伪造谶文说：“黄色的旗帜、紫色的车盖，出现于东南方，最终得天下者，是荆、扬之地的君主。”吴主信以为真，当月的最后一天，从华里大规模地出兵，车上载着太后、皇后以及后宫几千人，从牛渚向西进发。东观令华核等人坚持谏阻，吴主不听。行进途中遇到大雪，道路塌陷损毁，兵士身披铠甲，手持兵器，一百个人拉着一辆车子，天气寒冷，几乎要把人冻死，兵士们都说：“如果遇到敌兵，我们就倒戈。”吴主听到这些话，就返回了。晋武帝派遣义阳王司马望统率中军二万人、骑兵三千人驻扎在寿春以防备敌军，听到吴军退却的消息，就停止了军事行动。

贾充将要赴镇守之任，公卿大臣们在夕阳亭为他饯行。贾充悄悄问荀勖有没有什么计谋，荀勖说：“您身为宰相，却被一人所控制，难道不让人小看吗？但是此次之行，推辞掉实在很困难，只有和太子结亲，才可以不用推辞外出之任而自然地留下来。”贾充说：“那么谁可以去表达我的意愿呢？”荀勖说：“请让我去说吧。”因而就对冯𬘘说：“贾公要是出远门的话，我们都会失去权势，太子的婚事还没有定下来，何不劝说武帝纳娶贾公的女儿？”冯𬘘也赞同这个主意。当初，晋武帝将要纳卫瓘的女儿做太子之妃，贾充的妻子郭槐贿赂了杨皇后身边的人，让杨皇后劝说武帝请求纳娶贾充的女儿。晋武帝说：“卫公的女儿有五可，贾公的女儿有五不可：卫氏种族优秀而且儿子多，容貌美好而且身材修长，皮肤白洁。贾氏向来妒嫉而且少子女，容貌丑陋，身材矮小，皮肤黑。”但杨皇后坚持为贾氏请求武帝，荀𫖮、荀勖、冯𬘘都称赞贾充的女儿极其美丽，而且德才兼备，晋武帝于是听从了他们的意见留下贾充仍然担任旧职。

八年（壬辰，公元272年）

二月，辛卯（十七日），晋皇太子纳贾妃。贾妃年龄十五，比太子大两岁。她生性妒忌，机巧狡诈，太子宠爱她又怕她。

晋武帝和右将军皇甫陶在一起论事，皇甫陶与晋武帝争论起来。散骑常侍郑徽上表，请求给皇甫陶判罪。晋武帝说：“忠诚正直的言论，唯恐听不到，郑徽逾越职位，胡乱禀奏，这岂是朕的意思？”于是免去郑徽的官职。

秋季，七月，晋朝任命贾充为司空，其侍中、尚书令、领兵等职务依旧。贾充与侍中任恺都被晋武帝所宠爱、信任，贾充想独占名誉、权势而嫉妒任恺，于是朝中官吏各自都有依附的靠山，各种宗派集团众多而庞杂。晋武帝知道了这些情况，召来贾充、任恺，在式乾殿宴请他们，说："朝廷应当是一个统一的整体，大臣之间要和睦相处。"贾充、任恺各自拜谢了晋武帝。以后贾充、任恺认为晋武帝已经知道了他们之间不和却又没有责备他们，更加无所顾忌，表面上他们互相推崇、尊重，内心里的怨恨却越来越深。贾充于是荐举任恺任吏部尚书，任恺侍从会见皇帝的机会变少了，贾充便与荀勖、冯统一起乘机诬陷任恺，任恺因此获罪，被罢免待在家里。

八月，吴主征召昭武将军、西陵督步阐。步阐世代居住在西陵，突然被召，自以为是因公事失职，而且害怕有人进了谗言，九月，占据西陵城投降晋国，派侄子步玑、步璿到洛阳去当人质。晋朝诏令任命步阐为都督西陵诸事、卫将军、开府仪同三司、侍中，兼任交州牧，封步阐为宜都公。

羊祜从江陵回来以后，致力于整治道德信义以使吴人归顺。每次与吴国交战，都要约定日期才开战，不做乘其不备、突然袭击的打算。将帅当中有要献诡诈计谋的人，羊祜总是给他喝醇厚的美酒，使他酒醉不能说话。羊祜的军队外出在吴境内行走，割了谷子做口粮，全都记下所取的数量，然后送去绢偿还。每次与部众在长江、沔水一带打猎，经常只限于晋的领地，如果禽兽先被吴人所杀伤而后被晋兵所得，都要送还吴人。于是吴国边境的百姓对羊祜心悦诚服。羊祜与陆抗在边境相对，双方的使者常奉命相互来往，陆抗送给羊祜的酒，羊祜喝起来从不生疑；陆抗病了，向羊祜求药，羊祜把成药送给他，陆抗也马上就服下。许多人谏阻陆抗，陆抗说："怎么会有用毒酒杀人的羊祜？"陆抗对守边的士兵说："别人专门行恩惠，我们专门作恶，这就等于不战而自己就屈服了。现在双方各自保住疆界就可以了，我们不要再想占小便宜。"吴主听说双方边境交往和谐，就以此事责难陆抗，陆抗说："一邑一乡都不可以不讲信义，更何况大国呢！我如果不这样做，正是显扬了羊祜的恩惠，对羊祜毫无损伤。"

羊祜不攀附结交朝廷中的权贵，荀勖、冯统之徒都憎恨他。羊祜堂外甥王衍曾经去羊祜那里陈述事情，言辞非常清晰明辨；羊祜对他并不赞赏，王衍拂衣而去。羊祜回过头对宾客们说："王衍应当能以极大的名声达到高位，然而败坏风俗、损伤教化的必定是他。"等到攻打江陵时，羊祜曾依军法要斩王戎。王衍是王戎的堂弟，所以两人都怨恨羊祜，言谈之间经常诽谤羊祜。当时的人为此有句话说："二王执掌朝政，羊公一无是处。"

第八十卷　晋纪二

译文诵读

世祖武皇帝上之下泰始九年（癸巳，273）

吴人多言祥瑞者，吴主以问侍中韦昭，昭曰："此家人筐箧中物耳！"昭领左国史，吴主欲为其父作纪，昭曰："文皇不登极位，当为传，不当为纪。"吴主不悦，渐见责怒。昭忧惧，自陈衰老，求去侍、史二官，不听。时有疾病，医药监护，持之益急。吴主饮群臣酒，不问能否，率以七升为限。至昭，独以茶代之，后更见逼强。又酒后常使侍臣嘲弄公卿，发摘私短以为欢；时有愆失，辄见收缚，至于诛戮。昭以为外相毁伤，内长尤恨，使群臣不睦，不为佳事，故但难问经义而已，吴主以为不奉诏命，意不忠尽，积前后嫌忿，遂收昭付狱。昭因狱上辞，献所著书，冀以此求免。而吴主怪其书垢故，更被诘责；遂诛昭，徙其家于零陵。

诏选公卿以下女备六宫，有蔽匿者以不敬论；采择未毕，权禁天下嫁娶。帝使杨后择之，后惟取洁白长大而舍其美者，帝爱卞氏女，欲留之。后曰："卞氏三世后族，不可屈以卑位。"帝怒，乃自择之，中选者以绛纱系臂，公卿之女为三夫人、九嫔，二千石、将、校女补良人以下。

十年（甲午，274）

诏又取良家及小将吏女五千人入宫选之，母子号哭于宫中，声闻于外。

以前太常山涛为吏部尚书。涛典选十余年，每一官缺，辄择才资可为者启拟数人，得诏旨有所向，然后显奏之。帝之所用，或非举首，众情不察，以涛轻重任意，言之于帝。帝益亲爱之。涛甄拔人物，各为题目而奏之，时称"山公启事"。

吴大司马陆抗疾病，上疏曰："西陵、建平，国之蕃表，既处上流，受敌二境。若敌泛舟顺流，星奔电迈，非可恃援他部以救倒县也。此乃社稷安危之机，非徒封疆侵陵小害也。臣父逊，昔在西垂上言，'西陵国之西门，虽云易守，亦复易失。若有不守，非但失一郡，荆州非吴有也。如其有虞，当倾国争之。'臣前乞屯精兵三万，而主者循常，未肯差赴。自步阐以后，益更损耗。今臣所统千里，外御强对，内怀百蛮，而上下见兵，财有数万，羸敝日久，难以待变。臣愚以为诸王幼冲，无用兵马以妨要务，又，黄门宦官开立占募，兵民避役，逋逃入占。乞特诏简阅，一切料出，以补疆埸受敌常处，使臣所部足满八万，省息众务，并力备御，庶几无虞。若其不然，深可忧也！臣死之后，乞以西方为属。”及卒，吴主使其子晏、景、玄、机、云分将其兵。机、云皆善属文，名重于世。

咸宁元年（乙未，275）

吴中书令贺邵中风不能言，去职数月。吴主疑其诈，收付酒藏，掠考千数，卒无一言，乃烧锯断其头，徙其家属于临海。又诛楼玄子孙。

二年（丙申，276）

秋，七月，吴人或言于吴主曰：“临平湖自汉末蔑塞，长老言：‘此湖塞，天下乱；此湖开，天下平。’近无故忽更开通，此天下当太平，青盖入洛之祥也。”吴主以问奉禁都尉历阳陈训，对曰：“臣止能望气，不能达湖之开塞。”退而告其友曰：“青盖入洛者，将有衔璧之事，非吉祥也。”

冬，十月，以汝阴王骏为征西大将军，羊祜为征南大将军，皆开府辟召，仪同三司。

祜上疏请伐吴曰：“先帝西平巴、蜀，南和吴、会，庶几海内得以休息；而吴复背信，使边事更兴。夫期运虽天所授，而功业必因人而成，不一大举扫灭，则兵役无时得息也。蜀平之时，天下皆谓吴当并亡，自是以来，十有三年矣。夫谋之虽多，决之欲独。凡以险阻得全者，谓其势均力敌耳，若轻重不齐，强弱异势，虽有险阻，不可保也。蜀之为国，非不险也，皆云一夫荷戟，千人莫当。及进兵之日，曾无藩篱之限，乘胜席卷，径至成都，汉中诸城，皆鸟栖而不敢出，非无战心，诚力不足以相抗也。及刘禅请降，诸营堡索然俱散。今江、淮之险不如剑阁，孙皓之暴过于刘禅，吴人之困甚于巴、蜀，而大晋兵力盛于往时，不于此际平壹四海，而更阻兵相守，使天下困于征戍，经历盛衰，不可长久也。今若引梁、益之兵水际俱下，荆、楚之众进临江陵，平南、豫州直指夏口，徐、扬、青、兖并会秣陵；以一隅之吴当天下之众，势分形散，所备皆急。巴、汉奇兵出其空虚，一处倾坏，则上下震荡，虽有智者不能为吴谋矣。吴缘江为国，东西数千里，所敌者大，无有宁息。孙皓恣情任意，与下多忌，将疑于朝，士困于野，无有保世之计，一定之心；平常之日，犹怀去就，兵临之际，必有应者，终不能齐力致死，已可知也。其俗急速不能持久，弓弩戟楯不如中国；唯有水战是其所便，一入其境，则长江非复所保，还趣城池，去长入短，非吾敌也。官军县进，人有致死之志，吴人内顾，各有离散之心，如此，军不逾时，克可必矣。”帝深纳之。而朝议方以秦、凉为忧，祜复表曰：“吴平则胡自定，但当速济大功耳。”议者多有不同，贾充、荀勖、冯紞尤以伐吴为不可。祜叹曰：“天下不如意事十常居七、八。天与不取，岂非更事者恨于后时哉！”唯度支尚书杜预、中书令张华与帝意合，赞成其计。

三年（丁酉，277）

卫将军杨珧等建议，以为“古者封建诸侯，所以藩卫王室；今诸王公皆在京师，非扞城之义。又，异姓诸将居边，宜参以亲戚。”帝乃诏诸王各以户邑多少为三等，大国置三军五千人，次国二军三千人，小国一军一千一百人；诸王为都督者，各徙其国使相近。

徙封钜平侯羊祜为南城郡侯，祜固辞不受。祜每拜官爵，常多避让，至心素著，故特见申于分列之外。祜历事二世，职典枢要，凡谋议损益，皆焚其草，世莫得闻；所进达之人皆不知所由。常曰：“拜官公朝，谢恩私门，吾所不敢也。”

四年（戊戌，278）

羊祜以病求入朝，既至，帝命乘辇入殿，不拜而坐。祜面陈伐吴之计，帝善之。以祜病，不宜数入，更遣张华就问筹策，祜曰：“孙晧暴虐已甚，于今可不战而克。若晧不幸而没，吴人更立令主，虽有百万之众，长江未可窥也，将为后患矣！”华深然之。祜曰：“成吾志者，子也。”帝欲使祜卧护诸将，祜曰：“取吴不必臣行，但既平之后，当劳圣虑耳。功名之际，臣不敢居；若事了，当有所付授，愿审择其人也。”

冬，十月，征征北大将军卫瓘为尚书令。是时，朝野咸知太子昏愚，不堪为嗣，瓘每欲陈启而未敢发；会侍宴陵云台，瓘阳醉，跪帝床前曰：“臣欲有所启。”帝曰“公所言何邪？”瓘欲言而止者三，因以手抚床曰：“此座可惜！”帝意悟，因谬曰：“公真大醉邪？”瓘于此不复有言。帝悉召东宫官属，为设宴会，而密封尚书疑事，令太子决之。贾妃大惧，倩外人代对，多引古义。给使张泓曰：“太子不学，陛下所知，而答诏多引古义，必责作草主，更益谴负，不如直以意对。”妃大喜，谓泓曰：“便为我好答，富贵与汝共之。”泓即具草，令太子自写，帝省之甚悦。先以示瓘，瓘大踧踖，众人乃知瓘尝有言也。贾充密遣人语妃云：“卫瓘老奴，几破汝家！”

羊祜疾笃，举杜预自代。辛卯，以预为镇南大将军、都督荆州诸军事。祜卒，帝哭之甚哀。是日，大寒，涕泪沾须鬓皆为冰。祜遗令不得以南城侯印入柩。帝曰：“祜固让历年，身没让存，今听复本封，以彰高美。”南州民闻祜卒，为之罢市，巷哭声相接。吴守边将士亦为之泣。祜好游岘山，襄阳人建碑立庙于其地，岁时祭祀，望其碑者无不流涕，因谓之堕泪碑。

杜预至镇，简精锐，袭吴西陵督张政，大破之。政，吴之名将也，耻以无备取败，不以实告吴主。预欲间之，乃表还其所获。吴主果召政还，遣武昌监留宪代之。

前司隶校尉傅玄卒。玄性峻急，每有奏劾，或值日暮，捧白简，整簪带，竦踊不寐，坐而待旦；由是贵游震慑，台阁生风。玄与尚书左丞博陵崔洪善，洪亦清历骨鲠，好面折人过，而退无后言，人以是重之。

五年（己亥，279）

初，南单于呼厨泉以兄於扶罗子豹为左贤王，及魏武帝分匈奴为五部，以豹为左部帅。豹子渊，幼而隽异，师事上党崔游，博习经史。尝谓同门生上党朱纪、雁门范隆曰："吾常耻随、陆无武，绛、灌无文；随、陆遇高帝而不能建封侯之业，绛、灌遇文帝而不能兴庠序之教，岂不惜哉！"于是兼学武事。及长，猿臂善射，膂力过人，姿貌魁伟。为任子在洛阳，王浑及子济皆重之，屡荐于帝，帝召与语，悦之。济曰："渊有文武长才，陛下任以东南之事，吴不足平也。"孔恂、杨珧曰："非我族类，其心必异。渊才器诚少比，然不可重任也。"及凉州覆没，帝问将于李憙，对曰："陛下诚能发匈奴五部之众，假刘渊一将军之号，使将之而西，树机能之首可指日而枭也。"孔恂曰："渊果枭树机能，则凉州之患方更深耳。"帝乃止。

东莱王弥家世二千石，弥有学术勇略，善骑射，青州人谓之"飞豹"。处士陈留董养见而谓之曰："君好乱乐祸，若天下有事，不作士大夫矣。"渊与弥友善，谓弥曰："王、李以乡曲见知，每相称荐，适足为吾患耳。"因歔欷流涕。齐王攸闻之，言于帝曰："陛下不除刘渊，臣恐并州不得久安。"王浑曰："大晋方以信怀殊俗，奈何以无形之疑杀人侍子乎？何德度之不弘也！"帝曰："浑言是也。"会豹卒，以渊代为左部帅。

益州刺史王濬上疏曰："孙皓荒淫凶逆，宜速征伐。若一旦皓死，更立贤主，则强敌也。臣作船七年，日有朽败；臣年七十，死亡无日。三者一乖，则难图也。诚愿陛下无失事机。"帝于是决意伐吴。会安东将军王浑表孙皓欲北上，边戍皆戒严，朝廷乃更议明年出师。王濬参军何攀奉使在洛，上疏称："皓必不敢出，宜因戒严，掩取甚易。"

杜预上表曰："自闰月以来，贼但敕严，下无兵上。以理势推之，贼之穷计，力不两完，必保夏口以东以延视息，无缘多兵西上，空其国都。而陛下过听，便用委弃大计，纵敌患生，诚可惜也。向使举而有败，勿举可也。今事为之制，务从完牢，若或有成，则开太平之基，不成不过费损日月之间，何惜而不一试之！若当须后年，天时人事，不得如常，臣恐其更难也。今有万安之举，无倾败之虑，臣心实了，不敢以暧昧之见自取后累，惟陛下察之。"旬月未报，预复上表曰："羊祜不先博谋于朝臣，而密与陛下共施此计，故益令朝臣多异同之议。凡事当以利害相校，今此举之利十有八、九，而其害一、二，止于无功耳。必使朝臣言破败之形，亦不可得，直是计不出己，功不在身，各耻其前言之失而固守之也。自顷朝廷事无大小，异意锋起，虽人心不同，亦由恃恩不虑后患，故轻相同异也。自秋已来，讨贼之形颇露，今若中止，孙皓或怖而生计，徙都武昌，更完修江南诸城，远其居民，城不可攻，野无所掠，则明年之计或无所及矣！"帝方与张华围棋，预表适至，华推枰敛手曰："陛下圣武，国富兵强，吴主淫虐，诛杀贤能，当今讨之，可不劳而定，愿勿以为疑！"帝乃许之。以华为度支尚书，量计运漕。贾充、荀勖、冯紞固争之，帝大怒，充免冠谢罪。仆射山涛退而告人曰："自非圣人，外宁必有内忧，今释吴为外惧，岂非算乎！"

冬，十一月，大举伐吴，遣镇军将军琅邪王伷出涂中，安东将军王浑出江西，建威将军王戎出武昌，平南将军胡奋出夏口，镇南大将军杜预出江陵，龙骧将军王濬、巴东监军鲁国唐彬下巴、蜀，东西凡二十余万。命贾充为使持节、假黄钺、大都督，以冠军将军杨济副之；充固陈伐吴不利，且自言衰老，不堪元帅之任。诏曰："君若不行，吾便自出。"充不得已，乃受节钺，将中军南屯襄阳，为诸军节度。

晋武帝泰始九年（癸巳，公元273年）

吴国有许多谈论吉祥符瑞的人，吴主向侍中韦昭询问这件事，韦昭说："这不过是人家箱箧里的寻常物罢了！"韦昭担任左国史之职，吴主想给自己的父亲作纪，韦昭说："文皇帝没有登天子之位，应当作传，不应当作纪。"吴主心中不快，逐渐显露出对韦昭的谴责与怒气。韦昭忧郁恐惧，于是上书陈述自己年事已高，请求免去他侍中及左国史二项官职，但是吴主不允许。有时韦昭得了病吴主派医生、送医药监视护理，催促他快些上朝。吴主召集群臣饮酒，不管能不能喝，一律限定必须喝七升。至于韦昭，唯独用茶代替酒，但以后就越来越强逼他。另外，饮酒之后，吴主经常支使近臣嘲弄公卿大臣，揭露他们的隐私和短处拿来取乐；大臣们这时若有过失，就被拘禁起来，甚至于杀头。韦昭认为，不顾脸面地诽谤、中伤，会使人的内心增长怨恨情绪，使群臣之间不和睦，这并不是好事，所以他只是在经义方面发难质问而已。吴主认为韦昭没有奉行他的命令，不忠心尽职，把前前后后对韦昭的愤恨、仇怨都积累起来。于是拘捕了韦昭，把他投进了监狱。韦昭通过狱吏上书陈词，献上了他写的书，希望以此求得赦免。但吴主却责备他的书脏又破旧，愈加责怪他，于是杀死韦昭，把他的家族放逐到零陵。

晋武帝下诏，挑选公卿以下人家的女子补充六宫，有隐蔽藏匿的以不敬论处；挑选未结束时，暂时禁止天下嫁娶。晋武帝让杨皇后去挑选美女，杨皇后只挑选皮肤洁白、身材修长的而舍弃了容貌美丽的女子。晋武帝喜爱卞氏之女，想把她留下。杨皇后说："卞氏是三代为皇后的家族，不能屈尊以就后宫的卑微地位。"晋武帝动了怒，就自己挑选，凡是中选的女子，就用深红色的纱巾系在臂上。公卿之家的女子封为三夫人、九嫔；俸禄二千石的官员以及将校之女，补充良人以下的位置。

十年（甲午，公元274年）

晋武帝又下诏，召取清白人家以及小将吏家的女子共五千人，入宫进行挑选。母女的号哭声响彻宫中，声音传到了宫外。

晋朝任命前太常山涛为吏部尚书。山涛掌管选拔官吏的职务十几年，每当有一个官职空缺，他总是选择几名才能与资历都合适的人，告诉晋武帝，得到武帝诏令，对任用某人有倾向性的意见时，他才明确地为这名人选上奏。因此，晋武帝所任用的人，有的并不是选拔人中最好的。大家对这些情况并不了解，有人就说山涛凭自己举官吏，并禀告晋武帝，晋武帝对山涛却更加亲近宠爱。山涛甄别选拔人才，对每一个人都进行评量品题然后上奏，当时的人把这称为《山公启事》。

吴国大司马陆抗病情加重。他上疏说："西陵、建平，是国家的屏障，地势既处于上流，二郡边境的西面、北面又与敌人的边境接壤。如果敌人泛舟顺流而下，那么就如同星奔电驰一样迅速，到那时，就不能依赖别的地区援助来解救危难了。这可是关系到国家安危的关键，不只是国家疆界受到侵犯的小祸患。我的父亲陆逊，从前在西部边境时曾上书说：'西陵是国家的西门，虽然说容易防守，但同时容易丧失。假如守不住的话，那就不只是失掉一个郡，就连荆州都会不属于吴所有了。如果西陵有忧患，就要竭尽国家的力量去争夺它。'我过去曾经请求在西陵驻守三万精兵，但是主管的官员遵循常规，不肯派兵赴西陵。自从步阐事件以后，我方兵力愈加损耗。现在我统率着千里方圆的地方，对外抵御着强大的敌人，对内里又安抚各蛮族，上上下下的现有军队，才有几万，久已疲惫，衰败，是很难应付突发的事变的。我认为，诸王年幼，不要给他们配备兵马，使要紧的事务受到损害。另外，对黄门宦官进行招募，使士兵百姓得以躲避兵役，而逃亡的罪人也都进入黄门。我请求特别下诏书对黄门宦官进行检查，凡是清理出来的，都把他们补充到边境地区经常与敌人冲突的地方，以使我所统领的军队，兵员满额为八万，节省、停止众多的事务，集中力量准备防御，也许可以避免忧患。如果不这样做，那就非常令人担忧了。我死了以后，请特别注意西方边境。"陆抗死后，吴主让陆抗的儿子陆晏、陆景、陆玄、陆机、陆云分别统领陆抗的士兵。陆机、陆云都善于写文章，名声为当世所推重。

咸宁元年（乙未，公元275年）

吴国中书令贺邵得了中风病不能说话，便离职几个月。吴主怀疑他装病，把他拘捕起来，押送到储藏酒的仓里拷打，打了他上千次，他最后也没有说一句话，吴主叫人烧红刀锯割断了他的头颅，把他的家属放逐到临海。吴主又诛杀了楼玄的儿子和孙子。

二年（丙申，公元276年）

秋季，七月，吴国有人对吴主说："临平湖自从汉末就荒芜阻塞了，老人们说：‘此湖塞，天下乱；此湖开，天下平。’近来无缘无故，临平湖忽然又开通了，这是天下将要太平，青色车盖进入洛阳的吉祥征兆。”吴主以此事去询问奉禁都尉、历阳人陈训，陈训对他说：“我只会望云气，不能通达湖水开通阻塞的奥秘。”陈训退下来就对他的朋友说：“青车盖入洛阳，这是说将要有战败面君主投降之事，这并不是吉祥的兆头。”

冬季，十月，晋任命汝阴王司马骏为征西大将军，羊祜为征南大将军，二人都设立府署，征召属员，仪节与三司相同。

羊祜上疏请求讨伐吴国，说：“先帝在西面平定了巴、蜀地区，在南面与东吴、会稽地区和平相处，海内几乎可以休息了。但是吴国却再次背信弃义，使边境又生事端。运数虽说是由上天所授予，而功勋业绩却必须由人来成就。如果不用一次大规模的行动把敌人彻底消灭，那么兵役就没有停息的时候。平定蜀国的时候，天下人都认为吴国也应当一同灭亡，从那时到现在，已经十三年了。谋略虽然很多，却需要独自决断。凡是凭借险阻得到保全的，是因为其势力不同，即使有险阻，也保不住。蜀作为一个国家，其地势并非不险，人们都说，一夫当关，万夫莫开。但是，到了我军进兵之日，却不曾有藩篱的阻碍，我军乘胜席卷而下，直接到了成都，汉中各城，都如栖息之鸟，不敢出动。并不是因为他们没有抵抗之心，实在是其力量不足以与我相抗衡。等到刘禅请求投降，各个营堡索然离散。现在长江，淮水的险峻不如蜀之剑阁，孙皓的残暴超过了刘禅，吴人的困苦胜于巴、蜀，而大晋的兵力比以往任何时候都强盛，不在此时平定统一四海，却还坚守要塞防守，使天下为远行守边而窘迫，将士们长年出征，经历盛年而至于衰老，这样下去是不会长久的。现在如果率领梁州和益州之兵沿水路、陆路齐下，荆、楚之兵进逼江陵，平南、豫州的军队直趋夏口，徐、扬、青、兖各路兵马在秣陵会合，这样的话，吴国依凭其一隅之地，抵挡天下之众，必然会分兵把守，所守之处，处处危急。然后，乘其空虚，从巴、汉出奇兵袭击，只要有一处被摧毁，就会引起上下震动，即使再有谋略之士也不能为吴国谋划了。吴国沿着长江建立了国家，其地从东到西有几千里，敌对的战线过于广大，所以没有安宁。孙皓放纵任性，为所欲为，常常猜忌臣下，结果使将官在朝中感到疑虑不安，兵士于原野困顿疲惫，没有保卫国家的计谋和长久的打算；平常的日子里，尚且考虑是否离去，到了战事临头之际，必然全有反应，终不能齐心协力以效死命，这一点，现在就已经很清楚了。吴人的习性是急而快但不能持久，他们运用弓弩戟盾等兵器不如中原地区的士兵熟练，只有水战是他们所适宜的，但是我军一入吴境，那么长江就不再是他们所要保住的，待他们回过头为奔救城池，正是丢弃了长处而拾起短处，就不是我们的对手了。我军深入敌境，人人有献身效命的决心；吴人牵挂后方，各自怀有离散之心，这样，我军过不了多久，克敌制胜就是必然的了。”晋武帝深为赞同，采纳了羊祜的意见。当时朝廷议事，正为秦州、凉州的胡人而忧虑，羊祜又上表说：“平定了吴国，胡人自然就安定了，现在只应当迅速去成就伟大的功业。”朝中不少人不同意羊祜的意见，贾充、荀勖、冯统尤其认为不能伐吴。羊祜叹道："天下不如意的事情，常占十之七八。上天赐予时机人却不去获取，这岂不是使经历其事的人以后扼腕长叹吗！"当时只有度支尚书杜预、中书令张华与晋武帝意见相合，赞成羊祜的计划。

三年（丁酉，公元277年）

卫将军杨珧等人建议，认为："古时候分封诸侯，是为了藩屏护卫王室；现在诸位王公都在京都，这就失去了保卫的意义。另外，异姓诸将领居住在国家边境地区时，应当让皇室的亲戚参与其中。"晋武帝于是下诏书，诸王根据所食户邑的多少被分为三等，大国设置三军共五千人，次国设二军共三千人，小国设一军一千一百人。诸王中任都督的，各自迁往封国使他们靠近任所。

钜平侯羊祜被徙封为南城郡侯。羊祜坚持推辞不接受。羊祜每当被授予官职和爵位时，经常避让，他的至诚之心一贯有名，所以他被特别许可不接受分封他的官爵。羊祜经历了两代帝王，他一直掌管关键重要的部门。凡是他参与谋划商议的事情，不管是设置或简省，他都把草稿烧掉，使世人不能知道。由羊祜荐举而做了官的人，自己都不知道是谁推荐的。羊祜常常说："在公众的朝廷里授予官职，但是却让别人向你个人谢恩，这样的事情是我所不敢做的。"

四年（戊戌，公元278年）

羊祜因病请求入朝见晋武帝。到了朝廷，晋武帝让他乘着车子上殿，不行拜礼坐下。羊祜向晋武帝当面陈述伐吴的计划，晋武帝非常赞赏。因为羊祜有病，不便一次一次地面见晋武帝，晋武帝便派张华去羊祜那里询问伐吴的谋划。羊祜说："孙晧凶暴残酷已经到了极点，如果现在行动，可以不战而取胜。假如孙晧不幸而死去，吴人再立一个贤明的君主，那么我们虽然有百万之众，长江也不是我们可以窥伺的了，这样就将成为后患！"张华非常赞同他的话。羊祜说："成就我的志向的人，就是你。"晋武帝想让羊祜卧病在车上总领各位将领，羊祜说："夺取吴国我不一定要去，但是等平吴之后，就要劳累您圣明的思虑了。我不敢居于功绩与名声之间，但是如果事情结束，应当委派官员去东南地区镇抚时，希望您慎重地选择合适的人选。"

冬季十月，晋朝征召北大将军卫瓘任尚书令。当时，朝廷上下都知道太子糊涂愚蠢，不能负起王位继承人的重任。卫瓘每次想向晋武帝陈说这件事都没敢开口。后来，有一次陪晋武帝在陵云台宴饮，卫瓘假装醉了酒，跪在晋武帝的床前说："我有事情要向您启奏。"晋武帝说："你要说什么？"卫瓘欲言又止一共三次，趁势用手抚摸着床说："这个座位可惜了。"晋武帝明白了他的意思，也顺着他说道："你真是大醉了。"从这以后，卫瓘对这件事不再提起。晋武帝把东宫的官吏都召集到一起，为他们设宴，他把尚书决定不下来的事情密封起来，让太子决断应如何处理。贾妃听到这个消息非常恐惧，就借助外人代替太子回答问题，引用了很多古义。给使张泓说："太子没学问，这是陛下所了解的，但是答题却引用许多古义，这必然会引起陛下对起草人的责问，反而更增加了太子的过错与不足，倒不如直接以本意来回答问题。"贾妃听了非常高兴，对张泓说："你这就给我好好地答题，我和你共享富贵。"张泓立即动手准备草稿，让太子亲笔抄录下来，晋武帝看了之后非常高兴。先拿给卫瓘看，卫瓘局促不安，众人于是知道了卫瓘曾经说过有关太子的话。贾充秘密派人对贾妃说："卫瓘这个老奴才，差点破了你的家!"

羊祜病重，荐举杜预代替他。辛卯（二十六日），任命杜预为镇南大将军、都督荆州诸军事。羊祜去世，晋武帝哭得特别哀伤。那天天气很冷，晋武帝流下的眼泪沾在胡须和鬓发上，立刻结成了冰。羊祜留下遗言，不让把南城侯印放入棺木。晋武帝说："羊祜坚持谦让已经有很多年了，现在人死了而谦让的美德还在。如今就按他的意思办，恢复他原来的封号，以彰明他高尚的美德。"荆州的百姓们听到羊祜去世的消息，为他罢市，在里巷里聚在一起哭泣，哭声接连不绝。就连吴国守卫边境的将士们也为羊祜的死而流泪。羊祜喜欢游岘山，襄阳的百姓们就在岘山上建庙立碑，一年四季祭祀。望着这座碑的人没有不落泪的，所以人们称这座碑为堕泪碑。

杜预到任后，他挑选精兵，袭击吴国西陵督张政，使吴兵大败。张政是吴的名将，他因为没有防备而打了败仗，感到羞耻，所以没有把实情告诉吴主。杜预想使离间计，于是公开地把战斗中的缴获都给了吴国。吴主果然召回了张政，派武昌监留宪代替张政。

前任司隶校尉傅玄去世。傅玄性格严厉急躁，常常向皇帝上奏揭发罪行的文状，有时写完正当黄昏时分，傅玄也手捧状子，整理好上朝用的簪笔和身上的衣带。由于心绪不宁而无法入睡，他就坐在那里等待天亮。因此王公贵族震动恐惧，而政府官署却增添了气势。傅玄与尚书左丞、博陵人崔洪友好。崔洪也是清廉严厉正直的人，喜好当面斥责别人的过失，但在背后却不议论别人，人们因此而尊重他。

五年（己亥，公元279年）

当初，南单于呼厨泉任命他哥哥於扶罗的儿子刘豹为左贤王。后来魏武帝把匈奴分为五部，任命刘豹为左部帅。刘豹的儿子刘渊，年幼却俊秀出众。他拜上党人崔游为师，广博地学习经与史。他曾经对与他同门的学生、上党人朱纪和雁门人范隆说："我常常为随何、陆贾没有武功，绛侯、灌婴没有文才而感到羞愧。随何、陆贾遇到了汉高帝却不能建立封侯的业绩；绛侯、灌婴遇到了汉文帝却不能振兴文化教育。这难道不可惜吗？"于是他在习文的同时也兼学武功。等他长大了，长臂善于射箭，体力超过常人，身材高大魁梧。他因为是人质，所以留在洛阳。王浑与儿子王济都很器重刘渊，多次向晋武帝荐举。晋武帝就召来刘渊与他交谈，结果非常喜欢他。王济说："刘渊有文武英才，陛下把东南的事情委任于他，平定吴国都不够他施展的。"孔恂、杨珧说："刘渊非我族类，必然与我们不是一条心。刘渊的才能器量确实很少有人能和他相比，但是却不能重用他。"后来凉州陷落，晋武帝问李憙，可以用谁为将去救凉州。李憙回答说："陛下如果真能把匈奴五部的人都发动起来，给刘渊一个将军的名号，让他率领匈奴人向西进发，那么树机能的头颅示众就指日可待了。"孔恂说："刘渊要是真杀了树机能的头示众，那么凉州的祸患就会更深了。"晋武帝于是没有任用刘渊。

东莱人王弥的家世袭二千石俸禄。王弥有学问，勇猛而有谋略。他善于骑射，青州人称他为"飞豹"。他喜欢打抱不平。隐士陈留人董养看到他就对他说："你是一个喜好动乱和灾祸的人，如果天下有乱事，你就连士大夫都不想做了。"刘渊和王弥很友好，刘渊对王弥说："王浑和李憙因为与我是同乡所以了解我，他们时常向晋武帝荐举我，这却正是我的忧虑。"说着就抽泣流泪了。齐王司马攸知道了这件事，他对晋武帝说："陛下如不除掉刘渊，我恐怕并州不能够长久安宁了。"王浑说："大晋正要以信义来安抚异族，为什么要为了无形的怀疑，就要杀了人家入侍皇帝的儿子呢？为什么恩惠的气度就不能宽宏大量呢？"晋武帝说："王浑说得对。"这时刘豹去世了，刘渊继位做了左部帅。

晋朝益州刺史王浚上疏说："孙皓荒淫，凶暴反常，应当迅速地征讨他。如果一旦孙皓死了，吴国又立了一个贤明的君王，那么就成为我们的强敌了。我造船已经七年，每天都有船因腐烂而毁坏；我年已七十，离死亡没有几天了。这三点只要一有失误，那么伐吴的大事就难以实现。我真诚地希望陛下不要失去机会。"晋武帝于是下定决心伐吴。这时，安东将军王浑上表说，孙皓要北上，吴国边境地区已经戒备森严。朝廷于是又商议明年再出兵。王浚的参军何攀奉命出使正在洛阳，他上疏说："孙皓必然不敢出兵，应当乘着吴国防备严密而突然袭击，这样更容易取胜。"

杜预上表说："自从闰月以来，贼人只是防备得严，下游地区并不见吴兵沿江而上。依道理及形势推测，贼人已无计可施，其兵力不足以保全两边，必然要保住夏口以东地区以便苟延残喘，没有理由派很多兵士向西，而使国都空虚。但是陛下却由于误听，而丢开大计，放纵敌人而留下了后患，实在是可惜。过去假如举兵有可能失败，那么也可以不举兵。现在事情已经做了决定，务必要做得完美牢靠，假如能成功，那么就开创了太平的基础；如果不能成功，损失耗费也不过在数日几月之间，何必吝惜而不去试一试呢！如果还要等到以后，那么天时人事就不能和往常一样了，我担心到时会更难。当前的举动万分妥帖，绝没有覆灭失败的忧虑，我已下定了决心，决不敢以暧昧不明的态度以自取日后的麻烦，请陛下明察。"一个月过去了，杜预还没有得到晋武帝的答复，杜预于是又上表说："羊祜事先没有广泛地和大臣们商议、谋划，却秘密地与陛下一起推行这个计划，所以就更使得朝廷大臣有很多不同的议论。任何事情都应当把利益与损害相互比较，现在这一行动的利益占十之八九，而弊害只占十之一二，最多只是没有功劳而已。如果一定要让大臣们说出计划的弊端，也是不可能的，他们之所以对计划有不同的看法，只是因为计划不是他们制定的，自己没有功劳，即使对自己以前说的话有过失感到羞愧，但还要坚持自己的意见，以保住面子而已。近来，朝廷中的事情无论大小，总是各种意见蜂起，虽说人心各有不同，但是也是由于倚仗着恩宠而不考虑后患，所以很轻易地表示自己相同或者不同的意见。自从入秋以来，讨贼的举动越来越显露出来，现在假如中止行动，孙晧或许会因恐怖而产生出新的计划，迁都武昌，更完备地修整长江以南各城，把居民迁到很远的地方去，使城不可以攻，原野之中找不到东西，那么明年的计划或许就用不上了。”当时，晋武帝正在和张华下围棋，杜预所上表正好送到了，张华推开棋盘拱手说：“陛下圣明英武，国富兵强；吴主邪恶凶残，诛杀贤良有才能的人。现在就去讨伐他，可以不受劳累而平定，希望您不要再犹豫了！”晋武帝接受了他的意见。任命张华为度支尚书，按计划从水路运粮。贾充、荀勖、冯纨等人不同意伐吴，坚持他们的意见，晋武帝大怒，贾充立即脱帽认罪。仆射山涛退朝回来和别人说：“古人云：‘只有圣人能做到内外无患，假如不是圣人，外部安宁了就必然有内部的忧患。’以晋目前的情况来看，放着吴作外部威胁，难道不是良计吗？”

冬季，十一月，晋朝大举出兵讨伐吴，派遣镇军将军、琅邪王司马伷从涂中出兵，安东将军王浑从江西出兵，建威将军王戎出武昌，平南将军胡奋出夏口，镇南大将军杜预出江陵，龙骧将军王濬和巴东监军鲁国人唐彬从巴、蜀进军，东西合计共有二十余万人。任命贾充为使持节、假黄钺、大都督，任命冠军将军杨济协助贾充，做贾充的副手。贾充坚持陈述伐吴不利，而且自称已经衰老，不能担当元帅的重任。晋武帝下诏说：“你如果不去，那么我就亲自出征。”贾充不得已，于是接受了符节与斧钺，率领中军向南驻扎在襄阳，负责各部队的部署、调度与节制。

第八十一卷　晋纪三

译文诵读

世祖武皇帝中太康元年（庚子，280）

杜预向江陵，王浑出横江，攻吴镇、戍，所向皆克。二月戊午，王濬、唐彬击破丹阳监盛纪。吴人于江碛要害之处，并以铁锁横截之；又作铁锥，长丈余，暗置江中，以逆拒舟舰。濬作大筏数十，方百余步，缚草为人，被甲持仗，令善水者以筏先行，遇铁锥，锥辄著筏而去。又作大炬，长十余丈，大数十围，灌以麻油，在船前，遇锁，然炬烧之，须臾，融液断绝，于是船无所碍。庚申，濬克西陵，杀吴都督留宪等。壬戌，克荆门、夷道二城，杀夷道监陆晏。杜预遣牙门周旨等帅奇兵八百泛舟夜渡江，袭乐乡，多张旗帜，起火巴山。吴都督孙歆惧，与江陵督伍延书曰："北来诸军，乃飞渡江也。"旨等伏兵乐乡城外，歆遣军出拒王濬，大败而还。旨等发伏兵随歆军而入，歆不觉，直至帐下，虏歆而还。乙丑，王濬击杀吴水军都督陆景。杜预进攻江陵，甲戌，克之，斩伍延。於是沅、湘以南，接于交、广，州郡皆望风送印绶。预杖节称诏而绥抚之。凡所斩获吴都督、监军十四，牙门、郡守百二十余人。胡奋克江安。

杜预与众军会议，或曰："百年之寇，未可尽克，方春水生，难于久驻，宜俟来冬，更为大举。"预曰："昔乐毅藉济西一战以并强齐，今兵威已振，譬如破竹，数节之后，皆迎刃而解，无复著手处也。"遂指授群帅方略，径造建业。

吴主闻王浑南下，使丞相张悌督丹阳太守沈莹、护军孙震、融军师诸葛靓帅众三万渡江逆战。至牛渚，沈莹曰："晋治水军于蜀久矣，上流诸军，素无戒备，名将皆死，幼少当任，恐不能御也。晋之水军必至于此，宜畜众力以待其来，与之一战，若幸而胜之，江西自清。今渡江与晋大军战，不幸而败，则大事去矣！"悌曰："吴之将亡，贤愚所知，非今日也。吾恐蜀兵至此，众心骇惧，不可复整。及今渡江，犹可决战。若其败丧，同死社稷，无所复恨。若其克捷，北敌奔走，兵势万倍，便当乘胜南上，逆之中道，不忧不破也。若如子计，恐士众散尽，坐待敌到，君臣俱降，无一人死难者，不亦辱乎！"

三月，悌等济江，围浑部将城阳都尉张乔于杨荷；乔众才七千，闭栅请降。

诸葛靓欲屠之，悌曰："强敌在前，不宜先事其小；且杀降不祥。"靓曰："此属以救兵未至，力少不敌，故且伪降以缓我，非真伏也。若舍之而前，必为后患。"悌不从，抚之而进。悌与扬州刺史汝南周浚，结陈相对，沈莹帅丹阳锐卒、刀楯五千，三冲晋兵，不动。莹引退，其众乱，将军薛胜、蒋班因其乱而乘之，吴兵以次奔溃，将帅不能止，张乔自后击之，大败吴兵于版桥。诸葛靓帅数百人遁去，使过迎张悌，悌不肯去，靓自往牵之曰："存亡自有大数，非卿一人所支，奈何故自取死！"悌垂涕曰："仲思，今日是我死日也！且我为儿童时，便为卿家丞相所识拔，常恐不得其死，负名贤知顾。今以身徇社稷，复何道邪！"靓再三牵之，不动，乃流泪放去，行百余步，顾之，已为晋兵所杀，并斩孙震、沈莹等七千八百级，吴人大震。

王濬自武昌顺流径趣建业；吴主遣游击将军张象帅舟师万人御之，象众望旗而降。濬兵甲满江，旌旗烛天，威势甚盛，吴人大惧。

时王浑、王濬及琅邪王伷皆临近境，吴司徒何植、建威将军孙晏悉送印节诣浑降。吴主用光禄勋薛莹、中书令胡冲等计，分遣使者奉书于浑、濬、伷以请降。又遗其群臣书，深自咎责，且曰："今大晋平治四海，是英俊展节之秋，勿以移朝改朔，用损厥志。"使者先送玺绶于琅邪王伷。壬寅，王濬舟师过三山，王浑遣信要濬暂过论事，濬举帆直指建业，报曰："风利，不得泊也。"是日，濬戎卒八万，方舟百里，鼓噪入于石头，吴主晧面缚舆榇，诣军门降。濬解缚焚榇，延请相见。收其图籍，克州四，郡四十三，户五十二万三千，兵二十三万。

庚寅，帝临轩，大会文武有位及四方使者，国子学生皆预焉。引见归命侯晧及吴降人。晧登殿稽颡。帝谓晧曰："朕设此座以待卿久矣。"晧曰："臣于南方，亦设此座以待陛下。"贾充谓晧曰："闻君在南方凿人目，剥人面皮，此何等刑也？"晧曰："人臣有弑其君及奸回不忠者，则加此刑耳。"充默然甚愧，而晧颜色无怍。

帝从容问散骑常侍薛莹，孙晧所以亡，对曰："晧昵近小人，刑罚放滥，大臣诸将，人不自保，此其所以亡也。"他日，又问吾彦，对曰："吴主英俊，宰辅贤明。"帝笑曰："若是，何故亡？"彦曰："天禄永终，历数有属，故为陛下禽耳。"帝善之。

诏曰："昔自汉末，四海分崩，刺史内亲民事，外领兵马。今天下为一，当韬戢干戈，刺史分职，皆如汉氏故事；悉去州郡兵，大郡置武吏百人，小郡五十人。"交州牧陶璜上言："交、广东西数千里，不宾属者六万余户，至于服从官役，才五千余家。二州唇齿，唯兵是镇。又，宁州诸夷，接据上流，水陆并通，州兵未宜约损，以示单虚。"仆射山涛亦言"不宜去州郡武备"；帝不听。及永宁以后，盗贼群起，州郡无备，不能禽制，天下遂大乱，如涛所言。然其后刺史复兼兵民之政，州镇愈重矣。

汉、魏以来，羌、胡、鲜卑降者，多处之塞内诸郡。其后数因忿恨，杀害长吏，渐为民患。侍御史西河郭钦上疏曰："戎狄强犷，历古为患。魏初民少，西北诸郡，皆为戎居，内及京兆、魏郡、弘农，往往有之。今虽服从，若百年之后有风尘之警，胡骑自平阳、上党不三日而至孟津，北地、西河、太原、冯翊、安定、上郡尽为狄庭矣。宜及平吴之威，谋臣猛将之略，渐徙内郡杂胡于边地，峻四夷出入之防，明先王荒服之制，此万世之长策也。"帝不听。

二年（辛丑，281）

春，三月，诏选孙皓宫人五千人入宫。帝既平吴，颇事游宴，怠于政事，掖庭殆将万人。常乘羊车，恣其所之，至便宴寝；宫人竞以竹叶插户，盐汁洒地，以引帝车。而后父杨骏及弟珧、济始用事，交通请谒，势倾内外，时人谓之三杨，旧臣多被疏退。山涛数有规讽，帝虽知而不能改。

三年（壬寅，282）

春，正月，丁丑朔，帝亲祀南郊。礼毕，喟然问司隶校尉刘毅曰："朕可方汉之何帝？"对曰："桓、灵。"帝曰："何至于此？"对曰："桓、灵卖官钱入官库，陛下卖官钱入私门，以此言之，殆不如也。"帝大笑曰："桓、灵之世，不闻此言，今朕有直臣，固为胜之。"

毅为司隶，纠绳豪贵，无所顾忌。皇太子鼓吹入东掖门，毅劾奏之。中护军、散骑常侍羊琇，与帝有旧恩，典禁兵，豫机密十余年，恃宠骄侈，数犯法。毅劾奏琇罪当死；帝遣齐王攸私请琇于毅，毅许之。都官从事广平程卫径驰入护军营，收琇属吏，考问阴私，先奏琇所犯狼籍，然后言于毅。帝不得已，免琇官。未几，复使以白衣领职。

齐王攸德望日隆，荀勖、冯𬘘、杨珧皆恶之。𬘘言于帝曰："陛下诏诸侯之国，宜从亲者始。亲者莫如齐王，今独留京师，可乎？"勖曰："百僚内外皆归心齐王，陛下万岁后，太子不得立矣。陛下试诏齐王之国，必举朝以为不可，则臣言验矣。"帝以为然。冬，十二月，甲申，诏曰："古者九命作伯，或入毗朝政，或出御方岳，其揆一也。侍中、司空、齐王攸，佐命立勋，劬劳王室，其以为大司马、都督青州诸军事，侍中如故，仍加崇典礼，主者详按旧制施行。"以汝南王亮为太尉、录尚书事、领太子太傅，光禄大夫山涛为司徒，尚书令卫瓘为司空。

四年（癸卯，283）

齐献王攸愤怨发病，乞守先后陵。帝不许，遣御医诊视，诸医希旨，皆言无疾。河南尹向雄谏曰："陛下子弟虽多，然有德望者少；齐王卧居京邑，所益实深，不可不思也。"帝不纳，雄愤恚而卒。攸疾转笃，帝犹催上道。攸自强入辞，素持容仪，疾虽困，尚自整厉，举止如常，帝益疑其无疾；辞出数日，欧血而薨。

帝往临丧，攸子冏号踊，诉父病为医所诬。诏即诛医，以冏为嗣。

初，帝爱攸甚笃，为荀勖、冯𬘡等所构，欲为身后之虑，故出之。及薨，帝哀恸不已。冯𬘡侍侧，曰："齐王名过其实，天下归之，今自薨殒，社稷之福也，陛下何哀之过！"帝收泪而止。诏攸丧礼依安平献王故事。

攸举动以礼，鲜有过事，虽帝亦敬惮之。每引之同处，必择言而后发。

五年（甲辰，284）

初，陈群以吏部不能审核天下之士，故令郡国各置中正，州置大中正，皆取本土之人任朝廷官、德充才盛者为之，使铨次等级以为九品，有言行修著则升之，道义亏缺则降之，吏部凭之以补授百官。行之浸久，中正或非其人，奸敝日滋。刘毅上疏曰："今立中正，定九品，高下任意，荣辱在手，操人主之威福，夺天朝之权势，公无考校之负，私无告讦之忌，用心百态，营求万端，廉让之风灭，争讼之俗成，臣窃为圣朝耻之！盖中正之设，于损政之道有八：高下逐强弱，是非随兴衰，一人之身，旬日异状，上品无寒门，下品无势族，一也。置州都者，本取州里清议咸所归服，将以镇异同，一言议也。今重其任而轻其人，使驳违之论横于州里，嫌仇之隙结于大臣，二也。本立格之体，为九品者，谓才德有优劣，伦辈有首尾也。今乃使优劣易地，首尾倒错，三也。陛下赏善罚恶，无不裁之以法，独置中正，委以一国之重，曾无赏罚之防，又禁人不得诉讼，使之纵横任意，无所顾惮，诸受枉者，抱怨积直，不获上闻，四也。一国之士，多者千数，或流徙异邦，或取给殊方，面犹不识，况尽其才！而中正知与不知，皆当品状，采誉于台府，纳毁于流言，任己则有不识之蔽，听受则有彼此之偏，五也。凡求人才，欲以治民也，今当官著效者或附卑品，在官无绩者更获高叙，是为抑功实而隆空名，长浮华而废考绩，六也。凡官不同人，事不同能。今不状其才之所宜而但第为九品，以品取人，或非才能之所长，以状取人，则为本品之所限，徒结白论而品状相妨，七也。九品所下不彰其罪，所不上列其善，各任爱憎，以植其私，天下之人焉得不懈德行而锐人事，八也。由此论之，职名中正，实为奸府；事名九品，而有八损；古今之失，莫大于此！愚臣以为宜罢中正，除九品，弃魏氏之敝法，更立一代之美制。"太尉、汝南王亮、司空卫瓘亦上疏曰："魏氏承丧乱之后，人士流移，考详无地，故立九品之制，粗且为一时选用之本耳。今九域同规，大化方始，臣等以为宜皆荡除末法，咸用土断，自公卿以下，以所居为正，无复县客，远属异土，尽除中正九品之制，使举善进才，各由乡论，则华竞自息，各求于己矣。"始平王文学江夏李重上疏，以为："九品既除，宜先开移徙，听相并就，则土断之实行矣。"帝虽善其言而终不能改也。

晋武帝太康元年（庚子，公元280年）

杜预向江陵进发，王浑从横江出兵，攻打吴国的兵镇及边防营垒，攻无不克。二月，戊午（初一），王濬、唐彬打败了丹阳监盛纪。吴人把江边浅滩上的要害区域，用铁锁拦住，还打造了一丈多长的大铁锥，暗中放进江里，用以阻挡战船。王濬造了几十个大木筏，每一个木筏，长、宽都有一百余步。王濬让人扎了许多草人，草人披铠甲，拿兵器，放在大木筏上，让水性好的人与木筏走在前面，遇到铁锥，铁锥就扎到木筏上，被木筏带走了。王濬又造了许多大火把，火把长十几丈，有几十围粗，用麻油浇在火把上，把火把放在船的前面，遇到铁锁就点燃火把，一会儿工夫，铁锁就被火把烧得融化而断开，于是战船就无所阻挡。庚申（初三），王濬攻克了西陵，杀了吴都督留宪等人。壬戌（初五），又攻下了荆门、夷道两座城，杀了夷道监陆晏。杜预派遣牙门周旨等人率领八百名奇兵，在夜里泛舟渡过长江，袭击乐乡。周旨树起许多旗帜，又在巴山点起火。吴都督孙歆非常恐惧，写信给江陵督伍延说："从北边过来的军队，是飞渡过江的。"周旨等人把军队埋伏在乐乡城外。孙歆派兵出城去打王濬，结果大败而回。周旨等人让伏兵尾随孙歆的军队进了城，孙歆没有觉察，周旨的兵一直到了孙歆的帐幕之下，活捉孙歆而回。乙丑（初八），王濬打败了吴水军都督陆景，把他杀了。杜预进攻江陵，甲戌（十七日），攻克了江陵，杀了伍延。这时候，沅、湘以南地区以及地界相接的交、广等州郡，都闻声把印绶送来。杜预手持符节按照皇帝的诏命安抚了这些州郡。到此时为止，总共俘获、斩杀吴都督、监军十四人，牙门、郡守一百二十多人。胡奋也攻克了江安。

杜预与众将领议事，有人说："百年的寇贼，不可能一下子彻底消灭，现在正是春季，有雨水，军队难以长时间驻扎，最好等到冬季来临，再大举发兵。"杜预说："从前，乐毅凭借济西一仗而一举吞并了强大的齐国。目前，我军兵威已振，这就好比破竹，破开数节之后，就都迎刃而解了，不会再有吃力的地方了。"于是，指点传授众将领计策谋略，部队一直到了建业。

吴主听说王浑领兵南下，就派丞相张悌，督率丹阳太守沈莹、护军孙震、副军师诸葛靓率领部众三万人渡过长江迎战。走到牛渚时，沈莹说："晋在蜀地整治水军已经有很长时间了。我上流各部队，素来没有戒备，名将又都死了，只是些年少之人担当重任，恐怕抵

隶篆碑刻

挡不住。晋的水军必然要到这些地方，我们应当集中大家的力量等他们到来，与晋打一仗，假如有幸能够取胜，那么长江以北的地区自然就太平了。如果现在渡江与晋大军交战，不幸而打败了，那么大事就完了。”张悌说：“吴将要亡国，这是无论聪明还是愚笨的人都知道的事实，不是今日才有的事。我担心蜀地之兵到了这里，我军恐惧惊慌，就不可能再整肃起来了。趁着现在渡江，尚且还能与晋决一死战。如果败亡，就一同为国而死，再没有什么可遗憾的了；假如能够取胜，那么敌军奔逃，我军声势就将倍增，然后就乘胜向南进军，在半路上迎击敌人，那就不愁不能破敌。要是依了你的计谋，恐怕兵士都四散奔逃；坐等敌军到来，君臣就一起投降，没有一个人死于国难，这难道不是耻辱吗？”

三月，张悌等人渡过长江，在杨荷包围了王浑的部将、城阳都尉张乔。张乔手下只有七千人，他关闭了栅栏请求投降。诸葛靓想把他们都杀了，张悌说：“强敌还在前面，不宜先去做无关紧要的事情，况且杀了投降的人不吉利。”诸葛靓说：“这些人是因为救兵还没有到、力量弱小抵挡不住，所以才暂且假装投降以拖延时间，并不是真正的屈服了。如果放了他们，和我们一起往前走，必然会成为后患。”张悌不听，安抚他们往前走。张悌与扬州刺史、汝南人周浚，组成阵列相对。沈莹率领丹阳精兵以及手持大刀、盾牌的士兵共五千人，三次向晋兵发起冲锋，但是却冲击不动晋兵。沈莹领兵退却，部众开始乱起来，这时，晋将军薛胜、蒋班乘吴兵混乱之机打过来，吴兵接二连三地奔逃溃散，将帅们也制止不住，张乔又从背后杀过来，结果在版桥，晋大破吴兵。诸葛靓带着几百人逃走，他派人去接张悌，张悌不肯离开，诸葛靓又亲自拉他走，说：“存亡自有气数，并不是你一个人所能支撑的，为什么一定要自己求死呢？”张悌流泪说：“诸葛靓，今天是我死的日子。况且我还是幼儿的时候，就被你家丞相诸葛亮所赏识提拔。我常常怕我死得没有意义，辜负了名贤对我的了解与照顾。我今天以身殉国，还有什么可说的呢！”诸葛靓再三拉他走，还是拉不动他，于是就流着眼泪放开手，走了。走了一百多步远，回过头去看张悌，他已经被晋兵杀了。同时被斩首的，还有孙震、沈莹等七千八百人。吴人受到了极大的震动。

王浚从武昌顺着长江直接向建业进逼。吴主派遣游击将军张象率领舟师一万人抵抗。张象的部下望见王浚的旌旗就投降了。这时候，江中满满的全都是身披铠甲的王浚的士兵，旌旗映照着

晋武帝司马炎

天空，威猛的气势极其盛大，吴人异常恐惧。

这时，王浑、王浚以及琅邪王司马伷都已逼近建业附近。吴司徒何植、建威将军孙晏都把印玺、符节送到王浑那里投降了。吴主采用光禄勋薛莹、中书令胡冲等人的计谋，分别派遣使者向王浑、王浚、司马奉上书信请求投降。吴主又给大臣们一封信，在信中深深地谴责了自己的罪过，还说："当前，大晋平治四海，这正是杰出优秀的人才发挥、施展其气节操守的时期，不要因为改朝换代就因此丧失了志向。"吴主的使者先把印玺送到琅邪王司马伷那里。壬寅（十五日），王浚的舟师经过三山，王浑派信使邀请王浚暂时过来商议事情，王浚正扬帆直逼建业，回复王浑说："船行正顺风，不便停下来。"这一天，王浚的八万士兵，乘着相连百里的战船，擂鼓呐喊进入石头城。吴主孙皓反绑双手，载着棺材，到军营门前投降。王浚为孙皓松了绑，焚烧了棺材，请他相见。晋接收了吴的地图、户籍，攻克了吴的四个州，四十三个郡，五十二万三千户，二十三万名士兵。

庚寅（初四），晋武帝来到堂前的长廊，会见文武官员中有爵位的以及四方来晋的使者，国子学生也都参加会见。晋武帝派人把归命侯孙皓以及投降的吴人带来相见。孙皓登上大殿向晋武帝叩头。晋武帝对孙皓说："朕设了这个座位以等待你已经有很久了。"孙皓说："我在南方，也设了这个座位以等待陛下。"贾充对孙皓说："听说你在南方，凿人的眼睛，剥人的脸皮，这是哪一等级的刑法？"孙皓说："为人臣子的，杀了他的君王以及邪恶不忠的就处以这种刑法。"贾充沉默无语，非常羞愧，而孙皓却面无愧色。

晋武帝从容地询问散骑常侍薛莹，孙皓为什么会亡国。薛莹回答说："孙皓亲近小人，任意地施行刑罚，大臣和各位将领，人人都不能自保，这就是孙皓灭亡的原因。"又一天，晋武帝用同样的问题问吾彦，吾彦回答说："吴君王才智出众，辅佐的大臣贤能聪明。"晋武帝笑着说："要是这样，为什么会亡国？"吾彦说："天赐的福禄永久断绝，天道却有归属，所以才被陛下所擒。"晋武帝赞赏他的话。

晋武帝下诏书说："从前自汉末开始，四海之内分崩离析，刺史对内亲自处理民事，对外统领兵马。如今天下一统，应当收藏起兵器，把刺史的职权区分开，全都依照汉时的制度行事。把州郡的兵都去掉，大郡设置武官一百人，小郡设置五十人。"交州牧陶璜上书说："交州、广州，从东到西有几千里，不归顺的有六万多户，至于服从官府劳役的，只有五千多家。两个州唇齿相依，只有靠军队才能镇守住。另外，宁州各蛮夷，与上流地区接壤，他们据守在那里，水路、陆路都通。所以，不应该减损州兵，以显出官府的力量单薄虚弱。"仆射山涛也说："不应当去掉州郡的军事守备。"晋武帝却不听。到了永宁以后，盗贼群起，州郡由于没有军队和武器，没有办法捉拿制止，于是天下大乱，正像山涛所说的那样。然而从这以后，刺史又兼管兵民的政务，地方的军事力量更加强大了。

汉、魏以来，羌、胡、鲜卑等投降的部落，大多居住在关塞之内的各个郡里。

以后多次因为不满和怨恨，杀害了郡县的长官，逐渐成为百姓的祸患。侍御史、西河人郭钦上疏说："戎狄强暴蛮横，自古以来就是祸患。魏初期，百姓人数少，西北各郡，都被戎人居住，内地一直到京兆、魏郡、弘农，也往往有戎人居住。现在虽然服从我们，但如果百年之后，发生了战乱的危机，胡人的骑兵从平阳、上党地区，用不了三天就能到孟津，那么北地、西河、太原、冯翊、安定、上郡这些地区，就都成为狄人的占地了。应当趁平吴的威势，谋臣猛将的谋略，逐渐迁徙内地各郡居住的胡人到边境地区去，加强夷狄经常出入地区的防卫，以彰明先王所制定的使戎狄远离都城的制度，这是千年万代的长远的策略。"晋武帝不听。

二年（辛丑，公元281年）

春季，三月，晋武帝下诏书，挑选孙皓的宫女五千人进宫。晋武帝已经平定了吴，他开始把很多时间花费在游乐、宴饮上，对政事的处理懈怠了，宫中妃嫔的人数几乎接近一万人。晋武帝经常乘坐着羊拉的车子，听凭羊走到哪里，就在哪里宴饮、入寝，宫女们都争先恐后地用竹叶插在门上，用盐水洒地，诱使羊把车子拉到自己门前。皇后的父亲杨骏及杨骏的弟弟杨珧、杨济开始当权，他们互相勾结，互相利用，权势倾动朝廷内外，当时的人称他们为三杨，朝廷里的旧臣，许多都被疏远、贬退了。山涛多次对晋武帝规劝、谏阻，晋武帝心里也明白，但就是改不了。

三年（壬寅，公元282年）

春季，正月，丁丑朔（初一），晋武帝亲自到南郊祭祀。典礼结束后，晋武帝感叹地询问司隶校尉刘毅说："我可以和汉代的哪一个帝王相比？"刘毅回答说："可与桓帝、灵帝相比。"晋武帝说："何至于到这个地步？"刘毅说："桓帝、灵帝出卖官职的钱都进了官府的仓库，陛下出卖官职的钱都进了个人的家门，凭这一点来说，大概还不如桓帝、灵帝了。"晋武帝大笑道："桓帝、灵帝的时代，听不到这样的话，现在朕有正直的臣下，已经胜过桓帝、灵帝了。"

刘毅任司隶，举发惩处豪门权贵，无所顾忌。皇太子吹打着乐器进入宫中的东掖门，违反了宫中的规定，刘毅就上奏皇帝检举他。中护军、散骑常侍羊琇，过去曾有恩于晋武帝。他掌管皇帝的亲兵，十几年来一直参与朝廷机密要事，倚仗着皇帝的恩宠，骄横奢侈，多次犯法。刘毅上奏皇帝，检举羊琇的罪行，认为他所犯下的罪应当处以死刑，晋武帝派齐王司马攸私下去找刘毅，为羊琇求情，刘毅同意了。这时，都官从事、广平人程卫，直接进入护军营，拘捕了羊琇的手下官吏，拷打审问他暗中所做的隐秘之事。他先把羊琇所犯下的不检点的事上奏皇帝，然后告诉了刘毅。晋武帝不得已，免了羊琇的官，但是没过多久，又让他以平民的身份兼任职务。

齐王司马攸的德行与名望一天比一天受人尊崇，荀勖、冯统、杨珧都憎恨他。冯统对晋武帝说："陛下命令诸侯回到自己的封国去，应当从亲属开始执行。与您最亲的没有人能比得上齐王了，如今却只有他还留在京城，这可以吗？”荀勖说：“朝廷内外的百官，都从心里归附齐王，陛下万年之后，太子就不可能即天子之位了。陛下可以试着命令齐王回封国，必定是朝廷上下都认为不可以，那么我说的话就应验了。”晋武帝同意了。冬季，十二月，甲申（十三日），晋武帝下诏书说：“古时候九级官爵可以作方伯，或者是在朝廷里辅佐帝王处理朝政，或者外出统治一方，无论在内在外，都遵循着一个准则。侍中、司空、齐王司马攸，辅佐天子，建立了功勋，为了国家而辛勤劳苦，任命他为大司马、统领青州诸军事，侍中之职依旧，仍然增加、提高典制礼仪，令主管人详细地按照旧制施行。”任命汝南王司马亮为太尉、录尚书事、兼领太子太傅，光禄大夫山涛任司徒，尚书令卫瓘任司空。

四年（癸卯，公元283年）

齐献王司马攸由于愤怒、怨恨而生了病，他请求去守文明皇后的陵墓，晋武帝不答应，派了御医给他看病。各位御医为了迎合晋武帝，都说司马攸没有病。河南尹向雄进谏说：“陛下子侄弟兄虽然多，但是有德行名望的却很少。让齐王卧病居住在京都，所带来的好处实际上是很深远的，不可以不考虑。”晋武帝不采纳他的意见，向雄由于愤怒怨恨而死去了。这时，司马攸的病开始加重，晋武帝仍然催促他上路。司马攸勉力撑持着去向晋武帝辞行，他平日里一贯保持容貌与仪表，虽然病得很厉害，他还是整齐振作，举止和往常一样，晋武帝越发怀疑他没有病。司马攸辞别上路，没有几天，他就吐血而死。晋武帝去司马攸那里亲临丧事，司马攸的儿子司马冏顿足号哭，诉说他父亲的病是被医生给耽误了，受了医生的欺骗。晋武帝立即下令杀了医生，司马冏接替了司马攸的地位。

错银铜牛灯

当初，晋武帝对司马攸的疼爱之情是很深厚的。但是，由于荀勖、冯统等人的挑拨，晋武帝要为自己死后的事做打算，所以就让司马攸离开京都。等司马攸死了，晋武帝悲哀伤痛不止。这时，冯正在身旁侍候，就说：“齐王的名声超过了他的实际，天下的人都归附他。现在他自己死了，这是国家的福气，陛下为什么要过分悲哀呢！”晋武帝于是止住了眼泪，命令司马攸的丧礼要依照安平献王司马孚的规格去办。

司马攸的行为举止都合于礼法，很少有过错，即使是晋武帝也对他又敬又畏，每次拉着他在一起相处时，总是斟酌词语然后才说话。

五年（甲辰，公元284年）

当初，陈群由于吏部不能够审查核实天下的士人，所以就命令郡国各自设置中正，州设置大中正，都选取本地区的人担任朝廷的官职，只有富于德才的人才能够当选。按照士人的才能、政绩、资历分为不同的九品等级。如果言行卓越显著就可以被提升，道义缺损的就被降级，吏部就凭借这个来补充朝廷的百官。这个制度实行的日子越来越长久，有的中正并不是合格的人选，于是邪恶败败的风气一天一天地滋长。刘毅针对这种状况上书说："如今设立了中正来决定官职的九品等级，品级的高与低，中正可以随自己的心愿来决定，别人的荣与辱都攥在他们的手里。他们掌握着人君才能有的威与福，夺取了朝廷的权势。他们对公，不因为自己的考查失实而觉得有所亏负；对私，也不为揭人隐私而有所避忌。这种制度使人们以各种各样的用心从各个方面去钻营，廉洁谦让的风气消失了，争斗的习俗形成了，我私下为圣朝感到羞耻。中正制度的设立，对于政治的损害有八点：品级的高下，随着势力的强弱为转移，是与非的标准，以人的兴盛衰败来决定，同一个人，十天之内，处境就发生了变化。上品的官员没有出身于贫贱之家的，下品的官员，没有出身于有权势的大族的，这是第一。设置中正的目的，是要使州里公正的评论都能够归服顺从，将要以此来安定异同，使言论归于统一。现在却重视中正的职权而轻视担任中正的人选，使得违悖的言论在州中放任，在大臣之间结下了憎恶的仇怨，这是第二。本着设置这项制度的规则，之所以要把士人分为九个等级，就是因为人的才与德有优劣的不同，资历、辈份也有前有后。现在的做法却使得优与劣调换了位置，前与后颠倒，这是第三。陛下奖赏善良，惩罚邪恶，从来都是依法来裁决，唯独设置中正，把一国的重任托付给他，却没有能控制他的奖赏与惩罚的办法。还禁止人们控告中正，这就使中正为所欲为，肆无忌惮，各位受了冤枉的人，有一肚子的怨言和真心话，却不能使陛下听到，这是第四。一个国家里的士人，多得可以以千计数，他们或者流徙于异邦，或者是到别的地方谋求衣食。对这些人的相貌都不曾见过，更何况要发挥他们的才能！作为中正，对这些人无论是了解还是不了解，都应当评论、衡量他们的表现，不管是官府对他们赞誉之词，还是败坏他们名声的流言蜚语，都应当全面地听取。但对这些意见如果只相信自己的判断，就会被不了解所蒙蔽，只听别人告诉你的话，就会因为彼此的局限而陷于片面与狭隘，这是第五。凡是寻求人才的目的，就是为了用他们来治理民众。现在担任官职有显著的成绩的人，有的却处于很低的等级，担任官职没有政绩的人，反而获得很高的级别，这就是压抑了确实有功劳的人而崇尚空虚的名声，助长了浮华的风气，使得对官员政绩的考核被废除。这是第六。所有的官职都是由不同的人担任的，各种各样的事情也需要不同才能的人来处理。现在是不问其才能是否合适，只管让他登上九品。以品级来选取人，有的人的才能与品级并不相符；若要根据具体人的情况来选取人，又被品级所局限，不过是空话，官职的品级与人的才德不相吻合，这是第七。九品中恶劣的人，也不彰明他的罪过，对所推举的人也不陈述他们的好处，各自放任自己的爱憎，培植自己的亲信，那么天下的人又如何不懈怠于德行而却专心于人情世故呢？这是第八。由此看来，职务名为中正，实际上是邪恶的处所；事务名称为九品，却有八点损害，古今的过失，没有比这更大的了。我愚昧地认为，应当罢免中正，废除九品，抛弃魏氏的这一敝陋之法，再重新建立一代美好的制度。”太尉、汝南王司马亮、司空卫瓘也上疏说：“魏氏在丧乱之后当权，人士四处流徙迁移，要想详细地加以考察是办不到的，所以建立了九品官职的制度，以作为一时选拔人才的大致上的标准和依据。如今九州有了统一的制度，伟大的教化正要开始推行，我们认为，应当扫除浅陋的措施，改用以所在地区为主的土断之法，从公卿以下，以自己的居住地为准，不要再像客居当地似的，隶属于远处的其他地区。全部废除九品中正制度，使得荐举选拔优秀的人才，各自由乡里讨论决定，那么争相追求浮华的习气自然就会止息，人们也就会尽心于自己的努力了。”在始平王那里任文学之职的江夏人李重上疏，他认为：“九品制度废除后，应当先开始流动迁徙，听任人们相互合并附就，那么真正的土断之法就开始实行了。”晋武帝虽然对这些建议很赞赏，但是最终也没能实行改革。

融媒体出版物

資治通鑑

文白对照精选本

第四卷

〔北宋〕司马光　编著
张宏儒　主编

党建读物出版社
（英华电子音像出版社）
河北冠林数字出版有限公司

目录

译文诵读

第一百二十二卷 宋纪四

译文诵读

太祖文皇帝上之下元嘉八年（辛未，431）

丙申，檀道济等自清水救滑台，魏叔孙建、长孙道生拒之。丁酉，道济至寿张，遇魏安平公乙旃眷，道济帅宁朔将军王仲德、骁骑将军段宏奋击，大破之；转战至高梁亭，斩魏济州刺史悉烦库结。

檀道济等进至济上，二十余日间，前后与魏三十余战，道济多捷。军至历城，叔孙建等纵轻骑邀其前后，焚烧草谷，道济军乏食，不能进；由是安颉、司马楚之等得专力攻滑台，魏主复使楚兵将军王慧龙助之。朱脩之坚守数月，粮尽，与士卒熏鼠食之。辛酉，魏克滑台，执脩之及东郡太守申谟，虏获万余人。谟，钟之曾孙也。

檀道济等食尽，自历城引还；军士有亡降魏者，具告之。魏人追之，众恟惧，将溃。道济夜唱筹量沙，以所余少米覆其上。及旦，魏军见之，谓道济资粮有余，以降者为妄而斩之，时道济兵少，魏兵甚盛，骑士四合。道济命军士皆被甲，己白服乘舆，引兵徐出。魏人以为有伏兵，不敢逼，稍稍引退，道济全军而返。

初，帝之遣到彦之也，戒之曰："若北国兵动，先其未至，径前入河；若其不动，留彭城勿进。"及安颉得宋俘，魏主始闻其言。谓公卿曰："卿辈前谓我用崔浩计为谬，惊怖固谏。常胜之家，始皆自谓逾人，至于归终，乃不能及。"

魏主欲选使者诣河西，崔浩荐尚书李顺，乃以顺为太常，拜河西王蒙逊为侍中、都督凉州、西域、羌、戎诸军事、太傅、行征西大将军、凉州牧、凉王，王武威、张掖、敦煌、酒泉、西海、金城、西平七郡；册曰："盛衰存亡，与魏升降。北尽穷发，南极庸、岷，西被昆岭，东至河曲，王实征之，以夹辅皇室。"置将相、群卿、百官，承制假授；建天子旌旗，出入警跸，如汉初诸侯王故事。

初，魏昭成帝始制法令："反逆者族；其余当死者听入金、马赎罪；杀人者听与死家牛马、葬具以平之；盗官物，一备五；私物，一备十。"四部大人共坐王庭决辞讼，无系讯连逮之苦，境内安之。太祖入中原，患前代律令峻密，命三公郎王德删定，务崇简易。季年被疾，刑罚滥酷。太宗承之，吏文亦深。冬，十月，戊寅，世祖命崔浩更定律令，除五岁、四岁刑，增一年刑；巫蛊者，负羖羊、抱犬沈诸渊。初令官阶九品者得以官爵除刑。妇人当刑而孕，产后百日乃决。阙左悬登闻鼓以达冤人。

九年（壬申，432）

壬申，吐谷浑王慕璝送赫连定于魏，魏人杀之。慕璝上表曰："臣俘擒僭逆，献捷王府，爵秩虽崇而土不增廓，车旗既饰而财不周赏；愿垂鉴察。"魏主下其议。公卿以为："慕璝所致唯定而已，塞外之民皆为己有，而贪求无厌，不可许也。"魏主乃诏曰："西秦王所得金城、枹罕、陇西之地，朕即与之，乃是裂土，何须复廓。西秦款至，绵绢随使疏数，临时增益，非一赐而止也。"自是慕璝贡使至魏者稍简。

乙未，以吐谷浑王慕璝为都督西秦、河、沙三州诸军事、征西大将军、西秦、河二州刺史，进爵陇西王，且命慕璝悉归南方将士先没于夏者，得百五十余人。

壬寅，以江夏王义恭为都督南兖等六州诸军事、开府仪同三司、南兖州刺史，临川王义庆为都督荆、雍等七州诸军事、荆州刺史，竟陵王义宣为中书监，衡阳王义季为南徐州刺史。初，高祖以荆州居上流之重，土地广远，资实兵甲居朝廷之半，故遗诏令诸子居之。上以义庆宗室令美，且烈武王有大功于社稷，故特用之。

燕石城太守李崇等十郡降于魏。魏主发其民三万穿围堑以守和龙。崇，绩之子也。

八月，燕王使数万人出战，魏昌黎公丘等击破之，死者万余人。燕尚书高绍帅万余家保羌胡固；辛巳，魏主攻绍，斩之。平东将军贺多罗攻带方，抚军大将军永昌王健攻建德，骠骑大将军乐平王丕攻冀阳，皆拔之。

九月，乙卯，魏主引兵西还，徙营丘、成周、辽东、乐浪、带方、玄菟六郡民三万家于幽州。

燕尚书郭渊劝燕王送款献女于魏，乞为附庸。燕王曰："负衅在前，结忿已深，降附取死，不如守志更图也。"

初，燕王嫡妃王氏，生长乐公崇，崇于兄弟为最长。及即位，立慕容氏为王后，王氏不得立，又黜崇，使镇肥如。崇母弟广平公朗、乐陵公邈相谓曰："今国家将亡，人无愚智皆知之。王复受慕容后之谮，吾兄弟死无日矣。"乃相与亡奔辽西，说崇使降魏，崇从之。会魏主使给事郎王德招崇，十二月，己丑，崇使邈如魏，请举郡降。燕王闻之，使其将封羽围崇于辽西。

魏主征诸名士之未仕者，州郡多逼遣之。魏主闻之，下诏令守宰以礼申谕，任其进退，毋得逼遣。

魏李顺复奉使至凉。凉王蒙逊遣中兵校郎杨定归谓顺曰："年衰多疾，腰髀不随，不堪拜伏；比三五日消息小差，当相见。"顺曰："王之老疾，朝廷所知；岂得自安，不见诏使！"明日，蒙逊延顺入至庭中，蒙逊箕坐隐几，无动起之状。顺正色大言曰："不谓此叟无礼乃至于此！今不忧覆亡而敢陵侮天地；魂魄逝矣，何用见之！”握节将出。凉王使定归追止之，曰：“太常既雅恕衰疾，传闻朝廷有不拜之诏，是以敢自安耳。”顺曰：“齐桓公九合诸侯，一匡天下；周天子赐胙，命无下拜，桓公犹不敢失臣礼，下拜登受。今王虽功高，未如齐桓；朝廷虽相崇重，未有不拜之诏；而遽自偃蹇，此岂社稷之福邪！”蒙逊乃起，拜受诏。

使还，魏主问以凉事。顺曰：“蒙逊控制河右，逾三十年，经涉艰难，粗识机变，绥集荒裔，群下畏服；虽不能贻厥孙谋，犹足以终其一世。然礼者德之舆，敬者身之基也；蒙逊无礼、不敬，以臣观之，不复年矣。”魏主曰：“易世之后，何时当灭？”顺曰：“蒙逊诸子，臣略见之，皆庸才也。如闻敦煌太守牧犍，器性粗立，继蒙逊者，必此人也。然比之于父，皆云不及。此殆天之所以资圣明也。”魏主曰：“朕方有事东方，未暇西略。如卿所言，不过数年之外，不为晚也。”

十年（癸酉，433）

丙寅，魏以乐安王范为都督秦、雍等五州诸军事、卫大将军、开府仪同三司、长安镇都大将。魏主以范年少，更选旧德平西将军崔徽、征北大将军雁门张黎为之副，共镇长安。徽，宏之弟也。范谦恭宽惠，徽务敦大体，黎清约公平，政刑简易，轻徭薄赋，关中遂安。

帝闻梁、南秦二州刺史甄法护刑政不治，失氐、羌之和，乃自徒中起萧思话为梁、南秦二州刺史。法护，法崇之兄也。

凉王蒙逊病甚，国人共议，以世子菩提幼弱，立菩提之兄敦煌太守牧犍为世子，加中外都督、大将军、录尚书事。蒙逊卒，谥曰武宣王，庙号太祖。牧犍即河西王位，大赦，改元永和。立子封坛为世子，加抚军大将军、录尚书事。遣使请命于魏。牧犍聪颖好学，和雅有度量，故国人立之。

魏主谓李顺曰：“卿言蒙逊死，今则验矣；又言牧犍立，何其妙哉！朕克凉州，亦当不远。”于是赐绢千匹，厩马一乘，进号安西将军，宠待弥厚，政事无巨细皆与之参议。

前秘书监谢灵运，好为山泽之游，穷幽极险，从者数百人，伐木开径；百姓惊扰，以为山贼。会稽太守孟颢与灵运有隙，表其有异志，发兵自防。灵运诣阙自陈，上以为临川内史。

灵运游放自若，废弃郡事，为有司所纠。是岁，司徒遣使随州从事郑望生收灵运；灵运执望生，兴兵逃逸，作诗曰：“韩亡子房奋，秦帝鲁连耻。”追讨，擒之。廷尉奏灵运率众反叛，论正斩刑。上爱其才，欲免官而已。彭城王义康坚执，谓不宜恕。乃降死一等，徙广州。

久之，或告灵运令人买兵器，结健儿，欲于三江口篡取之，不果。诏于广州弃市。

灵运恃才放逸，多所陵忽，故及于祸。

十一年（甲戌，434）

杨难当以克汉中告捷于魏，送雍州流民七千家于长安。萧思话至襄阳，遣横野司马萧承之为前驱。承之缘道收兵，得千人，进据磝头。杨难当焚掠汉中，引众西还，留赵温守梁州，又遣其魏兴太守薛健据黄金山。思话遣阴平太守萧坦攻铁城戍，拔之。

杨难当遣其子和将兵与蒲甲子等共击萧承之，相拒四十余日，围承之数十重，短兵接，弓矢无所复施。氐悉衣犀甲，戈矛所不能入。承之断矟长数尺，以大斧椎之，一矟辄贯数人。氐不能当，烧营走，据大桃。闰月，承之等追击之，至南城。氐败走，斩获甚众，悉收汉中故地，置戍于葭萌水。

燕王不遣太子质魏，散骑常侍刘滋谏曰："昔刘禅有重山之险，孙皓有长江之阻，皆为晋擒。何则？强弱之势异也。今吾弱于吴、蜀而魏强于晋，不从其欲，将有危亡之祸。愿亟遣太子，而修政事，抚百姓，收离散，赈饥穷，劝农桑，省赋役，社稷犹庶几可保。"燕王怒，杀之。

辛亥，魏主遣抚军大将军永昌王健等伐燕，收其禾稼，徙民而还。

秋，七月，壬午，魏主如美稷，遂至隰城，命阳平王它督诸军击山胡白龙于西河。它，熙之子也。

九月，戊子，大破胡众，斩白龙，屠其城。冬，十月，甲午，魏人破白龙余党于五原，诛数千人，以其妻子赐将士。

十二年（乙亥，435）

领军将军刘湛与仆射殷景仁素善，湛之入也，景仁实引之。湛既至，以景仁位遇本不逾己，而一旦居前，意甚愤愤；俱被时遇，以景仁专管内任，谓为间己，猜隙渐生。知帝信仗景仁，不可移夺。时司徒义康专秉朝权，湛尝为义康上佐，遂委心自结，欲因宰相之力以回上意，倾黜景仁，独当时务。

夏，四月，己巳，帝加景仁中书令、中护军，即家为府；湛加太子詹事。湛愈愤怒，使义康毁景仁于帝，帝遇之益隆。景仁对亲旧叹曰："引之令入，入便噬人！"乃称疾解职，表疏累上；帝不许，使停家养病。

湛议遣人若劫盗者于外杀之，以为帝虽知，当有以解之，不能伤义康至亲之爱。帝微闻之，迁护军府于西掖门外，使近宫禁，故湛谋不行。

扬州诸郡大水，己酉，运徐、豫、南兖谷以赈之。扬州西曹主簿沈亮建议，以为酒糜谷而不足疗饥，请权禁止；诏从之。亮，林子之子也。

魏人数伐燕，燕日危蹙，上下忧惧。太常杨崏复劝燕王速遣太子入侍。燕王曰："吾未忍为此。若事急，且东依高丽以图后举。"崏曰："魏举天下以击一隅，理无不克。高丽无信，始虽相亲，终恐为变。"燕王不听，密遣尚书阳伊请迎于高丽。

宋文帝元嘉八年（辛未，公元431年）

丙申（正月十五日），刘宋檀道济等从清水出兵，救援被北魏军围攻的滑台。北魏叔孙建、长孙道生率军抵抗。丁酉（正月十六日），檀道济的军队抵达寿张，与北魏安平公拓跋乙旃眷的军队遭遇。檀道济率领宁朔将军王仲德、骁骑将军段宏奋勇抗击魏军，大破拓跋乙旃眷的军队。又转战开进高梁亭，斩杀北魏济州刺史悉烦库结。

刘宋檀道济的军队开进济水，二十多天的时间里，先后与魏军交战三十多次，而檀道济多半取胜。宋军开到历城，北魏叔孙建等派遣轻骑兵往来截击，出没在大军的前前后后，还纵火焚烧了刘宋军的粮草，檀道济因为军中缺粮，不能前进。所以北魏冠军将军安颉、安南大将军司马楚之等能够以全部力量进攻滑台。拓跋焘又派楚兵将军王慧龙增援。刘宋滑台守将朱脩之坚守滑台已有几个月之久，城中粮食吃光了，士卒们用烟熏出老鼠，烤熟吃掉。辛酉（二月初十），北魏军攻破滑台，朱脩之和东郡太守申谟以及一万余名士卒被俘。申谟是申钟的曾孙。

刘宋檀道济的大军因为粮尽，只好从历城撤军。军中有逃走投降北魏军的士卒，把刘宋军的困难境遇，一一报告给北魏军。于是，北魏军追击刘宋军，刘宋军军心涣散，人人自危，马上就要溃散。檀道济利用夜色的掩护，命士卒把沙子当做粮食，一斗一斗地量，而且边量边唱出数字，然后用军中仅剩下的一点谷米覆在沙子上。第二天早晨，北魏看到这种情况，以为檀道济军中的粮食还很充裕，就给那个降卒定了欺军之罪杀掉了。当时，檀道济兵员很少，而北魏兵人多势众，骑兵部队从四面八方包围了檀道济军。檀道济命令军士们都披上铠甲，而自己则穿着白色的便服，率领军队缓缓地出城。北魏军以为檀道济有伏兵，不敢逼近，而且还稍稍撤退，这样，檀道济保全了军队，安全撤军。

檀道济唱筹量沙

当初，刘宋文帝派到彦之北伐出征前，就告诫他说："如果魏国的军队有所举动，你们应该在敌人没有攻到之前，先行渡过黄河；如果他们没有动静，你们就要留守彭城，不要前进。"等到安颉俘虏刘宋的将士，拓跋焘才听到刘义隆的这席话，对朝中的文武大臣们说："以前，你们总说我用崔浩的计策是错误的，以致惊惧失措，百般劝阻。一直打胜仗的人，开始都自以为超过了别人，到了最后，才发现自己还不如别人。"

北魏国主拓跋焘打算选派使者出使北凉。崔浩推荐尚书李顺。于是拓跋焘任命李顺为太常，前去任命北凉河西王沮渠蒙逊为侍中，都督凉州、西域、羌、戎诸军事，太傅，征西大将军，凉州牧和凉王，采邑包括武威、张掖、敦煌、酒泉、西海、金城、西平等七郡。册封的诏书上说："凉国的盛衰存亡，与魏国密切相关，死生与共。北到穷发，南到上庸和嶓山，西至昆仑山，东至河曲的广大地区，都归凉王征讨统治，从旁辅佐皇室。"同时，在凉国设置将军、宰相、各位公卿、文武百官，凉王可以代表皇帝直接任命。还可以竖起天子专用的旌旗，出行时开路清道，戒备森严，全然仿照汉朝初年各侯王的制度。

当初，北魏昭成帝时开始制定法令："谋反叛逆者诛灭全族；其他犯有死罪的人可以缴纳金钱、马匹赎罪；杀人凶手允许他们给死者家属牛马、葬具私自和解；盗窃官府财物，偷一赔五；盗窃私物，偷一赔十。"当时，四部总监共同坐在公堂之上，一道处理诉讼案件，从没有羁押、囚禁、久拖不决的苦处，境内安定。道武帝拓跋珪进入中原以后，认为前代的法律过于苛刻严密，于是，命令三公郎王德重新删改，制定新的法律，一切都以简单易懂为原则，拓跋珪晚年身患重病，滥施刑罚，法律残酷。明元帝拓跋嗣继位后，继承了前代的法律制度，对官吏权限职责等的规定，也有些过于苛刻。冬季，十月，戊寅（初一），太武帝拓跋焘命令司徒崔浩重新制定法令，废除了五年、四年有期徒刑，增设一年有期徒刑。用巫术毒害人的人，身背黑色羊，胸前抱狗，投入河潭。新定法令，凡官阶在九品之内的官员犯法，可以用官职和爵位赎罪。妇人当执行死刑而怀有身孕的，生产一百天后再予处决。又规定在宫阙的左边悬挂登闻鼓，使有冤情的人，能够击鼓申冤。

九年（壬申，公元432年）

壬申（三月二十八日），吐谷浑汗国可汗慕容慕璝将夏王赫连定献给北魏，北魏斩杀赫连定。慕容慕璝上疏说："我生擒了叛逆赫连定，呈献给皇上。陛下赏赐的官爵是虽然尊崇，但土地却没有增加；车辆旗帜虽然已经得到装饰，但是却没有财物赏赐部下，希望您能俯察下情。"拓跋焘把他的奏章交给朝廷文武官员们讨论。大臣们认为："慕容慕璝的功劳，不过是俘虏了赫连定而已，塞外的百姓都已归吐谷浑汗国所有。但慕容慕璝却贪得无厌，不能答应他的要求。"拓跋焘于是下诏说："西秦王慕容慕璝所攻下的金城、枹罕、陇西等地，我同意归你，这已经是分封给你的采邑了，还有什么必要再增加土地？西秦对我们具有诚意，我们赏赐的绵绢，根据来使次数是否频繁，临时增加，并不是只赏赐一次，以后不再有。"从此，慕容慕璝所派的出使北魏的贡使稍加减少。

乙未（六月二十二日），刘宋任命吐谷浑可汗慕容慕璝为都督西秦、河、沙三州诸军事，征西大将军，西秦、河二州刺史，封爵为陇西王。又命令慕容慕璝全部归还被夏国俘获的南方将士，共一百五十余人。

壬寅（六月二十九日），刘宋朝廷任命江夏王刘义恭为都督南兖等六州诸军事，开府仪同三司，南兖州刺史；任命临川王刘义庆为都督荆、雍等七州诸军事，荆州刺史；任命竟陵王刘义宣为中书监；衡阳王刘义季为南徐州刺史。当初，刘宋武帝刘裕认为，荆州是长江上游的军事重镇，土地辽阔，财物和军事实力占全国的一半，所以临死前下遗诏，命令必须由皇子来镇守。刘宋文帝刘义隆认为刘义庆是宗室子弟，并有美好的声誉。何况他的父亲烈武王刘道规，对宋国的建立有大功，所以特别擢用了他。

北燕石城太守李崇等十个郡，投降了北魏大军。北魏国主拓跋焘，征发北燕百姓三万人，兴筑工事，挖掘壕沟，守卫和龙城。李崇是李绩的儿子。

八月，北燕王派数万人出城迎战北魏军，北魏昌黎公拓跋丘击败北燕军，斩杀一万多人。北燕国尚书高绍率领一万余家，退保羌胡固。辛巳（初九），拓跋焘亲自率军进攻高绍的军队，斩杀了高绍。与此同时，北魏的平东将军贺多罗进攻带方，抚军大将军、永昌王拓跋健进攻建德，骠骑大将军、乐平王拓跋丕进攻冀阳，全部攻克。

九月，乙卯（十四日），拓跋焘班师，西去回国。同时，北魏军强行将营丘、成周、辽东、乐浪、带方、玄菟等六个郡的百姓三万家迁徙到幽州。

北燕尚书郭渊，曾经劝北燕王冯弘，向北魏表示诚意，献上女儿，充当北魏的藩属。冯弘说："两国之间早就产生裂痕，结下的仇怨已经很深了，降附北魏是自取灭亡，还不如固守城池，等待转机。"

当初，北燕王冯弘的嫡妃王氏，生下了长乐公冯崇，冯崇在他的兄弟中年纪最大。等到冯弘即位后，立慕容氏为王后，王氏却不能当王后，接着冯弘又废黜了冯崇，派他出去镇守肥如。冯崇的同胞弟弟广平公冯朗和乐陵公冯邈私下商量说："如今国家危在旦夕，不论是聪明人还是愚昧的人都看得非常清楚。现在父王又听信慕容王后的谗言，我们兄弟死期不远了。"于是兄弟两人相伴一同逃往辽西，劝说冯崇投降北魏，冯崇同意了。正巧，北魏国主拓跋焘派给事郎王德，向冯崇招降。十二月，己丑（十九日），冯崇派冯邈前往北魏，准备献出全郡投降。冯弘听到这个消息，派将领封羽在辽西团团包围了冯崇。

北魏国主拓跋焘，征召国内没有做官的知名人士，地方州郡官府多强行逼迫遣送。拓跋焘听到这个消息，立即颁下诏书，命令地方官要有礼节地传达皇上的旨意，让他们自己决定去留，不得强行遣送。

北魏太常李顺，再次出使北凉。北凉王沮渠蒙逊派中兵校郎杨定归对李顺说："我年老多病，腰腿不太灵便，不能下跪叩拜。等三五天稍稍好转，再与你相见。"李顺说："你年迈多疾，朝廷早就知道，怎么可以自己苟且偷安，不出来会见钦差大使！"第二天，沮渠蒙逊请李顺入宫，来到庭上，沮渠蒙逊靠着几案坐在那里不动，全无起身行礼的表示。李顺态度严肃，大声说："没有想到你这个老头儿竟无礼到这种地步！如今你不担心国破家亡，竟敢侮辱天地，你已经魂飞魄散了，还有什么必要见你。”于是，他带着符节，转身就要出去。沮渠蒙逊急忙让杨定归追上，并劝阻他说：“太常你既然已经宽恕我们主上年老有病，而且又听说朝廷有特许不行叩拜大礼的诏命，所以才敢这样放肆。”李顺说：“当年齐桓公九次荣任各诸侯国的盟主，匡扶号令天下。周天子赏他祭祀用的肉，命他不必叩拜，齐桓公却仍不失臣子对君主的礼节，仍在台下叩拜，再上台接受祭肉。如今大王的功德虽高，终究比不上齐桓公。朝廷虽然特别尊重你，却从来没有下过特许不拜的诏书，而你自己却举止傲慢，这怎么能是贵国的福分！”沮渠蒙逊这才起身叩拜，接受诏书。

李顺回到平城，北魏国主拓跋焘询问北凉的情况。李顺回答说：“沮渠蒙逊控制河西，已超过三十年了。他历经艰难，也多少知道随机应变。怀柔远方民族，群臣及部众既敬畏又服从。虽不能给子孙留下基业，仍足以在有生之年掌握大权。然而，礼仪是道德的表现，恭敬是修身的基础。沮渠蒙逊无礼，不敬，在我看来，他的日子也不长了。”拓跋焘说：“下一代继位后，什么时候会灭亡？”李顺说：“沮渠蒙逊的几个儿子，经我大致考察，都是平庸无能之辈。而我听说敦煌太守沮渠牧犍还比较成器，将来继承王位的一定是他。可是他与他的父亲蒙逊相比还差得很远。这是上天帮助您建立伟业呀！”拓跋焘说：“我现在正在东方，与燕国用兵，还没有机会进攻西方。如果真的像你所说的那样，我们吞并凉国也就是数年之后的事，并不算晚。”

十年（癸酉，公元433年）

丙寅（正月二十六日），北魏朝廷任命乐安王拓跋范为都督秦、雍等五州诸军事及卫大将军、开府仪同三司、长安镇都大将等职。北魏国主拓跋焘因为拓跋范年纪幼小，又特别选拔了德高望重的老将平西将军崔徽，征北大将军、雁门人张黎担任拓跋范副将，共同镇守长安。崔徽是崔宏的弟弟。拓跋范谦虚恭谨，对属下宽厚体谅。崔徽能顾全大局，张黎清廉公正，使当地政务简单，刑法合理，役少税轻，关中安定。

刘宋文帝听说梁州、南秦州刺史甄法护，统治不力，造成氐族和羌族部落对朝廷怀有二心。于是，文帝起用正在服刑的囚徒萧思话为梁、南秦二州刺史。甄法护是甄法崇的哥哥。

北凉王沮渠蒙逊病情严重，国内贵族和大臣们共同商议，认为世子沮渠菩提年纪幼小，决定立沮渠菩提的哥哥、敦煌太守沮渠牧犍为世子，并加授沮渠牧犍为中外都督、大将军、录尚书事。不久，沮渠蒙逊去世，谥号为武宣王，庙号称太祖。沮渠牧犍继承王位，下令大赦，改年号为永和。又立自己的儿子沮渠封坛为世子，加授抚军大将军、录尚书事。沮渠牧犍又派使节前往北魏，请求任命。沮渠牧犍聪明好学，文雅和气，宽厚而有度量，所以贵族们拥护他登上王位。

拓跋焘对李顺说："你说过蒙逊将死，今天应验了；你还说沮渠牧犍将即位，也应验了，多么奇妙啊！我攻克凉州的日子，恐怕也不远了。"于是，赏赐李顺绢一千匹，御马四匹，进号安西将军。从此对李顺倍加宠信尊重，朝廷政事无论大小都与他共同商量讨论。

刘宋前秘书监谢灵运喜欢游历山川，探险搜奇。跟从他游玩的有几百人，往往在山林中伐木开路，当地百姓不胜惊恐，以为是山贼前来抢劫。会稽太守孟颉与谢灵运有矛盾，上疏朝廷，指控谢灵运心怀不轨，阴谋叛乱，并且发动军队防备。谢灵运亲自赴皇宫门前，为自己申辩，文帝刘义隆任命他为临川内史。

谢灵运任职后，仍然寻游放纵自若，全然不管郡中政事，被有关部门弹劾。这一年，司徒刘义康派使节随同州从事郑望生，前往逮捕谢灵运。谢灵运却生擒郑望生，率领军队逃走，写下诗句说："韩国灭亡张良起，秦王称帝仲连耻。"刘宋朝廷派兵追赶讨伐，生擒谢灵运。廷尉上奏朝廷说，谢灵运率众反叛朝廷，论他的罪行，应判死刑。文帝珍爱谢灵运的才华，打算只免掉他的官职，不必伏法。彭城王刘义康却坚持认为，谢灵运的罪过不宜宽恕。于是，文帝下诏，谢灵运减罪一等，流放到广州。

过了很长时间，有人告发谢灵运命人购买兵器，结交武士，打算在夺取三江口后反叛，没有成功。刘义隆下诏，将谢灵运在广州就地斩首，弃市示众。

谢灵运恃才傲物，放荡不羁，看不起别人，不注意小节，结果招来大祸。

十一年（甲戌，公元434年）

氐王杨难当把他攻克宋汉中的捷报奏报北魏朝廷，并把雍州逃到汉中的流民七千多家送往长安。刘宋新委任的梁州、南秦州刺史萧思话，抵达襄阳后，立即派遣横野将军府司马萧承之为前锋，准备收复失地。萧承之沿途招兵买马，募集一千人，进驻磝头。杨难当在汉中大肆烧杀抢劫，然后率众离开了汉中，向西返回仇池。留下赵温据守梁州，又派他的魏兴太守薛健屯驻黄金山。萧思话派阴平太守萧坦进攻铁城戍，攻克了铁城戍。

杨难当派他的儿子杨和率兵与蒲甲之等共同进攻萧承之，双方对峙四十多天。氐王的军队将萧承之的部队包围了几十重，两军短兵相接，弓箭飞石都无法使用。氐军士卒，都身穿犀牛皮制成的铠甲，刀砍不入，枪刺不进。萧承之命令折断长矟，仅留几尺长，然后用大斧捶击断矟，一矟可以穿透数个敌人。氐军不能抵挡，纵火焚烧了大营，仓皇逃走，屯据大桃。闰三月，萧承之等率军乘胜追击，直抵南城。氐军战败逃走，被斩杀的士卒众多。这样，刘宋全部收复了汉中故土，在葭萌水设置戍所。

北燕王冯弘不愿意把太子冯王仁送到北魏充当人质。散骑常侍刘滋劝他说："当年，刘禅拥有重山作为屏障，孙晧也拥有长江天险，结果还是都被晋朝生擒。这是为什么呢？是由于实力的强弱太悬殊了。如今，我国的势力比当年的吴国、蜀国还弱，而魏国的势力比当年的晋国还要强盛。不满足魏国的要求，国家会有危亡的惨祸。希望您尽快遣送太子到魏国，稳定局势，然后在国内整顿吏治，安抚百姓，招集流离失所的难民，赈济穷困饥饿中的人，发展农业，鼓励种桑养蚕，减轻赋役，燕国的江山社稷或许还能保住。”冯弘大怒，杀掉了刘滋。

辛亥（六月二十日），北魏国主拓跋焘派抚军大将军、永昌王拓跋健等人讨伐北燕，收获了当地的庄稼，强行胁迫北燕的百姓随军班师回国。

秋季，七月，壬午（二十一日），北魏国主拓跋焘抵达美稷，又前往隰城。在那里，拓跋焘下令阳平王拓跋它，督率各路兵马在西河进攻山胡部落酋长白龙。拓跋它是拓跋熙的儿子。

九月，戊子（二十八日），北魏军大败山胡部落，斩杀了山胡酋长白龙，屠杀了全城的居民。冬季，十月，甲午（初五），北魏军又攻克白龙余党据守的五原，诛杀几千人，拓跋焘把被杀的山胡部落士卒的妻子女儿赏赐给军中将士。

十二年（乙亥，公元435年）

刘宋领军将军刘湛与仆射殷景仁一向私交很好。刘湛入朝做官，实际上是由殷景仁推荐的。刘湛任职以后，却认为殷景仁的职位本来不比自己高，而现在竟位居自己之上，于是愤愤不平。当时刘、殷二人都被刘宋文帝宠信，刘湛认为殷景仁专门负责内部事务，恐怕会离间自己与皇上的关系，逐渐萌生了猜忌之心。刘湛深知皇帝信任并依靠殷景仁，难以夺宠。当时司徒刘义康掌握朝中大权，刘湛曾经担任过刘义康的上佐，于是他尽力结交刘义康，打算用刘义康的影响改变皇上的意图，罢黜殷景仁，以独揽朝政。

夏季，四月，己巳，刘宋文帝加授殷景仁中书令、中护军等官职，可以在私宅办公。刘湛也加授太子詹事。刘湛因此更加恼怒，怂恿刘义康在文帝面前诋毁殷景仁，而文帝却更加信任殷景仁。殷景仁对亲朋旧友叹息道：“我把他引荐入朝，进了朝廷就咬人！”于是，殷景仁称病要求辞职，一再上疏，刘宋文帝没有批准，让他在家安心养病。

刘湛建议刘义康乘殷景仁外出时，派人假扮强盗杀掉他。即使皇上知道了真相，也可以想办法解释，总不致因殷景仁的缘故伤害了与刘义康的手足之情。文帝略知他们的阴谋，就把殷景仁的私宅中护军府迁到西掖门外，使它靠近皇宫禁院。因此，刘湛的阴谋不能施行。

刘宋扬州各郡发生严重水灾。己酉（六月二十三日），刘宋朝廷运送徐州、豫州、南兖州的谷米到扬州，赈济灾民。扬州西曹主簿沈亮建议，酿酒浪费谷米而不能充饥，请朝廷下诏暂时禁止。刘宋文帝下诏依从这个建议。沈亮是沈林子的儿子。

北魏多次派兵讨伐北燕，北燕国势危急，全国上下都笼罩在恐惧的氛围中。太常杨　崏再次劝说北燕王冯弘，迅速派太子冯王仁到魏国充作人质。冯弘说：“我实在不忍心这样做。如果国家危急，我打算暂且去东方投靠高句丽，等待时机，再重新振兴国家。”杨岷说：“北魏发动全国的军队来攻打一个小国，没有不攻克的道理。高句丽王室一向不讲信用， 开始时虽然表示亲近，最后恐怕还是会发生变化。”冯弘不听，秘密派遣尚书阳伊去高句丽，请求派军迎接。

第一百二十三卷 宋纪五

译文诵读

太祖文皇帝中之上元嘉十三年（丙子，436）

司空、江州刺史、永修公檀道济，立功前朝，威名甚重，左右腹心并经百战，诸子又有才气，朝廷疑畏之。帝久疾不愈，刘湛说司徒义康，以为“宫车一日晏驾，道济不复可制。”会帝疾笃，义康言于帝，召道济入朝。其妻向氏谓道济曰：“高世之勋，自古所忌。今无事相召，祸其至矣。”既至，留之累月。帝稍间，将遣还，已下渚，未发；会帝疾动，义康矫诏召道济入祖道，因执之。三月，己未，下诏称：“道济潜散金货，招诱剽猾，因朕寝疾，规肆祸心。”收付廷尉，并其子给事黄门侍郎植等十一人诛之，唯宥其孙孺。又杀司空参军薛彤、高进之；二人皆道济腹心，有勇力，时人比之关、张。

道济见收，愤怒，目光如炬，脱帻投地曰：“乃坏汝万里长城！”魏人闻之，喜曰：“道济死，吴子辈不足复惮。”

辛未，魏平东将军娥清、安西将军古弼将精骑一万伐燕，平州刺史拓跋婴帅辽西诸军会之。

夏，四月，魏娥清、古弼攻燕白狼城，克之。

高丽遣其将葛卢孟光将众数万随阳伊至和龙迎燕王。高丽屯于临川。燕尚书令郭生因民之惮迁，开城门纳魏兵，魏人疑之，不入。生遂勒兵攻燕王，王引高丽兵入自东门，与生战于阙下，生中流矢死。葛卢孟光入城，命军士脱弊褐，取燕武库精仗以给之，大掠城中。

五月，乙卯，燕王帅龙城见户东徙，焚宫殿，火一旬不灭；令妇人被甲居中，阳伊等勒精兵居外，葛卢孟光帅骑殿后，方轨而进，前后八十余里。古弼部将高苟子帅骑欲追之，弼醉，拔刀止之，故燕王得逃去。魏主闻之，怒，槛车征弼及娥清至平城，皆黜为门卒。

十四年（丁丑，437）

魏主以民官多贪，夏，五月，己丑，诏吏民得举告守令不如法者。于是奸猾专求牧宰之失，迫胁在位，横于闾里；而长吏咸降心待之，贪纵如故。

魏主复遣散骑侍郎董琬、高明等多赍金帛使西域，招抚九国。琬等至乌孙，其王甚喜，曰："破落那、者舌二国皆欲称臣致贡于魏，但无路自致耳，今使君宜过抚之。"乃遣导译送琬诣破落那，明诣者舌。旁国闻之，争遣使者随琬等入贡，凡十六国，自是每岁朝贡不绝。

李顺自河西还，魏主问之曰："卿往年言取凉州之策，朕以东方有事，未遑也。今和龙已平，吾欲即以此年西征，可乎？"对曰："臣畴昔所言，以今观之，私谓不谬。然国家戎车屡动，士马疲劳，西征之议，请俟他年。"魏主乃止。

十五年（戊寅，438）

初，燕王弘至辽东，高丽王琏遣使劳之曰："龙城王冯君，爰适野次，士马劳乎？"弘惭怒，称制让之；高丽处之平郭，寻徙北丰。弘素侮高丽，政刑赏罚，犹如其国；高丽乃夺其侍人，取其太子王仁为质。弘怨高丽，遣使上表求迎，上遣使者王白驹等迎之，并令高丽资遣。高丽王不欲使弘南来，遣将孙漱、高仇等杀弘于北丰，并其子孙十余人，谥弘曰昭成皇帝。白驹等帅所领七千余人掩讨漱、仇，杀仇，生擒漱。高丽王以白驹等专杀，遣使执送之。上以远国，不欲违其意，下白驹等狱，已而原之。

帝性仁厚恭俭，勤于为政；守法而不峻，容物而不弛。百官皆久于其职，守宰以六期为断；吏不苟免，民有所系。三十年间，四境之内，晏安无事，户口蕃息，出租供徭，止于岁赋，晨出暮归，自事而已，闾阎之间，讲诵相闻；士敦操尚，乡耻轻薄。江左风俗，于斯为美，后之言政治者，皆称元嘉焉。

十六年（己卯，439）

初，高祖遗诏，令诸子次第居荆州。临川王义庆在荆州八年，欲为之选代，其次应在南谯王义宣。帝以义宣人才凡鄙，置不用；二月，己亥，以衡阳王义季为都督荆、湘等八州诸军事、荆州刺史。义季尝春月出畋，有老父被苫而耕，左右斥之，老父曰："盘于游畋，古人所戒。今阳和布气，一日不耕，民失其时，奈何以从禽之乐而驱斥老农也！"义季止马曰："贤者也。"命赐之食，辞曰："大王不夺农时，则境内之民皆饱大王之食，老夫何敢独受大王之赐乎！"义季问其名，不告而退。

魏每遣使者诣西域，常诏牧犍发导护送出流沙。使者自西域还，至武威，牧犍左右有告魏使者曰："我君承蠕蠕可汗妄言云：'去岁魏天子自来伐我，士马疫死，大败而还；我擒其长弟乐平王丕。'我君大喜，宣言于国。又闻可汗遣使告西域诸国，称：'魏已削弱，今天下唯我为强，若更有魏使，勿复供奉。'西域诸国颇有贰心。"使还，具以状闻。魏主遣尚书贺多罗使凉州观虚实，多罗还，亦言牧犍虽外修臣礼，内实乖悖。

魏主欲讨之，以问崔浩。对曰：“牧犍逆心已露，不可不诛。官军往年北伐，虽不克获，实无所损。战马三十万匹，计在道死伤不满八千，常岁羸死亦不减万匹。而远方乘虚，遽谓衰耗不能复振。今出其不意，大军猝至，彼必骇扰，不知所为，擒之必矣。”魏主曰：“善！吾意亦以为然。”于是大集公卿议于西堂。

夏，五月，丁丑，魏主治兵于西郊；六月，甲辰，发平城。使侍中宜都王穆寿辅太子晃监国，决留台事，内外听焉。又使大将军长乐王嵇敬、辅国大将军建宁王崇将二万人屯漠南以备柔然。命公卿为书以让河西王牧犍，数其十二罪，且曰：“若亲帅群臣委贽远迎，谒拜马首，上策也；六军既临，面缚舆榇，其次也；若守迷穷城，不时悛悟，身死族灭，为世大戮。宜思厥中，自求多福！”

魏主自云中济河。秋，七月，己巳，至上郡属国城。壬午，留辎重，部分诸军，使抚军大将军永昌王健、尚书令刘絜与常山王素为前锋，两道并进；骠骑大将军乐平王丕、太宰阳平王杜超为后继；以平西将军源贺为乡导。

魏主问贺以取凉州方略，对曰：“姑臧城旁有四部鲜卑，皆臣祖父旧民，臣愿处军前，宣国威信，示以祸福，必相帅归命。外援既服，然后取其孤城，如反掌耳。”魏主曰：“善！”

八月，甲午，永昌王健获河西畜产二十余万。

河西王牧犍闻有魏师，惊曰：“何为乃尔！”用左丞姚定国计，不肯出迎，求救于柔然。遣其弟征南大将军董来将兵万余人出战于城南，望风奔溃。刘絜用卜者言，以为日辰不利，敛兵不追，董来遂得入城。魏主由是怒之。

丙申，魏主至姑臧，遣使谕牧犍令出降。牧犍闻柔然欲入魏边为寇，冀幸魏主东还，遂婴城固守；其兄子祖逾城出降。魏主具知其情，乃分军围之。源贺引兵招慰诸部下三万余落，故魏主得专攻姑臧，无复外虑。

九月，丙戌，河西王牧犍兄子万年帅所领降魏。姑臧城溃，牧犍帅其文武五千人面缚请降；魏主释其缚而礼之。收其城内户口二十余万，仓库珍宝不可胜计。使张掖王秃发保周、龙骧将军穆罴、安远将军源贺分徇诸郡，杂胡降者又数十万。

十二月，乙亥，太子劭加元服，大赦。劭美须眉，好读书，便弓马，喜延宾客；意之所欲，上必从之，东宫置兵与羽林等。

凉州自张氏以来，号为多士。沮渠牧犍尤喜文学，以敦煌阚骃为姑臧太守，张湛为兵部尚书，刘昞、索敞、阴兴为国师助教，金城宋钦为世子洗马，赵柔为金部郎，广平程骏、骏从弟弘为世子侍讲。魏主克凉州，皆礼而用之，以阚骃、刘昞为乐平王丕从事中郎。安定胡叟，少有俊才，往从牧犍，牧犍不甚重之，叟谓程弘曰：“贵主居僻陋之国而淫名僭礼，以小事大而心不纯壹，外慕仁义而实无道德，其亡可翘足待也。吾将择木，先集于魏；与子暂违，非久阔也。”遂适魏。岁余而牧犍败。魏主以叟为先识，拜虎威将军，赐爵始复男。河内常爽，世寓凉州，不受礼命，魏主以为宣威将军。河西右相宋繇从魏主至平城而卒。

十七年（庚辰，440）

司徒义康专总朝权。上羸疾积年，心劳辄发，屡至危殆；义康尽心营奉，药石非口所亲尝不进，或连夕不寐；内外众事皆专决施行。性好吏职，纠剔文案，莫不精尽。上由是多委以事，凡所陈奏，入无不可；方伯以下，并令义康选用，生杀大事，或以录命断之。势倾远近，朝野辐凑，每旦府门常有车数百乘，义康倾身引接，未尝懈倦。复能强记，耳目所经，终身不忘，好于稠人广席，标题所忆以示聪明。士之干练者，多被意遇。尝谓刘湛曰；“王敬弘、王球之属，竟何所堪！坐取富贵，复那可解！”然素无学术，不识大礼，朝士有才用者皆引入己府，府僚无施及忤旨者乃斥为台官。自谓兄弟至亲，不复存君臣形迹，率心而行，曾无猜防。私置僮六千余人，不以言台。四方献馈，皆以上品荐义康而以次者供御；上尝冬月啖甘，叹其形味并劣。义康曰：“今年甘殊有佳者。”遣人还东府取甘，大供御者三寸。

殷景仁密言于上曰：“相王权重，非社稷计，宜少加裁抑！”上阴然之。

司徒左长史刘斌，湛之宗也；大将军从事中郎王履，谧之孙也；及主簿刘敬文，祭酒鲁郡孔胤秀，皆以倾谄有宠于义康。见上多疾，皆谓“宫车一日晏驾，宜立长君。”上尝疾笃，使义康具顾命诏。义康还省，流涕以告湛及景仁。湛曰：“天下艰难，讵是幼主所御！”义康、景仁并不答。而胤秀等辄就尚书议曹索晋咸康末立康帝旧事，义康不知也；及上疾瘳，微闻之。而斌等密谋，欲使大业终归义康，遂邀结朋党，伺察禁省，有不与己同者，必百方构陷之，又采拾景仁短长，或虚造异同以告湛。自是主、相之势分矣。

上以司徒彭城王义康嫌隙已著，将成祸乱，冬，十月，戊申，收刘湛付廷尉，下诏暴其罪恶，就狱诛之，并诛其子黯、亮、俨及其党刘斌、刘敬文、孔胤秀等八人，徙尚书库部郎何默子等五人于广州，因大赦。是日，敕义康入宿，留止中书省。其夕，分收湛等；青州刺史杜骥勒兵殿内以备非常。遣人宣旨告义康以湛等罪状。义康上表逊位，诏以义康为江州刺史，侍中、大将军如故，出镇豫章。

初，殷景仁卧疾五年，虽不见上，而密函去来，日以十数，朝政大小，必以咨之；影迹周密，莫有窥其际者。收湛之日，景仁使拂拭衣冠，左右皆不晓其意。其夜，上出华林园延贤堂，召景仁。景仁犹称脚疾，以小床舆就坐；诛讨处分，一以委之。

初，檀道济荐吴兴沈庆之忠谨晓兵，上使领队防东掖门。刘湛为领军，尝谓之曰：“卿在省岁久，比当相论。”庆之正色曰：“下官在省十年，自应得转，不复以此仰累！”收湛之夕，上开门召庆之，庆之戎服缚袴而入，上曰：“卿何意乃尔急装？”庆之曰：“夜半唤队主，不容缓服。”上遣应之收刘斌，杀之。

彭城王义康停省十余日，见上奉辞，便下渚；上惟对之恸哭，馀无所言。上遣沙门慧琳视之，义康曰：“弟子有还理不？”慧琳曰：“恨公不读数百卷书！”

以征虏司马萧斌为义康谘议参军，领豫章太守，事无大小，皆以委之。斌，摹之之子也。使龙骧将军萧承之将兵防守。义康左右爱念者，并听随从；资奉优厚，信赐相系，朝廷大事皆报示之。

久之，上就会稽公主宴集，甚欢；主起，再拜叩头，悲不自胜。上不晓其意，自起扶之。主曰："车子岁暮必不为陛下所容，今特请其命。"因恸哭，上亦流涕，指蒋山曰："必无此虑。若违今誓，便是负初宁陵。"即封所饮酒赐义康，并书曰："会稽姊饮宴忆弟，所馀酒今封送。"故终主之身，义康得无恙。

十二月，癸亥，以光禄大夫王球为仆射。戊辰，以始兴王浚为扬州刺史。时浚尚幼，州事悉委后军长史范晔、主簿沈璞。晔，泰之子；璞，林子之子也。晔寻迁左卫将军，以吏部郎沈演之为右卫将军，对掌禁旅；又以庾炳之为吏部郎，俱参机密。演之，劲之曾孙也。

晔有隽才，而薄情浅行，数犯名教，为士流所鄙。性躁竞，自谓才用不尽，常怏怏不得志。吏部尚书何尚之言于帝曰："范晔志趋异常，请出为广州刺史；若在内衅成，不得不加鈇钺，鈇钺亟行，非国家之美也。"帝曰："始诛刘湛，复迁范晔，人将谓卿等不能容才，朕信受谗言；但共知其如此，无能为害也。"

十八年（辛巳，441）

彭城王义康至豫章，辞刺史。甲辰，以义康都督江、交、广三州诸军事。前龙骧参军巴东扶令育诣阙上表，称："昔袁盎谏汉文帝曰：'淮南王若道路遇霜露死，陛下有杀弟之名。'文帝不用，追悔无及。彭成王义康，先朝之爱子，陛下之次弟，若有迷谬之愆，正可数之以善恶，导之以义方，奈何信疑似之嫌，一旦黜削，远送南垂！草莱黔首，皆为陛下痛之。庐陵往事，足为龟鉴。恐义康年穷命尽，奄忽于南，臣虽微贱，窃为陛下羞之。陛下徒知恶枝之宜伐，岂知伐枝之伤树！伏愿亟召义康返于京甸，兄弟协和，群臣辑睦，则四海之望塞，多言之路绝矣。何必司徒公、扬州牧然后可以置彭城王哉。若臣所言于国为非，请伏重诛以谢陛下。"表奏，即收付建康狱，赐死。

魏寇谦之言于魏主曰："今陛下以真君御世，建静轮天宫之法，开古以来，未之有也。应登受符书以彰圣德。"帝从之。

宋文帝元嘉十三年（丙子，公元436年）

刘宋司空、江州刺史、永脩公檀道济，在刘裕时代就立下奇功，享有很重的威名。他左右心腹战将都身经百战，几个儿子都有才气，刘宋文帝对他又猜忌又畏惧。这时，文帝久病不愈，领军将军刘湛劝说司徒刘义康说："皇上一旦驾崩，檀道济将不可控制。"正巧文帝的病情加重，刘义康劝说文帝，征召檀道济入京朝见。檀道济的妻子向氏对他说："高于当世的功勋大臣，自古以来都易被猜忌。如今没有战事却召你入京，大祸降临了。”檀道济来到建康以后，文帝留他在京一个多月。文帝病情稍稍好转，就要遣送他回到任所，船已下到码头，还没有出发。而文帝的病情突然加重，刘义康假传圣旨召回檀道济到祭祀路神的地方，声称为他设宴饯行，将他逮捕。三月，己未（初八），刘宋文帝下诏称：“檀道济暗中散发金银财物，招募地痞无赖。乘我病重之时，图谋不轨。”将檀道济交到专管司法的廷尉处理，连同他的儿子、给事黄门侍郎檀植等十一人，一并诛杀，仅仅饶恕了他年幼的孙子。同时，又杀死了司空参军薛彤、高进之二人，他们都是檀道济的心腹爱将，勇猛善战，当时的人把他们比做关羽、张飞。

檀道济被逮捕时，怒不可遏，两道目光像火炬一样，把头巾狠狠地摔在地上说：“你们是在毁坏你们自己的万里长城！”北魏人听到檀道济被杀的消息非常高兴，都说：“檀道济死了，东吴那些竖子就没有值得我们忌惮的了。”

辛未（二十日），北魏平东将军娥清、安西将军古弼统率精锐骑兵一万人，讨伐北燕。平州刺史拓跋婴，率领辽西各路军队与娥清等会师。

夏季，四月，北魏大将娥清、古弼围攻北燕的白狼城，一举攻克。

高丽派遣将领葛卢孟光率领几万部众，随同北燕的使臣阳伊来到和龙迎接北燕王冯弘。然后高丽军队屯驻在临川。北燕尚书令郭生因为百姓不愿迁徙他乡，开启城门迎接城外的北魏军，魏军却以为北燕故意诱敌深入，不敢进城。郭生于是指挥军队，进攻冯弘。冯弘开启东门迎接高丽军入城，与郭生的叛军在皇宫前会战，郭生身中流箭阵亡。葛卢孟光率军进入和龙城，他命令高丽将士脱掉身上的破军衣，夺取了北燕的军械库和国库，重新武装自己的军队，在和龙城中大肆抢劫。

五月，乙卯（初五），冯弘率领和龙城中所有的居民向东迁徙。临走前，北燕军纵火焚烧了宫殿，大火烧了十天还不曾熄灭。北燕逃亡的队伍中，由妇女身披铠甲在大军中间，阳伊等率精兵在外，高句丽的将领葛卢孟光率领骑兵殿后，组成方阵前进，前后长达八十余里。北魏安西将军古弼的部将高苟子打算率领骑兵追赶，古弼当时酩酊大醉，拔出佩刀阻止高苟子，因此，冯弘等得以逃脱。北魏国主拓跋焘听说后，怒不可止，把古弼和娥清装入囚车，押返平城，二人都罢黜官职。贬为看门士卒。

十四年（丁丑，公元437年）

北魏国主拓跋焘认为地方郡守、县令大多贪赃枉法。夏季，五月，己丑（十五日），拓跋焘下诏，命令官吏和百姓可以检举告发地方郡守、县令贪污不法的行为。从此，地方一些地痞流氓乘机专挑地方官的过失，威胁要挟在位的地方官，在民间横行。地方官则自低身份对待这些人，照样贪赃枉法。

北魏国主拓跋焘再次派遣散骑侍郎董琬、高明等携带大批金银绸缎出使西域，招抚西域九国。董琬等人来到乌孙，乌孙国王大为欢喜，说：“破落那、者舌二国，也都想向魏国称臣进贡，可是没有门路可以表达自己的意向，如今你们应绕道前往安抚他们。”于是，乌孙国王特派向导兼翻译送董琬前往破落那，高明前往者舌。邻近其他国家听到这个消息，也争先恐后地派遣使臣，随同董琬等人一道向北魏进贡，共有十六国之多。从此以后，西域各国每年都到北魏朝贡，从不停止。

北魏尚书李顺从北凉回国，拓跋焘问他说：“你当年提出的攻取北凉的计划，我当时因为正对燕国用兵，没有来得及实行。如今和龙已经平定，我打算立即在年内西征，你看怎么样？”李顺回答说：“我当年说的那番话，用今天的形势来验证，我自以为没有错误。但是国家频频兴兵，东征西讨，士卒和战马都疲劳不堪，西征的计划，还是请推迟几年再说。”拓跋焘同意了。

十五年（戊寅，公元438年）

当初，北燕王冯弘来到辽东以后，高丽王高琏派遣使臣慰劳他说：“龙城王冯君，光临敝国荒郊，人马都很劳苦吧？”冯弘又惭愧又恼怒，以国王的身份斥责高琏。高丽把冯弘安置在平郭，不久，又迁往北丰。冯弘一向轻侮高丽，政务刑法，奖励惩罚，仍然像在北燕国一样。高丽于是强行夺走了冯弘的侍从，逼迫北燕的太子冯王仁做人质。冯弘怨恨高丽，派使臣到刘宋请求迎他南下。刘宋文帝派使臣王白驹等迎接冯弘一行，并令高丽出资遣送。高丽王高琏不愿放冯弘南下，就派他手下的将领孙漱、高仇等人，在北丰杀掉了冯弘及其子孙十余人。追赠冯弘谥号为昭成皇帝。刘宋使臣王白驹等率领七千多人讨伐孙漱、高仇，斩杀了高仇，生擒孙漱。高琏认为王白驹在他的国土上擅自杀害他的大将，派人逮捕王白驹，遣送回国。文帝认为高丽是远方小国，不愿让高琏失望，就把王白驹等人关进监狱。不久就宽恕了他们。

刘宋文帝性情宽厚仁慈，恭谨勤俭，勤奋刻苦，从不荒怠朝廷政务。他遵循法规而不苛刻，对人宽容却不放纵。朝廷的文武百官都能久居职位。郡守、县宰也都以六年为一任期。官吏不轻易免职，百姓才有所依托。三十年间，刘宋境内，平安无事，人口繁盛。至于租赋徭役，从不增加，只收取常赋，从不额外征收。百姓早晨出去耕作，晚上回家休息，可以随意做事，安居乐业。乡里街巷之间，读书的声音不绝于耳。士大夫重视操守，乡下人也讨厌轻薄无识的人。江左的风俗，在这个时代最为美好。后代评论前世政治得失的人，都称道元嘉治世。

十六年（己卯，公元439年）

当初，刘宋武帝有遗诏，命令他的几个儿子依照长幼次序，驻守荆州。这时，临川王刘义庆在荆州已经有八年了，朝廷打算另选一个亲王代替他。按照顺序，应该派南谯王刘义宣。刘宋文帝却认为刘义宣的人品和才能都很平庸低下，不予任用。二月，己亥（初五），文帝任命衡阳王刘义季为都督荆、湘等八州诸军事，荆州刺史。刘义季曾经在春天外出打猎，有个老农夫身披苫衣，在田中耕种，不肯回避。刘义季的左右侍从斥责老农，老农说：“游猎取乐，古人深以为戒。如今天暖气湿，一天不耕种，百姓就会错过农时，怎么可以放纵狩猎的快乐，而驱赶勤于耕作的老农呢？”刘义季听罢，勒住马缰说：“他是贤人！”命令左右亲信赐给老农食物，老农拒绝说：“大王您不侵夺农时，境内的百姓都可以吃饱大王赐予的饮食，我老汉怎么敢独自领受您的赏赐呢！”刘义季询问老农夫的姓名，农夫不肯回答，告退。

北魏每次派遣使者出使西域，常常命令沮渠牧犍派出向导，护送魏使走出流沙出没的大沙漠。北魏使者从西域返回，抵达武威。沮渠牧犍左右有人告诉北魏的使臣说：“我们大王听到了柔然汗国的可汗大言不惭地说‘去年，魏国的皇帝亲自来讨伐我们，结果士卒和战马大多染上疫病而死，大军惨败而回。我们生擒了他的长弟乐平王拓跋丕。’我们大王听说后非常高兴，在国内大肆宣传。又听说柔然汗国可汗派使臣，出使西域各国，声称：‘现在魏国已经被削弱，普天之下只有我们汗国才是最强大的，如果再有魏国的使臣前来访问，你们不要供应他们。’因此，西域各国对魏国也怀有二心。”北魏使臣回国以后，把所听到的一切，汇报给朝廷。拓跋焘派尚书贺多罗出使北凉观察虚实。贺多罗回来，也说沮渠牧犍虽然表面上对魏称臣纳贡，内心却叛离乖张。

拓跋焘打算讨伐北凉，向崔浩询问对策。崔浩说：“沮渠牧犍叛逆之心，早已显露，不能不杀。我军前几年北伐，虽说没有取得太大的胜利，实际上也没遭受什么损失。战马共三十万匹，算起来在征途中死伤的不满八千。平时每年正常死亡的也不少于一万匹。而远方借此便咬定我们的国力消耗殆尽，不能恢复。现在，我军出其不意，突然出现在他们面前，他们惊恐万状，自相骚扰，不知如何是好，我们一定可以擒获敌人。”拓跋焘说：“太好了，我也是这样想的。”于是，召集公卿在太极殿西堂讨论。

夏季，五月，丁丑（十四日），拓跋焘在平城西郊训练军队。六月，甲辰（十一日），大军从平城出发。命令侍中、宜都王穆寿辅佐太子拓跋晃，主持朝政，裁决日常事务，朝廷内外都要遵从。拓跋焘又派大将军、长乐王嵇敬，以及辅国大将军、建宁王拓跋崇，率领二万人，屯驻漠南，防备柔然汗国乘虚进攻。拓跋焘又命令大臣们发布文告，历数北凉王沮渠牧犍的十二项罪状，并且警告沮渠牧犍说：“你如果亲自率领群臣，远远地出来伏在地上迎接，然后在我马首跪拜请罪，这是上策；我军兵临城下，你双手反绑携带空棺出城迎接，这是中策；你要是困守孤城，不及时醒悟，就要身死族灭，受到天下最酷烈的惩罚！你要权衡利害，为自己寻一条生路。”

北魏国主拓跋焘从云中渡过黄河。秋季，己巳（初七），抵达上郡属国城。壬午（二十日），大军留下辎重，部署分派各军，命令抚军大将军、永昌王拓跋健，与尚书令刘絜、常山王拓跋素为前锋，分两路同时进发；又命令骠骑大将军、乐平王拓跋丕，太宰、阳平王杜超为后备军；又命平西将军源贺为向导。

拓跋焘曾向源贺询问攻取北凉的作战方案，源贺回答说：“姑臧城的旁边有四个鲜卑族部落，都是我祖父的老部下，我愿意在大军未到之前，向他们宣扬我国的威信，分析祸福利害，他们一定会相继归降。城外的援军一旦瓦解，然后攻取孤城，就易如反掌了。”拓跋焘说：“太好了！”

八月，甲午（初二），北魏永昌王拓跋健缴获北凉的各种牲畜共二十余万头。

北凉王沮渠牧犍听说北魏大军前来的消息，大吃一惊，说：“怎么会是这样！”随后，他采用了左丞相姚定国的计策，不肯出城迎接，却向柔然汗国请求救兵。沮渠牧犍派他的弟弟征南大将军沮渠董来统兵一万多人，在城南出城迎战北魏军，北凉军望风崩溃。北魏前锋将领刘絜听信占卜人的预言，以为日子不吉利，所以召回军队没有乘胜追击，沮渠董来才得以逃进姑臧城。拓跋焘因此对刘絜十分恼怒。

丙申（八月初四），北魏国主拓跋焘抵达姑臧城下，派人通知沮渠牧犍，让他迅速出城投降。沮渠牧犍听说柔然汗国就要进攻北魏的边境，所以他还希望拓跋焘率军东还，援救国内。于是，沮渠牧犍命令将士绕城固守。沮渠牧犍的侄儿沮渠祖，翻越城墙投降了北魏军。拓跋焘于是了解了北凉的真实情况，拓跋焘分军包围了姑臧城。源贺率兵招抚了他祖父的旧部三万多个帐落，所以拓跋焘得以集中全力攻城，没有顾虑。

九月，丙戌（二十五日），北凉王沮渠牧犍的侄儿沮渠万年率领他的部众投降北魏。姑臧城随即被北魏军攻陷，沮渠牧犍率领文武官员五千人，双手反绑，亲自请降。拓跋焘解开沮渠牧犍的绳索，以礼相待。共接收姑臧城内的居民二十余万户，仓库中的珍奇异宝不可胜数。拓跋焘又命令张掖王秃发保周、龙骧将军穆罴、安远将军源贺，分别向地方各郡宣布消息，各族胡人投降北魏的又有几十万。

十二月，乙亥（十六日），刘宋太子刘劭举行冠礼，大赦天下。刘劭眉目清秀，喜欢读书，擅长骑马射箭，喜爱延接宾客。只要他有所要求，文帝都满足。于是刘劭在东宫设置亲兵的数目与羽林军相等。

凉州自从前凉国建立以来，一直号称人才济济。沮渠牧犍尤其喜欢文学，任命敦煌人阚骃为姑臧太守，张湛为兵部尚书，刘昞、索敞、阴兴为国师助教，金城人宋钦为世子洗马，赵柔为金部郎，广平人程骏，以及程骏的堂弟程弘为世子侍讲。拓跋焘攻克凉州以后，对这些士大夫都以礼相待，因才而用。于是，拓跋焘任命阚骃、刘昞为乐平王拓跋丕的从事中郎。安定人胡叟自幼便才华横溢，前往姑臧为沮渠牧犍效力，沮渠牧犍却不十分重视他。胡叟对程弘说：“贵国的主人身居穷乡僻壤的小国，却敢滥用名分，超越礼制；以小国事奉大国却又不诚心敬服；表面上仰慕仁义，实际上却不讲道德，他的灭亡就在眼前了。我将像鸟儿一样，择木而栖，先到魏国去。与你暂且辞别，不会久别的。”于是，胡叟来到北魏。一年之后，北凉灭亡。拓跋焘因为胡叟有先见之明，任命他为虎威将军，赐封爵位为始复男爵。河内人常爽世世代代寓居凉州，从不接受北凉的礼遇和任官，拓跋焘任命他为宣威将军。河西人、北凉国右丞相宋繇随从拓跋焘到平城，不久去世。

十七年（庚辰，公元440年）

刘宋司徒刘义康独揽朝政大权。文帝多年患病，稍微操劳，旧病就复发，多次病危。刘义康对文帝尽心侍奉，药物非经自己亲口尝过，绝不让文帝服用，有时一连几夜都不睡觉。朝廷内外的大小事务，他都一个人决定施行。因为生性就喜爱办理公务，所以阅读公文，处理诉讼等政务，他都处理得无不精密妥善。文帝因此把很多大事都委派给他。刘义康只要有奏请，立即就被批准。州刺史以下官员的人选，文帝都授权刘义康选拔任用。至于赦免和诛杀这类大事，有时刘义康就以录尚书事的身份裁决。因而，刘义康的势力倾动远近，朝野上下的各方人士，都集中在他周围。每天早晨，刘义康府第前面常有车数百辆，刘义康对来访客人亲自接待，从不懈怠。刘义康记忆力极强，一经耳闻目睹，终生不忘，他喜好在大庭广众的场合下，提起自己记忆中的事情，用来显示自己的聪明才干。许多有才能的士大夫，都被他委以重任。刘义康曾对刘湛说："王敬弘、王球这些人，有什么能力？坐享荣华富贵，真让人费解！"然而，刘义康一向没有学问，不识大体，朝中有才干的士大夫都被他延聘到府中来，府中没有才能的，或冒犯他的幕僚，都被贬斥到朝廷机构任职。他自以为，兄弟之间是至亲手足，因此他也不严格用君臣的礼节约束自己的行为，常常任性行事，从不考虑他的行为是否会触犯禁忌。他在府中私养僮仆六千多人，未曾上奏朝廷。各地进贡的物品，都把上品呈献给刘义康，而把次等的呈献文帝。有一年冬天文帝吃柑，叹息柑的外形和味道太差。刘义康说："今年的柑也有好的！"于是派人到府中去取，取来的柑比进贡文帝的直径大三寸。

殷景仁秘密报告文帝说："相王刘义康权势太重，并非国家久远的考虑，应该对他稍加抑制！"文帝心里暗暗同意。

司徒左长史刘斌是刘湛的同族，大将军从事中郎王履是王谧的孙子，他们和主簿刘敬文，祭酒、鲁郡人孔胤秀都因为阴险谄媚，排挤别人，而深得刘义康的宠信。他们看到文帝多病，都说："皇上一旦晏驾，应该拥护年长的人为君主。"文帝一度病重，命刘义康起草托孤诏书。刘义康回到府中，痛哭流涕地告诉刘湛和殷景仁，刘湛说："治理国家，不胜艰难，怎么是年幼君主所能胜任的！"刘义康、殷景仁都没有搭腔。而孔胤秀等人擅自前往尚书议曹，索取当年晋成帝去世，改立他的弟弟晋康帝的旧档案，刘义康并不知道这件事。等到文帝病愈后，略微听到这些情况。而刘斌等人却加紧活动，秘密策划，打算让刘义康最后登上帝位。于是，他们结成死党，窥视朝廷和宫中的变化，凡是与自己不同心的，就千方百计地陷害他。同时，他们又百般搜集殷景仁的材料，或者捏造事实提供给刘湛。从此以后，文帝与宰相之间，离心离德。

刘宋文帝认为司徒、彭城王刘义康的猜忌怨恨已经明显，势必酿成祸乱。冬季，十月，戊申，命令逮捕刘湛交付廷尉，并且下诏公布刘湛的罪行，在狱中就地处决，同时斩杀了刘湛的儿子刘黯、刘亮、刘俨以及刘湛的党羽刘斌、刘敬文、孔胤秀等八人，下令将尚书库部郎何默子等五人，流放到广州，因此下令大赦。这天，文帝命令刘义康进宫值班，随即把他软禁在中书省。晚上，分别逮捕了刘湛等人。青州刺史杜骥统兵在金銮殿防备意外情况发生。最后，文帝派人把刘湛等人的罪状传达给刘义康。刘义康上疏请求辞职，文帝下诏命刘义康为江州刺史，仍然保留侍中、大将军职，出京镇守豫章。

当初，殷景仁卧病五年，虽然不与文帝相见，但是密信往来，每天有十几次，朝廷大事小事，文帝都征求他的意见，行踪十分隐秘，竟没有一个人发现蛛丝马迹。逮捕刘湛那天，殷景仁命令家人打扫衣冠，左右家人都不明白他的用意。那天夜里，文帝前往华林园延贤堂，召见殷景仁。殷景仁仍然声称患有脚病，用小椅子抬进宫就座。文帝把诛杀讨伐刘湛党羽的所有事情，全都委任殷景仁处理。

当初，檀道济举荐吴兴人沈庆之忠诚谨慎，通晓兵法，文帝命他领兵在东掖门驻防。刘湛为领军将军，曾经对他说："你留在这个职位上已经很久，最近应该考虑这个问题。"沈庆之面色严肃地说："我在这里已经十年了，自然应该调职，不敢再麻烦你。"逮捕刘湛的那天晚上，文帝开启宫门召见沈庆之，沈庆之全副武装束紧裤管进门晋见，文帝说："你为什么这般装束？"沈庆之说："夜半召见队主，定有急事，不能宽服大袖。"文帝派沈庆之逮捕刘斌，斩首。

彭城王刘义康被软禁在中书省十多天，晋见文帝并辞行，来到码头。文帝看到他时，悲伤痛哭，没有一句话。文帝派僧人慧琳去看望他，刘义康说："您看我还有回到京师的可能吗？"慧琳说："真遗憾你不多读几百卷书！"

文帝任命征虏司马萧斌为刘义康咨议参军，兼任豫章太守，大小事务都委任他决断。萧斌是萧摹之的儿子。又命龙骧将军萧承之，率军驻防戒备。刘义康左右亲信僚属，有愿追随的，都准许一同前往。文帝赐赏刘义康的财物十分丰厚，而且信件不断，朝中大事都告诉刘义康。

过了很久，文帝驾临会稽公主家赴宴，兄弟姐妹在一起非常愉快。突然，会稽公主起身跪在地上，再拜叩头，不胜悲伤。文帝不明白她的用意，亲自把她扶起来。会稽公主说："车子（义康）到了晚年，陛下一定不能容他，今天特地求你饶他一命。"随后痛哭不止。文帝也泪流满面。他指着蒋山说："你不必担心。我如果违背今天的誓言，就是辜负了高帝。"于是，把正在饮用的酒封起来，送给刘义康，附一封信说："我与会稽姐宴饮，想起了你，把剩下的酒封起来送给你。"因此，会稽公主在世的日子里，刘义康得以平安。

十二月，癸亥（初九），文帝任命光禄大夫王球为仆射。戊辰（十四日），任命始兴王刘浚为扬州刺史。当时刘浚年纪幼小，州里具体事务全部委派给后军长史范晔和主簿沈璞。范晔是范泰的儿子；沈璞是沈林子的儿子。不久，范晔提升为左卫将军。同时朝廷任命吏部郎沈演之为右卫将军，共同掌理皇家禁军。文帝还任命庾炳之为吏部郎，都参与处理朝廷机要。沈演之是沈劲的曾孙。

范晔富有才干，却轻薄放荡，多次触犯礼教人伦规范，受到士大夫们的鄙视。他热衷名利，急于进取，自以为才能无法充分发挥，常常闷闷不乐。吏部尚书何尚之对文帝说："范晔野心太大，志趣与常人不同，应该派他出去担任广州刺史。如果留在朝廷，一旦犯下罪行，就不能不诛灭。不断诛杀，不是国家的好事。"文帝说："刚杀了刘湛，又把范晔赶出京师，别人会议论你们不能包容有才能的人，说我听信谗言。只要我们都知道范晔的问题，他就不能危害朝廷了。"

十八年（辛巳，公元441年）

刘宋彭城王刘义康抵达豫章，辞去江州刺史的职务。甲辰（正月二十一日），文帝任命刘义康为都督江、交、广三州诸军事。前龙骧将军、巴东人扶令育前往皇宫，呈上奏章，说："当年袁盎劝阻汉文帝说：'淮南王刘长如果在路上遇到风霜而死，陛下有杀弟的罪名。'汉文帝没有接受，后悔也来不及了。彭城王刘义康是先帝钟爱的儿子，是陛下的二弟。如果一时糊涂犯了错误，陛下可以用善恶的标准责备他，用道义来引导他，怎么可以相信未加证实的嫌疑，一日之间被罢官黜爵，贬谪到南方边陲！荒野小民，都为陛下痛心。庐陵王被迁被杀的往事，足以引为借鉴。深恐刘义康一旦不幸丧命，死在南方，我虽然身份低微卑贱，也暗为陛下羞惭。陛下只知坏掉的枝叶应该砍掉，怎么不知道砍枝叶也会伤及树干呢！我诚心希望陛下把刘义康迅速召回京师，兄弟和睦友爱，君臣互相勉励，这样，四海之内的怨恨就会消除了，诽谤的谣言也可以息止了。并不一定非要重新把彭城王置于司徒公、扬州牧的位子上啊！如果我的话对国家有害，我愿意被处死向陛下谢罪。"奏章呈上以后，朝廷便把他逮捕，投入建康监狱，命他自杀。

北魏道士寇谦之对北魏国主拓跋焘说："现在陛下是以真君的名义统治天下，建立静轮天宫大法，这是开天辟地以来从未有过的事。应该登台接受符书表彰和宣扬皇上圣明的恩德。"拓跋焘同意了。

宋纪六　第一百二十四卷

译文诵读

太祖文皇帝中之中元嘉十九年（壬午，442）

春，正月，甲申，魏主备法驾，诣道坛受符箓，旗帜尽青。自是每帝即位皆受箓。谦之又奏作静轮宫，必令其高不闻鸡犬，欲以上接天神。崔浩劝帝为之，功费万计，经年不成。太子晃谏曰："天人道殊，卑高定分，不可相接，理在必然。今虚耗府库，疲弊百姓，为无益之事，将安用之！必如谦之所言，请因东山万仞之高，为功差易。"帝不从。

二十年（癸未，443）

九月，辛巳，魏主如漠南。甲辰，舍辎重，以轻骑袭柔然，分军为四道：乐安王范、建宁王崇各统十五将出东道，乐平王丕督十五将出西道，魏主出中道，中山王辰督十五将为后继。

魏主至鹿浑谷，遇敕连可汗。太子晃言于魏主曰："贼不意大军猝至，宜掩其不备，速进击之。"尚书令刘絜固谏。以为"贼营中尘盛，其众必多，出至平地，恐为所围，不如须诸军大集，然后击之"。晃曰："尘之盛者，由军士惊怖扰乱故也，何得营上而有此尘乎！"魏主疑之，不急击。柔然遁去，追至石水，不及而还。既而获柔然候骑曰："柔然不觉魏军至，上下惶骇，引众北走，经六七日，知无追者，乃始徐行。"魏主深恨之。自是军国大事，皆与太子谋之。

司马楚之别将兵督军粮，镇北将军封沓亡降柔然，说柔然令击楚之以绝军食。俄而军中有告失驴耳者，诸将莫晓其故，楚之曰："此必贼遣奸人入营觇伺，割驴耳以为信耳。贼至不久，宜急为之备。"乃伐柳为城，以水灌之令冻；城立而柔然至，冰坚滑，不可攻，乃散走。

二十一年（甲申，444）

壬寅，魏太子始总百揆，命侍中、中书监穆寿、司徒崔浩、侍中张黎、古弼辅太子决庶政，上书者皆称臣，仪与表同。

古弼为人，忠慎质直；尝以上谷苑囿太广，乞减太半以赐贫民，入见魏主，欲奏其事。帝方与给事中刘树围棋，志不在弼；弼侍坐良久，不获陈闻。忽起，捽树头，掣下床，搏其耳，殴其背，曰：“朝廷不治，实尔之罪！”帝失容，舍棋曰：“不听奏事，朕之过也，树何罪！置之！”弼具以状闻，帝皆可其奏。弼曰：“为人臣无礼至此，其罪大矣。”出诣公车，免冠徒跣请罪。帝召入，谓曰：“吾闻筑社之役，蹇蹶而筑之，端冕而事之，神降之福。然则卿有何罪！其冠履就职。苟可以利社稷，便百姓者，竭力为之，勿顾虑也。”

太子课民稼穑，使无牛者借人牛以耕种，而为之芸田以偿之，凡耕种二十二亩而芸七亩，大略以是为率。使民各标姓名于田首以知其勤惰，禁饮酒游戏者。于是垦田大增。

八月，乙丑，魏主畋于河西，尚书令古弼留守。诏以肥马给猎骑，弼悉以弱者给之。帝大怒曰：“笔头奴敢裁量朕！朕还台，先斩此奴！”弼头锐，故帝常以笔目之。弼官属惶怖，恐并坐诛，弼曰：“吾为人臣，不使人主盘于游畋，其罪小；不备不虞，乏军国之用，其罪大。今蠕蠕方强，南寇未灭，吾以肥马供军，弱马供猎，为国远虑，虽死何伤！且吾自为之，非诸君之忧也。”帝闻之，叹曰：“有臣如此，国之宝也。”赐衣一袭，马二匹，鹿十头。

他日，魏主复畋于山北，获麋鹿数千头。诏尚书发车五百乘以运之。诏使已去，魏主谓左右曰：“笔公必不与我，汝辈不如以马运之。”遂还。行百馀里，得弼表曰：“今秋谷悬黄，麻菽布野，猪鹿窃食，鸟雁侵费，风雨所耗，朝夕三倍。乞赐矜缓，使得收载。”帝曰：“果如吾言，笔公可谓社稷之臣矣！”

二十二年（乙酉，445）

初，鲁国孔熙先博学文史，兼通数术，有纵横才志；为员外散骑侍郎，不为时所知，愤愤不得志。父默之为广州刺史，以赃获罪，大将军彭城王义康为救解得免。及义康迁豫章，熙先密怀报效。且以为天文、图谶，帝必以非道晏驾，由骨肉相残；江州应出天子。以范晔志意不满，欲引与同谋，而熙先素不为晔所重。太子中舍人谢综，晔之甥也，熙先倾身事之，综引熙先与晔相识。

熙先家饶于财，数与晔博，故为拙行，以物输之。晔既利其财，又爱其文艺，由是情好款洽。熙先乃从容说晔曰：“大将军英断聪敏，人神攸属，失职南垂，天下愤怨。小人受先君遗命，以死报大将军之德。顷人情骚动，天文舛错，此所谓时运之至，不可推移者也。若顺天人之心，结英豪之士，表里相应，发于肘腋；然后诛除异我，崇奉明圣，号令天下，谁敢不从！小人请以七尺之躯，三寸之舌，立功立事而归诸君子，丈人以为何如？”晔甚愕然。熙先曰：“昔毛玠竭节于魏武，张温毕议于孙权，彼二人者，皆国之俊乂，岂言行玷缺，然后至于祸辱哉？皆以廉直劲正，不得久容。丈人之于本朝，不深于二主，人间雅誉，过于两臣，谗夫侧目，为日久矣，比肩竞逐，庸可遂乎！近者殷铁一言而刘班碎首，彼岂父兄之仇，百世之怨乎？所争不过荣名势利先后之间耳。及其末也，唯恐陷之不深，发之不早；戮及百口，犹曰未厌。是可为寒心悼惧，岂书籍远事也哉！今建大勋，奉贤哲，图难于易，以安易危，享厚利，收鸿名，一旦苞举而有之，岂可弃置而不取哉！”晔犹疑未决。熙先曰：“又有过于此者，愚则未敢道耳。”晔曰：“何谓也？”熙先曰：“丈人奕叶清通，而不得连姻帝室，人以犬豕相遇，而丈人曾不耻之，欲为之死，不亦惑乎？”晔门无内行，故熙先以此激之。晔默然不应，反意乃决。

晔与沈演之并为帝所知，晔先至，必待演之俱入，演之先至，尝独被引，晔以此为怨。晔累经义康府佐，中间获罪于义康。谢综及父述，皆为义康所厚，综弟约娶义康女。综为义康记室参军，自豫章还，申义康意于晔，求解晚隙，复敦往好。大将军府史仲承祖，有宠于义康，闻熙先有谋，密相结纳。丹杨尹徐湛之，素为义康所爱，承祖因此结事湛之，告以密计。道人法略、尼法静，皆感义康旧恩，并与熙先往来。法静妹夫许曜，领队在台，许为内应。法静之豫章，熙先付以笺书，陈说图谶。于是密相署置，及素所不善者，并入死目。熙先又使弟休先作檄文，称：“贼臣赵伯符肆兵犯跸，祸流储宰，湛之、晔等投命奋戈，即日斩伯符首及其党与。今遣护军将军臧质奉玺绶迎彭城王正位辰极。”熙先以为举大事宜须以义康之旨谕众，晔又诈作义康与湛之书，令诛君侧之恶，宣示同党。

帝之燕武帐冈也，晔等谋以其日作乱。许曜侍帝，扣刀目晔，晔不敢仰视。俄而座散，徐湛之恐事不济，密以其谋白帝。帝使湛之具探取本末，得其檄书、选署姓名，上之。帝乃命有司收掩穷治。其夜，呼晔置客省，先于外收综及熙先兄弟，皆款服。帝遣使诘问晔，晔犹隐拒；熙先闻之，笑曰：“凡处分、符檄、书疏，皆范所造，云何于今方作如此抵蹋邪？”帝以晔墨迹示之，乃具陈本末。

明日，仗士送付廷尉。熙先望风吐款，辞气不桡。上奇其才，遣人慰勉之曰：“以卿之才而滞于集书省，理应有异志，此乃我负卿也。”又责前吏部尚书何尚之曰：“使孔熙先年将三十作散骑郎，那不作贼！”熙先于狱中上书谢恩，且陈图谶，深戒上以骨肉之祸，曰：“愿勿遗弃，存之中书。若囚死之后，或可追录，庶九泉之下，少塞衅责。”

晔在狱为诗曰：“虽无嵇生琴，庶同夏侯色。”晔本意谓入狱即死，而上穷治其狱，遂经二旬，晔更有生望。狱吏戏之曰：“外传詹事或当长系。”晔闻之，惊喜。综、熙先笑之曰：“詹事畴昔攘袂瞋目，跃马顾盼，自以为一世之雄；今扰攘纷纭，畏死乃尔！设令赐以性命，人臣图主，何颜可以生存！”

十二月，乙未，晔、综、熙先及其子弟、党与皆伏诛。晔母至市，涕泣责晔，以手击晔颈，晔颜色不怍；妹及妓妾来别，晔悲涕流涟。综曰：“舅殊不及夏侯色。”晔收泪而止。

谢约不预逆谋，见兄综与熙先游，常谏之曰：“此人轻事好奇，不近于道，果锐无检，未可与狎。”综不从而败。综母以子弟自蹈逆乱，独不出视。晔语综曰：

“姊今不来，胜人多矣。”

收籍晔家，乐器服玩，并皆珍丽，妓妾不胜珠翠。母居止单陋，唯有一厨盛樵薪；弟子冬无被，叔父单布衣。

二十三年（丙戌，446）

魏主与崔浩皆信重寇谦之，奉其道。浩素不喜佛法，每言于魏主，以为佛法虚诞，为世费害，宜悉除之。及魏主讨盖吴，至长安，入佛寺，沙门饮从官酒；从官入其室，见大有兵器，出以白帝，帝怒曰：“此非沙门所用，必与盖吴通谋，欲为乱耳。”命有司按诛阖寺沙门，阅其财产，大得酿具及州郡牧守、富人所寄藏物以万计，又为窟室以匿妇女。浩因说帝悉诛天下沙门，毁诸经像，帝从之。寇谦之与浩固争，浩不从。先尽诛长安沙门，焚毁经像，并敕留台下四方，令一用长安法。诏曰：“昔后汉荒君，信惑邪伪以乱天常，自古九州之中，未尝有此。夸诞大言，不本人情，叔季之世，莫不眩焉。由是政教不行，礼义大坏，九服之内，鞠为丘墟。朕承天绪，欲除伪定真，复羲、农之治，其一切荡除，灭其踪迹。自今已后，敢有事胡神及造形像泥人、铜人者门诛。有非常之人，然后能行非常之事，非朕孰能去此历代之伪物！有司宣告征镇诸军、刺史，诸有浮图形像及胡经，皆击破焚烧，沙门无少长悉坑之！”太子晃素好佛法，屡谏不听；乃缓宣诏书，使远近豫闻之，得各为计，沙门多亡匿获免，或收藏经像，唯塔庙在魏境者无复孑遗。

宋文帝元嘉十九年（壬午，公元442年）

春季，正月，甲申（初七），北魏国主拓跋焘备好车驾，打着全青色的旗帜来到道教神坛前接受符箓。从此以后，北魏每位皇帝即位时都要接受符箓。寇谦之又奏请建造静轮宫，并一定要建得很高，高到人在上面听不到鸡鸣犬吠之声，目的是想伸向天上与天神相接。宰相崔浩也力劝拓跋焘兴建，花费了数以万计的财力物力，建了几年仍未完工。太子拓跋晃劝谏太武帝说：“上天与世人的道不同，谁高谁低已有定分，二者不能相接，这是理所当然的事。现在我们白白地浪费财力物力，老百姓也累得疲惫不堪，做这种无益的事，干什么用呢？如果一定要照寇谦之所说的去做，我请求建造在万仞高的东山上，这样做，工事就容易些。”拓跋焘没有接受。

二十年（癸未，公元443年）

九月，辛巳，北魏国主前往漠南。甲辰（初六），魏军舍弃辎重，率轻骑袭击柔然。分兵四路：乐安王拓跋范、建宁王拓跋崇各率十五名将领从东路进军，乐平王拓跋丕督统十五名将领从西路进军，北魏国主从中路进军，中山王拓跋辰督统十五名将领作为后援。

北魏国主来到鹿浑谷，正好与柔然国的敕连可汗相遇。太子拓跋晃对北魏国主说："柔然贼兵没想到我们的大部队突然到此，我们该趁他们没有防备时立刻进攻。"尚书令刘絜却竭力劝阻，他认为："柔然军营中尘土很大，他们的人一定很多，到平地去与他们交战，恐怕会被柔然军队包围，不如等到各路大军会集到这里之后再攻打。"拓跋晃说："柔然军营尘土飞扬，是因为柔然士卒惊慌失措到处乱跑所造成的，不然，怎么会在军营上空有如此多的尘土呢！"北魏国主为此也将信将疑，没有马上攻打。柔然部队趁机逃走，北魏国主追到石水，没有追上而返回。不久，俘获了柔然的侦察骑兵说："柔然国没有发觉魏兵的到来，所以当得知魏兵已到时，整个军营慌作一团，敕连可汗赶快率将士向北而逃，跑了六七天，知道后面没有追赶的魏兵，才开始缓步行进。"北魏国主听后非常后悔。从此以后，每遇军队或国家大事，北魏国主都要和拓跋晃商量。

琅邪王司马楚之另外率领一支部队督运军粮。镇北将军封沓逃走归降柔然，他劝说柔然攻打司马楚之，以断绝北魏兵士的粮饷。不久，司马楚之军中有人报告说有一只驴子的耳朵没有了，各位将领不知这是什么缘故，司马楚之说："这一定是贼军派奸人偷偷到我们这里察看动静，割掉一只驴的耳朵作为证据。贼军马上就会来进犯，我们应该迅速做好准备。"于是，司马楚之命砍伐柳树建造城堡，然后把水浇在上面使之结冰。城堡刚刚建好，柔然兵就到了，由于城堡地面冰坚而滑，柔然兵无法攻城，于是就撤走了。

二十一年（甲申，公元444年）

壬寅（正月初六），北魏太子拓跋晃开始总管百官事务。拓跋焘任命中侍、中书监穆寿，司徒崔浩，侍中张黎、古弼辅佐太子拓跋晃裁决日常政务。凡上书给太子时都要称臣，礼仪与所称呼的尊卑一致。

古弼为人忠厚谨慎，善良正直，曾经因为上谷的皇家苑囿占地面积太大而请求减去一半面积，赐给贫民百姓。当他进宫晋见拓跋焘，打算奏请这件事时，拓跋焘正在同给事中刘树下围棋，他的心思没在古弼身上。古弼坐等许久，没有得到说话的机会，他忽然跳起来，揪住刘树的头发，把他拉下床，揪着他的耳朵殴打他的后背，说："朝廷没有治理好，实在是你的罪过！"拓跋焘大惊失色，放下棋子说："不听你奏请事情，是我的过错，刘树有什么罪过！放了他！"古弼把要奏请的事情全都说了出来，拓跋焘完全同意。古弼说："我身为臣属，竟无礼到这种程度，罪过实在太大。"说完出宫来到公车官署，脱掉帽子、光着脚请求处罚。拓跋焘召他入宫，对他说："我听说过建造社坛的工事，是要一跛一拐地去干活；完工后，要衣冠端正地去祭祀，神灵就降福于他。可是你有什么罪过呢！戴上帽子穿上鞋做你该做的事去吧。如果是对国家有利，方便百姓的事，就要尽全力去做，不要有任何顾虑。”

太子拓跋晃督促百姓种庄稼，让没有牛的人家去向有牛的人家借牛来耕种，然后再替有牛的人家锄地来作为偿还，通常是耕种二十二亩，替人家锄地七亩，大概都以这种比例来进行。让百姓把自己的姓名标在地头，这样就可以看到谁勤谁懒。同时，禁止百姓喝酒和游玩。因此，开垦的农田大大增加。

八月，乙丑（初三），北魏国主拓跋焘去河西狩猎，尚书令古弼留守平城。拓跋焘下诏让古弼将肥壮的马送给打猎骑兵，但古弼提供的却全是瘦弱的马。拓跋焘勃然大怒说：“笔头奴胆敢对我的诏令打折扣。我回去，先斩了这个奴才！”古弼的头长得很尖，拓跋焘经常把他的脑袋比作笔尖。古弼的属下官员惶然恐怖，惟恐自己受牵连被杀。古弼却说：“我身为人臣，不让人主沉湎于游玩狩猎之中，这个罪过是小的。如果不预防国家出现的不测之事，使国家缺少军队所用的物资，这个罪过才是大的。现在蠕蠕正处于强盛时期，南方贼寇还未消灭，我把肥壮的马供军队所用，瘦弱的马供打猎所用，这是为国家做长远打算，虽然被处死了又有什么关系呢？！况且这一切是我一个人所做的，你们不要担心。”拓跋焘听说后，感叹说：“我有这样的臣子，是国家之宝呀。”赏赐给古弼一套礼服、两匹马和十头鹿。

又一天，拓跋焘再次去山北打猎，捕获了几千头麋鹿。拓跋焘下诏给尚书，让尚书派出五百辆车来运送麋鹿。拿着诏书的信使已经走了，拓跋焘对左右将士说：“笔头公一定不会给我这么多车，你们不如用马来运送。”说完他就回宫了。拓跋焘刚走了一百多里，就收到古弼的奏表说：“今年秋天谷穗下垂而且颜色金黄，桑麻大豆遍布在田野里，野猪野鹿偷吃，飞鸟大雁啄食，加之风吹雨打，这样损耗早晚就会相差三倍。乞请允许推迟延缓运送麋鹿，以便把谷子尽快收割运送完毕。”拓跋焘说：“果然如我所说的那样，笔头公可称得上是国家栋梁之臣啦！”

二十二年（乙酉，公元445年）

当初，鲁国人孔熙先精通文学和历史，并通晓数术，有纵横天下的才气和抱负。担任员外散骑侍郎时，不被当世人所了解，愤愤而不得志。他的父亲孔默之任广州刺史，因为贪赃枉法犯罪，多亏大将军彭城王刘义康相救才免于判刑。刘义康被贬到豫章时，孔熙先感激刘义康，决心效力报恩。而且他又认为根据天文、图谶，都表明刘宋文帝一定死于非命，原因是骨肉互相残杀，江州应该出天子。孔熙先感到范晔心中也有对朝廷的不满情绪，想拉范晔一起来谋划。但是，孔熙先平时并不被范晔所看重。太子中舍人谢综是范晔的外甥，孔熙先全力以赴来巴结谢综，谢综将孔熙先引见给范晔，让他们相识。

孔熙先家非常富有，他常常和范晔在一块儿赌博，他故意赌得不好，将钱输给范晔。范晔既爱他的钱财，又喜欢他的才华，由此，二人慢慢亲近起来。孔熙先才渐渐地游说范晔道：“大将军刘义康果断聪敏，百姓及神明都愿归属于他，但他却被罢免职务发配到南部边陲，普天之下都为他愤恨不平。小人我接受了先父的遗言，要以死来报答大将军刘义康的大恩大德。近来，天下人心骚动不定，天像错乱，这就是人们常说的时运已经来到，这是不可以改变的事情。如果我们顺应上天、百姓的心愿，结交英雄豪杰，内外接应，在宫廷内起兵，尔后杀掉反对我们的人，拥戴圣明的天子，号令天下，有谁能敢不服从呢！小人我愿意用我这七尺之躯、三寸不烂之舌，建立大功、成就大事而归之于各位君子，老人家认为怎么样？”范晔感到非常吃惊。孔熙先说：“从前，毛玠对魏武帝曹操忠心耿耿，张温对孙权侃侃而谈，那二人都是国家的俊杰，难道他们是因为自己的言行不当而后招致祸害屈辱的吗？他们都是因为自己太廉洁正直、刚烈清正而不能长期被人所容纳。老人家您在本朝受到的信任程度并不比曹操、孙权宠信毛玠、张温更深，可是您在老百姓中间的名声却远远超过那两个忠臣。想要诬陷您的人对您侧目而视已经很久了，而您却要同他们肩并肩地平等竞争，这怎么能够办得到呢！最近，殷铁（景仁）只一句话，刘班就被击碎头颅，他们难道是因为父兄之间的仇恨或是存有百代的宿怨吗？他们之间所争夺的实际上不过是名利、权势谁先谁后的问题。争到最后，双方都怕自己陷得不深、动手不早，杀了一百人还说自己并未满足。这可以说是令人心寒、恐慌的，这难道是书读得多了就不懂得世事的缘故吗！现在，是建立大的功业，崇奉贤明睿智之人的良好时机，在容易的时候图谋难办的事，用安逸代替危险，而且，也可以享受荣华富贵，坐收大的美名，一个早晨举兵就能够得到这些，怎么能放弃而不去争取呢！”范晔犹豫不决。孔熙先说：“还有比这更厉害的事情，我不敢说出来。”范晔说：“是什么？”孔熙先说：“老人家您代代清白，却不能和皇室联姻，人家把您当做猪狗来对待，而您却不曾认为这是一种耻辱，还想要为皇帝献身，这不也是很糊涂的事吗？！”范晔家人品行不端，所以，孔熙先就用这些来激怒范晔。范晔默不作声，造反的决心于是下定了。

范晔和吏部尚书沈演之都为文帝所信任。每次范晔先到朝廷时，一定要等待沈演之，然后一同入宫。可是沈演之先到，却曾经单独被文帝先行召见，范晔因为这事怀有怨气。范晔曾经一直做刘义康的府佐，在此期间，他得罪过刘义康。但谢综和他的父亲谢述却都受到刘义康的厚待，谢综的弟弟谢约又娶了刘义康的女儿。谢综现在是刘义康的记室参军，他从豫章回到建康，向范晔申述了刘义康对他所表示的歉意，请求范晔谅解过去的隔阂，于是，二人又像往日一样友好。大将军府史仲承祖受到刘义康的宠爱，听说孔熙先图谋反叛，于是与他秘密结交。丹杨尹徐湛之平素也一直被刘义康所喜爱，所以仲承祖便因此极力结交奉事徐湛之，并把孔熙先等人的秘密计划告诉了徐湛之。道士法略、尼姑法静都感激刘义康的旧恩，也跟孔熙先来往。法静的妹夫许曜在宫廷中率领禁卫，他向孔熙先等人许诺做他们的内应。法静到豫章，孔熙先交给她一封信，向刘义康陈说图谶的含义。这样，他们暗地计划布署，对于平素与他们关系不好的人，都一并列入诛死的名册里。孔熙先又派他的弟弟孔休先作一篇声讨的文章，言称：“叛臣赵伯符恣意使用武器冒犯皇帝，并对皇太子刘劭造成了极大的威胁，为此，徐湛之、范晔等人不顾自己的性命奋力挥戈战斗，即日内杀赵伯符和他的党羽。现在，派护军将军臧质捧着皇帝的玉玺绶带去迎接彭城王刘义康正式登基。”孔熙先认为发起大事应该用刘义康的旨令告谕大家，于是，范晔又伪造刘义康写给徐湛之的书信，命令他杀掉文帝身边的坏人，把这封信拿给同党们看。

文帝到武帐冈赴宴，范晔等人图谋在这天发动叛乱。许曜侍卫文帝，将佩刀微微拔出，向范晔使眼色。范晔不敢抬起头来看。不一会儿，宴席结束，徐湛之害怕事情不能成功，就将孔熙先等人的阴谋全都报告了文帝。文帝让徐湛之仔细探听事情的先后情况，徐湛之拿到了他们起兵的檄文以及被选入参加叛乱的人的名单呈送给文帝。文帝于是命令有关部门严密搜捕追查。这天夜里，范晔被召唤入宫后就被软禁在客省内。事先已经在外面逮捕了谢综和孔熙先兄弟，他们全部服罪。文帝又派人审问范晔，范晔还在隐瞒抗拒，孔熙先听到这个情况后，大笑着说：“我们所有的筹划、讨伐檄文及信件等等都出于范晔之手，为什么到现在还这样抵赖呢？”文帝将范晔亲笔写的东西拿出来给他看，他才将事件的始末招供出来。

第二天，全副武装的兵士将他们送交廷尉。孔熙先见风使舵，从容道来，言辞语气没有丝毫胆怯。文帝对他的才华感到十分惊奇，派人慰问并勉励他说：“凭着你的才气，在集书省埋没这么久，理该有别的想法，这是我亏待了你。”他又责怪前吏部尚书何尚之说：“让年龄即将三十的孔熙先做散骑郎，他怎么能不成为叛贼！”孔熙先在狱中上书文帝，感谢他的恩典，并将图谶上所显示的征兆告诉文帝，特别告诫文帝要小心骨肉之间的祸变，他说：“请不要把我写的这些东西扔掉，把它放在书省。如果我坐监死了以后，也许可以想起来查看，我在九泉之下，也会稍稍减少我闯下这一大祸的罪责。”

范晔在狱中作诗说：“虽不像嵇康被杀时索琴而弹，却可以像夏侯玄临刑时面不改色。”范晔本来以为自己入狱当天就会被处死，可是，文帝却在彻底追查这一案件，过了二十天没有什么动静，范晔又有了生的希望。狱吏嘲弄他说：“外边传说太子詹事有可能被长期囚禁狱中。”范晔听后，惊喜交加。谢综、孔熙先笑话他说：“詹事范晔当初是卷袖怒目、跃马驰骋，顾盼自如，自认为是一代豪杰。如今混乱纷纭，却怕死到了这种程度，即便皇上赐他不死，作为人臣而图谋皇上，他还有什么脸面活着呢？”

十二月，乙未（十一日），范晔、谢综、孔熙先和他们的儿子、兄弟及同党全部被杀。范晔的母亲赶到刑场，痛哭流涕责骂范晔，用手打范晔的脖子，范晔并未显出惭愧的样子，范晔的妹妹及妻妾歌妓们前来作别时，范晔却悲从心起，涕泪横流。谢综在一边说：“舅舅这样做可赶不上夏侯玄那时的样子。”范晔于是又止住了泪水。

谢约没有参预这场反叛，当初他看见哥哥谢综与孔熙先聚在一起时，常劝诫他说：“孔熙先这个人常常轻率从事，行为离奇，不走正路，做事果断决绝却不检点，不能和他过于亲近。”谢综没有听从而导致身败。谢综的母亲因为儿子和弟弟自己制造叛乱，独独不到法场上去看他们。范晔对谢综说：“我姐姐今天不来，比别人高明得多。”

朝廷没收范晔家产，见那些音乐器具、服饰珍玩，都非常珍奇华丽，歌妓妻妾们有用不完的珠宝翡翠，唯独范晔母亲居住的房子简陋不堪，只有一个堆着木柴的厨房，他的侄子冬天没有棉被盖，叔父冬天只穿一件单薄的布衣。

二十三年（丙戌，公元446年）

北魏国主拓跋焘同司徒崔浩都很尊重信任寇谦之，也信奉寇谦之的道教。崔浩向来就不喜欢佛教，经常向拓跋焘进言，认为佛教虚幻荒诞，在世上浪费财物损害百姓，应该全部灭掉。拓跋焘讨伐盖吴，后来到长安，进入一座佛教寺院，和尚让拓跋焘的侍从将官们喝酒。拓跋焘的侍从将官来到和尚居住的房里时，发现那里有许多兵器，出来告诉了拓跋焘。拓跋焘勃然大怒，说：“这不是和尚应该使用的东西，他们一定是同盖吴相通，想作乱的。”于是，命令有关部门将全寺院的和尚都杀了。查封寺院的财产时，又发现酿酒的工具及州郡牧守、富人们所寄藏在这里数以万计的东西，又发现和尚挖的地下密室用来藏匿妇女。崔浩因此劝说拓跋焘将世上的和尚全都斩尽杀绝，毁掉各种佛经佛像，拓跋焘接受了他的建议。寇谦之极力劝阻崔浩，崔浩不听。他们首先杀了长安的和尚，焚毁佛经和佛像，并下诏给留台，让他通令全国，按长安诛杀和尚的办法去做。诏书上说：“从前，后汉荒淫无道的昏君信奉迷惑人的又假又邪的神来扰乱天道常规，这是自古以来，在九州之内未曾发生过的事。夸张荒诞的大话，根本不符合人的常情常理，在国家将要灭亡时是没有人不受到迷惑的。因此，因家政治教化不能推行，礼义大遭破坏，普天之下，荡乏穷困，都变成了荒丘废墟。我承继上天的旨令，想要铲除伪善，保留真正实在的东西，恢复伏羲、神农时期的太平安定的社会，应将佛教全都荡除，消灭它的痕迹。从今以后，胆敢事奉胡人所信奉的神以及塑造这些神的泥像、铜像者满门抄斩。有不平常的人，然后才会有不平常的事。不是我，又有谁能消除这历经多少代的虚假的东西！有关部门要通告在外地征战或驻守的各位将领、刺史，凡有佛像和佛经等等的东西都必须打毁焚烧，和尚不管年纪大小都活埋了。”太子拓跋晃平素就喜欢佛法，他多次劝谏，但拓跋焘不听。他只好拖延时间，慢慢将诏书发下去，这就使远近寺院的和尚事先得到消息，各自想办法脱身，许多和尚都逃走藏了起来，幸免于难，有的把佛经佛像收藏起来，只有在北魏境内的佛塔、寺庙全都不复存在。

第一百二十五卷
宋纪七

译文诵读

太祖文皇帝中之下元嘉二十四年（丁亥，447）

初，上以货重物轻，改铸四铢钱。民多翦凿古钱，取铜盗铸。上患之。录尚书事江夏王义恭建议，请以大钱一当两。右仆射何尚之议曰：“夫泉贝之兴，以估货为本，事存交易，岂假多铸！数少则币重，数多则物重，多少虽异，济用不殊。况复以一当两，徒崇虚价者邪！若今制遂行，富人之赀自倍，贫者弥增其困，惧非所以使之均壹也。”上卒从义恭议。

二十七年（庚寅，450）

魏司徒崔浩，自恃才略及魏主所宠任，专制朝权，尝荐冀、定、相、幽、并五州之士数十人，皆起家为郡守。太子晃曰：“先征之人，亦州郡之选也；在职已久，勤劳未答，宜先补郡县，以新征者代为郎吏。且守令治民，宜得更事者。”浩固争而遣之。中书侍郎、领著作郎高允闻之，谓东宫博士管恬曰：“崔公其不免乎！苟遂其非而校胜于上，将何以堪之！”

魏主以浩监秘书事，使与高允等共撰《国记》，曰：“务从实录。”著作令史闵湛、郗标，性巧佞，为浩所宠信。浩尝注《易》及《论语》《诗》《书》，湛、标上疏言：“马、郑、王、贾不如浩之精微，乞收境内诸书，班浩所注，令天下习业。并求敕浩注《礼传》，令后生得观正义。”浩亦荐湛、标有著述才。湛、标又劝浩刊所撰《国史》于石，以彰直笔。高允闻之，谓著作郎宗钦曰：“湛、标所营，分寸之间，恐为崔门万世之祸，吾徒亦无噍类矣！”浩竟用湛、标议，刊石立于郊坛东，方百步，用功三百万。浩书魏之先世，事皆详实，列于衢路，往来见者咸以为言。北人无不忿恚，相与谮浩于帝，以为暴扬国恶。帝大怒，使有司按浩及秘书郎吏等罪状。

及崔浩被收，太子召允至东宫，因留宿。明旦，与俱入朝，至宫门，谓允曰：“入见至尊，吾自导卿；脱至尊有问，但依吾语。”允曰：“为何等事也？”太子曰：“入自知之。”太子见帝，言：“高允小心慎密，且微贱；制由崔浩，请赦其死！”帝召允，问曰：“《国书》皆浩所为乎？”对曰：“《太祖记》，前著作郎邓渊所为；《先帝记》及《今记》，臣与浩共为之。然浩所领事多，总裁而已，至于著述，臣多于浩。”帝怒曰：“允罪甚于浩，何以得生！”太子惧曰：“天威严重，允小臣，迷乱失次耳。臣向问，皆云浩所为。”帝问允：“信如东宫所言乎？”对曰：“臣罪当灭族，不敢虚妄。殿下以臣侍讲日久，哀臣，欲丐其生耳。实不问臣，臣亦无此言，不敢迷乱。”帝顾太子曰：“直哉！此人情所难，而允能为之！临死不易辞，信也；为臣不欺君，贞也。宜特除其罪以旌之。”遂赦之。

于是召浩前，临诘之。浩惶惑不能对。允事事申明，皆有条理。帝命允为诏，诛浩及僚属宗钦、段承根等，下至僮吏，凡百二十八人，皆夷五族；允持疑不为。帝频使催切，允乞更一见，然后为诏。帝引使前，允曰：“浩之所坐，若更有余衅，非臣敢知；若直以触犯，罪不至死。”帝怒，命武士执允。太子为之拜请，帝意解，乃曰：“无斯人，当有数千口死矣。”

六月，己亥，诏诛清河崔氏与浩同宗者无远近，及浩姻家范阳卢氏、太原郭氏、河东柳氏，并夷其族，余皆止诛其身。絷浩置槛内，送城南，卫士数十人溲其上，呼声嗷嗷，闻于行路。宗钦临刑叹曰：“高允其殆圣乎！”

他日，太子让允曰：“人亦当知机。吾欲为卿脱死，既开端绪；而卿终不从，激怒帝如此。每念之，使人心悸。”允曰：“夫史者，所以记人主善恶，为将来劝戒，故人主有所畏忌，慎其举措。崔浩孤负圣恩，以私欲没其廉洁，爱憎蔽其公直，此浩之责也。至于书朝廷起居，言国家得失，此为史之大体，未为多违。臣与浩实同其事，死生荣辱，义无独殊。诚荷殿下再造之慈，违心苟免，非臣所愿也。”太子动容称叹。

秋，七月，庚午，诏曰：“虏近虽摧挫，兽心靡革。比得河朔、秦、雍华戎表疏，归诉困棘，跂望绥拯，潜相纠结以候王师；芮芮亦遣间使远输诚款，誓为掎角；经略之会，实在兹日。可遣宁朔将军王玄谟帅太子步兵校尉沈庆之、镇军谘议参军申坦水军入河，受督于青、冀二州刺史萧斌；太子左卫率臧质、骁骑将军王方回径造许、洛；徐、兖二州刺史武陵王骏、豫州刺史南平王铄各勒所部，东西齐举；梁、南、北秦三州刺史刘季之震荡汧、陇；太尉、江夏王义恭出次彭城，为众军节度。”坦，钟之曾孙也。

是时军旅大起，王公、妃主及朝士、牧守，下至富民，各献金帛、杂物以助国用。又以兵力不足，悉发青、冀、徐、豫、二兖六州三五民丁，倩使暂行，符到十日装束；缘江五郡集广陵，缘淮三郡集盱眙。又募中外有马步众艺武力之士应科者，皆加厚赏。有司又奏军用不充，扬、南徐、兖、江四州富民家赀满五十万，僧尼满二十万，并四分借一，事息即还。

魏群臣初闻有宋师，言于魏主，请遣兵救缘河谷帛。魏主曰：“马今未肥，天时尚热，速出必无功。若兵来不止，且还阴山避之。国人本著羊皮袴，何用绵帛！展至十月，吾无忧矣。”

九月，辛卯，魏主引兵南救滑台，命太子晃屯漠南以备柔然，吴王余守平城。庚子，魏发州郡兵五万分给诸军。

王玄谟士众甚盛，器械精严；而玄谟贪愎好杀。初围滑台，城中多茅屋，众请以火箭烧之。玄谟曰："彼，吾财也，何遽烧之！"城中即撤屋穴处。时河、洛之民竞出租谷、操兵来赴者日以千数，玄谟不即其长帅而以配私昵；家付匹布，责大梨八百；由是众心失望。攻城数月不下，闻魏救将至，众请发车为营，玄谟不从。

冬，十月，癸亥，魏主至枋头，便关内侯代人陆真夜与数人犯围，潜入滑台，抚慰城中，且登城视玄谟营曲折还报。乙丑，魏主渡河，众号百万，鞞鼓之声，震动天地；玄谟惧，退走。魏人追击之，死者万余人，麾下散亡略尽，委弃军资器械山积。

诏以柳元景为弘农太守。元景使薛安都、尹显祖先引兵就庞法起等于陕，元景于后督租。陕城险固，诸军攻之不拔。魏洛州刺史张是连提帅众二万度崤救陕，安都等与战于城南。魏人纵突骑，诸军不能敌；安都怒，脱兜鍪，解铠，唯著绛纳两当衫，马亦去具装，瞋目横矛，单骑突陈，所向无前，魏人夹射不能中。如是数四，杀伤不可胜数。会日暮，别将鲁元保引兵自函谷关至，魏兵乃退。元景遣军副柳元怙将步骑二千救安都等，夜至，魏人不之知。明日，安都等陈于城西南。曾方平谓安都曰："今勍敌在前，坚城在后，是吾取死之日。卿若不进，我当斩卿；我若不进，卿当斩我也！"安都曰："善，卿言是也！"遂合战。元怙引兵自南门鼓噪直出，旌旗甚盛，魏众惊骇。安都挺身奋击，流血凝肘，矛折，易之更入，诸军齐奋。自旦至日昃，魏众大溃，斩张是连提及将卒三千余级，其余赴河堑死者甚众，生降二千余人。明日，元景至，让降者曰："汝辈本中国民，今为虏尽力，力屈乃降，何也？"皆曰："虏驱民使战，后出者灭族，以骑蹙步，未战先死，此将军所亲见也。"诸将欲尽杀之，元景曰："今王旗北指，当使仁声先路。"尽释而遣之，皆称万岁而去。甲午，克陕城。

庞法起等进攻潼关，魏戍主娄须弃城走，法起等据之。关中豪桀所在蜂起，及四山羌、胡皆来送款。

上以王玄谟败退，魏兵深入，柳元景等不宜独进，皆召还。元景使薛安都断后，引兵归襄阳。诏以元景为襄阳太守。

魏永昌王仁攻悬瓠、项城，拔之。帝恐魏兵至寿阳，召刘康祖使还。癸卯，仁将八万骑追及康祖于尉武。康祖有众八千人，军副胡盛之欲依山险间行取至，康祖怒曰："临河求敌，遂无所见；幸其自送，奈何避之！"乃结车营而进，下令军中曰："顾望者斩首，转步者斩足！"魏人四面攻之，将士皆殊死战。自旦至晡，杀魏兵万余人，流血没踝，康祖身被十创，意气弥厉。魏分其众为三，且休且战。会日暮风急，魏以骑负草烧军营，康祖随补其阙。有流矢贯康祖颈，坠马死，余众不能战，遂溃，魏人掩杀殆尽。

魏人之南寇也，不赍粮用，唯以抄掠为资。及过淮，民多窜匿，抄掠无所得，人马饥乏；闻盱眙有积粟，欲以为北归之资。既破崇之等，一攻城不拔，即留其将韩元兴以数千人守盱眙，自帅大众南向。由是盱眙得益完守备。

庚午，魏主至瓜步，坏民庐舍，及伐苇为筏，声言欲渡江。建康震惧，民皆荷担而立，壬午，内外戒严。丹杨统内尽户发丁，王公以下子弟皆从役。命领军将军刘遵考等将兵分守津要，游逻上接于湖，下至蔡洲，陈舰列营，周亘江滨，自采石至于暨阳，六七百里。太子劭出镇石头，总统水军，丹杨尹徐湛之守石头仓城，吏部尚书江湛兼领军，军事处置悉以委焉。

上登石头城，有忧色，谓江湛曰："北伐之计，同议者少。今日士民劳怨，不得无惭，贻大夫之忧，予之过也。"又曰："檀道济若在，岂使胡马至此！"上又登莫府山，观望形势，购魏主及王公首，许以封爵、金帛；又募人赍野葛酒置空村中，欲以毒魏人，竟不能伤。

魏主凿瓜步山为蟠道，于其上设毡屋，魏主不饮河南水，以橐驼负河北水自随。饷上橐驼、名马，并求和，请婚。上遣奉朝请田奇饷以珍羞、异味。魏主得黄甘，即啖之，并大进酃酒。左右有附耳语者，疑食中有毒。魏主不应，举手指天，以其孙示奇曰："吾远来至此，非欲为功名，实欲继好息民，永结姻援。宋若能以女妻此孙，我以女妻武陵王，自今匹马不复南顾。"

奇还，上召太子劭及群臣议之，众并谓宜许，江湛曰："戎狄无亲，许之无益。"劭怒，谓湛曰："今三王在厄，讵宜苟执异议！"声色甚厉。坐散，俱出，劭使班剑及左右排湛，湛几至僵仆。

劭又言于上曰："北伐败辱，数州沦破，独有斩江湛、徐湛之可以谢天下。"上曰："北伐自是我意，江、徐但不异耳。"由是太子与江、徐不平，魏亦竟不成婚。

宋文帝元嘉二十四年（丁亥，公元447年）

当初，刘宋文帝认为钱币面值太大而东西的价格却很低，下令改铸新的四铢钱，老百姓也有很多人把古钱毁掉，用这些铜自己偷偷铸造新钱，文帝为此很忧虑。录尚书事江夏王刘义恭向文帝建议，请求用一个大钱当两个小钱。右仆射何尚之发表议论说："钱币的兴起，是以估量货物的价值为标准的，这种事情只要有买卖交易就会存在，怎能凭借多铸钱币来影响它呢！钱币数量少钱币价值就高，钱币数量多货物价值就高，钱币的数量多少虽然不一样，但它们的使用功能却没有什么不同。何况用一个大钱当做二个小钱，只是增加了表面价值呢！如果我们实行这个以一个大钱当二个小钱花的办法，富人的财物自然会成倍增加，贫苦百姓则会更加贫困起来，这样做恐怕并不是我们要使社会达到贫富均衡的好办法。"文帝最终采纳了刘义恭的建议。

二十七年（庚寅，公元450年）

北魏司徒崔浩，自恃才能谋略很高并被北魏国主所宠爱信任，独揽朝中大权。他曾经推荐冀、定、相、幽、并五州的士人几十人直接做郡守。太子拓跋晃说："早先征聘的人才，也是被作为州郡官入选的，他们担任这一职务已经很久了，辛勤劳苦却一直没得到过朝廷的报答，应该首先补充他们做郡县守令，让新征聘的人代替他们做郎吏。而且太守、县令管理百姓，应该由经历过世面有经验的人来担当。"但是，崔浩坚持力争，派这些人就任。中书侍郎兼著作郎高允听说后对东宫博士管恬说："崔浩恐怕免不了一场灾祸。为了顺遂自己未必正确的私心而同朝廷有权势的人对抗争胜，他将用什么来保全自己呢？"

北魏国主任命崔浩兼管秘书事务，让他和高允等人共同撰写《国记》，对他们说："一定要根据事实撰写。"著作令史闵湛、郗标，性情乖巧、奸佞，很受崔浩宠信，崔浩曾经注解《易经》《论语》《诗经》《书经》，闵湛、郗标就上疏建议说："马融、郑玄、王肃、贾逵所作的注解，都不如崔浩的准确有深度，我们恳求陛下没收国内由这些人作注的各种书，颁布崔浩的注本，命令全国上下都来学习。我们还请求陛下下令让崔浩继续注解《礼记》，使后人将来能看到正确的释义。"崔浩也极力推荐闵湛、郗标有著书立说的才能。而闵湛、郗标反过来又建议崔浩把他所撰写的《国史》刻在石碑上，以此来显示作者崔浩的秉笔直书。高允听说这件事后又对著作郎宗钦说："闵湛、郗标所搞的这一切，若有一点差错，恐怕就会给崔家带来万世的灾祸，我们这些人也不会幸免。"崔浩竟然采纳了闵湛、郗标的建议，把《国史》刻在石碑上，立在郊外祭祀的神坛东侧，占地一百步见方，这一工程共使用劳力三百万。崔浩写北魏祖先们的事迹，每件事都非常详细真实，他把这些陈列在交通要道上，来来往往过路的人看见后都用这些作为谈论的材料，北方鲜卑人对此没有不非常愤怒的，他们纷纷向北魏国主说崔浩的坏话，认为这是大肆张扬祖先的过错和污点。北魏国主大怒，派有关部门调查处理崔浩和其他秘书郎吏的罪。

等到崔浩被捕入狱，太子拓跋晃召高允到东宫，留他住了一夜。第二天早晨，拓跋晃与高允一同进宫朝见，二人来到宫门时，拓跋晃对高允说："我们进去拜见皇上，我自会引导你该做些什么。一旦皇上有什么问话，你只管按照我的话去回答。"高允问他说："出了什么事吗？"太子拓跋晃说："你进去自然就知道了。"太子拜见北魏国主说："高允做事小心审慎，而且地位卑贱，人微言轻，所有的一切都是由崔浩主管制定的，我请求您赦免他的死罪。"北魏国主召见高允，问高允说："《国书》都是崔浩一人写的吗？"高允回答说："《太祖记》由前著作郎邓渊撰写，《先帝记》和《今记》是我和崔浩两人共同撰写的。但是崔浩兼事很多，他只不过是总揽了一下《国书》的大纲而已，并未亲自撰写多少，至于撰写工作，我做得要比崔浩多得多。"北魏国主大怒说："高允的罪行比崔浩要严重，怎么能让他不死呢？”太子拓跋晃很害怕，说：“陛下盛怒之下威严凝重，高允这么一个小臣被您的威严吓得惊慌失措、失去理智而语无伦次了。我以前曾经问过他这件事，他说全是崔浩一人干的。”北魏国主质问高允说：“真的像太子所说的那样吗？”高允回答说：“以我的罪过是应该灭族的，不敢用虚假的话欺骗您。太子是因为我很久以来一直在他身边侍奉讲书而可怜我的遭遇，想要放我一条生路。实际上，他确实没有问过我，我也确实没有对他说这些话，我不敢胡言乱语欺骗您。”北魏国主回过头去对太子说：“这就是正直啊！这在人情上很难做到，而高允却能做得到！马上就要死了却也不改变他说的话，这就是诚实。作为臣子，不欺骗皇帝，这就是忠贞。应该特别免除他的罪，作为榜样而褒扬他的品质。”于是，赦免了高允。

此时，北魏国主又召见崔浩前来，亲自审问他。崔浩恐慌迷惑回答不上来。而高允当时却是件件事申述得明明白白，有条有理。北魏国主于是命令高允写诏书：诛斩崔浩和他的幕僚宗钦、段承根等人，以及他们的部属、僮仆，共有一百二十八人，全都夷灭五族。高允犹豫不敢下笔，北魏国主多次派人催促，高允恳求再晋见北魏国主一次，然后再写诏书。北魏国主命人将他带到自己跟前，高允说：“崔浩被捕入狱，如果还有其他别的原因，我不敢多说。如果仅仅是因为他冒犯了皇族，他的罪过还达不到被处死的程度。”北魏国主大怒，命令武士逮捕高允。太子拓跋晃为他求情，北魏国主的怒气才稍稍平息，说：“没有这个人，就该会有几千人被处死。”

六月，己亥（初十），北魏国主下诏，诛斩清河崔氏老幼和与崔浩属于同一宗族的人，不管血缘关系的疏密远近；与崔浩有姻亲关系的范阳卢氏、太原郭氏、河东柳氏，都被诛灭全族，其他人都只诛斩罪犯一人。崔浩被放在一个四周都是栏杆的囚车里，由士卒押送到平城南郊，押送士兵几十人在崔浩的头上撒尿，崔浩悲惨地嗷嗷呼叫，在路上行走的人都听得清清楚楚。宗钦在临近斩首时感叹说：“高允近乎于圣人呀！”

过了几天，太子拓跋晃责怪高允说：“人也应该知道见机行事，我想替你开脱死罪，已经有了好的开端，可是你却始终不照我说的去做，使皇上气愤到那种程度。现在每次回想起来都令人心有余悸。”高允说：“史官，是要记载人主的善恶，作为对后人的鼓励或劝诫，因此，人主心生畏忌，对自己的行为举止都十分小心谨慎。崔浩辜负了圣上的大恩，用他自己的私欲盖过了他的廉洁，用他个人的爱憎好恶遮住了他的公正秉直，这是崔浩的责任和错误。至于书写皇上的起居生活，谈论国家行政的得失，这是史官的重要任务，不能说这有多大罪过。我和崔浩事实上是一同从事这项工作，生死荣辱，在道义不应该不一样。我接受殿下您使我再生的大恩，如果违背自己的良心得以幸免，这不是我所愿意做的。”太子拓跋晃改变原来责怪他的态度，不住地赞叹。

秋季，七月，庚午（十二日），文帝下诏说：“蛮虏魏虽然近来被我们挫败，但是，他们的野兽般的心并没有除去。最近，朝廷得到河朔、秦、雍等州的汉族和戎族上疏表奏，他们都诉说了自己的痛苦，举踵翘首地等待我们前去拯救，他们已经暗中秘密相互联合起来，等待朝廷派去的军队。甚至柔然汗国也派遣秘密使节，从小路赶来向我朝廷表达他们的诚意，发誓联合夹击。向北征伐的机会，正在这天。现在，可派遣宁朔将军王玄谟率领太子步兵校尉沈庆之、镇军咨议参军申坦率领水军进入黄河，受青、冀二州刺史萧斌的督统。太子左卫率臧质、骁骑将军王方回直接到许昌、洛阳。徐、兖二州刺史武陵王刘骏，豫州刺史南平王刘铄各自统领自己的部队，在东西两个方向一起举兵进攻。梁州、南秦、北秦三州刺史刘秀之在汧、陇一带骚扰破坏。太尉、江夏王刘义恭出驻彭城，担任各路大军的调度、指挥。”申坦是申钟的曾孙。

此时，全国军队大规模动员，上起王公、王妃、公主及朝廷官员、牧守，下到富有的民众，每人都捐献出金银、玉帛及其他物品来援助国家的用度。因为兵力不足，又动员并征召了青州、冀州、徐州、豫州、北兖、南兖六个州郡的青壮年，以每三个壮丁抽一人、每五个壮丁抽二人的比例进行征召，也可以雇用他人代替参军。命令到达之日起，十天时间整理行李衣物，然后出发。沿长江五郡的应征青年在广陵集合，淮河一带三郡的应征青年在盱眙集合。同时，朝廷又募集国内有骑兵、步兵专长的勇武壮士，对他们都加以厚赏。有关部门又向朝廷启奏说军队费用、物资都不充足，因此扬州、南徐州，南兖州、江州四州，凡是富足人家家产超过五十万钱的，僧侣尼姑的积蓄有满二十万钱的，都要借出四分之一来供军队急用，战事结束即归还。

北魏朝廷众大臣刚刚听说刘宋发动军队攻击，马上报告给了北魏国主，请求派遣兵力抢救黄河沿岸储存的粮食、布帛。北魏国主说：“现在我们的战马还没有养肥，天气还处于炎热期，我们反击，一定不会取胜。倘若刘宋军不断地前进，我们暂且撤退到阴山躲避一下。我们鲜卑人本来就是穿羊皮裤子的，要这些棉布丝帛有什么用！只要拖到十月，我就没有什么可忧虑的了。”

九月，辛卯，北魏国主率领军队南去援助滑台，命令太子拓跋晃屯驻漠南，以防备柔然的进攻，又命令吴王拓跋余留守平城。庚子，北魏征招国内各州郡五万士卒分配给各支部队。

刘宋宁朔将军王玄谟的军队士气旺盛，武器精良，但是，王玄谟刚愎自用，贪婪好战。最初包围滑台时，滑台城里有很多茅草房，众士卒请求用火箭把这些茅草房烧掉。王玄谟说：“那些茅草房是我们的财产，为什么马上烧了它们？”这样一来，滑台城里的北魏守军就赶快撤掉茅草房而挖掘洞穴住进去。当时，居住在黄河、洛水沿岸的老百姓都争先恐后地给刘宋军队送粮秣，而且，每天都有数以千计的人拿着武器前来投奔，王玄谟不按这些人的原来组织统率，而把他们配备给与自己关系密切的人使用。他发放给每家一匹布，却又命令每家交出八百个大梨，于是，众人失望。王玄谟进攻滑台，几个月都没有攻下，听说北魏救援军队就要来到，众将士请求用马车作为营垒，王玄谟没有同意。

冬季，十月，癸亥，北魏国主来到枋头，派关内侯、代郡人陆真在深夜同几个人穿过刘宋军的包围，偷偷进入滑台，安抚那里的守城军队，登上城头察看王玄谟军营情况，辗转返回报告给太武帝。乙丑，北魏国主渡过黄河，号称百万士兵，敲鼓之声如打雷般震天动地。王玄谟见状害怕了，赶快撤退逃走。北魏军队追击他们，杀死一万多人，王玄谟部下逃跑战死，到最后几乎没剩一人，丧失的军用物资及武器堆积如山。

刘宋文帝任命柳元景为弘农太守。柳元景让薛安都、尹显祖先率领士卒到陕城与庞法起等会师，柳元景则在后方征收粮食租款。陕城险峻坚固，刘宋军围攻没有攻下。北魏洛州刺史张是连提率领二万名士卒翻过崤山险要前去陕城增援，薛安都等在陕城城南迎战。北魏派出突击骑兵，刘宋各路大军抵挡不住，薛安都勃然大怒，脱去战盔，解下铠甲，只穿着红色的无袖汗衫，他骑的战马也除掉了护甲，怒目而视、手持长矛，单枪匹马，大声呐喊着直入北魏军中，长矛所指，无人敢拦挡，北魏军队左右夹射也未能射中。薛安都这样突入敌阵几次，杀死杀伤北魏将士不可胜数。正巧天黑了，另一名刘宋将领鲁元保率领军队从函谷关来到这里，北魏军队才退走。柳元景派军副柳元怙率领二千步骑兵救援薛安都等，深夜抵达陕城城南，北魏军队并不知道。第二天，薛安都等在陕城西南地带陈兵，曾方平对薛安都说："现在，强敌当前，坚城在后，这正是我们应该去战死的时候。如果你不前进，我就斩了你；如果我不前进，你就斩了我！"薛安都说："好，你说得对！"于是，两军交战。柳元怙率领士卒从陕城南门击鼓呐喊杀出，旌旗招展，北魏将士非常恐惧。薛安都一马当先，挺身奋战，他身体受伤，血流在肘部凝住，长矛也断了，换了一杆又重新进入战场搏斗。各路大军也是越战越勇。从早晨太阳出来直到黄昏，北魏军队大败，刘宋军队斩了张是连提及其将士三千多人，剩下的北魏将士都跳进河沟，也死了很多，另有二千多人投降。第二天，柳元景抵达，责备投降的人说："你们原本就是中原之国百姓，现在却替胡虏卖力，等到没有力量抵抗了才投降，为什么要这样做？"北魏投降士卒们异口同声地说："胡虏驱赶我们这些老百姓为他们打仗，晚一些出来打仗的要被诛

南朝时期"西方三圣"造像碑

灭全族，他们用骑兵来驱赶我们这些步兵，很多人在未打仗前就死去了，这是将军你亲眼见到的事情。”各将领打算将他们全部杀掉，柳元景说：“现在，皇帝的旗帜指向北方，我们应该让仁爱做我们的先导，为我们开路。”于是，把这些投降者全都释放，让他们回家，他们都喊着万岁离去。甲午（十一月初八），刘宋军攻克陕城。

庞法起等进攻潼关，北魏的守将娄须闻讯弃城逃走，庞法起等占据了潼关。关中豪杰侠士纷纷起来反抗北魏统治，居住在四周山上的羌、胡二族也都送来犒劳将士的东西，表示归附。

文帝认为王玄谟战败退逃，使北魏军队深入国境，柳元景等人不应该单独进攻，于是，便把他们都传召回来。柳元景派薛安都断后，自己率军回到了襄阳。文帝下诏任命柳元景为襄阳太守。

北魏永昌王拓跋仁进攻悬瓠、项城，攻克了这两个地方。文帝害怕北魏军队攻到寿阳，就命令安蛮司马刘康祖班师回朝。癸卯（十七日），拓跋仁率领八万骑兵追击刘康祖，在尉武追上。刘康祖只有八千将士，副将胡盛之打算依靠山势的险要，让军队从小路到达寿阳，刘康祖大怒，说：“我们亲自到黄河搜索敌人，没有搜索到；值得庆幸的是他们自己送上门来了，怎么能躲避他们呢？”于是，让军队结成一个个车阵，继续前进。刘康祖对军队下令说：“回头看的人斩首，转过身去的人砍断双脚。”北魏军队从四面包抄围攻，刘宋军将士都拼死同北魏军队搏斗。战斗从早晨一直进行到下午，刘宋军击杀了北魏一万多人，血流淹过人的脚踝。刘康祖身上十处受伤，但斗志却更加高昂。北魏军队将剩下的将士一分为三，采用车轮战术，边休息边作战。这时，正赶上夜幕降临，风力很大，北魏军队借此就用战马驮草，火烧刘宋军营，刘康祖一边救火一边补救营垒。一枝流箭飞来穿透了他的脖子，刘康祖从马上栽下身亡，其余士众不能继续战斗，随即崩溃，北魏军队追击堵截，几乎将刘宋军斩尽杀绝。

北魏军队南下进犯，不准备粮食用品等，只靠掳掠来维持生活。他们渡过淮河时，老百姓大多都躲了起来，他们打家劫掠时没有得到什么东西，致使人马处于饥饿困乏中，听说盱眙有存粮，就打算把盱眙的粮食作为回国的财资用。北魏国主击败了胡崇之等，围攻盱眙没有攻克，就留下大将韩元兴率领几千人驻守在盱眙城外，自己率领大军南下。为此，盱眙得以进一步完善防备工程。

庚午（十二月十五日），北魏国主抵达瓜步，毁掉老百姓的房舍，又砍伐芦苇建造小筏，声称要南渡长江。建康受到震惊，一片恐怖，老百姓都挑着担子站在那里，准备随时逃走。壬午（二十七日），建康城内城外戒严。丹杨境内所有的壮丁以及王公以下的子弟，全都服役从军。刘宋文帝又命令领军将军刘遵考等率军分别据守沿江渡口及险要地带，巡逻线上起于湖，下到蔡洲，江面排列着一排排的船只，且沿岸相互连接，从采石矶一直到暨阳，长达六七百里。太子刘劭率领军队镇守石头，全权指挥水军。丹杨尹徐湛之镇守石头所属仓城。吏部尚书江湛兼任领军，军事上的部署全都由他一人来裁决。

刘宋文帝登临石头城，不禁面露忧色，对江湛说：“当初我们决定向北征伐时，赞同的人本来就很少。如今将士、百姓劳顿怨苦，我们不能不感到惭愧。我为大家带来了灾难，这是我的过失。”又说：“如果檀道济仍然在世，岂能让胡虏军马跑到这里来！”文帝又登上莫府山，观察形势，下诏悬赏购买北魏国主及其王、公的首级，许诺若有成功者就加封爵位，赏赐金银绸缎。同时，文帝又派人把用野葛酿成的毒酒放在空无人烟的荒村，想毒死北魏将士，但却没能伤到他们。

北魏国主拓跋焘下令开凿瓜步山，修筑盘山路，在山上搭好毛毡帐篷房。北魏国主不喝黄河以南的水，用骆驼驮着黄河以北的水跟随在自己身边。同时，他又派人送给文帝骆驼、名马等礼物，要求和解，并请求与刘宋皇室联姻。文帝也派遣奉朝请田奇带着奇珍美味送给北魏国主。北魏国主得到黄柑，拿过来就吃，并痛饮酃酒。站在北魏国主身边的左右侍从中有人趴在北魏国主耳边低语，怀疑食物里边有毒药。北魏国主没有回答，而抬起手，用手指着天，把他的孙子叫过来给田奇看，说：“我从很远的地方来到这里，不是想要成就功业，传播自己的名声，其实是想维持过去的友好，安定百姓，永远结成婚姻，永远相互援助。宋国皇帝如果能够把他的女儿嫁给我这个孙子，我也把自己的女儿许配给武陵王为妻，那样，从今以后不会再让一匹马南下骚扰。”

田奇回到建康，文帝召集太子刘劭及各位大臣前来商议，大家一致认为应该答应北魏的联姻，只有江湛反对说：“戎狄没有亲情，答应他不会有什么好处。”刘劭非常生气，对江湛说：“如今，三位王都处于危险境地，拒绝他们，他们就会逮捕三位王，我们怎么可以这样坚持反对？”刘劭声色俱厉。大家商议完毕，都一同走出来，刘劭指使持剑人和左右侍从推撞江湛，江湛几乎被撞昏倒地。

刘劭又对文帝说：“北上讨伐，我们失败招来了奇耻大辱，导致我们几个州郡沦陷残破，只有杀了江湛、徐湛之，我们才能够向天下老百姓谢罪。”文帝说：“北上征伐这本来是我一个人的意思，江湛、徐湛之只是不表示异议而已。”从此，太子刘劭同江湛、徐湛之结下了怨仇。北魏所提出的皇家联姻的建议，最终也没能实现。

第一百二十六卷　宋纪八

译文诵读

太祖文皇帝下之上元嘉二十八年（辛卯，451）

魏主就臧质求酒，质封溲便与之；魏主怒，筑长围，一夕而合；运东山土石以填堑，作浮桥于君山，绝水陆道。魏主遗质书曰："吾今所遣斗兵，尽非我国人，城东北是丁零与胡，南是氐、羌。设使丁零死，正可减常山、赵郡贼；胡死，减并州贼；氐、羌死，减关中贼。卿若杀之，无所不利。"质复书曰："省示，具悉奸怀。尔自恃四足，屡犯边。王玄谟退于东，申坦散于西，尔知其所以然邪？尔独不闻童谣之言乎？盖卯年未至，故以二军开饮江之路耳；冥期使然，非复人事。寡人受命相灭，期之白登，师行未远。尔自送死，岂容复令尔生全，飨有桑乾哉！尔有幸得为乱兵所杀，不幸则生相锁缚，载以一驴，直送都市耳。我本不图全，若天地无灵，力屈于尔，齑之，粉之，屠之，裂之，犹未足以谢本朝。尔智识及众力，岂能胜苻坚邪！今春雨已降，兵方四集，尔但安意攻城，勿遽走！粮食乏者可见语，当出廪相贻。得所送剑刃，欲令我挥之尔身邪？"魏主大怒，作铁床，于其上施铁镵，曰："破城得质，当坐之此上。"质又与魏众书曰："尔语虏中诸士庶：佛狸所与书，相待如此。尔等正朔之民，何为自取麋灭，岂可不知转祸为福邪！"并写台格以与之云："斩佛狸首，封万户侯，赐布、绢各万匹。"

魏人以钩车钩城楼，城内系以驱绠，数百人叫呼引之，车不能退。既夜，缒桶悬卒出，截其钩，获之。明旦，又以冲车攻城，城土坚密，每至，颓落不过数升。魏人乃肉薄登城，分番相代，坠而复升，莫有退者，杀伤万计，尸与城平。凡攻之三旬，不拔。会魏军中多疾疫，或告以建康遣水军自海入淮，又敕彭城断其归路；二月，丙辰朔，魏主烧攻具退走。盱眙人欲追之，沈璞曰："今兵不多，虽可固守，不可出战，但整舟楫，示若欲北渡者：以速其走，计不须实行也。"

臧质以璞城主，使之上露版，璞固辞，归功于质。上闻，益嘉之。

魏人凡破南兖、徐、兖、豫、青、冀六州，杀伤不可胜计，丁壮者即加斩截，婴儿贯于槊上，盘舞以为戏。所过郡县，赤地无馀，春燕归，巢于林木。魏之士马死伤亦过半，国人皆尤之。

上每命将出师，常授以成律，交战日时，亦待中诏，是以将帅趑趄，莫敢自决。又江南白丁，轻易进退，此其所以败也。自是邑里萧条，元嘉之政衰矣。

二十九年（壬辰，452）

魏世祖追悼景穆太子不已；中常侍宗爱惧诛，二月甲寅，弑帝，尚书左仆射兰延、侍中和疋、薛提等秘不发丧。疋以皇孙浚冲幼，欲立长君，征秦王翰，置之秘室；提以浚嫡皇孙，不可废。议久不决。宗爱知之，自以得罪于景穆太子，而素恶秦王翰，善南安王余，乃密迎余自中宫便门入禁中，矫称赫连皇后令召延等。延等以爱素贱，不以为疑，皆随入。爱先使宦者三十人持兵伏于禁中，延等入，以次收缚，斩之；杀秦王翰于永巷而立余。大赦，改元承平，尊皇后为皇太后，以爱为大司马、大将军、太师、都督中外诸军事、领中秘书，封冯翊王。

初，潘淑妃生始兴王浚。元皇后性妒，以淑妃有宠于上，恚恨而殂，淑妃专总内政。由是太子劭深恶淑妃及浚。浚惧为将来之祸，乃曲意事劭，劭更与之善。

吴兴巫严道育，自言能辟谷服食，役使鬼物；因东阳公主婢王鹦鹉出入主家。道育谓主曰："神将有符赐主。"主夜卧，见流光若萤，飞入书笥，开视，得二青珠；由是主与劭、浚皆信惑之。劭、浚并多过失，数为上所诘责；使道育祈请，欲令过不上闻。道育曰："我已为上天陈请，必不泄露。"劭等敬事之，号曰天师。其后遂与道育、鹦鹉及东阳主奴陈天与、黄门陈庆国共为巫蛊，琢玉为上形像，埋于含章殿前；劭补天与为队主。

东阳主卒，鹦鹉应出嫁，劭、浚恐语泄，浚府佐吴兴沈怀远，素为浚所厚，以鹦鹉嫁之为妾。

上闻天与领队，以让劭曰："汝所用队主副，并是奴邪？"劭惧，以书告浚。浚复书曰："彼人若所为不已，正可促其余命，或是大庆之渐耳。"劭、浚相与往来书疏，常谓上为"彼人"，或曰"其人"，谓江夏王义恭为"佞人"。

鹦鹉先与天与私通，既适怀远，恐事泄，白劭使密杀之。陈庆国惧，曰："巫蛊事，惟我与天与宣传往来。今天与死，我其危哉！"乃具以其事白上。上大惊，即遣收鹦鹉；封籍其家，得劭、浚书数百纸，皆咒咀巫蛊之言；又得所埋玉人，命有司穷治其事。道育亡命，捕之不获。

先是，浚自扬州出镇京口，及庐陵王绍以疾解扬州，意谓已必复得之。既而上用南谯王义宣，浚殊不乐，乃求镇江陵；上许之。浚入朝，遣还京口，为行留处分，至京口数日而巫蛊事发。上惋叹弥日，谓潘淑妃曰："太子图富贵，更是一理，虎头复如此，非复思虑所及。汝母子岂可一日无我邪！"遣中使切责劭、浚，劭、浚惶惧无辞，惟陈谢而已。上虽怒甚，犹未忍罪也。

宋文帝元嘉二十八年（辛卯，公元451年）

北魏国主派人向盱眙守将臧质索要好酒，臧质在罐子里撒了泡尿送给他。北魏国主大怒，下令修筑长围墙，一个晚上就修好接在了一起。又搬来东山上的泥土石头填平壕沟，在君山上造起了一座浮桥，从而彻底切断了盱眙的水陆通道。北魏国主给臧质写了封信，说："我现在派出去的攻城军队，都不是我们本国本族人，城东北的是丁零人和匈奴人，城南的是氐人和羌人，假设让丁零人死了，正可以减少常山、赵郡的贼寇；匈奴人死了，正好减少了并州的贼寇；氐人、羌人死了，当然也就减少了关中的贼寇。你如果真的杀掉了他们，对我们没有什么不利的地方。"臧质回信说："看了你的信，我完全明白了你的奸诈之心。你自己依仗着四条腿，多次进犯我国边境。王玄谟被你击败在东边，申坦军又在西边被你攻散，你知道这是为什么吗？你难道没有听说一首童谣里所说的吗？只因卯年还没有来到，所以，我们用两路军队引导着你们走上饮长江水的道路罢了。冥期已经注定，这并不是任何人所能改变得了的。我奉命前来消灭你们，原预定要到达白登，可是，军队还没有走出多远，就遇到你们自己前来送死了，我怎么能让你再活着回去，到桑干河享受荣华富贵呢？如果你幸运的话，当被乱军所杀；如果你不走运，被我们活捉后，就会用锁链锁住你的脖子，让一头小毛驴驮着你，把你一直押送到我们的都城建康。我本来就不打算全尸，如果天地没有显灵，我被你打败，即使被剁成肉酱，碾成粉末，宰割车裂，也都不足以向我们朝廷表示我的歉疚。你的智慧见识以及军队的力量，哪里超得过苻坚呢！如今，已经下起春雨，我们的各路大军就要集合起来，你只管一心一意去攻城吧，千万不要立刻逃走！如果你们粮食不够吃，可以告诉我们，我们一定会打开粮仓馈赠给你们。你派人送来的刀剑我已收到，你的意思是不是想让我挥刀斩了你呢？"北魏国主看完臧质的信，气得浑身发抖，他命令手下人制造了一个大铁床，把刀尖锥尖朝上放在铁床上，说："攻破城池，抓住臧质，我一定让他坐在这张铁床上。"臧质又给北魏大军写了封信，说："你们告诉胡虏中各位士人百姓：佛狸拓跋焘在给我写的信上，这样对待你们。你们本来是汉人，为什么要去自取灭亡呢？你们怎么不知道转祸为福呢？"同时，臧质又将朝廷的悬赏写在信上告诉他们说："砍下佛狸的人头的，封为万户侯，赏赐绵布、丝绸各一万匹。"

北魏军队用钩车钩住城楼，城内军队就用铁环制成的大铁链，拴住钩车，然后再让几百士卒高声呼喊拉住铁链使北魏军的钩车无法后退。入夜以后，守军用大桶把军士从城上放下，砍断北魏军的车钩，缴获了这种工具。第二天天亮，北魏军又改用冲城车攻城，但城墙坚硬牢固，冲城车每次冲撞，撞下墙土也不超过几升。于是，北魏军就采用肉搏战术开始攻城，他们把士卒分为几个梯队，轮番往城墙上爬，从城上摔下又继续向上爬，没有一个人后退，死伤士卒数以万计，尸体堆积得与城墙一样高。北魏军这样围攻了三十天，仍未攻下。这时，又赶上北魏军中瘟疫流行，有人报告说，宋朝水军从东海进入淮河了，刘宋朝廷又下令彭城守军切断北魏军队回归的道路。二月，丙辰朔，北魏国主下令焚毁攻城器具，而后撤退。盱眙守军想要追击，沈璞说："现在，我们的兵力并不多，虽然可以固守城池，却不可以出城讨战。不过，我们仍然要整治好船只，做出要北渡淮河的样子，这样，就可以促使他们更快地离开，估计并不需要真的去做。"

臧质认为沈璞是盱眙城主，就请他向朝廷发出报捷的奏表，沈璞坚决辞让，而把功劳全都归于臧质一人。文帝听说后，对他更是倍加嘉许。

北魏军队一共击破了南兖、徐、北兖、豫、青、冀等六州，杀死杀伤的人无法统计。他们抓到青壮年立即斩首或拦腰砍断，婴幼儿则用铁矛刺穿，然后挥动铁矛进行游戏。魏军经过的郡县，都成千里荒地。春天，燕子回来了，只能在树林里筑巢。北魏军的人马也死伤了一多半，北魏国人也都大有怨言。

文帝每次命令将领们率兵作战，常常把已拟定好的作战计划交给他们，甚至交战的日子，也都要等待皇帝的命令，因此，军中将帅总是犹犹豫豫，没有谁胆敢自己决定什么。此外，没有经过训练的江南士卒，常常是打胜了就争着前进，打败了则争先恐后地逃命，这就是刘宋军所以战败的重要原因。从此以后，刘宋国内走向萧条衰败阶段，元嘉时代的盛况日趋衰落了。

二十九年（壬辰，公元452年）

北魏国主一直在追念、哀痛太子拓跋晃。中常侍宗爱害怕自己被杀，二月，甲寅（初五），刺杀了北魏国主。尚书左仆射兰延、侍中和疋、薛提等人，没有宣布死讯。和疋认为皇孙拓跋浚年纪尚小，所以，打算立年龄稍大的君王。于是，征召秦王拓跋翰入宫，把他安置在一个秘密房间里。但薛提却认为拓跋浚是嫡亲皇孙，不应该废黜。反复讨论很久也没有决定下来。宗爱得到消息，自认为他已得罪于景穆太子，而平时一向就讨厌秦王拓跋翰，只跟南安王拓跋余关系密切，于是，他就把拓跋余秘密迎来，从中宫小门进入后宫，然后，他假传赫连皇后的命令，召见兰延等人。兰延等人认为宗爱的地位一向很低，所以根本没有怀疑，全都随宗爱进宫了。在这之前，宗爱就已经派三十个宦官手持武器在宫中埋伏起来，兰延等人入宫，就被这些伏兵一个个抓起来杀了。在永巷把秦王拓跋翰杀掉，而拥护南安王拓跋余登基。拓跋余登基后，实行大赦，改年号为承平，将皇后赫连尊立为皇太后，任命宗爱为大司马、大将军、太师、都督中外诸军事及领中秘书，封为冯翊王。

当初，刘宋文帝潘淑妃生下了刘浚，被封为始兴王。元皇后袁妫生性好嫉妒，因为潘淑妃很受文帝的宠爱，她自己怨恨而死，潘淑妃开始总管皇宫内政事务。因此太子刘劭对潘淑妃和刘浚都深为痛恨。刘浚害怕成为将来的后患，于是就委曲求全，极力讨好刘劭，刘劭也慢慢解除了自己的敌意，跟刘浚的感情也越来深厚了。

吴兴女巫严道育，自称能不食人间烟火，驱使鬼神做事。由于东阳公主刘英娥的婢女王鹦鹉的推荐，使得她也得以出入公主家宅。严道育对公主说："神灵要有吉祥物赏赐给公主。"晚上，公主躺在床上，果然就看见一道像萤火样的流光闪过，飞进竹制的书箱里，打开书箱一看，看见里面有两颗青色宝珠。自此以后，刘英娥和刘劭、刘浚三兄妹，都对严道育的巫术深信不疑。刘劭、刘浚二人犯了很多错误，为此也多次受文帝的责怪盘问，于是，二人就请严道育祈求鬼神，请求鬼神帮忙，要让文帝再也听不到他们犯的错误。严道育说："我已经替你们向上天诉说你们的情况，上天已经答应以后一定不会再让皇上知道你们的过失。"刘劭等对严道育更加尊敬，恭敬侍奉，给她立号为天师。从此以后，刘劭、刘浚就跟严道育、王鹦鹉及东阳公主刘英娥的家奴陈天与、黄门陈庆国一起从事巫术害人的活动，他们用玉石雕刻了一座文帝的雕像，把它埋在含章殿前。刘劭又增补陈天与为太子宫的队主。

东阳公主刘英娥去世，王鹦鹉应该出嫁，但刘劭、刘浚唯恐他们的巫术活动泄露出去。刘浚府中的辅佐、吴兴人沈怀远一向受刘浚的厚爱，刘浚就把王鹦鹉嫁给了沈怀远为妾。

文帝听到陈天与担任队主的消息后，责怪刘劭说："你所任用的队主、队副，为什么都是家奴？"刘浚回信说："那个人如果一直问个不休，正可以加速缩短他的余生，或许这也是值得大庆的日子即将到来了。"在刘劭和刘浚二人相互往来的信件上，经常把文帝称为："彼人"，"其人"，而把江夏王刘义恭称为"佞人"。

王鹦鹉以前曾和陈天与私通过，嫁给沈怀远以后，她害怕过去的奸情败露出去，就把此事告诉了刘劭，让刘劭派人暗地里把陈天与杀了灭口。陈天与被杀后，陈庆国害怕了，说："巫术害人之事，只有我同陈天与上下传达。如今陈天与死了，我也就岌岌可危了。"于是，就将以上所有事情全都报告了文帝。文帝听后大吃一惊，马上派人逮捕了王鹦鹉，搜查了她的家，在她家里搜取了刘劭、刘浚二人的几百封往来信件，信上所写的都是巫术害人的话。又挖出了埋藏在含章殿前的玉石雕刻的文帝像。文帝下令有关部门将这件事严加追查。严道育出走逃命，没有抓到。

在此以前，刘浚从扬州刺史而被调到京口镇守。庐陵王刘绍因病辞去扬州刺史时，刘浚心想，自己一定会再次得到扬州刺史这一官职。不久，文帝却任用了南谯王、荆州刺史刘义宣为扬州刺史，刘浚很不高兴，于是，他向文帝请求去镇守江陵，文帝答应了他的要求。刘浚就从京口回到京师朝见文帝，文帝让他再回京口，办理交接事情。他回到京口几天，他们的巫术害人一事败露。文帝为此整天惊叹、惋惜，对潘淑妃说："太子刘劭贪图荣华富贵，还可以理解他有自己的理由，但虎头（刘浚）也做出这样的事来，这不是我反复思考所能想到的事。你们母子二人怎么能够可以一天没有我呢？"文帝又派中使严厉斥责刘劭和刘浚兄弟二人。刘劭和刘浚惶惶然，无言对答，只是认罪，请求文帝处罚而已。文帝虽然十分气愤，但最终还是不忍心处罚他们。

第一百二十七卷 宋纪九

译文诵读

太祖文皇帝下之下元嘉三十年（癸巳，453）

严道育之亡命也，上分遣使者搜捕甚急。道育变服为尼，匿于东宫，又随始兴王浚至京口，或出止民张旿家。浚入朝，复载还东宫，欲与俱往江陵。丁巳，上临轩，浚入受拜。是日，有告道育在张旿家者，上遣掩捕，得其二婢，云道育随征北还都。上谓浚与太子劭已斥遣道育，而闻其犹与往来，惆怅惋骇，乃命京口送二婢，须至检覆，乃治劭、浚之罪。

潘淑妃抱浚泣曰："汝前祝诅事发，犹冀能刻意思愆；何意更藏严道育！上怒甚，我叩头乞恩不能解，今何用生为！可送药来，当先自取尽，不忍见汝祸败也。"浚奋衣起曰："天下事寻自当判，愿小宽虑，必不上累！"

帝欲废太子劭，赐始兴王浚死，先与侍中王僧绰谋之；使僧绰寻汉魏以来废太子、诸王典故，送尚书仆射徐湛之及吏部尚书江湛。

僧绰曰："建立之事，仰由圣怀。臣谓唯宜速断，不可稽缓。'当断不断，反受其乱。'愿以义割恩，略小不忍；不尔，便应坦怀如初，无烦疑论。事机虽密，易致宣广，不可使难生虑表，取笑千载。"帝曰："卿可谓能断大事。然此事至重，不可不殷勤三思。且彭城始亡，人将谓我无复慈爱之道。"僧绰曰："臣恐千载之后，言陛下惟能裁弟，不能裁儿。"帝默然。江湛同侍坐，出阁，谓僧绰曰："卿向言将不太伤切直！"僧绰曰："弟亦恨君不直！"

铄自寿阳入朝，既至，失旨。帝欲立宏，嫌其非次，是以议久不决。每夜与湛之屏人语，或连日累夕。常使湛之自秉烛，绕壁检行，虑有窃听者。帝以其谋告潘淑妃，淑妃以告浚，浚驰报劭。劭乃密与腹心队主陈叔儿、斋帅张超之等谋为逆。

初，帝以宗室强盛，虑有内难，特加东宫兵，使与羽林相若，至有实甲万人。劭性黠而刚猛，帝深倚之。及将作乱，每夜飨将士，或亲自行酒。王僧绰密以启闻。会严道育婢将至，癸亥夜，劭诈为帝诏云："鲁秀谋反，汝可平明守阙，帅众入。"因使张超之等集素所畜养兵士二千余人，皆被甲；召内外幢队主副，豫加部勒，云有所讨。夜，呼前中庶子右军长史萧斌、左卫率袁淑、中舍人殷仲素、左积弩将军王正见并入宫。劭流涕谓曰："主上信谗，将见罪废。内省无过，不能受枉。明旦当行大事，望相与戮力。"因起，偏拜之，众惊愕，莫敢对。淑、斌皆曰："自古无此。愿加善思。"劭怒，变色。斌惧，与众俱曰："当竭身奉令。"淑叱之曰："卿便谓殿下真有是邪？殿下幼尝患风，或是疾动耳。"劭愈怒，因眄淑曰："事当克不？"淑曰："居不疑之地，何患不克！但恐既克之后，不为天地所容，大祸亦旋至耳。假有此谋，犹将可息。"左右引淑出，曰："此何事，而云可罢乎！"淑还省，绕床行，至四更乃寝。

甲子，宫门未开，劭以朱衣加戎服上，乘画轮车，与萧斌共载，卫从如常入朝之仪。呼袁淑甚急，淑眠不起，劭停车奉化门催之相续。淑徐起，至车后；劭使登车，又辞不上，劭命左右杀之。守门开，从万春门入。旧制，东宫队不得入城。劭以伪诏示门卫曰："受敕，有所收讨。"令后队速来。张超之等数十人驰入云龙门及斋阁，拔刀径上合殿。帝其夜与徐湛之屏人语至旦，烛犹未灭，门阶户席直卫兵尚寝未起。帝见超之入，举几捍之，五指皆落，遂弑之。湛之惊起，趣北户，未及开，兵人杀之。劭进至合殿中阁，闻帝已殂，出坐东堂。萧斌执刀侍直，呼中书舍人顾嘏，嘏震惧，不时出，既至，问曰："欲共见废，何不早启？"嘏未及答，即于前斩之。江湛直上省，闻喧噪声，叹曰："不用王僧绰言，以至于此！"乃匿傍小屋中，劭遣兵就杀之。宿卫旧将罗训、徐罕皆望风屈附。左细仗主、广威将军吴兴卜天与不暇被甲，执刀持弓，疾呼左右出战。徐罕曰："殿下入，汝欲何为！"天与骂曰："殿下常来，云何于今乃作此语！只汝是贼！"手射劭于东堂，几中之。劭党击之，断臂而死。队将张泓之、朱道钦、陈满与天与俱战死。左卫将军尹弘惶怖通启，求受处分。劭使人从东阁入，杀潘淑妃及太祖亲信左右数十人，急召始兴王浚使帅众屯中堂。

浚时在西州，府舍人朱法瑜奔告浚曰："台内喧噪，宫门皆闭，道上传太子反，未测祸变所至。"浚阳惊曰："今当奈何？"法瑜劝入据石头。浚未得劭信，不知事之济不，骚扰不知所为。将军王庆曰："今宫内有变，未知主上安危，凡在臣子，当投袂赴难；凭城自守，非臣节也。"浚不听，乃从南门出，径向石头，文武从者千余人。时南平王铄戍石头，兵士亦千余人。俄而劭遣张超之驰马召浚，浚屏人问状，即戎服乘马而去。朱法瑜固止浚，浚不从；出中门，王庆又谏曰："太子反逆，天下怨愤。明公但当坚闭城门，坐食积粟，不过三日，凶党自离。公情事如此，今岂宜去！"浚曰："皇太子令，敢有复言者斩！"既入，见劭，劭曰："潘淑妃遂为乱兵所害。"浚曰："此是下情由来所愿。"

劭诈以太祖诏召大将军义恭、尚书令何尚之入，拘于内；并召百官，至者才数十人。劭遽即位，下诏曰："徐湛之、江湛弑逆无状，吾勒兵入殿，已无所及，号惋崩衄，肝心破裂。今罪人斯得，元凶克殄，可大赦，改元太初。"

庚戌，武陵王檄书至建康，劭以示太常颜延之曰："彼谁笔也？"延之曰："峻之笔也。"劭曰："言辞何至于是！"延之曰："竣尚不顾老臣，安能顾陛下！”劭怒稍解。悉拘武陵王子于侍中下省，南谯王义宣子于太仓空舍。劭欲尽杀三镇士民家口。江夏王义恭、何尚之皆曰：“凡举大事者不顾家；且多是驱逼，今忽诛其室累，正足坚彼意耳。”劭以为然，乃下书一无所问。

戊辰，武陵王军于新亭，大将军义恭上表劝进。散骑侍郎徐爰在殿中诳劭，云自追义恭，遂归武陵王。时王军府草创，不晓朝章；爰素所谙练。乃以爰兼太常丞，撰即位仪注。己巳，王即皇帝位，大赦。文武赐爵一等，从军者二等。改谥大行皇帝曰文，庙号太祖。以太将军义恭为太尉、录尚书六条事、南徐州刺史。

乙亥，辅国将军朱脩之克东府，丙子，诸军克台城，各由诸门入会于殿庭，获王正见，斩之。张超之走至合殿御床之所，为军士所杀，刳肠割心，诸将脔其肉，生啖之。建平等七王号哭俱出。劭穿西垣，入武库井中，队副高禽执之。劭曰：“天子何在？”禽曰：“近在新亭。”至殿前，臧质见之恸哭，劭曰：“天地所不覆载，丈人何为见哭？”又谓质曰：“劭可启得远徙不？”质曰：“主上近在航南，自当有处分。”缚劭于马上，防送军门。时不见传国玺，以问劭，劭曰：“在严道育处。”就取，得之。斩劭及四子于牙下。浚帅左右数十人挟南平王铄南走，遇江夏王义恭于越城。浚下马曰：“南中郎今何所作？”义恭曰：“上已君临万国。”又曰：“虎头来得无晚乎？”义恭曰：“殊当恨晚。”又曰：“故当不死邪？”义恭曰：“可诣行阙请罪。”又曰：“未审能赐一职自效不？”义恭又曰：“此未可量。”勒兴俱归，于道斩之，及其三子，劭、浚父子首并枭于大航，暴尸于市。劭妃殷氏及劭、浚诸女、妾媵，皆赐死于狱。污潴劭所居斋。殷氏且死，谓狱丞江恪曰：“汝家骨肉相残，何以枉杀无罪人？”恪曰：“受拜皇后，非罪而何？”殷氏曰：“此权时耳，当以鹦鹉为后。”褚湛之之南奔也，浚即与褚妃离绝，故免于诛。严道育、王鹦鹉并都街鞭杀，焚尸，扬灰于江。殷冲、尹弘、王罗汉及淮南太守沈璞皆伏诛。

宋文帝元嘉三十年（癸巳，公元453年）

女巫严道育逃走之后，文帝派出人马，到各地严加搜捕，形势很紧迫。严道育把自己打扮成尼姑的样子，一直躲藏在太子宫内，后来又随始兴王刘浚到了京口，有时，她也出入当地居民张旿家里。刘浚进京朝见文帝，又把她偷偷带回到了太子宫，打算携她一道前往江陵。丁巳（正月十一日），文帝升殿，刘浚入殿，接受荆州刺史之职。当天，有人向朝廷告发严道育藏在张旿家，文帝派人突然前去搜捕，抓到了严道育的两个婢女，供说严道育已经跟着征北将军刘浚回到了京都。文帝一直认为刘浚和太子刘劭已经赶走了严道育，现在忽然听说他仍然和严道育秘密来往，不禁大为惊异叹惋，非常伤心。他命令京口官府把两个婢女押送到京师，等到调查完后，再决定如何定刘劭和刘浚的罪过。

潘淑妃抱住刘浚，哭着说："你上次与严道育一起进行巫咒蛊惑的事情败露，当时我还希望你能仔细反省自己的过失，哪里想到你还把严道育窝藏起来了！皇上气得不得了，尽管我跪下叩头乞求他开恩，都不能使他平息愤怒，现在这样，我活着还有什么用呢？你可以先把毒药给我送来，我该先行一步自杀，因为我实在不忍心看见你自己闯祸，弄得身败名裂啊！"刘浚听完，立刻挣脱开母亲，跳起来说："天下大事都要靠自己来解决裁断，我希望您能稍放宽心，我肯定不会连累您。"

文帝打算废黜太子刘劭，并要赐始兴王刘浚自杀，事先和侍中王僧绰商议。文帝让王僧绰查找汉魏以来废黜太子、诸亲王的事例，分别送给尚书仆射徐湛之和吏部尚书江湛。

王僧绰说："封立太子这件事，应由陛下做主决定。我以为应该立即决断，不能再等待拖延了。'当断不断，反受其乱。'但愿陛下您能用国家大义去割舍您的骨肉亲情，不要在小事上不忍。不然您就应该像当初那样以父情对待儿子，不再不厌其烦地怀疑谈论这些事。决定重新封立太子一事虽然是在极保密的情况下进行的，最终也还是容易泄漏出去，不应该让灾难发生在您的意料之外，而被后世所耻笑。"文帝说："你真可以说是能够决断大事的人。可是，这件事事关重大，不能不非常小心谨慎，三思而后行。而且，彭城王刘义康刚刚去世，我这样做，别人将会说我是不再有慈爱之心的人了。"王僧绰说："我恐怕千年以后，人们会说陛下您只能制裁弟弟，而不能制裁儿子。"文帝沉默无语。当时，江湛也一同陪坐，出了宫门后，他对王僧绰说："你刚才说的那些话，恐怕过于直切些了！"王僧绰回答说："我也很遗憾你太不直切了。"

刘铄从寿阳回朝，到京之后，很令文帝失望。文帝打算封立刘宏为太子，可是，他又担心不符合长幼次序，因而，商议许久也决定不下来。每天夜里，文帝都要跟徐湛之秘密商谈，有时甚至是整天整夜。文帝还经常让徐湛之亲自举着蜡烛，绕着墙壁进行检查，唯恐有人窃听。文帝把这一计划告诉了潘淑妃。潘淑妃告诉了刘浚，刘浚骑马飞奔去告诉了刘劭。刘劭于是立刻和他的心腹、队主陈叔儿及斋帅张超之等人谋划制造叛乱。

当初，文帝认为皇室力量强大，唯恐内部发生变难，因此，他特别加强了东宫的兵力，让东宫的兵力和羽林军的兵力差不多，实际兵力达到了一万人。刘劭性情狡猾而又刚强勇猛，文帝一直深深地依赖着他。刘劭将要反叛时，每天夜里都要设宴犒劳东宫卫队的将士们，有时甚至亲自前来敬酒。王僧绰听说后，秘密报告给了文帝。这时正赶上严道育的两个婢女就要被押到朝廷。癸亥夜晚，刘劭伪造了文帝的诏书说："鲁秀图谋反叛，命令你清晨守住宫门，率领众兵入宫。"刘劭又命令张超之等集合起平时特别豢养的士卒二千多人，让他们全副武装。接着，刘劭又召集内外巡逻队的正副队长，事先加以安排布置声称有紧急征讨。这天深夜，刘劭传唤前中庶子右军长史萧斌、左卫率袁淑、中舍人殷仲素和左积弩将军王正见，一同进入东宫。刘劭涕泪横流，对他们说："主上听信别人的谗言，要把我治罪废黜。我自己反省并没有什么过失，不能被别人冤枉了。明天一早，我就该做出一件大事，希望你们和我共同努力。”说完，刘劭就从座位上站了起来，向在座各位下拜。大家听后都极为惊愕震憾，没有谁敢于回答。袁淑和萧斌都说：“自古以来都没有过这样的事情，希望再好好考虑考虑。”刘劭听后不禁勃然大怒，板起面孔。萧斌一看，感到害怕，就和其他人一起说：“我们自当竭尽全力执行您的命令。”袁淑听后，叱责他们说：“你们以为殿下是真要这样吗？殿下小时候曾经得过疯病，大概是疯病发作了。”刘劭听后更是怒不可遏，斜着眼睛看着袁淑说：“我的事能不能办成？”袁淑回答说：“你现在处在绝对不会被人怀疑的地位，怎么能做不到呢！只是担心你在做成之后，不会被天地所容，大祸也会马上随之而来。假使真有这种打算还可以收回。”左右之人把袁淑拉出去说：“这是什么事，怎么可以说半途而废呢？”袁淑从太子刘劭那里回来后，反复琢磨。绕着床铺来回走动，直到四更才上床睡觉。

甲子（二十一日），皇宫宫门还未打开，刘劭身穿朝服，内穿戎装，乘坐画轮车，与萧斌一同乘坐，侍卫随从们和平时入朝朝见的样子一样。刘劭派人急急忙忙地去叫袁淑，袁淑此时正在沉沉入睡，不肯起床，刘劭将车停在奉化门旁，不断派人前去催促。袁淑慢腾腾地起床了，来到刘劭乘坐的车的后边，刘劭让他登上车，袁淑又推辞不肯上去，刘劭命令左右斩了袁淑。宫门打开，刘劭从万春门进去。按照以往的宫廷制度，太子宫卫队是不能进入宫城的。刘劭为此就把自己伪造的皇帝诏令拿给守卫看，说：“我奉皇帝旨令，要进宫讨伐叛逆。”又催促后面的队伍赶快前来。张超之等几十人从云龙门跑进了斋阁，拔出佩刀直接来到合殿。文帝那天夜里和徐湛之屏退旁人秘密商谈直到第二天早上，蜡烛还没有熄灭，门前、台阶、窗外值班的卫士还在睡觉没有起床。文帝看见张超之进来了，立刻举起身旁的小几来抵挡，五个手指全部被砍掉了，于是，张超之就把文帝杀了。徐湛之大吃一惊，起身向北窗奔去，还没有打开北窗，士卒们就杀了他。刘劭走到合殿中屋，听说文帝已死，立刻出来登临东堂。萧斌持刀站在一旁侍卫。刘劭传唤中书舍人顾嘏，顾嘏大为震惊，吓得没有按时到，他来到刘劭面前，刘劭问他说：“皇上想把我们一齐废了，你为什么不早点儿来告诉我”。顾嘏还没来得及回答，刘劭就上前斩了他。江湛此时正在上省值班，听到外面一片喧哗嘈杂声，就叹息着说道：“不听王僧绰的话，事情才落到了这种地步。”他藏到了旁边的一间小屋里，刘劭派兵前来搜查，将他立刻斩了。皇宫卫队原来的将领罗训、徐罕见状，都望风归降。左细仗主、广威将军吴兴人卜天与来不及披上铠甲，就一手拿刀一手持弓，大声呼唤左右人出来迎战。徐罕说：“殿下入宫，你想要做什么？”卜天与大声骂他说：“殿下常常入宫，你为何今天才说这种话？你就是逆贼！”接着，卜天与手持弓箭，在东堂一箭射向刘劭，几乎射中刘劭。刘劭党羽群起而攻之，卜天与被砍断手臂身亡，皇宫宿卫中将士张泓之、朱道钦、陈满等人和卜天与一起战死。左卫将军尹弘惊惶恐怖，赶快晋见刘劭，请求处罚。刘劭又派人从东阁门闯入后宫，杀了潘淑妃以及文帝生前的亲信左右共计几十人。同时，又紧急传召始兴王刘浚前来，让他率领手下士卒屯扎中堂。

此时，刘浚正在西州，府舍人朱法瑜飞奔前来告诉刘浚说："宫内人声喧哗得很，宫门紧紧关着，路上传说太子谋反，还不知灾祸变化的结果如何。"刘浚听后，假装大吃一惊，说："现在我们应该怎么办？"朱法瑜鼓动刘浚回去占据石头。刘浚没有得到刘劭的消息，不知道事变成功与否，所以，情绪烦乱，不知干什么是好。将军王庆说："现在，宫内发生变化，还不知主上安危与否，凡是身为臣属和儿子的，都应当起来义无反顾地前去救难。如果只是把守自己的城池，不是为人臣所应有的气节。"刘浚没有听他的话，就从南门出去，一直奔向石头，文武官员一千多人跟着他。此时，南平王刘铄正戍守石头，士卒也有一千多。不一会儿，刘劭派张超之骑马赶到，召唤刘浚回朝，刘浚屏退左右向张超之详细询问了这件事的前后经过，然后就全副武装骑马而去。朱法瑜极力阻止刘浚，刘浚不听。等他来到中门，王庆又劝谏他说："太子反叛，天下人怨恨愤怒。明公你应该紧闭城门不出，坐吃积储的粮食，不超过三天，反叛的党徒自然会土崩瓦解。此事如此明了，你怎么还去呢？"刘浚说："皇太子的命令，有人胆敢再劝阻，定斩不饶！"刘浚入宫拜见刘劭，刘劭告诉他说："潘淑妃已被乱兵所害。"刘浚说："这正是我一直盼望的事。"

刘劭假称文帝的诏令，征召大将军刘义恭、尚书令何尚之入宫，将二人囚禁在宫内。同时，又召集文武百官，但来的人才几十人。刘劭马上继承帝位，颁布诏令，说："徐湛之、江湛二人图谋反叛，逆弑皇上。我率领士卒入殿，已经来不及，只能悲号痛哭，心肝欲裂。而今，罪恶之徒已被杀，元凶也被消灭，所以实行大赦，改年号为太初。"

庚戌（四月初八），武陵王刘骏的声讨檄文传到建康，刘劭拿给太常颜延之说："它是出自谁的手笔？"颜延之看后说："这是颜竣写的。"刘劭又说："言语词句为什么到了这种令人难堪的地步？"颜延之回答说："颜竣连老臣我的安危与否都不考虑了，哪里还能顾虑陛下您呢？"刘劭的怒气稍稍平息了些。刘劭把武陵王刘骏在建康的儿子全都抓起来囚禁在侍中下省，把南谯王刘义宣的儿子都关在太仓空屋子内。刘劭还打算把雍、荆、江三州将士们留居在京城的家属全都杀死，江夏王刘义恭和何尚之都说："凡是图谋大事的人，都不会顾念自己的家，而且很多人又是出于无奈而这样做的，如果现在突然把他们的家属亲人全都杀了，这正好坚定了他们的斗志。"刘劭认为他们说得对，就下书说不再追究家属。

戊辰（二十六日），武陵王刘骏驻军新亭，大将军刘义恭上表，劝说刘骏登基即位。散骑侍郎徐爰在宫内骗刘劭说，自己要去追击刘义恭。于是徐爰去投奔了武陵王刘骏。这时，武陵王府内军事总部草草成立，大家还都不知道朝廷的法令规章。这却是徐爰平时最熟悉的事，就让徐爰兼任太常丞，拟定安排皇帝即位时需要的礼仪。己巳（二十七日），武陵王刘骏即皇帝位，实行大赦，文武官员赐爵一等，随从讨伐的升二等。同时，将刘劭加给父亲的谥号撤掉，改称文皇帝，庙号为太祖。刘骏又任命大将军刘义恭为太尉、录尚书六条事、南徐州刺史。

乙亥（五月初三），辅国将军朱脩之攻克刘劭所据守的东府。丙子（初四），各路大军又攻克了台城，之后，又分别从各门涌进，在殿前会师，抓获了王正见，斩了他。张超之匆匆逃到合殿皇帝御床的地方，被军中将士所杀，挖了他的心，掏了他的肠子，各路将士争着割下他的肉，生吞活剥了他。建平王等七王从被囚禁的地方号哭着逃了出来。刘劭挖通西墙，自己藏到了武器仓库的井里，被卫士队队副高禽抓住，刘劭问他说："天子在哪里？"高禽说："就在附近的新亭。"高禽将刘劭押送到金銮殿前，臧质看见刘劭，不禁失声恸哭，刘劭说："这是天地不容，老人家为何哭呢？"又对臧质说："我刘劭能不能请求流放到远方边疆之地？"臧质说："主上如今就近在大航的南边，他自己自会对你裁决。"于是，就把刘劭捆绑在马上，护送到了军营大门。当时，找不到传国玉玺，就问刘劭，刘劭说："玉玺在严道育处。"立刻派人到严道育处去拿，果然拿到玉玺。刘骏下令在牙旗下将刘劭和他的四个儿子全部斩首。刘浚带领随从几十人挟持着南平王刘铄向南逃去，走到越城时遇到了江夏王刘义恭，刘浚翻身下马，说："南中郎刘骏现在在做什么？"刘义恭回答说："皇上现在已君临万国。"刘浚又问："虎头我来得不晚吗？"刘义恭回答说："实在遗憾的是太晚了。"刘浚又问："我该不会被判死罪吧？"刘义恭回答说："你可以回到行宫，请求处罚。"刘浚又问："不知道皇上还能不能赐给我一个官职，让我为他效忠尽力？"刘义恭回答说："这不好估计。"于是，刘义恭就带着刘浚一起从越城往京师返，走到中途就把他斩了，同时也斩了跟着他的三个儿子。刘劭和刘浚父子的头都被砍下来悬挂在大航，他们的尸体也被拖到集市上曝尸示众。刘劭的妃子殷氏以及刘劭、刘浚所有的女儿、姬妾也都在监狱里被命令自杀。在刘劭的住处挖了一个大土坑，里面灌满了污水。刘劭的妃子殷氏在自杀之前，曾对狱丞江恪说："他们刘家亲骨肉之间相互残杀，为什么也要杀了我这个没有犯罪的人？"江恪说："你被立为皇后，这不是罪过又是什么呢？"殷氏说："我为皇后只不过是暂时的罢了，马上就该封王鹦鹉为皇后了。"褚湛之投降刘浚大军后，刘浚就同正室褚妃断绝了关系，所以，这次褚妃得以不死。严道育、王鹦鹉全都被押到街上，用皮鞭抽打至死，又焚烧了她们的尸体，烧后的骨灰被扔到长江里去。殷冲、尹弘、王罗汉以及淮南太守沈璞也全被诛杀。

第一百二十八卷
宋纪十

译文诵读

世祖孝武皇帝上孝建元年（甲午，454）

诏右仆射刘延孙使荆、江二州，旌别枉直，就行诛赏；且分割二州之地，议更置新州。

初，晋氏南迁，以扬州为京畿，谷帛所资皆出焉；以荆、江为重镇，甲兵所聚尽在焉，常使大将居之。三州户口，居江南之半，上恶其强大，故欲分之。癸未，分扬州浙东五郡置东扬州，治会稽；分荆、湘、江、豫州之八郡置郢州，治江夏；罢南蛮校尉，迁其营于建康。太傅义恭议使郢州治巴陵，尚书令何尚之曰："夏口在荆、江之中，正对沔口，通接雍、梁，实为津要。由来旧镇，根基不易，既有见城，浦大容舫，于事为便。"上从之。既而荆、扬因此虚耗。尚之请复合二州，上不许。

三年（丙申，456）

元嘉中，官铸四铢钱，轮郭、形制与五铢同，用费无利，故民不盗铸。及上即位，又铸孝建四铢，形式薄小，轮郭不成。于是盗铸者众，杂以铅、锡；翦凿古钱，钱转薄小。守宰不能禁，坐死、免者相继。盗铸益甚，物价踊贵，朝廷患之。去岁春，诏钱薄小无轮郭者悉不得行，民间喧扰。是岁，始兴郡公沈庆之建议，以为"宜听民铸钱，郡县置钱署，乐铸之家皆居署内，平其准式，去其杂伪。去春所禁新品，一时施用，今铸悉依此格。万税三千，严检盗铸。"丹杨尹颜竣驳之，以为"五铢轻重，定于汉世，魏、晋以降，莫之能改；诚以物货既均，改之伪生故也。今云去春所禁一时施用；若巨细总行而不从公铸，利己既深，情伪无极，私铸、翦凿尽不可禁，财货未赡，大钱已竭，数岁之间，悉为尘土矣。今新禁初行，品式未一，须臾自止，不足以垂圣虑；唯府藏空匮，实为重忧。今纵行细钱，官无益赋之理；百姓虽赡，无解官乏。唯简费去华，专在节俭，求赡之道，莫此为贵耳"。议者又以为"铜转难得，欲铸二铢钱"。竣曰："议者以为官藏空虚，宜更改铸；天下铜少，宜减钱式以救交弊，赈国舒民。愚以为不然。今铸二铢，恣行新细，于官无解于乏，而民间奸巧大兴，天下之货将糜碎至尽；空严立禁，而利深难绝，不一二年，其弊不可复救。民惩大钱之改，兼畏近日新禁，市井之间，必生纷扰。远利未闻，切患猥及，富商得志，贫民困窘，此皆甚不可者也。”乃止。

金紫光禄大夫颜延之卒。延之子竣贵重，凡所资供，延之一无所受，布衣茅屋，萧然如故。常乘羸牛笨车，逢竣卤簿，即屏住道侧。常语竣曰：“吾平生不喜见要人，今不幸见汝！”竣起宅，延之谓曰：“善为之，无令后人笑汝拙也。”延之尝早诣竣，见宾客盈门，竣尚未起，延之怒曰：“汝出粪土之中，升云霞之上，遽骄傲如此，其能久乎！”竣丁父忧，裁逾月，起为右将军，丹杨尹如故。竣固辞，表十上；上不许，遣中书舍人戴明宝抱竣登车，载之郡舍，赐以布衣一袭，絮以彩纶，遣主衣就衣诸体。

大明元年（丁酉，457）

春，正月，辛亥朔，改元，大赦。

雍州所统多侨郡县，刺史王玄谟上言：“侨郡县无有境土，新旧错乱，租课不时，请皆土断。”秋，七月，辛未，诏并雍州三郡十六县为一郡。郡县流民不愿属籍，讹言玄谟欲反。时柳元景宗强，群从多为雍部二千石，乘声皆欲讨玄谟。玄谟令内外晏然以解众惑，驰使启上，具陈本末。上知其虚，遣主书吴喜抚慰之，且报曰：“七十老公，反欲何求！君臣之际，足以相保，聊复为笑，伸卿眉头耳。”玄谟性严，未尝妄笑，故上以此戏之。

二年（戊戌，458）

丙辰，魏高宗还平城，起太华殿。是时，给事中郭善明，性倾巧，说帝大起宫室，中书侍郎高允谏曰：“太祖始建都邑，其所营立，必因农隙。况建国已久，永安前殿足以朝会，西堂、温室足以宴息，紫楼足以临望；纵有修广，亦宜驯致，不可仓猝。今计所当役凡二万人，老弱供饷又当倍之，期半年可毕。一夫不耕，或受之饥，况四万人之劳费，可胜道乎！此陛下所宜留心也。”帝纳之。

允好切谏，朝廷事有不便，允辄求见，帝常屏左右以待之。或自朝至暮，或连日不出；群臣莫知其所言。语或痛切，帝所不忍闻，命左右扶出，然终善遇之。时有上事为激讦者，帝省之，谓群臣曰：“君、父一也。父有过，子何不作书于众中谏之？而于私室屏处谏者，岂非不欲其父之恶彰于外邪！至于事君，何独不然。君有得失，不能面陈，而上表显谏，欲以彰君之短，明己之直，此岂忠臣所为乎！如高允者，乃忠臣也。朕有过，未尝不面言，至有朕所不堪闻者，允皆无所避。朕知其过而天下不知，可不谓忠乎！”

允所与同征者游雅等皆至大官，封侯，部下吏至刺史，二千石者亦数十百人，而允为郎，二十七年不徙官。帝谓群臣曰：“汝等虽执弓刀在朕左右，徒立耳，未尝有一言规正；唯伺朕喜悦之际，祈官乞爵，今皆无功而至王公。允执笔佐我国家数十年，为益不小，不过为郎，汝等不自愧乎！”乃拜允中书令。

时魏百官无禄，允常使诸子樵采以自给。司徒陆丽言于帝曰：“高允虽蒙宠待，而家贫，妻子不立。”帝曰：“公何不先言，今见朕用之，乃言其贫乎！”即日，至允第，惟草屋数间，布被，缊袍，厨中盐菜而已。帝叹息，赐帛五百匹，粟千斛，拜长子悦为长乐太守。允固辞，不许。帝重允，常呼为令公而不名。

游雅常曰：“前史称卓子康、刘文饶之为人，褊心者或不之信。余与高子游处四十年，未尝见其喜愠之色，乃知古人为不诬耳。高子内文明而外柔顺，其言呐呐不能出口。昔崔司徒尝谓余云：‘高生丰才博学，一代佳士，所乏者，矫矫风节耳。’余亦以为然。及司徒得罪，起于纤微，诏指临责，司徒声嘶股栗，殆不能言；宗钦已下，伏地流汗，皆无人色。高子独敷陈事理，申释是非，辞义清辩，音韵高亮。人主为之动容，听者无不神耸，此非所谓矫矫者乎！宗爱方用事，威振四海。尝召百官于都坐，王公已下皆趋庭望拜，高子独升阶长揖。由此观之，汲长孺可以卧见卫青，何抗礼之有！此非所谓风节者乎！夫人固未易知；吾既失之于心，崔又漏之于外，此乃管仲所以致恸于鲍叔也。”

宋孝武帝孝建元年（甲午，公元454年）

孝武帝刘浚诏令右仆射刘延孙前往荆州和江州，调查甄别忠奸曲直，就地进行奖赏和惩处。并且，将这二州的地区进行分割，拟议再设置一个新州。

当初，晋朝向南迁移时，曾经把扬州作为京畿，朝廷所需要的布帛粮食等等，都由扬州提供。同时，晋朝又把荆州和江州作为重要的军事要镇，全国的精锐部队全都聚集在这二州，常派大将驻守。这三个州的人口数目，占了长江以南地区人口总数的一半。如今，孝武帝嫌这三地的军力、民力过于强大，所以打算把它们分割开来。癸未（六月十八日），在京畿地区扬州分出浙江以东五个郡，设立东扬州，治所设在会稽。又从荆州、湘州、江州、豫州中分出八个郡，设立郢州，治所设置在江夏。撤销南蛮校尉，将其所属部队调回建康。太傅刘义恭打算让郢州州府设在巴陵，尚书令何尚之说：“夏口位于荆州和江州中间，正对着沔口，又直接通向雍州和梁州，实在是一个险要的津口，它自古以来就是军事重镇，基础稳固，不容易改变，而且，它既有现成的城池，又有很大的港湾，可以停泊很多船只，在此设立州府，是再合适不过的了。”孝武帝批准。不久，荆州和杨州由于这种变动而财力消耗很多。尚书令何尚之请求重新恢复这二州原来的辖地，孝武帝不允许。

三年（丙申，公元456年）

元嘉时期，官方铸制了四铢钱，四铢钱的轮廓、外形、样式和五铢钱一样，铸造这种钱没有什么赢利，因此，民间老百姓就没有人偷偷仿制这种钱。孝武帝即位，又继续铸制孝建四铢钱，这种钱币外形又薄又小，轮廓也不清楚明显。仿造的人很多很多，有的又在钱里掺杂上铅、锡；敲凿古钱，以图得到铸钱的原料，致使古钱又薄又小。守宰等地方官们禁绝不了偷铸钱币，为此，被处死或被免职的事接连不断发生。偷铸钱币的越来越多，物价飞涨，朝廷深为忧患。去年春季，朝廷颁下诏令，说钱太薄太小而且轮廓不清的，一律不能使用，立刻引起民间的喧嚷骚动。这一年，始兴郡公沈庆之提出一个建议："我们应该允许老百姓自己铸造钱币，各郡县都设立一个钱署，把愿意铸造钱币的人家全都安排在钱署里，由朝廷制定一定的铸钱标准，不准他们在钱内掺加杂物。去年春天朝廷所查禁的那些新铸的钱币也都拿出来，允许继续使用一段时间，而从此以后，铸造钱币全都按照新制定的规格标准进行，一万钱收取税三千，严格检查是否还有偷偷铸币的人家。"但是，丹杨尹颜竣却反对这样做，他反驳说："五铢钱币的轻重，是从汉代开始就规定了的标准，魏、晋以后，还没有谁能够更改。这实是由于钱币的价值和货物的价值已经相等，要是随意改变就一定会出现掺假的钱币的缘故。现在说去年春天所禁止使用的钱币还可以继续使用，如果让这些大小薄厚不均的钱币，全都可以在公开场合下流通，而不用由朝廷监制，可以说，这对个人有很大的好处，重利之下，作奸犯事的就会没有穷尽，而私自铸造钱币和偷偷剪凿破旧钱币的，也就永远不能禁绝。这样一来，财货还没有增加，而大钱却已用尽，用不了几年时间，四铢钱全都会变成尘土了。现在，新的禁令刚刚开始实行，市面上流通的钱币的样式标准还没有统一。老百姓的骚动喧扰之声，不久自然而然就会停止，这不足以让皇上忧虑。库藏出现亏空，才是最令人担忧的事。如今，即使是允许使用小钱，朝廷也没有增加赋税的。即使老百姓富足起来了，也解决不了朝廷财力物力上的短缺。现在，我们只有崇尚俭朴、反对浪费奢华，把心思都用在勤俭节约上，寻求富裕之路，没有比这更好的了。"讨论这个问题的人中，又有人认为："铜矿不容易找到，应该改铸二铢钱。"颜竣说："提这一建议的人都认为现在国库财物缺乏，应该改铸钱币。天下铜很少，就应该减轻钱币的重量，以此来制止恶性循环的局面，使国家富足，老百姓宽裕。我认为这些想法并不是好办法。现在如果铸造二铢钱，只是一味地使用小钱薄钱，这样做，并不能解决朝廷的困难，而民间反而会发生更多的作奸犯科的事，天下的所有财货也将会被人们抢先用尽。只是空口说应该严格禁绝，但是获利大，就很难禁绝。不用一二年，这一弊病就会达到令人无法挽救的地步。老百姓已经察觉到了我们要把大钱改为小钱，加之，他们害怕近日颁布的新的禁令，在市井街巷肯定会发生混乱、纠纷。我们还没有看到长远的利益，而急切的弊端就已经显露出来了。致使豪富的商贾们越来越有钱，越来越逞心，而贫苦百姓们的生活却是越来越穷困，越来越艰难，这样做，是绝对不行的。"于是，这场争论才停止了。

刘宋金紫光禄大夫颜延之去世。颜延之的儿子颜竣人贵位重，颜延之对于儿子所送给他的财物等等，一律都不接受。他们仍身穿粗陋的布衣，住在茅草房里，清贫地生活，一如往昔。平时，颜延之经常乘坐由羸弱的老牛拉着的破车，有时，在街上碰见颜竣的开路卫队仪仗，就马上躲藏在路边。颜延之还经常对儿子颜竣说："我平生都不喜欢看见身居要位的重要人物，今天不幸的是我看见了你。"颜竣要兴建自己的宅邸，颜延之对他说："好好地盖房子，不要让后代耻笑你笨拙无能。"颜延之曾经在某天早上前去看望儿子颜竣，看见前来求见他的宾客、下属们挤满了屋子，可是颜竣却还没有起床。颜延之见状，勃然大怒，说："你是出身于粪土之中的人，好不容易升到了云霄之上，就立刻骄横傲慢到如此地步，你怎么能够持久呢？"颜延之去世后，按照规定，颜竣应该离职回家，为父亲服孝三年，可是，才刚刚过了一个月，孝武帝就征召他回来，起用他为右将军，同时仍旧保留丹杨尹的官职。颜竣坚决推辞，写了十次奏章，孝武帝还是没有答应，派中书舍人戴明宝把颜竣抱上驿车，将他拉到了丹杨郡府。孝武帝赐给颜竣一身布织衣服，里面絮上一层染色的棉絮，派主衣官亲自送上门去，给颜竣穿上。

大明元年（丁酉，公元457年）

春季，正月，辛亥朔（初一），刘宋改年号，宣布大赦。

刘宋雍州境内，设有很多侨郡县，刺史王玄谟向孝武帝进言说："侨郡县没有真正的领地，新设立的和过去的相互交错在一起，十分混乱，田赋捐税无法按时征收，请求在这些新侨郡县中整顿户籍，让百姓纳税服役。"秋季，七月，辛未（二十四日），朝廷颁下诏令，将雍州的三个郡十六个县合并成一个郡。侨郡、侨县一些流亡百姓不愿意归属于当地的户籍，就制造谣言，谎称王玄谟打算起来反叛朝廷。当时，骠骑将军柳元景家族势力很强。族兄族弟中有很多人在王玄谟手下做官，这些人也想利用这些谣言声讨王玄谟。王玄谟马上命令大家安静下来，再解除大家的疑虑。随后，王玄谟派人骑马奔回建康，向孝武帝详细陈述了事情的始末。孝武帝知道所谓王玄谟图谋反叛的消息是假的，就派主书吴喜专程前去安慰王玄谟，告诉王玄谟说："已经是七十岁的老翁了，谋反想要得到什么呢？君臣之间，足可以相互作保。姑且跟你开个玩笑，把你紧锁的眉头伸展开吧。"王玄谟生性严肃，从没有随随便便开过玩笑，所以，孝武帝就借此事跟他开玩笑。

二年（戊戌，公元458年）

丙辰（三月十二日），北魏文成帝返回平城，兴建太华殿。当时，给事中郭善明生性乖巧善变，他又游说文成帝大肆兴筑宫殿。中书侍郎高允劝谏说："太祖时开始兴建城池街市，兴建时他一定让人利用农闲的时节。何况，我们国家已经建立很久了，永安前殿足够朝会时使用。宴请、歇息，有西堂、温室也足够了。紫楼足可以用来登高远眺。况且，纵然要扩大建设工程，也应该慢慢进行，不能仓猝行事。现在核算一下，要抽调民伕差役二万人，而羸老、病弱供应饭食的，又得增加一倍，预期半年可以完工。一个农夫不种田，就会有人挨饿，何况现在是动用四万人，劳力和费用是无法计算的。这是陛下您所应该留心的事。"文成帝接受了他的劝谏。

高允喜欢直言相谏，朝廷内有什么事做得不适当时，他就立刻请求晋见。文成帝常常屏退左右侍从，单独一人和他商谈。有时，二人从早到晚相谈，甚至一连几天都不出来，各位大臣不知他们谈些什么。有时，高允说话时言辞激烈、切中要害，文成帝听不下去，就命令左右侍从把高允搀扶下去，但是他始终对高允很好。当时，有人上书措辞激烈地批评朝政，文成帝看完后对大臣们说："君王和父亲是完全一样的。父亲有错，儿子为什么不把它写在纸上，在大庭广众之中进行劝谏，而偏偏私下在隐蔽之处劝谏？这难道不是不想让他父亲的罪恶昭彰在外，让天下人都知道吗？至于说臣子侍奉君主，又何尝不是这样？君主有了什么过失，作为臣子，不能够当面直言劝谏，却要上书进行公开指责，这是想要使君主的短处昭彰于世，显示他自己的正直，这难道是一名忠君之臣所应该做的事吗？像高允那样的人，才是地地道道的忠君之臣。朕有了过失，他没有不当面直接批评的，甚至有时有些话，朕已经难以接受，但高允并不回避。朕由此知道了自己的过失，但天下人却不知道，难道这不能说是忠心吗？"

与高允同时被征召的游雅等人，全都做了大官，被封为侯，部下们官至刺史、有二千石俸禄的人也有几十成百名了，可是，高允还仍然为著作郎，二十七年从来没有升过官。文成帝对各大臣说："你们这些人虽然每天手持刀箭，站在朕旁边侍候，却不过是白白地站着，没有一个人劝谏过我一句话。而只是在看到我心情高兴时，要求赏赐一官半爵，现在，你们全都没有什么功劳，却做了王公。高允仅用一枝笔辅佐治理国家几十年了，他的贡献不小，可他仍然不过是个郎官，你们这些人难道不感到惭愧吗？"于是，提升高允为中书令。

当时，北魏文武百官们都没有俸禄，高允常让他的儿子们上山砍柴，来维持家里的生计。司徒陆丽对文成帝说："高允虽然蒙受您的优待，但是，他家的生活却相当贫困，他的妻子和孩子也没有生活来源。"文成帝说："你为什么不早说？偏偏看朕重用了高允，才告诉我说他穷。"当天，文成帝亲自来到高允家，看见高允家里只有几间草房，几床粗布被褥和用旧麻絮做的棉袍，厨房里也只有一些青菜和盐。文成帝忍不住叹息，赏赐给高允家五百匹绢帛，一千斛粟米，任命高允的长子高悦为长乐太守。高允竭力推辞，但文成帝不同意。文成帝很器重高允，平时经常称高允为令公，而不叫他的名字。

游雅常说："从前史书上曾经称赞汉代卓茂、刘宽的为人，心地狭窄的人不相信那是真的。我和高允相处为官四十年了，从未看见他把喜怒哀乐表现在脸上，为此，我才知道古人古事都不是假的。高允内心文采光明，外表温和柔顺，他说话时总是慢腾腾的，就好像不会表达一样。从前，司徒崔浩曾经对我说：'高允博才多学，是一代俊杰，他所缺乏的，恐怕只是一点儿刚毅的风骨。'我也认为是这样，直到崔浩犯了罪，不过是因为一些细微小事，可是，皇上亲自审问时，崔浩吓得浑身发抖，声嘶力竭说不出话来。宗钦以下的官员，也都吓得趴在地上，汗流浃背，个个都面无人色。只有高允一人站在那里详细陈说事件的经过，进一步阐述是非曲直，表达清晰而有条理，阐明的事理清楚有深度，且声音高亢、宏亮，连皇上听着都为之动容，听的人没有不为他捏着一把汗的，这种行为，不是刚毅的风骨又是什么呢？在宗爱正好高升，把持着大权的时候，其威风凛凛，震撼四海。宗爱曾经召集文武百官到朝堂论事，王公以下的官员，全都小步前行到宗爱面前，向宗爱叩拜，只有高允一人走上台阶，只对宗爱长揖了一下。从这件事上看，汉汲黯可以躺在床上会见卫青，行对等的礼节，有什么不可以的？这难道不就是我们所说的高风亮节吗？了解一个人，本来就不是一件容易的事。我已经看错了他的内在品德，而崔浩又看漏了他的外在气质，这就是管仲之所以对鲍叔牙的死感到万分悲痛的真正原因啊！”

第一百二十九卷
宋纪十一

译文诵读

世祖孝武皇帝下大明三年（己亥，459）

竟陵王诞知上意忌之，亦潜为之备；因魏人入寇，修城浚隍，聚粮治仗。诞记室参军江智渊知诞有异志，请假先还建康，上以为中书侍郎。智渊，夷之弟子也，少有操行，沈怀文每称之曰：“人所应有尽有，人所应无尽无者，其唯江智渊乎！”

是时，道路皆云诞反。会吴郡民刘成上书称：“息道龙昔事诞，见诞在石头城修乘舆法物，习唱警跸。道龙忧惧，私与伴侣言之，诞杀道龙。”又豫章民陈谈之上书称：“弟咏之在诞左右，见诞书陛下年纪姓讳，往巫郑师怜家祝诅。咏之密以启闻，诞诬咏之乘酒骂詈，杀之。”上乃令有司奏诞罪恶，请收付廷尉治罪。乙卯，诏贬诞爵为侯，遣之国。诏书未下，先以羽林禁兵配兖州刺史垣阆，使以之镇为名，与给事中戴明宝袭诞。

阆至广陵，诞未悟也。明宝夜报诞典签蒋成，使明晨开门为内应。成以告府舍人许宗之，宗之入告诞；诞惊起，呼左右及素所畜养数百人执蒋成，勒兵自卫。天将晓，明宝与阆帅精兵数百人猝至，而门不开；诞已列兵登陴，自在门上斩蒋成，赦作徒、系囚，开门击阆，杀之，明宝从间道逃还。诏内外纂严。以始兴公沈庆之为车骑大将军、开府仪同三司、南兖州刺史，将兵讨诞。甲子，上亲总禁兵顿宣武堂。

沈庆之至欧阳，诞遣庆之宗人沈道愍赍书说庆之，饷以玉环刀。庆之遣道愍反，数以罪恶。诞焚郭邑，驱居民悉使入城，闭门自守，分遣书檄，邀结远近。时山阳内史梁旷，家在广陵，诞执其妻子，遣使邀旷，旷斩使拒之；诞怒，灭其家。

诞奉表投之城外曰：“陛下信用谗言，遂令无名小人来相掩袭；不任枉酷，即加诛翦。雀鼠贪生，仰违诏敕。今亲勒部曲，镇扞徐、兖。先经何福，同生皇家？今有何愆，便成胡、越？陵锋蹈戈，万没岂顾；荡定之期，冀在旦夕。”又曰：“陛下宫帷之丑，岂可三缄！”上大怒，凡诞左右腹心、同籍期亲在建康者并诛之，死者以千数，或有家人已死，方自城内出奔者。

庆之至城下，诞登楼谓之曰："沈公垂白之年，何苦来此！"庆之曰："朝廷以君狂愚，不足劳少壮故耳。"

上虑诞奔魏，使庆之断其走路，庆之移营白土，去城十八里，又进军新亭。豫州刺史宗悫、徐州刺史刘道隆并帅众来会；兖州刺史沈僧明，庆之兄子也，亦遣兵助庆之。先是诞诳其众，云"宗悫助我"；悫至，绕城跃马呼曰："我，宗悫也！"

诞见诸军大集，欲弃城北走，留中兵参军申灵赐守广陵；自将步骑数百人，亲信并自随，声云出战，邪趋海陵道，庆之遣龙骧将军武念追之。诞行十余里，众皆不欲去，互请诞还城，诞曰："我还易耳，卿能为我尽力乎！"众皆许诺。诞乃复还，筑坛歃血以誓众，凡府州文武皆加秩。以主簿刘琨之为中兵参军；琨之，遵考之子也，辞曰："忠孝不得并。琨之老父在，不敢承命。"诞囚之十余日，终不受，乃杀之。

右卫将军垣护之、虎贲中郎将殷孝祖等击魏还，至广陵，上并使受庆之节度。庆之进营，逼广陵城。诞饷庆之食，提挈者百余人，出自北门；庆之不开视，悉焚之。诞于城上授函表，请庆之为送，庆之曰："我受诏讨贼，不得为汝送表。汝必欲归死朝廷，自应开门遣使，吾为汝护送。"

上命沈庆之为三烽于桑里，若克外城，举一烽，克内城，举两烽，擒刘诞，举三烽；玺书督趣，前后相继。庆之焚其东门，塞堑，造攻道，立行楼、土山并诸攻具，值久雨，不得攻城，上使御史中丞庾徽之奏免庆之官，诏勿问，以激之。自四月至于秋七月，雨止，城犹未拔。上怒，命太史择日，将自济江讨诞；太宰义恭固谏，乃止。

沈庆之帅众攻城，身先士卒，亲犯矢石，乙巳，克其外城；乘胜而进，又克小城。诞闻兵入，走趋后园，队主沈胤之等追及之，击伤诞，坠水，引出，斩之。诞母、妻皆自杀。

上闻广陵平，出宣阳门，敕左右皆呼万岁。侍中蔡兴宗陪辇，上顾曰："卿何独不呼！"兴宗正色曰："陛下今日正应涕泣行诛，岂得皆称万岁！"上不悦。

诏贬诞姓留氏；广陵城中士民，无大小悉命杀之。沈庆之请自五尺以下全之，其余男子皆死，女子以为军赏；犹杀三千余口。长水校尉宗越临决，皆先刳肠抉眼，或笞面鞭腹，苦酒灌创，然后斩之，越对之，欣欣若有所得。上聚其首于石头南岸为京观，侍中沈怀文谏，不听。

六年（壬寅，462）

初，侍中沈怀文，数以直谏忤旨。怀文素与颜竣、周朗善，上谓怀文曰："竣若知我杀之，亦当不敢如此。"怀文嘿然。侍中王彧，言次称竣、朗人才之美，怀文与相酬和，颜师伯以白上，上益不悦。上尝出射雉，风雨骤至，怀文与王彧、江智渊约相与谏。会召入雉场，怀文曰："风雨如此，非圣躬所宜冒。"彧曰：

“怀文所启，宜从。”智渊未及言，上注弩作色曰：“卿欲效颜竣邪，何以恒知人事！”又曰：“颜竣小子，恨不先鞭其面！”每上燕集，在坐者皆令沈醉，嘲谑无度。怀文素不饮酒，又不好戏调，上谓故欲异己。谢庄尝戒怀文曰：“卿每与人异，亦何可久！”怀文曰：“吾少来如此，岂可一朝而变！非欲异物，性所得耳。”上乃出怀文为晋安王子勋征虏长史，领广陵太守。

怀文诣建康朝正，事毕遣还，以女病求申期，至是犹未发；免官，禁锢十年。怀又卖宅，欲还东，上闻，大怒，收付廷尉，丁未，赐怀文死。怀文三子，澹、渊、冲，行哭为怀文请命，见者伤之。柳元景欲救怀文，言于上曰：“沈怀文三子，涂炭不可见；愿陛下速正其罪。”上竟杀之。

南徐州从事史范阳祖冲之上言，何承天历疏舛犹多，更造新历，以为：“旧法，冬至日有定处，未盈百载，辄差二度。今令冬至日度，岁岁微差，将来久用，无烦屡改。又，子为辰首，位在正北；虚为北方列宿之中。今历，上元日度，发自虚一。又，日辰之号，甲子为先；今历，上元岁在甲子。又，承天法，日、月、五星各自有元。今法，交会、迟疾，悉以上元岁首为始。”上令善历者难之，不能屈。会上晏驾，不果施行。

七年（癸卯，463）

上为人，机警勇决，学问博洽，文章华敏；省读书奏，能七行俱下。又善骑射，而奢欲无度。自晋氏渡江以来，宫室草创，朝宴所临，东、西二堂而已。晋孝武末，始作清暑殿。宋兴，无所增改。上始大修宫室，土木被锦绣，嬖妾幸臣，赏赐倾府藏。坏高祖所居阴室，于其处起玉烛殿。与群臣观之，床头有土障，壁上挂葛灯笼、麻蝇拂。侍中袁顗因盛称高祖俭素之德。上不答，独曰：“田舍公得此，已为过矣。”顗，淑之兄子也。

八年（甲辰，464）

上末年尤贪财利，刺史、二千石罢还，必限使献奉，又以蒲戏取之，要令罄尽乃止。终日酣饮，少有醒时。常凭几昏睡，或外有奏事，即肃然整容，无复酒态。由是内外畏之，莫敢驰惰。庚申，上殂于玉烛殿。遗诏：“太宰义恭解尚书令，加中书监；以骠骑将军、南兖州刺史柳元景领尚书令，入居城内。事无巨细，悉关二公，大事与始兴公沈庆之参决；若有军旅，悉委庆之；尚书中事，委仆射颜师伯；外监所统，委领军将军王玄谟。”是日，太子即皇帝位，年十六；大赦。吏部尚书蔡兴宗亲奉玺绶，太子受之，傲惰无戚容。兴宗出，告人曰：“昔鲁昭不戚，叔孙知其不终，家国之祸，其在此乎！”

宋孝武帝大明三年（己亥，公元459年）

刘宋竟陵王刘诞知道孝武帝猜忌他，也私下里做好了应变的准备。他利用北魏大军侵入的时机，修筑城墙，疏通护城河，积蓄粮食，整治武器。刘诞手下的记室参军江智渊知道刘诞有谋反的打算，就向刘诞请假，先回到了建康，孝武帝刘骏任命他为中书侍郎。江智渊是江夷弟弟的儿子，从小就很有操行，沈怀文常常称赞他，说："人所应该具有的，他都有，人所应该没有的，他都没有。这样的人，恐怕就只有江智渊了吧！"

这时，人们都在传言，说刘诞就要反叛。偏巧，赶上吴郡平民刘成上书声称："我的儿子刘道龙过去在刘诞那儿做事，看见刘诞在石头城修治皇帝专用的马车和仪仗器物，并练习皇帝出宫时的警卫清道。刘道龙见后，又惊又怕，私下里把他所见到的事跟他的伙伴们说了，刘诞知道后斩了刘道龙。"与此同时，豫章平民陈谈之也上书称："我弟弟陈咏之在刘诞左右任职，看见刘诞写下陛下的年龄、姓名等避讳的东西，前往巫师郑师怜家里进行巫术诅咒活动。陈咏之马上把这一秘密呈报，但刘诞却反诬陈咏之这是借酒辱骂他，就把陈咏之杀了。"孝武帝立刻命令有关部门奏报刘诞的罪行，有关部门请求把刘诞抓进监狱，判刑惩治。乙卯（十八日），孝武帝下诏，将刘诞的爵位贬为侯爵，遣返回他所在的封国。诏书还没有颁下，孝武帝先把羽林禁卫军配给兖州刺史垣阆，让垣阆以前往镇守的名义和给事中戴明宝联合袭击刘诞。

垣阆到达广陵，刘诞还没有醒悟过来。戴明宝连夜通知刘诞的典签蒋成，命令他第二天早晨打开城门作为内应。蒋成马上把这事报告给了府舍人许宗之，许宗之又赶快进去报告给了刘诞。刘诞大吃一惊，从床上跳起，赶快召集左右人员和平常训练蓄养的将士几百人，逮捕了蒋成，下令军队进入临战状态，进行自卫。天色将要破晓时，戴明宝和垣阆率领精锐士卒几百人突然涌来，可是，城门却没有打开，刘诞则已登上城楼，列好队形，亲自在城楼上斩了蒋成，赦免了那些做奴工和被关押的囚徒，打开城门，迎击垣阆，并将垣阆杀死。戴明宝从小路逃回。孝武帝颁下诏令，命全国进入戒严状态。任命始兴公沈庆之为车骑大将军、开府仪同三司、南兖州刺史，率领大军，讨伐刘诞。甲子（二十七日），孝武帝亲自统领禁卫军，驻扎宣武堂。

沈庆之率军赶到欧阳，刘诞派沈庆之的同族人沈道愍带着自己的亲笔信，前去沈庆之那里游说，并送给沈庆之一把玉环刀。沈庆之将沈道愍送了回去，并向沈道愍列举了刘诞的种种罪状。刘诞放火烧了附近的城邑、村落，将老百姓全部驱赶到了城里，然后关闭城门，自行坚守。同

南朝宋孝武帝刘骏像

时，他又分别让人送出文告，邀请结交远近人士起来响应。当时，山阳内史梁旷，家在广陵，刘诞把他的妻子、孩子抓了起来，然后，派遣使者邀请梁旷出兵响应，梁旷斩了使者，拒绝刘诞的邀约。刘诞大怒，杀了梁旷全家。

刘诞把呈送给孝武帝的奏章，投到了城外，说："陛下听信谗言，于是派无名小辈突然前来偷袭我。我忍受不了这种残酷的冤屈，所以就把他们诛杀了。麻雀、老鼠尚且贪生怕死，我不得不违抗圣旨。今天，亲自率领部下，誓死保卫徐州、兖州。以前，我有什么样的福分，和你一同生在了皇家？如今，我又有什么过失，同你成了胡、越那样的死敌？冒着刀锋，脚踩戈矛，我万死不辞，大局稳定的日子，希望就在早晚间实现。"又说："对陛下宫帷内的丑闻，我又怎能缄口不语？"孝武帝大怒，下令凡是在建康城内刘诞的左右心腹、同一个祖系中穿孝服一年以上的亲戚，全都杀头，当时被杀的数以千计。有些人家属已被杀了，本人却正从广陵城内逃出来。

沈庆之率军来到广陵城下，刘诞登上城楼，对沈庆之说："沈公已到了满头白发的年龄了，何苦还来此地呢！"沈庆之回答说："朝廷认为你狂妄愚蠢，所以不需要烦劳那些青壮年出马。"

孝武帝担心刘诞会投奔到北魏，所以，就派沈庆之切断了刘诞的逃路。沈庆之把军营移到了白土，该地距离广陵城有十八里。尔后，又进军新亭。豫州刺史宗悫、徐州刺史刘道隆，也一同率领大军和沈庆之会师。兖州刺史沈僧明，是沈庆之哥哥的儿子，他也派遣兵力前来援助沈庆之。在这之前，刘诞诳骗他的部下们说："宗悫可以援助我们。"宗悫抵达这里后，骑马绕城一周，大声呼喊："我就是宗悫！"

刘诞眼看朝廷各路大军聚集在广陵城下，打算放弃城池，向北逃跑，留下中兵参军申灵赐坚守广陵。他自己率领几百名步骑兵，连同跟随他的亲信随从，声称要出城作战，顺着斜路奔向海陵。沈庆之派龙骧将军武念前去追击。刘诞走了十几里，大家都不愿意离开，纷纷请求再回广陵城。刘诞说："我们回去是很容易的事，回去之后，你们能为我竭心尽力吗？"大家都许下诺言。于是，刘诞又返回广陵。他建起一座高台，与众将士歃血为盟。将全体官员的官职都升了一级，任命主簿刘琨之为中兵参军。刘琨之是刘遵孝的儿子，他辞让说："忠与孝不能两全，我老父还在建康，我不能接受任命。"刘诞囚禁了刘琨之十几天，刘琨之最终还是不接受任命，刘诞就把他杀了。

右卫将军垣护之、虎贲中郎将殷孝祖等进击北魏后班师回朝，走到广陵，孝武帝让他们一并听从沈庆之的指挥。沈庆之率军前进，直逼广陵城。刘诞派人将饭菜和美酒等送给沈庆之，由一百多人抬着从北门出来，沈庆之连打开看都没有看，就全都烧了。刘诞从城楼上把给孝武帝的奏章拿给他看，请求沈庆之能替他呈送给孝武帝。沈庆之说："我是接受诏令前来讨伐叛贼的，不能替你呈送奏表。如果你一定要回到朝廷，接受死罪，你自己就应该打开城门，派遣使者，我为你护送前往。”

孝武帝命令沈庆之在桑里建造三座烽火台，攻克了广陵外城，就燃起一堆烽火；如果攻克了广陵内城，就点起两堆烽火；如果活捉了刘诞，就点起三堆烽火。孝武帝督促进攻的诏书一个接着一个，沈庆之烧了广陵城东门，填平了护城河，开掘进攻道路，竖起攻城楼车，造起土山，制造了其他攻城工具。这时正赶上广陵大雨连绵不断，不能攻城。孝武帝就让御史中丞庾徽之上书要求罢免沈庆之的官职，而又假装下诏说不要追究，想以此刺激沈庆之攻战。从四月直到秋季七月，大雨停止，广陵城还没有攻克下来。孝武帝大怒，命令太史选择日期，他要亲自渡过长江去讨伐刘诞。太宰刘义恭竭力劝谏，才没有去。

沈庆之率领士卒向广陵城发起猛攻，他身先士卒，亲自冒着飞箭和石头，向前冲杀。（六月）乙巳，攻克广陵外城。沈庆之又率大军乘胜追击，不久，又攻克内城。刘诞听说朝廷大军已攻入城内，就马上逃到后花园里。队主沈胤之等人追上，把他击伤。刘诞掉到水里，沈胤之等把他拉上来，斩了他。刘诞的母亲、妻子全都自杀。

孝武帝听说广陵叛乱被平，亲自走出宣阳门，下令左右一起高呼万岁。侍中蔡兴宗陪坐在辇车旁，孝武帝回过头问他说：“你为何不喊？”蔡兴宗严肃地说：“陛下今天正应该对施行诛杀痛哭流涕，怎么能让大家都喊万岁呢？”孝武帝很不高兴。

孝武帝颁下诏令，贬刘诞姓留。将广陵城内的所有居民，无论男女老少，全部杀掉。沈庆之请求留下身高五尺以下的人不杀，其余的男子全都处死，女子全都赏给将士们作妾或作婢女，最后还是杀了三千多人。长水校尉宗越，在执行这项诛杀任务时，对被处死的人他都要首先剖开肚子，挖出肠胃，再挖出眼珠，或者用鞭子抽打被诛者的脸和肚子，再在这些创口上浇上苦酒盐水，然后再杀了他们。宗越面对自己这种惨无人道的手法，欣欣然好像从中得到了什么。孝武帝下令，将死人的头颅送到石头南岸，堆成一座大坟。侍中沈怀文劝阻，但孝武帝没听。

六年（壬寅，公元462年）

当初，侍中沈怀文几次都因为直言劝谏而惹怒了孝武帝。沈怀文平日和颜竣、周朗关系不错，孝武帝对沈怀文说：“颜竣如果当初知道我会杀他，恐怕他也早就不致这样放肆无礼了。”沈怀文沉默无语。侍中王彧在言谈之间，称赞颜竣、周朗才华出众，沈怀文也同意这种赞誉，二人一唱一和。颜师伯立即把这件事报告给了孝武帝，孝武帝愈加不高兴。孝武帝曾经出外打野鸡，突然，刮起了大风，又下起了大雨，沈怀文和王彧、江智渊趁机约定进言劝谏。正巧，此时孝武帝召他们来到射猎野鸡的围场，沈怀文说：“暴风骤雨如此急迫，不是圣体所应该承受的。”王彧接着说：“沈怀文的启奏，应该听。”还未等江智渊接着说，孝武帝已是眼睛盯着弓箭，面带怒色说：“你想仿效颜竣吗？为什么要经常来管别人的事情？”接着，又说：“颜竣这小子，我至今仍恨不得先把他的脸抽个稀烂。”孝武帝每次在宴请时，都下令在座者必须喝得酩酊大醉，然后再对他们极力嘲讽、戏谑。沈怀文一向不喝酒，而且又不喜欢戏弄玩笑，孝武帝认为沈怀文是故意和自己作对。谢庄曾经警告过沈怀文，说：“你每次都和别人不一样，这样，又怎么能长久下去呢？”沈怀文回答说：“我从小就这个样子，哪里是一个早晨就能改变过来的！我并不是要故意和别人不一样，这不过是天性所致罢了。”于是，孝武帝命令沈怀文出任晋安王刘子勋的征虏长史，兼领广陵太守。

沈怀文到达建康参加朝廷举行的元旦朝拜后，孝武帝命令他返回任所。当时，沈怀文因为女儿生病，所以请求延长回去的期限，直到这时他还没有启程。于是，孝武帝免除沈怀文的官职，禁止从政十年。沈怀文将自己在京城的房宅卖了，想要东下回到吴兴老家。孝武帝听说后，怒不可遏，下令逮捕他收交廷尉，丁未（三月二十七日），命令沈怀文自杀。沈怀文的三个儿子，沈澹、沈渊、沈冲，一路哭着奔走，为父亲沈怀文请求饶命，沿途看见的人，无不为之难过。柳元景想要救沈怀文，就对孝武帝说：“沈怀文的三个儿子，悲痛难过，祈愿陛下快点适当地为沈怀文定罪。”最后，孝武帝还是杀了沈怀文。

南徐州从事史、范阳人祖冲之上书孝武帝说，何承天制定的历法错误，疏漏的地方还是很多，所以，他又另外制定了一部新历法，他认为：“现在使用的历法，将冬至的节气固定在某一天，这样一来，每不到一百年，就会相差二度。如今要制定的新历法，是把冬至放到年终，每年只有微小的差距，将来长期使用下去，那么就不用再多次改动。另外，现行的历法是把‘子’作为‘辰’的开头，位置在正北方。‘虚’又排列在北方各个星座之中。将要制订的历法，则是把上元放在年终，从虚一开始。另外，现行的历法是把日月星辰的标志，以甲子作为开头放在最前面。新历法则是将上元每年放在甲子上。另外，何承天的历法，是日、月、五星各自都有自己的元。而新的历法则是将日、月、五星的交会以及运行的快慢，全都以上元的岁首作为开始。”孝武帝命令对历法有研究的人同祖冲之辩论，但驳不倒祖冲之。不久，正赶上孝武帝驾崩，所以，祖冲之的新历法也没能实施起来。

七年（癸卯，公元463年）

孝武帝为人机警、勇敢、果断、迅速，他学问渊博，文章写得敏捷华丽，他阅读书信或奏章能一目七行。同时，他又善于骑马和射箭，但是，他奢侈、纵欲没有节制。从东晋渡过长江南下以来，宫殿都是草草建造的，朝会或宴请也不过在东堂或西堂而已。晋孝武帝末年才建造了清暑殿。刘宋兴起后，也没有什么增加或改动。到了孝武帝，就开始大兴土木，扩建宫室，墙上和柱子上都用锦绣装饰。对他宠爱的妻妾和臣属的赏赐，把国库内所有的东西都拿空了。他曾经毁掉武帝刘裕住过的屋子，在那里兴建了玉烛殿，和手下大臣一起前去观看，旧屋床头上还有一截土墙，墙上挂着麻葛灯笼和麻线蝇拂。侍中袁顗看完，盛赞武帝节俭朴素的品德。

孝武帝没有回答什么，只是自言自语地说："庄稼汉得到这种享受已经是很过分的了。"袁顗是袁淑哥哥的儿子。

八年（甲辰，公元464年）

孝武帝晚年，更是贪财好利，凡是刺史、二千石官员免官回京时，一定限令他们进献贡奉，同时，还和他们一块儿赌博，直到把他们的钱赢光才停止。他整天都是开怀畅饮，很少有清醒的时候。经常是伏在案几上昏睡过去，有时一旦外面有急事呈奏，他马上抖擞精神，整理好容装，一点酒意都没有了。因此，内臣外属们，对他都十分畏惧，没有一个人敢做事懈怠。庚申（闰五月二十三日），孝武帝在玉烛殿去世。留下遗诏说："免去太宰刘义恭的尚书令一职，加授中书监。任命骠骑将军、南兖州刺史柳元景兼任尚书令，进入内城居住。朝廷事务，无论大小，全都要奏启二人。国家大事要和始兴公沈庆之商量决定。如果有军务，就全都委托沈庆之处理。尚书府的事务，托付给仆射颜师伯处理。统领外监事务，交给领军将军王玄谟处理。"这一天，太子刘子业登基即位，时年十六岁，下令大赦。吏部尚书蔡兴宗亲自将玉玺捧上来，交给刘子业，刘子业接了过来，可是，他态度懈怠无礼，脸上一点悲哀的样子都没有。蔡兴宗退出来，对人说："从前，鲁昭公即位时，毫无悲伤之色，叔孙穆子就知道他不会有什么好结果。如今，刘宋国家的灾祸，莫非就要在此出现吗？"

第一百三十卷 宋纪十二

译文诵读

太宗明皇帝上之上泰始元年（乙巳，465）

夏，五月，癸卯，魏高宗殂。初，魏世祖经营四方，国颇虚耗，重以内难，朝野楚楚。高宗嗣之，与时消息，静以镇之，怀集中外，民心复安。甲辰，太子弘即皇帝位，大赦，尊皇后曰皇太后。

显祖时年十二，侍中、车骑大将军乙浑专权，矫诏杀尚书杨保年、平阳公贾爱仁、南阳公张天度于禁中。侍中、司徒、平原王陆丽治疾于代郡温泉，乙浑使司卫监穆多侯召之。多侯谓丽曰："浑有无君之心。今宫车晏驾，王德望素重，奸臣所忌，宜少淹留以观之；朝廷安静，然后入，未晚也。"丽曰："安有闻君父之丧、虑患而不赴者乎！"即驰赴平城。乙浑所为多不法，丽数争之。戊申，浑又杀丽及穆多侯。多侯，寿之弟也。

废帝幼而狷暴。及即位，始犹难太后、大臣及戴法兴等，未敢自恣。太后既殂，帝年渐长，欲有所为，法兴辄抑制之，谓帝曰："官所为如此，欲作营阳邪！"帝稍不能平。所幸阉人华愿儿，赐与无算，法兴常加裁减，愿儿恨之。帝使愿儿于外察听风谣，愿儿言于帝曰："道路皆言'宫中有二天子：法兴真天子，官为赝天子。'且官居深宫，与人物不接，法兴与太宰、颜、柳共为一体，往来门客恒有数百，内外士庶莫不畏服。法兴是孝武左右，久在宫闱；今与他人作一家，深恐此坐席非复官有。"帝遂发诏免法兴，遣还田里，仍徙远郡。八月，辛酉，赐法兴死；解巢尚之舍人。

戊午，帝召诸妃、主列于前，强左右使辱之。南平王铄妃江氏不从。帝怒，杀妃三子南平王敬猷、庐陵王敬先、安南侯敬渊，鞭江妃一百。

先是民间讹言湘中出天子，帝将南巡荆、湘二州以厌之。明旦，欲先诛湘东王彧，然后发。

初，帝既杀诸公，恐群下谋己，以直阁将军宗越、谭金、童太一、沈攸之等有勇力，引为爪牙，赏赐美人、金帛、充牣其家。越等久在殿省，众所畏服，皆为帝尽力；帝恃之，益无所顾惮，恣为不道，中外骚然。左右宿卫之士皆有异志，而畏越等不敢发。时三王久幽，不知所为。湘东王彧主衣会稽阮佃夫、内监始兴王道隆、学官令临淮李道儿与直阁将军柳光世及帝左右琅邪淳于文祖等谋弑帝。帝以立后故，假诸王阉人。彧左右钱蓝生亦在中，彧密使候帝动止。

先是帝游华林园竹林堂，使宫人倮相逐，一人不从命，斩之，夜，梦在竹林堂，有女子骂曰："帝悖虐不道，明年不及熟矣！"帝于宫中求得一人似所梦者斩之。又梦所杀者骂曰："我已诉上帝矣！"于是巫觋言竹林堂有鬼。是日晡时，帝出华林园。建安王休仁、山阳王休祐、会稽公主并从，湘东王彧独在秘书省，不被召，益忧惧。

帝素恶主衣吴兴寿寂之，见辄切齿，阮佃夫以其谋告寂之及外监典事东阳朱幼、细铠主南彭城姜产之、细铠将晋陵王敬则、中书舍人戴明宝，寂之等闻之，皆响应。幼豫约勒内外，使钱蓝生密报休仁、休祐。时帝欲南巡，腹心宗越等并听出外装束，唯队主樊僧整防华林阁。柳光世与僧整，乡人，因密邀之；僧整即受命。凡同谋十余人。阮佃夫虑力少不济，更欲招合，寿寂之曰："谋广或泄，不烦多人。"其夕，帝悉屏侍卫，与群巫及彩女数百人射鬼于竹林堂。事毕，将奏乐，寿寂之抽刀前入，姜产之次之，淳于文祖等皆随其后。休仁闻行声甚疾，谓休祐曰："事作矣！"相随奔景阳山。帝见寂之至，引弓射之，不中。彩女皆迸走，帝亦走，大呼"寂寂"者三，寂之追而弑之。宣令宿卫曰："湘东王受太皇太后令，除狂主，今已平定。"殿省惶惑，未知所为。

休仁就秘书省见湘东王，即称臣，引升西堂，登御座，召见诸大臣。于时事起仓猝，王失履，跣至西堂，犹著乌帽。坐定，休仁呼主衣以白帽代之。令备羽仪，虽未即位，凡事悉称令书施行。宣太皇太后令，数废帝罪恶，命湘东王纂承皇极。及明，宗越等始入，湘东王抚接甚厚。废帝母弟司徒、扬州刺史豫章王子尚，顽悖有兄风。己未，湘东王以太皇太后令，赐子尚及会稽公主死。建安王休仁等始得出居外舍。释谢庄之囚。废帝犹横尸太医阁口。蔡兴宗谓尚书右仆射王彧曰："此虽凶悖，要是天下之主，宜使丧礼粗足；若直如此，四海必将乘人。"乃葬之秣陵县南。

丙寅，湘东王即皇帝位，大赦，改元。其废帝时昏制谬封，并皆刊削。

宋明帝泰始元年（乙巳，公元465年）

夏季，五月，癸卯（十一日），北魏国主文成帝拓跋浚去世。当初，北魏太武帝拓跋焘四处出兵，扩大疆土，国力空虚，再加上朝廷内部不断发生变乱，使朝廷官属与老百姓都十分痛苦。文成帝拓跋浚即位后，按照节令使老百姓得以休养生息、安心种植，尽量减少高压手段，实行怀柔统治，安抚远近内外民众，民心又安定下来了。甲辰（十二日），太子拓跋弘继承帝位，下令大赦，尊皇后冯氏为皇太后。

北魏献文帝拓跋弘这年十二岁。所以朝廷大权都握在侍中、车骑大将军乙浑手里。乙浑假传圣旨，在禁中杀害了尚书杨保年、平阳公贾爱仁、南阳公张天度。此时，侍中、司徒、平原王陆丽正因病在代郡温泉治疗，乙浑就派司卫监穆多侯前去征召他回京。穆多侯对陆丽说："乙浑已有反叛的心意，如今，先帝刚刚晏驾，大王您又是素来德高望重的，被奸佞贼臣所忌恨，所以，您还是暂时留在这里，听听动静再说。待朝廷安静下来再回去也不晚啊。"陆丽说："哪有听说君父死了，忧虑自己的得失安危而不前去奔丧的人？"说完，就骑马赶往平城。乙浑所作所为大多不合法制，陆丽多次和他争辩。戊申（十六日），乙浑又杀了陆丽和穆多侯。穆多侯是穆寿的弟弟。

刘宋废帝刘子业年纪幼时就急躁粗暴。即位后，开始时他还多多少少接受母亲王太后、大臣以及戴法兴等人的管束，不敢放任。王太后去世后，他也慢慢长大了，他想要有所作为，但每次戴法兴都加以阻挠，对他说："你这么乱做，难道是想要当营阳王吗？"废帝听到这种威吓，心里越来越不高兴。废帝宠爱小太监华愿儿，赏赐给他的金银财宝，不计其数，戴法兴经常加以限制，减少这一支出，华愿儿因此恨戴法兴。废帝令华愿儿到宫廷外打听老百姓对朝廷的议论，华愿儿对废帝说："外面人们都说'皇宫内有两个天子，戴法兴是真天子，您是假天子。'况且，您住在深宫之内，和外边没有接触，戴法兴和太宰刘义恭、颜师伯、柳元景是结为一体，他们门下来往的宾客，总有数百人之多，内外官民对他们没有不畏惧、服从的。戴法兴又是孝武帝的左右亲信，在宫廷内已经很久了，如今，他和别人合为一家，我深怕您这个位子不再会属于您所有。"废帝立刻下诏罢免了戴法兴，遣返他回到农村老家，又把他放逐到边远的郡县。八月，辛酉（初一），又命戴法兴自杀，免去巢尚之的中书通事舍人之职。

戊午（十一月二十九日），废帝召集所有妃子、公主排列在自己面前，然后强迫左右侍从侮辱她们。南平王刘铄的妃子江氏不从命，废帝大怒，杀了江氏的三个儿子：南平王刘敬猷、庐陵王刘敬先、安南侯刘敬渊，抽了江氏一百鞭。

在这之前，民间讹传说湘中要出天子，所以，废帝打算南巡荆州、湘州，以压制这种灾难。第二天天亮，想先杀了湘东王刘彧，然后出发。

当初，废帝杀了很多文武官属，所以，害怕臣属们谋害自己，又因为直阁将军宗越、谭金、童太一、沈攸之等人武勇有力，就把他们提拔起来做自己的爪牙，赏赐的美女、金帛，塞满他们家宅。宗越等人在朝廷保护废帝已有很长时间，大家都很畏服，他们也为废帝尽心尽力。废帝依仗他们更加无所忌惮、有恃无恐、无所不为，使宫内外人心为之骚动。左右的宿卫将士也都有背叛之心，只是害怕宗越等人，所以没敢行动。此时，刘彧等三王被幽禁已久，不知道如何是好。湘东王刘彧的主衣会稽人阮佃夫、内监始兴人王道隆、学官令临淮人李道儿，同直阁将军柳光世以及废帝侍从、琅邪人淳于文祖等一起图谋杀废帝。废帝因为册封皇后的缘故，就调各王府宦官入宫帮忙。刘彧的侍从钱蓝生也在其中，刘彧就暗中命钱蓝生观察废帝的动静。

在这之前，废帝出游华林园竹林堂时，命令宫女赤裸身体相互追逐、嬉笑，有一宫女拒不从命，就杀了她。夜里，废帝做梦，梦见自己在竹林堂，有一个女子骂他说："你悖逆不道，活不到明年小麦成熟的时候。"于是，废帝在宫中找到一个和自己梦中所见模样相仿的人杀了。夜里，又梦见了所杀的女子骂他："我已经向上帝控诉你了！"于是，巫师巫婆们都说竹林堂里有鬼。这天中午过后，废帝从华林园出来，建安王刘休仁、山阳王刘休祐和会稽公主都跟在他左右，湘东王刘彧一人在秘书省里，未被征召，他心里越发担忧恐惧。

南朝宋前废帝刘子业像

废帝一向讨厌主衣吴兴人寿寂之，一见他便常常恨得咬牙切齿，阮佃夫把密谋告诉了寿寂之和外监典事东阳人朱幼、细铠主南彭城人姜产之、细铠将晋陵人王敬则、中书舍人戴明宝，寿寂之等人一听，也全都响应。朱幼在宫廷内外先做安排，他让钱蓝生秘密向刘休仁、刘休祐报告。此时，废帝正打算南巡，他的心腹宗越等人也被允许回家准备行装，只有队主樊僧整驻守在华林阁。柳光世和樊僧整是同乡，所以，柳光世就偷偷劝樊僧整参加行动，樊僧整一口答应下来，参与预谋有十几人。阮佃夫害怕力量太小，打算吸收更多的人参与，寿寂之说："筹谋的人过多，会泄漏出去，最好不用那么多人。"这天晚上，废帝赶走所有的侍从、卫士，和一群女巫及宫女，约计几百人在竹林堂射鬼。射杀完毕，要演奏舞乐，寿寂之立刻抽刀来到废帝面前，姜产之跟在寿寂之后面，淳于文祖等人也都紧随其后。刘休仁听见路上有急切的脚步声，就对刘休祐说："事情已经开始了。"二人于是也相跟着奔到了景阳山。废帝看见寿寂之突然来到，就开弓箭射向寿寂之，但没射中。宫女们全都向外逃散，废帝也跟着逃，大呼三声"寂寂"，寿寂之追上杀了他。然后就向宿卫宣布："湘东王接受太皇太后的命令，铲除发狂的主上，现在，已经平定。"殿省内的人，惶恐迷惑，不知是在干什么。

刘休仁跑到秘书省看见了湘东王刘彧，一见刘彧就称臣，接着就把刘彧拉到了西堂，登上皇帝座位，立即召见各位大臣。因为这件事来得太突然了，以至于刘彧连鞋都不知丢在哪儿了，只好光着脚来到西堂，刘彧的头上还仍然戴着一顶黑帽。等他坐定后，刘休仁立刻喊主衣换一顶白帽给刘彧戴上。刘休仁又下令准备好羽林仪仗队，虽然刘彧还没有登基即位，但所有的事情都用命令方式执行。接着，就开始宣称奉太皇太后令，列举废帝的罪行，命令湘东王刘彧继承帝位。等到天明，宗越等人才进宫。湘东王刘彧对他们好言安抚、极为宽厚。废帝的同母弟弟、司徒、扬州刺史、豫章王刘子尚，顽劣残暴，很有他哥哥的风气。己未（三十日），刘彧又以太皇太后的名义，赐刘子尚和会稽公主刘楚玉自杀。建安王刘休仁等这才得以出宫，回到了自己的家。刘彧又下令把在狱中的谢庄释放。废帝的尸体仍然放在太医阁前。于是，蔡兴宗就对尚书右仆射王彧说："此人虽然凶残暴虐，也还是做过天下之主，应该为他举行个简单的葬礼。如果一直这样放着，四海之内肯定会有投机者趁机起事。"于是，就将废帝葬在秣陵县南部。

丙寅（十二月初七），湘东王刘彧登基即位，宣布大赦，改年号。废帝制定的一些荒唐的法规和封赏全都废除。

第一百三十一卷

宋纪十三

译文诵读

太宗明皇帝上之下泰始二年（丙午，466）

邓琬称说符瑞，诈称受路太后玺书，帅将佐上尊号于晋安王子勋。乙未，子勋即皇帝位于寻阳，改元义嘉。以安陆王子绥为司徒、扬州刺史；寻阳王子房、临海王子顼并加开府仪同三司；以邓琬为尚书右仆射，张悦为吏部尚书；袁颢加尚书左仆射；自余将佐及诸州郡，除官进爵号各有差。

是岁，四方贡计皆归寻阳，朝廷所保，唯丹杨、淮南等数郡，其间诸县或应子勋，东兵已至永世，宫省危惧。上集群臣以谋成败。蔡兴宗曰："今普天同叛，宜镇之以静，至信待人。叛者亲戚布在宫省，若绳之以法，则土崩立至，宜明罪不相及之义。物情既定，人有战心，六军精勇，器甲犀利，以待不习之兵，其势相万耳。愿陛下勿忧。"上善之。

殿中御史吴喜以主书事世祖，稍迁河东太守。至是，请得精兵三百，致死于东。上假喜建武将军，简羽林勇士配之。议者以"喜刀笔主者，未尝为将，不可遣。"中书舍人巢尚之曰："喜昔随沈庆之，屡经军旅，性既勇决，又习战陈；若能任之，必有成绩。诸人纷纭，皆是不别才耳。"乃遣之。喜先时数奉使东吴，性宽厚，所至人并怀之。百姓闻吴河东来，皆望风降散，故喜所至克捷。

邓琬以刘胡与沈攸之等相持久不决，乃加袁颢督征讨诸军事。六月，甲戌，颢帅楼船千艘，战士二万，来入鹊尾。颢本无将略，性又怯桡，在军中未尝戎服，语不及战陈，唯赋诗谈义而已，不复抚接诸将；刘胡每论事，酬对甚简。由此大失人情，胡常切齿恚恨。胡以南运米未至，军士匮乏，就颢借襄阳之资，颢不许，曰："都下两宅未成，方应经理。"又信往来之言，云"建康米贵，斗至数百"，以为将不攻自溃，拥甲以待之。

诸军与袁颢相拒于浓湖，久未决。龙骧将军张兴世建议曰："贼据上流，兵强地胜，我虽持之有余而制之不足。若以奇兵数千潜出其上，因险而壁，见利而动，使其首尾周遑，进退疑阻，中流既梗，粮运自艰，此制贼之奇也。钱溪江岸最狭，去大军不远，下临洄洑；船下必来泊岸，又有横浦可以藏船，千人守险，万夫不能过。冲要之地，莫出于此。”沈攸之、吴喜并赞其策。会庞孟虬引兵来助殷琰，刘勔遣使求援甚急，建安王休仁欲遣兴世救之。沈攸之曰：“孟虬蚁聚，必无能为，遣别将马步数千，足以相制。兴世之行，是安危大机，必不可辍。”乃遣段佛荣将兵救勔，而选战士七千、轻舸二百配兴世。

兴世帅其众溯流稍上，寻复退归，如是者累日。刘胡闻之，笑曰：“我尚不敢越彼下取扬州，张兴世何物人，欲轻据我上！”不为之备。一夕，四更，值便风，兴世举帆直前，渡湖、白，过鹊尾。胡既觉，乃遣其将胡灵秀将兵于东岸，翼之而进。戊戌夕，兴世宿景洪浦，灵秀亦留。兴世潜遣其将黄道标帅七十舸径趣钱溪，立营寨；己亥，兴世引兵进据之，灵秀不能禁。庚子，刘胡自将水步二十六军来攻钱溪。将士欲迎击之，兴世禁之曰：“贼来尚远，气盛而矢骤；骤既易尽，盛亦易衰，不如待之。”令将士治城如故。俄而胡来转近，船入洄洑；兴世命寿寂之、任农夫帅壮士数百击之，众军相继并进，胡败走，斩首数百，胡收兵而下。时兴世城寨未固，建安王休仁虑袁𫖮并力更攻钱溪，欲分其势。辛丑。命沈攸之、吴喜等以皮舰进攻浓湖，斩获千数。是日，刘胡帅步卒二万、铁马一千，欲更攻兴世。未至钱溪数十里，袁𫖮以浓湖之急，遽追之，钱溪城由此得立。胡遣人传唱，“钱溪已平”，众并惧，沈攸之曰：“不然。若钱溪实败，万人中应有一人逃亡得还者，必是彼战失利，唱空声以惑众耳。”勒军中不得妄动；钱溪捷报寻至。攸之以钱溪所送胡军耳鼻示浓湖，袁𫖮骇惧。攸之日暮引归。

张兴世既据钱溪，浓湖军乏食。邓琬大送资粮，畏兴世，不敢进。刘胡帅轻舸四百，由鹊头内路欲攻钱溪，既而谓长史王念叔曰：“吾少习步战，未闲水斗。若步战，恒在数万人中；水战在一舸之上，舸舸各进，不复相关，正在三十人中，此非万全之计，吾不为也。”乃托疟疾，住鹊头不进，遣龙骧将军陈庆将三百舸向钱溪，戒庆不须战：“张兴世吾之所悉，自当走耳。”陈庆至钱溪，军于梅根。

胡遣别将王起将百舸攻兴世，兴世击起，大破之。胡帅其余舸驰还，谓𫖮曰：“兴世营寨已立，不可猝攻；昨日小战，未足为损。陈庆已与南陵、大雷诸军共遏其上，大军在此，鹊头诸将又断其下流；已堕围中，不足复虑。”𫖮怒胡不战，谓曰：“粮运鲠塞，当如此何？”胡曰：“彼尚得溯流越我而上，此运何以不得沿流越彼而下邪！”乃遣安北府司马沈仲玉将千人步趣南陵迎粮。

仲玉至南陵，载米三十万斛，钱布数十舫，竖榜为城，规欲突过。行至贵口，不敢进，遣间信报胡，令遣重军援接。张兴世遣寿寂之、任农夫等将三千人至贵口击之，仲玉走还𫖮营，悉虏其资实；胡众骇惧，胡将张喜来降。

镇东中兵参军刘亮进兵逼胡营，胡不能制。袁𫖮惧曰：“贼入人肝脾里，何由得活！”胡阴谋遁去，己卯，诳𫖮云：“欲更帅步骑二万，上取钱溪，兼下大雷余运。”令𫖮悉选马配之。其日，胡委𫖮去，径趣梅根。先令薛常宝办船，悉发南陵诸军，烧大雷诸城而走。至夜，𫖮方知之，大怒，骂曰：“今年为小子所误！”呼取常所乘善马“飞燕”，谓其众曰：“我当自追之！”因亦走。

庚辰，建安王休仁勒兵入颉营，纳降卒十万，遣沈攸之等追颉。颉走至鹊头，与戍主薛伯珍并所领数千人偕去，欲向寻阳。夜，止山间，杀马以劳将士，顾谓伯珍曰："我非不能死；且欲一至寻阳，谢罪主上，然后自刎耳。"因慷慨叱左右索节，无复应者。及旦，伯珍请屏人言事，遂斩颉首，诣钱溪军主襄阳俞湛之。湛之因斩伯珍，并送首以为己功。

刘胡帅二万人向寻阳，诈晋安王子勋云："袁颉已降，军皆散，唯己帅所领独返；宜速处分，为一战之资。当停据湓城，誓死不贰。"乃于江外夜趣沔口。

邓琬闻胡去，忧惶无计，呼中书舍人褚灵嗣等谋之，并不知所出。张悦诈称疾，呼琬计事，令左右伏甲帐后，戒之："若闻索酒，便出。"琬既至，悦曰："卿首唱此谋，今事已急，计将安出！"琬曰："正当斩晋安王，封府库，以谢罪耳。"悦曰："今日宁可卖殿下求活邪！"因呼酒。子洵提刀出斩琬。中书舍人潘欣之闻琬死，勒兵而至。悦使人语之曰："邓琬谋反，今已枭戮。"欣之乃还。取琬子，并杀之。悦因单舸赍琬首驰下，诣建安王休仁降。

寻阳乱。蔡那之子道渊在寻阳被系作部，脱锁入城，执子勋，囚之。沈攸之诸军至寻阳，斩晋安王子勋，传首建康，时年十一。

庚子，司徒休仁至寻阳，遣吴喜、张兴世向荆州，沈怀明向郢州，刘亮及宁朔将军南阳张敬儿向雍州，孙超之向湘州，沈思仁、任农夫向豫章，平定余寇。

是岁，侨立兖州，治淮阴；徐州治钟离；青、冀二州共一刺史，治郁洲。郁洲在海中，周数百里，累石为城，高八九尺，虚置郡县，荒民无几。

宋明帝泰始二年（丙午，公元466年）

邓琬以上天显示的种种祥瑞为借口，诈称接到路太后的密诏，率领各将领、僚佐等向晋安王刘子勋奉上皇帝尊号。乙未（正月初七），刘子勋在寻阳登基称帝，改年号为义嘉。任命安陆王刘子绥为司徒、扬州刺史，寻阳王刘子房、临海王刘子顼，都加封为开府仪同三司，还任命邓琬为尚书右仆射，张悦为吏部尚书，加封袁颉为尚书左仆射。其他各将领、僚佐以及各州郡等地方长官，按等级晋官加爵。

这一年，各地的贡品和报告都送往寻阳。建康朝廷的势力范围，只剩下丹杨、淮南等几个郡，而这几个郡中又有很多县起兵响应刘子勋，东线的反朝廷军队已到达永世。建康朝廷惊恐危急。明帝召集群臣讨论国家的安危。蔡兴宗说："当今之时，几乎举国一起反叛，我们应该镇静，以诚待人。叛臣的亲戚，很多在宫廷或朝廷任职，如果绳之以法，我们就会立刻土崩瓦解。应该强调父子兄弟之间，犯罪互不株连的大义，民心安定之后，将士才能有斗志。朝廷的六军精练勇猛，武器犀利，用来对付那些没有经过训练的叛乱部队，形势相差很多，请陛下不要忧虑。"明帝认为他的分析有理。

殿中御史吴喜，原来是世祖孝武帝的主书，逐渐升到河东太守之职。到了这时，请求调给他精锐部队三百人，到东战场去效命。明帝暂时任命吴喜为建 武将军，在羽林禁卫军中挑选勇士配备给他。有人认为：“吴喜是个拿笔杆子的文官，从来没有当过将领，不可派他作战。”中书舍人巢尚之说：“当年，吴喜曾跟随沈庆之，屡次出征，性情勇敢果决，见惯疆场阵战，如果能起用他，一定会有战绩，大家议论纷纷，都是由于不识人才。”于是命吴喜出发。吴喜过去曾任过朝廷的使节，多次去过东方吴地。他性情宽厚，所到过的地方，人民对他都很怀念，因此，老百姓听到他来，都闻风归顺或者逃散，所以吴喜所到之处，总能战胜，传出捷报。

邓琬因刘胡跟建康官军沈攸之等对阵僵持，很久分不出胜负，于是加授袁顗为督征讨诸军事。六月，甲戌（十八日），袁顗率楼船一千艘，兵士两万人，抵达鹊尾。袁顗本无大将的才略，又性情卑怯。在军营中，他从不穿军服，谈话也不涉及战阵，而只吟诗作赋，谈论义理，对各将领既不安抚鼓励，又不肯接见。刘胡每次讨论军事，袁顗对他的回答和应酬都很简略、怠慢。于是，袁顗大失人心，刘胡对他恨之入骨。刘胡因后方补给未到，士卒缺粮，向袁顗借襄阳的存粮，袁顗拒绝，说：“京师还有两处住宅没有完工，正要用钱料理。”又相信过路人的传言，说：“建康米价飞涨，一斗高达数百钱。”认为用不着进攻，建康将自行崩溃，所以按兵不动，坐等胜利。

各路官军与袁顗在浓湖对峙，很久不能决出胜负。龙骧将军张兴世建议说：“叛贼盘踞上游，兵力强大，地势险要，我们的力量与他们对峙是绰绰有余，但不足以剿灭他们。若是派出数千奇兵潜入他们的背后，在险要的地方筑城布阵，伺机发动进攻，就会使他们首尾难顾，进退两难。上游一旦被我们切断，粮食运输一定艰难，这是克制叛贼的奇妙良策。钱溪一带长江两岸最为狭窄，又距大军不远，水道曲折湍急，船只经过必须紧靠岸边，那里又有天然的码头可以停船。千人把守，万人不能通过。其他要害之地，都不能超过此地。”沈攸之、吴喜全都赞成。这时，庞孟虬率兵前来增援殷琰，刘勔派人请求援兵，情况紧急。建安王刘休仁打算派张兴世率军增援刘勔，沈攸之说：“庞孟虬的部队，像一群蚂蚁，一定没什么作为，派遣另一位将领，交给他步、骑兵数千人，足以把庞孟虬制住。张兴世这次攻击，可是安危成败的关键，决不可半途而废。”于是命段佛荣率军

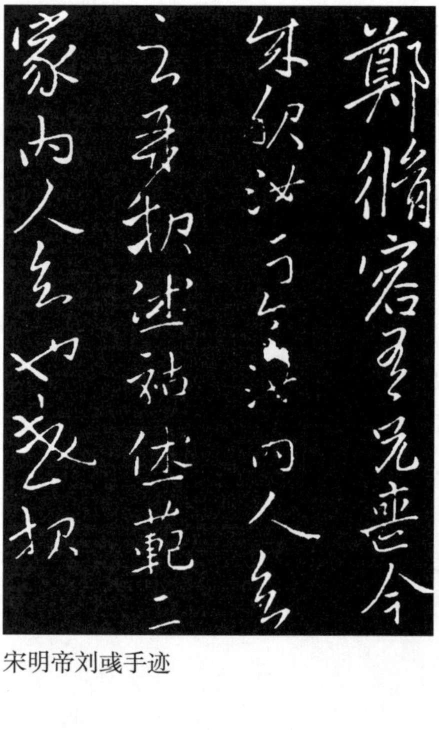
宋明帝刘彧手迹

增援刘勔，而另外挑选战士七千人，轻快小船二百艘，配给张兴世。

张兴世率二百艘小船，逆流而上，接着又返回，一连数天，都是如此。刘胡听到消息，取笑说："我还不敢越过他们阵地，夺取扬州，张兴世是什么东西，居然想轻易占领我的上游阵地。"于是，不做防备。一天晚上四更，正好刮起顺风，张兴世的船队，张满风帆，向西鼓浪前进，穿过湖口、白水口，再过鹊尾。刘胡发觉之后，急忙派他的将领胡灵秀领兵在东岸追赶，紧跟张兴世的船队前进。戊戌（七月十三日），晚上，张兴世停泊于景洪浦，胡灵秀也留在此处。张兴世暗中派遣部将黄道标，率七十条快艇直插钱溪，安营扎寨。己亥（十四日），张兴世率主力西进，直接进驻钱溪新营，胡灵秀无法阻止。庚子（十五日），刘胡亲自率领水陆联合的二十六支军队，前来攻击钱溪，张兴世的将士打算迎战，张兴世不允许，说："贼寇离我们还远，气势旺盛，打起仗来，箭如雨下。然而气太盛，容易衰弱，箭太多，容易枯竭，不如等待。"命令将士照旧加强工事。不久，刘胡船队接近，进入漩涡，张兴世命寿寂之、任农夫率精壮军士数百人先行攻击，主力部队相继一起前进，刘胡败退，数百人阵亡，刘胡收兵而回。当时，张兴世营寨还不够坚固，建安王刘休仁担心袁顗回军与刘胡合力再攻钱溪，打算分散他们的势力。辛丑（十六日），命沈攸之、吴喜等用皮蒙在船上攻击浓湖，杀数千人。当天，刘胡率步兵两万人，披甲骑兵一千人，打算再攻张兴世，进抵钱溪相距只有数十里时，袁顗因浓湖吃紧，命刘胡回兵增援。钱溪的营寨因此得以建成。刘胡派人散布谣言说："钱溪已经平定。"官军大为恐惧，沈攸之说："不对，钱溪如果战败，众人中至少会有一人逃亡回来，必定是他们攻击失利，散布假情报扰乱军心。"下令军中不得妄动。不多时，钱溪捷报传到。沈攸之把钱溪送来刘胡士卒的耳朵、鼻子，送给浓湖守军，袁顗异常惊骇恐惧。沈攸之黄昏时回军。

张兴世占领钱溪之后，叛军浓湖大营粮食开始缺乏。郑琬打算运送大量军需物资接济，但怕张兴世截击，不敢前进。刘胡率轻装船只四百艘，从鹊头江中内航道前进，打算攻打钱溪，中途对长史王念叔说："我从小习惯于陆地打仗，不懂水战。步兵作战时，我是在数万人中间，可是水上作战，只能在一条船的上边，船与船单独行进，互相不能照顾，我在一船不过三十人中间，这不是安全之计，我不去干。"于是，推托得了疟疾，停靠鹊头，不敢前进。只派龙骧将军陈庆率三百艘船驶向钱溪，吩咐陈庆不要与敌人接战，说："张兴世这个人，我非常熟悉他，他会自动逃走的！"陈庆抵达钱溪，驻扎梅根。

刘胡又派部将王起率一百余艘船攻打张兴世，张兴世反击，大败王起军。刘胡率其余的船队撤回浓湖，对袁顗说："张兴世营寨已经建成，短期内不可能攻破。昨天小小交战，谈不上损失。陈庆已与南陵、大雷各军共同扼住张兴世的上游，我们大营在此，鹊头诸将领又切断了他的下游，他已坠入我们的包围圈中，不必再为此忧虑。"袁顗对刘胡不亲自作战，十分恼怒，对刘胡说："运粮路线被切断，对此我们应该怎么办？"刘胡说："他们能越过我们逆流而上，我们这次运粮为什么不能越过他们顺江而下呢？”于是派遣安北府司马沈仲玉带领一千人徒步前往南陵，迎接军粮。

沈仲玉到达南陵，把三十万斛的米装到船上，又装军饷、布匹等共数十船，在船上用木板钉成围墙，打算突围。可是船队行至贵口，不敢前进，派人抄小路报告刘胡，请求增派重兵前来迎接。张兴世命寿寂之、任农夫等率三千人直奔贵口，攻击沈仲玉。沈仲玉丢下辎重，逃回袁顗大营，所有军用物资，全被夺走。刘胡的部队惊恐万状，部将张喜投降朝廷官军。

镇东中兵参军刘亮向前推进，直逼刘胡军营，刘胡抵抗不住，袁顗惊慌地说：“敌人已侵入人的肝脾重地中间，怎么能活命！”刘胡准备暗中逃走，己卯（八月二十四日），谎报袁顗说：“我打算率步、骑兵两万人，到上游夺回钱溪，并运回积存在大雷的余粮。”要求袁顗挑选马匹全都配备给他。当天，刘胡丢下袁顗，直奔梅根。先命薛常宝征集船只，又命南陵各军全部出发，纵火焚烧大雷各城而逃。当夜，袁顗才得知消息，勃然大怒，骂道：“今年可被这小子害苦了！”呼唤侍从牵来他平日所骑的马，名叫“飞燕”，对他的部属说：“我要亲自追击刘胡！”于是也乘机逃走。

庚辰（二十五日），建安王刘休仁率兵进入袁顗遗弃的大营，接纳十万人投降，同时派沈攸之等追捕袁顗。袁顗逃到鹊头，与镇守那里的主将薛伯珍会合，并带他所属的部队数千人一同向西撤退，打算前往寻阳。夜晚，住宿山间，袁顗杀马慰劳将士，回头对薛伯珍说：“我并不是怕死，只不过想要到寻阳，在主上面前请罪，然后自刎！”慷慨激昂，吆喝左右侍从，取来刘子勋赐给的符节，左右侍从无人理他。等到天亮，薛伯珍请求与他单独谈话，遂砍下袁顗人头，前往钱溪，向军主襄阳人俞湛之投降。俞湛之斩薛伯珍，连同袁顗的人头一起上缴作为自己的功劳。

刘胡率两万人奔回寻阳，谎报晋安王刘子勋说：“袁顗已经投降，全军溃散，只有我率领我的部属，单独逃回。应紧急采取措施，决一死战，我暂时驻防湓城，誓死效忠您。”于是，率船队从江中外航道西上，连夜直奔沔口。

邓琬听到刘胡逃走的消息，惊恐忧虑，无计可施，急忙召集中书舍人褚灵嗣等策划对策，大家都不知如何是好。吏部尚书张悦假装有病，请邓琬到私宅商讨大事，密令左右全副武装，在帐后埋伏，吩咐：“听见我命你们拿酒，便出来动手。”邓琬到后，张悦说：“你当初第一个坚持称帝，今天事已吃紧，你有什么办法？”邓琬说：“应当杀掉晋安王，查封仓库，以此来赎罪。”张悦说：“现在你宁可出卖殿下，也要保全自己活命吗！”于是呼唤拿酒，张悦的儿子张洵，提刀冲出，砍下邓琬人头。中书舍人潘欣之听说邓琬被杀的消息，率兵抵达张悦家门。张悦派人告诉潘欣之说：“邓琬打算谋反，已经斩首。”潘欣之才撤回。张悦逮捕了邓琬的儿子，一并杀掉。张悦于是单乘一只小船提着邓琬的人头东下，向朝廷建安王刘休仁投降。

寻阳大乱，蔡那的儿子蔡道渊原被囚禁在寻阳专门制造兵器的作坊里，这时挣脱枷锁，进入寻阳城，逮捕了刘子勋，投入大牢。不久，沈攸之等大军抵达寻阳，杀掉刘子勋，把人头押送到建康。刘子勋时年十一岁。

庚子（九月十六日），司徒刘休仁抵达寻阳，分别派吴喜、张兴世进攻荆州，沈怀明进攻郢州，刘亮及宁朔将军南阳人张敬儿进攻雍州，孙超之进攻湘州，沈思仁、任农夫进攻豫章，平定刘子勋的残余力量。

这一年，刘宋设立侨居南方的兖州，治所设在淮阴，徐州治所设在钟离，青、冀二州共设一个刺史，治所设在郁州。郁州在大海之中，方圆数百里，用石头筑城，高八九尺，虚设郡县，荒岛居民寥寥无几。

第一百三十二卷 宋纪十四

译文诵读

太宗明皇帝中泰始三年（丁未，467）

魏遣平东将军长孙陵等将兵赴青州，征南大将军慕容白曜将骑五万为之继援。白曜，燕太祖之玄孙也。白曜至无盐，欲攻之；将佐皆以为攻具未备，不宜遽进。左司马范阳郦范曰："今轻军远袭，深入敌境，岂宜淹缓！且申纂必谓我军来速，不暇攻围，将不为备；今若出其不意，可一鼓而克。"白曜曰："司马策是也。"乃引兵伪退。申纂不复设备，白曜夜中部分，三月，甲寅旦，攻城，食时，克之；纂走，追擒，杀之。白曜欲尽以无盐人为军赏，郦范曰："齐，形胜之地，宜远为经略。今王师始入其境，人心未洽，连城相望，咸有拒守之志，苟非以德信怀之，未易平也。"白曜曰："善！"皆免之。

白曜将攻肥城，郦范曰："肥城虽小，攻之引日；胜之不能益军势，不胜足以挫军威。彼见无盐之破，死伤涂地，不敢不惧；若飞书告谕，纵使不降，亦当逃散。"白曜从之，肥城果溃，获粟三十万斛。白曜谓范曰："此行得卿，三齐不足定也。"遂取垣苗、麋沟二戍，一旬中连拔四城，威震齐土。

房崇吉守升城，胜兵者不过七百人。慕容白曜筑长围以攻之，自二月至于夏四月，乃克之。白曜忿其不降，欲尽坑城中人，参军事昌黎韩麒麟谏曰："今勍敌在前而坑其民，自此以东，诸城人自为守，不可克也。师老粮尽，外寇乘之，此危道也。"白曜乃慰抚其民，各使复业。

崇吉脱身走，崇吉母傅氏，申纂妻贾氏，与济州刺史卢度世有中表亲，然已疏远。及为魏所虏，度世奉事甚恭，赡给优厚。度世闺门之内，和而有礼。虽世有屯夷，家有贫富，百口怡怡，丰俭同之。

崔道固闭门拒魏。沈文秀遣使迎降于魏，请兵援接，白曜欲遣兵赴之。郦范曰："文秀室家坟墓皆在江南，拥兵数万，城固甲坚，强则拒战，屈则遁去。我师未逼其城，无朝夕之急，何所畏忌而遽求援军！且观其使者，视下而色愧，语烦而志怯，此必挟诈以诱我，不可从也。不若先取历城，克盘阳，下梁邹，平乐陵，然后按兵徐进，不患其不服也。"白曜曰："崔道固等兵力单弱，不敢出战；吾通行无碍，直抵东阳，彼自知必亡，故望风求服，夫又何疑！”范曰：“历城兵多粮足，非朝夕可拔。文秀坐据东阳，为诸城根本。今多遣兵则无以攻历城，少遣兵则不足以制东阳；若进为文秀所拒，退为诸城所邀，腹背受敌，必无全理。愿更审计，无堕贼彀中。”白曜乃止。文秀果不降。

魏尉元上表称：“彭城贼之要藩，不有重兵积粟，则不可固守；若资储既广，虽刘彧师徒悉起，不敢窥淮北之地。”又言：“若贼向彭城，必由清、泗过宿豫，历下邳；趋青州，亦由下邳、沂水经东安；此数者，皆为贼用师之要。今若先定下邳，平宿豫，镇淮阳，戍东安，则青、冀诸镇可不攻而克；若四城不服，青、冀虽拔，百姓狼顾，犹怀侥幸之心。臣愚以为，宜释青、冀之师，先定东南之地，断刘彧北顾之意，绝愚民南望之心；夏水虽盛，无津途可由，冬路虽通，无高城可固。如此，则淮北自举，暂劳永逸。兵贵神速，久则生变；若天雨既降，彼或因水通，运粮益众，规为进取，恐近淮之民翻然改图，青、冀二州猝未可拔也。”

四年（戊申，468）

先是，中书侍郎、舍人皆以名流为之，太祖始用寒士秋当，世祖犹杂选士庶，巢尚之、戴法兴皆用事。及上即位，尽用左右细人，游击将军阮佃夫、中书通事舍人王道隆、员外散骑侍郎杨运长等，并参预政事，权亚人主，巢、戴所不及也。佃夫尤恣横，人有顺迕，祸福立至。大纳货赂，所饷减二百匹绢，则不报书。园宅饮馔，过于诸王；妓乐服饰，宫掖不如也。朝士贵贱，莫不自结。仆隶皆不次除官，捉车人至虎贲中郎将，马士至员外郎。

五年（己酉，469）

沈文秀守东阳，魏人围之三年，外无救援，士卒昼夜拒战，甲胄生虮虱，无离叛之志。乙丑，魏人拔东阳，文秀解戎服，正衣冠，取所持节坐斋内。魏兵交至，问：“沈文秀何在？”文秀厉声曰：“身是！”魏人执之，去其衣，缚送慕容白曜，使之拜，文秀曰：“各两国大臣，何拜之有！”白曜还其衣，为之设馔，锁送平城。魏主数其罪而宥之，待为下客，给恶衣、疏食；既而重其不屈，稍嘉礼之，拜外都下大夫。于是青、冀之地尽入于魏矣。

六年（庚戌，470）

上宫中大宴，裸妇人而观之，王后以扇障面。上怒曰：“外舍寒乞！今共为乐，何独不视！”后曰：“为乐之事，其方自多；岂有姑姊妹集而裸妇人以为笑！外舍之乐，雅异于此。”上大怒，遣后起。后兄景文闻之曰：“后在家劣弱，今段遂能刚正如此！”

南兖州刺史萧道成在军中久，民间或言道成有异相，当为天子。上疑之，征为黄门侍郎、越骑校尉。道成惧，不欲内迁，而无计得留。冠军参军广陵荀伯玉劝道成遣数十骑入魏境，安置标榜，魏果遣游骑数百履行境上；道成以闻，上使道成复本任。秋，九月，命道成迁镇淮阴。以侍中、中领军刘勔为都督南徐、兖等五州诸军事，镇广陵。

柔然部真可汗侵魏，魏主引群臣议之。尚书右仆射南平公目辰曰："若车驾亲征，京师危惧，不如持重固守。虏悬军深入，粮运无继，不久自退；遣将追击，破之必矣。"给事中张白泽曰："蠢尔荒愚，轻犯王略，若銮舆亲行，必望麾崩散，岂可坐而纵敌！以万乘之尊，婴城自守，非所以威服四夷也。"魏主从之。白泽，兖之孙也。

魏主使京兆王子推等督诸军出西道，任城王云等督诸军出东道，汝阴王天赐等督诸军为前锋，陇西王源贺等督诸军为后继，镇西将军吕罗汉等掌留台事。诸将会魏主于女水之滨，与柔然战，柔然大败。乘胜逐北，斩首五万级，降者万余人，获戎马器械不可胜计。旬有九日，往返六千余里。改女水曰武川。司徒东安王刘尼坐昏醉，军陈不整，免官。壬申，还至平城。

宋明帝泰始三年（丁未，公元467年）

北魏派平东将军长孙陵等领兵，进攻青州，征南大将军慕容白曜率领骑兵五万人，继续进发作为后援。慕容白曜是前燕国燕太祖的玄孙。慕容白曜抵达无盐，想要攻城，部属将领及僚佐都认为攻城的器具还不完备，不宜马上进攻。左司马范阳人郦范说："我们用轻装部队远途偷袭，深入敌人领土，怎么能做久留的打算！而且申纂一定认为我们来得太快，还来不及围攻，所以没有戒备，现在如果出其不意，可以一战而胜。"慕容白曜说："司马的主意很对。"于是率兵假装撤退。申纂果然不再戒备，慕容白曜在午夜时分进行部署。三月，甲寅（初三），凌晨，向无盐城进攻，早饭时，攻破。申纂逃走，被追捕生擒并斩首。慕容白曜打算将无盐全城人一律当做战利品赏赐部下，郦范说："古齐国地区，形势重要，应当有长远经营计划。而今，王师刚刚入境，人心还没有归顺，城池相连，互相观望，都有固守不降的志向，假如不以恩德和信誉安抚他们，不容易平定啊。"慕容白曜说："好！"便把百姓一律赦免。

慕容白曜将要进攻肥城，郦范说："肥城虽然很小，但攻打起来，很费时间，胜了他不能增加我们的声势，失败则有损于我们的军威。他们看到无盐城被攻陷的惨状，遍地死伤，也不会不感到恐惧，如果送去一封警告信，他们即使不投降，也会四处逃散。"慕容白曜同意，肥城果然崩溃，北魏大军缴获粟米三十万斛。慕容白曜对郦范说："这次出征，有你出谋，三齐不怕不能平定。"于是夺取垣苗、麋沟二城。十天之内，一连攻克四城，声威震撼齐地。

刘宋房崇吉坚守升城，能作战的士卒不过七百人。北魏慕容白曜兴筑长墙，发动攻击，自二月攻到夏季四月，才攻陷城池。慕容白曜对这么一个小城誓死不投降，大为愤怒，打算把城内百姓全部活埋，参军事昌黎人韩麒麟劝阻说："眼下强敌在前，而坑杀他们的百姓，恐怕从此向东，各个城的人都会坚守，无法攻克。军队出征太久，粮食吃尽，外面贼寇乘机进攻，这可是危险之道。"慕容白曜于是对百姓慰问安抚，使他们恢复正常生活。

房崇吉只身逃亡，他的母亲傅氏及申纂的妻子贾氏，与北魏济州刺史卢度世原是表亲，不过关系早已疏远。等到傅、贾两人被北魏军俘虏，卢度世对待她们十分恭敬，生活供给也非常优厚。卢度世家门之内，详和而有礼节，虽然时势有时动乱有时安定，财产有的贫穷有的富有，但百口之家，心情欢快，苦乐共同承担。

崔道固关闭城门抗拒北魏军。沈文秀却派人向北魏投降，请求派兵增援，慕容白曜打算派兵前往。郦范说："沈文秀的家室和祖先坟墓，都在长江以南，掌握重兵数万，城墙坚固，武器精良，强大时挺身作战，衰弱时起身逃走，我军并未逼到他的城下，他也没有燃眉之急，有什么可怕的，而请求我们派兵增援？并且，我看他的使节，眼睛一直向下看，脸色惭愧，说话啰嗦而胆怯，这一定心怀奸诈，引诱我们走进圈套，不可轻信。不如先夺取历城、盘阳，再拿下梁邹、乐陵，然后慢慢向前推进，不怕他们不屈服。"慕容白曜说："崔道固等兵力单薄，不敢出战，我们可以通行无阻，一直抵达东阳，沈文秀自知必亡，所以望风投降，又有什么可怀疑的！"郦范说："历城兵力雄厚，粮食充足，不是早晚之间就能攻克的。沈文秀雄据东阳，是各城的根本。现在派兵太多，则无法攻打历城；派兵太少，又不足以制服东阳。如果前进遭沈文秀抵御，后退又被各城联军阻击，腹背受敌，绝对没有安全的道理。请再三考虑，不要落入贼寇的圈套。"慕容白曜才停止，而沈文秀果然不降。

北魏尉元上书朝廷说："彭城是贼寇的重要基地，如果不驻防重兵，储存粮草，就不能守住。如果军用物资丰富，就是刘彧出动全部军队，也不敢窥伺淮北之地。"又说："如果贼寇攻击彭城，一定经由清水、泗水，穿过宿豫、下邳。如果攻击青州，也要从下邳顺着沂水，穿过东安。这几个地方，都是贼寇用兵的要地。现在，如果我们能先占领下邳，平定宿豫，驻防淮阳，戍守东安，那么青州、冀州各个据点便可以不攻而破。如果这四个城池不肯屈服，那么青州、冀州虽然攻破，居民百姓回望刘彧，仍怀侥幸的心理。以我的愚见，应该召回逗留青、冀二州的部队，先平定东南地区，断了刘彧北伐的念头，清除愚民回归南方的愿望。使他们明白：夏季雨水虽大，却没有河道可走；冬天陆路虽通，却没有高大的城墙可用来固守。这样，淮河以北的土地就可以占领。暂时辛劳，可以换来永久安逸。兵贵神速，时间长就容易发生变化。如果进入雨季，对方因河路畅通，得以运送粮食，增派军队，再去进攻，恐怕淮河两岸居民将改变立场，青、冀二州仓促之间也就难以攻克了。"

四年（戊申，公元468年）

在此之前，中书侍郎、中书舍人都是由社会上知名度很高的士族担任。刘宋文帝开始录用寒门出身的秋当。孝武帝时还混杂遴选士族和庶族出身的人联合担任，巢尚之、戴法兴都掌握大权。到了明帝即位，任用的全是地位低微的侍从。游击将军阮佃夫、中书通事舍人王道隆、员外散骑侍郎杨运长等，都参与政事，权力仅次于皇帝，当年巢尚之、戴法兴的权势也远不及他们。阮佃夫尤其骄纵横暴，肆无忌惮，有人谄媚他时，立刻受赏，偶尔冒犯，便大祸临头。他大肆收受贿赂，送给他的绢如少于二百匹，则连封信都不回。他的住宅、园林、饮食等等，豪华都超过诸王。他的歌女乐工的服饰，连宫廷里的人都赶不上。朝中无论大小官吏，没有一个不对他巴结奉承。他的奴仆差役，纷纷被破格提拔为官吏，车夫甚至当上了虎贲中郎将，马夫甚至成了员外郎。

五年（己酉，公元469年）

沈文秀据守东阳，北魏军队围城已经三年。东阳外无援兵，士卒日夜抵抗，头盔铠甲不能离身，都生了虱子，但无背叛之心。乙丑（正月二十四日），北魏军队攻下东阳，沈文秀脱下戎衣，换穿文职官服，整理周正，手拿皇帝颁发的符节，端坐在屋里。北魏士卒先后涌到，问："沈文秀在哪里？"沈文秀大声说："我就是。"北魏士卒上去把他捉住，剥下他的衣服，捆绑着押送给慕容白曜，逼迫他叩头下拜，沈文秀说："两人都是国家的大臣，为什么要我下跪！"慕容白曜还给他衣服，送给他饭菜，加上脚镣手铐，押送平城。北魏国主列举他的罪过，加以斥责，然后赦免，把他当做下等宾客相待，穿粗布衣服，吃素食。不久，因为敬重他决不屈服的气慨，稍稍以礼相待，任命他为外都下大夫。从此，青、冀之地全部并入北魏的版图。

六年（庚戌，公元470年）

（六月）刘宋明帝在宫中大摆宴席，命妇女脱光衣服，让大家欣赏，皇后用扇子挡住面庞，明帝大怒说："真是穷家的寒酸相！今天大家一同取乐，为什么只你不看！"皇后说："寻求欢乐的事方法很多，难道有姑嫂姐妹聚在一起脱光妇女来取笑的！我们家的欢乐，与此不同。"明帝大怒，赶皇后出去。皇后的哥哥王景文听说这件事，说："我妹妹在家时，性情柔弱，想不到这次竟如此刚正！"

南兖州刺史萧道成在军旅中已经很长时间。民间有人传言说萧道成的相貌和普通人不一样，应当做天子。明帝有了疑虑，下诏征召萧道成回京任黄门侍郎、越骑校尉。萧道成很恐惧，不想回京，可是又没有办法留下来不走。冠军参军广陵人荀伯玉劝萧道成派数十个骑兵，深入北魏国境，张贴布告，号召居民起义。北魏果然派出游骑兵数百人，沿边境巡逻。萧道成紧急报告朝廷，明帝才恢复萧道成的原职。秋季，九月，明帝命萧道成迁驻淮阴。任命侍中、中领军刘勔为都督南徐州、兖州等五州诸军事，镇守广陵。

柔然汗国部真可汗侵略北魏，北魏国主集合群臣商议。尚书右仆射南平公拓跋目辰说："如果皇上御驾亲征，京师将陷入惊恐，不如小心慎重，采取守势。胡虏孤军深入，粮秣补给，不能供应，用不了多久，就会自行撤退；到那时派将士追击，一定会把他们击败。"给事中张白泽说："蛮荒地带的愚蠢丑类，轻率冒犯边界，如果御驾能够亲征，望见我们旗帜，他们就会一哄而散，怎么能坐在这里放纵敌人横行！陛下以万乘之尊，而环城自守，这样不能威服四方夷族。"北魏国主同意。张白泽是张兖的孙子。

北魏国主命京兆王拓跋子推等率各军从西路进击，任城王拓跋云等率各军从东路进击，汝阴王拓跋天赐等率各军为先锋，陇西王源贺等率各军为后继部队，镇西将军吕罗汉等留守朝廷。各将领与北魏国主在女水河畔会合，迎战柔然汗国军队，柔然军队大败。北魏军乘胜追击，杀了五万人，受降一万多人，缴获战马、武器数不胜数。北魏军在十九天中，往返六千多里。女水从此改名为武川。司徒东安王刘尼因酒醉昏迷，军阵混乱不堪，被罢了官。壬申（九月十一日），返回平城。

第一百三十三卷　宋纪十五

译文诵读

太宗明皇帝下泰始七年（辛亥，471）

初，上为诸王，宽和有令誉，独为世祖所亲。即位之初，义嘉之党多蒙全宥，随才引用，有如旧臣。及晚年，更猜忌忍虐，好鬼神，多忌讳，言语、文书，有祸败、凶丧及疑似之言应回避者数百千品，有犯必加罪戮。改“䯄”字为“𫘪”，以其似祸字故也。左右忤意，往往有刳斮者。

时淮、泗用兵，府藏空竭，内外百官，并断俸禄。而奢费过度，每所造器用，必为正御、副御、次副各三十枚。嬖幸用事，货赂公行。

上素无子，密取诸王姬有孕者内宫中，生男则杀其母，使宠姬子之。

至是寝疾，以太子幼弱，深忌诸弟。南徐州刺史晋平刺王休祐，前镇江陵，贪虐无度，上不使之镇，留之建康，遣上佐行府州事。休祐性刚狠，前后忤上非一，上积不能平；且虑将来难制，欲方便除之。甲寅，休祐从上于岩山射雉，左右从者并在仗后。日欲阍，上遣左右寿寂之等数人，逼休祐令坠马，因共殴，拉杀之，传呼“骠骑落马！”上阳惊，遣御医络驿就视，比其左右至，休祐已绝，去车轮，舆还第。追赠司空，葬之如礼。

建康民间讹言，荆州刺史巴陵王休若有至贵之相，上以此言报之，休若忧惧。戊午，以休若代休祐为南徐州刺史。休若腹心将佐，皆谓休若还朝，必不免祸，中兵参军京兆王敬先说休若曰：“今主上弥留，政成省闼，群竖恟恟，欲悉去宗支以便其私。殿下声著海内，受诏入朝，必往而不返。荆州带甲十余万，地方数千里，上可以匡天子，除奸臣，下可以保境土，全一身；孰与赐剑邸第，使臣妾饮泣而不敢葬乎！”休若素谨畏，伪许之。敬先出，使人执之，以白于上而诛之。

晋平剌王既死，建安王休仁益不自安。上与嬖臣杨运长等为身后之计，运长等亦虑上晏驾后，休仁秉政，己辈不得专权，弥赞成之。上疾尝暴甚，内外莫不属意于休仁，主书以下皆往东府访休仁所亲信，豫自结纳；其或在直不得出者，皆恐惧。上闻，愈恶之。五月戊午，召休仁入见，既而谓曰：“今夕停尚书下省宿，明可早来。”其夜，遣人赍药赐死。休仁骂曰：“上得天下，谁之力邪！孝武以诛锄兄弟，子孙灭绝。今复为尔，宋祚其能久乎！”上虑有变，力疾乘舆出端门，休仁死，乃入。下诏称：“休仁规结禁兵，谋为乱逆，朕未忍明法，申诏诘厉。休仁惭恩惧罪，遽自引决。可宥其二子，降为始安县王，听其子伯融袭封。”

魏显祖聪睿夙成，刚毅有断；而好黄、老、浮屠之学，每引朝士及沙门共谈玄理，雅薄富贵，常有遗世之心。以叔父中都大官京兆王子推沈雅仁厚，素有时誉，欲禅以帝位。时太尉源贺督诸军屯漠南，驰传召之。既至，会公卿大议，皆莫敢先言。任城王云，子推之弟也，对曰：“陛下方隆太平，临覆四海，岂得上违宗庙，下弃兆民。且父子相传，其来久矣。陛下必欲委弃尘务，则皇太子宜承正统。夫天下者，祖宗之天下；陛下若更授旁支，恐非先圣之意，启奸乱之心，斯乃祸福之原，不可不慎也。”源贺曰：“陛下今欲禅位皇叔，臣恐紊乱昭穆，后世必有逆祀之讥。愿深思任城之言。”东阳公丕等曰：“皇太子虽圣德早彰，然实冲幼。陛下富于春秋，始览万机，奈何欲隆独善，不以天下为心，其若宗庙何！其若亿兆何！”尚书陆馛曰：“陛下若舍太子，更议诸王，臣请刎颈殿庭，不敢奉诏！”帝怒，变色；以问宦者选部尚书酒泉赵黑，黑曰：“臣以死奉戴皇太子，不知其他！”帝默然。时太子宏生五年矣，帝以其幼，故欲传位子推。中书令高允曰：“臣不敢多言，愿陛下上思宗庙托付之重，追念周公抱成王之事。”帝乃曰：“然则立太子，群公辅之，有何不可！”又曰：“陆馛，直臣也，必能保吾子。”乃以馛为太保，与源贺持节奉皇帝玺绂传位于太子。丙午，高祖即皇帝位，大赦，改元延兴。

高祖幼有至性，前年，显祖病痈，高祖亲吮。及受禅，悲泣不自胜。显祖问其故，对曰：“代亲之感，内切于心。”

丁未，显祖下诏曰：“朕希心玄古，志存澹泊，爰命储宫践升大位，朕得优游恭己，栖心浩然。”

群臣奏曰：“昔汉高祖称皇帝，尊其父为太上皇，明不统天下也。今皇帝幼冲，万机大政，犹宜陛下总之。谨上尊号曰太上皇帝。”显祖从之。

己酉，上皇徙居崇光宫，采椽不斫，土阶而已；国之大事咸以闻。崇光宫在北苑中，又建鹿野浮图于苑中之西山，与禅僧居之。

上以故第为湘宫寺，备极壮丽；欲造十级浮图而不能，乃分为二。新安太守巢尚之罢郡入见，上谓曰：“卿至湘宫寺未？此是我大功德，用钱不少。”通直散骑侍郎会稽虞愿侍侧，曰：“此皆百姓卖儿贴妇钱所为，佛若有知，当慈悲嗟愍；罪高浮图，何功德之有！”侍坐者失色；上怒，使人驱下殿。愿徐去，无异容。

上好围棋，棋甚拙，与第一品彭城丞王抗围棋，抗每假借之，曰：“皇帝飞棋，臣抗不能断。”上终不悟，好之愈笃。愿又曰：“尧以此教丹朱，非人主所宜好也。”上虽怒甚，以愿王国旧臣，每优容之。

泰豫元年（壬子，472）

己亥，上大渐，以江州刺史桂阳王休范为司空，又以尚书右仆射褚渊为护军将军，加中领军刘勔右仆射，诏渊、勔与尚书令袁粲、荆州刺史蔡兴宗、郢州刺史沈攸之并受顾命。褚渊素与萧道成善。引荐于上，诏又以道成为右卫将军，领卫尉，与袁粲等共掌机事。是夕，上殂。庚子，太子即皇帝位，大赦。时苍梧王方十岁，袁粲、褚渊秉政，承太守奢侈之后，务弘节俭，欲救其弊；而阮佃夫、王道隆等用事，货赂公行，不能禁也。

苍梧王上元徽元年（癸丑，473）

桂阳王休范，素凡讷，少知解，不为诸兄所齿遇，物情亦不向之，故太宗之末得免于祸。及帝即位，年在冲幼，素族秉政，近习用权。休范自谓尊亲莫二，应入为宰辅；既不如志，怨愤颇甚。典签新蔡许公舆为之谋主，令休范折节下士，厚相资给，于是远近赴之，岁中万计；收养勇士，缮治器械。朝廷知其有异志，亦阴为之备。会夏口阙镇，朝廷以其地居寻阳上流，欲使腹心居之。二月，乙亥，以晋熙王燮为郢州刺史。燮始四岁，以黄门郎王奂为长史，行府州事，配以资力，使镇夏口；复恐其过寻阳为休范所劫留，使自太洑径去。休范闻之，大怒，密与许公舆谋袭建康；表治城隍，多解材板而蓄之。奂，景文之兄子也。

二年（甲寅，474）

夏，五月，壬午，桂阳王休范反。掠民船，使军队称力请受，付以材板，合手装治，数日即办。丙戌，休范率众二万、骑五百发寻阳，昼夜取道；以书与诸执政，称："杨运长、王道隆蛊惑先帝，使建安、巴陵二王无罪被戮，望执录二竖，以谢冤魂。"

庚寅，大雷戍主杜道欣驰下告变，朝廷惶骇。护军褚渊、征北将军张永、领军刘勔、仆射刘秉、右卫将军萧道成、游击将军戴明宝、骁骑将军阮佃夫、右军将军王道隆、中书舍人孙千龄、员外郎杨运长集中书省计事，莫有言者。道成曰："昔上流谋逆，皆因淹缓致败，休范必远惩前失，轻兵急下，乘我无备。今应变之术，不宜远出；若偏师失律，则大沮众心。宜顿新亭、白下，坚守宫城、东府、石头，以待贼至。千里孤军，后无委积，求战不得，自然瓦解。我请顿新亭以当其锋，征北守白下，领军屯宣阳门为诸军节度；诸贵安坐殿中，不须竞出，我自破贼必矣。"因索笔下议，众并注"同"。孙千龄阴与休范通谋，独曰："宜依旧遣军据梁山。"道成正色曰："贼今已近，梁山岂可得至！新亭既是兵冲，所欲以死报国耳。常时乃可屈曲相从，今不得也！"坐起，道成顾谓刘勔曰："领军已同鄙议，不可改易！"袁粲闻难，扶曳入殿，即日，内外戒严。

道成将前锋兵出屯新亭，张永屯白下，前南兖州刺史沈怀明戍石头，袁粲、褚渊入卫殿省。时仓猝不暇授甲，开南北二武库，随将士意所取。

萧道成至新亭，治城垒未毕；辛卯，休范前军已至新林。道成方解衣高卧以安众心，徐索白虎幡，登西垣，使宁朔将军高道庆、羽林监陈显达、员外郎王敬则帅舟师与休范战，颇有杀获。壬辰，休范自新林舍舟步上，其将丁文豪请休范直攻台城。休范遣文豪别将兵趣台城，自以大众攻新亭垒。道成率将士悉力拒战，自巳至午，外势愈盛，众皆失色，道成曰："贼虽多而乱，寻当破矣。"

休范白服，乘肩舆，自登城南临沧观，以数十人自卫。屯骑校尉黄回与越骑校尉张敬儿谋诈降以取之。回谓敬儿曰："卿可取之，我誓不杀诸王。"敬儿以白道成。道成曰："卿能办事，当以本州相赏。"乃与回出城南，放仗走，大呼称降。休范喜，召至舆侧。回阳致道成密意，休范信之，以二子德宣、德嗣付道成为质。二子至，道成即斩之，休范置回、敬儿于左右，所亲李恒、锺爽谏，不听。时休范日饮醇酒，回见休范无备，目敬儿；敬儿夺休范防身刀，斩休范首，左右皆散走。敬儿驰马持首归新亭。

道成遣队主陈灵宝送休范首还台。灵宝道逢休范兵，弃首于水，挺身得达，唱云："已平"，而无以为验，众莫之信。休范将士亦不之知，其将杜黑骡攻新亭甚急。萧道成在射堂，司空主簿萧惠朗帅敢死士数十人突入东门，至射堂下。道成上马，帅麾下搏战，惠朗乃退，道成复得保城。惠朗，惠开之弟也，其姊为休范妃。惠朗兄黄门朗惠明，时为道成军副，在城内，了不自疑。

道成与黑骡拒战，自晡达旦，矢石不息；其夜，大雨，鼓叫不复相闻。将士积日不得寝食，军中马夜惊，城内乱走。道成秉烛正坐，厉击呵之，如是者数四。

道成遣陈显达、张敬儿及辅师将军任农夫、马军主东平周盘龙等将兵自石头济淮，从承明门入卫宫省。袁粲慷慨谓诸将曰："今寇贼已逼而众情离沮，孤子受先帝付托，不能绥静国家，请与诸君同死社稷！"被甲上马，将驱之。于是陈显达等引兵出战，大破杜黑骡于杜姥宅，飞矢贯显达目。丙申，张敬儿等又破黑骡等于宣阳门，斩黑骡及丁文豪，进克东府，余党悉平。萧道成振旅还建康，百姓缘道聚观，曰："全国家者此公也！"道成与袁粲、褚渊、刘秉皆上表引咎解职，不许。丁酉，解严，大赦。

宋明帝泰始七年（辛亥，公元471年）

当初，刘宋明帝还是亲王时，性情宽厚平和，有良好的声誉，只有他深受孝武帝的宠爱。即位初年，对拥护寻阳政权的官员，大多数都留住他们的性命，加以原谅，而且按照各人的才干，分别任用，像对旧有臣下一样对待。到了晚年，却猜疑、嫉妒、残忍、暴虐，迷信鬼神巫术，忌讳多端。无论言论、文书，对祸、败、凶、丧以及含混难辨的话和字有成百上千条，都加以回避，如有触犯，一定加以惩罚和诛杀。把"䯄"改成"马瓜"，因为"䯄"看起来像"祸"字。左右官员只要触犯禁忌，常常有被挖心或剖出五脏的人。

当时，淮河、泗水一带多次发生军事行动，当地府库空竭，朝廷内外的百官，全都断了俸禄。但明帝却过度奢侈浪费，每次制造器物用具，都要分为正用、备用、次备用，各制三十件。侍候左右的亲信当权，贪赃枉法，贿赂公行。

明帝一直没有儿子，就把各亲王怀有身孕的姬妾秘密接到宫中，如生男孩，就把生母杀掉，由他自己的宠妃认作儿子。

到这一年，明帝患病，因为太子年纪还小，他唯恐自己的弟弟们篡夺政权。南徐州刺史晋平剌王刘休祐，从前镇守江陵时，贪污暴虐，无法无天。这次调任路过京师，明帝不让他去赴任，把他留在建康，派他的高级属官代理府州事务。刘休祐性情暴烈凶恶，冒犯明帝不止一次，明帝都记在心中，无法再忍，并且考虑到将来儿子没有能力控制他，所以准备找个机会把他除掉。甲寅（二十六日），刘休祐随同明帝前往岩山射猎野鸡，兄弟二人向前奔驰，左右侍从被抛在后面。天将黄昏，明帝派亲信寿寂之等数人，把刘休祐从马背上挤下来，大家一拥而上，痛打一气，直至死亡，然后传呼："骠骑将军落马！"明帝假装大吃一惊，立即派出御医，一个接一个地前往诊视。等到刘休祐左右侍从赶到，刘休祐已气绝身亡，把他所乘车的轮子拆掉，改作病床，由人抬回家。明帝下诏追赠刘休祐为司空，用应有丧礼安葬。

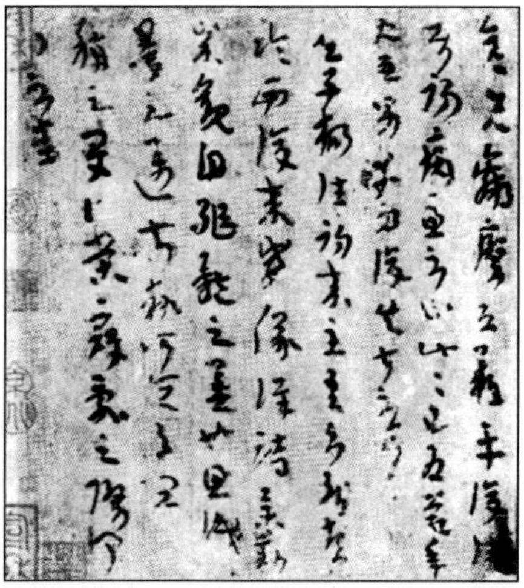

陆机的墨迹《平复帖》

建康民间传播谣言，说荆州刺史巴陵王刘休若，有尊贵的面相。明帝写信将此言告诉了他，刘休若忧虑恐惧。戊午（三十日），明帝任命刘休若接替刘休祐为南徐州刺史。刘休若心腹将领一致认为：刘休若只要回到建康，就难逃大祸。中兵参军京兆人王敬先劝刘休若说："现在，皇上病重正处在弥留之际，朝廷大权握在省阁之手，一群奸恶之徒，来势汹汹，准备把皇上的兄弟全部铲除，以此来满足自己的私欲。殿下的名声，传播海内，如接受诏书，前往京师朝见，一定有去无回。荆州武装部队十余万，土地数千里。上可以辅佐天子，铲除奸臣；下可以保全一州，救自己一命。这和回到建康家宅，接受皇上赐给你自杀的佩剑，使你的臣妾饮泣吞声相比较，又怎么样呢！"刘休若一向谨慎胆怯，于是假装答应。王敬先一出王府，立刻派人把他抓起来，把他说的话奏报明帝，并将他处死。

晋平剌王刘休祐被杀之后，建安王刘休仁越发惶恐不安。明帝常跟亲信杨运长等商讨身后之计，杨运长等也担心明帝死了之后，刘休仁当政，他们这些人不能独断专行，所以都赞成明帝的计划。明帝一度病情十分危险，无论朝廷还是民间都把希望寄托在刘休仁主持朝政上，连主书以下的低级官员，都往东府拜访刘休仁的亲信，想预先结下交情。有些人正巧当班，不能出来从事结交活动，都心急而恐惧。明帝听说后，更为气愤。五月，戊午（初一），明帝命刘休仁进宫朝见，不久又通知他说：“今晚你可在尚书下省安歇，明天一早再来。”当夜，明帝派人送去毒药，强迫他吞服。刘休仁骂道：“你能得到天下，是谁的力量！孝武帝因为诛杀兄弟，子孙灭绝。今天你又要诛杀兄弟，宋的统治岂能长久！”明帝担心有变，提起精神，乘轿到皇城端门坐镇，直到刘休仁气绝，才回后宫，下诏宣布：“刘休仁计划结交宫廷禁卫官兵，阴谋叛乱，朕不忍心把他交付廷尉审判，而只下诏严厉斥责，刘休仁对自己的忘恩负义，畏惧羞愧，不能自容，服毒自杀。可以宽恕他的两个儿子，贬刘休仁为始安县王，由其子刘伯融继承爵位。”

北魏献文帝拓跋弘从小就聪明睿智，刚毅果断，爱好黄老哲学和佛学，每次接见朝廷官员及和尚僧侣，共同谈玄论理，对世俗的荣华富贵，非常淡泊鄙薄，时常有离家修行的想法。认为叔父中都大官、京兆王拓跋子推沉稳文雅仁厚，一向有较高的声誉，打算把帝位禅让给他。当时，太尉源贺率各军驻防漠南，献文帝迅速传召他回京。源贺抵达时，正举行公卿会议，没有一个人敢先发言。任城王拓跋云是拓跋子推的弟弟，他说：“陛下正逢太平盛世，君临四海，怎么可以对上违背祖宗，对下抛弃人民。而且，父子相传，由来已久。陛下一定要放弃尘世上的俗务，那么皇太子理应继承大统。天下是祖先的天下，陛下如果把朝廷授予旁支，恐怕不是明圣祖先的本意，将要引起奸人的乱心，这是祸福的源头，不可不格外谨慎。”源贺说：“陛下现今打算禅位给皇叔，我深恐扰乱皇家祖庙祭祀的顺序，后世将讥讽我们逆祀。请三思任城王之言。”东阳公拓跋丕等说：“皇太子虽然神圣恩德早已显彰，但年龄实在太小，而陛下正当壮年，刚开始亲自主持朝政，为何只顾独善其身，不把天下放在心上？如果那样的话，皇家祖庙将怎么办，亿万人民将怎么办！”尚书陆馛说：“陛下若舍弃太子，传位亲王，我宁可在金銮殿上自刎，也不敢奉诏。”献文帝勃然大怒，脸色霎时改变，转过头问宦官选部尚书酒泉人赵黑，赵黑说：“我以死效忠皇太子，不知其他。”献文帝沉默不语。这一年，皇太子拓跋宏仅仅五岁。献文帝因他太小，所以准备传位给拓跋子推。中书令高允说：“我不敢多言，愿陛下不忘祖先托付之重，而追念周公辅佐幼主成王的故事。”献文帝说：“那么，让皇太子登基，由各位辅佐，有何不可！”又说：“陆馛是忠直之臣，一定能保护我的儿子。”于是任命陆馛为太保，与源贺一同持节，把皇帝的玉玺呈献给皇太子拓跋宏。丙午（八月二十日），高祖孝文帝即位，宣布大赦，改年号为延兴。

孝文帝从小就感情丰富，两年前，献文帝身上长疮，孝文帝亲自用嘴为父亲吮脓。等到接受父亲的禅让，悲痛哭泣，不能自胜。献文帝问他缘故，他回答说：“接替父亲的位置，内心感受非常深切。”

丁未（二十一日），献文帝下诏说：“朕向往太古生活，志向恬淡，不图名利，特命太子升为皇帝，朕只求悠闲自得，修身养性。”

文武官员上奏说：“从前，汉高祖刘邦当了皇帝，尊称他的父亲为太上皇，表明并非自己统治天下。而今，皇上年纪幼小，朝廷大政仍宜由陛下掌管，谨恭上尊号太上皇帝。”献文帝同意。

己酉（二十三日），太上皇帝迁到崇光宫居住，用刚刚采来未经砍伐的木材为房椽，台阶仍为土质，朝廷大事，仍向他请示。崇光宫在北苑中，又在苑中西山兴建佛教寺庙，名叫鹿野浮图，让和尚僧侣居住。

明帝把原来的府邸改为庙院，称湘宫寺，装潢修建，极为壮观华丽。准备兴建十层佛塔，不能成功，于是便修成两座。新安太守巢尚之解除职务后，回京朝见，明帝对他说：“你去过湘宫寺没有？那可是我的大功德，花费不少钱。”通直散骑侍郎会稽人虞愿正在一边侍立，说：“那是百姓用卖子、卖妻的钱所建造的，佛陀如果有灵，会慈悲为怀，哭泣哀叹。罪恶高过佛塔，有什么功德！”在座的人脸色全都大变，明帝大怒，命人把虞愿驱逐出殿。虞愿慢慢离开，没有恐惧的表情。

明帝爱下围棋，但棋艺非常拙劣，常跟围棋国手彭城丞王抗对弈。王抗只好常常暗中让他，说：“皇上一飞，臣无法切断。”明帝始终不知内情，对围棋越发爱不释手。虞愿又说：“这是尧用来教他儿子丹朱的玩艺儿，不是人主所应该嗜好的。”明帝怒不可遏，但由于虞愿是自己任亲王时的旧属，所以总是非常宽容他。

泰豫元年（壬子，公元472年）

己亥（四月十七日），明帝病危，任命江州刺史、桂阳王刘休范为司空，又命尚书右仆射褚渊为护军将军，加授中领军刘勔为右仆射。下诏指定褚渊、刘勔和尚书令袁粲、荆州刺史蔡兴宗、郢州刺史沈攸之同时接受托孤遗命。褚渊与萧道成的关系一向十分亲密，就把萧道成推荐给明帝，明帝再下诏，任命萧道成为右卫将军、兼卫尉，与袁粲等共同掌管朝廷大事。当晚，明帝去世。庚子（十八日），太子刘昱即皇帝位，宣布大赦。此时苍梧王刘昱年仅十岁。袁粲、褚渊主持朝政，在明帝奢侈糜烂的生活之后，力求节俭，想革除积弊。但是，阮佃夫、王道隆等人依然掌权，贿赂公开施行，袁粲、褚渊无力禁止。

宋苍梧王元徽元年（癸丑，公元473年）

桂阳王刘休范一向平凡庸俗，口舌木讷，愚昧无知，兄弟们都瞧不起他，社会上也没有人称赞他。所以，明帝对亲骨肉屠杀时，他得以幸免。太子刘昱即位时，年纪还幼小，寒门平民出身的官员主持朝政，左右亲近掌握大权。刘休范自认为无论是地位尊贵还是皇家血统，都没有人能超过他，他应该到朝廷担任宰相。意愿未得实现，就异常怨恨，不能自制。典签、新蔡人许公舆做他的主要谋士，教刘休范礼贤下士，广交朋友，给他们优厚的待遇，于是，无论远近，许多人前来投奔，一年之中集结的人数以万计，并收养勇士，制造武器。朝廷察觉刘休范行为异常，定怀二心，因此也暗中戒备。此时，正赶上夏口无人镇守，朝廷认为那里位居寻阳上游，打算派亲信去镇守。二月，乙亥（二十八日），任命晋熙王刘燮为郢州刺史。

刘燮本年才四岁，任命黄门郎王奂为长史代理府州事，配备雄厚的军事物资和兵力，镇守夏口，又唯恐刘燮等经过寻阳时被刘休范强行劫留，便让他们绕过寻阳，从太嬰小路前往。刘休范得知后，勃然大怒，跟许公舆密谋袭击建康。他上疏朝廷，要求整修城池，但背地里却把很多筑城用的木板储藏起来。王奂是王景文的侄儿。

二年（甲寅，公元474年）

夏季，五月，壬午（十二日），桂阳王刘休范起兵反抗朝廷。掠夺百姓船只，让各军各队根据实力申报所需数量，发给他们木板，依照规格装配船只，数日之间就办理完毕。丙戌（十六日），刘休范率军两万人，骑兵五百人，从寻阳出发，昼夜不停地前进。写信给朝廷各位执政官员，宣称："杨运长、王道隆蛊惑蒙蔽先帝，使建安、巴陵二位亲王无罪被杀，请逮捕这两个奸臣，用来向冤魂谢罪。"

庚寅（二十日），大雷戍主杜道欣飞驰东下，报告事变，朝廷惶恐震惊。护军褚渊、征北将军张永、领军刘勔、仆射刘秉、右卫将军萧道成、游击将军戴明宝、骁骑将军阮佃夫、右军将军王道隆、中书舍人孙千龄、员外郎杨运长在中书省紧急集会，商讨对策，没有人肯先发言。萧道成说："过去，凡是长江上游发动的叛乱，都因为行动迟缓，导致失败，刘休范一定吸取前人的教训，率轻装部队，急流东下，乘我们没有防备，来一个突然袭击。当今应变的策略，是不派军到远处出征，因为只要一支军队被击败，军心就会大受沮丧。我们应该防守新亭、白下，坚守宫城、东府、石头，等待贼寇攻击。他们一支孤军，千里而来，粮秣供应不上，求战不得，自然就会瓦解。我请求驻防新亭，首先抵挡叛军的前锋，张永驻守白下，刘勔驻扎宣阳门，指挥各军。其他尊贵官员，可安坐殿中，不必争着出来，我一定能够击破贼寇。"于是，索取笔墨，写下记录，大家全都签注"同意"。孙千龄秘密与刘休范通谋，唯有他反对，说："应该按照过去的办法，派军据守梁山。"萧道成严肃地说："贼寇已逼近梁山，我们派军怎么能赶到！新亭是必争之地，我打算以死报效国家罢了。平时我可以委曲求全，听你的意见，今天不行！"大家散会离座，萧道成回头看一下刘勔，说："刘领军已经完全同意我的意见，不可变更！"袁粲听到消息，让人扶着来到殿中。当天，朝廷内外戒严。

萧道成率领前锋军进驻新亭，张永进驻白下，前南兖州刺史沈怀明戍守石头，袁粲、褚渊进驻宫城，加强防卫。时间紧迫，来不及点发武器，只好打开南北两个大军械库，由将士自己随意挑选。

萧道成抵达新亭，开始修筑工事，但没有完成。辛卯（二十一日），刘休范前锋军已到新林，萧道成脱衣大睡，以安定军心，从容不迫地拿出白虎幡，登上西城墙，派宁朔将军高道庆、羽林监陈显达、员外郎王敬则，率舰队迎战刘休范，获得相当大的战果。壬辰（二十二日），刘休范自新林登岸，他的部 将丁文豪，请求刘休范直接攻打台城，刘休范不同意，另派丁文豪手下其他将领攻打台城，而自己率大军攻击新亭萧道成的营垒。萧道成率军拼全力抵抗，从上午巳时苦战到午时，叛军攻势越来越猛，官军渐难支持，部众全都惊骇失色。萧道成说："贼寇虽然多，可是杂乱无章，不久我们就会把他们击败。"

刘休范身穿白色便服，坐着两人抬的轻便小轿，亲自登上新亭南面的临沧观，仅带数十名卫士。官军屯骑校尉黄回与越骑校尉张敬儿，商量向刘休范诈降，以便偷袭他。黄回对张敬儿说："你可以取刘休范的性命，我曾发誓绝不诛杀亲王！"张敬儿把这打算报告萧道成，萧道成说："如果你能够成功，就把本州赏赐给你。"张敬儿于是跟黄回出城南下，放下武器，边跑边大喊"投降"。刘休范大喜，把二人叫到轿旁，黄回假装传达萧道成的秘密旨意，刘休范信以为真，把两个儿子刘德宣、刘德嗣，送给萧道成作为人质。两个儿子一到，萧道成立即把他们斩首。刘休范把黄回、张敬儿留在身边，他的亲信李恒、钟爽，都加以劝阻，刘休范不听。这时刘休范每天饮酒，黄回看刘休范没有防备，便向张敬儿使一个眼色，张敬儿抽出刘休范的防身佩刀，砍下刘休范的人头，侍卫人员惊慌逃窜，张敬儿骑马飞奔，带着刘休范的人头跑回新亭。

萧道成派队主陈灵宝，把刘休范的人头送回宫城。陈灵宝途中遇到刘休范的军队，一时紧急，把刘休范的人头扔到路边的水沟里，脱身抵达宫城，大声高喊："乱事已平！"可是没有刘休范的人头做证，大家对此都不相信。刘休范的将士也不知道主帅已死，将领杜黑骡对新亭发动攻击，越攻越猛。萧道成在射堂，叛军司空主簿萧惠朗率敢死队数十人，突破东门，直逼射堂。萧道成上马，率部下奋战，萧惠朗这才退走，萧道成得以再次保住新亭城池。萧惠朗是萧惠开的弟弟；他的姐姐是刘休范的妃子；萧惠朗的哥哥、黄门郎萧惠明此时任萧道成的军副，驻防城中，他并不认为自己会被怀疑。

萧道成与杜黑骡酣战，自午后一直战到次日天明，流箭飞石，始终不停。当天夜晚，天下大雨，战鼓和呐喊声音互不相闻，将领士卒整天整夜不吃不睡。而军中马匹忽然夜惊，跑出马厩，满城乱跑。萧道成在指挥部手持蜡烛，正襟危坐，不断地厉声呵责，竟达四五次之多。

萧道成派陈显达、张敬儿和辅师将军任农夫、马军主东平人周盘龙等率兵自石头渡秦淮河，从承明门入宫保卫宫廷及朝廷各机构。袁粲对各将领慷慨激昂地说："现在，贼寇已逼到眼前，而人心离散，我受先帝托孤，不能安定国家，只有跟各位一道为国家效死。"穿上铠甲，跨上战马，准备冲出，陈显达等率军出战，与叛军展开激战，在杜姥宅大败杜黑骡，一枝流箭射中陈显达的眼睛。丙申（二十六日），张敬儿等又在宣阳门大破叛军，杀了杜黑骡和丁文豪。乘胜攻克东府，叛党余孽全部平定。萧道成整顿大军，返抵建康。百姓夹道观看，说："保全国家的就是这位将军啊！"萧道成与袁粲、褚渊、刘秉都上表引咎辞职，没有批准。丁酉（二十七日），解除戒严，宣布大赦。

第一百三十四卷 宋纪十六

译文诵读

苍梧王下元徽四年（丙辰，476）

太后性聪察，知书计，晓政事，被服俭素，膳羞减于故事什七八；而猜忍多权数。高祖性至孝，能承颜顺志，事无大小，皆仰成于太后，太后往往专决，不复关白于帝。所幸宦者高平王琚、安定张祐、杞嶷、冯翊王遇、略阳苻承祖、高阳王质，皆依执用事；祐官至尚书左仆射，爵新平王；琚官至征南将军，爵高平王；嶷等官亦至侍中、吏部尚书、刺史，爵为公、侯，赏赐巨万，赐铁券，许以不死。又，太卜令姑臧王睿得幸于太后，超迁至侍中、吏部尚书，爵太原公。秘书令李冲，虽以才进，亦由私宠，赏赐皆不可胜纪。又外礼人望东阳王丕、游明根等，皆极其优厚，每褒赏睿等，辄以丕等参之，以示不私。丕，烈帝之玄孙；冲，宝之子也。

太后自以失行，畏人议己，群下语言小涉疑忌，辄杀之。然所宠幸左右，苟有小过，必加笞棰，或至百余；而无宿憾，寻复待之如初，或因此更富贵。故左右虽被罚，终无离心。

顺皇帝升明元年（丁巳，477）

初，苍梧王在东宫，好缘漆帐竿，去地丈余；喜怒乖节，主帅不能禁。太宗屡敕陈太妃痛捶之。及即帝位，内畏太后、太妃，外惮诸太臣，未敢纵逸。自加元服，内外稍无以制，数出游行。始出宫，犹整仪卫。俄而弃车骑，帅左右数人，或出郊野，或入市廛。太妃每乘青犊车，随相检摄。既而轻骑远走一二十里，太妃不复能追；仪卫亦惧祸不敢追寻，唯整部伍别在一处，瞻望而已。

初，太宗尝以陈太妃赐嬖人李道儿，已复迎还，生帝。故帝每微行，自称“刘统”，或称“李将军”。常著小裤衫，营署巷陌，无不贯穿；或夜宿客舍，或昼卧道傍，排突厮养，与之交易，或遭慢辱，悦而受之。凡诸鄙事，裁衣、作帽，过目则能；未尝吹篪，执管便韵。及京口既平，骄恣尤甚，无日不出，夕去晨返，晨出暮归。从者并执铤矛，行人男女及犬马牛驴，逢无免者。民间扰惧，商贩皆息，门户昼闭，行人殆绝。针、椎、凿、锯，不离左右，小有忤意，即加屠剖，一日不杀，则惨然不乐；殿省忧惶，食息不保。阮佃夫与直阁将军申伯宗等，谋因帝出江乘射雉，称太后令，唤队仗还，闭城门，遣人执帝废之，立安成王准。事觉，甲戌，帝收佃夫等杀之。

太后数训戒帝，帝不悦。会端午，太后赐帝毛扇。帝嫌其不华，令太医煮药，欲鸩太后。左右止之曰："若行此事，官便应作孝子，岂复得出入狡狯！"帝曰："汝语大有理！"乃止。

六月，甲戌，有告散骑常侍杜幼文、司徒左长史沈勃、游击将军孙超之与阮佃夫同谋者，帝登帅卫士，自掩三家，悉诛之，刳解脔割，婴孩不免。沈勃时居丧在庐，左右未至，帝挥刀独前。勃知不免，手搏帝耳，唾骂之曰："汝罪逾桀、纣，屠戮无日。"遂死。是日，大赦。

帝尝直入领军府。时盛热，萧道成昼卧裸袒。帝立道成于室内，画腹为的，自引满，将射之。道成敛版曰："老臣无罪。"左右王天恩曰："领军腹大，是佳射堋；一箭便死，后无复射；不如以骲箭射之。"帝乃更以骲箭射，正中其齐。投弓大笑曰："此手何如！"帝忌道成威名，尝自磨铤，曰："明日杀萧道成。"陈太妃骂之曰："萧道成有功于国，若害之，谁复为汝尽力邪！"帝乃止。

道成忧惧，密与袁粲、褚渊谋废立。粲曰："主上幼年，微过易改。伊、霍之事，非季世所行；纵使功成，亦终无全地。"渊默然。领军功曹丹阳纪僧真言于道成曰："今朝廷猖狂，人不自保；天下之望，不在袁、褚，明公岂得坐受夷灭！存亡之机，仰希熟虑。"道成然之。

或劝道成奔广陵起兵。道成世子赜，时为晋熙王长史，行郢州事，欲使赜将郢州兵东下会京口。道成密遣所亲刘僧副告其从兄行青、冀二州刺史刘善明曰："人多见劝北固广陵，恐未为长算。今秋风行起，卿若能与垣东海微共动虏，则我诸计可立。"亦告东海太守垣荣祖。善明曰："宋氏将亡，愚智共知。北虏若动，反为公患。公神武高世，唯当静以待之，因机奋发，功业自定，不可远去根本，自贻猖蹶。"荣祖亦曰："领府去台百步，公走，人岂不知！若单骑轻行，广陵人闭门不受，公欲何之！公今动足下床，恐即有叩台门者，公事去矣。"纪僧真曰："主上虽无道，国家累世之基犹为安固。公百口，北度必不得俱。纵得广陵城，天子居深宫，施号令，目公为逆，何以避之！此非万全策也。"道成族弟镇军长史顺之及次子骠骑从事中郎嶷，皆以为："帝好单行道路，于此立计，易以成功；外州起兵，鲜有克捷，徒先人受祸耳。"道成乃止。

越骑校尉王敬则潜自结于道成，夜著青衣，扶匐道路，为道成听察帝之往来。道成命敬则阴结帝左右杨玉夫、杨万年、陈奉伯等一十五人于殿中，诇伺机便。

秋，七月，丁亥夜，帝微行至领军府门。左右曰："一府皆眠，何不缘墙入？"帝曰："我今夕欲于一处作适，宜待明夕。"员外郎桓康等于道成门间听闻之。

戊子，帝乘露车，与左右于台冈赌跳，仍往青园尼寺，晚，至新安寺偷狗，就昙度道人煮之。饮酒醉，还仁寿殿寝。杨玉夫常得帝意，至是忽憎之，见辄切齿曰："明日当杀小子取肝肺！"是夜，令玉夫伺织女渡河，曰："见当报我；不见，将杀汝！"时帝出入无常，省内诸阁，夜皆不闭，厢下畏相逢值，无敢出者；宿卫并逃避，内外莫相禁摄。是夕，王敬则出外。玉夫伺帝熟寝，与杨万年取帝防身刀刎之。敕厢下奏伎陈奉伯袖其首，依常行法，称敕开承明门出，以首与敬则。敬则驰诣领军府，叩门大呼，萧道成虑苍梧王诳之，不敢开门。敬则于墙上投其首，道成洗视，乃戎服乘马而出，敬则、桓康等皆从。入宫，至承明门，诈为行还。敬则恐内人觇见，以刀环塞窐孔，呼门甚急，门开而入。他夕，苍梧王每开门，门者震慑，不敢仰视，至是弗之疑。道成入殿，殿中惊怖；既而闻苍梧王死，咸称万岁。

己丑旦，道成戎服出殿庭槐树下，以太后令召袁粲、褚渊、刘秉入会议。道成谓秉曰："此使君家事，何以断之？"秉未答。道成须髯尽张，目光如电。秉曰："尚书众事，可以见付；军旅处分，一委领军。"道成次让袁粲，粲亦不敢当。王敬则拔白刃，在床侧跳跃曰："天下事皆应关萧公！敢有开一言者，血染敬则刀！"仍手取白纱帽加道成首，令即位，曰："今日谁敢复动！事须及热！"道成正色呵之曰："卿都自不解！"粲欲有言，敬则叱之，乃止。褚渊曰："非萧公无以了此。"手取事授道成。道成曰："相与不肯；我安得辞！"乃下议，备法驾诣东城，迎立安成王。于是长刀遮粲、秉等，各失色而去。秉出，于路逢从弟韫，韫开车迎问曰："今日之事，当归兄邪？"秉曰："吾等已让领军矣。"韫拊膺曰："兄肉中讵有血邪！今年族矣！"

是日，以太后令，数苍梧王罪恶，曰："吾密令萧领军潜运明略。安成王准，宜临万国。"追封昱为苍梧王。仪卫至东府门，安成王令门者勿开，以待袁司徒。粲至，王乃入居朝堂。壬辰，王即皇帝位，时年十一，改元，大赦。葬苍梧王于郊坛西。

二年（戊午，478）

萧道成欲引时贤参赞大业，夜，召骠骑长史谢朏，屏人与语，久之，朏无言；唯二小儿捉烛，道成虑朏难之，仍取烛遣儿，朏又无言；道成乃呼左右。朏，庄之子也。

太尉右长史王俭知其指，他日，请间言于道成曰："功高不赏，古今非一。以公今日位地，欲终北面，可乎？"道成正色裁之，而神采内和。俭因曰："俭蒙公殊盼，所以吐所难吐；何赐拒之深！宋氏失德，非公岂复宁济！但人情浇薄，不能持久；公若小复推迁，则人望去矣。岂唯大业永沦，七尺亦不可得保。"道成曰："卿言不无理。"俭曰："公今名位，故是经常宰相，宜礼绝群后，微示变革。当先令褚公知之，俭请衔命。"道成曰："我当自往。”经少日，道成自造褚渊，款言移晷。乃谓曰：“我梦应得官。”渊曰：“今授始尔，恐一二年间未容便移；且吉梦未必应在旦夕。”道成还，以告俭。俭曰：“褚是未达理耳。”俭乃唱议加道成太傅，假黄钺，使中书舍人虞整作诏。

道成所亲任遐曰：“此大事，应报褚公。”道成曰：“褚公不从，奈何？”遐曰：“彦回惜身保妻子，非有奇才异节；遐能制之。”渊果无违异。

丙午，诏进道成假黄钺、大都督中外诸军事、太傅、领扬州牧，剑履上殿，入朝不趋，赞拜不名，使持节、太尉、骠骑大将军、录尚书、南徐州刺史如故。道成固辞殊礼。

宋苍梧王元徽四年（丙辰，公元476年）

北魏冯太后生性聪慧，洞察细密，读过书，会算术，通晓政事，衣着简单朴素，日用饮食要比过去的规定减省十分之七八，但生性猜忌残忍，工于权术。孝文帝拓跋宏对这位祖母皇太后至为孝顺，能够尽量使她高兴欢乐。事情无论大小，都由她决定。冯太后往往独断专行，所做决定不再告诉孝文帝。她所宠爱的宦官高平人王琚、安定人张祐和杞嶷、冯翊人王遇、略阳人苻承祖、高阳人王质都依仗冯太后的权势，在朝廷中掌权。张祐官至尚书左仆射，封新平王；王琚官至征南将军，封高平王；杞嶷等也都官至侍中、吏部尚书、刺史，封公爵、侯爵，赏赐钱财数万之多，发给他们铁券，承诺对他们绝不处死。另外，太卜令姑臧人王睿受冯太后的宠幸破格提拔，官至侍中、吏部尚书，封为太原公。秘书令李冲，虽然以他的才华进宫，但也是由于得到冯太后的私自宠爱。冯太后对他们的赏赐，都多到无法计算。表面上，冯太后对众望所归的大臣东阳王拓跋丕、游明根等，也都特别礼敬优厚。每次褒扬王睿等时，一定把拓跋丕等列入，表示并不出于私心。拓跋丕是烈帝拓跋翳槐的玄孙。李冲是李宝的儿子。

冯太后因为淫乱行为，害怕别人对自己讥讽议论，官员言谈中只要一句话被疑为对她的讽刺，就立即诛杀。她所宠爱的左右侍从，即使有小小的过错，也一定鞭打，甚至打一百余鞭。可是，冯太后对人从不记仇，第二天仍然善待，同平常一样，甚至有人被鞭打而更富贵。所以左右虽受体罚，但始终没有离心的。

宋顺帝升明元年（丁巳，公元477年）

当初，刘宋苍梧王刘昱当皇太子时，常常亲自动手，油漆篷帐高竿，能爬到距地面一丈多的高处。他喜怒无常，侍从官员无法劝阻。明帝屡次让他的母亲陈太妃痛打他。刘昱即帝位后，对内害怕皇太后、皇太妃，对外害怕各位大臣，不敢放纵。可是，自从行过加冠礼后，宫内宫外对他逐渐失去控制，于是刘昱不断出宫游逛。最初出宫，还有整齐的仪仗卫队。不久，便丢下随从车马，只带身边几个人，或跑到荒郊野外，或出入街头闹市。陈太妃每次乘坐青盖牛犊车，尾随其后，监视、约束他，他便换乘轻装快马，一气奔跑一二十里，让太妃追赶不上。仪仗卫队也畏惧大祸临头，不敢追寻刘昱的去向，只好把部队驻扎在另外一个地方，远远眺望而已。

当初，明帝曾经把陈太妃赏赐给宠信的弄臣李道儿娶为妻，后来又把她迎接回去，生下苍梧王。所以，刘昱每次改穿便服外出，就自称刘统，或自称李将军。经常穿短裤、短衫，无论军营、官府、街巷、田野，到处出入。有时夜晚投宿旅店，有时白天就睡在马路旁边，在下等人中间挤来挤去，跟他们做买卖，有时遭到怠慢侮辱也欣然接受。任何低贱的事情，像裁制衣服、制作帽子，只要看过一遍，就能够学会。他从来没有吹过篪，拿起来一吹，声音便合曲调。等到京口事变平息，刘昱骄纵横暴尤为严重，没有一天不出宫，不是晚上出去，凌晨回来，就是凌晨出去，晚上回来。随从人员手持短刀长矛，路上的行人，不管是男是女，不管是狗、马、牛、驴，只要碰上，立即诛杀，无一幸免。百姓忧愁恐惧，店铺及行商，全都停止经营，家家户户，白天闭门，路上行人几乎绝迹。针、锥、凿、锯，不离刘昱左右，只要稍看不顺眼，便顺手抓起凶器，当场杀人剖腹。一天不杀人，就闷闷不乐。宫廷侍从和朝廷官员，担忧惶恐，饮食作息都不能安稳。阮佃夫与直阁将军申伯宗等，密谋趁刘昱到江乘打野鸡之时，宣称奉皇太后命令，传唤仪仗卫队回京，关闭城门，派人逮捕刘昱把他废黜，拥护安成王刘准。想不到密谋泄漏，甲戌（五月二日），刘昱逮捕阮佃夫等斩首。

皇太后经常教训刘昱，刘昱很不高兴。正逢端午节，太后赏赐给刘昱一把羽毛扇，刘昱嫌它不够豪华，下令御医烹煮毒药，打算毒死太后。左右劝阻他说："如果做了这事，陛下便要当孝子，怎么还能出入宫门玩耍游戏？"刘昱说："你这话很有道理。"于是打消主意。

六月，甲戌（二十二日），有人上告散骑常侍杜幼文、司徒左长史沈勃、游击将军孙超之，跟阮佃夫同谋。刘昱立即率领卫士，亲自突击三家，全部诛杀，砍断肢体，把肉一块块割下，连婴儿也不能幸免。沈勃当时正在家里守丧，卫队还没有到，刘昱挥刀独自一人冲在前面，沈勃知道不能避免，赤手空拳搏斗，猛击刘昱耳朵，唾骂道："你的罪恶，超过桀、纣，死在眼前。"于是被砍死。这一天，下诏大赦。

南朝齐高帝萧道成像

刘昱曾经直接闯入领军府，当时气候炎热，萧道成正裸身躺在那里睡觉。刘昱把萧道成叫醒，让他站在室内，在他肚子上画一个箭靶，自己拉满了弓，就要发射。萧道成收起手版说："老臣无罪。"左右侍卫王天恩说："萧道成肚子大，是一个好箭靶，一箭射死，以后就不能再射了。不如改用圆骨箭头。"刘昱就改用圆骨箭头。一箭射去，正中萧道成的肚脐，他把弓扔掉，大笑，说："这手艺如何！"刘昱对萧道成的威名十分畏惧忌恨，曾亲自磨短矛，说："明天就杀萧道成。"陈太妃骂他说："萧道成对国家有大功，如果杀了他，谁还为你尽力！"刘昱才住手。

萧道成忧愁恐惧，与尚书令袁粲、中书监褚渊密谋废黜刘昱，另立新君。袁粲说："主上年纪还小，轻微的过失，容易改正。伊尹、霍光的往事，在这末世已难实行。即使成功，最后仍无安身之地。"褚渊沉默不语。领军功曹丹阳人纪僧真对萧道成说："现在，皇上凶残疯狂，无人可以自保，天下百姓的盼望，不在袁粲、褚渊，明公怎么能坐待被剿灭？存亡的关键，请深思熟虑。"萧道成同意。

有人劝萧道成回广陵起兵。萧道成的大儿子萧赜正任晋熙王刘燮的长史，兼行郢州事，萧道成打算命萧赜率郢州军顺长江东下，在京口会师。萧道成派他的亲信刘僧副，秘密通告堂兄、代理青、冀二州刺史刘善明，说："很多人劝我北上据守广陵，恐怕不是长远的打算。现在秋风将起，你如果能跟垣荣祖联合，稍稍挑动胡虏，我的各种计划当可实施。"同时也告诉东海太守垣荣祖。刘善明说："宋国将亡，无论愚蠢人和明智人，都看得一清二楚。北虏如果有什么行动，反而会成为你的祸患。你的智慧韬略和英勇武功高过当世，只有一个办法，那就是安静地等待时机，再趁机猛烈出击，大业自然告成，不可以远离根本之地，自找灾祸。"垣荣祖也说："领府距离宫城，不过一百步，如果你全家出奔，别人怎么会不知道？如果单枪匹马，轻装前往，广陵官员万一关闭城门，拒绝接纳，下一步将逃向哪里？你只要举脚下床，马上就会有人敲宫城的城门，向朝廷告发，你的大事就糟糕了。"纪僧真说："主上虽然凶暴丧失天道，可是刘家王朝几世建立的政权还算坚固。你百口之家，同时向北出奔，绝不可能。即使进入广陵，天子居住深宫之中，发号施令，指控你是叛逆，你有什么办法躲避！这不是万全之策。"萧道成的族弟、镇军长史萧顺之，以及萧道成的次子、骠骑从事中郎萧嶷，都认为："皇上喜爱单独出来乱窜，在这方面下手，比较容易成功。外州起兵，很少能够成功，反而徒然比别人先受灾祸。"萧道成这才取消原意。

越骑校尉王敬则主动暗中结交萧道成，一到夜里，王敬则就换上平民衣服，匍匐路旁，替萧道成侦察刘昱的行踪。萧道成命王敬则秘密结交刘昱左右亲信杨玉夫、杨万年、陈奉伯等二十五人，他们都在宫城内殿中任职，窥探有什么机会。

秋季，七月，丁亥（初六），夜晚，刘昱身穿便装，走到领军府门口，左右侍从说："府里的人全都睡熟，我们为什么不跳墙进去？"刘昱说："今天晚上，我要到别的地方玩个痛快，明晚再来。"员外郎桓康等在领军府大门后全都听到。

戊子（初七），刘昱乘坐露天无篷车，跟左右侍从前往台冈，比赌跳高。然后，前往青园尼姑庵。夜晚，来到新安寺偷狗，偷来狗找到昙度道人，煮吃狗肉。

吃过狗肉，醉醺醺地回仁寿殿睡觉。弄臣杨玉夫一向得到刘昱的宠信，而今天，刘昱忽然对杨玉夫大为痛恨，一看见他就咬牙切齿，说：“明天就杀了你这小子，挖出肝肺！”这天深夜，命杨玉夫观察织女渡河，说：“看见织女渡河时，马上叫醒我；看不见，就杀了你。”当时，刘昱出宫进宫，没有一定时间，宫中各阁门，夜间都不敢关闭，负责宫廷保卫的官员，惧怕跟皇帝见面，都不敢出门。禁卫军士卒更是躲得远远的，内外一片紊乱，互不相关，没有人管理。当天夜晚，王敬则出营等候消息，杨玉夫等到刘昱呼呼大睡时，与杨万年合伙取下刘昱的防身佩刀，砍下刘昱的人头。然后假传圣旨，命外庭演奏音乐。陈奉伯把刘昱的人头，藏在袍袖里面，跟往常一样，神色自若，宣称奉皇帝派遣，打开承明门出宫，把人头交给王敬则。王敬则飞马奔向领军府，敲门大喊，萧道成恐怕是刘昱的诡计，不敢开门。王敬则把人头从墙上扔进去，萧道成令人洗净血迹辨识，果然不错，这才全副武装，骑马而出，王敬则、桓康等都随从其后，直往宫城，到了承明门，宣称皇帝御驾回宫。王敬则恐怕守门官兵从门洞往外察看，用刀柄堵住门洞，同时咆哮催促。门打开，进入宫城。从前，每逢夜晚，刘昱闯出闯进，都急躁凶暴，守门卫士震恐，从不敢抬头。所以，今晚之事，没有一人怀疑。萧道成进入仁寿殿，殿中官员惊慌恐怖。但紧接着听到刘昱已死的消息，都高呼万岁。

己丑（初八），早晨，萧道成全副武装，站在殿前庭院中槐树下，以皇太后的命令召集尚书令袁粲、中书监褚渊、中书令刘秉入殿举行会议。萧道成对刘秉说：“这是你们刘家的事，应该如何决定？”刘秉还未及回答，萧道成顿时大怒，胡子翘起，双目发出凶光，如同两道闪电。刘秉说：“尚书省的事，可以交付给我。军事措施，全依靠你。”萧道成依次让给袁粲，袁粲推辞不敢当。王敬则拔出佩刀，在座位旁跳起来，厉声道：“天下大事，全都要萧公裁决，谁胆敢说半个不字，血染我刀！”说着亲手取出白纱帽，戴到萧道成头上，要求萧道成登基称帝，并威胁说：“今天谁敢乱动？大事要趁热一气呵成。”萧道成板起面孔，呵止说：“你什么也不明白！”袁粲打算讲话，王敬则大声喝他闭嘴，他只好闭嘴。褚渊说：“非萧公不足以办理善后！”就把处理一切事务的权交给萧道成。萧道成说：“既然大家都不肯接受，我怎么可以推辞。”于是提议：准备法驾，前往东府城，迎接安成王刘准继任皇帝。萧道成卫士抽出佩刀，筑成刀墙，命袁粲、刘秉起身，二人面无人色，离去。刘秉出宫，路上遇到堂弟刘韫，刘韫打开车门迎问：“今天的事，该不该归你？”刘秉说：“我们已让给萧道成。”刘韫捶胸说：“你肉里有没有血？今年，全族难逃屠杀。”

当天，萧道成以皇太后的名义，发布命令，列举刘昱罪状，说：“我密令萧道成暗中运用智谋。安成王刘准，应君临万国。”追封刘昱为苍梧王。皇帝仪仗队抵达东府门前，刘准命守门的人不要开门，等待袁粲的到来。袁粲到了之后，刘准才动身到金銮殿。壬辰（十一日），刘准即皇帝位，本年十一岁，改年号，实行大赦。把刘昱安葬在南郊祭天神坛之西。

二年（戊午，公元478年）

萧道成计划延聘当时德高望重的人才，共同帮助他建立伟业。夜晚，召见骠骑长史谢朏，屏去左右侍从，说出了自己的打算，等了很久，谢朏却不说一句话。这时仍有两个手举蜡烛的小儿在旁侍候，萧道成想到谢朏认为还不够严密，于是萧道成自己手举蜡烛，把两个小儿打发出去，可是，谢朏仍不语。萧道成只好把侍从唤回房内。谢朏是谢庄的儿子。

太尉右长史王俭知道萧道成的意图，有一天，他向萧道成请求密谈，王俭说："功劳太高，就没有赏赐，这种事情，从古到今，不止一人。以公今天的地位，想要始终面北称臣，怎么可以？"萧道成严厉斥责他，但神色却很温和。王俭说："我蒙公特殊爱护，所以说出别人不敢说的话，为什么拒绝得如此坚决？刘姓皇家失德，如果没有你，他们怎么能闯过难关？可是，人心浇薄，感恩之心无法持久，只要你稍加推辞，人心就会失去，岂止大业不能建立，就是七尺之躯也不能自保。"萧道成说："你说的不是没有道理。"王俭说："你今天的名望和地位，本来是固定的常任宰相，最好在礼节上表现得跟一般官员不一样，略微显示政局将发生变化。不过此事应先告诉褚渊，我愿意传达这个意思。"萧道成说："我亲自前往。"过了几天，萧道成亲自拜访褚渊，气氛融洽。谈了很久，萧道成才说："我梦见升官了。"褚渊说："刚刚宣布任命，恐怕一二年间不会再有变更，而且，吉祥的梦，未必旦夕就能应验。"萧道成回来，告诉王俭，王俭说："褚渊还没有开窍！"王俭就建议加授萧道成为太傅，再赐给黄钺，命中书舍人虞整撰写诏书。

萧道成亲信任遐说："这种大事，应该告诉褚渊。"萧道成说："褚渊万一不同意，怎么办？"任遐说："褚渊珍惜生命，爱护妻子儿女，并无奇特的才能和高尚的节操，我能制住他。"褚渊果然不表示反对。

丙午（初二），顺帝下诏，赐给萧道成持有黄钺，任命他为大都督中外诸军事、太傅，兼扬州牧，上殿时可以穿鞋佩剑，入朝时不必快步小跑，奏事时不称名，使持节、太尉、骠骑大将军、录尚书、南徐州刺史等官职，仍然如故。萧道成坚决辞让特殊的礼遇。

第一百三十五卷　齐纪一

译文诵读

太祖高皇帝建元元年（己未，479）

辛卯，宋顺帝下诏禅位于齐。壬辰，帝当临轩，不肯出，逃于佛盖之下，王敬则勒兵殿庭，以板舆入迎帝。太后惧，自帅阉人索得之，敬则启譬令出，引令升车。帝收泪谓敬则曰："欲见杀乎？"敬则曰："出居别宫耳。官先取司马家亦如此。"帝泣而弹指曰："愿后身世世勿复生天王家！"宫中皆哭。帝拍敬则手曰："必无过虑，当饷辅国十万钱。"是日，百僚陪位。侍中谢朏在直，当解玺绶，阳为不知，曰："有何公事？"传诏云："解玺绶授齐王。"朏曰："齐自应有侍中。"乃引枕卧。传诏惧，使朏称疾，欲取兼人，朏曰："我无疾，何所道！"遂朝服步出东掖门，仍登车还宅。乃以王俭为侍中，解玺绶。礼毕，帝乘画轮车，出东掖门就东邸。问："今日何不奏鼓吹？"左右莫有应者。右光禄大夫王琨，华之从父弟也，在晋世已为郎中，至是，攀车獭尾恸哭曰："人以寿为欢，老臣以寿为戚。既不能先驱蝼蚁，乃复频见此事！"呜咽不自胜，百官雨泣。

司空兼太保褚渊等奉玺绶，帅百官诣齐宫劝进；王辞让未受。渊从弟前安成太守炤谓渊子贲曰："司空今日何在？"贲曰："奉玺绶在齐大司马门。"炤曰："不知汝家司空将一家物与一家，亦复何谓！"甲午，王即皇帝位于南郊。还宫，大赦，改元。奉宋顺帝为汝阴王，优崇之礼，皆仿宋初。筑宫丹杨，置兵守卫之。宋神主迁汝阴庙，诸王皆降为公；自非宣力齐室，余皆除国，独置南康、华容、萍乡三国，以奉刘穆之、王弘、何无忌之后，除国者凡百二十人。二台官僚，依任摄职，名号不同、员限盈长者，别更详议。

以褚渊为司徒。宾客贺者满座。褚炤叹曰："彦回少立名行，何意披猖至此！门户不幸，乃复有今日之拜。使彦回作中书郎而死，不当为一名士邪！名德不昌，乃复有期颐之寿！"渊固辞不拜。

奉朝请河东裴顗上表，数帝过恶，挂冠径去；帝怒，杀之。太子赜请杀谢朏，帝曰："杀之遂成其名，正应容之度外耳。"久之，因事废于家。

帝问为政于前抚军行参军沛国刘瓛，对曰："政在《孝经》。凡宋氏所以亡，陛下所以得者，皆是也。陛下若戒前车之失，加之以宽厚，虽危可安；若循其覆辙，虽安必危矣。”帝叹曰：“儒者之言，可宝万世！”

癸丑，魏遣假梁郡王嘉督二将出淮阴，陇西公琛督三将出广陵，河东公薛虎子督三将出寿阳，奉丹杨王刘昶入寇；许昶以克复旧业，世胙江南，称藩于魏。蛮酋桓诞请为前驱，以诞为南征西道大都督。义阳民谢天盖自称司州刺史，欲以州附魏，魏乐陵镇将韦珍引兵渡淮应接。豫章王嶷遣中兵参军萧惠朗将二千人助司州刺史萧景先讨天盖，韦珍略七千余户而去。景先，上之从子也。南兖州刺史王敬则闻魏将济淮，委镇还建康，士民惊散，既而魏竟不至。上以其功臣，不问。

上之辅宋也，遣骁骑将军王洪范使柔然，约与共攻魏。洪范自蜀出吐谷浑历西域乃得达。至是，柔然十余万骑寇魏，至塞上而还。

二年（庚申，480）

魏师攻钟离，徐州刺史崔文仲击破之。文仲遣军主崔孝伯渡淮，攻魏茌眉戍主龙得侯等，杀之。文仲，祖思之族人也。

群蛮依阻山谷，连带荆、湘、雍、郢、司五州之境，闻魏师入寇，尽发民丁，南襄城蛮秦远乘虚寇潼阳，杀县令。司州蛮引魏兵寇平昌，平昌戍主苟元宾击破之。北上黄蛮文勉德寇汶阳，汶阳太守戴元宾弃城奔江陵；豫章王嶷遣中兵参军刘伾绪将千人讨之，至当阳，勉德请降，秦远遁去。

魏将薛道标引兵趣寿阳，上使齐郡太守刘怀慰作冠军将军薛渊书以招道标；魏人闻之，召道标还，使梁郡王嘉代之。怀慰，乘民之子也。二月，丁卯朔，嘉与刘昶寇寿阳。将战，昶四向拜将士，流涕纵横，曰：“愿同戮力，以雪仇耻！”

魏步骑号二十万，豫州刺史垣崇祖集文武议之，欲治外城，堰肥水以自固。皆曰：“昔佛狸入寇，南平王士卒完盛，数倍于今，犹以郭大难守，退保内城。且自有肥水，未尝堰也，恐劳而无益。”崇祖曰：“若弃外城，虏必据之，外修楼橹，内筑长围，则坐成擒矣。守郭筑堰，是吾不谏之策也。”乃于城西北堰肥水，堰北筑小城，周为深堑，使数千人守之，曰：“虏见城小，以为一举可取，必悉力攻之，以谋破堰；吾纵水冲之，皆为流尸矣。”魏人果蚁附攻小城，崇祖著白纱帽，肩舆上城。晡时，决堰下水；魏攻城之众漂坠堑中，人马溺死以千数。魏师退走。

宋自孝建以来，政纲驰紊，簿籍讹谬。上诏黄门郎会稽虞玩之等更加检定，曰：“黄籍，民之大纪，国之治端。自顷巧伪日甚，何以厘革？”玩之上表，以为：“元嘉中，故光禄大夫傅隆年出七十，犹手自书籍，躬加隐校。今欲求治取正，必在勤明令长。愚谓宜以元嘉二十七年籍为正，更立明科，一听首悔；迷而不返，依制必戮；若有虚昧，州县同科。”上从之。

三年（辛酉，481）

魏人寇淮阳，围军主成买于甬城，上遣领军将军李安民为都督，与军主周盘龙等救之。魏人缘淮大掠，江北民皆惊走渡江，成买力战而死。盘龙之子奉叔以二百人陷陈深入，魏以万余骑张左右翼围之。或告盘龙云，“奉叔已没”，盘龙驰马奋矟，直突魏陈，所向披靡。奉叔已出，复入求盘龙。父子两骑萦扰，魏数万之众莫敢当者；魏师遂败，杀伤万计。魏师退，李安民等引兵追之，战于孙溪渚，又破之。

晋、宋之际，荆州刺史多不领南蛮校尉，别以重人居之。豫章王嶷为荆、湘二州刺史，领南蛮。嶷罢，更以侍中王奂为之，奂固辞，曰：“西土戎烬之后，痍毁难复。今复割撤太府，制置偏校，崇望不足助强，语实交能相弊。且资力既分，职司增广，众劳务倍，文案滋烦，窃以为国计非允。”癸丑，罢南蛮校尉官。

宋升明中，遣使者殷灵诞、苟昭先如魏，闻上受禅，灵诞谓魏典客曰：“宋、魏通好，忧患是同。宋今灭亡，魏不相救，何用和亲！”及刘昶入寇，灵诞请为昶司马，不许。九月，庚午，魏阅武于南郊，因宴群臣；置车僧朗于灵诞下，僧朗不肯就席，曰：“灵诞昔为宋使，今为齐民。乞魏主以礼见处。”灵诞遂与相忿詈。刘昶赂宋降人解奉君于会刺杀僧朗，魏人收奉君，诛之；厚送僧朗之丧；放灵诞等南归。及世祖即位，昭先具以灵诞之语启闻，灵诞坐下狱死。

四年（壬戌，482）

三月，庚申，上召司徒褚渊、尚书左仆射王俭受遗诏辅太子；壬戌，殂于临光殿。太子即位，大赦。

高帝沉深有大量，博学能文。性清俭。主衣中有玉导，上敕中书曰：“留此正是兴长病源！”即命击碎；仍检按有何导物，皆随此例。每曰：“使我治天下十年，当使黄金与土同价。”

夏，四月，庚寅，上大行谥曰高皇帝，庙号太祖。丙午，葬泰安陵。

世祖武皇帝上之上永明元年（癸亥，483）

有司以天文失度，请禳之。上曰：“应天以实不以文。我克己求治，思隆惠政；若灾眚在我，禳之何益！”

上之为太子也，自以年长，与太祖同创大业，朝事大小，率皆专断，多违制度。信任左右张景真，景真骄侈，被服什物，僭拟乘舆；内外畏之，莫敢言者。

司空谘议荀伯玉，素为太祖所亲厚，叹曰：“太子所为，官终不知，岂得畏死，蔽官耳目！我不启闻，谁当启者！”因太子拜陵，密以启太祖。太祖怒，命检校东宫。

太子拜陵还，至方山，晚，将泊舟，豫章王嶷自东府乘飞燕东迎太子，告以上怒之意。太子夜归，入宫，太祖亦停门龠待之。明日，太祖使南郡王长懋、闻喜公子良宣敕诘责，并示以景真罪状，使以太子令收景真，杀之。太子忧惧，称疾。

月余，太祖怒不解，昼卧太阳殿，王敬则直入，叩头启太祖曰：“官有天下日浅，太子无事被责，人情恐惧；愿官往东宫解释之。”太祖无言。敬则因大声宣旨，装束往东宫，又敕太官设馔，呼左右索舆；太祖了无动意。敬则索衣被太祖，仍牵强登舆。太祖不得已至东宫，召诸王宴于玄圃。长沙王晃捉华盖，临川王映执雉尾扇，闻喜公子良持酒铊，南郡王长懋行酒，太子及豫章王嶷、王敬则自捧酒馔，至暮，尽醉乃还。

太祖嘉伯玉忠荩，愈见亲信，军国密事，多委使之，权动朝右。遭母忧，去宅二里许，冠盖已塞路。左率萧景先、侍中王晏共吊之，自旦至暮，始得前。比出，饥乏，气息惙然，愤悒形于声貌。明日，言于太祖曰：“臣等所见二宫门庭，比荀伯玉宅可张雀罗矣。”晏，敬弘之从子也。

骁骑将军陈胤叔，先亦白景真及太子得失，而语太子皆云“伯玉以闻”。太子由是深怨伯玉。

太祖阴有以豫章王嶷代太子之意；而嶷事太子愈谨，故太子友爱不衰。

豫州刺史垣崇祖不亲附太子，会崇祖破魏兵，太祖召还朝，与之密谋。太子疑之，曲加礼待，谓曰：“世间流言，我已豁怀；自今以富贵相付。”崇祖拜谢。会太祖复遣荀伯玉，敕以边事，受旨夜发，不得辞东宫；太子以为不尽诚，益衔之。

太祖临终，指伯玉以属太子。上即位，崇祖累迁五兵尚书，伯玉累迁散骑常侍。伯玉内怀忧惧，上以伯玉与崇祖善，恐其为变，加意抚之。丁亥，下诏诬崇祖招结江北荒人，欲与伯玉作乱，皆收杀之。

车骑将军张敬儿好信梦；初为南阳太守，其妻尚氏梦一手热如火；及为雍州，梦一胛热；为开府，梦半身热。敬儿意欲无限，常谓所亲曰：“吾妻复梦举体热矣。”又自言梦旧村社树高至天，上闻而恶之。垣崇祖死，敬儿内自疑，会有人告敬儿遣人至蛮中货易，上疑其有异志。会上于华林园设八关斋，朝臣皆预，于坐收敬儿。敬儿脱冠貂投地曰：“此物误我！”丁酉，杀敬儿，并其四子。

敬儿弟恭儿，常虑为兄祸所及，居于冠军，未常出襄阳，村落深阻，墙垣重复。敬儿每遣信，辄上马属鞬，然后见之。敬儿败问至，席卷入蛮；后自出，上恕之。

冬，十月，丙寅，遣骁骑将军刘缵聘于魏，魏主客令李安世主之。魏人出内藏之宝，使贾人鬻之于市。缵曰：“魏金玉大贱，当由山川所出。”安世曰：“圣朝不贵金玉，故贱同瓦砾。”缵初欲多市，闻其言，内惭而止。缵屡奉使至魏，冯太后遂私幸之。

齐高帝建元元年（己未，公元479年）

辛卯（四月二十日），刘宋顺帝颁诏将帝位传让给齐王。壬辰（二十一日），顺帝应当到殿前去会见百官，但他不肯出面，却逃到佛像的宝盖下面。王敬则率领军队来到宫殿的庭院中，抬着一顶木板轿子入宫，去迎接顺帝。太后害怕了，便亲自率领宦官找到了顺帝，王敬则劝诱顺帝，让他从宝盖下面出来，领着他上了轿子。顺帝止住眼泪，对王敬则说：“准备杀死我吗？”王敬则说：“只是让你到另外的宫殿中居住罢了。您家先前取代司马氏一家也是这样做的。”顺帝掉着眼泪弹着食指说：“但愿我今后生生世世永远不再生在帝王家中！”宫中的人们都哭泣起来。顺帝拍着王敬则的手说：“如果不发生意外，就赠送给你十万钱。”当天，百官为齐王陪席，侍中谢朏正在值班，应当解送玺印，但他假装不知道，还说：“有什么公事吗？”有人传达诏旨说：“解送玺印，交给齐王。”谢朏说：“齐王自然应当另有自己的侍中。”说着，他便拉过枕头，躺了下来。传达诏旨的官员害怕了，便让谢朏声称得了疾病，打算另找一个兼任侍中的人，谢朏说：“我没有生病，为什么说我有病！”于是，他穿着朝服，徒步走出东掖门，上了车，回住宅去了。齐王便让王俭担任侍中，解送玺印。礼典结束以后，顺帝坐着彩漆画轮的车子，出了东掖门，前往太子的府邸。顺帝问：“为什么今天没有器乐演奏？”周围的人都没有回答。右光禄大夫王琨是王华的堂弟，在晋朝已经担任了郎中，到了此时，他抓着车上悬着的獭尾痛哭着说：“人们都为长寿高兴，老臣却为长寿悲哀。既然此身不能够先行死去，所以才屡次目睹这种事情！”他呜呜咽咽地哭泣着，难以自制，百官也都泪如雨下。

司空兼太保褚渊等人捧上玺印，率领百官前往齐王宫请萧道成即帝位，齐王推辞谦让，没有接受。褚渊的堂弟、前任安成太守褚炤对褚渊的儿子褚贲说：“今天司空却在哪里？”褚贲说：“在齐王宫大司马门奉献玺印。”褚贲说：“我真不知道你家司空把一家的物件交给另一家，这又算怎么一回事情！”甲午（二十三日），齐王在建康南郊即帝位。南齐高帝回宫以后，大赦天下罪囚，更改年号为建元。南齐高帝将顺帝奉为汝阴王，优待尊崇汝阴王的礼典，完全效仿刘宋初年的做法。高帝在丹杨为顺帝修筑宫室，并设置兵力守卫。刘宋诸帝的神位都被迁移到汝阴庙中，刘宋诸王都被降爵为公；如果没有为齐室出力，公侯以下一律削除国号，唯独设置南康、华容、萍乡三国，以便奉养刘穆之、王弘与何无忌的后人；削除国号的诸王计有一百二十人。刘宋与萧齐两朝廷的官员仍然保持原来的职位，对于官名称谓不同和官员超过名额的情况，另外再加详细计议。

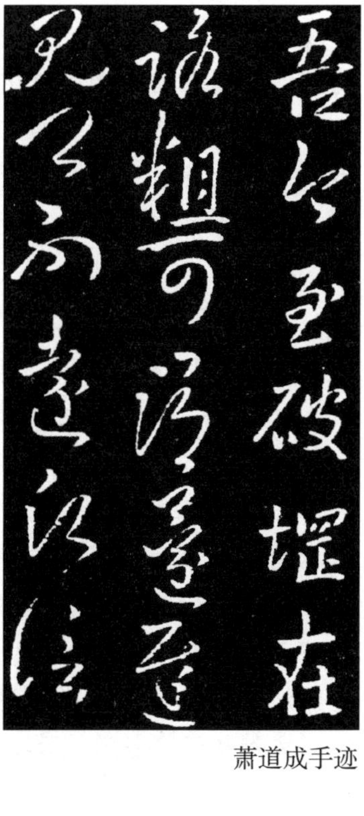
萧道成手迹

高帝任命褚渊为司徒，前来祝贺的人和宾客挤满了座席。褚炤叹息着说：“褚渊从少年时代便建树了自己的名望与操行，有谁料想到他会猖狂到这般地步！褚家门户不幸，才会又有今天的拜官之举。假使褚渊在担任中书郎的时候死去了，难道不会成为一位名士吗！如今他的名誉与德行都败坏了，可是偏偏会长命百岁！”于是，褚渊坚决不肯接受任命。

奉朝请、河东人氏裴顗上表指斥高帝的过失与丑行，直接辞官离去。高帝大怒，将他杀死。太子萧赜请求杀掉谢朏，高帝说：“杀了他，便成就了他的名望了。我们恰恰应该把他置之度外包容下来哩。”过了好长一段时间，谢朏终于因事被废免在家中。

高帝向前任抚军行参军沛国人氏刘瓛询问如何处理政务，刘瓛回答说：“政务就在《孝经》里面。大凡刘宋灭亡，陛下得国的原因，其中都包含着《孝经》阐述的道理。倘若陛下能够将前车之鉴引以为戒，再加上待人宽和仁厚，即使国家已经垂危了，也可以安定下来；倘若陛下重蹈覆辙，即使国家原来很安定，也一定会招致危亡。”高帝感叹着说：“儒士的话，真是可以用作万代之宝啊！”

癸丑（十五日），北魏孝文帝派遣假梁郡王拓跋嘉督统两员将领出兵淮阴，陇西公拓跋琛督统三员将领出兵广陵，河东公薛虎子督统三员将领出兵寿阳，共同辅佐丹杨王刘昶前来侵犯南齐。北魏答应让刘昶恢复刘宋昔日的基业，世世代代统辖江南地区，条件是他必须做北魏的藩属之国。蛮人酋长桓诞请求担任前锋，孝文帝便任命桓诞为南征西道大都督。南齐义阳平民谢天盖自称司州刺史，准备率领全州归附北魏，北魏乐陵镇将韦珍领兵渡过淮水，前来接应。南齐豫章王萧嶷派遣中兵参军萧惠朗带领两千人，帮助司州刺史萧景先讨伐谢天盖，韦珍劫掠人口七千多户，便撤离了。萧景先是齐高帝的侄子。南兖州刺史王敬则得知北魏将领渡过淮水，便丢下本镇，返回建康，致使南兖州百姓惊惶失散，但后来北魏军队始终没有到来。齐高帝因王敬则是有功之臣，便没有追究罪责。

高帝萧道成辅佐刘宋王室的时候，派遣骁骑将军王洪范出使柔然，约定与柔然共同进攻北魏。王洪范从蜀中出发，过了吐谷浑，历经西域，才得以到达柔然。至此，柔然十多万骑兵侵犯北魏，直抵塞上，才撤军而回。

二年（庚申，公元480年）

北魏军队进攻钟离，南齐徐州刺史崔文仲将北魏军打败。崔文仲派遣军主崔孝伯渡过淮水，攻打北魏茌眉戍主龙得侯等人，并将他们杀掉。崔文仲是崔祖思的同族。

各部蛮人凭依着高山深谷，遍布荆州、湘州、雍州、郢州、司州五州的边境上。南齐听说北魏军队前来侵犯，便征集所有的人丁参军。南襄城蛮人秦远趁着朝廷空虚无备的时机侵犯潼阳，杀掉县令。司州蛮人带领北魏军队进犯平昌，平昌戍主苟元宾将他们击败。北上黄蛮人文勉德侵犯汶阳，汶阳太守戴元宾丢下城池，逃奔江陵。豫章王肃嶷派遣中兵参军刘伾绪率领一千人讨伐文勉德，来到当阳的时候，文勉德请求投降，秦远逃走。

北魏将领薛道标领兵奔赴寿阳，齐高帝让齐郡太守刘怀慰伪造冠军将军薛渊的书信，招抚薛道标。北魏方面闻讯以后，便将薛道标召回，让梁郡王拓跋嘉替代他。刘怀慰是刘乘民的儿子。二月，丁卯朔（初一），拓跋嘉与刘昶侵犯寿阳。在将要交战的时候，刘昶面向东西南北四方，对将士们叩头行礼，泪流满面地说："愿大家齐心合力，来报仇雪耻！"

北魏孝文帝出行图

北魏的步、骑兵号称二十万。南齐豫州刺史垣崇祖召集文武官员商议对策，打算整治外城，在肥水上修筑堤坝，加强防守。大家都说："以往，拓跋焘前来侵犯，南平王兵多将广，士气高昂，兵力是现在的好几倍，尚且认为外城太大，难以守卫，所以退入内城防守。而且，自从有肥水存在以来，从不曾有人在肥水上修筑过堤坝，恐怕此举也是徒劳无益的吧。"垣崇祖说："如果我们放弃外城，胡虏肯定会占领外城，在外面修建瞭望高台，在里面筑成长墙，那就会使我们坐以待擒了。防守外城，修筑堤坝，这是我绝无劝阻余地的计策啊。"于是，垣崇祖在豫州城的西北方修筑堤坝，拦截肥水，在堤坝的北面修筑一座小城，四周环绕着深深的沟堑，派遣好几千人守卫在那里。垣崇祖说："胡虏看到此城狭小，以为一下子就可以攻取下来，肯定会全力攻打此城，企图谋求破坏堤坝。这时，我们放肥水冲击他们，他们便都成了漂流着的尸体了。"果然，北魏军队像蚁群般地趋附并攻打小城，垣崇祖头戴白色的纱帽，乘着轿子，登上城来。到了黄昏时分，垣崇祖命令决开堤坝，放水冲灌，北魏攻城的军队全都被冲进沟堑，淹死的人员马匹数以千计。北魏的军队撤退逃跑了。

自孝建年间以来的刘宋朝廷，政务废弛，法纪紊乱，田簿户籍谬误百出。高帝颁诏命令黄门郎会稽人虞玩之等人重新核查审定，还说："户籍，是对百姓的基本记载，是国家治理的端绪。近来弄虚作假的行为日益严重，应当怎样改正整顿呢？"虞玩之上表认为："元嘉年间，已故的光禄大夫傅隆年过七十，仍然亲手缮写户籍，亲身认真核实。现在，要想使户籍得到整顿和纠正偏失，就一定要使各县长官精勤廉明。我认为应当以元嘉二十七年的户籍为基准，重新制订明确的法令，任凭违法者自首悔过。如果执迷不悟，就一定要依照命令加以制裁。倘若谎报隐瞒，州县官吏与违法者一同治罪。"高帝听从了他的建议。

三年（辛酉，公元481年）

北魏军队侵犯淮阳，把军主成买包围在甬城里面，南齐高帝派遣领军将军李安民担任都督，与军主周盘龙等人前去援救成买。北魏军队在淮水沿岸大肆劫掠，长江以北的南齐百姓纷纷惊惶逃走，渡过长江南下，成买奋力战斗而死。周盘龙的儿子周奉叔，率领二百人冲入北魏军阵深入敌后，北魏派出一万多人的骑兵，分成左右两翼，包围周奉叔。有人向周盘龙报告说："周奉叔已经阵亡。"周盘龙跃马疾驱，奋力挥动长槊，径直冲入北魏军阵，所到之处，无不惊慌溃败。周奉叔冲出敌阵以后，又前去寻找周盘龙。周氏父子两人骑马左右奔驰，四处冲撞，北魏好几万人马中无人有胆量抵挡他们。于是北魏军队败了下来，死伤的人马数以万计。北魏军队撤退的时候，李安民等人又率领军队前去追击，在孙溪渚发生战斗，又一次打败北魏军队。

在晋、宋时期，荆州刺史往往并不兼任南蛮校尉，朝廷另外委派重要官员担任此职。豫章王萧嶷担任荆、湘两州刺史的时候，却兼任了南蛮校尉的职务。萧嶷罢职以后，高帝又让侍中王奂出任两州刺史兼南蛮校尉，王奂再三推辞着说："西部疆土在经受战火以后，遭到的破坏已经难以恢复。现在，朝廷又要分散州郡长官的权力，去设置一些偏将。推重大臣的名望不足以增强实力，说到实际的情况却能够造成弊病。何况物资与权力分散以后，职能部门就增多了，大家的劳务必须成倍增加，公文案卷愈加繁复。我个人认为若为国家利益着想，这种做法并不允当。"癸丑（二月二十三日），高帝取消了南蛮校尉的建置。

刘宋升明年间，顺帝派遣使者殷灵诞、苟昭先前往北魏。得知南齐高帝接受帝位禅让以后，殷灵诞便对北魏的典客官说："宋、魏通问修好，一方的忧患就是另一方的忧患。现在宋朝灭亡了，魏朝却不肯相救，两国和睦相亲还有什么用处！"及至刘昶前来侵犯南齐，殷灵诞请求担任刘昶的司马，刘昶没有答应。九月，庚午（十三日），北魏在平城南郊检阅兵马，因而设宴招待群臣。北魏将领车僧朗的座次安置在殷灵诞的下首，车僧朗不肯入席，他说："过去殷灵诞是宋朝的使者，现在却成了齐国的平民。我请求魏国皇帝按照礼节对待我。"于是殷灵诞与他愤怒地相互辱骂。刘昶贿赂刘宋朝的降将解奉君，在宴会上刺死车僧朗。北魏方面收捕解奉君，将他杀死，隆重地为车僧朗送葬，将殷灵诞等人放还南朝。及至南齐武帝即位，苟昭先将殷灵诞说的话全部启奏武帝，殷灵诞因此获罪，在牢狱中死去。

四年（壬戌，公元482年）

三月，庚申（初六），南齐高帝召见司徒褚渊和尚书左仆射王俭接受遗诏，辅佐太子。壬戌（初八），高帝在临光殿去世。太子即帝位，宣布大赦。

南齐高帝深谋远虑，宽宏大量，学识广博，能写文章，生性朴素节俭。看见主衣库中有一个玉导，高帝便敕令中书说："留着此物，正是滋长一切弊病的根源！"他当即命令将玉导打碎，还检查库中存放着什么奇巧的物品，一概依照这一事例处理。他经常说："假如我能够有十年时间治理天下，我就能让黄金的价值与泥土相等。"

夏季，四月，庚寅（初六），南齐为已故的皇帝上谥号称高皇帝，庙号称作太祖。丙午（二十二日），高帝被安葬在泰安陵。

齐武帝永明元年（癸亥，公元483年）

有关部门认为天体运行失去常度，请求禳除灾害。南齐武帝说："顺应天像，在于实际，而不在于虚文。我克制自己的欲望，谋求为政清明，希望使仁爱政治发扬光大。如果灾难是由我造成的，祭祷祈福又有什么用处！"

南齐武帝当太子的时候，认为自己年纪已大，并且与高帝一起创立帝业，所以对于朝廷中大大小小的事情，一概独断专行，常常违背制度。武帝信任亲信张景真，张景真骄横奢华，所使用的衾被、衣服和日常生活用品，都超越本分，可与皇帝使用的器物相比。朝廷内外官员都畏惧他，没有人有胆量就此发表意见。

司空咨议荀伯玉，素来被高帝所亲近厚待，他叹息着说："太子做的事情，皇上始终难以知晓，难道我能畏惧一死，使皇上受到蒙蔽吗！如果我不能启奏皇上，谁应当启奏！"他趁太子拜谒陵寝的时机，暗中向高帝启奏。高帝大怒，命令审查太子。

太子祭拜陵寝回来，来到方山的时候，天色晚了。太子准备停船靠岸，这时豫章王萧嶷由东府骑着名马飞燕东来迎接太子，将高帝发怒的情形告诉了他。太子连夜返回，进入宫中，高帝也让人别把大门上锁，等他回来。第二天，高帝让南郡王萧长懋和闻喜公萧子良宣布敕书，责问太子，并且向太子出示张景真的罪状，让二人以太子的命令去收捕张景真，将他杀掉。太子忧愁恐惧，称病不起。

过了一个多月以后，高帝的怒气还是没有平息。有一天，高帝白天躺在太阳殿里，王敬则径直走进来，伏地叩头，向高帝启奏说："陛下拥有天下，时间还短，太子无故遭受责备，人们担惊受怕。希望陛下前往东宫，消除太子的顾虑。"高帝沉默不语。于是，王敬则大声宣布圣旨，让人们整装前往东宫，又命令御厨摆设食品，呼唤周围的人要来轿子，但高帝还是没有一点要动身的意思。王敬则要来衣服，披在高帝的身上，这才勉强把高帝扶上轿子。高帝迫不得已，来到东宫，召集诸王在玄圃宴饮。宴上，长沙王萧晃打着遮阳伞，临川王萧映摇着雉尾扇，闻喜公萧子良端着酒铊，南郡王萧长懋巡行酌酒劝饮，太子以及豫章王萧嶷、王敬则亲自献上酒食，直到天色擦黑的时候，大家都喝醉了，这才各自回去。

高帝嘉许荀伯玉对自己竭尽忠心，便更加亲近信任他了。对于军队与国家的机密要事，高帝往往委派他去办理，荀伯玉的权力震动了位列朝班右侧的达官显贵。荀伯玉为母亲居丧的时候，在距离他的住宅约有二里地处，道路上已经站满了官吏。左卫率萧景先和侍中王晏一齐前去吊唁，从早晨等到日暮，才得以近前。等到出来以后，两人又饿又累，连气都喘不过来了，说话的声音，脸上的表情，都流露出内心的愤怒与沮丧。第二天，萧景先与王晏向高帝进言说："我等所看到的皇子与皇孙两宫的情形，比起荀伯玉的宅邸来，真可谓门可罗雀了。"王晏是王敬弘的侄子。

骁骑将军陈胤叔，原先也曾禀告过张景真以及太子的过失，但他与太子谈话时却说："是荀伯玉向皇上报告的。"从此，太子便深深怀恨荀伯玉了。

高帝暗中本有以豫章王萧嶷取代太子的想法。但是，萧嶷事奉太子更加谨慎，所以太子对他的友爱之情并没有衰减。

豫州刺史垣崇祖不肯亲近阿附太子。赶巧垣崇祖打败北魏军队，高帝召他回朝，与他密商大事。于是，太子对他产生了怀疑，对他违心地以礼相待，还对他说："对于外界流传着的诽谤，我已经不放在心上。从今以后，我把荣华富贵就托付给你了。"垣崇祖行礼致谢。适逢高帝派遣荀伯玉前来，命令垣崇祖前去处理边疆上的事务。垣崇祖接受圣旨，连夜出发，来不及向太子告别。太子认为垣崇祖对自己不能竭尽忠诚，便愈加怀恨在心了。

高帝在临终以前，手指着荀伯玉，把太子托付给他。武帝即位以后，垣崇祖历经升迁，担任了五兵尚书；荀伯玉历经升迁，担任了散骑常侍。荀伯玉心怀忧虑疑惧。武帝因荀伯玉与垣崇祖交好，担心他们制造变故，便留意安抚他们。丁亥（四月初九），武帝颁诏诬陷垣崇祖招延结纳长江北岸的亡命之徒，想与荀伯玉一起作乱，因而将他们二人都收捕杀害了。

南齐车骑将军张敬儿非常信梦。当初，张敬儿担任南阳太守的时候，他的妻子尚氏梦里觉着一只手灼热如火；及至他担任雍州刺史的时候，他的妻子梦里觉着肩胛的一边发热；及至他担任开府仪同三司的时候，他的妻子梦里觉着半个身子发热。张敬儿的欲望没有止境，经常对自己亲近的人说："我的妻子梦里又觉着全身发热了。"张敬儿又说自己梦见家乡村庄中社庙旁的树木高耸入云。武帝得知消息以后就讨厌他了。垣崇祖死后，张敬儿认为自己已经遭到怀疑。适逢有人告发张敬儿派人到蛮人中间进行贸易，武帝怀疑他这是怀有叛变的意图。恰巧赶上武帝在华林园中设置八关斋，朝廷百官都去参加斋会，武帝便在座席上收捕了张敬儿。张敬儿摘下朝冠，将朝冠上的貂尾丢在地上说："就是这个东西把我害了！"丁酉（五月二十日）武帝杀掉张敬儿和他的四个儿子。

张敬儿的弟弟张恭儿，经常担心哥哥一旦招致祸殃，自己会受到连累。他住在冠军县，从来不曾去过襄阳。他安身的村落山深水阻，居住的房舍墙垣重重。每当张敬儿送来书信的时候，张恭儿总是翻身上马，佩戴好收藏弓箭的器具，然后才肯会见送信人。张敬儿被杀的音讯传来以后，张恭儿全家进入蛮人居住地区。后来，张恭儿自动返回，齐武帝宽恕了他。

冬季，十月，丙寅（二十一日），南齐武帝派遣骁骑将军刘缵向北魏通问修好。北魏主客令李安世主持接待他。北魏方面把内宫收藏的珠宝拿出来，让商人在市肆中出售。刘缵说："魏国的金银珠玉价格极低，这恐怕是由于北魏本土出产这些东西吧。"李安世说："我朝并不看重金银珠玉，所以它们的价格贱得如同瓦砾。"刘缵原来准备多买一些北魏的珠宝，听到李安世这一席话以后，深感惭愧，便不再买了。刘缵屡次奉命出使，前往北魏，北魏冯太后于是与他私通。

第一百三十六卷

齐纪二

译文诵读

世祖武皇帝上之下永明二年（甲子，484）

春，正月，乙亥，以后将军柳世隆为尚书右仆射；竟陵王子良为护军将军兼司徒，领兵置佐，镇西州。子良少有清尚，倾意宾客，才隽之士，皆游集其门。开西邸，多聚古人器服以充之。记室参军范云、萧琛、乐安任昉、法曹参军王融、卫军东阁祭酒萧衍、镇西功曹谢朓、步兵校尉沈约、扬州秀才吴郡陆倕，并以文学，尤见亲待，号曰八友。法曹参军柳恽、太学博士王僧孺、南徐州秀才济阳江革、尚书殿中郎范缜、会稽孔休源亦预焉。琛，惠开之从子；恽，元景之从孙；融，僧达之孙；衍，顺之之子；朓，述之孙；约，璞之子；僧孺，雅之曾孙；缜，云之从兄也。

子良笃好释氏，招致名僧，讲论佛法，道俗之盛，江左未有。或亲为众僧赋食、行水，世颇以为失宰相体。

范缜盛称无佛。子良曰："君不信因果，何得有富贵、贫贱？"缜曰："人生如树花同发，随风而散：或拂帘幌坠茵席之上，或关篱墙落粪溷之中。坠茵席者，殿下是也，落粪溷者，下官是也。贵贱虽复殊途，因果竟在何处！"子良无以难。缜又著《神灭论》，以为："形者神之质，神者形之用也。神之于形，犹利之于刀；未闻刀没而利存，岂容形亡而神在哉！"此论出，朝野喧哗，难之终不能屈。太原王琰著论讥缜曰："呜呼范子！曾不知其先祖神灵所在！"欲以杜缜后对。缜对曰："呜呼王子！知其先祖神灵所在而不能杀身以从之！"子良使王融谓之曰："以卿才美，何患不至中书郎；而故乖剌为此论，甚可惜也！宜急毁弃之。"缜大笑曰："使范缜卖论取官，已至令、仆矣，何但中书郎邪！"

萧衍好筹略，有文武才干，王俭深器异之，曰："萧郎出三十，贵不可言。"

冬，十月，丁巳，以南徐州刺史长沙王晃为中书监。初，太祖临终，以晃属帝，使处于辇下或近藩，勿令远出。且曰："宋氏若非骨肉相残，他族岂得乘其弊！汝深诫之！"旧制：诸王在都，唯得置捉刀左右四十人。晃好武饰，及罢南徐州，私载数百人仗还建康，为禁司所觉，投之江水。帝闻之，大怒，将纠以法，豫章王嶷叩头流涕曰："晃罪诚不足宥；陛下当忆先朝念晃。"帝亦垂泣，由是终无异意，然亦不被亲宠。论者谓帝优于魏文，减于汉明。

武陵王晔多材艺而疏悻，亦无宠于帝。尝侍宴，醉伏地，貂抄肉柈。帝笑曰："肉污貂。"对曰："陛下爱羽毛而疏骨肉。"帝不悦。晔轻财好施，故无蓄积；名后堂山曰"首阳"，盖怨贫薄也。

高丽王琏遣使入贡于魏，亦入贡于齐。时高丽方强，魏置诸国使邸，齐使第一，高丽次之。

三年（乙丑，485）

自宋世祖好文章，士大夫悉以文章相尚，无以专经为业者。俭少好《礼》学及《春秋》，言论造次必于儒者，由是衣冠翕然，更尚儒术。俭撰次朝仪、国典，自晋、宋以来故事，无不谙忆，故当朝理事，断决如流。每博议引证，八坐、丞、郎无能异者。令史谘事常数十人，宾客满席，俭应接辨析，傍无留滞，发言下笔，皆有音彩。十日一还学监试诸生，巾卷在庭，剑卫、令史，仪容甚盛。作解散髻，斜插簪；朝野慕之，相与仿效。俭常谓人曰："江左风流宰相，唯有谢安。"意以自比也。上深委仗之，士流选用，奏无不可。

魏初，民多荫附；荫附者皆无官役，而豪强征敛倍于公赋。给事中李安世上言："岁饥民流，田业多为豪右所占夺；虽桑井难复，宜更均量，使力业相称。又，所争之田，宜限年断，事久难明，悉归今主，以绝诈妄。"魏主善之，由是始议均田。冬，十月，丁未，诏遣使者循行州郡，与牧守均给天下之田：诸男夫十五以上受露田四十亩，妇人二十亩，奴婢依良丁；牛一头，受田三十亩，限止四牛。所授之田，率倍之；三易之田，再倍之，以供耕作及还受之盈缩。人年及课则受田，老免及身没则还田。奴婢、牛随有无以还受。初受田者，男夫给二十亩，课种桑五十株；桑田皆为世业，身终不还。恒计见口，有盈者无受无还，不足者受种如法，盈者得卖其盈。诸宰民之官，各随近给公田有差，更代相付；卖者坐如律。

四年（丙寅，486）

春，正月，癸亥朔，魏高祖朝会，始服衮冕。

魏无乡党之法，唯立宗主督护；民多隐冒，三五十家始为一户。内秘书令李冲上言："宜准古法：五家立邻长，五邻立里长，五里立党长，取乡人强谨者为之。邻长复一夫，里长二夫，党长三夫，三载无过，则升一等。其民调，一夫一妇，帛一匹，粟二石。大率十匹为公调，二匹为调外费，三匹为百官俸。此外复有杂调。民年八十已上，听一子不从役。孤独、癃老、笃疾、贫穷不能自存者，三长内迭养食之。"书奏，诏百官通议。中书令郑羲等皆以为不可。太尉丕曰："臣谓此法若行，于公私有益。但方有事之月，校比户口，民必劳怨。请过今秋，至冬乃遣使者，于事为宜。"冲曰："'民可使由之，不可使知之。'若不因调时，民徒知立长校户之勤，未见均徭省赋之益，心必生怨。宜及调课之月，令知赋税之均，既识其事，又得其利，行之差易。”群臣多言：“九品差调，为日已久，一旦改法，恐成扰乱。”文明太后曰：“立三长则课调有常准，苞荫之户可出，侥幸之人可止，何为不可！”甲戌，初立党、里、邻三长，定民户籍。民始皆愁苦，豪强者尤不愿。既而课调省费十余倍，上下安之。

夏，四月，辛酉朔，魏始制五等公服；甲子，初以法服、御辇祀南郊。

是岁，魏改中书学曰国子学。分置州郡，凡三十八州，二十五在河南，十三在河北。

五年（丁卯，487）

魏光禄大夫咸阳文公高允，历事五帝，出入三省，五十余年，未尝有谴；冯太后及魏主甚重之，常命中黄门苏兴寿扶侍。允仁恕简静，虽处贵重，情同寒素；执书吟览，昼夜不去手；诲人以善，恂恂不倦；笃亲念故，无所遗弃。显祖平青、徐，悉徙其望族于代，其人多允之婚媾，流离饥寒；允倾家赈施，咸得其所，又随其才行，荐之于朝。议者多以初附间之，允曰：“任贤使能，何有新旧！必若有用，岂可以此抑之！”允体素无疾，至是微有不适，犹起居如常，数日而卒，年九十八；赠侍中、司空，赙襚甚厚。魏初以来，存亡蒙赉，皆莫及也。

魏秘书令高祐、丞李彪奏请改《国书》编年为纪、传、表、志；魏主从之。祐，允之从祖弟也。十二月，诏彪与著作郎崔光改修《国书》。光，道固之从孙也。

魏主问高祐曰：“何以止盗？”对曰：“昔宋均立德，猛虎渡河；卓茂行化，蝗不入境。况盗贼，人也，苟守宰得人，治化有方，止之易矣。”祐又上疏言：“今之选举，不采识治之优劣，专简年劳之多少，斯非尽才之谓。宜停此薄艺，弃彼朽劳，唯才是举，则官方斯穆。又勋旧之臣，虽年勤可录而才非抚民者，可加之以爵赏，不宜委之以方任，所谓王者可私人以财，不私人以官者也。”帝善之。

祐出为西兖州刺史，镇滑台。以郡国虽有学，县、党亦宜有之，乃命县立讲学，党立小学。

七年（己巳，489）

魏怀朔镇将汝阴灵王天赐，长安镇都大将、雍州刺史南安惠王桢，皆坐赃当死。冯太后及魏主临皇信堂，引见王公，太后令曰：“卿等以为当存亲以毁令邪，当灭亲以明法邪？”群臣皆言：“二王，景穆皇帝之子，宜蒙矜恕。”太后不应。魏主乃下诏，称：“二王所犯难恕，而太皇太后追惟高宗孔怀之恩；且南安王事母孝谨，闻于中外，并特免死，削夺官爵，禁锢终身。”初，魏朝闻桢贪暴，遣中散闾文祖诣长安察之，文祖受桢赂，为之隐；事觉，文祖亦抵罪。冯太后谓群臣曰：“文祖前自谓廉，今竟犯法。以此言之，人心信不可知。”魏主曰：“古有待放之臣。卿等自审不胜贪心者，听辞位归第。”宰官、中散慕容契进曰：“小人之心无常而帝王之法有常；以无常之心奉有常之法，非所克堪，乞从退黜。”魏主曰：“契知心不可常，则知贪之可恶矣，何必求退！”迁宰官令。契，白曜之弟子也。

侍中江敩为都官尚书。中书舍人纪僧真得幸于上，容表有士风，请于上曰：“臣出自本县武吏，邀逢圣时，阶荣至此；为儿昏得荀昭光女，即时无复所须，唯就陛下乞作士大夫。”上曰：“此由江敩、谢瀹，我不得措意，可自诣之。”僧真承旨诣敩，登榻坐定，敩顾命左右曰：“移吾床远客！”僧真丧气而退，告上曰：“士大夫故非天子所命！”敩，湛之孙；瀹，朏之弟也。

齐武帝永明二年（甲子，公元484年）

春季，正月，乙亥（初二），南齐朝廷任命后将军柳世隆为尚书右仆射；竟陵王萧子良为护军将军兼司徒，统领军队，设置辅佐官员，镇守西州。萧子良很小就有清高的品格，他喜欢结交朋友，有才能的士大夫都聚集在他的门下。萧子良建造他西郊的住宅，将聚集起来的许多古代器物、服饰放在里面。记室参军范云、萧琛、乐安人任昉、法曹参军王融、卫军东阁祭酒萧衍、镇西功曹谢眺、步兵校尉沈约和扬州秀才吴郡人陆倕等，都在文学上很有造诣，尤其受到萧子良的厚待，号称八友。另外，法曹参军柳恽、太学博士王僧孺、南徐州秀才济阳人江革、尚书殿中郎范缜和会稽人孔休源，也都是萧子良的朋友。萧琛是萧惠开的侄子。柳恽是柳元景的侄孙。王融是王僧达的孙子。萧衍是萧顺之的儿子。谢眺是谢述的孙子。沈约是沈璞的儿子。王僧孺是王雅的曾孙。范缜是范云的堂兄。

萧子良笃信佛教，他延请许多高僧讲论佛法，佛教之盛行，在江左一带还从来没有过。有时，萧子良还亲自给和尚们端饭送水，世间都认为他有失宰相体统。

范缜大谈世上没有佛。萧子良说：“如果你不相信因果报应，那么，为什么世上会有贫贱、富贵之分？”范缜说：“人生在世，就像树上的花朵一样，同时生长又都随风飘散，有的掠过竹帘帷幕落到了床褥上，有的越过篱笆围墙落在了粪坑里。落到床褥之上的好比是殿下您，落到粪坑里的就是我了。虽然我们之间贵贱迥异，但因果报应究竟在何处呢？”萧子良听后，无言以对。范缜又写了《神灭论》，他认为：“形体，是精神的本质；精神则是形体的表现和产物。精神对于形体来说，就好像锋刃与刀，从未听说过有刀失而刃在的道理，

北齐响堂石窟中的佛像

那么，怎么会有形体消亡了而精神却还存在的事情呢？”这一理论一提出，朝廷上下一片哗然，屡加诘难，最终也没能使范缜屈服。太原人王琰，写文章讥讽范缜说：“呜呼范子！竟然不知道他祖先的神灵在什么地方！”王琰想以此堵住范缜的嘴。范缜却回答他说：“呜呼王子！知道他祖先的神灵在什么地方，却不肯杀身随之同去！”萧子良派王融劝范缜说：“凭着你这样的才华，还愁什么当不上中书郎，却故意发表这种荒谬偏激的言论，实在是令人太遗憾了。你应该赶快毁掉并放弃这些文章。”范缜一听，大笑说：“假使让我范缜出卖我的理论，去换取官职，那么，我早已做到尚书令、仆射了，何止是一个中书郎！”

萧衍做事喜欢运筹谋略。他文武全才，王俭非常器重他，对他的才能惊异不止。王俭曾说：“萧郎刚刚年过三十，实在是贵不可言啊！”

冬季，十月，丁巳（十八日），南齐任命南徐州刺史长沙王萧晃为中书监。当初，高帝临终前，将萧晃托付给武帝，特别嘱咐，要让萧晃留在京城中或京城附近任官，不要派他去边远的地方。又说：“宋氏如果不是亲骨肉之间互相残杀，外姓人怎么会有可乘之机？你们应该深以为戒！”旧制规定：亲王们在京都时，只可以带四十名武装侍卫。萧晃喜欢武士的威仪，离开南徐州时，他私下带着几百件个人用的武器返回建康，被负责防禁的部门发觉，扔进了长江。武帝闻知勃然大怒，打算将萧晃绳之以法。豫章王萧嶷叩头哭泣说：“萧晃的罪过，诚然不可以宽恕。陛下该想想父王对萧晃的慈爱。”武帝也低下头哭了，从此，武帝对萧晃不再有杀机，也没有信任和宠爱。议论朝事的人都说，武帝要比魏文帝曹丕好些，但不如东汉明帝刘庄。

武陵王萧晔多才多艺，但性情直率，也得不到武帝的宠爱。有一次，他参加皇宫御宴，大醉倒地，帽子边上的貂尾都沾上了肉汤。武帝笑着说：“肉汤把你的貂尾都弄脏了。”萧晔回答说：“陛下您喜爱这些羽毛，却疏远亲生骨肉。”武帝很不高兴。萧晔把钱财看得很轻，喜欢施舍。所以，他自己没有积蓄。他把后堂山叫做“首阳山”，就是抱怨自己生活贫困以及武帝薄情。

高句丽国王高琏，派使节向北魏进贡，同时也向南齐进贡。此时，高句丽王国正处于强盛时期，北魏安置各国使节住所，南齐使节排在第一位，接着就是高句丽了。

三年（乙丑，公元485年）

从刘宋孝武帝喜欢文章辞采以来，士大夫也都以华丽的文辞章句互相推崇欣赏，却没有专门研究经书的人。王俭小时候就喜欢《礼》和《春秋》，即使是随便言谈，也都一定遵循儒家法则，从王俭这里开始，士大夫又追随模仿，崇尚儒家学说。王俭在撰写朝廷礼仪、国家大典时，对晋、刘宋王朝以来的掌故，无不了如指掌，因此，在他处理朝廷各项事务时，能够迅速做出决断。每次建言，都旁征博引，上自八坐，下到左右丞、各署曹郎，没有人能提出异议。拿着公文向他请示的令史经常有几十人，宾客盈门，王俭都从容接待，条分缕析，从不积压延迟，无论是口头发表见解，还是下笔批示，都是有声有色，神采飞扬。王俭每十天去学监一次，测试学生，学监内都是头戴葛巾、手拿试卷的学生，佩剑的卫士和令史站在一旁，仪式非常隆重。王俭解散发髻，把头簪斜插在上面，朝廷内外都很仰慕他的风采，争相模仿。王俭经常对人说："江左风流倜傥的宰相，只有谢安一人。"言下之意是把自己比作谢安。武帝也非常器重他并委以要职。选用士人，只要是王俭推荐的，没有不批准的。

北魏建国初年，很多人自动依附于豪门强族。寻求庇护的人都不用为官府服役，可是，豪强贵族的横征暴敛，比官府征收的捐税高出一倍。于是，给事中李安世上书说："每次遇到灾荒，老百姓就四处逃散，他们的田地大多都被豪强贵族们所霸占、掠夺。古代的井田制度难以恢复，朝廷应该使土地平均些，使农夫耕种土地的面积和人口数量相当。另外，对发生争执的田产，应该限定日期裁断。官司拖得太久又难以明断的田产，一律归现在使用的人，以杜绝诡佞欺诈。"孝文帝赞赏李安世的建议，由此开始讨论均田方案。冬季，十月，丁未（十三日），孝文帝下诏派遣使者分别去各州郡，与各州郡牧守 一同推行均田制，十五岁以上的男子，每人可以得到四十亩没有种树的农田，女子每人二十亩，奴仆婢女，按照一般成年人所配给田地的待遇分配土地。一头牛，可得三十亩农田，但以四头牛为限。所配给的农田，如果是隔一年才能耕种一次的贫瘠田地，增加一倍；如果是隔两年才能耕种一次的田地，增加两倍。以此供耕种和还田、受田增加减少的需要。老百姓到了应该纳赋的年龄，就配给土地，年纪已老以及去世之后，土地归还官府。对于奴婢和耕牛，根据奴婢和耕牛数量多少，决定还田还是受田。初次受田的人，男子给田二十亩，规定种五十棵桑树，种了桑树的土地，都是世世代代经营管理，死了以后也不用缴回官府。官府应经常统计人口情况，对土地有盈余的农家，不受田也不令他还田。对土地不够的农家，则依照法令增加配给。世代经营的田地，有盈余的人家，可以自由出售。各地地方官就在官府附近，按照等级，配给一份公田，地方官更换时，要把这份公田移交给接任的官员。如果私自卖掉公田，按照法律追究定罪。

四年（丙寅，公元486年）

春季，正月，癸亥朔（初一），北魏孝文帝召集百官朝见时开始穿戴汉族皇帝的礼服和冕旒。

北魏没有地方基层行政组织法规，只有大家族的宗主来监督地方行政事务。老百姓大多隐瞒或假冒别人的户籍，有时三五十家才有一个户口。为此，内秘书令李冲上疏说："应该依据古代的方法，五户设立一个邻长，五邻设立一个里长，五里设立一名党长，选派乡人中强干而又谨慎的人担任。邻长家免除一个人的差役，里长家免除二个人的差役，党长家则免除三个人的差役。三年之内，没有过失，加升一级。对老百姓征收的户调，一对夫妇征收一匹帛，二石粟米。大体上十匹交给国库，二匹作为额外追加，三匹作为支付朝廷文武百官的俸禄。除此还有杂税。老百姓在八十岁以上的，可以免除一个儿子的差役。孤儿、孤寡老人、残疾人及久病不愈者、贫穷无法养活自己的人，要由邻长、里长和党长轮流供养。”李冲的奏章呈上之后，孝文帝诏令文武百官讨论。中书令郑羲等人都认为行不通。太尉拓跋丕说：“我认为，这种办法如果实行，对朝廷和个人都有好处。但是，现在正是征收赋税的月份，校正户籍，百姓一定会因苦生怨。我请求过了今年秋季，等到冬季派官员到各地办理，这样做还是比较合适的。”李冲则说：“‘民可使由之，不可使知之。’如果不趁现在征收赋税的时节去办理，老百姓只看到校正户籍的麻烦辛苦，却没有看到减免徭役赋税所带来的好处，一定会心生怨恨。我们应该利用征收赋税的月份，使老百姓知道赋税公平。他们了解了这一点，又从中得到了好处，推行起来就容易了。”文武百官们却说：“按照九个等级进行征税，已经实行了很长时间，一旦要改变，恐怕会引起骚乱。”最终，冯太后说：“设立邻长、里长、党长，田赋捐税仍然有一定的标准，被包庇隐藏的户口就可以查出，侥幸逃脱的人也可以得到制止，为什么说它行不通呢？”甲戌（十三日），开始建立党长、里长、邻长制度，重新核定百姓的户籍。老百姓开始为此都愁苦不安，豪强士族们尤其反对。不久，赋税的征收额减少到过去的十几分之一，豪强、百姓才安下心来。

夏季，四月，辛酉朔（初一），北魏开始制作五等官服。甲子（初四），孝文帝第一次穿上皇帝法服，乘坐皇帝专用的辇车，到南郊祭天。

这一年，北魏将中书学改称为国子学。重新划分设置州郡，共有三十八个州，其中有二十五个州在黄河南，十三个州在黄河北。

五年（丁卯，公元487年）

北魏光禄大夫、咸阳文公高允，一生侍奉过五位皇帝，在尚书省、中书省、秘书省三省中担任过重要职位，五十多年，从未受到过责备。冯太后和孝文帝都非常尊重他，经常命令中黄门苏兴服侍他。高允仁义宽厚，简朴恬静，虽然处在极其尊贵重要的位置上，但是，他的情况却跟普通士人一样。他拿起书来不停地吟咏浏览，无论是白天还是夜里总是书不离手。他教诲别人向善学好，诚恳耐心地引导，从不感到厌倦。他顾念亲人、故旧，都从不忘记、抛弃他们。当献文帝拓跋弘夺取刘宋青州、徐州时，把当地望族全都迁到了代郡，他们中有很多人都是高允的姻亲，流离失所、饥寒交迫地来到这里，高允拿出全部家产赈济，使他们得到安置。接着，高允又在他们当中根据才能品行的不同，把一些人推荐给朝廷。当时朝中许多人都因他们刚刚归附而不加信任。高允说：“任用贤才，使用能人，为什么要分他是新归附的还是早就归附的呢？如果他们肯定有用，怎么可以用这种理由去压制他们！”高允身体一向无病，到这年，稍感不适，但他的起居仍如平日一样。几天之后去世，享年九十八岁。朝廷追赠他为侍中、司空，陪葬的布帛衣被十分丰厚，北魏建国以来，对活着或者死去了的官员的赏赐，没有赶得上高允的。

北魏秘书令高祐、秘书丞李彪上奏请把《国书》的编年体例改为纪、传、表、志，孝文帝批准这一建议。高祐和高允是同一个曾祖父，高祐是高允的堂弟。十二月，下诏，令秘书丞李彪和著作郎崔光一起负责修订《国书》。崔光是崔道固的堂孙。

孝文帝问高祐说："怎样才能防止盗贼？"高祐回答说："汉明帝时宋均订立、推行德政，就有猛虎渡河离去。汉平帝时卓茂推行教化，连蝗虫都不入境。更何况，强盗也是普通人。只要郡守、县宰的选派适当，治理教化得当，那么，防止盗贼就十分容易了。"接着，高祐又上书建议说："现在朝廷选用官吏，不是看他治理地方的政绩优劣，只是看他任期的长短，资历的深浅，这样不能说是人尽其才。应该停止这种浅薄的区别，摒弃那些没用的年资阅历，唯才是举，官吏才会清廉严正。另外，对于功勋老臣，虽然功劳资历可以承认，可没有治理安抚人民的才能，朝廷可以增加他们的爵位封赏，不应该再让他们担任地方要员，这也就是所说的，帝王可以因个人的喜好去赏赐钱财，却不可以因个人的好恶派人做官！"孝文帝认为言之有理。

高祐出任西兖州刺史，镇守滑台。他认为郡和封国既然有学校，下边的县和党也应该有，于是，高祐下令各县设立讲学，各党设立小学。

七年（己巳，公元489年）

北魏怀朔镇将、汝阴灵王拓跋天赐和长安镇都大将、雍州刺史、南安惠王拓跋桢二人，都因贪污罪当处死。冯太后和孝文帝为此亲自到皇信堂，召见王公要人。冯太后首先发问说："你们认为，应该顾念亲情、毁弃法律呢，还是应该大义灭亲，以严明法律呢？"大臣们都说："二王都是景穆皇帝的儿子，应该得到宽恕。"冯太后没有回答。孝文帝下诏声称："二王所犯的罪行，实在是难以宽恕。但是，太皇太后追思文成帝的大恩，顾念手足之情，再加上南安王侍奉母亲，十分孝敬恭谨，内外闻名。因此，现在特别赦免二王的死罪，撤销官职和爵位，终身监禁。"最初，北魏朝廷得知拓跋桢贪婪暴虐，就派中散吕文祖抵达长安调查，吕文祖暗中接受了拓跋桢的贿赂，为他隐瞒了事实真相。事情被查以后，吕文祖也受到了同样的处罚。冯太后对大臣们说："吕文祖以前自称廉洁奉公，而今竟也贪赃枉法。从这件事上可以看出，人心巨测，难以探知。"孝文帝说："古代有一种待放的大臣。你们在座的如果扪心自省，认为自己不能克制贪欲，允许你们辞职回家。"宰官、中散大夫慕容契进言说："小人之心常变，帝王的法律却是永恒不变的，以常变之心去应付不变的法律，恐怕不是我所能够担当的，所以，我请求辞职免官。"孝文帝说："慕容契知道人心是不可能不变的，就一定知道贪婪是令人厌恶的，你何必请求辞职呢！"于是提升他为宰官令。慕容契是慕容白曜的侄子。

南齐侍中江敩担任都官尚书。中书舍人纪僧真得到武帝的宠信，纪僧真举止仪容都具有士大夫风采，他向武帝请求说：“臣不过是出身于本县的一名武官，幸运地赶上了清明盛世，官阶和荣耀才如此之高。我的儿子纪昏还娶了荀昭光的女儿。现在，我已经不再有其他的需求，只请求陛下能允许我加入大夫行列。”武帝说：“这件事应该由江敩、谢瀹决定，我不能参与，你可以自己去他们那里请求。”于是，纪僧真就按照武帝的旨意来到江敩那里，在榻席上坐稳后，江敩回过头去命令他的左右侍从们说：“把我的坐榻抬远些，远离客人！”纪僧真垂头丧气地退出来了，向武帝报告说：“士大夫原来不是皇上能够命令的！”江敩是江湛的孙子。谢瀹是谢朏的弟弟。

第一百三十七卷
齐纪三

译文诵读

世祖武皇帝中永明八年（庚午，490）

九月，癸丑，魏太皇太后冯氏殂；高祖勺饮不入口者五日，哀毁过礼。中部曹华阴杨椿谏曰："陛下荷祖宗之业，临万国之重，岂可同匹夫之节以取僵仆！群下惶灼，莫知所言。且圣人之礼，毁不灭性；纵陛下欲自贤于万代，其若宗庙何！"帝感其言，为之一进粥。

于是诸王公皆诣阙上表，请时定兆域，及依汉、魏故事，并太皇太后终制，既葬，公除。诏曰："自遭祸罚，慌惚如昨，奉侍梓宫，犹希仿佛。山陵迁厝，所未忍闻。"冬，十月，王公复上表固请。诏曰："山陵可依典册；衰服之宜，情所未忍。"帝欲亲至陵所，戊辰，诏："诸常从之具，悉可停之；其武卫之官，防侍如法。"癸酉，葬文明太皇太后于永固陵。甲戌，帝谒陵，王公固请公除。诏曰："此当别叙在心。"己卯，又谒陵。

初，太后忌帝英敏，恐不利于己，欲废之，盛寒，闭于空室，绝其食三日；召咸阳王禧，将立之。太尉东阳王丕、尚书右仆射穆泰、尚书李冲固谏，乃止，帝初无憾意，唯深德丕等。泰，崇之玄孙也。

又有宦者谮帝于太后，太后杖帝数十；帝默然受之，不自申理；及太后殂，亦不复追问。

甲申，魏主谒永固陵。辛卯，诏曰："群官以万机事重，屡求听政。但哀慕缠绵，未堪自力。近侍先掌机衡者，皆谋猷所寄，且可委之；如有疑事，当时与论决。"

九年（辛未，491）

春，正月，诏太庙四时之祭：荐宣皇帝，起面饼、鸭臛；孝皇后，笋、鸭卵；高皇帝，肉脍、葅羹；昭皇帝，茗、粣、炙鱼：皆所嗜也。上梦太祖谓己："宋氏诸帝常在太庙从我求食，可别为吾致祠。"乃命豫章王妃庾氏四时祠二帝、二后于清溪故宅。牲牢、服章，皆用家人礼。

臣光曰：昔屈到嗜芰，屈建去之，以为不可以私欲干国之典，况子为天子，而以庶人之礼祭其父，违礼甚矣！卫成公欲祀相，宁武子犹非之；而况降祀祖考于私室，使庶妇尸之乎！

乙巳，帝引见群臣，问以“禘祫，王、郑之义，是非安在？”尚书游明根等从郑，中书监高闾等从王。诏：“圜丘、宗庙皆有禘名，从郑；禘祫并为一祭，从王；著之于令。”戊午，又诏：“国家飨祀诸神，凡一千二百余处；今欲减省群祀，务从简约。”又诏：“明堂、太庙，配祭、配享，于斯备矣。白登、崞山、鸡鸣山庙，唯遣有司行事。冯宣王庙在长安，宜敕雍州以时供祭。”又诏：“先有水火之神四十余名及城北星神，今圜丘之下既祭风伯、雨师、司中、司命，明堂祭门、户、井、灶、中霤，四十神悉可罢之。”甲寅，诏曰：“近论朝日、夕月，皆欲以二分之日于东、西郊行礼。然月有余闰，行无常准。若一依分日，或值月于东而行礼于西，序情即理，不可施行。昔秘书监薛谓等以为朝日以朔，夕月以朏，卿等意谓朔朏、二分，何者为是？”尚书游明根等请用朔朏，从之。

丙辰，魏有司上言，求卜祥日。诏曰：“筮日求吉，既乖敬事之志，又违永慕之心；今直用晦日。”九月，丁丑夜，帝宿于庙，帅群臣哭已，帝易服缟冠、革带、黑屦，侍臣易服黑介帻、白绢单衣、革带、乌履，遂哭尽乙夜。戊子晦，帝易祭服，缟冠素纰、白布深衣、麻绳履，侍臣去帻易帢。既祭，出庙，帝立哭，久之，乃还。

初，晋张斐、杜预共注《律》三十卷，自泰始以来用之，《律》文简约，或一章之中，两家所处，生杀顿异，临时斟酌，吏得为奸。上留心法令，诏狱官详正旧注。七年，尚书删定郎王植集定二注，表奏之。诏公卿、八座参议考正，竟陵王子良总其事；众议异同不能壹者，制旨平决。是岁，书成。廷尉山阴孔稚珪上表，以为：“《律》文虽定，苟用失其平，则法书徒明于袠里，冤魂犹结于狱中。窃寻古之名流，多有法学；今之士子，莫肯为业。纵有习者，世议所轻，将恐此书永沦走吏之手矣。今若置《律》助教，依《五经》例，国子生有欲读者，策试高第，即加擢用，以补内外之官，庶几士流有所劝慕。”诏从其请，事竟不行。

十年（壬申，492）

魏主命群臣议行次。中书监高闾议，以为：“帝王莫不以中原为正统，不以世数为与夺，善恶为是非。故桀、纣至虐，不废夏、商之历；厉、惠至昏，无害周、晋之录。晋承魏为金，赵承晋为水，燕承赵为木，秦承燕为火。秦之既亡，魏乃称制玄朔；且魏之得姓，出于轩辕；臣愚以为宜为土德。”秘书丞李彪、著作郎崔光等议，以为：“神元与晋武往来通好，至于桓、穆，志辅晋室，是则司马祚终于郑鄗，而拓跋受命于云代。昔秦并天下，汉犹比之共工，卒继周为火德；况刘、石、苻氏，地褊世促，魏承其弊，岂可舍晋而为土邪？”司空穆亮等皆请从彪等议。壬戌，诏承晋为水德，祖申、腊辰。

齐武帝永明八年（庚午，公元490年）

九月，癸丑（十八日），北魏太皇太后冯氏去世。为此，孝文帝五天没喝一口水，悲哀伤痛超过了应尽的礼数。中部曹华阴人杨椿劝阻说：“陛下肩负祖宗留下的大业，亲临统治万国的重任，怎么可以像一个普通人一样，为了讲究小节而伤害自己的身体，倒地不起呢？文武百官为此惶惑焦急，不知该说些什么好。况且，圣人的礼节要求，再大的悲哀也不可以毁伤性命。即使陛下想要在万代之中树立贤人的榜样，那么，皇家宗庙祭祀又怎么办呢？”孝文帝因这番话受到感动，为此吃了一次稀粥。

这样一来，各王公大臣也都开始到朝廷上书，“请求赶快确定太皇太后的安葬地点，按照汉、魏时期的惯例，并遵照太皇太后的临终遗嘱，安葬以后脱去丧服。”孝文帝下诏令说：“自从遭受灾祸和惩罚，恍惚之间，一切就好像发生在昨天。我侍奉太皇太后的灵柩，好像看见了她的身影。安葬太皇太后的陵寝墓地，我实在不忍听到这些。”冬季，十月，王爵、公爵们又一次上书，坚决请求安葬太皇太后，于是，下诏说：“太皇太后安葬的时间和地点，可以依照以往惯例。如果让我脱下丧服，从感情上说，我忍受不了。”孝文帝打算自己亲自到太皇太后安葬的地方，戊辰（初四），下诏说：“平常跟随的各仪仗队，都不用跟从。武装保卫的侍官，像以往一样进行防守保卫。”癸酉（初九），在方山永固陵安葬了文明太皇太后。甲戌（初十），孝文帝祭拜太皇太后陵墓，各王公大臣坚决请求孝文帝以国家利益为重，脱下丧服，换上平时穿的衣服。孝文帝下诏说：“这事朕当另外讲述我心里想说的话。”己卯（十五日），孝文帝再次祭拜太皇太后陵墓。

当初，太皇太后对孝文帝的聪敏机警很是忌怕，害怕他的存在会给自己带来不利，因此，就打算废弃他。在严冬盛寒的时候，太皇太后把他禁闭在一间空旷的屋子里，三天不给他吃的东西。冯太后又征召成阳王拓跋禧，打算立拓跋禧为北魏皇帝。当时，由于太尉东阳王拓跋丕、尚书右仆射穆泰和尚书李冲的竭力劝谏，冯太后才作罢。但孝文帝一开始对冯太后就没有一点儿怨恨的想法，只是加深了对拓跋丕等人的感激之情。穆泰是穆崇的玄孙。

后来，又有一位宦官在冯太后面前陷害孝文帝，冯太后听后，下令打了孝文帝几十大棍，孝文帝默默地忍受，而不自我辩解、申述理由，及至冯太后去世，也没有再追究。

甲申（二十日），孝文帝祭拜冯太后陵墓永固陵。辛卯（二十七日），下诏说："各位文武百官因为国家大事，事关重大，多次请求朕亲自处理这些事务。只是朕仍处在哀痛追念时期，不断的悲伤与怀念使朕已经没有力量一个人去处理朝廷事务。在我近旁的侍从中有人从前主管过机要、处理过国家大事，而且他们也都是有智慧、有谋略的人，国家大事完全可以托付给他们。如果发生一些疑难事情，朕自然会及时和他们讨论，帮助他们决定。"

九年（辛未，公元491年）

春季，正月。武帝下诏令皇家祖庙四季的祭品：在宣皇帝灵牌前供献起面饼和鸭肉羹；孝皇后灵牌前供奉嫩笋和鸭蛋；高皇帝灵牌前供奉细肉和肉酱粥；在昭皇后灵牌前供奉清茶、粽子和烤鱼。这些供奉物，都是他们生前喜欢吃的东西。武帝梦见高帝对他说："宋朝那些皇帝常常挤到太庙里，跟着我要食物，你可以另找一个地方祭祀我。"于是，命令豫章王萧嶷的妃子庾氏，春夏秋冬四季，在清溪旧宅里祭祀祖父母和父母，祭祀时所使用祭品以及穿衣服，都按照家庭中的礼节进行。

臣司马光曰：从前，屈到最喜欢吃菱角，但他的儿子屈建祭祀时把菱角撤掉了。认为不可以因为个人的嗜好而冒犯国家的祭典。更何况儿子做皇帝，却用平民的礼仪去祭祀父亲，这就太违背礼教了！卫成公打算祭祀姒相，大夫宁武子尚且责怪他不对。何况武帝把祭祀祖父母和父母的仪式降到在自己的私宅中进行，让自己庶子的妻子来主持！

乙巳（十六日），北魏孝文帝召见文武百官，向大家征询意见，问大家说："关于五年大祭和三年大祭，王肃和郑玄的解释不一样，他们谁对谁错？"尚书游明根等人认为郑玄正确，中书监高闾等人则赞成王肃的解释。最后，孝文帝颁下诏令："天坛祭天，皇庙祭祖，都是五年大祭，可以依照郑玄的解释。将五年大祭和三年大祭合在一块进行，可以依照王肃的解释进行。明令公布让大家都知道。"戊午（二十九日），又下诏："国内到处祭祀的各种神祇，共有一千二百多处，现在，打算减少，以求节约省俭。"又下诏说："皇家明堂和皇家祖庙，附祀配享的亡灵，现在都已经完备了。白登庙、崞山庙、鸡鸣山庙由有关主管部门负责祭祀。冯宣王的祭庙在长安，下令雍州州府进行祭祀。"又下诏说："以前，祭祀水神、火神共计四十多位神，还有城北的星神。现在，天坛下面祭祀了风

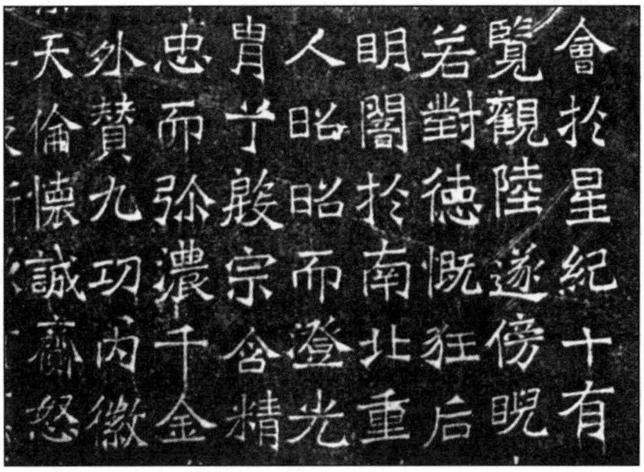

北魏孝文帝《吊比干文》（拓片）

神、雨神、司中和司命之神，皇家明堂祭祀了门神、户神、井神、灶神和中霤神，那四十种神的祭祀活动全都要免去。”甲寅（二十五日），颁下诏令，说：“近来谈论朝日和夕月的祭祀，大家都主张在春分、秋分，分别在平城的东郊和西郊举行祭祀仪式。可是，每个月的天数多少不一样，因此，无法把日子固定下来，如果我们按照春分、秋分的日子来确定，有的时候正赶上月亮在东方，而我们却在西方祭祀，这样一来，无论是在人情上，还是在道理上，都行不通。过去，秘书监薛谓等人认为，每月初一早上祭祀朝日，每月初三晚上祭祀夕月，你们认为初一和初三和春分、秋分，哪种办法为好？”尚书游明根等人请求初一、初三祭祀，孝文帝批准实行。

丙辰（二十七日），北魏有关部门上书孝文帝，请求占卜吉祥的日子。孝文帝下诏令说：“用占卜的方法决定吉祥的日子，这样做，既违背了谨慎敬业的原则，也伤害了永远怀念亲人的感情。现在就直接使用每月的最后一天。”九月，丁丑（十八日）夜晚，孝文帝住在皇家祖庙里，率领文武百官哀哭完毕，孝文帝换上祭服，戴上素色帽子，腰束皮带，脚穿黑色鞋子，其余的文武官员们也都换上祭服，戴上黑色帽子，穿上白色绢丝单衣，腰束皮带，脚穿黑鞋。于是哀哭直到二更的时候。戊子晦（二十九日），孝文帝脱下白带滚边的帽子、上下一体白布做的连裤衣服，以及黑色麻鞋等祭祀服装。文武官员们也跟着脱下黑色帽子，换上白纱帽子。祭祀典礼完成后，退出祭庙，孝文帝站在那里痛哭，过了很久，才返回宫中。

当初，西晋帝国的张斐、杜预共同注释《律》书三十卷，从晋武帝泰始年间以来就一直使用此注本。《律》行文简明扼要，有的在一章中，张斐和杜预的注解恰恰相反，对一个人，按这个注本可以判生，按另一个注本就可以判死，而这一切则需要审判官临时斟酌情形，加以选择，这样一来，也使官吏们贪赃枉法、滥用职权获得了机会。南齐武帝十分注意法律条令，他颁下诏令，命令狱官详细订正以前张斐和杜预的旧注。永明七年，尚书删定郎王植将张斐和杜预二家注解集中订正之后，上表奏献。武帝下诏，命令公卿和八座在一起讨论、修正，由竟陵王萧子良总其成。对于大家意见不能取得一致的地方，奏报武帝裁决。这一年，此书修正完毕。廷尉山阴人孔稚珪又上书武帝，认为：“《律》文虽然已经确定下来，但是，如果使用起来审判并不公正，那么，这部法律也就只不过是白白地放在书套里，冤屈的灵魂也还仍然被滞留在牢狱。我私下里曾稽考了古代的知名人士，他们大多都了解法律规章。而现在的读书人，却没有谁肯于把研究执行法律作为自己的事业。即使是有人研究学习它，也被人们所轻视，因此，将来恐怕这部书也要永远沦落在那些低级官吏手中。我建议，现在设立《律》文助教，依照《五经》的办法，国子学校的学生中，有想要研究法律的，只要能考试及格，就可依照考试成绩，依次提升任用，用以补充朝廷内外官职的空额，希望这样一来能对读书人及在职的官吏们有所鼓励和吸引。”武帝下诏，要求按照孔稚珪的建议办，可是此事竟然没有实行。

十年（壬申，公元492年）

孝文帝命令文武百官讨论水、木、金、火、土五行的顺序问题。中书监高闾发表见解，认为："历代没有不把占有中原作为正统的，而并不把传世多少作为努力竞争的对象，把君王的善恶作为是与非的标准。因此，夏桀和商纣王虽然那么暴虐，但并没有被排除在夏、商王朝之外，周厉王与晋惠帝虽然那么昏庸，也没有妨碍他们是周、晋的帝王之一。晋承继曹魏是金德，赵继承晋为水德，燕承继赵为木德，秦继燕为火德。秦灭亡之后，魏就在北方正式建立，而且，魏皇家拓跋这一姓氏，是出自轩辕帝那里。臣认为，魏应该是土德。"秘书丞李彪、著作郎崔光等人认为："我们神元皇帝和晋武帝来往密切，关系不错，后来，到了桓帝和穆帝，他们仍然一心辅佐晋王朝。这就说明司马氏的命运在郏鄏已经告终，而拓跋是在云中、代郡接受天命兴起来的一支。以前，秦王朝统一天下，汉王朝把秦王比作共工，而最终直接继承了周王朝，为火德。何况刘渊、石勒、苻氏所建的王朝，国土狭小，世代短促，魏所接受的混乱局面比汉朝继承秦朝的情况都不如，怎么能够舍弃晋王朝，而定为土德呢？"司空穆亮等人都请求采纳李彪等人的建议。壬戌（初五），孝文帝下诏，规定北魏继承晋王朝为水德，接着规定，年初第一个申日祭祀祖先，而年终最后一个辰日举行腊祭。

第一百三十八卷 齐纪四

译文诵读

世祖武皇帝下永明十一年（癸酉，493）

丙子，文惠太子长懋卒。太子风韵甚和，上晚年好游宴，尚书曹事分送太子省之，由是威加内外。

太子性奢靡，治堂殿、园囿过于上宫，费以千万计，恐上望见之，乃傍门列修竹；凡诸服玩，率多僭侈。启于东田起小苑，使东宫将吏更番筑役，营城包巷，弥亘华远。上性虽严，多布耳目，太子所为，人莫敢以闻。上尝过太子东田，见其壮丽，大怒，收监作主帅；太子皆藏之，由是大被诮责。

又使嬖人徐文景造辇及乘舆御物；上尝幸东宫，匆匆不暇藏辇，文景乃以佛像内辇中，故上不疑。文景父陶仁谓文景曰："我正当扫墓待丧耳！"仍移家避之。后文景竟赐死，陶仁遂不哭。

及太子卒，上履行东宫，见其服玩，大怒，敕有司随事毁除。以竟陵王子良与太子善，而不启闻，并责之。

太子素恶西昌侯鸾，尝谓子良曰："我意中殊不喜此人，不解其故，当由其福薄故也。"子良为之救解。及鸾得政，太子子孙无遗焉。

魏主以平城地寒，六月雨雪，风沙常起，将迁都洛阳；恐群臣不从，乃议大举伐齐，欲以胁众。斋于明堂左个，使太常卿王谌筮之，遇《革》，帝曰："'汤、武革命，应乎天而顺乎人。'吉孰大焉！"群臣莫敢言。尚书任城王澄曰："陛下奕叶重光，帝有中土；今出师以征未服，而得汤、武革命之象，未为全吉也。"帝厉声曰："繇云：'大人虎变'，何言不吉！"澄曰："陛下龙兴已久，何得今乃虎变！"帝作色曰："社稷我之社稷，任城欲沮众邪！"澄曰："社稷虽为陛下之有，臣为社稷之臣，安可知危而不言！"帝久之乃解，曰："各言其志，夫亦何伤！"

既还宫，召澄入见，逆谓之曰："向者《革》卦，今当更与卿论之。明堂之忿，恐人人竞言，沮我大计，故以声色怖文武耳。想识朕意。"因屏人谓澄曰："今日之举，诚为不易。但国家兴自朔土，徙居平城；此乃用武之地，非可文治。

今将移风易俗，其道诚难，朕欲因此迁宅中原，卿以为何如？”澄曰：“陛下欲卜宅中土以经略四海，此周、汉所以兴隆也。”帝曰：“北人习常恋故，必将惊扰，奈何？”澄曰：“非常之事，故非常人之所及。陛下断自圣心，彼亦何所能为！”帝曰：“任城，吾之子房也！”

戊寅，上疾亟，暂绝；太孙未入，内外惶惧，百僚皆已变服。王融欲矫诏立子良，诏草已立。萧衍谓范云曰：“道路籍籍，皆云将有非常之举。王元长非济世才，视其败也。”云曰：“忧国家者，惟有王中书耳。”衍曰：“忧国，欲为周、召邪，欲为竖刁邪？”云不敢答。及太孙来，王融戎服绛衫，于中书省阁口断东宫仗不得进。顷之，上复苏，问太孙所在，因召东宫器甲皆入，以朝事委尚书左仆射西昌侯鸾。俄而上殂，融处分以子良兵禁诸门。鸾闻之，急驰至云龙门，不得进，鸾曰：“有敕召我！”排之而入，奉太孙登殿，命左右扶出子良；指麾部署，音响如钟，殿中无不从命。融知不遂，释服还省，叹曰：“公误我！”由是郁林王深怨之。

遗诏曰：“太孙进德日茂，社稷有寄。子良善相毗辅，思弘治道，内外众事，无大小悉与鸾参怀，共下意！尚书中事，职务根本，悉委右仆射王晏、吏部尚书徐孝嗣；军旅之略，委王敬则、陈显达、王广之、王玄邈、沈文季、张瓌、薛渊等。”

世祖留心政事，务总大体，严明有断，郡县久于其职，长吏犯法，封刃行诛。故永明之世，百姓丰乐，贼盗屏息。然颇好游宴，华靡之事，常言恨之，未能顿遣。

癸卯，魏主如邺城。王肃见魏主于邺，陈伐齐之策。魏主与之言，不觉促席移晷。自是器遇日隆，亲旧贵臣莫能间也。魏主或屏左右与肃语，至夜分不罢，自谓君臣相得之晚。寻除辅国将军、大将军长史。时魏主方议兴礼乐，变华风，凡威仪文物，多肃所定。

齐武帝永明十一年（癸酉，公元493年）

丙子（正月二十五日），文惠太子萧长懋去世。萧长懋仪态风韵都很温和，武帝晚年喜欢游乐欢宴，就将尚书各曹的事务交给萧长懋处理，因此，萧长懋威望著称全国。

萧长懋生性奢侈豪华，他修建自己的殿堂、花园，远远超过了武帝的宫殿，建筑费用都要以千万计算，他害怕武帝看见，就沿着殿门，种植了一排排修长的竹子。各种服饰、玩物，萧长懋大多都奢侈过分。他请求武帝让他在东田建造一个小规模养禽畜的林苑，让东宫的将士们轮番充当修筑的工匠，营造城墙，围住街巷，伸展辽远，异常华丽。武帝性情虽然严厉，到处都有自己的耳目，但是，太子萧长懋的所作所为，却没有人敢告诉他。一次，武帝曾偶然路过东田，看见那里的建筑非常壮观华丽，于是，勃然大怒，下令逮捕监作主帅。萧长懋听说后，马上把他们全都藏了起来，为此，萧长懋受到严厉斥责。

萧长懋又让自己宠爱的人徐文景制造皇帝专用的辇车和其他专用物件。武帝曾经亲临东宫，萧长懋没来得及将辇车收藏起来，徐文景急中生智，就赶快把一尊佛像放在辇车里，所以，武帝也就没有怀疑。徐文景的父亲徐陶仁曾经对徐文景说："我现在正在打扫墓地，等待为你办丧事！"徐陶仁将全家搬走，躲开徐文景远远的。后来，徐文景真的被迫自杀，徐陶仁并没有为此而哭泣。

太子萧长懋去世时，武帝有一天步行到了东宫，看见了萧长懋过去的那些奢华的服饰、玩物，极为愤怒，下令有关部门随即全都毁掉。武帝认为，竟陵王萧子良平时和萧长懋关系最好，可他却没有把这些报告给自己，因此，他同时责备了萧子良。

太子萧长懋平时一直讨厌西昌侯萧鸾，他曾经对萧子良说："我心里特别不喜欢这个人，不知道这是什么缘故，该是他福分浅吧。"萧子良替萧鸾解释辩白。等到后来萧鸾夺取政权后，就将萧长懋的子孙全都杀了，没留一个。

魏孝文帝因为平城气候寒冷，夏季六月时还在下雪，而且经常狂风大作，飞沙漫天，所以，准备把京都迁到洛阳。但他又担心文武官员们不同意，于是，提议大规模进攻南齐，打算以这种名义胁迫大家。在明堂南厢东边的偏殿斋戒之后，让太常卿王谌占卜，得到"革卦"，孝文帝说："'商汤王和周武王进行变革，是适应上天之命，顺应百姓之心的。'没有比这更吉祥的了。"文武官员没有人敢说什么。尚书任城王拓跋澄说："陛下继承几代累积下来的大业，并使之发扬光大，拥有了中原土地，而如今却要讨伐还没有臣服的对象，在这时得到了商汤王和周武王变革的象辞，恐怕这并不全是吉利。"孝文帝立刻严厉地说："繇说：'大人物实施老虎一样的变革。'你为什么要说这不吉利呢？"拓跋澄说："陛下作为飞龙兴起已经很久了，怎么到今天又实施如同老虎一样的变革？"孝文帝立刻发怒说："国家，是我的国家，任城王打算要阻止大家吗？"拓跋澄说："国家虽然是陛下所有，而我是国家的臣属，怎么可以明知危险而不说出来呢？"孝文帝过了很长时间才缓和了气色，说："每个人都该说出自己的看法，这又有什么防害！"

孝文帝回到皇宫，立刻召见拓跋澄，劈头就说："刚才关于'革卦'的事，现在要进一步和你讨论一下。在明堂上，我之所以大发脾气，是因为害怕大家争先恐后地发言，破坏了我一个大的决策，所以，我就声色俱厉，以此吓唬那些文武官员罢了。我想，你会了解朕的用心。"于是命令左右侍从退下，对拓跋澄说："今天我所要做的这件事，确实是很不容易的。我们国家是在北方疆土上建立起来的，后来又迁都到平城。但是，平城只是用武力开疆拓土的地方，而不宜进行治理教化。现在，我打算进行改变风俗习惯的重大变革，这条路走起来确实困难，朕只是想利用大军南下征伐的声势，将京都迁到中原，你认为怎么样？"拓跋澄说："陛下您打算把京都迁到中原，用以扩大疆土，征服四海，这一想法也正是以前周王朝和汉王朝兴盛不衰的原因。"孝文帝说："北方人习惯留恋于旧有的生活方式，那时，他们一定会惊恐骚动起来，怎么办？"拓跋澄回答说："不平凡的事，原来就不是平凡的人所能做得了的。陛下的决断，是出自您圣明的内心，他们又能有什么办法呢？”孝文帝高兴地说：“任城王真是我的张子房呀！”

戊寅（七月三十日），齐武帝病势加重，一时气闷晕倒。这时皇太孙萧昭业还没有入宫，宫内宫外人人惶恐不安，文武百官也都穿上了丧服。王融打算假传圣旨，命萧子良继承王位，他已将诏书草稿写好。萧衍对范云说：“民间已是议论纷纷，都说宫内可能要发生不一般的情况。王融并不是治理国家的人才，他眼看着就要出事了。”范云说：“忧国忧民的人，也只有王融一 人了 。”萧衍说：“忧国忧民，是想要当周公、召公呢，还是想当齐桓公死后的竖刁呢？”范云不敢回答。等到萧昭业入宫，王融已是全副武装，穿着红色战服，站在中书省厅前要道，截住东宫卫队不让他们进入。过了一会儿，武帝醒转过来，问皇太孙萧昭业在哪里，于是召东宫卫队全部入宫，武帝把国家大事全部托付给了尚书左仆射西昌侯萧鸾。不一会儿，武帝就去世了。王融采取紧急措施，命令萧子良的军队接管宫城各门。萧鸾得到消息后，立刻上马飞奔到云龙门，但被守在那里的卫士挡住，不让他进去，萧鸾说：“皇上有诏令，让我晋见。”接着，他推开卫士，直接闯了进去，马上拥戴皇太孙萧昭业登基即位，命令左右侍从把萧子良搀扶出金銮殿。萧鸾指挥和安排警卫戒备，声音洪亮如钟，殿内所有的官员侍从，没有一个不听他的命令的。王融知道自己的计划不能实现，也就只好脱下战服，返回中书省，叹息着说：“萧子良耽误了我。”从此以后，萧昭业对王融深为怨恨。

武帝遗诏说：“皇太孙的品德一天比一天高尚，国家也就有所寄托了。萧子良要努力尽心辅佐皇太孙，考虑如何治理国家的大计，对于朝廷内外各种事情，无论是大是小，都要和萧鸾一起商量裁决，一起提出意见。尚书省的事务，是政务的根本；将它全都交给右仆射王晏、吏部尚书徐孝嗣处理。军事方面的大计，委托给王敬则、陈显达、王广之、王玄邈、沈文季、张瓌、薛渊等人。”

武帝在世时，对国家政治事务十分用心，总揽全局，严明果断，郡守县令都能长期任职，地方长官触犯法令，就封缄钢刀，派人执行诛杀。所以，在南齐永明时代，老百姓生活富足，祥和安乐，盗贼不敢横行。不过，武帝非常喜欢游乐饮宴，虽然对于奢华靡烂的生活，他经常说很痛恨，但是他自己也并没能避免。

癸卯（十月二十六日），北魏孝文帝前往邺城。王肃在邺城晋见孝文帝，向他陈述讨伐南齐的策略。孝文帝和他谈着谈着，不知不觉地把自己的座位往前移，以便听得更仔细些，时间不知不觉过去了很久。从那以后，孝文帝对王肃的器重和待遇一天比一天隆厚，无论是亲信故旧、还是重臣，都无法离间这君臣二人之间的关系。孝文帝有时就让左右侍从退下，单独和王肃谈话，谈到半夜，仍不停止，他自认为和王肃相见太晚了。不久，任命王肃为辅国将军、大将军长史。这时，孝文帝正打算推广使用礼仪和雅乐，将鲜卑人传统的风俗习惯，改变成和汉人的一样，所以，只要是展示帝王威严仪容的文物制度，大多都让王肃来确定。

第一百三十九卷 齐纪五

译文诵读

高宗明皇帝上建武元年（甲戌，494）

戊子，竟陵文宣王子良以忧卒。帝常忧子良为变，闻其卒，甚喜。

臣光曰：孔子称“鄙夫不可与事君，未得之，患得之；既得之，患失之。苟患失之，无所不至”。王融乘危侥幸，谋易嗣君。子良当时贤王，虽素以忠慎自居，不免忧死。迹其所以然，正由融速求富贵而已。轻躁之士，乌可近哉！

西昌侯鸾既诛徐龙驹、周奉叔，而尼媪外入者，颇传异语。中书令何胤，以后之从叔，为帝所亲，使直殿省。帝与胤谋诛鸾，令胤受事；胤不敢当，依违谏说，帝意复止。乃谋出鸾于西州，中敕用事，不复关咨于鸾。

是时，萧谌、萧坦之握兵权，左仆射王晏总尚书事。谌密召诸王典签，约语之，不许诸王外接人物。谌亲要日久，众皆惮而从之。

鸾以其谋告王晏，晏闻之，响应；又告丹杨尹徐孝嗣，孝嗣亦从之。骠骑录事南阳乐豫谓孝嗣曰：“外传籍籍，似有伊、周之事。君蒙武帝殊常之恩，荷托付之重，恐不得同人此举。人笑褚公，至今齿冷。”孝嗣心然之而不能从。

帝谓萧坦之曰：“人言镇军与王晏、萧谌欲共废我，似非虚传。卿所闻云何？”坦之曰：“天下宁当有此，谁乐无事废天子邪！朝贵不容造此论，当是诸尼媪言耳，岂可信耶！官若无事除此三人，谁敢自保！”直阎将军曹道刚疑外间有异，密有处分，谋未能发。

时始兴内史萧季敞、南阳太守萧颖基皆内迁，谌欲待二人至，藉其势力以举事。鸾虑事变，以告坦之，坦之驰谓谌曰：“废天子，古来大事。比闻曹道刚、朱隆之等转已猜疑，卫尉明日若不就事，无所复及。弟有百岁母，岂能坐听祸败，正应作馀计耳！”谌惶遽从之。

壬辰，鸾使萧谌先入宫，遇曹道刚及中书舍人朱隆之，皆杀之。直后徐僧亮盛怒，大言于众曰："吾等荷恩，今日应死报！"又杀之。鸾引兵自尚书入云龙门，戎服加朱衣于上，比入门，三失履。王晏、徐孝嗣、萧坦之、陈显达、王广之、沈文季皆随其后。帝在寿昌殿，闻外有变，犹密为手敕呼萧谌，又使闭内殿诸房阁。俄而谌引兵入寿昌阁，帝走趋徐姬房，拔剑自刺，不入，以帛缠颈，舆接出延德殿。谌初入殿，宿卫将士皆操弓楯欲拒战，谌谓之曰："所取自有人，卿等不须动！"宿卫素隶服于谌，皆信之；及见帝出，各欲自奋，帝竟无一言。行至西弄，弑之。舆尸出殡徐龙驹宅，葬以王礼。徐姬及诸嬖幸皆伏诛，鸾既执帝，欲作太后令；徐孝嗣于袖中出而进之，鸾大悦。癸巳，以太后令追废帝为郁林王，又废何后为王妃，迎立新安王昭文。

吏部尚书谢瀹方与客围棋，左右闻有变，惊走报瀹。瀹每下子，辄云"其当有意，"竟局，乃还斋卧，竟不问外事。大匠卿虞悰窃叹曰："王、徐遂缚裤废天子，天下岂有此理邪！"悰，啸父之孙也。朝臣被召入宫。国子祭酒江斅至云龙门，托药发，吐车中而去。西昌侯鸾欲引中散大夫孙谦为腹心，使兼卫尉给甲仗百人。谦不欲与之同，辄散甲士；鸾亦不之罪也。

丁酉，新安王即皇帝位，时年十五。以西昌侯鸾为骠骑大将军、录尚书事、扬州刺史、宣城郡公。大赦，改元延兴。

九月，壬申朔，魏诏曰："三载考绩，三考黜陟；可黜者不足为迟，可进者大成赊缓。朕今三载一考，即行黜陟，欲令愚滞无妨于贤者，才能不拥于下位。各令当曹考其优劣为三等，其上下二等仍分为三。六品已下，尚书重问；五品已上，朕将亲与公卿论其善恶，上上者迁之，下下者黜之，中者守其本任。"

魏主之北巡也，留任城王澄铨简旧臣。自公侯已下，有官者以万数，澄品其优劣能否为三等，人无怨者。

壬午，魏主临朝堂，黜陟百官，谓诸尚书曰："尚书，枢机之任，非徒总庶务，行文书而已；朕之得失，尽在于此。卿等居官，年垂再期，未尝献可替否，进一贤退一不肖，此最罪之大者。"又谓录尚书事广陵王羽曰："汝为朕弟，居机衡之右，无勤恪之声，有阿党之迹，今黜汝录尚书、廷尉，但为特进、太子太保。"又谓尚书令陆睿曰："叔翻到省之初，甚有善称；比来偏颇懈怠，由卿不能相导以义。虽无大责，宜有小罚；今夺卿禄一期。"又谓左仆射拓跋赞曰："叔翻受黜，卿应大辟；但以咎归一人，不复重责；今解卿少师，削禄一期。"又谓左丞公孙良、右丞乞伏义受曰："卿罪亦应大辟；可以白衣守本官，冠服禄恤尽从削夺。若三年有成，还复本任；无成，永归南亩。"又谓尚书任城王澄曰："叔神志骄傲，可解少保。"又谓长兼尚书于果曰："卿不勤职事，数辞以疾，可解长兼，削禄一期。"其余守尚书尉羽、卢渊等，并以不职，或解任，或黜官，或夺禄，皆面数其过而行之。渊，昶之兄也。

帝又谓陆睿曰："北人每言'北俗质鲁，何由知书！'朕闻之，深用怃然！今知书者甚众，岂皆圣人！顾学与不学耳。朕修百官，兴礼乐，其志固欲移风易俗。

朕为天子，何必居中原！正欲卿等子孙渐染美俗，闻见广博；若永居恒北，复值不好文之主，不免面墙耳。”对曰：“诚如圣言。金日磾不入仕汉朝，何能七世知名。”帝甚悦。

宣城王谋继大统，多引朝廷名士与参筹策。侍中谢朏心不愿，乃求出为吴兴太守。至郡，致酒数斛，遗其弟吏部尚书瀹，为书曰：“可力饮此，勿豫人事！”

臣光曰：臣闻“衣人之衣者怀人之忧，食人之食者死人之事。”二谢兄弟，比肩贵近，安享荣禄，危不预知；为臣如此，可谓忠乎！

宣城王每杀诸王，常夜遣兵围其第，斩关逾垣，呼噪而入，家赀皆封籍之。江夏王锋，有才行，宣城王尝与之言：“遥光才力可委。”锋曰：“遥光之于殿下，犹殿下之于高皇；卫宗庙，安社稷，实有攸寄。”宣城王失色。及杀诸王，锋遗宣城王书，诮责之；宣城王深惮之，不敢于第收锋，使兼祠官于太庙，夜，遣兵庙中收之。锋出，登车，兵人欲上车，锋有力，手击数人皆仆地，然后死。

海陵王在位，起居饮食，皆谘宣城王而后行。尝思食蒸鱼菜，太官令答无录分命，竟不与。辛亥，皇太后令曰：“嗣主冲幼，庶政多昧；且早婴尪疾，弗克负荷。太傅宣城王，胤体宣皇，钟慈太祖，宜入承宝命。帝可降封海陵王，吾当归老别馆。”且以宣城王为太祖第三子。癸亥，高宗即皇帝位，大赦，改元。以太尉王敬则为大司马，司空陈显达为太尉，尚书令王晏加骠骑大将军，左仆射徐孝嗣加中军大将军，中领军萧谌为领军将军。

度支尚书虞悰称疾不陪位。帝以悰旧人，欲引参佐命，使王晏赍废立事示悰。悰曰：“主上圣明，公卿戮力，宁假朽老以赞惟新乎！不敢闻命！”因恸哭。朝议欲纠之，徐孝嗣曰：“此亦古之遗直。”乃止。

帝与群臣宴会，诏功臣上酒。王晏等兴席，谢瀹独不起，曰：“陛下受命，应天顺人；王晏妄叨天功以为己力！”帝大笑，解之。座罢，晏呼瀹共载还令省。瀹正色曰：“卿巢窟在何处！”晏甚惮之。

上诈称海陵恭王有疾，数遣御师瞻视，因而殒之，葬礼并依汉东海恭王故事。

魏主欲变易旧风，壬寅，诏禁士民胡服。国人多不悦。

魏主欲自将入寇。癸卯，中外戒严。戊申，诏代民迁洛者复租赋三年。相州刺史高闾上表称：“洛阳草创，曹虎既不遣质任，必无诚心，无宜轻举。”魏主不从。

齐明帝建武元年（甲戌，公元494年）

戊子（四月十四日），竟陵文宣王萧子良因忧郁成疾而去世。郁林王常常担忧萧子良谋反，听到他死了，大喜过望。

臣司马光曰：孔子说："贪鄙的人不可以奉事君王，这种人对自己的利害得失斤斤计较，当他没有得到之时，处心积虑于如何得到；得到以后又惟恐失去。如果担忧失去，就会不择手段，无所不用其极。"王融乘着危难之时，投机取巧，阴谋废君另立。萧子良是当时的贤王，虽然素来以忠心谨慎而自居，但是仍然不免忧郁而死。追寻之所以这样的原因，正是由于王融急于贪求富贵罢了。轻薄躁急的人，怎么可以接近呢？

南齐西昌侯萧鸾诛杀徐龙驹、周奉叔之后，一些进宫的尼姑妇女纷纷传言，说萧鸾等人密谋叛乱。中书令何胤是何皇后的堂叔，郁林王非常亲近信任他，让他在殿省入值。郁林王与何胤共同策划诛杀萧鸾，命令何胤承担这件事情，但是何胤不敢担当，不顾郁林王的意图而反复劝谏，郁林王只好作罢。于是，又谋划使萧鸾离开台城到西州去，诏令及朝廷事务等，不再咨问于萧鸾。

这时候，萧谌、萧坦之掌握着兵权，左仆射王晏总领尚书事。萧谌秘密召见诸王的典签官，对他们打招呼，不许诸王与外人接触。萧谌长时期以来一直受宠幸，所以大家都害怕他，没有不听从的。

萧鸾把自己的计谋告诉王晏，王晏听了之后，立即赞同迎合。萧鸾又告诉了丹杨尹徐孝嗣，徐孝嗣也赞成。骠骑录事南阳人乐豫对徐考嗣说："外界传言纷纷，说萧鸾要废掉郁林王，另立幼主，自己像伊尹、周公那样摄政，操持国事。您承蒙武帝超乎寻常的恩待，在遗诏中被委以统管尚书省的事务，既然担负着如此重大的托付，恐怕就不应该再随同别人一起做这种举动了。人们对于褚渊当年的所作所为，至今还嘲笑不已，这可是前车之鉴啊！"徐孝嗣心里完全同意乐豫的话，但是不能听从。

魏文帝元宝炬永陵石兽

郁林王对萧坦之说："人们都说镇军将军萧鸾同王晏、萧谌一起想把我废掉，似乎并不是虚传谣言。你听到的是些什么呢？"萧坦之回答道："岂能有这样的事情呢？谁喜欢没事找事废除天子呢？朝廷中的大臣们是不可能制造这种谣言的，一定是那些尼姑们瞎说的，岂可以相信呢？陛下如果无故把他们三人除掉，谁还又能保全自身呢？"直阁将军曹道刚怀疑外面有异变，秘密地有所布置，然而没有能够执行。

当时，始兴内史萧季敞、南阳太守萧颖基都调迁朝中，萧谌想等待他们二人到后，凭借他们的势力而开始行动。萧鸾担心事情有变故，就把自己的忧虑告诉了萧坦之，萧坦之又骑马去急告萧谌说："废除天子，自古以来就是一件大事。最近听说曹道刚、朱隆之等人反而已经猜疑我们了，您如果明天还不行动，就要失去机会，无法加以弥补了。我有百岁老母亲在堂，岂能坐视不动，眼看灾祸降临呢？所以不能不为以后想一想。”萧谌听了，也觉得事情危急，心中非常不安，就匆忙地答应了。

壬辰（七月二十日），萧鸾派萧谌先进入宫中，正遇上了曹道刚以及中书舍人朱隆之，就把二人一齐杀了。负责郁林王车舆后面侍卫任务的宿卫官徐僧亮见此情形，怒气冲天，大声对众人喊道：“我们承受皇恩，今日应当以死相报！”言未毕，也被杀掉。萧鸾带兵从尚书府进入云龙门，他在朝服外面又加穿了战服，武装披挂，但是心中难免恐惧紧张，才进入宫门，鞋子就掉了三次。王晏、徐孝嗣、萧坦之、陈显达、王广之、沈文季等人都紧随在萧鸾之后。这时，郁林王正在寿昌殿中，听得外面有变故，还秘密写诏令传唤萧谌前来相救，又让人把内殿的门窗全关闭了。不一会儿，萧谌就领兵进入寿昌殿，郁林王见状，匆忙跑进徐姬的房中，拔出宝剑抹脖子自杀，但所进不深，被萧谌制止，又用帛绸把他的脖子缠裹好，然后用轿把他抬出了延德殿。萧谌刚进入殿内时，侍卫将士们都操起兵器准备和他搏战一场，萧谌对他们说：“我的目标是他人，与你们无关，请你们不要乱动！”这些侍卫们向来属萧谌所管，因此都听他的话，就不再准备抗拒了。等到看见郁林王出来了，这些侍卫们又都想解救他，但是郁林王竟然连一句话也没说。萧谌带郁林王到延德殿西边夹道，就把他杀了。尸体运出宫中，灵柩停在徐龙驹的府中，用亲王的礼仪安葬。徐姬和其他宠人统统被杀。萧鸾抓住郁林王之后，想假造太后的手令，这时徐孝嗣马上从衣袖中取出已准备好的太后手令递过去，于是萧鸾异常高兴。癸巳（二十一日），萧鸾以太后之令追封废帝萧昭业为郁林王，又废黜何皇后为王妃，另准备迎立新安王萧昭文为新皇帝。

吏部尚书谢瀹正和客人下围棋，手下的人听说宫廷发生事变，惊慌地跑来报告。然而，谢瀹就像没听见一般，继续下棋，每下一子，就说声：“恐怕里面含有深意。”一局终了，就回室中躺下休息，竟然没有问一下外面发生的事情。大匠卿虞悰私下里叹息说：“王晏、徐孝嗣如此轻易地就把皇帝废黜了，天底下哪有这样的道理呢？”虞悰是虞啸父的孙子。朝中大臣都被召进宫中，惟有国子祭酒江斅来到云龙门时，借口药性发作，在车中呕吐不已，因而返回去了。西昌侯萧鸾想使中散大夫孙谦成为自己的心腹，就让他兼任卫尉，并且派给他披甲执兵的卫士一百人。然而，孙谦却不想与萧鸾同党，就把那些卫士统统打发走了，可是萧鸾也不因之而怪罪孙谦。

丁酉（二十五日），新安王萧昭文即皇帝位，其时他年纪才十五岁。任命西昌侯萧鸾为骠骑大将军、录尚书事、扬州刺史、宣城郡公。大赦天下，改年号为延兴。

九月，壬申（初一），北魏孝文帝下诏令说：“每三年考评一次官员们的政绩，考评三次后根据情况对他们进行罢免或提升，这对于那些应该被罢免的人来说当然不会认为是太迟了，但是对于那些应该提升的人来说就大大地被拖欠了。朕现在决定三年考评一次，考评完毕就实行罢黜或提升处理，目的是为了使那些低能者不要妨碍了忠贤者的上进，使有才能的不要总是处在低位。分别命令负责考评的部门官员，把考评者分为优劣三等，其中上等和下等仍然再分为三等。六品以下的官员，由尚书复核审查，五品以上的官员，朕将亲自与各位公卿一起评议其好坏，上上者提升使用，下下者罢免不用，中等的原任不变。”

北魏孝文帝北巡期间，留下任城王拓跋澄考评百官。朝中从公侯以下，有官职的以万计数，拓跋澄评定他的优劣和才能高低，划为三个等级，结果没有一个人有怨言。

壬午（十一日），北魏孝文帝亲临朝堂，宣布对众臣百官们的罢黜或提升情况，他对诸位尚书们说：“尚书是关键性的要害职位，并非仅仅是总管事务，处理一下文书而已。朕的成败得失，完全关系于尚书。你们担任这职务，已经有两年了，但是从来没有向朕建议过什么事可为，什么事不可行；没有推荐过一个贤才，撤换过一个不称职的人，这是罪过中之最大者。”孝文帝又对录尚书事广陵王拓跋羽说：“你是朕的弟弟，处在执掌要害部门的位置上。但是，你没有勤勉为政、恪守本职的声誉，却有结党营私的行迹。现在，罢免去你的录尚书、廷尉之职，只担任特进、太子太保。”又对尚书令陆睿说：“拓跋羽初到尚书省任职之时，人们对他的评价相当高，可是近来偏听偏信，论事不公，而且松懈懒惰，这完全是由于你不能以道义引导相劝他的结果。你虽然没有大的责任，但是也应该受到小小的罚处，因此减去你一年的俸禄。”又对左仆射拓跋赞说：“拓跋羽被罢黜，你应处以死刑。但是，事情既然归咎于拓跋羽一人了，就不再处分他人了，所以只解除你少师之职，削去一年的俸禄。”接着又对左丞公孙良、右丞乞伏义说：“你们的罪过也应该处以死刑，但是只对你们进行如下处罚；削去你们的官服和俸禄，以布衣身份继续留任本职，如果在三年之内有政绩，就官复原职；如果没有任何成就，那就永远削职为民，回去种地去。”又接着对尚书任城王拓跋澄说：“叔叔你趾高气扬，骄傲自大，所以解除少保官职。”还对长兼尚书于果说：“你不勤于职任之事，数次以疾病为借口，所以亦解除长兼，削去一年的俸禄。”其余如守尚书尉羽、卢渊等人，均以不称职，或者被解除职务，或者被罢黜官位，或者被削去俸禄，孝文帝当面指责了他们的过失，所受处罚立即执行。卢渊是卢昶的哥哥。

孝文帝又对陆睿说：“北方人常说：‘北方风俗朴质、粗犷，怎么会变得知书识礼、文质彬彬呢？’朕听了之后，感到异常失望。现在好读书、有学识的人很多，难道他们都是圣人吗？完全在于好学与不好学。朕整顿百官，大兴礼乐，全部心意在于移风易俗。朕身为天子，何必一定要去中原地区居住呢？还不是为了使你们的子孙后代渐渐习染当地好的风俗习惯，能多闻多见，增加见识。如果永远住在恒山之北，再遇上一个不喜欢诗书礼乐的国君的话，那就难免会变得孤陋寡闻。”陆睿回答道：“确实如圣上所说。金日磾如果不到汉朝去做官，怎么能够知名于世呢？”孝文帝听了陆睿的话，心里十分喜悦。

宣城王萧鸾策划篡位当皇帝，因此广为招揽朝廷名士参与筹谋。侍中谢朏心里不愿意，于是就请求出任吴兴太守。他到任之后，给担任吏部尚书的弟弟谢瀹送去好几斛酒，并且附信一封，信上说：“可以尽量饮酒，不要参与人事。”

臣司马光曰：我听说：“穿了他人衣服的人替他人分忧，吃了他人东西的人要替他人的事情而死。”谢朏、谢瀹弟兄二人，同皇帝身边的亲近大臣，安享荣华富贵，对朝廷的危难不参与不过问，如此做臣，可以说是忠吗？

宣城王萧鸾每当杀害一个藩王，总是于夜间派兵包围其住所，翻墙破门，喝喊而入，把他的家产全部操封没收。江夏王萧锋，德才兼备，萧鸾曾经对他讲道：“始安王萧遥光极有才干，可以委以重任。”萧锋回答道：“萧遥光之于殿下您，正如殿下之于高皇帝一样。卫护宗庙，安定社稷，他确实可以寄予厚望。”萧鸾听萧锋如此一说，被人点破了心事，不禁大惊失色。等到萧鸾大杀诸位藩王之时，萧锋派人给萧鸾送去一封信，在信中嘲讽、责斥他。萧鸾因此而非常害怕萧锋，不敢到萧锋的住所去抓获他，于是就让萧锋在太庙中兼任祠官之职，然后在夜里派兵去庙中捕获他。萧锋从太庙中出来，进到自己车中，那些前来杀他的兵士也要上车去，但是萧锋不让他们上来，他力气非常大，徒手与这些人击打，使好几个人倒在地上起不来，然后被杀。

南齐海陵王萧昭文虽然身居帝位，但起居饮食等事项，统统要请问宣城王萧鸾准许后才可以进行。一次，海陵王想要吃蒸鱼菜，太官令说没有萧鸾的命令，竟然不给他吃。辛亥（十月初十），皇太后发出诏令：“新继位的皇帝年龄幼小，不明国事，昧于朝政。况且，他从小就疾病缠身，体质羸弱，不能承受过重的负担。太傅宣城王萧鸾，是宣皇帝萧承之之嫡孙，又深得太祖皇帝的钟爱，所以宜于入宫承受皇位。皇帝可降封为海陵王，我本人也当迁出太后的宫殿，在别处养老。”并且，以宣城王萧鸾为太祖的第三子。癸亥（二十二日），明帝萧鸾即位，大赦天下，改换年号为建武。任命太尉王敬则为大司马，司空陈显达为太尉，尚书令王晏加封骠骑大将军，左仆射徐孝嗣加封中军大将军，中领军萧谌为领军将军。

度支尚书虞悰借口有病，不愿陪侍萧鸾。萧鸾因虞悰是过去的老人，想拉他参与朝政，所以就指使王晏把废除海陵王而自立的事告诉了他。不料虞悰听后却说道：“主上圣明睿智，公卿士大夫们自然会合力辅佐的，为何还要借用老朽我来赞助新皇帝呢？实在不敢从命！”言毕，恸哭不已。朝廷中议论要追究虞悰，徐孝嗣却说：“虞悰这样也是古代正直耿介之士之遗风啊！”于是，止而不议。

明帝与群臣百官欢宴庆贺，令有功之臣上来敬酒与他们对饮。王晏等人遵命离席，上前去祝酒助兴，惟独谢瀹安坐不起，说道：“陛下受命登基，上应天心，下顺人意，而王晏竟然贪天功以为己力！”明帝听了大笑，就不强使谢瀹给自己上酒了。宴会完毕，王晏招呼谢瀹与自己一同乘车回尚书省，谢瀹严厉地对他说：“您的巢窝在何处呢？”从此，王晏特别害怕谢瀹。

明帝诈称海陵王有疾病，几次派遣御医前去看视，终于害死海陵王，其葬礼依照东汉时曾让出皇位的东海恭王刘强的旧例进行。

北魏孝文帝想改革旧的风俗习惯，壬寅（十二月初二）发布诏令，禁止士大夫与民众穿胡服，鲜卑族人大多不乐意。

北魏孝文帝要亲自挂帅入侵南齐。癸卯（初三），内外戒严。戊申（初八），孝文帝诏令由平城迁到洛阳的百姓免除三年赋税。相州刺史高闾上表孝文帝，建议：“刚刚迁都洛阳，尚处草创阶段，而曹虎既然不派遣人质，他必然没有诚心，所以不应该轻举妄动。”孝文帝没有采纳他的意见。

第一百四十卷

齐纪六

译文诵读

高宗明皇帝中建武二年（乙亥，495）

甲午，魏太子冠于庙。魏主欲变北俗，引见群臣，谓曰："卿等欲朕远追商、周，为欲不及汉、晋邪？"咸阳王禧对曰："群臣愿陛下度越前王耳。"帝曰："然则当变风易俗，当因循守故邪？"对曰："愿圣政日新。"帝曰："为止于一身，为欲传之子孙邪？"对曰："愿传之百世。"帝曰："然则必当改作，卿等不得违也。"对曰："上令下从，其谁敢违！"帝曰："夫'名不正，言不顺，则礼乐不可兴。'今欲断诸北语，一从正音。其年三十已上，习性已久，容不可猝革。三十已下，见在朝廷之人，语音不听仍旧；若有故为，当加降黜。各宜深戒！王公卿士以为然不？"对曰："实如圣旨。"帝曰："朕尝与李冲论此，冲曰：'四方之语，竟知谁是；帝者言之，即为正矣。'冲之此言，其罪当死！"因顾冲曰："卿负社稷，当令御史牵下！"冲免冠顿首谢。又责留守之官曰："昨望见妇女犹服夹领小袖，卿等何为不遵前诏！"皆谢罪。帝曰："朕言非是，卿等当庭争。如何入则顺旨，退则不从乎！"六月，己亥，下诏："不得为北俗之语于朝廷，违者免所居官。"

癸丑，魏诏求遗书，秘阁所无，有益时用者，加以优赏。

戊午，魏改用长尺、大斗，其法依《汉志》为之。

魏高祖游华林园，观故景阳山，黄门侍郎郭祚曰："山水者，仁智之所乐，宜复修之。"帝曰："魏明帝以奢失之于前，朕岂可袭之于后乎！"帝好读书，手不释卷，在舆、据鞍，不忘讲道。善属文，多于马上口占，既成，不更一字；自太和十年以后，诏策皆自为之。好贤乐善，情如饥渴，所与游接，常寄以布素之意，如李冲、李彪、高闾、王肃、郭祚、宋弁、刘芳、崔光、邢峦之徒，皆以文雅见亲，贵显用事；制礼作乐，郁然可观，有太平之风焉。

治书侍御史薛聪，辩之曾孙也，弹劾不避强御，帝或欲宽贷者，聪辄争之。帝每曰："朕见薛聪，不能不惮，何况诸人也！"自是贵戚敛手。累迁直阁将军，兼给事黄门侍郎、散骑常侍，帝外以德器遇之，内以心膂为寄，亲卫禁兵，悉聪管领，故终太和之世，恒带直阁将军。群臣罢朝之后，聪恒陪侍帷幄，言兼昼夜，时政得失，动辄匡谏，事多听允；而重厚沈密，外莫窥其际。帝欲进以名位，辄苦让不受。帝亦雅相体悉，谓之曰："卿天爵自高，固非人爵所能荣也。"

九月，庚午，魏六宫、文武悉迁于洛阳。

丙戌，魏主如邺，屡至相州刺史高闾之馆，美其治效，赏赐甚厚。闾数请本州，诏曰："闾以悬车之年，方求衣锦，知进忘退，有尘谦德；可降号平北将军。朝之老成，宜遂情愿，徙授幽州刺史，令存劝两修，恩法并举。"以高阳王雍为相州刺史，戒之曰："作牧亦易亦难：'其身正，不令而行'，所以易；'其身不正，虽令不从'，所以难。"

十二月，乙未朔，魏主见群臣于光极堂，宣下品令，为大选之始。光禄勋于烈子登引例求迁官，烈上表曰："方今圣明之朝，理应廉让，而臣子登引人求进；是臣素无教训，乞行黜落！"魏主曰："此乃有识之言，不谓烈能办此！"乃引见登，谓曰："朕将流化天下，以卿父有谦逊之美、直士之风，故进卿为太子翊军校尉。"又加烈散骑常侍，封聊城县子。

魏主谓群臣曰："国家从来有一事可叹：臣下莫肯公言得失是也。夫人君患不能纳谏，人臣患不能尽忠。自今朕举一人，如有不可，卿等直言其失；若有才能而朕所不识，卿等亦当举之。如是，得人者有赏，不言者有罪，卿等当知之。"

甲子，魏主引见群臣于光极堂，颁赐冠服。

先是魏人未尝用钱，魏主始命铸太和五铢。是岁，鼓铸粗备，诏公私用之。

三年（丙子，496）

魏主下诏，以为："北人谓土为拓，后为跋。魏之先出于黄帝，以土德王，故为拓跋氏。夫土者，黄中之色，万物之元也；宜改姓元氏。诸功臣旧族自代来者，姓或重复，皆改之。"于是始改拔拔氏为长孙氏，达奚氏为奚氏，乙旃氏为叔孙氏，丘穆陵氏为穆氏，步六孤氏为陆氏，贺赖氏为贺氏，独孤氏为刘氏，贺楼氏为楼氏，勿忸于氏为于氏，尉迟氏为尉氏；其余所改，不可胜纪。

魏主雅重门族，以范阳卢敏、清河崔宗伯、荥阳郑羲、太原王琼四姓，衣冠所推，咸纳其女以充后宫。陇西李冲以才识见任，当朝贵重，所结姻娅，莫非清望；帝亦以其女为夫人。诏黄门郎、司徒左长史宋弁定诸州士族，多所升降。又诏以："代人先无姓族，虽功贤之胤，无异寒贱；故宦达者位极公卿，其功、衰之亲仍居猥任。其穆、陆、贺、刘、楼、于、嵇、尉八姓。自太祖已降，勋著当世，位尽王公，灼然可知者，且下司州、吏部，勿充猥官，一同四姓。自此以外，应班士流者，寻续别敕。其旧为部落大人，而皇始已来三世官在给事已上及品登王公者为姓；若本非大人，而皇始已来三世官在尚书已上及品登王公者亦为姓。其大人之后而官不显者为族；若本非大人而官显者为族。凡此姓族，皆应审核，勿容伪冒。令司空穆亮、尚书陆琇等详定，务令平允。"琇，馛之子也。

魏旧制：王国舍人皆应娶八族及清修之门。咸阳王禧娶隶户为之，帝深责之；因下诏为六弟聘室："前者所纳，可为妾媵。咸阳王禧，可聘故颍川太守陇西李辅女；河南王干，可聘故中散大夫代郡穆明乐女；广陵王羽，可聘骠骑谘议参军荥阳郑平城女；颍川王雍，可聘故中书博士范阳卢神宝女；始平王勰，可聘廷尉卿陇西李冲女；北海王详，可聘吏部郎中荥阳郑懿女。"懿，羲之子也。

时赵郡诸李，人物尤多，各盛家风，故世之言高华者，以五姓为首。

众议以薛氏为河东茂族。帝曰："薛氏，蜀也，岂可入郡姓！"直阁薛宗起执戟在殿下，出次对曰："臣之先人，汉末仕蜀，二世复归河东，今六世相袭，非蜀人也。伏以陛下黄帝之胤，受封北土，岂可亦谓之胡邪！今不预郡姓，何以生为！"乃碎戟于地。帝徐曰："然则朕甲、卿乙乎！"乃入郡姓，仍曰："卿非'宗起'，乃'起宗'也！"

帝与群臣论选调曰："近世高卑出身，各有常分；此果如何？"李冲对曰："未审上古以来，张官列位，为膏粱子弟乎，为致治乎？"帝曰："欲为治耳。"冲曰："然则陛下何为专取门品，不拔才能乎？"帝曰："苟有过人之才，不患不知。然君子之门，借使无当世之用，要自德行纯笃，朕故用之。"冲曰："傅说、吕望，岂可以门地得之！"帝曰："非常之人，旷世乃有一二耳。"秘书令李彪曰："陛下若专取门地，不审鲁之三卿，孰若四科？"著作佐郎韩显宗曰："陛下岂可以贵袭贵，以贱袭贱！"帝曰："必有高明卓然、出类拔萃者，朕亦不拘此制。"顷之，刘昶入朝。帝谓昶曰："或言唯能是寄，不必拘门；朕以为不尔。何者？清浊同流，混齐一等，君子小人，名器无别，此殊为不可。我今八族以上士人，品第有九；九品之外，小人之官复有七等。若有其人，可起家为三公。正恐贤才难得，不可止为一人浑我典制也。"

臣光曰：选举之法，先门地而后贤才，此魏、晋之深弊，而历代相因，莫之能改也。夫君子、小人，不在于世禄与侧微，以今日视之，愚智所同知也；当是之时，虽魏孝文之贤，犹不免斯蔽。故夫明辩是非而不惑于世俗者诚鲜矣。

上志慕节俭。太官尝进裹蒸，上曰："我食此不尽，可四破之，余充晚食。"又尝用皂荚，以余泺授左右曰："此可更用。"太官元日上寿，有银酒枪，上欲坏之；王晏等咸称盛德，卫尉萧颖胄曰："朝廷盛礼，莫若三元。此一器既是旧物，不足为侈。"上不悦。后预曲宴，银器满席。颖胄曰："陛下前欲坏酒枪，恐宜移在此器。"上甚惭。

上躬亲细务，纲目亦密；于是郡县及六署、九府常行职事，莫不启闻，取决诏敕。文武勋旧，皆不归选部，亲戚凭藉，互相通进，人君之务过繁密。南康王侍郎颍川钟嵘上书言："古者，明君揆才颁政，量能授职，三公坐而论道，九卿作而成务，天子唯恭己南面而已。”书奏，上不怿，谓太中大夫顾暠曰：“钟嵘何人，欲断朕机务！卿识之不？”对曰：“嵘虽位末名卑，而所言或有可采。且繁碎职事，各有司存；今人主总而亲之，是人主愈劳而人臣愈逸，所谓‘代疱人宰而为大匠斫’也。”上不顾而言他。

齐明帝建武二年（乙亥，公元495年）

甲午（五月二十六日），北魏皇太子在太庙举行了加冠之礼。孝文帝想要改变北方风俗，为此而特意召见文武群臣，问他们：“各位爱臣希望朕远追商、周呢？还是想让朕连汉、晋都比不上呢？”咸阳王拓跋禧回答说：“群臣们都盼愿陛下能超过前王。”孝文帝接着又问道：“那么应当改变风俗习惯呢？还是因循守旧呢？”拔跋禧再回答：“愿意移风易俗，圣政日新。”又问：“只是愿意自身实行呢？还是希望传之于子孙后代呢？”回答说：“愿意传之于百世万年。”于是，孝文帝说道：“那么，朕一定下令开始进行，你们一定不得有违。”拓跋禧回答：“上令而下从，有谁敢违抗呢？”孝文帝又说：“‘名不正，言不顺，则礼乐不能兴。’现今朕想要禁止使用鲜卑语，全部改用汉语。年龄在三十岁以上的人，由于习性已久，可以宽容他们不能一下子就改换过来。但是，年龄在三十岁以下的人，凡在朝廷中任职者，不能允许他们仍然还讲过去的语言，如果有谁故意不改，就一定要降免其官职。所以，各位应当严加自戒。对此，各位王公卿士同意不同意呢？”拓跋禧回答：“无不遵从圣旨。”孝文帝接着讲道：“朕曾经与李冲谈过这件事，李冲说：‘四方之人，言语不同，故不知应该以谁的为是；做皇帝的人说的，就是标准。’李冲此话，其罪行应当处死。”因此看着李冲又说道：“你有负于社稷，应当命令御史把你牵下去。”李冲摘下帽子磕头谢罪。孝文帝又指责出巡时留守洛阳的官员们：“昨天，朕望见妇女们还穿着夹领小袖衣服，你们为什么不遵行朕前头的诏令呢？”这些官员们都磕头谢罪不已。孝文帝继续讲道：“如果朕讲的不对，你们可以当庭争辩，为什么上朝则顺从朕旨，退朝后就不听从呢？”六月己亥（初二），孝文帝下令：“在朝廷中不得讲鲜卑语，违背者免去所任官职。”

癸丑（十六日），北魏孝文帝发布诏令，搜求民间藏书，凡是朝廷秘阁中所无而又有益于时用的书，献者加以优厚的赏赐。

戊午（二十一日），北魏改用长尺、大斗，其度量法度依照《汉书》中的记载制定。

北魏高祖孝文帝游赏华林园，观览过去曹魏明帝所筑的景阳山，黄门侍郎郭祚说道：“山水是仁者、智者所喜爱的，应该重新加以修复。”孝文帝回答说：“魏明帝以奢侈失之于前，朕怎么可以步其后尘呢？”孝文帝爱好读书，经常手不释卷，外出时在车中或者在马鞍之上仍不忘讲学论道。他又擅长吟诗作文，常常骑在马上口头作诗，作完之后，不用更改一个字；自从太和十年之后，各种诏令、策书都是自己撰写。他还爱好贤才、善士，求贤心切，如饥似渴。凡是与他交往接近的，他总是对他们寄以普通人的情意而不以帝王自居。比如李冲、李彪、高闾、王肃、郭祚、宋弁、刘芳、崔光、邢峦等人，都因资质文雅而得到他的亲近，并且担任了重要职位，因此而显贵。李冲等人为朝廷制礼作乐，成绩斐然，郁郁可观，有太平淳古之风。

北魏治书侍御史薛聪是薛辩的曾孙，他弹劾人不畏避强横之人，孝文帝有时想要宽容被弹劾者，薛聪就总是和他争辩，以致孝文帝经常说："朕见了薛聪，也不能不害怕，何况其他人呢？"因此，那些贵戚们不得不有所收敛。薛聪升至直阁将军，并兼给事黄门侍郎、散骑常侍，孝文帝对外表明是重用他的德行才气，而在内心则把他视为心腹，皇宫中的卫士禁兵，全部交给他来统管，所以直到孝文帝去世，他一直担任直阁将军。每次上朝，群臣百官退朝之后，薛聪总是留下来陪侍孝文帝，两人在帷幕后面议论政事，有时能整整说上一昼夜，对于时事政治方面的得失利弊，薛聪动辄加以匡正劝谏，所见大多被采纳。然而，薛聪为人做事厚重而谨慎，所以外界并不能窥见他的内心边际。孝文帝想要升进薛聪的名分地位，可是他总是苦苦辞让，不愿领受。孝文帝也能对他的态度体贴理解，对他说道："您内禀仁义忠信之质，天爵自高，固然不必再以公卿大夫这些所谓人爵而荣身了。"

九月，庚午（初四），北魏皇帝的后妃、夫人、嫔御等以及内外文武百官全部迁于洛阳。

丙戌（二十日），北魏孝文帝到达邺地。孝文帝多次来到相州刺史高闾的官舍，赞美他治理本州的成绩，并且给予特别丰厚的赏赐。高闾数次请求孝文帝让他回到本土幽州去做官，孝文帝因此而发布诏令："高闾以该告老退休的年龄，方才要求衣锦还乡，他这样只知进而不知退，实在有损于谦德，所以降其封号为平北将军。他是朝廷中年龄和资历都相当老的大臣，应当顺遂他的心愿，所以调任他为幽州刺史。这样做可以既满足了他的请求，以示朝廷之恩，又起到劝善存法的作用。"孝文帝又任命高阳王拓跋雍为相州刺史，并且告诫他说："做一州之长也容易，也难。'自己言行端正，不用法令别人也会遵从'，如此就容易；'自己立身不正，即使以法令强迫别人也不会听从'，所以说难。"

十二月，乙未朔（初一），北魏孝文帝在光极堂接见群臣，宣布在官员中实行九品之制，即将开始大选群臣。光禄勋于烈的儿子于登依照旧例请求升官，于烈上表孝文帝说："如今正值圣明之朝，做臣子的理应清廉谦让，但是我儿子于登却援引旧例而要求晋升，这是我平素对他教训不严的结果，所以乞求朝廷罢黜我的官职。"孝文帝说："这是有识之言，没有料到于烈能做到这样。"于是召见了于登，对他说："朕将要广施教化于天下，因为你父亲有谦逊之美德、正直之品格，所以特晋升你为太子翊军校尉。"并且加任于烈为散骑常侍，封为聊城县子。

北魏孝文帝对群臣们说："一个国家从来都有一件事情让人感到可叹，就是臣子们不肯公开地谈论得失是非。作为一国之君，患在不能采纳劝谏；作为臣子，患在不能尽忠竭力。从今以后朕推举一人，如有不妥之处，你们可以直言其失；如果有才能之士而朕不能发现，你们也应当加以举荐。这样，能举荐人才者有赏，知而不言者有罪，你们应当明白这一点。"

甲子（三十日），北魏孝文帝在光极堂召见群臣百官，给他们颁赐冠帽和衣服。

早先北魏人不使用钱币，从孝文帝开始才命令铸造太和五铢钱。到本年，已经铸造得大体齐备，因此孝文帝诏令公私方面一律开始使用钱币。

三年（丙子，公元496年）

北魏孝文帝发布诏令，认为："北方人称'土'为'拓'，称'后'为'跋'。魏朝的祖先是黄帝的后代，以土德而称帝，所以姓拓跋。土，乃黄中之色，万物之元，所以应该改姓为'元'。诸位功臣旧族中凡从代京迁来的，其姓氏有的重复，要一律改变。"于是，开始改拓拔氏为长孙氏、达奚氏为奚氏、乙旃氏为叔孙氏、丘穆陵氏为穆氏、步六孤氏为陆氏、贺赖氏为贺氏、独孤氏为刘氏、贺楼氏为楼氏、勿忸于氏为于氏、尉迟氏为尉氏，其余所改姓氏，多得记不下来。

北魏孝文帝一向看重名门望族，由于范阳人卢敏、清河人崔宗伯、荥阳人郑义、太原人王琼四姓门族，在士大夫中最受推重，所以特意选他们的女儿进入后宫。陇西人李冲以才识受到任用，成为朝中显贵，他所结的姻亲，都是具有清白名望而为时人所敬重的高门，孝文帝也以他的女儿为夫人。孝文帝诏令黄门郎、司徒左长史宋弁审定各州的士族，地位多有升降。孝文帝又诏令："代京人早先没有姓族，虽然是功勋、贤士的后代，也与那些寒贱出身者没有什么区别。所以，一些宦途通达者虽然位极公卿，但他们的亲族却依然担任着地位卑下的官职。其中之穆、陆、贺、刘、楼、嵇、尉八姓，从太祖皇帝以来，功勋卓越，著称于世，位至王公，无人不知，通知司州和吏部，不要让他们充任卑微官职，而应当同卢、崔、郑、王四姓一样对待。除这些大族之外，其他还应该班列士族之列者，不久就继续由朝廷下令加以确认。那些过去为部落头人，而从道武帝皇始年间以来三代官职在给事以上，以及爵位上至王公的确定其姓；如果不是头人，而自皇始年间以来三代官职在尚书以上以及爵位上至王公的也确定其姓。属头人之后代，但是官职不显要的确定其族，或者本非头人而官职显要的也确定其族。凡此姓与族，都应该加以审核，不允许其中有伪冒者。命令司空穆亮、尚书陆琇等人详加审定，务必要做到公正合理。"陆琇是陆馛的儿子。

北魏过去的制度：各藩王的妃嫔都应选娶八大姓及有清望的门第人家之女。咸阳王拓跋禧娶隶户人家之女为妃嫔，孝文帝严厉地责备了他，因此下诏令为六个弟弟重新聘娶妻室，说："以前所纳娶的，可以改做为小妾。咸阳王元禧，可以聘娶颍川太守陇西人李辅的女儿；河南王元干，可以聘娶已故中散大夫代郡人穆明乐的女儿；广陵王元羽，可以聘娶骠骑咨议参军荥阳人郑平城的女儿；颍川王元雍，可以聘娶中书博士范阳人卢神宝的女儿；始平王元勰，可以聘娶廷尉卿陇西人李冲的女儿；北海王元详，可以聘娶吏部郎中荥阳人郑懿的女儿。”郑懿是郑羲的儿子。

当时，赵郡李姓诸门中，人物尤其多，都能发扬家风，所以世人谈论门第高贵，均推卢、崔、郑、王、李五姓为首。

众人议论以薛氏为河东的望族，孝文帝则不同意，说：“薛氏是蜀人，怎么可以成为一郡之大姓呢？”当时直阁薛宗起正执戟站在殿下，他站出来对孝文帝问道：“我的祖先，于汉代末期在蜀地做官，两代之后又回到河东，如今已经六代相沿袭，所以不应该算作蜀人。我斗胆问一句，陛下是黄帝后代，而受封北方，难道也可以说是胡人吗？现今不认我们为郡中大姓，为什么要活着呢？”于是，把手中之戟摔碎于地。孝文帝慢悠悠地说道：“那么，朕为甲，你为乙吗？”于是，同意列薛姓为郡之大姓，并同薛宗起戏言道：“你不是‘宗起’，而是‘起宗’呀！”

孝文帝与群臣们议论选拔调派官员之事，他问道：“近世以来，出身高卑贵贱，各有一定，这样划分如何呢？”李冲反问道：“不知道上古以来，分官列位，其目的是为了那些膏粱子弟们呢？还是为了治理国家呢？”孝文帝回答：“当然是为了治理天下。”李冲又顺势反问：“那么陛下为什么专门选取门第出身，而不注重才能方面的选拔呢？”孝文帝辩解说：“如果其人有过人的才能，不怕不为人所知。然而，君子门第出身，即使没有为当世所用之才能，但终归在德行方面要纯洁笃实一些，朕所以选用他们。”李冲再反问道：“难道傅说、吕望可以凭门第出身得到吗？”孝文帝再回答：“这种不平常的人才，旷世才有一二。”这时，秘书令李彪也说道：“陛下如果专以门第取士，那么对于鲁国的三卿季孙、孟孙、叔孙氏与孔门四科人才，是选择前者呢？还是选择后者呢？”著作佐郎韩显宗也说道：“陛下岂能使贵者世袭为贵，贱者永远为贱呢？”孝文帝回答：“如果遇有才识高明、卓然不凡，出类而拔萃者，朕也不拘泥于这一制度。”一会儿，刘昶来到朝中，孝文帝对他说：“有人说选拔官员要唯才能是重，不必拘于门第出身，朕则以为不然。为什么呢？因为这样则会清浊同流，混淆为一，以致名器不分，使君子小人没有区别，这无论如何是不可以的。我们现在八族以上的士人，品第分为九个级别。九品之外，出身低贱而做官者又分为七等。如果世有贤才，可以升为三公。朕正担心贤才难得，但是也不可以仅为一个人而搞乱了我的典章制度。”

臣司马光曰：选拔举荐人才的制度，先门第而后贤才这是魏、晋时期的一大弊端，然而历代相因袭，莫能改变。君子与小人之别，不在于出身世禄之家与布衣贫贱之别，以今天的眼光来看，这是愚者和智者都能认识到的，然而，在当时，虽然以北魏孝文帝之贤，犹不能免于这一偏见。所以，能明辨是非而不受世俗之见影响人的实在是稀少啊！

南齐明帝一心要做到节俭朴素，负责膳食的太官一次给他进献一种名叫裹蒸的食品，他对太官说："我一次吃不完这么一个，可以把它分成四块，剩下的晚上再吃。"还有一次，明帝使用皂荚洗浴，指着用过的皂荚水对身边近侍说："这个还可以使用。"太官在正月初一给明帝上寿，温酒时使用了一个用银子制作的酒铛，明帝要把它毁掉，王晏等人都称颂他品德高尚，卫尉萧颖胄却说："朝廷中最隆重的节日，莫若正月初一，这个银制酒铛是旧物了，所以不足为奢侈。"明帝听了心中很不高兴。后来明帝又在宫中设宴，席上有许多银制器皿，萧颖胄又对明帝说道："陛下前次要毁掉酒铛，恐怕应该毁坏的是眼前这些银器。"明帝十分惭愧。

明帝亲自处理细小的事务，要求很烦琐，因此连下面各郡县以及朝中六署、九府的日常事务，也必须全部向他报告，取得他的旨令才能办理。文武官员中功臣和旧臣的选拔、使用等，都不归于吏部管理，而是凭借亲戚关系互相提拔，以致使明帝陷于事务之中，负担过于繁重。南康王侍郎颍川人钟嵘上书明帝，指出："古时候，圣明的国君根据下属的才干分派事情，量其能力授以官职，三公坐而论道，九卿具体分工执行，而天子则只是高高在上，无为而治。"钟嵘的上书被奏上，明帝阅过之后心中不悦，问太中大夫顾暠："钟嵘何许人也？想干涉朕的事务，你认识不认识他？"顾暠回答说："钟嵘虽然地位卑微，没有名气，但是他所讲的或许有可采纳之处。确实，那些繁重琐碎的事务，都分别有职能部门来办理，现在陛下您全部包揽过来，亲自处理，结果弄得陛下越是劳累，臣子们则越是清闲，正所谓'代替庖人宰割，代替大匠斫削'。"但是，明帝不理睬顾暠所说，而另改换别的话题。

第一百四十一卷
齐纪七

译文诵读

高宗明皇帝下建武四年（丁丑，497）

初，魏主迁都，变易旧俗，并州刺史新兴公丕皆所不乐；帝以其宗室耆旧，亦不之逼，但诱示大理，令其不生同异而已。及朝臣皆变衣冠，朱衣满坐，而丕独胡服于其间，晚乃稍加冠带，而不能修饰容仪，帝亦不强也。

太子恂自平城将迁洛阳，元隆与穆泰等密谋留恂，因举兵断关，规据陉北。丕在并州，隆等以其谋告之。丕外虑不成，口虽折难，心颇然之。及事觉，丕从帝至平城，帝每推问泰等，常令丕坐观。有司奏元业、元隆、元超罪当族，丕应从坐。帝以丕尝受诏许以不死，听免死为民，留其后妻、二子，与居于太原，杀隆、超、同产乙升，余子徙敦煌。

初，丕、睿与仆射李冲、领军于烈俱受不死之诏。睿既诛，帝赐冲、烈诏曰："睿反逆之志，自负幽冥；违誓在彼，不关朕也。反逆既异余犯，虽欲矜恕，如何可得？然犹不忘前言，听自死别府，免其拏戮。元丕二子、一弟，首为贼端，连坐应死，特恕为民，朕本期始终而彼自弃绝，违心乖念，一何可悲！故此别示，想无致怪。谋反之外，皎如白日耳。"冲、烈皆上表谢。

臣光曰：夫爵禄废置，杀生予夺，人君所以驭臣之大柄也。是故先王之制，虽有亲、故、贤、能、功、贵、勤、宾，苟有其罪，不直赦也；必议于槐棘之下，可赦则赦，可宥则宥，可刑则刑，可杀则杀；轻重视情，宽猛随时。故君得以施恩而不失其威，臣得以免罪而不敢自恃。及魏则不然，勋贵之臣，往往豫许之以不死；彼骄而触罪，又从而杀之。是以不信之令诱之使陷于死地也。刑政之失，无此为大焉！

是时，代乡旧族，多与泰等连谋，唯于烈无所染涉，帝由是益重之。帝以北方酋长及侍子畏暑，听秋朝洛阳，春还部落，时人谓之"雁臣"。

永泰元年（戊寅，498）

上有疾，以近亲寡弱，忌高、武子孙。时高、武子孙犹有十王，每朔望入朝，上还后宫，辄叹息曰："我及司徒诸子皆不长，高、武子孙日益长大！"上欲尽除高、武之族，以微言问陈显达，对曰："此等岂足介虑！"以问扬州刺史始安王遥光，遥光以为当以次施行。遥光有足疾，上常令乘舆自望贤门入，每与上屏人久语毕，上索香火，呜咽流涕，明日必有所诛。会上疾暴甚，绝而复苏，遥光遂行其策；丁未，杀河东王铉、临贺王子岳、西阳王子文、永阳王子峻、南康王子琳、衡阳王子珉、湘东王子建、南郡王子夏、桂阳王昭粲、巴陵王昭秀，于是太祖、世祖及世宗诸子皆尽矣。铉等已死，乃使公卿奏其罪状，请诛之，下诏不许；再奏，然后许之。南康侍读济阳江泌哭子琳，泪尽，继之以血，亲视殡葬毕，乃去。

庚戌，魏主如南阳。二月，癸丑，诏左卫将军萧惠休等救寿阳，甲子，魏人拔宛北城，房伯玉面缚出降。伯玉从父弟思安为魏中统军，数为伯玉泣请，魏主及赦之。庚午，魏主如新野。辛巳，以彭城王勰为使持节、都督南征诸军事、中军大将军、开府仪同三司。

夏，四月，甲寅，改元。

大司马会稽太守王敬则，自以高、武旧将，心不自安。上虽外礼甚厚，而内相疑备，数访问敬则饮食，体干堪宜。闻其衰老，且以居内地，故得少宽。前二岁，上遣领军将军萧坦之将斋仗五百人行武进陵，敬则诸子在都，忧怖无计。上知之，遣敬则世子仲雄入东安慰之。

仲雄善琴，上以蔡邕焦尾琴借之。仲雄于御前鼓琴作《懊侬歌》，曰："常叹负情侬，郎今果行许。"又曰："君行不净心，那得恶人题！"上愈猜愧。

上疾屡危，乃以光禄大夫张瓌为平东将军、吴郡太守，置兵佐以密防敬则。中外传言，当有异处分。敬则闻之，窃曰："东今有谁，只是欲平我耳；东亦何易何平！吾终不受金罂！"金罂，谓鸩也。

敬则女为徐州行事谢朓妻，敬则子太子洗马幼隆遣正员将军徐岳以情告朓："为计若同者，当往报敬则。"朓执岳，驰启以闻。敬则城局参军徐庶，家在京口，其子密以报庶，庶以告敬则五官掾王公林。公林，敬则族子也，常所委信。公林劝敬则急送启赐儿死，单舟星夜还都。敬则令司马张思祖草启，既而曰："若尔，诸郎在都，要应有信，且忍一夕。"

其夜，呼僚佐文武樗蒲，谓众曰："卿诸人欲令我作何计？"莫敢先答。防阁丁兴怀曰："官祇应作尔！"敬则不应。明旦，召山阴令王询、台传御史锺离祖愿，敬则横刀跂坐，问询等："发丁可得几人？库见有几钱物？"询称"县丁猝不可集"；祖愿称"库物多未输入"。敬则怒，将出斩之，王公林又谏曰："凡事皆可悔，唯此事不可悔；官讵不更思！"敬则唾其面曰："我作事，何关汝小子！"敬则举兵反，招集，配衣，二三日便发。

前中书令何胤，弃官隐居若邪山，敬则欲劫以为尚书令。长史王弄璋等谏曰：

“何令高蹈，必不从；不从，便应杀之。举大事先杀名贤，事必不济。”敬则乃止。胤，尚之之孙也。

上闻王敬则反，收王幼隆及其兄员外郎世雄、记室参军季哲、其弟太子舍人少安等，皆杀之。长子黄门郎元迁将千人在徐州击魏，敕徐州刺史徐玄庆杀之。前吴郡太守南康侯子恪，嶷之子也，敬则起兵，以奉子恪为名；子恪亡走，未知所在。始安王遥光劝上尽诛高、武子孙，于是悉召诸王侯入宫。晋安王宝义、江陵公宝览等处中书省，高、武诸孙处西省，敕人各从左右两人，过此依军法；孩幼者与乳母俱入。其夜，令太医煮椒二斛，都水办棺材数十具，须三更，当尽杀之。子恪徒跣自归，二更达建阳门，刺启。时刻已至，而上眠不起，中书舍人沈徽孚与上所亲左右单景隽共谋少留其事。须臾，上觉，景隽启子恪已至。上惊问曰：“未邪？未邪？”景隽具以事对。上抚床曰：“遥光几误人事！”乃赐王侯供馔，明日，悉遣还第。以子恪为太子中庶子。宝览，缅之子也。

敬则帅实甲万人过浙江。张瓌遣兵三千拒敬则于松江，闻敬则军鼓声，一时散走，瓌弃郡，逃民间。敬则以旧将举事，百姓担篙荷锸，随之者十余万众；至晋陵，南沙人范脩化杀县令公上延孙以应之。敬则至武进陵口，恸哭而过。乌程丘仲孚为曲阿令，敬则前锋奄至，仲孚谓吏民曰：“贼乘胜虽锐，而乌合易离。今若收船舰，凿长冈埭，泻渎水以阻其路；得留数日，台军必至，如此，则大事济矣。”敬则军至，值渎涸，果顿兵不得进。

五月，诏前军司马左兴盛、后军将军崔恭祖、辅国将军刘山阳、龙骧将军、马军主胡松筑垒于曲阿长冈；右仆射沈文季为持节都督，屯湖头，备京口路。恭祖，慧景之族也。敬则急攻兴盛、山阳二垒，台军不能敌，欲退，而围不开，各死战。胡松引骑兵突其后，白丁无器仗，皆惊散。敬则军大败，索马再上，不能得，崔恭祖刺之仆地，兴盛军客袁文旷斩之，乙酉，传首建康。

是时上疾已笃，敬则仓猝东起，朝廷震惧。太子宝卷使人上屋，望见征虏亭失火，谓敬则至，急装欲走。敬则闻之，喜曰：“檀公三十六策，走为上策，计汝父子唯有走耳！”盖时人讥檀道济避魏之语也。敬则之来，声势甚盛，裁少日而败。

台军讨贼党，晋陵民以附敬则应死者甚众。太守王瞻上言：“愚民易动，不足穷法。”上许之，所全活以万数。瞻，弘之从孙也。

上赏谢朓之功，迁尚书吏部郎。朓上表三让，上不许。中书疑朓官未及让，国子祭酒沈约曰：“近世小官不让，遂成恒俗。谢吏部今授超阶，让别有意。夫让出人情，岂关官之大小邪！朓妻常怀刃欲杀朓，朓不敢相见。

己酉，上殂于正福殿。遗诏：“徐令可重申前命。沈文季可左仆射，江祏可右仆射，江祀可侍中，刘暄可卫尉。军政可委陈太尉；内外众事，无大小委徐孝嗣、遥光、坦之、江祏，其大事与沈文季、江祀、刘暄参怀。心膂之任可委刘悛、萧惠休、崔慧景。”

上性猜多虑，简于出入，竟不郊天。又深信巫觋，每出先占利害。东出云西，南出云北。初有疾，甚秘之，听览不辍。久之，敕台省文簿中求白鱼以为药，外始知之。太子即位。

齐明帝建武四年（丁丑，公元497年）

早先，北魏孝文帝迁都洛阳，改变旧的风俗习惯，但是并州刺史新兴公元丕一点也不高兴这样做，孝文帝因为他在家族中年辈较长，因此就不强行让他改换，只是用大道理加以诱导劝说，以便使他不公开反对。到了朝中大臣们都改换了衣服帽子，每天上朝殿内朱衣满坐，但是惟独元丕还穿着胡服侧身其间，后来他才慢慢加上了帽子和带子，可是仍旧不修饰外表仪容，孝文帝也不强迫他。

太子元恂将从平城迁往洛阳之时，元隆同穆泰等人密谋策划，要把元恂留在平城，因此出兵堵住雁门东陉、西陉二关，阴谋占据关北恒、朔二州。当时，元丕在并州，元隆等人把自己的计划告诉了他，元丕表面上忧虑事情难以成功，口头上虽然反对，但是心里却颇为赞同。等到穆泰等人叛乱之事败露之后，元丕随从孝文帝到了平城，孝文帝每次审问穆泰等人时，常常让元丕坐在旁边观看。有的官员奏告元业、元隆、元超罪该满门诛斩，元丕也应该连坐治罪。孝文帝以元丕曾经在诏令中被许以不死，就免他一死，黜为平民，让他的后妻和两个儿子陪伴他居住在太原，而杀了元隆、元超及其同胞兄弟元乙升，其他的儿子流放敦煌。

原先，元丕、陆睿以及仆射李冲、领军于烈等人都受过皇帝的不死之诏。陆睿被杀之后，孝文帝在赐给李冲、于烈的诏书中说："虽然朕曾经诏许陆睿在任何情况下都可以免于一死，可是他叛逆谋反的阴谋，自己有负于鬼神，是他违背了曾经发过的誓言，所以他的死与朕没有关系。他叛乱谋反既不同于其他诸犯，即使想要宽恕他，又怎么可能呢？然而朕犹不忘先前说过的话，所以让他自己在狱中自尽，并且免去他儿子的死罪。元丕的两个儿子、一个弟弟，最早策划叛乱，最先参与叛乱，理应连坐处死，朕特加恕免，只是黜为平民而已。朕本来期望与他们和衷共济，始终相善，但是他们自己弃绝情义，违背良心，产生不轨之念，这是多么令人感到可悲的啊！所以，特意告诉你们一下，想必不会令你们奇怪吧？除了谋反这件事情之外，朕对他们的一片真心皎如明月，天地可鉴。"李冲、于烈都上表致谢。

臣司马光曰：给予或剥夺爵位、俸禄，掌管生杀予夺之权力，这是做皇帝的人驾驭臣下们的重要手段，所以先王们裁定的制度，虽然有亲、故、贤、能、功、勤、宾等所谓"八议"，但是如果臣下犯有罪行，并不直接赦免，而一定要通过刑法部门来商议，可以赦免则赦免，可以宽大则宽大，可以判刑则判刑，可以诛死则诛死，惩罚的轻与重根据实情而定，处理的宽与严随时机而有所不同。因此，国君得以施行仁恩而又不失其威严，臣子们既可以得到免罪而又不敢以此自恃。到了北魏却不是这样了，对于功勋显贵的大臣，往往预先许诺以终生不被处死，但是其人因此而自骄，触法犯罪，则又被处死。这正是以言而无信的允诺诱惑其人，使他陷于死地。刑法政治的失误过错，没有比这更大的了。

在这时候，平城的鲜卑族人，多数与穆泰等人一起策划，唯独于烈没有丝毫参涉，因此孝文帝对他更加器重了。孝文帝考虑到北方的酋长以及在身边侍奉自己的王子们害怕暑热，所以就任他们秋天到洛阳朝见，春天再返回各自的部落去，当时的人们称他们为“雁臣”。

永泰元年（戊寅，公元498年）

明帝患疾病，由于他自己的亲属人少力弱，所以特别防忌高帝和武帝的子孙。当时，高帝、武帝的子孙还有十个藩主，他们每月初一和十五都入朝拜见明帝，明帝见过他们回宫之后，常常叹息着说：“我和弟弟司徒的几个儿子都年龄幼小，而高帝和武帝的子孙却一天天地长大了。”明帝想把高帝和武帝的后代全部除掉，他以此事试探地问陈显达，陈显达回答说：“这些人何足以令圣上忧虑呢？”明帝又问扬州刺史始安王萧遥光，萧遥光认为应当一个一个地逐步除杀。萧遥光有脚病，明帝经常让他乘车舆从望贤门进入华林园，每次进园后明帝就和他在无人处长久商谈。谈话毕，明帝要是焚烧香火，呜咽流涕，第二天必定有所诛杀。正好明帝病情突然加重，气绝而后又复苏过来，萧遥光就开始执行预先合谋好的计策，丁未（二十四日），杀害了河东王萧铉、临贺王萧子岳、西阳王萧子文、永阳王萧子峻、南康王萧子琳、衡阳王萧子珉、湘东王萧子建、南郡王萧子夏、桂阳王萧昭粲、巴陵王萧昭秀，于是齐高帝、武帝以及文惠太子的儿子们全被杀害。萧铉等人死后，明帝才让公卿们奏告他们的罪状，并请求诛杀他们，齐明帝假意下诏令不允许；公卿再次奏请，然后批准。南康王的侍读济阳人江泌恸哭萧子琳，泪水哭干之后，又流出了血，亲自看得萧子琳被殡葬完毕，方才离去。

庚戌（二十七日），北魏孝文帝到达南阳。二月癸丑（初一），齐明帝诏令左卫将军萧惠休等人去援救寿阳，甲子（十二日），北魏军队攻破宛北城，房伯玉自缚出降。房伯玉的堂弟房思安是北魏的中统军，房思安数次哭泣着向孝文帝请求不要杀死房伯玉，于是孝文帝就赦免了房伯玉。庚午（十八日），孝文帝到达新野。辛巳（二十九日），孝文帝任命彭城王元勰为使持节、都督南征诸军事、中军大将军、开府仪同三司。

夏季，四月，甲寅（初三），南齐明帝改年号为永泰。

大司马会稽太守王敬则因为自己是高帝、武帝的旧将，所以心中非常不安。明帝虽然表面上对王敬则礼遇优厚，但是内心却对他十分猜疑、提防，曾经数次打听询问他饮食情况如何，身体还能否胜任带兵打仗。听说王敬则衰老了，而且又待在离建康不远的地方，这才稍稍觉得心宽了一些。前两年，明帝派遣领军将军萧坦之率领斋阁侍卫武士五百人去武进武帝等皇上陵园，当时王敬则的儿子们都在京城，王敬则担心事情有变，儿子受累，所以心中忧恐万分，束手无措。明帝知道这一情况之后，立即派遣王敬则的大儿子王仲雄从建康去会稽安慰。

王仲雄擅长弹琴，明帝把蔡邕焦尾琴借他一用。于是，王仲雄就当着齐明帝的面弹琴唱了一首《懊歌》，歌中唱到："常悲叹会辜负我的多情，如今郎君果然动身。"又唱到："您在外用情不专，哪能厌恶别人唠叨！"明帝愈加猜疑、羞愧。

明帝屡次病危，于是就任命光禄大夫张瓌为平东将军、吴郡太守，并且秘密布置兵力，以便提防王敬则。朝廷内外传说纷纷，说明帝一定又有非常的举动了。王敬则听了传言之后，私下里说："东边现在还有谁？只不过是要除掉我罢了。但是，我又何尝可以那么容易地除掉呢？我终究不会接受他的金罂的！"金罂，即指鸩酒。

王敬则的女儿是徐州行事谢朓的妻子，王敬则的儿子太子洗马王幼隆派遣正员将军徐岳把情况告诉了谢朓，邀他一起举事，并且对谢朓说："你如果同意的话，我就去告诉王敬则。"谢朓非但不愿意，而且把徐岳抓起来，派人速向明帝报告。王敬则手下的城局参军徐庶家住在京口，徐庶的儿子把王敬则儿子要举事、徐岳被抓之事秘密告诉了父亲，徐庶又马上转告了王敬则手下的五官掾王公林。王公林是王敬则的族侄，深得王敬则信任，常常委以事务。王公林去劝说王敬则火速启奏明帝，让明帝赐自己的儿子一死。劝说之后，王公林就独自乘舟连夜赶回京城去了。王敬则命令司马张思祖起草对明帝的启奏，但一会儿又说："情况如果真的这样的话，那么我的几个儿子都在京城，他们一定会来向我报信的，所以先不急，暂且再等一晚上吧。"

当天夜里，王敬则把手下的文武僚属召集来一起博戏，对大伙儿说："你们大家想让我做如何打算呢？"众人谁也不敢先说。这时，防阁丁兴怀突然说道："长官您应该举事谋反，除此别无选择。"王敬则听了之后，没有表态。次日天刚亮，王敬则就把山阴令王询、台传御史钟离祖愿两人叫来，自己手横握刀，跪坐席上，向王询、祖愿两人发问："如果要发兵可以有多少人？库中还有多少钱物？"王询言称"县里的壮丁一下子不能召集起来"，祖愿则言称"该入库的财物大多还没有输入库中"。王敬则一听，勃然大怒，令人把他们二人推出斩首。这时，王公林又劝谏王敬则说："所有的事情都可以反悔，唯独这种事不可以反悔，您为什么不再考虑一下呢？"王敬则听了非常生气，唾了王公林一脸口水，并且恶狠狠地对他说："我做事情，与你小子有什么关系呢？"于是，王敬则决定举兵造反，召集兵力，配给袍甲兵器，二三日之内便出发了。

先前的中书令何胤，弃官而隐居在若邪山之中，王敬则想挟持他出任尚书令。长史王弄璋等人劝谏王敬则说："何大人隐居深山，必定不会依从；他如果不依从的话，就应该杀掉他。然而，做大事情先杀害名贤高士，事情一定不会成功。"于是，王敬则就停止了这一想法。何胤是何尚之的孙子。

明帝知道王敬则谋反了，就把王幼隆以及他的两个哥哥员外郎王世雄、江室参军王季哲、弟弟太子舍人王少安等人抓起来，全部杀掉了。王敬则的长子黄门郎王元迁率领一千兵马在徐州抗击北魏军队，明帝下令徐州刺史徐玄庆杀掉了他。前吴郡太守南康王萧子恪是萧嶷的儿子，王敬则以拥立萧子恪为名义而起兵造反，但是，萧子恪吓得逃跑了，不知逃到了什么地方。始安王萧遥光劝说明帝把高帝、武帝的子孙全部杀掉，于是明帝把诸位王侯全部召入宫中。晋安王萧宝义、江陵公萧宝览等人在中书省，高帝、武帝的孙子们在门下省，明帝命令他们每人只可以带随从两人，超过了以军法从事。王侯中有的还是幼小的孩子，齐明帝命令由他们的乳母把他们带进宫来。这天夜里，明帝命令宫中的太医煮了两斛花椒水，又命令都水官备署办棺材数十具，准备到三更之时，就把诸王侯全部毒死。萧子恪自己一个人赤脚步行赶回来了，二更时分到达建阳门，他把自己的姓名和所要启陈的事写于纸上，让人转达于齐明帝。三更时分已到，但明帝还睡眠未起，中书舍人沈徽孚就与明帝所信任的心腹单景隽一起商议，决定先不采取行动，等皇上起来之后再说。一会儿，齐明帝醒来了，单景隽就告诉他萧子恪已经来了。明帝一听，惊奇地问道："还没有动手吗？还没有动手吗？"单景隽就把萧子恪要向明帝启陈的王敬则如何想以拥立他为名义而谋反，他如何逃而不见王敬则，以及如何自动前来的情况全部转述了一遍，明帝听了之后，明白了事情的真相，用手拍床说道："萧遥光差点坏了大事。"于是，明帝马上改变了主意，设宴招待诸王侯。第二天，明帝让他们回到各自的府中去，并且还任命萧子恪为太子中庶子。萧宝览是萧缅的儿子。

王敬则率领一万甲兵渡过了浙江，张瓌调遣三千兵力在松江岸上抵挡他，但是这些士兵们一听到王敬则部队的军鼓声音，马上四处逃散，张瓌只好弃郡署于不顾，自己逃到民间躲起来了。王敬则以老将的身份起兵谋反，老百姓们纷纷扛着竹竿，拿着锄头，前来投奔，追随的人有十万多。他们到晋陵时，南沙人范脩化杀了县令公上延孙，起来响应。经过武进高帝陵园所在地陵口之时，王敬则怀想起了高帝对自己的恩宠，不禁放声恸哭。乌程人丘仲孚是曲阿县令，王敬则的前锋部队刚到，丘仲孚就对治下的吏役、民众说："反贼们虽然一路乘胜，气焰嚣张，但是毕竟是乌合之众，一盘散沙。眼下我们如果把船舰收起来，并且把长冈水坝挖开，放出大水挡住他们的去路，如果能让他们停留几天的话，朝廷军队一定可以到达，这样的话，大功必定告成。"王敬则军队到达之后，正遇上河渠干涸，果然停止不能前行。

五月，明帝诏令前军司马左兴盛、后军将军崔恭祖、辅国将军刘山阳、龙骧将军马军主胡松在曲阿长冈修筑战垒工事。又委任右仆射沈文季为持节都督，屯驻湖头，以守备京口大路。崔恭祖与崔慧景是同族。王敬则对左兴盛、刘山阳两处发起了猛烈攻击，朝廷军队不能抵挡，准备撤退，但是不能突围，只好死战。胡松带领骑兵从背后对王敬则军队发起攻击，那些追随王敬则的民众手中无有武器，纷纷惊慌而逃。王敬则的军队一败涂地，但是他还要找一匹马骑上再战，可是找不到，结果被崔恭祖一枪刺倒在地，刘兴盛部下武士袁文旷立即上前将其斩首。乙酉（初五），王敬则的脑袋被送到了建康。

当时，明帝的病情已经非常沉重，而王敬则猝然在东边起兵举事，因此朝廷内部一片震惊，人人恐慌不已。太子萧宝卷让人上屋顶，望见征虏亭失火，一片火光，以为是王敬则率领军队打过来了，就急忙穿上戎装，将要逃走。王敬则知道此事之后，高兴地说："檀公三十六策，走为上策，我想你们父子也只有逃走这么一条路了。"所谓"檀公三十六策，走为上策"，是当时人们讥刺檀道济见了北魏军队只会逃跑的话语。王敬则起兵，其来头凶猛，声势甚大，但是才很短的时间就失败了。

朝廷军队讨伐王敬则及其同伙，晋陵的百姓因投附王敬则而应该被处死者特别多，太守王瞻上奏明帝说："百姓愚蠢，易被煽动，所以没有必要严加追究。"明帝准许了这一建议，使数万人得以活命。王瞻是王弘之的侄孙。

明帝奖赏谢朓的功劳，升任他为尚书吏部郎。谢朓三次上表于齐明帝表示辞让，但是明帝不准许。中书怀疑谢朓的官位还够不上照例辞让，国子祭酒沈约却说："近世以来低级官员不辞让，这已经成为一种常例。但是，如今越级给谢吏部授官。他辞让是为了避免别人说他告发岳父而得官。他的辞让是出于人情世故方面的考虑，难道与官职大小有关吗！"谢朓的妻子经常怀中藏着刀子，要杀死谢朓，因此吓得谢朓不敢与妻子相见。

己酉（七月三十日），明帝死于正福殿。明帝在遗诏中说："前次曾授以尚书令徐孝嗣开府仪同三司，辞而不受，可以再次授之。沈文季可以担任左仆射，江祐可以担任右仆射，江祀可以担任侍中，刘暄可以担任卫尉。军政大事可以委托于太尉陈显达，而朝廷内外众多事务，无论大小一并委托于徐孝嗣、萧遥光、萧坦之、江祐，其中重大事情与沈文季、江祀、刘暄三人商量决定。关键要害职务可以委托于刘悛、萧惠休、崔慧景三人。"

明帝性格猜疑多虑，深居而简出，竟然没有去南郊祭祀过上天。他又对筮占深信不疑，每次出外都要先占卜吉凶利害。如果去东边，则告人说去西边；如果去南边，则告人说去北边，不让预先知道其行迹。刚有病之时，特别保密，害怕别人知道，所以照样听政、阅览公文不止。很久以后，他在下达给台省的文件中要白鱼来做药，外界这才知道他有病。太子萧宝卷登皇帝位。

第一百四十二卷
齐纪八

译文诵读

东昏侯上永元元年（己卯，499）

庚子，魏主疾甚，北还，至谷塘原，谓司徒勰曰："后宫久乖阴德，吾死之后，可赐自尽，葬以后礼，庶免冯门之丑。"又曰："吾病益恶，殆必不起。虽摧破显达，而天下未平，嗣子幼弱，社稷所倚，唯在于汝。霍子孟、诸葛孔明以异姓受顾托，况汝亲贤，可不勉之！"勰泣曰："布衣之士，犹为知己毕命；况臣托灵先帝，依陛下之末光乎！但臣以至亲，久参机要，宠灵辉赫，海内莫及；所以敢受而不辞，正恃陛下日月之明，恕臣忘退之过耳。今复任以元宰，总握机政；震主之声，取罪必矣。昔周公大圣，成王至明，犹不免疑，而况臣乎！如此，则陛下爱臣，更为未尽始终之美。"帝默然久之，曰："详思汝言，理实难夺。"乃手诏太子曰："汝叔父勰，清规懋赏，与白云俱洁；厌荣舍绂，以松竹为心。吾少与绸缪，未忍暌离。百年之后，其听勰辞蝉舍冕，遂其冲挹之性。"以侍中、护军将军北海王详为司空，镇南将军王肃为尚书令，镇南大将军广阳王嘉为左仆射，尚书宋弁为吏部尚书，与侍中、太尉禧、尚书右仆射澄等六人辅政。夏，四月，丙午朔，殂于谷塘原。

高祖友爱诸弟，终始无间。尝从容谓咸阳王禧等曰："我后子孙邂逅不肖，汝等观望，可辅则辅之，不可辅则取之，勿为他人有也。"亲任贤能，从善如流，精勤庶务，朝夕不倦。常曰："人主患不能处心公平，推诚于物。能是二者，则胡、越之人皆可使如兄弟矣。"用法虽严，于大臣无所容贷，然人有小过，常多阔略。尝于食中得虫，又左右进羹误伤帝手，皆笑而赦之。天地五郊、宗庙二分之祭，未尝不身亲其礼。每出巡游及用兵，有司奏修道路，帝辄曰："粗修桥梁，通车马而已，勿去草划令平也。"在淮南行兵，如在境内。禁士卒无得践伤粟稻；或伐民树以供军用，皆留绢偿之。宫室非不得已不修，衣弊，浣濯而服之，鞍勒用铁木而已。幼多力善射，能以指弹碎羊骨，射禽兽无不命中；及年十五，遂不复畋猎。常谓史官曰："时事不可以不直书。人君威福在己，无能制之者；若史策复不书其恶，将何所畏忌邪！"

彭城王勰与任城王澄谋，以陈显达去尚未远，恐其覆相掩逼，乃秘不发丧，徙御卧舆，唯二王与左右数人知之。勰出入神色无异，奉膳，进药，可决外奏，一如平日。数日，至宛城，夜，进卧舆于郡听事，得加棺敛，还载卧舆内，外莫有知者。遣中书舍人张儒奉诏征太子；密以凶问告留守于烈。烈处分行留，举止无变。太子至鲁阳，遇梓宫，乃发丧；丁巳，即位，大赦。

初，太尉陈显达自以高、武旧将，当高宗之世，内怀危惧，深自贬损，常乘朽弊车，道从卤簿止用羸小者十数人。尝侍宴，酒酣，启高宗借枕，高宗令与之。显达抚枕曰："臣年衰老，富贵已足，唯欠枕枕死，特就陛下乞之。"高宗失色曰："公醉矣。"显达以年礼告退，高宗不许。及王敬则反，时显达将兵拒魏，始安王遥光疑之，启高宗欲追军还；会敬则平，乃止。及帝即位，显达弥不乐在建康，得江州，甚喜。尝有疾，不令治，既而自愈，意甚不悦。闻帝屡诛大臣，传云当遣兵袭江州，十一月，丙辰，显达举兵于寻阳，令长史庾弘远等与朝贵书，数帝罪恶，云："欲奉建安王为主，须京尘一静，西迎大驾。"

陈显达发寻阳，败胡松于采石，建康震恐。甲申，军于新林，左兴盛帅诸军拒之。显达多置屯火于岸侧，潜军夜渡，袭宫城。乙酉，显达以数千人登落星冈，新亭诸军闻之，奔还，宫城大骇，闭门设守。显达执马矟，从步兵数百，于西州前与台军战，再合，显达大胜，手杀数人，矟折；台军继至，显达不能抗，走，至西州后，骑官赵潭注刺显达坠马，斩之，诸子皆伏诛。长史庾弘远，炳之之子也，斩于朱雀航。将刑，索帽著之，曰："子路结缨，吾不可以不冠而死。"谓观者曰："吾非贼，乃是义兵，为诸军请命耳。陈公太轻事；若用吾言，天下将免涂炭。"弘远子子曜，抱父乞代命，并杀之。

帝既诛显达，益自骄恣，渐出游走，又不欲人见之；每出，先驱斥所过人家，唯置空宅。尉司击鼓蹋围，鼓击所闻，便应奔走，不暇衣履，犯禁者应手格杀。一月凡二十余出，出辄不言定所，东西南北，无处不驱。常以三四更中，鼓声四出，火光照天，幡戟横路。士民喧走相随，老小震惊，啼号塞路，处处禁断，不知所过。四民废业，樵苏路断，吉凶失时，乳母寄产，或舆病弃尸，不得殡葬。巷陌悬幔为高鄣，置仗人防守，谓之"屏除"，亦谓之"长围"。尝至沈公城，有一妇人临产不去，因剖腹视其男女。又尝至定林寺，有沙门老病不能去，藏草间；命左右射之，百箭俱发。帝有膂力，牵弓至三斛五斗。又好担幢，白虎幢高七丈五尺，于齿上担之，折齿不倦。自制担幢校具，伎衣饰以金玉，侍卫满侧，逞诸变态，曾无愧色。学乘马于东冶营兵俞灵韵，常著织成袴褶，金薄帽，执七宝矟，急装缚裤，凌冒雨雪，不避坑阱。驰骋渴乏，辄下马，解取腰边蠡器，酌水饮之，复上马驰去。又选无赖小人善走者为逐马左右五百人，常以自随。或于市侧过亲幸家，环回宛转，周遍城邑。或出郊射雉，置射雉场二百九十六处，奔走往来，略不暇息。

王肃为魏制官品百司，皆如江南之制，凡九品，品各有二。侍中郭祚兼吏部尚书。祚清谨，重惜官位，每有铨授，虽得其人，必徘徊久之，然后下笔，曰："此人便已贵矣。”人以是多怨之；然所用者无不称职。

齐东昏侯永元元年（己卯，公元499年）

庚子（二十四日），北魏孝文帝病危，只好北还，到达谷塘原时，孝文帝对司徒元勰说：“冯皇后长久以来不守妇道，乖违后德，我死之后，可以赐她自尽，以皇后之礼仪加以安葬，希望可免去冯氏家门之丑。”又说道：“我的病越来越严重了，大约一定好不了的。这次虽然打垮了陈显达，然而天下并没有平定，继位的儿子又年纪幼小，所以江山社稷就全依靠你了。当年霍光、诸葛孔明都以外姓人的身份而分别受到汉武帝、昭烈帝刘备之重托，况且你是骨肉之亲，能不勉力承担吗？”元勰哭着说道：“布衣之士，还能做到为知己而死，况且我又是先帝的儿子，又是陛下的兄弟呢！但是，我以至亲的身份，长期参予朝廷的机要大事，由于得到圣上不平常的宠遇，身重朝野，举国上下没有谁能比得上，之所以敢于接受圣上的重任而不加推辞，正是有恃于陛下之圣明，可以宽恕我知进忘退之过失。现在，圣上又委任我为朝臣之首，总握军机朝政大权，这样势必有人要议论我震主越上，一定会因此而获罪。过去周公是大圣之人，周成王也是圣明之君，但是犹不免对周公产生疑心，何况是我呢？这样的话，那么陛下虽然爱我，可是并不能自始至终一以贯之，最终怕要害了我呀。”孝文帝听了之后，沉思良久，最后说：“细细思量你说的话，从道理上实在难以反驳。”于是，孝文帝亲手给太子写下诏令：“你的叔父元勰，以自己的言行树立了一个很好的榜样，所以被授官以资勉励，其节操如白云一样纯洁；他不贪图荣华富贵，以官爵为身外之物，其素心如松柏翠竹。我自小与他一起相处，从来不忍心分离。我离开人世之后，你要准许元勰辞去官职，脱身俗务，以便顺从他谦虚自抑的性格。”孝文帝又任侍中、护军将军北海王元详为司空，镇南将军王肃为尚书令，镇南大将军广阳王元嘉为左仆射，尚书宋弁为吏部尚书，令他们与侍中、太尉元禧以及尚书右仆射元澄等六人共同辅佐朝政。夏季，四月，丙午朔（初一），孝文帝病死于谷塘原。

北魏陶牛

孝文帝对他的几个弟弟非常爱护，彼此始终没有产生隔阂。一次，他曾从容地对咸阳王元禧等说：“我死之后，子孙们如果不肖，你们看情况而办，可以辅佐则辅佐，不可辅佐则取而代之，千万不要让江山为他人所有。”孝文帝能亲近贤士，选用才能，从善如流，精勤庶务，朝夕不倦，常常说："一国之主患在不能用心公平，以诚待人，如果能做到这两点的话，即使是胡、越之人也可以使他们成为兄弟。"他用法虽然严厉，对于大臣们，只要有罪，绝不姑且宽容。但是，如果别人有小过失，又常能宽大而不计较。有一次，他在饭中发现了虫子，又有一次手下人进羹时不小心烫了他的手，他都笑而宽恕，没有治罪。凡是天地五郊、宗庙二分的祭祀，他都亲自参加。每次出外巡游以及用兵讨伐，有关官员奏告要修筑道路，孝文帝总是说："简单修理一下桥梁，能通过车马就行了，不要铲除杂草、填修平整。"他在淮南行军讨伐时，如在本国境内一样，严禁士卒们践踏损坏稻谷作物，如果要砍伐百姓的树木以供军用，都留下绢帛作为抵偿。他所住的宫室不到万不得已之时不许修理，衣服穿旧了，浆洗一下仍旧穿用，坐骑的鞍勒唯用铁木而已。他少年时候力气大，善于射箭，能用手指头弹碎羊的骨头，射猎禽兽没有不射中的。到了十五岁时，他就不再射猎了，常常对史官说："当朝时事，不可不如实记载，皇帝的威福由己，没有能制止他的，如果史官再不记录下他的恶行的话，那他将有什么可畏忌的呢？"

彭城王元勰与任城王元澄一起商谋，考虑到陈显达逃离还不太远，恐怕他知道孝文帝的死讯后要回过头来攻击，所以决定不向外宣布孝文帝的死讯，秘不发丧，而照样把孝文帝的尸身置于他平时用的车舆之中赶路，只有彭城王、任城王以及左右的几个人知道实情。元勰出入其中神色如同平常，又是奉侍膳食，又是进药送汤，处理外面的各种启奏，一如平日那样。数日之后，到达宛城，乘着夜间，把载有其尸体的车舆拉到郡署中庭，才把他装敛入棺材之中，然后仍将棺材载于车舆之中，外人没有知道其实情的。他们又派遣中书舍人张儒奉旨召太子前来，并且秘密地把孝文帝的死讯告知留守洛阳的于烈。于烈安排布置谁随同前去，谁留守洛阳，举止形态一如平常。太子到达鲁阳，遇上了孝文帝的灵柩，这才正式为孝文帝发丧。丁巳（十二日），太子元恪即位，大赦天下。

当初，太尉陈显达因自己是高帝、武帝时候的旧将，所以在明帝之时，心存危惧，自己使劲地贬损自己，经常乘坐一辆破破烂烂的车子，出外时扈从的仪仗队也只有又弱又小的十多个人。一次，他曾经陪侍明帝宴饮，酒酣之时，启奏明帝要借用一下枕头，明帝命令别人给他一个。枕头拿来后，陈显达用手摸着枕头说："我年老体衰，享受的荣华富贵已经足够了，只欠一个枕头枕着而死，所以特意来向陛下乞求一个。"明帝听了陈显达这一番言语，不禁失色，对他说："您喝醉了。"陈显达以自己已经年届七十，而请求辞官，但是明帝不予准许。在王敬则反叛之时，陈显达正率兵抵抗北魏，始安王萧遥光怀疑陈显达，就启奏明帝，想把陈显达的军队召回，恰好王敬则叛乱被平定，于是就没有进行。到了东昏侯即位之后，陈显达越发不愿意住在建康，被派做江州刺史，他十分高兴。陈显达曾经得病，但是他不让医治，不久自己好了，可是他心中却非常不高兴。陈显达知道了东昏侯多次诛杀大臣，并且听人传说朝廷肯定要派兵来袭击江州，所以，于十一月，丙辰

（十五日），陈显达在寻阳起兵，命令长史庾弘远等人给朝廷中的新贵们送去一封信，信中列举了东昏侯的罪恶行径，并且说道："准备拥立建安王萧宝寅为帝，待京中诸害一除，就西迎建安王登基。"

陈显达从寻阳发兵，在采石打败了胡松，消息传到建康，朝中一片震惊，惶恐不安。甲申（十二月十三日），陈显达率部到了新林，左兴盛统率诸路军队抵挡陈部。陈显达在长江岸边设置了许多火堆，夜间率军偷渡过江，去袭击宫城。乙酉（十四日）陈显达带领数千人马登上落星冈，驻守在新亭的诸路军队得知之后，拔腿往回跑，宫城之内大为恐惧，只好闭门设守。陈显达骑马执槊，带领几百名步兵，与朝廷军队开战，两次交战，陈显达大胜，亲手斩杀好几人，但是不幸的是手中的槊折断了。这时，朝廷军队开过来了，陈显达抵抗不住，只好逃跑。陈显达逃到西州之后，骑官赵潭用手中之槊投刺他，陈显达中槊坠马，被赵潭斩首。陈显达的几个儿子也都伏法被斩。长史庾弘远是庾炳之的儿子，在朱雀航被斩。将要行刑之时，庾弘远要来帽子戴上，说道："当年子路把冠缨系好而死。我也不可以不戴帽子死去。"他又对观看的人说："我不是反贼，而是起义军，为的是替诸军请命。陈显达太轻率了，如果他采纳了我的意见的话，天下就可以免于陷入水火之中了。"庾弘远的儿子庾子曜，抱着他的父亲乞求代父一死，但是与其父一并遭杀害。

东昏侯诛杀了陈显达之后，越发骄横恣意。他渐渐开始喜欢出外游走，但又不想让人看见，每次出外，总是事先把所要经过地方所住的人家赶走，只留下空房子。他出游时，先由尉司敲着鼓沿途走一大圈，居民们凡是听到鼓声，就应立即跑开，连衣服和鞋都来不及穿好，违反禁令的人就被随手格杀。一月之中，东昏侯要出去二十多次，而且从来不说个具体的去处，东西南北，无处不去。他还常常在夜间三四更时分出游，弄得鼓声四出，火光照天，幡仪兵戟横路。这时，士人民众们喧叫奔路，前后相随，老人小孩惊慌失措，哭喊成一片，拥挤在路上，但是处处禁止通行，所以都不知道何处可以经过。就这样，搞得四方的民众无法从业，连去打柴割草都无路可行，红白喜事不能按时进行，一些孕妇不能把孩子生在家里，甚至有的人抱病躲逃，结果死在路上，不能得到殡葬。东昏侯还让人在小巷和田间小道悬挂布幔以成为高高的屏障，并且布置人手执兵器守护，称作是"屏除"，也叫做"长围"。有一次，东昏侯来到沈公城，有一个妇人因临产而没有躲逃，于是剖开产妇的腹部看是男孩还是女孩。又有一次，东昏侯来到定林寺，有一个老和尚因年老患病不能离去，藏在草丛中，他就命令随从用箭射老和尚，百名弓手一起发射。东昏侯臂力过人，能拉开三斛五斗力的弓。东昏侯还喜好顶方，高七丈五尺的白虎，放在牙齿上顶着，把牙齿折断了还没玩够。东昏侯自己制作了顶播器械，表演时穿的服装上饰以金玉，每次表演侍卫站满两侧，使出各种技能把戏，从来不感到不好意思。东昏侯跟东冶营兵俞灵韵学骑马，经常穿着编织的衣裤，不穿外服，头戴薄金制的帽子，手执七宝槊，戎装束裤，冒着雨雪，遇上陷坑，也不避开。他纵马驰骋得渴乏了，就从马上下来，解下腰侧挂的马杓，盛水喝一通，又上马狂奔而去。东昏侯又选择那些善于长跑的无赖痞子五百个，称为逐马左右，经常让他们随马而跑。他或者在市中自己亲近宠幸的人家中游玩，从这家转到那家，来回转悠，能转遍全城。他或者去郊外射野鸡，布置了射雉场二百九十六处，奔走往来，从一处到另一处，毫无暇息之时。

王肃为北魏制定官职品位和各种机构，全部按照江南的制度，共分九品，每一品又分正、从二品。侍中郭祚兼任吏部尚书，他清廉公正，办事谨慎，重惜官位，每次诠选授官，虽然发现有合适人选，一定还要反复考虑很久，然后才下笔签署，并且嘴里还说道："这个人便已经富贵了。"因此，人们对他多有怨心，但是经他所录用的官员没有不称职的。

第一百四十三卷
齐纪九

译文诵读

东昏侯下永元二年（庚辰，500）

春，正月，元会，帝食后方出；朝贺裁竟，即还殿西序寝，自巳至申，百僚陪位，皆僵仆饥甚。比起就会，匆遽而罢。

是时，帝所宠左右凡三十一人，黄门十人。直阁、骁骑将军徐世檦素为帝所委任，凡有杀戮，皆在其手。及陈显达事起，加辅国将军；虽用护军崔慧景为都督，而兵权实在世檦。世檦亦知帝昏纵，密谓其党茹法珍、梅虫儿曰："何世天子无要人，但侬货主恶耳！"法珍等与之争权，以白帝。帝稍恶其凶强，遣禁兵杀之，世檦拒战而死。自是法珍、虫儿用事，并为外监，口称诏敕；王咺之专掌文翰，与相唇齿。

帝呼所幸潘贵妃父宝庆及茹法珍为阿丈，梅虫儿、俞灵韵为阿兄。帝与法珍等俱诣宝庆家，躬自汲水，助厨人作膳。宝庆恃势作奸，富人悉诬以罪，田宅赀财，莫不启乞，一家被陷，祸及亲邻；又虑后患，尽杀其男口。

帝数往诸刀敕家游宴，有吉凶辄往庆吊。

奄人王宝孙，年十三四，号为"伥子"，最有宠，参预朝政，虽王咺之、梅虫儿之徒亦下之；控制大臣，移易诏敕，乃至骑马入殿，诋诃天子。公卿见之，莫不慑息焉。

初，帝疑雍州刺史萧衍有异志。直后荥阳郑植弟绍叔为衍宁蛮长史，帝使植以候绍叔为名，往刺衍。绍叔知之，密以白衍，衍置酒绍叔家，戏植曰："朝廷遣卿见图，今日闲宴，是可取良会也。"宾主大笑。又令植历观城隍、府库、士马、器械、舟舰，植退，谓绍叔曰："雍州实力未易图也。"绍叔曰："兄还，具为天子言之：若取雍州，绍叔请以此众一战！"送植于南岘，相持恸哭而别。

及懿死，衍闻之，夜，召张弘策、吕僧珍、长史王茂、别驾柳庆远、功曹吉士瞻等入宅定议。茂，天生之子；庆远，元景之弟子也。乙巳，衍集僚佐谓曰："昏主暴虐，恶逾于纣，当与卿等共除之！"是日，建牙集众，得甲士万余人，马千余匹，船三千艘。出檀溪竹木装舰，葺之以茅，事皆立办。诸将争橹，吕僧珍出先所具者，每船付二张，争者乃息。

是时，南康王宝融为荆州刺史，西中郎长史箫颖胄行府州事，帝遣辅国将军、巴西、梓潼二郡太守刘山阳将兵三千之官，就颖胄兵使袭襄阳。衍知其谋，遣参军王天虎诣江陵，遍与州府书，声云："山阳西上，并袭荆、雍。"衍因谓诸将佐曰："荆州素畏襄阳人，加以唇亡齿寒，宁不阍同邪！我合荆、雍之兵，鼓行而东，虽韩、白复生，不能为建康计；况以昏主役刀敕之徒哉！"颖胄得书，疑未能决；山阳至巴陵，衍复令天虎赍书与颖胄及其弟南康王友颖达。天虎既行，衍谓张弘策曰："用兵之道，攻心为上。近遣天虎往荆州，人皆有书。今段乘驿甚急，止有两函与行事兄弟，云'天虎口具'；及问天虎而口无所说，天虎是行事心膂，彼间必谓行事与天虎共隐其事，则人人生疑。山阳惑于众口，判相嫌贰，则行事进退无以自明，必入吾谋内。是持两空函定一州矣。"

山阳至江安，迟回十余日，不上。颖胄大惧，计无所出，夜，呼西中郎城局参军安定席阐文、谘议参军柳忱，闭斋定议。阐文曰："萧雍州畜养士马，非复一日，江陵素畏襄阳人，又众寡不敌，取之必不可制；就能制之，岁寒复不为朝廷所容。今若杀山阳，与雍州举事，立天子以令诸侯，则霸业成矣。山阳持疑不进，是不信我。今斩送天虎，则彼疑可释。至而图之，罔不济矣。"忱曰："朝廷狂悖日滋，京师贵人莫不重足累息。今幸在远，得假日自安。雍州之事，且藉以相毙耳。独不见萧令君乎？以精兵数千，破崔氏十万众，竟为群邪所陷，祸酷相寻。'前事之不忘，后事之师也。'且雍州士锐粮多，萧使君雄姿冠世，必非山阳所能敌。若破山阳，荆州复受失律之责，进退无可，宜深虑之。"萧颖达亦劝颖胄从阐文等计。诘旦，颖胄谓天虎曰："卿与刘辅国相识，今不得不借卿头！"乃斩天虎送示山阳，发民车牛，声云起步军征襄阳。山阳大喜。甲寅，山阳至江津，单车白服，从左右数十人诣颖胄。颖胄使前汶阳太守刘孝庆等伏兵城内，山阳入门，即于车中斩之。副军主李元履收余众请降。

柳忱，世隆之子也。颖胄虑西中郎司马夏侯详不同，以告忱，忱曰："易耳！近详求婚，未之许也。"乃以女嫁详子夔，而告之谋，详从之。乙卯，以南康王宝融教纂严，又教赦囚徒，施惠泽，颁赏格。丙辰，以萧衍为使持节都督前锋诸军事。丁巳，以萧颖胄为都督行留诸军事。颖胄有器局，既举大事，虚心委己，众情归之。以别驾南阳宗夬及同郡中兵参军刘坦、谘议参军乐蔼为州人所推信，军府经略，每事谘焉。颖胄、夬各献私钱谷及换借富赀以助军。长沙寺僧素富，铸黄金为金龙数千两，埋土中。颖胄取之，以资军费。

颖胄遣使送刘山阳首于萧衍，且言年月未利，当须明年二月进兵。衍曰："举事之初，所藉者一时骁锐之心。事事相接，犹恐疑怠；若顿兵十旬，必生悔吝。且坐甲十万，粮用自竭；若童子立异，则大事不成。况处分已定，安可中息哉！昔武王伐纣，行逆太岁，岂复待年月乎？"

戊午，衍上表劝南康王宝融称尊号；不许。十二月，颖胄与夏侯详移檄建康百官及州郡牧守，数帝及梅虫儿、茹法珍罪恶。颖胄遣冠军将军天水杨公则向湘州，西中郎参军南郡邓元起向夏口。军主王法度坐不进军免官。乙亥，荆州将佐复劝宝融称尊号；不许。夏侯详之子骁骑将军亶为殿中主帅，详密召之，亶自建康亡归。壬辰，至江陵，称奉宣德皇太后令："南康王宜纂承皇祚，方俟清宫，未即大号；可封十郡为宣城王、相国、荆州牧，加黄钺，选百官，西中郎府、南康国如故。须军次近路，主者备法驾奉迎。"

竟陵太守新野曹景宗遣亲人说萧衍，迎南康王都襄阳，先正尊号，然后进军；衍不从。王茂私谓张弘策曰："今以南康置人手中，彼挟天子以令诸侯，节下前进为人所使，此岂他日之长计乎！"弘策以告衍，衍曰："若前涂大事不捷，故自兰艾同焚；若其克捷，则威振四海，岂碌碌受人处分者邪！"

初，陈显达、崔慧景之乱，人心不安。或问时事于上唐太守杜陵韦睿，睿曰："陈虽旧将，非命世才；崔颇更事，懦而不武；其赤族宜矣。定天下者，殆必在吾州将乎？"乃遣二子自结于萧衍。及衍起兵，睿帅郡兵二千倍道赴之。华山太守蓝田康绚帅郡兵三千赴衍。冯道根时居母丧，帅乡人子弟胜兵者悉往赴之。梁、南秦二州刺史柳惔亦起兵应衍。惔，忱之兄也。

齐东昏侯永元二年（庚辰，公元500年）

春季，正月，按例皇帝在大年初一接见群臣；但是东昏侯直到吃过饭之后方才出来露面，朝贺之礼刚一完毕，就立即回殿内西厢屋就寝去了。从巳时到申时，群臣百僚们站着等待皇帝前来，都站得腰腿僵直，无法坚持而倒地，肚子也饿的咕咕直叫。所以，等到起来朝见时，只好敷衍一通，匆匆收场。

这时，东昏侯所宠幸的左右侍从共有三十一人，宦官十人。直阁、骁骑将军徐世檦向来为东昏侯所信任，凡有杀戮之事，都由他去执行。到陈显达举事之时，东昏侯又加任他为辅国将军，虽然任用护军崔慧景为都督，然而朝廷兵权实际上掌握在徐世檦手中。徐世檦也知道东昏侯昏庸狂纵，所以暗中对茹法珍、梅虫儿二人说："哪一朝代的天子身边没有要人？但是我这是出售主上的恶行呀。"茹法珍等人与徐世檦争夺权力，因此就把徐世檦的话报告给东昏侯。于是，东昏侯就逐渐厌恶徐世檦的凶猛强悍，派遣宫中卫兵去杀他，徐世檦与卫兵们搏战，但最终被杀。从此之后，茹法珍、梅虫儿专权，一并担任外监，口头宣布皇帝的诏令，而王咺之则专掌文书，与茹、梅二人紧密勾结。

东昏侯称所宠幸的潘贵妃的父亲潘宝庆以及茹法珍为阿丈，称梅虫儿、俞灵韵为阿兄。东昏侯同茹法珍等人一起去潘宝庆家中，亲自去打水，帮助厨子做饭。潘宝庆仗势欺人，作奸犯科，对于富有之人，他都以罪名诬陷，对于这些人的田产宅院以及财物，他都要启告皇上索取。某一人家被他陷害之后，还要祸及到亲戚邻里，又害怕留有后患，因此把那家所有的男子全部杀掉。

东昏侯数次去在他身边执刀和传达圣旨的人家中游玩吃喝，这些人家中有红白喜事，他都前去庆贺或吊唁。

阉人王宝孙，年龄才十三四岁，外号叫“伥子”，最受东昏侯宠幸。他参预朝廷政事，就是王咺之、梅虫儿之辈也对他恭顺。他可以控制大臣，篡改圣旨，甚而至于骑着马进入殿内，敢于当面诋斥东昏侯。所以，公卿大臣们见了他，无不吓得连大气也不敢喘。

起初，东昏侯怀疑雍州刺史萧衍有异谋。直后荥阳人郑植的弟弟郑绍叔担任了萧衍的宁蛮长史，东昏侯就派郑植以探望弟弟郑绍叔为借口，去刺杀萧衍。郑绍叔知道了这一阴谋，秘密地报告了萧衍，萧衍在郑绍叔家中备办了 酒席，以开玩笑的口吻对郑植说：“朝廷派遣您来谋害我，今天我正得闲，与您宴饮，这正是下手的好机会呀。”说罢，宾主大笑不已。萧衍又让郑植把雍州的城墙壕沟、仓库、兵士、战马、器械、船舰等仔细观察一番，郑植看过之后，对郑绍叔说：“雍州的实力强大，是无法轻易解决了的。”郑绍叔对他说：“哥哥回到朝廷之后，请一字不差地对天子说：如果要攻取雍州的话，我郑绍叔要率众搏一死战！”郑植回朝去，郑绍叔把他送到南岘，兄弟二人执手相视，恸哭而别。

到萧懿死之后，萧衍知道噩耗，连夜召集张弘策、吕僧珍、长史王茂、别驾柳庆远、功曹吉士瞻等人到府第议定对策。王茂是王天生的儿子，柳庆远是柳元景弟弟的儿子。乙巳（十一月初九），萧衍把手下的僚佐们召集到一起，对他们说：“昏乱的君主残暴，罪恶超过了纣王。所以，我应当与你们一起把他除掉。”在这一天，萧衍树起大旗，召集兵马，共得到带甲兵士一万多人，战马一千多匹，船舰三千艘。萧衍又命令搬出檀溪中的竹子木料，装到战舰之上，上面盖上茅草，这些事情很快就都办妥了。各将领争抢船橹，吕僧珍把自己原先准备好的拿出来，每只船发给两只，才停止了争抢。

这时，南康王萧宝融任荆州刺史，西中郎长史萧颖胄代理州府事务，东昏侯派遣辅国将军、巴西和梓潼两郡太守刘山阳率领三千兵士赴任，会同萧颖胄的兵力一起袭击襄阳。萧衍知道了这一计划，就派遣参军王天虎去江陵，给荆州和西中郎府的官员们每人送去一封书信，信中说：“刘山阳率兵西进，要同时袭击荆州和雍州。”于是萧衍对部下的众位将佐们说：“荆州人向来害怕襄阳人，况且雍州和荆州地界相邻，唇亡而齿寒，所以岂能不与我们暗中联络，通力合作呢？我只要能会合荆州和雍州的兵力，大张旗鼓地东进，就是使韩信、白起再生，也无法为朝廷想出什么好招来，何况是昏君差使着一帮提刀传敕的宠幸之徒呢！”萧颖胄收到萧衍的信之后，心中迟疑而不能决断。刘山阳到了巴陵，萧衍再次命令王天虎送信与萧颖胄及其弟弟南康王萧宝融的僚友萧颖达。王天虎出发之后，萧衍又对张弘策说：“用兵之道，攻心为上。前不久，我派遣王天虎去荆州，给每个人都送了信。近来驿使四出传信，忙个不停，但只有两封信给萧疑胄、萧颖达兄弟二人，信中只写

‘王天虎口述’。他们问具体情况时，王天虎又一句也说不上来，因为我压根就没有向他交代过一句。王天虎是萧颖胄信得过的心腹之人，所以荆州方面一定要以为萧颖胄与王天虎一起隐瞒着事情，于是人人心中疑虑丛生。刘山阳会被众人的言说搞迷糊了，就一定要对萧颖胄产生疑心，他们互相之间将不信任。这样的话，萧颖胄将进退两难，无论如何也解释不清自己，因此就必定要落入我的圈套之中。这是以两封空函定一州之妙计啊。”

刘山阳到了江安，迟疑了十多日，不往前开进。萧颖胄对此大为恐惧，然而又想不出什么良策妙计来，夜里，他叫来西中郎城局参军安定人席阐文、咨议参军柳忱，关起门来一起商议对策。席阐文说：“萧衍在雍州招兵买马，已经不是一天两天的事了。江陵人向来害怕襄阳人，又寡不敌众，要收拾他们必定办不到，即使能制服了他们，最终也不会为朝廷所容忍。如今，如果杀了刘山阳，与雍州方面一起起兵举事，立天子以令诸侯，则霸业可成。刘山阳迟疑而不进，这是不相信我们。现在，如果斩了王天虎，把首级送给刘山阳，那么他的疑虑就可以消除。等他来了之后，再把他收拾掉，无不可以成功的。”柳忱接着说道：“朝廷的昏狂悖乱一天比一天严重，京城中的大臣们惴惴不安，人人吓得连大气也不敢出，只有垂首听命的份儿，那敢稍有移动。现在，我们幸好远离朝廷，可以暂时安全。朝廷命令我们袭击雍州，只不过借此而让双方互相残杀罢了。难道忘记了尚书令萧懿了吗？他以几千精兵，打败了崔慧景的十万大军，然而竟被那帮邪恶的小人所陷害，很快就灾祸及身。‘前事不忘，后事之师’，他的教训实在值得我们记取。再说雍州兵力精锐，粮草充足，萧衍雄姿英发，谋略过人，罕有人能匹敌，刘山阳一定不是他的对手。如果他击败了刘山阳，我们荆州也会因没有执行朝廷之令而受到责难，这真是进也不可，退也不可，所以应该认真加以考虑。”萧颖达也劝萧颖胄听从席阐文等人的计策。第二天早晨，萧颖胄对王天虎说：“您同刘山阳相识，现在不得不借您的头用一用。”于是，萧颖胄令人斩了王天虎，把他的脑袋送给刘山阳看，并且调用民众的车和牛，声称派遣步军去征讨襄阳。刘山阳见状欣喜若狂。甲寅（十八日），刘山阳到了江津，独自乘坐一辆车，穿着白色便服，只带了几十个随从，去见萧颖胄。萧颖胄指派曾经任过汶阳太守的刘孝庆等人在城内埋伏兵力，刘山阳进入城门之后，就在车中把他斩了，副军主李元履收集余部，请求投降。

柳忱是柳世隆的儿子。萧颖胄顾虑西中郎司马夏侯详不合作，把心中之虑告诉了柳忱，柳忱说：“这再容易不过了。前不久，夏侯详曾来求婚，要娶我的女儿做儿媳妇，我没有答应他。”于是，柳忱就把自己的女儿嫁给了夏侯详的儿子夏夔，并且把密谋告诉了夏侯详，夏侯详听从了。乙卯（十九日），萧颖胄以南康王萧宝融的名义发布戒严令，又赦放囚徒，施布恩惠，颁布奖赏标准。丙辰（二十日），朝廷任命萧衍为使持节都督前锋诸军事。丁巳（二十一日），朝廷任命萧颖胄为都督行留诸军事。萧颖胄有才识与度量，一旦已经开始谋举大业，就能做到虚心接人待物，处处委曲求全，所以众心都向着他。由于别驾、南阳人宗夬，以及同郡中兵参军刘坦、咨议参军乐蔼深得州人的推崇信任，所以萧颖胄在军府大事方面，常常向他们咨问。萧颖胄和宗夬各自捐献自己的钱粮，并且转借了大量的资金，以便资助军用。长沙寺的僧人向来富有，他们把黄金铸成金龙，约有数千两，埋藏在地下，萧颖胄取出来，用以资助军费开支。

萧颖胄派遣使者把刘山阳的首级送给萧衍，并且告诉萧衍说年月不吉利，应当等到明年二月再起兵出发。萧衍说："起兵的开头，所凭藉的就是一时之骁锐的气势与信心，即使不停息地干下去，还恐怕要担心出现松劲情绪，如果停兵等待三个来月，必定会产生后悔和顾惜。何况聚集了十万大军，时间一长，粮食就要消耗光。如果那毛孩子再提出什么不同意见，那么大事就难以成功。况且现在已经一切安排就绪，怎么能中途停息呢？过去周武王讨灭殷纣王，出发时间正好冲犯太岁星，岂能等待什么吉利的年月呢？"

戊午（二十二日），萧衍上表南康王萧宝融，劝他称帝，但萧宝融不答应。十二月，萧颖胄同夏侯详向建康朝廷中的百官群臣以及各州郡的长官们传送了声讨东昏侯以及梅虫儿、茹法珍罪恶的檄文。萧颖胄派遣冠军将军、天水人杨公则出发去湘州，派遣西中郎参军、南郡人邓元起向夏口进发。军主王法度因按兵不进而被免职。乙亥（初十），荆州的将佐们再次劝萧宝融称帝，仍旧没有答应。夏侯详的儿子骁骑将军夏侯亶任殿中主帅，夏侯详秘密召他前来，夏侯亶就从建康逃回来了。壬辰（二十七日），萧颖胄到达江陵，声称接奉宣德皇太后的命令："南康王萧宝融应当继承皇位，但由于要等待清除去宫中的昏君和奸臣，所以暂时不称帝，而封地十郡，为宣城王、相国、荆州牧，并且授予黄钺，可以挑选任命百官，原有的西中郎府和南康国照旧不变。等待军队到了附近之时，由主管官员备办车驾前去奉迎他。"

竟陵太守、新野人曹景宗派遣亲属去游说萧衍，建议他去迎接南康王，以襄阳为都城，先称帝即位，然后再进军建康，萧衍没有采纳他的意见。王茂私下里对张弘策说："现在，南康王被掌握在萧颖胄手中，他挟天子以令诸侯，使持节大人萧衍的前进后退都将受他驱使，这岂能是来日的长久之计吗？"张弘策把王茂的话告诉了萧衍，萧衍说："假若下一步的大事不能成功，那么无论贵贱都将一块遭难而死；如果大事能告捷，那么我将威振四海，难道会碌碌无为而受他人摆布吗！"

当初，陈显达、崔慧景反叛之时，人心不安定，有人向上庸太守、杜陵人韦睿讨问时局问题，韦睿说："陈显达虽然是一员老将，但不是治世之才；崔慧景颇懂些事理，但懦怯而缺少英武之气，他的结局恐怕是落个满门诛斩的下场。平定天下的人，大概必定是我们州的刺史萧衍吧？"于是，韦睿就派遣他的两个儿子自动前去结交萧衍。等到萧衍起兵之时，韦睿率领郡兵两千兼程而行，前去参加。华山太守、蓝田人田康绚也率领郡兵三千名去投附萧衍。冯道根当时正在为母亲守丧，也率领乡亲的子弟中可以行军打仗者前去加入萧衍的 军队。梁州和南秦州两州的刺史柳惔也起兵响应萧衍。柳惔是柳忱的哥哥。

第一百四十四卷

齐纪十

译文诵读

和皇帝中兴元年（辛巳，501）

丁巳，魏主引见群臣于太极前殿，告以亲政之意。壬戌，以咸阳王禧领太尉，广陵王羽为司徒。魏主引羽入内，面授之。羽固辞曰：“彦和本自不愿，而陛下强与之。今新去此官而以臣代之，必招物议。”乃以为司空。

乙巳，南康王即皇帝位于江陵，改元，大赦，立宗庙、南北郊，州府城门悉依建康宫，置尚书五省，以南郡太守为尹，以萧颖胄为尚书令，萧衍为左仆射，晋安王宝义为司空，庐陵王宝源为车骑将军、开府仪同三司，建安王宝寅为徐州刺史，散骑常侍夏侯详为中领军，冠军将军萧伟为雍州刺史。丙午，诏封庶人宝卷为涪陵王，乙酉，以尚书令萧颖胄行荆州刺史，加萧衍征东大将军、都督征讨诸军事，假黄钺。时衍次杨口，和帝遣御史中丞宗夬劳军。宁朔将军新野庾域讽夬曰：“黄钺未加，非所以总帅侯伯。”夬返西台，遂有是命。薛元嗣遣军主沈难当帅轻舸数千乱流来战，张惠绍等击擒之。

魏主既亲政事，嬖幸擅权，王公希得进见。齐帅刘小苟屡言于禧云，闻天子左右人言欲诛禧，禧益惧，乃与妃兄给事黄门侍郎李伯尚、氐王杨集始、杨灵祐、乞伏马居等谋反。会帝出猎北邙，禧与其党会城西小宅，欲发兵袭帝，使长子通窃入河内举兵相应。乞伏马居说禧：“还入洛城，勒兵闭门，天子必北走桑乾，殿下可断河桥，为河南天子。”众情前却不壹，禧心更缓，自旦至晡，犹豫不决，遂约不泄而散。杨集始既出，即驰至北邙告之。

直寝苻承祖、薛魏孙与禧通谋，是日，帝寝于浮图之阴，魏孙欲弑帝，承祖曰：“吾闻杀天子者身当病癞。”魏孙乃止。俄而帝寤，集始亦至。帝左右皆四出逐禽，直卫无几，仓猝不知所出。左中郎将于忠曰：“臣父领军留守京城，计防遏有备，必无所虑。”帝遣忠驰骑观之，于烈已分兵严备，使忠还奏曰：“臣虽老，心力犹可用。此属猖狂，不足为虑，愿陛下清跸徐还，以安物望。”帝甚悦，自华林园还宫，抚于忠之背曰：“卿差强人意！”

禧不知事露，与姬妾及左右宿洪池别墅，遣刘小苟奉启，云检行田收。小苟至北邙，已逢军人，怪小苟赤衣，欲杀之。小苟困迫，言欲告反，乃缓之。或谓禧曰："殿下集众图事，见意而停，恐必漏泄，今夕何宜自宽！"禧曰："吾有此身，应知自惜，岂待人言！"又曰："殿下长子已济河，两不相知，岂不可虑！"禧曰："吾已遣人追之，计今应还。"时通已入河内，列兵仗，放囚徒矣。于烈遣直阁叔孙侯将虎贲三百人收禧。禧闻之，自洪池东南走，僮仆不过数人，济洛，至柏谷坞，追兵至，擒之，送华林都亭。帝面诘其反状，壬戌，赐死于私第。同谋伏诛者十余人，诸子皆绝属籍，微给资产、奴婢，自余家财悉分赐高肇及赵脩之家，其余赐内外百官，逮于流外，多者百余匹，下至十匹。禧诸子乏衣食，独彭城王勰屡赈给之。河内太守陆琇闻禧败，斩送禧子通首。魏朝以琇于禧未败之前不收捕通，责其通情，徵诣廷尉，死狱中。帝以禧无故而反，由是益疏忌宗室。

九月，乙未，诏萧衍若定京邑，得以便宜从事。衍留骁骑将军郑绍叔守寻阳，与陈伯之引兵东下，谓绍叔曰："卿，吾之萧何、寇恂也。前涂不捷，我当其咎；粮运不继，卿任其责。"绍叔流涕拜辞。比克建康，绍叔督江、湘粮运，未尝乏绝。

萧衍之克江、郢也，东昏游骋如旧，谓茹法珍曰："须来至白门前，当一决。"衍至近道，用聚兵为固守之计，简二尚方、二冶囚徒以配军；其不可活者，于朱雀门内日斩百余人。

崔慧景之逼建康也，东昏侯拜蒋子文为假黄钺、使持节、相国、太宰、大将军、录尚书事、扬州牧、钟山王；及衍至，又尊子文为灵帝，迎神像入后堂，使巫祷祀求福。及城闭，城中军事悉委王珍国；兖州刺史张稷入卫京师，以稷为珍国之副。稷，瓌之弟也。

时城中实甲犹七万人，东昏素好军陈，与黄门、刀敕及宫人于华光殿前习战斗，诈作被创势，使人以板拥去，用为厌胜。常于殿中戎服、骑马出入，以金银为铠胄，具装饰以孔翠。昼眠夜起，一如平常。闻外鼓叫声，被大红袍，登景阳楼屋上望之，弩几中之。

始，东昏与左右谋，以为陈显达一战即败，崔慧景围城寻走，谓衍兵亦然，敕太官办樵、米为百日调而已。及大桁之败，众情凶惧。茹法珍等恐士民逃溃，故闭城不复出兵。既而长围已立，堑栅严固；然后出荡，屡战不捷。

东昏尤惜金钱，不肯赏赐；法珍叩头请之，东昏曰："贼来独取我耶！何为就我求物！"后堂储数百具榜，启为城防；东昏欲留作殿，竟不与。又督御府作三百人精仗，待围解以拟屏除，金银雕镂杂物，倍急于常。众皆怨怠，不为致力。外围既久，城中皆思早亡，莫敢先发。

茹法珍、梅虫儿说东昏曰："大臣不留意，使围不解，宜悉诛之。"王珍国、张稷惧祸，珍国密遣所亲献明镜于萧衍，衍断金以报之。兖州中兵参军张齐，稷之腹心也，珍国因齐密与稷谋，同弑东昏。齐夜引珍国就稷，造膝定计，齐自执烛；又以计告后阁舍人钱强。十二月，丙寅夜，强密令人开云龙门，珍国、稷引兵入殿，御刀丰勇之为内应。东昏在含德殿作笙歌，寝未熟，闻兵入，趋出北户，欲还后宫，门已闭。宦者黄泰平刀伤其膝，仆地，张齐斩之。稷召尚书右仆射王亮等列坐殿前西锺下，令百僚署笺，以黄油裹东昏首，遣国子博士范云等送诣石头。右卫将军王志叹曰："冠虽弊，何可加足！"取庭中树叶挼服之，伪闷，不署名。衍览笺无志名，心嘉之。亮，莹之从弟；志，僧虔之子也。衍与范云有旧，即留参帷幄。王亮在东昏朝，以依违取容。萧衍至新林，百僚皆间道送款，亮独不遣。东昏败，亮出见衍，衍曰："颠而不扶，安用彼相！"亮曰："若其可扶，明公岂有今日之举！"城中出者，或被劫剥。杨公则亲帅麾下陈于东掖门，卫送公卿士民，故出者多由公则营焉。衍使张弘策先入清宫，封府库及图籍。于时城内珍宝委积，弘策禁勒部曲，秋毫无犯。收潘妃及嬖臣茹法珍、梅虫儿、王咺之等四十一人皆属吏。

己卯，衍入屯阅武堂，下令大赦。又下令："凡昏制谬赋、淫刑滥役外，可详检前原，悉皆除荡；其主守散失诸所损耗，精立科条，咸从原例。"又下令："通检尚书众曹，东昏时诸诤讼失理及主者淹停不时施行者，精加讯辩，依事议奏。"又下令："收葬义师，瘗逆徒之死亡者。"潘妃有国色，衍欲留之，以问侍中、领军将军王茂，茂曰："亡齐者此物，留之恐贻外议。"乃缢杀于狱，并诛嬖臣茹法珍等。以宫女二千分赉将士。乙酉，以辅国将军萧宏为中护军。

齐和帝中兴元年（辛巳，公元501年）

丁巳（正月二十二日），北魏宣武帝元恪在太极前殿召见百官群臣，告诉了他们自己要亲自执政的意见。壬戌（二十七日），宣武帝命咸阳王元禧兼任太尉，任命广陵王元羽为司徒。元恪让元羽进入内殿，当面告诉了他这一任命。但是，元羽坚决推辞不受，他说："当初元勰自己本来不愿意担任司徒，而陛下却强使他担任。如今，刚免去了元勰的司徒之官，而以我代替他，这样一来必定要遭到众人的议论，所以我不能担任。"于是，元恪就只好让他担任司空。

乙巳（三月十一日），南康王萧宝融在江陵称帝即位，改换年号为中兴，大赦天下，并且建立宗庙、南北郊祭祀天地场所，州府城门则全部依照建康宫的规模而改建，设置了尚书五省，任命南郡太守为尹，萧颖胄为尚书令，萧衍为左仆射，晋安王萧宝义为司空，庐陵王萧宝源为车骑将军、开府仪同三司，建安王萧宝寅为徐州刺史，散骑常侍夏侯详为中领军，冠军将军萧伟为雍州刺史。丙午（十二日），萧宝融发出诏书，宣布萧宝卷已经成为庶人，并封他为涪陵王。乙酉，萧宝融命令尚书令萧颖胄兼荆州刺史，又加封萧衍征东大将军、都督征讨诸军事，并且授予他皇帝所用的黄钺。当时，萧衍正在杨口，和帝萧宝融派遣御史中丞宗夬去犒劳军队，宁朔将军、新野人庾域婉言对宗夬说："皇上还没有授予萧衍黄钺，这样无法统率各路军队。"宗夬返回江陵把这一情况告诉了和帝，于是就有了上述对萧衍的任命和授予黄钺一事。薛云嗣派遣军主沈难当率领轻舟数千艘穿越急流，前来交战，张惠绍等人迎战进击，擒获了沈难当。

北魏宣武帝元恪亲自执政以来，宠幸之徒们专权，而王公大臣们却很少有进见的机会。齐帅刘小苟多次告诉元禧，说他听皇上身边的人讲要杀掉元禧，元禧越发害怕了，于是就与妃子的哥哥担任给事黄门侍郎的李伯尚、氐王杨集始、杨灵、乞伏马居等人一起谋反。恰逢宣武帝去北邙打猎，元禧与同党们在城西小宅内集会，准备发兵去袭击宣武帝，并且派长子元通偷偷去河内起兵响应。乞伏马居劝说元禧："我立即回到洛阳城中去，率兵关闭城门，皇上必定会朝北向桑乾逃去，殿下可以把黄河桥拆断，割据一方，做黄河以南的皇帝。"但是，众人意见不统一，有的主张立即行动，有的主张暂缓一步，元禧心里更不急，从早晨到下午，尚犹豫不决，于是约定谁也不能泄露出去，大伙就散了。杨集始刚出来，就立即骑马到北邙向宣武帝报告去了。

担任直寝的苻承祖、薛魏孙与元禧合谋，这一天，宣武帝元恪在佛塔底下的阴凉处睡眠，薛魏孙将要杀死元恪，苻承祖却对他说："我听说杀皇帝的人身体要得癞疮。"于是，薛魏孙就没有下手。不一会儿，元恪睡醒了，杨集始也赶到了，向他报告了元禧的阴谋。宣武帝左右的人都四处出动去追逐禽兽去了，身边没有几个卫士，所以仓猝之间不知如何是好。左中郎将于忠对宣武帝说道："我父亲领军于烈留守在京城，为了应付突然事变，必有所防备，所以一定不会有什么担忧的。"宣武帝派遣于忠快速骑马去京城观察情况，到后一看，见于烈已经分布兵力，严加守备，做好了应急措施。于烈让于忠回去奏告宣武帝，说："我虽然年纪老了，但是心力还够用。元禧这帮家伙虽然猖狂，但是不足为虑，希望陛下收拾车驾慢慢返宫，以便安定人心。"宣武帝听后喜悦万分，从华林园回到宫中，抚摸着于忠的后背说道："您是比较令我满意的。"

元禧还不知道事情已经败露，同姬妾以及身边的人住宿在洪池别墅里，而派遣刘小苟去向元恪启告，说自己在巡视检查田野收割情况。刘小苟到了北邙，已经遇上了军人，军人们见刘小苟穿着红衣服，觉得他不对劲，要杀他。刘小苟于困迫之中灵机一动，说自己要去报告元禧谋反之事，军人们才缓而未杀他。有人对元禧说："殿下召集众人图谋大事，事情已经挑明了，但是却中途而止，恐怕必定会有所泄露，今天晚上怎么可以如此宽心自在呢？"元禧不耐烦地回答说："我的身子为自己所有，应该知道如何爱惜，难道还用得着别人来提醒吗？"这人又对他说："殿下的长子已经渡过黄河了，但现在我们这里又停止行动了，这样互相不知情，难道不值得忧虑吗？"元禧回答说："我已经派人去追他去了，估计现在应该回来了。"这时元通已经到了河内，并且布置好兵力武器，放出了囚徒，开始行动了。于烈派遣直阁叔孙侯率领虎贲三百名去抓捕元禧，元禧知道之后，从洪池东南逃跑，跟随的僮仆不过几人。元禧渡过了洛水，到达柏谷坞时，后面的追兵也赶上来了，捉住了他，押送到华林都亭。宣武帝元恪当面诘问了元禧谋反经过，于壬戌（五月二十九日），赐元禧死于他本人的府中。元禧的同谋伏法被诛的有十多人，他的几个儿子都从皇族的名册中除去，留给他们少量的财产和奴婢，在此以外的部分家产赏赐给高肇以及赵脩，其余的分赏给朝廷内外百官，甚至不入品的候补官员也得到了一些赏赐，多的有绢帛一百多匹，少的则十匹。元禧的儿子们缺衣少食，只有彭城王元勰屡屡接济他们。河内太守陆琇闻知元禧谋反失败，便斩了元禧的儿子元通，把首级送往朝廷。但是，朝廷却认为陆琇在元禧没有失败之前不拘捕元通，指责他与元通串通合谋，把他征召到京城，经廷尉审理，最后死在狱中。宣武帝元恪由于元禧无缘无故而谋反，因此越发疏远、猜忌宗室成员了。

九月，乙未（初四），和帝萧宝融诏令萧衍如果平定京城，自己可以根据具体情况而行事，不必每事必请示。萧衍留下骁骑将军郑绍叔驻守寻阳，自己与陈伯之率兵东下。行前，萧衍对郑绍叔说："您就是我的萧何和寇恂。如果前方战事不能取胜，我承当过失；如果粮草运输跟不上，您承担责任。"郑绍叔流涕向萧衍拜辞。一直到攻克建康，郑绍叔督管江、湘的粮食运送，从来没有断绝过。

萧衍攻克江、郢之后，东昏侯照样游骋玩乐，他对茹法珍说："等他来到白门前时，再与他决一死战，以定胜负。"萧衍到了建康附近，东昏侯才召聚兵力，准备固守，他命人从建康的左、右尚方和东、西二冶当中挑选囚徒充配军队，对不能让其活着的囚徒，在朱雀门内日斩百余人。

崔慧景攻逼建康之时，东昏侯拜钟山神蒋子文为假黄钺、使持节、相国、太宰、大将军、录尚书事、扬州牧、钟山王。到萧衍率兵到来之时，东昏侯又尊蒋子文为灵帝，迎接他的神像进入后堂，让巫师祈祷求福。到了城门关闭之后，东昏侯把城中的军事全部委托给王珍国。兖州刺史张稷来守卫京师，东昏侯又让张稷任王珍国的副手。张稷是张瓌的弟弟。

当时，城中的兵卒还有七万人，东昏侯向来喜好军阵，与身边的黄门、刀敕以及宫人们在华光殿前演习战斗，假作受伤的样子，让人用木板抬去，用这种形式来作为诅咒制胜。东昏侯还经常在殿中着戎服，骑着马出入，用金银做成铠甲和头盔，全都装饰以孔雀和翠鸟的羽毛。他仍旧昼眠夜起，一如平常那样。他听到外面的击鼓呐喊之声，就披着大红袍，登上景阳楼的屋顶观望，差点被弩机射中。

开始之时，东昏侯与左右心腹一起合计，以为陈显达一战即败，崔慧景围城很快就逃走，于是认为萧衍的军队也会这样的，所以敕令太官备办柴火和粮米，够百日之用就行了。但是，在大桁之败以后，城中民心慌乱，人人自危。茹法珍等人担心士人和百姓们逃溃，所以关闭城门而不再出战。但是，等到萧衍的长围已经布置好，堑栅坚固之后，再派兵出城荡击，屡战屡败。

东昏侯尤其爱惜金钱，不肯赏赐。茹法珍磕头请他给兵将赏赐，东昏侯竟说："贼寇来只是为了收拾我一人吗？为什么向我要东西赏赐？"后堂之中储放了几百块木料，有人向东昏侯启奏要拿去做城防之用，他却想留下来盖宫殿。东昏侯又督促御府制作了三百人使用的精制兵器，准备等萧衍之围解除之后，出外游玩时，卫士们用以驱赶士民。至于金银雕镂物品，东昏侯亦让赶制，并限定时间要比平时快出一倍。但是，众人都心有怨气，消极怠工，根本不愿为他出力。外面围困的时间已经很久，城中的人都希望能早点逃走，谁也不敢先有所动作。

茹法珍和梅虫儿给东昏侯出主意说："大臣们不用心，以致使城围不能解除，所以应该把他们全部杀掉。"王珍国和张稷惧害大祸临头，王珍国就派遣自己的亲信给萧衍献了一块明镜，以示自己的心意，萧衍则截断金子作回报，表示愿意和他同心共事。兖州中兵参军张齐是张稷的心腹，王珍国就通过张齐秘密地与张稷策谋，要一同杀掉东昏侯。张齐在夜间把王珍国带到张稷那里，两人凑在一起谋密定计，张齐亲自在旁边手执蜡烛。他们密谋好之后，又把计策告诉了后阁舍人钱强。十二月丙寅（初六）夜间，钱强秘密令人打开云龙门，王珍国和张稷带兵冲入殿中，御刀丰勇之做内应。这天晚上，东昏侯在含德殿笙歌弹唱，休息之后，还没有睡熟，听到兵进来了，就急忙从北门跑出去，想跑回后宫去，可是门已经关闭了。宦官黄泰平用刀砍伤了东昏侯的膝盖，他倒在了地上，张齐上来斩下了他的脑袋。张稷召集尚书右仆射王亮等人列坐在殿前西边的钟下，命令群僚们签名，又命令人在黄绢上涂油，裹住东昏侯的首级，然后派遣国子博士范云等人送到石头。石卫将军王志叹息着说道："帽冠虽然破了，但怎能再用足踩呢？"他到庭中摘取树叶，用手搓成团吞服下去，假装气上不来闷过去了，不在册子上签名。萧衍阅看送来的百官群僚们的签名册，见上面没有王志的名字，心里十分嘉许他。王亮是王莹的堂弟，王志是王僧虔的儿子。萧衍与范云过去就有交情，于是就把他留下来参加了自己的幕僚。王亮在东昏侯执政之时，靠耍两面派而取悦于朝廷。萧衍到了新林，百官群僚们都抄小道去向他致意，唯独王亮没有派人去。东昏侯失败之后，王亮出见萧衍，萧衍对他说："朝廷倾覆而不加以匡扶，用你这宰相有何用呢？"王亮回答："如果东昏侯可以扶持的话，明公您哪里能有今日之举呢？"从宫城中出来的人，有的被抢劫。杨公则亲自率领部下列阵在东掖门，以便护送公卿士民们，所以出城者大多由杨公则的营地经过。萧衍派张弘策先进去清理宫中，封存了府库和各种图籍。其时，宫城中珍宝之物到处都是，张弘策严加管束部曲，做到秋毫无犯。潘贵妃以及宠臣茹法珍、梅虫儿、王咺之等四十一人全被收拘，交给主管官吏处理。

己卯（十九日），萧衍进驻阅武堂，下令大赦天下。萧衍又下令："凡是错误的规章，荒谬的税赋，过分的刑罚和劳役，可以详细考察当初制订的原因，全部废除。地方官吏负责掌管而造成散失和损耗，应精细地设立科目条例，一切都根据原来的惯例。"又下令："对尚书省各部门的文案通检一遍，凡是在东昏侯时对各种诉讼案件处理不公道的，以及主办人拖延不及时办理的，认真地加以讯问辨查，根据事实论处并奏上。"又下令："收葬阵亡将士，对东昏侯军队中的死亡者也加以掩埋。"潘贵妃的姿容极其美丽，萧衍想把她留下，就以这件事问侍中、领军将军王茂，王茂说："使齐国亡掉的正是这个女人，您如果留下她，恐怕要招来外界的议论。"于是，萧衍下令把潘贵妃勒死在狱中，宠臣茹法珍等人也被诛杀。萧衍命令把两千宫女分赏给将士们。乙酉（二十五日），萧衍任命辅国将军萧宏为中护军。

第一百四十五卷
梁纪一

译文诵读

高祖武皇帝天监元年（壬午，502）

春，正月，齐和帝遣兼侍中席阐文等慰劳建康。

戊戌，迎宣德太后入宫，临朝称制；衍解承制。

初，大司马与黄门侍郎范云、南清河太守沈约、司徒右长史任昉同在竟陵王西邸，意好敦密，至是，引云为大司马谘议参军、领录事，约为骠骑司马，昉为记室参军、与参谋议。前吴兴太守谢朏、国子祭酒何胤先皆弃官家居，衍奏征为军谘祭酒，朏、胤皆不至。

大司马内有受禅之志，沈约微扣其端，大司马不应；他日，又进曰："今与古异，不可以淳风期物。士大夫攀龙附凤，皆望有尺寸之功。今童儿牧竖皆知齐祚已终，明公当承其运，天文谶记又复炳然；天心不可违，人情不可失。苟历数所在，虽欲谦光，亦不可得已。"大司马曰："吾方思之。"约曰："公初建牙樊、沔，此时应思；今王业已成，何所复思！若不早定大业，脱有一人立异，即损威德。且人非金石，时事难保，岂可以建安之封遗之子孙！若天子还都，公卿在位，则君臣分定，无复异心，君明于上，臣忠于下，岂复有人方更同公作贼！"大司马然之。约出，大司马召范云告之，云对略同约旨，大司马曰："智者乃尔暗同。卿明早将休文更来！"云出，语约，约曰："卿必待我！"云许诺，而约先期入。大司马命草具其事，约乃出怀中诏书并诸选置，大司马初无所改。俄而云自外来，至殿门，不得入，徘徊寿光阁外，但云"咄咄！"约出，问曰："何以见处！"约举手向左，云笑曰："不乖所望。"有顷，大司马召云入，叹约才智纵横，且曰："我起兵于今三年矣，功臣诸将实有其劳，然成帝业者，卿二人也。"

甲寅，诏进大司马位相国、总百揆、扬州牧，封十郡为梁公，备九锡之礼，置梁百司，去录尚书之号，骠骑大将军如故。二月，辛酉，梁公始受命。

丙寅，诏梁国选诸要职，悉依天朝之制。于是以沈约为吏部尚书兼右仆射，范云为侍中。

梁公纳东昏余妃，颇妨政事，范云以为言，梁公未之从。云与侍中、领军将军王茂同入见，云曰："昔沛公入关，妇女无所幸，此范增所以畏其志大也。今明公始定建康，海内想望风声，奈何袭乱亡之迹，以女德为累乎！"王茂起拜曰："范云言是也。公必以天下为念，无宜留此。"梁公默然。云即请以余氏赉王茂，梁公贤其意而许之。明日，赐云、茂钱各百万。

丙戌，诏梁公增封十郡，进爵为王。癸巳，受命，赦国内及府州殊死以下。

梁王将杀齐诸王，防守犹未急。鄱阳王宝寅家阉人颜文智与左右麻拱等密谋，穿墙夜出宝寅，具小船于江岸，著乌布襦，腰系千余钱，潜赴江侧，蹑屩徒步，足无完肤。防守者至明追之，宝寅诈为钓者，随流上下十余里，追者不疑。待散，乃渡西岸投民华文荣家，文荣与其族人天龙、惠连弃家将宝寅遁匿山涧，赁驴乘之，昼伏夜行，抵寿阳之东城。魏戍主杜元伦驰告扬州刺史任城王澄，以车马侍卫迎之。宝寅时年十六，徒步憔悴，见者以为掠卖生口。澄待以客礼，宝寅请丧君斩衰之服，澄遣人晓示情礼，以丧兄齐衰之服给之。澄帅官僚赴吊，宝寅居处有礼，一同极哀之节。寿阳多其义故，皆受慰唁；唯不见夏侯一族，以夏侯详从梁王故也。澄深器重之。

齐和帝东归，以萧憺为都督荆、湘等六州诸军事、荆州刺史。荆州军旅之后，公私空乏，憺厉精为治，广屯田，省力役，存问兵死之家，供其乏困。自以少年居重任，谓佐吏曰："政之不臧，士君子所宜共惜。吾今开怀，卿其无隐！"于是人人得尽意，民有讼者皆立前待符教，决于俄顷，曹无留事。荆人大悦。

齐和帝至姑孰，丙辰，下诏禅位于梁。

夏，四月，辛酉，宣德太后令曰："西诏至，帝宪章前代，敬禅神器于梁，明可临轩，遣使恭授玺绂，未亡人归于别宫。"壬戌，发策，遣兼太保、尚书令亮等奉皇帝玺绂诣梁宫。丙寅，梁王即皇帝位于南郊，大赦，改元。是日，追赠兄懿为丞相，封长沙王，谥曰宣武，葬礼依晋安平献王故事。

丁卯，奉和帝为巴陵王，宫于姑孰，优崇之礼，皆仿齐初。奉宣德太后为齐文帝妃，王皇后为巴陵王妃。齐世王、侯封爵，悉从降省，唯宋汝阴王不在除例。

戊辰，巴陵王卒。时上欲以南海郡为巴陵国，徙王居之。沈约曰："古今殊事，魏武所云'不可慕虚名而受实祸。'"上颔之，乃遣所亲郑伯禽诣姑孰，以生金进王，王曰："我死不须金，醇酒足矣。"乃饮沈醉；伯禽就摺杀之。

王之镇荆州也，琅邪颜见远为录事参军，及即位，为治书侍御史兼中丞，既禅位，见远不食数日而卒。上闻之曰："我自应天从人，何预天下士大夫事，而颜见远乃至于此！"

三年（甲申，504）

魏太傅、领司徒、录尚书北海王详，骄奢好声色，贪冒无厌，广营第舍，夺人居室，嬖昵左右，所在请托，中外嗟怨。魏主以其尊亲，恩礼无替，军国大事皆与参决，所奏请无不开允。魏主之初亲政也，以兵召诸叔，详与咸阳、彭城王共车而入，防卫严固。高太妃大惧，乘车随而哭之。既得免，谓详曰："自今不愿富贵，但使母子相保，与汝扫市为生耳。"及详再执政，太妃不复念前事，专助详为贪虐。冠军将军茹皓，以巧思有宠于帝，常在左右，传可门下奏事，弄权纳贿，朝野惮之，详亦附焉。皓娶尚书令高肇从妹，皓妻之姊为详从父安定王燮之妃；详烝于燮妃，由是与皓益相昵狎。直阁将军刘胄，本详所引荐，殿中将军常季贤以善养马，陈扫静掌栉，皆得幸于帝，与皓相表里，卖权势。

高肇本出高丽，时望轻之。帝既黜六辅，诛咸阳王禧，专委事于肇。肇以在朝亲族至少，乃邀结朋援，附之者旬月超擢，不附者陷以大罪。尤忌诸王，以详位居其上，欲去之，独执朝政，乃谮之于帝，云"详与皓、胄、季贤、扫静谋为逆乱。"夏，四月，帝夜召中尉崔亮入禁中，使弹奏详贪淫奢纵，及皓等四人怙权贪横，收皓等系南台，遣虎贲百人围守详第。又虑详惊惧逃逸，遣左右郭翼开金墉门驰出谕旨，示以中尉弹状，详曰："审如中尉所纠，何忧也！正恐更有大罪横至耳。人与我物，我实受之。"诘朝，有司奏处皓等罪，皆赐死。

帝引高阳王雍等五王入议详罪。详单车防卫，送华林园，母妻随入，给小奴弱婢数人，围守甚严，内外不通。五月，丁未朔，下诏宥详死，免为庶人。顷之，徙详于太府寺，围禁弥急，母妻皆还南第，五日一来视之。

梁武帝天监元年（壬午，公元502年）

春季，正月，南齐和帝萧宝融派遣兼侍中席阐文等人到建康慰劳。

戊戌（初九），萧衍迎宣德太后进宫，让她临朝摄政，行使皇帝的权力。萧衍停止执政。

手拿经卷的梁武帝萧衍

当初，大司马萧衍与黄门侍郎范云、南清河太守沈约、司徒长史任昉一同在竟陵王的西官邸，彼此情意甚笃，关系非常密切。到目前，萧衍就推荐范云为大司马咨议参军、领录事，沈约为骠骑司马，任昉为记室参军，遇事都让他们参与策谋计议。前吴兴太守谢朏、国子祭酒何胤先前都弃官回家，萧衍上奏宣德太后，征召他们为军咨祭酒，但是谢朏和何胤都没有来就任。

大司马萧衍心里有受禅登基的念头，沈约稍微加以挑明，但是萧衍没有吭声。有一天，沈约又向萧衍进言："如今与古代不同了，不可以期望人人都能保持着淳古之风，士大夫们无不攀龙附凤，都希望能有尺寸之功劳。现在连小孩牧童都知道齐的国运已经终结了，明公您应当取而代之，而且天像预兆也非常显著了。天意不可违抗，人心不可失去。假如天道安排如此，您虽然想要谦逊礼让，而实际上也是办不到的。”大司马萧衍这才吐露了一句：“我正在考虑这件事。”沈约又说道：“明公您刚开始在樊、沔兴兵举事，在那时是应该思考的，可是如今王业已经成功，还考虑什么呢？如果不早点完成大业，若有一人提出异议，就会有损于您的威德。况且人非金石，事情难测，万一您有个三长两短，难道就仅仅把建安郡公这么一个封爵留给子孙后代吗？如果天子回到京城，公卿们各得其位，那么君臣之间的名分已经定了，他们就不再会产生什么异心了，于是君明于上，臣忠于下，哪里还会有人再同您一起做反贼呢？”大司马对沈约所说的这些话深表同意。沈约出去之后，大司马又叫范云进去，告诉了他自己的心思，征求他的看法，范云的回答与沈约所说的意思差不多，至此，大司马才对范云讲道：“智者所见，不谋而合。您明天早晨带着沈休文再来这里。”范云出来之后，把萧衍的话告诉了沈约，沈约说：“您一定要等我呀！”范云答应了。但是，第二天早晨，沈约提前去了，大司马命令他起草关于受命登基的诏书，于是沈约从怀中取出已经写好的诏书以及人事安排名单，大司马看过之后，一点也没有改动。不一会儿，范云从外面来了，到了殿口门，由于要等待沈约，不能一个人先进去，而等来等去不见沈约前来，只好在寿光阁外徘徊，嘴中不停地发出“咄咄”表示奇怪的声音。沈约出来了，范云这才明白了原来沈约赶在自己之前已经进去了，就问他：“对我怎么安排了？”沈约举起手来向左一指，意思是安排范云为尚书左仆射，范云就笑了，说：“这才和我所希望的差不多。”过了一会儿，大司马传范云进去，他当着范云的面赞叹了一番沈约如何才智纵横，并且说道：“我起兵至今已经三年了，各位功臣将领确实出了不少力气，但是成就帝业者，只是你们两人啊。”

甲寅（正月二十四日），宣德太后诏令大司马萧衍位进相国、总百揆、扬州牧，并封他十郡为梁公，加九锡之礼，在梁公国设置各种官员，免去录尚书的称号，但骠骑大将军的称号照样不变。二月辛酉（初二），梁公萧衍方才接受诏命。

丙寅（初七），宣德太后诏令梁国选任各种要职官员，全部依照朝廷之制。于是，任命沈约为吏部尚书兼右仆射，范云为侍中。

梁公萧衍纳取了东昏侯的余妃，对政事颇有妨害，范云加以劝说，但是梁公没有听从。范云又与侍中、领军将军王茂一同入见萧衍，范云对萧衍说：“过去沛公刘邦进关，不亲近女色，这正是范增敬畏其志向远大之处。如今明公您刚平定建康，海内之众对您的名声非常景仰，您如何可以沿袭那种乱身亡国的行迹，沉溺于女色呢？”王茂也下拜说道：“范云说的极对。您一定要以天下为念，不应该把这个女人留在身边。”梁公听了，默然无语。于是，范云就请求萧衍把余氏赏赐给王茂，梁公认为他们的意见正确，就同意把余氏赏给了他。次日，萧衍分别给范云、王茂赏赐了一百万钱。

丙戌（二十七日），宣德太后诏令给梁公增封十郡，进爵位为王。三月癸巳（初五），萧衍接受了诏命，并且下令赦免建康城内以及各府州死刑以下犯人。

梁王萧衍将要杀害南齐诸王，但是监视看管措施还不甚严密。鄱阳王萧宝寅家中的阉人颜文智与左右心腹麻拱等人密谋，在夜间挖开墙壁，把萧宝寅送出去，又在长江岸边准备了一只小船。萧宝寅穿着黑布短衣，腰里系着一千多钱，偷偷地跑到江边。他穿着草鞋，徒步而行，以致两只脚全都磨破了，天亮之后，看管的人发现萧宝寅不见了，就去追赶，萧宝寅装做是钓鱼人，与追赶者一起在江中并舟而行了十多里，追赶者都没有对他产生怀疑。等到追赶的人离开之后，萧宝寅就在西边靠岸，投奔到百姓华文荣家中，华文荣与其同族之人华天龙、华惠连丢弃家业，带着萧宝寅逃到山沟里。他们租了一匹毛驴，让萧宝寅骑着，昼伏而夜行，来到了寿阳的东城。驻守在这里的北魏戍主杜元伦急忙把情况报告了扬州刺史任城王元澄，元澄用车马侍卫迎接萧宝寅。当时，萧宝寅年纪十六岁，由于徒步而行，所以形容憔悴，见到的人还以为他是被掠卖来的人口。元澄以招待客人的礼节对待萧宝寅，萧宝寅向元澄要为皇帝守丧而穿的生麻布制的丧服，元澄派人对萧宝寅晓示了一番情理，最后只给了他为兄长守丧而穿的熟麻布制的丧服。元澄率领手下的官吏们亲赴萧宝寅住处去吊丧，萧宝寅的一举一动，表现得与居君父之丧完全一样。寿阳有许多受过南齐旧恩的故旧，都来萧宝寅处吊唁，唯独不见夏侯一姓的人来，这是由于夏侯详跟从了梁王萧衍的缘故。元澄非常器重萧宝寅。

南齐和帝萧宝融将东归建康，他任命萧憺为都督荆、湘等六州诸军事及荆州刺史。荆州经过战争之后，公私两方在财用方面都非常空乏，萧憺励精图治，广开屯田，省免劳役，抚问有家人当兵阵亡了的人家，供应救济他们。他自以为年纪轻而居于重任，所以特别用心，对手下的官吏们说：“政事如果没有办好，大家都应该共同努力。我现在开诚布公于你们，希望你们也不要有所隐瞒。”于是，人人都感到心情舒畅，办事效率大增，民众如有诉讼者站在一旁等待处理，很快就可以做出决定，官署中没有积压的事情。因此，荆州人非常高兴。

南齐和帝到达姑孰，于丙辰（二十八日），下诏令禅让皇位于梁公萧衍。

夏季，四月，辛酉（二十七日），宣德太后发令：“西边的诏令已经到了，皇帝效法前代，把皇位恭敬地禅让给梁公，明天早晨我要来到殿前，派使者向梁公恭授印玺，之后我将回到别宫去居住。”壬戌（二十八日），宣德太后发出策书，派遣兼太保、尚书令王亮等人奉送皇帝印玺到梁宫。丙寅，梁王萧衍于南郊即位登基，大赦天下，改年号为天监。在这天，萧衍追赠其兄萧懿为丞相，封为长沙王，谥号为宣武，并且依照晋代安葬安平献王的先例重新安葬了萧懿。

丁卯，萧衍诏令，奉南齐和帝为巴陵王，并为他在姑孰建了王宫，对他的待遇和尊敬，都仿照南齐开国之初对待汝阴王的方法。奉宣德太后为齐文帝妃，王皇后为巴陵王妃。又对于南齐的王、侯们全部降低一级爵位，除去他们的封国，惟有宋汝阴王不在此例之内。

戊辰，巴陵王萧宝融去世。当时，梁武帝萧衍想以南海郡为巴陵国，迁巴陵王去居住，可是，沈约却对武帝说："古今不同，当年魏武帝曾经说过：'不可以慕虚名而受实祸。'"武帝听了点头同意，于是就派遣亲信郑伯禽到了姑孰，把生金子给了巴陵王，让他吞下去，巴陵王说道："我死不须用金子，有醇酒就足够了。"于是，就给他饮酒，喝的烂醉，郑伯禽上前将其弄死。

巴陵王萧宝融镇守荆州之时，琅邪人颜见远做他的录事参军，即位之后，又担任治书侍御史兼中丞。巴陵王让位之后，颜见远绝食数日而死。武帝闻知此事之后，说："我受禅让而登基是顺应天心人愿，与天下士大夫们有什么关系，颜见远何至于如此呢！"

三年（甲申，公元504年）

北魏太傅、领司徒、录尚书北海王元详，骄奢淫逸，喜好声色，贪图财利，永远没有满足之时。他为自己到处营造宅第，夺占别人的房屋，宠爱身边的人，对他们的各种请托无不许应，以致朝廷内外怨声载道。宣武帝因为他是叔父，所以对他的恩宠礼遇没有衰减，朝政大事都让他参与决策，对他的各种奏请也无不答应。宣武帝刚开始亲自执政时，派兵去传召几位叔父，元详与咸阳王、彭城王乘一辆车入见皇上，里面防卫的特别严密。高太妃见状恐惧万分，她乘车跟随在元详他们后面啼哭了一路。三人得免之后，高太妃对元详说："从今以后不愿富贵，只要能使我们母子平安地在一起，哪怕与你一同以打扫街道为生也满足了。"但是，元详再次执政之后，高太妃再也想不起以前的事情了，一味帮助元详进行贪求、暴虐之事。冠军将军茹皓因为心眼灵巧而得宠于宣武帝，经常在宣武帝身边，为宣武帝传达和答复门下省的奏事，因此他就弄权作弊，收受贿赂，朝野上下无不害怕他，元详也对他不得不投靠巴结。茹皓娶了尚书令高肇的堂妹为妻，茹皓妻子的姐姐又是元详的堂叔安定王元燮的妃子，而元详与元燮的妃子私通，因此元详与茹皓就越发亲近了。直阁将军刘胄本为元详所引荐，殿中将军常季贤擅长养马，陈扫静则专为宣武帝梳头，三人都得宠于宣武帝，他们与茹皓串通一气，相为表里，一起耍弄权势。

高肇的祖上是高丽人，一般人很轻视他。宣武帝罢黜了六位辅政大臣，诛杀了咸阳王元禧之后，就把政事只委托于高肇一人。高肇在朝廷中的亲戚同宗甚少，于是招揽交结朋党，凡是投附他的人，十天半月就可以破格提升，而对于不愿投靠者则动辄陷以重罪。高肇尤其忌妒各个藩王，由于元详地位在自己上面，就想把他除掉，以便自己独掌朝政。于是，高肇便在宣武帝面前诬陷元详，说："元详与茹皓、刘胄、常季贤、陈扫静等人密谋叛乱。"夏季，四月，宣武帝夜里召中尉崔亮进入宫中，让崔亮弹劾元详贪婪淫乱，奢侈放纵，以及茹皓等四人依仗权势，贪赃枉法。于是，宣武帝下令拘捕了茹皓等人，关押在御史台，又派遣一百名武士包围了元详的府第。宣武帝又担心元详惊怕而逃脱，就派遣身边人郭翼打开金墉门，骑马出去向元详宣谕圣旨，并向他出示了中尉崔亮的弹劾状，元详说道：“确实如中尉所举发的那样，我有什么可担心的呢？正害怕还有更大的罪从天而降呢。别人给我东西，我确实收下了。”天亮之后，有关部门奏请处置茹皓等人的罪行，结果四人全部赐死。

宣武帝召集高阳王元雍等五个藩王进去商议对元详罪行的处理决定。元详乘单车，前后警卫，被押送入华林园，母亲和妻子也随他进入园中，只给了他几个弱小的奴婢，他被围守的特别严密，与外面完全断绝了联系。五月，丁未朔（初一），宣武帝诏令宽宥元详不死，贬为平民。很快，元详就被移送到太府寺，禁闭得更加严紧了，他的母亲和妻子都回到南宅去了，每五天来看视他一次。

第一百四十六卷

梁纪二

译文诵读

高祖武皇帝二天监四年（乙酉，505）

春，正月，癸卯朔，诏曰：“二汉登贤，莫非经术，服膺雅道，名立行成。魏、晋浮荡，儒教沦歇，风节罔树，抑此之由。可置《五经》博士各一人，广开馆宇，招内后进！”于是以贺玚及平原明山宾、吴兴沈峻、建平严植之补博士，各主一馆，馆有数百生，给其饩廪，其射策通明者即除为吏。期年之间，怀经负笈者云会。玚，循之玄孙也。又选学生，往会稽云门山从何胤受业，命胤选门徒中经明行修者，具以名闻。分遣博士祭酒巡州郡立学。

魏有芝生于太极殿之西序，魏主以示侍中崔光，光上表，以为“此《庄子》所谓‘气蒸成菌’者也。柔脆之物，生于墟落秽湿之地，不当生于殿堂高华之处；今忽有之，厥状扶疏，诚足异也。夫野木生朝，野鸟入庙，古人皆以为败亡之象，故太戊、高宗惧灾修德，殷道以昌，所谓‘家利而怪先，国兴而妖豫’者也。今西南二方，兵革未息，郊甸之内，大旱逾时，民劳物悴，莫此之甚，承天育民者所宜矜恤；伏愿陛下侧躬耸意，惟新圣道，节夜饮之乐，养方富之年，则魏祚可以永隆，皇寿等于山岳矣。”于是魏主好宴乐，故光言及之。

魏王足围涪城，蜀人震恐，益州城戍降魏者什二三，民自上名籍者五万余户。邢峦表于魏主，请乘胜进取蜀，以为“建康、成都，相去万里，陆行既绝，惟资水路，水军西上，非周年不达，益州外无军援，一可图也。顷经刘季连反，邓元起攻围，资储空竭，吏民无复固守之志，二可图也。萧渊藻裙屐少年，未洽治务，宿昔名将，多见囚戮，今之所任，皆左右少年，三可图也。蜀之所恃，唯在剑阁，今既克南安，已夺其险，据彼竟内，三分已一；自南安向涪，方轨无碍，前军累败，后众丧魄，四可图也。渊藻是萧衍骨肉至亲，必无死理，若克涪城，渊藻安肯城中坐而受困，必将望风逃去；若其出斗，庸、蜀士卒驽怯，弓矢寡弱，五可图也。臣内省文吏，不习军旅，赖将士竭力，频有薄捷，既克重阻，民心怀服，瞻望涪、益，旦夕可图，正以兵少粮匮，未宜前出，今若不取，后图便难。况益州殷实，户口十万，比寿春、义阳，其利三倍。朝廷若欲进取，时不可失；若欲保境宁民，则臣居此无事，乞归侍养。”魏主诏以“平蜀之举，当更听后敕。寇难未夷，何得以养亲为辞”！峦又表称，“昔邓艾、钟会帅十八万众，倾中国资储，仅能平蜀，所以然者，斗实力也。况臣才非古人，何宜以二万之众而希平蜀！所以敢者，正以据得要险，士民慕义，此往则易，彼来则难，任力而行，理有可克。今王足已逼涪城，脱得涪，则益州乃成擒之物，但得之有早晚耳。且梓潼已附民户数万，朝廷岂可不守！又，剑阁天险，得而弃之，良可惜矣。臣诚知战伐危事，未易可为。自军度剑阁以来，鬓发中白，日夜战惧，何可为心！所以勉强者，既得此地而自退不守，恐负陛下之爵禄故也。且臣之意算，正欲先取涪城，以渐而进。若得涪城，则中分益州之地，断水陆之冲，彼外无援军，孤城自守，何能复持久哉！臣今欲使军军相次，声势连接，先为万全之计，然后图功，得之则大利，不得则自全。又，巴西、南郑，相距千四百里，去州迢递，恒多扰动。昔在南之日，以其统绾势难，曾立巴州，镇静夷、獠，梁州藉利，因而表罢。彼土民望，严、蒲、何、杨，非唯一族，虽率居山谷，而豪右甚多，文学风流，亦为不少，但以去州既远，不获仕进，至于州纲，无由厕迹，是以郁怏，多生异图。比道迁建义之始，严玄思自号巴州刺史，克城以来，仍使行事。巴西广袤千里，户余四万，若于彼立州，镇摄华、獠，则大帖民情，从垫江已还，不劳征伐，自为国有。”魏主不从。

先是，魏主以王足行益州刺史。上遣天门太守张齐将兵救益州，未至，魏主更以梁州军司泰山羊祉为益州刺史。王足闻之，不悦，辄引兵还，遂不能定蜀。久之，足自魏来奔。邢峦在梁州，接豪右以礼，抚小民以惠，州人悦之。峦之克巴西也，使军主李仲迁守之。仲迁溺于酒色，费散兵储，公事谘承，无能见者。峦忿之切齿，仲迁惧，谋叛，城人斩其首，以城来降。

五年（丙戌，506）

初，魏御史中尉甄琛，表称：“《周礼》，山林川泽有虞、衡之官，为之厉禁，盖取之以时，不使戕贼而已，故虽置有司，实为民守之也。夫一家之长，必惠养子孙，天下之君，必惠养兆民，未有为人父母而吝其醯醢，富有群生而榷其一物者也。今县官鄣护河东盐池而收其利，是专奉口腹而不及四体也。盖天子富有四海，何患于贫！乞驰盐禁，与民共之！”录尚书事勰、尚书邢峦奏，以为：“琛之所陈，坐谈则理高，行之则事阙。窃惟古之善治民者，必污隆随时，丰俭称事，役养消息以成其性命。若任其自生，随其饮啄，乃是刍狗万物，何以君为！是故圣人敛山泽之货以宽田畴之赋，收关市之税以助什一之储，取此与彼，皆非为身，所谓资天地之产，惠天地之民也。今盐池之禁，为日已久，积而散之，以济军国，非专为供太官之膳羞，给后宫之服玩。既利不在己，则彼我一也。然自禁盐以来，有司多慢，出纳之间，或不如法。是使细民嗟怨，负贩轻议，此乃用之者无方，非作之者有失也。一旦罢之，恐乖本旨。一行一改，法若弈棋，参论理要，宜如旧式。”

魏主卒从琛议，夏，四月，乙未，罢盐池禁。

六年（丁亥，507）

冬，十月，壬寅，以五兵尚书徐勉为吏部尚书。勉精力过人，虽文案填积，坐客充满，应对如流，手不停笔。又该综百氏，皆为避讳。尝与门人夜集，客虞暠求詹事五官，勉正色曰："今夕止可谈风月，不可及公事。"时人咸服其无私。

丁卯，魏皇后于氏殂。是时高贵嫔有宠而妒，高肇势倾中外，后暴疾而殂，人皆归咎高氏，宫禁事秘，莫能详也。

梁武帝天监四年（乙酉，公元505年）

春季，正月，癸卯朔（初一），武帝发布诏令："两汉时期的读书人登贤入仕，莫不是通过经术之业，他们都信奉大雅之道，个个饱学，因此能立功名，成大业。魏、晋以来，士人浮华放荡，而儒教衰败，风节得不到树立，当是其根本原因。所以，可以设置《五经》博士各一人，广开馆宇，招纳后进。"于是，将贺玚及平原人明山宾、吴兴人沈峻、建平人严植之补为博士，让他们各主持一馆，讲学执教，每馆有好几百名学生，由朝廷供给口粮等生活资用，其中在射策考试时应对自如，见解深刻透彻者，即被任为官吏。因此，一年之间，天下士子怀经负笈，云集而至。贺玚是贺循的玄孙。朝廷又挑选学生，送他们去会稽云门山跟从何胤接受学业，命令何胤选拔门徒中通晓经学、品行优秀者，把他们的姓名上报朝廷。朝廷又分遣博士祭酒巡视各州郡的立学情况。

北魏朝廷太极殿内的西墙下生长出了灵芝，北魏宣武帝拿来给侍中崔光看，崔光就此事而上表皇上，认为："这只是《庄子》一书中所讲的'气蒸成菌'罢了。这种柔脆的菌类之物，一般生长在废墟角落污秽潮湿的地方，不应当生长在殿堂这样高贵华丽之处；如今忽然生长出来了，而且其形状繁茂，实在是奇怪之事。野木生于朝廷，野鸟飞入宗庙，古人都认为这是败亡的征兆，所以商王太戊、高宗有惧于祥桑、谷共生于朝内以及野鸡飞在鼎上之异兆而修德积善，国运因此而得以复兴昌盛，这正是所谓'家族吉利而怪异先行，国家兴盛而妖异预见'。如今西方和南方兵戈未息，京郊周围大旱久时，百姓劳苦，万物憔悴，已经到了万分严重的地步，而承受上天旨意养育万民的天子在此之际正应该加以体恤，所以恳请陛下关心朝廷内外之事，亲身过问，弘扬圣道，节制夜间饮酒的娱乐，保养正值年轻的身体，如此则北魏的国祚可以永远兴隆，皇寿与山岳等齐。"此时，北魏宣武帝喜好宴饮欢乐，所以崔光在上表中提到这点。

北魏王足围攻涪城，蜀人大为震惊、恐惧，益州的城堡有十分之二三投降了北魏，百姓自动报上名籍的有五万多户。（十一月）邢峦上表北魏宣武帝，请求乘胜而进取蜀地，认为："建康与成都相离万里之遥，陆路已经阻断，惟一可依靠的就是水路了，但是水军西上，没有一年的时间是到不了的，益州外无援军，这是可以攻取的第一点理由。蜀地前不久经历了刘季连反叛，邓元起攻打围困之事，物资储备空竭，官方和百姓都失去了固守的信心，这是可以攻占的第二点理由。萧渊藻不过是一个衣装华丽而无真才实学的少年，完全不懂治理之道，过去的名将，大多数都被他囚禁杀戮了，现在所任用的，都是他左右的一些少年人，这是可以攻取的第三点理由。蜀地所依恃的只在剑阁，现在既攻克了南安，已经夺取了其险要之地，据此天险而向内推进，已占取了境内三分之一的地方；从南安向涪陵，道路宽展，可以双车并行，蜀军前军屡战屡败，后头的闻风而丧胆，这是可以攻取的第四点理由。萧渊藻是萧衍的骨肉至亲，必定不愿以死固守，若果攻克涪城，萧渊藻怎肯待在城中坐而受困，必将望风而逃跑；他如果出战，无奈庸、蜀之地的士卒们才能低下而胆怯，弓箭缺少而无力，这是可以攻取的第五点理由。我本为朝中文官，不熟习军旅之事，但是幸赖将士们尽心竭力，以致频有捷报传来，尽管是那么微小而不足道。现在已经攻克重重险阻，民心归顺，观望涪、益两城，旦夕可得，只是因兵少粮缺，不宜于前去攻打，但现在如不夺取，以后再攻打就难了。况且益州殷富，有十万户人家，与寿春、义阳相比，其利益高出三倍。朝廷如果想要攻取该地，就不应该失去这次机会；如果想要保护境内安宁百姓，则我待在这里实无事可做，因此乞求归家侍养双亲。"宣武帝给邢峦的诏令中说："关于平定蜀地之举，你应当等着听取后面的敕令。现在寇难还没有平定，你怎么能以侍养亲人为借口而引退呢？"邢峦又上表说："过去邓艾、钟会统领十八万大军，倾尽中原的资财储备，才能平定蜀地，之所以如此，是以实力相斗呀。何况我的才能比不上古人，哪里可以靠两万兵力而希求平定蜀地呢？之所以敢如此，正因为占据了险要之地，士人和百姓们都倾慕向往大义，我们由此而前进则容易，他们前来抵挡则难，只要我们根据力量而行事，理应攻克。现在王足已经逼近涪城，假如取得了涪陵，则益州就成了待擒之物，只是得到手有早晚之别罢了。何况梓潼已经归附的民户有好几万，朝廷岂可以不加以镇守呢？还有，剑阁天险，如得而放弃，实在是可惜。我诚然知道征战讨伐是危险的事情，不可轻易进行。自从我军越过剑阁以来，我的鬓发已经斑白，日日夜夜为战事情况而焦虑不安，心情紧张得都无法忍受下去了。之所以能勉强坚持着，只是因为考虑到既然已经得到了该地而又自动撤退不加驻守，恐怕有负于陛下所给予的爵位俸禄。而且我心中打算，正想先攻取涪城，然后渐次而进。如果得到涪城，就可以把蜀地分为两半，阻断水陆交通的要道，他们没有外面来的援军，以孤城而自守，怎么能够持久得了呢？我现在想让各支队伍相次而进，前后连接，互相声援，首先做到万无一失，然后图取大功，如能得到则有大利，不得则可以做到自我保全。另外，巴西与南郑相距一千四百里，离州城遥远，经常发生骚乱。过去属南朝占领之时，由于这里难以统辖管理，曾经设立过巴州，以便镇领夷、獠，而梁州借利，所以上表请求罢撤了该州。这个地方的大户人家有严、蒲、何、杨等姓，不仅仅是一族，他们虽然居住在山谷之中，可是豪强大族很多，文章风流之士也为数不少，但因离州城很远，因此不能获得仕进机会，甚至州里地位较高的佐吏，也无法能跻身其中，因此愤愤不平，多生异图之心。到夏侯道迁建举大义之初，严玄恩自称为巴州刺史，攻克州城以来，仍然让他任刺史之职。巴西这个地方广袤千里，户口还余下四万之多，如果在这里设置州，镇摄华、獠，则可以大大地安定民心，从垫江以西，不用征伐，就自然为我国所有了。”宣武皇帝没有听从邢峦的建议。

早先之时，北魏宣武帝任命王足兼益州刺史。梁武帝派遣天门太守张齐率兵去援救益州，还没有到达，宣武帝又改任梁州军司泰山人羊祉为益州刺史。王足知道这一消息之后，十分不悦，便带兵返回了，于是北魏没有能够平定蜀地。许久之后，王足从北魏来投靠了梁朝。邢峦在梁州之时，对当地的豪强大族以礼相接，对小民百姓抚之以恩惠，因此全州之人都很欢喜。邢峦攻克巴西，让军主李仲迁镇守。李仲迁沉溺于酒色，私自挪用耗散军费，有关公事需要向他请示报告之时，却找不到他的人影。邢峦对此气的咬牙切齿，李仲迁害怕了，密谋反叛，城中的人将李仲迁斩首，献城投降了梁朝。

五年（丙戌，公元506年）

起初，北魏御史中尉甄琛上表讲道：“《周礼》中制定了专管山林川泽的山虞、林衡、川衡、泽虞之官，制定了关于山林川泽的严厉禁令，这是使百姓在规定的时令内获取利益，而不让随意乱砍滥取，所以虽然设置了这样的官员，实际上却是百姓自己守护。一家之长，必须抚养他的子孙，天下之君，必须惠养万民，没有做父母吝啬醋酱、富有天下万物而专占一物的。如今朝廷独霸河东的盐池而坐收其利，这是专奉口腹而不及四体。天子富有四海，何患于贫！所以，乞请放松盐禁，与民共享其利。”录尚书事元勰和尚书邢峦也上奏，认为：“甄琛所讲的，坐着谈论则高明合理，而实际执行则行不通。我们认为古来善于统治百姓的，必定升降依时，丰俭随事，役使养育互为消长以成全他们性命。如果任其自生自长，随其饮水啄食，那是把百姓当做刍草狗畜，还要君主做什么呢？所以，圣人获取山泽之货，收取关市之税，来补助田亩什一之赋之不足，以供国用，此处取来用到彼处，都不是为了自己，正所谓利用天地的出产，施惠于天下之民。如今禁止私人采盐，已经实行了很长时间了，集中其财富而使用，是为了维持国家和军队的开支，并不是专门为了供给皇宫的饮食，以及后宫的服饰玩物。既然不是为了皇上一人享乐，那么让老百姓获利同让国家获利都是一样的。然而，自从禁盐以来，官员们多有不经心的，收支出纳中间，或者有不按照法令执行的行为。因此，使老百姓抱怨在心，商贩们非议在口，这只不过是管理者无方，并非是制定禁令的人有过失。一旦撤销盐池禁令，恐怕有违于本初之意。一行一改，没有定法，正如弈棋者那样举棋不定，所以按理而论，应该维持过去的样子而不变。”宣武帝最终采纳了甄琛的建议，夏季，四月乙未（初一），撤销了盐池禁令。

六年（丁亥、公元507年）

冬季，十月壬寅（十六日），梁朝任命五兵尚书徐勉为吏部尚书。徐勉这个人精力过人，虽然文案上堆积满要处理的公文，宾客满座，他却可以应对如流，而手中的笔还不停止批阅公文。他还熟悉各个家族的情况，在和他们应对交往时避免触犯他们的家讳。有一天夜里，徐勉与门人们会集在一起，有个客人虞暠向他请求詹事五官的职位，徐勉严肃地说道："今晚只可以谈论风月，不可以涉及公事。"当时的人都佩服他无私心。

丁卯（闰十月十二日），北魏皇后于氏去世。这时，高贵嫔得宠而妒心十足，高肇权倾朝廷内外，于皇后暴疾而死，人们都归咎于高氏，宫闱中的事情神秘，没有人能知道详情。

第一百四十七卷 梁纪三

译文诵读

高祖武皇帝三天监七年（戊子，508）

秋，七月，甲午，魏立高贵嫔为皇后。尚书令高肇益贵重用事。肇多变更先朝旧制，减削封秩，抑黜勋人，由是怨声盈路。群臣宗室皆卑下之，唯度支尚书元匡与肇抗衡，先自造棺置听事，欲舆棺诣阙论肇罪恶，自杀以切谏；肇闻而恶之。会匡与太常刘芳议权量事，肇主芳议，匡遂与肇喧竞，表肇指鹿为马。御史中尉王显奏弹匡诬毁宰相，有司处匡死刑；诏恕死，降为光禄大夫。

魏高后之立也，彭城武宣王勰固谏，魏主不听。高肇由是怨之，数谮勰于魏主，魏主不之信。勰荐其舅潘僧固为长乐太守，京兆王愉之反，胁僧固与之同，肇因诬勰北与愉通，南招蛮贼。彭城郎中令魏偃、前防阁高祖珍希肇提擢，构成其事。肇令侍中元晖以闻，晖不从，又令左卫元珍言之。帝以问晖，晖明勰不然；又以问肇，肇引魏偃、高祖珍为证，帝乃信之。戊戌，召勰及高阳王雍、广阳王嘉、清河王怿、广平王怀、高肇俱入宴。勰妃李氏方产，固辞不赴。中使相继召之，不得已，与妃决而登车。入东掖门，度小桥，牛不肯进，击之良久，更有使者责勰来迟，乃去牛，人挽而进。宴于禁中，至夜，皆醉，各就别所消息。俄而元珍引武士赍毒酒而至，勰曰："吾无罪，愿一见至尊，死无恨！"元珍曰："至尊何可复见！"勰曰："至尊圣明，不应无事杀我，乞与告者一对曲直！"武士以刀镮筑之，勰大言曰："冤哉，皇天！忠而见杀。"武士又筑之，勰乃饮毒酒，武士就杀之，向晨，以褥裹尸载归其第，云王因醉而薨。李妃号哭大言曰："高肇枉理杀人，天道有灵，汝安得良死！"魏主举哀于东堂，赠官、葬礼皆优厚加等。在朝贵贱，莫不丧气，行路士女皆流涕曰："高令公枉杀贤王。"由是中外恶之益甚。

冬，十月，魏悬瓠军主白早生杀豫州刺史司马悦，自号平北将军，求救于司州马仙琕。时荆州刺史安成王秀为都督，仙琕签求应赴。参佐咸谓宜待台报，秀曰："彼待我以自存，援之宜速，待敕虽旧，非应急也。"即遣兵赴之。上亦诏仙琕救早生。仙琕进顿楚王城，遣副将齐苟儿，以兵二千助守悬瓠。诏以早生为司州刺史。

魏以尚书邢峦行豫州事，将兵击白早生。魏主问之曰：“卿言，早生走也，守也？何时可平？”对曰：“早生非有深谋大智，正以司马悦暴虐，乘众怒而作乱，民迫于凶威，不得已而从之。纵使梁兵入城，水路不通，粮运不继，亦成禽耳。早生得梁之援，溺于利欲，必守而不走。若临以王师，士民必翻然归顺，不出今年，当传首京师。”魏主悦，命峦先发，使中山王英继之。

峦帅骑八百，倍道兼行，五日至鲍口。丙子，早生遣其大将胡孝智将兵七千，离城二百里逆战，峦奋击，大破之，乘胜长驱至悬瓠。早生出城逆战，又破之，因渡汝水，围其城。诏加峦都督南讨诸军事。

魏主闻邢峦屡捷，命中山王英趣义阳，英以众少，累表请兵，弗许。英至悬瓠，辄与峦共攻之。十二月，己未，齐苟儿等开门出降，斩白早生及其党数十人。英乃引兵前趋义阳。宁朔将军张道凝先屯楚王城，癸亥，弃城走，英追击，斩之。

八年（己丑，509）

春，正月，辛巳，上祀南郊，大赦。时有请封会稽、禅国山者，上命诸儒草封禅仪，欲行之。许懋建议，以为“舜柴岱宗，是为巡狩。而郑引《孝经钩命决》云：‘封于太山，考绩柴燎；禅乎梁甫，刻石纪号’，此纬书之曲说，非正经之通义也。舜五载一巡狩，春夏秋冬周遍四岳，若为封禅，何其数也！又如管夷吾所说七十二君，燧人之前，世质民淳，安得泥金检玉！结绳而治，安得镌文告成！夷吾又云：‘唯受命之君然后得封禅’，周成王非命之君，云何得封太山禅社首！神农即炎帝也，而夷吾分为二人，妄亦甚矣。若圣主，不须封禅；若凡主，不应封禅。盖齐桓公欲行此事，夷吾知其不可，故举怪物以屈之。秦始皇尝封太山，孙皓尝遣兼司空董朝至阳羡封禅国山，皆非盛德之事，不足为法。然则封禅之礼，皆道听所说，失其本文，由主好名于上，而臣阿旨于下也。古者祀天祭地，礼有常数，诚敬之道，尽此而备，至于封禅，非所敢闻。”上嘉纳之，因推演懋议，称制旨以答请者，由是遂止。

十一月，己丑，魏主于式乾殿为诸僧及朝臣讲《维摩诘经》。时魏主专尚释氏，不事经籍，中书侍郎河东裴延儁上疏，以为“汉光武、魏武帝，虽在戎马之间，未尝废书，先帝迁都行师，手不释卷，良以学问多益，不可暂辍故也。陛下升法座，亲讲大觉，凡在瞻听，尘蔽俱开。然《五经》治世之模楷，应务之所先，伏愿经书互览，孔、释兼存，则内外俱周，真俗斯畅矣”。

时佛教盛于洛阳，沙门之外，自西域来者三千余人，魏主别为之立永明寺千余间以处之。处士南阳冯亮有巧思，魏主使与河南尹甄琛、沙门统僧暹择嵩山形胜之地立闲居寺，极岩壑土木之美。由是远近承风，无不事佛，比及延昌，州郡共有一万三千余寺。

九年（庚寅，510）

三月，丙戌，魏皇子诩生。诩母胡充华，临泾人，父国珍袭武始伯。充华初选入掖庭，同列以故事祝之："愿生诸王、公主，勿生太子。"充华曰："妾之志异于诸人，奈何畏一身之死而使国家无嗣乎！"及有娠，同列劝去之，充华不可，私自誓曰："若幸而生男，次第当长，男生身死，所不憾也。"既而生诩。

先是，魏主频丧皇子，年渐长，深加慎护，择良家宜子者以为乳保，养于别宫，皇后、充华皆不得近。

十一年（壬辰，512）

丙辰，魏以车骑大将军、尚书令高肇为司徒，清河王怿为司空，广平王怀进号骠骑大将军，加仪同三司。肇虽登三司，犹自以去要任，怏怏形于言色，见者嗤之。尚书右丞高绰、国子博士封轨，素以方直自业，及肇为司徒，绰送迎往来，轨竟不诣肇。绰顾不见轨，乃遽归，叹曰："吾平生自谓不失规矩，今日举措，不如封生远矣。"绰，允之孙；轨，懿之族孙也。

清河王怿有才学闻望，惩彭城之祸，因侍宴，谓肇曰："天子兄弟讵有几人，而翦之几尽！昔王莽头秃，藉渭阳之资，遂篡汉室。今君身曲，亦恐终成乱阶。"会大旱，肇擅录囚徒，欲以收众心。怿言于魏主曰："昔季氏旅于泰山，孔子疾之。诚以君臣之分，宜防微杜渐，不可渎也。减膳录囚，乃陛下之事；今司徒行之，岂人臣之义乎！明君失之于上，奸臣窃之于下，祸乱之基，于此在矣。"帝笑而不应。

冬，十月，乙亥，魏立皇子诩为太子，始不杀其母。以尚书右仆射郭祚领太子少师。祚尝从魏主幸东宫，怀黄𪎊以奉太子；时应诏左右赵桃弓深为帝所信任，祚私事之，时人谓之"桃弓仆射"、"黄𪎊少师"。

梁武帝天监七年（戊子，公元508年）

秋季，七月，甲午（十三日），北魏立高贵嫔为皇后。尚书令高肇因此越发贵重而专权了。高肇变更了许多先朝的旧制度，减削封秩，抑黜功勋之臣，因此而怨声载道。群臣宗室都俯首听命于高肇，惟有度支尚书元匡同高肇抗衡，他先自己做了一副棺材置于听事之处，准备用车把棺材装上运到殿上去讲论高肇的罪恶，然后自杀以对皇上进行死谏。高肇知道之后非常憎恨元匡，恰遇元匡与太常刘芳议定度量衡之事，高肇同意刘芳的意见，元匡便同高肇争执吵闹，把高肇比作是指鹿为马的赵高。御史中尉王显在奏章中弹劾元匡诋毁宰相高肇，有关部门判处元匡死刑。皇上诏令恕免元匡不死，降为光禄大夫。

北魏立高皇后之时，彭城武宣王元勰再三劝谏不可，宣武帝不听。高肇由此而怨恨元勰，数次在宣武帝面前进谗言诋毁元勰，宣武帝不听信。元勰推荐自己的舅舅潘僧固为长乐太守，京兆王元愉反叛，胁迫潘僧固与他同伙，高肇因此而诬告元勰北与元愉勾结相通，南招蛮贼。彭城武宣王元勰手下的郎中令魏偃、原先的防阁高祖珍希望高肇提拔他们，就与高肇勾结一起陷害元勰。高肇命令侍中元晖上报宣武帝，元晖不从，又命令左卫元珍去报告了。宣武帝就此事询问元晖，元晖说明元勰不会如此；宣武帝又以此事问高肇，高肇叫来魏偃和高祖珍作证，宣武帝就相信了高肇的诬陷。戊戌（九月十八日），宣武帝召元勰以及高阳王元雍、广阳王元嘉、清河王元怿、广平王元怀、高肇一起入宴。元勰的妃子李氏正在生产，因此他再三推辞不去赴宴。中使相继而来宣召，元勰万不得已，只好与李氏诀别，然后登车而去，进入东掖门，过小桥，拉车的牛不肯向前，打了它很久还是不向前迈进，又有使者责备元勰来的迟了，于是只好去掉牛，由人把车拉进去。宴会在宫中举行，到了夜间，全都喝醉了，宣武帝令他们各就方便之处休息。不一会儿，元珍带着武士送毒酒来了，元勰说："我没有罪，希望能一见圣上，死而无恨！"元珍说："圣上怎么可以复见呢？"元勰说："皇上圣明，不应该没有事就把我杀掉，乞求与诬告我的人当面对质！"武士用刀环向元勰的脸上打去，元勰大声呼喊道："冤枉啊！老天爷！我如此忠心反而被杀！"武士又打，元勰只好饮喝毒酒，武士上前杀了元勰，天亮之后，用褥子裹了尸体装在车上送回他的府第，声称大王因酒醉而死去。李妃放声大哭，高声喊道："高肇冤枉杀人，伤天害理，老天爷有灵，你怎么能得到好死呢？"宣武帝在东堂为元勰举哀，赠官和葬礼莫不优厚加倍。朝廷之内的大小官员，无不丧气叹息，行路男女都流着眼泪说："高令公冤枉地杀害了贤德的彭城王。"从此朝廷内外对高肇更加憎恨得厉害了。

冬季，十月，北魏悬瓠军主白早生杀了豫州刺史司马悦，自称为平北将军，向梁朝司州的马仙琕求救。当时，荆州刺史安成王萧秀为都督，马仙琕把情况写在简上送给萧秀请求前去帮忙，萧秀手下的参佐们都认为这事要上报朝廷批准后方可行事，萧秀说："白早生等待着我们去援救，方可自存，所以应该火速去援救，等待朝廷批准虽是旧制，但并非是应急之策。"因此便派兵前去救援白早生。梁武帝也诏令马仙琕去援救白早生。马仙琕进驻楚王城，派遣副将齐苟儿带兵两千帮助守悬瓠。梁武帝任命白早生为司州刺史。

北魏委任尚书邢峦兼管豫州事务，率兵攻打白早生。宣武帝问邢峦："你说，白早生是逃跑，还是顽守呢？何时可以讨平他？"邢峦回答："白早生没有深谋大智，只因司马悦暴虐残忍，因此利用众人之愤怒而反叛作乱，百姓迫于他的凶威，不得已而顺从了他。即使梁朝军队入城了，但是水路不通，粮运跟不上，也会被我们抓住的。白早生得到梁朝的援助，被利欲冲昏头脑，必定死守而不跑。如果派朝廷军队前去讨伐，士民大众们必定幡然归顺，不出今年，一定能把白早生的首级送到京师来。"宣武帝十分高兴，命令邢峦先出发，让中山王元英随后出发。

邢峦率领八百骑兵，快速赶路，五天光景就到了鲍口，丙子（二十六日），白早生派遣他的大将胡孝智率领七千兵卒，在离城二百里的地方迎战邢峦，邢峦奋勇出击，大败敌手，乘胜长驱直入，直抵悬瓠。白早生出城迎战，邢峦又打败了他，因此渡过汝水，围住了悬瓠城。北魏宣武帝诏令邢峦为都督南讨诸军事。

北魏宣武帝得知邢峦屡屡获捷，命令中山王元英前去义阳，元英因兵少，多上表请求增兵，朝廷不同意。元英到了悬瓠，就与邢峦一起攻城。十二月己未（初十），齐苟儿等人打开城门出降，斩了白早生及其党羽几十人。元英带兵前去义阳。宁朔将军张道凝先驻扎在楚王城，癸亥（十四日），弃城逃跑，元英追击，斩了张道凝。

八年（己丑，公元509年）

春季，正月，辛巳（初三），梁武帝在南郊祭天，大赦天下。当时，有人奏请在会稽和国山封禅，梁武帝命令诸儒生草拟封禅仪式，准备进行封禅。许懋提出建议，认为："舜帝在泰山烧柴祭天，是为了巡狩。而郑玄引《孝经钩命决》说：'在泰山大祭，烧柴祭天把政绩报告；在梁甫山祭地，刻石记载年号。'这是纬书的曲说，不是正式经书的本来意思。舜帝五年巡狩一次，春夏秋冬巡遍四岳，如果为了封禅，为何这么频繁呢？又如管夷吾所说的七十二君，燧人氏之前，世风质朴百姓淳厚，怎么能够把金粉书写在竹简上呢？当时结绳而治，怎么能够镌刻文字报告成功呢？管夷吾又说：'只有受命之君，然后才能封禅。'周成王不是受命之君，从何谈起封太山禅社首呢？神农即是炎帝，然而管夷吾却说成是两个人，实在是荒唐。如果是圣主，无须封禅；如果是凡主，不应该封禅。大概齐桓公想进行封禅，管夷吾知道不可以进行，所以有意列举许多奇异物像出现时才可以封禅的事例，以便难住齐桓公，使他打消了念头。秦始皇曾经封禅太山，孙皓曾经派遣兼司空董朝到达阳羡封禅国山，都不是盛德之事，不足以效法。那么封禅的礼仪，全都是道听途说的事，失去了其本来的意义，完全是因为君主在上喜好名声，而臣子们在下曲意逢迎。古代的祀祭天地，礼仪有常规，诚敬之道，至此而完备，至于封禅，实在是不敢妄说。"武帝表扬和采纳了许懋的意见，于是进一步扩充了许懋的建议，作为圣旨回答请求封禅的人，因此便中止了这一计划。

十一月，己丑（十五日），北魏宣武帝在式乾殿为众僧以及朝臣们讲解《维摩诘经》。当时，宣武帝专门崇尚佛教，不读经籍，中书侍郎河东人裴延儁上疏，指出："汉光武帝、魏武帝，虽然忙于戎马征战，但是未曾废弃书籍，先帝迁都行军，手不释卷，正因为学问多有益处，不可以临时中断。陛下升上法座，亲自讲解佛法奥义，在场的人瞻听之际，内心尘蔽俱开。然而《五经》是治世的楷模，处理世务所应首先研读的，所以恭敬地希望圣上佛经与儒书互读，孔学与释教兼存，则内外都能周全，教义和世务都能通畅。"

当时，佛教盛于洛阳，除中国和尚而外，从西域来的和尚还有三千多名，北魏宣武帝另外建立了永明寺一千多间禅房，来安置他们。处士南阳人冯亮很聪明，宣武帝指派他同河南尹甄深、沙门统僧暹选择嵩山地形好的地方建立了闲居寺，修建得非常好，极尽岩壑土木之美。于是远近受影响，无不信奉佛教，到了延昌之时，各州郡共有一万三千多处寺院。

九年（庚寅，公元510年）

三月，丙戌（十四日），北魏皇子元诩出生。元诩的母亲胡充华是临泾人，胡充华的父亲胡国珍袭位武始伯。胡充华初被选入后宫之时，和她身份一样的嫔妃们照惯例替她祝告说："愿生诸王、公主，不要生太子。"胡充华却说："我的志向与你们不同，怎能害怕一身之死而让国家没有继承人呢？"到她怀孕之后，嫔妃们劝她把胎儿打掉，她却不干，并私下里发誓说："如果有幸生下男孩，排行应该是长子，儿子生下来后我死去，没有丝毫遗憾之处。"很快就生下了元诩。

早先，北魏宣武帝屡丧皇子，他年纪渐渐大了，所以对元诩特别重视，谨慎护理，选择良家妇女中奶水好的做乳母，在别宫中哺养元诩，皇后和胡充华都不得接近。

十一年（壬辰，公元512年）

丙辰（正月二十五日），北魏任命车骑大将军、尚书令高肇为司徒，清河王元怿为司空，广平王元司进封号为骠骑大将军，加封为仪同三司。高肇虽然位登三司，但犹自认为去掉了尚书令的要职，心中的不快流露于言语颜色之间，见到的人都因此而嗤笑他。尚书左丞高绰、国子博士封轨，向来以方正刚直为行事准则，到高肇当上司徒之后，高绰迎送往来行礼如仪，而封轨竟然不去拜见高肇。高绰在高肇那里也不见封轨前来，于是马上起身返回，叹息着说道："我平生自认为不失规矩，但是今天的举动，不如封生太远了。"高绰是高允的孙子，封轨是封懿的族孙。

清河王元怿有才学，外界声望也不错，有鉴于彭城王元勰无罪而被杀之祸，一次借侍宴机会，他对高肇说："天子的兄弟能有几人，而差不多剪除尽了！过去王莽是个秃头，凭借国舅的地位，便篡夺了汉室的天下。现在你是个驼背，也恐怕最终会成为祸乱之端。"正遇大旱，高肇擅自重新审理囚徒，想以此而收拢人心。元怿向北魏宣武帝进言："过去季氏超越名分在泰山祭祀，孔子对此非常愤慨。这确实是从君臣名分来考虑的，应该防微杜渐，不可以冒犯呀。减少膳食之费，重新审理囚徒，这是陛下的事情，现在则让司徒去干了，这哪里是做人臣者的本分呢？明君失之于上，奸臣窃之于下，祸乱的根子，就在这里了。"宣武帝听了，笑而不答。

冬季，十月，乙亥（十八日），北魏立皇子元诩为太子，并开了不杀其母的先例。又让尚书右仆射郭祚兼任太子少师。郭祚曾随北魏宣武帝到太子东宫，怀中特意装着黄䭞瓜给太子吃；当时应诏左右赵桃弓深受宣武帝的信任，郭祚私下里巴结他，时人称他为"桃弓仆射"、"黄䭞少师"。

第一百四十八卷　梁纪四

译文诵读

高祖武皇帝四天监十四年（乙未，515）

甲寅，魏主有疾；丁巳，殂于式乾殿。侍中、中书监、太子少傅崔光、侍中、领军将军于忠、詹事王显、中庶子代人侯刚迎太子诩于东宫，至显阳殿。王显欲须明行即位礼，崔光曰："天位不可暂旷，何待至明！"显曰："须奏中宫。"光曰："帝崩，太子立，国之常典，何须中宫令也！"于是，光等请太子止哭，立于东序；于忠与黄门郎元昭扶太子西面哭十余声止。光摄太尉，奉策进玺绶，太子跪受，服兖冕之服，御太极殿，即皇帝位，光等与夜直群官立庭中，北面稽首称万岁。昭，遵之曾孙也。

二月，庚辰，尊皇后为皇太后。

魏主称名为书告哀于高肇，且召之还。肇承变忧惧，朝夕哭泣。至于羸悴，归至瀍涧，家人迎之，不与相见；辛巳，至阙下，衰服号哭，升太极殿尽哀。高阳王雍与于忠密谋，伏直寝邢豹等十余人于舍人省下，肇哭毕，引入西庑，清河诸王皆窃言目之。肇入省，豹等扼杀之，下诏暴其罪恶，称肇自尽，自余亲党悉无所问，削除职爵，葬以士礼；逮昏，于厕门出尸归其家。

甲午，魏葬宣武皇帝于景陵，庙号世宗。己亥，尊胡贵嫔为皇太妃。三月，甲辰朔，以高太后为尼，徙居金墉瑶光寺，非大节庆，不得入宫。

魏于忠既居门下，又总宿卫，遂专朝政，权倾一时。初，太和中，军国多事，高祖以用度不足，百官之禄四分减一，忠悉命归所减之禄。旧制：民税绢一匹别输绵八两，布一匹别输麻十五斤，忠悉罢之。乙丑，诏文武群官各进位一级。

群臣奏请太后临朝称制，九月，乙未，灵太后始临朝听政，犹称令以行事，群臣上书称殿下。太后聪悟，颇好读书属文，射能中针孔，政事皆手笔自决。加胡国珍侍中，封安定公。

自郭祚等死，诏令生杀皆出于忠，王公畏之，重足胁息。太后既亲政，乃解忠侍中、领军、崇训卫尉，止为仪同三司、尚书令。后旬余，太后引门下侍官于崇训宫，问曰："忠在端揆，声望何如！"咸曰："不称厥任。"乃出忠为都督冀、定、瀛三州诸军事、征北大将军、冀州刺史；以司空澄领尚书令。澄奏："安定公宜出入禁中，参谘大务"，诏从之。

初，魏于忠用事，自言世宗许其优转；太傅雍等皆不敢违，加忠车骑大将军。忠又自谓新故之际有定社稷之功，讽百僚令加己赏；雍等议封忠常山郡公。忠又难于独受，乃讽朝廷，同在门下者皆加封邑，雍等不得已复封崔光为博平县公，而尚书元昭等上诉不已。太后敕公卿再议，太傅怿等上言："先帝升遐，奉迎乘舆，侍卫省闼，乃臣子常职，不容以此为功。臣等前议授忠茅土，正以畏其威权，苟免暴戾故也。若以功过相除，悉不应赏，请皆追夺。"崔光亦奉送章绶茅土，表十余上，太后从之。

高阳王雍上表自劾，称"臣初入柏堂，见诏旨之行一由门下，臣出君行，深知其不可而不能禁；于忠专权，生杀自恣，而臣不能违。忠规欲杀臣，赖在事执拒；臣欲出忠于外，在心未行，返为忠废。忝官尸禄，孤负恩私，请返私门，伏听司败。"太后以忠有保护之功，不问其罪。十二月，辛丑，以忠为太师，领司州牧，寻复录尚书事，与太傅怿、太保怀、侍中胡国珍入居门下，同厘庶政。

太后以魏主尚幼，未能亲祭，欲代行祭事，礼官博议以为不可。太后以问侍中崔光，光引汉和熹邓太后祭守庙故事，太后大悦，遂摄行祭事。

魏胡太后数幸宗戚勋贵之家，侍中崔光表谏曰："《礼》，诸侯非问疾吊丧而入诸臣之家，谓之君臣为谑。不言王后夫人，明无适臣家之义。夫人，父母在有归宁，没则使卿宁。汉上官皇后将废昌邑，霍光，外祖也，亲为宰辅，后犹御武帐以接群臣，示男女之别也。今帝族方衍，勋贵增迁，祗请遂多，将成彝式。愿陛下简息游幸，则率土属赖，含生仰悦矣。"

十六年（丁酉，517）

魏初，民间皆不用钱，高祖太和十九年，始铸太和五铢钱，遣钱工在所鼓铸；民有欲铸钱者，听就官炉，铜必精练，无得淆杂。世宗永平三年，又铸五铢钱，禁天下用钱不依准式者。既而洛阳及诸州镇所用钱各不同，商货不通。尚书令任城王澄上言，以为："不行之钱，律有明式，指谓鸡眼、镮凿，更无余禁。计河南诸州今所行悉非制限，昔来绳禁，愚窃惑焉。又河北既无新钱，复禁旧者，专以单丝之缣、疏缕之布，狭幅促度，不中常式，裂匹为尺，以济有无，徒成杼轴之劳，不免饥寒之苦，殆非所以救恤冻馁，子育黎元之意也。钱之为用，贯襁相属，不假度量，平均简易，济世之宜，谓为深允。乞并下诸方州镇，其太和与新铸五铢及古诸钱方俗所便用者，但内外全好，虽有大小之异，并得通行，贵贱之差，自依乡价。庶货环海内，公私无壅。其鸡眼、镮凿及盗铸、毁大为小、生新巧伪不如法者，据律罪之。"诏从之。然河北少钱，民犹用物交易，钱不入市。

十七年（戊戌，518）

临川王宏妾弟吴法寿杀人而匿于宏府中，上敕宏出之，即日伏辜。南司奏免宏官，上注曰："爱宏者兄弟私亲，免宏者王者正法；所奏可。"五月，戊寅，司徒、骠骑大将军、扬州刺史临川王宏免。

宏自洛口之败，常怀愧愤，都下每有窃发，辄以宏为名，屡为有司所奏，上每赦之。上幸光宅寺，有盗伏于骠骑航，待上夜出；上将行，心动，乃于朱雀航过。事发，称为宏所使，上泣谓宏曰："我人才胜汝百倍，当此犹恐不堪，汝何为者？我非不能为汉文帝，念汝愚耳！"宏顿首称无之，故因匿法寿免宏官。

宏奢僭过度，殖货无厌。库屋垂百间，在内堂之后，关籥甚严，有疑是铠仗者，密以闻。上于友爱甚厚，殊不悦。他日，送盛馔与宏爱妾江氏曰："当来就汝欢宴。"独携故人射声校尉丘佗卿往，与宏及江大饮，半醉后，谓曰："我今欲履行汝后房。"即呼舆径往堂后，宏恐上见其货贿，颜色怖惧。上意益疑之，于是屋屋检视，每钱百万为一聚，黄榜标之，千万为一库，悬一紫标，如此三十余间。上与佗卿屈指计，见钱三亿余万，余屋贮布绢丝绵漆蜜纻蜡等杂货，但见满库，不知多少。上始知非仗，大悦，谓曰："阿六，汝生计大可！"乃更剧饮至夜，举烛而还。兄弟方更敦睦。

宏都下有数十邸，出悬钱立券，每以田宅邸店悬上文契，期讫，便驱券主夺其宅，都下、东土百姓，失业非一。上后知之，制悬券不得复驱夺，自此始。

侍中、领军将军吴平侯昺，雅有风力，为上所重，军国大事皆与议决，以为安右将军，监扬州。昺自以越亲居扬州，涕泣恳让，上不许。在州尤称明断，符教严整。

辛巳，以宏为中军将军、中书监，六月，乙酉，又以本号行司徒。

臣光曰：宏为将则覆三军，为臣则涉大逆，高祖贷其死罪矣。数旬之间，还为三公，于兄弟之恩诚厚矣，王者之法果安在哉！

梁武帝天监十四年（乙未，公元515年）

甲寅（正月初十），北魏宣武帝患病，丁巳（十三日），在式乾殿病故。侍中、中书监、太子少傅崔光，侍中、领军将军于忠，詹事王显，中庶子代京人侯刚等人从东宫迎接太子元诩来到显阳殿。王显想等天亮以后再为太子举行即位仪式，崔光说："皇位不可以片刻无主，为什么要等到天亮呢？"王显说："必须报告中宫皇后。"崔光说："皇上驾崩，太子即位，这是国家正常的规定，何必要等侍中宫的旨令呢！"于是，崔光等人请求太子停止哭泣，站在东面；于忠和黄门侍郎元昭搀扶太子面向西哭了十多声后停止了哭泣。崔光代理太尉的职务，捧着策书献上印玺和绶带，太子跪着接受了，穿上礼服，走上太极殿，即皇帝位。崔光等人和夜间值勤的官员站立在庭中，向北叩头高呼万岁。元昭是北魏略阳公元遵的重孙子。

二月，庚辰（初七），北魏尊封皇后为皇太后。

北魏孝明帝自己称名写信给高肇报告丧事，并且召他回朝。高肇承受着这种变故非常忧伤、惊惧，整日哭泣，甚至越来越瘦弱憔悴，回到瀍涧时，家里人迎接他，他却不与他们见面。辛巳（初八），他来到皇宫前，登上太极殿穿着丧服号哭。高阳王元雍和于忠秘密商议，将值寝邢豹等十多人埋伏在舍人省内，等到高肇哭完，把他引入西殿，清河王等众王都偷偷交谈着看着他。高肇进了舍人省，邢豹等人扼杀了他，接着，下令公布高肇的罪恶，假称高肇自杀，因此，对他的亲友全都没有加以追究。又剥夺了他的职务、爵位，用士大夫的礼节安葬他。到了黄昏，从侧门把他的尸体运回他家。

甲午，（二十一日），北魏将宣武帝安葬在景陵，庙号为世宗。己亥（二十六日），尊胡贵嫔为皇太妃。三月甲辰朔（初一），做了尼姑的高太后，被迫迁居到金墉瑶光寺，不遇到大的节日庆典，不许入宫。

北魏的于忠既担任侍中，又总管禁卫事务，于是他独揽朝政，权倾一时。起初，在太和年间，国家频繁用兵，孝文帝为了用度不足的原因，把百官的俸禄减少了四分之一。于忠下令全部恢复了减少的俸禄。旧法规定：百姓每织一匹绢要交八两绵，每织一匹布要交十五斤麻作为税收，于忠都加以免除。乙丑（二十二日），朝廷诏令使文武百官每人晋升一级。

众大臣上书请求太后临朝，她的命令称为“制”，做行皇帝的权力，九月乙未，胡太后开始临朝听政，但还是不称“制”而称令，大臣们上书仍称呼她为殿下。太后聪明机智，非常喜爱读书写作，射箭能射中针孔，一切政务都亲手批阅处理。她提拔胡国珍为侍中，封为安定公。

自从郭祚等人死后，诏书、命令、生杀予夺之权都由于忠决定，王公们都畏惧他，人人蹑手蹑脚、敛声屏气。太后亲政后，就解除了于忠侍中、领军、崇训卫尉的职务，只让他做仪同三司、尚书令。过了十几天，太后把门下侍官叫到崇训宫，问道：“于忠在朝廷中为百官之首，声望如何？”众人都说：“他不称职。”于是就让于忠出朝任都督冀、定、瀛三州诸军事，征北大将军，冀州刺史；让司空元澄兼任尚书令。元澄上书说：“安定公应当可以出入宫禁，并参议重大事务。”诏令批准了他的请求。

当初，北魏的于忠掌握朝中权力，自称宣武帝答应加封他，太傅元雍等人都不敢违背圣旨，于是加封于忠为车骑大将军。于忠又自认为在新旧交替时有安定国家政权的功劳，示意官员们上书建议给他增加奖赏，因此元雍等议封于忠为常山郡公。于忠却又不敢独享，就示意给在门下省的人一同增加封地。元雍等人不得已只好又封崔光为博平县公，而尚书元照等人不断地上书投诉。胡太后就命令大臣们再次商议，太傅元怿等人上书说：“先帝升天后，迎接新主、保护防卫，本是做臣子的正常职务，不应当把这个当做功劳。我们从前建议授予于忠封地，正因为畏惧他的威风和权势，不过想暂时免除残暴的行为。如果把功劳和过失相抵，全不应当奖赏，请求全部追还封赏。”崔光也送还封地和官爵，书表递上了十几份，太后终于采纳了。

高阳王元雍上书自责，说道：“我刚刚进入柏堂时，看到圣上的诏书旨令都由门下省做主，臣子做主，国君执行，深知这种事不该发生但却不能禁止。于忠独揽朝权，随意生杀予夺，但是我不敢违抗。于忠一心想杀掉我，幸亏在位任事的崔光坚持不允许。我想把于忠逐出京外，心愿还没达到就被于忠破坏。我这样不理政务空食俸禄，辜负了圣上对我的恩惠，请将我免去职位遣返回家，心甘情愿地听从司寇的处置。”太后因为于忠有过保护她的功劳，没有查问他的罪过。十二月辛丑，任命于忠为太师，兼任司州牧，不久又重任录尚书事，和太傅元怿、太保元怀、侍中胡国珍居住在门下省，一同治理朝政。

胡太后因为孝明帝年龄尚幼，不能亲理朝政，便想代替他进行祭祀之事，礼官多方议论后认为不可以。太后以这事询问侍中崔光，崔光引用汉朝和熹邓太后祭宗庙的旧事，认为可以，太后非常高兴，于是代行祭祀的事务。

北魏胡太后多次驾临皇室贵戚以及功臣显贵的家中，侍中崔光上书劝谏说：“《礼记》上讲，诸侯如果不是为了慰问病人或追悼死人而进入大臣的家中，就叫做君臣之间失礼戏谑。没有提到王后夫人，是为了表明她们根本没有去大臣家的道理。诸侯的夫人，父母在时可以回家问候，父母不在就派大臣去问候。汉朝的上官皇后将要废掉昌邑王时，霍光是她的外祖父，担任宰相，皇后仍然悬挂武帐来接见众大臣，是为了表明男女要加以区分。现在皇族正当繁衍兴盛之时，宗戚勋贵升官的很多，请您的人就多起来了，快要成为常规了。希望您减少和停止出游探视，如此则天下归心，众生仰戴。”

十六年（丁酉，公元517年）

北魏初建立时，民间都不使用钱币，孝文帝太和十九年时，开始铸造太和五铢钱，派钱工在工场铸造。百姓中有想铸钱的人，就让他们到国家的铸炉去铸造，铜一定要精炼，不能混杂。宣武帝永平三年，又铸造五铢钱，禁止国内使用不合标准的钱。这样不久，由于洛阳和各州镇所用钱各不相同，商品货物不能交换、流通。尚书令任城王元澄上书，认为：“不通行的钱，法律有明文规定，指那些薄小、凿边的钱币，再没有其他的限禁。估计河南各州现在所通行的钱币都不是禁止行列里的，从前发生禁止的事，我感到很困惑。另外，河北既没有新钱，又禁止使用旧钱，只好专用单丝织成的细绢以及疏线织成的粗布，它们幅面狭窄，尺度也不足，不合常规。把一匹布分成几尺，来救济没有的人，白白地费了机织的辛苦，却不能避免饥寒的困扰，这大概不是救济扶助冻饿之人的办法，也不符合养育百姓的本意吧。钱的使用，用绳子穿起来，不用凭借度量工具，既公平又简易，是方便百姓的好办法，确实是再合适不过了的。请求同时命令各个州镇，不管是太和钱还是新铸的五铢钱，以及古时通行的钱币，凡是地方上一直使用的，只要里外都好，即使有大小的区别，也都一起通行，贵贱的差别，分别按乡里的物价折合。这样，货物在海内都可流通，公家、私人都可以开展贸易，财物再也不会积压了。那些专铸薄小之钱、凿边之钱、盗铸钱币、将大钱化成小钱以及用各种花招造假钱的人，一律按法律制裁。”胡太后下令同意他的意见。但由于河北缺少钱币，百姓仍然以物易物，钱币不能在市面流通。

十七年（戊戌，公元518年）

临川王萧宏的小妾的弟弟吴法寿杀人之后藏在萧宏府内，梁武帝命令萧宏交出他，当天就把吴法寿依法治罪。南司奏请免去萧宏官职，梁武帝在奏折上批示：“怜爱萧宏是兄弟的私情，免除萧宏的官职是帝王的法律，批准南司的奏请。”五月戊寅（二十四日），司徒、骠骑大将军、扬州刺史临川王萧宏被免职。

萧宏自从兵败洛口之后，常常怀着羞愧、愤恨之恼，京城中每当发生了造反作乱，都打着萧宏的名号，因此多次被有关部门汇报，梁武帝宽恕了他。梁武帝临幸光宅寺，有强盗埋伏在萧宏府前以萧宏的官名命名的浮桥骠骑航上，等待梁武帝夜晚出来。梁武帝刚要出发，忽然心中一阵惊悸，于是便从另一座叫朱雀航的桥上过。事情暴露后，贼人口称是受萧宏指使，梁武帝哭着对萧宏说：“我的人品才能胜过你百倍，但是处在皇位上还感到力不从心，你能做什么？我不是不能如同汉文帝诛杀淮南王刘长那样把你杀掉，而是可怜你愚蠢啊！”萧宏叩头说没有这事，但是终于因为藏匿吴法寿被免了官。

萧宏奢侈无度，暴敛无厌。他有库房将近一百间，位于内堂的后面，平时看守、防备非常严密，有人怀疑里面是兵器，便秘密上报了梁武帝。梁武帝对兄弟友爱看得很重，所以很不高兴。有一天，梁武帝送给萧宏的爱妾江氏丰盛的酒菜，并说：“我要来你家畅饮。”到时他只带了老部下射声校尉丘佗卿前去，和萧宏以及江氏开怀畅饮。半醉之后，梁武帝说：“我现在要去你的后房走走。”就坐轿一直来到后堂，萧宏恐怕武帝看到他的财物，脸色十分惊恐。于是梁武帝心中更加怀疑他了，便把每间房子都检查了一遍，发现萧宏把每一百万钱堆为一处，用黄色木片作为标志，每一千万钱存在一间库房之中，挂一个紫色标志，共有三十多间。梁武帝和兵佗卿屈指计算，算出共有三亿多万钱，其它的房间贮存着布、绢、丝、绵、漆、蜜、纻、麻、蜡等杂货，只见满库都是，不知有多少。梁武帝这才知道库里放的不是兵器，于是非常高兴，说：“阿六，你的生计真可以啊！”于是再行痛饮直到深夜，举着蜡烛回宫。从此兄弟俩才重归于好了。

萧宏在京城里有数十处府第，他放债立债券时，总是让借债者把自己的田宅或店铺作为抵押写在文契之上，过了期，就把借债者驱赶走，从而夺取他们的住宅，京城和东土百姓不止一人失去产业。梁武帝后来知道了这事，下令不得再以债券侵夺欠债者的产业，这一规定就是从此而开始的。

侍中、领军将军吴平侯萧昺，特别有风度，有骨气，被梁武帝所看重，因此军队、国家的大事都和他商量处理，让他做安右将军，监扬州。萧昺认为让自己驻守扬州不合适，扬州是京邑之地，应当由皇上的亲兄弟来镇守，而自己是皇上的堂弟，不能超越皇上兄弟之亲。因此便流着泪恳切地推辞，但梁武帝不许他推辞。萧昺治理扬州尤其称得上明察果断、政令严整。

辛巳（二十七日），梁武帝任命萧宏为中军将军、中书监，六月乙酉（初一），又任命他以中军将军的官号兼司徒。

臣司马光曰：萧宏做将领则覆没三军，做臣子则有大逆不道之涉，梁武帝饶恕他的死罪是可以的，但是几十天里，又重新让他位列王公，这从兄弟的恩情讲是诚厚的了，可是帝王的法度果真在哪里呢！

第一百四十九卷

梁纪五

译文诵读

高祖武皇帝五天监十八年（己亥，519）

魏征西将军张彝之子仲瑀上封事，求铨削选格，排抑武人，不使豫清品。于是喧谤盈路，立榜大巷，克期会集，屠害其家；彝父子晏然，不以为意。二月，庚午，羽林、虎贲近千人，相帅至尚书省诟骂，求仲瑀兄左民郎中始均不获，以瓦石击省门；上下慑惧，莫敢禁讨。遂持火掠道中薪蒿，以杖石为兵器，直造其第，曳彝堂下，捶辱极意，焚其第舍。始均逾垣走，复还拜贼，请其父命，贼就殴击，生投之火中。仲瑀重伤走免，彝仅有余息，再宿而死。远近震骇。胡太后收掩羽林、虎贲凶强者八人斩之，其余不复穷治。乙亥，大赦以安之，因令武官得依资入选。识者知魏之将乱矣。

时官员既少，应选者多，吏部尚书李韶铨注不行，大致怨嗟；更以殿中尚书崔亮为吏部尚书。亮奏为格制，不问士之贤愚，专以停解月日为断，沈滞者皆称其能。亮甥司空谘议刘景安与亮书曰："殷、周以乡塾贡士，两汉由州郡荐才，魏、晋因循，又置中正，虽未尽美，应什收六七。而朝廷贡才，止求其文，不取其理，察孝廉唯论章句，不及治道，立中正不考才行，空辩氏姓，取士之途不博，沙汰之理未精。舅属当铨衡，宜改张易调，如何反为停年格以限之，天下士子谁复修厉名行哉！"亮复书曰："汝所言乃有深致。吾昨为此格，有由而然。古今不同，时宜须异。昔子产铸刑书以救弊，叔向讥之以正法，何异汝以古礼难权宜哉！"洛阳令代人薛琡上书言："黎元之命，系于长吏，若以选曹唯取年劳，不简能否，义均行雁，次若贯鱼，执簿呼名，一吏足矣，数人而用，何谓铨衡！"书奏，不报。后因请见，复奏"乞令王公贵臣荐贤以补郡县"，诏公卿议之，事亦寝。其后甄琛等继亮为吏部尚书，利其便己，踵而行之，魏之选举失人，自亮始也。

初，燕燕郡太守高湖奔魏，其子谧为侍御史，坐法徙怀朔镇，世居北边，遂习鲜卑之俗。谧孙欢，沈深有大志，家贫，执役在平城，富人娄氏女见而奇之，遂嫁焉。始有马，得给镇为函使，至洛阳，见张彝之死，还家，倾赀以结客。或问其故，欢曰："宿卫相帅焚大臣之第，朝廷惧其乱而不问，为政如此，事可知矣，财物岂可常守邪！”欢与怀朔省事云中司马子如、秀容刘贵、中山贾显智、户曹史咸阳孙腾、外兵史怀朔侯景、狱掾善无尉景、广宁蔡俊特相友善，并以任侠雄于乡里。

魏累世强盛，东夷、西域贡献不绝，又立互市以致南货，至是府库盈溢。胡太后尝幸绢藏，命王公嫔主从行者百余人各自负绢，称力取之，少者不减百余匹。尚书令、仪同三司李崇、章武王融，负绢过重，颠仆于地，崇伤腰，融损足，太后夺其绢，使空出，时人笑之。融，太洛之子也。侍中崔光止取两匹，太后怪其少，对曰：“臣两手唯堪两匹。”众皆愧之。

时魏宗室权幸之臣，竞为豪侈，高阳王雍，富贵冠一国，宫室园圃，侔于禁苑，僮仆六千，伎女五百，出则仪卫塞道路，归则歌吹连日夜，一食直钱数万。李崇富埒于雍而性俭啬，尝谓人曰：“高阳一食，敌我千日。”

河间王琛，每欲与雍争富，骏马十余匹，皆以银为槽，窗户之上，玉凤衔铃，金龙吐旆。尝会诸王宴饮，酒器有水精锋，马脑碗，赤玉卮，制作精巧，皆中国所无。又陈女乐、名马及诸奇宝，复引诸王历观府库，金钱缯布不可胜计，顾谓章武王融曰：“不恨我不见石崇，恨石崇不见我。”融素以富自负，归而惋叹三日。京兆王继闻而省之，谓曰：“卿之货财计不减于彼，何为愧羡乃尔？”融曰：“始谓富于我者独高阳耳，不意复有河间！”继曰：“卿似袁术在淮南，不知世间复有刘备耳。”融乃笑而起。

太后好佛，营建诸寺，无复穷已，令诸州各建五级浮图，民力疲弊。诸王、贵人、宦官、羽林各建寺于洛阳，相高以壮丽。太后数设斋会，施僧物动以万计，赏赐左右无节，所费不赀，而未尝施惠及民。府库渐虚，乃减削百官禄力。任城王澄上表，以为“萧衍常蓄窥觎之志，宜及国家强盛，将士旅力，早图混壹之功。比年以来，公私贫困，宜节省浮费以周急务。”太后虽不能用，常优礼之。

魏自永平以来，营明堂、辟雍，役者多不过千人，有司复借以修寺及供他役，十余年竟不能成。起部郎源子恭上书，以为“废经国之务，资不急之费，宜彻减诸役，早图就功，使祖宗有严配之期，苍生有礼乐之富。”诏从之，然亦不能成也。

普通元年（庚子，520）

春，正月，乙亥朔，改元大赦。

魏太傅、侍中、清河文献王怿，美风仪，胡太后逼而幸之。然素有才能，辅政多所匡益，好文学，礼敬士人，时望甚重。侍中、领军将军元义在门下，兼总禁兵，恃宠骄恣，志欲无极，怿每裁之以法，义由是怨之。卫将军、仪同三司刘腾，权倾内外，吏部希腾意，奏用腾弟为郡，人资乖越，怿抑而不奏，腾亦怨之。龙骧府长史宋维，弁之子也，怿荐为通直郎，浮薄无行。义许维以富贵，使告司染都尉韩文殊父子谋作乱立怿。怿坐禁止，按验，无反状，得释，维当反坐；义言于太后曰：“今诛维，后有真反者，人莫敢告。”乃黜维为昌平郡守。

义恐怿终为己害，乃与刘腾密谋，使主食中黄门胡定自列云："怿货定使毒魏主，若己得为帝，许定以富贵。"帝时年十一，信之。秋，七月，丙子，太后在嘉福殿，未御前殿，义奉帝御显阳殿，腾闭永巷门，太后不得出。怿入，遇义于含章殿后，义厉声不听怿入，怿曰："汝欲反邪！"义曰："义不反，正欲缚反者耳！"命宗士及直斋执怿衣袂，将入含章东省，使人防守之。腾称诏集公卿议，论怿大逆；众咸畏义，无敢异者，唯仆射新泰文贞公游肇抗言以为不可，终不下署。

义、腾持公卿议入，俄面得可，夜中杀怿。于是诈为太后诏，自称有疾，还政于帝。幽太后于北宫宣光殿，宫门昼夜长闭，内外断绝，腾自执管钥，帝亦不得省见，裁听传食而已。太后服膳俱废，不免饥寒，乃叹曰："养虎得噬，我之谓矣。"又使中常侍贾粲侍帝书，密令防察动止。义遂与太师高阳王雍等同辅政，帝谓义为姨父。义与腾表里擅权，义为外御，腾为内防，常直禁省，共裁刑赏，政无巨细，决于二人，威振内外，百僚重迹。

朝野闻怿死，莫不丧气，胡夷为之剺面者数百人。游肇愤邑而卒。

梁武帝天监十八年（己亥，公元519年）

北魏征西将军张彝的儿子张仲瑀上书，请奏修订选官的规定，以限制武将，不让他们在朝中列入士大夫的清品。因此，议论和抗议之声到处都是，这些人在大街上张榜，约定集合时间，要去屠灭张家。张彝父子却平静自如，不把这件事放在心上。二月庚午（二十日），羽林、虎贲等将近一千人，一同来到尚书省叫骂，寻找张仲瑀的哥哥左民郎中张始均，没有找到，就用瓦片、石块砸尚书省的大门。尚书省的官吏们都很害怕，没有人敢去阻挡他们。于是这些武士们又手执火把引燃了路上的蒿草，用石头、木棍作为兵器，一直攻入张家住宅，将张彝拖到堂下，尽情地捶打污辱，并且烧毁了他的住房。张始均跳墙逃跑了，但又赶回来向贼兵求饶，请求他们饶他父亲不死，贼兵们趁势殴打他，将他活活投到火里。张仲瑀受伤逃脱了，张彝被打得只剩一丝游气，过了两晚就死掉了。远近都因这件事而受到震惊。但是胡太后只抓了闹事的羽林、虎贲中的八个首恶分子，杀掉了他们，其他的就不再追究了。乙亥（二十五日），又颁布了大赦令来安抚他们，于是命令武官可以按资格入选。有识之士

西魏佛像

知道北魏将要发生动乱了。

当时官员名额已经很少，应选的人都很多，吏部尚书李韶停止选择录用工作，遭到很多埋怨；于是朝廷便另外任命殿中尚书崔亮为吏部尚书。崔亮奏请制定了新的录用标准。规定不管应选者是贤是愚，只以其待选的时间为依据，时间长者优选录用，因此那些长时间待选的人都称赞他有才能。崔亮的外甥司空咨议刘景安给崔亮写信说：“商周时期由乡间学校选拔官员，两汉时期由州郡推荐人才，魏晋两代因循汉代旧例，又在各州郡设置了中正的职位主管这件事，虽然没达到尽善尽美的程度，但是所选的人才每十人中也有六七人是应当入选的。然而朝廷选拔人才，只要求他们文采好，而不考察他们的本体如何，考察孝廉只根据他们的章句学问如何，而不看他们有无治理国家的方法。设立中正官职只辨识他们的姓氏，而不考察应选者的才能、品行，选取士人的路途不广，淘汰的办法不严密。舅舅您被委任来主管铨选官员之事，本应改换掉那些不妥的章程，为什么反而以年资长短为任用的标准，这样一来，天下的士人谁还会再注意修励自己的名节和品行呢！”。崔亮回信说：“你所说的的确有深刻的道理，但是我前不久采取的那种办法，也有它的道理，古今不同，时机合适时便应当加以变革。从前子产铸造青铜刑书来挽救时弊，但是叔向以不合先王之法来讥刺他，这和你用古代礼法来责难随时变化有什么不同！”。洛阳令代京人薛琡上书说：“百姓的性命，掌握在官吏的手上，如果选拔官吏只按他们的年资，而不问他们的能力大小，像排队飞行的大雁一样按顺序来，或像穿在一起的鱼一样由先而后地拿着名册叫名字，那么吏部只需一名官吏就足够了，按顺序用人，怎能叫做铨选人才呢！”薛琡的上书交上之后，没有得到答复。后来薛琡又因此而请求拜见皇上，再次上奏：“请求陛下命令王公大臣推荐贤才来补任郡县长官的职务。”因此北魏孝明帝下令让大臣们议定这件事，但是事情亦没有下文。后来，甄琛等人接替崔亮做了吏部尚书，因论资排辈这种办法对自己有便利，就继续奉行，北魏的选拔任用官员不得当，是从崔亮开始的。

当初，燕国的燕郡太守高湖逃奔魏国，他的儿子高谧做了侍御史，因为犯了法被流放到怀朔镇，几代人居住在北部边疆，于是就养成了鲜卑人的风俗习惯。高谧的孙子高欢，深沉而有大志，家境贫困，在平城服役，富家娄氏的女儿看到他，认为他不同一般，便嫁给了他。他这才有了马匹，得以充当镇上的信使。他到洛阳时，见到张彝被打死一事，回到家之后，就倾尽财物来结识宾客。有人问他为什么这样做，高欢说：“皇宫中的卫兵们结伙起来焚烧了大臣的住宅，朝廷却畏惧他们叛乱而不敢过问，执政到了这种地步，事态如何便可想而知了，岂可死守着这些财物而过一辈子呢？”高欢和怀朔省事云中人司马子如、秀容人刘贵、中山人贾显智、户曹史咸阳人孙腾、外兵史怀朔人侯景、狱掾善无人尉景、广宁人蔡俊等人，特别地友好亲密，他们均以仗义任气而称雄于乡里。

北魏接连几代都很强盛，东夷、西域都不断地向其进贡，他们又设立了互换物品的市场来取得南方的货物，因此国库非常充实。胡太后曾经临幸藏绢的仓库，命令随行的一百多个王公、妃嫔、公主各自取绢，按自己的力气而取之，拿得最少的也不下一百多匹。尚书令、仪同三司李崇和章武王元融因为扛的绢太重，跌倒在地，李崇扭伤了腰，元融扭伤了脚，胡太后夺下了他们的绢，让他们空手而出，当时的人们都把这事当成了笑话。元融是元太洛的儿子。侍中崔光只取了两匹，胡太后嫌他拿得少，他回答说："我的两只手只能拿得动两匹绢。"其他的人听了后都很惭愧。

当时北魏宗族中受宠掌权的大臣们都争比奢侈豪华。高阳王元雍是全国的首富，他的宫室园林和帝王的园林不差上下，有六千男仆，五百艺伎，出门时仪仗卫队充塞道路，回家后就整日整夜地吹拉弹唱，一顿饭价值几万钱。李崇与元雍同样富，但他生性吝啬，他曾对人说："高阳王的一顿饭，等于我一千日的费用。"

河间王元琛，总是想和元雍比富，他有十多匹骏马，马槽都是用银子做的，房屋的窗户之上，都雕饰着玉凤衔铃，金龙吐旆，真是金碧辉煌。他曾经召集众王一同设宴饮酒，所用酒器有水精盅、玛瑙碗、赤玉杯，制作精巧，全都是中原所没有的。他陈列艺伎、名马和各种珍奇宝贝，又带领众王一一参观府库，其中金钱，布帛不可胜数，回头对章武王元融说："我不恨自己看不见石崇，只恨石崇看不到我。"元融一向因为富有而自负，回府后却伤心叹息了三天。京兆王元继知道这一情况之后去见他，对他说："你的财物算起来不比他的少，为什么这么嫉妒他呢？"元融说："开始时我认为比我富的人只有高阳王，不料还有河间王！"元继说："你就像在淮南的袁术，不知道世上还有个刘备呀。"元融这才笑着坐起来了。

胡太后爱好佛教，没完没了地修建各种寺庙，下令各州分别修建五级佛塔，以致百姓的财力匮乏，疲惫不堪。众位王爷、权贵、宦官、羽林分别在洛阳修建寺庙，互相用寺庙的华丽来炫耀自己。胡太后多次设立斋戒大会，给僧人的布施动辄以万计数，又常常没有节度地赏赐身边的人，耗费的财物不可计量，却不曾把好处施舍到百姓头上。这样，国库渐渐空虚，于是就削减众官员的俸禄和随员。任城王元澄上书，指出："萧衍一直对我国蓄有觊觎之心，所以我们应当趁国家强盛，兵强马壮，早日规划统一大业。但是近年以来，国家和个人都很贫困，所以应当节制不必要的费用，以便周给急务之需。"胡太后虽然没有采用他的意见，但因此而常优待礼遇他。

北魏从永平年间以来，为修建明堂和太学而服役的人最多不超过一千人，有关部门又把这些人借去修建寺庙和服其他劳役，因此十多年仍然没能建成。起部郎源子恭为此而上书，认为："如此而废弃治国的大业，资助不急需的费用，确为不该，故而应当撤销、减少各种劳役，早日求取明堂、太学完工，使祖宗有配天而享受祭礼之期，百姓可以知晓礼乐。"朝廷下令采纳了他的建议，但明堂和太学仍然不能建成。

普通元年（庚子，公元520年）

春季，正月，乙亥（初一），梁朝改年号并大赦天下。

北魏太傅、侍中、清河文献王元怿，神采仪表俱佳，胡太后逼迫和他私通。但是元怿素有才能，辅政多所匡益，又爱好文学，对士大夫很尊敬，在社会上的声望很高。侍中、领军将军元义在门下省，又兼任统管禁卫之兵，他倚仗太后的宠幸骄傲放肆，穷奢极欲，元怿常常按法律制裁他，因此元义非常怨恨元怿。卫将军、仪同三司刘腾的权势在朝廷内外都很大，吏部为了讨刘腾的欢心，奏请任命刘腾的弟弟为郡太守，但是因刘腾的弟弟无论才能和资历都不够格，元怿便压下来，不肯上奏，因此刘腾也怨恨他了。龙骧府长史宋维是宋弁的儿子，元怿推荐他做了通直郎，但是宋维实际上是个轻薄无行之徒。元义答应使宋维荣华富贵，让宋维告司染都尉韩文殊父子二人谋划叛乱，要立元怿为帝。元怿因此而被监禁，经过查验，没有发现谋反的行为，才被释放。宋维因诬告而应当以诬告治罪，元义对太后说："如果现在杀了宋维，以后有了真反叛的人，谁也不敢报告了。"于是只把宋维贬为昌平郡太守。

元义怕元怿最终成为自己的心头之患，就和刘腾密谋，让主食中黄门胡定自己供认说："元怿贿赂我，让我毒死皇上，许诺如果他做了皇上，便让我荣华富贵。"北魏孝明帝当时只有十一岁，相信了胡定的诬陷。秋季，七月丙子（初四），胡太后在嘉福殿，没有到前殿来，元义奉侍皇帝来到显阳殿，刘腾关闭了永巷门，胡太后不能出来。元怿入宫，在含章殿后遇上了元义，元义厉声喝止，不许元怿进入，元怿说："你想造反吗？"元义说："我不造反，我正想抓要造反的人呢！"于是命令宗士和直斋们揪住元怿的衣袖，把他送到含章东省，派人看守住他。刘腾伪称皇上的命令召集公卿们来议论，数说元怿谋反的罪状；大家都畏惧元义，没有人敢表示不同意见，只有仆射新泰文贞公游肇反驳说元怿不可能谋反，到底也没有下笔签名同意把元怿治罪。

元义、刘腾拿着王公们的意见进宫，很快就得到孝明帝批准，半夜时杀掉了元怿。于是他们又伪造胡太后的旨令，说她自己有了病，要将政权交还给孝明帝。他们把胡太后囚禁在北宫的宣光殿，宫门昼夜都关闭着，内外隔断，刘腾自己掌管着钥匙，连孝明帝都不能探视，只允许递送食物。胡太后的衣服饮食都不能像原来那样了，因此免不了忍饥受寒，于是她叹息道："养虎却被虎咬了，说的就是我呀。"元义又派中常侍贾粲陪侍孝明帝读书，暗中命令他提防监视孝明帝的行动。元义便与太师高阳王元雍等人一同辅政，孝明帝称元义为姨父。元义和刘腾内外专权，相互勾结，元义专管抵挡来自于朝廷之外的攻击，刘腾负责对朝廷内部的监视。他们常常在殿中值勤，一同决定赏罚，政事不论大小，都由他们两人决定，他们威震朝廷内外，以致百官们个个小心翼翼，不敢轻举妄动。

朝野之人听到元怿的死讯，莫不痛心疾首，甚至胡夷中有好几百人痛哭他的死时都划破了面孔表示悲哀。游肇气愤不过死掉了。

第一百五十卷

梁纪六

译文诵读

高祖武皇帝六普通五年（甲辰，524）

三月，魏以临淮王彧都督北讨诸军事，讨破六韩拔陵。

五月，临淮王彧与破六韩拔陵战于五原，兵败，彧坐削除官爵。安北将军陇西李叔仁又败于白道，贼势日盛。

魏主引丞相、令、仆、尚书、侍中、黄门于显阳殿，问之曰："今寇连恒、朔，逼近金陵，计将安出？"吏部尚书元脩义请遣重臣督军镇恒、朔以捍寇，帝曰："去岁阿那瓌叛乱，遣李崇北征，崇上表求改镇为州，朕以旧章难革，不从其请。寻崇此表，开镇户非冀之心，致有今日之患；但既往难追，聊复略论耳。然崇贵戚重望，器识英敏，意欲遣崇行，何如？"仆射萧宝寅等皆曰："如此，实合群望。"崇曰："臣以六镇遐僻，密迩寇戎，欲以慰悦彼心，岂敢导之为乱！臣罪当就死，陛下赦之；今更遣臣北行，正是报恩改过之秋。但臣年七十，加之疲病，不堪军旅，愿更择贤材。"帝不许。脩义，天赐之子也。

臣光曰：李崇之表，乃所以销祸于未萌，制胜于无形。魏肃宗既不能用，及乱生之后，曾无愧谢之言，乃更以为崇罪，彼不明之君，乌可与谋哉！《诗》云："听言则对，诵言如醉，匪用其良，覆俾我悖。"其是之谓矣。

壬申，加崇使持节、开府仪同三司、北讨大都督，命抚军将军崔暹、镇军将军广阳王深皆受崇节度。深，嘉之子也。

魏自破六韩拔陵之反，二夏、豳、凉，寇盗蜂起。秦州刺史李彦，政刑残虐，在下皆怨，是月，城内薛珍等聚党突入州门，擒彦，杀之，推其党莫折大提为帅，大提自称秦王。魏遣雍州刺史元志讨之。

初，南秦州豪右杨松柏兄弟，数为寇盗，刺史博陵崔游诱之使降，引为主簿，接以辞色，使说下群氐，既而因宴会尽收斩之，由是所部莫不猜惧。游闻李彦死，自知不安，欲逃去，未果；城民张长命、韩祖香、孙掩等攻游，杀之，以城应大提。大提遣其党卜胡袭高平，克之，杀镇将赫连略，行台高元荣。大提寻卒，子念生自称天子，置百官，改元天建。

东西部敕勒皆叛魏，附于破六韩拔陵，魏主始思李崇及广阳王深之言。丙申，下诏："诸州镇军贯非有罪配隶者，皆免为民。"改镇为州，以怀朔镇为朔州，更命朔州曰云州。遣兼黄门侍郎郦道元为大使，抚慰六镇。时六镇已尽叛，道元不果行。

秀容人乞伏莫于聚众攻郡，杀太守；丁酉，南秀容牧子万于乞真杀太仆卿陆延，秀容酋长尔朱荣讨平之。荣，羽健之玄孙也。其祖代勤，尝出猎，部民射虎，误中其髀，代勤拔箭，不复推问，所部莫不感悦。官至肆州刺史，赐爵梁郡公，年九十余而卒；子新兴立。新兴时，畜牧尤蕃息，牛羊驼马，色别为群，弥漫川谷，不可胜数。魏每出师，新兴辄献马及资粮以助军，高祖嘉之。新兴老，请传爵于子荣，魏朝许之。荣神机明决，御众严整。时四方兵起，荣阴有大志，散其畜牧资财，招合骁勇，结纳豪杰，于是侯景、司马子如、贾显度及五原段荣、太安窦泰皆往依之。显度，显智之兄也。

魏广阳王深上言："今六镇尽叛，高车二部亦与之同，以此疲兵击之，必无胜理。不若选练精兵守恒州诸要，更为后图。"遂与李崇引兵还平城。崇谓诸将曰："云中者，白道之冲，贼之咽喉，若此地不全，则并、肆危矣。当留一人镇之，谁可者？"众举费穆，崇乃请穆为朔州刺史。

六年（乙巳，525）

初，魏刘腾既卒，胡太后及魏主左右防卫微缓。元义亦自宽，时出游于外，留连不返，其所亲谏，义不纳；太后察知之。去秋，太后对帝谓群臣曰："今隔绝我母子，不听往来，复何用我为！我当出家，修道于嵩山闲居寺耳。"因自欲下发；帝及群臣叩头泣涕，殷勤苦请，太后声色愈厉。帝乃宿于嘉福殿，积数日，遂与太后密谋黜义。然帝深匿形迹，太后有忿恚，欲得往来显阳之言，皆以告义；又对义流涕，叙太后欲出家，忧怖之心日有数四。义殊不以为疑，乃劝帝从太后所欲。于是太后数御显阳殿，二宫无复禁碍。义举元法僧为徐州，法僧反，太后数以为言，义深愧悔。

丞相高阳王雍，虽位居义上，而深畏惮之。会太后与帝游洛水，雍邀二宫幸其第。日晏，帝与太后至雍内室，从官皆不得入，遂相与定图义之计。于是太后谓义曰："元郎若忠于朝廷，无反心，何故不去领军，以余官辅政！"义甚惧，免冠求解领军。乃以义为骠骑大将军、开府仪同三司、尚书令、侍中、领左右。

魏元义虽解兵权，犹总任内外，殊不自意有废黜之理。胡太后意犹豫未决，侍中穆绍劝太后速去之。绍，亮之子也。潘嫔有宠于魏主，宦官张景嵩说之云，"义欲害嫔"。嫔泣诉于帝曰："义非独欲害妾，将不利于陛下。"帝信之，因义出宿，解义侍中。明旦，义将入宫，门者不纳。辛卯，太后复临朝摄政，下诏追削刘腾官爵，除义名为民。

清河国郎中令韩子熙上书为清河王怿讼冤，乞诛元义等曰："昔赵高柄秦，令关东鼎沸；今元义专魏，使四方云扰。开逆之端，起于宋维，成祸之末，良由刘腾，宜枭首洿宫，斩骸沈族，以明其罪。"太后命发刘腾之墓，露散其骨，籍家没赀，尽杀其养子。以子熙为中书舍人。子熙，麒麟之孙也。

初，宋维父弁常曰："维性疏险，必败吾家。"李崇、郭祚、游肇亦曰："伯绪凶疏，终倾宋氏，若得杀身，幸矣。"维阿附元义，超迁至洛州刺史，至是除名，寻赐死。

义之解领军也，太后以义党与尚强，未可猝制，乃以侯刚代义为领军以安其意。寻出刚为冀州刺史，加仪同三司，未至州，黜为征虏将军，卒于家。太后欲杀贾粲，以义党多，恐惊动内外，乃出粲为济州刺史，寻追杀之，籍没其家。唯义以妹夫，未忍行诛。

先是给事黄门侍郎元顺以刚直忤义意，出为齐州刺史；太后征还，为侍中。侍坐于太后，义妻在太后侧，顺指之曰："陛下奈何以一妹之故，不正元义之罪，使天下不得伸其冤愤！"太后嘿然。顺，澄之子也。他日，太后从容谓侍臣曰："刘腾、元义昔尝邀朕求铁券，冀得不死，朕赖不与。"韩子熙曰："事关生杀，岂系铁券！且陛下昔虽不与，何解今日不杀！"太后怃然。未几，有告"义及弟瓜谋诱六镇降户反于定州，又招鲁阳诸蛮侵扰伊阙，欲为内应。"得其手书，太后犹未忍杀之。群臣固执不已，魏主亦以为言，太后乃从之，赐义及弟瓜死于家，犹赠义骠骑大将军、仪同三司、尚书令。江阳王继废于家，病卒。前幽州刺史卢同坐义党除名。

太后颇事妆饰，数出游幸，元顺面谏曰："《礼》，妇人夫没自称未亡人，首去珠玉，衣不文采。陛下母临天下，年垂不惑，修饰过甚，何以仪刑后世！"太后惭而还宫，召顺，责之曰："千里相征，岂欲众中见辱邪！"顺曰："陛下不畏天下之笑，而耻臣之一言乎！"

顺与穆绍同直，顺因醉入其寝所，绍拥被而起，正色让顺曰："身二十年侍中，与卿先君亟连职事，纵卿方进用，何宜相排突也！"遂谢事还家，诏谕久之，乃起。

初，郑羲之兄孙俨司徒胡国珍行参军，私得幸于太后，人未之知。萧宝寅之西讨，以俨为开府属。太后再摄政，俨请奉使还朝，太后留之，拜谏议大夫、中书舍人，领尝食典御，昼夜禁中；每休沐，太后常遣宦者随之，俨见其妻，唯得言家事而已。中书舍人乐安徐纥，粗有文学，先以谄事赵修，坐徙枹罕。后还，复除中书舍人，又谄事清河王怿；怿死，出为雁门太守。还洛，复谄事元义。义败，太后以纥为怿所厚，复召为中书舍人，纥又谄事郑俨。俨以纥有智数，仗为谋主；纥以俨有内宠，倾身承接，共相表里，势倾内外，号为徐、郑。

俨累迁至中书令、车骑将军；纥累迁至给事黄门侍郎，仍领舍人，总摄中书、门下之事，军国诏令莫不由之。纥有机辩强力，终日治事，略无休息，不以为劳。时有急诏，令数吏执笔，或行或卧，人别占之，造次俱成，不失事理。然无经国大体，专好小数，见人矫为恭谨，远近辐凑附之。

给事黄门侍郎袁翻、李神轨皆领中书舍人，为太后所信任，时人云神轨亦得幸于太后，众莫能明也。神轨求婚于散骑常侍卢义僖，义僖不许。黄门侍郎王诵谓义僖曰："昔人不以一女易众男，卿岂易之邪！"义僖曰："所以不从者，正为此耳。从之，恐祸大而速。"诵乃坚握义僖手曰："我闻有命，不敢以告人。"女遂适他族。临婚之夕，太后遣中使宣敕停之，内外惶怖，义僖夷然自若。神轨，崇之子；义僖，度世之孙也。

八月，魏柔玄镇民杜洛周聚众反于上谷，改元真王，攻没郡县，高欢、蔡俊、尉景及段荣、安定彭乐皆从之。洛周围魏燕州刺史博陵崔秉，九月，丙辰，魏以幽州刺史常景兼尚书为行台，与幽州都督元谭讨之。景，爽之孙也。自卢龙塞至军都关，皆置兵守险，谭屯居庸关。

梁武帝普通五年（甲辰，公元524年）

三月，北魏委任临淮王元彧都督北讨诸军事，去讨伐破六韩拔陵。

五月，临淮王元彧同破六韩拔陵在五原交战，战败，元彧因而获罪被削除官爵。安北将军陇西人李叔仁也在白道战败，因此贼兵的势力日益强盛了。

北魏孝明帝把朝廷中的丞相、令、仆、尚书、侍中、黄门等大臣召到显阳殿，问他们："如今恒、朔之地贼寇蜂起，逼近祖先陵墓金陵，怎么办？"吏部尚书元脩义请求派遣朝廷重臣督领军队镇守恒、朔，以抵御贼寇，孝明帝说："去年阿那瓌叛乱，派遣李崇北征，李崇上表请求改镇为州，朕因为旧的章程难以变更，便没有听从他的请求。思量李崇这个上表，开启了镇上人家的非分之想，以致有今日之患。但是过去的事情难以挽回，这里只是顺便说一下罢了。然而李崇是皇亲贵戚，名望甚重，气量大，识见远，英武机敏，我想派他前去，你们看如何呢？"仆射萧宝寅等都说："这样决定，非常符合众人之心。"李崇说："我考虑到六镇地处偏远，贼寇密布，提出改镇为州是为了安慰取悦当地人之心，岂敢引导他们作乱呢？我罪该万死，陛下仁慈而赦免了我，如今更要派我北行，这对我正是一个报恩改过的机会。但是我年已七十，加之疲病在身，不堪于军旅之事了。希望能另外选择优秀人材。"孝明帝没有答应。元脩义是元天赐的儿子。

臣司马光曰：李崇的上表，是为了消除祸乱于未发之时，制敌取胜于无形之中。魏孝明帝既不能采纳他的建议，到祸乱产生之后，不但没有半点愧谢之言，反而更把这认为是李崇的罪过，那个不明智的君主，怎么可以同他谋事呢！《诗经》云：“听到美言便应对，闻诵诗书则陶醉，良善之言不采用，反责我等行逆罪。”说的是这个意思了。

壬申（二十三日），北魏委任李崇为使持节、开府仪同三司、北讨大都督，命令抚军将军崔暹、镇军将军广阳王元深一并接受李崇指挥调遣。元深是元嘉的儿子。

北魏自从破六韩拔陵造反以来，二夏、豳、凉等地寇盗蜂起。秦州刺史李彦施政严苛，刑罚残酷，无人不怨。这月，城内薛珍等人结伙闯入州府门，抓住了薛彦，杀了他，推举同党莫折大提为元帅，莫折大提自称为秦王。北魏派遣雍州刺史元志去讨伐。

起初，南秦州的豪强杨松柏兄弟几番为寇，刺史博陵人崔游引诱他投降，提他做了主簿，以亲近的言语和态度接待了他，让他去游说下面的氐族部落，事成之后借宴会之机把他们全部抓起来斩了，因此部下无不猜忌惧怕。崔游得知李彦的死讯之后，知道自己不会有好下场，想逃走，但没有得逞。城中百姓张长命、韩祖香、孙掩等人攻打崔游，杀了他，率全城百姓响应莫折大提。莫折大提派他的党徒卜胡袭击高平，攻克该城，杀了镇将赫连略和行台高元荣。莫折大提很快便去世，他的儿子莫折念生自称为天子，设置百官，改年号为天建。

东部和西部的敕勒人都反叛了北魏，投附于破六韩拔陵，北魏孝明帝这才开始想到了李崇和广阳王元深曾经说过的话。丙申（八月十八日），孝明帝诏令：“各州镇在册的军人中凡不是因犯罪而被流放服役的，全都免为平民。”改镇为州，以怀朔镇为朔州，又改名朔州为云州。派遣兼黄门侍郎郦道元为大使，让他去安抚宣慰六镇。当时六镇已经全部反叛，郦道元没有成行。

秀容人乞伏莫于聚众攻打郡城，杀了太守。丁酉（十九日），南秀容的放牧人万于乞真杀了太仆卿陆延，秀容的酋长尔朱荣讨伐平定了这场叛乱。尔朱荣是尔朱羽健的玄孙。尔朱荣的祖父尔朱代勤，一次出外打猎，他的部落中的一个成员射虎，误中了他的大腿，他把箭拔出来，没有问罪于该人，因此部落成员们莫不对他心悦诚服。尔朱代勤为官做到肆州刺史，受赐爵位梁郡公，活了九十多岁才去世。他的儿子尔朱新兴继承了爵位。尔朱新兴做酋长之时，畜牧业尤其兴旺，牛、羊、骆驼和马，以毛色分群，弥漫于川谷之中，数量多得无法计算。北魏每到出兵之时，尔朱新兴便献上马匹以及军资粮食等来帮助军队，孝文帝经常表彰他。尔朱新兴年老了，请求把爵位传给尔朱荣，北魏朝廷准许了。尔朱荣心机神妙，明察而有决断，管理部属特别严格。当时四方兵起，烽火遍地，尔朱荣心中暗藏大志，把自己的牲畜钱财散发众人，招募纠合骁勇之徒，结交招纳豪杰，于是侯景、司马子如、贾显度以及五原人段荣、太安人窦泰等人都去依附了他。贾显度是贾显智的哥哥。

（十月）北魏广阳王元深上书说：“如今六镇全都反叛了，高车二部的情况也与六镇相同，以这样的疲劳之兵攻打他们，必定没有取胜的道理。所以，不如挑选演练精兵把守恒州的各个要冲之地，再作以后的打算。”于是便与李崇领兵回到了平城。李崇对众将说：“云中是白道的要冲，叛贼的咽喉要害，如果此地保不住，那么并州和肆州就危险了。所以，应当留下一个人镇守，谁来承当呢？”众人推举费穆，李崇便奏请任命费穆为朔州刺史。

六年（乙巳，公元525年）

早先之时，北魏的刘腾死了之后，胡太后以及北魏孝明帝身边的监视稍微有所松缓。元义也觉得宽心了不少，便时常出外游玩，流连而不返，他的亲信多次劝谏，但他根本不听；胡太后察知了这一情况。去年秋天，胡太后当着孝明帝问众臣子们说：“现在把我们母子隔绝开来，不允许我们互相往来，那么我还有什么用处呢！我应当去出家，去嵩山闲居寺修行当尼姑。”因此自己便要剃发，孝明帝以及群臣们磕头流泪，哀哀苦求，胡太后言语表情却更加严厉了，执意要出家做尼姑，不肯改变主意。于是孝明帝便住在了嘉福殿，一连住了好几天，同胡太后一起密谋要贬黜元义。然而，孝明帝故意深匿形迹，没有行动，胡太后也做出特别忿恨的样子，孝明帝便把胡太后想常来显阳殿见自己的话全告诉了元义；孝明帝还流着泪水对元义讲述了胡太后想出家当尼姑一事，并特意表现出担忧害怕的样子，一天之内便讲了四次。元义对此毫无所疑，便劝孝明帝顺从胡太后的要求。于是胡太后数次住宿于显阳殿，两宫之间不再有什么禁限了。元义推荐元法僧出任徐州刺史，元法僧反叛，胡太后多次提到此事，元义深自愧悔。

丞相高阳王元雍，虽然位居元义之上，然而却特别惧怕元义。正好胡太后与孝明帝到洛水游玩，元雍便邀请他们临幸自己府上。日落之时，孝明帝与胡太后进入元雍的内室，随从的官员们都不许进去，于是便一起制定了收拾元义的计谋。因此，胡太后对元义说：“元郎如果忠于朝廷，没有反心的话，为什么不辞去领军之职，只担任其余的官职来辅政呢！”元义听了特别害怕，摘下帽子请求解除自己的领军一职。于是，朝廷便任命元义为骠骑大将军、开府仪同三司、尚书令、侍中、领左右。

北魏元义虽然被解除了兵权，但还总管朝廷内外之事，所以一点也不觉得自己有被废黜的可能。胡太后心里也犹豫不决，侍中穆绍劝说胡太后迅速除去元义。穆绍是穆亮的儿子。潘嫔有宠于孝明帝，宦官张景嵩游说她，说：“元义要谋害您。”潘嫔也哭着向孝明帝诉说：“元义不仅仅要害我，而且还将对陛下使坏。”孝明帝相信了他们的话，便借元义出宫住宿之机，解除了他的侍中之职。第二天早晨，元义将要进宫。守门的没有让他进去。辛卯（四月十七日），胡太后再次临朝摄政。她下诏书追削去刘腾的官爵，把元义贬为平民。

清河国的郎中令韩子熙上书朝廷为清河王元怿鸣冤，请求诛死元义等人，上书中说道：“昔日赵高执掌秦国，使得关东民变汹涌；如今元义专权魏国，导致四方祸乱纷起。由宋维起，开启了逆乱之端，而最终演变成祸难则实由刘腾而致。应该将宋维斩首示众，将刘腾的坟墓掘开，鞭尸灭族，以向世人宣明他们的罪行。”胡太后命令人挖开了刘腾的坟墓，把他的尸骨抛散，没收了他的家财，将他的养子全部杀尽。胡太后任命韩子熙为中书舍人。韩子熙是韩麒麟的孙子。

原先，宋维的父亲宋弁经常说：“宋维生性粗野险毒，一定会败坏我家。”李崇、郭祚、游肇也说：“宋伯绪凶狠粗暴，终究会颠倾宋家，如果能得到只有自己被杀的结局，则是万幸。”宋维阿谀投靠元义，被越级提升为洛阳刺史，到现在因元义倒台而被除名，很快又被赐死。

元义被解除领军职务之后，胡太后因为元义的党羽势力还很强大，不能立即制约住，便让侯刚代替元义担任领军，以便暂时稳住这些人。很快又让侯刚出任冀州刺史，并加仪同三司之号，但是侯刚还没有去冀州上任，又被降为征虏将军，死在家中。胡太后想杀贾粲，但考虑到元义的党徒众多，担心惊动朝廷内外，于是让贾粲出任济州刺史，不久又派人追上杀了他，他的家产、人口全部没收入官府。只有元义因为是胡太后的妹夫，便没有忍心杀掉他。

早先之时，给事黄门侍郎元顺因刚直不阿而逆犯了元义，元义便把他贬出朝廷，前去担任齐州刺史，胡太后召回了他，任命他为侍中。一次，元顺陪胡太后坐着，元义的妻子坐在太后一侧，元顺指着元义妻子说道：“陛下为何因一个妹妹的缘故，便不惩处元义的罪行，致使天下之人不能伸其冤愤！”说得胡太后哑口无言。元顺是元澄的儿子。有一天，胡太后从容地对侍臣们说：“刘腾和元义过去曾经向我请求得到铁券，希望能获得任何时候都不被处以死罪的特权，但是朕横竖都没有给他们。”韩子熙说：“事关生杀，难道决定于铁券！且陛下过去虽然没给他们铁券，不明白今日为何不杀掉他！”胡太后听后怅然不已。不久，有人上告：“元义和弟弟元瓜密谋引诱六镇的降户在定州反叛，又招鲁阳的蛮族部落侵扰伊阙，他们则准备做内应。”得到了元义的亲笔谋反信件，胡太后还不忍杀他。众臣们坚持要杀元义，孝明帝也说要杀元义，胡太后才听了众人的意见，令元义和弟弟元瓜在家中自尽，但是还赠予元义骠骑大将军、仪同三司、尚书令之职。元义的父亲江阳王元继被罢黜在家，最后病死。前幽州刺史卢同因系元义同党而获罪，被除名。

胡太后颇事妆饰打扮，数次出外游乐，元顺面谏她：“《礼》中规定，妇人丈夫去世之后自称为未亡人，头上去掉珠玉之饰，穿的衣服上面不加色彩花样。陛下母临天下，年近四十，修饰打扮的太过分了，用什么为后世做出榜样呢？”胡太后听了惭愧地回到宫中，召来元顺，斥责他说：“我把你从千里之外征召回来，难道是想在众人之面前被羞辱吗？”元顺回答：“陛下不害怕天下人讥笑，却为我的一句话感到羞耻！”

元顺与穆绍同在宫中值宿，元顺因喝醉酒而进入穆绍的寝室，穆绍拥被而起，严厉地责斥元顺说：“我做了二十年的侍中，与你的父亲屡次在一起共事，即使你刚刚得到重用，也不应该对我这么唐突呀！”于是便辞职回家，胡太后劝谕了他很长一阵子，他才重新回到宫中任职。

当初，郑羲的哥哥的孙子郑俨担任司徒胡国珍的行参军，胡太后和他私通，但是外人都不知道。萧宝寅西征之时，任命郑俨为开府属。胡太后再次摄政之后，郑俨向萧宝寅请求奉命出使回朝，胡太后留下了他，委任他为谏议大夫、中书舍人，并兼尚食典御，昼夜住在宫中；每到放假之日，郑俨回家，胡太后经常派遣宦官跟随着他，郑俨见到妻子，只能说一些家事而已。中书舍人乐安人徐纥，稍微有点文采，原先他靠谄媚追随赵修，受牵连而贬迁枹罕。后来回朝，重新任为中书舍人，又巴结投靠清河王元怿；元怿死后，他出任雁门太守。回到洛阳之后，他又讨好投身于元义。元义垮台之后，胡太后因为徐纥是元怿所厚待之人，又召任他为中书舍人，因此，徐纥又开始攀附郑俨。郑俨因为徐纥有智术，便依靠他为自己出谋划策；徐纥因为郑俨有胡太后之宠，便对郑俨曲身迎奉，两个相为表里，权倾朝野，人称为徐、郑。

郑俨升迁到中书令、车骑将军。徐纥升到给事黄门侍郎，仍兼舍人，总管中书省、门下省的事务，军政方面的诏书命令都由他负责。徐纥有机智，辩才好，精力旺盛，整日处理事务，很少休息，不感到劳累。在急于发出诏书之时，徐纥命令几个属吏执笔，自己一会儿在地上走动，一会儿卧在床上，分别对每人口述诏书内容，让他们记下，很快几篇诏书都写成了，而没有不合事理之处。但是，徐纥没有治理国家的大才，专门喜好小技，见到人则有意做出恭敬小心的样子，远近之人都投靠依附他。

给事黄门侍郎袁翻、李神轨都兼中书舍人，得到胡太后的信任，当时的人们讲李神轨也和胡太后私通，众人不能辨明真假。李神轨求散骑常侍卢义僖把女儿嫁给自己的儿子，卢义僖不答应。黄门侍郎王诵对卢义僖说：“从前的人不以一女许嫁数男，您岂会如此做呢！”卢义僖说：“我之所以没有答应，正是为的这个。如果答应了李神轨之请，恐怕灾祸既大且来的快。”王诵于是紧握住卢义僖的手说：“我听了你的这一见教，不敢拿来告诉别人，一定保守机密。”因此，卢义僖的女儿便嫁给他姓之人。出嫁的前夜，胡太后派中使宣旨让停嫁，卢家内外一片惶恐不安，只有卢义僖泰然自若。李神轨是李崇的儿子，卢义僖是卢度世的孙子。

八月，北魏柔玄镇平民杜洛周在上谷聚众造反，改年号为真王，攻陷郡县，高欢、蔡俊、尉景以及段荣、安定人彭乐等人都追随杜洛周造反。杜洛周围攻北魏燕州刺史博陵人崔秉，九月丙辰（十四日），北魏委任幽州刺史常景为兼尚书，作为行台，与幽州都督元谭一起讨伐杜洛周。常景是常爽的孙子。从卢龙塞到军都关，常景都布置兵力守住险要之处，元谭驻扎在居庸关。

第一百五十一卷
梁纪七

译文诵读

高祖武皇帝七普通七年（丙午，526）

魏以丞相高阳王雍为大司马。复以广阳王深为大都督，讨鲜于脩礼；章武王融为左都督，裴衍为右都督，并受深节度。

深以其子自随，城阳王徽言于太后曰："广阳王携其爱子，握兵在外，将有异志。"乃敕融、衍潜为之备。融、衍以敕示深，深惧，事无大小，不敢自决；太后使问其故，对曰："徽衔臣次骨，臣疏远在外，徽之构臣，无所不为。自徽执政以来，臣所表请，多不从允。徽非但害臣而已，从臣将士，有勋劳者皆见排抑，不得比他军，仍深被憎嫉，或因其有罪，加以深文，至于殊死，以是从臣行者，莫不悚惧。有言臣善者，视之如仇雠，言臣恶者，待之如亲戚。徽居中用事，朝夕欲陷臣于不测之诛，臣何以自安！陛下若使徽出临外州，臣无内顾之忧，庶可以毕命贼庭，展其忠力。"太后不听。

徽与中书舍人郑俨等更相阿党，外似柔谨，内实忌克，赏罚任情，魏政由是愈乱。

杜洛周遣都督王曹纥真等将兵掠蓟南，秋，七月，丙午，行台常景遣都督于荣等击之于栗园，大破之，斩曹纥真及将卒三千余级。洛周帅众南趣范阳，景与荣等又破之。

八月，癸巳，贼帅元洪业斩鲜于脩礼，请降于魏；贼党葛荣复杀洪业自立。

葛荣既得杜洛周之众，北趣瀛州，魏广阳忠武王深自交津引兵蹑之。辛亥，荣至白牛逻，轻骑掩击章武庄武王融，杀之。荣自称天子，国号齐，改元广安。深闻融败，停军不进。侍中元晏密言于太后曰："广阳王盘桓不进，坐图非望。有于谨者，智略过人，为其谋主，风尘之际，恐非陛下之纯臣也。"太后深然之，诏榜尚书省门，募能获谨者有重赏。谨闻之，谓深曰："今女主临朝，信用谗佞，苟不明白殿下素心，恐祸至无日。谨请束身诣阙，归罪有司。"遂径诣榜下，自称于谨，有司以闻。太后引见，大怒。谨备论深忠款，兼陈停军之状，太后意解，遂舍之。

深引军还，趣定州，定州刺史杨津亦疑深有异志；深闻之，止于州南佛寺。

经二日，深召都督毛谥等数人，交臂为约，危难之际，期相拯恤。谥愈疑之，密告津，云深谋不轨。津遣谥讨深，深走出，谥呼噪逐深。深与左右间行至博陵界，逢葛荣游骑，劫之诣荣。贼徒见深，颇有喜者，荣新立，恶之，遂杀深。城阳王徽诬深降贼，录其妻子。深府佐宋遊道为之诉理，乃得释。道，繇之玄孙也。

魏盗贼日滋，征讨不息，国用耗竭，豫征六年租调，犹不足，乃罢百官所给酒肉，又税入市者人一钱，及邸店皆有税，百姓嗟怨。吏部郎中辛雄上疏，以为："华夷之民相聚为乱，岂有余憾哉？正以守令不得其人，百姓不堪其命故也。宜及此时早加慰抚。但郡县选举，由来共轻，贵游俊才，莫肯居此。宜改其弊，分郡县为三等，清官选补之法，妙尽才望，如不可并，后地先才，不得拘以停年。三载黜陟，有称职者，补在京名官；如不历守令，不得为内职。则人思自勉，枉屈可申，强暴自息矣。"不听。

大通元年（丁未，527）

魏分定、相二州四郡置殷州，以北道行台博陵崔楷为刺史。楷表称："州今新立，尺刃斗粮，皆所未有，乞资以兵粮。"诏付外量闻，竟无所给。或劝楷留家，单骑之官，楷曰："吾闻食人之禄者忧人之忧，若吾独往，则将士谁肯固志哉！"遂举家之官。葛荣逼州城，或劝减弱小以避之，楷遣幼子及一女夜出；既而悔之，曰："人谓吾心不固，亏忠而全爱也。"遂命追还。贼至，强弱相悬，又无守御之具；楷抚勉将士以拒之，莫不争奋，皆曰："崔公尚不惜百口，吾属何爱一身！"连战不息，死者相枕，终无叛志。辛未，城陷，楷执节不屈，荣杀之，遂围冀州。

初，上作同泰寺，又开大通门以对之，取其反语相协，上晨夕幸寺，皆出入是门。辛未，上幸寺舍身；甲戌，还宫，大赦，改元。

谯州刺史湛僧智围魏东豫州刺史元庆和于广陵，魏将军元显伯救之，司州刺史夏侯夔自武阳引兵助僧智。冬十月，夔至城下，庆和举城降。夔以让僧智，僧智曰："庆和欲降公，不欲降僧智，今往，必乖其意。且僧智所将应募乌合之人，不可御以法；公持军素严，必无侵暴，受降纳附，深得其宜。"夔乃登城，拔魏帜，建梁帜；庆和束兵而出，吏民安堵，获男女四万余口。

臣光曰：湛僧智可谓君子矣！忘其积时攻战之劳，以授一朝新至之将，知己之短，不掩人之长，功成不取以济国事，忠且无私，可谓君子矣！

元显伯宵遁，诸军追之，斩获万计。诏以僧智领东豫州刺史，镇广陵。夔引军屯安阳，遣别将屠楚城，由是义阳北道遂与魏绝。

梁武帝普通七年（丙午，公元526年）

（五月）北魏任命丞相高阳王元雍为大司马。又任命广阳王元深为大都督，让他征讨鲜于脩礼。任命章武王元融为左都督，裴衍为右都督，两人俱接受元深的指挥调遣。

元深让自己的儿子随行，城阳王元徽告诉胡太后说："广阳王携带着他的爱子，握兵在外，将会产生异心。"于是胡太后便命令元融、裴衍暗中对元深加以防备。元融、裴衍把胡太后的旨令出示给元深，元深害怕了，因此事情不论大小，都不敢自己决定。胡太后派人问其缘故，元深回答："元徽恨我恨得入骨，我远在外地，与朝廷关系疏远，元徽陷害我，手段无所不用。自从元徽执政以来，我的表奏请示，大多不能获准。元徽不但谋害我而已，凡是跟随我的将士中有功劳的人都受到他的排挤压制，无法同别的军队相比，但是就这样还仍然备受仇恨、嫉妒，有的人稍有罪过，他便加以苛求罗织，以至于被斩首，所以跟从我的人，无不恐惧不安。如果有谁说我好，元徽便对他视如仇敌，而对说我坏话的人，元徽便对待他如亲戚一般。元徽在朝中掌权，从早到晚想致我于死地，我如何能够放心得了呢？陛下如果让元徽出朝到外州任职，我便没有了内顾之忧，但愿可以战死于贼庭之上，为朝廷效忠尽力。"胡太后不听。

元徽同中书舍人郑俨等人迭相循私舞弊，违法乱纪，他从外表上看好像挺温和谨慎，而内中实则非常忌恨别人超过自己，在赏罚方面随心所欲，北魏的朝政因此而更加混乱了。

杜洛周派遣都督曹纥真等人率兵掠夺蓟南，秋季，七月丙午（初九），行台常景派遣都督于荣等人在栗园攻击曹纥真等人，大败敌人，斩了曹纥真以及将卒三千多名。杜洛周率众南去范阳，常景同于荣等人又击败了杜洛周。

八月，癸巳（二十七日），强盗首领元洪业斩了鲜于脩礼，请求投降北魏。强盗同伙葛荣又杀了元洪业而自任头领。

葛荣得到了杜洛周的部众之后，北去瀛州，北魏广阳忠武王元深从交津领兵追踪葛荣而进。辛亥（九月十五日），葛荣到了白牛逻，率轻骑突袭在章武的庄武王元融，杀了他。葛荣自称天子，定国号为齐，改换年号为广安。元深得知元融失败，便按兵不动。侍中元晏秘密地告诉胡太后："广阳王徘徊不进，坐图非分之想。有一个叫于谨的人，他智谋才略过人，担任元深的军师，在如今动荡不安之时，恐怕他不是陛下的忠诚之臣。"胡太后对元晏的话深表同意，便张榜于尚书省门前，以重赏招募能抓住于谨的人。于谨得知这一情况之后，对元深说："如今女主临朝，信任重用谗邪奸佞之徒，假如她不明白殿下您的一片真心，恐怕灾祸很快就会降临。于谨我请求捆绑自己赴朝，向有关官署投案服罪。"于是便径直来到尚书门前的榜文之下，自称是于谨，有关官署把情况报告了朝廷。胡太后召见于谨，勃然大怒。于谨详细地讲述了元深对朝廷的忠诚，兼而说明了停兵不进的原因，胡太后明白了情况，于是便放了于谨。

元深领兵返回，前往定州，定州刺史杨津也怀疑元深有异谋。元深知道情况之后，停在州城南边的南佛寺。两天之后，元深召来都督毛谥等人，同他们订立盟约，约定危难之时，互相援救。于是，毛谥越发怀疑他了。便秘密地告诉杨津，说元深图谋不轨。杨津派遣毛谥讨伐元深，元深跑走了，毛谥带人喊叫着去追逐元深。元深同身边人抄小道到了博陵地界，遇上了葛荣的流动骑兵，便被抓获送到葛荣那里。寇贼们见了元深，喜欢他的人还不少，葛荣刚自立为王，对此很反感，担心手下的人拥奉元深为主，便杀了元深。城阳王元徽诬陷元深投降了贼寇，逮捕了他的妻子、儿子。元深的府佐宋道替他们申诉，才得到释放。宋道是宋繇的玄孙。

北魏国内盗贼日益增多，征讨不停，国家财用耗竭，提前征收了六年的租调，还不够用，于是又停发了给百官们的酒肉，又向每个进入集市的人征收一个钱的税，以至投住旅店都要纳税，百姓无不嗟怨。吏部郎中辛雄上奏，认为："汉、夷之民相聚生乱，难道还有别的什么怨恨吗？完全是由于太守、县令任用不当，百姓们不堪于他们的欺压的缘故。宜于乘现在对百姓早加抚慰。但是对于郡守县令的选拔向来都不重视，因此王公贵族和才俊之士，都不肯担任这些官职。应该改革这一弊端，把郡县分为三等的清官，选补的办法，应当规定才能和门望两个方面同时都要具备，如果不能同时具备，先才能而后门望，不能拘泥于年资的长短。三年升降一次，有称职者，可以委任为京城中的官员；如果没有担任太守、县令的经历，便不能在朝廷内任职。如此一来，便人人思以自勉，百姓的枉屈可以申雪，天下强暴自然平息了。"这一建议没有被采纳。

大通元年（丁未，公元527年）

北魏从定、相两州中分出四个郡设置了殷州，任命北道行台博陵人崔楷为刺史。崔楷上表说："殷州如今刚刚设立，连一尺长之刀、一斗粮食都没有，乞求给予兵器和粮食。"孝明帝诏令外台计算一下应该给的兵器和粮食的数量，然后上报批复，但最后竟然一点儿也没给。有人劝崔楷留下家属，单人匹马去赴任，崔楷说："我听说食人之禄者忧人之忧，如果我单身独往，那么将士们谁还肯坚守其志呢！"于是便带着全家去上任。葛荣逼近州城，有人劝崔楷把家人中老弱幼小者送去别处避一下，崔楷便在夜间把幼子以及一个女儿送出城；然而他很快又后悔了，说："这样一来，人们一定要说我的内心不坚定，为了父爱而损害忠义。"于是又命令人把他们追了回来。贼寇到了，强弱悬殊，城中又没有防守抵御的器具。崔楷抚慰将士们，勉励他们抵抗敌人，大家无不奋勇争先，都说："崔公尚且不惜家中百口人的性命，我们又何能爱惜自身呢！"连战不停，死者相枕，但是大家终无叛逃之意。辛未（正月初七），州城失陷，崔楷坚志执节而不屈服，葛荣杀了他，便又开始围攻冀州。

原先，梁武帝修建了同泰寺，又开了大通门来与此相对，取"同泰"与"大通"的合音相同，梁武帝早晚临幸同泰寺，都出入大通门。辛未（三月初八），梁武帝来到同泰寺行舍身仪式；甲戌（十一日），回到宫中，颁发大赦令，改年号为大通。

谯州刺史湛僧智在广陵围攻北魏东豫州刺史元庆和，北魏将军元显伯前去援救他，梁朝司州刺史夏侯夔从武阳带兵来援助湛僧智。冬季，十月，夏侯夔来到广陵城下，元庆和率全城投降。夏侯夔把受降权利让给湛僧智，湛僧智说："元庆和要投降大人您，而不想投降我湛僧智，我现在如果前去受降，必定与他的心意不符。况且我所率领的都是应募而来的乌合之众，无法用法令来约束他们；大人您向来治军严肃，必定不会发生侵暴事件，所以前去受降接管，再也合适不过了。"于是夏侯夔便登上城楼，拔去北魏的旗帜，树上了梁朝的旗帜；元庆和放下兵器出城投降，全城吏民安居不乱，共获得男女四万多口。

臣司马光曰：湛僧智可说是一个君子啊！忘掉自己长期攻战的劳苦，把受降之事让给梁朝新到的将领，知道自己的短处，不掩没他人的长处，功成而不取以成就国家大事，忠而无私，可以称为君子了！

元显伯在夜间逃遁，梁军追击他，斩俘人数以万计数。梁武帝诏令任命湛僧智兼任东豫州刺史，镇守广陵。夏侯夔领兵屯驻安阳，派别将攻破了楚城并屠杀了全城军民，从此，义阳北道便从北魏分割出来了。

第一百五十二卷 梁纪八

译文诵读

高祖武皇帝八大通二年（戊申，528）

魏灵太后再临朝以来，嬖幸用事，政事纵驰，恩威不立，盗贼蜂起，封疆日蹙。魏萧宗年浸长，太后自以所为不谨，恐左右闻之于帝，凡帝所爱信者，太后辄以事去之，务为壅蔽，不使帝知外事。通直散骑常侍昌黎谷士恢有宠于帝，使领左右；太后屡讽之，欲用为州，士恢怀宠，不愿出外，太后乃诬以罪而杀之。有蜜多道人，能胡语，帝常置左右，太后使人杀之于城南而悬赏购贼。由是母子之间，嫌隙日深。

是时，车骑将军、仪同三司、并、肆、汾、广、恒、云六州讨虏大都督尔朱荣兵势强盛，魏朝惮之。高欢、段荣、尉景、蔡俊先在杜洛周党中，欲图洛周不果，逃奔葛荣，又亡归尔朱荣。刘贵先在尔朱荣所，屡荐欢于荣，荣见其憔悴，未之奇也。欢从荣之马厩，厩有悍马，荣命欢翦之，欢不加羁绊而翦之，竟不踶啮，起，谓荣曰："御恶人亦犹是矣。"荣奇其言，坐欢于床下，屏左右，访以时事，欢曰："闻公有马十二谷，色别为群，畜此竟何用也？"荣曰："但言尔意！"欢曰："今天子暗弱，太后淫乱，嬖孽擅命，朝政不行。以明公雄武，乘时奋发，讨郑俨、徐纥之罪以清帝侧，霸业可举鞭而成，此贺六浑之意也。"荣大悦，语自日中至夜半乃出，自是每参军谋。

魏肃宗亦恶俨、纥等，逼于太后，不能去，密诏荣举兵内向，欲以胁太后。荣以高欢为前锋，行至上党，帝复以私诏止之。俨、纥恐祸及己，阴与太后谋鸩帝，癸丑，帝暴殂。甲寅，太后立皇女为帝，大赦。既而下诏称："潘充华本实生女。故临洮王宝晖世子钊，体自高祖，宜膺大宝。百官文武加二阶，宿卫加三阶。"乙卯，钊即位。钊始生三岁，太后欲久专政，故贪其幼而立之。

尔朱荣闻之，大怒，谓元天穆曰："主上晏驾，春秋十九，海内犹谓之幼君；况今奉未言之儿以临天下，欲求治安，其可得乎！吾欲帅铁骑赴哀山陵，翦除奸佞，更立长君，何如？"天穆曰："此伊、霍复见于今矣。"乃抗表称："大行皇帝背弃万方，海内咸称鸩毒致祸。岂有天子不豫，初不召医，贵戚大臣皆不侍侧，安得不使远近怪愕！又以皇女为储两，虚行赦宥，上欺天地，下惑朝野。已乃选君于孩提之中，实使奸竖专朝，隳乱纲纪，此何异掩目捕雀，塞耳盗钟。今群盗沸腾，邻敌窥窬，而欲以未言之儿镇安天下，不亦难乎！愿听臣赴阙，参预大议，问侍臣帝崩之由，访侍卫不知之状，以徐、郑之徒付之司败，雪同天之耻，谢远近之怨，然后更择宗亲以承宝祚。”荣从弟世隆，时为直阎，太后遣诣慰晋阳谕荣；荣欲留之，世隆曰：“朝廷疑兄，故遣世隆来，今留世隆，使朝廷得预为之备，非计也。”乃遣之。

乙酉，魏葬孝明皇帝于定陵，庙号肃宗。

尔朱荣与元天穆议，以彭城武宣王有忠勋，其子长乐王子攸，素有令望，欲立之。又遣从子天光及亲信奚毅、仓头王相入洛，与尔朱世隆密议。天光见子攸，具论荣心，子攸许之。天光等还晋阳，荣犹疑之，乃以铜为显祖诸孙各铸像，唯长乐王像成。荣乃起兵发晋阳，世隆逃出，会荣于上党。灵太后闻之，甚惧，悉召王公等入议，宗室大臣皆疾太后所为，莫肯致言。徐纥独曰：“尔朱荣小胡，敢称兵向阙，文武宿卫足以制之。但守险要以逸待劳、彼悬军千里，士马疲弊，破之必矣。”太后以为然，以黄门侍郎李神轨为大都督，帅众拒之，别将郑季明、郑先护将兵守河桥，武卫将军费穆屯小平津。先护，俨之从祖兄弟也。

荣至河内，复遣王相密至洛，迎长乐王子攸。夏，四月，丙申，子攸与兄彭城王劭、弟霸城公子正潜自高渚渡河，丁酉，会荣于河阳，将士咸称万岁。戊戌，济河，子攸即帝位，以劭为无上王，子正为始平王；以荣为侍中、都督中外诸军事、大将军、尚书令、领军将军、领左右，封太原王。

郑先护素与敬宗善，闻帝即位，与郑季明开城纳之。李神轨至河桥，闻北中不守，即遁还；费穆弃众先降于荣。徐纥矫诏夜开殿门，取骅骝厩御马十匹，东奔兖州，郑俨走还乡里。太后尽召肃宗后宫，皆令出家，太后亦自落发。荣召百官迎车驾，己亥，百官奉玺绶，备法驾，迎敬宗于河桥。庚子，荣遣骑执太后及幼主，送至河阴。太后对荣多所陈说，荣拂衣而起，沈太后及幼主于河。

费穆密说荣曰：“公士马不出万人，今长驱向洛，前无横陈，既无战胜之威，群情素不厌服。以京师之众，百官之盛，知公虚实，有轻侮之心。若不大行诛罚，更树亲党，恐公还北之日，未渡太行而内变作矣。”荣心然之，谓所亲慕容绍宗曰：“洛中人士繁盛，骄侈成俗，不加芟翦，终难制驭。吾欲因百官出迎，悉诛之，何如？”绍宗曰：“太后荒淫失道，嬖幸弄权，淆乱四海，故明公兴义兵以清朝廷。今无故歼夷多士，不分忠佞，恐大失天下之望，非长策也。”荣不听，乃请帝循河西至淘渚，引百官于行宫西北，云欲祭天。百官既集，列胡骑围之，责以天下丧乱，肃宗暴崩，皆由朝臣贪虐，不能匡弼，因纵兵杀之，自丞相高阳王雍、司空元钦、仪同三司义阳王略以下，死者二千余人。前黄门郎王遵业兄弟居父丧，其母，敬宗之从母也，相帅出迎，俱死。遵业，慧龙之孙也，俊爽涉学，时人惜其才而讥其躁。有朝士百余人后至，荣复以胡骑围之，令曰：“有能为禅文者免死。”

侍御史赵元则出应募，遂使为之。荣又令其军士言“元氏既灭，尔朱氏兴”，皆称万岁。荣又遣数十人拔刀向行宫，帝与无上王劭、始平王子正俱出帐外。荣先遣并州人郭罗刹、西部高车叱列杀鬼侍帝侧，诈言防卫，抱帝入帐，余人即杀劭及子正，又遣数十人迁帝于河桥，置之幕下。

帝忧愤无计，使人谕旨于荣曰：“帝王迭兴，盛衰无常。今四方瓦解，将军奋袂而起，所向无前，此乃天意，非人力也。我本相投，志在全生，岂敢妄希天位！将军见逼，以至于此。若天命有归，将军宜时正尊号；若推而不居，存魏社稷，亦当更择亲贤而辅之。”时都督高欢劝荣称帝，左右多同之，荣疑未决。贺拔岳进曰：“将军首举义兵，志降奸逆，大勋未立，遽有此谋，正可速祸，未见其福。”荣乃自铸金为像，凡四铸，不成。功曹参军燕郡刘灵助善卜筮，荣信之，灵助言天时人事未可。荣曰：“若我不吉，当迎天穆立之。”灵助曰：“天穆亦不吉，唯长乐王有天命耳。”荣亦精神恍惚，不自支持，久而方寤，深思愧悔曰：“过误若是，唯当以死谢朝廷。”贺拔岳请杀高欢以谢天下，左右曰：“欢虽复愚疏，言不思难，今四方多事，须藉武将，请舍之，收其后效。”荣乃止。夜四更，复迎帝还营，荣望马首叩头请死。

荣所从胡骑杀朝士既多，不敢入洛城，即欲向北为迁都之计。荣狐疑甚久，武卫将军泛礼固谏。辛丑，荣奉帝入城。帝御太极殿，下诏大赦，改元建义。从太原王将士，普加五阶，在京文官二阶，武官三阶，百姓复租役三年。时百官荡尽，存者皆窜匿不出，唯散骑常侍山伟一人拜赦于阙下。洛中士民草草，人怀异虑，或云荣欲纵兵大掠，或云欲迁都晋阳；富者弃宅，贫者襁负，率皆逃窜，什不存一二，直卫空虚，官守旷废。荣乃上书，称：“大兵交际，难可齐壹，诸王朝贵，横死者众，臣今粉躯不足塞咎，乞追赠亡者，微申私责。无上王请追尊为无上皇帝，自余死于河阴者，王赠三司，三品赠令、仆，五品赠刺史，七品已下白民赠郡镇；死者无后听继，即授封爵。又遣使者循城劳问。”诏从之。于是朝士稍出，人心粗安。封无上王之子韶为彭城王。荣犹执迁都之议，帝亦不能违；都官尚书元谌争之，以为不可，荣怒曰：“何关君事，而固执也！且河阴之事，君应知之。”谌曰：“天下事当与天下论之，奈何以河阴之酷而恐元谌！谌，国之宗室，位居常伯，生既无益，死复何损，正使今日碎首流肠，亦无所惧！”荣大怒，欲抵谌罪，尔朱世隆固谏，乃止。见者莫不震悚，谌颜色自若。后数日，帝与荣登高，见宫阙壮丽，列树成行，乃叹曰：“臣昨愚暗，有北迁之意，今见皇居之盛，熟思元尚书言，深不可夺。”由是罢迁都之议。谌，谧之兄也。

梁武帝大通二年（戊申，公元528年）

北魏胡太后再次当政以来，宠信之徒横行专权，政事松弛，朝廷的威信树立不起来，盗贼纷起，边界一天天缩小。孝明帝年纪渐渐长大，胡太后本人也认为自己的所做所为不够谨慎，担心左右会向孝明帝汇报，于是凡孝明帝平时所宠信的人，太后便借某种事由除掉他们，竭力堵塞孝明帝视听，不让他知道外面发生的事情。通直散骑常侍、昌黎人谷士恢深受孝明帝宠爱，命他统领宫中卫士。胡太后多次含蓄地暗示谷士恢，想把他调为地方官，但谷士恢受孝明帝宠幸，不愿离开京城，于是胡太后便罗织罪名将他杀了。有一个密多道人，会说胡话，孝明帝经常让他在身边服侍。胡太后派人在城南杀了他，还假装悬赏缉拿罪犯。从此胡太后和孝明帝母子二人之间，隔阂越来越深。

当时，车骑将军、仪同三司及并、肆、汾、广、恒、云六州讨虏大都督尔朱荣，兵势强盛，北魏朝廷很是害怕。高欢、段荣、尉景、蔡俊等人原先在杜洛周手下，本想图谋取代杜洛周，结果没成功，于是逃奔葛荣，接着又投奔尔朱荣。先前便在尔朱荣处做事的刘贵，多次向尔朱荣推荐高欢，尔朱荣见高欢身形瘦弱，相貌憔悴，并没有觉出他有什么出奇之处。一次高欢随尔朱荣来到马棚，马棚中有一匹强悍凶猛的马，尔朱荣令高欢给这匹马修剪。高欢对这匹马没套上马笼头和捆住马脚便修剪起来，这匹马竟然也没踢没咬。高欢修剪完后站起身来，对尔朱荣说："制服坏人也跟这是同一道理。"尔朱荣很惊奇他能说出这样的话来，于是请高欢坐在床下，屏退左右，向他征询当前的国家大事。高欢说道："我听说您有十二群马，按颜色分成不同的马群，这样畜养到底是要做什么用呢？"尔朱荣说："请只管说出你的看法！"高欢说："现在皇上软弱，太后淫乱，奸佞小人专权，朝廷的政策不能贯彻执行。凭您的雄才大略，若乘此时起兵，讨伐郑俨、徐纥的罪行，肃清皇上身边的奸佞小人。那么您的霸业挥鞭之际便可成就，这就是我高欢的主意。"尔朱荣听了非常高兴，二人从中午谈至半夜才出来。从此以后，高欢每每参与尔朱荣的军事谋划。

北魏孝明帝也很厌恶郑俨、徐纥等人，碍于胡太后，不能把他们除掉。于是孝明帝秘密下诏书命尔朱荣发兵至京城，想以此来胁迫胡太后。尔朱荣任命高欢为前锋，部队行至上党时，孝明帝又下密诏阻止了这一行动。郑俨、徐纥担心灾祸会降临到自己头上，便暗中与胡太后策划阴谋毒死孝明帝。癸丑（二月二十五日），北魏孝明帝突然去世。甲寅（二十六日），胡太后立皇女为皇帝，大赦天下。不久又下诏书宣称："潘充华实际上生的是女儿。原来的临洮王元宝晖的后代元钊，是孝文帝的嫡系后代，应该做皇帝。文武百官各进二级官位，宿卫进三级官位。"乙卯（二十七日），元钊即位。元钊这时才刚刚三岁，胡太后想长久地独揽大权，所以贪图元钊年纪小而立他为帝。

尔朱荣听说这事之后，非常恼怒，对元天穆说："皇上去世了。他年纪已十九岁了，而天下还仍把他看做是小皇帝，何况现在立一个还不会说话的幼儿来统治天下，想求得国家长治久安，怎么可能呢！我打算率骑兵奔赴国都哀悼皇帝，除掉奸佞之人，重新立一位年纪大一点的皇帝，你们看怎么样？"元天穆说："这是伊尹、霍光今日再生啊！"于是尔朱荣上书朝廷，声称："已故皇帝离开人世，天下都认为是被毒酒害死的。哪儿有皇帝生病，刚开始不召医生看视，贵戚大臣都不服侍左右的道理？这怎能不让天下之人感到奇怪、诧异呢！又立皇女为皇位继承人，妄自实行大赦，宽恕罪犯，对上欺骗天地，对下迷惑朝野之人。接着又选立孩童为帝，实际上让奸臣小人把持朝政，毁坏国家纲纪，这与掩目捕雀、塞耳盗铃有何区别？现在各地盗匪猖獗，邻国之敌暗中窥伺，朝廷却打算让一个还不会说话的孩子来镇抚安定天下，不是太难了么！希望朝廷允许我回到京城，参与商讨国家大计，向侍卫之臣询问皇帝驾崩的原因，访查侍卫们不知道的真实情况，将徐纥、郑俨之徒交给法官查办，以雪同一之耻，消除远近各地的怨恨之情，然后重新选择一位皇族成员承继皇位。"尔朱荣的堂弟尔朱世隆，当时任直阁官，胡太后派他到晋阳慰问安抚尔朱荣。尔朱荣打算留下尔朱世隆，尔朱世隆说道："朝廷现在怀疑兄长您，所以才派我来您这里，现在您却要留下我，这就会使得朝廷能够预先做好防备，不是好计策呀。"尔朱荣这才让尔朱世隆回去了。

乙酉（三月二十八日），北魏将孝明帝安葬于定陵，庙号为肃宗。

尔朱荣跟元天穆商议，认为彭城武宣王元勰有功勋，他的儿子长乐王元子攸平素声望很高，打算立元子攸为帝。尔朱荣又派侄子尔朱天光及亲信奚毅、仆人王相来到洛阳，与尔朱世隆秘密商议。尔朱天光见到元子攸后，向他详细地讲了尔朱荣的想法，元子攸答应了。尔朱天光等人回到晋阳，尔朱荣仍犹疑不定，于是便用铜为皇室的子孙们每人都铸铜像，以此占卜谁能做皇帝，结果只有长乐王元子攸的铜像铸成了。尔朱荣这才起兵从晋阳出发，尔朱世隆逃出京城，在上党与尔朱荣相会。胡太后听说后，非常恐惧，将王公大臣全部召入宫中商议对策。皇族宗室和大臣们都很痛恨胡太后平日的所做所为，因此没有人发言。只有徐纥说："尔朱荣这个小胡人，竟敢起兵冒犯朝廷，文武禁卫军足以将他制伏。只要守住险要地区以逸待劳，尔朱荣的孤军千里而来，兵马疲惫不堪，一定能够打败他。"胡太后认为徐纥说的很对，于是任命黄门侍郎李神轨为大都督，率兵迎击尔朱荣，副将郑季明、郑先护率兵守卫河桥，武卫将军费穆驻扎在小平津。郑先护是郑俨的堂祖父兄弟。

尔朱荣的军队到达河内后，尔朱荣又派王相秘密进到洛阳城，迎接长乐王元子攸。夏季，四月丙申（初九），元子攸与他的哥哥彭城王元劭、弟弟霸城公元子正偷偷从高渚渡过黄河，丁酉（初十），在河阳跟尔朱荣见了面，将士们都高呼万岁。戊戌（十一日），尔朱荣等渡过黄河，元子攸即皇帝位，任命元劭为无上王，元子正为始平王，任命尔朱荣为侍中、都督中外诸军事、大将军、尚书令、领军将军、领左右，并封为太原王。

郑先护平素与孝庄帝元子攸的关系很密切，听说他已即位做了皇帝，便与郑季明一起打开城门将尔朱荣的部队接进城中。李神轨来到河桥后，听说北中城已失守，便立即

萧鸾陵墓前的石麒麟

逃回了洛阳城；费穆丢下士兵自己先投降了尔朱荣。徐纥假传圣旨夜里打开宫殿大门，牵出了十匹养在骅骝厩中的御马，向东逃奔了兖州。郑俨也逃回了老家。胡太后将孝明帝的后宫嫔妇们召集在一起，命令她们都出家为尼，太后自己也削了发。尔朱荣召令文武百官迎接圣驾，己亥（十二日），文武百官捧着皇帝的印玺、绶带，准备了车辇，从河桥迎回魏孝庄帝。庚子（十三日），尔朱荣派骑兵抓获了胡太后和小皇帝，将他们送到了河阴，胡太后对尔朱荣讲了许多求情的话，尔朱荣拂袖而起，命人将胡太后和小皇帝沉入了黄河之中。

费穆暗中劝尔朱荣说："您兵马不足万人，现在远道而至洛阳，前面没有遇到任何抵抗，既没有什么战胜之威，平素人们心中对您又不畏服。因京城军队众多，文武百官势力强盛，如果知道了您的虚实的话，便会对您有所轻视。若不狠狠地实行诛杀、惩治，另外培植亲信，恐怕您回到北方之时，还未过太行山，内乱便会发生。"尔朱荣内心认为费穆的话很对，于是便对亲信慕容绍宗说："洛阳人口众多，骄奢成习，如不加以整饬，终究难以控制。我打算趁文武百官出迎之际，全部杀掉他们，你看怎样？"慕容绍宗说道："太后荒淫无道，奸佞小人专权，将天下搞得混乱不堪，所以您才起义兵以整肃朝廷。现在却无故杀戮许多官员，不分忠臣奸臣，恐怕会使天下大人失所望，这不是上策。"尔朱荣不听，于是请孝庄帝沿黄河向西来到淘渚这个地方，尔朱荣率百官来到皇帝行宫的西北，说是要祭天。文武百官集中起来后，尔朱荣布置骑兵四面包围了他们，指责这些文武百官们说，天下动乱，孝明帝突然死去，都是由于他们这些朝廷大臣贪赃枉法，酷虐无忌，不能匡扶社稷所造成的，因此命令部队诛杀了他们。从丞相高阳王元雍、司空元钦、仪同三司义阳王元略以下，被杀的达两千多人。原黄门郎王遵业兄弟正在居父丧，王遵业的母亲是魏孝庄帝的伯母，他们一起出来迎接皇帝，结果也都被杀掉了。王遵业是王慧龙的孙子，聪明豪爽而又博学，他死之后人们一方面很怜惜他的才学，一方面又讥讽他过于躁进。有一百多名朝廷官员后来才到，尔朱荣又让骑兵们包围了他们，对这些官员下令说："如果谁能作一篇元氏禅让皇位于尔朱氏的文告，就可以免死。"侍御史赵元则站出来响应，于是便让他起草禅让文告。尔朱荣又命令他的士兵们高呼："元氏既灭，尔朱氏兴。"士兵们一齐山呼万岁。尔朱荣又派数十人持刀来到行宫，孝庄帝与无上王元劭、始平王元子正一起来到帐外。尔朱荣先派并州人郭罗刹、西部高车人叱列杀鬼侍立在孝庄帝两侧，假装说是保护皇帝，将孝庄帝抱入账中，其余的人便杀了元劭和元子正。接着尔朱荣又派数十人将孝庄帝迁到了河桥，置于他的帐下。

孝庄帝忧伤愤慨但却无计可施，派人向尔朱荣传达旨意说："帝王迭兴，盛衰无常。现在天下纷乱，将军奋而起兵，所向无敌，这是天意，不是靠人的力量所能达到的。我原来投奔于你，只是希望能够活下来罢了，哪敢妄想登上皇位！将军你逼我做皇帝，我才到了现在这个地步。如果上天有意安排你做皇帝的话，将军你应选好时机登上皇位。如果你推辞而不做，想保存大魏的社稷，那么您也应该另选一位亲信而又贤明的人做皇帝，您对他加以辅佐。”当时，都督高欢劝尔朱荣称帝，尔朱荣的部下大多赞同，尔朱荣犹疑未决。贺拔岳进言道：“将军您首先发起义兵，志在铲除奸逆，大功还未告成，便急着有这种打算，恐怕只能很快招来灾祸，我看不出有什么好处。”尔朱荣于是便自己用黄金铸像，共铸了四次，均未成功。功曹参军燕郡人刘灵助善于占卜，尔朱荣对他很信任。刘灵助认为无论从天时来看，还是从人事上看都不可以称帝。尔朱荣说道：“如果我做皇帝不吉利的话，便应当迎请元天穆做皇帝。”刘灵助说：“元天穆也不吉利，只有长乐王元子攸符合天意。”尔朱荣这时也精神恍惚，支持不住了，过了很长时间才清醒过来，深感惭愧悔恨地说：“错到这个地步，我只有以死来向朝廷谢罪了。”贺拔岳请求杀掉高欢来谢罪天下，尔朱荣的部下们说：“高欢虽然愚蠢粗陋，说话没有考虑到会有灾难，但是现在天下混乱，还须依靠武将，请您饶了他，让他以后为您效力。”尔朱荣这才作罢。夜里四更时，又迎请孝庄帝回到军营，尔朱荣朝着皇帝的马头叩头请求死罪。

尔朱荣所率领的胡人骑兵因杀朝廷大臣太多，不敢进入洛阳城，便想将国都迁到北方。尔朱荣犹疑了很长时间，武卫将军泛礼坚决反对迁都。辛丑（十四日），尔朱荣护送孝庄帝进入洛阳城。孝庄帝登上太极殿，下诏大赦天下，改年号为建义。跟从太原王尔朱荣的将士，全部晋升为五级官阶，在京城中的文官晋升二级官阶，武官晋升三级，百姓免除租役三年。当时文武百官已荡然无存，即使活下来的也大都逃窜藏匿起来，不再露面，只有散骑常侍山伟一人拜见皇帝，接受赦免。洛阳城中的官员百姓都很担惊害怕，人人都另有所虑，有的说尔朱荣要纵兵大肆掠取，有的说尔朱荣要迁都晋阳。于是富贵人家放弃了住宅，贫困人家携带包裹，都纷纷逃奔他乡，城中人口还剩下不到十分之一二，守备空虚，政府各部门都空无一人。尔朱荣于是向孝庄帝上书说：“大兵往来接触，很难整齐统一，朝廷中的王、大臣、横遭杀戮的很多，我现在即使粉身碎骨也不足以抵消所犯的罪责，所以我请求圣上追封那些死去的大臣们，以稍微弥补一下我的罪责。请求追封无上王为无上皇帝，其余在河阴被杀的人，凡原先是分封王的，追封三司，三品官员封赠令、仆，五品官员封赠刺史，七品官员以下至布衣封赠郡守、镇将。死者如果没有后代听任另择继承人，立即授予封爵。另外，再派使者慰问城内的百姓。”孝庄帝下诏同意这样做。于是朝廷官员这才渐渐地出头露面，人心才稍微安定下来。追封无上王之子元韶为彭城王。尔朱荣仍坚持迁都的主张，孝庄帝也不敢违背他的意愿。都官尚书元谌跟尔朱荣争辩迁都之事，认为不能迁都，尔朱荣怒冲冲地说：“这跟你有什么关系，你却这么顽固！况且河阴之事，你应该知道吧。”元谌说道：“天下大事应该让天下人共同议论，您何必用在河阴残酷杀戮百官之事来吓唬我元谌呢！我元谌是皇族宗室，位居尚书之职，既然活着也没什么益处，那么死了又能减少什么呢？即使我今日肝脑涂地，也没什么可畏惧的。”尔朱荣听了非常恼怒，想治元谌之罪，尔朱世隆死死劝谏，尔朱荣这才作罢。当时在场见到这种情形的人没有不感到害怕的，而元谌却神色如故。几天以后，孝庄帝与尔朱荣登高远眺，看到宫殿巍峨壮丽，树木成行，尔朱荣这才感叹地说："微臣我过去太愚蠢糊涂了，竟会有向北迁都的想法，现在我看到皇宫如此壮丽雄伟，仔细想一想元谌尚书的话，深深感到他说的对。"于是便打消了迁都的主张。元谌是元谧的哥哥。

第一百五十三卷
梁纪九

译文诵读

高祖武皇帝九中大通元年（己酉，529）

戊辰，北海王颢克梁国。颢以陈庆之为卫将军、徐州刺史，引兵而西。

魏主将出避颢，未知所之。或劝之长安，中书舍人高道穆曰："关中荒残，何可复往！颢士众不多，乘虚深入，由将帅不得其人，故能至此。陛下亲帅宿卫，高募重赏，背城一战，臣等竭其死力，破颢孤军必矣。或恐胜负难期，则车驾不若渡河，征大将军天穆、大丞相荣各使引兵来会，犄角进讨，旬月之间，必见成功，此万全之策也。"魏主从之。甲戌，魏主北行，夜，至河内郡北，命高道穆于烛下作诏书数十纸，布告远近，于是四方始知魏主所在。乙亥，魏主入河内。

临淮王彧，安丰王延明，帅百僚，封府库，备法驾迎颢。丙子，颢入洛阳宫，改元建武，大赦。以陈庆之为侍中、车骑大将军，增邑万户。

颢既入洛，自河以南州郡多附之。齐州刺史沛郡王欣集文武议所从，曰："北海、长乐，俱帝室近亲，今宗祐不移，我欲受赦，诸君意何如？"在坐莫不失色。军司崔光韶独抗言曰："元颢受制于梁，引寇仇之兵以覆宗国，此魏之乱臣贼子也；岂唯大王家事所宜切齿，下官等皆受朝眷，未敢仰从！"长史崔景茂等皆曰："军司议是。"欣乃斩颢使。光韶，亮之从父弟也。于是襄州刺史贾思同、广州刺史郑先护、南兖州刺史元暹亦不受颢命。思同，思伯之弟也。颢以冀州刺史元孚为东道行台、彭城郡王，孚封送其书于魏主。平阳王敬先起兵于河桥以讨颢，不克而死。

戊辰，荣命车骑将军尔朱兆与大都督贺拔胜缚材为筏，自马渚西硖石夜渡，袭击颢子领军将军冠受，擒之；安丰王延明之众闻之，大溃。颢失据，帅麾下数百骑南走，庆之收步骑数千，结陈东还，颢所得诸城，一时复降于魏。尔朱荣自追陈庆之，会嵩高水涨，庆之军士死散略尽，乃削须发为沙门，间行出汝阴，还建康，犹以功除右卫将军，封永兴县侯。

北海王颢自轘辕南出至临颍，从骑分散，临颍县卒江丰斩之，癸酉，传首洛阳。临淮王彧复自归于魏主，安丰王延明携妻子来奔。

陈庆之之入洛也，萧赞送启求还。时吴淑媛尚在，上使以赞幼时衣寄之，信未达而庆之败。庆之自魏还，特重北人，朱异怪而问之，庆之曰："吾始以为大江以北皆戎狄之乡，比至洛阳，乃知衣冠人物尽在中原，非江东所及也，奈何轻之？"

梁武帝中大通元年（己酉，公元529年）

戊辰（五月十七日），投降梁朝的北海王元颢攻克梁国城。元颢任命陈庆之为卫将军、徐州刺史，率军西进。

北魏孝庄帝打算离开京城躲避元颢的大军，但不知该去哪里好。有人劝他到长安去，中书舍人高道穆说道："关中地区荒凉残破，怎么能再到那里去呢？元颢的军队不多，却乘虚而入，这是由于我们选用将帅不当，所以才能攻到这里。陛下若能亲自率领禁卫军，以重金招募士兵，多加奖赏，背城与敌决一死战，我等竭尽全力，就一定能够打败元颢的这支孤军的。若您还担心胜负难以预料的话，那么您不如渡过黄河，命大将军元天穆、大丞相尔朱荣各自率军前来会合，构成犄角之势，进讨元颢的军队，一月之内，一定会取得胜利，这是万全之策。"孝庄帝采纳了高道穆的意见。甲戌（二十三日），孝庄帝一行向北进发，夜间，来到了河内郡郡城的北边。孝庄帝命令高道穆在烛光下起草了几十张诏书，公告天下，于是四方才知道皇帝在哪儿。乙亥（二十四日），孝庄帝一行进入河内郡。

临淮王元彧和安丰王元延明，带领文武百官，封存府库，备好法驾迎接元颢。丙子（二十五日），元颢进入洛阳宫，改年号为建武，大赦天下。元颢任命陈庆之为侍中、车骑大将军，增加封邑一万户。

元颢进入洛阳后，黄河以南的州郡大多归附了他。齐州刺史、沛郡王元欣召集文武官员商议何去何从，元欣说："北海王和长乐王，都是皇室近亲，现在皇位并未落入外人之手，我打算接受元颢的赦免，诸位认为如何？"在座的文武官员莫不大惊失色。只有军司崔光韶高声反对，他说："元颢受梁朝节制，勾结仇敌之兵来颠覆自己的国家，他是大魏朝的乱臣贼子。难道仅是因为大王您一家的事情而对他切齿痛恨吗？我等下官均受朝廷的恩典，所以不敢听从您的意见！"长史崔景茂等人都说："军司说的很对。"元欣便杀了元颢派来的使者。崔光韶是崔亮的堂弟。于是这样一来，襄州刺史贾思同、广州刺史郑先护、南兖州刺史元暹等，也都不承认元颢的政权。贾思同是贾思伯的弟弟。元颢封冀州刺史元孚为东道行台、彭城郡王，元孚将元颢的委任书封好，派人送给了孝庄帝。平阳王元敬先在河桥起兵讨伐元颢，未能成功而死。

戊辰（闰六月十八日），尔朱荣命令车骑大将军尔朱兆和大都督贺拔胜率军捆绑木材做木筏，从马渚西边的硖石这个地方夜渡黄河，袭击了元颢的儿子领军将军元冠受的部队，并抓获了元冠受，安丰王元延明的士卒们知道了这一情况之后，便纷纷溃散奔逃。元颢失去了依据，只好率部下数百名骑兵向南逃走，陈庆之收拢步兵、骑兵共几千人，结队向东逃归。元颢原先攻取的那些城池，全都又投降了北魏。尔朱荣亲自率军追击陈庆之，正赶上嵩高河发大水，陈庆之的队伍死的死、逃的逃，差不多全没了，陈庆之于是剃光头发、胡须，打扮成一个和尚，从小路逃出汝阴，回到了建康，梁朝仍按功授他为右卫将军，封永兴县侯。

北海王元颢从轘辕向南逃至临颍，随从骑兵各自逃散，临颍县吏卒江丰杀掉了元颢，癸酉（二十三日），将元颢的首级送到了洛阳。临淮王元彧又归附了孝庄帝，安丰王元延明携带妻子儿女前来投奔梁朝。

陈庆之攻入洛阳之时，萧赞向梁武帝上书，请求允许回到梁朝。当时吴淑媛还在，梁武帝让吴淑媛将萧赞幼时穿的衣服给萧赞送去，书信等还未传到，陈庆之便失败了。陈庆之从北魏回到梁朝后，特别看重北方人，朱异对此感到很奇怪，便问陈庆之为什么这样，陈庆之说道：“我当初认为长江以北地区都是戎狄之乡，等到了洛阳之后，才知道礼仪人物都在中原地区，不是江东所能企及的，我们有什么理由轻视北方人呢？”

第一百五十四卷 梁纪十

译文诵读

高祖武皇帝十中大通二年（庚戌，530）

魏尔朱荣虽居外藩，遥制朝政，树置亲党，布列魏主左右，伺察动静，大小必知。魏主虽受制于荣，然性勤政事，朝夕不倦，数亲览辞讼，理冤狱，荣闻之，不悦。

帝既外逼于荣，内逼皇后，恒怏怏不以万乘为乐，唯幸寇盗未息，欲使与荣相持。及关、陇既定，告捷之日，乃不甚喜，谓尚书令临淮王彧曰："即今天下便是无贼。"彧见帝色不悦，曰："臣恐贼平之后，方劳圣虑。"帝畏余人怪之，还以他语乱之曰："然。抚宁荒余，弥成不易。"荣见四方无事，奏称："参军许周劝臣取九锡，臣恶其言，已斥遣令去。"荣时望得殊礼，故以意讽朝廷，帝实不欲与之，因称叹其忠。

城阳王徽之妃，帝之舅女；侍中李彧，延寔之子，帝之姊婿也。徽、彧欲得权宠，恶荣为己害，日毁荣于帝，劝帝除之。帝惩河阴之难，恐荣终难保，由是密有图荣之意，侍中杨侃、尚书右仆射元罗亦预其谋。

是月，荣将四五千骑发并州，时人皆言"荣反"，又云"天子必当图荣"。九月，荣至洛阳，帝即欲杀之，以太宰天穆在并州，恐为后患，故忍未发，并召天穆。有人告荣云："帝欲图之。"荣即具奏，帝曰："外人亦言王欲害我，岂可信之！"于是荣不自疑，每入谒帝，从人不过数十，又皆挺身不持兵仗。帝欲止，城阳王徽曰："纵不反，亦何可耐，况不可保邪！"

壬辰，帝忌日；癸巳，荣忌日。甲午，荣暂入，即诣陈留王家饮酒，极醉，遂言病动，频日不入。帝谋颇泄，世隆又以告荣，且劝其速发，荣轻帝，以为无能为，曰："何匆匆！"

预帝谋者皆惧，帝患之。城阳王徽曰："以生太子为辞，荣必入朝，因此毙之。"帝曰："后怀孕始九月，可乎？"徽曰："妇人不及期而产者多矣，彼必不疑。"帝从之。戊戌，帝伏兵于明光殿东序，声言皇子生，遣徽驰骑至荣第告之。荣方与上党王天穆博，徽脱荣帽，欢舞盘旋，兼殿内文武声趣之，荣遂信之，与天穆俱入朝。帝闻荣来，不觉失色，中书舍人温子昇曰："陛下色变。"帝连索酒饮之。帝令子昇作赦文，既成，执以出，遇荣自外入，问："是何文书？"子昇颜色不变，曰"敕"，荣不取视而入。帝在东序下西向坐，荣、天穆在御榻西北南向坐。徽入，始一拜，荣见光禄少卿鲁安、典御李侃晞等抽刀从东户入，即起趋御座，帝先横刀膝下，遂手刃之，安等乱斫，荣与天穆同时俱死。荣子菩提及车骑将军尔朱阳睹等三十人从荣入宫，亦为伏兵所杀。帝得荣手版，上有数牒启，皆左右去留人名，非其腹心者悉在出限，帝曰："竖子若过今日，遂不可制。"于是内外喜噪，声满洛阳城。百僚入贺。帝登阊阖门，下诏大赦，遣武卫将军奚毅、前燕州刺史崔渊将兵镇北中。是夜，北乡长公主帅荣部曲，焚西阳门，出屯河阴。

汾州刺史尔朱兆闻荣死，自汾州帅骑据晋阳；世隆至长子，兆来会之。壬申，共推太原太守、行并州事长广王晔即皇帝位，大赦，改元建明。晔，英之弟子也。以兆为大将军，进爵为王；世隆为尚书令，赐爵乐平王，加太傅、司州牧；又以荣从弟度律为太尉，赐爵常山王；世隆兄天柱长史彦伯为侍中；徐州刺史仲远为车骑大将军，兼尚书左仆射、三徐州大行台。仲远亦起兵向洛阳。

初，尔朱荣尝从容问左右曰："一日无我，谁可主军？"皆称尔朱兆。荣曰："兆虽勇于战斗，然所将不过三千骑，多则乱矣。堪代我者，唯贺六浑耳。"因戒兆曰："尔非其匹，终当为其穿鼻。"乃以高欢为晋州刺史。及兆引兵向洛，遣使召欢，欢遣长史孙腾诣兆，辞以"山蜀未平，今方攻讨，不可委去，致有后忧。定蜀之日，当隔河为掎角之势。"兆不悦，曰："还白高晋州，吾得吉梦，梦与吾先人登高丘，丘旁之地，耕之已熟，独余马蔺，先人命吾拔之，随手而尽。以此观之，往无不克。"腾还报，欢曰："兆狂愚如是，而敢为悖逆，吾势不得久事尔朱矣。"

十二月，壬寅朔，尔朱兆攻丹谷，都督崔伯凤战死，都督史仵龙开壁请降，源子恭退走。兆轻兵倍道兼行，从河桥西涉渡。先是，敬宗以大河深广，谓兆未能猝济，是日，水不没马腹。甲辰，暴风，黄尘涨天，兆骑叩宫门，宿卫乃觉，弯弓欲射，矢不得发，一时散走。华山王鸷，斤之玄孙也，素附尔朱氏。帝始闻兆南下，欲自帅诸军讨之，鸷说帝曰："黄河万仞，兆安得渡！"帝遂自安。及兆入宫，鸷复约止卫兵不使斗。帝步出云龙门外，遇城阳王徽乘马走，帝屡呼之，不顾而去。兆骑执帝，锁于永宁寺楼上，帝寒甚，就兆求头巾，不与。兆营于尚书省，用天子金鼓，设刻漏于庭；扑杀皇子，污辱嫔御妃主，纵兵大掠，杀司空临淮王彧、尚书左仆射范阳王诲、青州刺史李延寔等。

甲子，尔朱兆缢敬宗于晋阳三级佛寺，并杀陈留王宽。

梁武帝中大通二年（庚戌，公元530年）

北魏尔朱荣虽居处京城之外的藩镇，却遥控朝政，广树党羽，布置于孝庄帝左右，以便窥伺观察朝中动静，因此朝中不管大事小事，他都知晓。孝庄帝虽然受到尔朱荣的控制，但生性勤于政事，从早到晚不疲倦，多次亲自察览诉状，审理冤案。尔朱荣听说这些之后，很不高兴。

孝庄帝既然外受逼于尔朱荣，内又受逼于尔朱皇后，因此总是怏怏不乐，并不以自己是皇帝而感到快乐，惟可庆幸的是寇盗尚未平息，希望寇盗与尔朱荣相抗衡。等到关、陇地区已经平定，捷报传到朝廷之时，孝庄帝却并不感到十分高兴，只是对尚书令临淮王元彧说道："从今以后天下便无贼寇了。"元彧见孝庄帝脸色不悦，说道："我担心贼寇平定以后，才真正会使圣上您多费思虑呢。"孝庄帝怕其他人感到奇怪，赶忙用别的话打乱他搪塞道："是的，抚慰安定兵荒后残剩的百姓，也实在不容易。"尔朱荣见四方平定无事，便向孝庄帝上奏道："参军许周劝我取得九锡的特殊荣宠，我很厌恶他的话，已经斥责了他一通，让他离开了。"尔朱荣当时希望能够得到孝庄帝特殊的礼遇，所以故意以此来委婉地向魏主暗示自己的愿望，孝庄帝实在不想给尔朱荣以特殊礼遇，因此只是大加称赞了一番尔朱荣的忠诚之心。

城阳王元徽的妃子，是孝庄帝舅舅的女儿；侍中李彧，是李延寔之子，也是孝庄帝的姐夫。元徽、李彧想得到权力，获得孝庄帝的恩宠，便忌恨尔朱荣，认为他是自己的障碍，于是终日在孝庄帝面前诋毁尔朱荣，劝孝庄帝除掉他。孝庄帝从河阴之难中吸取教训，担心尔朱荣最终难以驾驶，从此便暗暗生发了图谋尔朱荣的想法。侍中杨侃、尚书右仆射元罗也参与了这一计划。

这个月，尔朱荣率四五千骑兵从并州出发，当时人们都说："尔朱荣要反叛。"又说："天子肯定要图谋杀了尔朱荣。"九月，尔朱荣到了洛阳，孝庄帝当时便想杀了他，由于太宰元天穆还在并州，担心成为后患，所以忍住未杀尔朱荣，同时召元天穆进京。有人告诉尔朱荣说："皇帝想图谋杀了您。"尔朱荣便将这话上奏了孝庄帝，孝庄帝说道："外边的人也传言说你想害了我，怎么可以相信这些话呢！"于是尔朱荣便不再怀疑，每次入朝拜谒皇帝，随从之人也不过几十，并且都赤手不带兵器。孝庄帝又打算放弃原来的想法，不再杀尔朱荣，城阳王元徽说道："即使尔朱荣不反叛，又怎么能容忍他，何况并不能保证他不反呢！"

壬辰（十九日），这一天是皇帝的忌日，癸巳（二十日），这一天是尔朱荣的忌日。甲午（二十一日），尔朱荣短暂上朝之后，便到陈留王家里饮酒去了，喝得大醉，于是便说生病了，连日没有上朝。孝庄帝的计划大多被泄漏出去了，尔朱世隆又将这些告诉了尔朱荣，并且劝他赶快启程逃走，尔朱荣对孝庄帝很轻视，认为他不能有所作为，说道："何必这么匆忙呢！"

参预孝庄帝谋划的人都非常害怕，孝庄帝也很担心。城阳王元徽说："以皇后生太子为借口，尔朱荣肯定会入朝，趁机便可杀了他。"孝庄帝说："皇后才怀孕九个月，这样说行吗？"元徽说道："妇人不到日期而产子的多了，尔朱荣肯定不会怀疑的。"孝庄帝于是听从了他的建议。戊戌（二十五日），孝庄帝在明光殿东厢埋伏武士，对外声言说皇后生了皇太子，派元徽飞马赶至尔朱荣的府第告诉他这一消息。尔朱荣当时正跟上党王元天穆赌博，元徽摘下了尔朱荣的帽子，拿在手上欢舞盘旋，向他祝贺，再加上殿内文武信使也前来催促尔朱荣，于是尔朱荣便相信了这一消息，跟元天穆一起来到了朝廷。孝庄帝听说尔朱荣来了，不禁惊慌失色，中书舍人温子昇说："陛下脸色都变了。"孝庄帝赶忙连连要酒来喝。孝庄帝命温子昇起草赦文，写成之后，温子昇拿着走出了宫殿，这时正遇上尔朱荣从外面进来，尔朱荣问道："这是什么文书？"温子昇神色不变，答道："这是圣旨。"尔朱荣没有拿过来看一看便走了进去。孝庄帝在东墙下西向坐，尔朱荣、元天穆在御榻西北面南向坐。元徽进来后，刚拜了一拜，尔朱荣便看见光禄少卿鲁安、典御李侃等人持刀从东门闯了进来，尔朱荣赶快起身快步来到孝庄帝的座位旁，孝庄帝预先将刀横在了膝下，于是亲手杀了尔朱荣。鲁安等奔上前去一阵乱砍，尔朱荣与元天穆一起被杀死。尔朱荣的儿子尔朱菩提及车骑将军尔朱阳睹等三十名随尔朱荣入宫的人，也都被伏兵所杀。孝庄帝得到了尔朱荣的手版，上面有几张启奏书，记的都是些皇帝左右要除掉或留下的人名，不是尔朱荣心腹的人均在赶出之列。孝庄帝说道："这小子如果活过了今天，就难以制驭了。"于是朝廷内外一片欢喜之声，高兴的声音布满洛阳城。文武百官纷纷入朝庆贺。孝庄帝登上阊阖门，下诏实行大赦，派武卫将军奚毅、前燕州刺史崔渊率兵镇守北中城。当夜，北乡长公主率尔朱荣的部曲烧毁了西阳门，逃出洛阳城，屯驻于河阴。

汾州刺史尔朱兆听到了尔朱荣已死的消息后，从汾州率骑兵占据了晋阳。尔朱世隆到了长子，尔朱兆前来与他会合。壬申（十月三十日），大家共同推举太原太守、行并州事长广王元晔即皇帝位，实行大赦，改年号为建明。元晔是元英的侄子。任命尔朱兆为大将军，晋爵为王；任命尔朱世隆为尚书令，赐爵为乐平王，加封为太傅、司州牧；又任命尔朱荣的堂弟尔朱度律为太尉，赐爵为常山王；任命尔朱世隆的哥哥天柱长史尔朱彦伯为侍中；任命徐州刺史尔朱仲远为车骑大将军，兼尚书左仆射、三徐州大行台。尔朱仲远这时也出兵指向洛阳。

当初，尔朱荣曾随便地问左右道："一旦我死了，谁可以统领军队？"左右都说尔朱兆可以。尔朱荣却说："尔朱兆虽然战斗勇猛，但他率领的部队至多不能超过三千骑，再多就会乱了。能够代替我的人，只有高欢啊。"因此尔朱荣告诫尔朱兆说："你不是高欢的对手，最终要受其所制的。"于是便任命高欢为晋州刺史。等到尔朱兆率军至洛阳的时候，派人召请高欢，高欢派长史孙腾前去见尔朱兆，推辞说："山蜀的叛乱还没有平息，现在正在讨伐，不能放弃，以免招致后患。等到平定山蜀叛乱后，当隔黄河与您构成犄角之势。"尔朱兆很不高兴，对孙腾说道："你回去告诉高刺史，我做了一个好梦，梦见自己与我的先人登上高丘，高丘周围的土地，耕翻得已经很熟了，却只剩下了马蔺草，先人命我将马蔺草拔除掉，我随手便将草拔除干净了。由此来看，我一定会无往而不克的。"孙腾回去向高欢做了汇报，高欢说道："尔朱兆如此猖狂愚蠢，竟敢做悖逆之事，看来我是不能长久事奉尔朱氏了。”

十二月，壬寅朔（初一），尔朱兆攻打丹谷，都督崔伯凤战死，都督史仵龙打开营门向尔朱兆请降，源子恭溃退逃走。尔朱兆率轻装兵士倍道兼程，从河桥的西边渡过了黄河。在这之前，孝庄帝以为黄河又深又宽，尔朱兆不可能很快渡过黄河，但是这一天，黄河水还没不过马腹。甲辰（初三），狂风大作，黄尘漫天，直至尔朱兆的骑兵叩击皇宫的宫门，值宿的卫士才发觉，搭弓放箭，由于狂风，箭射不出去，便都四散奔逃。华山王元鸷，是元斤的玄孙，一直依附于尔朱氏。孝庄帝开始听说尔朱兆南下的时候，想亲自统领六军讨伐，元鸷却对孝庄帝说：“黄河水宽万仞，尔朱兆怎么会过得来呢！”孝庄帝于是自己也觉得很安全了。等到尔朱兆的部队攻进了皇宫，元鸷又制止宫廷卫兵，不让他们与之交战。孝庄帝走出云龙门外，遇到城阳王元徽正骑马而逃，孝庄帝连声呼叫元徽，元徽却不顾孝庄帝，径自逃去。尔朱兆的骑兵抓住了孝庄帝，将他锁在永宁寺的楼上，孝庄帝感到十分寒冷，向尔朱兆要头巾，尔朱兆没有给他。尔朱兆扎营于尚书省，用天子才能使用的金鼓，在庭中设刻漏，杀害了皇子，对宫中的嫔御、妃子、公主大加污辱，纵兵大肆掠夺财物，杀了司空临淮王元彧、尚书左仆射范阳王元诲和青州刺史李延寔等。

甲子（二十三日），尔朱兆将孝庄帝缢杀于晋阳的三级佛寺中，同时还杀害了陈留王元宽。

第一百五十五卷　梁纪十一

译文诵读

高祖武皇帝十一中大通三年（辛亥，531）

魏自敬宗被囚，宫室空近百日，尔朱世隆镇洛阳，商旅流通，盗贼不作。世隆兄弟密议，以长广王疏远，又无人望，欲更立近亲。仪同三司广陵王恭，羽之子也，好学有志度，正光中领给事黄门侍郎，以元义擅权，托喑病居龙华佛寺，无所交通，永安末，有白敬宗言王阳喑，将有异志，恭惧，逃于上洛山，洛州刺史执送之，系治久之，以无状获免。关西大行台郎中薛孝通说尔朱天光曰："广陵王，高祖犹子，夙有令望，沈晦不言，多历年所，若奉以为主，必天人允叶。"天光与世隆等谋之，疑其实喑，使尔朱彦伯潜往敦谕，且胁之，恭乃曰："天何言哉！"世隆等大喜。孝通，聪之子也。

己巳，长广王至邙山南，世隆等为之作禅文，使泰山太守辽西窦瑗执鞭独入，启长广王曰："天人之望，皆在广陵，愿行尧、舜之事。"遂署禅文。广陵王奉表三让，然后即位，大赦，改元普泰。黄门侍郎邢子才为赦文，叙敬宗枉杀太原王荣之状，节闵帝曰："永安手翦强臣，非为失德，直以天未厌乱，故逢成济之祸耳。"因顾左右取笔，自作赦文，直言："门下：朕以寡德，运属乐推，思与亿兆，同兹大庆，肆眚之科，一依常式。"帝闭口八年，至是乃言，中外欣然以为明主，望至太平。

庚午，诏以"三皇称'皇'，五帝称'帝'，三代称'王'，盖递为冲挹，自秦以来，竞称'皇帝'，予今但称'帝'，亦已褒矣。"加尔朱世隆仪同三司，赠尔朱荣相国、晋王，加九锡。世隆使百官议荣配飨，司直刘季明曰："若配世宗，于时无功；若配孝明，亲害其母；若配庄帝，为臣不终。以此论之，无所可配。"世隆怒曰："汝应死！"季明曰："下官既为议首，依礼而言，不合圣心，翦戮唯命！"世隆亦不之罪。以荣配高祖庙廷。又为荣立庙于首阳山，因周公旧庙而为之，以为荣功可比周公。庙成，寻为火所焚。

夏，四月，乙巳，昭明太子统卒。太子自加元服，上即使省录朝政，百司进事，填委于前，太子辩析诈谬，秋毫必睹，但令改正，不加按劾，平断法狱，多所全宥，宽和容众，喜愠不形于色。好读书属文，引接才俊，赏爱无倦；出宫二十余年，不畜声乐。每霖雨积雪，遣左右周行闾巷，视贫者赈之。天性孝谨，在东宫，虽燕居，坐起恒西向，或宿被召当入，危坐达旦。及寝疾，恐贻帝忧，敕参问，辄自力手书。及卒，朝野惋愕，建康男女，奔走宫门，号泣道路。

初，昭明太子葬其母丁贵嫔，遣人求墓地之吉者。或赂宦者俞三副求卖地，云若得钱三百万，以百万与之。三副密启上，言“太子所得地不如今地于上为吉。”上年老多忌，即命市之。葬毕，有道士云：“此地不利长子，若厌之，或可申延。”乃为蜡鹅及诸物埋于墓侧长子位。宫监鲍邈之、魏雅初皆有宠于太子，邈之晚见疏于雅，乃密启上云：“雅为太子厌祷。”上遣检掘，果得鹅物，大惊，将穷其事，徐勉固谏而止，但诛道士。由是太子终身惭愤，不能自明。及卒，上征其长子南徐州刺史华容公欢至建康，欲立以为嗣，衔其前事，犹豫久之，卒不立，庚寅，遣还镇。

臣光曰：君子之于正道，不可少顷离也，不可跬步失也。以昭明太子之仁孝，武帝之慈爱，一染嫌疑之迹，身以忧死，罪及后昆，求吉得凶，不可湔涤，可不戒哉！是以诡诞之士，奇邪之术，君子远之。

魏高欢将起兵讨尔朱氏，镇南大将军斛律金、军主善无库狄干，与欢妻弟娄昭、妻之姊夫段荣皆劝成之。欢乃诈为书，称尔朱兆将以六镇人配契胡为部曲，众皆忧惧。又为并州符，征兵讨步落稽，发万人，将遣之。孙腾与都督尉景为请留五日，如此者再，欢亲送之郊，雪涕执别，众皆号恸，声震原野。欢乃谕之曰：“与尔俱为失乡客，义同一家，不意在上征发乃尔！今直西向，已当死，后军期，又当死，配国人，又当死，奈何？”众曰：“唯有反耳！”欢曰：“反乃急计，然当推一人为主，谁可者？”众共推欢，欢曰：“尔乡里难制。不见葛荣乎：虽有百万之众，曾无法度，终自败灭。今以吾为主，当与前异，毋得陵汉人，犯军令，生死任吾则可；不然，不能为天下笑。”众皆顿颡曰：“死生唯命！”欢乃椎牛飨士，庚申，起兵于信都，亦未敢显言叛尔朱氏也。

会李元忠举兵逼殷州，欢令高乾帅众救之。乾轻骑入见尔朱羽生，与指画军计，羽生与乾俱出，因擒斩之，持羽生首谒欢。欢抚膺曰：“今日反决矣！”乃以元忠为殷州刺史，镇广阿。欢于是抗表罪状尔朱氏，尔朱世隆匿之不通。

四年（壬子，532）

辛巳，安定王至邙山。高欢以安定王疏远，使仆射魏兰根慰谕洛邑，且观节闵帝之为人，欲复奉之。兰根以帝神采高明，恐于后难制，与高乾兄弟及黄门侍郎崔㥄共劝欢废之。欢集百官问所宜立，莫有应者，太仆代人綦毋俊盛称节闵帝贤明，宜主社稷，欢欣然是之。㥄作色曰：“若言贤明，自可待我高王，徐登大位。广陵既为逆胡所立，何得犹为天子！若从俊言，王师何名义举？”欢遂幽节闵帝于崇训佛寺。

欢入洛阳，斛斯椿谓贺拔胜曰：“今天下事，在吾与君耳，若不先制人，将为人所制。高欢初至，图之不难。”胜曰：“彼有功于时，害之不祥。比数夜与欢同宿，序往昔之怀，兼荷兄恩意甚多，何苦惮之！”椿乃止。

欢以汝南王悦，高祖之子，召欲立之，闻其狂暴无常，乃止。

时诸王多逃匿，尚书左仆射平阳王修，怀之子也，匿于田舍。欢欲立之，使斛斯椿求之。椿见修所亲员外散骑侍郎太原王思政，问王所在，思政曰：“须知问意。”椿曰：“欲立为天子。”思政乃言之。椿从思政见修，修色变，谓思政曰：“得无卖我邪？”曰：“不也。”曰：“敢保之乎？”曰：“变态百端，何可保也！”椿驰报欢。欢遣四百骑迎修入毡帐，陈诚，泣下沾襟，修让以寡德，欢再拜，修亦拜。欢出备服御，进汤沐，达夜严警。昧爽，文武执鞭以朝，使斛斯椿奉劝进表。椿入帐门，磬折延首而不敢前，修令思政取表视之，曰：“便不得不称朕矣。”乃为安定王作诏策而禅位焉。

戊子，孝武帝即位于东郭之外，用代都旧制，以黑毡蒙七人，欢居其一，帝于毡上西向拜天毕，入御太极殿，群臣朝贺，升阊阖门大赦，改元太昌。以高欢为大丞相、天柱大将军、太师，世袭定州刺史。庚寅，加高澄侍中、开府仪同三司。

梁武帝中大通三年（辛亥，公元531年）

北魏自从孝庄帝被囚禁以后，宫室空虚已近百日。尔朱世隆镇守洛阳，商人行旅流通，盗贼不敢骚扰。尔朱世隆兄弟暗中商议，认为长广王与皇族嫡系比较疏远，而且又素无声望，于是打算重新立一位嫡系近亲为帝。仪同三司广陵王元恭是元羽的儿子，好学而又有远志，正光年间任给事黄门侍郎，因元义专权，元恭便假托嗓子哑，住到了龙华佛寺，不再与外人交往。永安末年，有人向孝庄帝报告说广陵王装哑，将别有企图。元恭很害怕，便逃到了上洛山，洛州刺史将他抓住送到了洛阳，被囚禁了很长一段时间，因没有发现他有谋反的证据，才释放了他。关西大行台郎中薛孝通对尔朱天光说：“广陵王是高祖的侄子，早有好声望，沉默不言，已经多年，如果推奉他为帝，一定会天人和谐。”尔朱天光跟尔朱世隆等商议立元恭为帝，又怀疑他确实嗓子哑不能说话，于是便派尔朱彦伯秘密前往敦请元恭，并加以胁迫，至此，元恭才说出：“天何言哉！”四字来，尔朱世隆等人大喜过望。薛孝通是薛聪的儿子。

己巳（二月二十九日），长广王来到邙山南侧，尔朱世隆等已替他做好了禅让文告，派泰山太守辽西人窦瑗持鞭独入帐中。窦瑗向长广王启奏道：“天意人心，尽归于广陵，希望您行尧、舜禅代之事。”于是便让长广王签署了禅文。广陵王奉

南朝梁武帝萧衍像

表辞让了三次，然后才即皇帝位，实行大赦，改年号为普泰。黄门侍郎邢子才起草了赦文，文中记述了孝庄帝枉杀太原王尔朱荣的情况，节闵帝说道："孝庄帝亲手剪灭强臣，并非为失德之举，只是由于天意还没有厌恶祸乱，所以才重蹈成济杀高贵乡公的灾祸罢了。"因回头命左右取来笔砚，亲自起草赦文，直截了当地写道："门下省：朕以寡德之身，有幸受到众人推举为帝，朕愿与天下万民，共同庆贺。大赦罪人，一依以往定式。"元恭闭口不言达八年之久，至此才说话，朝廷内外无不欣然，认为他是一位贤明之君，希望他能使天下太平。

庚午（三十日），北魏节闵帝元恭下诏书道："三皇称'皇'，五帝称'帝'，三代称'王'，大致是越来越谦让，从秦朝以来，竞相称'皇帝'，我现在只称'帝'，就已经是很高的褒扬了。"加封尔朱世隆为仪同三司，追赠尔朱荣为相国、晋王，加九锡。尔朱世隆让文武百官商议让尔朱荣的神位升入皇室宗庙中配飨之事，司直刘季明说："如果配飨宣武帝的话，尔朱荣在那朝并无功勋；如果配飨孝明帝的话，尔朱荣又曾亲手杀害了孝明帝的母亲胡太后；如果配孝庄帝的话，尔朱荣又为臣不终。由此看来，没有可以配飨的。"尔朱世隆恼怒地说道："你罪该万死！"刘季明道："我既然身为谏议官之首，就应该依礼直陈意见，如有不合尊意之处，是杀是剐，任听裁处！"尔朱世隆听后也没敢加罪于他。最后将尔朱荣配飨于孝文帝庙廷。又为尔朱荣在首阳山立了庙，在周公旧庙的基址上建成，以此表示尔朱荣的功绩可以跟周公相比。庙建成后，不久便被一场大火焚烧掉了。

夏季四月，乙巳（初六），梁朝昭明太子萧统去世。昭明太子自从举行冠礼以后，梁武帝便开始让他处理朝政，各部门的官员前来奏事，都汇集到太子那里。昭明太子善于辨析真伪谬误，对不实之处，洞察入微，但只是命有关部门改正，并不追究罪责。太子断案公正，对犯人往往多加保全宽宥，待人宽和，能容人，喜怒不形于色。昭明太子喜欢读书作文章，引进接待才俊之士，赞叹爱重，毫无倦怠。太子出居东宫二十多年，不蓄养乐工歌伎。每当天降大雨或积雪不化之时，昭明太子总要派手下人巡视一番大街小巷，发现有穷苦之人则加以赈济。昭明太子天性孝顺，居处东宫，即便是悠闲无事之时，一起一坐，都要面朝西边，如事先接到诏令，召他明日入宫，则正襟危坐直到天明。太子病重之后，惟恐梁武帝担忧，每次派人送来问候的敕文，太子总是要亲自写回信奏答。等到昭明太子去世的时候，朝野上下都非常惊愕、惋惜，建康城中的男女老少，奔向宫门，沿途道路哭声不断。

当初，梁昭明太子在埋葬生母丁贵嫔之时，曾派人四处求购风水好的基地。有人向宦官俞三副行贿，求他帮助将自己的地卖与昭明太子，并说如果得到三百万钱的话，则将其中的一百万钱送给俞三副。俞三副于是便暗中启奏梁武帝，说："太子所购之地不如现在这块土地对皇上您更吉祥。"武帝年纪大了，多所忌讳，便命人将这块地买了下来。埋葬了丁贵嫔后，有个道士说："这块地不利于长子，但如果镇一镇，或许还可以宽延一下。"于是便将蜡鹅及其他物品埋在了丁贵嫔墓侧的长子之位。宫监鲍邈之、魏雅当初都很受昭明太子宠幸，鲍邈之后来被魏雅疏远，于是便暗中向武帝启奏道："魏雅竟敢给太子诅咒祈祷。"梁武帝派人去墓地检查挖掘，果然挖到了蜡鹅等物。武帝大惊，要彻底追究这件事，徐勉竭力劝谏，武帝这才作罢，只诛杀了那位道士。因为此事，太子终生惭愧忧愤，难以自明。等到太子去世后，梁武帝将太子的长子南徐州刺史华容公萧欢召到建康，想立萧欢为继承人，但心中仍记恨那件往事，犹豫了很长时间，最终还是没有立萧欢为嗣。庚寅（五月二十一日），又打发萧欢回到了南徐州。

臣司马光曰：君子对于正道，不能稍微有所偏离，也不能有半步过失。以昭明太子这样的仁孝，以梁武帝这样的慈爱，一旦产生了一点嫌疑，不但太子本身因忧而致死，而且祸害延及后代子孙。昭明太子本为求吉反而得凶，不能洗刷自己的冤屈，人们能不深深引以为戒么！所以对于那些诡诈怪诞之徒，奇异邪佞之术，君子要远远地离开。

北魏高欢将起兵征讨尔朱氏，镇南大将军斛律金、军主善无库狄干与高欢的妻弟娄昭、高欢妻子的姐夫段荣等都力劝高欢起兵。高欢于是假借尔朱兆的名义写了一封假信，对士兵们说尔朱兆要把六镇之人配给契胡为部曲，大家听后都很忧虑恐惧。高欢又伪造了一张并州的符令，要征调高欢军讨伐步落稽。高欢派了一万人马，正要出发，孙腾与都督尉景为六镇人向高欢请求停留五天，这样停留了两次。高欢亲自将这支队伍送到郊外，流着眼泪与将士们告别，将士们都失声痛哭，声震原野。高欢于是又抚慰告诫将士们道："我与你们大家都是失去了故乡之人，情义如同一家人，没想到上面如此征调我们！今若西向并、汾讨伐步落稽，已经应当死了，延误军期，又该当处死，配属契胡，还是要死，我们该如何是好？"众人齐声说道："只有造反了！"高欢道："造反乃迫不得已之计，但应推举一人为首领，谁能担当呢？"众人共推高欢为首领，高欢说道："你们都是乡里乡亲，难以控制。不见当初葛荣么，虽然拥有百万大军，但却全无法令制度，终究还是败亡了。现在既然大家推举我为首领，就应该跟以前有所不同，不能凌辱汉人，违犯军纪，生死任我指挥调度才行；否则，就会被天下人耻笑。"众人都点头说："我们不论生死都听您号令！"高欢于是杀牛犒飨将士，庚申（六月二十二日），高欢在信都起兵，但尚未敢公开声言反叛尔朱氏。

正值李元忠发兵逼近殷州，高欢命高乾率军前往援救殷州。高乾轻骑入城会见尔朱羽生，与尔朱羽生一起商议军事计划，尔朱羽生跟高乾一起出城，高乾趁机捕获并斩杀了尔朱羽生，带着尔朱羽生的人头前来拜见高欢。高欢摸着胸口说："今日只好决计造反了！"遂任命李元忠为殷州刺史，镇守广阿。高欢于是上表朝廷历举尔朱氏的罪状，尔朱世隆将此表私藏扣押，没有上报皇帝。

四年（壬子，公元532年）

辛巳（四月十八日），安定王到了邙山。高欢因安定王与皇族嫡系比较疏远，于是派仆射魏兰根前往洛阳慰问，同时观察一下节闵帝的为人，打算再推奉他为帝。魏兰根认为节闵帝神气高扬，担心以后难以驾驭，便与高乾兄弟及黄门侍郎崔㥄等一起劝高欢废掉节闵帝。高欢召集百官向大家征询应该立谁为帝，没人作声，太仆代郡人綦毋俊盛赞节闵帝贤明，认为应该立他做社稷之王，高欢很高兴，觉得綦毋俊说得很对。崔㥄正言厉色地说道："如果要说贤明，自然应该等待我们高王，慢慢登上皇位。广陵王既然是由叛乱的胡人所立，怎能还让他做天子！如果听从了綦毋俊的话，大王您的队伍怎么称得上是义举？"高欢于是便将节闵帝幽禁在崇训佛寺中。

高欢进入洛阳之时，斛斯椿对贺拔胜说道："当今天下之事，全在于我和您了，如果我们不先发制人的话，将会被别人所制。高欢现在刚到洛阳，对付他还不难。"贺拔胜说道："高欢有功于国家，杀害了他不吉祥。近几夜我与高欢同住，叙谈往昔之情，同时他又很感谢你的恩义，为什么要怕他呢！"斛斯椿这才作罢。

因为汝南王元悦是孝文帝的儿子，高欢便将元悦召来想立他为帝，但又听说元悦暴戾无常，这才作罢。

当时北魏诸王大多逃走藏匿了起来，尚书左仆射平阳王元修，是元怀的儿子，躲藏在乡间田舍中。高欢想立元修为帝，便派斛斯椿去寻找元修。斛斯椿找到元修所亲信的员外散骑侍郎太原人王思政，向他打听元修的下落，王思政说："我要知道您为何找他。"斛斯椿道："想立他为皇帝。"王思政这才说出元修在什么地方。斛斯椿随王思政去见元修，元修见了他们脸色大变，对王思政说道："你不是要出卖我吧？"王思政道："当然不是。"元修又说："你敢保证么？"王思政答道："事情千变万化，怎么能保证呢！"斛斯椿飞马向高欢做了汇报，高欢派四百名骑兵将元修接入毛毡大帐之中，向元修表达了自己的诚挚之心，言谈之际泪落沾襟。元修以寡德为由推让再三，高欢又拜了两拜，元修也拜了一拜。高欢出帐，准备好皇帝的服装、用品让元修沐浴更衣，彻夜严加警戒。第二天早晨，因军中无法备朝服，所以文武百官执鞭朝拜元修，高欢让斛斯椿进奉劝进表。斛斯椿进入帷门，弯腰施礼伸着头不敢进到元修跟前，元修命王思政接过劝进表，看过之后，说道："我也只好即位称朕了。"高欢于是为安定王作诏书禅位于元修。

戊子（二十五日），北魏孝武帝元修在洛阳东郭外即皇帝位，采用鲜卑旧制，将黑毡蒙在七个人身上，高欢便是其中一人。元修在毡上向西拜过天之后，便入御太极殿，群臣朝拜庆贺。孝武帝元修登上阊阖门，大赦天下，改年号为太昌。任命高欢为大丞相、天柱大将军、太师、世袭定州刺史。庚寅（二十七日），加封高澄为侍中、开府仪同三司。

第一百五十六卷

梁纪十二

译文诵读

高祖武皇帝十二中大通五年（癸丑，533）

春，正月，辛卯。魏窦泰奄至尔朱兆庭，军人因宴休惰，忽见泰军，惊走，追破之于赤谼岭，众并降散。兆逃于穷山，命左右西河张亮及苍头陈山提斩己首以降，皆不忍；兆乃杀所乘白马，自缢于树。欢亲临，厚葬之。慕容绍宗携尔朱荣妻子及兆余众诣欢降，欢以义故，待之甚厚。兆之在秀容，左右皆密通款于欢，唯张亮无启疏，欢嘉之，以为丞相府参军。

魏侍中斛斯椿闻乔宁、张子期之死，内不自安，与南阳王宝炬、武卫将军元毗、王思政密劝魏主图丞相欢。毗，遵之玄孙也。舍人元士弼又言欢受诏不敬，帝由是不悦。椿劝帝置阁内都督部曲，又增武直人数，自直阁已下，员别数百，皆选四方骁勇者充之。帝数出游幸，椿自部勒，别为行陈，由是朝政、军谋，帝专与椿决之。帝以关中大行台贺拔岳拥重兵，密与相结，又出侍中贺拔胜为都督三荆等七州诸军事，欲倚胜兄弟以敌欢，欢益不悦。

初，贺拔岳遣行台郎冯景诣晋阳，丞相欢闻岳使至，甚喜，曰："贺拔公讵忆吾邪！"与景歃血，约与岳为兄弟。景还，言于岳曰："欢奸诈有余，不可信也。"府司马宇文泰自请使晋阳，以观欢之为人，欢奇其状貌，曰："此儿视瞻非常。"将留之，泰固求复命；欢既遣而悔之，发驿急追，至关不及而返。

泰至长安，谓岳曰："高欢所以未篡者，正惮公兄弟耳；侯莫陈悦之徒，非所忌也。公但潜为之备，图欢不难。今费也头控弦之骑不下一万，夏州刺史斛拔弥俄突胜兵三千余人，灵州刺史曹泥、河西流民纥豆陵伊利等各拥部众，未知所属。公若引军近陇，扼其要害，震之以威，怀之以惠，可收其士马以资吾军。西辑氐、羌，北抚沙塞，还军长安，匡辅魏室，此桓、文之举也。"岳大悦，复遣泰诣洛阳请事，密陈其状。魏主喜，加泰武卫将军，使还报。八月，帝以岳为都督雍、华等二十州诸军事、雍州刺史，又割心前血，遣使者齐赍以赐之。岳遂引兵西屯平凉，以牧马为名。斛拔弥俄突、纥豆陵伊利及费也头万俟受洛干、铁勒斛律沙门等皆附于岳，唯曹泥附于欢。秦、南秦、河、渭四州刺史同会平凉，受岳节度。兵以夏州被边要重，欲求良刺史以镇之，众举宇文泰，岳曰："宇文左丞，吾左右手，何可废也！"沈吟累日，卒表用之。

六年（甲寅，534）

魏贺拔岳将讨曹泥，使都督武川赵贵至夏州与宇文泰谋之，泰曰："曹泥孤城阻远，未足为忧。侯莫陈悦贪而无信，宜先图之。"岳不听，召悦会于高平，与共讨泥。悦既得翟嵩之言，仍谋取岳。岳数与悦宴语，长史武川雷绍谏，不听。岳使悦前行，至河曲，悦诱岳入营坐，论军事，悦阳称腹痛而起，其婿元洪景拔刀斩岳。岳左右皆散走，悦遣人谕之云："我别受旨，止取一人，诸君勿怖。"众以为然，皆不敢动。而悦心犹豫，不即抚纳，乃还入陇，屯水洛城。岳众散还平凉，赵贵诣悦请岳尸葬之，悦许之。岳既死，悦军中皆相贺，行台郎中薛憕私谓所亲曰："悦才略素寡，辄害良将，吾属今为人虏矣，何贺之有！"憕，真度之从孙也。

岳众未有所属，诸将以都督武川寇洛年最长，推使总诸军；洛素无威略，不能齐众，乃自请避位。赵贵曰："宇文夏州英略冠世，远近归心，赏罚严明，士卒用命，若迎而奉之，大事济矣。"诸将或欲南召贺拔胜，或欲东告魏朝，犹豫不决。都督盛乐杜朔周曰："远水不救近火，今日之事，非宇文夏州无能济者，赵将军议是也。朔周请轻骑告哀，且迎之。"众乃使朔周驰至夏州召泰。

泰与将佐宾客共议去留，前太中大夫颍川韩褒曰："此天授也，又何疑乎！侯莫陈悦，井中蛙耳，使君往，必擒之。"众以为："悦在水洛，去平凉不远，若已有贺拔公之众，则图之实难，愿且留以观变。"泰曰："悦既害元帅，自应乘势直据平凉，而退据水洛，吾知其无能为也。夫难得易失者，时也。若不早赴，众心将离。"

泰与帐下轻骑驰赴平凉，令杜朔周帅众先据弹筝峡。时民间惶惧，逃散者多，军士争欲掠之，朔周曰："宇文公方伐罪讨民，奈何助贼为虐乎！"抚而遣之，远近悦附；泰闻而嘉之。朔周本姓赫连，曾祖库多汗避难改焉，泰命复其旧姓，名之曰达。

丞相欢使侯景招抚岳众，泰至安定遇之，谓曰："贺拔公虽死，宇文泰尚存，卿何为者！"景失色曰："我犹箭耳，唯人所射。"遂还。

泰至平凉，哭岳甚恸，将士皆悲喜。

欢复使侯景与散骑常侍代郡张华原、义宁太守太安王基劳泰，泰不受，欲劫留之，曰："留则共享富贵，不然，命在今日。"华原曰："明公欲胁使者以死亡，此非华原所惧也。"泰乃遣之。基还，言"泰雄杰，请及其未定击灭之。"欢曰："卿不见贺拔、侯莫陈乎！吾当以计拱手取之。"

魏主闻岳死，遣武卫将军元毗慰劳岳军，召还洛阳，并召侯莫陈悦。毗至平凉，军中已奉宇文泰为主；悦既附丞相欢，不肯应召。泰因元毗上表称："臣岳忽罹非命，都督寇洛等令臣权掌军事。奉诏召岳军入京，今高欢之众已至河东，侯莫陈悦犹在水洛，士卒多是西人，顾恋乡邑，若逼令赴阙，悦蹑其后，欢邀其前，恐败国殄民，所损更甚。乞少赐停缓，徐事诱导，渐就东引。"魏主乃以泰为大都督，即统岳军。

丞相欢闻泰定秦、陇，遣使甘言厚礼以结之，泰不受，封其书，使都督济北张轨献魏主。斛斯椿问轨曰：“高欢逆谋，行路皆知之，人情所恃，唯在西方，未知宇文何如贺拔？”轨曰：“宇文公文足经国，武能定乱。”椿曰：“诚如君言，真可恃也。”

魏主欲伐晋阳，辛卯，下诏戒严，云“欲自将伐梁”。发河南诸州兵，大阅于洛阳，南临洛水，北际邙山，帝戎服与斛斯椿临观之。六月，丁巳，魏主密诏丞相欢，称“宇文黑獭、贺拔胜颇有异志，故假称南伐，潜为之备；王亦宜共为形援。读讫燔之”。欢表以为“荆、雍将有逆谋，臣今潜勒兵马三万，自河东渡，又遣恒州刺史库狄干等将兵四万自来违津渡，领军将军娄昭等将兵五万以讨荆州，冀州刺史尉景等将山东兵七万、突骑五万以讨江左，皆勒所部，伏听处分。”帝知欢觉其变，乃出欢表，令群臣议之，欲止欢军。欢亦集并州僚佐共议，还以表闻，仍云：“臣为嬖佞所间，陛下一旦赐疑。臣若敢负陛下，使身受天殃，子孙殄绝。陛下若垂信赤心，使干戈不动，佞臣一二人愿斟量废出。”

帝以宇文泰兼尚书仆射，为关西大行台，许妻以冯翊长公主，谓泰帐内都督秦郡杨荐曰：“卿归语行台，遣骑迎我！”以荐为直阁将军。泰以前秦州刺史骆超为大都督，将轻骑一千赴洛，又遣荐与长史宇文侧出关候接。

秋，七月，己丑，魏主亲勒兵十馀万屯河桥，以斛斯椿为前驱，陈于邙山之北。椿请帅精骑二千夜渡河掩其劳弊，帝始然之；黄门侍郎杨宽说帝曰：“高欢以臣伐君，何所不至！今假兵于人，恐生他变。椿若渡河，万一有功，是灭一高欢，生一高欢矣。”帝遂敕椿停行，椿叹曰：“顷荧惑入南斗，今上信左右间构，不用吾计，岂天道乎！”宇文泰闻之，谓左右曰：“高欢数日行八九百里，此兵家所忌，当乘便击之。而主上以万乘之重，不能渡河决战，方缘津据守。且长河万里，捍御为难，若一处得渡，大事去矣。”即以大都督赵贵为别道行台，自蒲反济，趣并州，遣大都督李贤将精骑一千赴洛阳。

魏主问计于群臣，或欲奔梁，或云南依贺拔胜，或云西就关中，或云守洛口死战，计未决。元斌之与斛斯椿争权，弃椿还，给帝云：“高欢兵已至！”丁未，帝遣使召椿还，遂帅南阳王宝炬、清河王亶、广阳王湛以五千骑宿于瀍西，南阳王别舍沙门惠臻负玺持千牛刀以从。众知帝将西出，其夜，亡者过半，亶、湛亦逃归。湛，深之子也。武卫将军云中独孤信单骑追帝，帝叹曰：“将军辞父母，捐妻子而来，‘世乱识忠臣’，岂虚言也！”戊申，帝西奔长安，李贤遇帝于崤中。己酉，欢入洛阳，舍于永宁寺，遣领军娄昭等追帝，请帝东还。长孙子彦不能守陕，弃城走。高敖曹帅劲骑追帝至陕西，不及。帝鞭马长骛，糗浆乏绝，三二日间，从官唯饮涧水。至湖城，有王思村民以麦饭壶浆献帝，帝悦，复一村十年。至稠桑，潼关大都督毛鸿宾迎献酒食，从官始解饥渴。

宇文泰使赵贵、梁御帅甲骑二千奉迎，帝循河西行，谓御曰：“此水东流，而朕西上，若得复见洛阳，亲诣陵庙，卿等功也。”帝及左右皆流涕。泰备仪卫迎帝，谒见于东阳驿，免冠流涕曰：“臣不能式遏寇虐，使乘舆播迁，臣之罪也。”帝曰：“公之忠节，著于遐迩。朕以不德，负乘致寇，今日相见，深用厚颜。方以社稷委公，公其勉之！”将士皆呼万岁。遂入长安，以雍州廨舍为宫，大赦，以泰为大将军、雍州刺史，兼尚书令，军国之政，咸取决焉。别置二尚书，分掌机事，以行台尚书毛遐、周惠达为之。时军国草创，二人积粮储，治器械，简士马，魏朝赖之。泰尚冯翊长公主，拜驸马都尉。

欢退屯河东，使行台长史薛瑜守潼关，大都督库狄温守封陵，筑城于蒲津西岸，以薛绍宗为华州刺史，使守之，以高敖曹行豫州事。

欢自发晋阳，至是凡四十启，魏主皆不报。欢乃东还，遣行台侯景等引兵向荆州，荆州民邓诞等执元颖以应景。贺拔胜至，景逆击之，胜兵败，帅数百骑来奔。

冬，十月，丞相欢至洛阳，又遣僧道荣奉表于孝武帝曰：“陛下若远赐一制，许还京洛，臣当帅勒文武，式清宫禁。若返正无日，则七庙不可无主，万国须有所归，臣宁负陛下，不负社稷。”帝亦不答。欢乃集百官耆老，议所立，时清河王亶出入已称警跸，欢丑之，乃托以“孝昌以来，昭穆失序，永安以孝文为伯考，永熙迁孝明于夹室，业丧祚短，职此之由。”遂立清河王世子善见为帝，谓亶曰：“欲立王，不如立王之子。”亶不自安，轻骑南走，欢追还之。丙寅，孝静帝即位于城东北，时年十一，大赦，改元天平。

丞相欢以洛阳西逼西魏，南近梁境，乃议迁邺，书下三日即行。丙子，东魏主发洛阳，四十万户狼狈就道。收百官马，尚书丞郎已上非陪从者，尽令乘驴。欢留后部分，事毕，还晋阳。改司州为洛州，以尚书令元弼为洛州刺史，镇洛阳。以行台尚书司马子如为尚书左仆射，与右仆射高隆之、侍中高岳、孙腾留邺，共知朝政。诏以迁民赀产未立，出粟一百三十万石以赈之。

庚寅，东魏主至邺，居北城相州之廨，改相州刺史为司州牧，魏郡太守为魏尹。是时，六坊之众从孝武帝西行者不及万人，余皆北徙，并给常廪，春秋赐帛以供衣服，乃于常调之外，随丰稔之处，折绢籴粟以供国用。

魏孝武帝闺门无礼，从妹不嫁者三人，皆封公主。平原公主明月，南阳王宝炬之同产也；从帝入关，丞相泰使元氏诸王取明月杀之；帝不悦，或时弯弓，或时椎案，由是复与泰有隙。癸巳，帝饮酒遇鸩而殂。泰与群臣议所立，多举广平王赞。赞，孝武之兄子也。侍中濮阳王顺，于别室垂涕谓泰曰：“高欢逼逐先帝，立幼主以专权，明公宜反其所为，广平冲幼，不如立长君而奉之。”泰乃奉太宰南阳王宝炬而立之。顺，素之曾孙也。殡孝武帝于草堂佛寺，谏议大夫宋球恸哭呕血，浆粒不入口者数日，泰以其名儒，不之罪也。

梁武帝中大通五年（癸丑，公元533年）

春季，正月，辛卯（初二），北魏窦泰率领军队突然攻到尔朱兆大本营的厅堂，军中的人因为正在摆宴而疏于防守，忽然看见窦泰的军队，连忙惊慌地逃跑，后来在赤谼岭被窦泰追上击溃，不是投降就是逃散了。尔朱兆逃到荒山中，命令在身旁侍奉的西河人张亮以及仆隶陈山提砍下自己的头颅投降，张亮与陈山提都不忍心这么做。尔朱兆就杀掉自己所骑的白马，自己吊死在树上。高欢亲自来到尔朱兆自杀的地方，为他举行了隆重的葬礼。慕容绍宗带着尔朱容的妻子、孩子以及尔朱兆剩余的人马向高欢投降，高欢看在过去的交情上，给予他们很优厚的待遇。尔朱兆在秀容的时候，他的近臣们都悄悄地向高欢表示投靠之意，惟独张亮没有写信联系。高欢对他很赞许，任命他为丞相府的参军。

北魏侍中斛斯椿听到乔宁、张子期的死讯，心里无法安宁，他与南阳王元宝炬、武卫将军元毗、王思政一道秘密劝说孝武帝除掉丞相高欢。元毗是元遵的玄孙。舍人元士弼又告诉孝武帝，说高欢对皇帝颁下的诏书不恭不敬，孝武帝因此不大愉快。斛斯椿劝说孝武帝设置了负责皇宫守卫的内都督部曲，又在皇帝居住的朱华阁里增添了值勤侍卫的人数，在这些侍卫下面，还有定额以外的侍卫几百人。充当卫士的都是从各地精选出的骁勇善战的人。孝文帝几次外出巡游，斛斯椿亲自部署，在卫士以外另外排列队伍。从此，有关朝政、军机方面的大事，孝武帝只与斛斯椿商议决定。由于关中大行台贺拔岳手中掌握重兵，孝武帝就与他秘密联系，又派遣侍中贺拔胜担任统管三荆等七州军事的都督，想倚仗贺拔胜兄弟的力量与高欢抗衡，高欢心里更加不高兴。

起初，贺拔岳派遣行台郎冯景到晋阳，丞相高欢听说贺拔岳的使者来了，非常高兴，说道："贺拔公岂不是想念我了？"然后与冯景歃血为盟，约定与贺拔岳结为兄弟。冯景回去后，对贺拔岳说："高欢奸诈有余，真诚不足，不可信任。"府司马宇文泰自告奋勇，请求出使晋阳，以便观察高欢的为人到底如何。高欢见了宇文泰，对他的相貌感到惊奇，说道："这个年轻人的仪表看起来不同寻常。"因此要留下宇文泰，宇文泰坚决要求回去复命；高欢让宇文泰走了之后又觉得后悔，急忙派人骑驿马追赶，一直追到潼关还没有追上，只好返回。

宇文泰回到长安后，对贺拔岳说："高欢之所以还没有篡夺帝位，正是因为忌惮你们兄弟，而侯莫陈悦等人，并不是他所猜忌的对象。您只要悄悄地进行准备，干掉高欢是不难的。现在费也头部族善于射箭的骑兵不下一万人，夏州刺史斛拔弥俄突的精兵有三千多人，灵州刺史曹泥、河西流民纥豆陵伊利等人各自都拥有一帮人马，还不知道自己要归属哪一方。您要是带着军队逼近陇地，扼守该地的要害之处，用威势来震慑他们，同时再用恩惠对他们进行安抚，就可以收服他们的兵马来壮大我军的力量。此外，西边亲睦氐、羌部落，北边抚慰沙漠塞外之民，然后挥师返回长安，辅助魏国皇室，这是足以跟齐桓公、晋文公的功业相比的举动呀。"贺拔岳听了非常高兴，又派遣宇文泰到洛阳向孝武帝请示有关事宜，秘密陈述有关情况。孝文帝也很欢喜，加封宇文泰为武卫将军，叫他回去向贺拔岳汇报。八月，孝武帝任命贺拔岳为都督雍、华等二十州诸军事及雍州刺史，又割破自己心口前的皮肉，取出一些鲜血，派遣使者赐送给贺拔岳。贺拔岳于是带领兵马向西挺进，以牧马的名义驻扎在平凉。斛拔弥俄突、纥豆陵伊利以及费也头的万俟受洛干、铁勒斛律沙门等人都依附于贺拔岳，只有曹泥还依附于高欢。秦、南秦、河、渭四州的刺史一同汇集在平凉，接受贺拔岳的指挥调度。贺拔岳因为夏州地处边境，地形重要，想要寻找一位出色的刺史来镇守，大家都推举宇文泰，贺拔岳说道："宇文左丞是我的左右手，怎么可以离开我！"他反复考虑了好几天，最终还是上书孝武帝，请求任用宇文泰为夏州刺史。

六年（甲寅，公元534年）

北魏的贺拔岳将要讨伐曹泥，派了都督武川人赵贵到夏州先与宇文泰商量，宇文泰说："曹泥掌握的是一座孤城，隔的距离又远，不足以成为我们忧虑的对象。侯莫陈悦贪心而又不讲信义，应该先收拾他。"贺拔岳没有听从宇文泰的建议，而是召请侯莫陈悦在高平与自己会合，共同讨伐曹泥。侯莫陈悦听了翟嵩的话以后，就图谋除掉贺拔岳。贺拔岳多次与侯莫陈悦随便聊天说话，担任长史的武川人雷绍劝告他，他听不进去。贺拔岳叫侯莫陈悦走在前面，到了河曲，侯莫陈悦引诱贺拔岳到他的军营去坐，一同谈论军事，谈着谈着，侯莫陈悦假装说自己肚子疼，站起身来，他的女婿元洪景拔出腰刀杀了贺拔岳，贺拔岳身边的人都纷纷逃散，侯莫陈悦派人告诉他们说："我奉了朝廷密旨，只取贺拔岳一个人的性命，各位都不要害怕。"大家都认为侯莫陈悦的话是真的，不敢轻举妄动。但是侯莫陈悦自己的心里还犹豫不决，不敢安抚招纳贺拔岳的部属，于是就回到陇地，驻扎在水洛城。贺拔岳离散的部属回到平凉，赵贵来到侯莫陈悦处请求由他安葬贺拔岳的遗体，侯莫陈悦答应了他。贺拔岳死了之后，侯莫陈悦军队里的官兵都相互庆贺，行台郎中薛憕悄悄地对他亲近的人说："侯莫陈悦向来缺乏才识谋略，总是杀害良将，我们这些人现在已注定被人俘虏了，有什么可以庆贺的！"薛憕是薛真度的侄孙子。

贺拔岳的部下们都还没有归属，各位将领考虑到担任都督的武川人寇洛年龄最大，就推举他总管所有的军队，寇洛一向没有威望谋略，不能把大家管理好，就自己请求让位，赵贵说道："夏州刺史宇文泰的才略天下第一，远近的人心都向着他，他赏罚严明，士兵们都愿意听从他的命令，如果将他迎接来，拥戴他作为我们的统帅，大事就可以成功了。"各位将领中有的想去南方叫贺拔胜来收拾残局，有的想去东方把情况禀告北魏的朝廷，一时间犹豫不决。担任都督的盛乐人杜朔周说道："远水救不了近火，今天这样的事情，除了宇文泰外，没有任何人能够办成功，赵将军的一番议论是正确的。请允许我朔周骑上快马向宇文泰报告噩耗，并且迎接他到这儿来。"大家就让杜朔周作为使者赶往夏州请宇文泰来。

宇文泰与他的将领、幕僚、宾客一同商议是去是留，前太中大夫、颍川人韩褒说道："这是上天授命给您，还有什么可以疑虑的呀！侯莫陈悦不过是只井中之蛙，如果您去的话，一定能够捉住他。"众人都认为："侯莫陈悦所处的水洛距离平凉不远，如果他已经拥有贺拔岳留下的兵马，再算计他就非常困难了，希望暂且留下来观察时局的变化。"宇文泰说："侯莫陈悦既然杀害了贺拔岳元帅，自然应该乘这个势头直接占据平凉，而他却退了一步占据了水洛，由此我知道他没有能耐再干什么了。难以得到而又容易失去的是时机，假如我不早点去的话，人心将会离散。"

宇文泰与手下的轻骑兵一起快速地赶赴平凉，命令杜朔周带领兵马先占领弹筝峡。此时老百姓都很惊惶恐惧，逃散的人很多，士兵们争先恐后地要掠夺他们的财物，杜朔周对士兵们说："宇文泰大人正在征伐罪人，使百姓安享太平，你们怎么还帮助奸贼做坏事呀？"他对百姓进行安抚并把他们发送回去，远近的人因此都高兴地归附过来；宇文泰听到这一消息后嘉奖了他。杜朔周本姓赫连，他的曾祖父库多汗为了避难而改姓杜，宇文泰叫杜朔周恢复他的旧姓，给他起名为赫连达。

北魏的丞相高欢派侯景去招纳安抚贺拔岳的兵马，宇文泰走到安定的时候遇见了他，对他说："贺拔岳虽然已经去世，但我宇文泰还活着，你想要干什么！"侯景大惊失色，回答说："我不过是一支箭，人家把我射到哪儿我就到哪儿。"于是便返回了。

宇文泰到达平凉之后，非常悲痛地哭吊贺拔岳，将士们都又悲又喜。

高欢又派侯景与散骑常侍代郡人张华原、义宁太守太安人王基去慰劳宇文泰，宇文泰没有接受，还想把他们扣留下来，说："你们留下来我们就一同享受富贵，不然的话，你们的性命就在今日完结。"张华原回答说："您用死亡来威胁使者，这可不是我张华原所惧怕的。"宇文泰无奈，就让他们回去了。王基到晋阳后，对高欢说："宇文泰是一位英雄杰出的人，请您趁他还没有稳定就攻击消灭他。"高欢回答说："你不是看见贺拔岳与侯莫陈悦之间的情况了嘛！我会使用计谋拱手取他的性命。"

北魏国主孝武帝听到贺拔岳的死讯，派遣武卫将军元毗去慰问贺拔岳的军队，把他们召回洛阳，并且宣召侯莫陈悦。元毗到了平凉，部队里面已经拥戴宇文泰作为首领；侯莫陈悦已经归附了高欢，因此不愿意接受孝武帝的宣召。宇文泰通过元毗给孝武帝递送了表章，说："大臣贺拔岳突然死于非命，都督寇洛等人要我暂且掌握这儿的军事权力。我已经接到您宣召贺拔岳的军队进京城的诏书，但是现在高欢的兵马已经到了五原河以东地区，侯莫陈悦还在水洛，我手下的士兵大多数是西部人，留恋自己的家乡，如果硬逼着叫他们赶赴京城，侯莫陈悦在后面追击，高欢在前面拦截，恐怕会产生国家遭殃百姓被杀的后果，受到的损失更大。请您允许我们稍微停一停缓一缓，慢慢地进行诱导，渐渐地将他们带到东部地区。"孝武帝就任命宇文泰为大都督，就统率贺拔岳的部队。

丞相高欢听说宇文泰平定了秦、陇地区，就派遣使者用甜言蜜语和丰厚的礼品来结交宇文泰，宇文泰没有接受，而是封好高欢的书信，派担任都督的济北人张轨去献给孝武帝。斛斯椿问张轨：“高欢的叛逆之心路人皆知，众望所归，惟有西边的宇文泰了，不知道宇文泰的才能与贺拔岳相比如何？”张轨回答说：“宇文公论文足以管理国家，论武能够平定叛乱。”斛斯椿说道：“果真像你说的那样，宇文泰真是可以依靠的对象。”

孝武帝想要讨伐高欢所住的晋阳，辛卯（五月初十），颁下诏书命令戒严，说“要亲自带兵讨伐梁”。他征调河南各州的兵马，在洛阳进行大规模的检阅仪式，部队的南端挨着洛水，北端靠近邙山，孝武帝身穿盔甲与斛斯椿一道亲临视察。六月，丁巳（初六），孝武帝秘密写给丞相高欢一封诏书，假称：“宇文黑獭、贺拔胜颇有叛变篡位的意图，所以我假装说要讨伐南方，暗中进行准备；您也应该一同做出增援的样子。读后请将诏书烧掉。”高欢上书给孝武帝，说：“荆州的贺拔胜、雍州的宇文泰将要实施叛逆的阴谋，我现在暗中带领三万兵马，从河东渡河，又派遣恒州刺史库狄干等人统领四万兵马从来违津渡河，领军将军娄昭等人统领五万兵马讨伐荆州，冀州刺史尉景等人统领七万山东兵、五万惯于冲锋陷阵的精锐骑兵讨伐江东地区，他们都已率领自己的部属，恭敬地聆听您的吩咐。”孝武帝知道高欢已经觉察自己要制造事变，就亮出高欢的奏章，叫大臣们对它进行评议，想要制止高欢出兵。高欢也召集并州的官佐属吏共同商议，然后又一次递上奏章，仍然说：“我受到一群奸臣的挑拨离间，陛下因此一时对我产生了怀疑。我要是胆敢辜负陛下，就让上天将灾难降临到我的身上，断子绝孙。陛下如果相信我的赤胆忠心，免动干戈，我就希望您能考虑把一两位奸臣从您的身边赶出去。”

孝武帝让宇文泰兼任尚书仆射，出任关西大行台，还答应将冯翊长公主许配给他做妻子。他对宇文泰的帐内都督、秦郡人杨荐说：“你回去告诉你们行台，让他派骑兵来迎接我！”又任命杨荐为直阁将军。宇文泰任命以前的秦州刺史骆超为大都督，率领一千名轻装骑兵前往洛阳，又派遣杨荐与长史宇文侧一道到关外迎候孝武帝。

秋天，七月，己丑（初九），北魏孝武帝亲自带领十万兵马屯驻在河桥地区，以斛斯椿为先锋，陈兵在邙山的北面。斛斯椿请求率领两千名精锐骑兵渡过黄河，乘敌军疲劳困乏处于不利状态的时候发动突然袭击，孝武帝开始同意他的计划，但黄门侍郎杨宽劝告孝武帝说：“高欢以臣子的身份讨伐君王，还有什么做不出的！现在把兵马借给别人，怕会发生其它的变故。斛斯椿渡河之后，万一有功的话，那就成了灭除了一个高欢，又生出一个高欢。”孝武帝于是颁下诏书，命令斛斯椿停止行动。斛斯椿叹息道：“近来火星进入南斗，现在皇上相信他身边的人的离间陷害，不采用我的计谋，岂不是天意呀！”宇文泰听了这话之后，对身边的部下说：“高欢几天之中行军八九百里路，这是兵家所忌讳的事情，应当乘这个机会袭击他。而皇上以万乘之重，不能渡过河去与高欢决一死战，倒是靠着渡口一味防守。

而且长河足有万里，防御起来困难，如果有一个地方让高欢的军队渡过，总的局势就完了。”他立刻任命大都督赵贵为别道行台，从蒲反渡河，向并州进军，又派大都督李贤率领一千名精锐骑兵赶往洛阳。

孝武帝向各位大臣询问计策，有人说投奔南方梁朝，有的人说到南方依靠贺拔胜，有的人说去西部的关中地区，有的人说坚守洛口死战一场，计划定不下来。元斌之与斛斯椿争权夺利，他丢下斛斯椿回来，欺骗孝武帝说：“高欢的兵马已经到了！”丁未（二十七日），孝武帝派遣使者召回斛斯椿，然后就率领南阳王元宝炬、清河王元亶、广阳王元湛带着五千名骑兵在水的西部宿营，寄居在南阳王舍下的出家人惠臻背着玉玺手持千牛刀跟随着。大家都知道孝武帝将要出发到西部去，这一天夜间，逃亡的人超过一半，清河王元亶、广阳王元湛也逃了回去。元湛是元深的儿子。武卫将军云中人独孤信单人匹马追赶孝武帝。孝武帝感叹地说道：“将军你辞别父母，舍弃妻子而来，有言道：‘世道大乱的时候能够识别出忠臣。’这可不是瞎话呀！”戊申（二十八日），孝武帝奔往西部的长安，李贤在崤县境内与孝武帝相遇。己酉（二十九日），高欢进入洛阳，住在永宁寺，派遣领军娄昭等人追赶孝武帝，请他东还。长孙子彦不能守住陕城，弃城逃跑了。高敖曹率领着精锐的骑兵追赶孝武帝一直到达陕城以西，终于没有赶上。孝武帝鞭打着马长时间地急驰，粮草乏绝。两三天里面，跟随孝武帝的官员只能喝山涧的水充饥，到了湖城，当地王思村中的农民献给孝武帝麦饭与壶浆，孝武帝感到很高兴，免除了全村十年的徭役。到了稠桑，潼关大都督毛鸿宾迎接孝武帝，送上了酒与食物，跟随的官员才开始解除了饥渴。

（八月）宇文泰派赵贵、梁御率领两千名戴盔披甲的骑兵前去恭迎孝武帝，孝武帝沿着黄河向西行进，对梁御说：“这条河的水向东流，而朕却往西去，如果有一天我能够重见洛阳，亲自到皇陵宗庙祭祀，那可都是你们的功劳呀。”说着，孝武帝和他身旁的人都流下了眼泪。宇文泰备好了仪仗与卫队迎接孝武帝，在东阳驿进行了参拜。宇文泰摘去帽子流着眼泪说道：“我没能遏制住贼寇的侵犯迫害，致使皇上颠簸迁徙，这都是我的罪过。”孝武帝说道：“你的忠心与气节，远近闻名。朕因为缺乏足够的德行，而身居尊位，结果招致贼寇肆意横行，今天与你相见，实在是太惭愧了。我现在就把国家的重担托付给你，你好好勉力吧！”将士们都高呼万岁。孝武帝于是进入长安，将雍州的官署作为宫殿，大赦天下，任命宇文泰为大将军、雍州刺史兼尚书令，国家军政大事的安排都取决于他。孝武帝还另外设置了两名尚书，分别掌管军机大事，让行台尚书毛遐、周惠达担任了这两个职务。此时，长安政权刚刚创立，两人积攒粮食储备起来，制造各种器械，精选士兵战马，整个魏朝都依靠他们。宇文泰与冯翊长公主成婚，被封为驸马都尉。

高欢退到河东地区驻扎下来，派遣行台长史薛瑜镇守潼关，大都督库狄温镇守封陵，并在蒲津的西岸建筑一座新城，让薛绍宗出任华州刺史，守卫新城，又叫高敖曹兼管豫州的事务。

高欢从离开晋阳到这个时候，一共递交了四十份奏折，孝武帝都不作答复。高欢就往东返回，他派遣行台侯景等人带领兵马开往荆州，荆州的百姓邓诞等人捉住了元颖来策应侯景。贺拔胜也赶到了，侯景进行迎击，贺拔胜的兵马被打败，只好带领几百名骑兵来投奔南梁。

冬季，十月，丞相高欢到达洛阳，又派遣僧人道荣将一份奏折交给孝武帝，里面说道："陛下如果在远方恩赐给我们一份诏书，答应返回京城洛阳，我将率领、约束文武百官，清扫干净您居住的宫殿，恭候您的归来。如果您不定下一个返回的日子，那么七庙就不能没有主人，天下邦国必须有所归附。届时，我宁可辜负陛下，也不辜负国家。"孝武帝对此也不作答复。高欢就召集文武百官和元老，商议立谁做皇帝合适，此时清河王元亶已经在自己进出时按皇帝的规格严加戒备，断绝行人，高欢对他感到厌恶，就借口说："孝昌年间以来，宗庙的辈分次序开始混乱，永安年间孝武帝只把孝文帝尊为他的伯父，永熙年间孝武帝又将孝明帝的牌位移到了宗庙内的夹室之中，近来的皇帝基业丧失，在位的时间短，原因都在于继承帝位的人辈分不对。"于是拥立清河王的嫡长子元善见为新的皇帝，并对元亶说道："要拥立您的话，还不如拥立您的儿子。"元亶为此而心中感到不安，骑上轻装的快马向南方出走，高欢追赶上去劝回了他。丙寅（十七日），孝静帝在洛阳城的东北部登上了皇位，当时年龄才十一岁。孝静帝下令大赦天下，改年号为天平。

丞相高欢认为洛阳的西面接近西魏、南面接近梁朝，就提议将国都迁往邺城，他的文书颁下刚刚三天迁都就开始进行了。丙子（二十七日），东魏孝静帝从洛阳出发，四十万户人家狼狈地踏上了路途。朝廷征收了文武百官的马匹，尚书丞、郎以上不是陪同跟随孝静帝的，都被命令骑驴。高欢留在后面布置安排，等到事情结束以后，回到了晋阳。朝廷将司州改名为洛州，任命尚书令元弼为洛州刺史，镇守洛阳。又任命行台尚书司马子如为尚书左仆射，与右仆射高隆之、侍中高岳、孙腾一道留在邺城，共同主持朝中的政务。孝静帝颁下诏书表示考虑到移民因受搬迁的影响，家产不能马上建立，拿出一百三十万石粮食赈济他们。

庚寅（十一月十二日），东魏国主孝静帝到达了邺城，居住在相州的官衙里面，把相州刺史改称为司州牧，魏郡太守改称为魏尹。此时，六坊的人跟随孝武帝到西边去的不到一万人，其余的都迁徙到了北方，一并供给他们常规的俸禄，春秋两季皇帝还要送绸缎供给他们做衣服用，除了正常赋调之外，在庄稼丰收的地区，将绢帛折价买进粮食，以供国家使用。

西魏孝武帝在宫中失礼乱伦，堂妹中不出嫁的就有三个人，都被封为公主。平原公主明月与南阳王元宝炬是同母兄妹，跟随孝武帝来到关中，丞相宇文泰叫元氏的各位亲王抓住并杀掉了明月；孝武帝对此感到不高兴，有时弯弓射箭，有时用铁椎锤击桌子，由此又和宇文泰产生了隔阂。癸巳（闰十二月十五日），孝武帝喝酒中毒身亡。宇文泰和大臣们一同商议应该拥立谁为新皇帝，大多数人推举广平王元赞。元赞是孝武帝兄长的儿子。兼任侍中的濮阳王元顺在另外一个房间流着眼泪对宇文泰说："高欢逼走了已故的皇上，拥立一位年幼的皇帝以便大权独揽，您应该反其道而行之。广平王还年幼，所以不如拥立一位年长的君王。"于是，宇文泰就拥立兼任太宰的南阳王元宝炬为皇帝。元顺是常山王元素的曾孙子。孝武帝的灵柩被安放在草堂佛寺，谏议大夫宋球放声痛哭呕出了鲜血，几天里不喝一口水不吃一粒饭，宇文泰因他是一位著名儒生，没有加罪他。

第一百五十七卷
梁纪十三

译文诵读

高祖武皇帝十三大同元年（乙卯，535）

春，正月，戊申朔，大赦，改元。

勃海世子澄通于欢妾郑氏，欢归，一婢告之，二婢为证；欢杖澄一百而幽之，娄妃亦隔绝不得见。欢纳魏敬宗之后尔朱氏，有宠，生子潋，欢欲立之。澄求救于司马子如。子如入见欢，伪为不知者，请见娄妃；欢告其故。子如曰："消难亦通子如妾，此事正可掩覆。妃是王结发妇，常以父母家财奉王；王在怀朔被杖，背无完皮，妃昼夜供侍；后避葛贼，同走并州，贫困，妃然马矢，自作靴；恩义何可忘也！夫妇相宜，女配至尊，男承大业。且娄领军之勋，何宜摇动！一女子如草芥，况婢言不必信邪！"欢因使子如更鞫之。子如见澄，尤之曰："男儿何意畏威自诬！"因教二婢反其辞，胁告者自缢，乃启欢曰："果虚言也。"欢大悦，召娄妃及澄。妃遥见欢，一步一叩头，澄且拜且进，父子、夫妇相泣，复如初。欢置酒曰："全我父子者，司马子如也！"赐之黄金百三十斤。

魏丞相泰以军旅未息，吏民劳弊，命所司斟酌古今可以便时适治者，为二十四条新制，奏行之。

泰用武功苏绰为行台郎中，居岁馀，泰未之知也，而台中皆称其能，有疑事皆就决之。泰与仆射周惠达论事，惠达不能对，请出议之。出，以告绰，绰为之区处，惠达入白之，泰称善，曰："谁与卿为此议者？"惠达以绰对，且称绰有王佐之才，泰及擢绰为著作郎。泰与公卿如昆明池观渔，行至汉故仓池，顾问左右，莫有知者。泰召绰问之，具以状对。泰悦，因问天地造化之始，历代兴亡之迹，绰应对如流。泰与绰并马徐行，至池，竟不设网罟而还。遂留绰至夜，问以政事，卧而听之；绰指陈为治之要，泰起，整衣危坐，不觉膝之前席，语遂达曙不厌。诘朝，谓周惠达曰："苏绰真奇士，吾方任之以政。"即拜大行台左丞，参典机密，自是宠遇日隆。绰始制文案程式朱出、墨入及计帐、户籍之法，后人多遵用之。

东魏以丞相欢之子洋为骠骑大将军、开府仪同三司，封太原公。洋内明决而外如不慧，兄弟及众人皆嗤鄙之；独欢异之，谓长史薛琡曰："此儿识虑过吾。”幼时，欢尝欲观诸子意识，使各治乱丝，洋独抽刀斩之，曰：“乱者必斩！”又各配兵四出，使都督彭乐帅甲骑伪攻之，兄澄等皆怖桡，洋独勒众与乐相格，乐免胄言情，犹擒之以献。

二年（丙辰，536）

三月，戊申，丹杨陶弘景卒。弘景博学多艺能，好养生之术。仕齐为奉朝请，弃官，隐居茅山。上早与之游，及即位，恩礼甚笃，每得其书，焚香虔受。屡以手敕招之，弘景不出。国家每有吉凶征讨大事，无不先谘之，月中尝有数信，时人谓之“山中宰相”。将没，为诗曰：“夷甫任散诞，平叔坐论空。岂悟昭阳殿，遂作单于宫！”时士大夫竞谈玄理，不习武事，故弘景诗及之。

三年（丁巳，537）

东魏遣兼散骑常侍李谐来聘，以吏部郎卢元明、通直侍郎李业兴副之。谐，平之孙；元明，旭之子也。秋，七月，谐等至建康，上引见，与语，应对如流。谐等出，上目送之，谓左右曰：“朕今日遇勍敌。卿辈尝言北间全无人物，此等何自而来！”是时邺下言风流者，以谐及陇西李神俊、范阳卢元明、北海王元景、弘农杨遵彦、清河崔赡为首。神俊名挺，宝之孙；元景名昕，宪之曾孙也；皆以字行。赡，㥄之子也。

时南、北通好，务以俊乂相夸，衔命接客，必尽一时之选，无才地者不得与焉。每梁使至邺，邺下为之倾动，贵胜子弟盛饰聚观，礼赠优渥，馆门成市。宴日，高澄常使左右觇之，一言制胜，澄为之拊掌。魏使至建康亦然。

梁武帝大同元年（乙卯，公元535年）

春季，正月，戊申朔（初一），梁武帝下令大赦天下，改年号为大同。

勃海王高欢的嫡长子高澄与他的小妾郑氏私通。高欢袭击稽胡之后回来，一个婢女把这一情况告诉了他，还有两个婢女在一旁做证。高欢打了高澄一百大棍，并把他关押起来。娄妃也被隔离开来，不允许她见高欢。高欢以前把孝庄帝的皇后尔朱氏收纳为妾，非常宠爱她，他们生了一个儿子叫高浟，高欢想要立他做自己的继承人。高澄就向司马子如求救。司马子如来到王府拜见高欢，假装不知道内情，请求见一见娄妃，高欢就把详细情况告诉了司马子如。司马子如说道：“消难也和我的小妾私通了，这件事只能掩盖起来。娄妃是王爷的结发妻子，当初经常把父母亲家里的财物拿出来给您。您在怀朔的时候被人用木杖责打，背上没有一块完好的皮肉，娄妃白天黑夜地侍候您，后来为了躲避葛荣这个奸贼，你们一同出走到并州，生活贫困，王妃点燃马粪做饭，亲自制作靴子；这样的恩义怎么可以忘掉呀？你们夫妇二人相互适合，所生的女儿嫁给了最尊贵的皇帝，儿子高澄则继承了您的大业，况且王妃的弟弟娄领军功勋突出，怎么可以轻易动摇得了呢？一个女人就像小草一样，没有必要多么看重，何况婢女的话不一定可信呢！”高欢听后，就叫司马子如重新查问这件事情。司马子如见到高澄，便责怪他道：“你身为男子汉，怎么可以因为害怕威严就自己诬蔑自己！”与此同时，他又教那两位婢女推翻自己的证词，胁迫告状的婢女上吊自杀，然后向高欢报告说：“那些话果然是无中生有。”高欢听了非常高兴，派人去叫娄妃和高澄。娄妃远远看见高欢，便走一步叩一个头，高澄也是一边跪拜一边向前，父亲与儿子、丈夫与妻子相互都流下了眼泪，从此又和好如初。高欢安排了酒宴，说道：“成全我们父子两人关系的，是司马子如呀！”于是便赠给司马子如一百三十斤黄金。

西魏的丞相宇文泰考虑到战事得不到平息，官吏百姓已经疲劳，就命令有关部门斟酌参照古往今来既利于目前情况又适合于治理天下的制度，制订出二十四项新的法令，上书得到文帝的批准后开始实行。

西魏人民安居乐业图

宇文泰任用武功人苏绰为行台郎中，一年多之后，宇文泰自己对苏绰还不大了解，但是行台官署中的人都称赞苏绰能力强，遇上有疑难的事情都去请他帮助决策。宇文泰与仆射周惠达讨论一件事，周惠达不能回答宇文泰的问题，就请求允许他出去跟别人一起商议此事。周惠达出门后，把情况告诉了苏绰，苏绰为周惠达做了分析解答，周惠达进去后按照苏绰的意见做出回答。宇文泰认为周惠达回答的非常好，问道：“谁和你一道做出了这番议论？”周惠达说出了苏绰的名字，并且称赞苏绰具有辅佐君王成就大业的才能，宇文泰便提拔苏绰为著作郎。宇文泰与公卿一起去昆明池观赏捕鱼，走到汉代传下来的仓池时，回过头来询问身旁的人，他们中没有一个知道仓池的情况。宇文泰就把苏绰叫来，向他提问，苏绰把一件件事都讲得绘声绘色。宇文泰很高兴，就一直问到天地开始创造化育时有什么景象，历代兴盛与灭亡的经过如何，苏绰始终对答如流。宇文泰与苏绰一道骑着马慢慢地并行，到了昆明池，竟然没有撒网就返回了。在丞相府，宇文泰将苏绰一直留到晚上，就一些军政大事征求苏绰的意见，苏绰讲述，宇文泰躺着倾听。当苏绰指出治理国家有哪些关键之处的时候，宇文泰从睡榻上起来，整理好衣服端正地坐着，不知不觉他的膝头已经在席子上往前移动，苏绰的话从晚上又持续到第二天清晨，宇文泰还听得不满足。第二天早上，宇文泰对周惠达说：“苏绰真是个奇特的人，我这就让他管理重要的政务。”他随即任命苏绰为大行台左丞，让他参与掌管处理机密大事，从此苏绰越来越受到宇文泰的宠信。苏绰开始制订处理文书的程序如用红笔批出，用黑笔签收，还有关于记账、户籍的一些办法，这些程序、办法后来的人大多遵照沿用了。

东魏任命丞相高欢的儿子高洋为骠骑大将军、开府仪同三司，并封他为太原公。高洋内心既果断而又精明，可是外表上看起来好像智力不够，他的兄弟以及其他的许多人都嗤笑鄙视他，惟独高欢认为他与众不同，曾经对长史薛琡说：“这孩子的见识与思考问题的能力都超过我。”还在高洋幼小的时候，高欢曾经想观察一下各位儿子的智能如何，让他们各自整理一团乱丝，惟独高洋一人抽出刀来砍断了乱丝，说：“乱的东西就一定要砍断！”高欢还给儿子们各自配备了兵力让他们四面出击，又叫都督彭乐率领戴盔裹甲的骑兵假装进攻，长兄高澄等人都害怕得乱了阵脚，只有高洋布置兵力与彭乐对抗，彭乐脱去盔甲叙述情况时，高洋还擒拿了彭乐，将他献给高欢。

二年（丙辰，公元536年）

三月，戊申（初七），梁朝的丹阳人陶弘景去世。陶弘景学识渊博，多才多艺，对养生术有特殊的兴趣。他在南齐担任过奉朝请的官职，后来又主动放弃，在茅山隐居起来。梁武帝早年曾经和他一同游处，等到登上皇位以后，总是给予他很不寻常的恩惠与礼遇，每次收到他的信，都要点上香后才虔诚地阅读。梁武帝多次亲自写信邀请陶弘景到朝廷做官，陶弘景始终没有出山。每当国家出现吉祥或不祥的征兆的时候，或有出征、讨伐这样大事的时候，梁武帝必定要先向他咨询，有时一个月里面两人要通好几封信，当时的人们称他是“山中宰相”。陶弘景去世之前，写了这样一首诗：“王衍任情放诞，何晏议论虚空。岂能想到昭阳殿，竟然做了单于宫。”那个时代，大小官员都竞相谈论玄理，不愿意学习练兵打仗方面的东西，所以陶弘景写诗用魏晋时期的事情来影射梁朝。

三年（丁巳，公元537年）

东魏派遣兼任散骑常侍的李谐为正使，吏部郎卢元明、通直侍郎李业兴为副使，出使梁朝。李谐是李平的孙子，卢元明是卢昶的儿子。秋季，七月，李谐等人抵达建康，梁武帝接见了他们，并和他们做了交谈，他们都对答如流。李谐等人出门了，梁武帝目送着他们远去后，对身旁的人说道：“我今天可遇上了劲敌，你们这些人曾经说北方没有一个像样的人物，那么现在这几位是从哪里来的呢？”当时，东魏的国都邺城内够得上称作“风流人物”的，要以李谐以及陇西人李神俊、范阳人卢元明、北海人王元景、弘农人杨遵彦、清河人崔赡为首。李神俊的名字叫李挺，是李宝的孙子；王元景的名字叫王昕，是王宪的曾孙子；他们通常都用表字。崔赡是崔㥄的儿子。

此时，南方与北方已经沟通和好，在交往中，务必要让对方夸己方的人贤能，所以奉命出使或接待客人的，必定是精选出的当时最杰出的人，才能门第不高的参与不了这些事情。每当梁朝的使者来到邺城的时候，城内为之轰动，那些高门贵族家庭的子弟都要打扮得珠光宝气，聚集在一起围观，赠送给对方的都是优厚的礼品，宾馆的门口简直变成了集市。举行宴会的日子，高澄经常叫身旁的人看他们，每当有惊人妙语压倒了来使，高澄就为他们鼓掌。东魏的使者到梁朝的建康时也是这样。

第一百五十八卷

梁纪十四

译文诵读

高祖武皇帝十四大同四年（戊午，538）

初，柔然头兵可汗始得返国，事魏尽礼。及永安以后，雄据北方，礼渐骄倨，虽信使不绝，不复称臣。头兵尝至洛阳，心慕中国，乃置侍中、黄门等官；后得魏汝阳王典签淳于覃，亲宠任事，以为秘书监，使典文翰。及两魏分裂，头兵转不逊，数为边患。魏丞相泰以新都关中，方有事山东，欲结婚以抚之，以舍人元翌女为化政公主，妻头兵弟塔寒。又言于魏主，请废乙弗后，纳头兵之女。甲辰，以乙弗后为尼，使扶风王孚迎头兵女为后。头兵遂留东魏使者元整，不报其使。

柔然送悼后于魏，车七百乘，马万匹，驼二千头。至黑盐池，遇魏所遣卤簿仪卫。柔然营幕，户席皆东向，扶风王孚请正南面，后曰："我未见魏主，固柔然女也。魏仗南面，我自东向。"丙子，立皇后郁久闾氏。丁丑，大赦。以王盟为司徒。丞相泰朝于长安，还屯华州。

五年（己未，539）

春，正月，乙卯，以尚书左仆射萧渊藻为中卫将军，丹杨尹何敬容为尚书令，吏部尚书张缵为仆射。缵，弘策之子也。自晋、宋以来，宰相皆以文义自逸，敬容独勤簿领，日旰不休，为时俗所嗤鄙。自徐勉、周舍既卒，当权要者，外朝则何敬容，内省则朱异。敬容质悫无文，以纲维为己任；异文华敏洽，曲营世誉：二人行异而俱得幸于上。异善伺候人主意为阿谀，用事三十年，广纳货赂，欺罔视听，远近莫不忿疾。园宅、玩好、饮膳、声色穷一时之盛。每休下，车马填门，唯王承、王稚及褚翔不往。承、稚，暕之子；翔，渊之曾孙也。

九月，甲子，东魏发畿内十万人城邺，四十日罢。冬，十月，癸亥，以新宫成，大赦，改元兴和。

散骑常侍朱异奏："顷来置州稍广，而小大不伦，请分为五品，其位秩高卑，参僚多少，皆以是为差。"诏从之。于是上品二十州，次品十州，次品八州，次品二十三州，下品二十一州。时上方事征伐，恢拓境宇，北逾淮、汝，东距彭城，西开牂柯，南平俚洞，纷纶甚众，故异请分之。其下品皆异国之人，徒有州名而无土地，或因荒徼之民所居村落置州及郡县，刺史守令皆用彼人为之，尚书不能悉领，山川险远，职贡罕通。五品之外，又有二十馀州不知处所。凡一百七州。又以边境镇戍，虽领民不多，欲重其将帅，皆建为郡，或一人领二三郡太守，州郡虽多而户口日耗矣。

七年（辛酉，541）

魏以侍中宇文测为大都督、行汾州事。测，深之兄也，为政简惠，得士民心。地接东魏，东魏人数来寇抄，测擒获之，命解缚，引与相见，为设酒肴，待以客礼，并给粮饩，卫送出境。东魏人大惭，不复为寇，汾、晋之间遂通庆吊，时论称之。或告测交通境外者，丞相泰怒曰："测为我安边，我知其志，何得间我骨肉！"命斩之。

魏丞相泰欲革易时政，为强国富民之法，大行台度支尚书兼司农卿苏绰尽其智能，赞成其事，减官员，置二长，并置屯田以资军国。又为六条诏书，九月，始奏行之：一曰清心，二曰敦教化，三曰尽地利，四曰擢贤良，五曰恤狱讼，六曰均赋役。泰甚重之，尝置诸坐右，又令百司习诵之，其牧守令长非通六条及计帐，不得居官。

东魏丞相欢以诸州调绢不依旧式，民甚苦之，奏令悉以四十尺为匹。

魏自丧乱以来，农商失业，六镇之民相帅内徙，就食齐、晋，欢因之以成霸业。东西分裂，连年战争，河南州郡鞠为茂草，公私困竭，民多饿死。欢命诸州滨河及津、梁皆置仓积谷以相转漕，供军旅，备饥馑，又于幽、瀛、沧、青四州傍海煮盐，军国之费，粗得周赡。至是，东方连岁大稔，谷斛至九钱，山东之民稍复苏息矣。

九年（癸亥，543）

东魏御史中尉高仲密取吏部郎崔暹之妹，既而弃之，由是与暹有隙。仲密选用御史，多其亲戚乡党，高澄奏令改选；暹方为澄所宠任，仲密疑其构己，愈恨之。仲密后妻李氏艳而慧，澄见而悦之，李氏不从，衣服皆裂，以告仲密，仲密益怨。寻出为北豫州刺史，阴谋外叛。丞相欢疑之，遣镇城奚寿兴典军事，仲密但知民务。仲密置酒延寿兴，伏壮士，执之，二月，壬申，以虎牢叛，降魏。魏以仲密为侍中、司徒。

欢以仲密之叛由崔暹，将杀之，高澄匿暹，为之固请，欢曰："我丐其命，须与苦手。"澄乃出暹，而谓大行台都官郎陈元康曰："卿使崔暹得杖，勿复相见。"元康为之言于欢曰："大王方以天下付大将军，大将军有一崔暹不能免其杖，父子尚尔，况于他人！"欢及释之。

高季式在永安戍，仲密遣信报之；季式走告欢，欢待之如旧。

魏丞相泰帅诸军以应仲密，以太子少傅李远为前驱，至洛阳，遣开府仪同三司于谨攻柏谷，拔之；三月，壬申，围河桥南城。

东魏丞相欢将兵十万至河北，泰退军瀍上，纵火船于上流以烧河桥；斛律金使行台郎中张亮以小艇百馀载长锁，伺火船将至，以钉钉之，引锁向岸，桥遂获全。

欢渡河，据邙山为陈，不进者数日。泰留辎重于瀍曲，夜，登邙山以袭欢。候骑白欢曰："贼距此四十馀里，蓐食干饭而来。"欢曰："自当渴死！"乃正阵以待之。戊申，黎明，泰军与欢军遇。东魏彭乐以数千骑为右甄，冲魏军之北垂，所向奔溃，遂驰入魏营。人告彭乐叛，欢甚怒。俄而西北尘起，乐使来告捷，虏魏侍中、开府仪同三司、大都督临洮王柬、蜀郡王荣宗、江夏王昇、钜鹿王阐、谯郡王亮、詹事赵善及督将僚佐四十八人。诸将乘胜击魏，大破之，斩首三万余级。

欢使彭乐追泰，泰窘，谓乐曰："汝非彭乐邪？痴男子，今日无我，明日岂有汝邪！何不急还营，收汝金宝！"乐从其言，获泰金带一囊以归，言于欢曰："黑獭漏刃，破胆矣！"欢虽喜其胜而怒其失泰，令伏诸地，亲捽其头，连顿之，并数以沙苑之败，举刃将下者三，噤龂良久。乐曰："乞五千骑，复为王取之。"欢曰："汝纵之何意，而言复取邪？"命取绢三千匹压乐背，因以赐之。

明日，复战，泰为中军，中山公赵贵为左军，领军若干惠等为右军。中军、右军合击东魏，大破之，悉俘其步卒。欢失马，赫连阳顺下马以授欢。欢上马走，从者步骑七人，追兵至，亲信都督尉兴庆曰："王速去，兴庆腰有百箭，足杀百人。"欢曰："事济，以尔为怀州刺史，若死，用尔子。"兴庆曰："儿少，愿用兄。"欢许之。兴庆拒战，矢尽而死。

泰使谍潜入虎牢，令守将魏光固守，侯景获之，改其书云："宜速去。"纵谍入城，光宵遁。景获高仲密妻子送邺，北豫、洛二州复入于东魏。

梁武帝大同四年（戊午，公元538年）

当初，柔然国的头兵可汗刚被放回国的时候，对北魏毕恭毕敬，礼仪周全。到了永安年间之后，头兵可汗在他所占据的北方开始称雄，于是对北魏渐渐地变得傲慢起来，虽然仍旧和北魏保持书信与使者来往，但是不再自己称臣了。头兵可汗曾经到过洛阳，心里仰慕中原，就按照北魏的官制设置了侍中、黄门等官职；后来他得到了北魏汝阳王的典签淳于覃，非常亲近宠信，十分重用，委任为秘书监，使其主管文书。在北魏分裂成东魏、西魏之后，头兵可汗变得更加傲慢放肆，多次在边境地区制造事端。西魏的丞相宇文泰考虑到刚在关中地区建立新都，同时正和东魏发生摩擦，就想用联姻的办法来安抚头兵可汗。请文帝将舍人元翌的女儿封为化政公主，让她嫁给头兵可汗的弟弟塔寒为妻。宇文泰又劝说文帝，请他废掉乙弗皇后，娶头兵可汗的女儿。甲辰（三月十五日），文帝叫乙弗皇后削发为尼，又派遣扶风王元孚去迎接头兵可汗的女儿来当西魏的新皇后。头兵可汗于是扣留了东魏的使者元整，不派使者回报。

柔然国终于将悼后送往西魏，陪嫁品有七百辆车、一万匹马、二千头骆驼。到达黑盐池的时候，遇上了西魏派来迎接新皇后的仪仗队与侍卫队。柔然人宿营时，门户与席子都朝向东方，扶风王元孚请他们朝向正南方，悼后说道："我还没有见到魏主，依然算是柔然国的女子，你们魏国的仪仗队面向南方，我自己面向东方。"丙子（十七日），文帝正式册封郁久闾氏为皇后。丁丑（十八日），大赦天下。封王盟为司徒。丞相宇文泰来到长安朝拜文帝之后，又返回华州屯兵。

五年（己未，公元539年）

春季，正月，乙卯（初一），梁武帝任命尚书左仆射萧渊藻为中卫将军，丹阳尹何敬容为尚书令，吏部尚书张缵为仆射。张缵是张弘策的儿子。从晋、宋以来，凡是担任宰相的，都以文章、义理而自娱，惟独何敬容勤勉于各种文书，日夜不停，受到当时的嗤笑鄙视。自从徐勉、周捨去世以后，掌握国家大权的，在三公、卿、监、尚书这些外朝官员中要算何敬容，在门下省里则是朱异。何敬容本性忠厚而缺少文才，以维护国家的法纪作为自己的责任；朱异文思敏捷，见多识广，善于用各种手段，博得世间的赞誉。他们两个人的品行不同，但是都得到梁武帝的宠信。朱异善于迎合皇帝的意思，进行阿谀奉承，在掌权的三十年里，广泛地收受别人的贿赂，欺上瞒下，远近没有不痛恨他的。他的园林住宅的气派，古玩珍宝的华贵、饮食的精致、还有音乐与妻妾的美丽动人，都代表着当时的最高水准。每到他从省中还家休息的日子，各类车马多得把家门都堵塞住了，只有王承、王稚以及褚翔不去他那里。王承、王稚是王暕的儿子；褚翔是褚渊的曾孙子。

九月，甲子（十四日），东魏征调了京畿内十万人修筑邺城，四十天完工。冬季，十月癸亥，由于新的宫殿建成，孝静帝下令大赦天下，并改年号为"兴和"。

梁朝散骑常侍朱异向梁武帝呈上奏折，说道："近来，州的建置稍微多了一些，而且还不分大小，现在请求皇上把各州分为五个等级，州长官地位俸禄的高低，参佐幕僚人数的多少，都根据各州的等级形成差别。"梁武帝颁下诏书，表示同意。于是全国的各个州区分成：第一等级二十个，第二等级十个，第三等级八个，第四等级二十三个，第五等级二十一个。此时，梁武帝正在进行征战讨伐，收复失土，拓展国境，在北方越过了淮、汝地区，在东方到达彭城，在西方开发了牂柯，在南方平定了俚洞，情况比较混乱无章，所以朱异请求区分各州的等级。第五等州的居民都不是汉人，所以空有州名而没有土地，也有的在僻远蛮荒之地根据百姓所居住的村落设置州以及郡、县，刺史、郡守、县令都让当地的土人担任，尚书无法统管起来，由于山川险峻遥远，赋税贡品很难送到朝廷。在五个等级以外，还有二十个州不知道设在什么地方。梁朝共有一百零七个州。又因为在边境地区驻兵守卫，虽然管理的百姓数量不多，但是为了显示对这些地方的将帅的重视，就把不该建立郡的地方都建成郡，官员中有的一个人就担任两三个郡的太守，州郡虽然多，可是百姓的户口却日益减少了。

七年（辛酉，公元541年）

西魏委派侍中宇文测出任大都督，兼管汾州的事务。宇文测是宇文深的兄长，他处理政务时讲究效率、仁慈，受到士人与普通百姓的拥戴。他管辖的地域与东魏相连接，东魏人多次前来掠夺，宇文测抓住了他们之后，叫人给他们松绑，带他们来和自己见面，专门安排了美酒佳肴，像招待客人一样招待他们，还给他们粮食，派人护送他们出境。东魏人觉得非常惭愧，不再与宇文测为敌，汾州与晋州两方居民如果遇上喜事或丧事时，还相互前去祝贺或吊丧，当时的舆论给予了好评。有人控告宇文测交结联系国境以外的人，西魏丞相宇文泰听了愤怒地说："宇文测替我安定边境地区，我了解他的心意，你怎么能够离间我们骨肉兄弟！"他下令杀掉了控告者。

西魏丞相宇文泰想要改革当时的政治，采取有利于国家强盛、人民富裕的制度，大行台度支尚书兼司农卿苏绰想尽自己的才智能力，支持宇文泰的改革，裁减了多余的官员，设置了两个令长，并且实行屯田，以便增加军用开支。苏绰又撰写了六条诏书，在九月份经文帝同意后开始付诸实施。这六条诏书的内容是：第一、纯洁心灵；第二、使政教风化归于谆原；第三、发挥土地资源效用；第四、提拔品德高尚的人才；第五、慎重对待刑案诉讼方面的事情；第六、公平地收纳赋税，指派劳役。宇文泰对这六条诏书非常重视，曾经专门摆在自己座位的右边，又命令各个部门的官员学习背诵，并规定凡是担任牧守令长的，如果不熟悉这六条和户籍情况，不能再担任这些官职。

东魏丞相高欢发现各个州征调绢帛时，都不按照原来的规定办事，老百姓为此吃了许多苦头，就上书请求孝静帝颁布命令，规定一律以四十尺为一匹。

北魏从孝昌年间国内发生动乱以后，农民、商人失业，六镇的百姓相继向内地迁移，到齐、晋之地寻求生路，高欢因此成就了霸业。北魏分裂成东魏、西魏之后，连年发生战争，在黄河以南的各个州郡，全都变为一片荒芜，公家和个人都贫困不堪，许多老百姓都饿死了。高欢命令各州的河岸以及有渡口和桥梁的地方，都设置库储存粮食，然后通过水道转运，供应部队，准备应付饥荒，又在幽、瀛、沧、青四个州的海边煮盐。由于采取了这些措施，军事和行政方面的开支，大致能够周转开了。到现时，东部地区的庄稼连年好收成，一斛谷子的价格降到了九个钱，崤山以东的百姓在经历了长时间的困顿之后能够稍稍地休生养息了。

九年（癸亥，公元543年）

东魏的御史中尉高仲密娶了吏部郎崔暹的妹妹做妻子，不久之后又将她遗弃了。由于这一原因，高仲密与崔暹之间产生了矛盾。高仲密选用的御史，许多是他的亲戚同乡，高澄将这一情况报告给孝静帝，孝静帝下令另外再挑选御史；此时崔暹正受到高澄的宠信，高仲密怀疑是他在罗织陷害自己，对他更加痛恨。高仲密后来的妻子李氏美丽而又贤惠，高澄见了很喜欢她，想施行非礼。李氏没有答应，在挣扎过程中衣服都被撕破了，她将这一切都对高仲密说了，高仲密心头的怨恨又深了一层。很快他离开京城担任了北豫州刺史，暗中准备叛离。丞相高欢对他产生了怀疑，派遣防城都督奚寿兴去主管北豫州的军事，高仲密只能负责一些民政事务。高仲密安排酒宴与奚寿兴一同喝酒，暗中埋伏了精壮的武士，活捉了奚寿兴。二月，壬申（十二日），高仲密占领虎牢反叛，投降了西魏。西魏任命高仲密为侍中、司徒。

高欢认为高仲密叛变的起因在崔暹身上，准备杀掉崔暹，高澄把崔暹隐藏起来，再三为他求情，高欢回答说："我可以给他一次活命的机会，但是必须狠狠地打他一顿。"高澄这才交出崔暹，但是对大行台都官郎陈元康说道："你要是让崔暹受杖刑的话，那我们就不要再见面了。"陈元康听了这句话，就为高澄而劝高欢说道："大王您刚刚把天下托付给大将军，大将军有这么一个崔暹，却不能使他免受杖刑，在人们眼里，你们父亲与儿子之间相处都这样，何况对别人呢？"于是高欢就释放了崔暹。

高季式在永安驻防，高仲密写信给他，叙述了他自己投降的情况。高季式跑去告诉了高欢，高欢待他跟以往一样。

西魏丞相宇文泰统率各路大军来策应高仲密，让太子少傅李远担任先锋，到达洛阳之后，派遣开府仪同三司于谨攻打柏谷，夺取了该城。三月，壬申，包围了河桥南城。

东魏丞相高欢率领十万人马到达黄河北岸，宇文泰把部队撤到瀍水的上游，从那里放出火船要烧掉河桥；斛律金派行台郎中张亮用一百多只小船装载着长锁链，待火船将要到来，就用钉子钉住它，然后牵拉锁链拖到岸边，桥梁于是得以保全。

高欢渡过黄河，占据了邙山布置军阵，连续几天没有进军。宇文泰把辎重留在瀍曲，夜里，指挥部队登上邙山，准备袭击高欢。瞭望敌情的骑兵向高欢报告说："贼兵距离这儿有四十多里，他们是清早吃了一顿干饭之后来的。"高欢说道："他们一定会渴死的！"接着，他下令摆正阵势等待敌人的到来。戊申（十八日），黎明，宇文泰的部队与高欢的部队遭遇了。东魏的彭乐率领几千名骑兵作为右翼，冲击西魏部队的北边，冲到哪里，哪里就溃散，于是直驰入西魏的军营。有人报告说彭乐反叛了，高欢非常恼怒。没多久西北部尘土飞扬，彭乐的使者跑来报捷，说已经俘虏了西魏的侍中、开府仪同三司、大都督、临洮王元柬、蜀郡王元荣宗、江夏王元昇、钜鹿王元阐、谯郡王元亮、詹事赵善以及督将僚佐四十八人。将领们乘胜追击西魏的人马，打得敌人一败涂地，共斩首三万多。

高欢派彭乐追赶宇文泰，宇文泰的处境越来越危急，他对彭乐说："你不是彭乐吗？真是痴汉子，今天要是没有我了，明天哪里还会有你！你为什么不赶快回到营地，收取属于你的金银财宝！”彭乐听取了他的意见，就获取了宇文泰遗留下来的一袋子金条返回，他对高欢说道：“宇文黑獭从我的刀刃下漏网，已经吓破胆了！”高欢虽然对彭乐取胜感到高兴，但同时也恼怒他没将宇文泰捉到手，就命令他趴到地上，自己亲手揪往他的头髻，连连往下磕，并且数落他在沙苑战役中失败的事。高欢越说火气越大，三次举起刀子要向他劈去，直气得咬牙切齿，心中的愤怒持续很长时间不能平息下来。彭乐告饶道：“求您拨给我五千名骑兵，我再去为大王您捉宇文泰。”高欢说道：“你放掉他是出于什么目的，怎么现在又对我说要再去捉？”接着，他叫人拿来三千匹绢压到彭乐的背上，就算是奖给他的。

第二天，双方又一次交战，宇文泰率领部队居于中间，中山公赵贵指挥左翼部队，领军若于惠等人指挥右翼部队。中间部队与右翼部队联合攻击东魏的部队，狠狠打击了对方，俘虏了它的所有步兵。战斗中高欢失去了座骑，赫连阳顺跳下马让高欢骑，高欢跨上马就跑，身后跟随的步、骑兵只有七个人，眼看追兵赶到了，高欢的亲信都督尉兴庆对高欢说：“王爷您快跑，我的腰间还挂着一百枝箭，足可以杀死一百个人。”高欢说道：“如果我能摆脱这次劫难，我就任命你为怀州刺史，要是你不幸战死，我就把这个职位给你的儿子。”尉兴庆回答说：“我的儿子年龄还小，您就任用我的兄长吧。”高欢表示同意。尉兴庆上前抵抗，身上的箭用尽后被追兵杀死。

宇文泰派遣间谍潜入虎牢，命令守城的将领魏光坚决防守，侯景捉住了这个间谍，把宇文泰的信改成这样：“应该尽快离开。”然后将间谍放进城去，魏光看到信以后连夜逃跑了。侯景俘虏了高仲密的妻子、儿子，将他们送到邺城，北豫、洛这两个州又重为东魏所有。

第一百五十九卷 梁纪十五

译文诵读

高祖武皇帝十五大同十一年（乙丑，545）

散骑常侍贺琛启陈四事。启奏，上大怒，召主书于前，口授敕书以责琛。

上为人孝慈恭俭，博学能文，阴阳、卜筮、骑射、声律、草隶、围棋，无不精妙。勤于政务，冬月四更竟，即起视事，执笔触寒，手为皴裂。自天监中用释氏法，长斋断鱼肉，日止一食，惟菜羹、粝饭而已，或遇事繁，日移中则嗽口以过。身衣布衣，木绵皂帐，一冠三载，一衾二年，后宫贵妃以下，衣不曳地。性不饮酒，非宗庙祭祀、大飨宴及诸法事，未尝作乐。虽居暗室，恒理衣冠，小坐、盛暑，未尝褰袒，对内竖小臣，如遇大宾。然优假士人太过，牧守多浸渔百姓，使者干扰郡县。又好亲任小人，颇伤苛察；多造塔庙，公私费损。江南久安，风俗奢靡，故琛启及之。上恶其触实，故怒。

臣光曰：梁高祖之不终也，宜哉！夫人君听纳之失，在于丛脞；人臣献替之病，在于烦碎。是以明主守要道以御万机之本，忠臣陈大体以格君心之非，故身不劳而收功远，言至约而为益大也。观夫贺琛之谏未至于切直，而高祖已赫然震怒，护其所短，矜其所长；诘贪暴之主名，问劳费之条目，困以难对之状，责以必穷之辞。自以蔬食之俭为盛德，日昃之勤为至治，君道已备，无复可加，群臣箴规，举不足听。如此，则自馀切直之言过于琛者，谁敢进哉！由是奸佞居前而不见，大谋颠错而不知，名辱身危，覆邦绝祀，为千古所闵笑，岂不哀哉！

上敦尚文雅，疏简刑法，自公卿大臣，咸不以鞫狱为意。奸吏招权弄法，货赂成市，枉滥者多。大率二岁刑已上岁至五千人；徒居作者具五任，其无任者著升械；若疾病，权解之，是后囚徒或有优、剧。时王侯子弟，多骄淫不法。上年老，厌于万几。又专精佛戒，每断重罪，则终日不怿；或谋反逆，事觉，亦泣而宥之。由是王侯益横，或白昼杀人于都街，或暮夜公行剽劫，有罪亡命者，匿于王家，有司不敢搜捕。上深知其弊，溺于慈爱，不能禁也。

中大同元年（丙寅，546）

魏大行台度支尚书、司农卿苏绰，性忠俭，常以丧乱未平为己任，纪纲庶政；丞相泰推心任之，人莫能间。或出游，常预署空纸以授绰；有须处分，随事施行，及还，启知而已。绰常谓："为国之道，当爱人如慈父，训人如严师。"每与公卿论议，自昼达夜，事无巨细，若指诸掌，积劳成疾而卒。泰深痛惜之，谓公卿曰："苏尚书平生廉让，吾欲全其素志，恐悠悠之徒有所未达；如厚加赠谥，又乖宿昔相知之心；何为而可？"尚书令史麻瑶越次进曰："俭约，所以彰其美也。"泰从之。归葬武功，载以布车一乘，泰与群公步送出同州郭外。泰于车后酹酒言曰："尚书平生为事，妻子、兄弟所不知者，吾皆知之。唯尔知吾心，吾知尔志，方与共定天下，遽舍吾去，奈何！"因举声恸哭，不觉卮落于手。

东魏司徒、河南大将军、大行台侯景，右足偏短，弓马非其长，而多谋算。诸将高敖曹、彭乐等皆勇冠一时，景常轻之，曰："此属皆如豕突，势何所至！"景尝言于丞相欢："愿得兵三万，横行天下，要须济江缚取萧衍老公，以为太平寺主。"欢使将兵十万，专制河南，杖任若己之半体。

景素轻高澄，尝谓司马子如曰："高王在，吾不敢有异；王没，吾不能与鲜卑小儿共事！"子如掩其口。及欢疾笃，澄诈为欢书以召景。先是，景与欢约曰："今握兵在远，人易为诈，所赐书皆请加微点。"欢从之。景得书无点，辞不至；又闻欢疾笃，用其行台郎颍川王伟计，遂拥兵自固。

欢谓澄曰："我虽病，汝面更有馀忧，何也？"澄未及对，欢曰："岂非忧侯景叛邪？"对曰："然。"欢曰："景专制河南，十四年矣，常有飞扬跋扈之志，顾我能畜养，非汝所能驾御也。今四方未定，勿遽发哀。库狄干鲜卑老公，斛律金敕勒老公，并性遒直，终不负汝。可朱浑道元、刘丰生，远来投我，必无异心。潘相乐本作道人，心和厚，汝兄弟当得其力。韩轨少戆，宜宽借之。彭乐心腹难得，宜防护之。堪敌侯景者，唯有慕容绍宗，我故不贵之，留以遗汝。"又曰："段孝先忠亮仁厚，智勇兼备，亲戚之中，唯有此子，军旅大事，宜共筹之。"又曰："邙山之战，吾不用陈元康之言，留患遗汝，死不瞑目。"相乐，广宁人也。

梁武帝大同十一年（乙丑，公元545年）

散骑常侍贺琛向梁武帝启奏了四件事。贺琛启奏之后，梁武帝勃然大怒，把主书召到面前，口授敕书指责贺琛。

梁武帝为人很守孝道，待人慈悲，彬彬有礼，生活又节俭。他博学多才，善写文章，对阴阳、卜筮、骑射、声律、书法、围棋无所不精。他对国家事务很勤勉，冬天，四更一过，他就起来工作。由于天气严寒，握笔的手都粗糙得裂口子了。自从天监年间信仰释迦牟尼的佛教以来，长期斋戒吃素食，不再吃鱼肉。每天只吃一顿饭，也只不过是些菜羹、粗米饭罢了。有时遇到事务繁多，太阳移过头顶了，就漱一漱口算吃过饭了。他身穿布衣，用的是木棉织的黑色帐子。一顶帽子戴三年，被子盖二年才换一床。后宫里贵妃以下，不穿拖地的衣裙。他生性不喝酒，如果不是在宗庙举行祭祀，或是办大宴席以及进行其他的拜佛等活动，就不奏乐。尽管他居住在幽暗的房子中，却一直衣冠楚楚，坐在宫中便座上，在酷暑的日子里，也没有袒胸露怀。对待宫中太监小臣，像对待尊贵的宾客一样。但是宽待士大夫太过分，牧守大多渔猎百姓，皇帝的使臣又干扰郡县。梁武帝本人又爱亲近任用奸诈的小人，很失之于苛刻挑剔。他还兴建了许多塔和庙，使公家和私人都破费损耗。江南一带长期安定，形成了生活奢侈的风俗，所以贺琛在奏折中提到了此事。武帝不喜欢他触及事实，所以大为恼怒。

臣司马光曰：梁武帝不得善终，是应该的！国君之所以在听取意见，接纳进谏方面出现过失，就是因为只注意了琐碎细小的事情而没有雄才大略。大臣进谏时所犯的毛病，也在于烦琐。因此贤明的君主要抓住最主要的问题以驾驭万事的根本，忠心的大臣要陈述大的方针政策来劝阻君主想得不对的地方，所以作为君主不需亲自动手操劳，就能取得大的功效，作为大臣说得简明扼要便收到很大的效益。纵观贺琛的进谏，可以说还未达到直言极谏的地步，而梁武帝却已经勃然大怒，袒护自己的短处，夸耀自己的长处。质问贺琛贪婪暴虐的官吏名字，追问徭役过重、费用铺张的具体项目，用难以回答的问题来困扰他，用无法对答的言辞来责备他。梁武帝自认为每顿饭只吃蔬菜的节俭作风是极大的美德，忙到太阳偏西才吃饭这种勤勉的工作态度是最好的治国办法，为君之道他已具备，再没有什么需要增加的了，对于大臣的规劝，认为全不值得去听取。像这样，那么其余比贺琛的进谏更恳切、直率、激烈的话，谁还敢去对他说呢！因此，奸佞小人在眼前也视而不见，重大决策颠倒错误也不知道，声名受辱，自身危亡，国家颠覆，祭祀断绝，被人永世怜悯讥笑，难道不可悲吗！

梁武帝真心崇尚文章礼乐，对刑法则疏远忽视。从公卿大臣以下，都不重视审判刑案。奸佞的官吏便擅权弄法，受贿赂的东西多得像市场出售的商品一样，无辜受害扩大冤狱的事很多。大约被判二年以上刑罚的人每年多达五千；判罚劳役的人各自运用技巧服役劳作，那些没有一技之长的人就要被套上枷锁；如果有人病了，就暂时为他解开枷锁，这以后，囚徒中有能力行贿的人借此得到优待，没有能力行贿的人就会加剧痛苦。当时，王公贵族的子弟，大多骄奢淫逸，不遵守法规。武帝年纪已老，满足于处理日常的各种事务，又专心研究佛教戒律，每次裁决了重大罪犯，就一天不高兴，有人密谋反叛朝廷，事情被发觉后，他也哭泣悲伤一番并且原谅了这个人。由于这样，王公贵族们更加专横。有人在都城街道于光天化日之下把人杀死，有人在夜晚时分公开抢劫，有罪在身的逃命之人，藏在王侯家中，有关官吏不敢前去搜捕。梁武帝深深知道这些弊端，由于沉溺于慈悲仁爱，也不能禁止这些现象。

中大同元年（丙寅，公元546年）

西魏大行台度支尚书、司农卿苏绰，秉性忠厚俭朴。他常常把消除人民的死丧祸乱当做是自己的责任，每天处理许多国家大事。丞相宇文泰对他推心置腹，非常信任，没有人能离间他们的关系。有时宇文泰外出，常常预先把一些签上名的空白纸交给苏绰。如果有必须要安排的事，可以根据情况加以处理，等宇文泰回来之后，苏绰告知宇文泰就行了。苏绰常常说："治国之道，应该像慈父爱护孩子一样爱护百姓，要像严师训导学生一样训导百姓。"他经常与王公大臣们商议国家政务，从白天谈到夜晚，无论国事是大是小，他都了如指掌。最后积劳成疾而死。宇文泰对他的死深感悲痛和惋惜。他对王公大臣们说："苏尚书一生廉洁谦让。我想按照他平素的志向办理他的后事，只怕众多吏民不理解我的用意。如果对他厚加追赠，又违背了我们以往的相知之心。该怎么办才好呢？"尚书令史麻瑶越次序先进言说："节俭办理他的后事，便是表彰苏尚书美德的最好办法。"宇文泰采纳了麻瑶的意见。用一辆白色丧车载着苏绰的遗体，送回老家武功安葬，宇文泰和大臣们步行护送灵车走出同州城外。宇文泰在灵车后面把酒洒向大地，他悲恸地说："尚书一生做的事，你的妻儿、兄弟不知道的，我都知道。这世上只有你最了解我的心意，也只有我了解你的志向，我正要与你一同平定天下，你却这么快就离开我而去，这如何是好！"于是便放声痛哭起来，不知不觉中，酒杯从手上滑落到地上。

东魏司徒、河南大将军、大行台侯景，右脚比左脚短，所以，骑马射箭对他来说并不擅长，但是他足智多谋。高敖曹、彭乐等将领都是当时最勇猛的，侯景常常很轻视他们，对人说："这些人就像受惊的猪一样横冲直撞，流窜侵扰，能撞到哪里去呢！"侯景曾对丞相高欢说："我愿意率领三万人马，横扫天下，应当渡过长江把萧衍那老头子绑来，让他做太平寺的寺主。"高欢派他带领十万兵马，全权管理黄河以南地区，对他的依靠、任用，就好像他是自己的半个身体一样。

侯景一贯轻视高澄，他曾对司马子如说："高王在世的时候，我不敢存有异心。如果高王去世了，我不能与那个鲜卑小子共事！"司马子如赶快捂住了侯景的嘴。到了高欢已病入膏肓的时候，高澄便假借高欢的名义写了一封书信召侯景前来。以前，侯景曾与高欢有过约定，他对高欢说："现在我在远处掌握着军队，人们很容易从中搞鬼。以后凡是您赐给我的书信都请您加一个小黑点。"高欢同意了侯景的要求。现在，侯景拿到了高欢的书信后，信上却没有黑点，便推托没有去。后来他又听说高欢的病情已经很严重了，就采纳了他的行台郎颍川人王伟的计谋，聚集军队，巩固自己的势力。

高欢问高澄："虽然是我病了，可你的脸上却有另外的忧虑，这是为什么？"没等到高澄回答，高欢又说："莫不是担心侯景要反叛？"高澄回答说："是的。"高欢又说："侯景专制河南已有十四年了，他一直飞扬跋扈，有夺取天下的志向。只有我能驾驭他，你很难驾驭他。现在，天下还没有安定，如果我死了，你不要马上发丧。库狄干这位鲜卑老人，斛律金这位敕勒老人，他们俩都是性格耿直、强劲有力的人，终不会对你负心的。可朱浑道元、刘丰生他们俩远道前来投奔我，也一定没有背离我们的心意。潘相乐原来是个道人，心地和善厚道，你们兄弟几个人会得到他的帮助的。韩轨有点耿直愚鲁，你们应宽容待他。彭乐的内心很难推测，应该提防他。所有人中，能够与侯景对抗的，只有慕容绍宗一人。我故意不让他得到富贵，就是要把他留下给你。"高欢接着又说："段孝先这个人忠实、正直、坦白、仁慈、厚道，既有勇又有谋，在所有内外亲属中，只有这个人，军机大事要和他一起商量。"高欢又说道："邙山战役时，我没有采纳陈元康的忠告，给你留下了隐患，我死不瞑目。"潘相乐是广宁人。

第一百六十卷 梁纪十六

译文诵读

高祖武皇帝十六太清元年（丁卯，547）

丙午，东魏勃海献武王欢卒。欢性深密，终日俨然，人不能测，机权之际，变化若神。制驭军旅，法令严肃。听断明察，不可欺犯。擢人受任，在于得才，苟其所堪，无问厮养，有虚声无实者，皆不任用。雅尚俭素，刀剑鞍勒无金玉之饰。少能剧饮，自当大任，不过三爵。知人好士，全护勋旧；每获敌国尽节之臣，多不之罪。由是文武乐为之用。世子澄秘不发丧，唯行台左丞陈元康知之。

侯景自念己与高氏有隙，内不自安。辛亥，据河南叛，归于魏，颍州刺史司马世云以城应之。景诱执豫州刺史高元成、襄州刺史李密、广州刺史怀朔暴显等。遣军士二百人载仗暮入西兖州，欲袭取之，刺史邢子才觉之，掩捕，尽获之，因散檄东方诸州，各为之备，由是景不能取。

诸将皆以景之叛由崔暹，澄不得已，欲杀暹以谢景。陈元康谏曰："今虽四海未清，纲纪已定；若以数将在外，苟悦其心，枉杀无辜，亏废刑典，岂直上负天神，何以下安黎庶！晁错前事，愿公慎之。"澄乃止。遣司空韩轨督诸军讨景。

是岁，正月，乙卯，上梦中原牧守皆以其地来降，举朝称庆。旦，见中书舍人朱异，告之，且曰："吾为人少梦，若有梦必实。"异曰："此乃宇宙混壹之兆也。"乃丁和至，称景定计以正月乙卯，上愈神上。然意犹未决，尝独言："我国家如金瓯，无一伤缺，今忽受景地，讵是事宜？脱致纷纭，悔之何及？"朱异揣知上意，对曰："圣明御宇，南北归仰，正以事无机会，未达其心。今侯景分魏土之半以来，自非天诱其衷，人赞其谋，何以至此！若拒而不内，恐绝后来之望。此诚易见，愿陛下无疑。"上乃定议纳景。

壬午，以景为大将军，封河南王，都督河南、北诸军事、大行台，承制如邓禹故事。平西谘议参军周弘正，善占候，前此谓人曰："国家数年后当有兵起。"及闻纳景，曰："乱阶在此矣！"

韩轨等围侯景于颍川。景惧，割东荆、北兖州、鲁阳、长社四城赂魏以求救。尚书左仆射于谨曰："景少习兵，奸诈难测，不如厚其爵位以观其变，未可遣兵也。”荆州刺史王思政以为：“若不因机进取，后悔无及。”即以荆州步骑万馀从鲁阳关向阳翟。丞相泰闻之，加景大将军兼尚书令，遣太尉李弼、仪同三司赵贵将兵一万赴颍川。

景恐上责之，遣中兵参军柳昕奉启于上，以为：“王旅未接，死亡交急，遂求援关中，自救目前。臣既不安于高氏，岂见容于宇文！但螫手解腕，事不得已，本图为国，愿不赐咎！臣获其力，不容即弃，令以四州之地为饵敌之资，已令宇文遣人入守。自豫州以东，齐海以西，悉臣控压；见有之地，尽归圣朝，悬瓠、项城、徐州、南兖，事须迎纳。愿陛下速敕境上，各置重兵，与臣影响，不使差互！”上报之曰：“大夫出境，尚有所专；况始创奇谋，将建大业，理须适事而行，随方以应。卿诚心有本，何假词费！”

景复乞兵于魏，丞相泰使同轨防主韦法保及都督贺兰愿德等将兵助之。大行台左丞蓝田王悦言于泰曰：“侯景之于高欢，始敦乡党之情，终定君臣之契，任居上将，位重台司；今欢始死，景遽外叛，盖所图甚大，终不为人下故也。且彼能背德于高氏，岂肯尽节于朝廷！今益之以势，援之以兵，窃恐贻笑将来也。”泰乃召景入朝。

景阴谋叛魏，事计未成，厚抚韦法保等，冀为己用，外示亲密无猜间。每往来诸军间，侍从至少，魏军中名将，皆身自造诣。同轨防长史裴宽谓法保曰：“侯景狡诈，必不肯入关，欲托款于公，恐未可信。若伏兵斩之，此亦一时功也。如其不尔，即应深为之防，不得信其诳诱，自贻后悔。”法保深然之，不敢图景，但自为备而已；寻辞还所镇。王思政亦觉其诈，密召贺兰愿德等还，分布诸军，据景七州、十二镇。景果辞不入朝，遗丞相泰书曰：“吾耻与高澄雁行，安能比肩大弟！”泰乃遣行台郎中赵士宪悉召前后所遣诸军援景者。景遂决意来降。魏将任约以所部千余人降于景。

或告东魏大将军澄云：“侯景有北归之志。”会景将蔡道遵北归，言“景颇知悔过”。景母及妻子皆在邺，澄乃以书谕之，语以阖门无恙，若还，许以豫州刺史终其身，还其宠妻、爱子，所部文武，更不追摄。景使王伟复书曰：“今已引二邦，扬旌北讨，熊豹齐奋；克复中原，幸自取之，何劳恩赐！昔王陵附汉，母在不归，太上囚楚，乞羹自若，矧伊妻子，而可介意！脱谓诛之有益，欲止不能，杀之无损，徒复坑戮，家累在君，何关仆也！”

东魏静帝，美容仪，旅力过人，能挟石师子逾宫墙，射无不中；好文学，从容沈雅。时人以为有孝文风烈，大将军澄深忌之。

始，献武王自病逐君之丑，事静帝礼甚恭，事无大小必以闻，可否听旨。每侍宴，俯伏上寿；帝设法会，乘辇行香，欢执香炉步从，鞠躬屏气，承望颜色，故其下奉帝莫敢不恭。

及澄当国，倨慢顿甚，使中书黄门郎崔季舒察帝动静，大小皆令季舒知之。澄与季舒书曰：“痴人比复何似？痴势小差未？宜用心检校。”帝尝猎于邺东，驰逐如飞，监卫都督乌那罗受工伐从后呼曰：“天子勿走马，大将军嗔！”澄尝侍饮酒，举大觞属帝曰：“臣澄劝陛下酒。”帝不胜忿，曰：“自古无不亡之国，朕亦何用此生为！”澄怒曰：“朕？朕？狗脚朕！”使崔季舒殴帝三拳，奋衣而出。明日，澄使季舒入劳帝，帝亦谢焉，赐季舒绢百匹。

帝不堪忧辱，咏谢灵运诗曰：“韩亡子房奋，秦帝仲连耻。本自江海人，忠义动君子。”常侍、侍讲颍川荀济知帝意，乃与祠部郎中元瑾、长秋卿刘思逸、华山王大器、淮南王宣洪、济北王徽等谋诛澄。大器，鸷之子也。帝谬为敕问济曰：“欲以何日开讲？”乃诈于宫中作土山，开地道向北城。至千秋门，门者觉地下响，以告澄。澄勒兵入宫，见帝，不拜而坐，曰：“陛下何意反？臣父子功存社稷，何负陛下邪！此必左右妃嫔辈所为。”欲杀胡夫人及李嫔。帝正色曰：“自古唯闻臣反君，不闻君反臣。王自欲反，何乃责我！我杀王则社稷安，不杀则灭亡无日，我身且不暇惜，况于妃嫔！必欲弑逆，缓速在王！”澄乃下床叩头，大啼谢罪。于是酣饮，夜久乃出。居三日，幽帝于含章堂。壬辰，烹济等于市。

梁武帝太清元年（丁卯，公元547年）

丙午（正月初八），东魏勃海献武王高欢去世。高欢性格深沉谨细，一天到晚总是一副很庄严的样子，谁都不能猜测到他内心想些什么，在掌握机会和权变方面，他能千变万化，如有神助。在治理、驾驭军队方面，又能做到法令严格。他听取和断决事情，能做到明察秋毫，谁也不敢冒犯、欺骗他。在选拔人才，提升任用官员时，只注重其才能，如果能担当此任，哪怕是仆人也不管；那些徒有虚名而无实际能力的，都不被任用。高欢平时喜好节俭朴素，所用的刀、剑、马鞍以及缰绳都没用金银玉器装饰。他年轻时很能饮酒，自从担当大任之后，饮酒便不超过三杯。他了解下属，喜欢人才，对有功勋者和老部下都极力保护、成全；每次俘获到敌国的那些为本国尽忠尽节的大臣，大多不处罚他们。由于这样，文武百官都乐意被他使用。长子高澄封锁了高欢去世的消息，秘而不宣，只有行台左丞陈元康知道。

侯景想到自己与高家有隔阂，心里感到惴惴不安。辛亥（十三日），侯景依据河南而反叛东魏，归属了西魏，颍州刺史司马世云带领全城百姓响应他的行动。侯景引诱并捉住了豫州刺史高元成、襄州刺史李密、广州刺史怀朔人暴显等人。他派遣了二百人的军队，用战车载着刀、戟等兵器在黄昏时分进入了西兖州，想用偷袭的方法夺取这个州。西兖州刺史邢子才发觉了，不动声色先发制人，侯景派出的二百人马全部被擒，于是邢子才向东方的各个州都散发了檄文，这些州各自都做了准备，因此侯景未能夺取这些地方。

各位将领都认为侯景之所以反叛是由崔暹引起的，高澄出于不得已，想要杀掉崔暹，以此向侯景道歉。陈元康劝谏高澄说："现在虽然天下还未太平，但国家法纪已经确定。如果因为几个将领反叛，为了讨得他们的欢心，便枉杀无辜，破坏刑典，岂止有负于上苍神灵，而且又用什么来安抚黎民百姓呢！汉朝晁错的事情是前车之鉴，希望大人您慎重处理此事。"高澄听完这番话，便打消了杀崔暹的念头。高澄派遣了司空韩轨督率各路军队去讨伐侯景。

这一年，正月，乙卯（十七日），梁武帝梦见中原地区的牧守们都献地来投降，举朝上下一片欢庆。早晨起来，梁武帝遇见中书舍人朱异，便把做梦的事告诉了他，并说："我这个人很少做梦，如果做了梦，梦中之事就一定会应验。"朱异忙说："这是天下要统一的征兆。"等到侯景的使者丁和前来告诉梁武帝，说侯景定下计策要在正月乙卯（十七日）这天行动，梁武帝就更相信这个梦是天神的意志。但是他的决心还没有完全定下，曾独自自言自语地说："我的国家像金瓯一样，无一伤缺之处，现在忽然要接受侯景送来的土地，这难道是合乎事理的吗？倘若因此而引起混乱，后悔怎么来得及呢？"朱异揣摩到了梁武帝的心思，便对梁武帝说："陛下圣明无比，君临天下，南北方的人都仰慕、归心于您，只是因为没有机会奉事您，所以其心意一直没有实现。现在，侯景把魏的一半土地分割出来归附您，如果不是天意引导他的心，人们又赞助他的打算，怎么会走到这一步呢！如果拒绝侯景，不收留他，恐怕就会堵绝了随后准备来归降的人的希望。这些实在是显而易见的，希望陛下您不要犹豫。"梁武帝听完这席话，于是决定接纳侯景。

壬午，梁武帝任命侯景为大将军，封他为河南王，让他担任都督河南、北诸军事及大行台之职，并特意授权他可以如后汉的邓禹那样秉承皇帝的旨意发号施令。平西谘议参军周弘正擅长观察天像变化而预测吉凶，他在侯景投奔梁朝之前曾对人说："几年之后国内会有兵戈之乱。"等他听说梁武帝接纳了侯景，便说："祸乱原因就在这里了。"

韩轨等人率军把侯景包围在颍川。侯景见这种状况，害怕了，便把东荆、北兖州、鲁阳、长社四座城割让给了西魏，用此来贿赂西魏，以便取得其援救。西魏尚书左仆射于谨说："侯景在少年时就习武练兵，为人奸诈，难以揣测，所以不如封以他高官厚禄，看看他的变化再说，先不要派兵去援救他。"荆州刺史王思政却认为："如果不抓住时机进取，后悔就来不及了。"于是便派荆州的一万多名步兵和骑兵经鲁阳关向阳翟进发。西魏丞相宇文泰知道情况之后便封侯景为大将军兼尚书令，并派遣太尉李弼、仪同三司赵贵率领一万人马赶赴颍川去为侯景解围。

侯景怕梁武帝责怪他向西魏求援一事，便派中兵参军柳昕向梁武帝送去一封信，上面说道："陛下您派出的军队还没有来到，而我这里生死攸关，情况十分危急，便向关中求援，以便挽救自己所面临的危机。我既不能安处于高澄手下，又怎么会被宇文泰所容纳？但是手遭毒蛇螫咬而连手腕去掉，这是万不得已之事，本来想着为国，希望您不要怪罪我！我得到了关中的帮助，所以不能马上就背弃他们，现在我把四个州的地方当做引敌人上钩的诱饵，已经让宇文泰派了军队进入颍川，帮助我守卫这里。从豫州以东到齐海以西的地区，都在我的控制范围之内；我的这些现在实有的土地，都归于梁朝所有，悬瓠、项城、徐州、南兖这些地方，只需要派人去加以接管就可以了。希望陛下您迅速向边境下发命令，让他们各置重兵，与我呼应，相互之间不要发生差脱误会！”梁武帝回答说：“大夫离开国境，还有自做主张的权限呢，何况你始创奇谋，将建大业，理应根据事情的发展而行事，随机应变。你一片诚意，心系朝廷，何须多加解释呢！”

侯景又向西魏乞求援兵。丞相宇文泰让同轨郡的防主韦法保以及都督贺兰愿德等人率领军队前去帮助他。大行台左丞蓝田人王悦对宇文泰说：“侯景同高欢之间，开始是亲密的乡党关系，最终变成了君臣关系，侯景位居上将，权倾朝廷；而今高欢刚刚死去，侯景便很快外叛，这是因为他的图谋很大，终不甘居人下的缘故。况且他能对高氏背信弃义，又怎么会为本朝尽忠尽节呢？现在您扩大他的势力，派兵去援助他，我私下担心这样会让后人耻笑的。”于是宇文泰便派人召侯景入朝。

侯景暗中打算反叛西魏，但计划没有实现，便优抚韦法保等人，希望他们能替自己效力，表面上做出亲密无间的样子。侯景每每来往于各个军队之间，带的侍从极少，对于西魏军队中的各个著名将领，他都亲自去拜访他们。同轨防长史裴宽对韦法保说：“侯景为人奸诈狡猾，一定不肯应宇文丞相之召而入关，他肯定要通过您向朝廷讲情，恐怕不可以相信他。如果埋伏兵士斩了他，这也是一时的功劳啊。如果你不这样，我们就应该深深地提防他，不能轻信他的欺骗和引诱，以致为自己留下悔恨。”韦法保非常赞同裴宽的话，不敢杀掉侯景，只是自己加强了防卫罢了。后来，他找了个借口便回自己的镇所去了。王思政也觉得侯景在欺骗他，就秘密把贺兰愿德等人召回来，分别部署了各路军队，占领了侯景所管辖的七个州，十二个镇。侯景果然推辞而不肯入朝，他在给宇文泰的信中说：“我耻于同高澄并行，又怎么能同大弟您比肩呢！”宇文泰收到了这封信后，便派行台郎中赵士宪将以前派去的救援侯景的各路军队全部召回。于是，侯景便决心投降梁朝。西魏将领任约带领所属的一千多名将士投降了侯景。

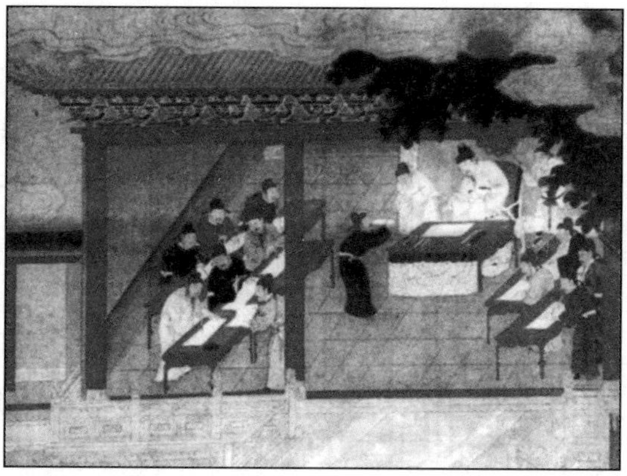

古代科举考场图

有人告诉东魏大将军高澄：“侯景有北归之意。”这时正好侯景的将领蔡道遵回到了东魏，讲道：“侯景有所悔过。”侯景的母亲和妻子儿女都住在邺城，高澄便写信告诉侯景，说他的全家人都安然无恙，如果他肯回到东魏，便许诺让他终身担任豫州刺史，并还他宠妻爱子，对于他手下的文武官员，更是既往不咎。侯景指使手下人王伟给高澄回信说："现在，我已经带领梁和西魏的军队，举旗北伐，兵卒们士气高涨；恢复中原地区，我希望能自己攻取，怎么能有劳您来恩赐给我呢！从前王陵归附了刘邦，母亲被项羽抓去他仍不肯回去；刘邦的父亲被项羽囚禁了，项羽威胁要杀掉其父，刘邦却坦然地向项羽讨要煮他父亲的肉汤喝，父母尚且如此，何况是妻子儿女，那就更不介意了！如果说杀掉我的妻子和孩子对你有利的话，我想阻止你也是阻止不了的，如果杀掉他们对我毫无损害，那么您杀戮了他们也是徒然，反正我的家室全在您手中，如何处置，与我有什么相关啊！"

东魏孝静帝容貌、仪表俊美，臂力过人，能把石狮子夹在胳膊下面飞身跳过宫墙，射箭百发百中；他还喜好文学，行止从容沉稳，性情高雅。当时的人都认为他有北魏孝文帝的风范，因此大将军高澄特别忌恨他。

以前，献武王高欢自恨背上了驱逐君主的丑名，所以侍奉孝静帝时执礼甚恭，事无大小都一定汇报给孝静帝，听旨而行，自己从不专权。每次侍宴，他都俯下身子向皇帝祝寿；孝静帝举办法会，乘坐銮驾去进香时，他手持香炉，徒步跟在后面，屏住气息，弯腰鞠躬，看皇上的眼色行事，所以他的下属在侍奉孝静帝时没有人敢不恭敬。

高澄执掌国家大权后，很快就骄傲自大起来，他让中书黄门郎崔季舒暗中窥探皇帝的举动，孝静帝所做的大大小小的事都让崔季舒知道了。高澄写给崔季舒的信中说："那傻子比以前怎么样了，他呆傻的程度比以前稍好一点了没有？你应该用心去检查、核对一下。"孝静帝曾在邺城的东边打猎，骑马逐兽如飞，监卫都督乌那罗受工伐跟在孝静帝的马后高声呼喊道："皇上不要让马跑起来，大将军要怪罪的！"高澄曾经陪着孝静帝饮酒，他举起手中大酒杯向孝静帝劝酒说："臣高澄劝陛下喝一杯。"那样子好像他们是平起平坐一样，孝静帝不胜愤怒，对高澄说："自古以来没有不灭亡的国家，朕还要这一生干什么？"高澄恼羞成怒地说："什么朕、朕的，是长着狗脚的朕！"又让崔季舒打了孝静帝三拳，然后奋衣而出。第二天，高澄让崔季舒进宫去慰问孝静帝，孝静帝也表示歉意，并且赏赐给他一百匹绢。

孝静帝忍受不了这种侮辱，便借吟咏谢灵运的诗来抒发自己的情怀："韩亡子房奋，秦帝仲连耻，本自江海人，忠义动君子。"常侍、侍讲颍川人荀济了解孝静帝的心思，便和祠部郎中元瑾、长秋卿刘思逸、华山王元大器、淮南王元宣洪，济北王元徽等人一起密谋杀掉高澄。元大器是元鸷的儿子。孝静帝降旨假意问荀济："您打算在什么时间开讲？"于是便借口要在皇宫里修一座土山，挖了一条通向城北的地道。地道挖到了千秋门时，守门的兵卒发觉地下有响动，便把这一情况告诉了高澄。高澄带着兵士入宫，见到了孝静帝，没有叩拜便坐下来，问道："陛下为什么要谋划反叛？我们父子有保存国家的功绩，有什么对不起陛下的地方呢？这一定是您身边侍卫人员和嫔妃们所搞的鬼。"说完便要杀掉胡夫人以及李嫔。孝静帝板起面孔说道："自古以来只听说过臣子反叛君王，没听说过君王反叛臣子。你自己要造反，又何必还要责怪我呢！我杀掉你江山社稷就会安定，不杀则国家就会很快灭亡。我对自己都没时间去爱惜，何况对这些嫔妃呢！如果你一定要反叛弑君的话，是早动手还是晚动手就在于你自己了！”高澄听完这些话，便离开坐床向孝静帝叩头，痛哭流涕地向孝静帝道歉、请罪。于是，一起痛饮，直到深夜，高澄才离开皇宫。隔了三天，高澄便把孝静帝囚禁在含章堂里。壬辰（八月二十八日），把荀济等人在街市上用大锅煮死了。

第一百六十一卷 梁纪十七

译文诵读

高祖武皇帝十七太清二年（戊辰，548）

春，正月，己亥，慕容绍宗以铁骑五千夹击侯景，景诳其众曰："汝辈家属，已为高澄所杀。"众信之。绍宗遥呼曰："汝辈家属并完，若归，官勋如旧。"被发向北斗为誓。景士卒不乐南渡，其将暴显等各帅所部降于绍宗。景众大溃，争赴涡水，水为之不流。景与腹心数骑自硖石济淮，稍收散卒，得步骑八百人，南过小城，人登陴诟之曰："跛奴！欲何为邪！"景怒，破城，杀诟者而去。昼夜兼行，追军不敢逼。使谓绍宗曰："景若就擒，公复何用！"绍宗乃纵之。

侯景既败，不知所适，时鄱阳王范除南豫州刺史，未至。马头戍主刘神茂，素为监州事韦黯所不容，闻景至，故往候之，景问曰："寿阳去此不远，城池险固，欲往投之，韦黯其纳我乎？"神茂曰："黯虽据城，是监州耳。王若驰至近郊，彼必出迎，因而执之，可以集事。得城之后，徐以启闻，朝廷喜王南归，必不责也。"景执其手曰："天教也。"神茂请帅步骑百人先为向导。壬子，景夜至寿阳城下；韦黯以为贼也，授甲登陴。景遣其徒告曰："河南王战败来投此镇，愿速开门！"黯曰："既不奉敕，不敢闻命。"景谓神茂曰："事不谐矣。"神茂曰："黯懦而寡智，可说下也。"乃遣寿阳徐思玉入见黯曰："河南王，朝廷所重，君所知也。今失利而投，何得不受？"黯曰："吾之受命，唯知守城；河南自败，何预吾事！"思玉曰："国家付君以阃外之略，今君不肯开城，若魏兵来至，河南为魏所杀，君岂能独存！何颜以见朝廷？"黯然之。思玉出报，景大悦曰："活我者，卿也。"癸丑，黯开门纳景，景遣其将分守四门，诘责黯，将斩之；既而抚手大笑，置酒极欢。黯，睿之子也。

朝廷闻景败，未得审问。或云："景与将士尽没。"上下咸以为忧。侍中、太子詹事何敬容诣东宫，太子曰："淮北始更有信，侯景定得身免，不如所传。"敬容曰："得景遂死，深为朝廷之福。"太子失色，问其故，敬容曰："景翻覆叛臣，终当乱国。"太子于玄圃自讲《老》《庄》，敬容谓学士吴孜曰："昔西晋祖尚玄虚，使中原沦于胡、羯。今东宫复尔，江南亦将为戎乎！"

甲寅，景遣仪同三司于子悦驰以败闻，并自求贬削；优诏不许。景复求资给，上以景兵新破，未忍移易。乙卯，即以景为南豫州牧，本官如故；更以鄱阳王范为合州刺史，镇合肥。光禄大夫萧介上表谏曰："窃闻侯景以涡阳败绩，只马归命，陛下不悔前祸，复敕容纳。臣闻凶人之性不移，天下之恶一也。昔吕布杀丁原以事董卓，终诛董而为贼；刘牢反王恭以归晋，还背晋以构妖。何者？狼子野心，终无驯狎之性，养虎之喻，必见饥噬之祸矣。侯景以凶狡之才，荷高欢卵翼之遇，位忝台司，任居方伯，然而高欢坟土未干，即还反噬。逆力不逮，乃复逃死关西；宇文不容，故复投身于我。陛下前者所以不逆细流，正欲比属国降胡以讨匈奴，冀获一战之效耳；今既亡师失地，直是境上之匹夫，陛下爱匹夫而弃与国。若国家犹待其更鸣之辰，岁暮之效，臣窃惟侯景必非岁暮之臣；弃乡国如脱屣，背君亲如遗芥，岂知远慕圣德，为江、淮之纯臣乎！事迹显然，无可致惑。臣朽老疾侵，不应干预朝政；但楚囊将死，有城郢之忠，卫鱼临亡，亦有尸谏之节。臣忝为宗室遗老，敢忘刘向之心！"上叹息其忠，然不能用。介，思话之孙也。

东魏既得悬瓠、项城，悉复旧境。大将军澄数遣书移，复求通好；朝廷未之许。澄谓贞阳侯渊明曰："先王与梁主和好，十有馀年。闻彼礼佛文云：'奉为魏主，并及先王，'此乃梁主厚意；不谓一朝失信，致此纷扰，知非梁主本心，当是侯景扇动耳，宜遣使谘论。若梁主不忘旧好，吾亦不敢违先王之意，诸人并即遣还，侯景家属亦当同遣。"渊明乃遣省事夏侯僧辩奉启于上，称"勃海王弘厚长者，若更通好，当听渊明还。"上得启，流涕，与朝臣议之。右卫将军朱异、御史中丞张绾等皆曰："静寇息民，和实为便。"司农卿傅岐独曰："高澄何事须和？必是设间，故命贞阳遣使，欲令侯景自疑；景意不安，必图祸乱。若许通好，正堕其计中。"异等固执宜和，上亦厌用兵，乃从异言，赐渊明书曰："知高大将军礼汝不薄，省启，甚以慰怀。当别遣行人，重敦邻睦。"

己卯，上遣使吊澄。景又启曰："臣与高氏，衅隙已深，仰凭威灵，期雪仇耻；今陛下复与高氏连和，使臣何地自处！乞申后战，宣畅皇威！"上报之曰："朕与公大义已定，岂有成而相纳，败而相弃乎！今高氏有使求和，朕亦更思偃武。进退之宜，国有常制，公但清静自居，无劳虑也！"景又启曰："臣今蓄粮聚众，秣马潜戈，指日计期，克清赵、魏，不容军出无名，故愿以陛下为主耳。今陛下弃臣遐外，南北复通，将恐微臣之身，不免高氏之手。"上又报曰："朕为万乘之主，岂可失信于一物！想公深得此心，不劳复有启也。"

景乃诈为邺中书，求以贞阳侯易景，上将许之。舍人傅岐曰："侯景以穷归义，弃之不祥；且百战之馀，宁肯束手就絷！"谢举、朱异曰："景奔败之将，一使之力耳。"上从之，复书曰："贞阳旦至，侯景夕返。"景谓左右曰："我固知吴老公薄心肠！"王伟说景曰："今坐听亦死，举大事亦死，唯王图之！"于是始为反计：属城居民，悉召募为军士，辄停责市估及田租，百姓子女，悉以配将士。

景邀羊鸦仁同反，鸦仁执其使以闻。异曰："景数百叛虏，何能为！"敕以使者会建康狱，俄解遣之。景益无所惮，启上曰："若臣事是实，应罹国宪；如蒙照察，请戮鸦仁！"景又言："高澄狡猾，宁可全信！陛下纳其诡语，求与连和，臣亦窃所笑也。臣宁堪粉骨，投命雠门，乞江西一境，受臣控督。如其不许，即帅甲骑，临江上，向闽、越，非唯朝廷自耻，亦是三公旰食。"上使朱异宣语答景使曰："譬如贫家，畜十客、五客，尚能得意；朕唯有一客，致有忿言，亦朕之失也。"益加赏赐锦彩钱布，信使相望。

戊戌，景反于寿阳，以诛中领军朱异、少府卿徐驎、太子右卫率陆验、制局监周石珍为名。异等皆以奸佞骄贪，蔽主弄权，为时人所疾，故景托以兴兵。驎、验，吴郡人；石珍，丹杨人。驎、验迭为少府丞，以苛刻为务，百贾怨之，异尤与之昵，世人谓之"三蠹"。

庚子，诏遣宁远将军王质帅众三千巡江防遏。景攻历阳太守庄铁，丁未，铁以城降。因说景曰："国家承平岁久，人不习战，闻大王举兵，内外震骇，宜乘此际速趋建康，可兵不血刃而成大功。若使朝廷徐得为备，内外小安，遣羸兵千人直据采石，大王虽有精甲百万，不得济矣。"景乃留仪同三司田英、郭骆守历阳，以铁为导，引兵临江。江上镇戍相次启闻。上问讨景之策于都官尚书羊侃，侃请"以二千人急据采石，令邵陵王袭取寿阳；使景进不得前，退失巢穴，乌合之众，自然瓦解。"朱异曰："景必无渡江之志。"遂寝其议。侃曰："今兹败矣！"

己酉，自横江济于采石，有马数百匹，兵八千人。是夕，朝廷始命戒严。

景分兵袭姑孰，执淮南太守文成侯宁。南津校尉江子一帅舟师千余人，欲于下流邀景；其副董桃生，家在江北，与其徒先溃走。子一收馀众，步还建康。子一，子四之兄也。

太子见事急，戎服入见上，禀受方略，上曰："此自汝事，何更问为！内外军事，悉以付汝。"太子乃停中书省，指授军事，物情惶骇，莫有应募者。朝廷犹不知临贺王正德之情，命正德屯朱雀门，宁国公大临屯新亭，大府卿韦黯屯六门，缮修宫城，为受敌之备。大临，大器之弟也。

百姓闻景至，竞入城，公私混乱，无复次第，羊侃区分防拟，皆以宗室间之。军人争入武库，自取器甲，所司不能禁，侃命斩数人，方止。是时，梁兴四十七年，境内无事，公卿在位及闾里士大夫罕见兵甲，贼至猝迫，公私骇震。宿将已尽，后进少年并出在外，军旅指挝，一决于侃，侃胆力俱壮，太子深仗之。

景初至建康，谓朝夕可拔，号令严整，士卒不敢侵暴。及屡攻不克，人心离沮。景恐援兵四集，一旦溃去；又食石头常平诸仓既尽，军中乏食；乃纵士卒掠夺民米及金帛子女。是后米一升至七八万钱，人相食，饿死者什五六。

癸巳，侍中、都官尚书羊侃卒，城中益惧。侯景大造攻具，陈于阙前，大车高数丈，一车二十轮，丁酉，复进攻城，以虾蟆车运土填堑。

湘东王绎遣世子方等将步骑一万入援建康，庚子，发公安。绎又遣竟陵太守王僧辩将舟师万人，出自汉川，载粮东下。方等有俊才，善骑射，每战，亲犯矢石，以死节自任。

壬寅，侯景以火车焚台城东南楼。材官吴景，有巧思，于城内构地为楼，火才灭，新楼即立，贼以为神。景因火起，潜遣人于其下穿城。城将崩，乃觉之，吴景于城内更筑迂城，状如却月以拟之，兼掷火，焚其攻具，贼乃退走。

梁武帝太清二年（戊辰，公元548年）

春季，正月，己亥（初七），东魏慕容绍宗带领五千精锐骑兵前后夹击侯景的军队。侯景欺骗他的士兵们说："你们这些人的家属，已经被高澄杀掉了。"侯景手下的士兵都相信了他的话。慕容绍宗从远方高喊着："你们的家属都平安无事，如果你们回归，官职和勋爵会像从前一样封给你们。"说完，他披散着头发面向北斗星发誓。侯景的士兵们不愿意南渡，他的将领暴显等人各自统率自己的部队投降了慕容绍宗。侯景的人马全面溃败，士兵们争相抢渡涡水，河水都被败兵们阻断不再奔流了。侯景与自己的几个心腹之人骑马从硖石渡过了淮河。他们逐渐收集了一些溃散的士兵，步兵、骑兵共有八百人。他们向南经过一座小城时，有人登上了城墙上面呈凸凹形的短墙对侯景谩骂道："跛脚的奴才，看你还想做什么！"侯景听完恼羞成怒，攻破了这座小城，杀掉了骂他的人之后带兵离去。他们昼夜兼行，追击他们的东魏军队不敢逼近。侯景派人对慕容绍宗说："侯景如果被抓去，您还有什么用呢？"慕容绍宗于是便放过了他。

侯景战败后，不知道该投奔哪里。这时，鄱阳王萧范被任命为南豫州刺史，还没有上任。马头戍主刘神茂，平素不被监州事韦黯所容。当他听说侯景来到，便前去迎候侯景。侯景问他："寿阳离这个地方路途不远，城池险要、坚固。我想要前往投奔，韦黯他能接纳我吗？"刘神茂回答说："韦黯虽然占据着寿阳城，但他只是监州官罢了。如果您率兵到了寿阳近郊，韦黯一定会出来迎接，趁此机会拘捕他，事情就可以成功。得到寿阳城之后，再慢慢地启奏皇上，让皇上知道此事。朝廷对大王南来归顺很高兴，一定不会责怪你的。"侯景听完握住刘神茂的手说："真是天教我也。"刘神茂请求率领一百名步兵和骑兵先去做向导。壬子（二十日）。侯景夜间来到了寿阳城下。韦黯以为是贼盗来了，披上铠甲登上了城墙。侯景派手下人告诉韦黯说："河南王侯景战败前来投奔此镇，希望赶快打开城门！"韦黯说："我因为没有接到皇帝的圣旨，不敢听从你的命令。"侯景对刘神茂说："事情不妙了。"刘神茂回答说："韦黯懦弱并且缺少智谋，可以让人劝说他改变主意。"于是，侯景派寿阳人徐思玉进城拜见韦黯说："河南王是朝廷所器重的人，您是知道的。现在他失利前来投奔你，怎么能不接纳他呢？"韦黯说："我所接受的命令，只知道要守卫寿阳城，河南王战败了，与我有什么相干！"徐思玉说："国家赋予你统兵在外的权力，现在你不肯打开城门，如西魏的军队追来，河南王被西魏人杀掉，你怎能独自生存呢！你还有什么脸去见朝廷？”韦黯认为徐思玉说得很对。徐思玉出城禀报了侯景，侯景非常高兴地说：“救活我的人，正是你啊。”癸丑（二十一日），韦黯打开了城门接纳侯景。侯景派他的将领分别把守四个城门。他斥责韦黯不马上接纳他，要斩杀韦黯。不久，侯景又拍手放声大笑起来，摆出酒宴，尽情欢乐。韦黯是韦睿的儿子。

朝廷听说侯景战败，没有能详细地查问。有人说：“侯景与他的将士全军覆没了。”朝廷上上下下都为此而担忧。侍中、太子詹事何敬容来到东宫，太子说：“淮河北面又有消息了，侯景一定会免于身亡，并不像人们所传说的那样。”何敬容说：“得知侯景终于死了，这实在是朝廷的福分啊。”太子听完大惊失色。问他为什么这样说。何敬容说：“侯景是个反复无常的叛臣，他将会使国家大乱。”太子在玄圃亲自讲读《老子》《庄子》，何敬容对学士吴孜说：“昔日，西晋始祖崇尚玄妙、虚无之说，结果使中原沦丧在胡人、羯人手中。现在东宫太子又这样做，江南恐怕也将成为胡人的天下了吧！”

甲寅（二十二日），侯景派遣仪同三司于子悦飞马返回建康，把自己战败的事启奏朝廷，并且自己请求革职贬官。梁武帝下诏没有答应。侯景又请求为他补充财物和给养，梁武帝因为侯景的军队刚刚被打败，没有忍心把他调动。乙卯（二十三日），梁武帝就让侯景担任南豫州牧，他原来的官职还依然保持；又任命鄱阳王萧范为合州刺史，镇守合肥。光禄大夫萧介上表进谏说：“我私下听说侯景在涡阳打了败仗，单枪匹马前来归顺。陛下您不追悔他从前造成的灾难，又赦免并容纳了他。我听说恶人的秉性不会改变，天下的恶人是一样的。昔日吕布杀死了丁原，来侍奉董卓，而最终又杀死了董卓，成为叛贼。刘牢反叛王恭，归附晋朝，但又背弃了晋朝，制造邪恶事端。为什么呢？因为狼子野心，最终也不会有驯服、顺从的秉性，以喂养老虎为例，一定会出现被饥饿的老虎吃掉的祸患。侯景凭借着他的凶狠与狡猾的才能，受高欢的豢养和保护，身居高位独据一方，然而，高欢死后坟土还未干，他就反叛了高氏。只是因为叛逆的力量还不足，他才又逃奔到了关西。宇文泰没有收容他，所以他才投靠了我们。陛下您以往之所以不拒细流，接纳了侯景，正是为了像汉代在边境上设置属国安置投降的胡人来对付匈奴那样，欲让侯景来对付东魏，希望他同东魏打一仗；而现在侯景既然亡师失地，吃了败仗，那么他便只是边境上的一个平常之人，陛下您舍不得区区一个侯景，却失去了与友好国家的和睦，如果国家还等待他自新之时，晚年效力，我私下认为侯景必定不是晚年效力的臣子。他抛弃家国像脱掉鞋一样轻率，背弃国君、亲人像丢掉草芥一样容易，他怎么会懂得远慕圣德而来，做我们梁朝纯贞的臣子呢！他的所作所为很明显，没有人会感到迷惑不解。我已经衰老，又受疾病侵扰，本不应该干预朝廷政事。但是楚国令尹子囊在临死时，还叮嘱子庚修筑郢都的城墙，不忘保护社稷。卫国的史鱼将死之时，尚有让儿子置尸窗下进谏卫灵公之举。我身为皇族遗老，怎么敢忘记刘向的一片忠心！”梁武帝很赞赏萧介的一片忠心，但是却不能听从他的忠告。萧介是萧思话的孙子。

东魏得到了悬瓠、项城后，完全恢复了原有的疆土区域。大将军高澄多次派人送交国书，再次请求与梁朝通和、友好。朝廷没有允许。高澄对贞阳侯萧渊明说："先王与梁主和睦相处，有十多年了。听说他拜佛的文字中写着，为魏国国主奉佛，同时也提到先王。这是梁主的真情厚意，没想到一朝失信，竟导致如此纷乱。我知道这并不是梁主的本意，一定是侯景煽动罢了。我们应该派遣使者去商讨一下，如果梁主没有忘记旧日两国之间的友好关系，我也不敢违背先王的意愿与梁朝为敌。我会立即遣返留在北方的人，侯景的家属也会同时得到遣返。"萧渊明于是派遣省事夏侯僧辩向梁武帝呈递了奏书，声称："勃海王高澄是宽宏大量、十分厚道的长者，如果梁朝再次与东魏关系友好的话，高澄会允许我回到梁朝的。"梁武帝看到萧渊明的启奏后，流下了眼泪。便与朝中大臣们共同商议此事。右卫将军朱异、御史中丞张绾等人都说："平息敌寇，安息百姓，讲和对于我们来说确实很好。"只有司农卿傅岐认为；"高澄为什么要和我们讲和？这一定是他设下的离间计，之所以让贞阳侯萧渊明派来使者，目的是想让侯景自己产生猜疑。侯景的心神不定，心里不安宁，就一定会图谋叛乱引起灾祸。如果您答应与东魏友好往来，就正好堕入了高澄的圈套，中了他的奸计。"朱异等人固执地主张应该与东魏和好，梁武帝也厌倦了战争，于是便同意了朱异的意见，赐给萧渊明一封信，信上说："知道高大将军待你不错，我看了你的奏折，心里感到很宽慰。自当另外派遣使者到魏国，以便重新建立两国之间的和睦友好关系。"

己卯（二月十七日），梁武帝派遣使者去慰问高澄，吊唁高欢。侯景又向梁武帝奏说："我与高氏父子之间的嫌隙和仇恨已经很深，我仰仗您的威灵，期待着报仇雪耻。现在陛下又与高氏修好讲和，让我何处安身呢？请求您让我再次与高澄交战，来显示梁朝的皇威！"梁武帝写信回答侯景说："我与你之间君臣大义已定，怎会有你打了胜仗就接纳你，打了败仗就抛弃你的道理呢？现在，高澄派遣使者来求和，我也想停止干戈。应该进还是应该退，国家有正常的制度，你只管清静自居就行了，无需费心去考虑这些！"侯景又向梁武帝启奏说："我现在已贮备了粮草，聚集了士兵，喂了战马，藏好了武器，不日便可收复北方。我不能出师无名，所以希望陛下您能为我做主。现在陛下把我弃之在外，南北双方又开始互相沟通，只怕微臣的性命，将难免死在高澄之手。"梁武帝又写信给侯景说："我是大国之君，怎么可以失信于人呢！我想你深深知道我的这番心，你不必再启奏了。"

侯景于是假造了一封来自东魏都城邺城的书信，信中写道要用贞阳侯萧渊明交换侯景。梁武帝打算答应这一要求。舍人傅岐说："侯景因为山穷水尽才归至正道，投奔梁朝，舍弃了他是不吉祥的。况且侯景也身经百战，他怎么肯束手就擒呢？"谢举、朱异说："侯景是败军之将，用一个使者就会把他召回来。"梁武帝听从了谢举、朱异的话，给邺城回信说："贞阳侯早一到，侯景晚上会押送回去。"侯景对左右的人说："我就知道这个老家伙是个薄情寡义之人！"王伟对侯景劝说道："现在，我们等着听候梁国安排也是死，图谋大业也不过一死，希望大王您考虑一下这件事！"于是侯景才开始有反叛之计：将寿阳城内所有的居民，都招募为军队的士兵。立即停止收取市场税及田租。百姓之女，都被分派给将士们。

侯景邀羊鸦仁一同反叛梁朝，羊鸦仁拘捕了侯景派来劝他反叛的信使，并把这件事报告了朝廷。朱异说："侯景的反叛军队只有几百人，能有什么作为！"梁武帝命令把侯景的信使送到建康的监狱里，不久，又释放了他。侯景更加肆无忌惮，向梁武帝启奏说："如果我的事是事实，我应该受到国家法律的制裁。如果我能承蒙您的关照和详察，请您杀掉羊鸦仁！"侯景又启奏说："高澄为人十分狡猾，怎么可以完全相信他的话！陛下听信了他的谎言，力求与他和好，我在私下里对这件事也感到很可笑。我怎敢冒粉身碎骨的危险，投身我的仇人高澄呢，请求您将长江西部的一块地区，划归我控制。如果您不答应我这一要求，我就统率兵马，来到长江之上，杀向闽、越地区。这样，不仅朝廷蒙受耻辱，也会使三公大臣们顾不上吃饭。"梁武帝让朱异代替他向侯景的信使回答说："比如一个贫寒的家庭，蓄养着十个 、五个食客，还要让他们满意，我只有一个客人，就招致了你这些愤慨的话，这也是我的过失啊！"这之后，梁武帝对侯景的赏赐更多了，赏给了他许多鲜艳华美的彩帛及钱币，信使往来不断，道路相望。

戊戌（八月初十），侯景在寿阳反叛。他以杀掉中领军朱异、少府卿徐驎、太子右卫率陆验、制局监周石珍为借口反叛了梁朝。朱异等人由于为人奸诈、善于花言巧语阿谀奉承，骄奢淫逸而又贪婪，欺骗梁武帝、玩弄权术，被当时的人所痛恨，因此侯景以此为借口起兵叛乱。徐驎、陆验是吴郡人。周石珍是丹杨人。徐驎与陆验曾轮流担任少府丞。因为他们做事苛刻，商人们都怨恨他们。朱异与他俩的关系尤其亲昵，因此，世上的人都称他们是"三蠹虫"。

庚子（十月十三日），梁武帝下诏派遣宁远将军王质统率三千人马沿长江防卫和阻止侯景的进攻。侯景向历阳太守庄铁的军队发动了进攻。丁未（二十日）庄铁率全城军民投降了侯景，并对侯景说："国家连续安定许多年了，人们都已不习惯作战，听说大王您起兵，朝廷内外都感到很震惊和害怕。应该乘机迅速逼近建康，那样，不经过流血打仗就能取得成功。如果让朝廷渐渐有所防备，朝廷内外也稍稍安定一些，只要派遣一千名瘦弱的士兵径直占据采石的话，大王虽然有百万精锐军队，也不会成功。"侯景于是留下了仪同三司田英以及郭骆守卫历阳，让庄铁担任向导，带领军队来到了长江边上。防卫长江的官员相继依次把侯景反叛的近事启奏给了梁武帝。梁武帝向都官尚书羊侃寻问讨伐侯景的计策。羊侃则请求："派二千人马快速占据采石，并命令邵陵王袭击、夺取寿阳，让侯景不能前进，退又失去巢穴。这些乌合之众，自然也就土崩瓦解了。"朱异却说："侯景一定没有渡过长江的打算。"于是，没有采纳羊侃的建议，羊侃说："现在梁朝就要败亡了。"

己酉（二十二日），侯景从横江渡过长江到达采石，一共有几百匹马和八千士兵。这天夜里，朝廷才下令实行戒严。

侯景分几路人马袭击姑孰城，抓住了淮南太守文侯萧宁。南津校尉江子一统率千余水军，想在长江下流拦击侯景的军队。江子一的副将董桃生，家住在长江北面，他与手下人率先溃败逃走。江子一聚集了剩下的人马，徒步回到了建康。江子一是江子四的哥哥。

太子见情况紧急，便身穿戎装进入皇宫见梁武帝，领受梁武帝的指示，梁武帝对他说："这些事是你自己的事，又何必问我呢？朝廷内外的军政事务，我全都交给你了。"太子于是进驻中书省，指挥布置军事事务。人们情绪惶惶不安，没有人敢应募出征。朝廷还不知道临贺王萧正德已暗中投降了侯景这一 情况，仍命令萧正德驻兵把守朱雀门，命宁国公萧大临驻守新亭，大府卿韦黯率兵驻守六个城门、修缮皇宫的城墙，为一旦遭受敌人进攻做好准备。萧大临是萧大器的弟弟。

百姓听说侯景的军队来到，争相逃入城里。官员与百姓混杂在一起，不再有秩序。羊侃布置防守计划，每处都安排皇室成员来监督。军队的官兵争相进入武器库，自己拿兵器和盔甲，掌管武器库的人不能禁止，羊侃下令斩杀了几个人，才制止了这种混乱。这年，是梁朝建立后的第四十七年，国内一直平安无事，在职的公卿以及闾里士大夫都很少见到兵器和铠甲。现在，叛贼突然来到，形势紧迫，官员与百姓都很震惊。朝廷中的老将已经没有了，后来晋升的青年将领都正在外面征战或防守边境，军队的指挥权，完全由羊侃一人决定。羊侃有胆有谋，太子深深地仰仗于他。

侯景刚到建康时，以为很快就能攻克建康，所以当初他的军队号令严格，仪容整齐，士兵们不敢侵扰、凌暴百姓。等到多次攻打建康城都没有攻克时，人心开始离散、沮丧。侯景担心救援建康的军队从四面八方汇集到这里，迟早会有溃退的一天。另外，由于石头城备用粮仓的粮食已经吃完了，军队缺乏食物。于是，侯景便纵容他的士兵去掠夺百姓的米粮以及金银、丝织品和百姓的儿女。从这以后，大米的价格一升涨到七八万钱，以致造成人吃人的情况，被饿死的人达到十分之五六。

癸巳（十二月初七），侍中、都官尚书羊侃去世，建康城里更是人心惶恐。侯景大造攻城器具，并把这些器具陈列在城楼前。高大的战车高达几丈，一辆车有二十个车轮。丁酉（十一日），侯景又向皇城发动进攻，用蛤蟆车运土填平战壕。

湘东王萧绎派遣他的长子萧方等率领一万步兵、骑兵前来建康救援，庚子（十四日），援兵从公安出发。萧绎又派遣竟陵太守王僧辩率领一万名水军，从汉川出发，用船运载粮食顺水东下。萧方等才智过人，擅长骑马射箭。每次与敌人交战，他都亲自冒着箭林石雨杀敌，以为节义而死为己任。

壬寅（十六日），侯景用载有火种的车焚烧皇城东南楼。材官吴景心灵手巧，他让人在皇城里面的地上建起一座楼。大火刚灭新建的楼就立起，贼兵认为是神助建立的楼。侯景趁大火燃烧起来的时候，偷偷派人从下面凿城挖洞。城将要崩塌时，城内的人才发觉。吴景让人们在城内修造了迂回曲折的城墙，它的形状好似半圆形的月亮。同时，还向敌人扔掷火把，焚烧了他们的进攻器具。贼兵这才退兵。

第一百六十二卷
梁纪十八

译文诵读

高祖武皇帝十八太清三年（己巳，549）

己巳，太子迁居永福省。高州刺史李迁仕、天门太守樊文皎将援兵万馀人至城下。台城与援军信命久绝，有羊车儿献策，作纸鸱，系以长绳，写敕于内，放以从风，冀达众军，题云："得鸱送援军，赏银百两。"太子自出太极殿前乘西北风纵之，贼怪之，以为厌胜，射而下之。援军募人能入城送启者，鄱阳世子嗣左右李朗请先受鞭，诈为得罪，叛投贼，因得入城，城中方知援兵四集，举城鼓噪。上以朗为直阁将军，赐金遣之。朗缘钟山之后，宵行昼伏，积日乃达。

临贺王记室吴郡顾野王起兵讨侯景，二月，己丑，引兵来至。初，台城之闭也，公卿以食为念，男女贵贱并出负米，得四十万斛，收诸府藏钱帛五十万亿，并聚德阳堂，而不备薪刍、鱼盐。至是，坏尚书省为薪，撤荐，剉以饲马，荐尽，又食以饭。军士无膎，或煮铠、熏鼠、捕雀而食之。御甘露厨有干苔，味酸咸，分给战士。军人屠马于殿省间，杂以人肉，食者必病。侯景众亦饥，抄掠无所获；东城有米，可支一年，援军断其路。又闻荆州兵将至，景甚患之。王伟曰："今台城不可猝拔，援兵日盛，吾军乏食，若伪求和以缓其势，东城之米，足支一年，因求和之际，运米入石头，援军必不得动，然后休士息马，缮修器械，伺其懈怠击之，一举可取也。"景从之，遣其将任约、于子悦至城下，拜表求和，乞复先镇。太子以城中穷困，白上，请许之。上怒曰："和不如死！"太子固请曰："侯景围逼已久，援军相仗不战，宜且许其和，更为后图。"上迟回久之，乃曰："汝自图之，勿令取笑千载。"遂报许之。景乞割江右四州之地，并求宣城王大器出送，然后济江。中领军傅岐固争曰："岂有贼举兵围宫阙而更与之和乎！此特欲却援军耳。戎狄兽心，必不可信。且宣城嫡嗣之重，国命所系，岂可为质！"上乃以大器之弟石城公大款为待中，出质于景。又敕诸军不得复进，下诏曰："善兵不战，止戈为武。可以景为大丞相，都督江西四州诸军事，豫州牧、河南王如故。"己亥，设坛于西华门外，遣仆射王克、上甲侯韶、史部郎萧瑳与于子悦、任约、王伟登坛共盟。太子詹事柳津出西华门，景出栅门，遥相对，更杀牲歃血为盟。既盟，而景长围不解，专修铠仗，托云“无船，不得即发”，又云“恐南军见蹑”，遣石城公还台，求宣城王出送；邀求稍广，了无去志。太子知其诈言，犹羁縻不绝。韶，懿之孙也。

于是景决石阙前水，百道攻城，昼夜不息。邵陵世子坚屯太阳门，终日蒱饮，不恤吏士，其书佐董勋、熊昙朗恨之。丁卯，夜向晓，勋、昙朗于城西北楼引景众登城，永安侯确力战，不能却，及排闼入启上云：“城已陷。”上安卧不动，曰：“犹可一战乎？”确曰：“不可。”上叹曰：“自我得之，自我失之，亦复何恨！”因谓确曰：“汝速去，语汝父：勿以二宫为念。”因使慰劳在外诸军。

俄而景遣王伟入文德殿奉谒，上命褰帘开户引伟入，伟拜呈景启，称：“为奸佞所蔽，领众入朝，惊动圣躬，今诣阙待罪。”上问：“景何在？可召来。”景入见于太极东堂，以甲士五百人自卫。景稽颡殿下，典仪引就三公榻。上神色不变，问曰：“卿在军中日久，无乃为劳！”景不敢仰视，汗流被面。又曰：“卿何州人，而敢至此，妻子犹在北邪？”景皆不能对。任约从旁代对曰：“臣景妻子皆为高氏所屠，唯以一身归陛下。”上又问：“初渡江有几人？”景曰：“千人。”“围台城几人？”曰：“十万。”“今有几人？”曰：“率土之内，莫非己有。”上俯首不言。

景复至永福省见太子，太子亦无惧容。侍卫皆惊散，唯中庶子徐摛、通事舍人陈郡殷不害侧侍。摛谓景曰：“侯王当以礼见，何得如此！”景乃拜。太子与言，又不能对。

景退，谓其厢公王僧贵曰：“吾常跨鞍对陈，矢刃交下，而意气安缓，了无怖心；今见萧公，使人自慑，岂非天威难犯！吾不可以再见之。”于是悉撤两宫侍卫，纵兵掠乘舆、服御、宫人皆尽。收朝士、王侯送永福省，使王伟武德殿，于子悦屯太极东堂。矫诏大赦，自加大都督中外诸军、录尚书事。

建康士民逃难四出。太子洗马萧允，至京口，端居不行，曰：“死生有命，如何可逃！祸之所来，皆生于利；苟不求利，祸从何生！”

己巳，景遣石城公大款以诏命解外援军。柳仲礼如诸将议之。邵陵王纶曰：“今日之命，委之将军。”仲礼熟视不对。裴之高、王僧辩曰：“将军拥众百万，致宫阙沦没，正当悉力决战，何所多言！”仲礼竟无一言，诸军乃随方各散。南兖州刺史临成公大连、湘东世子方等、鄱阳世子嗣、北兖州刺史湘潭侯退、吴郡太守袁君正、晋陵太守陆经等各还本镇。君正，昂之子也。邵陵王纶奔会稽。仲礼及弟敬礼、羊鸦仁、王僧辩、赵伯超并开营降，军士莫不叹愤。仲礼等入城，先拜景而后见上；上不与言。仲礼见父津，津恸哭曰：“汝非我子，何劳相见！”

湘东王绎使全威将军会稽王琳送米二十万石以馈军，至姑孰，闻台城陷，沉米于江而还。

景命烧台内积尸，病笃未绝者亦聚而焚之。

庚午，诏征镇牧守可复本任。景留柳敬礼、羊鸦仁，而遣柳仲礼归司州，王僧辩归竟陵。初，临贺王正德与景约，平城之日，不得全二宫。及城开，正德帅众挥刀欲入，景先使其徒守门，故正德不果入。景更以正德为侍中、大司马，百官皆复旧职。正德入见上，拜且泣。上曰："啜其泣矣，何嗟及矣！"

上虽外为侯景所制，而内甚不平。景欲以宋子仙为司空，上曰："调和阴阳，安用此物！"景又请以其党二人为便殿主帅，上不许。景不能强，心甚惮之。太子入，泣谏，上曰："谁令汝来！若社稷有灵，犹当克复；如其不然，何事流涕！"景使其军士入直省中，或驱驴马，带弓刀，出入宫庭，上怪而问之，直阁将军周石珍对曰："侯丞相甲士。"上大怒，叱石珍曰："是侯景，何谓丞相！"左右皆惧。是后上所求多不遂志，饮膳亦为所裁节，忧愤成疾。太子以幼子大圜属湘东王绎，并剪爪发以寄之。五月，丙辰，上卧净居殿，口苦，索蜜不得，再曰"荷！荷！"遂殂。年八十六。景秘不发丧，迁殡于昭阳殿，迎太子于永福省，使如常入朝。王伟、陈庆皆侍太子，太子呜咽流涕，不敢泄声，殿外文武皆莫之知。

辛巳，发高祖丧，升梓宫于太极殿。是日，太子既皇帝位，大赦，侯景出屯朝堂，分兵守卫。

壬午，诏北人在南为奴婢者，皆免之，所免万计；景或更加超擢，冀收其力。

勃海文襄王澄以其弟太原公洋次长，意常忌之。洋深自晦匿，言不出口，常自贬退，与澄言，无不顺从。澄轻之，常曰："此人亦得富贵，相书亦何可解！"洋为其夫人赵郡李氏营服玩小佳，澄辄夺取之；夫人或恚未与，洋笑曰："此物犹应可求，兄须何容吝惜！"澄或愧不取，洋即受之，亦无饰让。每退朝还第，辄闭阁静坐，虽对妻子，能竟日不言。或时袒跣奔跃，夫人问其故，洋曰："为尔漫戏。"其实盖欲习劳也。

澄获徐州刺史兰钦子京，以为膳奴，钦请赎之，不许；京屡自诉，澄杖之，曰："更诉，当杀汝！"京与其党六人谋作乱。澄在邺，居北城东柏堂，嬖琅邪公主，欲其往来无间，侍卫者常遣出外。辛卯，澄与散骑常侍陈元康、吏部尚书侍中杨愔、黄门侍郎崔季舒屏左右，谋受魏禅，署拟百官。兰京进食，澄却之，谓诸人曰："昨夜梦此奴斫我，当急杀之。"京闻之，置刀盘下，冒言进食，澄怒曰："我未索食，何为遽来！"京挥刀曰："来杀汝！"澄自投伤足，入于床下，贼去床，弑之，愔狼狈走，遗一靴；季舒匿于厕中；元康以身蔽澄，与贼争刀被伤，肠出；库直王纮冒刃御贼；纥奚舍乐斗死。时变起仓猝，内外震骇。太原公洋在城东双堂，闻之，颜色不变，指挥部分，入讨群贼，斩而脔之，徐出，曰："奴反，大将军被伤，无大苦也。"内外莫不惊异。洋秘不发丧。陈元康手书辞母，口占使功曹参军祖珽作书陈便宜，至夜而卒；洋殡之第中，诈云出使，虚除元康中书令。以王纮为领左右都督。纮，基之子也。

勋贵以重兵皆在并州，劝洋早如晋阳，洋从之。夜，召大将军督护太原唐邕，使部分将士，镇遏四方；邕支配须臾而毕，洋由是重之。

癸巳，洋讽东魏主以立太子大赦。澄死问渐露，东魏主窃谓左右曰："大将军今死，似是天意，威权当复归帝室矣！”洋留太尉高岳、太保高隆之、开府仪同三司司马子如、侍中杨愔守邺，余勋贵皆自随。甲午，入谒东魏主于昭阳殿，从甲士八千人，登阶者二百余人，皆攘袂扣刃，若对严敌。令主者传奏曰：“臣有家事，须诣晋阳。”再拜而出。东魏主失色，目送之曰：“此人又似不相容，朕不知死在何日！”晋阳旧臣、宿将素轻洋；及至，大会文武，神彩英畅，言辞敏洽，众皆大惊。澄政令有不便者，洋皆改之。高隆之、司马子如等恶度支尚书崔暹，奏暹及崔季舒过恶，鞭二百徙边。

始兴大守陈霸先结郡中豪杰欲讨侯景，郡人侯安都、张偲等各帅众千余人归之。霸先遣主帅杜僧明将二千人顿于岭上，广州刺史萧勃遣人止之曰：“侯景骁雄，天下无敌，前者援军十万，士马精强，犹不能克，君以区区之众，将何所之！如闻岭北王侯又皆鼎沸，亲寻干戈，以君疏外，讵可暗投！未若且留始兴，遥张声势，保太山之安也。”霸先曰：“仆荷国恩，往闻侯景渡江，即欲赴援，遭值元、兰，梗我中道。今京都覆没，君辱臣死，谁敢爱命！君侯体则皇枝，任重方岳，遣仆一军，犹贤乎已，乃更止之乎！”及遣使间道诣江陵，受湘东王绎节度。时南康土豪蔡路养起兵据郡，勃乃以腹心谭世远为曲江令，与路养相结，同遏霸先。

梁武帝太清三年（己巳，公元549年）

己巳（正月十三日），梁朝的皇太子搬到永福省居住。高州刺史李迁仕、天门太守樊文皎率领一万多名援兵赶到城下。朝廷与援军之间的书信往来已经中断很久，有一位叫羊车儿的人出了一个主意，按照这一主意做了一只纸鸢，在上面系上长绳，将敕令写在里头，顺风放出去，希望它能到达援军中的任何一支部队里。为了保证成功，纸鸢上还题上这样几个字：“如果得到纸鸢后把它送给援军，将赏一百两银子。”皇太子亲自走到太极殿的前面，乘着西北风放出纸鸢，贼兵见了觉得奇怪，以为这是一种能以诅咒制服人的巫术用品，就把它射了下来，援军那一边也在招募能进入都城呈送文书的人，鄱阳王嫡长子萧嗣身边的下属李朗主动请求先打自己一顿鞭子，然后假装得罪了上司，叛逃到贼兵那里，因此得到机会进入城中，城中的军民这才知道援军已经聚集在周围，全城上下高兴得又是擂鼓又是呐喊。梁武帝任命李朗为直阁将军，赏赐他金银后又派他出城。李朗沿着钟山的后面，晚上行走白天潜伏，几天之后才到达援军的营垒。

南梁临贺王的记室、吴郡人顾野王拉起队伍讨伐侯景，二月，己丑（初三），顾野王率部队赶到了京城。当初，台城关闭城门的时候，公卿们将粮食问题记挂在自己的心上，男的、女的、尊贵的、低贱的都出来背米，一共得到四十万斛粮食，同时还收集了各个府第贮藏的钱和帛达五十万亿，它们全都集中在德阳堂，但是他们并没有储备柴禾、牲口草料，以及鱼、盐。到了此时，只好拆除尚书省的建筑作木柴，拿掉垫席，磨碎了以后喂马，垫席用光了，又把米饭喂马。士兵们没有肉吃之后，有的人都煮甲衣上的皮革，烤老鼠，捕捉鸟雀来吃。皇室的厨房里有一种干的海苔，味道又酸又咸，不得已拿出来分给战士。军人们在皇宫与各省的办公地点之间杀马，煮的马肉中还夹杂着人肉，吃得人无不得病。侯景的部队也很饥饿，四处搜寻掠夺没有取得什么收获。东府城里有不少大米，可以供应部队整整一年，可是去那里的路被援军切断了。在这种情况下，侯景又听说荆州的部队将要赶到，心里非常害怕。王伟对他说："现在看来，台城不可能迅速攻克，对方的援军力量日益强大，而我们的部队缺少粮食，如果我们假装向他们求和的话，可以缓解他们逼近的势头，东城的大米，足够让我们吃一年，趁着求和的时候，把大米运进石头城，援军一定不敢行动，然后我们使将士与战马都得到休息，修理好有关器械，看到对方懈怠下来再攻击他们，一下子就可以夺取台城。"侯景接受了他的建议，派遣手下的将领任约、于子悦来到台城下面，恭敬地递上文书求和，请皇上允许他去恢复原先镇守的失地。皇太子考虑到城里已穷困不堪，就将此事禀报给梁武帝，请他答应侯景的要求。梁武帝愤怒地说道："跟侯景和好，还不如死！"皇太子再三请求说："侯景围困逼迫我们已经很久，我们的援军又相互推诿不投入战斗，应该暂且答应与侯景媾和，以后再做其它打算。"梁武帝犹豫了很久才说："你自己考虑吧，不要让千载以下的人讥笑。"于是派人告诉侯景，说皇上已答应他的请求。侯景乞求朝廷割让长江西面的四个州给他，又表示得让宣城王萧大器出来相送，然后他才渡过长江。中领军傅岐态度坚决地争辩说："哪有叛贼兴兵包围宫殿，而我们转过头来跟他们媾和的道理！侯景现在的这一行动是想让援军撤走而已。戎狄侯景人面兽心，绝对不能相信。况且宣城王是皇上的直系后裔，地位重要，国家的命运维系在他的身上，怎么可以叫他去当人质！"梁武帝于是便任命萧大器的弟弟，石城公萧大款为侍中，派他去侯景部做人质。他又命令各路援军一律不得再前进，同时还颁下这样的诏书："善于用兵的人不必以刀兵定胜负，止与戈两字合成为'武'。我可以再任命侯景为大丞相，统管江西四个州诸军事，仍照旧担任豫州牧、河南王。"己亥（十三日），梁武帝在西华门外设立神坛，派遣仆射王克、上甲侯萧韶、吏部郎萧瑳与于子悦、任约、王伟一同登上神坛订立盟约。太子詹事柳津来到西华门外，侯景则来到栅门外，遥遥相对，双方再屠宰牲畜，口中含血，订立盟誓。盟约订立以后，侯景却长时间地不解除原来的包围，集中精力专门修缮铠甲与兵器，还找借口说："没有船只，不能立即出发。"又说："害怕那些屯驻在秦淮河南岸的援军追击。"他叫石城公返回台城，要宣城王出来相送，提的要求越来越多，丝毫没有离去的意思。皇太子明知他说的都是假话，却还是不停地笼络他。萧韶是萧懿的孙子。

侯景于是挖开皇宫石门前的玄武湖，引出里面的湖水灌城，开始从各处攻城，昼夜不停。邵陵王的嫡长子萧坚屯驻在太阳门，终日不是赌博就是饮酒，不体恤手下官吏与将士的疾苦，他的书佐董勋、熊昙朗恨透了他。丁卯（十二日），下半夜临近拂晓的时候，董勋、熊昙朗从台城的西北楼引导侯景的人马攀登上来，永安侯萧确奋力拼搏，不能打退敌人，就推开宫中的小门启禀梁武帝道：“台城已经陷落了。”梁武帝平静地躺着不动，问道：“还可以打一仗吗？”萧确回答说：“已经不行了。”梁武帝叹了一口气说道：“从我这儿得到的，又从我这儿失去，还有什么可遗憾的呢！”他于是对萧确说道：“你快些离开，告诉你的父亲不要记挂我和太子。”于是便派萧确慰劳在外面的各路援军。

没有多久，侯景派遣王伟来到文德殿拜见梁武帝，梁武帝下令揭起帘幕，打开房门带王伟进来，王伟跪拜之后，将侯景的文书呈交给梁武帝，声称：“我们受到一些奸佞的蒙蔽，带领人马进入朝堂，惊动了皇上，现在特地到宫中等候降罪。”梁武帝问道：“侯景在什么地方？你可以把他叫来。”侯景来太极殿的东堂晋见梁武帝，随身带了五百多顶盔带甲的武士保护自己。侯景在大殿下面跪拜，以额触地，典仪带着他走到三公坐的榻前。梁武帝神色不变，问侯景道：“你在军队里的时间很长，恐怕很辛苦！”侯景不敢抬头正视梁武帝，汗水流了一脸。梁武帝又问道：“你是哪个州的人，敢到这里来，你的妻儿还在北方吗？”对这些问题侯景都不能回答。任约在旁边代替侯景回答说：“臣下侯景的妻儿都被高家屠杀光了，只有我单身一人投靠了陛下您。”梁武帝又问道：“当初你渡江过来的时候有多少人？”侯景说道：“一千人。”再问道：“包围台城时有多少人？”回答说：“十万人。”问：“现在有多人？”回答：“四海之内，没有不属于我的人。”梁武帝低下头去，不再说话。

侯景又到永福省去拜见皇太子，皇太子也没有表现出害怕的神情。皇太子身边的侍卫都已惊慌地逃散了，惟独中庶子徐摛、通事舍人陈郡人殷不害在一旁侍奉。徐摛对侯景说：“你来拜见应当遵守礼节，怎么可以像现在这样？”侯景听了就跪下参拜。皇太子与侯景说话，侯景又不能回答。

侯景离开之后，对他的厢公王僧贵说道：“我经常跨上马鞍与敌人对阵，面临刀丛箭雨，而心绪平稳如常，一点也不害怕；今天见到萧公，心里竟然不由自主地恐慌起来，这岂不是天子的威严难以触犯吗？我不能再见他们了。”于是他把两宫的侍卫都撤掉，放纵将士把皇帝及后妃使用的车辆、服装，还有宫女都抢得一干二净。又将朝士、王侯们捉了送到永福省，派王伟守卫武德殿，于子悦屯驻在太极殿的东堂。侯景接着又伪造梁武帝的诏书，下令大赦天下，还加封自己为都督中外诸军、录尚书事。

建康的老百姓往四面八方逃难。太子洗马萧允来到京口时，端正地坐着不走，说道：“死生都是命中注定，怎么可以逃掉呢？灾祸的到来，都是由利而生；如果不追求利，灾祸从哪里产生！”

己巳（十四日），侯景派遣石城公萧大款带上梁武帝的诏书，去下令解散外面的救援部队。柳仲礼召集各位将领商议此事，邵陵王萧纶对柳仲礼说道：“今天该下什么样的命令，我们都听将军您了。”柳仲礼注目细看萧纶不做回答。裴之高、王僧辩说道："将军您拥有百万人马，却致使皇宫沦陷，眼下正是应该投入全部力量决一死战的时候，何必多言呢？"柳仲礼竟然始终不发一言，各路援军于是只好分散，回到各自原来驻守的地方去了。南兖州刺史临成公萧大连、湘东王嫡长子萧方等、鄱阳王嫡长子萧嗣、北兖州刺史湘潭侯萧退、吴郡太守袁君正、晋陵太守陆经等人都返回本来镇守的州郡。袁君正是袁昂的儿子。邵陵王萧纶逃往会稽。柳仲礼和他的弟弟柳敬礼，还有羊鸦仁、王僧辩、赵伯超一道打开营门向侯景投降，将士们没有不叹息愤恨的。柳仲礼等人进入京城之后，先拜会侯景然后才晋见梁武帝，梁武帝不跟他们说话。柳仲礼见到了父亲柳津，柳津痛哭道："你不是我的儿子，何必来跟我相见！"

湘东王萧绎派遣全威将军会稽人王琳运送二十万石大米来馈赠援军，到达姑孰时，他们听说台城已经陷落，就将大米沉到江中，然后回去了。

侯景下令焚烧掉宫殿内堆积的尸体，那些病重但是还没有断气的人，也都被堆集在一块儿烧掉了。

庚午（十五日），朝廷颁下诏书征召原来的镇牧守，可以回到他们过去的任所去。侯景留下了柳敬礼、羊鸦仁，而派遣柳仲礼返回司州，王僧辩回归竟陵。当初，临贺王萧正德与侯景约定：平定台城的那一天，不得保全皇上与太子。等到城门打开时，萧正德率领人马挥着刀准备进去，侯景先派手下的士兵把守大门，所以萧正德最终没能达到目的。侯景让萧正德改任侍中、大司马，文武百官都恢复了原来的职务。萧正德进入皇宫晋见梁武帝，一边跪拜一边哭泣。梁武帝说道："你眼泪流个不停，是感叹不能再跟他在一起了吧？"

梁武帝虽然表面上被侯景控制，但是他的心里却非常不平。侯景想让宋子仙出任司空，梁武帝说道："三公是要调和阴阳的，怎么可以任用宋子仙这种人？"侯景又请求让他的两位同党出任便殿主帅，梁武帝没有同意。侯景不能强迫梁武帝，心里非常害怕他，皇太子进来，流着眼泪劝告梁武帝，梁武帝说道："谁让你来的！如果国家的神灵还在，还可以恢复；如果不是这样，流泪有什么用！"侯景派手下的士兵到几个省里值勤，有的人赶着驴马，带着弓刀，在宫廷中出出进进。梁武帝感到奇怪，询问这是怎么回事，直阁将军周石珍回答说："这是侯丞相的卫兵。"梁武帝听了非常愤怒，斥责周石珍道："是侯景，为什么管他叫丞相？"旁边的人都很害怕。从此以后梁武帝所提出的要求大多数都不能满足，饮料与膳食也被减少，在忧虑与气愤交加的情况下他病倒了。皇太子把小儿子萧大圜托付给了湘东王萧绎，并且将剪下的头发与指甲寄给他。五月，丙辰（初二），梁武帝躺在净居殿，嘴里发苦，索要喝蜂蜜却得不到，发出了两声"嗬！嗬！"的声音，便死去了，享年八十六岁。侯景封锁消息不发丧，将梁武帝的遗体收殓后移到了昭阳殿，又从永福省接来皇太子，叫他像平常一样入朝。王伟、陈庆都在旁边监视皇太子，皇太子呜咽着泪流满面，不敢发出声音，殿堂外的文武百官没有人知道这件事。

辛巳（二十七日），侯景为梁武帝发丧，将棺材抬到太极殿。这一天，皇太子登上了皇位，大赦天下，侯景出屯朝堂，把士兵派到各处守卫。

壬午（二十八日），梁简文帝颁下诏书，指明凡是在南朝当奴婢的北方人，都免去他们的奴隶身份，被免的人数以万计；侯景对他们中的有些人还大加提拔，希望能笼络他们。

勃海文襄王高澄由于他的弟弟太原公高洋在兄弟中年龄仅次于自己，心里常常忌恨他。高洋处处倍加小心、谨慎，有话也不轻易说出来，常常自己贬低自己，与高澄说话，无不顺从高澄的意志。高澄很轻视高洋，经常对人说："这个人也能享受到荣华富贵，相书上怎么解释得通呀？"高洋经常为他的夫人赵郡人李氏做一些精巧的衣服玩物，高澄见了总是要占为己有；高洋的夫人有时很气愤，不想给高澄，高洋笑着对她说："这种东西还可以再弄到，现在兄长需要，我们怎能如此吝啬呢？"高澄有时也很惭愧，便不要，高洋就拿了过来，也不做出谦让的样子。每次退朝之后，高洋一回到自己的府第，就关闭楼阁的门在里面静坐，即便对自己的妻子，也能整天不说一句话。有时候他还赤着脚又跑又跳，夫人问他为什么这么做，高洋回答说："随便给你做游戏。"其实他是要锻炼身体。

高澄抓获了徐州刺史兰钦的儿子兰京，让他充当服侍自己用餐的奴仆，兰钦请求用钱财赎兰京出去，但是高澄不答应。兰京自己多次提出请求，高澄就用木杖打他，对他说："你要是再求诉的话，就杀掉你！"兰京与他的六个同伙密谋犯上作乱，高澄待在邺城，住在北城东侧的柏堂，很宠幸琅邪公主，他为了使自己与公主之间的来往方便，经常把侍卫们派到外面。辛卯（初八），高澄与散骑常侍陈元康、吏部尚书侍中杨愔、黄门侍郎崔季舒一起打发走身边的人，密谋逼东魏皇帝禅让皇位给高澄，还议定了对文武百官的安排。兰京送来食品，高澄叫他退下，对众人说："昨天夜里，我梦见这个奴才用刀砍我，应该赶快把他杀掉。"兰京听到这句话，便将刀子放在盘子底下，假装说要送食物过来，高澄恼怒地说道："我没要食物，你为什么突然进来？"兰京挥着刀说道："是来杀你！"高澄扑过去，不料自己的脚受了伤，他就钻到了床下，兰京把床掀开杀掉了他。杨愔狼狈逃走，一只靴子还丢在房间里；崔季舒藏到了厕所里面；陈元康用自己的身体掩护高澄，在和兰京争夺刀子时被砍伤，肠子流了出来；库直王纮迎着刀刃抵御叛贼；纥奚舍乐在搏斗中死去。当时这一事变发生得很突然，朝廷内外都感到震惊、害怕。太原公高洋正在城东的双堂，听到这一消息，面不改色，立即指挥部队到出事地点讨伐这群叛贼，把他们杀死并将尸体切成了肉块。接着慢慢地走出来说

陈蒨永宁陵麒麟

道："奴才造反，大将军受了伤，但是伤势不严重。"朝廷内外都对高洋的镇定自若感到惊异。高洋封锁了高澄的死讯，秘不发丧。陈元康亲笔给母亲写了封诀别信，又向功曹参军祖珽口授，叫他整理出论述国家当务之急的文书，到了夜里，陈元康便死了。高洋把陈元康收殓在自己的府第里，假装说派他出使到外地了，还授予他中书令的职务。高洋任命王纮为领左右都督。王纮是王基的儿子。

功臣权贵们考虑到大部队都在并州，劝高洋尽快赶到晋阳，高洋接受了这一意见。连夜召来大将军督护太原人唐邕，叫唐邕部署安排将士们镇守四方；唐邕很快分配安排完毕，高洋从此很器重唐邕。

癸巳（八月初十），高洋劝说东魏国主孝静帝以立了太子的名义大赦天下。高澄的死讯渐渐透露出来，孝静帝悄悄地对身边的人说："现在大将军死了，似乎是天意，权威应当重新归于皇室了！"高洋留下太尉高岳、太保高隆之、开府仪同三司司马子如、侍中杨愔守卫邺城，其余的功臣权贵都让他们跟随着自己。甲午（十一日），高洋来到昭阳殿拜见孝静帝，身后跟着八千名披甲戴盔的士兵，登上宫殿台阶的就有二百多人，他们都捋着袖子按住刀剑，就像面对厉害的敌人一样。高洋叫主持朝仪的官员向孝静帝转报："我有一些家事，必须赶到晋阳。"说完，他拜了两拜离开皇宫。孝静帝大惊失色，他目送着高洋远去的身影说道："此人看来还是不能容纳我的，我真不知道会死在哪一天？"晋阳原来的文官武将们一向轻视高洋，等到高洋抵达晋阳，他们看到高洋大会文武官员，神采英伟不凡，言语敏锐周到，都觉得非常吃惊。高澄以往制订的政策、下达的命令中有不便于执行的，高洋都做了修改。高隆之、司马子如等人憎恨度支尚书崔暹，向上汇报他与崔季舒的过失与罪恶，结果他们都被打了二百鞭子，然后给发配到边远地区了。

始兴太守陈霸先集结郡中豪杰，准备讨伐侯景，郡人侯安都、张偲等各自率领一千多人来归附他。陈霸先派遣主帅僧明率两千人到大庾岭上屯驻，广州刺史萧勃派人来制止他说："侯景骁勇强悍有力，天下无敌，前一段时间，来援救朝廷的部队多达十万人，兵强马壮，尚且不能打败他，现在您只有这么一点人，能对他怎么样呢？听说岭北地区的王侯那里局势又很不稳定，这些皇亲之间都互相开战，您只不过是跟萧家没什么关系的外人，怎么可以明珠暗投呢？您不如暂且留在始兴，远远地张扬自己的声势，可以像泰山一般保证安全。"陈霸先回答说："我蒙受国恩，以前听到侯景渡江的消息，我就准备前去救援，可是在途中让元仲景与兰裕给阻拦住了。如今国都沦陷，国君受到污辱，做臣子的就应为国君而死，谁还敢顾惜自己的性命？君侯您是皇亲国戚，承担着一个方面的重任，您派我带领一支军队去讨伐国贼，还比不派要好得多，怎么又来制止我呢？"于是他就派使者抄小路赶到江陵，表示接受湘东王萧绎的指挥调度。当时南康的当地豪强蔡路养拉起武装占据了郡城，萧勃就派自己的心腹谭世远出任曲江县令，与蔡路养联合起来，共同遏制陈霸先。

第一百六十三卷
梁纪十九

译文诵读

太宗简文皇帝上大宝元年（庚午，550）

春，正月，辛亥朔，大赦，改元。

陈霸先发始兴，至大庾岭，蔡路养将二万人军于南野以拒之。路养妻侄兰陵萧摩诃，年十三，单骑出战，无敢当者。杜僧明马被伤，陈霸先救之，授以所乘马；僧明上马复战，众军因而乘之，路养大败，脱身走。霸先进军南康，湘东王绎承制授霸先明威将军、交州刺史。

丙午，侯景请上幸西州，上御素辇，侍卫四百馀人，景浴铁数千，翼卫左右。上闻丝竹，凄然泣下，命景起舞；景亦请上起舞。酒阑坐散，上抱景于床曰："我念丞相。"景曰："陛下如不念臣，臣何得至此！"逮夜乃罢。

时江南连年旱蝗，江、扬尤甚，百姓流亡，相与入山谷、江湖，采草根、木叶、菱芡而食之，所在皆尽，死者蔽野。富室无食，皆鸟面鹄形，衣罗绮，怀珠玉，俯伏床帷，待命听终。千时绝烟，人迹罕见，白骨成聚，如丘陇焉。

景性残酷，于石头立大碓，有犯法者捣杀之。常戒诸将曰："破栅平城，当净杀之，使天下知吾威名。"故诸将每战胜，专以焚掠为事，斩刈人如草芥，以资戏笑。由是百姓虽死，终不附之。又禁人偶语，犯者刑及外族。为其将帅者，悉称行台，来降附者，悉称开府，其亲寄隆重者曰左右厢公，勇力兼人者曰库直都督。

绎自去岁闻高祖之丧，以长沙未下，故匿之。壬寅，始发丧，刻檀为高祖像，置于百福殿，事之甚谨，动静必咨焉。绎以为天子制于贼臣，不肯从大宝之号，犹称太清四年。丙午，绎下令大举讨侯景，移檄远近。

丙辰，司空潘乐、侍中张亮、黄门郎赵彦深等求入启事，东魏孝静帝在昭阳殿见之。亮曰："五行递运，有始有终，齐王圣德钦明，万方归仰，愿陛下远法尧、舜。"帝敛容曰："此事推挹已久，谨当逊避。"又曰："若尔，须作制书。"中书郎崔劼、裴让之曰："制已作讫。"使侍中杨愔进之。东魏主既署，曰："居朕何所？"愔对曰："北城别有馆宇。"乃下御坐，步就东廊，咏范蔚宗《后汉书》赞曰："献生不辰，身播国屯，终我四百，永作虞宾。"所司请发，帝曰："古人念遗簪弊履，朕欲与六宫别，可乎？”高隆之曰：“今日天下犹陛下之天下，况在六宫。”帝步入，与妃嫔已下别，举宫皆哭。赵国李嫔诵陈思王诗云：“王其爱玉体，俱享黄发期。”直长赵道德以车一乘候于东阁，帝登车，道德超上抱之，帝叱之曰：“朕自畏天顺人，何物奴敢逼人如此！”道德犹不下。出云龙门，王公百僚拜辞，高隆之洒泣。遂入北城，居司马子如南宅，遣太尉彭城王韶等奉玺绶，禅位于齐。

戊午，齐王即皇帝位于南郊，大赦，改元天保。自魏敬宗以来，百官绝禄，至是始复给之。己未，封东魏主为中山王，待以不臣之礼。追尊齐献武王为献武皇帝，庙号太祖，后改为高祖；文襄王为文襄皇帝，庙号世宗。辛酉，尊王太后娄氏为皇太后。乙丑，降魏朝封爵有差，其宣力霸朝及西、南投化者，不在降限。

齐主初立，励精为治。赵道德以事属黎阳太守清河房超，超不发书，棓杀其使；齐主善之，命守宰各设棓以诛属请之使。久之，都官中郎宋轨奏曰：“若受使请赇，犹致大戮，身为枉法，何以加罪！”乃罢之。

司都功曹张老上书请定齐律，诏右仆射薛琡等取魏《麟趾格》，更讨论损益之。

齐主简练六坊之人，每一人必当百人，任其临陈必死，然后取之，谓之“百保鲜卑”。又简华人之勇力绝伦者，谓之“勇士”，以备边要。

始立九等之户，富者税其钱，贫者役其力。

武陵王纪帅诸军发成都，湘东王绎遣使以书止之曰：“蜀人勇悍，易动难安，弟可镇之，吾自当灭贼。”又别纸曰：“地拟孙、刘，各安境界；情深鲁、卫，书信恒通。”

初，魏敬宗以尔朱荣为柱国大将军，位在丞相上；荣败，此官遂废。大统三年，文帝复以丞相泰为之。其后功参佐命，望实俱重者，亦居此官，凡八人，曰安定公宇文泰，广陵王欣，赵郡公李弼，陇西公李虎，河内公独孤信，南阳公赵贵，常山公于谨，彭城公侯莫陈崇，谓之八柱国。泰始籍民之才力者为府兵，身租庸调，一切蠲之，以农隙讲阅战陈，马畜粮备，六家供之；合为百府，每府一郎将主之，分属二十四军。泰任总百揆，督中外诸军；欣以宗室宿望，从容禁闼而已。馀六人各督二大将军，凡十二大将军，每大将军各统开府二人，开府各领一军。是后功臣位至柱国大将军、开府仪同三司、仪同三司者甚众，率为散官，无所统御，虽有继掌其事者，闻望皆出诸公之下云。

梁简文帝大宝元年（庚午，公元550年）

春季，正月，辛亥朔（初一），梁朝大赦天下，改年号为大宝。

陈霸先率军从始兴出发，抵达大庾岭。蔡路养统率两万人驻扎在南野进行抵

梁简文帝萧纲像

抗。蔡路养的妻侄兰陵人萧摩诃，年方十三，单骑出战，没人敢抵挡他。杜僧明的战马受了伤，陈霸先救了他，并把自己骑的马给他；杜僧明跃上马又投入战斗，众军乘着他的气势勇猛进击，蔡路养大败，脱身逃跑了。陈霸先于是进军南康，湘东王萧绎以皇帝之令授予陈霸先明威将军、交州刺史。

丙午（四月二十七日），侯景请简文帝巡视西州，简文帝乘坐不加雕漆的素辇，带四百多名侍卫人员。而侯景则率几千名铁甲铮亮的武士，翼卫在左右。简文帝听到丝竹之声，凄然流泪，传命侯景起舞；侯景也请简文帝起舞。酒阑人散，简文帝在床上抱着侯景说："我心里念着丞相。"侯景回答说："陛下如不念顾我，我哪能得到现在的地位！"直到夜色降临才分手。

这时江南连年闹旱灾、蝗灾，江州、扬州尤其严重，老百姓流离失所，成群结队逃入山谷之中、江湖之滨，采集草根、树叶、菱角、鸡头为食物。饥民所至，这些东西一扫而空，饿死的人横陈田野，比比皆是，富裕人家也没有吃的，一个个饿得鸟面鹄形，穿着罗绮衣裳，怀里藏着珍珠美玉，俯伏在床帷之间，等待死亡。千里之内，炊烟断绝，人迹罕见，白骨成堆，像丘陇一样。

侯景生性残酷，他在石头城设立大碓，犯法的人被抓住，就用大碓捣杀。平常总是告诫诸将说："一旦攻破栅栏，踏平城市，就杀它个干干净净，使天下人知道我的厉害！"所以他手下的诸将每次战胜，就专门以烧杀抢掠为能事，杀人如刈草芥，以此作为游戏取乐。因此老百姓即使死，也绝不归附他。侯景又禁止人民在一起交头接耳，有违犯的刑罚株连到他的外族。当他的将帅的，都称为行台；来投降归附他的，都称为开府。他所特别亲信看重的称为左右厢公，勇气力量超人的称为库直都督。

萧绎自去年就听到了梁武帝驾崩的消息，因为当时长沙还没打下，所以封锁消息。壬寅（二十三日），才发丧，用檀木雕刻梁武帝像，安放在百福殿里，朝拜很恭谨，一举一动都前往咨求。萧绎认为天子被贼臣挟制，所以不肯采用大宝的年号，还是照旧年号称太清四年。丙午（二十七日），萧绎下令大举讨伐侯景，檄文传遍远近。

丙辰（五月初八），司空潘乐、侍中张亮、黄门郎赵彦深等要求入宫奏事，东魏孝静帝在昭阳殿召见他们。张亮说："金木水火土五行互相递代地运行，帝命有始有终，这是天意。齐王高洋天资圣明，道德崇高，天下归心，万众钦仰，希望陛下效法尧、舜，把帝位禅让给齐王。"孝静帝神色凝重地说："这件事推让很久了，我谨遵众意，理当逊位让贤。"又说："如果是这样，必须写成正式诏书。"中书郎崔劼、裴让之说："诏书已经准备好了。"便让侍中杨愔把让位的诏书进呈孝静帝。孝静帝签署之后，说："退位之后，让我住到哪去？"杨愔回答说："北城另外有一套楼馆房舍。”于是孝静帝走下御座，步行走向东廊，口里吟咏着范晔所作的《后汉书》中对汉献帝的一段赞辞：“献帝生不逢辰，身既播迁，国又遭难，到我为止，汉祚四百年终结了，让我永远充当虞的宾客尧子丹朱的角色吧！”掌管禅位事宜的人要孝静帝马上出发到为他准备的别馆去，孝静帝说：“古人有顾念遗簪敝屣的遗风，我想效法，和六宫的妃嫔们告别一下，可以吗？”高隆之说：“今天天下还是陛下的天下，何况六宫呢？”孝静帝步行进宫，与妃嫔及其下属告别，整个皇宫都痛哭失声。赵国人李嫔诵读陈思王曹植的诗：“王其爱玉体，俱享黄发期。”直长赵道德准备好一乘牛车于东阁门，孝静帝登车，赵道德赶上车去抱住他，孝静帝呵斥他说：“我自己畏天命，顺人心，让出帝位，你是什么东西，敢这样肆无忌惮地逼我！”赵道德仍然不下车。孝静帝出云龙门，王公大臣们向他拜辞，高隆之流泪哭泣。就这样孝静帝进入了北城，住在司马子如的南宅。派太尉彭城王元韶等人捧着玉玺印绶，把皇位禅让给齐王。

戊午（初十），齐王高洋在邺城南郊即皇帝位，宣布大赦天下，改年号为天保。自魏孝庄帝以来，朝廷百官都断了俸禄，到这时候才又给了。己未（十一日），北齐封孝静帝为中山王，让他可以不用臣下之礼。同时追尊齐献武王为献武皇帝，庙号太祖，后来又改称为高祖；追尊文襄王为文襄皇帝，庙号世宗。辛酉（十三日），尊王太后娄氏为皇太后。乙丑（十七日），北齐把原来魏朝给大臣们的封爵按不同情况降了级，但其中随高欢起兵以来有过功勋的大臣以及关西和江南来投降归附的臣子不在降级之列。

北齐国主高洋刚刚登基，励精图治。赵道德为了私事派人暗暗投书求助于黎阳太守清河人房超，房超不看求情信，而且用木杖打死使者。高洋知道了此事，很是称许，并命令各地地方官各设木杖，以杀敢于请托的使者。过了很久，都官中郎宋轨向高洋启奏说：“奉命去行贿，还要受到诛杀，贪赃枉法的本人又怎么治罪呢！”高洋听了，才废除了这一重刑。

司都功曹张老给高洋上书请求制定北齐法律。高洋下诏命令右仆射薛琡等人拿北魏律书《麟趾格》为底本，在此基础上增减而成。

北齐国主高洋精选六坊的宿卫之士，每一个人要能抵挡一百个人，要求他们作战抱有必死的决心，起名为“百保鲜卑”。又精选汉人中勇气力量超凡绝伦的人，叫做“勇士”，以充实边境要害之地。

开始设立户分九等的制度，富户纳税交钱，贫户任役出力。

武陵王萧纪率领各路人马从成都进发，意欲进攻侯景。湘东王萧绎派使者送一封信劝止他。信中说：“蜀地民性勇猛剽悍，容易骚动而难以安定，老弟你要好好镇守成都，我自己有能力消灭乱贼。”又用另一张纸写道：“我们之间疆界依照当年孙权、刘备各自的疆界来划分即可，我们之间的情谊则像春秋时鲁国、卫国的友谊那样深厚，希望常通书信。”

当初，孝庄帝任命尔朱荣为柱国大将军，地位在丞相之上。尔朱荣势败之后，这个官职也就废止了。大统三年，西魏文帝又任命丞相宇文泰当柱国大将军，这以后凡是有辅佐皇帝之功，名望和实绩并重的大臣，也给封上这个官职。共有八个人当过柱国大将军，即安定公宇文泰，广陵王元欣，赵郡公李弼，陇西公李虎，河内公独孤信，南阳公赵贵，常山公于谨，彭城公侯莫陈崇，统称为八柱国。宇文泰开始选才智力气出众的人为府兵，一当府兵，本该交纳的租粮、帛、银，该服的劳役，一切都免去了。入籍的府兵在农闲时学习操练战斗本领及战争阵法，他所需要的马匹粮草，由六个家庭负责供给。全国设置一百个府，每府委派一个郎将当头领，分别隶属于二十四军。宇文泰自任总百揆，督中外诸军。元欣是皇帝宗室中资格老声望高的人物，不过是在皇宫内从容优游地出入而已。其他六个人每个人各统率二个大将军，共有十二个大将军。每个大将军又各统率开府二人，每个开府各领一军。从这以后有功之臣官职升到柱国大将军、开府仪同三司、仪同三司的很多，但大抵都是闲散之官，没有统率军队。虽然也有继续掌管军队的，可是其声名威望都在这八柱国之下。

第一百六十四卷 梁纪二十

译文诵读

太宗简文皇帝下大宝二年（辛未，551）

庚戌，魏文帝殂，太子钦立。

湘东王绎以王僧辩为大都督，帅巴州刺史丹杨淳于量、定州刺史杜龛、宜州刺史王琳、郴州刺史裴之横东击景，徐文盛以下并受节度。戊申，僧辩等军至巴陵，闻郢州已陷，因留戍之。绎遗僧辩书曰："贼既乘胜，必将西下，不劳远击；但守巴丘，以逸待劳，无虑不克。"又谓将佐曰："贼若水步两道，直指江陵，此上策也。据夏首，积兵粮，中策也。悉力攻巴陵，下策也。巴陵城小而固，僧辩足可委任。景攻城不拔，野无所掠，暑疫时起，食尽兵疲，破之必矣。"乃命罗州刺史徐嗣徽自岳阳，武州刺史杜崱自武陵引兵会僧辩。

景使丁和将兵五千守夏首，宋子仙将兵一万为前驱，趣巴陵，分遣任约直指江陵，景帅大兵水步继进。于是缘江戍逻，望风请服，景拓逻至于隐矶。僧辩乘城固守，偃旗卧鼓，安若无人。壬戌，景众济江，遣轻骑至城下，问："城内为谁？"答曰："王领军。"骑曰："何不早降？"僧辩曰："大军但向荆州，此城自当非碍。"骑去。顷之，执王珣等至城下，使说其弟琳。琳曰："兄受命讨贼，不能死难，曾不内惭，翻欲赐诱！"取弓射之，珣惭而退。景肉薄百道攻城，城中鼓噪，矢石雨下，景士卒死者甚众，乃退。僧辩遣轻兵出战，凡十余返，皆捷。景被甲在城下督战，僧辩著绶、乘舆、奏鼓吹巡城，景望之，服其胆勇。

侯景昼夜攻巴陵，不克，军中食尽，疾疫死伤太半。湘东王绎遣晋州刺史萧惠正将兵援巴陵，惠正辞不堪，举胡僧祐自代。僧祐时坐谋议忤旨系狱，绎即出之，拜武猛将军，令赴援，戒之曰："贼若水战，但以大舰临之，必克。若欲步战，自可鼓棹直就巴丘，不须交锋也。"僧祐至湘浦，景遣任约帅锐卒五千据白塉以待之。僧祐由他路西上，约谓其畏己，急追之，及于芊口，呼僧祐曰："吴儿，何不早降，走何所之！"僧祐不应，潜引兵至赤沙亭；会信州刺史陆法和至，与之合军。法和有异术，隐于江陵百里洲，衣食居处，一如苦行沙门，或豫言吉凶，多中，人莫能测。侯景之围台城也，或问之曰："事将何如？"法和曰："凡人取果，宜待熟时，不撩自落。”固问之，法和曰：“亦克亦不克。”及任约向江陵，法和自请击之，绎许之。

初，景既克建康，常言吴儿怯弱，易以掩取，当须拓定中原，然后为帝。景尚帝女溧阳公主，嬖之，妨于政事，王伟屡谏景，景以告主，主有恶言，伟恐为所谗，因说景除帝。及景自巴陵败归，猛将多死，自恐不能久存，欲早登大位。王伟曰：“自古移鼎，必须废立，既示我威权，且绝彼民望。”景从之。使前寿光殿学士谢昊为诏书，以为“弟侄争立，星辰失次，皆由朕非正绪，召乱致灾，宜禅位于豫章王栋。”使吕季略赍入，逼帝书之。栋，欢之子也。

戊午，景遣卫尉卿彭隽等帅兵入殿，废帝为晋安王，幽于永福省，悉撤内外侍卫，使突骑左右守之，墙垣悉布枳棘。庚申，下诏迎豫章王栋。栋时幽拘，廪饩甚薄，仰蔬茹为食。方与妃张氏锄葵，法驾奄至，栋惊，不知所为，泣而升辇。

景杀哀太子大器、寻阳王大心，西阳王大钧、建平王大球、义安王大昕及王侯在建康者二十余人。太子神明端嶷，于景党未尝屈意，所亲窃问之，太子曰：“贼若于事义，未须见杀，吾虽陵慢呵叱，终不敢言。若见杀时至，虽一日百拜，亦无所益。”又曰：“殿下今居困厄，而神貌怡然，不贬平日，何也？”太子曰：“吾自度死日必在贼前，若诸叔能灭贼，贼必先见杀，然后就死。若其不然，贼亦杀我以取富贵，安能以必死之命为无益之愁乎！”及难，太子颜色不变。徐曰：“久知此事，嗟其晚耳！”刑者将以衣带绞之，太子曰：“此不能见杀。”命取帐绳绞之而绝。

壬戌，栋即帝位。大赦，改元大正。太尉郭元建闻之，自春郡驰还，谓景曰：“主上先帝太子，既无愆失，何得废之！”景曰：“王伟劝吾，云‘早除民望’。吾故从之以安天下。”元建曰：“吾挟天子，令诸侯，犹惧不济，无故废之，乃所以自危，何安之有！”景欲迎帝复位，以栋为太孙。王伟曰：“废立大事，岂可数改邪！”乃止。

王伟说侯景弑太宗以绝众心，景从之。冬，十月，壬寅夜，伟与左卫将军彭隽、王脩纂进酒于太宗曰：“丞相以陛下幽忧既久，使臣等来上寿。”太宗笑曰：“已禅帝位，何得言陛下！此寿酒，将不尽此乎！”于是隽等赍曲项琵琶，与太宗极饮。太宗知将见杀，因尽醉，曰：“不图为乐之于斯也！”既醉而寝。伟乃出，隽进土囊，脩纂坐其上而殂。伟撤门扉为棺，迁殡于城北酒库中。太宗自幽絷之后，无复侍者及纸，乃书壁及板障，为诗及文数百篇，辞甚凄怆。景谥曰明皇帝，庙号高宗。

己卯，加侯景九锡，汉国置丞相以下官。己丑，豫章王栋禅位于景，景即皇帝位于南郊。还，登太极殿，其党数万，皆吹唇呼噪而上。大赦，改元太始。封栋为淮阴王，并其二弟桥、樛同锁于密室。.

王伟请立七庙，景曰：“何谓七庙？”伟曰：“天子祭七世祖考。”并请七世讳，景曰：“前世吾不复记，唯记我父名标；且彼在朔州，那得来啖此！”众咸笑之。景党有知景祖名乙羽周者；自外皆王伟制其名位，追尊父标为元皇帝。

景之作相也，以西州为府，文武无尊卑皆引接；及居禁中，非故旧不得见，由是诸将多怨望。景好独乘小马，弹射飞鸟，王伟每禁止之，不许轻出。景郁郁不乐，更成失志，曰："吾无事为帝，与受摈不殊。"

世祖孝元皇帝上承圣元年（壬申，552）

湘东王命王僧辩等东击侯景，二月，庚子，诸军发寻阳，舳舻数百里。陈霸先帅甲士三万，舟舰二千，自南江出湓口，会僧辩于白茅湾，筑坛歃血，共读盟文，流涕慷慨。癸卯，僧辩使侯瑱袭南陵、鹊头二戍，克之。戊申，僧辩等军于大雷；丙辰，发鹊头。戊午，侯子鉴还至战鸟，西军奄至，子鉴惊惧，奔还淮南。

丁丑，僧辩至姑孰，子鉴帅步骑万余人渡洲，于岸挑战，又以鵃䑼千艘载战士。僧辩麾细船皆令退缩，留大舰夹泊两岸。子鉴之众谓水军欲退，争出趋之；大舰断其归路，鼓噪大呼，合战中江，子鉴大败，士卒赴水死者数千人。子鉴仅以身免，收散卒走还建康，据东府。僧辩留虎臣将军庄丘慧达镇姑孰，引军而前，历阳戍迎降。景闻子鉴败，大惧，涕下覆面，引衾而卧，良久方起，叹曰："误杀乃公！"

丁亥，王僧辩进军招提寺北，侯景帅众万余人、铁骑八百余匹陈于西州之西。陈霸先曰："我众贼寡，应分其兵势，以强制弱；何故聚其锋锐，令致死于我！"乃命诸将分处置兵。景冲将军王僧志陈，僧志小缩，霸先遣将军安陆徐度将弩手二千横截其后，景兵乃却。霸先与王琳、杜龛等以铁骑乘之，僧辩以大兵继进，景兵败退，据其栅。龛，岸之兄子也。景仪同三司卢晖略守石头城，开北门降，僧辩入据之。景与霸先殊死战，景帅百余骑，弃矟执刀，左右冲陈；陈不动，众遂大溃，诸军逐北至西明门。

景至阙下，不敢入台，召王伟责之曰："尔令我为帝，今日误我！"伟不能对，绕阙而藏。景欲走，伟执鞚谏曰："自古岂有叛天子邪！宫中卫士，犹足一战，弃此，将欲安之！"景曰："我昔败贺拔胜，破葛荣，扬名河、朔，渡江平台城，降柳仲礼如反掌；今日天亡我也！"因仰观石阙，叹息久之。以皮囊盛其江东所生二子，挂之鞍后，与房世贵等百余骑东走，欲就谢答仁于吴。侯子鉴、王伟、陈庆奔朱方。

僧辩之发江陵也，启湘东王曰："平贼之后，嗣君万福，未审何以为礼？"王曰："六门之内，自极兵威。"僧辩曰："讨贼之谋，臣为己任，成济之事，请别举人。"王乃密谕宣猛将军朱买臣，使为之所。及景败，太宗已殂，豫章王栋及二弟桥、樛相扶出于密室，逢杜龛于道，为去其锁。二弟曰："今日始免横死矣！"栋曰："倚伏难知，吾犹有惧！"辛卯，遇朱买臣，呼之就船共饮，未竟，并沉于水。

益州刺史、太尉武陵王纪，颇有韬略，在蜀十七年，南开宁州、越巂，西通资陵、吐谷浑，内修耕桑盐铁之政，外通商贾远方之利，故能殖其财用，器甲殷积，有马八千匹。闻侯景陷台城，湘东王将讨之，谓僚佐曰："七官文士，岂能匡济！"内寝柏殿柱绕节生花，纪以为己瑞。乙巳，即皇帝位，改元天正，立子圆照为皇太子，圆正为西阳王，圆满为竟陵王，圆普为谯王，圆肃为宜都王。以巴西、梓潼二郡太守永丰侯㧑为征西大将军、益州刺史，封秦郡王。司马王僧略、直兵参军徐怦固谏，不从。僧略，僧辩之弟；怦，勉之从子也。

景与腹心数十人单舸走，推堕二子于水，将入海，瑱遣副将焦僧度追之。景纳羊侃之女为小妻，以其兄鹍为库直都督，待之甚厚；鹍随景东走，与景所亲王元礼、谢葳蕤密图之。葳蕤，答仁之弟也。景下海，欲向蒙山，己卯，景昼寝；鹍语海师："此中何处有蒙山，汝但听我处分。"遂直向京口。至胡豆洲，景觉，大惊；问岸上人，云"郭元建犹在广陵"，景大憙，将依之。鹍拔刀，叱海师向京口，因谓景曰："吾等为王效力多矣，今至于此，终无所成，欲就乞头以取富贵。"景未及答，白刃交下。景欲投水，鹍以刀斫之。景走入船中，以佩刀抉船底，鹍以矟刺杀之。尚书右仆射索超世在别船，葳蕤以景命召而执之。南徐州刺史徐嗣徽斩超世，以盐内景腹中，送其尸于建康。僧辩传首江陵，截其手，使谢葳蕤送于齐；暴景尸于市，士民争取食之，并骨皆尽；溧阳公主亦预食焉。初，景之五子在北齐，世宗剥其长子面而烹之，幼者皆下蚕室。齐显祖即位，梦猕猴坐其御床，乃尽烹之。赵伯超、谢答仁皆降于侯瑱，瑱并田迁等送建康。王僧辩斩房世贵于市，送王伟、吕季略、周石珍、严亶、赵伯超、伏知命于江陵。

宜丰侯循之降魏也，丞相泰许其南还，久而未遣，从容问刘璠曰："我于古谁比？"对曰："常以公为汤、武，今日所见，曾桓、文之不如！"泰曰："我安敢比汤、武，庶几望伊、周，何至不如恒、文！"对曰："齐桓存三亡国，晋文公不失信于伐原。"语未竟，泰抚掌曰："我解尔意，欲激我耳。"乃谓循曰："王欲之荆，为之益？"循请还江陵，泰厚礼遣之。循之文武千家自随，湘东王疑之，遣使觇察，相望于道；始至之夕，命劫窃其财，及旦，循启输马仗，王乃安之，引入，对泣，以循为侍中、骠骑将军、开府仪同三司。

公卿藩镇数劝进于湘东王，十一月，丙子，世祖即皇帝位于江陵，改元，大赦。是日，帝不升正殿，公卿陪列而已。

侯景之乱，州郡太半入魏，自巴陵以下至建康，以长江为限，荆州界北尽武宁，西拒硖口，岭南复为萧勃所据，诏令所行，千里而近，民户著籍，不盈三万而已。

梁简文帝大宝二年（辛未，公元551年）

庚戌（三月初六），西魏文帝元宝炬去世，太子元钦立为皇帝。

湘东王萧绎任命王僧辩为大都督，率领巴州刺史丹阳人淳于量、定州刺史杜龛、宜州刺史王琳、郴州刺史裴之横向东出发进攻侯景，徐文盛以下的将领一并受王僧辩指挥。戊申（四月初五），王僧辩等人率领的军队抵达巴陵，听说郢州已经陷落，于是，就在巴陵驻扎下来。萧绎写信给王僧辩说："贼兵凭借着胜利的气势，必然会向西进攻。我军不用远出奔袭，只要守住巴陵，以逸待劳，不用担心打败不了敌人。"同时萧绎又对身边的将领谋士们说："贼兵如果水陆两路齐头并进，直扑江陵，这是上策；如果据守夏首，蓄兵积粮，这是中策。如果他们尽力攻打巴陵，这是下策。巴陵城很小但很坚固，易守难攻，王僧辩足以胜任守城之职。侯景攻城不下，野外又没有什么可抢掠的东西，酷暑季节流行疾病不时发生，军粮吃完，士兵疲惫，我们打败他是必然的事！"于是命令罗州刺史徐嗣徽从岳阳出发，武州刺史杜崱从武陵出发，各率军队和王僧辩会合。

侯景派丁和带兵五千人守卫夏首，宋子仙带兵一万人为先锋，进逼巴陵，又另外派任约挥师直指江陵，自己则率大军从水陆两路齐头并进。于是萧绎部下沿着长江戍卫巡逻的士兵，纷纷请求归降。侯景又把巡逻的范围扩大到隐矶。王僧辩依城固守，他命令卷起旗帜，藏起战鼓，城内安静得像没有人一样。壬戌（十九日），侯景的军队渡过了长江，派轻骑兵来到城下，问道："城内守将是谁？"城内士兵回答："是王领军。"轻骑兵高声喝问："为什么不早早投降？"王僧辩从容回答："大军尽管指向荆州，我这城池自然不会构成屏障。"轻骑兵听罢拍马回去了。过了一阵，侯景派军人把王珣等人抓到城下来，让他向城里的守将、弟弟王琳劝降。王琳高声对王珣喊道："哥哥接受命令讨伐贼兵，不能以身殉难，竟然不知内疚，反而要来诱我投降！"说着拿过弓箭就射，王珣惭愧地退回去了。侯景派士卒从很多通道肉搏攻打城池，城中鼓声大作，呐喊震天，飞箭、巨石像雨点一样打下来，侯景手下的士卒死去很多，不得不退下去。王僧辩又派轻便迅捷的小部队出城袭击，打胜了就跑，这样出击了十几次，都获得胜利。侯景披着铠甲在城下亲自督战，王僧辩身系绶带、坐着轿子，奏着鼓乐，吹吹打打地巡视守城将士。侯景远远看着他，佩服他的大胆勇敢。

侯景日夜不停地攻打巴陵城，攻不下来，军队没有吃的，又染上了疾病，死伤了一大半。湘东王萧绎派晋州刺史萧惠正率兵支援巴陵，萧惠正以自己担当不了这一重任为由推辞了，举荐胡僧祐代替自己。当时胡僧祐因为犯了进谏忤旨的罪正关在监狱里，萧绎就把他释放了，封他为武猛将军，命令他去救援巴陵。临走之时，萧绎告诫他说："贼兵如果水战，你只管用大兵舰去对付它，一定能击败它。如果贼兵要在陆上以步兵作战，那你可以开船直抵巴丘，不必与之交锋。"胡僧祐抵达湘浦，侯景派任约率五千名精锐士卒据守白塉阻击他。胡僧祐避开任约，由别的路径直西进，任约以为他害怕自己，急忙挥师追赶，追到芊口之时，对胡僧祐呼喊："吴儿，为什么不早早投降？要逃到哪里去？"胡僧祐不理睬他，偷偷把队伍带到赤沙亭，正好信州刺史陆法和也到了，两下里合成一军。陆法和有奇异的法术，隐居在江陵百里洲，衣食居处，一切都像苦行的和尚。有时预言吉凶祸福，往往应验，一般人不能测知其奥妙。侯景包围台城时，有人去问他："事情将会怎样？"陆法和不做正面回答，却说："人要是想摘果子，最好等待果子成熟的时候，那时不去碰它，它自己就掉下来。"问的人再三追问一定要他明言，陆法和高深莫测地回答："也能胜也不能胜。"待到任约进攻江陵时，陆法和自动请缨，要求去攻打任约，萧绎答应了。

当初，侯景攻下建康之后，常常说吴儿生性胆怯软弱，很容易乘其不备就收拾掉，不足为患，所以重要的是收复、平定中原地区，然后当皇帝。侯景娶简文帝的女儿溧阳公主，很宠爱她，因而妨碍了处理政事。王伟多次劝谏侯景不要贪恋女色，侯景把这话告诉了溧阳公主，公主很不高兴，口吐恶言，王伟恐怕被她的谗言所害，就极力劝说侯景除去简文帝。等到侯景从巴陵兵败逃回，手下的猛将大部分战死了，自己担心活不长，想早日登上皇帝大位。王伟说："自古以来，凡是要夺取别人的政权，必须有废有立，这样既显示我方的威权，又断了对方的民望。"侯景听从了他的建议，让前寿光殿学士谢旲起草诏书，诏书说："我们梁朝出现皇弟们和皇侄们争夺帝位的自相残杀，星辰的运行也失去正常的秩序，这都是由于我不是正统的继承人，才招来这样的动乱和灾难，理应由我禅位给豫章王萧栋。"又派吕季略把诏书带入宫内，逼着简文帝抄写出来。豫章王萧栋是华容公萧欢的儿子。

戊午（八月十七日），侯景派卫尉卿彭儁等人率领士兵进入宫殿，把简文帝废了，改封为晋安王，将其幽禁在永福省，还把他的内侍和卫兵都撤了，派精锐的骑兵把他严密看守起来，并在墙头插上枳、棘一类多刺的树枝。庚申（十九日），侯景下达诏书迎立豫章王萧栋。萧栋那时正被关在暗室里，饮食很差，吃的是蔬菜薯类。一天，他正与妃子张氏一起锄葵菜，迎接他即位的辇车突然来了，萧栋大吃一惊，不知所措，哭着登上了车。

侯景杀了哀太子萧大器、寻阳王萧大心、西阳王萧大钧、建平王萧大球、义安王萧大昕，以及在建康居住的王侯二十多人。太子萧大器神色端严凝重，在侯景乱党面前从没曲意逢迎过，他的身边人私下里问他为什么要这样，太子说："贼党如果明白事理，不一定就要杀掉我，所以我虽然对他们傲慢轻蔑，乃至呵斥他们，这班人也不敢说什么。如果杀我的时候到来了，我即使对他们一天跪拜一百次，也没有什么用处。"左右亲信们又问："殿下如今处于困难艰危的境地中，但神色气度显得那么平静轻松，也不比平日差，这是为什么？"太子萧大器说："我自己估计，我一定会死在贼人前头。因为，如果皇叔们能消灭贼党，贼人一定先把我杀了，然后自己再去死；如果贼党没有被消灭，贼人也会杀害我以换取富贵。既然这样，我怎么能用这一定会死的生命去作无益的犯愁呢？"临死时，太子萧大器神色不变。他慢慢地说："老早就知道会有这样的结果，我不过感叹它来得太晚了！"刽子手要用衣带绞死他，太子萧大器说："这带子不能杀人。"他让刽子手拿系帐幕的绳子来绞死自己。

壬戌（二十一日），萧栋登上皇帝位。大赦天下，改换年号为天正。太尉郭元建听到这个消息，从秦郡急忙赶回建康，质问侯景：“皇上是先帝的亲生太子，一向没有什么罪过，怎么能随便就废了他！”侯景回答说：“王伟劝我这样做的，他对我说：‘早点消除梁室在老百姓中的声望。’我这才听从了他的意见，以便安定天下。”郭元建说：“我们现在挟持天子，用他的名义命令诸侯，还总担心不能成功，可是现在无缘无故把简文帝废了，这是自取危亡，有什么安定可言！”侯景听了，又想迎接简文帝回来复位，让萧栋当太孙。王伟说：“废旧帝立新主是国家大事，怎么可以来回改变主意！”侯景这才作罢。

王伟劝说侯景弑杀简文帝以断绝众人之心，侯景听从了。冬季，十月，壬寅（初二）夜，王伟和左卫将军彭隽、王脩纂献酒给简文帝，说：“丞相侯景因为想到陛下心情忧郁已经很久了，特派我们来为陛下祝寿。”简文帝苦笑着说：“我已经把帝位禅让出去了，怎么还称我为陛下呢？这送来的寿酒，恐怕会命尽于此吧！”于是彭隽等人拿出带来的弯脖子琵琶弹奏起来，和简文帝尽情痛饮。简文帝知道自己将被杀害，就喝得酩酊大醉，说：“没想到今天能痛饮取乐到这种程度！”醉倒后就入睡了。王伟退了出来，彭隽带进一个盛了土的大口袋压在简文帝面上，王脩纂坐在口袋上，把简文帝活活憋死了。王伟把门板卸下来当棺材，把简文帝的尸体搬到城北酒库中小殓和停柩。简文帝自从被关在暗室之后，再也没有侍者和纸张，于是他就把字写在墙壁和隔板上，写了几百篇诗文，辞意非常凄惨悲怆。侯景给简文帝的谥号是明皇帝，庙号为高宗。

己卯（初九），豫章王萧栋加封侯景九锡，汉国设置丞相以下的官职。己丑（十一月十九日），豫章王萧栋把皇位禅让给侯景，侯景在南郊举行登基大典登上皇帝位。侯景从南郊回来之后，登上了太极殿，他的党徒好几万人，都欢喜若狂，喧喊不已，争先恐后地趋前朝拜。侯景下令大赦天下，改年号为太始。侯景封萧栋为淮阴王，把他和他的两个弟弟萧桥、萧樛一起关进密室之中。

王伟启奏要求建立七庙，侯景问：“什么叫七庙？”王伟说：“天子对自己的祖先要往上祭祀七代。”并请侯景说出他上七代祖先的名讳。侯景说：“上几辈子的祖先名字我不记得了，只记得我父亲名叫标，而且他在朔州，哪能跑到这儿来吃祭饭！”大家都把这当笑话。侯景党徒中有人知道侯景的祖父名叫乙羽周，再往上就都由王伟制定他们的名位，追尊侯景父亲侯标为元皇帝。

当侯景做丞相时，以西州为自己的府第，对文武百官，无论尊卑都接见交往。但是等到他当了皇帝，住在禁苑之中后，不是故旧不得参见，于是将领们都开始抱怨。侯景喜欢独自骑坐小马，用弹弓射杀飞鸟。王伟老是禁止他，不许他轻易出去。侯景行动不自由，郁郁不乐，更加深了失望情绪，便自言自语说：“我无端地当了这个皇帝，和受到摈弃没什么两样！”

梁元帝承圣元年（壬申，公元552年）

湘东王命令王僧辩等向东进军，攻击侯景。二月，庚子（二十六日），各路大军从寻阳出发，兵船从头到尾达几百里。陈霸先率甲兵三万，舟舰二千只，从南江出湓口，和王僧辩会师于白茅湾。两军将士筑坛歃血，一起宣读盟文，人人都慷慨激昂，涕下沾衣。癸卯（初四），王僧辩派侯瑱袭击南陵、鹊头这两个敌军的戍所，取得了胜利。戊申（初九），王僧辩等驻扎在大雷，丙辰（十七日），从鹊头出发。戊午（十九日），侯子鉴率军从合肥回到战鸟，发现西边的湘东王萧绎的大军已经突然来了，他又惊又怕，赶快逃回了淮南。

丁丑（三月初九），王僧辩等抵达姑孰，侯子鉴率领步、骑兵一万余人渡过水洲，在岸上挑战，又用狭长的船千艘装载战士。王僧辩指挥小船，让它们都退缩到后头去，只留大兵舰在两岸夹江停泊。侯子鉴的士兵们以为敌军水师要退却了，争着出来追赶。这时，王僧辩指挥大兵舰截断了侯军的归路，呐喊鼓噪，从两边夹击侯子鉴的部队，在长江中间作战。侯子鉴大败，士兵跳入水里淹死的有几千人。侯子鉴只身一人逃脱，收罗溃散的残兵逃回建康，据守东府。王僧辩留下虎臣将军庄丘慧达镇守姑孰，自己带兵乘胜挺进，历阳戍所的守将出迎而降。侯景听到侯子鉴大败的消息，大为恐惧，泪流满面，拉过被子躺下，过了很久才起来，叹息着说：“你可把老子给坑了！”

丁亥（十九日），王僧辩向招提寺北面进军，侯景率领士兵一万余人，铁甲骑兵八百余骑排列在西州的西边严阵以待。陈霸先说：“我军兵力多，贼党兵力少，应该设法分散贼兵的兵势，达到以强制弱的目的。为什么要让贼兵把精锐力量集中在一起，让它们来把我军致于死地呢！”于是命令将领们分头到几个地方布置部队。侯景冲击将军王僧志的战阵，王僧志有意稍稍退却，陈霸先派将军安陆人徐度带领弓箭手二千人横截敌军的后路，于是侯景的部队惊慌而退。侯景军退却时，陈霸先和王琳、杜龛等用铁甲骑兵迅速追击，王僧辩指挥大军跟进，侯景的士兵败退下去，缩入营栅固守。杜龛是杜岸哥哥的儿子。侯景手下的仪同三司卢晖略负责守石头城，他打开北门投降，王僧辩长驱直入，占据了石头城。侯景与陈霸先展开了白刃战以决生死，侯景亲率一百多骑兵，扔了长矛，手执短刀，左冲右突地冲击陈霸先的阵脚，但冲击不动，侯景的兵众于是彻底崩溃，陈霸先指挥各路兵马追击败兵，一直追到西明门。

侯景逃到宫阙下，不敢入台，把王伟叫来责备他说：“你劝我称帝，你看，今天可让你害苦了！”王伟无言以对，绕着宫阙躲闪着。侯景要逃跑，王伟抓住他的鞍蹬劝他说：“自古以来哪里有什么叛逆天子！宫中卫士很多，还足够再决一死战，扔下这地方，你将跑到哪儿去安身！”侯景叹息说：“我过去打败贺拔胜，击破葛荣，扬名黄河、朔方，渡长江南下后又平定台城，降服柳仲礼几十万大军易如反掌。今天是天要亡我啊！”于是仰头看着石阙，久久地叹息不已。然后，侯景用皮袋子把他到建康后生的两个儿子装好，挂在马鞍后头，就带着房世贵等一百余骑兵逃跑了，想去吴地投奔谢答仁。侯子鉴、王伟、陈庆逃走投奔了朱方。

当初，王僧辩出发到江陵去的时候，对湘东王萧绎说：“平定侯景乱贼之后，继承君位的人康强万福，不知应该奉行什么礼仪？”湘东王回答道：“台城六门之内，任你充分发挥兵威。”王僧辩说：“讨伐侯景乱贼的谋略战术，我义不容辞视为己任；至于像成济弑魏君那样的事，请另外推举别人去干。”于是，湘东王就秘密地告诉宣猛将军朱买臣，要他届时去简文帝宫中执行任务。待到侯景兵败，简文帝也死了，豫章王萧栋和他的两个弟弟萧桥、萧樛互相搀扶着从密室走出来，正好在路上碰上杜崱，杜崱为他们去掉锁链。两个弟弟说：“今天才算免了横死的灾祸了！”萧栋说：“祸与福互为倚伏，变化难知，我还有深深的恐惧！”辛卯（二十三日），三个人遇到朱买臣，朱买臣喊他们到船上一块饮酒，没到席散，三个人全被沉入水中。

益州刺史、太尉武陵王萧纪，很有武艺韬略。他治理蜀地十七年，向南开发了宁州、越嶲，向西打通了资陵、吐谷浑。对内努力兴办农业、纺织、食盐、冶铁等经济事业，对外发展与远方的通商贸易。所以蜀地财富增殖很快，兵器衣甲积累了很多，共拥有八千匹战马。萧纪听到侯景攻陷台城，湘东王萧绎将要出兵讨伐他的消息，就对身边官吏说：“七官（萧绎）是个文人，那能匡扶社稷，救济黎民！”萧纪住的宫殿里柏木做的殿柱环绕树节的地方开了花，他以为是应在自己身上的祥瑞。乙巳（四月初八），萧纪登基即皇位，改年号为天正，把大儿子萧圆照立为皇太子，并封儿子萧元正为西阳王，萧圆满为竟陵王，萧元普为谯王，萧元肃为宜都王。他又任命巴西、梓潼二郡的太守永丰侯萧㧑为征西大将军、益州刺史，封为秦郡王。司马王僧略、直兵参军徐怦苦苦劝止，但萧纪不听。王僧略是王僧辩的弟弟。徐怦是徐勉的侄子。

侯景与身边的亲信几十人乘一只小船逃跑，人多船小，他把两个儿子推到水中淹死了。小船将要入海时，侯瑱派副将焦僧度去追击。当初，侯景娶羊侃的女儿为妾，任命她哥哥羊鹍为库直都督，对待他很优厚。羊鹍跟着侯景往东跑，和侯景所信任的王元礼、谢葳蕤秘密商议反叛侯景。谢葳蕤是谢答仁的弟弟。侯景下海后，想逃回蒙山，己卯（十八日），侯景白天正睡觉，羊鹍对海上的向导说：“这海中哪里有蒙山，你别管，只听我调度指挥。”于是就让船直接驶向京口。船行进到胡豆洲时，侯景发现方向不对，大吃一惊。向岸上的人打听情况，他们说：“郭元建还在广陵呢！”侯景听了心中大喜，就准备去投奔郭元建。羊鹍拔刀威胁海上向导，呵斥他，让他把船开往京口，并对侯景说：“我们为大王出过不少力，现在到了这个地步，终于一事无成，想借借你的头来换点富贵享用。”侯景还没有回答，好几把白晃晃的刀争着砍下来。侯景想跳海，羊鹍用刀砍他。侯景窜入船里，用自己佩的刀去撬船的底板，羊鹍用长矛把他刺死了。尚书右仆射索超世在别的船上，谢葳蕤假传侯景的命令召他来议事，等他来了就把他捆起来。南徐州刺史徐嗣徽杀了索超世，又用盐填入侯景肚子里，把他的尸体送到建康。王僧辩把侯景的首级传送到江陵去，又砍下他的手，派谢葳蕤送到北齐去。然后把侯景尸体扔在市集上，士兵民众争着去挖他的肉来吃，连骨头都被抢光了。侯景宠爱过的溧阳公主也参加了吃侯景肉的行列。当初，侯景有五个儿子留在北齐，高澄把他长子的面皮剥下来然后用油锅烹了，其他四个小儿子都下蚕室割去生殖器。文宣帝高洋即位之后，梦见猕猴坐在他的御床上，于是把侯景的几个幼子全部下了油锅。赵伯超、谢答仁都投降了侯瑱，侯瑱把他们和田迁等人押送到建康。王僧辩把房世贵斩首于市，另把王伟、吕季略、周石珍、严亶、赵伯超、伏知命等人押送到江陵。

宜丰侯萧循投降西魏时，丞相宇文泰曾答应放他回南方，过了很久也没有放。一次，宇文泰从容地问刘璠说："我能和古人中的什么人相比？"刘璠很不客气地说："过去我常常拿您和商汤、周武王相比，现在看来，您连齐桓公、晋文公也够不上！"宇文泰听了一愣，忙说："我怎么敢和商汤、周武王相比！我自己觉得自己大概可以与伊尹、周公相比，怎么连齐桓公、晋文公也比不上呢？"刘璠回答说："齐桓公使三个灭亡的小国重新存在下去，晋文公对讨伐原国的事没有失信。"刘璠话还没说完，宇文泰就双手一拍说："我知道你话里的意思了。这是想激我呀！"于是对萧循说："您想去荆州，还是去益州？"萧循表示要回江陵，宇文泰就赠送了厚礼，让他走了。萧循带着手下文武官员一千家一同回去，湘东王萧绎有点怀疑，就派一个又一个使者在道途打探侦察情况。在萧循到江陵的当天晚上，又派人去偷他的财物，第二天一早，萧循要求把兵器马匹献出来，萧绎这才放心了，让人把萧循带进来，相对而流泪。萧绎任命萧循为侍中、骠骑将军、开府仪同三司。

公卿大臣，各路军事头领多次劝湘东王登帝位。十一月，丙子（十二日），元帝萧绎在江陵登上皇帝位，改换年号，大赦天下。这一天，皇帝没有升坐正殿，只是让公卿大臣左右排列一下而已。

侯景之乱以来，梁朝的州郡有一大半被并入西魏，自巴陵以下至建康这一线治理范围只在长江以南，荆州境内北边到武宁为止，西边到硖口为止，岭南又被萧勃占据着。朝廷诏令所到的地方，不过方圆千里以内，百姓户口登记在簿册上的，还不满三万户。

第一百六十五卷
梁纪二十一

译文诵读

世祖孝元皇帝下承圣二年（癸酉，553）

上闻武陵王纪东下，使方士画版为纪像，亲钉支体以厌之，又执侯景之俘以报纪。初，纪之举兵，皆太子圆照之谋也。圆照时镇巴东，执留使者，启纪云："侯景未平，宜急进讨；已闻荆镇为景所破。"纪信之，趣兵东下。

上甚惧，与魏书曰："子纠，亲也，请君讨之。"太师泰曰："取蜀制梁，在兹一举。"诸将咸难之。大将军代人尉迟迥，泰之甥也，独以为可克。泰问以方略，迥曰："蜀与中国隔绝百有余年，恃其险，不虞我至，若以铁骑兼行袭之，无不克矣。"泰乃遣迥督开府仪三司原珍等六军，甲士万二千，骑万匹，自散关伐蜀。

武陵王纪至巴郡，闻有魏兵，遣前梁州刺史巴西谯淹还军救蜀。初，杨乾运求为梁州刺史，纪以为潼州刺史；杨法琛求为黎州刺史，以为沙州：二人皆不悦。乾运兄子略说乾运曰："今侯景初平，宜同心戮力，保国宁民，而兄弟寻戈，此自亡之道也。夫木朽不雕，世衰难佐，不如送款关中，可以功名两全。"乾运然之，令略将二千人镇剑阁，又遣其婿乐广镇安州，与法琛皆潜通于魏。魏太师泰密赐乾运铁券，授骠骑大将军、开府仪三司、梁州刺史。尉迟迥以开府仪同三司侯吕陵始为前军，至剑阁，略退就乐广，翻城应始，始入据安州。甲戌，迥至涪水，乾运以州降。迥分军守之，进袭成都。时成都见兵不满万人，仓库空竭，永丰侯㧑婴城自守，迥围之。谯淹遣江州刺史景欣、幽州刺史赵拔扈援成都，迥使原珍等击走之。

武陵王纪至巴东，闻侯景已平，乃自悔，召太子圆照责之，对曰："侯景虽平，江陵未服。"纪亦以既称尊号，不可复为人下，欲遂东进。将卒日夜思归，其江州刺史王开业以为宜还救根本，更思后图；诸将皆以为然。圆照及刘孝胜固言不可，纪从之，宣言于众曰："敢谏者死！"己丑，纪至西陵，军势甚盛，舳舻翳川。护军陆法和筑二城于峡口两岸，运石填江，铁锁断之。

帝拔任约于狱，以为晋安王司马，使助法和拒纪，谓之曰："汝罪不容诛，我不杀，本为今日！"因撤禁兵以配之，仍许妻以庐陵王续之女，使宣猛将军刘棻与之俱。

魏尉迟迥围成都五旬，永丰侯㧑屡出战，皆败，乃请降。诸将欲不许，迥曰："降之则将士全，远人悦；攻之则将士伤，远人惧。"遂受之。八月，戊戌，㧑与宜都王圆肃帅文武诣军门降，迥以礼接之，与盟于益州城北。吏民皆复其业，唯收奴婢及储积以赏将士，军无私焉。魏以㧑及圆肃并为开府仪同三司，以迥为大都督益、潼等十二州诸军事、益州刺史。

三年（甲戌，554）

齐中书令魏收撰《魏书》，颇用爱憎为褒贬，每谓人曰："何物小子，敢与魏收作色！举之则使升天，按之则使入地！"既成，中书舍人卢潜奏"收诬罔一代，罪当诛。"尚书左丞卢斐、顿丘李庶皆言《魏史》不直。收启齐主云："臣既结怨强宗，将为刺客所杀。"帝怒，于是斐、庶及尚书郎中王松年皆坐谤史，鞭二百，配甲坊。斐、庶死于狱中，潜亦坐系狱。然时人终不服，谓之"秽史"。潜，度世之曾孙；斐，同之子；松年，遵业之子也。

庚戌，魏太师泰鸩杀废帝。

辛未，帝为魏人所杀。梁王詧遣尚书傅准监刑，以土囊陨之。詧使以布帊缠尸，敛以蒲席，束以白茅，葬于津阳门外。并杀愍怀太子元良、始安王方略、桂阳王大成等。世祖性好书，常令左右读书，昼夜不绝，虽熟睡，卷犹不释，或差误及欺之，帝辄惊寤。作文章，援笔立就。常言："我韬于文士，愧于武夫。"论者以为得言。

梁元帝承圣二年（癸酉，公元553年）

元帝听到武陵王萧纪出兵东下的消息，就派会妖术的方士在木版上画上萧纪的图像，亲自往图像的躯体四肢上钉钉子，以为可以把他诅死；又把侯景的俘虏押送到萧纪那儿，告诉他侯景已平。当初，萧纪举兵东进，全是太子萧圆照的主意。萧圆照这时镇守巴东，截获了使者，派人报告萧纪说："侯景还没平定，应该赶快进军声讨。我已听到荆州被侯景攻破的消息。"萧纪信以为真，就火速率兵东下。

元帝很害怕，就写信给西魏求援，信中引用了《左传》中鲍叔所说的"子纠，是我的亲族，请你不必顾虑，出兵讨伐他"，让宇文泰出兵打萧纪。太师宇文泰说："夺取蜀地，制伏梁朝，就在这一次了。"但是，将领们都感到困难。大将军代京人尉迟迥是宇文泰的外甥，只有他以为能打下来。宇文泰问他有什么方法谋略，尉迟迥说："蜀地和中原别的地区隔绝有一百多年了，仗恃其地险要，从来不曾担心我军会去攻打，如果我们用铁甲骑兵，昼夜兼行去偷袭，没有打不下来的。"宇文泰深以为然，就派尉迟迥率领开府仪同三司原珍等六支部队，甲士

南朝齐梁帝王陵墓石兽

一万二千人，骑兵一万，从散关进发讨伐蜀地。

武陵王萧纪的军队抵达巴郡，听说有西魏的士兵出现，就派前梁州刺史巴西人谯淹掉头回师救蜀。当初，杨乾运要求当梁州刺史，萧纪任命他为潼州刺史；杨法琛要求当黎州刺史，萧纪任命他为沙州刺史，两人都不高兴。杨乾运的侄子杨略向杨乾运进言说："现在侯景之乱刚刚平定，应该同心协力，保卫国家，安抚黎民，而萧纪却起兵与萧绎争帝，兄弟打仗，争斗不已，这是自我灭亡的行为。人们说木头朽烂了就不能雕刻，世道衰颓了就难以扶救。我看不如和西魏联络一下，派人到关中去表示归附的心迹，这样可以功名两全。"杨乾运深以为然，命令杨略带兵二千去镇守剑阁，又派他女婿乐广去镇守安州，连同杨法琛一起，暗暗和西魏打通了关系。西魏太师宇文泰秘密地把铁券赐给杨乾运，并授予他骠骑大将军、开府仪同三司、梁州刺史的职位。西魏尉迟迥以开府仪同三司侯吕陵始为前军，抵达剑阁，杨略有意弃城退却，去投靠乐广，他从城墙翻出来接应侯吕陵始，这样，侯吕陵始就轻而易举地占据了安州。甲戌（五月十三日），尉迟迥进军到涪水，杨乾运献出潼州投降。尉迟迥分出一部分军队守潼州，大军继续挺进，袭击成都。这时成都的守军剩下不满一万人，仓库空虚，粮草兵器都用完了，永丰侯萧㧑环城防守，尉迟迥把成都包围起来。谯淹派江州刺史景欣、幽州刺史赵拔扈带兵去救援成都。尉迟迥派原珍等人击跑了他们。

武陵王萧纪进军到巴东时，才听说侯景之乱已经平定，于是感到后悔，就把太子萧圆照找来，责备他。但萧圆照回答说："侯景之乱虽平，但江陵方面湘东王并没有臣服呀！"萧纪也认为自己既然已经称帝，就不能再臣服别人，于是就想继续东进。但是，他军中的将士们日夜思念故土，想回老家，他手下的江州刺史王开业认为应该回去，救援成都，巩固根本，慢慢再考虑今后的发展。将领们也都觉得这种想法是对的。只有萧圆照和刘孝胜固执地说不行，必须继续东进。萧纪听从了这两人的意见，当众宣布说："敢再多说的就处死！"乙丑，萧纪的军队到达西陵，军势看起来很强盛，战船把江面都遮蔽了。江陵方面派护军陆法和在峡口修筑了两座城堡，运来很多大石头填江，同时拉上铁索把江面航道切断。

元帝把任约从监狱里放出来，任命他为晋安王司马，让他协助陆法和抵抗萧纪，并对他说："你本来是该得死罪的，我不杀你，就是为了今天让你戴罪立功。"于是，把宫廷警卫部队也撤销了，把他们发配给任约指挥。元帝仍然答应任约把庐陵王萧续的女儿嫁给他，还派宣猛将军刘棻和他一块儿出发。

西魏尉迟迥把成都包围了五十天，永丰侯萧㧑多次出城迎战，都失败了，于是请求投降。但是尉迟迥手下的将领们不允许，尉迟迥说："接受他投降，则我军将士完好无死伤，远方百姓也高兴。继续进攻则将士必有伤亡，远方百姓会害怕。”于是就接受了萧㧑的投降。八月，戊戌（初八），萧㧑和宜都王萧圆肃带着文武官员到尉迟迥军营前投降，尉迟迥按礼仪迎接了他，和他在益州城北订立了受降盟约。凡官吏百姓都各安其业，只没收奴婢和仓库积粮赏赐给将士们，军队中没有人敢私下抢掠的。西魏任命萧㧑和萧圆肃一并为开府仪同三司，任命尉迟迥为大都督益、潼等十二诸州军事，兼益州刺史。

三年（甲戌，公元554年）

北齐中书令魏收修撰《魏书》，很爱以自己的爱憎任意褒贬人物，常常对人说：“你是什么东西，敢和我魏收搭架子，摆脸色！我在写史，抬举你能让你升天，贬低你能叫你入地。”《魏书》写成以后，中书舍人卢潜启奏高洋，说：“魏收的史书诬蔑了一代人，他的罪应该处死。”尚书左丞卢斐、顿丘人李庶都说《魏史》写得不公正。魏收启奏文宣帝高洋，说：“我既然因修史和强大的宗族结下仇怨，那么将会被刺客杀死。”文宣帝听了勃然大怒，于是卢斐、李庶和尚书郎中王松年都因诽谤史书而获罪，每人被鞭打二百下，被发配在甲坊里制造兵甲。结果卢斐、李庶死在监狱中，卢潜也犯罪关入监狱。但当时人终究不服气，把《魏书》说成“秽史”。卢潜是卢度世的曾孙。卢斐是卢同的儿子。王松年是王遵业的儿子。

庚戌，西魏太师宇文泰用毒药毒死了废帝元钦。

辛未（十二月十九日），元帝被西魏人处死。梁王萧詧派尚书傅准去监刑，用装土的袋子把他压死。萧詧让人用粗布把尸体缠裹起来，以蒲草织的席子进行收殓，用白茅草牢牢捆住，埋葬在津阳门外。同时把愍怀太子萧元良、始安王萧方略、桂阳王萧大成等都杀了。元帝萧绎天性喜好书，常常让身边人为他读书，昼夜不停地读，虽然睡着了，手里还拿着书卷。如果读错了或有意漏读欺骗他，他就惊醒过来。他写起文章来，提笔马上就能成篇，平时常说：“我比起文士来更善为文，比起武夫来却有些惭愧。”评论他的人认为他这话说得很恰当。

第一百六十六卷
梁纪二十二

译文诵读

敬皇帝绍泰元年（乙亥，555）

春，正月。

二月，癸丑，晋安王至自寻阳，入居朝堂，即梁王位，时年十三。以太尉王僧辩为中书监、录尚书、骠骑大将军、都督中外诸军事，加陈霸先征西大将军，以南豫州刺史侯瑱为江州刺史，湘州刺史萧循为太尉，广州刺史萧勃为司徒，镇东将军张彪为郢州刺史。

三月，贞阳侯渊明至东关，散骑常侍裴之横御之。齐军司尉瑾、仪同三司萧轨南侵皖城，晋州刺史萧惠以州降之。齐改晋熙为江州，以尉瑾为刺史。丙戌，齐克东关，斩裴之横，俘数千人；王僧辩大惧，出屯姑孰，谋纳渊明。

庚子，遣龙舟法驾迎之。渊明与齐上党王涣盟于江北，辛丑，自采石济江。于是梁舆南渡，齐师北返。僧辩疑齐，拥楫中流，不敢就西岸。齐侍中裴英起卫送渊明，与僧辩会于江宁。癸卯，渊明入建康，望朱雀门而哭，逆者以哭对。丙午，即皇帝位，改元天成，以晋安王为皇太子，王僧辩为大司马，陈霸先为侍中。

初，王僧辩与陈霸先共灭侯景，情好甚笃，僧辩为子頠娶霸先女，会僧辩有母丧，未成婚。僧辩居石头城，霸先在京口，僧辩推心待之，頠兄顗屡谏，不听。及僧辩纳贞阳侯渊明，霸先遣使苦争之，往返数四，僧辩不从。霸先窃叹，谓所亲曰：“武帝子孙甚多，唯孝元能复雠雪耻，其子何罪，而忽废之！吾与王公并处托孤之地，而王公一旦改图，外依戎狄，援立非次，其志欲何所为乎！”乃密具袍数千领及锦彩金银为赏赐之具。

会有告齐师大举至寿春将入寇者，僧辩遣记室江旰告霸先，使为之备。霸先因是留旰于京口，举兵袭僧辩。九月，壬寅，召部将侯安都、周文育及安陆徐度、钱塘杜棱谋之。棱以为难，霸先惧其谋泄，以手巾绞棱，闷绝于地，因闭于别室。部分将士，分赐金帛，以弟子著作郎昙朗镇京口，知留府事，使徐度、侯安都帅水军趋石头，霸先帅马步自江乘、罗落会之，是夜，皆发，召杜棱与同行。知其谋者，唯安都等四将，外人皆以为江旰征兵御齐，不之怪也。

甲辰，安都引舟舰将趣石头，霸先控马未进，安都大惧，追霸先骂曰："今日作贼，事势已成，生死须决，在后欲何所望！若败，俱死，后期得免斫头邪？"霸先曰："安都嗔我！"乃进。安都至石头城北，弃舟登岸。石头城北接冈阜，不甚危峻，安都被甲带长刀，军人捧之，投于女垣内，众随而入，进及僧辩卧室；霸先兵亦自南门入。僧辩方视事，外白有兵，俄而兵自内出。僧辩遽走，遇子頠，与俱出阁，帅左右数十人苦战于听事前，力不敌，走登南门楼，拜请求哀。霸先欲纵火焚之，僧辩与頠俱下就执。霸先曰："我有何辜，公欲与齐师赐讨？"且曰："何意全无备？"僧辩曰："委公北门，何谓无备？"是夜，霸先缢杀僧辩父子。既而竟无齐兵，亦非霸先之谲也。前青州刺史新安程灵洗帅所领救僧辩，力战于石头西门，军败；霸先遣使招谕，久之乃降。霸先深义之，以为兰陵太守，使助防京口。乙巳，霸先为檄布告中外，列僧辩罪状，且曰："资斧所指，唯王僧辩父子兄弟，其馀亲党，一无所问。"

丙午，贞阳侯渊明逊位，出就邸，百僚上晋安王表，劝进。冬，十月，己酉，晋安王即皇帝位，大赦，改元，中外文武赐位一等。以贞阳侯渊明为司徒，封建安公。告齐云："僧辩阴图篡逆，故诛之。"仍请称臣于齐，永为藩国。齐遣行台司马恭与梁人盟于历阳。

太平元年（丙子，556）

齐显祖之初立也，留心政术，务存简靖，坦于任使，人得尽力。又能以法驭下，或有违犯，不容勋戚，内外莫不肃然。至于军国机策，独决怀抱；每临行陈，亲当矢石，所向有功。数年之后，渐以功业自矜，遂嗜酒淫泆，肆行狂暴；或身自歌舞，尽日通宵；或散发胡服，杂衣锦彩；或袒露形体，涂傅粉黛；或乘驴、牛、橐驼、白象，不施鞍勒；或令崔季舒、刘桃枝负之而行，担胡鼓拍之；勋戚之第，朝夕临幸，游行市里，街坐巷宿；或盛夏日中暴身，或隆冬去衣驰走；从者不堪，帝居之自若。三台构木高二十七丈，两栋相距二百余尺，工匠危怯，皆系绳自防，帝登脊疾走，殊无怖畏；时复雅儛，折旋中节，傍人见者莫不寒心。尝于道上问妇人曰："天子何如？"曰："颠颠痴痴，何成天子！"帝杀之。

娄太后以帝酒狂，举杖击之曰："如此父生如此儿！"帝曰："即当嫁此老母与胡。"太后大怒，遂不言笑。帝欲太后笑，自匍匐以身举床，坠太后于地，颇有所伤。既醒，大惭恨，使积柴炽火，欲入其中。太后惊惧，亲自持挽，强为之笑，曰："向汝醉耳！"帝乃设地席，命平秦王归彦执杖，口自责数，脱背就罚，谓归彦曰："杖不出血，当斩汝。"太后前自抱之，帝流涕苦请，乃笞脚五十，然后衣冠拜谢，悲不自胜。因是戒酒，一旬，又复如初。

又尝于众中召都督韩哲，无罪，斩之。作大镬、长锯、锉、碓之属，陈之于庭，每醉，辄手杀人，以为戏乐。所杀者多令支解，或焚之于火，或投之于水。杨愔乃简邺下死囚，置之仗内，谓之供御囚，帝欲杀人，辄执以应命，三月不杀，则宥之。

开府参军裴谓之上书极谏，帝谓杨愔曰："此愚人，何敢如是！"对曰："彼欲陛下杀之，以成名于后世耳。"帝曰："小人，我且不杀，尔焉得名！"帝与左右饮酒，曰："乐哉！"都督王纮曰："有大乐，亦有大苦。"帝曰："何谓也？"对曰："长夜之饮，不寤国亡身陨，所谓大苦！"帝缚纮，欲斩之，思其有救世宗之功，乃舍之。

帝游宴东山，以关、陇未平，投杯震怒，召魏收于前，立为诏书，宣示远近，将事西行。魏人震恐，常为度陇之计。然实未行。一日，泣谓群臣曰："黑獭不受我命，奈何？"都督刘桃枝曰："臣得三千骑，请就长安擒之以来。"帝壮之，赐帛千匹。赵道德进曰："东西两国，强弱力均，彼可擒之以来，此亦可擒之以往。桃枝妄言应诛，陛下奈何滥赏！"帝曰："道德言是。"回绢赐之。帝乘马欲下峻岸入于漳，道德揽辔回之；帝怒，将斩之。道德曰："臣死不恨，当于地下启先帝，论此儿酣酗颠狂，不可教训。"帝默然而止。他日，帝谓道德曰："我饮酒过，须痛杖我。"道德挟之，帝走。道德逐之曰："何物人，为此举止！"

典御丞李集面谏，比帝于桀、纣。帝令缚置流中，沈没久之，复令引出，谓曰："吾何如桀、纣？"集曰："向来弥不及矣！"帝又令沈之，引出，更问，如此数四，集对如初。帝大笑曰："天下有如此痴人，方知龙逄、比干未是俊物！"遂释之。顷之，又被引入见，似有所谏，帝令将出要斩。其或斩或赦，莫能测焉。

内外憯憯，各怀怨毒；而素能默识强记，加以严断，群下战栗，不敢为非。又能委政杨愔，愔总摄机衡，百度修敕，故时人皆言主昏于上，政清于下。愔风表鉴裁，为朝野所重，少历屯厄，及得志，有一餐之惠者必重报之，虽先尝欲杀己者亦不问；典选二十余年，以奖拔贤才为己任。性复强记，一见皆不忘其姓名，选人鲁漫汉自言猥贱独不见识，愔曰："卿前在元子思坊，乘短尾牝驴，见我不下，以方麹障面，我何为不识卿！"漫汉惊服。

九月，壬寅，改元，大赦。以陈霸先为丞相、录尚书事、镇卫大将军、扬州牧、义兴公。以吏部尚书王通为右仆射。

魏安定文公宇文泰还至牵屯山而病，驿召中山公护。护至泾州，见泰，泰谓护曰："吾诸子皆幼，外寇方强，天下之事，属之于汝，宜努力以成吾志。"乙亥，卒于云阳。护还长安，发丧。泰能驾御英豪，得其力用，性好质素，不尚虚饰，明达政事，崇儒好古，凡所施设，皆依仿三代而为之。丙子，世子觉嗣位，为太师、柱国、大冢宰，出镇同州，时年十五。

中山公护，名位素卑，虽为泰所属，而群公各图执政，莫肯服从。护问计于大司寇于谨，谨曰："谨早蒙先公非常之知，恩深骨肉，今日之事，必以死争之。若对众定策，公必不得让。"明日，群公会议，谨曰："昔帝室倾危，非安定公无复今日。今公一旦违世，嗣子虽幼，中山公亲其兄子，兼受顾托，军国之事，理须归之。"辞色抗厉，众皆悚动。护曰："此乃家事，护虽庸昧，何敢有辞。"谨素与泰等夷，护常拜之，至是，谨起而言曰："公若统理军国，谨等皆有所依。"遂再拜。群公迫于谨，亦再拜，于是众议始定。护纲纪内外，抚循文武，人心遂安。

魏宇文护以周公幼弱，欲早使正位以定人心，庚子，以魏恭帝诏禅位于周，使大宗伯赵贵持节奉册，济北公迪致皇帝玺绂；恭帝出居大司马府。

梁敬帝绍泰元年（乙亥，公元555年）

春季，正月，壬午朔（初一）。

二月癸丑（初二），晋安王萧方智从寻阳来到建康，进入朝堂居住，登上梁王的位置，当时年仅十三岁。他任命太尉王僧辩为中书监、录尚书、骠骑大将军、都督中外诸军事，加封陈霸先为征西大将军，任命南豫州刺史侯瑱为江州刺史，湘州刺史萧循为太尉，广州刺史萧勃为司徒，镇东将军张彪为郢州刺史。

三月，北齐护送来的贞阳侯萧渊明到了东关，散骑常侍裴之横带兵防御他。北齐军司尉瑾、仪同三司萧轨向南侵犯皖城，晋州刺史萧惠献出州郡投降了。北齐把晋熙改名为江州，任命尉瑾当刺史。丙戌（初六），北齐攻克东关，杀了裴之横，俘虏了几千人。王僧辩大惊失色，带兵出城屯驻于姑孰，准备接受萧渊明。

庚子（五月二十一日），王僧辩派龙船，备法驾去迎接萧渊明。萧渊明和北齐上党王高涣在长江北边盟誓，辛丑（二十二日），才从采石渡过长江。于是梁朝的车辆南渡，北齐的军队返回北方。王僧辩对北齐军队心存疑惧，把船停在长江中流，不敢靠近西岸。北齐侍中裴英起护送萧渊明南渡，和王僧辩在江宁会面。癸卯（二十四日），萧渊明进入建康，看到朱雀门痛哭失声，去迎接他的群臣也痛哭。丙午（二十七日），萧渊明即皇帝位，改换年号为天成，立晋安王萧方智为皇太子，任命王僧辩为大司马，陈霸先为侍中。

当初，王僧辩和陈霸先共同消灭了侯景，两人感情很是深固。王僧辩为儿子王颜迎娶陈霸先的女儿，正赶上王僧辩母亲去世，所以没有成婚。王僧辩居住在石头城，陈霸先在京口，王僧辩推心置腹地对待陈霸先，王颜的哥哥王頠多次劝他要有所提防，王僧辩不听。等到王增辩迎纳贞阳侯萧渊明为帝时，陈霸先派使者苦苦劝阻，争辩不休，使者为此往返了几趟，王僧辩不听。陈霸先私下叹息，对他的亲信说："武帝的子孙很多，只有孝元帝能平定侯景之乱，为祖宗报仇雪耻。他的儿子有什么罪，突然就废了他！我和王公僧辩共同处于先帝托孤的重臣的地位，而王公僧辩现在一下子改变主意，对外依附戎狄之邦，不按次序立天子，他到底想干什么呢？"于是秘密准备战袍几千领和锦彩金银等等作为赏赐部下的物品，准备起事。

正好这时有人来报告，北齐军队进行大调动，已经到达了寿春，将要向南进犯。王僧辩派记室江旰通知陈霸先，让他有所戒备。陈霸先借这个机会把江旰扣留在京口，举兵袭击王僧辩。九月，壬寅（二十五日），陈霸先召集部将侯安都、周文育以及安陆人徐度、钱塘人杜棱一起密谋策划。杜棱认为这事很难进行，陈霸先害怕秘密泄漏，用手巾绞住杜棱，使他闷绝在地上，然后把他关在另一间屋子里，接着就部署将士，分赐金银布帛，命令自己弟弟的儿子著作郎陈昙朗留下来镇守京口，掌管州府政事，又派徐度、侯安都率领水军直逼石头，陈霸先自己率领骑兵、步兵从江乘、罗落这条路线去与之会合。当天夜里，各路兵马都出发了，并带着杜棱随军同行。知道这次进军的真正目的的人，只有侯安都等四个将领，外人都以为是江旰来征调军队抵抗北齐的进犯，对军队的出动不感到奇怪。

甲辰（八月二十七日），侯安都指挥舟舰将奔袭石头，陈霸先有意勒马不进。侯安都以为陈霸先临事犹豫，心中大惊，就追上陈霸先大骂："今天我们造反，事到临头，已经无法挽回了，是生是死必须做出决断，你迟疑不进，留在后头，存的什么念头！如果失败，咱们都得死，留在后头就能免去砍头吗？"陈霸先一听心中暗自高兴，说："侯安都在怪我不下决心，生我的气呢！"于是带兵前进。侯安都到了石头城的北边，扔下船上了岸。石头城北边和山冈高坡相连，城墙不太高峻，侯安都披着盔甲，手握长刀，让手下军人把他抬起来扔到城墙上，众人随着他蜂拥而入，一直进到王僧辩卧室。陈霸先的队伍也从南门攻入了。王僧辩正在处理军政事务，外面有人说士兵袭击，过一会儿士兵从里头冒了出来，王僧辩急忙逃跑，遇到儿子王頠，和他一起冲出门外，率身边几十人在议事厅前面苦战，力竭不敌，跑到南门楼上，向进逼过来的陈霸先拜请乞求哀怜。陈霸先要放火烧南门楼，王僧辩和王頠都下楼就擒。陈霸先质问说："我有什么过错，你要和北齐军队一起讨伐我？"而且还问："北齐军队来犯，你全无戒备，是什么意思？"王僧辩有点莫名其妙，回答说："派你守京口，扼据建康北门，怎么说我对北齐军队没有戒备？"当天夜里，陈霸先把王僧辩父子两人绞杀了。后来，竟没有发现北齐军队的影子，看来，这也并不是陈霸先玩弄诡计。前青州刺史新安人程灵洗率领所部将士来救王僧辩，在石头西门奋力苦战，终于兵败。陈霸先派使者去招谕他，过了很久，他才投降了。陈霸先被程灵洗的义气深深感动，任命他为兰陵太守，让他协助防守京口。乙巳（二十八日），陈霸先发布檄文，通告中外，举列王僧辩的罪过，说明为什么要讨伐他。檄文中还说："我所要讨伐的，只是王僧辩父子兄弟，至于其他王氏亲戚党羽，一概不加问罪。"

丙午（二十九日），贞阳侯萧渊明退位，搬出宫廷回自己的官邸。百官上表给晋安王萧方智，劝他登基。冬季，十月，己酉（初二），晋安王萧方智即皇帝位，大赦天下，改换年号为绍泰，对朝廷内外文武百官都赏赐一级官位。任命贞阳侯萧渊明为司徒，封为建安公。派人通报北齐，说："王僧辩阴谋篡位造反，所以杀了他。"仍然请求向北齐称臣，永远当北齐的附属国。北齐派行台司马恭和梁朝人在历阳订立了盟约。

太平元年（丙子，公元556年）

北齐在文宣帝高洋刚刚立国的时候，很注意研究为政之术，一切政务，力求简便稳定，有所任命，也是坦诚待人，臣子们也得以尽其所能为国服务。又能用法律为准绳来驾驭部下，如果有谁犯了法，即使元勋贵戚也绝不宽容，所以朝廷内外秩序井然。至于军事机要、国家大政方针，则由文宣帝自己拿出决断。文宣帝每次亲临战阵，总是亲自冒着箭石纷飞的危险，所到之处都立功绩。几年以后，文宣帝渐渐以为建立了大功业，就骄傲自满起来，于是就贪杯纵酒，淫逸无度，滥行狂暴之事。有时自己亲自参与歌舞，又唱又跳，通宵达旦。有时披散头发，穿上胡服，披红挂绿，有时却又裸露着身体，涂脂抹粉；有时骑着驴、牛、骆驼、白象，连鞍子和勒绳也不用；有时让崔季舒、刘桃枝背着他走，自己挎着胡鼓用手拍得嘭嘭响；元勋和贵戚之家，他常常不分朝夕驾临，在集市上穿游而行，坐街头睡小巷都是常事；有时大夏天在太阳下晒身子；有时大冬天脱去衣服猛跑步；跟从他的人受不了这么折腾，文宣帝却全不当一回事。三台的梁柱高达二十七尺，两柱之间相距二百多尺，工匠上去都感到危险畏惧，在身上系绳子防止出意外。但文宣帝爬上三台的梁脊快步小跑，竟然一点也不害怕。跑着跑着还不时来点雅致的舞蹈动作，又折身子又打旋，居然符合节奏，旁边看的人吓得汗毛直竖，没有不寒心的。有一次，文宣帝在路上问一个妇女说："咱们的天子怎么样呢？"这妇女不知他就是天子，说："他成天疯疯癫癫，呆呆痴痴，哪有什么天子样！"文宣帝把她杀了。

娄太后有一次因为文宣帝发酒疯，举起拐杖打他，说："这样英雄的父亲竟生出这样混账的儿子！"文宣帝竟然说："看来得把这老太太嫁给胡人了。"娄太后勃然大怒，从此再也不说话，脸上也没有了笑容。文宣帝想让娄太后笑，自己爬到了床底下去，用身子把床抬起来，把坐在床上的太后摔了下来，使太后受了伤。酒醒之后，高洋大感羞惭悔恨，让人堆起柴堆点燃，自己想跳进去烧死。娄太后大吃一惊，害怕极了，赶忙亲自过来又抱又拉，勉强笑着说："刚才是你喝醉了，我不当真。"文宣帝于是让人铺上地席，命令平秦王高归彦亲自执刑杖，自己口里列数着自己的罪过，脱开衣服露出背部接受杖刑。文宣帝对高归彦说："你用力打，打不出血来，我就杀了你。"娄太后上前自己抱着他不让打，文宣帝痛哭流涕，最后还是在脚上打了五十下，然后穿上衣服，戴上帽子向娄太后拜谢宽恕之恩，一副悲不自胜的样子。因为这一番酒后失言伤害太后的事，文宣帝下决心戒酒。但刚十天，又嗜酒如命，和原来一样。

北齐文宣帝还曾经在大庭广众之中召见都督韩哲，也没什么罪就把他斩首。还派人制造大铁锅、长锯子、大铡刀、大石碓之类刑具，摆在宫廷里，每次喝醉了酒，就动手杀人，以此当做游戏取乐。被他杀掉的人大多下令肢解，有的扔到火里去烧，有的扔到水里去。杨愔只好选了一些邺城的死罪囚犯，作为仪仗人员，叫做"供御囚"，文宣帝一想杀人，就抓出来应命，如果三个月没被杀掉，就得到宽大处理。

开府参军裴谓之上书极力谏阻文宣帝随意杀人的狂暴行为，文宣帝对杨愔说："这是个蠢人，他怎么敢这样做！"杨愔回答说："他大概是想让陛下您杀了他，这样他好在后世成名吧！”文宣帝说：“小人！我权且不杀，看你怎么出名！”文宣帝和身边亲信饮酒作乐，得意忘形地说：“真快乐呀！”都督王纮在旁说：“有大快乐，也会有大痛苦。”文宣帝问道：“这话怎么说？”王纮回答说：“老是做长夜之饮，酩酊大醉，没等醒过来已经国亡身死，这就是我所说的大痛苦！”文宣帝一听生了气，命人把王纮捆起来，要把他处斩，但想起他过去有救文襄帝生命的功劳，于是又放了他。

文宣帝去东山游玩欢宴，因为想起关、陇一带尚未平定，便把杯子往地上一摔，大发雷霆，马上把魏收叫到跟前，让他站着写下诏书，向远近四方宣告自己将要向西方采取军事行动。西魏人闻讯感到震动惊恐，于是经常也在筹划防止齐军越过陇地的办法。但实际上文宣帝这一计划并没有实行。有一天，文宣帝流着泪对群臣说：“黑獭不接受我的命令，怎么办呢？”都督刘桃枝回答说：“给我三千骑兵，我就到长安去把他擒拿归来。”文宣帝听了，便称赞他的勇气，赐给他一千匹帛。赵道德走上前说：“魏和齐是西方和东方并立的两个邻国，国势国力强弱是相均等的。你可以把那边的人擒拿归来，对方也可以把你这边的人擒拿过去。刘桃枝口吐狂言，虚妄欺君，应该处死，陛下怎么向他滥施奖赏？”文宣帝听了，说：“道德说得对。”收回给刘桃枝的绢帛赐给刘道德。有一次，文宣帝骑着马欲从很高的陡岸跳到漳河里去，赵道德用力拉着马缰绳把他拽回来。文宣帝勃然大怒，要把赵道德处斩。赵道德说：“我为此而死心中没有什么怨恨，到了地下，我要向先帝启奏，把他这个儿子拼命酗酒，疯癫狂乱，不可教训的种种行为告诉他。”文宣帝听了沉默良久，就不杀赵道德了。这以后有一天，文宣帝对赵道德说：“我喝酒喝得过分了，必须狠狠打我一顿。”赵道德真的动手打他，文宣帝跑开了。赵道德追着文宣帝，边追边喊：“你是个什么人，竟做出这种不成体统的举动！”

典御史李集当面进谏，甚至把文宣帝比拟为夏桀、商纣。文宣帝下令把他捆起来放到流水中去，让他没入水里很久，再下令把他拽出水面，问他说：“你说，我比夏桀、商纣怎样？”李集回答说：“看来你还比不上他们呢！”

羊侃观稍折树

文宣帝又下令把他没入水里，拽出来又问，这样折腾了多次，李集的回答一点也没变。文宣帝哈哈大笑说："天下竟然有这样呆痴的家伙，我这才知道龙逄、比干还不算出色人物呢！"于是释放了他。过了一会儿，李集又被拉着进来见文宣帝，他似乎又想有所进谏，文宣帝下令带出去腰斩。文宣帝喜怒无常，想要杀人还是想要赦免，没有人能猜想得到。

在文宣帝这种淫威下，宫廷内外，大家都敢怒不敢言，心怀怨恨。但文宣帝对事物一向能够暗暗熟识，牢牢记忆，然后加以严格的裁决判断，所以群臣在他面前惶恐战栗，不敢为非作歹。文宣帝又能把政事委托给杨愔，杨愔善于统一掌握国家枢机的运行，使各个方面的政事都得到修整，所以当时的人都说文宣帝在上头昏头昏脑，但下面的政事却还算清明有序的。杨愔颇有风度，仪表整饬，善于鉴识裁断，被朝野各方面人士所看重。他年轻时多次经历困顿灾厄，到了发迹得志之后，凡是他处逆境时对他有施予一餐恩惠的，他也都重重地回报人家。即使早先想杀他的人，他却不再计较。他掌管国家选拔人才的大权达二十多年之久，一向以奖励、提拔人才为己任 。他记性特别好，对和他见了一面的人，他就记住了人家的姓名，再也不会忘记。有一个候选的人叫鲁漫汉，自己说因为身份低贱，杨愔惟独不认识他。杨愔说："你从前在元子思坊任职，骑着一头短尾巴母驴，在路上遇到我也不下来，用一块黄帕遮住面，假装没看见就走过去，我怎么不认识你鲁漫汉呢！"鲁漫汉一听大吃一惊，心中叹服。

九月，壬寅（初一），梁朝改换年号，为太平元年，实行大赦，任命陈霸先为丞相、录尚书事、镇卫大将军、扬州牧、义兴公。任命吏部尚书王通为右仆射。

西魏安定文公宇文泰回到牵屯山就病倒了。派驿马传令召见中山公宇文护。宇文护赶到泾州，拜见宇文泰。宇文泰对宇文护说："我几个儿子都年幼，外面的敌寇都很强大，天下大事就全委托你了。你要努力以成就我的平生志愿。"乙亥（初四），在云阳去世。宇文护回到长安，才公布消息，给宇文泰发丧。宇文泰生时能够驾驭英俊豪杰，得到他们的努力效劳，他喜好质朴，不追求虚假文饰，处理政事明识练达，尊崇儒家，仰慕远古，举凡施政的一切措施，都依照模仿夏、商、周三代的古制来制定。丙子（初五），世子宇文觉继位，被任命为太师、柱国、太冢宰，并镇守同州。他这时的年龄是十五岁。

中山公宇文护，名望地位一向比较低，虽然被宇文泰所倚重，但各位王公大臣都想执政，谁也不肯服从他。宇文护向大司寇于谨请教对策，于谨说："我于谨早就蒙受先安定公非同一般的知遇之恩，这恩情深于骨肉之情。今天的国家大事，我一定以生命去争取成功。如果面对各位王公大臣商讨确定国策，您一定不要退让。"第二天，各位王公聚集在一起议论国家大事，于谨说："过去孝武帝受到高欢胁迫，魏国帝室陷于倾覆的危险之中，要不是安定公迎纳并辅佐了他，国家就没有今天这种局面了。现在安定公突然去世，嗣位的世子虽然幼小，但中山公会把他哥哥的儿子看得很亲，又接受了安定公临危时的顾命之托，军国大事，按理应该归他统一掌握。”于谨讲这番话，声音高亢，神色严厉，众臣都感到惊悚震动。宇文护接着说：“辅政之事，也是我们的家事。我虽然平庸愚昧，但又怎么敢推辞呢？”于谨平时一向处于与宇文泰一样的地位，宇文护常常向他跪拜，到了这时，于谨立起身来对宇文护说：“您要是出面统一管理军国大事，我们这些人就都有所依靠了。”于是向他跪拜了两次。各位王公大臣迫于于谨的严厉，也跟着跪拜了两次，于是大家的议论才统一起来。宇文护整顿内外，安抚文武大臣，人心才就此安定了。

西魏宇文护因为周公宇文觉幼小力弱，想早一点儿让他就正位以安定人心，庚子（十二月三十日），通过西魏恭帝下诏书的形式，把西魏政权禅让给周公。派大宗伯赵贵手持节杖，捧着就位的表册，济北公宇文迪献上皇帝的玉玺和印绶。西魏恭帝从内廷搬出，住在大司马的府第。

第一百六十七卷

陈纪一

译文诵读

高祖武皇帝永定元年（丁丑，557）

春，正月，辛丑，周公即天王位，柴燎告天，朝百官于露门；追尊王考文公为文王，妣为文后；大赦。封魏恭帝为宋公。以木德承魏水，行夏之时，服色尚黑。以李弼为太师，赵贵为太傅、大冢宰，独孤信为太保、大宗伯，中山公护为大司马。

曲江侯勃在南康，闻欧阳頠等败，军中恟惧。甲寅，德州刺史陈法武、前衡州刺史谭世远攻勃，杀之。

故曲江侯勃主帅兰敳袭杀谭世远，军主夏侯明彻杀敳，持勃首降。勃故记室李宝藏奉怀安侯任据广州。萧孜、余孝顷犹据石头，为两城，各据其一，多设船舰，夹水而陈。丞相霸先遣平南将军侯安都助周文育击之。戊戌，安都潜师夜烧其船舰，文育帅水军、安都帅步军进攻之；萧孜出降，孝顷逃归新吴，文育等引兵还。丞相霸先以欧阳頠声著南土，复以頠为衡州刺史，使讨岭南，未至，其子纥已克始兴，頠至岭南，诸郡皆降，遂克广州，岭南悉平。

周孝愍帝性刚果，恶晋公护之专权。司会李植自太祖时为相府司录，参掌朝政，军司马孙恒亦久居权要，及护执政，植、恒恐不见容，乃与宫伯乙弗凤、贺拔提等共谮之于周王。植、恒曰："护自诛赵贵以来，威权日盛，谋臣宿将，争往附之，大小之政，皆决于护。以臣观之，将不守臣节，愿陛下早图之！"王以为然。凤、提曰："以先王之明，犹委植、恒以朝政，今以事付二人，何患不成！且护常自比周公，臣闻周公摄政七年，陛下安能七年邑邑如此乎！"王愈信之，数引武士于后园讲习，为执缚之势。植等又引宫伯张光洛同谋，光洛以告护。护乃出植为梁州刺史，恒为潼州刺史，欲散其谋。后王思植等，每欲召之，护泣谏曰："天下至亲，无过兄弟，若兄弟尚相疑，他人谁可信者！太祖以陛下富于春秋，属臣后事，臣情兼家国，实愿竭其股肱。若陛下亲览万机，威加四海，臣死之日，犹生之年。但恐除臣之后，奸回得志，非唯不利陛下，亦将倾覆社稷，使臣无面目见太祖于九泉。且臣既为天子之兄，位至宰相，尚复何求！愿陛下勿信谗臣之言，疏弃骨肉。"王乃止不召，而心犹疑之。

凤等益惧，密谋滋甚，刻日召群公入宴，因执护诛之；张光洛又以告护。护乃召柱国贺兰祥、领军尉迟纲等谋之，祥等劝护废立。时纲总领禁兵，护遣纲入宫召凤等议事，及至，以次执送护第，因罢散宿卫兵。王方悟，独在内殿，令宫人执兵自守。护遣贺兰祥逼王逊位，幽于旧第。悉召公卿会议，废王为略阳公，迎立岐州刺史宁都公毓。公卿皆曰："此公之家事，敢不唯命是听！"乃斩凤等于门外，孙恒亦伏诛。

时李植父柱国大将军远镇弘农，护召远及植还朝，远疑有变，沈吟久之，乃曰："大丈夫宁为忠鬼，安可作叛臣邪！"遂就征。既至长安，护以远功名素重，犹欲全之，引与相见，谓之曰："公儿遂有异谋，非止屠戮护身，乃是倾危宗社。叛臣贼子，理宜同疾，公可早为之所。"乃以植付远。远素爱植，植又口辩，自陈初无此谋。远谓植信然，诘朝，将植谒护。护谓植已死，左右白植亦在门。护大怒曰："阳平公不信我！"乃召入，仍命远同坐，令略阳公与植相质于远前。植辞穷，谓略阳曰："本为此谋，欲安社稷，利至尊耳！今日至此，何事云云！"远闻之，自投于床曰："若尔，诚合万死！"于是护乃害植，并逼远令自杀。植弟叔诣、叔谦、叔让亦死，馀子以幼得免。初，远弟开府仪同三司穆知植非保家之主，每劝远除之，远不能用。及远临刑，泣谓穆曰："吾不用汝言以至此！"穆当从坐，以前言获免，除名为民，及其子弟亦免官。植弟淅州刺史基，尚义归公主，当从坐，穆请以二子代基命，护两释之。

后月余，护杀略阳公，黜王后元氏为尼。

陈王使中书舍人刘师知引宣猛将军沈恪勒兵入宫，卫送梁主如别宫，恪排闼见王，叩头谢曰："恪身经事萧氏，今日不忍见此。分受死耳，决不奉命！"王嘉其意，不复逼，更以荡主王僧志代之。乙亥，王即皇帝位于南郊，还宫，大赦，改元。奉梁敬帝为江阴王，梁太后为太妃，皇后为妃。

初，齐有术士言"亡高者黑衣"，故高祖每出，不欲见沙门。显祖在晋阳，问左右："何物最黑？"对曰："无过于漆。"帝以上党王涣于兄弟第七，使库直都督破六韩伯昇之邺征涣。涣至紫陌桥，杀伯昇而逃，浮河南渡；至济州，为人所执，送邺。

帝之为太原公也，与永安王浚皆见世宗，帝有时洟出，浚责帝左右曰："何不为二兄拭鼻！"帝深衔之。及即位，浚为青州刺史，聪明矜恕，吏民悦之。浚以帝嗜酒，私谓亲近曰："二兄因酒败德，朝臣无敢谏者，大敌未灭，吾甚以为忧。欲乘驿至邺面谏，不知用吾不。"或密以白帝，帝益衔之。浚入朝，从幸东山，帝裸裎为乐。浚进谏曰："此非人主所宜！"帝不悦。浚又于屏处召杨愔，讥其不谏。帝时不欲大臣与诸王交通，愔惧，奏之。帝大怒曰："小人由来难忍！"遂罢酒，还宫。浚寻还州，又上书切谏，诏征浚。浚惧祸，谢疾不至，帝遣驰驿收浚，老幼泣送者数千人。至邺，与上党王涣皆盛以铁笼，置于北城地牢，饮食溲秽，共在一所。

二年（戊寅，558）

帝既残忍，有司讯囚，莫不严酷，或烧犁耳，使立其上，或烧车釭，使以臂贯之，既不胜苦，皆至诬伏。唯三公郎中武强苏琼，历职中外，所至皆以宽平为治。时赵州及清河屡有人告谋反者，前后皆付琼推检，事多申雪。尚书崔昂谓琼曰："若欲立功名，当更思馀理；数雪反逆，身命何轻！"琼正色曰："所雪者冤枉耳，不纵反逆也。"昂大惭。

帝怒临漳令嵇晔、舍人李文思，以赐臣下为奴。中书侍郎彭城郑颐私诱祠部尚书王昕曰："自古无朝士为奴者。"昕曰："箕子为之奴。"颐以白帝曰："王元景比陛下于纣。"帝衔之。顷之，帝与朝臣酣饮，昕称疾不至，帝遣骑执之，见方摇膝吟咏，遂斩于殿前，投尸漳水。

齐主北筑长城，南助萧庄，士马死者以数十万计。重以修筑台殿，赐与无节，府藏之积，不足以供，乃减百官之禄，撤军人常廪，并省州郡县镇戍之职，以节费用焉。

齐主如北城，因视永安简平王浚、上党刚肃王涣于地牢。帝临穴讴歌，令浚等和之，浚等惶怖且悲，不觉声颤；帝怆然，为之下泣，将赦之。长广王湛素与浚不睦，进曰："猛虎安可出穴！"帝默然。浚等闻之，呼湛小字曰："步落稽，皇天见汝！"帝亦以浚与涣皆有雄略，恐为后害，乃自刺涣，又使壮士刘桃枝就笼乱刺。槊每下，浚、涣辄以手拉折之，号哭呼天，于是薪火乱投，烧杀之，填以土石。后出之，皮发皆尽，尸色如炭，远近为之痛愤。帝以仪同三司刘郁捷杀浚，以浚妃陆氏赐之；冯文洛杀涣，以涣妃李氏赐之，二人皆帝家旧奴也。陆氏寻以无宠于浚，得免。

三年（己卯，559）

春，正月，己酉，周太师护上表归政，周王始亲万机；军旅之事，护犹总之。初改都督州军事为总管。

周处士韦夐，孝宽之兄也，志尚夷简，魏、周之际，十征不屈。周太祖甚重之，不夺其志，世宗礼敬尤厚，号曰"逍遥公"。晋公护延之至第，访以政事；护盛修第舍，夐仰视堂，叹曰："酣酒嗜音，峻宇凋墙，有一于此，未或不亡。"护不悦。

骠骑大将军、开府仪同三司寇俊，谠之孙也，少有学行。家人常卖物，多得绢五匹，俊于后知之，曰："得财失行，吾所不取。"访主还之。敦睦宗族，与同丰约，教训子孙，必先礼义。自大统中，称老疾，不朝谒；世宗虚心欲见之，俊不得已入见。王引之同席而坐，问以魏朝旧事；载以御舆，令于王前乘之以出，顾谓左右曰："如此之事，唯积善者可以致之。"

丁酉，上不豫，丙午，殂。上临戎制胜，英谋独运，而为政务崇宽简，非军旅急务，不轻调发。性俭素，常膳不过数品，私宴用瓦器、蚌盘，淆核充事而已；后宫无金翠之饰，不设女乐。

时皇子昌在长安，内无嫡嗣，外有强敌，宿将皆将兵在外，朝无重臣，唯中领军杜棱典宿卫兵在建康。章皇后召棱及中书侍郎蔡景历入禁中定议，秘不发丧，急召临川王蒨于南皖。景历亲与宦者、宫人密营敛具。时天暑，须治梓宫，恐斤斧之声闻于外，乃以蜡为秘器，文书诏敕，依旧宣行。

侯安都军还，适至南皖，与临川王俱还朝。甲寅，王至建康，入居中书省，安都与群臣定议，奉王嗣位，王谦让不敢当。皇后以昌故，未肯下令，群臣犹豫不能决。安都曰："今四方未定，何暇及远！临川王有大功于天下，须共立之。今日之事，后应者斩！"即按剑上殿，白皇后出玺，又手解蒨发，推就丧次，迁殡大行于太极西阶。皇后乃下令，以蒨纂承大统。是日，即皇帝位，大赦。秋，七月，丙辰，尊皇后为皇太后。辛酉，以侯瑱为太尉，侯安都为司空。

齐显祖嗜酒成疾，不复能食，自知不能久，谓李后曰："人生必有死，何足致惜！但怜正道尚幼，人将夺之耳！"又谓常山王演曰："夺则任汝，慎勿杀也！"尚书令开封王杨愔、领军大将军平秦王归彦、侍中广汉燕子献、黄门侍郎郑颐皆受遗诏辅政。冬，十月，甲午，殂。癸卯，发丧，群臣号哭，无下泣者，唯杨愔涕泗呜咽。太子殷即位，大赦。庚戌，尊皇太后为太皇太后，皇后为皇太后；诏诸土木金铁杂作一切停罢。

陈武帝永定元年（丁丑，公元557年）

春季，正月，辛丑（初一），周公宇文觉即了天王正位，点燃篝火禀告上苍，在朝廷外的大门前接受文武百官的朝拜。追尊天王的父亲文公宇文泰为文王，母亲为文后。大赦天下。封退位的西魏恭帝为宋公。新朝体现五行中的木德，以表示继承西魏的水德，实行古代夏朝的历法，服装的颜色以黑色为上。任命李弼为太师，赵贵为太傅、大冢宰，独孤信为太保、大宗伯，中山公宇文护为大司马。

曲江侯萧勃在南康，听到欧阳頠等兵败的消息，军中顿时人心惊慌。甲寅（三月十五日），德州刺史陈法武，前衡州刺史谭世远攻打萧勃，杀死了他。

原曲江侯萧勃的主帅兰敳袭击并杀死了谭世远，军主夏侯明徹杀了兰敳，拿着萧勃的首级投降。萧勃原来的记室李宝藏拥戴怀安侯萧任据守广州，萧孜、余孝顷还占据着石头，修筑了两座城池，两人各据守一个，造了很多船舰，夹着江水两边摆开。丞相陈霸先派平南将军侯安都协助周文育去攻打他们。戊戌（四月三十日），侯安都偷偷派部队乘黑夜烧掉了他们的兵船，周文育率领水军，侯安都率领步军协同大举进攻，萧孜出城投降，余孝顷逃回新吴，周文育等人带兵回朝。丞相陈霸先考虑到欧阳頠的声望在南方一带很高，于是又任命欧阳頠为衡州刺史，派他去讨伐岭南。欧阳頠还没抵达岭南，他的儿子欧阳纥已经攻下了始兴。欧阳頠抵达

南朝陈武帝陈霸先像

岭南后，岭南诸郡都投降了，于是就攻占了广州，岭南从此全部平定了。

北周孝愍帝性格刚强果决，对晋公宇文护的专权很反感。司会李植从太祖时就任相府司录，参与掌管朝政，军司马孙恒也久居权要之位，待到宇文护执政时，李植、孙恒担心不被宇文护容纳，于是就与宫伯乙弗凤、贺拔提等人一起在孝愍帝那儿说宇文护的坏话。李植、孙恒说："宇文护自从杀了赵贵，威权越来越盛大，谋臣宿将都争着去依附他。政事无论大小，都是宇文护一个人说了算。依臣等观察，宇文护早晚会不守臣节，图谋篡夺大位，希望陛下早点做出安排，除掉他以绝后患！"孝愍帝认为他们说的很对。乙弗凤、贺拔提又说："先王明察秋毫，尚且把朝政委托给李植、孙恒，可见这两个人的才能和品质了。现在如果把除掉宇文护的事托付给这两个人，还怕事情办不成吗？而且宇文护常常把自己比成周公，臣等听说周公摄政七年之久，陛下怎么能在七年内都悒悒不乐地屈从宇文护专权呢？"孝愍帝听了，愈发信赖他们，多次带武士在宫廷后园练习如何捕捉捆绑人。李植等人又勾引宫伯张光洛当同谋，张光洛就把他们的密谋向宇文护告发了。于是宇文护就调李植出任梁州刺史，孙恒出任潼州刺史，想以此来瓦解他们的阴谋。后来孝愍帝想念李植等人，总是想召见他们。宇文护痛哭流涕地谏阻说："天下最亲的也亲不过兄弟，如果兄弟之间还相互怀疑，别的人还有谁是可以信任的！太祖因为陛下年幼，把后事托付给我，我对圣上的忠诚实际上兼有尽责于兄弟之托的亲情与君臣之义，实在愿意尽心竭力，效股肱之劳。如果陛下能够亲自察览万机，威权加于四海，那么，我即使死了，也好像还活着一样。但是，恐怕把我除去之后，奸贼小人趁机得志，非但对陛下不利，也将倾覆社稷，危害国家，使我没有面目可见太祖于九泉之下。而且，我既然是天子的叔叔，官位也做到了宰相，还有什么可贪求的呢？愿陛下不要相信谗臣的话，疏远抛弃骨肉之亲。"孝愍帝听了，才停止对李植等人的召见，但心里还是对宇文护有怀疑。

乙弗凤等人见此情状，越发害怕起来，他们的密谋策划也更加紧张和频繁了。终于确定一个日子，要趁召集群臣入宫饮宴的机会，把宇文护抓起来杀掉。张光洛又把这密谋报告了宇文护。宇文护于是召集柱国贺兰祥，领军尉迟纲等商量对策。贺兰祥等人劝宇文护废了孝愍帝另立皇帝。当时尉迟纲总领宫廷禁兵，宇文护派尉迟纲入宫召集乙弗凤等人商议国事，等他们来了，挨个抓住送到宇文护宅第里，同时把宿卫兵全部彻换、遣散掉了。孝愍帝觉察到事情突变，独自躲在内殿，令宫人们手执兵器守护自己。宇文护派贺兰祥进宫逼孝愍帝退位，把他幽禁在过去做略阳公时的旧府中。宇文护把全部公卿召集起来开会商议大事，把孝愍帝废为略阳公，把岐州刺史宁都公宇文毓迎来立为皇帝。公卿们都说："这是您的家事，我们岂敢不惟命是听！"于是就把乙弗凤等人斩首于宫门之外，孙恒也伏法被诛。

当时李植的父亲柱国大将军李远镇守弘农，宇文护下令召李远和李植回朝廷，李远怀疑朝廷里有非常事变，沉吟了很久，才说："大丈夫宁可做忠鬼，怎么可以做叛臣呢！"于是接受了征召。到了长安之后，宇文护考虑到李远功劳名望一向很高，还想保全他的性命，就把他叫来见面，对他说："您的儿子终于陷入与朝廷异心的阴谋，这种阴谋不仅是要杀害我宇文护，而且是要颠覆危害宗庙社稷。对这样的叛臣贼子，我们理所应当一起痛恨，您可以早点为他准备一个处理办法。"于是把李植交给李远处理。李远平时一向喜爱李植，李植又有口才，极力声辩自己本来就没有参与这样的阴谋。李远认为李植的申辩是可信的，第二天早朝，就带着李植去拜谒宇文护。宇文护以为李植已被处死，但身边的人告诉他李植也来在门口，宇文护勃然大怒，说："阳平公不相信我！"于是就把李远召进来，仍然让李远和自己同坐，让废帝略阳公与李植在李远面前相互对证。李植智竭辞穷，对略阳公说："我参与这一次谋反，本来是为了安定社稷，有利于至尊的威权。今天弄到这个地步，还有什么好说的呢！"李远听得真切，自己扑倒在座位上，说："如果是这样，实在是罪该万死！"于是宇文护就杀害了李植，并逼李远让他自杀。李植的弟弟叔诣、叔谦、叔让也被杀死，李远的其他儿子因年幼得到宽免。当初，李远的弟弟开府仪同三司李穆知道李植不是保家的角色，常常劝李远除掉他，李远不能接受这一意见。待到李远临刑时，才哭着对李穆说："我不采纳你的话，才有今天这样的下场！"李穆本来应当跟着治罪，但因有从前规劝李远的话而获得宽免，只是免官，削职为民，他的子弟也都被免去官职。李植的弟弟淅州刺史李基，娶义归公主为妻，本来应当跟着治罪，李穆要求以自己两个儿子的性命来替李基赎死，宇文护把他们连李基全都释放了。

此后过了一个多月，宇文护杀害了略阳公，废黜了王后元氏，让她削发为尼。

陈王陈霸先派中书舍人刘师知带领宣猛将军沈恪指挥兵士进入皇宫，护送梁敬帝到别宫去居住。沈恪冲开大门拜见陈王，叩头谢罪，说："我亲自经历过侍奉萧氏的事，今日不忍心看到这种逼宫的场面。违命受死是我的本分，决不能接受这种任命！"陈王嘉勉了他的这种忠心，不再逼他担当此命，另换统领骁领骑兵的荡主王僧志代替他。乙亥（初十），陈王陈霸先在南郊即皇帝位，回到宫中，颁发大赦天下令，又改换年号为永定。封梁敬帝为江阴王，梁太后为太妃，皇后为妃。

当初，北齐有一个术士曾说："将来灭亡高姓政权的人必是穿黑衣服的。"所以高祖高欢每次外出，都不愿碰见和尚。文宣帝高洋在晋阳时，问身边的人："什么东西最黑？"身边的人回答说："没有比漆更黑的了。"文宣帝因为上党王高涣在兄弟中排行第七，七、漆同音，就想除掉他。文宣帝派库直都督破六韩伯昇去邺城征召高涣。高涣走到紫陌桥，杀了破六韩伯昇逃脱了，坐船向南渡过黄河，逃到

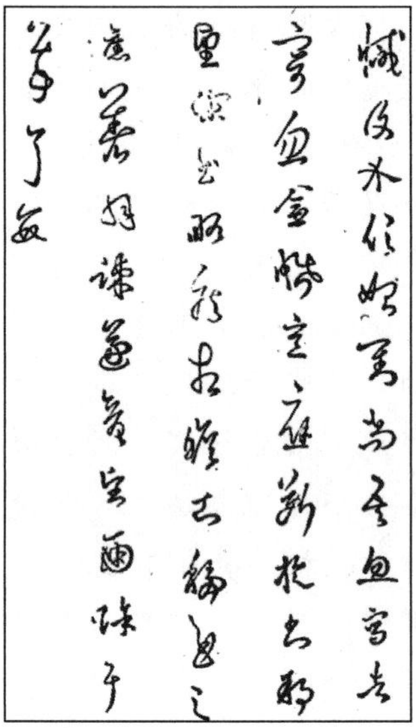

武帝陈霸先手迹

济州时，被人抓获，送到了邺城。

文宣帝还当太原公的时候，与永安王高浚一起去见文襄帝，文宣帝有时鼻涕流出来，高浚责备文宣帝身边的人说："为什么不替二哥擦鼻涕？"文宣帝因此深深地记恨他。待到文宣帝登上皇帝之位后，高浚任青州刺史，他为人聪明，对下体谅宽恕，官吏百姓都喜欢他。高浚因为文宣帝嗜酒如命，私下对亲信说："二哥因为嗜酒败坏了德行，朝廷里的大臣中没有敢犯颜进谏的人，我很为此担忧。想坐驿车到邺城去当面进谏，不知道他能采纳我的意见不能？"有人把这一番话秘密报告了文宣帝，文宣帝因此更加怀恨高浚了。高浚入朝，跟随文宣帝游东山，文宣帝赤身裸体以为游乐，高浚进谏说："这样做不是当皇帝的人所适宜的！"文宣帝很不高兴。高浚又在隐蔽处召见杨愔，讽刺他不向皇帝进谏。文宣帝当时不愿大臣和诸王有所交流接触，杨愔心里害怕，就把高浚召见他的事奏闻文宣帝。文宣帝勃然大怒说："这小子如此猖狂，我从来就难以忍受他！"于是就停下酒宴，回皇宫去了。高浚不久回到青州，又上书恳切地进谏，文宣帝下诏书征召高浚。高浚害怕有杀身之祸，推托身体有病，没有应召。文宣帝派人乘驿马来抓高浚，抓走高浚时，老幼哭着送他的有几千人。高浚到了邺城，与上党王高涣一起，都被关在铁笼里，放在北城的地牢中，饮食便溺，都在一个屋里。

二年（戊寅，公元558年）

文宣帝生性既然残忍，上行下效，司法部门审问囚犯，没有不严酷行刑的。有的把铁犁的犁耳烧红，让囚犯站在上面；有的把车轴烧红，让囚犯用手臂从中间的孔中穿过去。囚犯既受不了这种苦刑，就都屈打成招，受诬屈服。只有三公郎中武强人苏琼，在朝廷内外多年历任各种官职，所到之处都以宽和平缓作为治理的法则。当时赵州和清河老是有人告发谋反者，前后多次都交给苏琼推问检查，这些诬告的事最后都得到申明昭雪。尚书崔昂对苏琼说："你如果想建立功名，那就应当重新想想别的办法；像这样多次为谋反的逆贼洗刷罪名，那你的身家性命就太不值钱了！"苏琼严肃地说："我所洗刷的是被冤枉的人，从来也不纵容谋反逆贼。"崔昂听了非常惭愧。

文宣帝对临漳令稽晔、舍人李文思非常恼火，把他们赐给臣下当奴仆，中书侍郎彭城人郑颐私下设圈套陷害祠部尚书王昕。他有意对王昕说："自古以来，没有朝廷士大夫当奴仆的。"这句话引得王昕说了一句："商朝的箕子不就当了纣王的奴隶吗？"郑颐把这话拿去报告给文宣帝，对文宣帝说："王元景把陛下比成纣王。"文宣帝自此对王昕怀恨在心。过了不久，文宣帝与朝廷大臣们设宴畅饮，王昕借口有病没有去参加，文宣帝派骑兵去抓他，骑兵去了一看，王昕正坐在那儿晃着腿吟诗呢，于是把他抓来斩首于宫殿前，尸体被扔入漳河水。

北齐文宣帝在北边修筑长城，在南边兴兵帮助萧庄，士兵、战马因此死亡的共有几十万人。此外，还动工修筑台阁宫殿，赏赐臣下也凭一时的高兴，毫无节度，这样一来，弄的内府仓库的积蓄全耗光了。于是就下令减少文武百官的俸禄，撤销对军人平常的供给，把省、州、郡、县、镇、戍的职官予以合并，想用这种办法来节省费用。

（十二月）北齐国主文宣帝到北城，趁便到地牢去看永安简平王高浚，上党刚肃王高涣。文宣帝站在地牢边放声唱歌，命令高浚等囚犯应和，高浚等人惶惶然，又恐怖又悲伤，不知不觉声音颤抖起来。文宣帝听了，不禁也悲伤起来，为之流泪，准备赦免他们。长广王高湛平素与高浚有矛盾，见状进言说："猛虎怎么能放出洞穴？"文宣帝听了默不作声。高浚等人听了，就叫着高湛的小名说："步落稽呀，皇天看到你今天的作为了！"文宣帝也因为高浚与高涣都有雄才大略，恐怕留下他们将来是个祸害，于是自己抽剑刺向高涣，又让壮士刘桃枝朝囚笼乱刺。刘桃枝的槊每次刺去，高浚、高涣就用手拽住折断它，同时呼天抢地地号哭着，于是随从们用点着的柴禾往里乱扔，把高浚、高涣活活烧死在地牢，再填上泥土石块。后来挖出来，皮肤头发都脱落光了，尸体的颜色和木炭一样，远近的人们看到了，都为之痛哭愤恨不已。文宣帝因为仪同三司刘郁捷动手杀了高浚，就把高浚的妃子陆氏赐给他；因为冯文洛杀了高涣，就把高涣的妃子李氏赐给他。刘郁捷、冯文洛这两个人都是皇帝家的旧家奴。不久又由于陆氏并不为高浚所宠爱，才被命令离开刘家。

三年（己卯，公元559年）

春季，正月，己酉，北周太师宇文护上表表示把政权归还周王，周王开始亲理万机；但军事方面的事务，宇文护还是总揽着。开始把都督州军事这一官职改称总管。

北周的处士韦夐是韦孝宽的哥哥，他的志向是崇尚平和淡泊，魏、周之际，曾十次征召他做官，他都不屈志服从。文帝宇文泰对他很尊重，不强迫他改变素志，明帝宇文毓对他的礼遇敬重尤其优厚，称他为"逍遥公"。晋公宇文护把他请到家里，询问他对政事的意见；宇文护把自己的房子修得高大漂亮，韦夐进门后仰头看看厅堂，感叹地说："酗酒纵饮，嗜好靡靡之音，修建高峻的房子，雕绘屋墙，这几样如果占了一样，没有不灭亡的。"宇文护听了很不高兴。

骠骑大将军、开府仪同三司寇俊是寇瓒的孙子，自小就有学问，有品行。家里人常常卖东西，有一回卖东西多得了五匹绢，寇俊后来知道了，说："得到财物，失去品行，这是我所不容之事。"于是寻访到绢的主人，把多得的绢还给了他。寇俊平时与宗族里的人和睦相处，和他们保持同样的生活水平，教育训导子孙，必定先把礼义教给他们。从大统中期开始他就托言老病，不再进朝觐见皇帝。明帝宇文毓虚心礼贤，想和他见面，寇俊不得已才入朝觐见。明帝拉着他，和他同席而坐，问他有关魏朝的旧事；用御用的车子给他乘坐，让他就在自己面前乘上车子出宫。明帝看看左右的人，说：“像寇俊今天享受的礼遇，只有积善的人才可以得到。”

丁酉（六月十二日），陈武帝身体不适，丙午（二十一日），病逝。陈武帝每临军机大事都能确定破敌制胜之道，他英勇善谋，独出心裁，而处理政务则崇尚宽和简朴，如不是军旅急务，一般不轻易调发军队。他天性节俭朴素，平常膳食只有几样菜而已，私人宴会用瓦器、饰以蚌壳的木盘，酒菜足够应付也就行了。后宫的妃子、宫女没有披金带翠的服饰，也不设女乐。

当时皇子陈昌被俘在长安，陈朝国内没有嫡亲的皇位继承人，国外又有强大的敌人，有经验的老将都带兵在外头，朝廷里也没有重臣。只有领军杜棱掌管宫廷宿卫军还在建康。章皇后召杜棱和中书侍郎蔡景历进入宫禁之中商量主意，决定秘不发丧，紧急从南皖召回临川王陈蒨。蔡景历亲自和宦官、宫人一起秘密地办理装殓尸体的器具。当时天气很热，必须做一个较大的棺材，因为担心斧头砍削木头的声音传出宫外，就用蜡做成一装尸的棺材。朝廷的一应文书诏敕，仍然按平时的样子宣布颁行。

侯安都的军队回朝，正好到达南皖，听到消息，就和临川王陈蒨一起回到朝廷。甲寅（二十九日），临川王到了建康，入朝后住在中书省。侯安都与各位大臣商量，决定拥戴临川王继承皇帝位，临川王表示谦让不敢接受。皇后因为皇子陈昌还活着的原故，也不肯下这个命令，大臣们议论纷纷，犹豫着不能做出决定。侯安都说：“现在四方都不安定，哪有工夫想得那么远！临川王平定东土，为国家立有大功，我们必须共同拥立他为国主。今天之事，迟疑而不立即答应的人一律斩首。”于是手执剑把走上宫殿，要求皇后拿出玉玺，又亲手解开陈蒨的头发，推他站到了丧事中皇位继承人应该站的位置上，并把棺材迁到太极殿西阶，隆重地为陈武帝发丧。皇后这才下了命令，让陈蒨继承皇帝位。当天，陈蒨就即位，颁布了大赦天下令。秋季，七月，丙辰（初一），尊奉皇后为皇太后。辛酉（初六），任命侯瑱为太尉，侯安都为司空。

北齐文宣帝因为嗜酒病重，不能进食，自己知道不能活多久了，便对李后说：“人生必有一死，我对死没有什么可惜的。只是怜悯太子正道年纪还小，恐怕有人会夺他的皇位！”又对常山王高演说：“要夺皇位也只好由你去，但千万不要杀害我儿。”尚书令开封王杨愔、领军大将军平秦王高归彦、侍中广汉人燕子献、黄门侍郎郑颐都接受遗诏承担辅政的责任。冬季，十月，甲午（初十），北齐文宣帝去世。癸卯（十九日），为其发丧，群臣们都做出号哭的样子，但没有人流泪。只有杨愔涕泪俱下，呜咽不止。太子高殷即皇帝位，大赦天下。庚戌（二十六日），尊称皇太后为太皇太后，皇后为皇太后；下诏命令各种土木金铁杂作之事全部暂停。

第一百六十八卷 陈纪二

译文诵读

世祖文皇帝上天嘉元年（庚辰，560）

春，正月，癸丑朔，大赦，改元。

齐显祖之丧，常山王演居禁中护丧事，娄太后欲立之而不果；太子即位，乃就朝列。以天子谅阴，诏演居东馆，欲奏之事，皆先咨决。杨愔等以演与长广王湛位地亲逼，恐不利于嗣主，心忌之。居顷之，演出归第，自是诏敕多不关预。

或谓演曰："鸷鸟离巢，必有探卵之患。今日王何宜屡出？"中山太守阳休之诣演，演不见。休之谓王友王晞曰："昔周公朝读百篇书，夕见七十士，犹恐不足。录王何所嫌疑，乃尔拒绝宾客！"

先是，显祖之世，群臣人不自保。及济南王立，演谓王晞曰："一人垂拱，吾曹亦保优闲。"因言："朝廷宽仁，真守文良主。"晞曰："先帝时，东宫委一胡人傅之。今春秋尚富，骤览万机，殿下宜朝夕先后，亲承音旨。而使他姓出纳诏命，大权必有所归，殿下虽欲守藩，其可得邪！借令得遂冲退，自审家祚得保灵长乎？"演默然久之，曰："何以处我？"晞曰："周公抱成王摄政七年，然后复子明辟，惟殿下虑之！"演曰："我何敢自比周公！"晞曰："殿下今日地望，欲不为周公，得邪？"演不应。显祖常遣胡人康虎儿保护太子，故晞言及之。

齐主将发晋阳，时议谓常山王必当留守根本之地；执政欲使常山王从帝之邺，留长广王镇晋阳；既而又疑之，乃敕二王俱从至邺。外朝闻之，莫不骇愕。又敕以王晞为并州长史。演既行，晞出郊送之。演恐有觇察，命晞还城，执晞手曰："努力自慎！"跃马而去。

平秦王归彦总知禁卫，杨愔宣敕留从驾五千兵于西中，阴备非常；至邺数日，归彦乃知之，由是怨愔。

领军大将军可朱浑天和，道元之子也，尚帝姑东平公主，每曰："若不诛二王，少主无自安之理。"燕子献谋处太皇太后于北宫，使归政皇太后。

又自天保八年已来，爵赏多滥，杨愔欲加澄汰，乃先自表解开府及开封王，诸叨窃恩荣者皆从黜免。由是嬖宠失职之徒，尽归心二叔。平秦王归彦初与杨、燕同心，既而中变，尽以疏忌之迹告二王。

侍中宋钦道，弁之孙也，显祖使在东宫，教太子以吏事。钦道面奏帝，称：“二叔威权既重，宜速去之。”帝不许，曰：“可与令公共详其事。”

愔等议出二王为刺史，以帝慈仁，恐不可所奏，乃通启皇太后，具述安危。宫人李昌仪，高仲密之妻也，李太后以其同姓，甚相昵爱，以启示之；昌仪密启太皇太后。

愔等又议不可令二王俱出，乃奏以长广王湛镇晋阳，以常山王演录尚书事。二王既拜职，乙巳，于尚书省大会百僚。愔等将赴之，散骑常侍兼中书侍郎郑颐止之，曰：“事未可量，不宜轻脱。”愔曰：“吾等至诚体国，岂常山拜职有不赴之理！”

长广王湛，旦伏家僮数十人于录尚书后室，仍与席上勋贵贺拔仁、斛律金等数人相知约曰：“行酒至愔等，我各劝双杯，彼必致辞。我一曰‘执酒’，二曰‘执酒’，三曰‘何不执’，尔辈即执之！”及宴，如之。愔大言曰：“诸王反逆，欲杀忠良邪！尊天子，削诸侯，赤心奉国，何罪之有！”常山王演欲缓之。湛曰：“不可。”于是拳杖乱殴，愔及天和、钦道皆头面血流，各十人持之。燕子献多力，头又少发，狼狈排众走出门，斛律光逐而擒之。子献叹曰：“丈夫为计迟，遂至于此！”使太子太保薛孤延等执颐于尚药局。颐曰：“不用智者言至此，岂非命也！”

二王与平秦王归彦、贺拔仁、斛律金拥愔等唐突入云龙门，见都督叱利骚，招之，不进，使骑杀之。开府仪同三司成休宁抽刃呵演，演使归彦谕之，休宁厉声不从。归彦久为领军，素为军士所服，皆弛仗，休宁方叹息而罢。

演入，至昭阳殿，湛及归彦在朱华门外。帝与太皇太后并出，太皇太后坐殿上，皇太后及帝侧立。演以砖叩头，进言曰：“臣与陛下骨肉至亲，杨遵彦等欲独擅朝权，威福自己，自天公已下皆重足屏气；共相唇齿，以成乱阶，若不早图，必为宗社之害。臣与湛为国事重，贺拔仁、斛律金惜献武皇帝之业，共执遵彦等入宫，未敢刑戮。专辄之罪，诚当万死。”

时庭中及两庑卫士二千余人，皆被甲待诏。武卫娥永乐，武力绝伦，素为显祖所厚，叩刀仰视，帝不睨之。帝素吃讷，仓猝不知所言。太皇太后令却仗，不退；又厉声曰：“奴辈即今头落！”乃退。永乐内刀而泣。

太皇太后因问：“杨郎何在？”贺拔仁曰：“一眼已出。”太皇太后怆然曰：“杨郎何所能为，留使岂不佳邪！”乃让帝曰：“此等怀逆，欲杀我二子，次将及我，尔何为纵之？”帝犹不能言。太皇太后怒且悲，曰：“岂可使我母子受汉老妪斟酌！”太后拜谢。太皇太后又为太后誓言：“演无异志，但欲去逼而已。”演叩头不止。太后谓帝：“何不安慰尔叔！”帝乃曰：“天子亦不敢为叔惜，况此汉辈！但丐儿命，儿自下殿去，此属任叔父处分。”遂皆斩之。

长广王湛以郑颐昔尝谗己，先拔其舌，截其手而杀之。演令平秦王归彦引侍卫之士向华林园，以京畿军士入守门阁，斩娥永乐于园。

太皇太后临愔丧，哭曰："杨郎忠而获罪。"以御金为之一眼，亲内之，曰："以表我意。"演亦悔杀之。于是下诏罪状愔等，且曰："罪止一身，家属不问。"顷之，复簿录五家；王晞固谏，乃各没一房，孩幼尽死，兄弟皆除名。

以中书令赵彦深代杨愔总机务。鸿胪少卿阳休之私谓人曰："将涉千里，杀骐骥而策蹇驴，可悲之甚也！"

齐大丞相演如晋阳，既至，谓王晞曰："不用卿言，几至倾覆。今君侧虽清，终当何以处我？"晞曰："殿下往时位地，犹可以名教出处；今日事势，遂关天时，非复人理所及。"演奏赵郡王睿为长史，王晞为司马。三月，甲寅，诏："军国之政，皆申晋阳，禀大丞相规算。"

周世宗明敏有识量，晋公护惮之，使膳部中大夫李安置毒于糖䭔而进之。帝颇觉之。庚子，大渐，口授遗诏五百馀言，且曰："朕子年幼，未堪当国。鲁公，朕之介弟，宽仁大度，海内共闻；能弘我周家，必此子也。"辛丑，殂。

鲁公幼有器质，特为世宗所亲爱，朝廷大事，多与之参议；性深沉，有远识，非因顾问，终不辄言。世宗每叹曰："夫人不言，言必有中。"壬寅，鲁公即皇帝位。大赦。

齐丞相演以王晞儒缓，恐不允武将之意，每夜载入，昼则不与语。尝进密室，谓曰："比王侯诸贵，每见敦迫，言我违天不祥，恐当或有变起；吾欲以法绳之，何如？"晞曰："朝廷比者疏远亲戚，殿下仓猝所行，非复人臣之事。芒刺在背，上下相疑，何由可久！殿下谦退，粃糠神器，实恐违上玄之意，坠先帝之基。"演曰："卿何敢发此言，须致卿于法！"晞曰："天时人事，皆无异谋，是以敢冒犯斧钺，抑亦神明所赞耳。"演曰："拯难匡时，方俟圣哲，吾何敢私议？幸勿多言！"丞相从事中郎陆杳将出使，握晞手，使之劝进。晞以杳言告演，演曰："若内外咸有此意，赵彦深朝夕左右，何故初无一言？"晞乃以事隙密问彦深，彦深曰："我比亦惊此声论，每欲陈闻，则口噤心悸。弟既发端，吾亦当昧死一披肝胆。"因共劝演。

演遂言于太皇太后。赵道德曰："相王不效周公辅成王，而欲骨肉相夺，不畏后世谓之篡邪！"太皇太后曰："道德之言是也。"未几，演又启云："天下人心未定，恐奄忽变生，须早定名位。"太皇太后乃从之。

八月，壬午，太皇太后下令，废齐主为济南王，出居别宫。以常山王演入纂大统，且戒之曰："勿令济南有他也！"

肃宗即皇帝位于晋阳，大赦，改元皇建。太皇太后还称皇太后；皇太后称文宣皇后，宫曰昭信。

乙酉，诏绍封功臣，礼赐耆老，延访直言，褒赏死事，追赠名德。

帝谓王晞曰："卿何为自同外客，略不可见？自今假非局司，但有所怀，随宜作一牒，候少隙，即径进也。"因敕与尚书阳休之、鸿胪卿崔劼等三人，每日职务罢，并入东廊，共举录历代礼乐、职官及田市、征税，或不便于时而相承施用，或自古为利而于今废坠，或道德高俊，久在沉伦，或巧言眩俗，妖邪害政者，悉令详思，以渐条奏。朝晡给御食，毕景听还。

帝识度沈敏，少居台阁，明习吏事，即位尤自勤励，大革显祖之弊，时人服其明而讥其细。尝问舍人裴泽，在外议论得失。泽率尔对曰："陛下聪明至公，自可远侔古昔；而有识之士，咸言伤细，帝王之度，颇为未弘。"帝笑曰："诚如卿言。朕初临万机，虑不周悉，故致尔耳。此事安可久行，恐后又嫌疏漏。"泽由是被宠遇。

库狄显安侍坐，帝曰："显安，我姑之子；今序家人之礼，除君臣之敬，可言我之不逮。"显安曰："陛下多妄言。"帝曰："何故？"对曰："陛下昔见文宣以马鞭挞人，常以为非；今自行之，非妄言邪？"帝握其手谢之。又使直言，对曰："陛下太细，天子仍更似吏。"帝曰："朕甚知之。然无法日久，将整之以至无为耳。"又问王晞，晞曰："显安言是也。"显安，干之子也。群臣进言，帝皆从容受纳。

性至孝，太后不豫，帝行不能正履，容色贬悴，衣不解带，殆将四旬。太后疾小增，即寝伏阁外，食饮药物，皆手亲之。太后尝心痛不自堪，帝立侍帷前，以爪掐掌代痛，血流出袖。友爱诸弟，无君臣之隔。

戊子，以长广王湛为右丞相，平阳王淹为太傅，彭城王浟为大司马。

帝欲以晞为侍郎，苦辞不受。或劝晞勿自疏。晞曰："我少年以来，阅要人多矣，得志少时，鲜不颠覆。且吾性实疏缓，不堪时务，人主恩私，何由可保？万一披猖，求退无地。非不好作要官，但思之烂熟耳。"

二年（辛巳，561）

春，正月，戊申，周改元保定。以大冢宰护为都督中外诸军事；令五府总于天官，事无巨细，皆先断后闻。

齐主之诛杨、燕也，许以长广王湛为太弟；既而立太子百年，湛心不平。帝在晋阳，湛居守于邺。散骑常侍高元海，高祖之从孙也，留典机密。帝以领军代人库狄伏连为幽州刺史，斛律光之弟羡为领军，以分湛权。湛留伏连，不听羡视事。

先是，济南闵悼王常在邺，望气者言：邺中有天子气。平秦王归彦恐济南复立，为己不利，劝帝除之。帝乃使归彦至邺，征济南王如晋阳。

湛内不自安，问计于高元海。元海曰："皇太后万福，至尊孝友异常，殿下不须异虑。"湛曰："此岂我推诚之意邪！"元海乞还省，一夜思之，湛即留元海于后堂。元海达旦不眠，唯绕床徐步。夜漏未尽，湛遽出，曰："神算如何？"元海曰："有三策，恐不堪用耳。请殿下如梁孝王故事，从数骑入晋阳，先见太后求哀，后见主上，请去兵权，以死为限，不干朝政，必保太山之安，此上策也。不然，当具表云，威权太盛，恐取谤众口，请青、齐二州刺史，沈靖自居，必不招物议。此中策也。”更问下策。曰：“发言即恐族诛。”固逼之。元海曰：“济南世嫡，主上假太后令而夺之。今集文武，示以征济南之敕，执斛律丰乐，斩高归彦，尊立济南，号令天下，以顺讨逆，此万世一时也。”湛大悦。然性怯，狐疑未能用，使术士郑道谦等卜之，皆曰：“不利举事，静则吉。”有林虑令潘子密，晓占候，潜谓湛曰：“宫车当晏驾，殿下为天下主。”湛拘之于内以候之。又令巫觋卜之，多云：“不须举兵，自有大庆。”

湛乃奉诏，令数百骑送济南王至晋阳。九月，帝使人鸩之，济南王不从，乃扼杀之。帝寻亦悔之。

齐肃宗出畋，有兔惊马，坠地绝肋。娄太后视疾，问济南所在者三，齐主不对。太后怒曰：“杀之邪？不用吾言，死其宜矣！”遂去，不顾。

十一月，甲辰，诏以嗣子冲眇，可遣尚书右仆射赵郡王睿谕旨，征长广王湛统兹大宝。又与湛书曰：“百年无罪，汝可以乐处置之，勿效前人也。”是日，殂于晋阳宫。临终，言恨不见太后山陵。

三年（壬午，562）

上以闽州刺史陈宝应之父为光禄大夫，子女皆受封爵，命宗正编入属籍。而宝应以留异女为妻，阴与异合。

虞荔弟寄，流寓闽中，荔思之成疾，上为荔征之，宝应留不遣。寄尝从容讽以逆顺，宝应辄引他语以乱之。宝应尝使人读《汉书》，卧而听之，至蒯通说韩信曰：“相君之背，贵不可言。”蹶然起坐，曰：“可谓智士！”寄曰：“通一说杀三士，何足称智！岂若班彪《王命》，识所归乎！”

寄知宝应不可谏，恐祸及己，乃著居士服，居东山寺，阳称足疾。宝应使人烧其屋，寄安卧不动。亲近将扶之出，寄曰：“吾命有所悬，避将安往！”纵火者自救之。

后梁主安于俭素，不好酒色，虽多猜忌，而抚将士有恩。以封疆褊隘，邑居残毁，干戈日用，郁郁不得志，疽发背而殂；葬平陵，谥曰宣皇帝，庙号中宗。太子岿即皇帝位，改元天保；尊龚太后为太皇太后，王后曰皇太后，母曹贵嫔为皇太妃。

陈文帝天嘉元年（庚辰，公元560年）

春季，正月，癸丑朔（初一），陈朝大赦天下，改换年号为天嘉。

在北齐文宣帝的丧期内，常山王高演住在宫禁之中处理丧事，娄太后想立他为帝，但没有实现；太子登了皇位之后，高演才到朝廷百官中去就列。因为天子居丧，便下诏让高演居住在东馆，大臣们想启奏皇帝的事，都先到高演那儿请示决定。杨愔等人因为高演与长广王高湛地位很高，与皇帝又是亲属关系，恐怕他们对嗣主产生威胁，所以对他们心怀猜忌。在东馆住了一阵子之后，高演搬出来回自己的宅第。从此之后，有关诏书敕令的事大多不再干预了。

有人对高演说："凶猛的鸷鸟一旦离开窝巢，鸟蛋就有被掏的危险。在如今这种形势之下，大王您怎么可以经常外出呢？"中山太守阳休之去拜见高演，高演托辞不见他。阳休之对高演的朋友王晞说："过去周公早上读一百篇书，晚上会见七十个士，还恐怕做得不够。录王避什么嫌疑，竟这样拒绝宾客？"

早先，文宣帝在的时候，群臣人人不能自保。待到济南王立为皇帝，高演对王晞说："皇上现在亲自执政了，我们也能托福保住悠闲的日子了。"因此又说："皇上宽和施仁，真是能继承基业、光大教化的良主啊。"王晞回答说："先帝时，东宫太子那儿还曾委派一个胡人去辅导他呢。现在皇上年龄还小，骤然承担起处理纷繁的军国大事的重任，殿下正是得早晚陪在他身边，亲自听取皇上的言语圣旨。如果放任外姓之人去传递诏命，国家大权必然会旁落，那时殿下虽然想守住自己的藩国，还能如愿吗？即使您能如愿以偿，急流勇退，但请想想，高家的国祚还能够千秋万代永在吗？"高演听了，默不作声，想了很久，才问："那我该怎样自处呢？"王晞进言说："过去周公曾抱着成王摄政七年，然后才把政权归还成王，明确表示自身引退，希望殿下好好想想！"高演说："我怎么敢自比为周公呢！"王晞回答说："以殿下今日的地位声望而言，你想不当周公，能行吗？"高演听了没有应声。文宣帝常常派胡人康虎儿保护太子，所以王晞的话里提到这件事。

北齐国主高殷将从晋阳出发去邺城继位，当时的舆论认为常山王高演必定会留守在晋阳这个国家的根本之地；执政者想让常山王跟随高殷去邺城，留下长广王高湛镇守晋阳；不久又对高湛产生了怀疑，于是下令二王都跟从高殷去邺城。朝廷外的人听到这种安排，没有不感到害怕惊愕的。接着又下一道敕令，让王晞去当并州长史。高演既已出发，王晞到郊外为他送行。高演恐怕有人暗中窥视监察，命令王晞快回城去，临别，拉着王晞的手说："望你努力自我保重！"然后跳上马奔跃而去。

平秦王高归彦总管禁卫军，杨愔宣布敕令，留下随驾的五千名精兵在晋阳，暗中准备对付非常事件。到达邺城几天后，高归彦才知道这种安排，从此对杨愔产生了怨恨之心。

领军大将军可朱浑天和，是可朱浑道元的儿子，娶了废帝高殷的姑母东平公主为妻，他总是说："如果不杀了二王，少主决不可能平安执政。"燕子献谋划着把太皇太后安置到邺城北宫去，使国家政权归皇太后掌管。

另外，自从天保八年以来，官爵赏赐太多太滥，杨愔想加以澄清淘汰，于是带头上表请求解除自己开府及开封王的职务，众多沾光窃取皇恩享受荣华的人都跟着被废黜罢免了。从此那些原来被宠幸但现在失去官职的人，都归心于高演与高湛两位皇叔。平秦王高归彦起初和杨愔、燕子献是一条心，不久中途变志，把杨愔、燕子献疏远猜忌二王的种种迹象全部密告了二王。

侍中宋钦道是宋弁的孙子。文宣帝派他供职在宫，教育太子熟悉吏事。宋钦道当面启奏废帝说："两位皇叔威权已经很重，应该设法尽快除去他们。"废帝不许可，对他说："你可以和令公杨愔共同详细讨论这件事。"

杨愔等人商议把二王派出去当刺史，但考虑到高殷天性慈爱仁厚，恐怕不会批准他们的奏请，于是就直接启奏皇太后，详尽讲述了二王构成的威胁以及皇上的安危。宫人李昌仪，是高仲密的妻子。李太后因为她和自己同姓，便和她很亲近，十分喜爱她，就把杨愔等人递上来的奏折给她看。李昌仪便秘密地把奏折的内容报告了太皇太后。

杨愔等人又商议说不能让二王都出去当刺史，于是就启奏，请求让长广王高湛镇守晋阳，任命常山王高演为录尚书事。二王拜领了官职以后，乙巳（二十三日），在尚书省会见百官。杨愔等人将去赴会，散骑常侍兼中书侍郎郑颐阻止了他们，说："这事的祸福不可测量，不宜轻率。"杨愔说："我等对国家一片至诚，岂有常山王拜职而不去赴会的道理！"

长广王高湛，一早就在后室中埋伏了几十个家僮，并对参与宴会的勋贵贺拔仁、斛律金等几个人关照说："敬酒敬到杨愔等人时，我对他们每个人各劝双杯酒，他们必定起来致辞。我头一次说：'拿酒。'第二次说：'拿酒。'第三次说：'为什么不拿！'你们就动手把他们抓起来！"到了宴会时，果真照计划办理。杨愔被抓时大声说："诸王造反谋逆，想杀害忠臣良将吗？我等尊奉天子，削弱诸侯，赤胆忠心为国家，有什么罪！"常山王高演想缓和一点。高湛说："不行。"于是拳头棍棒乱打，杨愔、可朱浑天和、宋钦道都被打的满头满面流血，每人被十个人按住，一点也动弹不得。燕子献力气大，头发又很少，一下子挣脱，狼狈地推开众人跑出门去，斛律光追上去捉住了他。燕子献长叹说："大丈夫用计迟了一步，终于落到这步田地！"二王又派太子太保薛孤延等到尚药局去抓郑颐。郑颐说："这帮人不听智者的话以至于此，这难道不是命吗？"

常山王高演、长广王高湛与平秦王高归彦、贺拔仁、斛律金推拥着杨愔等人闯入云龙门，遇见了都督叱利骚，便招呼他过来，他不来，便派骑兵去杀了他。开府仪同三司成休宁抽出刀来呵斥高演，高演派高归彦去说服他，成休宁声色俱厉地抗议，表示绝不服从。高归彦长期以来担任领军，军士们一向对他很敬服，这时都放下兵器不再抵抗，成休宁才叹息着让开了。

高演进了皇宫，来到昭阳殿，高湛和高归彦停在朱华门外。废帝和太皇太后、皇太后一起走出来，太皇太后坐在宫殿上，皇太后和废帝站在两侧。高演把头抵在殿砖上，边叩头边说："臣与陛下是至亲骨肉，杨遵彦等人想独自垄断朝廷大权，作威作福，自王公以下的文武百官无不蹑足屏气，莫敢吱声；这帮人互相勾结，串通一气，已经成了动乱的祸根，如果不早日除掉他们，必定会成为宗庙社稷的大害。我与高湛以国家安危为重，贺拔仁、斛律金珍惜献武皇帝开创的事业，所以才共同行动，抓住了杨遵彦等人入宫见皇上，我们未敢对他们擅自施刑杀戮，现交由皇上处治。我等没有事先请示就行事，专断之罪，实在罪该万死。”

当时宫廷中和两边走廊里有卫士二千余人，都披着甲胄、拿着兵器等待废帝的诏令。武卫娥永乐，武艺力气超群，过去一向为文宣帝所看重厚待，这时用手敲着刀刃，抬起头来仰视废帝，期待他下令。但废帝有意不看他。废帝平素就口吃木讷，这时仓猝之间更不知该说什么好。太皇太后下令卫兵放下兵器退下，卫士们不退；太皇太后又厉声喝道：“你们这些奴才不听令，立刻就让你们掉脑袋！”卫士们这才退下了。娥永乐把刀插入鞘内痛哭起来。

太皇太后这才发问：“杨郎现在在哪里？”贺拔仁回答说：“他一只眼睛的眼球被打出来了。”太皇太后怆然涕下，说：“杨郎能有什么反抗之力呢，留着他以待任命使唤难道不好吗？”于是责备废帝，说：“这些人心怀叛逆，想杀害我的两个儿子，接着就将要杀害我，你为什么纵容他们？”废帝还是说不出话来。太皇太后既非常生气又悲伤难禁，她说：“怎么可以让我们母子受这汉族老太婆的算计呢！”皇太后跪下谢罪。太皇太后又为皇太后发誓说：“高演并没有夺位的异志，只是想除去自身的威胁而已。”高演在下面不断叩头。皇太后只好对废帝说：“还不赶快安慰你叔叔！”废帝这才说出话来：“天子也不敢为叔叔的事而惜身不前呀，何况这些汉人！只要给侄儿一条命，我自己下殿走开，这些人交给叔叔，由你们处治。”于是把杨愔等人全部斩首了。

长广王高湛因为忌恨郑颐过去曾经在皇帝面前进他的谗言，就特别凌虐他，先把他的舌头割掉，又砍下他的手，然后才杀死他。高演命令平秦王高归彦把原来的侍卫兵士带到华林园去，另换京城一带的军士来宫中担任守卫，娥永乐在华林园被斩杀。

太皇太后亲自参加杨愔的丧事，哭着说：“杨郎是因为忠君才获罪的呀！”她让人用御府的金子做了一只眼睛，亲自放到杨愔眼眶里去，说：“以此来表达我痛惜的心意。”高演也后悔杀了杨愔。于是下诏宣布杨愔等人的罪状时，加上了这样一句：“这些人的罪由他们个人负责，家属不予问罪。”过一阵子，又根据簿册逮捕杨愔、可朱浑天和、燕子献、宋钦道、郑颐等五家的人口；王晞一再劝谏，于是五家各抄斩一房，小孩也斩而不留，兄弟们则全被除名。

任命中书令赵彦深代替杨愔总理朝廷机要大事。鸿胪少卿阳休之私下对人说：“这真是将要跋涉千里的时候，却杀掉了骐驎骏马而换上跛足老驴呀，真是太可悲了！”

北齐大丞相高演到晋阳去，到达之后，对王晞说：“我当初不听您的话，差点被人扳倒。现在君王身旁的坏人虽然已清除掉了，但我到底应当怎样自处呢！”王晞回答说：“殿下过去以自己的地位名望，还可以根据名教纲常进退出处；看如今天下形势，已经是关系到天时天命，再也不是以人间常理可以处置的了。”高演奏请任命赵郡王高睿为长史，王晞为司马。三月甲寅（初三），北齐废帝下诏说：

“凡是军政大事，都要申报到晋阳去，禀告大丞相规划决策。”

周明帝英明聪敏，有见识有肚量，晋公宇文护害怕他，便指使膳部中大夫李安在糖饼里放毒药送上去。明帝食用之后就明显有所感觉。庚子（四月十九日），病情恶化，弥留之际，口授遗诏五百多字，而且说：“我的儿子年幼，不能负起治国大任。鲁公，是我的大弟弟，为人宽仁大度，声望传于海内，能弘扬我家帝业的，一定是这个孩子！”辛丑（二十日），去世。

鲁公宇文邕自幼就胸怀大志，气度不凡，所以特别受明帝钟爱，凡是朝廷大事，多与他商量。他性格深沉，有远大的识见，不是因为明帝询问，他是不随便说话的。世宗每每慨叹说：“这个人要么不说话，一说就必定有切中事理的精辟见解。”壬寅（二十一日），鲁公宇文邕即皇帝位，颁发了大赦天下令。

北齐丞相高演考虑到王晞儒雅，动作迟缓，担心他不称武将们的心，便每夜用车载他进来议事，白天则不和他说话。又曾经把王晞叫进密室，对他说：“近来王侯及诸位贵族每每对我进行敦促逼迫，说我违反天意而不即位，很不吉祥。恐怕这样下去会有变乱发生；我想依法治他们鼓吹篡逆之罪，你以为如何呢？”王晞回答说：“皇上近来对亲戚非常疏远，殿下不久前仓猝间所实行的诛灭杨愔等人的举动，已不是为人臣的人该做的事。现在是芒刺在背，上下互相怀疑，这种局面怎么能长久。殿下谦逊退让，视国家神器为秕糠，其实恐怕是违背了上天的旨意，毁坏了先帝留下的基业。”高演说：“你怎么敢说这样的话，我要把你按国法论罪！”王晞说：“天时人意，都没有不同，所以我才敢冒犯斧钺诛戮来进言，这怕也是神明所赞许的吧！”高演说：“拯救国家于危难，匡扶时世，正等待圣哲出现呢，我怎么敢私下议论呢？你就别再多说了！”丞相从事中郎陆杳将要出使，握着王晞的手，让他去劝进。王晞把陆杳的话告诉了高演，高演说：“如果朝廷内外都有这种意思，赵彦深早晚都在我身边，为什么他一句话也不说？”于是王晞利用公事的间隙悄悄探问赵彦深的意思，赵彦深说：“我近来也为这种舆论而吃惊，每每想把自己的意见加以陈述，但临言噤口，心惊肉跳。现在你既然发端说出来了，我也要冒着一死披露一下肝胆了！”于是与王晞共同向高演劝进。

高演于是就把群臣劝进的话告诉了太皇太后。赵道德在一边说：“相王您不效法周公辅佐成王的往事，而想行骨肉相夺之事，难道不怕后世说你篡逆吗？”太皇太后也说：“赵道德说的话是对的。”过一阵子，高演又去启奏说：“现在天下人心不安定，我担心变乱突然发生，必须早日确定名位。”太皇太后这才答应了。

八月，壬午（初三），太皇太后发布敕令，废北齐国主高殷为济南王，让他搬到别宫去住。让常山王高演入朝登基，并且告诫高演说：“可不能让济南王有其他不测之事！”

齐孝昭帝高演在晋阳即皇位，大赦天下，改换年号为皇建。太皇太后恢复皇太后的称号；皇太后则称为文宣皇后，她的宫室叫昭信宫。

乙酉（初六），北齐孝昭帝下诏继续封赏功臣，优礼厚赐老人，延揽寻访直言之人，褒扬赏励死节之士，一一追赠荣名，表彰他们的道德。

孝昭帝对王晞说：“你为什么把自己看得和外客一样，经常也见不到面？从今以后，有所进言不必假手于局司，只要想到什么，随时写成小简，一有机会就直接送进来。”于是就敕令王晞与尚书阳休之、鸿胪卿崔劼等三人，每天本职公务结束后，就进到东廊共同检查抄录历代在礼乐、职官以及田市、赋税等方面制度沿革的情况。或不适于现今情况却还在继续实行、或自古以来受利而现在却被废除之事，或道德高尚却长久沉沦、或用巧伪言辞眩惑世俗煽起妖邪之风危害政事之人，让他们详细地列举分析，逐条奏闻上来。早晨和申时都供给御食，天黑后才放他们回家。

孝昭帝气度深沉，识见敏锐，自小就居官于台阁之中，对行政事务非常熟悉，即位后尤其勤勉励志，对文宣帝时代的弊政进行彻底的革除，当时人们佩服他的明察而讥笑他的琐细。孝昭帝曾经问舍人裴泽外头对他的施政得失有什么议论。裴泽直率地回答说：“陛下耳聪目明，处事极为公道，这方面自然可以比得上远古的圣君。但有识之士，都说您伤于琐细，作为一个帝王的气度，还是不够弘大。”孝昭帝笑着说：“确实像你说的那样。我刚刚亲临万机，老担心不够周到妥帖，所以才造成这种状况。这种过细处事的作风怎么可以久行呢，我会酌情改变的，但恐怕将来又会嫌我处事疏漏了。”裴泽从此深受孝昭帝宠爱。

库狄显安有一次侍坐在孝昭帝身边，孝昭帝说：“库狄显安是我姑母的儿子；今天以家里人的礼节相待，免去君臣之间的那一套恭敬之礼，你可以说说我不足的地方。”库狄显安说：“陛下老说虚妄不实的话。”孝昭帝问：“为什么呢？”库狄显安回答说：“陛下过去看到文宣帝用马鞭子打人，常常说这是不对的。现在自己也用马鞭子打人，这不是说假话吗？”孝昭帝握住他的手表示感谢。又让他进一步直言，库狄显安说：“陛下太琐细，身为天子，却更像一个具体办事的官吏。”孝昭帝解释说：“我自己也很知道这一点。然而国家缺乏法制已经很久了，我将要整顿它，要达到可以无为而治的地步。”孝昭帝又去问王晞，王晞说：“库狄显安说得对。”库狄显安是库狄干的儿子。朝中群臣进言提意见或建议，孝昭帝都从容地接受采纳。

孝昭帝天性十分孝顺，太后身体不舒适，他急得连走路都歪歪斜斜的，形容憔悴，睡觉也不敢脱衣服，一直守了近四十天。太后病一稍微加重，孝昭帝就睡在门外，食物饮水汤药，都亲手侍候。太后有一次心绞痛，痛得不能忍受，孝昭帝站着侍奉在帷帐之前，以指甲掐自己的手掌，想替太后减轻痛苦，竟至于把手掌掐破，鲜血流出袖子。他对几个弟弟也很友爱，没有君与臣之间常有的那种隔膜。

戊子（初九），孝昭帝任命长广王高湛为丞相，平阳王高淹为太傅，彭城王高浟为大司马。

孝昭帝想让王晞当侍中，王晞苦苦恳辞不答应。有人劝王晞不要自己和皇帝疏远起来。王晞解释说：“我自少年以来，看到的位居显要的人多了，得意了没有多久，很少最后不倒台的。而且我这个人性子其实很疏懒，举止缓慢，受不了繁重的俗务，皇上的私恩，凭什么去确保长盛不衰呢？万一疏忽大意，想求个退路都没有地方！不是我不爱做权要之官，不过是把进退出处的利害想得烂熟而已。”

二年（辛巳，公元561年）

春季，正月，戊申（初一），北周改换年号为保定。任命大冢宰宇文护为都督中外诸军事；命令地官、春官、夏官、秋官、冬官等五府全部隶属于天官府，事情无论大小，都可以由宇文护先拍板决定再奏闻皇帝。

北齐孝昭帝杀杨愔、燕子献等人时，答应让长广王高湛当太弟，将来接他的皇位。后来却立高百年为太子，高湛心中愤愤不平。孝昭帝在晋阳，高湛留守在邺城。散骑常侍高元海，是神武帝的堂孙，留下来掌管机密。孝昭帝任命领军代郡人库狄伏连为幽州刺史，斛律光的弟弟斛律羡为领军，以此来分散高湛的兵权。高湛留下库狄伏连，不让他到幽州去上任，又不让斛律羡去执行领军的职务。

原先，济南闵悼王高殷常住在邺城，一个会望气之术的人说：邺中有天子之气笼罩。平秦王高归彦怕济南王将来又当孝昭帝，对自己很不利，就劝孝昭帝除去济南王。孝昭帝便派高归彦去邺城，征召济南王到晋阳来。

高湛因为违抗孝昭帝的任命，心里很不踏实，就向高元海询问计策。高元海说：“皇太后健康长寿，福泽绵长，皇上异常地孝顺友爱，殿下不必有什么异样的考虑。”高湛听了不高兴，说：“这难道就是我信任你，对你推诚相待的本意吗？”高元海要求回到台省中，用一晚上仔细考虑此事，高湛把高元海留在后堂。高元海到天亮还没有入睡，只是绕着床缓缓踱步。计算时间的夜漏还没有滴完，高湛突然出来了，问高元海：“你神机妙算的怎样呢？”高元海回答说：“有三条计策，只是恐怕不中用罢了。请殿下效法汉朝梁孝王的故事，带着几个随从到晋阳去，先去拜见太后，求她哀怜，随后再去求见皇上，请皇上削去你的兵权，一直到死也不再干预朝政，这样必定能使殿下安如泰山，这是上策。如果上策不行，那就应该上表，申述因为自己威权太盛，恐怕遭到众口的毁谤，请求任命自己为青、齐二州刺史，沉默安静地住在那儿，这样做必定不会招来议论。这是中策。”高湛又问下策又如何呢，高元海回答说：“我说出来怕遭到灭族的灾祸。”高湛再三逼他说出来。高元海这才说：“济南王是先帝的嫡子，主上假托太后的命令夺了他的帝位。现在你不妨把文武大臣召集起来，把皇上征召济南王去晋阳的敕令拿出来让他们看，把斛律丰乐抓起来，把高归彦斩首，尊立济南王为帝，号令天下，以顺讨逆，这是万世一时的大好机会。”高湛听了这下策，非常高兴。但他性格怯懦，犹犹豫豫不能采用，让术士郑道谦等人占卜吉凶，术士们大多说：“举事是不利的，安安静静才是大吉。”有一个林虑县的县令叫潘子密，通晓占卜观察天像之术，他偷偷对高湛说：“皇帝很快会驾崩，殿下会成为天下之主。”高湛把他抓来，放在内庭，以验证他的预言。又命令巫觋占卜，大多说：“不用举兵，自然会有大喜事临头。”

高湛于是奉诏派数百名骑兵送济南王去晋阳。九月，孝昭帝派人送毒酒去毒死济南王，济南王不肯喝，于是就扼其咽喉，将他卡死。事后孝昭帝又后悔了。

北齐孝昭帝出外打猎，窜出一只兔子，把他骑的马惊了，他被掀掉在地上，摔断了肋骨。娄太后来探望他的伤势，再三问起济南王在哪里，齐孝昭帝不回答。娄太后勃然大怒，说："被你杀了吧？不听我的话，死了也是活该！"于是离去，头都不回。

十一月，甲辰（初二），北齐孝昭帝下诏，说是因为皇太子年纪幼小，可以派尚书右仆射赵郡王高睿传旨，征召长广王高湛来继承皇位。又写了封信给高湛，说："高百年没有罪过，你可以好好处置他，不要学前人的样子。"这一天，北齐孝昭帝死在晋阳宫里。他临终时说，自己最大的遗憾是不能为太后送终。

高湛享乐图

三年（壬午，公元562年）

陈文帝任命闽州刺史陈宝应的父亲为光禄大夫，陈宝应的子女也都封爵，而且命令宗正把他们的名字编入官府名册。但陈宝应娶了留异的女儿为妻，因此暗地里和留异合作。

虞荔的弟弟虞寄，寄居在闽中，虞荔因思念他而病了。陈文帝为虞荔特地向闽中征召虞寄回朝，但陈宝应把人扣着不放。虞寄曾经在闲谈中对陈宝应劝谕叛逆和归顺何去何从的道理，但陈宝应一听就把话头引开，打乱虞寄的话。陈宝应曾经让人为他读《汉书》，自己躺着听，当听到蒯通游说韩信时说的话"看你后背的形状，骨相极贵，几乎不便说出"之时，突然坐起来，感叹说："真可称为智士了！"虞寄在一边说："蒯通这一番游说，造成了郦生被烹、田横失败、韩信骄纵亡身的后果，杀害了三个才俊之士，有什么足以称为智士的呢？这哪比得上班彪在《王命论》中能理解何去何从呢！"

虞寄深知陈宝应是劝谏不过来了，担心灾祸降到自己身上，于是就穿上隐居不仕的士人服装，住进了东山寺，假称是脚上有毛病。陈宝应派人去烧他所住的房子，虞寄安然躺卧在那儿，一动也不动。身边亲近的人要扶他出来，虞寄说："我的生命悬在人家手里，将到哪儿去躲避呢？"结果是放火的人自己把他救出来了。

后梁国主习惯于节俭朴素，不好酒色，虽然性多猜忌，但却能体贴将士，广施恩惠。因为国家疆土狭小偏僻，老百姓的住所破败，干戈不断，所以总是郁郁不得志，终于因背疽发作而死，葬在平陵，谥号为宣皇帝，庙号中宗。太子萧岿即皇帝位，改年号为天保，尊龚太后为太皇太后，王皇后为皇太后，母亲曹贵嫔为皇太妃。

第一百六十九卷 陈纪三

译文诵读

世祖文皇帝下天嘉四年（癸未，563）

周主将视学，以太傅燕国公于谨为三老。谨上表固辞，不许，仍赐以延年杖。戊午，帝幸太学。谨入门，帝迎拜于门屏之间，谨答拜。有司设三老席于中楹，南向。太师护升阶，设几，谨升席，南面凭几而坐。大司马豆卢宁升阶，正舄。帝升阶，立于斧扆之前，西面。有司进馔，帝跪设酱豆，亲为之袒割。谨食毕，帝亲跪授爵以酳。有司撤讫，帝北面立而访道。谨起，立于席后，对曰："木受绳则正，后从谏则圣。明王虚心纳谏以知得失，天下乃安。"又曰："去食去兵，信不可去；愿陛下守信勿失。"又曰："有功必赏，有罪必罚，则为善者日进，为恶者日止。"又曰："言行者，立身之基，愿陛下三思而言，九虑而行，勿使有过。天子之过，如日月之食，人莫不知，愿陛下慎之。"帝再拜受言，谨答拜。礼成而出。

齐侍中、开府仪同三司和士开有宠于齐主，齐主外朝视事，或在内宴赏，须臾之间，不得不与士开相见，或累日不归，一日数入；或放还之后，俄顷即追，未至之间，连骑督趣。奸谄百端，宠爱日隆，前后赏赐，不可胜纪。每侍左右，言辞容止，极诸鄙亵；以夜继昼，无复君臣之礼。常谓帝曰："自古帝王，尽为灰土，尧舜、桀纣，竟复何异！陛下宜及少壮，极意为乐，纵横行之。一日取快，可敌千年。国事尽付大臣，何虑不办，无为自勤约也！"帝大悦。于是委赵彦深掌官爵，元文遥掌财用，唐邕掌外、骑兵，信都冯子琮、胡长粲掌东宫。帝三四日一视朝，书数字而已，略无所言，须臾罢入。长粲，僧敬之子也。

帝使士开与胡后握槊，河南康献王孝瑜谏曰："皇后天下之母，岂可与臣下接手！"孝瑜又言："赵郡王睿，其父死于非命，不可亲近。"由是睿及士开共谮之。士开言孝瑜奢僭，睿言"山东唯闻河南王，不闻有陛下。"帝由是忌之。孝瑜窃与尔朱御女言，帝闻之，大怒。庚申，顿饮孝瑜酒三十七杯。孝瑜体肥大，腰带十围，帝使左右娄子彦载以出，鸩之于车，至西华门，烦躁投水而绝。赠太尉、录尚书事。诸侯在宫中者，莫敢举声，唯河间王孝琬大哭而出。

五年（甲申，564）

周皇姑之归也，齐主遣人为晋公护母作书，言护幼时数事，又寄其所著锦袍，以为信验。且曰："吾属千载之运，蒙大齐之德，矜老开恩，许得相见。禽兽草木，母子相依。吾有何罪，与汝分离！今复何福，还望见汝！言此悲喜，死而更苏。世间所有，求皆可得，母子异国，何处可求！假汝贵极王公，富过山海，有一老母，八十之年，飘然千里，死亡旦夕，不得一朝蹔见，不得一日同处，寒不得汝衣，饥不得汝食，汝虽穷荣极盛，光耀世间，于吾何益！吾今日之前，汝既不得申其供养，事往何论；今日以后，吾之残命，唯系于汝尔。戴天履地，中有鬼神，勿云冥昧，而可欺负！"

护得书，悲不自胜。复书曰："区宇分崩，遭遇灾祸，违离膝下，三十五年。受生禀气，皆知母子，谁同萨保，如此不孝！子为公侯，母为俘隶，暑不见母暑，寒不见母寒，衣不知有无，食不知饥饱，泯如天地之外，无由暂闻。分怀冤酷，终此一生，死若有知，冀奉见于泉下耳！不谓齐朝解网，惠以德音，磨敦、四姑，并许矜放。初闻此旨，魂爽飞越，号天叩地，不能自胜。齐朝霈然之恩，既已沾洽，有家有国，信义为本，伏度来期，已应有日。一得奉见慈颜，永毕生愿。生死肉骨，岂过今恩；负山戴岳，未足胜荷。"

齐人留护母，使更与护书，邀护重报，往返再三。时段韶拒突厥军于塞下，齐主使黄门徐世荣乘传赍周书问韶。韶以"周人反覆，本无信义，比晋阳之役，其事可知。护外托为相，其实主也。既为母请和，不遣一介之使。若据移书，即送其母，恐示之以弱。不如且外许之，待和亲坚定，然后遣之未晚。"齐主不听，即遣之。

阎氏至周，举朝称庆，周主为之大赦。凡所资奉，穷极华盛。每四时伏腊，周主帅诸亲戚行家人之礼，称觞上寿。

突厥自幽州还，留屯塞北，更集诸部兵，遣使告周，欲与共击齐如前约。闰月，乙巳，突厥寇齐幽州。

晋公护新得其母，未欲伐齐；恐负突厥约，更生边患，不得已，征二十四军及左右厢散隶秦、陇、巴、蜀之兵并羌、胡内附者，凡二十万人。冬，十月，甲子，周主授护斧钺于朝庭；丁卯，亲劳军于沙苑；癸酉，还宫。

护军至潼关，遣柱国尉迟迥帅精兵十万为前锋，趣洛阳，大将军权景宣帅山南之兵趣悬瓠，少师杨檦出轵关。

晋公护本无将略，是行也，又非本心，故无功，与诸将稽首谢罪。周主慰劳罢之。

天康元年（丙戌，566）

上不豫，台阁众事，并令尚书仆射到仲举、五兵尚书孔奂共决之。奂，琇之之曾孙也。疾笃，奂、仲举与司空、尚书令、扬州刺史安成王顼、吏部尚书袁枢、中书舍人刘师知入侍医药。枢，君正之子也。太子伯宗柔弱，上忧其不能守位，谓顼曰："吾欲遵太伯之事。"顼拜伏泣涕，固辞。上又谓仲举、奂等曰："今三方鼎峙，四海事重，宜须长君。朕欲近则晋成，远隆殷法，卿等宜遵此意。"孔奂流涕对曰："陛下御膳违和，痊复非久。皇太子春秋鼎盛，圣德日跻，安成介弟之尊，足为周旦。若有废立之心，臣等愚诚，不敢闻诏。"上曰："古之遗直，复见于卿。"乃以奂为太子詹事。

臣光曰：夫人臣之事君，宜将顺其美，正救其恶。孔奂在陈，处腹心之重任，决社稷之大计，苟以世祖之言为不诚，则当如窦婴面辩，袁盎廷争，防微杜渐以绝觊觎之心。以为诚邪，则当请明下诏书，宣告中外，使世祖有宋宣之美，高宗无楚灵之恶。不然，谓太子嫡嗣，不可动摇，欲保辅而安全之，则当尽忠竭节，如晋之荀息，赵之肥义。奈何于君之存，则逆探其情而求合焉；及其既没，则权臣移国而不能救，嗣主失位而不能死！斯乃奸谀之尤者，而世祖谓之遗直，以托六尺之孤，岂不悖哉！

癸酉，上殂。

上起自艰难，知民疾苦。性明察俭约，每夜刺闺取外事分判者，前后相续。敕传更签于殿中者，必投签于阶石之上，令枪然有声，曰："吾虽眠，亦令惊觉。"

太子即位，大赦。五月，己卯，尊皇太后曰太皇太后，皇后曰皇太后。

陈文帝天嘉四年（癸未，公元563年）

北周武帝准备巡视学校，任命太傅燕国公于谨为掌管国家教化的"三老"。于谨上书坚决推辞，武帝不准，仍旧赏赐他"延年杖"。戊午（四月二十五日），武帝驾临太学。于谨进门时，武帝在大门和屏风之间迎接施礼，于谨答谢还礼。官员在厅堂中间设下三老席，坐位朝南。太师宇文护走上台阶，摆了一张小桌子，于谨入席，面朝南倚着小桌子坐定。大司马豆卢宁走上台阶，把于谨脱下的鞋子放端正。武帝走上台阶，站在画有斧状图案的屏风前，面朝西。官员送上饮食，武帝跪着放好盛放调料的食器，挽起衣袖为于谨割肉，于谨吃完后，武帝亲自跪着送上盛酒的酒器请于谨漱口。官员撤去饮食器皿，武帝面朝北站着向于谨请教治理国家的道理。于谨起身站在坐席后面，回答说："木材经过墨线校正才能平直，帝王能听从规劝就是圣明。明理的帝王能虚心听取规劝可以知道自己的得失，这样天下就能安定。"又说："即使失去食物和军队，但不能失去信用；希望陛下不要失去信用。"又说："有功必赏，有罪必罚，那么做好事的人会一天比一天多，做坏事的人会一天比一天少。"还说："言论和行为，是立身的根本，希望陛下三思以后再说话，九次考虑以后再行动，不要发生过错。天子有了过错，正像日食和月食那样，没有人不知道的，希望陛下一定要谨慎从事。”武帝再次拜谢表示听从，于谨答谢还礼。仪礼结束后武帝离开太学。

北齐的侍中、开府仪同三司和士开得到武成帝的宠爱，武成帝外出视察，或在宫中宴请时，过不了一会儿，就要召和士开来见面，或者留他好几天，或者一天里召他进宫许多次；或者和士开刚走，又立刻追他回来，在和士开还没回来以前，接二连三派人骑马去催促。由于他各式各样的奸诈谄媚，受到武成帝的日益宠爱，前后赏赐给他的物品，数不胜数。每当在武成帝身边侍候，说话和动作极其卑鄙下流；夜以继日，毫无君臣之礼。他常常告诉武成帝说：“自古以来的帝王，都成了灰土，尧舜和桀纣，有什么两样！陛下应当在少壮时恣意行乐，放纵而不必顾忌。快乐一天，比得上一千年。国事都交给大臣，何必担心办不成，不用自己劳累约束自己！”武成帝大喜。于是委托赵彦深掌管封官授爵，元文遥掌管钱财费用，唐邕掌管外兵和骑兵，信都人冯子琮、胡长粲掌管东宫。武成帝三四天才上一次朝，批几个字，也不说什么话，一会儿就退朝进宫。胡长粲是胡僧敬的儿子。

武成帝叫和士开和胡后玩“握槊”的赌博游戏。河南康献王高孝瑜规劝说：“皇后是天下人的母亲，怎么可以和臣子的手接触！”又说：“赵郡王高睿，他的父亲死于非命，不可以和他亲近。”因此高睿和和士开一起说高孝瑜的坏话。和士开说高孝瑜生活奢侈僭越，高睿说：“山东只听说有河南王，没有听说有您陛下。”武成帝因此猜忌高孝瑜。高孝瑜偷偷地和尔朱御女说话，关系暧昧，武成帝听到这事，勃然大怒。庚申（六月二十八日），一次叫高孝瑜饮了三十七杯酒。高孝瑜身体肥大，腰带十围，武成帝叫在旁边侍候的近臣娄子彦用车送他出去，在车上又给他饮了毒酒，到西华门时，毒性发作烦躁投水而死。追赠太尉、录尚书事。在宫里的诸侯，都不敢出声，只有河间王高孝琬大哭而去。

五年（甲申，公元564年）

北周武帝的姑母回去时，北齐武成帝派人代晋公宇文护的母亲写了回信，信中说到宇文护年幼时的几件事，还寄去自己穿的锦袍，作为证明。信上说：“我遇到千载难逢的运气，蒙受大齐的恩德，怜悯我年老特别开恩，允许我们母子见面。就是禽兽草木，也都母子相依为命。我犯了什么罪孽，竟会和你分离！现在又得到什么福气，还能回去和你相见！说到这些，悲喜交集，死而复生。世上所有的东西，只要追求都能得到，母子分处异国，又能向哪里求得团聚！即使你的尊贵到达王公，富有超过山海，但有个年已八十的老母亲，还飘泊在千里之外，生命在旦夕之间，得不到一天短暂的相见，得不到一天的共同生活，寒冷而得不到你的衣服，饥饿而得不到你的饮食，你虽然极其荣华富贵，光辉照耀人间，对我有什么好处！在今天以前，你没有尽供养我的本分，事情已过就不必再说了；从今以后，我的余生就依赖于你了。天地之间，中有鬼神，不要以为天地冥冥，可以欺骗负心！”

宇文护接到书信，忍不住悲痛。复信说："天下四分五裂，遭遇灾祸，离开母亲，已经三十五年。禀性承受天地自然之气，都知道母子之情，谁像我萨保一般，这样不孝！儿子是公侯，母亲却是被俘虏的奴隶，热天看不见母亲受暑，冷天看不见母亲挨冻，不知道有没有衣穿，不知道吃得饱不饱，踪迹消失在天地以外，无从得到一点音讯。分别怀有冤屈和惨痛，结束一生以后，身后如果有知，希望能在九泉之下侍奉母亲！不意齐朝网开一面，赐给好消息，母亲和四姑母，获得怜悯允许释放。刚听到这道诏旨时，连魂魄都变得清朗而飞升起来，呼天抢地，不由自己。现在受到齐朝雨露般恩泽的滋润，家庭和国家，应该以信义为根本，估计母亲归来之期，已经不远。一旦能够见到母亲慈祥的面容，永远了却我毕生的愿望。死者复生，白骨长肉，怎能比得上今天这样的恩情；像背负大山高岳，真是担当不起。"

北齐人留下宇文护的母亲，再次给宇文护去信，希望宇文护再次回信，这样往返了好几次。当时段韶在边塞抵御突厥的军队，北齐武成帝派黄门郎徐世荣乘驿车带了北周的书信去问段韶的意见。段韶表示："周人反复无常，本来就没有信义，比照晋阳之役，事情就明白了。宇文护在表面上仅仅是相国，实际上是一国之主。既然为了母亲请求和好，却不派一个使者来。如果根据他送来的书信，就把他的母亲送回去，恐怕会给对方留下我们软弱的印象。不如暂且对外表示答允，等和睦亲善的事完全肯定以后，再把他的母亲送回去也不晚。"武成帝不听段韶的意见，立即把宇文护的母亲送回长安。

阎氏回到北周，满朝欢庆，北周武帝为此在国内大赦。他对阎氏所供奉的一切，美好丰盛到了极点，每逢四季的节日，武帝带领所有亲戚不行国礼而行家礼，举杯祝阎氏长寿。

突厥从幽州返回，屯兵在塞北，进一步召集各部落的军队，派使者告诉北周，打算像以前所约定那样共同进攻北齐。闰九月，乙巳（二十日），突厥入侵北齐幽州。

晋公宇文护刚迎来了母亲，不想进攻北齐；但又怕违背了和突厥的协约，反而发生边患，不得已，征召关中的府兵二十四军、左右厢的禁卫兵及其隶属的秦、陇、巴、蜀等地的军队，加上归附的羌人、胡人等，一共二十万人。冬季，十月，甲子（初十），北周武帝在朝廷授给宇文护斧钺；丁卯（十三日），亲自到沙苑慰劳军队；癸酉（十九日），回宫。

宇文护的军队抵达潼关，派柱国尉迟迥领十万精兵做前锋，向洛阳进发，大将军权景宣率领荆州、襄阳的兵向悬瓠进发，少师杨檦进攻轵关。

晋公宇文护本来就没有将帅的胆略本领，这次行动，又不是他的本意，所以无功而归，只得和将领们向周武帝叩头请罪。北周国主对他们加以慰劳了事。

天康元年（丙戌，公元566年）

陈文帝生病，台阁等官署的事情，令尚书仆射到仲举、五兵尚书孔奂共同决定。孔奂是孔琇之的曾孙。文帝病重，孔奂、到仲举和司空及尚书令扬州刺史安成王陈顼、吏部尚书袁枢、中书舍人刘师知进宫侍候医病服药。袁枢是袁君正的儿子。太子陈伯宗懦弱，文帝担心他不能守住皇位，对安成王陈顼说：“我要像太伯那样把天下让给你。”陈顼流泪拜伏在地，坚决推辞。文帝又对到仲举、孔奂说：“现在三方鼎立对峙，天下的事情繁重，需要有个年纪较大的君主。近的，朕准备效法晋成帝，远的，遵照殷朝的法则，把皇位传给弟弟，你们要按朕的意思去做。”孔奂流着泪回答说：“陛下因为饮食不当所以身体欠安，不用很久就能康复。皇太子正在盛年，威德一天比一天高。安成王贵为陛下的弟弟，足以承担周公旦那样的责任。陛下如果有废立的想法，我们虽然愚笨，实在不敢听到这样的诏命。”文帝说：“古代直道而行的遗风，在你们身上表现出来了。”于是任命孔奂为太子詹事。

臣司马光曰：作为臣子服事君主，应该顺随他做得对的好事，以匡正补救他做得不对的坏事。孔奂在陈朝，负有心腹大臣的重任，决定国家的大计，假如认为陈文帝的话不是真心实意，就应当像窦婴那样当面辩论，像袁盎那样在朝廷上力争，在错误或坏事萌芽的时候及时制止，不使它发展，杜绝非分企图之心。如果认为真心实意，就应当请皇帝明下诏书，向中外宣布，可以使陈文帝有宋宣公舍子立弟的美德，陈宣帝无楚灵王杀兄自立的恶行。不然，说太子是嫡系王位继承人，不能动摇，要辅佐他，使他没有危险，就应当尽忠全节，像晋国的荀息，赵国的肥义那样。奈何在君主活着时，预先猜度他的想法而迎合他；等到君主死后，权臣篡国而不能挽救，继位的君主失位时而不能殉节去死！这就是奸诈奉承到了极点的人，而世祖说他们有古代直道而行的遗风，托付他们辅助未成年而继位的君主，岂不荒谬！

癸酉（四月二十七日），陈文帝去世。

陈文帝出身于艰苦困难之中，知道民间的疾苦。他生性目光敏锐、节俭朴实，每晚从宫中小门送来刺探外事以供分析的人，前后接连不断。他下令传送更签到殿中的人，一定要把签投在石阶上，使它发出清脆的声音，说：“我虽然睡着了，响声也可以让我惊醒觉察。”

太子临海王陈伯宗即皇帝位，大赦全国。五月，己卯（初三），尊称皇太后为太皇太后，皇后为皇太后。

第一百七十卷 陈纪四

译文诵读

临海王光大元年（丁亥，567）

乙亥，大赦，改元。

初，高祖为梁相，用刘师知为中书舍人。师知涉学工文，练习仪体，历世祖朝，虽位宦不迁，而委任甚重，与扬州刺史安成王顼、尚书仆射到仲举同受遗诏辅政。师知、仲举恒居禁中，参决众事，顼与左右三百人入居尚书省。师知见顼地望权势为朝野所属，心忌之，与尚书左丞王暹等谋出顼于外。众犹豫，未敢先发。东宫通事舍人殷不佞，素以名节自任，又受委东宫，乃驰诣相府，矫敕谓顼曰："今四方无事，王可还东府经理州务。"

顼将出，中记室毛喜，驰入见顼曰："陈有天下日浅，国祸继臻，中外危惧。太后深惟至计，令王入省共康庶绩，今日之言，必非太后之意。宗壮（社）之重，愿王三思，须更闻奏，无使奸人得肆其谋。今出外即受制于人，譬如曹爽，愿作富家翁，其可得邪！"琐遣喜与领军将军吴明徹筹之，明徹曰："嗣君谅暗，万机多阙。殿下亲实周、邵，当辅安社稷，愿留中勿疑。"

顼乃称疾，召刘师知，留之与语，使毛喜先入言于太后，太后曰："今伯宗幼弱，政事并委二郎。此非我意。"喜又言于帝。帝曰："此自师知等所为，朕不知也。"喜出，以报顼。顼因囚师知，自入见太后及帝，极陈师知之罪，仍自草敕请画，以师知付廷尉，其夜，于狱中赐死。以到仲举为金紫光禄大夫。王暹、殷不佞并付治。不佞，不害之弟也，少有孝行，顼雅重之，故独得不死，免官而已。王暹伏诛。自是国政尽归于顼。

右卫将军会稽韩子高，镇领军府，在建康诸将中士马最盛，与仲举通谋。事未发。毛喜请简士马配子高，并赐铁炭，使修器甲。顼惊曰："子高谋反，方欲收执，何为更如是邪？"喜曰："山陵始毕，边寇尚多，而子高受委前朝，名为杖顺。若收之，恐不即授首，或能为人患。宜推心安诱，使不自疑，伺间图之，一壮士之力耳。"顼深然之。

仲举既废归私第，心不自安。子郁，尚世祖妹信义长公主，除南康内史，未之官。子高亦自危，求出为衡、广诸镇；郁每乘小舆，蒙妇人衣，与子高谋。会前上虞令陆昉及子高军主告其谋反。顼在尚书省，因召文武在位议立皇太子。平旦，仲举、子高入省，皆执之，并郁送廷尉，下诏，于狱赐死，余党一无所问。

辛巳，齐左丞相咸阳武王斛律金卒，年八十。长子光为大将军，次子羡及孙武都并开府仪同三司，出镇方岳，其余子孙封侯显贵者甚众。门中一皇后，二太子妃，三公主，事齐贵宠，三世无比。自肃宗以来，礼敬尤重，每朝见，常听乘步挽车至阶，或以羊车迎之。然金不以为喜，尝谓光曰："我虽不读书，闻古来外戚鲜有能保其族者。女若有宠，为诸贵所嫉；无宠，为天子所憎。我家直以勋劳致富贵，何必藉女宠也！"

俨有宠于上皇及胡后，时兼京畿大都督、领军大将军，领御史中丞。魏朝故事：中丞出，与皇太子分路，王公皆遥驻车，去牛，顿轭于地，以待其过；其或迟违，则前驱以赤棒棒之。自迁邺以后，此仪废绝，上皇欲尊宠俨，命一遵旧制。俨初从北宫出，将上中丞，凡京畿步骑、领军官属、中丞威仪、司徒卤簿，莫不毕从。上皇与胡后张幕于华林园东门外而观之，遣中使骤马趣仗。不得入，自言奉敕，赤棒卒应声碎其鞍，马惊，人坠。上皇大笑，以为善，更敕驻车，劳问良久。观者倾邺城。

俨恒在宫中，坐含光殿视事，诸父皆拜之。上皇或时如并州，俨恒居守。每送行，或半路，或至晋阳乃还。器玩服饰，皆与齐主同，所须悉官给。尝于南宫见新冰早李，还，怒曰："尊兄已有，我何意无！"自是齐主或先得新奇，属官及工人必获罪。俨性刚决，尝言于上皇曰："尊兄懦，何能帅左右！"上皇每称其才，有废立意，胡后亦劝之，既而中止。

齐秘书监祖珽，与黄门侍郎刘逖友善。珽欲求宰相，乃疏赵彦深、元文遥、和士开罪状，令逖奏之，逖不敢通；彦深等闻之，先诣上皇自陈。上皇大怒，执珽，诘之，珽因陈士开、文遥、彦深等朋党、弄权、卖官、鬻狱事。上皇曰："尔乃诽谤我！"珽曰："臣不敢诽谤，陛下取人女。"上皇曰："我以其饥馑，收养之耳。"珽曰："何不开仓振给，乃买入后宫乎？"上皇益怒，以刀环筑其口，鞭杖乱下，将扑杀之。珽呼曰："陛下勿杀臣，臣为陛下合金丹。"遂得少宽。珽曰："陛下有一范增不能用。"上皇又怒曰："尔自比范增，以我为项羽邪？"珽曰："项羽布衣，帅乌合之众，五年而成霸业。陛下藉父兄之资，才得至此，臣以为项羽未易可轻。"上皇愈怒，令以土塞其口。珽且吐且言，乃鞭二百，配甲坊，寻徙光州，敕令牢掌。别驾张奉福曰："牢者，地牢也。"乃置地牢中，桎梏不离身；夜，以芜菁子为烛，眼为所熏，由是失明。

二年（戊子，568）

戊午，周燕文公于谨卒。谨勋高位重，而事上益恭，每朝参，所从不过二三骑。朝廷有大事，多与谨谋之。谨尽忠补益，于功臣中特被亲信，礼遇隆重，始终无间；教训诸子，务存静退，而子孙蕃衍，率皆显达。

始兴王伯茂以安成王顼专政，意甚不平，屡肆恶言。甲寅，以太皇太后令诬帝，云与刘师知、华皎等通谋。且曰："文皇知子之鉴，事等帝尧；传弟之怀，又符太伯。今可还申曩志，崇立贤君。"遂废帝为临海王，以安成王入纂。又下令，黜伯茂为温麻侯，寘诸别馆，安成王使盗邀之于道，杀之车中。

高宗宣皇帝上之上太建元年（己丑，569）

甲午，安成王即皇帝位，改元，大赦。复太皇太后为皇太后，皇太后为文皇后；立妃柳氏为皇后，世子叔宝为太子；封皇子叔陵为始兴王，奉昭烈王祀。乙未，上谒太庙。丁酉，以尚书仆射沈钦为左仆射，度支尚书王劢为右仆射。劢，份之孙也。

初，侍中、尚书右仆射和士开，为世祖所亲狎，出入卧内，无复期度，遂得幸于胡后。及世祖殂，齐主以士开受顾托，深委任之，威权益盛；与娄定远及录尚书事赵彦深、侍中、尚书左仆射元文遥、开府仪同三司唐邕、领军綦连猛、高阿那肱、度支尚书胡长粲俱用事，时号"八贵"。太尉赵郡王睿、大司马冯翊王润、安德王延宗与娄定远、元文遥皆言于齐主，请出士开为外任。会胡太后觞朝贵于前殿，睿面陈士开罪失云："士开先帝弄臣，城狐社鼠，受纳货赂，秽乱宫掖。臣等义无杜口，冒死陈之。"太后曰："先帝在时，王等何不言？今日欲欺孤寡邪？且饮酒，勿多言！"睿等辞色愈厉。仪同三司安吐根曰："臣本商胡，得在诸贵行末，既受厚恩，岂敢惜死！不出士开，朝野不定。"太后曰："异日论之，王等且散！"睿等或投冠于地，或拂衣而起。明日，睿等复诣云龙门，令文遥入奏之，三返，太后不听。左丞相段韶使胡长粲传太后言曰："梓宫在殡，事太匆匆，欲王等更思之！"睿等遂皆拜谢。长粲复命，太后曰："成妹母子家者，兄之力也。"厚赐睿等，罢之。

太后及齐主召问士开，对曰："先帝于群臣之中，待臣最厚。陛下谅暗始尔，大臣皆有觊觎。今若出臣，正是翦陛下羽翼。宜谓睿云：'文遥与臣，俱受先帝任用，岂可一去一留！并可用为州，且出纳如旧。待过山陵，然后遣之。'睿等谓臣真出，心必喜之。"帝及太后然之，告睿等如其言。乃以士开为兖州刺史，文遥为西兖州刺史。葬毕，睿等促士开就路。太后欲留士开过百日，睿不许；数日之内，太后数以为言。有中人知太后密旨者，谓睿曰："太后意既如此，殿下何宜苦违！"睿曰："吾受委不轻。今嗣主幼冲，岂可使邪臣在侧！不守之以死，何面戴天！"遂更见太后，苦言之。太后令酌酒赐睿，睿正色曰："今论国家大事，非为卮酒！"言讫，遽出。

士开载美女珠帘诣娄定远，谢曰："诸贵欲杀士开，蒙王力，特全其命，用为方伯。今当奉别，谨上二女子，一珠帘。"定远喜，谓士开曰："欲还入不？"士开曰："在内久不自安，今得出，实遂本志，不愿更入。但乞王保护，长为大州刺史足矣。”定远信之。送至门，士开曰：“今当远出，愿得一辞觐二宫。”定远许之。士开由是得见太后及帝，进说曰：“先帝一旦登遐，臣愧不能自死。观朝贵意势，欲以陛下为乾明。臣出之后，必有大变，臣何面目见先帝于地下！”因恸哭。帝、太后皆泣，问：“计安出？”士开曰：“臣已得入，复何所虑，正须数行诏书耳。”于是诏出定远为青州刺史，责赵郡王睿以不臣之罪。

旦日，睿将复入谏，妻子咸止之，睿曰：“社稷事重，吾宁死事先皇，不忍见朝廷颠沛。”至殿门，又有人谓曰：“殿下勿入，恐有变。”睿曰：“吾上不负天，死亦无恨。”入，见太后，太后复以为言，睿执之弥固。出，至永巷，遇兵，执送华林园雀离佛院，令刘桃枝拉杀之。睿久典朝政，清正自守，朝野冤惜之。复以士开为侍中、尚书左仆射。定远归士开所遗，加以余珍赂之。

齐主年少，多嬖宠。武卫将军高阿那肱，素以谄佞为世祖及和士开所厚，世祖多令在东宫侍齐主，由是有宠；累迁并省尚书令，封淮阴王。

世祖简都督二十人，使侍卫东宫，昌黎韩长鸾预焉，齐主独亲爱长鸾。长鸾，名凤，以字行，累迁侍中、领军，总知内省机密。

宫婢陆令萱者，其夫汉阳骆超，坐谋叛诛，令萱配掖庭，子提婆，亦没为奴。齐主之在襁褓，令萱保养之。令萱巧黠，善取媚，有宠于胡太后，宫掖之中，独擅威福，封为郡君，和士开、高阿那肱皆为之养子。齐主以令萱为女侍中。令萱引提婆入侍齐主，朝夕戏狎，累迁至开府仪同三司、武卫大将军。宫人穆舍利者，斛律后之从婢也，有宠于齐主；令萱欲附之，乃为之养母，荐为弘德夫人，因令提婆冒姓穆氏。然和士开用事最久，诸幸臣皆依附之以固其宠。

齐主思祖珽，就流囚中除海州刺史。珽乃遗陆媪弟仪同三司悉达书曰：“赵彦深心腹深沈，欲行伊、霍事，仪同姊弟岂得平安，何不早用智士邪！”和士开亦以珽有胆略，欲引为谋主，乃弃旧怨，虚心待之，与陆媪言于帝曰：“襄、宣、昭三帝之子，皆不得立。今至尊独在帝位者，祖孝徵之力也。人有功，不可不报。孝徵心行虽薄，奇略出人，缓急可使。且其人已盲，必无反心，请呼取，问以筹策。”齐主从之，召入，为秘书监，加开府仪同三司。

士开谮尚书令陇东王胡长仁骄恣，出为齐州刺史。长仁怨愤，谋遣刺客杀士开。事觉，士开与珽谋，珽引汉文帝诛薄昭故事，遂遣使就州赐死。

二年（庚寅，570）

欧阳纥召阳春太守冯仆至南海，诱与同反。仆遣使告其母冼夫人。夫人曰：“我为忠贞，经今两世，不能惜汝负国。”遂发兵拒境，帅诸酋长迎章昭达。

昭达倍道兼行，至始兴。纥闻昭达奄至，恇扰不知所为，出顿洭口，多聚沙石，盛以竹笼，置于水栅之外，用遏舟舰。昭达居上流，装舰造拍，令军人衔刀潜行水中，以斫笼，篾皆解，因纵大舰随流突之。纥众大败，生擒纥，送之；癸未，斩于建康市。

纥之反也，士人流寓在岭南者皆惶骇。前著作佐郎萧引独恬然，曰："管幼安、袁曜卿，亦但安坐耳。君子直己以行义，何忧惧乎！"纥平，上征为金部侍郎。引，允之弟也。

冯仆以其母功，封信都侯，迁石龙太守，遣使持节册命冼氏为石龙太夫人，赐绣幰油络驷马安车一乘，给鼓吹一部，并麾幢旌节，其卤簿一如刺史之仪。

士开威权日盛，朝士不知廉耻者，或为之假子，与富商大贾同在伯仲之列。尝有一人士参士开疾，值医云："王伤寒极重，应服黄龙汤。"士开有难色。人士曰："此物甚易服，王不须疑，请为王先尝之。"举而尽。士开感其意，为之强服，遂得愈。

三年（辛卯，571）

壬寅，齐以兰陵王长恭为太尉，赵彦深为司空，和士开录尚书事，徐之才为尚书令，唐邕为左仆射，吏部尚书冯子琮为右仆射，仍摄选。

子琮素谄附士开，至是，自以太后亲属，且典选，颇擅引用人，不复启禀，由是与士开有隙。

齐琅邪王俨以和士开、穆提婆等专横奢纵，意甚不平。二人相谓曰："琅邪王眼光奕奕，数步射人，向者暂对，不觉汗出；吾辈见天子奏事尚不然。"由是忌之，乃出俨居北宫，五日一朝，不得无时见太后。

俨之除太保也，余官悉解，犹带中丞及京畿。士开等以北城有武库，欲移俨于外，然后夺其兵权。治书侍御史王子宜，与俨所亲开府仪同三司高舍洛、中常侍刘辟强说俨曰："殿下被疏，正由士开间构，何可出北宫入民间也！"俨谓侍中冯子琮曰："士开罪重，儿欲杀之，何如？"子琮心欲废帝而立俨，因劝成之。

俨令子宜表弹士开罪，请禁推。子琮杂他文书奏之，帝主不审省而可之。俨诳领军库狄伏连曰："奉敕，令领军收士开。"伏连以告子琮，且请覆奏，子琮曰："琅邪受敕，何必更奏。"伏连信之，发京畿军士，伏于神虎门外，并戒门者不听士开入。秋，七月，庚午旦，士开依常早参，伏连前执士开手曰："今有一大好事。"王子宜授以一函，云："有敕，令王向台。"因遣军士护送。俨遣都督冯永洛就台斩之。

俨本意唯杀士开，其党因逼俨曰："事既然，不可中止。"俨遂帅京畿军士三千余人屯千秋门。帝使刘桃枝将禁兵八十人召俨，桃枝遥拜，俨命反缚，将斩之，禁兵散走。帝又使冯子琮召俨，俨辞曰："士开昔来实合万死，谋废至尊，剃家家发为尼，臣为是矫诏诛之。尊兄若欲杀臣，不敢逃罪。若赦臣，愿遣姊姊来迎，臣即入见。"姊姊，谓陆令萱也，俨欲诱出杀之。令萱执刀在帝后，闻之，战栗。

帝又使韩长鸾召俨，俨将入，刘辟强牵衣谏曰："若不斩穆提婆母子，殿下无由得入。"广宁王孝珩、安德王延宗自西来，曰："何不入？"辟强曰："兵少。”延宗顾众而言曰：“孝昭帝杀杨遵彦，止八十人。今有数千，何谓少？”

帝泣启太后曰：“有缘，复见家家；无缘，永别！”乃急召斛律光，俨亦召之。

光闻俨杀士开，抚掌大笑曰：“龙子所为，固自不似凡人！”入，见帝于永巷。帝帅宿卫者步骑四百，授甲，将出战，光曰：“小儿辈弄兵，与交手即乱。鄙谚云：‘奴见大家心死。’至尊宜自至千秋门，琅邪必不敢动。”帝从之。

光步道，使人走出，曰：“大家来。”俨徒骇散。帝驻马桥上遥呼之，俨犹立不进，光就谓曰：“天子弟杀一夫，何所苦！”执其手，强引以前，请于帝曰：“琅邪王年少，肠肥脑满，轻为举措，稍长自不复然，愿宽其罪。”帝拔俨所带刀环，乱筑辫头，良久，乃释之。

收库狄伏连、高舍洛、王子宜、刘辟强、都督翟显贵，于后园支解，暴之都街。帝欲尽杀俨府文武职吏，光曰：“此皆勋贵子弟，诛之，恐人心不安。”赵彦深亦曰：“《春秋》责帅。”于是罪之各有差。

太后责问俨，俨曰：“冯子琮教儿。”太后怒，遣使就内省以弓弦绞杀子琮，使内参以库车载尸归其家。自是太后常置俨于宫中，每食必自尝之。

齐祖珽说陆令萱，出赵彦深为兖州刺史。齐主以珽为侍中。

陆令萱说帝曰：“人称琅邪王聪明雄勇，当今无敌；观其相表，殆非人臣。自专杀以来，常怀恐惧，宜早为之计。”幸臣何洪珍等亦请杀之。帝未决，以食舆密迎珽，问之。珽称“周公诛管叔，季友鸩庆父”。帝乃携俨之晋阳，使右卫大将军赵元侃诱俨执之，元侃曰：“臣昔事先帝，见先帝爱王。今宁就死，不忍行此。”帝出元侃为豫州刺史。

庚午，帝启太后曰：“明旦欲与仁威早出猎。”夜四鼓，帝召俨，俨疑之。陆令萱曰：“兄呼，儿何为不去！”俨出，至永巷，刘桃枝反接其手。俨呼曰：“乞见家家、尊兄。”桃枝以袖塞其口，反袍蒙头负出，至大明宫，鼻血满面，拉杀之，时年十四，裹之以席，埋于室内。帝使启太后，太后临哭，十余声，即拥入殿。遗腹四男，皆幽死。

陈临海王光大元年（丁亥，公元567年）

乙亥（正月初三），陈朝大赦天下，改年号为光大。

当初，陈武帝是梁敬帝的丞相，任用刘师知为中书舍人。刘师知学识广博擅长文学，熟悉朝仪礼制，在梁世祖时，虽然为官得不到升迁，但委任他的事情很重要，他和扬州刺史安成王陈顼、尚书仆射到仲举一起受先皇的遗诏辅政。刘师知、到仲举常常在宫里，参预决定许多事情。陈顼和三百名身边亲信进驻尚书省，刘师知看到陈顼的门第和权势为朝廷和民间所注目，心中妒嫉，和尚书左丞王暹等策划拟把陈顼排挤出尚书省。大家犹豫不定，不敢率先发难。东宫通事舍人殷不佞，一贯以维护名望气节为己任，加上在东宫任职，是皇帝亲自任命的，于是赶到尚书省假传圣旨对陈顼说："现在天下无事，安成王可以回自己的东府管理州务。"

陈顼正准备离开尚书省，中记室毛喜赶来见他，说："陈朝据有天下为时还很短，国家接连遇到大丧事，上上下下都感到担忧害怕。太后经过深思熟虑，才决定叫您安成王进尚书省共同兴举各种事功，殷不佞所说的，一定不是太后的意思。社稷的重任在身，希望您能三思，必须另行向朝廷奏报，不要使邪恶之徒的阴谋得逞。现在离开尚书省就会受到别人的牵制束缚，比如像曹爽那样，只愿当个富家翁，这怎能如愿！"陈顼派毛喜和领军将军吴明徹商议，吴明徹说："继位的国君正在居丧，日常纷繁的政务很多还没有着手。殿下亲如周公、召公，应当辅助皇上安定国家，希望殿下留在尚书省，不必疑虑。"

陈顼于是假装生病，请刘师知来，留住他进行谈话，同时派毛喜先向太后禀告。太后说："现在伯宗皇帝年幼，政事都委托给二郎陈顼。殷不佞所说的不是我的意思。"毛喜又去向陈废帝说这件事。陈废帝说："这是刘师知他们自己的所作所为，朕并不知道。"毛喜回来报告给陈顼。陈顼把刘师知囚禁起来，亲自进宫见太后和皇帝，极力陈述刘师知的罪行，自己起草了诏命请皇帝御批，把刘师知交给廷尉，这天夜里，在牢狱中把他赐死。任命到仲举为金紫光禄大夫。王暹、殷不佞一同交送有关部门治罪。殷不佞是殷不害的弟弟，少年时对父母很孝顺，陈顼平素很看重他，所以惟独他没有被处死，只是被罢官而已。王暹被处死。从此以后国家大政都归于陈顼。

右卫将军会稽人韩子高，镇守幕府，在建康的诸多将帅中，部下的兵马最为强盛，曾经和到仲举联系共谋。这件事没有揭露。毛喜请陈顼选派士兵马匹给韩子高，并赐给他铁和木炭，供他修治兵器盔甲。陈顼感到惊讶说："韩子高参预谋反，正要把他抓起来，为什么反倒这样？"毛喜说："先帝的山陵刚修建完毕，边境的盗寇还很多，韩子高受前朝的委用，号称凭倚之材。如果抓他，恐怕不能斩杀，或许变成祸患。应当对他推心置腹安抚诱导，使他不产生怀疑，等到有机会再对付他，只要一个壮士的力量就够了。"陈顼非常同意。

到仲举被免职后回到住所，心里很不安。他的儿子到郁，娶文帝的妹妹信义长公主为妻，授南康内史的官职，他没有赴任。韩子高自己也感到有危险，请求离京镇守衡、广等州；到郁往往坐小轿，蒙上妇女的衣服，到韩子高那里去策划。恰巧前上虞令陆昉和韩子高军队的主将检举到郁谋反。陈顼在尚书省，召集在位的文武大臣们商议立皇太子的事。清晨，到仲举、韩子高到尚书省，都被抓起来，连同到郁一并押送廷尉，诏令在狱中赐死，他们的余党一个也不追问。

辛巳（六月二十四日），北齐左丞相咸阳武王斛律金死去，终年八十岁。他的长子斛律光为大将军，次子斛律羡和孙子斛律武都封开府仪同三司，出任州的地方长官，其他子孙被封侯而显贵的很多。斛律氏的门第中出了一个皇后，两个太子妃，娶了三个公主，服事北齐受到恩宠，三代无比。自孝昭帝以来，特别礼待尊敬，每当上朝拜见天子，常常准许乘坐人推的车辆到宫殿的台阶前，或用羊拉的车去迎接他上朝。然而斛律金并不为这种待遇而感到高兴，曾经对斛律光说："我虽然不读书，但听到从古以来帝王的母族、妻族很少有能够保护自己亲族的。女的如果得到皇帝的宠爱，就会受到公侯权贵们的妒嫉；如果不得宠爱，就会被天子憎恨。我家一直以功勋劳绩而得到富贵，何必依靠女儿受到皇帝的恩宠！"

高俨受到太上皇和胡后的恩宠，当时兼任京畿大都督、领军大将军，领御史中丞。魏朝旧时的制度是：中丞外出时，和皇太子分路而行，王公们离他们很远时就要停车，把驾车的牛牵走，把车轭放在地上，等待他们通过；如果行动稍有迟缓或是违犯，开道的前驱就用红色的棍棒棒打驱逐。自从迁都到邺城以后，这种仪式已经废除，太上皇为了表示对高俨的尊重宠爱，下令恢复这种制度。高俨刚离开北宫，就职中丞，凡是京畿的步骑、领军的属官、中丞和司徒的仪仗随从，都全部出动，太上皇帝和胡后在华林园东门外设置帷幕观看，派遣使者骑马疾驰到高俨的仪仗队那里。使者不得进入，自称是奉皇帝的命令而来的，手持红色棍棒的兵士应声打碎使者的马鞍，马受到惊吓，把使者颠下来。太上皇大笑，以为很好，便下令高俨停车。对他慰问了很久。全邺城的人都出来观看。

高俨常在宫里，坐在含光殿办理政事，同宗族长辈都向他下拜表示尊敬。太上皇有时去并州，高俨便常常在宫中留守。给太上皇送行时，或送到半路，或送到晋阳才回宫。他的用具服饰，都和北齐国主的一般，需用的东西都由官府供给。曾经在北齐国主所住的南宫见到刚送来的冰镇的李子，回去后，勃然大怒说："我的哥哥有这个，我为什么却没有！"从此以后北齐国主比他先得到新奇的东西，属官和工匠一定会获罪。高俨性情刚愎果断，曾对太上皇说："哥哥懦弱，怎么能统率左右！"太上皇往往称赞他的才能，有废高纬立高俨的意思，胡后也劝他这样做，但不久就中止了这个想法。

北齐秘书监祖珽，和黄门侍郎刘逖关系很好。祖珽想做宰相，便上疏陈述赵彦深、元文遥、和士开的罪状，叫刘逖向太上皇奏报，刘逖不敢启奏；赵彦深等人听到后，自己先到太上皇那里申述情况。太上皇勃然大怒，把祖珽抓来，亲自审问，祖珽说出和士开、元文遥、赵彦深等人拉帮结党、玩弄权术、出卖官职、办狱受贿的事实。太上皇说："你是在诽谤我！"祖珽说："臣不敢诽谤，因为陛下娶了人家的女儿。"太上皇说："我因为她们遭受灾荒饥馑，所以才收养她们。"祖珽说："那为什么不开粮仓赈济粮食，反把她们买到后宫？"太上皇更加恼怒，用刀把的铁环凿他的嘴，用鞭子棍子乱打，要把他打死。祖珽大叫说："陛下不要杀臣，臣能给陛下炼金丹。"这才稍为缓和。祖珽说："陛下有一个像范增那样的人却不能用他。"太上皇又大怒说："你把自己比做范增，把我比作项羽吗？"祖珽说："项羽出身布衣，率领乌合之众，用五年时间而成就霸业。陛下靠了父兄的地位、声望，才有今天，臣以为不能轻视项羽。"太上皇愈加震怒，叫人用土塞在他嘴里。祖珽边吐边说，被鞭打二百，发配甲坊做工，不久又把他迁到光州，命令他做"牢掌"。别驾张奉福说："牢，就是地牢。"便把他囚在地牢里，戴上手铐脚镣；晚上点燃蔓菁籽油代替蜡烛，眼睛被烟火所熏，从此失明。

二年（戊子，公元568年）

戊午（三月二十三日），北周燕文公于谨去世。于谨虽然功勋很高，地位重要，而侍奉皇帝非常恭敬，每逢上朝参拜皇帝，骑马的随从不过二三人。朝廷遇到大事，皇帝都和于谨商量。于谨竭尽忠诚增益帮助，在所有功臣中特别被亲信，赐给他很高的礼遇，君臣间始终没有隔阂；他还教育儿子们一定要恬静谦虚，后来子孙繁衍，都很显贵。

陈朝的始兴王陈伯茂因为安成王陈顼专政，心中不平，经常口出恶言。甲寅（十一月二十三日），陈顼借太皇太后的诏令诬告废帝，说他和刘师知、华皎等人互通共谋。还说："文皇帝对儿子的审察，不想传位给他，这事相当于唐尧那样；传位给弟弟的胸怀，又像泰伯那样。现在应当重申文皇帝以前的意向，另立一个贤明的君主。"于是把在位的皇帝废为临海王，以安成王陈顼入继皇帝位。又下命令把陈伯茂贬为温麻侯，安置在王室成员举行婚礼的别馆里，安成王陈顼嗾使强盗在路上将他截住，把他杀死在车里。

陈宣帝太建元年（己丑，公元569年）

甲午（正月初四），安成王陈顼即皇帝位，改年号，大赦全国。恢复太皇太后的皇太后称号，皇太后称文皇后；立妃子柳氏为皇后，世子陈叔宝为太子；封皇子陈叔陵为始兴王，作为昭烈王的后嗣。乙未（初五），陈宣帝谒太庙。丁酉（初七），任命尚书仆射沈钦为左仆射，度支尚书王劢为右仆射。王劢是王份的孙子。

起初，侍中、尚书右仆射和士开，受武成帝的宠爱亲昵，在皇帝卧室出入，不受限制，因此就和胡太后私通。武成帝死后，北齐后主高纬因为和士开曾经受武成帝的顾托之命，所以对他信任重用，威势和权力更大；他和娄定远、录尚书事赵彦深、侍中及尚书左仆射元文遥、开府仪同三司唐邕、领军綦连猛、高阿那肱、度支尚书胡长粲都在朝廷当权，当时号称"八贵"。太尉赵郡王高睿、大司马冯翊王高润、安德王高延宗和娄定远、元文遥都对后主说，请后主把和士开调离朝廷去外地任职。适逢胡太后在前殿请朝廷中的亲贵们饮酒，高睿当面陈述和士开的罪过说："和士开是先帝时的亲近狎玩之臣，仗势作恶，接受贿赂，淫乱宫廷。臣等出于正义不能闭口不说，所以冒死陈述。"胡太后说："先帝在世时，你们为什么不说？今天是不是想欺侮我们孤儿寡母？姑且饮酒，不要多说！"高睿等人的言语和面色更加严厉。仪同三司安吐根说："臣家本来是经商胡人，得以位于诸多亲贵的末尾，既然受到朝廷的厚恩，怎敢怕死！不把和士开从朝廷调走，朝野上下就不安定。"胡太后说："改日再谈，你们都走吧！"高睿等有的把帽子扔在地上，有的甩衣袖离开座位，感到生气。第二天，高睿等再次到云龙门，派元文遥进宫启奏，进出三次，胡太后不听。左丞相段韶派胡长粲传太后的话说："先皇的灵柩还没有殡葬，这件事太匆忙了，望你们再考虑！"高睿等都表示拜谢。胡长粲回宫复命，胡太后说："成就妹妹我母子全家的，是哥哥你的力量。"又给高睿等人优厚的赏赐，事情暂时作罢。

胡太后和后主把和士开召来询问，和士开回答说："先帝在群臣中，待臣最优厚。陛下刚居丧不久，大臣们都怀有非分的企图。现在如果把臣调走，正好比剪掉陛下的羽翼。应该对高睿说：'元文遥与和士开，都是受先帝信任重用的，怎么能去一个留一个！都可以出任州刺史，现在暂时还是担任原有的官职，等太上皇的陵寝完工，然后派出去。'高睿等以为臣真的被调走，心里一定高兴。"后主和太后认为很对，就按和士开所说的那样告诉高睿。便任命和士开为兖州刺史，元文遥为西兖州刺史。丧葬结束，高睿等就催促和士开出发就任。胡太后打算留和士开过先皇百日祭再走，高睿不许；几天之内，胡太后说了好几次。有知道胡太后隐私的太监，对高睿说："太后的意思既然这样，殿下何必苦苦反对！"高睿说："我受朝廷的委托责任不轻。现在继位的君主年龄还小，怎么能使奸臣在君主旁边！如果不是以生命来守护，有何面目和这种人在一个天底下生活！"便再次去见胡太后，苦苦陈说。胡太后叫人酌酒赐给他，高睿正颜厉色说："我今天来是谈国家大事，并不是为了一杯酒！"说完，立即离去。

和士开送美女和珍珠帘子给娄定远，表示感谢说："那些亲贵们想杀我，蒙您临淮郡王的庇护，特地保住了我的性命，任命为一州之长。现在将要和你分别，特意送上两个女子，一张珠帘。"娄定远大喜，对和士开说："你还想回朝吗？"和士开答道："我在朝内心里不安已经很久了，现在得以离开，使本来的志愿能够实现，不愿意再到朝内做官了。但请求您对我加以保护，使我长久做大州的刺史就足够了。"娄定远相信了。把他送到门口，和士开说："现在我要远出了，很想见见太后和皇上向他们告辞。"娄定远答允他的要求。和士开因此见到胡太后和后主，向他们进说道："先帝去世时，臣惭愧自己没能跟着去死。臣观察朝廷权贵们的意图和架势，想把陛下当做乾明年间的济南王那样对待。我离开朝廷以后，一定有大的变化，我有什么脸面见先帝在九泉之下！"于是哀痛地大哭起来，后主、胡太后也哭，问他："你有什么计策？"和士开说："臣已经进来见到你们，还有什么顾虑，只须得到几行字的诏书就行。"于是后主下诏把娄定远调出任青州刺史，斥责赵郡王高睿有僭越的罪过。

第二天，高睿要再次进宫直言规劝胡太后，妻儿们都劝他不要去，高睿说："国事重大，我宁可死去追随先皇，不忍活着见到朝廷动荡变乱。"他到了殿门，又有人告诉他："殿下不要进去，恐怕有变。"高睿说："我上不负天，死也无恨。"进入宫殿，见了胡太后，太后重申了自己的旨意，高睿更加固执己见。出宫后，走到深巷，遇到士兵，把他捉住送到华林园的雀离佛院，命令刘桃枝将他殴打致死。高睿主管朝廷政事的时间很久，清廉正直注意操守，朝野上下都感到冤枉痛惜。重又任命和士开为侍中、尚书左仆射。娄定远把和士开送给他的东西又还给他，还添了一些别的珍宝对他贿赂。

北齐后主年纪很轻，有不少宠幸的佞臣。武卫将军高阿那肱，一向以善于花言巧语谄媚受到武成帝与和士开的厚待，武成帝常常叫他在东宫侍奉太子，因而深得宠爱；累次升迁到并省尚书令，封淮阴王。

武成帝曾经挑选二十个都督，派去做太子的侍卫，昌黎人韩长鸾是其中之一，太子惟独喜欢韩长鸾。长鸾名凤，通常用表字，累次升迁到侍中、领军、总管内省机密。

有个名叫陆令萱的宫女，丈夫是汉阳人骆超，因为犯谋叛罪被处死，陆令萱被发配到皇宫中当宫女，儿子骆提婆，也没入官府为奴。后主还是婴儿时，由陆令萱当保姆。陆令萱乖巧狡猾，善于讨好谄媚，所以得到了胡太后的宠爱，宫婢之中，惟独她作威作福，被封为郡君，和士开、高阿那肱都是她的干儿子。后主封她为女侍中。陆令萱引荐骆提婆进宫奉侍国主，从早到晚在一起嬉戏亲近，几经升迁到开府仪同三司、武卫大将军。宫人穆舍利，是斛律后的随从奴婢，也得到后主的宠爱；陆令萱为了依附她，就当了她的养母，并引荐她为弘德夫人，因此叫儿子骆提婆冒姓穆。然而和士开在朝廷当权的时间最久，那些受君主宠信的大臣们都依附他，为了可以保住自己受到恩宠的地位。

北齐后主想念祖珽，把他从流放的囚徒中授职为海州刺史。祖珽给陆令萱的弟弟仪同三司陆悉达去信说："赵彦深城府很深，想仿效伊尹、霍光那样行事，你们姊弟怎么能够平安，为什么不及早起用有才智的人！"和士开也因为祖珽有胆略，想拉拢他当主要谋士，于是抛弃了以前的怨恨，虚心对待，和陆令萱一起对后主说："文襄、文宣、孝昭三位皇帝的儿子，都没能继承皇位。现在惟独陛下在帝位，是祖珽出的力。人如果有功劳，不能不予以报答。祖珽的心胸虽然狭窄，但有超出常人的奇谋策略，遇到紧急事情时可用。而且他已经是个瞎子，一定不会有反心，请把他叫回来，听取他的计谋策略。"北齐后主采纳了和士开的意见，召回祖珽，任命他为秘书监，加开府仪同三司。

和士开向后主进谗言，说尚书令陇东王胡长仁骄横放肆，贬出为齐州刺史。胡长仁对和士开怨恨愤慨，打算派刺客杀死他。事情泄露，和士开和祖珽商量，祖珽以汉文帝诛杀薄昭的事情为例，于是派使者去齐州将胡长仁赐死。

二年（庚寅，公元570年）

陈朝欧阳纥召阳春太守冯仆到南海，劝说他一同谋反。冯仆派人告诉母亲冼夫人。冼夫人说："我们忠贞报国，已经两代，不能因为怜惜你而辜负国家。"于是发兵在境内拒守，并率领部落的酋长迎接章昭达。

章昭达兼程而行，到达始兴。欧阳纥听说章昭达的军队突然来到，惊恐混乱得不知所措，领兵出屯在洭口，用竹笼装满了沙子石块，放在水栅的外面，用来阻止对方船只的进路。章昭达在河的上游，装配船只，制造“拍竿”，命士兵口里衔刀潜入水中，用刀砍断编竹笼的篾片，随后驾大船顺流而下突破敌军的防守。欧阳纥的部众大败，欧阳纥被活捉，押送回朝；癸未（二月二十九日），被斩于建康市中。

欧阳纥的反叛，使侨居在岭南的士大夫都感到惊恐害怕。前著作佐郎萧引却很坦然，说：“以往历史上的管宁、袁涣遇到变故时，也都是静坐待变。君子自己行为正直行施正义，何必忧虑恐惧！”欧阳纥被平定以后，陈宣帝征召萧引为金部侍郎。萧引是萧允的弟弟。

冯仆由于母亲洗夫人的功劳，被封为信都侯，升迁为石龙太守，朝廷派使者持符节册封洗夫人为石龙太夫人，赐给有彩色帷幔丝质绳网用四匹马拉的坐车一辆，乐队一套，以及旌旗等物，洗夫人驾车出行时的仪仗和州刺史一样。

和士开的声势权力越来越大，朝廷中那些不知廉耻的官吏们，有的投靠他当干儿子，和富商大贾们的行为差不多。曾经有个官员去探视和士开的疾病，正值医生说：“大王的伤寒病很重，应当服用粪汁黄龙汤。”和士开面有难色。这个人说：“黄龙汤并不难吃，大王不必多疑，请让我替您先尝尝。”于是将黄龙汤一饮而尽。和士开感激他的好意，于是勉强服用，病便痊愈了。

三年（辛卯，公元571年）

壬寅（二月二十四日），北齐任命兰陵王高长恭为太尉，赵彦深为司空，和士开为录尚书事，徐之才为尚书令，唐邕为左仆射，吏部尚书冯子琮为右仆射，仍旧执掌吏部对官吏的铨选。

冯子琮一贯阿谀附和和士开，到这时，自以为是太后的亲属，而且主管选用官吏，于是擅自引荐任命人选，不再向上启奏报告，因此与和士开产生矛盾。

北齐琅邪王高俨因为和士开、穆提婆等人专横跋扈奢侈放纵，感到愤愤不平。和士开、穆提婆二人互相说：“琅邪王的目光奕奕有神，几步路以外就咄咄逼人，以往和他暂时打个照面，不知不觉地就出汗了；我们面见天子奏事时还不致这样。”因此对他忌恨，便将高俨调出住在北宫，五天上朝一次，不准他随时去见太后。

高俨被授职太保时，其余的官职都被免掉，不过还带有中丞和京畿大都督的职衔。和士开等人因为北城有武器库，想把高俨调移到城外，然后夺取他总督京畿军队的兵权。治书侍御史王子宜，和高俨的亲信开府仪同三司高舍洛、中常侍刘辟强对高俨劝说道：“殿下所以被疏远，正由于和士开从中离间挑拨，您怎能离开北宫住到民间去！”高俨对侍中冯子琮说：“和士开罪孽深重，孩儿打算杀掉他，怎么样？”冯子琮心里想废掉后主另立高俨做皇帝，因此劝高俨这样做。

高俨令王子宜上表弹劾和士开的罪状，请求将他收禁并加以审问。冯子琮又夹杂了其他文书一同上奏，后主没有仔细审阅就批准同意。高俨欺骗领军库狄伏连说："奉到皇上的命令，叫领军收禁和士开。"库狄伏连把这告诉了冯子琮，请他再次向皇上奏报，冯子琮说："琅邪王已经接到皇上的敕令，何必再次奏报。"库狄伏连相信了，于是征调京畿的军士，埋伏在神虎门外，并告诫守门人不要让和士开进神虎门。秋季，七月，庚午（二十五日）早晨，和士开按常例到宫中早朝，库狄伏连上前握住他的手说："今天有一件大好事。"王子宜递给和士开一封信，说："皇上有敕令，叫你去到台省相见。"并派军士护送。高俨派都督冯永洛在台省中将和士开杀死。

高俨本意只杀死和士开一个人，他的党羽却胁迫高俨说："事情已经如此，不能中止。"高俨便率领京畿的军士三千多人驻扎在千秋门。后主派刘桃枝率领八十名禁兵把高俨召来，刘桃枝离高俨还很远时就惶恐地对他施礼，高俨下令把他反绑起来，要杀死他，禁兵们纷纷走散。后主又派冯子琮去召高俨，高俨推辞说："和士开往昔以来的罪行实在应该万死，他图谋废掉天子，叫亲生母亲剃发当尼姑，臣才假托陛下的诏命将他杀死。我兄长陛下如果要杀臣，臣不敢逃避罪责。如果能宽恕我，希望派乳母来迎接，臣就去见陛下。"乳母，是指陆令萱，高俨想骗她出来杀死她。陆令萱手里拿刀躲在后主背后，听到高俨的要求，怕得浑身打颤。

后主又派韩长鸾去召高俨，高俨准备去见后主，刘辟强拉住他的衣服劝道："如果不杀掉穆提婆母子俩，殿下不能去。"广宁王高孝珩、安德王高延宗打从西面过来，问道："为什么不进去？"刘辟强说："兵太少。"高延宗环顾周围说："孝昭帝杀杨遵彦时，只有八十人。现在有几千人，怎能说少？"

后主哭着对太后说："如果还有缘分，仍可与母亲相见；没有缘分，就和您永别了！"于是急忙召斛律光，高俨也召斛律光来。

斛律光听说高俨杀了和士开，拍手大笑说："这真是龙子的作为，自然不像一般人！"于是进宫，在长巷见到后主。后主率领在宫中宿卫的步骑兵四百人，授给铠甲，准备出战，斛律光说："小孩子们动干戈，刚一交手就会乱了阵脚。俗话说：'奴仆见主人，心里就沮丧。'陛下应该亲自去千秋门，琅邪王一定不敢行动。"后主便听从了。

斛律光走在前面做前导，派人离开队伍，喊道："天子来了。"高俨一伙怕得纷纷散去。后主在桥上勒住马远远地呼叫他们，高俨还站在那里不敢靠前，斛律光走过去对他说："天子的兄弟杀一个人，有什么可害怕的！"于是抓住他的手，硬拉着他向

陈后主陈叔宝

前，请求后主说：“琅邪王年轻，肠肥脑满，行为轻率，等到年龄大了，自然不会这样，希望能宽恕他的罪过。”后主拔出高俨所带的佩刀，用刀环对他的头乱捣，过了很久，才放了他。

后主收禁了库狄伏连、高舍洛、王子宜、刘辟强、都督翟显贵，在后园将他们肢解，然后在都城的大街上暴尸示众。后主要把高俨府里的文武官吏全部杀死，斛律光说：“这些人都是达官贵人的子弟，杀掉他们，恐怕引起人心不安。”赵彦深也说：“《春秋》里说，军队不听从命令，责任在领兵的将帅。”于是区别情况对他们分别判罪。

太后责问高俨，高俨说：“是冯子琮教我这样做的。”太后大怒，派使者到台省用弓弦将冯子琮绞死，派太监用库车拉上尸体送到他家里去。从此以后太后常常把高俨安置在宫中，每次吃饭都亲自先尝一尝，怕人毒死高俨。

北齐祖珽劝陆令萱，叫她把赵彦深调出朝廷做兖州刺史。北齐后主任命祖珽为侍中。

陆令萱对后主说：“人称琅邪王聪明勇敢，当今无敌；但看他的相貌，几乎不是臣下。自从他独断专行杀和士开以来，常常怀有恐惧之心，应该及早做出打算。”宠臣何洪珍等人也请后主杀掉高俨。后主犹豫不决；用装运食物的车子把祖珽秘密接来，询问他的意见。祖珽举出“周公诛杀管叔，季友毒死庆父”两个例子。后主便带高俨去晋阳，派右卫大将军赵元侃诱捕高俨，赵元侃说：“臣以前侍奉先帝，看到先帝喜欢琅邪王。现在我宁愿被杀，不忍心做这种事。”后主便将赵元侃贬为豫州刺史。

庚午（二十五日），后主启禀太后说：“明天准备和仁威一早出外打猎。”夜里四更时分，后主召见高俨，高俨产生怀疑。陆令萱说：“兄长叫你，孩子你为什么不去？”高俨出来，走到长巷，刘桃枝将他的双手反绑起来，高俨高喊道：“让我去见母亲、兄长。”刘桃枝用衣袖塞在他嘴里，把他的袍子翻过来蒙住头，将他背出来，走到大明宫时，高俨的鼻血流了满面，被人用手摧折而死，当时才十四岁，将尸体用席子包起来，埋在室内。后主派人启奏太后，太后到那里哭吊，刚哭了十几声，就被人簇拥着回到殿中。高俨有四个遗腹男孩，后来都被囚禁而死。

第一百七十一卷 陈纪五

译文诵读

高宗宣皇帝上之下太建四年（壬辰，572）

时帝始亲览朝政，颇事威刑，虽骨肉无所宽借。齐公宪虽迁冢宰，实夺之权。又谓宪侍读裴文举曰："昔魏末不纲，太祖辅政；及周室受命，晋公复执大权；积习生常，愚者谓法应如是。岂有年三十天子而可为人所制乎！《诗》云：'夙夜匪懈，以事一人。'一人，谓天子耳。卿虽陪侍齐公，不得遽同为臣，欲死于所事。宜辅以正道，劝以义方，辑睦我君臣，协和我兄弟，勿令自致嫌疑。"文举咸以白宪，宪指心抚几曰："吾之夙心，公宁不知！但当尽忠竭节耳，知复何言。"

卫公直，性浮诡贪狠，意望大冢宰；既不得，殊怏怏；更请为大司马，欲据兵权。帝揣知其意，曰："汝兄弟长幼有序，岂可返居下列！"由是用为大司徒。

齐尚书右仆射祖珽，势倾朝野，左丞相咸阳王斛律光恶之，遥见，辄骂曰："多事乞索小人，欲行何计！"又尝谓诸将曰："兵马处分，赵令恒与吾辈参论。盲人掌机密以来，全不与吾辈语，正恐误国家事耳。"光尝在朝堂垂帘坐，珽不知，乘马过其前，光怒曰："小人乃敢尔！"后珽在内省，言声高慢，光适过，闻之，又怒。珽觉之，私赂光从奴问之。奴曰："自公用事，相王每夜抱膝叹曰：'盲人入，国必破矣。'"

穆提婆求娶光庶女，不许。齐王赐提婆晋阳田，光言于朝曰："此田，神武帝以来常种禾，饲马数千匹，以拟寇敌。今赐提婆，无乃阙军务也！"由是祖、穆皆怨之。

斛律后无宠，珽因而间之。光弟羡，为都督、幽州刺史、行台尚书令，亦善治兵，士马精强，鄣候严整，突厥畏之，谓之"南可汗"。光长子武都，为开府仪同三司、梁、兖二州刺史。

光虽贵极人臣，性节俭，不好声色，罕接宾客，杜绝馈饷，不贪权势。每朝廷会议，常独后言，言辄合理。或有表疏，令人执笔，口占之，务从省实。行兵仿其父金之法，营舍未定，终不入幕；或竟日不坐，身不脱介胄，常为士卒先。士卒有罪，唯大杖挝背，未尝妄杀，众皆争为之死。自结发从军，未尝败北，深为邻敌所惮。周勋州刺史韦孝宽密为谣言曰："百升飞上天，明月照长安。"又曰："高山不推自崩，槲木不扶自举。"令谍人传之于邺，邺中小儿歌之于路，珽因续之曰："盲老公背受大斧，饶舌老母不得语。"使其妻兄郑道盖奏之。帝以问珽，珽与陆令萱皆曰："实闻有之。"珽因解之曰："百升者，斛也。盲老公，谓臣也，与国同忧。饶舌老母，似谓女侍中陆氏也。且斛律累世大将，明月声震关西，丰乐威行突厥，女为皇后，男尚公主，谣言甚可畏也。"帝以问韩长鸾，长鸾以为不可，事遂寝。

珽又见帝，请间，唯何洪珍在侧，帝曰："前得公启，即欲施行，长鸾以为无此理。"珽未对，洪珍进曰："若本无意则可；既有此意而不决行，万一泄露，如何？"帝曰："洪珍言是也。"然犹未决。会丞相府佐封士让密启云："光前西讨还，敕令散兵，光引兵逼帝城，将行不轨，事不果而止。家藏弩甲，僮奴千数，每遣使往丰乐、武都所，阴谋往来。若不早图，恐事不可测。"帝遂信之，谓何洪珍曰："人心亦大灵，我前疑其欲反，果然。"帝性怯，恐即有变，令洪珍驰召祖珽告之："欲召光，恐其不从命。"珽请："遣使赐以骏马，语云：'明日将游东山，王可乘此同行。'光必入谢，因而执之。"帝如其言。

六月，戊辰，光入，至凉风堂，刘桃枝自后扑之，不仆。顾曰："桃枝常为如此事。我不负国家。"桃枝与三力士以弓弦罥其颈，拉而杀之，血流于地，铲之，迹终不灭。于是下诏称其欲反，并杀其子开府仪同三司世雄、仪同三司恒伽。

祖珽使二千石郎邢祖信簿录光家。珽于都省问所得物，祖信曰："得弓十五，宴射箭百，刀七，赐稍二。"珽厉声曰："更得何物？"曰："得枣杖二十束，拟奴仆与人斗者，不问曲直，即杖之一百。"珽大惭，乃下声曰："朝廷已加重刑，郎中何宜为雪！"及出。人尤其抗直，祖信慨然曰："贤宰相尚死，我何惜余生！"

齐主遣使就州斩斛律武都，又遣中领军贺拔伏恩乘驿捕斛律羡，仍以洛州行台仆射中山独孤永业代羡，与大将军鲜于桃枝发定州骑卒续进。伏恩等至幽州，门者白："使人衷甲，马有汗，宜闭城门。"羡曰："敕使岂可疑拒！"出见之。伏恩执而杀之。初，羡常以盛满为惧，表解所职，不许。临刑，叹曰："富贵如此，女为皇后，公主满家，常使三百兵，何得不败！"及其五子伏护、世达、世迁、世辨、世酋皆死。

周主闻光死，为之大赦。

祖珽与侍中高元海共执齐政。元海妻，陆令萱之甥也，元海数以令萱密语告珽。珽求为领军，齐主许之，元海密言于帝曰："孝徵汉人，两目又盲，岂可为领军！"因言珽与广宁王孝珩交结，由是中止。珽求见，自辨，且言："臣与元海素嫌，必元海谮臣。"帝弱颜，不能讳，以实告之，珽因言元海与司农卿尹子华等结为朋党。又以元海所泄密语告令萱，令萱怒，出元海为郑州刺史。子华等皆被黜。

珽自是专主机衡，总知骑兵、外兵事，内外亲戚，皆得显位。帝常令中要人扶侍出入，直至永巷，每同御榻论决政事，委任之重，群臣莫比。

初，齐胡太后自愧失德，欲求悦于齐主，乃饰其兄长仁之女置宫中，令帝见之，帝果悦，纳为昭仪。及斛律后废，陆令萱欲立穆夫人；太后欲立胡昭仪，力不能遂，乃卑辞厚礼以求令萱，结为姊妹。令萱亦以胡昭仪宠幸方隆，不得已，与祖珽白帝立之。戊子，立皇后胡氏。

齐陆令萱欲立穆昭仪为皇后，私谓齐主曰："岂有男为皇太子而身为婢妾者！"胡后有宠于帝，不可离间，令萱乃使人行厌蛊之术，旬朔之间，胡后精神恍惚，言笑无恒，帝渐畏而恶之。令萱一旦忽以皇后服御衣被昭仪，又别造宝帐，爰及枕度器玩，莫非珍奇。坐昭仪于帐中，谓帝曰："有一圣女出，将大家看之。"及见昭仪，令萱乃曰："如此人不作皇后，遣何物人作！"帝纳其言。

甲午，立穆氏为右皇后，以胡氏为左皇后。

齐胡后之立，非陆令萱意，令萱一旦于太后前作色而言曰："何物亲侄，作如此语！"太后问其故，令萱曰："不可道。"固问之，乃曰："语大家云：'太后行多非法，不可以训。'"太后大怒，呼后出，立剃其发，送还家。辛丑，废胡后为庶人。然齐主犹思之，每致物以通意。

自是令萱与其子侍中穆提婆势倾内外，卖官鬻狱，聚敛无厌。每一赐与，动倾府藏。令萱则自太后以下，皆受其指麾；提婆则唐邕之徒，皆重足屏气；杀生予夺，唯意所欲。

五年（癸巳，573）

乙巳，齐立右皇后穆氏为皇后。穆后母名轻霄，本穆氏之婢也，面有黥字。后既以陆令萱为母，穆提婆为外家，号令萱曰"太姬"。太姬者，齐皇后母号也，视一品，班在长公主上。由是不复问轻霄。轻霄自疗面，欲求见后，太姬使禁掌之，竟不得见。

齐主颇好文学。丙午，祖珽奏置文林馆，多引文学之士以充之，谓之待诏；以中书侍郎博陵李德林，黄门侍郎琅邪颜之推同判馆事，又命共撰《修文殿御览》。

齐自和士开用事以来，政体隳紊。及祖珽执政，颇收举才望，内外称美。珽复欲增损政务，沙汰人物，官号服章，并依故事。又欲黜诸阉竖及群小辈，为致治之方，陆令萱、穆提婆议颇同异。珽乃讽御史中丞丽伯律，令劾主书王子冲纳赂。知其事连提婆，欲使赃罪相及，望因此并坐及令萱。犹恐齐主溺于近习，欲引后党为援，乃请以胡后兄君瑜为侍中、中领军；又征君瑜兄梁州刺史君璧，欲以为御史中丞。令萱闻而怀怒，百方排毁，出君瑜为金紫光禄大夫，解中领军；君璧还镇梁州。胡后之废，颇亦由此。释王子冲不问。

珽日以益疏，诸宦者更共谮之。帝以问陆令萱，令萱悯默不对，三问，乃下床拜曰："老婢应死。老婢始闻和士开言孝徵多才博学，意谓善人，故举之。比来观之，大是奸臣。人实难知，老婢应死。"帝令韩长鸾检按。长鸾素恶珽，得其诈出敕受赐等十余事。帝以尝与之重誓，故不杀，解珽侍中、仆射，出为北徐州刺史。珽求见帝，长鸾不许，遣人推出柏阁，珽坐，不肯行，长鸾令牵曳而出。

癸巳，齐以领军穆提婆为尚书左仆射，侍中、中书监段孝言为右仆射。孝言，韶之弟也。初，祖珽执政，引孝言为助，除吏部尚书。孝言凡所进擢，非贿则旧，求仕者或于广会膝行跪伏，公自陈请，孝言颜色扬扬，以为己任，随事酬许。将作丞崔成忽于众中抗言曰："尚书，天下尚书，岂独段家尚书也！"孝言无辞以应，唯厉色遣下而已。既而与韩长鸾共构祖珽，逐而代之。

壬午，周太子赟纳妃杨氏。妃，大将军随公坚之女也。

太子好昵近小人，左宫正宇文孝伯言于周主曰："皇太子四海所属，而德声未闻，臣忝宫官，实当其责。且春秋尚少，志业未成，请妙选正人，为其师友，调护圣质，犹望日就月将。如或不然，悔无及矣。"帝敛容曰："卿世载鲠直，竭诚所事。观卿此言，有家风矣。"孝伯拜谢曰："非言之难，受之难也。"帝曰："正人岂复过卿！"于是以尉迟运为右宫正。运，迥之弟子也。

帝尝问万年县丞南阳乐运曰："卿言太子何如人？"对曰："中人。"帝顾谓齐公宪曰："百官佞我，皆称太子聪明睿智。唯运所言忠直耳。"因问运中人之状。对曰："如齐桓公是也：管仲相之则霸，竖貂辅之则乱，可与为善，可与为恶。"帝曰："我知之矣。"乃妙选宫官以辅之，仍擢运为京兆丞。太子闻之，意甚不悦。

陈宣帝太建四年（壬辰，公元572年）

当时北周武帝开始亲政，很注重威令用刑，尽管是骨肉至亲也不宽恕。齐公宇文宪名义上升为冢宰，实际上夺了他的实权。武帝对宇文宪的侍读裴文举说："从前魏朝末年武帝不能操持朝廷大纲，所以才有太祖辅政；等到周朝建立，晋公宇文护又掌握大权；原只是多年的习惯，后来竟成为常规，愚人还说法度应该如此。哪有年已三十岁的天子还可以被别人钳制的道理！《诗经》中说：'从早到晚不懈怠，来侍奉一个人。'一个人，指的是天子。您虽然陪伴侍奉齐公，不能怕得如同他的臣子，老死在侍读的事上。应当以正道去辅助他，用做人的道理去规劝他，使我们君臣和睦，使我们兄弟同心，不要使他自己招致嫌疑。"裴文举把这番话都告诉了宇文宪，宇文宪指着自己的心口拍着小桌子说："我平素的心意，您难道不知道吗！只是应该尽忠竭节罢了，我还有什么好说的。"

卫公宇文直性格浮躁诡诈贪婪狠毒，想做大冢宰；没能如愿，心里很不痛快；又请求当大司马，想掌握兵权。武帝猜到他的用意，说："你们兄弟长幼有序，怎能反而处于下列！"因此任命他为大司徒。

北齐尚书右仆射祖珽，势力可以倾动朝内外，左丞相咸阳王斛律光很厌恶他，远远地见到祖珽，总是骂道：“使国家多事、贪得无厌的小人，想搞什么样的诡计！”又曾对部下的将领们说：“军事兵马的处理，尚书令赵彦深还常常和我们一起商量讨论。这个瞎子掌管机密以来，完全不和我们说，使人担心会误了国家的大事。”斛律光曾在朝堂上坐在帘子后面，祖珽不知道，骑马经过他的面前，斛律光大怒说：“这个小人竟敢这样！”后来祖珽在门下省，说话声调既高又慢，正巧斛律光经过那里，听到祖珽说话的腔调，又大怒。祖珽发觉后，私下贿赂斛律光的随从奴仆询问原因，奴仆说：“自从您当权以来，相王每天夜里手抱双膝叹气说：‘瞎子入朝，国家必毁。’”

穆提婆请求娶斛律光的妾所生的女儿做妻子，没有得到允许。齐王赐给穆提婆晋阳地方的田地，斛律光在朝上说：“这些田地，从神武帝以来一直种谷物，饲养几千匹马，打算对付入侵的外敌。现在赏赐给穆提婆，恐怕会影响国家的军务吧！”从此祖珽、穆提婆都怨恨他。

斛律后得不到皇帝的宠爱，祖珽因此离间他们的关系。斛律光的弟弟斛律羡是都督、幽州刺史、行台尚书令，也善于治军，兵士马匹都很精干强壮，设置的要塞堡垒规范整齐，突厥很怕他，称他为“南可汗”。斛律光的长子斛律武都是开府仪同三司，梁、兖二州的刺史。

斛律光虽然贵极人臣，但生性节俭，不喜欢声色，很少接待宾客，拒绝接受馈赠，不贪图权势。每逢朝廷集会议事，常常在最后发言，说的话总是很符合情理。遇有上表或奏疏，叫人拿了笔，由自己口述，替他写下来，务必简短真实。用兵时仿照他父亲斛律金的办法，军队的营房没有落实，自己不进帐幕；或者整天不坐，身上不脱铠甲，打仗时身先士卒。士兵犯了罪，只用大棒敲打脊背，从不随意杀人，所以部下的士兵争相为他效命。自从年轻时参加军队，没有打过败仗，深为相邻的敌方害怕。北周的勋州刺史韦孝宽私下制造谣言说：“百升飞上天，明月照长安。”又说：“高山不推自崩，槲木不扶自举。”派间谍把谣言传到邺城，叫邺城的小孩在路上歌唱。祖珽接续道：“盲老公背受大斧，饶舌老母不得语。”叫妻兄郑道盖向后主奏报。后主就此问祖珽，祖珽和陆令萱都说：“确实听说有这件事。”祖珽还解释说：“百升，就是斛。盲老公，是指我，和国家同忧愁。饶舌老母，似乎指女侍中陆令萱。况且斛律氏几代都是大将，斛律光字明月，声震关西，斛律羡字丰乐，威行突厥，女儿是皇后，儿子娶公主，谣言令人可畏。”后主又问韩长鸾，韩长鸾以为不可能，这件事才压下来。

祖珽又去见后主，请求后主屏退左右，当时只有何洪珍在旁边，后主说：“以前接到你的启奏，就准备执行，韩长鸾认为没有这种道理。”祖珽还没有回答，何洪珍向后主进言说：“如果本来没有这种意思就算了；既然有这种意思而不决定执行，万一泄露出去，怎么办？”后主说：“何洪珍的话说得对。”但是还没有决定。恰逢丞相府佐封士让上密启说：“斛律光以前西征回来，皇上下诏命令将军队解散，斛律光却指挥军队进逼都城，准备进行违反法纪的活动，事情没有成功而停止了。家里私藏弓弩和铠甲、僮仆奴婢数以千计，常常派使者去斛律羡、斛律武都的住所，阴谋往来。如果不趁早谋划，恐怕事情不可预测。”后主便相信了，对何洪珍说：“人心也太灵验，我以前怀疑他要造反，果真如此。”后主性格懦弱胆小，只恐马上有变，叫何洪珍迅速把祖珽召来，告诉他说：“我要召斛律光来，恐怕他不肯服从命令。”祖珽请求说：“派使者赐给他骏马，告诉他：‘明天将去东山游玩，王可以骑这匹马和我一同前往。’斛律光一定会来向陛下道谢，趁此机会把他抓起来。”后主就照祖珽所说的那样去做。

六月戊辰，斛律光进宫，到凉风堂，刘桃枝从他背后扑去，没有跌倒。斛律光回头说：“刘桃枝常常做这种事。我没有辜负国家。”刘桃枝和另外三个力士用弓弦缠住他的脖子，用力勒紧将他杀死，鲜血流在地上，经过铲除，血迹始终存在。后主于是下诏说斛律光要造反，将他的儿子开府仪同三司斛律世雄、仪同三司斛律恒伽一并杀死。

祖珽派二千石郎邢祖信对斛律光的家产登记造册。祖珽在尚书都省问起所查到的东西，邢祖信说：“得到十五张弓，聚宴习射时用的箭一百枝，七把刀，朝廷赏赐的长矛两杆。”祖珽厉声说：“还得到什么东西？”邢祖信回答说：“得到二十捆枣木棍，准备当奴仆和别人斗殴时，不问是非曲直，先打奴仆一百下。”祖珽大为惭愧，便低声说：“朝廷已经对他处以重刑，郎中不宜为他洗雪！”邢祖信离开尚书都省，有人责怪他过于坦率耿直，他感慨说：“贤良的宰相尚且被杀，我何必顾惜自己的余生！”

北齐后主派使者到梁州、兖州去，就地将斛律武都处死，又派中领军贺拔伏恩乘驿车去捉拿斛律羡，仍旧以洛州行台仆射中山人独孤永业代替斛律羡，和大将军鲜于桃枝征发定州的骑兵继续前往。贺拔伏恩等到幽州，守城门的人告诉斛律羡：“来的人内穿衣甲，马身有汗，应当关闭城门。”斛律羡说：“怎能怀疑皇上派来的使者把他们拒之城外！”便出城会见使者。贺拔伏恩将他捉住处死。当初，斛律羡时常为一家权势太大而惧怕，曾经上表请求解除自己的职务，后主不许。临刑时，他叹息说：“如此富贵，女儿是皇后，满家是公主，日常使用三百名士兵，怎能不败！”他的五个儿子斛律伏护、斛律世达、斛律世迁、斛律世辨、斛律世酋都被处死。

北周后主听到斛律光死去的消息，为此大赦全国表示庆幸。

祖珽和侍中高元海共同执掌北齐的朝政。高元海的妻子，是陆令萱的外甥女，高元海屡次把陆令萱的秘密话告诉祖珽。祖珽要求做领军，北齐后主答允了，高元海秘密向后主说：“祖珽是汉人，双目失明，怎么能做领军！”并且说祖珽和广宁王高孝珩有勾结，因此没有任命。祖珽求见后主，为自己辩白，说：“臣和高元海素来有怨仇，一定是高元海诽谤臣。”后主脸皮薄，不能回避，只得把实话告诉他，祖珽于是说高元海和司农卿尹子华等人结成朋党。又把高元海所泄露的秘密话告诉陆令萱，陆令萱大怒，把高元海贬为郑州刺史。尹子华等人都被罢官。

祖珽从此专门主管朝廷的枢要机关，总辖执掌北齐的骑兵、外兵军务，内外亲戚都得到显要的官职。后主常常叫亲近的太监搀扶祖珽出入，一直送到宫里的长巷，时常同后主在御榻上商量决定朝廷的政事，托付给祖珽的重要任务，是别的臣子所不能比拟的。

当初，北齐胡太后因为自己行为不好而感到羞愧，为了得到北齐后主的喜欢，于是把哥哥胡长仁的女儿修饰打扮安置在宫里，使后主能见到她，后主见后果然很喜欢，纳她为昭仪，地位仅次于皇后。到斛律后被废掉，陆令萱想立穆夫人为皇后；胡太后想立胡昭仪为皇后，但是力不从心，于是用卑下的言辞和厚礼请求陆令萱，想和她结为姊妹。陆令萱也因为胡昭仪正日益得到后主的宠爱，不得已，和祖珽一起向后主请求立胡昭仪为皇后。戊子（八月十九日），立皇后胡氏。

北齐陆令萱想立穆昭仪为皇后，私下对北齐后主说："难道有儿子是皇太子而自身是婢妾的！"胡皇后正得宠于后主，无法挑拨离间，陆令萱便叫方士施行诅咒人的巫术，仅仅十天到一个月之间，胡皇后精神恍惚，说笑都不正常，后主便逐渐害怕而厌恶她。陆令萱有一天忽然用皇后的衣服给穆昭仪穿着起来，又另外做了华美的帐子，乃至枕席用器和玩赏物品，无不珍贵奇特。叫穆昭仪坐在帐子里，对后主说："发现一个贤德的女子，请陛下去看看。"后主看到穆昭仪，陆令萱便说："这样的人不当皇后，还有什么人可当！"后主采纳了陆令萱的意见。

甲午（十月二十六日），立穆昭仪为右皇后，胡昭仪为左皇后。

北齐册立胡皇后，不是陆令萱的意愿，有一天陆令萱在太后面前生气地说："什么亲侄女，竟说出这种话来！"太后问她什么原故，陆令萱说："不能说。"坚持问她，才说："胡皇后对皇上说：'太后有许多非法行为，不足为训。'"太后勃然大怒，把胡皇后叫出来，马上剃去她的头发，送她回家。辛丑（十二月初四），废胡皇后为平民。然而后主还想念她，常常送东西给她表示自己的情意。

从此以后陆令萱和她的儿子侍中穆提婆势力倾动朝廷内外，出卖官职，收受贿赂断案，聚敛钱财贪得无厌。每次赏赐，动辄把官府储存的东西用光。陆令萱对太后以下的人都可以指挥；唐邕一伙儿对穆提婆怕得不敢出声；这两人可以随心所欲地对别人生杀予夺。

五年（癸巳，公元573年）

乙巳（二月初九），北齐立右皇后穆氏为皇后。穆后的母亲名叫轻霄，原先是穆家的婢女，脸上有刺字。穆后认陆令萱为母亲，以穆提婆为外家，称陆令萱为"太姬"。太姬，是北齐皇后母亲的称号，相当于一品，等级在皇帝的姊妹以上。皇后因此不再理轻霄。轻霄把脸治好，要求见皇后，太姬叫人禁止并用手掌打她，结果不能见到。

北齐后主很爱好文学。丙午（初十），祖珽奏请设立文林馆，延揽了许多文学之士到馆里，称为待诏；任命中书侍郎博陵人李德林、黄门侍郎琅邪人颜之推为同判馆事，又叫他们共同编写《修文殿御览》。

北齐从和士开掌权以来，朝政体制毁坏紊乱。到祖珽执政时，颇能收罗荐举有才能声望的人，得到内外的美誉。祖珽还准备调整政务，筛选淘汰官员，官号以及标志官吏身份品级的服饰，仍然照旧。又打算罢免宫中的太监和小人之流，作为治理朝政的大纲，陆令萱、穆提婆的议论和祖珽不一。祖珽便向御史中丞丽伯律暗示，叫他弹劾主书王子冲接受贿赂。因为知道这件事涉及穆提婆，想把他和贪赃罪联系起来，并希望因此使陆令萱连坐。他还担心君主沉溺于亲近的人之中，所以想攀引后党作为自己的后援，便请齐后主任命胡后的哥哥胡君瑜为侍中、中领军；又征聘胡君瑜的哥哥梁州刺史胡君璧，想任命他为御史中丞。陆令萱听到这些事后心中恼怒，千方百计加以反对诋毁，把胡君瑜调出为金紫光禄大夫，解除中领军的职务；胡君璧回梁州当刺史。后来胡后被废，也主要由于这个原因。释放王子冲没有问罪。

祖珽日益被疏远，那些太监都一起说他的坏话。后主向陆令萱询问，陆令萱忧愁地默不作答，连问三次，才下床向后主叩拜说："我这个老婢该死。老婢起初听和士开说祖珽博学多才，认为他是个好人，所以才荐举他。近来看他，十足是个奸臣。人的实情难以深知，老婢该死。"后主命令韩长鸾调查核实情况。韩长鸾素来就讨厌祖珽，查出他伪作敕令骗取赏赐等十几件事。后主因为曾经和祖珽立下重誓，所以没有杀他，只解除祖珽侍中、仆射的官职，派出任北徐州刺史。祖珽求见后主，韩长鸾不准，派人将他推出柏阁。祖珽坐在地上，不肯走，韩长鸾叫人把祖珽拉出去。

癸巳（五月二十八日），北齐任命领军穆提婆为尚书左仆射，侍中、中书监段孝言为右仆射。段孝言是段韶的弟弟。当初，祖珽执政，引荐段孝言当助手，任命为吏部尚书。段孝言所任用提拔的人，不是对他进行贿赂的人就是他的故旧，求官的人或者在大庭广众的场合对段孝言膝行跪拜匍匐，公开向他陈述请求，段孝言脸色洋洋得意，把这当做自己的责任，看情况应酬许诺。将作丞崔成忽然在众人中高声说："尚书，是天下的尚书，难道是段家的尚书！"段孝言无辞以对，只能沉着脸叫他下去而已。不久以后段孝言和韩长鸾一起构陷祖珽，逐出祖珽由自己取代。

壬午（九月十九日），北周太子宇文昕纳杨氏为妃。杨妃是大将军随公杨坚的女儿。

太子喜欢和小人亲昵接近，左宫正宇文孝伯对北周国主武帝说："皇太子是天下所注目的人，但没有听到他品德的名声，臣有愧于担任宫官，实在应该由臣负责。况且皇太子年纪还小，志向和学业还不成熟，请陛下精选正派人，作为他的良师益友，调理培养皇太子的素质，希望他每天每月有所进步。如果不这样，后悔就来不及了。"武帝正容肃然起敬说："你世代为人耿直，忠于职守。听到你这番话，可见你的家风。"宇文孝伯拜谢说："说这话并不难，难在接受这番话。"武帝说："正派人哪有超过你的！"于是任命尉迟运为右宫正。尉迟运是尉迟迥的侄儿。

武帝曾经问万年县丞南阳人乐运说："你说皇太子是怎样一种人？"乐运答道："是中等人。"武帝回头对齐公宇文宪说："百官花言巧语谄媚我，都说皇太子聪明有特殊的才智。只有乐运的话忠诚坦率。"并向乐运询问中等人的样子。乐运答道："像齐桓公就是中等人；管仲为相就可以使他成就霸业，竖貂辅政就会使国家混乱；可以使他为善，也可以使他为恶。"武帝说："我明白了。"于是精选宫官辅助皇太子，提拔乐运当京兆丞。皇太子听说后，心里很不高兴。

第一百七十二卷
陈纪六

译文诵读

高宗宣皇帝中之上太建七年（乙未，575）

丁丑，下诏伐齐，以柱国陈王纯、荥阳公司马消难、郑公达奚震为前三军总管，越王盛、周昌公侯莫陈崇、赵王招为后三军总管。齐王宪帅众二万趋黎阳，随公杨坚、广宁公薛迥将舟师三万自渭入河，梁公侯莫陈芮帅众二万守太行道，申公李穆帅众三万守河阳道，常山公于翼帅众二万出陈、汝。

周师入齐境，禁伐树践稼，犯者皆斩。丁未，周主攻河阴大城，拔之。齐王宪拔武济；进围洛口，拔东、西二城，纵火焚浮桥，桥绝。齐永桥大都督太安傅伏，自永桥夜入中潬城。周人既克南城，围中潬，二旬不下。洛州刺史独孤永业守金墉，周主自攻之，不克。永业通夜办马槽二千，周人闻之，以为大军且至而惮之。

九月，齐右丞高阿那肱自晋阳将兵拒周师。至河阳，会周主有疾，辛酉夜，引兵还。水军焚其舟舰。傅伏谓行台乞伏贵和曰："周师疲弊，愿得精骑二千追击之，可破也。"贵和不许。

齐王宪、于翼、李穆，所向克捷，降拔三十余城，皆弃而不守。

八年（丙申，576）

冬，十月，己酉，周主自将伐齐，以越王盛、杞公亮、随公杨坚为右三军，谯王俭、大将军窦泰、广化公丘崇为左三军，齐王宪、陈王纯为前军。

遣内史王谊监诸军攻平阳城。齐行台仆射海昌王尉相贵婴城拒守。甲子，齐集兵晋祠。庚午，齐主自晋阳帅诸军趣晋州。周主日自汾曲至城下督战，城中窘急。庚午，行台左丞侯子钦出降于周。壬申，晋州刺史崔景嵩守北城，夜，遣使请降于周，王轨帅众应之。未明，周将北海段文振，杖槊与数十人先登，与景嵩同至尉相贵所，拔佩刀劫之。城上鼓噪，齐兵大溃，遂克晋州，虏相贵及甲士八千人。

齐主方与冯淑妃猎于天池，晋州告急者，自旦至午，驿马三至。右丞相高阿那肱曰："大家正为乐，边鄙小小交兵，乃是常事，何急奏闻！"至暮，使更至，云"平阳已陷"，乃奏之。齐主将还，淑妃请更杀一围，齐主从之。

齐师遂围平阳，昼夜攻之。城中危急，楼堞皆尽，所存之城，寻仞而已。或短兵相接，或交马出入，外援不至，众皆震惧。梁士彦慷慨自若，谓将士曰：“死在今日，吾为尔先。”于是勇烈齐奋，呼声动地，无不一当百。齐师少却，乃令妻妾、军民、妇女，昼夜修城，三日而就。周主使齐王宪将兵六万屯涑川，遥为平阳声援。齐人作地道攻平阳，城陷十余步，将士乘势欲入。齐主敕且止，召冯淑妃观之。淑妃妆点，不时至，周人以木拒塞之，城遂不下。旧俗相传，晋州城西石上有圣人迹，淑妃欲往观之。齐主恐弩矢及桥，乃抽攻城木造远桥。齐主与淑妃度桥，桥坏，至夜乃还。

戊申，周主至平阳。庚戌，诸军总集，凡八万人，稍进，逼城置陈，东西二十余里。

先是齐人恐周师猝至，于城南穿堑，自乔山属于汾水；齐主大出兵，陈于堑北，周主命齐王宪驰往观之。宪复命曰：“易与耳，请破之而后食。”周主悦，曰：“如汝言，吾无忧矣！”周主乘常御马，从数人巡陈，所至辄呼主帅姓名慰勉之。将士喜于见知，咸思自奋。将战，有司请换马。周主曰：“朕独乘良马，欲何之！”周主欲薄齐师，碍堑而止，自旦至申，相持不决。

兵才合，齐主与冯淑妃并骑观战。东偏少却，淑妃怖曰：“军败矣！”录尚书事城阳王穆提婆曰：“大家去！大家去！”齐主即以淑妃奔高梁桥。开府仪同三司奚长谏曰：“半进半退，战之常体。今兵众全整，未有亏伤，陛下舍此安之！马足一动，人情骇乱，不可复振。愿速还安慰之！”武卫张常山自后至，亦曰：“军寻收讫，甚完整。围城兵亦不动。至尊宜回。不信臣言，乞将内参往视。”齐主将从之。穆提婆引齐主肘曰：“此言难信。”齐主遂以淑妃北走。齐师大溃，死者万余人，军资器械，数百里间，委弃山积。安德王延宗独全军而还。

辛亥，周主入平阳。梁士彦见周主，持周主须而泣曰：“臣几不见陛下！”周主亦为之流涕。

周主以将士疲弊，欲引还。士彦叩马谏曰：“今齐师遁散，众心皆动，因其惧而攻之，其势必举。”周主从之，执其手曰：“余得晋州，为平齐之基，若不固守，则大事不成。朕无前忧，唯虑后变，汝善为我守之！”遂帅诸将追齐师。诸将固请西还，周主曰：“纵敌患生。卿等若疑，朕将独往。”诸将乃不敢言。癸丑，至汾水关。

是夜，齐主欲遁去，诸将不从。丁巳，周师至晋阳。齐主复大赦，改元隆化。以安德王延宗为相国、并州刺史，总山西兵，谓曰：“并州兄自取之，儿今去矣！”延宗曰：“陛下为社稷勿动。臣为陛下出死力战，必能破之。”穆提婆曰：“至尊计已成，王不得辄沮！”齐主乃夜斩五龙门而出，欲奔突厥，从官多散。领军梅胜郎叩马谏，乃回向邺。时唯高阿那肱等十余骑从，广宁王孝珩、襄城王彦道继至，得数十人与俱。

延宗发府藏及后宫美女以赐将士，籍没内参十余家。齐主闻之，谓近臣曰：

“我宁使周得并州，不欲安德得之。”左右曰：“理然。”延宗见士卒，皆亲执手称名，流涕呜咽，众争为死；童儿女子，亦乘屋攘袂，投砖石以御敌。

己未，周主至晋阳。庚申，齐主入邺。周师围晋阳，四合如黑云。安德王延宗命莫多娄敬显、韩骨胡拒城南，和阿干子、段畅拒城东，自帅众拒齐王宪于城北。延宗素肥，前如偃，后如伏，人常笑之。至是，奋大矟往来督战，劲捷若飞，所向无前。和阿干子、段畅以千骑奔周军。周主攻东门，际昏，遂入之，进焚佛寺。延宗、敬显自门入，夹击之，周师大乱，争门，相填压，塞路不得进。齐人从后斫刺，死者二千余人。周主左右略尽，自拔无路。承御上士张寿牵马首，贺拔伏恩以鞭拂其后，崎岖得出。齐人奋击，几中之。城东道厄曲，伏恩及降者皮子信导之，仅得免，时已四更。延宗谓周主为乱兵所杀，使于积尸中求长鬣者，不得。时齐人既捷，入坊饮酒，尽醉卧，延宗不复能整。

周主出城，饥甚，欲遁去，诸将亦多劝之还。宇文忻勃然进曰：“陛下自克晋州，乘胜至此。今伪主奔波，关东响震，自古行兵，未有若斯之盛。昨日破城，将士轻敌，微有不利，何足为怀！丈夫当死中求生，败中取胜。今破竹之势已成，奈何弃之而去！”齐王宪、柱国王谊亦以为去必不免，段畅等又盛言城内空虚。周主驻马，鸣角收兵，俄顷复振。辛酉，还攻东门，克之。延宗战力屈，走至城北，周人擒之。周主下马执其手，延宗辞曰：“死人手，何敢迫至尊！”周主曰：“两国天子，非有怨恶，直为百姓来耳。终不相害，勿怖也。”使复衣帽而礼之。唐邕等皆降于周。独莫多娄敬显奔邺，齐主以为司徒。

壬戌，周主大赦，削除齐制。收礼文武之士。

陈宣帝太建七年（乙未，公元575年）

丁丑（七月二十五日），北周武帝下诏征讨北齐，任命柱国陈王宇文纯、荥阳公司马消难、郑公达奚震为前三军总管，越王宇文盛、周昌公侯莫陈崇、赵王宇文招为后三军总管。齐王宇文宪率领二万人进军黎阳。随公杨坚、广宁公薛迥率领水军三万人从渭水进入黄河，梁公侯莫陈芮率领二万人在太行道防守，申公李穆率领三万人在河阳道防守，常山公于翼率领二万人进军陈州、汝州。

北周军队进入北齐境内，下令禁止砍伐树木践踏庄稼，违反者一律斩首。丁未（八月二十五日），北周国主进攻河阴大城，攻克。齐王宇文宪攻克武济；进围洛口，攻克东、西二城，放火烧毁浮桥，桥断。北齐的永桥大都督太安傅伏，趁夜晚从永桥进入中潬城。北周攻克南城以后，包围中潬城，二十天也没能攻克。北齐的洛州刺史独孤永业镇守金墉，北周国主亲自进攻，也没有攻克。独孤永业连夜赶制二千只马槽，北周人听说，以为北齐的大军将要来到，感到畏惧。

九月，北齐右丞高阿那肱从晋阳率军抵御北周的军队。他们到达河阳，正巧北周国主生病，辛酉（初九），晚上，率军回国。北周水军焚烧了自己的船只。傅伏对行台乞伏贵和说：“北周军队疲惫不堪，我愿意率领二千精骑追击他们，可以打败他们。”乞伏贵和不准许。

齐王宇文宪、于翼、李穆，矛头所向都打了胜仗，投降的和攻克的有三十多座城池，然而都弃城不夺。

八年（丙申，公元576年）

冬季，十月，己酉（初四），北周国主亲自率军队征伐北齐，任命越王宇文盛、杞公宇文亮、随公杨坚为右三军，谯王宇文俭、大将军窦泰、广化公丘崇为左三军，齐王宇文宪、陈王宇文纯为前军。

派内史王谊监督各路军队进攻平阳城。北齐的行台仆射海昌王尉相贵据城抵抗。甲子（十月十九日），北齐军队聚集在晋祠。庚午（十月二十五日），北齐后主从晋阳率领各路军队向晋州进发。北周国主当天从汾曲来到晋州城下督战，城中情况危急。庚午（十月二十五日），北齐的行台左丞侯子钦出城向北周投降。壬申（十月二十七日），晋州刺史崔景嵩防守北城，晚上，派使者出城向北周请求投降，王轨率领众军响应崔景嵩。天还没有亮，北周将领北海人段文振，手持长矛和几十人先行登上城头，和崔景嵩一同到尉相贵那里，拔出佩刀劫持他。城上呼喊骚乱，齐兵大溃，于是攻克晋州，俘虏了尉相贵和他部下的甲士八千人。

北齐后主正和冯淑妃在天池狩猎，晋州告急的人，从早晨到中午，骑驿马来了三次。右丞相高阿那肱说：“皇上正在取乐，边境有小小的军事行动，这是很平常的事，何必急着来奏报！”到傍晚，告急的使者再次到来，说“平阳已经陷落，”这才向君主奏报。北齐国主准备回去，冯淑妃却要求君主再围猎一次，北齐国主听从了她的要求。

北齐军队便围困了平阳，昼夜发起进攻。城里形势危急，城上的敌楼和矮墙都被夷平，残存的城墙，只有六七尺高。双方或是短兵相接，或是马匹可以随意从城墙上进出，城外的援兵不来，人们都感到震惊害怕。梁士彦慷慨从容，对将士们说：“如果今天战死，我一定先你们而死。”于是大家激昂奋起，喊声动地，无不以一当百。北齐军队稍稍后退，梁士彦下令妻妾、军民、妇女，昼夜修城，三天修好。北周国主派齐王宇文宪率兵六万驻屯在涑川，远远地为平阳声援。北齐挖掘地道进攻平阳，城下陷了好几丈，将士们乘势准备进入城内。北齐后主下令暂时停止，把冯淑妃召来一同观看。冯淑妃穿衣打扮，没有及时到来，北周人用木头堵住了下陷的地方，平阳城便没有被攻克。旧俗相传，晋州城西的石头上有圣人的遗迹，冯淑妃想去那里观看。北齐后主恐怕对方的箭会射到桥上，便抽调用来攻城的大木头在离城较远的地方造了一座桥。北齐后主和冯淑妃过桥时，桥梁损坏，到晚上才返。

戊申（十二月初四），北周国主到平阳。庚戌（初六），各路军队一齐集中，有八万人，逐渐向前推进，兵临城下摆开阵势，东西绵延有二十多里地。

北齐高洋时期的钱币

起先北齐恐怕北周的军队突然来到，在城南凿通护城河，从乔山连接到汾水；北齐后主派出大批军队，在护城河的北面列阵，北周国主命令齐王宇文宪驰马去那里观察。宇文宪回来报告说："这很好对付，请先攻破然后吃饭。"北周国主很高兴，说："如果像你所说的那样，我就不担心了！"北周国主骑着平时所用的马匹，由几个人跟随来到阵前巡视，所到之处就称呼主帅的姓名予以慰问鼓励。将士们对被国君了解信任感到很高兴，都想奋勇作战。临战前，随从官员请君主换马。北周国主说："朕独自一人骑着骏马，要到哪里去！"北周国主要逼近北齐军队，由于有护城河的阻碍而停下来，从早上直到下午，双方相持不下。

双方军队刚接触，北齐后主和冯淑妃一起骑着马去观战。东面的部分军队稍稍后退，冯淑妃害怕说："我们的军队打败了！"录尚书事城阳王穆提婆说："皇上快离开！皇上快离开！"北齐后主就和冯淑妃退奔高梁桥。开府仪同三司奚长向后主劝阻说："军队半进半退，是作战时的常规。目前士兵们都完全整齐，没有受到挫折死亡，陛下离开这里又到哪里去！马脚一动，人的情绪就会惊恐混乱，不能重新振作。希望陛下迅速回去安慰他们！"武卫张常山从后面赶到，也说："军队刚刚收拢完毕，非常完整。围城的士兵也没有动摇。天子最好返回。如果不相信我的话，请求天子领太监去巡看。"北齐后主将按他所说的去做。穆提婆却拉着北齐后主的胳膊说："他的话难以相信。"北齐后主便带冯淑妃向北退走。北齐军队大败溃散，死了一万多人，军用物资器械，在几百里间被遗弃的堆积如山。惟有安德王高延宗全军而回。

辛亥（十二月初七），北周国主进入平阳。梁士彦见到周主，用手握着周主的胡须哭泣说："臣几乎见不到陛下了！"北周国主也动情流泪。

北周国主由于将士疲乏困倦，准备率军回朝。梁士彦勒住周主的马规劝说："现在齐国的军队败退逃散，人心浮动，乘他们恐惧时发起进攻，一定可以打败他们。"北周君主听从了他的意见，握住他的手说："我得到晋州，这是平定齐国的基础，如果不坚决守住，就会大事不成。朕没有前忧，只忧虑后变，你好好为我守住这里！"于是率领将士们追赶北齐军队。将领们坚持请周主西归，北周国主说："放走乱人，祸患就会发生。你们如果有怀疑，朕将独自前去。"将领们于是不敢再说。癸丑（十二月初九），到了汾水关。

当天晚上，北齐国主准备逃走，将领们都不肯跟从。丁巳（十二月十三日），北周军队到晋阳。北齐后主再次大赦全国，把年号改为隆化。任命安德王高延宗为相国、并州刺史，总辖山西的军队，对他说："并州请兄长自己取走，我现在就要离开这里！”高延宗说：“陛下应该替国家着想不要走。臣愿意为陛下拼死作战，一定能把他们打败。”穆提婆说：“天子大计已定，安德王不能屡加阻挠！”北齐后主便在晚上破五龙门出走，要投降突厥，随从的官员纷纷散去。领军梅胜郎勒住后主的马加以规劝，这才返回邺城。当时只有高阿那肱等十几人骑马跟随，广宁王高孝珩、襄城王高彦道相继来到，只有几十人和后主在一起。

高延宗散发王府中的储藏和后宫里的美女赏赐给将士们，查抄没收了十几家太监。北齐后主听说后，对近臣说：“我宁愿让周朝得到并州，不愿让安德王得到它。”左右的近臣说：“理当如此。”高延宗看见士兵时，都亲自握住他们的手称呼他们的姓名，众人流泪悲泣出声，争着为他效死；儿童妇女，也都登上房顶捋起衣袖，投掷砖头石块抵抗敌人。

己未（十二月十五日），北周国主到晋阳。庚申（十二月十六日），北齐后主进入邺城。北周军队包围了晋阳，就像黑云从四面压城一般。安德王高延宗命令莫多娄敬显、韩骨胡在城南抵抗，和阿干子、段畅在城东抵抗，自己率领众军在城北抵抗北周的齐王宇文宪。高延宗身体肥胖，前看像仰面朝天，后看像俯伏在地，人们常常取笑他的模样。这时，他挥舞长矛来回督战，强劲有力敏捷得像飞一般，指向哪里，谁也抵挡不住。和阿干子、段畅率领一千骑兵直奔北周的军队。北周国主进攻晋阳的东门，当时天色昏暗，便进到城里，放火焚烧城里的佛庙。高延宗、莫多娄敬显从城门进入，两面夹击，北周军队大乱，争着逃出城门，城门间人群填塞挤压，堵住了道路无法前进。北齐人从后刀砍矛刺，北周军队死了二千多人。北周国主左右的人几乎都已死散，自己走投无路。承御上士张寿牵着马头，贺拔伏恩用鞭子抽打马的后部，困难艰险地出了城。齐人奋勇追击，几乎打中了他。晋阳城东的道路狭隘弯曲，贺拔伏恩和投降北周的皮子信在前面带路，这才幸免于死，这时已经是深夜四更。高延宗以为北周国主已经被乱兵所杀，派人在堆积的尸体中寻找留有长胡须的人，没有找到。当时北齐人打了胜仗，到街坊间饮酒，都喝醉了睡在地上，高延宗无法再整理队伍。

“忍者”宇文邕

北周国主出城以后，非常饥饿，想逃走，将领们也多劝他回去。宇文忻发怒变色而进言：“陛下从攻克晋州以来，乘胜到了这里。现在齐国的伪主劳碌奔逃，关东一带震惊，自古以来用兵，没有像这次的盛大。昨天破城时，由于将士轻敌，所以遭受一点挫折，这又何必放在心上！大丈夫应当从死中求生，败中取胜。现在破竹之势已经形成，为什么要放弃它而离去！”齐王宇文宪、柱国王谊也认为离开必定免不了失败，段畅又极力说晋阳城里已经空虚。北周国主于是勒马停止后撤，吹响号角集合军队，不多久军势重新振作。辛酉（十二月十七日），早晨，返回攻打东门，终于攻克。高延宗在作战中力量用尽，跑到城北，被北周军队捉住。北周国主下马握住他的手，高延宗辞谢说：“这是死人的手，怎敢靠近天子！”北周国主说：“两个国家的天子，并非有怨仇憎恨，都是为了救老百姓而来的，我终究不会加害于您，不必害怕。”请他重新穿戴起衣帽而待之以礼。唐邕等都投降了北周。只有莫多娄敬显逃奔到邺城，北齐后主任命他为司徒。

壬戌（十二月十八日），北周国主大赦全国，取消北齐的制度。招收并礼遇文武之士。

第一百七十三卷 陈纪七

译文诵读

高宗宣皇帝中之下太建九年（乙酉，577）

春，正月，乙亥朔，齐太子恒即皇帝位，生八年矣；改元承光，大赦。尊齐主为太上皇帝，皇太后为太皇太后，皇后为太上皇后。以广宁王孝珩为太宰。

壬辰，周师至邺城下；癸巳，围之，烧城西门。齐人出战，周师奋击，大破之。

齐上皇从百骑东走，使武卫大将军慕容三藏守邺宫。周师入邺，齐王、公以下皆降。

周师奄至青州，上皇囊金，系于鞍，与后、妃、幼主等十余骑南走，己亥，至南邓村，尉迟勤追及，尽擒之，并胡太后送邺。

于是齐之行台、州、镇，唯东雍州行台傅伏、营州刺史高宝宁不下，其余皆入于周。凡得州五十，郡一百六十二，县三百八十，户三百三万二千五百。高宝宁者，齐之疏属，有勇略，久镇和龙，甚得夷、夏之心。周主于河阳、幽、青、南兖、豫、徐、北朔、定置总管府，相、并二州各置宫及六府官。

梁主入朝于邺。自秦兼天下，无朝觐之礼，至是始命有司草具其事：致积，致饩，设九傧、九介，受享于庙，三公、三孤、六卿致食，劳宾，还贽，致享，皆如古礼。周主与梁主宴，酒酣，周主自弹琵琶。梁主起舞，曰："陛下既亲抚五弦，臣何敢不同百兽！"周主大悦，赐赉甚厚。

己丑，周主祭方丘。诏以："路寝会义、崇信、含仁、云和、思齐诸殿，皆晋公护专政时所为，事穷壮丽，有逾清庙，悉可毁撤。雕斫之物，并赐贫民。缮造之宜，务从卑朴。"又诏："并、邺诸堂殿壮丽者准此。"

初，魏虏西凉之人，没为隶户，齐氏因之，仍供厮役。周主灭齐，欲施宽惠，诏曰："罪不及嗣，古有定科。杂役之徒，独异常宪，一从罪配，百代不免，罚既无穷，刑何以措！凡诸杂户，悉放为民。"自是无复杂户。

九月，戊寅，周制："庶人已上，唯听衣绸、绵绸、丝布、圆绫、纱、绢、绡、葛、布等九种，余悉禁之。朝祭之服，不拘此制。"

上闻周人灭齐，欲争徐、兖，诏南兖州刺史、司空吴明彻督诸军伐之，以其世子戎昭、将军惠觉摄行州事。明彻军至吕梁，周徐州总管梁士彦帅众拒战，戊午，明彻击破之。士彦婴城自守，明彻围之。

周主性节俭，常服布袍，寝布被，后宫不过十余人；每行兵，亲在行陈，步涉山谷，人所不堪；抚将士有恩，而明察果断，用法严峻。由是将士畏威而乐为之死。

周初行《刑书要制》：群盗赃一匹，及正、长隐五丁、若地顷以上，皆死。

臣光曰：周高祖可谓善处胜矣！他人胜则益奢，高祖胜而愈俭。

十年（戊戌，578）

吴明彻围周彭城，环列舟舰于城下，攻之甚急。王轨引兵轻行，据淮口，结长围，以铁锁贯车轮数百，沈之清水，以遏陈船归路；军中恟惧。谯州刺史萧摩诃言于明彻曰："闻王轨始锁下流，其两端筑城，今尚未立，公若见遣击之，彼必不敢相拒。水路未断，贼势不坚；彼城若立，则吾属必为虏矣。"明彻奋髯曰："搴旗陷陈，将军事也；长算远略，老夫事也。"摩诃失色而退。一旬之间，水路遂断。

周兵益至，诸将议破堰拔军，以舫载马而去，马主裴子烈曰："若破堰下船，船必倾倒，不如先遣马出。"时明彻苦背疾甚笃，萧摩诃复请曰："今求战不得，进退无路。若潜军突围，未足为耻。愿公帅步卒、乘马舆徐行，摩诃领铁骑数千驱驰前后，必当使公安达京邑。"明彻曰："弟之此策，乃良图也。然步军既多，吾为总督，必须身居其后，相帅兼行。弟马军宜速，在前，不可迟缓。"摩诃因帅马军夜发。甲子，明彻决堰，乘水势退军，冀以入淮。至清口，水势渐微，舟舰并碍车轮，不复得过。王轨引兵围而蹙之，众溃。明彻为周人所执，将士三万并器械辎重皆没于周。萧摩诃以精骑八十居前突围，众骑继之，比旦，达淮南，与将军任忠、周罗睺独全军得还。

癸巳，帝不豫，留止云阳宫；丙申，诏停诸军。驿召宗师宇文孝伯赴行在所，帝执其手曰："吾自量必无济理，以后事付君。"是夜，授孝伯司卫上大夫，总宿卫兵。又令驰驿入京镇守，以备非常。六月，丁酉朔，帝疾甚，还长安；是夕殂，年三十六。

戊戌，太子即位。尊皇后阿史那氏为皇太后。宣帝初立，即逞奢欲。大行在殡，曾无戚容，扪其杖痕，大骂曰："死晚矣！"阅视高祖宫人，逼为淫欲。超拜吏部下大夫郑译为开府仪同大将军、内史中大夫，委以朝政。

帝以齐炀王宪属尊望重，忌之。谓宇文孝伯曰："公能为朕图齐王，当以其官相授。"孝伯叩头曰："先帝遗诏，不许滥诛骨肉。齐王，陛下之叔父，功高德茂，社稷重臣。陛下若无故害之，则臣为不忠之臣，陛下为不孝之子矣。"帝不怿，由是疏之。乃与开府仪同大将军于智、郑译等密谋之，使智就宅候宪，因告宪有异谋。

甲子，帝遣宇文孝伯语宪，欲以宪为太师，宪辞让。又使孝伯召宪，曰："晚与诸王俱入。"既至殿门，宪独被引进。帝先伏壮士于别室，至，即执之。宪自辩理，帝使于智证宪，宪目光如炬，与智相质。或谓宪曰："以王今日事势，何用多言！"宪曰："死生有命，宁复图存！但老母在堂，恐留兹恨耳！"因掷笏于地。遂缢之。

又杀上大将军王兴，上开府仪同大将军独孤熊，开府仪同大将军豆卢绍，皆素与宪亲善者也。帝既诛宪而无名，乃云与兴等谋反，时人谓之"伴死"。

十一年（己亥，579）

周主之初立也，以高祖《刑书要制》为太重而除之，又数行赦宥。京兆郡丞乐运上疏，以为："《虞书》所称'眚灾肆赦'，谓过误为害，当缓赦之；《吕刑》云：'五刑之疑有赦，'谓刑疑从罚，罚疑从免也。谨寻经典，未有罪无轻重，溥天大赦之文。大尊岂可数施非常之惠，以肆奸宄之恶乎！"帝不纳。既而民轻犯法，又自以奢淫多过失，恶人规谏，欲为威虐，慑服群下。乃更为《刑经圣制》，用法益深，大醮于正武殿，告天而行之。密令左右伺察群臣，小有过失，辄行诛谴。

他日，帝托以齐王宪事让孝伯曰："公知齐王谋反，何以不言？"对曰："臣知齐王忠于社稷，为群小所谮，言必不用，所以不言。且先帝付嘱微臣，唯令辅导陛下。今谏而不从，实负顾托。以此为罪，是所甘心。"帝大惭，俯首不语，命将出，赐死于家。

突厥佗钵可汗请和于周，周主以赵王招女为千金公主，妻之，且命执送高绍义；佗钵不从。

辛巳，周宣帝传位于太子阐，大赦，改元大象，自称天元皇帝，所居称"天台"，冕二十四旒，车服旗鼓皆倍于前王之数。皇帝称正阳宫，置纳言、御正、诸卫等官，皆准天台。尊皇太后为天元皇太后。

天元既传位，骄侈弥甚，务自尊大，无所顾惮，国之仪典，率情变更。

每召侍臣论议，唯欲兴造变革，未尝言及政事。游戏无常，出入不节，羽仪仗卫，晨出夜还，陪侍之官，皆不堪命。自公卿以下，常被楚挞。每捶人，皆以百二十为度，谓之"天杖"，其后又加至二百四十。宫人内职亦如之，后、妃、嫔、御，虽被宠幸，亦多杖背。于是内外恐怖，人不自安，皆求苟免，莫有固志，重足累息，以逮于终。

丁巳，周铸永通万国钱，一当千，与五行大布并行。

陈宣帝太建九年（丁酉，公元577年）

春季，正月，乙亥朔（初一），北齐太子高恒即皇帝位，当时出生才八年；改年号为承光，大赦全国。尊称北齐后主为太上皇帝，皇太后为太皇太后，皇后为太上皇后。任命广宁王高孝珩为太宰。

壬辰（正月十八日），北周军队到了邺城城下；癸巳（正月十九日），包围了邺城，焚烧邺城的西门。北齐士兵出城作战，北周军队奋勇攻击，大破北齐军队。

北齐太上皇帝由上百名骑兵跟从向东出走，派武卫大将军慕容三藏守卫邺城的宫室。北周军队进入邺城，北齐的王、公以下的官员都向北周投降。

北周军队很快到了青州，北齐太上皇帝高纬用袋子装了金子，系在马鞍上，和皇后、妃子、幼主等十几人骑马向南逃走，己亥（二十五日），到南邓村，尉迟勤追上他们，全部活捉，连同胡太后一起送往邺城。

于是北齐的行台、州、镇中，只有东雍州行台傅伏、营州刺史高宝宁没有降服，其他地方都并入北周。一共得到五十州，一百六十二郡，三百八十县，三百另三万二千五百户。高宝宁是北齐皇室的远支，勇敢有胆略，长久在和龙镇守，很得夷人和汉人的人心。北周国主在河阳、幽、青、南兖、豫、徐、北朔、定各州设置总管府，相、并二州分别设置宫室和六府官。

后梁国主到邺城朝见北周君主。自从秦始皇兼并天下以后，朝见礼制久已废缺，这时才开始命令有关部门拟订礼节：如致送薪米、致送活羊，设九个宾相、九个传达，在宗庙中设宴款待，三公、三孤、六卿向后梁国主献食，慰劳宾客、还礼、宴享宾客等，都依照古礼。北周国主设宴款待后梁国主，酒喝到高兴时，北周国主亲自弹琵琶。后梁国主起身跳舞，说：“陛下既然亲自演奏琵琶，臣怎敢不像百兽那样起舞！”北周国主听了大为高兴，赏赐给他很多东西。

己丑（五月十七日），北周国主到方丘祭地。诏告：“天子的寝室会义、崇信、含仁、云和、思齐等殿，都是晋公宇文护专政时所兴建的，穷极壮丽的能事，超过宗庙的规模，可以全部拆毁。雕饰的物件，可以赐给贫民。修缮建造的事宜，务必简单朴素。”又诏告：“并、邺各处壮丽的厅堂宫殿照此办理。”

当初，北魏俘虏了西凉人，将没入官府当奴隶户，北齐沿袭北魏的做法，奴隶户仍旧为官府服劳役。北周国主灭掉北齐，要对这些人给予宽恕恩惠，下诏说：“犯罪不能株连后代，是古代已有的法律。从事杂役的犯人，惟独异于常法，一旦犯罪发配，百代都得不到赦免，惩罚既已无穷无尽，正常的刑法还怎么执行！凡属于这类杂户，全都释放为民。”从此以后就不再有杂户。

九月，戊寅（初八），北周下诏：“平民百姓以上的人，可以穿用绸、绵绸、丝布、圆绫、纱、绢、绡、葛、布等九种材料做的衣服，其余的一概禁止。朝祭时的服装，不受这种制度的限制。”

陈宣帝听到北周灭亡了齐国，想和北周争夺徐州、兖州，下诏南兖州刺史、司空吴明徹督率军队进行讨伐，任命吴明徹的长子吴戎昭、将军惠觉代理州事。吴明徹的军队到了吕梁，北周的徐州总管梁士彦率领军队抵抗，戊午（十月十九日），被吴明徹打败。梁士彦据城自守，被吴明徹的军队包围。

北周国主生性节俭，常常穿布袍，睡觉时盖布被，后宫不过十几人；每逢行军作战，亲自在军队里，徒步在山谷里行走，这是别人所不能忍受的；安抚将士给予恩惠，而且明察果断，用法严厉，因此将士们虽然怕他的威严但乐意为他效死。

北周开始实行《刑书要制》：凡盗窃一匹赃物，以及闾正、里正、族正、保长、党长隐瞒五个丁口、一百亩地以上的，都处死。

臣司马光曰：周武帝可以称得上善于对待胜利了！别人得到胜利后就更加奢侈，周武帝胜利后却更加节俭。

十年（戊戌，公元578年）

陈朝的吴明徹包围北周的彭城，将战船环绕排列在城下，攻城很急。北周派王轨领兵轻装前进，占据淮口，结成长长的包围圈，用铁锁连接起几百个车轮，沉在清水河里，用来阻断陈朝船只的归路；军队中动荡不安感到恐惧。谯州刺史萧摩诃对吴明徹说："听说王轨刚开始封锁清水河的下游，在铁锁的两头筑城，现在还没有建起来，您如果现在去攻击，对方一定不敢抵抗。水路没有阻断，贼势不会牢固；等到他们的城建成，我们就会成为对方的俘虏。"吴明徹掀起胡子，说："拔掉敌人的军旗冲锋陷阵，是你将军的事情；长谋远略，是我老夫的事情。"萧摩诃吓得脸上变色退了出来。十天之间，水路终于被阻断。

北周军队越到越多，陈朝的将领们商议破坏堵水的土堤，将军队撤离，用船只装载马匹退走，马军主将裴子烈说："如果破了土堤，将马匹放下船，船一定会倾翻，不如先将马匹送出去。"当时吴明徹背上长疮病得很重，萧摩诃再次向他请求说："现在求战不得，进退无路。军队如果秘密地突围，也不足为耻。希望您率领步兵、乘马车慢慢地前进，我带领几千名铁骑在前后来往奔驰，一定能使您平安地到达京城建康。"吴明徹说："老弟这个计策，是个好办法。然而步兵很多，我是总督，必须在队伍后面，率领他们一起行动。老弟的马军应当行动迅速，走在步兵前面不能迟缓。"萧摩诃因此率领马军在晚上出发。甲子（二月二十七日），吴明徹掘断土堤，乘水势撤退军队，希望从这里进入淮河。到清口时，水越来越浅，水军船只被沉在清水河中的车轮所阻挡，无法通过。王轨带领军队将他们包围起来并加以收缩，陈朝军队溃败。吴明徹被北周捉住，三万将士以及军队的器械物资都被北周吞并。萧摩诃率领八十名精骑兵在前面突围，其余的骑兵在后面跟随，早晨时，到达淮河南岸，和将军任忠、周罗睺的军队得以保全回去。

癸巳（五月二十七日），北周武帝生病，留在云阳宫；丙申（三十日），下诏所有军队停止行动。派驿使到长安召宗师宇文孝伯赶到武帝所在的地方，武帝握住他的手说：“我自己估计不能痊愈了，把后事都托付给您。”这天晚上，授给宇文孝伯司卫上大夫的职位，总管宿卫兵。又命令他骑上驿马到京城镇守，防备非常事件。六月，丁酉朔（初一），武帝病情严重，回长安；在当天夜晚去世，年三十六岁。

戊戌（六月初二），皇太子宇文赟即位。尊称皇后阿史那氏为皇太后。北周宣帝刚即位，便放肆地奢侈纵欲。北周武帝还没有殡葬，他毫无悲伤的样子，抚摸以前被棍棒所打留下的伤痕，大骂道：“死得太晚了！”察看北周宣帝后宫的女子，强迫她们满足自己的淫欲。越级封吏部下大夫郑译为开府仪同大将军、内史中大夫，把朝政委托给他。

北周宣帝因为齐炀王宇文宪位高望重，对他很忌恨。对宇文孝伯说：“您如果能为朕除掉齐王，就把他的官职授给您。”宇文孝伯叩头说：“先帝有遗诏，不许滥杀骨肉至亲。齐王是陛下的叔父，功高德重，是国家的重臣，陛下如果无缘无故地杀害他，那么我就是不忠之臣，陛下就是不孝之子了。”宣帝很不高兴，从此对他疏远。宣帝便和开府仪同大将军于智、郑译等人密谋，派于智到宇文宪的家里去伺探，诬告宇文宪有阴谋。

甲子（六月二十八日），宣帝派宇文孝伯传话给宇文宪，想任命他为太师，宇文宪表示推辞。又派宇文孝伯召宇文宪，说：“晚上和其他王公一起来。”他们应召刚到殿门，宇文宪被单独领进去。宣帝预先在别的房子里埋伏了壮士，宇文宪一到，就被捉住。宇文宪为自己辩护说理，宣帝就叫于智和他对证，宇文宪的目光如火，和于智对质。有人对宇文宪说：“以你今天事情的趋势，何必多说！”宇文宪说：“死生有命，我难道还想活吗！只是老母亲还在，感到遗憾而已！”因此把朝笏扔在地上。宇文宪被绞死。

宣帝又杀掉上大将军王兴、上开府仪同大将军独孤熊、开府仪同大将军豆卢绍，他们都是素来和宇文宪亲近的人。宣帝既然杀掉宇文宪而没有罪名，便说他是和王兴等人密谋造反，当时人称王兴等人为“伴死”。

十一年（己亥，公元579年）

北周宣帝刚即位时，认为高祖时的《刑书要制》量刑太重而废除，又几次施行赦罪。京兆郡丞乐运向宣帝上疏，以为：“《虞书》中所说的‘眚灾肆赦’，是说因无心的过失而犯罪的，应当宽恕赦免；《吕刑》中说：‘五刑之疑有赦。’是说对判刑有怀疑可以改为处罚，对处罚有怀疑可以改为免罪。我认真地查阅了经典，没有发现对罪行不分轻重，普天下一律大赦的记载。天子怎能几次施行非同寻常的仁慈，使为非作歹的人放肆作恶！”北周宣帝不采纳他的意见。不久以后百姓不怕犯法，宣帝自己又因为奢侈有许多过失，痛恨别人的规劝，想用威势和残暴，令下面的人畏惧屈服。于是另行制定《刑经圣制》，用刑更加严厉，在正武殿设坛进行祈祷，祷告上天以后加以实施。秘密地派左右的人窥伺观察群臣，发现犯有小的过失，便任意杀害治罪。

有一天，宣帝假借了齐王宇文宪的事情责备宇文孝伯说：“你知道齐王谋反的事，为什么不说？”答道：“臣知道齐王忠于国家，是被一帮小人造谣中伤，我说话一定不被陛下采纳，所以不说。况且先帝曾嘱咐微臣，只让我辅导陛下。现在规劝而不被采纳，实在辜负了先帝的委托。以此作为罪名，我心甘情愿。”北周宣帝大为惭愧，低头不语，命令放他出去，在家里把他赐死。

突厥佗钵可汗向北周求和，北周宣帝将赵王宇文招的女儿封为千金公主，嫁给佗钵可汗为妻，又命令可汗捉住高绍义送回北周，佗钵可汗不听。

辛巳（二十日），北周宣帝将皇位传给皇太子宇文阐，大赦全国，改年号为大象，自称天元皇帝，居住的地方称“天台”，皇冠悬垂二十四条玉串，车服旗鼓比以前的皇帝增加一倍。皇帝所住的地方称正阳宫，设置纳言、御正、诸卫等官职，都以天台为准。尊称皇太后为天元皇太后。

天元皇帝传位以后，更加骄纵奢侈，妄自尊大，无所顾忌，国家的典章制度，随意改变。

天元皇帝召集侍臣议论，只谈宫室的兴建变革，从不谈论政事。游戏无限度，出入没有节制，仪仗随从，早出晚归，陪伴侍奉的官员都无法忍受。自公卿以下的官员，常常遭到刑杖的拷打鞭挞。每次拷打，都以一百二十下为准，称为“天杖”，以后又增加到二百四十下。宫女和在宫中任职的女官也都这样，后、妃、嫔、御，虽然受到宠幸，也多被拷打背脊。于是内外都感到恐怖，弄得人人不安，只求苟安幸免，失去了意志，恐惧到叠足而立不敢出气，直到死去为止。

丁巳（十一月三十日），北周铸造永通万国钱，以一当千，和五行大布一并流通。

第一百七十四卷　陈纪八

译文诵读

高宗宣皇帝下之上太建十二年（庚子，580）

周杨后性柔婉，不妒忌，四皇后及嫔、御等，咸爱而仰之。天元昏暴滋甚，喜怒乖度，尝谴后，欲加之罪。后进止详闲，辞色不挠，天元大怒，遂赐后死，逼令引诀，后母独孤氏诣阁陈谢，叩头流血，然后得免。

后父大前疑坚，位望隆重，天元忌之，尝因忿谓后曰："必族灭尔家！"因召坚，谓左右曰："色动，即杀之。"坚至，神色自若，乃止。

甲午夜，天元备法驾，幸天兴宫；乙未，不豫而还。小御正博陵刘昉，素以狡谄得幸于天元，与御正中大夫颜之仪并见亲信。天元召昉、之仪入卧内，欲属以后事，天元喑，不复能言。见静帝幼冲，以杨坚后父，有重名，遂与领内史郑译、御饰大夫柳裘、内史大夫杜陵韦谟、御正下士朝那皇甫绩谋引坚辅政，坚固辞，不敢当；昉曰："公若为，速为之；不为，昉自为也。"坚乃从之，称受诏居中侍疾。

是日，帝殂。秘不发丧。昉、译矫诏以坚总知中外兵马事。

坚恐诸王在外生变，以千金公主将适突厥为辞，征赵、陈、越、代、滕五王入朝。

时众情未壹，坚引司武上士卢贲置左右。将之东宫，百官皆不知所从。坚潜令贲部伍仗卫，因召公卿，谓曰："欲求富贵者宜相随。"往往偶语，欲有去就，贲严兵而至，众莫敢动。出崇阳门，至东宫，门者拒不纳，贲谕之，不去；嗔目叱之，门者遂却，坚入。贲遂典丞相府宿卫。

内史下大夫勃海高颎明敏有器局，习兵事，多计略，坚欲引之入府，遣杨惠谕意。颎承旨，欣然曰："愿受驱驰。纵令公事不成，颎亦不辞灭族。"乃以为相府司录。

坚革宣帝苛酷之政，更为宽大，删略旧律，作《刑书要制》，奏而行之；躬履节俭，中外悦之。

周尉迟迥知丞相坚将不利于帝室，谋举兵讨之。迥乃自称大总管，承制置官司。时赵王招入朝，留少子在国，迥奉以号令。

甲子，坚发关中兵，以韦孝宽为行军元帅，郧公梁士彦、乐安公元谐、化政公宇文忻、濮阳公武川宇文述、武乡公崔弘度、清河公杨素、陇西公李询等皆为行军总管，以讨迥。

周青州总管尉迟勤，迥之弟子也。初得迥书，表送之，寻亦从迥。迥所统相、卫、黎、洺、贝、赵、冀、瀛、沧，勤所统青、齐、胶、光、莒等州皆从之，众数十万。荥州刺史邵公胄，申州刺史李惠，东楚州刺史费也利进，潼州刺史曹孝远，各据本州，徐州总管司录席毗罗据兖州，前东平郡守毕义绪据兰陵，皆应迥。

赵僭王招谋杀坚，邀坚过其第，坚赍酒淆就之。招引入寝室，招子员、贯及妃弟鲁封等皆在左右，佩刀而立，又藏刃于帷席之间，伏壮士于室后。坚左右皆不得从，唯从祖弟开府大将军弘、大将军元胄坐于户侧。胄，顺之孙也。弘、胄皆有勇力，为坚腹心。酒酣，招以佩刀刺瓜连啖坚，欲因而刺之。元胄进曰："相府有事，不可久留。"招诃之曰："我与丞相言，汝何为者！"叱之使却。胄嗔目愤气，扣刀入卫。招赐之酒，曰："吾岂有不善之意邪！卿何猜警如是？"招伪吐，将入后阁，胄恐其为变，扶令上坐，如此再三。招伪称喉干，命胄就厨取饮，胄不动。会滕王逌后至，坚降阶迎之。胄耳语曰："事势大异，可速去！"坚曰："彼无兵马，何能为！"胄曰："兵马皆彼物，彼若先发，大事去矣。胄不辞死，恐死无益。"坚复入坐。胄闻室后有被甲声，遽请曰："相府事殷，公何得如此！"因扶坚下床趋去。招将追之，胄以身蔽户，招不得出；坚及门，胄自后至。招恨不时发，弹指出血。壬子，坚诬招与越野王盛谋反，皆杀之，及其诸子。赏赐元胄，不可胜计。

周室诸王数欲伺隙杀坚，坚都督临泾李圆通常保护之，由是得免。

高颎至军，为桥于沁水。尉迟惇于上流纵火筏，颎豫为土狗以御之。惇布陈二十余里，麾兵少却，欲待孝宽军半渡而击之；孝宽因其却，鸣鼓齐进。军既渡，颎命焚桥，以绝士卒反顾之心。惇兵大败，单骑走。孝宽乘胜进，追至邺。

庚午，迥与惇及惇弟西都公祐，悉将其卒十三万陈于城南，迥别统万人，皆绿巾、锦袄，号"黄龙兵"。迥弟勤帅众五万，自青州赴迥，以三千骑先至。迥素习军旅，老犹被甲临陈。其麾下皆关中人，为之力战，孝宽等军不利而却。邺中士民观战者数万人，行军总管宇文忻曰："事急矣！吾当以诡道破之。"乃先射观者，观者皆走，转相腾藉，声如雷霆。忻乃传呼曰："贼败矣！"众复振，因其扰而乘之。迥军大败，走保邺城。孝宽纵兵围之，李询及思安伯代人贺娄子干先登。

崔弘度妹，先适迥子为妻，及邺城破，迥窘迫升楼，弘度直上龙尾追之。迥弯弓，将射弘度，弘度脱兜鍪，谓迥曰："颇相识不？今日各图国事，不得顾私。以亲戚之情，谨遏乱兵，不行侵辱。事势如此，早为身计，何所待也？"迥掷弓于地，骂左丞相极口而自杀。

迥末年衰耄，及起兵，以小御正崔达拏为长史。达拏，暹之子也，文士，无筹略，举措多失，凡六十八日而败。

韦孝宽分兵讨关东叛者，悉平之。坚徙相州于安阳，毁邺城及邑居。分相州，置毛州、魏州。

甲子，周以大丞相坚为相国，总百揆，去都督中外、大冢宰之号，进爵为王，以安陆等二十郡为随国，赞拜不名，备九锡之礼；坚受王爵、十郡而已。

是岁，周境内有州二百一十一，郡五百八。

陈宣帝太建十二年（庚子，公元580年）

北周杨皇后性格柔顺，不妒忌，所以其他四位皇后以及后宫中的九嫔、侍御等都爱戴并敬重她。天元皇帝越来越昏庸暴虐，喜怒无常，曾无故责备杨皇后，想强加给她罪名。但是杨皇后举止安详，言语态度没有曲挠服软的表示，所以天元皇帝十分愤怒，遂将杨皇后赐死，逼令她自杀。杨皇后的母亲独孤氏闻讯后，急忙进宫，为杨皇后求情，以至叩头流血，杨皇后才免于一死。

杨皇后的父亲杨坚任职大前疑，地位尊崇，深孚众望。天元皇帝一直猜忌他，有一次发怒时对杨皇后说："我一定要将你家灭族。"于是传令召杨坚进宫，对左右侍从说："他如果变了脸色，就立即把他杀死。"杨坚来到以后，神色自若，天元皇帝才没有杀他。

甲午（五月初十）夜，天元皇帝乘坐车驾，临幸天兴宫。乙未（十一日），因病返回。小御正博陵人刘昉一向以狡黠谄媚得到天元皇帝的宠爱，与御正大夫颜之仪一起受到天元皇帝的信任。天元皇帝召见刘昉、颜之仪到卧室，想向他们托付后事，但因病发音困难，不能再说话。刘昉见静帝年纪幼小，而杨坚是杨皇后的父亲，声名显赫，于是和领内史郑译、御饰大夫柳裘、内史大夫杜陵人韦謩、御正下士朝那人皇甫绩商议，邀请杨坚辅政。杨坚坚辞不接受，刘昉就对他说："您如果想干，就赶快上任；如果不想干，我就自己干。"杨坚这才答应，对外则宣称接到天元皇帝诏命，要他住进宫中侍奉疾病。

当天，天元皇帝去世。宫中对外秘而不宣。刘昉、郑译又假传诏命，让杨坚总管朝野内外的军队。

杨坚恐怕宗室诸王在地方发动叛乱，就以千金公主将要远嫁突厥为借口，征召赵王宇文招、陈王宇文纯、越王宇文盛、代王宇文达、滕王宇文逌等五王入朝。

当时北周将帅大臣尚未归心于杨坚，杨坚把掌管宫廷宿卫的司武上士卢贲安排在自己的身边。杨坚将要去正阳宫，朝中百官都不知道该怎么办。杨坚一面密令卢贲部署宿卫禁兵，一面召见公卿大臣，对他们说："想求取富贵的人请追随我。"公卿大臣们三三两两私下商议，有的表示愿意追随杨坚，有的则想留在朝廷。这时，卢贲带着全副武装的宿卫禁兵来到，公卿大臣们谁也不敢再有离去的表示。杨坚带着朝中百官出了宫廷东门崇阳门，来到正阳宫，但是守门的禁兵不放杨坚进

陈废帝陈伯宗

去，卢贲上前对他们说明情况，可是这样禁兵还是不肯撤离。于是卢贲双目圆睁，厉声喝令他们闪开，守门禁兵这才退下，杨坚得以进入正阳宫。卢贲从此负责掌管丞相府的警卫。

北周内史下大夫勃海人高颎，聪明敏捷，有度量，懂军事，足智多谋。杨坚想请他进丞相府任职，于是派杨惠去向高颎转达相邀之意。高颎接受了邀请，并欣然回答说："愿意听从杨公差遣。纵使杨公大业不成，我也不怕遭到灭族之祸。"杨坚于是任命高颎为丞相府司录。

杨坚执政以后，革除了北周宣帝苛刻残暴的政令，为政务从宽大。他删改旧律，制定《刑书要制》，上奏静帝颁行天下。他又提倡节俭，并且身体力行，于是得到了朝野内外的称赞。

北周尉迟迥深知丞相杨坚将会篡夺政权，就密谋起兵讨伐。尉迟迥于是自封为大总管，宣称秉承天子之意，设置各种官吏。当时赵王宇文招应朝廷征召入朝，小儿子留在封地襄国。尉迟迥就尊奉他并以他的名义号令天下。

甲子（六月初十），杨坚调发北周在关中的军队，任命韦孝宽为行军元帅，郧公梁士彦、乐安公元谐、化政公宇文忻、濮阳公武川人宇文述、武乡公崔弘度、清河公杨素、陇西公李询等人为行军总管，统率军队讨伐尉迟迥。

北周青州总管尉迟勤是尉迟迥弟弟的儿子。起初，他收到尉迟迥的信后，派人把信送到长安，但是不久，又追随了尉迟迥。尉迟迥所统辖的相、卫、黎、洺、贝、赵、冀、瀛、沧等州，尉迟勤所统辖的青、齐、胶、光、莒等州，都追随他们，军队多达数十万人。另外，荥州刺史邵公宇文胄、申州刺史李惠、东楚州刺史费也利进、潼州刺史曹孝远等都各据本州，徐州总管司录席毗罗占据兖州，前东平郡守毕义绪占据兰陵，都起兵响应尉迟迥。

北周赵僭王宇文招密谋除掉杨坚，就邀请杨坚到他的府第，杨坚带着酒菜前往。宇文招把杨坚引到自己的寝室，他的儿子宇文员、宇文贯和妻弟鲁封等都在左右陪侍，佩刀而立。宇文招又把兵器暗藏在帷幕与宴席之间，让壮士埋伏于寝室后面。杨坚的左右侍卫都不许跟从，只有杨坚的从祖堂弟开府大将军杨弘与大将军元胄坐在寝室的门旁。元胄是元顺的孙子。杨弘与元胄都很有勇力，是杨坚的心腹将领。酒吃到尽兴时，宇文招用佩刀不断地刺瓜送入杨坚口中，想借机刺杀他。元胄见状，上前对杨坚说道："相府有事，不可久留。"宇文招呵斥他说："我正在与丞相谈话，你想干什么！"喝令他退下。元胄双目圆睁，怒气冲冲，提刀站在杨坚身旁。宇文招赏赐元胄酒喝，并且说："我难道会有恶意不成！你为何如此多疑，而加以戒备？”宇文招假装要呕吐，站起身想到后阁房去，元胄恐怕他一离开就会生变，于是多次扶他重新坐好。宇文招又谎称喉咙干渴，命令元胄到厨房取水来，元胄不动。正巧滕王宇文逌迟到，杨坚下台阶迎接他。元胄乘机对杨坚耳语道：“情况异常，请赶快离开这里！”杨坚说：“他没有掌握军队，又能有什么作为！”元胄说：“军队本来就是皇室的，他如果先发制人，到那时一切就全完了。我元胄并不怕死，只是怕死而无益。”杨坚没有听从元胄的劝告，仍旧入坐。元胄听到寝室后面有士兵穿戴甲胄的声音，立即上前对杨坚说：“相府公事繁忙，您怎么能如此畅饮停留！”于是扶杨坚下座床快步离去。宇文招想要追赶杨坚，元胄用身体堵在门口，宇文招不得出；等杨坚到了大门口，元胄才从后面赶上。宇文招后悔自己没有及时下手，以至恨得弹指出血。壬子（七月二十九日），杨坚诬陷宇文招与越野王宇文盛谋反，杀了二人和他们的儿子，并重赏元胄钱帛，多得数不过来。

北周宗室诸王多次想乘机除掉杨坚，杨坚的都督临泾人李圆通经常保护他，因此得免于难。

北周监军高颎到了前线军中，在沁水上建造桥梁。尉迟惇从上游放流带火的木筏，高颎事先在桥的上游建造了一些被称为“土狗”的土墩以阻挡火筏，使其不能靠近桥梁。尉迟惇布阵二十余里，指挥军队稍微后退，想等到韦孝宽的军队渡河至一半时发起进攻。韦孝宽趁尉迟惇的军队后撤之机，擂鼓齐进。军队过河后，高颎又命令将桥焚毁，断绝了士卒的退路。结果尉迟惇的军队大败，尉迟惇单骑逃走。韦孝宽率军乘胜前进，一直追到邺城。

庚午（八月十七日），尉迟迥和尉迟惇以及尉迟惇的弟弟西都公尉迟祐，率领全部军队十三万人在城南布阵，尉迟迥另外亲率一万多人，都戴绿巾、穿锦袄，号称“黄龙兵”。尉迟迥的弟弟尉迟勤统率军队五万人，从青州赶来增援尉迟迥，并亲率三千骑兵先期到达。尉迟迥深谙用兵之道，现在虽然老了，仍然穿戴甲胄，亲自临阵。他的部下都是关中人，为尉迟迥拼死血战，韦孝宽等将帅的军队因形势不利而被迫后退。邺城百姓出来观战的有数万人，行军总管宇文忻说：“形势已经到了危急关头！我要用诡诈的战法击败敌军。”于是先射击观战的百姓，这些人纷纷逃避，互相推搡践踏，呼声震天。宇文忻于是大声喊道：“叛贼失败了！”韦孝宽的军队很快士气重振，乘纷乱之机发起进攻。结果尉迟迥的军队大败，退保邺城。韦孝宽指挥军队包围了邺城，李询与安思伯代郡人贺娄子干首先登上城头。

崔弘度的妹妹早先嫁给尉迟迥的儿子为妻，待邺城被攻破后，尉迟迥计穷，登上城楼，崔弘度径直从龙尾道追上去。尉迟迥弯弓搭箭，准备射崔弘度，崔弘度摘下头盔对尉迟迥说：“还认识我吗？今日我们各自都是为了国事，不能顾及私情。念我们有亲戚之情，特地遏制住乱兵，不许对您侵犯欺侮。现在事情已经到了这一步，您应该早为自身考虑，还等待什么呢？”尉迟迥投弓箭于地，尽情大骂左丞相杨坚，然后自杀。

尉迟迥晚年衰朽昏愦，起兵后任命小御正崔达拏为大总管府长史。崔达拏是崔暹的儿子，一介文士，没有计谋方略，举动处置多有失误，所以尉迟迥起兵才六十八天即告失败。

韦孝宽分兵讨伐潼关以东叛军，全部平定。杨坚迁移相州治所于安阳，毁掉邺城及其民房。又分割相州，设置毛州、魏州。

甲子（十二月十三日），北周朝廷任命大丞相杨坚为相国，统辖百官总理国家政事；免去他都督中外诸军事、大冢宰的称号；进爵位为王，以安陆等二十郡作为随王国；特许他在朝见天子时不称名，又赐他享有九锡仪礼。杨坚只接受了随王爵位和十郡的封地。

这一年，北周境内有州二百一十一个，郡五百零八个。

第一百七十五卷

陈纪九

译文诵读

高宗宣皇帝下之下太建十三年（辛丑，581）

开府仪同大将军庾季才，劝隋王宜以今月甲子应天受命。太傅李穆、开府仪同大将军卢贲亦劝之。于是周主下诏，逊居别宫。甲子，命兼太傅杞公椿奉册，大宗伯赵煚奉皇帝玺绂，禅位于隋。隋主冠远游冠；受册、玺，改服纱帽、黄袍；入御临光殿，服衮冕，如元会之仪。大赦，改元开皇。

少内史崔仲方劝隋主除周六官，依汉、魏之旧，从之。置三师、三公及尚书、门下、内史、秘书、内侍五省。御史、都水二台，太常等十一寺，左右卫等十二府，以分司统职。又置上柱国至都督十一等勋官，以酬勤劳；特进至朝散大夫七等散官，以加文武官之有德声者。改侍中为纳言。以相国司马高颎为尚书左仆射，兼纳言，相国司录京兆虞庆则为内史监，兼吏部尚书，相国内郎李德林为内史令。

隋主有并吞江南之志，问将帅于高颎，颎荐弼与擒虎，故置于南边，使潜为经略。

颎、威同心协赞，政刑大小，帝无不与之谋议，然后行之。故革命数年，天下称平。

六月，癸未，隋诏郊庙冕服必依《礼经》。其朝会之服、旗帜、牺牲皆尚赤，戎服以黄，常服通用杂色。秋，七月，乙卯，隋主始服黄，百僚毕贺。于是百官常服，同于庶人，皆著黄袍；隋主朝服亦如之，唯以十三环带为异。

初，周、齐所铸钱凡四等，及民间私钱，名品甚众，轻重不等。隋主患之，更铸五铢钱，背、面、肉、好皆有周郭，每一千重四斤二两。悉禁古钱及私钱。置样于关；不如样者，没官销毁之。自是钱币始壹，民间便之。

初，周法比于齐律，烦而不要，隋主命高颎、郑译及上柱国杨素、率更令裴政等更加修定。政练习典故，达于从政，乃采魏、晋旧律，下至齐、梁，沿革重轻，取其折衷。时同修者十余人，凡有疑滞，皆取决于政。于是去前世枭、轘及鞭法，自非谋叛以上，无收族之罪。始制死刑二，绞、斩；流刑三，自二千里至三千里；徒刑五，自一年至三年；杖刑五，自六十至百；笞刑五，自十至五十。又制议、请、减、赎、官当之科以优士大夫。除前世讯囚酷法，考掠不得过二百；枷杖大小，咸有程式。民有枉屈，县不为理者，听以次经郡及州；若仍不为理，听诣阙伸诉。

冬，十月，戊子，始行新律。诏曰："夫绞以致毙，斩则殊形，除恶之体，于斯已极。枭首、轘身，义无所取，不益惩肃之理，徒表安忍之怀。鞭之为用，残剥肤体，彻骨侵肌，酷均脔切。虽云往古之式，事乖仁者之刑。枭、轘及鞭，并令去之。贵带砺之书，不当徒罚；广轩冕之荫，旁及诸亲。流役六年，改为五载；刑徒五岁，变从三祀。其余以轻代重，化死为生，条目甚多，备于简策。杂格、严科，并宜除削。"自是法制遂定，后世多遵用之。

独孤皇后，家世贵盛而能谦恭，雅好读书，言事多与隋主意合，帝甚宠惮之，宫中称为"二圣"。帝每临朝，后辄与帝方辇而进，至阁乃止。使宦官伺帝，政有所失，随即匡谏。候帝退朝，同反燕寝。有司奏称："《周礼》百官之妻，命于王后，请依古制。"后曰："妇人与政，或从此为渐，不可开其源也。"大都督崔长仁，后之中外兄弟也，犯法当斩，帝以后故，欲免其罪。后曰："国家之事，焉可顾私！"长仁竟坐死。后性俭约，帝尝合止利药，须胡粉一两。宫内不用，求之，竟不得。又欲赐柱国刘嵩妻织成衣领，宫内亦无之。

然帝惩周氏之失，不以权任假借外戚，后兄弟不过将军、刺史。

隋主既立，待突厥礼薄，突厥大怨。千金公主伤其宗祀覆灭，日夜言于沙钵略，请为周室复雠。沙钵略谓其臣曰："我，周之亲也。今隋主自立而不能制，复何面目见可贺敦乎！"乃与故齐营州刺史高宝宁合兵为寇。隋主患之，敕缘边修保障，峻长城，命上柱国武威阴寿镇幽州，京兆尹虞庆则镇并州，屯兵数万以备之。

及突厥入寇，晟上书曰："今诸夏虽安，戎虏尚梗，兴师致讨，未是其时，弃于度外，又相侵扰，故宜密运筹策，有以攘之。玷厥之于摄图，兵强而位下，外名相属，内隙已彰；鼓动其情，必将自战。又，处罗侯者，摄图之弟，奸多势弱，曲取众心，国人爱之，因为摄图所忌，其心殊不自安，迹示弥缝，实怀疑惧。又，阿波首鼠，介在其间，颇畏摄图，受其牵率，唯强是与，未有定心。今宜远交而近攻，离强而合弱。通使玷厥，说合阿波，则摄图回兵，自防右地。又引处罗，遣连奚、霫，则摄图分众，还备左方。首尾猜嫌，腹心离阻，十数年后，乘衅讨之，必可一举而空其国矣。"帝省表，大悦，因召与语。晟复口陈形势，手画山川，写其虚实，皆如指掌，帝深嗟异，皆纳用之。遣太仆元晖出伊吾道，诣达头，赐以狼头纛。达头使来，引居沙钵略使上。以晟为车骑将军，出黄龙道，赍币赐奚、霫、契丹，遣为乡导，得至处罗侯所，深布心腹，诱之内附。反间既行，果相猜贰。

十四年（壬寅，582）

春，正月，己酉，上不豫，太子与始兴王叔陵、长沙王叔坚并入侍疾。叔陵阴有异志，命典药吏曰："切药刀甚钝，可砺之！"甲寅，上殂。仓猝之际，叔陵命左右于外取剑。左右弗悟，取朝服木剑以进，叔陵怒。叔坚在侧，闻之，疑有变，伺其所为。乙卯，小敛。太子哀哭俯伏。叔陵抽锉药刀斫太子，中项，太子闷绝于地；母柳皇后走来救之，又斫后数下。乳媪吴氏自后掣其肘，太子乃得起；叔陵持太子衣，太子自奋得免。叔坚手扼叔陵，夺去其刀，仍牵就柱，以其褶袖缚之。时吴媪已扶太子避贼，叔坚求太子所在，欲受生杀之命。叔陵多力，奋袖得脱，突走出云龙门，驰车还东府，召左右断青溪道，赦东城囚以充战士，散金帛赏赐；又遣人往新林追所部兵；仍自被甲，著白布帽，登城西门招募百姓；又召诸王将帅，莫有至者，唯新安王伯固单马赴之，助叔陵指挥。叔陵兵可千人，欲据城自守。

时众军并缘江防守，台内空虚。叔坚白柳后，使太子舍人河内司马申，以太子命召右卫将军萧摩诃入见受敕，帅马步数百趣东府，屯城西门。叔陵惶恐，遣记室韦谅送其鼓吹与摩诃，谓曰："事捷，必以公为台辅。"摩诃绐报之曰："须王心膂节将自来，方敢从命。"叔陵遣其所亲戴温、谭骐驎诣摩诃，摩诃执以送台，斩其首，徇东城。

叔陵自知不济，入内，沈其妃张氏及宠妾七人于井，帅步骑数百自小航渡，欲趣新林，乘舟奔隋。行至白杨路，为台军所邀。伯固见兵至，旋避入巷，叔陵驰骑拔刃追之，伯固复还，叔陵部下多弃甲溃去。摩诃马容陈智深迎刺叔陵僵仆，陈仲华就斩其首，伯固为乱兵所杀，自寅至巳乃定。

丁巳，太子即皇帝位，大赦。

长城公上至德元年（癸卯，583）

于是命卫王爽等为行军元帅，分八道出塞击之。爽督总管李充等四将出朔州道，己卯，与沙钵略可汗遇于白道。李充言于爽曰："突厥狃于骤胜，必轻我而无备，以精兵袭之，可破之。"诸将多以为疑，唯长史李彻赞成之，遂与充帅精骑五千掩击突厥，大破之。沙钵略弃所服金甲，潜草中而遁。其军中无食，粉骨为粮，加以疾疫，死者甚众。

帝览刑部奏，断狱数犹至万，以为律尚严密，故人多陷罪。又敕苏威、牛弘等更定新律，除死罪八十一条，流罪一百五十四条，徒杖等千余条，唯定留五百条，凡十二卷。自是刑网简要，疏而不失。仍置律博士弟子员。

隋主以长安仓廪尚虚，是岁，诏西自蒲、陕，东至卫、汴，水次十三州，募丁运米。又于卫州置黎阳仓，陕州置常平仓，华州置广通仓，转相灌输。漕关东及汾、晋之粟以给长安。

或见上勤于听受，百僚奏请，多有烦碎，上疏谏曰："臣闻上古圣帝，莫过唐、虞，不为丛脞，是谓钦明。舜任五臣，尧咨四岳，垂拱无为，天下以治。所谓劳于求贤，逸于任使。比见陛下留心治道，无惮疲劳，亦由群官惧罪，不能自决，取判天旨，闻奏过多。乃至营造细小之事，出给轻微之物，一日之内，酬答百司。至乃日旰忘食，夜分未寝，动以文簿忧劳圣躬。伏愿察臣至言，少减烦务，若经国大事，非臣下裁断者，伏愿详决，自余细务，责成所司；则圣体尽无疆之寿，臣下蒙覆育之赐。”上览而嘉之，因曰：“柳彧直士，国之宝也。”

陈宣帝太建十三年（辛丑，公元581年）

隋文帝杨坚像

北周开府仪同三司庾季才劝说隋王杨坚应该在本月甲子日顺应天命，接受皇位。太傅李穆、开府仪同大将军卢贲也向杨坚劝进。于是，北周静帝颁下诏书，让位迁居别宫。甲子（二月十四日），北周静帝命令兼太傅杞公宇文椿捧着册书，大宗伯赵煚捧着皇帝的玺印，禅位于隋王杨坚。隋文帝戴着远游冠，接受了册书、御玺，又改戴白纱帽，穿上黄袍；然后进入临光殿，再戴上冠冕，穿上衮服，按照皇帝每年正月初一朝见百官群臣的元会礼仪登基称帝。隋文帝下令大赦天下，改年号为开皇。

少内史崔仲方劝说隋文帝废除北周建立的六官制度，而恢复汉、魏旧制，隋文帝听从了他的建议。于是，隋朝设置了太师、太傅、太保三师和太尉、司徒、司空三公，以及尚书、门下、内史、秘书、内侍五省，御史、都水二台，太常等十一寺，左、右卫等十二府，以分别执掌和统领各类职事政务。又设置了上柱国至都督十一等勋爵，用来酬劳勤苦和立功的将帅；设置了特进至朝散大夫七等散官，用来加封有德行和声望的文武大臣。还将门下省长官侍中改称纳言。任命原相国府司马高颎为尚书左仆射兼纳言，相国府司录京兆人虞庆则为内史监兼吏部尚书，相国府内郎李德林为内史令。

隋文帝有吞并江南的志向，向高颎访求将帅，高颎向他推荐了贺若弼和韩擒虎，因此隋文帝派遣他们二人驻守在南面边境，让他们暗中加以筹划。

高颎和苏威同心协力，朝中政事刑罚，无论大小，文帝都先和他们商议，然后才公布实行。所以隋文帝称帝数年来，天下升平，国泰民安。

六月，癸未（二十九日），隋文帝诏令内外百官，在郊祀上天和庙祭先祖时，冠冕服饰都必须依据《礼经》；在朝会时所穿的朝服和国家所用的各种旗帜、祭祀所用的牲畜都崇尚红色，将帅兵士的军服使用黄色，官吏平民的常服通用杂色。秋季，七月乙卯（初八），隋文帝首次穿黄色衣服，百官群臣都表示祝贺。于是百官大臣的常服与庶民百姓相同，都穿黄袍；隋文帝的朝服也是一样，惟一不同的是系以十三环金带。

当初，北周、北齐官府所铸造的钱币先后共有四种，加上民间私自铸造的钱币，名称和品种很多，轻重也不一样。隋文帝对此深为忧虑，于是下令重新铸造五铢钱。所铸钱的背面、正面、钱身、钱孔的边缘都有凸起的轮廓，每一千枚重四斤二两。完全禁止使用前代古钱和民间私铸钱，在各处关口放置新五铢钱样品，凡发现和样品不符合的钱币，即没收入官予以销毁。从此，隋朝流通的钱币得到统一，民间使用起来非常方便。

当初，北周的法令和北齐相比，条文繁琐而不得要领，于是隋文帝下令高颎、郑译以及上柱国杨素、率更令裴政等人重新加以修订。裴政熟悉前代典故，通晓执政之道，于是汇集魏、晋旧律，下迄南齐、南梁各朝各代的因循变革，轻重宽严，取其量刑适当的做法或规定，编订为新律。当时参与修订的有十余人，凡有疑难的地方，都由裴政裁定。于是废除了前代斩首后挂于木杆上示众的枭刑、车裂于市的轘刑以及鞭打的鞭刑。如果不是犯了谋叛以上死罪，不收捕家族连坐治罪。新律所规定的死刑有绞刑和斩刑两等，流刑有自二千里至三千里共三等，徒刑有自一年至三年共五等，杖刑有自六十下至一百下共五等，笞刑有自十下至五十下共五等。又制定了八议、申请减罪、官品减罪、纳铜赎罪、官职抵罪的条款，以优待士大夫。新律也革除了前代审问囚犯经常使用的残酷刑法，规定拷打不能超过二百下；就连刑具、枷杖的大小，也都有一定的规定。同时，还规定平民百姓如果有枉屈而县里不受理的，允许依次向郡、州提出申诉；如果郡、州仍不受理的，允许直接向朝廷提出申诉。

贵妃张丽华

冬季，十月，戊子（十二日），隋朝开始执行新律。隋文帝下诏书说：“绞刑可致人毙命，斩刑能使人身首异处，除灭作恶的罪犯，这样做已经是非常严厉了。前代的枭首、轘身等极刑，于道义上讲并不可取，因为它并不具有惩恶肃纪的功能，只不过表现了残忍苛刻的心性。使用鞭刑肆意摧残囚犯的身体，使囚犯痛彻骨肌，其残酷并不亚于脔割肌体。鞭刑虽说是自古代就有的法律科条，但它不是实行仁政的君主所应采用的刑法。因此，枭刑、轘刑以及鞭刑，一律予以废除。同时，在新律中尊崇功臣元勋，不对他们使用徒刑；优待乘轩服冕的高官显贵，以及他们的亲属。前代流放六年，改为最多五年；前代徒刑五年，改为最多三年。其余以轻代重、化死为生的条款，还有很多，在文本中都规定得相当完备。还有前代的杂格、严科等条目，也都一律削除。”自此以后，隋朝法律就固定下来，后世各代也多遵用隋律。

隋文帝皇后独孤氏的家族世代尊贵昌盛。但她性情谦恭，喜欢读书学习，议论政事经常与文帝的意见不谋而合，所以文帝对她是既爱又怕，宫中称帝、后为“二圣”。文帝每日临朝，独孤皇后都乘坐车子与他并排前往，一直陪送到文帝坐朝的大殿门口。她又派遣宦官伺察文帝的行为，如果发现朝政有错，就立即加以劝谏纠正。等文帝退朝后，她又与文帝一起返回寝宫。百官群臣上奏说：“按照《周礼》规定，百官大臣妻子爵位品级的封赏，应该由王后发布。请求依照古代的制度办事。”独孤皇后说：“妇人干政，或许从此就会逐渐盛行，我不能开这个头。”大都督崔长仁是独孤皇后的中表兄弟，犯法应当斩首，隋文帝因为他是皇后的亲戚，打算赦免他的罪行。但是独孤皇后说：“严格执法是国家的大事，怎么能徇私枉法呢？”崔长仁终于被依法处死。独孤皇后秉性俭约，隋文帝曾经配制止泻的药，须用胡粉一两。这种东西平常宫中不用，多方搜求，最后还是没有得到。隋文帝又曾经想赏赐柱国刘嵩妻子一件织成的衣领，宫中也没有。

但是，隋文帝吸取了北周任用外戚而失天下的教训，从不把大权要职授予外戚，独孤皇后的兄弟任职不超过将军、刺史。

隋文帝即位后，对突厥的礼遇冷淡，突厥非常怨恨。千金公主因为隋朝灭了自己的宗族 ，日夜向沙钵略可汗进言，请他为北周宇文氏复仇。于是沙钵略对他的大臣们说：“我是周室的亲戚，现在隋文帝代周自立，而我却不能制止，还有何面目再见夫人可贺敦呢？”于是突厥与原北齐营州刺史高宝宁合兵来入侵。隋文帝忧惧，就下敕书令沿边增修要塞屏障，加固长城，又任命上柱国武威人阴寿镇守幽州，京兆尹虞庆则镇守并州，驻守数万军队以防备突厥。

及至突厥兴兵入侵，长孙晟上书说：“现在华夏虽然安定，但是北方突厥仍然不遵王命。如果兴兵讨伐，条件还不成熟；如果弃之不理，突厥又时常侵犯骚扰。因此，我们应该周密谋划，制定出一套制胜的办法。突厥达头可汗玷厥相对于沙钵略可汗摄图来说，兵虽强大但地位低下，名义上虽然臣服于摄图，其实内部裂痕已经很深了；只要我们加以煽动离间，他们必定会自相残杀。其次，处罗侯是摄图的弟弟，虽然诡计多端但势力弱小，所以他虚情矫饰以争取民心，得到了国人的爱戴，因此也招致摄图的猜忌，心中忐忑不安，表面上虽然竭力弥缝和摄图之间的裂痕，但内心深感恐惧。再者，阿波可汗大逻便首鼠两端，处在玷厥和摄图之间。有些惧怕摄图，受到他的控制，这只是由于摄图的势力强大，他还没有决定依附于谁。因此，目前我们应该远交近攻，离间强大势力，联合弱小势力。派出使节联系玷厥，劝说他与阿波可汗联合，这样摄图必然会撤回军队，防守西部地区。再交结处罗侯，派出使节联络东边的奚、霫部族，这样摄图就会分散兵力，防守东部地区。使突厥国内互相猜忌，上下离心，十多年后，我们再乘机出兵讨伐，必定能一举灭掉突厥。”隋文帝看了长孙晟的奏疏，大为欣赏，因此召见长孙晟面谈。长孙晟又一次一边口中分析形势，一边用手描绘突厥的山川地理，指示突厥兵力分布情况，都了如指掌。文帝十分惊奇，全部采纳了他的建议。于是派遣太仆卿元晖经伊吾道出使达头可汗，赐给他一面上绣有狼头的大旗；达头可汗的使节来到长安，隋朝让他坐在沙钵略可汗使节的前面。又任命长孙晟为车骑将军，经黄龙道出塞，携带钱财赏赐奚、霫、契丹等部族，让他们做向导，才得以到达处罗侯住地。长孙晟与处罗侯做了推心置腹的交谈，规劝他率领所属部落臣服隋朝。隋朝的这些反间计实行之后，突厥沙钵略可汗与其他部落果然互相猜忌，离心离德。

十四年（壬寅，公元582年）

春季，正月，己酉（初五），陈宣帝患病，太子陈叔宝与始兴王陈叔陵、长沙王陈叔坚一同入宫侍疾。陈叔陵心怀不轨，对掌管药品的官吏下令说："切药草的刀太钝了，应该磨一磨。"甲寅（初十），陈宣帝去世。仓促之际，陈叔陵命令左右随从到宫外取剑，随从没有明白他的用意，取来他朝服上作为装饰用的木剑进呈，陈叔陵见了大怒。陈叔坚在一旁，看到了陈叔陵的所作所为，怀疑将有变故，于是就暗中监视陈叔陵的举动。乙卯（十一日），陈宣帝遗体入殓，太子俯伏痛哭。陈叔陵乘机抽出切药刀向太子砍去，砍中了太子的颈项，太子昏倒在地；太子生母柳皇后赶来救护太子，也被陈叔陵砍了数下。太子的奶妈吴氏从后面扯住陈叔陵的胳膊，太子才得以爬起；陈叔陵又抓住太子的衣服，太子奋力争脱，才得免于难。陈叔坚扑上去用手扼住陈叔陵的脖子，夺去他手中的刀，然后把他拖到一根柱子旁，就用他的衣袖将他捆在柱子上。当时奶妈吴氏已经扶太子出殿躲避，陈叔坚就去寻找太子，向他请示对陈叔陵如何处置。陈叔陵健壮有力，奋力挣脱衣袖，冲出云龙门，乘车驰还扬州治所东府城。他召集左右随从阻断通向宫廷所在台城的青溪道，又下令赦免东府城囚徒以充战士，散发金帛钱财赏赐战士，又派人前往新林，追还他所指挥的军队，并亲自穿上甲胄，戴上白布帽，登上城西门招募百姓。他又征召宗室诸王和将帅，但无人响应，只有陈伯固单枪匹马来投奔，协助他指挥军队。陈叔陵的军队大约有一千人，打算占据府城自守。

当时陈朝军队都被部署在沿江一带防守，宫廷内兵力空虚。陈叔坚启奏柳皇后，派遣太子舍人河内人司马申以太子的名义征召右卫将军萧摩诃入宫接受敕令，统率步、骑兵数百人进军东府城，部署在城西门外。陈叔陵惶恐不安，派遣记室参军韦谅把他的鼓吹仪仗送给萧摩诃，并对他说："如果你帮助我举事成功，我一定任命你为辅政大臣。"萧摩诃骗韦谅说："必须让始兴王的心腹大将亲自来说，我才能听从命令。"于是陈叔陵又派亲信戴温、谭骐驎来到萧摩诃军营，被萧摩诃抓起来送往台省，斩首后于东府城示众。

陈叔陵自知不能成功，于是回到府内，把妃子张氏和宠妾七人沉入井中溺死，然后率领步、骑数百人从小航渡过秦淮河，想要逃往新林，再乘船投奔隋朝。走到白杨路，遭到政府军队截击。陈伯固看见朝廷大军来到，就躲进街巷想独自逃命，陈叔陵发现后驱马拔刀追赶，陈伯固只好又和他一起返回。陈叔陵的部下丢盔弃甲，纷纷溃逃。萧摩诃的马容陈智深迎面把陈叔陵刺落马下，陈仲华上前就势割下首级，陈伯固则被乱兵杀死；一场混战从寅时开始，到巳时才被平息。

丁巳（正月十三日），陈朝皇太子陈叔宝即皇帝位，大赦天下。

陈长城公至德元年（癸卯，公元583年）

隋文帝于是任命卫王杨爽等人为行军元帅，兵分八路出塞攻打突厥。杨爽指挥行军总管李充等四将由朔州道出塞，己卯（四月十二日），与突厥沙钵略可汗在白道相遇，李充对杨爽说："突厥因为近来多次侵犯得胜，必定轻视我军而不加防备，如果我用精兵突然袭击，定能打败敌人。"但众将领多持怀疑态度，只有元帅府长史李彻赞成。于是他和李充带领精锐骑兵五千人掩袭突厥军队，大败敌人，沙钵略可汗丢弃所穿的金甲，潜伏于茂草之中才得以逃脱。又突厥军中因为缺粮，只好粉碎尸骨以为粮，加上军中疾病流行，因此死亡极多。

隋文帝省阅刑部奏章，发现每年断狱结案仍有数万起，于是认为现行法令还是订得过于严密，所以人们多犯法获罪。因此，又敕令纳言苏威、礼部尚书牛弘等人重新修订新律令，删除了旧律令中的死罪八十一条，流罪一百五十四条，徒、杖等罪一千余条，只确定保留各种治罪条款五百条，总共十二卷。从此以后，隋朝法律简明切要，疏而不漏。同时，隋朝仍设置律学博士及弟子员。

隋文帝因为长安仓库空虚，这一年，下诏令西起蒲州、陕州，东至卫州、济州，沿黄河十三州招募丁壮运米。又在卫州建造黎阳仓，陕州建造常平仓，华州建造广通仓，由水路依次转运。漕运潼关以东地区和晋州、汾州的粟米供给长安。

柳彧见隋文帝勤于听政理事，百官大臣奏请过于烦碎，于是上疏谏道："我听说古代的圣明帝王，没有比得上唐尧、虞舜的。唐尧、虞舜不过问细小的事务，所以被称作圣明君主。虞舜委任禹、稷、契、皋陶、伯益五位大臣处理政务，唐尧则经常向掌管四方的诸侯询问治国方针，都垂衣拱手，无为而天下大治。这就是所谓劳于求贤，逸于任使。近来见陛下留心治国安民之道，不惮辛苦疲劳，这也是由于百官大臣惧怕获罪，遇事不敢自己决定，只好禀呈陛下裁决，因此奏请过多。以至于像营造等细小事情，支出少量财物等琐碎杂务，也都禀奏陛下。陛下在一日之内，须回复众多大臣的奏请，以致常常天晚忘食，夜半未寝，整日为公文表章操心受累。请求陛下体察我的诚挚之言，稍微减少一些琐碎事务。如果是经国安邦的大事，不是百官大臣所能裁决的，自然要由陛下详察明断；其余细务碎事，则责成有关职掌部门长官裁决处理。如此，则陛下劳逸有节，安享无疆之寿；百官大臣亲职任事，蒙受陛下养护之恩。"隋文帝看了他的奏疏后非常称赞，说："柳彧这样的正直士大夫，乃是国家的宝贵财富。"

第一百七十六卷　陈纪十

译文诵读

长城公下至德二年（甲辰，584）

隋主不喜词华，诏天下公私文翰并宜实录。泗州刺史司马幼之文表华艳，付所司治罪。治书侍御史赵郡李谔亦以当时属文，体尚轻薄，上书曰："魏之三祖，崇尚文词，忽君人之大道，好雕虫之小艺。下之从上，遂成风俗。江左、齐、梁，其弊弥甚：竞一韵之奇，争一字之巧；连篇累牍，不出月露之形，积案盈箱，唯是风云之状。世俗以此相高，朝廷据兹擢士。禄利之路既开，爱尚之情愈笃。于是闾里童昏，贵游总草，未窥六甲，先制五言，至如羲皇、舜、禹之典，伊、傅、周、孔之说，不复关心，何尝入耳。以傲诞为清虚，以缘情为勋绩，指儒素为古拙，用词赋为君子。故文笔日繁，其政日乱，良由弃大圣之轨模，构无用以为用也。今朝廷虽有是诏，如闻外州远县，仍踵弊风：躬仁孝之行者，摈落私门，不加收齿；工轻薄之艺者，选充吏职，举送天朝。盖由刺史、县令未遵风教。请普加采察，送台推劾。"又上言："士大夫矜伐干进，无复廉耻，乞明加罪黜，以惩风轨。"诏以谔前后所奏颁示四方。

突厥沙钵略可汗数为隋所败，乃请和亲。千金公主自请改姓杨氏，为隋主女。隋主遣开府仪同三司徐平和使于沙钵略，更封千金公主为大义公主。晋王广请因衅乘之，隋主不许。

仆射江总虽为宰辅，不亲政务，日与都官尚书孔范、散骑常侍王瑳等文士十余人，侍上游宴后庭，无复尊卑之序，谓之"狎客"。上每饮酒，使诸妃、嫔及学士与狎客共赋诗，互相赠答，采其尤艳丽者，被以新声，选宫女千余人习而歌之，分部迭进。其曲有《玉树后庭花》、《临春乐》等，大略皆美诸妃嫔之容色。君臣酣歌，自夕达旦，以此为常。

张贵妃名丽华，本兵家女，为龚贵嫔侍儿，上见而悦之，得幸，生太子深。贵妃发长七尺，其光可鉴，性敏慧，有神彩，进止详华，每瞻视眄睐，光采溢目，照映左右。善候人主颜色，引荐诸宫女；后宫咸德之，竞言其善。又有厌魅之术，常置淫祀于宫中，聚女巫鼓舞。上怠于政事，百司启奏，并因宦者蔡脱儿、李善度进请；上倚隐囊，置张贵妃于膝上，共决之。李、蔡所不能记者，贵妃并为条疏，无所遗脱。因参访外事，人间有一言一事，贵妃必先知白之；由是益加宠异，冠绝后庭。宦官近习，内外连结，援引宗戚，纵横不法，卖官鬻狱，货赂公行；赏罚之命，不出于外。大臣有不从者，因而谮之。于是孔、张之权熏灼四方，大臣执政皆从风谄附。

三年（乙巳，585）

隋度支尚书长孙平奏“令民间每秋家出粟麦一石以下，贫富为差，储之当社，委社司检校，以备凶年，名曰‘义仓’”，隋主从之。五月，甲申，初诏郡、县置义仓。时民间多妄称老、小以免赋役，山东承北齐之弊政，户口租调，奸伪尤多。隋主命州县大索貌阅，户口不实者，里正、党长远配；大功以下，皆令析籍，以防容隐。于是计帐得新附一百六十四万余口。高颎请为输籍法，遍下诸州，帝从之，自是奸无所容矣。

突厥沙钵略既为达头所困，又畏契丹，遣使告急于隋，请将部落度漠南，寄居白道州。隋主许之，命晋王广以兵援之，给以衣食，赐之车服鼓吹。沙钵略因西击阿波，破之。而阿拔国乘虚掠其妻子；官军为击阿拔，败之，所获悉与沙钵略。

沙钵略大喜，乃立约，以碛为界。

四年（丙午，586）

吐谷浑可汗夸吕在位百年，屡因喜怒废杀太子。后太子惧，谋执夸吕而降；请兵于隋边吏，秦州总管河间王弘请以兵应之，隋主不许。

是岁，嵬王诃复惧诛，谋帅部落万五千户降隋，遣使诣阙，请兵迎之。隋主曰：“浑贼风俗，特异人伦，父既不慈，子复不孝。朕以德训人，何有成其恶逆乎！”乃谓使者曰：“父有过失，子当谏争，岂可潜谋非法，受不孝之名！溥天之下皆朕臣妾，各为善事，即称朕心。嵬王既欲归朕，唯教嵬王为臣子之法，不可远遣兵马，助为恶事！”嵬王诃乃止。

祯明元年（丁未，587）

八月，隋主征梁主入朝。梁主帅其群臣二百余人发江陵；庚申，至长安。

隋主以梁主在外，遣武乡公崔弘度将兵戍江陵。军至都州，梁主叔父太傅安平王岩、弟荆州刺史义兴王瓛等恐弘度袭之，乙丑，遣都官尚书沈君公诣荆州刺史宜黄侯慧纪请降。九月，庚寅，慧纪引兵至江陵城下。辛卯，岩等驱文、武、男、女十万口来奔。

杨素在永安，造大舰，名曰“五牙”。上起楼五层，高百余尺；左右前后置六拍竿，并高五十尺，容战士八百人；次曰“黄龙”，置兵百人。自余平乘、舴艋各有等差。

二年（戊申，588）

甲子，隋以出师，有事于太庙，命晋王广、秦王俊、清河公杨素皆为行军元帅。广出六合，俊出襄阳，素出永安，荆州刺史刘仁恩出江陵，蕲州刺史王世积出蕲春，庐州总管韩擒虎出庐江，吴州总管贺若弼出广陵，青州总管弘农燕荣出东海，凡总管九十，兵五十一万八千，皆受晋王节度。东接沧海，西拒巴、蜀，旌旗舟楫，横亘数千里，以左仆射高颎为晋王元帅长史，右仆射王韶为司马，军中事皆取决焉；区处支度，无所凝滞。

杨素引舟师下三峡，军至流头滩。将军戚昕以青龙百余艘守狼尾滩，地势险峭，隋人患之。素曰："胜负大计，在此一举。若昼日下船，彼见我虚实，滩流迅激，制不由人，则吾失其便；不如以夜掩之。"素亲帅黄龙数千艘，衔枚而下，遣开府仪同三司王长袭引步卒自南岸击昕别栅，大将军刘仁恩帅甲骑自北岸趣白沙，迟明而至，击之；昕败走，悉俘其众，劳而遣之，秋毫不犯。

素帅水军东下，舟舻被江，旌甲曜日。素坐平乘大船，容貌雄伟，陈人望之，皆惧，曰："清河公即江神也！"

江滨镇戍闻隋军将至，相继奏闻；施文庆、沈客卿并抑而不言。

及隋军临江，间谍骤至，宪等殷勤奏请，至于再三。文庆曰："元会将逼，南郊之日，太子多从；今若出兵，事便废阙。"帝曰："今且出兵，若北边无事，因以水军从郊，何为不可！"又曰："如此则声闻邻境，便谓国弱。"后又以货动江总，总内为之游说，帝重违其意，而迫群官之请，乃令付外详议。总又抑宪等，由是议久不决。

帝从容谓侍臣曰："王气在此。齐兵三来，周师再来，无不摧败。彼何为者邪！"都官尚书孔范曰："长江天堑，古以为限隔南北，今日虏军岂能飞渡邪！边将欲作功劳，妄言事急。臣每患官卑，虏若渡江，臣定作太尉公矣！"或妄言北军马死，范曰："此是我马，何为而死！"帝笑以为然，故不为深备，奏伎、纵酒、赋诗不辍。

陈长城公至德二年（甲辰，公元584年）

隋文帝不喜好文章用词华丽，诏令天下公私文书都要写得符合实际情况。泗州刺史司马幼之的文章奏表浮华艳丽，隋文帝把他交付有关部门治罪。治书侍御史赵郡人李谔也因为当时人们撰写文章，文风崇尚轻薄浮华，而上书说："以前曹魏的三位君主撰写文章崇尚文词优美华丽，忽略治理万民的大道，喜好雕琢词句的小技。下面纷纷起而仿效，遂成一种社会风尚。到了江东晋、齐、梁朝，这种文风的危害达到了极点。人们热衷于追求一韵的新奇，竞逐一字的巧妙。文章连篇累牍，不过是刻画了月升露落的景致；作品积案盈箱，也只是描写了风起云飘的情形。世俗以此而互相标榜，朝廷据此来选拔官吏。以擅长雕虫小技求取功名利禄的道路既然已经开通，人们偏爱华丽崇尚轻浮的文风越发厉害。因此，不论是乡闾孩童，还是王公子弟，不是首先学习实用知识而是首先学习如何做五言诗；对于羲皇、虞舜、夏禹的典籍，伊尹、傅说、周公、孔子的学说，不再关心，未曾入耳。把虚诞放纵当做洒脱高雅，把缘情体物当做功勋劳绩，把有德的硕儒看做古朴迂腐之人，把工于词赋之士当成君子大人。所以文笔日益繁盛，而政治日益动乱。这都是由于统治者抛弃了上古圣贤制定的法式、规则，造做无益于治道的文体来推广使用。如今朝廷虽然颁布了禁绝浮华艳丽文风的诏令，但是我听说一些外州远县，仍然踵袭前代的坏风气。躬行仁义孝悌者被私门摈落，不加录用；擅长轻薄浮华之雕虫小技者，则被选拔充任官吏，保举荐送朝廷。这都是由于这些州、县的刺史、县令没有执行陛下的诏令。请求陛下普遍派人加以调查，送御史台推劾治罪。”后来他又上书说：“有些士大夫炫耀功绩、出身以谋求进身做官，没有廉耻之心，请求明示其罪，加以黜退，以矫正社会风气。”隋文帝诏令将李谔前后奏章颁布天下。

突厥沙钵略可汗数次被隋朝打败，于是请求与隋朝和亲。千金公主宇文氏也请求改姓杨氏，作隋文帝的女儿。于是隋文帝派遣开府仪同三司徐平和出使突厥沙钵略可汗，改封千金公主为大义公主。晋王杨广请求乘突厥内外交困之机出兵讨伐，隋文帝不答应。

尚书仆射江总虽然担任宰相，但并不亲自处理政务，每天与都官尚书孔范、散骑常侍王瑳等文士十余人，侍奉后主在皇宫后庭游玩宴乐，不讲君臣尊卑次序，被称之为“狎客”。陈后主每举办酒宴，就使诸位妃、嫔和江总等狎客一起赋诗，互相赠答，然后挑选其中特别艳丽的诗作，谱上新曲，再挑选宫女千余人练习歌唱，分部演出。其歌曲有《玉树后庭花》《临春乐》等，大都是赞美诸位妃、嫔的美丽容貌。君臣饮酒酣歌，从夜晚到清晨，以此为常事。

张贵妃名叫张丽华，家中世代为兵，是龚贵嫔的侍女，陈后主见了喜欢她，于是得到宠幸，生下了皇太子陈深。张贵妃的一头秀发长七尺，光亮可以照人，性情聪明颖慧，富有神采，举止优雅，每当她顾盼凝视时，更显得流兴溢彩，映动左右。张贵妃善于体察陈后主的心意，向后主引荐宫女；因此后宫妃、嫔、宫女都对她感恩戴德，竞相在陈后主面前赞美她。她又擅长祈祷鬼神的厌魅方术，经常在后宫中进行各种不合礼制规定的祭祀，聚集女巫伴着乐声跳舞，装神弄鬼。陈后主懒于处理政事，朝中百官大臣有所启奏，都由宦官蔡脱儿、李善度呈进请示；陈后主靠着松软的靠垫，让张贵妃坐在他的膝盖上，两人一起裁决政事。凡是蔡脱儿、李善度两人所没有记住的，张贵妃都逐条加以分析，没有遗漏。张贵妃经常参访了解皇宫外面发生的事情，外间的一言一事，张贵妃必定事先知道，然后告诉陈后主。因此更加受到陈后主的宠爱，远在后宫诸位妃、嫔之上。陈后主身旁的宦官与亲信内外勾结，提携宗属亲戚，横行不法，卖官鬻爵，贿赂公行，就连朝廷赏罚之命，也出于宫掖。外朝大臣有不顺从旨意的，就乘机加以陷害。于是孔贵嫔、张贵妃的权势炙手可热，执掌朝政的公卿大臣都随风竞相奉承依附。

三年（乙巳，公元585年）

隋朝度支尚书长孙平上奏说："请下令民间每年秋天一家拿出粟麦一石以下，根据家庭贫富状况订出等级标准，每社民户所交纳的粮食就储存在当社，委派社中官吏负责查核，以防备荒年，名叫'义仓'。"隋文帝听从了他的建议。五月，甲申（二十九日），隋文帝开始诏令各郡、县都设置义仓。当时百姓多向官府谎报年老或幼小，以逃避赋税徭役，山东地区承袭原北齐王朝的弊政，在户口登记和租调征收方面，犯奸作伪的极多。隋文帝下令在全国州县逐户逐人进行核对。如果户口不实，有称老诈小的，里正、党长远配边州。堂兄弟以下仍然同居的大家族，都命令他们分家居住，自立门户，以防止出现隐瞒户口人丁的情况。这次普查，户籍簿上新增加了一百六十四万多人口。左领军大将军高颎又请求实行按所造账籍征收赋税的输籍法，颁布各州实行，隋文帝也听从了他的建议。自此以后，想犯奸作伪逃避赋税的人再也无法藏身了。

突厥沙钵略可汗既为达头可汗困扰，又畏惧契丹逐渐强大，于是派遣使者到隋朝告急，请求允许他率所属部落迁徙到大漠南面，在白道川一带暂住。隋文帝答应了他的请求，命令晋王杨广发兵接应，并供给他衣服食品，赏赐他车驾服饰及乐器。沙钵略可汗借助隋兵到来的声势，率军向西攻打阿波可汗，打败了他。可是阿拔国乘沙钵略可汗后方兵力空虚之机发兵偷袭，虏走了他的妻儿家小；隋朝军队为沙钵略打败了阿拔军队，并把所缴获的人畜物品全部给予了沙钵略可汗。

沙钵略可汗十分高兴，于是与隋朝订立盟约，以砂碛作为两国的分界。

四年（丙午，公元586年）

吐谷浑可汗夸吕在位长达百年，曾多次因为喜怒无常而废掉或诛杀太子。后来的太子惧怕，密谋劫持夸吕可汗降附隋朝，于是派遣使者向隋朝边防官吏请求援兵，秦州总管河间王杨弘向朝廷请求派兵接应，隋文帝不答应。

这一年，吐谷浑太子嵬王诃又因为害怕获罪遭杀，密谋率领所属部落一万五千户降附隋朝，派遣使者来到长安，请求隋朝派军队接应。隋文帝说："吐谷浑风俗败坏，背离人伦天常，做父亲的既然不以慈爱待子，做儿子的也不以孝顺事父。朕以仁德教化百姓，怎么能够助成嵬王诃的恶逆行为呢！"于是对嵬王诃的使者说："为子之道，父亲有了过失，儿子应该以死谏诤，怎么能密谋采取违背礼法的行为，落下不孝的罪名！普天之下，都是朕的臣妾子民，各自努力积善行德，就合于朕的心意。现今嵬王诃想归降朕，朕只能教导嵬王诃如何做忠臣孝子的道理，决不能远派军队接应，助成嵬王诃的恶逆行为。"嵬王诃只好作罢。

陈长城公祯明元年（丁未，公元587年）

八月，隋文帝征召后梁国主萧琮入朝。萧琮率领群臣百官二百余人由江陵出发；庚申（十八日），到达长安。

隋文帝因为后梁国主离开了国家，就派遣武乡公崔弘度率军戍守江陵。崔弘度军至都州，后梁国主的叔父太傅安平王萧岩、弟弟荆州刺史义兴王萧瓛等人害怕崔弘度趁机袭取江陵，乙丑（八月二十三日），萧岩、萧瓛派遣都官尚书沈君公向陈朝荆州刺史宜黄侯陈慧纪请求降附。九月，庚寅（十八日），陈慧纪率军抵达江陵城下。辛卯（十九日），萧岩、萧瓛等人带领后梁国文武官吏、平民百姓共十万人投奔陈朝。

杨素率军在永安，建造大船，名叫“五牙”。在船上建五层楼，高一百余尺；又在船的左右前后设置了六根拍竿，都高五十尺，可乘载战士八百人。另一种战船名叫“黄龙”，船上可乘载战士一百人。其余称作“平乘”“舴艋”的舰船大小不等。

二年（戊申，公元588年）

甲子（十月二十八日），隋文帝要出师讨伐陈朝，在太庙祭告祖先，并任命晋王杨广、秦王杨俊、清河公杨素三人都为行军元帅。命令杨广统率军队从六合出发，杨俊统率军队从襄阳出发，杨素统率军队从永安出发，荆州刺史刘仁恩统率军队从江陵出发，蕲州刺史王世积统率军队从蕲春出发，庐州总管韩擒虎统率军队从庐江出发，吴州总管贺若弼统率军队从广陵出发，青州总管弘农人燕荣统率军队从东海出发，共有行军总管九十位，兵力五十一万八千人，都受晋王杨广的节度指挥。东起海滨，西到巴、蜀，旌旗耀日，舟楫竞进，横亘连绵千里。朝廷又任命左仆射高颎为晋王元帅府长史，右仆射王韶为司马，前线军中一切事务全由他们裁决处理。他们安排各路军队进退攻守，料理调拨军需供应，十分称职，没有贻误。

杨素率领水军顺流而下，越过三峡，进至流头滩。陈朝将军戚昕率领青龙战船一百余艘防守狼尾滩，这里地势险要，易守难攻，隋朝将士因而担忧。杨素说：“成败在此一举。我军如果白天下船进攻，敌军就会知道我军虚实，加上滩流迅急，船只难以掌握，我们就失去了居于上游的便利条件；不如在夜里突然袭击敌军。”于是杨素亲自率领黄龙舰船数千艘，将士衔枚，顺流而下，又派遣开府仪同三司王长袭率领步兵由长江南岸攻打戚昕别处营垒，大将军刘仁恩率领骑兵由北岸向白沙进发，黎明时各军皆至，于是一起发起进攻；戚昕战败逃走，隋军俘获了陈朝全部将士，慰劳后加以遣返，纪律严明，秋毫不犯。

于是杨素率领水军顺流东下，舟舻舰船布满江面，旌旗甲胄鲜明耀日。杨素坐在一只平板大船上，仪表堂堂，陈朝人看见后，都心中惧怕，说：“清河公真像是长江水神！”

陈朝沿江镇戍要塞听说隋军将到，相继飞书奏报朝廷；但是中书舍人施文庆、沈客卿把奏疏全部压下，没有呈奏天子。

直至隋军进至长江北岸，江南地区也突然出现了大批间谍探子以后，袁宪等人又多次上奏请求。施文庆对陈后主说：“元旦的大朝会即将来临，南郊大祀那天，太子必须率领较多军队；现在如果向京口、采石以及江面派遣军队和舰船，南郊大祀之事就得废省。”陈后主说：“现在暂且派出军队，到时候如果北边战场无事，就顺便使用这支水军跟从到南郊，参加祭祀，又有什么不可以！”施文庆又回答说：“这样做会被邻国知道，隋朝便会认为我国弱小。”后来施文庆又用金银财物贿赂尚书令江总，于是江总又入宫为施文庆游说，陈后主不好违背江总的意见，但又迫于群臣百官再三奏请，于是就下令由朝廷百官大臣再仔细商议决定。而江总又利用职权多方压制袁宪等人，所以长时间商议却没有做出决定。

陈后主口气徐缓地对侍卫近臣说：“帝王的气数在此地。齐军曾经三次进犯，周军也曾经两次大兵压境，无不遭到惨重失败。他们隋军又能怎么样呢！”都官尚书孔范说：“长江是一道天堑，古代作为隔绝南方和北方的界限。现在敌军难道能飞渡吗！边镇将帅想建立功勋，所以谎报边事紧急。我常常担忧自己官职低下，如果敌军能越过长江，我一定会建功立业，荣升太尉了。”有人谎报说隋军马匹多死，孔范又口出大言说：“这是我国的马，怎么会死！”陈后主听后大笑，认为孔范说的很对，所以不做认真的防备，仍奏乐观舞，纵酒宴饮，赋诗取乐不止。

第一百七十七卷
隋纪一

译文诵读

高祖文皇帝上之上开皇九年（己酉，589）

是日，贺若弼自广陵引兵济江。先是弼以老马多买陈船而匿之，买弊船五六十艘，置于渎内。陈人觇之，以为内国无船。弼又请缘江防人每交代之际，必集广陵，于是大列旗帜，营幕被野，陈人以为隋兵大至，急发兵为备，既知防人交代，其众复散；后以为常，不复设备。又使兵缘江时猎，人马喧噪。故弼之济江，陈人不觉。韩擒虎将五百人自横江宵济采石，守者皆醉，遂克之。晋王广帅大军屯六合镇桃叶山。

庚午，贺若弼攻拔京口，执南徐州刺史黄恪。弼军令严肃，秋毫不犯，有军士于民间酤酒者，弼立斩之。所俘获六千余人，弼皆释之，给粮劳遣，付以敕书，令分道宣谕。于是所至风靡。

樊猛在建康，其子巡摄行南豫州事。辛未，韩擒虎进攻姑孰，半日，拔之，执巡及其家口。

于是贺若弼自北道，韩擒虎自南道并进，缘江诸戍，望风尽走；弼分兵断曲阿之冲而入。陈主命司徒豫章王叔英屯朝堂，萧摩诃屯乐游苑，樊毅屯耆阇寺，鲁广达屯白土冈，忠武将军孔范屯宝田寺，己卯，任忠自顺兴入赴，仍屯朱雀门。

贺若弼进据钟山，顿白土冈之东。晋王广遣总管杜彦与韩擒虎合军，步骑二万屯于新林。蕲州总管王世积以舟师出九江，破陈将纪瑱于蕲口，陈人大骇，降者相继。晋王广上状，帝大悦，宴赐群臣。

时建康甲士尚十余万人，陈主素怯懦，不达军士，唯日夜啼泣，台内处分，一以委施文庆。文庆既知诸将疾己，恐其有功，乃奏曰："此辈怏怏，素不伏官，迫此事机，那可专信！"由是诸将凡有启请，率皆不行。

贺若弼之攻京口也，萧摩诃请将兵逆战，陈主不许。及弼至钟山，摩诃又曰："弼悬军深入，垒堑未坚，出兵掩袭，可以必克。"又不许。陈主召摩诃、任忠于内殿议军事，忠曰："兵法：客贵速战，主贵持重。今国家足兵足食，宜固守台城，缘淮立栅，北军虽来，勿与交战；分兵断江路，无令彼信得通。给臣精兵一万，金翅三百艘，下江径掩六合；彼大军必谓其渡江将士已被俘获，自然挫气。淮南土人与臣旧相知悉，今闻臣往，必皆景从。臣复扬声欲往徐州，断彼归路，则诸军不击自去。待春水既涨，上江周罗睺等众军必沿流赴援。此良策也。”陈主不能从。明日，欻然曰：“兵久不决，令人腹烦，可呼萧郎一出击之。”任忠叩头苦请勿战。孔范又奏：“请作一决，当为官勒石燕然。”陈主从之，谓摩诃曰：“公可为我一决！”摩诃曰：“从来行陈，为国为身；今日之事，兼为妻子。”陈主多出金帛赋诸军以充赏。甲申，使鲁广达陈于白土冈，居诸军之南，任忠次之，樊毅、孔范又次之，萧摩诃军最在北。诸军南北亘二十里，首尾进退不相知。

贺若弼将轻骑登山，望见众军，因驰下，与所部七总管杨牙、员明等甲士凡八千，勒陈以待之。陈主通于萧摩诃之妻，故摩诃初无战意；唯鲁广达以其徒力战，与弼相当。隋师退走者数四，弼麾下死者二百七十三人，弼纵烟以自隐，窘而复振。陈兵得人头，皆走献陈主求赏，弼知其骄惰，更引兵趣孔范；范兵暂交即走，陈诸军顾之，骑卒乱溃，不可复止，死者五千人。员明擒萧摩诃，送于弼，弼命牵斩之，摩诃颜色自若，弼乃释而礼之。

时韩擒虎自新林进军，忠已帅数骑迎降于石子冈。领军蔡徵守朱雀航，闻擒虎将至，众惧而溃。忠引擒虎直入朱雀门，陈人欲战，忠挥之曰：“老夫尚降，诸军何事！”众皆散走。于是城内文武百司皆遁，唯尚书仆射袁宪在殿中，尚书令江总等数人居省中。陈主谓袁宪曰：“我从来接遇卿不胜余人，今日但以追愧。非唯朕无德，亦是江东衣冠道尽。”

陈主遑遽，将避匿，宪正色曰：“北兵之人，必无所犯。大事如此，陛下去欲安之！臣愿陛下正衣冠，御正殿，依梁武帝见侯景故事。”陈主不从，下榻驰去，曰：“锋刃之下，未可交当，吾自有计！”从宫人十余出后堂景阳殿，将自投于井，宪苦谏不从；后阁舍人夏侯公韵以身蔽井，陈主与争，久之，乃得入。既而军人窥井，呼之，不应，欲下石，乃闻叫声；以绳引之，惊其太重，及出，乃与张贵妃、孔贵嫔同束而上。

高颎先入建康，颎子德弘为晋王广记室，广使德弘驰诣颎所，令留张丽华，颎曰：“昔太公蒙面以斩妲己，今岂可留丽华！”乃斩之于青溪。德弘还报，广变色曰：“昔人云，‘无德不报’，我必有以报高公矣！”由是恨颎。

于是陈国皆平，得州三十，郡一百，县四百。诏建康城邑宫室，并平荡耕垦，更于石头置蒋州。

贺若弼、韩擒虎争功于帝前。弼曰：“臣在蒋山死战，破其锐卒，擒其骁将，震扬威武，遂平陈国；韩擒虎略不交陈，岂臣之比！”擒虎曰：“本奉明旨，令臣与弼同时合势以取伪都，弼乃敢先期，逢贼遂战，致令将士伤死甚多。臣以轻骑五百，兵不血刃，直取金陵，降任蛮奴，执陈叔宝，据其府库，倾其巢穴。弼至夕方扣北掖门，臣启关而纳之，斯乃救罪不暇，安得与臣相比！”帝曰：“二将俱为上勋。”于是进擒虎位上柱国，赐物八千段。有司劾擒虎放纵士卒，淫污陈宫；坐此不加爵邑。

及平陈，获宋、齐旧乐器，并江左乐工，帝令廷奏之，叹曰："此华夏正声也。"乃调五音为五夏、二舞、登歌、房内十四调，宾祭用之。仍诏太常置清商署以掌之。

时天下既壹，异代器物，皆集乐府，牛弘奏："中国旧音多在江左，前克荆州得梁乐，今平蒋州又得陈乐，史传相承以为合古，请加修缉以备雅乐。其后魏之乐及后周所用，杂有边裔之声，皆不可用，请悉停之。"冬，十二月，诏弘与许善心、姚察及通直郎虞世基参定雅乐。

十年（庚戌，590）

上性猜忌，不悦学，既任智以获大位，因以文法自矜，明察临下，恒令左右觇视内外，有过失则加以重罪。又患令史赃污，私使人以钱帛遗之，得犯立斩。每于殿庭捶人，一日之中，或至数四；尝怒问事挥楚不甚，即命斩之。尚书左仆射高颎、治书侍御史柳彧等谏，以为"朝堂非杀人之所，殿廷非决罚之地"。上不纳。颎等乃尽诣朝堂请罪，上顾谓领左右都督田元曰："吾杖重乎？"元曰："重。"帝问其状，元举手曰："陛下杖大如指，捶人三十者，比常杖数百，故多死。"上不怿，乃令殿内去杖，欲有决罚，各付所由。后楚州行参军李君才上言："上宠高颎过甚。"上大怒，命杖之，而殿内无杖，遂以马鞭捶杀之，自是殿内复置杖。未几，怒甚，又于殿廷杀人；兵部侍郎冯基固谏，上不从，竟于殿廷杀之。上亦寻悔，宣慰冯基，而怒群臣之不谏者。

杨素用兵多权略，驭众严整，每将临敌，辄求人过失而斩之，多者百余人，少不下十数，流血盈前，言笑自若。及其对陈，先令一二百人赴敌，陷陈则已，如不能陷而还者，无问多少，悉斩之；又令二三百人复进，还如向法。将士股栗，有必死之心，由是战无不胜，称为名将。素时贵幸，言无不从，其从素行者，微功必录，至他将虽有大功，多为文吏所谴却，故素虽残忍，士亦以此愿从焉。

番禺夷王仲宣反，岭南首领多应之，引兵围广州。

高凉洗夫人遣其孙冯暄将兵救广州，暄与贼将陈佛智素善，逗留不进；夫人知之，大怒，遣使执暄，系州狱，更遣孙盎出讨佛智，斩之。进会鹿愿于南海，与慕容三藏合击仲宣，仲宣众溃，广州获全。洗氏亲被甲，乘介马，张锦伞，引彀骑卫，从裴矩巡抚二十余州。苍梧首领陈坦等皆来谒见，矩承制署为刺史、县令，使还统其部落，岭表遂定。

以矩为民部侍郎。拜冯盎高州刺史，追赠冯宝广州总管、谯国公。册洗氏为谯国夫人，开谯国夫人幕府，置长史以下官属，官给印章，听发部落六州兵马，若有机急，便宜行事。仍敕以夫人诚效之故，特赦暄逗留之罪，拜罗州刺史。皇后赐夫人首饰及宴服一袭，夫人并盛于金箧，并梁、陈赐物，各藏一库，每岁时大会，陈之于庭，以示子孙，曰："我事三代主，惟用一忠顺之心，今赐物具存，此其报也；汝曹皆念之，尽赤心于天子！”

隋文帝

隋文帝开皇九年（己酉，公元589年）

这一天，隋吴州总管贺若弼从广陵统帅军队渡过长江。起先，贺若弼卖掉军中老马，大量购买陈朝的船只，并把这些船只藏匿起来，然后又购买了破旧船只五六十艘，停泊在小河内。陈朝派人暗中窥探，认为中原没有船只。贺若弼又请求让沿江防守的兵士每当轮换交接的时候，都一定要聚集广陵，于是隋军大举旗帜，营幕遍野，陈朝以为是隋朝大军来到，于是急忙调集军队加强戒备，随后知道是隋朝士卒换防交接，就将已聚集的军队解散；后来陈朝对此已习以为常，就不再加强戒备。贺若弼又时常派遣军队沿江打猎，人欢马叫。所以贺若弼渡江时，陈朝守军竟没有发觉。庐州总管韩擒虎也率领将士五百人从横江浦夜渡采石，陈朝守军全都喝醉了酒，隋军轻而易举就攻下了采石。晋王杨广统帅大军驻扎在六合镇桃叶山。

庚午（正月初六），隋将贺若弼率军攻克京口，生俘陈朝南徐州刺史黄恪。贺若弼的军队纪律严明，秋毫不犯，有士卒在民间买酒的，贺若弼即令将他斩首。所俘获的陈朝军队六千余人，贺若弼全部予以释放，发给资粮，好言安慰，遣返回乡，并付给他们隋文帝敕书，让他们分道宣传散发。因此，隋军所到之处，陈朝军队望风溃败。

陈朝南豫州刺史樊猛当时还在建康，由他的儿子樊巡代理南豫州事。辛未（正月初七），隋将韩擒虎率军进攻姑孰，只用了半天，就攻下了姑孰城，俘虏了樊巡及其全家。

此时，隋将贺若弼率军从北道，韩擒虎率军从南道，齐头并进，夹攻建康。陈朝沿江的镇戍要塞守军都望风尽逃；贺若弼分兵占领曲阿，隔断了陈朝援军的通道，自己率主力进逼建康。陈后主命令司徒、豫章王陈叔英率军守卫朝堂，萧摩诃率军驻守乐游苑，樊毅率军驻守耆阇寺，鲁广达率军驻守白土冈，忠武将军孔范率军驻守宝田寺。己卯（正月十五日），任忠率军自吴兴入援京师，驻守朱雀门。

隋将贺若弼率军进据钟山，驻扎在白土冈的东面。晋王杨广派遣总管杜彦和韩擒虎合军，共计步骑两万人驻扎在新林。隋蕲州总管王世积统帅水军出九江，在蕲口击败陈将纪瑱，陈朝将士大为惊恐，向隋军投降的人接连不断，晋王杨广上表禀报军情，隋文帝非常高兴，于是宴请和赏赐百官群臣。

当时建康还有军队十余万人，但是陈后主生性怯懦软弱，又不懂军事，只是日夜哭泣，台城内的所有军情处置，全部委任给施文庆。施文庆知道将帅们都痛恨自己，惟恐他们建立功勋，于是向陈后主上奏说："这些将帅们平时总是心中不满，一向不甘心情愿服事陛下，现在到了危机时刻，怎么可以完全信任他们呢？"因此这些将帅凡是有所启奏请求，绝大部分都未获批准。

在隋将贺若弼进攻京口时，陈朝都督萧摩诃曾经请求率军迎战，陈后主不许。等到贺若弼进至钟山，萧摩诃又上奏说："贺若弼孤军深入，立足未稳，如果乘机出兵袭击，可保必胜。"陈后主还是不许。陈后主招集萧摩诃、任忠在宫中内殿商议军事，任忠说："兵法上说：来犯之军利在速战，守军利在坚持。现在国家兵足粮丰，应该固守台城，沿秦淮河建立栅栏，隋军虽然来攻，不要轻易出战；分兵截断长江水路，不要让隋军音信相通。陛下可给我精兵一万人，金翅战船三百艘，顺江而下，径直突然袭击六合镇；这样，隋朝大军一定会认为他们渡过江的将士已经被我们俘获，锐气自然就会受挫。此外，淮南土著居民与我以前就互相熟悉，如今听说是我率军前往，必定会群起响应。我再扬言将要率军进攻徐州，断敌退路，这样，各路隋军就会不战自退。待到雨季春水既涨，上游周罗睺等军必定顺流而下赶来增援。这是一个很好的战略计策。"陈后主也不听从。到了第二天，陈后主忽然说："与隋军长久相持不进行决战，令人心烦，可叫萧摩诃出兵攻打敌军。"任忠向陈后主跪地叩头，苦苦请求不要出战。忠武将军孔范又上奏说："请求与隋军进行决战，我军必胜，我将为陛下在燕然山刻石立碑纪念战功。"陈后主听从了孔范的意见，对萧摩诃说："你可为我率军与敌军一决胜负！"萧摩诃说："从来作战都是为了国家与自己，今日与敌决战，兼为妻儿家人。"于是陈后主拿出很多金钱财物，分配给诸军用作奖赏。甲申（正月二十日），命令鲁广达率军在白土冈摆开阵势，在各军的最南边，由南往北，依次是任忠、樊毅、孔范，萧摩诃的军队在最北边。陈朝军队所摆开的阵势南北长达二十里，首尾进退互不知晓。

隋将贺若弼率领轻骑登上钟山，望见陈朝众军已摆开阵势，于是驰骑下山，与所部七位总管杨牙、员明等将领率兵士共八千人，也摆好阵势准备迎战。因为陈后主私通萧摩诃的妻子，所以萧摩诃一开始就不想为陈后主打仗；只有鲁广达率领部下拼死力战，与贺若弼的军队旗鼓相当。隋军曾经四次被迫后退，贺若弼部下战死二百七十三人，后来贺若弼部队纵放烟火用来掩护隐蔽，才摆脱困境重新振作起来。陈朝兵士获得隋军人头，纷纷跑去献给陈后主以求得奖赏，贺若弼看到陈朝军队骄傲轻敌，不愿再苦战，于是再一次率军冲击孔范的军阵；孔范的兵士与隋军刚一交战即败走，陈朝诸军望见，骑兵、步卒也一起纷纷溃逃，互相践踏不可阻止，死了五千人。总管员明擒获了萧摩诃，把他送交贺若弼，贺若弼命令推出去斩首，萧摩诃神色自若，贺若弼于是给他松绑并以礼相待。

当时韩擒虎率军从新林向台城进发，任忠已经率领部下数骑到石子冈去投降。当时陈朝领军将军蔡徵率军守卫朱雀航，听说韩擒虎将到，部队惊惧，望风溃逃。

任忠带领韩擒虎的军队径直进入朱雀门，还有一些陈军将士想进行抵抗，任忠对他们挥挥手说：“我都投降了隋军，你们还抵抗什么！”于是陈军全都逃散。此时，台城内文武大臣全都逃跑，只有尚书仆射袁宪在殿内，尚书令江总等数人在尚书省府中。陈后主对袁宪感叹说：“我从来对待你不比别人好，今日只有惭愧。这不只是朕失德无道所致，也是由于江东士大夫的气节全都丧失净尽了。”

陈朝后主惊慌失措，想要躲藏，袁宪严肃地说道：“隋军进入皇宫后，必不会对陛下有所侵侮。事已至此，陛下还能躲到什么地方去？我请求陛下把衣服冠冕穿戴整齐，端坐正殿，依照当年梁武帝见侯景的旧例。”陈后主没有听从，下了坐床飞奔而去，并说：“兵刃之下，不能拿性命去贸然抵挡，我自有办法！”于是跟着十余个宫人逃出后堂景阳殿，就要往井里跳，袁宪苦苦哀求，陈后主不听。后阁舍人夏侯公韵用自己的身子遮挡住井口，陈后主极力相争，争了很长时间才得以跳进井里。不久，有隋军兵士向井里窥视，并大声喊叫，井下无人回答，士兵扬言要落井下石，方才听到井下有人呼唤，于是抛下绳索往上拉人，感到非常沉重，十分吃惊，直到把人拉了上来，看见是陈后主与张贵妃、孔贵嫔三人同绳而上。

隋高颎先进入建康，当时高颎的儿子高德弘是晋王府记室参军，杨广就派他驰马来见高颎，传令留下张丽华，高颎说：“古时候姜太公吕尚蒙面斩了殷纣王的宠姬妲己，今天岂能留下张丽华！”于是将张丽华斩于青溪。高德弘还报杨广，杨广脸色一变说：“古人云：‘无德不报。’我一定有办法回报高公！”因此杨广忌恨高颎。

韩擒虎威临突厥

于是陈国被全部平定，隋朝共得到三十个州，一百个郡，四百个县。隋文帝诏令将建康的城邑宫殿房屋，全部毁掉为耕田，又在石头城设置蒋州。

贺若弼和韩擒虎在文帝面前争论谁的功大，若弼说：“我在蒋山拼死鏖战，打垮了陈朝的精锐部队，俘虏了陈朝骁将萧摩诃、鲁宗达等人，打出了国威和军威，于是才平定了陈国。而韩擒虎和陈朝军队几乎没有交锋过，怎么能与我相比！”韩擒虎说：“本来接到明确指示，令我和贺若弼同时合兵攻打陈朝都城，可是贺若弼竟敢独自提前进军，遭逢敌军便投入决战，以致于所部将士伤亡很大。而我率领轻装骑兵五百人，兵不血刃，直取金陵，降服了任忠，抓获了陈叔宝，占领了陈朝的府库，捣毁了陈后主盘踞的老窝。贺若弼直到傍晚才进至北掖门，是我打开城门让他入的，贺若弼赎罪还来不及，怎么能与我相比！”文帝说：“两位将军都立了上等功勋。”于是晋级授予韩擒虎上柱国，赏赐布帛八千段。有关官吏弹劾说韩擒虎放纵士卒，奸淫陈朝宫女，因此不加封爵邑。

及至平定陈后，得到了南朝宋、齐的旧乐器和江南地区的乐师，隋文帝让他们在宫廷上演奏，听后感叹说：“这是华夏正音！”于是下令调理五音为五夏、二舞、登歌、房内十四种律调，在接待宾客和举行祭祀时使用。文帝又诏令在太常寺设置清商署负责掌管乐师和乐器。

当时天下已经统一，不同时代的器物都全部积聚在乐府。于是牛弘上奏说：“中国的传统音乐多保存在江南地区，以前攻占荆州时得到了梁朝音乐，如今平定蒋州又得到了陈的音乐，这些音乐是历代相传下来的，被认为是符合古乐的，请令人加以修订以作为郊庙朝会演奏的正乐。而北魏和北周所使用的音乐，都杂有边疆夷族的声调，不能再继续使用，请明令全部停止使用。”冬季，十二月，文帝下诏令牛弘和许善心、姚察以及通直郎虞世基参与修定雅乐。

十年（庚戌，公元590年）

隋文帝秉性猜忌多疑，又不喜欢读书学习，由于他是完全凭借智谋而获得了君主之位，因此他就以熟悉法律制度而自负，以明察秋毫而驾驭朝臣，经常派遣左右近臣窥视刺探朝廷内外百官大臣，发现某人犯有过失就治以重罪，他又担心负责掌管各种具体事务的令史贪污腐败，于是暗地里派人拿着钱财布帛去贿赂试探，发现某人收受财物则立即处死。经常在朝堂殿庭中杖打官吏，有时一天之内，多达三四人。有一次他恼怒行刑之人杖打时下手不重，就立即下令将行刑之人斩首。尚书左仆射高颎、治书侍御史柳彧等人上言规谏，认为：“朝堂不是杀人的处所，殿庭也不是行刑的地方。”文帝不听。于是高颎等百官大臣都来到朝堂请罪，文帝问领左右都督田元说：“我的杖刑重吗？”田元回答说：“重。”文帝又问其中情由，田元举起手来回答说：“陛下的杖和指头一样粗，捶打人三十下，就等于普通杖具捶打数百下，所以受刑人多被打死。”文帝听了很不高兴，但还是下令撤掉殿庭内的杖具，以后要是有所处罚，分送给有关主管部门执行。后来楚州行参军李君才上言说：“皇上过于宠信高颎了。”文帝大怒，命令用杖打他，而殿庭内已经没有杖具，于是就用马鞭将李君才打死。从此又在殿庭内放置了杖具。不几天，文帝由于怒不可遏，又在殿庭中杀人。兵部侍郎冯基苦苦劝谏，文帝根本不听，最后竟又在殿庭内将人活活打死。事后不久，文帝也有些后悔，于是好言安慰冯基，而恼恨没有进谏的百官群臣。

杨素用兵很有权略计谋，治军严整，军令如山，每当要临敌打仗的时候，就寻找一些士兵的过失而将他们处斩，多的时候达一百多人，少的时候也不下十多人，跟前血流满地，而杨素谈笑自若，毫不在意。及至双方摆开阵势后，杨素就先派一二百人前去冲击敌阵，能攻破敌阵则罢，如不能攻破敌阵而退回的人，不论多少全部处斩。然后又派二百人再次冲击敌阵，还像前面那样处置。因此，将士们莫不战栗惊恐，都怀有必死之心，奋勇向前，从不后退，因此杨素战无不胜，称为名将。杨素深得隋文帝的宠信，对他言听计从，跟随杨素征战的将士，微功必赏，至于别的将士，虽然有大功，却经常受到朝中文官的压制，所以杨素虽然残忍，将士们也愿意跟随他。

番禺夷族人王仲宣起兵造反，岭南地区各族首领多起兵响应他，于是王仲宣率军包围了广州。

岭南蛮族首领高凉洗夫人派她的孙子冯暄率军救援广州，冯暄一向与叛军将领陈佛智友善，于是故意逗留不进。洗夫人得知后十分愤怒，就派人到军中逮捕了冯暄，关押在州城监狱；又派遣孙子冯盎率军讨伐陈佛智，将他斩首。冯盎率军进至南海，与大将军鹿愿的部队会合，然后与广州守将慕容三藏合兵攻打王仲宣，王仲宣的部队溃败，因此广州得以保全。洗夫人亲自披戴甲胄，乘坐披甲的马，张开用锦缎做的伞盖，率领军队张弓搭箭，禁卫保护，陪同裴矩巡抚岭南地区二十余州。苍梧首领陈坦等都来拜见裴矩。裴矩根据朝廷的旨意任命他们为刺史、县令，让他们回去统率各自的部落，于是岭南地区被平定。

于是任命裴矩为民部侍郎。又任命冯盎为高州刺史，追赠洗夫人的丈夫冯宝为广州总管、谯国公。册封洗夫人为谯国夫人，设立谯国夫人幕府，配备长史以下的官吏，朝廷授给洗夫人印章，允许她调发本部落所属六州兵马，如果出现紧急情况，可相机行事。还下敕令由于洗夫人忠心朝廷，立功边陲，特赦免冯暄逗留不进之罪，任命他为罗州刺史。独孤皇后也赏赐给洗夫人一些金银首饰和宴会礼服一套。洗夫人把这些东西都放在一个黄金小箱子里，分别和梁、陈朝廷赏赐的物品各藏在一个库中，每年举行部落大朝会时，拿出来陈列在大厅里，让子孙们看，并对他们说："我历事梁、陈、隋三代君主，用的只是一颗忠诚的心，现在朝廷赏赐的物品俱在，这就是我得到的酬报，你们应该牢记我的话，对朝廷天子赤胆忠心。"

第一百七十八卷
隋纪二

译文诵读

高祖文皇帝上之下开皇十二年（壬子，592）

帝以天下用律者多踳驳，罪同论异，八月，甲戌，制："诸州死罪，不得辄决，悉移大理按覆，事尽，然后上省奏裁。"

有司上言："府藏皆满，无所容，积于廊庑。"帝曰："朕既薄赋于民，又大经赐用，何得尔也？"对曰："入者常多于出，略计每年赐用，至数百万段，曾无减损。"于是更辟左藏院以受之。诏曰："宁积于人，无藏府库。河北、河东今年田租三分减一，兵减半功，调全免。"时天下户口岁增，京辅及三河地少而人众，衣食不给，帝乃发使四出，均天下之田，其狭乡每丁才至二十亩，老少又少焉。

十三年（癸丑，593）

二月，丙午，诏营仁寿宫于岐州之北，使杨素监之。素奏前莱州刺史宇文恺检校将作大匠，记室封德彝为土木监。于是夷山堙谷以立宫殿，崇台累榭，宛转相属。役使严急，丁夫多死，疲顿颠仆，推填坑坎，覆以土石，因而筑为平地。死者以万数。

牛弘使协律郎范阳祖孝孙等参定雅乐，从陈阳山太守毛爽受京房律法，布管飞灰，顺月皆验。又每律生五音，十二律为六十音，因而六之，为三百六十音，分直一岁之日以配七音，而旋相为宫之法，由是著名。

十四年（甲寅，594）

先是，台、省、府、寺及诸州皆置公廨钱，收息取给。工部尚书苏孝慈以为"官司出举兴生，烦扰百姓，败损风俗，请皆禁止，给地以营农。"上从之。六月，丁卯，始诏"公卿以下皆给职田，毋得治生，与民争利。"

他日，复侍宴，及出，帝目之曰："此败岂不由酒！以作诗之功，何如思安时事！当贺若弼渡京口，彼人密启告急，叔宝饮酒，遂不之省。高颎至日，犹见启在床下，未开封。此诚可笑，盖天亡之也。昔苻氏征伐所得国，皆荣贵其主，苟欲求名，不知违天命；与之官，乃违天也。”

十六年（丙辰，596）

夏，六月，甲午，初制工商不得仕进。

秋，八月，丙戌，诏：“决死罪者，三奏然后行刑。”

帝以光化公主妻吐谷浑可汗世伏；世伏上表请称公主为天后，上不许。

十七年（丁巳，597）

上以岭南夷、越数反，以汴州刺史令狐熙为桂州总管十七州诸军事，许以便宜从事，刺史以下官得承制补授。熙至部，大弘恩信，其溪洞渠帅更相谓曰：“前时总管皆以兵威相协，今者乃以手教相谕，我辈其可违乎！”于是相帅归附。先是州县生梗，长吏多不得之官，寄政于总管府，熙悉遣之，为建城邑，开设学校，华、夷感化焉。俚帅宁猛力，在陈世已据南海，隋因而抚之，拜安州刺史。猛力恃险骄倨，未尝参谒，熙谕以恩信，猛力感之，诣府请谒，不敢为非。熙奏改安州为钦州。

帝以盗贼繁多，命盗一钱以上皆弃市，或三人共盗一瓜，事发即死。于是行旅皆晏起早宿，天下懔懔。有数人劫执事而谓之曰：“吾岂求财者邪！但为枉人来耳。而为我奏至尊：自古以来，体国立法，未有盗一钱而死者也。而不为我以闻，吾更来，而属无类矣！”帝闻之，为停此法。

刑部侍郎辛亶尝衣绯裈，俗云利官；上以为厌蛊，将斩之。绰曰：“法不当死，臣不敢奉诏。”上怒甚，曰：“卿惜辛亶而不自惜也！”命引绰斩之。绰曰：“陛下宁杀臣，不可杀辛亶。”至朝堂，解衣当斩，上使人谓绰曰：“竟何如？”对曰：“执法一心，不敢惜死。”上拂衣而入，良久，乃释之。明日谢绰，劳勉之，赐物三百段。

上以绰有诚直之心，每引入阁中，或遇上与皇后同榻，即呼绰坐，评论得失，前后赏赐万计。与大理卿薛胄同时，俱名平恕；然胄断狱以情而绰守法，俱为称职。

帝既喜怒不恒，不复依准科律。信任杨素，素复任情不平，与鸿胪少卿陈延有隙，尝经蕃客馆，庭中有马屎，又众仆于毡上樗蒲，以白帝。帝大怒，主客令及樗蒲者皆杖杀之，棰陈延几死。

戊戌，突厥突利可汗来逆女，上舍之太常，教习六礼，妻以宗女安义公主。上欲离间都蓝，故特厚其礼，遣太常卿牛弘、纳言苏威、民部尚书斛律孝卿相继为使。

突利本居北方，既尚主，长孙晟说其帅众南徙，居度斤旧镇，锡赉优厚。都蓝怒曰；“我，大可汗也，反不如染干！”于是朝贡遂绝，亟来抄掠边鄙。突利伺知动静，辄遣奏闻，由是边鄙每先有备。

高丽王汤闻陈亡，大惧，治兵积谷，为拒守之策。是岁，上赐汤玺书，责以“虽称藩附，诚节未尽”。且曰：“彼之一方，虽地狭人少，今若黜王，不可虚置，终须更选官属，就彼安抚。王若洒心易行，率由宪章，即是朕之良臣，何劳别遣才彦！王谓辽水之广，何如长江？高丽之人，多少陈国？朕若不存含育，责王前愆，命一将军，何待多力！殷勤晓示，许王自新耳。”汤得书。惶恐，将奉表陈谢。会病卒，子元嗣立，上使使拜元为上开府仪同三司，袭爵辽东公。元奉表谢恩，因请封王，上许之。

吐谷浑大乱，国人杀世伏，立其弟伏允为主，遣使陈废立之事，并谢专命之罪，且请依俗尚主；上从之。自是朝贡岁至。

十八年（戊午，598）

高丽王元帅靺鞨之众万余寇辽西，营州总管韦冲击走之。上闻而大怒，乙巳，以汉王谅、王世积并为行军元帅，将水陆三十万伐高丽，以尚书左仆射高颎为汉王长史，周罗睺为水军总管。

六月，丙寅，下诏黜高丽王元官爵。汉王谅军出临渝关，值水潦，馈运不继，军中乏食，复遇疾疫。周罗睺自东莱泛海趣平壤城，亦遭风，船多飘没。秋，九月，己丑，师还，死者什八九。高丽王元亦惶惧遣使谢罪，上表称“辽东粪土臣元”，上于是罢兵，待之如初。

十九年（己未，599）

时太子勇失爱于上，潜有废立之志，从容谓颎曰：“有神告晋王妃，言王必有天下，若之何？”颎长跪曰：“长幼有序，其可废乎！”独孤后知颎不可夺，阴欲去之。

颎夫人卒，独孤后言于上曰：“高仆射老矣，而丧夫人，陛下何能不为之娶！”上以后言告颎。颎流涕谢曰：“臣今已老，退朝，唯斋居读佛经而已，虽陛下垂哀之深！至于纳室，非臣所愿。”上乃止。既而颎爱妾生男，上闻之，极喜，后甚不悦。上问其故，后曰：“陛下尚复信高颎邪？始，陛下欲为颎娶，颎心存爱妾，面欺陛下。今其诈已见，安得信之！”上由是疏颎。

伐辽之役，颎固谏，不从，及师无功，后言于上曰：“颎初不欲行，陛下强遣之，妾固知其无功矣！”又，上以汉王年少，专委军事于颎，颎以任寄隆重，每怀至公，无自疑之意，谅所言多不用。谅甚衔之，及还，泣言于后曰：“儿幸免高颎所杀。”上闻之，弥不平。

及击突厥，出白道，进图入碛，遣使请兵，近臣缘此言颎欲反。上未有所答，颎已破突厥而还。及王世积诛，推核之际，有宫禁中事，云于颎处得之，上大惊。有司又奏“颎及左右卫大将军元旻、元胄，并与世积交通，受其名马之赠。”旻、胄坐免官。上柱国贺若弼、吴州总管宇文弢、刑部尚书薛胄、民部尚书斛律孝卿、兵部尚书柳述等明颎无罪，上愈怒，皆以属吏，自是朝臣无敢言者。秋，八月，癸卯，颎坐免上柱国、左仆射，以齐公就第。

冬，十月，甲午，以突厥突利可汗为意利珍豆启民可汗，华言“意智健”也。突厥归启民者男女万余口，上命长孙晟将五万人于朔州，筑大利城以处之。时安义公主已卒，复使晟持节送宗女义成公主以妻之。

晟奏：“染干部落，归者益众，虽在长城之内，犹被雍虞闾抄掠，不得宁居。请徙五原，以河为固，于夏、胜两州之间，东西至河，南北四百里，掘为横堑，令处其内，使得任情畜牧。”上从之。

又令上柱国赵仲卿屯兵二万为启民防达头，代州总管韩洪等将步骑一万镇恒安。达头骑十万来寇，韩洪军大败，仲卿自乐宁镇邀击，斩首千余级。

十二月，乙未，都蓝为部下所杀，达头自立为步迦可汗，其国大乱。长孙晟言于上曰：“今官军临境，战数有功，虏内自携离，其主被杀，乘此招抚，可以尽降。请遣染干部下分道招慰。”上从之。降者甚众。

隋文帝开皇十二年（壬子，公元592年）

隋文帝因为天下的执法官吏对法律的理解多有错误，往往发生罪行相同而判决不同的现象，八月甲戌（初一），下制书说：“各州犯有死罪的案件，州府不得随意判决定案，要全部移送大理寺审理复查，复查完毕后，再呈奏尚书省裁决。”

有关官吏上奏说：“国家的府库已经全堆满了，财物没有地方存放，堆放在府库外的厢房里。”隋文帝问：“朕不但对天下百姓征收很轻的赋税，而且又曾经用来大量地赏赐，为什么府库还会这样呢？”回答说：“由于收入经常多于支出，估计每年用于赏赐和日常支用达到数百万段，所以府库所藏根本不会减少。”于是文帝下令另外开辟左藏院以存放新征收的财帛。文帝又下诏书说：“粮食布帛宁愿积蓄在民间百姓家里，也不要储藏于国家府库，今年河北、河东地区的田租可减征三分之一，军人应缴纳的份额可减征一半，全国各地成丁应缴纳的调全部免征。”当时隋朝全国的户口每年都在增加，京畿地区和河北、河南、河东三河地区地少人多，平民衣食不足，于是文帝就向全国各地派出使节，重新调整分配天下的田地，地少人多的狭乡每个成年丁口只能分到二十亩地，老人和孩童能分到的土地更少。

十三年（癸丑，公元593年）

二月，丙午，隋文帝下诏令在岐州北面营建仁寿宫，派遣杨素监督施工。杨素上奏请求朝廷委派前莱州刺史宇文恺临时代理将作大匠，记室参军封德彝为土木监。于是平山填谷构筑宫殿，高台累榭，宛转相连。在营建过程中督使严急，服役丁夫死亡众多。很多人疲惫不堪，倒地而死，尸体被填入坑中，上面用土石覆盖，因而筑成平地。死的人数以万计。

礼部尚书牛弘请协律郎范阳人祖孝孙等人参与修订雅乐，祖孝孙曾从师陈阳山太守毛爽学习京房的律吕之法，律管中葭灰飞动，顺序和十二个月份全部符合。又每种律调有五个音级，十二种律调共有六十个音级，把这六十个音级重复六次，就构成三百六十个音级，分别和一年的三百六十天对应起来，然后再和宫、商、角、徵、羽、变宫、变徵七个音级配合起来而形成各种律调节奏。于是，古代旋相为宫之法，才重新大白于天下，被人们所认识。

十四年（甲寅，公元594年）

以前，隋朝在中央台、省、府、寺各机构和地方各州县都设立了公廨钱，每年放贷出去，收取利息以供需用。工部尚书苏孝慈认为："官府放贷，收息盈利，烦扰百姓，败坏风俗，请求陛下明令禁止，而由国家拨给他们田地以经营农业。"隋文帝听从了他的建议，六月丁卯（初四），下诏书说："公卿大臣以下各级官吏都分配给职分田，不得再经商放贷，与民争利。"

有一天，陈叔宝又在文帝举行的宴会上作陪，等他离开时，文帝目送他说："他的败亡难道不是正由于酒吗！与其在作诗上下功夫，不如用来考虑安定时事政局！当初在贺若弼率军渡过长江拿下京口时，就有人向陈朝廷密信告急，可是陈叔宝正在饮酒，根本不看。一直到高颎到达建康的那天，才发现告急密信犹扔在床下，根本就没有开封。这件事真是可笑，实在是上天要让陈灭亡。以前前秦苻坚南征北伐所吞并的国家，都使原来的国君获得尊荣，苻坚只是想博取好名声，不知道这样做是违背天命的。给上天已经抛弃的君主官做，就是违背了上天的旨意。"

十六年（丙辰，公元596年）

夏季，六月，甲午（十三日），隋朝首次下制令工商业者不得做官。

秋季，八月，丙戌（初六），隋文帝下诏书说："判决死刑的罪犯，必须呈奏三次，然后才能行刑。"

隋文帝将光化公主嫁给吐谷浑可汗世伏，世伏上表请求称呼公主为天后，文帝不答应。

十七年（丁巳，公元597年）

隋文帝由于居住在岭南地区的夷族、越族多次起兵反叛，于是任命汴州刺史令狐熙为桂州总管十七州诸军事，允许他相机行事，授权他可以朝廷之命任免州刺史以下各级官吏。令狐熙上任后，大力推行恩德信义，于是岭南溪洞中的夷、越族酋帅互相说道："以前各任总管都是以军队相威胁，今天的总管却是以亲笔教令来开导，我们怎么能再违抗呢？"于是相继率领部落归降。先前，岭南各地州县往往违抗命令，朝廷委派的官吏无法到位任职，只好寄居在总管府。现在令狐熙把他们全都派遣到职，并为各州县营建城邑，开设学校，因此汉、夷各族人民都感化宾服。俚族首领宁猛力在陈统治时期已据有南海，隋朝因此对他采取安抚政策，任命他为安州刺史。宁猛力依仗着地形险要，桀骜不驯，从来不曾参拜谒见总管。令狐熙对他施以恩德信义，宁猛力大受感动，于是来到总管府拜见，从此不敢再胡作非为。令狐熙又奏报朝廷，把安州改称钦州。

隋文帝由于天下盗贼繁多，下令凡是偷窃一文钱以上的人都要在闹市中被处死，暴尸街头，曾有三人一起偷了一个瓜，事情败露后三人都被立即处死。于是行旅之人都早睡晚起，天下百姓人心惶惶。有几个人劫持了执法官吏，对他们说："我们不是盗财之人！只为被冤死的众人而来。现在要求你们替我们上奏皇上，自古以来制定的法律，都没有偷窃一文钱就判处死刑的条款。你们如果不将我们的话转奏朝廷，等我们再来抓住你们，你们就不能活命了！"文帝听说后，就废除了这项法令。

刑部侍郎辛亶曾经穿过红色的裤子，民间风俗说穿红色裤子可以官运亨通；隋文帝认为这是妖术，将要把他斩首。赵绰说："根据法律不应当处死，我不敢接受诏命。"文帝震怒，对赵绰说："你可惜辛亶的性命，难道不可惜自己的性命吗？"于是下令将赵绰推出斩首。赵绰回答说："陛下可以处死我，但不能处死辛亶。"赵绰被押到朝堂，解去衣服，正准备处斩时，文帝又派人对他说："你抗命不遵的下场如何？"赵绰回答说："我一心一意公正执法，因此不敢爱惜自己的性命。"文帝拂衣进入后宫，过了很长时间，才传令释放赵绰。第二天，文帝又向赵绰道歉，好言慰问勉励他，赏赐他布帛等物三百段。

隋文帝因为赵绰忠诚正直，常常把他带进阁中谈话，有时遇到文帝正和皇后同床而坐，即令赵绰也就座，和他评论朝政得失，前后赏赐的布帛财物多达上万。赵绰和大理寺卿薛胄同时，都享有公正宽恕的好名声；只是薛胄审理和判决案件多根据情理定罪，而赵绰只根据法律条文办案，两人都很称职。

隋文帝变得喜怒无常，不再依据法律条款量刑定罪。文帝信任尚书右仆射杨素，而杨素又感情用事，不能公平地处事待人。他因和鸿胪寺少卿陈延之间有隔阂，有一次经过接待蕃邦客人的客馆，发现庭院中有马屎，又有一些仆人在毡毯上赌博，就告诉了文帝。文帝听后大怒，下令把鸿胪寺主客令和参加赌博的仆人全部杖杀，陈延也被捶打得几乎死去。

戊戌（七月二十四日），突厥突利可汗来长安迎娶隋室公主，隋文帝招待他住在太常寺，并派人教他学习中国传统婚制的纳采、问名、纳吉、纳徵、请期、亲迎六礼，将宗女安义公主嫁给他为妻。文帝因为想离间突利可汗和都蓝可汗之间的关系，所以故意将这次婚礼操办得特别隆重，相继派遣太常卿牛弘、纳言苏威、民部尚书斛律孝卿作为使节出使突厥。

突利可汗本来居住在突厥的北方，在娶了安义公主以后，长孙晟劝说他率领部落南迁，居住在都斤山旧镇，隋朝对他赏赐优厚。于是都蓝可汗恼羞成怒，说：

“我是突厥国的大可汗，现在反不如小可汗染干！”于是就断绝了向隋朝的朝贡，屡次出兵侵扰抄掠隋朝边境。但是突利可汗每当观察了解到都蓝可汗的动静，就很快派遣使节奏报朝廷，因此隋朝边境每次都先做好了准备。

高丽王高汤得悉陈灭亡后，非常害怕，于是大力训练军队，聚积粮草，筹划一旦遭到隋军侵犯时所应采取的抵抗策略。这一年，隋文帝赐给高汤玺书，责备他：“虽然做了隋朝的藩属国，却没有尽到臣子应有的忠诚。”并且说：“你所统辖的地区，虽然地狭民少，但如果现在废黜了你的王位，也不能没有人负责治理，终究需要朝廷重新选派官属，前去安抚黎民百姓。你如果能洗心革面，完全遵照朝廷的法令制度，就是朕的良臣，朕又何必再派遣贤才呢？你认为辽河的宽广比长江如何？高丽的兵民比陈多少？如果朕不是存有包容、养育天下黎民百姓之心，责问你以往的过失，派遣一位将帅率军前去问罪，根本用不着跟你多费气力！之所以对你谆谆晓谕，是允许你改过自新。”高汤得到文帝玺书后，惶恐不安，准备向朝廷奉表谢罪。恰巧得病去世，他的儿子高元继位，文帝派遣使节授予高元上开府仪同三司，承袭辽东公爵位。高元向朝廷奉表谢恩，并请求授予王爵，文帝同意。

吐谷浑大乱，国中人杀死可汗世伏，拥立他的弟弟伏允为君主，派遣使臣向隋朝陈述废立可汗的理由和经过，并且请求朝廷宽恕国人的擅命专行之罪，还请求依照吐谷浑的习俗，允许伏允娶嫂子光化公主为妻；隋文帝允从。从此以后，吐谷浑每年都遣使朝贡。

十八年（戊午，公元598年）

高丽王高元率领靺鞨族部众一万余人侵犯隋朝辽西地区，营州总管韦冲率军打退了高元。隋文帝得知后非常愤怒，乙巳（三月初四），任命汉王杨谅、上柱国王世积同为行军元帅，统率水陆三十万大军征伐高丽；又任命尚书左仆射高颎为汉王元帅府长史，周罗睺为水军总管。

六月丙寅（二十七日），隋文帝下诏废黜高丽王高元的官爵。汉王杨谅率军从临渝关出塞，正碰上连日大雨，后方粮草运不到，军中缺乏食粮，又遇到了疾疫流行。周罗睺率水军从东莱渡海向平壤城前进，途中也碰上了大风，船只多被吹散沉没。秋季，九月，己丑（二十一日），隋朝大军被迫还师，兵士死了十分之八九。高丽王高元也很害怕，派遣使节向朝廷谢罪认错，上表称“辽东粪土臣子高元”，文帝于是下令罢兵，像当初一样对待他。

十九年（己未，公元599年）

当时皇太子杨勇失去了隋文帝的宠爱，文帝暗地里起了废立的念头，曾经从容地对高颎说：“有神告诉晋王杨广的妃子，说晋王必定享有天下，你说该怎么办？”高颎长跪不起，回答说：“长幼有序，怎么可以废黜太子？”独孤皇后知道高颎在废立问题上肯定不会曲意赞成，于是暗中打算把他赶出朝廷。

隋文帝与皇后独孤氏

高颎夫人去世，独孤皇后对隋文帝说：“高仆射已经老了，又丧夫人，陛下怎能不为他再娶一房继室？”文帝把皇后的话转告了高颎。高颎凄然泪下，感谢说：“我已经年迈，退朝以后，只是斋居诵读佛经而已，虽然陛下如此深深地哀怜我，但是说到再娶，实非我所愿。”于是文帝只好作罢。随后不久高颎的爱妾生下一个儿子，文帝听说后非常高兴，而皇后却很不愉快。文帝问她其中缘故，皇后说：“陛下还能再相信高颎吗？开始时，陛下打算为高颎迎娶继室，而高颎由于心里装着爱妾，于是当面欺哄陛下，说他不愿再娶。如今他的欺诈已经暴露，陛下怎么能再信任他？”文帝因此开始疏远高颎。

隋文帝决定讨伐辽东时，高颎曾一再进谏，文帝没有听从。及至出师无功，独孤皇后又对文帝说：“高颎一开始就不愿意出征，陛下强派他前往，我就知道他一定不会成功。”另外，文帝由于元帅汉王杨谅年少，把所有军务都委任高颎，而高颎也因为文帝对他寄予厚望，所以常怀有至公守正之心，没有产生过自避嫌疑的念头，对杨谅的话多不听从。于是杨谅十分痛恨高颎，及至回到长安，痛哭流涕对皇后说：“我幸亏没有被高颎杀掉。”文帝知道后，心中愈发愤愤不平。

及至高颎领军攻打突厥，大军追击越过了白道，谋划进一步深入大漠之中，于是派人向朝廷请求增兵，隋文帝左右近臣据此说高颎图谋造反。文帝还没答复，而高颎已打败突厥而班师还朝了。及至前凉州总管王世积被朝廷处死，在审问的时候，有一些宫禁中的事情，王世积说是从高颎那里得知的，文帝大吃一惊。有关职掌官吏又上奏说：“高颎和左右卫大将军元旻、元胄，都与王世积交结往来，并接受了王世积赠送的名马。”于是元旻、元胄都被朝廷罢免了官职。上柱国贺若弼、吴州总管宇文歆、刑部尚书薛胄、民部尚书斛律孝卿、兵部尚书柳述等人都上奏申明高颎无罪，可是文帝更加发怒，下令将他们都交付执法官吏问罪，因此百官群臣没有人再敢为高颎说情。秋季，八月癸卯（初十），高颎被罢免上柱国、尚书左仆射官职，以齐公归家闲居。

冬季，十月，甲午（初二），隋朝册封突厥突利可汗为意利珍豆启民可汗，汉语的意思是“意志智慧强健”。突厥部落归附启民可汗的男女百姓达一万多人，文帝命令长孙晟率军五万人，在朔州修建大利城，以安置突厥降人。当时隋安义公主已经去世，文帝又派遣长孙晟持节护送宗女义成公主嫁给启民可汗。

长孙晟上奏说：“突利可汗染干部落，百姓归附的越来越多，虽然让他们居住在长城以内，但还是遭到都蓝可汗雍虞闾的侵扰抄掠，没法安定地生活。请求将他们迁徙到五原地区，以黄河作为天然屏障，在夏、胜两州之间，东西都到黄河，南北相隔四百里，挖掘横向壕沟，让突厥人居住在里面，使他们任意放牧。”隋文帝听从了他的建议。

长孙晟一箭双鹏

隋文帝又命令上柱国赵仲卿屯兵两万为启民可汗防御突厥达头可汗，代州总管韩洪等人率步骑一万人镇守恒安。达头可汗率领骑兵十万入侵，韩洪军队大败，赵仲卿从乐宁镇率军截击达头军队，斩首一千余级。

十二月，乙未（初四），都蓝可汗被部下杀死，达头可汗自立为步迦大可汗，突厥国内大乱。长孙晟对文帝说：“如今官军已逼近突厥边境，并且取得数次胜利。敌国内部分崩离析，可汗被杀，如果乘机前去招抚，突厥部落会全部降附。请求派遣启民可汗染干的部下分道去招抚慰问。”文帝听从了他的建议。突厥部落很多归附隋朝。

第一百七十九卷
隋纪三

译文诵读

高祖文皇帝中开皇二十年（庚申，600）

初，上使太子勇参决军国政事，时有损益；上皆纳之。勇性宽厚，率意任情，无矫饰之行。上性节俭，勇尝文饰蜀铠，上见而不悦，戒之曰：“自古帝王未有好奢侈而能久长者。汝为储后，当以俭约为先，乃能奉承宗庙。吾昔日衣服，各留一物，时复观之以自警戒。恐汝以今日皇太子之心忘昔时之事，故赐汝以我旧所带刀一枚，并菹酱一合，汝昔作上士时常所食也。若存记前事，应知我心。”

后遇冬至，百官皆诣勇，勇张乐受贺。上知之，问朝臣曰：“近闻至日内外百官相帅朝东宫，此何礼也？”太常少卿辛亶对曰：“于东宫，乃贺也，不得言朝。”上曰：“贺者正可三数十人，随情各去，何乃有司征召，一时普集！太子法服设乐以待之，可乎？”因下诏曰：“礼有等差，君臣不杂。皇太子虽居上嗣，义兼臣子，而诸方岳牧正冬朝贺，任土作贡，别上东宫；事非典则，宜悉停断。”自是恩宠始衰，渐生猜阻。

勇多内宠，昭训云氏尤幸。其妃元氏无宠，遇心疾，二日而薨，独孤后意有他故，甚责望勇。自是云昭训专内政，生长宁王俨，平原王裕，安成王筠；高良娣生安平王嶷，襄城王恪；王良媛生高阳王该，建安王韶；成姬生颍川王煚；后宫生孝实，孝范。后弥不平，颇遣人伺察，求勇过恶。

晋王广弥自矫饰，唯与萧妃居处，后庭有子皆不育，后由是数称广贤。大臣用事者，广皆倾心与交。上及后每遣左右至广所，无贵贱，广必与萧妃迎门接引，为设美馔，申以厚礼；婢仆往来者，无不称其仁孝。上与后尝幸其第，广悉屏匿美姬于别室，唯留老丑者，衣以缦彩，给事左右；屏帐改用缣素；故绝乐器之弦，不令拂去尘埃。上见之，以为不好声色，还宫，以语侍臣，意甚喜，侍臣皆称庆，由是爱之特异诸子。

晋王广美姿仪，性敏慧，沈深严重；好学，善属文；敬接朝士，礼极卑屈；由是声名籍甚，冠于诸王。

广为扬州总管，入朝，将还镇，入宫辞后，伏地流涕，后亦泫然泣下。广曰：

“臣性识愚下，常守平生昆弟之意，不知何罪失爱东宫，恒蓄盛怒，欲加屠陷。每恐谗谮生于投杼，鸩毒遇于杯勺，是以勤忧积念，惧履危亡。”后忿然曰：“睍地伐渐不可耐，我为之娶元氏女，竟不以夫妇礼待之，专宠阿云，使有如许豚犬。前新妇遇毒而夭，我亦不能穷治，何故复于汝发如此意！我在尚尔，我死后，当鱼肉汝乎！每思东宫竟无正嫡，至尊千秋万岁之后，遣汝等兄弟向阿云儿前再拜问讯，此是几许苦痛邪！”广又拜，呜咽不能止，后亦悲不自胜。自是后决意欲废勇立广矣。

广与安州总管宇文述素善，欲述近已，奏为寿州刺史。广尤亲任总管司马张衡，衡为广画夺宗之策。广问计于述。

约时为大理少卿，素凡有所为，皆先筹于约而后行之。述请约，盛陈器玩，与之酣畅，因而共博，每阳不胜，所赍金宝尽输之约。约所得既多，稍以谢述，述因曰：“此晋王之赐，令述与公为欢乐耳。”约大惊曰：“何为尔？”述因通广意，说之曰：“夫守正履道，固人臣之常致；反经合义，亦达者之令图。自古贤人君子，莫不与时消息以避祸患。公之兄弟，功名盖世，当涂用事有年矣，朝臣为足下家所屈辱者，可胜数哉！又，储后以所欲不行，每切齿于执政；公虽自结于人主，而欲危公者固亦多矣！主上一旦弃群臣，公亦何以取庇！今皇太子失爱于皇后，主上素有废黜之心，此公所知也。今若请立晋王，在贤兄之口耳。诚能因此时建大功，王必永铭骨髓，斯则去累卵之危，成太山之安也。”约然之，因以白素。素闻之，大喜，抚掌曰：“吾之智思殊不及此，赖汝启予。”约知其计行，复谓素曰：“今皇后之言，上无不用，宜因机会早自结托，则长保荣禄，传祚子孙。兄若迟疑，一旦有变，令太子用事，恐祸至无日矣！”素从之。

后数日，素入侍宴，微称“晋王孝悌恭俭，有类至尊”，用此揣后意。后泣曰：“公言是也！吾儿大孝爱，每闻至尊及我遣内使到，必迎于境首；言及违离，未尝不泣。又其新妇亦大可怜，我使婢去，常与之同寝共食。岂若睍地伐与阿云对坐，终日酣宴，昵近小人，疑阻骨肉！我所以益怜阿麽者，常恐其潜杀之。”素既知后意，因盛言太子不才。后遂遗素金，使赞上废立。

上知勇不自安，在仁寿宫，使杨素观勇所为。素至东宫，偃息未入，勇束带待之，素故久不进以激怒勇；勇衔之，形于言色。素还言：“勇怨望，恐有他变，愿深防察！”上闻素谮毁，甚疑之。后又遣人伺觇东宫，纤介事皆闻奏，因加诬饰以成其罪。

上遂疏忌勇，乃于玄武门达至德门量置候人，以伺动静，皆随事奏闻。又，东宫宿卫之人，侍官以上，名籍悉令属诸卫府，有勇健者咸屏去之。出左卫率苏孝慈为淅州刺史，勇愈不悦。太史令袁充言于上曰：“臣观天文，皇太子当废。”上曰：“玄象久见，群臣不敢言耳。”

晋王广又令督王府军事姑臧段达私赂东宫幸臣姬威，令伺太子动静，密告杨素；于是内外喧谤，过失日闻。段达因胁姬威曰：“东宫过失，主上皆知之矣。已奉密诏，定当废立；君能告之，则大富贵！”威许诺，即上书告之。

左卫大将军五原公元旻谏曰：“废立大事，诏旨若行，后悔无及。谗言罔极，惟陛下察之。”

上不应，命姬威悉陈太子罪恶。威对曰：“太子由来与臣语，唯意在骄奢，且云：‘若有谏者，正当斩之，不杀百许人，自然永息。’营起台殿，四时不辍。前苏孝慈解左卫率，太子奋髯扬肘曰：‘大丈夫会当有一日，终不忘之，决当快意。’又宫内所须，尚书多执法不与，辄怒曰：‘仆射以下，吾会戮一二人，使知慢我之祸。’每云：‘至尊恶我多侧庶，高纬、陈叔宝岂孽子乎！’尝令师姥卜吉凶，语臣云：‘至尊忌在十八年，此期促矣。’”上泫然曰：“谁非父母生，乃至于此！朕近览《齐书》，见高欢纵其儿子，不胜忿愤，安可效尤邪！”于是禁勇及诸子，部分收其党与。杨素舞文巧诋，锻炼以成其狱。

素又发东宫服玩，似加雕饰者，悉陈之于庭，以示文武群臣，为太子之罪。上及皇后迭遣使责问勇，勇不服。

冬，十月，乙丑，上使人召勇，勇见使者惊曰：“得无杀我邪？”上戎服陈兵，御武德殿，集百官立于东面，诸亲立于西面，引勇及诸子列于殿庭，命内史侍郎薛道衡宣诏，废勇及其男、女为王、公主者。勇再拜言曰：“臣当伏尸都市，为将来鉴戒；幸蒙哀怜，得全性命！”言毕，泣下流襟，既而舞蹈而去，左右莫不闵默。长宁王俨上表乞宿卫，辞情哀切；上览之闵然。杨素进曰：“伏望圣心同于螫手，不宜复留意。”

十一月，戊子，立晋王广为皇太子。

二年（壬戌，602）

益州总管蜀王秀，容貌瑰伟，有胆气，好武艺。帝每谓独孤后曰：“秀必以恶终，我在当无虑，至兄弟，必反矣。”大将军刘哙之讨西爨也，帝令上开府仪同三司杨武通将兵继进。秀以嬖人万智光为武通行军司马。帝以秀任非其人，谴责之，因谓群臣曰：“坏我法者，子孙也。譬如猛虎，物不能害，反为毛间虫所损食耳。”遂分秀所统。

及太子勇以谗废，晋王广为太子，秀意甚不平。太子恐秀终为后患，阴令杨素求其罪而谮之。

八月，甲子，皇后独孤氏崩。太子对上及宫人哀恸绝气，若不胜丧者；其处私室，饮食言笑如平常。又，每朝令进二溢米，而私令取肥肉脯鲊，置竹桶中，以蜡闭口，衣襆裹而纳之。

太子阴作偶人，缚手钉心，枷锁杻械，书上及汉王姓名，仍云：“请西岳慈父圣母收杨坚、杨谅神魂，如此形状，勿令散荡。”密埋之华山下，杨素发之；又云秀妄述图谶，称京师妖异，造蜀地征祥；并作檄文，云“指期问罪”，置秀集中，俱以闻奏。上曰：“天下宁有是邪！”十二月，癸巳，废秀为庶人，幽之内侍省，不听与妻子相见，唯獠婢二人驱使，连坐者百余人。

杨素弟约及从父文思、文纪、族父忌并为尚书、列卿，诸子无汗马之劳，位至柱国、刺史；广营资产，自京师及诸方都会处，邸店、碾硙、便利田宅，不可胜数；家僮千数，后庭妓妾曳绮罗者以千数；第宅华侈，制拟宫禁；亲故吏布列清显。既废一太子及一王，威权愈盛。朝臣有违忤者，或至诛夷；有附会及亲戚，虽无才用，必加进擢；朝廷靡然，莫不畏附。敢与素抗而不桡者，独柳彧及尚书右丞李纲、大理卿梁毗而已。

始，毗为西宁州刺史，凡十一年，蛮夷酋长皆以金多者为豪隽，递相攻夺，略无宁岁，毗患之。后因诸酋长相帅以金遗毗，毗置金坐侧，对之恸哭，而谓之曰："此物饥不可食，寒不可衣，汝等以此相灭，不可胜数，今将此来，欲杀我邪！"一无所纳。于是蛮夷感悟，遂不相攻击。上闻而善之，征为大理卿，处法平允。

隋文帝开皇二十年（庚申，公元600年）

当初，隋文帝让太子杨勇参与决策军国政事，他经常提出批评建议，文帝都采纳了。杨勇性情宽厚，直率热情，平易近人，无弄虚作假的品行。文帝本性崇尚节俭，杨勇曾经在已经很精美华丽的蜀地出的铠甲上再加装饰，文帝看到后很不高兴，他告诫杨勇说："自古以来帝王无一喜好奢侈而能长久的，你作为皇位继承人，应当以节俭为先，这样才能承继宗庙。我过去的衣服，都各留一件，时常取出它们观看以告诫自己。恐怕你已经以当今皇太子自居而忘却了过去的事情，因此我赐给你一把我旧时所佩带的刀，一盒你旧日为上士时常常吃的腌菜。要是你还能记得以前的事，你就应该懂得我的良苦用心。"

后来到了冬至，百官都去见杨勇，杨勇排列乐队接受百官的祝贺。文帝知道了这件事，就问朝臣："最近听说冬至那天朝廷内外百官都去朝见太子，这是什么礼法？"太常少卿辛亶回答："百官到东宫，是祝贺，不能说是朝见。"文帝说："祝贺的人应该三五十人，随意各自去，为什么由有关部门召集，一时间百官都集中起来同去？太子身穿礼服奏乐来接待百官，能这样吗？"于是文帝下诏说："礼法有等级差别，君臣之间不能混杂。皇太子虽然是皇帝的继承人，但从礼义上讲也是臣子，各地方长官在冬至节来朝贺，进献自己辖地的特产，但另外给皇太子上贡，这就不符合典章制度了，应该全部停止。"从此，文帝对杨勇的恩宠开始衰落，渐渐有了猜疑和戒心。

杨勇有很多姬妾，他对昭训云氏尤其宠爱。杨勇的妃子元氏不得宠，突然得了心疾，两天就死了。独孤皇后认为这里还有别的缘故，对杨勇很是责备。此后，云昭训总揽东宫内的事务，她生了长宁王杨俨、平原王杨裕、安成王杨筠；高良娣生了安平王杨嶷、襄城王杨恪；王良媛生了高阳王杨该、建安王杨韶；成姬生了颍川王杨㬇；其他的宫人生了杨孝实、杨孝范。独孤皇后更加不高兴，经常派人来窥伺探查，找杨勇的过失和罪过。

晋王杨广了解这件事后就更加伪装自己，他只和萧妃住在一起，对后宫所生子女都不去抚育，独孤皇后因此多次称赞杨广有德行。朝廷中执掌朝政的重臣，杨广都尽心竭力地与他们结交。文帝和独孤皇后每次派身边的人到杨广的住处，无论来人的地位高低，杨广必定和萧妃一起在门口迎接，为来人摆设盛宴，并厚赠礼品。于是来往的奴婢仆人没有不称颂杨广为人仁爱贤孝的。文帝与独孤皇后曾经驾临杨广的府第，杨广将他的美姬都藏到别的房间里，只留下年老貌丑之人，身着没有文饰的衣服来服侍伺候。房间里的屏帐都改用朴素的幔帐，故意弄断琴瑟丝弦，不让拂去上面的灰尘。文帝看到这种情况，以为杨广不爱好声色，返回皇宫后，告诉侍臣这一情况。他感到非常高兴，侍臣们也都向文帝祝贺。从此，文帝喜爱杨广超出别的儿子。

晋王杨广容貌俊美，举止优雅，性情聪颖机敏，性格深沉持重，喜好学习，擅长作文章，对朝中之士恭敬结交，待人非常礼貌谦卑，因此他的声誉很盛，高于文帝其他的儿子。

杨广被任命为扬州总管，去朝见文帝，将要返回扬州，他进皇宫向独孤皇后辞行，跪在地上流泪，独孤皇后也潸然泪下。杨广说："我性情见识愚笨低下，常常顾念平时兄弟之间的感情，不知什么地方得罪了皇太子，他常常满怀怒气，想对我诬陷杀害。我常常恐惧谗言出于亲人之口、酒具食器中被投入毒药的事情发生，因此我非常忧虑，念念在心，忧惧遭到危亡的命运。"独孤皇后气愤地说："他真是越来越让人无法忍受了。我给他娶了元氏的女儿，他竟然不以夫妇之礼对待元氏，却特别宠爱阿云，使她生下了这么多猪狗一般的儿子。先前，儿媳妇元氏被毒害而死，我也不能特别地追究此事。为什么他对你又生出如此念头！我还活着，他就如此！我死后，他就该残害你们了！我每每想到东宫皇太子竟然没有正室，在你们皇父百年之后，让你们兄弟几个跪拜问候阿云儿，这是多么痛苦的事啊！"杨广又跪在地上，呜咽不止，独孤皇后也悲伤得不能自抑。从此独孤皇后下决心要废掉杨勇而立杨广为太子。

杨广与安州总管宇文述素来要好，他想拉拢宇文述，于是奏请任命宇文述为寿州刺史。杨广尤其亲近信任总管司马张衡，张衡为杨广筹划谋取皇太子地位。杨广向宇文述请教计策。

杨约当时是大理少卿，杨素凡是要做什么事，都先和杨约商量后再做。宇文述邀请杨约，陈设了许多玩物器皿，和他一起畅饮，一起赌博。每次宇文述都装作赌输了，把杨广所送的金宝都输给了杨约。杨约得到很多金宝，就向宇文述略表谢意。宇文述就说："这些金宝是晋王杨广的赏赐，让我与你一起玩乐的。"杨约大吃一惊，说："为什么？"宇文述就转达了杨广的意思，劝说杨约："恪守常规固然是人臣的本分，但是违反常规以符合道义，也是明智之人的期望。自古的贤人君子，没有不关注世情以避免祸患的。你们兄弟功名盖世，执掌大权有多年了，朝臣中被您家压制受辱的人数得清吗？还有，皇太子因想做的事而不能做到，常常切齿痛恨当政的大臣；您虽然主动地结好于皇上，但是要危害您的人本来就很多啊！皇上一旦弃群臣而去，您又靠谁来庇护呢？现在皇太子不为皇后所喜爱，皇上平素就有废黜皇太子的意思，这您是知道的。现在要是请皇上立晋王杨广为太子，那就全凭您哥哥的嘴了。要是真能在这时建立大功，晋王必定永远将这事铭记心中，这样您就可以去掉累卵之危，而地位像泰山一样的安全稳固了。”杨约深以为然，就将此话告诉了杨素。杨素听了，非常高兴，拍着手说：“我的智慧思虑远远达不到这儿，全仗你启发了我。”杨约知道他的计策成功了，又对杨素说：“现在皇后的建议，皇帝无不采纳。应当趁机会早早自动结交依靠皇后，就会长久地保住荣华富贵，并传给子孙后代。兄长若是迟疑，一旦情况发生变化，太子执掌朝政，恐怕灾祸很快就要临头了！”杨素听从了杨约的话。

过了几天，杨素进入皇宫侍奉宴会，他婉转地说：“晋王杨广孝悌恭俭，像他父亲一样。”用此话来揣摩独孤皇后的意思。独孤皇后流着泪说：“您的话说得对！我儿子阿麽非常孝敬友爱，每次听到皇上和我派宫内的使者去，必定亲自远迎；说到远离双亲，没有一次不落泪的。还有他的妻子也很令人怜爱，我派婢女去她那里，她常与婢女同寝共食，哪像杨勇和阿云面对面地对坐，整天沉溺于酒宴，亲近小人，猜疑防备骨肉至亲！所以我愈加爱怜阿麽，常常怕杨勇将他暗害。”杨素已经了解了皇后的意思，因此就竭力地说太子杨勇不成器，于是皇后就给杨素财物，让他辅佐文帝进行废立太子之事。

文帝知道杨勇为此不安，在仁寿宫派杨素去观察杨勇的行为。杨素到了东宫，停住不进，杨勇换好衣服等待杨素进来，杨素故意很久不进门，以此激怒杨勇；杨勇怀恨杨素，并在言行上表现出来。杨素回去报告：“杨勇怨恨，恐怕会发生变故。希望陛下多多防备观察。”文帝听了杨素的谗言和诋毁之词，对杨勇更加猜疑了。独孤皇后又派人暗中探察东宫，细碎琐事都上报给文帝，并乘机添油加醋来构成杨勇的罪状。

于是文帝就对杨勇疏远、猜忌，竟然在玄武门到至德门之间的路上，派人观察杨勇的动静，事无巨细都要随时上报。另外，东宫值宿警卫侍官以上的，名册都令归属各个卫府管辖，勇猛矫健的人都要调走。左卫率苏孝慈被调出任命为淅州刺史，杨勇愈加不高兴。太史令袁充对文帝说：“我观察天象，皇太子应当废黜。”文帝说：“玄象出现很久了，群臣不敢说罢了。”

晋王杨广又命令姑臧人督王府军事段达私下贿赂东宫受宠信的官吏姬威，让他暗中观察太子的动静，密报给杨素。于是朝廷内外到处是对杨勇的议论诽谤，天天可以听到杨勇的罪过。段达趁机威胁姬威说：“东宫的过失，皇上都知道了。我已得到密诏，一定要废黜太子。你要是能告发杨勇的过失，就会大富大贵！”姬威答应了，随即就上书告发杨勇。

左卫大将军五原公元旻劝说文帝："废立太子是大事，诏书若颁布实行了，后悔就来不及了。谗言说起来是无定准的，希望陛下再仔细调查这些事。"

文帝不听元旻的话，他命令姬威把太子的罪恶都讲出来。姬威回答："太子向来对我讲话，意气极为骄横，还说：'要是有劝我的人，就该杀掉他。杀百把人，自然就永远清静了。'太子又营建楼台宫殿，一年四季都不停止。先前苏孝慈被解除左卫率官职的时候，太子愤怒得胡子都翘起来了，他挥着胳膊说：'大丈夫终会有一天，不会忘记此事，一定要杀伐决断以求痛快！'另外，东宫内所索取的东西，尚书经常恪守制度不给，太子往往立即发怒，说：'仆射以下的人，我可以杀一两个，让你们知道怠慢我的灾祸。'太子常说：'皇父厌恶我有许多姬妾，北齐后主高纬、陈后主陈叔宝难道是孽子吗？'太子曾令女巫占卜吉凶，他对我说：'皇帝的忌期在开皇十八年，这个期限快到了。'"文帝流着泪说："谁不是父母所生，他竟然这样！我近来翻阅《齐书》，看到高欢纵容他的儿子，就非常气忿。怎么能仿效这种人呢？"于是把杨勇和他的几个儿子都拘禁起来，并安排逮捕了他的部分党羽。杨素舞文弄墨，巧言诋毁，罗织罪名以构成下狱之罪。

杨素又找出东宫的服饰玩器，凡是有雕刻缕画装饰的器物都陈列在宫廷里，展示给文武群臣，作为太子的罪证。文帝和独孤皇后屡次派人去责问杨勇，杨勇都不服气。

冬季，十月，乙丑（初九），文帝派人召来杨勇。杨勇见到使者，吃惊地说："不是要杀我吧？"文帝身着戎装，陈列军队，来到武德殿。召集来的百官立在殿东面，皇室宗亲立在殿西面，引着杨勇和他的几个儿子排列在武德殿的庭院里，文帝命令内史侍郎薛道衡宣读诏书，将杨勇和他封王封公主的子女都废为庶人。杨勇跪伏在地，说："我应该被斩首于闹市以为后人的借鉴，幸而得到陛下的哀怜，我才得以保全性命！"说完，眼泪流满了衣襟，随即跪拜行礼后离去。文帝身边的人没有不怜悯沉默的。长宁王杨俨给文帝上表乞求允许他担当文帝的宿卫。奏表中的文辞非常哀婉凄切，文帝看后感到很难过。杨素向文帝进言："希望圣上对这件事应像蝮蛇螫手一样，不应再留此意。"

十一月，戊子（初三），文帝立晋王杨广为皇太子。

（仁寿）二年（壬戌，公元602年）

益州总管蜀王杨秀，容貌奇特雄伟，有胆量气魄，喜好武艺。文帝常对独孤皇后说："杨秀肯定会不得好死，我活着他还不会出什么问题，要是他兄弟当政，他一定会造反。"大将军刘哙去讨伐西爨的时候，文帝命令上开府仪同三司杨武通率兵随后出发。杨秀任命一个受他宠信的叫万智光的人做杨武通的行军司马。文帝认为杨秀任命的人不称职，就责备他，并对群臣说："破坏我的法度的是我的子孙。就好比猛虎，别的动物不能伤害它，它反而被毛里的虫损害、蚕食一样。"于是削减了杨秀统领的辖区。

太子杨勇因谗言被废黜后，晋王杨广被立为太子，杨秀为此忿忿不平。太子杨广怕杨秀终归是个祸患，就暗地命令杨素搜罗杨秀的罪状以诬陷诋毁他。

八月，甲子（十九日），皇后独孤氏去世。太子杨广当着文帝和宫人的面悲痛欲绝，好像是不胜哀痛，而在自己府内饮食谈笑如同平常。另外，杨广每天早上命令进米二溢，私下却命令取来肥肉、干肉、酿鱼肉，装在竹筒里以蜡封口，用衣帕包起来偷偷运入府内。

杨素岐亭攻栅

太子杨广暗中制作了偶人，捆住偶人的手脚，用针钉住偶人的心，将偶人上了枷锁，并写上文帝及汉王杨谅的姓名，还写上“请西岳慈父圣母收去杨坚、杨谅的神魂，就保持这样的形状，不要使它散开流失。”秘密将偶人埋在华山下，杨素发掘出偶人，又控告杨秀说他编造图谶，称京师有妖异现象，制造蜀地的祥瑞现象；并做好了檄文，说“指日就可以问罪”。将这些材料都收到杨秀的文集里，全都奏报了文帝。文帝说：“天下哪有这样的人！”十二月，癸巳（二十日），将杨秀废为庶人，幽禁在内侍省，不许他与妻子儿女见面，只派两名獠人奴仆供他使用。牵连获罪的人有百余名。

杨素的弟弟杨约和叔父杨文思、杨文纪、同族的叔父杨忌都官居尚书、列卿，他们的儿子没有什么汗马功劳，却位居柱国、刺史；杨家广营资产，从京师到各地的都会，客店、磨坊、丰腴的田产和房宅不计其数，家中的奴仆有几千人，府内穿着华丽罗绮的歌妓姬妾有千人；宅第豪华奢侈，规制模仿皇宫禁城，亲戚朋友旧部下都官列显要之职。杨素已经废黜了一个太子和一个王，权势更加显赫。朝臣忤逆他们的，有人就被处死甚至夷灭全家；附会他们的人和他们的亲朋故旧，即使没有才能，也必定加官晋爵。朝廷内外的人都屈服于杨家的势力，无人不畏附杨素。敢于与杨素对抗而不屈从的人，只有柳彧和尚书右丞李纲、大理卿梁毗而已。

当初，梁毗被任命为西宁州刺史，共十一年。西宁州的蛮夷酋长都以金子多的人为豪强，他们互相攻击掠夺，简直没有宁静的年月。梁毗对此感到忧虑。后来因为各酋长竞相送梁毗金子，梁毗把金子放在坐椅旁，对着金子痛哭道：“金子这东西饥不能食，寒不能衣，你们为了它相互残害，争战之事多得数不过来。现在你们送金子来，是要杀我啊！”他一点都没有接受。于是那些蛮夷人都受感动而醒悟，不再互相攻掠了。文帝听到后很高兴，任命梁毗为大理卿。梁毗执掌司法公平允正。

第一百八十卷 隋纪四

译文诵读

高祖文皇帝下仁寿四年（甲子，604）

甲子，幸仁寿宫。乙丑，诏赏赐支度，事无巨细，并付皇太子。夏，四月，乙卯，帝不豫。六月庚申，赦天下。秋，七月，甲辰，上疾甚，卧与百僚辞诀，并握手歔欷，命太子赦章仇太翼。丁未，崩于大宝殿。

高祖性严重，令行禁止。每旦听朝，日昃忘倦。虽啬于财，至于赏赐有功，即无所爱；将士战没，必加优赏，仍遣使者劳问其家。爱养百姓，劝课农桑，轻徭薄赋。其自奉养，务为俭素，乘舆御物，故弊者随宜补用；自非享宴，所食不过一肉；后宫皆服浣濯之衣。天下化之，开皇、仁寿之间，大夫率衣绢布，不服绫绮，装带不过铜铁骨角，无金玉之饰。故衣食滋殖，仓库盈溢。受禅之初，民户不满四百万，末年，逾八百九十万，独冀州已一百万户。然猜忌苛察，信受谗言，功臣故旧，无始终保全者；乃至子弟，皆如仇敌，此其所短也。

初，文献皇后既崩，宣华夫人陈氏、容华夫人蔡氏皆有宠。陈氏，陈高宗之女；蔡氏，丹杨人也。上寝疾于仁寿宫，尚书左仆射杨素、兵部尚书柳述、黄门侍郎元岩皆入阁侍疾，召皇太子入居大宝殿。太子虑上有不讳，须预防拟，手自为书，封出问素；素条录事状以报太子。宫人误送上所，上览而大恚。陈夫人平旦出更衣，为太子所逼，拒之，得免，归于上所；上怪其神色有异，问其故。夫人泫然曰："太子无礼！"上恚，抵床曰："畜生何足付大事！独孤误我！"乃呼柳述、元岩曰："召我儿！"述等将呼太子，上曰："勇也。"述、岩出阁为敕书。杨素闻之，以白太子，矫诏执述、岩，系大理狱；追东宫兵士帖上台宿卫，门禁出入，并取宇文述、郭衍节度；令右庶子张衡入寝殿侍疾，尽遣后宫出就别室；俄而上崩。故中外颇有异论。

乙卯，发丧，太子即皇帝位。会伊州刺史杨约来朝，太子遣约入长安，易留守者，矫称高祖之诏，赐故太子勇死，缢杀之，然后陈兵集众，发高祖凶问。

汉王谅有宠于高祖，为并州总管，自山以东，至于沧海，南距黄河，五十二州皆隶焉；特许以便宜从事，不拘律令。谅自以所居天下精兵处，见太子勇以谗废，居常怏怏；及蜀王秀得罪，尤不自安，阴蓄异图。言于高祖，以“突厥方强，宜修武备。”于是大发工役，缮治器械，招集亡命，左右私人殆将数万。

及高祖崩，炀帝遣车骑将军屈突通以高祖玺书征之。先是，高祖与谅密约：“若玺书召汝，敕字傍别加一点，又与玉麟符合者，当就征。”及发书无验，谅知有变。诘通，通占对不屈，乃遣归长安。谅遂发兵反。

于是从谅反者凡十九州。

总管府兵曹闻喜裴文安说谅曰：“井陉以西，在王掌握之内，山东士马，亦为我有，宜悉发之；分遣羸兵屯守要害，仍命随方略地，帅其精锐，直入蒲津。文安请为前锋，王以大军继后，风行雷击，顿于霸上。咸阳以东，可指麾而定。京师震扰，兵不暇集，上下相疑，群情离骇；我陈兵号令，谁敢不从！旬日之间，事可定矣。”谅大悦，于是遣所署大将军余公理出太谷，趣河阳，大将军綦良出滏口，趣黎阳，大将军刘建出井陉，略燕、赵，柱国乔钟葵出雁门，署文安为柱国，与柱国纥单贵、王聃等直指京师。

帝以右武卫将军洛阳丘和为蒲州刺史，镇蒲津。谅选精锐数百骑戴幂䍠，诈称谅宫人还长安，门司弗觉，径入蒲州，城中豪杰亦有应之者；丘和觉其变，逾城，逃归长安。蒲州长史勃海高义明、司马北平荣毗皆为反者所执。裴文安等未至蒲津百余里，谅忽改图，令纥单贵断河桥，守蒲州，而召文安还。文安至，谓谅曰：“兵机诡速，本欲出其不意。王既不行，文安又返，使彼计成，大事去矣。”谅不对。

杨素将轻骑五千袭王聃、纥单贵于蒲州，夜，至河际，收商贾船，得数百艘，船内多置草，践之无声，遂衔枚而济；迟明，击之；纥单贵败走，聃惧，以城降。有诏征素还。初，素将行，计日破贼，皆如所量，于是以素为并州道行军总管、河北道安抚大使，帅众数万以讨谅。

谅闻赵子开败，大惧，自将众且十万，拒素于蒿泽。会大雨，谅欲引军还，王頍谏曰：“杨素悬军深入，士马疲弊，王以锐卒自将击之，其势必克。今望敌而退，示人以怯，沮战士之心，益西军之气，愿王勿还。”谅不从，退守清源。

王頍谓其子曰：“气候殊不佳，兵必败，汝可随我。”杨素进击谅，大破之，擒萧摩诃。谅退保晋阳，素进兵围之，谅穷蹙，请降，余党悉平。

群臣奏汉王谅当死，帝不许，除名为民，绝其属籍，竟以幽死。谅所部吏民坐谅死徙者二十余万家。初，高祖与独孤后甚相爱重，誓无异生之子，尝谓群臣曰：“前世天子，溺于嬖幸，嫡庶分争，遂有废立，或至亡国；朕旁无姬侍，五子同母，可谓真兄弟也，岂有此忧邪！”帝又惩周室诸王微弱，故使诸子分据大镇，专制方面，权侔帝室。及其晚节，父子兄弟迭相猜忌，五子皆不以寿终。

臣光曰：昔辛伯谂周恒公曰：“内宠并后，外宠贰政，嬖子配嫡，大都偶国，乱之本也。”人主诚能慎此四者，乱何自生哉！隋高祖徒知嫡庶之多争，孤弱之易摇，曾不知势钧位逼，虽同产至亲，不能无相倾夺。考诸辛伯之言，得其一而失其三乎！

炀皇帝上之上大业元年（乙丑，605）

三月，丁未，诏杨素与纳言杨达、将作大匠宇文恺营建东京，每月役丁二百万人，徙洛州郭内居民及诸州富商大贾数万户以实之。废二崤道，开葼册道。

敕宇文恺与内史舍人封德彝等营显仁宫，南接皂涧，北跨洛滨。发大江之南、五岭以北奇材异石，输之洛阳；又求海内嘉木异草，珍禽奇兽，以实园苑。辛亥，命尚书右丞皇甫议发河南、淮北诸郡民，前后百余万，开通济渠。自西苑引谷、洛水达于河；复自板渚引河历荥泽入汴；又自大梁之东引汴水入泗，达于淮；又发淮南民十余万开邗沟，自山阳至杨子入江。渠广四十步，渠旁皆筑御道，树以柳；自长安至江都，置离宫四十余所。庚申，遣黄门侍郎王弘等往江南造龙舟及杂船数万艘。东京官吏督役严急，役丁死者什四五，所司以车载死丁，东至城皋，北至河阳，相望于道。又作天经宫于东京，四时祭高祖。

三年（丁卯，607）

牛弘等造新律成，凡十八篇，谓之《大业律》；甲申，始颁行之。民久厌严刻，喜于宽政。其后征役繁兴，民不堪命，有司临时迫胁以求济事，不复用律令矣。旅骑尉刘炫预修律令，弘尝从容问炫曰："《周礼》士多而府史少，今令史百倍于前，减则不济，其故何也？"炫曰："古人委任责成，岁终考其殿最，案不重校，文不繁悉，府史之任，掌要目而已。今之文簿，恒虑覆治，若锻炼不密，则万里追证百年旧案。故谚云：'老吏抱案死。'事繁政弊，职此之由也。"弘曰："魏、齐之时，令史从容而已，今则不遑宁处，何故？"炫曰："往者州唯置纲纪，郡置守、丞，县置令而已。其余具僚则长官自辟，受诏赴任，每州不过数十。今则不然，大小之官，悉由吏部，纤介之迹，皆属考功。省官不如省事，官事不省而望从容，其可得乎！"弘善其言而不能用。

又诏发丁男百余万筑长城，西拒榆林，东至紫河。尚书左仆射苏威谏，上不听，筑之二旬而毕。帝之征散乐也，太常卿高颎谏，不听。颎退，谓太常丞李懿曰："周天元以好乐而亡，殷鉴不远，安可复尔！"颎又以帝遇启民过厚，谓太府卿何稠曰："此虏颇知中国虚实，山川险易，恐为后患。"又谓观王雄曰："近来朝廷殊无纲纪。"礼部尚书宇文弢私谓颎曰："天元之侈，以今方之，不亦甚乎？"又言："长城之役，幸非急务。"光禄大夫贺若弼亦私议宴可汗太侈。并为人所奏。帝以为诽谤朝政，丙子，高颎、宇文弢、贺若弼皆坐诛，颎诸子徙边，弼妻子没官为奴婢。事连苏威，亦坐免官。颎有文武大略，明达世务，自蒙寄任，竭诚尽节，进引贞良，以天下为己任；苏威、杨素、贺若弼、韩擒虎皆颎所推荐，自余立功立事者不可胜数；当朝执政将二十年，朝野推服，物无异议，海内富庶，颎之力也。及死，天下莫不伤之。

隋文帝仁寿四年（甲子，公元604年）

甲子（正月二十七日），文帝驾临仁寿宫。乙丑（正月二十八日），文帝下诏凡赏赐、财政支出，事无巨细一并交付皇太子杨广处理。夏季，四月，乙卯，文帝感到身体不适。六月庚申，大赦天下。秋季，七月，甲辰（初十），文帝病重，他躺在床上和文武百官诀别，并握住大臣们的手嘘唏不止。文帝命太子杨广赦免章仇太翼。丁未（十三日），文帝在大宝殿驾崩。

隋文帝性格谨严持重，办事令行禁止，每日清晨处理朝政，到日偏西时还不知疲倦。虽然吝啬钱财，但赏赐有功之臣则不吝惜；将士战死，文帝必定从优抚恤，并派使者慰问死者家属。他爱护百姓，鼓励督促农桑，轻徭薄赋。自己生活务求节俭朴素，所乘车驾及所用之物，旧了坏了都随时修理使用；如果不是享宴，吃饭不过一个肉菜；后宫都身着洗旧了的衣服。天下人都为文帝的行为所感化。开皇、仁寿年间，男子都身穿绢布衣服，不穿绫绮；衣带饰品用的不过是铜铁骨角所制，没有金玉的装饰。因此国家的财富日益增长，仓库丰盈。文帝受禅之初，隋朝的民户不满四百万户；到了隋文帝仁寿末年，超过了八百九十万户，仅冀州就已有一百万户。但是文帝好猜忌苛察，容易听信谗言，他的功臣故旧，没有能始终保全的；至于他的子弟辈，都像仇敌一样，这是他的短处。

当初，独孤皇后去世，宣华夫人陈氏、容华夫人蔡氏都受到文帝的宠爱。陈氏是陈宣帝的女儿，蔡氏是丹杨人。文帝患病住在仁寿宫，尚书左仆射杨素、兵部尚书柳述、黄门侍郎元岩都进入仁寿宫侍奉。文帝召皇太子杨广入内居住在大宝殿。杨广考虑到如果文帝去世，必须预先做好防备措施，他亲手写了一封信封好，派人送出来询问杨素。杨素把情况一条条写下来回复太子。宫人误把回信送到了文帝的寝宫，文帝看后极为愤怒。天刚亮，陈夫人出去更衣，被太子杨广所逼迫。陈夫人拒绝了他才得以脱身。她回到文帝的寝宫，文帝奇怪她神色不对，问什么原因，陈夫人流着泪说："太子无礼！"文帝愤怒，捶着床说："这个畜生！怎么可以将国家大事交付给他！独孤误了我！"于是他叫来柳述、元岩说："召见我的儿子！"柳述等人要叫杨广来。文帝说："是杨勇。"柳述、元岩出了文帝的寝宫，起草敕书。杨素闻知此事，告诉了太子杨广。杨广假传文帝的旨意将柳述、元岩逮捕，关进大理狱。他们迅速调来东宫的裨将兵士来宿卫仁寿宫，宫门禁止出入，并派宇文述、郭衍进入调度指挥；命令右庶子张衡进入文帝的寝宫侍候文帝。后宫的人员全被赶到别的房间去。一会儿，文帝死了。因此，朝廷内外有很多不同的说法。

乙卯（七月二十一日），为文帝发丧。太子杨广即皇帝位。正好伊州刺史杨约来朝见，杨广派杨约进入长安，调换了留守者。诈称文帝的诏命，将前太子杨勇赐死，杨勇被勒死。然后陈兵集众，发布文帝去世的凶信。

汉王杨谅受到文帝的宠爱，他是并州总管，崤山以东到沧海，南至黄河，五十二州都隶属于并州。杨谅得到特许可以便宜行事，可以不拘泥于法律条文。杨谅自认为他所在的地方是天下精兵的聚集地，他看到太子杨勇因谗言被废黜，常常怏怏不乐；到蜀王杨秀获罪，杨谅极为不安，暗中怀有异图。他对文帝说，由于突厥正处于强盛时期，应该修整军备。于是他大规模地征发工匠夫役，修造武器，招集亡命之徒，身边的私人门客将近数万。

到文帝去世时，炀帝派车骑将军屈突通持印有文帝玉玺的诏书召杨谅进京。原来，文帝与杨谅秘密约定："要是玺书召你，敕字旁另加一点，还要与玉麟符相契合，才可以应召。"杨谅打开玺书与原约不能验证，就知道出了事，他盘问屈突通，屈突通闪烁其词而不回答，于是，屈突通被打发回长安，杨谅起兵造反。

此时跟从杨谅造反的共有十九个州。

总管府兵曹闻喜人裴文安劝说杨谅："井陉以西的地方在大王手中，崤山以东的军队也是我们的，应该全部征发。分派弱兵屯守要害，仍命令将领随时攻城略地；率领精锐部队直入蒲津关。我请求担任前锋，大王率领大军随后，以迅雷不及掩耳之势屯兵霸上，咸阳以东的地方便可以挥手而定。这样京师被震动惊扰，没有时间调集军队，上下相互猜疑，大家离心惊骇，我们陈兵以待，发号施令，谁敢不服从！十天之内，大事可定。"杨谅听了大为高兴，就派遣他任命的大将军余公理率兵出太谷，奔河阳；大将军綦良率兵出滏口，奔黎阳；大将军刘建率兵出井陉，攻取燕、赵之地；柱国乔钟葵率军出雁门；任命裴文安为柱国，与柱国纥单贵、王聃等率军直指京师。

炀帝任命右武卫将军洛阳人丘和为蒲州刺史，镇守蒲津关。杨谅挑选精锐骑兵几百名，戴妇人蔽身用的面罩，诈称是杨谅的宫人返回长安，守城的门卫没有觉察出来，杨谅军队直入蒲州，城中也有豪杰响应，丘和发觉出事，越过城墙逃回长安。蒲州长史勃海人高义明、司马北平人荣毗都被叛军抓住。裴文安等人离蒲津关百余里时，杨谅忽然改变计划，他命令纥单贵拆断河桥，据守蒲州，将裴文安召回。裴文安对杨谅说："兵机在于神速诡秘，本来打算出其不意，大王却不这样做，又把我召回，使对方计谋成功，现在大势已去。"杨谅无言以对。

杨素率领轻骑五千在蒲州袭击王聃、纥单贵。夜里，杨素率军到了河边，收集了几百只商船，船内铺上许多草，踩上去没有声音。为防止喧哗，杨素让士兵口中衔枚渡过河，天快亮时，进攻杨谅的军队。纥单贵战败逃走，王聃恐惧，献城投降。炀帝下诏征召杨素返回。当初，杨素要动身时，计算好打败叛军的日期，结果如杨素估计的一样。于是炀帝任命杨素为并州道行军总管、河北道安抚大使，率领几万军队讨伐杨谅。

杨谅知道赵子开被打败，大为恐惧，亲自率领近十万人在蒿泽抵抗杨素。正逢天降大雨，杨谅打算率军退回，王頍劝道："杨素孤军深入，人马疲惫，大王亲自率领精兵进攻杨素，必能将他打败。现在望敌而退，让人以为我们怯懦，败坏我军将士的士气，长敌军之气势。希望大王不要撤退。”杨谅不听，率军退守清源。

王頍对他儿子说：“气候很不妙，我军必败，你可要跟着我。”杨素率军进攻，大败杨谅，捉住了萧摩诃。杨谅退守晋阳。杨素进军包围晋阳，杨谅束手无策，只得乞降，其余党都被平灭。

群臣奏议汉王杨谅应被处死，炀帝不许，将杨谅除名为民，将他从宗室中除名，杨谅最后被幽禁而死。他部下的官吏臣民受牵连而获罪，被处死和流放的有二十余万家。当初，文帝和独孤皇后相互之间非常敬爱尊重，他发誓不要有别的姬妾生的儿子，曾对群臣说：“前代的皇帝对所宠幸的姬妾极为溺爱，出现了嫡子、庶子之争，也就有了废立之举，有的因此而亡国。我没有别的姬妾，五个儿子是同一个母亲，可以说是真正的兄弟，难道会有这种忧虑吗？”文帝又鉴于北周皇室诸王势力微弱，就让几个儿子分别据守重镇，专门独当一面，诸王的权力与皇帝相等。到了文帝晚年，父子兄弟纷纷互相猜疑防备，五个儿子都未能寿终正寝。

臣司马光曰：从前辛伯劝告周桓公说：“内宠姬妾地位与皇后相等；外宠重臣与皇帝一样也可发号施令；庶子与嫡子相匹敌；大的都城与国都的力量相匹敌。这都是动乱的根本原因。”作为人主如果真能在这四方面慎重从事，动乱怎么会产生呢？隋文帝只知嫡、庶之分容易出现纷争，皇室的地位孤立微弱容易动摇，竟然不懂得诸王势均力敌，虽然一母所生的至亲骨肉，也不能免于相互倾轧夺权。考察辛伯的这些话，文帝只吸取了一点而丢掉了另外三点啊！

隋炀帝大业元年（乙丑，公元605年）

三月，丁未（十七日），炀帝下诏派杨素和纳言杨达、将作大匠宇文恺营建东京，每个月役使壮丁二百万人，迁徙洛州城内的居民和各州的富商大贾几万户充实东京。废弃二崤道，开辟菱册道。

炀帝命令宇文恺和内史舍人封德彝等人营建显仁宫，显仁宫南边连接阜涧，北边跨越洛水，征调大江以南五岭以北的奇材异石，输送到洛阳；又搜求海内的嘉木异草，珍禽奇兽，用以充实皇家园林。辛亥（三月二十一日），命令尚书右丞皇甫议征发河南、淮北各郡的百姓前后一百余万人，开辟通济渠。从西苑引谷水、洛水到黄河，又从板渚引黄河水经过荥泽进入汴水，从大梁以东引汴水进入泗水到淮河。又征发淮南的百姓十余万人开凿邗沟从山阳到杨子进入长江。通济渠宽四十步，渠两旁都筑有御道，栽种柳树。从长安到江都设置离宫四十余所。庚申（三月三十日），派遣黄门侍郎王弘等人到江南建造龙舟和各种船只几万艘。东京的官吏监督工程严酷急迫，服役的壮丁死去十之四五。有关部门用车装着死去的役丁，东到城皋，北至河阳，载尸之车连绵不断。炀帝又在东京建造天经宫，每年四季祭祀文帝。

三年（丁卯，公元607年）

牛弘等人制定新法律，共十八篇，称之为《大业律》；甲申（四月初六），开始颁布施行。百姓久已厌恶法律严酷苛繁，对宽政十分高兴。但后来频繁的劳役征发，使百姓无法忍受，官吏们常常临时胁迫百姓服役以应付差事，也就不再按律令执行了。旅骑尉刘炫参与修订律令，牛弘曾从容地问刘炫：“《周礼》记载是士多而吏员少，现在吏员比从前多出百倍，减少则无法应付事务，这是什么原因呢？”刘炫说：“古人委任吏员须要有责任有成绩，年终考核成绩，案卷不用重新审理，文牍不求繁多琐碎，吏员的责任，只是掌握工作的要点而已。现在的吏员总是担心文簿要重新审理考核，假若文辞考虑不周密，就会不远万里去追查印证百年的旧案。所以有谚语说‘老吏伏抱文案而死’。事物繁杂这是为政的弊端，这就是吏员多而效率低的原因。”牛弘说：“北魏、北齐之时，吏员们办事很从容，现在则匆匆忙忙不得安宁，这是什么缘故？”刘炫说：“过去州只设置长吏、司马，郡只设置郡守、郡丞，县仅设县令而已。其余应配备的僚属，则由长官自己挑选任命，得到诏命后就赴任，每州吏员不过几十人。如今则不然，大大小小的官吏，全部由吏部掌管，零零碎碎的事务都属于考绩范围。减少官吏不如减少事务，官员们的事务不减，却希望他们办事从容，那可能吗？”牛弘很同意刘炫的话，但却不能采纳。

炀帝又下诏征发男丁一百余万人修筑长城，西起榆林，东至紫河。尚书左仆射苏威劝阻，炀帝不听，修筑了二十天完工。炀帝征召全国的散乐艺人，太常卿高颎劝阻，炀帝不听。高颎退下来对太常丞李懿说：“北周天元帝因为好乐而亡国，殷鉴并不远，怎么可以再重复呢？”高颎又认为炀帝对启民可汗的待遇过厚，对太府卿何稠说：“这个胡虏很清楚中国的虚实，山川的险易，恐怕会成为后患。”他又对观王杨雄说：“近来朝廷太无纲纪了。”礼部尚书宇文弼私下对高颎说：“周天元的奢侈，以今天的情况与之比较，也不算太过分吧？”又说：“修长城的工程，幸而不是急迫的任务。”光禄大夫贺若弼也私下议论宴请启民可汗的规模太奢侈。这些话都被人报告了炀帝。炀帝认为他们诽谤朝政。丙子（七月二十九日），高颎、宇文弼、贺若弼都获罪被杀。高颎的几个儿子流放到边地；贺若弼的妻子儿女被没收为官奴婢。事情还牵连到苏威，也获罪而被免官。高颎有文韬武略，明晓世务，通达事理，自从蒙受重任以来，竭诚尽力，推荐引进忠诚贤良之士，以天下为己任。苏威、杨素、贺若弼、韩擒虎都是高颎推荐的，其他建有功劳做成大事的人不可胜数。他当朝执政将近二十年，朝野上下都非常敬重他，对他无异议。国家富庶，是高颎的努力的结果。及至他被杀，天下人没有不伤感的。

第一百八十一卷
隋纪五

译文诵读

炀皇帝上之下大业四年（戊辰，608）

春，正月，乙巳，诏发河北诸军五百余万穿永济渠，引沁水南达于河，北通涿郡。丁男不供，始役妇人。

帝无日不治宫室，两京及江都，苑囿亭殿虽多，久而益厌，每游幸，左右顾瞩，无可意者，不知所适。乃备责天下山川之图，躬自历览，以求胜地可置宫苑者。夏，四月，诏于汾州之北汾水之源，营汾阳宫。

秋，七月，辛巳，发丁男二十余万筑长城，自榆谷而东。

五年（己巳，609）

癸丑，置西海、河源、鄯善、且末等郡，谪天下罪人为戍卒以守之。命刘权镇河源郡积石镇，大开屯田，扞御吐谷浑，以通西域之路。

是时天下凡有郡一百九十，县一千二百五十五，户八百九十万有奇。东西九千三百里，南北万四千八百一十五里。隋氏之盛，极于此矣。

帝谓裴矩有绥怀之略，进位银青光禄大夫。自西京诸县及西北诸郡，皆转输塞外，每岁钜亿万计；经途险远及遇寇钞，人畜死亡不达者，郡县皆征破其家。由是百姓失业，西方先困矣。

民部侍郎裴蕴以民间版籍，脱漏户口及诈注老小尚多，奏令貌阅，若一人不实，则官司解职。又许民纠得一丁者，令被纠之家代输赋役。是岁，诸郡计帐进丁二十万三千，新附口六十四万一千五百。

突厥启民可汗卒，上为之废朝三日，立其子咄吉，是为始毕可汗；表请尚公主，诏从其俗。

六年（庚午，610）

帝复遣朱宽招抚流求，流求不从，帝遣虎贲郎将庐江陈棱、朝请大夫同安张镇周发东阳兵万余人，自义安泛海击之。行月余，至其国，以镇周为先锋。流求王渴剌兜遣兵逆战；屡破之，遂至其都。渴剌兜自将出战，又败，退入栅；棱等乘胜攻拔之，斩渴剌兜，虏其民万余口而还。二月，乙巳，棱等献流求俘，颁赐百官，进棱位右光禄大夫，镇周金紫光禄大夫。

七年（辛未，611）

壬午，下诏讨高丽。敕幽州总管元弘嗣往东莱海口造船三百艘，官吏督役，昼夜立水中，略不敢息，自腰以下皆生蛆，死者什三四。夏，四月，庚午，车驾至涿郡之临朔宫，文武从官九品以上，并令给宅安置。先是，诏总征天下兵，无问远近，俱会于涿。又发江淮以南水手一万人，弩手三万人，岭南排镩手三万人，于是四远奔赴如流。五月，敕河南、淮南、江南造戎车五万乘送高阳，供载衣甲幔幕，令兵士自挽之，发河南、北民夫以供军须。秋，七月，发江、淮以南民夫及船运黎阳及洛口诸仓米至涿郡，舳舻相次千余里，载兵甲及攻取之具，往还在道常数十万人，填咽于道，昼夜不绝，死者相枕，臭秽盈路，天下骚动。

帝自去岁谋讨高丽，诏山东置府，令养马以供军役。又发民夫运米，积于泸河、怀远二镇，车牛往者皆不返，士卒死亡过半，耕稼失时，田畴多荒。加之饥馑，谷价踊贵，东北边尤甚，斗米直数百钱。所运米或粗恶，令民籴而偿之。又发鹿车夫六十余万，二人共推米三石，道途险远，不足充糇粮，至镇，无可输，皆惧罪亡命。重以官吏贪残，因缘侵渔，百姓困穷，财力俱竭，安居则不胜冻馁，死期交急，剽掠则犹得延生，于是始相聚为群盗。

邹平民王薄拥众据长白山，剽掠齐、济之郊，自称知世郎，言事可知矣；又作《无向辽东浪死歌》以相感劝，避征役者多往归之。

漳南人窦建德，少尚气侠，胆力过人，为乡党所归附。会募人征高丽，建德以勇敢选为二百人长。同县孙安祖亦以骁勇选为征士，安祖辞以家为水所漂，妻子馁死，县令怒笞之。安祖刺杀令，亡抵建德，建德匿之。官司逐捕，踪迹至建德家，建德谓安祖曰："文皇帝时，天下殷盛，发百万之众以伐高丽，尚为所败。今水潦为灾，百姓困穷，加之往岁西征，行者不归，疮痍未复；主上不恤，及更发兵亲击高丽，天下必大乱。丈夫不死，当立大功，岂可但为亡虏邪！"乃集无赖少年，得数百人，使安祖将之，入高鸡泊中为群盗，安祖自号将军。时鄃人张金称聚众河曲，蓨人高士达聚众于清河境内为盗。郡县疑建德与贼通，悉收其家属，杀之。建德帅麾下二百人亡归士达，士达自称东海公，以建德为司兵。顷之，孙安祖为张金称所杀，其众尽归建德，兵至万余人。建德能倾身接物，与士卒均劳逸，由是人争附之，为之致死。

自是所在群盗蜂起，不可胜数，徒众多者至万余人，攻陷城邑。甲子，敕都尉、鹰扬与郡县相知追捕，随获斩决；然莫能禁止。

八年（壬申，612）

壬午，诏左十二军出镂方、长岑、溟海、盖马、建安、南苏、辽东、玄菟、扶余、朝鲜、沃沮、乐浪等道，右十二军出黏蝉、含资、浑弥、临屯、候城、提奚、蹋顿、肃慎、碣石、东暆、带方、襄平等道，骆驿引途，总集平壤，凡一百一十三万三千八百人，号二百万，其馈运者倍之。宜社于南桑干水上，类上帝于临朔宫南，祭马祖于蓟城北。帝亲授节度：每军大将、亚将各一人；骑兵四十队，队百人，十队为团，步卒八十队，分为四团，团各有偏将一人；其铠胄、缨拂、旗幡，每团异色；受降使者一人，承诏慰抚，不受大将节制；其辎重散兵等亦为四团，使步卒挟之而行；进止立营，皆有次叙仪法。癸未，第一军发；日遣一军，相去四十里，连营渐进；终四十日，发乃尽，首尾相继，鼓角相闻，旌旗亘九百六十里。御营内合十二卫、三台、五省、九寺，分隶内、外、前、后、左、右六军，次后发，又亘八十里。近古出师之盛，未之有也。

诸将之东下也，帝亲戒之曰："今者吊民伐罪，非为功名。诸将或不识朕意，欲轻兵掩袭，孤军独斗，立一身之名以邀勋赏，非大军行法。公等进军，当分为三道，有所攻击，必三道相知，毋得轻军独进，以致失亡。又，凡军事进止，皆须奏闻待报，毋得专擅。"辽东数出战不利，乃婴城固守，帝命诸军攻之。又敕诸将，高丽若降，即宜抚纳，不得纵兵。辽东城将陷，城中人辄言请降；诸将奉旨不敢赴机，先令驰奏，比报至，城中守御亦备，随出拒战。如此再三，帝终不寤。既而城久不下，六月，己未，帝幸辽东城南，观其城池形势，因召诸将诘责之曰："公等自以官高，又恃家世，欲以暗懦待我邪！在都之日，公等皆不愿我来，恐见病败耳。我今来此，正欲观公等所为，斩公辈耳！公今畏死，莫肯尽力，谓我不能杀公邪！"诸将咸战惧失色。帝因留城西数里，御六合城。高丽诸城各坚守不下。右翊卫大将军来护儿帅江、淮水军，舳舻数百里，浮海先进，入自浿水，去平壤六十里，与高丽相遇，进击，大破之。护儿欲乘胜趣其城，副总管周法尚止之，请俟诸军至俱进。护儿不听，简精甲四万，直造城下。高丽伏兵于罗郭内空寺中，出兵与护儿战而伪败，护儿逐之入城，纵兵俘掠，无复部伍。伏兵发，护儿大败，仅而获免，士卒还者不过数千人。高丽追至船所，周法尚整阵待之，高丽乃退。护儿引兵还屯海浦，不敢复留应接诸军。

高丽遣大臣乙支文德诣其营诈降，实欲观虚实。于仲文先奉密旨："若遇高元及文德来者，必擒之。"仲文将执之，尚书右丞刘士龙为慰抚使，固止之。仲文遂听文德还，既而悔之，遣人绐文德曰："更欲有言，可复来。"文德不顾，济鸭绿水而去。仲文与述等既失文德，内不自安，述以粮尽，欲还。仲文议以精锐追文德，可以有功，述固止，仲文怒曰："将军仗十万之众，不能破小贼，何颜以见帝！且仲文此行，固知无功，何则？古之良将能成功者，军中之事，决在一人，今人各有心，何以胜敌！"时帝以仲文有计画，令诸军咨禀节度，故有此言。由是述等不得已而从之，与诸将渡水追文德。文德见述军士有饥色，故欲疲之，每战辄走。述一日之中，七战皆捷，既恃骤胜，又逼群议，于是遂进，东济萨水，去平壤城三十里，因山为营。文德复遣使诈降，请于述曰："若旋师者，当奉高元朝行在所。"述见士卒疲弊，不可复战，又平壤城险固，度难猝拔，遂因其诈而还。述等为方陈而行，高丽四面钞击，述等且战且行。秋，七月，壬寅，至萨水，军半济，高丽自后击其后军，右屯卫将军辛世雄战死。于是诸军俱溃，不可禁止，将士奔还，一日一夜至鸭绿水，行四百五十里。将军天水王仁恭为殿，击高丽，却之。来护儿闻述等败，亦引还。唯卫文升一军独全。

初，九军度辽，凡三十万五千，及还至辽东城，唯二千七百人，资储器械巨万计，失亡荡尽。帝大怒，锁系述等。癸卯，引还。

隋炀帝大业四年（戊辰，公元608年）

春季，正月，乙巳（初一），炀帝下诏征发黄河以北各军一百多万人开凿永济渠，引沁水向南到黄河，向北通涿郡。男丁不足，开始役使妇女。

炀帝没有一天不在营建宫室，两京以及江都，苑囿亭殿虽然很多，时间久了炀帝仍非常感到厌倦，每次到来，左顾右盼，觉得这些宫殿苑林都没有中意的，不知道怎样是好。于是遍求天下山川图册，亲自察看，以寻求名胜之地营造宫苑。夏季，四月，炀帝下诏在汾州之北，汾水的源头营建汾阳宫。

秋季，七月，辛巳（初十），炀帝征发壮丁二十余万人修筑长城，从榆谷向东。

五年（己巳，公元609年）

癸丑（六月十八日），设置西海、河源、鄯善、且末等郡，将天下的罪人流放这里，作为戍卒守卫这些地方。炀帝命刘权镇守河源郡积石镇，大规模开发屯田，以抵御吐谷浑，保持西域道路的畅通。

这时，全国共置郡一百九十个，县一千二百五十五个；有户八百九十多万；国土东西长九千三百里，南北宽一万四千八百一十五里。隋朝的强盛，这时已达到了顶点 。

炀帝说裴矩有安抚、怀柔的韬略，提升他为银青光禄大夫。从西京各县以及西北各郡，都辗转输送财物到塞外，每年耗费以巨万亿计，路途遥远险阻，或遇上强盗抢劫，凡人畜因死亡不能到达目的地的，郡县都要再行征调，以致使他们家业破产。因此百姓失去生计，西部地区先贫困起来。

民部侍郎裴蕴认为民间的名册、户籍，有很多脱漏户口以及诈骗注册为老少的情况。就奏请炀帝进行查阅面貌以验老小。如果一个人的情况不属实，那么有关的官员就被解职。又许诺如果百姓检举出一个壮丁，就命令被检举的人家替检举者缴纳赋役。这一年，各郡总计增加了男丁二十万三千人，新归附的人口六十四万一千五百人。

突厥的启民可汗去世，炀帝为启民可汗之死，停止上朝三天。立启民的儿子咄吉为始毕可汗。始毕可汗上表请求娶义成公主，炀帝下诏，命遵从突厥的习俗。

六年（庚午，公元610年）

炀帝又派朱宽去招抚流求国。流求不顺从，炀帝派虎贲郎将庐江人陈棱、朝请大夫同安人张镇周征发东阳兵一万余人，从义安渡海去进攻流求。他们在海上航行了一个多月，才到达流求，以张镇周为先锋。流求国王渴刺兜派兵迎战，隋军屡次击败流求军，于是就攻到流求国都。渴刺兜亲自率军出战，又被打败，退入营栅内，陈棱等人乘胜攻克了流求国都，杀死渴刺兜，俘获流求人一万余名返回。二月，乙巳（十三日），陈棱等人向炀帝献流求俘，炀帝赏赐百官，提升陈棱为右光禄大夫，张镇周为金紫光禄大夫。

七年（辛未，公元611年）

壬午（二月二十六日），炀帝下诏征讨高丽。命令幽州总管元弘嗣到东莱海口造船三百艘，官吏们督促工程，工匠、役丁们昼夜站立在水中，不敢停下稍微休息一下，他们自腰以下都生了蛆，病累而死去的人有十之三四。夏季，四月，庚午（十五日），炀帝车驾到涿郡的临朔宫，随从车驾的文武官员九品以上的，都命令给宅邸安置。原先，炀帝下诏征发天下兵卒，无论远近，都在涿郡集中。又征发江淮以南的水手一万人，弩手三万人，岭南排镩手三万人，于是从全国各地奔赴涿郡的兵卒川流不息。五月，命令河南、淮南、江南等地制造兵车五万辆送往高阳，以供装载衣甲幔幕，命令士兵们自己拉车；征发河南、河北民夫以供应军需。秋季，七月，征发江、淮以南民夫以及船只运输黎阳和洛口各粮仓的米到涿郡，船只首尾相连绵延千余里。运载兵器铠甲以及攻城器械的人来往于道路上的常达几十万人，拥挤于道，昼夜不停。病累而死的人互相枕着，路上到处散发臭气，天下都为攻打高丽的事闹得骚扰不安。

隋炀帝杨广像

炀帝自从去年就计划征伐高丽，下诏在山东置府，命令养马以供军队役使。又征发民夫运米，储存在泸河、怀远二镇。运粮车的牛都没有返回的，士卒死亡过半。耕种失时，田地荒芜，再加上饥荒，谷价腾贵，东北边境地区尤其突出，一斗米要值几百钱。运来的米有的很粗劣，却命令百姓买进这些米而用钱来补偿损失。

炀帝又征发小车夫六十余万，两个人推三石米，运粮的道路艰难险阻且又遥远，这三石米还不够车夫路上吃的，到达泸河、怀远二镇时，车夫们已没有可以缴纳的粮食，只好畏罪而逃亡了。再加上官吏贪狠暴虐，借机鱼肉百姓，百姓穷困，财力都枯竭了。安分守己则无法忍受饥寒，死期也将迫近；抢劫掠夺则还可能活命，于是百姓开始聚众闹事做盗贼。

邹平的百姓王薄，拥有部众占据长白山，在齐郡、济北郡附近抢劫掠夺，王薄自称知世郎，宣扬事势已可知。王薄又作《无向辽东浪死歌》来劝说百姓，逃避征役的人很多都投奔了王薄。

漳南人窦建德，年轻时就崇尚豪侠义气之举，他胆识力气超过常人，乡里人都爱归附于他。正逢朝廷招募人去征伐高丽，窦建德因勇敢而被挑选为二百人长。同县的孙安祖也因骁勇而被挑选为征士，孙安祖以家被水淹没、妻子饿死为由来推辞，县令发怒，鞭打孙安祖。孙安祖刺杀了县令，逃到窦建德家，窦建德把他藏起来。官军追捕孙安祖，循踪觅迹追到窦建德家。窦建德对孙安祖说："文帝时，国家富庶强盛，他征发百万之众去讨伐高丽，尚且被打败，如今水涝成灾，百姓穷困，加上过去西征吐谷浑，去的人没能回来，国家的疮痍未平复，皇上不知体恤百姓饥苦，仍然要发兵亲自征讨高丽，天下必定大乱。大丈夫不死，应当建立大功，怎么能只做逃奴呢！"于是就招集了无依靠的少年几百人，让孙安祖率领进入高鸡泊中做盗贼，孙安祖自称将军。当时鄃县人张金称在河曲聚众；蓨郡人高士达在清河境内聚众为盗。郡县官吏怀疑窦建德与盗贼来往，把他的家属都抓起来杀掉了。窦建德率领部下二百人逃奔高士达，高士达自称东海公，任命窦建德为司兵。不久，孙安祖被张金称杀死，孙安祖的部众都归附了窦建德，他的兵力达一万余人。窦建德能够尽心竭力地待人接物，与士卒同甘共苦，因此人们都争相归附他，愿意为他效命。

从此，群盗蜂拥而起，不可胜数，徒众多的可达万余人，攻陷城邑。甲子（十二月十三日），炀帝命令都尉、鹰扬郎将与郡县要互相配合追捕盗贼，随捕随杀，但是仍然无法制止百姓造反。

八年（壬申，公元612年）

壬午（正月初二），炀帝下诏命令左十二军出镂方、长岑、溟海、盖马、建安、南苏、辽东、玄菟、扶余、朝鲜、沃沮、乐浪等道；右十二军出粘蝉、含资、浑弥、临屯、候城、提奚、蹋顿、肃慎、碣石、东暆、带方、襄平等道。人马相继不绝于道，在平壤城总汇集，总计一百一十三万三千八百人，号称二百万，运送军需的人加倍。炀帝在桑干水的南面祭祀土地，在临朔宫南祭祀上天，在蓟城北祭祀马祖。炀帝亲自指挥：每军设大将、亚将各一人；骑兵四十队，每队一百人，十队为一团；步兵八十队，分为四团，每团各有偏将一名；每团的铠甲、缨拂、旗幡颜色各异；设受降使者一名，负责奉授诏书，慰劳巡抚之职，不受大将节制；其它的辎重、散兵等也分为四团，由步兵挟路护送；军队的前进、停止或设营，都有一定的次序规矩。癸未（初三），第一军出发，以后每日发一军，前后相距四十里，一营接一营前进，经过四十天才出发完毕。各军首尾相接，鼓角相闻，旌旗相连九百六十里。炀帝的御营共有十二卫、三台、九省、九寺，分别隶属内、外、前、后、左、右六军，依次最后出发，又连绵八十里。这样的出师盛况，近古未有。

诸位将领将向东进军时，炀帝亲自告诫说："今天我们吊民伐罪，不是为了功名。诸将若是有人不理解朕的意图，想以轻兵掩袭，孤军独斗，建立自身的功名以邀赏请封，这不符合大军征行之法。你们进军应当分为三路，有攻战之事，一定要三路人马互相配合，不许轻军独进，以致失利败亡。还有，凡是军事上的进止，都须奏报，等待命令，不许擅自行事。"辽东高丽军几次出战不利，于是就闭城固守。炀帝命令各军攻城，同时又命令诸将，高丽人若请求投降，立即就宣布安抚接纳，不得纵兵进攻。辽东城将要攻陷时，城中高丽人就声称要投降，将领们奉炀帝旨意，不敢抓住这一时机，先命人飞马奏报炀帝，等到答复回来，城中的防守已调整巩固好了，随即高丽军又坚守城池。如此再三，炀帝仍是不醒悟。因而城池久攻不下。六月，己未（十一日），炀帝来到辽东城南，观看辽东城的形势，他把将领们召集起来斥责说："你们自以为官居高位，又依恃着家世显赫，想要暗中怠慢欺骗朕吗？在京师的时候，你们都不愿意让我来，恐怕我看见你们的私弊和腐败。今天我到这里来，正是要观察你们的所作所为，要杀你们这些人！今天你们怕死，不肯尽力，以为我不能杀你们吗？"诸将都惊惧、战栗而变了脸色。炀帝因此就留在辽东城西几里外的地方，住在六合城。高丽的城池都各自坚守，未能攻下。右翊卫大将军来护儿率领江、淮水军，船只连绵几百里，渡海先行，从浿水进入高丽。距平壤六十里时，与高丽军相遇，隋水军进攻，大破高丽军。来护儿想乘胜进取平壤，副总管周法尚阻止他，请他等待各路军队到达后，一同进攻。来护儿不听，他挑选精锐甲士四万人，直趋城下。高丽人在罗郭内空寺中设下伏兵，先出兵与来护儿交战，然后佯装战败，来护儿率兵追入城内，他纵兵俘获抢掠，队伍乱不成伍，这时高丽的伏兵出击，来护儿大败，仅只身逃出，士卒生还的不过几千人。高丽军追杀到隋军的船只停泊处，周法尚严阵以待，高丽军才退。来护儿率军返回，屯兵于海边，不敢再留下接应各路军队。

高丽派遣大臣乙支文德到隋军军营诈降，其实是要观察隋军的虚实。于仲文事先奉炀帝密旨："要是遇到高元和乙支文德来，一定要抓住他们。"于仲文就要把乙支文德抓起来，尚书右丞刘士龙作为慰抚使，他坚决反对抓乙支文德，于仲文只好放乙支文德返回了。但很快他就后悔了，派人哄骗乙支文德说："再要说什么话，可以再来。"乙支文德头也不回，渡过鸭绿水而去。于仲文与宇文述等人因为让乙支文德跑掉了，内心不安。宇文述因为粮食已尽，想要返回。于仲文建议派精兵追捕乙支文德，可以立功，宇文述坚决反对。于仲文发怒说道："将军依仗着十万之众，却不能打败小贼，有什么脸面去见圣上呢？况且，我这次出行，本来就知道不会有功，为什么呢？古时的良将能够成功的人，凡军中的事都由一人做主，现在各有各的心思，怎么能战胜敌人呢？"当时，炀帝认为于仲文有计谋，命令各军要向他咨询、汇报并听从他的调动指挥，因此才有他这一番话。由于这一原因，宇文述等人不得已而听从了于仲文的话，与诸将渡鸭绿水追乙支文德。乙支文德见宇文述的士卒面有饥色，因此故意让隋军疲乏。每次与隋军交战立即就退走，宇文述在一天之中，七战七捷。宇文述既依仗着突然而来的胜利，又迫于各种议论的压力，于是率军进攻，东渡萨水，在距平壤城三十里处，凭借山势扎营。乙支文德又派使者来诈降，向宇文述请求说："假若隋军能退兵，就一定让高元去朝见皇帝所在之地。"宇文述见士卒疲惫，不能再战，而且平壤城险峻坚固，估计很难一下子攻破城池。于是因高丽人狡诈而还师。宇文述将队伍列成方阵行进，高丽军队从四面八方包抄攻击，宇文述率军且战且走。秋季，七月，壬寅（二十四日），隋军到达萨水，隋军刚渡过一半，高丽军从后面袭击隋军的后部，右屯卫将军辛世雄战死，于是各军都溃乱，无法制止。将士们奔逃，一日一夜就跑到鸭绿水边，行程四百五十里。将军天水人王仁恭为后卫，截击高丽军，将他们挡住。来护儿闻知宇文述等人大败，也率军退回，只有卫文升军独以保全。

当初，九路军渡辽河，共三十万五千人，待回到辽东城时，只有二千七百人了。数以巨万的军资储备器械丧失殆尽。炀帝大怒，将宇文述等人枷锁拘押。癸卯（七月二十五日），炀帝率军返回。

融媒体出版物

資治通鑒

文白对照精选本

第三卷

〔北宋〕司马光 编著

张宏儒 主编

党建读物出版社

（英华电子音像出版社）

河北冠林数字出版有限公司

目录

译文诵读

第八十二卷　晋纪四

译文诵读

世祖武皇帝下太康十年（己酉，289）

十一月，丙辰，尚书令济北成侯荀勖卒。勖有才思，善伺人主意，以是能固其宠。久在中书，专管机事。及迁尚书，甚罔怅。人有贺之者，勖曰：“夺我凤皇池，诸君何贺邪！”

帝极意声色，遂至成疾。杨骏忌汝南王亮，排出之。甲申，以亮为侍中、大司马、假黄钺、大都督、督豫州诸军事，治许昌；徙南阳王柬为秦王，都督关中诸军事；始平王玮为楚王，都督荆州诸军事；濮阳王允为淮南王，都督扬、江二州诸军事；并假节之国。立皇子乂为长沙王，颖为成都王，晏为吴王，炽为豫章王，演为代王；皇孙遹为广陵王。又封淮南王子迪为汉王，楚王子仪为毗陵王，徙扶风王畅为顺阳王，畅弟歆为新野公。畅，骏之子也。琅邪王觐弟澹为东武公，繇为东安公。觐，伷之子也。

初，帝以才人谢玖赐太子，生皇孙遹。宫中尝夜失火，帝登楼望之，遹年五岁，牵帝裾入暗中曰：“暮夜仓猝，宜备非常，不可令照见人主。”帝由是奇之。尝对群臣称遹似宣帝，故天下咸归仰之。帝知太子不才，然恃遹明慧，故无废立之心。复用王佑之谋，以太子母弟柬、玮、允分镇要害。又恐杨氏之逼，复以佑为北军中候，典禁兵。帝为皇孙遹高选僚佐，以散骑常侍刘寔志行清素，命为广陵王傅。

诏以刘渊为匈奴北部都尉。渊轻财好施，倾心接物，五部豪桀，幽、冀名儒，多往归之。

孝惠皇帝上之上永熙元年（庚戌，290）

帝疾笃，未有顾命。勋旧之臣多已物故，侍中、车骑将军杨骏独侍疾禁中。大臣皆不得在左右，骏因辄以私意改易要近，树其心腹。会帝小间，见其新所用者，正色谓骏曰：“何得便尔！”时汝南王亮尚未发，乃令中书作诏，以亮与骏同辅政，又欲择朝士有闻望者数人佐之。骏从中书借诏观之，得便藏去，中书监华廙恐惧，自往索之，终不与。会帝复迷乱，皇后奏以骏辅政，帝颔之。夏，四月，辛丑，皇后召华廙及中书令何劭，口宣帝旨作诏，以骏为太尉、太子太傅、都督中外诸军事、侍中、录尚书事。诏成，后对廙、劭以呈帝，帝视而无言。廙，歆之孙；劭，曾之子也。遂趣汝南王亮赴镇。帝寻小间，问："汝南王来未？"左右言未至，帝遂困笃。己酉，崩于含章殿。帝宇量弘厚，明达好谋，容纳直言，未尝失色于人。

太子即皇帝位，大赦，改元，尊皇后曰皇太后，立妃贾氏为皇后。

诏以太尉骏为太傅、大都督、假黄钺，录朝政，百官总己以听。傅咸谓骏曰："谅暗不行久矣。今圣上谦冲，委政于公，而天下不以为善，惧明公未易当也。周公大圣，犹致流言，况圣上春秋非成王之年乎！窃谓山陵既毕，明公当审思进退之宜，苟有以察其忠款，言岂在多！"骏不从。咸数谏，骏渐不平，欲出咸为郡守。李斌曰："斥逐正人，将失人望。"乃止。杨济遗咸书曰："谚云：'生子痴，了官事。'官事未易了也。想虑破头，故具有白。"咸复书曰："卫公有言：'酒色杀人，甚于作直。'坐酒色死，人不为悔，而逆畏以直致祸，此由心不能正，欲以苟且为明哲耳。自古以直致祸者，当由矫枉过正，或不忠笃，欲以亢厉为声，故致忿耳，安有悾悾忠益而返见怨疾乎！"

杨骏以贾后险悍，多权略，忌之，故以其甥段广为散骑常侍，管机密；张劭为中护军，典禁兵。凡有诏命，帝省讫，入呈太后，然后行之。

骏为政，严碎专愎，中外多恶之。冯翊太守孙楚谓骏曰："公以外戚居伊、霍之任，当以至公、诚信、谦顺处之。今宗室强盛，而公不与共参万机，内怀猜忌，外树私昵，祸至无日矣！"骏不从。楚，资之孙也。

十月，辛酉，以刘渊为建威将军、匈奴五部大都督。

元康元年（辛亥，291）

三月，辛卯，孟观、李肇启帝，夜作诏，诬骏谋反，中外戒严，遣使奉诏废骏，以侯就第。命东安公繇帅殿中四百人讨骏，楚王玮屯司马门，以淮南相刘颂为三公尚书，屯卫殿中。段广跪言于帝曰："杨骏孤公无子，岂有反理，愿陛下审之！"帝不答。

时骏居曹爽故府，在武库南，闻内有变，召众官议之。太傅主簿朱振说骏曰："今内有变，其趣可知，必是阉竖为贾后设谋，不利于公，宜烧云龙门以胁之，索造事者首，开万春门，引东宫及外营兵拥皇太子入宫，取奸人，殿内震惧，必斩送之。不然，无以免难。"骏素怯懦，不决，乃曰："云龙门，魏明帝所造，功费甚大，奈何烧之！"侍中傅祗白骏，请与尚书武茂入宫观察事势，因谓群僚曰："宫中不宜空。"遂揖而下阶。众皆走，茂犹坐。祗顾曰："君非天子臣邪？今内外隔绝，不知国家所在，何得安坐！"茂乃惊起。骏党左军将军刘豫陈兵在门，遇右军将军裴頠，问太傅所在，頠绐之曰："向于西掖门遇公乘素车，从二人西出矣。"

豫曰："吾何之！"颇曰："宜至廷尉。"豫从颇言，遂委而去。寻诏颇代豫领左军将军，屯万春门。颇，秀之子也。皇太后题帛为书，射之城外曰："救太傅者有赏。"贾后因宣言太后同反。寻而殿中兵出，烧骏府，又令弩手于阁上临骏府而射之，骏兵皆不得出。骏逃于马厩，就杀之。孟观等遂收骏弟珧、济，张劭、李斌、段广、刘豫、武茂及散骑常侍杨邈、中书令蒋俊、东夷校尉文鸯，皆夷三族，死者数千人。

壬寅，征汝南王亮为太宰，与太保卫瓘皆录尚书事，辅政。以秦王柬为大将军，东平王楙为抚军大将军，楚王玮为卫将军、领北军中候，下邳王晃为尚书令，东安公繇为尚书左仆射，进爵为王。楙，望之子也。封董猛为武安侯，三兄皆为亭侯。

贾后族兄车骑司马模、从舅右卫将军郭彰、女弟之子贾谧与楚王玮、东安王繇，并预国政。贾后暴戾日甚，繇密谋废后，贾氏惮之。繇兄东武公澹，素恶繇，屡谮之于太宰亮曰："繇专行诛赏，欲擅朝政。"庚戌，诏免繇官；又坐有悖言，废徙带方。

太宰亮、太保瓘以楚王玮刚愎好杀，恶之，欲夺其兵权，以监海侯裴楷代玮为北军中侯，玮怒；楷闻之，不敢拜。亮复与瓘谋，遣玮与诸王之国，玮益忿怨。玮长史公孙宏、舍人岐盛，皆有宠于玮，劝玮自昵于贾后；后留玮领太子少傅。盛素善于杨骏，卫瓘恶其反覆，将收之。盛乃与宏谋，因积弩将军李肇矫称玮命，谮亮、瓘于贾后，云将谋废立。后素怨瓘，且患二公执政，己不得专恣，夏，六月，后使帝作手诏赐玮曰："太宰、太保欲为伊、霍之事，王宜宣诏，令淮南、长沙、成都王屯诸宫门，免亮及瓘官。"夜，使黄门赍以授玮。玮欲覆奏，黄门曰："事恐漏泄，非密诏本意也。"玮亦欲因此复私怨，遂勒本军，复矫诏召三十六军，告以"二公潜图不轨，吾今受诏都督中外诸军，诸在直卫者，皆严加警备；其在外营，便相帅径诣行府，助顺讨逆。"又矫诏"亮、瓘官属，一无所问，皆罢遣之；若不奉诏，便军法从事。"遣公孙宏、李肇以兵围亮府，侍中清河王遐收瓘。

亮帐下督李龙，白"外有变，请拒之"；亮不听。俄而兵登墙大呼，亮惊曰："吾无贰心，何故至此！诏书其可见乎？"宏等不许，趣兵攻之。长史刘准谓亮曰："观此必是奸谋。府中俊乂如林，犹可力战。"又不听，遂为肇所执，叹曰："我之赤心，可破示天下也。"与世子矩俱死。

卫瓘左右亦疑遐矫诏，请拒之，须自表得报，就戮未晚；不听。初，瓘为司空，帐下督荣晦有罪，斥遣之。至是，晦从遐收瓘，辄杀瓘及子孙共九人，遐不能禁。

岐盛说玮："宜因兵势，遂诛贾、郭以正王室，安天下。"玮犹豫未决。会天明，太子少傅张华使董猛说贾后曰："楚王既诛二公，则天下威权尽归之矣，人主何以自安！宜以玮专杀之罪诛之。"贾后亦欲因此除玮，深然之。是时内外扰乱，朝廷恟惧，不知所出。张华白帝，遣殿中将军王宫赍驺虞幡出麾众曰："楚王矫诏，勿听也！”众皆释仗而走。玮左右无复一人，窘迫不知所为，遂执之，下廷尉；乙丑，斩之。玮出怀中青纸诏，流涕以示监刑尚书刘颂曰：“幸托体先帝，而受枉乃如此乎！”公孙宏、岐盛并夷三族。

于是贾后专朝，委任亲党，以贾模为散骑常侍，加侍中。贾谧与后谋，以张华庶姓，无逼上之嫌，而儒雅有筹略，为众望所依，欲委以朝政。疑未决，以问裴頠，頠赞成之。乃以华为侍中、中书监，頠为侍中，又以安南将军裴楷为中书令，加侍中，与右仆射王戎并管机要。华尽忠帝室，弥缝遗阙，贾后虽凶险，犹知敬重华；贾模与华、頠同心辅政，故数年之间，虽暗主在上而朝野安静，华等之功也。

六年（丙辰，296）

夏，郝散弟度元与冯翊、北地马兰羌、卢水胡俱反，杀北地太守张损，败冯翊太守欧阳建。

征西大将军赵王伦信用嬖人琅邪孙秀，与雍州刺史济南解系争军事，更相表奏，欧阳建亦表伦罪恶。朝廷以伦挠乱关右，征伦为车骑将军，以梁王肜为征西大将军、都督雍、凉二州诸军事。系与其弟御史中丞结，皆表请诛秀以谢氐、羌；张华以告梁王肜，使诛之，肜许诺。秀友人辛冉为之说肜曰：“氐、羌自反，非秀之罪。”秀由是得免。伦至洛阳，用秀计，深交贾、郭，贾后大爱信之，伦因求录尚书事，又求尚书令；张华、裴頠固执以为不可，伦、秀由是怨之。

秋，八月，解系为郝度元所败，秦、雍氐、羌悉反，立氐帅齐万年为帝，围泾阳。御史中丞周处，弹劾不避权戚，梁王肜尝违法，处按劾之。冬，十月，诏以处为建威将军，与振威将军卢播俱隶安西将军夏侯骏，以讨齐万年。中书令陈准言于朝曰：“骏及梁王皆贵戚，非将帅之才，进不求名，退不畏罪。周处吴人，忠直勇果，有仇无援。宜诏积弩将军孟观，以精兵万人为外前锋，必能殄寇；不然，梁王当使处先驱，以不救而陷之，其败必也。”朝廷不从。齐万年闻处来，曰：“周府君尝为新平太守，有文武才，若专断而来，不可当也；或受制于人，此成禽耳！”

七年（丁巳，297）

春，正月，齐万年屯梁山，有众七万；梁王肜、夏侯骏使周处以五千兵击之。处曰：“军无后继，必败，不徒亡身，为国取耻。”肜、骏不听，逼遣之。癸丑，处与卢播、解系攻万年于六陌。处军士未食，肜促令速进，自旦战至暮，斩获甚众，弦绝矢尽，救兵不至。左右劝处退，处按剑曰：“是吾效节致命之日也！”遂力战而死。朝廷虽以尤肜，而亦不能罪也。

戎为三公，与时浮沈，无所匡救，委事僚寀，轻出游放。性复贪吝，园田遍天下，每自执牙筹，昼夜会计，常若不足。家有好李，卖之恐人得种，常钻其核。凡所赏拔，专事虚名。阮咸之子瞻尝见戎，戎问曰：“圣人贵名教，老、庄明自然，其旨同异？”瞻曰：“将无同！”戎咨嗟良久，遂辟之。时人谓之“三语掾”。

是时，王衍为尚书令，南阳乐广为河南尹，皆善清谈，宅心事外，名重当世，朝野之人，争慕效之。衍与弟澄，好题品人物，举世以为仪准。衍神情明秀，少时，山涛见之，嗟叹良久，曰："何物老妪，生宁馨儿！然误天下苍生者，未必非此人也！"乐广性冲约，与物无竞。每谈论，以约言析理，厌人之心，而其所不知，默如也。凡论人，必先称其所长，则所短不言自见。王澄及阮咸、咸从子脩、秦山胡毋辅之、陈国谢鲲、城阳王尼、新蔡毕卓，皆以任放为达，至于醉狂裸体，不以为非。胡毋辅之尝酣饮，其子谦之窥而厉声呼其父字曰："彦国！年老，不得为尔！"辅之欢笑，呼入共饮。毕卓尝为吏部郎，比舍郎酿熟，卓因醉，夜至瓮间盗饮之，为掌酒者所缚，明旦视之，乃毕吏部也。乐广闻而笑之曰："名教内自有乐地，何必乃尔！"

八年（戊午，298）

初，张鲁在汉中，賨人李氏自巴西宕渠往依之。魏武帝克汉中，李氏将五百余家归之，拜为将军，迁于略阳北土，号曰巴氐。其孙特、庠、流，皆有材武，善骑射，性任侠，州党多附之。

及齐万年反，关中荐饥，略阳、天水六郡民流移就谷入汉川者数万家，道路有疾病穷乏者，特兄弟常营护振救之，由是得众心。流民至汉中，上书求寄食巴、蜀，朝议不许，遣侍御史李苾持节慰劳，且监察之，不令入剑阁。苾至汉中，受流民赂，表言："流民十万余口，非汉中一郡所能振赡；蜀有仓储，人复丰稔，宜令就食。"朝廷从之。由是散在梁、益，不可禁止。李特至剑阁，太息曰："刘禅有如此地，面缚于人，岂非庸才邪！"闻者异之。

张华、陈准以赵王、梁王，相继在关中，皆雍容骄贵，师老无功，乃荐孟观沈毅有文武才用，使讨齐万年。观身当矢石，大战十数，皆破之。

晋武帝太康十年（己酉，公元289年）

十一月，丙辰，尚书令、济北成侯荀勖去世。荀勖才思敏捷，善于观察人君的心思，因此能巩固皇帝对他的宠爱。他长期在中书省供职，专门掌管机密要事。后来他升迁为尚书令，心中非常惆怅。有人向他贺喜，他说："夺去我的凤皇池，诸君有什么可祝贺的呢！"

晋武帝沉湎于音乐和女色，以至于得了病。杨骏嫉妒汝南王司马亮，把他排挤得离开了朝廷。甲申（十一月二十三日），任命司马亮为侍中、大司马、假黄钺、大都督、督豫州诸军事，镇守许昌。迁南阳王司马柬为秦王，都督关中诸军事。任命始平王司马玮为楚王，都督荆州诸军事。任命濮阳王司马允为淮南王，都督扬、江二州诸军事。以上诸王，都持节去他们各自的封国。立皇子司马乂为长沙王，

淝水之战

司马颖为成都王，司马晏为吴王，司马炽为豫章王，司马演为代王，皇孙司马遹为广陵王。又封淮南王的儿子司马迪为汉王，楚王的儿子司马仪为毗陵王，迁扶风王司马畅为顺阳王，司马畅的弟弟司马歆为新野公。司马畅是司马骏的儿子。封琅邪王司马觐的弟弟司马澹为东武公，司马繇为东安公。司马觐是司马伷的儿子。

当初，晋武帝把才人谢玖赐给太子，生下了皇孙司马遹。有一天夜里，皇宫中失火了，晋武帝登上楼观望。司马遹当时只有五岁，他牵着晋武帝的衣襟走进昏暗的地方，说："夜里突然出事，应当防备突如其来的变故，不可以站在亮处，让别人看到人君。"晋武帝从此认为司马遹很不一般。晋武帝曾经当着群臣称赞司马遹像晋宣帝，所以天下的人都归心敬慕司马遹。晋武帝知道太子没有才能，但是凭借司马遹的聪明才智，晋武帝才没有废黜太子的想法。晋武帝又用王佑的计谋，把太子的同母弟弟司马柬、司马玮、司马允都派出去镇守要害地区。晋武帝担心会受到杨氏的逼迫，又任王佑为北军中候，掌管皇帝的亲兵。晋武帝为了皇孙司马遹，以很高的标准挑选他身边的僚属与辅佐。散骑常侍刘寔志向与操守高洁清廉，因此被任命为广陵王司马遹的老师。

晋武帝下诏，任命刘渊为匈奴北部都尉。刘渊轻视钱财，喜好施舍，倾心与人交际，匈奴五部的豪杰之士以及幽州、冀州的名儒，多数去投奔、归附他。

晋惠帝永熙元年（庚戌，公元290年）

晋武帝病势沉重，没有遗诏。有功绩的旧臣们大多已经死亡，侍中、车骑将军杨骏独自在宫中侍候生病的晋武帝。杨骏不让大臣们守候在晋武帝身边，他趁着这个机会，擅自做主把晋武帝身边重要亲近的职位都换了人，培植他自己的心腹。这时，晋武帝的病情稍微有了好转，他看到身边的人都被更换了，就严肃地对杨骏说："你怎么能这么做呢？"这时汝南王司马亮还没有离开京都，晋武帝就命令中书作诏书，命令司马亮与杨骏一同辅佐政事，还打算选择中央的官吏中有名望的几个人协助司马亮和杨骏，杨骏从中书借来诏书观看，拿到手里就收藏起来走了。中书监华廙非常害怕，就到杨骏那里去索要诏书，杨骏最终也没有把诏书还给他。这时晋武帝又进入昏迷状态，皇后上奏任命杨骏辅政，晋武帝点头答应了她。夏季，四月，辛丑（十二日），皇后召来华廙以及中书令何劭，口头宣布晋武帝的旨意作为诏书，任命杨骏为太尉、太子太傅、都督中外诸军事、侍中、录尚书事。诏书写成之后，皇后当着华廙、何劭的面呈送给晋武帝，晋武帝看了诏书后什么也没有说。华廙是华歆的孙子。何劭是何曾的儿子。随后，催促汝南王司马亮奔赴镇所。过了不久，晋武帝的病又有了好转，他就问："汝南王来了没有？"身边的人说还没有到。这时，晋武帝病重垂危。己酉（二十日），晋武帝在含章殿去世。晋武帝器宇度量开阔宽厚，聪明通达，喜好谋划。能容纳直率的言辞，从来没有在别人面前有不庄重的仪表。

太子登基做了皇帝，大赦天下，改年号为永熙，尊杨皇后为皇太后，立太子妃贾氏为皇后。

晋惠帝下诏书，任命太尉杨骏为太傅、大都督、假黄钺，总领朝政，百官各自掌管自己的职责，听命于杨骏。傅咸对杨骏说："居丧三年的制度，已经有很久不实行了。如今皇帝谦虚，把政事委托给您，但是天下的人们并不认为这样做好，恐怕您还不容易抵挡。周公是大圣之人，尚且招来了流言蜚语，何况皇帝的年龄并不是当年成王的年龄呢！我私下认为，武帝葬事既已办完，您应当慎重考虑进退的事情了，如果可以证明您的真诚，岂在于言辞的多少呢？"杨骏不听傅咸的话，傅咸又多次劝谏，杨骏逐渐坐不住了，想把傅咸赶出朝廷让他去做郡守。李斌劝杨骏说："斥逐了正直的人，就要失去人们对你的敬仰。"杨骏才没有赶走傅咸。杨济给傅咸的信上说："俗语说：'生一个傻儿子，是因为官场上的事儿他太明白。'对官场上的事情是不宜搞得太清楚的。我为你思考忧虑脑袋都要破了，所以写信提醒你。"傅咸回信说："卫公有言：'酒色杀人，比直言杀人还要厉害。'因酒色获罪而死，人们不觉得后悔，但是却害怕由于正直而招来的祸殃，这是由于心不能正，想把苟且偷生当做明智的处世方法以保全自己。自古以来由于正直而招来了灾祸的人，是由于矫正邪恶过了头，或者是因为不是真心实意，想以严酷来博取名声，所以会招来怨恨。哪里会有忠诚恳切做好事，却反而被人憎恨的道理呢！"

杨骏因为贾后阴险蛮横又富于权术谋略而忌恨她，所以他任命自己的外甥段广为散骑常侍掌管机密要事；张劭为中护军，统领皇帝的亲兵。凡是有诏命，皇帝看过之后，呈送给太后，然后实行。

杨骏当政，严厉琐碎而又专断固执，朝廷内外的人都恨他。冯翊太守孙楚对杨骏说："您以外戚身份担当着伊尹、霍光的重任，应当以公正无私、诚实不欺、谦虚和顺为人处事。当前皇族强盛，而您却不与他们一起参与日常政务，心里怀着猜疑妒忌，在外培植亲近宠爱的人，这样下去，灾祸临头的日子就没有几天了！"杨骏也不听。孙楚是孙资的孙子。

十月，辛酉，任命刘渊为建威将军、匈奴五部大都督。

元康元年（辛亥，公元291年）

三月，辛卯（初八），孟观、李肇禀告晋惠帝，夜里撰写诏书，诬陷杨骏谋反，朝廷内外戒严，派遣使者遵诏命废除杨骏，以侯爵的身份回家。命令东安公

贾皇后围攻杨骏

司马繇率领殿中四百人讨伐杨骏，楚王司马玮驻守在司马门，任命淮南相刘颂为三公尚书，驻兵守卫殿中。段广跪着对晋惠帝说：“杨骏孤单没有儿子，岂有谋反的道理，希望陛下慎重考虑。”晋惠帝不回答。

当时杨骏住在曹爽从前的宅第，位置在武器库南边，他听到皇宫内有变动，就召集各位官员商议。太傅主簿朱振劝说杨骏道：“现在宫中发生了事变，它的趋向可以知道，一定是那些宦官给贾皇后出的主意，对您很不利。应当烧了云龙门逼迫他们，索要起事者的人头，打开万春门，带领东宫以及外营兵围护着皇太子进宫，捉拿恶人，宫殿之内震动恐惧，必定会斩肇事者送来，不这样的话，没有办法免于灾难。”杨骏素来怯懦，下不了决心，说道：“云龙门是魏明帝所造，劳力、耗费非常大，为什么要把它烧了？”侍中傅祗禀告杨骏，请求和尚书武茂进宫观察事态的发展，他对官员们说：“宫中不宜空虚。”然后拱手行礼下了台阶。官员们都跑了，武茂还坐在那里。傅祗回过头对他说：“你难道不是天子的臣下吗？如今内外隔绝，不知道天子在哪里，你怎么还能坐得住呢？”武茂于是惊觉而起。杨骏的党羽、左军将军刘豫，领兵列阵守候在门外，遇到右军将军裴頠，他问裴頠杨骏在哪里，裴頠欺骗他说：“我刚才在西掖门遇到杨骏，他乘着白色的车子，有两个人跟着他向西去了。”刘豫说：“我应该去哪里？”裴頠说：“应该去廷尉。”刘豫听从裴頠的话，就把士兵托付给裴頠后他就走了。不久，命令裴頠代替刘豫兼任左军将军，驻守万春门。裴頠是裴秀的儿子。皇太后把信写在绢帛上，用箭射出城外，上面写着“救太傅者有赏”。贾后就利用这件事宣称，太后与杨骏一起谋反。不久，宫中的士兵们出去了，放火烧杨骏的府第，弓弩手在楼阁上对着杨骏的府第放箭，杨骏的士兵们没有办法出来。杨骏逃到马房里，被人杀死在那里。孟观等人于是拘捕了杨骏的弟弟杨珧、杨济，张劭、李斌、段广、刘豫、武茂以及散骑常侍杨邈、中书令蒋俊、东夷校尉文鸯，这些人都被夷灭三族，被处死的人有几千。

壬寅（三月十九日），征召汝南王司马亮任太宰，与太保卫瓘都任录尚书事，辅佐朝政。任命秦王司马柬为大将军，东平王司马楙为抚军大将军，楚王司马玮为卫将军、兼北军中侯，下邳王司马晃为尚书令，东安公司马繇为尚书左仆射，晋升爵位为王。司马楙是司马望的儿子。封董猛为武安侯，他的三个哥哥都被封为亭侯。

贾皇后同族哥哥、车骑司马贾模，贾皇后母亲的堂兄弟、可卫将军郭彰，贾皇后妹妹的儿子贾谧，与楚王司马玮、东安王司马繇一起参与国政。贾皇后的凶恶乖张一天比一天厉害，司马繇秘密谋划要废掉贾皇后，贾氏很害怕。司马繇的哥哥、东武公司马澹，平时就憎恨司马繇，多次在太宰司马亮面前诬陷司马繇说："司马繇擅自决定惩罚与赏赐，他这是要独揽朝政。"庚戌（二十七日），皇帝下诏书免去司马繇的官职，又因为有忤逆言论而获罪，被废黜，迁徙到带方县。

太宰司马亮、太保卫瓘，由于楚王司马玮傲慢固执又喜好杀人，因而憎恨他，想夺了他的兵权，让临海侯裴楷代替司马玮担任北军中候的职务。司马玮大怒，裴楷听说以后，不敢接受北军中候的官职。司马亮又和卫瓘在一起密谋，派司马玮和各诸侯王去自己的封国，司马玮越发愤恨不满。司马玮的长史公孙宏、舍人岐盛，都受到司马玮的宠爱，他们劝说司马玮主动去亲近贾皇后，贾皇后就留下司马玮兼任太子少傅。岐盛从前与杨骏友好，卫瓘厌恶他变化无常，将要拘捕他。岐盛就和公孙宏谋划，依靠积弩将军李肇，诈称是司马玮的命令，在贾皇后面前诬陷司马亮和卫瓘，说他们将要谋划废立君王的事情。贾皇后平时就怨恨卫瓘，而且担心司马亮与卫瓘执掌朝政，她就不能专断放纵了。夏季，六月，贾皇后指使晋惠帝亲笔撰写诏书赐予司马纬，诏书说："太宰、太保想做伊尹、霍光做过的事情，你应当宣布诏命，命令淮南王、长沙王、成都王驻守各宫门，免去司马亮及卫瓘的官职。"夜里，派宦官黄门送诏书授予司马玮。司马玮想重新上奏，黄门说："事情害怕泄露出去，这可不是密诏的本意。"司马玮也想借这个机会报复私人的怨恨，于是统率自己的部队，又诈称皇帝的诏命召集三十六军，向他们宣告说："司马亮与卫瓘，暗中图谋不轨之事，我今天接受了皇帝的命令统领朝廷内外各军，各位正在值勤、担任卫护、防守之职的人，都要严加警备。在外的部队，就互相跟从直接去朝廷委派的机构，协助天道，讨伐叛逆。"还伪称皇帝命令说："司马亮、卫瓘的下属官吏，一概不问，全部罢免遣散。如果有不服从命令的，按照军法处置。"司马玮派遣公孙宏、李肇领兵包围了司马亮的住宅，让侍中、清河王司马遐去逮捕卫瓘。

司马亮的帐下督李龙，禀告司马亮说："外面发生了变乱，请求抵抗。"司马亮没有同意。过了一会儿，士兵爬上墙头大声喊叫，司马亮吃惊地说："我没有二心，为什么到了如此地步！我可以看一看诏书吗？"公孙宏等人不答应，催促士兵加紧进攻。长史刘准告诉司马亮说："我观察这肯定是邪恶的阴谋。府里有才能的人很多，还可以尽力作战。"司马亮还是不同意，于是被李肇抓住，他感叹说："我的真诚的心，可以剖开让天下的人看一看。"司马亮和他的长子司马矩一起被处死。

卫瓘的手下人也怀疑司马遐是假冒皇帝诏命，请求卫瓘抵抗，等候上表有了答复，再听任惩罚也不迟，但是卫瓘不听从劝告。当初，卫瓘任司空的时候，帐下督荣晦犯了罪，卫瓘斥责并且赶走了他。到了此时，荣晦跟随司马遐拘捕了卫瓘，自做主张杀了卫瓘及其子孙一共九人，司马遐都制止不住。

岐盛劝说司马玮："应当借着军队的气势，顺便除掉贾、郭，以扶正王室，安定天下。"司马玮犹豫不决。这时天亮了，太子少傅张华派董猛劝说贾后道："楚王已经杀了司马亮和卫瓘，天子的威势权力全都归属于他了，君王还能依赖什么得到安稳呢？应当凭着司马玮专擅杀人的罪行惩处他。"贾皇后也想乘此机会除掉司马玮，所以深深地赞同这一主张。这时内外混乱，朝廷纷乱恐惧，不知如何是好。张华禀告晋惠帝，派遣殿中将军王宫拿着标有义兽驺虞的旗帜指挥众人说："楚王诈称皇帝命令，不要听他的话。"众人都放下兵器逃走了，司马玮的身边一个人也没有了，他窘迫得不知所措，于是就逮捕了他，押到廷尉，乙丑，杀了他。司马玮临死以前掏出藏在怀里的青纸诏书，流着泪拿给监刑尚书刘颂看，说："我幸运地托先帝之体而出生，但是却蒙受了如此的冤屈啊！"公孙宏、岐盛都被夷灭三族。

从此以后，贾皇后独揽朝政，信任亲族，任命贾模为散骑常侍，兼领侍中。贾谧和贾皇后谋划，认为张华不是世家大姓，没有胁迫皇帝的嫌疑，而且张华儒雅有谋略，又是众望所归之人，就想把朝政托付给张华，但是还犹豫不定，就去询问裴頠的意见，裴頠赞成这个决定。于是就任命张华为侍中、中书监，裴頠任侍中。又任命安南将军裴楷为中书令，兼领侍中，和右仆射王戎一起掌管机密要事。张华对皇帝的家族竭尽了忠诚，弥补缝合朝政中的过失、遗漏，贾皇后虽然凶暴阴险，却还知道敬重张华。贾模与张华、裴頠同心合力辅佐国政，所以几年之内，虽然是昏庸的君王居于皇帝之位，但是朝野上下安稳平静，这全都是张华等人的功劳。

六年（丙辰，公元296年）

夏季，郝散的弟弟郝度元与冯翊、北地的马兰羌人、卢水胡人一起造反，杀了北地太守张损，打败了冯翊太守欧阳建。

征西大将军、赵王司马伦信任使用他所宠爱的琅邪人孙秀。司马伦和雍州刺史、济南人解系为军事方面的事情争斗起来，他们争相上表禀奏，欧阳建也上表陈述司马伦的罪恶。朝廷因为司马伦扰乱关右地区，征召司马伦任车骑将军，任命梁王司马肜为征西大将军、都督雍、凉二州诸军事。解系和他的弟弟、御史中丞解结，都上表请求杀孙秀以向氐、羌人谢罪，张华把这件事告诉了梁王司马肜，让司马肜杀孙秀，司马肜应允了。孙秀的朋友辛冉替孙秀向司马肜说情道："氐、羌自己起来造反，并不是孙秀的罪过。"孙秀因此免去一死。司马伦到了洛阳，采用孙秀的计谋，下功夫去结交贾、郭，贾皇后对他十分宠爱信任，司马伦趁机索求录尚书事的职务，还请求担任尚书令，张华、裴頠很坚决地不同意，司马伦、孙秀从此就憎恨张华和裴頠了。

秋季，八月，解系被郝度元打败了，秦、雍地区的氐、羌全都叛变了，立氐统帅齐万年为帝，包围了泾阳。御史中丞周处，检举官吏的过失、罪状，不回避有权势的皇亲国戚。梁王司马肜曾经违犯法律，周处审查揭发了他。冬季，十一月，皇帝下诏任命周处为建威将军，与振威将军卢播都隶属于安西将军夏侯骏，让他们去讨伐齐万年。中书令陈准向朝廷进言说："夏侯骏和梁王都是皇帝的亲族，并不是将帅之才，他们进也不求名誉，退又不怕犯罪。周处是吴人，忠诚正直，勇敢果断，有仇人却没有援助他的人。应当命令积弩将军孟观，率领一万精兵担任周处的前锋，一定能够消灭敌人。不然的话，梁王就会让周处担任前锋，不去救援他而陷害他，那么失败就是必然的了。"朝廷不按他的意见办。齐万年听说周处来了，说："周府君曾经任职新平太守，能文能武。他如果是有全权处置的权力而来，就会不可抵挡，如果他被别人所控制，那么我这次就能捉住他了！"

七年（丁巳，公元297年）

春季，正月，齐万年驻守梁山，有部众七万人。梁王司马肜、夏侯骏派周处率领五千士兵攻打齐万年。周处说："军队没有后面的接续，必然要失败，这不只是个人丧命，还会给国家带来耻辱。"司马肜、夏侯骏不听他的劝告，逼着他出发。癸丑（初四），周处与卢播、解系在六陌攻打齐万年。周处军队的士兵们还没有吃饭，司马肜就催促命令他们马上进攻，从早上一直战斗到晚上，斩杀俘获了大批敌军。周处的军队弓弦断了，箭矢用尽了，救兵就是不来。周处身边的人劝他撤退，他抚摸长剑说道："这正是我效忠舍命的日子。"于是拼力作战，直到战死。朝廷虽然因此而责怪司马肜，但是也不能治他的罪。

王戎担任三公，随着当时的趋向升降、沉浮，对于国家的政事没有匡正与救助。他把事情委托给下属，轻身外出游玩。他生性贪婪、吝啬，园林、田地遍天下，时常独自手持筹码，昼夜计算，常常好像不满足的样子。他自己家里种的李子非常好，卖出去恐怕别人得到种子，就在李子核上钻了洞。他所赏识提拔的人也都只看虚名。阮咸的儿子阮瞻曾经与王戎会面。王戎问他说："圣人看重名分，老、庄明了自然，他们的宗旨是相同还是不同？"阮瞻说："将无同！"王戎赞叹不已，于是征召阮瞻，当时的人们称之为"三语掾"。

当时，王衍担任尚书令，南阳人乐广任河南尹，他们都喜好清谈，存心于事务之外，在当时很有名望，朝野上下倾慕他们并争相仿效。王衍和他的弟弟王澄，喜好评论人物并定其高下，当世之人都把他们的评价作为标准。王衍精神意态聪明秀美。他小的时候，山涛见到了他，赞叹了很久，说："什么样的老妇人，生下了这样的好孩子！但是妨害天下百姓的人，未必就不是这个人。"乐广性情淡泊谦和，简约，清明广远，与世无争。他谈论起来，总是以简略的语言辨析事理，使人感到心服、满足，对于他所不知道的事情，他就保持沉默。他谈论人，必定先称赞这个人的长处，那么这人的短处不用他说自然也就显现出来了。王澄以及阮咸、阮咸的侄子阮修、泰山人胡毋辅之、陈国人谢鲲、城阳人王尼、新蔡人毕卓，都以放纵任性为通达，甚至喝醉了酒发狂，裸体，也不觉得有什么不好。胡毋辅之曾经畅饮，他的儿子胡毋谦之见到了，厉声叫着他的字说："彦国，你是上了年纪的人了，不应当这样做！"胡毋辅之欢喜地笑起来，叫他过来一起喝酒。毕卓曾经任职吏部郎，邻室的主人酿造的酒熟了，毕卓喝醉了酒。夜里，溜到放置酒瓮的房间里去偷酒喝，被看管酒的人捆绑起来，第二天早晨一看，原来是毕吏部。乐广听说以后笑他说："名分礼教之内自有欢乐之处，何必如此！"

八年（戊午，公元298年）

当初，张鲁在汉中，賨人李氏从巴西宕渠去依附张鲁。魏武帝攻克了汉中，李氏带领五百多家归附魏武帝，被授予将军职，迁移到略阳以北地区，称号为巴氐。李氏的孙子李特、李庠、李流，都有材力而又勇武，善于骑马射箭，性格仗义抱不平，州中与之志同道合的人都去归附他们。

到了齐万年造反的时候，关中连年庄稼不熟，略阳、天水六个郡的老百姓流亡、迁移，寻找粮谷进入汉川的有几万家。路上处处见到有了病和穷苦的人，李特兄弟经常救助赈济、保护这些人，从此得到了众人之心。流亡的百姓到了汉中，上书请求在巴、蜀寄食，朝廷议政时不允许，派遣侍御史李苾持符节慰劳，同时监督他们，不让他们进入剑阁。李苾到了汉中，接受了流民的贿赂，上表说："流民有十万多人，不是汉中一个郡所能够救济的，蜀地有粮食储备，人又丰足富裕，可以让流民去那里解决吃饭问题。"朝廷听从了李苾的意见。从此，流民散布于梁州、益州，不能禁止。李特到了剑阁，不由得长叹说："刘禅拥有这样的地方，竟然投降了别人，难道不是才能平庸、低下的人吗？"听到他的话的人，都觉得他不一般。

赵王和梁王相继在关中，他们都悠闲自得，傲慢尊贵，不理军事，部队长久无事，没有机会建立功劳。张华和陈准基于这个原因，就推荐孟观，说他深沉刚毅，文武双全，派他去讨伐齐万年。孟观亲临战阵，以身体迎着敌人的石头箭矢，大战十几次，每一次都打败了敌人。

第八十三卷　晋纪五

译文诵读

孝惠皇帝上之下元康九年（己未，299）

春，正月，孟观大破氐众于中亭，获齐万年。

秋，八月，以裴頠为尚书仆射。頠虽贾后亲属，然雅望素隆，四海惟恐其不居权位。寻诏頠专任门下事，頠上表固辞，以“贾模适亡，复以臣代之，崇外戚之望，彰偏私之举，为圣朝累。”不听。或谓頠曰：“君可以言，当尽言于中宫；言而不从，当远引而去。傥二者不立，虽有十表，难以免矣。”頠慨然久之，竟不能从。

帝为人戆骏，尝在华林园闻虾蟆，谓左右曰：“此鸣者，为官乎，为私乎？”时天下荒馑，百姓饿死，帝闻之曰：“何不食肉糜？”由是权在群下，政出多门，势位之家，更相荐托，有如互市。贾、郭恣横，货赂公行。南阳鲁褒作《钱神论》以讥之曰：“钱之为体，有《乾》、《坤》之象，亲之如兄，字曰孔方。无德而尊，无势而热，排金门，入紫闼，危可使安，死可使活，贵可使贱，生可使杀。是故忿争非钱不胜，幽滞非钱不拔，怨仇非钱不解，令闻非钱不发。洛中朱衣、当涂之士，爱我家兄，皆无已已，执我之手，抱我终始。凡今之人，惟钱而已！”

初，广城君郭槐，以贾后无子，常劝后使慈爱太子。贾谧骄纵，数无礼于太子，广城君恒切责之。广城君欲以韩寿女为太子妃，太子亦欲婚韩氏以自固；寿妻贾午及后皆不听，而为太子聘王衍少女。太子闻衍长女美，而后为贾谧聘之，心不能平，颇以为言。及广城君病，临终，执后手，令尽心于太子，言甚切至。又曰：“赵粲、贾午，必乱汝家事；我死后，勿复听入。深记吾言！”后不从，更与粲、午谋害太子。

太子幼有令名，及长，不好学，惟与左右嬉戏，贾后复使黄门辈诱之为奢靡威虐。由是名誉浸减，骄慢益彰，或废朝侍而纵游逸，于宫中为市，使人屠酤，手揣斤两，轻重不差。其母，本屠家女也，故太子好之。东宫月俸钱五十万，太子常探取二月，用之犹不足。又令西园卖葵菜、蓝子、鸡、面等物而收其利。又好阴阳小数，多所拘忌。洗马江统上书陈五事：“一曰虽有微苦，宜力疾朝侍。二曰宜勤见保傅，咨询善道。三曰画室之功，可宜减省，后园刻镂杂作，一皆罢遣。四曰西园卖葵、蓝之属，亏败国体，贬损令闻。五日缮墙正瓦，不必拘挛小忌。”太子皆不从。中舍人杜锡，恐太子不得安其位，每尽忠谏，劝太子修德业，保令名，言辞恳切。太子患之，置针著锡常所坐毡中，刺之流血。锡，预之子也。

太子性刚，知贾谧恃中宫骄贵，不能假借之。谧时为侍中，至东宫，或舍之，于后庭游戏。詹事裴权谏曰：“谧，后所亲昵，一旦交构，则事危矣。”不从。谧谮太子于后曰：“太子多畜私财以结小人者，为贾氏故也。若宫车晏驾，彼居大位，依杨氏故事，诛臣等，废后于金墉，如反手耳。不如早图之，更立慈顺者，可以自安。”后纳其言，乃宣扬太子之短，布于远近。又诈为有娠，内藁物、产具，取妹夫韩寿子慰祖养之，欲以代太子。

于时朝野咸知贾后有害太子之意，中护军赵俊请太子废后，太子不听。左卫率东平刘卞，以贾后之谋问张华，华曰：“不闻。”卞曰：“卞自须昌小吏，受公成拔以至今日。士感知己，是以尽言；而公更有疑于卞邪！”华曰：“假令有此，君欲如何？”卞曰：“东宫俊乂如林，四率精兵万人；公居阿衡之任，若得公命，皇太子因朝入录尚书事，废贾后于金墉城，两黄门力耳。”华曰：“今天子当阳，太子，人子也，吾又不受阿衡之命，忽相与行此，是无君父而以不孝示天下也。况权戚满朝，威柄不一，成可必乎！”贾后常使亲党微服听察于外，颇闻卞言，乃迁卞为雍州刺史。卞知言泄，饮药而死。

贾后使董猛矫以长广公主辞白帝曰：“事宜速决，而群臣各不同，其不从诏者，宜以军法从事。”议至日西，不决。后见华等意坚，惧事变，乃表免太子为庶人，诏许之。于是使尚书和郁等持节诣东宫，废太子为庶人。太子改服出，拜受诏，步出承华门，乘粗犊车，东武公澹以兵杖送太子及妃王氏、三子虨、臧、尚同幽于金墉城。王衍自表离婚，许之，妃恸哭而归。杀太子母谢淑媛及虨母保林蒋俊。

永康元年（庚申，300）

赵王伦、孙秀将讨贾后，告右卫佽飞督闾和，和从之，期以癸巳丙夜一筹，以鼓声为应。癸巳，秀使司马雅告张华曰：“赵王欲与公共匡社稷，为天下除害，使雅以告。”华拒之。雅怒曰：“刃将在颈，犹为是言邪！”不顾而出。

及期，伦矫诏敕三部司马曰：“中宫与贾谧等杀吾太子，今使车骑入废中宫，汝等皆当从命，事毕，赐爵关中侯，不从者诛三族。”众皆从之。又矫诏开门，夜入，陈兵道南，遣翊军校尉齐王冏将百人排阁而入，华林令骆休为内应，迎帝幸东堂，以诏召贾谧于殿前，将诛之。谧走入西钟下，呼曰：“阿后救我！”就斩之。贾后见齐王冏，惊曰：“卿何为来？”冏曰：“有诏收后。”后曰：“诏当从我出，何诏也！”后至上阁，遥呼帝曰：“陛下有妇，使人废之，亦行自废矣。”是时，梁王肜亦预其谋，后问冏曰：“起事者谁？”冏曰：“梁、赵。”后曰：“系狗当系颈，反系其尾，何得不然！”遂废后为庶人，幽之于建始殿。收赵粲、贾午等付暴室考竟。诏尚书收捕贾氏亲党，召中书监、侍中、黄门侍郎、八座皆夜入殿。尚书始疑诏有诈，郎师景露版奏请手诏，伦等斩之以徇。

伦阴与秀谋篡位，欲先除朝望，且报宿怨，乃执张华、裴頠、解系、解结等于殿前。华谓张林曰："卿欲害忠臣邪？"林称诏诘之曰："卿为宰相，太子之废，不能死节，何也？"华曰："式乾之议，臣谏事具存，可覆按也。"林曰："谏而不从，何不去位？"华无以对。遂皆斩之，仍夷三族。

于是赵王伦称诏赦天下，自为使持节、都督中外诸军事、相国、侍中，一依宣、文辅魏故事，置府兵万人，以其世子散骑常侍荂领冗从仆射，子馥为前将军，封济阳王；虔为黄门郎，封汝阴王；诩为散骑侍郎，封霸城侯。孙秀等皆封大郡，并据兵权，文武官封侯者数千人，百官总己以听于伦。伦素庸愚，复受制于孙秀。秀为中书令，威权振朝廷，天下皆事秀而无求于伦。

九月，改司徒为丞相，以梁王肜为之，肜固辞不受。

伦及诸子皆顽鄙无识，秀狡黠贪淫，所与共事者，皆邪佞之士，惟竞荣利，无远谋深略，志趣乖异，互相憎嫉。秀子会为射声校尉，形貌短陋，如奴仆之下者，秀使尚帝女河东公主。

晋惠帝元康九年（己未，公元299年）

春季，正月，孟观在中亭击溃氏人，抓获齐万年。

秋季，八月，任命裴頠为尚书仆射。裴頠虽然是皇后贾氏的亲属，但是美好的声名一直广为人知，各地都惟恐他不能担当重要的职务。不久，惠帝下诏书让裴頠独掌门下事要职。裴頠上书惠帝坚持推辞，说："贾模刚刚去世，又让我来取代他的职位，这样提高外戚的声望，显露出偏向和私情的安排，会给神圣的朝廷带来麻烦。"惠帝不同意。有人对裴頠说："您有说话的机会，还应该对皇后详细地说。说了仍然不同意，那就应远远地离去。假如这两条路都不走，即使上书十次，也难以逃脱灾祸。"裴頠感慨了好久，但终究也没有听从。

惠帝为人愚鲁痴呆，一次在华林园听到蛤蟆的叫声。就问左右随从说："这叫的东西，是为公事叫呢！还是为私事叫呢？"当时天下灾荒饥馑，有的百姓都饿死了，惠帝听到后说："他们为什么不吃肉粥呢？"因此权力都由手下的小人掌握，政令出自许多部门而不能统一发布，有权势地位的人家互相推举，如同市场交易。贾氏、郭氏肆意妄为，官场上贿赂公然进行。南阳人鲁褒作了一篇《钱神论》讥讽这种现象说："钱的形象，像天地一样有圆有方，人们亲它爱它如同兄弟，尊称它叫'孔方兄'。没有美德而倍受尊崇，没有权势而炙手可热，出入宫廷高门，可以转危为安，起死复生，变尊贵为卑贱，置活人于死地。所以愤怒争执时没有钱就不能取胜，冤屈困厄时没有钱就不能得救，冤家仇敌没有钱就不能解怨释仇，美好的声誉没有钱就不能传播。当今都城的王公贵族，权势要人，个个爱我们孔方兄而没有休止，拿钱的手，紧抱着钱始终不放松。当今的人心中只有钱罢了。”

当初，广城君郭槐，因为皇后贾氏没有孩子，经常劝皇后，让她慈爱太子。贾谧骄横放肆，多次对太子无礼，广城君经常严厉地叱责他。广城君打算让韩寿的女儿去做太子妃，太子也想与韩氏联姻以稳固自己的地位。韩寿的妻子贾午及皇后都不同意，却为太子聘定王衍的小女儿。太子听说王衍的大女儿长得漂亮，而皇后却为贾谧聘定了她，太子心里愤愤不平，有一些不满的话。等到广城君病危，临终时拉住贾皇后的手，叫她对太子尽心，言辞非常恳切中肯。又说：“赵粲、贾午，一定会把你家的事搅乱，我死后，不要再听任他们随便进宫，请用心记住我的话！”皇后没有听从广城君的告诫，又与赵粲、贾午图谋陷害太子。

太子年幼时有好的名声，长大后却不喜欢学习，只知道与周围的人嬉笑玩耍，贾皇后又让宦官之类人引诱他，使他变得奢侈挥霍又骄横暴虐。因此太子的声誉与日俱下，而骄横傲慢却日益突出，有时沉溺于游乐之中，竟不顾每日清晨问候侍奉皇帝的规定。还在宫中做买卖让手下人买卖酒肉，太子亲手掂量分量，斤两竟不差分毫。太子的母亲，原来就是屠夫家的女儿，所以太子也爱好卖肉。太子每月有五十万钱的俸禄，却经常预支两个月，还不够花销。又让西园出售蔬菜，蓝草籽、鸡、面粉等物品，以此赚钱。太子还爱好阴阳家的小把戏，平常有很多禁戒忌讳。任太子洗马职的江统给他上书，陈述五件事：“一、即使稍微有些小病痛，也应勉力支撑遵守每日清晨问候、侍奉皇帝的规定。二、应当经常面见师傅，向他们请教为善的道理。三、雕画宫室的事，应当减少或免去，在后园雕刻之类的劳作，也同时都取消。四、西园卖菜之类的行为，损害国家的形象，也贬低自己的声誉。五、对修缮墙壁房屋之类，没有必要拘泥于琐细的忌讳。”太子都没有接受。中舍人杜锡，担心太子的地位不稳定，经常尽心尽意地劝谏，规劝太子修习有关德行品性的功业，维护好的名声，言辞恳切。太子反倒怨恨杜锡，把针放在杜锡经常坐的毡子中，杜锡被针扎得流血。杜锡是杜预的儿子。

太子性格刚愎，知道贾谧倚仗皇后的势力而傲慢高贵，不能容忍和敷衍贾谧。贾谧当时担任侍中，到太子住处时，太子有时就把他撇在一边，自己到后边庭园游玩。太子的官员詹事裴权劝谏太子说：“贾谧是皇后所亲近溺爱的人，一旦他进谗言，那情况就危险了。”太子不接受。果然贾谧向皇后进谗言陷害太子说：“太子储备很多私财用来结交小人，就是因为图谋您的缘故。如果皇帝驾崩，他登上皇位，一定会按照您过去对杨骏、太后的做法来对待您，对他来说，诛杀我们，把您废黜并囚禁在金墉城，易如反掌。还不如早做打算，重新立一个心慈而顺从的人为太子，这样您就能够安全了。”皇后采纳了贾谧的计策，就宣扬太子的短处，并广为传播。还假称自己已怀孕，在宫内准备了禾草之类的工具，接来妹夫韩寿的儿子韩祖慰来抚养，计划让韩祖慰来取代太子。

这时朝廷内外都知道贾皇后有谋害太子的想法，中护军赵俊请太子废掉皇后，太子没有听从。左卫率东平人刘卞，向张华询问贾皇后的图谋，张华说："不知道。"刘卞说："我本来是须昌的小官吏，受您的成全提拔才有今天。为士的感念知遇之恩，所以言无不尽；可您却对我有重重疑虑！"张华说："如果贾皇后有这种图谋，您打算怎么办？"刘卞说："太子身边聚集着很多有才能的俊杰，护卫太子的左卫率、右卫率、前卫率、后卫率统辖着一万精兵。您身居辅导国君、主持国政的要职。如果能够得到您的命令，皇太子便入朝总领录尚书事，这样把贾皇后废黜在金墉城，只需两个小宦官的力量而已。"张华说："现在天子治理国家，太子是他的儿子，我又没有接受主持国政的使命，匆匆与太子干这样的事，这是无视君主、无视父亲而把自己的不孝向天下展示的举动。何况有权势的外戚充满朝廷，威权不出于一处，能有一定成功的把握吗？"当时，贾皇后常常派亲近党羽隐蔽身份在朝廷外探听察看，听到了一些有关刘卞要协助太子废黜皇后的言论，于是就将刘卞调任为雍州刺史。刘卞知道自己的话已泄露出去，就服毒自杀。

贾皇后又让董猛假托长广公主的言辞对惠帝说："这件事应当尽快决断，而大臣们意见还不相同，对那些不同意这个诏令的，应当按照军法处理。"大臣们商议到太阳偏西，还没有议定。皇后见张华等大臣态度坚决，害怕事情发生变化，就建议把太子贬黜为平民，惠帝批准了这个建议。于是派遣尚书和郁等拿着符节到东宫，废黜太子为平民。太子更换了衣服出去，拜接了诏书，走出承华门，乘坐粗陋的牛车，东武公司马澹带领一队兵士押送太子及妃子王氏，还有司马彪、司马臧、司马尚三个儿子到金墉城关押起来。王衍上表请求让女儿与太子离婚，得到同意，妃子王氏恸哭着回到娘家。惠帝处死了太子的母亲谢淑媛以及具有保林身份的司马彪之母蒋俊。

永康元年（庚申，公元300年）

赵王司马伦和孙秀打算征讨贾皇后，告诉了右卫飞督闾和，闾和同意，约定癸巳（四月初三）三更一点的时候，以鼓声为号。癸巳（初三），孙秀派司马雅告诉张华说："赵王司马伦打算与您一起共同扶助朝廷。为天下除害，派我来通知您。"张华拒绝。司马雅生气地说："刀都要架在脖子上了，还说这样的话吗！"头也不回，就走了。

到了约定的时候，司马伦假称惠帝诏令，命令皇宫禁卫军三部司马说："皇后与贾谧等人杀害朕的太子。现在派车骑将军进宫废黜皇后，你们都应该服从，事情结束，赐予关中侯的爵位。不服从的人，诛杀三族。"大家都听从了司马伦。又假称惠帝诏令骗开宫门，趁夜晚进去，把兵卒安排在路的南侧。派翊军校尉齐王司马冏带领一百兵士推开小门进去，华林园令骆休为内应，接惠帝到东堂，用诏令宣召贾谧到殿前，将要诛杀他，贾谧跑到西钟下面，大呼："皇后救救我！"随即被斩首。贾皇后看到齐王司马冏，吃惊地问："你为什么来这儿？"司马冏说："有诏令要逮捕您。"皇后说："诏书应该从我这儿发出，哪来的什么诏书！"皇后到门口，远远地向惠帝呼喊："陛下有妻子，却让人废黜，也就等于自己将要被废黜。"这时，梁王司马肜也事先知道这个计划，贾皇后问司马冏说："图谋起事的是谁？"司马冏说："梁王和赵王。"皇后说："系狗应该系狗的脖颈，却反倒系在狗的尾巴上，怎么能不有这样的结果呢？"于是皇后被废黜为平民，囚禁在建始殿。又逮捕赵粲、贾午等人送往暴室狱拷问罪行，下诏命令尚书逮捕贾氏亲信党羽，宣召中书监、侍中、黄门侍郎等八部门的高级官员连夜入殿。尚书起初怀疑诏书是假的，尚书郎师景用公文奏请惠帝的亲笔诏书，司马伦等人就将他杀了昭示大臣。

司马伦暗地与孙秀图谋篡夺皇位，打算先除掉朝廷中有名望的大臣，并且借机报复过去曾结怨的人，就把张华、裴頠、解系、解结等人押到宫殿前。张华对张林说："你想谋害忠臣吗？"张林声称惠帝在诏书中质问张华说："你身为宰相，太子被废黜，却不能为气节而死，这是为什么呢？"张华说："式乾殿前的争议，我劝谏皇帝的过程全部都记录留存下来，可以复查。"张林说："劝谏而不被采纳，为什么不辞职？"张华无言以对。于是把他们全部杀了，并诛杀三族。

于是赵王司马伦假称圣旨，赦免天下罪犯，自己担任持节都督、都督中外诸军事，相国、侍中等显要官职，完全模仿当年宣帝、文帝辅佐曹魏王朝时所为。设置一万府兵，让他的长子散骑常侍司马荂任冗从仆射。儿子司马馥为前将军，封为济阳王；司马虔为黄门郎，封为汝阴王；司马诩为散骑侍郎，封为霸城侯。对孙秀等人都封给大郡，并让他们掌握兵权，文武官员有几千人封侯，百官都维持自己的职务以听命于司马伦。司马伦品性平庸而愚蠢，不久又受制于孙秀。孙秀任中书令，权力威势震慑朝廷，全国都侍从孙秀而用不着请示司马伦。

孙秀在朝中商议为相国司马伦加赐九锡，文武百官没有谁敢提出不同意见。只有吏部尚书刘颂说："过去东汉封曹魏九锡，曹魏封晋九锡，都是当时的特殊运用，不能认为是通例。周勃、霍光，他们的功勋卓著，都没有听说给他们加赐九锡。"张林听后特别愤怒，把刘颂当做张华的党羽，要杀掉刘颂。孙秀说："杀张华、裴頠已经造成不良影响，不能再杀刘颂。"张林才没有动手。司马伦等让刘颂担任光禄大夫。于是下诏加赐司马伦九锡，又升任司马伦的儿子司马荂为抚军将军，司马虔为中军将军，司马诩为侍中。又升孙秀为侍中、辅国将军，相国司马、右卫率等职仍由他兼任。张林等人都高居显要官职。把相府兵增加为两万人，与皇宫禁卫的人数相同，加上司马伦所隐藏未让朝廷知道的兵，总数超过三万。

九月，改司徒之职为丞相，让梁王司马肜担任，司马肜坚持推辞而不接受。

司马伦和他的几个儿子都顽劣粗鄙没有见识，孙秀则狡黠贪婪过人，与他在一起共事的，都是奸邪投机的人，只知竞相追名逐利，没有深谋远虑，志向趣味也各不相同，并且互相厌恶嫉妒。孙秀的儿子孙会担任射声校尉，形体短小相貌丑陋，就像下层作奴仆杂役的人。孙秀却让他娶了惠帝的女儿河东公主。

第八十四卷　晋纪六

译文诵读

孝惠皇帝中之上永宁元年（辛酉，301）

相国伦与孙秀使牙门赵奉诈传宣帝神语云："伦宜早入西宫。"散骑常侍义阳王威，望之孙也，素谄事伦，伦以威兼侍中，使威逼夺帝玺绶，作禅诏，又使尚书令满奋持节、奉玺绶禅位于伦。左卫将军王舆、前军将军司马雅等帅甲士入殿，晓谕三部司马，示以威赏，无敢违者。张林等屯守诸门。乙丑，伦备法驾入宫，即帝位。赦天下，改元建始。帝自华林西门出居金墉城，伦使张衡将兵守之。

孙秀专执朝政，伦所出诏令，秀辄改更与夺，自书青纸为诏，或朝行夕改，百官转易如流。张林素与秀不相能。且怨不得开府，潜与太子荂笺，言："秀专权不合众心，而功臣皆小人，挠乱朝廷，可悉诛之。"荂以书白伦，伦以示秀。秀劝伦收林。杀之。夷其三族。秀以齐王冏、成都王颖、河间王颙，各拥强兵，据方面，恶之。乃尽用其亲党为三王参佐，加冏镇东大将军、颖征北大将军，皆开府仪同三司，以宠安之。

初，梁州刺史罗尚，闻赵廞反，表："廞非雄才，蜀人不附，败亡可计日而待。"诏拜尚平西将军、益州刺史，督牙门将王敦、蜀郡太守徐俭、广汉太守辛冉等七千余人入蜀。特等闻尚来，甚惧，使其弟骧于道奉迎，并献珍玩。尚悦，以骧为骑督。特、流复以牛酒劳尚于绵竹，王敦、辛冉说尚曰："特等专为盗贼，宜因会斩之；不然，必为后患。"尚不从。冉与特有旧，谓特曰："故人相逢，不吉当凶矣。"特深自猜惧。

三月，尚至成都。汶山羌反，尚遣王敦讨之，为羌所杀。

齐王冏谋讨赵王伦，未发，会离孤王盛、颍川处穆聚众于浊泽，百姓从之，日以万数。伦以其将管袭为齐王军司，讨盛、穆，斩之。冏因收袭，杀之，与豫州刺史何勖、龙骧将军董艾等起兵，遣使告成都王颖、河间王颙、常山王乂及南中郎将新野公歆，移檄征、镇、州、郡、县、国，称："逆臣孙秀，迷误赵王，当共诛讨。有不从命者，诛及三族。"

使者至邺，成都王颖召邺令卢志谋之。志曰："赵王篡逆，人神共愤，殿下收英俊以从人望，杖大顺以讨之，百姓必不召自至，攘臂争进，蔑不克矣。”颖从之，以志为咨议参军，仍补左长史。志，毓之孙也。颖以兖州刺史王彦、冀州刺史李毅、督护赵骧、石超等为前锋，远近响应；至朝歌，众二十余万。超，苞之孙也。

常山王乂在其国，与太原内史刘暾各帅众为颖后继。

伦、秀闻三王兵起，大惧，诈为冏表曰：“不知何贼猝见攻围，臣懦弱不能自固，乞中军见救，庶得归死。”以其表宣示内外；遣上军将军孙辅、折冲将军李严帅兵七千自延寿关出，征虏将军张泓，左军将军蔡璜、前军将军闾和帅兵九千自崿阪关出，镇军将军司马雅、扬威将军莫原帅兵八千自成皋关出，以拒冏。遣孙秀子会督将军士猗、许超帅宿卫兵三万以拒颖。召东平王楙为卫将军，都督诸军；又遣京兆王馥、广平王虔帅兵八千为三军继援。伦、秀日夜祷祈、厌胜以求福；使巫觋选战日；又使人于嵩山著羽衣，诈称仙人王乔，作书述伦祚长久，欲以惑众。

自冏等起兵，百官将士皆欲诛伦、秀，秀惧，不敢出中书省；及闻河北军败，忧懑不知所为。孙会、许超、士猗等至，与秀谋，或欲收余卒出战；或欲焚宫室，诛不附己者，挟伦南就孙旂、孟观；或欲乘船东走入海；计未决。辛酉，左卫将军王舆与尚书广陵公漼帅营兵七百余人自南掖门入宫，三部司马为应于内，攻孙秀、许超、士猗于中书省，皆斩之，遂杀孙奇、孙弼及前将军谢惔等。漼，伷之子也。王舆屯云龙门，召八坐皆入殿中，使伦为诏曰：“吾为孙秀所误，以怒三王；今已诛秀。其迎太上皇复位，吾归老于农亩。”传诏以驺虞幡敕将士解兵。黄门将伦自华林东门出，及太子荂皆还汶阳里第，遣甲士数千迎帝于金墉城。百姓咸称万岁。帝自端门入，升殿，群臣顿首谢罪。诏送伦、荂等赴金墉城。广平王虔自河北还，至九曲，闻变，弃军，将数十人归里第。

癸亥，赦天下，改元，大酺五日。分遣使者慰劳三王。梁王肜等表：“赵王伦父子凶逆，宜伏诛。”丁卯，遣尚书袁敞持节赐伦死，收其子荂、馥、虔、诩，皆诛之。凡百官为伦所用者皆斥免，台、省、府、卫、仅有存者。

六月，乙卯，齐王冏帅众入洛阳，顿军通章署，甲士数十万，威震京都。

初，大司马冏疑中书郎陆机为赵王伦撰禅诏，收，欲杀之；大将军颖为之辩理，得免死，因表为平原内史，以其弟云为清河内史。机友人顾荣及广陵戴渊，以中国多难，劝机还吴；机以受颖全济之恩。且谓颖有时望，可与立功，遂留不去。

初，朝廷符下秦、雍州，使召还流民入蜀者，又遣御史冯该、张昌督之。李特兄辅自略阳至蜀，言中国方乱，不足复还。特然之。累遣天水阎式诣罗尚求权停至秋，又纳赂于尚及冯该；尚、该许之。朝廷论讨赵廞功，拜特宣威将军，弟流奋武将军，皆封侯。玺书下益州，条列六郡流民与特同讨廞者，将加封赏。广汉太守辛冉欲以灭廞为己功，寝朝命，不以实上；众咸怨之。

特数为流民请留，流民皆感而恃之，多相帅归特。特乃结大营于绵竹以处流民，移辛冉求自宽。冉大怒，遣人分榜通衢，购募特兄弟，许以重赏。特见之，悉取以归，与弟骧改其购云："能送六郡酋豪李、任、阎、赵、上官及氐、叟侯王一首，赏百匹。"于是流民大惧，归特者愈众，旬月间过二万人。流亦聚众数千人。

特又遣阎式诣罗尚求申期，式见营栅冲要，谋掎流民，叹曰："民心方危，今而速之，乱将作矣。"又知辛冉、李苾意不可回，乃辞尚还绵竹。尚谓式曰："子且以吾意告诸流民，今听宽矣。"式曰："明公惑于奸说，恐无宽理。弱而不可轻者民也，今趣之不以理，众怒难犯，恐为祸不浅。"尚曰："然。吾不欺子，子其行矣！"式至绵竹，言于特曰："尚虽云尔，然未可信也。何者？尚威刑不立，冉等各拥强兵，一旦为变，亦非尚所能制，深宜为备。"特从之。冬，十月，特分为二营，特居北营，流居东营，缮甲厉兵，戒严以待之。

冉、苾相与谋曰："罗侯贪而无断，日复一日，令流民得展奸计。李特兄弟并有雄才，吾属将为所虏矣！宜为决计，罗侯不足复问也。"乃遣广汉都尉曾元、牙门张显、刘并等潜帅步骑三万袭特营；罗尚闻之，亦遣督护田佐助元。元等至，特安卧不动，待其众半入，发伏击之，死者甚众。杀田佐、曾元、张显，传首以示尚、冉。尚谓将佐曰："此虏成去矣，而广汉不用吾言以张贼势，今若之何！"

于是六郡流民共推特行镇北大将军，承制封拜；以其弟流行镇东大将军，号东督护，以相镇统；又以兄辅为骠骑将军，弟骧为骁骑将军，进兵攻冉于广汉。尚遣李苾、费远帅众救冉，畏特，不敢进。冉出战屡败，溃围奔德阳。特入据广汉，以李超为太守，进兵攻尚于成都。尚以书谕阎式，式复书曰："辛冉倾巧，曾元小竖，李叔平非将帅之才。式前为节下及杜景文论留、徙之宜。人怀桑梓，孰不愿之！但往日初至，随谷庸赁，一室五分，复值秋潦，乞须冬熟，而终不见听。绳之太过，穷鹿抵虎，流民不肯延颈受刀，以致为变。即听式言，宽使治严，不过去九月尽集，十月进道，令达乡里，何有如此也！"

特以兄辅、弟骧、子始、荡、雄及李含、含子国、离、任回、李攀、攀弟恭、上官晶、任藏、杨褒、上官惇等为将帅，阎式、李远等为僚佐。罗尚素贪残，为百姓患。特与蜀民约法三章，施舍赈贷，礼贤拔滞，军政肃然，蜀民大悦。尚频为特所败，乃阻长围，缘郫水作营，连延七百里，与特相拒，求救于梁州及南夷校尉。

太安元年（壬戌，302）

齐武闵王冏既得志，颇骄奢擅权，大起府第，坏公私庐舍以百数，制与西宫等，中外失望。侍中嵇绍上疏曰："存不忘亡，《易》之善戒也。臣愿陛下无忘金墉，大司马无忘颍上，大将军无忘黄桥，则祸乱之萌无由而兆矣。"又与冏书，以为："唐、虞茅茨，夏禹卑宫。今大兴第舍及为三王立宅，岂今日之急邪！"冏逊辞谢之，然不能从。

张翰、顾荣皆虑及祸，翰因秋风起。思菰菜、莼羹、鲈鱼鲙，叹曰："人生贵适志耳，富贵何为！"即引去。荣故酣饮，不省府事，长史葛旟以其废职，白冏徙荣为中书侍郎。颍川处士庾衮闻冏期年不朝，叹曰："晋室卑矣，祸乱将兴！"帅妻子逃于林虑山中。

冏以河间王颙本附赵王伦，心常恨之。梁州刺史安定皇甫商，与颙长史李含不平。含被征为翊军校尉，时商参冏军事，夏侯奭兄亦在冏府。含心不自安，又与冏右司马赵骧有隙，遂单马奔颙，诈称受密诏，使颙诛冏，因说颙曰；“成都王至亲，有大功，推让还藩，甚得众心。齐王越亲而专政，朝廷侧目。今檄长沙王使讨齐，齐王必诛长沙，吾因以为齐罪而讨之，必可禽也。去齐立成都，除逼建亲，以安社稷，大勋也。”颙从之。是时，武帝族弟范阳王虓都督豫州诸军事。颙上表陈冏罪状，且言：“勒兵十万，欲与成都王颖、新野王歆、范阳王虓共会洛阳，请长沙王乂废冏还第，以颖代冏辅政。”颙遂举兵，以李含为都督，帅张方等趋洛阳；复遣使邀颖，颖将应之，卢志谏，不听。

十二月，丁卯，颙表至；冏大惧，会百官议之，曰：“孤首唱义兵，臣子之节，信著神明。今二王信谗作难，将若之何？”尚书令王戎曰：“公勋业诚大；然赏不及劳，故人怀贰心。今二王兵盛，不可当也。若以王就第，委权崇让，庶可求安。”冏从事中郎葛旟怒曰：“三台纳言，不恤王事。赏报稽缓，责不在府。谗言逆乱，当共诛讨，奈何虚承伪书，遽令公就第乎！汉、魏以来，王侯就第，宁有得保妻子者邪！议者可斩！”百官震悚失色，戎伪药发堕厕，得免。

李含屯阴盘，张方帅兵二万军新安，檄长沙王乂使讨冏。冏遣董艾袭乂，乂将左右百余人驰入宫，闭诸门，奉天子攻大司马府，董艾陈兵宫西，纵火烧千秋神武门。冏使人执驺虞幡唱云：“长沙王乂矫诏。”乂又称：“大司马谋反”。是夕，城内大战，飞矢雨集，火光属天。帝幸上东门，矢集御前，群臣死者相枕。连战三日，冏众大败，大司马长史赵渊杀何勖，国执冏以降。冏至殿前，帝恻然，欲活之。乂叱左右趣牵出，斩于阊阖门外，徇首六军，同党皆夷三族，死者二千余人。囚冏子超、冰、英于金墉城，废冏弟北海王寔。赦天下，改元。李含等闻冏死，引兵还长安。

长沙王乂虽在朝廷，事无巨细，皆就邺咨大将军颖。颖以孙惠为参军，陆云为右司马。

晋惠帝永宁元年（辛酉，公元301年）

相国司马伦和孙秀让牙门赵奉假称宣帝有神语，散布说：“司马伦应当尽快入西宫即帝位。”散骑常侍义阳王司马威，是司马望的孙子，一直对司马伦谄谀奉承，司马伦就让司马威兼任侍中，派他逼迫惠帝交出皇帝玺印与绶带，做禅让帝位的诏书，又派尚书令满奋持符节取来玺印与绶带，奉交给司马伦，表示惠帝已禅位给司马伦。左卫将军王舆、前军将军司马雅带领全副武装的兵士进入宫殿，通告三部司马，向他们宣示威势与封赏，没有谁胆敢违抗。张林等人在各宫门前驻扎防守。乙丑（正月初九），司马伦乘皇帝的专车进入皇宫，即帝位。大赦天下，改年号为建始，惠帝从华林园西门出宫到金墉城居住，司马伦派张衡带兵看守惠帝。

孙秀专擅把持朝政，司马伦所下的诏令，孙秀随意改动增删，甚至自己写在青纸上做诏书。有时朝令夕改，百官像流水一样换来换去，张林一直与孙秀不和，加之怨恨没有得到开建府署的资格。暗地里给太子司马荂一封密信，说："孙秀专权不能服众，而功臣都是小人，扰乱了朝廷，应当把他们全部诛杀。"司马荂将这封信告诉了司马伦，司马伦又把信交给孙秀看。孙秀就劝说司马伦拘捕了张林，把他杀了，并夷灭三族。孙秀因为齐王司马冏、成都王司马颖，河间王司马颙，各自拥有强大的军队，独据一方，而认为他们很危险，便把这三个亲王的僚属全部任用自己的亲信党羽充当，又加封司马冏为镇东大将军，司马颖为征北大将军、开府仪同三司，来优宠安抚他们。

当初，梁州刺史罗尚，听说赵廞谋反，曾上表说："赵廞不是雄才大略的人，蜀地人们不会归附他，他的失败灭亡指日可待。"朝廷任命罗尚为平西将军，益州刺史，督牙门将王敦、蜀郡太守徐俭、广汉太守辛冉等率七千余人进入蜀地。李特等人听说罗尚到来，非常惧怕，派弟弟李骧在路上迎接，并献上珍宝古玩。罗尚非常高兴、任用李骧为骑督。李特、李流又在绵竹用牛、酒犒劳罗尚。王敦、辛冉劝罗尚说："李特等人专会作盗贼，应当趁机杀了，否则一定是后患。"罗尚没有听从。辛冉与李特以前曾有过交往，辛冉对李特说："故人相逢，不是吉祥便是凶险。"李特深深猜疑害怕。

三月，罗尚到成都。汶山羌人造反，罗尚派王敦征讨他们，被羌人杀死。

齐王司马冏商议征讨赵王司马伦，还没有动兵，碰上离孤县人王盛、颍川人处穆在浊泽聚众，百姓响应跟随他们，一天就有万人。司马伦派他的属将管袭任齐王的军司，征讨王盛、处穆，杀死他们。司马冏则趁机拘捕并杀死了管袭，与豫州刺史何勖、龙骧将军董艾等人起兵，派遣使者通告成都王司马颖、河间王司马颙、常山王司马乂以及南中郎将新野公司马歆，向征、镇、州、郡、县、国等各地行政部门传布檄文，说："叛逆之臣孙秀，迷惑妨害赵王，应该共同讨伐。有不听从命令的，诛灭三族。"

使者到邺县，成都王司马颖召集邺县令卢志商议计划，卢志说："赵王篡权叛逆，神怒人怨，殿下召集英雄俊杰以顺从民意、扶持正义征讨他，百姓一定会不召而自至，举起胳臂争相前来，没有不成功的道理。"司马颖采纳了卢志的话，以卢志为咨议参军，仍补任左长史。卢志是卢毓的孙子。司马颖以兖州刺史王彦、冀州刺史李毅，督护赵骧、石超等人为前锋。远方近处纷纷响应。到达朝歌，人数已达二十多万人。石超是石苞的孙子。

常山王司马乂在他的封国，与太原内史刘暾各率人马作为司马颖的后续军队。

司马伦、孙秀听说司马冏等三亲王兴兵，非常恐惧，伪造司马冏给朝廷的奏表，说："不知是什么强盗突然包围了我，我懦弱无能无法自保，乞求朝廷派禁军救援，使我能够回到朝廷领罪。”司马伦等把这份伪造的奏表在朝廷内外传扬展示，又派遣上军将军孙辅、折冲将军李严带领七千兵卒出延寿关，派征虏将军张泓、左军将军蔡璜、前军将军闾和带领九千兵卒出崿阪关，派镇军将军司马雅、扬威将军莫原带领八千兵卒出成皋关，用以抵御司马冏。派遣孙秀的儿子孙会督率将军士猗、许超带领三万宿卫兵来抵御司马颖。宣召东平王司马楙为卫将军，监督各支兵马，又派遣京兆王司马馥、广平王司马虔带领八千兵卒作为三支兵马的预备后援。司马伦、孙秀日夜祈祷，用诅咒制胜的法术祈求鬼神降福保佑。让男巫选择确定作战的日期，又派人穿上羽衣到嵩山，乔装打扮自称仙人王乔，写信说司马伦的帝位定会长久，想以此迷惑众人。

自从司马冏等人起兵，朝廷文武百官以及禁军将士都想诛杀司马伦和孙秀，孙秀非常胆怯，不敢离开中书省。等到听说河北的军队战败，忧郁烦懑不知所措。孙会、许超、士猗等人逃回来后，与孙秀商议，有的提出聚集剩余的兵力去交战；有的提出焚毁皇宫殿堂，诛杀不听从自己的人，挟制司马伦南逃，投奔孙旂、孟观；有的还提出乘船东行入海，但没有商议出结果。辛酉（闰三月初七），左卫将军王舆和尚书广陵公司马漼，带领七百多兵士从南掖门进入皇宫，三部司马在里面为内应，在中书省向孙秀、许超、士猗发起攻击，把他们全杀了。于是又杀了孙奇、孙弼及前将军谢惔等人。司马漼是司马伷的儿子。王舆在云龙门驻守，召集朝廷八个部门的高级官吏都进入宫殿，让司马伦下诏书说：“我被孙秀等人所害，因此激怒三亲王。现在已诛杀孙秀，要迎接太上皇恢复皇位，我则归田养老。”传诏官用驺虞幡命令将士解除武装。宦官把司马伦从华林园东门带出，和太子司马荂一起都送回到汶阳里府第，派遣几千武装兵士到金墉城迎接惠帝。百姓都呼喊万岁。惠帝从端门进宫，登上宫殿，大臣们都跪拜叩头请罪。诏令把司马伦、司马荂等人送到金墉城。广平王司马虔从河北回来，到达九曲，听说朝廷的变故，就离弃军队，带几十人回归自己的府第。

癸亥（闰三月初九），朝廷宣布赦免天下，改年号为永宁，诏赐臣民聚饮五天。分别派遣使者去慰劳司马冏等三个亲王。梁王司马肜表奏：“赵王司马伦父子凶暴叛逆，应当处死。”丁卯（十三日），派遣尚书袁敞持符节赐司马伦死，拘捕他的儿子司马荂、司马馥、司马虔、司马诩，全部处死。文武百官中凡为司马伦任用过的全部贬斥罢免，台、省、府、卫各部门留任的官员所剩无几。

六月，乙卯（初二），齐王司马冏带领部众进入洛阳。军队在通章署停留，全副武装的兵士几十万人，威震京都洛阳。

当初，大司马司马冏怀疑中书郎陆机为赵王司马伦撰写惠帝禅让帝位的诏书而拘捕了他，打算处死。大将军司马颖为陆机辩护说理，陆机得以免除死罪，司马颖又表奏陆机为平原内史，陆机的弟弟陆云为清河内史。陆机的朋友顾荣和广陵人戴渊，因为中原多灾多难，就劝陆机回到吴地。陆机因为受了司马颖保全济助的恩德，再说司马颖当时深孚众望，以为可以为他做事立功，于是就留下没有离去。

当初，朝廷下令秦州、雍州，让召回流入蜀地的流民，又派遣御史冯该、张昌监督执行。李特的哥哥李辅从略阳到蜀，说中原刚发生过变乱，不必回去。李特同意这个主张，多次让天水人阎式拜访益州刺史罗尚，请求通融暂且停留到秋天，又贿赂罗尚和冯该，罗尚、冯该同意了李特的请求。朝廷讨论讨伐赵廞的功劳，任命李特为宣威将军，弟李流为奋武将军，都封为侯。朝廷文书下达益州，让开列同李特一起讨伐赵廞的六郡流民名单，准备赐以奖赏。广汉太守辛冉想把消灭赵廞贪为己功，不执行朝廷旨意，不如实上报，大家都怨恨他。

李特埋伏出击

李特多次请求留下流民，流民们都感激而倚仗他，许多人互相携带归附李特，李特就在绵竹设棚帐来安置流民。给辛冉去文求他宽限。辛冉勃然大怒，派人在各条大路张贴告示，悬赏捉拿李特兄弟，许下很重的赏格。李特看见后，全部取下带回，与弟弟李骧将悬赏的内容改为："能送六郡首领李、任、阎、赵、上官各姓及氐、叟的侯王之中的任何一个人首级的，赏百匹布。"这样流民大为恐惧，归附李特的人越来越多，一月之间超过两万人。李流也聚集了几千人。

李特又派阎式去见罗尚，请求重新确定期限，阎式看到要冲在营建栅栏，图谋捕取流民，感叹说："民心正不安定，现在却又急于遣送，变乱就要发生了。"又得知辛冉、李苾态度不会改变，就告辞罗尚返回绵竹。罗尚对阎式说："你就权且告诉流民说，我的意见是听任放宽期限了。"阎式说："您受奸说蒙蔽，恐怕没有宽期的道理，百姓是卑弱而不能轻视的，现在不讲道理一味催促他们，众怒难犯，恐怕为祸不浅。"罗尚说："是的，我不欺骗你，你走吧！"阎式到绵竹，对李特说："罗尚虽然这样说了，但是也不可相信。为什么呢？罗尚的威势和刑法都没有确立，辛冉等人都各把持着强大的兵力，一旦他们变乱，也不是罗尚所能制服的，应当做好充分准备。"李特采纳了这个意见。冬季，十月，李特把部下分作两个军营驻扎，李特在北营，李流在东营，修整铠甲磨砺兵器，严阵以待。

辛冉、李苾互相商议说："罗尚贪婪而无决断能力，日复一日，使流民奸诈的计谋能够得以施展。李特兄弟都具有雄武的才能，我们势必会被李特俘虏，应当为此做出决策，罗尚不值得再去请示。”就派广汉都尉曾元、牙门张显、刘并等暗地带领三万步兵、骑兵袭击李特的营帐。罗尚听说后，也派督护田佐援助曾元。曾元等人到了，李特按兵不动，等到曾元的人马进来了一半，埋伏的兵士突然向他们猛击，打死很多人。这一伏击杀了田佐、曾元、张显，李特将三人的首级都送到罗尚、辛冉那里给他们看。罗尚对属下军官说：“李特这个贼虏终于势成而离去，而广汉太守辛冉不听我的话，使李特的气势更为嚣张，现在怎么办？”

这样，六郡的流民一致推举李特为镇北大将军，按照正式程序拜官受爵，封任他的弟弟李流为镇东大将军，号称东督护，镇守统领一方。又任命哥哥李辅为骠骑将军，弟弟李骧为骁骑将军，进军广汉攻打辛冉。罗尚派李苾、费远率兵救助辛冉，但这些人害怕李特，而不敢向前。辛冉出兵迎战，屡次败北，最后突围逃奔德阳。李特进入并占据广汉，让李超担任太守。又进军成都攻打罗尚。罗尚给阎式去信通告，阎式回信说：“辛冉狡诈刁猾，曾元是小人，李苾不是带兵的将帅之才，我以前给您和杜弢论说过有关对于流民留下还是迁徙的适当办法。人人都怀念故乡，谁不愿意返回故乡呢？只是流民以前初来乍到，为口粮而给人雇佣卖力。一家四处分离，却又碰上秋雨绵绵，只能乞求冬作成熟。可是我的话始终没有被你接受。对流民的措施过于严厉，无路可走的鹿也会拼死与虎相斗，流民不会答应伸着脖颈等着宰割，所以导致变乱。假如接受我的意见，放宽期限使流民能够从容整理行装，也不过九月过完就能全部聚集，十月就可以上路，使他们回到故乡。那样怎么能达到这个地步！”

李特让兄李辅，弟李骧，儿子李始、李荡、李雄以及李含，李含的儿子李国、李离、任回、李攀、李攀弟李恭、上官晶、任臧、杨褒、上官惇等人担任将帅，让阎式、李远等人为僚属。罗尚平素贪婪、残忍，是百姓的祸害。李特则与蜀地百姓约法三章，遍施恩惠，取消劳役，赈济帮助百姓，以礼尊待贤人，提拔怀才不遇之士，军队政务严肃井然。蜀地百姓非常高兴。罗尚多次被李特击败，就设置大量工事，沿着郫水安营扎寨，战线长达七百里，与李特对峙，并向梁州和南夷校尉请求救援。

太安元年，（壬戌，公元302年）

齐王司马冏如愿以偿，颇有些骄纵奢侈而独揽大权，大规模地建造府第，拆毁公私房屋上百处，格局规模与西宫相当，在朝廷内外失去声望。侍中嵇绍给惠帝上奏章说：“存在而不忘失去，是《易经》很好的警戒。我希望陛下不要忘了在金墉城之困，大司马不要忘却颍上之败，大将军不要忘了黄桥之败。那么祸乱的发端就无从开始了。”嵇绍又给司马冏写信，认为：“尧、舜茅屋不修剪，夏禹住低矮的宫室。现在大兴土木建造房舍和给三个亲王建造宅第，难道是今天所急于做的事吗？”司马冏用谦逊客气的话来认错，但并不采纳。

张翰、顾荣都忧虑灾祸即将来临，张翰因为秋风吹来，怀念起故乡的菰菜、莼菜汤、鲈鱼片，感叹道："人生在世最难得的是舒服自在，富有和显贵有什么用？"随即引退离去。顾荣则故意开怀畅饮，不去过问府中事务，长史葛旟因为他荒废职守，向司马冏汇报，把顾荣贬为中书侍郎。颍川隐士庾衮，听说司马冏整年没有上朝，慨叹道："晋朝衰微了，祸乱即将兴起！"带领妻儿逃到林虑山中避难。

司马冏因为河间王司马颙原来依附赵王司马伦，心里常常忌恨他。梁州刺史安定人皇甫商，对司马颙的长史李含不满。李含被征召担任翊军校尉，这时皇甫商任司马冏的参军事，夏侯奭的哥哥也在司马冏府做事。李含心里很不自在安稳，又和司马冏的右司马赵骧不和，于是一个人骑马逃奔回司马颙那里，假称接受了秘密诏令，让司马颙诛伐司马冏，于是告诉司马颙说："成都王是皇上的近亲，又有大功，但推辞谦让返回封地，很得人心。而齐王越过比他更近的皇亲而独揽朝政，朝廷对他都带着嫉恨的目光。现在给长沙王发出檄文让他征讨齐王，齐王一定会诛杀长沙王，我们就把这当作齐王的罪行而征讨他，一定能够把他擒获。去掉齐王而拥立成都王，除去逼宫的人而立近亲，使国家社稷安定，是一项大功勋。"司马颙采纳了这个意见。这时，晋武帝的族弟范阳王司马虓任都督豫州诸军事。司马颙上奏表陈说司马冏的罪状，并且说："带领十万军队，要同成都王司马颖、新野王司马歆、范阳王司马虓共同在洛阳会师，请长沙王司马乂废黜司马冏让他回到封地府第去，让司马颖取代司马冏辅佐朝政。"司马颙就发兵点将，让李含任都督，带领张方等急赴洛阳。又派使者邀集司马颖，司马颖打算答应邀请。卢志劝谏，司马颖不听。

十二月，丁卯（二十二日），司马颙的奏表到洛阳。司马冏非常惧怕，召集文武百官商议对策，说："我首先发起义兵，尽臣子的气节，信义显现于神明。现在两亲王听信谗言而发难，怎么对待呢？"尚书令王戎说："您的功勋业绩的确很大。但是赏赐没有都到达有功劳的人那里，所以使人怀有二心。现在两亲王兵力强盛，势不可当。如果让您隐退回家，而崇敬谦虚地把权交出，大概可以求得平安。"司马冏的从事中郎葛旟生气地说："尚书所说，根本不顾惜齐王的事业。报功赏赐的停顿迟缓，责任不在齐王府。听信谗言发起叛乱，应当共同征讨，更何况怎能凭空根据伪造书信，就让齐王您回家呢？汉、魏以来，王侯隐退回家的，难道有能够保全妻儿的吗？提这个建议的人可以杀掉！"文武百官震骇惶恐脸色大变，王戎假装药力发作掉到厕坑，得以逃脱。

李含在阴盘屯兵，张方率二万军队在新安驻扎，给长沙王司马乂发檄文让他征讨司马冏。司马冏派董艾袭击司马乂，司马乂带领身边一百多人急驰进入皇宫，关闭所有宫门，尊奉天子攻打大司马府，董艾在皇宫西侧摆开兵阵，纵火烧千秋神武门。司马冏派人举着驺虞幡呼喊说："长沙王司马乂假称诏令。"司马乂又宣称："大司马谋反。"这一夜，洛阳城内展开激战，箭飞如雨，火光映天。惠帝来到上东门，箭射到惠帝面前，群臣尸横遍地。一连打了三天，司马冏的兵众惨败，大司马长史赵渊杀了何勖，就抓住司马冏投降。司马冏被押到宫殿前，惠帝面容忧伤，想救司马冏活下来。司马乂喝令左右随从把司马冏赶快牵出去，在阊阖门外杀掉，拿他的头到各军展示。司马冏的同党都被夷灭三族，死了二千多人。把司马冏的儿子司马超、司马冰、司马英囚禁在金墉城，废黜司马冏的弟弟北海王司马寔。大赦天下，改年号为太安。李含等人听说司马冏死了，带兵回长安。

长沙王司马乂虽然在朝廷，但事无巨细，都到邺都去请示大将军司马颖。司马颖让孙惠担任参军，陆云担任右司马。

第八十五卷　晋纪七

译文诵读

孝惠皇帝中之下太安二年（癸亥，303）

春，正月，李特潜渡江击罗尚，水上军皆散走。蜀郡太守徐俭以少城降，特入据之，惟取马以供军，余无侵掠；赦其境内，改元建初。罗尚保太城，遣使求和于特。蜀民相聚为坞者，皆送款于特，特遣使就抚之；以军中粮少，乃分六郡流民于诸坞就食。

李流以李特、李荡继死，宗岱、孙阜将至，甚惧。李含劝流降，流从之；李骧、李雄迭谏，不纳。夏，五月，流遣其子世及含子胡为质于阜军；胡兄离为梓潼太守，闻之，自郡驰还，欲谏不及。退，与雄谋袭阜军，雄曰："为今计，当如是；而二翁不从，奈何？"离曰："当劫之耳！"雄大喜，乃共说流民曰："吾属前已残暴蜀民，今一旦束手，便为鱼肉，惟有同心袭阜以取富贵耳！"众皆从之。雄遂与离袭击阜军，大破之。会宗岱卒于垫江，荆州军遂退。流甚惭，由是奇雄才，军事悉以任之。

初，李含以长沙王乂微弱，必为齐王冏所杀，因欲以为冏罪而讨之，遂废帝，立大将军颖，以河间王颙为宰相，己得用事。既而冏为乂所杀，颖、颙犹守藩，不如所谋。颖恃功骄奢，百度驰废，甚于冏时；犹嫌乂在内，不得逞其欲，欲去之。时皇甫商复为乂参军，商兄重为秦州刺史。含说颙曰："商为乂所任，重终不为人用，宜早除之。可表迁重为内职，因其过长安执之。"重知之，露檄上尚书，发陇上兵以讨含。乂以兵方少息，遣使诏重罢兵，征含为河南尹。含就征而重不奉诏，颙遣金城太守游楷、陇西太守韩稚等合四郡兵攻之。颙密使含与侍中冯荪、中书令卞粹谋杀乂；皇甫商以告乂，收含、荪、粹，杀之。骠骑从事琅邪诸葛玫、前司徒长史武邑牵秀皆出奔邺。

河间王颙闻李含等死，即起兵讨长沙王乂。大将军颖上表请讨张昌，许之；闻昌已平，因欲与颙共攻乂。卢志谏曰："公前有大功而委权辞宠，时望美矣。今若顿军关外，文服入朝，此霸主之事也。"参军魏郡邵续曰："人之有兄弟，如左右手。明公欲当天下之敌而先去其一手，可乎！"颖皆不从。八月，颙、颖共表：

“乂论功不平，与右仆射羊玄之、左将军皇甫商专擅朝政，杀害忠良，请诛玄之、商，遣乂还国。”诏曰：“颙敢举大兵，内向京辇，吾当亲率六军以诛奸逆。其以乂为太尉、都督中外诸军事以御之。”

颙以张方为都督，将精兵七万，自函谷东趋洛阳。

乙丑，帝如十三里桥。太尉乂使皇甫商将万余人拒张方于宜阳。己巳，帝还军宣武场。庚午，舍于石楼。九月丁丑，屯于河桥。壬子，张方袭皇甫商，败之。甲申，帝军于芒山。丁亥，帝幸偃师；辛卯，舍于豆田。大将军颖进屯河南，阻清水为垒。癸巳，羊玄之忧惧而卒，帝旋军城东；丙申，幸缑氏，击牵秀，走之。大赦。张方入京城，大掠，死者万计。

李流疾笃，谓诸将曰：“骁骑仁明，固足以济大事；然前军英武，殆天所相，可共受事于前军。”流卒，众推李雄为大都督、大将军、益州牧，治郫城。雄使武都朴泰绐罗尚，使袭郫城，云己为内应。尚使隗伯将兵攻郫，泰约举火为应，李骧伏兵于道，泰出长梯于外。隗伯兵见火起，争缘梯上，骧纵兵击，大破之。追奔夜至城下，诈称万岁，曰：“已得郫城矣！”入少城，尚乃觉之，退保太城。隗伯创甚，雄生获之，赦不杀。李骧攻犍为，断尚运道。获太守龚恢，杀之。

太尉乂奉帝攻张方，方兵望见乘舆，皆退走，方遂大败，死者五千余人。方退屯十三里桥，众惧，欲夜遁，方曰：“胜负兵家之常，善用兵者能因败为成。今我更前作垒，出其不意，此奇策也。”乃夜潜逼洛城七里，筑垒数重，外引廪谷以足军食。乂即战胜，以为方不足忧。闻方垒成，十一月，引兵攻之，不利。朝议以为乂、颖兄弟，可辞说而释，乃使中书令王衍等往说颖，令与乂分陕而居，颖不从。乂因致书于颖，为陈利害，欲与之和解。颖复书，“请斩皇甫商等首，则引兵还邺，”乂不可。

闰月，李雄急攻罗尚。尚军无食，留牙门张罗守城，夜，由牛鞞水东走，罗开门降。雄入成都，军士饥甚，乃帅众就谷于郪，掘野芋而食之。许雄坐讨贼不进，征即罪。

永兴元年（甲子，304）

长沙厉王乂屡与大将军颖战，破之，前后斩获六七万人。而乂未尝亏奉上之礼；城中粮食日窘，而士卒无离心。张方以为洛阳未可克，欲还长安。而东海王越虑事不济，癸亥，潜与殿中诸将夜收乂送别省。甲子，越启帝，下诏免乂官，置金墉城。大赦，改元。城既开，殿中将士见外兵不盛，悔之，更谋劫出乂以拒颖。越惧，欲杀乂以绝众心。黄门侍郎潘滔曰：“不可，将自有静之者。”乃遣人密告张方。丙寅，方取乂于金墉城，至营。炙而杀之，方军士亦为之流涕。

公卿皆诣邺谢罪；大将军颖入京师，复还镇于邺。诏以颖为丞相；加东海王越守尚书令。颖遣奋武将军石超等率兵五万屯十二城门，殿中宿所忌者，颖皆杀之；悉代去宿卫兵。

河间王颙表请立丞相颖为太弟。戊申，诏以颖为皇太弟，都督中外诸军事，丞相如故。大赦。乘舆服御皆迁于邺，制度一如魏武帝故事。以颙为太宰、大都督、雍州牧；前太傅刘寔为太尉。寔以老，固让不拜。

太弟颖僭侈日甚，嬖幸用事，大失众望。司空东海王越，与右卫将军陈眕及长沙故将上官巳等谋讨之。秋，七月，丙申朔，陈眕勒兵入云龙门，以诏召三公百僚及殿中，戒严讨颖。石超奔邺。戊戌，大赦，复皇后羊氏及太子覃。己亥，越奉帝北征。以越为大都督。征前侍中嵇绍诣行在。侍中秦准谓绍曰："今往，安危难测，卿有佳马乎？"绍正色曰："臣子扈卫乘舆，死生以之，佳马何为！"

越檄召四方兵，赴者云集，比至安阳，众十余万，邺中震恐。颖会群僚问计，东安王繇曰："天子亲征，宜释甲缟素出迎请罪。"颖不从，遣石超帅众五万拒战。折冲将军乔智明劝颖奉迎乘舆，颖怒曰："卿名晓事，投身事孤；今主上为群小所逼，卿奈何欲使孤束手就刑邪！"

陈眕二弟匡、规自邺赴行在，云邺中皆已离散，由是不甚设备。己未，石超军奄至，乘舆败绩于荡阴，帝伤颊，中三矢，百官侍御皆散。嵇绍朝服，下马登辇，以身卫帝，兵人引绍于辕中斫之。帝曰："忠臣也，勿杀！"对曰："奉太弟令，惟不犯陛下一人耳。"遂杀绍，血溅帝衣。帝堕于草中，亡六玺。石超奉帝幸其营，帝馁甚，超进水，左右奉秋桃。颖遣卢志迎帝；庚申，入邺。大赦，改元曰建武。左右欲浣帝衣，帝曰：嵇侍中血，勿浣也！"

初，太弟颖表匈奴左贤王刘渊为冠军将军，监五部军事，使将兵在邺。渊子聪，骁勇绝人，博涉经史，善属文，弯弓三百斤；弱冠游京师，名士莫不与交。颖以聪为积弩将军。

渊从祖右贤王宣谓其族人曰："自汉亡以来，我单于徒有虚号，无复尺土；自余王侯，降同编户。今吾众虽衰，犹不减二万，奈何敛首就役，奄过百年！左贤王英武超世，天苟不欲兴匈奴，必不虚生此人也。今司马氏骨肉相残，四海鼎沸，复呼韩邪之业，此其时矣！"乃相与谋，推渊为大单于，使其党呼延攸诣邺告之。

渊白颖，请归会葬，颖弗许。渊令攸先归，告宣等使招集五部及杂胡，声言助颖，实欲叛之。及王浚、东嬴公腾起兵，渊说颖曰："今二镇跋扈，众十余万，恐非宿卫及近郡士众所能御也，请为殿下还说五部以赴国难。"颖曰："五部之众，果可发否？就能发之，鲜卑、乌桓，未易当也。吾欲奉乘舆还洛阳以避其锋，徐传檄天下，以逆顺制之，君意何如？"渊曰："殿下武皇帝之子，有大勋于王室，威恩远著，四海之内，孰不愿为殿下尽死力者！何难发之有！王浚竖子，东嬴疏属，岂能与殿下争衡邪！殿下一发邺宫，示弱于人，洛阳不可得而至；虽至洛阳，威权不复在殿下也。愿殿下抚勉士众，靖以镇之，渊请为殿下以二部摧东嬴，三部枭王浚，二竖之首，可指日而悬也。"颖悦，拜渊为北单于、参丞相军事。

渊至左国城，刘宣等上大单于之号，二旬之间，有众五万，都于离石，以聪为鹿蠡王。

李雄以范长生有名德，为蜀人所重，欲迎以为君而臣之，长生不可。诸将固请雄即尊位，冬，十月，雄即成都王位，大赦，改元建兴。除晋法，约法七章。

刘渊迁都左国城。胡、晋归之者愈众。渊谓群臣曰："昔汉有天下久长，恩结于民。吾，汉氏之甥，约为兄弟；兄亡弟绍，不亦可乎！"乃建国号曰汉。刘宣等请上尊号，渊曰："今四方未定，且可依高祖称汉王。"于是即汉王位，大赦，改元曰元熙。

曜生而眉白，目有赤光，幼聪慧，有胆量，早孤，养于渊。及长，仪观魁伟，性拓落高亮，与众不群，好读书，善属文，铁厚一寸，射而洞之。常自比乐毅及萧、曹，时人莫之许也；惟刘聪重之，曰："永明，汉世祖、魏武之流，数公何足道哉！"

帝既还洛阳，张方拥兵专制朝政，太弟颖不得复豫事。

张方在洛既久，兵士剽掠殆竭，众情喧喧，无复留意，议欲奉帝迁都长安；恐帝及公卿不从，欲须帝出而劫之。乃请帝谒庙，帝不许。十一月，乙未，方引兵入殿，以所乘车迎帝，帝驰避后园竹中。军人引帝出，逼使上车，帝垂泣从之。

十二月，丁亥，诏太弟颖以成都王还第；更立豫章王炽为皇太弟。帝兄弟二十五人，时存者惟颖、炽及吴王晏。晏材资庸下，炽冲素好学，故太宰颙立之。诏以司空越为太傅，与颙夹辅帝室，王戎参录朝政。又以光禄大夫王衍为尚书左仆射。高密王略为镇南将军，领司隶校尉，权镇洛阳。东中郎将模为宁北将军，都督冀州诸军事，镇邺。百官各还本职。令州郡蠲除苛政，爱民务本，清通之后，当还东京。大赦，改元。略、模，皆越之弟也。王浚既去邺，越使模镇之。颙以四方乖离，祸难不已，故下此诏和解之，冀获少安。越辞太傅不受。又诏以太宰颙都督中外诸军事。张方为中领军、录尚书事，领京兆太守。

晋惠帝太安二年（癸亥，公元303年）

春季，正月，李特偷渡过江攻打罗尚，水上驻防的军队都溃散而逃。蜀郡太守徐俭献出少城投降，李特进城据守，只索取马匹以供军需，并不掠取其他财物。在境内赦免罪犯，改年号为建初。罗尚在太城据守，派使者向李特求和。修筑土堡以自保的各蜀民聚居点都向李特表示归顺，李特派使者抚慰他们，又因为军队中粮食不够，就把六郡流民分到各个坞堡吃饭。

李流因为李特、李荡相继死去，而宗岱、孙阜即将攻来，非常恐惧。李含劝李流投降，李流采纳了这个建议。李骧、李雄接连劝谏，李流没有听取。夏季，五月，李流派他儿子李世和李含的儿子李胡到孙阜的军中做人质。李胡的哥哥李离为梓潼太守，听到这消息，急忙骑马从郡中赶回来，想劝阻却没有赶上。退回来，与李雄商议袭击孙阜的军队，李雄说："为眼前考虑，应当这样，但李流、李含二翁不听从，怎么办？”李离说：“应该用武力强制住他们！”李雄非常高兴，于是一起到流民中说：“我们过去残暴对待过蜀民，现在一旦束手投降，就成为任其宰割的鱼、肉，只有同心协力袭击孙阜，来夺取富贵！”大家都听从了他们。李雄于是与李离袭击孙阜的军队，把孙阜打得惨败。这时宗岱在垫江死去，荆州的军队于是退走了。李流非常羞惭，从此认为李雄的才能奇异，军中事务全部都交给李雄处理。

当初，李含以为长沙王司马乂力量微弱，一定会被齐王司马冏杀掉，所以想借讨伐司马冏罪行为名，废黜惠帝，拥立大将军司马颖，让河间王司马颙任宰相，这样自己便得以执掌大权。但不久司马冏却被司马乂杀掉，司马颖、司马颙仍然镇守藩地，不像自己所谋划的那样。此后，司马颖居功自傲，朝政各方面荒废松弛，比司马冏时还要严重，司马颖尤其不能忍受司马乂在禁城之内，使自己不能随心所欲，打算除掉司马乂。当时皇甫商又重新任司马乂的参军，皇甫商的哥哥皇甫重担任秦州刺史。李含对司马乂说：“皇甫商被司马乂任用，皇甫重终究不会被别人所用，应该尽快除掉。可以表奏建议把皇甫重提升到朝廷中任职，趁他经过长安时把他抓住。”皇甫重知道了李含的阴谋，向尚书公布檄文，纠集陇上军队讨伐李含。司马乂因军队刚刚稍事休息，就派使者带诏书命令皇甫重取消这次军事行动，并征调李含去担任河南尹。李含接受征调而皇甫重却不服从诏令，司马颙派金城太守游楷、陇西太守韩稚等人联合四个郡的军队去攻打皇甫重。司马颙又秘密派遣李含与侍中冯荪、中书令卞粹谋杀司马乂，皇甫商得知后告诉司马乂，拘捕并杀掉了李含、冯荪、卞粹。骠骑从事琅邪人诸葛玫，前司徒长史武邑人牵秀都出城投奔邺城。

河间王司马颙听说李含等人已被杀死，当即起兵征讨长沙王司马乂。大将军司马颖上奏表请求讨伐张昌，得到允许。司马颖又听说张昌叛乱已经平定，因而想与司马颙共同攻打司马乂。卢志劝谏说：“您以前立了大功勋却交出权力辞谢天子的恩宠，当时声望很好。现在如果把军队安顿在城关之外，身着文官服饰进京朝见，这是成为霸主的基础。”参军魏郡人邵续说：“人有兄弟，如同左右手，您想抵挡天下的敌人而先砍掉一只手，能这样吗？”司马颖全都不听。八月，司马颙、司马颖共同上奏表：“司马乂论评功劳不公平，与右仆射羊玄之、左将军皇甫商独揽朝政大权，杀害忠良之人。请诛杀羊玄之、皇甫商，遣送司马乂回他的封国。”惠帝下诏说：“司马颙如果敢于兴兵，矛头指向京都帝辇，我将亲自率领六军诛讨为奸叛乱的人。任用司马乂为太尉、都督中外诸军事以抵御他们。”

司马颙让张方任都督，带领七万精锐军队，从函谷关向东，直指洛阳。

乙丑，惠帝到十三里桥。太尉司马乂派皇甫商带领一万多人在宜阳阻击张方。己巳（八月二十八日），惠帝把军队撤到宣武场。庚午（二十九日），在石楼住宿。九月，丁丑（初六），惠帝将兵驻扎在河桥。壬子，张方袭击皇甫商，并将皇甫商打败。甲申（十三日），惠帝在芒山驻军。丁亥（十六日）惠帝到偃师。

辛卯（二十日），在豆田住宿。大将军司马颖进军于黄河以南驻扎，阻隔清水作为壁垒。癸巳（二十二日），羊玄之忧郁恐惧而死，惠帝回师城东。丙申（二十五日），惠帝到缑氏，攻击牵秀，并把他打跑，宣布大赦。张方进入京城，大肆抢掠，死者数以万计。

李流病危，对众部将说："骁骑将军李骧仁德精明，本来足以成就大事。但是前将军李雄英俊勇武，大概是上天的选择，可以一起接受前将军的命令。"李流去世，大家推举李雄为大都督、大将军、益州牧，治所设在郫城。李雄派武都人朴泰欺骗罗尚，让他袭击郫城，声称自己可当内应。罗尚派隗伯带兵攻打郫城，朴泰约定以举火为信号，李骧在路旁埋伏了军队，朴泰把长梯送出城外。隗伯的军队看到火起，争相攀缘长梯登城。李骧指挥军队出击，大败隗伯。追击奔驰，连夜到达成都城下，假装呼喊万岁，说："已经取得郫城！"于是进入了少城，罗尚发觉中计，连忙退到太城守卫。隗伯身负重伤，被李雄活捉，赦免而没有杀。李骧攻打犍为，截断罗尚运送物资的道路，抓住并杀死太守龚恢。

太尉司马乂侍奉惠帝攻打张方，张方的兵远远地看到惠帝的御车，都败退而逃，张方于是惨败，死了五千多人。张方撤退到十三里桥驻扎，大家惶恐不安，想趁夜逃走，张方说："胜负是兵家常事，善于用兵的人能够转败为胜，现在我反而再到前面修筑堡垒，出其不意，这是奇妙的计策。"于是趁夜色悄悄逼近距洛阳城七里处，修筑了几层堡垒，从外面运进仓库中的粮谷作为军粮。司马乂取胜后，认为张方不足以忧虑。听说张方建成了堡垒，十一月，率领军队去进攻，一无所获。朝廷讨论认为司马乂、司马颖是兄弟，可以用言辞来排解这一纠纷，于是派中书令王衍等人到司马颖那里劝说，让司马颖与司马乂平分秋色、共同辅助皇室，司马颖不答应。司马乂又给司马颖去信，为他陈说利害关系，想与司马颖和解。司马颖回信说："请斩掉皇甫商等人的首级，那么我就率兵回归邺城。"司马乂不同意。

闰月，李雄对罗尚发起猛攻。罗尚的军队没有粮食，就留下牙门张罗守城，自己夜里从牛鞞水向东逃跑，张罗打开城门投降。李雄进入成都，军队兵士非常饥饿，就率部众到郪县寻求给养，挖掘野山芋当粮吃。李雄被判定犯了讨伐盗贼时裹足不前的罪过，朝廷召他去接受判罚。

永兴元年（甲子，公元304年）

长沙厉王司马乂多次与大将军司马颖开战，打败司马颖，前后杀死或俘虏六七万人。战事紧张而司马乂对侍奉皇上的礼节却从不曾耽搁减少。城中粮食日益困窘，但士卒们却没有背离的想法。张方认为洛阳不能攻克，想返回长安。这时东海王司马越在朝中考虑事情不能成功，癸亥（正月二十五日），暗地与殿中各位将领趁夜把司马乂拘捕送到另外的官署。甲子（二十六日），司马越启奏惠帝，下诏书罢免司马乂的官职，把他关在金墉城。赦免罪犯，改年号为永安。城门打开后，殿中的官兵看到城外的军队并不强，因而感到后悔，又谋划劫出司马乂来抗拒司马颖。司马越惶惶不安，想杀掉司马乂使大家断绝这个想法。黄门侍郎潘滔说："不能这样，将自然有使大家静心的人。"就派人秘密告诉张方。丙寅（二十八日），张方在金墉城带走司马乂，到军营后，把司马乂用火烧烤后杀了，连张方军中的兵士也为司马乂流泪。

朝廷公卿大臣都到邺城向司马颖认错道歉。大将军司马颖进入京城，后又回到邺城镇守。惠帝诏令任司马颖为丞相；给东海王司马越加尚书令职。司马颖派奋武将军石超等人率军队五万人驻扎在洛阳的十二个城门，朝廷中有宿怨的官员，司马颖把他们全部杀了。皇宫禁卫军也全部用自己的军队代替。

河间王司马颙表奏请朝廷立丞相司马颖为皇太弟。戊申（十一日），惠帝下诏立司马颖为皇太弟，兼任都督中外诸军事，并保留丞相职。宣布大赦。皇太弟的车马及服饰用品都迁到邺城，制度就像魏武帝曹操那时一样。让司马颙担任太宰、大都督、雍州牧；前太傅刘寔担任太尉，刘寔声称年纪已老，坚决辞让不去就职。

皇太弟司马颖超越本分奢侈一天比一天严重，所宠幸溺爱的小人执掌权力，令大家十分失望。司空东海王司马越与右卫将军陈眕以及长沙王司马乂过去的部将上官巳等谋划讨伐司马颖。秋季，七月，丙申朔（初一），陈眕率兵攻入云龙门，用皇帝诏书召集三公及群臣与三部众将领，戒严征讨司马颖。石超奔向邺城。戊戌（初三），宣布大赦，恢复皇后羊氏和皇太子司马覃的地位。己亥（初四），司马越侍奉惠帝向北征伐，司马越担任大都督。征调前侍中嵇绍到惠帝身边任职。侍中秦准对嵇绍说："现在随行，安危难以预料，你有好马吗？"嵇绍神色严肃地说："臣子护卫皇帝御车，死与生都要忠于职守，要好马干什么？"

司马越发布檄文召集各地军队，奉诏赶来的队伍云集，行军到安阳，人数有十多万，邺城震惊惶恐。司马颖召集幕僚参佐询问计策，东安王司马繇说："天子亲自征伐，应当放下武器身穿白色衣服出去迎接，并向天子请罪。"司马颖不同意，派石超率五万人抵御作战。折冲将军乔智明劝说司马颖尊奉迎接惠帝御驾，司马颖发怒说："你空有知晓事理的名声，投身到我身边做事。现在皇上被小人们逼迫，你为什么想让我捆绑住自己的手脚去接受刑罚呢？"

陈眕的两个弟弟陈匡、陈规从邺城赶到惠帝身边，说邺城里已经分崩离析，因此大家都不怎么安排防备。己未（七月二十四日），石超的军队忽然杀到，惠帝的兵马在荡阴失败，惠帝面颊负伤，中了三箭，百官和侍卫全部溃逃。嵇绍身穿上朝的礼服，下马登上御车，用身体护卫着惠帝，兵士把嵇绍拉到车辕上就砍。惠帝说："这是忠臣，不要杀！"兵士回答说："奉皇太弟的命令，只是不侵犯陛下一人而已。"于是杀了嵇绍，鲜血溅到惠帝的衣服上。惠帝从车上掉到草丛中，丢失了六枚御玺。石超侍奉惠帝到自己兵营中，惠帝非常饥饿，石超送上水，左右随从奉上秋桃。司马颖派卢志迎接惠帝。庚申（二十五日），惠帝进入邺城，宣布大赦，改年号为建武。随从想为惠帝洗衣服，惠帝说："有侍中嵇绍的血，不要洗了！"

当初，皇太弟表奏匈奴左贤王刘渊任冠军将军，监理五部匈奴的军政事务，让他在邺城统领军队。刘渊的儿子刘聪，骁勇超人，博览经史典籍，善于写文章，能用三百斤张力的大弓，年轻时到京都游玩，京都名士没有不与他结交的。司马颖让他任积弩将军。

刘渊堂祖父右贤王刘宣对他的族人说："自从汉朝灭亡以来，我们的单于都是徒有虚名，不再有一寸土地。其余的王侯，地位却降到百姓一样。现在我们大家虽然衰落，但也在两万人以上，怎么能俯首帖耳地充当役夫，这样匆匆地过了一百年！左贤王英俊威武超凡绝伦，上天如果不想使匈奴兴盛，也就一定不会白白生出这个人。现在司马氏骨肉亲人互相残杀，四海动乱如同鼎中沸腾的开水，光复呼韩邪的事业，这正是时候！"于是互相谋划，推举刘渊为大单于，并派他的党羽呼延攸到邺城去告知他。

刘渊告诉司马颖，请求回乡参与葬礼，司马颖不允许。刘渊让呼延攸先回去，通知刘宣等人让他们召集五部匈奴以及各小民族，声称援助司马颖，实际打算背叛他。等到王浚、东嬴公司马腾起兵，刘渊对司马颖说："现在幽、并二州的镇将猖獗，率众十多万人，恐怕不是禁卫军和附近郡县的军队可能抵御的，我请求为殿下回去召集五部匈奴人马赴救国难。"司马颖说："五部匈奴的人马，真能够发动吗？即使能发动他们，鲜卑、乌桓，也不是轻易能阻挡的。我想侍奉皇帝还归洛阳，避开他们的锋芒，再慢慢向天下发布檄文，用正义制服邪恶的道理说服他们。您认为怎么样？"刘渊说："殿下是武帝的儿子，又对王室建立了大功勋，威严恩德远近闻名，四海之内，有谁不愿意为殿下拼死尽力呢？有什么难以发动的！王浚是小人，东嬴公是关系疏远的皇亲，怎能与殿下争比高低呢！殿下如果离开邺城宫殿，那就是向人示弱，洛阳也不能进去了，即使到了洛阳，殿下也不会再有威势权力了。希望殿下抚慰勉励部众，使他们安定镇静，我请求为殿下用两部匈奴摧毁东嬴公，三部匈奴去杀王浚，高悬两个小人的头颅，指日可待。"司马颖非常高兴，任命刘渊担任北单于、参丞相军事等职。

刘渊到左国城，刘宣等人给他封上大单于的称号，二十天之间，有了五万人，建都离石县，封刘聪为鹿蠡王。

李雄认为范长生有名气威德，被蜀地百姓所看重，想自己作为臣下迎奉他为国君，范长生不同意。各位部将坚持请求李雄登上王位。冬季，十月，李雄即位为成都王，宣布大赦，改年号为建兴。废除晋朝法律，自建法律七章。

刘渊将都城迁到左国城。胡人、晋朝人归附他的更加多了。刘渊对臣下们说："过去汉能长久地拥有天下，是因为用恩德维系百姓。我作为汉朝刘氏的外甥，相约为兄弟，哥哥亡故而弟弟继承，不也可以吗？"于是建立国号称汉。刘宣等人请求给刘渊上一个尊号，刘渊说："现在四方各地都没有平定，暂且按照汉高祖那样称汉王。"于是登上汉王王位，宣布大赦，改年号为元熙。

刘曜出生就长着白眉毛，眼睛中有赤光，年幼时很聪明，有胆量，很早就失去父母，被刘渊抚养。等长大后，仪表魁梧伟岸，性格磊落高尚，孤傲不与大家往来，喜爱读书，善于写文章，一寸厚的铁板，他能用箭射穿。常常把自己比作乐毅和萧何、曹参，当时的人没有赞许他的，只有刘聪看重他，说："刘曜属于汉世祖、魏武帝一类，乐毅等人怎么值得称道呢！"

惠帝回到洛阳后，张方倚仗着兵权而独揽控制朝政，皇太弟司马颖不再能参与政事。

张方在洛阳时间已长，洛阳城几乎被兵士剽窃抢掠一空，士兵们喧闹吵嚷，没有再留下来的心思，商议着想侍奉着惠帝把都城迁往长安，恐怕惠帝和公卿大臣不同意，想等待惠帝出行时将他劫持。就请惠帝去拜谒宗庙，惠帝不答应。十一月，乙未（初一），张方带兵进入宫殿，用自己的车乘去接惠帝，惠帝连忙到后园竹林中躲避。兵士将惠帝带出，逼迫着让他上车，惠帝流着泪勉强答应了。

十二月，丁亥（二十四日），诏令皇太弟以成都王的身份返回府第，改立豫章王司马炽为皇太弟。惠帝兄弟共二十五人，当时在世的只有司马颖、司马炽和吴王司马晏。司马晏才能平庸资质低下，司马炽自幼平和质朴好学，所以太宰司马颙拥立他。诏令司空司马越任太傅，与司马颙共同辅佐皇室，王戎参与管理朝政。又让光禄大夫王衍任尚书左仆射。让高密王司马略任镇南将军，兼任司隶校尉，暂且镇守洛阳。东中郎将司马模担任宁北将军，都督冀州诸军事，镇守邺城。让各部门大臣官员各自回到本来的职任上。命令州、郡取消苛刻的政令，爱护人民，让他们从事本业，等到形势清平通畅后，就返回东京洛阳。宣布大赦，改年号为永兴。司马略和司马模，都是司马越的弟弟。王浚离开邺城后，司马越派司马模在邺城镇守。司马颙因为各地抵触分裂，祸患灾难不断出现，所以下这个诏令使各地方和解，企望能够获得稍微安定的局面。司马越推辞不接受太傅的职务。又下诏让太宰司马颙任都督中外诸军事。让张方担任中领军、录尚书事，兼任京兆太守。

第八十六卷　晋纪八

译文诵读

孝惠皇帝下永兴二年（乙丑，305）

东海中尉刘洽以张方劫迁车驾，劝司空越起兵讨之。秋，七月，越传檄山东征、镇、州、郡云："欲纠帅义旅，奉迎天子，还复旧都。"东平王楙闻之，惧；长史王脩说楙曰："东海，宗室重望；今兴义兵，公宜举徐州以授之，则免于难，且有克让之美矣。"楙从之。越乃以司空领徐州都督，楙自为兖州刺史；诏即遣使者刘虔授之。是时，越兄弟并据方任，于是范阳王虓，及王浚等共推越为盟主，越辄选置刺史以下，朝士多赴之。

成都王颖既废，河北人多怜之。颖故将公师藩等自称将军，起兵于赵、魏，众至数万。初，上党武乡羯人石勒，有胆力，善骑射。并州大饥，建威将军阎粹说东嬴公腾执诸胡于山东，卖充军实，勒亦被掠，卖为茌平人师懽奴，懽奇其状貌而免之。懽家邻于马牧，勒乃与牧帅汲桑结壮士为群盗。及公师藩起，桑与勒帅数百骑赴之。桑始命勒以石为姓，勒为名。

司空越以琅邪王睿为平东将军，监徐州诸军事，留守下邳。睿请王导为司马，委以军事。

太宰颙闻山东兵起，甚惧。以公师藩为成都王颖起兵，壬午，表颖为镇军大将军、都督河北诸军事，给兵千人；以卢志为魏郡太守，随颖镇邺，欲以抚安之。又遣建武将军吕朗屯洛阳。

颙发诏，令东海王越等各就国，越等不从。

时天下大乱，弘专督江、汉，威行南服。谋事有成者，则曰"某人之功"，如有负败，则曰："老子之罪。"每有兴发，手书守相，丁宁款密。所以人皆感悦，争赴之，咸曰："得刘公一纸书，贤于十部从事。"前广汉太守辛冉说弘以从横之事，弘怒，斩之。

初，陈敏既克石冰，自谓勇略无敌，有割据江东之志。其父怒曰："灭我门者，必此儿也！"遂以忧卒。敏以丧去职。司空越起敏为右将军、前锋都督。越为刘祐所败，敏请东归收兵，遂据历阳叛。吴王常侍甘卓，弃官东归，至历阳，敏为子景娶卓女，使卓假称皇太弟令，拜敏扬州刺史。敏使弟恢及别将钱端等南略江州，弟斌东略诸郡，扬州刺史刘机、丹杨太守王旷皆弃城走。

敏遂据有江东，以顾荣为右将军，贺循为丹杨内史，周玘为安丰太守，凡江东豪杰、名士，咸加收礼，为将军、郡守者四十余人；或有老疾，就加秩命。敏命僚佐推己为都督江东诸军事、大司马、楚公，加九锡，列上尚书，称被中诏，自江入沔、汉，奉迎銮驾。

太宰颙以张光为顺阳太守，帅步骑五千诣荆州讨敏。刘弘遣江夏太守陶侃、武陵太守苗光屯夏口，又遣南平太守汝南应詹督水军以继之。

侃与敏同郡，又同岁举吏。随郡内史扈怀言于弘曰："侃居大郡，统强兵，脱有异志，则荆州无东门矣！"弘曰："侃之忠能，吾得之已久，必无是也。"侃闻之，遣子洪及兄子臻诣弘以自固，弘引为参军，资而遣之。曰："贤叔征行，君祖母年高，便可归也。匹夫之交，尚不负心，况大丈夫乎！"

光熙元年（丙寅，306）

初，太弟中庶子兰陵缪播有宠于司空越；播从弟右卫率胤，太宰颙前妃之弟也。越之起兵，遣播、胤诣长安说颙，令奉帝还洛，约与颙分陕为伯。颙素信重播兄弟，即欲从之。张方自以罪重，恐为诛首，谓颙曰："今据形胜之地，国富兵强，奉天子以号令，谁敢不从，奈何拱手受制于人！"颙乃止。及刘乔败，颙惧，欲罢兵，与山东和解，恐张方不从，犹豫未决。

方素与长安富人郅辅亲善，以为帐下督。颙参军河间毕垣，尝为方所侮，因说颙曰："张方久屯霸上，闻山东兵盛，盘桓不进，宜防其未萌。其亲信郅辅具知其谋。"廖播、缪胤复说颙："宜急斩方以谢，山东可不劳而定。" 颙使人召辅，垣迎说辅曰："张方欲反，人谓卿知之。王若问卿，何辞以对？"辅惊曰："实不闻方反，为之奈何？"垣曰："王若问卿，但言尔尔；不然，必不免祸。"辅入，颙问之曰："张方反，卿知之乎？"辅曰："尔。"颙曰："遣卿取之，可乎？"又曰："尔。"颙于是使辅送书于方，因杀之。辅既昵于方，持刀而入，守阁者不疑。方火下发函，辅斩其头。还报，颙以辅为安定太守。送方头于越以请和；越不许。

范长生诣成都，成都王雄门迎，执版，拜为丞相，尊之曰范贤。

夏，四月，己巳，司空越引兵屯温。初，太宰颙以为张方死，东方兵必可解。既而东方兵闻方死，争入关，颙悔之，乃斩郅辅，遣弘农太守彭随、北地太守刁默将兵拒祁弘等于湖。五月，壬辰，弘等击随、默，大破之，遂西入关，又败颙将马瞻、郭伟于霸水，颙单马逃入太白山。弘等入长安，所部鲜卑大掠，杀二万余人，百官奔散，入山中，拾橡实食之。己亥，弘等奉帝乘牛车东还。

成都王雄即皇帝位，大赦，改元曰晏平，国号大成。追尊父特曰景皇帝，庙号始祖；尊王太后曰皇太后。以范长生为天地太师；复其部曲，皆不豫征税。诸将恃恩，互争班位，尚书令阎式上疏，请考汉、晋故事，立百官制度；从之。

八月，以司空越为太傅，录尚书事；范阳王虓为司空，镇邺；平昌公模为镇东大将军，镇许昌；王浚为骠骑大将军、都督东夷、河北诸军事，领幽州刺史。

祁弘之入关也，成都王颖自武关奔新野。会新城元公刘弘卒，司马郭劢作乱，欲迎颖为主；郭舒奉弘子璠以讨劢，斩之。诏南中郎将刘陶收颖。颖北渡河，奔朝歌，收故将士，得数百人，欲赴公师藩，顿丘太守冯嵩执之，送邺；范阳王虓不忍杀而幽之。公师藩自白马南渡河，兖州刺史苟晞讨斩之。

冬，十月，范阳王虓薨。长史刘舆以颖素为邺人所附，秘不发丧，伪令人为台使称诏，夜，赐颖死，并杀其二子。颖官属先皆逃散，惟卢志随从，至死不怠，收而殡之。太傅越召志为军咨祭酒。

十一月己巳，夜，帝食𬌗中毒，庚午，崩于显阳殿。羊后自以于太弟炽为嫂，恐不得为太后，将立清河王覃。侍中华混谏曰：“太弟在东宫已久，民望素定，今日宁可易乎！”即露版驰召太傅越，召太弟入宫。后已召覃至尚书阁，疑变，托疾而返。癸酉，太弟即皇帝位，大赦，尊皇后曰惠皇后，居弘训宫；追尊母王才人曰皇太后；立妃梁氏为皇后。

怀帝始遵旧制，于东堂听政。每至宴会，辄与群官论众务，考经籍。黄门侍郎傅宣叹曰：“今日复见武帝之世矣！”

太傅越以诏书征河间王颙为司徒，颙乃就征。南阳王模遣其将梁臣邀之于新安，车上扼杀之，并杀其三子。

孝怀皇帝上永嘉元年（丁卯，307）

陈敏刑政无章，不为英俊所附；子弟凶暴，所在为患；顾荣、周玘等忧之。庐江内史华谭遗荣等书曰：“陈敏盗据吴、会，命危朝露。诸君或剖符名郡，或列为近臣，而更辱身奸人之朝，降节叛逆之党，不亦羞乎！吴武烈父子皆以英杰之才，继承大业。今以陈敏凶狡，七弟顽冗，欲蹑桓王之高踪，蹈大皇之绝轨，远度诸贤，犹当未许也。皇舆东返，俊彦盈朝，将举六师以清建业，诸贤何颜复见中州之士邪！”荣等素有图敏之心，及得书，甚惭，密遣使报征东大将军刘准，使发兵临江，己为内应，剪发为信。准遣扬州刺史刘机等出历阳讨敏。

敏使其弟广武将军昶将兵数万屯乌江，历阳太守宏屯牛渚。敏弟处知顾荣等有贰心，劝敏杀之，敏不从。

昶司马钱广，周玘同郡人也，玘密使广杀昶，宣言州下已杀敏，敢动者诛三族。广勒兵朱雀桥南；敏遣甘卓讨广，坚甲精兵悉委之。顾荣虑敏之疑，故往就敏。敏曰：“卿当四出镇卫，岂得就我邪！”荣乃出，与周玘共说甘卓曰：“若江东之事可济，当共成之。然卿观兹事势，当有济理不？敏既常才，政令反覆，计无所定，其子弟各已骄矜，其败必矣。而吾等安然坐受其官禄，事败之日，使江西诸军函首送洛，题曰‘逆贼顾荣、甘卓之首’，此万世之辱也！”卓遂诈称疾，迎女，断桥，收船南岸，与玘、荣及前松滋侯相丹杨纪瞻共攻敏。

敏自帅万余人讨卓，军人隔水语敏众曰："本所以戮力陈公者，正以顾丹杨、周安丰耳；今皆异矣，汝等何为！"敏众狐疑未决，荣以白羽扇挥之，众皆溃去。敏单骑北走，追获之于江乘，叹曰："诸人误我，以至今日！"谓弟处曰："我负卿，卿不负我！"遂斩敏于建业，夷三族。于是会稽等郡尽杀敏诸弟。

帝观览大政，留心庶事；太傅越不悦，固求出藩。庚辰，越出镇许昌。

己未，以琅邪王睿为安东将军、都督扬州江南诸军事、假节，镇建业。

九月，戊申，琅邪王睿至建业。睿以安东司马王导为谋主，推心亲信，每事咨焉。睿名论素轻，吴人不附，居久之，士大夫莫有至者，导患之。会睿出观禊，导使睿乘肩舆，具威仪，导与诸名胜皆骑从，纪瞻、顾荣等见之惊异，相帅拜于道左。导因说睿曰："顾荣、贺循，此土之望，宜引之以结人心；二子既至，则无不来矣。"睿乃使导躬造循、荣，二人皆应命而至。以循为吴国内史；荣为军司，加散骑常侍，凡军府政事，皆与之谋议。又以纪瞻为军咨祭酒，卞壶为从事中郎，周玘为仓曹属。琅邪刘超为舍人，张闿及鲁国孔衍为参军。壶，粹之子；闿，昭之曾孙也。王导说睿："谦以接士，俭以足用，以清静为政，抚绥新旧；"故江东归心焉。睿初至，颇以酒废事；导以为言。睿命酌，引觞覆之，于此遂绝。

晞屡破强寇，威名甚盛，善治繁剧，用法严峻。其从母依之，晞奉养甚厚。从母子求为将，晞不许，曰："吾不以王法贷人，将无后悔邪！"固求之，晞乃以为督护；后犯法，晞杖节斩之，从母叩头救之，不听。既而素服哭之曰："杀卿者，兖州刺史，哭弟者，苟道将也。"

乙亥，以王衍为司徒。衍说太傅越曰："朝廷危乱，当赖方伯，宜得文武兼资以任之。"乃以弟澄为荆州都督，族弟敦为青州刺史，语之曰："荆州有江、汉之固，青州有负海之险，卿二人在外而吾居中，足以为三窟矣。"澄至镇，以郭舒为别驾，委以府事。澄日夜纵酒，不亲庶务，虽寇戎交急，不以为怀。舒常切谏，以为宜爱民养兵，保全州境，澄不从。

初太傅越与苟晞亲善，引升堂，结为兄弟。司马潘滔说越曰："兖州冲要，魏武以之创业。苟晞有大志，非纯臣也，久令处之，则患生心腹矣。若迁于青州，厚其名号，晞必悦。公自牧兖州，经纬诸夏，藩卫本朝，此所谓为之于未乱者也。"越以为然。癸卯，越自为丞相，领兖州牧，都督兖、豫、司、冀、幽、并诸军事。以晞为征东大将军、开府仪同三司，加侍中、假节、都督青州诸军事，领青州刺史，封东平郡公。越、晞由是有隙。

晞至青州，以严刻立威，日行斩戮，州人谓之"屠伯"。顿丘太守魏植为流民所逼，众五六万，大掠兖州，晞出屯无盐以讨之。以弟纯领青州，刑杀更甚于晞。晞讨植，破之。

慕容廆自称鲜卑大单于。

二年（戊辰，308）

汉王渊遣抚军将军聪等十将南据太行，辅汉将军石勒等十将东下赵、魏。

诏封张轨西平郡公，轨辞不受。时州郡之使，莫有至者，轨独遣使贡献，岁时不绝。

秋，七月，甲辰，汉王渊寇平阳，太守宋抽弃郡走，河东太守路述战死；渊徙都蒲子。上郡鲜卑陆逐延、氐酋单徵并降于汉。

冬，十月，甲戌，汉王渊即皇帝位，大赦，改元永凤。十一月，以其子和为大将军，聪为车骑大将军，族子曜为龙骧大将军。

乙亥，汉主渊以大将军和为大司马，封梁王；尚书令欢乐为大司徒，封陈留王；后父御史大夫呼延翼为大司空，封雁门郡公；宗室以亲疏悉封郡县王，异姓以功伐悉封郡县公侯。

晋惠帝永兴二年（乙丑，公元305年）

东海中尉刘洽因为张方劫持并强行迁移皇帝车驾，劝司空司马越发兵征讨张方。秋季，七月，司马越在崤山以东的各征、镇、州、郡传布檄文说："将集结带领正义之师，奉迎天子返回原来的都城。"东平王司马楙听到后，惶恐不安。长史王对司马楙说："东海王是宗室中声望最高的，现在兴起正义的军队，您应当把徐州交给他，那就可避免灾难，还享有克己谦让的美德。"司马楙同意了。司马越就以司空兼任徐州都督，司马楙自任兖州刺史，朝廷诏令立即派使者刘虔正式任命。这时，司马越兄弟都各占据一方重任，于是范阳王司马虓和王浚等人共同推举司马越做盟主，司马越则选择人才安排刺史以下的职务，朝廷的士人大多都投奔到司马越那里。

成都王司马颖被废黜后，河北人大多很怜悯他。司马颖过去的部将公师藩等人自称将军，在赵、魏地区起兵，人数达到几万。当初，上党武乡县羯人石勒，有胆识力量，善于骑马射箭。并州出现严重饥荒，建威将军阎粹向东嬴公司马腾献计，把各族胡人抓到崤山以东地区，卖了以后补充军粮。石勒也被抓住，卖给茌平人师欢做奴隶，师欢认为他的相貌奇特而放了他。师欢与放马场为邻，石勒就与放牧的首领汲桑聚集壮士成为强盗团伙。等公师藩起兵后，汲桑和石勒率领几百骑士投奔到公师藩那里，汲桑让石勒以石作为姓，用勒作为名。

司空司马越以琅邪王司马睿任平东将军。监徐州诸军事的职务，在下邳留守。司马睿请王导担任司马，将军队事务交给王导处理。

太宰司马颙听说崤山以东战事又起，非常恐惧。因为公师藩是为成都王司马颖而起兵，壬午（八月二十三日），司马颙表奏任司马颖为镇东大将军，都督河北诸军事，配给一千兵士；任卢志为魏郡太守，随从司马颖镇守邺城，想以此抚慰并安定公师藩。又派建武将军吕朗到洛阳驻扎。

司马颙发布诏令，命令东海王司马越等人各自回到自己的封国，司马越等人不服从。

这时天下大乱，刘弘专门督管江、汉地区，威势及于南方边远地区。谋划事情成功了，就说是某人的功劳。如果遇到失败，则称是自己的责任。每当兴师动众，亲笔写信给负责官员，详细叮咛嘱咐。所以大家都很感动和舒畅，争相到他那儿。大家都说："能够得到刘公一纸亲笔信，胜过做十个部从事。"前广汉太守辛冉向刘弘游说割据称霸的事，刘弘发怒，把他杀了。

当初，陈敏战胜石冰后，自以为勇猛谋略没有对手，产生在江东割据的想法。他父亲生气地说："使我们家族灭绝的，一定是这个儿子！"于是忧郁而死。陈敏因为丧事而离职。司空司马越起用陈敏为右将军、前锋都督。司马越被刘祐打败，陈敏请求收兵东归，于是占据历阳反叛。吴王常侍甘卓，抛弃官职东归，到历阳，陈敏为自己的儿子陈景娶甘卓的女儿，并让甘卓伪称皇太弟的命令，任命陈敏为扬州刺史。陈敏派弟弟陈恢以及部将钱端等人向南攻打江州，弟弟陈斌向东攻打各郡，扬州刺史刘机、丹阳太守王旷都弃城逃跑。

陈敏于是占据了江东地区，任命顾荣为右将军、贺循为丹阳内史、周玘为安丰太守，凡是江东地区的豪族英杰、名士，都加以收揽以礼相待，其中担任将军、郡守的有四十多人。如果有年老、有病的，也封给一定的级别。陈敏让下属推举自己为都督江东诸军事、大司马，封为楚公、加九锡重礼，列上尚书，声称直接接到皇帝的诏令，从长江进入沔水，汉水流域，迎接皇帝大驾。

太宰司马颙以张光任顺阳太守，率领步兵骑兵五千人到荆州讨伐陈敏。刘弘派江夏太守陶侃、武陵太守苗光在夏口驻扎，又派南平太守汝南人应詹督领水军来支援陶侃等人。

陶侃与陈敏是同郡人，又同年被荐举为官吏。随郡内史扈怀对刘弘说："陶侃在大郡任太守，统领强兵，倘若有异心，荆州就失去东大门了！"刘弘说："陶侃的忠心和才能，我了解他已很久了，一定不会这样。"陶侃听说后，派儿子陶洪和侄子陶臻到刘弘那儿，以使自己的地位稳固。刘弘用陶洪等二人为参军，发给钱物让他们回去，说："你们贤德的叔叔要征战出行，而祖母年事已高，你们应该回去。村野匹夫互相交往，尚且不负心，何况大丈夫呢！"

光熙元年（丙寅，公元306年）

当初，太弟中庶子兰陵人缪播受到司空司马越的宠信。缪播堂弟右卫率缪胤，是太宰司马颙的前妃的弟弟。司马越起兵，派缪播、缪胤到长安劝说司马颙，让他侍奉惠帝返归洛阳，并相约与司马颙分地而治，共同辅佐王室。司马颙一直信任看重缪播兄弟，当时就想听从他们的劝说。张方认为自己罪行很重，担心成为被诛杀的首犯，就对司马颙说："现在我们占据形势险要的地方，国富兵强，挟天子发布号令，谁敢不服从，怎么能拱手被别人控制？”司马颙听后打消了与司马越联合的念头。等到刘乔兵败，司马颙畏惧，想停止军事行动，与崤山以东地区和解，但又担心张方不听从，而犹豫不决。

张方平素和长安豪富郅辅亲近要好，让他担任帐下督。司马颙的参军河间人毕垣，曾经受到张方的侮辱，于是劝司马颙说：“张方在霸上驻兵很久了，听说崤山以东地区军队强盛，所以徘徊不前，应该在他萌生反心之前做好防备。张方的亲信郅辅对他的谋划全部了解。”缪播、缪胤又对司马颙进行劝说：“应当迅速杀了张方向天下谢罪，崤山以东地区不用兴兵就可以平定。”司马颙派人召郅辅，毕垣迎上前对郅辅说：“张方想谋反，大家都说你知道这事，亲王如果问你，你将如何回答？”郅辅吃惊地说：“的确没有听说张方谋反，这怎么办？”毕垣说：“亲王如果问你，你只能这样说，不然的话，一定免不了灾祸。”郅辅入府，司马颙问他说：“张方谋反，你知道吗？”郅辅说：“是的。”司马颙说：“派你去抓他，行吗？”郅辅又说：“行。”司马颙于是派郅辅给张方送信，然后趁机杀掉张方，郅辅与张方关系亲密，拿刀进去时，守门的兵士也不怀疑，张方在灯旁揭启信封，郅辅抽刀砍掉了他的头。回去报告，司马颙让郅辅任安定太守。把张方的头送给司马越请求和解。但司马越不答应。

范长生到成都，成都王李雄到城门口迎接，拿着表示礼节的手板，任范长生为丞相，尊称他为范贤。

夏季，四月，己巳（十三日），司空司马越率兵到温县驻扎。起初，太宰司马颙以为张方一死，东方的战事一定能够停止。不久，东方的军队听说张方死了，争相进入关中，司马颙感到后悔，就杀了郅辅，派弘农太守彭随、北地太守刁默带兵在关东湖县阻击祁弘等人。五月，壬辰（初七），祁弘等人把彭随、刁默打得惨败，于是西进入关，又在霸水打败司马颙的部将马瞻、郭伟，司马颙单枪匹马逃入太白山。祁弘等人进入长安城，所部鲜卑人大肆抢掠，杀了二万多人，大臣官员们跑散，逃入山中，捡拾橡树籽当饭吃。己亥（十四日）祁弘等人侍奉惠帝乘坐牛车东返。

成都王李雄即皇帝位，宣布大赦，改年号为晏平，国号称为大成。追尊父亲李特为景皇帝，定庙号为始祖，把王太后尊奉为皇太后。以范长生为天地太师，让他部下的人免交赋税。各位将领都倚仗李雄的恩德，互相争抢职位。尚书令阎式上奏疏，请求按照汉朝、晋朝的旧制，建立百官制度。李雄采纳了。

八月，朝廷任司空司马越为太傅，录尚书事；任范阳王司马虓为司空，镇守邺城；任平昌公司马模为镇东大将军，镇守许昌；任王浚为骠骑大将军、都督东夷、河北诸军事，兼任幽州刺史。

祁弘进入关中，成都王司马颖从武关逃奔新野。正遇到新城元公刘弘去世，司马郭劢搞叛乱，想把司马颖迎接来做首领。郭舒拥戴刘弘的儿子刘璠讨伐郭劢，把他杀了。朝廷诏令南中郎将刘陶拘捕司马颖。司马颖北渡黄河，逃奔朝歌，收拢旧部将士，聚集了几百人，想去找公师藩，顿丘太守冯嵩将司马颖抓住，押送到邺城，范阳王司马虓不忍心杀司马颖，把他幽禁起来。公师藩从白马南渡黄河，兖州刺史苟晞讨伐并杀掉了公师藩。

冬季，十月，范阳王司马虓去世。长史刘舆因为过去邺城人一直归附司马颖，所以秘不发丧，派人假装成朝廷使者传宣假诏书，夜里赐司马颖死，并且杀了他的两个儿子。司马颖的部属起先已全部逃散，只有卢志一直跟随，直到他死了也不懈怠，为司马颖收尸并安葬了他。太傅司马越宣召卢志为军咨祭酒。

十一月，己巳（十七日），夜间，惠帝吃麦饼中毒，庚午（十八日），在显阳殿驾崩。羊皇后自以为是太弟司马炽的嫂子，担心当不成太后，打算拥立清河王司马覃。侍中华混劝谏说："太弟在东宫已经很久了，在百姓中的声望一直是确定的，今天难道还能改变吗？"随即用不封口的公文迅速宣召太傅司马越，宣召皇太弟入宫。皇后也已宣召司马覃到尚书阁，司马覃怀疑会有变故，就称病回去了。癸酉（二十一日），太弟司马炽即皇帝位，宣布大赦，尊奉皇后为惠皇后，安排在弘训宫。追尊母亲王才人为皇太后。册立妃梁氏为皇后。

怀帝司马炽开始遵奉旧制，在东堂听政。每到朝廷会集群臣宴会时，就与大臣官员们商讨各种政务，探讨经典的内容。黄门侍郎傅宣感叹道："今天又看到了武帝的时代了。"

太傅司马越用诏书征召河间王司马颙为司徒，司马颙就前去接受征召。南阳王司马模派部将梁臣，在新安拦住司马颙，在车上把他掐死，并杀了他的三个儿子。

晋怀帝永嘉元年（丁卯，公元307年）

陈敏处理刑罚政事都无章法，英杰们都不附从他。他的子弟凶恶残暴，当地把他们看做祸患。顾荣、周玘等人对此感到忧虑。庐江内史华谭给顾荣等人去信说："陈敏窃据吴郡、会稽地区，性命像早晨的露水一样危险。你们或者拿着朝廷的符节在外统领名郡，或者曾为朝廷的近侍之臣，却玷污自己转而投身于奸邪的伪朝，变节投降于叛逆的败类，不耻辱吗？吴武烈皇帝孙坚父子都是以英俊杰出的才能，继承大业。现在以陈敏的凶恶狡猾，七个弟弟的刁顽庸劣，想追随桓王孙策的高绝的足迹，踩着大皇帝孙权的非凡的轨道。认真思量一下各地群贤，都不会答应。现在皇帝车驾已东返洛阳，俊杰英才充满朝廷，将要动用六师来清理建业，你们还有什么脸重新见中州的人士呢？"顾荣等人一直有除掉陈敏的想法，等见到这封信后，非常羞惭，秘密派使者向征东大将军刘准报告，让他发兵到江边，自己作为内应，剪掉头发作为记号。刘准派遣扬州刺史刘机等人从历阳出发讨伐陈敏。

陈敏派他弟弟广武将军陈昶带领数万兵马在乌江县驻扎，历阳太守陈宏在牛渚驻扎。陈敏弟陈处得知顾荣等人有二心，劝陈敏杀掉他们，陈敏不同意。

陈昶的司马钱广是周玘的同郡人，周玘秘密地让钱广杀了陈昶，并宣称州城已杀掉陈敏，有敢乱动者诛杀三族。钱广带兵停在朱雀桥南，陈敏派甘卓讨伐钱广，把坚固的铠甲和精兵全都给了甘卓。顾荣考虑到陈敏的怀疑，所以就到陈敏那里。陈敏说："你应该四处走走镇定人心来保卫我。怎么能到我这儿来呢？"顾荣于是就出去，与周玘一起劝说甘卓道："如果江东地区的事情能够成功，我们就应该共同努力将事办成。但是你分析一下事情的趋势，能够成功吗？陈敏才能平平，政令反复无常，计略不确定，他的儿子兄弟个个骄纵自负，他一定要失败。而我们却安心地接受担任他的官职俸禄，等事情失败的时候，假如让长江以西地区各支军队把我们的首级装在盒子里送到洛阳，上边写着'叛逆贼寇顾荣、甘卓的首级'，这真是万世的耻辱啊！"甘卓于是假装称病，接回女儿，截断桥的交通，把船收回到南岸，与周玘、顾荣以及前松滋侯相丹扬人纪瞻一起攻打陈敏。

陈敏亲自带领一万多人征讨甘卓，甘卓手下的壮士隔水对陈敏的兵卒说："原来所以为陈公效力，正是因为丹阳太守顾荣、安丰太守周玘而已，现在他们都改变了立场，你们这样是为什么？"陈敏的部众犹疑不定，顾荣挥动白羽扇，陈敏的部众都溃散离去。陈敏一个人骑马向北逃跑，在江乘被追上抓住，感叹道："这些人耽误了我，才到了今天这个地步！"又对弟弟陈处说："我辜负了你，你却没有辜负我！"陈敏在建业被杀，夷灭三族。这样会稽等郡把陈敏的几个弟弟也都杀了。

怀帝司马炽亲自审察大政，对朝廷事务也很留心。太傅司马越对此不高兴，坚决要求出去做藩镇。庚辰（三十日），司马越离开朝廷镇守许昌。

己未（七月十一日），朝廷任命琅邪王司马睿为安东将军、都督扬州江南诸军事，持符节，镇守建业。

九月，戊申（初一），琅邪王司马睿到达建业。司马睿让安东司马王导作为主要谋士，对他推心置腹，非常信任，每件事都找王导咨询。司马睿名望声誉一直很轻，吴地人们都不附从，在建业居住了很久，士大夫没有来拜访的，王导感到忧虑。正赶上司马睿出去观看禊祭，王导让司马睿乘上抬轿，安排了威严的仪仗。王导和名士们都骑马侍从，纪瞻、顾荣等人见了后感到惊异，一个跟着一个地在道路左边行拜礼。王导就劝说司马睿道："顾荣、贺循，都是这个地区最具名望的人了，应当结交他们来收服人心，他们两人来了，就没有不来的人。"司马睿就派王导亲自拜访贺循、顾荣，两个人都接受邀请而来到司马睿处，司马睿让贺循担任吴国内史，顾荣担任军司马，加授散骑常侍。军政事务，都与他们商议。又让纪瞻担任军咨祭酒，卞壶担任从事中郎，周玘任仓曹属，琅邪人刘超任舍人，张闿和鲁国的孔衍任参军。卞壶是卞粹的儿子，张闿是张昭的曾孙。王导对司马睿说："以谦逊的态度对待士人，通过节俭的办法保证用度的充足，以清静无为的原则处理政务，安抚以前的故旧部下与新结交的士人。"所以得到了江东地区人们的信任。司马睿刚来时，常常因为喝酒耽误事情，王导对此进行劝说，司马睿就命令人斟上酒，他接过酒杯后把酒倒掉，从此便戒了酒。

苟晞多次打败强大的敌寇，威名远扬，他善于治理繁重复杂的事务，运用刑法严峻。他的姨母投靠他。苟晞非常周到地侍奉赡养。姨母为她的儿子求职想做部将，苟晞不同意，说："我不拿王法去宽待别人，你可不要后悔呀！"姨母坚持为儿子求官，苟晞不得已让他担任督护。后来他犯了法，苟晞手持符节把他杀了，姨母叩头求救，苟晞不听。后来苟晞又换上素净的衣服去哭他说："杀你的，是兖州刺史，来哭弟弟的，是苟道将。"道将是苟晞的字。

乙亥（十一月二十九日），任王衍为司徒。王衍对太傅司马越说："朝廷出现危险变乱，应当依靠地方最高长官，找得文武兼备的人加以任用。"于是让弟弟王澄任荆州都督，族弟王敦为青州刺史，王衍告诉他们说："荆州有江、汉的坚固，青州有靠海的险要，你二人在外面而我在朝中，足以成为狡兔的三窟了。"王澄到任所，让郭舒担任别驾，将都督府的事务都交给了他。王澄则日夜纵情喝酒，不亲理事务，虽然盗贼军情紧急，也不放在心上。郭舒常常苦苦劝谏，认为应当爱护人民保养军队，这样来使州境得到保全，王澄不采纳。

郭舒劝谏

起初太傅司马越与苟晞关系很亲近，带他进入后堂，结拜为兄弟。司马潘滔对司马越说："兖州地处险要，魏武帝从这儿创业。苟晞有大志向，不是纯粹的臣下，让他在这里呆久了，就会成为心腹祸患。如果把他调迁到青州，提高他的名号，苟晞一定高兴。您亲自管理兖州，规划治理全国，藩卫朝廷，这就是所谓防患于未然。"司马越认为说得正确。癸卯（十二月二十七日），司马越自任丞相，兼兖州牧，都督兖、豫、司、冀、幽、并诸军事。让苟晞任征东大将军、开府仪同三司、加任侍中，授予符节，都督青州诸军事、兼青州刺史，封东平郡公。司马越、苟晞之间因此产生怨恨。

苟晞到青州，以严刑酷法建立威严，每天都有杀戮，青州人称他为"屠伯"。顿丘太守魏植迫于流民，聚众五六万人，到兖州大肆抢掠，苟晞出兵在无盐驻扎，来讨伐魏植。让弟弟苟纯兼任青州刺史，苟纯刑罚杀戮比苟晞还要厉害。苟晞讨伐魏植，打败了他。

慕容廆自称鲜卑大单于。

二年（戊辰，公元308年）

汉王刘渊派遣抚军将军刘聪等十名将军向南占据太行，派辅汉将军石勒等十名将军向东到赵、魏地区。

诏令封张轨为西平郡公，张轨推辞而不接受。当时各州郡都没有到京城的使者，只有张轨独自派遣使者进贡，每年都不中断。

秋季，七月，甲辰（初二），汉王刘渊进犯平阳，太守宋抽丢下郡城逃跑，河东太守路述战死。刘渊迁都到蒲子县。上郡鲜卑人陆逐延、氐人酋长单徵都向汉投降。

冬季，十月，甲戌（初三），汉王刘渊即皇帝位，宣布大赦，改年号为永凤。十一月，任命他儿子刘和为大将军，刘聪为车骑大将军，同族侄子刘曜为龙骧大将军。

乙亥（初五），汉主刘渊任大将军刘和为大司马，封为梁王。任尚书令欢乐为大司徒，封为陈留王。任皇后的父亲御史大夫呼延翼为大司空，封雁门郡公。宗室当中根据亲疏都封给郡县王，异姓长官根据战功都封予郡县公侯。

第八十七卷　晋纪九

译文诵读

孝怀皇帝中永嘉三年（己巳，309）

丁巳，太傅越自荥阳入京师。中书监王敦谓所亲曰："太傅专执威权，而选用表请，尚书犹以旧制裁之，今日之来，必有所诛。"

帝之为太弟也，与中庶子缪播亲善，及即位，以播为中书监，缪胤为太仆卿，委以心膂；帝舅散骑常侍王延、尚书何绥、太史令高堂冲，并参机密。越疑朝臣贰于己，刘舆、潘滔劝越悉诛播等。越乃诬播等欲为乱，乙丑，遣平东将军王秉，帅甲士三千入宫，执播等十余人于帝侧，付廷尉，杀之。帝叹息流涕而已。

太傅越以王敦为扬州刺史。

太傅越解兖州牧，领司徒。越以顷来兴事，多由殿省，乃奏宿卫有侯爵者皆罢之。时殿中武官并封侯，由是出者略尽，皆泣涕而去。更使右卫将军何伦、左卫将军王秉领东海国兵数百人宿卫。

汉安东大将军石勒寇钜鹿、常山，众至十余万，集衣冠人物，别为君子营。以赵郡张宾为谋主，刁膺为股肱，夔安、孔苌、支雄、桃豹、逯明为爪牙。并州诸胡羯多从之。

初，张宾好读书，阔达有大志，常自比张子房。及石勒徇山东，宾谓所亲曰："吾历观诸将，无如此胡将军者，可与共成大业！"乃提剑诣军门，大呼请见，勒亦未之奇也。宾数以策干勒，已而皆如所言；勒由是奇之，署为军功曹，动静咨之。

秋，八月，汉主渊命楚王聪等进攻洛阳；诏平北将军曹武等拒之，皆为聪所败。聪长驱至宜阳，自恃骤胜，怠不设备。九月，弘农太守垣延诈降，夜袭聪军，聪大败而还。

王浚遣祁弘与鲜卑段务勿尘击石勒于飞龙山，大破之，勒退屯黎阳。

冬，十月，汉主渊复遣楚王聪、王弥、始安王曜、汝阴王景帅精骑五万寇洛阳，大司空雁门刚穆公呼延翼帅步卒继之。丙辰，聪等至宜阳。朝廷以汉兵新败，不意其复至，大惧。辛酉，聪屯西明门。北宫纯等夜帅勇士千余人出攻汉壁，斩其征虏将军呼延颢。壬戌，聪南屯洛水。乙丑，呼延翼为其下所杀，其众自大阳溃归。渊敕聪等还师；聪表称晋兵微弱，不可以翼、颢死故还师，固请留攻洛阳，渊许之。太傅越婴城自守。戊寅，聪亲祈嵩山，留平晋将军安阳哀王厉、冠军将军呼延郎督摄留军；太傅参军孙询说越乘虚出击朗，斩之，厉赴水死。王弥谓聪曰："今军既失利，洛阳守备犹固，运车在陕，粮食不支数日。殿下不如与龙骧还平阳，裹粮发卒，更为后举；下官亦收兵谷，待命于兖、豫，不亦可乎！"聪自以请留，未敢还。宣于脩之言于渊曰："岁在辛未，乃得洛阳。今晋气犹盛，大军不归，必败。"渊乃召聪等还。

四年（庚午，310）

太傅越征建威将军吴兴钱玠及扬州刺史王敦。玠谋杀敦以反，郭奔建业，告琅邪王睿。玠遂反，进寇阳羡，睿遣将军郭逸等讨之；周玘纠合乡里，与逸等共讨玠，斩之。玘三定江南，睿以玘为吴兴太守，于其乡里置义兴郡以旌之。

成主雄谓其将张宝曰："汝能得梓潼，吾以李离之官赏汝。"宝乃先杀人而亡奔梓潼，訇琦等信之，委以心腹。会罗尚遣使至梓潼，琦等出送之；宝从后闭门，琦等奔巴西。雄以宝为太尉。

罗尚卒于巴郡，诏以长沙太守下邳皮素代之。

庚午，汉主渊寝疾；辛未，以陈留王欢乐为太宰，长乐王洋为太傅，江都王延年为太保，楚王聪为大司马、大单于，并录尚书事。丁丑，渊召太宰欢乐等入禁中，受遗诏辅政。己卯，渊卒；太子和即位。

和性猜忌无恩。宗正呼延攸，翼之子也，渊以其无才行，终身不迁官；侍中刘乘，素恶楚王聪；卫尉西昌王锐，耻不预顾命；乃相与谋，说和曰："先帝不惟轻重之势，使三王总强兵于内，大司马拥十万众屯于近郊，陛下便为寄坐耳。宜早为之计。"和，攸之甥也，深信之。辛巳夜，召安昌王盛、安邑王钦等告之。盛曰："先帝梓宫在殡，四王未有逆节，一旦自相鱼肉，天下谓陛下何！且大业甫尔，陛下勿信谗夫之言以疑兄弟；兄弟尚不可信，他人谁足信哉！"攸、锐怒之曰："今日之议，理无有二，领军是何言乎！"命左右刃之。盛既死，钦惧曰："惟陛下命。"壬午，锐帅马景攻楚王聪于单于台，攸帅永安王安国攻齐王裕于司徒府，乘帅安邑王钦攻鲁王隆，使尚书田密、武卫将军刘璿攻北海王义。密、璿挟义斩关归于聪，聪命贯甲以待之。锐知聪有备，驰还，与攸、乘共攻隆、裕。攸、乘疑安国、钦有异志，杀之；是日，斩裕，癸未，斩隆。甲申，聪攻西明门，克之；锐等走入南宫，前锋随之。乙酉，杀和于光极西室，收锐、攸、乘，枭首通衢。

群臣请聪即帝位；聪以北海王义，单后之子也，以位让之。义涕泣固请，聪久而许之，曰："义及群公正以祸难尚殷，贪孤年长故耳。此家国之事，孤何敢辞！俟义年长，当以大业归之。"遂即位。大赦，改元光兴。

冬，十月，汉河内王粲、始安王曜及王弥帅众四万寇洛阳，石勒帅骑二万会粲于大阳，败监军裴邈于渑池，遂长驱入洛川。粲出轘辕，掠梁、陈、汝、颍间。勒出成皋关，壬寅，围陈留太守王赞于仓垣，为赞所败，退屯文石津。

京师饥困日甚，太傅越遣使以羽檄征天下兵，使入援京师。帝谓使者曰："为我语诸征、镇，今日尚可救，后则无及矣！"既而卒无至者。征南将军山简遣督护王万将兵入援，军于涅阳，为王如所败。如遂大掠沔、汉，进逼襄阳，简婴城自守。荆州刺史王澄自将，欲援京师，至沶口，闻简败，众散而还。朝议多欲迁都以避难，王衍以为不可，卖车牛以安众心。山简为严嶷所逼，自襄阳徙屯夏口。

太傅越既杀王延等，大失众望；又以胡寇益盛，内不自安，乃戎服入见，请讨石勒，且镇集兖、豫。帝曰："今胡虏侵逼郊畿，人无固志，朝廷社稷，倚赖于公，岂可远出以孤根本！"对曰："臣出，幸出破贼，则国威可振，犹愈于坐待困穷也。"十一月，甲戌，越帅甲士四万向许昌，留妃裴氏、世子毗及龙骧将军李恽、右卫将军何伦守卫京师，防察宫省；以潘滔为河南尹，总留事。越表以行台自随，用太尉衍为军司，朝贤素望，悉为佐吏，名将劲卒，咸入其府。于是宫省无复守卫，荒馑日甚，殿内死人交横；盗贼公行，府寺营署，并掘堑自守。越东屯项，以冯嵩为左司马，自领豫州牧。

汉太后单氏卒；汉主聪尊母张氏为皇太后。单氏年少美色，聪烝焉。太弟义屡以为言，单氏惭恚而死。义宠由是渐衰，然以单氏故，尚未之废也。呼延后言于聪曰："父死子继，古今常道。陛下承高祖之业，太弟何为者哉！陛下百年后，粲兄弟必无种矣。"聪曰："然，吾当徐思之。"呼延氏曰："事留变生。太弟见粲兄弟浸长，必有不安之志；万一有小人交构其间，未必不祸发于今日也。"聪心然之。义舅光禄大夫单冲泣谓义曰："疏不间亲。主上有意于河内王矣，殿下何不避之！"义曰："河瑞之末，主上自惟嫡庶之分，以大位让义。义以主上齿长，故相推奉。天下者，高祖之天下，兄终弟及，何为不可！粲兄弟既壮，犹今日也。且子弟之间，亲疏讵几，主上宁可有此意乎！"

五年（辛未，311）

东海孝献王越既与苟晞有隙，河南尹潘滔、尚书刘望等复从而谮之。晞怒，表求滔等首，扬言："司马元超为宰相不平，使天下淆乱，苟道将岂可以不义使之！"乃移檄诸州，自称功伐，陈越罪状。帝亦恶越专权，多违诏命；所留将士何伦等，抄掠公卿，逼辱公主；密赐晞手诏，使讨之。晞数与帝文书往来，越疑之，使游骑于成皋间伺之，果获晞使及诏书。乃下檄罪状晞，以从事中郎杨瑁为兖州刺史，使与徐州刺史裴盾共讨晞。晞遣骑收潘滔，滔夜遁，得免；执尚书刘曾、侍中程延，斩之。越忧愤成疾，以后事付王衍；三月，丙子，薨于项，秘不发丧。众共推衍为元帅，衍不敢当；以让襄阳王范，范亦不受。范，玮之子也。于是衍等相与奉越丧还葬东海。何伦、李恽等闻越薨，奉裴妃及世子毗自洛阳东走，城中士民争随之。帝追贬越为县王，以苟晞为大将军、大都督，督青、徐、兖、豫、荆、扬六州诸军事。

夏，四月，石勒率轻骑追太傅越之丧，及于苦县宁平城，大败晋兵，纵骑围而射之，将士十余万人相践如山，无一人得免者。执太尉衍、襄阳王范、任城王济、武陵庄王澹、西河王喜、梁怀王禧、齐王超、吏部尚书刘望、廷尉诸葛铨、豫州刺史刘乔、太傅长史庾敳等，坐之幕下，问以晋故。衍具陈祸败之由，云计不在己；且自言少无宦情，不豫世事；因劝勒称尊号，冀以自免。勒曰："君少壮登朝，名盖四海，身居重任，何得言无宦情邪！破坏天下，非君而谁！"命左右扶出，众人畏死，多自陈述。独襄阳王范神色俨然，顾呵之曰："今日之事，何复纷纭！"勒谓孔苌曰："吾行天下多矣，未尝见此辈人，当可存乎？"苌曰："彼皆晋之王公，终不为吾用。"勒曰："虽然，要不可加以锋刃。"夜，使人排墙杀之。济，宣帝弟子景王陵之子；禧，澹之子也。剖越柩，焚其尸，曰："乱天下者此人也，吾为天下报之，故焚其骨以告天地。"

苟晞表请迁都仓垣，使从事中郎刘会将船数十艘、宿卫五百人、谷千斛迎帝。帝将从之，公卿犹豫，左右恋资财，遂不果行。既而洛阳饥困，人相食，百官流亡者什八九。帝召公卿议，将行而卫从不备。帝抚手叹曰："如何曾无车舆！"乃使傅祗出诣河阴，治舟楫，朝士数十人导从。帝步出西掖门，至铜驼街，为盗所掠，不得进而还。度支校尉东郡魏浚率流民数百家保河阴之峡石，时劫掠得谷麦，献之，帝以为扬威将军、平阳太守，度支如故。

汉主聪使前军大将军呼延晏将兵二万七千寇洛阳，比及河南，晋兵前后十二败，死者三万余人。始安王曜、王弥、石勒皆引兵会之，未至，晏留辎重于张方故垒，癸未，先至洛阳，甲申，攻平昌门，丙戌，克之，遂焚东阳门及诸府寺。六月，丁亥朔，晏以外继不至，俘掠而去。帝具舟于洛水，将东走，晏尽焚之。庚寅，荀藩及弟光禄大夫组奔轘辕。辛卯，王弥至宣阳门；壬辰，始安王曜至西明门；丁酉，王弥、呼延晏克宣阳门，入南宫，升太极前殿，纵兵大掠，悉收宫人、珍宝。帝出华林园门，欲奔长安，汉兵追执之，幽于端门。曜自西明门入屯武库。戊戌，曜杀太子诠、吴孝王晏、竟陵王楙、右仆射曹馥、尚书闾丘冲、河南尹刘默等，士民死者三万余人。遂发掘诸陵，焚宫庙、官府皆尽。曜纳惠帝羊皇后，迁帝及六玺于平阳。石勒引兵出轘辕，屯许昌。光禄大夫刘蕃、尚书卢志奔并州。

初，始安王曜以王弥不待己至，先入洛阳，怨之。弥说曜曰："洛阳天下之中，山河四塞，城池、宫室不假修营，宜白主上自平阳徙都之。"曜以天下未定，洛阳四面受敌，不可守，不用弥策而焚之。弥骂曰："屠各子，岂有帝王之意邪！"遂与曜有隙，引兵东屯项关。前司隶校尉刘暾说弥曰："今九州糜沸，群雄竞逐，将军于汉建不世之功，又与始安王相失，将何以自容！不如东据本州，徐观天下之势，上可以混壹四海，下不失鼎峙之业，策之上者也。"弥心然之。

时海内大乱，独江东差安，中国士民避乱者多南渡江。镇东司马王导说琅邪王睿，收其贤俊，与之共事。睿从之，辟掾属百余人，时人谓之百六掾。以前颍川太守勃海刁协为军咨祭酒，前东海太守王承、广陵相卞壸为从事中郎，江宁令诸葛恢、历阳参军陈国陈頵为行参军，前太傅掾庾亮为西曹掾。承，浑之弟子；恢，靓之子；亮，兖子之弟子也。

苟晞骄奢苛暴，前辽西太守阎亨，缵之子也，数谏晞，晞杀之。从事中郎明预有疾，自舆入谏。晞怒曰："我杀阎亨，何关人事，而舆病骂我！"预曰："明公以礼待预，故预以礼自尽。今明公怒预，其如远近怒明公何！桀为天子，犹以骄暴而亡，况人臣乎！愿明公且置是怒，思预之言。" 晞不从。由是众心离怨，加以疾疫、饥馑。石勒攻王赞于阳夏，擒之；遂袭蒙城，执晞及豫章王端，锁晞颈，以为左司马。汉主聪拜勒幽州牧。

王弥与勒，外相亲而内相忌，刘暾说弥使召曹嶷之兵以图勒。弥为书，使暾召嶷，且邀勒共向青州。暾至东阿，勒游骑获之，勒潜杀暾而弥不知。会弥将徐邈、高梁辄引所部兵去，弥兵渐衰。弥闻勒擒苟晞，心恶之，以书贺勒曰："公获苟晞而用之，何其神也！使晞为公左，弥为公右，天下不足定也。"勒谓张宾曰："王公位重而言卑，其图我必矣。"宾因劝勒乘弥小衰，诱而取之。时勒方与乞活陈午相攻于蓬关，弥亦与刘瑞相持甚急。弥请救于勒，勒未之许。张宾曰："公常恐不得王公之便，今天以王公授我矣。陈午小竖，不足忧；王公人杰，当早除之。"勒乃引兵击瑞，斩之。弥大喜，谓勒实亲己，不复疑也。冬，十月，勒请弥燕于己吾。弥将往，长史张嵩谏，不听。酒酣，勒手斩弥而并其众，表汉主聪，称弥叛逆。聪大怒，遣使让勒"专害公辅，有无君之心"；然犹加勒镇东大将军、督并幽二州诸军事、领并州刺史，以慰其心。苟晞、王赞潜谋叛勒，勒杀之，并晞弟纯。

初，勒之为人所掠卖也，与其母王氏相失。刘琨得之，并其从子虎送于勒，因遗勒书曰："将军用兵如神，所向无敌，所以周流天下而无容足之地，百战百胜而无尺寸之功者，盖得主则为义兵，附逆则为贼众故也。成败之数，有似呼吸，吹之则寒，嘘之则温。今相授侍中、车骑大将军、领护匈奴中郎将、襄城郡公，将军其受之！"勒报书曰："事功殊途，非腐儒所知。君当逞节本朝，吾自夷难为效。"遗琨名马、珍宝，厚礼其使，谢而绝之。

时虎年十七，残忍无度，为军中患。勒白母曰："此儿凶暴无赖，使军人杀之，声名可惜，不若自除之。"母曰："快牛为犊，多能破车，汝小忍之！"及长，便弓马，勇冠当时。勒以为征虏将军，每屠城邑，鲜有遗类。然御众严而不烦，莫敢犯者，指授攻讨，所向无前，勒遂宠任之。勒攻荥阳太守李矩，矩击却之。

周顗奔琅邪王睿，睿以顗为军咨祭酒。前骑都尉谯国桓彝亦避乱过江，见睿微弱，谓顗曰："我以中州多故，来此求全，而单弱如此，将何以济！"既而见王导，共论世事，退，谓顗曰："向见管夷吾，无复忧矣！"

诸名士相与登新亭游宴，周顗中坐叹曰："风景不殊，举目有江河之异！"因相视流涕。王导愀然变色曰："当共戮力王室，克复神州，何至作楚囚对泣邪！"

众皆收泪谢之。

陈颙遗王导书曰："中华所以倾弊者，正以取才失所，先白望而后实事，浮竞驱驰，互相贡荐，言重者先显，言轻者后叙，遂相波扇，乃至陵迟。加有庄、老之俗，倾惑朝廷，养望者为弘雅，政事者为俗人，王职不恤，法物坠丧。夫欲制远，先由近始。今宜改张，明赏信罚，拔卓茂于密县，显朱邑于桐乡，然后大业可举，中兴可冀耳。"导不能从。

晋怀帝永嘉三年（己巳，公元309年）

丁巳（正月十八日），太傅司马越从荥阳进入京城。中书监王敦对他所亲近的人说："太傅独揽威势权力，但选拔任用官员仍上表请示，而尚书仍然按照过去的制度来裁定，因此太傅现在到京城，一定会杀掉一些官员。"

怀帝当太弟时，与中庶子缪播关系亲密要好，即皇帝位后，任缪播为中书监，任缪胤为太仆卿，把他们当做心腹。怀帝舅父散骑常侍王延和尚书何绥、太史令高堂冲一起参与朝廷的机密事务。司马越怀疑朝廷大臣对自己有异心，刘舆、潘滔也劝说司马越把缪播等人全杀了。司马越于是诬陷缪播等人图谋叛乱。乙丑（正月二十六日），派平东将军王秉，率领三千兵士进入皇宫，在怀帝身边逮捕缪播等十余人，交付廷尉，把他们杀了。怀帝只能叹息流泪而已。

太傅司马越任王敦为扬州刺史。

太傅司马越辞去兖州牧的职务，任司徒。司马越根据近年来朝廷发生变故、根由大多出在宫殿官署这一情况，于是上奏请将有侯爵身份的宫廷侍卫全都罢免。当时宫殿中的武官都封了侯，因此宫殿武官差不多都被解职。他们都流着泪离开了宫殿。然后改为让右卫将军何伦、左卫将军王秉带领几百名属于司马越的东海国兵士担任皇宫禁卫。

汉安东大将军石勒进犯钜鹿、常山，有十多万人，聚集了一些有身份的人士，另外编成君子营。以赵郡人张宾作主要谋士，刁膺作为辅佐，以夔安、孔苌、支雄、桃豹、逯明作为助手。并州的胡人、羯人大多都跟随石勒。

当初，张宾喜欢读书，豁达而胸怀大志，常常把自己比作西汉张良。等到石勒攻取崤山以东地区，张宾对所亲近的人说："我一一观察那些战将，没有比得上这位胡人将军的，可以和他一起成就大业！"于是提起剑到军营门前，大声呼喊请求接见，但石勒并没有认为他有超群之处。张宾多次向石勒献上计策，事情结束后全都与张宾预料的一样。石勒因此才感到他不同寻常，安排他为军功曹，一举一动都要去问他。

秋季，八月，汉主刘渊命令楚王刘聪等人进兵攻打洛阳。朝廷诏令平北将军曹武等人抵御刘聪，都被刘聪打败。刘聪长驱直入到达宜阳，自己倚仗着已经多次取胜，懈怠而不进行防备。九月，弘农太守垣延假装投降，夜间突袭刘聪的军队，刘聪大败而归。

王浚派遣祁弘与鲜卑人段务勿尘在飞龙山攻打石勒，石勒大败，撤退到黎阳驻扎。

冬季，十月，汉主刘渊再次派遣楚王刘聪、王弥、始安王刘曜、汝阴王刘景率领五万精锐骑兵进犯洛阳，大司空雁门刚穆公呼延翼带领步兵作为后续军队。丙辰（二十一日），刘聪等人到达宜阳。朝廷因为汉军刚刚失败，没有料到他们这么快又来了，大为恐慌。辛酉（二十六日），刘聪屯兵西明门。北宫纯等人带领一千多勇士趁黑夜突袭汉军营垒，杀了他们的征虏将军呼延颢。壬戌（二十七日），刘聪向南到洛水驻扎。乙丑，呼延翼被自己的部下杀死，部众从大阳溃散逃回。刘渊下令让刘聪等人撤兵回来。刘聪上奏表说，晋朝军队微弱，不能因为呼延翼、呼延颢死了而撤兵，坚持要留下来进攻洛阳，刘渊同意了。太傅司马越加强环城防守。戊寅，刘聪自己到嵩山祈祷，留下平晋将军安阳哀王刘厉、冠军将军呼延朗代理指挥留守的军队。太傅参军孙询劝司马越乘虚出兵袭击呼延朗，杀死了呼延朗。刘厉跳入洛水而死。王弥对刘聪说：“现在军队既然失利，洛阳的防守还很坚固，而我们的运粮车还在陕地，粮食支持不了几天，殿下不如与龙骧大将军刘曜退还平阳，筹备粮食发给兵士，再进行下一步行动。我也收兵筹谷，在兖、豫地区待命，不也是可以的吗？”刘聪因为是自己请求留下，没有敢撤兵。宣于修之对刘渊说：“到了辛未年，才能得到洛阳，现在晋朝气运还旺盛，大军不撤回来，一定失败。”刘渊于是召刘聪等人回来。

四年（庚午，公元310年）

太傅司马越征召建威将军吴兴人钱琀和扬州刺史王敦。钱琀图谋杀死王敦后叛乱，王敦逃往建业，报告琅邪王司马睿。钱琀于是叛乱，进犯阳羡，司马睿派遣将军郭逸等人讨伐他。周玘组织联合乡里百姓，与郭逸等人一起讨伐钱琀，把他杀了。周玘三次平定江南，司马睿以周玘任吴兴太守，并在他家乡设置义兴郡以表彰周玘。

成汉主李雄告诉他的部将张宝说：“你能攻下梓潼，我把李离的官职赏给你。”张宝于是杀人后逃亡投奔梓潼，訇琦等人都信任他，把他当做心腹。正遇到罗尚派使者到梓潼，訇琦等人出城送使者，张宝则在后边关闭了城门，訇琦等人只好投奔巴西。李雄让张宝担任太尉。

罗尚在巴郡去世，朝廷诏令以长沙太守下邳人皮素代替他的职务。

庚午（七月初九），汉主刘渊卧病不起，辛未（初十），以陈留王刘欢乐任太宰，长乐王刘洋为太傅，江都王刘延年为太保，楚王刘聪为大司马、大单于，都兼任录尚书事。丁丑（十六日），刘渊宣召太宰刘欢乐等人到皇宫里，接受遗诏辅佐朝政。己卯（十八日），刘渊去世。太子刘和继承皇位。

刘和性格多疑没有恩德。宗正呼延攸是呼延翼的儿子，刘渊因为他没有才能和德行，终身没有给他升官。侍中刘乘，一直怨恨楚王刘聪。卫尉西昌王刘锐，对没有受到刘渊临终任命也感到羞耻。这几个人于是一起密谋，对刘和说："先帝不考虑轻重的情势，使三王在皇城里统领强兵，大司马刘聪拥兵十万在近郊驻扎，这样陛下不过是在他人那里寄寓的皇帝罢了。应当尽早考虑对付这种情势。"刘和是呼延攸的外甥，所以对他深信不疑。辛巳（七月二十日）夜，宣召安昌王刘盛，安邑王刘钦通告他们。刘盛说："先帝的棺椁还没有安葬，四王刘聪也没有变节，一旦自相残杀，天下会怎么说陛下？再说大业还没有成功，陛下不要听信挑拨离间的小人的谗言来疑忌兄弟，兄弟尚且都不能相信，那别人谁还值得相信呢？"呼延攸、刘锐对他发怒道："今天商议，没有别的道理可讲，领军你这是什么话！"便命令左右随从把刘盛杀了。刘盛死后，刘钦害怕地说："只听从陛下的旨意。"壬午（二十一日），刘锐带领马景在单于台攻打楚王刘聪，呼延攸带领永安王刘安国到司徒府攻打齐王刘裕，刘乘带领安邑王刘钦攻打鲁王刘隆，派尚书田密、武卫将军刘璿攻打北海王刘乂。田密、刘璿带着刘乂冲过关卡归附刘聪，刘聪命令穿上铠甲等待刘锐。刘锐得知刘聪已有防备，迅速回师，与呼延攸、刘乘一起攻打刘隆、刘裕，呼延攸、刘乘怀疑刘安国、刘钦有异心，就杀了他们。当天，杀了刘裕，癸未（二十二日），杀了刘隆。甲申（二十三日），刘聪攻克西明门。刘锐等逃进南宫，前锋跟随着他。乙酉（二十四日），刘聪在光极殿西室杀了刘和，抓住刘锐、呼延攸、刘乘，在交通要道上斩首并悬挂起来。

大臣们请刘聪登上皇位，刘聪因为北海王刘乂是单太后的太子，就把皇位让给刘乂。刘乂流着泪坚持请刘聪即位，刘聪好久后才同意了，说："刘乂和诸公正是因为祸乱困扰还多，看重我年纪大几岁罢了。这是国家的事业。我怎么敢推辞！等刘乂长大，我将把大业交还于他。"于是即位。宣布大赦，改年号为光兴。

冬季，十月，汉河内王刘粲、始安王刘曜以及王弥率领四万人进犯洛阳，石勒率领两万骑兵在大阳与刘粲会合，在渑池打败监军裴邈，于是长驱直入进入洛川。刘粲从轘辕出兵，在梁、陈、汝、颍等地区攻掠。石勒从成皋关出兵，壬寅（十三日），在仓垣包围陈留太守王赞，被王赞打败，退到文石津驻扎。

京城洛阳饥饿困顿日益严重，太傅司马越派遣使者带着插羽毛的檄文征召全国军队，让他们来救援京城。怀帝对使者说："替我告诉各征、镇，今天还可以援救，迟了就来不及了！"但后来终究没有军队到达。征南将军山简派遣督护王万带兵前去救援，在涅阳驻军，结果被王如打败。王如于是在沔水、汉水地区大肆抢掠，进逼襄阳，山简只能围绕城墙进行防守。荆州刺史王澄亲自带兵，想去救援京城，到达沶口，听到山简的军队失败的消息，部众溃散，也只好回师，朝廷商议，多数人想迁都逃难，王衍认为不行，应该卖掉车、牛来安定人心。山简被严嶷逼迫，从襄阳迁徙到夏口驻扎。

太傅司马越杀了王延等人后，大大地失去了大家的信任。又因为胡人敌寇日益强盛，内心也不安定，于是穿上戎装进宫拜见，请求讨伐石勒，并且屯兵镇守在兖州、豫州。怀帝说："现在胡人强盗侵入，逼临京城郊外，人都没有了坚守的心思，朝廷社稷依赖于你，怎么能远征而使根本孤立呢？"司马越回答说："我出战，如果能侥幸打败贼寇，就可以振奋国威，这比坐以待毙要强。"十一月，甲戌（十五日），司马越率领四万兵士向许昌进发，留下妃子裴氏、长子司马毗以及龙骧将军李恽、右卫将军何伦守卫京城，防卫察看宫廷，以潘滔任河南尹，总管留守事务。司马越上奏表让朝廷以行尚书台跟随自己，任用太尉王衍为军司，朝廷中享有声望的贤臣，都用作佐吏，名将勇士，全部纳入自己官署。这样，宫廷中实际再没有什么守卫，饥饿日益严重，宫殿中死人交相杂横，盗贼公然抢劫，各府、寺、营、署，都挖掘壕堑自卫。司马越向东驻扎在项县，以冯嵩为左司马，自己兼任豫州牧。

汉太后单氏去世，汉主刘聪尊奉母亲张氏为皇太后。单氏年轻貌美，刘聪与她私通。单氏的儿子太弟刘义多次对此进行劝说，单氏惭愧忧愤而死。刘聪对刘义的宠信因此逐渐减弱，但因为单氏的缘故，还没有废黜他。皇后呼延氏对刘聪说："父亲死后由儿子继承。是古今通常的道理。陛下继承高祖刘渊的事业，太弟算干什么的？陛下百年之后，刘粲兄弟一定不会有后代存世了。"刘聪说："是这样，我将要慢慢考虑这个问题。"呼延氏说："事情放着不处理，就会发生变故。太弟看到刘粲兄弟逐步长大，内心一定会感到不安，万一有小人在其中挑拨离间，祸患说不定就会在今天发生。"刘聪心里认为说得对。刘义的舅父光禄大夫单冲哭着对刘义说："关系疏远的人不替代关系亲近的。皇上有让河内王刘粲当太子的心思，殿下为什么不躲避呢？"刘义说："河瑞末年，主上自己考虑到嫡、庶的区别，以大位辞让给我，我因为皇上年长，所以推奉他即位。天下是高祖的天下，哥哥死了弟弟来继承，有什么不可以的？等刘粲兄弟长大，还应该像今天这样，再说父子和兄弟之间，难道还有什么亲疏？皇上难道有这个意思吗？"

五年（辛未，公元311年）

东海孝献王司马越与苟晞产生怨恨后，河南尹潘滔、尚书刘望等人又附和他并挑拨他与苟晞的关系。苟晞发怒，表奏索求潘滔等人的头颅，扬言道："司马元超身为宰相而不公正，造成天下混乱，我难道能够不坚持正义而听任他？"司马越字元超。于是苟晞向各州传布檄文，称颂自己的功绩，列举司马越的罪状。怀帝对司马越专权，多次违抗诏书旨意，也感到厌恶，司马越留下来的部将兵士何伦等人，抢掠公卿大臣，逼迫污辱公主。怀帝秘密赐给苟晞亲笔诏书，让苟晞征讨司马越。苟晞多次与怀帝有文书往来，司马越对此也起疑心，派游动的骑兵在成皋地区监视，果然查获苟晞的使者以及诏书。于是司马越也下达檄文公布苟晞的罪状，以从事中郎杨瑁担任兖州刺史，让他与徐州刺史裴盾一同征讨苟晞。苟晞派骑兵拘捕潘滔，潘滔连夜逃跑，得以逃脱。苟晞抓住尚书刘曾、侍中程延，把他们都杀了。司马越忧愤成疾，把后事托付给王衍。三月，丙子（十九日），司马越在项县去世，但秘不发丧。大家共同推举王衍为元帅，王衍不敢接受，辞让给襄阳王司马范，司马范也不接受。司马范是司马玮的儿子。于是王衍等人一起侍奉司马越的灵柩送往东海郡安葬。何伦、李恽等人听说司马越去世，就侍奉着司马越的裴妃以及长子司马毗从洛阳向东行进。城中士人百姓争相跟随他们。怀帝追贬司马越为县王，以苟晞担任大将军、大都督及督青、徐、兖、豫、荆、扬六州诸军事。

夏季，四月，石勒率轻装骑兵追击太傅司马越的灵车，在苦县宁平城追上，把晋朝军队打得大败，又放开骑兵包围并用弓箭射击，十多万晋朝官兵互相践踏堆积如山，无一人幸免。抓住太尉王衍、襄阳王司马范、任城王司马济、武陵庄王司马澹、西河王司马喜、梁怀王司马禧、齐王司马超、吏部尚书刘望、廷尉诸葛铨、豫州刺史刘乔、太傅长史庾敳等人，让他们在帐幕中坐下，询问晋朝乱亡的原因。王衍具体陈说了祸患衰败的原因。声称计策不是自己所定，并且自称从小就没有当官从政的愿望，不参与朝廷事务，并由此劝石勒称帝，希望能够解脱自己。石勒说："您年轻力壮时就登上朝廷高职，名扬四海，身居重任，怎么说没有当官从政的欲望呢？把天下的事情搞坏搞糟，不是您那又是谁呢？"命令随从将王衍架扶出去。大家都怕死，大多都自己陈述情况。只有襄阳王司马范表情严峻，环顾大家喝道："今天的事情，为什么还要再说个不停？"石勒对孔苌说："我在天下行走的地方多了，从未见过这类人，应当让他们留在世上吗？"孔苌说："他们都是晋朝的王公大臣，终究不能为我们所用。"石勒说："虽然这样，但也不要用刀杀了他们。"当夜，派人推倒墙把这些人压死了。司马济是宣帝司马懿弟弟的儿子景王司马陵的儿子。司马禧是司马澹的儿子。石勒又剖开司马越的灵柩，焚烧了司马越的尸体，说："搞乱天下的就是这个人，我为天下报仇，所以焚烧他的遗骨来通告天地。"

苟晞上奏表请求迁都仓垣，派从事中郎刘会带领几十艘船、五百禁卫兵、一千斛谷子去接怀帝。怀帝打算听从这个安排，而公卿大臣们犹豫不决，左右随从贪恋家资财产，于是没有成行。不久后洛阳城中饥饿困乏，甚至出现人吃人的现象，文武百官十有八九都流亡了。怀帝召集公卿大臣商议，打算出行，但禁卫随从却不完备。怀帝抚手慨叹说："为什么竟没有车子乘舆呢？"于是派傅祗出城到河阴县，整理置办船只，朝廷官员几十人充当前导和随从。怀帝步行出西掖门，到铜驼街，遭到强盗掠扰，不能前进，只好回宫。度支校尉东郡人魏浚率领几百家流民在河阴的峡石防卫，当时曾抢劫掠夺了一些谷麦，就献给怀帝，怀帝任用魏浚为扬威将军、平阳太守，仍兼度支校尉。

汉主刘聪派前军大将军呼延晏率领二万七千兵士进犯洛阳，到达河南时，晋朝军队先后十二次失败，死了三万多人。始安王刘曜、王弥、石勒都带兵与呼延晏会合，还没有到，呼延晏把辎重留在张方遗留下来的旧营垒中，癸未（五月二十七日），呼延晏先行到达洛阳。甲申（五月二十八日），攻打平昌门，丙戌（五月三十日），攻克平昌门，于是焚烧东阳门以及各府寺等房屋建筑。六月，丁亥朔（初一），呼延晏因为外面援兵还没有到，俘掠了一些人和财物而离去。怀帝在洛水安排准备了一些船只，准备向东逃难，呼延晏都给焚烧了。庚寅（初四），荀藩以及弟弟光禄大夫荀组逃奔轘辕。辛卯（初五），王弥到达宣阳门。壬辰（初六），始安王刘曜到达西明门。丁酉（十一日），王弥、呼延晏攻克宣阳门，进入南宫，登上太极前殿，放纵士兵大肆抢掠，把宫人、珍宝收罗干净。怀帝出华林园门，想逃奔长安，汉兵追上把他抓住，囚禁在端门。刘曜从西明门进城到武库驻扎。戊戌（十二日），刘曜杀死晋太子司马诠、吴孝王司马晏、竟陵王司马楙、右仆射曹馥、尚书闾丘冲、河南尹刘默等人，士人百姓死了三万多人。于是又挖掘各个陵墓，把宫庙、官府都焚烧光了。刘曜纳娶惠帝羊皇后，把怀帝以及皇帝专用的六方玉玺都送往平阳。石勒带兵从轘辕出击，到许昌驻扎。晋光禄大夫刘蕃、尚书卢志逃奔并州。

当初，始安王刘曜因为王弥不等到自己到达就抢先进入洛阳，对王弥产生了怨恨。王弥对刘曜说："洛阳处于全国中心，山河四面的要塞，城池、宫室都用不着修葺营建，应当上告君主从平阳迁都到这里。"刘曜因为天下还未平定，洛阳四面受敌，不能守御，因此不听王弥的计策而放火焚烧了洛阳。王弥骂道："这个屠各子！难道有做帝王的心思吗？"于是与刘曜产生怨恨，就带兵向东到项关驻扎。前司隶校尉刘暾对王弥说："现在九州像沸腾的粥锅一样动乱纷扰，各路英豪逐鹿中原，将军您为汉建立了无与伦比的功劳，却又和始安王刘曜失和，那将把自己放到什么地方？不如在东边占据自己的青州，慢慢地观察天下的趋势，上计能够以此统一全国，下计也不失去占据一方与人鼎立抗衡的资本，这是上策。"王弥心里认为这很对。

当时全国一片混乱，只有江东稍微安定，中原的士人百姓大多南渡长江去避乱。镇东司马王导劝说琅邪王司马睿，招收贤能英俊的人才，与他们一同成就事业。司马睿采纳了王导的意见，任用了一百多人作为掾属，当时的人称之为百六掾。让前颍川太守勃海人刁协任军咨祭酒，以前东海太守王承、广陵相卞任从事中郎，以江宁令诸葛恢、历阳参军陈国人陈頵任行参军，以前太傅掾庾亮任西曹掾。王承是王浑的弟弟的儿子。诸荀恢是诸葛靓的儿子。庾亮是庾究的弟弟的儿子。

苟晞骄纵奢侈苛刻暴虐，前辽西太守阎亨是阎缵的儿子，多次劝谏苟晞，结果苟晞把他杀了。从事中郎明预有病，自己乘车进去劝谏。苟晞生气地说："我杀阎亨，关别人什么事，你还病着乘车来骂我！"明预说："您以礼对待我，所以我也以礼尽言。现在您对我生气，那么周围远近的人生您的气您又怎么样呢？桀尊贵为天子，尚且因为骄纵暴躁而亡国，何况做臣下的呢？希望您暂且放下这个怒气，考虑考虑我的话！"苟晞听不进去。因此部众人心离散怨恨，又有瘟疫和饥荒。石勒在阳夏攻打王赞，抓获了王赞。于是又袭击蒙城，抓住苟晞和豫章王司马端，锁住苟晞的脖颈，让他做左司马。汉君主刘聪任命石勒为幽州牧。

王弥与石勒，表面上亲近而内心里互相猜忌，刘暾劝王弥征召曹嶷的军队来谋取石勒。王弥就写信，让刘暾去召集曹嶷，并且邀请石勒一起到青州。刘暾到东阿时，被石勒流动巡视的骑兵抓获，石勒秘密杀掉刘暾，王弥还蒙在鼓里。又正遇到王弥部将徐邈、高梁都带领所属军队离去，王弥的军队逐渐衰弱。王弥听说石勒擒获了苟晞，心里很厌恶，但又写信祝贺石勒，说："您擒获苟晞并任用了他，多么神奇呀！让苟晞在您左边辅佐，我在您右边辅佐，天下就不难平定了。"石勒对张宾说："王弥公位高职重却语言谦卑，他一定要图谋我了。"张宾因而劝石勒乘王弥出现暂时衰弱，引诱他来把他抓住。当时石勒正与"乞活"陈午在蓬关交战，王弥也与刘瑞紧张对峙。王弥向石勒请求救援，石勒没有答应。张宾说："您平常恐怕得不到引诱王公的便利条件，现在上天把王公交给我们了。陈午这小子，不值得忧虑；王公却是人中豪杰，应当尽早除掉。"石勒就带兵袭击刘瑞，把他杀了。王弥非常高兴，认为石勒确实和自己亲近，不再怀疑了。冬季，十月，石勒在己吾县宴请王弥。王弥正打算前往，长史张嵩劝谏，王弥不听而赴宴。喝酒喝得正高兴时，石勒亲手杀了王弥，兼并了他的军队又表奏汉主刘聪，称说王弥反叛。刘聪勃然大怒，派使者责备石勒"擅自害死朝廷重要辅佐官员，心中没有君主"。但还是给石勒加上了镇东大将军，督并、幽二州诸军事，兼并州刺史等职，来安慰石勒的心。苟晞、王赞密谋叛离石勒，石勒把他们杀了，还杀了苟晞的弟弟苟纯。

当初，石勒被人抢走卖掉的时候，和他母亲王氏失去联系。刘琨找到了他母亲，就把他母亲和侄子石虎送到石勒那里，趁机给石勒一封信，说："将军用兵如神，所向无敌，之所以在天下周游不定而没有立足之地，百战百胜却没有一点儿功劳，完全是因为报效于正统的主人就是正义之师，而依附于叛逆者就成为贼寇之众的缘故。一个人成败的道理，如同呼吸，急促地吹气就感到寒冷，徐缓地嘘气则感到温暖。现在授予你侍中、车骑大将军，兼护匈奴中郎将等职务，封为襄城郡公，希望将军接受！"石勒回信说："从事建功立业的大事，道路不同，不是迂腐的儒生可能了解的。您应当为自己的朝廷保持发扬气节，我是夷人难以为你效劳。"并送给刘琨名马、珍宝等物，用厚礼招待刘琨的使者，谢绝了刘琨。

当时石虎十七岁，残忍得没有限度，军中都以他为祸患，石勒告诉母亲说："这个小子凶暴无赖，假如军队的人把他杀了，有损声名，还不如自己来除掉他。"母亲说："快捷的牛在牛犊时，大多都会把车弄坏。你稍微忍耐一下！"石虎长大后，擅长射弓骑马，骁勇为当时第一。石勒任他为征虏将军，每当屠杀一座城邑，很少有遗留下来的人。但是驾驭部下却严厉而不繁琐，没有谁敢违反，指派他去攻战征讨，所向无敌，石勒于是宠信任用他。石勒攻打荥阳太守李矩，李矩出击打退了石勒。

周顗投奔琅邪王司马睿，司马睿任用周晞为军咨祭酒。前骑都尉谯国人桓彝也避乱渡过长江，见司马睿势力微弱，对周晞说："我因为中州地区多变故，来到这儿求安，结果这里如此势单力薄，将靠什么来成就大业？"不久又见到王导，与王导一起议论天下大事，退出去后，又对周晞说：“刚才如同见到了管仲，不再有忧虑了。”

名士们一起登上新亭游玩宴乐，周晞坐在中间感叹说：“风景没有大差别，只是举目望去有长江黄河的区别。”大家听了相对流泪。王导脸色立刻变了，说：“应当齐心协力报效朝廷，收复神州沦陷的土地，怎么能像只知悲痛而不思进取的楚囚那样相对流泪呢？”于是大家都擦泪向王导道歉。

陈頵给王导去信说：“中华之所以被颠覆破坏，正是因为选择人才失当，徒有虚名的优先而做实事的却靠后，竞相追逐浮华，互相荐举，言过其实者先显达，说得少一点儿的后录用，于是互相推波助澜，导致国家衰落。加上崇尚庄子、老子学说的风气，扰乱蛊惑朝廷，无所事事地修养名望的人被看做大雅士，勤勉于政事的人被认为是平庸俗气的人，不顾惜朝廷职务，朝廷的制度被丢弃。因而想要考虑远大的事业，得先从近处开始，现在就应该改弦更张，明确赏罚的标准切实实行，像光武帝在密县提拔卓茂，像汉宣帝在桐乡使朱邑显达，这样以后就能够完成大业，中兴也可以期待了。”王导没有同意。

第八十八卷　晋纪十

译文诵读

孝怀皇帝下永嘉六年（壬申，312）

石勒筑垒于葛陂，课农造舟，将攻建业。琅邪王睿大集江南之众于寿春，以镇东长史纪瞻为扬威将军，都督诸军以讨之。

会大雨，三月不止，勒军中饥疫，死者太半，闻晋军将至，集将佐议之。右长史刁膺请先送款于睿，求扫平河朔以自赎，俟其军退，徐更图之，勒愀然长啸。中坚将军夔安请就高避水，勒曰："将军何怯邪！"孔苌等三十余将请各将兵分道夜攻寿春，斩吴将头，据其城，食其粟，要以今年破丹阳，定江南。勒笑曰："是勇将之计也！"各赐铠马一疋。顾谓张宾曰："于君意何如？"宾曰："将军攻陷京师，囚执天子，杀害王公，妻略妃主，擢将军之发，不足以数将军之罪，奈何复相臣奉乎！去年既杀王弥，不当来此；今天降霖雨于数百里中，示将军不应留此也。邺有三台之固，西接平阳，山河四塞，宜北徙据之，以经营河北，河北既定，天下无处将军之右者矣。晋之保寿春，畏将军往攻之耳；彼闻吾去，喜于自全，何暇追袭吾后，为吾不利邪！将军宜使辎重从北道先发，将军引大兵向寿春。辎重既远，大兵徐还，何忧进退无地乎！"勒攘袂鼓髯曰："张君计是也！"责刁膺曰："君既相辅佐，当共成大功，奈何遽劝孤降！此策应斩！然素知君怯，特相宥耳。"于是黜膺为将军，擢宾为右长史，号曰："右侯"。

汉主聪封帝为会稽郡公，加仪同三司。聪从容谓帝曰："卿昔为豫章王，朕与王武子造卿，武子称朕于卿，卿言闻其名久矣，赠朕柘弓银研；卿颇记否？"帝曰："臣安敢忘之！但恨尔日不早识龙颜！"聪曰："卿家骨肉何相残如此？"帝曰："大汉将应天受命，故为陛下自相驱除，此殆天意，非人事也！且臣家若能奉武皇帝之业，九族敦睦，陛下何由得之！"聪喜，以小刘贵人妻帝，曰："此名公之孙也，卿善遇之。"

石勒自葛陂北行，所过皆坚壁清野，虏掠无所获，军中饥甚，士卒相食。至东燕，闻汲郡向冰聚众数千壁枋头，勒将济河，恐冰邀之。张宾曰："闻冰船尽在渎中未上，宜遣轻兵间道袭取，以济大军，大军既济，冰必可擒也。"秋，七月，勒使支雄、孔苌自文石津缚筏潜渡，取其船。勒引兵自棘津济河，击冰，大破之，尽得其资储，军势复振，遂长驱至邺。刘演保三台以自固，临深、牟穆等复帅其众降于勒。

诸将欲攻三台，张宾曰："演虽弱，众犹数千，三台险固，攻之未易猝拔，舍而去之，彼将自溃。方今王彭祖、刘越石，公之大敌也，宜先取之，演不足顾也。且天下饥乱，明公虽拥大兵，游行羁旅，人无定志，非所以保万全，制四方也。不若择便地而据之，广聚粮储，西禀平阳以图幽、并，此霸王之业也。邯郸、襄国，形胜之地，请择一而都之。"勒曰："右侯之计是也！"遂进据襄国。

宾复言于勒曰："今吾居此，彭祖、越石所深忌也，恐城堑未固，资储未广，二寇交至。宜亟收野谷，且遣使至平阳，具陈镇此之意。"勒从之，分命诸将攻冀州，郡县壁垒多降，运其谷以输襄国；且表于汉主聪，聪以勒为都督冀、幽、并、营四州诸军事、冀州牧，进封上党公。

刘琨移檄州郡，期以十月会平阳，击汉。琨素奢豪，喜声色。河南徐润以音律得幸于琨，琨以为晋阳令。润骄恣，干预政事；护军令狐盛数以为言，且劝琨杀之，琨不从。润谮盛于琨，琨收盛，杀之。琨母曰："汝不能驾御豪杰以恢远略，而专除胜己，祸必及我。"

盛子泥奔汉，具言虚实。汉主聪大喜，遣河内王粲、中山王曜将兵寇并州，以令狐泥为乡导。琨闻之，东出，收兵于常山及中山，使其将郝诜、张乔将兵拒粲，且遣使求救于代公猗卢。诜、乔俱败死。粲、曜乘虚袭晋阳，太原太守高乔、并州别驾郝聿以晋阳降汉。八月，庚戌，琨还救晋阳，不及，帅左右数十骑奔常山。辛亥，粲、曜入晋阳。壬子，令狐泥杀琨父母。

王澄少与兄衍名冠海内，刘琨谓澄曰："卿形虽散朗，而内实动侠，以此处世，难得其死。"及在荆州，悦成都内史王机，谓为己亚，使之内综心膂，外为爪牙。澄屡为杜弢所败，望实俱损，犹傲然自得，无忧惧之意，但与机日夜纵酒博弈，由是上下离心；南平太守应詹屡谏，不听。

王澄过诣敦，自以名声素出敦右，犹以旧意侮敦。敦怒，诬其与杜弢通信，遣壮士扼杀之。王机闻澄死，惧祸，以其父毅、兄矩皆尝为广州刺史，就敦求广州，敦不许。会广州将温邵等叛刺史敦讷，迎机为刺史，机遂将奴客门生千余人入广州。讷遣兵拒之，将士皆机父兄时部曲，不战迎降；讷乃避位，以州授之。

孝愍皇帝上建兴元年（癸酉，313）

春，正月，丁丑朔，汉主聪宴群臣于光极殿，使怀帝著青衣行酒。庾珉、王隽等不胜悲愤，因号哭；聪恶之。有告珉等谋以平阳应刘琨者，二月，丁未，聪杀珉，隽等故晋臣十余人，怀帝亦遇害。

三月，汉主聪立贵嫔刘娥为皇后，为之起凰仪殿。廷尉陈元达切谏，以为"天生民而树之君，使司牧之，非以兆民之命穷一人之欲也。晋氏失德，大汉受之，苍生引领，庶几息肩。是以光文皇帝身衣大布，居无重茵，后妃不衣锦绮，乘舆马不食粟，爱民故也。陛下践阼以来，已作殿观四十余所，加之军旅数兴，馈运不息，饥馑、疾疫，死亡相继，而益思营缮，岂为民父母之意乎！今有晋遗类，西据关中，南擅江表；李雄奄有巴、蜀；王浚、刘琨窥窬肘腋；石勒、曹嶷贡禀渐疏；陛下释此不忧，乃更为中宫作殿，岂目前之所急乎！昔太宗居治安之世，粟帛流衍，犹爱百金之费，息露台之役。陛下承荒乱之余，所有之地，不过太宗之二郡，战守之备，非特匈奴、南越而已。而宫室之侈乃至于此，臣所以不敢不冒死而言也。”聪大怒曰：“朕为天子，营一殿，何问汝鼠子乎，乃敢妄言沮众！不杀此鼠子，朕殿不成！”命左右：“曳出斩之！并其妻子同枭首东市，使群鼠共穴！”时聪在逍遥园李中堂，元达先锁腰而入，即以锁锁堂下树，呼曰：“臣所言者，社稷之计，而陛下杀臣。朱云有言：‘臣得与龙逄、比干游，足矣！’”左右曳之不能动。

大司徒任顗、光禄大夫朱纪、范隆、骠骑大将军河间王易等叩头出血曰：“元达为先帝所知，受命之初，即引置门下，尽忠竭虑，知无不言。臣等窃禄偷安，每见之未尝不发愧。今所言虽狂直，愿陛下容之。因谏诤而斩列卿，其如后世何！”聪默然。

刘后闻之，密敕左右停刑，手疏上言：“今宫室已备，无烦更营，四海未壹，宜爱民力。廷尉之言，社稷之福也，陛下宜加封赏；而更诛之，四海谓陛下何如哉！夫忠臣进谏者固不顾其身也，而人主拒谏者亦不顾其身也。陛下为妾营殿而杀谏臣，使忠良结舌者由妾，远近怨怒者由妾，公私困弊者由妾，社稷阽危者由妾，天下之罪皆萃于妾，妾何以当之！妾观自古败国丧家，未始不由妇人，心常疾之，不意今日身自为之，使后世视妾由妾之视昔人也！妾诚无面目复奉巾栉，愿赐死此堂，以塞陛下之过！”聪览之变色。

任顗等叩头流涕不已。聪徐曰：“朕比年已来，微得风疾，喜怒过差，不复自制。元达，忠臣也；朕未之察。诸公乃能破首明之，诚得辅弼之义也。朕愧戢于心，何敢忘之！”命顗等冠履就坐，引元达上，以刘氏表示之，曰：“外辅如公，内辅如后，朕复何忧！”赐顗等谷帛各有差，更命逍遥园曰纳贤园，李中堂曰愧贤堂。聪谓元达曰：“卿当畏朕，而反使朕畏卿邪！”

吴兴太守周玘，宗族强盛，琅邪王睿颇疑惮之。睿左右用事者，多中州亡官失守之士，驾御吴人，吴人颇怨。玘自以失职，又为刁协所轻，耻恚愈甚，乃阴与其党谋诛执政，以诸南士代之。事泄，玘忧愤而卒，将死，谓其子勰曰：“杀我者，诸伧子也；能复之，乃吾子也。”

六月，刘琨与代公猗卢会于陉北，谋击汉。秋，七月，琨进据蓝谷，猗卢遣拓跋普根屯于北屈。琨遣监军韩据自西河而南，将攻西平。汉主聪遣大将军粲等拒琨，骠骑将军易等拒普根，荡晋将军兰阳等助守西平。琨等闻之，引兵还。聪使诸军仍屯所在，为进取之计。

帝遣殿中都尉刘蜀诏左丞相睿以时进军，与乘舆会于中原。八月，癸亥，蜀至建康，睿辞以方平定江东，未暇北伐。以镇东长史刁协为丞相左长史，从事中郎彭城刘隗为司直，邵陵内史广陵戴邈为军咨祭酒，参军丹阳张闿为从事中郎，尚书郎颍川钟雅为记室参军，谯国桓宣为舍人，豫章熊远为主簿，会稽孔愉为掾。刘隗雅习文史，善伺候睿意，故睿特亲爱之。

熊远上书，以为："军兴以来，处事不用律令，竞作新意，临事立制，朝作夕改，至于主者不敢任法，每辄关谘，非为政之体也。愚谓凡为驳议者，皆当引律令、经传，不得直以情言，无所依准，以亏旧典。若开塞随宜，权道制物，此是人君之所得行，非臣子所宜专用也。"睿以时方多事，不能从。

初，范阳祖逖，少有大志，与刘琨俱为司州主簿，同寝，中夜闻鸡鸣，蹴琨觉曰："此非恶声也！"因起舞。及渡江，左丞相睿以为军咨祭酒。逖居京口，纠合骁健，言于睿曰："晋室之乱，非上无道而下怨叛也，由宗室争权，自相鱼肉，遂使戎狄乘隙，毒流中土。今遗民既遭残贼，人思自奋，大王诚能命将出师，使如逖者统之以复中原，郡国豪杰，必有望风响应者矣！"睿素无北伐之志，以逖为奋威将军、豫州刺史，给千人廪，布三千匹，不给铠仗，使自召募。逖将其部曲百余家渡江，中流，击楫而誓曰："祖逖不能清中原而复济者，有如大江！"遂屯淮阴，起冶铸兵，募得二千余人而后进。

汉赵染谓中山王曜曰："麴允率大众在外，长安空虚，可袭也。"曜使染帅精骑五千袭长安，庚寅夜，入外城。帝奔射雁楼。染焚龙尾及诸营，杀掠千余人；辛卯旦，退屯逍遥园。壬辰，将军麴鉴自阿城帅众五千救长安。癸巳，染引还，鉴追之，与曜遇于零武，鉴兵大败。

王浚以其父字处道，自谓应"当涂高"之谶，谋称尊号。前勃海太守刘亮、北海太守王抟、司空掾高柔切谏，浚皆杀之。燕国霍原，志节清高，屡辞征辟，浚以尊号事问之，原不答。浚诬原与群盗通，杀而枭其首。于是士民骇怨，而浚矜豪日甚，不亲政事，所任皆苛刻小人，枣嵩、朱硕，贪横尤甚。北州谣曰："府中赫赫，朱丘伯；十囊、五囊，入枣郎。"调发殷烦，下不堪命，多叛入鲜卑。从事韩咸监护柳城，盛称慕容廆能接纳士民，欲以讽浚；浚怒，杀之。

浚始者唯恃鲜卑、乌桓以为强，既而皆叛之。加以蝗旱连年，兵势益弱。石勒欲袭之，未知虚实，将遣使觇之，参佐请用羊祜、陆抗故事，致书于浚。勒以问张宾，宾曰："浚名为晋臣，实欲废晋自立，但患四海英雄莫之从耳；其欲得将军，犹项羽之欲得韩信也。将军威振天下，今卑辞厚礼，折节事之，犹惧不信，况为羊、陆之亢敌乎！夫谋人而使人觉其情，难以得志矣。"勒曰："善！"十二月，勒遣舍人王子春、董肇多赍珍宝，奉表于浚曰："勒本小胡，遭世饥乱，流离屯厄，窜命冀州，窃相保聚以救性命。今晋祚沦夷，中原无主；殿下州乡贵望，四海所宗，为帝王者，非公复谁！勒所以捐躯起兵，诛讨暴乱者，正为殿下驱除尔。伏愿陛下应天顺人，早登皇祚。勒奉戴殿下如天地父母，殿下察勒微心，亦当视之如子也。"又遗枣嵩书，厚赂之。

浚以段疾陆眷新叛，士民多弃己去，闻勒欲附之，甚喜，谓子春曰："石公一时豪杰，据有赵、魏，乃欲称藩于孤，其可信乎？"子春曰："石将军才力强盛，诚如圣旨。但以殿下中州贵望，威行夷、夏，自古胡人为辅佐名臣则有矣，未有为帝王者也。石将军非恶帝王不为而让于殿下，顾以帝王自有历数，非智力之所取，虽强取之，必不为天人之所与故也。项羽虽强，终为汉有。石将军之比殿下，犹阴精之与太阳，是以远鉴前事，归身殿下，此乃石将军之明识所以远过于人也，殿下又何怪乎！"浚大悦，封子春、肇皆为列侯，遣使报聘，以厚币酬之。

晋怀帝永嘉六年（壬申，公元312年）

石勒在葛陂修筑营垒，向农民征税修造舟船，打算进攻建业。琅邪王司马睿大规模调集江南的部队到寿春，任镇东长史纪瞻为扬威将军，统领各军队来征讨石勒。

遇到大雨，三个月不停，石勒军队饥乏并流行疾病，死的人超过大半，又听到晋朝军队将要开来，就召集武将及参佐商议。右长史刁膺请石勒先向司马睿求和，请求扫平河朔来赎自己的罪，等到司马睿的军队退还江南，再慢慢谋取他。石勒听后忧伤地大声发出长叹。中坚将军夔安请石勒到地势高的地方避水，石勒说："将军你为什么胆怯呢？"孔苌等三十多个武将请求各自带兵分路夜袭寿春，斩掉吴地武将的头颅，占据他们的城邑，吃他们的粮食，想就在今年攻下丹阳、平定江南。石勒笑着说："这真是勇将的计策啊！"各赐他们铠甲一副、马一匹。石勒对张宾说："依您看怎么办呢？"张宾说："将军您攻陷京城，囚禁了晋朝天子，杀害亲王公卿大臣，侵占凌辱晋朝的嫔妃公主，拔下您的头发，也不够来数将军您的罪过。怎么能再以臣下的身份尊奉晋朝呢？去年杀了王弥，就不应该到这里来。现在，几百里内上天不断地降雨，这是告诉将军您不应该在这里逗留了。邺城有三个高台防守坚固，西临汉都城平阳，隔山阻河四面都有要塞，应当向北迁徙占据那里，经营黄河以北地区。河北地区稳定后，全国就没有处在将军您上面的人。晋朝保卫寿春，只是害怕您去攻打寿春罢了。他们听说我们离去了，对能够自己保全而感到高兴满足，还有什么工夫追击我军的后部，施行不利于我军的行动呢？您应当派辎重队伍从北面的道路先行出发，您带领大部军队开往寿春。辎重队伍走远后，大部军队再缓慢回撤，还忧虑什么进退无路的呢？"石勒捋起衣袖抚动髯须说："张君的计策好啊！"又责备刁膺说："您既然作我的辅佐，就应当共同成就大功业，怎么能催促劝说我投降呢？出这个计策的应当杀头！但我平素了解您胆怯怕事，特地原谅您罢了。"于是把刁膺贬黜为将军，提拔张宾为右长史。号称"右侯"。

汉主刘聪封晋怀帝为会稽郡公，开府仪同三司。刘聪和颜悦色地对怀帝说：

“你过去当豫章王，我与王武子拜访你，王武子向你称赞我，你说久闻大名，送给我柘木良弓和银砚台，你还记得吗？”怀帝说：“臣下我怎么敢忘掉呢？只遗憾当时没有及早地认识龙颜！”刘聪说：“你家的亲骨肉为什么这样互相残杀？”怀帝说：“大汉将要承接天意，所以自相驱赶杀戮替陛下扫清道路，这是天意，不是人所能决定的！再说我家如果能尊奉武皇帝的大业，九族和睦相处，陛下从哪里得到天下呢？”刘聪听得高兴，把小刘贵人给了怀帝做妻子，说：“这是名公爵的孙女，你好好对待她。”

石勒从葛陂向北行进，所经过的地方百姓都坚壁清野，因而没有抢掠到什么东西，军中非常饥饿，出现士卒吃士卒充饥的现象。到达东燕，听说汲郡人向冰聚集了几千人在枋头修筑了营垒，石勒将要渡黄河，又担心遭到向冰的阻击。张宾说：“听说向冰的船只全都放在水中没有抬上岸，应当派遣轻装兵士抄小道去偷袭夺取这些船，用来渡大部军队过黄河，大部军队渡河后，一定能擒获向冰。”秋季，七月，石勒派遣支雄、孔苌从文石津绑扎木筏偷渡，夺取了向冰的船只。石勒率兵从棘津渡黄河，攻打向冰，把向冰打得惨败，得到了向冰的全部物资储备，军队士气重新振作起来，于是长驱直入到达邺城。刘演防守三台以求自己稳固，临深、牟穆等人又率领自己的部众向石勒投降。

部将们想攻打三台，张宾对石勒说：“刘演虽然兵力微弱，但还有几千军队，三台险峻坚固，攻打不容易很快把它拿下，放弃它而离开，那里将会自己崩溃。现在王浚、刘琨是您的主要敌人，应当先打他们，刘演不值得注意。再说天下饥饿动乱，您虽然拥有强大的军队，但来回行军长期在旅途中，人心不定，这不是控制四方的万全之计。不如选择一个便利的地方占据它，多多聚集储备粮食，尊奉平阳以谋取幽州、并州，这是霸王的功业。邯郸、襄国，都是好地方，请选一个作为都城。”石勒说：“您的计策是对的！”于是进发占据了襄国。

张宾又对石勒说：“现在我们驻扎在这里，是王浚、刘琨深深忌惮的。我担心城墙堑壕还不坚固，物资储备还不充分时，他们二人交相率兵来了。应当迅速收取野外的粮食，并且派使者到平阳，一一说明我们镇守此地的意图。”石勒听取了这个建议，分别命令诸将攻打冀州，那里的郡、县、营垒大多投降，就把这些地方的粮谷运往襄国。并且表奏汉主刘聪，刘聪让石勒担任都督冀、幽、并、营四州诸军事，冀州牧，晋封为上党公。

刘琨向各州郡发布檄文，约定十月在平阳会合，攻打汉。刘琨平素奢侈豪华，喜欢音乐、女色。河南人徐润因为擅长音律而受到刘琨的宠信，刘琨让他担任晋阳令。徐润骄纵放肆，经常干预政事。护军令狐盛多次对此向刘琨发表看法，并且劝刘琨把他杀了。刘琨不听。结果徐润向刘琨说令狐盛的坏话，刘琨就拘捕了令狐盛，把他杀了。刘琨的母亲说：“你不能组织驾驭英雄豪杰来完成宏大的谋略，而只知一心清除超过自己的人，这带来的灾祸一定会殃及我。”

令狐盛的儿子令狐泥投奔到汉，全部陈说刘琨的虚实情况。汉主刘聪大喜过望，派遣河内王刘粲、中山王刘曜率兵进犯并州，让令狐泥担任向导。刘琨听说后，向东在常山及中山聚集军队，派部将郝诜、张乔带兵阻击刘粲，并且派使者向代公拓跋猗卢请求救援。郝诜、张乔都兵败而死。刘粲、刘曜乘虚袭击晋阳，太原太守高乔、并州别驾郝聿献出晋阳向汉投降。八月，庚戌（初一），刘琨返回来救晋阳，没来得及，只好带领左右随从几十人骑马逃奔常山。辛亥（初二），刘粲、刘曜进入晋阳。壬子（初三），令狐泥把刘琨的父母都杀了。

王澄年轻时，名声就与哥哥王衍一起名扬海内，刘琨对王澄说："你外表虽然洒脱清朗，而内心实际易动而侠义，这样来处世，难得好死。"等王澄到荆州，喜欢成都内史王机，认为他仅次于自己，让他对内成为综理事务的心腹臂膀，对外成为得力帮手。王澄多次被杜弢打败，声望与实际都有所减损，但仍是傲然自得，心里没有一点忧虑惧怯，只是与王机日夜纵情喝酒对弈，因此上下都与他不一条心，南平太守应詹多次劝谏，而王澄不听。

王澄前去拜访王敦，自认为名声一直在王敦之上，还想按照以往的想法轻侮王敦。这次王敦大怒，诬陷他与杜弢有信使来往，派壮士把王澄掐死。王机听说王澄死了，害怕受牵连，因为自己的父亲王毅、哥哥王矩都曾经当过广州刺史，就到王敦那里请求到广州任职，王敦不允许。正遇到广州的武将温邵等人叛离刺史郭讷，迎接王机去当刺史，王机于是带着家奴、门客一千多人到了广州。郭讷派兵阻击王机，但部将兵士都是王机父亲、哥哥任职时的人马，因而不战却迎上去投降，郭讷于是辞职，把职务交给王机。

晋愍帝建兴元年（癸酉，公元313年）

春季，正月，丁丑朔（初一），汉主刘聪在光极殿宴请群臣，派晋怀帝身穿青衣巡行酌酒劝饮。庾珉、王儁等人不胜悲愤，因此而放声大哭。刘聪讨厌他们。正好有人告发庾珉等人商谋在平阳接应刘琨。二月，丁未（初一），刘聪杀庾珉、王儁等原晋朝的大臣十多人，晋怀帝也遇害。

三月，汉主刘聪把贵嫔刘娥立为皇后，为她建造皇鸟仪殿。廷尉陈元达恳切地劝谏，认为："天生百姓而为他们树立君主，是让君主管理他们，并不是用千万百姓的生命满足一个人穷奢极欲。晋朝廷无道，大汉受命于天，百姓翘首以待，差不多可以稍加养息。所以光文皇帝刘渊身穿粗布，居住的地方也没有双层的坐垫，皇后妃嫔也不穿绫罗绸缎，拉车的马匹不喂粟谷，这是爱惜百姓的缘故。陛下即位以来，已经建造了四十多处宫殿，加上一再兴兵作战，军粮运输不停，饥馑、疾病流行，造成人们死的死、逃的逃，但您还想大兴土木，这难道是做百姓的父母的想法吗？现在晋朝的残余还在西边占据着关中地区，南边把持着江东地区；李雄占据着巴蜀地区；王浚、刘琨窥伺着我们的肘腋之处；石勒、曹嶷贡奉与禀告越来越少，陛下不为这一切担忧，却又在宫廷中建造殿堂，这难道是目前所急需的吗？过去汉文帝处于安定的社会，稻谷布帛十分丰盛，仍然珍惜百金的费用，停止修建露台的劳役。陛下接受的是兵荒马乱的时代，所占有的地方，不过汉文帝时的两个郡，需要征战和防御的，也并不仅仅是匈奴、南越。而皇宫的奢侈却到了这个地步，所以我不敢不冒死来说这几句话。”刘聪勃然大怒说：“朕身为天子，建造一个殿堂，为什么要问你这样的鼠辈呢？你竟敢胡说八道扰乱大家的情绪，不杀掉这个鼠辈，朕的殿堂就建不成！”向左右随从发出命令：“拖出去杀了！连他的妻、子一起在东市悬首示众，让这群老鼠进到一个墓穴里去！”当时刘聪在逍遥园的李中堂里，陈元达事先拿锁锁住腰进去，进去后便用锁把自己锁在堂下的树上，大声呼喊：“我所说的，是为社稷大业考虑，而陛下却要杀掉我。汉朝朱云说：‘我能够与龙逢、比干同游，这就满足了！’”随从们拉不动他。

大司徒任颛，光禄大夫朱纪、范隆，骠骑大将军河间王刘易等人一起叩头叩得出血，说：“陈元达为先帝刘渊所赏识器重，受命立汉之初，就把他安排在门下，他也一直尽忠竭虑，知无不言。我们这些人都是在职位上苟且偷安，每次见到他时没有不感到惭愧的。今天他所说的话虽然有些狂妄直率，但希望陛下能够宽容他。因为直言劝谏而杀列卿，这让后世怎么办？”刘聪沉默不语。

刘皇后听说后，暗中命令随从们停止对陈元达的刑罚，亲笔写了奏疏给刘聪，说：“现在宫室已经齐备，用不着再营建新的，四海还没有统一，应当珍惜百姓的财力。廷尉陈元达的直言是社稷的福气，陛下应该加以赏赐。现在反而要杀他，天下会怎么来评说陛下呢？直言进谏的忠臣固然不顾自己的性命，而拒绝进谏的君主也是不考虑自身的性命。陛下为了给我营建宫殿而杀劝谏的大臣，这样，使忠良之臣缄口不言是因为我，远近都产生怨恨愤怒是因为我，公私两方面的困窘弊害也是因为我，使国家社稷面临危险还是因为我，天下的大罪都集中到我的身上，我怎么能承担得起呢？我观察发现，自古以来造成国破家亡的，没有不从妇人开始。我心里常常为之痛心，想不到今天自己也会这样，使得后世的人看我，就像我看古人一样！我实在没有脸面再伺候您，希望您允许我就死在这个殿堂里，来弥补陛下的过错！”刘聪看完后脸色都变了。

任颛等人仍然流着泪不停地叩头。刘聪才慢慢地说：“朕近年以来，因为中了点风，喜怒超过限度，不能自己控制。陈元达是忠臣，朕却没有看出来。各位能够磕破头让我了解他，确实是深明辅佐之臣的职责。我的惭愧藏在心中，怎么敢忘掉呢？”说着让任颛等人整理好冠带鞋履坐下，又叫陈元达上来，把刘皇后的奏疏给他看，说：“在外有像您这样的人辅佐，在内有像皇后这样人辅佐，我还有什么可忧虑的呢？”赏赐给任颛等人不同数量的稻谷与布帛，把逍遥园改称为纳贤园，李中堂改称为愧贤堂。刘聪对陈元达说：“你本该怕朕，现在反倒使朕怕你了！”

吴兴太守周玘，宗族很强盛，琅邪王司马睿对他很猜疑忌惮。而司马睿身边任职的，大多是中州地区丢弃官职逃离职守的士人，他们来管理吴地的人，吴人都很怨愤。周玘自己因为失去职位，又被刁协所轻蔑，羞耻愤怒更加强烈，于是就和他的属下密谋杀掉执政的大臣，而以南方人士取代他们。事情泄露，周玘忧愤交加而死。临死时，对他儿子周勰说：“杀死我的是那些中州伧子，能够实现我的设想的，就是我的儿子。”

六月，刘琨与代公拓跋猗卢在泾北会合，商议攻汉。秋季，七月，刘琨进发占据蓝谷，拓跋猗卢派遣拓跋普根驻扎在北屈。刘琨派遣监军韩据从西河往南，打算攻打西平。汉主刘聪派遣大将军刘粲等人阻击刘琨，骠骑将军刘易等人阻击拓跋普根，荡晋将军兰阳等人协助守卫西平。刘琨等人听说后，带兵回师。刘聪让各支军队仍驻扎在原地，作为进取的安排。

愍帝派遣殿中都尉刘蜀诏令左丞相司马睿按时进军，与皇帝的乘舆在中原相会。八月，癸亥（二十日），刘蜀到达建康，司马睿推辞说，刚刚平定江东地区，没有余暇北伐。司马睿让镇东长史刁协任丞相左长史，从事中郎彭城人刘隗任司直，邵陵内史广陵人戴邈任军咨祭酒，参军丹阳人张闿任从事中郎，尚书郎颍川人钟雅任记室参军，谯国人桓宣任舍人，豫章人熊远任主簿，会稽人孔愉任掾。刘隗平素熟习文史，善于体察司马睿的心意，所以司马睿特别亲近宠爱他。

熊远上书，认为：“兴兵以来，处理事务不依照法令，各官署都竞相自作主张，遇事临时建立制度，但朝令夕改，又导致主事的人不敢承担责任，每当决断时都要报告请示，这不是执政的法度。我认为凡是对决策提出异议的，都应该引用法令和经传典籍，不得简单地用情理来论说，没有一定的标准作依据从而损害原有的典制。如果放任让大家都按照自认为合适的措施行事，都用权宜变通的方法处理事务，这是君主所能够做的，而不是臣下所应当独自使用的。”司马睿因为当时事情很多，没有能够同意。

祖逖闻鸡起舞

当初，范阳人祖逖，年轻时就有大志向，曾与刘琨一起担任司州的主簿，与刘琨同寝，夜半时听到鸡鸣，他踢醒刘琨，说：“这不是令人厌恶的声音。”就起床舞剑。渡江以后，左丞相司马睿让他担任军咨祭酒。祖逖住在京口，聚集起骁勇强健的壮士，对司马睿说：“晋朝的变乱，不是因为君主无道而使臣下怨恨叛乱，而是皇亲宗室之间争夺权力，自相残杀，这样就使戎狄之人钻了空子，祸害遍及中原。现在晋朝的遗民遭到摧残伤害后，大家都想着自强奋发，大王您确实能够派遣将领率兵出师，使像我一样的人统领军队来光复中原，各地的英雄豪杰，一定会有闻风响应的人！”司马睿一直没有北伐的志向，他听了祖逖的话以后，就任命祖逖为奋威将军、豫州刺史，仅仅拨给他千人的口粮，三千匹布，不供给兵器，让祖逖自己想办法募集。祖逖带领自己私家的军队共一百多户人家渡过长江，在江中敲打着船桨说："祖逖如果不能使中原清明而光复成功，就像大江一样有去无回！"于是到淮阴驻扎，建造熔炉冶炼浇铸兵器，又招募了二千多人然后继续前进。

汉赵染对中山王刘曜说："麴允率领大军在外面，长安空虚，可以袭击。"刘曜让赵染率领五千精锐骑兵袭击长安，庚寅夜，攻入外城。愍帝奔往射雁楼，赵染焚烧了龙尾以及各营帐，杀死抢掠一千多人。辛卯（十月二十日）早晨，赵染退到逍遥园驻扎。壬辰（十月二十一日），将军麴鉴从阿城率领五千人救长安，癸巳（十月二十二日），赵染带兵回师，麴鉴追击赵染，与刘曜在零武相遇，麴鉴的军队大败。

王浚根据他父亲的字处道，自认为应验了"当途高"的谶语，图谋称帝。前勃海太守刘亮、北海太守王抟，司空掾高柔恳切地劝谏，王浚把他们都杀了。燕国人霍原，志气节操清明高洁，多次辞去王浚的任命。王浚又以称帝的事问他，霍原不回答。王浚就诬陷霍原与强盗们勾结，杀了霍原并悬首示众。这样士人、百姓都很震骇怨恨，而王浚骄纵狂妄越来越厉害，不闻政事，所任用的人都是苛刻的小人、枣嵩、朱硕贪婪骄横更为突出。北州有民谣说："府中赫赫，是朱丘伯；十囊五囊，尽入枣郎。"朱硕字丘伯。调遣征发非常频繁，下面不堪忍受，大多叛离投奔鲜卑。从事韩咸守护柳城，盛赞慕容廆能够接纳士人、百姓，想来讽喻王浚，王浚发怒，把他杀了。

王浚开始只是因为倚仗着鲜卑人、乌桓人而强大，但不久鲜卑、乌桓都叛离了他。加上连年蝗灾、旱灾，军队势力更加衰弱。石勒想袭击王浚，但不知他的虚实，打算派使者去侦察，参佐请石勒效法羊祜、陆抗以交邻之礼对待敌方的前例给王浚去信。石勒因此问张宾，张宾说："王浚名义上是晋朝的大臣，实际上想废掉晋朝自立为帝，只是怕四海的英雄无人相从罢了，他想得到将军您，就像项羽想得到韩信一样。将军威震天下，现在用谦恭的言辞丰厚的礼物，降低身份去对待他，还怕他不信，何况是羊、陆那样势均力敌呢？图谋他人却又使其能够察觉真情，就难以达到目的。"石勒说："好！"十二月，石勒派遣舍人王子春、董肇带上很多珍宝，给王浚奉表说："我本来是小小的胡人，遭到饥饿变乱的时局，四处流浪屯守在困厄之地，流窜到冀州，想互相聚集保卫来挽救自己的性命。现在晋朝皇室沦灭，中原无主，殿下是州乡尊贵的名门望族，四海都尊崇，做帝王的人，不是您还有谁？石勒所以冒死起兵，诛讨凶暴作乱的人，正是为殿下驱除这些强寇妄贼罢了。希望殿下能够应天顺从民意，尽快登上皇位。石勒我尊奉拥戴殿下就像尊奉天地父母一样，殿下体察我的心意，也应该把我当做儿子一样看待呀！"又给枣嵩去信，并用厚重的礼物贿赂他。

王浚因为段疾陆眷刚刚叛离，士人、百姓又大多离开了自己，听到石勒想来归附自己，大喜过望，对王子春说："石公是当世豪杰，占据有赵、魏地区，却想做我的藩属，这能是真的吗？"王子春说："石将军才能力量都很强盛，确实如您所说。只是因为殿下是中州的尊贵的名门望族，威势达于夷人、华人地区，自古以来有胡人作为辅佐君主的名臣的情况，而没有做帝王的人。石将军不是厌恶帝王的地位而辞让给殿下，只是顾虑因为帝王自有天道气数，不是仅靠才智力量所能取得的，即使强行取得帝位，也一定不被上天与人们所承认的缘故。项羽虽然强大，但天下终究为汉朝所有。石将军与殿下相比，就像月亮之于太阳，所以鉴于历史情况，才投身于殿下，这是石将军远见卓识所以远远超过他人的地方，殿下有什么可奇怪的呢？”王浚听后非常高兴，把王子春、董肇都封为侯，派使者回访石勒，并且重金酬谢他们。

第八十九卷 晋纪十一

译文诵读

孝愍皇帝下建兴二年（甲戌，314）

壬辰，王子春等及王浚使者至襄国，石勒匿其劲卒、精甲，羸师虚府以示之，北面拜使者而受书。浚遗勒麈尾，勒阳不敢执，悬之于壁，朝夕拜之，曰："我不得见王公，见其所赐，如见公也。"复遣董肇奉表于浚，期以三月中旬亲诣幽州奉上尊号；亦修笺于枣嵩，求并州牧、广平公。

勒问浚之政事于王子春，子春曰："幽州去岁大水，人不粒食，浚积粟百万，不能赈赡，刑政苛酷，赋役殷烦，忠贤内离，夷狄外叛。人皆知其将亡，而浚意气自若，曾无惧心，方更置立台阁，布列百官，自谓汉高、魏武不足比也。"勒抚几笑曰："王彭祖真可擒也。"浚使者还蓟，具言"石勒形势寡弱，款诚无二。"浚大悦，益骄怠，不复设备。

杨虎掠汉中吏民以奔成，梁州人张咸等起兵逐杨难敌。难敌去，咸以其地归成，于是汉嘉、涪陵、汉中之地皆为成有。成主雄以李凤为梁州刺史，任回为宁州刺史，李恭为荆州刺史。

雄虚己好贤，随才授任，命太傅骧养民于内，李凤等招怀于外，刑政宽简，狱无滞囚。兴学校，置史官。其赋，民男丁岁谷三斛，女丁半之，疾病又半之；户调绢不过数丈，绵数两。事少役希，民多富实，新附者皆给复除。是时天下大乱，而蜀独无事，年谷屡熟，乃至闾门不闭，路不拾遗。汉嘉夷王冲归、朱提审炤、建宁爨畺皆归之。巴郡尝告急，云有晋兵。雄曰："吾常忧琅邪微弱，遂为石勒所灭，以为耿耿，不图乃能举兵，使人欣然。"然雄朝无仪品，爵位滥溢；吏无禄秩，取给于民；军无部伍，号令不肃；此其所短也。

石勒纂严，将袭王浚，而犹豫未发。张宾曰："夫袭人者，当出其不意。今军严经日而不行，岂非畏刘琨及鲜卑、乌桓为吾后患乎？"勒曰："然。为之奈何？"宾曰："彼三方智勇无及将军者，将军虽远出，彼必不敢动，且彼未谓将军便能悬军千里取幽州也。轻军往返，不出二旬，藉使彼虽有心，比其谋议出师，吾已还矣。且刘琨、王浚，虽同名晋臣，实为仇敌。若修笺于琨，送质请和，琨必喜我之服而快浚之亡，终不救浚而袭我也。用兵贵神速，勿后时也。”勒曰：“吾所未了，右侯已了之，吾复何疑！”

三月，勒军达易水，王浚督护孙纬驰遣白浚，将勒兵拒之，游统禁之。浚将佐皆曰：“胡贪而无信，必有诡计，请击之。”浚怒曰：“石公来，正欲奉戴我耳；敢言击者斩！”众不敢复言。浚设飨以待之。壬申，勒晨至蓟，叱门者开门；犹疑有伏兵，先驱牛羊数千头，声言上礼，实欲塞诸街巷。浚始惧，或坐或起。勒既入城，纵兵大掠，浚左右请御之，浚犹不许。勒升其听事，浚乃走出堂皇，勒众执之。勒召浚妻，与之并坐，执浚立于前。浚骂曰：“胡奴调乃公，何凶逆如此！”勒曰：“公位冠元台，手握强兵，坐观本朝倾覆，曾不救援，乃欲自尊为天子，非凶逆乎！又委任奸贪，残虐百姓，贼害忠良，毒遍燕土，此谁之罪也！”使其将王洛生以五百骑送浚于襄国。浚自投于水，束而出之，斩于襄国市。

夏，五月，西平武穆公张轨寝疾，遗令：“文武将佐，务安百姓，上思报国，下以宁家。”己丑，轨薨；长史张玺等表世子寔摄父位。

汉中山王曜、赵染寇长安。六月，曜屯渭汭，染屯新丰，索綝将兵出拒之。染有轻綝之色，长史鲁徽曰：“晋之君臣，自知强弱不敌，将致死于我，不可轻也。”染曰：“以司马模之强，吾取之如拉朽；索綝小竖，岂能污吾马蹄、刀刃邪！”晨，帅轻骑数百逆之，曰：“要当获綝而后食。”綝与战于城西，染兵败而归。悔曰：“吾不用鲁徽之言以至此，何面目见之！”先命斩徽，徽曰：“将军愚愎以取败，乃复忌前害胜，诛忠良以逞忿，犹有天地，将军其得死于枕席乎！”诏加索綝骠骑大将军、尚书左仆射、录尚书，承制行事。

石勒始命州郡阅实户口，户出帛二匹，谷二斛。

冬，十月，以张寔为都督凉州诸军事、凉州刺史、西平公。

三年（乙亥，315）

二月，丙子，以琅邪王睿为丞相、大都督、督中外诸军事，南阳王保为相国，荀组为太尉、领豫州牧，刘琨为司空、都督并、冀、幽三州诸军事。琨辞司空，不受。

诏进拓跋猗卢爵为代王，置官属，食代、常山二郡。猗卢请并州从事雁门莫含于刘琨，琨遣之。含不欲行，琨曰：“以并州单弱，吾之不材而能自存于胡、羯之间者，代王之力也。吾倾身竭赀，以长子为质而奉之者，庶几为朝廷雪大耻也。卿欲为忠臣，奈何惜共事之小诚而忘徇国之大节乎！往事代王，为之腹心，乃一州之所赖也。”含遂行。猗卢甚重之，常与参大计。

猗卢用法严，国人犯法者，或举部就诛，老幼相携而行；人问：“何之？”曰：“往就死。”无一人敢逃匿者。

汉青州刺史曹嶷尽得齐、鲁间郡县，自镇临淄，有众十余万，临河置戍。石勒表称：“嶷有专据东方之志，请讨之。”汉主聪恐勒灭嶷，不可复制，弗许。

聪纳中护军靳准二女月光、月华，立月光为上皇后，刘贵妃为左皇后，月华为右皇后。左司隶陈元达极谏，以为“并立三后，非礼也。”聪不悦，以元达为右光禄大夫，外示优崇，实夺其权。于是太尉范隆等皆请以位让元达，聪乃复以元达为御史大夫，仪同三司。月光有秽行，元达奏之，聪不得已废之，月光惭恚自杀，聪恨元达。

王敦嬖人吴兴钱凤，疾陶侃之功，屡毁之。侃将还江陵，欲诣敦自陈。朱伺及安定皇甫方回谏曰：“公入必不出。”侃不从。既至，敦留侃不遣，左转广州刺史，以其从弟丞相军咨祭酒廙为荆州刺史。荆州将吏郑攀、马隽等诣敦，上书留侃，敦怒，不许。攀等以侃始灭大贼，而更被黜，众情愤惋；又以廙忌戾难事，遂帅其徒三千人屯涢口，西迎杜曾。廙为攀等所袭，奔于江安。杜曾与攀等北迎第五猗以拒廙。廙督诸军讨曾，复为曾所败。敦意攀承侃风旨，被甲持矛将杀侃，出而复还者数四。侃正色曰：“使君雄断，当裁天下，何此不决乎！”因起如厕。咨议参军梅陶、长史陈颁言于敦曰：“周访与侃亲姻，如左右手，安有断人左手而右手不应者乎！”敦意解，乃设盛馔以饯之，侃便夜发，敦引其子瞻为参军。

初，交州刺史顾秘卒，州人以秘子寿领州事。帐下督梁硕起兵攻寿，杀之，硕遂专制交州。王机自以盗据广州，恐王敦讨之，更求交州。会杜弘诣机降，敦欲因机以讨硕，乃以降杜弘为机功，转交州刺史。机至郁林，硕迎前刺史脩则子湛行州事以拒之。机不得进，乃更与杜弘及广州将温邵、交州秀才刘沈谋复还据广州。陶侃至始兴，州人皆言宜观察形势，不可轻进；侃不听，直至广州，诸郡县皆已迎机矣。杜弘遣使伪降，侃知其谋，进击弘，破之，遂执刘沈于小桂。遣督护许高讨王机，走之。机病死于道，高掘其尸，斩之。诸将皆请乘胜击温邵，侃笑曰：“吾威名已著，何事遣兵！但一函纸自定耳。”乃下书谕之。邵惧而走，追获于始兴。杜弘诣王敦降，广州遂平。

四年（丙子，316）

汉中常侍王沈、宣怀、中宫仆射郭猗等，皆宠幸用事。汉主聪游宴后宫，或三日不醒，或百日不出；自去冬不视朝，政事一委相国粲，唯杀生、除拜乃使沈等入白之。沈等多不白，而自以其私意决之，故勋旧或不叙，而奸佞小人有数日至二千石者。军旅岁起，将士无钱帛之赏，而后宫之家，赐及僮仆，动至数千万。沈等车服、第舍逾于诸王，子弟中表为守令者三十余人，皆贪残为民害。靳准阖宗谄事之。

少府陈休、左卫将军卜崇，为人清直，素恶沈等，虽在公座，未尝与语，沈等深疾之。侍中卜幹谓休、崇曰：“王沈等势力足以回天地，卿辈自料亲贤孰与窦武、陈蕃？”休、崇曰：“吾辈年逾五十，职位已崇，唯欠一死耳！死于忠义，乃为得所；安能俯首低眉以事阉竖乎！去矣卜公，勿复有言！”

二月，汉主聪出临上秋阁，命收陈休、卜崇及特进綦毋达、太中大夫公师彧、尚书王琰、田歆、大司农朱谐并诛之，皆宦官所恶也。卜干泣谏曰：“陛下方侧席求贤，而一旦戮卿大夫七人，皆国之忠良，无乃不可乎！藉使休等有罪，陛下不下之有司，暴明其状，天下何从知之！诏尚在臣所，未敢宣露，愿陛下熟思之！”因叩头流血。王沈叱幹曰：“卜侍中欲拒诏乎！”聪拂衣而入，免幹为庶人。

太宰河间王易、大将军勃海王敷、御史大夫陈元达、金紫光禄大夫西河王延等皆诣阙表谏曰：“王沈等矫弄诏旨，欺诬日月，内谄陛下，外佞相国，威权之重，侔于人主，多树奸党，毒流海内。知休等忠臣，为国尽节，恐发其奸状，故巧为诬陷。陛下不察，遽加极刑，痛彻天地，贤愚伤惧。今遗晋未殄，巴、蜀不宾，石勒谋据赵、魏，曹嶷欲王全齐，陛下心腹四支，何处无患！乃复以沈等助乱，诛巫咸，戮扁鹊，臣恐遂成膏肓之疾，后虽救之，不可及已。请免沈等官，付有司治罪。”聪以表示沈等，笑曰：“群儿为元达所引，遂成痴也。”沈等顿首泣曰：“臣等小人，过蒙陛下识拔，得洒扫闺阁；而王公、朝士疾臣等如仇，又深恨陛下。愿以臣等膏鼎镬，则朝廷自然雍穆矣。”聪曰：“此等狂言常然，卿何足恨乎！”聪问沈等于相国粲，粲盛称沈等忠清；聪悦，封沈等为列侯。

太宰易又诣阙上疏极谏，聪大怒，手坏其疏。三月，易忿恚而卒。易素忠直，陈元达倚之为援，得尽谏诤。及卒，元达哭之恸，曰：“‘人之云亡，邦国殄悴。’吾既不复能言，安用默默苟生乎！”归而自杀。

张寔下令：所部吏民有能举其过者，赏以布帛羊米。贼曹佐高昌隗瑾曰：“今明公为政，事无巨细，皆自决之，或兴师发令，府朝不知；万一违失，谤无所分。群下畏威，受成而已。如此，虽赏之千金，终不敢言也。谓宜少损聪明，凡百政事，皆延访群下，使各尽所怀，然后采而行之，则嘉言自至，何必赏也！”寔悦，从之；增瑾位三等。

秋，七月，汉大司马曜围北地太守麹昌，大都督麹允将步骑三万救之。曜绕城纵火，烟起蔽天，使反间给允曰：“郡城已陷，往无及也！”众惧而溃，曜追败允于磻石谷，允奔还灵武，曜遂取北地。

八月，汉大司马曜逼长安。

九月，汉主宴群臣于光极殿，引见太弟义。义容貌憔悴，鬓发苍然，涕泣陈谢，聪亦为之恸哭；乃纵酒极欢，待之如初。

焦嵩、竺恢、宋哲皆引兵救长安，散骑常侍华辑监京兆、冯翊、弘农、上洛四郡兵，屯霸上，皆畏汉兵强，不敢进。相国保遣胡崧将兵入援，击汉大司马曜于灵台，破之。崧恐国威复振则麹、索势盛，乃帅城西诸郡兵屯渭北不进，遂还槐里。

曜攻陷长安外城，麹允、索綝退保小城以自固。内外断绝，城中饥甚，米斗直金二两，人相食，死者太半，亡逃不可制，唯凉州义众千人，守死不移。太仓有曲数十饼，麹允屑之为粥以供帝，既而亦尽。冬，十一月，帝泣谓允曰：“今穷厄如此，外无救援，当忍耻出降，以活士民。”因叹曰：“误我事者，麹、索二公也！”使侍中宗敞送降笺于曜。索綝潜留敞，使其子说曜曰：“今城中食犹足支一年，未易克也，若许綝以仪同、万户郡公者，请以城降。”曜斩而送之，曰：“帝王之师，以义行也。孤将兵十五年，未尝以诡计败人，必穷兵极势，然后取之。今索綝所言如此，天下之恶一也，辄相为戮之。若兵食审未尽者，便可勉强固守；如其粮竭兵微，亦宜早寤天命。”

甲午，宗敞至曜营；乙未，帝乘羊车，肉袒、衔璧、舆榇出东门降。

司空长史李弘以并州降石勒。刘琨进退失据，不知所为，段匹磾遣信邀之，己未，琨帅众从飞狐奔蓟。匹磾见琨，甚相亲重，与之结婚，约为兄弟。勒分徙阳曲、乐平民于襄国，置守宰而还。

丞相睿闻长安不守，出师露次，躬擐甲胄，移檄四方，刻日北征。以漕运稽期，斩督运令史淳于伯，刑者以刀拭柱，血逆流上，至柱末二丈余而下，观者咸以为冤。丞相司直刘隗上言：“伯罪不至死，请免从事中郎周莚等官。”于是右将军王导等上疏引咎，请解职。睿曰：“政刑失中，皆吾暗塞所致。”一无所问。

隗性刚讦，当时名士多被弹劾，睿率皆容贷，由是众怨皆归之。南中郎将王含，敦之兄也，以族强位显，骄傲自恣，一请参佐及守长至二十许人，多非其才；隗劾奏含，文致甚苦，事虽被寝，而王氏深忌疾之。

晋愍帝建兴二年（甲戌，公元314年）

壬辰（二十二日），王子春等和王浚的使者到达襄国，石勒把他强壮的兵士、精锐的兵器都藏起来，用老弱残兵空虚的府帐给使者看，郑重地向北拜会使者接受王浚的信。王浚送给石勒标志风雅的麈尾，石勒假装不敢拿在手上，而把麈尾悬挂在墙壁上，早晨晚上都恭敬地向它叩拜，说：“我不能见到王公，见他所赐的物品，就像见到他一样。”又派遣董肇向王浚奉交奏表，约定三月中旬亲自到幽州尊奉王浚为帝。又给枣嵩去信，请求担任并州牧、广平公。

石勒向王子春询问王浚的政事情况，王子春说：“幽州去年发大水，百姓无粮可吃，而王浚囤积了一百多万粟谷，却不赈济灾民，刑罚政令苛刻残酷，赋税劳役征发频繁，忠臣贤士从他身边离开，夷人、狄人也在外面叛离。人人都知道他将要灭亡，而王浚毫无察觉，若无其事，一点没有惧祸之意，刚刚又重新设置官署，安排文武百官，自以为汉高祖、魏武帝都无法与自己相比。”石勒按着几案笑着说：“王浚确实能够抓到了。”王浚派的使者返回蓟地，都说：“石勒目前兵力阵势孤独衰弱，忠诚而无二心。”王浚非常高兴，更加骄纵懈怠，不再安排防务。

杨虎掳掠汉中的官吏、百姓投奔成汉，梁州人张咸等起兵赶走了杨难敌。杨难敌离开，张咸把这块地盘送给成汉，这样汉嘉、涪陵、汉中等地，都被成汉所占有。成汉主李雄任李凤为梁州刺史，任回为宁州刺史，李恭为荆州刺史。

李雄虚心而喜欢贤能，按照人的才能安排他们职任，让太傅李骧在内管理教化百姓，李凤在外招抚怀柔，刑法政令宽大简明，监狱中没有长期不定罪的囚犯。兴办学校，设置史官。成汉的赋税，百姓中成年男子每年每人交纳三斛谷，成年女子减半，病人再减半。每户的赋仅仅几丈绢，几两绵。事情少劳役很少征发，百姓大多很富裕，新归附的人都免除徭役。当时天下大乱，而只有蜀地无事，一年谷物几熟，以至于门户不闭、路不拾遗。汉嘉的夷人首领冲归，朱提的审炤、建宁的爨畺都去投靠成汉。巴郡曾经告急，说出现晋朝军队。李雄说："我常常忧虑晋琅邪王势力微弱，很快会被石勒消灭，对此深感忧虑，没有想到他们还能进行军事行动，这使人感到高兴。"但是，李雄朝廷中没有礼仪和品秩，爵位过于冗滥，官吏也没有俸禄的等级，向百姓索取给养。军队也没有队伍建制，号令不够严肃，这些是成汉所欠缺的。

石勒戒严，将要袭击王浚，但犹豫不决没有发兵。张宾说："袭击敌人，应该出其不意，现在军队戒严一整天还不出发，莫非是害怕刘琨以及鲜卑人、乌桓人成为我们的后患吗？"石勒说："是的，怎么办呢？"张宾说："他们三个方面才智和胆略没有比得上将军您的，将军即使远征，他们也一定不敢妄动，再说他们未必知道将军能够孤军深入一千里而夺取幽州。轻装的军队往返，超不过二十天，假如他们真的有这个想法，等他们商议后出师，我们已回来了。再说刘琨、王浚，虽然他们名义上同属晋朝的大臣，实际上却是仇敌。如果我们给刘琨去信，送去人质请求停战，刘琨一定为我们的顺服而高兴，对王浚的灭亡而称快，最终不会为救王浚而袭击我们。用兵贵在神速，不要拖延时间。"石勒说："我所没有了却的，右侯已决断，我还有什么可迟疑的呢？"

三月，石勒的军队到达易水，王浚的督护孙纬急速派人告诉王浚，将要指挥军队阻击石勒，游统制止这个行动。王浚的将领参佐都说："胡人贪婪不讲信用，一定有诡计，请攻打石勒。"王浚发怒说："石公来，正是要尊奉拥戴我，有敢说攻打的人，杀！"大家都不敢再说。王浚安排宴会准备接待石勒。壬申（初三），石勒早晨到蓟城，呵斥守门卫士开门。开门后石勒怀疑有埋伏的军队，就先驱赶几千头牛羊进城，声称是给王浚奉上礼物，实际上想用牛羊堵塞住街巷。王浚这才有些恐惧，坐立不安。石勒进入城里后，纵兵抢掠，王浚身边的官员请示防御石勒，王浚还不允许。石勒登上中庭，王浚于是走出殿堂，石勒的部众抓住了他。石勒召来王浚的妻子，与她并排坐着，押着王浚站在前面。王浚骂道："胡奴调戏你老子，为什么这样凶恶叛逆！"石勒说："您地位高于所有大臣，掌握着强大的军队，却坐视朝廷倾覆，竟不去救援，还想尊自己为天子，难道不是凶恶叛逆吗？又任用奸诈贪婪的小人，残酷虐待百姓，杀死迫害忠良，祸害遍及整个燕土，这是谁的罪呀！"石勒派他的将领王洛生用五百骑兵把王浚押送到襄国，王浚自己投水，兵士们把他捆绑住拉出，在襄国的街市上把他杀了。

夏季，五月，西平武穆公张轨病危，下达遗令："文武官员，一定要使百姓安定，一方面报国，一方面宁家。"己丑（二十日），张轨去世。长史张玺等人表奏张轨的长子张寔代理他父亲的职务。

汉中山王刘曜、赵染进犯长安。六月，刘曜在渭驻扎，赵染在新丰驻扎。索綝带兵出去阻击。赵染有轻视索綝的表现，长史鲁徽说："晋朝的君主大臣，自己知道力量悬殊不是对手，将与我们拼命，不能够轻视。"赵染说："司马模那么强大，我打败他如同摧枯拉朽。索綝这小子，难道还能弄脏我的马蹄、刀刃吗？"早晨，率领几百轻骑兵迎着索綝的军队而去，说："抓到索綝以后再吃饭。"索綝与赵染在新丰城西交战，赵染兵败而归。懊悔说："我不听鲁徽的话以致失败，有什么脸面见他！"先命令杀掉鲁徽，鲁徽说："将军您愚鲁刚愎所以失败，却又忌恨残害在你前面胜过你的人，诛杀忠良以发泄愤恨，天地报应尚在，您难道能有善终吗？"朝廷诏令任命索綝为骠骑大将军、尚书左仆射、录尚书事，奉制书行事。

石勒开始命令所据各州郡核实户口，每户征收二匹帛、二斛谷。

冬季，十月，朝廷任张寔为都督凉州诸军事、凉州刺史、西平公。

三年（乙亥，公元315年）

二月，丙子（十二日），朝廷任琅邪王司马睿为丞相、大都督、都督中外诸军事，任南阳王司马保为相国，荀组为太尉、兼豫州牧，任刘琨为司空、都督并、幽、冀三州诸军事。刘琨推辞司空的职务，不接受。

朝廷诏令进封拓跋猗卢的爵位为代王，设置安排属官，以代郡、常山郡作为封邑。拓跋猗卢向刘琨要并州从事雁门人莫含，刘琨派遣莫含前往。莫含不想走，刘琨说："以并州的势单力薄，我无能而仍能够在胡人、羯人之间生存，完全是靠代王的力量。我之所以一心竭尽财产，并拿长子作为人质而对待代王，就是希望也许能够为朝廷洗雪大耻。你想当忠臣。为什么顾惜能够在一起共事的小小忠诚而忘记为国献身的大节呢？"去为代王做事，成为他的心腹，这是全州所依赖的呀。"莫含于是走了。拓跋猗卢非常重用莫含，常常让他参与制定大计。

拓跋猗卢用法严峻，国人中有犯法的，有时整个部落被处死，这个部落就老幼互相搀扶着前往。有人问："去哪儿？"回答说："去接受死刑。"没有一人敢逃跑躲藏。

汉青州刺史曹嶷夺取了齐、鲁地区的全部郡县，自己镇守临淄，有十多万军队，沿黄河安排戍守。石勒上奏表说："曹嶷有独据东方的想法，请去征讨他。"汉主刘聪担心石勒消灭了曹嶷，不能再控制石勒，因此不同意。

刘聪娶中护军靳准的两个女儿靳月光、靳月华，把靳月光立为上皇后，把刘贵妃立为左皇后，把靳月华立为右皇后。左司隶陈元达极力劝谏，认为"并立三个皇后，不符合礼"。刘聪很不高兴，让陈元达任右光禄大夫，表面上表示优待提高陈元达的地位，实际上是剥夺他的权力。这样，太尉范隆等人都请求以自己的职位让给陈元达，刘聪才又以陈元达任御史大夫，仪同三司。靳月光行为不端，陈元达奏报了这个情况，刘聪不得已废黜了她，靳月光羞惭愤恨而自杀，刘聪对陈元达怀恨在心。

王敦所宠信的吴兴人钱凤，嫉妒陶侃的功劳，多次诋毁陶侃。陶侃将要回江陵，想到王敦那儿去陈说解释。朱伺和安定人皇甫方回劝谏说：“您进去以后就会出不来了。”陶侃不听。到了以后，王敦果然扣留住陶侃不放，后来王敦让他降职担任广州刺史，而派自己的堂弟丞相军咨祭酒王廙任荆州刺史。荆州的武将官吏郑攀、马儁等拜访王敦，给王敦上书，挽留陶侃，王敦发怒，不同意。郑攀等人因为陶侃刚刚消灭了大贼寇，却反而被贬黜，大家群情激愤；又因为王廙猜忌暴戾难以共事，郑攀于是率领部众三千人到涢口驻扎，向西迎接杜曾。王廙遭到郑攀等人的袭击，投奔到江安县。杜曾与郑攀等人又向北迎接第五猗来抵御王廙。王督率各支军队讨伐杜曾，又被杜曾打败。王敦猜测郑攀是接受了陶侃暗中劝告的旨意，就身披铠甲手持长矛将要杀陶侃，把陶侃押出来又带进去，来回四次。陶侃表情严肃地说：“您雄才大略善于决断，应该能够决断天下的大事，为什么这样犹豫不决呢？”说完就站起来向厕所走去。咨议参军梅陶、长史陈颁对王敦说：“周访与陶侃是姻亲，就像左右手，哪里有截断人的左手而他的右手没有反应的呢？”王敦于是放弃了猜测，就安排丰盛的宴席为陶侃饯行，陶侃便连夜出发，王敦提拔他的儿子陶瞻担任参军。

当初，交州刺史顾秘去世，州里的人们让顾秘的儿子顾寿代理州政事务。帐下督梁硕起兵攻打顾寿，把他杀了，梁硕于是独自控制了交州。王机认为自己是窃据广州，担心王敦讨伐，就向王敦请求改到交州任职。正遇到杜弘到王机这里投降。王敦想用王机的力量来讨伐梁硕，就把收降杜弘当做王机的功劳，让他转任交州刺史。王机到郁林，梁硕迎来前刺史修则的儿子修湛担任交州刺史，以抗拒王机。王机不能进去，就又与杜弘以及广州武将温邵、交州秀才刘沈谋划再回去占据广州。陶侃到达始兴，州里的人都说应当观察形势，不能轻率前进。陶侃不听，直接到达广州，但广州所辖的各郡县都已经迎奉了王机。杜弘派使者假装投降，陶侃知道了他的阴谋，上前攻打杜弘，把他打败了，在小桂抓获刘沈，又派遣督护许高讨伐王机，赶跑了王机。王机在路上病死，许高挖出他的尸体砍下首级。部将们都请求乘胜攻打温邵，陶侃笑着说：“我已经显示了威名，还用得着派兵吗？只需一纸信函自然就平定了。”就给温邵去信告谕。温邵因恐惧而逃跑，陶侃的军队在始兴追上并抓获了温邵。杜弘也向王敦投降，广州于是平定。

四年（丙子，公元316年）

汉宫宦官中常侍王沈、宣怀，中宫仆射郭猗等人，都受到恩宠信任而掌权。汉主刘聪到后宫游玩宴乐，有时三天不醒，有时一百天都不出后宫。从去年冬天开始不察视朝政，政事全部委交给相国刘粲，只有需判定大臣的生死或升降时才让王沈等人进宫报告。而王沈等人多数情况都不报告，而是以自己的想法去决断，所以使得有些建立过功勋的旧臣不被任用，而有些奸诈、谄谀的小人却几天之内就提升到

陶侃官垒运甓

二千石俸禄的高官。连年兴兵征战，武将兵士没有一点钱、帛之类的奖赏；而后宫国威，给仆人侍僮的赏赐，一赏便是几千几万。王沈等人的车乘服饰、府第的规格都超过了亲王们，王沈等人的子弟以及表亲担任郡守县令的有三十多人，而且都贪婪残忍成为百姓的祸害。靳准则以全宗族来阿谀奉承地对待王沈等人。

少府陈休、左卫将军卜崇，为人清高正直，平素就憎恶王沈等人，即使在公事场合，也未曾说过话。王沈等人深深地忌恨他们。侍中卜幹对陈休、卜崇说："王沈等人的势力完全可以翻天覆地，你们自己料想一下谁有东汉窦武那样与皇帝的亲近关系，谁有东汉陈蕃那样的贤能？"陈休、卜崇说："我们已年过五十，职任地位已经很高了，只缺一死罢了！为忠义而死，死得其所。怎么能俯首低眉为阉官做事呢？走吧卜公，不要再说了！"

二月，汉主刘聪从后宫来到上秋阁，命令拘捕陈休、卜崇和特进綦毋达、太中大夫公师彧、尚书王琰、田歆、大司农朱谐，一起杀了，这些人都是宦官所忌恨的。卜幹哭着劝谏刘聪说："陛下正恭敬地召求贤能之士，却一个早晨杀戮七个卿大夫，他们都是国家的忠良，岂不是不可以吗？即使陈休等人有罪。陛下不把他们下送到有关部门，让他们的罪状暴露清楚，天下从哪儿了解呢？诏令还在我那里，没有敢宣布让大家知道，希望陛下能够仔细想一想。"说完磕头磕得流了血。王沈呵斥卜幹说："卜侍中想抗拒诏令吗？"刘聪甩着衣袖走进去，罢免卜幹的官职贬为庶人。

太宰河间王刘易、大将军勃海王刘敷、御史大夫陈元达、金紫光禄大夫西河人王延等人都到皇宫上奏表劝谏说："王沈等人假做圣旨，欺天瞒日，在宫内谗媚陛下，在宫外讨好相国，威势之盛权力之大可以与君主相比。还培养了很多奸佞党羽，危害遍及海内。他们知道陈休等人是忠臣，始终不渝地为国家尽心尽力，因此害怕陈休等忠臣们揭露他们的奸恶罪行，所以才巧妙地对陈休等进行诬蔑陷害。而陛下不仅没有察觉，还仓促地对忠臣处以极刑，天地也要为之痛心，社会上下都为之悲痛心惊。现在残留的晋朝还没有消灭，巴、蜀也不来朝见，石勒图谋占据赵、魏地区，曹嶷想在齐地称王，陛下的心腹四肢，哪一处没有危险呢？却还宠信王沈等人再来增加麻烦，诛杀神巫巫咸、杀戮神医扁鹊，我们担心这样会病入膏肓，成为不治之症，以后即使想抢救，也来不及了。请求免除王沈等人的官职，交付有关部门治罪。"刘聪把这份奏表给王沈等人看，并笑道："这群小子被陈元达带着，也都成了痴呆的人了。”王沈等人磕头哭着说：“我们都是小人，承蒙陛下错爱提拔，能够为陛下扫洒闺阁，而王公、朝臣嫉恨我们如同仇敌，又对陛下深感遗憾。愿陛下把我们放到鼎沸的油锅中，那么朝廷自然平和静穆了。”刘聪说：“这样的狂言乱语是很平常的，你们哪里值得痛恨呢？”刘聪向相国刘粲问王沈等人怎么样，刘粲非常称赞王沈等人忠心清廉。刘聪高兴了，把王沈等人封为列侯。

太宰刘易又到皇宫上奏疏极力劝谏，刘聪大为愤怒，撕碎了这份奏疏。三月，刘易愤怒而死。刘易一向忠心率直，陈元达依靠他为后援，才得以尽心劝谏。刘易去世后，陈元达哭得非常悲痛，说：“《诗经》云：‘贤人死亡，国家必将窘困。’我既然不能再尽言了，还用得着沉默不语苟且偷生吗？”回去后便自杀了。

张寔下达命令：所属的官吏、百姓有能指出自己过错的，奖赏给布帛羊米。贼曹佐高昌人隗瑾说：“现在您处理政事，事无巨细，都是自己来决断，有时兴师发布命令，州府的其他官员都不知道，万一有什么失误，无人代其受责。下级官吏们畏惧您的权威，都服从您的成命罢了。像这样，即使赏赐千金，终究也还是不敢说。我认为应当稍微减少一点儿您的聪明，凡是各种政事，都拿到下级官员们中去访求意见，使他们把心里所想的都说出来，然后选择采用，有益的建议自然会来，何必赏赐呢？”张寔高兴，采纳了这个建议。给隗瑾提升了三级。

秋季，七月，汉大司马刘曜围攻北地太守麹昌，大都督麹允率领三万步兵骑兵去救援。刘曜环绕着城墙纵火，浓烟滚滚遮蔽天日，派奸细造谣欺骗麹允说：“郡城已陷落，赶去也来不及了。”部众们听了后惊惧不已，四处溃散。刘曜追击，在磻石谷打败麹允，麹允逃回灵武，刘曜于是占取了北地。

八月，汉大司马刘曜进逼长安。

九月，汉主在光极殿宴请群臣，召太弟刘乂来相见。刘乂容貌憔悴，鬓须头发都白了，哭着道谢，刘聪也因此痛哭。于是开怀饮酒极尽欢畅，对待刘乂就像最初时一样。

焦嵩、竺恢、宋哲都带兵救援长安，散骑常侍华辑监督京兆、冯翊、弘农、上洛四个郡的军队，驻扎在霸上，但都畏惧汉兵的强大不敢前进。相国司马保派遣胡崧带兵去援救，在灵台攻打汉大司马刘曜，打败了他。胡崧担心国威重新振作，使得麹允、索綝的势力变强，就带领城西各郡军队驻扎在渭水以北地区不前进，随后回师槐里。

刘曜攻陷长安的外城，麹允、索綝退到小城自守。内外断绝了联系，城中非常饥饿，一斗米值二两金子，人吃人，城里人死了一大半，兵士逃亡不能控制禁止，只有凉州义兵几千人，誓死不动。京城粮食仓库有几十个麦饼，麹允把饼弄碎做成粥来供愍帝食用，不久也吃光了。冬季，十一月，愍帝哭着对麹允说：“现在这样穷困，外无救援，应该忍受耻辱出去投降，使士人、百姓能够生存下来。”说完又感叹说：“耽误我的事业的，是麹允、索綝二公！”派侍中宗敞给刘曜送交投降书。索綝暗自留住宗敞，又派他的儿子去对刘曜说：“现在城中的粮食还足够维持一年，是不容易攻克的，如果应允封索綝为仪同、万户郡公，那就请求献城投降。”刘曜把他杀了送回尸首，说：“帝王之师，按照道义行事。我带兵十五年，从来没有靠诡计去打败敌人，一定是竭尽全部兵力打到底，然后占取该地。现在按索綝所说的这样，天下的恶人都一样，总是互相攻杀。如果军队、粮食确实没有用完，就可以尽力坚守；但如果军粮用尽兵势微弱，你们也就应该早点明白上天的旨意。”

甲午（十月初十），宗敞到刘曜的兵营。乙未（十月十一日），愍帝谦恭地乘着羊车、袒露着臂膀、口含玉璧，用车拉着棺材从东门出去投降。

司空长史李弘率并州向石勒投降。这样刘琨失去据点进退两难，不知所措，段匹磾派使者邀请他，己未（十二月初五），刘琨率领部众从飞狐奔往蓟城。段匹磾见了刘琨，非常亲近敬重，与他联姻，并结拜为兄弟。石勒分别迁徙阳曲、乐平的百姓到襄国，安排了郡守县令等地方长官而回师。

丞相司马睿听说长安失守，带军队出去露宿野外，亲自穿上铠甲，向各地发布檄文，限定日期北伐。因为水道运粮耽误了日期，杀督运史淳于伯。行刑的人用刀擦柱子，血逆流而上，一直到二丈多的柱子末端才流下。观看的人都认为淳于伯冤枉。丞相司直刘隗上言道：“淳于伯罪不至死，请免除从事中郎周莛等人的官职。”于是右将军王导等人上奏疏承认错误，请求免除职务。司马睿说：“政令刑罚失当，都是我糊涂昏昧造成的。”他没有把一个人问罪。

刘隗性格刚烈不徇私情，当时的名士多被他弹劾，但司马睿总是加以宽容，因此大家都把怨恨集中到刘隗身上。南中郎将王含是王敦的哥哥，因为家族势强而地位显赫，骄傲放纵，一次请求安排参佐以及郡守县令等官职就达二十人左右，而且大多不称职。刘隗弹劾王含，罗织罪名，事情虽然被压了下来，而王氏家族对他深怀忌恨。

第九十卷　晋纪十二

译文诵读

中宗元皇帝上建武元年（丁丑，317）

春，正月，汉兵东略弘农，太守宋哲奔江东。

辛巳，宋哲至建康，称受愍帝诏，令丞相琅邪王睿统摄万机。三月，琅邪王素服出次，举哀三日。于是西阳王羕及官属等共上尊号，王不许。羕等固请不已，王慨然流涕曰："孤，罪人也。诸贤见逼不已，当归琅邪耳！"呼私奴，命驾将归国。羕等乃请依魏、晋故事，称晋王；许之。辛卯，即晋王位，大赦，改元；始备百官，立宗庙，建社稷。

是时承丧乱之后，江东草创，刁协久宦中朝，谙练旧事，贺循为世儒宗，明习礼学，凡有疑议，皆取决焉。

刘琨、段匹磾相与歃血同盟，期以翼戴晋室。辛丑，琨檄告华、夷，遣兼左长史、右司马温峤，匹磾遣左长史荣邵，奉表及盟文诣建康劝进。峤，羡之弟子也，峤之从母为琨妻。琨谓峤曰："晋祚虽衰，天命未改，吾当立功河朔，使卿延誉江南。行矣，勉之！"

汉相国粲使其党王平谓太弟义曰："适奉中诏，云京师将有变，宜衷甲以备非常。"义信之，命宫臣皆衷甲以居。粲驰遣告靳准、王沈。准以白汉主聪曰："太弟将为乱，已衷甲矣！"聪大惊曰："宁有是邪！"王沈等皆曰："臣等闻之久矣，屡言之，而陛下不之信也。"聪使粲以兵围东宫。粲使准、沈收氐、羌酋长十余人，穷问之，皆悬首高格，烧铁灼目，酋长自诬义与谋反。聪谓沈等曰："吾今而后知卿等之忠也！当念知无不言，勿恨往日言而不用也！"于是诛东宫官属及义素所亲厚，准、沈等素所憎怨者大臣数十人，坑士卒万五千余人。夏，四月，废义为北部王，粲寻使准贼杀之。义形神秀爽，宽仁有器度，故士心多附之。聪闻其死，哭之恸，曰："吾兄弟止余二人而不相容，安得使天下知吾心邪！"氐、羌叛者甚众，以靳准行车骑大将军，讨平之。

汉主聪立晋王粲为皇太子，领相国、大单于，总摄朝政如故。大赦。

段匹磾推刘琨为大都督，檄其兄辽西公疾陆眷及叔父涉复辰、弟末柸等会于固安，共讨石勒。末柸说疾陆眷、涉复辰曰：“以父兄而从子弟，耻也；且幸而有功，匹磾独收之，吾属何有哉！”各引兵还。琨、匹磾不能独留，亦还蓟。

征南军司戴邈上疏，以为：“丧乱以来，庠序隳废。议者或谓平世尚文，遭乱尚武，此言似之，而实不然。夫儒道深奥，不可仓猝而成；比天下平泰，然后修之，则废坠已久矣。又，贵游之子，未必有斩将搴旗之才，从军征戍之役，不及盛年使之讲肄道义，良可惜也。世道久丧，礼俗日弊，犹火之消膏，莫之觉也。今王业肇建，万物权舆，谓宜笃道崇儒，以励风化。”王从之，始立太学。

是岁，王命课督农功，二千石、长吏以入谷多少为殿最，诸军各自佃作，即以为禀。

太兴元年（戊寅，318）

三月，癸丑，愍帝凶问至建康，王斩缞居庐。百官请上尊号，王不许。纪瞻曰：“晋氏统绝，于今二年，陛下当承大业；顾望宗室，谁复与让！若光践大位，则神、民有所凭依；苟为逆天时，违人事，大势一去，不可复还。今两都燔荡，宗庙无主，刘聪窃号于西北，而陛下方高让于东南，此所谓揖让而救火也。”王犹不许，使殿中将军韩绩彻去御坐。瞻叱绩曰：“帝坐上应列星，敢动者斩！”王为之改容。

丙辰，王即皇帝位，百官皆陪列。帝命王导升御床共坐，导固辞曰：“若太阳下同万物，苍生何由仰照！”帝乃止。大赦，改元，文武增位二等。帝欲赐诸吏投刺劝进者加位一等，民投刺者皆除吏，凡二十余万人。散骑常侍熊远曰：“陛下应天继统，率土归戴，岂独近者情重，远者情轻！不若依汉法遍赐天下爵，于恩为普，且可以息检核之烦，塞巧伪之端也。”帝不从。

加王敦江州牧，王导骠骑大将军、开府仪同三司。

导遣八部从事行扬州郡国，还，同时俱见。诸从事各言二千石官长得失，独顾和无言。导问之，和曰：“明公作辅，宁使网漏吞舟，何缘采听风闻，以察察为政邪！”导咨嗟称善。和，荣之族子也。

成丞相范长生卒；成主雄以长生子侍中贲为丞相。长生博学，多艺能，年近百岁，蜀人奉之如神。

汉中常侍王沈养女有美色，汉主聪立以为左皇后。尚书令王鉴、中书监崔懿之、中书令曹恂谏曰：“臣闻王者立后，比德乾坤，生承宗庙，没配后土，必择世德名宗，幽闲令淑，乃副四海之望，称神祇之心。孝成帝以赵飞燕为后，使继嗣绝灭，社稷为墟，此前鉴也。自麟嘉以来，中宫之位，不以德举。借使沈之弟女，刑余小丑，犹不可以尘污椒房，况其家婢邪！六宫妃嫔，皆公子公孙，奈何一旦以婢主之！臣恐非国家之福也。”聪大怒，使中常侍宣怀谓太子粲曰：“鉴等小子，狂言侮慢，无复君臣上下之礼，其速考实！”于是收鉴等送市，皆斩之。金紫光禄大夫王延驰，将入谏，门者弗通。

鉴等临刑，王沈以杖叩之曰："庸奴，复能为恶乎？乃公何与汝事！"鉴瞋目叱之曰："竖子！灭大汉者，正坐汝鼠辈与靳准耳！要当诉汝于先帝，取汝于地下治之。"准谓鉴曰："吾受诏收君，有何不善，君言汉灭由吾也？"鉴曰："汝杀皇太弟，使主上获不友之名。国家畜养汝辈，何得不灭！"懿之谓准曰："汝心如枭镜，必为国患，汝既食人，人亦当食汝。"

段匹磾之奔疾陆眷丧也，刘琨使其世子群送之。匹磾败，群为段末柸所得。末柸厚礼之，许以琨为幽州刺史，欲与之袭匹磾，密遣使赍群书，请琨为内应，为匹磾逻骑所得。时琨别屯征北小城，不知也，来见匹磾。匹磾以群书示琨曰："意亦不疑公，是以白公耳。"琨曰："与公同盟，庶雪国家之耻，若儿书密达，亦终不以一子之故负公而忘义也。"匹磾雅重琨，初无害琨意，将听还屯。其弟叔军谓匹磾曰："我，胡夷耳；所以能服晋人者，畏吾众也。今我骨肉乖离，是其良图之日；若有奉琨以起，吾族尽矣。"匹磾遂留琨。琨之庶长子遵惧诛，与琨左长史杨桥等闭门自守，匹磾攻拔之。代郡太守辟闾嵩、后将军韩据复潜谋袭匹磾，事泄，匹磾执嵩、据及其徒党，悉诛之。五月，癸丑，匹磾称诏收琨，缢杀之，并杀其子侄四人。琨从事中郎卢谌、崔悦等帅琨余众奔辽西，依段末柸，奉刘群为主；将佐多奔石靳。悦，林之曾孙也。朝廷以匹磾尚强，冀其能平河朔，乃不为琨举哀。温峤表"琨尽忠帝室，家破身亡，宜在褒恤；"卢谌、崔悦因末柸使者，亦上表为琨讼冤。后数岁，乃赠琨太尉、侍中，谥曰愍。于是夷、晋以琨死，皆不附匹磾。

六月，甲申，以刁协为尚书令，荀崧为左仆射。协性刚悍，与物多忤，与侍中刘隗俱为帝所宠任；欲矫时弊，每崇上抑下，排沮豪强，故为王氏所疾，诸刻碎之政，皆云隗、协所建。协又使酒放肆，侵毁公卿，见者皆侧目惮之。

汉主聪寝疾，征大司马曜为丞相，石勒为大将军，皆录尚书事，受遗诏辅政。曜、勒固辞。乃以曜为丞相、领雍州牧，勒为大将军、领幽、冀二州牧，勒辞不受。以上洛王景为太宰，济南王骥为大司马，昌国公顗为大帅，朱纪为太傅，呼延晏为太保，并录尚书事；范隆守尚书令、仪同三司，靳准为大司空、领司隶校尉，皆迭决尚书奏事。癸亥，聪卒。甲子，太子粲即位。

靳准阴有异志，私谓粲曰："如闻诸公欲行伊、霍之事，先诛太保及臣，以大司马统万机，陛下宜早图之！"粲不从。准惧，复使二靳氏言之，粲乃从之。收其太宰景、大司马骥、骥母弟车骑大将军吴王逞、太帅顗、大司徒齐王劢，皆杀之。朱纪、范隆奔长安。八月，粲治兵于上林，谋讨石勒。以丞相曜为相国、都督中外诸军事，仍镇长安。靳准为大将军、录尚书事。粲常游宴后宫，军国之事，一决于准。准矫诏以从弟明为车骑将军。康为卫将军。

冬，十月，曜至赤壁。太保呼延晏等自平阳归之，与太傅朱纪等共上尊号。曜即皇帝位，大赦，惟靳准一门不在赦例。改元光初。

庚申，诏群公卿士各陈得失。御史中丞熊远上疏，以为："胡贼猾夏，梓宫未返，而不能遣军进讨，一失也。群官不以仇贼未报为耻，务在调戏、酒食而已，二失也。选官用人，不料实德，惟在白望，不求才干，惟事请托；当官者以治事为俗吏，奉法为苛刻，尽礼为谄谀，从容为高妙，放荡为达士，骄蹇为简雅，三失也。世之所恶者，陆沈泥滓；时之所善者，翱翔云霄；是以万机未整，风俗伪薄。朝廷群司，以从顺为善，相违见贬，安得朝有辨争之臣，士无禄仕之志乎！古之取士，敷奏以言；今光禄不试，甚违古义。又举贤不出世族，用法不及权贵，是以才不济务，奸无所惩。若此道不改，求以救乱，难矣！”

靳准使侍中卜泰送乘舆、服御请和于石勒；勒囚泰，送于汉主曜。曜谓泰曰：“先帝末年，实乱大伦。司空行伊、霍之权，使朕及此，其功大矣。若早迎大驾者，当悉以政事相委，况免死乎！卿为朕入城，具宣此意。”泰还平阳，准自以杀曜母兄，沈吟未从。十二月，左、右车骑将军乔泰、王腾、卫将军靳康等，相与杀准，推尚书令靳明为主，遣卜泰奉传国六玺降汉。石勒大怒，进军攻明，明出战，大败，乃婴城固守。

晋元帝建武元年（丁丑，公元317年）

春季，正月，汉军向东进攻弘农郡，太守宋哲逃奔江东。

辛巳（二月二十八日），宋哲到达建康，称说奉晋愍帝诏书，令丞相、琅邪王司马睿总摄国家所有事宜。三月，琅邪王换上素色服装，避居于别室，举哀三天。此时西阳王司马羕和官员、部属等共同进上皇帝尊号，琅邪王不肯即位。司马羕等坚持请求，不肯罢休。琅邪王感慨地流着眼泪说：“孤是有罪之人。诸位贤良如果逼我不止，我将返归琅邪封国。”并传呼私人奴仆，让他们驾车准备返回封国。司马羕等于是请求琅邪王依照魏、晋旧有成例，称晋王。琅邪王同意了。辛卯（初九），琅邪王即晋王位，大赦天下，改年号为建武，开始设置百官，建立宗庙和社稷。

此时承续西晋的丧乱之后不久，江南东晋政权刚刚草创，因刁协久在西晋时为官，熟悉旧制；贺循为当世儒学泰斗，精通礼学，所以凡遇疑碍难决的问题，都由他们定夺。

刘琨和段匹磾歃血盟誓，相约共同拥戴和辅佐晋王室。三月辛丑，刘琨发布檄文遍告汉族和其他民族，自己派遣兼左长史、右司马温峤，段匹磾派遣左长史荣邵，共同奉呈上表和盟约誓文前往建康进劝晋王即帝位。温峤是温羡兄弟的儿子，其姨母是刘琨的妻子，刘琨对温峤说：“晋朝国运虽然中衰，但天命尚未变易，我将建立功名于河朔，让你的声誉流播江南。去吧，努力为之！”

汉丞相刘粲让党羽王平对太弟刘乂说：“刚刚奉受国主密诏，说京师将有变乱发生，应当内穿甲衣以备不测。”太弟刘乂信从，令东宫臣属都在外衣内穿上甲衣。刘粲派人驰告靳准、王沈，靳准禀报汉主刘聪说：“太弟刘乂准备作乱，手下

晋元帝司马睿

已内着甲衣了。”刘聪大惊，说：“怎么会有这种事情！”王沈等人都说：“我们早已听说太弟刘义有犯上作乱之心，多次上言，但陛下不信我们的话。”刘聪令刘粲率军包围东宫。刘粲让靳准、王沈拘捕了听命于东宫的氐、羌酋长十多人，严刑拷问，把他们的头颅都枷锢于高木格之上，烧红铁器炙灼双目，酋长们便诬陷自己和刘义共同谋反。刘聪对王沈等人说：“我现在才知道你们的忠心！你们应当追念知无不言的训诫，不要怨恨过去上言而不被信用！”于是诛杀东宫属官，又诛杀平素与刘义亲近、交厚而被靳准、王沈等人憎恶怨恨的大臣数十人，坑杀士卒一万五千多人。夏季，四月，废黜刘义太弟身份，改封北部王，不久刘粲让靳准谋杀了他。刘义形神秀爽，为人宽仁而有雅量，所以士人大多心存景仰。刘聪听说刘义死讯，悲恸痛哭说：“我们兄弟仅剩二人却不能相容，怎么才能使天下人知晓我内心的情感呢！”氐族、羌族反叛的很多，刘聪让靳准代行车骑大将军职务，征讨平定了叛乱。

汉主刘聪立晋王刘粲为皇太子，领相国职务、大单于称号，总摄朝政一如往昔。实行大赦。

段匹磾推举刘琨为大都督，用檄书邀请其兄长辽西公疾陆眷、叔父涉复辰、兄弟段末柸等在固安聚会，共同征讨石勒。段末柸游说疾陆眷、涉复辰说：“以父辈、兄长的身份追从子侄、兄弟，是一种耻辱；况且侥幸立功，段匹磾独收其利，我们能得到什么！”于是疾陆眷、涉复辰、段末柸各自领军退还。刘琨、段匹磾不能单独留守固安，也回师蓟州。

征南军司戴邈上疏，认为：“自王室丧乱以来，学校废毁。议政者有的以为清平之世尚文，遭逢世乱尚武，此言似是而非。儒家道义渊深玄奥，不可能仓猝学成，等到天下安宁然后修习，那就废毁已久了。再者，富贵人家的游闲子弟，未必有斩将拔旗的英才，却从军征伐戍守，不乘壮年让他们研讨道义，实在可惜。世道衰微日久，礼俗日渐凋弊，如同燃火消熔油脂一样，不知不觉。现在王业初建，万事方兴，我认为应当笃守道义、尊崇儒家，以勉励世风好转。”晋王听从了他的意见，开始设立太学。

这年，晋王下令考核、督促农业生产，俸禄二千石的官员、长官依据交纳谷物的数量多少考评政绩高下，各地驻军各自耕作，所获充当军队给养。

太兴元年（戊寅，公元318年）

三月，癸丑（初七），愍帝死讯传至建康，晋王服斩衰丧服，别居倚庐。百官奏请晋王使用皇帝尊号，晋王不同意。纪瞻说："晋政权灭亡，至今已经两年，陛下应当继承大业。遍观皇室子弟，又有谁值得推让！陛下如果荣登皇位，那么祖先神灵和国民都能有所依凭；如果拂逆天命，违背人心，大势一旦失去，就无法挽回了。现在洛阳、长安两座京城被毁，国家无主，刘聪在西北自立国号，而陛下却在东南清高地推谢帝位，这就如同急于救火却恭礼谦让。"晋王还是不同意，让殿中将军韩绩撤去摆好的皇帝宝座。纪瞻呵斥韩绩说："皇帝之座与天上列星相应，敢搬动的斩首！"晋王脸色为之一变。

丙辰（三月初十），晋王即帝位，文武百官陪列于两侧。元帝令王导登御床同坐，王导坚决拒绝，说："如果太阳与天下万物等同，怎么能俯照苍生！"元帝便不再坚持。大赦天下，改年号为太兴，文武官员都晋升二级爵位。元帝打算对所有曾经投贴建议自己接受皇位的人格外优宠，凡官吏都增加爵位一等，平民都提升为官吏，总计有二十多万人。散骑常侍熊远说："陛下顺应天命，继承皇位，普天之下莫不拥戴，岂止左近之人情深，偏远之人情浅！不如依照汉朝的做法，普遍赐封臣民官爵，这样皇恩浩荡，而且可以省去考察核实的烦劳，堵塞弄虚作假的渠道。"元帝不听。

元帝加任王敦为江州牧，王导为骠骑大将军、开府仪同三司。

王导分遣八部从事八人行察扬州所属八郡，回来后同时召见。各位从事纷纷禀告二千石官长的为政得失，唯独顾和默默无言。王导询问他，顾和说："贤君您辅佐国政，宁可使法网宽松以至可以漏过大鱼，为什么又要搜集、听信道听途说，以斤斤计较来治理政事呢！"王导感叹称赞。顾和是顾荣的同族子侄。

成汉丞相范长生故去，成汉主李雄任命其子侍中范贲为丞相。范长生博学多能，享年近百岁，蜀地人民尊奉他有如神灵。

汉国中常侍王沈的养女容颜美丽，汉主刘聪立她为左皇后。尚书令王鉴、中书监崔懿之、中书令曹恂进谏说："臣听说帝王册立王后，效法乾坤相配之理，在世时承嗣宗庙祭祀，去世后配祀土神，必须选择道德传家、名门显族的女子，本人也应幽闲贤淑，才能与四海之民的期望相称，使神祇满意。汉成帝立赵飞燕为皇后，结果使子嗣灭绝，社稷毁为废墟，这是前代的教训。本朝从麟嘉年间开始，选立皇后不以道德为准绳。即便是王沈的妹妹或亲女儿，也不过如同阉宦丑类，尚且不能让她们沾污后妃之位，更何况王沈的婢女呢！君王六宫的嫔妃，都是王公贵胄的子孙，怎能轻率地让婢女做她们的主人！臣恐怕这不是国家的福兆。"刘聪大为生气，让中常侍宣怀对太子刘粲说："王鉴这帮小子，口出狂言，侮慢尊上，不再有君臣上下的礼节，望从速定罪！"于是收捕王鉴等人送往刑场斩首。金紫光禄大夫王延骑马赶来，要进宫规谏，守门者不给通报。

王鉴等人临刑前，王沈用手杖叩击他们说："无用奴才，还能再作恶吗？老公关你们什么事！”王鉴瞋目叱骂说：“小子！覆灭大汉的人，正是你这样的鼠辈和靳准之流！我一定要向先帝控告你，把你拘到地下治罪。”靳准对王鉴说：“我接受诏命拘捕你，有什么不对，你却说汉国覆灭是因为我？”王鉴说：“你杀死皇太弟，使主上蒙受不友爱的恶名。国家畜养你这样的人，怎能不灭亡！”崔懿之对靳准说：“你的心像枭和破镜这种禽畜一样残忍，必定是国家的祸害。你既然要吃人，别人也会吃掉你。”

段匹磾为疾陆眷奔丧时，刘琨让自己的嫡长子刘群陪送。段匹磾兵败，刘群被段末柸俘获。段末柸对他非常有礼，并答应让刘琨当幽州刺史，想和刘琨共同攻击段匹磾。段末柸秘密派遣使者携带刘群写的信，请刘琨当内应，结果被段匹磾的巡逻骑兵抓获。当时刘琨单独屯兵于征北小城，不知内情，来见段匹磾。段匹磾把刘群的信给他看，并说：“我心中也没有怀疑您，所以告诉您。”刘琨说：“我和您共同结盟，但愿能洗雪国家的耻辱，即便儿子的信秘密地送到我手中，我最终也不会因为一个儿子的缘故辜负您而忘大义。”段匹磾素来看重刘琨，本来也没有加害刘琨的意思，准备听任他返回驻屯地。但段匹磾的弟弟段叔军对他说：“我们是胡夷族，之所以能够让晋国人服从我们，是因为畏惧我们人数众多。现在我们骨肉不和，正是晋人图谋我们的良机，如果有人推奉刘琨为首而起兵，我们这一族就完了。”段匹磾于是羁留了刘琨，不让他返回。刘琨的庶长子刘遵惧怕因此被杀，和刘琨的左长史杨桥等人闭门自守，被段匹磾攻破。代郡太守辟闾嵩、后将军韩据又密谋偷袭段匹磾，事情泄露，段匹磾抓获辟闾嵩、韩据及其党徒，一并处决。五月，癸丑（初八），段匹磾假称奉诏拘捕刘琨，把他勒死，并杀掉他子、侄四人。刘琨的从事中郎卢谌、崔悦等率领刘琨余部逃奔辽西，依附段末柸，尊奉刘群为主，将佐们大多投奔石勒。崔悦是崔林的曾孙。朝廷因为段匹磾势力尚强，希望他能平定河朔，于是不为刘琨发丧。温峤上表称颂：“刘琨尽忠于晋室，家破身亡，应当褒扬优恤。”卢谌、崔悦通过段末柸的使节，也上表为刘琨诉冤。过了几年，才追赠刘琨为太尉、侍中，谥号为“愍”。此时夷人、晋人因为刘琨之死，都不再附从段匹磾。

六月，甲申（初九），元帝任刁协为尚书令，荀崧为左仆射。刁协性情刚烈，对事常有不同意见，和侍中刘隗都是元帝所宠爱、信任的人。他们想纠正时弊，总是抑制臣下的势力以崇奉君主的权威，排挤豪强，所以被王氏所恨，许多严酷、劳民的政策，都说是刘隗、刁协的主意。刁协本人又酗酒任性，放浪不羁，攻讦公卿大臣，见到他的人都畏惧而不敢正视。

汉主刘聪病重，征召大司马刘曜任命为丞相，石勒任大将军，都领尚书事，禀受遗诏辅佐国政。刘曜、石勒固执地推辞，于是任刘曜为丞相，兼雍州牧，石勒为大将军，兼领幽州、冀州牧，石勒推辞不接受。任上洛王刘景为太宰，济南王刘骥为大司马，昌国公刘颢为太师，朱纪为太傅，呼延晏为太保，同领尚书事；范隆仍为尚书令、仪同三司，靳准任大司空、领司隶校尉，轮流决断尚书所奏事宜。癸亥

（七月十九日），刘聪去世。甲子（二十日），太子刘粲即位。

靳准私下怀有异志，悄悄对刘粲说："好像听说诸位公卿准备像商代伊尹、汉代霍光那样代摄朝政，杀掉太保呼延晏和我，让大司马刘骥统领万机，陛下应当早做准备。"刘粲不听。靳准恐惧，又让皇太后靳氏和皇后靳氏二人劝说，刘粲于是听从。收捕太宰刘景、大司马刘骥、刘骥的同母弟车骑大将军吴王刘逞、太师刘顗和大司徒齐王刘励，全部处死。朱纪和范隆逃奔长安。八月，刘粲在上林练兵，准备征讨石勒。任丞相刘曜为相国，总督内外军事事宜，仍然镇守长安。任靳准为大将军，领尚书事。刘粲经常在后宫游乐，军国大事，全由靳准决断。靳准假称诏令，让堂弟靳明任车骑将军，靳康为卫将军。

冬季，十月，刘曜到达赤壁。太保呼延晏等从平阳来归附，与太傅朱纪等共同拟上皇帝尊号。刘曜便即帝位，大赦天下，只有靳准一族不在赦免之列。改年号为光初。

庚申（十月十八日），元帝下诏让群臣公卿各陈国政得失。御史中丞熊远上疏认为："胡族寇贼作乱华夏，二帝梓宫未还，却不能派军征讨，这是第一个过失；官员们不以仇敌未报为耻，只顾饮宴调侃，这是第二个过失；选官用人，不考察实际的德行，只看虚名，不求有才干，只重关系，当官的人把治理政事看做是俗吏所为，把遵奉法律看做是苛刻，把尽守礼仪看做谄谀，把无所事事看做高妙，把放荡不羁之人看做通达之士，把骄傲怠慢看做简雅，这是第三个过失。时俗所憎恶的人，沉沦于尘埃，时俗所褒扬的人，得以翱翔云霄，所以万事未备，而风俗却虚伪、刻薄。朝廷众官，以顺从为善，意见不合便遭贬责，这怎能使朝廷有抗辩谏诤的大臣，怎能使士人没有为俸禄做官之心呢！古代选拔人才，根据他们陈述的言论，现在光禄大夫不举行考试，大大违背古制。再加上推举贤良不超出豪强世族，刑律实施不到权贵们头上，所以有才能的人不能成功立业，奸佞之人无从惩治。如果这种做法不改变，希望拯救乱政是太困难了！"

靳准派侍中卜泰赠送车驾、服御给石勒，向他请和。石勒囚禁卜泰，押送到汉主刘曜那里。刘曜对卜泰说："先帝刘粲末年，行为实在是违背人伦。大司空靳准行使伊尹、霍光那样的权利，使得朕能登上君位，功劳很大。如果能早日迎奉大驾，我会把政事全部委托他管辖，何况免除一死呢！你为我进城去向靳准原原本本地传达我的意思。"卜泰回到平阳转告靳准，靳准自己觉得杀害了刘曜的母亲、兄弟，犹豫不决。十二月，左、右车骑将军乔泰、王腾、卫将军靳康等，合谋杀了靳准，推举尚书令靳明为主，派遣卜泰奉送传国的六颗印信投降汉国。石勒大为恼怒，进军攻击靳明，靳明出兵迎战，大败，于是环城固守。

第九十一卷
晋纪十三

译文诵读

中宗元皇帝中太兴二年（己卯，319）

春，二月，刘遐、徐龛击周抚于寒山，破斩之。初，掖人苏峻帅乡里数千家结垒以自保，远近多附之。曹嶷恶其强，将攻之，峻率众浮海来奔。帝以峻为鹰扬将军，助刘遐讨周抚有功；诏以遐为临淮太守，峻为淮陵内史。

石勒遣左长史王脩献捷于汉，汉主曜遣兼司徒郭汜授勒太宰、领大将军，进爵赵王，加殊礼，出警入跸，如曹公辅汉故事；拜王脩及其副刘茂皆为将军，封列侯。脩舍人曹平乐从脩至粟邑，因留仕汉，言于曜曰："大司马遣脩等来，外表至诚，内觇大驾强弱，俟其复命，将袭乘舆。"时汉兵实疲弊，曜信之。乃追汜还，斩脩于市。三月，勒还至襄国。刘茂逃归，言脩死状。勒大怒曰："孤事刘氏，于人臣之职有加矣。彼之基业，皆孤所为，今既得志，还欲相图。赵王、赵帝，孤自为之，何待于彼邪！"乃诛曹平乐三族。

汉主曜还，都长安，立妃羊氏为皇后，子熙为皇太子；封子袭为长乐王，阐为太原王，冲为淮南王，敞为齐王，高为鲁王，徽为楚王；诸宗室皆进封郡王。羊氏，即故惠帝后也。曜尝问之曰："吾何如司马家儿？"羊氏曰："陛下，开基之圣主；彼，亡国之暗夫；何可并言！彼贵为帝王，有一妇、一子及身三耳，曾不能庇。妾于尔时，实不欲生，意谓世间男子皆然。自奉巾栉已来，始知天下自有丈夫耳。"曜甚宠之，颇干预国事。

江东大饥，诏百官各上封事。益州刺史应詹上疏曰："元康以来，贱经尚道，以玄虚弘放为夷达，以儒术清俭为鄙俗，宜崇奖儒官，以新俗化。"

汉主曜立宗庙、社稷、南北郊于长安，诏曰："吾之先，兴于北方。光文立汉宗庙以从民望。今宜改国号，以单于为祖。亟议以闻！"群臣奏："光文始封卢奴伯，陛下又王中山；中山，赵分也，请改国号为赵。"从之。以冒顿配天，光文配上帝。

冬，石勒左、右长史张敬、张宾，左、右司马张屈六、程遐等劝勒称尊号，勒不许。十一月，将佐等复请勒称大将军、大单于、领冀州牧、赵王，依汉昭烈在蜀、魏武在邺故事，以河内等二十四郡为赵国，太守皆为内史，准《禹贡》，复冀州之境，以大单于镇抚百蛮，罢并、朔、司三州，通置部司以监之；勒许之。戊寅，即赵王位，大赦；依春秋时列国称元年。

初，勒以世乱，律令烦多，命法曹令史贯志，采集其要，作《辛亥制》五千文；施行十余年，乃用令律。以理曹参军上党续咸为律学祭酒；咸用法详平，国人称之。以中垒将军支雄、游击将军王阳领门臣祭酒，专主胡人辞讼，重禁胡人，不得陵侮衣冠华族，号胡为国人。遣使循行州郡，劝课农桑。朝会始用天子礼乐，衣冠、仪物，从容可观矣。加张宾大执法，专总朝政；以石虎为单于元辅、都督禁卫诸军事，寻加骠骑将军、侍中、开府，赐爵中山公；自余群臣，授位进爵各有差。

张宾任遇优显，群臣莫及；而谦虚敬慎，开怀下士，屏绝阿私，以身帅物，入则尽规，出则归美。勒甚重之，每朝，常为之正容貌，简辞令，呼曰右侯而不敢名。

三年（庚辰，320）

段末柸攻段匹磾，破之。匹磾谓邵续曰："吾本夷狄，以慕义破家。君不忘久要，请相与共击末柸。"续许之，遂相与追击末柸，大破之。匹磾与弟文鸯攻蓟。后赵王勒知续势孤，遣中山公虎将兵围厌次，孔苌攻续别营十一，皆下之。二月，续自出击虎，虎伏骑断其后，遂执续，使降其城。续呼兄子竺等谓曰："吾志欲报国，不幸至此。汝等努力奉匹磾为主，勿有贰心。"匹磾自蓟还，未至厌次，闻续已没，众惧而散，复为虎所遮；文鸯以亲兵数百力战，始得入城，与续子缉、兄子存、竺等婴城固守。虎送续于襄国，勒以为忠，释而礼之，以为从事中郎。因下令："自今克敌，获士人，毋得擅杀，必生致之。"

三月，裴嶷至建康，盛称慕容廆之威德，贤隽皆为之用；朝廷始重之。帝谓嶷曰："卿中朝名臣，当留江东，朕别诏龙骧送卿家属。"嶷曰；"臣少蒙国恩，出入省闼，若得复奉辇毂，臣之至荣。但以旧京沦没，山陵穿毁，虽名臣宿将，莫能雪耻，独慕容龙骧竭忠王室，志除凶逆，故使臣万里归诚。今臣来而不返，必谓朝廷以其僻陋而弃之，孤其向义之心，使懈体于讨贼，此臣之所甚惜，是以不敢徇私而忘公也。"帝曰："卿言是也。"乃遣使随嶷拜廆安北将军、平州刺史。

京兆人刘弘客居凉州天梯山，以妖术惑众，从受道者千余人，西平元公张寔左右皆事之。帐下阎涉、牙门赵印，皆弘乡人，弘谓之曰："天与我神玺，应王凉州。"涉、印信之，密与寔左右十余人谋杀寔，奉弘为主。寔弟茂知其谋，请诛弘。寔令牙门将史初收之，未至，涉等怀刃而入，杀寔于外寝。弘见史初至，谓曰："使君已死，杀我何为！"初怒，截其舌而囚之，轘于姑臧市，诛其党与数百人。左司马阴元等以寔子骏尚幼，推张茂为凉州刺史、西平公，赦其境内，以骏为抚军将军。

祖逖将韩潜与后赵将桃豹分据陈川故城，豹居西台，潜居东台，豹由南门，潜由东门，出入相守四旬。逖以布囊盛土如米状，使千余人运上台，又使数人担米，息于道。豹兵逐之，弃担而走。豹兵久饥，得米，以为逖士众丰饱，益惧。后赵将刘夜堂以驴千头运粮馈豹，逖使韩潜及别将冯铁邀击于汴水，尽获之。豹宵遁，屯东燕城，逖使潜进屯封丘以逼之。冯铁据二台，逖镇雍丘，数遣兵邀击后赵兵，后赵镇戍归逖者甚多，境土渐蹙。

先是，赵固、上官巳、李矩、郭默，互相攻击，逖驰使和解之，示以祸福，遂皆受逖节度。秋，七月，诏加逖镇西将军。逖在军，与将士同甘苦，约己务施，劝课农桑，抚纳新附，虽疏贱者皆结以恩礼。河上诸坞，先有任子在后赵者，皆听两属，时遣游军伪抄之，明其未附。坞主皆感恩，后赵有异谋，辄密以告，由是多所克获，自河以南，多叛后赵归于晋。

逖练兵积谷，为取河北之计。后赵王勒患之，乃下幽州为逖修祖、父墓，置守冢二家，因与逖书，求通使及互市。逖不报书，而听其互市，收利十倍。逖牙门童建杀新蔡内史周密，降于后赵，勒斩之，送首于逖曰："叛臣逃吏，吾之深仇，将军之恶，犹吾恶也。"逖深德之，自是后赵人叛归逖者，逖皆不纳，禁诸将不使侵暴后赵之民，边境之间，稍得休息。

八月，辛未，梁州刺史周访卒。访善于抚士，众皆为致死。知王敦有不臣之心，私常切齿，敦由是终访之世，未敢为逆。敦遣从事中郎郭舒监襄阳军，帝以湘州刺史甘卓为梁州刺史，督沔北诸军事，镇襄阳。舒既还，帝征为左丞；敦留不遣。

后赵王勒用法甚严，讳"胡"尤峻，宫殿既成，初有门户之禁。有醉胡乘马，突入止车门。勒大怒，责宫门小执法冯翥。翥惶惧忘讳，对曰："向有醉胡，乘马驰入，甚呵御之，而不可与语。"勒笑曰："胡人正自难与言。"恕而不罪。

王敦杀武陵内史向硕。

帝之始镇江东也，敦与从弟导同心翼戴，帝亦推心任之，敦总征讨，导专机政，群从子弟布列显要，时人为之语曰："王与马，共天下。"后敦自恃有功，且宗族强盛，稍益骄恣，帝畏而恶之，乃引刘隗、刁协等以为腹心，稍抑损王氏之权，导亦渐见疏外。中书郎孔愉陈导忠贤，有佐命之勋，宜加委任；帝出愉为司徒左长史。导能任真推分，澹如也，有识皆称其善处兴废。而敦益怀不平，遂构嫌隙。

刘隗为帝谋，出心腹以镇方面。会敦表以宣城内史沈充代甘卓为湘州刺史，帝谓丞曰："王敦奸逆已著，朕为惠皇，其势不远。湘州据上流之势，控三州之会，欲以叔父居之，何如？"丞曰："臣奉承诏命，惟力是视，何敢有辞！然湘州经蜀寇之余，民物凋弊，若得之部，比及三年，乃可即戎；苟未及此，虽复灰身，亦无益也。"十二月，诏曰："晋室开基，方镇之任，亲贤并用，其以谯王丞为湘州刺史。"长沙邓骞闻之，叹曰："湘州之祸，其在斯乎！"丞行至武昌，敦与之宴，谓丞曰："大王雅素佳士，恐非将帅才也。" 丞曰："公未见知耳，铅刀岂无一割之用！"敦谓钱凤曰："彼不知惧而学壮语，足知其不武，无能为也。"乃听之镇。时湘土荒残，公私困弊，承躬自俭约，倾心绥抚，甚有能名。

四年（辛巳，321）

后赵中山公虎攻幽州刺史段匹䃅于厌次，孔苌攻其统内诸城，悉拔之。段文鸯言于匹䃅曰："我以勇闻，故为民所倚望；今视民被掠而不救，是怯也。民失所望，谁复为我致死！"遂帅壮士数十骑出战，杀后赵兵甚众。马乏，伏不能起。虎呼之曰："兄与我俱夷狄，久欲与兄同为一家。今天不违愿，于此得相见，何为复战！请释仗。"文鸯骂曰："汝为寇贼，当死日久，吾兄不用吾策，故令汝得至此。我宁斗死，不为汝屈！"遂下马苦战，槊折，执刀战不已，自辰至申。后赵兵四面解马罗披自鄣，前执文鸯；文鸯力竭被执，城内夺气。

匹䃅欲单骑归朝，邵续之弟乐安内史洎勒兵不听；洎复欲执台使王英送于虎。匹䃅正色责之曰："卿不能遵兄之志，逼吾不得归朝，亦已甚矣，复欲执天子使者；我虽夷狄，所未闻也！"洎与兄子缉、竺等舆榇出降。匹䃅见虎曰："我受晋恩，志在灭汝，不幸至此，不能为汝敬也。"后赵王勒及虎素与匹䃅结为兄弟，虎即起拜之。勒以匹䃅为冠军将军，文鸯为左中郎将，散诸流民三万余户，复其本业，置守宰以抚之。于是幽、冀、并三州皆入于后赵。匹䃅不为勒礼，常著朝服，持晋节。久之，与文鸯、邵续皆为后赵所杀。

五月，庚申，诏免中州良民遭难为扬州诸郡僮客者，以备征役。尚书令刁协之谋也，由是众益怨之。

秋，七月，甲戌，以尚书仆射戴渊为征西将军、都督司、兖、豫、并、雍、冀六州诸军事、司州刺史，镇合肥；丹杨尹刘隗为镇北将军、都督青、徐、幽、平四州诸军事、青州刺史，镇淮阴，皆假节领兵，名为讨胡，实备王敦也。

隗虽在外，而朝廷机事，进退士大夫，帝皆与之密谋。敦遗隗书曰："顷承圣上顾眄足下，今大贼未灭，中原鼎沸，欲与足下及周生之徒戮力王室，共静海内。若其泰也，则帝祚于是乎隆；若其否也，则天下永无望矣。"隗答曰："'鱼相忘于江湖，人相忘于道术。''竭股肱之力，效之以忠贞，'吾之志也。"敦得书，甚怒。

豫州刺史祖逖，以戴渊吴士，虽有才望，无弘致远识；且已翦荆棘、收河南地，而渊雍容，一旦来统之，意甚怏怏；又闻王敦与刘、刁构隙，将有内难，知大功不遂，感激发病；九月，壬寅，卒于雍丘。豫州士女若丧父母，谯、梁间皆为立祠。王敦久怀异志，闻逖卒，益无所惮。

晋元帝太兴二年（己卯，公元319年）

春季，二月，刘遐、徐龛在寒山攻击周抚，攻破并杀死周抚。当初，掖县人苏峻率领乡里数千家民众营造壁垒自保，远近民众大多附从。曹嶷恨苏峻势力强大，准备攻击他，苏峻率部众渡海投奔东晋。元帝任苏峻为鹰扬将军，因为帮助刘遐讨伐周抚有功，下诏任刘遐为临淮太守，苏峻为淮陵内史。

石勒派左长史王修向汉主献俘告捷，汉主刘曜派兼司徒郭汜授石勒为太宰、领大将军，晋升爵位为赵王，给予特殊礼遇，出入宫禁，如同曹操辅佐汉室的旧制。拜王修和他的副将刘茂为将军，封为列侯。王修的舍人曹平乐随从王修到粟邑，顺势留在汉国做官，他对刘曜说："大司马石勒派王修等人前来，外表至为忠诚，实则是窥察您的强弱，等他回去报告后，将要袭击您。"当时汉军的确疲敝，刘曜相信了曹平乐所言，于是命人追回郭汜，在街市上杀了王修。三月，石勒回到襄国。刘茂逃回，告知王修死的情况，石勒大怒，说："孤侍奉刘氏，已经超过了臣下该尽的本职。刘氏的基业，都是我所创下的。现在他志得意满，却反过来想算计我。赵王、赵帝，孤自己就能做，哪里还要等他呢！"于是诛杀曹平乐三族。

汉主刘曜回到长安，定都于此，立后妃羊氏为皇后，儿子刘熙为太子。封儿子刘袭为长乐王，刘阐为太原王，刘冲为淮南王，刘敞为齐王，刘高为鲁王，刘徽为楚王，各宗室子弟都进封郡王。羊氏就是过去晋惠帝的皇后。刘曜曾经问她说："我比起司马家的孩子怎么样？"羊氏说："陛下是开基的圣主，他是亡国的昏君，怎么能相提并论！他贵为帝王时，只有一个夫人、一个孩子和他自己三个人，竟然都不能庇护。我在那时实在是不想活了，以为世上的男人都是这样。自从做了您的妻子，才知道天下自有大丈夫。"刘曜非常宠爱她，羊氏常干预国事。

江东发生严重饥荒，元帝下诏让百官各自上书奏事。益州刺史应詹上疏说："自元康年间以来，轻视经典，崇尚道学，把玄虚弘放视作平达，把儒术、清俭看做鄙俗，应当尊崇和奖掖儒官，来革新风俗教化。"

汉主刘曜在长安建立宗庙、社稷和南郊、北郊，下诏说："我的祖先从北方开始兴盛，光文建立汉国宗庙是为了顺从民众愿望。现在应当改国号，奉单于为祖。尽快论议上报！"群臣上奏说："光文最早受封卢奴伯，陛下又曾在中山称王。中山本是赵国领土，请求改国号为赵。"刘曜听从，将冒顿配祀上天，光文配祀上帝。

冬季，石勒的左、右长史张敬、张宾，左、右司马张屈六、程遐等劝石勒称皇帝尊号，石勒不同意。十一月，将佐们又请求石勒称大将军、大单于、领冀州牧、赵王，依照蜀汉昭烈帝刘备在蜀、魏武帝曹操在邺的旧例，以河内等二十四郡为赵国，太守都改为内史，根据《尚书•禹贡》，恢复冀州的行政区划，以大单于的身份镇抚众蛮族；撤销并州、朔州、司州的建置，合置部司监管，石勒同意了。戊寅，石勒即后赵王位，大赦天下，依照春秋时列国旧例称元年。

当初，石勒因为世事紊乱，律令繁多，命法曹令史贯志采撷纲要，作《辛亥制》五千字，施行十多年，才用律令。任理曹参军上党人续咸为律学祭酒，续咸运用法律细致、公平，受到国人的称赞。任用中垒将军支雄、游击将军王阳兼门臣祭酒，专管胡人的诉讼，严厉禁止胡人，不许他们欺陵污辱具有较高文化的汉人，把胡人称作国人。派遣使者巡行州郡，鼓励、督促农业生产。朝会时开始用天子的礼乐，衣冠、仪物都充足可观。升张宾为大执法，专门总理朝政，任石虎为单于元辅、都督禁卫各种军务，不久又担任骠骑将军、侍中、开府，赐爵为中山公。其余群臣，授官晋爵各有等次。

张宾得到的职位高、待遇优厚，群臣没有可比拟的；但他本人却谦虚、恭敬、小心，真诚地折节下士，杜绝私情，以身作则，入朝时直言规谏，出外却将美誉归功于主上，石勒非常看重他。每次上朝，经常因为张宾的缘故端正容貌，修饰辞令，以左侯称呼张宾，不叫他的名字。

三年（庚辰，公元320年）

段末柸进攻段匹磾，打败了段匹磾的军队。段匹磾对邵续说："我本来是夷族，因为仰慕君臣大义，招致兵败家破。您如果不忘我们的旧约，便请和我共同抗击段末柸。"邵续答应了。于是和段匹磾共同追击段末柸，使段末柸的军队受到重创。段匹磾和兄弟段文鸯进攻蓟州，后赵王石勒知道邵续势单力薄，派遣中山公石虎率军围攻厌次，又让孔苌进攻邵续，攻下十一座别营。二月，邵续亲自率军出击石虎，石虎埋伏骑兵截断其退路，结果抓住了邵续，并让他向城中军民劝降。邵续呼唤兄长的儿子邵竺等人，对他们说："我的志向是想报效国家，不幸落到了这步田地，你们努力尊奉段匹磾为主帅，不要有异心。"段匹磾从蓟州归来，还没到厌次，听说邵续已被俘，部众惊恐逃散，又被石虎乘势攻击，段文鸯依仗数百亲兵的奋力死战，才得以进入厌次城中，和邵续的儿子邵缉、邵续兄长之子邵存、邵竺等人环城固守。石虎把邵续解送到襄国，石勒认为邵续是忠贞之士，释放了他，以礼相待，任为从事中郎。继而下令说："从今以后克敌制胜，俘获士人不许擅自杀害，一定要活着送来。"

三月，裴嶷到达建康，盛赞慕容廆有威德，贤隽之士都乐意为他效力，朝廷这才开始重视慕容廆。元帝对裴嶷说："您本是朝中名臣，应当留在江东，朕另外下诏让龙骧将军慕容廆把您的家属送来。"裴嶷说："我自小蒙受晋室的恩宠，出入宫禁，如果能重新侍奉皇上，是我无上的荣耀。只是因为旧日京都沦陷，山陵毁败，即使是名臣宿将，也没有能够报仇雪耻。只有龙骧将军慕容廆尽忠于王室，立志赶除凶逆，所以派我不远万里前来表示忠诚。现在如果我来而不返，他一定认为朝廷因为他偏远落后而抛弃他，辜负他崇尚大义之心，惰怠讨伐逆贼之事，而这正是我所珍视的，所以我不敢因为个人私利而忘却公义。"元帝说："您说的对。"于是派遣使者随同裴嶷前往，赐封慕容廆为安北将军、平州刺史。

京兆人刘弘客居凉州的天梯山，用妖术迷惑民众，随他受道的人有一千多，西平元公张寔身边的人也都崇奉他。张寔的帐下阎涉、牙门赵印都是刘弘的同乡。刘弘对他们说："上天送给我神玺，应当统治凉州。"阎涉、赵印深信不疑，私下与张寔身边的十多人密谋杀害张寔，侍奉刘弘为主君。张寔的弟弟张茂得知他们的计划，请求诛杀刘弘。张寔命令牙门将史初拘捕刘弘。史初还未到刘弘处，阎涉等人怀藏凶器入内。把张寔杀死在外寝。刘弘见史初到来，对他说："张使君已经死了，为什么还要杀我！"史初发怒，把他割掉舌头后关了起来，在姑臧城的街市上处以车裂的酷刑，并诛杀刘弘党徒数百人。左司马阴元等人认为张寔的儿子张骏的年龄幼小，推举张茂为凉州刺史、西平公，在境内赦免罪犯，任张骏为抚军将军。

祖逖的部将韩潜和后赵的将军桃豹分别割据陈川老城，桃豹占据西台，出入经由南门，韩潜占据东台，出入经由东门，双方相持坚守达四十天。祖逖用许多布袋盛土，好像盛满粮米的样子，派一千多人输运到台上。又让一些人担挑真米，在路边休息。桃豹的士兵追来，祖逖的部下丢下担子逃走。桃豹的士卒挨饿已有很长时间，得到粮米，便以为祖逖的部众生活丰饱，心中更为恐惧。后赵将领刘夜堂用一千头驴子为桃豹运来军粮，祖逖派遣韩潜和别将冯铁在汴水截击，全数劫获。桃豹因此连夜遁逃，驻屯于东燕城。祖逖让韩潜进军驻扎在封丘，威逼桃豹。冯铁占据了陈川老城的东、西二台，祖逖则镇守雍丘，经常派遣士兵截击后赵军队，后赵国镇戍的士卒归降祖逖的很多，国土也日渐缩小。

以前，赵固、上官巳、李矩、郭默等人互相攻战，祖逖派遣使者前往调解，剖析利害，这些人便都接受祖逖的调度。秋季，七月，元帝下诏授予祖逖镇西将军。祖逖在军中，与将士们同甘共苦，严以律己，宽以待人，鼓励、督促农业生产，抚慰安置新近归附的兵民，即使是关系疏远、地位低贱的人也施恩礼遇去结交他们。黄河流域的许多坞堡，只要是此前有人质被扣留在后赵的，都听任他们同时听命后赵和晋，并且不时派遣流动作战的军队佯装抄掠，以表明他们并未归附自己。坞主们都感恩戴德，只要后赵有什么特殊举动，便秘密传告祖逖，因此战事常胜，俘获良多。黄河以南士民大多背叛后赵而归附东晋。

祖逖训练士兵，积蓄粮食，为收复黄河以北的失地做准备。后赵王石勒为此忧患，于是下令让幽州守吏为祖逖修葺祖父和父亲的陵墓，并安置两户人家看守坟冢。然后写信给祖逖，要求互通使节和开放贸易。祖逖不回复他的信，但是听任双方来往贸易，因而获取了十倍的利润。祖逖的牙门童建杀死新蔡内史周密，投降后赵。石勒将童建斩首，把首级送给祖逖说："叛臣逃吏，是我深以为恨的。将军憎恶的人，也是我所憎恶的。"祖逖深为感动，从此凡后赵叛降归附的人，祖逖都不接纳，禁止众将侵犯、攻掠后赵民众，两国边境之间，逐渐得以休养生息。

八月，辛未，梁州刺史周访去世。周访善于抚慰军士，大家都愿为他效命。周访知道王敦有不甘为臣的心志，私下经常切齿为恨，王敦因此在周访活着的时候，一直不敢反叛。王敦派遣从事中郎郭舒到襄阳监察军队，元帝让湘州刺史甘卓为梁州刺史，总领沔水以北地区所有军事事务，镇守襄阳。郭舒回去后，元帝征召他任右丞，王敦却留住不放行。

后赵王石勒施用刑法非常峻刻，特别忌讳"胡"这个字眼。当时后赵的宫殿

第九十二卷　晋纪十四

译文诵读

中宗元皇帝下永昌元年（壬午，322）

王敦以璞为记室参军。璞善卜筮，知敦必为乱，己预其祸，甚忧之。大将军掾颍川陈述卒，璞哭之极哀，曰："嗣祖，焉知非福也！"

戊辰，敦举兵于武昌，上疏罪状刘隗，称："隗佞邪谗贼，威福自由，妄兴事役，劳扰士民，赋役烦重，怨声盈路。臣备位宰辅，不可坐视成败，辄进军致讨，隗首朝悬，诸军夕退。昔太甲颠覆厥度，幸纳伊尹之忠，殷道复昌。愿陛下深垂三思，则四海乂安，社稷永固矣。"沈充亦起兵于吴兴以应敦，敦以充为大都督、督护东吴诸军事。敦至芜湖，又上表罪状刁协。帝大怒，乙亥，诏曰："王敦凭恃宠灵，敢肆狂逆，方朕太甲，欲见幽囚。是可忍也，孰不可忍！今亲帅六军以诛大逆，有杀敦者，封五千户侯。"敦兄光禄勋含乘轻舟逃归于敦。

太子中庶子温峤谓仆射周顗曰："大将军此举似有所在，当无滥邪？"顗曰："不然，人主自非尧、舜，何能无失，人臣安可举兵以胁之！举动如此，岂得云非乱乎！处仲狼抗无上，其意宁有限邪！"

敦遣参军桓罴说谯王承，请承为军司。承叹曰："吾其死矣！地荒民寡，势孤援绝，将何以济！然得死忠义，夫复何求！" 承檄长沙虞悝为长史，会悝遭母丧，承往吊之，曰："吾欲讨王敦，而兵少粮乏；且新到，恩信未洽。卿兄弟，湘中之豪俊，王室方危，金革之事，古人所不辞，将何以教之？"悝曰："大王不以悝兄弟猥劣，亲屈临之，敢不致死！然鄙州荒弊，难以进讨；宜且收众固守，传檄四方，敦势必分，分而图之，庶几可捷也。"承乃囚桓罴，以悝为长史，以其弟望为司马，督护诸军，与零陵太守尹奉、建昌太守长沙王循、衡阳太守淮陵刘翼、春陵令长沙易雄，同举兵讨敦。雄移檄远近，列敦罪恶，于是一州之内皆应承。惟湘东太守郑澹不从，承使虞望讨斩之，以徇四境。澹，敦姊夫也。

敦遣从母弟南蛮校尉魏乂、将军李恒帅甲卒二万攻长沙。长沙城池不完，资储又阙，人情震恐。或说谯王承，南投陶侃或退据零、桂。承曰："吾之起兵，志欲死于忠义，岂可贪生苟免，为奔败之将乎！事之不济，令百姓知吾心耳。"乃婴城固守。未几，虞望战死，甘卓欲留邓骞为参军，骞不可，乃遣参军虞冲与骞偕至长沙，遗谯王丞书，劝之固守，当以兵出沔口，断敦归路，则湘围自解。丞复书称：“江左中兴，草创始尔，岂图恶逆萌自宠臣。吾以宗室受任，志在陨命；而至止尚浅，凡百茫然。足下能卷甲电赴，犹有所及；若其狐疑，则求我于枯鱼之肆矣。”卓不能从。

帝征戴渊、刘隗入卫建康。隗至，百官迎于道，隗岸帻大言，意气自若。及入见，与刁协劝帝尽诛王氏；帝不许，隗始有惧色。

司空导帅其从弟中领军邃、左卫将军廙、侍中侃、彬及诸宗族二十余人，每旦诣台待罪。周𫖮将入，导呼之曰：“伯仁，以百口累卿！”𫖮直入不顾。既见帝，言导忠诚，申救甚至；帝纳其言。𫖮喜饮酒，至醉而出，导犹在门，又呼之。𫖮不与言，顾左右曰：“今年杀诸贼奴，取金印如斗大，系肘后。”既出，又上表明导无罪，言甚切至。导不之知，甚恨之。

帝命还导朝服，召见之，导稽首曰：“逆臣贼子，何代无之，不意今者近出臣族！”帝跣而执其手曰：“茂弘，方寄卿以百里之命，是何言邪！”

三月，以导为前锋大都督，加戴渊骠骑将军。诏曰：“导以大义灭亲，可以吾为安东时节假之。”以周𫖮为尚书左仆射，王邃为右仆射。帝遣王廙往谕止敦；敦不从而留之，廙更为敦用。征虏将军周札，素矜险好利，帝以为右将军、都督石头诸军事。敦将至，帝使刘隗军金城，札守石头，帝亲被甲徇师于郊外。以甘卓为镇南大将军、侍中、都督荆•梁二州诸军事，陶侃领江州刺史；使各帅所统以蹑敦后。

敦至石头，欲攻刘隗。杜弘言于敦曰：“刘隗死士众多，未易可克；不如攻石头，周札少恩，兵不为用，攻之必败，札败则隗自走矣。”敦从之，以弘为前锋，攻石头，札果开门纳弘。敦据石头，叹曰：“吾不复得为盛德事矣！”谢鲲曰：“何为其然也！但使自今以往，日忘日去耳。”

帝命刁协、刘隗、戴渊帅众攻石头，王导、周𫖮、郭逸、虞潭等三道出战，协等兵皆大败。太子绍闻之，欲自帅将士决战；升车将出，中庶子温峤执鞚谏曰：“殿下国之储副，奈何以身轻天下！”抽剑斩鞅，乃止。

敦拥兵不朝，放士卒劫掠，宫省奔散，惟安东将军刘超按兵直卫，及侍中二人侍帝侧。帝脱戎衣，著朝服，顾而言曰：“欲得我处，当早言！何至害民如此！”又遣使谓敦曰：“公若不忘本朝，于此息兵，则天下尚可共安；如其不然，朕当归琅邪以避贤路。”

刁协、刘隗既败，俱入宫，见帝于太极东除。帝执协、隗手，流涕呜咽，劝令避祸。协曰：“臣当守死，不敢有贰。”帝曰：“今事逼矣，安可不行！”乃令给协、隗人马，使自为计。协老，不堪骑乘，素无恩纪，募从者，皆委之，行至江乘，为人所杀，送首于敦。隗奔后赵，官至太子太傅而卒。

帝令公卿百官诣石头见敦，敦谓戴渊曰：“前日之战，有余力乎？”渊曰：

“岂敢有余，但力不足耳！”敦曰：“吾今此举，天下以为何如？”渊曰：“见形者谓之逆，体诚者谓之忠。”敦笑曰：“卿可谓能言。”又谓周顗曰：“伯仁，卿负我！”顗曰：“公戎车犯顺，下官亲帅六军，不能其事，使王旅奔败，以此负公！”

辛未，大赦；以敦为丞相、都督中外诸军、录尚书事、江州牧，封武昌郡公，并让不受。

顗被收，路经太庙，大言曰：“贼臣王敦，顷覆社稷，枉杀忠臣；神祇有灵，当速杀之！”收人以戟伤其口，血流至踵，容止自若，观者皆为流涕。并戴渊杀之于石头南门之外。

王导后料检中书故事，乃见顗救己之表，执之流涕曰：“吾虽不杀伯仁，伯仁由我而死，幽冥之中，负此良友！”

王敦以西阳王羕为太宰，加王导尚书令，王廙为荆州刺史；改易百官及诸军镇，转徙黜免者以百数；或朝行暮改，惟意所欲。敦将还武昌，谢鲲言于敦曰：“公至都以来，称疾不朝，是以虽建勋而人心实有未达。今若朝天子，使君臣释然，则物情皆悦服矣。”敦曰：“君能保无变乎？”对曰：“鲲近日入觐，主上侧席，迟得见公，宫省穆然，必无虞也。公若入朝，鲲请侍从。”敦勃然曰：“正复杀君等数百人，必复何损于时！”竟不朝而去。夏，四月，敦还武昌。

初，宜都内史天门周级闻谯王承起兵，使其兄子该潜诣长沙，申款于承。魏乂等攻湘州急，承遣该及从事邵陵周崎间出求救，皆为逻者所得。乂使崎语城中，称大将军已克建康，甘卓还襄阳，外援理绝。崎伪许之，既至城下，大呼曰：“援兵寻至，努力坚守！”乂杀之。乂考该至死，竟不言其故，周级由是获免。

乂等攻战日逼，敦又送所得台中人书疏，令乂射以示承。城中知朝廷不守，莫不怅惋。相持且百日，刘翼战死，士卒死伤相枕。癸巳，乂拔长沙，承等皆被执。乂将杀虞悝，子弟对之号泣。悝曰：“人生会当有死，今阖门为忠义之鬼，亦复何恨！”

乂以槛车载承及易雄送武昌，佐吏皆奔散，惟主簿桓雄、西曹书佐韩阶、从事武延，毁服为僮从承，不离左右。乂见桓雄姿貌举止非凡人，惮而杀之。韩阶、武延执志愈固。荆州刺史王廙承敦旨，杀承于道中，阶、延送承丧至都，葬之而去。易雄至武昌，意气慷慨，曾无惧容。敦遣人以檄示雄而数之，雄曰：“此实有之，惜雄位微力弱，不能救国难耳。今日之死。固所愿也。”敦惮其辞正，释之，遣就舍。众人皆贺之，雄笑曰：“吾安得生！”既而敦遣人潜杀之。

敦既得志，暴慢滋甚，四方贡献多入其府，将相岳牧皆出其门。以沈充、钱凤为谋主，唯二人之言是从，所谮无不死者。以诸葛瑶、邓岳、周抚、李恒、谢雍为爪牙。充等并凶险骄恣，大起营府，侵人田宅，剽掠市道，识者咸知其将败焉。

祖逖既卒，后赵屡寇河南，拔襄城、城父，围谯。豫州刺史祖约不能御，退屯寿春。后赵遂取陈留，梁、郑之间复骚然矣。

帝忧愤成疾，闰月，己丑，崩；司空王导受遗诏辅政。帝恭俭有余而明断不足，故大业未复而祸乱内兴。庚寅，太子即皇帝位，大赦，尊所生母荀氏为建安君。

后赵濮阳景侯张宾卒，后赵王勒哭之恸，曰："天不欲成吾事邪，何夺吾右侯之早也！"程遐代为右长史。遐，世子弘之舅也，勒每与遐议，有所不合，辄叹曰："右侯舍我去，乃令我与此辈共事，岂非酷乎！"因流涕弥日。

肃宗明皇帝上太宁元年（癸未，323）

王敦谋篡位，讽朝廷征己；帝手诏征之。夏，四月，加敦黄钺、班剑，奏事不名，入朝不趋，剑履上殿。敦移镇姑孰，屯于湖，以司空导为司徒，敦自领扬州牧。敦欲为逆，王彬谏之甚苦。敦变色，目左右，将收之。彬正色曰："君昔岁杀兄，今又杀弟邪！"敦乃止，以彬为豫章太守。

帝畏王敦之逼，欲以郗鉴为外援，拜鉴兖州刺史，都督扬州江西诸军事，镇合肥。王敦忌之，表鉴为尚书令。八月，诏征鉴还，道经姑孰，敦与之论西朝人士，曰："乐彦辅，短才耳，考其实，岂胜满武秋邪！"鉴曰："彦辅道韵平淡，愍怀之废，柔而能正；武秋失节之士，安得拟之！"敦曰："当是时，危机交急。"鉴曰："丈夫当死生以之。"敦恶其言，不复相见，久留不遣。敦党皆劝敦杀之，敦不从，鉴还台，遂与帝谋讨敦。

后赵中山公虎帅步骑四万击安东将军曹嶷，青州郡县多降之，遂围广固。嶷出降，送襄国杀之，坑其众三万。虎欲尽杀嶷众，青州刺史刘徵曰："今留徵，使牧民也；无民焉牧，徵将归耳！"虎乃留男女七百口配徵，使镇广固。

初，赵主曜长子俭，次子胤。胤年十岁，长七尺五寸，汉主聪奇之，谓曜曰："此儿神气，非义真之比也，当以为嗣。"曜曰："藩国之嗣，能守祭祀足矣，不敢乱长幼之序。"聪曰："卿之勋德，当世受专征之任，非他臣之比也，吾当更以一国封义真。"乃封俭为临海王，立胤为世子。既长，多力善射，骁捷如风。靳准之乱，没于黑匿郁鞠部。陈安既败，胤自言于郁鞠，郁鞠大惊，礼而归之。曜悲喜，谓群臣曰："义光虽已为太子，然冲幼儒谨，恐不堪今之多难。义孙，故世子也，材器过人，且涉历艰难。吾欲法周文王、汉光武，以固社稷而安义光，何如？"太傅呼延晏等皆曰："陛下为国家无穷之计，岂惟臣等赖之，实宗庙四海之庆。"左光禄大夫卜泰、太子太保韩广进曰："陛下以废立为是，不应更问群臣；若以为疑，固乐闻异同之言。臣窃以为废太子，非也。昔文王定嗣于未立之前，则可也；光武以母失恩而废其子，岂足为圣朝之法！向以东海为嗣，未必不如明帝也。胤文武才略，诚高绝于世；然太子孝友仁慈，亦足为承平贤主。况东宫者，民、神所系，岂可轻动！陛下诚欲如是，臣等有死而已，不敢奉诏。"曜默然。胤进曰："父之于子，当爱之如一，今黜熙而立臣，臣何敢自安！陛下苟以臣为颇堪驱策，岂不能辅熙以承圣业乎！必若以臣代熙，臣请效死于此，不敢闻命。"因歔欷流涕。曜亦以熙羊后所生，不忍废也，乃追谥前妃卜氏为元悼皇后。

王敦从子允之，方总角，敦爱其聪警，常以自随。敦尝夜饮，允之辞醉先卧。敦与钱凤谋为逆，允之悉闻其言；即于卧处大吐，衣面并污。凤出，敦果照视，见允之卧于吐中，不复疑之。会其父舒拜廷尉，允之求归省父，悉以敦、凤之谋白舒。舒与王导俱启帝，阴为之备。

后赵王勒以参军樊坦为章武内史，勒见其衣冠弊坏，问之。坦率然对曰："顷为羯贼所掠，资财荡尽。"勒笑曰："羯贼乃尔无道邪！今当相偿。"坦大惧，叩头泣谢。勒赐车马、衣服、装钱三百万而遣之。

晋元帝永昌元年（壬午，公元322年）

王敦任用郭璞为记室参军，郭璞擅长卜筮之术，知道王敦必定会作乱，自己将被牵连进灾祸中，为此深深忧虑。王敦大将军府的僚属、颍川人陈述去世，郭璞痛哭欲绝，说："陈述，你的辞世焉知非福呢！"

戊辰（正月十四日），王敦在武昌举兵，给元帝上疏罗列刘隗的罪状，内称："刘隗奸佞邪恶，谗言惑众，残害忠良，作威作福，随意发起事端，动用百姓服劳役，士民疲惫扰苦，赋税和劳役负担繁重，怨声载道。我担任宰辅的职位，不能对此无动于衷，于是进军声讨。倘若刘隗早上授首，众军傍晚即退。往昔商朝天子太甲败坏国家制度，幸好接纳了伊尹忠诚无私的处置，才使商朝国运重新昌盛。我希望陛下再三深思，那么将会四海安宁，国家长存。"沈充也在吴兴起兵与王敦相呼应，王敦任沈充为大都督、督护东吴地区军事事务。王敦到达芜湖，又上表罗列刁协的罪状。元帝勃然大怒，乙亥（二十一日），下诏说："王敦凭仗国家对他的恩宠，竟敢肆行狂妄、叛逆之事，把朕比做太甲，想把我幽禁起来。是可忍，孰不可忍！我现在亲自统帅六军前去诛戮这个大叛贼，有谁能杀掉王敦，封为五千户侯。"王敦的兄长、光禄勋王含乘坐轻便小舟逃回到王敦身边。

太子中庶子温峤对仆射周顗说："大将军王敦这么做似乎有一定原因，应当不算过分吧？"周顗说："不对。人主本来就不是尧、舜那样的圣人，怎么能没有过失呢？作为人臣，怎么可以举兵来胁迫君王！如此举动，哪能说不是叛乱呢！王敦傲慢暴戾，目无主上，他的欲望难道会有止境吗！"

王敦派遣参军桓罴向谯王司马丞游说，请司马丞出任军司。司马丞叹息说："我怕是要死了。此地土地荒芜，人民稀少，势力孤单，后援断绝，怎能捱得过去呢！不过能为忠义而死，还能再有什么希求呢！"司马丞以文书征召长沙人虞悝为长史，适逢虞悝母亲去世，司马丞前往吊唁，说："我想讨伐王敦，但军力不够，粮食匮乏，而且我是新近到任的，恩德和信用还未能霑润民心。您家兄弟是湘州地区的豪俊之士，现在王室正遭受危难，古人在服丧期间，投身战事也在所不辞，您对我有什么教诲？”虞悝说：“大王您不因为我们兄弟身份卑贱而见弃，亲自降节光临，我们岂敢不效命！不过鄙州荒凉凋弊，难于出兵讨伐。应当暂时聚众固守，把讨伐王敦的檄书传布四方，这样王敦必得分兵应付。待其兵力分散后再图谋攻击，大概可以取胜。”司马承于是囚禁桓罴，任虞悝为长史，任命他的兄弟虞望为司马，总领、监护诸军，和零陵太守尹奉、建昌太守、长沙人王循、衡阳太守、淮陵人刘翼、舂陵令、长沙人易雄，共同举兵征讨王敦。易雄四处传布檄书，罗列王敦罪状，于是一州之内的郡县，全都响应司马承。只有湘东太守郑澹不从命，司马承让虞望讨伐并把他处斩，用以晓示各地。郑澹是王敦的姐夫。

王敦派遣姨母的兄弟、南蛮校尉魏乂和将军李恒，率领甲士二万人进攻长沙。长沙的城墙、护城河不完善，物资储备也不充足，人心惊恐。有人劝说谯王司马承向南投靠陶侃，或者退守零陵、桂林。司马承说：“我之所以起兵，是心存为忠义献身的志向，怎能贪生怕死、苟且活命，当一个败逃的将领呢！即使守卫长沙失败，也让百姓们知道我的心意。”于是环城固守。不久，虞望战死，甘卓想让邓骞留下任参军，邓骞不同意，甘卓便派参军虞冲和邓骞同赴长沙，并致信谯王司马承，劝他固守长沙，自己将遣军自沔口出击，截断王敦的退路，这样湘州之围便会不救自解。司马承复信说：“江东国朝中兴，一切刚刚草创，谁想到由得宠的大臣萌生叛乱。我以王朝宗室的身份禀受重任，志在以身殉职。不过到任时日尚短，一切尚未理出头绪，足下如果能轻装迅速赶来救援，或许还来得及；如果犹豫迟滞，那么就只有到干鱼铺去找我了。”甘卓未能听从。

元帝征召戴渊、刘隗来建康参与防卫。刘隗到达之时，百官们在道路上迎接，刘隗把头帻掀起露出前额，高谈阔论，意气昂扬。等到入见元帝，和刁协一起劝元帝将王氏宗族尽数诛杀，元帝不同意，刘隗才显露出畏惧的神色。

司空王导率领堂弟中领军王邃、左卫将军王廙、侍中王侃、王彬以及各宗族子弟二十多人，每天清晨到朝廷等候定罪。周顗将要入朝，王导呼唤他说：“周顗，我把王氏宗族一百多人的性命托付给您！”周顗连头也不回，直入朝廷。等到见了元帝，周顗阐说王导忠诚不二，极力为他辩白，元帝听从了他的意见。周顗心中欢喜，以至喝醉了酒。周顗走出宫门，王导还在门外等候，又呼唤周顗，周顗不与他交谈，环顾左右说：“今年杀掉一干乱臣贼子后，能得到斗大的金印，系挂在臂肘之后。”出来以后，又奏上表章，辨明王导无罪，言辞十分妥帖和有力。王导不知道这些事，对周顗深为怨恨。

元帝令人把朝服送还王导，召王导进见。王导跪拜叩首至地，说：“叛臣贼子，哪一个朝代没有，想不到现在会出在臣下宗族之中！”元帝来不及穿鞋，赤脚拉着他的手说：“王茂弘，我正要把朝廷政务交给你，你这是说的什么话！”

三月，任命王导为前锋大都督，授予戴渊骠骑将军。元帝下诏说：“王导为大义灭亲，可以把我任安东将军时的符节交给他。”又任命周顗为尚书左仆射，王邃为尚书右仆射。元帝派王廙去告诉王敦，让他停止叛乱。王敦拒不从命，扣留了王廙，王廙又为王敦效力。征虏将军周札，素来为人阴险，贪图私利。元帝任他为右将军、都督石头地区军务。王敦军队日益临近，元帝让刘隗驻军金城，令周札驻守石头，自己亲自披上甲衣，巡视郊外的军队。又任命甘卓为镇南大将军、侍中、都督荆州、梁州军务，任命陶侃兼领江州刺史职，让他们各自率领所部跟随在王敦军队之后。

王敦到达石头，想攻击刘隗。杜弘向王敦建议说："刘隗手下不怕死的士兵众多，不容易战胜，不如进攻石头。周札对人缺少恩泽，士兵都不愿为他效力，一旦遭攻击必然败走，周札兵败则刘隗自己就会逃走。"王敦采纳了杜弘的意见，任命他为前锋，进攻石头。周札果然打开城门让杜弘入城。王敦占据石头后，感叹地说："我既为叛臣，再也不会做功德盛大的事情了。"谢鲲说："为什么这样呢！只要从今以后，这些事一天天淡忘，也就会一天天从心中消失了。"

元帝令刁协、刘隗、戴渊率领兵众进攻石头，王导和周顗、郭逸、虞潭等分三路出击，刁协等人的军队都大败。太子司马绍听说以后，打算自己率领将士与敌人决战，坐上军车正要出发，中庶子温峤抓住马勒头劝谏说："殿下是国家君位的继承人，怎么能逞一己之快，轻弃天下而不顾！"抽出剑斩断马的鞅带，司马绍这才罢休。

王敦聚集军队，不朝见元帝，放纵士卒劫掠财物，皇宫、朝廷里的人奔逃离散，只有安东将军刘超屯兵不动，当值护卫，以及侍中二人在元帝身边侍奉。元帝脱下军衣，穿上朝服，环顾四周说："王敦想得到我这个地方，应当早说！何至于如此残害百姓！"又派遣使者告诉王敦说："你如果还没有将朝廷置于脑后，那么就此罢兵，天下还可以安然相处。如果不是这样，那么朕将回到琅邪，为贤人让路。"

刁协、刘隗战败以后，都进入宫中，在太极殿东侧阶与元帝相见。元帝拉着刁协、刘隗的手，流泪哭泣，呜咽有声，劝说并命令二人出逃以避灾祸。刁协说："我将守卫到死，不敢有二心。"元帝说："现在事情紧迫了，怎么能不走呢！"于是下令为刁协、刘隗准备随行的人马，让他们自谋生路。刁协年老，难耐骑乘之苦，平素又缺少恩惠，招募随从人员时，大家都推诿不去。刁协出行至江乘，被人所杀，把首级送给王敦。刘隗投奔后赵，在任太子太傅时死去。

元帝命令百官公卿到石头拜见王敦。王敦对戴渊说："前日的交战，还有剩余的力量吗？"戴渊说："岂敢留有余力，只是力量不足罢了！"王敦说："我现在这样的举动，天下人会怎么看？"戴渊说："只看到表象的人说是叛逆，体会诚心的人说是忠贞。"王敦笑着说："您可以称得上会说话了。"王敦又对周顗说："周伯仁，您辜负了我！"周顗说："您依仗武力违背顺上的道德，我亲自统率六军，不能胜任，致使君王的军队战败奔逃，这就是我辜负您的地方！"

辛未（十八日），元帝实行大赦，任命王敦为丞相、都督中外各军、录尚书事、江州牧，赐封武昌郡公，王敦都推辞不受。

元帝任命王敦做丞相

周顗被捕，路经太庙，高声说：“贼臣王敦，颠覆国家社稷，胡乱杀害忠臣，神祇如果显灵，应当快快杀掉他！”捕卒用戟刺伤周顗的嘴，鲜血下流直至脚后跟，但他容颜举止泰然自若，观望的人都因此而落泪。周顗和戴渊都在石头城南门外被杀。

王导后来清理中书省的旧有档案，才见到周顗救护自己的上表，拿着流下了眼泪，说：“我虽没杀周伯仁，伯仁是因我而死，在冥冥之中我有负于这样的好友！”

王敦让西阳王司马羕为太宰，授予王导尚书令，王廙为荆州刺史，改换朝廷官员和各军镇守将领，被降职、免官和迁徙的人数以百计。有时朝令夕改，随心所欲。王敦将要返回武昌，谢鲲对他说：“明公自到京都以来，一直以有病为由不朝见皇上，所以虽然建有功勋，民心其实并未平服。现在如果朝见天子，使得君上和臣民都心情舒畅，那么民心都会心悦诚服的。”王敦说：“你能保证不发生变故吗？”谢鲲回答说：“我近些天入宫觐见皇上，皇上侧席而坐，等待得见主公，宫省之内穆然整肃，必定不会有什么可担忧的。主公如果入朝，我请求充当您的侍从。”王敦发怒变色说：“我正要再杀掉像你这样的数百人，对时局也不会有什么损害！”最终也没有朝见天子便离去。夏季，四月，王敦回到武昌。

当初，宜都内史、天门郡人周级听说谯王司马承起兵，让自己兄长的儿子周该潜入长沙，向司马承效忠。魏乂等人急攻湘州，司马承派周该和从事邵陵人周崎悄悄地外出寻求救兵，都被巡逻部队抓获。魏乂让周崎向城中喊话，说大将军王敦已经攻克建康，甘卓已回军襄阳，外援已经断绝。周崎假装同意，等到了城下，大声呼喊说：“援兵不久就到，努力坚守！”魏乂杀了他。魏乂拷问周该，周该至死不说事情的原委，周级因此免遭祸殃。

魏乂等人攻战日紧，王敦又送来他所得到的朝廷中人的上书和奏疏，令魏傲用箭射入城中晓示司马承。城中军民知道朝廷失守，莫不惆怅惋惜。相持将近百日，刘翼战死，士卒死伤众多，纵横枕藉。癸巳（初十），魏乂拔取长沙城，司马承等人都被俘获。魏乂将要杀死虞悝，虞悝的子弟面对他号啕大哭，虞悝说：“人生该当有一死，现在我满门都是忠义之鬼，又有什么遗憾！”

魏乂用槛车载着司马承和易雄押送去武昌，司马承手下的佐吏大多逃奔离散，只有主簿桓雄、西曹书佐韩阶、从事武延三人，毁去官服，充当僮仆追随司马承，不离左右。魏乂见桓雄姿态容貌、言行举止都与众不同，心内忌惮，因而将他杀害。韩阶、武延持守心志更加坚定。荆州刺史王廙接到王敦的旨意，在半道杀掉了司马承，韩阶、武延为司马承送丧至京都，安葬了他以后才离去。易雄到达武昌，意气慷慨，毫无惧色。王敦派人拿着易雄当初起草的讨罪檄书给他看，数落易雄的罪状，易雄说："确有此事，可惜我职位低微，力量不足，不能挽救国难。今天赴死，本来就是我的心愿。"王敦忌惮他义正辞严，将他释放回家。众人都来称贺，易雄笑着说："王敦怎能容我活下去！"不久王敦派人将易雄暗杀。

王敦得志以后，越发暴虐傲慢，四方贡献的物品大多送入他的府第，将相及地方的文武大员，全都出自他的门下。王敦任用沈充、钱凤为谋主，只对他们二人言听计从，凡被他们谮言诋毁之人无不遇害。又任用诸葛瑶、邓岳、周抚、李恒、谢雍等人为武臣。沈充等人都是凶恶阴险骄恣之徒，大肆建造军营府第，侵占他人田宅，公然拦路抢劫。有识之士都知道他们行将败亡。

祖逖死后，后赵屡屡侵犯黄河以南，拔取襄城、城父，又围攻谯。豫州刺史祖约抵挡不住，退守寿春。后赵于是攻取了陈留，梁州、郑州地区的形势又变得动荡不安。

元帝因忧愤染病，闰月，己丑（初十），元帝驾崩。司空王导接受元帝遗诏辅佐朝政。元帝恭俭有余而明断不足，所以未能恢复大业却在内部发生祸乱。庚寅（十一日），太子司马绍继承帝位，大赦天下，尊奉生母荀氏为建安君。

后赵濮阳景侯张宾故去，后赵王石勒哭吊时十分悲恸，说："是上天不愿让我成就事业吗？为何这么早便夺去了我的右侯！"程遐代替张宾为右长史。程遐是世子石弘的娘舅，石勒每逢与程遐议事，意见有所不合，总要叹息说："右侯舍我而去，却让我和这种人共事，难道不是太残酷了吗！"为此终日流泪。

晋明帝太宁元年（癸未，公元323年）

王敦阴谋篡夺皇位，暗示朝廷征召自己，明帝亲手书写诏书征召他。夏季，四月，授予王敦黄钺和班剑，允许他奏事不必通名，入朝不必趋行，佩剑着履上殿。王敦迁移驻镇姑孰，屯兵于湖。让司空王导任司徒，王敦自任扬州牧。王敦想叛逆篡位，王彬极力苦谏。王敦发怒变脸，用目光示意右右侍从，将要逮捕王彬。王彬容颜凛然地说："您过去杀害兄长，现在又要杀害兄弟吗！"王敦这才罢手，让王彬出任豫章太守。

明帝畏惧王敦的逼迫，想引郗鉴为外援，拜授郗鉴为兖州刺史，都督杨州及长江以西的军务，镇守合肥。王敦忌惮郗鉴，上表要求让郗鉴任尚书令。八月，明帝下诏征召郗鉴回京，中途经过姑孰，王敦与郗鉴议论西晋人物，王敦说："乐广才能有限，考较他的实际作为，哪能胜过满奋呢！"郗鉴说："乐广为人行事的风格是平淡，就连愍帝、怀帝的废弛之政，他都能慢慢纠正。满奋则是节操有损的人，怎能与乐广相比！”王敦说：“在满奋那个时候，潜伏的祸端十分急迫。”郗鉴说：“大丈夫应当将生死置之度外。”王敦厌恶郗鉴的言论，不再与他相见，并把他长期扣留，不让离开。王敦的党羽都劝王敦杀死郗鉴，王敦没有同意。郗鉴回到朝廷后，便和明帝共同商议讨伐王敦的办法。

后赵中山公石虎率领步兵、骑兵共四万人攻击安东将军曹嶷，青州的郡县有不少投降了他，石虎于是进围广固城。曹嶷出城投降，被送到襄国处死。石虎坑杀投降的士众三万人。石虎原想把曹嶷的部众尽数杀死，青州刺史刘徵说：“现今让我留下，为的是统治百姓。没有人怎么统治？我准备回去了！”石虎于是留下男女人等七百多口，配属给刘徵，让他镇守广固城。

当初，前赵主刘曜有长子刘俭，次子刘胤。刘胤年方十岁，身高七尺五寸，汉主刘聪因此惊奇，对刘曜说：“你这个儿子的神气，不是刘俭所能比拟的，应当让他当继承人。”刘曜说：“藩国臣民的继承人，能保守住祖先的祭祀就够了，我不敢破坏长幼的秩序。”刘聪说：“以你的功勋和德行，当会世世代代担任征伐的重任，不是别的臣子所可比拟的，我当会另外封给刘俭一个诸侯国封号。”于是封刘俭为临海王，立刘胤为世子。刘胤长大以后，力气很大，精于箭术，勇猛、迅捷如风。靳准作乱的时候，刘胤隐匿身世，藏身在匈奴族的黑匿郁鞠部。陈安败亡后，刘胤把自己的身世告诉郁鞠，郁鞠大吃一惊，按照相应的礼仪对待，并送他归国。刘曜悲喜交加，对群臣们说：“刘熙虽然成为太子，但年龄幼小，拘谨柔顺，恐怕难以承受现今诸多的艰难。刘胤本来是我的世子，才能气度出众，而且涉历过许多艰难，我想效法周文王立武王和汉光武帝立明帝的做法，为巩固国家政权另外安排刘熙的地位，怎么样？”太傅呼延晏等人都说：“陛下为国家的长远命运考虑，岂止是我们这些臣子有所依仗，实在也是祖先和国民的幸运。”左光禄大夫卜泰、太子太保韩广则进谏说：“陛下如果认为自己在太子废立问题上的看法正确，就不应当再向臣下询问；如果觉得没有把握，当然乐于听到不同的意见。我们私下认为废除当今太子是不对的。往昔周文王选定继承人，是在未立太子之前，所以是可以的；汉光武帝因为太子的生母失去恩宠因而废除太子，哪里值得圣贤的朝廷效法！以往陛下立东海王刘熙为太子，这未必便不如汉光武帝立明帝为太子。刘胤的文才武略的确当世高绝，但太子的孝友仁慈，也足以成为承袭国家太平的贤惠君主。何况太子与百姓和神灵相关联，怎可轻易变动！陛下如果真的想改立太子，我们宁死也不敢遵奉诏令。”刘曜默默无语。刘胤进言说：“父亲对儿子的爱，应当无所偏颇，现在如果废黜刘熙改立我，我怎能心安！陛下只要认为我还可以为国效力，我难道还不能帮助刘熙继承圣业吗？如果一定要让我替代刘熙，我请求立即死在这里，不敢听命。”随之抽泣流泪，哀叹出声。刘曜也因为刘熙是羊皇后所生，不忍心废黜，于是追谥刘胤的生母、前妃卜氏为元悼皇后。

王敦的侄子王允之，正当童年，王敦因他聪明机警，异常宠爱，经常让他跟随自己。王敦有次在夜晚饮酒，王允之以醉酒为由告辞先睡，王敦便和钱凤一起商讨叛乱之事，被王允之原原本本听到。王允之随即在睡卧的地方大吐，衣物、脸面都沾上了污秽。钱凤走后，王敦果然持灯前来察看，见王允之睡卧在呕吐的污物中，便不再有疑心。不久，适逢王允之的父亲王舒升任廷尉，王允之请求归省父亲，便将王敦、钱凤密谋的内容全部告诉了王舒。王舒与王导一块儿禀报皇帝，私下为应付突变做准备。

后赵王石勒让参军樊坦任章武内史，石勒见他衣帽破旧，询问原因。樊坦未加思索，回答说："不久前遭到羯族贼寇的抢劫，财物荡然无存。"石勒笑着说："羯族贼寇竟然这样蛮横无道吗！现在我会偿还给你。"樊坦大为恐惧，流着眼泪叩头陪罪。石勒赐给他车马、衣服及办装费三百万，派遣他上任。

第九十三卷 晋纪十五

译文诵读

肃宗明皇帝下太宁二年（甲申，324）

成主雄，后任氏无子，有妾子十余人，雄立其兄荡之子班为太子，使任后母之。群臣请立诸子，雄曰：“吾兄，先帝之嫡统，有奇材大功，事垂克而早世，朕常悼之。且班仁孝好学，必能负荷先烈。”太傅骧、司徒王达谏曰：“先王立嗣必子者，所以明定分而防篡夺也。宋宣公、吴余祭，足以观矣！”雄不听。骧退而流涕曰：“乱自此始矣！”班为人谦恭下士，动遵礼法，雄每有大议，辄令豫之。

夏，五月，甲申，张茂疾病，执世子骏手泣曰：“吾家世以孝友忠顺著称，今虽天下大乱，汝奉承之，不可失也。”且下令曰：“吾官非王命，苟以集事，岂敢荣之！死之日，当以白帢入棺，勿以朝服敛。”是日，薨。愍帝使者史淑在姑臧，左长史氾祎、右长史马谟等使淑拜骏大将军、凉州牧、西平公，赦其境内。前赵主曜遣使赠茂太宰，谥曰成烈王；拜骏上大将军、凉州牧、凉王。

王敦疾甚，矫诏拜王应为武卫将军以自副，以王含为骠骑大将军、开府仪同三司。钱凤谓敦曰：“脱有不讳，便当以后事付应邪？”敦曰：“非常之事，非常人所能为。且应年少，岂堪大事！我死之后，莫若释兵散众，归身朝廷，保全门户，上计也；退还武昌，收兵自守，贡献不废，中计也；及吾尚存，悉众而下，万一侥幸，下计也。”凤谓其党曰：“公之下计，乃上策也。”遂与沈充定谋，俟敦死，即作乱。又以宿卫尚多，奏令三番休二。

帝将讨敦，以问光禄勋应詹，詹劝成之，帝意遂决。丁卯，加司徒导大都督、领扬州刺史，以温峤都督东安北部诸军事，与右将军卞敦守石头，应詹为护军将军、都督前锋及朱雀桥南诸军事，郗鉴行卫将军、都督从驾诸军事，庾亮领左卫将军，以吏部尚书卞壸行中军将军。郗鉴以为军号无益事实，固辞不受；请召临淮太守苏峻、兖州刺史刘遐同讨敦。诏征峻、遐及徐州刺史王邃、豫州刺史祖约、广陵太守陶瞻等入卫京师。帝屯于中堂。

司徒导闻敦疾笃，帅子弟为敦发哀，众以为敦信死，咸有奋志。于是尚书腾诏下敦府，列敦罪恶曰：“敦辄立兄息以自承代，未有宰相继体而不由王命者也。顽凶相奖，无所顾忌；志骋凶丑，以窥神器。天不长奸，敦以陨毙；凤承凶宄，弥复煽逆。今遣司徒导等虎旅三万，十道并进，平西将军邃等精锐三万，水陆齐势；朕亲统诸军，讨凤之罪。有能杀凤送首，封五千户侯。诸文武为敦所授用者，一无所问，无或猜嫌，以取诛灭。敦之将士，从敦弥年，违离家室，朕甚愍之。其单丁在军，皆遣归家，终身不调；其余皆与假三年；休讫还台，当与宿卫同例三番。”

帝帅诸军出屯南皇堂。癸酉夜，募壮士，遣将军段秀、中军司马曹浑等帅甲卒千人渡水，掩其未备。平旦，战于越城，大破之，斩其前锋将何康。秀，匹磾之弟也。

敦闻含败，大怒曰：“我兄，老婢耳；门户衰，世事去矣！”顾谓参军吕宝曰：“我当力行。”因作势而起，困乏，复卧。乃谓其舅少府羊鉴及王应曰：“我死，应便即位，先立朝廷百官，然后营葬事。”敦寻卒，应秘不发丧，裹尸以席，蜡涂其外，埋于厅事中，与诸葛瑶等日夜纵酒淫乐。

丁亥，刘遐、苏峻等帅精卒万人至，帝夜见，劳之，赐将士各有差。沈充、钱凤欲因北军初到疲困，击之，乙未夜，充、凤从竹格渚渡淮。护军将军应詹、建威将军赵胤等拒战，不利，充、凤至宣阳门，拔栅，将战，刘遐、苏峻自南塘横击，大破之，赴水死者三千人。遐又破沈充于青溪。寻阳太守周光闻敦举兵，帅千余人来赴。既至，求见敦。王应辞以疾。光退曰：“今我远来而不得见，公其死乎！”遽见其兄抚曰：“王公已死，兄何为与钱凤作贼！”众皆愕然。

丙申，王含等烧营夜遁。丁酉，帝还宫，大赦，惟敦党不原。

王含欲奔荆州，王应曰：“不如江州。”含曰：“大将军平素与江州云何，而欲归之？”应曰：“此乃所以宜归也。江州当人强盛时，能立同异，此非常人所及；今睹困厄，必有愍恻之心。荆州守文，岂能意外行事邪！”含不从，遂奔荆州。王舒遣军迎之，沈含父子于江。王彬闻应当来，密具舟以待之；不至，深以为恨。钱凤走至阖庐洲，周光斩之，诣阙自赎。沈充走失道，误入故将吴儒家。儒诱充内重壁中，因笑谓充曰：“三千户侯矣！”充曰：“尔以义存我，我家必厚报汝；若以利杀我，我死，汝族灭矣。”儒遂杀之，传首建康。敦党悉平。充子劲当坐诛，乡人钱举匿之，得免。其后，劲竟灭吴氏。

有司奏：“王彬等敦之亲族，皆当除名。”诏曰：“司徒导以大义灭亲，犹将百世宥之，况彬等皆公之近亲乎！”悉无所问。

冬，十月，以司徒导为太保、领司徒，加殊礼，西阳王羕领太尉，应詹为江州刺史，刘遐为徐州刺史，代王邃镇淮阴，苏峻为历阳内史，加庾亮护军将军，温峤前将军。导固辞不受。应詹至江州，吏民未安，詹抚而怀之，莫不悦服。

三年（乙酉，325）

五月，以陶侃为征西大将军、都督荆、湘、雍、梁四州诸军事、荆州刺史，荆州士女相庆。侃性聪敏恭勤，终日敛膝危坐，军府众事，检摄无遗，未尝少闲。

常语人曰："大禹圣人，乃惜寸阴，至于众人，当惜分阴。岂可但逸游荒醉，生无益于时，死无闻于后，是自弃也！"诸参佐或以谈戏废事者，命取其酒器、蒱博之具，悉投之于江，将吏则加鞭扑，曰："樗蒱者，牧猪奴戏耳！老、庄浮华，非先王之法言，不益实用。君子当正其威仪，何有蓬头、跣足，自谓宏达邪！"有奉馈者，必问其所由，若力作所致，虽微必喜，慰赐参倍；若非理得之，则切厉诃辱，还其所馈。尝出游，见人持一把未熟稻，侃问："用此何为？"人云："行道所见，聊取之耳。"侃大怒曰："汝既不佃，而戏贼人稻！"执而鞭之。是以百姓勤于农作，家给人足。尝造船，其木屑竹头，侃皆令籍而掌之，人咸不解所以。后正会，积雪始晴，厅事前余雪犹湿，乃以木屑布地。及桓温伐蜀，又以侃所贮竹头作丁装船。其综理微密，皆此类也。

右卫将军虞胤，元敬皇后之弟也，与左卫将军南顿王宗俱为帝所亲任，典禁兵，直殿内，多聚勇士以为羽翼；王导、庾亮皆忌之，颇以为言，帝待之愈厚，宫门管钥，皆以委之。帝寝疾，亮夜有所表，从宗求钥；宗不与，叱亮使曰："此汝家门户邪！"亮益忿之。及帝疾笃，不欲见人，群臣无得进者。亮疑宗、胤及宗兄西阳王羕有异谋，排闼入升御床，见帝流涕，言羕与宗等谋废大臣，自求辅政，请黜之；帝不纳。壬午，帝引太宰羕、司徒导、尚书令卞壶、车骑将军郗鉴、护军将军庾亮、领军将军陆晔、丹杨尹温峤，并受遗诏辅太子，更入殿将兵直宿；复拜壶右将军，亮中书令，晔录尚书事。丁亥，降遗诏；戊子，帝崩。帝明敏有机断，故能以弱制强，诛翦逆臣，克复大业。

己丑，太子即皇帝位，生五年矣。群臣进玺，司徒导以疾不至。卞壶正色于朝曰："王公岂社稷之臣邪！大行在殡，嗣皇未立，宁是人臣辞疾之时也！"导闻之。舆疾而至。大赦，增文武位二等，尊庾后为皇太后。

显宗成皇帝上之上咸和元年（丙戌，326）

三月，后赵王勒夜微行，检察诸营卫，赍金帛以赂门者，求出。永昌门候王假欲收捕之，从者至，乃止。旦，召假，以为振忠都尉，爵关内侯。勒召记室参军徐光，光醉不至，黜为牙门。光侍直，有愠色，勒怒，并其妻子囚之。

初，王导辅政，以宽和得众。及庾亮用事，任法裁物，颇失人心。豫州刺史祖约，自以名辈不后郗、卞，而不豫顾命，又望开府复不得，及诸表请多不见许，遂怀怨望。及遗诏褒进大臣，又不及约与陶侃，二人皆疑庾亮删之。历阳内史苏峻，有功于国，威望渐著，有锐卒万人，器械甚精，朝廷以江外寄之；而峻颇怀骄溢，有轻朝廷之志，招纳亡命，众力日多，皆仰食县官，运漕相属，稍不如意，辄肆忿言。亮既疑峻、约，又畏侃之得众，八月，以丹杨尹温峤为都督江州诸军事、江州刺史，镇武昌；尚书仆射王舒为会稽内史，以广声援；又修石头以备之。

南顿王宗自以失职怨望，又素与苏峻善；庾亮欲诛之，宗亦欲废执政。御史中丞钟雅劾宗谋反，亮使右卫将军赵胤收之。宗以兵拒战，为胤所杀，贬其族为马氏，三子绰、超、演皆废为庶人。免太宰西阳王羕，降封弋阳县王，大宗正虞胤左迁桂阳太守。宗，宗室近属；羕，先帝保傅，亮一旦翦黜，由是愈失远近之心。宗党卞阐亡奔苏峻，亮符峻送阐，峻保匿不与。宗之死也，帝不之知，久之，帝问亮曰："常日白头公保在？"亮对以谋反伏诛。帝泣曰："舅言人作贼，便杀之；人言舅作贼，当如何？"亮惧，变色。

十一月，后赵石聪攻寿春，祖约屡表请救，朝廷不为出兵。聪遂寇逡遒、阜陵，杀掠五千余人。建康大震，诏加司徒导大司马、假黄钺、都督中外诸军事以御之，军于江宁。苏峻遣其将韩晃击石聪，走之；导解大司马。朝议又欲作涂塘以遏胡寇，祖约曰："是弃我也！"益怀愤恚。

二年（丁亥，327）

庾亮以苏骏在历阳，终为祸乱，欲下诏征之；访于司徒导，导曰："峻猜险，必不奉诏，不若且苞容之。"亮言于朝曰："峻狼子野心，终必为乱。今日征之，纵不顺命，为祸犹浅；若复经年，不可复制，犹七国之于汉也。"朝臣无敢难者，独光禄大夫卞壸争之曰："峻拥强兵，逼近京邑，路不终朝，一旦有变，易为蹉跌，宜深思之！"亮不从。壸知必败，与温峤书曰："元规召峻意定，此国之大事。峻已出狂意，而召之，是更速其祸也，必纵毒蠚以向朝廷。朝廷威力虽盛，不知果可擒不；王公亦同此情。吾与之争甚恳切，不能如之何。本出足下以为外援，而今更恨足下在外，不得相与共谏止之，或当相从耳。"峤亦累书止亮。举朝以为不可，亮皆不听。

峻闻之，遣司马何仍诣亮曰："讨贼外任，远近惟命，至于内辅，实非所堪。"亮不许，召北中郎将郭默为后将军、领屯骑校尉，司徒右长史庾冰为吴国内史，皆将兵以备峻。冰，亮之弟也。于是下优诏，征峻为大司农，加散骑常侍，位特进，以弟逸代领部曲。峻上表曰："昔明皇帝亲执臣手，使臣北讨胡寇。今中原未靖，臣何敢即安！乞补青州界一荒郡，以展鹰犬之用。"复不许。峻严装将赴召，犹豫未决。参军任让谓峻曰："将军求处荒郡而不见许，事势如此，恐无生路，不如勒兵自守。"阜陵令匡术亦劝峻反，峻遂不应命。

温峤闻之，即欲帅众下卫建康，三吴亦欲起义兵；亮并不听，而报峤书曰："吾忧西陲，过于历阳，足下无过雷池一步也。"朝廷遣使谕峻，峻曰："台下云我欲反，岂得活邪！我宁山头望廷尉，不能廷尉望山头。往者国家危如累卵，非我不济；狡兔既死，猎犬宜烹。但当死报造谋者耳！"

峻知祖约怨朝廷，乃遣参军徐会推崇约，请共讨庾亮。约大喜，其从子智、衍并劝成之。谯国内史桓宣谓智曰："本以强胡未灭，将戮力讨之。使君若欲为雄霸，何不助国讨峻，则威名自举。今乃与峻俱反，此安得久乎！"智不从。宣诣约请见，约知其欲谏，拒而不内。宣遂绝约，不与之同。十一月，约遣兄子沛内史涣、女婿淮南太守许柳以兵会峻。逖妻，柳之姊也，固谏不从。诏复以卞壸为尚书令、领右卫将军，以郐稽内史王舒行扬州刺史事，吴兴太守虞潭督三吴等诸郡军事。

尚书左丞孔坦、司徒司马丹杨陶回言于王导，请“及峻未至，急断阜陵，守江西当利诸口，彼少我众，一战决矣。若峻未来，可往逼其城。今不先往，峻必先至，峻至则人心危骇，难与战矣。此时不可失也。”导然之，庾亮不从。十二月，辛亥，苏峻使其将韩晃、张健等袭陷姑孰，取盐米，亮方悔之。

宣城内史桓彝欲起兵以赴朝廷，其长史裨惠以郡兵寡弱，山民易扰，谓宜且按甲以待之。彝厉色曰：“‘见无礼于其君者，若鹰鹯之逐鸟雀。’今社稷危逼，义无宴安。”辛未，彝进屯芜湖。韩晃击破之，因进攻宣城，彝退保广德，晃大掠诸县而还，徐州刺史郗鉴欲帅所领赴难，诏以北寇，不许。

晋明帝太宁二年（甲申，公元324年）

成汉主李雄的皇后任氏无子，妾妃所生的儿子有十多人。李雄册立自己兄长李荡的儿子李班为太子，让任后做他的养母。群臣请求在妾妃所生的子嗣中选立太子，李雄说：“我的兄长是先帝的嫡亲后裔，具有奇才和大功，当帝业即将成功时英年早逝，朕时常悼念他。况且李班仁孝好学，一定会继承祖先的功业。”太傅李骧、司徒王达劝谏说：“先王们之所以必定从自己的儿子中选立继承人，为的是彰明固定不变的分位，防止篡权夺位。看宋宣公和吴国余祭的先例，就足以让今人知晓。”李雄不听。李骧退下后流着眼泪说：“祸乱由此发端了。”李班为人谦恭下士，行动遵循礼法，李雄只要有重大决策，总是让他参与。

夏季，五月，甲申（十四日），张茂病重，拉着世子张骏的手哭泣说：“我家世代以孝友忠顺著称于世，如今虽然天下大乱，但你必须继承家族遗风，不可或失。”并且下令说：“我的官职本非朝廷任命，为顺应事变而苟且自任，怎能以此为荣！我死的时候，应当戴着白色便帽入棺，不要用朝服殡殓。”这天，张茂故去。愍帝时的使者史淑留居在姑臧，左长史氾祎、右长史马谟等让史淑授予张骏大将军、凉州牧、西平公，赦免境内罪犯。前赵主刘曜派遣使者赠给张茂太宰的名号，谥号为成烈王；授张骏为上大将军、凉州牧、凉王。

王敦病情加剧，矫称诏令任命王应为武卫将军，做自己的副职，任命王含为骠骑大将军、开府仪同三司。钱凤对王敦说：“倘若您有不幸，是否将把身后之事托付王应？”王敦说：“非常之事，不是平常的人所能够胜任的。何况王应年轻，哪能承担大事！我死以后，不如放下武器、遣散兵众，归顺朝廷，以保全宗族门户，这是上策；退回到武昌，集中军队谨慎自守，给朝廷贡献的物品无所缺废，这是中策；乘我还活着的时候，发遣所有的兵力攻打京城，寄希望于侥幸取胜，这是下策。”钱凤对其党羽说：“王公所谓下策，其实正是上策。”于是与沈充谋议商定，等王敦一死便作乱。又认为宿卫士卒太多，奏令停值三分之二。

明帝将要征讨王敦，就此事征询光禄勋应詹的意见，应詹表示赞同，明帝于是坚定了决心。丁卯（六月二十七日），授予司徒王导大都督、兼领扬州刺史，任命温峤都督东安北部诸军事，和右将军卞敦同守石头；任应詹为护军将军、都督前锋及朱雀桥南诸军事；任郗鉴行卫将军都督扈从御驾诸军事。又让庾亮领左卫将军职，让吏部尚书卞壶任行中军将军职。郗鉴认为有军制上的名号于实际情况无益，坚持辞谢不受，请求征召临淮太守苏峻、兖州刺史刘遐共同讨伐王敦。明帝于是下诏征召苏峻、刘遐以及徐州刺史王邃、豫州刺史祖约、广陵太守陶瞻等入京师护卫。明帝屯军于中堂之地。

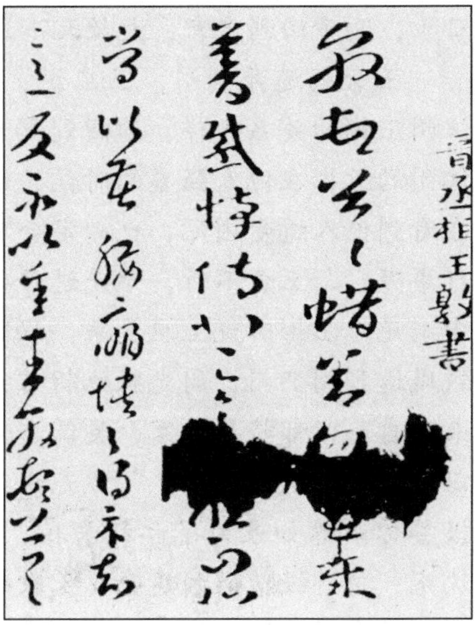

王敦蜡节帖

司徒王导听说王敦重病不治，便带领王氏子弟为王敦发丧，大家以为王敦确实死了，都有奋战的士气。于是尚书传送诏令到王敦的幕府，罗列王敦的罪恶说："王敦专断地扶立兄长的儿子继承自己，从来没有宰相的继承人却不由君王任命的。这真是凶顽之徒相互奖掖，无所顾忌；志向凶残丑恶，窥视国家政权。幸好上天不让奸恶之人长寿，王敦因而毙命；钱凤既已奉承奸凶之人，又再煽动作乱，现在派遣司徒王导等率领猛虎般的军队三万人，诸路并进；平西将军王邃等率精兵三万，水陆齐发；朕亲自统领各路大军，讨伐钱凤的罪恶。有谁能够杀死钱凤将首级送来，封为五千户侯。各文武官员即使是由王敦任用的，朕也一概不加过问，你们不要心存猜忌和隔阂，以至于自取诛灭。王敦的将士们跟随王敦多年，远离家室，朕非常怜悯。凡是独生子从军的，都遣返回家，终身不再征用。其余的人都给假三年。休假期满回到朝廷后，都将与宿卫的士卒一样，按三分之二的比例轮休。"

明帝统领各军出城屯驻南皇堂。癸酉（初三）夜间，招募勇士，派将军段秀、中军司马曹浑等率领甲士千人渡秦淮河，攻其不备。清晨，在越城与敌交战，大胜，斩杀其前锋将领何康。段秀即段匹磾的兄弟。

王敦听说王含战败，勃然大怒说："我这个兄长只是个老奴婢，门户衰落，大事完了！"回头对参军吕宝说："我要尽力起行，"随即用力起来，因气力困乏，只好又躺下。于是对自己的舅父、少府羊鉴和王应说："我死后王应立即即帝位，先设立朝廷百官，然后再安排葬事。"王敦不久即死，王应隐瞒不公布死讯，用席子包裹尸身，外面涂蜡，埋在议事厅中，和诸葛瑶等人日夜纵酒淫乐。

丁亥（十七日），刘遐、苏峻等率领精兵万人到达建康，明帝夜间召见并犒劳他们，将士们各按等秩均有赏赐。沈充、钱凤想乘着北方军队刚到疲困之机进行攻击，乙未（二十五日）夜，沈充、钱凤从竹格渚渡过秦淮河，护军将军应詹、建威将军赵胤等人抵抗失利，沈充和钱凤攻至宣阳门，拔除防御栅栏，正要攻占，刘遐、苏峻从南塘侧面攻击，重创沈充、钱凤军队，渡河溺死的达三千多人。刘遐后来又在青溪战败沈充。寻阳太守周光听说王敦起兵，率一千多人赶来，到达后求见王敦，被王应以病重为名拒绝。周光退下后说："现在我远道而来却见不到王敦，他大概已经死了吧！"急忙会见其兄长周抚，说："王公已经死了，你何必和钱凤同做叛贼！"众人都很惊愕。

丙申（七月二十六日），王含等人烧毁营帐，连夜遁逃。丁酉（七月二十七日），明帝回到皇宫，大赦天下罪犯，惟有王敦的党羽不在赦宥之列。

王含想逃奔荆州，王应说："不如去江州。"王含说："大将军王敦以往与江州王彬的关系怎样，你想到那儿去？"王应说："这是因为到那里合适的原因。江州的王彬在他人强盛的时候，敢于坚持不同立场，这不是一般人能比得上的；现在看到他人遭受困厄，也必定会有恻隐之心。荆州的王舒循规蹈矩，哪能超出常规行事呢！"王含不听，于是逃奔荆州。王舒派军队相迎，将王含、王应父子沉入江中溺死。王彬听说王应要来，秘密准备小船等候。王应没来，王彬为此深感遗憾。钱凤逃到阖庐州，周光将他斩首，自己赴朝廷请求赎罪。沈充逃跑时迷路，错误地来到自己旧部将吴儒家，吴儒诱使沈充进入墙中夹层，于是笑着对沈充说："我可以被封为三千户侯了！"沈充说："你如果顾及往日情义保全我，我家必定会从厚报答你。你如果为了私利杀我，我死以后，你的家族也将灭绝。"吴儒于是杀死沈充，把首级传送到建康。王敦的党徒至此全部平定。沈充的儿子沈劲应当连坐受诛，同乡钱举把他藏匿起来，因此幸免。后来，沈劲终于灭绝了吴氏全族。

有关部门奏报说："王敦的亲族王彬等人，都应当去职除名。"明帝下诏说："司徒王导大义灭亲，尚且将世代宽宥他与王敦的兄弟身份，何况王彬等都是王导的近亲呢！"于是全部不加查问。

冬季，十月，任司徒王导为太保，兼领司徒职，以特殊礼仪相待。令西阳王司马羕兼领太尉职，任应詹为江州刺史，任刘遐为徐州刺史，代替王邃镇守淮阴，任苏峻为历阳内史，授予庾亮护军将军，温峤前将军。王导坚辞不受封职。应詹到江州后，官吏百姓不安定，应詹抚慰怀柔，众人莫不悦服。

三年（乙酉，公元325年）

五月，朝廷任命陶侃为征西大将军，都督荆、湘、雍、梁四州军事、荆州刺史，荆州的男女百姓交相庆贺。陶侃性情聪明敏锐、恭敬勤奋，整日盘膝正襟危坐，对军府中众多事务检视督察，无所遗漏，没有一刻闲暇。他常常对人说："大禹这样的圣人，尚且珍惜每寸光阴，至于一般人，应当珍惜每分光阴。怎能只求逸游沉醉，活着对时世毫无贡献，死后默默无闻，这是自暴自弃！"众多参佐幕僚中有的因谈笑博戏荒废正务，陶侃命人收取他们的酒具和蒱博用器，全都投弃江中，将吏们则加以鞭责，说：“樗蒱这种游戏不过是放猪的奴仆们玩的！老子、庄子崇尚浮华，并非是先王可以作典则的言论，不利于实用。君子应当威仪整肃，怎能蓬头、光足，却自以为宏达呢！”有人奉献馈赠，陶侃一定要询问来路，如果是靠自己的劳作所得，即使价值微薄也一定喜欢，慰勉还赐的物品超出三倍。如果不是正道所得，则严辞厉色呵斥羞辱，拒绝不受。有一次陶侃出游，看见有人手持一把未成熟的稻子，陶侃问：“你拿来干什么？”那人说：“走路时看到的，随便摘下来而已。”陶侃大怒，说：“你既然不亲自劳作，却随便毁坏他人的稻子拿来玩！”随即抓住此人鞭打。因此百姓辛勤耕作，家资不缺，人人丰足。陶侃曾经造船，剩下的木屑和竹头，都令人登录并且掌管，大家都不明白为什么。后来元旦时官员集会，正逢积雪后开始放晴，厅堂前面残留的雪仍然潮湿，于是用木屑铺洒在地上。等到桓温攻伐蜀地时，又用陶侃所贮存的竹头作榫钉装配船只。陶侃治理事务的仔细和缜密，全都是这样的。

右卫将军虞胤，是元帝元敬皇后的兄弟，与左卫将军、南顿王司马宗都是明帝宠信的人，执掌禁兵，在宫殿内当值，招纳许多勇士为自己的羽翼。王导、庾亮都忌惮他们，经常为此向明帝进言，明帝对他们却更加厚待，宫门的锁钥，都交给他们掌管。明帝病重卧床，庾亮夜间有上表呈送，到司马宗那里要钥匙，司马宗不给，叱骂庾亮派来的人说：“这里是你家的门户吗？”庾亮更加怨怒。等到明帝病重，不想见人，大臣们无人能进见。庾亮怀疑司马宗、虞胤以及司马宗兄长西阳王司马羕另有图谋，推门进宫登上御床，见到明帝时流着眼泪，述说司马羕和司马宗等人谋议废黜大臣，自己请求辅佐朝廷，要求废黜他们，明帝未采纳。壬午（七月十九日），明帝延请太宰司马羕、司徒王导、尚书令卞壸、车骑将军郗鉴、护军将军庾亮、领军将军陆晔、丹杨尹温峤，共同奉受遗诏辅佐太子，轮番入殿领兵当值宿卫。又授予卞壶为右将军，庾亮为中书令，陆晔录尚书事。丁亥（七月二十四日），颁布遗诏，戊子（七月二十五日），明帝驾崩。明帝明智敏捷，遇事有决断，所以能以弱制强，诛灭逆臣，光复国家大业。

己丑（七月二十六日），皇太子即帝位，时年五岁。群臣进献国玺，司徒王导因病未到。卞壶在朝上表情端庄严肃地说：“王公难道不是关系国家安危的大臣吗！先帝停柩未葬，继位的皇帝未立，这难道是臣子以有病为由辞谢不到的时候吗！”王导听说后，抱病登车赶到。大赦天下，提升文武官员二级职位，尊庾皇后为皇太后。

晋成帝咸和元年（丙戌，公元326年）

三月，后赵王石勒夜间微服出行，检视察看各营帐守卫，他拿着金帛去送给守门人，请求出门。永昌门守令王假要拘捕他，因随从人员到来才停手。清晨，石勒召见王假，任命他为振忠都尉，赐给关内侯的爵位。石勒召见记室参军徐光，徐光因酒醉未到，被贬职为牙门。徐光当值侍卫时，面带怨怒的容色，石勒发怒，将他连同妻子儿女一起囚禁起来。

当初，王导辅佐朝政，因宽和赢得人心。等到庾亮主持政事，依法断事，颇失人心。豫州刺史祖约，自认为名望和年辈都不比郗鉴、卞壸差，却未能参与明帝遗命，又希望能得开府之号，也未能实现，再加上许多上表辞请大多不获允准，于是心怀怨恨。等到明帝遗诏褒扬和提拔大臣，又没有祖约和陶侃，二人都怀疑是庾亮删除己名。历阳内史苏峻，对国家有功，威望日渐显赫，拥有精兵万人，军械很精良，朝廷把长江以外地区交付给他治理。但苏峻颇有骄纵之心，轻视朝廷，招纳亡命徒，人数日渐增多，都靠国家供给生活物资，陆运、水运络绎不绝，稍不如意，就肆无忌惮地斥骂。庾亮既怀疑苏峻、祖约的忠诚，又惧怕陶侃的深得人心，八月，任命丹杨尹温峤为都督江州诸军事、江州刺史，镇守武昌。任尚书仆射王舒为会稽内史，用以扩大声援。又修石头城防备他们。

南顿王司马宗自认为不该丢失官职，心怀怨恨，平素又与苏峻交好，庾亮想杀他，司马宗也想废黜庾亮，自己执政。御史中丞钟雅弹劾司马宗谋反，庾亮派右卫将军赵胤拘捕司马宗。司马宗领兵抵抗，被赵胤所杀，家族被贬黜改姓马氏，三个儿子司马绰、司马超和司马演，都被贬为庶人。又免除西阳王司马羕太宰职务，降低封爵为弋阳县王，大宗正虞胤被降职为桂阳太守。司马宗是皇室近亲，司马羕则是先帝的太保、太傅，庾亮轻易地杀戮和废黜他们，由此更加失去众人之心。司马宗党羽卞阐逃奔苏峻，庾亮发下朝廷符令让苏峻把卞阐送来，苏峻藏匿保护，不交给朝廷。司马宗之死，成帝不知道，过了许久，成帝问庾亮说："往常的那个白头公在什么地方？"庾亮回答说因谋反已经伏诛。成帝哭泣着说："舅父说他人是叛贼，就轻易地杀了他。如果别人说舅父是叛贼，该怎么办？"庾亮恐惧变色。

十一月，后赵石聪进攻寿春，祖约屡次上表请求救援，朝廷不出兵。石聪便侵犯逡道、阜陵，杀死、掠夺五千多人。建康为此大为震惊，朝廷下诏授司徒王导大司马、假黄钺、都督中外诸军事来抵御石聪，驻军在江宁。苏峻派部将韩晃进击石聪，将他赶走，王导解除大司马职务。朝廷议论又想兴修涂塘，用以阻遏胡夷寇掠，祖约说："这是弃我不顾！"更加心怀愤恚。

二年（丁亥，公元327年）

庾亮认为苏峻在历阳，终将造成祸乱，想下诏征召他进京，为此征询王导的意见。王导说："苏峻猜疑阴险，必定不会奉诏前来，不如暂且容忍他。"庾亮在朝中说："苏峻狼子野心，最终必会作乱。今天征召他，纵然他不听从上命，造成的祸乱也还不大。如果再过些年，就无法再制服他，这就如同汉时的七国对朝廷一样。"朝臣无人敢诘难，只有光禄大夫卞壶争辩说："苏峻拥有强大的军力，又靠近京城，路途用不了一个早上便可到达，一旦发生变乱，容易出差错，应当深思熟虑。"庾亮不听。卞壶知道庾亮必会失败，写信给温峤说："庾亮征召苏峻的主意已定，这是国家的大事。苏峻已表现出骄狂的样子，如果征召他，这是加速祸乱的到来，他必定会挺起毒刺面对朝廷。朝廷的威力虽然强盛，但不知道果真能擒获他否，王导也同有此意。我与庾亮争辩十分恳切，但不能拿他怎么样。我本来想让足下在外任官作为外援，现在反而恨足下在外，不能与你一同谏止他，我或许会追从你的。”温峤也多次写信劝阻庾亮。满朝大臣都认为此事不可，庾亮全然不听。

苏峻听说此事，派司马何仍见庾亮，说：“征讨贼寇，在外任职，无论远近我都唯命是从。至于在朝内辅政，实在不是我能胜任的。”庾亮不允许，征召北中郎将郭默为后将军、兼领屯骑校尉，任司徒右长史庾冰为吴国内史，都统领军队防备苏峻。庾冰即庾亮的兄弟。于是颁下礼遇优厚的诏书，征召苏峻为大司农、授予散骑常侍，赐位特进。让苏峻兄弟苏逸代领属下部曲。苏峻上表说：“昔日明皇帝拉着下臣之手，让我北伐胡寇。如今中原尚未平定，我怎敢贪图安逸！乞求给我青州界内的一个荒远州郡，让我得以施展朝廷鹰犬的作用。”又不获同意。苏峻整装准备赴召，但又犹豫不决。参军任让对苏峻说：“将军您请求处居荒郡都不获允许，事情已发展到这样，恐怕已无生路，不如领兵自守。”阜陵令匡术也劝苏峻造反，苏峻便不应从诏令。

温峤听说此事，立即想率士众下赴建康防卫，三吴之地也想出动义兵，庾亮都不同意。却写信告诉温峤说：“我对西陲安危的忧虑，要超过对历阳苏峻的忧虑，足下不要越过雷池一步。”朝廷派使者面谕苏峻，苏峻说：“朝廷大臣说我要造反，我哪有活命呢！我宁肯由山头观望廷尉，不能由廷尉回望山头。以住国家危如累卵，无我不行。现在狡兔已死，猎犬就该烹食了。但我就是死也要向出谋者报仇！”

苏峻知道祖约怨恨朝廷，于是派参军徐会拥戴祖约，请求共同讨伐庾亮。祖约大为高兴，侄子祖智、祖衍也一同劝说促成。谯国内史桓宣对祖智说：“本来因为强大的胡寇未灭，准备同心合力征讨。使君如果想成就雄霸的功业，为何不帮助国家讨伐苏峻，这样威名自然确立。现在却和苏峻一同谋反，这哪能长久呢！”祖智不听。桓宣到祖约处求见，祖约知道他想劝谏，拒而不见。桓宣于是与祖约断绝关系，不和他同流合污。十一月，祖约派兄长之子、沛内史祖涣，女婿、淮南太守许柳带兵与苏峻会合。祖逖的妻子是许柳的姐姐，一再劝谏，祖约不听。朝廷下诏重新任命卞壸为尚书令、兼领右卫将军，让会稽内史王舒代行扬州刺史职务，吴兴太守虞潭督察三吴等郡的军事。

尚书左丞孔坦、司徒司马丹杨人陶回向王导进言，请求：“乘苏峻未到之时，急速截断阜陵的通路，把守长江以西当利等路口，敌寡我众，一战即可决胜。如果苏峻还未到，可以进军威逼其城。如果现在不先行前往，苏峻必会先行到达，苏峻一旦到达，那么人心危惧惊骇，就难以与他交战了。这种时机不能失去。”王导认为很对，庾亮却不听从。十二月，辛亥（初一），苏峻派部将韩晃、张健等人攻陷姑孰，夺取食盐粮米，庾亮这才后悔。

宣城内史桓彝想起兵赴朝廷之难，他的长史裨惠认为郡内兵员既少且弱，山地居民经常骚扰，应当暂且按兵不动等待时机。桓彝脸色严厉地说：“‘见到对君王无礼的人，要像鹰追逐鸟雀一样对待他。’现在国家危急紧迫，按道义不能安处。”辛未（十二月二十一日），桓彝进兵屯驻芜湖。韩晃击败桓彝，乘势进攻宣城。桓彝退走保守广德，韩晃大肆劫掠各县，然后还军。徐州刺史郗鉴想率领所部赴国难，朝廷下诏以北边寇贼不宁为由，不同意。

第九十四卷 晋纪十六

译文诵读

显宗成皇帝上之下咸和三年（戊子，328）

丁未，苏峻帅祖涣、许柳等众二万人，济自横江，登牛渚，军于陵口。台兵御之，屡败。二月，庚戌，峻至蒋陵覆舟山。陶回谓庾亮曰："峻知石头有重戍，不敢直下，必向小丹杨南道步来；宜伏兵邀之，可一战擒也。"亮不从。峻果自小丹杨来，迷失道，夜行，无复部分。亮闻，乃悔之。

诏以卞壶都督大桁东诸军事，与侍中钟雅帅郭默、赵胤等军及峻战于西陵。壶等大败，死伤以千数。丙辰，峻攻青溪栅；卞壶率诸军拒击，不能禁。峻因风纵火，烧台省及诸营寺署，一时荡尽。壶背痈新愈，创犹未合，力疾帅左右苦战而死；二子眕、盱随父后，亦赴敌而死。其母抚尸哭曰："父为忠臣，子为孝子，夫何恨乎！"

丹杨尹羊曼勒兵守云龙门，与黄门侍郎周导、庐江太守陶瞻皆战死。庾亮帅众将陈于宣阳门内，未及成列，士众皆弃甲走，亮与弟怿、条、翼及郭默、赵胤俱奔寻阳。将行，顾谓钟雅曰："后事深以相委。"雅曰："栋折榱崩，谁之咎也！"亮曰："今日之事，不容复言。"亮乘小船，乱兵相剥掠；亮左右射贼，误中柁工，应弦而倒。船上咸失色欲散，亮不动，徐曰："此手何可使著贼！"众乃安。

丁巳，峻称诏大赦，惟庾亮兄弟不在原例。以王导有德望，犹使以本官居己之右。祖约为侍中、太尉、尚书令，峻自为骠骑将军、录尚书事，许柳为丹杨尹，马雄为左卫将军，祖涣为骁骑将军。弋阳王羕诣峻，称述峻功，峻复以羕为西阳王、太宰、录尚书事。

温峤闻建康不守，号恸；人有候之者，悲哭相对。庾亮至寻阳宣太后诏，以峤为骠骑将军、开府仪同三司，又加徐州刺史郗鉴司空。峤曰："今日当以灭贼为急，未有功而先拜官，将何以示天下！"遂不受。峤素重亮，亮虽奔败，峤愈推奉之，分兵给亮。

庾亮、温峤将起兵讨苏峻，而道路断绝，不知建康声闻。会南阳范汪至寻阳，言"峻政令不一，贪暴纵横，灭亡已兆，虽强易弱，朝廷有倒悬之急，宜时进讨。”峤深纳之。亮辟汪参护军事。

亮、峤互相推为盟主；峤从弟充曰：“陶征西位重兵强，宜共推之。”峤乃遣督护王愆期诣荆州，邀陶侃与之同赴国难。侃犹以不豫顾命为恨，答曰：“吾疆易外将，不敢越局。”峤屡说，不能回；乃顺侃意，遣使谓之曰：“仁公且守，仆当先下。”使者去已二日，平南参军荥阳毛宝别使还，闻之，说峤曰：“凡举大事，当与天下共之。师克在和，不宜异同。假令可疑，犹当外示不觉，况自为携贰邪！宜急追信改书，言必应俱进；若不及前信，当更遣使。”峤意悟，即追使者改书；侃果许之，遣督护龚登帅兵诣峤。峤有众七千，于是列上尚书，陈祖约、苏峻罪状，移告征镇，洒泣登舟。

郗鉴在广陵，城孤粮少，逼近胡寇，人无固志。得诏书，即流涕誓众，入赴国难，将士争奋。遣将军夏侯长等间行谓温峤曰：“或闻贼欲挟天子东入会稽，当先立营垒，屯据要害，既防其越逸，又断贼粮运，然后清野坚壁以待贼。贼攻城不拔，野无所掠，东道既断，粮运自绝，必自溃矣。”峤深以为然。

五月，陶侃率众至寻阳。议者咸谓侃欲诛庾亮以谢天下；亮甚惧，用温峤计，诣侃拜谢。侃惊，止之曰：“庾元规乃拜陶士行邪！”亮引咎自责，风止可观，侃不觉释然，曰：“君侯修石头以拟老子，今日反见求邪！”即与之谈宴终日，遂与亮、峤同趣建康。戎卒四万，旌旗七百余里，钲鼓之声，震于远近。

苏峻闻西方兵起，用参军贾宁计，自姑孰还据石头，分兵以拒侃等。

乙未，峻逼迁帝于石头，司徒导固争，不从。帝哀泣升车，宫中恸哭。

峻使左光禄大夫陆晔守留台，逼迫居民，尽聚之后苑；使匡术守苑城。

陶侃、温峤军于茄子浦；峤以南兵习水，苏峻兵便步，令：“将士有上岸者死！”会峻送米万斛馈祖约，约遣司马桓抚等迎之。毛宝帅千人为峤前锋，告其众曰：“兵法，‘军令有所不从’，岂可视贼可击，不上岸击之邪！”乃擅往袭抚，悉获其米，斩获万计，约由是饥乏。峤表宝为庐江太守。

侃等舟师直指石头，至于蔡洲；侃屯查浦，峤屯沙门浦。峻登烽火楼，望见士众之盛，有惧色，谓左右曰：“吾本知温峤能得众也。”

宣城内史桓彝，闻京城不守，慷慨流涕，进屯泾县。时州郡多遣使降苏峻，裨惠复劝彝宜且与通使，以纾交至之祸。彝曰：“吾受国厚恩，义在致死，焉能忍耻与逆臣通问！如其不济，此则命也。”彝遣将军俞纵守兰石，峻遣其将韩晃攻之。纵将败，左右劝纵退军。纵曰：“吾受桓侯厚恩，当以死报。吾之不可负桓侯，犹桓侯之不负国也。”遂力战而死。晃进军攻彝，六月，城陷，执彝，杀之。

祖约诸将阴与后赵通谋，许为内应。后赵将石聪、石堪引兵济淮，攻寿春。秋，七月，约众溃，奔历阳，聪等虏寿春二万余户而归。

苏峻腹心路永、匡术、贾宁闻祖约败，恐事不济，劝峻尽诛司徒导等诸大臣，更树腹心；峻雅敬导，不许。永等更贰于峻，导使参军袁耽潜诱永使归顺，九月，戊申，导携二子与永皆奔白石。耽，涣之曾孙也。

陶侃、温峤等与苏峻久相持不决，峻分遣诸将东西攻掠，所向多捷，人情恟惧。朝士之奔西军者皆曰："峻狡黠有胆决，其徒骁勇，所向无敌。若天讨有罪，则峻终灭亡；止以人事言之，未易除也。"温峤怒曰："诸君怯懦，乃更誉贼！"及累战不胜，峤亦惮之。

张健、韩晃等急攻大业；垒中乏水，人饮粪汁。郭默惧，潜突围出外，留兵守之。郗鉴在京口，军士闻之皆失色。参军曹纳曰："大业，京口之扞蔽也，一旦不守，则贼兵径至，不可当也。请还广陵，以俟后举。"鉴大会僚佐，责纳曰："吾受先帝顾托之重，正复捐躯九泉，不足报塞。今强寇在近，众心危逼，君腹心之佐，而生长异端，当何以帅先义众，镇壹三军邪！"将斩之，久乃得释。

陶侃将救大业，长史殷羡曰："吾兵不习步战，救大业而不捷，则大事去矣。不如急攻石头，则大业自解。"侃从之。羡，融之兄也。庚午，侃督水军向石头。庾亮、温峤、赵胤帅步兵万人从白石南上，欲挑战。峻将八千人逆战，遣其子硕及其将匡孝分兵先薄赵胤军，败之。峻方劳其将士，乘醉望见胤走，曰："孝能破贼，我更不如邪！"因舍其众，与数骑北下突陈，不得入，将回趋白木陂；马踬，侃部将彭世、李千等投之以予，峻坠马；斩首，脔割之，焚其骨，三军皆称万岁。余众大溃。峻司马任让等共立峻弟逸为主，闭城自守。温峤乃立行台，布告远近，凡故吏二千石以下，皆令赴台。于是至者云集。韩晃闻峻死，引兵趣石头。管商、弘徽攻庱亭垒，督护李闳、轻车长史滕含击破之。含，脩之孙也。商走诣庾亮降，余众皆归张健。

冬，十一月，后赵王勒欲自将救洛阳，僚佐程遐等固谏曰："刘曜悬军千里，势不支久。大王不宜亲动，动无万全。"勒大怒，按剑叱遐等出。乃赦徐光，召而谓之曰："刘曜乘一战之胜，围守洛阳，庸人之情皆谓其锋不可当。曜带甲十万，攻一城而百日不克，师老卒怠，以我初锐击之，可一战而擒也。若洛阳不守，曜必送死冀州，自河已北，席卷而来，吾事去矣。程遐等不欲吾行，卿以为何如？"对曰："刘曜乘高候之势，不能进临襄国，更守金墉，此其无能为可知也。以大王威略临之，彼必望旗奔败。平定天下，在今一举，不可失也。"勒笑曰："光言是也。"乃使内外戒严，有谏者斩。命石堪、石聪及豫州刺史桃豹等各统见众会荥阳；中山公虎进据石门，勒自统步骑四万趣金墉，济自大堨。

己卯，中山公虎引步卒三万自城北而西，攻赵中军，石堪、石聪等各以精骑八千自城西而北，击赵前锋，大战于西阳门。勒躬贯甲胄，出自阊阖门，夹击之。曜少而嗜酒，末年尤甚；将战，饮酒数斗。常乘赤马无故跼顿，乃乘小马。比出，复饮酒斗余。至西阳门，挥陈就平。石堪因而乘之，赵兵大溃。曜昏醉退走，马陷石渠，坠于冰上，被疮十余，通中者三，为堪所执。勒遂大破赵兵，斩首五万余级。下令曰："所欲擒者一人耳，今已获之。其敕将士抑锋止锐，纵其归命之路。"

是岁，成汉献王骧卒，其子征东将军寿以丧还成都。成主雄以李玝为征北将军、梁州刺史，代寿屯晋寿。

四年（己丑，329）

赵太子熙闻赵主曜被擒，大惧，与南阳王胤谋西保秦州。尚书胡勋曰："今虽丧君，境土尚完，将士不叛，且当并力拒之；力不能拒，走未晚也。"胤怒，以为沮众，斩之，遂帅百官奔上邽，诸征镇亦皆弃所守从之，关中大乱。将军蒋英、辛恕拥众数十万据长安，遣使降于后赵，后赵遣石生帅洛阳之众赴之。

二月，丙戌，诸军攻石头。建威长史滕含击苏逸，大破之。苏硕帅骁勇数百，渡淮而战，温峤击斩之。韩晃等惧，以其众就张健于曲阿，门隘不得出，更相蹈藉，死者万数。西军获苏逸，斩之，滕含部将曹据抱帝奔温峤船，群臣见帝，顿首号泣请罪。

秋，八月，赵南阳王胤帅众数万自上邽趣长安，陇东、武都、安定、新平、北地、扶风、始平诸郡戎、夏皆起兵应之。胤军于仲桥；石生婴城自守，后赵中山公虎帅骑二万救之。九月，虎大破赵兵于义渠，胤奔还上邽。虎乘胜追击，枕尸千里。上邽溃，虎执赵太子熙、南阳王胤及其将王公卿校以下三千余人，皆杀之，徙其台省文武、关东流民、秦雍大族九千余人于襄国；又坑五郡屠各五千余人于洛阳。进攻集木且羌于河西，克之，俘获数万，秦、陇悉平。氐王蒲洪、羌酋姚弋仲俱降于虎，虎表洪监六夷军事，弋仲为六夷左都督。徙氐、羌十五万落于司、冀州。

是岁，贺兰部及诸大人共立拓跋翳槐为代王，代王纥那奔宇文部。翳槐遣其弟什翼犍质于赵以请和。

河南王吐延，雄勇多猜忌，羌酋姜聪刺之；吐延不抽剑，召其将纥拕埿，使辅其子叶延，保于白兰，抽剑而死。叶延孝而好学，以为礼"公孙之子得以王父字为氏"，乃自号其国曰吐谷浑。

五年（庚寅，330）

二月，后赵群臣请后赵王勒即皇帝位；勒乃称大赵天王，行皇帝事。立妃刘氏为王后，世子弘为太子。以其子宏为骠骑大将军、都督中外诸军事、大单于，封秦王；斌为左卫将军，封太原王；恢为辅国将军，封南阳王。以中山公虎为太尉、尚书令，进爵为王；虎子邃为冀州刺史，封齐王；宣为左将军；挺为侍中，封梁王。

中山王虎怒，私谓齐王邃曰："主上自都襄国以来，端拱仰成，以吾身当矢石，二十余年，南擒刘岳，北走索头，东平齐、鲁，西定秦、雍，克十有三州。成大赵之业者，我也；大单于当以授我，今乃以与黄吻婢儿，念之令人气塞，不能寝食！待主上晏驾之后，不足复留种也。"

赵群臣固请正尊号，秋，九月，赵王勒即皇帝位。大赦，改元建平。文武封进各有差。立其妻刘氏为皇后，太子弘为皇太子。

弘好属文，亲敬儒素。勒谓徐光曰："大雅愔愔，殊不似将家子。"光曰："汉祖以马上取天下，孝文以玄默守之。圣人之后，必有胜残去杀者，天之道也。"勒甚悦。光因说曰："皇太子仁孝温恭，中山王雄暴多诈，陛下一旦不讳，臣恐社稷非太子所有也。宜渐夺中山王权，使太子早参朝政。"勒心然之，而未能从。

六年（辛卯，331）

夏，赵主勒如邺，将营新宫；廷尉上党续咸苦谏，勒怒，欲斩之。中书令徐光曰："咸言不可用，亦当容之，奈何一旦以直言斩列卿乎！"勒叹曰："为人君，不得自专如是乎！匹夫家赀满百匹，犹欲市宅，况富有四海乎！此宫终当营之，且敕停作，以成吾直臣之气。"因赐咸绢百匹，稻百斛。又诏公卿以下岁举贤良方正，仍令举人得更相荐引，以广求贤之路。起明堂、辟雍、灵台于襄国城西。

慕容廆遣使与太尉陶侃笺，劝以兴兵北伐，共清中原。僚属宋该等共议，以"廆立功一隅，位卑任重，等差无别，不足以镇华、夷，宜表请进廆官爵。"参军韩恒驳曰："夫立功者患信义不著，不患名位不高。桓、文有匡复之功，不先求礼命以令诸侯。宜缮甲兵，除群凶，功成之后，九锡自至。比于邀君以求宠，不亦荣乎！"廆不悦，出恒为新昌令。于是东夷校尉封抽等疏上侃府，请封廆为燕王，行大将军事。侃复书曰："夫功成进爵，古之成制也。车骑虽未能为官摧勒，然忠义竭诚；今腾笺上听，可不、迟速，当在天台也。"

晋成帝咸和三年（戊子，公元328年）

丁未（正月二十八日），苏峻带领祖涣、许柳等士众二万人，渡过横江，登上牛渚，屯军于陵口。朝廷军队抵抗屡败。二月，庚戌（初一），苏峻到达蒋陵的覆舟山。陶回对庾亮说："苏峻知道石头有重兵戍守，不敢直接前来，必定从小丹杨南道徒步前来，应当埋伏兵众截击，可以一战擒获。"庾亮不听。苏峻果然从小丹杨前来，因迷路，夜间赶行，军队各部混乱。庾亮听说后才感后悔。

朝廷下诏让卞壸都督大桁以东军事事务，与侍中钟雅率领郭默、赵胤等人的军队与苏峻在西陵交战。卞壸等人大败，死伤数以千计。丙辰（初七），苏峻进攻青溪栅，卞壸率领各路部队拒敌，无法阻止其攻势。苏峻乘风势纵火，烧毁朝廷的台省及诸营寺官署，一时间荡然无存。卞壸背部的痈肿刚好，伤口尚未愈合，支撑着身体率领左右侍卫苦战至死，两个儿子卞眕和卞盱跟随在父亲身后，也赴敌战死。他们的母亲抚摸着尸体痛哭说："父亲是忠臣，儿子是孝子，还有什么遗憾呢！"

丹杨尹羊曼领兵戍守云龙门，和黄门侍郎周导、庐江太守陶瞻都战死。庾亮帅士众准备在宣阳门内结阵，还没来得及排成队列，士众都弃甲逃跑，庾亮和兄弟庾怿、庾条、庾翼及敦默、赵胤都逃奔寻阳。临走时回头对钟雅说：“以后的事情深深拜托了。”钟雅说：“户梁折断，屋椽崩毁，这是谁的过失呢！”庾亮说：“今天此事，不容再说。”庾亮乘坐小船，乱兵竞相掠夺抢劫，庾亮的左右侍从用箭射敌，结果误中船上舵手，应声倒仆。船上人都大惊失色，准备逃散。庾亮安坐不动，缓缓地说：“这种手法怎么能让他射中寇贼呢！”大家这才安定。

丁巳（初八），苏峻矫称诏令大赦天下，惟有庾亮兄弟不在赦免之列。认为王导素有德行和名望，还让他保持原职，位居自己之上。祖约任侍中、太尉、尚书令，苏峻自任骠骑将军、录尚书事，许柳任丹杨尹，马雄任左卫将军，祖涣任骁骑将军。弋阳王司马羕拜见苏峻，称述苏峻的功德，苏峻又让司马羕当西阳王、太宰、录尚书事。

温峤听说建康失守，号啕痛哭。有人前往探问，也是相对悲泣。庾亮到寻阳后宣谕太后诏令，任温峤为骠骑将军、开府仪同三司，又授予徐州刺史郗鉴为司空。温峤说：“今天应当首先翦灭叛贼，尚未建功却先授官，还怎么示范天下！”于是推辞不接受，温峤素来看重庾亮，庾亮虽然战败奔逃，温峤却更加推重奉承他，分出部分兵力交给庾亮。

庾亮、温峤准备起兵讨伐苏峻，但道路阻断，不知道建康的消息。适逢南阳人范汪到寻阳，说：“苏峻政令混乱不一，贪婪强暴，肆无忌惮，已显现出灭亡的征兆，虽然暂时强大，但很容易转化为弱小，朝廷到了千钧一发的危急时刻，应当及时进攻讨伐。”温峤深以为然。庾亮征召范汪为参护军事。

庾亮、温峤相互推举对方为盟主，温峤的堂弟温充说：“陶侃职位重要，兵力强盛，应当共同推举他为盟主。”温峤便派遣督护王愆期到荆州，邀请陶侃和自己同赴国难。陶侃仍然因为未能参与接受遗诏怀恨在心，回答说：“我是守戍边疆的将领，不敢逾越职分。”温峤多次劝说，不能使他回心转意。温峤于是顺应陶侃的心意，派使者对他说：“仁公暂且按兵不动，我当先行进讨。”使者出发已有两天，平南参军荥阳人毛宝出使别处归来，听说此事，劝说温峤说：“凡是干大事，应当和天下人共同参与。军队取胜在于和同，不应当有所别异。即使有可疑之处，尚且应当对外表现出无所察觉，何况是自己显露离心呢！应当急速追回信使改写书信，说明一定要相互应从，共同进发。如果赶不上先前的信使，应当重新派遣使者。”温峤心中醒悟，当即追回使者改写书信，陶侃果然应许，派督护龚登率军见温峤。温峤有士众七千人，于是列名上呈尚书，陈述祖约、苏峻的罪状，传告各地方长官，洒泪登上战船。

郗鉴在广陵，孤城缺粮，挨近胡寇，人心不稳。得到诏书后，当即流着眼泪誓师，来赴国难，将士们人人奋勇争先。郗鉴派将军夏侯长等微行前来对温峤说：“有人听说叛贼准备挟迫天子向东到会稽，应当事先设立营帐壁垒，占据要害之地，即可防止他逃逸，又能切断叛贼的粮食运输，然后再坚壁清野，坐待叛贼。叛贼攻城不能取胜，旷野又无所劫掠，东边的道路既然阻断，粮米输运自然断绝，必定不战自溃。”温峤认为很对。

五月，陶侃率领士众到达寻阳。论者都说陶侃准备诛杀庾亮向天下人谢罪，庾亮甚为恐惧，便采用温峤的计谋，去见陶侃叩拜谢罪。陶侃大吃一惊，制止他说：“庾元规竟然来叩拜我吗！”庾亮援引过错，自我责备，风度举止很不错，陶侃不知不觉放心开怀，说：“您当年缮修石头城来对付老夫，今天倒反来见我有所求吗！”随即和他谈笑宴饮一整天，便与庾亮、温峤一同赶赴建康。共有士卒四万人，旌旗延绵七百多里，钲鼓之声震动遐迩。

苏峻听说西方起兵，采纳参军贾宁的计谋，从姑孰返回占据石头，分兵抗拒陶侃等人。

乙未（五月十八日），苏峻逼迫成帝迁居石头，司徒王导极力争辩，苏峻不听。成帝哀哭着登上车舆，宫中一片恸哭。

苏峻让左光禄大夫陆晔守卫禁城，逼迫居民全部聚居在后苑，让匡术据守苑城。

陶侃、温峤屯军于茄子浦。温峤因南方士兵熟悉水战，而苏峻的士卒则以步战见长，便下令：“将士有上岸的处死！”适逢苏峻赠送粮米一万斛给祖约，祖约派司马桓抚等人相迎。毛宝率领一千人当温峤的先锋，告谕士兵说：“兵法说：‘军令有所不从’，怎能眼见可以攻击叛贼，却不上岸攻击呢！”于是擅自前往偷袭桓抚，尽数劫获粮米，斩首万人左右，祖约军队因此饥饿缺粮。温峤上表推荐毛宝任庐江太守。

陶侃等人的水军直指石头城，到达蔡州。陶侃屯军查浦，温峤屯军沙门浦。苏峻登上烽火楼，望见敌方士众之多，面有惧色，对左右侍从说：“我本来就知道温峤能得众心。”

宣城内史桓彝听说京城失守，慷慨流泪，进军屯驻泾县。当时州郡大多派使者向苏峻投降，裨惠又劝桓彝，应当暂且与苏峻通使，以舒缓将会交至而来的灾祸。桓彝说：“我蒙受国家的重恩，按道义应当效死。怎能忍受耻辱和逆臣通使问慰！如果事情不能成功，这就是命了。”桓彝派将军俞纵驻守兰石，苏峻派部将韩晃攻击，俞纵将要战败，左右侍从劝俞纵退军。俞纵说：“我蒙受桓公厚恩，应当以死报答。我不能辜负桓公，犹如桓公不辜负国家。”于是力战而死。韩晃进军攻打桓彝，六月，城被攻破，桓彝被擒获，遇害。

祖约手下诸位将领私下与后赵勾结，许诺充当内应。后赵将领石聪、石堪领兵渡过淮水，进攻寿春。秋季，七月，祖约的士众溃逃，投奔历阳。石聪等掳掠寿春民众二万多户返回。

苏峻的心腹路永、匡术、贾宁听说祖约败绩，惟恐事情不能成功，劝苏峻尽数杀死司徒王导等各位大臣，另外安置自己的心腹。但苏峻素来敬重王导，不同意杀害他，路永等人便对苏峻怀有二心。王导让参军袁耽私下引诱路永，让他归顺朝廷。九月，戊申（初三），王导携同两个儿子和路永一同逃奔白石垒。袁耽即袁涣的曾孙。

陶侃、温峤等人与苏峻长久相持不下，苏峻分别派遣多员将领向东、向西攻伐劫掠，多所获胜，一时人心恐惧不宁。朝廷士人逃到西军的都说："苏峻狡黠而有胆识，士卒骁勇，所向无敌。倘若上天能讨伐有罪之人，那么他终将灭亡。如果只从人事方面来说，则不易剪除。"温峤发怒说："这是你们自己怯懦，却去称颂叛贼！"等到多次交战不胜，温峤也心有忌惮。

张健、韩晃等猛攻大业，壁垒中缺水，众人饮用粪水。郭默恐惧，悄悄突围而出，留下士兵据守。郗鉴在京口，军士们听说后都吃惊失色。参军曹纳说："大业是京口的屏障，一旦失守，那么贼兵便可直接到此，无法阻挡。请求退回广陵，以待后举。"郗鉴大会僚属佐吏，斥责曹纳说："我禀受先帝顾命托孤的重任，正思即使捐躯于九泉之下，也不足为报。如今强寇在旁，众心危惧紧张，你是我的心腹佐吏，却滋生异端，我还怎么统帅，引导义士，震摄号令三军呢！"郗鉴准备将曹纳斩首，许久才释免。

陶侃准备救援大业，长史殷羡说："我方士兵不熟悉陆战，如果救援大业不能取胜，那么大事便完了。不如猛攻石头，那么大业之围自然会解除。"陶侃听从了他的建议。殷羡即殷融的兄长。庚午（二十六日），陶侃督领水军开赴石头。庾亮、温峤、赵胤率领步兵万人从白石垒向南，准备挑战。苏峻统帅八千人迎战，派儿子苏硕和部将匡孝分军先行逼近赵胤军队，将其打败。苏峻当时正在犒劳将士，乘着醉意远远望见赵胤败逃，说："匡孝能败敌，我反倒不如他吗！"于是撇下士众，和数名骑兵向北突击敌阵，但无法突破，准备回身奔向白木陂时，坐骑失足颠踬，陶侃的部将彭世、李千等用矛投射，苏峻坠落马下，被斩首，剐割肢体，骨骸被焚烧，三军将士都高呼万岁。苏峻余部大败。苏峻的司马任让等人共同推立苏峻兄弟苏逸为主公，关闭城门自守。温峤便设立行台，宣告晓谕远近，凡是朝廷原任官吏爵禄在二千石以下的，都传令他们赶赴行台报到，于是到达的人有如云集。韩晃听说苏峻已死，领兵奔赴石头城。管商、弘徽攻打虔亭壁垒，被督护李闳、轻车长史滕含击败。滕含即滕修的孙子。管商逃奔到庾亮处投降，其余士众都归从张健。

冬季，十一月，后赵王石勒想自己率兵救援洛阳，僚佐程遐等极力劝谏说："刘曜孤军深入千里之外，势必不能持久。大王不应当亲自出动，一旦出动难保万全。"石勒大怒，手按佩剑呵斥程遐等人出去。于是赦免徐光的罪过，把他召来对他说："刘曜凭借一仗的胜利，围攻并占据洛阳，庸人的想法都说他的锋芒不可抵挡。刘曜带领十万甲士，攻打一座城池却一百天不能取胜，军队疲惫、士卒懈怠，用我方精锐的生力军攻击，一战便可擒获他。如果洛阳失守，刘曜必定会进攻冀州，由黄河北边席卷而来，我们就完了。程遐等人不想让我去，您以为怎么样？"徐光回答说："刘曜乘着在高候战胜石虎的势头，不能进军逼迫襄国，反而据守金墉，由此可知他不会有什么作为。凭着大王您的威风胆略进逼他，他必定是望风败

石勒出城夹击敌军

逃。平定天下，就在今天这一战，时机不能错过。”石勒笑着说：“你说得对。”于是让宫室内外戒严，有敢于劝谏的斩首。命令石堪、石聪和豫州刺史桃豹等各自统领现有士众会聚荥阳，又令中山公石虎进军占据石门，石勒自己率步、骑兵四万人赶赴金墉，从大堨渡过黄河。

己卯（十二月初五），中山公石虎带领步兵三万人从城北向西，进攻前赵中军，石堪、石聪等各带精锐骑兵八千人从城西向北，进攻前赵的前锋，在西阳门展开激烈的战斗。石勒身穿甲胄，从阊阖门出城，夹击敌军。刘曜自少年便爱喝酒，年老后尤为嗜酒，临战前，饮酒数斗。平常乘坐的红马无缘无故地低首蜷足，于是改乘小马。等到出发时，又饮酒一斗多。到了西阳门，指挥军阵向平坦处移动，石堪乘势攻击，前赵士兵大部溃逃。刘曜酒醉昏昏，往后退逃，战马在石渠失足，把刘曜摔在冰上，受伤十多处，有三处伤及内脏，被石堪执获。石勒于是大败前赵军队，斩首五万多级。下令说：“我想抓获的只有一个人，此人现已被擒，特敕令将士停止攻击，给他们留下归顺投降的道路。”

这年，成汉的汉献王李骧死，他的儿子、征东将军李寿因父丧返回成都。成汉主李雄任李玝为征北将军、梁州刺史，代替李寿驻屯晋寿。

四年（己丑，公元329年）

前赵太子刘熙听说前赵主刘曜被擒，大为恐惧，和南阳王刘胤商议，准备向西保守秦州。尚书胡勋说：“如今虽然丧失君王，但国土仍然完整，将士也未叛离，暂且应当集中力量抵御敌军。力有不支时再逃也不晚。”刘胤发怒，认为这是扰乱人心，将他斩首，随后率领文武百官逃奔上邽。各地方官员也都放弃自己镇守的地方跟从，关中大乱。将军蒋英、辛恕拥有士众数十万人据守长安，派使者向后赵请降，后赵派石生率领在洛阳的士众前往长安。

二月，丙戌（十三日），各路军队进攻石头。建威长史滕含重创苏逸，苏硕率领骁勇士卒数百人渡过秦淮河作战，被温峤击败斩杀。韩晃等人恐惧，带着部众前往曲阿依附张健，门道狭窄不便进出，士卒互相踩踏，死者上万。西军擒获苏逸，将他斩首。滕含部将曹据抱着成帝逃到温峤船上，群臣见到皇帝，叩头至地号泣请罪。

秋季，八月，前赵南阳王刘胤率数万士众由上邽奔赴长安，陇东、武都、安定、新平、北地、扶风、始平各郡的戎狄及华夏族都起兵应从。刘胤屯军于仲桥，石生环城自守，后赵令中山公石虎率骑兵二万人救援。九月，石虎在义渠大败前赵军队，刘胤逃归上邽。石虎乘胜追击，尸体枕籍千里。上邽被攻破，石虎擒获前赵太子刘熙、南阳王刘胤及其将军、郡王、公卿、校尉以下三千多人，全数杀害。把前赵朝廷的文武官员、关东流民、秦州和雍州的大族九千多人迁徙到襄国，又在洛阳坑杀五郡的屠各部人众五千多。石虎进攻河西羌族的集木且部，获胜后俘虏数万人，秦州、陇西全部平定。氐族王蒲洪、羌族首领姚弋仲都归降石虎。石虎上表荐举蒲洪监察六夷军事，姚弋仲任六夷左都督。把氐族和羌族的十五万村落居民迁徙到司州和冀州。

这年，贺兰部及诸位大人头领共同推立拓拔翳槐为代王，代王拓拔纥那逃奔宇文部。拓拔翳槐派兄弟拓拔什翼犍到后赵作人质，请求和好。

河南王吐延，雄壮勇敢但多有猜忌，羌族首领姜聪刺杀他，剑入体内。吐延不拔剑，召部将纥拕埿，让他辅佐自己的儿子叶延，保守白兰，然后拔剑而死。叶延孝顺好学，认为按照礼义："公孙的儿子可以用王父的字为姓氏"，于是自取国号叫吐谷浑。

五年（庚寅，公元330年）

二月，后赵的群臣请求后赵王石勒即帝位，石勒便号称大赵天王，行施皇帝的事务。又立妃子刘氏为王后，世子石弘为太子。任儿子石宏为骠骑大将军、都督中外军事、大单于，封为秦王；石斌为左卫将军，封为太原王；石恢为辅国将军，封为南阳王。任中山公石虎为太尉、尚书令，进升爵位为王；任石虎的儿子石邃为冀州刺史，封为齐王；石宣为左将军；石挺为侍中，封为梁王。

中山公石虎发怒，私下对齐王石邃说："主上自从建都襄国以来，端身拱手，坐享其成，靠着我身当箭石，冲锋陷阵。二十多年来，在南方擒获刘岳，在北方赶跑索头，向东平定齐、鲁之地，向西平定秦州、雍州，攻克十三座州郡。成就大赵功业的是我，大单于的称号应当授予我，现在却给了奴婢所生的黄吻小儿，想起来令人气愤，寝食难安！等到主上驾崩之后，我不会再让他活命。"

后赵群臣坚持请求石勒扶正皇帝尊号，秋季，九月，后赵王石勒即帝位。大赦天下，改年号为建平。文武官员封职擢升，各有等秩。册立妻子刘氏为皇后，太子石弘为皇太子。

石弘喜好写文章，为人亲近敬礼儒雅之士。石勒对徐光说："石弘和悦安闲，全然不像将军世家的儿子。"徐光说："汉高祖靠马上的功绩夺取天下，汉文帝凭仗沉静无为巩固天下，圣人的后代，必定有使凶暴之徒化为善，因而可以废除刑戮的人，这是上天的规律。"石勒十分高兴。徐光趁势劝说他："皇太子仁孝温恭，而中山公却雄暴多诈，陛下一旦辞世，我怕国家就不是太子所能据有的了。应该逐渐减少中山公的权势，让太子早些参与国政。"石勒心中同意，但未能照办。

六年（辛卯，公元331年）

夏季，后赵国主石勒到邺，准备营建新的宫室。廷尉、上党人续咸苦苦劝谏，石勒发怒，要将他斩首。中书令徐光说："即便续咸的话不能听从，也应当宽容他，怎么能因为一时直言便斩杀列卿呢！"石勒叹息说："作为君主，如此不能自己决断吗！寻常百姓家资达到一百匹，还想买住宅，何况我富有四海呢？这宫殿终究是要营建的，我暂且下令停止建造，用以成全我的耿直大臣的正气。"于是赐给续咸绢一百匹，稻米一百斛。又下诏让公卿以下官吏荐举贤良方正之士，并且命令被荐举的人交相推荐援引，用以开拓求贤的途径。在襄国城西建起明堂、辟雍、灵台。

慕容廆派使者送信给太尉陶侃，劝他起兵北伐，共同廓清中原。慕容廆的僚属宋该等人共同评议，认为"慕容廆在边陲一隅建立功业，职位卑微，责任重大，等秩未加区别，不足以震摄华夏和胡夷，应当上表请求提升慕容廆的官爵。"参军韩恒批驳说："建立功绩的人忧虑的是诚信、道义不彰明，不忧虑名位不高。齐桓公、晋文公有匡扶天下的功绩，也没有事先要求天子按礼制加以任命来号令诸侯。应当修缮甲胄、兵器，除灭群凶，功成之后，九锡的礼遇自会得到。这比起求君主要宠爱，不也光荣些吗！"慕容廆不高兴，让韩恒出任新昌令。于是东夷校尉封抽等人写疏文上奏陶侃幕府，请求封慕容廆为燕王，摄行大将军事。陶侃回信说："功业成就加官晋爵，这是古人的固有制度。车骑将军慕容廆虽未能为朝廷摧毁石勒，但忠诚仁义，尽心尽力。现在我把疏文禀报给圣上，同不同意，授官早晚，应当由朝廷决定。"

第九十五卷

晋纪十七

译文诵读

显宗成皇帝中之上咸和七年（壬辰，332）

赵主勒大飨群臣，谓徐光曰："朕可方自古何等主？"对曰："陛下神武谋略过于汉高，后世无可比者。"勒笑曰："人岂不自知！卿言太过。朕若遇汉高祖，当北面事之，与韩、彭比肩；若遇光武，当并驱中原，未知鹿死谁手。大丈夫行事，宜礌礌落落，如日月皎然，终不效曹孟德、司马仲达欺人孤儿、寡妇，狐媚以取天下也。"群臣皆顿首称万岁。

赵右仆射程遐言于赵主勒曰："中山王勇悍权略，群臣莫及；观其志，自陛下之外，视之蔑如；加以残贼安忍，久为将帅，威振内外，其诸子年长，皆典兵权；陛下在，自当无他，恐非少主之臣也。宜早除之，以便大计。"勒曰："今天下未安，大雅冲幼，宜得强辅。中山王骨肉至亲，有佐命之功，方当委以伊、霍之任，何至如卿所言！卿正恐不得擅帝舅之权耳；吾亦当参卿顾命，勿过忧也。"遐泣曰："臣所虑者公家，陛下乃以私计拒之，忠言何自而入乎！中山王虽为皇太后所养，非陛下天属，虽有微功，陛下酬其父子恩荣亦足矣，而其志愿无极，岂将来有益者乎！若不除之，臣见宗庙不血食矣。"勒不听。

是岁，凉州僚属劝张骏称凉王，领秦、凉二州牧，置公卿百官如魏武、晋文故事。骏曰："此非人臣所宜言也。敢言此者，罪不赦！"然境内皆称之为王。骏立次子重华为世子。

八年（癸巳，333）

春，正月，成大将军李寿拔朱提，董炳、霍彪皆降，寿威震南中。

夏，五月，甲寅，辽东武宣公慕容廆卒。六月，世子皝以平北将军行平州刺史，督摄部内；赦系囚。

秋，七月，勒疾笃，遗命曰："大雅兄弟，宜善相保，司马氏，汝曹之前车也。中山王宜深思周、霍，勿为将来口实。"戊辰，勒卒。中山王虎劫太子弘使临轩，收右光禄大夫程遐、中书令徐光，下廷尉，召邃使将兵入宿卫，文武皆奔散。

弘大惧，自陈劣弱，让位于虎。虎曰："君终，太子立，礼之常也。"弘涕泣固让，虎怒曰："若不堪重任，天下自有大义，何足豫论！"弦乃即位。大赦。

八月，赵主弘以中山王虎为丞相、魏王、大单于，加九锡，以魏郡等十三郡为国，总摄百揆。

慕容皝初嗣位，用法严峻，国人多不自安，主簿皇甫真切谏，不听。

皝庶兄建威将军翰、母弟征虏将军仁，有勇略，屡立战功，得士心；季弟昭，有才艺；皆有宠于廆。皝忌之，翰叹曰："吾受事于先公，不敢不尽力，幸赖先公之灵，所向有功，此乃天赞吾国，非人力也。而人谓吾之所办，以为雄才难制，吾岂可坐而待祸邪！"乃与其子出奔段氏。段辽素闻其才，冀收其用，甚爱重之。

九年（甲午，334）

二月，丁卯，诏遣耿访、王丰赍印绶授张骏大将军、都督陕西•雍•秦•凉州诸军事。自是每岁使者不绝。

长沙桓公陶侃，晚年深以满盈自惧，不预朝权，屡欲告老归国，佐吏等苦留之。六月，侃疾笃，上表逊位。遣左长史殷羡奉送所假节、麾、幢、曲盖、侍中貂蝉、大尉章、荆、江、雍、梁、交、广、益、宁八州刺史印传、棨戟；军资、器仗、牛马、舟船，皆有定簿，封印仓库，侃自加管钥。以后事付右司马王愆期，加督护统领文武。甲寅，舆车出，临津就船，将归长沙，顾谓愆期曰："老子婆娑，正坐诸君！"乙卯，薨于樊溪。侃在军四十一年，明毅善断，识察纤密，人不能欺；自南陵迄于白帝，数千里中，路不拾遗。及薨，尚书梅陶与亲人曹识书曰："陶公机神明鉴似魏武，忠顺勤劳似孔明，陆抗诸人不能及也。"谢安每言："陶公虽用法而恒得法外意。"安，鲲之从子也。

成主雄生疡于头。身素多金创，及病，旧痕皆脓溃，诸子皆恶而远之；独太子班昼夜侍侧，不脱衣冠，亲为吮脓。雄召大将军建宁王寿受遗诏辅政。丁卯，雄卒，太子班即位。以建宁王寿录尚书事，政事皆委于寿及司徒何点、尚书王瓌，班居中行丧礼，一无所预。

辛未，加平西将军庾亮征西将军、假节、都督江、荆、豫、益、梁、雍六州诸军事、领江、豫、荆三州刺史，镇武昌。亮辟殷浩为记室参军。浩，羡之子也，与豫章太守褚裒、丹阳丞杜乂，皆以识度清远，善谈《老》、《易》，擅名江东，而浩尤为风流所宗。裒，䂮之孙；乂，锡之子也。桓彝尝谓裒曰："季野有皮里《春秋》。"言其外无臧否，而内有褒贬也。谢安曰："裒虽不言，而四时之气亦备矣。"

成主雄之子车骑将军越屯江阳，奔丧至成都。以太子班非雄所生，意不服，与其弟安东将军期谋作乱。班弟玝劝班遣越还江阳，以期为梁州刺史，镇葭萌。班以未葬，不忍遣，推心待之，无所疑间，遣玝出屯于涪。冬，十月，癸亥朔，越因班夜哭，弑之于殡宫，并杀班兄领军将军都；矫太后任氏令，罪状班而废之。

初，期母冉氏贱，任氏母养之。期多才艺，有令名；及班死，众欲立越，越奉期而立之。甲子，期即皇帝位。谥班曰戾太子。以越为相国，封建宁王；加大将军寿大都督，徙封汉王；皆录尚书事。

赵主弘自赍玺绶诣魏宫，请禅位于丞相虎。虎曰："帝王大业，天下自当有议，何为自论此邪！"弘流涕还宫，谓太后程氏曰："先帝种真无复遗矣！"于是尚书奏："魏台请依唐、虞禅让故事，"虎曰："弘愚暗，居丧无礼，便当废之，何禅让也！"十一月，虎遣郭殷入宫，废弘为海阳王。弘安步就车，容色自若，谓群臣曰："庸昧不堪纂承大统，夫复何言！"群臣莫不流涕，宫人恸哭。群臣诣魏台劝进，虎曰："皇帝者盛德之号，非所敢当，且可称居摄赵天王。"幽弘及太后程氏、秦王宏、南阳王恢于崇训宫，寻皆杀之。

西羌大都督姚弋仲称疾不贺，虎累召之，乃至。正色谓虎曰："弋仲常谓大王命世英雄，奈何把臂受托而返夺之邪！"虎曰："吾岂乐此哉！顾海阳年少，恐不能了家事，故代之耳。"心虽不平，然察其诚实，亦不之罪。

咸康元年（乙未，335）

司徒导以羸疾，不堪朝会，三月，乙酉，帝幸其府，与群臣宴于内室，拜导并拜其妻曹氏。侍中孔坦密表切谏，以为帝初加元服，动宜顾礼，帝从之。坦又以帝委政于导，从容言曰："陛下春秋已长，圣敬日跻，宜博纳朝臣，咨诹善道。"导闻而恶之，出坦为廷尉。坦不得意，以疾去职。

九月，赵王虎迁都于邺，大赦。

初，赵主勒以天竺僧佛图澄豫言成败，数有验，敬事之。及虎即位，奉之尤谨，衣以绫锦，乘以雕辇。朝会之日，太子、诸公扶翼上殿，主者唱"大和尚"，众坐皆起。使司空李农旦夕问起居，太子、诸公五日一朝。国人化之，率多事佛，澄之所在，无敢向其方面涕唾者。争造寺庙，削发出家。虎以其真伪杂糅，或避赋役为奸宄，乃下诏问中书曰："佛，国家所奉，里闾小人无爵秩者，应事佛不？"著作郎王度等议曰："王者祭祀，典礼具存。佛，外国之神，非天子诸华所应祠奉。汉氏初传其道，唯听西域人立寺都邑以奉之，汉人皆不得出家；魏世亦然。今宜禁公卿以下毋得诣寺烧香、礼拜；其赵人为沙门者，皆返初服。"虎诏曰："朕生自边鄙，忝君诸夏，至于飨祀，应从本俗。其夷、赵百姓乐事佛者，特听之。"

成太子班之舅罗演，与汉王相天水上官澹，谋杀成主期，立班子。事觉，期杀演、澹及班母罗氏。

期自以得志，轻诸旧臣，信任尚令景骞、尚书姚华、田褒、中常侍许涪等，刑赏大政，皆决于数人，希复关公卿。褒无他才，尝劝成主雄立期为太子，故有宠。由是纪纲隳紊，雄业始衰。

初，张轨及二子寔、茂，虽保据河右，而军旅之事无岁无之。及张骏嗣位，境内渐平。骏勤修庶政，总御文武，咸得其用，民富兵强，远近称之以为贤君。骏遣将杨宣伐龟兹、鄯善，于是西域诸国焉耆、于寘之属，皆诣姑臧朝贡。骏于姑臧南作五殿，官属皆称臣。

骏有兼秦、雍之志，遣参军麴护上疏，以为："勒、雄既死，虎、期继逆，兆庶离主，渐冉经世；先老消落，后生不识，慕恋之心，日远日忘。乞敕司空鉴、征西亮等泛舟江、沔，首尾齐举。"

二年（丙申，336）

慕容皝将讨慕容仁，司马高诩曰："仁叛弃君亲，民神共怒；前此海未尝冻，自仁反以来，连年冻者三矣。且仁专备陆道，天其或者欲使吾乘海冰以袭之也。"皝从之。群僚皆言涉冰危事，不若从陆道。皝曰："吾计已决，敢沮者斩！"

壬午，皝帅其弟军师将军评等自昌黎东，践冰而进，凡三百余里。至历林口，舍辎重，轻兵趣平郭。去城七里，候骑以告仁，仁狼狈出战。张英之俘二使也，仁恨不穷追；及皝至，仁以为皝复遣偏师轻出寇抄，不知皝自来，谓左右曰："今兹当不使其匹马得返矣！"乙未，仁悉众陈于城之西北。慕容军帅所部降于皝，仁众沮动；皝从而纵击，大破之。仁走，其帐下皆叛，遂擒之。皝先为斩其帐下之叛者，然后赐仁死。丁衡、游毅、孙机等，皆仁所信用也，皝执而斩之；王冰自杀。慕容幼、慕容稚、佟寿、郭充、翟楷、庞鉴皆东走，幼中道而还；皝兵追及楷、鉴，斩之；寿、充奔高丽。自余吏民为仁所诖误者，皝皆赦之。封高诩为汝阳侯。

三年（丁酉，337）

赵太子邃素骁勇，赵王虎爱之。常谓群臣曰："司马氏父子兄弟自相残灭，故使朕得至此；如朕有杀阿铁理否？"既而邃骄淫残忍，好妆饰美姬，斩其首，洗血置盘上，与宾客传观之，又烹其肉共食之。河间公宣、乐安公韬皆有宠于虎，邃疾之如仇。虎荒耽酒色，喜怒无常。使邃省可尚书事，每有所关白，虎恚曰："此小事，何足白也！"时或不闻，又恚曰："何以不白！"诮责笞棰，月至再三。邃私谓中庶子李颜等曰："官家难称，吾欲行冒顿之事，卿从我乎？"颜等伏不敢对。秋，七月，邃称疾不视事，潜帅宫臣文武五百余骑饮于李颜别舍，因谓颜等曰："我欲至冀州，杀河间公，有不从者斩！"行数里，骑皆逃散。颜叩头固谏，邃亦昏醉而归。其母郑氏闻之。私遣中人诮让邃；邃怒，杀之。佛图澄谓虎曰："陛下不宜数往东宫。"虎将视邃疾，思澄言而还；既而瞋目大言曰："我为天下主，父子不相信乎！"乃命所亲信女尚书往察之。邃呼前与语，因抽剑击之。虎怒，收李颜等诘问，颜具言其状，杀颜等三十余人。幽邃于东宫，既而赦之，引见太武东堂；邃朝而不谢，俄顷即出。虎使谓之曰："太子应朝中宫，岂可遽去！"邃径出，不顾。虎大怒，废邃为庶人。其夜，杀邃及其妃张氏，并男女二十六人同埋于一棺；诛其宫臣支党二百余人；废郑后为东海太妃。立其子宣为天王皇太子，宣母杜昭仪为天王皇后。

九月，镇军左长史封奕等劝慕容皝称燕王；皝从之。于是备置群司，以封奕为国相，韩寿为司马，裴开为奉常，阳骛为司隶，王寓为太仆，李洪为大理，杜群为纳言令，宋该、刘睦、石琮为常伯，皇甫真、阳协为冗骑常侍，宋晃、平熙、张泓为将军，封裕为记室监。洪，臻之孙；晃，奭之子也。冬，十月，丁卯，皝即燕王位，大赦。十一月，甲寅，追尊武宣公为武宣王，夫人段氏曰武宣后；立夫人段氏为王后，世子俊为王太子，如魏武、晋文辅政故事。

晋成帝咸和七年（壬辰，公元332年）

后赵国主石勒盛大地犒赏群臣，对徐光说："朕可以和古代哪一等君主相比？"徐光回答说："陛下的神武谋略超过汉高祖，后代人没有可以相比的。"石勒笑着说："人哪有不知道自己的！您的话太过了。朕如果遇到汉高祖，应当向他北面称臣，与韩信、彭越同列比肩。如果遇上汉光武帝，将会与他共同逐鹿中原，不知鹿死谁手。大丈夫行事，应当光明磊落，如同日月之光明亮洁白，终究不该仿效曹操和司马懿，欺凌他人的孤儿寡妇，靠不正当的手段夺取天下。"群臣都叩头顿首，称呼万岁。

后赵右仆射程遐向国主石勒进言说："中山王石虎勇悍而有权谋武略，群臣中无人比得上，观察他的志向，除陛下以外，对他人都视而不见。再加上性格凶暴残忍，长期出任将帅，威震内外，他的各位儿子年龄都不小，都握有兵权，陛下在世，自然应当没什么事，但恐怕他不甘心做少主的臣子。应当尽早除去他，以利国家大计。"石勒说："如今天下没有安定，石弘年少，应当得到强大的辅佐。中山王是我的骨肉至亲，有辅佐王命的功绩，正应委付他伊尹、霍光那样的重任，何至于像你说的那样！你只是唯恐不能专帝舅的权力罢了。我也会让你参与辅政，不必过分忧虑。"程遐哭泣着说："我所顾虑的是国家，陛下却认为是为自己打算而加以拒绝，忠言从何处能入耳呢！中山王虽然是皇太后收养的，但并非陛下的亲骨肉，虽然有些小功劳，陛下酬答他们父子的恩惠荣耀也足够了，但他的心意、欲望却没有止境，难道会是有益于将来的人吗！如果不除去他，我看宗庙将为绝祀了。"石勒不听。

这年，凉州的僚属们劝张骏自称凉王，兼领秦州、凉州二州牧。仿效魏武帝、晋文帝的旧例设置公卿百官。张骏说："这不是为人臣子所该说的话。敢说这事的，罪在不赦！"然而凉州境内都称呼他为王。张骏立次子张重华为世子。

八年（癸巳，公元333年）

春季，正月，成汉的大将军李寿攻下朱提，董炳、霍彪都投降，李寿威震南中。

夏季，五月，甲寅（初六），辽东武宣公慕容廆死。六月，世子慕容皝以平北将军的身份摄行平州刺史职务，督察、统领境内士众，赦免囚犯。

秋季，七月，石勒病重，颁布遗命说："石弘兄弟，应当好好相互扶持，司马氏就是你们的前车之鉴。中山王石虎应当深深追思周公、霍光，不要为后世留下口实。"戊辰（二十一日），石勒死。中山王石虎劫持太子石弘让他到殿前，收捕右光禄大夫程遐、中书令徐光，交付廷尉治罪，又征召石邃，让他带兵入宫宿卫，文武官员纷纷逃散。石弘大为恐惧，自言软弱，要让位给石虎。石虎说："君王去世，太子即位，这是礼仪常规。"石弘流着泪坚决辞让，石虎发怒说："如果你不能承担重任，天下人自会按大道理行事，哪里能事先就谈论！"石弘于是即位，大赦天下。

八月，后赵国主石弘任中山王石虎为丞相、魏王、大单于，赐加九锡，划分魏郡等十三郡作为石虎的封国，总领朝廷大小政事。

慕容皝刚刚继位，使用刑法过于严厉，国内人大多不知所措，主簿皇甫真恳切劝谏，慕容皝不听。

慕容皝的庶母兄长、建威将军慕容翰和同母兄弟、征虏将军慕容仁，都勇悍而有谋略，多次建立战功，深得人心；小弟弟慕容昭，多才多艺，都受到慕容廆的宠爱。慕容皝妒忌他们，慕容翰叹息说："我从先父那里接受任职，不敢不尽力，幸好仰仗先父的在天之灵，所向披靡，这是上天佑助我国，并非人力所为。但别人却说这是我的力量，以为我具有杰出的才能，难以制服，我怎能坐以待祸呢！"于是和儿子出奔段氏。段辽平素早就听说他的才能，希望收为己用，所以非常宠爱、看重他。

九年（甲午，公元334年）

二月，丁卯（二十三日），朝廷下诏派耿访、王丰携带印绶拜授张骏为大将军，都督陕西、雍州、秦州、凉州诸军事。从此以后每年来往使者不断。

长沙桓公陶侃，到晚年深深畏惧物极必反的道理，因此不参预朝政，多次想告老还乡，佐吏们苦苦相留。六月，陶侃病重，上表请求退位。派左长史殷羡归还持有的朝廷符节、麾、幢、曲盖、侍中貂蝉、太尉印章，以及荆、江、雍、梁、交、广、益、宁八州的刺史印传和棨戟。至于军资、器仗、牛马、舟船等，都有簿录统计，封存仓库，由陶侃亲自上锁。陶侃将后事托付给右司马王愆期，授予督护官职，统领文武官吏。甲寅（十二日），陶侃乘车离开武昌，到渡口乘船，准备回长沙，回头对王愆期说："老夫现在蹒跚难行，正因你们阻拦。"乙卯（六月十三日），在樊谿去世。陶侃领军四十一年，明智、坚毅，善于决断；见识纤密，别人难以欺蒙。自南陵到白帝，几千里的辖域内路不拾遗。陶侃去世后，尚书梅陶给亲友曹识的信说："陶公的神机明鉴如同魏武帝，忠顺勤军好比孔明，陆抗等人比不上他。"谢安经常说："陶公虽然运用刑法，但常常能领会刑法之外的含意。"谢安即谢鲲的侄子。

成汉主李雄头部生疮，身体原有很多创伤，等到病发时，旧伤痕全部化脓溃烂，儿子们都因厌恶而远远躲开，只有太子李班昼夜在身边侍候，不脱衣帽，亲自为他吮吸脓肿。李雄征召大将军、建宁王李寿接受遗诏辅佐朝政。丁卯（二十五日），李雄故去，太子李班即位。任命建宁王李寿录尚书事，政事都委决于李寿和司徒何点、尚书王瓌。李班居住在宫中服丧，毫不干预。

辛未（六月二十九日），朝廷授予平西将军庾亮征西将军，假节，都督江、荆、豫、益、梁、雍六州诸军事，兼领江、豫、荆三州刺史，镇守武昌。庾亮召用殷浩为记室参军。殷浩即殷羡的儿子，和豫章太守褚裒、丹阳丞杜乂都因见识清晰、气度弘远，善于进谈《老子》《周易》，在江东负有盛名，而殷浩尤其被风流雅士所推重。褚裒即褚䂮的孙子，杜乂即杜锡的儿子。桓彝曾经评论褚裒说："褚季野有皮里《春秋》。"是说他表面不作评论，但内心却有所褒贬。谢安说："褚裒虽然不说话，但气度弘远。"

成汉主李雄的儿子、车骑将军李越驻屯江阳，回到成都奔父丧。他认为太子李班不是李雄亲生，心中不服，和兄弟、安东将军李期阴谋作乱。李班的兄弟李玝劝李班遣送李越回江阳，让李期出任梁州刺史，镇守葭萌。但李班因为父亲未安葬，不忍心遣返，推心置腹地对待他们，没有任何猜忌和疏远，让李玝离开成都，驻屯于涪。冬季，十月，癸亥朔，李越乘李班夜间哭吊，将他杀死在殡宫，同时杀死李班的兄长、领军将军李都。矫称太后任氏的诏令，罗列李班的罪状，因而废黜其位。

当初，李期的生母冉氏身份低贱，认任氏为养母，由任氏抚养。李期多才多艺，有好名声。李班死后，众人打算立李越为国主，李越推奉李期，立他为国主。甲子（十月二十四日），李期即帝位。为李班赐谥号为戾太子。李期任命李越为相国，封建宁王，授予大将军李寿大都督，改封汉王，都录尚书事。

后赵国主石弘自己携带印玺到魏宫，请求将君位禅让给丞相石虎。石虎说："帝王的大业，天下人自会有公议，为什么自己选择这样做呢！"石弘流着眼泪回宫，对太后程氏说："先帝的骨肉真的不会再遗存了！"此时尚书奏议说："魏王请您依照唐尧、虞舜的禅让旧例行事。"石虎说："石弘愚昧昏暗，服丧无礼，应当将他废黜，谈什么禅让！"十一月，石虎派郭殷进宫，废黜石弘为海阳王。石弘缓步就车，神色从容，对群臣们说："我庸碌愚昧不堪继承皇帝大统，还有什么可说的。"群臣人人流泪，宫女恸哭。群臣到魏宫进劝石虎即位。石虎说："皇帝是美盛品德的称号，不是我敢承受的，暂且可以称作居摄赵天王。"石虎将石弘和太后程氏、秦王石宏、南阳王石恢幽禁在崇训宫，不久全数杀害。

西羌大都督姚弋仲称病不来朝贺，石虎屡次相召，这才前来。姚弋仲表情端庄严肃地对石虎说："我经常说大王是闻名于世的英雄，怎么握着手臂受托辅佐遗孤，反而夺人君位呢？"石虎说："我哪里喜欢这样做！不过海阳王年少，恐怕不能治理家事，所以代替他罢了。”石虎心中虽然怨怒不平，但看姚弋仲为人诚恳实在，也不加罪于他。

晋成帝咸康元年（乙未，公元335年）

司徒王导因为身患手足麻木之病，不能参与朝会。三月，乙酉（十七日），成帝驾临他的宅府，和群臣在内府宴饮，向王导及妻子曹氏行拜礼。侍中孔坦私下写表文恳切劝谏，认为元帝刚刚加冠，举动应当遵从礼仪，成帝应从。孔坦又因为成帝将朝政委付王导，缓缓进言说：“陛下年龄渐大，聪明、端肃每日俱进，应当广泛听取群臣的意见，征询正确美好的办法。”王导听说后憎恶孔坦，调出孔坦任廷尉。孔坦不得志，称病辞职。

九月，赵王石虎迁都于邺，实行大赦。

当初，后赵国主石勒因为天竺僧人佛图澄预先陈言事情的成败，多次得到验证，恭敬地侍奉他。石虎即位后，侍奉他更为恭谨，让他穿绫锦，乘雕辇。到朝会的日子，太子、各位公卿扶持上殿，掌管朝仪的人唱名说：“大和尚。”满座都起身。石虎让司空李农早晚问候佛图澄的起居，太子、公卿每五天朝见他一次。国内人受此影响，大多崇尚佛教，佛图澄所在之处，无人敢朝着那个方面吐口水。大家争着建造寺庙，削发出家。石虎因为拜佛出家的人真伪杂混，有的借此躲避赋税和徭役，干不法的勾当，于是下诏书问中书说：“佛教是国家所尊奉的，里闾平民百姓没有官爵的人，是否应当事佛？”著作郎王度等人评议说：“君王的祭祀，有典制礼仪可供遵循。佛是外国的神灵，不是天子和各华夏民族所应祠奉的。汉朝佛教开始传入，当时只是允许西域人在都邑建立寺庙来祠奉，汉人都不让出家，魏朝也是这样。现在应当禁止公卿以下的人等，不让他们到寺庙烧香、拜佛；凡赵国人当和尚的，都恢复原先的服饰。”石虎下诏说：“朕出生在边鄙之地，愧为华夏民族的君上，至于祭祀，应当遵从本来的习俗。凡夷族、赵国百姓乐意尊崇佛教的，特别听任其便。”

成汉太子李班的舅父罗演和汉王相、天水人上官澹图谋杀死成汉国主李期，立李班的儿子为王。事情败露，李期杀死罗演、上官澹及李班生母罗氏。

李期自以为志得意满，轻视各位旧臣，听信重用尚书书令景骞、尚书姚华、田褒、中常侍许涪等人，刑罚赏赐之类的重大政事，都由这几个人决断，很少再向公卿咨询。田褒没有别的才能，曾经劝说成汉主李雄册立李期为太子，所以得宠。由此朝廷的法度毁圮紊乱，李雄创下的基业开始衰败。

当初，张轨及两个儿子张寔、张茂虽然据守河右，但每年都有战事。至张骏继位，境内渐渐平定。张骏辛勤治理各种政事，总领文武官员，让他们各得其用，民富兵强，远近之人都称他为贤君。张骏派部将杨宣攻伐龟兹、鄯善，于是西域各国如焉耆，于寘之类，都赴姑臧朝贡。张骏在姑臧城南建造五座宫殿，官属都自称为臣。

张骏有兼并秦州、雍州的志向，派参军麹护向东晋上疏，认为："石勒、李雄死后，石虎、李期继承叛逆，万民离开了君主，逐渐经过了一代人。先生老辈衰老死亡，后生小辈不知旧事，仰慕思恋之心，一天天疏远、一天天淡忘。乞请敕令司空郗鉴、征西将军庾亮等泛舟于长江、沔水，与我互相呼应，同时发动。"

二年（丙申，公元336年）

慕容皝准备讨伐慕容仁，司马高诩说："慕容仁背叛和抛弃君主亲人，神灵和士民共同恨怒，此前海水从未冻冰，自从慕容仁反叛以来，连续结冻已经三年了。况且慕容仁专门防备陆路，上天大概是想让我们乘海结冰时去袭击他吧。"慕容皝听从了他的意见。众僚佐都说由冰上过海是危险的事，不如改走陆路。慕容皝说："我计议已定，敢阻拦的人斩首！"

壬午（十九日），慕容皝率领其弟、军师将军慕容评等从昌黎东行踏冰前进，共三百多里。到历林口，舍弃辎重，轻兵赶赴平郭。离城七里，侦察骑兵告知慕容仁，慕容仁勉强迎战。张英掳获段氏、宇文氏使者的时候，慕容仁怨恨自己没有穷追不舍；等到慕容皝前来时，慕容仁以为慕容皝又派遣一小部分军队轻装出发侵扰劫掠，不知道慕容皝亲自前来，对左右侍从说："这回应当让他们连一匹马都回不去！"乙未，慕容仁倾其士众在城西北结阵，慕容军率其所部归降慕容皝，慕容仁的兵众气馁骚动，慕容皝乘机纵兵攻袭，重创敌军。慕容仁逃跑，其军中吏众全部反叛，于是被擒获，慕容皝先为他斩杀了军中反叛的人，然后赐慕容仁死。丁衡、游毅、孙机等人，都是慕容仁所信任重用的，被慕容皝擒获斩首，王冰自杀。慕容幼、慕容稚、佟寿、郭充、翟楷、庞鉴等人都向东逃亡，慕容幼中途返回。慕容皝的军队追上翟楷、庞鉴，将其斩首。佟寿、郭充逃奔高丽。其余被慕容仁贻误连累的吏民，慕容皝都予以赦免。封高诩为汝阳侯。

三年（丁酉，公元337年）

后赵太子石邃素来骁勇，后赵王石虎宠爱他。石虎经常对大臣们说："司马氏父子兄弟自相残杀，所以朕得以有今天。而朕岂有杀石邃的道理呢！"后来，石邃骄淫残忍，喜欢将美丽的姬妾装饰打扮起来，然后斩下首级，洗去血污，盛放在盘子里，与宾客们互相传览，再烹煮姬妾身体上的肉共同品尝。河间公石宣、乐安公石韬都得到石虎的宠爱，石邃恨之如仇敌。石虎沉溺于酒色，喜怒无常。他让石邃省视决断尚书奏事，常常当石邃有事禀报时，石虎便不满地说："这种小事，怎么值得禀报！"有时听不到石邃的禀报，又不满地说："为什么不禀报！"于是对石邃谴责斥骂、鞭打杖击，一月之中多次发生。石邃私下对中庶子李颜等人说："天子的心志难以满足，我想干冒顿那样的事情，你们跟我干吗？"李颜等人伏地不敢回答。秋季，七月，石邃称病不理政事，秘密带领宫内大臣、文武官员五百多人骑马到李颜的别宅饮酒，乘机对李颜等人说："我想到冀州杀死河间公石宣，有胆敢不跟从的斩首！”出行数里后，众人都逃散。李颜跪地叩头，极力谏止，石邃也就昏昏欲醉地返回。石邃的母亲郑氏听说此事，私下派遣身边的人责问石邃。石邃发怒，杀死来人。佛图澄对石虎说：“陛下不宜经常去东宫。”石虎本来准备探视石邃的病情，想到佛图澄的话，便返回宫中。接着瞪大眼睛高声说：“我是天下人的君主，父子都不能互相信任吗！”于是让自己所亲近信任的女尚书前往察看。石邃喊她近前谈话，乘势拔剑刺击。石虎发怒，拘捕李颜等人诘问，李颜原原本本述说了原委，石虎便杀死李颜等三十多人，把石邃幽禁在东宫，不久又赦免其罪，在太武东堂召见他。石邃朝见时不谢罪，顷刻便离去。石虎让人对他说：“太子应召朝见皇后，怎么可以急遽离开！”石邃头也不回，径直出宫。石虎勃然大怒，废黜石邃为庶人。当夜，杀死石邃和妃子张氏，连同男女共二十六人合葬在一口棺材内，并诛杀石邃宫臣中的门党二百多人，废黜郑皇后为东海太妃。石虎立儿子石宣为天王皇太子，石宣的母亲杜昭仪被封为天王皇后。

九月，镇军左长史封奕等劝慕容皝称燕王，慕容皝听从了。于是设置各个官署，让封奕出任国相，韩寿任司马，裴开任奉常，阳骛任司隶，王寓任太仆，李洪任大理，杜群任纳言令，宋亥、刘睦、石琮任常伯，皇甫真、阳协任冗骑常侍，宋晃、平熙、张泓为将军，封裕任记室监。李洪即李臻的孙子；宋晃即宋奭的儿子。冬季，十月，丁卯（十四日），慕容皝即前燕王位，实行大赦。十一月，甲寅，追尊武宣公慕容廆为武宣王，夫人段氏称为武宣后。又立自己的夫人段氏为王后，册立世子慕容儁为王太子，效仿魏武帝、晋文帝辅佐朝政之例。

第九十六卷

晋纪十八

译文诵读

显宗成皇帝中之下咸康四年（戊戌，338）

夏，四月，癸丑。以慕容皝为征北大将军、幽州牧，领平州刺史。

成主期骄虐日甚，多所诛杀，而籍没其资财、妇女，由是大臣多不自安。汉王寿素贵重，有威名，期及建宁王越等皆忌之。寿惧不免，每当入朝，常诈为边书，辞以警急。

初，巴西处士龚壮，父、叔皆为李特所杀。壮欲报仇，积年不除丧。寿数以礼辟之，壮不应；而往见寿，寿密问壮以自安之策。壮曰："巴、蜀之民本皆晋臣，节下若能发兵西取成都，称藩于晋，谁不争为节下奋臂前驱者！如此则福流子孙，名垂不朽，岂徒脱今日之祸而已！"寿然之。阴与长史略阳罗恒、巴西解思明谋攻成都。

期颇闻之，数遣许涪至寿所，伺其动静；又鸩杀寿养弟安北将军攸。寿乃诈为妹夫任调书，云期当取寿；其众信之，遂帅步骑万余人自涪袭成都，许赏以城中财物；以其将李奕为前锋。期不意其至，初不设备。寿世子势为翊军校尉，开门纳之，遂克成都，屯兵宫门。期遣侍中劳寿。寿奏建宁王越、景骞、田褒、姚华、许涪及征西将军李遐、将军李西等怀奸乱政，皆收杀之。纵兵大掠，数日乃定。寿矫以太后任氏令废期为邛都县公，幽之别宫。追谥戾太子曰哀皇帝。

罗恒、解思明、李奕等劝寿称镇西将军、益州牧、成都王，称藩于晋，送邛都公于建康；任调及司马蔡兴、侍中李艳等劝寿自称帝。寿命筮之，占者曰："可数年天子。"调喜曰："一日尚足，况数年乎！"思明曰："数年天子，孰与百世诸侯？"寿曰："朝闻道，夕死可矣。"遂即皇帝位。改国号曰汉，大赦，改元汉兴。以安车束帛征龚壮为太师；壮誓不仕，寿所赠遗，一无所受。

赵王虎以燕王皝不会赵兵攻段辽而自专其利，欲伐之。太史令赵揽谏曰："岁星守燕分，师必无功。"虎怒，鞭之。

皝闻之，严兵设备；罢六卿、纳言、常伯、冗骑常侍官。赵戎卒数十万，燕人震恐。皝谓内史高诩曰："将若之何？"对曰："赵兵虽强，然不足忧，但坚守以拒之，无能为也。”

戊子，赵兵进逼棘城。燕王皝欲出亡，帐下将慕舆根谏曰：“赵强我弱，大王一举足则赵之气势遂成，使赵人收略国民，兵强谷足，不可复敌。窃意赵人正欲大王如此耳，奈何入其计中乎！今固守坚城，其势百倍，纵其急攻，犹足枝持，观形察变，间出求利；如事之不济，不失于走，奈何望风委去，为必亡之理乎！”皝乃止，然犹惧形于色。玄菟太守河间刘佩曰：“今强寇在外，众心恟惧，事之安危，系于一人。大王此际无所推委，当自强以厉将士，不宜示弱。事急矣，臣请出击之，纵无大捷，足以安众。”乃将敢死数百骑出冲赵兵，所向披靡，斩获而还，于是士气自倍。皝问计于封奕，对曰：“石虎凶虐已甚，民神共疾，祸败之至，其何日之有！今空国远来，攻守势异，戎马虽强，无能为患；顿兵积日，衅隙自生，但坚守以俟之耳。”皝意乃安。或说皝降，皝曰：“孤方取天下，何谓降也！”

赵兵四面蚁附缘城，慕舆根等昼夜力战；凡十余日，赵兵不能克，壬辰，引退。皝遣其子恪帅二千骑追击之，赵兵大败，斩获三万余级。赵诸军皆弃甲逃溃，惟游击将军石闵一军独全。闵父瞻，内黄人，本姓冉，赵主勒破陈午，获之，命虎养以为子。闵骁勇善战，多策略，虎爱之，比于诸孙。

八月，蜀中久雨，百姓饥疫。寿命群臣极言得失。龚壮上封事称：“陛下起兵之初，上指星辰，昭告天地，歃血盟众，举国称藩，天应人悦，大功克集；而论者未谕，权宜称制。今淫雨百日，饥疫并臻，天其或者将以监示陛下故也。愚谓宜遵前盟，推奉建康，彼必不爱高爵重位以报大功；虽降阶一等，而子孙无穷，永保福祚，不亦休哉！论者或言二州附晋则荣，六郡人事之不便。昔公孙述在蜀，羁客用事，刘备在蜀，楚士多贵。及吴、邓西伐，举国屠灭，宁分客主！论者不达安固之基，苟惜名位，以为刘氏守令方仁州郡；曾不知彼乃国亡主易，岂同今日义举，主荣臣显哉！论者又谓臣当为法正。臣蒙陛下大恩，恣臣所安；至于荣禄，无问汉、晋，臣皆不处，复何为效法正乎！”寿省书内惭，秘而不宣。

初，代王猗卢既卒，国多内难，部落离散，拓跋氏浸衰。及什翼犍立，雄勇有智略，能修祖业，国人附之；始置百官，分掌众务。以代人燕凤为长史，许谦为郎中令。始制反逆、杀人、奸盗之法，号令明白，政事清简，无系讯连逮之烦，百姓安之。于是东自涉貊，西及破落那，南距阴山，北尽沙漠，率皆归服，有众数十万人。

五年（己亥，339）

燕前军师慕容评、广威将军慕容军、折冲将军慕舆根、荡寇将军慕舆埿袭赵辽西，俘获千余家而去。赵镇远将军石成、积弩将军呼延晃、建威将军张支等追之，评等与战，斩晃、支首。

秋，七月，赵王虎以太子宣为大单于，建天子旌旗。

庚申，始兴文献公王导薨，丧葬之礼视汉博陆侯及安平献王故事，参用天子之礼。

初，导与庾亮共荐丹杨尹何充于帝，请以为己副，且曰："臣死之日，愿引充内侍，则社稷无虞矣。"由是加吏部尚书。及导薨，征庾亮为丞相、扬州刺史、录尚书事；亮固辞。辛酉，以充为护军将军；亮弟会稽内史冰为中书监、扬州刺史，参录尚书事。

冰既当重任，经纶时务，不舍昼夜，宾礼朝贤，升擢后进，由是朝野翕然称之，以为贤相。初，王导辅政，每从宽恕；冰颇任威刑，丹杨尹殷融谏之。冰曰："前相之贤，犹不堪其弘，况如吾者哉！"范汪谓冰曰："顷天文错度，足下宜尽消御之道。"冰曰："玄象岂吾所测，正当勤尽人事耳。"又隐实户口，料出无名万余人，以充军实。冰好为纠察，近于繁细，后益矫违，复存宽纵，疏密自由，律令无用矣。

南昌文成公郗鉴疾笃，以府事付长史刘遐，上疏乞骸骨，且曰："臣所统错杂，率多北人，或逼迁徙，或是新附，百姓怀土，皆有归本之心；臣宣国恩，示以好恶，处与田宅，渐得少安。闻臣疾笃，众情骇动，若当北渡，必启寇心。大常臣谟，平简贞正，素望所归，谓可以为都督、徐州刺史。"诏以蔡谟为太尉军司，加侍中。辛酉，鉴薨，即以谟为征北将军、都督徐、兖、青三州诸军事、徐州刺史，假节。

赵王虎患贵戚豪恣，乃擢殿中御史李巨为御史中丞，特加亲任，中外肃然。虎曰："朕闻良臣如猛虎，高步旷野而豺狼避路，信哉！"

燕皝王自以称王未受晋命，冬，遣长史刘翔、参军鞠运来献捷论功，且言权假之意，并请刻期大举，共平中原。

六年（庚子，340）

春，正月，庚子朔，都亭文康侯庾亮薨。以护军将军、录尚书何充为中书令。庚戌，以南郡太守庾翼为都督江、荆、司、雍、梁、益六州诸军事、安西将军、荆州刺史、假节，代亮镇武昌。时人疑翼年少，不能继其兄。翼悉心为治，戎政严明，数年之间，公私充实，人皆称其才。

宇文逸豆归忌慕容翰才名；翰乃阳狂酣饮，或卧自便利，或被发歌呼，拜跪乞食。宇文举国贱之，不复省录，以故得行来自遂，山川形便，皆默记之。燕王皝以翰初非叛乱，以猜嫌出奔，虽在他国，常潜为燕计，乃遣商人王车通市于宇文部以窥翰。翰见车，无言，抚膺颔之而已。皝曰："翰欲来也。"复使车迎之。翰弯弓三石余，矢尤长大，皝为之造可手弓矢，使车埋于道旁而密告之。二月，翰窃逸豆归名马，携其二子过取弓矢，逃归。逸豆归使骁骑百余追之。翰曰："吾久客思归，既得上马，无复还理。吾向日阳愚以诳汝，吾之故艺犹在，无为相逼，自取死也！"追骑轻之，直突而前。翰曰："吾居汝国久恨恨，不欲杀汝。汝去我百步立汝刀，吾射之，一发中者汝可还，不中者可来前。"追骑解刀立之，一发，正中其环；追骑散走。皝闻翰至，大喜，恩愚甚厚。

赵王虎以秦公韬为太尉，与太子宣迭日省可尚书奏事，专决赏刑，不复启白。司徒申钟谏曰："赏刑者，人君之大柄，不可以假人，所以防微杜渐，消逆乱于未然也。太子职在视膳，不当豫政；庶人邃以豫政致败，覆车未远也。且二政分权，鲜不阶祸。爱之不以道，适所以害之也。"虎不听。

七年（辛丑，341）

春，正月燕王皝使唐国内史阳裕等筑城于柳城之北，龙山之西，立宗庙、宫阙，命曰龙城。

刘翔至建康，帝引见，问慕容镇军平安。对曰："臣受遣之日，朝服拜章。"

翔为燕王皝求大将军、燕王章玺。朝议以为："故事：大将军不处边；自汉、魏以来，不封异姓为王；所求不可许。"翔曰："自刘、石构乱，长江以北，翦为戎薮，未闻中华公卿之胄有一人能攘臂挥戈，摧破凶逆者也。独慕容镇军父子竭力，心存本朝，以寡击众，屡殄强敌，使石虎畏惧，悉徙边陲之民散居三魏，蹙国千里，以蓟城为北境。功烈如此，而惜海北之地不以为封邑，何哉？昔汉高祖不爱王爵于韩、彭，故能成其帝业；项羽刓印不忍授，卒用危亡。吾之至心，非苟欲尊其所事，窃惜圣朝疏忠义之国，使四海无所劝慕耳。"

翔疾江南士大夫以骄奢酣纵相尚，尝因朝贵宴集，谓何充等曰："四海板荡，奄逾三纪，宗社为墟，黎民涂炭，斯乃庙堂焦虑之时，忠臣毕命之秋也。而诸君宴安江沱，肆情纵欲，以奢靡为荣，以傲诞为贤；謇谔之言不闻，征伐之功不立，将何以尊主济民乎！"充等甚惭。

汉主寿以其太子势领大将军、录尚书事。初，成主雄以俭约宽惠得蜀人心。及李闳、王嘏还自邺，盛称邺中繁庶，宫殿壮丽；且言赵王虎以刑杀御下，故能控制境内。寿慕之，徙旁郡民三丁以上者以实成都，大修宫室，治器玩；人有小过，辄杀以立威。左仆射蔡兴、右仆射李嶷皆坐直谏死。民疲于赋役，吁嗟满道，思乱者众矣。

晋成帝咸康四年（戊戌，公元338年）

夏季，四月，癸丑（初三）。晋朝廷任命慕容皝为征北大将军、幽州牧，兼领平州刺史。

成汉国主李期日益骄纵暴虐，多所诛杀，收被杀者的资财和妻女入宫，因此大臣们大多惶恐不安。汉王李寿素来职高位重，享有盛名，李期和建宁王李越等都忌惮他。李寿害怕自己不能免祸，每逢入宫朝见，常伪做边境告急文书，以警讯紧急为由推辞不来。

当初，巴西处士龚壮的父亲、叔父都被李特所杀，龚壮意欲报仇，多年不除丧服。李寿多次按照礼仪征召他为官，龚壮不应召。此时龚壮前往拜见李寿，李寿悄悄地向龚壮询问自我保全的方法。龚壮说："巴蜀的民众本来都是晋王室的臣民，您如果能够发兵西取成都，向晋朝称臣，谁不争着做您奋臂而起的前驱呢！这样福泽便可延续到子孙，名垂不朽，哪里只是摆脱今日的祸患而已呢！"李寿颇以为然，与长史、略阳人罗恒，巴西人解思明秘密商议进攻成都。

李期对此颇有耳闻，多次派许涪到李寿住地观察动静，又毒死李寿的养弟、安北将军李攸。李寿于是伪造妹夫任调来信。说李期将要攻取李寿，李寿的部众信以为真。李寿于是率领步、骑兵一万多人由涪地出发，偷袭成都，并许愿用城中财物作为对部众的奖赏。让部将李奕充任前锋。李期没料想李寿突然到达，完全没有防备。李寿的世子李势任翊军校尉，打开城门迎接李寿，于是攻克成都，屯兵于宫室门前。李期派侍中犒劳李寿。李寿奏称建宁王李越、景骞、田褒、姚华、许涪以及征西将军李遐、将军李西等人心怀不轨，扰乱朝政，将他们全部拘捕处决。然后放纵士兵大肆劫掠，数日后才平定。李寿又矫称奉太后任氏令，废黜李期为邛都县公，幽禁在别宫中，追谥戾太子为哀皇帝。

罗恒、解思明、李奕等劝李寿自称镇西将军、益州牧、成都王，向晋王室称藩，把邛都公李期送到建康，而任调和司马蔡兴、侍中李艳等劝李寿自己称帝。李寿令人为此占筮，占者说："可以当几年天子。"任调高兴地说："能当一天便可满足，何况几年呢！"解思明说："几年天子，怎么比得上百世诸侯？"李寿说："早上听到道义，晚上死了也行。"于是即帝位，改国号为汉，实行大赦，改年号为汉兴。李寿用安车、束帛征召龚壮任太师，龚壮誓死不肯出仕，对李寿所馈赠的礼物，一概不接受。

后赵王石虎因为前燕王慕容皝没有会合后赵的军队攻击段辽，却独自占有掳获的民众和畜产，因而打算讨伐他。太史令赵揽劝谏说："岁星正当燕国的分野，出师必然无功。"石虎发怒，鞭击他。

慕容皝听说此事，调集军队严加设防。废除了六卿、纳言、常伯、冗骑常侍官职。后赵的军队有数十万人，前燕国民众大为恐慌。慕容皝对内史高诩说："我们将怎么办？"高诩回答说："赵军虽然强大，但不值得忧虑，只要坚固防守来抵御，他们便无所作为。"

戊子（五月初九），后赵军进逼棘城。前燕王慕容皝打算离城逃亡，军中将领慕舆根劝谏说："现在正当敌强我弱，大王一抬脚那么赵军的气势便养成了。如果让赵人拥有并安定了国民，兵强粮足，就无法再与之抗衡了。我私下认为赵人正希望大王这么做，为何中他们的计呢！如今牢牢守住坚固的城堡，气势便增强百倍，纵然赵军猛烈进攻，也还足以支持。再观察形势的变化，伺机出击求取利益。如果事情难以成功，也还可以逃走，为何要望风而逃自己造就必定亡国的局势呢！"慕容皝这才中止逃亡的计划，但犹豫、恐惧仍然形于颜色。玄菟太守、河间人刘佩说："现在强寇在外，人心恐惧难安，事情的安危，都系于您一人之身。大王在此时无可推诿，应当自我勉励以鼓舞将士，不应当显示出怯弱。现在事情很危急了，我请求出击敌军，即使不能大胜，也足以安定人心。"于是带领几百名不怕死的骑兵出城冲击后赵军，所向披靡，各有斩获，然后返回，前燕军士气因此大盛。慕容皝向封奕询问对策，封奕回答说："石虎的凶残暴虐早已过头，人神共愤，灾祸、败亡的降临，指日可待！现在倾国远来，但进攻和防守的情势并不一样，攻难守易，敌军兵马虽强，但并不能成为祸患。他们在此滞留多日后，矛盾和隔阂就自然产生，我们只需坚守等待而已。"慕容皝这才心安。有人劝说慕容皝投降，慕容皝说："孤正要夺取天下，说什么投降！"

后赵军从四面如同蚂蚁一样攀登城墙，慕舆根等昼夜力战十几天，后赵军不能取胜。壬辰（十三日），后赵军退却。慕容皝派儿子慕容恪率领二千骑兵追袭，后赵军大败，斩获首级三万多。后赵各路军队都弃甲溃逃，只有游击将军石闵带领的一支军队未遭创伤。石闵的父亲名瞻，是内黄人，本来姓冉。当年后赵国主石勒攻破陈午，掳获石闵，令石虎把他当做自己的儿子收养。石闵骁勇善战，多计谋，石虎宠爱他，如同对自己的孙子们一样。

八月，蜀地阴雨连绵，百姓饥荒，疫病流行。李寿下令让群臣尽情陈述朝政的得失。龚壮呈上的密封章奏说："陛下当初起兵时，上指星辰，明白地求告天地，歃血与士众盟誓，将举国向晋室称臣，上天感应，人民喜悦，这才大功告成。但议论者不明其理，以至陛下随从事势即位称制。现在淫雨连绵百日，饥荒和疫病同时降临，这大概是上天想以此向陛下示戒的缘故。我认为应当遵守原先的盟誓，推重和尊奉在建康的晋王室，他们必定不会吝惜高厚的爵位、重要的职务来报答您的大功。虽然地位降低一等，但子子孙孙可以永久地保住福祚，不也很好吗！论议者中有人说梁州、益州归附晋室可以得到荣宠，其余六郡在人事安排上多有不便。当初公孙述在蜀地，以羁留客居的身份任职；刘备在蜀地，楚国的士人大多显贵。等到吴汉、邓艾向西征伐，蜀汉全国被屠灭，又怎能分别出客与主？论议者不明白安定稳固的根本，吝惜已有的名位，认为刘备的守令均任职于州郡，竟然不知道他们是国家灭亡，君主改易，哪里比得上今天的义举，能使君主荣耀，臣下显赫呢！论议者又认为我应当效法法正。我蒙受陛下的大恩，听任、放纵我安居世外，至于荣耀俸禄，无论是在汉还是在晋，我都不想得到，又为什么要效法法正呢？"李寿看完奏章后内心惭愧，秘密扣下不予宣示。

当初，代王拓跋猗卢死后，国家内乱频仍，部落离散，拓跋氏逐渐衰微。等到拓跋什翼犍即位，雄健勇悍而有智谋，能够发展祖先遗业，国人都归附他。此时开始设置百官，分别掌管政务，任命代人燕凤为长史，许谦为郎中令。开始制定惩治反逆、杀人、奸盗的法律，法令明了，政事清简，没有囚禁株连的烦扰，百姓安居乐业。于是东边起自涉貊，西边远及破落那，南方到达阴山，北方直至沙漠，众人全都归服，拥有士众数十万人。

五年（己亥，公元339年）

前燕国前军师慕容评、广威将军慕容军、折冲将军慕舆根、荡寇将军慕舆埿攻袭赵的辽西，俘获民众一千多家后离去。后赵镇远将军石成、积弩将军呼延晃、建威将军张支等人追击，慕容评等同他们交战，斩杀呼延晃和张支。

秋季，七月，后赵王石虎任太子石宣为大单于，树立天子旌旗。

庚申（七月十八日），始兴文献公王导去世，丧葬的礼仪比照汉代博陆侯霍光和安平献王刘孚的旧例，参用天子的礼节。

当初，王导和庾亮共同向成帝举荐丹杨尹何充，请求作为自己的副职，并且说："我死的时候，希望提拔何充到内廷供职，那么国家就无可忧虑了。"因此授予何充吏部尚书。王导去世后，成帝征召庾亮担任丞相、扬州刺史、录尚书事，庾亮固辞不受。辛酉（七月十九日），任用何充为护军将军，庾亮的兄弟、会稽内史庾冰任中书监、扬州刺史、参录尚书事。

庾冰担当重任后，治理政务不分昼夜，对朝廷贤臣彬彬有礼，提拔后进，因此朝野人士都同声称赞，认为他是贤相。当初，王导辅佐朝政，每每采取宽恕态度。庾冰则时常依靠威严刑令，丹杨尹殷融劝谏他，庾冰说："凭以前丞相那样的贤良，尚且不能胜任宽弘，何况像我这样的人呢！"范汪对庾冰说："不久前天象错乱失度，足下应当采取消除、防御的对策。"庾冰说："玄奥的天象岂是我所能测知的，这正应当勤奋地兢尽人事。"庾冰又审度核实户口，清理出没有姓名的人一万多名，用以充实军队。庾冰喜好举发检察，近于繁细，后来矫枉过正，又宽松纵容，更加远离正道。宽松或是严密，均出自己意，因此律令便没有用了。

南昌文成公郗鉴病重，将幕府事务交给长史刘遐，自己上疏乞求卸职，而且说："我所统领的人员错综杂乱，一般来说北方人居多，有的是受威逼迁来的，有的是新近归附的，百姓心恋故土，都有归本的心愿。我宣扬国家的恩德，晓谕好恶之别，分给他们田地住宅，这才逐渐换得稍稍的平定。听说我病重，众人心情惊骇骚动，如果真的向北渡江，必然引动敌人侵犯的心思。太常蔡谟平简贞正，为时望所归，我认为可以出任都督及徐州刺史。"成帝下诏任蔡谟为太尉军司，授予侍中。辛酉，郗鉴去世，当即任命蔡谟为征北将军，都督徐州、兖州、青州诸军事，徐州刺史，假节。

后赵王石虎忧虑贵戚们狂放恣肆，于是提升殿中御史李巨为御史中丞，特别加以宠爱和信任，朝廷内外为此肃然。石虎说："我听说良臣如同猛虎，信步行走于旷野，豺狼因此避开行路，的确如此！"

前燕王慕容皝自认为称王没有受晋王室的任命，冬季，派长史刘翔、参军鞠运前来进献俘虏和战利品、报告功绩，并且说明假摄称王的意愿。又请求约定日期，大举起兵，共同平定中原。

六年（庚子，公元340年）

春季，正月，庚子朔（初一），都亭文康侯庾亮去世。成帝任用护军将军、录尚书何充为中书令。庚戌（十一日），任命南郡太守庾翼为都督江州、荆州、司州、雍州、梁州、益州诸军事及安西将军荆州刺史、假节，代替庾亮镇守武昌。当时人怀疑庾翼年轻，不能继承他兄长庾亮的业绩。庾翼尽心治理，军务和政务都很严明，数年之间，官府和私人资用充实，众人都称赞他的才能。

宇文逸豆归妒忌慕容翰的才能、名望，慕容翰便佯装癫狂，终日酣饮，有时躺着就大、小便，有时又披散头发，大声歌呼，跪拜乞食。宇文部全国都看不起他，对他不再检视省察。慕容翰因此可以来往自由，把宇文部的山川形势，都默记在心。前燕王慕容皝因为慕容翰当初并非叛乱，是因为心有猜忌才出逃，虽然居住别国，但经常悄悄地为前燕国打算，于是派商人王车到宇文部经商，借此观测慕容翰的心意。慕容翰见到王车，不说话，只是捶击胸部颔首而已。慕容皝说："慕容翰想回来了。"又让王车去迎接他归来。慕容翰拉弓的力量达三石多，箭身尤为长大，慕容皝为他制造了可手的弓箭，让王车埋在道路旁边，悄悄告诉慕容翰。二月，慕容翰偷出宇文逸豆归的名马，携同两个儿子到路边取出弓箭，上马逃归。宇文逸豆归派骁勇骑兵一百多人追赶，慕容翰说："我长久客居他国，现在想回乡，既然已经上马，就再没有回去的道理。我过去每天佯装痴呆欺蒙你们，其实我以往的技艺并未丢失，你们不要逼迫我，那是自寻死路。"追来的骑兵小看慕容翰，径直奔驰而来。慕容翰说："我长久居住在你们国家，心存依恋之情，不想杀死你们，你们离开我一百步把刀树立起来，让我用箭射击，如果一发便射中，你们便可以返回；如果射不中，你们便可以前来抓我。"追来的骑兵解下佩刀插在地上，慕容翰射出一枝箭，正中刀环，追来的骑兵四散逃走。慕容皝听说慕容翰到来，大为喜悦，对他的礼遇很优厚。

后赵王石虎任用秦公石韬为太尉，石韬和太子石宣两人按日轮换省视、裁决尚书的奏事，可以独自决定赏赐或刑罚，不再向石虎禀报。司徒申钟劝谏石虎说："赏赐或刑罚，是人君掌握的大权，不能交给别人，这是用以防微杜渐，将逆乱消灭于未然的办法。太子的职责在于侍养父母，不应当参与朝政。庶人石邃因为参与朝政而招致失败，前车之鉴距今不远。而且由二人掌握朝政，权力分散，很少有不发生祸患的。爱他们却不知怎么爱，这正是害了他们的根由。"石虎不听。

七年（辛丑，公元341年）

春季，正月，前燕王慕容皝让唐国内史阳裕等人在柳城以北、龙山的西面修建城郭，设立宗庙和宫阙，命名为龙城。

刘翔到达建康，成帝召见，询问慕容皝平安与否。刘翔回答说："我接受派遣时，他身穿朝服，向南方拜授章表。"

刘翔为前燕王慕容皝请求大将军及燕王的章玺。朝廷论议认为："按旧例，大将军不委派到边关。从汉、魏以来，不封异姓为王，所请求的事情不能许可。"

刘翔说："自从刘氏、石氏作乱，长江以北之地，完全成为战乱渊薮，从未听说华夏公卿的后裔中有一人能够捋袖伸臂，挥动兵戈，摧毁凶逆之徒。只有慕容氏父子竭尽心力，心怀本朝，以少击多，多次歼灭强敌，使得石虎畏惧，把边陲的民众全部迁徙，让他们散居在魏郡、阳平、广平一带，国土因而缩小千里，以至蓟城成为他们北方的边境。慕容皝功绩如此显赫，朝廷却吝惜渤海以北的土地不让给他作封邑，这是为什么？当初汉高祖不吝啬王位，授予韩信、彭越，所以能够成就帝业；项羽把官印藏到棱角都磨损了也不舍得授人，终于导致危亡。我的内心，不只是希望能尊奉所奉事的人，私下还为朝廷疏远忠义的边国、使得四海之人无从劝勉和仰慕深感惋惜。"

刘翔痛恨江南士大夫以骄奢、酣饮、放纵互相推崇，曾经趁着朝廷显贵们宴饮集会之机，对何充等人说："天下反叛、动荡，已超过三十六年，宗庙社稷化为废墟，万民生灵涂炭，这正是朝廷焦虑的时候，忠臣效命的年代。各位君子却在江沱安乐游玩，尽情纵欲，以奢侈靡乱为荣，以桀傲怪诞为贤，忠正耿直的言论不闻于耳，征伐的功绩无从建立，准备靠什么来尊奉主上、救助百姓呢！"何充等人十分惭愧。

成汉国主李寿让太子李势兼领大将军职、录尚书事。当初，成汉国主李雄因俭约宽厚仁惠得蜀民之心，等到李闳、王嘏从邺城归来，盛赞邺中富庶，宫殿壮观华丽，并且说后赵王石虎靠刑罚杀戮驾驭臣下，所以能控制境内。李寿为此倾慕，便将邻近州郡的百姓中，凡每家超出三个以上的壮年男丁，都迁徙来充实成都，大修宫室，制造器玩。人有小过失，就处决以建立威仪。左仆射蔡兴、右仆射李嶷都因直言规谏被杀。百姓因赋税和劳役疲惫不堪，吁嗟叹息声充溢于道路，许多人图谋作乱。

第九十七卷 晋纪十九

译文诵读

显宗成皇帝下咸康八年（壬寅，342）

夏，五月，乙卯，帝不豫。六月，庚寅，疾笃。或诈为尚书符，敕宫门无得内宰相；众皆失色。庾冰曰："此必诈也。"推问，果然。帝二子丕、奕，皆在襁褓。庾冰自以兄弟秉权日久，恐易世之后，亲属愈疏，为他人所间，每说帝以国有强敌，宜立长君；请以母弟琅邪王岳为嗣，帝许之。中书令何充曰："父子相传，先王旧典，易之者鲜不致乱。故武王不授圣弟，非不爱也。今琅邪践阼，将如孺子何！"冰不听。下诏，以岳为嗣，并以奕继琅邪哀王。壬辰，冰、充及武陵王晞、会稽王昱、尚书令诸葛恢并受顾命。癸巳，帝崩。帝幼冲嗣位，不亲庶政；及长，颇有勤俭之德。

甲午，琅邪王即皇帝位，大赦。

冬，十月，燕王皝迁都龙城，赦其境内。

建威将军翰言于皝曰："宇文强盛日久，屡为国患。今逸豆归篡窃得国，群情不附；加之性识庸暗，将帅非才，国无防卫，军无部伍。臣久在其国，悉其地形；虽远附强羯，声势不接，无益救援；今若击之，百举百克。然高句丽去国密迩，常有窥阙之志；彼知宇文既亡，祸将及己，必乘虚深入，掩吾不备。若少留兵则不足以守，多留兵则不足以行。此心腹之患也，宜先除之；观其势力，一举可克。宇文自守之虏，必不能远来争利。既取高句丽，还取宇文，如返手耳。二国既平，利尽东海。国富兵强，无返顾之忧，然后中原可图也。"皝曰："善！"

十一月，皝自将劲兵四万出南道，以慕容翰、慕容霸为前锋；别遣长史王寓等将兵万五千出北道以伐高句丽。高句丽王钊果遣弟武帅精兵五万拒北道，自帅羸兵以备南道。慕容翰等先至，与钊合战，皝以大众继之。左常侍鲜于亮曰："臣以俘虏蒙王国士之恩，不可以不报；今日，臣死日也。"独与数骑先犯高句丽陈，所向摧陷。高句丽陈动，大众因而乘之，高句丽兵大败。左长史韩寿斩高句丽将阿佛和度加，诸军乘胜追之，遂入丸都。钊单骑走，轻车将军慕舆埿追获其母周氏及妻而还。会王寓等战于北道，皆败没，由是皝不复穷追。遣使招钊，钊不出。

赵王虎作台观四十余所于邺，又营洛阳、长安二宫，作者四十余万人；又欲自邺起阁道至襄国，敕河南四州治南伐之备，并、朔、秦、雍严西讨之资，青、冀、幽州为东征之计，皆三五发卒。诸州军造甲者五十余万人，船夫十七万人，为水所没、虎狼所食者三分居一。加之公侯、牧宰竞营私利，百姓失业愁困。贝丘人李弘因众心之怨，自言姓名应谶，连结党与，署置百寮；事发，诛之，连坐者数千家。

虎畋猎无度，晨出夜归，又多微行，躬察作役。侍中京兆韦谀谏曰："陛下忽天下之重，轻行斤斧之间，猝有狂夫之变，虽有智勇，将安所施！又兴役无时，废民耘获，吁嗟盈路，殆非仁圣之所忍为也。"虎赐谀谷帛，而兴缮滋繁，游察自若。

康皇帝建元元年（癸卯，343）

庾翼为人慷慨，喜功名。琅邪内史桓温，彝之子也，尚南康公主，豪爽有风概，翼与之友善，相期以宁济海内。翼尝荐温于成帝曰："桓温有英雄之才，愿陛下勿以常人遇之，常婿畜之；宜委以方、邵之任，必有弘济艰难之勋。"时杜乂、殷浩并才名冠世，翼独弗之重也，曰："此辈宜束之高阁，俟天下太平，然后徐议其任耳。"浩累辞征辟，屏居墓所，几将十年，时人拟之管、葛。江夏相谢尚、长山令王濛常伺其出处，以卜江左兴亡。尝相与省之，知浩有确然之志，既返，相谓曰："深源不起，当如苍生何！"尚，鲲之子也。翼请浩为司马；诏除侍中、安西军司，浩不应。翼遗浩书曰："王夷甫立名非真，虽云谈道，实长华竞。明德君子，遇会处际，宁可然乎！"浩犹不起。

汉主寿卒，谥曰昭文，庙号中宗；太子势即位，大赦。

二年（甲辰，344）

燕王皝与左司马高诩谋伐宇文逸豆归，诩曰："宇文强盛，今不取，必为国患，伐之必克；然不利于将。"出而告人曰："吾往必不返，然忠臣不避也。"于是皝自将伐逸豆归。以慕容翰为前锋将军，刘佩副之；分命慕容军、慕容恪、慕容霸及折冲将军慕舆根将兵，三道并进。高诩将发，不见其妻，使人语以家事而行。

逸豆归遣南罗大涉夜干将精兵逆战，皝遣人驰谓慕容翰曰："涉夜干勇冠三军，宜小避之。"翰曰："逸豆归扫其国内精兵以属涉夜干，涉夜干素有勇名，一国所赖也；今我克之，其国不攻自溃矣。且吾孰知涉夜干之为人，虽有虚名，实易与耳，不宜避之以挫吾兵气。"遂进战。翰自出冲陈，涉夜干出应之；慕容霸从傍邀击，遂斩涉夜干。宇文士卒见涉夜干死，不战而溃；燕军乘胜逐之，遂克其都城。逸豆归走死漠北，宇文氏由是散亡。皝悉收其畜产、资货，徙其部众五千余落于昌黎，辟地千余里。更命涉夜干所居城曰威德城，使弟彪戍之而还。高诩、刘佩皆中流矢卒。

帝疾笃，庾冰、庾翼欲立会稽王昱为嗣；中书监何充建议立皇子聃，帝从之。

九月，丙申，立聃为皇太子。戊戌，帝崩于式乾殿。己亥，何充以遗旨奉太子即位，大赦。由是冰、翼深恨充。尊皇后褚氏为皇太后。时穆帝方二岁，太后临朝称制。

江州刺史庾冰有疾；太后征冰辅政，冰辞，十一月，庚辰，卒。庾翼以家国情事，留子方之为建武将军，戍襄阳；方之年少，以参军毛穆之为建武司马以辅之。穆之，宝之子也。翼还镇夏口。诏翼复督江州，又领豫州刺史。翼辞豫州，复欲移镇乐乡，诏不许。翼仍缮修军器，大佃积谷，以图后举。

孝宗穆皇帝上之上永和元年（乙巳，345）

虎好猎，晚岁，体重不能跨马，乃造猎车千乘，刻期校猎。自灵昌津南至荥阳东极阳都为猎场，使御史监察其中禽兽，有犯者罪至大辟。民有美女、佳牛马，御史求之不得，皆诬以犯兽，论死者百余人。发诸州二十六万人修洛阳宫。发百姓牛二万头配朔州牧官。增置女官二十四等，东宫十二等，公侯七十余国皆九等，大发民女三万余人，料为三等以配之；太子、诸公私令采发者又将万人。郡县务求美色，多强夺人妻，杀其夫及夫自杀者三千余人。至邺，虎临轩简第，以使者为能，封侯者十二人。荆楚、扬、徐之民流叛略尽；守令坐不能绥怀，下狱诛者五十余人。金紫光禄大夫逯明因侍切谏，虎大怒，使龙腾拉杀之。

诏征卫将军褚裒，欲以为扬州刺史、录尚书事。吏部尚书刘遐、长史王胡之说裒曰："会稽王令德雅望，国之周公也，足下宜以大政授之。"裒乃固辞，归藩。壬戌，以会稽王昱为抚军大将军，录尚书六条事。

昱清虚寡欲，尤善玄言，常以刘惔、王濛及颍川韩伯为谈客，又辟郗超为抚军掾，谢万为从事中郎。超，鉴之孙也，少卓荦不羁。父愔，简默冲退而啬于财，积钱至数千万，尝开库任超所取；超散施亲故，一日都尽。万，安之弟也，清旷秀迈，亦有时名。

庾翼既卒，朝议皆以诸庾世在西藩，人情所安，宜依翼所请，以庾爰之代其任。何充曰："荆楚，国之西门，户口百万，北带强胡，西邻劲蜀，地势险阻，周旋万里；得人则中原可定，失人则社稷可忧，陆抗所谓'存则吴存，亡则吴亡'者也，岂可以白面少年当之哉！桓温英略过人，有文武器干，西夏之任，无出温者。"议者又曰："庾爰之肯避温乎？如令阻兵，耻惧不浅。"充曰："温足以制之，诸君勿忧。"

丹杨尹刘惔每奇温才，然后其有不臣之志，谓会稽王昱曰；"温不可使居形胜之地，其位号常宜抑之。"劝昱自镇上流，以己为军司，昱不听；又请自行，亦不听。

以徐州刺史桓温为安西将军、持节、都督荆、司、雍、益、梁、宁六州诸军事、领护南蛮校尉、荆州刺史，爰之果不敢争。

汉主势之弟大将军广，以势无子，求为太弟；势不许。马当、解思明谏曰：

"陛下兄弟不多，若复有所废，将益孤危，"固请许之。势疑其与广有谋，收当、思明斩之，夷其三族。遣太保李奕袭广于涪城，贬广为临邛侯，广自杀。思明被收，叹曰："国之不亡，以我数人在也，今其殆矣！"言笑自若而死。思明有智略，敢谏诤；马当素得人心；及其死，士民无不哀之。

二年（丙午，346）

褚裒荐前光禄大夫顾和、前司徒左长史殷浩。三月，丙子，以和为尚书令，浩为建武将军、扬州刺史。和有母丧。固辞不起，谓所亲曰："古人有释衰绖从王事者，以其才足干时故也；如和者，正足以亏孝道，伤风俗耳。"识者美之。浩亦固辞。会稽王昱与浩书曰："属当厄运，危弊理极，足下沈识淹长，足以经济。若复深存挹退，苟遂本怀，吾恐天下之事于此去矣。足下去就，即时之废兴，则家国不异，足下宜深思之！"浩乃就职。

五月，丙戌，西平忠成公张骏薨。官属上世子重华为使持节、大都督、太尉、护羌校尉、凉州牧、西平公、假凉王；赦其境内；尊嫡母严氏为大王太后，母马氏为王太后。

冬，汉太保李奕自晋寿举兵反，蜀人多从之，众至数万。汉主势登城拒战，奕单骑突门，门者射而杀之，其众皆溃。势大赦境内，改元嘉宁。

势骄淫，不恤国事，多居禁中，罕接公卿，疏忌旧臣，信任左右，谗谄并进，刑罚苛滥，由是中外离心。蜀土先无獠，至是始从山出，自巴西至犍为、梓潼，布满山谷十余万落，不可禁制，大为民患；加以饥馑，四境之内，遂至萧条。

安西将军桓温将伐汉，将佐皆以为不可。江夏相袁乔劝之曰："夫经略大事，固非常情所及，智者了于胸中，不必待众言皆合也。今为天下之患者，胡、蜀二寇而已，蜀虽险固，比胡为弱，将欲除之，宜先其易者。李势无道，臣民不附，且恃其险远，不修战备。宜以精卒万人轻赍疾趋，比其觉之，我已出其险要，可一战擒也。蜀地富饶，户口繁庶，诸葛武侯用之抗衡中夏，若得而有之，国家之大利也。论者恐大军既西，胡必窥觎，此似是而非。胡闻我万里远征，以为内有重备，必不敢动；纵有侵轶，缘江诸军足以拒守，必无忧也。"温从之。乔，瓌之子也。

朝廷以蜀道险远，温众少而深入，皆以为忧，惟刘惔以为必克。或问其故，惔曰："以博知之。温，善博者也，不必得则不为。但恐克蜀之后，温终专制朝廷耳。"

三年（丁未，347）

春，二月，桓温军至青衣。汉主势大发兵，遣叔父右卫将军福、从兄镇南将军权、前将军昝坚等将之，自山阳趣合水。诸将欲设伏于江南以待晋兵，昝坚不从，引兵自江北鸳鸯碕渡向犍为。

三月，温至彭模；议者欲分为两军，异道俱进，以分汉兵之势。袁乔曰："今悬军深入万里之外，胜则大功可立，不胜则噍类无遗，当合势齐力，以取一战之捷。若分两军，则众心不一，万一偏败，大事去矣。不如全军而进，弃去釜甑，赍三日粮，以示无还心，胜可必也。”温从之。留参军孙盛、周楚将羸兵守辎重，温自将步卒直指成都。楚，抚之子也。

李福进攻彭模，孙盛等奋击，走之。温进，遇李权，三战三捷，汉兵散走归成都，镇军将军李位都迎诣温降。昝坚至犍为，乃知与温异道，还，自沙头津济，比至，温已军于成都之十里陌，坚众自溃。

势悉众出战于成都之笮桥，温前锋不利，参军龚护战死，矢及温马首。众惧，欲退，而彭吏误鸣进鼓；袁乔拔剑督士卒力战，遂大破之。温乘胜长驱至成都，纵火烧其城门。汉人惶惧，无复斗志。势夜开东门走，至葭萌，使散骑常侍王幼送降文于温，自称“略阳李势叩头死罪，”寻舆榇面缚诣军门。温解缚焚榇，送势及宗室十余人于建康；引汉司空谯献之等以为参佐，举贤旌善，蜀人悦之。

赵凉州刺史麻秋攻枹罕。晋昌太守郎坦以城大难守，欲弃外城。武成太守张悛曰：“弃外城则动众心，大事去矣。”宁戎校尉张璩从悛言，固守大城。秋帅众八万围堑数重，云梯地突，百道皆进；城中御之，秋众死伤数万。赵王虎复遣其将刘浑等帅步骑二万会之。郎坦恨言不用，教军士李嘉潜引赵兵千余人登城；璩督诸将力战，杀二百余人，赵兵乃退。璩烧其攻具，秋退保大夏。

虎以中书监石宁为征西将军，帅并、司州兵二万余人为秋等后继。张重华将宋秦等帅户二万降于赵。重华以谢艾为使持节、军师将军，帅步骑三万进军临河。艾乘轺车，戴白帢，鸣鼓而行。秋望见，怒曰：“艾年少书生，冠服如此，轻我也，”命黑矟龙骧三千人驰击之；艾左右大扰。或劝艾宜乘马，艾不从，下车，踞胡床，指麾处分，赵人以为有伏兵，惧不敢进。别将张瑁自间道引兵截赵军后，赵军退，艾乘势进击，大破之，斩其将杜勋、汲鱼，获首虏万三千级，秋单马奔大夏。

赵王虎据十州之地，聚敛金帛，及外国所献珍异，府库财物，不可胜纪，犹自以为不足，悉发前代陵墓，取其金宝。

赵麻秋又袭张重华将张瑁，败之，斩首三千余级。枹罕护军李逵帅众七千降于赵，自河以南，氐、羌皆附于赵。

冬，十月，乙丑，遣侍御史俞归至凉州，授张重华侍中、大都督、督陇右、关中诸军事、大将军、凉州刺史、西平公。

晋成帝咸康八年（壬寅，公元342年）

夏季，五月，乙卯，成帝身体不适。六月，庚寅（初五），病情加重。有人伪造尚书符令，敕令皇宫门人不许让宰相入内，众人都大惊失色。庾冰说：“这一定有诈。”推究查问，果然如此。成帝的两个儿子司马丕和司马奕年幼，都在襁褓之中。庾冰因为自己兄弟执掌朝政已久，怕皇帝换代之后，自己与皇帝亲属之间的关系愈加疏远，因而被他人所乘，常常劝说成帝国家外有强敌，应当册立年纪大的君王，并请求让成帝的同母兄弟、琅邪王司马岳为皇位继承人，成帝同意了。中书令何充说：“皇位父子相传，这是先王确立的旧制，改变旧制很少有不导致祸乱的。所以周武王不把天子之位传授圣贤的兄弟周公，并不是因为不爱他。现在如果琅邪王即位，拿两个孺子怎么办！”庾冰不听。成帝下诏，让司马岳为皇位继承人，并让自己的儿子司马奕承袭琅邪哀王司马安国的封号。壬辰（初七），庾冰、何充以及武陵王司马晞、会稽王司马昱、尚书令诸葛恢同时受任顾命国政。癸已（初八），成帝驾崩。成帝年幼时继位，不亲自处理政务。等到年岁渐大，颇有勤俭的德行。

甲午（初九），琅邪王司马岳即帝位，大赦天下。

冬季，十月，前燕王慕容皝迁都至龙城，赦其境内罪囚。

建威将军慕容翰对慕容皝说：“宇文部强盛日久，屡次成为国家的忧患，现在宇文逸豆归篡权夺国，群情不肯依附。加上他性情见识都平庸昏昧，所用将帅没有才能，国家没有防卫措施，军队没有严密组织。我长久地居住在他们国家，熟知地形。他们虽然依附远方强大的羯人，但声威、力量都远不可及，对救援没什么帮助。现在如果攻击宇文部，定是百战百胜。不过高句丽与我国近在咫尺，对我们常有窥探的心志。他们知道宇文氏灭亡后，祸患将降临到自己的头上，必定会乘虚而入，袭我不备。如果留下少量兵力，不足以守御；多留军队则又不能攻克宇文部，这是我们的心腹之患，应当先行除去。我观察高句丽的力量，我们可以一战而胜。宇文氏是自己保守自己的人，一定不会到远方来与我国争夺利益。攻取高句丽后，回过头来攻取宇文部，就易如反掌了。这两个国家被平定后，我们便可以尽得东海之利，国富兵强，没有后顾之忧，然后就有可能图谋中原了。”慕容皝说：“好！”

十一月，慕容皝亲自带领精锐士兵四万人循南道进发，让慕容翰、慕容霸为先锋，另派长史王寓等率兵众一万五千人由北道进发，征伐高句丽。高句丽王钊果然派遣兄弟武率领精兵五万人在北道迎敌，自己带领羸弱的士兵防备南道。慕容翰等人最先到达，与钊交战，慕容皝率领大军陆续赶来。左常侍鲜于亮说：“我以俘虏的身份蒙受燕王以国士之礼相待的恩泽，不能不报答。今天就是我以死报效的日子。”独自同数名骑兵先行冲击高句丽的战阵，所到之处敌军均遭挫败。高句丽的军阵骚动，燕国大军乘势攻击，高句丽军队大败。左长史韩寿斩杀高句丽将领阿佛和度加，各路军队乘胜追袭，于是进入丸都。高句丽王钊独自骑马逃跑，轻车将军慕舆埿追击，抓获高句丽王的母亲周氏和他的妻子后返回。适逢王寓等人在北道与高句丽的军队作战，均遭败绩，因此慕容皝不再穷追高句丽王，派使者招安他，他躲藏不肯出来。

后赵王石虎在邺城营建四十多所台观，又营建洛阳、长安二处宫室，参与劳作的达四十多万人。石虎又想从邺城修建阁道到襄国，敕令黄河以南的四个州郡整治南伐的军备，并州、朔州、秦州、雍州准备西讨的军资，青州、冀州、幽州为东征做准备，都是三个男丁中调遣二人，五人中征发三人。各州郡的军队共有甲士五十多万人，船夫十七万人，溺水而死、被虎狼吞噬的占三分之一。再加上公侯，牧宰竞相谋取私利，百姓们失去所从事的家业，愁困不堪。贝丘人李弘顺应民心的怨恚，自称姓名与谶言相符，聚集党羽，设置百官，事发后被杀，连坐获罪的有几千家。

石虎打猎没有节制，清晨外出，夜间返回，又经常微服出行，亲自检视工地的劳役情况。侍中京兆人韦谀劝谏说："陛下轻视天下的重位，轻易地来往于危险之地，倘若突然发生狂人的变乱，即使有智有勇，又将何处施展！况且征发徭役不分时节，荒废民众的农业生产，吁嗟叹息之声充溢于行路。恐怕不是仁圣之人所能忍心干的事。"石虎赏赐韦谀谷物钱帛，但修建工程更加繁多，自己游巡察看泰然自若。

晋康帝建元元年（癸卯，公元343年）

庾翼为人慷慨，喜好功名。琅邪内史桓温即桓彝的儿子，娶南康公主为妻，为人豪爽而有风范和气概，庾翼和他关系友善，二人相约共同平定、拯救天下。庾翼曾经向成帝举荐桓温，说："桓温具备英雄的才能，希望陛下不要用常人的礼节对待他，按寻常的女婿豢养。应当委派给他周宣王时方叔、邵虎那样的重任，他必能建立匡救世事艰难的功勋。"当时杜乂、殷浩都是才气、声名冠绝当代，惟独庾翼轻视他们，说："这种人应当束之高阁，等天下太平后，再慢慢商议他们的职务。"殷浩多次拒绝官府的征辟，摒绝世事，隐居于墓地。如此将近十年，当时人把他和管仲、诸葛亮相比。江夏相谢尚、长山县令王濛经常观察他的出仕与隐居，来推测江南的兴亡。他们曾经共同前往探视，明了殷浩有坚定的志向，回来后相顾而言说："殷浩不出来为官，百姓们该怎么办！"谢尚即谢鲲的儿子。庾翼请殷浩出任司马，康帝下诏任他为侍中、安西军司，殷浩不从命。庾翼送信给殷浩说："王导树立的声名并不真切，虽说是在谈论玄道，其实助长了浮华豪奢之风。具有完美德行的君子，遇到机会时难道能这样吗！"殷浩仍然不出仕。

成汉国主李寿死，谥号为昭文，庙号为中宗。太子李势即位，大赦境内罪囚。

二年（甲辰，公元344年）

前燕王慕容皝和左司马高翊谋议，准备讨伐宇文逸豆归。高翊说："宇文氏强盛，现在不攻灭，必然成为国家的祸患。如果攻伐必能取胜，只是对将帅有所不利。"高翊出来后告诉别人说："我这一去必定回不来了，但是忠臣不避祸。"于是慕容皝自为统帅，攻伐宇文逸豆归。任命慕容翰为前锋将军，刘佩做他的副手；

分别命令慕容军、慕容恪、慕容霸及折冲将军慕舆根率领军队，分三路同时进发。高翊临行前，不见他的妻子，让人转告家中事务，然后出发。

宇文逸豆归派南罗城主涉夜干统率精兵迎战，慕容皝派人急速告诉慕容翰：“涉夜干勇冠三军，应当稍稍避让。”慕容翰说：“宇文逸豆归尽数出动国内精兵交付给涉夜干，涉夜干素来有勇悍的名声，被他们全国所仰仗。现在我战败他，他们的国家便会不战自溃。况且我熟知涉夜干的为人，虽有虚名，其实容易对付，不应当避让他，这会挫伤我军的士气。”于是前进接战。慕容翰亲自出马冲击敌阵，涉夜干出阵应战，慕容霸从侧面截击，于是斩杀了涉夜干。宇文氏的士卒见涉夜干死亡，不战自溃。燕军乘胜追击，于是攻克宇文氏的都城。宇文逸豆归逃跑，死于大漠以北，宇文氏由此离散灭亡。慕容皝尽数收缴他们的畜产、物资、钱财，把宇文氏五千多个村落迁徙到昌黎，开辟国土一千多里。把涉夜干原先居住的城镇改名为威德城，让兄弟慕容彪戍守，然后班师回国。高翊、刘佩都被流矢射中身亡。

康帝病重，庾冰、庾翼想扶立会稽王司马昱为嗣君，中书监何充建议册立皇子司马聃，康帝听从何充的建议。九月，丙申（二十四日），立司马聃为皇太子。戊戌（二十六日），康帝在式乾殿驾崩。己亥（二十七日），何充按康帝遗诏推奉太子即皇帝位，大赦天下。由此庾冰、庾翼深深痛恨何充。穆帝尊奉康帝皇后褚氏为皇太后。当时穆帝刚两岁，太后临朝亲政。

江州刺史庾冰有病，太后征召庾冰入朝辅佐国政，庾冰辞谢不受。十一月，庚辰（初九），庾冰故去。庾翼因为家事国事难以兼顾，留下儿子庾方之任建武将军，戍守襄阳。因庾方之年轻，让参军毛穆之任建武将军司马，辅佐庾方之。毛穆之即毛宝的儿子。庾翼返回，镇守夏口。朝廷下诏让庾翼再督察江州，又兼领豫州刺史。庾翼辞谢豫州刺史职务，仍然想移镇乐乡，朝廷下诏不同意。庾翼仍然修缮兵器，大举屯田，积蓄谷物，以图后举。

晋穆帝永和元年（乙巳，公元345年）

石虎喜欢打猎，晚年身体沉重不能骑马，就建造打猎用的车子一千辆，定期比赛打猎。从灵昌津向南到荥阳东境的阳都，都划为猎场，让御史监护，其中的禽兽有人敢伤害，便获罪，被处以大辟的极刑。百姓有美丽女子或上好的牛马，御史如果弄不到手，就诬陷他们伤害禽兽，论罪处死的有一百多人。又征发各州二十六万人修建洛阳宫，征发百姓牛畜二万头调配给朔州的牧官。又增设宫中女官，分置二十四等，东宫十二等，七十多个公侯封国都分九等，大举征选民女三万多人，分成三等配置各处。太子、各王公私下发令征选的美女又将近万人。各个郡县极力选取美女，经常强行夺占百姓的妻子，杀害她们的丈夫，加上丈夫自杀的，人数达三千多。美女送到邺后，石虎在殿前挑选分等，因为使者能干，被封侯的有十二人。荆楚、扬州、徐州的民众流失、背叛，几乎无存。当地的守令因不能安绥关切他们，被下狱诛杀的有五十多人。金紫光禄大夫逯明乘侍奉石虎时直言力谏，石虎大怒，让骁勇的龙腾中郎将他摧折而死。

朝廷下诏征召卫将军褚裒，想让他任扬州刺史，录尚书事。吏部尚书刘遐、长史王胡之劝说褚裒道：“会稽王司马昱德行昭著、素负雅望，是国家的周公，足下应把国家大政交给他。”褚裒于是坚决辞谢不受封职，回归藩镇。壬戌，朝廷任命会稽王司马昱为抚军大将军，录尚书六条事。

司马昱清虚寡欲，特别擅长谈论玄言，经常让刘惔、王濛及颍川人韩伯作谈客，又征用郗超为抚军椽吏，谢万为从事中郎。郗超即郗鉴的孙子，少年时便卓绝出众，不受羁绊。父亲郗愔，简微寡言，性情淡泊却吝惜钱财，积蓄钱财无数。曾经打开库房任由郗超取用，郗超发放、施舍给亲朋故旧，一日之内都散发殆尽。谢万即谢安的兄弟，清静旷远，卓尔不群，当时也很有名望。

庾翼死后，朝廷论议都认为庾氏家族世世代代驻守西部藩镇，为人心所向，应当同意庾翼的请求，让庾爰之接替职位。何充说：“荆楚是国家的西方门户，有民众百万，北边连接强大的胡虏，西边邻近强大的汉国，地势险阻，周边有万里之遥。得到合适的人选那么中原可以平定，所用非人那么国家命运可堪忧虑，这就是陆抗所说的：‘存则吴存，亡则吴亡。’怎能让白脸少年人担当这样的职位呢！桓温英气、谋略过人，有文武两方面的才干，西边这个职位，没有比桓温更合适的人了。”论议者又说：“庾爰之肯让给桓温吗？如果他率军抗命，国家所受的耻辱和惊惧都不会小。”何充说：“桓温足以制服他，你们不必担忧。”

丹杨尹刘惔经常为桓温的才干惊奇，但知道他有不甘为臣的志向，刘惔对会稽王司马昱说：“桓温不能让他占据地形便利的地方，对他的地位、封号也应当经常贬抑。”劝司马昱自己镇守长江上游，让自己任军司，司马昱不听。刘惔又请求自己前往，也不获准许。

任命徐州刺史桓温为安西将军，持节，都督荆州、司州、雍州、益州、梁州、宁州诸军事，领护南蛮校尉，荆州刺史，庾爰之果然不敢与他争位。

成汉国主李势的兄弟、大将军李广，因为李势没有儿子，请求让自己当皇太弟，李势不同意。马当、解思明劝谏说：“陛下兄弟不多，如果再有所废免，将会更加孤弱危险。”坚决请求答应李广的请求。李势怀疑他们和李广有预谋，拘捕马当、解思明斩首，夷灭三族。又派太保李奕进攻在涪城的李广，贬黜李广为临邛侯，李广自杀。解思明被捕时，叹息说：“国家之所以不灭亡，是因为有我们这几个人在，现在危险了！”谈笑自若赴死。解思明有智慧、谋略，敢于直言谏诤。马当素来得人心，他们死后，士民们无不哀悼。

二年（丙午，公元346年）

褚裒向朝廷荐举前光禄大夫顾和、前司徒左长史殷浩，三月，丙子（十二日），朝廷任命顾和为尚书令，殷浩为建武将军、扬州刺史。顾和为亡母服丧，坚持辞绝不肯出仕，对自己亲近的人说：“古人中有脱下丧服从事君王事务的，是因为他们的才能足以济世治事。像我这样的人如果这么做，就只有使孝道有损，伤风败俗而已。”有见地的人都称赞他。殷浩也坚持辞谢不受职。会稽王司马昱给殷浩写信说：“国家正当困厄的命运，危殆的弊病理当终尽，足下的见识深远、广博、出众，足以经世救国。如果再深存谦抑之心，随随便便满足个人的心愿，我怕天下之事就此无可挽回了。足下的去就，就是时世的废兴，家庭与国家命运紧密相连不可分割，足下还是好好想想！”殷浩这才就职。

五月，丙戌（二十三日），西平忠成公张骏去世。前凉的官员属吏表请世子张重华为使持节、大都督、太尉、护羌校尉、凉州牧、西平公、假凉王，赦其境内罪囚。张重华尊奉父亲的正妻严氏为大王太后，生母马氏为王太后。

冬季，成汉太保李奕在晋寿起兵反叛，蜀人大多都跟从他，兵众多达数万。成汉国主李势登上城墙抵御，李奕单身匹马冲击城门，守卫城门的人向他射击，射死了他，其兵众全都溃逃。李势在境内实行大赦，改年号为嘉宁。

李势骄奢淫逸，不操心国家大事，常常身居宫中，很少与公卿大臣接触，疏远忌惮昔日的臣下，信任跟随在身边的人，谗言媚语并进，刑罚苛刻泛滥，因此宫廷内外的人们全都与他离心。蜀地以前没有獠族人，到这时他们开始从山中出来，从巴西到犍为、梓潼，十多万个部落布满了山谷，无法禁止控制，给百姓带来了深重的祸患。再加上临逢荒年，国境之内，终于变得一片萧条。

安西将军桓温准备讨伐成汉，将领辅佐全都认为不可行。江夏相袁乔劝谏桓温说：“攻取天下这样的大事，本来就不是按常理所能预测的，智慧高超的人自己在心中决定就可以了，不必非要等众人的意见全都统一。如今作为天下祸患的，只有胡、蜀二敌而已，蜀国虽然地势险固，但力量比胡人软弱，如果准备除掉他们，应该先攻打容易攻取的一方。李势毫无道义，臣僚百姓与他离心，而且他凭借着自己的天险与偏远，没有做交战的准备。应该派一万精锐士兵轻装迅速开进，等到他察觉以后，我们已经穿越过了他的险要之地，一次交战就可以擒获他。蜀地物产富饶，人口众多，诸葛亮用它与中原抗衡，如果我们得到而占有了此地，这对国家大有好处。谈论此事的人唯恐大军西进以后，胡人一定会乘虚图谋，这是似是而非的说法。胡人听说我们万里远征。会认为国内设有严密的防备，一定不敢轻举妄动。纵然有所侵扰，沿长江布防的各路军队也足以抵御防守，肯定没有什么忧患。”桓温听从袁乔的意见。袁乔是袁瓌的儿子。

朝廷因为蜀道艰险遥远，桓温的兵力不足而又深入敌后，都为此担忧，只有刘惔认为一定能取胜。有人问他为什么，刘惔说：“通过博戏知道的。桓温是善于博戏的人，不能肯定取胜的他就不干。只是恐怕攻克蜀地之后，桓温最终要在朝廷专权罢了。”

三年（丁未，公元347年）

春季，二月，桓温的部队抵达青衣。成汉国主李势大举出兵，派叔父右卫将军李福、堂兄镇南将军李权、前将军昝坚等人率领兵众，从山阳开赴合水。众将领想要在长江以南设下埋伏以等待东晋的军队，昝坚没有听从，带领军队从长江以北的鸳鸯渡过长江，奔赴犍为。

三月，桓温抵达彭模。有人提议应该兵分两路，分头并进，用以削弱成汉军的威势。袁乔说："如今孤军深入万里之外，胜利可以建立大功，败则尽死无遗，应当聚合威势，齐心协力，以争取一战成功。如果兵分两路，则众心不一，万一一方失败，讨伐蜀汉的大事就完了。不如以完整的军队前进，扔掉釜甑一类的炊具，只带三天的军粮，以显示义无反顾的决心，肯定可以取胜。"桓温听从了他的意见。留下参军孙盛，周楚带领瘦弱的士兵守卫轻重装备，桓温亲自统率步兵直接开赴成都。周楚是周抚的儿子。

李福进军攻打彭模，孙盛等人奋力反击，赶跑了他。桓温进军，遇上了李权，三次交战，三次获胜，成汉的军队溃散逃回了成都，镇军将军李位都迎到桓温那里投降。昝坚到了犍为以后，才知道和桓温走的不是一条路，掉头返回，从沙头津渡过长江，等到抵达成都，桓温已经驻扎在成都的十里陌，昝坚的兵众自己就溃散了。

李势把全部兵众都调往成都的笮桥迎战，桓温的前锋部队出师不利，参军龚护战死，流箭射中了桓温的马头。兵众见状十分害怕，想要撤退，而负责击鼓的官吏却误击了前进的鼓声。袁乔拔出战剑督促士兵奋力攻战，终于大败李势的军队。桓温乘胜长驱直入抵达成都，放火焚烧了城门。成汉人惊慌恐惧，再没有继续抵抗的斗志了。李势趁夜打开东门逃跑，到了葭萌，让散骑常侍王幼给桓温送去了请求投降的文书，自称"略阳人李势叩头请求死罪。"不久便拉着棺材，双手反绑于身后来到了桓温的军营门前投降。桓温为他松开了双手，焚烧了棺材，把李势及宗室亲属十多人送到了建康。任用汉司空谯献之等作为参佐，举拔贤能奖掖善事，蜀人十分高兴。

后赵凉州刺史麻秋攻打枹罕。晋昌太守郎坦因为枹罕城大难以防守，想放弃外城。武成太守张悛说："放弃了外城就会动摇众心，大事也就完了。"宁戎校尉张琚听从了张悛的话，固守城池。麻秋率领八万兵众将护城河

桓温三战三胜

团团包围，云梯地道，各路俱进，城中的士兵顽强抵抗，麻秋的兵众死伤数万。后赵王石虎又派他的将领刘浑等人率领步、骑兵二万人与麻秋会合。郎坦痛恨张悛不采纳自己的意见，叫军士李嘉悄悄地带领一千多后赵士兵登上城墙。张璩督促众将领奋力战斗，杀死了二百多人，后赵军队这才后退。张璩焚烧了后赵军队进攻的器械，麻秋退守大夏。

石虎任命中书监石宁为征西将军，率领并州、司州的军队二万多人作为麻秋的后继部队。张重华的部将宋秦等人率领二万多户人家向后赵投降。张重华任命谢艾为使持节、军师将军，率领步、骑兵三万人进军临河。谢艾乘着轻车，戴着白色便帽，击鼓前进。麻秋远远望见，愤怒地说："谢艾是年轻书生，如此穿着，这是轻视我！"于是就命令装备黑色矛矟的三千龙骧兵驰马攻打他，跟随在谢艾周围的人大为惊忧。有人劝谢艾应该骑马，谢艾不听，下车以后，坐在交椅上，指挥部署，后赵军以为有伏兵，因害怕不敢再前进了。别将张瑁率兵从小路截断了后赵军队的后路，后赵军队兵退，谢艾乘势进攻，大破后赵军，斩杀了后赵将领杜勋、汲鱼，斩杀其兵众一万三千多人，麻秋单身匹马逃奔大夏。

后赵王石虎占据了十州的地域，聚集收敛金帛，以及外国所进献的珍异宝物，府库里的财物，不可胜数，但自己还是觉得不够，把前代的陵墓全都挖掘开，夺走了其中的金宝。

后赵的麻秋又攻袭张重华的部将张瑁，打败了他，斩首三千多级。枹罕护军李逵率领七千兵众投降了后赵，自黄河以南，氐族、羌族全都归附了后赵。

冬季，十月，乙丑（十一日），晋派侍御史俞归到凉州，授予张重华侍中、大都督、督陇右及关中诸军事、大将军、凉州刺史、西平公等职。

第九十八卷
晋纪二十

译文诵读

孝宗穆皇帝上之下永和四年（戊申，348）

赵秦公韬有宠于赵王虎，欲立之，以太子宣长，犹豫未决。宣尝忤旨，虎怒曰：“悔不立韬也！”韬由是益骄，造堂于太尉府，号曰宣光殿，梁长九丈。宣见之，大怒，斩匠，截梁而去。韬怒，增之至十丈。宣闻之，谓所幸杨杯、牟成、赵生曰：“凶竖傲愎乃敢尔！汝能杀之，吾入西宫，当尽以韬之国邑分封汝等。韬死，主上必临丧，吾因行大事，蔑不济矣。”杯等许诺。

秋，八月，韬夜与僚属宴于东明观，因宿于佛精舍。宣使杨杯等缘猕猴梯而入，杀韬，置其刀箭而去。旦日，宣奏之，虎哀惊气绝，久之方苏。将出临其丧，司空李农谏曰：“害秦公者未知何人，贼在京师，銮舆不宜轻出。”虎乃止，严兵发哀于太武殿。宣往临韬丧，不哭，直言“呵呵”，使举衾观尸，大笑而去。收大将军记室参军郑靖、尹武等，将委之以罪。

虎疑宣杀韬，欲召之，恐其不入，乃诈言其母杜后哀过危惙；宣不谓见疑，入朝中宫，因留之。建兴人史科知其谋，告之；虎使收杨杯、牟成，皆亡去。获赵生，诘之，具服。虎悲怒弥甚，囚宣于席库，以铁环穿其颔而锁之，取杀韬刀箭舐其血，哀号震动宫殿。佛图澄曰：“宣、韬皆陛下之子，今为韬杀宣，是重祸也。陛下若加慈恕，福祚犹长；若必诛之，宣当为彗星下扫邺宫。”虎不从。积柴于邺北，树标其上，标末置鹿卢，穿之以绳，倚梯柴积，送宣其下，使韬所幸宦者郝稚、刘霸拔其发，抽其舌，牵之登梯；郝稚以绳贯其颔，鹿卢绞上。刘霸继其手足，斫眼溃肠，如韬之伤。四面纵火，烟炎际天。虎从昭仪已下数千人登中台以观之。火灭，取灰分置诸门交道中。杀其妻子九人。宣少子才数岁，虎素爱之，抱之而泣，欲赦之，其大臣不听，就抱中取而杀之；儿挽虎衣大叫，至于绝带，虎因此发病，又废其后杜氏为庶人。诛其四率已下三百人，宦者五十人，皆车裂节解，弃之漳水。洿其东宫以养猪牛。东宫卫士十余万人皆谪戍凉州。先是赵揽言于虎曰：“宫中将有变，宜备之。”及宣杀韬，虎疑其知而不告，亦诛之。

朝廷论平蜀之功，欲以豫章郡封桓温。尚书左丞荀蕤曰：“温若复平河、洛，将何以赏之？”乃加温征西大将军、开府仪同三司，封临贺郡公，加谯王无忌前将军，袁乔龙骧将军，封湘西伯。蕤，崧之子也。

温既灭蜀，威名大振，朝廷惮之。会稽王昱以扬州刺史殷浩有盛名，朝野推服，引为心膂，与参综朝权，欲以抗温，由是与温浸相疑贰。

燕王皝有疾，召世子俊属之曰：“今中原未平，方资贤杰以经世务。恪智勇兼济，才堪任重，汝其委之，以成吾志！”又曰：“阳士秋士行高洁，忠干贞固，可托大事，汝善待之！”九月，丙申，薨。

五年（己酉，349）

赵王虎即皇帝位，大赦，改元太宁，诸子皆进爵为王。

故东宫高力等万余人谪戍凉州，行达雍城，既不在赦例，又敕雍州刺史张茂送之，茂皆夺其马，使之步推鹿车，至粮戍所。高力督定阳梁犊因众心之怨，谋作乱东归，众闻之，皆踊抃大呼。犊乃自称晋征东大将军，帅众攻拔下辨；安西将军刘宁自安定击之，为犊所败。高力皆多力善射，一当十余人，虽无兵甲，掠民斧，施一丈柯，攻战若神，所向崩溃。戍卒皆随之，攻陷郡县，杀长吏、二千石，长驱而东，比至长安，众已十万。乐平王苞尽锐拒之，一战而败。犊遂东出潼关，进趣洛阳。赵主虎以李农为大都督、行大将军事，统卫军将军张贺度等步骑十万讨之，战于新安，农等大败；战于洛阳，又败，退壁成皋。

犊遂东掠荥阳、陈留诸郡，虎大惧，以燕王斌为大都督，督中外诸军事，统冠军大将军姚弋仲、车骑将军蒲洪等讨之。弋仲将其众八千余人至邺，求见虎。虎病，未之见，引入领军省，赐以己所御食。弋仲怒，不食，曰：“主上召我来击贼，当面见授方略，我岂为食来邪！且主上不见我，我何以知其存亡邪？”虎力疾见之，弋仲让虎曰：“儿死，愁邪，何为而病？儿幼时不择善人教之，使至于为逆；既为逆而诛之，又何愁焉！且汝久病，所立儿幼，汝若不愈，天下必乱，当先忧此，勿忧贼也！犊等穷困思归，相聚为盗，所过残暴，何所能至！老羌为汝一举了之！”弋仲性狷直，人无贵贱皆汝之，虎亦不之责。于坐授使持节、征西大将军，赐以铠马。弋仲曰：“汝看老羌堪破贼否？”乃被铠跨马于庭中，因策马南驰，不辞而出。遂与斌等击犊于荥阳，大破之，斩犊首而还，讨其余党，尽灭之。虎命弋仲剑履上殿，入朝不趋，进封西平郡公；蒲洪为车骑大将军、开府仪同三司、都督雍、秦州诸军事、雍州刺史，进封略阳郡公。

己巳，虎卒，太子世即位，尊刘氏为皇太后。刘氏临朝称制，以张豺为丞相。豺辞不受，请以彭城王遵、义阳王鉴为左右丞相，以慰其心，刘氏从之。

彭城王遵至河内，闻丧。姚弋仲、蒲洪、刘宁及征虏将军石闵、武卫将军王鸾等讨梁犊还，遇遵于李城，共说遵曰：“殿下长且贤，先帝亦有意以殿下为嗣；正以末年惛惑，为张豺所误。今女主临朝，奸臣用事，上白相持未下，京师宿卫空虚，殿下若声张豺之罪，鼓行而讨之，其谁不开门倒戈而迎殿下者！”遵从之。

遵自李城举兵，还趣邺，洛州刺史刘国帅洛阳之众往会之。檄至邺，张豺大惧，驰召上白之军。丙戌，遵军于荡阴，戎卒九万，石闵为前锋。耆旧、羯士皆曰："彭城王来奔丧，吾当出迎之，不能为张豺守城也！"逾城而出，豺斩之，不能止。张离亦帅龙腾二千，斩关迎遵。刘氏惧，召张豺入，对之悲哭曰："先帝梓宫未殡，而祸难至此！今嗣子冲幼，托之将军；将军将若之何？欲加遵重位，能弭之乎？"豺惶怖不知所出，但云"唯唯"。乃下诏，以遵为丞相，领大司马、大都督、督中外诸军，录尚诸事，加黄钺、九锡。己丑，遵至安阳亭，张豺惧而出迎，遵命执之。庚寅，遵擐甲曜兵，入自凤阳门，升太武前殿，擗踊尽哀，退如东阁。斩张豺于平乐市，夷其三族。假刘氏令曰："嗣子幼冲，先帝私恩所授，皇业至重，非所克堪；其以遵嗣位。"于是遵即位，大赦，罢上白之围。辛卯，封世为谯王，废刘氏为太妃，寻皆杀之。

武兴公闵言于遵曰："蒲洪，人杰也；今以洪镇关中，臣恐秦、雍之地非国家之有。此虽先帝临终之命，然陛下践阼，自宜改图。"遵从之，罢洪都督，余如前制。洪怒，归枋头，遣使来降。

初，赵主遵之发李城也，谓武兴公闵曰："努力！重成，以尔为太子。"既而立太子衍。闵恃功，欲专朝政，遵不听。闵素骁勇，屡立战功，夷、夏宿将皆惮之。既为都督，总内外兵权，乃抚循殿中将士，皆奏为殿中员外将军，爵关外侯。遵弗之疑，而更题名善恶以挫抑之，众咸怨怒。中书令孟准、左卫将军王鸾劝遵稍夺闵兵权，闵益恨望，准等咸劝诛之。

十一月，遵召义阳王鉴、乐平王苞、汝阴王琨、淮南王昭等入议于郑太后 前，曰："闵不臣之迹渐著，今欲诛之，如何？"鉴等皆曰："宜然！"郑氏曰："李城还兵，无棘奴，岂有今日；小骄纵之，何可遽杀！"鉴出，遣宦者杨环驰以告闵。闵遂劫李农及右卫将军王基密谋废遵，使将军苏彦、周成帅甲士三千人执遵于南台。遵方与妇人弹棋，问成曰："反者谁也？"成曰："义阳王鉴当立。"遵曰："我尚如是，鉴能几时！"遂杀之于琨华殿，并杀郑太后、张后、太子衍、孟准、王鸾及上光禄张斐。

鉴即位，大赦，以武兴公闵为大将军，封武德王。

中领军石成、侍中石启、前河东太守石晖谋诛闵、农，闵、农皆杀之。龙骧将军孙伏都、刘铢等帅羯士三千伏于胡天，亦欲诛闵、农。鉴在中台，伏都帅三十余人将升台挟鉴以攻之。鉴见伏都毁阁道，临问其故。伏都曰："李农等反，已在东掖门，臣欲帅卫士讨之，谨先启知。"鉴曰："卿是功臣，好为官陈力，朕从台上观，卿勿虑无报也。"于是伏都、铢帅众攻闵、农，不克，屯于凤阳门。闵、农帅众数千毁金明门而入。鉴惧闵之杀己，驰招闵、农，开门内之，谓曰："孙伏都反，卿宜速讨之。"闵、农攻斩伏都等。自凤阳至琨华，横尸相枕，流血成渠。宣令内外六夷，敢称兵仗者斩！胡人或斩关、或逾城而出者，不可胜数。

闵使尚书王简，少府王郁帅众数千守鉴于御龙观，悬食以给之。下令城中曰：

“近日孙、刘构逆，支党伏诛，良善一无预也。今日已后，与官同心者留，不同者各任所之。敕城门不复相禁。”于是赵人百里内悉入城，胡、羯去者填门。闵知胡之不为己用，班令内外：“赵人斩一胡首送凤阳门者，文官进位三等，武官悉拜牙门。”一日之中，斩首数万。闵亲帅赵人以诛胡、羯，无贵贱，男女、少长皆斩之，死者二十余万，尸诸城外，悉为野犬豺狼所食。其屯戍四方者，闵皆以书命赵人为将帅者诛之，或高鼻多须滥死者半。

六年（庚戌，350）

春，正月，赵大将军闵欲灭去石氏之迹，托以谶文有“继赵李”，更国号曰卫，易姓李氏，大赦，改元青龙。

闰月，卫主鉴密遣宦者赍书召张沈等，使乘虚袭邺。宦者以告闵、农，闵、农驰还，废鉴，杀之，并杀赵主虎二十八孙，尽灭石氏。姚弋仲子曜武将军益、武卫将军若帅禁兵数千斩关奔滠头。弋仲帅众讨闵军于混桥。

司徒申钟等上尊号于闵，闵以让李农，农固辞。闵曰：“吾属故晋人也，今晋室犹存，请与诸君分割州郡，各称牧、守、公、侯，奉表迎晋天子还都洛阳。”尚书胡睦进曰：“陛下圣德应天，宜登大位，晋氏衰微，远窜江表，岂能总驭英雄，混一四海乎！”闵曰：“胡尚书之言，可谓识机知命矣。”乃即皇帝位，大赦，改元永兴，国号大魏。

朝廷闻中原大乱，复谋进取。己丑，以扬州刺史殷浩为中军将军、假节、都督扬、豫、徐、兖、青五州诸军事；以蒲洪为氐王、使持节、征北大将军、都督河北诸军事、冀州刺史、广川郡公；蒲健为假节、右将军、监河北征讨前锋诸军事、襄国公。

二月，燕王儁使慕容霸将兵二万自东道出徒河，慕舆于自西道出蠮螉塞，儁自中道出卢龙塞以伐赵。以慕容恪、鲜于亮为前驱，命慕舆埿槎山通道。留世子晔守龙城，以内史刘斌为大司农，与典书令皇甫真留统后事。

三月，燕兵至无终，王午留其将王佗以数千人守蓟，与邓恒走保鲁口。乙巳，儁拔蓟，执王佗，斩之。

魏主闵复姓冉氏，尊母王氏为皇太后，立妻董氏为皇后，子智为皇太子，胤、明、裕皆为王。以李农为太宰、领太尉、录尚书事，封齐王，其子皆封县公。遣使者持节赦诸军屯，皆不从。

魏主闵杀李农及其三子，并尚书令王谟、侍中王衍、中常侍严震、赵昇。闵遣使临江告晋曰：“逆胡乱中原，今已诛之；能共讨者，可遣军来也。”朝廷不应。

张贺度、段勤、刘国、靳豚会于昌城，将功邺。魏主闵自将击之，战于苍亭，贺度等大败，死者二万八千人，追斩靳豚于阴安，尽俘其众而归。闵戎卒三十余万，旌旗、钲鼓绵亘百余里，虽石氏之盛，无以过也。

故晋散骑常侍陇西辛谧，有高名，历刘、石之世，征辟皆不就；闵备礼征为太常。谧遗闵书，以为“物极则反，致至则危。君王功已成矣，宜因兹大捷，归身晋朝，必有由、夷之廉，享松、乔之寿矣。”因不食而卒。

十一月，魏主闵帅步骑十万攻襄国。署其子太原王胤为大单于、骠骑大将军，以降胡一千配之为麾下。光禄大夫韦謏谏曰：“胡、羯皆我之仇敌，今来归附，苟存性命耳；万一为变，悔之何及。请诛屏降胡，去单于之号，以防微杜渐。”闵方欲抚纳群胡，大怒，诛謏及其子伯阳。

晋穆帝永和四年（戊申，公元348年）

后赵秦公石韬受到后赵王石虎宠爱，石虎想立他为太子，可是因为已立太子石宣为长，犹豫不决。石宣曾违背后赵王的指令，石虎气愤地说：“真后悔当初没立石韬为太子！”石韬因此而更加傲慢无忌。他在太尉府建造了一座殿堂，命名为宣光殿，横梁长达九丈。石宣看到后认为冒犯了他的姓名，勃然大怒，便杀掉了工匠，截断了横梁，拂袖而去。石韬对此也怒不可遏，又把横梁加长到十丈。石宣听说后，对他的亲信杨杯、牟成、赵生说：“这小子竟敢如此傲慢刚愎！你们如果能把他杀掉，我即位入主西宫后，一定把他现在占据的封国郡邑全都分封给你们。石韬死后，主上一定会亲临哀悼，到时我趁机把他也杀掉，没有不能成功的。”杨杯等人同意了。

秋季，八月，石韬因为和他手下的同僚在东明观夜宴，就宿于佛精舍。石宣乘机派杨杯等人爬着梯子溜进佛精舍，杀死了石韬，扔下杀人刀箭潜逃而去。第二天，石宣禀报了石韬被杀的消息，石虎闻讯后悲惊交加，顿时昏厥过去，许久才苏醒过来。当他正要前往参加丧事活动时，司空李农劝他说：“杀害秦公石韬的人现在还不知道是谁，凶手尚在京师，国王的车乘不宜轻率出动。”石虎于是取消了亲临丧事的计划，命令士兵严加戒备，只在太武殿进行哀悼。石宣前往参加石韬的丧事活动，不仅不哭，还“呵呵”窃笑，又让人揭开覆盖尸体的被子观看尸体，然后大笑离去。他又把大将军记室参军郑清、尹武等人抓了起来，准备委罪于他们。

石虎怀疑石宣杀害了石韬，想召见他，又怕他不来，于是便谎称他母亲杜后因悲哀过度而病危。石宣没有察觉已怀疑到了自己头上，入朝来到中宫，便被扣留了起来。建兴人史科知道石宣策划杀害石韬的计谋，告发了他们，石虎便派人去抓杨杯、牟成，但他们都逃跑了，只抓到了赵生。经过追问，他全部招供。石虎听完后更加悲痛愤怒，于是便把石宣囚禁在贮藏坐具的仓库中，用铁环穿透他的下巴颏并上了锁，拿来杀害石韬的刀箭让他舔上面的血，石宣的哀鸣嚎叫声震动宫殿。佛图澄对石虎说：“石宣、石韬都是陛下的儿子，今天如果为了石韬被杀而再杀了石宣，这便是祸上加祸了。陛下如果能对他施以仁慈宽恕，福祚的气运尚可延长；如果一定要杀了他，石宣当化为彗星而横扫邺宫。”石虎没有听从劝说。他命令在邺城之北堆上柴草，上面架设横杆，横杆的末端安置辘轳，绕上绳子，把梯子倚靠在柴堆上，将石宣押解到下边，又让石韬所宠爱的宦官郝稚、刘霸揪着石宣的头发，拽着石宣的舌头，拉他登上梯子；郝稚把绳索套在他的脖子上，用辘轳绞上去。刘霸砍断他的手脚，挖出他的眼睛，刺穿他的肠子，使他被伤害的程度和石韬一样。然后又在柴堆四周点火，浓烟烈焰冲天而起。石虎则跟随昭仪官以下数千人登上中台观看。火灭以后，又取来灰烬分别放在通向各个城门的十字大路当中。还杀掉了石宣的妻儿九人。石宣的小儿子刚刚几岁，石虎平素非常喜爱他，因此临杀前抱着他哭泣，意欲赦免，但手下的大臣们却不同意，从怀抱中要过来就给杀掉了。当时小孩拽着石虎的衣服大叫大闹，以至于连腰带都拽断了，石虎也因此得了大病。石虎还黜废了石宣的母后杜氏，贬其为庶人。又杀掉了石宣周围的三百人，宦官五十人，全都是车裂肢解以后，抛尸于漳水河中。石宣居住的太子东宫被改作饲养猪牛的地方。东宫卫士十多万人全都被贬谪戍卫凉州。谋杀石韬事发之前，赵揽曾对石虎说："宫中将有变故，宜加防备。"等到石宣谋杀石韬以后，石虎怀疑他早知此事而不禀告，把他也杀了。

东晋朝廷讨论平定蜀汉的功劳，想把豫章郡赐封给桓温。尚书左丞荀蕤说："桓温如果再平定了黄河、洛水一带，那将用什么赏赐他呢？"于是朝廷让桓温担任征西大将军、开府仪同三司，封为临贺郡公，让谯王司马无忌担任前将军，让袁乔出任龙骧将军，并封为湘西伯。荀蕤是荀崧的儿子。

桓温平定了蜀地以后，权威日盛，名声大振，连朝廷对他也惧怕三分。会稽王司马昱认为扬州刺史殷浩素有盛名，朝野对他都很推崇佩服，便以他作为心腹骨干，让他参与总揽朝廷权力，想以此来和桓温抗衡。从此殷浩和桓温便逐渐开始互相猜忌，进而彼此产生了异心。

前燕王慕容皝身患疾病，他召来太子慕容儁嘱咐说："如今中原尚未平定，正是需要依靠贤良杰出人士掌管朝政的时候。慕容恪智勇双全，才能出众，你应当委他以重任，以实现我入主中原的远大志向！"又说："阳骛具有高尚的士大夫品行，忠诚不贰，坚贞不屈，可以委托他掌管大事，一定要很好地对待他！"九月，丙申（十七日），前燕王慕容皝去世。

五年（己酉，公元349年）

后赵王石虎即皇帝位，实行大赦，改年号为太宁，并将儿子们的爵位全都晋升为王。

原来守卫石宣东宫号称"高力"的一万多人被贬戍凉州，此时已行至雍城，因为他们不在赦免的范围内，石虎又命令雍州刺史张茂继续遣送他们。张茂却乘机扣留了他们所有的马匹，让他们推着运粮的小车徒步前往凉州。高力督定阳人梁犊利用众人内心的怨恨，策划造反作乱，返回家园。众人听说后，全都跳跃欢呼。于是梁犊便自称晋朝征东大将军，率领众卫士攻克了下辨。安西将军刘宁率兵从安定出发攻打梁犊，却被梁犊打败。这些号称“高力”的卫士们全都身强力壮，善于射箭，一人足以抵挡十余人。他们虽然没有武器盔甲，但抢来老百姓的斧头，再安上一丈来长的斧柄，交战时用起来出神入化，所向披靡。卫士们跟随着梁犊，攻克郡县，杀掉郡守、县令等官吏，长驱直入，向东而来。等到抵达长安时，参加的人已达十万。乐平王石苞率领全部精锐士兵阻挡他们，但一交战就被打败。梁犊于是东出潼关，向洛阳进发。后赵国主石虎任命李农为大都督、行大将军事，统领卫军将军张贺度等人的步兵、骑兵十万人前来讨伐，在新安交战，李农等大败；在洛阳交战，又被打败，只好退至成皋，坚壁防守。

梁犊于是继续东进，攻取荥阳、陈留等郡。石虎十分害怕，任命燕王石斌为大都督，掌管内外各种军事事务，统领冠军大将军姚弋仲、车骑将军蒲洪等人的部队前来讨伐。姚弋仲率领他的士兵八千多人来到了邺城，求见石虎。石虎正在患病，没有见他，而是派人把他带到领军省，用专供自己所吃的御食赏赐他。姚弋仲勃然大怒，不仅不吃，还说：“主上召唤我前来讨伐乱贼，理当向我面授计谋，难道我是为了吃一顿饭才来的吗！再说如果主上不见我，我怎么知道他现在是死是活呢？”石虎勉强支撑着病体会见了他。姚弋仲责怪石虎说：“儿子死了，很忧愁吧，要不然为什么病了呢？儿子小的时候你不选择好人教育他，这才使他长大后干出了叛逆之事；既然是因为干了叛逆之事才杀了他，又有什么可忧愁的呢？再说你已经病了很久，立为太子的儿子年龄幼小，如果你病情不见好转，天下必将大乱，这才是首先应该忧虑的，不必忧虑那些乱贼！梁犊等人因为穷困无路，思家心切才相聚成为强盗，他们在所经过的地方烧杀抢掠，能成什么事！老夫为你一举消灭他们！”姚弋仲性情耿直暴躁，对人不论贵贱高下都直呼为“你”，因此石虎也不责怪他，当即坐在座位上任命他为使持节、征西大将军，并赏赐给他铠甲、战马。姚弋仲说：“你看老夫能打败乱贼吗？”说着在庭院里就披挂盔甲，跨上战马，然后扬鞭策马，连告辞的话也没说便南驰而去。于是，姚弋仲和石斌等率部在荥阳攻打梁犊，大获全胜，斩掉梁犊的头颅返回。接着又讨伐其残余士卒，把他们也干净彻底地消灭了。石虎因此给予姚弋仲可以佩剑穿鞋上殿、允许他大步入朝晋见国君的特殊礼遇，并晋封他为西平郡公。任命蒲洪为车骑大将军、开府仪同三司、都督雍及秦州诸军事、雍州刺史，并晋封为略阳郡公。

己巳（四月二十三日），石虎去世，太子石世即位，尊奉刘氏为皇太后。刘氏当朝行使皇帝的权力，任命张豺为丞相。张豺辞让不肯接受，请求任命彭城王石遵、义阳王石鉴为左右丞相，以此来安抚他们，刘氏听从了。

彭城王石遵行至河内时，听到了父亲病故的丧讯。姚弋仲、蒲洪、刘宁以及征虏将军石闵、武卫将军王鸾等人在讨伐梁犊后的归途中，和石遵在李城相遇。他们一起劝石遵说：“殿下年长而且德才兼备，先帝也曾有意让殿下当继承人。正是因为他晚年昏然迷惑，才被张豺所欺误。如今女主当朝，奸臣独揽朝政，上白那里双方相持不下，京师的守卫力量空虚，殿下如果声讨张豺的罪行，击鼓进军对他进行讨伐，有谁不打开城门、掉转武器而迎接殿下呢！”石遵听从了劝说。

石遵自李城发兵，掉头直奔邺城。洛州刺史刘国率领洛阳的部众前来与他会合。讨伐檄文到邺城后，张豺十分害怕，急忙命令包围上白的军队返回。丙戌（十一日），石遵的部队驻扎在荡阴，士兵达九万人，石闵为前锋。张豺打算出去拦截，但邺城的德高望重的老人和羯族士兵都说：“彭城王前来奔丧，我们应当出城迎接他，再也不能为张豺守城了！”于是纷纷翻越城墙跑了出来，张豺虽然以杀头来制止，但也不能奏效。就连张离也率领龙腾卫士二千人，冲破关卡，准备迎接石遵。刘氏十分恐惧，召张豺来到宫中，裴痛地对他边哭边说：“先帝的棺材还没有入土，而祸乱就到了这种地步！如今太子年幼，只能依靠将军您了。将军您打算怎么办呢？我想给石遵加封显赫的官位，这样能安抚住他吗？”张豺这时也十分惊慌害怕，不知道该怎样回答，只是说：“是的是的。”于是刘氏便发下诏令，任命石遵为丞相，兼领大司马、大都督、督中外诸军，总管尚书职事，并给予他以持黄钺、加九锡等特殊权力和礼遇。己丑（十四日），石遵抵达安阳亭，张豺十分害怕，出来迎接，石遵命令拘捕了他。庚寅（十五日），石遵身穿铠甲，炫耀武力，从凤阳门进入邺城，登上太武前殿，捶胸顿足，宣泄悲哀，然后退至东阁。在平乐市杀了张豺，还灭了他的三族。石遵借刘氏之令说：“太子年幼，之所以立他为太子，那是先帝个人的情义所致。然而国家大业至关重要，不是他所能承担的。应当以石遵为继位人。”于是石遵便即皇帝位，实行大赦，并解除了对上白的包围。辛卯（十六日），封石世为谯王，废黜刘氏为太妃。过了不久，便把他们全都杀了。

武兴公石闵对石遵进言说：“蒲洪是杰出的人才，如今让他镇守关中，我恐怕秦州、雍州之地就不再会归赵国所有了。让蒲洪镇守关中虽然是先帝临终前的指令，然而如今陛下登位，自然应当改变谋略。”石遵听从了进言，罢免了蒲洪的都督官职，其他的官职待遇则一如从前。蒲洪对此感到愤怒，回到枋头后，便派使者前来向东晋投降。

当初，后赵国主石遵在李城起兵时，曾经对武兴公石闵说：“努力干吧！事成以后，让你当太子。”但后来却立石衍为太子。石闵自恃有功，想要专擅朝政，但石遵不听他的。石闵历来英勇善战，屡立战功，四夷和中原久经沙场的老将都害怕他。眼下他既然做了都督，总揽内外兵权，便安抚手下的将士，奏请让他们全都出任殿中员外将军，封爵关外侯。石遵对于石闵的所做所为不加怀疑，反而对这些人题记姓名，品评善恶，加以贬抑，于是众将士都怨恨愤怒。中书令孟准、左卫将军王鸾劝石遵应该逐渐剥夺石闵的兵权，石闵越发心怀不满。孟准等人全都劝说石遵把石闵杀掉。

十一月，石遵召义阳王石鉴、乐平王石苞、汝阴王石琨、淮南王石昭等人入宫，来到郑太后面前进行商议。石遵说：“石闵不忠于君主的迹象已逐渐明显，如今我想把他杀掉，怎么样？”石鉴等人都说：“应当如此！”郑氏说：“当初在李城起兵时，如果没有石闵，岂能有今天？石闵有点居功自傲，应当对他有所宽纵，怎么能急急忙忙把他杀掉呢？”这时石鉴借故外出，派宦官杨环迅速去把这一消息告诉石闵。石闵闻讯后就胁迫了李农及右卫将军王基密谋废黜石遵，派将军苏彦、周成率领披甲士兵三千人在南台把石遵捉拿起来。士兵们来到石遵的住处时，他正和妇人玩弹棋。他问周成说：“造反的是谁？”周成说：“义阳王石鉴应当立为继承人。”石遵说：“我尚且如此，石鉴又能支撑多长时间！”于是，在琨华殿把石遵杀掉了，同时杀了郑太后、张后、太子石衍、孟准、王鸾以及上光禄张斐。

石鉴即位，实行大赦。任命武兴公石闵为大将军，封为武德王。

中领军石成、侍中石启、以前的河东太守石晖谋划诛杀石闵、李农。石闵、李农把他们都杀掉。龙骧将军孙伏都、刘铢等率领羯族士兵三千人埋伏在宫中叫做胡天的地方，也想诛杀石闵、李农。当时石鉴正在中台，孙伏都率领三十多人想进入中台挟持石鉴一起攻打石闵、李农。石鉴看见孙伏都捣毁了楼阁通道，便上前询问原因。孙伏都说：“李农等人造反，眼下已在东掖门，我想率领卫士讨伐他，特地先来禀告您。”石鉴说：“你是朝廷的功臣，好好为朕出力讨伐。朕在中台上观看，你不必顾虑事成之后没有丰厚的赏赐。”于是孙伏都、刘铢率领兵众攻打石闵、李农，但没有成功，只好屯兵于凤阳门。石闵、李农率领数千兵众捣毁金明门，进入中台。石鉴害怕石闵杀掉自己，急忙招来石闵、李农，开门接纳，对他们说：“孙伏都造反，你们应该迅速去讨伐他。”于是石闵、李农前去攻打，斩杀了孙伏都等一大批人，以至于从凤阳门至琨华殿，横尸遍地，血流成渠。石闵还向内外宣布命令：六夷如果有胆敢拿起武器的，一律斩首！胡人中有的冲破关卡，有的翻越城墙，逃出来的不计其数。

石闵派尚书王简、少府王郁率领数千兵众把石鉴看押在御龙观，用绳子把食品悬吊进去让石鉴吃。石闵还在邺城中颁布命令说：“近日孙伏都、刘铢制造叛逆，他们的亲信党羽已经全都被杀掉，好人没有一个参与其事。从今天以后，凡是和我同心一致的人留下，不同心的人想去哪里悉尊其便。我命令城门不再关闭。”于是方圆百里之内的汉族人全都蜂拥进城，而胡人、羯人则争相离去，以致挤满了城门。石闵知道胡人不会为自己所用，便又在宫廷内外颁布命令：“凡是斩掉一个胡人的脑袋并送到凤阳门的汉人，文官晋升官位三等，武官全都升为牙门将。”命令发布后，一天之中，被斩首的胡人多达数万。石闵亲自率领汉人诛杀胡人、羯人，不论贵贱、男女、老幼，全都斩首，被杀掉的人有二十多万，尸体堆在城外，全让野狗豺狼吃掉了。对于屯戍边疆的胡人、羯人，石闵以书信下达命令，让军队中汉人当将帅的把属下胡人、羯人统统杀掉。以至于长得鼻子高一点、胡须多一点的人，大半都被滥杀而死。

六年（庚戌，公元350年）

春季，正月，后赵大将军石闵想消除石氏的痕迹，以谶文中有“继赵李”的字样为托辞，便更改国号叫卫，改姓李氏，实行大赦，改年号为青龙。

闰正月，卫国主石鉴秘密派遣宦官给张沈等人送去书信，让他们乘石闵率兵外出后方空虚前来袭击邺城。送信的宦官却把消息告诉了石闵、李农。石闵、李农急忙返回，废黜石鉴，并把他杀掉，一起被杀的还有后赵国主石虎的二十八个孙子，石氏家族的人全被消灭。姚弋仲的儿子曜武将军姚益、武卫将军姚若率领宫廷卫兵数千人冲破关卡，投奔滠头。姚弋仲率领兵众讨伐石闵，驻扎在混桥。

司徒申钟等人向石闵进献尊号，石闵要谦让给李农，李农执意推辞，不肯接受。石闵说："我们原是晋朝的人士，如今晋皇室尚在，我希望和诸君一起分割州郡而治，各自称为牧、守、公、侯，然后上表迎接晋朝天子返回故都洛阳。"尚书胡睦进言说："陛下的圣德顺应天意，理应登上天子之位。如今晋氏衰败，远逃江南，怎么能驾驭各路英雄，统一四海江山呢！"石闵说："胡尚书之言，真可谓识时务知天命啊。"于是石闵便即皇帝位，实行大赦，改年号为永兴，立国号为大魏。

东晋朝廷听到中原大乱的消息，再次谋划进取收复。己丑（十八日），任命扬州刺史殷浩为中军将军、假节和都督扬、豫、徐、兖、青五州诸军事。任命蒲洪为氐王、使持节、征北大将军、都督黄河以北诸军事、冀州刺史、广川郡公。任命蒲健为假节、右将军、监黄河以北征讨前锋诸军事、襄国公。

二月，前燕王慕容儁派慕容霸统率兵卒二万人由东路出徒河，慕舆于由西路出蠮螉塞，慕容儁自己则由中路出卢龙塞，前去讨伐赵。他以慕容恪、鲜于亮为前锋，命令慕舆埿开通山路。留下世子慕容晔镇守龙城，任命内史刘斌为大司农，和典书令皇甫真一起留下统管后方事务。

三月，前燕国的军队抵达无终，王午留下部将王佗带领数千人守卫蓟城，自己与邓恒一起前去保卫鲁口。乙巳（初五），慕容儁攻下了蓟城，抓到王佗把他杀掉。

魏国主石闵恢复冉姓，尊奉母亲王氏为皇太后，立妻子董氏为皇后，立儿子冉智为皇太子，冉胤、冉明、冉裕三个儿子全都被封为王。任命李农为太宰、兼太尉、录尚书事，并封为齐王，李农的儿子们全都被封为县公。冉闵派遣使者带着作为凭证的符节向驻扎在各地的将领通报任命，他们都不服从。

魏国主冉闵杀掉了李农及他的三个儿子，一起被杀的还有尚书令王谟、侍中王衍、中常侍严震、赵昇。冉闵派遣使者前往长江畔向东晋朝廷报告说："叛逆胡人使中原大乱，如今已经诛杀了他们。如果能共同讨伐乱军的话，可以派遣部队来。"东晋朝廷不作回应。

张驾度、段勤、刘国、靳豚会师于昌城，准备进攻邺城。魏国主冉闵亲自统领军队反击，在苍亭交战，张贺度等大败，死亡二万八千人。冉闵追到阴安，杀了靳豚，将其兵众全部俘虏后返回。冉闵的士兵达三十多万，旌旗、战鼓绵延一百多里，就是石氏最兴盛的时候，也无法与之相比。

过去晋朝的散骑常侍、陇西人辛谧，名声高尚，虽然经历了刘氏、石氏时代，征召授官全都不接受。冉闵以完备的礼遇征召他出任太常。辛谧致信冉闵，认为：“物极必反，到了极点就危险了。如今君王大功已成，应该就此辉煌战果，归身于晋朝，必定会有许由、伯夷那样的正直名声，享受赤松子、王子乔那样的天年高寿。”接着他便绝食而死。

十一月，魏国主冉闵率领步兵、骑兵十万人攻打襄国。委任他的儿子太原王冉胤为大单于、骠骑大将军，并给他手下配备了一千名投降的胡族士兵。光禄大夫韦謏劝谏冉闵说：“胡族、羯族都是我们的仇敌，如今他们归附投降，只是为了苟全性命罢了，万一他们哗变，后悔怎么来得及？请求您斩尽杀绝那些投降的胡兵！去掉单于的称号，以防微杜渐。”冉闵正想要安抚招纳群胡，听了此话，勃然大怒，杀掉了韦謏以及他的儿子韦伯阳。

第九十九卷

晋纪二十一

译文诵读

孝宗穆皇帝中之上永和七年（辛亥，351）

苻健左长史贾玄硕等请依刘备称汉中王故事，表健为都督关中诸军事、大将军、大单于、秦王。健怒曰："吾岂堪为秦王邪？且晋使未返，我之官爵，非汝曹所知也。"既而密使梁安讽玄硕等上尊号，健辞让再三，然后许之。丙辰，健即天王、大单于位，国号大秦，大赦，改元皇始。

魏主闵攻围襄国百余日。赵主祗危急，乃去皇帝之号，称赵王，遣太尉张举乞师于燕，许送传国玺；中军将军张春乞师于姚弋仲。弋仲遣其子襄帅骑二万八千救赵，诫之曰："冉闵弃仁背义，屠灭石氏。我受人厚遇，当为复仇，老病不能自行，汝才十倍于闵，若不枭擒以来，不必复见我也！"弋仲亦遣使告于燕；燕主儁遣御难将军悦绾将兵三万往会之。

三月，姚襄及赵汝阴王琨各引兵救襄国。冉闵遣车骑将军胡睦拒襄于长芦，将军孙威拒琨于黄丘，皆败还，士卒略尽。

闵欲自出击之，卫将军王泰谏曰："今襄国未下，外救云集，若我出战，必覆背受敌，此危道也。不若固垒以挫其锐，徐观其衅而击之。且陛下亲临行陈，如失万全，则大事去矣。"闵将止，道士法饶进曰："陛下围襄国经年，无尺寸之功，今贼至，又避不击，将何以使将士乎！且太白入昴，当杀胡王，百战百克，不可失也！"闵攘袂大言曰："吾战决矣，敢沮众者斩！"乃悉众出，与襄、琨战。悦绾适以燕兵至，去魏兵数里，疏布骑卒，曳柴扬尘，魏人望之恟惧，襄、琨、绾三面击之，赵王祗自后冲之，魏兵大败，闵与十余骑走还邺。降胡栗特康等执大单于胤及左仆射刘琦以降赵，赵王祗杀之。胡睦及司空石璞、尚书令徐机、中书监卢谌等并将士死者凡十余万人。闵潜还，人无知者。邺中震恐，讹言闵已没。射声校尉张艾请闵亲郊以安众心，闵从之，讹言乃息。闵支解法饶父子，赠韦谀大司徒。姚襄还滠头，姚弋仲怒其不擒闵，杖之一百。

秦王健分遣使者问民疾苦，搜罗隽异，宽重敛之税，弛离宫之禁，罢无用之器，去侈靡之服，凡赵之苛政不便于民者，皆除之。

刘显弑赵王祗及其丞相乐安王炳、太宰赵庶等十余人，传首于邺。骠骑将军石宁奔柏人。魏主闵焚祗首于通衢，拜显上大将军、大单于、冀州牧。

秋，七月，刘显复引兵攻邺，魏主闵击败之。显还，称帝于襄国。

燕王俊遣慕容恪攻中山，慕容评攻王午于鲁口，魏中山太守上谷侯龛闭城拒守。恪南徇常山，军于九门，魏赵郡太守辽西李邽举郡降，恪厚抚之，将邽还围中山，侯龛乃降。恪入中山，迁其将帅、土豪数十家诣蓟，余皆安堵，军令严明，秋豪不犯。慕容评至南安，王午遣其将郑生拒战，评击斩之。

初，桓温闻石氏乱，上疏请出师经略中原，事久不报。温知朝廷杖殷浩以抗己，甚忿之，然素知浩之为人，亦不之惮也。以国无他衅，遂得相持弥年，羁縻而已，八州士众资调殆不为国家用。屡求北伐，诏书不听。十二月，辛未，温拜表辄行，帅众四五万顺流而下，军于武昌，朝廷大惧。

抚军司马高崧言于昱曰："王宜致书，谕以祸福，自当返旆。如其不尔，便六军整驾，逆顺于兹判矣！"乃于坐为昱草书曰："寇难宜平，时会宜接。此实为国远图，经略大算，能弘斯会，非足下而谁！但以比兴师动众，要当以资实为本；运转之艰，古人所难，不可易之于始而不熟虑。顷所以深用为疑，惟在此耳。然异常之举，众之所骇，游声噂沓，想足下亦少闻之。苟患失之，无所不至，或能望风振扰，一时崩散。如此则望实并丧，社稷之事去矣。皆由吾暗弱，德信不著，不能镇静群庶，保固维城，所以内愧于心，外惭良友。吾与足下，虽职有内外，安社稷，保国家，其致一也。天下安危，系之明德，当先思宁国而后图其外，使王基克隆，大义弘著，所望于足下。区区诚怀，岂可复顾嫌而不尽哉！"温即上疏惶恐致谢，回军还镇。

八年（壬子，352）

秦丞相雄等请秦王健正尊号，依汉、晋之旧，不必效石氏之初。健从之，即皇帝位，大赦。诸公皆进爵为王。且言单于所以统一百蛮，非天子所宜领，以授太子苌。

刘显攻常山，魏主闵留大将军蒋幹使辅太子智守邺，自将八千骑救之。显大司马清河王宁以枣强降魏。闵击显，败之，追奔至襄国。显大将军曹伏驹开门纳闵，闵杀显及其公卿已下百余人，焚襄国宫室，迁其民于邺。赵汝阴王琨以其妻妾来奔，斩于建康市，石氏遂绝。

姚弋仲有子四十二人，及病，谓诸子曰："石氏待吾厚，吾本欲为之尽力。今石氏已灭，中原无主，我死，汝亟自归于晋，当固执臣节，无为不义也！"弋仲卒，子襄秘不发丧，帅户六万南攻阳平、元城、发干，破之，屯于碻磝津；以太原王亮为长史，天水尹赤为司马，太原薛瓒、略阳权翼为参军。

襄遂帅众归晋，送其五弟为质。诏襄屯谯成。襄单骑渡淮，见谢尚于寿春。尚闻其名，命去仗卫，幅巾待之，欢若平生。襄博学，善谈论，江东人士皆重之。

魏主闵将与燕战，大将军董闰、车骑将军张温谏曰："鲜卑乘胜锋锐，且彼众我寡，宜且避之，俟其骄惰，然后益兵以击之。"闵怒曰："吾欲以此众平幽州，斩慕容俊；今遇恪而避之，人谓我何！"司徒刘茂、特进郎闿相谓曰："吾君此行，必不还矣，吾等何为坐待戮辱！”皆自杀。

闵军于安喜，慕容恪引兵从之。闵趣常山，恪追之，及于魏昌之廉台。闵与燕兵十战，燕兵皆不胜。闵素有勇名，所将兵精锐，燕人惮之。慕容恪巡陈，谓将士曰：“冉闵勇而无谋，一夫敌耳！其士卒饥疲，甲兵虽精，其实难用，不足破也！”闵以所将多步卒，而燕皆骑兵，引兵将趣林中。恪参军高开曰：“吾骑兵利平地，若闵得入林，不可复制。宜亟遣轻骑邀之，既合而阳走，诱致平地，然后可击也。”恪从之。魏兵还就平地，恪分军为三部，谓诸将曰：“闵性轻锐，又自以众少，必致死于我。我厚集中军之陈以待之，俟其合战，卿等从旁击之，无不克矣。”乃择鲜卑善射者五千人，以铁锁连其马，为方陈而前。闵所乘骏马曰朱龙，日行千里。闵左操两刃矛，右执钩戟，以击燕兵，斩首三百余级。望见大幢，知其为中军，直冲之；燕两军从旁夹击，大破之。围闵数重，闵溃围东走二十余里，朱龙忽毙，为燕兵所执。燕人杀魏仆射刘群，执董闵、张温及闵，皆送于蓟。闵子操奔鲁口。高开被创而卒。慕容恪进屯常山，儁命恪镇中山。

己卯，冉闵至蓟。儁大赦。立闵而责之曰：“汝奴仆下才，何得妄称帝？”闵曰：“天下大乱，尔曹夷狄禽兽之类犹称帝，况我中土英雄，何得不称帝邪！”儁怒，鞭之三百，送于龙城。

辛卯，燕人斩冉闵于龙城。会大旱、蝗，燕王儁谓闵为祟，遣使祀之，谥曰悼武大王。

燕群僚共上尊号于燕王儁，儁许之。十一月，丁卯，始置百官，以国相封奕为太尉，左长史阳骛为尚书令，右司马皇甫真为尚书左仆射，典书令张悕为右仆射；其余文武，拜授有差。戊辰，儁即皇帝位，大赦；自谓获传国玺，改元元玺。追尊武宣王为高祖武宣皇帝，文明王为太祖文明皇帝。时晋使适至燕，儁谓曰：“汝还白汝天子，我承人乏，为中国所推，已为帝矣！”改司州为中州；建留台于龙都。以玄菟太守乙逸为尚书，专委留务。

九年（癸丑，353）

姚襄屯历阳，以燕、秦方强，未有北伐之志，乃夹淮广兴屯田，训厉将士。殷浩在寿春，恶其强盛，囚襄诸弟，屡遣刺客刺之，刺客皆以情告襄。安北将军魏统卒，弟憬代领部曲。浩潜遣憬帅众五千袭之，襄斩憬，并其众。浩愈恶之，使龙骧将军刘启守谯，迁襄于梁国蠡台，表授梁国内史。

魏憬子弟数往来寿春，襄益疑惧，遣参军权翼使于浩，浩曰：“身与姚平北共为王臣，休戚同之。平北每举动自专，甚失辅车之理，岂所望也！”翼曰：“平北英姿绝世，拥兵数万远归晋室者，以朝廷有道，宰辅明哲故也。今将军轻信谗慝之言，与平北有隙，愚谓猜嫌之端，在此不在彼也。”浩曰：“平北姿性豪迈，生杀自由，又纵小人掠夺吾马，王臣之体，固若是乎？”翼曰：“平北归命圣朝，岂肯妄杀无辜！奸宄之人，亦王法所不容也，杀之何害！”浩曰：“然则掠马何也？”

翼曰："将军谓平北雄武难制，终将讨之，故取马欲以自卫耳。"浩笑曰："何至是也！"

初，浩阴遣人诱梁安、雷弱儿，使杀秦主健，许以关右之任；弱儿伪许之，且请兵应接。浩闻张遇作乱，健兄子辅国将军黄眉自洛阳西奔，以为安等事已成。冬，十月，浩自寿春帅众七万北伐，欲进据洛阳，修复园陵。吏部尚书王彪之上会稽王昱笺，以为："弱儿等容有诈伪，浩未应轻进。"不从。

浩以姚襄为前驱。襄引兵北行，度浩将至，诈令部众夜遁，阴伏甲以邀之。浩闻而追襄至山桑，襄纵兵击之，浩大败，弃辎重，走保谯城。襄俘斩万余，悉收其资仗，使兄益守山桑，襄复如淮南。会稽王昱谓王彪之曰："君言无不中，张、陈无以过也！"

西平敬烈公张重华有疾，子曜灵才十岁，立为世子，赦其境内。

谢艾以枹罕之功有宠于重华，左右疾之，谮艾，出为酒泉太守。艾上疏言："权幸用事，公室将危，乞听臣入侍。"且言"长宁侯祚及赵长等将为乱，宜尽逐之。"十一月，己未，重华疾甚，手令征艾为卫将军，监中外诸军事，辅政。祚、长等匿而不宣。

丁卯，重华卒，世子曜灵立，称大司马、凉州刺史、西平公。赵长等矫重华遗令，以长宁侯祚为都督中外诸军事、抚军大将军，辅政。

姚襄济淮，屯盱眙，招掠流民，众至七万，分置守宰，劝课农桑；遣使诣建康罪状殷浩，并自陈谢。诏以谢尚都督江西、淮南诸军事、豫州刺史，镇历阳。

凉右长史赵长等建议，以为"时难未夷，宜立长君，曜灵冲幼，请立长宁侯祚。"张祚先得幸于重华之母马氏，马氏许之，乃废张曜灵为凉宁侯，立祚为大都督、大将军、凉州牧、凉公。祚既得志，恣为淫虐，杀重华妃裴氏及谢艾。

十年（甲寅，354）

春，正月，张祚自称凉王，改建兴四十二年为和平元年。

中军将军、扬州刺史殷浩连年北伐，师徒屡败，粮械都尽；征西将军桓温因朝野之怨，上疏数浩之罪，请废之。朝廷不得已，免浩为庶人，徙东阳之信安。自此内外大权一归于温矣。

浩少与温齐名，而心竞不相下，温常轻之。浩既废黜，虽愁怨不形辞色，常书空作"咄咄怪事"字。久之，温谓掾郗超曰："浩有德有言，向为令仆，足以仪刑百揆，朝廷用违其才耳。"将以浩为尚书令，以书告之。浩欣然许焉，将答书，虑有谬误，开闭者十数，竟达空函。温大怒，由是遂绝，卒于徙所。以前会稽内史王述为扬州刺史。

二月，乙丑，桓温统步骑四万发江陵，水军自襄阳入均口，至南乡，步兵自淅川趣武关，命司马勋出子午道以伐秦。

姚襄遣使降燕。

桓温别将攻上洛，获秦荆州刺史郭敬；进击青泥，破之。司马勋掠秦西鄙，凉秦州刺史王擢攻陈仓以应温。秦主健遣太子苌、丞相雄、淮南王生、平昌王菁、北平王硕帅众五万军于峣柳以拒温。夏，四月，己亥，温与秦兵战于蓝田。秦淮南王生单骑突陈，出入以十数，杀伤晋将士甚众。温督众力战，秦兵大败。将军桓冲又败秦丞相雄于白鹿原。冲，温之弟也。温转战而前，壬寅，进至灞上。秦太子苌等退屯城南，秦主健与老弱六千固守长安小城，悉发精兵三万，遣大司马雷弱儿等与苌合兵以拒温。三辅郡县皆来降。温抚谕居民，使安堵复业。民争持牛酒迎劳，男女夹路观之，耆老有垂泣者，曰："不图今日复睹官军！"

戊申，燕主俊封抚军将军军为襄阳王，左将军彭为武昌王；以卫将军恪为大司马、侍中、大都督、录尚书事，封太原王；镇南将军评为司徒、骠骑将军，封上庸王；封安东将军霸为吴王。

命冀州刺史吴王霸徙治信都。初，燕王皝奇霸之才，故名之曰霸，将以为世子；群臣谏而止，然宠遇犹逾于世子。由是俊恶之，以其尝坠马为折齿，更名曰䂞。寻以其应谶文，更名曰垂，迁侍中，录留台事，徙镇龙城。垂大得东北之和，俊愈恶之，复召还。

北海王猛，少好学，倜傥有大志，不屑细务，人皆轻之。猛悠然自得，隐居华阴。闻桓温入关，披褐诣之，扪虱而谈当世之务，旁若无人。温异之，问曰："吾奉天子之命，将锐兵十万为百姓除残贼，而三秦豪杰未有至者，何也？"猛曰："公不远数千里，深入敌境，今长安咫尺而不渡灞水，百姓未知公心，所以不至。"温嘿然无以应，徐曰："江东无卿比也！"乃署猛军谋祭酒。

温与秦丞相雄等战于白鹿原，温兵不利，死者万余人。初，温指秦麦以为粮，既而秦人悉芟麦，清野以待之，温军乏食。六月，丁丑，徙关中三千余户而归。以王猛为高官督护，欲与俱还，猛辞不就。

秦东海敬武王雄攻乔秉于雍；丙申，卒。秦主健哭之呕血，曰："天不欲吾平四海邪！何夺吾元才之速也？"赠魏王，葬礼依晋安平献王故事。雄以佐命元勋，权侔人主，而谦恭泛爱，遵奉法度，故健重之，常曰："元才，吾之周公也。"

子坚袭爵。坚性至孝，幼有志度，博学多能，交结英豪，吕婆楼、强汪及略阳梁平老皆与之善。

秦太子苌之拒桓温也，为流矢所中，冬，十月，卒，谥曰献哀。

晋穆帝永和七年（辛亥，公元351年）

苻健的左长史贾玄硕等人想要向东晋朝廷上表，请求依据刘备号称汉中王的做法，任命苻健为都督关中诸军事、大将军、大单于、秦王。苻健愤怒地说："我怎么能胜任秦王呢？况且晋朝的使臣尚未返回，我的官职爵位，不是你们所知道的。”然而紧接着他却悄悄地让梁安暗示贾玄硕等人向他进献尊号，经过表面上的再三推辞，然后就接受了。丙辰（正月二十日），苻健即天王位、大单于位，立国号为大秦，实行大赦，改年号为皇始。

魏国主冉闵攻打包围襄国一百多天。后赵主石祗境况危急，便去掉了皇帝的称号，改称为赵王，派遣太尉张举到前燕国请求援军，并承诺送去传国印玺。派遣中军将军张春向姚弋仲请求援军。姚弋仲派他的儿子姚襄率领骑兵二万八千人援救后赵。他告诫姚襄说：“冉闵抛弃仁爱，背离道义，屠杀消灭了石氏。我受到过石虎宽厚的待遇，应当为他复仇，但因为既老且病，不能亲自出征。你的才能高出冉闵十倍，如果不能把他的头颅带回来，就不必再来见我了！”姚弋仲也派使者到前燕报告。前燕王慕容俊派御难将军悦绾统领三万士兵前去与姚襄会师。

三月，姚襄及后赵汝阴王石琨分别率兵救援襄国。冉闵派车骑将军胡睦在长芦阻击姚襄，派将军孙威在黄丘阻击石琨，但全都失败而返，士兵死亡殆尽。

冉闵想要亲自出马攻打姚襄及石琨，卫将军王泰劝谏说：“如今襄国城尚未攻下，外边援救的部队云集而至，如果我们再外出征战，一定会腹背受敌，这是极其危险的做法。不如坚固堡垒以挫伤他们的锐气，慢慢地看着他们之间出现裂痕后再去攻击。况且陛下亲自上阵，如果一旦出危险，宏图大业就全完了。”冉闵听了劝谏后正想不再出征，而道士法饶却进言说：“陛下包围襄国已有一年之久，然而没有取得丝毫的胜利。如今敌人来了，却避而不攻，今后将怎样调动将士呢！况且启明星进入昂宿，正是诛杀胡王的征兆，一定会百战百胜，绝不可错失良机！”听了这话，冉闵挽起袖子大声说：“我决定要出发征战了。胆敢出言使兵众士气沮丧者杀头！”于是就率领全部兵众出发，与姚襄、石琨决战。这时悦绾恰好率领燕兵来到，离魏兵约有几里地的距离，他将骑兵稀疏地布开，拖着树枝扬起漫天尘土，魏国兵众一看见这阵势便骚动不安、惊恐万状。姚襄、石琨、悦绾三面夹击，后赵王石祗则从后面发起冲锋，魏兵大败，冉闵和十多个骑兵逃回邺城。以前投降冉闵的胡人栗特康等人挟持着大单于冉胤及左仆射刘琦投降了后赵，后赵王石祗把冉胤、刘琦杀掉了。冉闵的众将士再加上胡睦及司空石璞、尚书令徐机、中书监卢谌等，死亡的人总共达十多万。冉闵偷偷地回到邺城，无人知晓。邺城里的人都感到震惊害怕，讹传冉闵已死。射声校尉张艾请求冉闵露面去参加一次郊祀祭天活动，以安定民心，冉闵听从了，讹传才平息下来。冉闵肢解了法饶父子，追封韦谀为大司徒。姚襄回到滠头，姚弋仲对他没能擒获冉闵十分气愤，打了他一百杖。

前秦王苻健分别派遣使者访问百姓的疾苦，搜罗杰出人才，放宽了横征暴敛的赋税，开放了为修建离宫划定的禁区，撤掉了没有用处的事务和器具，更换了华丽奢侈的服装，凡是后赵国制定的不利于百姓的繁琐苛刻的政令，全都予以废除。

刘显杀掉了后赵王石祗及其丞相乐安王石炳、太宰赵庶等十多人，并将首级传送到邺城。骠骑将军石宁逃奔到柏人县。魏国主冉闵在邺城的通衢大道上焚烧了石祗的首级，授予刘显上大将军、大单于、冀州牧的官职。

秋季，七月，刘显再次率兵攻打邺城，被魏国主冉闵击败。刘显返回，在襄国称帝。

前燕王慕容俊派慕容恪攻打中山，派慕容评在鲁口攻打王午，魏国中山太守上谷人侯龛紧闭城门，抵抗固守。慕容恪率兵南巡常山，驻扎在九门，魏国赵郡太守辽西人李邽带领全郡投降，慕容恪给他以丰厚的抚慰，统领李邽的军队返回去包围中山，于是侯龛投降。慕容恪进入中山，将侯龛手下的数十家将帅、地方豪强迁徙到蓟城，其余的则让他们全都就地安居。部队纪律严明，秋毫无犯。慕容评抵达南安，王午派他的部将郑生抵抗，慕容评发起攻击，斩杀了郑生。

当初，桓温听说石氏大乱，便向朝廷上疏，请求出兵整治中原地区，但过了许久也没有回音。桓温知道朝廷倚仗殷浩来对抗自己，对此十分愤怒。然而他也一向知道殷浩的为人，所以对此也不惧怕。因为国家没有什么其他灾祸变故，也就得以相持共处了一年多，但不过是一般性的联系、应付而已。桓温管辖的八州之内民众的资财赋税，几乎不给朝廷使用。桓温多次请求北伐，朝廷下达诏书不予同意。十二月，辛未（十一日），桓温上奏章后就立即行动，率领四五万人顺江而下，驻扎在武昌。朝廷十分恐惧。

抚军司马高崧对司马昱说："您应该致信桓温，向他说明利害得失，他自己就应当率兵返回了。如果他不这样做，就整理六军人马出征，正义叛逆从此判明！"于是他就坐下来替司马昱起草书信说："寇贼发难，应该平定，时运到来，应该应接。这确实是为国家着想的长谋远虑、夺取天下的宏图大略，能够弘扬光大这种时运的人，除了足下还能有谁！但兴师动众，重要的是应该以雄厚的财力物力为基础，辗转运输的艰难，正是古人最头疼的事，不能从一开始就认为它容易而不加以认真地考虑。近来我之所以对你的举动深以为疑，原因就在这里。对于出乎寻常的举动，人们都感到惊骇，所以近来各种议论说法，纷至沓来，想足下也稍有耳闻。假若生怕得到的东西再失去，就会无所不用其极，也许有些人就会震恐惊忧，甚至会顷刻崩溃逃散。如此则宏大的愿望和已有的成果全都会丧失，国家的大业也就完了。全都是由于我昏庸懦弱，没有表现出崇高的道德和信誉，才没能使众百姓沉着安定，凭借险势连城固守，以保卫国家。这就是我于内问心有愧，于外对不起好友的原因。我与足下，虽然任职有内外之分，但安定国家，保卫皇帝，这个目标是一致的。天下的安危，与完美的德行相联系，应当先考虑使国家安宁，然后再图谋向外扩展，以使帝王的基业兴隆昌盛，道义弘扬彰著，这就是我对阁下的期望。区区一点心意，难道还能再顾虑疑忌而不坦诚尽言吗！"桓温见信后立即上书，诚惶诚恐地表示谢罪，率军返回了原来镇守的地方。

八年（壬子，公元352年）

前秦丞相苻雄等人请求秦王苻健正式称皇帝的尊号，依从汉朝、晋朝的旧制，而不必效法石氏最初先称天王的做法。苻健听从了这一请求，即皇帝位，实行大赦。诸公全都晋升爵位为王。苻雄等人还说，单于用来统治百蛮的种种措施、办法，不宜由天子亲自掌管。所以苻健把这方面的权力授予太子苻苌。

刘显进攻常山，魏国主冉闵留下大将军蒋幹辅佐太子冉智守卫邺城，自己统率八千骑兵前去救援。刘显的大司马清河人王宁投降了魏国，将枣强县拱手交出。冉闵攻击刘显，打败了他，追击到襄国。刘显的大将军曹伏驹打开城门让冉闵进入，冉闵杀掉了刘显及其公卿以下的官吏一百多人，焚烧了襄国的宫室，将襄国的百姓迁徙到邺城。后赵汝阴王石琨带着他的妻妾前来东晋投降，被斩杀在建康街头，于是石氏被彻底根绝了。

姚弋仲有儿子四十二人，等到他病重时，对儿子们说："石氏对待我很优厚，我本想为他们尽力。如今石氏已被消灭，中原混战无主，我死了以后，你们赶快自己归附晋朝，应当固守作为臣下的气节，不要干不义的事情！"姚弋仲去世，其子姚襄隐瞒消息，不告诉别人，率领六万家的兵众南进，攻打阳平、元城、发干，全部攻克，兵众驻扎在碻磝津。任命太原人王亮为长史，天水人尹赤为司马，太原人薛瓒、略阳人权翼为参军。

姚襄于是率领兵众归附东晋，并把他的五个弟弟送去作为人质。东晋朝廷诏令姚襄屯戍谯城。姚襄单人匹马渡过淮河，在寿春见到了谢尚。谢尚久闻其名，命令撤掉仪仗侍卫，自己摘掉帽子，只以绢丝束发，热情地招待他，就像见故友一样。姚襄很博学，善于言谈，江东的人士都很推崇他。

魏国主冉闵准备与前燕交战，大将军董闰、车骑将军张温劝谏他说："鲜卑人乘胜利之势，锋芒锐利，而且敌众我寡，应该暂且躲避。等他们骄傲懈怠以后，再增加兵力，加以攻击。"冉闵愤怒地说："我要用这些兵众平定幽州，斩杀慕容俊。如今遇上了慕容恪而躲避他，人们该说我什么呢！"司徒刘茂、特进郎闿互相说："我们的国君此次出征，一定是有去无回，我们为什么要坐等被杀戮的耻辱！"于是他们俩都自杀了。

冉闵驻军于安喜，慕容恪率兵跟随。冉闵向常山开进，慕容恪紧追不舍，一直追到魏昌县的廉台。冉闵与前燕兵交战十次，前燕兵全都没有获胜。冉闵历来有勇猛的名声，所统领的士兵精良，前燕人很惧怕他。慕容恪巡视兵阵，对他的将士们说："冉闵有勇无谋，只能以一当一而已！他的士兵饥饿疲惫，武器装备虽然精

前燕军围攻冉闵

良，但实际上难以为用，不难打败他们！”冉闵认为自己所统领的多是步兵，而前燕全是骑兵，于是就率领兵众向丛林开进。慕容恪的参军高开说：“我们骑兵在平坦地域作战有利，如果冉闵得以进入丛林，就无法再控制他了。应该火速派轻装的骑兵去拦截他，等到交战以后再假装逃跑，诱使他来到平坦地域，然后便能进行攻击了。”慕容恪听从了这一意见。魏兵回师追到平坦的地域，慕容恪把军队分为三部分，对将领们说：“冉闵生性轻敌，锐气十足，又自认为兵众较少，一定会拼死与我们作战。我要在中军的阵地上集中优势兵力等着他，等到交战以后，你们从两翼发起攻击，攻无不克。”于是他就选择五千名善于射箭的鲜卑人，用铁链把他们的马匹联结起来，形成方阵，布置在前面。冉闵所骑的骏马名叫朱龙，日行千里。只见他左手持有两刃矛，右手拿着钩戟，用来攻击前燕兵，杀掉了三百多人。当他望见宽大的仪仗旗帜后，知道这便是中军，就径直发起冲击。这时，前燕军的其他两部分从两翼夹击，彻底攻破了冉闵的部队。他们把冉闵团团围住，冉闵突破重围向东逃窜了二十多里，不巧骏马朱龙突然死亡，冉闵被前燕兵俘获。前燕兵杀掉了魏国仆射刘群，抓到了董闵、张温及冉闵，把他们全都送往蓟城。冉闵的儿子冉操逃到鲁口。高开负伤而死。慕容恪进军驻扎于常山，慕容俊命令他镇守中山。

己卯（四月二十日），冉闵被押送到蓟城。慕容俊实行大赦。慕容俊让冉闵站在那里斥责他说：“你不过是才能低下的奴仆，怎么能妄自称帝？”冉闵说：“天下大乱，你们夷狄禽兽之类尚可称帝，何况我中原英雄，为什么不能称帝呢！”慕容俊大怒，打了他三百鞭，把他送到龙城。

辛卯（五月初三），前燕人在龙城斩杀了冉闵。恰好这时发生了严重的旱灾、蝗灾，前燕王慕容俊说这是冉闵在作祟，便派使臣去祭祀他，给他追封谥号为悼武天王。

前燕国的官员们共同给前燕王慕容俊进上皇帝尊号，慕容俊同意了。十一月，丁卯（十二日），开始设置百官，任命国相封奕为太尉，左长史阳骛为尚书令，右司马皇甫真为尚书左仆射,典书令张悕为右仆射。其余的文武官员，授予的官职各有等差。戊辰（十三日），慕容俊即皇帝位，实行大赦。自称获得了传国印玺，改年号为元玺。追尊武宣王慕容廆为高祖武宣皇帝，文明王慕容皝为太祖文明皇帝。这时东晋的使者恰好抵达前燕，慕容俊对他说：“你回去禀报你的天子，我趁着天下无人才的时机，被中原地区推举，已经成为皇帝了！”慕容俊将司州改为中州，在当初的国都龙城建立了留台。任命玄菟太守乙逸为尚书，专门委任他掌管留台事务。

九年（癸丑，公元353年）

姚襄驻扎在历阳，考虑到前燕、前秦势力正强，所以没有北伐的念头，就沿淮河两岸广泛开垦屯田，训练勉励将士。殷浩在寿春，讨厌姚襄的日益强盛，于是就囚禁了他的弟弟们，并多次派遣刺客刺杀他。然而刺客们却全都把实情告诉了姚襄。安北将军魏统去世，弟弟魏憬代替他统领部曲家兵。殷浩偷偷地派魏憬率领五千兵众袭击姚襄，但姚襄杀掉了魏憬，其兵众也被兼并。殷浩因此越发讨厌姚襄，派龙骧将军刘启守卫谯郡，把姚襄调到梁国的蠡台，上表请求授予姚襄梁国内史职务。

魏憬的子弟们多次往来寿春，姚襄越发怀疑、担心，就派参军权翼出使殷浩处。殷浩对他说："我本人与姚襄同是君主的臣下，休戚与共。然而姚襄经常独断专行，有失辅车相依的道理，这难道是我所希望的事情吗！"权翼说："姚襄英俊的风姿堪称绝世，他之所以带领数万兵将不辞遥远归附晋朝王室，是因为朝廷具有道义，大臣们贤明智慧的缘故。如今将军轻信谗言匿语，与姚襄有了隔阂，我认为产生猜忌的根源，在您这里而不在姚襄那里。"殷浩说："姚襄生性豪放不羁，随意生杀，又纵容小人抢夺我的马匹，君王臣下的行为，原本是这样的吗！"权翼说："姚襄归附听命于圣哲王朝，怎么肯滥杀无辜！邪恶作乱之徒，也是帝王的法律不能容忍，杀了他们有什么害处！"殷浩说："那么，为什么抢夺我的马匹呢？"权翼说："将军您认为姚襄雄勇刚健，难以控制，最终也要讨伐他，所以他才夺取您的马匹用来自卫罢了。"殷浩笑着说："哪里到这种地步呢！"

当初，殷浩暗地里派人劝诱梁安、雷弱儿，让他们去刺杀前秦国主苻健，许诺把关右地区的官职封给他们。雷弱儿表面上答应了，而且请求派兵接应。殷浩听说张遇夜袭苻健，苻健哥哥的儿子辅国将军苻黄眉从洛阳向西逃奔，以为梁安等人的事情已经大功告成。冬季，十月，殷浩从寿春出发，率领兵众七万人北伐，想进攻占据洛阳，以修复帝王的陵墓。吏部尚书王彪之给会稽王司马昱上书认为："雷弱儿等人会有诈伪，殷浩不应该轻举妄动。"司马昱对此未加理会。

殷浩以姚襄作为北伐的前驱。姚襄率兵北进，当预计殷浩将要抵达时，假装让士兵趁夜逃散，实际上却悄悄地埋伏起来等候阻击殷浩。殷浩听说姚襄的士兵逃散，追赶姚襄来到山桑。这时，姚襄突然发兵攻击，殷浩大败，丢弃了轻重装备，逃回去固守谯城。姚襄俘虏斩杀了一万多人，全部收缴了他们的资财武器，派他的哥哥姚益镇守山桑，姚襄又回到了淮南。会稽王司马昱对王彪之说："你言无不中，张良、陈平也无法超过你啊！"

西平敬烈公张重华患病，儿子张曜灵才十岁，被立为太子，在境内实行大赦。

谢艾因为枹罕之战的功劳，在张重华面前很受宠，周围的人对此很妒忌，就说坏话诬陷他。张重华因此把他调离出去，任酒泉太守。谢艾上疏说："有权势而得宠的人当政，君王的政权将有危险，请求您接受我入宫侍奉。"而且还说："长宁侯张祚及赵长等人将要作乱，应该把他们全都赶走。"十一月，己未（初十），张重华病重，亲手写下命令征召谢艾任卫将军，监察中外诸军事，辅佐朝政。张祚、赵长等人将手令隐藏起来而不加以公布。

丁卯（十一月十八日），张重华去世，太子张曜灵即位，称为大司马、凉州刺史、西平公。赵长等人假传张重华的遗令，让长宁侯张祚出任都督中外诸军事、抚军大将军，辅佐朝政。

姚襄渡过淮河，驻扎在盱眙，招募掳掠流民，人数多达七万，分别设置地方长官，勉励督促他们从事农耕蚕桑。姚襄还派遣使者到建康报告殷浩的罪行，并且陈述自己的谢意。东晋朝廷下诏，任命谢尚为都督江西、淮南诸军事、豫州刺史、镇守历阳。

前凉右长史赵长等人提出建议，认为："目前的灾难尚未平定，应该立年长者为君王。张曜灵年龄幼小，请求立长宁侯张祚。"张祚原先很得张重华的母亲马氏的宠幸，马氏同意了，于是就将张曜灵废黜为凉宁侯，立张祚为大都督、大将军、凉州牧、凉公。张祚达到目的以后，肆无忌惮地施展淫威暴虐，杀掉了张重华的妃子裴氏及谢艾。

十年（甲寅，公元354年）

春季，正月，张祚自称凉王，改建兴四十二年为和平元年。

中军将军、扬州刺史殷浩连年北伐，士兵屡屡被打败，粮饷武器全都消耗殆尽。征西将军桓温借朝野上下对殷浩的怨愤，上书列举殷浩的罪行，请求将他黜免。朝廷不得已，将殷浩免官，贬为庶人，流放到东阳郡的信安县。从此，朝廷内外的大权统统集中在桓温手里了。

殷浩年轻时就和桓温齐名，双方暗自争胜，不相上下，但桓温经常轻视他。殷浩被废黜以后，虽然忧愁怨愤之情不形于色，但常常用手在空中书写"咄咄怪事"四个字。过了很久，桓温对手下的属官郗超说："殷浩有德行，善言辞，假如以前让他出任尚书令或仆射，足以成为百官的楷模，误事的原因只在于朝廷对他的任用与他本身的才能不相配罢了。"桓温准备任命殷浩为尚书令，写信告诉了他。殷浩对此欣然应允，在准备送出复信时，担心信中还有不妥之处，便拆开封检查了十多次，最后忙中出错，送达桓温手里的竟然只是一个空信封。桓温勃然大怒，从此断绝了启用殷浩的想法，殷浩死于流放之地。任命以前的会稽内史王述为扬州刺史。

二月，乙丑，桓温统领步兵和骑兵四万人从江陵出发。水军从襄阳进入均口，抵达南乡；步兵从淅川直奔武关。命令司马勋出子午道去讨伐前秦。

姚襄派遣使者向前燕投降。

桓温的另一位将领攻打上洛，俘获了前秦荆州刺史郭敬，继续前进，又攻破了青泥。司马勋夺取了前秦的西部边陲地带，前凉秦州刺史王擢攻打陈仓以接应桓温。前秦国主苻健派太子苻苌、丞相苻雄、淮南王苻生、平昌王苻菁、北平王苻硕率领五万兵众驻扎在峣柳，以阻击桓温。夏季，四月，己亥（二十二日），桓温与前秦军队在蓝田交战。前秦淮南王苻生单枪匹马冲入敌阵，往返十多次，杀死杀伤了众多的东晋将士。桓温督促兵众奋力拼搏，前秦军队终于被打得大败。将军桓冲又在白鹿原打败了前秦丞相苻雄。桓冲是桓温的弟弟。桓温转战前进，壬寅（二十五日），到达灞上。前秦太子苻苌等退守驻扎在城南，前秦国主苻健与六千老弱民众固守长安小城，把三万精锐兵士全部派出，让大司马雷弱儿等人与苻苌会合兵力，以抵抗桓温。三辅地区的郡县全都投降。桓温安抚告谕当地居民，让他们安居复业，当地的百姓争先恐后地带着酒肉迎接慰劳桓温的部队，男男女女夹道围观，有些老年人还激动地流下了眼泪，说："没想到今天又见到了朝廷的军队！"

戊申，前燕国主慕容俊封抚军将军慕容军为襄阳王，左将军慕容彭为武昌王。任命卫将军慕容恪为大司马、侍中、大都督、录尚书事，并封为太原王。任命镇南将军慕容评为司徒、骠骑将军，并封为上庸王。封安东将军慕容霸为吴王。

慕容俊命令冀州刺史、吴王慕容霸把治所迁到信都。当初，前燕王慕容皝认为慕容霸才能卓越，所以给他起名叫"霸"，准备以他作为太子。因为群臣的劝谏，最终没这样做，然而对他的宠爱程度仍然超过了太子。因此慕容俊很嫉妒，便以慕容霸曾经从马背上摔下来摔坏了牙齿为由，把他的名字改为"缺"。不久又以他应验了谶文中的谶语为由，改其名为"垂"。慕容垂升迁为侍中，总领留台事务，被调动去镇守龙城。慕容垂深得东北民众的拥戴，慕容俊对他越发嫉妒，又召他返回。

北海人王猛，从小好学，才能卓越，胸怀大志，不屑于琐碎事务，人们都轻视他。王猛却悠然自得，隐居于华阴。当他听说桓温入关后，便披着粗布衣服去拜访他，边摸着虱子边谈论当时的大事，旁若无人。桓温觉得他与众不同，便问道："我奉天子之命，统帅十万精兵为百姓消灭残存的寇贼，然而三秦的豪杰之士至今没有人前来归附，这是为什么呢？"王猛说："您不远数千里，深入敌土，如今长安近在咫尺而您却不横渡灞水，百姓们不知道您的意图，所以不来。"桓温沉默不语，无以应答，过了一会儿说："长江以南没有人能和你相比！"于是就安排王猛暂任军谋祭酒。

桓温与前秦丞相苻雄等在白鹿原交战，桓温的军队失利，死亡一万多人。当初，桓温指望以前秦地区的麦子来作军粮，后来前秦人把麦子全都收割了，等待桓温的只有经过清理的空旷农田，所以桓温的军队军粮匮乏，六月，丁丑（初一），桓温裹挟关中的三千多户人家开始撤返。任命王猛为高官督护，想让他和自己一同返回，王猛坚决推辞，不予接受。

前秦东海敬武王苻雄在雍县攻打乔秉。丙申（二十日），苻雄去世。前秦国主苻健哭他哭得吐了血，说："上天不想让我平定四海呀！要不为什么这么快就夺去了我的苻雄呢？"追赠苻雄为魏王，葬礼依据过去晋朝安平献王的遗规。苻雄虽然具有辅国元勋的身份，权力近于君主，然而却态度谦恭，泛爱民众，遵奉法度，所以苻健非常看重他，经常说："苻雄是我的周公。"

苻雄的儿子苻坚继承了爵位。苻坚生性极其孝顺，从小就有远大的志向和不凡的气度，博学多能，结交英豪，吕婆楼、强汪及略阳人梁平老全都和他关系很好。

前秦太子苻苌抵御桓温进攻的时候，被流箭射中，冬季，十月，去世，追封谥号为"献哀"。

第一百卷
晋纪二十二

译文诵读

孝宗穆皇帝中之下永和十一年（乙卯，355）

秦淮南王生幼无一目，性粗暴。其祖父洪尝戏之曰：“吾闻瞎儿一泪，信乎？”生怒，引佩刀自刺出血，曰：“此亦一泪也。”洪大惊，鞭之。生曰：“性耐刀槊，不堪鞭棰！”洪谓其父健曰：“此儿狂悖，宜早除之；不然，必破人家。”健将杀之，健弟雄止之曰：“儿长自应改，何可遽尔！”及长，力举千钧，手格猛兽，走及奔马，击刺骑射，冠绝一时。献哀太子卒，强后欲立少子晋王柳，秦主健以谶文有“三羊五眼”，乃立生为太子。

姚襄所部多劝襄北还，襄从之。五月，襄攻冠军将军高季于外黄，会季卒，襄进据许昌。

六月，丙子，秦主健寝疾。

壬午，以大司马、武都王安都督中外诸军事。甲申，健引太师鱼遵、丞相雷弱儿、太傅毛贵、司空王堕、尚书令梁楞、左仆射梁安、右仆射段纯、吏部尚书辛牢等受遗诏辅政。健谓太子生曰：“六夷酋帅及大臣执权者，若不从汝命，宜渐除之。”

臣光曰：顾命大臣，所以辅导嗣子，为之羽翼也。为之羽翼而教使翦之，能无毙乎！知其不忠，则勿任而已矣；任以大柄，又从而猜之，鲜有不召乱者也。

乙酉，健卒，谥曰景明皇帝，庙号高祖。丙戌，太子生即位，大赦，改元寿光。

中书监胡文、中书令王鱼言于生曰：“比有星孛于大角，荧惑入东井。大角，帝坐；东井，秦分；于占不出三年，国有大丧，大臣戮死；愿陛下修德以禳之！”生曰：“皇后与朕对临天下，可以应大丧矣。毛太傅、梁车骑、梁仆射受遗辅政，可以应大臣矣。”九月，生杀梁后及毛贵、梁楞、梁安。贵，后之舅也。

凉宋混军于武始大泽，为曜灵发哀。闰月，混军至姑臧，凉王祚收张瓘弟琚及子嵩，将杀之。琚、嵩闻之，募市人数百，扬言："张祚无道，我兄大军已至城东，敢举手者诛三族！"遂开西门纳混兵。领军将军赵长等惧罪，入阁呼张重华母马氏出殿，立凉武侯玄靓为主。易揣等引兵入殿，收长等，杀之。祚按剑殿上，大呼，叱左右力战。祚素失众心，莫肯为之斗者，遂为兵人所杀。混等枭其首，宣示中外，暴尸道左，城内咸称万岁。以庶人礼葬之，并杀其二子。混、琚上玄靓为大将军、凉州牧、西平公，赦境内，复称建兴四十三年。时玄靓始七岁。

秦丞相雷弱儿性刚直，以赵韶、董荣乱政，每公言于朝，见之常切齿。韶、荣谮之于秦主生，生杀弱儿及其九子、二十七孙。于是诸羌皆有离心。

生虽谅阴，游饮自若，弯弓露刃，以见朝臣，锤钳锯凿，可以害人之具，备置左右。即位未几，后妃、公卿已下至于仆隶，凡杀五百余人，截胫、拉胁、锯项、刳胎者，比比有之。

十二年（丙辰，356）

桓温请移都洛阳，修复园陵，章十余上，不许。拜温征讨大都督，督司、冀二州诸军事，以讨姚襄。

六月，秦主生下诏曰："朕受皇天之命，君临万邦，嗣统以来，有何不善，而谤讟之音，扇满天下！杀不过千，而谓之残虐！行者比肩，未足为希。方当峻刑极罚，复如朕何！"

自去春以来，潼关之西，至于长安，虎狼为暴，昼则继道，夜则发屋，不食六畜，专务食人，凡杀七百余人。民废耕桑，相聚邑居，而为害不息。秋，七月，秦群臣奏请禳灾，生曰："野兽饥则食人，饱当自止，何禳之有！且天岂不爱民哉，正以犯罪者多，故助朕杀之耳！"

姚襄攻洛阳，逾月不克。长史王亮谏曰："明公英名盖世，兵强民附。今顿兵坚城之下，力屈威挫，或为他寇所乘，此危亡之道也！"襄不从。

桓温自江陵北伐，遣督护高武据鲁阳，辅国将军戴施屯河上，自帅大兵继进。与寮属登平乘楼望中原，叹曰："遂使神州陆沈，百年丘墟，王夷甫诸人不得不任其责！"记室陈郡袁宏曰："运有兴废，岂必诸人之过！"温作色曰："昔刘景升有千斤大牛，啖刍豆十倍于常牛，负重致远，曾不若一羸牸，魏武入荆州，杀以享军。"

八月，己亥，温至伊水，姚襄撤围拒之，匿精锐于水北林中，遣使谓温曰："承亲帅王师以来，襄今奉身归命，愿敕三军小却，当拜伏道左。"温曰："我自开复中原，展敬山陵，无豫君事。欲来者便前，相见在近，无烦使人。"襄拒水而战，温结陈而前，亲被甲督战，襄众大败，死者数千人。襄帅麾下数千骑奔于洛阳北山，其夜，民弃妻子随襄者五千余人。襄勇而爱人，虽战屡败，民知襄所在，辄扶老携幼，奔驰而赴之。温军中传言襄病创已死，许、洛士女为温所得者，无不北望而泣。襄西走，温追之不及。弘农杨亮自襄所来奔，温问襄之为人，亮曰："襄神明器宇，孙策之俦，而雄武过之。"

姚襄奔平阳，秦并州刺史尹赤复以众降襄，襄遂据襄陵。秦大将军张平击之，襄为平所败，乃与平约为兄弟，各罢兵。

升平元年（丁巳，357）

姚襄将图关中，夏，四月，自北屈进屯杏城，遣辅国将军姚兰略地敷城，曜武将军姚益生、左将军王钦卢各将兵招纳诸羌、胡。兰，襄之从兄；益生，襄之兄也。羌、胡及秦民归之者五万余户。秦将苻飞龙击兰，擒之。襄引兵进据黄落，秦主生遣卫大将军广平王黄眉、平北将军苻道、龙骧将军东海王坚、建节将军邓羌将步骑万五千以御之。襄坚壁不战。羌谓黄眉曰："襄为桓温、张平所败，锐气丧矣。然其为人强狠，若鼓噪扬旗，直压其垒，彼必忿恚而出，可一战擒也。"五月，羌帅骑三千压其垒门而陈，襄怒，悉众出战。羌阳不胜而走，襄追之至于三原，羌回骑击之，黄眉等以大众继至，襄兵大败。襄所乘骏马曰黧眉騧，马倒，秦兵擒而斩之，弟苌帅其众降。襄载其父弋仲之柩在军中，秦主生以王礼葬弋仲于孤磐，亦以公礼葬襄。黄眉等还长安，生不之赏，数众辱黄眉。黄眉怒，谋弑生。发觉，伏诛。事连王公亲戚，死者甚众。

秦主生梦大鱼食蒲，又长安谣曰："东海大鱼化为龙，男皆为王女为公。"生乃诛太师、录尚书事、广宁公鱼遵并其七子、十孙。金紫光禄大夫牛夷惧祸，求为荆州；生不许，以为中军将军，引见，调之曰："牛性迟重，善持辕轭；虽无骥足，动负百石。"夷曰："虽服大车，未经峻壁；愿试重载，乃知勋绩。"生笑曰："何其快也！公嫌所载轻乎？朕将以鱼公爵位处公。"夷惧，归而自杀。

生饮酒无昼夜，或连月不出。奏事不省，往往寝落，或醉中决事；左右因以为奸，赏罚无准。或至申酉乃出视朝，乘醉多所杀戮。自以眇目，讳言"残、缺、偏、只、少、无、不具"之类，误犯而死者，不可胜数。好生剥牛、羊、驴、马，焊鸡、豚、鹅、鸭，纵之殿前，数十为群。或剥人面皮，使之歌舞，临观以为乐。尝问左右曰："自吾临天下，汝外间何所闻？"或对曰："圣明宰世，赏罚明当，天下唯歌太平。"怒曰："汝媚我也！"引而斩之。他日又问，或对曰："陛下刑罚微过。"又怒曰："汝谤我也！"亦斩之。勋旧亲戚，诛之殆尽，群臣得保一日，如度十年。

东海王坚，素有时誉，与故姚襄参军薛赞、权翼善。赞、翼密说坚曰："主上猜忍暴虐，中外离心，方今宜主秦祀者，非殿下而谁！愿早为计，勿使他姓得之！"坚以问尚书吕婆楼，婆楼曰："仆，刀环上人耳，不足以办大事。仆里舍有王猛，其人谋略不世出，殿下宜请而咨之。"坚因婆楼以招猛，一见如旧友。语及时事，坚大悦，自谓如刘玄德之遇诸葛孔明也。

生夜对侍婢言曰："阿法兄弟亦不可信，明当除之。"婢以告坚及坚兄清河王法。法与梁平老及特进光禄大夫强汪帅壮士数百潜入云龙门，坚与吕婆楼帅麾下三百人鼓噪继进，宿卫将士皆舍仗归坚。生犹醉寐，坚兵至，生惊问左右曰："此辈何人？"左右曰："贼也！"生曰："何不拜之！"坚兵皆笑。生又大言："何不速拜，不拜者斩之！"坚兵引生置别室，废为越王，寻杀之，谥曰厉王。

坚以位让法，法曰："汝嫡嗣，且贤，宜立。"坚曰："兄年长，宜立。"坚母苟氏泣谓群臣曰："社稷事重，小儿自知不能，他日有悔，失在诸君。"群臣皆顿首请立坚。坚乃去皇帝之号，称大秦天王，即位于太极殿。诛生幸臣中书监董荣、左仆射赵韶等二十余人。大赦，改元永兴。

融好文学，明辨过人，耳闻则诵，过目不忘，力敌百夫，善骑射击刺，少有令誉；坚爱重之，常与共议国事。融经综内外，刑政修明，荐才扬滞，补益弘多。丕亦有文武才干，治民断狱，皆亚于融。

秦太后苟氏游宣明台，见东海公法之第门车马辐凑，恐终不利于秦王坚，乃与李威谋，赐法死。坚与法诀于东堂，恸哭欧血，谥曰献哀公，封其子阳为东海公，敷为清河公。

秦王坚行至尚书，以文案不治，免左丞程卓官，以王猛代之。坚举异材，修废职，课农桑，恤困穷，礼百神，立学校，旌节义，继绝世；秦民大悦。

二年（戊午，358）

秦王坚自将讨张平，以邓羌为前锋督护，帅骑五千，军于汾上。平使养子蚝御之。蚝多力趫捷，能曳牛却走，城无高下，皆可超越。与羌相持旬余，莫能相胜。三月，坚至铜壁，平尽众出战，蚝单马大呼，出入秦陈者四五。坚募人生致之，鹰扬将军吕光刺蚝，中之，邓羌擒蚝以献，平众大溃。平惧，请降。坚拜平右将军，以蚝为虎贲中郎将。蚝，本姓弓，上党人也；坚宠待甚厚，常置左右。秦人称邓羌、张蚝皆万人敌。光，婆楼之子也。坚徙张平部民三千户于长安。

秋，八月，豫州刺史谢奕卒。奕，安之兄也。司徒昱以建武将军桓云代之。云，温之弟也。访于仆射王彪之，彪之曰："云非不才，然温居上流，已割天下之半，其弟复处西藩，兵权萃于一门，非深根固蒂之宜。人才非可豫量，但当令不与殿下作异者耳。"昱颔之曰："君言是也。"壬申，以吴兴太守谢万为西中郎将，监司、豫、冀、并四州诸军事、豫州刺史。

王猛日亲幸用事，宗亲勋旧多疾之，特进、姑臧侯樊世，本氐豪，佐秦主健定关中，谓猛曰："吾辈耕之，君食之邪？"猛曰："非徒使君耕之，又将使君炊之！"世大怒曰："要当悬汝头于长安城门，不然，吾不处世！"猛以白坚，坚曰："必杀此老氐，然后百寮可肃。"会世入言事，与猛争论于坚前，世欲起击猛，坚怒，斩之。于是群臣见猛皆屏息。

燕主儁欲经营秦、晋，十二月，令州郡校实见丁，户留一丁，余悉发为兵，欲使步卒满一百五十万，期来春大集洛阳。武邑刘贵上书，极陈"百姓凋弊，发兵非法，必致土崩之变。”儁善之，乃更令三五发兵，宽其期日，以来冬集邺。

燕吴王垂娶段末柸女，生子令、宝。段氏才高性烈，自以贵姓，不尊事可足浑后，可足浑氏衔之。燕主儁素不快于垂，中常侍涅皓因希旨告段氏及吴国典书令辽东高弼为巫蛊，欲以连污垂，儁收段氏及弼下大长秋、廷尉考验，段氏及弼志气确然，终无挠辞。掠治日急，垂愍之，私使人谓段氏曰：“人生会当一死，何堪楚毒如此！不若引服。”段氏叹曰：“吾岂爱死者耶！若自诬以恶逆，上辱祖宗，下累于王，固不为也！”辩答益明，故垂得免祸，而段氏竟死于狱中。出垂为平州刺史，镇辽东。垂以段氏女弟为继室。可足浑氏黜之，以其妹长安君妻垂。垂不悦，由是益恶之。

三年（己未，359）

燕主儁宴群臣于蒲池，语及周太子晋，潸然流涕曰：“才子难得。自景先之亡，吾鬓发中白。卿等谓景先何如？”司徒左长史李绩对曰：“献怀太子之在东宫，臣为中庶子，太子志业，敢不知之！太子大德有八：至孝，一也；聪敏，二也；沈毅，三也；疾谀喜直，四也；好学，五也；多艺，六也；谦恭，七也；好施，八也。”儁曰：“卿誉之虽过，然此儿在，吾死无忧矣。景茂何如？”时太子暐侍侧，绩曰：“皇太子天资岐嶷，虽八德已闻，而二阙未补，好游畋而乐丝竹，此其所以损也。”儁顾谓暐曰：“伯阳之言，药石之惠也，汝宜诫之！”暐甚不平。

秦王坚自河东还，以骁骑将军邓羌为御史中丞。八月，以咸阳内史王猛为侍中、中书令、领京兆尹。特进、光禄大夫强德，太后之弟也，酗酒，豪横，掠人财货、子女，为百姓患。猛下车收德，奏未及报，已陈尸于市。坚驰使赦之，不及。与邓羌同志，疾恶纠案，无所顾忌，数旬之间，权豪、贵戚，杀戮、刑免者二十余人，朝廷震栗，奸猾屏气，路不拾遗。坚叹曰：“吾始今知天下之有法也！”

辛酉，燕主儁寝疾，谓大司马太原王恪曰：“吾病必不济。今二方未平，景茂冲幼，国家多难，吾欲效宋宣公，以社稷属汝，何如？”恪曰：“太子虽幼，胜残致治之主也。臣实何人，敢干正统！”儁怒曰：“兄弟之间，岂虚饰邪！”恪曰：“陛下若以臣能荷天下之任者，岂不能辅少主乎！”儁喜曰：“汝能为周公，吾复何忧！李绩清方忠亮，汝善遇之。”召吴王垂还邺。

秦王坚以王猛为辅国将军、司隶校尉，居中宿卫，仆射、詹事、侍中、中书令、领选如故。猛上疏辞让，因荐散骑常侍阳平公融、光禄散骑西河任群、处士京兆朱肜自代。坚不许，而以融为侍中、中书监、左仆射，任群为光禄大夫、领太子家令，朱肜为尚书侍郎、领太子庶子。猛时年三十六，岁中五迁，权倾内外；人有毁之者，坚辄罪之，于是群臣莫敢复言。

晋穆帝永和十一年（乙卯，公元355年）

前秦淮南王苻生小时丧失了一只眼睛，性情暴烈。他的祖父苻洪曾经和他开玩笑说："我听说瞎儿只有一只眼流泪，真的吗？"苻生听后发怒了，拔出佩刀就刺向自己的瞎眼，鲜血直流，说："这也是一只眼的眼泪！"苻洪见状十分震惊，用鞭子打他。苻生说："我生性能够忍耐刀矛，但不堪忍受鞭打！"苻洪对苻生父亲苻健说："这个儿子狂暴悖逆，应该尽早除掉他，不然，一定会导致家破人亡。"苻健正准备杀掉苻生，苻健的弟弟苻雄劝阻说："儿子长大以后自然就会改变，怎么能这样急不可耐呢！"等到苻生长大以后，能够力举千钧，徒手与猛兽搏斗，跑起来赶得上奔驰的骏马，击刺骑射各种武艺，全都冠绝一时。太子苻苌死后，强太后想立小儿子晋王苻柳，前秦国主苻健认为谶文中有"三羊五眼"的字样，于是就立苻生为太子。

姚襄的部下大多都劝他北返，姚襄听从了。五月，姚襄在外黄攻打晋朝冠军将军高季，恰好这时高季去世了，姚襄便进军占据了许昌。

六月，丙子（初六），前秦国主苻健患病，卧床不起。

壬午（六月十二日），前秦任命大司马、武都王苻安为都督中外诸军事。甲申（十四日），苻健召唤太师鱼遵、丞相雷弱儿、太傅毛贵、司空王堕、尚书令梁楞、左仆射梁安、右仆射段纯、吏部尚书辛牢等人前来接受遗诏辅佐朝政。苻健对太子苻生说："六夷酋长将帅以及大臣中握有权力的人，如果不听从你的命令，就应该逐渐把他除掉。"

臣司马光曰：天子临终前之所以要嘱托大臣辅政，是要靠他们来辅佐教导太子，以作为太子的羽翼。既然是羽翼却又告诉太子翦杀他们，能不自取灭亡吗！如果知道他不忠诚，不加以任用就可以了；既然委之以重任，而又横加猜忌，很少有不招来祸乱的。

乙酉（六月十五日），苻健去世。谥号为景明皇帝，庙号为高祖。丙戌（十六日），太子苻生即位，实行大赦，改年号为寿光。

中书监胡文、中书令王鱼对苻生进言说："近来异星划过大角星座，火星进入井宿。大角，是帝王的星座；井宿，则是前秦国分野。经过占卜，不出三年国家就会出现帝王、皇后死亡，大臣被杀的事情。愿陛下修行德性以避免丧乱的出现！"苻生说："皇后和朕一起统治天下，可以应验大丧的出现。太傅毛贵、车骑将军梁楞、左仆射梁安接受遗诏辅佐朝政，可以应验大臣的结局。"九月，苻生便杀掉了皇后梁氏以及毛贵、梁楞、梁安。毛贵是皇后的舅舅。

前凉宋混的部队驻扎在武始的大湖边，哀悼张曜灵。闰六月，宋混的部队抵达姑臧，前凉王张祚拘捕了张瓘的弟弟张琚及儿子张嵩，准备要杀掉他们。张琚、张嵩听说后，招募了城里的数百人，公开宣称："张祚无道，我哥哥的大军已抵达城东，敢动手杀我们的人诛灭三族！”于是打开西城门让宋混的军队进城。领军将军赵长等人因有请立张祚的罪行，十分害怕，他们入宫请张重华的母亲马氏登堂升殿，立凉武侯张玄靓为国主。易揣等人率兵进入殿堂，拘捕了赵长等人，杀掉了他们。张祚在殿堂上扶剑大喊，命令左右的人奋力战斗。张祚平时失掉了民心，这时没有人肯为他去战斗，于是被士兵杀掉。宋混等人砍下了他的首级示众，公告宫廷内外，张祚暴尸于路旁，城里的人们都高呼万岁。宋混等人把张祚以普通百姓的规格埋葬，并且杀了他的两个儿子。宋混、张琚上书东晋朝廷请立张玄靓为大将军、凉州牧、西平公，在境内实行大赦，纪年恢复为建兴四十三年。这时张玄靓刚七岁。

前秦丞相雷弱儿性格刚烈耿直，因为赵韶、董荣败坏朝政，他经常在朝廷公开议论，看见这两人就咬牙切齿。赵韶、董荣便向前秦国主苻生进谗言诬陷雷弱儿。苻生于是杀掉了雷弱儿及其九个儿子、二十七个孙子。各羌族部落因此对前秦有了离心。

苻生虽然在为苻健服丧，但游玩酣饮如常，在朝接见大臣们时，总是佩刀带箭，锤、钳、锯、凿等可以残害人的刑具，全都放在周围。即位没多久，后妃、公卿以下至于奴仆，被杀掉的总共有五百多人；被截下小腿、折断胸肋、锯断脖子、剖开孕腹的人，比比皆是。

十二年（丙辰，公元356年）

桓温请求东晋朝廷将国都迁移到洛阳，修复帝王的陵墓，奏章递上去十多次，都未获许可。只授予桓温征讨大都督的官职，督察司、冀二州各种军务，用以讨伐姚襄。

六月，前秦国主苻生下达诏书说：“朕禀承上天之命，统治万邦，继承先统以来，有什么不好的地方，诽谤之言竟横行天下！杀人还没过千，就说这是残酷暴虐！现在行人还比肩摩踵，不能说稀少，正应当严明重刑，施以极罚，谁又能把朕如何！”

自从春天过去以后，从潼关以西一直到长安一带，虎狼肆行无忌。大白天相继出现在道路上，到了夜晚则毁屋入室，不食六畜，专门吃人，被吃掉的人总共已达七百多。百姓们荒废了农耕桑蚕，只能聚集到一块居住，但虎狼仍然不停地为害。秋季，七月，前秦群臣上奏请求设祭禳除虎狼之害，苻生说：“野兽饿了就要吃人，吃饱了自己就会停止，有什么值得设祭禳除的呢！况且上天难道能不爱护民众吗？正是因为犯罪的人太多，所以上天才帮助朕消灭他们！”

姚襄攻打洛阳，一个多月也没有攻克。长史王亮劝谏姚襄说：“您英名盖世，兵力强盛，民众都来归附。如今屯兵于坚固的城池之下，力量受阻，威势受挫，其他敌人或许会利用这个机会，这是走向危险灭亡的道路！”姚襄没有听从。

东晋桓温自江陵出发北伐，派督护高武占据鲁阳，派辅国将军戴施驻扎在大河岸边，自己则率领大军随后进发。他与同僚们登上大船的高楼，遥望中原，深有感慨地说："使神州大地沉沦，百年基业变为废墟，王衍等人不能不承担责任！"记室、陈郡人袁宏说："时运有兴有废，难道一定是这几个人的过错！"桓温脸色一变说："过去刘表有一头千斤重的大牛，吃进去的草料豆饼比一般的牛多十倍，然而拉车赶路时，竟不如一头瘦弱有病的母牛。魏武帝曹操进入荆州后，就把它杀掉让士兵吃了。"

八月，己亥（初六），桓温抵达伊水，姚襄把包围洛阳的部队撤下来抵抗桓温。他将精锐部队隐藏在伊水以北的树林中，派使者去对桓温说："承蒙您亲自率领帝王的军队前来，姚襄如今以身归附天命，愿您敕令三军稍微退后，我们当夹道拜迎。"桓温说："我来开辟光复中原，察看拜谒皇陵，和你们无关。想来见面的随便前来，近在咫尺，无须麻烦使者。"姚襄凭借伊水和桓温交战，桓温将部队列阵前进，亲自披甲督战，姚襄的兵众被打败，死亡数千人。姚襄率领手下数千骑兵逃奔到洛阳北山。当晚，百姓抛弃妻子儿女追随姚襄的有五千多人。姚襄勇猛而又爱护百姓，虽然他屡战屡败，但百姓一得知姚襄在哪里，就扶老携幼，急忙追赶投奔他。桓温的军队中传说姚襄因受伤已死，被桓温抓获的许昌、洛阳的男女民众，无不面向北方哭泣。姚襄向西逃走，桓温没有追上。弘农人杨亮从姚襄那里来投奔桓温，桓温问他姚襄的为人，杨亮说："姚襄英明如神，胸怀宽广，如同孙策一样，而雄才武略却超过了孙策。"

姚襄逃奔到平阳，前秦并州刺史尹赤又率众投降了姚襄，姚襄于是占据襄陵。前秦大将军张平攻击姚襄。姚襄被张平打败，于是与他结为兄弟，各自罢兵休战。

升平元年（丁巳，公元357年）

姚襄准备图谋关中，夏季，四月，从北屈出发进据杏城，派辅国将军姚兰攻占敷城，曜武将军姚益生、左将军王钦卢分别统率士兵去招纳羌、胡各部族。姚兰是姚襄的堂兄；姚益生是姚襄的哥哥。羌、胡部族及汉族的民众归附他们的有五万多户。前秦将领苻飞龙攻击姚兰，擒获了他。姚襄率兵进据黄落，前秦国主苻生派卫大将军、广平王苻黄眉，北平将军苻道，龙骧将军东海王苻坚，建节将军邓羌统率步、骑兵一万五千人前去抵御。姚襄坚壁固守不交战。邓羌对苻黄眉说："姚襄被桓温、张平打败，锐气已丧。然而他为人争强好胜，如果我们敲响战鼓，挥舞战旗，大兵直接压向他的营垒，他一定会愤而出战，这样就可以一战擒获他。"五月，邓羌率领三千骑兵压到姚襄的营垒门前，摆开了战阵，姚襄大怒，调动全部兵力出来迎战。邓羌表面上装作不能取胜而逃跑，姚襄追到了三原，这时邓羌掉转骑兵攻击姚襄，苻黄眉等人则率领大部队随后赶到，姚襄的部队被彻底打败。姚襄所骑的骏马叫黧眉騧，失蹄摔倒，前秦的士兵擒获了姚襄，然后把他杀死。姚襄的弟弟姚苌率领部众投降。姚襄把他父亲姚弋仲的棺材停放在军营中，前秦国主苻生以诸侯王的礼仪把姚弋仲埋葬在孤磐，也以公爵的礼仪埋葬了姚襄。苻黄眉等人返回长安，苻生没有奖赏他们，反而还多次当众侮辱苻黄眉。苻黄眉非常愤怒，谋划要杀掉苻生，但被苻生发现，苻黄眉反而被杀。事情牵连到王公亲戚，被杀死的人很多。

前秦国主苻生梦见大鱼吃蒲草，另外长安城里也有谣谚说："东海大鱼化为龙，男皆为王女为公。"苻生于是就杀掉了太师、录尚书事、广宁公鱼遵以及他的七个儿子、十个孙子。金紫光禄大夫牛夷害怕祸及自己，请求到荆州任职，苻生不答应，任命他为中军将军，召见时戏弄说："老牛生性迟缓稳重，善驾车辕，虽然没长骏马的蹄子，但走起路来能负重百石。"牛夷说："虽然驾着大车，但没有走过险峻的道路。愿意试拉重车，便可知道我的功用了。"苻生笑着说："多么痛快啊！你嫌所负载的轻吗？朕将用鱼遵的爵位安置你。"牛夷十分害怕，回去后就自杀了。

苻生喝酒不分昼夜，有时一连数月不临朝处理政事。进上的奏章不审阅，常常搁置不理，有时在醉酒后处理政事。周围的人因此就常干奸诈之事，赏罚失去标准。有时到申时酉时才出来临朝视政，乘着醉意杀了许多人。他自己由于少了一只眼睛，就忌讳说："残、缺、偏、只、少、无、不全"一类词，因误说了这些字眼而被杀死的人，不计其数。他喜欢活着剥掉牛、羊、驴、马的皮，用热水退活鸡、活猪、活鹅、活鸭的毛，把它们放到大殿前面，几十个为一群。有时则剥掉人的脸皮，让他们唱歌跳舞，他来观看，以此作乐。他曾经问周围的人说："自从我统治天下以来，你们在外边听到些什么？"有人对他说："圣明君主主宰天下，赏赐得当，刑罚严明，天下人只有歌颂太平盛世了。"苻生愤怒地说："你向我献媚！"于是就把这个人拉出去杀了。改天他又问这个问题，有人对他说："陛下的刑罚稍微过分了一点。"苻生又愤怒地说："你诽谤我！"这人也被杀了。有功的旧臣和亲戚，被诛杀殆尽，群臣们能保全一天，如同度过十年。

东海王苻坚，一直被时人称誉，和过去姚襄的参军薛谠、权翼关系很好。薛谠、权翼秘密地劝苻坚说："主上猜忌残忍，行为暴虐，宫廷内外对他已经离心，如今适宜于主持秦国祭祀的人，不是殿下是谁？愿您及早谋划，不要让大权落入他姓人手中！"苻坚去问尚书吕婆楼，吕婆楼说："我，已经是屠刀下的人了，不足以办成大事。我的私宅里有一位叫王猛的人，他的谋略世间少见，殿下应该请他出来，并向他请教。"苻坚根据吕婆楼的意见召来王猛，二人一见如故。谈论到国家当前的大事，苻坚十分高兴，自认为如同刘备遇到了诸葛亮。

苻生夜里对服侍他的婢女说："苻坚、苻法兄弟也不可信赖，明天就应当把他们除掉。"婢女把这一消息告诉了苻坚以及他的哥哥清河王苻法。苻法和梁平老以及特进光禄大夫强汪率领勇士数百人潜入云龙门，苻坚和吕婆楼率领手下三百人击鼓跟进，守卫王宫的将士们全都丢掉武器归顺了苻坚。苻生这时还醉倒大睡，苻坚的士兵来到后，苻生惊慌地问周围人说："这是些什么人？"周围的人回答："强盗！"苻生说："为什么不叩拜！"苻坚的士兵全都笑了。苻生又大声说："为什么不赶快叩拜，不拜者杀头！”苻坚的士兵把苻生带到别的房间，黜废他为越王，不久就把他杀了，定谥号为厉王。

苻坚把王位让给苻法，苻法说：“你是嫡传嗣子，而且贤明，应该立为王。”苻坚说：“哥哥年长，应该立为王。”苻坚的母亲苟氏哭泣着对群臣说：“朝政事关重大，我儿子自知不能胜任。以后大家如有悔恨，过失在诸君身上。”群臣全都叩头请求立苻坚为王。苻坚于是就去掉了皇帝的称号，称为大秦天王，在太极殿即位。杀掉了苻生的宠臣中书监董荣、左仆射赵韶等二十多人。实行大赦，改年号为永兴。

苻融爱好文献经典，分辨能力过人，耳闻成诵，过目不忘。力量之大，能敌百人，善于骑马射箭刺击，从小就有美好的声誉。苻坚非常喜欢并看重他，经常和他共商国家大事。苻融谋划治理天下，刑罚政令，规范清明，荐举贤才，拔擢沉沦之士，对苻坚有很大帮助。苻丕也有文才武略，但治理民众、决断刑狱，全都不如苻融。

前秦太后苟氏游览宣明台，看见东海公苻法的宅门前车水马龙，她恐怕这最终会对前秦王苻坚不利，于是就与李威商量，赐苻法死。苻坚和苻法在东堂诀别，二人失声痛哭，以致口吐鲜血。苻法死后，谥号定为献哀公，其儿子苻阳被封为东海公，苻敷被封为清河公。

前秦王苻坚巡视到了尚书省，看见文牍案卷凌乱，便罢免了尚书左丞程卓的官职，任命王猛取代他。苻坚任用贤才，整治废弛的政事，劝勉农桑，抚恤贫困，礼敬百神，设立学校，表彰节义，恢复已经断绝的世祀，前秦的百姓十分高兴。

二年（戊午，公元358年）

前秦王苻坚准备亲自出征，讨伐张平。他任命邓羌为前锋督护，率领五千骑兵，驻扎于汾水岸边。张平派养子张蚝抵御。张蚝身强力壮又很矫捷，能够拽着牛倒退行走，城墙不论高低，都可以翻越而过。他和邓羌相持了十多天，互不能胜。三月，苻坚抵达铜壁，张平用全部兵力出来迎战，张蚝只身匹马，大声呼喊，出入冲杀前秦的兵阵有四、五次。苻坚悬赏兵将活捉张蚝，鹰扬将军吕光刺击张蚝，击中了他，邓羌将他擒获，献给了苻坚，张平的兵众彻底溃散。张平十分害怕，便请求投降。苻坚授他为右将军，任命张蚝为虎贲中郎将。张蚝本姓弓，上党人。苻坚对待他非常宠厚，经常让他跟随在左右。前秦人称邓羌、张蚝都可力敌万人。吕光是吕婆楼的儿子。苻坚将张平的部众三千多户迁徙到了长安。

秋季，八月，东晋豫州刺史谢奕去世。谢奕是谢安的哥哥。司徒司马昱任命建武将军桓云替代他的职位。桓云是桓温的弟弟。司马昱就此去向王彪之询问意见，王彪之说：“桓云不是无能的人，然而桓温已经居守长江上游，管辖着天下的一半，他的弟弟再要掌握朝廷西部藩屏的重要军职，兵权集于一家之手，这不宜于使国家根基牢固。人才不是可以预料的，只应当让他不与殿下怀有二心而已。”司马昱点头说道："你说得对。"壬申（二十一日），任命吴兴太守谢万为西中郎将，监司、豫、冀、并四州诸军事及豫州刺史。

王猛日益受到任用，王室亲属以及有功的旧臣对他都十分厌恶。特进、姑臧侯樊世，本是氐族的豪强，辅佐前秦国主苻健平定关中，他对王猛说："我们耕种，你坐享其成吗？"王猛说："不仅让你耕种，还要让你做成熟食！"樊世勃然大怒，说："一定要把你的脑袋悬挂在长安城门上，不这样，我就不活在人世！"王猛把这些告诉了苻坚，苻坚说："一定得杀掉这个氐族老夫，然后群臣百官才能恭敬从命。"恰好这时樊世进宫商讨事情，和王猛在苻坚面前争论起来，樊世想起身打王猛，苻坚大怒，把樊世杀了。从此，群臣百官见到王猛都连大气也不敢出。

前燕国主慕容儁想要图谋前秦、东晋。十二月，他命令各州郡核实现有的成年男子，每户留下一名，其余的全部征召充军，想使兵员达到一百五十万，以期明年春天汇集洛阳。武邑人刘贵上书，极力陈述民力衰败，征兵的办法违反古法，必定会导致军队土崩瓦解。慕容儁认为此话有理，便更改了命令，改为三丁抽二，五丁抽三的办法，而且放宽征调的期限，把汇集邺城的时间改为明年冬天。

前燕吴王慕容垂娶了段末柸的女儿，生下儿子慕容令、慕容宝。段氏才能颇高但性格刚烈，自以为出身于名门贵姓，不恭敬侍奉可足浑王后，可足浑氏对她怀恨在心。前燕国主慕容儁历来不喜欢慕容垂，中常侍涅浩便迎合他的心意，诬告段氏及吴国典书令辽东人高弼使用巫蛊邪术嫁祸于人，想以此株连慕容垂。慕容儁拘捕了段氏和高弼，分别送交大长秋、廷尉审问。段氏及高弼意志坚定，始终没有屈招。严刑拷打日甚一日，慕容垂怜悯他们，就私下派人告诉段氏说："人生固有一死，何必忍受如此荼毒！不如屈招服罪。"段氏叹息道："我难道是喜欢死的人吗？如果诬蔑自己而去迎合邪恶，上辱没祖宗，下连累大王，坚决不能干！"此后她辩驳答对越发明确。慕容垂因此得以免遭祸害，而段氏最终死于狱中。慕容儁将慕容垂调出，任平州刺史，镇守辽东。慕容垂娶段氏的妹妹作为继室。然而可足浑氏却废黜了她，把自己的妹妹长安君嫁给慕容垂。慕容垂很不高兴，从此慕容儁更加讨厌他。

三年（己未，公元359年）

前燕国主慕容儁在蒲池宴请群臣，谈到周朝太子姬晋的时候，他潸然泪下，说："有才华的儿子难得。自从慕容晔死去以后，我鬓发已经半白。你们说慕容晔怎样？"司徒左长史李绩回答说："献怀太子慕容晔在东宫的时候，我为中庶子，太子的志向业绩，我怎敢说不清楚呢！太子的大德表现在八个方面：其一，至孝；其二，聪明敏锐；其三，沉着坚毅；其四，痛恨阿谀喜欢刚直；其五，好学；其六，多才多艺；其七，谦恭；其八，喜欢施惠于人。"慕容儁说："你的赞誉虽说有点过分，但如果此儿健在，我便死而无忧了。慕容暐怎么样？"当时慕容暐正陪从在旁边，李绩说："皇太子天资聪慧，虽然已有具备八德的声誉，但尚有两方面的缺憾未能弥补，喜欢游玩打猎和丝竹器乐，这就是导致他有所不如的原因。”慕容儁看着慕容暐说：“李绩的话，是苦口良药，你应该引以为戒。”慕容暐却愤愤不平。

前秦王苻坚从河东返回，任命骁骑将军邓羌为御史中丞。八月，任命咸阳内史王猛为侍中、中书令，兼领京兆尹。特进、光禄大夫强德是强太后的弟弟，他借酒逞凶，骄纵蛮横，抢人财物子女，是百姓的祸害。王猛一上任就拘捕了他，进上奏章请求处理，没等回复，强德就已经陈尸街市。苻坚见到奏章后迅速派使者来要将强德赦免，但为时已晚。王猛与邓羌志同道合，斩除邪恶，纪正冤案，无所顾忌，几十天时间，被处死和依法黜免的权贵、豪强、王公贵戚有二十多人，震动了朝廷上下，奸猾之辈屏声敛气，境内路不拾遗。苻坚感叹地说：“我到如今才知道天下有法律了！”

辛酉（十二月十七日），前燕国主慕容儁患病，卧床不起，他对大司马、太原王慕容恪说：“我的病肯定难以好转了。如今晋、秦二国尚未平定，慕容暐年幼，国家多有磨难，我想效仿宋宣公，把天下嘱托给你，如何？”慕容恪说：“太子虽然年幼，但却是能遏制顽凶实现大治的君主。我其实是什么人，怎么敢当正统的君主呢！”慕容儁愤怒地说：“兄弟之间，岂能虚伪掩饰！”慕容恪说：“陛下如果认为我是能够承担天下重任的人，我怎么就不能辅佐少主呢！”慕容儁高兴地说：“你能做周公，我还有什么可忧虑的！李绩行为清廉，忠诚闻名，你要很好地对待他。”慕容儁召吴王慕容垂返回邺城。

前秦国王苻坚任命王猛为辅国将军、司隶校尉，在宫中值宿警卫，仆射、詹事、侍中、中书令以及兼任的其他职务一如从前。王猛上疏请求辞让，并荐举散骑常侍阳平公苻融，光禄、散骑西河人任群，处士京兆人朱肜来分别替代自己的这些兼职，苻坚没有同意，而是任命苻融为侍中、中书监、左仆射，任命任群为光禄大夫，兼领太子家令，任命朱肜为尚书侍郎，兼领太子庶子。王猛时年三十六岁，一年中五次升迁，权势显赫压倒朝廷内外。有诋毁他的人，苻坚就以罪处置，于是群臣没有谁再敢说三道四。

第一百零一卷
晋纪二十三

译文诵读

孝宗穆皇帝下升平四年（庚申，360）

春，正月，癸巳，燕主儁大阅于邺，欲使大司马恪、司空阳骛将之入寇；会疾笃，乃召恪、骛及司徒评、领军将军慕舆根等受遗诏辅政。甲午，卒。戊子，太子暐即皇帝位。年十一。大赦，改元建熙。

二月，燕人尊可足浑后为皇太后。以太原王恪为太宰，专录朝政；上庸王评为太傅，阳骛为太保，慕舆根为太师，参辅朝政。

根性木强，自恃先朝勋旧，心不服恪，举动倨傲。时太后可足浑氏颇预外事，根欲为乱，乃言于恪曰："今主上幼冲，母后干政，殿下宜防意外之变，思有以自全。且定天下者，殿下之功也。兄亡弟及，古今成法，俟毕山陵，宜废主上为王，殿下自践尊位，以为大燕无穷之福。"恪曰："公醉邪？何言之悖也！吾与公受先帝遗诏，云何而遽有此议？"根愧谢而退。

根又言于可足浑氏及燕主暐曰："太宰、太傅将谋不轨，臣请帅禁兵以诛之。"可足浑氏将从之，暐曰："二公，国之亲贤，先帝选之，托以孤嫠，必不肯尔；安知非太师欲为乱也！"乃止。根又思恋东土，言于可足浑氏及暐曰："今天下萧条，外寇非一，国大忧深，不如还东。"恪闻之，乃与太傅评谋，密奏根罪状，使右卫将军傅颜就内省诛根，并其妻子、党与。大赦。是时新遭大丧，诛夷狼籍，内外恟惧，太宰恪举止如常，人不见其有忧色，每出入，一人步从。或说以宜自严备，恪曰："人情方惧，当安重以镇之，奈何复自惊扰，众将何仰！"由是人心稍定。

恪虽综大任，而朝廷之礼，兢兢严谨，每事必与司徒评议之，未尝专决。虚心待士，咨询善道，量才授任，人不逾位；官属、朝臣或有过失，不显其状，随宜他叙，不令失伦，唯以此为贬；时人以为大愧，莫敢犯者。或有小过，自相责曰："尔复欲望宰公迁官邪！"朝廷初闻燕主儁卒，皆以为中原可图。桓温曰："慕容恪尚在，忧方大耳。"

谢安少有重名，前后征辟，皆不就，寓居会稽，以山水、文籍自娱。虽为布衣，时人皆以公辅期之，士大夫至相谓曰："安石不出，当如苍生何！"安每游东山，常以妓女自随。司徒昱闻之，曰"安石既与人同乐，必不得不与人同忧，召之必至。"安妻，刘惔之妹也，见家门贵盛而安独静退，谓曰："丈夫不如此也！"安掩鼻曰："恐不免耳。"及弟万废黜，安始有仕进之志，时已年四十余。征西大将军桓温请为司马，安乃赴召，温大喜，深礼重之。

燕太宰恪欲以李绩为右仆射，燕主暐不许。恪屡以为请，暐曰："万机之事，皆委之叔父；伯阳一人，暐请独裁。"出为章武太守，以忧卒。

五年（辛酉，361）

五月，丁巳，帝崩，无嗣。皇太后令曰："琅邪王丕，中兴正统，义望情地，莫与为比，其以王奉大统！"于是百官备法驾迎于琅邪第。庚申，即皇帝位，大赦。

徐、兖二州刺史范汪，素为桓温所恶，温将北伐，命汪帅众出梁国。冬，十月，坐失期，免为庶人，遂废，卒于家。

子宁，好儒学，性质直，常谓王弼、何晏之罪深于桀、纣。或以为贬之太过。宁曰："王、何蔑弃典文，幽沈仁义，游辞浮说，波荡后生，使缙绅之徒翻然改辙，以至礼坏乐崩，中原倾覆，遗风余俗，至今为患。桀、纣纵暴一时，适足以丧身覆国，为后世戒，岂能回百姓之视听哉！故吾以为一世之祸轻，历代之患重；自丧之恶小，迷众之罪大也！"

凉张邕骄矜淫纵，树党专权，多所刑杀，国人患之。张天锡所亲敦煌刘肃谓天锡曰："国家事欲未静！"天锡曰："何谓也？"肃曰："今护军出入，有似长宁。"天锡惊曰："我固疑之，未敢出口。计将安出？"肃曰："正当速除之耳！"天锡曰："安得其人？"肃曰："肃即其人也！"肃时年未二十。天锡曰："汝年少，更求其助。"肃曰："赵白驹与肃二人足矣。"十一月，天锡与邕俱入朝，肃与白驹从天锡，肃斫之不中，白驹继之，又不克，二人与天锡俱入宫中，邕得逸走，帅甲士三百余人攻宫门。天锡登屋大呼曰："张邕凶逆无道，即灭宋氏，又欲倾覆我家。汝将士世为凉臣，何忍以兵相向邪！今所取者，止张邕耳，他无所问！"于是邕兵悉散走，邕自刎死，尽灭其族党。玄靓以天锡为使持节、冠军大将军、都督中外诸军事，辅政。十二月，始改建兴四十九年，奉升平年号。诏以玄靓为大都督、督陇右诸军事、凉州刺史、护羌校尉、西平公。

秦王坚命牧伯守宰各举孝悌、廉直、文学、政事，察其所举，得人者赏之，非其人者罪之。由是人莫敢妄举，而请托不得，士皆自励；虽宗室外戚，无才能者皆弃不用。当是之时，内外之官，率皆称职；田畴修辟，仓库充实，盗贼屏息。

哀皇帝隆和元年（壬戌，362）

燕吕护攻洛阳。三月，乙酉，河南太守戴施奔宛，陈祐告急。五月，丁巳，桓温遣庾希及竟陵太守邓遐帅舟师三千人助祐守洛阳。遐，岳之子也。

温上疏请迁都洛阳，自永嘉之乱播流江表者，一切北徙，以实河南。朝廷畏温，不敢为异，而北土萧条，人情疑惧，虽并知不可，莫敢先谏。散骑常侍领著作郎孙绰上疏曰："昔中宗龙飞，非惟信顺协于天人，实赖万里长江画而守之耳。今自丧乱已来，六十余年，河、洛丘墟，函夏萧条。士民播流江表，已经数世，存者老子长孙，亡者丘陇成行，虽北风之思感其素心，目前之哀实为交切。若迁都旋轸之日，中兴五陵，即复缅成遐域。泰山之安，既难以理保，烝烝之思，岂不缠于圣心哉！温今此举，诚欲大览始终，为国远图，而百姓震骇，同怀危惧，岂不以反旧之乐赊，趋死之忧促哉！何者？植根江外，数十年矣，一朝顿欲拔之，驱蹙于穷荒之地，提挈万里，逾险浮深，离坟墓，弃生业，田宅不可复售，舟车无从而得，舍安乐之国，适习乱之乡，将顿仆道涂，飘溺江川，仅有达者。此仁者所宜哀矜，国家所宜深虑也！臣之愚计，以为且宜遣将帅有威名、资实者，先镇洛阳，扫平梁、许，清一河南。运漕之路既通，开垦之积已丰，豺狼远窜，中夏小康，然后可徐议迁徙耳。奈何舍百胜之长理，举天下而一掷哉！"绰，楚之孙也。少慕高尚，尝著《遂初赋》以见志。温见绰表，不悦，曰："致意兴公，何不寻君《遂初赋》，而知人家国事邪！"

时朝廷忧惧，将遣侍中止温，扬州刺史王述曰："温欲以虚声威朝廷耳，非事实也；但从之，自无所至。"乃诏温曰："在昔丧乱，忽涉五纪，戎狄肆暴，继袭凶迹，眷言西顾，慨叹盈怀。知欲躬帅三军，荡涤氛秽，廓清中畿，光复旧京；非夫外身徇国，孰能若此！诸所处分，委之高算。但河、洛丘墟，所营者广，经始之勤，致劳怀也。"事果不行。

兴宁元年（癸亥，363）

五月，加征西大将军桓温侍中、大司马、都督中外诸军、录尚书事，假黄钺。温以抚军司马王坦之为长史。坦之，述之子也。又以征西掾郗超为参军，王珣为主簿，每事必与二人谋之。府中为之语曰："髯参军，短主簿，能令公喜，能令公怒。"温气概高迈，罕有所推，与超言，常自谓不能测，倾身待之。超亦深自结纳。珣，导之孙也，与谢玄皆为温掾，温俱重之。曰："谢掾年四十必拥旄杖节，王掾当作黑头公，皆未易才也。"玄，奕之子也。

张玄靓祖母马氏卒，尊庶母郭氏为太妃。郭氏以张天锡专政，与大臣张钦等谋诛之，事泄，钦等皆死。玄靓惧，以位让天锡，天锡不受。右将军刘肃等劝天锡自立。闰月，天锡使肃等夜帅兵入宫，弑玄靓，宣言暴卒，谥曰冲公。天锡自称使持节、大都督、大将军、凉州牧、西平公，时年十八。

二年（甲子，364）

五月，戊辰，以扬州刺史王述为尚书令。加大司马温扬州牧、录尚书事。壬申，使侍中召温入参朝政，温辞不至。

王述每受职，不为虚让，其所辞必于不受。及为尚书令，子坦之白述："故事当让。"述曰："汝谓我不堪邪？"坦之曰："非也，但克让自美事耳。"述曰："既谓堪之，何为复让！人言汝胜我，定不及也。"

秦王坚命公国各置三卿，并余官皆听自采辟，独为置郎中令。富商赵掇等车服僭侈，诸公竞引以为卿；黄门侍郎安定程宪请治之。坚乃下诏称："本欲使诸公延选英儒，乃更猥滥如是！宜令有司推检，辟召非其人者，悉降爵为侯，自今国官皆委之铨衡。自非命士已上，不得乘车马；去京师百里内，工商皂隶，不得服金银、锦绣，犯者弃市。"于是平阳、平昌、九江、陈留、安乐五公皆降爵为侯。

三年（乙丑，365）

大司马温移镇姑孰。二月，乙未，以其弟右将军豁监荆州、扬州之义城、雍州之京兆诸军事，领荆州刺史；加江州刺史桓冲监江州及荆、豫八郡诸军事，并假节。

司徒昱闻陈祐弃洛阳，会大司马温于洌洲，共议征讨。丙申，帝崩于西堂，事遂寝。

帝无嗣。丁酉，皇太后诏以琅邪王奕承大统。百官奉迎于琅邪第，是日，即皇帝位，大赦。

燕太宰恪、吴王垂共攻洛阳。恪谓诸将曰："卿等常患吾不攻，今洛阳城高而兵弱，易克也，勿更畏懦而怠惰！"遂攻之。三月，克之，执扬武将军沈劲。劲神气自若，恪将宥之。中军将军慕舆虔曰："劲虽奇士，观其志度，终不为人用，今赦之，必为后患。"遂杀之。

太宰恪还邺，谓僚属曰："吾前平广固，不能济辟闾蔚；今定洛阳，使沈劲为戮；虽皆非本情，然身为元帅，实有愧于四海。"朝廷嘉劲之忠，赠东阳太守。

太宰恪为将，不事威严，专用恩信；抚士卒务综大要，不为苛令，使人人得便安。平时营中宽纵，似若可犯；然警备严密，敌至莫能近者，故未尝负败。

海西公上太和元年（丙寅，366）

秦辅国将军王猛、前将军杨安、扬武将军姚苌等帅众二万寇荆州，攻南乡郡。荆州刺史桓豁救之，八月，军于新野。秦兵掠安阳民万余户而还。

张天锡遣使至秦境上，告绝于秦。

二年（丁卯，367）

燕太原桓王恪言于燕主暐曰："吴王垂，将相之才十倍于臣，先帝以长幼之次，故臣得先之。臣死之后，愿陛下举国以听吴王。"五月，壬辰，恪疾笃，暐亲视之，问以后事。恪曰："臣闻报恩莫大于荐贤，贤者虽在板筑，犹可为相，况至亲乎！吴王文武兼资，管、萧之亚，陛下若任以大政，国家可安；不然，秦、晋必有窥窬之计。”言终而卒。

秦王坚闻恪卒，阴有图燕之计，欲觇其可否，命匈奴曹毂发使如燕朝贡，以西戎主簿郭辩为之副。燕司空皇甫真兄腆及从子奋、覆皆仕秦，腆为散骑常侍。辩至燕，历造公卿，谓真曰：“仆本秦人，家为秦所诛，故寄命曹王，贵兄常侍及奋、覆兄弟并相知有素。”真怒曰：“臣无境外之交，此言何以及我！君似奸人，得无因缘假托乎！”白暐，请穷治之；太傅评不许。辩还，为坚言：“燕朝政无纲纪，实可图也。鉴机识变，唯皇甫真耳。”坚曰：“以六州之众，岂得不使有智士一人哉！”

曹毂寻卒，秦分其部落为二，使其二子分统之，号东、西曹。

三年（戊辰，368）

初，燕太宰恪有疾，以燕主暐幼弱，政不在己，太傅评多猜忌，恐大司马之任不当其人，谓暐兄乐安王臧曰：“今南有遗晋，西有强秦，二国常蓄进取之志，顾我未有隙耳。夫国之兴衰，素于辅相。大司马总统六军，不可任非其人，我死之后，以亲疏言之，当在汝及冲。汝曹虽才识明敏，然年少，未堪多难。吴王天资英杰，智略超世，汝曹若能推大司马以授之，必能混一四海，况外寇，不足惮也；慎无冒利而忘害，不以国家为意也。”又以语太傅评。及恪卒，评不用其言。二月，以车骑将军中山王冲为大司马。冲，暐之弟也。以荆州刺史吴王垂为侍中、车骑大将军、仪同三司。

秦魏公廋以陕城降燕，请兵应接。秦人大惧，盛兵守华阴。

魏公廋遗吴王垂及皇甫真笺曰：“苻坚、王猛，皆人杰也，谋为燕患久矣。今不乘机取之，恐异日燕之君臣将有甬东之悔矣！”垂谓真曰：“方今为人患者必在于秦，主上富于春秋，观太傅识度，岂能敌苻坚、王猛乎？”真曰：“然，吾虽知之，如言不用何！”

燕王公、贵戚多占民为荫户，国之户口，少于私家，仓库空竭，用度不足。尚书左仆射广信公悦绾曰：“今三方鼎峙，各有吞并之心。而国家政法不立，豪贵恣横，至使民户殚尽，委输无入，吏断常俸，战士绝廪，官贷粟帛以自赡给；既不可闻于邻敌，且非所以为治，宜一切罢断诸荫户，尽还郡县。”燕主暐从之，使绾专治其事，纠擿奸伏，无敢蔽匿，出户二十余万，举朝怨怒。绾先有疾，自力厘校户籍，疾遂亟。冬，十一月，卒。

加大司马温殊礼，位在诸侯王上。

晋穆帝升平四年（庚申，公元360年）

春季，正月，癸巳（二十日），前燕国主慕容儁在邺城对军队进行大检阅，想让大司马慕容恪、司空阳骛统领军队进犯东晋。恰好这时病情加重，于是就召来慕容恪、阳骛以及司徒慕容评、领军将军慕舆根等人，接受遗诏辅佐朝政。甲午（二十一日），慕容儁去世。戊子，太子慕容暐即皇帝位，时年十一岁。实行大赦，改年号为建熙。

二月，前燕人尊可足浑后为皇太后。任命太原王慕容恪为太宰，总揽朝政；任命上庸王慕容评为太傅，阳骛为太保，慕舆根为太师，参与辅佐朝政。

慕舆根性格质朴倔强，自恃是先朝的有功旧臣，心里不服慕容恪，因此行为举止傲慢。当时太后可足浑氏经常干预朝政，慕舆根想要作乱，就对慕容恪进言说："如今主上年幼，母后干预政事，殿下应该防范意外的变故，考虑用来自我保全的方法。况且平定天下，是殿下的功劳。兄亡弟及，这是古今的既成之规，等到先帝的陵墓竣工后，就应该将主上黜废为王，殿下自己登上尊位，从而为大燕带来无穷之福。"慕容恪说："你喝醉了吗？怎么说这样的悖逆之言！我和你接受先帝的遗诏，你为什么突然提出这样的建议？"慕舆根面有愧色地谢罪退下去了。

慕舆根又向可足浑氏及前燕国主慕容暐进言说："太宰慕容恪、太傅慕容评将要图谋不轨，我请求率领宫中卫兵去消灭他们。"可足浑氏正要同意他的请求，慕容暐说："太宰、太傅二公，是国家亲近而又贤明的人，先帝选择了他们，将孤儿寡母相托，他们一定不会干那样的事情。怎么知道不是太师你想作乱呢！"于是就没有同意慕舆根的请求。慕舆根又思念东土龙城，向可足浑氏及慕容暐进言说："如今天下衰败凋零，外敌不止一家，国家越大，忧患越深，不如东返龙城。"慕容恪听说后，便与太傅慕容评商量，秘密地奏上慕舆根的罪行。让右卫将军傅颜在宫内杀掉慕舆根，连他的妻子、儿子、同党也一并杀掉。实行大赦。这时前燕刚刚遭受了大丧，又诛杀了一大批人，宫廷内外都感到震动恐惧。太宰慕容恪则举止如常，人们看不到他有忧虑的神色，每当出入宫廷时，只有一个人随从。有人劝他应该自己严加防备，慕容恪说："人心正值恐惧，应当泰然自若以使他们镇定，为什么还要自我惊扰，那样民众将仰仗什么！"从此人心逐渐稳定了下来。

慕容恪虽然总揽大权，然而对于朝廷的礼法，小心谨慎，严加遵守，每件事情都要和司徒慕容评商议，从来不独断专行。虚心对待读书人，向他们征求治国良策，根据才能授以官职，使人们各居其位。官属、朝臣如果出现过失，也不公开宣布，只是根据情况加以调动，并且不让他们失去原来的等级次第，仅以此表示贬责。当时的人都以受到这样的处置为大愧，没有人敢轻易触犯。有人出现小过失，也都自己互相责备说："你又想让宰公慕容恪调动你的官职啦！"东晋朝廷开始听说前燕国主慕容儁去世，都认为中原可以收复。桓温说："慕容恪尚在，忧患正大着呢！"

谢安从小就名重一时，朝廷前后多次征召，他都不就任。闲居在会稽，以山水、文献典籍自以为乐。虽然身为布衣百姓，但时人都对他寄予三公和相辅的期望，士大夫们在一起议论说："谢安不出山，叫百姓该怎么办！"谢安每次游览东山，总是让歌舞女伎跟随。司徒司马昱听说后说："谢安既然能够与人同乐，就一定不会不与人同忧，征召他一定会就任。"谢安的妻子，是刘惔的妹妹。她看到谢家门庭显盛，而谢安却自甘寂寞不思进取，就对谢安说："大丈夫不应该如此。"谢安手掩鼻子回答说："我怕难以逃脱兄弟们的命运。"等到弟弟谢万被废黜以后，谢安才有了进身仕途的志向，当时已经四十多岁了。征西大将军桓温向朝廷请求让他做司马，谢安就应招就任，桓温十分高兴，以礼相待，十分看重他。

前燕太宰慕容恪想任命李绩为右仆射，前燕国主慕容暐不同意。慕容恪多次请求，慕容暐说："国家各种事务，全都交给叔父处理，只有李绩一人的事情，我请求独自裁断。"于是把李绩调出朝廷，任章武太守，李绩忧郁而死。

五年（辛酉，公元361年）

五月，丁巳（二十二日），东晋穆帝驾崩，没有继承人。皇太后下令说："琅邪王司马丕，是朝廷中兴以来的正统嫡传，不论是道德名声，还是族亲地位，没有人能和他相比，让琅邪王奉接帝位！"于是朝廷百官备好皇帝的车驾去琅邪王的宅第迎接他。庚申（二十五日），司马丕即皇帝位，实行大赦。

徐、兖二州刺史范汪，历来被桓温所憎恶。桓温准备北伐，命令范汪率领兵众向梁国出发。冬季，十月，范汪犯了延误期限的罪过，被免为庶人，于是就被废黜，死在家中。

范汪的儿子范宁，喜好儒学，性格质朴直爽。他常说王弼、何晏的罪恶比夏桀、商纣还重。有的人认为这是过分贬低，范宁说："王、何蔑视抛弃经典文献，使仁义沉沦，荒诞空虚的言辞论说，贻害后代，导致士大夫幡然改变正确的道路，以至于礼崩乐坏，中原覆没。其遗风余俗，直到今天还在危害世人。夏桀、商纣一时的肆意暴虐，也足以使他们身败名裂，使国家倾覆灭亡，成为后世的戒鉴，岂能躲过百姓的视听呢！所以我认为危害一个时代的灾祸轻，危害历代的灾祸重；自己身败名裂的罪恶小，迷惑世人的罪恶大！"

前凉张邕傲慢自负，纵行淫虐，网罗朋党，专擅朝政，滥施刑罚、杀戮，国人都很怨恨他。张天锡的亲信敦煌人刘肃对张天锡说："国家的事情尚未平静！"张天锡说："这话是什么意思？"刘肃说："如今护军张邕出入朝廷，就像当年的长宁侯张祚。"张天锡吃惊地说："我本来就怀疑他，只是没敢说出口。办法将出自哪里呢？"刘肃说："应当迅速除掉他！"张天锡说："怎么能得到除掉他的人呢？"刘肃说："刘肃我就是这个人！"刘肃当时年龄不满二十。张天锡说："你还年轻，另外再找一个助手。"刘肃说："有赵白驹和我两人就足够了。"十一月，张天锡和张邕一起入朝，刘萧和赵白驹跟随着张天锡，张邕正在宫门前，刘肃砍击张邕，没有砍中，赵白驹接着再砍，又没砍中，他们二人和张天锡一起进到宫中，张邕得以逃跑，率领披甲士兵二百多人攻打宫门。张天锡登上屋顶大声喊道："张邕凶恶叛逆，毫无道义，已经杀掉了宋澄，又想颠覆我们一家。你们众将士世代都是凉朝的臣属。怎么忍心把武器对准我呢！如今我要擒获的，只有张邕而已，其他人一概不追究！"于是张邕的士兵全都奔散逃走，张邕自刎而死，张天锡把张邕的家族、同党全部消灭。张玄靓任命张天锡为使持节、冠军大将军、都督中外诸军事，辅佐朝政。十二月，开始改变了建兴四十九年的纪年，尊奉使用东晋的年号升平。东晋朝廷下诏，任命张玄靓为大都督、督陇右诸军事、凉州刺史、护羌校尉、西平公。

前秦王苻坚命令州郡地方官吏分别荐举孝悌、廉直、文学、政事等科目的人才，并且对他们荐举上来的人加以考察，荐举得当者给以奖赏，荐举失当者给以责罚。因此人们都不敢妄加推荐，也没有请求拜托的现象，读书人全都自我勉励。即使是宗室外戚，没有才能的也都弃而不用。这时，朝廷内外的官吏，人人称职。农田得以修整，荒地得以开垦，仓库丰盈充实，盗贼息声敛行。

晋哀帝隆和元年（壬戌，公元362年）

前燕吕护攻打洛阳。三月，乙酉，东晋河南太守戴施逃奔到宛城，陈祐告急。五月，丁巳（二十七日），桓温派庾希及竟陵太守邓遐率领水军三千人帮助陈祐守卫洛阳。邓遐是邓岳的儿子。

桓温上疏迁都洛阳

桓温上疏请求迁都洛阳，把自从永嘉之乱以来迁徙流落到长江以南的人，全部北迁，以充实河南地区的力量。朝廷害怕桓温，不敢持异议。然而北方地区萧条冷落，人们内心里都感到怀疑恐惧，虽然全都知道桓温的请求不可行，但没有人敢于率先进谏。散骑常侍兼著作郎孙绰上疏说："过去晋元帝即位，不仅仅是顺应天意，符合人愿，实际上是依靠万里长江而得以划地防守。自从丧乱以来到如今，已经六十多年，黄河、洛水一带已变为废墟，中原地区一片萧条。士人百姓迁徙流落到长江以南，已经有好几代了，活着的人已经有了大儿大孙，死去的人更是坟墓成行，虽然对北方故土的思念一直牵动着他们的心情，但眼前的哀痛实际上更为深切。如果哪天迁都北返，中兴以来五位皇帝的陵墓，也就又处在遥远的地域了。泰山的安定，既然从道理上说难以保全，对安葬在江南的几位先帝深厚的思念之情，能不萦绕于圣主心间！如今桓温的这一举动，确实是想纵览天下，为国家的长远打算，然而百姓却感到震动恐骇，全都心怀畏惧，这难道不是因为返回故土的欢乐遥远，而走向死亡的忧虑紧迫吗！为什么呢？植根于长江以南，已经有数十年了，一时马上就要迁徙他们，紧迫地把他们驱赶到荒远之地，使他们拖家带口，远行万里，跋山涉水，远离祖坟，抛弃谋生之业，农田宅院无法变卖，舟船车乘无处获得，舍弃安乐的家园，到凌乱的乡邦，必将是死于路途，葬身江河，很少会有能到达的。这是施行仁义的人所应该悲哀怜悯，国家所应该深深忧虑的！依臣下的办法，以为暂且应该派遣有威望名声、资历和实际才能的将帅，先到洛阳镇守，扫平梁国、许昌，统一黄河以南。运送粮食的水路开通后，垦荒种植的收获已经丰盈，豺狼野兽逃窜，中原实现小康，然后才可以慢慢地讨论迁徙的问题。为什么要舍弃稳操胜券的长远之理，拿整个天下孤注一掷呢！”孙绰是孙楚的孙子。他小的时候就倾慕高尚，曾经著《遂初赋》用来表达志向。桓温看到孙绰进上的表章，很不高兴，说：“告诉孙绰，何不去实践你的《遂初赋》，而偏要了解别人的家国大事呢？”

当时朝廷忧虑害怕，准备派侍中去劝阻桓温。扬州刺史王述说：“桓温是想虚张声势来威胁朝廷罢了，并非真想迁都。只要依从他，他自己就不会去了。”于是朝廷诏令桓温说：“昔日发生的丧乱，转眼已经过了五十多年，戎狄肆行暴虐，后继者承袭着他们凶狠的恶迹，回首西望，感慨叹息充满心怀。得知你想亲率三军，荡涤污秽，廓清中原，光复旧都，如果不是有以身殉国的志向，谁能如此？各种措施安排，都依靠托付于你的多谋深算。只是黄河、洛水的废墟，需要经营治理的很多，开始营治时的辛苦，一定会导致你心力劳累。”迁都的事情果然没有实行。

兴宁元年（癸亥，公元363年）

五月，东晋让征西大将军桓温担任侍中、大司马、都督中外诸军事、录尚书事，并给予他持黄钺的礼遇。桓温任命抚军司马王坦之为长史。王坦之是王述的儿子。又任命征西掾郗超为参军，王珣为主簿，每件事情一定要和这俩人商量。王府里的人称他们是：“长胡子参军，矮个子主簿，能让桓公高兴，也能让桓公愤怒。”桓温气概清高卓越，很少有他所推重的人，和郗超谈论，常常自己说郗超深不可测，而尽心敬待他。郗超也很认真地与桓温交往。王珣是王导的孙子，他和谢玄都是桓温的辅佐掾吏，桓温对他们都很看重。桓温说：“谢玄年届四十必定会拥旗执节，王珣当成为少壮而居高位的黑头公，全都是不可多得的人才。”谢玄是谢奕的儿子。

张玄靓的祖母马氏去世，尊奉庶母郭氏为太妃。郭氏因为张天锡专擅朝政，与大臣张钦等人谋划要杀掉他。事情泄露，张钦等人全都自杀。张玄靓十分害怕，要把王位让给张天锡，张天锡不接受。右将军刘肃等人劝张天锡自立为王。闰八月，张天锡让刘肃等人趁夜率兵闯进王宫，杀掉了张玄靓，公开宣布时则说他突然死亡，定谥号为冲公。张天锡自称使持节、大都督、大将军、凉州牧、西平公，时年十八岁。

二年（甲子，公元364年）

五月，戊辰（二十日），东晋任命扬州刺史王述为尚书令。让大司马桓温担任扬州牧、录尚书事。壬申（二十四日），派侍中召桓温入朝参政，桓温辞让不来。

王述每当接受任命，都不虚情假意地辞让，他表示推辞的，就肯定不接受。到他做尚书令时，儿子王坦之告诉他："根据惯例，应当表示辞让。"王述说："你认为我不胜任吗？"王坦之说："不是，只是能辞让自然是件好事。"王述说："既然认为能够胜任，为什么又要辞让！人们都说你比我强，我看肯定赶不上我。"

前秦王苻坚命令各公爵封国分别设置郎中令、中尉、大农三卿，同其他官吏一起，全都由他们自行征召选拔，只有郎中令由苻坚任命。富商赵掇等人车乘服饰奢侈，然而各位公爵却竞相推举他做三卿。黄门侍郎安定人程宪请求苻坚干预此事。苻坚于是就下达诏令称："本来想让诸王公延聘选拔有才华的儒生，没想到竟然混乱到这种地步！应该命令有关官吏追究检查，凡是所征召的人选不得当的，全都把爵位降为侯，从现在开始，国家的官吏全都由吏部尚书选拔。本人职位不在朝廷任命以上，不许乘车马；离开京师百里以内，工商差役之人，不许穿饰有金银、锦绣的服装，违犯者陈尸街头示众。"因此平阳、平昌、九江、陈留、安乐的五位公爵全被降低爵位为侯。

三年（乙丑，公元365年）

大司马桓温转移到姑孰镇守。二月，乙未（二十一日），任命他的弟弟右将军桓豁监荆州、扬州的义城、雍州的京兆诸军事，兼领荆州刺史。让江州刺史桓冲担任监江州及荆、豫八郡诸军事，全都持有符节。

司徒司马昱听说陈祐放弃了洛阳，便和大司马桓温在洌洲会面，共同商议征讨事宜。丙申（二十二日），东晋哀帝在西堂驾崩，征讨事宜也就搁置起来。

哀帝没有后嗣，丁酉（二十三日），皇太后下达诏令，让琅邪王司马奕继承帝位。朝廷百官到琅邪王的宅第去迎接他。当天，司马奕即皇帝位，实行大赦。

前燕太宰慕容恪、吴王慕容垂共同攻打洛阳。慕容恪对众将领说："你们经常担心我不进攻，如今洛阳城墙虽高而守兵微弱，容易攻克，不要再畏惧怯懦而懒惰！"于是就开始进攻洛阳。三月，洛阳被攻克，抓获了扬武将军沈劲。沈劲神态自若，慕容恪准备要宽赦他。中军将军慕舆虔说："沈劲虽然是杰出的人，但观察他的志向气度，最终也不会被人所用，如今赦免了他，肯定会留下后患。"于是就把沈劲杀掉了。

太宰慕容恪回到邺城，对僚属们说："我以前平定了广固，却没能救助辟闾蔚；如今平定了洛阳，又使沈劲被杀。这些虽然都不是我的本意，然而身为军中主将，实在有愧于天下。”东晋朝廷嘉奖沈劲的忠诚，追赠他为东阳太守。

太宰慕容恪作为将领，从不显示威严，专门使用恩信。安抚士兵十分注重重要的方面，不乱发苛刻的命令。从而使得人人都相宜安好。平时军营中宽容随便，看上去好像可以冒犯，然而实际上却戒备严密，敌人来到后没有能接近的，所以一直未曾失败过。

晋海西公太和元年（丙寅，公元366年）

前秦辅国将军王猛、前将军杨安、扬武将军姚苌等人率领二万兵众进犯荆州，攻打南乡郡。荆州刺史桓豁前去救援，八月，驻扎在新野。前秦士兵掳掠了安阳的民众一万多户返回。

张天锡派使者到前秦边境，告知与前秦绝交。

二年（丁卯，公元367年）

前燕太原桓王慕容恪对前燕国主慕容暐进言说：“吴王慕容垂，具有的将相才能超过我十倍，先帝只是考虑了长幼次序，所以我得以在他之先。我死了以后，愿陛下让整个国家都听命于吴王。”五月，壬辰，慕容恪病重，慕容暐亲自前往看望，并向他询问后事。慕容恪说：“我听说报恩没有比荐举贤能更重要的了，贤能的人虽然隐遁在服役筑墙的人中间，也可以启用为宰相，何况是近亲呢！吴王慕容垂文武兼备，才能仅次于管仲、萧何，陛下如果将朝廷大政委托给他，国家就可以安定，不这样的话，秦国、晋朝一定会有觊觎我们的计谋。”说完以后慕容恪就死了。

前秦王苻坚听说慕容恪去世，暗地里炮制了图谋前燕的计策，想看看这个计策是否可行，就命令匈奴右贤王曹毂启程出使前燕进献贡奉，以西戎主簿郭辩做他的副手。前燕司空皇甫真的哥哥皇甫腆以及侄子皇甫奋、皇甫覆全都在前秦做官，皇甫腆任散骑常侍。郭辩抵达前燕后，逐一拜访公卿，对皇甫真说：“我本是秦国人，家人被秦诛杀，所以才把生命寄托于曹王，你的哥哥散骑常侍皇甫腆以及皇甫奋、皇甫覆兄弟全都和我素来相知。”皇甫真愤怒地说：“臣下没有境外的交往，你这话为什么要告诉我！你好像是奸佞之人，莫非是借此来冒充吗？”皇甫真把这些事告诉了慕容暐，请求追究处理他，太傅慕容评不同意。郭辩返回去以后，告诉苻坚说：“燕朝政事乱无纲纪，确实可以图谋。明白了解时机变故的，只有皇甫真罢了。”苻坚说：“以六州之广的民众，怎能不让他有一个明白人呢？”

曹毂不久就去世了，前秦把他的部落分成两部分，让他的两个儿子分别统领，称为东曹和西曹。

三年（戊辰，公元368年）

当初，前燕太宰慕容恪有病，考虑到前燕主慕容暐年幼，自己不能主持政事，太傅慕容评生性多疑，恐怕大司马的职务落入不适当的人手中，便对慕容暐的哥哥乐安王慕容臧说："如今南有遗留下来的晋朝，西有强大的秦国，二国一直怀有进取的志向，只不过看到我们这里还没有可乘之机罢了。国家的兴衰，全在于辅佐的丞相。大司马总管六军，这个职务不可用错了人，我死了以后，以亲疏关系而言，承担大司马职务的人应该在你和慕容冲中选择。你们虽然才能见识神明敏锐，然而年龄尚轻，没有经历过太多的磨难。吴王慕容垂天资出众，智谋超人，你们如果能推举他出任大司马，一定能够统一四海，何况是外敌，那就不值得惧怕了。千万不要贪图权力而忘记了祸患，不为国家考虑。"他又把这些话对太傅慕容评说了。等到慕容恪死后，慕容评没有听从他的话。二月，任命车骑将军中山王慕容冲为大司马。慕容冲是慕容暐的弟弟。任命荆州刺史吴王慕容垂为侍中、车骑大将军、仪同三司。

前秦魏公苻庾将陕城投降了前燕，请求前燕出兵接应。前秦人十分害怕，以强大的兵力守卫华阴。

魏公苻庾给吴王慕容垂及皇甫真去信说："苻坚、王猛，都是杰出的人物，图谋祸害燕国已经很久了。如今不乘机消灭他们，恐怕日后燕国的君主臣下将会有春秋时吴王居于甬东那样的悔恨！"慕容垂对皇甫真说："如今作为人们祸患的肯定是在秦国，主上年纪尚轻，观察太傅慕容评的见识气度，难道能与苻坚、王猛匹敌吗？"皇甫真说："是这样，我虽然知道，奈何说了也不被采用呢！"

前燕的王公贵戚有很多人强占民户作为自己的衣食佃户，以至于国家的户数人口，竟少于私家，仓库空竭，费用不足。尚书左仆射广信公悦绾说："如今燕、晋、秦三国鼎立，各自都有吞并天下的心思。然而国家的政纲法度不能确立，豪强贵族恣意横行，致使民户财力耗尽，租税没有收入，仓库空竭入不敷出，官吏中断俸禄，士兵断绝粮饷，官府靠借贷粟帛以供养自己。这些既不能让邻敌知道，又不是用来治理国家的办法，应该断然罢免所有的荫户，把他们全都归还给郡县官府。"前燕主慕容暐听从了这一意见，让悦绾独自主管这件事，揭露举发隐藏的奸邪之人，没有人再敢隐瞒藏匿，共查出二十多万户，朝廷上下一片怨恨愤怒。悦绾以前就有病，因为竭尽全力整顿审核户口，病情也加重了。冬季，十一月，去世。

东晋给予大司马桓温特殊的礼遇，地位在诸侯王之上。

第一百零二卷
晋纪二十四

译文诵读

海西公下太和四年（己巳，369）

春，三月，大司马温请与徐、兖二州刺史郗愔、江州刺史桓冲、豫州刺史袁真等伐燕。

大司马温自兖州伐燕。郗超曰：“道远，汴水又浅，恐漕运难通。”温不从，六月，辛丑，温至金乡，天旱，水道绝，温使冠军将军毛虎生凿钜野三百里，引汶水会于清水。虎生，宝之子也。温引舟师自清水入河，舳舻数百里。郗超曰：“清水入河，难以通运。若寇不战，运道又绝，因敌为资，复无所得，此危道也。不若尽举见众直趋邺城，彼畏公威名，必望风逃溃，北归辽、碣。若能出战，则事可立决。若欲城邺而守之，则当此盛夏，难为功力，百姓布野，尽为官有，易水以南必交臂请命矣。但恐明公以此计轻锐，胜负难必，欲务持重，则莫若顿兵河、济，控引漕运，俟资储充备，至来夏乃进兵，虽如赊迟，然期于成功而已。舍此二策而连军北上，进不速决，退必愆乏。贼因此势以日月相引，渐及秋冬，水更涩滞。且北土早寒，三军裘褐者少，恐于时所忧，非独无食而已。”温又不从。

秋，七月，温屯武阳，燕故兖州刺史孙元帅其族党起兵应温，温至枋头。暐及太傅评大惧，谋奔和龙。吴王垂曰：“臣请击之；若其不捷，走未晚也。”暐乃以垂代乐安王臧为使持节、南讨大都督，帅征南将军范阳王德等众五万以拒温。垂表司徒左长史申胤、黄门侍郎封孚、尚书郎悉罗腾皆从军。胤，钟之子；孚，放之子也。

暐又遣散骑侍郎乐嵩请救于秦，许赂以虎牢以西之地。秦王坚引郡臣议于东堂，皆曰：“昔桓温伐我，至灞上，燕不救我；今温伐燕，我何救焉！且燕不称藩于我，我何为救之！”王猛密言于坚曰：“燕虽强大，慕容评非温敌也。若温举山东，进屯洛邑，收幽、冀之兵，引并、豫之粟，观兵崤、渑，则陛下大事去矣。今不如与燕合兵以退温，温退，燕亦病矣，然后我承其弊而取之，不亦善乎！”坚从之。八月，遣将军苟池、洛州刺史邓羌帅步骑二万以救燕，出自洛阳，军至颍川。又遣散骑侍郎姜抚报使于燕。以王猛为尚书令。

太子太傅封孚问于申胤曰："温众强士整，乘流直进，今大军徒逡巡高岸，兵不接刃，未见克殄之理，事将何如？"胤曰："以温今日声势，似能有为，然在吾观之，必无成功。何则？晋室衰弱，温专制其国，晋之朝臣未必皆与之同心。故温之得志，众所不愿也，必将乖阻以败其事。又，温骄而恃众，怯于应变。大众深入，值可乘之会，反更逍遥中流，不出赴利，欲望持久，坐取全胜；若粮廪愆悬，情见势屈，必不战自败，此自然之数。"

温战数不利，粮储复竭，又闻秦兵将至，丙申，焚舟，弃辎重、铠仗，自陆道奔还。以毛虎生督东燕等四郡诸军事，领东燕太守。

温自东燕出仓坦，凿井而饮，行七百余里。燕之诸将争欲追之，吴王垂曰："不可，温初退惶恐，必严设警备，简精锐为后拒，击之未必得志，不如缓之。彼幸吾未至，必昼夜疾趋，俟其士众力尽气衰，然后击之，无不克矣。"乃帅八千骑徐行蹑其后。温果兼道而进。数日，垂告诸将曰："温可击矣。"乃急追之，及温于襄邑。范阳王德先帅劲骑四千伏于襄邑东涧中，与垂夹击温，大破之，斩首三万级。秦苟池邀击温于谯，又破之，死者复以万计。孙元遂据武阳以拒燕，燕左卫将军孟高讨擒之。

吴王垂自襄邑还邺，威名益振，太傅评愈忌之。垂奏"所募将士忘身立效，将军孙盖等摧锋陷陈，应蒙殊赏。"评皆抑而不行。垂数以为言，与评廷争，怨隙愈深。太后可足浑氏素恶垂，毁其战功，与评密谋诛之。太宰恪之子楷及垂舅兰建知之，以告垂曰："先发制人，但除评及乐安王臧，余无能为矣。"垂曰："骨肉相残而首乱于国，吾有死而已，不忍为也。"顷之，二人又以告，曰："内意已决，不可不早发。"垂曰："必不可弥缝，吾宁避之于外，余非所议。"

初，秦王坚闻太宰恪卒，阴有图燕之志，惮垂威名，不敢发。及闻垂至，大喜，郊迎，执手曰："天生贤杰，必相与共成大功，此自然之数也。要当与卿共定天下，告成岱宗，然后还卿本邦，世封幽州，使卿去国不失为子之孝，归朕不失事君之忠，不亦美乎！"垂谢曰："羁旅之臣，免罪为幸；本邦之荣，非所敢望！"坚复爱世子令及慕容楷之才，皆厚礼之，赏赐钜万，每进见，属目观之。关中士民素闻垂父子名，皆向慕之。王猛言于坚曰："慕容垂父子，譬如龙虎，非可驯之物，若借以风云，将不可复制，不如早除之。"坚曰："吾方收揽英雄以清四海，奈何杀之！且其始来，吾已推诚纳之矣，匹夫犹不弃言，况万乘乎！"乃以垂为冠军将军，封宾徒侯，楷为积弩将军。

是时太后可足浑氏侵桡国政，太傅评贪昧无厌，货赂上流，官非才举，群下怨愤，尚书左丞申绍上疏，以为："守宰者，致治之本。今之守宰，率非其人，或武臣出于行伍，或贵戚生长绮纨，既非乡曲之选，又不更朝廷之职。加之黜陟无法，贪惰者无刑罚之惧，清修者无旌赏之劝。是以百姓困弊，寇盗充斥，纲颓纪紊，莫相纠摄。又官吏猥多，逾于前世，公私纷然，不胜烦扰。大燕户口，数兼二寇，弓马之劲，四方莫及，而比者战则屡北，皆由守宰赋调不平，侵渔无已，行留俱窘，莫肯致命故也。后宫之女四千余人，僮侍厮役尚在其外，一日之费，厥直万金，士民承风，竞为奢靡。彼秦、吴僭僻，犹能条治所部，有兼并之心，而我上下因循，日失其序。我之不修，彼之愿也。谓宜精择守宰，并官省职，存恤兵家，使公私两遂，节抑浮靡，爱惜用度，赏必当功，罚必当罪。如此则温、猛可枭，二方可取，岂特保境安民而已哉！又，索头什翼犍疲病昏悖，虽乏贡御，无能为患，而劳兵远戍，有损无益。不若移于并土，控制西河，南坚壶关，北重晋阳，西寇来则拒守，过则断后，犹愈于戍孤城守无用之地也。”疏奏，不省。

初，燕人许割虎牢以西赂秦，晋兵既退，燕人悔之，谓秦人曰：“行人失辞。有国有家者，分灾救患，理之常也。”秦王坚大怒，遣辅国将军王猛、建威将军梁成、洛州刺史邓羌帅步骑三万伐燕。十二月，进攻洛阳。

五年（庚午，370）

王猛之发长安也，请慕容令参其军事，以为乡导。将行，造慕容垂饮酒，从容谓垂曰：“今当远别，何以赠我？使我睹物思人。”垂脱佩刀赠之，猛至洛阳，赂垂所亲金熙，使诈为垂使者，谓令曰：“吾父子来此，以逃死也。今王猛疾人如仇，谗毁日深；秦王虽外相厚善，其心难知。丈夫逃死而卒不免，将为天下笑。吾闻东朝比来始更悔悟，主、后相尤。吾今还东，故遣告汝；吾已行矣，便可速发。”令疑之，踌躇终日，又不可审覆。乃将旧骑，诈为出猎，遂奔乐安王臧于石门。猛表令叛状，垂惧而出走，及蓝田，为追骑所获。秦王坚引见东堂，劳之曰：“卿家国失和，委身投朕。贤子心不忘本，犹怀首丘，亦各其志，不足深咎。然燕之将亡，非令所能存，惜其徒入虎口耳。且父子兄弟，罪不相及，卿何为过惧而狼狈如是乎！”待之如旧。燕人以令叛而复还，其匀为秦所厚，疑令为反间，徙之沙城，在龙都东北六百里。

臣光曰：昔周得微子而革商命，秦得由余而霸西戎，吴得伍员而克强楚，汉得陈平而诛项籍，魏得许攸而破袁绍；彼敌国之材臣，来为己用，进取之良资也。王猛知慕容垂之心久而难信，独不念燕尚未灭，垂以材高功盛，无罪见疑，穷困归秦，未有异心，遽以猜忌杀之，是助燕为无道而塞来者之门也，如何其可哉！故秦王坚礼之以收燕望，亲之以尽燕情，宠之以倾燕众，信之以结燕心，未为过矣。猛何汲汲于杀垂，乃为市井鬻卖之行，有如嫉其宠而谗之者，岂雅德君子所宜为哉！

六月，乙卯，秦王坚送王猛于灞上，曰：“今委卿以关东之任，当先破壶关，平上党，长驱取邺，所谓‘疾雷不及掩耳。’吾当亲督万众，继卿星发，舟车粮运，水陆俱进，卿勿以为后虑也。”猛曰：“臣杖威灵，奉成算，荡平残胡，如风扫叶，愿不烦銮舆亲犯尘雾，但愿速敕所司部置鲜卑之所。”坚大悦。

秦王猛攻壶关，杨安攻晋阳。八月，燕主暐命太傅上庸工评将中外精兵三十万以拒秦。

秦杨安攻晋阳，晋阳兵多粮足，久之未下。王猛留屯骑校尉苟长戍壶关，引兵助安攻晋阳，为地道，使虎牙将军张蚝帅壮士数百潜入城中，大呼斩关，纳秦兵。辛巳，猛、安入晋阳，执燕并州刺史东海王庄，太傅评畏猛不敢进，屯于潞川。冬，十月，辛亥，猛留将军武都毛当戍晋阳，进兵潞川，与慕容评相持。

壬戌，猛遣将军徐成觇燕军形要，期以日中；及昏而返，猛怒，将斩之。邓羌请之曰："今贼众我寡，诘朝将战；成，大将也，宜且宥之。"猛曰："若不杀成，军法不立。"羌固请曰："成，羌之郡将也，虽违期应斩，羌愿与成效战以赎之。"猛弗许。羌怒，还营，严鼓勒兵，将攻猛。猛问其故，羌曰："受诏讨远贼；今有近贼，自相杀，欲先除之！"猛谓羌义而有勇，使语之曰："将军止，吾今赦之。"成既免，羌诣猛谢。猛执其手曰："吾试将军耳，将军于郡将尚尔，况国家乎，吾不复忧贼矣！"

太傅评以猛悬军深入，欲以持久制之。评为人贪鄙，鄣固山泉，鬻樵及水，积钱帛如丘陵。士卒怨愤，莫有斗志。猛闻之，笑曰："慕容评真奴才，虽亿兆之众不足畏，况数十万乎！吾今兹破之必矣。"乃遣游击将军郭庆帅骑五千，夜从间道出评营后，烧评辎重，火见邺中。燕主暐惧，遣侍中兰伊让评曰："王，高祖之子也，当以宗庙社稷为忧，奈何不抚战士而榷卖樵水，专以货殖为心乎！府库之积，朕与王共之，何忧于贫！若贼兵遂进，家国丧亡，王持钱帛欲安所置之！"乃命悉以其钱帛散之军士，且趋使战。评大惧，遣使请战于猛。

甲子，猛陈于渭源而誓之曰："王景略受国厚恩，任兼内外，今与诸君深入贼地，当竭力致死，有进无退，共立大功，以报国家；受爵明君之朝，称觞父母之室，不亦美乎！"众皆踊跃，破釜弃粮，大呼竞进。

猛望燕兵之众，谓邓羌曰："今日之事，非将军不能破勍敌，成败之机，在兹一举，将军勉之！"羌曰："若能以司隶见与者，公勿以为忧。"猛曰："此非吾所及也，必以安定太守、万户侯相处。"羌不悦而退。俄而兵交，猛召羌，羌寝不应。猛驰就许之，羌乃大饮帐中，与张蚝、徐成等跨马运矛，驰赴燕陈，出入数四，旁若无人，所杀伤数百。及日中，燕兵大败，俘斩五万余人，乘胜追击，所杀及降者又十万余人。评单骑走还邺。

秦兵长驱而东，丁卯，围邺。猛上疏称："臣以甲子之日，大歼丑类。顺陛下仁爱之志，使六州士庶，不觉易主，自非守迷违命，一无所害。"秦王坚报之曰："将军役不逾时，而元恶克举，勋高前古。朕今亲帅六军，星言电赴。将军其休养将士，以待朕至，然后取之。"

十一月，秦王坚留李威辅太子守长安，阳平公融镇洛阳，自帅精锐十万赴邺。

戊寅，燕散骑侍郎余蔚帅扶馀、高句丽及上党质子五百余人，夜，开邺北门纳秦兵，燕主暐与上庸王评、乐安王臧、定襄王渊、左卫将军孟高、殿中将军艾朗等奔龙城。辛巳，秦王坚入邺宫。

慕容垂见燕公卿大夫及故时僚吏，有愠色。高弼言于垂曰："大王凭祖宗积累之资，负英杰高世之略，遭值迍厄，栖集外邦。今虽家国倾覆，安知其不为兴运之始邪！愚谓国之旧人，宜恢江海之量，有以慰结其心，以立覆篑之基，成九仞之功，奈何以一怒捐之，愚窃为大王不取也！"垂悦，从之。

十二月，秦王坚迁慕容暐及燕后妃、王公、百官并鲜卑四万余户于长安。

燕故太史黄泓叹曰："燕必中兴，其在吴王乎！恨吾老，不及见耳！"汲郡赵秋曰："天道在燕，不及十五年，秦必复为燕有。"

晋海西公太和四年（己巳，公元369年）

春季，三月，大司马桓温请求与徐、兖二州刺史郗愔、江州刺史桓冲、豫州刺史袁真等讨伐前燕。

大司马桓温从兖州出发讨伐前燕。郗超说："路途遥远，汴水又浅，恐怕运送粮食的水道难以畅通。"桓温没有听从。六月，辛丑，桓温抵达金乡，因为天旱，水路断绝，桓温让冠军将军毛虎生在钜野开凿三百里水路，引来汶水会合于清水。毛虎生是毛宝的儿子。桓温带领水军从清水进入黄河，船只绵延数百里。郗超说："从清水进入黄河，运输难以畅通。如果敌人不与我们交战，运输通道又断绝，只能靠着敌人的积蓄来做给养，那又会一无所得，这是危险的办法。不如让现有部队全部径直开向邺城，他们害怕您的威赫名声，一定会闻风溃逃，北归辽东、碣石。如果他们能出来迎战，那么事情就可以立见分晓。如果他们想盘踞邺城固守，那么值此盛夏之时，难以进行行动，百姓遍布各地，全都为官府所控制，易水以南的人一定会恭敬地向我们请求指令。只是怕明公您认为此计虽说锋锐但欠稳妥，胜负难定，而想一定要持有万全之策，那就不如停兵于黄河、济水，控制水路运输，等到储备充足，到明年夏天再进军。虽说拖延了时间，然而这只是期望必定成功而已。舍此二策而让绵延百里的军队北上，进不能迅速取胜，退则必然导致差错与粮饷匮乏。敌人顺应这种形势和我们周旋时日，渐渐地就到了秋冬季节，水路更加难以畅通。而且北方寒冷较早，三军将士穿皮衣冬装的很少，恐怕到那时所忧虑的，就不仅仅是没有粮食了。"桓温又没有听从。

秋季，七月，桓温驻扎在武阳，前燕过去的兖州刺史孙元率领他的亲族同党起兵响应桓温，桓温抵达枋头。慕容暐及太傅慕容评十分恐惧，谋划要逃奔到和龙。吴王慕容垂说："我请求去攻打他们。如果不能取胜，再逃奔也不晚。"慕容暐于是任命慕容垂代替乐安王慕容臧为使持节、南讨大都督，率领征南将军范阳王慕容德等兵众五万人去抵御桓温。慕容垂上表，让司徒左长史申胤、黄门侍郎封孚、尚书郎悉罗腾全都跟随部队一同前往。申胤是申钟的儿子；封孚是封放的儿子。

慕容暐又派散骑侍郎乐嵩去前秦请求救援，许诺把虎牢以西的地域送给他们。前秦王苻坚召群臣到东堂商议，群臣们都说："过去桓温讨伐我们，到达灞上，燕国不救援我们；如今桓温讨伐燕国，我们为什么要救援！而且燕国不向我们称藩，我们为什么要去救他！"王猛悄悄地对苻坚进言说："燕国虽然强大，但慕容评不是桓温的对手。如果桓温占据了整个崤山以东地区，进军驻扎在洛邑，收揽幽州、冀州的兵力，调来并州、豫州的粮食，在崤谷、渑池炫耀兵威，那么陛下统一天下的大业就全完了。眼下不如与燕国汇合兵力来打退桓温。桓温撤退以后，燕国也就精疲力竭了，然后我们乘着他的疲惫而攻取他，不是很好的事情吗！"苻坚听从了王猛的意见。八月，苻坚派将军苟池、洛州刺史邓羌率领步、骑兵二万人去救援前燕，从洛阳出发，到颍川后驻扎。又派散骑侍郎姜抚出使前燕报告。任命王猛为尚书令。

太子太傅封孚问申胤："桓温兵众强壮整齐，顺流直下，如今大军只在高岸上徘徊，兵不交锋，看不到取胜的迹象，事情将会怎样呢？"申胤说："以桓温今天的声势，似乎能有所作为，然而在我看来，肯定不会成就功业。为什么呢？晋室衰微软弱，桓温专擅国家的权力，晋王室的朝臣未必都与他同心同德。所以桓温的得志，是众人所不愿看到的，他们必将从中阻挠以败坏他的事业。再有，桓温倚仗着军队人数众多而骄傲，不善于应变。大军深入以后，正值有机可乘的时候，他反而让部队在中途徘徊，不出击争取胜利，指望相持下去，坐取全胜。如果运输误期，粮食断绝，衰落的威势就会如实地显露出来，肯定是不战自败，这是当然之理。"

桓温交战屡屡失利，粮食储备又已空竭，又听说前秦的军队将要到来，丙申（十九日），焚烧了舟船，丢弃了装备、武器，从陆路往回逃奔。任命毛虎生督察东燕等四郡的各种军务，兼任东燕太守。

桓温从东燕出了仓垣，一路上掘井饮水，走了七百多里。前燕的众将领都争着要追击桓温，吴王慕容垂说："不行，桓温刚刚溃退，惊恐未定，一定会严加戒备，选择精锐士兵来殿后，攻击他未必能遂愿，不如暂缓一下。他庆幸我们没有追上，一定会昼夜急行，等他的士兵们力量耗尽，士气衰落，然后再去攻击他，攻无不克。"于是慕容垂就率领八千骑兵跟在桓温的后边慢慢前进。桓温果然兼程行进。过了几天，慕容垂告诉众将领说："可以攻打桓温了。"于是就迅速追击，在襄邑追上了桓温。范阳王慕容德先率领精锐骑兵四千人埋伏在襄邑东面的山涧中，与慕容垂夹击桓温，桓温大败，被斩首三万多人。前秦人苟池在谯郡迎击桓温，又攻破了他，战死的兵众又数以万计。孙元乘机占据了武阳以与前燕抵抗，前燕左卫将军孟高讨伐并擒获了他。

吴王慕容垂从襄邑返回邺城，威武的名声越发高涨，太傅慕容评也更加忌恨他。慕容垂上奏章说："所招募的将士舍生忘死，建立战功，将军孙盖等人冲锋陷阵，应该受到特殊的奖赏。"慕容评全都压着不办。慕容垂多次陈说，与慕容评在朝廷争论，结果二人的怨恨隔阂更加深重。太后可足浑氏历来厌恶慕容垂，诋毁他的战功，与慕容评密谋要杀掉他。太宰慕容恪的儿子慕容楷以及慕容垂的舅舅兰建知道此事，便告诉了慕容垂，并说："先发制人，只要除掉慕容评及乐安王慕容臧，其他的人就无能为力了。"慕容垂说："骨肉互相残杀而带头在国家作乱，我只有一死而已，不忍心那样干。"过了不久，这俩人又来报告，说："可足浑氏已经下了决心，不能不早动手了。"慕容垂说："如果一定不能消除隔阂的话，我宁愿到外边去躲避他们，其余的不是所要商议的。"

当初，前秦王苻坚听说太宰慕容恪去世，暗中怀有图谋前燕的想法，只是因为惧怕慕容垂的威武名声，才没敢发兵。等到听说慕容垂来到后，十分高兴，亲自到郊外迎接，拉着慕容垂的手说："上天降于人世的贤杰，一定会相互携手共同成就大的功业，这是天然的气数。眼下重要的是与您共同平定天下，在泰山上告慰上天，然后把您的故国归还给您，世代封居幽州，使您离开故国不失掉作为儿子的孝顺，归依朕下也不失掉侍奉君主的忠诚，不也是很好的事情吗！"慕容垂谢罪说："寄居他人的臣下，能被免罪就是大幸，世居故国的殊荣，不是我所敢企望的！"苻坚又爱惜长子慕容令以及慕容楷的才能，全都给他们以厚重的礼遇，赏赐数万，每当他们进见，苻坚都注目端详他们。关中的士人百姓历来知道慕容垂父子的名声，全都向往倾慕他们。王猛对苻坚进言说："慕容垂父子，就像龙虎，不是能够驯服驾驭的人，如果他们得到风云际会的机会，那将无法控制，不如尽早把他们除掉。"苻坚说："我正要招揽各路英雄以廓清四海，为什么要杀掉他们？况且他们刚刚到来，我已经诚心诚意地接纳了他们，庶民百姓尚不食言，何况是万乘之君呢？"于是苻坚任命慕容垂为冠军将军，封为宾徒侯，任命慕容楷为积弩将军。

这时太后可足浑氏干涉扰乱国家的政事，太傅慕容评贪得无厌，财货贿赂流入上层，官员不按才能选拔，群臣百官一片怨恨愤怒。尚书左丞申绍上疏，认为："郡县地方官吏，是实现天下大治的根本。如今的地方官，大约都是任非其人，有的武臣就出自军队，有的贵戚就生长于富贵人家，既不是经由乡里选举，又曾经历朝廷的职务，再加上提升黜免毫无准则，贪婪懒惰者没有遭受刑罚的畏惧，清廉勤勉者没有获得奖赏的激励，所以百姓穷困凋弊，坏人盗贼充斥，政纲颓废，法度紊乱，没有人能互相监督震慑。再加上官吏冗多，超过前代，公私纠葛，不胜其烦。大燕国的户数人口，数量相当于晋朝、秦国之和，武器战马的精良强劲，天下没有谁能比，然而近来屡战屡败，这全都是由于地方官吏征调赋税不公平，侵吞鱼肉无休无止，出征的和留下的全都窘困，没有人肯舍生战斗的缘故。朝廷后宫的嫔妃有四千多人，童仆、侍者、奴隶、差役尚不包括在内，一天的费用，就值万金。官吏百姓顺承这种风气，竞相奢侈浪费。秦国僭越封号，晋朝偏居一隅，尚且能有条不紊地治理国家，怀有兼并天下之心，而我们却上行下效因循陋习，越来越失去秩序。我们的混乱，正是他们的愿望。我认为应该精心选择地方长官，裁撤冗官冗职，安抚士兵的家属，使公私双方都遂心顺意，抑止浮华靡费，珍惜支出费用，奖赏一定与功劳相称，刑罚一定与罪行相当。如此则桓温、王猛可以斩杀，晋朝、秦国也可以攻取，岂止是保全国境安定百姓而已！再有，索头人拓跋什翼犍老朽昏庸，虽然很少贡奉，但也没有能力作乱，而我们却劝勉士兵远征戍卫，这有损无益。不如将兵力调至并州，控制西河，在南面使壶关得以坚固，在北面使晋阳得到加强，西边的敌人来犯，则可以抵御防守，路过，则可以断其后路，这也胜于保卫孤城戍守无用之地。”奏疏进上，没有回音。

当初，前燕人许诺把虎牢以西的地域割送给前秦，东晋的军队撤退以后，前燕人反悔了，对前秦人说：“那是派去的使者言辞失当。有国有家的人，分担灾难救助祸患，这是常理。”前秦王苻坚勃然大怒，派辅国将军王猛、建威将军梁成、洛州刺史邓羌率领步、骑兵三万人讨伐前燕。十二月，进军攻打洛阳。

五年（庚午，公元370年）

王猛发兵长安的时候，请慕容令参与军事行动，让他们作为向导。将要出发时，慕容令到慕容垂那里喝酒，不慌不忙地对慕容垂说：“值此远别之时，赠送我点什么东西呢？以使我见物思人。”慕容垂解下佩刀赠送给了他。王猛抵达洛阳以后，贿赂慕容垂的亲信金熙，让他装作慕容垂的使者，对慕容令说：“我们父子来到这里，是因为要逃避一死。如今王猛憎恨我们如同仇敌，谗言诋毁日益深重，秦王虽然表面上对我们仁厚友善，但内心难知。大丈夫逃避死难而最终却不能幸免，将被天下人耻笑。我听说燕朝近来开始幡然悔悟，国主、王后相互自责过错，我现在要返回燕国，所以派使者去告诉你。我已经上路了，你有机会也可以迅速出发。”慕容令对此十分怀疑，整整一天犹豫不决，但又无法去核实。于是就带领着他过去的随从，谎称外出打猎，逃到石门，投奔乐安王慕容臧。王猛上表陈述慕容令叛逃的罪行，慕容垂因为害怕也出逃了。逃至蓝田，被追赶的骑兵擒获。前秦王苻坚在东堂召见他，安慰他说：“你因为自家、朝廷争斗，委身投靠于朕。您的儿子心不忘本，仍然怀念故土，这也是人各有志，不值得深咎。然而燕国行将灭亡，不是慕容令所能拯救的，可惜的只是他白白地进了虎口而已。况且父子兄弟，罪不株连，你为什么过分惧怕而狼狈到如此地步呢！”苻坚对待慕容垂同过去一样。前燕人因为慕容令是背叛后而又返回，他的父亲又被前秦所厚待，便怀疑他是派回来的奸细，把他迁徙到沙城，此地在龙都东北六百里处。

臣司马光曰：过去周朝得到了微子而革殷商之命，秦朝得到了由余而称霸西戎，吴国得到了伍员而攻克强楚，汉朝得到了陈平而诛杀项籍，魏国得到了许攸而大破袁绍。那些敌国的贤能之臣，投奔过来后以为己用，这是进攻取胜的良好凭借。王猛知道慕容垂的心时间一久就难以信任，偏偏不考虑燕国尚未消灭，慕容垂因为才能杰出、功勋卓著，无罪而被怀疑，穷困无路，才归依秦国，并没有异端之心，而竟要因为猜忌杀害他，这是帮助燕国施行无道而向投奔者关闭门户，这怎么能行呢！所以秦王苻坚以礼对待慕容垂，用以招揽燕国人的期望，亲近慕容垂，用以详尽地了解燕国的内情，宠爱慕容垂，用以吸引燕国的百姓，信任慕容垂，用以结交燕国人的心，这些都不过分。王猛为什么要一心想着杀慕容垂，竟然干出了市井叫卖者的欺骗勾当，就像嫉妒别人得宠进而就用谗言加以诋毁的人一样，这难道是具有高尚道德的君子应该干的事情吗！

六月，乙卯（十二日），前秦王苻坚在灞上为王猛送行，说：“如今把关东的重任委托给你，你应当先攻破壶关，平定上党，长驱直入夺取邺城，此所谓‘迅雷不及掩耳’。我要亲自督帅数以万计的兵众，紧随你星夜出发，车船运粮，水陆并进，你不必再有后顾之忧。”王猛说：“臣仰仗您的声威，遵奉您的成熟的计划，涤荡残胡，如风扫落叶，愿不必麻烦您的车乘亲自披尘出征，只愿您能尽快命令有关部门预先安排好鲜卑的官府。”苻坚十分高兴。

前秦王猛攻打壶关，杨安攻打晋阳。八月，前燕国主慕容暐命令太傅上庸王慕容评统率宫廷内外的精兵三十万人以抵抗前秦。

前秦杨安攻打晋阳，晋阳兵多粮足，久攻不下。王猛留下屯骑校尉苟长戍守壶关，自己带兵帮助杨安攻打晋阳。他们挖了地道，让虎牙将军张蚝率领勇士数百人潜入城中，大声呼喊着冲破了关卡，接秦兵入城。辛巳（九月初十），王猛、杨安进入晋阳城，抓获了前燕并州刺史东海王慕容庄。太傅慕容评惧怕王猛，不敢继续前进，驻扎在潞川。冬季，十月，辛亥（初十），王猛留下将军武都人毛当戍守晋阳，自己进军潞川，与慕容评相对峙。

壬戌（十月二十一日），王猛派将军徐成去侦察前燕军队的布阵要略，要求他日到中天时返回，而他到了黄昏时分才回来。王猛大怒，要把他杀掉。邓羌向王猛请求说：“如今敌众我寡，明天一早将要开战。徐成是大将，应该姑且宽恕他。”王猛说：“如果不杀掉徐成，军法就无法确立。”邓羌坚持请求说：“徐成是我邓羌本郡的将领，虽然说延误了期限应该斩首，但邓羌愿意和徐成一起效力决战以赎罪。”王猛不同意。邓羌大怒，回到军营，急促地敲响战鼓，率领着士兵，将要攻打王猛。王猛询问邓羌这样做的缘故，邓羌说：“我们接受诏令讨伐远敌，现在却有近敌一味地要自相残杀，我想要先把他除掉！”王猛赞扬邓羌仗义而又勇敢，派人去告诉他说：“将军别这样干了，我现在赦免徐成。”徐成获免以后，邓羌去到王猛那里谢罪。王猛拉着他的手说：“我这是考验将军罢了，将军对本郡的将领尚且如此，何况是对国家呢，我不再忧虑敌人了！”

太傅慕容评认为王猛孤军深入，想用持久对峙的办法来制服他。慕容评为人贪婪鄙俗，命令封山禁泉，自己则贩柴卖水，从中渔利，积攒的钱帛堆积如山，士卒们都怨恨愤慨，没有人心怀斗志。王猛听说后笑着说：“慕容评真是个奴才，就是有亿兆兵众也不值得害怕，何况只有数十万呢！我今天在这儿打败他是肯定的了。”于是就派游击将军郭庆率领五千骑兵，趁夜顺着小路出现在慕容评军营的后面，焚烧了他的轻重装备，火光在邺城中都能看到。前燕国主慕容暐十分害怕，派侍中兰伊责备慕容评说："你是高祖慕容廆的儿子，应当为宗庙国家担忧，为什么不安抚战士反而贩柴卖水，只执迷于钱财呢！府库里的积蓄，朕与你共享，哪里有什么贫穷可忧虑！如果敌人最终进占，家国全都灭亡，你拥有钱帛又想往哪里放呢？"于是就命令把他的钱帛全部发给军中士兵，而且督促他出战。慕容评十分害怕，派使者去和王猛请战。

甲子（十月二十三日），王猛在渭源布开战阵并告诫士兵们说："我王猛接受了国家的厚恩，肩负朝廷内外的重任，如今与诸君深入敌境，应当竭尽全力，殊死战斗，有进无退，共立大功，以报效国家。凯旋后接受贤明君主的封爵，在父母面前举杯庆祝，不也是很美妙的事情吗！"兵众全都踊跃争先，破釜弃粮，高声呼喊着竞相前进。

王猛望见前燕的兵力众多，对邓羌说："今天的战事，非将军不能攻破强大的敌人，成败的关键，在此一举，将军为此尽力吧！"邓羌说："如果能委任我以司隶校尉的话，您不必为此担心。"王猛说："这不是我所能做到的。我一定任命你为安定太守、万户侯。"邓羌不高兴，退走了。不一会儿，双方军队交战，王猛召唤邓羌，邓羌沉默不答应。王猛驰马跑到邓羌身边，答应了委任他为司隶校尉的要求，邓羌于是就在军帐中畅怀大饮，然后与张蚝、徐成等跨上战马，挥舞战矛，奔向前燕军阵。四番出入，旁若无人，杀伤数百人。到中午时分，前燕军大败，被俘获斩首的有五万多人，前秦军乘胜追击，前燕被斩杀和投降的又有十万多人。慕容评只身匹马逃回邺城。

前秦的军队长驱东进，丁卯（二十六日），包围了邺城。王猛上疏称："臣在甲子（十月二十三日）那天，痛歼敌人。顺承陛下仁爱的心志，使六州之内的官吏百姓，在不知不觉中就改换了君主，除非执迷不悟，违背命令的人，对官吏百姓一无伤害。"前秦王苻坚回复王猛说："将军此次出战时间没超过三月，而首恶元凶已被攻克，功高前古。朕现在亲自率领六军，星夜启程，火速赶赴。将军可以让士兵休整一下，等朕赶到以后，再攻取邺城。"

十一月，前秦王苻坚留下李威辅佐太子守卫长安，让阳平公苻融镇守洛阳，自己率领十万精锐士兵奔赴邺城。

戊寅（十一月初七），前燕散骑侍郎余蔚率领五百多扶馀、高句丽及上党的人质，趁夜打开邺城北门让前秦的军队进入，前燕国主慕容暐与上庸王慕容评、乐安王慕容臧、定襄王慕容渊、左卫将军孟高、殿中将军艾朗等逃奔龙城。辛巳（十一月初十），前秦王苻坚进入邺城的王宫。

慕容垂见到前燕的公卿大夫及过去的僚属官吏后，面有怒色。高弼向慕容垂进言说："大王依靠祖宗积累的成果，具有英明杰出的才能，遭遇挫折，滞留外域。如今虽然宗族国家倾覆，怎么知道这不是中兴之运的开始呢！我认为对国家的故旧元老，应该具有江海那样的宽广肚量，这样才能安慰取得大家的心，以奠定光复的基础，成就宏大的功业，为什么因愤怒而抛弃他们，我私下里认为大王的态度不足取。”慕容垂高兴了，听从了他的意见。

十二月，前秦王苻坚把慕容暐以及前燕的王后、妃嫔、王公、百官连同四万多户鲜卑人，一起迁移到了长安。

前燕过去的太史黄泓叹息道：“燕朝一定能中兴，大概是在吴王慕容垂了！遗憾的是我已年老，来不及看到了！”汲郡人赵秋说：“天道在燕，用不了十五年，秦国必定又为燕国所有。”

第一百零三卷
晋纪二十五

译文诵读

太宗简文皇帝咸安元年（辛未，371）

秦王坚徙关东豪杰及杂夷十五万户于关中，处乌桓于冯翊、北地，丁零翟斌于新安、渑池。诸因乱流移，欲还旧业者，悉听之。

大司马温以梁、益多寇，周氏世有威名，八月，以宁州刺史周仲孙监益、梁二州诸军事，领益州刺史。仲孙，光之子也。

王猛以潞川之功，请以邓羌为司隶。秦王坚下诏曰："司隶校尉，董牧皇畿，吏责甚重，非所以优礼名将。光武不以吏事处功臣，实贵之也。羌有廉、李之才，朕方委以征伐之事，北平匈奴，南荡扬、越，羌之任也，司隶何足以婴之！其进号镇军将军，位特进。"

大司马温，恃其材略位望，阴蓄不臣之志，尝抚枕叹曰："男子不能流芳百世，亦当遗臭万年！"术士杜炅能知人贵贱，温问炅以禄位所至。炅曰："明公勋格宇宙，位极人臣。"温不悦。温欲先立功河朔以收时望，还受九锡。及枋头之败，威名顿挫。既克寿春，谓参军郗超曰："足以雪枋头之耻乎？"超曰："未也。"久之，超就温宿，中夜，谓温曰："明公都无所虑乎？"温曰："卿欲有言邪？"超曰："明公当天下重任，今以六十之年，败于大举，不建不世之勋，不足以镇惬民望！"温曰："然则奈何？"超曰："明公不为伊、霍之举者，无以立大威权，镇压四海。"温素有心，深以为然，遂与之定议。以帝素谨无过，而床笫易诬，乃言"帝早有痿疾，嬖人相龙、计好、朱灵宝等，参侍内寝，二美人田氏、孟氏生三男，将建储立王，倾移皇基。"密播此言于民间，时人莫能审其虚实。

十一月，癸卯，温自广陵将还姑孰，屯于白石。丁未，诣建康，讽褚太后，请废帝立丞相会稽王昱，并作令草呈之。太后方在佛屋烧香，内侍启云："外有急奏。"太后出，倚户视奏数行，乃曰："我本自疑此！"至半，便止，索笔益之曰："未亡人不幸罹此百忧，感念存没，心焉如割！"

己酉，温集百官于朝堂。废立既旷代所无，莫有识其故典者，百官震栗。温亦色动，不知所为。尚书左仆射王彪之知事不可止，乃谓温曰："公阿衡皇家，当倚傍先代。”乃命取《汉书·霍光传》，礼度仪制，定于须臾。彪之朝服当阶，神彩毅然，曾无惧容，文武仪准，莫不取定，朝廷以此服之。于是宣太后令，废帝为东海王，以丞相、录尚书事、会稽王昱统承皇极。百官入太极前殿，温使督护竺瑶、散骑侍郎刘亨收帝玺绶。帝著白帢单衣，步下西堂，乘犊车出神虎门，群臣拜辞，莫不歔欷。侍御史、殿中监将兵百人卫送东海第。温帅百官具乘舆法驾，迎会稽王于会稽邸。王于朝堂变服，著平巾帻、单衣，东向流涕，拜受玺绶，是日，即皇帝位，改元。温出次中堂，分兵屯卫。温有足疾，诏乘舆入殿。温撰辞，欲陈述废立本意，帝引见，便泣下数十行，温兢惧，竟不能一言而出。

秦王坚闻温废立，谓群臣曰：“温前败灞上，后败枋头，不能思愆自贬以谢百姓，方更废君以自说，六十之叟，举动如此，将何以自容于四海乎！谚曰：‘怒其室而作色于父’，其桓温之谓矣。”

秦车骑大将军王猛，以六州任重，言于秦王坚，请改授亲贤。及府选便宜，辄已停寝，别乞一州自效。坚报曰：“朕之于卿，义则君臣，亲逾骨肉，虽复桓、昭之有管、乐，玄德之有孔明，自谓逾之。夫人主劳于求才，逸于得士。既以六州相委，则朕无东顾之忧，非所以为优崇，乃朕自求安逸也。夫取之不易，守之亦难，苟任非其人，患生虑表，岂独朕之忧，亦卿之责也，故虚位台鼎而以分陕为先。卿未照朕心，殊乖素望。新政俟才，宜速铨补。俟东方化洽，当衮衣西归。”仍遣侍中梁谠诣邺谕旨，猛乃视事如故。

温威振内外，帝虽处尊位，拱默而已，常惧废黜。先是，荧惑守太微端门，逾月而海西废。辛卯，荧惑逆行入太微，帝甚恶之。中书侍郎郗超在直，帝谓超曰：“命之修短，本所不计，故当无复近日事邪？”超曰：“大司马臣温，方内固社稷，外恢经略，非常之事，臣以百口保之。”乃超请急省其父，帝曰：“致意尊公，家国之事，遂至于此，由吾不能以道匡卫，愧叹之深，言何能谕！”因咏庾阐诗云：“志士痛朝危，忠臣哀主辱。”遂泣下沾襟。帝美风仪，善容止，留心典籍，凝尘满席，湛如也。虽神识恬畅，然无济世大略，谢安以为惠帝之流，但清谈差胜耳。

郗超以温故，朝中皆畏事之。谢安尝与左卫将军王坦之共诣超，日旰未得前，坦之欲去，安曰：“独不能为性命忍须臾邪？”

二年（壬申，372）

冠军将军慕容垂言于秦王坚曰：“臣叔父评，燕之恶来辈也，不宜复污圣朝，愿陛下为燕戮之。”坚乃出评为范阳太守，燕之诸王悉补边郡。

臣光曰：古之人，灭人之国而人悦，何哉？为人除害故也。彼慕容评者，蔽君专政，忌贤疾功，愚暗贪虐以丧其国，国亡不死，逃遁见禽。秦王坚不以为诛首，又从而宠秩之，是爱一人而不爱一国之人也，其失人心多矣。是以施恩于人而人莫之恩，尽诚于人而人莫之诚，卒于功名不遂，容身无所，由不得其道故也。

六月，癸酉，秦以王猛为丞相、中书监、尚书令、太子太傅、司隶校尉，特进、常侍、持节、将军、侯如故；阳平公融为使持节、都督六州诸军事、镇东大将军、冀州牧。

甲寅，帝不豫，急召大司马温入辅，一日一夜发四诏，温辞不至。初，帝为会稽王，娶王述从妹为妃，生世子道生及弟俞生。道生疏躁无行，母子皆以幽废死。余三子，郁、朱生、天流，皆早夭。诸姬绝孕将十年，王使善相者视之，皆曰："非其人。"又使视诸婢媵，有李陵容者，在织坊中，黑而长，宫人谓之"昆仑"相者惊曰："此其人也！"王召之侍寝，生子昌明及道子。己未，立昌明为皇太子，生十年矣。以道子为琅邪王，领会稽国，以奉帝母郑太妃之祀。遗诏："大司马温依周公居摄故事。"又曰："少子可辅者辅之，如不可，君自取之。"侍中王坦之自持诏入，于帝前毁之。帝曰："天下，傥来之运，卿何所嫌！"坦之曰："天下，宣、元之天下，陛下何得专之！"帝乃使坦之改诏曰："家国事一禀大司马，如诸葛武侯、王丞相故事。"是日，帝崩。

群臣疑惑，未敢立嗣，或曰："当须大司马处分。"尚书仆射王彪之正色曰："天子崩，太子代立，大司马何容得异！若先面咨，必反为所责。"朝议乃定。太子即皇帝位，大赦。

温望简文临终禅位于己，不尔便当居摄。既不副所望，甚愤怨，与弟冲书曰："遗诏使吾依武侯、王公故事耳。"温疑王坦之、谢安所为，必衔之。诏谢安征温入辅，温又辞。

八月，秦丞相猛至长安，复加都督中外诸军事。猛辞曰："元相之重，储傅之尊，端右事繁，京牧任大，总督戎机，出纳帝命，文武两寄，巨细并关，以伊、吕、萧、邓之贤，尚不能兼，况臣猛之无似！"章三四上，秦王坚不许，曰："朕方混一四海，非卿无可委者。卿之不得辞宰相，犹朕不得辞天下也。"

烈宗孝武皇帝上之上宁康元年（癸酉，373）

二月，大司马温来朝；辛巳，诏吏部尚书谢安、侍中王坦之迎于新亭。是时，都下人情恟恟，或云欲诛王、谢，因移晋室。坦之甚惧，安神色不变，曰："晋祚存亡，决于此行。"温既至，百官拜于道侧。温大陈兵卫，延见朝士，有位望者皆战慑失色。坦之流汗沾衣，倒执手版。安从容就席，坐定，谓温曰："安闻诸侯有道，守在四邻，明公何须壁后置人邪！"温笑曰："正自不能不尔。"遂命左右撤之，与安笑语移日。郗超常为温谋主，安与坦之见温，温使超卧帐中听其言。风动帐开，安笑曰："郗生可谓入幕之宾矣。"时天子幼弱，外有强臣，安与坦之尽忠辅卫，卒安晋室。

秋，七月，己亥，南郡宣武公桓温薨。

初，温疾笃，讽朝廷求九锡，屡使人趣之。谢安、王坦之故缓其事，使袁宏具草。宏以示王彪之，彪之叹其文辞之美，因曰："卿固大才，安可以此示人！"谢安见其草，辄改之，由是历旬不就。宏密谋于彪之，彪之曰："闻彼病日增，亦当不复支久，自可更小迟回。"

温弟江州刺史冲，问温以谢安、王坦之所任，温曰："渠等不为汝所处分。"其意以为，己存，彼必不敢立异，死则非冲所制，若害之，无益于冲，更失时望故也。

冲既代温居任，尽忠王室。或劝冲诛除时望，专执时权，冲不从。始、温在镇，死罪皆专决不请。冲以为生杀之重，当归朝廷，凡大辟皆先上，须报，然后行之。

谢安以天子幼冲，新丧元辅，欲请崇德太后临朝。王彪之曰："前世人主幼在襁褓，母子一体，故可临朝。太后亦不能决事，要须顾问大臣。今上年出十岁，垂及冠婚，反令从嫂临朝，示人主幼弱，岂所以光扬圣德乎！诸公必欲行此，岂仆所制，所惜者大体耳。"安不欲委任桓冲，故使太后临朝，己得以专献替裁决，遂不从彪之之言。八月，壬子，太后复临朝摄政。

有彗星出于尾箕，长十余丈，经太微，扫东井；自四月始见，及秋冬不灭。秦太史令张孟言于秦王坚曰："尾、箕，燕分；东井，秦分。今彗起尾、箕而扫东井，十年之后，燕当灭秦；二十年之后，代当灭燕。慕容暐父子兄弟，我之仇敌，而布列朝廷，贵盛莫二，臣窃忧之，宜翦其魁桀者以消天变。"坚不听。

阳平公融上疏曰："东胡跨据六州，南面称帝，陛下劳师累年，然后得之，本非慕义而来。今陛下亲而幸之，使其父兄子弟森然满朝，执权履职，势倾勋旧。臣愚以为狼虎之心，终不可养，星变如此，愿少留意！"坚报曰："朕方混六合为一家，视夷狄为赤子，汝宜息虑，勿怀耿介。夫惟修德可以禳灾，苟能内求诸己，何惧外患乎！"

三年（乙亥，375）

桓冲以谢安素有重望，欲以扬州让之，自求外出。桓氏族党皆以为非计，莫不扼腕固谏，郗超亦深止之，冲皆不听，处之澹然。甲寅，诏以冲都督徐、豫、兖、青、扬五州诸军事、徐州刺史，镇京口；以安领扬州刺史，并加侍中。

六月，秦清河武侯王猛寝疾，秦王坚亲为之祈南、北郊及宗庙、社稷，分遣侍臣遍祷河、岳诸神。猛疾少瘳，为之赦殊死以下。猛上疏曰："不图陛下以臣之命而亏天地之德，开辟已来，未之有也。臣闻报德莫如尽言，谨以垂没之命，窃献遗款。伏惟陛下，威烈振乎八荒，声教光乎六合，九州百郡，十居其七，平燕定蜀，有如拾芥。夫善作者不必善成，善始者不必善终，是以古先哲王，知功业之不易，战战兢兢，如临深谷。伏惟陛下，追踪前圣，天下幸甚。"坚览之悲恸。秋，七月，坚亲至猛第视疾，访以后事。猛曰："晋虽僻处江南，然正朔相承，上下安和，臣没之后，愿勿以晋为图。鲜卑、西羌，我之仇敌，终为人患，宜渐除之，以便社稷。"言终而卒。坚比敛，三临哭，谓太子宏曰："天不欲使吾平壹六合邪，何夺吾景略之速也？”葬之如汉霍光故事。

晋简文帝咸安元年（辛未，公元371年）

前秦王苻坚迁徙关东豪杰及杂夷部族十五万户到关中地区，把乌桓人安置在冯翊、北地，把丁零人翟斌的部族安置在新安、渑池。众多因战乱而流离失所，如今想重归故里恢复旧业的人，全部听任他们自己的安排。

大司马桓温考虑到梁州、益州多有寇贼，周氏则世代都有显赫的名声，八月，任命宁州刺史周仲孙监益、梁二州诸军事，兼任益州刺史。周仲孙是周光的儿子。

王猛依据洛川的战功，请求任命邓羌为司隶校尉。前秦王苻坚下达诏令说：“司隶校尉负责督察京城周围的地区，职责重大，不能用来优待名将。汉光武帝不以政务官职赏赐功臣，实际上是更看重他们。邓羌有廉颇、李牧那样的才能，朕准备将征伐的事情交给他，在北方平定匈奴，在南方扫除扬、越，这才是邓羌的重任，司隶校尉怎么值得交给他呢？进升他的封号为镇军将军，赐位特进。”

大司马桓温，倚仗他的才能与地位、声望，暗中怀有背叛皇帝的心志，曾经抚枕慨叹道：“男子汉不能流芳百世，也应当遗臭万年！”方术之士杜炅，能预测人的贵贱，桓温问他自己的官位能到什么地步。杜炅说：“明公的功勋举世无双，官位能到大臣的顶峰。”桓温听后不高兴。桓温想先在河朔建立战功，以此为自己赢得更大的声望，回来后接受加九锡的礼遇。等到在枋头失败，他的威赫名声陷于困顿，受到挫折。攻克寿春以后，桓温对参军郗超说：“这足以雪枋头的耻辱了吧？”郗超说：“没有。”过了许久，郗超到桓温的住所留宿，半夜时分对桓温说：“明公在这里没有考虑什么吗？”桓温说：“你想有话对我说吗？”郗超说：“明公承担着天下的重任，如今以六十高龄，却在一次大规模的行动中失败，如果不建立非常的功勋，就不足以镇服、满足百姓的愿望！”桓温说：“那么该怎么办呢？”郗超说：“明公不干伊尹放逐太甲、霍光废黜昌邑王那样的事情，就无法建立大的威势与权力，镇压四海。”桓温历来怀有此心，对郗超所说的深以为然，于是就和他商定计议。考虑到海西公平素谨慎小心，没有什么过错，而利用床第之事则容易对他进行诬陷，于是就说：“皇上早就患有阳痿，宠臣相龙、计好、朱灵宝等，参与服侍起居床第之事，与田氏、孟氏两位美人生下了三个儿子，将要设立太子赐封王位，转移皇上的基业。”并将这话秘密地传播到民间，当时的人们都无法辨别真假。

十一月，癸卯（初九），桓温准备从广陵返回姑孰，驻扎在白石。丁未（十三日），抵达建康，含蓄地劝说褚太后，请求废黜废帝司马奕，立丞相会稽王司马昱，同时还草拟了诏令进呈给褚太后。太后正在佛室烧香，内侍报告说：“外边有紧急奏章。”褚太后出来，倚着门看奏章，刚看了几行字就说：“我自己本来就怀疑是这样！”看了一半，就停下来了，向内侍要来笔加上了这样的话：“我不幸遭受了这样的种种忧患，想到死去的和活着的，心如刀绞！”

己酉（十一月十五日），桓温把百官召集到朝堂。废立皇帝既然是历代所没有过的事情，所以没有人知道过去的典则，百官们都震惊恐惧。桓温也神色紧张，不知该怎么办。尚书左仆射王彪之知道事情不能半途而废，就对桓温说：“您废立皇帝，应当效法前代的成规。”于是就命令取来《汉书·霍光传》，礼节仪制很快就决定了。王彪之身穿朝服面对朝廷，神情沉着，毫无惧色，文武仪规典则，全都由他决定，朝廷百官因此而服了他。于是就宣布太后的诏令，废黜废帝司马奕为东海王，以丞相、录尚书事、会稽王司马昱继承皇位。百官进入太极前殿，桓温让督护竺瑶、散骑侍郎刘亨收取了废帝的印玺绶带。司马奕戴着白色便帽，身穿大臣的仅次于朝服的盛装，走下西堂，乘着牛车出了神虎门，群臣叩拜辞别，没有谁不哽咽。侍御史、殿中监带领一百多名卫兵把他护送到东海王的宅第。桓温率领百官准备好皇帝的车乘，到会稽王的官邸去迎接会稽王司马昱。会稽王在朝堂更换了服装，戴着平顶的头巾，穿着单衣，面朝东方流涕，叩拜接受了印玺绶带。这天，会稽王司马昱即皇帝位，改年号为咸安。桓温临时住在中堂，分派兵力屯驻守卫。桓温的脚有毛病，简文帝诏令可以让他乘车进入殿堂。桓温事先准备好辞章，想陈述他黜废司马奕的本意，简文帝引见，一见他便流下了眼泪，但桓温战战兢兢，始终没能说出一句话。

前秦王苻坚听说了桓温废立皇帝的事情，对群臣们说：“桓温先在灞上失败，后又在枋头失败，不能反思过错自我贬责以向百姓谢罪，反而还废黜君主以自我解说，六十岁的老叟，举动如此，将怎样自容于天下呢！民谚曰：‘对妻子愤怒就向父亲耍脸色。’大概说的就是桓温吧。”

前秦车骑大将军王猛，考虑到都督六州的责任重大，向前秦王苻坚进言，请求将此重任改授给亲近而又贤明的人。还有受命相机选拔六州郡县官吏的工作，也已经停止了，王猛请求自己去镇守一州以效力。苻坚回复王猛说：“朕和你的关系，从道义上讲是君臣，从亲情上讲则胜过骨肉，虽然这又像齐桓公、燕昭王拥有管仲、乐毅，刘备拥有孔明，但我认为要超过他们。人主寻求有才能的人时辛劳费力，得到人才就省力放心了。既然把六州委托给你，那么朕就解除了东顾之忧，不是以此来对你表示优待尊崇，而是朕自己寻求消闲安逸。打江山不易，坐江山也难，假如任非其人，祸患出现于我们预料之外，岂止仅是朕的忧患，也是你的责任，所以宁肯让三公的职位空虚也要首先分职陕东。你不了解朕的心愿，有违朕本来的期望。刚刚建立的政权急需人才，应该尽快选拔充实官吏，等到东方教化融洽以后，理当让你身着上公礼服西返。”苻坚于是派侍中梁谠到邺城去传达诏令，王猛也就像从前一样地处理政事。

桓温威震朝廷内外，简文帝虽然身处至尊地位，实际上也仅仅是拱手沉默而已，常常害怕被废黜。此前，火星居于太微、南蕃之间，过了一个月，司马奕就被废黜。辛卯（十二月二十七日），火星逆行进入太微星垣，简文帝对此很讨厌。中书侍郎郗超在宫中当班，简文帝对郗超说：“命运长短，本来就并不计较，所以应该不再出现前不久废黜皇帝那样的事情了吧？”郗超说：“大司马臣桓温，正在对内稳定国家，对外开拓江山，我愿用百余家口来保他，不会发生那种不正常的事变。”等到郗超急于要请假回去看望他父亲时，简文帝说：“告诉尊父，宗族国家之事，最终到了这种地步，是因为我不能用道德去匡正守卫的缘故，惭愧慨叹之深，怎么能用语言来表达！”接着便吟诵了庾阐的诗，道：“志士为朝廷危险而痛心，忠臣为君主受辱而悲哀。”吟诵得潸然泪下，打湿了衣襟。简文帝风度仪表堂堂，言谈举止得体，用心于典籍，翻阅典籍常常弄得满席尘土，一派湛然自得的样子。他虽然神情恬淡，见识通达，但没有济世大略，谢安认为他是晋惠帝一类的人物，只是清淡方面比晋惠帝略胜一筹。

郗超因为桓温的缘故，朝廷里的人都害怕侍奉他。谢安曾经与左卫将军王坦之一起到郗超那里，太阳快落山了还没被召见，王坦之想离去，谢安说：“你唯独不能为保全性命忍耐一会儿吗？”

二年（壬申，公元372年）

冠军将军慕容垂对前秦王苻坚进言说：“臣的叔父慕容评，是燕国像商代的恶来一样的人，不应该让他再玷污圣朝，愿陛下为燕国杀掉他。”苻坚于是调动慕容评任范阳太守，前燕的诸王全都被任命为边境州郡的太守。

> 臣司马光曰：上古时候的人，有时他们的国家被灭了他们反而高兴，为什么呢？因为替他们除掉祸害。那个慕容评，蒙蔽君主，专擅朝政，猜忌贤能，嫉恨功臣，愚顽昏暗，贪婪暴虐，最终丧失了他的国家。国家灭亡了，他本人还不死，逃亡躲避，终被擒获。秦王苻坚不把他杀掉，又对他放纵并给以宠爱，授以官秩，这是爱一个人而不爱一国人，肯定要丧失很多人心。所以对人施以恩惠而人们并不以恩相报，对人待以诚意而人们并不以诚相报，最终导致功名不成，无处容身，这是由于不得要领的缘故。

六月，癸酉（十二日），前秦任命王猛为丞相、中书监、尚书令、太子太傅、司隶校尉，其特进、常侍、持节、将军、侯爵则仍旧保留。任命阳平公苻融为使持节、都督六州诸军事、镇东大将军、冀州牧。

甲寅（二十三日），简文帝身体不适，紧急征召大司马桓温入朝辅政，一天一夜接连发出四道诏令，桓温推辞不来。当初，简文帝为会稽王时，娶了王述的堂妹为妃，生下了长子司马道生及弟弟司马俞生。司马道生粗鲁急躁，品行不端，母子全都因此被囚禁废黜而死。其他三个儿子，司马郁、司马朱生、司马天流，全都早年夭折。众姬妾绝孕将近十年，会稽王让会相面的人来观察她们，会相面的人都说："能生儿子的不是这些人。"会稽王又让相面的人去观察女仆女佣。有一个叫李陵容的，在纺织作坊里，长得又高又黑，宫女们都叫她"昆仑"。相面的人见到她后吃惊地说："这就是会生儿子的人！"会稽王召她服侍起居，生下了儿子司马昌明及司马道子。己未（二十八日），立司马昌明为皇太子，这时，他已经十岁了。任命司马道子为琅邪王，兼领会稽国，以尊奉帝母郑太妃的祀位。简文帝下达遗诏："大司马桓温依据周公的旧例，代理皇帝摄政。"又说："对年轻的儿子，可以辅佐就辅佐，如果不能辅佐，君则自己取而代之。"侍中王坦之自己手持诏书进入宫中，在简文帝面前把诏书撕掉了。简文帝说："天下，来自于意外的命运，你有什么不满意的！"王坦之说："天下，是宣帝、元帝的天下，陛下怎么能独断专行！"于是简文帝就让王坦之修改了诏书，说："宗族国家之事，一概听命于大司马桓温，就像诸葛亮、王导辅政时的做法一样。"这一天，简文帝驾崩。

群臣疑惑不解，没敢确立嗣子。有人说："应当让大司马桓温来处理。"尚书仆射王彪之脸色严厉地说："天子驾崩，太子代立，大司马怎能有资格提出异议！如果事先当面向他询问，一定反而会被他责备。"于是经过朝臣讨论就决定了。太子即皇帝位，实行大赦。

桓温希望简文帝临终前将皇位禅让给自己，不这样的话，也应当让他摄政。此后这个愿望没能实现，非常怨恨愤怒，给弟弟桓冲写信说："简文帝遗诏让我按诸葛亮、王导的旧例辅政。"桓温怀疑这事是王坦之、谢安干的，对他们怀恨在心。朝廷诏令谢安前去征召桓温入朝辅政，桓温又推辞了。

八月，前秦丞相王猛抵达长安，又加任都督中外诸军事。王猛推辞说："丞相的重任，太傅的尊位，尚书令政务纷繁，司隶校尉责任重大，总领督察军务，上传下达皇帝的命令，文武职务集于一身，大小事务都要亲躬，以伊尹、吕望、萧何、邓禹那样的贤明，尚且不能兼备，何况臣王猛这样不肖呢！"表示辞让的表章进上了三四次，前秦王苻坚不同意，说："朕正在统一四海，除了你再没有人可以委以重任。你不能推辞宰相，就像朕不能推辞天下一样。"

晋孝武帝宁康元年（癸酉，公元373年）

二月，大司马桓温来晋见孝武帝。辛巳（二十四日），孝武帝诏令吏部尚书谢安、侍中王坦之到新亭迎接。这时，都城里人心浮动，有人说桓温要杀掉王坦之、谢安，接着晋王室的天下就要转落他人之手。王坦之非常害怕，谢安则神色不变，说："晋朝国运的存亡，取决于此行。"桓温抵达朝廷以后，百官夹道叩拜。桓温部署重兵守卫，接待会见朝廷百官，有地位名望的人全都惊慌失色。王坦之汗流浃背，连手版都拿倒了。谢安从容就座，坐定以后，对桓温说："谢安听说诸侯有道，守卫在四邻，明公哪里用得着在墙壁后面安置人呀！"桓温笑着说："正是由于不能不这样做。"于是就命令左右的人让他们撤走，与谢安笑谈良久。郗超经常作为桓温的主谋，谢安和王坦之去见桓温，桓温让郗超藏在帐子中听他们谈话。风吹开了帐子，谢安笑着说："郗超可谓入帐之宾。"当时天子年幼力弱，外边又有强臣，谢安与王坦之竭尽忠诚辅佐护卫，最终使晋王室得以安稳。

秋季，七月，己亥（十四日），南郡宣武公桓温去世。

当初，桓温病重的时候，暗示朝廷给他以加九锡的礼遇，多次派人去催促。谢安、王坦之故意拖延此事，让袁宏草拟诏令。袁宏草拟完以后让王彪之审阅，王彪之赞叹他文辞的优美，接着说："你本来是杰出的人才，怎么能写这样的文章让别人看呢！"谢安见到了袁宏写的草稿，就对其加以修改，因此前后十多天也没有最后定稿。袁宏暗地里和王彪之商量，王彪之说："听说桓温的病情日益严重，应该不会再支持多久了，自然可以再稍微晚一点回复。"

桓温的弟弟江州刺史桓冲，向桓温询问谢安、王坦之应该担任什么职务，桓温说："他们不由你来安排。"这话的意思是，自己活着的时候，他们一定不敢公开抗衡，自己死了以后，则不是桓冲所能控制的，如果谋害了他们，无益于桓冲，因为这反而会失去声望。

桓冲代替桓温就任以后，对王室竭尽忠诚。有人劝桓冲杀掉那些有威信、有声望的人，独掌大权，桓冲没有听从。当初，桓温在任时，对人处以死罪全都是擅自决定，不请示朝廷批准。桓冲认为生杀这样的大事，应当由朝廷核准，于是凡属死刑全都事先上报，等待批准以后，再去执行。

谢安因为太子年幼，辅佐首臣又刚刚死去，想请崇德太后临朝处理国政。王彪之说："前代人主年幼，尚在襁褓，母子不可分离，所以可以让太后临朝。即便如此，太后也不能擅自决定国事，还需要征求大臣们的意见。如今主上已经十多岁，快到加冠完婚的年龄了，反而让堂嫂临朝，显示人主年幼力弱，这难道是用来发扬光大圣德的做法吗？你们如果一定要这样做，我无法制止，所痛惜的是丧失了伦理大义。"谢安不想把重任交给桓冲，所以让太后临朝，自己得以专权裁决，于是就没有听从王彪之的话。八月，壬子，太后又临朝主持国政。

有彗星出现在尾宿、箕宿之间，长达十多丈，经过太微星垣，扫掠东井星宿。从四月开始出现，到秋冬还未消失。前秦太史令张孟对前秦王苻坚进言说："尾宿、箕宿，是燕国的分野；东井，是秦国的分野。如今彗星出现于尾宿、箕宿而扫掠东井，十年以后，燕国要灭掉秦国；二十年以后，代国要灭掉燕国。慕容暐的父子兄弟，是我们的仇敌，然而却布满了朝廷，尊贵显赫无人可比，臣私下里为此担忧，应该杀掉他们的首领以消除上天的灾变。"苻坚没听从。

阳平公苻融上疏说："东胡人占据的领土横跨六州，面南称帝，陛下兴师动众多年，然后才制服了他们，他们本来就不是倾慕道义才来的。如今陛下对他们亲近而又宠幸，让他们父子兄弟林立于朝廷，掌握权力，行使职责，威势超过了功勋旧臣。我愚昧地认为虎狼之心，终究不能畜养，星象如此变化，愿陛下稍加注意！"苻坚回复说："朕正要统一天下为一家，把夷狄当赤子看待，你应该去掉忧虑，不要心怀不安。只有修治德性才可以消除灾祸，假如能完善自己，还怕什么外患呢？”

三年（乙亥，公元375年）

桓冲考虑到谢安历来素有重望，想把扬州让给他，自己则请求到外地任职。桓氏家庭的人都认为这不是好办法，全都扼腕痛惜，苦苦劝谏，郗超也竭力劝阻他，桓冲全都不予听从，恬静地对待此事。甲寅（初十），朝廷下达诏令，任命桓冲为都督徐、豫、兖、青、扬五州诸军事及徐州刺史，镇守京口；任命谢安兼扬州刺史，全都加任侍中。

六月，前秦清河武侯王猛患病卧床不起，前秦王苻坚亲自为他到南、北郊以及宗庙、社稷坛祈求神灵，并分派侍卫大臣前往黄河、华岳遍祈诸神。王猛的病情稍有好转，苻坚又为此而对判死刑以下的罪犯实行赦免。王猛上疏说：“没想到陛下因为臣的性命而损害了天地之德，这是开天辟地以来没有过的事情。臣听说回报恩德没有什么能比得上尽情直言，谨以我行将完结的生命，私下里向陛下进献剩下的一点忠诚。臣想到陛下威德功业震动八方以外，声望教化照耀天地之中，九州百郡，十有其七，平定燕、蜀，有如俯拾小草。善于开创的人不一定善于完成，善于起始的人不一定善于结束，所以古代的圣哲帝王，知道建功立业的不易，都是战战兢兢，如临深渊。臣盼望陛下能够追随前代的圣哲帝王，这是天下的大幸。”苻坚看了王猛的上疏，十分悲痛。秋季，七月，苻坚亲自到王猛的宅第察看他的病情，并向他询问后事。王猛说：“晋朝虽然偏居长江以南，但他们是正宗相沿，上下安定和睦，臣死了以后，愿不要把晋朝作为图谋的对象。鲜卑、西羌，是我们的仇敌，最终也要成为我们的祸患，应该逐渐消灭他们，以使江山安定。”说完这话，王猛就死了。苻坚亲自参与装殓王猛，三次前往痛哭，并对太子苻宏说：“上天不想让我统一天下吗？为什么这么快就夺走了我的王猛呢？”依照汉代霍光的旧例安葬了王猛。

第一百零四卷
晋纪二十六

译文诵读

烈宗孝武皇帝上之中太元元年（丙子，376）

二月，辛卯，秦王坚下诏曰："朕闻王者劳于求贤，逸于得士，斯言何其验也。往得丞相，常谓帝王易为。自丞相违世，须发中白，每一念之，不觉酸恸。今天下既无丞相，或政教沦替，可分遣侍臣周巡郡县，问民疾苦。"

秦王坚下诏曰："张天锡虽称藩受位，然臣道未纯，可遣使持节武卫将军苟苌、左将军毛盛、中书令梁熙、步兵校尉姚苌等将兵临西河；尚书郎阎负、梁殊奉诏征天锡入朝，若有违王命，即进师扑讨。"是时，秦步骑十三万，军司段铿谓周虓曰："以此众战，谁能敌之！"虓曰："戎狄以来，未之有也。"坚又命秦州刺史苟池、河州刺史李辩、凉州刺史王统帅三州之众为苟苌后继。

秋，七月，阎负、梁殊至姑臧。张天锡会官属谋之，曰："今入朝，必不返；如其不从；秦兵必至，将若之何？"禁中录事席仂曰："以爱子为质，赂以重宝，以退其师，然后徐为之计，此屈伸之术也。"众皆怒，曰："吾世事晋朝，忠节著于海内。今一旦委身贼庭，辱及祖宗，丑莫大焉！且河西天险，百年无虞，若悉境内精兵，右招西域，北引匈奴以拒之，何遽知其不捷也！"天锡攘袂大言曰："孤计决矣，言降者斩！"使谓阎负、梁殊曰："君欲生归乎，死归乎？"殊等辞气不屈，天锡怒，缚之军门，命军士交射之，曰："射而不中，不与我同心者也。"其母严氏泣曰："秦主以一州之地，横制天下，东平鲜卑，南取巴、蜀，兵不留行；汝若降之，犹可延数年之命。今以蕞尔一隅，抗衡大国，又杀其使者，亡无日矣！"天锡使龙骧将军马建帅众二万拒秦。

秦人闻天锡杀阎负、梁殊，八月，梁熙、姚苌、王统、李辩济自清石津，攻凉骁烈将军梁济于河会城，降之。甲申，苟苌济自石城津，与梁熙会攻缠缩城，拔之。马建惧，自杨非退屯清塞。天锡又遣征东将军掌据帅众三万军于洪池，天锡自将余众五万，军于金昌城。安西将军敦煌宋皓言于天锡曰："臣昼察人事，夜观天文，秦兵不可敌也，不如降之。"天锡怒，贬皓为宣威护军。广武太守辛章曰："马建出于行陈，必不为国家用。"苟苌使姚苌帅甲士三千为前驱。庚寅，马建帅万人迎降，余兵皆散走。辛卯，苟苌及掌据战于洪池，据兵败，马为乱兵所杀，其属董儒授之以马，据曰：“吾三督诸军，再秉节钺，八将禁旅，十总禁兵，宠任极矣。今卒困于此，此吾之死地也，尚安之乎！”乃就帐免胄，西向稽首，伏剑而死。秦兵杀军司席仂。癸巳，秦兵入清塞，天锡遣司兵赵充哲帅众拒之。秦兵与充哲战于赤岸，大破之，俘斩三万八千级，充哲死。天锡出城自战，城内又叛。天锡与数千骑奔还姑臧。甲午，秦兵至姑臧，天锡素车白马，面缚舆榇，降于军门。苟苌释缚焚榇，送于长安，凉州郡县悉降于秦。

初，秦人既克凉州，议讨西障氐、羌，秦王坚曰：“彼种落杂居，不相统一，不能为中国大患，宜先抚谕，征其租税，若不从命，然后讨之。”乃使殿中将军张旬前行宣慰，庭中将军魏曷飞帅骑二万七千随之。曷飞忿其恃险不服，纵兵击之，大掠而归。坚怒其违命，鞭之二百，斩前锋督护储安以谢氐、羌。氐、羌大悦，降附贡献者八万三千余落。雍州士族先因乱流寓河西者，皆听还本。

刘库仁招抚离散，恩信甚著，奉事拓跋珪恩勤周备，不以废兴易意，常谓诸子曰：“此儿有高天下之志，必能恢隆祖业，汝曹当谨遇之。”秦王坚赏其功，加广武将军，给幢麾彭盖。

二年（丁丑，377）

赵故将作功曹熊邈屡为秦王坚言石氏宫室器玩之盛，坚以邈为将作长史，领将作丞，大修舟舰、兵器，饰以金银，颇极精巧。慕容农私言于慕容垂曰：“自王猛之死，秦之法制，日以颓靡，今又重之以奢侈，殃将至矣，图谶之言，行当有验。大王宜结纳英杰以承天意，时不可失！”垂笑曰：“天下事非尔所及！”

初，中书郎郗超自以其父愔位遇应在谢安之右，而安入掌机权，愔优游散地，常愤邑形于辞色，由是与谢氏有隙。是时朝廷方以秦寇为忧，诏求文武良将可以镇御北方者，谢安以兄子玄应诏。超闻之，叹曰：“安之明，乃能违众举亲；玄之才，足以不负所举。”众咸以为不然。超曰：“吾尝与玄共在桓公府，见其使才，虽履屐间未尝不得其任，是以知之。”

玄募骁勇之士，得彭城刘牢之等数人。以牢之为参军，常领精锐为前锋，战无不捷。时号“北府兵”，敌人畏之。

三年（戊申，378）

秦王坚遣征南大将军都督征讨诸军事、守尚书令、长乐公丕、武卫将军苟苌、尚书慕容暐帅步骑七万寇襄阳，以荆州刺史杨安帅樊、邓之众为前锋，征虏将军始平石越帅精骑一万出鲁阳关，京兆尹慕容垂、扬武将军姚苌帅众五万出南乡，领军将军苟池、右将军毛当、强弩将军王显帅众四万出武当，会攻襄阳。夏，四月，秦兵至沔北，梁州刺史朱序以秦无舟楫，不以为虞。既而石越帅骑五千浮渡汉水，序惶骇，固守中城；越克其外郭，获船百余艘以济余军。长乐公丕督诸将攻中城。

九月，秦王坚与群臣饮酒，以秘书监朱肜为正，人以极醉为限。秘书侍郎赵整作《酒德之歌》曰："地列酒泉，天垂酒池，杜康妙识，仪狄先知。纣丧殷邦，桀倾夏国，由此言之，前危后则。"坚大悦，命整书之以为酒戒，自是宴群臣，礼饮而已。

十二月，秦御史中丞李柔劾奏："长乐公丕等拥众十万，攻围小城，日费万金，久而无效，请征下廷尉。"秦王坚曰："丕等广费无成，实宜贬戮；但师已淹时，不可虚返，其特原之，令以成功赎罪。"使黄门侍郎韦华持节切让丕等，赐丕剑曰："来春不捷，汝可自裁，勿复持面见吾也！"

四年（己卯，379）

秦长乐公丕等得诏惶恐，乃命诸军并力攻襄阳。秦王坚欲自将攻襄阳，诏阳平公融以关东六州之兵会寿春，梁熙以河西之兵为后继。阳平公融谏曰："陛下欲取江南，固当博谋熟虑，不可仓猝。若止取襄阳，又岂足亲劳大驾乎！未有动天下之众而为一城者，所谓'以随侯之珠弹千仞之雀'也！"梁熙谏曰："晋主之暴，未如孙皓，江山险固，易守难攻。陛下必欲廓清江表，亦不过分命将帅，引关东之兵，南临淮、泗，下梁、益之卒，东出巴、峡，又何必亲屈鸾辂，远幸沮泽乎！昔汉光武诛公孙述，晋武帝擒孙皓，未闻二帝自统六师，亲执桴鼓，蒙矢石也。"坚乃止。

诏冠军将军南郡相刘波帅众八千救襄阳，波畏秦，不敢进。朱序屡出战，破秦兵，引退稍远，序不设备。二月，襄阳督护李伯护密遣其子送款于秦，请为内应；长乐公丕命诸军进攻之。戊午，克襄阳，执朱序，送长安。秦王坚以序能守节，拜度支尚书；以李伯护为不忠，斩之。

秦毛当、王显帅众二万自襄阳东会俱难、彭超攻淮南。五月，乙丑，难、超拔盱眙，执高密内史毛璪之。秦兵六万围幽州刺史田洛于三阿，去广陵百里；朝廷大震，临江列戍，遣征虏将军谢石帅舟师屯涂中。石，安之弟也。

右卫将军毛安之等帅众四万屯堂邑。秦毛当、毛盛帅骑二万袭堂邑，安之等惊溃。兖州刺史谢玄自广陵救三阿。丙子，难、超战败，退保盱眙。六月，戊子，玄与田洛帅众五万进攻盱眙，难、超又败，退屯淮阴。玄遣何谦等帅舟师乘潮而上，夜，焚淮桥。邵保战死，难、超退屯淮北。玄与何谦、戴遂、田洛共追之，战于君川，复大破之，难、超北走，仅以身免。谢玄还广陵，诏进号冠军将军，加领徐州刺史。

谢安为宰相，秦人屡入寇，边兵失利，安每镇之以和静。其为政，务举大纲，不为小察。时人比安于王导，而谓其文雅过之。

五年（庚辰，380）

秦征北将军、幽州刺史行唐公洛，勇而多力，能坐制奔牛，射洞犁耳；自以有灭代之功，求开府仪同三司不得，由是怨愤。三月，秦王坚以洛为使持节、都督益、宁、西南夷诸军事、征南大将军、益州牧，使自伊阙趋襄阳，溯汉而上。洛谓官属曰：“孤，帝室至亲，不得入为将相，而常摈弃边鄙；今又投之西裔，复不听过京师，此必有阴计，欲使梁成沈孤于汉水耳！”幽州治中平规曰：“逆取顺守，汤、武是也；因祸为福，桓、文是也。主上虽不为昏暴，然穷兵黩武，民思有所息肩者，十室而九。若明公神旗一建，必率土云从。今跨据全燕，地尽东海，北总乌桓、鲜卑，东引句丽、百济，控弦之士不减五十余万，奈何束手就征，蹈不测之祸乎！”洛攘袂大言曰：“孤计决矣，沮谋者斩！”于是自称大将军、大都督、秦王。以平规为幽州刺史，玄菟太守吉贞为左长史，辽东太守赵赞为左司马，昌黎太守王缊为右司马，辽西太守王琳、北平太守皇甫杰、牧官都尉魏敷等为从事中郎。分遣使者征兵于鲜卑、乌桓、高句丽、百济、新罗、休忍诸国，遣兵三万助北海公重戍蓟。诸国皆曰：“吾为天子守藩，不能从行唐公为逆。”洛惧，欲止，犹豫未决。王缊、王琳、皇甫杰、魏敷知其无成，欲告之，洛皆杀之。吉贞、赵赞曰：“今诸国不从，事乖本图，明公若惮益州之行者，当遣使奉表乞留，主上亦不虑不从。”平规曰：“今事形已露，何可中止！宜声言受诏，尽幽州之兵，南出常山，阳平公必效迎，因而执之，进据冀州；总关东之众以图西土，天下可指麾而定也！”洛从之。夏，四月，洛帅众七万发和龙。

秦王坚召群臣谋之，步兵校尉吕光曰：“行唐公以至亲为逆，此天下所共疾。愿假臣步骑五万，取之如拾遗耳。”坚曰：“重、洛兄弟，据东北一隅，兵赋全资，未可轻也。”光曰：“彼众迫于凶威，一时蚁聚耳。若以大军临之，势必瓦解，不足忧也。”坚乃遣使让洛，使还和龙，当以幽州永为世封。洛谓使者曰：“汝还白东海王，幽州褊狭，不足以容万乘，须王秦中以承高祖之业。若能迎驾潼关者，当位为上公，爵归本国。”坚怒，遣左将军武都窦冲及吕光帅步骑四万讨之；右将军都贵驰传诣邺，将冀州兵三万为前锋；以阳平公融为征讨大都督。

北海公重悉蓟城之众与洛会，屯中山，有众十万。五月，窦冲等与洛战于中山，洛兵大败，生擒洛，送长安。北海公重走还蓟，吕光追斩之。屯骑校尉石越自东莱帅骑一万，浮海袭和龙，斩平规，幽州悉平。坚赦洛不诛，徙凉州之西海郡。

臣光曰：夫有功不赏，有罪不诛，虽尧、舜不能为治，况他人乎！秦王坚每得反者辄宥之，使其臣狃于为逆，行险徼幸，虽力屈被擒，犹不忧死，乱何自而息哉！《书》曰：“威克厥爱，允济；爱克厥威，允罔功。”《诗》云：“毋纵诡随，以谨罔极；式遏寇虐，无俾作慝。”今坚违之，能无亡乎！

秦王坚召阳平公融为侍中、中书监、都督中外诸军事、车骑大将军、司隶校尉、录尚书事；以征南大将军、守尚书令、长乐公丕为都督关东诸军事、征东大将军、冀州牧。坚以诸氐种类繁滋，秋，七月，分三原、九嵕、武都、汧、雍氐十五万户，使诸宗亲各领之，散居方镇，如古诸侯。

坚送丕至灞上，诸氐别其父兄，皆恸哭，哀感路人。赵整因侍宴，援琴而歌曰：“阿得脂，阿得脂，博劳舅父是仇绥，尾长翼短不能飞。远徙种人留鲜卑，一旦缓急当语谁！”坚笑而不纳。

七年（壬午，382）

九月，车师前部王弥寘、鄯善王休密驮入朝于秦，请为向导，以伐西域之不服者，因如汉法置都护以统理之。秦王坚以骁骑将军吕光为使持节、都督西域征讨诸军事，与凌江将军姜飞、轻车将军彭晃、将军杜进、康盛等总兵十万，铁骑五千，以伐西域。阳平公融谏曰：“西域荒远，得其民不可使，得其地不可食，汉武征之，得不补失。今劳师万里之外，以踵汉氏之过举，臣窃惜之。”不听。

冬，十月，秦王坚会群臣于太极殿，议曰：“自吾承业，垂三十载，四方略定，唯东南一隅，未沾王化。今略计吾士卒，可得九十七万，吾欲自将以讨之，何如？”秘书监朱肜曰：“陛下恭行天罚，必有征无战，晋主不衔璧军门，则走死江海，陛下返中国士民，使复其桑梓，然后回舆东巡，告成岱宗，此千载一时也。”坚喜曰：“是吾志也。”

群臣皆出，独留阳平公融，谓之曰：“自古定大事者，不过一二臣而已。今众言纷纷，徒乱人意，吾当与汝决之。”对曰：“今伐晋有三难：天道不顺，一也；晋国无衅，二也；我数战兵疲，民有畏敌之心，三也。群臣言晋不可伐者，皆忠臣也，愿陛下听之。”坚作色曰：“汝亦如此，吾复何望！吾强兵百万，资仗如山；吾虽未为令主，亦非暗劣。乘累捷之势，击垂亡之国，何患不克，岂可复留此残寇，使长为国家之忧哉！”融泣曰：“晋未可灭，昭然甚明。今劳师大举，恐无万全之功。且臣之所忧，不止于此。陛下宠育鲜卑、羌、羯，布满畿甸。此属皆我之深仇。太子独与弱卒数万留守京师，臣惧有不虞之变生于腹心肘掖，不可悔也。臣之顽愚，诚不足采；王景略一时英杰，陛下常比之诸葛武侯，独不记其临没之言乎！”坚不听。于是朝臣进谏者众，坚曰：“以吾击晋，校其强弱之势，犹疾风之扫秋叶，而朝廷内外皆言不可，诚吾所不解也！”

冠军、京兆尹慕容垂言于坚曰：“弱并于强，小并于大，此理势自然，非难知也。以陛下神武应期，威加海外，虎旅百万，韩、白满朝，而蕞尔江南，独违王命，岂可复留之以遗子孙哉！诗云。‘谋夫孔多，是用不集。’陛下断自圣心足矣，何必广询朝众！晋武平吴，所仗者张、杜二三臣而已，若从朝众之言，岂有混一之功！”坚大悦曰：“与吾共定天下者，独卿而已。”赐帛五百匹。

坚锐意欲取江东，寝不能旦。阳平公融谏曰：“‘知足不辱，知止不殆。’自古穷兵极武，未有不亡者。且国家本戎狄也，正朔会不归人。江东虽微弱仅存，然中华正统，天意必不绝之。”坚曰：“帝王历数，岂有常邪，惟德之所在耳！刘禅岂非汉之苗裔邪，终为魏所灭。汝所以不如吾者，正病此不达变通耳！”

坚幼子中山公诜最有宠，亦谏曰：“臣闻国之兴亡，系贤人之用舍。今阳平公，国之谋主，而陛下违之，晋有谢安、桓冲，而陛下伐之，臣窃惑之！”坚曰：“天下大事，孺子安知！”

晋孝武帝太元元年（丙子，公元376年）

二月，辛卯（二十一日），前秦王苻坚下达诏令说：“朕听说作为帝王，应该在搜求贤能的人时辛劳，得到合适的人才后就省心省力了。这话多么符合实际呀！过去我得到了丞相王猛，经常说帝王非常容易做。自从丞相去世以后，我已经操劳得胡须头发都半白了，每当想到王猛，酸楚悲痛就油然而生。如今天下既然失去丞相，政事教化或许会陷于沦废，可以分派侍臣周游巡视各郡县，询问民间疾苦。”

前秦王苻坚下达诏书说：“张天锡虽然对我们称藩，接受了我们授予的官位，但他为臣之道不纯，可以派遣使持节、武卫将军苟苌和左将军毛盛、中书令梁熙、步兵校尉姚苌等人统领军队逼近西河驻扎，让尚书郎阎负、梁殊尊奉诏令，征召张天锡前来朝廷，如果他违背命令，马上进军讨伐。”这时，前秦的步、骑兵有十三万人，军司段铿对周虓说：“以这么多的兵众出战，有谁能抵挡！”周虓说：“在戎狄之人这里，确实是从来也没有过的。”苻坚又命令秦州刺史苟池、河州刺史李辩、凉州刺史王统率领三州的兵众作为苟苌的后继部队。

秋季，七月，阎负、梁殊抵达姑臧。张天锡召集手下的官员们商量，说：“如今前往朝廷，一定就无法返回了；如果不听从征召，前秦的军队一定会到来，该怎么办呢？”禁中录事席仂说：“以您心爱的儿子作为人质，再给他们奉赠贵重的宝物，以使他们的军队撤退，然后再从容计议，这是以屈求伸的办法。”众人听后全都愤怒，说：“我们世世代代奉事晋朝，忠诚节气闻名海内。如今一旦委身于秦贼门下，耻辱殃及祖宗。再也没有比这更大的羞耻了！况且凭仗河西的天险，百年无患，如果出动境内的全部精兵，再向西延请西域，向北延请匈奴的兵力抵抗他们，怎么就知道不能取胜呢！”张天锡捋起袖子大声说：“我主意已定，说投降者斩首！”于是张天锡派人告诉阎负、梁殊说：“你们是想活着回去呢，还是死着回去？”梁殊等人回答的语气毫不屈服，张天锡发怒，把他们捆绑在军营的门柱上，命令士兵乱箭射死他们，并说：“射不中的人，就是和我不一心。”张天锡的母亲严氏哭泣着说：“秦国主靠一州之地起家，横扫天下，向东平定了鲜卑，向南攻取了

晋孝武帝司马曜

巴、蜀，军队丝毫没有被阻滞。你如果投降了，还可以延长几年性命。如今以此一隅之地，抗衡大国，又杀掉了他们的使者，离灭亡没有几天了！”张天锡派龙骧将军马建率领兵众二万人抵抗前秦。

前秦人听说张天锡杀掉阎负、梁殊，八月，梁熙、姚苌、王统、李辩从清石津渡过西河，在河会城攻打前凉骁烈将军梁济，降服了他们。甲申（十七日），苟苌由石城津渡河，与梁熙会合，攻取了缠缩城。马建畏惧，从杨非退守清塞。张天锡又派征东将军掌据率领三万兵众集结于洪池，张天锡亲自统领剩下的五万兵众，集结在金昌城。安西将军、敦煌人宋皓向张天锡进言说：“臣白天观察人际表现，晚上观察天文星象，秦国的军队不可抵挡，不如投降。”张天锡发怒，将宋皓贬为宣威护军。广武太守辛章说：“马建出身于行伍，一定不会为国家效力。”苟苌让姚苌率领三千甲士作为前锋部队。庚寅（二十三日），马建率领一万人向苟苌投降，其余的兵众全都逃散。辛卯（二十四日），苟苌与掌据在洪池交战，掌据的部队被打败，战马被乱兵杀死，属下董儒交给他一匹马，掌据说：“我三次督领各路军队，二次持符节斧钺，八次领宫中卫队，十次在外带兵，受到的重用宠信达到了顶峰。今天终于受困于此，这就是我的死亡之地，怎么还能安身活命呢！”于是进入军帐，褪下头盔甲胄，向西叩头，自刎而死。前秦的士兵杀死军司席仂。癸巳（二十六日），前秦的军队进入清塞，张天锡派司兵赵充哲率领兵众抵抗。前秦的军队与赵充哲在赤岸交战，彻底攻破了他们，俘获并斩首三万八千人，赵充哲战死。张天锡亲自出城迎战，城内又发生了反叛。张天锡与数千骑兵逃回姑臧。甲午（二十七日），前秦的军队抵达姑臧，张天锡以白车白马载着棺材，双手反绑于身后，在军营门前投降。苟苌为他松绑，焚烧了棺材，送他到长安，凉州的郡县全都投降了前秦。

当初，前秦人攻克了凉州以后，商议讨伐西方边境上的氐族、羌族部落。前秦王苻坚说：“他们不同种族部落混杂而居，并不统一，不能构成中原之国的大患，应该先加以安抚劝谕，征收他们的田租赋税，如果不服从命令，然后再去讨伐他们。”于是就让殿中将军张旬前往安抚，让庭中将军魏曷飞率领骑兵二万七千人紧随其后。魏曷飞对他们凭借险要的地势拒不降服非常气愤，就发兵对他们展开攻击，大肆抢掠以后返回。苻坚对他违背命令十分愤怒，打了他二百鞭，杀掉了前锋督护储安以向氐族、羌族人谢罪。氐族、羌族人十分高兴，向前秦投降归附进献贡奉的有八万三千多个部落。雍州士族先前因为战乱而流落寓居河西的人，全都听凭他们返回故土。

刘库仁招纳安抚叛离逃散的百姓，恩德与信义十分明显，事奉拓跋珪殷勤周到，不因为他的废兴而改变主意，常对儿子们说：“这孩子有高于天下人的志向，一定能弘扬昌隆祖先的业绩，你们应当谨慎小心地对待他。”前秦王苻坚奖赏刘库仁的功绩，任命他为广武将军，并给予他旌旗、战鼓、伞盖。

二年（丁丑，公元377年）

原后赵国的将作功曹熊邈向前秦王苻坚讲述石氏宫室、器物古玩的华丽丰盛，苻坚任命熊邈为将作长史，兼尚方丞，大规模地修整舟船、兵器，用金银装饰，精巧之极。慕容农私下里对慕容垂说："自从王猛死后，前秦的法律制度，日益荒废，如今再加上奢侈，灾祸快要临头了，图谶中的话，行将应验。大王应该结交招纳勇武杰出之人以禀承天意，时机不可丧失！"慕容垂笑着说："天下大事不是你所能预知的。"

当初，中书郎郗超自认为他的父亲郗愔的职位待遇应该在谢安之上，然而谢安入朝掌握了重要的权力。郗愔却在一些闲散的职位上悠闲无事，所以郗超的愤恨抑郁之情时常溢于辞色，因此与谢氏产生了隔阂。这时朝廷正对前秦的侵扰深以为忧，下达诏书在文武良将中寻求可以镇守戍卫北方领土的人，谢安荐举他哥哥的儿子谢玄应诏。郗超听说以后，慨叹道："谢安贤明，才能够违背凡俗荐举他的亲戚；谢玄的才能，足以不辜负谢安的荐举。"众人全都认为并非如此。郗超说："我曾经与谢玄同在桓温的幕府共事，见他施展才能，虽然是履屐间的小事也从来不失职，所以我了解他。"

谢玄招募敏捷勇猛之人，得到了彭城的刘牢之等数人。任命刘牢之为参军。他经常统领精锐部队作为前锋出战，战无不胜。当时的人称他们为"北府兵"，敌人对他们很害怕。

三年（戊申，公元378年）

前秦王苻坚派征南大将军、都督征讨诸军事、守尚书令、长乐公苻丕，武卫将军苟苌和尚书慕容暐率领七万步、骑兵进犯襄阳，让荆州刺史杨安率领樊州、邓州的兵众作为前锋，征虏将军始平人石越率领一万精锐骑兵出鲁阳关，京兆尹慕容垂、扬武将军姚苌率领五万兵众出南乡，领军将军苟池、右将军毛当、强弩将军王显率领四万兵众出武当，会合攻打襄阳。夏季，四月，前秦的军队抵达沔水以北，梁州刺史朱序认为前秦的军队没有舟船，未做防备。等到石越率领五千骑兵顺流渡过汉水，朱序惶恐惊骇，固守中城。石越攻克了他的外城，缴获了一百多艘船只，用来接运其余的兵众。长乐公苻丕统领众将领攻打中城。

九月，前秦王苻坚与群臣饮酒，让秘书监朱肜当酒正官，让人们都喝到烂醉如泥的程度。秘书侍郎赵整编了一首《酒德之歌》说："地上有酒泉，天上垂着酒池，杜康酒的美妙，帝女仪狄先知。纣丧失殷商之邦，桀倾毁夏朝之国，由此言之，前人的危亡，后人的法则。"苻坚听后十分高兴，命令赵整写出来以作为对饮酒的禁戒，从此再宴请群臣时，只是礼节性地喝一点酒而已。

十二月，前秦御史中丞李柔进上弹劾奏章说："长乐公苻丕等人拥兵十万，围攻小城，每天耗费万金，但久围而不见功效，请求召回送交廷尉加以追究。"前秦王苻坚说："苻丕等人大量耗费，不见成效，确实应该被贬责斩杀。只是军队出征已久，不能无功而返，特别地宽恕他们一次，让他们以成就战功来赎罪。”苻坚派黄门侍郎韦华持符节严厉地责备苻丕等人，并赐给苻丕一把剑，说：“明年春天还不能取胜的话，你就可以自杀，不要再厚颜来见我了！”

四年（己卯，公元379年）

前秦长乐公苻丕等人见到诏令后十分惶恐，就命令各路部队协力攻打襄阳。前秦王苻坚想亲自统领军队攻打襄阳，诏令阳平公苻融率关东六州的兵众会集寿春，诏令梁熙率黄河以西的兵众作为后继部队。阳平公苻融劝谏说：“陛下想要夺取长江以南，本来应当广泛征求意见，深思熟虑，不可仓促行事。如果仅仅是攻取襄阳，又怎么值得亲劳大驾呢！没有动用整个天下的兵众而仅仅是为了区区一城的，正所谓‘以珍贵无比的随侯之珠来弹射高达千仞的小雀’呀！”梁熙劝谏说：“晋主的暴躁，不像孙皓，山河险峻坚固，易守难攻。陛下一定想要统一江南，也不过分别命令将帅带领关东的军队，南进淮河、泗水，让梁州、益州的士卒顺流而下，东出巴山、三峡就可以了，又何必亲自屈居銮舆，远到洼湿之地呢！过去汉光武帝诛杀公孙述，晋武帝擒获孙皓，没有听说二位帝王亲自统领六军，亲自执掌战鼓，遭受箭石的攻击。”苻坚于是作罢。

东晋诏令冠军将军、南郡相刘波率领八千兵众救援襄阳，刘波畏惧前秦，不敢前进。朱序屡屡出战，攻破前秦的军队，秦兵逐渐远退，朱序不再设防。二月，襄阳督护李伯护秘密地派他的儿子到前秦去表示忠诚，请求作为内应。长乐公苻丕命令各路部队进攻襄阳。戊午，攻克了襄阳，抓获了朱序，把他送至长安。前秦王苻坚因为朱序能够保持气节，授官度支尚书。认为李伯护不忠诚，把他杀掉了。

前秦毛当、王显率领二万兵众从襄阳东进，与俱难、彭超会合后攻打淮河以南地区。五月，乙丑（十四日），俱难、彭超攻下了盱眙，抓获了高密内史毛璪之。前秦的六万军队在三阿包围了幽州刺史田洛，离广陵只有一百里。东晋朝廷十分震惊，沿长江部署了戍卫力量，派遣征虏将军谢石率领水军驻扎在涂中。谢石是谢安的弟弟。

东晋右卫将军毛安之等率领四万兵众驻扎在堂邑。前秦毛当、毛盛率领二万骑兵攻袭堂邑，毛安之等惊慌溃逃。兖州刺史谢玄从广陵出发救援三阿。丙子（五月二十五日），俱难、彭超战败，退守盱眙。六月，戊子（初七），谢玄与田洛率领五万兵众进军攻打盱眙，俱难、彭超又被打败，退到淮阴驻扎。谢玄派何谦等人率领水军趁着涨潮沿河而上，夜间焚烧了淮桥。邵保战死，俱难、彭超后退驻扎于淮河以北。谢玄与何谦、戴逯、田洛一起追击他们，在君川交战，又大败了他们。俱难、彭超向北逃跑，仅仅逃脱了性命。谢玄返回广陵，朝廷下达诏令，晋升他的封号为冠军将军，授予兼领徐州刺史的官职。

谢安做宰相时，前秦人屡屡进犯，进境的军队失利，而谢安却总是以沉着、平和的态度使大家镇静。他的施政方法，是务举大纲，不拘泥于小事。当时的人把谢安与王导相提并论，但认为谢安的文雅要超过王导。

五年（庚辰，公元380年）

前秦征北将军、幽州刺史、行唐公苻洛，勇猛而又力大无比，能坐在那里制服奔牛，射穿坚硬而厚实的犁耳铁，自以为有消灭代国的功劳，要求开府仪同三司的资格，没有得到，因此便怨恨愤怒。三月，前秦王苻坚任命苻洛为使持节，都督益、宁、西南夷诸军事，征南大将军，益州牧，让他从伊阙开赴襄阳，逆汉水而上。苻洛对他的官属们说："我是王室的至亲，不能进入朝廷成为将相，而一直被摈弃在边远之地。如今又把我投向西陲，还不让我路经京师，这里边一定有阴谋诡计，是想让梁成把我葬身于汉水！"幽州治中平规说："逆取顺守，商汤、周武就是这样；因祸为福，齐桓、晋文就是这样。主上虽然还没干昏庸暴虐之事，然而穷兵黩武，百姓中盼望安身休息一下的人，十有九家。如果明公将神旗一竖，境域之内的百姓一定会随从如云。如今您横跨占据全燕，囊括东海，北边统领着乌桓、鲜卑，东面带领着高句丽、百济，士兵不下五十多万，为什么要束手服从征召，迈向不测之祸呢！"苻洛捋起袖子大声说："我的主意已定，反对者斩首！"于是苻洛自称大将军、大都督、秦王。任命平规为幽州刺史，玄菟太守吉贞为左长史，辽东太守赵赞为左司马，昌黎太守王缊为右司马，辽西太守王琳、北平太守皇甫杰、牧官都尉魏敷等人为从事中郎。分别派遣使者到鲜卑、乌桓、高句丽、百济、新罗、休忍各国征召军队，派出三万兵力协助北海公苻重戍守蓟城。各国都说："我们为天子守卫藩地，不能跟从行唐公苻洛作乱。"苻洛害怕了，想停手不干，又犹豫不决。王缊、王琳、皇甫杰、魏敷知道苻洛终将无成，想要告发他，苻洛把他们全都杀掉了。吉贞、赵赞说："如今各国都不跟从，事情与我们的本意相背。明公您如果是因为害怕前往益州，应当派遣使者进奉表章，请求留下，主上也不会不加考虑地拒绝。"平规说："如今事情的形迹已经败露，怎么能半途而废！应该声称接受诏令，实则带领幽州的全部军队，南出常山，阳平公苻融一定会远道迎接，乘势将他擒获，进军占据冀州，统领关东兵众以图谋西边的领土，天下弹指间就可以平定！"苻洛听从了平规的意见。夏季，四月，苻洛率领七万兵众从和龙出发。

前秦国王苻坚召集群臣商议此事，步兵校尉吕光说："行唐公苻洛凭借王室至亲的身份作乱，这是天下人所共同痛恨的。愿您为臣配备五万步、骑兵，擒获他如同拣拾遗物那样容易。"苻坚说："苻重、苻洛兄弟，占据着整个东北地区，兵员、赋税全都有所依凭，不可轻视。"吕光说："他的兵众是迫于凶狠的威慑，才一时像蚂蚁一样聚集起来的。如果大军前往，势必瓦解，不值得忧虑。"苻坚于是便派使者去责备苻洛，让他返回和龙，许诺当会把幽州作为他世代承袭的封地。苻洛对使者说："你回去告诉东海王苻坚，幽州地域狭小，不足以容纳万乘之主，我必须在秦中称王以继承高祖苻健的大业。如果他能亲自到潼关迎接大驾的话，我就让他位在上公，封爵后回归本国。"苻坚听了这话后十分愤怒，派左将军、武都人窦冲以及吕光率领四万步、骑兵讨伐苻洛，派右将军都贵驰马急行，到邺城，统率冀州的三万军队作为前锋，任命阳平公苻融为征讨大都督。

北海公苻重率领蓟城的全部兵众与苻洛会合，驻扎在中山，共有兵众十万。五月，窦冲等与苻洛在中山交战，苻洛的军队大败，苻洛被活捉，送至长安。北海公苻重逃回蓟城，吕光追击并斩杀了他。屯骑校尉石越从东莱率领一万骑兵，渡海袭击和龙，斩杀了平规，幽州全部被平定。苻坚赦免了苻洛，没有诛杀他，把他迁徙到凉州的西海郡。

臣司马光曰：有功不赏，有罪不杀，就是尧、舜也不能实现大治，何况是其他人呢？前秦王苻坚每次擒获了反叛作乱的人就宽赦他们，从而使他的臣下对叛逆作乱习以为常，干险恶的勾当还心存侥幸，即便是力量不足被擒获，也不用担心被杀，这样祸乱从哪儿能停息呢？《尚书》曰："以威胜爱，必定成功；以爱胜威，必定失败。"《诗经》云："别听狡诈欺骗的话，警惕两面三刀；制止暴虐与劫掠，不使作恶把人欺。"如今苻坚违背了这些话，怎能不灭亡呢！

前秦王苻坚征召阳平公苻融为侍中、中书监、都督中外诸军事、车骑大将军、司隶校尉、录尚书事。任命征南大将军、守尚书令、长乐公苻丕为都督关东诸军事、征东大将军、冀州牧。苻坚考虑到众氐族种族滋长繁杂，秋季，七月，将三原、九嵕、武都、汧、雍氐的十五万户氐族人划分开来，让自己的各个亲属分别统领，散居一方，如同古代的诸侯国一样。

苻坚把苻丕送到灞上，众氐族人在辞别他们父兄的时候，全都失声痛哭，悲哀气氛感动路人。赵整趁着陪同宴请的机会，弹琴唱道："阿得脂，阿得脂，伯劳鸟的舅父是仇绥，尾长翼短不能飞。远徙氐人留鲜卑，一旦出现缓急应当告诉谁！"苻坚报之以微笑，但没有理会。

七年（壬午，公元382年）

九月，车师前部王弥窴、鄯善王休密驮来到前秦朝见，请求作为向导，以讨伐西域拒不臣服的部族，顺势效法汉代的办法设置都护来统领管辖他们。前秦王苻坚任命骁骑将军吕光为使持节、都督西域征讨诸军事，与凌江将军姜飞、轻车将军彭晃、将军杜进、康盛等统领十万军队，铁甲骑兵五千，讨伐西域。阳平公苻融劝谏说："西域荒芜遥远，得到了那里的百姓也无法役使，得到了那里的土地也无法耕种，汉武帝征伐他们，得不偿失。如今让部队艰辛地出征万里之外，重犯汉武帝的错误，我私下里为此感到痛惜。"苻坚没有听从苻融的意见。

冬季，十月，前秦王苻坚在太极殿会见群臣，和他们商量说："自从我继承大业，已经三十年了，四方之地，大致平定，只有东南一隅，尚未蒙受君王的教化。

如今粗略地计算一下我的士兵，能有九十七万，我想亲自统帅他们去讨伐晋朝，怎么样？”秘书监朱肜说：“陛下奉行上天的惩罚，一定是只有出征远行而不会发生战斗，晋朝国君不是在军营门前口含璧玉以示投降，就是仓皇出逃，葬身于江海，陛下让中原之国的士人百姓返回故土，让他们恢复家园，然后回车东巡，在岱宗泰山奉告成功，这是千载难逢的时机。”苻坚高兴地说：“这就是我的志向。”

群臣们都出去了，惟独留下了阳平公苻融。苻坚对他说：“自古参与决定大事的人，不过是一两个大臣而已。如今众说纷纭，只能扰乱人心，我要与你来决定此事。”苻融对苻坚说：“如今讨伐晋朝有三难：天道不顺，此其一；晋国自身无灾祸，此其二；我们频繁征战，士兵疲乏，百姓怀有畏敌之心，此其三。群臣当中说不能讨伐晋朝的人，全都是忠臣，希望陛下听从他们的意见。”苻坚脸色一变说：“你也是如此，我还能寄希望于谁呢？我有强兵百万，资财兵器堆积如山；我虽然不是完美的君主，但也不是昏庸之辈。乘着捷报频传之势，攻击垂死挣扎之国，还怕攻不下来？怎么可以再留下这些残敌，使他们长久地成为国家的忧患呢！”苻融哭泣着说：“晋朝无法灭掉，事情非常明显。如今大规模地出动疲劳的军队，恐怕不会获得万无一失的战功。况且我所忧虑的，还不仅于此。陛下宠爱养育鲜卑人、羌人、羯人，让他们布满京师，这些人都对我们有深仇大恨。太子独自和数万弱兵留守京师，我害怕有不测之变出现在我们的心腹地区，后悔不及。我的愚妄之见，确实不值得采纳，王猛是一时的英明杰出之人，陛下常常把他比做诸葛亮，为什么唯独不铭记他的临终遗言呢？”苻坚依然没有听从。此时向苻坚进谏的朝臣很多，苻坚说：“以我们的力量攻打晋朝，比较双方的强弱之势，就像疾风扫秋叶一样，然而朝廷内外都说不能攻打，这确实令我百思不得其解！”

冠军将军、京兆尹慕容垂向苻坚进言说：“弱被强所并，小被大所吞，这是自然的道理与趋势，并不难理解。像陛下这样神明威武，适应天意，威名远播海外，拥有强兵劲旅百万，韩信、白起那样的良将布满朝廷，而江南弹丸之地，独敢违抗王命，岂能再留下他们而交给子孙后代呢？《诗经》云：‘出谋划策人太多，因此事情不成功。’陛下自己在内心做出决断就完全可以了，何必广泛地征询众朝臣的意见！晋武帝平定吴国，所倚仗的只有张华、杜预两三位大臣而已，如果听从众朝臣之言，难道能有统一天下的功业！”苻坚十分高兴地说：“与我共同平定天下的人，只有你而已。”赏赐给慕容垂五百匹帛。

苻坚专注于想要攻取长江以东，连睡觉也不能睡到早晨。阳平公苻融劝谏他说：“‘知道满足就不会感到耻辱，知道停止就不会出现危险。’自古以来，穷兵黩武的人没有不灭亡的。况且我们的国家本来就属戎狄之人，天下的正宗嫡传大概不会归于像我们这样的外族人。长江以南虽然衰微软弱，残喘生存，但他们是中华的正统，天意一定不会灭绝他们。”苻坚说：“帝王更替之道，怎么会有一成不变的呢，只看道德在哪里。刘禅难道不是汉朝的后裔吗？但最终被魏国所灭。你之所以不如我的原因，毛病正在于不了解变通的道理。”

苻坚的小儿子、中山公苻诜最受宠爱，他也劝谏苻坚说：“我听说国家的兴亡，与对贤明之人的弃用相联系。如今阳平公苻融，是国家的主谋，然而陛下却不听他的意见；晋朝有谢安、桓冲，然而陛下却要讨伐他们，我私下里感到大惑不解！”苻坚说：“天下大事，小孩子知道什么！”

第一百零五卷
晋纪二十七

译文诵读

烈宗孝武皇帝上之下太元八年（癸未，383）

秦王坚下诏大举入寇，民每十丁遣一兵；其良家子年二十已下，有材勇者，皆拜羽林郎。又曰：“其以司马昌明为尚书左仆射，谢安为吏部尚书，桓冲为侍中，势还不远，可先为起第。”良家子至者三万骑，拜秦州主簿赵盛之为少年都统。是时，朝臣皆不欲坚行，独慕容垂、姚苌及良家子劝之。阳平公融言于坚曰：“鲜卑，羌虏，我之仇雠，常思风尘之变以逞其志，所陈策画，何可从也！良家少年皆富饶子弟，不闲军旅，苟为谄谀之言以会陛下之意。今陛下信而用之，轻举大事，臣恐功既不成，仍有后患，悔无及也！”坚不听。

八月，戊午，坚遣阳平公融督张蚝、慕容垂等步骑二十五万为前锋；以兖州刺史姚苌为龙骧将军、督益、梁州诸军事。坚谓苌曰：“昔朕以龙骧建业，未尝轻以授人，卿其勉之！”左将军窦冲曰：“王者无戏言，此不祥之征也！”坚默然。

慕容楷、慕容绍言于慕容垂曰：“主上骄矜已甚，叔父建中兴之业，在此行也！”垂曰：“然。非汝，谁与成之！”

甲子，坚发长安，戎卒六十余万，骑二十七万，旗鼓相望，前后千里。九月，坚至项城，凉州之兵始达咸阳，蜀、汉之兵方顺流而下，幽、冀之兵至于彭城，东西万里，水陆齐进，运漕万艘。阳平公融等兵三十万，先至颍口。

诏以尚书仆射谢石为征虏将军、征讨大都督，以徐、兖二州刺史谢玄为前锋都督，与辅国将军谢琰、西中郎将桓伊等众共八万拒之；使龙骧将军胡彬以水军五千援寿阳。琰，安之子也。

是时秦兵既盛，都下震恐。谢玄入，问计于谢安，安夷然，答曰：“已别有旨。”既而寂然。玄不敢复言，乃令张玄重请。安遂命驾出游山墅，亲朋毕集，与玄围棋赌墅。安棋常劣于玄，是日，玄惧，便为敌手而又不胜。安遂游陟，至夜乃还。桓冲深以根本为忧，遣精锐三千人卫京师；谢安固却之，曰：“朝廷处分已定，兵甲无阙，西藩宜留以为防。”冲对佐吏叹曰：“谢安石有庙堂之量，不闲将略。今大敌垂至，方游谈不暇，遣诸不经事少年拒之，众又寡弱，天下事已可知，吾其左衽矣！”

冬，十月，秦阳平公融等攻寿阳；癸酉，克之，执平虏将军徐元喜等。融以其参军河南郭褒为淮南太守。慕容垂拔郧城。胡彬闻寿阳陷，退保硖石，融进攻之。秦卫将军梁成等帅众五万屯于洛涧，栅淮以遏东兵。谢石、谢玄等去洛涧二十五里而军，惮成不敢进。胡彬粮尽，潜遣使告石等曰：“今贼盛粮尽，恐不复见大军！”秦人获之，送于阳平公融。融驰使白秦王坚曰：“贼少易擒，但恐逃去，宜速赴之！”坚乃留大军于项城，引轻骑八千，兼道就融于寿阳。遣尚书朱序来说谢石等，以为：“强弱异势，不如速降。”序私谓石等曰：“若秦百万之众尽至，诚难与为敌。今乘诸军未集，宜速击之；若败其前锋，则彼已夺气，可遂破也。”

石闻坚在寿阳，甚惧，欲不战以老秦师。谢琰劝石从序言。十一月，谢玄遣广陵相刘牢之帅精兵五千趣洛涧，未至十里，梁成阻涧为陈以待之。牢之直前渡水，击成，大破之，斩成及弋阳太守王咏；又分兵继其归津，秦步骑崩溃，争赴淮水，士卒死者万五千人，执秦扬州刺史王显等，尽收其器械军实。于是谢石等诸军，水陆继进。秦王坚与阳平公融登寿阳城望之，见晋兵部阵严整，又望八公山上草木皆以为晋兵，顾谓融曰：“此亦勍敌，何谓弱也！”怃然始有惧色。

秦兵逼肥水而陈，晋兵不得渡。谢玄遣使谓阳平公融曰：“君悬军深入，而置陈逼水，此乃持久之计，非欲速战者也。若移陈少却，使晋兵得渡，以决胜负，不亦善乎！”秦诸将皆曰：“我众彼寡，不如遏之，使不得上，可以万全。”坚曰：“但引兵少却，使之半渡，我以铁骑蹙而杀之，蔑不胜矣！”融亦以为然，遂麾兵使却。秦兵遂退，不可复止。谢玄、谢琰、桓伊等引兵渡水击之。融驰骑略陈，欲以帅退者，马倒，为晋兵所杀，秦兵遂溃。玄等乘胜追击，至于青冈。秦兵大败，自相蹈藉而死者，蔽野塞川。其走者闻风声鹤唳，皆以为晋兵且至，昼夜不敢息，草行露宿，重以饥冻，死者什七八。初，秦兵少却，朱序在陈后呼曰：“秦兵败矣！”众遂大奔。序因与张天锡、徐元喜皆来奔。获秦王坚所乘云母车。复取寿阳，执其淮南太守郭褒。

坚中流矢，单骑走至淮北，饥甚，民有进壶飧、豚髀者，坚食之，赐帛十匹，绵十斤。辞曰：“陛下厌苦安乐，自取危困。臣为陛下子，陛下为臣父，安有子饲其父而求报乎！”弗顾而去。坚谓张夫人曰：“吾今复何面目治天下乎！”潸然流涕。

是时，诸军皆溃，惟慕容垂所将三万人独全，坚以千余骑赴之。世子宝言于垂曰：“家国倾覆，天命人心皆归至尊，但时运未至，故晦迹自藏耳。今秦主兵败，委身于我，是天借之便以复燕祚，此时不可失也，愿不以意气微恩忘社稷之重！”垂曰：“汝言是也。然彼以赤心投命于我，若之何害之！天苟弃之，不患不亡。不若保护其危以报德，徐俟其衅而图之，既不负宿心，且可以义取天下。”奋威将军慕容德曰：“秦强而并燕，秦弱而图之，此为报仇雪耻，非负宿心也；兄奈何得而不取，释数万之众以授人乎？”垂曰：“吾昔为太傅所不容，置身无所，逃死于秦，秦主以国士遇我，恩礼备至。后复为王猛所卖，无以自明，秦主独能明之，此恩何可忘也！若氐运必穷，吾当怀集关东，以复先业耳，关西会非吾有也。”冠军行参军赵秋曰：“明公当绍复燕祚，著于图谶；今天时已至，尚复何待！若杀秦主，据邺都鼓行而西，三秦亦非苻氏之有也！”垂亲党多劝垂杀坚，垂皆不从，悉以兵授坚。平南将军慕容暐屯郧城，闻坚败，弃其众遁去；至荥阳，慕容德复说暐起兵以复燕祚，不从。

谢安得驿书，知秦兵已败，时方与客围棋，摄书置床上，了无喜色，围棋如故。客问之，徐答曰：“小儿辈遂已破贼。”既罢，还内，过户限，不觉屐齿之折。

慕容农谓慕容垂曰：“尊不迫人于险，其义声足以感动天地。农闻秘记曰：‘燕复兴当在河阳。’夫取果于未熟与自落，不过晚旬日之间，然其难易美恶，相去远矣！”垂心善其言，行至渑池，言于坚曰：“北鄙之民，闻王师不利，轻相扇动，臣请奉诏书以镇慰安集之，因过谒陵庙。”坚许之。权翼谏曰：“国兵新破，四方皆有离心，宜征集名将，置之京师，以固根本，镇枝叶。垂勇略过人，世豪东夏，顷以避祸而来，其心岂止欲作冠军而已哉！譬如养鹰，饥则附人，每闻风飙之起，常有陵霄之志，正宜谨其絛笼，岂可解纵，任其所欲哉！”坚曰：“卿言是也。然朕已许之，匹夫犹不食言，况万乘乎！若天命有废兴，固非智力所能移也。”翼曰：“陛下重小信而轻社稷，臣见其往而不返，关东之乱，自此始矣。”坚不听，遣将军李蛮、闵亮、尹固帅众三千送垂。

垂潜与燕之故臣谋复燕祚，会丁零翟斌起来叛秦，谋攻豫州牧平原公晖于洛阳，秦王坚驿书使垂将兵讨之。石越言于丕曰：“王师新败，民心未安，负罪亡匿之徒，思乱者众，故丁零一唱，旬日之中，众已数千，此其验也。慕容垂，燕之宿望，有兴复旧业之心，今复资之以兵，此为虎傅翼也。”丕曰：“垂在邺如藉虎寝蛟，常恐为肘腋之变，今远之于外，不犹愈乎！且翟斌凶悖，必不肯为垂下，使两虎相毙，吾从而制之，此卞庄子之术也。”乃以羸兵二千及铠仗之弊者给垂，又遣广武将军苻飞龙帅氐骑一千为垂之副。密戒飞龙曰：“垂为三军之帅，卿为谋垂之将，行矣，勉之！”

垂留慕容农、慕容楷、慕容绍于邺，行至安阳之汤池，闵亮、李毗自邺来，以丕与苻飞龙所谋告垂。垂因激怒其众曰：“吾尽忠于苻氏，而彼专欲图吾父子，吾虽欲已，得乎！”乃托言兵少，停河内募兵，旬日间，有众八千。

平原公晖遣使让垂，趣使进兵。垂谓飞龙曰：“今寇贼不远，当昼止夜行，袭其不意。”飞龙以为然。壬午，夜，垂遣世子宝将兵居前，少子隆勒兵从己，令氐兵五人为伍；阴与宝约，闻鼓声，前后合击氐兵及飞龙，尽杀之，参佐家在西者皆遣还，并以书遗秦王坚，言所以杀飞龙之故。

初垂从坚入邺，以其子麟屡尝告变于燕，立杀其母，然犹不忍杀麟，置之外舍，希得侍见。及杀苻飞龙，麟屡进策画，启发垂意，垂更奇之，宠待与诸子均矣。

九年（甲申，384）

慕容凤、王腾、段延皆劝翟斌奉慕容垂为盟主，斌从之。垂欲袭洛阳，且未知斌之诚伪，乃拒之曰："吾来救豫州，不来赴君。君既建大事，成享其福，败受其祸，吾无预焉。"丙戌，垂至洛阳，平原公晖闻其杀苻飞龙，闭门拒之。翟斌复遣长史郭通往说垂，垂犹未许。通曰："将军所以拒通者，岂非以翟斌兄弟山野异类，无奇才远略，必无所成故邪？独不念将军今日凭之，可以济大业乎！"垂乃许之。于是斌帅其众来与垂会，劝垂称尊号。垂曰："新兴侯，吾主也，当迎归返正耳。"

垂以洛阳四面受敌，欲取邺而据之，乃引兵而东。

庚戌，燕王垂至邺，改秦建元二十年为燕元年，服色朝仪，皆如旧章。以前岷山公库傉官伟为左长史，前尚书段崇为右长史，荥阳郑豁等为从事中郎。慕容农引兵会垂于邺，垂因其所称之官而授之。

壬子，燕王垂攻邺，拔其外郭，长乐公丕退守中城。关东六州郡县多送任请降于燕。癸丑，垂以陈留王绍行冀州刺史，屯广阿。

燕范阳王德击秦枋头，取之，置戍而还。

东胡王晏据馆陶，为邺中声援，鲜卑、乌桓及郡县民据坞壁不从燕者尚众；燕王垂遣太原王楷与镇南将军陈留王绍讨之。楷谓绍曰："鲜卑、乌桓及冀州之民，本皆燕臣，今大业始尔，人心未洽，所以小异。唯宜绥之以德，不可震之以威。吾当止一处，为军声之本，汝巡抚民夷，示以大义，彼必当听从。"楷乃屯于辟阳。绍帅骑数百往说王晏，为陈祸福，晏随绍诣楷降，于是鲜卑、乌桓及坞民降者数十万口。楷留其老弱，置守宰以抚之，发其丁壮十余万，与王晏诣邺。垂大悦曰："汝兄弟才兼文武，足以继先王矣！"

秦北地长史慕容泓闻燕王垂攻邺，亡奔关东，收集鲜卑，众至数千，还屯华阴，败秦将军强永，其众遂盛；自称都督陕西诸军事、大将军、雍州牧、济北王，推垂为丞相、都督陕东诸军事、领大司马、冀州牧、吴王。

秦王坚谓权翼曰："不用卿言，使鲜卑至此。关东之地，吾不复与之争，将若泓何？"乃以广平公熙为雍州刺史，镇蒲阪。征雍州牧钜鹿公睿都督中外诸军事、卫大将军、录尚书事，配兵五万；以左将军窦冲为长史，龙骧将军姚苌为司马，以讨泓。

慕容泓闻秦兵且至，惧，帅众将奔关东。秦钜鹿愍公睿粗猛轻敌，欲驰兵邀之。姚苌谏曰："鲜卑皆有思归之志，故起而为乱，宜驱令出关，不可遏也。夫执鼷鼠之尾，犹能反噬于人。彼自知困穷，致死于我，万一失利，悔将何及。但可鸣鼓随之，彼将奔败不暇矣。"睿弗从，战于华泽，睿兵败，为泓所杀。苌遣龙骧长史赵都、参军姜协诣秦王坚谢罪；坚怒，杀之。苌惧，奔渭北马牧，于是天水尹纬、尹详、南安庞演等纠扇羌豪，帅其户口归苌者五万余家，推苌为盟主。苌自称大将军、大单于、万年秦王，大赦，改元白雀，以尹详、庞演为左、右长史，南安姚晃及尹纬为左、右司马，天水狄伯支等为从事中郎，羌训等为掾属，王据等为参军，王钦卢、姚方成等为将帅。

后秦王苌进屯北地，秦华阴、北地、新平、安定羌胡降之者十余万。

秦王坚自帅步骑二万以击后秦，军于赵氏坞，使护军将军杨璧等分道攻之；后秦兵屡败，斩后秦王苌之弟镇军将军尹买。后秦军中无井，秦人塞安公谷、堰同官水以困之。后秦人恟惧，有渴死者。会天大雨，后秦营中水三尺，绕营百步之外，寸余而已，后秦军复振。秦王坚叹曰："天亦佑贼乎！"

慕容泓谋臣高盖等以泓德望不如慕容冲，且持法苛峻，乃杀泓，立冲为皇太弟，承制行事，置百官，以盖为尚书令。后秦王苌遣子嵩为质于冲以请和。

秦王坚闻慕容冲去长安浸近，乃引兵归，遣抚军大将军方戍骊山，拜平原公晖为都督中外诸军事、车骑大将军、录尚书事，配兵五万以拒冲。冲与晖战于郑西，大破之。坚又遣前将军姜宇与少子河间公琳帅众三万拒冲于灞上；琳、宇皆败死，冲遂据阿房城。

燕翟斌恃功骄纵，邀求无厌；又以邺城久不下，潜有贰心。太子宝请除之，燕王垂曰："河南之盟，不可负也；若其为难，罪由于斌。今事未有形而杀之，人必谓我忌惮其功能；吾方收揽豪杰以隆大业，不可示人以狭，失天下之望也。藉彼有谋，吾以智防之，无能为也。"范阳王德、陈留王绍、骠骑大将军农皆曰："翟斌兄弟恃功而骄，必为国患。"垂曰："骄则速败，焉能为患！彼有大功，当听其自毙耳。"礼遇弥重。

斌讽丁零及其党请斌为尚书令。垂曰："翟王之功，宜居上辅；但台既未建，此官不可遽置耳。"斌怒，密与前秦长乐公丕通谋，使丁零决堤溃水。事觉，垂杀斌及其弟檀、敏，余皆赦之。

秦王坚闻吕光平西域，以光为都督玉门以西诸军事，西域校尉。道绝，不通。

慕容冲进逼长安，秦王坚登城观之，叹曰："此虏何从出哉！"大呼责冲曰："奴何苦来送死！"冲曰："奴厌奴苦，欲取汝为代耳！"冲少有宠于坚，坚遣使以锦袍称诏遗之。冲遣詹事称皇太弟令答之曰："孤今心在天下，岂顾一袍小惠！苟能知命，君臣束手，早送皇帝，自当宽贷苻氏以酬曩好。"坚大怒曰："吾不用王景略、阳平公之言，使白虏敢至于此！"

陇西处士王嘉，隐居倒虎山，有异术，能知未然，秦人神之。秦王坚、后秦王苌及慕容冲皆遣使迎之。十一月，嘉入长安，众闻之，以为坚有福，故圣人助之，三辅堡壁及四山氐、羌归坚者四万余人。坚置嘉及沙门道安于外殿，动静咨之。

晋孝武帝太元八年（癸未，公元383年）

前秦王苻坚下达诏令，开始大举入侵东晋。百姓中每十个成年人选派一人充军，良家子弟中年龄在二十岁以下，有才能勇气的人，全都授官羽林郎。又说：“晋朝任命司马昌明为尚书左仆射，谢安为吏部尚书，桓冲为侍中。以此形势来看，凯旋的时间不会太远，可以先行起身于家，出任官职。”良家子弟应征的有三万多骑兵，苻坚任命秦州主簿赵盛之为少年都统。这时，满朝大臣都不想让苻坚出征，唯独慕容垂、姚苌及良家子弟对此加以劝勉。阳平公苻融向苻坚进言说：“鲜卑、羌族的虏臣，是我们的仇敌，经常盼望着风云变化以实现他们的心愿。如今陛下相信并采纳了他们的话，轻率地进行大规模行动，臣恐怕既不能成就战功，随之还会产生后患，悔之不及！”苻坚没有听从。

八月，戊午（初二），苻坚派遣阳平公苻融督帅张蚝、慕容垂等人的步、骑兵二十五万人作为前锋，任命兖州刺史姚苌为龙骧将军，督益、梁州诸军事。苻坚对姚苌说：“过去我靠龙骧将军的官位建立了大业，未曾轻易地把这个官位授予别人，你努力干吧！”左将军窦冲说：“君王无戏言，这话是不祥之兆！”苻坚沉默不语。

慕容楷、慕容绍向慕容垂进言说：“主上的骄纵傲慢已经非常严重，叔父建立中兴大业，就在此行！”慕容垂说：“对。除了你们，谁能和我一起成就大业呢！”

甲子（八月初八），苻坚发兵长安，将士共有六十多万，骑兵二十七万，旌旗战鼓遥遥相望，绵延千里。九月，苻坚抵达项城，凉州的军队刚刚到达咸阳，蜀、汉的军队正顺流而下，幽州、冀州的军队到了彭城，东西万里，水陆并进，运输军粮的船只多达万艘。阳平公苻融等人的部队三十万人，先期抵达颍口。

东晋下达诏令，任命尚书仆射谢石为征虏将军、征讨大都督，任命徐、兖二州刺史谢玄为前锋都督，与辅国将军谢琰、西中郎将桓伊等人的兵众八万人抵抗前秦。让龙骧将军胡彬带领五千水军援助寿阳。谢琰是谢安的儿子。

这时前秦的军队已经非常强盛，东晋京城里的人震惊恐惧。谢玄入朝，向谢安询问应对之策，谢安一副平静的样子，回答说：“已经另有打算了。”紧接着就闭口无言。谢玄不敢再问，就让张玄重新请求指令。谢安于是就命令驾车出游山间别墅，亲戚朋友云集，与谢玄在别墅玩围棋赌博。谢安的棋术一直不如谢玄，这天，谢玄由于内心恐惧，在有利的形势下投子打劫，反而还不能获胜。谢安于是就登山漫游，到晚上才回来。桓冲对国家的根基大业深以为忧，派精锐部队三千人入城保卫京师。谢安固执地阻拦他，说：“朝廷的处理办法已经决定，士兵武器都不缺乏，应该留在西藩之地以作防备。”桓冲对藩府参佐叹息道：“谢安有身居朝廷的气量，但不熟悉带兵打仗的方法。如今大敌临头，还

淝水之战将领谢安

尽情游玩，高谈阔论不止，只派遣未经战事的年轻人前去抵抗，再加上数量不足，力量软弱，天下的结局已经可以知道了，我们将要受外族的统治了！”

冬季，十月，前秦阳平公苻融等攻打寿阳。癸酉（十八日），攻克了寿阳，擒获了平虏将军徐元喜等人。苻融任命他的参军河南人郭褒为淮南太守。慕容垂攻下了郧城。胡彬听说寿阳被攻陷，后退守卫硖石，苻融进军攻打硖石。前秦卫将军梁成等率领五万兵众驻扎在洛涧，沿淮河布防以遏制东面的部队。谢石、谢玄等在距离洛涧二十五里的地方驻军，由于惧怕梁成而不敢前进。胡彬的粮食耗尽，秘密地派遣使者向谢石等报告说：“如今贼寇强盛而我的粮食已经耗尽，恐怕不能再见到大军了！”前秦人擒获了胡彬，把他送交给阳平公苻融。苻融急速派使者向前秦王苻坚报告说：“现在贼寇力量不足，容易擒获，只是怕他们逃走，应该迅速率兵前来。”苻坚于是就把大部队留在项城，带领八千轻装骑兵，日夜兼程赶赴寿阳与苻融汇合。苻坚派尚书朱序前去劝说谢石等人，认为：“形势强弱悬殊，不如迅速投降。”朱序私下里却对谢石等人说：“如果秦国的百万兵众全部抵达，确实难以与他们抗衡。如今乘着各路军队尚未会集，应该迅速攻击他们。如果能打败他们的前锋部队，那他们就已经丧失了士气，最终就可以攻破他们。”

谢石听说苻坚在寿阳，十分害怕，想用不交战的办法来拖垮前秦的军队。谢琰劝说谢石听从朱序的话。十一月，谢玄派广陵相刘牢之率领五千精兵开赴洛涧，在离洛涧十里的地方，梁成扼守山涧部署兵阵以等待刘牢之。刘牢之径直向前渡河，攻击梁成，大败梁成，斩杀了梁成以及弋阳太守王咏。又分派部队断绝了他们归途上的渡口，前秦的步、骑兵全都崩溃，争先恐后地逃向淮水，死亡的士兵有一万五千人，抓获了前秦扬州刺史王显等人，全部收缴了他们的武器军粮。于是谢石等各路军队，从水路、陆路相继进发。前秦王苻坚与阳平公苻融登上寿阳城观望，只见东晋的军队布阵严整，又望见了八公山上的草木，也以为都是东晋的士兵，苻坚掉头对苻融说：“这也是强敌，怎么能说他软弱呢！”茫然若失，脸上开始有了恐惧的神色。

前秦的军队紧逼淝水而布阵，东晋的军队无法渡过。谢玄派使者对阳平公苻融说：“您孤军深入，然而却紧逼淝水部署军阵，这是长久相持的策略，不是想迅速交战的办法。如果能移动兵阵稍微后撤，让晋朝的军队得以渡河，以决胜负，不也是很好的事情吗！”前秦众将领都说：“我众敌寡，不如遏制他们，使他们不能上岸，这样可以万无一失。”苻坚说：“只带领兵众稍微后撤一点，让他们渡河渡到一半，我们再出动铁甲骑兵奋起攻杀，没有不胜的道理！”苻融也认为可以，于是就挥舞战旗，指挥兵众后退。前秦的军队一退就不可收拾。谢玄、谢琰、桓伊等率领军队渡过河攻击他们。苻融驰马巡视军阵，想来率领退逃的兵众，结果战马倒地，苻融被东晋的士兵杀掉，前秦的军队于是就崩溃了。谢玄等乘胜追击，一直追到青冈，前秦的军队大败，自相践踏而死的人，遮蔽山野堵塞山川。逃跑的人听到刮风的声音和鹤的鸣叫声，都以为是东晋的军队将要来到，昼夜不敢停歇，慌不择路，风餐露宿，冻饿交加，死亡的人十有七八。当初，前秦的军队稍微后撤时，朱序在军阵后面高声呼喊："秦军失败了！"兵众们听到后就狂奔乱逃。朱序乘机与张天锡、徐元喜都来投奔东晋。缴获了前秦王苻坚所乘坐的装饰着云母的车乘。又攻取了寿阳，抓获了前秦的淮南太守郭褒。

苻坚中了流箭，单身匹马逃到淮河以北，十分饥饿，有的百姓送来了盛在壶里的水泡饭、猪骨头，苻坚吃了下去，赏赐给他们十匹布帛，十斤绵。这些人推辞说："陛下厌倦困苦，安于享乐，自取危难。我是陛下的儿子，陛下是我的父亲，哪里有儿子给父亲饭吃还求取报偿的呢！"他们连赏赐的那些东西看也没看就离开了。苻坚对张夫人说："我如今再以什么面目去治理天下呢！"说着便潸然泪下。

这时，前秦的各路军队全都溃散，惟独慕容垂所统领的三万人完整保全，苻坚带领一千多骑兵到了他那里。长子慕容宝向慕容垂进言说："宗族国家覆灭，天命人心全都归于极其尊贵的帝王，只是时运还未到来，所以应该掩饰形迹躲藏起来。如今秦主兵败，委身于我们，这是上天赐予的有利时机以恢复燕国的国统，这个时机不可丧失，愿您不要因为受到过恩义小惠而忘掉了国家的重任！"慕容垂说："你说得对。然而他以一片赤诚之心把自身的安全交给我，为什么要伤害他！假如上天抛弃他，不用担心他不灭亡。不如在危难中保护他以报答他的恩德，慢慢地等待他的灾祸，然后再图谋他，这样既不违背往日的心愿，而且能够以道义征服天下。"奋威将军慕容德说："秦国强大的时候吞并了燕国，秦国软弱的时候图谋他，这是报仇雪耻，不是违背往日的心愿。哥哥你为什么得到了却不占取，放弃数万兵众而授予别人呢？"慕容垂说："我过去被太傅慕容评所不容，无处安身，逃死到了秦国，秦国主像对待国中才能出众的人那样对待我，恩义礼遇备至。以后我又被王猛所出卖，无法自我明辩，秦国主偏偏就能明察，这样的恩情怎么能忘记呢！如果氐族人的命运必定穷尽，我应当招纳关东的民众，以光复先帝的大业，关西之地必定不会归我所有！"冠军行参军赵秋说："明公您应当继承光复燕国的国统，这已经明显地表现在图谶上了。如今天时已经来到，还要等待什么！如果杀掉秦国主苻坚，占据邺都后击鼓西行，三秦之地也就不会归苻氏所有了！"慕容垂的亲信党羽大多都劝他杀掉苻坚，慕容垂一概没有听从，命令把军队交给苻坚。平南将军慕容暐驻扎在郧城，听说苻坚失败后，抛弃了他的兵众而逃走。到达荥阳，慕容德又劝说慕容暐起兵以恢复前燕的国统，慕容暐没有听从。

谢安接到了驿站传递的书信，知道前秦的军队已经失败，当时他正与客人玩围棋，拿着信放到了床上，毫无高兴的样子，照旧下棋。客人问他是什么事，他慢条斯理地回答说："小孩子们已经最终攻破了寇贼。"下完棋以后，他返回屋里，过门槛时，高兴得竟然连屐齿被折断都没有发觉。

慕容农对慕容垂说："您不在险境里逼迫别人，这种道义的名声足以感动天地。我听说图谶中记载：'燕国的复兴应当在河阳。'在尚未成熟时就摘取果实与等待瓜熟蒂落相比，从时间上看不过是十来天的差距，然而它们的难易美恶程度，却相差甚远。”慕容垂在内心里赞同他的话，行进到渑池时，他向苻坚进言说：“北方边远之地的百姓，听说您的军队出师不利，轻率地互相鼓动作乱，我请求尊奉诏书去镇抚招纳他们，顺便路过拜谒先帝的陵庙。”苻坚同意了。权翼劝谏苻坚说：“国家的军队刚刚失败，四方全都有离心倾向，应该征召集合名将，把他们安置在京城，以稳固根基，安定枝叶。慕容垂勇猛谋略过人，世代都是中原以东的豪杰，不久前因为躲避灾祸而前来归附，他的本心难道仅仅是想做一个冠军将军吗！就像养育苍鹰，它饥饿的时候依附于人，每当听到狂风骤起，就常常有飞越云霄的志向，正当应该紧闭樊笼的时候，岂能放纵它，听任它为所欲为呢！”苻坚说：“你说得对。然而朕已经同意了他，一般人尚不食言，何况是万乘君主呢！如果天命要有废兴的事变发生，本来就不是靠智慧与力量所能改变的。”权翼说：“陛下重视小的信誉而轻视国家政权，依我之见，他一定是去而不返，关东之乱，从此就要开始了。”苻坚没有听，派遣将军李蛮、闵亮、尹国率领三千兵众护送慕容垂。

慕容垂暗地里与前燕的旧臣图谋恢复前燕的国统，恰好这时丁零人翟斌起兵背叛了前秦，图谋在洛阳攻打豫州牧平原公苻晖，前秦王苻坚通过驿站送信，让慕容垂统领军队去讨伐他们。石越向苻丕进言说：“国王的军队刚遭失败，民心尚未安定，负罪逃亡之徒，渴望祸乱的人很多，所以丁零人一带头，十来天时间，响应的人已有数千，这就是证明。慕容垂，是燕国德高望重的人，有振兴恢复旧业的心愿，如今再交给他军队，这是为虎添翼。”苻丕说：“慕容垂在邺城犹如卧虎睡蛟，经常害怕他制造肘腋之变，如今让他远行在外，不是似乎更好一些吗？而且翟斌凶暴悖逆，一定不肯甘居下风，让两虎俱伤，我紧跟着去控制他们，这是卞庄子的策略。”于是苻丕就给了慕容垂二千老弱的士兵以及一些残次的铠甲兵器，又派广武将军苻飞龙率领一千氐族骑兵协助慕容垂。苻丕秘密地告诫苻飞龙说：“慕容垂是三军的主帅，你是图谋慕容垂的将领，出发，努力吧！”

慕容垂把慕容农、慕容楷、慕容绍留在邺城，当他行进到安阳的汤池时，闵亮、李毗从邺城赶了上来，把苻丕与苻飞龙的图谋告诉了慕容垂。慕容垂以此激发兵众们的义愤，说：“我尽忠于苻氏，而他却专门想图谋我们父子，我虽然想善罢甘休，能行吗？”于是就借口兵力不足，停留在河内招募兵众，十天时间已经拥有八千兵众。

平原公苻晖派遣使者责备慕容垂，督促他率兵前进。慕容垂告诉苻飞龙说：“如今离寇贼不远，应当白天休息夜间前进，以攻其不意。”苻飞龙认为有理。壬午（十二月二十七日），夜晚，慕容垂派长子慕容宝统领军队居前，小儿子慕容隆带领军队跟随自己，命令氐族士兵每五人为一个编制单位。他暗地里与慕容宝已有约定，当听到战鼓声后，前后合击氐族士兵以及苻飞龙，把他们全部杀尽，参佐当中有家在西方的人，慕容垂全都让他们还乡，并且给前秦王苻坚送信，陈述所以要杀掉苻飞龙的原因。

当初，慕容垂跟随苻坚进入邺城，因为他的儿子慕容麟曾经多次向前燕慕容评告发事变，所以立即杀掉了他的母亲，然而尚不忍心杀掉慕容麟，让他住在城外的馆舍，很少见他。等到杀了苻飞龙以后，慕容麟屡屡进献计策，对慕容垂多有启发，慕容垂转而认为他不一般，对他的宠爱和其他的儿子一样了。

九年（甲申，公元384年）

慕容凤、王腾、段延全都劝翟斌尊奉慕容垂为盟主，翟斌听从了。慕容垂想袭击洛阳，但暂且还不知道翟斌是否有诚意，就拒绝他说："我是来救援豫州的，不是来投奔您。您既然要干大事，成功则享受其福，失败则承受其祸，我不参与此事。"丙戌（正月初二），慕容垂抵达洛阳，平原公苻晖听说他杀了苻飞龙，把他拒之门外。翟斌又派长史郭通前去劝说慕容垂，慕容垂还是没有同意做盟主。郭通说："将军之所以拒绝郭通的原因，难道不是认为翟斌的弟兄们是身居山野的异族，没有超人的才能和远大的谋略，肯定无所作为的缘故吗？为什么唯独不考虑将军今天凭借他们，就可以成就大业呢？"听了这话，慕容垂就同意了。于是翟斌率领他的兵众前来与慕容垂会合，劝慕容垂称帝王的尊号。慕容垂说："新兴侯慕容暐，是我们的国主，应当迎接他回去重归正统。"

慕容垂考虑到洛阳四面受敌，想攻取邺城据守，于是就率兵东进。

庚戌（正月二十六日），后燕王慕容垂抵达邺城，改前秦建元二十年为后燕元年，官员服饰的颜色及朝廷礼仪，全都一如旧制。任命从前的岷山公库傉官伟为左长史，从前的尚书段崇为右长史，荥阳人郑豁等人为从事中郎。慕容农带领军队与慕容垂在邺城会合，慕容垂将他自称的官职正式授予了他。

壬子（正月二十八日），后燕王慕容垂攻打邺城，攻下了外城，长乐公苻丕退守中城。关东六州的郡县大都送来人质请求向后燕投降。癸丑（正月二十九日），慕容垂任命陈留王慕容绍代理冀州刺史，驻扎在广阿。

后燕范阳王慕容德攻击前秦的枋头，攻了下来，设置了守卫力量后返回。

东胡人王晏占据着馆陶，声援邺中，鲜卑、乌桓以及郡县的民众据守坞堡壁垒不服从后燕的人尚有许多。后燕王慕容垂派太原王慕容楷与镇南将军陈留王慕容绍讨伐他们。慕容楷对慕容绍说："鲜卑、乌桓以及冀州的民众，本来都是燕国的属臣，如今大业刚刚开始，人心尚未融洽，这就是导致小有不同的原因。只应该用仁德安抚他们，不能靠威势震慑他们。我应当停留在一个地方，作为军队声威的根基，你去巡视安抚民众夷狄，向他们展示大义，他们就一定会听命服从。"慕容楷于是就驻扎在辟阳。慕容绍率领数百骑兵前去劝说王晏，为他陈述祸福，王晏跟随慕容绍到慕容楷那里投降，于是鲜卑、乌桓以及守卫在坞堡中的民众投降的有数十万人。慕容楷将其中的老弱者留下，设置地方官吏以安抚他们，派遣其中十多万身强力壮的成年人，与王晏一起到邺城。慕容垂十分高兴地说："你们弟兄的才能文武兼备，足以继承先王的事业！"

前秦北地长史慕容泓听说后燕王慕容垂攻打邺城，逃奔到关东，收拢会集鲜卑人，多达数千，返回驻扎在华阴，打败了前秦将军强永，他的兵众于是就更多了。慕容泓自称都督陕西诸军事、大将军、雍州牧、济北王，推举慕容垂为丞相、都督陕东诸军事、领大司马、冀州牧、吴王。

前秦王苻坚对权翼说："没听你的话，让鲜卑人到了如此地步。关东之地，我不再和他们争夺，但拿慕容泓怎么办呢？"于是就任命广平公苻熙为雍州刺史，镇守蒲阪。征召雍州牧钜鹿公苻睿为都督中外诸军事、卫大将军、录尚书事，给他配备五万士兵；任命左将军窦冲为长史，龙骧将军姚苌为司马，来讨伐慕容泓。

慕容泓听说前秦的军队将要到达，很害怕，率领兵众准备逃奔关东。前秦钜鹿公苻睿鲁莽轻敌，想要迅速出兵在半路拦截他们。姚苌劝谏苻睿说："鲜卑人全都有思念归返的心情，所以才起兵作乱，应该驱使他们出关，不能阻截。抓住了鼷鼠的尾巴，它还能反咬人一口。他们自知陷于穷途末路，必将要与我们拼命，万一失利，后悔将怎么来得及。只能击鼓紧随他们，他们将全力溃逃。"苻睿没有听从劝告，在华泽交战，苻睿的军队失败，苻睿被慕容泓杀掉。姚苌派龙骧长史赵都、参军姜协到前秦王苻坚那里谢罪，苻坚十分愤怒，杀掉了他们。姚苌害怕了，逃奔到渭北的牧马之地，于是天水人尹纬、尹详、南安人庞演等，纠集煽动羌族豪强，率领他们的民户丁口归附姚苌的，共有五万多家，推举姚苌为盟主。姚苌自称大将军、大单于、万年秦王，实行大赦，改年号为白雀，任命尹详、庞演为左、右长史，南安人姚晃及尹纬为左、右司马，天水人狄伯支等为从事中郎，羌训等为掾属，王据等为参军，王钦卢，姚方成等为将帅。

后秦王姚苌进军驻扎在北地，前秦华阴、北地、新平、安定的羌人、胡人投降的有十多万。

前秦王苻坚亲自率领步、骑兵二万人攻打后秦，驻军于赵氏坞，让护军将军杨壁等人分路进攻。后秦的军队屡战屡败，后秦王姚苌的弟弟镇军将军姚尹买被斩杀。后秦驻军的地方没有水井，前秦人堵塞了安公谷、拦截了同官水以围困他们。后秦人惊慌恐惧，有人干渴而死。恰巧天下大雨，后秦的军营积水三尺，环绕军营百步以外，积水仅仅一寸多而已，后秦的军队又振奋了起来。前秦王苻坚叹息道："上天也保佑寇贼啊！"

慕容泓的谋臣高盖等人认为慕容泓的道德威望不如慕容冲，而且执行法律苛刻严峻，于是就杀掉了慕容泓，立慕容冲为皇太弟，秉承国王的旨意行事，设置了百官。任命高盖为尚书令。后秦王姚苌派遣儿子姚嵩作为人质到慕容冲那里，以请求和好。

前秦王苻坚听说慕容冲逐渐逼近长安，就带领军队返回，派抚军大将军苻方戍守骊山，任命平原公苻晖为都督中外诸军事、车骑大将军、录尚书事，配备五万兵众以抵抗慕容冲。慕容冲与苻晖在郑西交战，大败苻晖。苻坚又派前将军姜宇与小儿子河间公苻琳率领三万兵众在灞上抵抗慕容冲，苻琳、姜宇全都战败死亡，慕容冲于是就占据了阿房城。

后燕的翟斌自恃有功，傲慢无忌，邀官求赏，贪得无厌。又因为邺城久围不下，私下里怀有背叛之心。太子慕容宝请求除掉他，后燕王慕容垂说："河南的盟誓，不能背弃。如果他要发难，罪过出于翟斌。如今事情尚未发生而杀掉他，人们一定会说我忌恨害怕他的功劳与才能。我正在收罗招揽英雄豪杰以使大业昌盛，不能向人们表现出狭隘，以丧失天下人的期望。假如他怀有阴谋，我以智谋防范他，他也无所作为。"范阳王慕容德、陈留王慕容绍、骠骑大将军慕容农都说："翟斌兄弟居功自傲，一定会成为国家的祸患。"慕容垂说："傲慢必然导致迅速失败，怎么能成为祸患呢！他立有大功，应当听凭他自取灭亡。"慕容垂对翟斌的礼遇越发优厚。

翟斌暗示丁零人及自己的同党请求让他出任尚书令。慕容垂说："以翟王的功劳，应该位居宰相，只是官署尚未建立，此官无法迅速设置。"翟斌非常愤怒，暗地里与前秦长乐公苻丕互通计谋，让丁零人开决输引漳水的堤防，把水放走，事情泄露，慕容垂杀掉了翟斌及他的弟弟翟檀、翟敏，其余的人全都赦免了。

前秦王苻坚听说吕光平定了西域，任命吕光为都督玉门以西诸军事、西域校尉。因为道路被阻绝，任命无法通达。

慕容冲进军逼临长安，前秦王苻坚登上城墙观望，感叹地说："这些敌虏是从哪里出来的呢！"接着大声责备慕容冲说："你小子何苦来送死！"慕容冲说："我厌倦了我的困苦，想捉拿你来代替！"慕容冲小的时候很得苻坚的宠爱，苻坚派使者带着锦袍宣称是皇帝诏令送给慕容冲的，慕容冲则派詹事宣称皇太弟让他回答说："我如今的志向在于夺取天下，岂能看得上一件锦袍这样的小恩小惠！假如能够知天命，君主臣下就应该停止抵抗，及早把皇帝慕容暐送来，自然就可以宽恕苻氏以酬报过去的好处。"苻坚勃然大怒，说："我没有听从王猛、阳平公苻融的话，使鲜卑白虏胆敢放肆到这种地步！"

陇西处士王嘉，隐居在倒虎山，有异常之术，能预知未来，秦国人把他当做神仙。前秦王苻坚、后秦王姚苌以及慕容冲全都派使者去迎接他。十一月，王嘉进入长安，众人听说以后，认为苻坚有福，所以圣人帮助他，三辅地区的村镇军营以及依山而居的氐族、羌族人归附苻坚的有四万多人。苻坚把王嘉及僧人道安安置在外殿，行动与否全都要向他们询问。

第一百零六卷
晋纪二十八

译文诵读

烈宗孝武皇帝中之上太元十年（乙酉，385）

慕容冲即皇帝位于阿房，改元更始。冲有自得之志，赏罚任情。慕容盛年十三，谓慕容柔曰：“夫十人之长，亦须才过九人，然后得安。今中山王才不逮人，功未有成，而骄汰已甚，殆难济乎！”

秦平原悼公晖数为西燕主冲所败，秦王坚让之曰：“汝，吾之才子也，拥大众与白虏小儿战，而屡败，何用生为！”三月，晖愤恚自杀。

前禁将军李辩、都水使者陇西彭和正恐长安不守，召集西州人屯于韭园。坚召之，不至。

燕王垂攻邺，久不下，将北诣冀州，乃命抚军大将军麟屯信都，乐浪王温屯中山，召骠骑大将军农还邺。于是远近闻之，以燕为不振，颇怀去就。

农至高邑，遣从事中郎眭邃近出，违期不还。长史张攀言于农曰：“邃目下参佐，敢欺罔不还，请回军讨之。”农不应，敕备假版，以邃为高阳太守，参佐家在赵北者，悉假署遣归。凡举补太守三人，长史二十余人，退谓攀曰：“君所见殊误，当今岂可自相鱼肉！俟吾北还，邃等自当迎于道左，君但观之。”

吕光以龟兹饶乐，欲留居之。天竺沙门鸠摩罗什谓光曰：“此凶亡之地，不足留也；将军但东归，中道自有福地可居。”光乃大飨将士，议进止，众皆欲还。乃以驼二万余头载外国珍宝奇玩，驱骏马万余匹而还。

燕、秦相持经年，幽、冀大饥，人相食，邑落萧条。燕之军士多饿死；燕王垂禁民养蚕，以桑椹为军粮。

垂将北趣中山，以骠骑大将军农为前驱，前所假授吏眭邃等皆来迎候，上下如初，李攀乃服农之智略。

会稽王道子好专权，复为奸谄者所构扇，与太保安有隙。安欲避之，会秦王坚来求救，安乃请自将救之。壬戌，出镇广陵之步丘，筑垒曰新城而居之。

五月，西燕主冲攻长安，秦王坚身自督战，飞矢满体，流血淋漓。冲纵兵暴掠，关中士民流散，道路断绝，千里无烟。有堡壁三十余，推平远将军赵敖为主，相与结盟，冒难遣兵粮助坚，多为西燕所杀。坚谓之曰："闻来者率不善达，此诚忠臣之义，然今寇难殷繁，非一人之力所能济也，徒相随入虎口，何益！汝曹宜为国自爱，畜粮厉兵，以俟天时，庶几善不终否，有时而泰也！"

卫将军杨定与冲战于城西，为冲所擒。定，秦之骁将也。坚大惧，以谶书云："帝出五将久长得。"乃留太子宏守长安，谓之曰："天其或者欲导予出外。汝善守城，勿与贼争利，吾当出陇收兵运粮以给汝。"遂帅骑数百与张夫人及中山公诜、二女宝、锦出奔五将山，宣告州郡，期以孟冬救长安。坚过袭韭园，李辩奔燕，彭和正惭，自杀。

秦太子宏不能守长安，将数千骑与母、妻、宗室西奔下辨。百官逃散，司隶校尉权翼等数百人奔后秦。西燕主冲入据长安，纵兵大掠，死者不可胜计。

秦王坚至五将山，后秦王苌遣骁骑将军吴忠帅骑围之。秦兵皆散走，独侍御十数人在侧，坚神色自若，坐而待之，召宰人进食。俄而忠至，执之，送诣新平，幽于别室。

后秦王苌使求传国玺于秦王坚，曰："苌次应历数，可以为惠。"坚瞋目叱之曰："小羌敢逼天子，五胡次序，无汝羌名。玺已送晋，不可得也！"苌复遣右司马尹纬说坚，求为禅代。坚曰："禅代，圣贤之事，姚苌叛贼，何得为之！"坚与纬语，问纬："在朕朝何官？"纬曰："尚书令史。"坚叹曰："卿，王景略之俦，宰相才也，而朕不知卿，宜其亡也。"坚自以平生遇苌有恩，尤忿之，数骂苌求死，谓张夫人曰："岂可令羌奴辱吾儿。"乃先杀宝、锦。辛丑，苌遣人缢坚于新平佛寺。张夫人、中山公诜皆自杀。后秦将士皆为之哀恸。苌欲隐其名，谥坚曰壮烈天王。

臣光曰：论者皆以为秦王坚之亡，由不杀慕容垂、姚苌故也。臣独以为不然。许劭谓魏武帝治世之能臣，乱世之奸雄。使坚治国无失其道，则垂、苌皆秦之能臣也，乌能为乱哉！坚之所以亡，由骤胜而骄故也。魏文侯问李克，吴之所以亡，对曰："数战数胜。"文侯曰："数战数胜，国之福也，何故亡？"对曰："数战则民疲，数胜则主骄，以骄主御疲民，未有不亡者也。"秦王坚似之矣。

长乐公丕在邺，将西赴长安，幽州刺史王永在壶关，遣使招丕，丕乃帅邺中男女六万余口西如潞川，骠骑将军张蚝、并州刺史王腾迎之入晋阳。丕始知长安不守，坚已死，乃发丧，即皇帝位，追谥坚曰宣昭皇帝，庙号世祖，大赦，改元大安。

吕光自龟兹还至宜禾，秦凉州刺史梁熙谋闭境拒之。高昌太守杨翰言于熙曰："吕光新破西域，兵强气锐，闻中原丧乱，必有异图。河西地方万里，带甲十万，足以自保。若光出流沙，其势难敌。高梧谷口险阻之要，宜先守之而夺其水。彼既穷渴，可以坐制。如以为远，伊吾关亦可拒也。度此二厄，虽有子房之策，无所施矣！”熙弗听。美水令犍为张统谓熙曰：“今关中大乱，京师存亡不可知。吕光之来，其志难测，将军何以抗之？”熙曰：“忧之，未知所出。”统曰：“光智略过人，今拥思归之士，乘战胜之气，其锋未易当也。将军世受大恩，忠诚夙著，立勋王室，宜在今日。行唐公洛，上之从弟，勇冠一时，为将军计，莫若奉为盟主以收众望，推忠义以帅群豪，则光虽至，不敢有异心也。资其精锐，东兼毛兴，连王统、杨璧，合四州之众，扫凶逆，宁帝室，此桓、文之举也。”熙又弗听，杀洛于西海。

光闻杨翰之谋，惧，不敢进。杜进曰：“梁熙文雅有余，机鉴不足，终不能用翰之谋，不足忧也。宜及其上下离心，速进以取之。”光从之。进至高昌，杨翰以郡迎降。至玉门，熙移檄责光擅命还师，以子胤为鹰扬将军，与振威将军南安姚皓、别驾卫翰帅众五万拒光于酒泉。敦煌太守姚静、晋昌太守李纯以郡降光。光报檄凉州，责熙无赴难之志，而遏归国之众；遣彭晃、杜进、姜飞为前锋，与胤战于安弥，大破，擒之。于是四山胡、夷皆附于光。武威太守彭济执熙以降，光杀之。

光入姑臧，自领凉州刺史，表杜进为武威太守，自余将佐，各受职位。凉州郡县皆降于光，独酒泉太守宋皓、西郡太守宋泮城守不下。光攻而执之，让泮曰：“吾受诏平西域，而梁熙绝我归路，此朝廷之罪人，卿何为附之？”泮曰：“将军受诏平西域，不受诏乱凉州，梁公何罪而将军杀之？泮但苦力不足，不能报君父之仇耳，岂肯如逆氏彭济之所为乎！主灭臣死，固其常也。”光杀泮及皓。

乞伏国仁自称大都督、大将军、单于、领秦、河二州牧，改元建义，以乙旃童埿为左相，屋引出支为右相，独孤匹蹄为左辅，武群勇士为右辅，弟乾归为上将军，分其地置武城等十二郡，筑勇士城而都之。

慕容农至龙城，休士马十余日。诸将皆曰：“殿下之来，取道甚速，今至此久留不进，何也？”农曰：“吾来速者，恐馀岩过山钞盗，侵扰良民耳。岩才不逾人，诳诱饥儿，乌集为群，非有纲纪；吾已扼其喉，久将离散，无能为也。今此田善熟，未取而行，徒自耗损，当俟收毕，往则枭之，亦不出旬日耳。”顷之，农将步骑三万至令支，岩众震骇，稍稍逾城归农。岩计穷出降，农斩之。进击高句丽，复辽东、玄菟二郡。还至龙城，上疏请缮修陵庙。

燕王垂北如中山，谓诸将曰：“乐浪王招流离，实仓廪，外给军粮，内营宫室，虽萧何之功，何以加之！”丙申，垂始定都中山。

十一年（丙戌，386）

春，正月，戊申，拓跋珪大会于牛川，即代王位，改元登国。以长孙嵩为南部大人，叔孙普洛为北部大人，分治其众。以上谷张衮为左长史，许谦为右司马，广宁王建、代人和跋、叔孙建、庾岳为外朝大人，奚牧为治民长，皆掌宿卫及参军国谋议。长孙道生、贺毗等侍从左右，出纳教命。王建娶代王什翼犍之女。岳，和辰之弟；道生，嵩之从子也。

燕王垂即皇帝位。

西燕主冲乐在长安，且畏燕主垂之强，不敢东归，课农筑室，为久安之计，鲜卑咸怨之。左将军韩延因众心不悦，攻冲，杀之，立冲将段随为燕王，改元昌平。

代王珪徙居定襄之盛乐，务农息民，国人悦之。

西燕仆射慕容恒、尚书慕容永袭段随，杀之；立宜都王子颉为燕王，改元建明，帅鲜卑男女四十余万口去长安而东。恒弟护军将军韬诱颉，杀之于临晋，恒怒，舍韬去。永与武卫将军刁云帅众攻韬，韬败，奔恒营。恒立西燕主冲之子瑶为帝，改元建平，谥冲曰威皇帝。众皆去瑶奔永，永执瑶，杀之，立慕容泓子忠为帝，改元建武。忠以永为太尉，守尚书令，封河东公。永持法宽平，鲜卑安之。至闻喜，闻燕主垂已称尊号，不敢进，筑燕熙城而居之。

代王珪初改称魏王。

后秦王苌即皇帝位于长安，大赦，改元建初，国号大秦。追尊其父弋仲为景元皇帝，立妻蛇氏为皇后，子兴为皇太子，置百官。苌与群臣宴，酒酣，言曰："诸卿皆与朕北面秦朝，今忽为君臣，得无耻乎！"赵迁曰："天不耻以陛下为子，臣等何耻为臣！"苌大笑。

西燕刁云等杀西燕主忠，推慕容永为使持节、大都督中外诸军事、大将军、大单于、雍、秦、梁、凉四州牧、录尚书事、河东王，称藩于燕。

八月，燕主垂留太子宝守中山，以赵王麟为尚书右仆射，录留台。庚午，自帅范阳王德等南略地，使高阳王隆东徇平原。丁零鲜于乞保曲阳西山，闻垂南伐，出营望都，剽掠居民。赵王麟自出讨之，诸将皆曰："殿下虚镇远征，万一无功而返，亏损威重，不如遣诸将讨之。"麟曰："乞闻大驾在外，无所畏忌，必不设备，一举可取，不足忧也。"乃声言至鲁口，夜，回趣乞，比明，至其营，掩击，擒之。

秦主丕以苻登为征西大将军、开府仪同三司、南安王，持节、州牧、都督，皆因其所称而授之。又以徐义为右丞相。留王腾守晋阳，右仆射杨辅戍壶关，帅众四万，进屯平阳。

吕光得秦王坚凶问，举军缟素，谥曰文昭皇帝。冬，十月，大赦，改元大安。

西燕慕容永遣使诣秦主丕求假道东归，丕弗许，与永战于襄陵，秦兵大败，左丞相王永、卫大将军俱石子皆死。初，东海王纂自长安来，麾下壮士三千余人，丕忌之，既败，惧为纂所杀，帅骑数千南奔东垣，谋袭洛阳。扬威将军冯该自陕邀击之，杀丕，执其太子宁、长乐王寿，送建康，诏赦不诛，以付苻宏。纂与其弟尚书永平侯师奴帅秦众数万走据杏城，其余王公百官皆没于永。

永遂进据长子，即皇帝位，改元中兴。

十一月，秦尚书寇遗奉勃海王懿、济北王昶自杏城奔南安，南安王登发丧行服，谥秦主丕曰哀平皇帝。登议立懿为主，众曰："勃海王虽先帝之子，然年在幼冲，未堪多难。今三虏窥觎，宜立长君，非大王不可。”登乃为坛于陇东，即皇帝位，大赦，改元太初，置百官。

十二月，吕光自称使持节、侍中、中外大都督、督陇右、河西诸军事、大将军、凉州牧、酒泉公。

秦主登立世祖神主于军中，载以辎軿，建黄旗青盖，以虎贲三百人卫之，凡所欲为，必启主而后行。引兵五万，东击后秦，将士皆刻鉾、铠为“死”“休”字；每战以剑矟为方圆大阵，知有厚薄，从中分配，故人自为战，所向无前。

燕主垂以魏王珪为西单于，封上谷王；珪不受。

晋孝武帝太元十年（乙酉，公元385年）

慕容冲在阿房城即皇帝位，改年号为更始。慕容冲踌躇满志，任意赏罚。慕容盛年方十三，对慕容柔说：“就是在十人中位居首位，也必须是才能超过其他九人，然后才能安稳。如今中山王慕容冲才能不及别人，没有建立战功，而骄奢傲慢已经十分严重，恐怕难以成功啊！”

前秦平原悼公苻晖多次被西燕国主慕容冲打败，前秦王苻坚责备他说：“你是我有才能的儿子，带领众多的兵众与白虏的稚嫩小孩子作战，反而屡屡失败，活着还有什么用呢？”三月，苻晖愤恨自杀。

前禁将军李辩、都水使者陇西人彭和正担心长安失守，召集西方各州人驻扎在韭园。苻坚征召他们，他们却不到。

后燕王慕容垂攻打邺城，久攻不下，准备向北到冀州去，就命令抚军大将军慕容麟驻扎在信都，乐浪王慕容温驻扎在中山，征召骠骑大将军慕容农返回邺城。远近的人们听说以后，认为后燕威势不振，都在考虑归附还是离去的问题。

慕容农抵达高邑，派从事中郎眭邃到附近外出，过了期限还没有返回。长史张攀向慕容农进言说：“眭邃是您身边的部下，胆敢欺骗蒙蔽您，逾期不归，请求回军讨伐他。”慕容农没有答应，敕令准备借国王名义下达的诏书，任命眭邃为高阳太守，僚属部下中凡是家在赵地以北的人，全都派他们回去暂时代理官职，共选拔补充了太守三人，长史二十多人。慕容农退下去以后对张攀说：“你的见解非常错误，当今之时，怎么能自相残杀！等我从北边返回来时，眭邃等人自然应当夹道欢迎，你只管等着瞧吧。”

吕光因为龟兹富饶安乐，想在此居住久留。天竺僧人鸠摩罗什对吕光说：“这里是凶亡之地，不值得久留。将军只要东返，半路上自会有福地可以居住。”吕光于是就大肆宴请将士，讨论是否停留的问题，众人都想返回。于是就用二万多头骆驼载着境外之国的珍宝奇玩，驱赶了一万多匹骏马东返。

后燕、前秦相持了一年多，幽州、冀州出现了严重饥荒，人相残食，城邑村落一片萧条。后燕的士兵有很多被饿死。后燕王慕容垂禁止百姓养蚕，以桑葚作为军粮。

慕容垂准备北赴中山，以骠骑大将军慕容农作为前锋，以前暂时授职的官吏眭邃等人全都前来迎候，上上下下和当初一样，张攀于是对慕容农的远见卓识表示折服。

会稽王司马道子喜好专权，又被奸邪谄媚者挑拨煽动，与太保谢安有了隔阂。谢安想躲避他，恰好前秦王苻坚前来求救，谢安就请求亲自率兵去救援苻坚。壬戌（四月十五日），离开朝廷去镇守广陵的步丘，建筑了叫做新城的营垒，居住在里面。

五月，西燕国主慕容冲攻打长安，前秦王苻坚亲自督战，被飞来的乱箭射得遍体鳞伤，鲜血淋漓。慕容冲放纵军队残暴掠夺，关中士人百姓流离失所，道路被阻绝，千里不见炊烟。有三十多个堡寨营垒，推举平远将军赵敖为主，互相结盟，冒着危险派兵送粮救助苻坚，但大多都被西燕杀掉。苻坚对他们说："听说前来救助的人大都不能顺利到达，这确实表现了忠臣的大义，但如今敌寇制造的祸难繁多，不是靠一个人的力量就能解决的，只能是白白地相继落入虎口，有什么好处！你们应该为了国家而自我保重，积蓄粮食，训练军队，以等待天时，也许做善事不会长久困顿，一有机会还会否极泰来的！"

卫将军杨定与慕容冲在城西交战，被慕容冲擒获。杨定是前秦的勇猛战将。苻坚十分害怕，依据谶书中所说"帝王出走五将山才能得到长久的命运"，便留下太子苻宏守卫长安，对他说："上天大概是想引导我外出。你好好地守卫城池，不要与寇贼争锋，我要走出陇地招集兵众运送粮食供给你。"于是苻坚就率领数百骑兵与张夫人、中山公苻诜及两个女儿苻宝、苻锦奔往五将山，向各州郡公开宣布，约定在初冬时拯救长安。苻坚顺路袭击了韭园，李辩逃奔后燕，彭和正感到惭愧，自杀而死。

前秦太子苻宏无法坚守长安，带领数千骑兵与母亲、妻子、宗室亲属向西逃奔到下辨。僚属百官全都逃散，司隶校尉权翼等数百人投奔后秦。西燕国主慕容冲进城占据了长安，放纵军队大肆抢掠，城中死亡的人不计其数。

前秦王苻坚抵达五将山，后秦王姚苌派骁骑将军吴忠率领骑兵包围了他。前秦的兵众全都溃散逃走，只有十几个侍从官留在身边，苻坚神色自若，坐在那里等待吴忠的军队，召唤掌管膳食的官吏进上食物。不一会儿吴忠来到，拘捕了苻坚，把他送到新平，幽禁在特设的房间内。

后秦王姚苌派人去向前秦王苻坚索取传国印玺，说："姚苌按顺序承接天命，可以把玉玺交给我。"苻坚怒目斥责来人说："小羌胆敢威逼天子，五胡的次序，没有你羌族的名称。传国印玺已经送到了晋朝，无法得到了！"姚苌又派右司马严纬劝说苻坚，要求苻坚把君主之位禅让给他，苻坚说："禅让，是圣贤的事情，姚苌是叛贼，怎么能让他继位呢？"苻坚与尹纬谈论了一番，问尹纬："你在朕的朝廷里做什么官？"尹纬说："尚书令史。"苻坚叹息地说："你是王猛那样的人才，具有宰相的才能，然而朕却不知道你，应该灭亡了。"苻坚自认为平时对待姚苌有恩，越发愤恨他，多次痛骂姚苌，以求一死，对张夫人说："岂能让羌奴侮辱我的儿女。”于是就先杀掉了苻宝、苻锦。辛丑（八月二十六日），姚苌派人把苻坚吊死在新平的佛寺。张夫人、中山公苻诜全都自杀。后秦的将士全都为他们悲痛。姚苌想隐瞒杀苻坚的罪名，给苻坚定谥号为壮烈天王。

臣司马光曰：谈论这段历史的人都认为秦王苻坚的灭亡，是由于没有杀掉慕容垂、姚苌的缘故。臣唯独认为不是这样。许劭说魏武帝曹操是太平盛世的能臣，混乱世道的奸雄。假使苻坚治理国家不违背治国之道，那么慕容垂、姚苌全都是秦国的能臣，怎么能作乱呢？苻坚之所以灭亡的原因，是由于屡次取胜后骄傲的缘故。魏文侯问李克关于吴国失败的原因，李克回答说：“经常征战又经常胜利。”魏文侯说：“经常征战又经常胜利，这是国家的福分，为什么灭亡了呢？”李克回答说：“经常征战则民众疲惫，经常胜利则主上骄傲，以骄傲的君主统治疲惫的民众，没有不灭亡的道理。”秦王苻坚就与此相似。

长乐公苻丕在邺城，准备西赴长安，幽州刺史王永在壶关，派使者去招纳苻丕，苻丕就率领邺城中的男女六万多人向西到潞川，骠骑将军张蚝、并州刺史王腾迎接他们进入晋阳。这时苻丕才知道长安已经失守，苻坚已经死亡，于是公开宣布了苻坚死亡的消息，他自己即帝位，给苻坚定谥号为宣昭皇帝，庙号为世祖，实行大赦，改年号为大安。

吕光从龟兹返回到宜禾，前秦凉州刺史梁熙计划封锁边境拒绝他进入。高昌太守杨翰向梁熙进言说：“吕光刚刚攻破西域，兵力强盛，气势锋锐，听说中原动乱，一定会有不同寻常的图谋。河西地广万里，拥有十万披甲将士，足以自我保全。如果吕光走出沙漠，他的威势就难以抵挡了。高梧谷口是险阻的要塞，应该先据守那里，从而断绝他们的水源。等他们疲困干渴以后，我们就可以坐而制之。如果认为那里路途遥远，也可以在伊吾关拒守。除了这两处险阻要塞，就是有张良那样的谋略，也无处施展！”梁熙没有听从。美水令犍为人张统对梁熙说：“如今关中大乱，京师长安不知道是存是亡。吕光前来，其志向难以预测，将军怎样抵抗他？”梁熙说：“正对此事忧虑，但不知道该怎么办。”张统说：“吕光谋略过人，如今带领着盼望归家的将士，乘着交战取胜的气势，其锋芒不容易抵挡。将军您世代承受恩泽，历来以忠诚著称，为王室建立功勋，应该就在今天。行唐公苻洛，是主上的堂弟，勇猛冠绝一时，为将军着想，不如尊奉他为盟主以凝聚众人的期望，推举忠义之人以率领众豪强，如此则吕光虽然到来，也不敢怀有异心。凭借他的精锐部队，就可以兼并东面的毛兴，联合王统、杨壁，汇集四州的兵众，扫除顽凶叛逆，安定王室，这是像齐桓公、晋文公那样的举动。”梁熙又没有听从，在西海杀掉了苻洛。

吕光听说了杨翰的计谋，很害怕，不敢前进。杜进说：“梁熙文雅有余，随机应变不足，最终也不会采纳杨翰的计谋，不值得担忧。应该乘着他上下离心的时机，迅速进军以攻取他。”吕光听从了杜进的意见。前进到高昌，杨翰出来迎接，举郡投降。到了玉门，梁熙传递檄文责备吕光擅自命令军队返回，任命儿子梁胤为鹰扬将军，与振威将军南安人姚皓、别驾卫翰率领五万兵众在酒泉阻击吕光。敦煌太守姚静、晋昌太守李纯举郡投降了吕光。吕光向凉州发出了回复檄文，责备梁熙没有以身赴难的志向，反而阻止归国的兵众。派彭晃、杜进、姜飞作为前锋，与梁胤在安弥交战，大败梁胤的军队，擒获了梁胤。于是周围依山而居的胡人、夷人全都归附于吕光。武威太守彭济拘押着梁熙投降，吕光杀掉了梁熙。

吕光进入姑臧，自己兼任凉州刺史，上表请求任命杜进为武威太守，自己其余的将领辅佐，分别都接受了职位。凉州的郡县全都投降了吕光，只有酒泉太守宋皓、西郡太守索泮固守城池不投降。吕光发起攻击，抓获了他们，责备索泮说：“我接受诏令平定西域，而梁熙却断绝我的归路，这是朝廷的罪人，你为什么要依附他呢？”索泮说：“将军接受诏令平定西域，并没有接受诏令搞乱凉州，梁公有什么罪过而将军杀了他？我只是苦于力量不足，不能为君父报仇，怎么肯干像叛逆的氐人彭济那样的事情呢！主灭臣死，这本来就是千古不变之理。”吕光杀掉了索泮及宋皓。

乞伏国仁自称大都督、大将军、单于、兼秦、河二州牧，改年号为建义，任命乙旃童埿为左相，屋引出支为右相，独孤匹蹄为左辅，武群勇士为右辅，弟弟乞伏乾归为上将军，在所辖领地分别设置了武城等十二郡，建筑了勇士城作为都城。

慕容农抵达龙城，让士兵军马休整了十多天。众将领都说：“殿下来的时候，选择道路非常迅速，如今到了这里却长久地停留而不再前进，这是为什么呢？”慕容农说：“我来得迅速的原因，是担心馀岩会越过白狼山强取豪夺，侵扰百姓。馀岩没有过人之才，欺骗诱惑处于饥饿状态的人，乌合成群，并没有什么法度纪律。我现在已经扼制了他的咽喉，时间一久他们就会自行离散，不能为患了。如今这里的庄稼丰收，不收拾完就离开，只能白白地浪费掉，应当等收拾完以后，再去斩了他，也不过是十来天以后的事情。”不久，慕容农统率步、骑兵三万人抵达令支，馀岩的兵众非常震惊害怕，逐渐逃出城外归附了慕容农。馀岩无计可施，出来投降，慕容农斩杀了他。慕容农又进军攻打高句丽，夺回了辽东、玄菟二郡。返回龙城以后，上疏请求修缮先帝的陵庙。

后燕王慕容垂到北面的中山，对众将领说：“乐浪王慕容温招纳流离失所的民众，充实粮仓谷库，在外军粮丰足，在内营建宫室，即使是萧何的功劳，又怎么能超过他！”丙申，（十二月二十三日），慕容垂开始定都中山。

十一年（丙戌，公元386年）

春季，正月，戊申（初六），拓跋珪在牛川举行盟会，自己即代王位，改年号为登国。任命长孙嵩为南部大人，叔孙普洛为北部大人，分别统领他们的部众。任命上谷人张衮为左长史，许谦为右司马，广宁人王建、代国人和跋、叔孙建、庾岳为外朝大人，任命奚牧为治民长，全都掌管宫中警卫及参与讨论军队国家的谋略。长孙道生、贺毗等人在拓跋珪左右侍从，传递命令。王建娶了代王拓跋什翼犍的女儿。庾岳是庾和辰的弟弟；长孙道生是长孙嵩的侄子。

后燕王慕容垂即皇帝位。

西燕国主慕容冲喜欢住在长安，而且畏惧后燕国主慕容垂的强盛，不敢东归，便督促农耕，建筑宫室，做长久安居的打算。鲜卑人全都怨恨他。左将军韩延顺应众人心中的不满，攻打慕容冲，杀掉了他，立慕容冲的将领段随为西燕王，改年号为昌平。

代王拓跋珪迁徙到定襄的盛乐居住，致力于农耕，让百姓休养生息，国内的人对此都很高兴。

西燕仆射慕容恒、尚书慕容永袭击段随，把他杀掉了。立宜都王慕容恒的儿子慕容颉为燕王，改年号为建明，率领鲜卑男女四十多万人离开长安东去。慕容恒的弟弟护军将军慕容韬诱骗慕容颉，在临晋杀掉了他，慕容恒很愤怒，丢下慕容韬离开了。慕容永与武卫将军刁云率领兵众攻打慕容韬，慕容韬失败，逃奔到慕容恒的军营。慕容恒立西燕国主慕容冲的儿子慕容瑶为帝，改年号为建平，给慕容冲定谥号为威皇帝。兵众全都离开慕容瑶投奔慕容永，慕容永抓获了慕容瑶，杀掉了他，立慕容泓的儿子慕容忠为帝，改年号为建武。慕容忠任命慕容永为太尉，暂任尚书令，封为河东公。慕容永施行法令宽松平和，鲜卑人安居乐业。慕容永到了闻喜，听说后燕国主慕容垂已经称帝号，不敢继续前进，修筑燕熙城居住。

代王拓跋珪开始改称魏王。

后秦王姚苌在长安即皇帝位，实行大赦，改年号为建初，立国号为大秦。追尊他的父亲姚弋仲为景元皇帝，立妻子虵氏为皇后，儿子姚兴为皇太子，设置百官。姚苌与群臣聚宴，酒喝到尽兴时，说道：“你们全都与朕北面称臣于秦朝，今天突然成为君臣关系，不感到耻辱吗？”赵迁说：“上天不耻于以陛下作为儿子，我们为什么耻于作为臣下呢！”姚苌开怀大笑。

魏王拓跋珪

西燕的刁云等人杀掉了西燕国主慕容忠，推举慕容永为使持节、大都督中外诸军事、大将军、大单于以及雍、秦、梁、凉四州牧，录尚书事，河东王，向后燕称藩。

八月，后燕国主慕容垂留下太子慕容宝守卫中山，任命赵王慕容麟为尚书右仆射，总领留台。庚午（初一），慕容垂亲自率领范阳王慕容德等人攻打南部地域，让高阳王慕容隆向东开辟平原地区。丁零人鲜于乞据守在曲阳以西的山岭，听说慕容垂到南方讨伐，出山驻扎在望都，抢掠当地民众。赵王慕容麟准备亲自出征讨伐他，众将领都说："殿下使镇守之地空虚而远征讨伐，万一无功而返，有损威严，不如派遣众将领去讨伐他。"慕容麟说："鲜于乞听说国主在外，无所畏惧，一定不会设防，一举就可以攻取他，不值得忧虑。"于是就扬言前往鲁口，夜晚，回师直奔鲜于乞，等到天亮时，到了他的营地，突然发起攻击，擒获了鲜于乞。

前秦国主苻丕任命苻登为征西大将军、开府仪同三司、南安王，持节、州牧、都督，全都根据他的自称而加以正式任命。又任命徐义为右丞相。留下王腾镇守晋阳，右仆射杨辅戍守壶关，率领四万兵众，进军到平阳驻扎。

吕光获悉前秦王苻坚死的消息，全军将士都身穿白色丧服志哀，给苻坚定谥号为文昭皇帝。冬季，十月，实行大赦，改年号为大安。

西燕慕容永派使者到前秦国主苻丕那里请求借道东返，苻丕不同意，与慕容永在襄陵交战，前秦的军队大败，左丞相王永、卫大将军俱石子全都战死。当初，东海王苻纂从长安来投奔苻丕，手下有勇士三千多人，苻丕非常忌恨他，等到苻丕失败以后，害怕被苻纂杀掉，就率领数千骑兵向南逃奔东垣，打算袭击洛阳。扬威将军冯该从陕城出发迎击他，斩杀了苻丕，抓获了他的太子苻宁、长乐王苻寿，把他们送到了建康。朝廷下达诏令赦免他们，不予诛杀，把他们交给了苻宏。苻纂与他的弟弟尚书永平侯苻师奴率领前秦的数万兵众逃奔占据了杏城，其余的王公百官全都落入慕容永之手。

慕容永于是就进军占据了长子，即皇帝位，改年号为中兴。

十一月，前秦尚书寇遗奉送勃海王苻懿、济北王苻昶从杏城投奔南安，南安王苻登公布了前秦国主苻丕死亡的消息，并为他服丧守孝，定立谥号为哀平皇帝。苻登商议立苻懿为国主，众人说："勃海王苻懿虽然是先帝的儿子，但是年龄幼小，没有经历过多的磨难。如今三国的敌人都在窥伺图谋我们，应该立年长的君主，此人非大王不可。"苻登于是就在陇东设立了祭坛，即皇帝位，实行大赦，改年号为太初，设置百官。

十二月，吕光自称使持节、侍中、中外大都督、督陇右、河西诸军事、大将军、凉州牧、酒泉公。

前秦国主苻登在军队中设立了世祖苻坚的牌位，放在四周遮蔽的车乘里，并给车乘装上黄色的旗帜，蓝色的车盖，让三百名虎贲士兵守卫，凡是想干的事情，一定要先向苻坚的牌位报告，然后才行动。苻登带领五万军队，东进攻打后秦，将士们全都在头盔铠甲上刻了"死""休"二字，每逢战斗都用剑矛组成方圆大阵，知道了力量分布不均后，再重新调整，所以人人各自为战，所向无敌。

后燕国主慕容垂任命魏王拓跋珪为西单于，封为上谷王。拓跋珪不予接受。

第一百零七卷
晋纪二十九

译文诵读

烈宗孝武皇帝中之下太元十二年（丁亥，387）

燕主垂观兵河上，高阳王隆曰："温详之徒，皆白面儒生，乌合为群，徒恃长河以自固；若大军济河，必望旗震坏，不待战也。"垂从之。戊午，遣镇北将军兰汗、护军将军平幼于碻磝西四十里济河，隆以大众陈于北岸。温攀、温楷果走趣城，平幼追击，大破之。详夜将妻子奔彭城，其众三万余户皆降于燕。垂以太原王楷为兖州刺史，镇东阿。

秦主登立妃毛氏为皇后，勃海王懿为太弟。后，兴之女也。遣使拜东海王纂为使持节、都督中外诸军事、太师、领大司马，封鲁王；纂弟师奴为抚军大将军，并州牧，封朔方公。纂怒谓使者曰："勃海王先帝之子，南安王何以不立而自立乎？"长史王旅谏曰："南安已立，理无中改；今寇虏未灭，不可宗室之中自为仇敌也。"纂乃受命。于是卢水胡彭沛谷、屠各董成、张龙世、新平羌雷恶地等皆附于纂，有众十余万。

燕主垂自碻磝还中山，慕容柔、慕容盛、慕容会来自长子。庚子，垂为之大赦。垂问盛："长子人情如何，为可取乎？"盛曰："西军扰扰，人有东归之志，陛下唯当修仁政以俟之耳。若大军一临，必投戈而来，若孝子之归慈父也。"垂悦。癸未，封柔为阳平王，盛为长乐公，会为清河公。

秦冯翊太守兰椟帅众二万自频阳入和宁，与鲁王纂谋攻长安。纂弟师奴劝纂称尊号，纂不从；师奴杀纂而代之，椟遂与师奴绝。西燕主永攻椟，椟请救于后秦，后秦主苌欲自救之。尚书令姚旻、左仆射尹纬曰："苻登近在瓦亭，将乘虚袭吾后。"苌曰："苻登众盛，非旦夕可制；登迟重少决，必不能轻军深入。比两月间，吾必破贼而返，登虽至，无能为也。"九月，苌军于泥源。师奴逆战，大败，亡奔鲜卑。后秦尽收其众，屠各董成等皆降。

后秦姚方成攻秦雍州刺史徐嵩垒，拔之，执嵩而数之。嵩骂曰："汝姚苌罪当万死，苻黄眉欲斩之，先帝止之。授任内外，荣宠极矣。曾不如犬马识所养之恩，亲为大逆。汝羌辈岂可以人理期也，何不速杀我！"方成怒，三斩嵩，悉坑其士卒，以妻子赏军。后秦主苌掘秦主坚尸，鞭挞无数，剥衣倮形，荐之以棘，坎上而埋之。

凉州大饥，米斗直钱五百，人相食，死者大半。

十三年（戊子，388）

三月，乙亥，燕主垂以太子宝录尚书事，授之以政，自总大纲而已。

吕光之定凉州也，杜进功居多，光以为武威太守，贵宠用事，群僚莫及。光甥石聪自关中来，光问之曰："中州人言我为政何如？"聪曰："但闻有杜进耳，不闻有舅。"光由是忌进而杀之。

光与群寮宴，语及政事，参军京兆段业曰："明公用法太峻。"光曰："吴起无恩而楚强，商鞅严刑而秦兴。"业曰："起丧其身，鞅亡其家，皆残酷之致也。明公方开建大业，景行尧、舜，犹惧不济；乃慕起、鞅之为治，岂此州士女所望哉！"光改容谢之。

秦、后秦自春相持，屡战，互有胜负，至是各解归。关西豪杰以后秦久无成功，多去而附秦。

魏王珪阴有图燕之志，遣九原公仪奉使至中山，燕主垂诘之曰："魏王何以不自来？"仪曰："先王与燕并事晋室，世为兄弟，臣今奉使，于理未失。"垂曰："吾今威加四海，岂得以昔日为比！"仪曰："燕若不修德礼，欲以兵威自强，此乃将帅之事，非使臣所知也。"仪还，言于珪曰："燕主衰老，太子暗弱，范阳王自负材气，非少主臣也。燕主既没，内难必作，于时乃可图也。今则未可。"珪善之。仪，珪母弟翰之子也。

十四年（己丑，389）

后秦主苌以秦战屡胜，谓得秦王坚之神助，亦于军中立坚像而祷之曰："臣兄襄敕臣复仇，新平之祸，臣行襄之命，非臣罪也。苻登，陛下疏属，犹欲复仇，况臣敢忘其兄乎！且陛下命臣以龙骧建业，臣敢违之！今为陛下立像，陛下勿追计臣过也。"秦主登升楼，遥谓苌曰："为臣弑君，而立像求福，庸有益乎！"因大呼曰："弑君贼姚苌何不自出！吾与汝决之！"苌不应。久之，以战未有利，军中每夜数惊，乃斩像首以送秦。

二月，吕光自称三河王，大赦，改元麟嘉，置百官。

后秦主苌与秦主登战数败，乃遣中军将军姚崇袭大界；登邀击之于安丘，又败之。

秦主登攻后秦右将军吴忠等于平凉，克之。八月，登据苟头原以逼安定。诸将劝后秦主苌决战，苌曰："与穷寇竞胜，兵家之忌也；吾将以计取之。"乃留尚书令姚旻守安定，夜，帅骑三万袭秦辎重于大界，克之，杀毛后及南安王尚，擒名将数十人，驱掠男女五万余口而还。毛氏美而勇，善骑射。后秦兵入其营，毛氏犹弯弓跨马，帅壮士数百人战，众寡不敌，为后秦所执。苌将纳之，毛氏骂且哭曰："姚苌，汝先已杀天子，今又欲辱皇后，皇天后土，宁汝容乎！"苌杀之。诸将欲因秦军骇乱击之，苌曰："登众虽乱，怒气犹盛，未可轻也。"遂止。登收余众屯胡空堡。苌使姚硕德镇安定，徙安定千余家于阴密，遣其弟征南将军靖镇之。

初，帝既亲政事，威权己出，有人主之量。已而溺于酒色，委事于琅邪王道子；道子亦嗜酒，日夕与帝以酣歌为事。又崇尚浮屠，穷奢极费，所亲昵者皆姏姆、僧尼。左右近习，争弄权柄，交通请托，贿赂公行，官赏滥杂，刑狱谬乱。尚书令陆纳望宫阙叹曰："好家居，纤儿欲撞坏之邪！"左卫领营将军会稽许营上疏曰："今台府局吏、直卫武官及仆隶婢儿取母之姓者，本无乡邑品第，皆得为郡守县令，或带职在内，及僧尼乳母，竞进亲党，又受货赂；辄临官领众，政教不均，暴滥无罪，禁令不明，劫盗公行。昔年下书敕群下尽规，而众议兼集，无所采用。臣闻佛者，清远玄虚之神，今僧尼往往依傍法服，五诫粗法尚不能遵，况精妙乎！而流惑之徒，竞加敬事，又侵渔百姓，取财为惠，亦未合布施之道也。"疏奏，不省。

道子势倾内外，远近奔凑；帝渐不平，然犹外加优崇。侍中王国宝以谗佞有宠于道子，扇动朝众，讽八座启道子宜进位丞相、杨州牧，假黄钺，加殊礼。护军将军南平车胤曰："此乃成王所以尊周公也。今主上当阳，非成王之比；相王在位，岂得为周公乎！"乃称疾不署。疏奏，帝大怒，而嘉胤有守。

中节侍郎范宁、徐邈为帝所亲信，数进忠言，补正阙失，指斥奸党。王国宝，宁之甥也，宁尤疾其阿谀，劝帝黜之。陈郡袁悦之有宠于道子，国宝使悦之因尼妙音致书于太子母陈淑媛云："国宝忠谨，宜见亲信。"帝知之，发怒，以他事斩悦之。国宝大惧，与道子共谮范宁出为豫章太守。宁临发，上疏言："今边烽不举而仓库空匮；古者使民岁不过三日，今之劳扰，殆无三日之休，至有生儿不复举养，鳏寡不敢嫁娶。厝火积薪，不足喻也。"宁又上言："中原士民流寓江左，岁月渐久，人安其业。凡天下之人，原其先祖，皆随世迁移，何至于今而独不可。谓宜正其封疆，户口皆以土断。又，人性无涯，奢俭由势；今并兼之室，亦多不赡，非其财力不足，盖由用之无节，争以靡丽相高，无有限极故也。礼十九为长殇，以其未成人也。今以十六为全丁，十三为半丁。所在非复童幼之事，岂不伤天理、困百姓乎！谓宜以二十为全丁，十六为半丁，则人无夭折，生长繁滋矣。"帝多纳用之。

十五年（庚寅，390）

琅琊王道子恃宠骄恣，侍宴酣醉，或亏礼敬。帝益不能平，欲选时望为藩镇以潜制道子，问于太子左卫率王雅曰："吾欲用王恭、殷仲堪何如？"雅曰："王恭风神简贵，志气方严；仲堪谨于细行，以文义著称。然皆峻狭自是，且干略不长；若委以方面，天下无事，足以守职，若其有事，必为乱阶矣！"帝不从。恭，蕴之子；仲堪，融之孙也。二月，辛巳，以中书令王恭为都督青、兖、幽、并、冀五州诸军事、兖、青二州刺史，镇京口。

夏，四月，秦镇东将军魏揭飞自称冲天王，帅氐、胡攻后秦安北将军姚当成于杏城；镇军将军雷恶地叛应之，攻镇东将军姚汉得于李润。后秦主苌欲自击之，群臣皆曰：“陛下不忧六十里苻登，乃忧六百里魏揭飞，何也？”苌曰：“登非可猝灭，吾城亦非登所能猝拔。恶地智略非常，若南引揭飞，东结董成，得杏城、李润而据之，长安东北非吾有也。”乃潜引精兵一千六百赴之。揭飞、恶地有众数万，氐、胡赴之者前后不绝。苌每见一军至，辄喜。群臣怪而问之，苌曰：“揭飞等扇诱同恶，种类甚繁，吾虽克其魁帅，余党未易猝平；今乌集而至，吾乘胜取之，可一举无余也。”揭飞等见后秦兵少，悉众攻之；苌固垒不战，示之以弱，潜遣其子中军将军崇帅骑数百出其后。揭飞兵扰乱，苌遣镇远将军王超等纵兵击之，斩揭飞及其将士万余级。恶地请降，苌待之如初。恶地谓人曰：“吾自谓智勇杰出一时，而每遇姚翁辄困，固其分也！”

十六年（辛卯，391）

三月，秦主登自雍攻后秦安东将军金荣于范氏堡，克之；遂渡渭水，攻京兆太守韦范于段氏堡，不克；进据曲牢。

苟曜有众一万，密召秦主登，许为内应；登自曲牢向繁川，军于马头原。五月，后秦主苌引兵逆战，登击破之，斩其右将军吴忠。苌收众复战，姚硕德曰：“陛下慎于轻战，每欲以计取之，今战失利而更前逼贼，何也？”苌曰：“登用兵迟缓，不识虚实。今轻兵直进，遥据吾东，此必苟曜竖子与之有谋也。缓之则其谋得成，故及其交之未合，急击之以败散其事耳。”遂进战，大破之。登退屯于郿。

六月，甲辰，燕赵王麟破贺讷于赤城，禽之，降其部落数万。燕主垂命麟归讷部落，徙染干于中山。麟归，言于垂曰：“臣观拓跋珪举动，终为国患，不若摄之还朝，使其弟监国事。”垂不从。

魏王珪遣其弟觚献见于燕；燕主垂衰老，子弟用事，留觚以求良马。魏王珪弗与，遂与燕绝；使长史张衮求好于西燕。觚逃归，燕太子宝追获之，垂待之如初。

初，柔然部人世服于代，其大人郁久闾地粟袁卒，部落分为二：长子匹候跋继父居东边，次子缊纥提别居西边。秦王坚灭代，柔然附于刘卫辰。

及魏王珪即位，攻击高车等，诸部率皆服从，独柔然不事魏。戊戌，珪引兵击之，柔然举部遁走，珪追奔六百里。诸将因张衮言于珪曰：“贼远粮尽，不如早还。”珪问诸将：“若杀副马，为三日食，足乎？”皆曰：“足。”乃复倍道追之，及于大碛南床山下，大破之，虏其半部，匹候跋及别部帅屋击各收余众遁走。珪遣长孙嵩、长孙肥追之。珪谓将佐曰：“卿曹知吾前问三日粮意乎？”曰：“不知也。”珪曰：“柔然驱畜产奔走数日，至水必留；我以轻骑追之，计其道里，不过三日及之矣。”皆曰：“非所及也。”嵩追斩屋击于平望川。肥追匹候跋至涿邪山，匹候跋举众降，获缊纥提之子曷多汗、兄子社仑、斛律等宗党数百人。缊纥提将奔刘卫辰，珪追及之，缊纥提亦降，珪悉徙其部众于云中。

刘卫辰遣子直力鞮帅众八九万攻魏南部。十一月，己卯，魏王珪引兵五六千人拒之，壬午，大破直力鞮于铁岐山南，直力鞮单骑走。乘胜追之，戊子，自五原金津南济河，径入卫辰国，卫辰部落骇乱。辛卯，珪直抵其所居悦跋城，卫辰父子出走。壬辰，分遣诸将轻骑追之，将军伊谓禽直力鞮于木根山，卫辰为其部下所杀。十二月，珪军于盐池，诛卫辰宗党五千余人，皆投尸于河，自河以南诸部悉降，获马三十余万匹，牛羊四百余万头，国用由是遂饶。

秦主登攻安定，后秦主苌如阴密以拒之，谓太子兴曰："苟曜闻吾北行，必来见汝，汝执诛之。"曜果见兴于长安，兴使尹纬让而诛之。

苌败登于安定城东，登退据路承堡。苌置酒高会，诸将皆曰："若值魏武王，不令此贼至今，陛下将牢太过耳。"苌笑曰："吾不如亡兄有四：身长八尺五寸，臂垂过膝，人望而畏之，一也；将十万之众，与天下争衡，望麾而进，前无横陈，二也；温古知今，讲论道艺，收罗英隽，三也；董帅大众，上下咸悦，人尽死力，四也。所以得建立功业，驱策群贤者，正望算略中有片长耳。"群臣咸称万岁。

晋孝武帝太元十二年（丁亥，公元387年）

后燕国主慕容垂在黄河之上阅兵，高阳王慕容隆说："温详这些人，都是白面儒生，乌合之众，只是依靠长河之险来保护自己；如果大军渡过黄河，他们一定会望旗自溃，不用一战。"慕容垂同意他的话。戊午（正月二十一日），慕容垂派遣镇北将军兰汗、护军将军平幼率军在碻磝以西四十里的地方渡黄河，慕容隆则把更多的军队部署在河北岸。温攀、温楷等果然向东阿城逃去。平幼跟踪追击，把这支败军打得大败。温详则趁夜携带妻子儿女逃奔彭城，他的部众三万多户都投降了后燕。慕容垂任命太原王慕容楷为兖州刺史，镇守东阿城。

前秦国主苻登册立王妃毛氏为皇后，封勃海王苻懿为皇太弟。毛皇后是毛兴的女儿。苻登派遣使节拜封东海王苻纂为使持节、都督中外诸军事、太师、兼大司马，并封为鲁王；任命苻纂的弟弟苻师奴为抚军大将军、并州牧，并封为朔方公。苻纂生气地对使节说："勃海王苻懿是先帝苻丕的儿子，南安王苻登为什么不拥立他做皇帝，而却自己登上宝座呢？"长史王旅劝他说："南安王既已做了皇帝，按道理便不能半途改变了；现在贼寇盗匪还没有消灭，皇族宗室之中不能自己先互相成为仇敌。"苻纂才接受了任命。从此，卢水的胡人彭沛谷，屠各人董成、张龙世，新平羌人雷恶地等便都归附于苻纂，苻纂的部众达到十余万人。

后燕国主慕容垂从碻磝回到中山。慕容柔、慕容盛、慕容会也从长子县赶回。庚子，慕容垂因为他们重新回到都城，下令大赦。慕容垂问慕容盛说："长子那个地方人们的心情怎么样，可以争取吗？"慕容盛说："西燕军中人心惶惶，因此，人们都有归顺东部的意思，陛下您只应当施行仁政、耐心等待时机罢了。如果大军一旦逼临，他们一定会拿着武器前来归顺，就像孝顺的儿子归附仁慈的父亲那样。”慕容垂大喜。癸未（十八日），慕容垂封慕容柔为阳平王，慕容盛为长乐公，慕容会为清河公。

前秦冯翊太守兰椟率领军队二万人，从频阳到和宁驻扎，跟鲁王苻纂谋划攻取长安。苻纂的弟弟苻师奴劝苻纂登极称尊当皇帝，苻纂没有听从。苻师奴杀了苻纂，取代了他的权位，兰椟于是与苻师奴断绝了来往。西燕国主慕容永进攻兰椟，兰椟派人到后秦求救，后秦国主姚苌想要亲自带兵去救兰椟。尚书令姚旻、左仆射尹纬对姚苌说：“苻登大军就屯聚在离我们最近的瓦亭，势将乘虚袭击我们的背后。”姚苌说：“苻登的军队虽然强大，不是一两天内就可以到达的。苻登为人反应迟钝滞重而缺乏决断力，一定不会轻易地指挥大军迅速深入袭击我们。差不多两个月之内，我一定会打败贼兵慕容永而返回，那时虽然苻登兵到，也已没有什么可作为了。”九月，姚苌率兵来到泥源。苻师奴迎战，被打得大败，逃命到鲜卑。后秦收编了他的部众，屠各人董成等也都投降。

后秦将领姚方成进攻前秦雍州刺史徐嵩的寨垒，攻克后抓住徐嵩，历数他的罪恶。徐嵩大骂说：“你们姚苌才是罪该万死，当初苻黄眉打算杀了他，幸亏先帝苻坚阻止，救了他一命，还任命他担任朝廷和地方的重要官职，荣耀宠爱都达到极点。可是姚苌却不如犬马那般知道被主人养育的恩德，亲自做出大逆不道的事。你们这些羌人怎么可以用做人的道理来要求呢？为什么不快来杀我！”姚方成恼羞成怒，分三次斩杀徐嵩，把徐嵩的士卒全部推到坑里活埋，又把这些士卒的妻子女儿赏给自己的军卒。后秦国主姚苌把他的恩主、前秦国主苻坚的尸首挖出来，用皮鞭抽打不计其数，并且剥掉了他的衣服，露出尸体，用荆棘再包起来，挖了一个坑埋了起来。

凉州发生了严重饥荒，普通的谷米每斗竟然值五百钱。人们饥饿难忍，出现了人吃人的事。死亡的人超过总人口的一半。

十三年（戊子，公元388年）

三月，乙亥（十五日），后燕国主慕容垂命太子慕容宝任录尚书事，把政事交付给他，自己不过在总体上把握而已。

后凉吕光当初平定凉州的时候，杜进所立的功劳最多，吕光任命他为武威太守，他受宠专权。其他同僚都赶不上。吕光的外甥石聪从关中地方前来，吕光问他说：“中州那里的人说我治理朝政怎么样？”石聪说：“只听说有一个杜进罢了，没听说有舅舅。”吕光因此忌恨杜进而借故把他杀了。

吕光跟一些幕僚聚餐，谈到朝政方面的事，参军京兆人段业说：“明公您施用刑法太严峻了。”吕光说：“吴起当年刻薄寡恩，但楚国因此强大，商鞅当年刑律森严，但秦国因此振兴。”段业说：“吴起自己被杀、商鞅全家遭到屠戮，都是因为他们残酷到了极点。明公您才刚刚开始创建大业，效法学习尧、舜还恐怕不能成功，竟然去仰慕吴起、商鞅那样的治理方法，这难道是本州的百姓所期望的吗！”吕光肃然变色，感谢段业的这番忠告。

前秦与后秦从春天开始相持不下，交战了好几次，互有胜败，这时各自罢兵返回。关西的一些英雄豪杰因为后秦兴起这么久而仍不能成功，有很多便离去而归附了前秦。

魏王拓跋珪暗中有图谋后燕的野心，派遣九原公拓跋仪担任使者来到后燕都城中山。后燕国主慕容垂盘问他说：“魏王为什么不自己来？”拓跋仪说：“我们的先王与燕国的祖先曾经一起为晋朝的帝室做事，世世代代情同兄弟。我今天奉使前来，在情理上没有失误。”慕容垂说：“今天我的威望，已经传播影响到四面八方去了，怎么能够与过去相比呢！”拓跋仪说：“后燕如果不遵守道德，不循奉礼仪，而只打算依靠军事威力使自己强大，那只是将帅们的事情，不是我这个作使臣的人所知道的。”拓跋仪回国后，对拓跋珪说：“后燕国主慕容垂已经年老体衰，太子慕容宝又庸碌懦弱，范阳王慕容德对自己的才干气质非常自负，绝不是将来少主的臣下。慕容垂一旦死去，内部一定会发生争斗，到那个时候才可以图谋他们。现在却还不行。”拓跋珪对他的看法大为称赞。拓跋仪是拓跋珪叔父拓跋翰的儿子。

十四年（己丑，公元389年）

后秦国主姚苌因为前秦军队屡次获胜利，以为那是得到了前秦国主苻坚的神灵帮助的结果，因此也在军营中竖立苻坚的神像，并且向他祷告说：“我的哥哥姚襄临死时嘱咐我为他报仇，那次在新平城缢死您的祸事，就是我在执行哥哥姚襄的遗命，不是我的罪过呀。苻登，不过是陛下您的比较疏远的亲属，还想着为您复仇，何况我是弟弟，怎么敢忘掉哥哥的大仇呢？况且陛下您又命令我以龙骧将军的身份建立大业，我又怎敢违背您的教诲？今天我为陛下您立这尊神像，希望陛下不要再追究计较臣下我的过错。”前秦国主苻登爬上军营中的指挥楼，从远处告诉姚苌说：“作为臣子而杀害了自己的君主，却又立像求福，能有什么好处呢！”因此，他又大声呼喊说：“杀害了自己君主的奸贼姚苌为什么不自己出来！我和你决一死战！”姚苌不答应。可是，时间一长，因为在交战时并没有得到什么好处，而他自己在军营中每夜都要受几次惊吓，所以，姚苌才把神像的头斩了下来送给了前秦。

二月，后凉吕光自称为三河王，实行大赦，改年号为麟嘉，设置文武百官。

后秦国主姚苌和前秦国主苻登会战，多次失败，于是就派中军将军姚崇突袭大界。苻登在安丘把他截住厮杀，又一次把他们打败。

前秦国主苻登在平凉进攻后秦右将军吴忠等人，攻克了平凉。八月，苻登据守苟头原，以此威逼安定。几位将军劝说后秦主姚苌与前秦决一死战，姚苌说：“和走投无路的强盗在战场上争胜，是用兵人的大忌。我准备用计谋战胜他。”于是留下尚书令姚旻镇守安定，自己在深夜率领骑兵三万人直奔大界，偷袭前秦等待搬运的粮草等笨重物资，果然攻克了大界，杀死了毛皇后以及南安王苻弁、北海王苻尚，俘获名将几十人，并且驱赶、掠走男女兵丁五万余人，凯旋。毛皇后貌美而勇武，善于骑马射箭，后秦的兵马冲进她的营帐的时候，毛氏还曾跨上马匹，弯弓反击，带领指挥几百个壮健的兵士死战。但是寡不敌众，被后秦俘获。姚苌有意收她为妾，毛氏边哭边骂着说："姚苌，你先前就已经杀害了天子，今天又想来侮辱皇后，皇天后土，怎么还能容你！"姚苌杀了毛皇后。他部下众将想趁前秦军惊骇混乱之机继续攻击，姚苌说："苻登的部众虽然一时陷于混乱，但是激愤之气还仍然很大，不可轻敌。"于是停止继续进攻。苻登也集结残兵败将，屯聚在胡空堡。姚苌派遣姚硕德镇守安定，并把安定居民一千余家迁到阴密，又派他的弟弟征南将军姚靖到阴密镇守。

当初，孝武帝亲自处理国家的政事后，权力与威望出自己手，很有君主的气度。但不久便沉溺于美酒和女色之中，把朝廷的政事统统推给琅邪王司马道子代管。但司马道子也是嗜好喝酒，从早到晚都和孝武帝一起把高歌狂饮当成主要事情。孝武帝又迷信佛教，极端奢侈挥霍，浪费在这方面的钱财很多。他所亲近的人又都是三姑六婆、和尚尼姑，所以他左右的侍从人员，便乘机争权夺利，互相勾结，公开进行贿赂，封官加赏又杂又滥，刑罚惩戒混乱冤错。尚书令陆纳遥望着皇宫叹息着说道："这么好的一个家，小孩子要把它折腾坏呀！"左卫领营将军会稽人许营呈上一道奏章说："现在朝廷小吏、军中武官，下至男仆女奴那些不知生父只取母姓的人，本来没有经过官府的考察举荐，却都能当上郡守县令，甚至进入朝中当官，至于那些和尚、尼姑、乳娘等人，更是争先恐后地引进他们的亲朋好友，接受财物贿赂。以至于任用官吏、管辖百姓、政治与教化都没有标准，对无罪之人滥施暴行，当禁当行的法令不明确公布，抢劫、偷盗却公然横行。过去，陛下也曾下令命臣属们知无不言，尽可以规劝讽谏，但是等大家把建议提出来集中到一起呈给陛下时，却没有一个建议被采用。我听说佛是一个清淡、玄妙虚旷的神祇，但是现在的这些和尚、尼姑往往虽穿着僧服，却连佛义中最粗浅的教义不淫、不盗、不杀、不说谎、不酗酒这五戒也还不能遵守，更何况精妙的佛法了！而那些受流行的歪风迷惑的人，更是一方面纷纷争相拜佛，一方面又欺凌搜刮黎民百姓，以掠夺来的财产作为实惠，这也不符合佛家布施的道理。"奏章呈上之后，没有回音。

司马道子的权势在朝廷内外都达到极点，远近官员也都前来投靠。孝武帝的心里渐渐有些不高兴，但在表面上对司马道子还是多加优待尊崇。侍中王国宝奸佞而善于谄媚，得到了司马道子的宠爱。他在背地里鼓动朝中众臣，暗示八座重要大臣联名上奏章给孝武帝，请求擢升司马道子为丞相兼任扬州牧，赐给他皇帝诛杀时专用的铜斧，并加以特别尊崇的礼节等。护军将军、南平人车胤说："这是周成王姬诵尊敬他叔父周公姬旦的办法。而现在主上在位，不能和成王相比，相王处在这地位怎么能成为周公呢？"于是托辞有病，没在奏章上签名。这个奏章呈上后，孝武

南朝雕塑

帝勃然大怒，而夸奖车胤有自己的节操。

中书侍郎范宁、徐邈深受孝武帝信任亲近。他们几次进献忠言，弥补修正朝中错误遗漏的地方，当面指责痛斥奸邪之辈。王国宝是范宁的外甥，范宁尤其痛恨他阿谀谄媚的行径，劝说孝武帝罢免革除王国宝的官职。陈郡人袁悦之也受司马道子的宠爱，王国宝让袁悦之请尼姑妙音写信给太子司马德宗的母亲陈淑媛，说："王国宝忠实而又谨慎，可以亲近信任。"孝武帝知道这件事后，大发雷霆，借口别的事杀了袁悦之。王国宝异常恐惧，和马司道子一起诬陷范宁，并把他逐出朝廷，贬为豫章太守。范宁临走的时候，呈上一道奏章说："现在边疆并没有点起战争的烽火，但是国家的府库也还是空乏。古代的统治者征召民工应差，一年内不超过三天。现在百姓所遭受的辛劳骚扰，一年内几乎没有三天休息，致使百姓中竟有生下男孩不敢抚养哺育，独身的男子和寡妇也不敢再迎娶出嫁的现象。这是用柴堆之下点火也不足以形容的危机呀！"范宁又上奏章说："北方中原一带的民众士子当初逃难，流亡江南并在这里居住下来，时间已经比较久了，他们也都渐渐地安居乐业。凡是在天底下生活的人，追溯他们的祖先，都能随着世情的变化而迁徙移动，为什么单单到了今天，反而不允许呢？我认为应该确定他们拥有的土地，确认户籍乡里也都按照他们现在居住的地域断定办理。另外，人的性情也是没有一定限度的，无论豪奢还是节俭，都是由于环境和形势决定的。现在，那些曾经兼并过别人财产的豪门大族，也已大多数不能维持，这并不是因为他们财力不足，主要是因为他们花销没有节制，争着以奢靡豪华来比试高下，根本没有限度的缘故。古代的礼法规定，十九岁的时候死了，称做长殇，因为他还没有成年。现在把十六岁的孩子就作为全丁，十三岁的孩子就作为半丁，他们所承担的事不再是孩童的事，这岂不是伤天害理，虐待人民吗？我认为应该规定二十岁的人当全丁，十六岁的人当半丁，那样的话就不会再有人因此而夭折，人口才能正常生长繁衍。"他的这些建议，孝武帝有很多都采纳使用了。

十五年（庚寅，公元390年）

琅邪王司马道子依仗自己得到孝武帝的宠爱而骄横强蛮，过于放纵自己，每次陪同孝武帝宴饮，都喝得酩酊大醉，有时竟然有失对孝武帝的礼节与尊敬。孝武帝越发不满，因此打算遴选几位在当时有名望的人充任地方上的权要，暗地里节制司马道子，于是，他向太子左卫率王雅问道："我想重用王恭、殷仲堪，你看怎么样？"王雅说："王恭风度神韵优雅高贵，志向气质端方严肃；殷仲堪则小心谨慎、行为检点，他的文章道义被人广泛称道。然而他们都心胸狭窄，自以为是，而且缺乏干才谋略。如果让他们独当一面，天下太平没变乱时，尽可以忠于职守，但如果一旦有事，就一定会成为祸乱的根源！”孝武帝没有信从他的话。王恭是王蕴的儿子。殷仲堪是殷融的孙子。二月，辛巳（初二），孝武帝任命中书令王恭为都督青、兖、幽、并、冀五州诸军事，兖、青二州刺史，镇守京口。

夏季，四月，前秦镇东将军魏揭飞自称为冲天王，率领着氐人、胡人组成的部队，在杏城向后秦安北将军姚当成发起攻击。镇军将军雷恶地此时也叛变后秦响应魏揭飞，在李润镇袭击后秦镇东将军姚汉得。后秦国主姚苌打算自己亲自率军攻击魏揭飞，众大臣说：“陛下不担心近在六十里的强敌苻登，却在忧虑远在六百里以外的魏揭飞，这是为什么？”姚苌说：“苻登不是马上就可消灭的，我的城池也不是苻登马上可以攻破的。但是雷恶地智谋韬略非常人可比，如果他向南结交魏揭飞，向东结交董成，而且占领杏城、李润，并据守不去，那么，长安东北的一带就不是我们的了。”于是，姚苌秘密率领一支一千六百人的精锐部队奔赴那里。魏揭飞、雷恶地拥有部众几万人，而且氐人、胡人前往投军的络绎不绝。姚苌每次看到一支军队前来，总是十分高兴。他手下的大臣都觉得奇怪，问他为什么高兴，姚苌说：“魏揭飞等人煽动诱惑那些一样险恶的贼人共同作恶，但他们的种族和部落却繁多纷乱，我虽然能够制服他们的首领主帅，但是他们的余党却不容易一下子铲除。现在他们像乌鸦一样聚合到这里，我乘胜而来消灭他们，可以一网打尽没有遗漏。”魏揭飞等人发现后秦军的人数很少，便全军出动攻击他们。姚苌则固守自己的堡垒，不与对方接战，把自己的力量微弱的假象有意暴露给敌方，又暗地里派自己的儿子中军将军姚崇率领骑兵几百名迂回到敌兵的背后，进行偷袭。魏揭飞的部队霎时乱作一团。姚苌趁机派镇远将军王超等人发动所有的兵力进行攻击，斩杀魏揭飞以及他所属的将士一万多人。雷恶地请求投降，姚苌对待他像当初一样。雷恶地对人说：“我自己以为我的智谋勇力在目前是高出常人的，但是每次遇到姚翁就难以施展，这一定是我的命运！”

十六年（辛卯，公元391年）

三月，前秦国主苻登从雍城出发，去范氏堡进攻后秦安东将军金荣，攻克了范氏堡。于是，苻登又渡过渭水，去进攻京兆太守韦范所据守的段氏堡，没有攻克。苻登因此进入并据守曲牢。

苟曜拥有一万部众，秘密招请前秦国主苻登来，并答应作为内应。苻登从曲牢向繁川开进，把部队集结在马头原。五月，后秦国主姚苌带领大部队前来迎战，苻登击退了他的进攻，并且斩杀了他的右将军吴忠。姚苌收集余下的兵卒重新战斗，姚硕德说：“陛下一向十分谨慎，避免轻率地出战，常常希望能够用计策夺取胜利，今天一战已经失利，但是却要更加奋勇上前逼战贼兵，这是什么原因？”姚苌说：“苻登本来调配部队一向迟缓，不了解敌人的虚实。今天他能不顾一切，派遣轻装部队长驱直入，一下子远远地扼守住了我们的东部，这一定是苟曜这小子和他暗中有预谋的。如果我们的攻势稍缓，他们的阴谋就要得逞，因此我要在他们还没有得以汇合的时候，就急速袭击他们，而打破他们的计划啊！”于是，他们又进逼死战，将苻登打得大败。苻登则退到郿县屯兵据守。

六月，甲辰（初三），后燕赵王慕容麟在赤城大破贺讷的部队，活捉了贺讷。贺讷的部落几万人投降。后燕国主慕容垂命令慕容麟将贺讷送回他的部落，并把贺染干迁移到中山去。慕容麟回来后，告诉慕容垂说：“我观察拓跋珪的一举一动，他终究要成为我们的祸患，不如强行让他前来都城，让他的弟弟代他处理魏国的大事。”慕容垂没有答应。

魏王拓跋珪派遣他的弟弟拓跋觚到后燕去进贡晋见。后燕国主慕容垂年老体衰，他的子弟掌权，扣留拓跋觚，要求拓跋珪用好马来赎。魏王拓跋珪没有给他们良马，于是便和后燕断绝了交往。拓跋珪派使节长史张衮去向西燕请求和好。拓跋觚逃走，又被后燕太子慕容宝追上抓获，慕容垂对待他仍与过去一样。

当初，柔然部落世世代代都臣服于代国。后来，部落首领郁久闾地粟袁死了，这个部落便一分为二：他的长子郁久闾匹候跋继承父位，居住在东部；他的二儿子郁久闾缊纥提住在西部。前秦苻坚消灭代国以后，柔然部落便转而归附刘卫辰。

魏王拓跋珪登上王位后，攻击高车等部落，这些部落大多数都甘心臣服，只有柔然部落拒不接受北魏的指使。十月戊戌，拓跋珪带兵前来攻打柔然部落，柔然部落全部一起逃走。拓跋珪带兵追击奔跑六百里。北魏各将领委托张衮向拓跋珪请求说：“贼匪已逃得太远，而我们的粮草也已断绝，不如早些回去吧。”拓跋珪问各位将领：“如果宰杀备用的马匹充当粮草，当做三天的粮食，够不够？”都说：“足够。”于是，他们又更加倍地快速追击逃敌。追到大碛南床山下的时候，果然追上，并且把柔然部落逃兵打得大败，俘虏了他们的一半人。郁久闾匹候跋和他的另一支部落的首领屋击各自收拾残兵逃走。拓跋珪又派长孙嵩、长孙肥继续追击。拓跋珪告诉左右的将佐说：“你们知道我前几天问三天粮食的话的意思了吗？”众将领说：“不知道。”拓跋说：“柔然部落驱赶家畜等奔逃几天，到了有水的地方一定滞留。我用轻装骑兵去追赶他们，计算道路的远近，我料定不超过三天一定能赶上他们。”大家都说：“这不是我们所能想到的。”长孙嵩赶到平望川，追上并斩杀了屋击。长孙肥追击郁久闾匹候跋来到涿邪山，郁久闾率领余下的部众投降，并抓获了郁久闾缊纥提的儿子郁久闾曷多汗、侄儿郁久闾社仑、郁久闾斛律等亲属亲友几百人。郁久闾缊纥提打算投奔刘卫辰，拓跋珪也追上了他。郁久闾缊纥提也投降了。拓跋珪把柔然部落的居民部众全部迁移到云中郡。

刘卫辰派遣他的儿子刘直力鞮统率兵卒八九万人进攻魏南部。十一月，己卯（初十），魏王拓跋珪带兵五六千人迎战。壬午（十三日），拓跋珪在铁岐山以南将刘直力鞮打得大败。刘直力鞮单枪匹马逃走。北魏部队乘胜追击，戊子（十九日），从五原金津向南渡过黄河，径直进入刘卫辰的国界。刘卫辰部落惊骇异常，顿时大乱。辛卯（二十二日），拓跋珪直接抵达刘卫辰所居住的悦跋城，刘卫辰父子仓皇逃走。壬辰（二十三日），拓跋珪分别派遣将领率领轻装骑兵追击。将军伊谓在木根山生擒刘直力鞮，刘卫辰则被他自己的部下杀死。十二月，拓跋珪在盐池驻扎，诛杀刘卫辰的家属亲戚以及同事朋友等五千多人，把这些人的尸体全部扔进黄河。从此，黄河以南各部落便全部投降，北魏缴获三十多万匹马，牛羊四百多万头。北魏国的经济财力因此强大充裕起来。

前秦国主苻登进攻安定，后秦国主姚苌来到阴密对抗他的进攻，他对太子姚兴说："苟曜听说我向北进军，一定会来晋见你，你趁机把他抓住杀了。"等姚苌走后，苟曜果然到长安来见姚兴。姚兴派尹纬责问并杀掉了苟曜。

姚苌在安定城以东打败了苻登。苻登退到路承堡去据守。姚苌摆下酒席大宴将士。各位将领都说："这要是在魏武王姚襄执政的时候，他就不会让苻登这个奸贼猖狂到今天这种地步。陛下未免谨慎稳重得太过度了吧！"姚苌笑着说："我赶不上我死去的哥哥的地方有四个：第一是不像他那样身高有八尺五寸，两臂下垂长过膝盖，让人一看就要畏惧他。第二是不像他那样能统领十万人那样庞大的部队，与天下所有的英雄争高低、相抗衡，手下的将士望见军旗所指的方向，奋勇冲杀，没有人可以阻挡。第三是不像他那样可以通晓历史，了解时势，讲解论说道理和艺文，并能广泛招揽、集结贤能英才。第四是不能像他那样统帅大军，使上下全部都心悦诚服，人人能尽死力而战斗。我之所以还能够建立一些功业，领导指挥你们这么多俊杰，正是还算在计谋策略上有那么一点长处罢了。"文武大臣都口称万岁。

第一百零八卷

晋纪三十

译文诵读

烈宗孝武皇帝下太元十七年（壬辰，392）

后秦主苌寝疾，命姚硕德镇李润，尹纬守长安，召太子兴诣行营。征南将军姚方成言于兴曰："今寇敌未灭，上复寝疾。王统等皆有部曲，终为人患，宜尽除之。"兴从之，杀王统、王广、苻胤、徐成、毛盛。苌怒曰："王统兄弟，吾之州里，实无他志；徐成等皆前朝名将，吾方用之，奈何辄杀之！"

初，郝晷、崔逞及清河崔宏、新兴张卓、辽东夔腾、阳平路纂皆仕于秦，避秦乱来奔，诏以为冀州诸郡，各将部曲营于河南；既而受翟氏官爵，翟氏败，皆降于燕，燕主垂各随其材而用之。钊所统七郡三万余户，皆按堵如故。以章武王宙为兖、豫二州刺史，镇滑台，徙徐州民七千余户于黎阳，以彭城王脱为徐州刺史，镇黎阳。脱，垂之弟子也。垂以崔荫为宙司马。

初，陈留王绍为镇南将军，太原王楷为征西将军，乐浪王温为征东将军，垂皆以荫为之佐。荫才干明敏强正，善规谏，四王皆严惮之；所至简刑法，轻赋役，流民归之，户口滋息。

秦主登闻后秦主苌疾病，大喜，告祠世祖神主，大赦，百官进位二等，秣马厉兵，进逼安定，去城九十余里。八月，苌疾小瘳，出拒之。登引兵出营，将逆战，苌遣安南将军姚熙隆别攻秦营，登惧而还。苌夜引兵旁出以蹑其后，旦而候骑告曰："贼诸营已空，不知所向。"登惊曰："彼为何人，去令我不知，来令我不觉，谓其将死，忽然复来，朕与此羌同世，何其厄哉！"登遂还雍，苌亦还安定。

南郡公桓玄负其才地，以雄豪自处，朝廷疑而不用；年二十三，始拜太子洗马。玄尝诣琅邪王道子，值其酣醉，张目谓众客曰："桓温晚途欲作贼，云何？"玄伏地流汗，不能起；由是益不自安，常切齿于道子。后出补义兴太守，郁郁不得志，叹曰："父为九州伯，儿为五湖长！"遂弃官归国，上疏自讼曰："先臣勤王匡复之勋，朝廷遗之，臣不复计。至于先帝龙飞，陛下继明，请问谈者，谁之由邪？"疏寝不报。

玄在江陵，仲堪甚敬惮之。桓氏累世临荆州，玄复豪横，士民畏之，过于仲堪。尝于仲堪听事前戏马，以矟拟仲堪。仲堪中兵参军彭城刘迈谓玄曰："马矟有余，精理不足。"玄不悦，仲堪为之失色。玄出，仲堪谓迈曰："卿，狂人也！玄夜遣杀卿，我岂能相救邪！"使迈下都避之，玄使人追之，迈仅而获免。

征虏参军豫章胡藩过江陵，见仲堪，说之曰："桓玄志趣不常，每怏怏于失职，节下崇待太过，恐非将来之计也！"仲堪不悦。藩内弟罗企生为仲堪功曹，藩退，谓企生曰："殷侯倒戈以授人，必及于祸。君不早图去就，后悔无及矣！"

十八年（癸巳、393）

燕主垂议伐西燕，诸将皆曰："永未有衅，我连年征讨，士卒疲弊，未可也。"范阳王德曰："永既国之枝叶，又僭举位号，惑民视听，宜先除之，以壹民心。士卒虽疲，庸得已乎！"垂曰："司徒意正与吾同。吾比老，叩囊底智，足以取之，终不复留此贼以累子孙也。"遂戒严。

十一月，垂发中山步骑七万，遣镇西将军、丹杨王瓒、龙骧将军张崇出井陉，攻西燕武乡公友于晋阳，征东将军平规攻镇东将军段平于沙亭。西燕主永遣其尚书令刁云、车骑将军慕容钟帅众五万守潞川。友，永之弟也。十二月，垂至邺。

后秦主苌召太尉姚、仆射尹纬、姚晃、将军姚大目、尚书狄伯支入禁中，受遗诏辅政。苌谓太子兴曰："有毁此诸公者，慎勿受之。汝抚骨肉以恩，接大臣以礼，待物以信，遇民以仁，四者不失，吾无忧矣。"姚晃垂涕问取苻登之策，苌曰："今大业垂成，兴才智足办，奚所复问！"庚子，苌卒。兴秘不发丧，以其叔父绪镇安定，硕德镇阴密，弟崇守长安。

十九年（甲午，394）

春，秦主登闻后秦主苌卒，喜曰："姚兴小儿，吾折杖笞之耳。"乃大赦，尽众而东，留司徒安成王广守雍，太子崇守胡空堡；遣使拜金城王乾归为左丞相、河南王、领秦、梁、益、凉、沙五州牧，加九锡。

夏，秦主登自六陌趣废桥，后秦始平太守姚详据马嵬堡以拒之。太子兴遣尹纬将兵救详，纬据废桥以待秦。秦兵争水，不能得，渴死者什二三，因急攻纬。兴驰遣狄伯支谓纬曰："苻登穷寇，宜持重以挫之。"纬曰："先帝登遐，人情扰惧，今不因思奋之力以禽敌，大事去矣！"遂与秦战，秦兵大败。其夜，秦众溃，登单骑奔雍，太子崇及安成王广闻败，皆弃城走；登至，无所归，乃奔平凉，收集遗众，入马毛山。

燕主垂顿军邺西南，月余不进。西燕主永怪之，以为太行道宽，疑垂欲诡道取之，乃悉敛诸军屯轵关，杜太行口，惟留台壁一军。甲戌，垂引大军出滏口，入天井关。五月，乙酉，燕军至台壁，永遣从兄太尉大逸豆归救之，平规击破之。小逸豆归出战，辽西王农又击破之，斩勒马驹，禽王次多，遂围台壁。永召太行军还，自将精兵五万以拒之。刁云、慕容钟震怖，帅众降燕，永诛其妻子。己亥，垂陈于台壁南，遣骁骑将军慕容国伏千骑于涧下；庚子，与永合战，垂伪退，永众追之，行数里，国骑从涧中出，断其后，诸军四面俱进，大破之，斩首八千余级，永走归长子。晋阳守将闻之，弃城走。丹杨王瓒等进取晋阳。

后秦太子兴始发丧，即皇帝位于槐里，大赦，改元皇初；遂如安定。谥后秦主苌曰武昭皇帝，庙号太祖。

西燕主永困急，遣其子常山公弘等求救于雍州刺史郗恢，并献玉玺一纽。恢上言："垂若并永，为患益深，不如两存之，可以乘机双毙。"帝以为然，昭青、兖二州刺史王恭、豫州刺史庾楷救之。楷，亮之孙也。永恐晋兵不出，又遣其太子亮来为质，平规追亮及于高都，获之。永又告急于魏，魏王珪遣陈留公虔、将军庾岳帅骑五万东渡河，屯秀容以救之。虔，纥根之子也。晋、魏兵皆未至，大逸豆归部将伐勤等开门内燕兵，燕人执永，斩之，并斩其公卿大将刁云、大逸豆归等三十余人，得永所统八郡七万余户及秦乘舆、服御、伎乐、珍宝甚众。燕主垂以丹杨王瓒为并州刺史，镇晋阳；宜都王凤为雍州刺史，镇长子。永尚书仆射昌黎屈遵、尚书阳平王德、秘书监中山李先、太子詹事渤海封则、黄门郎太山胡母亮、中书郎张腾、尚书郎燕郡公孙表皆随才擢叙。

九月，垂自长子如邺。

秦主兴遣使与燕结好，并送太子宝之子敏于燕，燕封敏为河东公。

二十年（乙未，395）

皇太子出就东宫，以丹杨尹王雅领少傅。

时会稽王道子专权奢纵，嬖人赵牙本出倡优，茹千秋本钱唐捕贼吏，皆以谄赂得进。道子以牙为魏郡太守，千秋为骠骑咨议参军。牙为道子开东第，筑山穿池，功用钜万。帝尝幸其第，谓道子曰："府内乃有山，甚善；然修饰太过。"道子无以对。帝去，道子谓牙曰："上若知山是人力所为，尔必死矣！"牙曰："公在，牙何敢死！"营作弥甚。千秋卖官招权，聚货累亿。博平令吴兴闻人奭上疏言之，帝益恶道子，而逼于太后，不忍废黜。乃擢时望及所亲幸王恭、郗恢、殷仲堪、王珣、王雅等，使居内外要任以防道子；道子亦引王国宝及国宝从弟琅邪内史绪以为心腹。由是朋党竞起，无复向时友爱之欢矣；太后每和解之。中书侍郎徐邈从容言于帝曰："汉文明主，犹悔淮南；世祖聪达，负愧齐王；兄弟之际，实为深慎。会稽王虽有酣媟之累，宜加弘贷，消散群议；外为国家之计，内慰太后之心。"帝纳之，复委任道子如故。

魏王珪叛燕，侵逼附塞诸部。五月，甲戌，燕主垂遣太子宝、辽西王农、赵王麟帅众八万，自五原伐魏，范阳王德、陈留王绍别将步骑万八千为后继。散骑常侍高湖谏曰："魏与燕世为婚姻，彼有内难，燕实存之，其施德厚矣，结好久矣。间以求马不获而留其弟，曲在于我，奈何遽兴兵击之！拓跋涉圭沈勇有谋，幼历艰难，兵精马强，未易轻也。皇太子富于春秋，志果气锐，今委之专任，必小魏而易之，万一不如所欲，伤威毁重，愿陛下深图之。”言颇激切，垂怒，免湖官。湖，泰之子也。

八月，魏王珪治兵河南；九月，进军临河。燕太子宝列兵将济，暴风起，漂其船数十艘泊南岸。魏获其甲士三百余人，皆释而遣之。

宝之发中山也，燕主垂已有疾，既至五原，珪使人邀中山之路，伺其使者，尽执之。宝等数月不闻垂起居，珪使所执使者临河告之曰：“若父已死，何不早归！”宝等忧恐，士卒骇动。

燕、魏相持积旬，赵王麟将慕舆嵩等以垂为实死，谋作乱，奉麟为主；事泄，嵩等皆死，宝、麟等内自疑。冬，十月，辛未，烧船夜遁。时河冰未结，宝以魏兵必不能渡，不设斥候。十一月，己卯，暴风，冰合，魏王珪引兵济河，留辎重，选精锐二万余骑急追之。

燕军至参合陂，有大风，黑气如堤，自军后来，临覆军上。沙门支昙猛言于宝曰：“风气暴迅，魏兵将至之候，宜遣兵御之。”宝以去魏军已远，笑而不应。昙猛固请不已，麟怒曰：“以殿下神武，师徒之盛，足以横行沙漠，索虏何敢远来！而昙猛妄言惊众，当斩以徇！”昙猛泣曰：“苻氏以百万之师，败于淮南，正由恃众轻敌，不信天道故也！”司徒德劝宝从昙猛言，宝乃遣麟帅骑三万居军后以备非常。麟以昙猛为妄，纵骑游猎，不肯设备。宝遣骑还诇魏兵，骑行十余里，即解鞍寝。

魏军晨夜兼行，乙酉、暮，至参合陂西。燕军在陂东，营于蟠羊山南水上。魏王珪夜部分诸将，掩覆燕军，士卒衔枚束马口潜进。丙戌，日出，魏军登山，下临燕营；燕军将东引，顾见之，士卒大惊扰乱。珪纵兵击之，燕兵走赴水，人马相腾蹑，压溺死者以万数。略阳公遵以兵邀其前，燕兵四五万人，一时放仗敛手就禽，其遗迸去者不过数千人，太子宝等皆单骑仅免。杀燕右仆射陈留悼王绍，生禽鲁阳王倭奴、桂林王道成、济阴公尹国等文武将吏数千人，兵甲粮货以钜万计。道成，垂之弟子也。

二十一年（丙申，396）

春，正月，燕高阳王隆引龙城之甲入中山，军容精整，燕人之气稍振。

三月，庚子，燕主垂留范阳王德守中山，引兵密发，逾青岭，经天门，凿山通道，出魏不意，直指云中。魏陈留公虔帅部落三万余家镇平城；垂至猎岭，以辽西王农、高阳王隆为前锋以袭之。是时，燕兵新败，皆畏魏，惟龙城兵勇锐争先。虔素不设备，闰月，乙卯，燕军至平城，虔乃觉之，帅麾下出战，败死，燕军尽收其部落。魏王珪震怖欲走，诸部闻虔死，皆有贰心，珪不知所适。

垂之过参合陂也，见积骸如山，为之设祭，军士皆恸哭，声震山谷。垂惭愤呕血，由是发疾，乘马舆而进，顿平城西北三十里。太子宝等闻之，皆引还。燕军叛者奔告于魏云：“垂已死，舆尸在军。”魏王珪欲追之，闻平城已没，乃引还阴山。

垂在平城积十日，疾转笃，乃筑燕昌城而还。夏，四月，癸未，卒于上谷之沮阳，秘不发丧。丙申，至中山；戊戌，发丧，谥曰成武皇帝，庙号世祖。壬寅，太子宝即位，大赦，攻元永康。

初，燕王垂先段后生子令、宝，后段后生子朗、鉴，爱诸姬子麟、农、隆、柔、熙。宝初为太子，有美称，已而荒怠，中外失望。后段后尝言于垂曰："太子遭承平之世，足为守成之主；今国步艰难，恐非济世之才。辽西、高阳二王，陛下之贤子，宜择一人，付以大业。赵王麟奸诈强愎，异日必为国家之患，宜早图之。"宝善事垂左右，左右多誉之，故垂以为贤，谓段氏曰："汝欲使我为晋献公乎！"段氏泣而退，告其妹范阳王妃曰："太子不才，天下所知，吾为社稷言之，主上乃以吾为骊姬，何其苦哉！观太子必丧社稷，范阳王有非常器度，若燕祚未尽，其在王乎！"宝及麟闻而恨之。

乙丑，宝使麟谓段氏曰："后常谓主上不能守大业，今竟能不？宜早自裁，以全段宗！"段氏怒曰："汝兄弟不难逼杀其母，况能守先业乎！吾岂爱死，但念国亡不久耳。"遂自杀。

燕主宝定士族旧籍，分辨清浊，校阅户口，罢军营封荫之户，悉属郡县；由是士民嗟怨，始有离心。

三河王吕光即天王位，国号大凉，大赦，改元龙飞。

魏群臣劝魏王珪称尊号，珪始建天子旌旗，出警入跸，改元皇始。参军事上谷张恂劝珪进取中原，珪善之。

燕征北大将军、幽平二州牧、清河公会母贱而年长，雄俊有器艺，燕主垂爱之。宝之伐魏也，垂命会摄东宫事、总录，礼遇一如太子。及垂伐魏，命会镇龙城，委以东北之任，国官府佐，皆选一时才望。垂疾笃，遗言命宝以会为嗣，而宝爱少子濮阳公策，意不在会。长乐公盛与会同年，耻为之下，乃与赵王麟共劝宝立策，宝从之。乙亥，立妃段氏为皇后，策为皇太子，会、盛皆进爵为王。策年十一，素蠢弱，会闻之，心愠怼。

九月，章武王宙奉燕主垂及成哀段后之丧葬于龙城宣平陵，宝诏宙悉徙高阳王隆参佐、部曲、家属还中山，会违诏，多留部曲不遣。宙年长属尊，会每事陵侮之，见者皆知其有异志。

帝嗜酒，流连内殿，醒治既少，外人罕得进见。张贵人宠冠后宫，后宫皆畏之。庚申，帝与后宫宴，妓乐尽侍；时贵人年近三十，帝戏之曰："汝以年亦当废矣，吾意更属少者。"贵人潜怒，向夕，帝醉，寝于清暑殿，贵人遍饮宦者酒，散遣之，使婢以被蒙帝面，弑之，重赂左右，云"因魇暴崩"。时太子暗弱，会稽王道子昏荒，遂不复推问。王国宝夜叩禁门，欲入为遗诏，侍中王爽拒之曰："大行晏驾，皇太子未至，敢入者斩！"国宝乃止。爽，恭之弟也。辛酉，太子即皇帝位，大赦。

癸亥，有司奏：会稽工道子宜进位太傅、扬州牧，假黄钺，诏内外众事动静咨之。

安帝幼而不慧，口不能言，至于寒暑饥饱亦不能辨，饮食寝兴皆非己出。母弟琅邪王德文，性恭谨，常侍左右，为之节适，始得其宜。

魏王珪进攻常山，拔之，获太守苟延；自常山以东，守宰或走或降，诸郡县皆附于魏，惟中山、邺、信都三城为燕守。十一月，珪命东平公仪将五万骑攻邺，冠军将军王建、左将军李栗攻信都。戊午，珪进军中山；己未，攻之。燕高阳王隆守南郭，帅众力战，自旦至晡，杀伤数千人，魏兵乃退。珪谓诸将曰："中山城固，宝必不肯出战，急攻则伤士，久围则费粮，不如先取邺、信都，然后图之。"丁卯，珪引兵而南。

珪军于鲁口，博陵太守申永奔河南，高阳太守崔宏奔海渚。珪素闻宏名，遣骑追求，获之，以为黄门侍郎，与给事黄门侍郎张衮对掌机要，创立制度。博陵令屈遵降魏。珪以为中书令，出纳号令，兼总文诰。

晋孝武帝太元十七年（壬辰，公元392年）

后秦国主姚苌卧病不起，命令姚硕德去镇守李润，尹纬留守长安，并让太子姚兴来行营之中见面。征南将军姚方成对姚兴说道："现在来进犯的敌人还没有被消灭，皇上又卧病不起。王统等人都拥有自己的部队，最终会成为我们的祸患，应该尽快把他们全部除掉。"姚兴听从了他的话，杀掉了王统、王广、苻胤、徐成、毛盛。姚苌听到这个消息，生气地说："王统他们兄弟，跟我是同州同里的老乡，根本没有二心。徐成等人都是前朝的有名将领，我才重用他们，怎么能轻易地说杀就杀呢！"

最初，郝晷、崔逞以及清河人崔宏、新兴人张卓、辽东人夔腾、阳平人路纂等人都在前秦做官。前秦大乱时，他们为了躲避战乱，前来投奔东晋。孝武帝下诏委任他们做了冀州几个郡的郡守，并带领他们各自的部队在黄河南岸驻扎。不久，他们又接受了翟辽的官职和爵位。翟辽及他的家族失败后，他们又都投降了后燕，后燕国主慕容垂按照他们各自的才干，分别留用了他们。翟钊过去所统辖的七个郡三万多户人家，都安居下来，像过去一样。慕容垂又任命章武王慕容宙为兖州、豫州两个州的刺史，镇守滑台；把徐州的居民七千多户迁移到黎阳，并任命彭城王慕容脱为徐州刺史，镇守黎阳。慕容脱是慕容垂的侄儿。又任命崔荫为慕容宙的司马。

当初，陈留王慕容绍做镇南将军，太原王慕容楷做征西将军，乐浪王慕容温做征东将军，慕容垂都是委派崔荫作为他们的辅佐。崔荫精明强干，刚强正直，善于规劝主上的过失，因此，四位亲王都很害怕他。崔荫每到一个地方，都努力减少刑法，减轻田赋与劳役，使外出逃亡的难民渐渐地回来，当地的户口也越来越多。

前秦国主苻登听说了后秦国主姚苌生病，十分高兴，焚香禀告世祖苻坚的神位，又在国中实行大赦，并把文武百官的职位连升二级，喂饱战马，磨利武器，统领大军逼临安定，距离城池仅九十多里。八月，姚苌的病稍有好转，便率军出城与前秦军队对抗。苻登带领军队冲出营地将要交战，姚苌却派遣安南将军姚熙隆从别的地方去进攻前秦的营地。苻登惧怕后营有失，连忙撤退。姚苌在夜晚带领部队从侧翼迂回出来，紧跟在苻登部队的背后。天亮时，前秦的哨探骑兵回来报告，说："贼兵的几个军营都已经空了，不知去向。"苻登大惊失色，说道："姚苌这个家伙是个什么人，走的时候能让我不得知道，来的时候又能让我无从知觉，都说他快要死了，可却忽然之间又能出来和我对阵打仗。我与这个老羌贼同活在一个世上，是多么不走运的事情啊！"于是，苻登只好撤兵回到雍城去了，姚苌也回到安定。

东晋南郡公桓玄仗恃自己的才能和显赫的家族地位，总把自己看做是英雄豪杰，朝廷对他怀有戒心而不重用。二十三岁那年，他才开始在朝廷任太子洗马。桓玄曾经去拜见琅邪王司马道子，当时正赶上司马道子酩酊大醉，他睁开醉眼对身旁的很多宾客说："桓温到了晚年的时候，曾经打算要做贼，你们说怎么样呀？"桓玄伏在地上，汗流浃背，站不起来。从此他越发忐忑不安，常常对司马道子痛恨得咬牙切齿。后来，他补任义兴太守，但也还是感到怀才不遇而闷闷不乐，他叹息着说："我的父亲曾是九州的盟主，而他的儿子却只不过是五湖的小头目！"于是，他弃官回到封地。临行，他呈上一道奏章，为自己申辩道："我父亲辅佐皇家，平定祸乱的功劳，朝廷把它遗忘了，我并不再做计较。但是，先帝登上宝座，陛下接着得以继承大统，这些事，请陛下问一问那些谈论的人，是靠谁得来的呀？"奏章被搁置下来，没有上报。

桓玄在江陵，殷仲堪对他十分的恭敬畏惧。桓氏家族几代都在荆州镇守，桓玄尤其强豪专横，当地的官员、百姓都害怕他，超过了害怕殷仲堪。桓玄曾经在殷仲堪升堂办公之前在公堂外骑马取笑，并且用长矛假装向殷仲堪直刺。殷仲堪的部将中军参军、彭城人刘迈对桓玄说："战马和长矛的威力有余，但是于道理精义却有缺陷。"桓玄听后很不高兴，殷仲堪也为此大惊失色。桓玄走出去之后，殷仲堪对刘迈说："你是疯了！桓玄趁夜派出刺客来杀你，我怎么能救得了你呢？"于是，他便让刘迈赶快到京城去躲避桓玄的报复。桓玄派人去追杀他，刘迈仅仅免得一死。

东晋征虏参军豫章人胡藩路过江陵，前去看望殷仲堪，劝解他说："桓玄的志向兴趣不比常人，常常因为没有得到一个满意的职位而大为不满，您对他尊敬优待得似乎太过分了，这恐怕不是能够长期维持的办法吧！"殷仲堪心中不大高兴。胡藩的妻弟罗企生是殷仲堪手下的功曹。胡藩从殷仲堪那里出来，对罗企生说："殷仲堪把长戈倒转过来，把木柄交给别人，自己一定遭难。你如果不早早地图谋去留，后悔可是来不及的呀！"

十八年（癸巳，公元393年）

后燕国主慕容垂召集文武大臣议论讨伐西燕的计划，各位将领都说："慕容永与我们并没有什么大的冲突。我国连续几年东征西讨，将士兵卒疲惫不堪，不可再发动战争。”范阳王慕容德却说：“慕容永是我慕容皇族的偏枝旁叶，他超越本分另立尊号，迷惑了老百姓的视听。我们应该先把他除掉，以使老百姓一心向着我们。虽然士卒将领的确很疲倦。但是又怎么能够罢手停战呢？”慕容垂说：“司徒的意见正好和我的想法一样。我虽然已经老了，但是我拍一拍口袋，觉得剩下的这一点点智谋足够对付他们，总不能把这些蠡贼留下来连累我的子孙。”于是下令处于临战状态，严阵以待。

十一月，慕容垂调动中山的步、骑兵七万人，派遣镇西将军、丹杨王慕容瓒，以及龙骧将军张崇等从井陉出发，在晋阳对西燕武乡公慕容友发起攻击；征东将军平规在沙亭进攻西燕的镇东将军段平。西燕国主慕容永派遣他的尚书令刁云、车骑将军慕容钟统领大军五万据守潞川。慕容友是慕容永的弟弟。十二月，慕容垂来到邺城。

后秦国主姚苌把太尉姚旻、仆射尹纬、姚晃、将军姚大目、尚书狄伯支等人召进宫中，要他们接受遗诏辅佐太子姚兴治理朝政。姚苌对太子姚兴说：“如果有诋毁攻击这几位先生的人，你一定要慎重处理，不要听从他们的话。你如能做到用恩德来抚慰骨肉，用礼仪来对待大臣，用信义来处理一切事情，用仁慈来对待百姓，这四个方面都能不偏废的话，我就没有什么可担忧的了。”姚晃此时流着泪询问征服苻登的计策，姚苌说：“现在，我们的帝王大业马上就要完成了，姚兴的才智与谋略已经足可以胜任，还有什么必要再来问我呢！”十二月庚子，姚苌去世。姚兴不对外宣布，只是马上任命他的叔叔姚绪去镇守安定，派遣姚硕德去镇守阴密，并命令他的弟弟姚崇留守长安。

十九年（甲午，公元394年）

春季，正月，前秦国主苻登听说后秦国主姚苌已死，喜不自禁地说：“姚兴这个黄口乳儿，我折下一根树枝，就可以打他一顿。”于是，实行大赦，率领所有军队向东开进，只留下司徒、安成王苻广镇守雍城，太子苻崇留守胡空堡。苻登又派遣使者前去加授西秦国金城王乞伏乾归为左丞相，河南王，领秦、梁、益、凉、沙五州牧，加授九锡。

夏季，四月，前秦国主苻登从六陌进发到废桥，后秦始平太守姚详据守马嵬堡准备和他对抗。后秦太子姚兴派遣尹纬带领兵马前去营救姚详，尹纬占据废桥等待前秦部队来攻。前秦兵卒与后秦争夺饮水，没有能够得到，渴死的人有十分之二三。前秦更加急迫地向尹纬发动进攻。姚兴派狄伯支赶来叮嘱尹纬说：“苻登这家伙已是穷途末路的强盗，我们应该沉着、谨慎，有把握后将他打败。”尹纬说：“先帝刚刚成仙而去，人心难免骚动惊惧。现在我们如果不因此想办法奋勇作战，克制强敌，我们的大业将一败涂地！”他与前秦部队决战，前秦部队大败。当天夜晚，前秦的军队便溃不成军，苻登一人骑马逃奔雍城。太子苻崇以及安成王苻广听说自己的军队失败，早已放弃城池逃走，等苻登来到这里时，已经没有地方可以投靠，于是，他又逃奔平凉，收集残兵败将，进入马毛山。

后燕国主慕容垂驻扎在邺城西南，一个多月也没有向前推进。西燕国主慕容永觉得很奇怪，以为是太行道路宽阔，怀疑慕容垂打算秘密通过来偷袭，于是他把几支军队统统地调集在轵关驻扎下来，封锁太行路口，只把镇守台壁的部队留下。甲戌（二十日），慕容垂率领大部队从滏口出兵，进入了天井关。五月，乙酉（初一），后燕的军队到达台壁，慕容永派遣他的堂兄、太尉大慕容逸豆归领兵去解救，结果被后燕将领平归击败。小慕容逸豆归出列讨战，又被后燕辽西王慕容农打得大败，后燕军斩杀了西燕的右将军勒马驹，活捉了另一个将军王次多，于是，把台壁团团围住。慕容永急忙把驻守太行的部众调回，他本人统领五万多人的精锐部队抵抗后燕。西燕驻守潞川的将军刁云、慕容钟等却被后燕的进攻气势所震慑，率领部众投降了后燕。慕容永杀死了他们的妻子儿女。己亥（十五日），慕容垂在台壁以南的地区列开阵势，又派骁骑将军慕容国带领一千多骑兵埋伏在山涧之下。庚子（十六日），慕容垂与慕容永展开决战，慕容垂佯装败退，慕容永带兵追赶他，追了几里路，慕容国率领的骑兵部队从山涧中突然杀出，切断了慕容永的后路，后燕各支军队从四面八方一起向慕容永发起了进攻，把西燕的部队打得大败，杀死敌人达八千多人。慕容永仓皇逃回到长子。西燕晋阳守将听说己方大败，弃城逃走。后燕丹杨王慕容瓒等人夺取了晋阳。

后秦太子姚兴这时才宣布父亲姚苌已死，并在槐里即皇帝位。实行大赦，改年号为皇初。随后来到安定。追谥后秦国主姚苌为武昭皇帝，庙号为太祖。

西燕国主慕容永被包围，局势危急，派他儿子常山公慕容弘等人去向东晋雍州刺史郗恢求救，并奉献一颗玉玺作为进见之礼。郗恢上奏说："慕容垂如果吞并了慕容永，会给我们带来更深的祸患，不如让他们二者暂时并存，我们也好寻找机会同时除掉他们两个。"孝武帝以为他说得很对，便下诏调青、兖二州刺史王恭和豫州刺史庾楷前往解救慕容永。庾楷是庾亮的孙子。慕容永担心晋国不肯出兵，又派他的太子慕容亮到东晋充当人质。后燕平规追捕慕容亮，追到高都把他抓住。慕容永又向北魏告急。魏王拓跋珪派陈留公拓跋虔和将军庾岳统领骑兵五万人向东渡过黄河，集结在秀容一带救援慕容永。拓跋虔是拓跋纥根的儿子。东晋和北魏援兵还没有来到的时候，大慕容逸豆归手下的将领伐勤等打开城门把后燕军放了进来。后燕将士抓住了慕容永并且把他杀了，又斩杀了慕容永的文臣武将如刁云、大慕容逸豆归等三十多人，吞并了慕容永所统辖的八个郡、七万多户居民以及前秦御用的车轿、服饰、歌女乐器、奇珍异宝不计其数。后燕国主慕容垂任命丹杨王慕容瓒为并州刺史，镇守晋阳，宜都王慕容凤为雍州刺史，镇守长子。对于慕容永的尚书仆射昌黎人屈遵、尚书阳平人王德、秘书监中山人李先、太子詹事渤海人封则、黄门郎太山人胡母亮、中书郎张腾、尚书郎燕郡人公孙表等，慕容垂都根据他们的才能加以任用。

九月，慕容垂从长子来到邺城。

后秦国主姚兴派遣使节与后燕建立友好关系，并且把太子慕容宝的儿子慕容敏送回后燕国。后燕封慕容敏为河东公。

二十年（乙未，公元395年）

东晋皇太子司马德宗从皇宫迁到太子东宫居住，孝武帝任命丹杨尹王雅兼任太子少傅。

这时，东晋会稽王司马道子独揽大权，奢侈放纵，不可一世。他的亲信赵牙本来是优伶出身，另一个亲信茹千秋本来是钱塘地方的负责抓贼缉盗的小吏，他们都依靠贿赂、谄媚等得到提升。司马道子任命赵牙为魏郡太守，茹千秋为骠骑咨议参军。赵牙为司马道子另建东第，堆积假山，挖掘水池，人工和资金，都耗费十分巨大。孝武帝曾经到司马道子的府邸，对司马道子说："住宅之中竟然有山，当然很好，但是修整装饰得太过分了。"司马道子无言以对。孝武帝走了之后，司马道子对赵牙说："如果皇上知道这山居然是用人力堆积成的，你一定就得死了！"赵牙说："有您在，我赵牙怎么能够死呢？"他为司马道子营建居所游宫越来越严重。茹千秋更是卖官鬻爵，招权纳贿，搜刮的钱财加在一起竟有上亿。博平令、吴兴人闻人奭上疏奏说出了这些情况，孝武帝便更加讨厌司马道子，只是迫于母亲的压力，没有下定决心罢黜。于是，他擢升那些在当时较有声望和与自己关系亲近的王恭、郗恢、殷仲堪、王珣、王雅等人，任命他们担当朝廷内外的重要官职，用来防备、牵制司马道子。司马道子也把王国宝和王国宝的堂弟琅邪内史王绪等人作为心腹。从此东晋朝廷内外党派、集团等一个接一个地出现，再也没有过去那样友爱团结的欢乐景象了。太后经常对孝武帝和司马道子进行劝解。中书侍郎徐邈心平气和地向孝武帝进言道："汉文帝刘恒是一位英明的君主，还后悔自己处死淮南王刘长的事。世祖司马炎聪明豁达，也不能不对齐王司马攸深负愧疚。兄弟之间的关系，实在应该更加慎重。会稽王司马道子虽然有嗜酒好色的坏毛病，但也应当加以宽容担待，使大家的议论逐渐消失。对外是为了国家的长远利益，对内可以安慰太后对儿子的一片爱心。"孝武帝采纳了他的劝告，对司马道子恢复了与过去一样的信任。

魏王拓跋珪背叛后燕，侵略威胁了靠近边塞的一些种族部落。五月，甲戌，后燕国主慕容垂派遣太子慕容宝、辽西王慕容农、赵王慕容麟统领八万人，从五原出发讨伐北魏，范阳王慕容德、陈留王慕容绍另外带领步、骑兵一万八千人作为后继部队。散骑常侍高湖劝谏说："魏与我们燕国几世以来都是姻亲关系，他们内部发生天灾人祸时，我们燕国总是帮助他们渡过难关。我们对他们的恩德够深厚的了，与他们结成友好关系也已经很久了。中间虽然出现过向他们要马被拓跋珪拒绝而扣留了他的弟弟拓跋觚的事情，但那件事的错误和起因在我们这里，怎么能够突然调动军队进攻他们呢？何况拓跋珪沉稳勇武，极富谋略，从小就经历过许多艰难困苦，现在又兵强马壮，不应该轻视。皇太子固然年轻气壮，意志果断，势头正盛，但是现在把进攻魏的指挥大权完全交给他，他一定会轻视魏而简单地对付他们。最后的结果万一不像我们所想像的那样，可就使太子损伤了威望，同时又坏了大事，请陛下再仔细想想这件事！”他的言辞也有些激烈，慕容垂十分生气。当即罢免了高湖的官职。高湖是高泰的儿子。

八月，魏王拓跋珪在黄河南岸整顿自己的队伍。九月，把部队开到黄河边。后燕太子慕容宝把自己的部队排开正要渡河与北魏接战，突然狂风大作，把他们的几十艘战船刮到黄河南岸泊下，船上的三百多全副武装的士兵，全都被北魏军队俘虏，北魏把他们全都释放遣送回去。

慕容宝从中山出发的时候，慕容垂已经患有疾病。等到了五原之后，拓跋珪派人守候在从中山来的那条路上，等待后燕的送信人路过，把他们一个个全部抓住。慕容宝等几个月都没有得到慕容垂的生活起居情况，拓跋珪却把俘虏的后燕国信差带到河边，命令他隔河告诉慕容宝说：“你的父亲已经死了，你为什么还不早点回去？”慕容宝等人忧虑恐惧，士兵也惊骇不安。

后燕与北魏两国互相对阵，僵持了二十多天，后燕赵王慕容麟的部将慕舆嵩等人认为慕容垂是真的死了，因此图谋进行叛乱，拥奉慕容麟为后燕国主。这事泄漏了消息，慕舆嵩等人都被处死，慕容宝与慕容麟之间产生了嫌隙怀疑。冬季，十月，辛未（二十五日），后燕军自己焚烧战船，趁着黑夜的掩护撤退回国。这时黄河上的冰还没有冻住，慕容宝以为北魏的部队一定不能渡过黄河来追击他们，没有派出侦察部队。十一月，己卯（初三），突然狂风大作，黄河上的冰很快封死，魏王拓跋珪带兵过河，留下军用物资，挑选了二万多骑兵精锐部队，急速追赶后燕部队。

后燕部队走到参合陂，大风突起，一片黑气如同一道堤岸，从后燕军的后面压了上来，将后燕军全部覆盖。佛教高僧支昙猛对慕容宝说：“风云突变，这是北魏部队就要追到的征兆，应该派兵准备抵御他们。”慕容宝以为现在离开北魏军已经很远，只是一笑置之。支昙猛坚持请求不停，慕容麟大怒说：“以我们殿下的神勇英明，加之军队力量的强大，那在沙漠上横行，梳发拖辫的素虏怎么敢跑这么远来追击我们！支昙猛胡说八道，扰乱军心，理应斩首示众！”支昙猛却哭着说：“苻家拥有百万雄师，但却在淮南遭到惨败，正是因为他们仗恃自己人多势众，轻视敌人，不相信天意的缘故啊！”司徒慕容德劝慕容宝听信支昙猛的话，慕容宝才派慕容麟率领三万骑兵走在大军的最后，以防备非常事件的发生。慕容麟认为支昙猛的话是瞎说，成天放纵骑兵到处游猎，不肯设置哨卫防备。慕容宝派骑兵向西打探北魏军队的动静，这些骑兵也是只走出十几里地，便人卸甲、马解鞍地倒头睡觉去了。

北魏的军队不分昼夜兼程前进，乙酉（初九），黄昏，追到了参合陂西边。这时，后燕军在陂东，扎营在蟠羊山南面的河旁。魏王拓跋珪连夜部署各个将领，偷袭后燕，让士卒们含着枚，扎紧马口，暗中接近后燕军。丙戌（初十），太阳一出来，北魏军已经登上了山头，下面对着后燕军大营。后燕军队向东进发时，回头发现北魏骑兵，后燕军惊慌失措，混乱不堪。拓跋珪趁势驱兵攻击，后燕军奔跑落水，人撞马踩，轧死淹死者数以万计。略阳公拓跋遵的部队横阻在逃亡后燕军的前边，四五万后燕兵，马上统统放下武器束手就擒，逃出去的也不过几千人。太子慕容宝等人都是单人匹马逃出，得以幸免。北魏军队杀死了后燕右仆射陈留悼王慕容绍，活捉了鲁阳王慕容倭奴、桂林王慕容道成、济阴公慕容尹国等文武官员几千人，至于缴获的兵刃、衣甲、粮草、辎重等更是以万万计算。慕容道成是慕容垂的侄儿。

二十一年（丙申，公元396年）

春季，正月，后燕高阳王慕容隆带领驻防龙城的兵士来到中山，军容精壮整齐，使后燕人的精神稍稍得到振奋。

三月，庚子（二十六日），后燕国主慕容垂留下花阳王慕容德镇守中山，自己带着部队秘密出发，翻过青岭，途经天门，在山中奋力开凿，打通道路，出乎北魏的意料之外，大军直奔云中。北魏陈留公拓跋虔统领的部落约三万多户人家镇守在平城。慕容垂来到猎岭，让辽西王慕容农、高阳王慕容隆作为前锋部队突袭拓跋虔。这时，后燕部队刚刚遭到惨败，都很畏惧北魏，只有慕容隆统辖的龙城部队勇敢果决，个个争先。拓跋虔平素经常不注意戒备，闰三月，乙卯（十二日），后燕军来到平城，拓跋虔才发觉，仓促之中率领他的部下出来接战，战败而死。后燕军收编了他的部落。魏王拓跋珪听到这个消息后，大为震惊恐惧，打算放弃都城逃走，其他部落听说了拓跋虔的死讯，都产生了二心。拓跋珪不知所措。

慕容垂率军路过参合陂的时候，看到那里依然尸骸堆积如山，于是摆下香案，为死难者祭奠，军士们也都跟着放声恸哭，哭声震撼着山谷。慕容垂见此惨状，心里既惭愧，又愤怒，因而吐血。从此他得了一场病，乘坐马拉的车继续前进，停扎在平城西北部三十里远的地方。太子慕容宝等人听到了这个消息后，都带兵从前方撤回。后燕军里有叛逃的人，跑到北魏说："慕容垂已经死了，用车拉着他的尸首。"魏王拓跋珪打算去追击燕军，又听说平城已经沦陷，就带着部队回到阴山。

慕容垂在平城养病已满十天，病势却反而加重，在这里兴筑了燕昌城，便班师回朝。夏季，四月，癸未（初十），慕容垂在上谷的沮阳去世。后燕没有宣布这个消息。丙申（二十三日），大军回到都城中山。戊戌（二十五日），发布慕容垂已死的消息，追谥他为成武皇帝，庙号世祖。壬寅（二十九日），太子慕容宝即位，实行大赦，改年号为永康。

当初，后燕国主慕容垂的前妻段皇后生了儿子慕容令、慕容宝，他的继室小段皇后又生了儿子慕容朗、慕容鉴，但是，慕容垂偏爱其他姬妾生的儿子慕容麟、慕容农、慕容隆、慕容柔、慕容熙。慕容宝刚刚当上太子时，还有比较好的名誉，但是不久便渐渐荒废倦怠，使朝廷内外大失所望。小段皇后曾经向慕容垂进言说："太子如果生逢太平盛世，他足可以做一个很好的守住成业的君主。但是，现在国家举步艰难，太子恐怕不是一个拯世济民的干才。辽西王与高阳王两人，是陛下您的贤能的儿子，应该从他们中间选择一个，把国家的大业托付给他。赵王慕容麟奸佞狡诈、强顽刚愎、以后总有一天一定会成为国家的大患，应该早日计划除掉他。”慕容宝颇能善待结交慕容垂左右近臣，他们经常称赞太子，所以，慕容垂竟认为慕容宝贤明干练，便毫不客气地对小段皇后说：“你打算让我成为听信骊姬的谗言而杀了太子申生的晋献公吗？”小段皇后忍不住凄然落泪，退了出来告诉她的妹妹、范阳王慕容德的王妃说：“太子无才，这是天下人都知道的事。我为了考虑江山社稷而说出自己的看法，但主上却把我当成了进献谗言的骊姬，我是多么的冤枉痛苦啊！我看太子一定会把江山社稷断送，而范阳王却有不比寻常的气度，如果我们燕国的气数还没有尽，莫非是应在范阳王身上吗？”慕容宝与慕容麟听到了这些话，对小段皇后恨之入骨。

乙丑（五月二十三日），慕容宝派遣慕容麟去面见小段皇后说：“您常说我们主上不能守住国家大业，你看现在能守不能？您应该早日自己裁决，这样才能保全你们段家宗族的所有性命！”小段皇后大怒说：“你们兄弟这样轻易地逼杀继母，还谈什么能守先人的大业呢？我岂是贪生怕死，只是忧虑不久之后国家就要灭亡罢了。”于是自杀。

后燕国主慕容宝下令重新核定士族的旧有户籍，区分辨别居民阶层的高低，审校查看住户与人口，撤销了那些受到军营保护照顾的户族，使他们全部归属郡县管辖。从此，士民对朝廷嗟叹怨恨之声越来越多，开始离心离德。

后凉三河王吕光，登上了天王的宝座，定国号为大凉，实行大赦，改年号为龙飞。

北魏的文武大臣一致劝说魏王拓跋珪自称尊号，拓跋珪才开始制作天子才用的旌旗，出入时戒备森严，清除道路，禁止行人通行，改年号为皇始。参军事、上谷人张恂进劝拓跋珪发兵去夺取中原，拓跋珪以为他说得很对。

后燕征北大将军，幽、平二州牧，清河公慕容会母亲出身贫贱，但年纪最大，雄伟俊逸，器宇不凡，颇有才能，慕容垂很喜欢他。慕容宝讨伐北魏的时候，慕容垂曾命令慕容会摄管东宫太子府的事务，遇事全权处理，对他的待遇，跟对太子相同。到慕容垂亲自带兵伐魏的时候，他又命令慕容会镇守龙城，把东北方面的所有军政事务全部交由他来处理，选派藩国和府衙官员都是在当时才能、声望最高的人。慕容垂病重时，留下遗嘱，命令慕容宝一定让慕容会当他的继承人。但是慕容宝却喜爱小儿子濮阳公慕容策，而不看重慕容会。长乐公慕容盛与慕容会同岁，觉得自己当他的部下为奇耻大辱，于是便和赵王慕容麟一起力劝慕容宝立慕容策为太子，慕容宝听从了他们的话。乙亥（八月初四），慕容宝册立妃子段氏为皇后，册立慕容策为皇太子，慕容会、慕容盛都晋封为王。慕容策这年才十一岁，一直愚昧懦弱。慕容会听到这个消息后，心里怨恨不满。

九月，章武王慕容宙护送后燕国主慕容垂以及成哀小段皇后的灵柩到龙城宣平陵安葬。慕容宝下诏给慕容宙，命他把高阳王慕容隆手下的幕僚官员、军队、家眷等人全部迁回都城中山。慕容会违背慕容宝的诏书，留下了许多慕容隆的部曲没有遣返。慕容宙年纪已经很老、辈分又高，慕容会却经常借机欺凌侮辱他。看见这种情况的人都知道这时候慕容会已经心怀不轨。

孝武帝非常喜欢喝酒，他经常在内殿里流连迷醉，头脑清醒的时间少了，宫外的人很难也很少能被允许进见。张贵人是后宫里最受宠幸的，后宫中人人都非常害怕她。庚申（二十日），孝武帝和后宫的嫔妃们一起宴饮，美女和乐队全都来在一旁侍候。这时张贵人年纪将近三十，孝武帝故意调笑她说："你如果按照年龄来说，也应该废黜了，我的心意是更喜欢年轻的。"张贵人心中暗自气愤。到了晚上，孝武帝大醉，在清暑殿就寝。张贵人则拿酒赏赐所有的宦官，打发他们走开，然后，让贴身的服侍婢女用被子蒙住孝武帝的脸，弑杀了孝武帝，又用重金贿赂左右的侍从，声称是"睡梦中惊悸窒息突然死去"。当时太子司马德宗愚昧懦弱，会稽王司马道子也昏庸荒淫，便都不追究查问。中书令王国宝深夜前来，叩打禁宫的大门，打算进去替孝武帝撰写遗诏，侍中王爽拒绝了他的请求说："皇上去世，皇太子还没有赶到，胆敢闯入的人，格杀勿论！"王国宝才打消这个念头。王爽是王恭的弟弟。辛酉（二十一日），太子司马德宗即皇帝位，宣布大赦。

癸亥（九月二十三日），有关部门上奏道：会稽王司马道子应该晋升为太傅，任扬州牧，赐予黄钺，诏令朝中朝外的一切大小事务都要请示司马道子。

晋安帝司马德宗小的时候便不聪明机敏，有嘴不会说话，甚至到了连冷热饥饱也都不能分辨的程度，他喝水、吃饭、睡觉、起床都不能自己料理。他的同母兄弟琅邪王司马德文，却性情谦恭谨慎，他经常在司马德宗的身边帮忙照顾，替他安排调度，使他的行事才勉强合理。

魏王拓跋珪进军攻打常山，攻克后抓获了常山太守苟延。从常山以东，各地的驻守官吏或者逃跑或者开城投降，各郡县都归附北魏，只有中山、邺城、信都三座城池还为后燕国坚守。十一月，拓跋珪命令东平公拓跋仪带领五万骑兵进攻邺城，命令冠军将军王建、左军将军李栗进攻信都。戊午（十九日），拓跋珪亲自带兵挺进中山。己未（二十日），发起进攻。后燕高阳王慕容隆据守南城，率领部众全力奋战，从早晨苦战到中午，杀伤敌兵几千人，北魏军队才败退下去。拓跋珪对众将说："中山城非常坚固，慕容宝一定不肯出城来与我们决战。我们急切攻打会损兵折将，长期围困又要花费大量的粮草，不如先去夺取邺城、信都，得手之后再来想办法对付它。"丁卯（二十八日），拓跋珪带兵向南开进。

拓跋珪把大军集结在鲁口。后燕博陵太守申永逃奔河南，高阳太守崔宏逃到海岛上避祸。拓跋珪平日早就听说了崔宏的名声，便派遣骑兵前去追赶寻找，找到了崔宏，任命他为黄门侍郎，和给事黄门侍郎张衮一起共同执掌国家机要大事，制订国家的各种法令制度。博陵令屈遵投降北魏，拓跋珪也任命他为中书令，负责收发全国各地来往的公文和法令函件，并且负责撰写各种文告。

第一百零九卷

晋纪三十一

译文诵读

安皇帝甲隆安元年（丁酉，397）

王建等攻信都，六十余日不下，士卒多死。庚申，魏王珪自攻信都。壬戌夜，燕宜都王凤逾城奔中山。癸亥，信都降魏。

燕主宝闻魏王珪攻信都，出屯深泽，遣赵王麟攻杨城，杀守兵三百。宝悉出珍宝及宫人募郡国群盗以击魏。

二月，己巳朔，珪还屯杨城。没根兄子丑提为并州监军，闻其叔父降燕，惧诛，帅所部兵还国作乱。珪欲北还，遣其国相涉延求和于燕，且请以其弟为质。宝闻魏有内难，不许，使冗从仆射兰真责珪负恩，悉发其众步卒十二万、骑三万七千屯于曲阳之柏肆，营于滹沱水北以邀之。丁丑，魏军至，营于水南。宝潜师夜济，募勇敢万余人袭魏营，宝陈于营北以为之援。募兵因风纵火，急击魏军，魏军大乱，珪惊起，弃营跣走；燕将军乞特真帅百余人至其帐下，得珪衣靴。既而募兵无故自惊，互相斫射，珪于营外望见之，乃击鼓收众，左右及中军将士稍稍来集，多布火炬于营外，纵骑冲之。募兵大败，还赴宝陈，宝引兵复渡水北。戊寅，魏整众而至，与燕相持，燕军夺气。宝引还中山，魏兵随而击之，燕兵屡败。宝惧，弃大军，帅骑二万奔还，时大风雪，冻死者相枕。宝恐为魏军所及，命士卒皆弃袍仗，兵器数十万，寸刃不返，燕之朝臣将卒降魏及为魏所系虏者甚众。

先是，张衮尝为魏王珪言燕秘书监崔逞之材，珪得之，甚喜，以逞为尚书，使录三十六曹，任以政事。

己卯夜，燕尚书郎慕舆皓谋弑燕主宝，立赵王麟；不克，斩关出奔魏，麟由是不自安。

魏围中山既久，城中将士皆思出战。征北大将军隆言于宝曰："涉珪虽屡获小利，然顿兵经年，凶势沮屈，士马死伤太半，人心思归，诸部离解，正是可破之时也。加之举城思奋，若因我之锐，乘彼之衰，往无不克。如其持重不决，将卒气丧，日益困逼，事久变生，后虽欲用之，不可得也！"宝然之。而卫大将军麟每沮其议，隆成列而罢者，前后数四。

是夜，麟以兵劫左卫将军北地王精，使帅禁兵弑宝。精以义拒之，麟怒，杀精，出奔西山，依丁零余众。于是城中人情震骇。

宝不知麟所之，以清河王会军在近，恐麟夺会军，先据龙城，乃召隆及骠骑大将军农，谋去中山，走保龙城。隆曰："先帝栉风沐雨以成中兴之业，崩未期年而天下大坏，岂得不谓之孤负邪！今外寇方盛而内难复起，骨肉乖离，百姓疑惧，诚不可以拒敌，北迁旧都，亦事之宜。然龙川地狭民贫，若以中国之意取足其中，复朝夕望有大功，此必不可。若节用爱民，务农训兵，数年之中，公私充实，而赵、魏之间，厌苦寇暴，民思燕德，庶几返旆，克复故业。如其未能，则凭险自固，犹足以优游养锐耳。"宝曰："卿言尽理，朕一从卿意耳。"

辽东高抚，善卜筮，素为隆所信厚，私谓隆曰："殿下北行，终不能达，太妃纪亦不可得见。若使主上独往，殿下潜留于此，必有大功。"隆曰："国有大难，主上蒙尘，且老母在北，吾得北首而死，犹无所恨。卿是何言也！"乃遍召僚佐，问其去留，唯司马鲁恭、参军成岌愿从，余皆欲留，隆并听之。

壬子，夜，宝与太子策、辽西王农、高阳王隆、长乐王盛等万余骑出赴会军，河间王熙、勃海王朗、博陵王鉴皆幼，不能出城，隆还入迎之，自为鞁乘，俱得免。燕将王沈等降魏。

燕主宝出中山，与赵王麟遇于阱城。麟不意宝至，惊骇，帅其众奔蒲阴，复出屯望都，土人颇供给之。慕容详遣兵掩击麟，获其妻子，麟脱走，入山中。

甲寅，宝至蓟，殿中亲近散亡略尽，惟高阳王隆所领数百骑为宿卫。清河王会帅骑卒二万迎于蓟南，宝怪会容止怏怏有恨色，密告隆及辽西王农。农、隆俱曰："会年少，专任方面，习骄所致，岂有他也！臣等当以礼责之。"宝虽从之，然犹诏解会兵以属隆，隆固辞；乃减会兵分给农、隆。又遣西河公库傉官骥帅兵三千助守中山。

幽、并之兵皆怀会恩，不乐属二王，请于宝曰："清河王勇略高世，臣等与之誓同生死，愿陛下与皇太子、诸王留蓟宫，臣等从王南解京师之围，还迎大驾。"宝左右皆恶会，言于宝曰："清河王不得为太子，神色甚不平。且其才武过人，善收人心；陛下若从众请，臣恐解围之后，必有卫辄之事。"宝乃谓众曰："道通年少，才不及二王，岂可当专征之任！且朕方自统六师，杖会以为羽翼，何可离左右也！"众不悦而退。

夏，四月，癸酉，宝宿广都黄榆谷，会遣其党仇尼归、吴提染干帅壮士二十余人，分道袭农、隆，杀隆于帐下；农被重创，执仇尼归，逃入山中。会以仇尼归被执，事终显发，乃夜诣宝曰："农、隆谋逆，臣已除之。"宝欲讨会，阳为好言以安之曰："吾固疑二王久矣，除之甚善。"

甲戌，旦，会立仗严备，乃引道。会欲弃隆丧，余崇涕泣固请，乃听载随军。农出，自归，宝呵之曰："何以自负邪？"命执之。行十余里，宝顾召群臣食，且议农罪。会就坐，宝目卫军将军慕舆腾使斩会，伤其首，不能杀。会走赴其军，勒兵攻宝。宝帅数百骑驰二百里，晡时，至龙城。会遣骑追至石城，不及。

乙亥，会遣仇尼归攻龙城，宝夜遣兵袭击，破之。会遣使请诛左右佞臣，并求为太子；宝不许。会尽收乘舆器服，以后宫分给将帅，署置百官，自称皇太子、录尚书事，引兵向龙城，以讨慕舆腾为名；丙子，顿兵城下。宝临西门，会乘马遥与宝语，宝责让之。会命军士向宝大噪以耀威，城中将士皆愤怒，向暮出战，大破之。会兵死伤太半，走还营。侍御郎高云夜帅敢死士百余人袭会军，会众皆溃。会将十余骑奔中山，开封公详杀之。宝杀会母及其三子。

初，孝武帝委任王珣，及帝暴崩，不及受顾命，珣一旦失势，循默而已。丁丑，王恭表至，内外戒严，道子问珣曰："二藩作逆，卿知之乎？"珣曰："朝政得失，珣弗之预，王、殷作难，何由可知！"王国宝惶惧，不知所为，遣数百人戍竹里，夜遇风雨，各散归。王绪说国宝矫相王之命召王珣、车胤杀之，以除时望，因挟君相发兵以讨二藩。国宝许之。珣、胤至，国宝不敢害，更问计于珣。珣曰："王、殷与卿素无深怨，所竞不过势利之间耳。"国宝曰："将曹爽我乎？"珣曰："是何言欤！卿宁有爽之罪，王孝伯岂宣帝之俦邪？"又问计于胤，胤曰："昔桓公围寿阳，弥时乃克。今朝廷遣军，恭必城守。若京口未拔而上流奄至，君将何以待之？"国宝尤惧，遂上疏解职，诣阙待罪；既而悔之，诈称诏复其本官。道子暗懦，欲求姑息，乃委罪国宝，遣骠骑咨议参军谯王尚之收国宝付廷尉。尚之，恬之子也。甲申，赐国宝死，斩绪于市，遣使诣恭，深谢愆失；恭乃罢兵还京口。

会稽世子元显，年十六，有俊才，为侍中，说道子以王、殷终必为患，请潜为之备。道子乃拜元显征虏将军，以其卫府及徐州文武悉配之。

燕库傉官骥入中山，与开封公详相攻。详杀骥，尽灭库傉官氏；又杀中山尹苻谟，夷其族。中山城无定主，民恐魏兵乘之，男女结盟，人自为战。

甲辰，魏王珪罢中山之围，就谷河间，督诸郡义租。甲寅，以东平公仪为骠骑大将军、都督中外诸军事、兖、豫、雍、荆、徐、扬六州牧、左丞相，封卫王。

慕容详自谓能却魏兵，威德已振，乃即皇帝位，改元建始，置百官。以新平公可足浑潭为车骑大将军、尚书令，杀拓跋觚以固众心。

邺中官属劝范阳王德称尊号，会有自龙城来者，知燕主宝犹存，乃止。

秋，七月，慕容详杀可足浑潭。详嗜酒奢淫，不恤士民，刑杀无度，所诛王公以下五百余人，群下离心。城中饥窘，详不听民出采稆，死者相枕，举城皆谋迎赵王麟。详遣辅国将军张骧帅五千余人督租于常山，麟自丁零入骧军，潜袭中山，城门不闭，执详，斩之。麟遂称尊号，听人四出采稆。人既饱，求与魏战，麟不从，稍复穷馁。魏王珪军鲁口，遣长孙肥帅骑七千袭中山，入其郛；麟追至泒水，为魏所败而还。

凉散骑常侍、太常西平郭黁，善天文数术，国人信重之。会荧惑守东井，黁谓仆射王详曰："凉之分野，将有大兵。主上老病，太子暗弱，太原公凶悍，一旦不讳，祸乱必起。吾二人久居内要，彼常切齿，将为诛首矣。田胡王乞基部落最强，二苑之人，多其旧众。吾欲与公举大事，推乞基为主，二苑之众，尽我有也。得城之后，徐更议之。”详从之。麐夜以二苑之众烧洪范门，使详为内应；事泄，详被诛，麐遂据东苑以叛。民间皆言圣人举兵，事无不成，从之者甚众。

凉王光召太原公纂使讨麐。纂将还，诸将皆曰：“段业必蹑军后，宜潜师夜发。”纂曰：“业无雄才，凭城自守；若潜师夜去，适足张其气势耳。”乃遣使告业曰：“郭麐作乱，吾今还都；卿能决者，可早出战。”于是引还。业不敢出。

纂与西安太守石元良共击麐，大破之，乃得入姑臧。麐得光孙八人于东苑，及败而恚，悉投于锋上，枝分节解，饮其血以盟众，众皆掩目。

凉人张捷、宋生等招集戎、夏三千人，反于休屠城。与麐共推凉后将军杨轨为盟主。轨，略阳氐也。将军程肇谏曰：“卿弃龙头而从蛇尾，非计也。”轨不从；自称大将军、凉州牧、西平公。

秦主兴入寇湖城，弘农太守陶仲山、华山太守董迈皆降之；遂至陕城，进寇上洛，拔之。遣姚崇寇洛阳，河南太守夏侯宗之固守金墉，崇攻之不克，乃徙流民二万余户而还。

武都氐屠飞、啖铁等据方山以叛秦，兴遣姚绍等讨之，斩飞、铁。

兴勤于政事，延纳善言，京兆杜瑾等皆以论事得显拔，天水姜龛等以儒学见尊礼，给事黄门侍郎古成诜等以文章参机密。诜刚介雅正，以风教为己任。京兆韦高慕阮籍之为人，居母丧，弹琴饮酒。诜闻之而泣，持剑求高，欲杀之，高惧而逃匿。

中山饥甚，慕容麟帅二万余人出据新市。甲子晦，魏王珪进军攻之。太史令晁崇曰：“不吉。昔纣以甲子亡，谓之疾日，兵家忌之。”珪曰：“纣以甲子亡，周武不以甲子兴乎？”崇无以对。冬，十月，丙寅，麟退阻泒水。甲戌，珪与麟战于义台，大破之，斩首九千余级，麟与数十骑驰取妻子入西山，遂奔邺。

乙亥，慕容麟至邺，复称赵王，说范阳王德曰：“魏既克中山，将乘胜攻邺，邺中虽有蓄积，然城大难固，且人心恇惧，不可守也。不如南趣滑台，阻河以待魏，伺衅而动，河北庶可复也。”时鲁阳王和镇滑台，和，垂之弟子也，亦遣使迎德；德许之。

晋安帝隆安元年（丁酉，公元397年）

王建等进攻信都城，六十多天也没有攻下，兵卒伤亡很多。庚申（二十二日），魏王拓跋珪带兵进攻信都。壬戌（二十四日）夜晚，后燕宜都王慕容凤跳出城墙逃往中山。癸亥（二十五日），信都城向北魏投降。

后燕国主慕容宝听说魏王拓跋珪带兵进攻信都，便率军驻扎在深泽，又派赵王慕容麟进攻杨城，杀死了守兵三百人。慕容宝将皇宫中所藏的珍宝甚至所有的宫女全部作为赏资，招募各郡各封国的强盗匪徒，让他们充军，去抗击北魏。

二月，己巳朔（初一），拓跋珪带兵回到杨城驻扎。叛将没根的侄儿丑提任并州监军，听说他的叔父降燕，害怕牵连自己被杀，索性带着自己所管辖的兵卒举行叛乱。拓跋珪打算北撤，派国相拓跋涉延前去向后燕求和，并且请求用他的弟弟作为人质。慕容宝听说北魏内部出现动乱，没有答应讲和，又派冗从仆射兰真前往北魏军营，斥责拓跋珪忘恩负义，调动全部步兵十二万人、骑兵三万七千人去曲阳的柏肆驻守，在滹沱河的北岸立下大营，以拦截撤退的北魏军。丁丑（初九），北魏后撤的部队来到这里，在滹沱河的南岸扎营。慕容宝秘密地派遣一支部队连夜渡过河去，招募一万多敢死队袭击北魏军营，慕容宝在营北结阵作为援兵。后燕招募来的这些人，顺着风放火，对魏军发起迅猛的进攻。北魏军一片大乱，拓跋珪也在睡梦中惊醒，光着双脚抛弃大营逃走。后燕将军乞特真带着一百多名士卒来到拓跋的大帐，只得到了拓跋珪仓促之间遗失下的衣服和皮靴。不久，招募来的那些兵勇不知什么原因便突然一片大乱，互相之间胡砍乱射。拓跋珪在营外远远看到这种情况，于是，击鼓召集刚刚溃散了的兵士，不久，他左右的侍从以及中军将士渐渐地集合在一起，并在营地的外围设置了许多火炬，派骑兵向前冲击后燕兵营。招募的兵勇大败，逃回慕容宝的大营，慕容宝带领着部队再一次渡到河的北岸。戊寅（初十），北魏整顿好部队渐渐逼近，并和后燕军相对峙。后燕军士气大为低落。慕容宝只好带着部队回到中山，北魏军随后追击，后燕军几次接战均告失败。慕容宝十分恐惧，丢下大部队，自己带两万骑兵逃奔回去。这时正值狂风暴雪，冻死的人横躺竖卧在原野上。慕容宝害怕被北魏军队追上抓获，命令兵士全都丢下袍甲枪杖，最后把几十万精良武器全部丢弃，甚至连一把小刀也没有带回。后燕的朝廷大臣、将帅士兵投降、被俘的人非常之多。

在这之前，张衮曾经对魏王拓跋珪说过后燕秘书监崔逞的才能，这次拓跋珪得到崔逞，非常高兴，任命崔逞为尚书，掌管三十六曹，把政事委任给他来处理。

己卯（二月十一日）夜间，后燕尚书郎慕舆皓阴谋刺杀后燕国主慕容宝，拥立赵王慕容麟，没有成功。因此慕舆皓便砍开城门，冲出去逃奔北魏。慕容麟从此心中万分不安。

北魏军围困后燕都城中山已经很久，中山城里的将士们都有心想要出城与敌人决一死战。征北大将军慕容隆对慕容宝说："拓跋珪虽然多次获得一些小胜利，但大军在这里羁留已经一年，他们来时的那种凶恶的气势，已经委靡丧失，兵士马匹也或死或伤损失大半，人心思归，各部落正在离析瓦解，这正是我们可以将他们打败的大好时机呀！再加上我们全城的兵民都在想着奋力一搏，如果利用我们的锐气，趁着他们的衰弱，就没有不胜利的。如果谨慎持重、犹豫不决，等到将士的斗志丧失，环境又一天天艰苦，时间一久，事情就会发生变化，到那时候，虽然想利用机会，一定不会再有了。"慕容宝认为他说得很对。但是卫大将军慕容麟却几次都阻止慕容隆的建议，慕容隆准备好出去却被迫停止，前后一共四次。

这天夜晚，慕容麟派兵劫持了左卫将军、北地王慕容精，并且派他率领禁军去刺杀慕容宝。慕容精用大义拒绝了慕容麟，慕容麟大怒，杀了慕容精，跑出城去逃奔西山，依靠丁零的残余部落。从此，中山城里的军民的情绪更加震惊动荡。

慕容宝不知道慕容麟逃到哪里去了，因为清河王慕容会的部队便在附近驻扎，因此害怕慕容麟夺走慕容会的部队，抢先跑去占据龙城，于是，他召集慕容隆及骠骑大将军慕容农，商议要放弃中山，去死保龙城。慕容隆说："先帝历经千辛万苦，才完成了中兴的大业，他死去不到一年便天下大乱，怎么能说我们没有辜负了先帝的嘱托厚望啊！现在，外面的强盗力量正当强盛，而我们内部又发生了危难，同胞骨肉反目成仇，百姓惊疑恐惧，这样，实是根本不可能抗拒强敌的。向北迁回我们的旧都，也是事所当然。但是龙川那一带地方狭小，百姓贫困，如果我们打算在那里作为依凭，进图中原，仍然早晚都盼望着取得大的进展和成功，那是一定不可能的。如果我们节俭开支花费，爱惜民力，鼓励农耕，训练军队，那么几年之间，官府与民间的积蓄一定会充实起来，而赵、魏之间连年战乱，百姓一定苦不堪言，厌倦、怨恨之声四起，那时，他们思念起我们燕国统治时的恩德，我们也或许有机会回转旗帜恢复自己往日的帝业。即使不能这样，那么我们依据山川险要，巩固自己的势力，也还是足够我们在那里安闲度日养精蓄锐了。"慕容宝说："你说的全都在理，我完全听从你的意见。"

辽东人高抚善于占卜算卦，一向得到慕容隆的信任与厚爱，他私下里告诉慕容隆说："殿下此次向北撤退，绝对不可能到达目的地，也不可能看到您的母亲太妃。假如让主上自己单独前往，殿下暗地里留在这里，一定会有大的功业可以建立。"慕容隆说："国家有这样空前的大难，主上遭受奔波之苦与耻辱，而且我的老母亲又在北方，我能够在死的时候头向着北方，便没有什么遗憾了，你这是说的什么？"于是，他将官吏僚属召集在一起，询问他们是去是留，只有司马鲁恭、参军成发愿意跟从北迁，其余的都打算留下，慕容隆全听凭他们自己拿主意。

壬子（三月十四日）夜晚，慕容宝与太子慕荣策、辽西王慕容农、高阳王慕容隆、长乐王慕容盛等率领一万多骑兵，出城去投奔慕容会的军营，河间王慕容熙、勃海王慕容朗、博陵王慕容鉴还都年幼，未能逃出城来，慕容隆又回到城里去迎护，亲自驾车，终于使他们全部逃脱。后燕将领李沈等人投降北魏。

后燕国主慕容宝逃出都城中山，和赵王慕容麟在孤城相遇，慕容麟没有想到慕容宝来到这里，大惊失色，赶紧率领着他的部众向蒲阴逃去，然后又来到望都驻扎。当地的土人还为他提供粮草。慕容详派兵袭击慕容麟，抓获了他的妻子儿女，慕容麟自己则逃脱，进入山中。

甲寅（三月十六日），慕容宝来到蓟城，他的宫廷中的亲信近臣或走散或逃跑，几乎一个也不剩了，只有高阳王慕容隆所统领的几百名骑兵担任警卫。清河王慕容会率领骑兵二万人到蓟南去迎接。慕容宝对慕容会表情举止充满怨恨的样子感到奇怪，偷偷地告诉了慕容隆与辽西王慕容农。慕容农、慕容隆都说："慕容会年纪小，但很早就能独当一面，养成了骄纵的习惯，怎么会有别的想法呢！我们有机会一定依据礼仪制度的道理来责备他。"慕容宝虽然听了他们的话，但还是下诏解除了慕容会的兵权，转交给慕容隆。慕容隆坚决推辞，于是慕容宝只好减少慕容会的一部分兵力，分别交给慕容农、慕容隆。他又派遣西河公库傉官骥统领三千兵卒去帮助守卫中山。

幽州及并州的部队都怀念着慕容会的恩德，不愿意隶属于慕容农、慕容隆两位亲王，向慕容宝请求说："清河王的勇武谋略都高过当世，我们与他发誓要同生共死，愿陛下您与皇太子、各位亲王暂时留在蓟城宫中，我们这些人跟随清河王去向南解救被围困的京师，回来迎接大驾还朝。"慕容宝左右的近臣与侍卫都讨厌慕容会，对慕容宝说："清河王因为当不上太子，神态与脸色都表现出非常的不满。而且他的才能与武力又超过常人，很善于收买人心，陛下如果答应了这些人的请求，我们恐怕解除了中山的围困以后，就一定会有春秋时卫辄那样自己继承王位，却拒绝父亲回国的事发生。"慕容宝于是对那些人说："慕容会年纪还小，他的才干也赶不上慕容农、慕容隆二王，怎么可以承担自己单独带兵征战的大任！况且朕正要亲自统率六军，依靠慕容会作为我的助手，他怎么可以离开我的身边呢？"那些人都很不高兴地退出去了。

夏季，四月，癸酉（初六），慕容宝在广都黄榆谷扎营露宿。慕容会派遣他的死党部下仇尼归、吴提染干率领壮士二十多人，分两路去偷袭慕容农、慕容隆。在寝帐之中将慕容隆杀死，慕容农则身受重伤，抓住了仇尼归，逃进了深山。慕容会因为仇尼归被对方抓住，事情终于败露，于是只好连夜去拜见慕容宝说："慕容农、慕容隆阴谋叛逆，我已将他们除掉。"慕容宝准备讨伐慕容会，表面上只得用好话来稳住他，说："我本来怀疑他们已经很长时间了，除掉他们很好。"

甲戌（四月初七），清晨，慕容会下令严密戒备，在前面引路，继续前进。慕容会打算遗弃慕容隆的灵柩，将军余崇流着眼泪坚决请求携带，就听凭他随着军队运载。慕容农从深山中出来，自己回到大营，慕容宝呵斥他说："为什么自负前言！"命令手下人把他逮捕收押起来。走了十几里路，慕容宝回头召集文武大臣一起吃饭，并商议如何给慕容农定罪。慕容会也入席就座，慕容宝使眼色让卫军将军慕舆腾刺杀慕容会，却只将他的头部击伤，没有杀死。慕容会带伤逃奔自己的军队，马上集合部队向慕容宝发起猛攻。慕容宝带着几百名骑兵跑出去二百里，下午的时候，到了龙城。慕容会派遣骑兵追赶到石城，没有追上。

乙亥（四月初八），慕容会派遣仇尼归前去攻打龙城，慕容宝却在夜里派遣一支部队袭击他，并将他打败。慕容会派遣使者去面见慕容宝，请求诛杀左右的奸佞之臣，并且请求册立自己做太子，慕容宝不答应。慕容会便把皇帝用的车马服装器具等全部收为己有，把后宫的姬妾宫女等分赏给各位将帅，并且设置了文武百官，自称为皇太子、录尚书事，带着部队直向龙城进发，名义上却说要讨伐慕舆腾。丙子（初九），在城下驻扎下来。慕容宝来到西门，慕容会乘着马从远处与慕容宝对话。慕容宝斥责他。慕容会命令士兵面对慕容宝大声鼓噪、起哄，以炫耀自己的威势。城里的将士都义愤填膺，傍晚的时候出城与慕容会接战，将他们打得大败。慕容会的兵卒死伤了一大半，他自己也逃回了大营。侍御郎高云当夜率领一百多名敢死壮士偷袭慕容会的营寨，慕容会的部众完全崩溃。慕容会本人只带领着十几名骑兵逃奔中山，被开封公慕容详杀了。慕容宝杀掉了慕容会的母亲和他的三个儿子。

当初，晋孝武帝重任左仆射王珣，后来，孝武帝突然驾崩，他没来得及接受先帝的委托做顾命大臣。王珣失去权势，只好一言不发。丁丑（初十），王恭的奏章送到朝中，朝廷内外十分紧张，戒备森严。司马道子问王珣道："王珣、车殷两股地方势力发动叛乱，你知道这件事吗？"王珣说："朝廷内部政治事务的好坏得失，我都不曾参预，王、殷两个人所发动的反叛，我怎么能知道呢？"王国宝异常惶恐惧怕，不知如何是好，派了几百人到竹里去守卫，因为夜间遇到风雨大作，各自散去回家了。王绪给王国宝出主意，让他假借相王司马道子的命令，召集王珣、车胤前来，将他们杀掉，先除掉有声望的人，然后以此要挟安帝和马司道子调兵讨伐两个藩臣。王国宝同意了王绪的建议。王珣、车胤来到之后，王国宝又不敢杀害，只好再向王珣询问解决的方法。王珣说："王恭、殷仲堪与您素来没有什么深仇大恨，他们所要争的不过是一些权势利益罢了。"王国宝说："莫非要把我当成曹爽吗？"王珣说："你这是什么话呀！您哪里有曹爽那么重的罪过，王恭又哪里是宣帝司马懿那样的人呢？"王国宝又向车胤问计，车胤说："过去，桓温围困寿阳，很长时间才攻克。现在朝廷如果派兵去攻，王恭便一定会坚守。倘若京口还没有攻下，长江上游的殷仲堪又带兵突然乘虚而来，您准备怎样对付他呢？"王国宝更加恐惧，于是上了一道奏章请求解除一切官职，前往宫门等待朝廷定罪。奏章刚送上去，又后悔了，因此又谎称安帝已经下诏恢复他原来的官职。司马道子为人愚昧懦弱，只求暂时平息此事，便把一切罪过完全推到王国宝身上，并派遣骠骑咨议参军谯王司马尚之前去逮捕王国宝，交到廷尉那里去问罪。司马尚之是司马恬的儿子。甲申（十七日），安帝下诏，命令王国宝自杀，把王绪绑赴街市斩首，并派使者前去面见王恭，对自己的过失表示深深的歉意。王恭于是带兵回京口。

会稽王司马道子的长子司马元显，十六岁，聪明能干。此时他在朝中担任侍中。他提醒司马道子说，王恭、殷仲堪到头来一定会成为祸患，请在暗地做好准备。司马道子于是任命司马元显为征虏将军，把自己的卫队以及徐州的文武要员全部交给司马元显管辖。

后燕西河公库傉官骥进入中山，与留守在那里的开封公慕容详互相攻打，慕容详杀了库傉官骥，并把整个库傉官氏家族全部消灭。他又杀死了中山尹苻谟，屠杀了苻谟家一族。中山城内没有一个主事人，居民们害怕北魏的军队乘虚攻进城来，男女老幼自愿结起盟约，各自单独作战。

甲辰（五月初七），魏王拓跋珪撤除对中山的包围，开往河间征粮，督促各郡义务献粮。甲寅（五月十七日），拓跋珪任命东平公拓跋仪为骠骑大将军，都督中外诸军事，兖、豫、雍、荆、徐、扬六州牧，左丞相，封为卫王。

慕容详自认为能使北魏军队撤去，他的声威与恩德已经重振，便登上了皇帝宝座，改年号为建始，设置了文武百官，任命新平公可足浑谭为车骑大将军、尚书令，杀掉了原来被扣押在中山的拓跋珪的弟弟拓跋觚，希望以此来稳定人心。

邺城的文武官员力劝范阳王慕容德面南称帝，正巧有一个人从龙城来，知道后燕国主慕容宝还活着，这才停止。

秋季，七月，慕容详杀掉了车骑大将军可足浑谭。慕容详嗜酒如命，又奢侈荒淫，从来也不体恤士人、百姓，施刑屠戮没有法度，被他诛杀的自王公以下的人有五百多，以致各级僚属和下层军民都和他离心离德。城中发生饥荒，慕容详不允许人们出城去采集野草和野生的粮食，因此，饿死的人尸横遍地，全城上下的人们都在希望设法把赵王慕容麟迎请回来。慕容详派遣辅国将军张骧率领五千多人前去常山督促人们缴纳粮租，慕容麟从丁零部落那里潜入张骧军中，偷袭中山，城门没有关闭，慕容麟抓住慕容详，杀了他。慕容麟自己做了皇帝，准许人们出城到四处去采集可吃的东西。军民能够吃饱之后，便又提出要求与北魏军队决战，慕容麟却没有同意，不久，城中再次发生饥荒。魏王拓跋珪驻扎在鲁口，派遣长孙肥率领骑兵七千人进攻中山，并且攻进了外城。慕容麟发动反击。并把北魏军追击到了泒水，却被北魏军队打败，回到中山。

后凉散骑常侍、太常、西平人郭黁，擅长观测天文和数术，国中的人们对他都很相信倚重。正巧赶上火星侵占井宿，郭黁对仆射王详说："凉州一带，将要发生大的战争。现在主上年老多病，太子又愚昧孱弱，太原公吕纂凶暴骄悍，一旦主上晏驾，祸乱便一定会发生。我们两个人长期居于朝廷要职，太原公一直咬牙切齿地痛恨我们，到那时我们一定会成为他所要诛杀的首要对象。田胡部落的首领王乞基的力量最强大，都城姑臧东苑、西苑的人，大多是他们的旧属部众。我打算和你一起发动一个大事，拥推王乞基为我们的首领，居住在两苑里的人，都会为我们所拥有。攻占城池之后，再慢慢商议其他的事。"王详听从了他的话。郭黁当夜便派两苑的人火烧洪范门，并且让王详作为内应。不料事情败露，王详被杀。郭黁便占据了东苑城公开反叛。民间都流传说，像郭黁那样的圣人带领部队战斗，事情没有不成功的，所以，跟从他的人很多。

后凉王吕光连忙征召太原公吕纂围剿郭黁。吕纂将要回去，各位将领都说："段业一定会跟在我军的背后追打，我们应该在夜间秘密撤退。"吕纂说："段业没有雄才大略，只能凭借城池的险要保全自己。如果我们在夜间偷偷撤军，恰恰长了敌人的志气。"于是，他派遣一个使者去告诉段业说："郭黁发动了叛乱，我现去就要回都城去，你如果有胆量能来决一死战，那么可以尽早出战。"于是，撤军回去，段业没敢出来。

吕纂和西安太守石元良合击郭黁，把他打得大败，才得以进入都城姑臧。郭黁在东苑城抓获了吕光的八个孙子，被吕篡击败之后恼羞成怒，把这八个孩子全部投掷到兵刃的锋口之上，并把他们的尸体一肢一节地分解开来，喝掉了他们的鲜血，用来和大家对天盟誓。其状极其凶残，他手下的人也都蒙住双眼，不忍观看。

凉州人张捷、宋生等，召集戎族和汉族三千人，在休屠城造反。他们与郭馨一起推举后凉后将军杨轨为盟主。杨轨是略阳的氐人。将军程肇劝阻杨轨说："您抛弃了龙头而去追随蛇尾，不是上策。"杨轨没有接受他的劝告，自称为大将军、凉州牧、西平公。

后秦国主姚兴率军进犯东晋的湖城，东晋弘农太守陶仲山、华山太守董迈都投降了他。后秦军队便很快抵达陕城，进犯并攻克了上洛。姚兴又派遣姚崇进犯洛阳，河南太守夏侯宗之坚守在金墉，姚崇进攻而没有攻克，他便裹胁迁移二万多户流民撤回。

武都的氐族人屠飞、啖铁等人占据了方山背叛后秦。姚兴派姚绍等人去讨伐，斩杀了屠飞和啖铁。

姚兴对于国家的军政大事非常勤勉努力，并且善于接受采纳、征求一些好的意见，京兆人杜瑾等人因为经常议论国事而得到荣升提拔，天水人姜龛等人因为精通儒家学说而受到尊重和礼敬，给事黄门侍郎古成诜等人因为文章写得好而参预朝廷的机要。古成诜为人刚直耿介、高雅正派，以维护道德、风尚作为自己的责任。京兆人韦高仰慕阮籍的为人，母亲去世后的守丧期间，一边弹琴，一边饮酒。古成诜听说这件事之后，潸然流泪，提着佩剑去找韦高，准备杀了他。韦高非常害怕，逃走之后藏了起来。

中山城里的饥荒越来越严重，慕容麟带领二万多人出城据守新市。甲子晦（九月二十九日），魏王拓跋珪指挥军队进攻慕容麟。太史令晁崇说："今天很不吉利。过去纣王就是在甲子这天灭亡的，因此人们都把这天叫疾日，用兵的人忌讳这一天。"拓跋珪说："纣王在甲子这天死，周武王不是在甲子这天兴起吗？"晁崇没有什么话可以回答。冬季，十月，丙寅（初二），慕容麟撤退到泒水去据守。甲戌（初十），拓跋珪与慕容麟在义台展开激战，把后燕军打得落花流水，有九千多人被杀，慕容麟与几十个骑兵跑过去救出自己的妻子儿女逃进西山，随后又逃奔邺城。

乙亥（十二月十二日），慕容麟来到邺城，恢复自己赵王的称号，向范阳王慕容德游说："魏既然已经攻克了中山，就一定要乘胜来攻打邺城。邺城中虽然有一些储备，但是，城池太大，很难固守，况且人心又慌乱恐惧，不可能守住。不如向南进军滑台，依靠黄河天险加强防守来对付魏，等待时机，再采取行动。那样，黄河以北或许可以收复。"这时，后燕鲁阳王慕容和正在镇守滑台。慕容和是慕容垂的侄儿，他也正好派遣使者前来迎接慕容德。慕容德答应了去滑台的请求。

晋纪三十二　第一百一十卷

译文诵读

安皇帝乙隆安二年（戊戌，398）

赵王麟上尊号于德，德用兄垂故事，称燕王，改永康三年为元年，以统府行帝制，置百官。以赵王麟为司空、领尚书令，慕容法为中军将军，慕舆拔为尚书左仆射，丁通为右仆射。麟复谋反，德杀之。

珪自邺还中山，将北归，发卒万人治直道，自望都凿恒岭至代五百余里。珪恐已既去，山东有变，复置行台于中山，命卫王仪镇之；以抚军大将军略阳公遵为尚书左仆射，镇勃海之合口。

辛酉，魏王珪发中山，徙山东六州吏民杂夷十余万口以实代。博陵、勃海、章武群盗并起，略阳公遵等讨平之。

燕主宝还龙城宫，诏诸军就顿，不听罢散，文武将士皆以家属随驾。辽西王农、长乐王盛切谏，以为兵疲力弱，魏新得志，未可与敌，宜且养兵观衅。宝将从之，抚军将军慕舆腾曰："百姓可与乐成，难与图始。今师众已集，宜独决圣心，乘机进取，不宜广采异同以沮大计。"宝乃曰："吾计决矣，敢谏者斩！"二月，乙亥，宝出就顿，留盛统后事。己卯，燕军发龙城，慕舆腾为前军，司空农为中军，宝为后军，相去各一顿，连营百里。

壬午，宝至乙连，长上段速骨、宋赤眉等因众心之惮征役，遂作乱。速骨等皆高阳王旧队，共逼隆子高阳王崇为主，杀乐浪威王宙、中牟熙公段谊及宗室诸王。河间王熙素与崇善，崇拥佑之，故独得免。燕主宝将十余骑奔司空农营，农将出迎，左右抱其腰，止之曰："宜小清澄，不可便出。"农引刀将斫之，遂出见宝，又驰信追慕舆腾。癸未，宝、农引兵还趣大营，讨速骨等。农营兵亦厌征役，皆弃仗走，腾营亦溃。宝、农奔还龙城。长乐王盛闻乱，引兵出迎，宝、农仅而得免。

会稽王道子忌王、殷之逼，以谯王尚之及弟休之有才略，引为腹心。尚之说道子曰："今方镇强盛，宰相权轻，宜密树腹心于外以自藩卫。"道子从之，以其司马王愉为江州刺史，都督江州及豫州之四郡军事，用为形援，日夜与尚之谋议，以伺四方之隙。

燕尚书顿丘王兰汗阴与段速骨等通谋，引兵营龙城之东；城中留守兵至少，长乐王盛徙内近城之民，得丁夫万余，乘城以御之。速骨等同谋才百余人，余皆为所驱胁，莫有斗志。三月，甲午，速骨等将攻城，辽西桓烈王农恐不能守，且为兰汗所诱，夜，潜出赴之，冀以自全。明旦，速骨等攻城，城上拒战甚力，速骨之众死者以百数。速骨乃将农循城，农素有忠节威名，城中之众恃以为强，忽见在城下，无不惊愕丧气，遂皆逃溃。速骨入城，纵兵杀掠，死者狼籍。宝、盛与慕舆腾、馀崇、张真、李旱、赵恩等轻骑南走。速骨幽农于殿内。长上阿交罗，速骨之谋主也，以高阳王崇幼弱，更欲立农。崇亲信发飂让、出力犍等闻之，丁酉，杀罗及农。速骨即为之诛让等。农故吏左卫将军宇文拔亡奔辽西。

丁亥，宝至索莫汗陉，去龙城四十里，城中皆喜。汗惶怖，欲自出请罪，兄弟共谏止之。汗乃遣弟加难帅五百骑出迎；又遣兄堤闭门止仗，禁人出入。城中皆知其将为变，而无如之何。加难见宝于陉北，拜谒已，从宝俱进。颍阴烈公馀崇密言于宝曰："观加难形色，祸变甚逼，宜留三思，奈何径前！"宝不从。行数里，加难先执崇，崇大呼骂曰："汝家幸缘肺附，蒙国宠荣，覆宗不足以报。今乃敢谋篡逆，此天地所不容，计旦暮即屠灭，但恨我不得手脍汝曹耳！"加难杀之。引宝入龙城外邸，弑之。汗谥宝曰灵帝；杀献哀太子策及王公卿士百余人；自称大都督、大将军、大单于、昌黎王，改元青龙；以堤为太尉，加难为车骑将军，封河间王熙为辽东公，如杞、宋故事。

长乐王盛闻之，驰欲赴哀；张真止之。盛曰："我今以穷归汗，汗性愚浅，必念婚姻，不忍杀我，旬月之间，足以展吾情志。"遂往见汗。汗妻乙氏及盛妃皆泣涕请盛于汗，盛妃复顿头于诸兄弟。汗恻然哀之，乃舍盛于宫中，以为侍中、左光禄大夫，亲待如旧。堤、加难屡请杀盛，汗不从。堤骄很荒淫，事汗多无礼，盛因而间之。由是汗兄弟浸相嫌忌。

杨轨自恃其众，欲与凉王光决战，郭麐每以天道抑止之。凉常山公弘镇张掖，段业使沮渠男成及王德攻之；光使太原公纂将兵迎之。杨轨曰："吕弘精兵一万，若与光合，则姑臧益强，不可取矣。"乃与秃发利鹿孤共邀击纂，纂与战，大破之；轨奔王乞基。麐性褊急残忍，不为士民所附，闻轨败走，降西秦；西秦王乾归以为建忠将军、散骑常侍。

李旱、卫双、刘忠、张豪、张真，皆盛素所厚也，而穆引以为腹心，旱、双得出入至盛所，潜与盛结谋。丁未，穆击堤、加难等，破之。庚戌，飨将士，汗、穆皆醉，盛夜如厕，因逾垣入于东宫，与旱等共杀穆。时军未解严，皆聚在穆舍，闻盛得出，呼跃争先，攻汗，斩之。汗子鲁公和、陈公扬分屯令支、白狼，盛遣旱、真袭诛之。堤、加难亡匿，捕得，斩之。于是内外帖然，士女相庆。宇文拔率壮士数百来赴，盛拜拔为大宗正。

辛亥，告于太庙，令曰："赖五祖之休，文武之力，宗庙社稷幽而复显。不独孤以眇眇之身免不同天之责，凡在臣民皆得明目当世。"因大赦，改元建平。盛谦不敢称尊号，以长乐王摄行统制。诸王皆降称公，以东阳公根为尚书左仆射，卫伦、阳璆、鲁恭、王滕为尚书，悦真为侍中，阳哲为中书监，张通为中领军，自余文武各复旧位。改谥宝曰惠闵皇帝，庙号烈宗。

魏王珪迁都平城，始营宫室，建宗庙，立社稷。宗庙岁五祭，用分、至及腊。

桓玄求为广州，会稽王道子忌玄，不欲使居荆州，因其所欲，以玄为督交、广二州军事、广州刺史；玄受命而不行。豫州刺史庾楷以道子割其四郡使王愉督之，上疏言："江州内地，而西府北带寇戎，不应使愉分督。"朝廷不许。楷怒，遣其子鸿说王恭曰："尚之兄弟复秉机权，过于国宝；欲假朝威削弱方镇，惩艾前事，为祸不测，今及其谋议未成，宜早图之。"恭以为然，以告殷仲堪、桓玄。仲堪、玄许之，推恭为盟主，刻期同趣京师。

会稽世子元显言于道子曰："前不讨王恭，故有今日之难。今若复从其欲，则太宰之祸至矣。"道子不知所为，悉以事委元显，日饮醇酒而已。元显聪警，颇涉文义，志气果锐，以安危为己任。附会之者，谓元显神武，有明帝之风。

魏王珪命有司正封畿，标道里，平权衡，审度量；遣使循行郡国，举奏守宰不法者，亲考察黜陟之。

九月，辛卯，加会稽王道子黄钺，以世子元显为征讨都督；遣卫将军王珣、右将军谢琰将兵讨王恭，谯王尚之将兵讨庾楷。

己亥，谯王尚之大破庾楷于牛渚，楷单骑奔桓玄。会稽王道子以尚之为豫州刺史，弟恢之为骠骑司马、丹杨尹，允之为吴国内史，休之为襄城太守，各拥兵马以为己援。乙巳，桓玄大破官军于白石。玄与杨佺期进至横江；尚之退走，恢之所领水军皆没。丙午，道子屯中堂，元显守石头；己酉，王珣守北郊，谢琰屯宣阳门以备之。

王恭素以才地陵物，既杀王国宝，自谓威无不行；仗刘牢之为爪牙而但以部曲将遇之，牢之负其才，深怀耻恨。元显知之，遣庐江太守高素说牢之，使叛恭，许事成即以恭位号授之；又以道子书遗牢之，为陈祸福。牢之谓其子敬宣曰："王恭昔受先帝大恩，今为帝舅，不能翼戴王室，数举兵向京师，吾不能审恭之志，事捷之日，必能为天子相王之下乎？吾欲奉国威灵，以顺讨逆，何如？"敬宣曰："朝廷虽无成、康之美，亦无幽、厉之恶；而恭恃其兵威，暴蔑王室。大人亲非骨肉，义非君臣，虽共事少时，意好不协，今日讨之，于情义何有！"恭参军何澹之知其谋，以告恭。

恭以澹之素与牢之有隙，不信。乃置酒请牢之，于众中拜之为兄，精兵坚甲，悉以配之，使帅帐下督颜延为前锋。牢之至竹里，斩延以降；遣敬宣及其婿东莞太守高雅之还袭恭。恭方出城曜兵，敬宣纵骑横击之，恭兵皆溃。恭将入城，雅之已闭城门。恭单骑奔曲阿，素不习马，髀中生疮。曲阿人殷确，恭故吏也，以船载恭，将奔桓玄，至长塘湖，为人所告，获之，送京师，斩于倪塘。恭临刑，犹理须鬓，神色自若，谓监刑者曰："我暗于信人，所以至此；原其本心，岂不忠于社稷邪！但令百世之下知有王恭耳。”并其子弟党与皆死。以刘牢之为都督兖、青、冀、幽、并、徐、扬州晋陵诸军事以代恭。

俄而杨佺期、桓玄至石头，殷仲堪至芜湖。元显自竹里驰还京师，遣丹杨尹王恺等发京邑士民数万人据石头以拒之。佺期、玄等上表理王恭，求诛刘牢之。牢之帅北府之众驰赴京师，军于新亭，佺期、玄见之失色，回军蔡洲。朝廷未知西军虚实，仲堪等拥众数万，充斥郊畿，内外忧逼。

左卫将军桓脩，冲之子也，言于道子曰：“西军可说而解也，脩知其情矣。殷、桓之下，专恃王恭，恭既破灭，西军沮恐。今若以重利啖玄及佺期，二人必内喜；玄能制仲堪，佺期可使倒戈，取仲堪矣。”道子纳之，以玄为江州刺史；召郗恢为尚书，以佺期代恢为都督梁、雍、秦三州诸军事、雍州刺史。以脩为荆州刺史，权领左卫文武之镇，又令刘牢之以千人送之。黜仲堪为广州刺史，遣仲堪叔父太常茂宣诏，敕仲堪回军。

冬，十月，癸酉，燕群臣复上尊号，丙子，长乐王盛始即皇帝位，大赦，尊皇后段氏曰皇太后，太妃丁氏曰献庄皇后。

殷仲堪得诏书，大怒，趣桓玄、杨佺期进军。玄等喜于朝命，欲受之，犹豫未决。仲堪闻之，遽自芜湖南归，遣使告谕蔡洲军士曰：“汝辈不各自散归，吾至江陵，尽诛汝余口。” 佺期部将刘系帅二千人先归。玄等大惧，狼狈西还，追仲堪至寻阳，及之。仲堪既失职，倚玄等为援，玄等亦资仲堪兵，虽内相疑阻，势不得不合。乃以子弟交质，壬午，盟于寻阳；俱不受朝命，连名上疏申理王恭，求诛刘牢之及谯王尚之，并诉仲堪无罪，独被降黜。朝廷深惮之，内外骚然。乃复罢桓脩，以荆州还仲堪，优诏慰谕，以求和解，仲堪等乃受诏。御史中丞江绩劾奏桓脩专为身计，疑误朝廷，诏免脩官。

十二月，己丑，魏王珪即皇帝位，大赦，改元天兴。

初，琅邪人孙泰学妖术于钱唐杜子恭，士民多奉之。王珣恶之，流泰于广州。王雅荐泰于孝武帝，云知养性之方，召还，累官至新安太守。泰知晋祚将终，因王恭之乱，以讨恭为名，收合兵众，聚货钜亿，三吴之人多从之；识者皆忧其为乱，以中领军元显与之善，无敢言者。会稽内史谢辖发其谋，己酉，会稽王道子使元显诱而斩之，并其六子；兄子恩逃入海，愚民犹以泰蝉蜕不死，就海中资给恩。恩乃聚合亡命得百余人，以谋复仇。

晋安帝隆安二年（戊戌，公元398年）

后燕赵王慕容麟领头向慕容德奉上尊号，拥推他称帝，慕容德仿效他哥哥慕容垂过去的做法，称自己为燕王，把后燕永康三年改为燕王元年，把原来范阳王府的建制改变为帝王建制，设置了文武百官。慕容德任命赵王慕容麟为司空、领尚书令，慕容法为中军将军，慕舆拔为尚书左仆射，丁通为右仆射。慕容麟再一次阴谋反叛，慕容德把他杀了。

拓跋珪从邺城回到中山，将要回北方，调拨士卒一万人开辟一条直达的大道，从望都起开凿恒岭，一直到代郡，全长达五百多里。拓跋珪担心自己回去之后，山东一带又会发生变乱，因此又在中山设置了一座行台，命令卫王拓跋仪在这里镇守，又任命抚军大将略阳公拓跋遵为尚书左仆射，镇守勃海的合口。

辛酉（正月二十八日），魏王拓跋珪从中山出发，迁移原在山东居住的六州居民、官吏以及一些杂居的夷人十多万，充实代郡的人口。博陵、勃海、章武等地的成群盗匪纷纷起事，略阳公拓跋遵等人将他们讨灭平定。

后燕国主慕容宝回到龙城寝宫，诏令各路大军回到兵营集结，不许解散，文武官员和将士全部携带家属跟随御驾。辽西王慕容农、长乐王慕容盛再三恳切劝阻，觉得国家军队疲惫、力量薄弱，而北魏则是刚刚获得胜利，万万不可与它对敌；应该暂且将养休整军队静观时机。慕容宝刚要打算接受他们的劝谏，抚军将军慕舆腾说："老百姓是只可以与他们享乐成功后的快慰，很难和我们一起图谋大业的创始。现在各路大军的兵众已经集结完毕，您应该独自下定决心，把握住机会，努力进取，不应该广泛听取相同或者不同的意见，影响甚至破坏国家大计的施行。"慕容宝于是说："我的计划已经决定，再有人胆敢劝阻，格杀勿论。"二月，乙亥（十三日），慕容宝离开皇宫，进驻兵营，留下慕容盛统管后事。己卯（十七日），后燕军从龙城出发，慕舆腾为前锋，司空慕容农为中军，慕容宝亲自殿后，各军之间相距三十里，全军的兵营前后相连，绵延百里。

壬午（二月二十日），慕容宝军到乙连，长上官段速骨、宋赤眉等人因为许多人心中都害怕征战徭役，于是发动叛乱。段速骨等人都是高阳王慕容隆的老部下，一起强逼慕容隆的儿子、高阳王慕容崇做他们的盟主，杀了乐浪威王慕容宙、中牟熙公段谊以及其他一些宗室亲王。河间王慕容熙平素与慕容崇关系很好，在慕容崇的保护之下，只他幸免于难。后燕国主慕容宝仅带着十几个骑兵逃奔到司空慕容农的大营，慕容农刚要出营去迎接，他左右的侍臣拦腰死死将他抱住，制止他说："应该等待事态明了一点，现在不可以随便出去。"慕容农拔出佩刀要砍他们，于是出营迎见慕容宝，又赶紧写信让人火速给慕舆腾送去。癸未（二月二十一日），慕容宝、慕容农率兵回击兵变的大营，讨伐段速骨等人。慕容农手下的士兵也厌倦征伐打仗，都扔下武器纷纷逃走。慕舆腾的大营也溃乱了。慕容宝与慕容农逃回龙城。长乐王慕容盛听说发生叛乱，赶忙出城迎接，慕容宝与慕容农才得免一死。

东晋会稽王司马道子忌恨王恭、殷仲堪对他形成的威逼，因为谯王司马尚之和他的弟弟司马休之有雄才大略，便把他们二人当作心腹。司马尚之劝司马道子说："现在的局面是，在外方镇守的封疆大吏势力强盛，在朝中的宰相，权力反倒很微弱，您应该在外地的要职上安排心腹之人，以便为自己设置屏障和卫护势力。"司马道子依从了他的计策，任命其司马王愉为江州刺史，都督江州及豫州之四郡军事，以此作为自己的呼应和援手。他从早到晚地与司马尚之谋划商量，等待四方出现空隙和机会。

后燕尚书、顿丘王兰汗暗地里与段速骨等人沟通联系，带兵驻扎在龙城的东面。龙城之内留守的兵力非常少，长乐王慕容盛便把城附近的居民迁到城中，一共遴选出壮丁勇士一万多人，让他们登上城墙，抵御叛军的攻打。段速骨的同谋只有一百多人，其他大部分都是被驱使胁迫而来的，丝毫没有斗志。三月，甲午（初二），段速骨等人即将攻城，辽西桓烈王慕容农恐怕城池守不住，同时又被兰汗等人劝诱，当夜，私自出城投奔段速骨，希望以此保全自己的性命。第二天早晨，段速骨带兵攻城，但城上的抵抗非常顽强，段速骨一方死了几百人。段速骨于是便挟持慕容农围绕城池循游一周。慕容农历来有诚实忠君、守节不屈的威名，城中那些人正是仗恃着他的威仪才拼死作战，忽然看见他在城下，没有人不惊愕丧气，于是兵众们也都四散溃逃。段速骨进入龙城，任他的部队烧杀抢掠，死人尸首横陈遍地。慕容宝、慕容盛与慕舆腾、馀崇、张真、李旱、赵恩等人轻装简从，骑马向南逃走。段速骨把慕容农幽禁在殿内，长上阿交罗是段速骨的主要智囊，他觉得高阳王慕容崇年小体弱，所以打算另行拥立慕容农作首领。慕容崇的亲信鬷让、出力犍等人听到了这个消息，丁酉（初五），杀死了阿交罗与慕容农。段速骨因此立即杀了鬷让等人。慕容农原来的部下左卫将军宇文拔逃出，投奔辽西。

丁亥（五月二十六日），慕容宝来到索莫汗陉，距离龙城还有四十里路。城中的军民听到这个消息，都很高兴。兰汗却有些惶恐惧怕，打算自己出城去请罪，他的兄弟们一起把他劝住了。兰汗于是派他的弟弟兰加难率领着五百名骑兵出城相迎，又派他的哥哥兰提关闭城门，禁止携带武器，不许行人出入。城中的人都知道兰汗他们将要发动兵变，但是却也无可奈何。兰加难在索莫汗陉北面见到了慕容宝，行完拜谒之礼，便跟随慕容宝一起向城走去。颍阴烈公馀崇寻找机会向慕容宝暗中警告说："我看兰加难的神色与举动，大祸与突变的迹象已经迫在眉睫，陛下应该三思而后行，怎么能这样轻率上前呢！"慕容宝不听劝告。走了几里路，兰加难首先抓住了馀崇。馀崇大声叫喊着骂道："你们兰家侥幸地成为燕朝宗室的亲属，蒙受国家的宠信与殊荣，纵使是使家族倾覆，也无法报答这种恩德。今天竟敢阴谋篡权叛逆，这是天地所不容的，我看你们早晚就要被消灭，只恨我不能亲手宰了你们这帮家伙！"兰加难把他杀了。他又把慕容宝带入龙城郊外的宅邸杀了。兰汗追谥慕容宝为灵帝，然后又杀掉了献安太子慕容策以及其他的王公贵族和官员一百多人。他又自称大都督、大将军、大单于、昌黎王，改年号为青龙；任命兰提为太尉，兰加难为车骑将军，封河间王慕容熙为辽东公，就像周武王封夏朝的后代为杞国君主、封商朝的后代为宋国君主一样。

长乐王慕容盛听说后打算跑去奔丧，被张真劝止。慕容盛说："我现在因为走投无路而归附兰汗，兰汗的性情愚鲁浅薄，一定会感念我与他女儿的婚姻情分，不忍心杀我，这样，只要给我十天至一个月的时间，就足以使我的志愿得到实现。"

于是，他跑到龙城去晋见兰汗。兰汗的妻子乙氏和做慕容盛妃子的兰汗的女儿，都哭哭啼啼地向兰汗请求留下慕容盛一命，慕容盛的兰妃又依次向兰汗的那些兄弟叩头求情。兰汗也起了恻隐之心，于是便把慕容盛接到宫中居住，任命他为侍中、左光禄大夫，对他关怀厚待与过去一样。兰堤、兰加难等人几次请求杀掉慕容盛，兰汗都没有准许。兰堤骄横凶狠，荒淫无度，对待兰汗也多有失礼的地方，慕容盛借此机会从中挑拨离间，从此，兰汗兄弟之间慢慢地互相怀疑猜忌起来。

杨轨自己仗恃兵多将广，打算与后凉王吕光决一死战，郭麐每次都用上天的旨意为借口制止他。后凉常山公吕弘镇守张掖，段业派遣沮渠男成和王德进攻他，吕光也派太原公吕纂带兵迎接吕弘。杨轨说："吕弘拥有精锐部队一万人，如果他与吕光合兵一处，姑臧的力量便越加强盛，很难取胜了。"于是，他与秃发利鹿孤一起阻击吕纂。吕纂与他们接战，把他们打得大败。杨轨逃走后投奔王乞基。郭麐生性偏执急躁，非常残忍，不被广大士人、百姓所拥戴归附。他听说杨轨失败逃走，便投降西秦，西秦国主乞伏乾归任命他为建忠将军、散骑常侍。

李旱、卫双、刘忠、张豪、张真等人，平素都颇得慕容盛的厚待，而兰穆也把他们作为自己的心腹，使李旱、卫双得以在慕容盛的住所出入，暗下与慕容盛联合起来，做好了谋划。丁未（七月十七日），兰穆去袭击兰堤、兰加难等人，把他们打败。庚戌（二十日），兰汗大开筵宴，犒赏将士，兰汗、兰穆都喝得大醉。慕容盛半夜出去上厕所，于是跳墙进入东宫，与李旱等人一起杀死了兰穆。这时军队还都没有解除战时状态，将领们还都聚集在兰穆那里。他们听说慕容盛终于得以出来领导他们后，无不欢呼雀跃，争先恐后地去进攻兰汗，并把他杀掉。兰汗的儿子鲁公兰和、陈公兰扬分别驻守在会支、白狼，慕容盛派遣李旱、张真去进攻他们，也将他们斩首。兰堤、兰加难逃走躲藏起来，也把他们抓住，杀了。从此，内外全部平定，男女互相庆贺。宇文拔带领几百名精壮的勇士前来投奔，慕容盛任命他为大宗正。

辛亥（七月二十一日），慕容盛到宗室祭庙去向列祖列宗禀告平定祸乱的经过，然后下令说："我仰赖五位祖先的洪福和保佑，以及各位文武大臣们的合力相助，使宗庙社稷从被涂炭蒙尘的黑暗中重新得到光明和显赫。不单是我个人渺小的身躯倚仗这件功业免除了报不共戴天的杀父之仇的责任，就是每一个在世的臣民也都可以因此睁开眼睛，理直气壮地做人了。"因此，实行大赦，改年号为建平。慕容盛谦逊推托，不敢称帝登基，只是以长乐王的身份代理朝政，施行统辖。他以下的那些亲王都降格称为"公"，任命东阳公慕容根为尚书左仆射，卫伦、阳璆、鲁恭、王滕为尚书，悦真为侍中，阳哲为中书监，张通为中领军，其他文武官员也都各自恢复自己的原位。他又把慕容宝的谥号改为惠闵皇帝，庙号烈宗。

魏王拓跋珪把都城迁到平城，开始营建宫殿，筑造宗庙，以及土神、谷神的祭坛。皇家宗庙每年祭祀五次，时间为春分、夏至、秋分、冬至以及腊日。

东晋桓玄请求任广州刺史。会稽王司马道子非常忌惮桓玄，本来不打算让他长

南朝维卫尊佛像

期居住在荆州，便根据他的请求，任命桓玄为督交广二州军事、广州刺史。桓玄接受了这个任命却不去就任。豫州刺史庾楷因为司马道子割除了他所统辖的四个郡交给江州刺史王愉掌管，便上奏疏说："江州地处内地，而西府历阳却在北方与贼寇相连接，不应该让王愉分管四郡。"朝廷不批准他的意见。庾楷大怒，派遣他的儿子庾鸿去向王恭游说道："谯王司马尚之兄弟又独揽了朝廷的机要权柄，超过了王国宝。他们打算借助朝廷的威权来削弱地方上的实力，回想以前所发生过的事，他们将制造的祸乱，实在无法预测。现在趁他们的阴谋还没有计划完成，应该尽早地想办法对付他们。"王恭也觉得是这样，把这意见转告了殷仲堪和桓玄。殷仲堪、桓玄同意王恭的意见，并且推举王恭作为盟主，约定日期，一起率领大军前往京师剿除奸佞。

会稽王的长子司马元显向父亲司马道子进言说："上次我们没有讨伐王恭，因此才有了今天这场灾难。今天如果还像上一次那样满足他们的要求，您太宰的杀身之祸可要到了。"司马道子此时已经慌得不知所措，把事情全部交给司马元显办理，自己每天只是痛饮美酒而已。司马元显聪颖机警，颇晓得一些文章义理，志向气度果敢敏锐，也能把天下的安危当做自己的责任。依附于他的人，都称赞司马元显英明勇武，有明帝的风度。

魏王拓跋珪命令有关部门确定京师的区划，标明道路的名称和里程，统一重量衡器的标准，审定长度的计量，派遣特使到各个郡国去巡回视察、监督，检举弹劾违法乱纪的地方官吏，以便拓跋珪亲自考察定罪处理。

九月，辛卯（初二），东晋朝廷授予会稽王司马道子黄钺，任命会稽王长子司马元显为征讨都督，又派遣卫将军王珣、右将军谢琰带兵讨伐王恭，派遣谯王司马尚之带兵讨伐庾楷。

己亥（九月初十），东晋谯王司马尚之在牛渚将庾楷打得大败，庾楷单人匹马投奔桓玄。会稽王司马道子任命司马尚之为豫州刺史，司马尚之的弟弟司马恢之为骠骑司马、丹杨尹，司马允之为吴国内史，司马休之为襄城太守，并让他们各自拥有部队，来作为自己的援手。乙巳（十六日），桓玄在白石将朝廷的部队打得大败。桓玄与杨佺期开进到了横江。司马尚之退兵逃走，司马恢之所统领的水军全军覆没。丙午（九月十七日），司马道子搬到中堂去住，司马元显驻守石头。己酉（九月二十日），王珣开到京师北郊，谢琰则在宣阳门屯下重兵以防意外。

王恭历来仗恃自己的才能和地位傲视凌辱同僚，逼杀王国宝之后，他更自以为他的声威没人敢违逆。他既依仗刘牢之作为自己的爪牙，又只把他当作自己私人的部将那样对待，刘牢之对自己的才能很自负，感到深深的羞辱和气愤。司马元显知道这种情况，便派遣庐江太守高素去游说，唆使刘牢之背叛王恭，并且答应他事成之后便把王恭的职位、封号全部转授给他。高素又把司马道子的书信交给了刘牢之，向他陈说了祸福利害。刘牢之对他的儿子刘敬宣说："王恭过去蒙受先帝的大恩大德，今天又是皇上的舅舅，但是他不能作为羽翼拥戴王室，反而多次向京师发兵，我真不能想象王恭的野心有多大，他的计划一旦实现，他还能继续处在皇上和相王的手下吗？我打算遵奉朝廷的威仪与旨意，用顺乎民心的举动来讨伐叛逆，你看如何？"刘敬宣说："现在的朝廷虽然没有周成王、周康王当政时那么完美，但是也没有周幽王、周厉王那样的昏庸残暴。而王恭却依仗军队的威势，粗暴地蔑视、凌辱王室。父亲您与他在感情上既不是骨肉关系，在道义上也不是君臣关系，虽然一起共事一段时间，脾气秉性爱好也并不很和谐、投机。你今天去讨伐他，于情义没有什么干系。"王恭的参军何澹之知道了他的打算和计划，把这些告诉了王恭。

王恭因为知道何澹之历来与刘牢之有矛盾，所以没有相信何澹之的话。于是他备办下酒席，宴请刘牢之，当着众人的面，拜刘牢之为义兄，又把自己的精锐部队和一切好的装备，全部配备给刘牢之，让他率领帐下督颜延作为前锋。刘牢之来到竹里，便斩了颜延宣布投降朝廷。他派他的儿子刘敬宣和他的女婿东莞太守高雅之回击王恭。王恭此时正在城外阅兵示威，刘敬宣驱使骑兵拦腰进攻他的队伍，王恭的军队全部溃败。王恭想要回城，高雅之已关闭了城门。王恭单人匹马逃奔曲阿。他平时不怎么习惯骑马，以致把大腿内侧磨破了。曲阿人殷确是王恭过去的下属，他用船载着王恭，打算前去投奔桓玄，刚到长塘湖，却被人告密，把他抓住，押送京师，在倪塘斩首。王恭临死时，还在从容不迫地梳理着自己的胡须，神色像平时那样自然。他对监督施刑的人说："我自己的昏庸就在于我轻率地相信别人，才到了今天这个地步。不过追究我的本意，我哪里是不忠于朝廷呀！但愿百代以后的人们能知道有过我王恭这个人。"他和他的儿子兄弟、同伙全部被处死。东晋朝廷任命刘牢之为都督兖州、青州、冀州、幽州、并州、徐州、扬州晋陵诸军事，替代了王恭。

不久，杨佺期、桓玄来到石头，殷仲堪也来到芜湖。司马元显从竹里飞马回到京师，派遣丹杨尹王恺等征发京邑的百姓几万人据守石头，以抵抗杨佺期、桓玄的进攻。杨佺期、桓玄等人向朝廷呈上奏章为王恭申辩讲理，请求诛杀刘牢之。刘牢之则统帅北府属下的军队迅速赶到京师，驻扎在新亭。杨佺期、桓玄一看这种情况，大惊失色，只好把部队撤退到蔡洲。朝廷并不了解西部殷仲堪部队的虚实，看到殷仲堪等人拥有几万人，遍布京郊的山野，感到内忧外患，互为交逼。

左卫将军桓修是桓冲的儿子。他向司马道子进言道："西部这支军队可以做说服工作使他们分化瓦解，我桓修知道他们内部的情况。殷仲堪、桓玄以下的人们，全都是依赖王恭，王恭既已被杀，西部这支部队一定会感到沮丧恐慌。现在如果答应用很大的好处来引诱桓玄和杨佺期，他们二人一定会心中暗喜。这样，桓玄可以制住殷仲堪，杨佺期也可能叛降过来，殷仲堪自然可以拿下。"司马道子采纳了他的意见，任命桓玄为江州刺史；召郗恢回朝任尚书；任命杨佺期代替郗恢任都督梁、雍、秦三州诸军事，雍州刺史。任命桓修为荆州刺史，暂时兼管左卫将军所属文武官员并到那里去镇守，命令刘牢之派一千人护送桓修。朝廷又贬黜殷仲堪为广州刺史，派殷仲堪的叔父太常殷茂去宣读诏书，敕令殷仲堪马上撤回部队。

冬季，十月，癸酉（十四日），后燕的大臣们再一次请求长乐王慕容盛称帝。丙子（十七日），长乐王慕容盛登上皇帝位，实行大赦，尊称皇后段氏为皇太后，尊称自己的生母太妃丁氏为献庄皇后。

殷仲堪接到朝廷的诏书，勃然大怒，催促桓玄、杨佺期继续向京师进军。桓玄等对朝廷的任命感到高兴，打算接受，正在犹豫不决。殷仲堪听说了这种情况，匆忙地从芜湖向南撤退，并且派人去告诉蔡洲的军士说："你们这些人如果还不各自散伙回家，等到我回到江陵，把你们的家眷全部杀掉。"杨佺期的部将刘系首先率领二千人撤走。桓玄等人非常害怕，也狼狈地向西撤军。他们追赶殷仲堪，直到寻阳方才赶上。此时，殷仲堪已经失去了职务，只能依靠桓玄等人做自己的声援，桓玄等人也正要倚重于殷仲堪的军队，因此，他们虽然在心中暗自互相猜疑，但在形势的逼迫下又不得不联合起来。于是交换儿子兄弟做人质。壬午（十月二十三日），他们在寻阳正式缔结盟约，决定一致拒绝接受朝廷的任命和指挥，并且联名上了一道奏章为王恭申辩说理，请求诛杀刘牢之以及谯王司马尚之，又质问殷仲堪没有罪过，为什么独独被降职贬黜。朝廷非常惧怕，宫廷内外一片骚乱。于是朝廷又罢免了桓修的官职，把荆州又还给殷仲堪管辖，并对他特别下诏，好言相慰，希望以此求得和解。殷仲堪等人这才接受诏书。御史中丞江绩弹劾桓修等人专门为自己的利益打算，使朝廷受到蒙蔽而采取了错误的措施。朝廷下诏，免去桓修的所有官衔。

十二月，己丑（初二），魏王拓跋珪正式登皇帝位，实行大赦，改年号为天兴。

当初，东晋琅邪人孙泰向钱塘人杜子恭学习妖术，士人、百姓都很信奉他。左仆射王珣很讨厌他，把孙泰流放到广州。广州刺史王雅却把孙泰推荐给孝武帝，说孙泰知道修身养性、长生不老的药方。于是，孝武帝把孙泰从广州征召回京，并逐渐升官做到了新安太守。孙泰估计到晋朝的气数就要结束，他假借王恭兴兵引起战乱，以讨伐王恭为名义，大量收集征召士兵部众，聚敛财富无数，三吴地区的居民，大多数都依从了他。有些见识的人都担忧他将来会制造动乱，但因为中领军司马元显与他关系亲密，没有人敢说。会稽内史谢辅揭发了他的阴谋，己酉（二十二日），会稽王司马道子让司马元显把他诱骗来之后，杀掉了他，同时杀了他的六个儿子。孙泰的侄儿孙恩逃入东海躲藏在小岛上，愚昧的百姓还以为孙泰像蝉一样，脱掉了一层壳，而真人并没有死，因此到海中去为孙恩送粮食等资助。孙恩于是又聚合了一百多名亡命之徒，谋划复仇。

第一百一十一卷
晋纪三十三

译文诵读

安皇帝丙隆安三年（己亥，399）

癸未，燕大赦，改元长乐。燕主盛每十日一自决狱，不加拷掠，多得其情。

武威王乌孤徙治乐都，以其弟西平公利鹿孤镇安夷，广武公傉檀镇西平，叔父素渥镇湟河，若留镇浇河，从弟替引镇岭南，洛回镇廉川，从叔吐若留镇浩亹；夷、夏俊杰，随才授任，内居显位，外典郡县，咸得其宜。

乌孤谓群臣曰："陇右、河西，本数郡之地，遭乱，分裂至十余国，吕氏、乞伏氏、段氏最强，今欲取之，三者何先？"杨统曰："乞伏氏本吾之部落，终当服从。段氏书生，无能为患，且结好于我，攻之不义。吕光衰耄，嗣子微弱，纂、弘虽有才而内相猜忌，若使浩亹、廉川乘虚迭出，彼必疲于奔命，不过二年，兵劳民困，则姑臧可图也。姑臧举，则二寇不待攻而服矣。"乌孤曰："善！"

会稽王道子有疾，且无日不醉。世子元显知朝望去之，乃讽朝廷解道子司徒、扬州刺史。乙未，以元显为扬州刺史。道子醒而后知之，大怒，无如之何。元显以庐江太守会稽张法顺为谋主，多引树亲党，朝贵皆畏事之。

会稽世子元显自以少年，不欲顿居重任；戊子，以琅邪王德文为司徒。

初，魏奋武将军张衮以才谋为魏主珪所信重，委以腹心。珪问中州士人于衮，衮荐卢溥及崔逞，珪皆用之。

珪围中山久未下，军食乏，问计于群臣，逞为御史中丞，对曰："桑椹可以佐粮；飞鸮食椹而改音，诗人所称也。" 珪虽用其言，听民以椹当租，然以逞为侮慢，心衔之。秦人寇襄阳，雍州刺史郗恢以书求救于魏常山王遵曰："贤兄虎步中原。" 珪以恢无君臣之礼，命衮及逞为复书，必贬其主。衮、逞谓帝为贵主。珪怒曰："命汝贬之而谓之'贵主'，何如'贤兄'也！"逞之降魏也，以天下方乱，恐无复遗种，使其妻张氏与四子留冀州，逞独与幼子赜诣平城，所留妻子遂奔南燕。珪并以是责逞，赐逞死。卢溥受燕爵命，侵掠魏郡县，杀魏幽州刺史封沓干。珪谓衮所举皆非其人，黜衮为尚书令史。衮乃阖门不通人事，惟手校经籍，岁余而终。

南燕王德遣使说幽州刺史辟闾浑，欲下之；浑不从；德遣北地王钟帅步骑二万击之。德进据琅邪，徐、兖之民归附者十余万。德自琅邪引兵而北，以南海王法为兖州刺史，镇梁父。进攻莒城，守将任安委城走。德以潘聪为徐州刺史，镇莒城。兰汗之乱，燕吏部尚书封孚南奔辟闾浑，浑表为勃海太守；及德至，孚出降，德大喜曰："孤得青州不为喜，喜得卿耳！"遂委以机密。北地王钟传檄青州诸郡，谕以祸福。辟闾浑徙八千余家入守广固，遣司马崔诞戍薄荀固，平原太守张豁戍柳泉；诞、豁承檄皆降于德。浑惧，携妻子奔魏，德遣射声校尉刘纲追之，及于莒城，斩之。浑子道秀自诣德，请与父俱死。德曰："父虽不忠，而子能孝。"特赦之。浑参军张瑛为浑作檄，辞多不逊，德执而让之。瑛神色自若，徐曰："浑之有臣，犹韩信之有蒯通。通遇汉祖而生，臣遭陛下而死，比之古人，窃为不幸耳！"德杀之。遂定都广固。

秦主兴以灾异屡见，降号称王，下诏令群公、卿士、将牧、守宰各降一等；大赦，改元弘始。存问孤贫，举拔贤俊，简省法令，清察狱讼，守令之有政迹者赏之，贪残者诛之，远近肃然。

会稽世子元显，性苛刻，生杀任意；发东土诸郡免奴为客者，号曰乐属，移置京师，以充兵役，东土嚣然苦之。

孙恩因民心骚动，自海岛帅其党杀上虞令，遂攻会稽。会稽内史王凝之，羲之之子也，世奉天师道，不出兵，亦不设备，日于道室稽颡跪咒。官属请出兵讨恩，凝之曰："我已请大道，借鬼兵守诸津要，各数万，贼不足忧也。"及恩渐近，乃听出兵，恩已至郡下。甲寅，恩陷会稽，凝之出走。恩执而杀之，并其诸子。

恩据会稽，自称征东将军，逼人士为官属，号其党曰"长生人"，民有不与之同者，戮及婴孩，死者什七、八。醢诸县令以食其妻子，不肯食者，辄支解之。所过掠财物，烧邑屋，焚仓廪，刊木，堙井，相帅聚于会稽，妇人有婴儿不能去者，投于水中，曰："贺汝先登仙堂，我当寻后就汝。"恩表会稽王道子及世子元显之罪，请诛之。

自帝即位以来，内我乖异，石头以南皆为荆、江所据，以西皆豫州所专，京口及江北皆刘牢之及广陵相高雅之所制，朝政所行，惟三吴而已。及孙恩作乱，八郡皆为恩有，畿内诸县，盗贼处处蜂起，恩党亦有潜伏在建康者，人情危惧，常虑窃发，于是内外戒严。加道子黄钺，元显领中军将军，命徐州刺史谢琰兼督吴兴、义兴军事以讨恩；刘牢之亦发兵讨恩，拜表辄行。

谢琰击斩许允之，迎魏隐还郡，进击丘尪，破之，与刘牢之转斗而前，所向辄克。琰留屯乌程，遣司马高素助牢之，进临浙江。诏以牢之都督吴郡诸军事。

初，彭城刘裕，生而母死，父翘侨居京口，家贫，将弃之。同郡刘怀敬之母，裕之从母也，生怀敬未期，走往救之，断怀敬乳而乳之。及长，勇健有大志。仅识文字，以卖履为业，好樗蒲，为乡闾所贱。刘牢之击孙恩，引裕参军事，使将数十人视觇贼。遇贼数千人，即迎击之，从者皆死，裕坠岸下。贼临岸欲下，裕奋长刀仰斫杀数人，乃得登岸，仍大呼逐之，贼皆走，裕所杀伤甚众。刘敬宣怪裕久不返，引兵寻之，见裕独驱数千人，咸共叹息。因进击贼，大破之，斩获千余人。

初，恩闻八郡响应，谓其属曰："天下无复事矣，当与诸君朝服至建康。"既而闻牢之临江，曰："我割浙江以东，不失作句践！"戊申，牢之引兵济江，恩闻之曰："孤不羞走。"遂驱男女二十余万口东走，多弃宝物、子女于道，官军竞取之，恩由是得脱，复逃入海岛。高素破恩党于山阴，斩恩所署吴郡太守陆瓌、吴兴太守丘尫、馀姚令吴兴沈穆夫。

东土遭乱，企望官军之至，既而牢之等纵军士暴掠，士民失望，郡县城中无复人迹，月余乃稍有还者。朝廷忧恩复至，以谢琰为会稽太守、都督五郡军事，帅徐州文武戍海浦。

以元显录尚书事。时人谓道子为东录，元显为西录；西府车骑填凑，东第门可张罗矣。元显无良师友，所亲信者率皆佞谀之人，或以为一时英杰，或以为风流名士。由是元显日益骄侈，讽礼官立议，以已德隆望重，既录百揆，百揆皆应尽敬。于是公卿以下，见元显皆拜。时军旅数起，国用虚竭，自司徒以下，日廪七升，而元显聚敛不已，富逾帝室。

殷仲堪恐桓玄跋扈，乃与杨佺期结昏为援。佺期屡欲攻玄，仲堪每抑止之。玄恐终为殷、杨所灭，乃告执政，求广其所统；执政亦欲交构，使之乖离，乃加玄都督荆州四郡军事，又以玄兄伟代佺期兄广为南蛮校尉。佺期忿惧。杨广欲拒桓伟，仲堪不听，出广为宜都、建平二郡太守。杨孜敬先为江夏相，玄以兵袭而劫之，以为咨议参军。

是岁，荆州大水，平地三丈，仲堪竭仓廪以赈饥民。桓玄欲乘其虚而伐之，乃发兵西上，亦声言救洛，与仲堪书曰："佺期受国恩而弃山陵，宜共罪之。今当入沔讨除佺期，已顿兵江口。若见与无贰，可收杨广杀之；如其不尔，便当帅兵入江。"时巴陵有积谷，玄先遣兵袭取之。

仲堪遣殷遹帅水军七千至西江口，玄使郭铨、苻宏击之，遹等败走。玄顿巴陵，食其谷；仲堪遣杨广及弟子道护等拒之，皆为玄所败。江陵震骇。

城中乏食，以胡麻廪军士。玄乘胜至零口，去江陵二十里，仲堪急召杨佺期以自救。佺期曰："江陵无食，何以待敌！可来见就，共守襄阳。"仲堪志在全军保境，不欲弃州逆走，乃绐之曰："比来收集，已有储矣。" 佺期信之，帅步骑八千，精甲耀日，至江陵，仲堪唯以饭饷其军。佺期大怒曰："今兹败矣！"不见仲堪，与其兄广共击玄；玄畏其锐，退军马头。明日，佺期引兵急击郭铨，几获之；会玄兵至，佺期大败，单骑奔襄阳。仲堪出奔酂城。玄遣将军冯该追佺期及广，皆获而杀之，传首建康。佺期弟思平，从弟尚保、孜敬逃入蛮中。仲堪闻佺期死，将数百人将奔长安，至冠军城，该追获之，还至柞溪，逼令自杀，并杀殷道护。仲堪奉天师道，祷请鬼神，不吝财贿，而啬于周急；好为小惠以悦人，病者自为诊脉分药；用计倚伏烦密，而短于鉴略，故至于败。

四年（庚子，400）

桓玄既克荆、雍，表求领荆、江二州。诏以玄为都督荆、司、雍、秦、梁、益、宁七州诸军事、荆州刺史，以中护军桓脩为江州刺史。玄上疏固求江州；于是进玄督八州及扬、豫八郡诸军事，复领江州刺史。玄辄以兄伟为雍州刺史，朝廷不能违。又以从子振为淮南太守。

初，陇西李暠好文学，有令名。尝与郭黁及同母弟敦煌宋繇同宿，黁起谓繇曰："君当位极人臣，李君终当有国家，有騧马生白额驹，此其时也。"及孟敏为沙州刺史，以暠为效谷令；宋繇事北凉王业，为中散常侍。孟敏卒，敦煌护军冯翊郭谦、沙州治中敦煌索仙等以暠温毅有惠政，推为敦煌太守。暠初难之。会宋繇自张掖告归，谓暠曰："段王无远略，终必无成。兄忘郭黁之言邪？白额驹今已生矣。"暠乃从之，遣使请命于业；业因以暠为敦煌太守。

右卫将军敦煌索嗣言于业曰："李暠不可使处敦煌。"业遂以嗣代暠为敦煌太守，使帅五百骑之官。嗣未至二十里，移暠迎已；暠惊疑，将出迎之。效穀令张邈及宋繇止之曰："段王暗弱，正是英豪有为之日；将军据一国成资，奈何拱手授人！嗣自恃本郡，谓人情附已，不意将军猝能拒之，可一战擒也。暠从之。先遣繇见嗣，啖以甘言。"繇还，谓暠曰："嗣志骄兵弱，易取也。"暠乃遣邈、繇与其二子歆、让逆击嗣，嗣败走，还张掖。暠素与嗣善，尤恨之，表业请诛嗣。沮渠男成亦恶嗣，劝业除之；业乃杀嗣，遣使谢暠，进暠都督凉兴以西诸军事、镇西将军。

西秦王乾归使武卫将军慕兀等屯守，秦军樵采路绝，秦王兴潜引兵救之。乾归闻之，使慕兀帅中军二万屯柏杨，镇军将军罗敦帅外军四万屯侯辰谷，乾归自将轻骑数千前候秦兵。会大风昏雾，与中军相失，为追骑所逼，入于外军。旦，与秦战，大败，走归苑川，其部众三万六千皆降于秦。兴进军枹罕。

乾归奔金城，谓诸豪帅曰："吾不才，叨窃名号，已逾一纪，今败散如此，无以待敌，欲西保允吾。若举国而去，必不得免；卿等留此，各以其众降秦，以全宗族，勿吾随也。"皆曰："死生愿从陛下。"乾归曰："吾今将寄食于人，若天未亡我，庶几异日克复旧业，复与卿等相见，今相随而死，无益也。"乃大哭而别。乾归独引数百骑奔允吾，乞降于武威王利鹿孤，利鹿孤遣广武公傉檀迎之，置于晋兴，待以上宾之礼。镇北将军秃发俱延言于利鹿孤曰："乾归本吾之属国，因乱自尊，今势穷归命，非其诚款，若逃归姚氏，必为国患，不如徙置乙弗之间，使不得去。"利鹿孤曰："彼穷来归我，而逆疑其心，何以劝来者！"俱延，利鹿孤之弟也。

秦兵既退，南羌梁戈等密招乾归，乾归将应之。其臣屋引阿洛以告晋兴太守阴畅，畅驰白利鹿孤，利鹿孤遣其弟吐雷帅骑三千屯扪天岭。乾归惧为利鹿孤所杀，谓其太子炽磐曰："吾父子居此，必不为利鹿孤所容。今姚氏方强，吾将归之，若尽室俱行，必为追骑所及，吾以汝兄弟及汝母为质，彼必不疑，吾在长安，彼终不敢害汝也。”乃送炽磐等于西平。八月，乾归南奔枹罕，遂降于秦。

冬，十一月，高雅之与孙恩战于馀姚，雅之败，走山阴，死者什七、八。诏以刘牢之都督会稽等五郡，帅众击恩，恩走入海。牢之东屯上虞，使刘裕戍句章。吴国内史袁崧筑沪渎垒以备恩。崧，乔之孙也。

乞伏乾归至长安，秦王兴以为都督河南诸军事、河州刺史、归义侯。

久之，乞伏炽磐欲逃诣乾归，武威王利鹿孤追获之。利鹿孤将杀炽磐，广武公傉檀曰：“子而归父，无足深责，宜宥之以示大度。”利鹿孤从之。

北凉晋昌太守唐瑶叛，移檄六郡，推李暠为冠军大将军、沙州刺史、凉公、领敦煌太守。暠赦其境内，改元庚子。以瑶为征东将军，郭谦为军咨祭酒，索仙为左长史，张邈为右长史，尹建兴为左司马，张体顺为右司马。遣从事中郎宋繇东伐凉兴，并击玉门已西诸城，皆下之。

珪常以燕主垂诸子分据势要，使权柄下移，遂至败亡，深非之。博士公孙表希旨，上《韩非书》，劝珪以法制御下。左将军李粟性简慢，常对珪舒放不肃，咳唾任情；珪积其宿过，遂诛之，群下震粟。

是岁，南燕王德即皇帝位于广固，大赦，改元建平。更名备德，欲使吏民易避。

晋安帝隆安三年（己亥，公元399年）

癸未（正月二十六日），后燕大赦，改年号为长乐。后燕国主慕容盛每隔十天，亲自审理判决一次讼事，虽然并不加以严刑拷打，但也能获得很多真实情况。

南凉武威王秃发乌孤把都城迁到乐都，派遣他的弟弟西平公秃发利鹿孤镇守安夷，广武公秃发傉檀镇守西平，他的叔叔秃发素渥镇守湟河，另一个叔叔秃发若留镇守浇河，堂弟秃发替引镇守洪池岭以南的地区，另一个堂弟秃发洛回镇守廉川，派堂叔秃发吐若留镇守浩亹。对于其他夷族和汉族的一些贤俊杰出人士，也都根据他们的才能分别任命职务，或者在朝中官居显要位置，或者在地方上掌管郡县的事务，都得到了合适的安排。

秃发乌孤对大臣们说：“陇右、河西，本来不过就是几个郡大的地方，经受动乱之后，分裂成了十几个国家，吕氏、乞伏氏、段氏这三家势力最强大。现在我打算去攻取他们，应该先打哪一个？”杨统说：“乞伏氏本来是我们的一个部落，终究会归附我们。段业是一介书生，根本没有什么能力制造祸患，而且跟我们有很好的关系，进攻他不合道义。吕光衰老不堪，他的儿子吕绍又懦弱无能。吕纂、吕弘虽然很有才能，但内心互相猜忌。我们如果派浩亹、廉川两个郡的兵力乘虚轮流不断地进攻，吕氏一定会疲于奔命，不超过二年，就会军队劳累，百姓贫困，到那时，姑臧就可以谋取了。姑臧被我们拿下之后，乞伏氏和段氏这两伙强盗，不用等我们去攻打就会向我们投降了。”秃发乌孤说：“好！”

会稽王司马道子有病，而且又嗜酒成癖，没有一天不酩酊大醉。他的嫡长子司马元显知道他在朝廷已经没有声望。于是便委婉地劝说，请求朝廷解去了司马道子的司徒、扬州刺史职务。乙未（四月初十），安帝任命司马元显为扬州刺史。司马道子清醒之后知道了这件事，虽然忍不住暴跳如雷，但也没有办法。司马元显把庐江太守、会稽人张法顺作为自己的主要谋士，并且大量地引用亲信，树立党羽，朝中地位显贵的官员都以畏惧的心情对待他。

会稽王的嫡长子司马元显，知道自己还年轻，不打算马上担负起国家的重大责任。戊子（四月初四），朝廷任命琅邪王司马德文为司徒。

当初，北魏奋武将军张衮因为才干出众、谋略过人而得到北魏国主拓跋珪的信任与重用，把他当做心腹。拓跋珪向张衮询问中州的读书人谁比较有名，张衮荐举了卢溥和崔逞，拓跋珪都加以任用。

那时，拓跋珪围困中山城很长时间也没有攻克，部队的粮食非常缺乏，向群臣询问办法，当时崔逞是御史中丞，他回答说：“桑葚可以用来做辅助粮食。飞来飞去的猫头鹰吃了桑葚而改变了叫声，这是诗人说的。”拓跋珪虽然采纳了他的意见，允许百姓用桑葚充当地租交纳，但是却认为崔逞有意侮辱轻慢自己，记恨在心。后来后秦的军队进犯襄阳，东晋雍州刺史郗恢写信向北魏常山王拓跋遵求援说：“贤兄像猛虎那样纵横中原。”拓跋珪认为郗恢没有遵奉君臣之间的礼法，让张衮和崔逞代写回信，一定要贬斥东晋的君主。但张衮、崔逞在信中称东晋皇帝为“贵主”。拓跋珪见此，勃然大怒说：“我命令你们贬低他，你们却称他为‘贵主’，这怎么能和他叫我‘贤兄’相比呢！”崔逞投降北魏的时候，天下正处在动乱之中，恐怕不再能遗留下后代，所以让他的妻子张氏和四个儿子留在冀州老家，崔逞自己与最小的儿子崔赜来到平城，他的妻子张氏和四个儿子便投奔了南燕。拓跋珪把这几件事加在一起责问崔逞，下令让他自杀。卢溥接受后燕的官位和命令，侵犯袭掠北魏的郡县，又杀了北魏幽州刺史封沓干。拓跋珪认为张衮所举荐的人都不好，因此把张衮贬为尚书令史。张衮于是从此紧闭大门，不与外边来往，只是整天地校勘经史典籍，一年多之后去世。

南燕王慕容德派遣使节前去游说东晋幽州刺史辟闾浑，打算拿下幽州，辟闾浑没有听从他们的劝告。慕容德派遣北地王慕容钟率领步、骑兵共两万人进攻辟闾浑。慕容德向前推进占据琅邪，徐州、兖州的百姓归附他的有十多万人。慕容德带兵从琅邪向北进发，任命南海王慕容法为兖州刺史，镇守梁父。然后又进攻莒城，东晋守将任安放弃城池逃走，慕容德任命潘聪为徐州刺史，镇守莒城。当年兰汗之乱时，后燕吏部尚书封孚向南投奔辟闾浑，辟闾浑向朝廷奏报，任命他做了勃海太守。慕容德来到的时候，封孚出城投降，慕容德非常高兴地说：“孤得到青州并不觉得是大喜的事，可喜的是我得到了你。”于是，把朝廷机密要事交给封孚掌管处理。后燕北地王慕容钟向青州的各郡传布檄文，向他们申明祸福、利害关系。辟闾浑把八千多户居民迁徙到广固去据守，又派司马崔诞去戍守薄荀固，派平原太守张豁戍守柳泉。崔诞、张豁接到慕容钟的檄文后，都向慕容德投降。辟闾浑非常害怕，便携带着妻子儿女，向北魏奔逃，慕容德派遣射声校尉刘纲前去追赶他，追到莒城把他杀了。辟闾浑的儿子辟闾道秀，自己去面见慕容德，请求让他与他的父亲一块死。慕容德叹息说："父亲虽然不忠，但是他的儿子却能尽孝。"特地赦免了辟闾道秀。辟闾浑的参军张瑛曾经为辟闾浑草拟檄文，文中措辞大多不逊，慕容德把他抓住后谴责他。但张瑛神色自然，慢慢地说："辟闾浑有我，就好像韩信有蒯通一样。蒯通遇到了汉高祖刘邦而能生存，我与陛下遭遇却要死，与古人相比，我只能觉得是一种不幸罢了！"慕容德把他杀了。于是，南燕定都在广固。

后秦国主姚兴因为天灾和异兆多次出现，降低名号，由皇帝改称王，并下达诏书，命令诸公卿、将帅、地方官吏，全部降职一级。下令大赦，改年号为弘始；安抚慰问孤寡之人与贫苦百姓，选举荐拔贤才俊士；简化缓和法令制度，清正明确地处理诉讼案件。地方官吏有政绩的奖赏，贪婪残暴的人诛杀。国中无论远近，秩序井然。

会稽王的嫡长子司马元显，生性严酷刻薄，对人的生死，随心所欲地处置。他下令征召东方各郡中解除奴户身份而变成客户的人，把他们称为乐属，迁移到京师去居住，用做后备兵源，忧愁笼罩在东方各郡的广大土地之上，百姓深感痛苦。

逃到海上去的孙恩因为百姓骚动不安，从海岛上率领他的部众，杀死了上虞令，进而对会稽发起了猛攻。会稽内史王凝之，是王羲之的儿子，世代信奉天师道，他既不出兵也不设防戒备，只是每天去道堂上磕头念咒。手下官员请求派兵出城讨伐孙恩，王凝之说："我已请来了得道大仙，借来了鬼兵把守各个险要关卡，每个地方都有几万鬼兵，盗贼不值得担忧。"等到孙恩的兵马越来越近，才允许发兵抵敌，可是孙恩的大军已经到了郡城之下。甲寅（凝误），孙恩攻克了会稽城，王凝之逃出城去，被孙恩抓住杀了，同时还杀了他的几个儿子。

孙恩占据了会稽，自称为征东将军，逼迫士人充当他的属官，并把手下的人称作"长生人"，百姓中如果有不跟随他的人，就连婴孩一起杀掉，因此，民众死在他的刀下的有十分之七八。他甚至把一些县令的尸体剁成肉酱，集合他们自己的妻子儿女吃下去，如果拒绝吃，便被支解分尸。他们路过一个地方便抢掠财物，烧毁房屋和官府的仓库，砍伐树木、填堵水井，民众相随着来到会稽聚集，有的妇女怀中有婴儿，不能跟他们一起去的，便被投到水中，说："恭喜你先走一步登上天堂仙境，我一定会随后来找你的。"孙恩向安帝上表，历数会稽王司马道子和他的嫡长子司马元显的罪状，请求杀掉他们。

自从安帝即位以来，朝内朝外都是变乱丛生，石头城以南的地区都被荆州、江州所占据，以西的地区又全都归豫州所专有，京口地区以及长江以北都是刘牢之以及广陵相高雅之控制的地盘，朝廷政令所能达到、通行的地方，只有三吴这一小片地域。孙恩作乱之后，三吴的八郡又都被孙恩攻占，京畿几个县，也盗贼祸乱四起，孙恩的党羽也有潜伏在建康城中的人，因此人们心情恐惧，经常担心会发生什么意想不到的变乱，朝廷只好宣布全国戒严，安帝加授给司马道子黄钺，任命司马元显为中军将军，徐州刺史谢琰兼督吴兴、义兴等郡军事，来讨伐孙恩。刘牢之也出动军队征讨孙恩，向朝廷呈上奏章之后立即出师。

东晋徐州刺史谢琰击杀了许允之，迎接魏隐回到了郡城，然后进军，袭败丘尪。谢琰与刘牢之边战边前进，所到之处，每攻必克。谢琰留在乌程屯扎，派遣司马高素前去为刘牢之助战，开进到浙江附近。这时，朝廷下诏，任命刘牢之都督吴郡诸军事。

当初，彭城人刘裕生下来后，母亲便死了。他的父亲刘翘客居京口，家境贫苦，想把他扔掉。同郡人刘怀敬的母亲是刘裕的姨母，她生下刘怀敬还不到一年，便来到刘裕的家把刘裕救了下来，断了刘怀敬的奶来喂养刘裕。刘裕长大后，异常勇武健壮，胸怀远大志向。他识字不多，依靠贩卖鞋子维持生计，又爱好樗蒲这种赌博游戏，被同村的人们所轻视。刘牢之征讨孙恩，把刘裕征召来任参军事，派他带几十个人去探听变民军队的动静。遇上一支数千人的变民军队，便立即迎上前去攻击，跟他同来的士兵全部被杀死，刘裕跌进岸下。变民士兵来到河岸边准备下去，刘裕奋勇地挥舞长杆大刀，仰面朝上砍杀了数名敌人，才得以重新登上岸来，仍然大声吼叫着追杀敌人，敌人全部逃走。刘裕杀死杀伤的人非常之多。刘敬宣奇怪刘裕为什么这么久没有回来，带着兵出去寻找他，正好看见刘裕一个人驱赶砍杀几千人的敌兵，大家同声感叹，于是趁机冲上前去一起追杀变民军队，将他们打得大败，斩杀的与抓获的加起来有一千多人。

当初，孙恩听说八个郡的变民起来响应他，对他的僚属说："天下再也不会有什么大事了，我将与诸位一起穿着朝廷的官服，到建康去。"不久听说刘牢之带兵来到浙江边上，他说："我即使割据浙江以东的地区，不失做越王勾践。"戊申（十二月二十六日），刘牢之带领大军渡过浙江，孙恩听说后说："我并不觉得逃走就是羞辱。"于是驱赶裹胁男女百姓二十多万人向东逃走，一路上扔掉了许多金银财宝和妇女孩童，官军在路上竞相争抢掠取他们扔下的东西，孙恩因此才得以逃脱，再一次跑进了海岛。高素在山阴击败了孙恩的党羽，杀了孙恩委任的吴郡太守陆瓌，吴兴太守丘尪、馀姚令吴兴人沈穆夫。

东部地区的几个郡遭逢战乱，盼望朝廷官军到来。不久，刘牢之等人放纵军士大肆抢掠，士人、百姓大失所望，各郡各县城中再也看不见人的踪迹，一个多月之后才渐渐有人回来。朝廷担心孙恩再来，任命谢琰为会稽太守、都督五郡军事，统率他的徐州旧部文武官员在东海沿线驻防戍守。

安帝任命司马元显录尚书事。当时的人称司马道子是东录，司马元显是西录。西录府门前车马拥挤不堪；东录府门前却冷落得可以张开罗网捕雀。司马元显没有一个正派的老师或者朋友，他亲信的人都是阿谀奸佞的小人，有的说他是举世无双的英杰，有的说他是风流潇洒的名士。从此，司马元显是一天比一天骄纵奢侈，竟暗示礼官提议，说因为他自己德性隆高，深孚众望，既然已经统领文武百官，文武百官便应该对他示敬。从此公卿以下的所有官员，见到司马元显都实行跪拜之礼。当时军队几次征伐，国库空虚枯竭，司徒以下的官员，每天只能领七升粮食，但司马元显却仍然不停地搜刮民财、聚敛钱物。其富有竟然超过帝室。

殷仲堪担心桓玄过于专横暴戾，就与杨佺期结成姻亲，互为助援。杨佺期几次打算进攻桓玄，每次都是殷仲堪竭力阻止。桓玄也恐怕自己最终被殷仲堪、杨佺期剿灭，于是向朝中的掌权者要求扩大他所统领的地区。朝中掌权者也打算在他们之间制造矛盾，使他们的联盟解体，于是加任桓玄为都督荆州四郡军事，同时，让桓玄的哥哥桓伟代替杨佺期的哥哥杨广做了南蛮校尉。杨佺期既气愤又害怕。杨广本想拒绝桓伟前来接任，但殷仲堪不允许，把杨广调出做宜都、建平两个郡的太守。杨孜敬原来是江夏相，桓玄派兵去袭击，并劫持了他，任命他做了自己的咨议参军。

这一年，荆州暴雨成灾，洪水泛滥，平地的水达三丈。殷仲堪把府库中的储备粮食全部拿出来赈济饥民。桓玄打算趁他内部空虚的时候征讨他，于是发动军队向西进发，也声言要去救助洛阳，并给殷仲堪写信说："杨佺期接受国家的恩宠，但是放弃帝王的坟墓陵寝不管，我们应该一起向他兴师问罪。现在应当进入沔水讨伐杨佺期，我已经在沔水入长江口这一带集结了兵力。如果你的看法与我没有差别，可将杨广抓起来杀掉；如果不这样做，我就要率大军进入长江，攻击江陵。"这时，巴陵还有积存的粮食，桓玄首先派兵去袭击夺取。

周访塚间埋肉

殷仲堪派殷遹率领水军七千人到达西江口，桓玄派郭铨、苻宏进攻他，殷遹等败走。桓玄驻扎在巴陵，吃的是殷仲堪留下的粮食。殷仲堪派遣杨广和自己的侄儿殷道护等人带兵抵抗，全部被桓玄打败。江陵一带为此大为震惊恐惧。

江陵城中缺乏粮食，只能把胡麻发给士兵充饥。桓玄乘胜到达零口，距离江陵只有二十里远。殷仲堪急忙写信召请杨佺期前来救援自己。杨佺期却说："江陵没有粮草，用什么来对付敌人！你可以屈尊到我这里来，我们一起据守襄阳。"殷仲堪的愿望在于保全自己的部队和地盘，不打算放弃自己的州属到别处流亡，于是欺骗杨佺期说："最近我们征集到了许多粮草，已经有所储备了。”杨佺期相信了他，率步、骑兵共八千人，兵士精壮，铠甲闪光，到达江陵后，殷仲堪只能用一些米饭来犒饷他的军队。杨佺期十分生气地说：“这一次必败无疑了！”连殷仲堪也不去会见，便与他的哥哥杨广一起向桓玄发动进攻。桓玄害怕他的锐气，把部队退到马头。第二天，杨佺期又带兵紧急攻打郭铨，几乎抓到了郭铨，恰好赶上桓玄的兵马来到，杨佺期军队大败溃散，他一个人骑着马逃奔襄阳。殷仲堪也逃奔酂城。桓玄派遣将军冯该追捕杨佺期和杨广，把他们全部抓住杀掉了，又把他们的人头送到建康。杨佺期的弟弟杨思平，堂弟杨尚保、杨孜敬逃到蛮族地区。殷仲堪听说杨佺期已死，带着几百人正要投奔长安，走到冠军城，冯该带兵追上并把他抓了起来，回到柞溪，逼迫他自杀，并且杀死了殷道护。殷仲堪也信奉天师道，向鬼神祈祷祭祀从不吝惜钱财，对周济急需帮助的人却过于小气。他喜欢用一些小恩惠来取得别人的欢心，遇到有病的人亲自为他把脉诊治，开方分药。他工于心计，使用计谋时过于烦琐缜密，但是却缺乏远见卓识和雄才大略。所以导致惨败。

四年，（庚子，公元400年）

桓玄攻克了荆州、雍州之后，向朝廷上疏请求管辖江、荆二州。安帝下诏，任命桓玄为都督荆、司、雍、秦、梁、益、宁七州诸军事，荆州刺史；任命中护军桓修为江州刺史。桓玄再次上疏，坚持要兼管江州，于是朝廷提升桓玄督八州及扬、豫等八郡诸军事，再兼江州刺史。桓玄便擅自任命他的哥哥桓伟为雍州刺史，朝廷不敢拒绝。他又任命自己的侄儿桓振为淮南太守。

当初，陇西人李暠喜爱文学，有很好的名声。他曾经与郭黁以及异父同母兄弟敦煌人宋繇住在一起，郭黁起身对宋繇说：“你将来一定官至极品，你的哥哥李君最终一定会拥有一个国家。母马生下白额毛的小马驹，就是你们出人头地的时候。”孟敏任沙州刺史时，提升李暠任效谷令。宋繇则为北凉王段业做事，任中散常侍。孟敏死后，敦煌护军冯翊人郭谦、沙州治中敦煌人索仙等人，认为李暠性情温和坚毅，能够施行仁政，推举他做了敦煌太守。李暠一开始觉得为难，正好赶上宋繇从张掖请假回家，对李暠说：“段王没有什么远谋大略，最后一定不会有什么成就建树。哥哥难道忘了郭黁说的话吗？白额头的小马驹现在已经降生了。”李暠听从了他的劝告，派遣信使去向段业请求任命。段业便任命李暠为敦煌太守。

右卫将军、敦煌人索嗣对段业说：“李暠这个人，不可让他在敦煌久留。”段业于是让索嗣去代替李暠做敦煌太守，命令他带着五百名骑兵上任。索嗣到了离敦煌二十里的地方，通知李暠前来迎接自己。李暠疑虑重重，准备出城去迎接。效谷令张邈和宋繇等人阻止他说：“段业昏庸懦弱，这正是英雄豪杰大有可为的天赐良机。将军您具有建立一个国家的现成条件，怎么能够拱手送给别人呢！索嗣自己依仗是本郡的人，以为人们一定会归附他，绝对不会意料到将军能突然对他进行阻击，可以一次战斗就把他抓住。”李暠依从了他们的建议。他先派宋繇前去拜见索嗣，用恭顺谦诚的好话将他稳住。宋繇回来后，对李暠说："索嗣骄傲轻慢，兵力极弱，容易取胜。"李暠于是派遣张邈、宋繇以及他的两个儿子李歆、李让，带兵攻击索嗣，索嗣大败而走，逃回张掖。李暠向来与索嗣关系很好，所以对他这样排挤自己尤其痛恨，于是，他向段业上疏，请求处死索嗣。辅国将军沮渠男成也非常讨厌索嗣，也劝段业除掉他。段业果然杀掉索嗣，派遣使者向李暠去道歉，提升他为都督凉、兴以西诸军事，镇西将军。

西秦王乞伏乾归，派武卫将军慕兀等人屯兵，后秦军砍柴的路被切断。后秦姚兴偷偷地带领部队前去援救。乞伏乾归听说后，派慕兀率中军二万人去柏杨驻守，镇军将军罗敦率外军四万人去侯辰谷驻守，乞伏乾归自己带领几千名轻骑兵迎上前去探听后秦军，正赶上狂风大作，遮天蔽日，失去了与中军的联络，被后秦追击的骑兵所逼，跑进了外军驻守的防地。第二天早晨，与秦兵展开激战，大败，逃回苑川。他的部众三万六千人都向后秦军投降。姚兴乘胜指挥后秦部队，进军枹罕。

乞伏乾归逃奔金城，对各位将帅豪俊说："我没有才能，勉强地承受这不该属于我的帝王名号，已经有十三年了，今天惨败到这样的程度，没有办法抗击敌寇，我打算到西部去据守允吾。但如果我们全国的兵马都到那里去，大家一定不能幸免。所以，你们就留在此地，各自带领着部队投降后秦，保全我们的宗嗣，千万不要再追随我了。"大家都说："我们无论生死，都甘愿跟从您。"乞伏乾归说："我现在准备去别人那里找口饭吃，如果老天不让我们亡国，说不定哪一天能重新恢复我们的旧业，那时就可以再和你们见面了。现在你们跟着我死，没什么好处啊！"于是，君臣相对大哭，洒泪而别。乞伏乾归只带几百名骑兵投奔允吾，向南凉武威王秃发利鹿孤请求投降。秃发利鹿孤派遣广武公秃发檀前去迎接，把他们安置在晋兴，用贵宾的礼节对待他们。镇北将军秃发俱延对秃发利鹿孤说道："乞伏乾归本来就是我们的附庸国，趁乱自己称王。现在他们日暮途穷，来到我们这里归附听命，绝不是出于真心。如果再逃去归附后秦姚氏，一定会成为我们的祸患。不如把他们迁移到乙弗一带，让他们没有办法逃跑。"秃发利鹿孤说："人家没有办法才跑来归附我们，我们却怀疑他的心意不诚，这样，我们以后怎么招劝别人前来归附！"秃发俱延是秃发利鹿孤的弟弟。

后秦军撤退之后，南羌部落的首领梁戈等人秘密派人接请乞伏乾归回去。乞伏乾归准备答应。他的臣下屋引阿洛把这件事告诉了晋兴太守阴畅，阴畅马上去告诉秃发利鹿孤。秃发利鹿孤派遣他的弟弟秃发吐雷率领骑兵三千人进驻扪天岭。乞伏乾归害怕被秃发利鹿孤杀掉，对他的太子乞伏炽磐说："我们父子住在这里，一定不能被秃发利鹿孤容留。现今，姚氏的后秦正是最强大的时候，我就要去归顺他们，如果我们全家都去，一定会被追击的骑兵抓住，但我把你们兄弟和你们的母亲当人质，秃发利鹿孤一定不会怀疑，我在长安落下脚之后，他们也就不敢害你们了。"乞伏乾归便把乞伏炽磐等人送到西平。八月，乞伏乾归向南逃奔到枹罕，向后秦投降。

冬季，十一月，东晋宁朔将军高雅之与孙恩在余姚交战，高雅之大败，向山阴逃跑，战死的兵卒有十分之七八。朝廷下诏，任命刘牢之都督会稽等五个郡，统帅兵众攻击孙恩，孙恩被迫逃回大海。刘牢之向东在上虞驻扎，派遣刘裕去戍守句章。吴国内史袁山松修筑沪渎垒，用来防备孙恩的袭击。袁山松是袁乔的孙子。

乞伏乾归来到长安，后秦王姚兴让他担任都督河南诸军事、河州刺史，封为归义侯。

时间长了之后，在南凉国中做人质的乞伏炽磐也打算逃到父亲乞伏乾归那里去。半路上被南凉武威王秃发利鹿孤追上抓住。秃发利鹿孤准备杀了乞伏炽磐，广武公秃发傉檀说："儿子要去归附父亲，没有什么值得过于指责的，我看应该原谅他，好显示我们气度宽宏。"秃发利鹿孤听从了他的劝告。

北凉晋昌太守唐瑶叛变，并向其他六郡送去檄文，推举镇西将军李暠为冠军大将军、沙州刺史、凉公，兼任敦煌太守。李暠在他所管辖的范围内实行大赦，改年号为庚子。任命唐瑶为征东将军，郭谦为军咨祭酒，索仙为左长史，张邈为右长史，尹建兴为左司马，张体顺为右司马。派遣从事中郎宋繇向东讨伐凉兴，并向玉门以西地区的那些城池发动进攻，宋繇把这些城池全部攻克。

拓跋珪常常认为，后燕国主慕容垂让自己的儿子分别把持要害地方，使大权下移，才导致自己的失败灭亡，他觉得这种做法非常错误。博士公孙表迎合他的意思，向他呈上了《韩非子》，劝说拓跋珪用严格的法令制度来驾驭属下，左将军李栗性格傲慢无礼，常常对拓跋珪随意放纵、十分不敬，甚至咳痰吐唾沫，也是无所顾忌。拓跋珪把他以往的这些过失加在一起，于是把他斩了，下属百官为此震惊惧怕。

这年，南燕王慕容德，在广固即皇帝位。实行大赦，改年号为建平，把自己的名字改为慕容备德，打算让官民在以后避讳起来容易些。

第一百一十二卷
晋纪三十四

译文诵读

安皇帝丁隆安五年（辛丑，401）

春，正月，武威王利鹿孤欲称帝，群臣皆劝之。安国将军鍮勿仑曰："吾国自上世以来，被发左衽，无冠带之饰，逐水草迁徙，无城郭室庐，故能雄视沙漠，抗衡中夏。今举大号，诚顺民心。然建都立邑，难以避患，储蓄仓库，启敌人心；不如处晋民于城郭，劝课农桑以供资储，帅国人以习战射，邻国弱则乘之，强则避之，此久长之良策也。且虚名无实，徒足为世之质的，将安用之！"利鹿孤曰："安国之言是也。"乃更称河西王，以广武公傉檀为都督中外诸军事、凉州牧、录尚书事。

三月，孙恩北趣海盐，刘裕随而拒之，筑城于海盐故治。恩日来攻城，裕屡击破之，斩其将姚盛。城中兵少不敌，裕夜偃旗匿众，明晨开门，使羸疾数人登城。贼遥问刘裕所在。曰，"夜已走矣。"贼信之，争入城。裕奋击，大破之。恩知城不可拔，乃进向沪渎，裕复弃城追之。

六月，甲戌，孙恩浮海奄至丹徒，战士十余万，楼船千余艘，建康震骇。乙亥，内外戒严，百官入居省内；冠军将军高素等守石头，辅国将军刘袭栅断淮口，丹阳尹司马恢之戍南岸，冠军将军桓谦等备白石，左卫将军王嘏等屯中堂，征豫州刺史谯王尚之入卫京师。

刘牢之自山阴引兵邀击恩，未至而恩已过，乃使刘裕自海盐入援。裕兵不满千人，倍道兼行，与恩俱至丹徒。裕众既少，加以涉远疲劳，而丹徒守军莫有斗志。恩帅众鼓噪，登蒜山，居民皆荷担而立。裕帅所领奔击，大破之，投崖赴水者甚众，恩狼狈仅得还船。然恩犹恃其众，寻复整兵径向京师。后将军元显帅兵拒战，频不利。会稽王道子无他谋略，唯日祷蒋侯庙。恩来渐近，百姓恟惧。谯王尚之帅精锐驰至，径屯积弩堂。恩楼船高大，溯风不得疾行，数日乃至白石。恩本以诸军分散，欲掩不备；既而知尚之在建康，复闻刘牢之已还，至新洲，不敢进而去，浮海北走郁洲。恩别将攻陷广陵，杀三千人。宁朔将军高雅之击恩于郁洲，为恩所执。

梁中庸等共推沮渠蒙逊为大都督、大将军、凉州牧、张掖公，赦其境内，改元永安。蒙逊署从兄伏奴为张掖太守、和平侯，弟挐为建忠将军、都谷侯，田昂为西郡太守，臧莫孩为辅国将军、房晷、梁中庸为左右长史，张骘、谢正礼为左右司马；擢任贤才，文武咸悦。

诏以刘裕为下邳太守，讨孙恩于郁洲，累战，大破之。恩由是衰弱，复缘海南走，裕亦随而邀击之。

燕王盛惩其父宝以懦弱失国，务峻威刑，又自矜聪察，多所猜忌，群臣有纤介之嫌，皆先事诛之，由是宗亲、勋旧，人不自保。丁亥，左将军慕容国与殿上将军秦舆、段谠谋帅禁兵袭盛，事发，死者五百余人。壬辰夜，前将军段玑与秦舆之子兴、段谠之子泰潜于禁中鼓噪大呼；盛闻变，帅左右出战，贼众逃溃。玑被创，匿厢屋间，俄有一贼从暗中击盛，盛被伤，辇升前殿，申约禁卫，事定而卒。

秦陇西公硕德围姑臧累月，东方之人在城中者多谋外叛，魏益多复诱扇之，欲杀凉王隆及安定公超，事发，坐死者三百余家。硕德抚纳夷、夏，分置守宰，节食聚粟，为持久之计。

凉之群臣请与秦连和，隆不许。安定公超曰："今资储内竭，上下嗷嗷，虽使张、陈复生，亦无以为策。陛下当思权变屈伸，何爱尺书、单使为卑辞以退敌！敌去之后，修德政以息民，若卜世未穷，何忧旧业之不复！若天命去矣，亦可以保全宗族。不然，坐守困穷，终将何如？"隆乃从之，九月，遣使请降于秦。硕德表隆为镇西大将军、凉州刺史、建康公。隆遣子弟及文武旧臣慕容筑、杨颖等五十余家入质于长安。硕德军令严整，秋毫不犯，祭先贤，礼名士，西土悦之。

沮渠蒙逊所部酒泉、凉宁二郡叛降于西凉，又闻吕隆降秦，大惧，遣其弟建忠将军挐、牧府长史张潜见硕德于姑臧，请帅其众东迁。硕德喜，拜潜张掖太守，挐建康太守。潜劝蒙逊东迁。挐私谓蒙逊曰："姑臧未拔，吕氏犹存，硕德粮尽将还，不能久也，何为自弃土宇，受制于人乎！"臧莫孩亦以为然。

十一月，刘裕追孙恩至沪渎、海盐，又破之，俘斩以万数，恩遂自浃口远窜入海。

桓玄表其兄伟为江州刺史，镇夏口；司马刁畅为辅国将军、督八郡军事，镇襄阳；遣其将皇甫敷、冯该戍湓口。移沮、漳蛮二千户于江南，立武宁郡；更招集流民，立绥安郡。诏征广州刺史刁逵、豫章太守郭昶之，玄皆留不遣。

玄自谓有晋国三分之二，数使人上己符端，欲以惑众；又致笺于会稽王道子曰："贼造近郊，以风不得进，以雨不致火，食尽故去耳，非力屈也。昔国宝死后，王恭不乘此威入统朝政，足见其心非侮于明公也，而谓之不忠。今之贵要腹心，有时流清望者谁乎？岂可云无佳胜？直是不能信之耳！尔来一朝一夕，遂成今日之祸。在朝君子皆畏祸不言，玄忝任在远，是以披写事实。"元显见之，大惧。

张法顺谓元显曰："桓玄承藉世资，素有豪气，既并殷、杨，专有荆楚；第下之所控引止三吴耳。孙恩为乱，东土涂地，公私困竭，玄必乘此纵其奸凶，窃用忧之。”元显曰：“为之奈何？”法顺曰：“玄始得荆州，人情未附，方务绥抚，未暇他图。若乘此际使刘牢之为前锋，而第下以大军继进，玄可取也。”元显以为然。会武昌太守庾楷以玄与朝廷构怨，恐事不成，祸及于己，密使人自结于元显，云“玄大失人情，众不为用，若朝廷遣军，己当为内应。”元显大喜，遣张法顺至京口，谋于刘牢之；牢之以为难。法顺还，谓元显曰：“观牢之言色，必贰于我，不如召入杀之；不尔，败人大事。”元显不从，于是大治水军，征兵装舰，以谋讨玄。

元兴元年（壬寅，402）

春，正月，庚午朔，下诏罪状桓玄，以尚书令元显为骠骑大将军、征讨大都督、都督十八州诸军事、加黄钺，又以镇北将军刘牢之为前锋都督，前将军谯王尚之为后部，因大赦，改元，内外戒严；加会稽王道子太傅。

元显欲尽诛诸桓。中护军桓脩，骠骑长史王诞之甥也，诞有宠于元显，因陈脩等与玄志趣不同，元显乃止。诞，导之曾孙也。

张法顺言于元显曰：“桓谦兄弟每为上流耳目，宜斩之以杜奸谋。且事之济不，系在前军，而牢之反覆，万一有变，则祸败立至，可令牢之杀谦兄弟以示无贰心，若不受命，当逆为之所。”元显曰：“今非牢之，无以敌玄；且始事而诛大将，人情不安。”再三不可。又以桓氏世为荆土所附，桓冲特有遗惠，而谦，冲之子也，乃自骠骑司马除都督荆、益、宁、梁四州诸军事、荆州刺史，欲以结西人之心。

东土遭孙恩之乱，因以饥馑，漕运不继。桓玄禁断江路，公私匮乏，以麸、橡给士卒。玄谓朝廷方多忧虞，必未暇讨己，可以蓄力观衅。及大军将发，从兄太傅长史石生密以书报之；玄大惊，欲完聚江陵。长史卞范之曰：“明公英威振于远近，元显口尚乳臭，刘牢之大失物情，若兵临近畿，示以祸福，土崩之势可翘足而待，何有延敌入境，自取穷蹙者乎！”玄从之，留桓伟守江陵，抗表传檄，罪状元显，举兵东下。檄至，元显大惧。二月，丙午，帝饯元显于西池；元显下船而不发。

桓玄发江陵，虑事不捷，常为西还之计；及过寻阳，不见官军，意甚喜，将士之气亦振。

庾楷谋泄，玄囚之。

刘牢之素恶骠骑大将军元显，恐桓玄既灭，元显益骄恣，又恐己功名愈盛，不为元显所容；且自恃材武，拥强兵，欲假玄以除执政，复伺玄之隙而自取之，故不肯讨玄。元显日夜昏酣，以牢之为前锋，牢之骤诣门，不得见，及帝出饯元显，遇之公坐而已。

牢之军溧洲，参军刘裕请击玄，牢之不许。玄使牢之族舅何穆说牢之曰：“自古戴震主之威，挟不赏之功而能自全者，谁邪？越之文种，秦之白起，汉之韩信，皆事明主，为之尽力，功成之日，犹不免诛夷，况为凶愚者之用乎！君如今日战胜则倾宗，战败则覆族，欲以此安归乎！不若翻然改图，则可以长保富贵矣。古人射钩、斩袪，犹不害为辅佐，况玄与君无宿昔之怨乎！”时谯王尚之已败，人情愈恐；牢之颇纳穆言，与玄交通。东海中尉东海何无忌，牢之之甥也，与刘裕极谏，不听。其子骠骑从事中郎敬宣谏曰：“今国家衰危，天下之重在大人与玄。玄藉父、叔之资，据有全楚，割晋国三分之二，一朝纵之使陵朝廷，玄威望既成，恐难图也，董卓之变，将在今矣。”牢之怒曰：“吾岂不知！今日取玄如反覆手耳；但平玄之后，令我奈骠骑何！”三月，乙巳朔，牢之遣敬宣诣玄请降。玄阴欲诛牢之，乃与敬宣宴饮，陈名书画共观之，以安悦其意；敬宣不之觉，玄佐吏莫不相视而笑。玄版敬宣为咨议参军。

元显将发，闻玄已至新亭，弃船，退屯国子学，辛未，陈于宣阳门外。军中相惊，言玄已至南桁，元显引兵欲还宫。玄遣人拔刀随后大呼曰：“放仗！”军人皆崩溃，元显乘马走入东府，唯张法顺一骑随之。元显问计于道子，道子但对之涕泣。玄遣太傅从事中郎毛泰收元显送新亭，缚于舫前而数之；元显曰：“为王诞、张法顺所误耳。”

壬申，复隆安年号。帝遣侍中劳玄于安乐渚。玄入京师，称诏解严，以玄总百揆，都督中外诸军事、丞相、录尚书事、扬州牧、领徐、荆、江三州刺史，假黄钺。

癸酉，有司奏会稽王道子酣纵不孝，当弃市，诏徙安成郡；斩元显及东海王彦璋、谯王尚之、庾楷、张法顺、毛泰等于建康市。桓脩为王诞固请，长流岭南。

玄以刘牢之为会稽内史。牢之曰：“始尔，便夺我兵，祸其至矣。”刘敬宣请归谕牢之使受命，玄遣之。敬宣劝牢之袭玄，牢之犹豫不决，移屯班渎，私告刘裕曰：“今当北就高雅之于广陵，举兵以匡社稷，卿能从我去乎？”裕曰：“将军以劲卒数万，望风降服，彼新得志，威震天下，朝野人情皆已去矣，广陵岂可得至邪！裕当反服还京口耳。”何无忌谓裕曰：“我将何之？”裕曰：“吾观镇北必不免，卿可随我还京口。桓玄若守臣节，当与卿事之；不然，当与卿图之。”

于是牢之大集僚佐，议据江北以讨玄。参军刘袭曰：“事之不可者莫大于反。将军往年反王兖州，近日反司马郎君，今复反桓公，一人三反，何以自立！”语毕，趋出，佐吏多散走。牢之惧，使敬宣之京口迎家，失期不至。牢之以为事已泄，为玄所杀，乃帅部曲北走，至新洲，缢而死。敬宣至，不暇哭，即渡江奔广陵。将吏共殡敛牢之，以其丧归丹徒。玄令斫棺斩首，暴尸于市。

孙恩寇临海，临海太守辛景击破之，恩所虏三吴男女，死亡殆尽。恩恐为官军所获，乃赴海死，其党及妓妾从死者以百数，谓之“水仙”。余众数千人复推恩妹夫卢循为主。循，谌之曾孙也。神采清秀，雅有材艺。少时，沙门惠远尝谓之曰：“君虽体涉风素，而志存不轨，如何？”太尉玄欲抚安东土，乃以循为永嘉太守。循虽受命，而寇暴不已。

自隆安以来，中外之人厌于祸乱。及玄初至，黜奸佞，擢儁贤，京师欣然，冀得少安。既而玄奢豪纵逸，政令无常，朋党互起，陵侮朝廷，裁损乘舆供奉之具，帝几不免饥寒，由是众心失望。三吴大饥，户口减半，会稽减什三四，临海、永嘉殆尽，富室皆衣罗纨，怀金玉，闭门相守饿死。

五月，卢循自临海入东阳，太尉玄遣抚军中兵参军刘裕将兵击之，循败，走永嘉。

太尉玄杀吴兴太守高素、将军竺谦之及谦之从兄朗之、刘袭并袭弟季武，皆刘牢之北府旧将也。袭兄冀州刺史轨邀司马休之、刘敬宣、高雅之等共据山阳，欲起兵攻玄，不克而走。将军袁虔之、刘寿、高长庆、郭恭等皆往从之，将奔魏；至陈留南，分为二辈：轨、休之、敬宣奔南燕，虔之、寿、长庆、恭奔秦。

魏主珪初闻休之等当来，大喜。后怪其不至，令兖州求访，获其从者，问其故，皆曰："魏朝威声远被，是以休之等咸欲归附；既而闻崔逞被杀，故奔二国。"珪深悔之，自是士人有过，颇见优容。

西凉公暠问中庸曰："我何如索嗣？"中庸曰："未可量也。"暠曰："嗣才度若敌我者，我何能于千里之外以长绳绞其颈邪？"中庸曰："智有短长，命有成败。殿下之与索嗣，得失之理，臣实未之能详。若以身死为负，计行为胜，则公孙瓒岂贤于刘虞邪？"暠默然。

袁虔之等至长安，秦王兴问曰："桓玄才略何如其父？卒能成功乎？"虔之曰："玄乘晋室衰乱，盗据宰衡，猜忌安忍，刑赏不公，以臣观之，不如其父远矣。玄今已执大柄，其势必将篡逆，正可为他人驱除耳。"兴善之，以虔之为广州刺史。

晋安帝隆安五年（辛丑，公元401年）

春季，正月，南凉武威王秃发利鹿孤准备称皇帝，大臣们也都一致劝他进位。只有安国将军鍮勿崘说："我们国家自从祖先到现在，都习惯于披散头发，左边开衣襟，从来没有帽子腰带之类的装饰，只是追逐选择有水、有草的地方不断迁徙居住，没有城郭家室居所的拖累，所以我们能够在沙漠的各部族中称雄，与中原的汉族人相抗衡。现在提高为皇帝的名号，当然是顺应民心的事情，但是，如果设立都城，建筑固定的居住地，那么，就很难灵活地躲避战乱；如果把我们的积蓄全部储存在仓库之中，又容易引起敌人贪心，所以，我看不如把汉人安置在城郭之中，鼓励他们从事农田、养蚕，来供应我们的给养储备。同时再统领我们本族的人进行战斗射箭的训练。一旦我们相邻的国家弱小，那么我们就乘机把它吞并；相邻的国家强大，那么我们也可以随时躲避。这才是长久的好策略。况且，帝王的虚名，没有什么实际的意义，只是足够做世人的刀砧箭靶，成为别人攻击的目标，还能拿它干什么用呢？”秃发利鹿孤说：“安国将军所说的太对了。”于是改称为河西王，又任命广武公秃发傉檀为都督中外诸军事、凉州牧、录尚书事。

三月，孙恩又回到大陆，向北逼近海盐。刘裕紧追不放，与他抵抗，在海盐的旧城址上修筑阵地。孙恩几乎每天都来对刘裕阵地发动进攻，但刘裕几次都把孙恩击败，斩杀了他的将领姚盛。城里的部队因为太少难以抵挡，刘裕当夜就把战旗全部放倒，把精锐部队埋伏起来，第二天早晨打开城门，让几个老弱残兵登上城墙，变民部队一看，远远地向他们打听刘裕到哪里去了。他们说：“昨天夜里已经逃跑了。”那些变民部队的士卒相信了他们的话，争先恐后地进了城。刘裕突然向他们发动了猛攻，将变民部队打得大败。孙恩知道不可能把这座城攻克，于是改向沪渎进军，刘裕便也放弃了这座城池，追击孙恩。

六月，甲戌（初一），孙恩从海上发兵，突然出现在丹徒，有士兵十多万人，战舰一千多艘。这使东晋的都城建康大为震惊恐慌。乙亥（初二），东晋都城内外戒严，文武百官全部聚集在台省机构内居住，随时办公。冠军将军高素等人据守石头，辅国将军刘袭则带兵用木栅栏将淮口切断，丹阳尹司马恢之戍守在长江南岸，冠军将军桓谦等人在白石驻防，左卫将军王嘏等屯兵中堂，征召豫州刺史谯王司马尚之来京师卫守。

刘牢之从山阴带兵前来截击孙恩，还没有赶到，孙恩的兵马已经过去了，于是，他让刘裕从海盐迅速赶来援助。刘裕的兵众一共也不满一千人，日夜兼程，一路急行军才与孙恩的部队几乎同时赶到了丹徒。刘裕的兵卒本来就少，再加上赶很远的路，已经疲惫不堪，而丹徒原有的东晋守军又没有丝毫的斗志。孙恩率领他的部队一齐高声呐喊，擂鼓助威，登上了蒜山，而当地的居民则都挑着担子站在那里。刘裕率领着他手下的士兵奔向前去，对孙恩部队发动攻击，并把他们打得大败。变民从山崖上摔下，落入水中淹死的非常多，孙恩也仓皇狼狈地仅仅逃回到船上，才保住了命。但是他仍然依仗他自己的兵多，很快便重新整顿好部队，径直向京师开进了。后将军司马元显率领部队前来迎战，但却不断地战败失利。会稽王司马道子没有其他办法，只是天天去到蒋侯庙去祭祀祈祷。孙恩的部队距离建康已经越来越近了，百姓人心惶惶，非常恐惧。谯王司马尚之统领着他的精锐部队及时赶到，直接驻守在积弩堂。孙恩的战舰非常高大，逆风行驶速度便无法加快，所以几天之后才到达白石。孙恩本来以为东晋各支部队驻守的地区比较分散，因此打算趁他们没有准备，发动突然袭击。但是到达白石后，得知司马尚之的部队正在建康，又听说刘牢之也已经回军，据守在新洲，所以，他再也不敢继续前进，只好回军，从海路，向北直扑郁洲。孙恩手下的其他将领攻克了广陵，杀死了三千人。宁朔将军高雅之在郁洲向孙恩发动进攻，却被孙恩的军队抓获。

北凉武卫将军梁中庸等人，一起推举沮渠蒙逊担任大都督、大将军、凉州牧、张掖公，他下令在他所管辖的范围内实行大赦，改年号为永安。沮渠蒙逊又任命他的堂兄沮渠伏奴为张掖太守、和平侯，任命他的弟弟沮渠挐为建忠将军、都谷侯，田昂为西郡太守，命臧莫孩为辅国将军，房晷、梁中庸为左右长史，张骘、谢正礼为左右司马。这样，他擢升、任用的都是贤明有才干的人物，文武官员都感到很舒心、很高兴。

东晋朝廷下诏，任命刘裕为下邳太守，命他去郁洲征讨孙恩，几次接战，都把变民部队打得大败，孙恩的势力从此衰弱下来，再一次沿海向南败逃。刘裕也紧追不放，不断地向孙恩部队发动进攻。

后燕王慕容盛鉴于他的父亲慕容宝因为过于懦弱，所以才丢掉国家大权的教训，所以，一心要加强自己的威严，施刑苛刻，加上他又自以为很明察，对手下的很多人都非常猜疑忌恨，大臣们稍有一点嫌疑，他都先杀掉再说，因此，即便是王室宗亲，功臣元老，也都不能自保。丁亥（十五日），左将军慕容国与殿上将军秦舆、段赞阴谋率领禁卫军袭击慕容盛，事情暴露，牵连致死的有五百多人。壬辰（二十日）夜里，前将军段玑与秦舆的儿子秦兴、段赞的儿子段泰潜进禁宫之中擂鼓呐喊，大声呼叫。慕容盛听到有兵变的消息，率领着左右的亲兵出来迎战，兵变的众人逃跑溃散。段玑受了伤，藏到旁边的房屋之内。不一会儿，有一个参预兵变的士兵从黑暗中突然向慕容盛偷袭，刺中慕容盛，使他受到重伤。但在这种情况下，慕容盛还是坐着轿来到前殿，重新申述强调禁宫的规定，布置警卫，等事情安定之后才断气而死。

后秦陇西公姚硕德围困姑臧已经几个月，城中的许多原籍东方一带的人，都计划着向城外的后秦军叛降。后凉将军魏益多又在里面诱骗煽动人们，准备杀了后凉王吕隆和安定公吕超，不想事情败露，因此牵连被杀的人有三百多家。姚硕德接纳安抚夷族、汉族的所有当地居民，并分别安排了一些地方官吏，如太守、县宰等。他又命令手下的部队，节省粮食、积聚稻米，以此作为准备坚持长久围困姑臧的办法。

后凉大臣们请求与后秦讲和联手，但吕隆坚决不同意。安定公吕超说："现在，我们内部的蓄积已经基本枯竭，上上下下全部嗷嗷待哺，在这种情况下，即使让张良、陈平复活，他们也不会有办法来摆脱这种困境。陛下应该考虑根据情况有所权宜变通，能屈能伸，为什么那么看重一纸书信和一介使节，而不愿以几句谦卑的话就把强大的敌人骗得退兵呢？敌人撤退之后，我们可以致力于完善仁德的政事，用来使百姓获得休养生息。如果我们国家天定的气运还没有穷尽，何必担忧旧有的大业不能够恢复呢？如果天命到头了，这样也可以保全我们的宗族。如果不这样的话，只是坐在这里等着困乏穷极，到头来能怎么样呢？"吕隆这才听从。九月，派遣使者向后秦请求投降。姚硕德向朝廷呈上奏章，请求任命吕隆为镇西大将军、凉州刺史、建康公。吕隆派遣子弟以及一些原来的文武大臣慕容筑、杨颖等五十多家的人口到长安去做人质。姚硕德军令严厉整肃，对当地的居民一丝一毫也不予侵犯，并且祭祀历史上的贤明之士，对当世有名望的人也是厚礼相待，所以，在西部土地上生活的百姓，都非常高兴。

沮渠蒙逊所属的酒泉、凉宁两个郡，都向西凉叛降，他又听说吕隆也投降了后秦，因此，非常害怕，他派遣他的弟弟建忠将军沮渠挐、牧府长史张潜去姑臧拜见姚硕德，请求允许他带着他的所有部众向东迁移。姚硕德非常高兴，任命张潜为张掖太守，沮渠挐为建康太守。张潜竭力地劝沮渠蒙逊率部属向东迁移。沮渠挐却在私下里对沮渠蒙逊说："姑臧现在还没有被攻克，吕氏政权也还继续存在，姚硕德的部队粮草用尽之后，一定就会回去，不能待得太久，为什么自己主动放弃已有的疆土，而去受别人的控制呢？"臧莫孩也深以为然。

十一月，东晋刘裕追击变民孙恩的部队，来到沪渎、海盐，又一次把他们打败，俘虏斩杀的人数以万计，孙恩于是只好从浃口远远地逃向大海。

东晋荆州刺史桓玄向朝廷奏请，任命他的哥哥桓伟做了江州刺史，镇守夏口；任命司马刁畅为辅国将军、督八郡军事，镇守襄阳。桓玄派他手下大将皇甫敷、冯该据守湓口，强行迁移沮水、漳水流域的二千户蛮族居民，到长江以南去居住，设置了武宁郡。他又把一些四处流浪的饥民召集在一起，增设了绥安郡。朝廷下诏书，征召广州刺史刁逵、豫章太守郭昶之进京，桓玄都把他们留住，不让他们去。

桓玄自以为已经拥有了东晋三分之二的疆土，所以多次让人向他呈上他可以做君主的天命符征和吉兆，打算用这些来迷惑百姓；又给会稽王司马道子写信说："孙恩那些盗贼，上次逼近京城的近郊，因为风不顺而没有能够攻打进来，又因为天下大雨，而没有机会运用火攻，所以在粮食吃完之后，自然便回去了，并不是力量不足。过去，王国宝死了之后，王恭没有乘这时的威势，进一步统领朝廷政务，这就完全可以让人看出他的居心，并没有对您有丝毫的不敬和侮辱，但是，您却说他不忠。现在的朝中权要贵官，国家的心腹栋梁，深孚众望声名远播的人，是谁？怎么能说没有更好的？只不过是您不能相信他罢了！从此以来，日复一日，才酿成像今天这样的祸患。在朝廷中的那些王公大臣们因为害怕大祸临头，所以，不敢说话。桓玄我有愧远在外地任职，才有胆量揭露这样的事实。"司马元显看到了这封信，非常害怕。

张法顺对司马元显说："桓玄继承凭借他家世的名望和资历，又向来具有一股豪气，已经吞并了殷仲堪、杨佺期，自己独霸了荆楚一带的广大地区，但是您所能控制的真正可以算做属于您的疆界，也不过就是三吴之地罢了。孙恩制造祸乱，使东部地区损失巨大，一片荒芜，朝廷、百姓积蓄枯竭，生活窘困，桓玄一定会乘此机会大肆施展他的奸恶凶残的手段，实现他的阴险目的。我心中以为这是值得我们忧虑的一件事。"司马元显说："对此我们能怎么办呢？"张法顺说："桓玄刚刚把荆州强占到手，当地百姓的人心和情感也都并没有完全归附他，因此，他也正在努力平定局势，安定民心，没有工夫考虑别的事。如果乘着这个时候派遣刘牢之为前锋，而您随后亲自带领大部队进发征剿，那么，桓玄一定可以被我们消灭。"司马元显以为这话很对。正好这时武昌太守庾楷因为桓玄与朝廷的权要结下仇怨，恐怕事情以后不能成功，大祸牵连自己，所以偷偷地派人前来，主动向司马元显投靠，说："桓玄非常不得人心，他的部下也不太听从他的命令，如果朝廷这时派军队去征讨，那么我一定做内应。"司马元显非常高兴，马上派遣张法顺到京口去，找刘牢之商量。刘牢之却觉得征讨桓玄很困难。张法顺回来后，对司马元显说："我观察刘牢之的表情言谈，一定是与我们怀有二心，所以不如把他召到京城来杀掉。如果不这样，他就会败坏了我们的大事。"司马元显没有听他的活。东晋朝廷从此开始大规模地整治训练水上部队，征选兵卒、装备战舰，准备用来对桓玄发动进攻。

元兴元年（壬寅，公元402年）

春季，正月，庚午朔（初一），东晋朝廷下诏书，历数荆州刺史桓玄的罪状，任命尚书令司马元显为骠骑大将军、征讨大都督、都督十八州诸军事，并把黄钺也加授给了他。又任命镇北将军刘牢之为前锋都督，任命前将军谯王司马尚之统率后卫部队。又下令实行大赦，改年号。在都城内外戒严，任命会稽王司马道子为太傅。

司马元显打算借此机会把桓氏家族的人全部诛灭。中护军桓修是骠骑长史王诞的外甥，王诞又很得司马元显的宠爱信任，所以，他向司马元显禀告了桓修等人与桓玄的志趣完全不同，司马元显才放弃了那个想法。王诞是王导的曾孙。

张法顺对司马元显说："骠骑司马桓谦兄弟常常当长江上游荆州方面的耳目，为桓玄提供情报，应该把他们斩了，来杜绝今后类似奸计阴谋的发生。而且此次出军讨伐桓玄，能否达到预期目的，关键就在前锋部队如何，但是刘牢之为人反复无常，万一他那里发生什么变化，那么我们的失败和大祸就会马上到来。所以，您可以让刘牢之杀掉桓谦兄弟，来说明他和我们没有二心。如果他不接受命令，那么我们好在祸患到来之前，先打算好怎么办。"司马元显说："现在如果不是刘牢之，没有人可以与桓玄对敌。况且刚开始做这件事，便诛杀自己的大将，容易使人心不得安宁。"一而再、再而三地拒绝张法顺的请求，不加允许。他又因为桓氏家族世代都得到荆州一带居民的归附，桓冲尤其是为那里的百姓留下了很多好处，而桓谦又是桓冲的儿子，所以才把桓谦由骠骑司马调任都督荆、益、宁、梁四州诸军事及荆州刺史，打算用这种方法收买西部地区百姓的人心。

东晋东部地区遭受孙恩变民所导致的战乱的影响，继以灾荒年景，百姓饥饿贫困，水路的粮食运输不能继续。荆州刺史桓玄又禁闭断绝长江通道，致使官府和私人间的物资积蓄全部空乏，部队也只能用一些粮食的麸皮和橡树的果实等给战士充饥。桓玄以为朝廷正处在多事之秋，值得忧虑的事很多，一定没有闲暇来讨伐自己，因此，可以趁此机会积蓄力量，等待时机。等到朝廷征讨他的大部队就要出发的时候，他的堂兄太傅长史桓石生秘密地用书信告诉了他这个消息，桓玄大吃一惊，打算把部队全部集结到江陵来据守。长史卞范之说："明公的英名威震于远近，司马元显却是个嘴里还有乳臭的小孩子，刘牢之已经非常丧失民心，如果我们把大部队抢先开拔到都城建康的临近地区，向他指明安危祸福，那么，他们土崩瓦解的趋势，我们踮起脚尖就可以等到的了，怎么能把敌人引入自己境内心腹重地，自己找穷困日子过呢？”桓玄听从了他的话，留下桓伟镇守江陵，向朝廷呈上奏表，并把檄文公告传遍各地，揭露司马元显的各项罪行，同时挥师向东部进发。檄文传到都城建康，司马元显看到之后，非常害怕。二月，丙午（初七），安帝在西池为司马元显饯行。司马元显害怕桓玄，登上战船，却没有马上出发。

东晋荆州刺史桓玄，从江陵出发，担心这次大规模军事行动不能取胜，因此，常常怀着向西回军的打算。等到过了寻阳，还是看不见朝廷的部队，心中非常高兴，其他将士的斗志和士气也振作、旺盛起来。

武昌太守庾楷做朝廷讨伐桓玄的内应的阴谋泄露，桓玄把他囚禁起来。

刘牢之平时一向厌恶骠骑大将军司马元显，他恐怕桓玄被消灭之后，司马元显会越发的骄横任性，同时又担心自己的功劳声威越来越高，不能被司马元显容留、忍受。而且，他自恃勇猛无敌，又拥有一支强大的部队，打算借桓玄的手来铲除朝中的当权者，而自己则等待桓玄的漏洞，有机会再把他消灭，所以，他并不热心于去讨伐桓玄。司马元显白天黑夜酣饮昏醉，他任命刘牢之为前锋，刘牢之未经事先约定，而贸然前去晋见他，没有见到，直到安帝出来为司马元显饯行，刘牢之才在公众场合与他匆匆相遇而已。

刘牢之驻军溧州，参军刘裕请求进攻桓玄，刘牢之没有允许。桓玄派刘牢之的一位族舅何穆向刘牢之游说道：“从古到今，带着震慑主上的威望，身负无法再加奖赏的功勋而又能保全自己的人，是谁呢？越国的文种，秦国的白起，汉朝的韩信，都能有幸为圣明的主上做事，并为之尽心竭力，但是，在他们功业完成的时候，仍旧还免不了遭到诛戮屠杀，更何况是被凶狠残暴、愚蠢昏庸的人所利用呢！您这一次如果打了胜仗，就会被杀了全家，如果打了败仗，那么，您的家族自然更会遭到夷灭，您难道还打算就这样平安地回去吗？依我看，不如反过来改变自己的主意，那样就可以永远保住您的荣华富贵了。古人有因为谋害君主而用箭射中带钩和因为追捕后来的君主而用剑砍断衣襟的，都还并不影响他当国家的辅佐大臣，更何况桓玄与您并没有任何宿怨呢！”当时，谯王司马尚之已经惨遭失败，人们的情绪更加恐慌。刘牢之基本上接受了何穆的劝告，与桓玄沟通了相互间的联系。东海中尉、东海人何无忌，是刘牢之的外甥，与刘裕一起极力劝阻他，他根本不听。他的儿子骠骑从事中郎刘敬宣劝说他道：“现在国家衰弱，危在旦夕，整个朝廷的重心与关键，都在您和桓玄两个人手中。桓玄凭借着他父亲、叔父所遗留下来的权位与威望，盘踞并占有了整个楚地，割据了晋国三分之二的土地，如果放纵他、让他有朝一日凌驾于朝廷之上，那么，桓玄的威势声望形成之后，再想图谋铲除他，恐怕就更加困难了。像东汉董卓之变那样的灾难性的战乱，即将在现今重现了。”刘牢之愤怒地说：“我怎能不知道这些！我今天消灭桓玄，易如反掌，但是，扫平桓玄之后，你让我如何对付骠骑大将军司马元显？”三月，乙巳朔（初一），刘牢之派遣刘敬宣去拜见桓玄，请求投降。桓玄暗地里打算把刘牢之杀掉，于是便与刘敬宣一起开宴饮酒，并把一些著名的书法绘画陈列出来，陪同他观看欣赏，希望使他的心情安定舒畅。刘敬宣对桓玄的用心根本就没有任何察觉，桓玄手下那些辅佐的官吏们看见这种情形，没有不相视会意、点头暗笑的。桓玄暂时任命刘敬宣为咨议参军。

司马元显刚刚准备出发，听说桓玄的大部队已经到了新亭，便马上扔掉船只，反身上岸，退到城中的国子学里驻守，辛未（三月初三），又到宣阳门外去排列开战阵，扎下大营。军营之中惊恐不安，传说桓玄的部队已经抵达南桁。司马元显带着部队准备回宫，这时，桓玄派遣先头部队拔出刀来，紧跟在他们的后边大声呐喊着说："放下武器！"司马元显的部队彻底崩溃。司马元显乘着一匹马跑进了东府，只有张法顺一个人骑马紧跟着他。司马元显向司马道子询问有没有什么办法，司马道子也只是面对着儿子哭泣不止。桓玄派遣太傅从事中郎毛泰把司马元显收押起来，送到新亭。桓玄把他绑在大船的前头，一条条列举他的罪状，司马元显说："我不过是被王诞、张法顺所迷惑耽误罢了。"

壬申（三月初四），东晋恢复隆安这个年号。安帝派侍中到安乐渚去慰劳桓玄。桓玄进入京师，宣称皇帝下诏书，命令解除戒严。朝廷于是便任命桓玄统领文武百官，都督中外诸军事、丞相、录尚书事、扬州牧，兼任徐、荆、江三州刺史，加授给他黄钺。

癸酉（三月初五），有关部门呈上奏章，指责会稽王司马道子放纵酗酒，忤逆不孝，应该斩首弃尸示众。东晋朝廷下诏，命令把他赶出京城，贬逐到安成郡居住；把司马元显及其儿子东海王司马彦璋和谯王司马尚之，以及庾楷、张法顺、毛泰等人，押到建康城的街市上，全部斩首。桓修为王诞竭力求情，所以，把他长期流放到大庾岭以南的偏荒地区去了。

桓玄任命刘牢之为会稽内史。刘牢之说："刚开始就来剥夺我的兵权，大祸就要来了。"刘敬宣向桓玄请求回到京口去劝告刘牢之，让他赶快上任，桓玄派他去了。刘敬宣回到京口后，却劝说刘牢之袭击桓玄，刘牢之犹豫，拿不定主意，只是把部队移到班渎去驻扎，并在私下里告诉刘裕说："现在，我们应当北上，去到广陵和驻守在那里的高雅之会合，一同发动部队，来匡扶社稷，你能跟着我去吗？"刘裕说："将军以拥有几万精壮士卒的实力，对桓玄也还都听见风声就去投降臣服，所以，他刚刚得以实现志向，声威震动天下，从朝廷到民间，人们的心愿都已经归附到他那里去了，您要去广陵，怎么可能顺利到达呢？我刘裕可要脱去军服，穿上百姓的衣服，回到京口去了。"何无忌对刘裕说："我怎么办才好？"刘裕说："我看镇北将军一定难逃一死，你可以跟随我回京口去。桓玄如果遵守做臣属的节度，我和你应当去为他做事；如果不那样，我便当和你一起想办法对付他。"

在这个时候，刘牢之把各级将领僚属，全部集中到一起，商议据守长江以北的地区来讨伐桓玄。参军刘袭说："不可以去做的事情中，最大的莫过于谋反。将军在以前反王恭，近些日子反司马元显，现在又要来反叛桓玄，一个人连续三次谋反，还能用什么使自己在天下立脚？”话刚说完，便快步走了出去，其他的将佐官吏也多一哄而散地走了。刘牢之非常害怕，派刘敬宣去京口迎接家属，过了约定的日期，也没有来。刘牢之以为谋反的事情已泄，被桓玄杀掉了，所以率领现有的部下向北逃跑，到达新洲的时候，终于上吊自杀。刘敬宣赶到这里之后，没有时间痛哭，便渡过长江，投奔广陵去了。刘牢之手下的将帅官吏们一起把他装敛起来，并把他的棺木运送回丹徒。桓玄下令劈开棺木，把刘牢之尸首上的脑袋也砍了下来，并把他的尸体扔到街市示众。

变民首领孙恩又来进犯临海，临海太守辛景把他打得大败，孙恩所抢掠的三吴地区的男女百姓，在战乱中全部被杀死。孙恩恐怕自己被朝廷的部队抓获，于是跳海自杀，他的部下党羽以及姬妾艺妓等人跟着他一起自杀的有上百人，人们把这些人称为“水仙”。其余的部众几千人又推举孙恩的妹夫卢循为首领。卢循是卢谌的曾孙，神态风采清秀雅静，多才多艺。小的时候，佛门僧人惠远曾经对他说：“你虽然体态状貌比较有素雅的儒风，但是心里却隐藏着不遵守法度的志向，是不是？”太尉桓玄打算用安抚的手段使东部地区的局势稳定下来，于是，任命卢循为永嘉太守。卢循虽然接受了任命，但是却依然为非作歹，不停地打劫施暴。

自隆安以来，东晋全国上下的百姓，对接连不断的天灾人祸、动乱战争，深感厌倦。等到桓玄刚刚来到京师，罢黜奸佞的小人，选拔贤明的才俊，建康的百姓非常高兴，都希望能得到一点安定的生活环境。但是，不久，桓玄便骄奢横暴，放纵享乐，政令变化无常，朋雄奸党纷纷出现，甚至对朝廷也大加欺凌侮辱，并把皇家御用的车马轿乘、供奉的食品用具等，也都随意裁减，连安帝也几乎不免不挨冻受饿。从此，民众的心里非常失望。三吴地区发生大饥荒，户口减少了一半左右，其中，会稽郡是十人之中，减少三四人；临海、永嘉两地人口则几乎全部死亡。富贵人家全都穿着绫罗绸缎，怀里抱着金玉，关起门来相互守在一起饿死。

五月，东晋变民首领卢循从临海进犯东阳，太尉桓玄派遣抚军中兵参军刘裕带兵去进攻他。卢循失败，逃往永嘉。

太尉桓玄杀掉了吴兴太守高素、将军竺谦之以及竺谦之的堂兄竺朗之、刘袭和刘袭的弟弟刘季武，这些人都是原来刘牢之所统辖的北府的旧部将。刘袭的哥哥冀州刺史刘轨邀请司马休之、刘敬宣、高雅之等人一起占据山阳，打算发动军队进攻桓玄，不能成功，因而退走。将军袁虔之、刘寿、高长庆、郭恭等人也都赶到这里跟他们一起逃亡。先是准备投奔北魏，到了陈留以南的时候，便分为两路：刘轨、司马休之、刘敬宣等人投奔南燕，袁虔之、刘寿、高长庆、郭恭等人投奔后秦。

北魏国主拓跋珪一开始的时候听说司马休之等人打算前来，非常高兴。后来他们没有来，觉得很奇怪，便命令兖州刺史长孙肥代为查访他们不来的原因，果然抓到了司马休之等的随从，询问缘故，都说：“魏朝的声威，传播很远，所以司马休之等人都打算来归附。但是，不久又听说崔逞被杀的事，因此又改变了主意，逃奔到其他两个国家去了。”拓跋珪深深懊悔自己逼杀了崔逞。从此以后，读书人即使有什么过错，也很能得到宽容和优待。

北凉沮渠蒙逊所统辖的西郡太守梁中庸叛变，投奔西凉。沮渠蒙逊听说这个消息后，笑着说：“我对待梁中庸恩情深厚，如同骨肉一般，但是他却对我不讲信义，因此，他只是自己背叛自己罢了。我怎么能在意他这样的一个人呢？”于是，把梁中庸的妻子儿女全部送还给他。

西凉公李暠问梁中庸说：“我与索嗣相比，怎么样？”梁中庸说：“未可估量。”李暠说：“索嗣的才能如果能够和我相敌的话，我怎么能在千里之外用长绳索绞住他的脖颈？”梁中庸说：“人的智慧，有的时候显得有余，有的时候又显得不足；人的命运，有的时候可以让人成功，有的时候又可以让人失败。殿下与索嗣，得失成败的道理、原因，我实在还不能想明白。但是，如果认为身死的人，就是失败者，能够对自己设计得到顺遂的就是胜利者，那么，公孙瓒难道还要比刘虞贤能吗？”李暠沉默不语。

袁虔之等人到达长安，后秦王姚兴问道：“桓玄的才能谋略与他的父亲桓温相比，怎么样？最后能不能成就大的功业？”袁虔之说：“桓玄乘晋室衰微动乱之机，窃取占据了可以操纵大局的宰相高位，为人多疑猜忌，刻薄残忍，刑罚赏赐又极不公平，根据我的观察，远不如他父亲。桓玄现在已经掌据了朝中的大权，看他的趋势是一定要篡夺政权，叛逆晋朝的，这样，正可以为别的人起来驱逐铲除他提供口实。”姚兴觉得这番话很有道理，任命袁虔之为广州刺史。

第一百一十三卷 晋纪三十五

译文诵读

安皇帝戊元兴二年（癸卯，403）

春，正月，卢循使司马徐道覆寇东阳；二月，辛丑，建武将军刘裕击破之。道覆，循之姊夫也。

备德优迁徙之民，使之长复不役；民缘此迭相荫冒，或百室合户，或千丁共籍，以避课役。尚书韩谆请加隐核，备德从之，使谆巡行郡县，得荫户五万八千。

南凉王傉檀及沮渠蒙逊互出兵攻吕隆，隆患之。秦之谋臣言于秦王兴曰："隆藉先世之资，专制河外，今虽饥窘，尚能自支，若将来丰赡，终不为吾有。凉州险绝，土田饶沃，不如因其危而取之。"兴乃遣使征吕超入侍。隆念姑臧终无以自存，乃因超请迎于秦。兴遣尚书左仆射齐难、镇西将军姚诘、左贤王乞伏乾归、镇远将军赵曜帅步骑四万迎隆于河西，南凉王傉檀摄昌松、魏安二戍以避之。八月，齐难等至姑臧，隆素车白马迎于道旁。隆劝难击沮渠蒙逊，蒙逊使臧莫孩拒之，败其前军。难乃与蒙逊结盟，蒙逊遣弟挐入贡于秦。难以司马王尚行凉州刺史，配兵三千镇姑臧，以将军阎松为仓松太守，郭将为番禾太守，分戍二城，徙隆宗族、僚属及民万户于长安，兴以隆为散骑常侍，超为安定太守，自余文武随才擢叙。

初，郭黁常言"代吕者王"，故其起兵，先推王详，后推王乞基；及隆东迁，王尚卒代之。黁从乞伏乾归降秦，以为灭秦者晋也，遂来奔，秦人追得，杀之。

刘裕破卢循于永嘉，追至晋安，屡破之，循浮海南走。

何无忌潜诣裕，劝裕于山阴起兵讨桓玄。裕谋于土豪孔靖，靖曰："山阴去都道远，举事难成；且玄未篡位，不如待其已篡，于京口图之。"裕从之，靖，愉之孙也。

侍中殷仲文、散骑常侍卞范之劝大将军玄早受禅，阴撰九锡文及册命。以桓谦为侍中、开府、录尚书事，王谧为中书监、领司徒，桓胤为中书令，加桓修抚军大将军。胤，冲之孙也。丙子，册命玄为相国，总百揆，封十郡，为楚王，加九锡，楚国置丞相以下官。

桓谦私问彭城内史刘裕曰："楚王勋德隆重，朝廷之情，咸谓宜有揖让，卿以为何如？”裕曰：“楚王，宣武之子，勋德盖世。晋室微弱，民望久移，乘运禅代，有何不可？”谦喜曰：“卿谓之可，即可耳。”

冬，十月，楚王玄上表请归籓，使帝作手诏固留之。又诈言钱塘临平湖开，江州甘露降，使百僚集贺，用为己受命之符。又以前世皆有隐士，耻于己时独无，求得西朝隐士安定皇甫谧六世孙希之，给其资用，使隐居山林；征为著作郎，使希之固辞不就，然后下诏旌礼，号曰高士。时人谓之“充隐。”又欲废钱用谷、帛及复肉刑，制作纷纭，志无一定，变更回复，卒无所施行。性复贪鄙，人士有法书、好画及佳园宅，必假蒲博而取之；尤爱珠玉，未尝离手。

诏楚王玄行天子礼乐，妃为王后，世子为太子。丁丑，卞范之为禅诏，使临川王宝逼帝书之。宝，晞之曾孙也。庚辰，帝临轩，遣兼太保、领司徒王谧奉玺绶，禅位于楚。壬午，帝出居永安宫。癸未，迁太庆神主于琅邪国，穆章何皇后及琅邪王德文皆徙居司徒府。百官诣姑孰劝进。十二月，庚寅朔，玄筑坛于九井山北，壬辰，即皇帝位。册文多非薄晋室，或谏之，玄曰：“揖让之文，正可陈之于下民耳，岂可欺上帝乎！”大赦，改元永始。

三年（甲辰，404）

玄自即位，心常不自安。二月，己丑朔，夜，涛水入石头，流杀人甚多，讙哗震天。玄闻之，惧，曰：“奴辈作矣！”

玄性苛细，好自矜伐。主者奏事，或一字不体，或片辞之谬，必加纠擿，以示聪明。尚书答诏误书“春蒐”为“春菟”，自左丞王纳之以下，凡所关署，皆被降黜。或手注直官，或自用令史，诏令纷纭，有司奉答不暇，而纪纲不治，奏案停积，不能知也。又性好游畋，或一日数出。迁居东宫，更缮宫室，土木并兴，督迫严促，朝野骚然，思乱者众。

刘裕从徐、兖二州刺史，安成王桓脩入朝。玄谓王谧曰：“裕风骨不常，盖人杰也。”每游集，必引接殷勤，赠赐甚厚。玄后刘氏，有智鉴，谓玄曰：“刘裕龙行虎步，视瞻不凡，恐终不为人下，不如早除之。”玄曰：“我方平荡中原，非裕莫可用者；俟关、河平定，然后别议之耳。”

刘裕与何无忌同舟还京口，密谋兴复晋室。刘迈弟毅家于京口，亦与无忌谋讨玄。无忌曰：“桓氏强盛，其可图乎？”毅曰：“天下自有强弱；苟为失道，虽强易弱，正患事主难得耳。”无忌曰：“天下草泽之中非无英雄也。”毅曰：“所见唯有刘下邳。”无忌笑而不答，还以告裕，遂与毅定谋。

于是裕、毅、无忌、元德、仲德、昶及裕弟道规、任城魏咏之、高平檀凭之、琅邪诸葛长民、河内太守陇西辛扈兴、振威将军东莞童厚之，相与合谋起兵。道规为桓弘中兵参军，裕使毅就道规及昶于江北，共杀弘，据广陵；长民为刁逵参军，使长民杀逵，据历阳；元德、扈兴、厚之在建康，使之聚众攻玄为内应；刻期齐发。

何无忌夜于屏风里草檄文，其母，刘牢之姊也，登榆密窥之，泣曰：“吾不及东海吕母明矣。汝能如此，吾复何恨！”问所与同谋者，曰：“刘裕。”母尤喜，因为言玄必败，举事必成之理以劝之。

乙卯，裕托以游猎，与无忌收合徒众，得百余人。丙辰，诘旦，京口城开，无忌著传诏服，称敕使，居前，徒众随之齐入，即斩桓脩以徇。脩司马刁弘帅文武佐吏来赴，裕登城，谓之曰：“郭江州已奉乘舆返正于寻阳，我等并被密诏，诛除逆党，今日贼玄之首已当枭于大航矣。诸君非大晋之臣乎？今来欲何为？”弘等信之，收众而退。

孟昶劝桓弘其日出猎，天未明，开门出猎人；昶与刘毅、刘道规帅壮士数十人直入，弘方啖粥，即斩之。因收众济江。裕使毅诛刁弘。

先是，裕遣同谋周安穆入建康报刘迈，迈虽酬许，意甚惶惧；安穆虑事泄，乃驰归。玄以迈为竟陵太守，迈欲亟之郡。是夜，玄与迈书曰：“北府人情云何？卿近见刘裕何所道？”迈谓玄已知其谋，晨起，白之。玄大惊，封迈为重安侯。既而嫌迈不执安穆，使得逃去，乃杀之，悉诛元德、扈兴、厚之等。

众推刘裕为盟主，总督徐州事，以孟昶为长史，守京口，檀凭之为司马。彭城人应募者，裕悉使郡主簿刘钟统之。丁巳，裕帅二州之众千七百人，军于竹里，移檄远近，声言益州刺史毛璩已定荆楚，江州刺史郭昶之奉迎主上返正于寻阳，镇北参军王元德等并帅部曲保据石头，扬武将军诸葛长民已据历阳。

玄忧惧特甚。或曰：“裕等乌合微弱，势必无成，陛下何虑之深？”玄曰：“刘裕足为一世之雄；刘毅家无担石之储，樗蒲一掷百万；何无忌酷似其舅；共举大事，何谓无成！”

己未，裕军食毕，悉弃其余粮，进至覆舟山东，使羸弱登山，张旗帜为疑兵，数道并前，布满山谷。玄侦候者还，云“裕军四塞，不知多少。”玄益忧恐，遣武卫将军庾赜之帅精卒副援诸军。谦等士卒多北府人，素畏伏裕，莫有斗志。裕与刘毅等分为数队，进突谦陈；裕以身先之，将士皆殊死战，无不一当百，呼声动天地。时东北风急，因纵火焚之，烟炎熛天，鼓噪之音震动京邑，谦等诸军大溃。

玄时虽遣军拒裕，而走意已决，潜使领军将军殷仲文具舟于石头；闻谦等败，帅亲信数千人，声言赴战，遂将其子昇，兄子濬出南掖门。遇前相国参军胡藩，执马鞚谏曰：“今羽林射手犹有八百，皆是义战，西人受累世之恩，不驱令一战，一旦舍此，欲安之乎！”玄不对，但举策指天；因鞭马而走，西趋石头，与仲文等浮江南走。经日不食，左右进粗饭，玄咽不能下，昇抱其胸而抚之，玄悲不自胜。

裕始至建康，诸大处分皆委於刘穆之，仓猝立定，无不允惬。裕遂托以腹心，动止咨焉；穆之亦竭节尽诚，无所遗隐。时晋政宽驰，纲纪不立，豪族陵纵，小民穷蹙，重以司马元显政令违舛。桓玄虽欲厘整，而科条繁密，众莫之从。穆之斟酌时宜，随方矫正；裕以身范物，先以威禁；内外百官皆肃然奉职，不盈旬日，风俗顿改。

初，诸葛长民至豫州，失期，不得发。刁逵执长民，槛车送桓玄。至当利而玄败，送人共破槛出长民，还趣历阳。逵弃城走，为其下所执，斩于石头，子侄无少长皆死，唯赦其季弟给事中骋。逵故吏匿其弟子雍送洛阳，秦王兴以为太子中庶子。裕以魏咏之为豫州刺史，镇历阳，诸葛长民为宣城内史。

桓玄至寻阳，郭昶之给其器用、兵力。辛未，玄逼帝西上，刘毅帅何无忌、刘道规等诸军追之。玄留龙骧将军何澹之、前将军郭铨与郭昶之守湓口。玄于道自作《起居注》，叙讨刘裕事，自谓经略举无遗策，诸军违节度，以致奔败。专覃思著述，不暇与群下议时事。《起居注》既成，宣示远近。

丙戌，刘裕称受帝密诏，以武陵王遵承制总百官行事，加侍中、大将军，因大赦，惟桓玄一族不宥。

夏，四月，己丑，武陵王遵入居东宫，内外毕敬；迁除百官称制书，教称令书。以司马休之监荆、益、梁、宁、秦、雍六州诸军事、领荆州刺史。

庚寅，桓玄挟帝至江陵，桓石康纳之。玄更署置百官，以卞范之为尚书仆射。自以奔败之后，恐威令不行，乃更增峻刑罚，众益离怨。殷仲文谏，玄怒曰：“今以诸将失律，天文不利，故还都旧楚；而群小纷纷，妄兴异议！方当纠之以猛，未可施之以宽也。”荆、江诸郡闻玄播越，有上表奔问起居者，玄皆不受，更令所在贺迁新都。

桓玄收集荆州兵，曾未三旬，有众二万，楼船、器械甚盛。甲寅，玄复帅诸军挟帝东下，以苻宏领梁州刺史，为前锋；又使散骑常侍徐放先行，说刘裕等曰：“若能旋军散甲，当与之更始，各授位任，令不失分。”

刘裕以诸葛长民都督淮北诸军事，镇山阳；以刘敬宣为江州刺史。

燕王熙于友腾苑起逍遥宫，连房数百，凿曲光海，盛夏，士卒不得休息，暍死者大半。

刘毅、何无忌、刘道规、下邳太守平昌孟怀玉帅众自寻阳西上，五月，癸酉，与桓玄遇于峥嵘洲。毅等兵不满万人，而玄战士数万，众惮之，欲退还寻阳。道规曰：“不可！彼众我寡，强弱异势，今若畏懦不进，必为所乘，虽至寻阳，岂能自固！玄虽窃名雄豪，内实恇怯；加之已经奔败，众无固心。决机两阵，将雄者克，不在众也。”因麾众先进。毅等从之。玄常漾舸於舫侧以备败走，由是众莫有斗心。毅等乘风纵火，尽锐争先，玄众大溃，烧辎重夜遁。郭铨诣毅降。

辛巳，荆州别驾王康产奉帝入南郡府舍，太守王腾之帅文武为侍卫。

玄将之汉中，屯骑校尉毛脩之，璩之弟子也，诱玄入蜀，玄从之。宁州刺史毛璠，璩之弟也，卒于官。璩使其兄孙祐之及参军费恬帅数百人，送璠丧归江陵，壬午，遇玄于枚回洲。祐之、恬迎击玄，矢下如雨，玄嬖人丁仙期、万盖等以身蔽玄，皆死。益州督护汉嘉冯迁抽刀，前欲击玄，玄拔头上玉导与之，曰：“汝何人，敢杀天子！”迁曰：“我杀天子之贼耳！”遂斩之，又斩桓石康、桓濬、庾赜之，执桓昇送江陵，斩於市。乘舆返正于江陵，以毛脩之为骁骑将军。甲申，大赦，诸以畏逼从逆者一无所问。戊寅，奉神主于太庙。刘毅等传送玄首，枭于大桁。

九月，刁骋谋反，伏诛，刁氏遂亡。刁氏素富，奴客纵横，专固山泽，为京口之患。刘裕散其资蓄，令民称力而取之，弥日不尽；时州郡饥弊，民赖之以济。

卢循寇南海，攻番禺。广州刺史濮阳吴隐之拒守百余日。冬，十月，壬戌，循夜袭城而陷之，烧府舍、民室俱尽，执吴隐之。循自称平南将军，摄广州事。聚烧骨为共冢，葬於洲上，得髑髅三万余枚。又使徐道覆攻始兴，执始兴相阮腆之。

十二月，刘毅等进克巴陵。毅号令严整，所过百姓安悦。刘裕复以毅为兖州刺史。

晋安帝元兴二年（癸卯，公元403年）

春季，正月，变民首领卢循派遣司马徐道覆进犯东阳。二月，辛丑（初八），建武将军刘裕把徐道覆打败。徐道覆是卢循的姐夫。

慕容备德优待从外地迁移而来的百姓，长期免除他们的劳役。很多人便因此反复不停地冒名顶替，有的是一百家合为一户，有的一千人共用一个户籍，用这种方法逃避田赋捐税和差役。尚书韩谆请求核实清查，慕容备德依从了他的建议，派遣韩谆到各个郡县去巡视调查，查出冒充的假户口五万八千家。

南凉王秃发傉檀及北凉王沮渠蒙逊，分别出动军队进攻后凉国主吕隆，吕隆非常担心。后秦谋臣们对后秦王姚兴进言道："吕隆凭借着前几代人留下来的基业，独占黄河以西的地区，现在虽然出现饥荒，形势窘迫，却还能够独立支撑，如果将来一旦获得丰收，国力富足强大起来，到头来是不会属于我们的。凉州地势险要奇绝，土地肥沃富饶，我看不如趁着他们现在危机干脆把他们吞并。"姚兴于是派遣使者前去征召吕超到后秦京师长安任职。吕隆考虑姑臧到最后也没有办法独立存在，于是，通过吕超，请求后秦派兵前来迎接。姚兴派遣尚书左仆射齐难、镇西将军姚诰、左贤王乞伏乾归、镇远将军赵耀率领步兵、骑兵四万人到河西去迎接吕隆。南凉王秃发傉檀把昌松、魏安两地的部队调走，避开秦国的军队。八月，齐难等人来到姑臧，吕隆乘坐白马拉的白车，在道旁迎接。吕隆劝说齐难带兵去进攻沮渠蒙逊，沮渠蒙逊派臧莫孩带兵抵抗，并把后秦军队的前锋部队打败，齐难于是和沮渠蒙逊缔结联盟。沮渠蒙逊派他的弟弟沮渠挐，到长安去进贡。齐难让司马王尚代理凉州刺史，配给他三千部队镇守姑臧，让将军阎松为仓松太守，郭将为番禾太守，分别驻戍在这两个城池，又把吕隆的宗族亲属、属下官员以及当地居民一万户迁移到长安。姚兴任命吕隆为散骑常侍，任命吕超为安定太守，其余文武大臣，也都按照他们各自的才能擢升任用。

当初，郭黁经常说："代替吕氏称王的人，姓王。"所以，他先拉起部队，首先推立王详，随后又拥护王乞基。到了吕隆等人向东迁往长安的时候，这次王尚最终代替了吕氏。郭黁跟随乞伏乾归一同投降后秦，又认为将来消灭后秦的是东晋，所以跑出来打算投奔东晋，被后秦追兵赶上抓住，杀掉。

东晋建武将军刘裕，在永嘉把卢循的变民部队打得大败，并且一直追击到晋安，接战几次，每次都把卢循打败。卢循乘船从海上向南逃走。

刘牢之的外甥何无忌秘密地去拜见刘裕，劝说刘裕在山阴发动军队讨伐桓玄。刘裕同当地的豪杰孔靖商议，孔靖说："山阴距离都城建康道路很远，如果发动事变，恐怕很难成功。况且桓玄还没有篡夺帝位，我看不如等到他篡夺帝位之后，再在京口一带对他发动进攻。"刘裕听从了他的计策。孔靖是孔愉的孙子。

东晋侍中殷仲文、散骑常侍卞范之奉劝大将军桓玄早日接受禅位，当皇帝，暗地里撰写好了加授九锡以及安帝让位的文告。朝廷任命桓谦为侍中、开府、录尚书事，王谧为中书监、兼任司徒，桓胤为中书令。加授桓修为抚军大将军的称号。桓胤是桓冲的孙子。丙子（九月十六日），朝廷册命桓玄为相国，统领文武百官，封地十个郡，做楚王，加授九锡。他所辖的楚国，也设置丞相以下的各级官吏。

桓谦私下里向彭城内史刘裕问道："楚王功勋卓著，德望很高，朝廷中大多数人的想法，都认为应该举行禅让大典，拥立楚王做皇帝，你认为怎么样？"刘裕说："楚王是南郡宣武公的儿子，功勋仁德都是超过当世所有人的。现在晋朝的帝室已经衰微，百姓的愿望早就改变，乘着这个机运接受禅让，代替司马氏做皇帝，又有什么不可以的？"桓谦非常高兴，说："你说可以，那就可以了。"

冬季，十月，楚王桓玄呈上奏表，请求允许他回到他的封地去，然后又让安帝亲手写诏书，坚决挽留他。他又唆使手下的人造谣说，钱塘临平湖的湖水又突然盈满，江州也降下了甘露，就让文武百官聚集到一起来庆贺，以此作为自己接受皇帝禅让的吉祥预兆。他又因为前几代改朝换代的时候，都有隐士不出来做官，而觉得自己接受帝位的时候独独没有是一种耻辱，所以便通过访查，找到西晋的隐士安定人皇甫谧的第六代孙子皇甫希之，供给他生活的一切费用，让他隐居到深山老林里去，又反过来以朝廷的名义，征召他出山做著作郎，并让皇甫希之坚决推辞，不去任职，然后再下达诏书，表彰、称赞他，称他做高士。但当时的人们却说皇甫希之是冒充隐士的"充隐"。桓玄又打算废除钱币，而用粮食谷物、绸缎布匹等作为交换、流通的工具，以及恢复使用肉刑等。就这样，各种法令规章乱七八糟地制定了许多，但是桓玄却始终没有一个固定的想法，因此只是翻来覆去地不断变化更换，最后也都没有得以实行。桓玄的性情还贪婪卑鄙，别的人如果有好的书法、绘画作品，以及好的花园宅第等，他也一定会假借蒲博等赌博手段把这些占为己有，他尤其喜爱珍珠美玉，珍珠美玉从不离手。

安帝下诏，让楚王桓玄使用天子的礼仪和音乐，并把他的王妃改称王后，把他的嫡长子改称为太子。丁丑（十一月十八日），散骑常侍卞范之，拟写了禅让的诏书，让临川王司马宝逼迫安帝亲笔抄写。司马宝是司马晞的曾孙。庚辰（十一月二十一日），安帝驾临宝殿，派遣兼太保、领司徒的王谧手捧皇帝的玉玺印绶呈献给桓玄，正式向他禅位。壬午（十一月二十三日），安帝搬出皇城，改居永安宫。

癸未（二十四日），把东晋的宗室祭庙以及其中所敬的先辈的牌位，迁到琅邪国，又让穆章何皇后和琅邪王司马德文都迁到司徒府暂时居住。文武百官则一起到姑孰去劝说桓玄尽快登基称帝。十二月，庚寅朔（初一），桓玄在九井山的北侧修筑祭坛。壬辰（初三），正式登基。他在宣布即位的文告上，言辞中对晋朝统治有很多非议和贬低。有人劝止他这样做，桓玄却说："皇帝禅位时的文告，正是要把这些向天下百姓说的，怎么可以欺骗上天呢？"桓玄下令实行大赦，改年号为永始。

三年（甲辰，公元404年）

桓玄自登帝位以来，心里常常觉得不安。二月，己丑朔（初一），深夜，长江波涛汹涌，江水卷进石头城中，被激流淹死卷走的人非常多，喊声震天动地。桓玄听到之后非常害怕，说："这些奴才们要造反了！"

桓玄的性情苛刻琐细，喜欢炫耀自己的能力和才干。他手下的主要官员在报告事情的奏章中，如果偶有一个字写得不合体，或者偶尔有一句话一个词不太恰当，他一定会对此加以纠正指出，用来表示他的聪明博学。尚书回答诏书的时候，把"春蒐"二字误写成"春菟"，因为这一点小事，从尚书左丞王纳之以下，凡是经过手、签过字的人，全部被降级甚至免职。桓玄有时还亲自选定官员入宫值日，或亲自指派一些小官吏干一些具体的事情，因此下来的诏书令旨繁多杂乱，有关部门根本就来不及办理，但是朝中政令纪律的无法治理、混乱异常，公文因没有时间处置而大量积压，他却根本不可能知道。桓玄生性又喜欢游玩打猎，有的时候竟一天出去几次。后来他又暂时迁到东宫居住，更新修葺皇宫的殿室，大兴土木，又监督很严，时间规定得很紧，因此从朝廷官员到市井田野的黎民百姓，骚动不安。这时候，盼望变乱的人越来越多。

刘裕跟随徐、兖二州刺史、安成王桓修进京朝见桓玄。桓玄对王谧说："刘裕这个人风度身材不像常人，是一个人中的豪杰。"每次出游和集会，他对刘裕一定格外亲切地招待、赠送赏赐给刘裕的东西也非常厚重。桓玄的皇后刘氏，很有智慧和见识，她对桓玄说："刘裕走路的姿势犹如猛虎和蛟龙，连眼神都不同凡响，恐怕他到头来不会处在别人的手下，我看不如趁早把他除掉。"桓玄说："我正要扫荡平定中原地区，不是刘裕就没有可以胜任的人。等关、河一带平定之后，再另外商议这件事吧！"

刘裕和何无忌同坐一只船回到京口，一起秘密谋划重新振兴、恢复晋朝皇室的事。咨议参军刘迈的弟弟刘毅，家在京口居住，也与何无忌计议讨伐桓玄。何无忌说："桓氏家族现在正在强盛时期，怎么可以打他们的主意呢！"刘毅说："天下的事，自然是有强和弱的分别的，但是，如果行为不符合天道人情，那么，虽然是强大的一方，也容易变得弱小，值得忧虑的却只是很难得到一个英明称职的领导人罢了。"何无忌说："天下草莽河泽之中，也不是没有英雄。"刘毅说："我听见到的，只有刘裕。"何无忌只是微笑，并不回答，回去之后，把刘毅的态度告诉了刘裕，于是他们便与刘毅一起制定了计划。

于是，刘裕、刘毅、何无忌、王元德、王仲德、孟昶，以及刘裕的弟弟刘道规、任城人魏咏之、高平人檀凭之、琅邪人诸葛长民、河内太守陇西人辛扈兴、振威将军东莞人童厚之等人，互相联合起来，计划起兵讨伐桓玄。刘道规此时正担任青州刺史桓弘的中兵参军，刘裕派刘毅去到长江以北与刘道规和孟昶会合，一起杀掉桓弘，占据广陵。诸葛长民此时任刁逵的参军，刘裕又让他杀掉刁逵，占据历阳。王元德、辛扈兴、童厚之此时在建康，刘裕便让他们聚集部众直接对桓玄发起进攻，作为内应。约定时间，一齐发动政变。

何无忌晚上在屏风后面草拟檄文，他的母亲是刘牢之的姐姐，蹬着凳子偷偷地看他在干什么。她哭着说："我当然赶不上东海吕母那样明白事理，但是你既然能这样，那么我还有什么遗憾呢！"然后问他，跟他共同策划的人是谁，何无忌告诉她说："刘裕。"他的母亲更加高兴，于是向他说了桓玄必定失败、发动事变一定能成功的道理，对他进行鼓励。

乙卯（二月二十七日），刘裕以出外打猎为借口，与何无忌到京口城外召集同谋的部众，一共有一百多人。丙辰（二月二十八日），清晨，京口城门一开，何无忌便穿着传达圣旨的使者服装，口称是皇帝的信使，当先进城，他手下的人也都跟着他一齐进入，立即杀死了桓修。桓修的司马刁弘率领着文武官员及其助手等听说后，连忙赶到这里。刘裕登上城墙，对他们说："江州刺史郭昶之已经拥戴皇上，在寻阳重新恢复正统皇位了，我们这些人也都接到了皇上的秘密诏书，诛杀铲除叛逆党羽。今天，强盗桓玄的脑袋恐怕已经被挂在大航桥上示众了。你们几位难道不是大晋朝的臣子吗？现在你们到这里来打算干什么？"刁弘等人相信了他的话，又率领手下人回去了。

孟昶在广陵，这一天他劝说青州刺史桓弘出去打猎，在天还没亮的时候，便打开州府的大门，放猎人们出去。孟昶与刘毅、刘道规率领精壮的士兵几十个人乘机直接闯进州府，见桓弘正在喝粥，便立即把他杀了，于是召集部众渡过长江。刘裕又派刘毅去把刁弘杀了。

在此之前，刘裕派遣同党周安穆到建康去向刘迈报告，刘迈虽然敷衍答应一同反叛，但是心中却非常惶恐害怕。周安穆见此情景，担心事情泄露，于是飞马跑了回去。桓玄任命刘迈为竟陵太守，刘迈打算快点到任。当天晚上，桓玄写信给刘迈说："北府那边人们的情况怎么样？你最近看见刘裕，说了些什么？"刘迈以为桓玄已经发现了他们的计划，早晨起来，便把刘裕等人准备谋反的事向桓玄做了禀报。桓玄一听，大惊失色，马上册封刘迈为重安侯。后来又记恨刘迈没有抓住周安穆，让他逃了回去，于是把刘迈杀掉了。然后他又把王元德、辛扈兴、童厚之等人全部杀掉。

大家推举刘裕为征讨桓玄的盟主，总领督辖徐州的行政事务。刘裕又任孟昶为长史，镇守京口，任命檀凭之为司马。彭城人中所有应征的人，刘裕把他们全部交给郡主簿刘钟带领。丁巳（二月二十九日），刘裕率领这两个州的部众一千七百多人，驻扎在竹里，并把出师的通告命令发布到远近地方，声称说益州刺史毛璩已经平定荆楚一带，江州刺史郭昶之已经在寻阳重新拥立皇上复位，镇北参军王元德等人一起统帅部下据守石头，扬武将军诸葛长民已经占据了历阳。

桓玄心里非常忧虑、恐惧。有人说："刘裕等人是乌合之众，力量微弱，看样子一定不会有什么建树，陛下为什么要这样深深地忧虑呢？"桓玄说："刘裕有足够的条件可以成为一世的英雄。刘毅家里穷得连一石粮食的积蓄也没有，但樗蒲赌博时一次就押下百万的赌注。何无忌又非常像他的舅舅刘牢之。这些人在一起创立大业，哪能说不会成功呢！"

己未（三月初二），刘裕的部队吃罢饭，把剩下的那些粮食全部扔掉，开进到覆舟山以东的地区，派一些病弱的士兵登到山上，挥舞旗帜作为疑兵，并且分几路一起向前，把旌旗布满山谷。桓玄派出的探子回去后说："刘裕的军队漫山遍野，到处都已驻满，不知道有多少人。"桓玄越发忧虑恐惧，派武卫将军庾赜之率领精壮士卒前去补充增援各路部队。桓谦等人所统辖的士卒很多都是北府部队的老部下，一向非常敬畏佩服刘裕，所以根本没有斗志。刘裕与刘毅等人分为几路兵马，向前冲击桓谦的战阵。刘裕身先士卒，手下的将士也都拼死奋战，无不以一当百，喊杀声惊天动地。这时，东北风骤起，刘裕因此点起火来焚烧敌兵，浓烟烈火直冲云霄，鼓声喊声震动了京邑，桓谦等各路军队全部崩溃。

桓玄这时虽然派出部队迎战刘裕，但是逃跑的主意已经拿定。他暗中派领军将军殷仲文在石头准备好船只。当他听说桓谦等军队已经惨败，便率领亲信部下几千人，声称去参加战斗，然后带着他的儿子桓昇、侄儿桓浚从南掖门逃出。途中遇到前相国参军胡藩，抓住他的马勒口劝阻说："现在羽林禁卫军的射箭手犹有八百，都是讲信义的旧部，西部人受到桓家的几代大恩，不驱使他们去决一死战，却突然丢下他们，想到哪里去呢？"桓玄并不对答，只是用马鞭指了指上天，然后便打马走了。向西来到石头，与殷仲文等人登船沿着长江向南而走。桓玄心事沉重，整天没有吃东西，左右的侍从人员给他端来粗糙的饭食，桓玄难以下咽，桓昇拥抱着父亲的胸部抚他的胸口，桓玄悲从中来，不能自禁。

刘裕刚开始来到建康时，对那些重大事情的处理和安排，全部交给刘穆之，使那些仓促间应办的公务马上安定就绪，没有不恰到好处的。刘裕于是把他当做自己的心腹，一举一动全都询问他的意见。刘穆之也是竭尽忠诚、极力筹措，没有任何遗漏和保留。当时晋朝的政令宽泛废弛，纲法纪律都没有建立起来，豪门大族凌傲放纵，但草野百姓却异常贫困穷苦，再加上司马元显又对政令多所违背破坏，桓玄虽然曾经打算进行整顿，但是却因各种规章的分类条目等过于繁琐细密，百姓无所适从。刘穆之仔细研究了当时的情况，按照轻重缓急进行清理矫正。刘裕也能以身作则，首先以威行严法进行管束，使朝廷内外的文武百官都能小心谨慎地奉行职守，不满十天，官风民俗顿时改观。

当初，诸葛长民来到豫州，因为耽误了约定的日期，所以没能发动政变。后来豫州刺史刁逵抓住了诸葛长民，把他押在囚车里送给桓玄，走到当利的时候，桓玄军队已经失败，押送的人一起打破囚车，救出诸葛长民，重新回到历阳。刁逵放弃城池逃走，被他的部下抓获，押往石头城斩首，他的儿子侄儿等亲人，不分男女老幼全部被杀，只把他的小弟弟给事中刁骋赦免。刁逵的老部下把他的侄儿刁雍藏了起来送到洛阳，后秦王姚兴命他为太子中庶子。刘裕任命魏咏之为豫州刺史，镇守历阳，诸葛长民为宣城内史。

桓玄逃至寻阳，郭昶之给他提供用品器具，补充兵力。辛未（三月十四日），桓玄逼迫挟持晋安帝一同向西逃窜，刘毅统率何无忌、刘道规等几支军队随后紧追不舍。桓玄留下龙骧将军何澹之、前将军郭铨与郭昶之一起据守湓口。桓玄在路上自己坚持写《起居注》，叙述讨伐刘裕的事情，自称所使用的战略战术没有失策的地方，只是手下的军队违背自己的指挥调遣，所以才打了败仗。桓玄把心思完全用在写这些东西之上，根本没时间与手下的官员将军们议论时势、研究对策。《起居注》写完之后，公开展示给远远近近的许多人看。

丙戌（三月二十九日），刘裕号称接受安帝的密诏，命武陵王司马遵按照安帝旨意，总领百官治理国家事务。加授侍中、大将军等官职。所以，下令实行大赦，其中，只对桓玄一族不加宽宥。

夏季，四月，己丑（初二），东晋武陵王司马遵进入东宫居住，朝廷内外对他都是异常恭敬。他把任免文武百官的命令叫做制书，把普通行政通告叫做令书。任命司马休之监荆、益、梁、宁、秦、雍六州诸军事，领荆州刺史。

庚寅（四月初三），桓玄挟持安帝来到江陵，桓石康收留了他们。桓玄重新设置文武百官，任命卞范之为尚书仆射。他自己想到奔逃失败之后，恐怕威望命令不能得到贯彻，于是更加重了严刑和惩罚，部众更加离心离德、怨声载道。殷仲文规劝他，桓玄大怒说：“现在因为这些将领作战不讲章法，所以天象对我们不利，我只好回到楚国旧都来。但是这些小崽子却还议论纷纷，随便提出奇谈怪论，我正应当用强硬的手段纠正他们的不恭，决不能用宽容的态度对待他们。”荆州、江州几个郡听说桓玄西撤的消息，有的郡守上奏表或者赶来问安的，桓玄都一概不接受，命令这些人重来祝贺迁移新都。

桓玄收募召集荆州兵马，还没过一个月，便得到二万部众，并且高大战舰、军械武器等也都配备整齐，军容异常盛大。甲寅（四月二十七日），桓玄再一次统率几支大军挟持安帝向东进军，任命苻宏兼任梁州刺史，担任部队的前锋。又派遣散骑常侍徐放先走一步，去劝说刘裕等人说：“如果你们能撤回大军，解散部队，一定会给你们一个自新的机会，分别加授给你们相应的官职，绝不会让你们失望。”

刘裕任命诸葛长民都督淮北诸军事，镇守山阳。任命刘敬宣为江州刺史。

后燕王慕容熙在龙腾苑中兴建逍遥宫，房屋连绵不断达几百间之多，又开凿曲光海，在盛夏的时候，士卒得不到休息，中暑而死的人超过一半。

刘毅、何无忌、刘道规、下邳太守平昌人孟怀玉率领部队从寻阳向西进发。五月，癸酉（十七日），他们在峥嵘洲与桓玄的部队相遇。刘毅等人的部队士卒不到一万人，而桓玄手下的兵士却有几万人之多，因此大家对此都非常害怕，打算退回寻阳。刘道规说："万万不可！敌众我寡，强弱的气势本来很明显，现在如果畏惧怯懦不想进攻，一定会被敌人抓住机会，即使回到寻阳，又怎么能使自己的防守坚固呢？桓玄虽然窃取英雄豪杰的名号，但内心实在是空虚怯懦的，再加上他现在已经失败奔逃，部众根本就没有死战的决心。决定胜负的双方，以将领勇猛无敌为克敌制胜的关键，不在人数的多少。"所以，他先挥师挺进，刘毅等人也率军紧跟。桓玄在座舰旁经常准备一艘小快船，以备失败的时候逃走，因此，众人都没有打仗的心思。刘毅等人借着江风放起火来，把精锐部队全部投入战斗，个个争先恐后，桓玄的部队彻底崩溃，烧掉自己的辎重物资，连夜逃跑。前将军郭铨拜见刘毅，投降了。

辛巳（五月二十五日），荆州别驾王康产把安帝奉迎到南郡府衙的官舍，太守王腾之率领文武官员做侍卫。

桓玄准备前往汉中。屯骑校尉毛修之，是毛璩的侄儿。他引诱桓玄前往蜀地，桓玄听信了他的话。宁州刺史毛璠，是毛璩的弟弟，死在官任上。毛璩派他哥哥的孙子毛祐之和参军费恬带领几百人护送毛璠的灵柩回江陵。壬午（五月二十六日），他们与桓玄在枚回洲相遇。毛佑之、费恬迎头袭击桓玄，箭如雨下，桓玄所宠爱的弄臣丁仙期、万盖等用自己的身体掩护桓玄，都死于非命。益州督护汉嘉人冯迁抽出佩刀，冲上前去准备刺杀桓玄，桓玄连忙拿下头上玉做的头饰递给冯迁，说："你是什么人？竟敢刺杀天子！"冯迁说："我这不过是杀天子的盗贼罢了！"于是把他杀了，又杀了桓石康、桓浚、庾赜之，活捉了桓昇押送到江陵，在街市上问斩。安帝在江陵重新复位，并任命毛修之为骁骑将军。甲申（五月二十八日），下令实行大赦，那些由于害怕桓玄的威逼而参与或从属桓玄叛逆的人，一律不加追究。戊寅（五月二十二日），将司马氏祖先的牌位重新供于太庙。刘毅等人又把桓玄的首级送到建康，挂于大桁示众。

九月，东晋给事中刁骋阴谋反叛，被杀掉，刁氏家族于是灭绝。刁氏平素很富有，家奴和食客横行霸道，垄断控制了山货和水产，成为京口的一大祸患。刘裕把他家的资产积蓄全部散发给百姓，让他们尽自己的力量来拿，一整天也没有拿完。当时地方上正赶上闹饥荒，百姓们就依靠这些钱财得以渡过难关。

卢循进犯东晋南海，攻打番禺。广州刺史濮阳人吴隐之抵抗坚守了一百多天。冬季，十月，壬戌（初九），卢循连夜攻城，终于攻陷，他们焚烧了府衙的房舍和民众的居室，使城内变成一片焦土，又抓住了吴隐之。卢循自称为平南将军，接管广州郡的事务，把烧焦的尸骨收集起来，在小岛上建一座大坟，埋在一起，共收得骷髅三万多具。他又派遣徐道覆进攻始兴，抓住了始兴相阮腆之。

十二月，刘毅等人带兵西进，攻克巴陵。刘毅号令严明整肃，所过之处，百姓平安喜悦。刘裕重新任命刘毅为兖州刺史。

第一百一十四卷

晋纪三十六

译文诵读

安皇帝己义熙元年（乙巳，405）

秦王兴以鸠摩罗什为国师，奉之如神，亲帅群臣及沙门听罗什讲佛经，又命罗什翻译西域《经》《论》三百余卷，大营塔寺，沙门坐禅者常以千数。公卿以下皆奉佛，由是州郡化之，事佛者十室而九。

初，刘毅尝为刘敬宣宁朔参军，时人或以雄杰许之。敬宣曰："夫非常之才自有调度，岂得便谓此君为人豪邪！此君之性，外宽而内忌，自伐而尚人，若一旦遭遇，亦当以陵上取祸耳。"毅闻而恨之。及敬宣为江州，辞以无功，不宜授任先於毅等，裕不许。毅使人言於裕曰："刘敬宣不豫建义。猛将劳臣，方须叙报，如敬宣之比，宜令在后。若使君不忘平生，正可为员外常侍耳。闻已授郡，实为过优；寻复为江州，尤用骇惋。"敬宣愈不自安，自表解职，乃召还为宣城内史。

卢循遣使贡献。时朝廷新定，未暇征讨；壬申，以循为广州刺史，徐道覆为始兴相。循遗刘裕益智粽，裕报以续命汤。

刘裕遣使求和于秦，且求南乡等诸郡，秦王兴许之。君臣咸以为不可，兴曰："天下之善一也。刘裕拔起细微，能诛讨桓玄，兴复晋室，内厘庶政，外修封疆，吾何惜数郡，不以成其美乎！"遂割南乡、顺阳、新野、舞阴等十二郡归于晋。

汝水竭，南燕主备德恶之，俄而寝疾；北海王超请祷之，备德曰："人主之命，短长在天，非汝水所能制也。"固请，不许。

戊午，备德引见群臣于东阳殿，议立超为太子。俄而地震，百官惊恐，备德亦不自安，还宫。是夜，疾笃，瞑不能言。段后大呼曰："今召中书作诏立超，可乎？"备德开目颔之。乃立超为皇太子，大赦。备德寻卒。为十余棺，夜，分出四门，潜瘗出谷。

己未，超即皇帝位，大赦，改元太上。尊段后为皇太后。

超引所亲公孙五楼为腹心。备德故大臣北地王钟、段宏等皆不自安，求补外职。超以钟为青州牧，宏为徐州刺史。公孙五楼为武卫将军，领屯骑校尉，内参政事。封孚谏曰："臣闻亲不处外，羁不处内。钟，国之宗臣，社稷所赖；宏，外戚懿望，百姓具瞻；正应参翼百揆，不宜远镇外方。今钟等出藩，五楼内辅，臣窃未安。”超不从。钟、宏心皆不平，相谓曰：“黄犬之皮，恐终补狐裘也。”五楼闻而恨之。

西凉公暠与长史张邈谋徙都酒泉以逼沮渠蒙逊；以张体顺为建康太守，镇乐涫，以宋繇为敦煌护军，与其子敦煌太守让镇敦煌，遂迁于酒泉。

暠手令戒诸子，以为：“从政者当审慎赏罚，勿任爱憎，近忠正，远佞谀，勿使左右窃弄威福。毁誉之来，当研核真伪；听讼折狱，必和颜任理，慎勿逆诈忆必，轻加声色。务广咨询，勿自专用。吾莅事五年，虽未能息民，然含垢匿瑕，朝为寇雠，夕委心膂，粗无负于新旧，事任公平，坦然无颣，初不容怀，有所损益。计近则如不足，经远乃为有余，庶亦无愧前人也。”

二年（丙午，406）

南燕王超猜虐日甚，政出权幸，盘于游畋，封孚、韩谆屡谏不听。超尝临轩问孚曰：“联可方前世何主？”对曰：“桀、纣。”超惭怒，孚徐步而出，不为改容。鞠仲谓孚曰：“与天子言，何得如是！宜还谢。”孚曰：“行年七十，惟求死所耳！”竟不谢。超以其时望，优容之。

秃发傉檀伐沮渠蒙逊，蒙逊婴城固守。傉檀至赤泉而还，献马三千匹、羊三万口于秦。秦王兴以为忠，以傉檀为都督河右诸军事、车骑大将军、凉州刺史，镇姑臧，征王尚还长安。凉州人申屠英等遣主簿胡威诣长安请留尚，兴弗许。威见兴，流涕言曰：“臣州奉戴王化，於兹五年，土宇僻远，威灵不接，士民尝胆拉血，共守孤城；仰持陛下圣德，俯杖良牧仁政，克自保全，以至今日。陛下奈何乃以臣等贸马三千匹、羊三万口；贱人贵畜，无乃不可！若军国须马，直烦尚书一符，臣州三千余户，各输一马，朝下夕办，何难之有！昔汉武倾天下之资力，开拓河西，以断匈奴右臂。今陛下无故弃五郡之地忠良华族，以资暴虏，岂惟臣州士民坠於涂炭，恐方为圣朝旰食之忧。”兴悔之，使西平人车普驰止王尚，又遣使谕傉檀。会傉檀已帅步骑三万军于五涧，普先以状告之；傉檀遽逼遣王尚；尚出自清阳门，傉檀入自凉风门。

别驾宗敞送尚还长安，傉檀谓敞曰：“吾得凉州三千余家，情之所寄，唯卿一人，奈何舍我去乎！”敞曰：“今送旧君，所以忠于殿下也。”傉檀曰：“吾新牧贵州，怀远安迩之略如何？”敞曰：“凉土虽弊，形胜之地。殿下惠抚其民，收其贤俊以建功名，其何求不获！”因荐本州文武名士十余人；傉檀嘉纳入。王尚至长安，兴以为尚书。

傉檀燕群臣於宣德堂，仰视叹曰：“古人有言：‘作者不居，居者不作，’信矣。”武威孟祎曰：“昔张文王始为此堂，於今百年，十有二主矣，惟履信思顺者可以久处。”傉檀善之。

三年（丁未，407）

殷仲文素有才望，自谓宜当朝政，悒悒不得志；出为东阳太守，尤不乐。何无忌素慕其名；东阳，无忌所统，仲文许便道修谒，无忌喜，钦迟之。而仲文失志恍惚，遂不过府；无忌以为薄己，大怒。会南燕入寇，无忌言于刘裕曰："桓胤、殷仲文乃腹心之疾，北虏不足忧也。"闰月，刘裕府将骆冰谋作乱，事觉，裕斩之。因言冰与仲文、桓石松、曹靖之、卞承之、刘延祖潜相连结，谋立桓胤为主，皆族诛之。

初，魏主珪灭刘卫辰，其子勃勃奔秦，秦高平公没弈干以女妻之。勃勃魁岸，美容仪，性辩慧，秦王兴见而奇之，与论军国大事，宠遇逾於勋旧。兴弟邕谏曰："勃勃不可近也。"兴曰："勃勃有济世之才，吾方与之平天下，奈何逆忌之！"乃以为安远将军，使助没弈干镇高平，以三城、朔方杂夷及卫辰部众三万配之，使伺魏间隙。邕固争以为不可。兴曰："卿何以知其为人？"邕曰："勃勃奉上慢，御众残，贪猾不仁，轻为去就；宠之逾分，恐终为边患。"兴乃止；久之，竟以勃勃为安北将军、五原公，配以三交五部鲜卑及杂虏二万余落，镇朔方。

魏主珪归所虏秦将唐小方于秦。秦王兴请归贺狄干，仍送良马千匹以赎狄伯支，珪许之。

勃勃闻秦复与魏通而怒，乃谋叛秦。柔然可汗社仑献马八千匹于秦，至大城，勃勃掠取之，悉集其众三万余人伪畋于高平川，因袭杀没弈干而并其众。

勃勃自谓夏后氏之苗裔，六月，自称大夏天王，大单于，大赦，改元龙升，置百官。

夏王勃勃破鲜卑薛干等三部，降其众以万数，进攻秦三城已北诸戍，斩秦将杨丕、姚石生等。诸将皆曰："陛下欲经营关中，宜先固根本，使人心有所凭系。高平山川险固，土田饶沃，可以定都。"勃勃曰："卿知其一，未知其二。吾大业草创，士众未多；姚兴亦一时之雄，诸将用命，关中未可图也。我今专固一城，彼必并力于我，众非其敌，亡可立待。不如以骁骑风驰，出其不意，救前则击后，救后则击前，使彼疲于奔命，我则游食自若。不及十年，岭北、河东尽为我有。待兴既死，嗣子暗弱，徐取长安，在吾计中矣。"于是侵掠岭北，岭北诸城门不昼启。兴乃叹曰："吾不用黄儿之言，以至于此！"

勃勃求婚于秃发傉檀，傉檀不许。十一月，勃勃帅骑二万击傉檀，至于支阳，杀伤万余人，驱掠二万七千余口、牛马羊数十万而还。傉檀帅众追之，焦朗曰："勃勃天姿雄健，军严整，未可轻也。不如从温围北渡，趣万斛堆，阻水结营，扼其咽喉，百战百胜之术也。"傉檀将贺连怒曰："勃勃败亡之余，乌合之众，奈何避之，示之以弱，宜急追之！"傉檀从之。勃勃于阳武下峡凿凌埋车以塞路，勒兵逆击傉檀，大破之，追奔八十余里，杀伤万计，名臣勇将死者什六七。傉檀与数骑奔南山，几为追骑所得。勃勃积尸而封之，号曰髑髅台。勃勃又败秦将张佛生于青石原，俘斩五千余人。

四年（戊申，408）

春，正月，甲辰，以琅邪王德文领司徒。

刘毅等不欲刘裕入辅政，议以中领军谢混为扬州刺史；或欲令裕於丹徒领扬州，以内事付孟昶。遣尚书右丞皮沈以二议咨裕，沈先见裕记室录事参军刘穆之，具道朝议。穆之伪起如厕，密疏白裕曰："皮沈之言不可从。"裕既见沈，且令出外，呼穆之问之。穆之曰："晋朝失政日久，天命已移。公兴复皇祚，勋高位重，今日形势，岂得居谦，遂为守藩之将耶！"刘、孟诸公，与公俱起布衣，共立大义以取富贵，事有先后，故一时相推，非为委体心服，宿定臣主之分也；力敌势均，终相吞噬。扬州根本所系，不可假人。前者以授王谧，事出权道；今若复以他授，便应受制於人。一失权柄，无由可得，将来之危，难可熟念。今朝议如此，宜相酬答，必云在我，措辞又难，唯应云：'神州治本，宰辅崇要，此事既大，非可悬论，便暂入朝，共尽同异。'公至京邑，彼必不敢越公更授余人明矣。"裕从之。朝廷乃征裕为侍中、车骑将军、开府仪同三司、扬州刺史、录尚书事，徐、兖二州刺史如故。裕表解兖州，以诸葛长民为青州刺史，镇丹徒，刘道怜为并州刺史，戍石头。

兴遗傉檀书曰："今遣齐难讨勃勃，恐其西逸，故令弼等于河西邀之。"傉檀以为然，遂不设备。弼济自金城，姜纪言于弼曰："今王师声言讨勃勃，傉檀犹豫，守备未严，愿给轻骑五千，掩其城门，则山泽之民皆为吾有；孤城无援，可坐克也。"弼不从，进至漠口，昌松太守苏霸闭城拒之。弼遣人谕之使降，霸曰："汝弃信誓而伐与国，吾有死而已，何降之有！"弼进攻，斩之，长驱至姑臧。傉檀婴城固守，出奇兵击弼，破之，弼退据西苑。城中人王钟等谋为内应，事泄，傉檀欲诛首谋者而赦其余。前军将军伊力延侯曰："今强寇在外，而奸人窃发于内，危孰甚焉，不悉坑之，何以惩后！"傉檀从之，杀五千余人。命郡县悉散牛羊於野，敛成纵兵钞掠；傉檀遣镇北大将军俱延、镇军将军敬归等击之，秦兵大败，斩首七千余级。姚弼固垒不出，傉檀攻之，未克。

秋，七月，兴遣卫大将军常山公显帅骑二万为诸军后继，至高平，闻弼败，倍道赴之。显遣善射者孟钦等五人挑战于凉风门，弦未及发，傉檀材官将军宋益等迎击，斩之。显乃委罪敛成，遣使谢傉檀，慰抚河外，引兵还。傉檀遣使者徐宿诣秦谢罪。

夏王勃勃闻秦兵且至，退保河曲。齐难以勃勃既远，纵兵野掠；勃勃潜师袭之，俘斩七千余人。难引兵退走，勃勃追至木城，禽之，虏其将士万三千人。於是岭北夷、夏附于勃勃者以万数，勃勃皆置守宰以抚之。

晋安帝义熙元年（乙巳，公元405年）

后秦王姚兴任命鸠摩罗什为国师，像侍奉神灵那样尊重他，亲自率领大臣们以及一些僧人听鸠摩罗什讲授佛经，又命令鸠摩罗什翻译从西域传来的佛家“经”“论”共三百多卷，并大量营造佛塔、寺院等建筑，在那里坐禅修行的僧人常常有千人之多。朝廷公、卿以下的官员也都信奉佛教，于是，地方上也都受这种风气的熏陶，信佛的人在十家当中往往有九家。

当初，刘毅曾经做过刘敬宣的宁朔参军，当时有的人认为他是一个英雄豪杰。刘敬宣说：“非常的人才自有胸怀和水平，何以见得他就是人中豪杰呢？此人的性格，外表宽厚，但心胸狭窄，自视很高，总想在别人之上，如果一旦掌握大权，也一定会因为犯上而招到祸患。”刘毅听说之后，心中对刘敬宣十分怀恨。到了朝廷任命刘敬宣为江州刺史的时候，他认为自己无功，诚恳辞让，不应该在刘毅等人之前接受任命。刘裕没有答应他的请求。刘毅这时派人去对刘裕说：“刘敬宣并没有参与勤王讨逆的义举。现在，平乱中的勇猛之将、劳顿之臣才要论功行赏，像刘敬宣那样的官员，应该让他们靠后一些。如果你不忘记过去的情谊，不妨给他一个员外常侍之类的官做，就可以了。现在听说已经授给他郡守的官职，实在已经是太过于优厚了。不久又再次把江州交给他管辖，尤其让人惊骇惋惜。”刘敬宣越加感到心中不安，自己上表请求解去职务，于是，朝廷把他召回做宣城内史。

卢循派遣使节前来建康进贡。这时，东晋朝廷刚刚稳定下来，没有时间前去征讨。壬申（四月二十一日），朝廷任命卢循为广州刺史，徐道覆为始兴相。卢循赠送给刘裕益智粽，刘裕回赠给他续命汤。

刘裕派遣使节向后秦求和，并要求归还南乡等几个郡，后秦王姚兴答应了他。姚兴的大臣们都觉得这样不行，姚兴说：“天底下的善行都是一样的。刘裕从社会底层最卑贱的地位上发展起来，能够诛杀桓玄，重新振兴晋室，对内整顿日常政务，对外核查勘定封地疆土，我怎么能为了珍惜几个郡，便因此不成全他的好事呢？”于是割让南乡、顺阳、新野、舞阴等十二个郡，归还给东晋。

汝水枯竭，南燕国主慕容备德为此十分焦虑，不久便得病，卧床不起。北海王慕容超请求为此祷告，慕容备德说：“作为人主，他的寿命长短，全由上天决定，不是汝水所能制约得了的。”慕容超一再请求，慕容备德只是不允许。

戊午（十月十日），慕容备德在东阳殿召见群臣，商议册立慕容超为太子。不巧突然间发生地震，文武百官非常惊恐，慕容备德心里也非常不安，于是回宫。这天夜里，他的病情加重，眼睛紧闭，不能说话。段后大声对他说：“现在召中书官进宫写诏书，立慕容超为太子，可以吗？”慕容备德睁开眼睛点了点头。于是，册立慕容超为皇太子，下令大赦。慕容备德很快便去世了。他们制作了十几个相同的棺材，在夜间，分别抬着从四个城门出去，埋在不同的地方，暗地里却把真的棺木秘密葬在山谷之中。

己未（十月十一日），慕容超登上皇帝位，下令大赦，改年号为太上。尊奉段后为皇太后。

慕容超把他过去的亲信公孙五楼当做心腹。慕容备德原来的大臣北地王慕容钟、段宏等都在心里感到不安，请求去外地任职。慕容超任命慕容钟为青州牧，任命段宏为徐州刺史。又任命公孙五楼为武卫将军，领屯骑校尉，参与处理国家政事。封孚劝阻说："臣下我听说，亲人不能排斥到外地，客人却不能让进内室。慕容钟是国家的皇族重臣，政权的倚靠；段宏，在外戚中极负盛名，百姓也都十分景仰。正应该让他们协助并带动文武百官，辅佐陛下，而不应该让他们到很远的外地去镇守。现在，慕容钟等出外守边，公孙五楼却在朝中辅佐，臣下我内心里觉得是不妥的。"慕容超拒不听从。慕容钟、段宏心中都感到愤愤不平，相对着说："黄狗的皮毛，恐怕终将要补狐皮衣服了。"公孙五楼听说这话之后，怀恨在心。

西凉公李暠与长史张邈商议，把都城迁往酒泉，用来对北凉国沮渠蒙逊施加威胁与压力，于是任命张体顺为建康太守，镇守乐涫，任命宋繇为敦煌护军，和他的儿子敦煌太守宋让一起镇守敦煌，于是把都城迁到酒泉。

李暠写下一首手谕，告诫他的几个儿子，认为："从事政务的人应当对奖赏或惩罚非常谨慎，万万不能任凭自己的爱憎，随意而为，接近忠直正派的人，疏远奸佞阿谀的小人，不让自己左右亲近的人暗地里操纵权力，作威作福。别人毁谤或者赞誉你的时候，应当仔细斟酌辨别是真是假。听取讼诉，判定案情，一定要和颜悦色地按规章情理仔细处置，千万不要事先推测对方心怀奸诈，主观臆断，轻易地发脾气。要尽量争取多听别人的意见，不要自己独断专行。我主持政事五年来，虽然不能说使百姓得到了很好的休息安抚，但是，我尽量地宽容别人的错误，掩饰别人的缺点，所以才使早上还是对手、仇人的人，到晚上便可能成为知心朋友。大体上，没有什么对不起那些新知旧友的地方，因为我处事公平，胸怀坦荡，没有偏差，一点儿也不许因私意有所变更。这样做，从眼前的利益来考虑，好像是不足，但是时间一久，才能看出是有余，或许可以无愧于前人。"

二年（丙午，公元406年）

南燕国主慕容超的猜忌、暴虐一天比一天厉害，政令完全由受他宠幸的掌权者颁发，自己则沉迷于游牧打猎，封孚、韩谆多次规劝，他也不听。慕容超曾有一次在金殿之上问封孚道："朕可以和前代的哪位君主相比？"封孚回答说："桀、纣。"慕容超既惭愧又气愤，封孚则缓缓地从容走出，神色不改。鞠仲对封孚说："与天子说话，怎么能够这样呢？你应该回去谢罪。"封孚说："我现在已经年过七十，只求死得其所罢了！"竟然不去请罪。慕容超因为他在当时声望很高，所以特别地宽容了他。

南凉景王秃发傉檀讨伐北凉沮渠蒙逊，沮渠蒙逊环城坚守。秃发傉檀抵达赤泉之后便回去了，把三千匹马、三万只羊献给后秦。后秦王姚兴认为他很忠诚，任命秃发傉檀为都督河右诸军事、车骑大将军、凉州刺史，镇守姑臧。征调王尚回长安。凉州人申屠英等派遣主簿胡威前往长安拜见后秦王，请求让王尚留任，姚兴没有答应。胡威见到姚兴，流着眼泪说：“我们凉州，遵照陛下的教化，至今已有五年，土地偏僻遥远，朝廷的威力命令，很难到达我们那里。官吏百姓卧薪尝胆，自抚伤口血渍，一起同心协力守卫孤城；仰仗陛下的恩德贤明，又幸亏有一个好的州牧施行仁政，才得以自我保全，维持到今天。陛下怎么能够用我们这些人换来三千匹马、三万只羊呢？轻贱人而珍视牧畜，这是无论如何也说不通的！如果说国家军队需要马匹，只要尚书下一道公文就是了，我们凉州三千多户百姓，每户捐献一匹马，早晨下令，傍晚便办完了，又有什么困难的呢！过去汉武帝用尽天下所有的财力，开辟河西的疆土，从此斩断了匈奴的右臂。现在陛下无缘无故地放弃了五郡土地上忠良的高华之族，用来资助残暴的敌虏，这哪里只是我们一州的官民坠陷于生灵涂炭的深渊，恐怕这也正是我们国家将来的忧患。”姚兴对此非常后悔，派遣西平人车普飞马前去阻止王尚，又派使节通知秃发傉檀。正赶上秃发傉檀已经率步、骑兵三万人驻扎在五涧，车普先把诏令的内容告诉给了他。秃发傉檀于是马上催促王尚回去。王尚从清阳门出城，秃发傉檀便入凉风门进了城。

别驾宗敞护送王尚回长安，秃发傉檀告诉宗敞说：“我得到凉州三千多家居民，但是感情所瞩望寄托的，却只有你一个，你为什么舍去我而走呢？”宗敞说：“现在我护送我旧日的上司，也就是对您的忠诚啊。”秃发傉檀说：“我刚刚执掌你们凉州的权力，你以为应该采取哪种怀柔远方、安抚近土的策略？”宗敞说：“凉州的土地虽然贫瘠，但是却是地形非常重要的地方。殿下您好好地安抚黎民百姓，收纳这里的贤明俊杰之士，用他们建立功名，有什么目标不能达到呢？”随后，他又推荐本州的文武有名之士十多个人给秃发傉檀，秃发傉檀非常高兴地一一任用了他们。王尚回到长安，姚兴任命他为尚书。

秃发傉檀在宣德堂设宴，宴请大臣们，仰头看着这座建筑，叹息说：“古人说得好，‘盖房的人，自己不住；住房的人，自己不盖’，太对了。”武威人孟祎说：“从前，张文王开始建筑这座大堂，到今天已将近一百年了，经历的主人也有十二个了，只有讲信义、顺民心的人才可以在这里久住。”秃发傉檀觉得他说得很对。

三年（丁未，公元407年）

东晋殷仲文一向很有才智声望，自己以为应当管理朝政，所以一直闷闷不乐，觉得没有实现自己的志向。后来出京做了东阳太守，更加不高兴。何无忌平常就仰慕他的名气。东阳又在何无忌的管辖之内，殷仲文答应他得便顺路去拜访，何无忌非常高兴，谨慎恭敬地对待这件事。但是，殷仲文因为官场失意，常常神情恍惚，所以才没能过来相见。何无忌以为他这是瞧不起自己，大为恼怒。正好南燕此时进兵侵犯，何无忌便对刘裕说：“桓胤、殷仲文是我们的心腹大患，而北方的敌寇却不必担心。”闰二月，刘裕官府的将军骆冰阴谋制造叛乱，事情被发觉，刘裕把他杀了。于是，他们又声称骆冰和殷仲文、桓石松、曹靖之、卞承之、刘延祖等人在暗中互相勾结，打算拥立桓胤为盟主，所以把这些人连同他们的家族，全部杀掉。

当初，北魏国主拓跋珪消灭匈奴部落首领刘卫辰，他的儿子刘勃勃投奔后秦，后秦高平公没奕干把女儿嫁给他做妻子。刘勃勃身材魁梧伟岸，容貌漂亮，仪表堂堂，生性善辩，聪慧机智。后秦王姚兴见到他之后觉得他是一个奇才，便与他谈论军队、国家的大事，对他的宠爱超过了功臣旧属。姚兴的弟弟姚邕劝说他道："刘勃勃这个人不可过于亲近。"姚兴说："刘勃勃有拯救乱世的才干，我正要和他一起平定天下，你们怎么这样疑心猜忌他呢？"于是，任命刘勃勃为安远将军，让他协助没弈干镇守高平，并把三城、朔方等地的各夷族部落和刘卫辰的老部下三万人交付给他统辖，让他严密监视北魏的行动，等待机会。姚邕坚持争辩，认为万万不可这样。姚兴说："你怎么知道他的为人？"姚邕说："刘勃勃对待上级，态度傲慢无礼；对待下属部众，手段残忍、贪婪狡猾，不讲仁义，对待去留问题，都轻率决定。这样的人，过分地宠爱他，将来一定会成为边疆的祸患。"姚兴这才放弃了原来的想法。但时间一长，又任命刘勃勃为安北将军、五原公，把三交地区的五个鲜卑部落以及其他杂族二万多部落交给他，让他镇守朔方。

北魏国主拓跋珪把所俘虏的后秦将领唐小方，归还给后秦。后秦王姚兴要求归还贺狄干，并决定送给北魏一千匹好马，用来赎回狄伯支，拓跋珪同意了。

刘勃勃听说后秦又与北魏和好，非常愤怒，于是，计划叛变后秦。柔然可汗郁久闾社仑向后秦献上八千匹马，走到大城的时候，刘勃勃把马匹全部抢走，并把自己的三万多部众全部集结在一起，假装去高平川打猎，却借机突然袭击杀死了没弈干，并且收编了他的军队。

刘勃勃自称是夏后氏的后代，六月，自封为大夏天王、大单于，下令大赦，改年号为龙升，设置文武百官。

夏王刘勃勃攻破了鲜卑族首领薛干等三个部落，收降那里的部众一万多人。他又进攻后秦三城以北的几个边境要塞，斩杀了后秦将领杨丕、姚石生等。他的部将们都说："陛下如果打算夺取关中，那么应该首先巩固自己的根基，使我们的人心有一个寄托凭借的地方。高平山高河深，地势险要，容易驻守，土地又很富饶肥沃，可以在这里定都。"刘勃勃说："你们只知其一，不知其二。我的宏伟大业才不过刚刚开始，士卒部众还不够多。姚兴也是一个时代的英雄，他的那些将领又都肯于为他卖命，关中是极不容易到手的。我现在如果只是固守一个城池，他一定会全力向我发动进攻，我们人少，绝不是他的敌手，灭亡那是立刻就会到来的。不如像现在这样战马驰骋，来去如风，趁他们不注意的时候，他们营救前面，我们便袭击后面，他们营救后面，我们便袭击前面，使他们疲于奔命，自顾不暇，我们却游击四处，猎取现成的食物，从容自若。这样不到十年，岭北、河东地区便都是我们的了。等到姚兴死后，他继位的儿子昏庸懦弱，我们便可以慢慢地攻陷长安。这些都是在我的计划中的。"从此，他们侵扰抢掠岭北地区的居民。岭北各个城池，白天也不敢打开城门。姚兴于是叹息说："吾不听信黄儿姚邕的话，才到了这个地步！"

刘勃勃向秃发傉檀请求联姻，秃发傉檀没有答应。十一月，刘勃勃率二万骑兵袭击秃发傉檀，走到支阳，屠杀一万多人，驱赶掠夺平民百姓二万七千多口人以及几十万头牛马羊等方才回师。秃发傉檀率领大军追击他们，焦朗说："刘勃勃身材雄伟劲健，治理军队严肃整齐，不可轻视，我看不如从温围向北渡过黄河，直逼万斛堆，堵住河水，扎下大营，扼住刘勃勃的咽喉，这才是百战百胜的好方法。"秃发傉檀的将领贺连大怒说："刘勃勃不过是一个战败逃亡的残渣余孽，率领的也都是乌合之众，为什么要躲避他，向他表示我们的软弱，应该快些去追击他！"秃发傉檀听信了他的话。刘勃勃在阳武下峡谷中凿开黄河中的冰块，用冰与车辆堵死峡谷的出口，带兵回击秃发傉檀，将他们打得大败，又追击了八十多里才收兵。这一战杀死的将士有一万多人，有名的大臣和勇猛的武将战死的也十有六七。秃发傉檀仅与几个骑兵逃奔南山，差一点又被追击的骑兵抓获，刘勃勃把战场的尸体堆积起来，一起掩埋，并称之为髑髅台。刘勃勃又在青石原击败后秦将领张佛生，俘虏斩杀的加在一起有五千多人。

四年（戊申，公元408年）

春季，正月，甲辰（初九），东晋任命琅邪王司马德文兼司徒职务。

刘毅等人不希望刘裕进入朝中辅佐政事，因而商议任命中领军谢混为扬州刺史，也有人打算让刘裕在丹徒兼管扬州，而把朝中的政务交给孟昶管理。朝廷特意派尚书右丞皮沈带着这两个方案，前去征求刘裕意见。皮沈首先拜见刘裕的记室录事参军刘穆之，把朝廷讨论的情形全部告诉了他。刘穆之假装起身上厕所，秘密地写了一篇书疏告诉刘裕说："皮沈说的话，千万不要同意。"刘裕召见皮沈后，暂时先让他出去，又把刘穆之叫进去询问。刘穆之说："晋朝对朝政失去控制，时间已经很久了，现在上天的福命已经转移。您兴复皇家的事业，功高德勋，地位重要，在今天的形势之下，怎么还能一味谦让，而去永远做一个老守藩地的普通地方将领呢？刘毅、孟昶几个人，与您都是从百姓开始起家的，当年一起倡导大义，争取富贵。但举事的时候，有先有后，所以当时便都推举您做了盟主，他们并不是诚心诚意地对您心服口服、不惜献身，也不是决定和您有君臣的名分。所以，当他们的力量和您相当，地位也差不太多的时候，终究是要互相吞并、排挤的。正因如此，扬州是可以起到决定性作用的根本所在，决不可以把它拱手让给别人。上一次把它交给王谧，不过是处理事情的权宜之计，这次如果再把它交给别人，可就要受到别人的制约。权柄一旦丧失，再想得到，但没有理由和机会了，那样一来，将来的危险，实在无法想象。现在朝廷这样商议，您理应表明一下态度，做出回答。但是如果说只有我自己合适，又未免难于启齿用辞，所以，只应该这样说：'中央地区是治理国家的根本所在，辅佐君王的宰相一级官员，地位也非常重要。选定这样的官员——事既然如此重大，便决不可以在外地随便发几声空议论敷衍，最近我抽时间前往京都，再与你们一起充分地交换意见。’您到了都城，他们一定不敢越过您再把这官职交给别的人，这是不言自明的。”刘裕听从了他的话。朝廷于是征召刘裕任侍中、车骑将军、开府仪同三司、扬州刺史、录尚书事，他原来的徐、兖二州刺史的职务仍然兼任。刘裕上表请求解除自己兖州的职务，任命诸葛长民为青州刺史，镇守丹徒，任命刘道怜为并州刺史，戍卫石头。

秃发傉檀奇兵袭击姚弼

姚兴写信给秃发傉檀说：“现在，我派遣齐难讨伐刘勃勃，我担心他向西逃跑，所以命令姚弼等人带兵在河西一带截击他们。”秃发傉檀以为真是这样，所以便不再增设防备。姚弼从金城一带渡过黄河。姜纪对姚弼说道：“这次我们大军表面上说要讨伐刘勃勃，所以秃发傉檀才犹豫不决，守卫戒备也不很严，请您拨给我轻装骑兵五千人，径直突袭他们都城的城门，那么，住在城外草野山川里的居民便都归我们所有，剩下他那一座孤城，没有救援到来，我们就可以坐在那里等着他们城破了。”姚弼却不接受他的意见。大军开到漠口，昌松太守苏霸紧闭城门抗拒他们。姚弼派人前去劝说，让他们投降。苏霸说：“你们背信弃义讨伐友好的国家，我只有一死罢了，哪里有投降的道理。”姚弼果然攻克这座城，把苏霸杀了。然后又挥动大军长驱直入，进逼姑臧。秃发傉檀环城坚固拒守，并出动奇兵回击姚弼，将他打败，姚弼退到西苑据守。城中王钟等人阴谋做后秦军的内应，事情泄漏后，秃发傉檀准备杀死主谋而赦免其他的人。前军将军伊力延侯说：“现在强大的敌人就在城外，而奸人又私下里准备在城内发动叛乱，危险是多么的严重啊！如果不全部把他们活埋的话，用什么来惩戒后来的人！”秃发傉檀听从了他的话，坑杀了五千多人。他又命令郡县把牛羊等全部驱散到野外去，后秦军将领敛成纵容他的部下大肆抢掠。这时秃发傉檀派遣镇北大将军秃发俱延、镇军将军秃发敬归等联合进攻，后秦军队大败，被斩首的有七千多人。姚弼坚守堡垒，不出来交战，秃发傉檀进攻他们，没有攻克。

秋季，七月，姚兴派遣卫大将军常山公姚显统帅骑兵二万作为各路军队的后继队伍，来到高平，听说姚弼战败，便加快行军速度，兼程赶到那里。姚显派遣善于射箭的孟钦等五人，在凉风门向敌兵挑战，弓弦上的箭还没来得及发射出去，秃发傉檀的材官将军宋益等便赶到迎战，把他们杀了。姚显于是把罪过推托给敛成，派人向秃发傉檀认错，安抚慰问黄河以外地区的百姓，带领大军回去了。秃发傉檀也派遣使节徐宿到后秦首都拜谒谢罪。

夏王刘勃勃听说后秦兵马很快就要来到，退到河曲据守。齐难以为刘勃勃已经跑远，放纵自己的士兵到处抢掠。刘勃勃暗中回师袭击他们，俘虏、斩杀的一共有七千多人。齐难带兵退走，刘勃勃追到木城，把他活捉，又俘虏了他手下的将士有一万三千人之多。从此，岭北夷族和汉人归附刘勃勃的有一万多人，刘勃勃都分别安排了守、宰一类的地方官，用来安抚他们。

第一百一十五卷
晋纪三十七

译文诵读

安皇帝庚义熙五年（己酉，409）

庚戌，以刘毅为卫将军、开府仪同三司。毅爱才好士，当世名流莫不辐凑，独扬州主簿吴郡张卲不往。或问之，卲曰："主公命世人杰，何烦多问！"

二月，南燕将慕容兴宗、斛谷提、公孙归等帅骑寇宿豫，拔之，大掠而去，简男女二千五百付太乐教之。归，五楼之兄也。是时，五楼为侍中、尚书、领左卫将军，专总朝政，宗亲并居显要，王公内外无不惮之。南燕主超论宿豫之功，封斛谷提等并为郡、县公。桂林王镇谏曰："此数人者，勤民顿兵，为国结怨，何功而封？"超怒，不答。尚书都令史王俨谄事五楼，比岁屡迁，官至左丞。国人为之语曰："欲得侯，事五楼。"超又遣公孙归等寇济南，俘男女千余人而去。自彭城以南，民皆堡聚以自固。诏并州刺史刘道怜镇淮阴以备之。

三月，刘裕抗表伐南燕，朝议皆以为不可，惟左仆射孟昶、车骑司马谢裕、参军臧熹以为必克，劝裕行。裕以昶监中军留府事。谢裕，安之兄孙也。

初，苻氏之败也，王猛之孙镇恶来奔，以为临澧令。镇恶骑乘非长，关弓甚弱，而有谋略，善果断，喜论军国大事。或荐镇恶于刘裕，裕与语，说之，因留宿；明旦，谓参佐曰："吾闻将门有将，镇恶信然。"即以为中军参军。

雷震魏天安殿东序；魏主珪恶之，命左校以冲车攻东、西序，皆毁之。初，珪服寒食散，久之，药发，性多躁扰，忿怒无常，至是寖剧。又灾异数见，占者多言当有急变生肘腋。珪忧懑不安，或数日不食，或达旦不寐，追计平生成败得失，独语不止。疑群臣左右皆不可信，每百官奏事至前，追记其旧恶，辄杀之；其余或颜色变动，或鼻息不调，或步趋失节，或言辞差缪，皆以为怀恶在心，发形于外，往往手击杀之，死者皆陈天安殿前。朝廷人不自保，百官苟免，莫相督摄，盗贼公行，里巷之间，人为希少。珪亦知之，曰："朕故纵之使然，待过灾年，更当清治之耳。"是时，群臣畏罪；多不敢求亲近；唯著作郎崔浩恭勤不懈，或终日不归。浩，吏部尚书宏之子也。宏未尝忤旨，亦不谄谀，故宏父子独不被谴。

已巳，刘裕发建康，帅舟师自淮入泗。五月，至下邳，留船舰、辎重，步进至琅邪，所过皆筑城，留兵守之。或谓裕曰："燕人若塞大岘之险，或坚壁清野，大军深入，不唯无功，将不能自归，奈何？"裕曰："吾虑之熟矣，鲜卑贪婪，不知远计，进利虏获，退惜禾苗，谓我孤军远入，不能持久；不过进据临朐，退守广固，必不能守险清野，敢为诸君保之。".

刘裕过大岘，燕兵不出。裕举手指天，喜形于色。左右曰："公未见敌而先喜，何也？"裕曰："兵已过险，士有必死之志；余粮栖亩，人无匮乏之忧。虏已入吾掌中矣。"六月己巳，裕至东莞。超先遣公孙五楼、贺赖卢及左将军段晖等将步骑五万屯临朐；闻晋兵入岘，自将步骑四万往就之，使五楼帅骑进据巨蔑水。前锋孟龙符与战，破之，五楼退走。裕以车四千乘为左右翼，方轨徐进，与燕兵战于临朐南，日向昃，胜负犹未决。参军胡藩言于裕曰："燕悉兵出战，临朐城中留守必寡，愿以奇兵从间道取其城，此韩信所以破赵也。"裕遣藩及咨议参军檀韶、建威将军河内向弥潜师出燕兵之后，攻临朐，声言轻兵自海道至矣。向弥擐甲先登，遂克之。超大惊，单骑就段晖于城南。裕因纵兵奋击，燕众大败，斩段晖等大将十余人，超遁还广固，获其玉玺、辇及豹尾。裕乘胜逐北至广固；丙子，克其大城。超收众入保小城。裕筑长围守之，围高三丈，穿堑三重；抚纳降附，采拔贤俊，华、夷大悦。于是因齐地粮储，悉停江、淮漕运。

秋，七月，加刘裕北青、冀二州刺史。

南燕尚书略阳垣尊及弟京兆太守苗逾城来降，裕以为行参军。尊、苗皆超所委任以为腹心者也。

或谓裕曰："张纲有巧思，若得纲使为攻具，广固必可拔也。"会纲自长安还，太山太守申宣执之，送于裕。裕升纲于楼车，使周城呼曰："刘勃勃大破秦军，无兵相救。"城中莫不失色。江南每发兵及遣使者至广固，裕辄潜遣兵夜迎之，明日，张旗鸣鼓而至，北方之民执兵负粮归裕者，日以千数，围城益急。张华、封恺皆为裕所获。超请割大岘以南地为藩臣，裕不许。

秦王兴遣使谓裕曰："慕容氏相与邻好，今晋攻之急，秦已遣铁骑十万屯洛阳；晋军不还，当长驱而进。"裕呼秦使者谓曰："语汝姚兴：我克燕之后，息兵三年，当取关、洛；今能自送，便可速来！"刘穆之闻有秦使，驰入见裕，而秦使者已去。裕以所言告穆之。穆之尤之曰："常日事无大小，必赐预谋，此宜善详，云何遽尔答之！此语不足以威敌，适足以怒之。若广固未下，羌寇奄至，不审何以待之？"裕笑曰："此是兵机，非卿所解，故不相语耳。夫兵贵神速，彼若审能赴救，必畏我知，宁容先遣信命，逆设此言！是自张大之辞也。晋师不出，为日久矣。羌见伐齐，殆将内惧，自保不暇，何能救人邪！"

北燕王云自以无功德而居大位，内怀危惧，常畜养壮士以为腹心、爪牙。宠臣离班、桃仁专典禁卫，赏赐以钜万计，衣食起居皆与之同，而班、仁志愿无厌，犹有怨憾。戊辰，云临东堂，班、仁怀剑执纸而入，称有所启。班抽剑击云，云以几扞之，仁从旁击云，弑之。

冯跋升洪光门以观变，帐下督张泰、李桑言于跋曰："此竖势何所至，请为公斩之！"乃奋剑而下，桑斩班于西门，泰杀仁于庭中。众推跋为主，跋以让其弟范阳公素弗，素弗不可。跋乃即天王位於昌黎，大赦，诏曰："陈氏代姜，不改齐国，宜即国号曰燕。"改元太平，谥云曰惠懿皇帝。

魏主珪将立齐王嗣为太子；魏故事，凡立嗣子辄先杀其母，乃赐嗣母刘贵人死。珪召嗣谕之曰："汉武帝杀钩弋夫人，以防母后豫政，外家为乱也。汝当继统，吾故远迹古人，为国家长久之计耳。"嗣性孝，哀泣不自胜。

壬申，嗣即皇帝位，大赦，改元永兴。追尊刘贵人曰宣穆皇后；公卿先罢归第不预朝政者，悉召用之。诏长孙嵩与北新侯安同、山阳侯奚斤、白马侯崔宏、无城侯拓跋屈等八人坐止车门右，共听朝政，时人谓之八公。屈，磨浑之父也。嗣以尚书燕凤逮事什翼犍使与都坐大官封懿等入侍讲论，出议政事。以王洛儿、车路头为散骑常侍，叔孙俊为卫将军。拓跋磨浑为尚书，皆赐爵郡、县公。嗣问旧臣为先帝所亲信者为谁。王洛儿言李先。嗣召问先："卿以何才何功为先帝所知？"对曰："臣不才无功，但以忠直为先帝所知耳。"诏以先为安东将军，常宿于内，以备顾问

六年（庚戌，410）

魏主嗣以群县豪右多为民患，悉以优诏征之。民恋土不乐内徙，长吏逼遣之，于是无赖少年逃亡相聚，所在寇盗群起。嗣引八公议之曰："朕欲为民除蠹，而守宰不能绥抚，使之纷乱。今犯者既众，不可尽诛，吾欲大赦以安之，何如？"元城侯屈曰："民逃亡为盗，不罪而赦之，是为上者反求于下也，不如诛其首恶，赦其余党。"崔宏曰："圣王之御民，务在安之而已，不与之较胜负也。夫赦虽非正，可以行权。屈欲先诛后赦，要为两不能去，曷若一赦而遂定乎！赦而不从，诛未晚也。"嗣从之。二月，癸未朔，遣将军于栗磾将骑一万讨不从命者，所向皆平。

南燕贺赖卢、公孙五楼为地道出击晋兵，不能却。城久闭，城中男女病脚弱者太半，出降者相继。超辇而登城，尚书悦寿说超曰："今天助寇为虐，战士凋瘁，独守穷城，绝望外援，天时人事亦可知矣。苟历数有终，尧、舜避位，陛下岂可不思变通之计乎！"超叹曰："废兴，命也。吾宁奋剑而死，不能衔璧而生！"

丁亥，刘裕悉众攻城。或曰："今日往亡，不利于师。"裕曰："我往彼亡，何为不利！"四面急攻之。悦寿开门纳晋师，超与左右数十骑逾城突围出走，追获之。裕数以不降之罪。超神色自若，一无所言，惟以母托刘敬宣而已。

初，徐道覆闻刘裕北伐，劝卢循乘虚袭建康，循不从。道覆自至番禺说循曰："本住岭外，忌以理极於此，传之子孙邪？正以刘裕难与为敌故也。今裕顿兵坚城之下，未有还期，我以此思归死士掩击何、刘之徒，如反掌耳。不乘此机而苟求一日之安，朝廷常以君为腹心之疾；若裕平齐之后，息甲岁余，以玺书征君，裕自将屯豫章，遣诸将帅锐师过岭，虽复以将军之神武，恐必不能当也。今日之机，万不

可失。若先克建康，倾其根蒂，裕虽南还，无能为也。君若不同，便当帅始兴之众直指寻阳。”循甚不乐此举，而无以夺其计，乃从之。

初，道覆使人伐船材於南康山，至始兴，贱卖之，居人争市之，船材大积而人不疑，至是，悉取以装舰，旬日而办。循自始兴寇长沙，道覆冠南康、庐陵、豫章，诸守相皆委任奔走。道覆顺流直下，舟械甚盛。时克燕之问未至，朝廷急征刘裕。裕方议留镇下邳，经营司、雍，会得诏书，乃以韩范为都督八郡军事、燕郡太守，封融为勃海太守，檀韶为琅邪太守；戊申，引兵还。韶，祗之兄也。久之，刘穆之称范、融谋反，皆杀之。

安成忠肃公何无忌自寻阳引兵拒卢循。长史邓潜之谏曰："国家安危，在此一举。闻循兵舰大盛，势居上流，宜决南塘，守二城以待之，彼必不敢舍我远下。蓄力养锐，俟其疲老，然后击之，此万全之策也。今决成败於一战，万一失利，悔将无及。”参军殷阐曰："循所将之众皆三吴旧贼，百战余勇，始兴溪子，拳捷善斗，未易轻也。将军宜留屯豫章，征兵属城，兵至合战，未为晚也；若以此众轻进，殆必有悔。”无忌不听。三月，壬申，与徐道覆遇于豫章，贼令强弩数百登西岸小山邀射之。会西风暴急，飘无忌所乘小舰向东岸。贼乘风以大舰逼之，众遂奔溃。无忌厉声曰："取我苏武节来！”节至，执以督战。贼众云集，无忌辞色无挠，握节而死。于是中外震骇，朝议欲奉乘舆北走，就刘裕；既而知贼未至，乃止。

刘裕至下邳，以船载辎重，自帅精锐步归。至山阳，闻何无忌败死，虑京邑失守，卷甲兼行，与数十人至淮上，问行人以朝廷消息。行人曰："贼尚未至，刘公若还，便无所忧。”裕大喜。将济江，风急，众咸难之。裕曰："若天命助国，负当自息，若其不然，覆溺何害！”即命登舟，舟移而风止。过江，至京口，众乃大安。夏，四月，癸未，裕至建康。以江州覆没，表送章绶，诏不许。

循之初入寇也，使徐道覆向寻阳，循自将攻湘中诸郡。荆州刺史刘道规遣军逆战，败于长沙。循进至巴陵，将向江陵。徐道覆闻毅将至，驰使报循曰："毅兵甚盛，成败之事，系之于此，宜并力摧之；若此克捷，江陵不足忧也。”循即日发巴陵，与道覆合兵而下。五月，戊午，毅与循战于桑落洲，毅兵大败，弃船，以数百人步走，余众皆为循所虏，所弃辎重山积。

初，循至寻阳，闻裕已还，犹不信；既破毅，乃得审问，与其党相视失色。循欲退还寻阳，攻取江陵，据二州以抗朝廷。道覆谓宜乘胜径进，固争之。循犹豫累日，乃从之。

朝廷闻刘毅败，人情恟惧。时北师始还，将士多创病，建康战士不盈数千。循既克二镇，战士十余万，舟车百里不绝，楼船高十二丈，败还者争言其强盛。孟昶、诸葛长民欲奉乘舆过江，裕不听。初，何无忌、刘毅之南讨也，昶策其必败，已而果然。至是，又谓裕必不能抗循，众颇信之，惟龙骧将军东海虞丘进廷折昶等，以为不然。中兵参军王仲德言于裕曰："明公命世作辅，新建大功，威震六合，妖贼乘虚入寇，既闻凯还，自当奔溃。若先自遁逃，则势同匹夫，匹夫号令，何以威物！此谋若立，请从此辞。”裕甚悦。昶固请不已，裕曰：“今重镇外倾，强寇内逼，人情危骇，莫有固志；若一旦迁动，便自土崩瓦解，江北亦岂可得至！设令得至，不过延日月耳。今兵士虽少，自足一战。若其克济，则臣主同休；苟厄运必至，我当横尸庙门，遂其由来以身许国之志，不能窜伏草间苟求存活也。我计决矣，卿勿复言！”昶恚其言不行，且以为必败，因请死。裕怒曰：“卿且申一战，死复何晚！”昶知裕终不用其言，乃抗表自陈曰：“臣裕北讨，众并不同，唯臣赞裕行计，致使强贼乘间，社稷危逼，臣之罪也。谨引咎以谢天下。”封表毕，仰药而死。

徐道覆请於新亭至白石焚舟而上，数道攻裕。循欲以万全为计，谓道覆曰：“大军未至，孟昶便望风自裁；以大势言之，自当计日溃乱。今决胜负于一朝，千没求利，既非必克之道，且杀伤士卒，不如按兵待之。”道覆以循多疑少决，乃叹曰：“我终为卢公所误，事必无成；使我得为英雄驱驰，天下不足定也。”

裕登石头城望循军，初见引向新亭，顾左右失色；既而回泊蔡洲，乃悦。于是众军转集。裕恐循侵轶，用虞丘进计，伐树栅石头淮口，修治越城，筑查浦、药园、延尉三垒，皆以兵守之。

司马国璠及弟叔璠、叔道奔秦。秦王兴曰：“刘裕方诛桓玄，辅晋室，卿何为来？”对曰：“裕削弱王室，臣宗族有自修立者，裕辄除之；方为国患，甚于桓玄耳。”兴以国璠为扬州刺史，叔道为交州刺史。

卢循寇掠诸县无所得，谓徐道覆曰：“师老矣，不如还寻阳，并力取荆州，据天下三分之二，徐更与建康争衡耳。”秋，七月，庚申，循自蔡洲南还寻阳，留其党范崇民将五千人据南陵。甲子，裕使辅国将军王仲德、广川太守刘钟、河间内史兰陵蒯恩、中军咨议参军孟怀玉等帅众追循。

刘裕还东府，大治水军，遣建威将军会稽孙处、振武将军沈田子帅众三千自海道袭番禺。田子，林子之兄也。众皆以为“海道艰远，必至为难，且分撤见力，非目前之急。”裕不从，敕处曰：“大军十二月之交必破妖虏，卿至时，先倾其巢窟，使彼走无所归也。”

徐道覆率众三万趣江陵，奄至破冢。时鲁宗之已还襄阳，追召不及，人情大震。或传循已平京邑，遣道覆来为刺史，江、汉士民感刘道规焚书之恩，无复贰志。道规使刘遵别为游军，自拒道覆于豫章口，前驱失利；遵自外横击，大破之，斩首万余级，赴水死者殆尽，道覆单舸走还湓口。初，道规使遵为游军，众咸以为强敌在前，唯患众少，不应分割见力，置无用之地。及破道覆，卒得游军之力，众心乃服。

卢循兵守广州者不以海道为虞。庚戌，孙处乘海奄至，会大雾，四面攻之，即日拔其城。处抚其旧民，戮循亲党，勒兵谨守，分遣沈田子等击岭表诸郡。

刘裕军雷池。卢循扬声不攻雷池，当乘流径下；裕知其欲战，十二月，己卯，进军大雷。庚辰，卢循、徐道覆帅众数万塞江而下，前后莫见舳舻之际。裕悉出劲舰，帅众军齐力击之；又分步骑屯于西岸，先备火具。裕以劲弩射循军，因风水之势以蹙之。循舰悉泊西岸，岸上军投火焚之，烟炎涨天；循兵大败，走还寻阳。将趣豫章，乃悉力栅断左里；丙申，裕军至左里，不得进。裕麾兵将战，所执麾竿折，幡沉于水，众并怪惧。裕笑曰："往年覆舟之战，幡竿亦折，今者复然，贼必破矣。"即攻栅而进，循兵虽殊死战，弗能禁。循单舸走，所杀及投水死者凡万余人。纳其降附，宥其逼略，遣刘藩、孟怀玉轻军追之。循收散卒，尚有数千人，径还番禺；道覆走保始兴。裕版建威将军褚裕之行广州刺史。裕之，裒之曾孙也。裕还建康。刘毅恶刘穆之，每从容与裕言穆之权太重，裕益亲任之。

晋安帝义熙五年（己酉，公元409年）

庚戌（二十一日），东晋任命刘毅为卫将军、开府仪同三司。刘毅爱好人才，喜欢读书人，所以，当时的知名人士几乎没有不聚集到他身边去的，惟独只有扬州主簿吴郡人张邵不去。有人问他为什么，张邵说："我的主公刘裕是应运而生的人中豪杰，哪里还用多问！"

二月，南燕将领慕容兴宗、斛谷提、公孙归等人率领骑兵进犯并攻克东晋的宿豫，大肆抢掠一番之后，便回去了，挑选俘虏的男女青年二千五百人，交付给管理王室音乐的机构，教习训练。公孙归是公孙五楼的哥哥。这时，公孙五楼任侍中、尚书、领左卫将军，在朝中专权，总揽国家的一切政务，他的宗族亲属也都在朝廷官居显要位置，王公大臣、朝廷内外，对他没有不忌惮害怕的。南燕国主慕容超评定宿豫之战的功劳，封斛谷提等人为郡公、县公。桂林王慕容镇劝阻说："这几个人，劳师动众，为国家结下仇怨，有什么功劳可封？"慕容超大怒，不予回答。尚书都令史王俨谄媚巴结公孙五楼，几年来屡次升迁，官职到了左丞。所以当时百姓根据这些编了句歌谣："要想封侯，巴结五楼。"慕容超又派公孙归等侵犯济南，俘获了男女一千多人回去。因此，从彭城往南，东晋居民全都修筑城堡聚居一起，进行自卫。朝廷下诏，命并州刺史刘道怜镇守淮阴，用来戒备南燕骚扰。

三月，东晋刘裕上表请求讨伐南燕，朝廷中商议，大臣们都以为不可轻举妄动。只有左仆射孟昶、车骑司马谢裕、参军臧熹认为一定能胜利，劝说刘裕出征。刘裕任命孟昶为监中军留府事。谢裕是谢安哥哥的孙子。

当初，前秦苻氏政权衰败的时候，王猛的孙子王镇恶投奔到东晋，朝廷任命他为临澧令。王镇恶对骑术不很擅长，拉弓射箭的能力也很弱，但是却有深谋远略，善于对事情做出果决的判断，很喜欢谈论军队国家的大事。有人把王镇恶推荐给刘裕，刘裕和他交谈一番，很喜欢他，所以留宿在家里。第二天早晨，对参军佐僚们说："我听说名将之门当出大将，王镇恶的确是这样。"便任命他为中军参军。

雷电击中北魏国天安殿的东墙。北魏国主拓跋珪非常忌讳这件事，命令左校用攻城时的一种冲车撞击东西墙，把墙全部撞倒。当初，拓跋珪服食寒食散，时间一长，药性发作，他的性情便变得急躁烦闷，喜怒无常。到了这时，病情更加严重。加上最近又灾祸怪事屡次发现，占卜算卦的人大多都说要在自己身旁发生急剧性的变化，使拓跋珪更加忧虑愤恨，心中不安。他或者几天不吃饭，或者整夜不睡觉，追忆感怀自己一生来的成功与失败、所得与所失，而不停地自言自语。他怀疑大臣们和左右的侍从护卫都是不可相信的，每当文武百官上前启奏国事，他都往往想起启奏者过去的错误和罪过，并将其杀掉。其余的人，如有面色稍变，或呼吸不匀，或步履不稳，或话语出现错差的，他都会以为是心中有鬼、居心不良所以才表现在外表上，往往亲手把他们刺死。死的人都被摆放在天安殿前。朝廷中人人觉得朝不保夕，文武百官苟且偷安，根本不考虑互相之间监督勤政的事，所以国内强盗贼寇公然作案犯法，都城的大街小巷中间，行人稀少。拓跋珪也知道这种情况，说："我这不过是故意放纵他们罢了，等到过去了这个灾年，我再重新清理整治这些吧。"这时，大臣们都害怕惹祸怪罪，多数人不敢去与拓跋珪接近，只有著作郎崔浩恭谨勤奋，坚持不懈，有的时候整天不回家。崔浩是吏部尚书崔宏的儿子。崔宏不曾冒犯过国主，也不谄媚阿谀，所以只有崔宏父子二人，没有受到谴责。

己巳（四月十一日），刘裕从建康出发，率水军从淮水进入泗水。五月，东晋部队到达下邳，把船舰、笨重的军用物资留下，步行开进到琅邪，所路过的地方，都修筑起城池，留下军队把守。有人对刘裕说："燕国人如果把大岘山的险要堵塞住，或者坚固城墙，使散居百姓聚居进去，只把空荡荡的田野留给我们，那么，我们的大部队深入到敌国重地，便不单不能建立什么功业，而且还可能无法安全返回，怎么办？"刘裕说："我已经把这些考虑成熟了，鲜卑人生性贪婪，没有长远的打算，前进的时候只盼望多多地抢夺掳掠，后退的时候又吝惜田中禾苗。他们以为我们孤军深入一定不能长久坚持，因此不外乎进军驻守临朐，或者退兵戍卫广固，一定不会据险要之地抵抗、清肃四野防备我们。我敢向你们保证。"

刘裕顺利通过大岘，南燕的军队一直没有出现。刘裕举起手来，指着上天，禁不住脸上露出喜色。左右的侍从们说："您没有看见敌人却先高兴起来，这是为什么？"刘裕说："大军已过险关，军队没有退路可走，因此一定会有拼死作战的决心；余粮尚在田亩之中储存，我们又没有了缺乏粮草的忧虑。敌人已经完全落入了我的手中。"六月，己巳（十二日），刘裕大军抵达东莞。慕容超先派遣公孙五楼、慕容贺赖卢以及左将军段晖等人统领步、骑兵共五万人屯据在临朐。听说东晋兵马已经通过岘山，便亲自带领步、骑兵共四万人前去迎战，并派公孙五楼率领骑兵开进巨蔑水据守。东晋部队的前锋孟龙符与他展开激战，将他打败，公孙五楼败退而走。刘裕用四千乘军车作为左右的屏障，排成方阵缓缓向前推进，在临朐以南的地方与南燕军队进行会战，太阳渐渐西移，双方的胜负还没有最后明朗。东晋参军胡藩对刘裕说："南燕倾巢出动，与我们作战，临朐城中的守军一定很少。我愿意带领一支出敌不意的部队从小路去夺取这座城池，这是韩信击败赵国的办法。”刘裕于是派遣胡藩以及咨议参军檀韶、建成将军河内人向弥暗自带兵绕到南燕军队的后面，进攻临朐，号称是轻装部队从海路直接赶来增援的。向弥身披铠甲，首先登上城墙，于是攻破该城。慕容超听说后，大吃一惊，单人匹马从城中逃出，赶到城南投奔段晖。刘裕趁势催动大军奋力战斗，南燕军队大败，斩杀了段晖等大将十多人，慕容超逃回广固，晋兵缴获了他的玉玺、车辇以及挂在车后的豹尾。刘裕乘胜追击，直到广固。丙子（十九日），又攻克了广固外围的外城。慕容超聚集众人进入内城据守。刘裕兴筑长墙围困他们，墙高三丈，挖了三道地沟。好言抚慰接纳投降归附的人士，选择提拔贤才俊杰，不管是汉人还是夷人，都很高兴。从此，因为夺取了齐地这里储存的粮草，便把从长江、淮河水路运输军粮的工作，全部停止。

秋季，七月，东晋加授刘裕为北青、北冀二州的刺史。

南燕尚书略阳人垣尊和他的弟弟京兆太守垣苗，跳出城墙向东晋部队投降，刘裕任命他们为行参军。垣尊、垣苗都是慕容超喜欢、重用并引为心腹的人。

有人对刘裕说：“张纲心灵手巧，如果把他抓来，让他制作攻城用具，广固一定可以攻克。”正好张纲从长安回来，太山太守申宣把他抓住，送给刘裕。刘裕让张纲登上很高的楼车，命令他在城的四周对城内高喊：“刘勃勃把秦军打得大败，所以没有谁能派兵来救你们了。”城中将士听到这话没有不大惊失色的。东晋从江南每次发兵前来增援，或者派遣使者来广固慰问，刘裕都常常暗自派兵卒在前一天夜里迎候，第二天再打着大旗、敲着锣鼓到来。北方的百姓拿着武器、背着粮食归降刘裕的人，每天都有一千多。晋军对广固的围攻，更加猛烈。南燕大臣张华、封恺都先后被刘裕俘虏。慕容超请求割让大岘山以南的地区讲和，并愿做东晋的藩臣，刘裕没有答应。

后秦王姚兴派遣使者对刘裕说：“慕容氏与我们相邻，关系友好。现在你们晋国这样急迫地进攻他们，我们秦国已派遣十万精锐强壮的骑兵屯聚在洛阳。你们的部队如果不撤，那么，我们就要长驱进军了。”刘裕把后秦的使节叫到跟前来说：“告诉你们姚兴：我攻克燕国之后，停止军事行动三年，然后就要去夺取你们的关中、洛阳。今天你们要是能自己送来，那就快点来吧！”刘穆之听说有后秦使节来，便骑着快马跑来拜见刘裕，但后秦使节已经走了。刘裕把自己说的话告诉给了刘穆之。刘穆之埋怨他说：“平常的时候事情无论大小，都一定找我商量。这件事太重大，应该好好考虑一下再决定，为什么就这样贸然地答复他呢？你说的这话不但不足以把敌人威慑住，相反却足以激怒他。如果广固没有攻下，而那些羌族强盗又突然到来，不知道你怎么对付他们？”刘裕笑着说：“这是用兵之道，不是你所能明白的，所以才不告诉你。大凡用兵，贵在神奇迅速，他们如果真的能赶来救援的话，一定是害怕我们知道，哪里还能事先派人前来通知我，说下这番话呢？这是他们的大话。晋军不出国征战，时间已经很久了。羌人看见我们大举讨伐三齐之地，心中已经开始畏惧。他们保全自己还来不及，怎么还能援救别人呢？”

北燕王高云自以为没有功德，但却登上如此重大的高位，所以心中总有危险恐惧的感觉。他常常选拔、供养一些精壮的武士作为自己的心腹、爪牙。他的宠爱之臣离班、桃仁专门掌管帝室、宫廷的警卫工作，他对这二人的赏赐也都不计其数，甚至他们的衣食住行也都跟自己一样。而离班、桃仁二人又贪得无厌，即使这样，他们也还满腹怨言。戊辰（十三日），高云来到东堂，离班、桃仁怀里藏着利剑，手里拿着通俗书籍走了进来，声称有事禀报。离班突然抽出剑来直刺高云，高云用茶几抵挡，桃仁又从旁边刺高云，把他杀死。

冯跋登上宫城的洪光门观察事态的变化，他手下的帐下督张泰、李桑对冯跋说：“这两个小人想闹到什么程度，请您看着，我们替您把他们杀了。”于是挺剑跳下洪光门，李桑在西门杀了离班，张泰在院中杀了桃仁，大家推举冯跋做国主，冯跋则让位给自己的弟弟范阳公冯素弗，冯素弗不同意。于是冯跋便在昌黎登上天王宝座，下令大赦，并发布诏书说：“春秋战国时陈氏家族取代姜家，掌握了国家政权，但是却不改变齐国的名称。所以，我们也应该继续把国家称做燕。”改年号太平，追谥高云为惠懿皇帝。

北魏国主拓跋珪准备册立齐王拓跋嗣为太子。按照北魏历史上的传统习惯，大凡立继承王位的人选的时候，常常要把他的母亲事先杀死。于是，拓跋珪便令拓跋嗣的母亲刘贵人自杀。拓跋珪召见拓跋嗣告诉他说：“汉武帝杀死钩弋夫人，用来防止母后将来干预朝政及外戚家族作乱。你应当继承国家大业，所以我效法遥远的古人的作为，这是为了国家的长久之计啊！”拓跋嗣生性孝顺，悲哀涕泣，不能自已。

壬申（十月十七日），拓跋嗣即帝位，下令实行大赦，改年号为永兴。追尊刘贵人为宣穆皇后，原来被罢官回家、不参预朝廷政务的公卿们，全部召集回来任用。下诏命长孙嵩与北新侯安同、山阳侯奚斤、白马侯崔宏、元城侯拓跋屈等八人坐在皇城止车门的右首，一起仲裁国家的朝政，当时的人称他们为八公。拓跋屈是拓跋磨浑的父亲。拓跋嗣因为尚书燕凤一直侍奉自己的祖父拓跋什翼犍，便让他与都坐大官封懿等人一起，入宫给自己讲解经书，出宫参与议论政事。任命王洛儿、车路头为散骑常侍，任命叔孙俊为卫将军，任命拓跋磨浑为尚书，并把他们全部封为郡公或者县公。拓跋嗣向老臣们询问，先帝最信任和赏识的是谁，王洛儿说是李先，拓跋嗣便把李先召来问道：“你因为什么才能什么功劳被先帝知遇？”李先回答说：“臣下既无才能又无功劳，只是因为忠诚正直才为先帝厚爱罢了。”拓跋嗣便下诏任命李先为安东将军，常让他住在宫内，以备随时向他征询意见。

六年（庚戌，公元410年）

北魏国主拓跋嗣因为郡县之中的土豪劣绅大多数都是百姓的祸患，所以，便用措辞缓和的诏书征召他们全部来京。这些豪民留恋故土，不愿迁往都城，而郡县的官吏又逼迫他们前来，于是，有一些无赖的年轻人便逃出家乡聚在一起，因此，到处强盗、贼寇蜂起。拓跋嗣召见八公议论这件事说：“我打算为民除害，但地方官吏却不能对他们平安抚慰，所以，反倒迫使他们纷纷起来叛乱。现在，犯法的人既然已经很多，又不能把他们全杀掉，因此，我想下令大赦，以此使他们安心，怎么样？”元城侯拓跋屈说：“百姓逃亡出去做了强盗，不治他们罪反而赦免，这是在上的人反过来求在下的人了，不如杀了他们为首作恶的，把那些党羽赦免。”崔宏说：“圣上统御人民，目的就是要让他们安定，不是要和他们比赛谁胜谁负。因此大赦虽然不是最好的办法，却可以通达权变。拓跋屈打算先杀后赦，关键在于两个步骤缺一不可，哪里比得上大赦一次就把他们平定了呢？大赦之后，如果有人不从，再杀也不晚哪！”拓跋嗣接受他的意见。二月，癸未朔（初一），派遣将军于栗磾带领骑兵一万人讨伐不听从大赦命令、仍然叛乱的人，所到之处，全部平定。

南燕贺赖卢、公孙五楼挖了一条地道出来袭击东晋部队，却不能把他们击退。广固城门关闭太久，城中男女百姓患软脚病的人超过一半，因此出城投降的人一个接着一个。慕容超乘辇车登上城墙，尚书悦寿劝说慕容超道：“现在，上天帮助强盗制造罪恶，我们的将士疲惫凋零，单独困守这一座穷破的城池，外援已经毫无希望，天时和人心的倾向也是可以想见的。如果大数已尽，命该如此，那么，即使是尧、舜也都不能不退位，陛下怎么可以不想一下变通的办法呢？”慕容超叹息说：“天下的兴起和覆亡，都是天命。我宁可高举利剑战斗而死，也决不能口里衔着璧玉投降求生。”

丁亥（初五），刘裕动员全部兵力，奋力攻城。有人说：“今天是往亡日，不利于调动军队。”刘裕说：“我去他死，怎么是不利！”在城的四面发动猛攻。悦寿打开城门，把东晋部队放了进来。慕容超与左右侍卫几十个骑兵越过城墙突围出去，被东晋军队追上抓获。刘裕一一用拒不投降的罪行斥责他，慕容超神色平静，一言不发，只是把母亲托付给刘敬宣照顾而已。

当初，东晋始兴相徐道覆听说刘裕带兵向北征伐南燕，便劝说卢循乘东晋中空虚袭击建康，卢循没有听从。徐道覆亲自来到番禺，向卢循游说道：“我们住在这五岭以南的地区，难道你还以为是因为理该如此，并且可以把它传给子孙吗？我们正是因为刘裕力量强大，很难跟他为敌才这样的。现在刘裕的大军集结在坚固的城池之下，什么时候回来还说不定，我们用手下这些希望回到故乡去的敢于拼命的士兵，突然进攻何无忌、刘毅这些小辈，不过就像把手掌翻过来罢了。不趁这个时机起事，而只是追求一天的平安，朝廷却一直把您当做心腹大患。如果刘裕平定三齐地区之后，让军队休息一二年，再先用诏书征召您进京，随后刘裕亲自在豫章屯兵，派遣几个将领率领部队翻过五岭，即使将军再有神机勇武，恐怕也一定不能抵挡了。今天这个机会，是万万不可错过的。如果我们抢先攻克了建康，把他们的根基全部摧毁，刘裕即使回来，也没有什么办法了。您如果不同意，我就要率领始兴的兵众直接进攻寻阳。”卢循非常不愿意起事，但又没有说服徐道覆的办法，因此，只好同意了他的意见。

当初，徐道覆派人到南康山中去砍伐制造船只的木材，到始兴廉价出售，居民们都争相购买，因而造船木材虽然堆积许多但是却引不起别人的怀疑。到了这个时候，他把这些木材全部聚集到一起，制造船只，十天左右就办成了。卢循从始兴出发进犯长沙，徐道覆进犯南康、庐陵、豫章，这些地方的官员都放弃了职守逃跑。徐道覆顺赣江直下，船只器械异常强盛，这时，攻克南燕的消息还没有传回朝廷，所以朝廷紧急征召刘裕。刘裕正在讨论是否留下来镇守下邳，整顿处理司、雍二州的事务，恰好接到皇帝的诏书，于是任命韩范为都督八郡军事、燕郡太守，任命封融为勃海太守，任命檀韶为琅邪太守。戊申（二十六日），刘裕带兵南归。檀韶是檀祇的哥哥。后来，刘穆之以韩范、封融阴谋反叛为借口，把他们全杀了。

东晋安成忠肃公何无忌从寻阳带兵出发迎击卢循。长史邓潜之劝阻说："国家的安危存亡，就在于这次行动了。听说卢循军队的船只设备精良，气势盛大，又位于赣江的上游，所以我们应该挖开南塘的堤坝，使赣江水位下降，然后坚守豫章、寻阳两座城，等待他们。他们一定不敢放下我们不管，径自向更远的地方进发。我们正好积蓄力量，养精蓄锐，等待他们疲倦不堪之后，再发动进攻，这是万全之策。现在，以一战决胜负，万一我们失利，后悔也就来不及了。"参军殷阐说："卢循所带的部队都是三吴一带过去的强盗，身经百战，颇有勇力，而在始兴招募的溪族兵丁，也都力大敏捷，善于争斗，不应该轻视。将军应该留在豫章屯守，征招兵丁集中到这里，等各路大军到齐之后，再一起出战，也不算太晚。如果仅仅依靠现有的这些军队轻易前进的话，恐怕将来您一定要后悔。"何无忌并不听从。三月，壬申（二十日），与徐道覆的军队在豫章遭遇。徐道覆命令几百名强弩手爬上西岸的小山拦腰射击东晋部队，正好赶上西风骤起，把何无忌所乘坐的小船吹向东岸。贼兵又乘风用大舰进逼，东晋军卒于是纷纷奔逃溃散。何无忌厉声高叫道："拿我的苏武节来！"苏武节送来，他拿着此节亲自督战。敌兵越来越多，像黑云一样包抄过来，何无忌的言辞神色仍然毫不气馁，最后手持苏武节而死。何无忌战死的消息，使东晋朝廷内外，震骇惊恐，朝会的时候，有人提议打算保护着安帝向北撤退，去投奔刘裕。后来知道敌兵还没有到来，这才停止。

刘裕到达下邳，用船只装载军事物资，自己则统领精锐部队步行赶回。到山阳，听说何无忌兵败战死，担心都城陷落，下令军士脱去铠甲急行军，自己先与几十个人赶到长江北岸，向过路人打听朝廷的消息。过路人说："敌人还没有到这里，刘公如果回来了，便没有什么值得忧虑的了。"刘裕非常高兴。他想要渡江，但是风太大，众人都说太难。刘裕说："如果天公有意帮助我们国家的话，风就应该自动止息。如果不是这样的话，翻船淹死又有什么害处呢？"便命令上船，船刚刚启动，风果然就停了。渡过长江之后，抵达京口，大家于是彻底安下心来。夏季，四月，癸未（初二），刘裕来到建康。因为江州已经沦陷，他上表交回印信，安帝下诏拒绝。

卢循刚开始向北方进犯时，派徐道覆进攻寻阳，自己准备攻打湘中地区各郡。荆州刺史刘道规派遣部队迎战他们，在长沙战败。卢循开进到巴陵，打算直奔江陵。徐道覆听说刘毅就要攻来，派信使飞马报告卢循说："刘毅的军队很强大，我们的成功失败，关键就在这次战斗，所以，应该同心协力把他打败。如果这次能够取得胜利，那么，江陵就不值得担忧了。"卢循当天便从巴陵出发，与徐道覆的兵力会合，然后顺流而下。五月，戊午（初七），刘毅与卢循在桑落州摆开战场，结果刘毅的军队被打得大败。他扔掉船只，只带着几百名下属步行逃走，剩下的士兵全部被卢循俘虏。他们丢弃的军事物资堆成了小山。

当初，卢循抵达寻阳的时候，听说刘裕已经回来，还有些不相信。击败刘毅的军队后，才从俘虏的口中得到证实，他和他的党羽们互相对看着面色大变。卢循打算退回到寻阳，攻克江陵，占据这两个州来和朝廷对抗。徐道覆则说应该乘胜直接进攻，并坚持自己的观点。卢循犹豫了好几天，才依从了他的建议。

东晋朝廷听说刘毅被打得大败，人心慌乱不安。这时北伐的军队刚刚回来，将士不是受伤便是有病，而留在建康的战士又不超过几千人。卢循攻克江州、豫州之后，战士达到十几万人，战船战车浩浩荡荡，绵延一百里，仍然看不到头，大的楼船高达十二丈。官军战败跑回来的人都争着传说敌兵的强盛。孟昶、诸葛长民打算护卫安帝渡长江向北撤退，刘裕不同意。当初，何无忌、刘毅迎击从南方袭来的敌军时，孟昶估计他们一定失败，过后果然失败。到了这个时候，他又以为刘裕一定抵挡不住卢循的进攻，大家对他的话都很相信，只有龙骧将军、东海人虞丘进在朝廷中驳斥孟昶等人，以为不是那么回事。中兵参军王仲德对刘裕说："明公您受上天之命，当国家的辅佐，又刚刚建立了大功，声威震动天下。这些妖贼乘我们国内空虚，公然进犯，听到您带兵胜利归来，自会奔逃溃散。我们如果首先自己逃跑，那么其实就和一个没用的蠢材一样了，蠢材下令，又用什么建立威信呢？这个渡江避难的建议如果被采纳，就请您允许我就此告辞。"刘裕非常高兴。孟昶一直坚持自己的请求，刘裕说："现在，我们的重要藩镇在外地失败，强大的敌人又步步近逼，人心恐惧不安，没有一个坚定的信心。如果我们一旦向北移动，便自然会土崩瓦解，长江以北的地区又哪里能赶得到！即便是到了那里，也不过是拖延一些时日罢了。现在，我们的兵士虽然很少，却也足够做最后一次决战，如果真的克敌制胜，那我们君臣一同庆幸，如果恶运一定要来，我也应当死在晋室宗庙之前，实现我长期以来以身报国的志向，但决不能逃窜到荒草林野之间只想保全个人的性命。我的决心已经下定，你不要再多说了！"孟昶因为自己的建议不被采纳而恼羞成怒，又因为认定自己这一方必定失败，所以请求先杀了自己。刘裕大怒说："你打完这一仗，再死也不晚！"孟昶知道刘裕一定不会采纳他的意见了，于是呈上奏表，表明自己的想法："刘裕北伐的时候，文武百官都不同意，只有我赞同刘裕出兵的计划，致使强大的敌人乘虚而入，使国家的安全受到威胁，这是我的罪过。我只好承认自己的罪责，用以告慰天下人。"把奏表封上之后，他便喝下毒药自杀了。

徐道覆请求从新亭进军白石，然后烧掉战船登陆，分几路进攻刘裕。卢循打算以尽可能保险为目的，对徐道覆说："我们的大军还没有到，只听见一些风声孟昶便被吓得自杀，根据大趋势来说。敌人自会在几天内崩溃散乱。现在，决定胜负也就是一个早上的事，一味凭侥幸在战场投机取利，既不是一定能战胜敌人的办法，又能损伤我的士卒，我看不如按兵不动，等他们上来。"徐道覆因为卢循疑心太重又缺决断，于是叹息道："我终将被卢公耽误，事情一定不会成功。如果我能有幸为一位英雄卖命奔波的话，天下早就平定了。"

刘裕登上石头城，遥望卢循的部队，最初看见他们向新亭方向移动，刘裕看看两旁随从，脸色稍变。后来他看见敌军船只回到蔡州停泊下来，这才高兴起来。于是，他调动各路军队转移集中。刘裕恐怕卢循发动突然袭击，所以采用了虞丘进的建议，砍伐树木在石头城和秦淮河口等地全部立起栅栏。同时，他命人尽快整修越城，兴筑查浦、药园、廷尉三座堡垒，都派兵在那里把守。

东晋叛将司马国璠和他的弟弟司马叔璠、司马叔道投奔后秦。后秦国王姚兴说："刘裕刚刚剿灭了桓玄，辅佐晋朝宗室，你们为什么还要到这里来？"他们回答说："刘裕削弱王室的力量，我们宗族之中如果有自己发愤成才的人，常常都被刘裕除掉。他这样正是为国家制造祸患，甚至比桓玄还厉害。"姚兴任命司马国璠为扬州刺史，任命司马叔道为交州刺史。

卢循进犯掠夺了几个县，什么也没抢到，对徐道覆说："军队出来时间太长，已经疲惫不堪，我看不如回到寻阳，合力攻取荆州，这样，我们占据了三分之二的天下，就可以慢慢地再与建康的东晋政权争强斗胜了。"秋季，七月，庚申（初十），卢循从蔡州向南撤退回寻阳，留下他的部将范崇民带领五千人据守南陵。甲子（十四日），刘裕派遣辅国将军王仲德、广川太守刘钟、河间内史兰陵人蒯恩、中军咨议参军孟怀玉等人带兵追击卢循。

东晋刘裕回到东府，大规模建设水军。他派遣建威将军会稽人孙处、振武将军沈田子率领部众三千人从海上绕道，前去袭击番禺。沈田子是沈林子的哥哥。大家都以为："海上行军艰难遥远，一定要抵达那里是一件很难完成的任务，而且分出现有兵力去进攻广州，也不是当务之急。"刘裕却不听从，命令孙处说："朝廷的大部队在十二月初一定会打败贼兵，你到那个时候，首先把他们的老窝捣毁，让他们逃跑也无家可归。"

徐道覆率领三万部众，直指江陵，突然抵达破冢。这时鲁宗之已经回到襄阳，刘道规派人去追赶他，召他回来，已经来不及。因此江陵人心异常震惊恐慌。有人传说卢循已经扫平了京邑，这是派徐道覆来做刺史，但是江、汉地区的各阶层百姓却感激刘道规焚烧书信、不计前嫌的恩德，都不再有二心了。刘道规派刘遵分兵到外地去作为游击部队，自己则在豫章口抵抗徐道覆的进攻，结果，他的前锋部队失利。刘遵这时从外围拦腰横击徐道覆军队，把他们打得大败，杀死一万多人，其余的跳水淹死很多，敌军几乎死光。徐道覆仅坐一条船逃回湓口。当初，刘道规派刘遵去做游击军，众人都认为现在强大的敌人在前，本来担心兵力太少，就不应该再把现在本来就不多的兵力分割，安排在没有用处的地方，等到打败徐道覆之后，全是依靠这支游击军的力量，大家的心中才感到佩服。

卢循留下镇守广州的军队，不认为海道上会有什么危险。庚戌（十一月初二），孙处等人带兵在海上乘船突然来到，正好赶上大雾迷漫，便从四面围攻广州，当天就攻克了这座城池。孙处安抚那里旧有的居民，杀死了卢循的亲朋党羽，并在这里时刻备战，严密防守。他又分别派遣沈田子等人带兵进攻五岭以南各郡。

刘裕在雷池驻军。卢循扬言不去进攻雷池，而要顺江水直接东下。刘裕知道他打算进行一场决战。十二月，己卯（初一），他带兵进军到大雷。庚辰（初二），卢循、徐道覆统帅几万部众涌满长江，向下游进发，前后都看不见船队的头尾。刘裕出动自己所有的轻型战船，率领几路大军一齐奋力进攻敌人。他又分出一部分步兵骑兵驻扎在长江西岸，事先准备好火攻的用具。刘裕下令用强劲的弩箭射击卢循的军队，配合着大风和水流的情势逼迫敌军。卢循的军队战船只好全部停泊在西岸。这时，岸上埋伏的东晋军队纷纷把火投向敌船，焚烧敌人，顿时浓烟四起，火焰冲天，卢循的部队大败，只好逃回寻阳，他们准备赶到豫章，于是全力在左里路上构筑栅栏等工事。丙申（十八日），刘裕的大部队抵达左里，不能前进。刘裕挥旗指挥军队准备战斗，他所拿的旗竿突然折断，指挥旗落入水中，大家为此感到奇怪和恐惧。刘裕笑着说："当年，在覆舟山那场战役中，我的指挥旗竿也折断了，现在又是那样，敌人一定失败了。"便突破栅栏路障等向前进军。卢循的军队虽然拼命决战，但是也无法阻挡。卢循坐着一只船逃走，他的部下被杀和被淹死的有一万多人。官军收降了敌军的一些士兵，并宽释了那些被逼参加的人。刘裕又派遣刘藩、孟怀玉带领轻装部队追击逃跑的敌人。卢循收拢逃散的士卒，还有几千人，想直接回番禺。徐道覆逃回始兴固守。刘裕指派建威将军褚裕之代理广州刺史。褚裕之是褚裒的曾孙。刘裕回建康。刘毅讨厌刘穆之，经常对刘裕怂恿说刘穆之的权力太大，刘裕却对刘穆之越加信任亲热。

第一百一十六卷　晋纪三十八

译文诵读

安皇帝辛义熙七年（辛亥，411）

秦广平公弼有宠于秦王兴，为雍州刺史，镇安定。姜纪谄附于弼，劝弼结兴左右以求入朝。兴征弼为尚书令、侍中、大将军。弼遂倾身结纳朝士，收采名势，以倾东宫；国人恶之。

兴命群臣搜举贤才。右仆射梁喜曰："臣累受诏而未得其人，可谓世之乏才。"兴曰："自古帝王之兴，未尝取相於昔人，待将于将来，随时任才，皆能致治。卿自识拔不明，岂得远诬四海乎？"群臣咸悦。

三月，刘裕始受太尉、中书监，以刘穆之为太尉司马，陈郡殷景仁为行参军。裕问穆之曰："孟昶参佐谁堪入我府者？"穆之举前建威中兵参军谢晦。晦，安兄据之曾孙也，裕即命为参军。裕尝讯囚，其旦，刑狱参军有疾，以晦代之；于车中一览讯牒，催促便下。相府多事，狱系殷积，晦随问酬辨，曾无违谬；裕由是奇之，即日署刑狱贼曹。晦美风姿，善言笑，博赡多通，裕深加赏爱。

卢循行收兵至番禺，遂围之，孙处拒守二十余日。沈田子言于刘藩曰："番禺城虽险固，本贼之巢穴；今循围之，或有内变。且孙季高众力寡弱，不能持久，若使贼还据广州，凶势复振矣。"夏，四月，田子引兵救番禺，击循，破之，所杀万余人。循走，田子与处共追之，又破循于苍梧、郁林、宁浦。会处病，不能进，循奔交州。

初，九真太守李逊作乱，交州刺史交趾杜瑗讨斩之。瑗卒，朝廷以其子慧度为交州刺史。诏书未至，循袭破合浦，径向交州；慧度帅州府文武拒循于石碕，破之。循余众犹三千人，李逊余党李脱等结集俚獠五千余人以应循。庚子，循晨至龙编南津；慧度悉散家财以赏军士，与循合战，掷雉尾炬焚其舰，以步兵夹岸射之，循众舰俱然，兵众大溃。循知不免，先鸩妻子，召妓妾问曰："谁能从我死者？"多云："雀鼠贪生，就死实难。"或云："官尚当死，某岂愿生！"乃悉杀诸辞死者，因自投于水。慧度取其尸斩之，并其父子及李脱等，函七首送建康。

八年（壬子，412）

以后将军豫州刺史刘毅为卫将军、都督荆、宁、秦、雍四州诸军事、荆州刺史。毅谓左卫将军刘敬宣曰：“吾忝西任，欲屈卿为长史南蛮，岂有见辅意乎？”敬宣惧，以告太尉裕，裕笑曰：“但令老兄平安，必无过虑。”

毅性刚愎，自谓建义之功与裕相埒，深自矜伐，虽权事推裕而心不服；及居方岳，常怏怏不得志。裕每柔而顺之，毅骄纵滋甚，尝云：“恨不遇刘、项，与之争中原！”及败于桑落，知物情已去，弥复愤激。裕素不学，而毅颇涉文雅，故朝士有清望者多归之，与尚书仆射谢混，丹杨尹郗僧施，深相凭结。僧施，超之从子也。毅既据上流，阴有图裕之志，求兼督交、广二州，裕许之。毅又奏以郗僧施为南蛮校尉后军司马，毛脩之为南郡太守，裕亦许之，以刘穆之代僧施为丹杨尹。毅表求至京口辞墓，裕往会之于倪塘。宁远将军胡藩言于裕曰：“公谓刘卫军终能为公下乎？”裕默然，久之，曰：“卿谓何如？”藩曰：“连百万之众，攻必取，战必克，毅以此服公；至于涉猎传记，一谈一咏，自许以为雄豪；以是缙绅白面之士辐凑归之。恐终不为公下，不如因会取之。”裕曰“吾与毅俱有克复之功，其过未彰，不可自相图也。”

刘毅至江陵，多变易守宰，辄割豫州文武、江州兵力万余人以自随。会毅疾笃，郗僧施等恐毅死，其党危，乃劝毅请从弟兖州刺史藩以自副，太尉裕伪许之。藩自广陵入朝，已卯，裕以诏书罪状毅，云与藩及谢混共谋不轨，收藩及混赐死。

壬午，裕帅诸军发建康，参军王镇恶请给百舸为前驱。丙申，至姑孰，以镇恶为振武将 军，与龙骧将军蒯恩将百舸前发，裕戒之曰：“若贼可击，击之；不可者，烧其船舰，留屯水际以待我。”于是镇恶昼夜兼行，扬声言刘兖州上。

冬，十月，己未，镇恶至豫章口，去江陵城二十里，舍船步上。蒯恩军居前，镇恶次之。舸留一二人，对舸岸上立六七旗，旗下置鼓，语所留人：“计我将至城，便鼓严，令若后有大军状。”又分遣人烧江津船舰。镇恶径前袭城，语前军士：“有问者，但云刘兖州至。”津戍及民间皆晏然不疑。未至城五六里，逢毅要将朱显之欲出江津，问：“刘兖州何在？”军士曰：“在后。”显之至军后不见藩，而见军人担彭排战具，望江津船舰已被烧，鼓严之声甚盛，知非藩上，便跃马驰去告毅，行令闭诸城门。镇恶亦驰进，门未及下关，军人因得入城。卫军长史谢纯入参承毅，出闻兵至，左右欲引车归。纯叱之曰：“我，人吏也，逃将安之！”驰还入府。纯，安兄据之孙也。镇恶与城内兵斗，且攻其金城，自食时至中晡，城内人败散。镇恶穴其金城而入，遣人以诏及赦文并裕手书示毅，毅皆烧不视，与司马毛脩之等督士卒力战。城内人犹未信裕自来，军士从毅自东来者，与台军多中表亲戚，且斗且语，知裕自来 ，人情离骇。逮夜，听事前兵皆散，斩毅勇将赵蔡，毅左右兵犹闭东西阁拒战。镇恶虑暗中自相伤犯，乃引军出围金城，开其南面。毅虑南有伏兵，夜半，帅左右三百许人开北门突出，毛脩之谓谢纯曰：“君但随仆去。”纯不从，为人所杀。

毅夜投牛牧佛寺。初，桓蔚之败也，走投牛牧寺僧昌，昌保藏之，毅杀昌。至是，寺僧拒之曰："昔亡师容桓蔚，为刘卫军所杀，今实不敢容异人。"毅叹曰："为法自弊，一至于此！"遂缢而死。明日，居人以告，乃斩首于市，并子侄皆伏诛。毅兄模奔襄阳，鲁宗之斩送之。

诸葛长民骄纵贪侈，所为多不法，为百姓患，常惧太尉裕按之。及刘毅被诛，长民谓所亲曰："'昔年醢彭越，今年杀韩信。'祸其至矣！"乃屏人问刘穆之曰："悠悠之言，皆云太尉与我不平，何以至此？"穆之曰："公溯流远征，以老母稚子委节下；若一豪不尽，岂容如此邪？"长民意乃小安。

刘穆之忧长民为变，屏人问太尉行参军东海何承天曰："公今行济否？"承天曰："荆州不忧不时判，别有一虑耳。公昔年自左里还入石头，甚脱尔；今还，宜加重慎。"穆之曰："非君，不闻此言。"

裕在江陵，辅国将军王诞白裕求先下，裕曰："诸葛长民似有自疑心，卿讵宜便去！"诞曰："长民知我蒙公垂盼，今轻身单下，必当以为无虞，乃可以少安其意耳。"裕笑曰："卿勇过贲、育矣。"乃听先还。

九年（癸丑，413）

太尉裕自江陵东还，骆驿遣辎重兼行而下，前刻至日，每淹留不进。诸葛长民与公卿频日奉候于新亭，辄差其期。乙丑晦，裕轻舟径进，潜入东府。三月，丙寅朔旦，长民闻之，惊趋至门。裕伏壮士丁旿于幔中，引长民却入间语，凡平生所不尽者皆及之。长民甚悦，丁旿自幔后出，於座拉杀之，舆尸付延尉。收其弟黎民，黎民素骁勇，格斗而死。并杀其季弟大司马参军幼民、从弟宁朔将军秀之。

太尉裕上表曰："大司马温以'民无定本，伤治为深'，《庚戌》土断以一其业，于时财阜国丰，实由于此。自兹迄今，渐用颓弛，请申前制。"于是依界土断，唯徐、兖、青三州居晋陵者，不在断例；诸流寓郡县多所并省。

夏王勃勃大赦，改元凤翔；以叱干阿利领将作大匠，发岭北夷、夏十万人筑都城于朔方水北、黑水之南。勃勃曰："朕方统一天下，君临万邦，宜名新城曰统万。"阿利性巧而残忍，蒸土筑城，锥入一寸，即杀作者而并筑之。勃勃以为忠，委任之。凡造兵器成，呈之，工人必有死者：射甲不入则斩弓人，入则斩甲匠。又铸铜为一大鼓，飞廉、翁仲、铜驼、龙虎之属，饰以黄金，列于宫殿之前。凡杀工匠数千，由是器物皆精利。

勃勃自谓其祖从母姓为刘，非礼也。古人氏族无常，乃改姓赫连氏，言帝王系天为子，其徽赫与天连也；其非正统者，皆以铁伐为氏，言其刚锐如铁，皆堪伐人也。

十年（甲寅，414）

司马休之在江陵，颇得江、汉民心。子谯王文思在建康，性凶暴，好通轻侠；

太尉裕恶之。三月，有司奏文思擅捶杀国吏，诏诛其党而宥文思。休之上疏谢罪，请解所任，不许。裕执文思送休之，令自训厉，意欲休之杀之；休之但表废文思，并与裕书陈谢。裕由是为悦，以江州刺史孟怀玉兼督豫州六郡以备之。

秦左将军姚文宗有宠于太子泓，广平公弼恶之，诬文宗有怨言，秦王兴怒，赐文宗死，于是群臣畏弼侧目。弼言于兴，无不从者，以所亲天水尹冲为给事黄门侍郎，唐盛为治书侍御史，兴左右掌机要者，皆其党也。右仆射梁喜、侍中任谦、京兆尹尹昭承间言于兴曰："父子之际，人所难言；然君臣之义，不薄于父子，故臣等不得默然。广平公弼，潜有夺嫡之志，陛下宠之太过，假其威权；倾险无赖之徒辐凑附之。道路皆言陛下将有废立之计，信有之乎？"兴曰："岂有此邪！"喜等曰："苟无之，则陛下爱弼，适所以祸之；愿去其左右，损其威权，如此，非特安弼，乃所以安宗庙、社稷。"兴不应。大司农窦温、司徒左长史王弼皆密疏劝兴立弼为太子，兴虽不从，亦不责也。

兴疾笃，弼潜聚众数千人，谋作乱。姚裕遣使以弼逆状告诸兄在藩镇者，于是姚懿治兵于蒲阪，镇东将军、豫州牧洸治兵于洛阳，平西将军谌治兵于雍，皆欲赴长安讨弼。会兴疾瘳，见群臣，征虏将军刘羌泣以告兴。梁喜、尹昭请诛弼，且曰："苟陛下不忍杀弼，亦当夺其权任。"兴不得已，免弼尚书令，使以将军、公还弟。懿等各罢兵。

懿、洸、谌与姚宣皆入朝，使裕入白兴，求见，兴曰："汝等正欲论弼事耳，吾已知之。"裕曰："弼苟有可论，陛下所宜垂听；若懿等言非是，便当置之刑辟，奈何逆拒之！"于是引见懿等于咨议堂。宣流涕极言，兴曰："吾自处之，非汝曹所忧。"抚军东曹属姜虬上疏曰："广平公弼，衅成逆著，道路皆知之。昔文王之化，刑于寡妻；今圣朝之乱，起自爱子，虽欲含忍掩蔽，而逆党扇惑不已，弼之乱心何由可革！宜斥散凶徒，以绝祸端。"兴以虬表示梁喜曰："天下人皆以吾儿为口实，将何以处之？"喜曰："信如虬言，陛下宜早裁决。"兴默然。

十一月，壬午，魏主嗣遣使者巡行诸州，校阅守宰资财，非家所赍，悉簿为赃。

魏博士祭酒崔浩为魏主嗣讲《易》及《洪范》，嗣因问浩天文、术数；浩占决多验，由是有宠，凡军国密谋皆预之。

晋安帝义熙七年（辛亥、公元411年）

后秦广平公姚弼，受到后秦王姚兴的宠爱，担任雍州刺史，镇守安定。姜纪投靠姚弼，极尽谄媚，他劝说姚弼结交姚兴身边的人，争取回到朝廷任职。姚兴征召姚弼为尚书令、侍中、大将军。姚弼于是谦恭地与朝中官员交往结纳，树立名望，培植势力，以此排挤太子姚泓，国内官民，对他非常讨厌。

姚兴命令大臣们寻找荐举贤能的人才。右仆射梁喜说："臣几次接受诏命却没有得到一个那样的人，可以说世上的确缺乏人才。"姚兴说："自古以来，帝王之业兴起的时候，从不曾在古人的行列中借取宰相，也不曾等待在将来出生的人中选拔大将，他们都是随时随地在当世选任才俊，却也都能使国家得到较好的治理。你自己缺乏识才拔才的眼光，怎么可以诬蔑说广大的四海没有俊才呢？"大臣们都很高兴。

三月，东晋刘裕开始接受太尉、中书监的职务。他任命刘穆之为太尉司马，任命陈郡人殷景仁为行参军。刘裕问刘穆之说："孟昶手下的人谁可以到我这里做事？"刘穆之荐举前建威中兵参军谢晦。谢晦是谢安的哥哥谢据的曾孙。刘裕便命他为参军。刘裕曾经亲自去审问囚犯，那天早晨，恰好刑狱参军有病，便让谢晦去顶替。谢晦在车中，只把各种诉状口供看了一遍，催促令立刻就能下达。宰相府的杂事繁多，讼案更是堆积了很多，谢晦随着询问便进行安排分辨，从没有发生过错误。刘裕因此认为他是一个奇才，当天便调他任刑狱贼曹。谢晦风度优美，善于言谈逗趣，见多识广，刘裕对他非常欣赏喜爱。

卢循在撤退的过程中收集残兵败将，来到番禺，于是把番禺包围，孙处在那里抵抗坚守了二十多天。沈田子对刘藩说："番禺城池虽然险要坚固，但是因本来就是敌兵的老窝，现在被卢循围困着，或许城里会出现变乱。况且孙处的军队少，力量弱，不可能坚持太久，如果让这些贼兵回来占据了广州，那么他们的凶恶势力就要重振了。"夏季，四月，沈田子带兵去援救番禺，进攻卢循，并把他打败，杀死一万多人。卢循逃跑，沈田子与孙处一起去追击他，又在苍梧、郁林、宁浦等地几次打败卢循。正巧此时孙处病倒，大军不能继续前进，卢循乘机投奔交州。

当初，九真太守李逊起兵叛乱，交州刺史交趾人杜瑗前去讨伐，并把他斩杀。杜瑗去世，朝廷任命他的儿子杜慧度为交州刺史。诏书还没有到达，卢循已经攻占了合浦，一直奔向交州。杜慧度率领州府的文武官员在石碕迎击卢循，把他打败。卢循剩下的残兵还有三千人，李逊的余党李脱等人也结集俚獠族人五千多响应卢循。庚子（四月二十四日），卢循早晨到达龙编南面的渡口，杜慧度把自己家的财产全部散发给军士们作奖赏，与卢循展开决战。杜慧度军队投掷许多雉尾炬，用来焚烧对方的战舰，又用步兵在两岸开弓射箭进攻敌人，卢循军队的那些船全部着火，部众彻底溃散。卢循知道自己这次难免一死，于是先用毒酒毒死妻子，然后把那些歌妓、小妾等召集在一起问道："你们谁能跟我一起死？"这些人都说："即使是一只麻雀、一个老鼠也都贪生，跟你一起死，实在太难。"但也有的说："您都要死了，我怎能愿意再活下去！"卢循于是把那些不愿死的全部杀掉，随后自己也投水自杀。杜慧度把他的尸体捞上来，割下人头，再加上他父亲、儿子以及李脱等共七颗人头，装在木盒中，送往都城建康。

八年（壬子，公元412年）

东晋朝廷任命后将军、豫州刺史刘毅为卫将军，都督荆、宁、秦、雍四州诸军事，荆州刺史。刘毅对左卫将军刘敬宣说："我忝居西方重任，打算委屈你为南蛮长史，你有没有帮我忙的意思？"刘敬宣很害怕，把这件事告诉了太尉刘裕，刘裕笑着说："总会让你老兄平安，一定不要过分忧虑。"

刘毅性格刚愎自用，自以为当年勤王举义的功劳与刘裕相等，心里深深为此骄矜自负，因此，虽然暂时拥戴听从刘裕，但是心里却并不服气，等到独当一面，当上一个地区的首脑之后，仍然经常郁闷不乐，觉得志向不得实现。刘裕每每对他容让顺从，这更加纵容滋长了他的狂傲，曾说："真遗憾没有遇到刘邦、项羽，跟他们争夺中原！"到了在桑落惨败之后，他知道自己的情势已去，更增加了他的烦恼和愤激。刘裕一向不读书，刘毅却相当地涉猎过一些文墨，所以朝中有很多名望清高的有学识的人，都与他往来密切。他与尚书仆射谢混、丹阳尹郗僧施关系最好，感情最深，互相结纳。郗僧施是郗超的侄儿。刘毅把持了长江上游一带的大权之后，暗地里有图谋刘裕的志向，便请求兼管交、广二州的军事，刘裕也答应了他。刘毅又奏请任命郗僧施为南蛮校尉后军司马，任命毛修之为南郡太守，刘裕又答应了他，改派刘穆之代替郗僧施为丹阳尹。刘毅上表请求到京口去向祖先的坟墓辞行，刘裕前往倪塘与他相会。宁远将军胡藩对刘裕进言道："您说刘毅能永远地做您的部下吗？"刘裕沉默不语，很久，说："你认为应当怎么办？"胡藩说："统帅百万大军，攻击一定得手，交战一定胜利，刘毅以此佩服您。至于博览群书，谈吐吟咏，他却自认为是英雄豪杰。正因如此，高雅的士绅、白面的书生等集中归附到他那里。我担心他终将不会甘心在您之下，不如趁这次会面的机会，干脆除掉他。"刘裕说："我与刘毅都有使国家复兴的功劳，他的罪过还没有表露出来，不可自相残杀。"

王镇恶蒙冲沂渭

刘毅抵达江陵，对下属的守宰等地方官进行很大的变动、撤换，他擅自抽调豫州原来的老文武僚属、江州的原部众一万多人跟随自己到荆州。正好赶上刘毅病重，郗僧施等人恐怕刘毅死掉，他们这一党处境危险，于是劝说刘毅请求朝廷派自己的堂弟兖州刺史刘藩做自己的副手，太尉刘裕假装答应了他。刘藩从广陵前往建康来朝见皇帝。己卯（九月十二日），刘裕用皇帝的名义下诏书，公布刘毅的罪状，指出他与刘藩以及谢混等人一起阴谋叛乱，抓住了刘藩和谢混，命令他们自杀。

壬午（九月十五日），刘裕率领几支部队从建康出发，参军王镇恶请求交给他一百条船担任先锋。丙申（九月二十九日），抵达姑孰，任命王镇恶为振武将军，与龙骧将军蒯恩带领一百条船提前出发，刘裕告诫他们说："如果敌人可以战胜，便进攻他们；如果不能取胜，便把他们的船舰烧毁，停留在水边等待我来。"于是王镇恶白天黑夜地加速前进，声言说是刘藩到来。

冬季，十月，己未（二十二日），王镇恶抵达豫章口，离江陵城只有二十里，因此，他们下船，步行进军。蒯恩带兵走在前面，王镇恶紧跟着他。每条船上只留一二个人，停船的岸上立起六七面旗帜，旗下放置战鼓，告诉留下的人："估计我们就要到江陵城时，你们便不停地擂起战鼓，做出后面好像还有大部队的样子。"又分别派人去火烧江津那里的船舰。王镇恶径直去突袭江陵城，告诉前面的军士："如果有人问，就说刘藩到了。"渡口卫兵和当地百姓都安下心来，毫不怀疑。离城还有五六里远时，正好碰上刘毅手下的重要将领朱显之准备去江津，问道："刘藩在哪里？"军士们说："在后面。"朱显之到了部队的后面也没有看到刘藩，却看见军士扛着盾牌、旁排等作战工具，又看见江津的船舰已经火起被烧，江边擂鼓的声音又很大，恍然大悟不是刘藩到来，便跳上马背，飞马回城向刘毅报告，下令赶快关闭各个城门。王镇恶也跟着跑进城去，城门还没来得及关闭，军队所以得以进入江陵城。卫军长史谢纯进府去拜见刘毅，出来的时候，听说军队杀到，左右侍从打算拉着他的车回去，谢纯呵斥他们说："我是人家的下属，逃能逃到哪里去？"于是驰回刘毅府中。谢纯是谢安的哥哥谢据的孙子。王镇恶与城内的士兵展开激战，一面又进攻江陵的牙城，从中午直到傍晚，城内的守军终于败退溃散。王镇恶从牙城挖一个洞，冲了进去，派人把皇帝的诏书和赦免他的文件以及刘裕写给他的亲笔信交给刘毅，刘毅看也不看，便全部烧掉了。他与司马毛修之等人督促士卒拼力死战。城内的人还不相信刘裕亲自到来，可是军队中那些跟着刘毅从东方来的士兵，与朝廷来的兵有一些是表亲的关系，他们一边交战一边对话。知道的确是刘裕亲自来了，人心为此震骇离乱。到了夜晚，刘毅办公的府前卫兵全部逃散，并杀掉了刘毅手下的勇将赵蔡；刘毅身边的侍卫还关紧东西大门顽强抗拒。王镇恶担心黑暗之中自己的士兵彼此误伤，于是又把部众带出围困牙城，并把南面打开一个出口。刘毅害怕南面有埋伏的官兵，半夜的时候，率领三百个左右的侍卫，打开北门突围出去。毛修之对谢纯说："你只管跟我去。"谢纯不同意，被别人杀掉了。

刘毅连夜投奔牛牧佛寺。当初，桓蔚失败的时候，便跑到这里投奔牛牧寺的僧人昌。昌把桓蔚藏了起来，保护他，刘毅则杀了昌。到这时，寺里的僧人们拒绝了他，说："过去我们亡故的师傅昌容留桓蔚，被你杀死，现在实在再不敢容留他人了。"刘毅哀叹说："自己制订法律规章断绝自己的活路，竟然到了这种程度！"于是，他自己上吊而死。第二天，当地居民报告，王镇恶便将他的尸体拖到市中，砍下脑袋。他的儿子、侄子等也都一起被杀。刘毅的哥哥刘模逃奔到襄阳，雍州刺史鲁宗之斩了他，并把人头送到建康。

东晋豫州刺史诸葛长民骄横放纵，贪婪奢侈，干的事大多都不合法度，成了百姓的一大祸患。他也常常担心太尉刘裕查处他。到了刘毅被杀，诸葛长民便对他所亲近的人说：“‘前年杀彭越，今年杀韩信。’我的大祸就要来了！”于是，他把别人屏退，问刘穆之说：“大家纷纷传言，都说太尉对我非常不满，这是什么原因？”刘穆之说：“刘公逆流而上，远征刘毅，把老母和幼子全都交给您照顾，如果有一点点的不信任，哪里能这样呢？”诸葛长民的心里才稍稍安定一些。

刘穆之担心诸葛长民制造叛乱，屏退别人问太尉行参军、东海人何承天说：“刘公这次能不能成功？”何承天说：“荆州不怕不马上被平定，不过有另外一个值得忧虑的事。刘公过去在左里大胜之后回到石头，非常轻松随便，但这次回来，却应该加倍谨慎。”刘穆之说：“不是你，听不到这样的忠告。”

刘裕在江陵，辅国将军王诞向刘裕表示，请求先行东还，刘裕说：“诸葛长民好像自己非常担心，你怎么敢轻易地就走！”王诞说：“诸葛长民知道我一向承蒙您的垂爱照顾，我现在轻装简从，单身而回，他就一定会觉得没有危险，这样也可以稍稍安定一下他的心意。”刘裕笑着说：“你的勇气，超过孟贲、夏育了。”于是就听凭他先回去。

九年（癸丑，公元413年）

东晋太尉刘裕从江陵东下，返回建康，陆续把军用物资尽快地运送回去，在预定的日期以前，常常滞留，不能按期进发。诸葛长民与公卿们每天都到新亭去等候，每每错过日期。乙丑（三十日）夜，刘裕乘快速小艇迅速前进，暗中回到了东府。三月，丙寅朔（初一）凌晨，诸葛长民才得到消息，大吃一惊，急往晋见。刘裕命武士丁旿埋伏在幔中，然后迎接诸葛长民入内，把别人屏退，单独谈话，把凡是一生以来谈不透的话全部谈到了。诸葛长民非常高兴，却不料丁旿从帷幔后跳出来，在座位上杀死他。刘裕命令用车子把他的尸体拉到廷尉去判罪。又去抓他的弟弟诸葛黎民，诸葛黎民一向非常骁勇，拒捕格斗，被杀死。又杀了他的小弟弟大司马参军诸葛幼民、他的堂弟宁朔将军诸葛秀之。

东晋国太尉刘裕呈上奏表说：“从前，大司马桓温因为‘民众没有固定的根基，对国家的治理危害极大’，所以，颁布‘庚戌’诏书，规定按照现在的住所，确定流亡居民的籍贯，让他们安居乐业。当时财富的逐渐积累、国家的充实强盛，实在是由于这个缘故。从那个时候到现在，对这种规定的执行逐渐放松，因此，请求重新强调以前的这项政策。”于是按照现在居民的住所重新确定籍贯，只有徐、兖、青这三个州居住在晋陵的人，不在这个限制之内，那些寄居在别郡之上的郡县，有很多不是被合并，就是被撤销。

夏王刘勃勃下令实行大赦，改年号为凤翔。任命叱干阿利兼任将作大匠，征发岭北胡人、汉人共十万，在朔方水以北、黑水以南的地方建筑都城。刘勃勃说："我正要统一天下，以君王的地位统辖所有地区，因此，新城的名字应该叫'统万'。"叱干阿利性情乖巧伶俐，但却凶暴残忍。他用蒸过的土修筑城墙，验收时铁锥如果能插入一寸深，他就要把泥工杀掉并把他的尸首筑进城中。刘勃勃认为他非常忠诚，便把筑城的事全部交给了他。凡是把兵器造成，呈送给他过目的时候，做工的人当中就一定会有人被杀死：弓箭射不透铠甲，那么就杀掉做弓的人；如果射透了，就要杀死做铠甲的工匠。他又用铜铸成一面大鼓，把"飞廉""翁仲""铜驼""龙""虎"等塑像，面上装饰黄金，排列在宫殿之前。前后大约杀掉了几千名工匠，因此，武器什物等都打磨得非常锋利和精良。

刘勃勃自认为他的祖先沿用母姓，姓刘，不合礼法。鉴于古人用姓氏也没有常规，于是自己改姓"赫连"，意思是说帝王是天的儿子，他的伟大光耀与天相连。那些不是直系亲属的旁支后裔，都用"铁伐"为姓，意思是说他们钢强锐利如铁，都可以攻伐别人。

十年（甲寅，公元414年）

东晋司马休之在江陵任职，很得江汉一带百姓的民心。他的儿子谯王司马文思留在建康，性情凶狠残暴，喜欢结交江湖侠士。太尉刘裕非常讨厌他。三月，有关部门报告司马文思擅自打死封国的官吏，朝廷下诏杀了他的手下差役，却独独赦免了司马文思。司马休之呈上疏奏请求处罚，承认罪过，并要求解除他现在的职务，朝廷不许。刘裕把司马文思抓住，送给司马休之，让他自己训戒惩罚，意思是让司马休之自己把儿子杀了。司马休之只上表请求废黜司马文思的爵位，并写信给刘裕陈说谢罪。刘裕因此非常不高兴，任命江州刺史孟怀玉兼任督豫州六郡，用来戒备司马休之。

后秦左将军姚文宗受到太子姚泓的宠爱，广平公姚弼很讨厌他，诬告姚文宗说过不满的话。姚兴大怒，命令姚文宗自杀。于是文武大臣们畏惧姚弼，不敢正眼看他。姚弼对姚兴说的话，姚兴无不听从，姚弼让他的亲信天水人尹冲为给事黄门侍郎，唐盛为治书侍御史。姚兴身边掌管机要事务的人，都是姚弼的党羽。右仆射梁喜、侍中任谦、京兆尹尹昭寻找机会对姚兴说："父子之间的事情，别人很难插言。但是君臣之间的大义，却不比父子之间的关系疏远，因此，我们不能默然不语。广平公姚弼暗地里有夺嫡的想法，陛下您对他的宠爱太过分了，又交给他大权，培养他的威势，这样，那些阴险无赖的家伙们便纷纷像车辐那样，集结依附到他那里。路上的人都说陛下有废长立幼的打算，真有这事吗？"姚兴说："哪里有这事？"梁喜等人说："如果没有这事，那么陛下爱护姚弼，却正是给他惹祸呢。希望把他身边的官员全部除去，减小他的权力和威势，这样的话，不但是保护姚弼，而且也是在保护祖宗祭庙和国家政权的安全呀！"姚兴默不作声。大司农窦温、司徒左长史王弼都秘密上奏疏劝说姚兴改立姚弼为太子，姚兴虽然不同意，但是也不责怪他们。

姚兴病重，姚弼暗地里聚集部众几千人阴谋制造叛乱。姚裕派遣使者把姚弼将要叛逆的情形告诉给那些在外地镇守藩地的哥哥。于是姚懿在蒲阪动员部队，镇东将军、豫州牧姚洸在洛阳动员部队，平西将军姚谌在雍城动员部队，都打算到长安去讨伐姚弼。正好这时姚兴病情好转，召见文武百官，征虏将军刘羌便哭着把这种情况向姚兴做了禀告。梁喜、尹昭请求诛杀姚弼，又说："如果陛下不忍心杀姚弼，也应该把他的权力职位全部剥夺。"姚兴万不得已，免去了姚弼的尚书令职务，让他以将军、公爵的身份回家赋闲。姚懿等人也都各自停止军事行动。

姚兴的几个儿子姚懿、姚洸、姚谌与姚宣等都回到都城，让姚裕进宫告诉姚兴，求见父王。姚兴说："你们几个不过就是打算谈论姚弼的事罢了，我已经知道了。"姚裕说："姚弼的事如有谈论价值，陛下也应该听一听。如果姚懿等人说的不是属实的，便应该用刑法处罚他们，为什么要凭空猜测因而拒绝和他们谈话呢？"于是，姚兴在咨议堂召见姚懿等人。姚宣流着眼泪，仗义直言，姚兴说："我自己决定这事，不用你们担心。"抚军东曹属姜虬呈上疏奏说："广平公姚弼，灾祸已经形成，叛逆的迹象已经明显，路上的人谁都知道。过去周文王的教化之所以能够推广，是因为他首先用礼法要求自己的妻子。而今国家的变乱，是缘起于陛下的爱子，虽然打算包涵容忍掩饰庇护，但是那些叛党们却在不停地煽动蛊惑，姚弼的叛乱之心怎么能够消除呢？应该驱散姚弼身边的那些恶棍凶徒，以此断绝灾祸的来源。"姚兴把姜虬的奏书给梁喜看，说："天下的人都拿我的儿子当动乱的借口，应该怎么办才好呢？"梁喜说："真的就像姜虬说的，陛下应该尽早裁决。"姚兴默然不语。

十一月，壬午（二十七日），北魏国主拓跋嗣派遣使者到各州巡察，检查核对守宰等地方官的资产钱财，凡不是从家里自己带出来的东西，全部当做赃物记录下来。

北魏博士祭酒崔浩给国主拓跋嗣讲解《易经》和《尚书•洪范》，拓跋嗣于是向崔浩询问天文、术数等知识。崔浩占卜的结果大多数都应验了，从此，他得到了国主的宠信，凡是国家的和军事上的秘密计划，他都参预意见。

第一百一十七卷 晋纪三十九

译文诵读

安皇帝壬义熙十一年（乙卯，415）

太尉裕收司马休之次子文宝、兄子文祖，并赐死；发兵击之。诏加裕黄钺，领荆州刺史。庚午，大赦。

辛巳，太尉裕发建康。以中军将军刘道怜监留府事，刘穆之兼右仆射；事无大小，皆决于穆之。又以高阳内史刘钟领石头戍事，屯冶亭。休之府司马张裕、南平太守檀范之闻之，皆逃归建康。裕，邵之兄也。雍州刺史鲁宗之自疑不为太尉裕所容，与其子竟陵太守轨起兵应休之。二月，休之上表罪状裕，勒兵拒之。

裕密书招休之府录事参军南阳韩延之，延之复书曰："承亲帅戎马，远履西畿，阖境士庶，莫不惶骇。辱疏，知以谯王前事，良增叹息。司马平西体国忠贞，款怀待物。以公有匡复之勋，家国蒙赖，推德委诚，每事询仰。谯王往以微事见劾，犹自表逊位；况以大过，而当嘿然邪！前已表奏废之，所不尽者命耳。推寄相与，正当如此；而遽兴兵甲，所谓'欲加之罪，其无辞乎！'刘裕足下，海内之人，谁不见足下此心，而复欲欺诳国士！来示云'处怀期物，自有由来'，今伐人之君，啖人以利，真可谓'处怀期物，自有由来'者乎！刘藩死於阊阖之门，诸葛毙于左右之手；甘言诧方伯，袭之以轻兵；遂使席上靡款怀之士，阃外无自信诸侯，以是为得算，良可耻也！贵府将佐及朝廷贤德，寄命过日。吾诚鄙劣，尝闻道于君子，以平西之至德，宁可无授命之臣乎！必未能自投虎口，比迹郗僧施之徒明矣。假令天长丧乱，九流浑浊，当与臧洪游于地下，不复多言。"裕视书叹息，以示将佐曰："事人当如此矣！"延之以裕父名翘，字显宗，乃更其字曰显宗，名其子曰翘，以示不臣刘氏。

太尉裕使参军檀道济、朱超石将步骑出襄阳。超石，龄石之弟也。江夏太守刘虔之将兵屯三连，立桥聚粮以待，道济等积日不至。鲁轨袭击虔之，杀之。裕使其婿振威将军东海徐逵之统参军蒯恩、王允之、沈渊子为前锋，出江夏口。逵之等与鲁轨战于破冢，兵败，逵之、允之、渊子皆死，独蒯恩勒兵不动。轨乘胜力攻之，不能克，乃退。渊子，林子之兄也。

裕军于马头，闻逵之死，怒甚；三月，壬午，帅诸将济江。鲁轨、司马文思将休之兵四万，临峭岸置陈，军士无能登者。裕自被甲欲登，诸将谏，不从，怒愈甚。太尉主簿谢晦前抱持裕，裕抽剑指晦曰："我斩卿！"晦曰："天下可无晦，不可无公！"建武将军胡藩领游兵在江津，裕呼藩使登，藩有疑色。裕命左右录来，欲斩之。藩顾曰："正欲击贼，不得奉教！"乃以刀头穿岸，劣容足指，腾之而上；随之者稍多。既登岸，直前力战。休之兵不能当，稍引却。裕兵因而乘之，休之兵大溃，遂克江陵。休之、宗之俱北走，轨留石城。裕命阆中侯下邳赵伦之、太尉参军沈林子攻之；遣武陵内史王镇恶以舟师追休之等。

赵伦之、沈林子破鲁轨于石城，司马休之、鲁宗之救之不及，遂与轨奔襄阳，宗之参军李应之闭门不纳。甲午，休之、宗之、轨及谯王文思、新蔡王道赐、梁州刺史马敬、南阳太守鲁范俱奔秦。宗之素得士民心，争为之卫送出境。王镇恶等追之，尽境而还。

诏加太尉裕太傅、扬州牧，剑履上殿，入朝不趋，赞拜不名。

魏比岁霜旱，云、代之民多饥死。太史令王亮、苏坦言于魏主嗣曰："按谶书，魏当都邺，可得丰乐。"嗣以问群臣，博士祭酒崔浩、特进京兆周澹曰："迁都于邺，可以救今年之饥，非久长之计也。山东之人，以国家居广汉之地，谓其民畜无涯，号曰：'牛毛之众，'今留兵守旧都，分家南徙，不能满诸州之地，参居郡县，情见事露，恐四方皆有轻侮之心；且百姓不便水土，疾疫死伤者必多。又，旧都守兵既少，屈丐、柔然将有窥窬之心，举国而来，云中、平城必危，朝廷隔恒、代千里之险，难以赴救，此则声实俱损也。今居北方，假令山东有变，我轻骑南下，布濩林薄之间，孰能知其多少！百姓望尘慑服，此国家所以威制诸夏也。来春草生，湩酪将出，兼以菜果，得及秋熟，则事济矣。"嗣曰："今仓廪空竭，既无以待来秋，若来秋又饥，将若之何？"对曰："宜简饥贫之户，使就食山东；若来秋复饥，当更图之，但方今不可迁都耳。"嗣悦曰："唯二人与朕意同。"乃简国人尤贫者诣山东三州就食，遣左部尚书代人周几帅众镇鲁口以安集之。嗣躬耕藉田，且命有司劝课农桑；明年，大熟，民遂富安。

秦王兴药动。广平公弼称疾不朝，聚兵于第。兴闻之，怒，收弼党唐盛、孙玄等，杀之。太子泓请曰："臣不肖，不能缉谐兄弟，使至于此，皆臣之罪也。若臣死而国家安，愿赐臣死；若陛下不忍杀臣，乞退就藩。"兴恻然悯之，召姚瓒、梁喜、尹昭、敛曼嵬与之谋，囚弼，将杀之，穷治党与；泓流涕固请，乃并其党赦之。泓待弼如初，无忿恨之色。

十二年（丙辰，416）

秦王兴如华阴，使太子泓监国，入居西宫。兴疾笃，还长安。黄门侍郎尹冲谋因泓出迎而杀之。兴至，泓将出迎，宫臣谏曰："主上疾笃，奸臣在侧，殿下今出，进不得见主上，退有不测之祸。"泓曰："臣子闻君父疾笃而端居不出，何以自安！”对曰：“全身以安社稷，孝之大者也。”泓乃止。尚书姚沙弥谓尹冲曰：“太子不出迎，宜奉乘舆幸广平公第；宿卫将士闻乘舆所在，自当来集，太子谁与守乎！且吾属以广平公之故，已陷名逆节，将何所自容！今奉乘舆以举事，乃杖大顺，不惟救广平之祸，吾属前罪亦尽雪矣。”冲以兴死生未可知，欲随兴入宫作乱，不用沙弥之言。

兴入宫，命太子泓录尚书事，东平公绍及右卫将军胡翼度典兵禁中，防制内外。遣殿中上将军敛曼嵬收弼第中甲仗，内之武库。

兴疾转笃，其妹南安长公主问疾，不应。幼子耕儿出，告其兄南阳公愔曰：“上已崩矣，宜速决计。”愔即与尹冲帅甲士攻端门，敛曼嵬、胡翼度等勒兵闭门拒战。愔等遣壮士登门，缘屋而入，及于马道。泓侍疾在咨议堂，太子右卫率姚和都率东宫兵入屯马道南。愔等不得进，遂烧端门，兴力疾临前殿，赐弼死。禁兵见兴，喜跃，争进赴贼，贼众惊扰；和都以东宫兵自后击之，愔等大败。愔逃于骊山，其党建康公吕隆奔雍，尹冲及弟泓来奔。兴引东平公绍及姚讚、梁喜、尹昭、敛曼嵬入内寝，受遗诏辅政。明日，兴卒。泓秘不发丧，捕南阳公愔及吕隆、大将军尹元等，皆诛之，乃发丧，即皇帝位，大赦，改元永和。泓命齐公恢杀安定太守吕超。恢犹豫久之，乃杀之。泓疑恢有贰心，恢由是惧，阴聚兵谋作乱。泓葬兴于偶陵，谥曰文桓皇帝，庙号高祖。

二月，加太尉裕中外大都督。裕戒严将伐秦，诏加裕领司、豫二州刺史，以其世子义符为徐、兖二州刺史。琅邪王德文请启行戎路，修敬山陵；诏许之。

宁州献琥珀枕于太尉裕。裕以虎珀治金创，得之大喜，命碎捣分赐北征将士。

裕以世子义符为中军将军，监太尉留府事。刘穆之为左仆射，领监军、中军二府军司，入居东府，总摄内外；以太尉左司马东海徐羡之为穆之之副；左将军朱龄石守卫殿省，徐州刺史刘怀慎守卫京师，扬州别驾从事史张裕任留州事。怀慎，怀敬之弟也。

刘穆之内总朝政，外供军旅，决断如流，事无拥滞。宾客辐凑，求诉百端，内外咨禀，盈阶满室；目览辞讼，手答笺书，耳行听受，口并酬应，不相参涉，悉皆赡举。又喜宾客，言谈赏笑，弥日无倦。裁有闲暇，手自写书，寻览校定。性奢豪，食必方丈，旦辄为十人馔，未尝独餐。尝白裕曰：“穆之家本贫贱，赡生多阙。自叨忝以来，虽每存约损，而朝夕所须，微为过丰，自此外一毫不以负公。”中军咨议参军张卲言于裕曰：“人生危脆，必当远虑。穆之若邂逅不幸，谁可代之？尊业如此，苟有不讳，处分云何？”裕曰：“此自委穆之及卿耳。”

丁巳，裕发建康，遣龙骧将军王镇恶、冠军将军檀道济将步军自淮、淝向许、洛，新野太守朱超石、宁朔将军胡藩趋阳城，振武将军沈田子、建威将军傅弘之趋武关，建武将军沈林子、彭城内史刘遵考将水军出石门，自汴入河，以冀州刺史王仲德督前锋诸军，开钜野入河。遵考，裕之族弟也。刘穆之谓王镇恶曰：“公今委卿以伐秦之任，卿其勉之！”镇恶曰：“吾不克关中，誓不复济江！”

王镇恶、檀道济入秦境，所向皆捷。秦将王苟生以漆丘降镇恶，徐州刺史姚掌以项城降道济，诸屯守皆望风款附。惟新蔡太守董遵不下，道济攻拔其城，执遵，杀之。进克许昌，获秦颍川太守姚垣及大将杨业。沈林子自汴入河，襄邑人董神虎聚众千余人来降，太尉裕版为参军。林子与神虎共攻仓垣，克之，秦兖州刺史韦华降。神虎擅还襄邑，林子杀之。

秦阳城、荥阳二城皆降，晋兵进至成皋。秦征南将军陈留公洸镇洛阳，遣使求救于长安。秦主泓遣越骑校尉阎生帅骑三千救之，武卫将军姚益男将步卒一万助守洛阳，又遣并州牧姚懿南屯陕津，为之声援。宁朔将军赵玄言於洸曰："今晋寇益深，人情骇动；众寡不敌，若出战不捷，则大事去矣。宜摄诸戍之兵，固守金墉，以待西师之救。金墉不下，晋必不敢越我而西，是我不战而坐收其弊也。"司马姚禹阴与檀道济通，主簿阎恢、杨虔，皆禹之党也，共嫉玄，言于曰："殿下以英武之略，受任方面；今婴城示弱，得无为朝廷所责乎！" 洸以为然，乃遣赵玄将兵千余南守柏谷坞，广武将军石无讳东戍巩城。玄泣谓洸曰："玄受三帝重恩，所守正有死耳。但明公不用忠臣之言，为奸人所误，后必悔之。"既而成皋、虎牢皆来降，檀道济等长驱而进，无讳至石关，奔还。龙骧司马荥阳毛德祖与玄战於柏谷，玄兵败，被十余创，据地大呼。玄司马蹇鉴冒刃抱玄而泣，玄曰："吾创已重，君宜速去！"鉴曰："将军不济，鉴去安之！"与之皆死。姚禹逾城奔道济。甲子，道济进逼洛阳，丙寅，洸出降。道济获秦人四千余人，议者欲尽坑之以为京观。道济曰："伐罪吊民，正在今日！"皆释而遣之。于是夷、夏感悦，归之者甚众。阎生、姚益男未至，闻洛阳已没，不敢进。

太尉裕遣左长史王弘还建康，讽朝廷求九锡。时刘穆之掌留任，而旨从北来，穆之由是愧惧发病。弘，珣之子也。十二月，壬申，诏以裕为相国、总百揆、扬州牧，封十郡为宋公，备九锡之礼，位在诸侯王上，领征西将军、司、豫、北徐、雍四州刺史如故。裕辞不受。

晋安帝义熙十一年（乙卯，公元415年）

东晋太尉刘裕逮捕了司马休之的次子司马文宝、侄子司马文祖，并命令他们自杀。刘裕发动军队，西上进攻司马休之。安帝下诏把皇帝专门用来诛杀的黄钺加授给刘裕，并命令他兼任荆州刺史。庚午（正月十六日），实行大赦。

辛巳（正月二十七日），东晋太尉刘裕统辖的军队，从京城建康出发。刘裕任命中军将军刘道怜监留府事，任命刘穆之兼右仆射。朝廷的事情，无论大小，都由刘穆之决定。他又任命高阳内史刘钟领石头戍事，屯扎在冶亭。司马休之府内的司马张裕、南平太守檀范之听说这事之后，都逃回到建康。张裕，是张邵的哥哥。雍州刺史鲁宗之怀疑自己终究不会被刘裕宽容，便与他的儿子竟陵太守鲁轨起兵响应司马休之。二月，司马休之呈上奏书给安帝，列举刘裕的罪状，同时也率领军队，准备抵抗刘裕。

刘裕写密信给司马休之府的录事参军、南阳人韩延之，招请他背叛司马休之，为自己效力。韩延之回信说："承蒙你亲自统领军马，踏上遥远的西方疆域，荆州全境的士民庶人，没有不惊慌震骇的。你屈尊给我写信，我才知道这次起兵完全是因为谯王司马文思过去的那件事，更使我增加许多感叹。司马休之忠心爱国，待人处事又宽怀诚恳，因为你立过匡复朝廷的巨大功勋，朝廷与宗室还需依赖你辅佐，因此推重你的德行，对你一片赤诚，几乎做每件事都听你的指教，看你的脸色。谯王司马文思过去因为一件小事受到弹劾责难，司马休之还曾自己上表请求辞职，何况谯王如果再犯大错，司马休之哪能闭口无言！前一段时间司马休之已经上表奏请撤销了谯王的王位，唯一没有做绝的不过是留下了司马文思的一条命罢了。推己及人，把这事交给别人，谁都会这么做的。但是你却因此突然兴师问罪，这真是'欲加之罪，何患无辞'！刘裕，四海之内的人，谁看不出你的这番用心？但是你却还要说谎欺骗国内的通达之士！你的来信说：'怀有谦敬之心，对别人的要求历来如此。'今天，你出兵征伐别人的君主，写信用私利引诱别人，这难道真是所谓的'怀有谦敬之心，对别人的要求历来如此'吗？刘藩死在皇宫的阊阖门，诸葛长民死在你的侍卫之手；用甜言蜜语夸耀地方要员，先稳住他们，然后再用轻装部队对他们发动突然袭击；于是，使朝廷的座席之上没有诚信忠贞的人，使京城之外没有了对自己的性命放心的封疆大吏，把这看成是实现了自己的目的，实在是可耻！你手下的那些将领佐僚以及朝廷里的贤明有德之人，都在把性命交给你过日子，我诚然是鄙陋粗劣，但是也曾经向君子学过做人的道理。像司马休之这样的德性好的人，怎么可以没有以性命相托的臣下呢？我一定不能去自投虎口，这种迹象，郗僧施这些人的遭遇已经表现得很明确了的。假如上天注定丧乱的局面还要延长，各派的纷争还要继续污浊不堪，那么我自然要与臧洪那样的人一起到九泉之下去游荡了，不再多言。"刘裕看到他的信，不禁叹息。他把信拿给手下的将领和官员们看，说："做别人的属下，应当这样啊！"韩延之因为刘裕的父亲名叫刘翘，字显宗，于是，把自己的字改成显宗，并给他的儿子取名叫韩翘，用这表示绝不做刘氏的臣下。

东晋太尉刘裕派遣参军檀道济、朱超石带领步兵骑兵进攻襄阳。朱超石是朱龄石的弟弟。江夏太守刘虔之带领部队屯驻在三连，修筑桥梁，积聚粮草，等待他们的到来，但是檀道济的军队却过了许多天也没有到来。鲁轨袭击刘虔之，并把他杀了。刘裕派他的女婿、振威将军、东海人徐逵之统领参军蒯恩、王允之、沈渊子等为前锋，出击江夏口。徐逵之等人在破冢与鲁轨交战，大军失败，徐逵之、王允之、沈渊子等都被杀，只有蒯恩的部队压住了阵脚，没有败退下去。鲁轨乘胜对他发动了猛攻，却不能攻克他的防守，于是退了下去。沈渊子是沈林子的哥哥。

刘裕在马头集结军队，听说徐逵之战死，愤怒异常。三月，壬午（二十九日），率领各位将领渡过长江。鲁轨、司马文思统领着司马休之的军队四万人，依傍着陡峭的江岸排下战阵，刘裕的军队士卒，没有人能攀登上去。刘裕披挂起铠甲，打算亲自攀登，各位将领纷纷劝阻，他却坚决不听，越发怒不可遏。太尉主簿谢晦上前抱住刘裕，刘裕拔着佩剑指着谢晦说："我杀了你！"谢晦说："天下可以没有我谢晦，但是却不可以没有您！"建武将军胡藩率领游击部队，此时正在江津，刘裕派人去叫胡藩，让他登岸，胡藩有些疑虑。刘裕命令身边的侍从去把他抓来，打算杀了他。胡藩看着来人说："我正打算去进攻贼兵，没时间前去受教！"于是，用刀尖在江岸上掘出小洞，仅能容下脚趾，他便踩着飞身跃上江岸，后边跟着他向上爬的人渐渐多了。登上江岸之后，便直奔上前，拼力死战。司马休之的军队无法抵挡，渐渐向后撤退。刘裕军队因此趁机猛攻，司马休之的部队完全溃败，刘裕于是攻克江陵。司马休之、鲁宗之一齐向北逃走，鲁轨留守在石城。刘裕命令阆中侯下邳人赵伦之、太尉参军沈林子进攻鲁轨；派遣武陵内史王镇恶带领水军船队追击司马休之等人。

东晋赵伦之、沈林子在石城打败鲁轨，司马休之、鲁宗之准备营救，却没有来得及，于是，与鲁轨一起逃奔襄阳，鲁宗之的参军李应之紧闭城门，不让他们进去。甲午（十二日），司马休之、鲁宗之、鲁轨，以及谯王司马文思、新蔡王司马道赐、梁州刺史马敬、南阳太守鲁范等人全部逃奔后秦。鲁宗之平时很受百姓拥护，人们纷纷掩护、保卫他，把他送出国境。王镇恶等人前来追捕他们，到了国境没有追上，便回去了。

东晋下诏加封太尉刘裕为太傅、扬州牧，特许他可以带剑穿鞋上殿，进宫朝见皇帝不必小步走，奏事时不必司仪称名通报。

北魏一连几年发生霜旱，收成不好，云中、代郡一带的老百姓有很多都饿死了。太史令王亮、苏坦向北魏国主拓跋嗣进言道："按着谶书的说法，我们魏国应把都城建在邺城，那样的话，才可以得到富足欢乐。"拓跋嗣向各位大臣征求对这事的意见，博士祭酒崔浩、特进京兆周澹说："迁都城到邺地，可以解救今年的饥荒，但却不是长久的办法。崤山以东的人民，认为国家本来居住在辽阔的大漠之上，以为国民和牲畜一定无数，因此，称作是'牛毛那样多'。现在，一旦迁都，便要留下军队戍守旧都，只能分出一部分人向南迁移，这些人不可能住满几个州的土地，只好与汉人参杂居住在各郡各县，这样，我们人少的情势就会暴露，恐怕四方的邻国也都会因此产生轻视我们的想法。况且我们的百姓，不习惯那里的水土，得病、受伤、死亡的人一定很多。再者，旧都的守兵减少之后，屈丐、柔然等国就会有窃取我们的想法，假如他们动员全国的军队前来进攻，云中、平城一定会发生危机，南迁后的朝廷由于有恒山、代郡的千里险要重重阻隔，很难前去营救，这样的话，就会在名声和实际利益上都受到损害。现在我们居住在北方，假如崤山之东的地区有什么变乱，我们派遣轻装骑兵向南进攻，把部队分布在林野中间，谁能知道我们人数的多少？老百姓看见我们的征尘就会畏慑敬服，这就是我们国之所以用威力制服汉人的真正原因。明年春天到来之后，杂草生长起来，家畜吃饱之后，牛奶乳酪等也便可以供应上了，再加上蔬菜水果，便可以维持到秋天粮食成熟的季节，我们面临的这些暂时困难便可以克服了。”拓跋嗣说：“现在国库彻底空了，已经没有办法再等到来年的秋天，如果明年秋天又出现饥荒，我们将怎么对付呢？”崔浩等回答说：“应该把最贫穷饥馁的人家挑选出来，让他们去太行山以东的地区去谋生，找饭吃。如果明年再饥荒，到时候再想办法，只是现在不可迁都。”拓跋嗣高兴地说：“只有你们二人与我的想法一致。”于是挑选百姓中最贫寒的人家前往太行山以东的三个州去谋生，并派左部尚书代郡人周几统率军队镇守鲁口，安抚召集他们。拓跋嗣本人也亲自下农田耕种，又命令有关部门劝勉指导人们从事农业和种桑养蚕的劳动。第二年，庄稼丰收，人民于是富足安定。

后秦王姚兴药性发作。广平公姚弼声称有病，不去参加朝见，却把手下的部队聚集在自己的府第之中。姚兴听说这事后，大怒，抓住姚弼的党羽唐盛、孙玄等人，杀掉。太子姚泓请求说：“臣子不肖，不能团结兄弟，所以才导致这样的结果，这都是我的罪过。如果我死之后国家可以得到安定，我希望您命我自杀。如果陛下不忍心杀掉我，那么我请求退居藩属的位置。”姚兴心中悲悯姚泓，召见姚赞、梁喜、尹昭、敛曼嵬等，与他们商议，逮捕了姚弼，准备杀掉他，并彻底追查处理了他的亲信党羽。姚泓流着眼泪，一再请求，姚兴这才赦免了姚弼和他的那些同党。姚泓对待姚弼跟以前一样，没有丝毫愤恨的样子。

十二年（丙辰，公元416年）

后秦王姚兴前往华阴，让太子姚泓主持朝廷政务，进入西宫居住。姚兴病重，回长安。黄门侍郎尹冲谋划，要趁姚泓出去迎接的机会杀掉他。姚兴驾到，姚泓准备出去迎接，宫中官员劝阻道：“主上病危，奸臣就在身旁，殿下现在如果出去，向前也看不见主上，后退则一定有难以预料的灾祸。”姚泓说：“作为臣下和儿子听说君王和父亲病重，却稳稳当当地坐在那里不出去迎候，心里哪能平安呢？”下属们回答说：“保全自己目的是为了使国家稳定，这是最大的孝心了。”姚泓这才没有出去。尚书姚沙弥对尹冲说：“太子不出来迎接，我们应该把皇帝的车轿抬到广平公的府第去。禁卫军的将士听说皇上在这里，自然应当集中过来，谁去保护太子呢？况且我们因为广平公的缘故，名字已经被注定是叛逆了，将来到哪里安身？现在趁机挟持皇帝发动事变，是名正言顺的，不但是把广平公从祸患中解救出来，而且我们这些人以前的罪名也可以全部洗雪了。”尹冲因为姚兴的死活还不知道，打算跟随姚兴进宫，然后再寻找机会叛乱，便不采纳姚沙弥的建议。

姚兴进了内宫，命令太子姚泓录尚书事，命令东平公姚绍及右卫将军胡翼度带兵驻防王宫，对内外情势，严加防御。派遣殿中上将军敛曼嵬搜查收缴姚弼府第中的武器装备，存入国家的武器仓库。

姚兴的病越来越重，他的妹妹南安长公主前来探病，问候他，他没有回答。

他的小儿子姚耕儿出宫，告诉他的哥哥南阳公姚愔说："皇上已经驾崩了，应该快点决定对策。"姚愔便与尹冲率领全副武装的战士进攻端门，敛曼嵬、胡翼度等人指挥军队紧闭宫门拒守力战。姚愔等人派遣精壮的士兵登上门楼，沿着屋檐前进，到了马道的地方。姚泓在咨议堂侍奉父亲的病，太子右卫率姚和都率领太子宫的军队进驻马道以南。姚愔等没有办法前进，于是，便放火烧了端门。姚兴勉强支撑起来，来到前殿，命令姚弼自杀。禁卫部队看到姚兴，欢呼跳跃，争先恐后地发动冲锋攻击敌兵，敌兵惊慌失措。姚和都又带领太子宫卫队从后面夹击敌人，姚愔等人大败。姚愔逃奔骊山，他的同党建康公吕隆逃奔雍城，尹冲和他的弟弟尹泓逃奔东晋。姚兴把东平公姚绍以及姚谠、梁喜、尹昭、敛曼嵬召进内宫他的床边，交给他们遗诏，让他们辅佐朝政。第二天，姚兴去世。姚泓封锁姚兴的死讯，不发布消息，下令逮捕南阳公姚愔和吕隆、大将军尹元等人，全部杀掉，然后才公布父亲去世的消息，登上帝位，下令大赦，改年号为永和。姚泓命令齐公姚恢杀掉安定太守吕超。姚恢犹豫很久，才把吕超杀了。姚泓怀疑姚恢对他有二心，姚恢因此非常害怕，暗地里聚集军队阴谋叛乱。姚泓把姚兴安葬在偶陵，追谥为文桓皇帝，庙号高祖。

二月，东晋朝廷加授太尉刘裕为中外大都督。刘裕动员军队严加戒备，准备讨伐后秦，安帝下诏加授刘裕兼任司、豫二州刺史，任命他的世子刘义符为徐、兖二州刺史。琅邪王司马德文请求率领部队在前开路，到洛阳去整修祖先的陵墓。安帝下诏允许。

东晋宁州把一个琥珀做的枕头进献给太尉刘裕。刘裕因为琥珀可以治疗外伤，所以得到这个枕头非常高兴，命令把它捣碎，分别赐给即将要去北方征战的将士。

刘裕任命自己的世子刘义符为中军将军，监太尉留府事。任命刘穆之为左仆射，兼任监军、中军二府军司，并让他进入东府居住，总管朝廷内外的一切事务。任命太尉左司马东海人徐羡之为刘穆之的副手，命左将军朱龄石守卫宫廷及国家办事机构，命徐州刺史刘怀慎守卫京师，命扬州别驾从事史张裕任留州事。刘怀慎是刘怀敬的弟弟。

刘穆之在内总管朝廷政务，在外供应军旅的给养，遇事当机立断，快如流水，因此一切事情，没有堆积迟滞的。各方宾客从四面八方集中到这里，各种请求诉讼千头万绪，内内外外，咨询禀报，堆满台阶屋子。他竟然能够眼睛看辞作讼书，手写答复信件，耳朵同时听属下的汇报，嘴里也应酬自如，而且同时进行的这四种工作互相之间又不混淆错乱，全都处置得当。他又喜欢宾客来往，说笑谈天，从早到晚，毫无倦意。偶尔有闲暇时间，他便亲自抄书，参阅古籍，校订错误。他的性格奢放豪迈，吃饭一定要宽大的饭桌，一大早便经常要准备十个人左右的饭食，从来没有一个人单独进餐。他曾经告诉刘裕说："我刘穆之的家庭出身本来贫穷微贱，维持生计都很艰难。自从得到您的信任跟从您以来，虽然心中常常想着节俭，但从早到晚所需要的花销，仍然稍微显得过于丰厚了一点，除此而外，没有一点儿是对不起您的了。”中军咨议参军张邵对刘裕说：“人生危机脆弱，必须有一个长远的打算。刘穆之如果遇到什么不幸，谁可以代替他呢？而你所开创的功业已经到了这种程度，如果一旦发生不幸，你说该如何处理后事？”刘裕说：“这自然要完全交给刘穆之和你了。”

丁巳（八月十二日），刘裕从建康出发。他派遣龙骧将军王镇恶、冠军将军檀道济带领步兵从淮河、淝水向许昌、洛阳进发；派遣新野太守朱超石、宁朔将军胡藩进军阳城；派遣振武将军沈田子、建威将军傅弘之进军武关；派遣建武将军沈林子、彭城内史刘遵考带领水师从石门出发，自汴水入黄河；派遣冀州刺史王仲德督领前锋的几支部队，开通钜野被淤塞的旧河道，进入黄河。刘遵考是刘裕的本家弟弟。刘穆之对王镇恶说：“刘公这次交给你讨伐秦国的重任，你可要努力呀！”王镇恶说：“我如果不攻克收复关中地区，发誓不再过长江！”

王镇恶、檀道济进入了后秦的境界，所过之处，全部告捷。后秦将领王苟生献出漆丘，向王镇恶投降；后秦徐州刺史姚掌献出项城，投降了檀道济。其他的那些保卫地方的守军也都听见东晋军消息便前来归顺，只有新蔡太守董遵不肯屈服。檀道济攻克了他所坚守的城池，抓住了董遵，把他杀了。他们进军克复了许昌，抓获了后秦颍川太守姚垣，以及大将军杨业。沈林子从汴水进入黄河，襄邑人董神虎聚集了一千多部众赶来投降，太尉刘裕任命他为参军。沈林子与董神虎一起进攻仓垣，并把那里攻破，后秦兖州刺史韦华投降，董神虎擅自回到家乡襄邑，沈林子把他杀了。

后秦阳城、荥阳两座城全部投降，东晋部队进发到成皋。后秦征南将军陈留公姚洸镇守洛阳，派遣信使向长安请求救援。后秦王姚泓派遣越骑校尉阎生率领三千骑兵赶来救助，派遣武卫将军姚益男带领一万步兵去协助镇守洛阳，又派并州牧姚懿向南去屯扎在陕津，作为他们的声援。宁朔将军赵玄对姚洸进言道：“现在晋寇越来越深入我们国土，人心震骇动摇。他们人多我们人少无法抵挡他们，如果出去迎战，反而不能取胜，那么我们的宏伟事业便会一去不复返了。所以，我们应该按几处镇守的大军不动，坚守金墉，以等待西部的军队前来救援。金墉不被攻克，晋军一定不敢越过我们向西进发，这样，我们便可以不去迎战，坐在这里等待他们出现漏洞。”司马姚禹暗地里与东晋的檀道济勾结、通谋，主簿阎恢、杨虔都是姚禹的党羽，他们都非常嫉妒、厌恶赵玄，所以便对姚洸进言道：“殿下因为有英明勇武的谋略和能力，接受独当一面的国家重任。现在只是环城坚守，向敌人显示自己的懦弱，怎么能不受到朝廷的责备呢？”姚洸也认为是这样，于是派遣赵玄带领部众一千多人，向南驻守柏谷坞，派广武将军石无讳向东戍卫巩城。赵玄流着泪对姚洸说：“我赵玄接受三代皇帝的重恩，所一直坚守的志向正是以死相报而已。但是您不采纳忠臣的良言，被奸臣耽误，以后一定后悔。”不久，成皋、虎牢都投降东晋，檀道济等人带领大部队长驱直入。石无讳抵达石关，逃了回来。东晋龙骧司马荥阳人毛德祖，在柏谷与赵玄展开战斗，赵玄的军队失败，他身受十几处伤，跌倒在地，大声呼喊。赵玄的司马蹇鉴，冒着被杀的危险，抱住赵玄而哭。赵玄说：“我的伤太重了，你应该快点逃走！”蹇鉴说：“将军不脱离危险，我蹇鉴到哪里去？”最后与他一起死了。姚禹跳出城来投奔檀道济。甲子（十月二十日），檀道济进军逼近洛阳，丙寅（十月二十二日），姚洸出城投降。檀道济俘获后秦国人四千多，有提建议的人打算把他们全部活埋，筑起一座土丘。檀道济说：“讨伐罪人，安抚平民，今天正是时候！”于是，把他们全部释放，遣送回家。从此，不管是夷族还是汉族，都非常感激高兴，前来归附的人非常多。阎生、姚益男还没有赶到，听说洛阳已经沦陷，没有敢继续前进。

太尉刘裕派遣左长史王弘返回建康，委婉地向安帝请求，加授自己九锡。这时刘穆之执掌留守的大权，但是这旨意却是刘裕自己在北方提出，又通过别人传来，刘穆之从此既惭愧又害怕，得了疾病。王弘是王珣的儿子。十二月，壬申（二十九日），安帝下诏任命刘裕为相国、总百揆、扬州牧，加封为食邑十郡的宋公，备办九锡的礼仪，尊位在各诸侯王之上，并仍像原来那样兼任征西将军，司、豫、北徐、雍四州刺史。刘裕推辞，不接受任命。

第一百一十八卷 晋纪四十

译文诵读

安皇帝癸义熙十三年（丁巳，417）

秦主泓朝会百官于前殿，以内外危迫，君臣相泣。

太尉裕引水军发彭城，留其子彭城公义隆镇彭城。诏以义隆为监徐、兖、青、冀四州诸军事、徐州刺史。

凉公暠寝疾，遗命长史宋繇曰："吾死之后，世子犹卿子也，善训导之。"二月，暠卒。官属奉世子歆为大都督、大将军、凉公、领凉州牧。大赦，改元嘉兴。

王镇恶进军渑池，遣毛德祖袭尹雅于蠡吾城，禽之；雅杀守者而逃。镇恶引兵径前，抵潼关。

辛酉，荥阳守将傅洪以虎牢降魏。

三月，道济、林子至潼关。秦鲁公绍引兵出战，道济、林子奋击，大破之，斩获以千数。绍退屯定城，据险拒守，谓诸将曰："道济等兵力不多，悬军深入，不过坚壁以待继援。吾分军绝其粮道，可坐禽也。"乃遣姚鸾屯大路以绝道济粮道。

太尉裕将水军自淮、泗入清河，将溯河西上，先遣使假道于魏；秦主泓亦遣使请救于魏。魏主嗣使群臣议之，皆曰："潼关天险，刘裕以水军攻之甚难；若登岸北侵，其势便易。裕声言伐秦，其志难测。且秦，婚姻之国。不可不救也。宜发兵断河上流，勿使得西。"博士祭酒崔浩曰："裕图秦久矣。今姚兴死，子泓懦劣，国多内难。裕乘其危而伐之，其志必取。若遏其上流，裕心忿戾，必上岸北侵，是我代秦受敌也。今柔然寇边，民食又乏，若复与裕为敌，发兵南赴则北寇愈深，救北则南州复危，非良计也。不若假之水道，听裕西上，然后屯兵以塞其东。使裕克捷，必德我之假道；不捷，吾不失救秦之名；此策之得者也。且南北异俗，借使国家弃恒山以南，裕必不能以吴、越之兵与吾争守河北之地，安能为吾患乎！夫为国计者，惟社稷是利，岂顾一女子乎！"议者犹曰："裕西入关，则恐吾断其后，腹背受敌；北上，则姚氏必不出关助我，其势必声西而实北也。"嗣乃以司徒长孙嵩督山东诸军事，又遣振威将军娥清、冀州刺史阿薄干将步骑十万屯河北岸。

庚辰，裕引军入河，以左将军向弥为北青州刺史，留戍碻磝。

初，裕命王镇恶等："若克洛阳，须大军到俱进。"镇恶等乘利径趋潼关，为秦兵所拒，不得前。久之，乏食，众心疑惧，或欲弃辎重还赴大军。沈林子按剑怒曰："相公志清六合，今许、洛已定，关右将平，事之济否，系于前锋。奈何沮乘胜之气，弃垂成之功乎！且大军尚远，贼众方盛，虽欲求还，岂可得乎！下官授命不顾，今日之事，当自为将军办之，未知二三君子将何面以见相公之旗鼓邪！"镇恶等遣使驰告裕，求遣粮援。裕呼使者，开舫北户，指河上魏军以示之曰："我语令勿进，今轻佻深入。岸上如此，何由得遣军！"镇恶乃亲至弘农，说谕百姓，百姓竞送义租，军食复振。

五月，乙未，齐郡太守王懿降于魏，上书言："刘裕在洛，宜发兵绝其归路，可不战而克。"魏主嗣善之。

崔浩侍讲在前，嗣问之曰："刘裕伐姚泓，果能克乎？"对曰："克之。"嗣曰："何故？"对曰："昔姚兴好事虚名而少实用，子泓懦而多病，兄弟乖争。裕乘其危，兵精将勇，何故不克！"嗣曰："裕才何如慕容垂？"对曰："胜之。垂藉父兄之资，修复旧业，国人归之，若夜虫之就火，少加倚仗，易以立功。刘裕奋起寒微，不阶尺土，讨灭桓玄，兴复晋室，北禽慕容超，南枭卢循，所向无前，非其才之过人，安能如是乎！"嗣曰："裕既入关，不能进退，我以精骑直捣彭城、寿春，裕将若之何？"对曰："今西有屈丐，北有柔然，窥伺国隙。陛下既不可亲御六师，虽有精兵，未睹良将。长孙嵩长于治国，短于用兵，非刘裕敌也。兴兵远攻，未见其利；不如且安静以待之。裕克秦而归，必篡其主。关中华、戎杂错，风俗劲悍；裕欲以荆、扬之化施之函、秦，此无异解衣包火，张罗捕虎；虽留兵守之，人情未洽，趋尚不同，适足为寇敌人之资耳。愿陛下按兵息民以观其变，秦地终为国家之有，可坐而守也。"嗣笑曰："卿料之审矣。"浩曰："臣尝私论近世将相之臣：若王猛之治国，苻坚之管仲也；慕容恪之辅幼主，慕容暐之霍光也；刘裕之平祸乱，司马德宗之曹操也。"

太尉裕至阌乡。沈田子等将攻峣柳，秦主泓欲自将以御裕军，恐田子等袭其后，欲先击灭田子等，然后倾国东出；乃帅步骑数万，奄至青泥。田子本为疑兵，所领裁千余人，闻泓至，欲击之；傅弘之以众寡不敌止之，田子曰："兵贵用奇，不必在众。且今众寡相悬，势不两立，若彼结围既固，则我无所逃矣。不如乘其始至，营陈未立，先薄之，可以有功。"遂帅所领先进，弘之继之。秦兵合围数重。田子抚慰士卒曰："诸君冒险远来，正求今日之战，死生一决，封侯之业于此在矣！"士卒皆踊跃鼓噪，执短兵奋击，秦兵大败，斩馘万余级，得其乘舆服御物，秦主泓奔还灞上。

王镇恶请帅水军自河入渭以趋长安，裕许之。秦恢武将军姚难自香城引兵而西，镇恶追之；秦主泓自灞上引兵还屯石桥以为之援，镇北将军姚强与难合兵屯泾上以拒镇恶。镇恶使毛德祖进击，破之，强死，难奔长安。

镇恶溯渭而上，乘蒙冲小舰，行船者皆在舰内，秦人见舰进而无行船者，皆惊以为神。壬戌旦，镇恶至渭桥，令军士食毕，皆持仗登岸，后登者斩。众既登，渭水迅急，舰皆随流，倏忽不知所在。时泓所将尚数万人。镇恶谕士卒曰："吾属并家在江南，此为长安北门，去家万里，舟楫、衣粮皆已随流。今进战而胜，则功名俱显；不胜，则骸骨不返；无他岐矣。卿等勉之！"乃身先士卒，众腾踊争进，大破姚丕于渭桥。泓引兵救之，为丕败卒所蹂践，不战而溃；姚谌等皆死，泓单马还宫。镇恶入自平朔门，泓与姚裕等数百骑逃奔石桥。东平公赞闻泓败，引兵赴之，众皆溃去；胡翼度降于太尉裕。

泓将出降，其子佛念，年十一，言于泓曰："晋人将逞其欲，虽降必不免，不如引决。"泓怃然不应。佛念登宫墙自投而死。癸亥，泓将妻子、群臣诣镇恶垒门请降，镇恶以属吏。城中夷、晋六万余户，镇恶以国恩抚慰，号令严肃，百姓安堵。

辛未，刘穆之卒，太尉裕闻之，惊恸哀惋者累日。始，裕欲留长安经略西北，而诸将佐皆久役思归，多不欲留。会穆之卒，裕以根本无托，遂决意东还。

穆之之卒也，朝廷恇惧，欲发诏，以太尉左司马徐羡之代之。中军咨议参军张邵曰："今诚急病，任终在徐；然世子无专命，宜须咨之。"裕欲以王弘代穆之。从事中郎谢晦曰："休元轻易，不若羡之。"乃以羡之为吏部尚书、建威将军、丹杨尹，代管留任。于是朝廷大事常决于穆之者，并悉北咨。

臣光曰：古人有言："疑则勿任，任则勿疑。"裕既委镇恶以关中，而复与田子有后言，是斗之使为乱也。惜乎，百年之寇，千里之土，得之艰难，失之造次，使丰、鄗之都复输寇手。荀子曰："兼并易能也，坚凝之难。"信哉！

三秦父老闻裕将还，诣门流涕诉曰："残民不沾王化，于今百年，始睹衣冠，人人相贺。长安十陵是公家坟墓，咸阳宫殿是公家室宅，舍此欲何之乎！"

夏王勃勃闻太尉裕东还，大喜，问于王买德曰："朕欲取关中，卿试言其方略。"买德曰："关中形胜之地，而裕以幼子守之，狼狈而归，正欲急成篡事耳，不暇复以中原为意。此天以关中赐我，不可失也。青泥、上洛，南北之险要，宜先遣游军断之；东塞潼关，绝其水陆之路；然后传檄三辅，施以威德，则义真在网罟之中，不足取也。"勃勃乃以其子抚军大将军璝都督前锋诸军事，帅骑二万向长安，前将军昌屯潼关，以买德为抚军右长史，屯青泥，勃勃将大军为后继。

十四年（戊午，418）

夏赫连璝至渭阳，关中民降之者属路。龙骧将军沈田子将兵拒之，畏其众盛，退屯刘回堡，遣使还报王镇恶。镇恶谓王脩曰："公以十岁儿付吾属，当共思竭力；而拥兵不进，虏何由得平！"使者还，以告田子。田子与镇恶素有相图之志，由是益忿惧。未几，镇恶与田子俱出北地以拒夏兵，军中讹言："镇恶欲尽杀南人，以数十人送义真南还，因据关中反。"辛亥，田子请镇恶至傅弘之营计事；田子求屏人语，使其宗人沈敬仁斩之幕下，矫称受太尉令诛之。弘之奔告刘义真，义真与王脩被甲登横门以察其变。俄而田子帅数十人来，言镇恶反，脩执田子，数以专戮，斩之；以冠军将军毛脩之代镇恶为安西司马。傅弘之大破赫连璝于池阳，又破之于寡妇渡，斩获甚众，夏兵乃退。

六月，太尉裕始受相国、宋公、九锡之命。

刘义真年少，赐与左右无节，王脩每裁抑之。左右皆怨，谮脩于义真曰："王镇恶欲反，故沈田子杀之。脩杀田子，是亦欲反也。"义真信之，使左右刘乞等杀脩。

脩既死，人情离骇，莫相统壹。义真悉召外军入长安，闭门拒守。关中郡县悉降于夏。赫连璝夜袭长安，不克。夏王勃勃进据咸阳，长安樵采路绝。

宋公裕闻之，使辅国将军蒯恩如长安，召义真东归；以相国右司马朱龄石为都督关中诸军事、右将军、雍州刺史，代镇长安。裕谓龄石曰："卿至，可敕义真轻装速发，既出关，然可徐行。若关右必不可守，可与义真俱归。"又命中书侍郎朱超石慰劳河、洛。

十一月，龄石至长安。义真将士贪纵，大掠而东，多载宝货、子女，方轨徐行。雍州别驾韦华奔夏。赫连璝帅众三万追义真；建威将军傅弘之曰："公处分亟进；今多将辎重，一日行不过十里，虏追骑且至，何以待之！宜弃车轻行，乃可以免。"义真不从。俄而夏兵大至，傅弘之、蒯恩断后，力战连日。至青泥，晋兵大败，弘之、恩皆为王买德所禽；司马毛脩之与义真相失，亦为夏兵所禽。义真行在前，会日暮，夏兵不穷追，故得免；左右尽散，独逃草中。中兵参军段宏单骑追寻，缘道呼之，义真识其声，出就之，曰："君非段中兵邪？身在此，行矣！必不两全，可刎身头以南，使家公望绝。"宏泣曰："死生共之，下官不忍。"乃束义真于背，单马而归。义真谓宏曰："今日之事，诚无算略；然丈夫不经此，何以知艰难！"

夏王勃勃欲降傅弘之，弘之不屈，勃勃裸之，弘之叫骂而死。勃勃积人头为京观，号曰髑髅台。长安百姓逐朱龄石，龄石焚其宫殿，奔潼关。勃勃入长安，大飨将士，举觞谓王买德曰："卿往日之言，一期而验，可谓算无遗策。此觞所集，非卿而谁！"以买德为都官尚书，封河阳侯。

夏王勃勃筑坛于灞上，即皇帝位，改元昌武。

宋公裕以谶云"昌明之后尚有二帝"，乃使中书侍郎王韶之与帝左右密谋鸩帝而立琅邪王德文。德文常在帝左右，饮食寝处，未尝暂离；韶之伺之经时，不得间。会德文有疾，出居于外。戊寅，韶之以散衣缢帝于东堂。韶之，廙之曾孙也。裕因称遗诏，奉德文即皇帝位，大赦。

恭皇帝元熙元年（己未，419）

夏主勃勃征隐士京兆韦祖思。祖思既至，恭惧过甚，勃勃怒曰："我以国士征汝，汝乃以非类遇我！汝昔不拜姚兴，今何独拜我？我在，汝犹不以我为帝王；我死，汝曹弄笔，当置我于何地邪！"遂杀之。

群臣请都长安。勃勃曰："朕岂不知长安历世帝王之都，沃饶险固！然晋人僻远，终不能为吾患。魏与我风俗略同，土壤邻接，自统万距魏境裁百余里，朕在长安，统万必危；若在统万，魏必不敢济河而西。诸卿适未见此耳。"皆曰："非所及也。"乃于长安置南台，以赫连璝领大将军、雍州牧、录南台尚书事；勃勃还统万，大赦，改元真兴。

勃勃性骄虐，视民如草芥。常居城上，置弓剑于侧，有所嫌忿，手自杀之。群臣迕视者凿其目，笑者决其唇，谏者先截其舌而后斩之。

秋，七月，宋公裕始受进爵之命。八月，移镇寿阳，以度支尚书刘怀慎为督淮北诸军事、徐州刺史，镇彭城。

辛卯，宋王裕加殊礼，进王太妃为太后，世子为太子。

安帝义熙十三年（丁巳，公元417年）

后秦国主姚泓，在王宫前殿接受文武百官的朝贺，因国家内患外忧交迫，君臣们相对哭泣。

东晋太尉刘裕从彭城率水军出发西上，留下他的儿子、彭城公刘义隆镇守彭城。晋安帝司马德宗下诏，任命刘义隆为监徐、兖、青、冀四州诸军事，兼徐州刺史。

西凉公李暠患病卧床，临终前，他嘱咐长史宋繇说："我死以后，世子李歆就像你的儿子，你要好好训导他。"二月，李暠去世。朝廷文武百官拥立世子李歆为大都督、大将军、凉公、领凉州牧。下令大赦，改年号为嘉兴。

东晋龙骧将军王镇恶，进军渑池，又派毛德祖袭击后秦弘农太守尹雅据守的蠡吾城，生擒尹雅。尹雅杀死了看守他的兵卒逃走。王镇恶一直向前进攻，抵达潼关。

辛酉（二月十九日），东晋荥阳守将傅洪，献出虎牢城，投降北魏。

三月，檀道济、沈林子抵达潼关。后秦鲁公姚绍率兵出城迎战，檀道济、沈林子奋勇进攻，大破后秦军，斩杀和俘虏敌人数以千计。姚绍率领后秦军撤退，屯驻定城，凭依险要的地势固守城池。姚绍对他手下的将领们说："檀道济他们的兵力不多，而且孤军深入，所以他只能加强营垒固守，等待后继援军。我现在分兵几路，切断他的粮饷供给之路，就可以稳坐这里生擒他。"于是，姚绍派姚鸾把守大路要道，断绝檀道济的送粮道路。

东晋太尉刘裕率领水军从淮河、泗水进入清河，准备再逆流西上，开进黄河，他先派使节向北魏借路。后秦国主姚泓也派人出使北魏，请求救援。北魏国主拓跋嗣命令文武百官共同商讨这件事，群臣们都说："潼关是天险，刘裕用水军攻克恐怕难以达到。但是，如果从黄河北岸登陆向北方侵入，那就容易得多。刘裕声称讨伐秦，他的真实目的难以猜测；而且秦是与我们有婚姻关系的国家，不可以不出兵相助。我们应派兵切断黄河上游，阻止晋军西上。"博士祭酒崔浩说："刘裕吞并秦国的野心由来已久。如今，姚兴去世。他的儿子姚泓愚劣懦弱，国内灾难一再发生。刘裕乘他国内危机而兴兵讨伐，他的决心是一定要夺取。我们如果切断黄河上游，阻截晋军，刘裕一怒之下，必然登陆向我们进攻，这样一来，我们等于代替秦国挨打。如今柔然进攻我们边境，百姓又缺少粮食，如果再与刘裕为敌，发兵南下进攻晋，那么北边敌军柔然就会更加深入。那时，大军救援北方，南方的州县又将告急，这不是好计策。不如借给刘裕水道，听任刘裕西上，然后我们出兵驻防东部，阻塞他的退路。如果刘裕得胜告捷，一定会感激我们借路的恩德；如果失败，我们也会有援救秦国的美名，这是很多办法中比较好的一个。况且，南方与北方风俗不同，即使朝廷放弃恒山以南的领土，刘裕也决不会用来自吴、越的军队与我们争夺据守黄河以北的土地，怎么会成为我们的威胁呢？为国家制定方略的人，应该只为国家的利益考虑，怎么可以顾念一个嫁过来的女子呢！"大臣们还说："刘裕向西进入潼关，便害怕我们切断他的退路，腹背同时遭到攻击；而刘裕如果北上进攻我们，那么秦国姚氏一定不会从潼关出兵救援，所以看刘裕的样子虽然是声称向西，但实际一定是北上。"拓跋嗣于是命令司徒长孙嵩为督山东诸军事。又派振威将军娥清、冀州刺史阿薄干，率领步、骑兵十万人屯军黄河北岸。

庚辰（三月初八），刘裕率领水军开进黄河，任命左将军向弥为北青州刺史，留下戍守碻磝。

当初，刘裕命令王镇恶等人："如果攻克洛阳，一定要等主力大军到达后共同前进。"王镇恶等人却乘胜直接进攻潼关，被后秦兵牵制，不能前进，时间一长，军中粮饷接济不上，士卒中发生恐慌和疑虑，有人打算放弃笨重的军用品回去投奔大军。沈林子手按佩剑怒斥道："相公大志是统一天下，而今许昌、洛阳均已平定，关右也将要收复，大事成功与否，就在前锋部队的行动。为什么要挫伤胜利后的士气，放弃就要得到的功业？况且现在主力大军距我们还远，敌人的力量正强盛，即使我们打算撤退，又怎么能够走脱，我接受了命令就不做回头的打算。今天的事，我自己率军完成任务，不知你们这些君子，将来有什么面目去见宋公的旗鼓！"王镇恶等人派人飞马报告刘裕，要求支援粮草和兵力。刘裕把王镇恶的使节叫到面前，打开战船的北窗，指着黄河岸边的北魏大军给他看，说："我告诉他们不能单独前进，如今却轻率地深入敌境，岸上的形势如此严重，我怎么派得出军队！"王镇恶于是亲自回到弘农，向百姓说明情况，晓以大义，百姓争相捐献粮草，军队的粮饷重新得到补充。

五月，乙未（二十四日），东晋齐郡太守王懿投降了北魏，他上书北魏朝廷说：“刘裕现在洛阳，应该迅速发兵切断他的归路，可以不战而胜。”北魏国主拓跋嗣表示赞许。

当时，崔浩在前面为拓跋嗣讲解经典，拓跋嗣问崔浩说：“刘裕讨伐姚泓，果真能攻克吗？”崔浩回答说：“定能攻克！”拓跋嗣问：“为什么！”崔浩说：“当年姚兴喜欢追求虚名而不做实事，他的儿子姚泓生性懦弱，身体多病，兄弟之间争权夺势，不能团结一心。如今刘裕乘人之危，他的将士勇猛善战，训练有素，有什么理由不能取胜！”拓跋嗣又问：“刘裕的才华与慕容垂相比如何？”崔浩说：“刘裕胜过慕容垂。慕容垂凭借父兄的资荫，复兴故有的基业，国人都投靠他，就像夜间的昆虫飞向火光一样，对此稍加凭借，就能轻而易举地建功立业。而刘裕则出身微贱贫寒，没有一尺土地可以凭借，却消灭了桓玄，兴复了晋朝宗室的统治。在北方生擒慕容超，在南方砍下卢循的首级，所过之处，没有敌手，他如果不是才智过人，怎么会这样呢？”拓跋嗣说：“刘裕既然已经进入函谷关，一时不能前进，也不能后退，而我们以精锐骑兵直捣他的老巢彭城、寿春，刘裕将会怎么样？”崔浩回答说：“如今我们西面有夏国赫连勃勃，北有柔然，他们都在时刻窥伺我们的行动，准备乘机来攻。陛下既然不能亲自指挥军队，我军虽然有精兵，却没发现有良将，长孙嵩的长处是善于治理国家，短处是不善于用兵，根本不是刘裕的对手。我军大举兴兵远征，看不到实际利益，不如暂且按兵不动，静观事态的发展。刘裕攻克秦国后回国，一定会篡取皇帝宝座。关中地区汉族、戎族杂居一处，风俗强悍。刘裕打算用教化荆州、扬州百姓的方法统治函谷关和秦国这一带的百姓，这就好像脱下衣服包火，张开罗网捕捉老虎一样，难以奏效。刘裕虽然会留下军队驻守，可一时人心难以信服，志趣习俗又不一样，恰好为别人入侵提供了好条件。希望陛下停止出兵征讨，让百姓休养生息，观察局势的变化，秦国的地盘终究会为我国所有，我们可以坐在这里，就能到手。”拓跋嗣笑着说：“你分析得很周详。”崔浩说：“我曾经私下评论过近世的将领和宰相，比如王猛治理国家，是苻坚的管仲；慕容恪辅佐幼主，是慕容暐的霍光；刘裕平定桓玄祸乱，是司马德宗的曹操呀！”

东晋太尉刘裕抵达阌乡。沈田子等将领准备进攻峣柳。后秦国主姚泓打算亲自统兵出征，抵御刘裕的大军，又害怕沈田子等人突袭他的后方，就想先消灭沈田子等人，然后出动全国的兵力向东攻打刘裕。于是，姚泓率领步、骑兵数万人，突然抵达青泥。沈田子这支部队，本来就是为迷惑敌人布置的疑兵，一共才一千多人。沈田子听说姚泓亲征，打算迎战，建威将军傅弘之认为敌众我寡无法抵敌，从而劝止他。沈田子说：“用兵贵在出奇制胜，不一定在人数多。况且如今敌我寡众悬殊，看形势不能并存。如果等到敌人集结的阵势稳固，我们就会无处可逃。不如乘他们刚刚到达，营地和战阵都没有建立，我们主动挑战，定能成功。”于是，沈田子率领他的部众首先出动，傅弘之作为后继援军紧跟。后秦兵把这支东晋军重重包围。沈田子安抚激励士卒们说："各位不畏艰险、远道而来，就是为了像今天这样的会战，生死对决，封侯升官的大业就在这里了！"士卒们大声疾呼，跃跃欲试，手执短兵器奋勇杀敌。后秦军大败，被斩杀共一万多人，缴获姚泓的御车御衣，以及王家专用的器物。姚泓逃回灞上。

东晋龙骧将军王镇恶，请求率水军从黄河开进渭水，然后直趋长安，刘裕应允。后秦恢武将军姚难，从香城率军向西退却，王镇恶挥师追击。后秦国主姚泓从灞上率军返回，屯驻石桥，准备援救姚难。后秦镇北将军姚强与姚难会师，屯兵泾水岸边，抵抗王镇恶的追击。王镇恶命毛德祖进攻，大破后秦军，姚强战死，姚难逃回长安。

王镇恶率水军在渭水中逆流而上，乘坐蒙冲小舰，划桨的士卒都在船内。后秦人看到战舰行进却没有划船的人，都惊奇地以为神仙下凡。壬戌（二十三日）凌晨，王镇恶军抵达渭桥，命令战士们吃饱喝足以后，全部手持兵器登岸，最后登陆的人斩首。士卒们登陆完毕，渭水流急，东晋的战舰随波东下，倏忽之间，不见踪影。当时姚泓统率的军队还有几万人。王镇恶向士卒们宣告说："我们的亲人和家园都在江南，这里是长安北门，离故乡有万里之遥。现在，战船、衣服、粮食都随波漂走，今天我们进攻，战胜可以建功立名；失败，我们的尸骨都回不了家，没有第三条路可走。你们大家共勉吧！"于是，王镇恶身先士卒，冲在最前面，士卒们士气高涨，踊跃奋击，在渭桥大败后秦姚丕的军队。姚泓率兵救援，却被姚丕的败兵冲击践踏，不战自溃。姚谌等人全都战死，姚泓单人匹马逃回皇宫。王镇恶从长安的平朔门进城，姚泓和姚裕等率几百名骑兵逃奔石桥。东平公姚赞听说姚泓战败，急忙率军赴难救援，可是，后秦军心大乱，士卒们四处逃散。胡翼度向东晋太尉刘裕投降。

姚泓打算出城投降，他的儿子姚佛念，年仅十一岁，对姚泓说："晋人势必要在我们身上满足欲望，即使投降也难免一死，不如自杀。"姚泓心里痛楚，没有回答。姚佛念自己登上宫墙，投下摔死。癸亥（二十四日），姚泓携妻子儿女、文武百官，前往王镇恶的大营投降，王镇恶把他们交给下属官吏关押。长安城中的汉族人和夷族人共有六万多户，王镇恶宣扬东晋的恩德，加以安抚，号令严明，百姓安居乐业。

辛未（十一月初三），东晋左仆射、军司刘穆之去世。太尉刘裕听说后，一连几天震惊悲痛，不胜哀惋。当初，刘裕打算留在长安，继续征服西北，但是，东晋的各位将领都因长期征战，思念故土，大多数都不愿再留。正巧，刘穆之去世，刘裕鉴于朝中没有可以托付的人，才决定东返。

刘穆之去世之后，东晋朝廷不胜惶恐，打算颁下诏书，任命太尉左司马徐羡之代替刘穆之的职位。中军咨议参军张邵说："现在情势确实危急，看来最终还要委任徐羡之。然而，世子刘义符还没有决定一方的权力，应该询问刘裕。"刘裕又想让王弘代替刘穆之，从事中郎谢晦说："王弘轻率简单，不如徐羡之。"于是刘裕才决定任命徐羡之为吏部尚书、建威将军、丹杨尹，代管留任的事务。从此，过去朝廷中由刘穆之决定的大事，现在都送到北方，由刘裕亲自决定。

臣司马光曰：古人有言道："疑人不用，用人不疑。"刘裕既然委任王镇恶镇守关中，而又与沈田子说了后面那些话，是挑拨他们相斗为乱。太可惜了，百年之久的敌人，千里之广的疆土，取得不易，却因一时不慎而丢掉，使丰邑、鄗京这些古都，又重新落入敌手。荀况说过："兼并容易，凝结为一体就难了。"这话太对了！

三秦地区的父老，听说刘裕就要返回江南，都痛哭流涕地来到大营门前诉说："我们这些残余的汉人，没有接受朝廷的教化，至今已有一百年之久，直到今天才看到汉民族衣冠装束，人人都互相庆贺。长安十陵是你们刘家的坟墓，咸阳宫殿是你们刘家的住宅，你放弃它们想要去哪里呢！"

夏王赫连勃勃，听说东晋太尉刘裕返回江南，大喜，向王买德询问说："我打算夺取关中，你说说你的方法策略。"王买德说："关中的地理位置十分重要，而刘裕却叫他的幼子镇守，自己则狼狈而回，正打算快点办完篡夺帝位的事，没时间再把中原这块地盘放在心上。这是上天把关中赏赐给我们，不能错过这个机会。青泥、上洛，是南北的险要重镇，应该先派出游击部队，切断他们的补给和退路，然后在东部阻住潼关，切断他们与本国的水陆通道。然后向三辅地区发布檄文，恩威并施。这样，刘义真就等于掉进了网篓之中，不用费劲就可以生擒。"于是，赫连勃勃任命他的儿子、抚军大将军赫连璝为都督前锋诸军事，率领骑兵二万人直奔长安。命前将军赫连昌屯驻潼关；任命王买德为抚军右长史，屯驻青泥；赫连勃勃本人则亲自统率大军尾随在后。

十四年（戊午，公元418年）

夏国抚军大将军赫连璝率军开到渭阳，关中前来投降的百姓，在道上前后相连。东晋龙骧将军沈田子，率军迎战，害怕夏军人多势众，退守刘回堡。然后派人立即回去向王镇恶报告。王镇恶对王修说："刘公把十岁小儿托付给我们，我们应该同心协力。沈田子拥兵众多，却迟迟不进攻，敌人怎么会击退！"使节回去，把这些话报告给沈田子。沈田子与王镇恶平时就有互不相容的心思，现在更是又愤又惧。不久，沈田子和王镇恶同时出军北地，抵抗夏兵的进攻。东晋军中传言："王镇恶打算全部杀掉南方人，然后派几十人把刘义真送回江南，自己占据关中，背叛朝廷。"辛亥（十五日），沈田子请王镇恶来到傅弘之的大营商讨战事。沈田子请求屏退左右侍从密谈，然后命他的族人沈敬仁，在虎帐下将王镇恶斩杀，声称是奉太尉刘裕的旨意行事。傅弘之急忙跑去报告刘义真，刘义真和王修全副武装登上横门，观察局势的变化。不久，沈田子率领几十人赶来，声称王镇恶谋反。王修逮捕沈田子，历数他擅自杀戮的罪行，将他斩首。然后命令冠军将军毛修之代替王镇恶为安西司马。傅弘之在池阳大破赫连，在寡妇渡再一次大败夏军，斩杀和俘虏夏军士卒很多，夏军撤退。

六月，东晋太尉刘裕接受了相国、宋公、九锡之命。

东晋雍州、东秦州二州刺史刘义真，年纪还小，随意赏赐左右侍从，没有节制。长史王修常常限制他。于是，刘义真左右都怨恨王修，在刘义真面前陷害王修，说："王镇恶打算叛变，所以沈田子杀了他。王修杀死沈田子，这样也是打算造反呀。"刘义真信以为真，派亲信刘乞等杀死了王修。

王修一死，人心惧怕离散，各自为政，无法统一。刘义真把驻防在外地的军队全部调入长安，关闭城门自守。关中的各个郡县全都投降了夏国。赫连在夜间突袭长安，不能攻克。夏王赫连勃勃进兵占据了咸阳，长安的砍柴的路被切断。

东晋末代皇帝司马郧

东晋宋公刘裕听说这种情况后，派辅国将军蒯恩前往长安，征召刘义真回到江南；任命相国右司马朱龄石为都督关中诸军事、右将军、雍州刺史，代替刘义真镇守长安。刘裕对朱龄石说："你到了那里，可以命令刘义真轻装疾速前进。等出了潼关，才可以放慢脚步。如果关右确实难以驻守，你可以与刘义真一道回来。"随后，刘裕又命中书侍郎朱超石慰劳黄河、洛水一带的军民，安定人心。

十一月，朱龄石抵达长安。刘义真手下的将士贪婪放纵，在长安周围大肆掠夺以后才准备返回江南。刘义真的车辆上，都装满了金银财宝、子女，然后两车并进，缓慢向东撤退。东晋雍州别驾韦华逃奔夏国。夏国大将赫连璝率领三万人追击刘义真。东晋建威将军傅弘之对刘义真说："宋公让你疾速前进，而现在你带这么多辎重，一日走不出十里，敌人的骑兵马上就要追到，你该怎么办？应该放弃车辆，轻装前进，才有可能幸免。"刘义真没有听从。不久，夏国的大军追到，傅弘之、蒯恩在后面掩护，奋力拼战，连续几天不能休息。在青泥，东晋军大败，傅弘之、蒯恩都被王买德生擒。司马毛修之与刘义真走散，也被夏军擒获。刘义真在最前面奔逃，正巧夜色降临，夏兵没有继续追赶，所以才幸免于难。刘义真的左右亲兵都被夏兵冲散，他一个人藏在草丛中。东晋中兵参军段宏，单枪匹马追踪找寻，一道呼叫刘义真。刘义真听出是他的声音，才跑出来，说："你是不是段中兵？我在这儿呢，咱们走吧！你保护我上路一定不能两全，如果情势危急，可以割下我的头，带回南方，叫我的父亲不再想念我。”段宏哭着说：“我们要生死与共，下官不忍心那样做。”于是，段宏把刘义真绑在自己的背上，两人乘一匹马逃回。刘义真对段宏说：“今天发生的事情，实在由于少谋失算，然而大丈夫不经这次大难，怎么知道事情的艰难。”

夏王赫连勃勃打算让傅弘之归降，傅弘之宁死不屈。赫连勃勃脱光了他的衣服，傅弘之叫骂不停而死。赫连勃勃把死人的头骨堆积成山，建为大坟，号称髑髅台。长安城的百姓驱逐朱龄石，朱龄石纵火焚烧了长安的宫殿，逃回潼关。赫连勃勃进入长安，大举犒赏将士。在庆功宴上，赫连勃勃举杯对王买德说：“你往日的预言，仅一年就应验了，可以说是预谋没有丝毫的失算。这一杯酒，不敬你敬谁？”然后，他任命王买德为都官尚书，封爵为河阳侯。

夏王赫连勃勃，在灞上建筑高台，正式登上皇帝宝座，改年号为昌武。

东晋宋公刘裕，因为谶书上有句话：“昌明之后，还有两个皇帝。”于是，派中书侍郎王韶之，与晋安帝左右亲信密谋毒死安帝司马德宗，另立琅邪王司马德文。司马德文常在司马德宗身边，饮食睡眠，都不曾暂时离开。王韶之窥伺多时，没有机会下手。正巧，司马德文患病，出宫休养。戊寅（十二月十七日），王韶之用衣裳拧成绳索，在东堂勒死司马德宗。王韶之是王廙的曾孙。刘裕于是声称奉司马德宗的遗诏，拥立司马德文即皇帝位，大赦天下。

晋恭帝元熙元年（己未，公元419年）

夏主赫连勃勃征召隐士、京兆人韦祖思。韦祖思来到长安，过于谦卑恐惧，赫连勃勃大怒道：“我把你当成国家的高士，征召来京，你却把我当做异族来对待。你当年不向姚兴叩头，今天为什么偏偏来拜见我？我活着的时候，你就不把我当做帝王；我死后，你们这些人舞文弄墨，还不知把我作践到何种地步！”于是，杀掉了韦祖思。

夏国朝廷中的文武百官，都请求把都城迁到长安。赫连勃勃说：“我怎会不知道长安是历代帝王之都，土地肥沃，地势险固！然而，晋人鞭长莫及，终究不会与我们为敌。魏国的风俗人情与我们大略相同，疆域相连，从统万到魏国边境只有一百余里，我在长安，统万一定危险。我留在统万，魏军绝不敢渡过黄河西上。你们各位没有考虑到这一点。”文武百官都说：“我们是望尘莫及的。”于是，在长安设置南台，任命赫连璝为领大将军、雍州牧、录南台尚书事。赫连勃勃回到统万，大赦天下，改年号为“真兴”。

赫连勃勃生性骄躁暴虐，视百姓如草芥。常常登上城楼，旁边放置弓剑，每每心中不快，就亲自杀人泄愤。群臣中如有斜眼看他的，就会被挖去眼睛。如有胆敢随便发笑的，用刀豁开他的嘴唇；有进言劝阻的，先割掉舌头，再斩下头颅。

秋季，七月，东晋宋公刘裕接受了晋封为宋王的诏命。八月，从彭城移驻寿阳，任命度支尚书刘怀慎为督淮北诸军事、徐州刺史，镇守彭城。

辛卯（十二月），东晋宋王刘裕被朝廷加授特殊礼仪，进封萧太妃为太后，称世子刘义符为太子。

第一百一十九卷 宋纪一

译文诵读

高祖武皇帝永初元年（庚申，420）

宋王欲受禅而难于发言，乃集朝臣宴饮，从容言曰："桓玄篡位，鼎命已移。我首唱大义，兴复帝室，南征北伐，平定四海，功成业著，遂荷九锡。今年将衰暮，崇极如此，物忌盛满，非可久安；今欲奉还爵位，归老京师。"群臣惟盛称功德，莫谕其意。日晚，坐散。中书令傅亮还外，乃悟，而宫门已闭，亮叩扉请见，王即开门见之。亮入，但曰："臣暂宜还都。"王解其意，无复他言，直云："须几人自送？"亮曰："数十人可也。"即时奉辞。亮出，已夜，见长星竟天，拊髀叹曰："我常不信天文，今始验矣。"亮至建康，夏，四月，征王入辅。王留子义康为都督豫、司、雍、并四州诸军事、豫州刺史，镇寿阳。义康尚幼，以相国参军南阳刘湛为长史，决府、州事。湛自弱年即有宰物之情，常自比管、葛，博涉书史，不为文章，不喜谈议。王甚重之。

六月，壬戌，王至建康。傅亮讽晋恭帝禅位于宋，具诏草呈帝，使书之。帝欣然操笔，谓左右曰："桓玄之时，晋氏已无天下，重为刘公所延，将二十载；今日之事，本所甘心。"遂书赤纸为诏。

甲子，帝逊于琅邪第，百官拜辞，秘书监徐广流涕哀恸。

丁卯，王为坛于南郊，即皇帝位。

凉公歆欲乘虚袭张掖；宋繇、张体顺切谏，不听。太后尹氏谓歆曰："汝新造之国，地狭民希，自守犹惧不足，何暇伐人！先王临终，殷勤戒汝，深慎用兵，保境宁民，以俟天时，言犹在耳，奈何弃之！蒙逊善用兵，非汝之敌，数年以来，常有兼并之志。汝国虽小，足为善政，修德养民，静以待之。彼若昏暴，民将归汝；若其休明，汝将事之；岂得轻为举动，侥冀非望！以吾观之，非但丧师，殆将亡国！"亦不听。宋繇叹曰："今兹大事去矣！"

歆将步骑三万东出。蒙逊闻之曰："歆已入吾术中；然闻吾旋师，必不敢前。"乃露布西境，云已克浩亹，将进攻黄谷。歆闻之，喜，进入都渎涧。蒙逊引兵击之，战于怀城，歆大败。或劝歆还保酒泉。歆曰："吾违老母之言以取败，不杀此胡，何面目复见我母！”遂勒兵战于蓼泉，为蒙逊所杀。歆弟酒泉太守翻、新城太守预、领羽林右监密、左将军眺、右将军亮西奔敦煌。

蒙逊入酒泉，禁侵掠，士民安堵。以宋繇为吏部郎中，委之选举；凉之旧臣有才望者，咸礼而用之。以其子牧犍为酒泉太守。敦煌太守李恂，翻之弟也，与翻等弃敦煌奔北山。蒙逊以索嗣之子元绪行敦煌太守。

蒙逊还姑臧，见凉太后尹氏而劳之。尹氏曰：“李氏为胡所灭，知复何言！”或谓尹氏曰：“今母子之命在人掌握，奈何傲之！且国亡子死，曾无忧色，何也？”尹氏曰：“存亡死生，皆有天命，奈何更如凡人，为儿女子之悲乎！吾老妇人，国亡家破，岂可复惜余生，为人臣妾乎！惟速死为幸耳。”蒙逊嘉而赦之，娶其女为牧犍妇。

二年（辛酉，421）

河西王蒙逊筑堤壅水以灌敦煌；李恂乞降，不许。恂将宋承等举城降，恂自杀。蒙逊屠其城，获恂弟子宝，囚于姑臧。于是西域诸国皆诣蒙逊称臣朝贡。

上之为宋公也，谢瞻为宋台中书侍郎，其弟晦为右卫将军。时晦权遇已重，自彭城还都迎家，宾客辐凑，门巷填咽。瞻在家惊骇，谓晦曰：“汝名位未多，而人归趣乃尔！吾家素以恬退为业，不愿干豫时事，交游不过亲朋。而汝遂势倾朝野，此岂门户之福邪！”乃以篱隔门庭曰：“吾不忍见此。”及还彭城，言于宋公曰：“臣本素士，父祖位不过二千石。弟年始三十，志用凡近，荣冠台府，位任显密。福过灾生，其应无远，特乞降黜，以保衰门。”前后屡陈之。晦或以朝廷密事语瞻，瞻故向亲旧陈说，用为戏笑，以绝其言。及上即位，晦以佐命功，位任益重，瞻愈忧惧。是岁，瞻为豫章太守，遇病不疗。临终，遗晦书曰：“吾得启体幸全，亦何所恨！弟思自勉励，为国为家。”

三年（壬戌，422）

三月，上不豫，太尉长沙王道怜、司空徐羡之、尚书仆射傅亮、领军将军谢晦、护军将军檀道济并入侍医药。群臣请祈祷神祇，上不许，唯使侍中谢方明以疾告宗庙而已。上性不信奇怪，微时多符瑞，及贵，史官审以所闻，上拒而不答。

檀道济出为镇北将军、南兖州刺史，镇广陵，悉监淮南诸军。

皇太子多狎群小，谢晦言于上曰：“陛下春秋既高，宜思存万世，神器至重，不可使负荷非才。”上曰：“庐陵何如？”晦曰：“臣请观焉。”出造庐陵王义真，义真盛欲与谈，晦不甚答。还曰：“德轻于才，非人主也。”丁未，出义真为都督南豫、豫、雍、司、秦、并六州诸军事、车骑将军、开府仪同三司、南豫州刺史。是后，大州率加都督，多者或至五十州，不可复详载矣。

五月，帝疾甚，召太子诫之曰：“檀道济虽有干略，而无远志，非如兄韶有难御之气也。徐羡之、傅亮，当无异图。谢晦数从征伐，颇识机变，若有同异，必此人也。”又为手诏曰：“后世若有幼主，朝事一委宰相，母后不烦临朝。”司空徐羡之、中书令傅亮、领军将军谢晦、镇北将军檀道济同被顾命。癸亥，帝殂于西殿。帝清简寡欲，严整有法度，被服居处，俭于布素，游宴甚稀，嫔御至少。

太子即皇帝位，年十七，大赦，尊皇太后曰太皇太后，立妃司马氏为皇后。后，晋恭帝女海盐公主也。

魏主服寒食散，频年药发，灾异屡见，颇以自忧。遣中使密问白马公崔浩曰：“属者日食赵、代之分。朕疾弥年不愈，恐一旦不讳，诸子并少，将若之何？其为我思身后之计！”浩曰：“陛下春秋富盛，行就平愈，必不得已，请陈瞽言。自圣代龙兴，不崇储贰，是以永兴之始，社稷几危。今宜早建东宫，选贤公卿以为师傅，左右信臣以为宾友；入总万机，出抚戎政。如此，则陛下可以优游无为，颐神养寿。万岁之后，国有成主，民有所归，奸宄息望，祸无自生矣。皇子焘年将周星，明睿温和，立子以长，礼之大经，若必待成人然后择之，倒错天伦，则召乱之道也。”魏主复以问南平公长孙嵩。对曰：“立长则顺，置贤则人服；焘长且贤，天所命也。”帝从之，立太平王焘为皇太子，使之居正殿临朝，为国副主。以长孙嵩及山阳公奚斤、北新公安同为左辅，坐东厢，西面；崔浩与太尉穆观、散骑常侍代人丘堆为右弼，坐西厢，东面；百官总己以听焉。帝避居西宫，时隐而窥之，听其决断，大悦，谓侍臣曰：“嵩宿德旧臣，历事四世，功存社稷；斤辩捷智谋，名闻遐迩；同晓解俗情，明练于事；观达于政要，识吾旨趣；浩博闻强识，精察天人；堆虽无大用，然在公专谨。以此六人辅相太子，吾与汝曹巡行四境，伐叛柔服，足以得志于天下矣。”

初，魏主闻高祖克长安，大惧，遣使请和，自是每岁交聘不绝。及高祖殂，殿中将军沈范等奉使在魏，还，及河，魏主遣人追执之，议发兵取洛阳、虎牢、滑台。崔浩谏曰：“陛下不以刘裕欻起，纳其使贡，裕亦敬事陛下。不幸今死，遽乘丧伐之，虽得之不足为美。且国家今日亦未能一举取江南也，而徒有伐丧之名，窃为陛下不取。臣谓宜遣人吊祭，存其孤弱，恤其凶灾，使义声布于天下，则江南不攻自服矣。况裕新死，党与未离，兵临其境，必相帅拒战，功不可必。不如缓之，待其强臣争权，变难必起，然后命将出师，可以兵不疲劳，坐收淮北也。”魏主曰：“刘裕乘姚兴之死而灭之，今我乘裕丧而伐之，何为不可？”浩曰：“不然。姚兴死，诸子交争，故裕乘衅伐之。今江南无衅，不可比也。”魏主不从，假司空奚斤节，加晋兵大将军、行扬州刺史，使督宋兵将军、交州刺史周几、吴兵将军、广州刺史公孙表同入寇。

魏军将发，公卿集议于监国之前，以先攻城与先略地。奚斤欲先攻城，崔浩曰：“南人长于守城。昔苻氏攻襄阳，经年不拔。今以大兵坐攻小城，若不时克，挫伤军势，敌得徐严而来，我怠彼锐，此危道也。不如分军略地，至淮为限，列置守宰，收敛租谷，则洛阳、滑台、虎牢更在军北，绝望南救，必沿河东走；不则为囿中之物，何忧其不获也！”公孙表固请攻城，魏主从之。

奚斤等攻滑台，不拔，求益兵，魏主怒，切责之。壬辰，自将诸国兵五万余人南出天关，逾恒岭，为斤等声援。

十一月，魏太子焘将兵出屯塞上，使安定王弥与安同居守。

戊子，魏兵逼虎牢。青州刺史东莞竺夔镇东阳城，遣使告急。己丑，诏南兖州刺史檀道济监征讨诸军事，与王仲德共救之。庐陵王义真遣龙骧将军沈叔貍将三千人就刘粹，量宜赴援。

营阳王景平元年（癸亥，423）

庚申，檀道济军于彭城。

魏叔孙建入临淄，所向城邑皆溃。竺夔聚民保东阳城，其不入城者，使各依据山险，芟夷禾稼，魏军至，无所得食。济南太守垣苗帅众依夔。

刁雍见魏主于邺，魏主曰："叔孙建等入青州，民皆藏避，攻城不下。彼素服卿威信，今遣卿助之。"乃以雍为青州刺史，给雍骑，使行募兵以取青州。魏兵济河向青州者凡六万骑，刁雍募兵得五千人，抚慰士民，皆送租供军。

柔然寇魏边。二月，戊辰，魏筑长城，自赤城西至五原，延袤二千余里，备置戍卒，以备柔然。

魏奚斤、公孙表等共攻虎牢，魏主自邺遣兵助之。毛德祖于城内穴地入七丈，分为六道，出魏围外；募敢死之士四百人，使参军范道基等帅之，从穴中出，掩袭其后。魏军惊扰，斩首数百级，焚其攻具而还。魏兵虽退散，随复更合，攻之益急。

毛德祖出兵与公孙表大战，从朝至晡，杀魏兵数百。会奚斤自许昌还，合击德祖，大破之，亡甲士千余人，复婴城自守。

叔孙建将三万骑逼东阳城，城中文武才一千五百人，竺夔、垣苗悉力固守，时出奇兵击魏，破之。魏步骑绕城列陈十余里，大治攻具；夔作四重堑，魏人填其三重，为橦车以攻城，夔遣人从地道中出，以大麻絙挽之令折。魏人复作长围，进攻逾急。历时浸久，城转堕坏，战士多死伤，余众困乏，旦暮且陷。檀道济至彭城，以司、青二州并急，而所领兵少，不足分赴；青州道近，竺夔兵弱，乃与王仲德兼行先救之。

魏主又遣并州刺史伊楼拔助奚斤攻虎牢；毛德祖随方抗拒，颇杀魏兵，而将士稍零落。

夏，四月，丁卯，魏主如成皋，绝虎牢汲河之路。停三日，自督众攻城，竟不能下，遂如洛阳观《石经》。遣使祀嵩高。

秦王炽磐谓其群臣曰："今宋虽奄有江南，夏人雄据关中，皆不足与也。独魏主奕世英武，贤能为用，且谶云，'恒代之北当有真人'，吾将举国而事之。"乃遣尚书郎莫者阿胡等入见于魏，贡黄金二百斤，并陈伐夏方略。

闰月，丁未，魏主如河内，登太行，至高都。

叔孙建自滑台西就奚斤，共攻虎牢。虎牢被围二百日，无日不战，劲兵战死殆尽，而魏增兵转多。魏人毁其处城，毛德祖于其内更筑三重城以拒之，魏人又毁其二重。德祖唯保一城，昼夜相拒，将士眼皆生创；德祖抚之以恩，终无离心。时檀道济军湖陆，刘粹军项城，沈叔貍军高桥，皆畏魏兵强，不敢进。丁巳，魏人作地道以泄虎牢城中井，井深四十丈，山势峻峭，不可得防；城中人马渴乏，被创者不复出血，重以饥疫。魏仍急攻之，己未，城陷；将士欲扶德祖出走，德祖曰："我誓与此城俱毙，义不使城亡而身存也！"魏主命将士："得德祖者，必生致之。"将军代人豆代田执德祖以献。将佐在城中者，皆为魏所虏，唯参军范道基将二百人突围南还。魏士卒疫死者亦什二三。

奚斤等悉定司、兖、豫诸郡县，置守宰以抚之。魏主命周几镇河南，河南人安之。

十一月，魏周几寇许昌，许昌溃，颍川太守李元德奔项。戊辰，魏人围汝阳，汝阳太守王公度亦奔项。刘粹遣其将姚耸夫等将兵助守项城。魏人夷许昌城，毁钟城，以立封疆而还。

己巳，魏太宗殂。壬申，世祖即位，大赦。

左光禄大夫崔浩研精经术，练习制度，凡朝廷礼仪，军国书诏，无不关掌。浩不好老、庄之书，曰："此矫诬之说，不近人情。老聃习礼，仲尼所师，岂肯为败法之书以乱先王之治乎！"尤不信佛法，曰："何为事此胡神！"及世祖即位，左右多毁之；帝不得已，命浩以公归第，然素知其贤，每有疑议，辄召问之。浩纤妍洁白如美妇，常自谓才比张良而稽古过之。既归第，因修服食养性之术。

宋武帝永初元年（庚申，公元420年）

东晋宋王刘裕希望晋恭帝司马德文能以禅让的形式把帝位传给自己，却难于启齿，于是，他召集手下朝臣饮酒欢宴。在筵席上，刘裕若无其事地说："当年桓玄篡位，晋国大权旁落，是我首先提倡大义，复兴皇帝宗室，南征北讨，平定了天下，可谓大功告成，业绩卓著，于是承蒙皇上恩赐而有九锡之尊。如今我的年纪也快老了，地位又如此尊崇，无以复加，天下的事最忌讳装得太满而盈溢出来，那样就不可以得到长久的安宁了，现在我要将爵位奉还皇上，回到京师颐养天年。"群臣不理解他的真正含意，只是一味盛称他的功德。这日天色已晚，群臣散去。中书令傅亮走出宫门，方才悟出宋王一席话的真实用意，但是宫门已经关闭，傅亮便叩门请求见宋王，宋王即令开门召见他。傅亮入宫，只说："我应该暂且返回京师。"宋王刘裕明白他的用意，也不再多说别的，直接问："你需要多少人护送？"傅亮回答说："数十人就足够了。"随即与宋王刘裕辞别。傅亮出宫时已是半夜时分，只见彗星划过夜空，傅亮拍腿叹曰："我过去常常不信天象，今天看来天象开始应验了。”傅亮来到京师建康，当时正值初夏四月，晋恭帝征召刘裕入京辅弼。宋王刘裕让他的儿子刘义康留守，都督豫、司、雍、并四州诸军事，豫州刺史，坐镇寿阳。刘义康年纪还很幼小，刘裕于是任用相国参军南阳人刘湛为长史，帮助决策和处理府、州日常军政事务。刘湛自幼就有做宰辅的远大志向，常常以管仲、诸葛亮自比，他博览书史，却不喜做文章，不爱空发议论，因此刘裕特别器重他的才干。

六月，壬戌（初九），宋王刘裕来到建康。傅亮用委婉的语言暗示晋恭帝将帝位禅让给宋王，并且草拟了退位诏书呈给晋恭帝，让他亲自抄写一遍。晋恭帝欣然提笔，并对左右侍臣说：“桓玄之乱的时候，晋朝已失掉天下，后来幸赖刘公才得以延续将近二十年；今日禅位给他，是我甘心所为。”于是将傅亮呈来的草稿作为正式诏书抄写在红纸上。

甲子（十一日），晋恭帝司马德文让位，回到了琅邪旧邸，百官叩拜辞别，秘书监徐广痛哭流涕，不胜哀恸。

丁卯（六月十四日），宋王刘裕在南郊设坛，即帝位。

西凉公李歆得到沮渠蒙逊进攻浩亹的消息，便想要乘北凉西部防务空虚，进攻张掖。右长史宋繇、左长史张体顺恳切地劝阻他，李歆不听。李歆的母亲、太后尹氏警告李歆说：“你的王国是一个新建的国家，地狭民少，自卫还怕力量不够，哪有余力去讨伐别人！先王临死时，一再叮咛你，对于军事行动千万要慎重，要保境安民，等待良机。言犹在耳，为什么就抛在一边？沮渠蒙逊善于用兵，你不是他的对手，何况他多年来一直有吞并我们的野心。你的王国虽然很小，但足以施行善政，修德养民，冷静地休养生息以等待时机。沮渠蒙逊如果昏庸暴虐，人民自会归附于你；他如果英明有德政，你应该事奉于他。怎么可以轻举妄动，去讨伐别人，只图侥幸成功。依我看来，你此番举动，不但会全军覆没，还将亡国！”李歆还是不接受。宋繇叹息说：“到如此地步，大势去矣！”

李歆率领步、骑兵三万人自都城酒泉向东进发。沮渠蒙逊闻知大喜，说：“李歆已经中了我的圈套，但是如果他听说我回军埋伏，一定不敢继续前进。”于是沮渠蒙逊下令在西部边境，遍传攻克浩亹的消息，并扬言大军还要进攻黄谷。李歆得到这个消息，大喜，立即率大军开进都渎涧，沮渠蒙逊率军进攻，两支军队在怀城决战，结果李歆率领的西凉军大败。有人劝李歆退军保卫都城酒泉。李歆说：“我违背母亲的教训才遭到如此挫败，不杀掉这个胡蛮，我有何面目再见老母。”于是又率领手下的将士在蓼泉与蒙逊军队展开第二次会战，西凉军大败，李歆被沮渠蒙逊杀掉。李歆的弟弟酒泉太守李翻、新城太守李预、领

南朝宋武帝刘裕

羽林军右监李密、左将军李眺、右将军李亮，向西逃往敦煌。

沮渠蒙逊于是进入酒泉，他严明纪律，禁止士兵抢劫，人民生活安定。沮渠蒙逊任命宋繇为吏部郎中，掌管全国官员的任免和升迁调补。西凉旧有臣僚中有才干和声望的，都以礼对待他们并延聘任官。沮渠蒙逊任命他的儿子沮渠牧犍为酒泉太守。西凉敦煌太守李恂，是李翻的弟弟，这时也与李翻等一道放弃敦煌，逃往北山。沮渠蒙逊任命索嗣的儿子索元绪代理敦煌太守。

沮渠蒙逊返回都城姑臧，见到西凉国尹太后，极尽安抚慰问。尹太后说："李氏家族为胡人所灭，还有什么可说。"有人对尹太后说："而今，你们母子的性命都握在别人手中，怎么可以如此傲慢！况且国家灭亡，儿子被杀，你却连一点忧色都没有，为什么？"尹太后说："存亡生死，都是上天的旨意，为什么要像普通人那样，做小儿女般的悲恸？我已经是个老太婆了，如今国破家亡，怎么可以爱惜余生，为人家臣妾呢！我只求快快死掉，就是万幸了。"沮渠蒙逊嘉许她的言行，赦免了她，并娶她的女儿做自己儿子沮渠牧犍的妻子。

二年（辛酉，公元421年）

北凉河西王沮渠蒙逊兴筑长堤，采用水攻的方法，把敦煌城围困起来；李恂请求投降，沮渠蒙逊拒绝。李恂手下的大将宋承等再次背叛，举献城池投降了沮渠蒙逊，李恂自杀。沮渠蒙逊下令屠城，生擒了李恂的侄儿李宝，送到姑臧囚禁起来。于是，西域各国纷纷请求归附北凉，自称臣属，遣使朝贡。

刘宋武帝刘裕还是东晋的宋公时，谢瞻为宋国的中书侍郎，他的弟弟谢晦为右卫将军。当时谢晦的权势和地位已经很重，他自彭城回京迎接家属，宾客们从四面八方涌来，车马盈门堵塞巷口。谢瞻在家看到如此情形不胜惊骇，对谢晦说："你的声望和职位并不很高，人们却如此奉承你！我们谢家一向淡泊权利，不愿干预朝政，交游的人不是亲戚便是朋友。而你却权倾朝野，这哪里是家门之福！"于是，他用篱笆把两家门庭隔开说："我不忍心见到这种场面。"等到回到彭城，谢瞻对宋公刘裕说："我本出身于清贫之家，祖、父的官禄不过二千石，我的弟弟谢晦年方三十，志向平庸，才能不高，却荣居高位，地位格外尊崇，掌理机要。享福太过，灾难必生，应验不远，请求您贬降谢晦的官阶，以保存我们衰微的家门！"此后又多次向刘裕陈请。谢晦有时把朝廷中的机密告诉谢瞻，谢瞻就故意传给亲戚朋友，作为取笑的谈资，目的在于使谢晦闭口。宋公刘裕即位后，谢晦因有辅助开国的功劳，官位更高，责任愈重，谢瞻也为此更加忧惧。这年，谢瞻担任豫章太守，患病不治。临终前，他留一封遗嘱给谢晦，说："我幸能保全一身，还有什么恨事？你要自思勉励，为国为家。"

三年（壬戌，公元422年）

三月，刘宋武帝病重，太尉长沙王刘道怜、司空徐羡之、尚书仆射傅亮、领军将军谢晦、护军将军檀道济一道进宫，侍候刘裕治疗服药。朝中大臣们请求向神灵祈祷，刘裕不许，只派侍中谢方明到宗庙焚香，把病情向祖先报告。刘裕一向不信神怪，当他还是一个平民的时候，曾有许多祥兆，等到后来大贵，史官们向他查证传闻，刘裕都拒而不答。

檀道济出任镇北将军、南兖州刺史，镇守广陵，兼领淮南各路军队。

皇太子刘义符常和一些奸佞小人厮混，谢晦曾对刘宋武帝说："陛下年事已高，应考虑如何使大业万世长存，帝位至关重要，不能交给没有才能的人。"刘裕问道："你看庐陵王刘义真如何？"谢晦说："且容我观察观察！"出宫后即去拜访庐陵王刘义真。刘义真盛情款待谢晦，并想要与他长谈，谢晦支吾其辞，不愿答话。回宫对宋武帝刘裕说："德行低于才能，不是人主啊！"丁未（三月初五），刘裕命刘义真出任都督南豫、豫、雍、司、秦、并六州诸军事及车骑将军、开府仪同三司、南豫州刺史。从此以后，大州州牧官职之上又加都督之职便成定例，有的都督所辖，最多达到五十个州，已无法详细列出。

五月，刘宋武帝病重，他把太子刘义符召到床前，告诫他说："檀道济虽有才干，精于谋略，却无野心，不像他的哥哥檀道韶，有一种难以驾御的气质。徐羡之、傅亮，当不会有其他企图。谢晦多次随我南北征战，善于随机应变，将来如果有问题，一定是他。"然后，刘裕又亲笔写下遗诏："后世如果出现年幼的君主，朝中政事一概委托给宰相，皇太后用不着临朝主政。"司空徐羡之、中书令傅亮、领军将军谢晦、镇北将军檀道济，共同接受遗命。癸亥（二十一日），刘宋武帝刘裕在西殿去世。刘裕生前清心寡欲，生活简朴，起居有常，严整有度。衣服和住所都很朴素，游览欢宴十分稀有，后宫嫔妃极少。

皇太子刘义符即皇帝位，年仅十七岁，下令大赦，尊皇太后萧文寿为太皇太后；封太子妃司马茂英为皇后。司马茂英是晋恭帝的女儿海盐公主。

北魏国主拓跋嗣，服用寒食散，一连几年，药性发作，天上变异与地上灾难也屡屡出现，他自己深感忧虑。于是派宦官秘密询问白马公崔浩说："最近，赵、代地区多次发生日食，而朕的病又多年不愈，我担心如果我一旦去世，皇子们还都年幼，那该如何是好？请你为我考虑考虑身后的办法。"崔浩回答说："陛下正值壮年，您的病很快就会痊愈。如果您一定要听听我的意见，那我就说几句不一定合适的话。自从我们魏国创立以来，一向不注重选立储君。所以永兴初年发生的宫廷巨变，国家几乎倾覆。现在我们亟待要做的就是早早建东宫立太子，遴选贤明的公卿做太子的师傅，让您左右亲信的大臣做他的宾客和朋友；让太子在京师时主持朝政，出京时则统率军队安抚百姓，讨伐敌人。如果这样，陛下您就可以身心悠闲，不必亲自处理政事，在宫中颐养天年。陛下百年之后，国家有确定的君主，百姓亦有所归附，奸佞之徒不敢再生其他企图，灾祸也无从出现。皇子拓跋焘，年将十二岁，聪明睿智，性情温和，以长子立为太子，是礼制的最高原则，如果一定要等到他们长大成人，再在他们中间选择太子，那就很可能废长立幼，使天伦倒错，从而招致天下大乱。”北魏国主又就立太子的问题征询南平公长孙嵩的意见。长孙嵩回答说：“立长为储君，名正言顺，选贤为太子，则人心信服。拓跋焘既是长子又很贤能，这是上天的旨意。”北魏国主同意他的意见，于是，下诏立太平王拓跋焘为皇太子，并让他坐在正殿，处理朝中大事，作为国家的副主，北魏国主又任命长孙嵩及山阳公奚斤、北新公安同等为左辅官，座位设在东厢，面向西方；命白马公崔浩，太尉穆观，散骑常侍代郡人丘堆为右辅官，座位设在西厢，面向东方，共同辅弼太子。百官则居于左右辅官之下，听候差遣。拓跋嗣则避居西宫，但亦不时悄悄出来，从旁窥视，观察太子和辅臣如何裁断政事。他听后非常高兴，对左右侍臣们说：“长孙嵩是德高望重的老臣。曾经侍奉过四代皇帝，功在国家；奚斤足智多谋，能言善辩，远近闻名；安同通晓世情，了解民间疾苦，处事明达干练；穆观深通政务，能领悟我的旨意；崔浩博闻强记，精于观察天象和民情；丘堆虽无大才，但他专心为公，谨慎处世。用这样六个人来辅佐太子，我跟你们只要巡视四方边境，对叛逆加以讨伐，对臣服者加以安抚，就足以称霸天下了。”

最初，北魏国主拓跋嗣听到东晋的太尉刘裕克复长安的消息，大为恐惧，立即派遣使臣请和。从此以后，两国使臣每年互访，来往不断。刘裕去世的时候，刘宋使臣殿中将军沈範正出使北魏，告辞返国，刚到黄河，北魏国主便派人追赶，生擒而回。北魏还打算发兵攻取黄河南岸的洛阳、虎牢和滑台。白马公崔浩劝阻说：“当初陛下您没有因为刘裕骤然得势，而接纳他派遣的使臣和礼物，而刘裕对陛下也十分恭敬。不幸他现在去世了，我们却乘人家遭丧而兴兵讨伐，即使得手也不是光彩的事。更何况以我们国家眼下的实力，也不可一举夺取江南，却只落得个伐丧的恶名，我自以为陛下不该这样做。在我看来，我们应该派使节前往吊丧，抚慰孤儿寡妇，同情他们的不幸，从而使我们仁义的名声，传播天下，这样一来，长江以南的江山，不攻自服了。况且如今刘裕刚刚去世，其党羽还不曾离析，一旦大军压境，他们势必会同心协力抵抗，我们不一定能成功。不如稍稍延缓，等待他们的权臣争权内讧，变故和灾难必然发生，然后我们再调兵遣将，军士还不曾疲劳，即可坐收淮北的大片土地。”北魏国主拓跋嗣问道：“当年刘裕乘姚兴之死，一举灭掉了秦国。如今我要乘刘裕之死，讨伐刘宋，有什么不可以？”崔浩说：“那不一样。姚兴死后，他的儿子们拼命内争，刘裕才得以乘机讨伐。现在，江南的刘宋无机可乘，所以不可同日而语呀！”北魏国主拒不接受崔浩的意见，授司空奚斤以符节，命他加授晋兵大将军、代理扬州刺史等官职，率领宋兵将军、交州刺史周几，吴兵将军、广州刺史公孙表等，一起向刘宋进攻。

刘裕出行图

北魏南征的大军将要出发，朝中的公卿显官在太子拓跋焘的殿前，举行会议，讨论应先攻城池还是先占领土地？奚斤认为应先攻取城池，崔浩反对，说："南方人擅长守城。从前苻氏进攻襄阳，一年有余，不能破城。现在，我们以大军攻小城，如果不立即攻克，必定会挫伤军力，敌人就会慢慢地增援，我军疲劳而敌人气势正盛，这是十分危险的办法。我们不如分别派兵，夺取土地，以淮河为界限，依次委派地方官，征收田赋租金，把洛阳、滑台、虎牢远隔在我们大军的后方。当他们对南方的救援感到绝望的时候，必定会沿黄河往东走；即使不走，他们也已经是我们苑中的猎物，还用担心不能擒获？"吴军将军公孙表却仍然坚持先行攻城，拓跋嗣应许了公孙表的请求。

奚斤等率兵围攻滑台，不能攻破，请求增兵。北魏国主拓跋嗣闻之大怒，严厉斥责了奚斤。壬辰（十月二十三日），拓跋嗣亲自率领各部落联军五万余人南下，出天关，越过恒岭，声援奚斤。

十一月，北魏国太子拓跋焘率军出京，在塞上屯聚军队，命令安定王拓跋弥和北新公安同留守京师。

戊子（十月二十日），北魏军逼进虎牢。刘宋青州刺史东莞人竺夔当时正在镇守东阳城，立即派人告急求救。己丑（十二月二十一日），刘宋下诏，命令南兖州刺史檀道济督察征讨诸军事，会同徐州刺史王仲德一起前去救援。庐陵王刘义真派遣龙骧将军沈叔貍率兵三千人，奔赴豫州刺史刘粹的驻地，察看时机前去救援。

宋营阳王景平元年（癸亥，公元423年）

庚申（正月二十二日），刘宋檀道济的大军驻扎在彭城。

北魏叔孙建攻入临淄，他的大军所到，刘宋城池全部崩溃。刘宋青州刺史竺夔召集百姓，于东阳城固守城垣。凡是不愿入城的居民，也令他们分别依据险要的山势，把田野里的庄稼全部割掉，使北魏军来到后，无法就地取得粮食。济南太守垣苗率众投靠了竺夔。

北魏刁雍前往邺城晋见北魏国主拓跋嗣，拓跋嗣说："叔孙建等进入青州地区，老百姓纷纷躲藏，而城又久攻不下。你在青州一向有威信，现在我派你前去助阵。"于是，任命刁雍为青州刺史，拨付给他马匹，命他一路招募士卒来攻取青州。北魏南征军渡过黄河，奔赴青州的骑兵共有六万，刁雍一路募兵又集结五千人，他对境内的绅士平民；竭力安抚慰劳，当地人都愿为刁雍的军队提供粮草。

柔然汗国南下侵略北魏的边境。二月，戊辰（初一），北魏筑长城，从赤城往西直到五原，连绵二千余里，同时在边境各要塞配备戍卒，以抵御柔然。

北魏大将奚斤、公孙表等合兵进攻虎牢，北魏国主拓跋嗣从邺城遣兵助战。刘宋司州刺史毛德祖，在虎牢城内挖掘地道，深达七丈，分为六道，直通魏军的包围圈外。同时又招募敢死勇士四百人，由参军范道基率领，从地道爬出去袭击敌人的后背，北魏军队不胜惊慌。范道基斩杀敌人数百，然后焚毁了敌人攻城的器械，返回城中。北魏兵虽然暂时溃散，很快又集结到一起，更猛烈地进攻。

毛德祖率兵出城与北魏公孙表大战，从早晨到傍晚，斩杀魏兵数百人。正巧奚斤从许昌得胜而回，二人合击毛德祖，毛德祖大败，损失士卒一千多人，只好固守城池坚持守御。

北魏叔孙建率领三万骑兵进逼东阳城，城中文武官兵才一千五百人。竺夔、垣苗全力固守，而且不时出奇兵袭击魏军，击败了北魏的进攻。于是北魏步、骑兵绕城排列，阵地纵深十多里，大规模地兴造攻城武器。竺夔组织挖掘的四道堑濠，魏军填平了三道，并制造橦车撞击城墙。竺夔派人从地道中出击，用粗绳把撞车拉翻，使它摧折。魏军又组成大的包围圈，攻势越发凶猛。时间一久，东阳城城墙纷纷崩溃，战士死伤惨重，剩下的残兵，又困又乏，东阳城陷落在即。这时，刘宋镇北将军檀道济率军抵达彭城，因司州、青州同时告急，所率军队人数太少，不能分兵救援。因距青州的东阳城道路较近，竺夔兵力又弱，檀道济便与徐州刺史王仲德日夜兼程，赶赴东阳城救援。

北魏国主拓跋嗣又派遣并州刺史伊楼拔帮助奚斤进攻虎牢；刘宋守将毛德祖随机应变，顽强抵抗，斩杀很多魏兵，而自己的将士也日渐减少。

夏季，四月，丁卯（初一），北魏国主拓跋嗣到达成皋，切断了虎牢到黄河汲水的道路。停留了三日，然后亲自督战，攻打虎牢城，仍然没有攻下。于是他又绕道前往洛阳观看《石经》。派遣使臣祭祀嵩山。

西秦王乞伏炽磐，对他的文武百官说："现在宋虽然拥有江南，夏国雄踞关中，都没有什么了不起。惟独魏主，世代英明威武，能任用贤才，而且谶书说：'恒山及代郡之北，一定有真龙天子。'我将统率全国官民，事奉魏主。"于是，乞伏炽磐派遣尚书郎莫者阿胡等人，前往北魏朝见，进贡黄金二百斤，并呈献讨伐夏国方略。

闰四月，丁未（十一日），北魏国主拓跋嗣抵达河内，登太行山。又到达高都。

北魏将军叔孙建从滑台向西增援，与大将奚斤合兵一处，攻打虎牢城。虎牢被围困已有二百多天，没有一天不在作战，守城的精锐士卒几乎全部战死，而北魏围城军却越增越多。北魏军已摧毁了虎牢的外城。刘宋守将毛德祖又构筑了三层内城用来抵御，北魏再摧毁其中二城。毛德祖只保持最后一城，日夜奋战，守城的将士不能睡眠，眼睛都长疮。毛德祖与士卒们恩义相结，始终团结一心。这时，檀道济驻军湖陆，豫州刺史刘粹驻军项城，龙骧将军沈叔貍驻军高桥，都畏惧北魏兵强势盛，不敢前来救援。丁巳（闰四月二十一日），北魏军挖地道，宣泄虎牢城里的井水，井深四十丈，山势高峻陡峭，守军无法阻止魏军挖掘。城中开始缺水，人马干渴倦乏，受伤的人已流不出鲜血，再加上饥饿和瘟疫，守军难以坚持下去。北魏军仍然发动急迫的强攻。己未（闰四月二十三日），城破。将士们想要保护毛德祖突围，毛德祖说："我发誓与此城一同毁灭，大义所在，我不能使城陷而我仍然生存。”拓跋嗣传令攻城将士：“碰上毛德祖，必须生擒。”北魏将军、代郡人豆代田俘虏了毛德祖，呈献给拓跋嗣。刘宋将领在虎牢城中的，也都被魏军生擒，唯独参军范道基率领二百人突围，返回江南。北魏南征士卒死于瘟疫的，也有十分之二三。

北魏大将奚斤等完全占领了刘宋的司州、兖州、豫州所属各郡县，设置地方官安抚治理。北魏国主拓跋嗣命将军周几镇守河南，河南人安于北魏的统治。

十一月，北魏将军周几进攻许昌，许昌城崩溃，刘宋颍川太守李元德逃奔项城。戊辰（初五），北魏军围攻汝阳，刘宋汝阳太守王公度也逃到项城。于是，刘宋豫州刺史刘粹派遣将领姚耸天等率兵增援，固守项城。北魏军夷平了许昌城，毁坏了钟城的城墙，确定魏宋新的边界，然后便回去了。

己巳（十一月初六），北魏国主拓跋嗣去世。壬申（十一月初九），太子拓跋焘登极，大赦天下。

北魏左光禄大夫崔浩精通儒家经典，对于朝廷制度和各级机构的功能，尤其熟悉。因此，凡是朝廷礼仪典章、军国诏令，全由他负责。崔浩不喜欢老子、庄子的著作，说：“这些都是虚妄、矫情的学说，和人情世态不大切近。老聃研究礼仪，是孔丘尊为老师的人，怎么肯写出败坏礼教的著作，而搞乱先古圣王的治世之道呢！”崔浩尤其不信佛教，说：“为什么要崇拜这个胡人的神！”拓跋焘即位后，他的左右亲信大臣常常攻击崔浩；拓跋焘不得已，只好命崔浩保留公爵，返回私宅。但是，因为他素知崔浩的贤明智慧，朝廷凡是发生争议，出现疑难问题，拓跋焘总是要召见他，听取他的意见。崔浩肌肤洁白细腻，如同美妇，常自以为才干可与张良相比，而考辨古制方面更超过张良。返回私宅后，崔浩又研究服药养性的延年益寿之术。

第一百二十卷 宋纪二

译文诵读

太祖文皇帝上之上元嘉元年（甲子，424）

营阳王居丧无礼，好与左右狎昵，游戏无度。特进致仕范泰上封事曰："伏闻陛下时在后园，颇习武备，鼓鞞在宫，声闻于外。黩武掖庭之内，喧哗省闼之间，非徒不足以威四夷，只生远近之怪。陛下践阼，委政宰臣，实同高宗谅暗之美；而更亲狎小人，惧非社稷至计，经世之道也。"不听。泰，宁之子也。

南豫州刺史庐陵王义真，警悟爱文义，而性轻易，与太子左卫率谢灵运、员外常侍颜延之、慧琳道人情好款密。尝云："得志之日，以灵运、延之为宰相，慧琳为西豫州都督。"灵运，玄之孙也，性褊傲，不遵法度；朝廷但以文义处之，不以为有实用。灵运自谓才能宜参权要，常怀愤邑。延之，含之曾孙也，嗜酒放纵。

徐羡之等恶义真与灵运等游，义真故吏范晏从容戒之，义真曰："灵运空疏，延之隘薄，魏文帝所谓'古今文人类不护细行'者也；但性情所得，未能忘言于悟赏耳。"于是羡之等以为灵运、延之构扇异同，非毁执政，出灵运为永嘉太守，延之为始安太守。

徐羡之等以南兖州刺史檀道济先朝旧将，威服殿省，且有兵众，乃召道济及江州刺史王弘入朝；五月，皆至建康，以废立之谋告之。

甲申，谢晦以领军府屋败，悉令家人出外，聚将士于府内；又使中书舍人邢安泰、潘盛为内应。夜，邀檀道济同宿，晦悚动不得眠，道济就寝便熟，晦以此服之。

时帝于华林园为列肆，亲自沽卖；又与左右引船为乐，夕，游天渊池，即龙舟而寝。乙酉诘旦，道济引兵居前，羡之等继其后，入自云龙门；安泰等先诫宿卫，莫有御者。帝未兴，军士进杀二侍者，伤帝指，扶出东阁，收玺绶，群臣拜辞，卫送故太子宫。

侍中程道惠劝羡之等立皇弟南豫州刺史义恭。羡之等以宜都王义隆素有令望，又多符瑞，乃称皇太后令，数帝过恶，废为营阳王，以宜都王纂承大统，赦死罪以下。

傅亮帅行台百官奉法驾迎宜都王于江陵。祠部尚书蔡廓至寻阳，遇疾不堪前；

亮与之别。廓曰："营阳在吴，宜厚加供奉；一旦不幸，卿诸人有弑主之名，欲立于世，将可得邪！"时亮已与羡之议害营阳王，乃驰信止之，不及。羡之大怒曰："与人共计议，如何旋背即卖恶于人邪！"羡之等又遣使者杀前庐陵王义真于新安。

八月，丙申，宜都王至建康，群臣迎拜于新亭。徐羡之问傅亮曰："王可方谁？"亮曰："晋文、景以上人。"羡之曰："必能明我赤心。"亮曰："不然。"

癸卯，徐羡之进位司徒，王弘晋位司空，傅亮加开府仪同三司，谢晦进号卫将军，檀道济进号征北将军。

二年（乙丑，425）

春，正月，徐羡之、傅亮上表归政；表三上，帝乃许之。丙寅，始亲万机。羡之仍逊位还第；徐佩之、程道惠及吴兴太守王韶之等并谓非宜，敦劝甚苦；乃复奉诏视事。

癸卯，魏主大伐柔然，五道并进：长孙翰等从东道，出黑漠，廷尉卿长孙道生等出白、黑二漠之间，魏主从中道，东平公娥清出栗园，奚斤等从西道，出尔寒山。诸军至漠南，舍辎重，轻骑，赍十五日粮，度漠击之。柔然部落大惊，绝迹北走。

初，会稽孔宁子为帝镇西咨议参军，及即位，以宁子为步兵校尉；与侍中王华并有富贵之愿，疾徐羡之、傅亮专权，日夜构之于帝。

会谢晦二女当适彭城王义康、新野侯义宾，遣其妻曹氏及长子世休送女至建康。帝欲诛羡之、亮，并发兵讨晦，声言当伐魏，又言拜京陵，治行装舰。

亮与晦书曰："薄伐河朔，事犹未已，朝野之虑，忧惧者多。"又言"朝士多谏北征，上当遣外监万幼宗往相咨访。"时朝廷处分异常，其谋颇泄。

三年（丙寅，426）

帝以王弘、檀道济始不预废弑之谋，弘弟昙首又为帝所亲委，事将发，密使报弘，且召道济，欲使讨晦。王华等皆以为不可，帝曰："道济止于胁从，本非创谋，杀害之事，又所不关；吾抚而使之，必将无虑。"乙丑，道济至建康。

丙寅，下诏暴羡之、亮、晦杀营阳、庐陵王之罪，命有司诛之，且曰："晦据有上流，或不即罪，朕当亲帅六师为其过防。可遣中领军到彦之即日电发，征北将军檀道济骆驿继路，符卫军府州，以时收翦，已命雍州刺史刘粹等断其走伏。罪止元凶，余无所问。"

是日，诏召羡之、亮。羡之行至西明门外，谢嚼正直，遣报亮云："殿内有异处分。"亮辞以嫂病暂还，遣使报羡之，羡之还西州，乘内人问讯车出郭，步走至新林，入陶灶中自经死。亮乘车出郭门，乘马奔兄迪墓，屯骑校尉郭泓收之。至广莫门，上遣中书舍人以诏书示亮，并谓曰："以公江陵之诚，当使诸子无恙。"亮读诏书讫，曰：“亮受先帝布衣之眷，遂蒙顾托。黜昏立明，社稷之计也。欲加之罪，其无辞乎！”于是诛亮而徙其妻子于建安；诛羡之二子，而宥其兄子佩之。又诛晦子世休，收系谢皭。

帝将讨谢晦，问策于檀道济，对曰：“臣昔与晦同从北征，入关十策，晦有其九，才略明练，殆为少敌。然未尝孤军决胜，戎事恐非其长。臣悉晦智，晦悉臣勇。今奉王命以讨之，可未陈而擒也。”丁卯，征王弘为侍中、司徒、录尚书事、扬州刺史，以彭城王义康为都督荆•湘等八州诸军事、荆州刺史。

乐冏复遣使告谢晦以徐、傅及皭等已诛。晦先举羡之、亮哀，次发子弟凶问，既而自出射堂勒兵。晦从高祖征讨，指麾处分，莫不曲尽其宜，数日间，四远投集，得精兵三万人。乃奉表称羡之、亮等忠贞，横被冤酷。且言：“臣等若志欲执权，不专为国，初废营阳，陛下在远，武皇之子尚有童劝，拥以号令，谁敢非之！岂得溯流三千里，虚馆七旬，仰望鸾旗者哉！故庐陵王，于营阳之世积怨犯上，自贻非命。不有所废，将何以兴！耿弇不以贼遗君、父，臣亦何负于宋室邪！此皆王弘、王昙首、王华险躁猜忌，谗构成祸。今当举兵以除君侧之恶。”

帝下诏戒严，大赦，诸军相次进路以讨谢晦。晦以弟遁为竟陵内史，将万人总留任，帅众二万发江陵，列舟舰自江津至于破冢，旌旗蔽日。叹曰：“恨不得以此为勤王之师。”

谢晦自江陵东下，何承天留府不从。晦至江口，到彦之已至彭城洲，庾登之据巴陵，畏懦不敢进，会霖雨连日，参军刘和之曰：“彼此共有雨耳；檀征北寻至，东军方强，惟宜速战。”登之恇怯，使小将陈祐作大囊，贮茅悬于帆樯，云可以焚舰，用火宜须晴，以缓战期。晦然之，停军十五日。乃使中兵参军孔延秀攻将军萧欣于彭城洲，破之。又攻洲口栅，陷之。诸将咸欲退还夏口，到彦之不可，乃保隐圻。晦又上表自讼，且自矜其捷，曰：“陛下若枭四凶于庙庭，悬三监于绛阙，臣便勒众旋旗，还保所任。”

初，晦与徐羡之、傅亮为自全之计：以为晦据上流，而檀道济镇广陵，各有强兵，足以制朝廷；羡之、亮居中秉权，可得持久。及闻道济帅众来上，惶惧无计。

道济既至，与到彦之军合，牵舰缘岸。晦始见舰数不多，轻之，不即出战。至晚，因风帆上，前后连咽；西人离沮，无复斗心。戊辰，台军至忌置洲尾，列舰过江，晦军一时皆溃。晦夜出，投巴陵，得小船还江陵。

晦至江陵，无他处分。唯愧谢周超而已。其夜，超舍军单舸诣到彦之降。晦众散略尽，乃携其弟遁等七骑北走。遁肥壮，不能乘马，晦每待之，行不得速。己卯，至安陆延头，为戍主光顺之所执，槛送建康。

到彦之到马头，何承天自归。彦之因监荆州府事，以周超为参军；刘粹以沙桥之败告，乃执之。于是诛晦、皭、遁及其兄弟之子，并同党孔延秀、周超等。

三月，辛巳，帝还建康，征谢灵运为秘书监，颜延之为中书侍郎，赏遇甚厚。

帝以慧琳道人善谈论，因与议朝廷大事，遂参权要，宾客辐凑，门车常有数十两，四方赠赂相系，方筵七八，座上恒满。琳著高屐，披貂裘，置通呈、书佐。会稽孔觊尝诣之，遇宾客填咽，暄凉而已。觊慨然曰："遂有黑衣宰相，可谓冠屦失所矣！"

六月，以右卫将军王华为中护军，侍中如故。华以王弘辅政，王昙首为上所亲任，与己相埒，自谓力用不尽，每叹息曰："宰相顿有数人，天下何由得治！"是时，宰相无常官，唯人主所与议论政事、委以机密者，皆宰相也，故华有是言。亦有任侍中而不为宰相者；然尚书令、仆、中书监、令、侍中、侍郎、给事中，皆当时要官也。

华与刘湛、王昙首、殷景仁俱为侍中，风力局干，冠冕一时。上尝与四人于合殿宴饮，甚悦。既罢出，上目送良久，叹曰："此四贤，一时之秀，同管喉唇，恐后世难继也。"

魏主闻夏世祖殂，诸子相图，国人不安，欲伐之。长孙嵩等皆曰："彼若城守，以逸待劳，大檀闻之，乘虚入寇，此危道也。"崔浩曰："往年以来，荧惑再守羽林、钩己而行，其占秦亡；今年五星并出东方，利以西伐。天人相应，不可失也。"嵩固争之，帝大怒，责嵩在官贪污，命武士顿辱之。于是遣司空奚斤帅四万五千人袭蒲阪，宋兵将军周几帅万人袭陕城，以河东太守薛谨为乡导。谨，辩之子也。

魏主欲以中书博士平棘李顺总前驱之兵，访于崔浩，浩曰："顺诚有筹略；然臣与之婚姻，深知其为人果于去就，不可专委。"帝乃止。浩与顺由是有隙。

冬，十月，丁巳，魏主发平城。

魏主行至君子津，会天暴寒，冰合，戊寅，帅轻骑二万济河袭统万。壬午，冬至，夏主方燕群臣，魏师奄至，上下惊扰。魏主军于黑水，去城三十余里。夏主出战而败，退走入城，门未及闭，内三郎豆代田帅众乘胜入西宫，焚其西门；宫门闭，代田逾宫垣而出。魏主拜代田勇武将军。魏军夜宿城北，癸未，分兵四掠，杀获数万，得牛马十余万。魏主谓诸将曰："统万未可得也，他年当与卿等取之。"乃徙其民万余家而还。

魏初得中原，民多逃隐。天兴中，诏采诸漏户，令输缯帛；于是自占为绸茧罗縠户者甚众，不隶郡县；赋役不均。是岁，始诏一切罢之，以属郡县。

四年（丁卯，427）

乙卯，帝如丹徒；己巳，谒京陵。初，高祖既贵，命藏微时耕具以示子孙。帝至故宫，见之，有惭色。近侍或进曰："大舜躬耕历山，伯禹亲事水土。陛下不睹遗物，安知先帝之至德，稼穑之艰难乎！"

魏主至拔邻山，筑城，舍辎重，以轻骑三万倍道先行。群臣咸谏曰："统万城坚，非朝夕可拔。今轻军讨之，进不可克，退无所资，不若与步兵、攻具一时俱往。"帝曰："用兵之术，攻城最下；必不得已，然后用之。今以步兵、攻具皆进，彼必惧而坚守。若攻不时拔，食尽兵疲，外无所掠，进退无地。不如以轻骑直抵其城，彼见步兵未至，意必宽驰；吾羸形以诱之，彼或出战，则成擒矣。所以然者，吾之军士去家二千余里，又隔大河，所谓‘置之死地而后生’者也。故以之攻城则不足，决战则有余矣。”遂行。

魏主至统万，分军伏于深谷，以少众至城下。夏将狄子玉降魏，言：“夏主闻有魏师，遣使召平原公定，定曰：“统万坚峻，未易攻拔。待我擒奚斤，然后徐往，内外击之，蔑不济矣。’故夏主坚守以待之。”魏主患之，乃退军以示弱，遣娥清及永昌王健帅骑五千西掠居民。

魏军士有得罪亡奔夏者，言魏军粮尽，士卒食菜，辎重在后，步兵未至，宜急击之。夏主从之，甲辰，将步骑三万出城。长孙翰等皆言：“夏兵步陈难陷，宜避其锋。”魏主曰：“吾远来求贼，惟恐不出。今既出矣，乃避而不击，彼奋我弱，非计也。”遂收众伪遁，引而疲之。

魏人乘胜逐夏主至城北，杀夏主之弟河南公满及兄子蒙逊，死者万余人。夏主不及入城，遂奔上邽。魏主微服逐奔者，入其城；拓跋齐固谏，不听。夏人觉之，诸门悉闭；魏主因与齐等入其宫中，得妇人裙，系之槊上，魏主乘之而上，仅乃得免。会日暮，夏尚书仆射问至奉夏主之母出走，长孙翰将八千骑追夏主至高平，不及而还。

乙巳，魏主入城，获夏王、公、卿、将、校及诸母、后妃、姊妹、宫人以万数，马三十余万匹，牛羊数千万头，府库珍宝、车旗、器物不可胜计，颁赐将士有差。

初，夏世祖性豪侈，筑统万城，高十仞，基厚三十步，上广十步，宫墙高五仞，其坚可以厉刀斧。台榭壮大，皆雕镂图画，被以绮绣，穷极文采。魏主顾谓左右曰：“蕞尔国而用民如此，欲不亡得乎！”

魏主为人，壮健鸷勇，临城对陈，亲犯矢石，左右死伤相继，神色自若；由是将士畏服，咸尽死力。性俭率，服御饮膳，取给而已。君臣请增峻京城及修宫室曰：“《易》云：‘王公设险，以守其国。’又萧何云：‘天子以四海为家，不壮不丽，无以重威。’”帝曰：“古人有言：‘在德不在险。’屈丐蒸土筑城而朕灭之，岂在城也？今天下未平，方须民力，土功之事，朕所未为。萧何之对，非雅言也。”每以为财者军国之本，不可轻费。至于赏赐，皆死事勋绩之家，亲戚贵宠未尝横有所及。命将出师，指授节度，违之者多致负败。明于知人，或拔士于卒伍之中，唯其才用所长，不论本末。听察精敏，下无遁情，赏不违贱，罚不避贵，虽所甚爱之人，终无宽假。常曰：“法者，朕与天下共之，何敢轻也。”然性残忍，果于杀戮，往往已杀而复悔之。

宋文帝元嘉元年（甲子，公元424年）

营阳王刘义符在为其父宋武帝刘裕服丧期间，喜欢与左右侍从亲昵轻佻，嬉戏游乐，不能自我节制。以特进衔退休的范泰呈上一本用皂囊封板的奏章，说："我听说陛下常常在后花园习武练功，鼓鞞虽在宫中，鼓声却远传宫外，在禁宫深院，打闹砍杀，又在朝廷各部公堂之间，喧哗嘶喊。如此，则不但不能威服四方夷族，而只能使远近各邦觉得怪诞不经。陛下即位以来，把政务都交给了宰相大臣，实际上同商朝的高宗武丁一样，有着服丧期间闭口不言的美誉。想不到您却与小人亲近，恐怕这不是治理国家的好办法和维持世风的好策略。"刘义符没有理会范泰的劝告。范泰是范宁的儿子。

刘宋南豫州刺史庐陵王刘义真，聪睿敏捷，喜爱文学，但是性情轻浮，常与太子左卫率谢灵运、员外常侍颜延之以及慧琳道人等情投意合，过从甚密。刘义真曾经说："有朝一日我当上皇帝，就任命谢灵运、颜延之任宰相，慧琳道人为西豫州都督。"谢灵运是谢玄的孙子，性情傲慢偏激，不遵守法令及世俗的约束。当时朝廷只把他放在文学侍从之臣的位置上，却不认为他有从事实际工作的才干。而谢灵运却自认为他的才能应该参与朝廷机要，因而常常愤愤不平。颜延之是颜含的曾孙，喜爱饮酒，放荡不羁。

司空徐羡之等对刘义真与谢灵运的交游，十分厌恶。刘义真的旧部范晏曾婉言规劝刘义真，刘义真说："谢灵运思想空疏不切实际，颜延之心胸狭窄，见识浅薄，正如魏文帝曹丕所说的'古今文人，多不拘小节'呀！然而，我们几人性情相投，不能像古人说的互相理解而忘了言语那样。"于是，徐羡之等认为谢灵运、颜延之挑拨是非，离间亲王与朝廷的关系，诽谤朝廷要臣，贬谢灵运为永嘉太守，颜延之为始安太守。

刘宋司空徐羡之等因南兖州刺史檀道济是刘宋武帝时代的大将，威望震慑朝廷内外，而且掌握强大的军队，于是，便征召檀道济及江州刺史王弘入朝。五月，二人先后抵达京师建康，徐羡之等就把废立皇帝的计划告诉了他们。

甲申（四月二十四日），领军将军谢晦声称：领军将军府第破败，于是将家人全部迁到别的地方，而在府中聚集了将士，又派中书舍人刑安泰、潘盛为内应。这天夜里，谢晦邀请檀道济同居一室，谢晦又紧张又激动，不能合眼，檀道济却倒头便睡，十分酣畅，谢晦不由得大为敬服。

当时，少帝刘义符在皇家华林园造了一排商店，亲自买入卖出，讨价还价；又跟左右佞臣一起，划船取乐。傍晚，刘义符又率左右游逛天渊池，夜里就睡在龙舟上。乙酉（四月二十五日）凌晨，檀道济引兵开路，徐羡之等随后继进，从云龙门入宫。邢安泰等已先行说服了皇家禁卫军，所以没有人出来阻挡。刘义符还没有起床，军士已经闯入，杀掉刘义符的两个侍从，砍伤刘义符的手指，将刘义符扶持出东阁，收缴了皇帝的玉玺和绶带。文武百官向他叩拜辞行，由军士把刘义符送回到他的故居太子宫。

侍中程道惠劝徐羡之等人拥立皇弟、南豫州刺史刘义恭。徐羡之等却认为宜都王刘义隆一向有很高的声望，又多有祥瑞之兆出现，于是，就宣称奉皇太后张氏之命，列举刘义符过失罪恶，废为营阳王，而由宜都王刘义隆继承皇帝之位，赦免死罪以下人犯。

刘宋尚书令傅亮率领行台的文武百官，携带皇帝专用的法驾，前往江陵迎接宜都王刘义隆。随行的祠部尚书蔡廓走到寻阳，患病不能继续前进。傅亮与蔡廓辞别时，蔡廓说："如今营阳王刘义符在吴郡，朝廷的供奉应十分优厚。万一发生不幸，你们几人有弑君之罪名，到那时候，仍想活在世上就难了！"当时，傅亮已经与徐羡之商量好，决定谋害营阳王刘义符，听了蔡廓这番话后，便急忙写信给徐羡之，阻止这次行动，但已来不及。徐羡之大怒，说："与人共同商议的计划，怎么能够转过身就改变主意，而把恶名加给别人呢！"徐羡之等又派人杀死了流放在新安的庐陵王刘义真。

八月，丙申（初八），宜都王刘义隆抵达京师建康，朝廷文武百官都赶赴新亭迎接叩拜。徐羡之问傅亮说："宜都王可以比历史上的谁？"傅亮说："比晋文帝、景帝还要高明。"徐羡之说："他一定明白我们的一片忠心。"傅亮说："不是这样。"

癸卯（八月十五日），宋文帝刘义隆下诏，擢升司空徐羡之为司徒，王弘晋升为司空，傅亮加授开府仪同三司，谢晦则加授卫将军，檀道济进号征北将军。

二年（乙丑，公元425年）

春季，正月，刘宋司徒徐羡之、尚书令傅亮上书刘宋文帝，请求文帝亲自主持朝政，归还政权，一连上奏了三次，文帝才批准。丙寅（初十），文帝开始亲自处理朝廷政务。徐羡之于是辞职返回私宅。徐佩之、侍中程道惠、吴兴太守王韶之等都认为徐羡之此举不合适，苦苦规劝敦促徐羡之返回朝廷。徐羡之于是接受诏书，当朝视事。

癸卯（二十一日），北魏国主拓跋焘大规模讨伐柔然汗国，五路兵马，同时并进。司徒长孙翰等从东路，出兵黑漠；廷尉卿长孙道生等出兵白漠、黑漠之间；拓跋焘亲自率军，从中道直入；东平公娥清出兵栗园；奚斤等从西道，出兵尔寒山。几路军队到达漠南以后，舍弃辎重，改作轻骑兵，每人带十五天的干粮，深入大漠攻击。柔然各部落大吃一惊，全部撤退，向北逃窜。

最初，刘宋会稽人孔宁子为刘义隆镇西咨议参军。刘义隆即位以后，任命孔宁子为步兵校尉。孔宁子与侍中王华都有追求荣华富贵的强烈愿望，对徐羡之、傅亮等专揽大权深怀不满。于是，他们日夜在刘义隆面前，捏造罪状，陷害徐、傅二人。

正巧，谢晦的两个女儿将分别嫁给彭城王刘义康、新野侯刘义宾，所以，谢晦派他的妻子曹氏和长子谢世休送女儿抵达建康。文帝打算诛杀徐羡之、傅亮，并准备发兵讨伐谢晦。于是，他宣称要征伐北魏，又声称到京口的兴宁陵祭拜祖母孝懿皇后，整治行装，放到战舰上。

傅亮写信给谢晦说："目前，朝廷就要动员讨伐黄河以北，事情并不到此为止。朝廷内外的官吏和百姓，对此多深感忧虑和恐惧。"又写道："朝中多数官员都劝阻皇上北征，皇上将要派遣外监万幼宗去荆州听取你的意见。"当时朝廷的举动不同寻常，文帝的清洗计划有些泄漏。

三年（丙寅，公元426年）

刘宋文帝认为王弘、檀道济在开始并没有参预废弑刘义真、刘义符的阴谋，王弘的弟弟王昙首又是刘宋文帝亲近信任的心腹。所以，在开始行动之前，刘义隆秘密派人告诉王弘，并且召见檀道济，打算派檀道济去讨伐谢晦。王华等刘义隆身边的大臣都坚决反对。刘义隆说："檀道济当初只不过是被胁迫而随从徐羡之等行事，本不是他主动提出，而谋杀的事，更与他没有关系。我安抚并使用他，不必有其他顾虑。"乙丑（正月十五日），檀道济抵达建康。

丙寅（正月十六日），刘宋文帝下诏公布徐羡之、傅亮、谢晦杀害营阳王刘义符、庐陵王刘义真的罪状，命有关部门逮捕诛杀，并且说："谢晦据守长江上游，可能不会立即伏法。朕将亲自统率朝廷的大军前往讨伐。可派中领军到彦之即日开始急速出发，征北将军檀道济陆续出发为后继。符卫军府及荆州官属，应及时逮捕并诛杀谢晦。已命雍州刺史刘粹等截击，切断其逃跑或潜伏的道路。罪犯只限谢晦一人，其他胁从者一律不加追究。"

这天，文帝下诏召见徐羡之、傅亮。徐羡之走到建康城西明门外，谢皭正在值班，派人飞报傅亮说："殿内举动异常！"傅亮马上借口嫂嫂生病，暂时回家，派人通知徐羡之，徐羡之回到西城，乘坐宫廷内部人出差的车逃出建康城，又步行走到新林，在一个烧陶器的窑里，自缢身死。傅亮乘车逃出建康城，再乘马奔其兄傅迪的墓园，屯骑校尉郭泓将他逮捕。到建康城北门广莫门，文帝刘义隆派中书舍人拿诏书给傅亮看，对他说："因你当初在江陵迎驾时，态度至为诚恳，所以饶恕你的儿子们不死。"傅亮读过诏书说："我出身平民，蒙先帝垂爱，赋予托孤大任。废黜昏君，迎立明主，全是为国家百年大计。要想把罪过强加在我身上，还怕没有借口吗？"于是，傅亮被杀，他的妻室和子女被放逐到建安。又斩杀了徐羡之的两个儿子，而饶恕了他的侄儿徐佩之。诛杀了谢晦的儿子谢世休，逮捕谢皭。

刘宋文帝将要讨伐谢晦，向檀道济询问策略，檀道济说："我当年与谢晦一同北伐，当时得以入关的十项计策，有九项是由谢晦提出的。谢晦才略精明老练，大约很少有敌手。但他从没有单独带领部队打过胜仗，战场上的军事行动，恐怕不是他所擅长的。我了解谢晦的才智，谢晦也了解我的勇敢。今天我奉皇帝的命令来讨伐他，可以在他没有摆开阵势以前，就把他擒获。"丁卯（十七日），宋文帝召见王弘，并任命他为侍中、司徒、录尚书事和扬州刺史；任命彭城王刘义康为都督荆、湘等八州诸军事和荆州刺史。

辅国府中兵参军乐冏，再派人报告谢晦，说徐羡之、傅亮、谢嚼等已被杀。于是，谢晦先为徐羡之、傅亮举行祭礼，又为弟弟及儿子发布死讯。然后亲自走出虎帐统率军队。谢晦当年随刘宋武帝南征北讨，经验丰富，所以发号施令，指挥调动，莫不切实妥当，几天之间，人们从四面八方投奔谢晦，很快就聚集了精兵三万人。于是，谢晦上表，盛赞徐羡之、傅亮等都是忠贞之臣，却遭受横暴的冤杀。又说："我们这些人如果想长久地把握权柄，不一心为国家着想，我们当初在废黜营阳王时，陛下您远在荆州，武皇帝的儿子中还有幼童，我们完全可以拥戴小皇帝，发号施令，谁敢说个不字！怎么会逆流而上三千里，虚位七十多天，去迎接陛下的鸾旗！已故的庐陵王刘义真，在营阳王在位的时候，就曾积恨，冒犯皇上，是他自己死于非命，不有所废黜，怎么会有兴起！耿弇不曾把贼寇遗留给君王，我又有什么地方辜负了宋皇室呢！这都是因为王弘、王昙首、王华一伙阴险、狂暴，多所猜忌和挑拨离间造成的灾祸。现在，我要发动大军，以清除陛下身边的邪恶之徒。"

文帝下诏戒严，实行大赦，各路军队依次出发，讨伐谢晦。谢晦任命他的弟弟谢遁为竟陵内史，率领一万人留守江陵。他自己则亲自率兵二万人从江陵出发，他指挥的战舰，从江津一直排列到破冢，旌旗招展，遮天蔽日，谢晦长叹一声，说："真恨不得这是一支保护皇家的大军！"

谢晦从江陵东下，何承天留守江陵没有随从。谢晦抵达西江口，到彦之的军队已开进彭城洲。庾登之据守巴陵，胆怯畏缩，不敢前进。当时正值大雨连绵，数日不停，参军刘和之警告庾登之说："我们遇雨，敌人也遇雨，征北将军檀道济的大军不久就要到了，官军实力正强，我们应该速战速决才好。"庾登之还是畏惧不敢战，却令手下的小军官陈祐，制造了一个大型口袋，装满茅草悬挂在桅杆之上，声称可以用来焚毁敌人的舰船。用火攻必须等到天晴，他用这个办法，延缓会战的日期，谢晦却同意了庾登之的做法，逗留了十五日，才派中兵参军孔延秀进攻驻扎在彭城洲的将军萧欣，大败萧欣的军队，又进攻彭城洲口官军营垒阵地，一举攻克。官军的大小将领都主张退走，据守夏口，到彦之反对，于是退守隐圻。谢晦又上疏为自己辩护，并且十分骄傲地夸耀自己在军事上的胜利，说："陛下如果把'四凶'斩首，把'三监'的人头悬挂在宫墙上，我就立刻停止进攻，回转旌期，折返我的任所。"

当初，谢晦与徐羡之、傅亮为了保全自己，就用谢晦把守长江上游，又把檀道济安置在广陵，使他们各自拥有强兵，足以胁制朝廷；而徐羡之、傅亮在朝中居高官、掌实权，可以维持长久的安定。等到谢晦听说檀道济率兵来攻打自己，不禁大为惶恐，束手无策。

檀道济的大军一到隐圻，立即与到彦之的军队合兵一处，战舰沿岸停泊。谢晦最初看见战舰不多，毫不在意，也不马上发动攻击。到了晚上，东风大起，官军的船舰，帆篷满张，陆续抵达，前后相连，塞满江面。谢晦军队的士气涣散，军心沮丧，不再有斗志。戊辰（二月十九日），官军舰队挺进到忌置洲尾，战舰排列着渡过长江，谢晦的军队一触即溃，全军大败。谢晦在夜色的掩护下出走，投奔巴陵，找到一艘小船回到江陵。

谢晦逃回江陵，也没有做其他部署，只是惭愧地向周超道歉。当天晚上，周超舍弃他指挥的军队，一个人乘舟前往到彦之的营地请降。谢晦的部将全部散尽，于是，谢晦携同他的弟弟谢遁等人共七匹马向北逃去。谢遁体胖且壮，不能骑马，谢晦常常要停下来等候，因此他们的速度很慢。己卯（二月三十日）谢晦一行才逃到安陆延头，被当地戍守的将领光顺之俘虏，用囚车送到京师建康。

到彦之的军队进抵马头，谢晦的咨议参军何承天投降。到彦之于是主持荆州政务，任命周超为参军，等到刘粹把沙桥之败的情形上报，才逮捕了周超。于是，刘义隆下令斩谢晦、谢皭、谢遁以及他们兄弟的儿子，同时被斩的还有谢晦的同党孔延秀、周超等人。

三月，辛已（初二），刘宋文帝返回建康，征召谢灵运担任秘书监、颜延之为中书侍郎，赏赐和礼遇都非常优厚。

文帝因为慧琳道人擅长谈论分析，所以常跟他商讨国家大事，慧琳道人因此得到参预国家机要的机会。于是，宾客们四面八方争先恐后地拥到慧琳道人的门庭，门前等候召见的车常有数十辆之多，各地送来的财物，前后相接，每天的筵席就有七八桌，座位常满。慧琳道人脚穿高齿木屐，身披貂皮外衣，在府中设立负责传达的通呈官和掌书翰的官佐。会稽人孔觊曾经拜访慧琳道人，正遇宾客拥挤，两个人只能寒暄两句，不能多说别的话。孔觊感慨叹息，说：“如今穿黑衣服的和尚都做了宰相，这真可以说衣冠文士失所了！”

六月，刘宋文帝任命右卫将军王华为中护军，同时仍兼任侍中。王华认为，司徒王弘是文帝的辅弼之臣，侍中王昙首又是皇上十分信任的心腹，他们的地位与自己相当。因此，王华自以为自己的才能，无法完全施展，他常常叹息着说：“朝中宰相，一时之间多达数人，天下怎么能够治理！”当时，朝中没有固定的宰相，只要谁与皇帝讨论国家大事，国家机要大事交给谁办，谁就是宰相，所以王华才有这样的议论。当时也有任侍中的职务而不是宰相的人；然而，尚书令、仆射、中书监、中书令、侍中、侍郎、给事中等都是重要的官职。

王华与刘湛、王昙首、殷景仁都担任侍中的职务，他们风采卓然，精明干练，荣显一时。刘宋文帝曾经在合殿设宴款待他们四人，与他们共同欢饮，特别高兴。筵席散后，文帝目送他们好久好久，叹息道：“这四位贤才，是一时之俊杰，一起作为我的喉唇，恐怕后世很难再出现。”

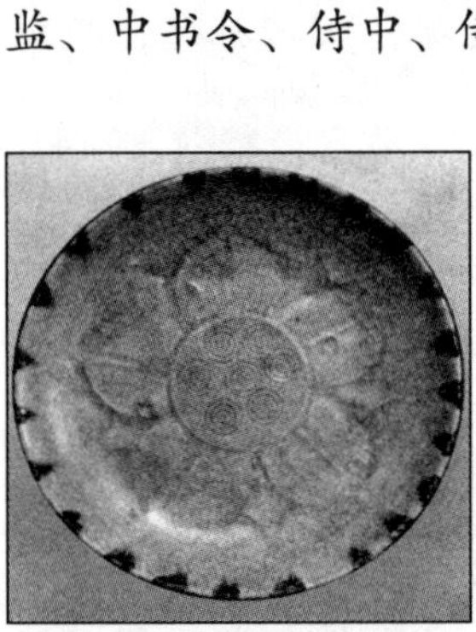
南朝点彩莲蓬纹盘

北魏国主拓跋焘听到夏国主赫连勃勃去世，儿子们内讧，民心不安的消息，打算征讨夏国。长孙嵩等人都说：

"夏国如果围绕城池固守，以逸待劳，而柔然汗国的郁久闾大檀听说了这一消息，会乘我们国内空虚，大举进攻，这可是危险的策略。"太常崔浩说："说起当年，火星两次紧傍着羽林星和钩已星运转，算卦占卜都预示着秦国一定灭亡。今年，金、木、水、火、土五星同时出现在东方，显示西征一定胜利。上天的旨意和凡世的人心是互相呼应的，良机不可失去。"长孙嵩仍然坚持不能西征，拓跋焘暴跳如雷，斥责长孙嵩做官贪赃枉法，命令武士强按他的头，猛烈触地，殴打侮辱。于是，拓跋焘派遣司空奚斤率领四万五千人袭击夏国的蒲阪；派宋兵将军周几率一万人袭击陕城；命令河东太守薛谨为大军的向导。薛谨是薛辩的儿子。

北魏国主拓跋焘打算让中书博士、平棘人李顺全权指挥前锋部队。他征求崔浩的意见，崔浩说："李顺确实很有谋略，善于筹划，但是，我与李顺是姻亲，深知他为人非常自信，不可委任他要职。"拓跋焘于是停止了他的任命。崔浩和李顺之间因此产生了隔阂。

冬季，十月，丁已（十一日），拓跋焘一行从平城出发。

北魏国主拓跋焘，抵达君子津，正遇天气酷寒，气温急骤下降，黄河冰封。戊寅（十一月初三），拓跋焘亲自统率轻骑兵二万人，踏冰渡过黄河，袭击夏国都城统万。壬午（十一月初七），冬至，夏王赫连昌正在与文武群臣欢歌宴饮。北魏大军的突然出现，使夏国上下不胜惊恐。北魏国主拓跋焘驻军在黑水，距统万城只有三十余里。赫连昌率兵迎战，大败而回，急向城中撤退。城门还没有来得及关闭，北魏禁军内三郎豆代田率众乘胜攻进西宫，纵火焚烧了西宫城门；夏军关闭了所有的宫门，豆代田跳出宫墙撤退。拓跋焘擢升豆代田为勇武将军。这天夜里，北魏军队在城北扎营。癸未（初八），北魏军队四处出动，抢夺掳掠，斩杀及俘虏夏国军民数万人，缴获牛马十余万头。拓跋焘对他手下的各位大将说："统万城恐怕打不下了，以后跟各位再来攻取。"于是，裹胁当地居民一万余户，班师回国。

北魏最初占领中原时，当地的居民大多逃避户籍登记。天兴年间，拓跋珪下诏清查这些没有纳入户籍的人家，命他们缴纳绸缎布匹。于是，自己申报缴纳绸缎布匹的人家非常多，不隶属任何郡县，使赋税徭役很不均匀。这一年，北魏国主拓跋焘下诏停止一切清查，将上述人家隶属郡县。

四年（丁卯，公元427年）

乙卯（二月十一日），刘宋文帝前往丹徒。己巳（二十五日），祭拜京陵。最初，刘宋武帝在富贵之后，下令把他幼年贫穷微贱时所用耕田农具收藏起来，以展示给子孙。文帝抵达故宫，看到他父亲早年用过那些耕具，深感惭愧。他身边侍臣中有人进言说："当年大舜亲自在历山耕田种地，大禹也曾亲自治理水土。陛下不看到这些遗物，怎么能够知道先帝崇高的仁德和耕种的艰难呢！"

北魏国主拓跋焘抵达拔邻山，在那里兴筑城堡，留下辎重，然后率领轻骑兵三万人，加速先行进发。朝中随行的文武官员都劝阻他说："统万城十分坚固，不是一日之内就可以攻克的。如今您率领轻装部队去讨伐，恐怕不能一时攻破，想要退回又没有粮饷及其他军用物资，不如与步兵一道，携带攻城械具进攻统万。”拓跋焘说：“用兵的策略，攻城是最下策；非到万不得已，不可使用。现在我们如果以步兵携攻城械具一起开进，敌人见状，一定会恐惧并坚守城池。如果我们不能按时攻下，粮食吃完，兵士疲劳，城外又没什么可以抢夺的，那时我们就会进退不得，陷入窘境。不如先用骑兵长驱直抵统万城下，敌人见到我们的步兵没有来，一定不太在意。我们再故意装出羸弱不堪的样子，引诱他们出击，他们如果出城迎战，就会被我们生擒。所以这样的原因，是因为我们的将士离家二千余里，又隔着一条黄河，这就是所谓‘置之死地而后生’啊！三万人的轻骑兵，攻城自然不够，但用来决战，还绰绰有余。”于是大军启程。

北魏国主拓跋焘抵达统万，大军分别埋伏在深谷之中，只派少数部队来到城下。夏国的大将狄子玉投降了北魏，他向拓跋焘报告说：“夏王赫连昌听说北魏大军将到，就派人征召平原公赫连定回军，赫连定说：‘统万城坚固险峻，不容易攻破，等我生擒奚斤然后再赶赴统万，内外夹击北魏大军，没有不成功的道理。’所以夏王赫连昌专心守城，等待赫连定。”拓跋焘听到这席话，十分忧虑。于是命令军队撤退，显示懦弱。又派遣娥清和永昌王拓跋健率领骑兵五千人向西大肆劫掠居民。

北魏军中的士卒有人因犯罪逃走，投降了夏军，他向夏国报告说，魏军的粮草已经用尽，军中士卒每天只吃菜，而辎重补给还在后方，步兵也尚未到达，应当乘机急速地袭击他们。赫连昌同意。甲辰（六月初二），赫连昌亲自统率步、骑兵共三万人出城。北魏的大臣司徒长孙翰等人都说：“夏国的骑、步兵的阵势难以攻破，我们应该避开他的锋锐。”拓跋焘说：“我们远道而来，就是要引诱敌人出城，唯恐他们不出。现在他们既然出城了，我们却避而不打，只能使敌人士气旺盛，我们却被削弱，这不是用兵的好计策！”于是，命令部队集结假装逃走，引诱敌人追赶，使他们疲惫。

北魏国部队乘胜把夏国残兵追到统万城北，杀死了夏王赫连昌的弟弟河南公赫连满和侄儿赫连蒙逊，杀死士卒一万多人。夏王赫连昌来不及跑进城去，于是便逃奔上邽。北魏国主拓跋焘换上士兵的服装追赶逃跑的敌人，并进入了统万城。拓跋齐苦苦劝阻，拓跋焘坚决不听。后来夏国人发觉了这件事，把几个城门都关了起来。拓跋焘于是与拓跋齐等人混进内宫之中，弄到了几件女人穿的裙子，用它当绳索，绑在铁槊上，拓跋焘借此爬上城墙，逃出城外，才免于被擒。等到了黄昏的时候，夏国的尚书仆射问至保护着赫连昌的母亲逃出城外。北魏司徒长孙翰率领八百骑兵追赶夏王赫连昌，一直追到高平，没有追上，便回来了。

乙巳（六月初三），北魏国主拓跋焘进入统万城，俘虏夏国的亲王、公爵、高级文官、军事将领以及赫连昌的皇后和嫔妃、姐妹、宫女等数以万计。还缴获马匹三十余万匹，牛羊几千万头，国库中的珍宝、车辆、旌旗，各种精美的器物，多得不可胜数，拓跋焘把它们按等级分别赏赐给自己的将士。

当初，夏王赫连勃勃，性情奢侈，兴筑了这座统万城，城墙高十仞，墙基厚达三十步，上宽十步，宫墙高约五仞，它坚硬得可以用来磨砺刀斧。亭台楼阁、水榭也都十分雄伟壮丽，全都雕刻图画，用锦绣装饰，精致奢华，无以复加。北魏国主拓跋焘看到这些，回头对左右侍从官员说："一个小国，却把百姓奴役到这种地步，怎么能够不亡国呢？"

北魏国主为人壮健勇敢，沉着稳重，无论是攻打城池，还是两军对阵，短兵相接，都能亲自冒着乱箭飞石，身先士卒。他的左右士卒相继倒下，或死或伤，他却神色自若，毫不畏惧。因此，将士们对他无不畏惧钦佩，都愿尽力效死。他生性节俭，衣服饮食够用就已满足。文武百官请求加固京师的城墙，修缮皇宫的建筑，说："《易经》说：'王公设险，固守国家。'萧何也曾经说过：'天子以四海为家，不壮不丽，不能增加威严。'"拓跋焘却说："古人曾经说过：'只在恩德，不在险要。'赫连屈丐用蒸过的土建筑城墙，却被我灭掉了，这怎么在城的坚固不坚固呢？而今，天下还没有太平，正需要人力，大兴土木的事，我不想去做。萧何的话并不正确。"拓跋焘常常把财物看做是军队和国家的基础，不可以轻意浪费。至于赏赐，也都赏给为国死难将士的遗属或有功之家，皇亲国戚以及倍受恩宠的人和显贵达官很少有人无缘无故得到赏赐。他选任将领出征，亲自指挥谋划，面授机宜，凡是违背他旨意的人，大多失败。他知人善任，有时在士卒中选拔将领，只看重并使用他的才干，不在乎他的出身。拓跋焘观察敏锐，部下没有什么隐情能逃出他的眼睛。他赏赐不论贫贱，惩罚不避权贵，赏罚分明，即使是他平时最宠爱的人，也绝不纵容包庇。他常说："国家的法律，是我与天下臣民应共同遵守的，怎么敢轻视呢。"然而，拓跋焘却生性残忍，杀人从不手软，但是杀人之后，又常常后悔。

第一百二十一卷

宋纪三

译文诵读

太祖文皇帝上之中元嘉五年（戊辰，428）

荆州刺史、彭城王义康，性聪察，在州职事修治。左光禄大夫范泰谓司徒王弘曰：“天下事重，权要难居。卿兄弟盛满，当深存降挹。彭城王，帝之次弟，宜征还入朝，共参朝政。”弘纳其言。时大旱、疾疫，弘上表引咎逊位，帝不许。

河西王蒙逊因秦丧，伐秦西平，西平太守麹承谓之曰：“殿下若先取乐都，则西平必为殿下之有；苟望风请服，亦明主之所疾也。”蒙逊乃释西平，攻乐都。相国元基帅骑三千救乐都，甫入城，而河西兵至，攻其外城，克之；绝其水道，城中饥渴，死者太半。东羌乞提从元基救乐都，阴与河西通谋，下绳引内其兵，登城者百余人，鼓噪烧门；元基帅左右奋击，河西兵乃退。

初，文昭王疾病，谓暮末曰：“吾死之后，汝能保境则善矣。沮渠成都为蒙逊所亲重，汝宜归之。”至是，暮末遣使诣蒙逊，许归成都以求和。蒙逊引兵还，遣使入秦吊祭。暮末厚资送成都，遣将军王伐送之。蒙逊犹疑之，使恢武将军沮渠奇珍伏兵于扪天岭，执伐并骑士三百人以归。既而遣尚书郎王杼送伐还秦，并遗暮末马千匹及锦罽银缯。秋，七月，暮末遣记室郎中马艾如河西报聘。

秘书监谢灵运，自以名辈才能，应参时政；上唯接以文义，每侍宴谈赏而已。王昙首、王华、殷景仁，名位素出灵运下，并见任遇，灵运意甚不平，多称疾不朝直；或出郭游行，且二百里，经旬不归，既无表闻，又不请急。上不欲伤大臣意，讽令自解。灵运乃上表陈疾，上赐假，令还会稽；而灵运游饮自若，为法司所纠，坐免官。

六年（己巳，429）

春，正月，王弘上表乞解州、录，以授彭城王义康，帝优诏不许。癸丑，以义康为侍中、都督扬、南徐、兖三州诸军事、司徒、录尚书事、领南徐州刺史。弘与义康二府并置佐领兵，共辅朝政。弘既多疾，且欲委远大权，每事推让义康；由是义康专总内外之务。

又以抚军将军江夏王义恭为都督荆、湘等八州诸军事、荆州刺史，以侍中刘湛为南蛮校尉，行府州事。帝与义恭书，诫之曰：“天下艰难，家国事重，虽曰守成，实亦未易。隆替安危，在吾曹耳，岂可不感寻王业，大惧负荷！

“汝性褊急，志之所滞，其欲必行；意所不存，从物回改；此最弊事，宜念裁抑。卫青遇士大夫以礼，与小人有恩；西门、安于，矫性齐美；关羽、张飞，任偏同弊；行己举事，深宜鉴此！

“若事异今日，嗣子幼蒙，司徒当周公之事，汝不可不尽祗顺之理。尔时天下安危，决汝二人耳。

“汝一月自用钱不可过三十万，若能省此，益美。西楚府舍，略所谙究，计当不须改作，日求新异。凡讯狱多决当时，难可逆虑，此实为难；至讯日，虚怀博尽，慎无以喜怒加人。能择善者而从之，美自归己；不可专意自决，以矜独断之明也！

“名器深宜慎惜，不可妄以假人；昵近爵赐，尤应裁量。吾于左右虽为少恩，如闻外论不以为非也。

“以贵凌物，物不服；以威加人，人不厌；此易达事耳。

“又宜数引见佐史。相见不数，则彼我不亲；不亲，无因得尽人情；人情不尽，复何由知众事也！”

初，魏太祖命尚书邓渊撰《国记》十余卷，未成而止。世祖更命崔浩与中书侍郎邓颖等续成之，为《国书》三十卷。颖，渊之子也。

魏主将击柔然，治兵于南郊，先祭天，然后部勒行陈。内外群臣皆不欲行，保太后固止之；独崔浩劝之。

既罢，公卿或尤浩曰：“今南寇方伺国隙，而舍之北伐；若蠕蠕远遁，前无所获，后有疆寇，将何以待之？”浩曰：“不然。今不先破蠕蠕，则无以待南寇。南人闻国家克统万以来，内怀恐惧，故扬声动众以卫准北。比吾破蠕蠕，往还之间，南寇必不动也。且彼步我骑，彼能北来，我亦南往；在彼甚困，于我未劳。况南北殊俗，水陆异宜，设使国家与之河南，彼亦不能守也。何以言之？以刘裕之雄杰，吞并关中，留其爱子，辅以良将，精兵数万，犹不能守，全军覆没，号哭之声，至今未已。况义隆今日君臣，非裕时之比；主上英武，士马精强，彼若果来，譬如以驹犊斗虎狼也，何惧之有！蠕蠕恃其绝远，谓国家力不能制，自宽日久；故夏则散众放畜，秋肥乃聚，背寒向温，南来寇钞。今掩其不备，必望尘骇散。牡马护牝，牝马恋驹，驱驰难制，不得水草，不过数日，必聚而困弊，可一举而灭也。暂劳永逸，时不可失，患在上无此意。今上意已决，奈何止之！”寇谦之谓浩曰：“蠕蠕果可克乎？”浩曰：“必克。但恐诸将琐琐，前后顾虑，不能乘胜深入，使不全举耳。”

先是，帝因魏使者还，告魏主曰：“汝趣归我河南地！不然，将尽我将士之力。”魏主方议伐柔然，闻之，大笑，谓公卿曰：“龟鳖小竖，自救不暇，夫何能为！就使能来，若不先灭蠕蠕，乃是坐待寇至，腹背受敌，非良策也。吾行决矣。”

丁未，魏主至漠南，舍辎重，帅轻骑兼马袭击柔然，至栗水。柔然纥升盖可汗先不设备，民畜满野，惊怖散去，莫相收摄。纥升盖烧庐舍，绝迹西走，莫知所之。其弟匹黎先主东部，闻有魏寇，帅众欲就其兄；遇长孙翰，翰邀击，大破之，杀其大人数百。

魏主循弱水西行，至涿邪山，诸将虑深入有伏兵，劝魏主留止，寇谦之以崔浩之言告魏主，魏主不从。秋，七月，引兵东还；至黑山，以所获班赐将士有差。既而得降人言："可汗先被病，闻魏兵至，不知所为，乃焚穹庐，以车自载，将数百人入南山。民畜窘聚，无人统岭，相去百八十里；追兵不至，乃徐西遁，唯此得免。"后闻凉州贾胡言："若复前行二日，则尽灭之矣。"魏主深悔之。

冬，十月，魏主还平城。徙柔然、高车降附之民于漠南，东至濡源，西暨五原阴山，三千里中，使之耕牧而收其贡赋；命长孙翰、刘絜、安原及侍中代人古弼同镇抚之。自是魏之民间马牛羊及毡皮为之价贱。

魏主加崔浩侍中、特进、抚军大将军，以赏其谋画之功。浩善占天文，常置铜铤于酢器中，夜有所见，即以铤画纸作字以记其异。魏主每如浩家，问以灾异，或仓猝不及束带；奉进疏食，不暇精美，魏主必为之举箸，或立尝而还。魏主尝引浩出入卧内，从容谓浩曰："卿才智渊博，事朕祖考，著忠三世，故朕引卿以自近。卿宜尽忠规谏，勿有所隐。朕虽或时忿恚，不从卿言，然终久深思卿言也。"尝指浩以示新降高车渠帅曰："汝曹视此人尪纤懦弱，不能弯弓持矛，然其胸中所怀，乃过于兵甲。朕虽有征伐之志而不能自决，前后有功，皆此人所教也。"又敕尚书曰："凡军国大计，汝曹所不能决者，皆当咨浩，然后施行。"

七年（庚午，430）

帝自践位以来，有恢复河南之志。三月，戊子，诏简甲卒五万给右将军到彦之，统安北将军王仲德、兖州刺史竺灵秀舟师入河，又使骁骑将军段宏将精骑八千直指虎牢，豫州刺史刘德武将兵一万继进，后将军长沙王义欣将兵三万监征讨诸军事。义欣，道怜之子也。

先遣殿中将军田奇使于魏，告魏主曰："河南旧是宋土，中为彼所侵，今当修复旧境，不关河北。"魏主大怒曰："我生发未燥，已闻河南是我地。此岂可得！必若进军，今当权敛戍相避，须冬寒地净，河冰坚合，自更取之。"

魏南边诸将表称："宋人大严，将入寇，请兵三万，先其未发，逆击之，足以挫其锐气，使不敢深入。"因请悉诛河北流民在境上者以绝其乡导。魏主使公卿议之，皆以为当然。崔浩曰："不可。南方下湿，入夏之后，水潦方降，草木蒙密，地气郁蒸，易生疾疠，不可行师。且彼既严备，则城守必固。留屯久攻，则粮运不继；分军四掠，则众力单寡，无以应敌。以今击之，未见其利。彼若果能北来，宜待其劳倦，秋凉马肥，因敌取食，徐往击之，此万全之计也。朝廷群臣及西北守将，从陛下征伐，西平赫连，北破蠕蠕，多获美女、珍宝，牛马成群。南边诸将闻而慕之，亦欲南钞以取资财，皆营私计，为国生事，不可从也。”魏主乃止。

魏主使平南大将军、丹阳王大毗屯河上，以司马楚之为安南大将军，封琅邪王，屯颍川以备宋。

到彦之自淮入泗，水渗，日行才十里，自四月至秋七月，始至须昌。乃溯河西上。

魏主以河南四镇兵少，命诸军悉收众北渡。戊子，魏碻磝戍兵弃城去；戊戌，滑台戍兵亦去。庚子，魏主以大鸿胪阳平公杜超为都督冀、定、相三州诸军事、太宰，进爵阳平王，镇邺，为诸军节度。超，密太后之兄也。庚戌，魏洛阳、虎牢戍兵皆弃城去。

到彦之留朱脩之守滑台，尹冲守虎牢，建武将军杜骥守金墉。骥，预之玄孙也。诸军进屯灵昌津，列守南岸，至于潼关。于是司、兖既平，诸军皆喜，王仲德独有忧色，曰：“诸贤不谙北土情伪，必堕其计。胡虏虽仁义不足，而凶狡有余，今敛戍北归，必并力完聚。若河冰既合，将复南来，岂可不以为忧乎！”

魏河北诸军会于七女津。到彦之恐其南渡，遣裨将王蟠龙溯流夺其船，杜超等击斩之。安颉与龙骧将军陆俟进攻虎牢，辛巳，拔之；尹冲及荥阳太守清河崔模降魏。

壬辰，加征南大将军檀道济都督征讨诸军事，帅众伐魏。

到彦之闻洛阳、虎牢不守，诸军相继奔败，欲引兵还。殿中将军垣护之以书谏之，以为宜使竺灵秀助朱脩之守滑台，自帅大军进拟河北，且曰：“昔人有连年攻战，失众乏粮，犹张胆争前，莫肯轻退。况今青州丰穰，济漕流通，士马饱逸，威力无损。若空弃滑台，坐丧成业，岂朝廷受任之旨邪！”彦之不从。护之，苗之子也。

彦之欲焚舟步走，王仲德曰：“洛阳既陷，虎牢不守，自然之势也。今虏去我犹千里，滑台尚有强兵，若遽舍舟南走，士卒必散。当引舟入济，至马耳谷口，更详所宜。”彦之先有目疾，至是大动；且将士疾疫，乃引兵自清入济。南至历城，焚舟弃甲，步趋彭城。竺灵秀弃须昌，南奔湖陆，青、兖大扰。长沙王义欣在彭城，将佐恐魏兵大至，劝义欣委镇还都，义欣不从。

戊戌，魏叔孙建攻竺灵秀于湖陆，灵秀大败，死者五千余人。建还屯范城。

丁卯，夏上谷公社干、广阳公度洛孤出降，魏克平凉。

关中侯豆代田得奚斤、娥清等，献于魏主。魏主以夏主之后赐代田，命斤膝行执酒以奉代田，谓斤曰：“全汝生者，代田也。”赐代田爵井陉侯，加散骑常侍、右卫将军，领内都幢将。

夏长安、临晋、武功守将皆走，关中悉入于魏。魏主留巴东公延普镇安定，以镇西将军王斤镇长安。壬申，魏主东还，以奚斤为宰士，使负酒食以从。

王斤骄矜不法，信用左右，调役百姓；民不堪命，南奔汉川者数千家。魏主案治得实，斩斤以徇。

右将军到彦之、安北将军王仲德皆下狱免官，兖州刺史竺灵秀坐弃军伏诛。上见垣护之书而善之，以为北高平太守。

彭城王义康与王弘并录尚书，义康意犹怏怏，欲得扬州，形于辞旨；以弘弟昙首居中，为上所亲委，愈不悦。弘以老病，屡乞骸骨，昙首自求吴郡，上皆不许。义康谓人曰："王公久病不起，神州讵宜卧治！"昙首劝弘减府中文武之半以授义康，上听割二千人，义康乃悦。

宋文帝元嘉五年（戊辰，公元428年）

刘宋荆州刺史、彭城王刘义康，生性聪明，详察下情，他在荆州，凡是职权范围内的事都办得很好。刘宋左光禄大夫范泰对司徒王弘说："国家大事，责任很重，权要的地位，也很难久居。你们兄弟的权力和地位，已经达到了顶峰，应该深深地想到要谦虚谨慎。彭城王刘义康是皇上的二弟，最好征召他回京，共同参与处理朝廷大事。"王弘接受了范泰的劝告。当时，刘宋境内正遭受严重的旱灾，瘟疫流行，王弘上疏引咎自责，请求解除自己的职务，宋文帝刘义隆没有批准。

北凉河西王沮渠蒙逊利用乞伏炽磐去世的机会，进攻西秦所属的西平，西平太守麹承，对前来攻城的沮渠蒙逊说："殿下如果能够先攻取乐都，那么西平一定会归附殿下。假如我望风而降，英明君主也看不起这样的守将。"沮渠蒙逊于是放弃西平，改变方向去进攻乐都。西秦的相国乞伏元基率领骑兵三千人救援乐都。乞伏元基的援兵刚刚进城，沮渠蒙逊的大军也开到了城下，开始攻击，很快就攻陷了乐都外城；切断了乐都城的水源，城中有一半以上的人死于饥渴。东羌部落酋长乞提本来跟随乞伏元基救援乐都，却暗中与城外的北凉军队勾结，从城上抛下绳索，从内部牵引北凉士卒登城，很快登城的北凉军士达百余人，他们大声呐喊，纵火焚烧城门，乞伏元基率领左右亲军奋力抗击，北凉的军队才被打退。

最初，文昭王乞伏炽磐重病时，曾对太子乞伏暮末说："我死以后，你能够保住国土不失，就已经不错了。沮渠成都一向得到沮渠蒙逊的信任和重用，你应该把他送回国去。"这时，乞伏暮末遣使来到沮渠蒙逊的营中，答应归还沮渠成都，请求和解。沮渠蒙逊接受了西秦的建议，撤军回国，随即又派遣使臣赴西秦吊丧。乞伏暮末用厚重的礼物，送沮渠成都回国，并派将军王伐护送。沮渠蒙逊对西秦的做法仍深怀疑虑，就派恢武将军沮渠奇珍，在扪天岭设下埋伏，擒获王伐及其三百骑兵回国。不久，又派尚书郎王杼护送王伐返回了西秦，并送给乞伏暮末战马一千匹以及其他锦缎绫罗。秋季，七月，乞伏暮末派遣记室郎中马艾前往北凉回聘。

刘宋秘书监谢灵运，自以为他的才能、名望和辈分，都足以有资格参与朝政。

可是刘宋文帝只看重他的文才，只是常常让他参加宴会，跟他谈论和欣赏诗文而已。王昙首、王华、殷景仁的名望和地位，一向居于谢灵运之下，他们都得到了重用，并被委以国家机要大事，谢灵运因此愤愤不平，经常声称有病，不参加朝会；有时出城游玩旅行，走出二百里，十余日也不回来，即不上疏奏报，也从不请假。刘宋文帝不愿伤害大臣的面子，婉转地让他自己辞职。谢灵运于是上书，声称自己有病。刘义隆批准他休假，让他返回会稽养病。谢灵运回会稽后，仍然游乐欢宴，被法司纠举，于是被免除了官职。

六年（己巳，公元429年）

春季，正月，刘宋扬州刺史王弘上疏要求辞去扬州刺史和录尚书事等职，并请求皇上把这两项要职委任给彭城王刘义康。刘宋文帝下达一份褒奖诏书，但没有批准。癸丑（二十日），下诏任命刘义康为侍中，都督扬、南徐、兖三州诸军事，司徒，录尚书事，领南徐州刺史。王弘与刘义康二人的官署，都设置属官卫，二人共同辅佐朝廷政务。王弘体弱多病，况且又早下决心远离权势，因此每件事都推给刘义康处理。刘义康于是一个人总管内外事务。

刘宋文帝又任命抚军将军、江夏王刘义恭为都督荆、湘等八州诸军事，兼任荆州刺史；任命侍中刘湛为南蛮校尉，代理府、州政务。刘宋文帝写信给刘义恭，告诫他说：“天下时事，十分艰难，家事国事，关系重大。虽说是继承并保住现成的基业，实际上也还是相当不容易。国家的兴隆或衰落，安定或危覆都在于我们的努力，怎么可以不感到王业艰难而寻求治国之道，从而对自己肩负重担而惶恐不安呢！”

“你的性情急躁偏激，心里想着什么，就要不顾一切地达到目的。有时你的心里并没有某些愿望，一受外界引诱，你就立刻产生欲望，这是最容易招致祸端的，应该时刻提醒自己，极力克制。卫青对待士大夫礼貌谦恭，对小人也有恩惠；西门豹性情刚直急躁，常常佩带苇草；董安于性情宽容，做事缓慢，常常佩带弓弦，都是为了警告自己，矫正自己的性情，他们的美名一齐得到了后世的传颂。关羽、张飞则不然，二人的性格都任性偏激，缺点相同。你待己处事，要深刻体会古人的行为，作为借鉴。

“倘若有一天朝中发生不测，我的儿子年纪还小，身为司徒的刘义康必然要负起周公的责任，你也不可不尽到恭敬辅弼的道义。到那个时候，国家的安危存亡，就全取决于你们二人了。

“你每月的私人开支，不能超过三十万，倘若还能比这节省，那就更好。荆州的府舍，我略为熟悉了解，估计还不用重新改建，去追求新异。至于讯案断狱，大多要当时裁决，很难事先做周到的考虑，当然，这是一件很不容易的事。在审讯的时候，要虚心听取各方面的陈述，千万谨慎处置，不要把自己的喜怒强加于人。平时做事，能择善而从，自己就会获得好的声誉，切不可一意孤行，来炫耀自己的独断和英明。

“名分一定要谨慎珍惜，不可以随便赏给他人；对亲近的人封赐爵位，则更应再三考虑定夺。我对于身边的人，虽然很少有特别的赏赐，但如果听说外面有人议论我，我也不认为他们说的不对。

“凭权势欺凌别人，别人自然不服，用威望统辖别人，别人便不会满意，这是显而易见的事。

“声色犬马，嬉戏游乐都不能过分。饮酒赌博、捕鱼狩猎这一切都不应该做，日常用品、衣服饮食，都应有节制。至于新奇的服饰和器物，不应鼓励制作。

“你还应该多多接见府中的官员，召见的次数少，就会彼此不亲近；不亲近，你就没有办法知道官员们的思想感情，不了解他们的思想感情，因此也就无法知道民间的具体情况。”

当初，北魏道武帝拓跋珪，命令尚书邓渊撰写《国记》十余卷，书未写成就停止了。于是，拓跋焘改命崔浩与中书侍郎邓颖等人继续编撰，称《国书》，共三十卷。邓颖是邓渊的儿子。

北魏国主拓跋焘将进攻柔然汗国，在平城的南郊举行阅兵大典。先行祭拜天神，然后下令排列战阵。朝廷内外的文武群臣都不愿意打这一仗，连拓跋焘的乳娘保太后都坚决劝阻，只有太常崔浩极力赞成。

御前辩论结束后，朝中公卿重臣中有人责怪崔浩说：“如今南方宋国的敌人正在伺机侵入，而我们却置之不顾兴兵北伐；如果柔然听说我们攻来，逃得无影无踪，我们前进没有收获，后面却有强敌逼近，那时我们将怎么办？”崔浩说：“事情不会是这样的。如今我们如果不先攻破柔然，就没有办法对付南方的敌寇。南方人自从听说我们攻克夏国都城统万以来，对我们一直深怀恐惧，所以扬言要出动军队，来保卫淮河以北的土地。等到我们击破蠕蠕，一去一回的时间里，南寇一定不敢兴兵动武。况且，南寇多是步兵而我们主要是骑兵；他们能北来，我们也可以南下；在他们来说已经疲惫不堪；而对我们来说还不曾疲劳。更何况南方和北方的风俗习惯大不相同；南方河道交错，北方一片平原；即使我国把黄河以南的土地让给他们，他们也守不住。为什么这样说呢？当年，以刘裕的雄才大略，吞并了关中，留下他的爱子镇守，又配备了经验丰富的战将和数万名精兵，还没有守住，最后落得个全军覆没。原野中的哭号之声，至今还没有停止。况且，今日刘义隆和他的文

北周“天元皇太后玺”金印

武群臣，其才略根本无法与刘裕时代的君臣相比。而我们的皇上英明威武，军队兵强马壮，如果他们真的打来，就像是马驹、牛犊与虎狼争斗一样，有什么可畏惧的呢！蠕蠕一直仗恃与我国距离遥远，以为我国没有力量制服他们，防备松懈已经很久。一到夏季，就把部众解散，各处逐水草放牧；秋季马肥兵壮，才又聚集，离开寒冷的荒野，面向温暖的中原，南下掠夺。而今我们乘其不备出兵，他们一看到飞扬的尘沙，一定会惊慌失措地四处逃散。公马护着母马，母马恋着小马，难以控制驱赶，等到找不着水草，不过几天的工夫，他们会再行聚集，乘他们疲劳困顿之际，我们的军队就可以一举歼灭他们。短时间的劳苦将换来永久的安逸，这样的时机千万不能放弃，我在忧虑皇上没有这样的决心。现在皇上的决心已经下定了，为什么还要阻挠！”寇谦之问崔浩说：“蠕蠕果真可以一举攻克吗？”崔浩回答说：“必克无疑。只恐怕将领们顾虑太多，瞻前顾后，不能乘胜深入，以致于不能一举取得彻底的胜利。”

在此之前，刘宋文帝趁北魏使者回国，让使者转告北魏国主拓跋焘说：“你应该赶快归还我黄河以南的领土！否则，我们的将士只好竭力攻取。”当时，拓跋焘正在讨论讨伐柔然的事宜，听到这个消息，大笑不已，对左右大臣们说：“龟鳖小丑，他救护自己还来不及，还能有什么作为！即使他真能打来，如果我们不先灭掉蠕蠕，那就是在家门口坐等敌人来攻，腹背受敌，不是好的计策。我决心立即讨伐。”

丁未（五月十六日），北魏皇帝拓跋焘抵达漠南，留下所有辎重，亲自率领轻骑兵和备用马匹袭击柔然汗国，大军很快逼近栗水。柔然汗国纥升盖可汗郁久闾大檀果然事先没有防备，原野上到处都有牲畜和放牧的人们，当他们发现北魏的大军突然袭来，惊慌失措各自逃散，根本无法集结。纥升盖可汗只好放火焚烧房屋，向西逃走，没有人知道他的下落。纥升盖可汗的弟弟郁久闾匹黎先主持东部的防务，听说北魏的军队大举攻来，立即召集他的部众打算向他的哥哥靠拢；刚刚出发，就与北魏平阳王长孙翰的军队遭遇，长孙翰拦截并袭击了郁久闾匹黎先及其部队，大破柔然军，斩杀他们酋长等头目数百人。

拓跋焘又沿着弱水向西前进，抵达涿邪山。北魏的领将们考虑到，再向西深入恐怕会遇埋伏，所以都劝拓跋焘停止。寇谦之又把崔浩讲的那番话告诉拓跋焘，希望大军乘胜追击，彻底消灭柔然军，拓跋焘没有采纳。于是，秋季，七月，拓跋焘率领大军向东回国，到了黑山，把战利品依照等级分别赏赐给将士们。不久，听到投降的柔然人的报告，说：“可汗前些时，害病卧床，听说魏兵杀来，不知如何是好，仓促之间焚烧了毡帐，躺在车上，率领几百人潜入南山。人和牲畜挤在一起，没有人统领，距涿邪山只有一百八十里；只因魏国的军队没有继续追赶，才慢慢向西逃去，得以幸免。”后来，还听到凉州的匈奴商人说：“魏军如果再前进二日，柔然汗国就被彻底消灭了。”拓跋焘听到这些话，深为后悔。

冬季，十月，拓跋焘返回平城。把柔然汗国、高车国各部落降附的百姓迁徙到漠南，安置在东到濡源，西到五原阴山的三千多里广阔草原上，命他们在这里耕种、放牧，向他们征收赋税。拓跋焘命令长孙翰、刘絜、安原以及侍中代郡人古弼共同镇守安抚他们。从此以后，北魏民间马、牛、羊及毡皮的价格下降。

拓跋焘加授崔浩侍中、特进、抚军大将军等职务，酬赏他谋划的功劳。崔浩善于根据天象预告未来，常把生铜放在装有醋的容器中，夜间观天每每有所发现，立即用那块生铜在纸上写字，记录异象。拓跋焘每次到崔浩家问询有关灾异天变的情况，有时崔浩仓促出来迎接，连腰带都来不及系上。崔浩呈献的饮食也十分粗糙，来不及精心烹调。拓跋焘总是拿起筷子吃一点，有时站着尝一口就走。拓跋焘曾经把崔浩领到他的寝殿，语重心长地对崔浩说："你富有才智，学识渊博，事奉过我的祖父和父亲，忠心耿耿辅佐了三代君王，所以我一向把你当做亲信近臣。你应该竭尽忠心，直言规劝，不要有什么隐瞒。我虽有时盛怒，不听你的劝告，但是我最后还是深思你的话。"拓跋焘还曾经指着崔浩，介绍给新近投降北魏的高车部落酋长们说："你们看这个人瘦小文弱，既不能弯弓，又拿不动铁矛，然而，他胸中的智谋远胜于兵甲。我虽有征伐的志向，却不能决断，前前后后建立的功勋业绩，都是得到这个人的教导呀！"拓跋焘又特意下诏命令尚书省说："凡是军国大事，你们所不能决定的，都应该向崔浩请教，然后再付诸实施。"

七年（庚午，公元430年）

刘宋文帝自从即位以来，就有收复黄河以南失地的雄心。三月，戊子（初二），文帝下诏挑选披甲精兵五万人，分配给右将军到彦之，并责令到彦之统率安北将军王仲德、兖州刺史竺灵秀带水军进入黄河。同时，文帝又派骁骑将军段宏率领精锐骑兵八千人，直指虎牢；命令豫州刺史刘德武率军一万人随后进发；命令后将军、长沙王刘义欣统兵三万人，监征讨诸军事。刘义欣是刘道怜的儿子。

在军事行动开始以前，刘宋文帝先派殿中将军田奇出使北魏，正告北魏国主拓跋焘说："黄河以南的土地本来就是宋国的领土，中途却被你们侵占。现在，我们收复旧土恢复旧日疆界，与黄河以北的国家毫无关系。"拓跋焘暴怒如雷，喝道："我生下来头发还没干，就已经听说黄河以南是我国的土地。这块土地怎么是你们能妄想得到的呢！你们如果一定要出兵攻取，现在我们会暂且撤军相避，等到冬天天寒地净，黄河结上坚冰，我们自然会重新夺回来。"

北魏守卫南方边境的将领们上疏说："宋人已经戒严，很快就要向我们进攻，我们请求增援三万人，在他们尚未进攻之前先发制人迎击敌人。这样，足以挫折他们的锐气，使他们不敢深入我们国土。"因而请求把边境一带黄河以北的流民全部屠杀，以便断绝刘宋军的向导。拓跋焘命令朝廷中的文武大臣讨论，大家全都同意。崔浩却说："不行。南方地势低洼潮显，入夏以后雨水增多，草木茂盛，地气闷热，容易生病，不利于军事行动。况且，宋国已经加强戒备，因此城防一定坚固。我们的军队驻守城下长期进攻，后方粮秣就会供应接继不上；把军队分散，四处掠夺，就会使本来集中的力量分散削弱，没有办法对付敌人。所以，在眼下这个季节出师进攻宋国，还没看出有什么好处。宋国的军队假如真的敢来进攻，我们应当以逸待劳，与他们周旋，等到秋天天气凉爽战马肥壮的时候，夺取敌人的粮食，慢慢地进行反击，这才是万全之计呀。朝廷中文武群臣和西北边防守将跟从陛下出征作战，向西削平了夏国的赫连氏，向北大破柔然汗国，俘获了许多美女、珍宝和成群的牛马。驻守南部边防的将领们听说后早就羡慕不已，也想南下攻打宋国，抢劫资财，他们都是为自己的利益，却为国家惹事生非，他们的请求，万万不能答应。”拓跋焘才停止。

北魏国主拓跋焘命令平南大将军、丹阳王拓跋大毗驻防黄河北岸；任命司马楚之为安南大将军，封琅邪王，屯驻颍川来防备宋军的进攻。

刘宋右将军到彦之率领大军从淮河进入泗水，天旱水浅，每天行军才十里，从四月出发一直到秋季七月，才抵达须昌。于是，进入黄河逆流而上。

北魏国主拓跋焘认为黄河以南四个军事重镇的兵力太少，命令坐镇的各路将军一律收兵，撤退到黄河以北。戊子（七月初四），北魏驻防在碻磝的军队弃城而去；戊戌（七月十四日），滑台的守军也撤离。庚子（七月十六日），拓跋焘任命大鸿胪、阳平公杜超为都督定、相、冀三州诸军事、太宰，晋封为阳平王，负责镇守邺城，总领各路大军。杜超是拓跋焘乳娘密太后杜氏的哥哥。庚戌（七月二十六日），洛阳、虎牢两镇北魏的守军也都弃城逃去。

到彦之留下司徒从事郎中朱修之镇守滑台，司州刺史尹冲驻守虎牢、建武将军杜骥驻守金墉。杜骥是杜预的玄孙。刘宋其他各路大军进驻灵昌津，沿黄河南岸列阵守御，一直到潼关。于是，司州、兖州全部收复，各路军队都大喜过望。只有安北将军王仲德满面忧愁，说：“各位将军完全不解北方的真实情况，一定会中敌人的计谋。胡虏虽仁义道德不足，凶险狡诈却有余，他们今天弃城北归，一定正在集结会师。如果黄河冰封，势必会再次南下进攻，怎能不让人担忧！”

北魏黄河以北的各路军队在七女津会师。到彦之担心敌人要渡过黄河南下进攻，就派副将王蟠龙逆流而上，劫夺敌人的战船，却被北魏阳平王杜超等击败，王蟠龙被杀。于是，北魏冠军将军安颉、龙骧将军陆俟合兵进攻虎牢。辛巳（十月二十八日），攻克虎牢城。司州刺史尹冲以及荥阳太守清河人崔模投降了北魏。

壬辰（十一月初十），刘宋加授征南大将军檀道济为都督征讨诸军事，统率大队人马讨伐北魏。

甲午（十一月十二日），北魏寿光侯叔孙建、汝阴公长孙道生渡过黄河南下。

到彦之听说洛阳、虎牢失守，各路军队相继失败的消息，打算撤军。殿中将军垣护之写信给到彦之劝阻他，认为到彦之应派竺灵秀帮助朱修之死守滑台，然后亲自统率军队进攻黄河以北，还说：“过去，曾有人连年攻战，损兵折将，粮草断绝，仍然奋勇出击，不肯轻易向后退却。何况如今青州粮食丰收，粮草充足，济河漕运畅通，将士战马都饱食强健，战斗力并没有受到削弱。如果白白地放弃滑台，坐视成功的大业丢失，岂不是辜负了朝廷的重托吗！”到彦之没有接受。垣护之是垣苗的儿子。

到彦之打算烧毁战船步行撤退，安北将军王仲德说：“洛阳陷落，虎牢失守，这是必然的趋势。但是，现在敌人距我们还有千里之遥，滑台城又有强兵把守，如果突然放弃战船步行逃走，士卒们一定会四处溃散。我们应该乘战船进入济河，等到了马耳谷的关口，再做进一步的决定。”到彦之原先就有眼病，这时更加严重，疼痛难忍。况且军中将士染上瘟疫的人也很多，到彦之于是率军从清口驶进济水，又南下抵达历城，焚毁战舟，抛弃铠甲，步行直奔彭城。兖州刺史竺灵秀也放弃须昌，南下逃往湖陆，青州、兖州陷于混乱。长沙王刘义欣这时正在彭城，他的将领们惧怕北魏大军大批攻来，都劝刘义欣放弃彭城返回京师，刘义欣没有听从。

戊戌（十一月十六日），北魏寿光侯叔孙建，进攻刘宋兖州刺史竺灵秀据守的湖陆，竺灵秀大败，被斩杀的士卒达五千多人。叔孙建得胜收兵，驻防范城。

丁卯（十二月十五日），夏国上谷公赫连社干、广阳公赫连度洛孤出城投降，北魏军攻克了平凉。

北魏关中侯豆代田，救出了被俘司空奚斤、宗正娥清等，呈献给拓跋焘。拓跋焘把赫连定的皇后赏赐给豆代田，命令奚斤跪下用膝盖行走，向豆代田敬酒。拓跋焘对奚斤说：“是豆代田保全了你的性命。”赐封豆代田为井陉侯，加授散骑常侍、右卫将军，兼领内都幢将。

夏国长安、临晋、武功等城的守将都弃城逃走，关中大片土地都纳入魏国版图。拓跋焘留下巴东公拓跋延普镇守安定；命镇西将军王斤镇守长安。壬申（十二月二十日），拓跋焘班师东还，任命奚斤为宰士，命他背驮着酒类、饭菜跟从左右。

北魏镇西将军王斤骄恣纵欲，多行不法，纵容左右亲信，随意调动和役使百姓。人民不堪忍受，向南逃往刘宋汉川的有几千家。拓跋焘访查证实了王斤的罪状，斩王斤示众。

刘宋右将军到彦之、安北将军王仲德都被免职，逮捕入狱。兖州刺史竺灵秀，因弃军逃跑，斩首。文帝刘义隆看到殿中将军垣护之给到彦之的信，大加称许，随即任命垣护之为北高平太守。

刘宋彭城王刘义康与王弘共同担任录尚书事，刘义康仍感到怏怏不快，打算代替王弘兼任扬州刺史，在言辞中毫不隐瞒。又因为王弘的弟弟王昙首在朝中担任要职，深得文帝的倚重和信赖，就愈加不满。这时王弘年老多病，多次请求辞职回乡；王昙首主动要求担任吴郡太守，文帝都一概不许。刘义康对别人说：“王弘患病长期卧床，难道能在床上治理天下吗？”王昙首劝王弘把府中文武官员的一半，分给刘义康管理。文帝下诏同意拨给刘义康二千人，刘义康这才高兴。

融媒体出版物

資治通鑒

文白对照精选本

第五卷

〔北宋〕司马光 编著

张宏儒 主编

党建读物出版社
（英华电子音像出版社）
河北冠林数字出版有限公司

目录

译文诵读

第一百八十二卷　隋纪六

译文诵读

炀皇帝中大业九年（癸酉，613）

帝谓侍臣曰："高丽小虏，侮慢上国；今拔海移山，犹望克果，况此虏乎！"乃复议伐高丽。左光禄大夫郭荣谏曰："戎狄失礼，臣下之事；千钧之弩，不为鼷鼠发机，奈何亲辱万乘以敌小寇乎！"帝不听。

时所在盗起：齐郡王薄、孟让、北海郭方预、清河张金称、平原郝孝德、河间格谦、勃海孙宣雅各聚众攻剽，多者十余万，少者数万人。

夏，四月，庚午，车驾渡辽。壬申，遣宇文述与上大将军杨义臣趣平壤。

左光禄大夫王仁恭出扶余道。仁恭进军至新城，高丽兵数万拒战，仁恭帅劲骑一千击破之，高丽婴城固守。帝命诸将攻辽东，听以便宜从事。飞楼、橦、云梯、地道四面俱进，昼夜不息，而高丽应变拒之，二十余日不拔，主客死者甚众。冲梯竿长十五丈，骁果吴兴沈光升其端，临城与高丽战，短兵接，杀十数人，高丽竞击之而坠；未及地，适遇竿有垂絙，光接而复上。帝望见，壮之，即拜朝散大夫，恒置左右。

素恃功骄倨，朝宴之际，或失臣礼，帝心衔而不言，素亦觉之。及素薨，帝谓近臣曰："使素不死，终当夷族。"玄感颇知之，且自以累世贵显，在朝文武多父之故吏，见朝政日紊，而帝多猜忌，内不自安，乃与诸弟潜谋作乱。帝方事征伐，玄感自言："世荷国恩，愿为将领。"帝喜曰："将门必有将，相门必有相，固不虚也。"由是宠遇日隆，颇预朝政。

帝伐高丽，命玄感于黎阳督运，遂与虎贲郎将王仲伯、汲郡赞治赵怀义等谋，故逗遛漕运，不时进发，欲令渡辽诸军乏食；帝遣使者促之，玄感扬言水路多盗，不可前后而发。

玄感选运夫少壮者得五千余人，丹阳、宣城篙梢三千余人，刑三牲誓众，且谕之曰："主上无道，不以百姓为念，天下骚扰，死辽东者以万计。今与君等起兵以救兆民之弊，何如？"众皆踊跃称万岁。乃勒兵部分。唐袆自玄感所逃归河内

先是，玄感阴遣家僮至长安，召李密及弟玄挺赴黎阳。及举兵，密适至，玄感

大喜，以为谋主，谓密曰："子常以济物为己任，今其时矣！计将安出？"密曰："天子出征，远在辽外，去幽州犹隔千里。南有巨海，北有强胡，中间一道，理极艰危。公拥兵出其不意，长驱入蓟，据临渝之险，扼其咽喉。归路既绝，高丽闻之，必蹑其后，不过旬月，资粮皆尽，其众不降则溃，可不战而擒，此上计也。"玄感曰："更言其次。"密曰："关中四塞，天府之国，虽有卫文升，不足为意。今帅众鼓行而西，经城勿攻，直取长安，收其豪杰，抚其士民，据险而守之。天子虽还，失其根本，可徐图也。"玄感曰："更言其次。"密曰："简精锐，昼夜倍道，袭取东都，以号令四方。但恐唐祎告之，先已固守。若引兵攻之，百日不克，天下之兵四面而至，非仆所知也。"玄感曰："不然，今百官家口并在东都，若先取之，足以动其心。且经城不拔，何以示威！公之下计，乃上策也。"遂引兵向洛阳，遣杨玄挺将骁勇千人为前锋，先取河内。唐祎据城拒守，玄挺无所获。

丙辰，玄挺直抵太阳门，弘策将十余骑驰入宫城，自余无一人返者，皆归于玄感。

辽东城久不拔，帝遣造布囊百余万口，满贮土，欲积为鱼梁大道，阔三十步，高与城齐，使战士登而攻之，又作八轮楼车，高出于城，夹鱼梁道，欲俯射城内，指期将攻，城内危蹙。会杨玄感反书至，帝大惧，引纳言苏威入帐中，谓曰："此儿聪明，得无为患？"威曰："夫识是非，审成败，乃谓之聪明，玄感粗疏，必无所虑。但恐因此寖成乱阶耳。"帝又闻达官子弟皆在玄感所，益忧之。兵部侍郎斛斯政素与玄感善，玄感之反，政与之通谋，玄纵兄弟亡归，政潜遣之。帝将穷治玄纵等党与，政内不自安，戊辰，亡奔高丽。庚午，夜二更，帝密召诸将，使引军还，军资、器械、攻具，积如丘山，营垒、帐幕，按堵不动，皆弃之而去。众心恟惧，无复部分，诸道分散。

卫文升以步骑二万渡瀍水，与玄感战，玄感屡破之。玄感每战，身先士卒，所向摧陷，又善抚悦其下，皆乐为致死，由是每战多捷，众益盛，至十万人。文升众寡不敌，死伤太半且尽，乃更进屯邙山之阳，与玄感决战，一日十余合。会杨玄挺中流矢死，玄感军乃稍却。

玄感分为两军，西抗文升，东拒通。子盖复出兵大战，玄感军屡败，与其党谋之，李子雄曰："东都援军益至，我军数败，不可久留，不如直入关中，开永丰仓以振贫乏，三辅可指麾而定，据有府库，东面而争天下，亦霸王之业也。"李密曰："弘化留守元弘嗣握强兵在陇右，可声言其反，遣使迎公，因此入关，可以绐众。"

会华阴诸杨请为向导，壬辰，玄感解东都围，引兵西趣潼关，宣言："我已破东都、取关西矣！"宇文述等诸军蹑之。至弘农宫，父老遮说玄感曰："宫城空虚，又多积粟，攻之易下。"玄感以为然。弘农太守蔡王智积谓官属曰："玄感闻大军将至，欲西图关中，若成其计，则难克也；当以计縻之，使不得进，不出一旬，可以成擒。"及玄感军至城下，智积登陴詈之；玄感怒，留攻之。李密谏曰：

“公今诈众西入，军事贵速，况乃追兵将至，安可稽留！若前不得据关，退无所守，大众一散，何以自全！”玄感不从，遂攻之，烧其城门，智积于内益火，玄感兵不得入。三日不拔，乃引而西。至阌乡，宇文述、卫文升、来护儿、屈突通等军追及于皇天原。玄感上槃豆，布陈亘五十里，且战且行，玄感一日三败。八月，壬寅，玄感陈于董杜原，诸军击之，玄感大败，独与十余骑奔上洛。追骑至，玄感叱之，皆反走，至葭芦戍。独与弟积善徒步走，自度不免，谓积善曰：“我不能受人戮辱，汝可杀我！”积善抽刀斫杀之，因自刺，不死，为追兵所执，与玄感首俱送行在所。磔玄感尸于东都市，三日，复脔而焚之。玄感弟玄奖为义阳太守，将赴玄感，为郡丞周旋玉所杀；仁行为朝请大夫，伏诛于长安。

帝以元弘嗣，斛斯政之亲也，留守弘化郡，遣卫尉少卿李渊驰往执之，因代为留守，关右十三郡兵皆受征发。渊御众宽简，人多附之。帝以渊相表奇异，又名应图谶，忌之。未几，征诣行在所，渊遇疾未谒，其甥王氏在后宫，帝问曰：“汝舅来何迟？”王氏以疾对，帝曰：“可得死否？”渊闻之，惧，因纵酒纳赂以自晦。

十年（甲戌，614）

春，二月，辛未，诏百僚议伐高丽，数日，无敢言者。戊子，诏复征天下兵，百道俱进。

三月，壬子，帝行幸涿郡，士卒在道，亡者相继。癸亥，至临渝宫，祃祭黄帝，斩叛军者以衅鼓，亡者亦不止。

秋，七月，癸丑，车驾次怀远镇。时天下已乱，所征兵多失期不至，高丽亦困弊。来护儿至毕奢城，高丽举兵逆战，护儿击破之，将趣平壤，高丽王元惧，甲子，遣使乞降，囚送斛斯政。帝大悦，遣使持节召护儿还。

八月，己巳，帝自怀远镇班师。邯郸贼帅杨公卿帅其党八千人抄驾后第八队，得飞黄上厩马四十二匹而去。

十一年（乙亥，615）

秋，八月，乙丑，帝巡北塞。

初，裴矩以突厥始毕可汗部众渐盛，献策分其势，欲以宗女嫁其弟叱吉设，拜为南面可汗；叱吉不敢受，始毕闻而渐怨。突厥之臣史蜀胡悉多谋略，为始毕所宠任，矩诈与为互市，诱至马邑下，杀之。遣使诏始毕曰：“史蜀胡悉叛可汗来降，我已相为斩之。”始毕知其状，由是不朝。

戊辰，始毕帅骑数十万谋袭乘舆，义成公主先遣使者告变。壬申，车驾驰入雁门，齐王暕以后军保崞县。癸酉，突厥围雁门，上下惶怖，撤民屋为守御之具，城中兵民十五万口，食仅可支二旬，雁门四十一城，突厥克其三十九，唯雁门、崞不下。突厥急攻雁门，矢及御前；上大惧，抱赵王杲而泣，目尽肿。

帝亲巡将士，谓之曰：“努力击贼，苟能保全，凡在行陈，勿忧富贵，必不使有司弄刀笔破汝勋劳。”乃下令：“守城有功者，无官直除六品，赐物百段；有官以次增益。”使者慰劳，相望于道，于是众皆踊跃，昼夜拒战，死伤其众。

帝遣间使求救于义成公主，公主遣使告始毕云：“北边有急。”东都及诸郡援兵亦至忻口；九月，甲辰，始毕解围去。

樊子盖固请，以为不宜失信，帝曰：“公欲收物情邪！”子盖惧，不敢对。帝性吝官赏。初平杨玄感，应授勋者多，乃更置戎秩：建节尉为正六品，次奋武、宣惠、绥德、怀仁、秉义、奉诚、立信等尉，递降一阶。将士守雁门者万七千人，得勋者才千五百人，皆准平玄感勋，一战得第一勋者进一阶，其先无戎秩者止得立信尉，三战得第一勋者至秉义尉，其在行陈而无勋者四战进一阶，亦无赐。会仍议伐高丽，由是将士无不愤怨。

城父朱粲始为县佐史，从军，遂亡命聚众为盗，谓之“可达寒贼”，自称迦楼罗王，众至十余万，引兵转掠荆、沔及山南郡县，所过噍类无遗。

隋炀帝大业九年（癸酉，公元613年）

炀帝对侍臣说：“高丽这个小虏，竟敢侮慢我隋朝上国，如今就是拔海移山，也是可以办到的，何况这个小虏呢！”于是又商议出兵征伐高丽。左光禄大夫郭荣劝道：“戎狄之国无礼，是臣子应该处理的事情，千钧之弩，不会为小老鼠而发射，陛下何必亲自征讨这样的小小敌寇呢!”炀帝不听。

当时盗贼到处蜂起：齐郡人王薄、孟让，北海人郭方预，清河人张金称，平原人郝孝德，河间人格谦，勃海人孙宣雅分别聚众攻城抢劫，他们多的达十余万人，少的有几万人。

夏季，四月，庚午（二十七日），炀帝的车驾渡过辽水。壬申（二十九日），炀帝派遣宇文述和上大将军杨义臣率军进军平壤。

左光禄大夫王仁恭率军出扶余道，王仁恭进军到达新城，高丽军队几万人阻击隋军，王仁恭率领劲骑一千名击败高丽军，高丽军队闭城固守。炀帝命令诸将进攻辽东，允许诸将可相机从事。隋军用飞楼、橦、云梯、地道，从城池四面昼夜不停地进攻，但高丽守军随机应变抗击隋军，隋军攻城二十余天还未攻克，双方都有大批人员阵亡。隋军所用的冲梯竿长十五丈，骁果吴兴人沈光爬到冲梯顶端，面对城墙与高丽士兵交战。双方短兵相接，沈光杀死高丽士兵十余人，高丽士兵竞相攻击沈光，沈光从冲梯上掉下来，还没掉到地上，正好冲梯的竿上有垂下的绳索，沈光抓住绳子又向上爬，炀帝望见这种场面，感到沈光的行为极为英勇，就任命他为朝散大夫，常让他随侍左右。

杨素依恃自己有功，骄横倨傲，在朝宴上有时就有失做臣子的礼节，炀帝心中怀恨但不说。杨素也觉察出来了。等杨素去世，炀帝对身旁的侍臣说：“假使杨素不死，最终也得被诛灭九族。”杨玄感很清楚这一点，而且他自认为自己是累世显贵，朝廷中的文武大臣很多人都是他父亲过去的部下，他看到朝政日益混乱，炀帝对他又很猜忌，心里感到非常不安，就和他的几个弟弟暗地策划谋反。炀帝正在准备征伐高丽，杨玄感请求说：“我家世世代代蒙受国恩，愿做征伐高丽的将领。”炀帝高兴地说：“将门必出将，相门必出相，果然不假。”因此对杨玄感的宠信日重。他越来越多地参预朝政。

炀帝征伐高丽，他命令杨玄感在黎阳督运军资。杨玄感就和虎贲郎将王仲伯、汲郡赞治赵怀义等人策划商议，故意迟滞漕运，不按时发运军资，想让渡过辽河的各路隋军缺乏军粮，炀帝派遣使者催促杨玄感，杨玄感声称水路有很多盗贼，不能先后按时发运。

杨玄感从输送军粮的民夫中挑选身强力壮者五千余人，丹阳、宣城的船夫三千余人，杀三牲誓师。他还对这些人说：“皇帝无道，不体恤百姓，使天下受到骚扰，死在辽东的人数以万计，现在我与你们起兵以拯救百姓于水火，怎么样？”大家都踊跃高呼万岁。于是杨玄感统率部署军队。唐祎从杨玄感的军中逃回河内。

当初，杨玄感暗地派家奴到长安，召李密和他弟弟杨玄挺到黎阳来。及杨玄感起兵时李密正好赶到，杨玄感大为高兴。他让李密做自己的谋主，对李密讲：“你常常以拯救百姓为己任，现在是时候了！我们的策略将如何呢？”李密说：“天子出征，远在辽外，就是距幽州也还有千里之遥，南面有大海，北面有强大的胡人，中间夹着一条道，按理来说是极其险恶的。您率兵出其不意，长驱入蓟，据守临渝关的险要，扼住这条路的咽喉，征伐高丽的隋军归路便被切断，高丽人知道了，必然追踪于隋军之后。不出一个月，隋军的军资粮秣都消耗殆尽，隋军不是投降就是溃散，皇帝就可以不战而擒了。这是上计。”杨玄感说：“再说说其次的策略。”李密说：“关中之地四面都有要塞屏障，是天府之国，虽然有卫文升，但他不足为虑，如今您统帅部众向西击鼓进军，经过城池不要攻取，直取长安，招收长安的豪杰之士，抚慰长安的士民，凭借险要据守长安，天子虽然从高丽返回，但失掉了根本之地，我们就可以慢慢进取了。杨玄感说：“再说说再次的策略。”李密说：“挑选精锐士卒，昼夜兼程，袭取东都，借以号令四方。但恐怕唐祎告诉了东都守备，东都事先进行了固守的准备，要是率兵进攻东都，百日内攻城不下，全国各地的军队四面八方地到来，其结果就不是我所能预料的了。”杨玄感说：“不对。如今文武百官的家属都在东都，要是先攻取东都，就足以扰乱百官们的心。而且，如果经过城池却不攻取，怎能显示我军的威风？你的下策，正是我的上策。”于是杨玄感率兵向洛阳进发，

炀帝穷土木

擅兵戈炀帝赋诗

他派杨玄挺率领骁勇之士一千人为前锋，先攻取河内。唐祎凭借城池拒守，杨玄挺一无所获。

丙辰（六月十四日），杨玄挺直抵太阳门，裴弘策只带着十余名骑兵驰马逃入宫城，此外再没有一人返回，全部归降了杨玄感。

辽东城许久攻取不下，炀帝派人制作一百余万个布袋，每个布袋装满土，打算用布袋堆积成一条宽三十步、与城墙同样高的像鱼脊梁一样的坡道，让士兵们登道攻城。他又命人制作八轮楼车，楼车高于城墙，设置在鱼梁道两旁，打算向下射杀城内的人。隋军很快就要攻城了，城内已危在旦夕，恰好报告杨玄感谋反的公文到了，炀帝大为惊恐，他让纳言苏威进入帐中，说："这个孩子很聪明，恐怕要成为祸患了。"苏威说："能辨别是非、判断成败的人才可以说是聪明。杨玄感为人粗疏，不必为他谋反而忧患，但是，只怕因此而逐渐成为动乱的来由。"炀帝又听说达官的子弟都在杨玄感那里，越加忧虑。兵部侍郎斛斯政平时就和杨玄感交情很好，杨玄感谋反，斛斯政曾与他一起谋划，杨玄纵兄弟逃回内地是斛斯政暗地送他们回去的。炀帝要追究查办杨玄纵等党羽，斛斯政内心极为恐惧不安，戊辰（六月二十六日），他逃跑投奔了高丽。庚午（六月二十八日），夜里二更时分，炀帝秘密召集诸将，让他们率军撤退。所有的军资器械、攻城之具堆积如山，营垒、帐幕，都原地不动，遗弃而去。隋军人人惊惶恐惧，军队部署已乱，各路兵马分离涣散。

卫文升率领步、骑兵两万人渡过瀍水，与杨玄感军交战。杨玄感屡次击败卫文升，每次作战杨玄感都身先士卒，所向披靡。他还善于安抚部下，因此大家都愿意为他效命，所以每次作战大都能取胜。杨玄感部众愈来愈多，达十万人。卫文升寡不敌众，部下死伤大半，军力将近耗竭，于是他率军进驻邙山的南面，与杨玄感决战。一天之内双方交锋十余次，恰巧杨玄挺被流箭射死，杨玄感的军队才稍稍退却。

杨玄感把军队分为两部分，西面抵抗卫文升，东面阻击屈突通。樊子盖又出兵大战，杨玄感军队屡次被击败。杨玄感与党羽们谋划此事，李子雄说："救援东都的军队到的越来越多，我军几次被打败，不可久留此地，不如直入关中，打开永丰仓赈济贫苦百姓，三辅之地就可以挥手而定了，我们据有府库，向东争夺天下，这也可以成就霸王之业。"李密说："弘化留守元弘嗣在陇右掌握着强兵，我们可以扬言他谋反，派遣使者迎接您，咱们借此机会入关，就可以欺骗众人了。"

正巧华阴杨家的族人请求做向导，壬辰（七月二十日），杨玄感解除了对东都的包围，率军向西逼近潼关，他声称："我已经攻破了东都，现在去攻取关西了！"宇文述等各路军队跟随其后。杨玄感到达弘农宫，父老们挡住道路劝杨玄感说："弘农宫城空虚，又有很多积存的粮食，很容易攻下。"杨玄感认为这话很对。弘农太守蔡王杨智积对官员僚属们说："杨玄感听说朝廷大军将到，他打算向西谋取关中，要是他这个计划成功了，就很难把他打败了，我们应当用计牵制住他，让他无法进军，不出十天，就可以将他抓住。"当杨玄感兵临城下，杨智积便登上城上的矮墙大骂杨玄感。杨玄感勃然大怒，就停止前进，率军攻城。李密劝说："您如今蒙骗众人向西进军，兵贵神速，何况追兵将到，怎能在此地停留耽误。要是向前不能占据潼关，退后无地可守，大众一散，凭什么保全自己？"杨玄感不听李密的劝告，就率军攻城，他放火烧弘农城的城门，杨智积从城内向外放更大的火，杨玄感的士兵无法进城，三天仍未攻下城池，杨玄感就率军向西而去。当他到达阌乡，宇文述、卫文升、来护儿、屈突通等各路军队在皇天原追上了他。杨玄感率军登上槃豆，摆开战阵，连绵五十里，且战且走，杨玄感一天之内三次被击败。八月，壬寅（初一），杨玄感在董杜原列阵，各路官军一起进攻杨玄感，杨玄感大败，仅率十余骑逃往上洛。追击的骑兵追上了杨玄感，杨玄感呵斥追兵，这些人都转身退去。杨玄感到了葭芦戍，仅和他弟弟杨积善徒步行走，他自知不能幸免，就对杨积善说："我不能忍受别人的侮辱，你杀了我吧！"杨积善抽刀将杨玄感杀死，又用刀自杀，但未死，被追兵抓住，将他和杨玄感的首级一并送炀帝的行营。炀帝将杨玄感的尸首处以车裂之刑，在东都闹市陈尸三天，又将尸首剁碎焚烧。杨玄感的弟弟杨玄奖是义阳太守，他要去投奔杨玄感，被郡丞周旋玉杀死；杨仁行是朝请大夫，在长安被处死。

炀帝因为元弘嗣是斛斯政的亲戚，留守在弘化郡，他就派卫尉少卿李渊驰马到弘化将元弘嗣关押起来，李渊因此代替元弘嗣为留守，关西十三郡的军队都受李渊的调遣。李渊对待部下宽厚容忍，大家多去归附他。炀帝认为李渊相貌奇异，名字又与图谶相映合，就对他很猜忌。不久，炀帝征召李渊到他的行在，李渊患病未去应召谒见，李渊的外甥女王氏是炀帝的妃嫔，炀帝问王氏："你舅舅为什么迟到？"王氏回答说李渊病了，炀帝问："能死吗？"李渊知道了这件事很害怕，于是就酗酒受贿来伪装自己。

十年（甲戌，公元614年）

春季，二月，辛未（初三），炀帝下诏命文武百官商议出兵征伐高丽之事。一连几天没有敢说话的人。戊子（二十日），炀帝下诏再次征发全国军队，分百路并进。

三月，壬子（十四日），炀帝出行到涿郡，路途中士兵不断逃亡。癸亥（二十五日），炀帝到达临渝宫，在野外祭祀黄帝，斩杀叛逃的士兵并将死者的血涂在鼓上，但逃亡仍然不止。

秋季，七月，癸丑（十七日），炀帝车驾临时停留于怀远镇。当时天下已乱，所征发的士兵很多过了期限还未来，高丽国也困顿疲惫，来护儿率军到达毕奢城，高丽发兵迎战。来护儿将高丽军队打败，将要逼近平壤。高丽王高元恐惧，甲子（二十八日），派遣使者来乞求投降，并把斛斯政关在囚车里押送而来。炀帝大为高兴，派遣使者持节召来护儿返回。

八月，己巳（初四），炀帝从怀远镇班师回朝。邯郸贼帅杨公卿率领部众八千人抢劫车驾后面的第八队，抢走飞黄上厩的马四十二匹而去。

十一年（乙亥，公元615年）

秋季，八月，乙丑（初五），炀帝巡游北塞。

当初，裴矩认为突厥始毕可汗部众逐渐强盛，就向炀帝献策分散突厥始毕可汗的势力。打算以宗室女嫁给始毕的弟弟叱吉设，并封他为南面可汗，叱吉设不敢接受册封。始毕知道了此事就对隋朝逐渐产生了怨恨。突厥的大臣史蜀胡悉善于谋略，受到始毕可汗的宠信。裴矩诈称与史蜀胡悉做买卖，将史蜀胡悉诱骗到马邑，将他杀害。然后派使者向始毕宣布诏命说："史蜀胡悉背叛可汗来投降，我已经帮您将他处死。"始毕知道了这个情况，从此就不再入朝。

戊辰（八月初八），始毕可汗率领几十万名骑兵策划袭击炀帝的车驾。义成公主先派遣使者向炀帝报告发生了变故。壬申（八月十二日），炀帝的车驾迅速驰入雁门城，齐王杨暕率领后军进驻了崞县。癸酉（八月十三日），突厥军队包围了雁门郡，隋军上下惊惧恐怖，拆毁民房用作守卫城池的材料，城中有军、民十五万人，粮食仅够供应二十天。雁门郡的四十一座城池，突厥军队已经攻破了其中的三十九座，只有雁门、崞县没被攻下，突厥军队急攻雁门，箭都射到了炀帝面前，炀帝大为恐惧，抱着赵王杨杲哭泣，眼睛都哭肿了。

炀帝亲自巡视军队，他对将士们说："你们要努力打击敌军，如果这次能够保全的话，凡是参加战斗的人都不愁没有富贵，一定不允许有关部门的官吏耍弄刀笔吞没你们的功劳。"于是他下令："守城有功的人，没有官职的直接授予六品官职，赏赐物品百段；已有官职的人级别和赏赐依次增长。"他派出慰问将士的使者络绎不绝。于是大家都踊跃杀敌，昼夜抗击突厥人，伤亡很重。

炀帝暗中派使者向义成公主求救，公主派人告诉始毕说："北部边境告急。"这时东都和各郡的援兵也都到达忻口。九月，甲辰（十五日），始毕可汗解围退走。

樊子盖恳切请求遵守先前的许诺，认为不应失信于将士。炀帝说："你打算收买人心吗？"樊子盖害怕了，不敢再答话。炀帝生性吝惜官爵赏赐，当初平定杨玄感时，应该论功授勋的人很多，他就改变军队的职位级别：规定建节尉为正六品，以下依次是奋武、宣惠、绥德、怀仁、秉义、奉诚、立信等尉，依次降低一级。参加保卫雁门的将士有一万七千人，可是得到勋位的才有一千五百人，都是比照平定杨玄感时行赏的标准，打一仗得第一功的人晋升一级，此前没有军职的人仅授予立信尉的职位；打三次仗得第一功的人只做到秉义尉；那些虽在战场但未立功的人打四次仗晋升一级，也不赏赐物品。正好炀帝又商议攻伐高丽，因此将士们无不愤怒怨恨。

城父人朱粲，开始是个县佐史，后来他参加了军队，就逃亡聚众为盗，人们称之为“可达寒贼”，朱粲自称迦楼罗王，拥有部众达十万人。他率兵在荆州、沔阳转战抢掠，一直到终南山南一带的郡县，所部经过之处即无人烟。

第一百八十三卷

隋纪七

译文诵读

炀皇帝下大业十二年（丙子，616）

江都新作龙舟成，送东都；宇文述劝幸江都，右候卫大将军酒泉赵才谏曰："今百姓疲劳，府藏空竭，盗贼蜂起，禁令不行，愿陛下还京师，安兆庶。"帝大怒，以才属吏，旬日，意解，乃出之。朝臣皆不欲行，帝意甚坚。无敢谏者。建节尉任宗上书极谏，即日于朝堂杖杀之。甲子，帝幸江都，命越王侗与光禄大夫段达、太府卿元文都、检校民部尚书韦津、右武卫将军皇甫无逸、右司郎卢楚等总留后事。津，孝宽之子也。帝以诗留别宫人曰："我梦江都好，征辽亦偶然。"奉信郎崔民象以盗贼充斥，于建国门上表谏；帝大怒，先解其颐，然后斩之。

让遂亡命于瓦岗为群盗，同郡单雄信，骁健，善用马槊，聚少年往从之。离狐徐世勣家于卫南，年十七，有勇略，说让曰："东郡于公与勣皆为乡里，人多相识，不宜侵掠。荥阳、梁郡，汴水所经，剽行舟，掠商旅，足以自资。"让然之，引众入二郡界，掠公私船，资用丰给，附者益众，聚徒至万余人。

时又有外黄王当仁、济阳王伯当、韦城周文举、雍丘李公逸等皆拥众为盗。李密自雍州亡命，往来诸帅间，说以取天下之策，始皆不信，久之，稍以为然，相谓曰："斯人公卿子弟，志气若是。今人人皆云杨氏将灭，李氏将兴。吾闻王者不死，斯人再三获济，岂非其人乎！"由是渐敬密。

密察诸帅，唯翟让最强，乃因王伯当以见让，为让画策，往说诸小盗，皆下之。让悦，稍亲近密，与之计事，密因说让曰："刘、项皆起布衣为帝王。今主昏于上，民怨于下，锐兵尽于辽东，和亲绝于突厥，方乃巡游扬、越，委弃东都，此亦刘、项奋起之会也。以足下雄才大略，士马精锐，席卷二京，诛灭暴虐，隋氏不足亡也！"让谢曰："吾侪群盗，旦夕偷生草间，君之言者，非吾所及也。"

会有李玄英者，自东都逃来，经历诸贼，求访李密，云："斯人当代隋家。"人问其故，玄英言："比来民间谣歌有《桃李章》曰：'桃李子，皇后绕扬州，宛转花园里。勿浪语，谁道许！''桃李子'，谓逃亡者李氏之子也；皇与后，皆君也；'宛转花园里'，谓天子在扬州无还日，将转于沟壑也；'莫浪语，谁道许'

者，密也。”既与密遇，遂委身事之。

密因说让曰：“今四海糜沸，不得耕耘，公士众虽多，食无仓廪，唯资野掠，常苦不给。若旷日持久，加以大敌临之，必涣然离散。未若先取荥阳，伏兵馆谷，待士马肥充，然后与人争利。”让从之，于是破金堤关，攻荥阳诸县，多下之。

鄱阳贼帅操师乞自称元兴王，建元始兴，攻陷豫章郡，以其乡人林士弘为大将军。诏治书侍御史刘子翊将兵讨之。师乞中流矢死，士弘代统其众，与子翊战于彭蠡湖，子翊败死。士弘兵大振，至十余万人。十二月，壬辰，士弘自称皇帝，国号楚，建元太平；遂取九江、临川、南康、宜春等郡，豪杰争杀隋守令，以郡县应之。其地北自九江，南及番禺，皆为所有。

建德还平原，收士达散兵，收葬死者，为士达发丧，军复大振，自称将军。先是，群盗得隋官及士族子弟，皆杀之，独建德善遇之；由是隋官稍以城降之，声势日盛，胜兵至十余万人。

内史侍郎虞世基以帝恶闻贼盗，诸将及郡县有告败求救者，世基皆抑损表状，不以实闻，但云：“鼠窃狗盗，郡县捕逐，行当殄尽，愿陛下勿以介怀！”帝良以为然，或杖其使者，以为妄言，由是盗贼遍海内，陷没郡县，帝皆弗之知也。

帝至江都，江、淮郡官谒见者，专问礼饷丰薄。丰则超迁丞、守，薄则率从停解。

恭皇帝上义宁元年（丁丑，617）

丙辰，窦建德为坛于乐寿，自称长乐王，置百官，改元丁丑。

李密说翟让曰：“今东都空虚，兵不素练；越王冲幼，留守诸官政令不壹，士民离心。段达、元文都，暗而无谋，以仆料之，彼非将军之敌。若将军能用仆计，天下可指麾而定。”乃遣其党裴叔方觇东都虚实，留守官司觉之，始为守御之备，且驰表告江都。密谓让曰：“事势如此，不可不发。兵法曰：‘先则制于己，后则制于人。’今百姓饥馑，洛口仓多积粟，去都百里有余，将军若亲帅大众，轻行掩袭，彼远未能救，又先无豫备，取之如拾遗耳。比其闻知，吾已获之，发粟以赈穷乏，远近孰不归附！百万之众，一朝可集，枕威养锐，以逸待劳，纵彼能来，吾有备矣。然后檄召四方，引贤豪而资计策，选骁悍而授兵柄，除亡隋之社稷，布将军之政令，岂不盛哉！”让曰：“此英雄之略，非仆所堪；惟君之命，尽力从事，请君先发，仆为后殿。”庚寅，密、让将精兵七千人出阳城北，逾方山，自罗口袭兴洛仓，破之；开仓恣民所取，老弱襁负，道路相属。

越王侗遣虎贲郎将刘长恭、光禄少卿房崱帅步骑二万五千讨密。时东都人皆以密为饥贼盗米，乌合易破，争来应募，国子三馆学士及贵胜亲戚皆来从军，器械修整，衣服鲜华，旌旗钲鼓甚盛。长恭等当其前，使河南讨捕大使裴仁基等将所部兵自汜水而入以掩其后，约十一日会于仓城南，密、让具知其计。东都兵先至，士卒未朝食，长恭等驱之渡洛水，陈于石子河西，南北十余里。密、让选骁雄，分为十队，令四队伏横岭下以待仁基，以六队陈于石子河东。长恭等见密兵少，轻之。让先接战，不利，密帅麾下横冲之。隋兵饥疲，遂大败，长恭等解衣潜窜得免，奔还东都，士卒死者什五六。越王侗释长恭等罪，慰抚之。密、让尽收其辎重器甲，威声大振。

让于是推密为主，上密号为魏公。庚子，设坛场，即位，称元年，大赦。其文书行下，称行军元帅府；其魏公府置三司、六卫，元帅府置长史以下官属。拜翟让为上柱国、司徒、东郡公，亦置长史以下官，减元帅府之半；以单雄信为左武侯大将军，徐世勣为右武侯大将军，各领所部；房彦藻为元帅左长史，东郡邴元真为右长史，杨德方为左司马，郑德韬为右司马，祖君彦为记室，其余封拜各有差。于是赵、魏以南，江、淮以北，群盗莫不响应，孟让、郝孝德、王德仁及济阴房献伯、上谷王君廓、长平李士才、淮阳魏六儿、李德谦、谯郡张迁、魏郡李文相、谯郡黑社、白社、济北张青特、上洛周比洮、胡驴贼等皆归密。密悉拜官爵，使各领其众，置百营簿以领之。道路降者不绝如流，众至数十万。乃命其护军田茂广筑洛口城，方四十里而居之，密遣房彦藻将兵东略地，取安陆、汝南、淮安、济阳、河南郡县多陷于密。

雁门郡丞河东陈孝意与虎贲郎将王智辩共讨刘武周，围其桑乾镇。壬寅，武周与突厥合兵击智辩，杀之；孝意奔还雁门。三月，丁卯，武周袭破楼烦郡，进取汾阳宫，获隋宫人，以赂突厥始毕可汗。始毕以马报之，兵势益振，又攻陷定襄。突厥立武周为定杨可汗，遗以狼头纛。武周即皇帝位，立妻沮氏为皇后，改元天兴。

梁师都略定雕阴、弘化、延安等郡，遂即皇帝位，国号梁，改元永隆。始毕遗以狼头纛，号为大度毗伽可汗。师都乃引突厥居河南之地，攻破盐川郡。

汾阴薛举，侨居金城，骁勇绝伦，家赀巨万，交结豪杰，雄于西边，为金城府校尉。时陇右盗起，金城令郝瑗募兵得数千人，使举将而讨之。夏，四月癸未，方授甲，置酒飨士，举与其子仁果及同党十三人，于座劫瑗发兵，囚郡县官，开仓赈施。自称西秦霸王，改元秦兴。

己亥，密帅众三万复据回洛仓，大修营堑以逼东都；段达等出兵七万拒之。辛丑，战于仓北，隋兵败走。丁未，密使其幕府移檄郡县，数炀帝十罪，且曰：“罄南山之竹，书罪无穷；决东海之波，流恶难尽。”祖君彦之辞也。

初，唐公李渊娶于神武肃公窦毅，生四男，建成、世民、玄霸、元吉；一女，适太子千牛备身临汾柴绍。

世民聪明勇决，识量过人。见隋室方乱，阴有安天下之志，倾身下士，散财结客，咸得其欢心。世民娶右骁卫将军长孙晟之女。

文静坐与李密连昏，系太原狱，世民就省之。文静曰：“天下大乱，非高、光之才，不能定也。”世民曰：“安知其无，但人不识耳。我来相省，非儿女子之情，欲与君议大事也。计将安出？”文静曰：“今主上南巡江、淮，李密围逼东都，群盗殆以万数。当此之际，有真主驱驾而用之，取天下如反掌耳。太原百姓皆避盗入城，文静为令数年，知其豪杰，一旦收拾，可得十万人，尊公所将之兵复且数万，一言出口，谁敢不从！以此乘虚入关，号令天下，不过半年，帝业成矣。”世民笑曰：“君言正合吾意。”乃阴部署宾客，渊不之知也。世民恐渊不从，犹豫久之，不敢言。

会突厥寇马邑，渊遣高君雅将兵与马邑太守王仁恭并力拒之。仁恭、君雅战不利，渊恐并获罪，甚忧之。世民乘间屏人说渊曰：“今主上无道，百姓困穷，晋阳城外皆为战场；大人若守小节，下有寇盗，上有严刑，危亡无日。不若顺民心，兴义兵，转祸为福，此天授之时也。”渊大惊曰：“汝安得为此言，吾今执汝以告县官！”因取纸笔，欲为表。世民徐曰：“世民观天时人事如此，故敢发言；必欲执告，不敢辞死！”渊曰：“吾岂忍告汝，汝慎勿出口！”明日，世民复说渊曰：“今盗贼日繁，遍于天下，大人受诏讨贼，贼可尽乎！要之，终不免罪。且世人皆传李氏当应图谶，故李金才无罪，一朝族灭。大人设能尽贼，则功高不赏，身益危矣！唯昨日之言，可以救祸，此万全之策也，愿大人勿疑。”渊乃叹曰：“吾一夕思汝言，亦大有理。今日破家亡躯亦由汝，化家为国亦由汝矣！”

隋炀帝大业十二年（丙子，公元616年）

江都新制造的龙舟完工，送到东都。宇文述劝炀帝巡游江都，右候卫大将军酒泉人赵才劝阻说：“如今百姓疲惫劳苦，国库空竭，盗贼蜂起，禁令不行，希望陛下返回京师，安抚天下百姓。”炀帝勃然大怒，把赵才交司吏处治，过了十天，炀帝才平息了怒气，将赵才放出。朝中的大臣都不想让炀帝出行，但炀帝去江都之意非常坚决，没有敢于进谏的人。建节尉任宗上书极力劝谏，当天就在朝堂上被用杖打死。甲子（初十），炀帝驾临江都，他命令越王杨侗与光禄大夫段达、太府卿元文都、检校民部尚书韦津、右武卫将军皇甫无逸、右司郎卢楚等人共同负责留守东都之事。韦津是韦孝宽的儿子。炀帝以诗向宫人留别：“我梦江都好，征辽亦偶然。”奉信郎崔民象以盗贼充斥全国为由，在建国门上表劝阻江都之行，炀帝勃然大怒，先摘掉崔民象的下巴，然后将他斩杀。

于是翟让逃亡到瓦岗为盗。与他同郡的单雄信，骁勇矫健，擅长骑马使槊，他招集年轻人去投奔翟让。离狐人徐世勣家在卫南，十七岁，有勇有谋，他劝说翟让：“东郡对于您和我都是乡里，那里的人大

泛龙舟炀帝挥毫

都认识，不宜去侵犯抢掠他们。荥阳、梁郡，是汴水流经的地方，我们抢劫行船，掠夺商人旅客，就足以自给。”翟让同意他的建议，于是就率众进入荥阳、梁郡的境界，抢掠公私船只，因此供给充裕，来归附的人越来越多，徒众达一万余人。

当时还有外黄人王当仁，济阳人王伯当，韦城人周文举，雍丘人李公逸等都聚众为盗。李密从雍州逃亡后，就往来于各部首领之间，向他们游说夺取天下的谋略。开始大家都不信，时间长了，他们渐渐相信了，互相说道：“此人是公卿子弟，有这样的志气、抱负，现在人们都说杨氏将灭，李氏将兴，我听说能成王业的人不会死，此人多次能渡过难关，难道他不是将成帝业的人吗！”于是他们渐渐敬重李密。

李密观察各部统帅，只有翟让势力最强，于是由王伯当引见见到了翟让，为翟让出谋划策，去游说劝导诸小股盗贼，他们都归附了翟让。翟让很高兴，渐渐信任李密，与他商议事情。李密趁机劝翟让说：“刘邦、项羽都出身平民而做了帝王，如今上面是皇帝昏庸，下面是百姓怨愤，精锐兵力都在辽东丧失了，突厥也断绝了和亲的关系，炀帝还在巡游扬、越一带，丢弃了东都，现在也是刘邦、项羽之辈奋起的机会。以您的雄才大略，兵马的精良，可以席卷东西二京，诛灭暴君，隋氏完全可以灭掉！”翟让向李密推辞说：“我辈身为群盗，旦夕都在草丛之间偷生，你所说的，不是我辈所能想到的。”

正好有个叫李玄英的人从东都逃来，经过了各部盗贼，以求访李密，并说：“此人当替代隋家坐天下。”别人问他缘故，李玄英说：“近来民间有一叫《桃李章》的歌谣，歌谣唱道：‘桃李子，皇后绕扬州，宛转花园里。勿浪语，谁道许！’‘桃李子’，是说逃亡的人是李氏之子；皇与后都是君主；‘宛转花园里’指的是天子在扬州不会有回来的日子了，将会死无葬身之地；‘莫浪语，谁道许’是密的意思。”不久他遇到李密，于是就投靠李密。

李密就劝翟让说：“如今国内沸腾，百姓不得耕耘，您兵马虽多，但吃粮没有仓储，只靠外出抢掠，常常苦于供给不足，若是旷日持久，加之大敌临头，部众必然会离散，不如先攻取荥阳，休兵取食仓储之粮，待兵强马壮，然后再与他人争夺利益。”翟让听从了他的意见，率军攻破了金堤关，进而攻打荥阳郡各县，大多数县城都被攻破。

鄱阳的贼帅操师乞自称元兴王，建年号始兴。他率兵攻陷了豫章郡，任命同乡林士弘为大将军。炀帝下诏命治书侍御史刘子翊率兵前去讨伐操师乞。操师乞中流矢而死，林士弘替代他统帅部众。林士弘与刘子翊在彭蠡湖交战，刘子翊战败身亡。林士弘军威大振，兵力达到十余万人。十二月，壬辰（初十），林士弘自称皇帝，国号楚，建年号太平。于是林士弘又攻取九江、临川、南康、宜春等郡，各地豪杰竞相杀死隋朝的郡守县令，以整个郡县来响应林士弘。北自九江、南到番禺的广大地域都为林士弘所据有。

窦建德返回平原，收集高士达所部的散兵，收集安葬死者，为高士达发丧，军威又重新大振。窦建德自称将军。原先，群盗抓住隋官及士族子弟都杀掉，唯独窦建德很好地对待他们，因此越来越多的隋官举城投降他，窦建德声势日渐浩大，拥有精兵十余万。

内史侍郎虞世基因为炀帝厌恶听到贼盗的情况，所以诸将及各地郡县告败求救的表奏，虞世基都把它们加以删改处理，不据实上报，只说："鼠窃狗盗之徒，郡县官吏搜捕追逐，快要被彻底消灭了。希望陛下不要放在心上！"炀帝很以为然，有时还用杖责打据实报告的使者，以为说的都是谎话。因此盗贼遍布海内，攻陷郡县，炀帝都不知道。

炀帝到了江都，凡江、淮各郡官员谒见的，炀帝专问进献礼品的多少。礼多则越级升迁郡丞、县守，礼少的往往黜免官职。

隋恭帝义宁元年（丁丑，公元617年）

丙辰（正月初五），窦建德在乐寿县设坛，自称长乐王，设置百官，改年号丁丑。

李密劝说翟让："现在东都空虚，军队平时又都没有训练，越王杨侗年幼，留守的诸位官员政令不一，士民离心。段达、元文都愚昧而无谋略，以我来看，他们不是将军的对手。要是将军能用我的计策，天下可以挥手而定。"于是派遣他的党羽裴叔方去侦探东都的虚实，留守东都的官员觉察到了这一情况，开始做防卫的准备，并且驰马送奏表去江都报告炀帝。李密对翟让说："事情已经到了这个地步，我军不能不行动了。兵法云：'先动手则争取主动，后动手则受人挟制。'如今百姓饥馑，洛口仓有很多积存的粮食，离东都有百余里，将军要是亲率大军，轻装前进，掩杀袭击，他们因路远无法救援，事先又无防备，取洛口仓就像拾丢在地上的一件东西一样容易，等对方知道消息，我们已经得手了。发放粮食以赈济贫苦的百姓，远近之人谁不归附我们呢？百万之众，一个早晨就可以召集到。我们依恃所得的威风，养精蓄锐，以逸待劳，纵然东都派军队来，我们也有防备了。然后我们就传布檄文号召四方响应，引用豪杰贤士，听取他们的谋略，挑选骁勇强悍之将才，授以兵权，推翻隋朝，颁布将军的政令，难道这不是一件盛举吗？"翟让说："这是英雄的韬略，不是我所能承担的，我只是听命于您，尽力办事，请您先行进发，我做殿后。"庚寅（二月初九），李密、翟让率领精兵七千人出阳城北，越过方山，从罗口袭击并攻破了兴洛仓，打开粮仓听任百姓取粮，取粮的老弱妇孺，在路上接连不断。

越王杨侗派遣虎贲郎将刘长恭，光禄少卿房崱率领步兵骑兵两万五千人去讨伐李密。当时东都人都以为李密是饥饿的抢米盗贼，只是一伙乌合之众，容易击破，都争相来应募，国子、太学、四门三馆的学士以及贵胄勋戚都来从军。官军器械完备整齐，衣服鲜明华美，旌旗钲鼓极为壮观。刘长恭等人率兵在前，让河南讨捕大使裴仁基等率所部自汜水进入兴洛仓以掩杀李密军后部，约好十一日在兴洛仓城南面会合。李密、翟让完全了解他们的意图。东都的官军先到，士兵们还没吃早饭，刘长恭等人就驱赶他们渡过洛水，在石子河西列阵，阵南北长十余里。李密、翟让挑选骁勇强壮之士分作十队，令其中的四队埋伏在横岭下等待裴仁基，其余的六队在石子河以东列阵。刘长恭等人见李密的军队人少，就很轻视他们。翟让先率兵与隋军交战，交战不利，李密即率所部横冲隋军，隋兵饥饿疲惫，于是被打得大败。刘长恭等人脱掉衣服潜逃才得以幸免逃回东都，隋军士卒死伤十之五六。越王杨侗赦免了刘长恭等人的罪过，慰问安抚了他们。李密、翟让将隋军的辎重、器械、铠甲全部缴获，因而威名大振。

于是翟让推举李密为主，给李密上尊号为魏公。庚子（二月十九日），设坛场，李密即位，称元年，大赦天下。李密向下颁发的公文书信等，署名为行军元帅府。魏公府设置三司、六卫，元帅府设置长史以下的官属。李密授翟让为上柱国、司徒、东郡公，东郡公府也设置长史以下的官属，数目比元帅府减少一半。任命单雄信为左武侯大将军，徐世勣为右武侯大将军，各自统领自己的部队。房彦藻被任命为元帅左长史，东郡人邴元真为右长史，杨德方为左司马，郑德韬为右司马，祖君彦为记室，其余的人封爵拜官各有等次。于是赵、魏以南，江、淮以北地区的群盗莫不响应。孟让、郝孝德、王德仁以及济阴人房献伯，上谷人王君廓，长平人李士才，淮阳人魏六儿、李德谦，谯郡人张迁，魏郡人李文相，谯郡的黑社、白社，济北人张青特，上洛人周比洮、胡驴贼等都归附李密。李密对他们全部封官授爵，让他们各自统领本部人马，设置百营簿来总管他们。前来归降的人络绎不绝如流水一般，李密的部众达几十万人。于是李密命令护军田茂广修筑洛口城，方圆四十里，李密住在城内。他派房彦藻率兵向东攻占城池，取下安陆、汝南、淮安、济阳，河南的郡县大多为李密所攻取。

雁门郡丞河东人陈孝意与虎贲郎将王智辩共同讨伐刘武周，包围他的桑干镇。壬寅（二月二十一日），刘武周与突厥人合兵攻击并杀死了王智辩，陈孝意逃回雁门。三月，丁卯（十七日），刘武周袭击攻取了楼烦郡，并夺取了汾阳宫，俘获宫中的宫人，用她们去贿赂突厥的始毕可汗。始毕可汗以马回报刘武周，刘武周兵势越发强盛，又攻陷定襄，突厥封刘武周为定杨可汗，赠给他狼头旗。刘武周即皇帝位，立妻子沮氏为皇后，改年号为天兴。

梁师都攻占了雕阴、弘化、延安等郡，就即皇帝位，国号梁，改年号为永隆。始毕可汗赠以狼头大旗，并赠以大度毗伽可汗的称号。梁师都勾结突厥人占据河南之地，攻破盐川郡。

汾阴人薛举，侨居于金城，他骁勇无比，有万贯家财，好交结豪杰之士，称雄于西部边地，是金城府校尉。当时陇右盗贼风起，金城令郝瑗招募兵丁约有几千人，派薛举率领去讨伐盗贼。夏季，四月，癸未（初三），募兵刚授以兵器，金城府摆设酒宴犒劳将士，薛举和他的儿子薛仁果及同党十三人，在座位上胁迫郝瑗发兵，把郡县官员监禁起来，并开仓赈济百姓。薛举自称西秦霸王，改年号“秦兴”。

己亥（二月十九日），李密率领部众三万人又占据回洛仓，大规模修筑营壕以逼近东都。段达等率七万隋军抗击李密。辛丑（二月二十一日），两军在回洛仓的北面交战，隋军大败退走。丁未（二月二十七日），李密让他的幕府向各郡县发布檄文，历数炀帝的十大罪状，并说："即使把南山的竹子都做成竹简，也写不完他的罪恶；放开东海的波涛，也洗刷不尽他的罪恶。"这是祖君彦的手笔。

当初，唐公李渊娶了神武肃公窦毅的女儿为妻，窦氏生了四个儿子：李建成、李世民、李玄霸、李元吉；一个女儿，嫁给太子千牛备身临汾人柴绍。

李世民为人聪明、勇猛、果断、有见识，胆量过人。他看到隋王室正处于混乱之中，就暗中怀有要安定天下的抱负。他礼贤下士，散发资财以结交宾客，赢得了大家的爱戴拥护。李世民娶了右骁卫将军长孙晟的女儿为妻。

刘文静因犯有与李密通婚的罪，被关在太原的监狱里。李世民去探望他，刘文静说："天下大乱，没有汉高祖、汉光武帝那样的才能是不能安定天下的。"李世民说："怎么知道没有这样的人？只是人们看不出来罢了。我来探望您，不是出于儿女情长，而是打算和您商议大事。您有什么谋划吗？"刘文静说："如今皇帝上南方巡游江、淮，李密包围逼近东都，群盗大概得以万来计算。在这个时候，若有真天子驱使驾驭这些人，夺取下天易如反掌。太原百姓为躲避盗贼都搬入城内，我做了几年县令，了解其中的豪杰之士，一旦把他们收拢来，可得到十万人。您父亲所率领的军队又有几万人，一言出口，谁敢不服从！以此兵力乘虚入关，号令天下，不过半年，帝王之业就可以成功。"李世民笑道："您的话正合我的心意。"于是他就暗中部署宾客，李渊不知道这些事。李世民怕李渊不答应，犹豫了很久，不敢向李渊说。

正逢突厥人侵犯马邑，李渊派高君雅率兵与马邑太守王仁恭同力抗击突厥人。王仁恭、高君雅与突厥交战不利，李渊怕一起被治罪，非常忧虑。李世民乘机屏去左右的人劝说李渊："如今主上昏庸无道，百姓困顿贫穷，晋阳城外都成了战场，大人要是恪守小节，但下有流寇盗贼，上有严刑峻法，您的危亡就要来到了，不如顺应民心，兴起义兵，转祸为福，这是上天授予的时机。"李渊大吃一惊说："你怎么说这种话，我现在就将你抓起来向官府告发！"说着就取来纸笔，要写状表。世民慢慢地说："我观察天时人事到了如此地步，才敢说这样的话。如果一定要告发我，我不敢辞死！"李渊说："我哪里忍心告发你，你要谨慎，不要随便说！"第二天，李世民又劝李渊："如今盗贼日益增多，遍布天下，大人受诏讨贼，可贼讨得尽吗？总而言之，最后还是不免获罪。而且世人都传说李氏当应验图谶，所以李金才无罪却在一个早晨被灭族了。大人要是能将贼剿灭尽，那么功高也不会受奖，而您自己会更危险了啊！只有昨天的话可以使您避祸，这是万全之策，希望大人不要疑虑。"李渊叹息说："我一夜都在考虑你的话，你说的很是有理，今天就是家破人亡也由你，变家为国也由你啦！"

隋纪八　第一百八十四卷

译文诵读

恭皇帝下义宁元年（丁丑，617）

寂等乃请尊天子为太上皇，立代王为帝，以安隋室；移檄郡县；改易旗帜，杂用绛白，以示突厥。渊曰："此可谓'掩耳盗钟'，然逼于时事，不得不尔。"乃许之，遣使以此议告突厥。

渊开仓以赈贫民，应募者日益多。渊命为三军，分左右，通谓之义士。裴寂等上渊号为大将军，癸巳，建大将军府；壬子，李渊以子元吉为太原太守，留守晋阳宫，后事悉以委之。癸丑，渊帅甲士三万发晋阳，立军门誓众，并移檄郡县，谕以尊立代王之意；西突厥阿史那大奈亦帅其众以从。甲寅，遣通议大夫张纶将兵徇稽胡。丙辰，渊至西河，慰劳吏民，赈赡穷乏；民年七十以上，皆除散官，其余豪俊，随才授任，口询功能，手注官秩，一日除千余人；受官皆不取告身，各分渊所书官名而去。渊入雀鼠谷；壬戌，军贾胡堡，去霍邑五十余里。代王侑遣虎牙郎将宋老生帅精兵二万屯霍邑，左武侯大将军屈突通屯河东以拒渊。

渊以书招李密。密自恃兵强，欲为盟主，使祖君彦复书曰："与兄派流虽异，根系本同。自唯虚薄，为四海英雄共推盟主。所望左提右挈，戮力同心，执子婴于咸阳，殪商辛于牧野，岂不盛哉！"且欲使渊以步骑数千自至河内，面结盟约。渊得书，笑曰："密妄自矜大，非折简可致。吾方有事关中，若遽绝之，乃是更生一敌；不如卑辞推奖以骄其志，使为我塞成皋之道，缀东都之兵，我得专意西征。俟关中平定，据险养威，徐观鹬蚌之势以收渔人之功，未为晚也。"乃使温大雅复书曰："吾虽庸劣，幸承余绪，出为八使，入典六屯。颠而不扶，通贤所责。所以大会义兵，和亲北狄，共匡天下，志在尊隋。天生烝民，必有司牧，当今为牧，非子而谁？老夫年逾知命，愿不及此。欣戴大弟，攀鳞附翼，唯弟早膺图箓，以宁兆民！宗盟之长，属籍见容，复封于唐，斯荣足矣。殪商辛于牧野，所不忍言；执子婴于咸阳，未敢闻命。汾晋左右，尚须安辑；盟津之会，未暇卜期。"密得书甚喜，以示将佐曰："唐公见推，天下不足定矣！"自是信使往来不绝。

渊赏霍邑之功，军吏疑奴应募者不得与良人同。渊曰："矢石之间，不辨贵贱，论勋之际，何有等差，宜并从本勋授。”壬午，渊引见霍邑吏民，劳赏如西河，选其丁壮使从军；关中军士欲归者，并授五品散官，遣归。或谏以官太滥，渊曰：“隋氏吝惜勋赏，此所以失人心也，奈何效之！且收众以官，不胜于兵乎！”

河南、山东大水，饿殍满野。炀帝诏开黎阳仓赈之，吏不时给，死者日数万人。徐世勣言于李密曰：“天下大乱，本为饥馑。今更得黎阳仓，大事济矣。”密遣世勣帅麾下五千人自原武济河，会元宝藏、郝孝德、李文相及洹水贼帅张升、清河贼帅赵君德共袭破黎阳仓，据之，开仓恣民就食，浃旬间，得胜兵二十余万。武安、永安、义阳、弋阳、齐郡相继降密。窦建德、朱粲之徒亦遣使附密，

渊欲引兵西趣长安，犹豫未决。裴寂曰：“屈突通拥大众，凭坚城，吾舍之而去，若进攻长安不克，退为河东所踵，腹背受敌，此危道也。不若先克河东，然后西上。长安恃通为援，通败，长安必破矣。”李世民曰：“不然。兵贵神速，吾席累胜之威，抚归顺之众，鼓行而西，长安之人望风震骇，智不及谋，勇不及断，取之若振槁叶耳。若淹留自弊于坚城之下，彼得成谋修备以待我，坐费日月，众心离沮，则大事去矣。且关中蜂起之将，未有所属，不可不早招怀也。屈突通自守虏耳，不足为虑。”渊两从之，留诸将围河东，自引军而西。

王世充、韦霁、王辩及河内通守孟善谊、河阳郡尉独孤武都各帅所领会东都，唯王隆后期不至。己未，越王侗使虎贲郎将刘长恭等帅留守兵，庞玉等帅偃师兵，与世充等合十余万众，击李密于洛口，与密夹洛水相守。炀帝诏诸军皆受世充节度。

丙子，渊引军西行，所过离宫园苑皆罢之，出宫女还其亲属。冬，十月，辛巳，渊至长安，营于春明门之西北，诸军皆集，合二十余万。渊命各依壁垒，毋得入村落侵暴。屡遣使至城下谕卫文升等以欲尊隋之意，不报。辛卯，命诸军进围城。甲午，渊迁馆于安兴坊。

丙申，铣筑坛燔燎，自称梁王，改元鸣凤。

甲辰，李渊命诸军攻城，约“毋得犯七庙及代王、宗室，违者夷三族！”孙华中流矢卒。十一月，丙辰，军头雷永吉先登，遂克长安。代王在东宫，左右奔散，唯侍读姚思廉侍侧。军士将登殿，思廉厉声诃之曰：“唐公举义兵、匡帝室，卿等毋得无礼！”众皆愕然，布立庭下。渊迎王于东宫，迁居大兴殿后，听思廉扶王至顺阳阁下，泣拜而去。思廉，察之子也。渊还，舍于长乐宫，与民约法十二条，悉除隋苛禁。

翟让司马王儒信劝让自为大冢宰，总领众务，以夺密权，让不从。让兄柱国荥阳公弘，粗愚人也，谓让曰：“天子汝当自为，奈何与人！汝不为者，我当为之！”让但大笑，不以为意，密闻而恶之。总管崔世枢自鄢陵初附于密，让囚之私府，责其货，世枢营求未办，遽欲加刑。让召元帅府记室邢义期博，逡巡未就，杖之八十。让谓左长史房彦藻曰：“君前破汝南，大得宝货，独与魏公，全不与我！魏公我之所立，事未可知！”彦藻惧，以状告密，因与左司马郑颋共说密曰：“让

贪愎不仁，有无君之心，宜早图之。”密曰：“今安危未定，遽相诛杀，何以示远！”颋曰：“毒蛇螫手，壮士解腕，所全者大故也。彼先得志，悔无所及。”密乃从之，置酒召让。戊午，让与兄弘及兄子司徒府长史摩侯同诣密，密与让、弘、裴仁基、郝孝德共坐，单雄信等皆立侍，房彦藻、郑颋往来检校。密曰：“今日与达官饮，不须多人，左右止留给使而已。”密左右皆引去，让左右犹在。彦藻白密曰：“今方为乐，天时甚寒，司徒左右，请给酒食。”密曰：“听司徒进止。”让曰：“甚佳。”乃引让左右尽出，独密下壮士蔡建德持刀立侍。食未进，密出良弓，与让习射，让方引满，建德自后斫之，踣于床前，声若牛吼，并弘、摩侯、儒信皆杀之。徐世勣走出，门者斫之伤颈，王伯当遥诃止之。单雄信叩头请命，密释之。左右惊扰，莫知所为，密大言曰：“与君等同起义兵，本除暴乱。司徒专行暴虐，陵辱群僚，无复上下；今所诛止其一家，诸君无预也。”命扶徐世勣置幕下，亲为傅疮。让麾下欲散，密使单雄信前往宣慰，密寻独骑入其营，历加抚谕，令世勣、雄信、伯当分领其众，中外遂定。让残忍，摩侯猜忌，儒信贪纵，故死之日，所部无哀之者；然密之将佐始有自疑之心矣。

壬戌，李渊备法驾迎代王即皇帝位于天兴殿，时年十三，大赦改元，遥尊炀帝为太上皇。甲子，渊自长乐宫入长安。以渊为假黄钺、使持节、大都督内外诸军事、尚书令、大丞相，进封唐王。以武德殿为丞相府，改教称令，日于虔化门视事。乙丑，榆林、灵武、平凉、安定诸郡皆遣使请命。丙寅，诏军国机务，事无大小，文武设官，位无贵贱，宪章赏罚，咸归相府；唯郊祀天地，四时禘祫奏闻。

庚子，王世充军士有亡降李密者，密问：“世充军中何所为？”军士曰：“比见益募兵，再飨将士，不知其故。”密谓裴仁基曰：“吾几落奴度中，光禄知之乎？吾久不出兵，世充刍粮将竭，求战不得，故募兵飨士，欲乘月晦以袭仓城耳，宜速备之。”乃命平原公郝孝德、琅邪公王伯当、齐郡公孟让勒兵分屯仓城之侧以待之。其夕三鼓，世充兵果至，伯当先遇之，与战，不利。世充兵即陵城，总管鲁儒拒却之；伯当更收兵击之，世充大败，斩其骁将费青奴，士卒战溺死者千余人。世充屡与密战，不胜，越王侗遣使劳之，世充诉以兵少，数战疲弊；侗以兵七万益之。

隋恭帝义宁元年（丁丑，公元617年）

裴寂等人就请李渊尊炀帝为太上皇，立代王杨侑为皇帝，以安定隋王室；传布檄文到各郡县；改换旗帜，用红、白掺杂的颜色，以此向突厥示意不完全与隋室相同。李渊说：“这可以说是‘掩耳盗钟’，但这是形势所迫，不得不如此啊。”于是就同意这样做，派使者将这个决定通知突厥。

李渊开仓赈济贫民，应募当兵的人日益增多。李渊命令将招募来的人分为三军，分左、右军，通称为义士。裴寂等人给李渊上尊号为大将军。癸巳（六月十四日），设置大将军府。壬子（七月初四），李渊任命儿子李元吉为太原太守，留守晋阳宫，一切后方事务都委托他处理。癸丑（七月初五），李渊统帅甲士三万人从晋阳出发，在军营门前誓师，并向各郡县发布檄文，宣布尊立代王为帝的意义。西突厥的阿史那大奈也率其部众跟随李渊出征。甲寅（七月初六），李渊派通议大夫张纶率兵攻略稽胡部落。丙辰（七月初八），李渊到达西河，慰劳西河的官吏百姓，赈济贫民。凡年纪在七十岁以上的人，都授予散官的职务，其余的豪强俊杰，都根据才能授予职务。李渊一边询问来人的功劳、才能，一边注册授予的官职等级。一天就任命官员一千余人。接受官职的人都不拿任命状，他们各自拿着李渊所写的官名状离去。李渊率军进入雀鼠谷。壬戌（七月十四日），在贾胡堡驻军，贾胡堡距霍邑五十余里。代王杨侑派遣虎牙郎将宋老生率领精兵两万人在霍邑驻防。左武侯大将军屈突通驻军河东以抵御李渊。

尉迟恭殿前夺矟

李渊写书信招附李密。李密自恃兵强势盛想自做盟主。他让祖君彦回信说：“我和兄长虽然家支派系不同，但同是李姓，根系是相同的。我自认为势单力薄，但却为天下的英雄共推为盟主。希望互相扶持，同心协力，完成在咸阳抓住秦子婴、在牧野灭掉商纣这样的大业，岂不很宏伟吗？”他还想让李渊亲自率领步骑兵几千人到河内郡，二人当面缔结盟约。李渊接到信后，笑着说：“李密妄自尊大，不是书信就能招来的，我在关中正有战事，若马上断绝了与他的来往，就是又树了一个敌人，不如用阿谀奉承之语吹捧他，使他心志骄横，让他替我挡住成皋之道，牵制东都之兵，我就可以专心一意地进行西征。待到关中平定以后，我们依据险要之地，养精蓄锐，慢慢地观看鹬蚌之争以坐收渔人之利，也并不晚啊。”于是他让温大雅回信说：“我虽然平庸愚昧，幸而承继了祖宗的功业，使我出任为八使之要职，回朝任将军。国家有难而不出来扶助，是所有的贤人君子都要责备的，所以我才大规模地招集义兵，与北狄和亲，共同救助天下，志向在于尊崇隋王室。天生众生，必要有管理他们的人，而今为治民之官的人，不是您又能是谁呢？老夫我已过了知命之年，没有这个心愿了。我很高兴拥戴您，这已经是攀鳞附翼了，希望您早些应验图谶，以安定万民！您是宗盟之长，我的宗属之籍都还须得到您的容纳。您将我还封在唐地，这样的殊荣已经够了。将商纣诛灭于牧野这样的大业，我是不敢说的，至于在咸阳抓住秦子婴之事，我也是不敢听命于您的。汾晋一带，还需要我安抚管理，盟津之会盟，我还顾不上卜定日期。”李密收到李渊的信后很是高兴，他将信给僚佐们看，说：“唐公推举我，天下很容易就平定了！”从此，双方的信使往来不绝。

李渊奖赏攻取霍邑的有功将士，军吏们怀疑以奴隶身份应募的人不能和良人同样论功。李渊说：“在箭与石之间战斗，不分贵贱，论功行赏时，有什么等级差别？应该同样按功颁赏授官。”壬午（八月初四），李渊接见了霍邑的吏民，慰劳赏赐，如同西河郡一样，并挑选霍邑强壮的男丁从军。关中的军士要回乡的，都授予五品散官，让他们回去。有人劝李渊说授官太多，李渊说：“隋氏吝惜勋位赏赐，因而失去人心。我怎么能效仿他们呢？况且用官职来收拢众人，不比用兵要好吗？”

河南、山东发大水，饿殍遍野。炀帝下诏开黎阳仓赈济饥民，但官吏们不按时赈济，每天有几万人死去。徐世勣对李密说：“天下大乱，本来就是因为饥馑的缘故，现在若是再得黎阳仓，大事就告成功。”李密派徐世勣率部下五千人从原武渡黄河，会同元宝藏、郝孝德、李文相及洹水贼帅张升、清河贼帅赵君德共同袭取了黎阳仓并在那里据守，开仓听任百姓来吃粮，十天之内得到精兵二十余万人。武安、永安、义阳、弋阳、齐郡相继投降李密。窦建德、朱粲之类的人也派遣使者依附李密。

李渊想率兵向西直达西安，但仍犹豫不决。裴寂说：“屈突通拥有大批军队，凭借着坚固的城池，我们若舍弃他而去，进攻长安而不能攻克，后退就会遇到河东方面的追击，腹背受敌，这是危险的策略。不如先攻下河东，然后挥师西上。长安是依恃屈突通为后援的，屈突通被打败，长安也必定被攻破。”李世民说：“不对！兵贵神速，我们乘着屡战屡胜的军威，安抚归顺的众军，大张旗鼓地西进，长安的人就会望风而震惊骇惧，智慧还来不及谋划，勇敢还来不及决断，取长安就如同震动树上的枯叶一样容易。我们要是滞留，自己将自己耽误在坚城之下，他们则有时间加强防备以对待我们。而我们白白浪费了时间，大家的心就会沮丧溃散，那么大事就全完了。况且关中蜂拥而起的将领还没有归属，不能不早些将他们招抚来。屈突通是仅能自守之敌，不足为虑。”两方面的意见李渊都采纳了，他留下诸将包围河东，自己率军西进。

王世充、韦霁、王辩以及河内通守孟善谊、河阳都尉独孤武都各自率领所部军队汇集东都，只有王隆过了期限还没到。己未（九月十一日），越王杨侗派虎贲郎将刘长恭等将领统领留守的军队，庞玉等统领偃师的军队，与王世充等人合在一起有十余万人，在洛口攻击李密。隋军与李密军队隔着洛水相互防卫。炀帝下诏命令各军都受王世充的指挥。

丙子（九月二十九日），李渊率军西行，所经过的炀帝的离宫园苑全部关闭，放出宫女归还其亲属。冬季，十月，辛巳（初四），李渊到达长安，在春明门西北扎营，各路军队全部汇集，共二十余万人。李渊命令各部队驻扎在营垒内不得侵扰村落中的百姓。他屡次派使者到城下对卫文升等人宣称自己尊奉隋皇室的意思，卫文升等人不做答复。辛卯（十四日），李渊命令诸军进发围城。甲午（十七日），李渊将营署迁到安兴坊。

丙申（十月十九日），萧铣筑坛燃烧祭火，自称梁王，改年号为鸣凤。

甲辰（十月二十七日），李渊命令各军攻城。规定"不得侵犯七庙和代王、隋朝宗室，违令的人诛灭三族！"孙华中流箭而死。十一月，丙辰（初九），军头雷永吉先行登城，于是攻克了长安。代王杨侑在东宫，他身边的人奔逃溃散，只有侍读姚思廉侍立在杨侑身旁。李渊的军士将登入殿堂，姚思廉厉声斥责军士道："唐王兴举义兵，扶助帝室，你们不得无礼！"军士们都愕然，在庭院中排列站立。李渊到东宫迎奉代王杨侑，把他迁居到大兴殿后面，让姚思廉扶着代王杨侑到顺阳阁下，李渊流泪跪拜而去。姚思廉是姚察的儿子。李渊返回，住在长乐宫，与百姓约法十二条，将隋朝的苛政酷令全部废除。

大臣李勣像

翟让的司马王儒信劝说翟让自任大冢宰，总管政务，以此来夺取李密的权力，翟让不听。翟让的哥哥柱国荥阳公翟弘，为人粗鲁愚昧，他对翟让说："天子应该自己当，干吗要让给别人！你不做天子，让我来做！"翟让只是哈哈大笑，不放在心上。李密知道这件事后就厌恶他。总管崔世枢从鄢陵初起事就归附李密，翟让把他囚禁在自己的府第里，向他索取钱财，崔世枢请求翟让不要处罚他，翟让就要给崔世枢加刑。他召元帅府记室邢义期和他赌博，邢义期有顾虑未来，翟让就把邢义期打了八十杖。翟让对左长史房彦藻说："你从前攻破汝南时得了很多宝货，只给了魏公，却不给我！魏公是我拥立的，天下事的变化，尚难知道。"房彦藻听后感到害怕，他把这个情况告诉了李密，因而与左司马郑颋一起劝说李密："翟让贪婪而刚愎自用，不行仁义，有目无君长之心，应该早些想办法。"李密说："现在我们的安危还未确定，就相互诛杀，让别的地方的人怎么看呢？"郑颋说："毒蛇螫手，壮士断腕，但是根本还保全着，若他们先得了手，您后悔就晚了。"于是李密听了他们的劝告，摆酒宴召翟让来。戊午（十一月十一日），翟让和他哥哥翟弘及侄子司徒府长史翟摩侯一同去见李密。李密和翟让、翟弘、裴仁基、郝孝德坐在一起，单雄信等人都侍立着。房彦藻、郑颋来来往往地察看照顾。李密说："今天和各位达官们饮酒，不需要很多人，左右人等只留服侍的而已。"李密身边的人都退去，翟让身边的人还在。房彦藻对李密说："今天正好饮宴作乐，天气很冷，请给司徒身边的人以酒食。”李密说：“听司徒的意思。”翟让说：“很好。”于是房彦藻就把翟让身边的人全都带走了。唯独留李密辖下的壮士蔡建德持刀侍立。还没吃饭，李密拿出良弓，和翟让练习射箭。翟让刚拉满弓，蔡建德就从背后用刀砍翟让，翟让扑倒在床前，声如牛吼，蔡建德将翟弘、翟摩侯、王儒信一并杀死。徐世勣走出门，看门的卫兵把他的脖子砍伤，王伯当在远处呵斥制止住了。单雄信叩头请求饶命，李密将他释放。左右两旁的人都十分惊恐疑惧，不知怎么办好。李密大声说：“我和大家一同起义兵，本来是要铲除暴虐，但司徒翟让专行暴虐，凌辱众僚属，也不分上下尊卑，今天诛杀的只是翟让一家，与各位无关。”他命人扶走徐世勣，安置在帐幕下，亲自为他敷药。翟让的部众要溃散，李密派单雄信前往传达他的慰问之意。随即，李密又独自一人骑马来到翟让的营中，对其部下倍加安抚慰问。他命令徐世勣、单雄信、王伯当分别统领翟让的部众。于是，李密军内外形势稳定下来。翟让性情残忍，摩侯性好猜忌，王儒信为人贪婪放纵，所以他们被杀的那天，他们的部下没有人为此而悲痛。但是李密的将佐从此开始有了猜疑和不安定的情绪。

壬戌（十一月十五日），李渊排列仪仗迎接代王杨侑在天兴殿即皇帝位。杨侑当时年仅十三岁。他下诏大赦天下，改年号，遥尊炀帝为太上皇。甲子（十一月十七日），李渊从长乐宫进入长安，杨侑特赐李渊持黄钺、持节，委以大都督内外诸军事、尚书令、大丞相，晋封为唐王。李渊以武德殿为丞相府，把所颁公文由教改称为令，每天在虔化门处理政事。乙丑（十一月十八日），榆林、灵武、平凉、安定诸郡都派遣使者前来请求任命。丙寅（十一月十九日），杨侑下诏：凡军政事务无论大小，以及文武官员的任职无论贵贱，典章制度的执行惩处，全部归丞相府处理。只有在郊外祭祀天地以及四季祭祀祖先要上奏杨侑。

庚子（二十四日），王世充的军士中有逃亡投降李密的人，李密问：“王世充目前在军中做什么？”军士说：“近来只见他大量招兵，又犒劳将士，不知是什么缘故。”李密对裴仁基说：“我几乎中了王世充这个奴才的谋算，你知道吗？我很长时间不出兵，王世充的粮草将要断绝，求战不得，因此招募士兵，犒赏将士，想要乘着月夜昏黑来袭击仓城。我们应该立即作防卫准备。”于是他命令平原公郝孝德、琅邪公王伯当、齐郡公孟让率兵分别屯驻在仓城的两边以等待敌军。那天夜里三鼓时分，王世充的军队果然来了。王伯当先遭遇敌军，与之交战不利。王世充的士兵立即登城，总管鲁儒率军抵抗，王伯当收集兵卒再次进攻王世充，王世充大败。王伯当斩杀王世充的骁将费青奴，其部下士卒战死淹死的有一千余人。王世充屡次与李密交战都无法取胜。越王杨侗派遣使者来慰劳他，王世充诉说自己兵少，几次战斗后已疲惫不堪，越王杨侗派去七万援军补充王世充的力量。

第一百八十五卷
唐纪一

译文诵读

高祖神尧大圣光孝皇帝上之上武德元年（戊寅，618）

唐王既克长安，以书谕诸郡县，于是东自商洛，南尽巴、蜀，郡县长吏及盗贼渠帅、氏、羌酋长，争遣子弟入见请降，有司复书，日以百数。

密乘胜进据金墉城，修其门堞、庐舍而居之，钲鼓之声，闻于东都；未几，拥兵三十万，陈于北邙，南逼上春门。

时江都粮尽，从驾骁果多关中人，久客思乡里，见帝无西意，多谋叛归，郎将窦贤遂帅所部西走，帝遣骑追斩之，而亡者犹不止，帝患之。虎贲郎将扶风司马德戡素有宠于帝，帝使领骁果屯于东城，德戡与所善虎贲郎将元礼、直阁裴虔通谋曰："今骁果人人欲亡，我欲言之，恐先事受诛；不言，于后事发，亦不免族灭，奈何？又闻关内沦没，李孝常以华阴叛，上囚其二弟，欲杀之。我辈家属皆在西，能无此虑乎！"二人皆惧，曰："然则计将安出？"德戡曰："骁果若亡，不若与之俱去。"二人皆曰："善！"因转相招引，内史舍人元敏、虎牙郎将赵行枢、鹰扬郎将孟秉、符玺郎牛方裕、直长许弘仁、薛世良、城门郎唐奉义、医正张恺、勋侍杨士览等皆与之同谋，日夜相结约，于广座明论叛计，无所畏避。

赵行枢与将作少监宇文智及素厚，杨士览，智及之甥也，二人以谋告智及，智及大喜。德戡等期以三月望日结党西遁，智及曰："主上虽无道，威令尚行，卿等亡去，正如窦贤取死耳。今天实丧隋，英雄并起，同心叛者已数万人，因行大事，此帝王之业也。"德戡等然之。行枢、薛世良请以智及兄右屯卫将军许公化及为主，结约既定，乃告化及。化及性驽怯，闻之，变色流汗，既而从之。

德戡等引兵自玄武门入，帝闻乱，易服逃于西阁。虔通与元礼进兵排左阁，魏氏启之，遂入永巷，问："陛下安在？"有美人出，指之。校尉令狐行达拔刀直进，帝映窗扉谓行达曰："汝欲杀我邪？"对曰："臣不敢，但欲奉陛下西还耳。"因扶帝下阁。虔通，本帝为晋王时亲信左右也，帝见之，谓曰："卿非我故人乎！何恨而反？"对曰："臣不敢反，但将士思归，欲奉陛下还京师耳。"帝曰："朕方欲归，正为上江米船未至，今与汝归耳！"虔通因勒兵守之。

至旦，孟秉以甲骑迎化及，化及战栗不能言，人有来谒之者，但俯首据鞍称罪过。化及至城门，德戡迎谒，引入朝堂，号为丞相。裴虔通谓帝曰：“百官悉在朝堂，陛下须亲出慰劳。”进其从骑，逼帝乘之；帝嫌其鞍勒弊，更易新者，乃乘之。虔通执辔挟刀出宫门，贼徒喜噪动地。化及扬言曰：“何用持此物出，亟还与手。”帝问：“世基何在？”贼党马文举曰：“已枭首矣！”于是引帝还至寝殿，虔通、德戡等拔白刃侍立。帝叹曰：“我何罪至此？”文举曰：“陛下违弃宗庙，巡游不息。外勤征讨，内极奢淫，使丁壮尽于矢刃，女弱填于沟壑，四民丧业，盗贼蜂起。专任佞谀，饰非拒谏。何谓无罪！”帝曰：“我实负百姓。至于尔辈，荣禄兼极，何乃如是！今日之事，孰为首邪？”德戡曰：“溥天同怨，何止一人！”化及又使封德彝数帝罪，帝曰：“卿乃士人，何为亦尔？”德彝赧然而退。帝爱子赵王杲，年十二，在帝侧，号恸不已，虔通斩之，血溅御服。贼欲弑帝，帝曰：“天子死自有法，何得加以锋刃！取鸩酒来！”文举等不许，使令狐行达顿帝令坐。帝自解练巾授行达，缢杀之。

又杀内史侍郎虞世基、御史大夫裴蕴、左翊卫大将军来护儿、秘书监袁充、右翊卫将军宇文协、千牛宇文皛、梁公萧钜等及其子。

化及自称大丞相，总百揆。以皇后令立秦王浩为帝，居别宫，令发诏画敕书而已，仍以兵监守之。

宇文化及以左武卫将军陈棱为江都太守，综领留事。壬申，令内外戒严，云欲还长安。皇后六宫皆依旧式为御营，营前别立帐，化及视事其中，仗卫部伍，皆拟乘舆。夺江都人舟楫，取彭城水路西归。

于是德戡、行枢与诸将李本、尹正卿、宇文导师等谋，以后军袭杀化及，更立德戡为主。遣人诣孟海公，结为外助，迁延未发，待海公报。许弘仁、张恺知之，以告化及，化及遣宇文士及阳为游猎，至后军，德戡不知事露，出营迎谒，因执之。化及让之曰：“与公戮力共定海内，出于万死。今始事成，方愿共守富贵，公又何反也？”德戡曰：“本杀昏主，若其淫虐，推立足下，而又甚之。逼于物情，不得已也。”化及缢杀之，并杀其支党十余人。孟海公畏化及之强，帅众具牛酒迎之。李密据巩洛以拒化及，化及不得西，引兵向东郡，东郡通守王轨以城降之。

萧铣即皇帝位，置百官，准梁室故事。谥事从父琮为孝靖皇帝，祖岩为河间忠烈王，父璇为文宪王，封董景珍等功臣七人皆为王。遣宋王杨道生击南郡，下之，徙都江陵，修复园庙。引岑文本为中书侍郎，使典文翰，委以机密。又使鲁王张绣徇岭南，隋将张镇周、王仁寿等拒之，既而闻炀帝遇弑，皆降于铣。钦州刺史宁长真亦以郁林、始安之地附于铣。

于是东自九江，西抵三峡，南尽交趾，北距汉川，铣皆有之，胜兵四十余万。

戊午，隋恭帝禅位于唐，逊居代邸。甲子，唐王即皇帝位于太极殿，遣刑部尚书萧造告天于南郊，大赦，改元。罢郡，置州，以太守为刺史。推五运为土德，色尚黄。

隋炀帝凶问至东都，戊辰，留守官奉越王即皇帝位，大赦，改元皇泰。

辛未，突厥始毕可汗遣骨咄禄特勒来，宴之于太极殿，奏九部乐。时中国人避乱者多入突厥，突厥强盛，东自契丹、室韦，西尽吐谷浑、高昌，诸国皆臣之，控弦百余万。帝以初起资其兵马，前后饷遗，不可胜纪。突厥恃功骄倨，每遣使者至长安，多暴横，帝优容之。

宇文化及留辎重于滑台，以王轨为刑部尚书，使守之，引兵北趣黎阳。李密将徐世勣据黎阳，畏其军锋，以兵西保仓城。化及渡河，保黎阳，分兵围世勣。密帅步骑二万，壁于清淇，与世勣以烽火相应，深沟高垒，不与化及战。化及每攻仓城，密辄引兵以掎其后。

时密与东都相持日久，又东拒化及，常畏东都议其后，见盖琮至，大喜，遂上表乞降，请讨灭化及以赎罪。

既无西虑，悉以精兵东击化及。密知化及军粮且尽，因伪与和。化及大喜，恣其兵食，冀密馈之。会密下有人获罪，亡抵化及，具言其情，化及大怒，其食又尽，乃渡永济渠，与密战于童山之下，自辰达酉。密为流矢所中，堕马闷绝，左右奔散，追兵且至，唯秦叔宝独捍卫之，密由是获免。叔宝复收兵与之力战，化及乃退。

李密每战胜，必遣使告捷于皇泰主，隋人皆喜，王世充独谓其麾下曰：“元文都辈，刀笔吏耳，吾观其势，必为李密所擒。且吾军士屡与密战，没其父兄子弟，前后已多，一旦为之下，吾属无类矣！”欲以激怒其众。文都闻之，大惧，与卢楚等谋因世充入朝，伏甲诛之。段达性庸懦，恐其事不就，遣其婿张志以楚等谋告世充。戊午夜三鼓，世充勒兵袭含嘉门。元文都闻变，入奉皇泰主御乾阳殿，陈兵自卫，命诸将闭门拒守。将军跋野纲将兵出，遇世充，下马降之。将军费曜、田阇战于门外，不利。文都自将宿卫兵欲出玄武门以袭其后，长秋监段瑜称求门钥不获，稽留遂久。天且曙，文都复欲引兵出太阳门逆战，还至乾阳殿，世充已攻太阳门得入。皇甫无逸弃母及妻子，斫右掖门，西奔长安。卢楚匿于太官署，世充之党擒之，至兴教门，见世充，世充令乱斩杀之；进攻紫微宫门。皇泰主使人登紫微观，问：“称兵欲何为？”世充下马谢曰：“元文都、卢楚等横见规图；请杀文都，甘从刑典。”段达乃令将军黄桃树执送文都。文都顾谓皇泰主曰：“臣今朝死，陛下夕及矣！”皇泰主恸哭遣之，出兴教门，乱斩如卢楚，并杀卢、元诸子。段达又以皇泰主命开门纳世充，世充悉遣人代宿卫者，然后入见皇泰主于乾阳殿。皇泰主谓世充曰：“擅相诛杀，曾不闻奏，岂为臣之道乎？公欲肆其强力，敢及我邪！”世充拜伏流涕谢曰：“臣蒙先皇采拔，粉骨非报。文都等苞藏祸心，欲召李密以危社稷，疾臣违异，深积猜嫌。臣迫于救死，不暇闻奏。若内怀不臧，违负陛下，天地日月，实所照临，使臣阖门殄灭，无复遗类。”词泪俱发。皇泰主以为诚，引令升殿，与语久之，因与俱入见皇太后。世充被发为誓，称不敢有贰心。乃以世充为左仆射、总督内外诸军事。比及日中，捕获赵长文、郭文懿，杀之。然后巡城，告谕以诛元、卢之意。世充自含嘉城移民尚书省，渐结党援，恣行威福。用兄世恽为内史令，入居禁中，子弟咸典兵马，分政事为十头，悉以其党主之，势震内外，莫不趋附，皇泰主拱手而已。

唐高祖武德元年（戊寅，公元618年）

唐王攻克长安之后，便致函通告各郡县，于是东起商洛，南至巴蜀，各地的郡县长官、盗贼首领、氐羌酋长，争相派遣子弟见唐王请求归顺，有关衙门每天要回复数以百计的信函。

李密乘胜进据金墉城，修复城门堞、房屋，住在城内，战鼓的声音由此传到东都。不久，李密拥兵三十万，在北邙列战阵，南边逼近东都上春门。

当时江都的粮食吃完了，隋炀帝南来的骁果大多是关中人，长期在外，思恋故乡，见炀帝没有回长安的意思，大都策划逃回乡。郎将窦贤便带领部下西逃。炀帝派骑兵追赶，杀了他，但仍然不断有人逃跑，令炀帝很头痛。虎贲郎将扶风人司马德戡一向得炀帝信任，炀帝派他统领骁果，驻扎在东城，司马德戡与平时要好的虎贲郎将元礼、直阁裴虔通商量，说："现在骁果人人想逃跑，我想说，又怕说早了被杀头；不说，事情真发生了，也逃不了族灭，怎么办？又听说关内沦陷，李孝常以华阴反叛，皇上囚禁了他的两个弟弟，准备杀掉，我们这些人的家属都在西边，能不担心这事吗？"元、裴二人都慌了，问："既然如此，有什么好办法吗？"司马德戡说："如果骁果逃亡，我们不如和他们一齐跑。"元、裴二人都说："好主意！"于是相互联络，内史舍人元敏、虎牙郎将赵行枢、鹰扬郎将孟秉、符玺郎牛方裕、直长许弘仁、薛世良、城门郎唐奉义、医正张恺、勋侍杨士览等人都参与同谋，日夜联系，在大庭广众之下公开商议逃跑的事，毫无顾忌。

唐高祖李渊

赵行枢与将作少监宇文智及历来很要好，杨士览是宇文智及的外甥，赵、杨二人把他们的计划告诉了宇文智及，智及很高兴。司马德戡等人定于三月月圆那天结伴西逃，宇文智及说："皇上虽然无道，可是威令还在，你们逃跑，和窦贤一样是找死，现在实在是老天爷要隋灭亡，英雄并起，同样心思想反叛的已有数万人，乘此机会起大事，正是帝王之业。"司马德戡等人同意他的意见。赵行枢、薛世良要求由宇文智及的兄长右屯卫将军许公宇文化及为首领，协商定了，才告诉宇文化及。宇文化及性格怯懦，能力低下，听说后，脸色都变了，直冒冷汗，接着听从了众人的安排。

司马德戡等人领兵从玄武门进入宫城，炀帝听到消息，换了衣服逃到西阁。裴虔通和元礼进兵推撞左阁门，魏氏开阁，乱兵进了永巷，问："陛下在哪里？"有位美人出来指出了炀帝的所在。校尉令狐行达拔刀冲上去，炀帝躲在窗后对令狐行达说："你想杀我吗？"令狐行达回答："臣不敢，不过是想奉陛下西还长安罢了。"说完扶炀帝下阁。裴虔通本来是炀帝做晋王时的亲信，炀帝见到他，对他说："你不是我的旧部吗！有什么仇要谋反？"裴虔通回答："臣不敢谋反，但是将士想回家，我不过是想奉陛下回京师罢了。"炀帝说："朕正打算回去，只为长江上游的运米船未到，现在和你们回去吧！"裴虔通于是领兵守住炀帝。

天明后，孟秉派武装骑兵迎接宇文化及，宇文化及浑身颤抖说不出话，有人来参见，他只会低头靠在马鞍上连说："罪过。"表示感谢。宇文化及到宫城门前，司马德戡迎接他入朝堂，称丞相。裴虔通对炀帝说："百官都在朝堂，需陛下亲自出去慰劳。"送上自己随从的坐骑，逼炀帝上马，炀帝嫌他的马鞍笼头破旧，换过新的才上马。裴虔通牵着马缰绳提着刀出宫城门，乱兵欢声动地。宇文化及扬言："哪用让这家伙出来，赶快弄回去结果了。"炀帝问："虞世基在哪儿？"乱党马文举说："已经枭首了。"于是将炀帝带回寝殿，裴虔通、司马德戡等拔出兵刃站在边上。炀帝叹息道："我有什么罪该当如此？"马文举说："陛下抛下宗庙不顾，不停地巡游，对外频频作战，对内极尽奢侈荒淫。致使强壮的男人都死于刀兵之下，妇女弱者死于沟壑之中，民不聊生，盗贼蜂起；一味任用奸佞，文过饰非，拒不纳谏，怎么说没罪！"炀帝说："我确实对不起老百姓，可你们这些人，荣华富贵都到了头，为什么还这样？今天这事，谁是主谋？"司马德戡说："整个天下的人都怨恨，哪止一个人！"宇文化及又派封德彝宣布炀帝的罪状。炀帝说："你可是士人，怎么也干这种事？"封德彝羞红了脸，退了下去。炀帝的爱子赵王杨杲才十二岁，在炀帝身边不停地号啕大哭，裴虔通杀了赵王，血溅到炀帝的衣服上。这些人要杀炀帝，炀帝说："天子自有天子的死法，怎么能对天子动刀，取鸩酒来！"马文举等人不答应，让令狐行达按着炀帝坐下。炀帝自己解下练巾交给令狐行达，令狐行达绞死了炀帝。

乱兵又杀了内史侍郎虞世基、御史大夫裴蕴、左翊卫大将军来护儿、秘书监袁充、右翊卫将军宇文协、千牛宇文、梁公萧钜等人及其儿子。

宇文化及自称大丞相，总理百官。以炀帝皇后的命令立秦王杨浩为皇帝，住在别宫，只让皇帝签署发布诏敕而已，仍然派兵监守。

宇文化及以左武卫将军陈棱为江都太守，总管留守事宜。壬申（三月二十七日），命令内外戒严，声称准备回长安。皇后和六宫都按照老规矩作为御营，营房前另外搭帐，宇文化及在里面办公，仪仗和侍卫的人数，都比照着皇帝的规模。他们抢了江都人的船，取道彭城由水路向西行。

于是，司马德戡、赵行枢与几位将领李本、尹正卿、宇文导师等策划，准备用后军袭击诛杀宇文化及，改立司马德戡为主。派人到孟海公那里，联结他做外援，拖延着没有发动，等着孟海公的回音。许弘仁、张恺知道了他们的计划，报告了宇文化及，宇文化及派宇文士及装作游猎，到后军，司马德戡不知道事情败露，出营迎接，宇文士及趁势逮捕他。宇文化及责备司马德戡道："我和阁下共同努力平定海内，冒着天大的风险。如今事情刚刚成功，正想一起保富贵，阁下又为何要谋反呢？"司马德戡说："本来杀昏主，就是受不了他的荒淫暴虐；推立足下，却比昏主有过之而无不及；迫于人心，也是不得已。"宇文化及吊死了司马德戡，并杀了司马德戡十九名同党。孟海公害怕宇文化及的强盛，率领部下备办了牛和酒迎接宇文化及。李密占领了巩洛抵抗宇文化及，宇文化及不能向西前进，便领着队伍朝着东郡进发，东郡通守王轨以城投降了宇文化及。

萧铣即皇帝位，设置属官，完全遵照梁朝的制度。追谥他的叔父萧琮为孝靖皇帝，祖父萧岩为河间忠烈王，父亲萧璇为文宪王，董景珍等七位功臣都封为王。派宋王杨道生进攻并攻克了南郡，把都城迁到江陵，修复了园林宗庙。招岑文本为中书侍郎。派他掌管诏令文书，把机密委托给他。又派鲁王张绣攻占岭南，隋朝将领张镇周、王仁寿等人抵抗张绣的进攻，不久听说隋炀帝遇弑，都投降了萧铣。钦州刺史宁长真也以郁林、始安地区归附于萧铣。

于是东边从九江，西边到三峡，南到交趾，北到汉川，都为萧铣所有，萧铣有四十万能作战的军队。

戊午（五月十四日），隋恭帝禅位给唐，让出皇宫住在代邸。甲子（二十日），唐王在太极殿即皇帝位，派刑部尚书萧造在南郊祭告上天，大赦天下，改换年号为武德。停止用郡，设置州，改太守为刺史。推求五行的运行属土德，颜色以黄色为尊。

隋炀帝的死讯传到东都，戊辰（五月二十四日），留守东都的隋朝官员拥戴隋越王杨侗即皇帝位，大赦，改年号为皇泰。

辛未（五月二十七日），突厥始毕可汗派遣骨咄禄特勒前来，朝廷在太极殿宴请他，奏宴乐、清商、西凉等九部乐。当时中原避乱的人大多逃入突厥，突厥强盛，东自契丹、室韦，西边包括吐谷浑、高昌，各国都臣服于突厥，突厥有一百多万士兵。唐高祖因为起事初期曾借助于突厥兵马，所以前前后后赠送给突厥的东西，无法计算。突厥凭借过去的功劳，傲慢无礼，每次派遣使者来长安，大多都胡作非为，蛮不讲理，但皇上都优待、宽容他们。

宇文化及将辎重留在滑台，任命王轨为刑部尚书，派他守卫辎重，自己率军向北到黎阳。李密的将领徐世勣占领黎阳，畏惧宇文化及的军队勇猛，率军向西保守黎阳仓城。宇文化及渡过黄河，占据黎阳，分兵几路包围徐世勣。李密率领二万步骑兵，驻扎在清淇，与徐世勣用烽火相呼应，挖深沟筑高城墙，不和宇文化及交战。每当宇文化及攻仓城，李密就带兵牵制他的后方。

当时李密与东都相持了很长时间，东边又要抵御宇文化及，经常怕东都从他的后方袭击，见到前来劝降的盖琮，非常高兴，于是上表要求投降皇泰主，并请求由他讨伐消灭宇文化及来赎罪。

既然没有了来自西边东都方向的后顾之忧，李密便将全部精锐兵力向东攻击宇文化及。李密了解到化及的军粮快吃光了，就假意与宇文化及求和；宇文化及高兴万分，不再限制士卒吃粮，希望李密能送他些粮食。恰巧李密手下有人犯法，逃到宇文化及处，把李密的计谋全部说了出来，宇文化及十分气愤，他的军粮又吃完了，于是渡过永济渠，与李密在童山脚下交战，从早晨辰时打到傍晚酉时；李密被流箭射中，落马昏死过去，亲随跑散了，追兵就要赶到，只有秦叔宝一个人保护着他，李密因此得以逃脱。秦叔宝重新收拾兵力与宇文化及作战，宇文化及于是退军。

李密每次打了胜仗，必定派人向皇泰主报捷，隋人都很高兴，唯有王世充对他的部下说："元文都这些人，不过是办理文书的小吏，我看这形势，必定被李密捉去。而且我的部队多次与李密作战，前前后后打死李密军士的父兄子弟很多，一旦成了李密的部下，我们这些人没一个能逃得掉！"想用这些话激怒他的部下。元文都听说了，十分恐慌，和卢楚等人谋划，趁王世充入朝时，埋伏士兵杀掉王世充。段达性格懦弱平庸，恐怕事情不成功，派女婿张志将卢楚等人的计划告诉了王世充。戊午（七月十五日）半夜三更时分，王世充率兵袭击含嘉门。元文都听说发生变故，进入内宫侍奉皇泰主至乾阳殿，安排军队自卫，命令诸将关闭城门抵御。将军跋野纲领兵出战，遇到王世充，下马投降。将军费曜、田阇在宫城外与王世充交战，不利。元文都自己领宿卫兵准备出玄武门，从背后袭击王世充，长秋监段瑜声称找不到宫门的钥匙，拖延了很长时间。天快亮了，元文都又打算领兵出太阳门迎战王世充，回到乾阳殿，王世充已攻破太阳门进宫。皇甫无逸抛下母亲和妻子儿女，砍开右掖门，向西逃往长安。卢楚藏在太官署，被王世充部下抓获，到兴教门，见王世充，王世充下令乱刀砍死卢楚，进攻紫微宫门。皇泰主派人登上紫微观，问王世充："举兵想做什么？"王世充下马谢罪说："元文都、卢楚等对臣横加陷害，请杀了元文都，我甘愿受刑罚。"于是段达命将军黄桃树绑了元文都送给王世充。元文都冲着皇泰主说："臣今天早上死，晚上就轮到陛下了！"皇泰主恸哭送他出兴教门，像卢楚一样被乱刀砍死，还杀了卢楚、元文都所有的儿子。段达又以皇泰主的命令开门迎王世充入宫，王世充用自己的人全部替换了宿卫禁兵，然后入乾阳殿见皇泰主。皇泰主对王世充说："擅自举兵杀人，不曾闻奏，难道是作臣子的做法吗？阁下想逞武力，胆敢杀我吗？"王世充伏身下拜流泪谢罪道："臣蒙受先皇的提拔，粉身碎骨也难报答。文都等人包藏祸心，想召李密危及社稷，又怕臣不同意，怀疑猜忌臣；臣被迫求生，来不及闻奏。如果怀有什么恶意，违背陛下，天地日月在上明鉴，让臣满门灭绝一个不留。"声泪俱下。皇泰主以为王世充是真心，令他上殿，和他谈了很久，又与王世充一同入后宫见皇太后。王世充披散头发发誓，声言不敢有二心。于是以王世充为左仆射，总督内外诸军事。到了中午，捉住赵长文、郭文懿，杀了二人。然后巡视全城，公布诛杀元、卢的原因。王世充从含嘉城搬到尚书省，逐渐联结同党，恣意横行作威作福。用哥哥王世恽为内史令，住在宫内，子弟都掌握兵权，把政事分为十头，全部交给同党主持，势震内外，人人争相趋附，皇泰主闲着无事罢了。

第一百八十六卷
唐纪二

译文诵读

高祖神尧大圣光孝皇帝上之中武德元年（戊寅，618）

世充简练精锐得二万余人，马二千余匹。壬子，出师击密，旗幡之上皆书永通字，军容甚盛。癸丑，至偃师，营于通济渠南，作三桥于渠上。密留王伯当守金墉，自引精兵出偃师，阻邙山以待之。

密召诸将会议，裴仁基曰："世充悉众而至，洛下必虚，可分兵守其要路，令不得东，简精兵三万，傍河西出以逼东都。世充还，我且按甲；世充再出，我又逼之。如此，则我有余力，彼劳奔命，破之必矣。"密曰："公言大善。今东都兵有三不可当：兵仗精锐，一也；决计深入，二也；食尽求战，三也。我但乘城固守，蓄力以待之。彼欲斗不得，求走无路，不过十日，世充之头可致麾下。"陈智略、樊文超、单雄信皆曰："计世充战卒甚少，屡经摧破，悉已丧胆。《兵法》曰，'倍则战'，况不啻倍哉！且江、淮新附之士，望因此机展其勋效，及其锋而用之，可以得志。"于是诸将喧然，欲战者什七八，密惑于众议而从之。仁基苦争不能得，击地叹曰："公后必悔之。"魏徵言于长史郑颋曰："魏公虽骤胜，而骁将锐卒多死，战士心怠，此二者难以应敌。且世充乏食，志在死战，难与争锋，未若深沟高垒以拒之，不过旬月，世充粮尽，必自退，追而击之，蔑不胜矣。"颋曰："此老生之常谈耳。"徵曰："此乃奇策，何谓常谈！"拂衣而起。

密新破宇文化及，有轻世充之心，不设壁垒。世充夜遣二百余骑潜入北山，伏谿谷中，命军士皆秣马蓐食。甲寅旦，将战，世充誓众曰："今日之战，非直争胜负，死生之分，在此一举。若其捷也，富贵固所不论；若其不捷，必无一人获免。所争者死，非独为国，各宜勉之！"迟明，引兵薄密。密出兵应之，未及成列，世充纵兵击之。世充士卒皆江、淮剽勇，出入如飞。世充先索得一人貌类密者，缚而匿之，战方酣，使牵以过陈前，噪曰："已获李密矣！"士卒皆呼万岁。其伏兵发，乘高而下，驰压密营，纵火焚其庐舍。密众大溃，其将张童仁、陈智略皆降，密与万余人驰向洛口。

其众多亡，化及自知必败，叹曰："人生固当死，岂不一日为帝乎！"于是鸩杀秦王浩，即皇帝位于魏县，国号许，改元天寿，署置百官。

李密将至，上遣使迎劳，相望于道。密大喜，谓其徒曰："我拥众百万，一朝解甲归唐，山东连城数百，知我在此，遣使招之，亦当尽至。比于窦融，功亦不细，岂不以一台司见处乎！"己卯，至长安，有司供待稍薄，所部兵累日不得食，众心颇怨。既而以密为光禄卿、上柱国，赐爵邢国公。密既不满望，朝臣又多轻之，执政者或来求贿，意甚不平。独上亲礼之，常呼为弟，以舅子独孤氏妻之。

世民知仁果将士离心，命行军总管梁实营于浅水原以诱之。罗睺大喜，尽锐攻之，梁实守险不出。营中无水，人马不饮者数日。罗睺攻之甚急。世民度贼已疲，谓诸将曰："可以战矣！"迟明，使右武候大将军庞玉陈于浅水原。罗睺并兵击之，玉战，几不能支，世民引大军自原北出其不意，罗睺引兵还战。世民帅骁骑数十先陷陈，唐兵表里奋击，呼声动地，罗睺士卒大溃，斩首数千级。世民帅二千余骑追之，窦轨叩马苦谏曰："仁果犹据坚城，虽破罗睺，未可轻进，请且按兵以观之。"世民曰："吾虑之久矣，破竹之势，不可失也，舅勿复言！"遂进。仁果陈于城下，世民据泾水临之，仁果骁将浑幹等数人临陈来降。仁果惧，引兵入城拒守。日向暮，大军继至，遂围之。夜半，守城者争自投下。仁果计穷，己酉，出降。得其精兵万余人，男女五万口。

诸将皆贺，因问曰："大王一战而胜，遽舍步兵，又无攻具，轻骑直造城下，众皆以为不克，而卒取之，何也？"世民曰："罗睺所将皆陇外之人，将骁卒悍。吾特出其不意而破之，斩获不多。若缓之，则皆入城，仁果抚而用之，未易克也；急之，则散归陇外，折墌虚弱，仁果破胆，不暇为谋，此吾所以克也。"众皆悦服。

李密骄贵日久，又自负归国之功，朝廷待之不副本望，郁郁不乐。尝遇大朝会，密为光禄卿，当进食，深以为耻；退，以告左武卫大将军王伯当。伯当心亦怏怏，因谓密曰："天下事在公度内耳。今东海公在黎阳，襄阳公在罗口，河南兵马，屈指可计，岂得久如此也！"密大喜，乃献策于上曰："臣虚蒙荣宠，安坐京师，曾无报效，山东之众皆臣故时麾下，请往收而抚之。凭借国威，取王世充如拾地芥耳！"上闻密故将士多不附世充，亦欲遣密往收之，群臣多谏曰："李密狡猾好反，今遣之，如投鱼于泉，放虎于山，必不反矣！"上曰："帝王自有天命，非小子所能取。借使叛去，如以蒿箭射蒿中耳！今使二贼交斗，吾可以坐收其弊。"辛未，遣密诣山东，收其余众之未下者。密请与贾闰甫偕行，上许之，命密及闰甫同升御榻，赐食，传饮卮酒曰："吾三人同饮是酒以明同心，善建功名，以副朕意。丈夫一言许人，千金不易。有人确执不欲弟行，朕推赤心于弟，非他人所能间也。"密、闰甫再拜受命。上又以王伯当为密副而遣之。

上使李密分其麾下之半留华州，将其半出关。长史张宝德预在行中，恐密亡去，罪相及；上封事，言其必叛。上意乃中变，又恐密惊骇，乃降敕书劳来，令密留所部徐行，单骑入朝，更受节度。

密至稠桑，得敕，谓贾闰甫曰：“敕遣我去，无故复召我还，天子向云，‘有人确执不许’，此谮行矣。吾今若还，无复生理，不若破桃林县，收其兵粮，北走渡河。比信达熊州，吾已远矣。苟得至黎阳，大事必成。公意如何？”闰甫曰：“主上待明公甚厚；况国家姓名，著在图谶，天下终当一统。明公既已委质，复生异图，任瓌、史万宝据熊、榖二州，此事朝举，彼兵夕至，虽克桃林，兵岂暇集，一称叛逆，谁复容人！为明公计，不若且应朝命，以明元无异心，自然浸润不行；更欲出就山东，徐思其便可也。”密怒曰：“唐使吾与绛、灌同列，何以堪之！且谶文之应，彼我所共。今不杀我，听使东行，足明王者不死，纵使唐遂定关中，山东终为我有。天与不取，乃欲束手投人！”

密因执使者，斩之。庚子旦，密给桃林县官曰：“奉诏闩还京师，家人请寄县舍。”乃简骁勇数十人，著妇人衣，戴幂罱，藏刀裙下，诈为妻妾，自帅之入县舍，须臾，变服突出，因据县城。驱掠徒众，直趣南山，乘险而东，遣人驰告故将伊州刺史襄城张善相，令以兵应接。

右翊卫将军史万宝镇熊州，谓行军总管盛彦师曰：“李密，骁贼也，又辅以王伯当，今决策而叛，殆不可当也。”彦师笑曰：“请以数千之众邀之，必枭其首。”万宝曰：“公以何策能尔？”彦师曰：“兵法尚诈，不可为公言之。”即帅众逾熊耳山南，据要道，令弓弩夹路乘高，刀楯伏于溪谷，令之曰：“俟贼半渡，一时俱发。”或问曰：“闻李密欲向洛州，而公入山，何也？”彦师曰：“密声言向洛，实欲出人不意，走襄城，就张善相耳。若贼入谷口，我自后追之，山路险隘，无所施力，一夫殿后，必不能制。今吾先得入谷，擒之必矣。”

李密既渡陕，以为余不足虑，遂拥众徐行，果逾山南出。彦师击之，密众首尾断绝，不得相救，遂斩密及伯当，俱传首长安。彦师以功赐爵葛国公，仍领熊州。

唐高祖武德元年（戊寅，公元618年）

王世充挑出二万多精锐，马二千多匹。壬子（九月初十），出兵攻打李密，旗帜上都写上“永通”二字，军容很强大。癸丑（九月十一日），到偃师，驻扎在通济渠南边，在渠水上搭设了三座桥梁。李密留王伯当守卫金墉城，自己带领精兵去偃师，以邙山为屏障等候王世充的军队。

李密召集各位将领开会商议，裴仁基说：“王世充率领他的全部军队到这儿，洛阳必然空虚，我们可以分出兵力把守王世充军队要经过的要道，使他不能再向东前进，另挑选三万精兵，沿黄河向西进逼东都。王世充回军，我方就按兵不动；王世充再次出军，我方就再逼东都。这样，我方还有富余的力量，对方疲于奔命，肯定能打败他。”李密说：“您说得很好。但现在东都的军队有三个不可抵挡：武器精良，这是一；决计深入我方，这是二；粮食吃完了决战，这是三。我们只要利用城池坚守，保持力量等待，对方想交战打不成，求退兵又没退路，过不了十天，王世充的头就可以到我们手中。”陈智略、樊文超、单雄信都说：“算算王世充的士兵少得很，又好几次打了败仗，都已经吓破了胆。《兵法》说，‘己方力量是对方一倍则作战’，何况不止是一倍！况且刚刚来归附的江淮人士，正希望乘此机会一展身手建立功勋，趁他们的锐气利用他们作战，正可以成功。”于是众将领大声表示赞同，想打的占十分之七八，李密受众人的意见影响，决定照办。裴仁基苦苦争辩却不能说服众人，敲着地叹息道：“阁下以后一定会后悔今天的决定。”魏徵对长史郑颋说：“魏公虽然屡次打了胜仗，但是精兵骁将伤亡很多，战士心身很疲倦，有这两点很难应敌，况且王世充缺粮，志在决一死战，很难和他争战以决胜负，不如挖深壕沟，加高壁垒以拒敌，过不了十天半个月，王世充粮食吃完了，必然自己退兵，那时再追击他，没有不胜的。”郑颋说：“这是老生常谈了。”魏徵道：“这是奇策，怎么说是老生常谈！”拂袖而去。

李密刚刚打败了宇文化及，有些轻视王世充，不设防御敌人的围墙。王世充派二百多骑兵夜里秘密进入北邙山，埋伏在山谷中，命令士兵喂好马匹吃饱饭。甲寅（九月十二日）清晨，准备出击，王世充告诫众将士说：“今天这一仗，不仅仅是争胜负，而是生与死全在此一举。如果胜了，荣华富贵自然不在话下；如果败了，一个人也逃不了。我们争相赴死，不单是为了国家，各位要努力作战！”天亮后，带兵逼近李密。李密出兵应战，还没来得及排好队，王世充就放兵攻击。王世充的士兵都是长江、淮河流域的人，剽悍勇猛，出入迅捷。王世充事先找到一个长得很像李密的人，捆起来藏好，战斗正激烈时，让人牵着通过阵前，大喊：“已经捉住李密了！”士兵们都呼万岁。王世充埋伏的骑兵出击，从高处冲下来，驰向李密营地，放火焚烧房屋。李密部众溃散，将领张童仁、陈智略都投降了王世充，李密和一万多人逃往洛口。

唐壁画中皇族女人

宇文化及的部下大多逃跑了，化及自己知道肯定要失败，叹息道：“人生自然是要死的，怎能不当一天皇帝呢？”于是用鸩酒毒死了秦王杨浩，在魏县即皇帝位，国号许，改年号天寿，设置百官。

李密就要到长安了，高祖接连不断地派人前去迎接慰问。李密非常高兴，对他的部下说：“我拥有百万兵力，一朝脱去战袍归顺唐，崤山以东几百座城镇，知道我在这里，派人去招降，也会全部来归顺的；比起窦融，功劳也不小，还能不给我安排一个要职吗？”己卯（十月初八），李密到长安，负责部门对他们的供应颇差，李密部下的士兵接连几天没饭吃，众人心里颇生怨气。不久唐以李密为光禄卿、上柱国，赐他邢国公的爵位。李密没能满足原来的期望，大臣们大多又轻视他，有些掌权的人向李密索取贿赂，李密内心很不满意；唯有高祖对待他很好，经常称他为弟，将舅舅的女儿独孤氏嫁给他。

李世民了解到薛仁果手下的将领士卒有离异之心，命令行军总管梁实在浅水原扎营引诱薛仁果部下。宗罗睺知道后非常高兴，出动全部精锐攻梁实，梁实守住险要不出战。营地中没有水源，好几天人马没有水喝。宗罗睺的攻击很猛烈；李世民估计对方已经疲劳，对诸位将领说："可以打了！"快到天亮，李世民让右武侯大将军庞玉在浅水原列阵。宗罗睺合兵攻庞玉，庞玉作战，几乎不能坚持了，李世民带领大军出其不意从浅水原北方出现，宗罗睺带军迎战。世民率领几十名骁骑率先冲入敌阵，唐军内外奋力搏斗，呼声动地，宗罗睺的部队大败，唐军杀了几千人。世民率领二千多骑兵追击宗罗睺，窦轨拉住马苦苦地劝道："薛仁果还占据着坚固的城池，我们虽然打败了宗罗睺，但不能轻易冒进，我请求暂且按兵不动，观察一下薛仁果的动静。"李世民说："我考虑这个问题很久了，现在我军取胜势如破竹，机不可失，舅舅不要再说了！"于是进军。薛仁果在城下列阵，李世民依泾河面对薛仁果营地，薛仁果手下的骁将浑幹等人到唐军阵前投降。薛仁果怕了，带兵进城拒守。天快黑时，唐大军相继到达，于是包围了城池。半夜，守城的人纷纷下城投降。薛仁果无计可施，己酉（十一月初八），出城投降；唐得薛仁果的一万多名精兵，五万名男女。

诸位将领都来祝贺，顺便问："大王一仗就取得了胜利，骤然舍弃步兵，又没有攻城的用具，轻骑直到城下，众人都认为无法攻克城池，却很快就取胜，是什么原因呢？"李世民说："宗罗睺的部下都是陇山之西的人，将领骁勇，士卒剽悍；我只是出其不意打败了他，杀伤不多。如果迟迟不追击，则都会返回城内，薛仁果加以抚慰再派他们作战，就不容易战胜了；如果迅速追击，则将跑散回到陇山之西，折墌城的防守就虚弱，薛仁果吓破了胆，没有时间谋划，这就是我取胜的原因。"众人都心悦诚服。

李密长期地位崇高又骄纵，自己又仗着归附国家的功劳，朝廷给他的待遇与他的愿望不符，因此郁郁不乐。曾经适逢大朝会，李密作为光禄卿应当进奉食物，他深深以此为耻，退朝后，告诉了左武卫大将军王伯当。王伯当心里也郁郁不乐，因此对李密说："天下的事情都在您的掌握中。现在东海公徐世勣在黎阳，襄阳公在罗口，黄河以南的兵马屈指可数，怎么能长期这样下去？"李密非常高兴，于是向高祖献策："臣空受荣宠，安坐京师，不曾报效国家；山东之众都是臣过去的部下，请让臣前往山东收抚，凭借国家的威力，取王世充不过像拾地下的草介一样！"高祖听说李密的旧将士大多不服王世充，也准备派遣他前往收服，群臣大多劝谏说："李密狡猾好反，现在派他去山东，犹如放鱼于泉，放虎归山，肯定不会回来了！"高祖说："帝王自有天命，不是小子所能取得的。假如他叛离，就像用蒿子做的箭射到蒿子里，不值得可惜！现在让二贼互相争斗，我们可以坐收渔利。”辛未（十一月二十九日），派李密往崤山以东，收服他尚未归附的余部。李密请求和贾闰甫一同去，皇上答应了他的请求，命李密和贾闰甫一起登上御榻，赐给他们食品，传着喝了卮中的酒说：“我们三人同饮这酒用来表明同心，二位好好建立功勋，以称朕的心意，大丈夫答应人一句话，千金也不能改变。有人确实坚持不愿让兄弟去，朕以真心对兄弟，不是别人能够离间的。”李密、贾闰甫再三拜谢受命。高祖又以王伯当为李密的副手派他去山东。

高祖让李密把他手下的人马分一半留在华州，带一半出关。长史张宝德在出行的一半中，恐怕李密逃亡，受牵连；上密封的奏章，说李密必叛。高祖便中途改变想法，又怕李密受惊动，于是降下敕书慰问，命李密留下部队慢慢前进，一个人骑马入朝，另外接受安排。

李密到稠桑，接到敕书，对贾闰甫说：“敕书派我去山东，又无缘无故召我回去，天子曾经有言，‘有人坚持不让你东去’，这种谮言起作用了。我现在如果回去，必定要被杀了，不如攻陷桃林县，取了县里的军队、粮食，向北渡过黄河。等消息到了熊州，我们已经走远了。假如能到黎阳，大事肯定能成功，您以为怎么样？”贾闰甫说：“主上对待明公您非常好，何况国家的李姓，符合图谶，天下最终要统一。明公您既然已经归顺了，却又产生了别的意图；任瓌、史万宝在熊、榖二州，这事早晨发动，晚上他们的军队就会赶到，虽然攻陷桃林，哪里有时间召集士兵，一旦被称为叛逆，谁又能容纳？我为明公您设想，不如暂且按朝廷的命令行事，以表明根本没有异心，自然那些谮言也就不起作用了。您再想出关前往山东，可以慢慢考虑怎么合适。”李密生气地说：“唐让我和绛侯周勃、灌婴一样不能割地封王，怎么能忍受？况且他和我都应了谶文。今天不杀我，听凭我向东前进，足以证明王者不死；纵然唐平定了关中，山东最后也是我的。老天爷给的不拿，却要白送给人吗！”

李密于是捉住使者，把他杀了。庚子（十二月三十日）清晨，李密骗桃林县官说：“我奉诏暂时返回京师，家人请求寄居在县衙。”于是挑选了几十名骁勇，穿着妇女的服装，戴着面罩，把刀藏在裙子下，冒充妻妾，李密自己带着进入县衙，一会儿，换了服装突然出现，乘机占据了县城。驱赶县里百姓，直奔南山，凭借险要向东而行，派人骑马通报旧部将领伊州刺史襄城人张善相，命令他派兵接应。

右翊卫将军史万宝镇守熊州，对行军总管盛彦师说：“李密是骁贼，又有王伯当辅助，现在决定反叛，几乎是不可抵抗的。”彦师笑着说：“请用几千兵马截击，必能砍了李密的头。”万宝说：“您用什么办法能这样？”彦师说：“兵法推崇使诈，不能对您讲。”随即率兵翻过熊耳山，到山南占据要道，命令弓弩手埋伏在路两旁高处，持刀盾的士卒埋伏在溪谷，下令说：“等贼人过河到一半，一同攻击。”有人问：“听说李密准备去洛州，而您却进了山，这是为什么？”彦师说：“李密声称去洛州，实际是想出人不意，经襄城投奔张善相。如果贼进了谷口，我们从后面追赶，山路险要，没办法施展力量，一个人殿后，就肯定拿他们没办法。现在我们抢先进谷，肯定能捉住他们。”

李密过了陕州后，认为其他地方不足为虑，于是带着众人慢慢前进，果然翻过山从南面出山。盛彦师发动攻击，李密的部队首尾断绝了联系，相互不能救援。于是杀了李密和王伯当，首级都传送到长安。彦师因为功劳被赐予葛国公爵位，仍然镇守熊州。

第一百八十七卷
唐纪三

译文诵读

高祖神尧大圣光孝皇帝上之下武德二年（己卯，619）

朱粲有众二十万，剽掠汉、淮之间，迁徙无常，攻破州县，食其积粟未尽，复他适，将去，悉焚其余资。又不务稼穑，民馁死者如积。粲无可复掠，军中乏食，乃教士卒烹妇人、婴儿啖之。

初定租、庸、调法，每丁租二石，绢二匹，绵三两。自兹以外，不得横有调敛。

窦建德谓其群下曰："吾为隋民，隋为吾君；今宇文化及弑逆，乃吾仇也，吾不可以不讨！"乃引兵趣聊城。

建德与化及连战，大破之，化及复保聊城。建德纵兵四面急攻，王薄开门纳之。建德入城，生擒化及，先谒隋萧皇后，语皆称臣，素服哭炀帝尽哀；收传国玺及卤簿仪仗，抚存隋之百官，然后执逆党宇文智及、杨士览、元武达、许弘仁、孟景，集隋官而斩之，枭首军门之外。以槛车载化及并二子承基、承趾至襄国，斩之。化及且死，更无余言，但云："不负夏王！"

上遣殿内监窦诞、右卫将军宇文歆助并州总管齐王元吉守晋阳。诞，抗之子也，尚帝女襄阳公主。元吉性骄侈，奴客婢妾数百人，好使之被甲，戏为攻战，前后死伤甚众，元吉亦尝被伤。其乳母陈善意苦谏，元吉醉，怒，命壮士欧杀之。性好田猎，载罔罟三十车，尝言："我宁三日不食，不能一日不猎。"常与诞游猎，蹂践人禾稼。又纵左右夺民物，当衢射人，观其避箭。夜，开府门，宣淫他室。百姓愤怨，歆屡谏不纳，乃表言其状。壬戌，元吉坐免官。

乙巳，王世充备法驾入宫，即皇帝位。丙午，大赦，改元开明。

窦建德闻王世充自立，乃绝之，始建天子旌旗，出警入跸，下书称诏，追谥隋炀帝为闵帝。

李轨将安脩仁兄兴贵，仕长安，表请说轨，谕以祸福。上曰："轨阻兵恃险，连结吐谷浑、突厥，吾兴兵击之，尚恐不克，岂口舌所能下乎！"兴贵曰："臣家在凉州，奕世豪望，为民夷所附。弟脩仁为轨所信任，子弟在机近者以十数。臣往说之，轨听臣固善，若其不听，图之肘腋，易矣！”上乃遣之。

兴贵至武威，轨以为左右卫大将军。兴贵乘间说轨曰：“凉地不过千里，土薄民贫。今唐起太原，取函秦，宰制中原，战必胜，攻必取，此殆天启，非人力也。不若举河西归之，则窦融之功复见于今日矣！”轨曰：“吾据山河之固，彼虽强大，若我何！汝自唐来，为唐游说耳。”兴贵谢曰：“臣闻富贵不归故乡，如衣绣夜行，臣阖门受陛下荣禄，安肯附唐！但欲效其愚虑，可否在陛下耳。”于是退与脩仁阴结诸胡起兵击轨，轨出战而败，婴城自守。兴贵徇曰：“大唐遣我来诛李轨，敢助之者夷三族！”城中人争出就兴贵。轨计穷，与妻子登玉女台，置酒为别。庚辰，兴贵执之以闻，河西悉平。

乙酉，西突厥统叶护可汗、高昌王麴伯雅各遣使入贡。

初，西突厥曷娑那可汗入朝于隋，隋人留之，国人立其叔父，号射匮可汗。射匮者，达头可汗之孙也，既立，拓地东至金山，西至海，遂与北突厥为敌，建庭于龟兹北三弥山。射匮卒，子统叶护立。统叶护勇而有谋，北并铁勒，控弦数十万，据乌孙故地，又移庭于石国北千泉。西域诸国皆臣之，叶护各遣吐屯监之，督其征赋。

丁未，窦建德陷洺州，总管袁子幹降之。乙卯，引兵趣相州，淮安王神通闻之，帅诸军就李世勣于黎阳。

刘武周进逼并州，齐王元吉绐其司马刘德威曰：“卿以老弱守城，吾以强兵出战。”辛巳，元吉夜出兵，携其妻妾弃州奔还长安。元吉始去，武周兵已至城下，晋阳土豪薛深以城纳武周。上闻之，大怒，谓礼部尚书李纲曰：“元吉幼弱，未习时事，故遣窦诞、宇文歆辅之。晋阳强兵数万，食支十年，兴王之基，一旦弃之。闻宇文歆首画此策，我当斩之！”纲曰：“王年少骄逸，窦诞曾无规谏，又掩覆之，使士民愤怨，今日之败，诞之罪也。歆谏，王不悛，寻皆闻奏，乃忠臣也，岂可杀哉！”明日，上召纲入，升御座曰：“我得公，遂无滥刑。元吉自为不善，非二人所能禁也。”并诞赦之。卫尉少卿刘政会在太原，为武周所虏，政会密表论武周形势。

武周据太原，遣宋金刚攻晋州，拔之，虏右骁卫大将军刘弘基，弘基逃归。金刚进逼绛州，陷龙门。

癸卯，以左武候大将军庞玉为梁州总管。时集州獠反，玉讨之，獠据险自守，军不得进，粮且尽。熟獠与反者皆邻里亲党，争言贼不可击，请玉还。玉扬言：“秋谷将熟，百姓毋得收刈，一切供军，非平贼吾不返。”闻者大惧曰：“大军不去，吾曹皆将馁死。”其中壮士乃入贼营，与所亲潜谋，斩其渠帅而降，余党皆散，玉追讨，悉平之。

刘武周将宋金刚进攻浍州，陷之，军势甚锐。裴寂性怯，无将帅之略，唯发使骆驿，趣虞、泰二州居民入城堡，焚其积聚。民惊扰愁怨，皆思为盗。

时王行本犹据蒲反，未下，亦与武周相应，关中震骇。上出手敕曰：“贼势如此，难与争锋，宜弃大河以东，谨守关西而已。”秦王世民上表曰：“太原，王业所基，国之根本；河东富实，京邑所资，若举而弃之，臣窃愤恨。愿假臣精兵三万，必冀平殄武周，克复汾、晋。”上于是悉发关中兵以益世民所统，使击武周。乙卯，幸华阴，至长春宫以送之。

唐高祖武德二年（己卯，公元619年）

朱粲有二十万人，在汉水、淮河之间剽掠，迁徙没有规律，每攻破一个州县，还没有吃尽该州县积聚的粮食，就又转移，将离州县时，把州县其余的物资全部焚毁；又不注重农业，饿死的老百姓堆的像山那样高。朱粲没有再可掠夺的了，军队中缺乏吃的，就教士兵烧煮妇女、小孩吃。

唐初步制定租、庸、调法，每个成年男子每年交租二石，绢二匹，绵三两；除此之外，不得横征暴敛。

窦建德对其群下说：“我是隋朝百姓，隋是我的君主；现在宇文化及叛逆杀了皇帝，就是我的仇人，我不能不讨伐！”于是带兵开赴聊城。

窦建德和宇文化及连续交锋，大败宇文化及，宇文化及又固守聊城。窦建德率兵从四面猛攻，王薄开城门迎入窦军。窦建德进城，活捉了宇文化及，先去拜谒了隋萧皇后，言语都自称臣下，身着白色服装哭隋炀帝以尽哀节；收拾隋传国玉玺及车驾仪仗，安抚隋朝的百官，然后，捉住叛逆的同党宇文智及、杨士览、元武达、许弘仁、孟景，集合隋朝官员，当面斩了这几个人，割下首级悬挂于军营门外。用槛车载宇文化及和两个儿子宇文承基、宇文承趾到襄国，将他们斩首。宇文化及临死，没有什么要说的，只说道：“不负夏王！”

唐高祖李渊像

唐高祖派遣殿内监窦诞、右卫将军宇文歆协助并州总管齐王李元吉镇守晋阳。窦诞是窦抗的儿子，娶了高祖的女儿襄阳公主。李元吉性情骄横，生活奢侈，有几百名奴婢侍妾，喜欢让他们穿上战袍，做打仗的游戏，前后死伤了很多人，李元吉也曾受伤。元吉的奶妈陈善意苦苦劝说，元吉喝醉，听到她的话很生气，命令力士打死了陈善意。李元吉生性喜欢打猎，有三十车捕捉鸟兽鱼虾的网，曾经说：“我宁可三天不吃饭，也不能一天不打猎。”常常和窦诞游猎，践踏百姓的庄稼。他还放纵身边的人抢夺民物，在大街上射人，看人避箭的样子。夜里打开王府大门，公然在别人家做出淫秽之事。百姓十分愤恨，宇文歆屡次规劝元吉都不听，于是宇文歆上表报告了李元吉的情况。壬戌（闰二月二十二日），李元吉获罪被免官。

乙巳（四月初七），王世充用全套皇帝车驾进入宫城，即皇帝位，丙午（初八），大赦天下，改年号为开明。

窦建德听说王世充自立为帝，于是与王世充断绝了关系，开始自己设立天子使用的旗帜，出入都像天子一样清道警戒。下达的文书称为诏，追谥隋炀帝为隋闵帝。

李轨的将领安修仁的兄长安兴贵，在长安做官，上表请求去说服李轨，对他讲明祸福。高祖说："李轨依仗军队凭借险要，连结吐谷浑、突厥，我起兵攻打他，还怕不能取胜，哪里是一番口舌就可以拿下的？"安兴贵回答："臣下的家在凉州，累世豪门望族，各族百姓多加依附，弟弟修仁受李轨信任，有十几名子弟为李轨机密近要官员，臣前去说服李轨，李轨能听我的话固然好，如果不听，在他的身边解决他，也容易了！"于是高祖派他前往凉州。

安兴贵到达武威，李轨任命他为左右卫大将军。安兴贵找机会劝李轨说："凉的辖地不过千里，土地瘠薄，百姓贫困。如今唐从太原兴起，夺取了函秦，统制中原，战必胜，攻必取，这大概是天意，不是人力能做到的。您不如带整个河西归附唐，那么汉代窦融的功勋又可以在今天重现了！"李轨说："我凭着山河的牢固，他们虽然强大，又能拿我怎么样？你从唐朝来，是为唐游说吧。"安兴贵连忙谢罪道："我听说富贵不回乡，就像穿着锦绣衣服在夜间行走不为人所知一样，臣下我全家受陛下的荣禄，怎么肯归附唐？只不过想呈上我的想法，行不行在陛下您了。"于是退下和安修仁秘密联合各胡部起兵攻打李轨，李轨出战，打了败仗，于是环城自守。安兴贵宣告："大唐派我来诛灭李轨，有胆敢援助他的，诛杀三族。"城中的人争相出城投奔安兴贵。李轨无计可施，和妻儿登上玉女台，摆酒话别。庚辰（五日十三日），安兴贵捉住李轨上报唐廷，河西全部平定。

乙酉（七月十九日），西突厥统叶护可汗、高昌王麴伯雅分别派遣使节入朝纳贡于唐。

当初，西突厥曷娑那可汗到隋朝见，隋朝留下了他，西突厥国人立曷娑那的叔父为可汗，称射匮可汗。射匮是达头可汗的孙子，即位后，开拓疆土东到金山，西到西海，于是与北突厥相对抗，在龟兹以北三弥山建立朝廷。射匮死后，他的儿子统叶护成为可汗。统叶护英勇而有谋略，北面吞并了铁勒，拥有几十万兵马，占据了乌孙原来的地域，又将朝廷迁到石国北面的千泉，西域各国都臣服于他，叶护分别派遣吐屯监理各国，督察他们交纳赋税。

丁未（八月十一日），窦建德攻陷洺州，唐总管袁子幹投降了窦建德。乙卯（八月十九日），窦建德又领兵马开赴相州，淮安王李神通闻讯，率领各路兵马到黎阳投靠李世勣。

刘武周进逼并州，齐王李元吉欺骗他的司马刘德威说："你带老弱守成，我带强兵出战。"辛巳（十六日），李元吉半夜出兵，携带妻妾放弃并州逃回长安。李元吉刚离开，刘武周的大军就抵达城下，晋阳当地豪强薛深献城池接纳了刘武周。高祖闻讯，极为震怒，对礼部尚书李纲说："元吉年轻，不熟悉时事，所以才派窦诞、宇文歆辅佐他。晋阳有几万强兵，足够吃十年的粮食，它是王业兴起的根基，却一下就放弃了。听说是宇文歆首先提出这主意，我一定要杀了他！"李纲说；"齐王年轻骄奢放纵，窦诞不曾有所规谏，反而为他掩饰，使百姓愤怒，今天的失败，是窦诞的罪过。宇文歆劝谏，齐王不改，他将所有的情况上奏朝廷，是忠臣，怎么能杀掉？"第二天，高祖召李纲入见，登上御座说道："我有了你，才能够没有滥施刑罚。元吉自己不学好，不是窦诞、宇文歆两个人能禁止得了的。"于是连窦诞也一起赦免了罪过。卫尉少卿刘政会在太原，被刘武周俘虏，政会秘密上表分析了刘武周的形势。

刘武周占据太原，派宋金刚进攻并攻克了晋州，俘虏了唐右骁卫大将军刘弘基，刘弘基逃回了唐。宋金刚进逼绛州，攻陷了龙门。

癸卯（十月初八），唐任命左武侯大将军庞玉为梁州总管。当时集州獠民反叛，庞玉讨伐叛獠，獠民凭借险要固守，唐军队不能前进，而且军粮将尽。靠近边境的熟獠与反叛的獠民都是乡亲，争相进言说无法攻打叛獠，请求庞玉回军。庞玉故意宣扬说："秋谷即将成熟，百姓不得收割，一切供给军需，不平叛贼我不撤军。"听说此话的人大为惊恐，说："大军不走，我们这些人都要被饿死。"其中的壮士便进入叛獠营地，和认识的叛獠暗中谋划，杀了叛獠头领投降唐军，余众全部溃散，庞玉追逐讨伐，全部平定了叛獠。

刘武周的将领宋金刚进攻并攻克了浍州，军势很猛。裴寂性格怯懦，没有将帅的才干，只是不断地派出使者，催促虞、泰二州的居民进入城堡，并焚毁了他们的积蓄。百姓惊恐不安忧愁抱怨，都想去当强盗。

当时王行本还占据着蒲反，没有被攻下，也与刘武周相互呼应，关中震惊，高祖下亲笔敕书道："贼势到如此地步，很难与他们抗争，宜放弃黄河以东地区，谨守关西。"秦王李世民上表称："太原是王业的基础，国家的根本；河东地区富饶，京城靠它供给，如果全部放弃，臣深感愤恨。希望给臣三万精兵，必定可望消灭刘武周，收复汾、晋。"于是高祖征发关中所有兵力扩充李世民的部队，让他攻打刘武周。乙卯（十月二十日），高祖驾临华阴，至长春宫为秦王送行。

第一百八十八卷 唐纪四

译文诵读

高祖神尧大圣光孝皇帝中之上武德二年（己卯，619）

秦王世民引兵自龙门乘冰坚渡河，屯柏壁，与宋金刚相持。时河东州县，俘掠之余，未有仓廪，人情恇扰，聚入城堡，征敛无所得，军中乏食。世民发教谕民，民闻世民为帅而来，莫不归附，自近及远，至者日多，然后渐收其粮食，军食以充。乃休兵秣马，唯令偏裨乘间抄掠，大军坚壁不战，由是贼势日衰。

世民尝自帅轻骑觇敌，骑皆四散，世民独与一甲士登丘而寝。俄而贼兵四合，初不之觉，会有蛇逐鼠，触甲士之面，甲士惊寤，遂白世民俱上马，驰百余步，为贼所及，世民以大羽箭射殪其骁将，贼骑乃退。

诸将咸请与宋金刚战，世民曰："金刚悬军深入，精兵猛将，咸聚于是，武周据太原，倚金刚为扞蔽。军无蓄积，以虏掠为资，利在速战。我闭营养锐以挫其锋，分兵汾、隰，冲其心腹，彼粮尽计穷，自当遁走。当待此机，未宜速战。"

三年（庚辰，620）

王世充将帅、州县来降者，时月相继。世充乃峻其法，一人亡叛，举家无少长就戮，父子、兄弟、夫妇许相告而免之。又使五家为保，有举家亡者，四邻不觉，皆坐诛。杀人益多而亡者益甚，至于樵采之人，出入皆有限数。公私愁窘，人不聊生。又以宫城为大狱，意所忌者，并其家属收系宫中。诸将出讨，亦质其家属于宫中，禁止者常不减万口，馁死者日有数十。世充又以台省官为司、郑、管、原、伊、殷、梁、凑、嵩、榖、怀、德等十二州营田使，丞、郎得为此行者，喜若登仙。

秦王世民追及寻相于吕州，大破之，乘胜逐北，一昼夜行二百余里，战数十合。至高壁岭，总管刘弘基执辔谏曰："大王破贼，逐北至此，功亦足矣，深入不已，不爱身乎！且士卒饥疲，宜留壁于此，俟兵粮毕集，然后复进，未晚也。"世民曰："金刚计穷而走，众心离沮。功难成而易败，机难得而易失，必乘此势取之。若更淹留，使之计立备成，不可复攻矣。吾竭忠徇国，岂顾身乎！"遂策马而进，将士不敢复言饥。追及金刚于雀鼠谷，一日八战，皆破之，俘斩数万人。夜，宿于雀鼠谷西原，世民不食二日，不解甲三日矣，军中止有一羊，世民与将士分而食之。丙辰，陕州总管于筠自金刚所逃来。世民引兵趣介休，金刚尚有众二万，出西门，背城布陈，南北七里。世民遣总管李世勣与战，小却，为贼所乘，世民帅精骑击之，出其陈后，金刚大败，斩首三千级。金刚轻骑走，世民追之数十里，至张难堡。浩州行军总管樊伯通、张德政据堡自守，世民免胄示之，堡中喜噪且泣，左右告以王不食，献浊酒、脱粟饭。

尉迟敬德收余众守介休，世民遣任城王道宗、宇文士及往谕之，敬德与寻相举介休及永安降。世民得敬德，甚喜，以为右一府统军，使将其旧众八千，与诸营相参。屈突通虑其变，骤以为言，世民不听。

刘武周闻金刚败，大惧，弃并州走突厥。金刚收其余众，欲复战，众莫肯从，亦与百余骑走突厥。

世民至晋阳，武周所署仆射杨伏念以城降。唐俭封府库以待世民，武周所得州县皆入于唐。

上议击王世充，世充闻之，选诸州镇骁勇皆集洛阳，置四镇将军，募人分守四城。秋，七月，壬戌，诏秦王世民督诸军击世充。陕东道行台屈突通二子在洛阳，上谓通曰："今欲使卿东征，如卿二子何？"通曰："臣昔为俘囚，分当就死，陛下释缚，加以恩礼。当是之时，臣心口相誓，期以更生余年为陛下尽节，但恐不获死所耳。今得备先驱，二儿何足顾乎！"上叹曰："徇义之士，一至此乎！"

刘武周降将寻相等多叛去。诸将疑尉迟敬德，囚之军中，行台左仆射屈突通、尚书殷开山言于世民曰："敬德骁勇绝伦，今既囚之，心必怨望，留之恐为后患，不如遂杀之。"世民曰："不然，敬德若叛，岂在寻相之后邪！"遽命释之，引入卧内，赐之金，曰："丈夫意气相期，勿以小嫌介意，吾终不信谗言以害忠良，公宜体之。必欲去者，以此金相资，表一时共事之情也。"辛巳，世民以五百骑行战地，登魏宣武陵。王世充帅步骑万余猝至，围之，单雄信引槊直趋世民，敬德跃马大呼，横刺雄信坠马，世充兵稍却，敬德翼世民出围。世民、敬德更帅骑兵还战，出入世充陈，往反无所碍。屈突通引大兵继至，世充兵大败，仅以身免。擒其冠军大将军陈智略，斩首千余级，获排矟兵六千。世民谓敬德曰："公何相报之速也！"赐敬德金银一箧，自是宠遇日隆。

萧铣性褊狭，多猜忌。诸将恃功恣横，好专诛杀，铣患之，乃宣言罢兵营农，实欲夺诸将之权。大司马董景珍弟为将军，怨望，谋作乱。事泄，伏诛。景珍时镇长沙，铣下诏赦之，召还江陵。景珍惧，甲子，以长沙来降，诏峡州刺史许绍出兵应之。

是月，窦建德济河击孟海公。

初，王世充侵建德黎阳，建德袭破殷州以报之。自是二国交恶，信使不通。及唐兵逼洛阳，世充遣使求救于建德。建德中书侍郎刘彬说建德曰："天下大乱，唐得关西，郑得河南，夏得河北，共成鼎足之势。今唐举兵临郑，自秋涉冬，唐兵日增，郑地日蹙，唐强郑弱，势必不支，郑亡，则夏不能独立矣。不如解仇除忿，发兵救之，夏击其外，郑攻其内，破唐必矣。唐师既退，徐观其变，若郑可取则取之，并二国之兵，乘唐师之老，天下可取也！”建德从之，遣使诣世充，许以赴援。又遣其礼部侍部李大师等诣唐，请罢洛阳之兵，秦王世民留之，不答。

萧铣遣其齐王张绣攻长沙，董景珍谓绣曰：“‘前年醢彭越，往年杀韩信’，卿不见之乎，何为相攻！”绣不应，进兵围之，景珍欲溃围走，为麾下所杀，铣以绣为尚书令。绣恃功骄横，铣又杀之。由是功臣诸将皆有离心，兵势益弱。

四年（辛巳，621）

秦王世民选精锐千余骑，皆皂衣玄甲，分为左右队，使秦叔宝、程知节、尉迟敬德、翟长孙分将之。每战，世民亲被玄甲帅之为前锋，乘机进击，所向无不摧破，敌人畏之。行台仆射屈突通、赞皇公窦轨引兵按行营屯，猝与王世充遇，战不利。秦王世民帅玄甲救之，世充大败，获其骑将葛彦璋，俘斩六千余人。世充遁归。

辛丑，世民移军青城宫，壁垒未立，王世充帅众二万自方诸门出，凭故马坊垣堑，临穀水以拒唐兵，诸将皆惧。世民以精骑陈于北邙，登魏宣武陵以望之，谓左右曰：“贼势窘矣，悉众而出，徼幸一战，今日破之，后不敢复出矣！”命屈突通帅步卒五千渡水击之，戒通曰：“兵交则纵烟。”烟作，世民引骑南下，身先士卒，与通合势力战。世民欲知世充陈厚薄，与精骑数十冲之，直出其背，众皆披靡，杀伤甚众。既而限以长堤，与诸骑相失，将军丘行恭独从世民，世充数骑追及之，世民马中流矢而毙。行恭回骑射追者，发无不中，追者不敢前。乃下马以授世民，行恭于马前步执长刀，距跃大呼，斩数人，突陈而出，得入大军。世充亦帅众殊死战，散而复合者数四，自辰至午，世充兵始退。世民纵兵乘之，直抵城下，俘斩七千人，遂围之。

秦王世民围洛阳宫城，城中守御甚严，大炮飞石重五十斤，掷二百步，八弓弩箭如车辐，镞如巨斧，射五百步。世民四面攻之，昼夜不息，旬余不克。城中欲翻城者凡十三辈，皆不果发而死。唐将士皆疲弊思归，总管刘弘基等请班师，世民曰：“今大举而来，当一劳永逸。东方诸州已望风款服，唯洛阳孤城，势不能久，功在垂成，奈何弃之而去！”乃下令军中曰：“洛阳未破，师必不还，敢言班师者斩！”众乃不敢复言。上闻之，亦密敕世民使还，世民表称洛阳必可克，又遣参谋军事封德彝入朝面论形势。德彝言于上曰：“世充得地虽多，率皆羁属，号令所行，唯洛阳一城而已，智尽力穷，克在朝夕。今若旋师，贼势复振，更相连结，后必难图！”上乃从之。世民遗世充书，谕以祸福，世充不报。

唐高祖武德二年（己卯，公元619年）

秦王李世民乘冰冻坚硬，带兵从龙门渡过黄河，驻扎在柏壁，与宋金刚对峙。当时黄河以东的州县遭抢劫后，没有粮仓，人们惧怕侵扰，聚居在城堡中，征集不到东西，军队缺粮。李世民发布王教晓谕百姓，百姓听说李世民率军前来，无不前来归顺，由近及远，前来的人日益增加，然后唐军逐渐征收粮食，军粮因此充足。于是休兵喂马，只命非主力部队的将佐找空子抄掠，大军则坚壁不战，宋金刚的势力因此日益衰落。

唐将李世勣

李世民曾经亲自带轻骑兵去侦察敌情，随从的骑兵四下分散，世民只和一名穿铠甲的士卒登上山丘睡觉。不久，敌人从四下包围了二人，开始二人毫不知觉，恰巧蛇追老鼠，碰到了甲士的脸，甲士惊醒后告诉了李世民，二人一起上马，才走了百余步，就被敌人追上，李世民用大羽箭射死了敌人的骁将，敌骑兵于是退去。

各位将领都请求与宋金刚交战，李世民说：“宋金刚孤军深入，麾下集中了精兵猛将，刘武周占据太原，依仗宋金刚为屏障。宋金刚的军队没有储备，靠掠夺补充军需，利于速战。我们关闭营门不出，养精蓄锐，可以挫败他的锐气；分兵攻汾州、隰州，骚扰他的要害之地，他们粮尽无计可施，自然会退军。我们应当等待这个机会，目前不宜速战。”

三年（庚辰，公元620年）

王世充的将领、州县官络绎不绝地前来降唐。王世充于是加重了刑法，一人叛逃，全家无论老少全部杀死，父子、兄弟、夫妻相互告发的可以免死。又让五家结为一保，一家举家逃亡，四邻未察觉，四家均获死罪。但杀的人越多，逃亡的人也越多，以至于出城砍柴的人，出入城都有限额；上下愁怨窘迫，民不聊生。王世充又将宫城作为大监牢，心里忌恨的人，连家属一道囚禁在宫内；诸将如要出城作战，也要把家属留在宫内当人质，囚禁的人经常不下一万人，每天都有几十人饿死。王世充又任命中央台省的官员为司、郑、管、原、伊、殷、梁、凑、嵩、穀、怀、德十二州的营田使，尚书左右丞、诸曹郎官得了此任的，高兴得像做了神仙。

秦王李世民在吕州追上寻相，将他打得大败，并乘胜追击逃敌，一昼夜走了二百多里，打了几十仗。到高壁岭，总管刘弘基抓住马缰绳规劝道：“大王打败敌人，追击逃敌到了这里，功劳也足够了，不断深入，就不爱惜自己吗？况且士兵们饥饿疲惫，应当在此停留扎营，等到兵马粮草都齐备了，然后再进击也不晚。”李世民说：“宋金刚无计可施才逃跑，军心涣散；功劳难立，失败却很容易，机会难得，失去却很容易，一定要趁此机会消灭他。如果我们滞留不前，让他有时间考虑对策加强防备，就不可能轻易打败他了。我尽心竭力效忠国家，怎么能只顾惜自己的身体呢？”于是打马追击，将士们也不敢再提饥饿。唐军在雀鼠谷追上宋金刚，一天交锋八次，都打了胜仗，杀死、俘虏了几万人。当夜，在雀鼠谷西原宿营，李世民已经两天没有吃东西，三天没有脱下战袍了，全军只有一只羊，世民与将士们分吃了这一只羊。丙辰（四月二十三日），唐陕州总管于筠从宋金刚手下脱身逃回唐军中。李世民带兵赴介休，宋金刚还有二万人，出西门，背对城墙排列战阵，南北长七里。李世民派总管李世勣出战，不利，稍稍退却，宋金刚乘机反扑，李世民率领精骑从宋金刚背后袭击，宋金刚大败，唐军杀了三千人。宋金刚骑马逃走，李世民追出几十里，来到张难堡。唐浩州行军总管樊伯通、张德政占据堡垒自卫，李世民摘下头盔示意堡内，堡中守军见后欢呼雀跃，高兴得流下泪来。随从告诉守军秦王还未进食，守军献上浊酒、粗米饭。

尉迟敬德收拾残部守介休，李世民派任城王李道宗、宇文士及前去晓谕，尉迟敬德于是和寻相以介休、永安二县降唐。李世民得到尉迟敬德非常高兴，任命尉迟敬德为右一府统军，并让他仍然统领八千旧部，和各营相杂在一起。屈突通恐怕尉迟敬德会反复，屡次向李世民提起，但李世民不听。

刘武周听说宋金刚失败，大为惊恐，放弃并州逃入突厥。宋金刚收拾残部，准备再战，但众人都不肯跟随他与唐作战，于是宋金刚也和一百多骑兵逃往突厥。

李世民到晋阳，刘武周任命的仆射杨伏念以晋阳城投降。唐俭封存了刘武周的仓库留待李世民处置，刘武周先后占领的州县全部并入唐。

唐高祖商议攻打王世充之事，王世充闻讯，从各州镇选拔骁勇，都集中到洛阳，设置四镇将军，又招募人分别守卫洛阳四城。秋季，七月，壬戌（初一），高祖下诏命秦王李世民统率诸军攻打王世充。唐陕东道行台的左仆射屈突通的两个儿子都在洛阳，皇上对屈突通说：“现在想让你东征洛阳，你的两个儿子怎么办？”屈突通回答道：“臣下我过去作为阶下囚，理当被处死的，陛下不但释放了我，还施予很多恩惠。那时我就在内心发誓，希望能在有生之年为陛下尽节，只是唯恐没有机会尽节捐躯罢了。如今有幸得以充任前锋，两个儿子又有什么值得顾惜的！”高祖赞叹道：“真是一位舍身取义之士，竟能做到这样！”

降唐的原刘武周将领寻相等人大多又叛唐而去。唐军诸将怀疑尉迟敬德也会叛离，将他囚禁在军中，行台左仆射屈突通、尚书殷开山向李世民进言道：“尉迟敬德骁勇绝伦，现在被囚禁，内心必然怨恨，留着恐怕会成为后患，不如索性杀了他。”李世民说：“不然，敬德如果真要叛离，又怎么会在寻相之后呢？”马上下令放开尉迟敬德，把他带入卧室之中，赐给他金子，说：“男子汉大丈夫相互之间讲的是意气相投，不要因为一点小仇怨而介意，我最终没有相信谗言而害了忠良，您应该明白。如果您一定要走，这点金子就算作路费以表这一段共事之情。”辛巳（九月二十一日），李世民带五百骑兵巡视战区地形，登上魏宣武帝陵，王世充率领一万多步兵骑兵突然而至，包围了李世民，单雄信挺长枪直奔李世民而去，尉迟敬德跳上马大喊着横里将单雄信刺下马，王世充军稍稍后退，敬德又护卫着李世民突出包围。李世民、尉迟敬德重新率骑兵回击，出入王世充队伍，如入无人之境。屈突通带领大军随后赶到，王世充军队大败，王世充只身逃脱；唐军活捉了王世充的冠军大将军陈智略，斩首一千多级，俘虏六千手持盾牌长矛的士兵。李世民对尉迟敬德说："怎么这么快就得到了您的回报？"赐给尉迟敬德一箱金银，尉迟敬德从此日见宠遇。

萧铣性格狭隘，爱猜忌。他手下的将领依仗功劳恣意骄横，又好擅自杀人，萧铣对此深感不安，于是宣布命令要裁军兴农，实际是想夺诸将的兵权。大司马董景珍之弟是将军，心怀不满，谋划反叛。事情泄露，被杀死。董景珍当时镇守长沙，萧铣下诏赦免了董景珍，召他返回江陵。董景珍惧怕，甲子（十一月初五），以长沙投降唐，唐诏令峡州刺史许绍出兵接应。

本月，窦建德渡过黄河攻击孟海公。

当初，王世充侵占了窦建德的黎阳，窦建德便攻破殷州报复王世充。从此郑、夏两国关系恶化，不再互派使节通信。等到唐军逼近洛阳，王世充派遣使节向窦建德求救。窦建德的中书侍郎刘彬劝他说："天下大乱，唐得关西，郑得河南，夏得河北，形成三足鼎立之势。如今唐起兵攻郑，从秋到冬，唐军日见增多，郑国地域日益缩小，唐强郑弱，势必不能支撑，郑灭亡，夏也不能单独存立了。不如放弃仇怨，发兵救郑，夏从外袭击，郑自内反攻，一定能打败唐军。唐军退兵后，再慢慢观察形势变化，如果郑可取就取郑，合并两国的兵力，趁唐军疲劳，可以夺取天下！"窦建德听从此论，派人见王世充，答应出师援救。窦建德又派遣礼部侍郎李大师等人赴唐军，请求唐停止进攻洛阳，秦王李世民留下使者，但不予答复。

萧铣派他手下的齐王张绣攻打长沙的董景珍，董景珍对张绣说："你没见西汉高祖'去年醢彭越，往年杀韩信'这样诛杀功臣的事吗？为什么要互相攻杀呢？"张绣不做回答，进兵包围了长沙。董景珍打算突围，为部下杀死。萧铣任命张绣为尚书令。张绣仗着有功，骄傲蛮横，萧铣又杀了张绣。经过此事后，梁国的功臣及众将领都产生了离异的念头，兵力也日益衰弱。

四年（辛巳，公元621年）

秦王李世民挑选一千多精锐骑兵，全部着黑衣黑甲，分为左右队，分别由秦叔宝、程知节、尉迟敬德、翟长孙统领。每次作战，李世民都亲自披上黑甲率领他们作为先锋，乘机进击，所向披靡，令敌人畏惧。行台仆射屈突通、赞皇公窦轨带兵巡行营屯，突然与王世充遭遇，交战失利，秦王李世民带领黑甲队救援，王世充大败，唐军俘获王世充的骑将葛彦璋，俘虏歼灭了六千多敌人。王世充逃跑回城。

辛丑（二月十三日），李世民将军营转移到青城宫，尚未修好壁垒，王世充就率二万兵马从方诸门而出，凭借旧马坊的墙垣沟堑，靠近穀水抵御唐军，唐诸将全都惊慌。李世民让精骑在北邙山列阵，自己登上北魏宣武帝陵观察郑军，对身边的人说："贼子的处境已窘迫了，倾巢而出，想侥幸打一战，今日打败他，以后他再也不敢出战了！"李世民命令屈突通率领五千步兵过谷水进击王世充，并告诫屈突通道："军队一交锋立即放烟火。"待到起烟，李世民带领骑兵向南冲击，身先士卒，与屈突通汇合兵力奋力战斗。李世民想了解王世充军阵兵力分布情况，率几十精锐骑兵冲入敌阵，一直冲到敌阵背后，不可阻挡，杀伤很多敌人。不久因长堤所限，李世民和众骑兵走散，唯有将军丘行恭跟随着李世民，几名王世充的骑兵追上来，李世民的坐骑中箭倒毙。丘行恭调转马射击追赶的郑兵，箭无虚发，追兵不敢向前。于是丘行恭下马将自己的坐骑让给李世民，自己在马前步行，手执长刀跳跃大喊斩杀几人，冲出王世充军阵，得以回归唐军大部队。王世充也率领部下殊死战斗，军队几次三番打散后重又集合起来，从上午辰时直到中午，王世充的军队才退军。李世民挥军追击，直到城下，俘虏歼灭了七千人，于是包围了洛阳。

秦王李世民包围了洛阳宫城。城中王世充的防御十分严密，大炮可以射五十斤重的石头，投出二百步远，有八个弓的弩，箭杆像车辐，箭镞如同巨斧，可以射五百步远。李世民四面攻城，昼夜不停，十几天未能攻克。城中先后有十三个人想以城倒戈应唐，均没有来得及发动就被杀死。唐军将士都疲惫不堪想回关中，总管刘弘基等人请求班师回朝，李世民说："如今大举而来，应当一劳永逸。洛阳以东的各州已望风归服，唯有洛阳一座孤城，其势已不能持久，成功在即，怎么能放弃而回朝呢？"于是下令全军："洛阳不破，决不回军，再有胆敢提起班师的一律斩首。"众人才不敢再提班师一事。高祖听说后，也下密敕让李世民还军，李世民上表说明洛阳必定可以攻克，又派参谋军事封德彝回朝面陈军前形势。封德彝对皇上说："王世充得到的地方虽然多，但都不过是略有联系的部属，实际号令所能管辖的只不过洛阳一城而已，他已经智尽力穷，克城之日就在近期之内。现在如果回师，他的势力就会重新振作起来，再加上各地互相联合，以后想要消灭他就难了！"于是高祖听从李世民的建议。李世民写信给王世充，晓以祸福利害，王世充没有回复。

第一百八十九卷 唐纪五

译文诵读

高祖神尧大圣光孝皇帝中之中武德四年（辛巳，621）

突厥颉利可汗承父兄之资，士马雄盛，有凭陵中国之志。妻隋义成公主，公主从弟善经，避乱在突厥，与王世充使者王文素共说颉利曰："昔启民为兄弟所逼，脱身奔隋，赖文皇帝之力，有此土宇，子孙享之。今唐天子非文皇帝子孙，可汗宜奉杨政道以伐之，以报文皇帝之德。"颉利然之。上以中国未宁，待突厥甚厚，而颉利求请无厌，言辞骄慢。甲戌，突厥寇汾阴。

唐兵围洛阳，掘堑筑垒而守之。城中乏食，绢一匹直粟三升，布十匹直盐一升，服饰珍玩，贱如土芥。民食草根木叶皆尽，相与澄取浮泥，投米屑作饼食之，皆病，身肿脚弱，死者相枕倚于道。皇泰主之迁民入宫城也，凡三万家，至是无三千家。虽贵为公卿，糠核不充，尚书郎以下，亲自负戴，往往馁死。

窦建德陷管州，杀刺史郭士安，又陷荥阳、阳翟等县，水陆并进，泛舟运粮，溯河西上。王世充之弟徐州行台世辩遣其将郭士衡将兵数千会之，合十余万，号三十万，军于成皋之东原，筑宫板渚，遣使与王世充相闻。

世民曰："世充兵摧食尽，上下离心，不烦力攻，可以坐克。建德新破海公，将骄卒惰，吾据武牢，扼其咽喉。彼若冒险争锋，吾取之甚易。若狐疑不战，旬月之间，世充自溃。城破兵强，气势自倍，一举两克，在此行矣。若不速进，贼入武牢，诸城新附，必不能守。两贼并力，其势必强，何弊之承！吾计决矣！"通等又请解围据险以观其变，世民不许。中分麾下，使通等副齐王元吉围守东都，世民将骁勇三千五百人东趣武牢。时正昼出兵，历北邙，抵河阳，趋巩而去。王世充登城望见，莫之测也，竟不敢出。

窦建德迫于武牢不得进，留屯累月，战数不利，将士思归。丁巳，秦王世民遣王君廓将轻骑千余抄其粮运，又破之，获其大将军张青特。

凌敬言于建德曰："大王悉兵济河，攻取怀州、河阳，使重将守之，更鸣鼓建旗，逾太行，入上党，徇汾、晋，趣蒲津，如此有三利：一则蹈无人之境，取胜可以万全；二则拓地收众，形势益强；三则关中震骇，郑围自解。为今之策，无以易此。”建德将从之，而王世充遣使告急相继于道，王琬、长孙安世朝夕涕泣，请救洛阳，又阴以金玉啖建德诸将，以挠其谋。诸将皆曰：“凌敬书生，安知战事，其言岂可用也！”建德乃谢敬曰：“今众心甚锐，天赞我也，因之决战，必将大捷，不得从公言。”敬固争之，建德怒，令扶出。

谍者告曰：“建德伺唐军刍尽，牧马于河北，将袭武牢。”五月，戊午，秦王世民北济河，南临广武，察敌形势，因留马千余匹，牧于河渚以诱之，夕还武牢。己未，建德果悉众而至，自板渚出牛口置陈，北距大河，西薄汜水，南属鹊山，亘二十里，鼓行而进。诸将皆惧，世民将数骑升高丘而望之，谓诸将曰：“贼起山东，未尝见大敌，今度险而嚣，是无纪律，逼城而陈，有轻我心。我按甲不出，彼勇气自衰，陈久卒饥，势将自退，追而击之，无不克者。与公等约，甫过日中，必破之矣！”建德意轻唐军，遣三百骑涉汜水，距唐营一里所止。遣使与世民相闻曰：“请选锐士数百与之剧。”世民遣王君廓将长槊二百以应之，相与交战，乍进乍退，两无胜负，各引还。王琬乘隋炀帝骢马，铠仗甚鲜，迥出陈前以夸众。世民曰：“彼所乘真良马也！”尉迟敬德请往取之，世民止之曰：“岂可以一马丧猛士。”敬德不从，与高甑生、梁建方三骑直入其陈，擒琬，引其马驰归，众无敢当者。世民使召河北马，待其至乃出战。

建德列陈，自辰至午，士卒饥倦，皆坐列，又争饮水，逡巡欲退。世民命宇文士及将三百骑经建德陈西，驰而南上，戒之曰：“贼若不动，尔宜引归，动则引兵东出。”士及至陈前，陈果动，世民曰：“可击矣！”时河渚马亦至，乃命出战。世民帅轻骑先进，大军继之，东涉汜水，直薄其陈。建德群臣方朝谒，唐骑猝来，朝臣趋就建德，建德召骑兵使拒唐兵，骑兵阻朝臣不得过，建德挥朝臣令却，进退之间，唐兵已至，建德窘迫，退依东陂。窦抗引兵击之，战小不利。世民帅骑赴之，所向皆靡。淮阳王道玄挺身陷陈，直出其后，复突陈而归，再入再出，飞矢集其身如猬毛，勇气不衰，射人，皆应弦而仆。世民给以副马，使从己。于是诸军大战，尘埃涨天。世民帅史大奈、程知节、秦叔宝、宇文歆等卷旆而入，出其陈后，张唐旗帜，建德将士顾见之，大溃，追奔三十里，斩首三千余级。建德中槊，窜匿于牛口渚。车骑将军白士让、杨武威逐之，建德坠马，士让援槊欲刺之，建德曰：“勿杀我，我夏王也，能富贵汝。”武威下擒之，载以从马，来见世民。世民让之曰：“我自讨王世充，何预汝事，而来越境，犯我兵锋！”建德曰：“今不自来，恐烦远取。”建德将士皆溃去，所俘获五万人，世民即日散遣之，使还乡里。

世充将王德仁弃故洛阳城而遁，亚将赵季卿以城降。秦王世民囚窦建德、王琬、长孙安世、郭士衡等至洛阳城下，以示世充。世充与建德语而泣，仍遣安世等入城言败状。世充召诸将议突围，南走襄阳，诸将皆曰：“吾所恃者夏王，夏王今已为擒，虽得出，终必无成。”丙寅，世充素服帅其太子、群臣、二千余人诣军门降。世民礼接之，世充俯伏流汗。世民曰：“卿常以童子见处，今见童子，何恭之甚邪？”世充顿首谢罪。于是部分诸军，先入洛阳，分守市肆，禁止侵掠，无敢犯者。

窦建德之败也，其诸将多盗匿库物，及居闾里，暴横为民患，唐官吏以法绳之，或加捶挞，建德故将皆惊惧不安。高雅贤、王小胡家在洺州，欲窃其家以逃，官吏捕之，雅贤等亡命至贝州。会上征建德故将范愿、董康买、曹湛及雅贤等，于是愿等相谓曰："王世充以洛阳降唐，其将相大臣段达、单雄信等皆夷灭，吾属至长安，必不免矣。吾属自十年以来，身经百战，当死久矣，今何惜余生，不以之立事。且夏王得淮安王，遇以客礼，唐得夏王即杀之。吾属皆为夏王所厚，今不为之报仇，将无以见天下之士！"乃谋作乱，卜之，以刘氏为主吉，因相与之漳南，见建德故将刘雅，以其谋告之。雅曰："天下适安定，吾将老于耕桑，不愿复起兵！"众怒，且恐泄其谋，遂杀之。故汉东公刘黑闼，时屏居漳南，诸将往诣之，告以其谋，黑闼欣然从之。黑闼方种蔬，即杀耕牛与之共饮食定计，聚众得百人。甲戌，袭漳南县据之。是时，诸道有事则置行台尚书省，无事则罢之。朝廷闻黑闼作乱，乃置山东道行台于洺州，魏、冀、定、沧并置总管府。丁丑，以淮安王神通为山东道行台右仆射。

初，洛阳既平，徐圆朗请降，拜兖州总管，封鲁郡公。刘黑闼作乱，阴与圆朗通谋。上使葛公盛彦师安集河南，行至任城，辛亥，圆朗执彦师，举兵反。黑闼以圆朗为大行台元帅，兖、郓、陈、杞、伊、洛、曹、戴等八州豪右皆应之。

诏发巴、蜀兵，以赵郡王孝恭为荆湘道行军总管，李靖摄行军长史，统十二总管，自夔州顺流东下。以庐江王瑗为荆郢道行军元帅，黔州刺史田世康出辰州道，黄州总管周法明出夏口道，以击萧铣。

上以秦王功大，前代官皆不足以称之，特置天策上将，位在王公上。冬，十月，以世民为天策上将，领司徒、陕东道大行台尚书令，增邑二万户，仍开天策府，置官属。以齐王元吉为司空。

赵郡王孝恭帅战舰二千余艘东下，萧铣以江水方涨，殊不为备，孝恭等拔其荆门、宜都二镇，进至夷陵。铣将文士弘将精兵数万屯清江，癸巳，孝恭击走之，获战舰三百余艘，杀溺死者万计，追奔至百里洲。士弘收兵复战，又败之，进入北江。铣江州总管盖彦举以五州来降。

萧铣之罢兵营农也，才留宿卫数千人，闻唐兵至，文士弘败，大惧，仓猝征兵，皆在江、岭之外，道途阻远，不能遽集，乃悉见兵出拒战。孝恭将击之，李靖止之曰："彼救败之师，策非素立，势不能久，不若且泊南岸，缓之一日，彼必分其兵，或留拒我，或归自守，兵分势弱，我乘其懈而击之，蔑不胜矣。今若急之，彼则并力死战，楚兵剽锐，未易当也。"孝恭不从，留靖守营，自帅锐师出战，果败走，趣南岸。铣众委舟收掠军资，人皆负重，靖见其众乱，纵兵奋击，大破之，乘胜直抵江陵，入其外郭。又攻水城，拔之，大获舟舰，李靖使孝恭尽散之江中。诸将皆曰："破敌所获，当借其用，奈何弃以资敌？"靖曰："萧铣之地，南出岭表，东距洞庭。吾悬军深入，若攻城未拔，援军四集，吾表里受敌，进退不获，虽有舟楫，将安用之？今弃舟舰，使塞江而下，援兵见之，必谓江陵已破，未敢轻进，往来觇伺，动淹旬月，吾取之必矣。”铣援兵见舟舰，果疑不进。其交州刺史丘和、长史高士廉、司马杜之松将朝江陵，闻铣败，悉诣孝恭降。

孝恭勒兵围江陵，铣内外阻绝，问策于中书侍郎岑文本，文本劝铣降。铣乃谓群下曰：“天不祚梁，不可复支矣。若必待力屈，则百姓蒙患，奈何以我一人之故陷百姓于涂炭乎！”乙巳，铣以太牢告于太庙，下令开门出降，守城者皆哭。铣帅群臣缌缞布帻诣军门，曰：“当死者唯铣耳，百姓无罪，愿不杀掠。”孝恭入据其城，诸将欲大掠，岑文本说孝恭曰：“江南之民，自隋末以来，困于虐政，重以群雄虎争，今之存者，皆锋镝之余，跂踵延颈以望真主，是以萧氏君臣、江陵父老决计归命，庶几有所息肩。今若纵兵俘掠，恐自此以南，无复向化之心矣！”孝恭称善，遽禁止之。诸将又言：“梁之将帅与官军拒斗死者，其罪既深，请籍没其家，以赏将士。”李靖曰：“王者之师，宜使义声先路。彼为其主斗死，乃忠臣也，岂可同叛逆之科籍其家乎！”于是城中安堵，秋毫无犯。南方州县闻之，皆望风款附。铣降数日，援兵至者十余万，闻江陵不守，皆释甲而降。

十二月，乙卯，刘黑闼陷冀州，杀刺史麹棱。黑闼既破淮安王神通，移书赵、魏，故窦建德将卒争杀唐官吏以应黑闼。庚申，遣右屯卫大将军义安王孝常将兵讨黑闼。黑闼将兵数万进逼宗城，黎州总管李世勣先屯宗城，弃城走保洺州。甲子，黑闼追击世勣等，破之，杀步卒五千人，世勣仅以身免。丙寅，洺州土豪翻城应黑闼，黑闼于城东南告天及祭窦建德而后入。后旬日，引兵攻拔相州，执刺史房晃，右武卫将军张士贵溃围走。黑闼南取黎、卫二州，半岁之间，尽复建德旧境。又遣使北连突厥，颉利可汗遣俟斤宋邪那帅胡骑从之。右武卫将军秦武通、洺州刺史陈君宾、永宁令程名振皆自河北遁归长安。

丁卯，命秦王世民、齐王元吉讨黑闼。

唐高祖武德四年（辛巳，公元621年）

突厥颉利可汗继承了父兄的兵马，势力强盛，颇有侵辱中原王朝的志向。颉利的妻子是隋朝的义成公主，公主的堂弟杨善经在突厥躲避战乱。杨善经和王世充的使者王文素一同劝颉利道：“过去启民可汗遭兄弟逼迫，脱身后投奔隋朝，全靠文皇帝的力量，才拥有了突厥的领土君权，子孙后代享用不尽。现在唐天子非隋文皇帝的子孙，可汗您应当立杨政道为帝并伐唐，来报答昔日文皇帝的恩德。”颉利也深表赞同。唐高祖因为中原尚未平定，对待突厥十分优厚，而颉利可汗要求无度，言辞又很傲慢。甲戌（三月十六日），突厥侵犯汾阴县。

唐军包围洛阳，挖沟筑垒困守。洛阳城内缺粮，一匹绢才值三升粟，十匹布才值一升盐，服饰珍玩，贱如土芥。百姓把草根树叶都吃光了，就一起澄取浮泥，放入米屑做成饼吃，食后都得病，身体肿胀，脚跟发软，饿死的人交错着倒在路上。当初皇泰主迁百姓入宫城时，有三万家，到这时不足三千家。就是地位高贵的公卿，这时连粗糠都吃不饱，尚书郎以下官吏，需自己亲自参加劳动，还往往饿死。

唐舞马衔杯纹银壶

窦建德攻陷管州，杀了管州刺史郭士安；又攻陷了荥阳、阳翟等县，水陆并进，用船运粮，向西溯黄河而上。王世充的弟弟徐州行台王世辩派遣手下的将领郭士衡带几千兵马与窦建德会合，共十几万人，号称有三十万，在成皋东原扎营，在板渚修筑宫室，派人和王世充互通消息。

李世民说："王世充损兵折将，粮食吃尽，上下离心，我们不必花气力攻打，可以坐等他败亡。窦建德刚刚打败了孟海公，将领骄傲，士卒疲惫，我们占据武牢，等于扼住他的咽喉。他如果冒险决战，我们可以轻而易举打败他；如果他犹豫不决，不来交战，要不了十天半个月，王世充自己就会溃败。破城后兵力增强，士气军势自然倍增，一下打败两个敌人，就在这一仗了。如果不迅速进军，窦建德进入武牢，周围各城新归附，必然不能坚守；两敌合力，势力必然强大，怎么会有机可乘呢？我的计划决定了！"屈突通等人又请求解除洛阳之围，凭借险要以观敌人变化，李世民不答应。于是将军队平分为两部分，由屈突通等人辅助齐王李元吉围困东都，李世民率领三千五百名骁勇向东奔赴武牢。李世民于正午时分出发，过北邙，至河阳，取道巩县而去。王世充登上洛阳城望见唐军行动，不知唐军意图，竟不敢出城交战。

窦建德在武牢受阻不能前进，停留了一个多月，打了几仗都未能取胜，将士们人心思归。丁巳（四月三十日），秦王李世民派王君廓率领一千多轻骑抢夺窦建德的运粮队，再次打败了他，并俘获窦建德的大将军张青特。

凌敬对窦建德说："大王您不如出动全部兵力渡过黄河，攻取怀州、河阳，派重将守卫，又擂响战鼓竖起战旗，翻越太行山，进入上党，略地汾州、晋州，奔赴蒲津。这样做有三点好处：一是进入无人之境，取胜可以说是万无一失；二是开拓领土招收兵马，国势更加强盛；三是关中的唐国受震骇，郑国洛阳之围自然会解除。眼下的计策，没有比这更妥当的了。"窦建德准备按照凌敬的建议行事，但是王世充连续不断地派人来告急，王琬、长孙安世也日夜哭泣请求窦建德援救洛阳，又暗地里用金玉收买窦建德手下的将领，阻挠凌敬的计划。诸将都说："凌敬是个书生，哪里懂得打仗的事，他的话怎么能听呢？"于是窦建德向凌敬道歉说："现在大家士气很高，这是上天在帮助我，趁此机会决战，必定能大胜，不能照您的意见办了。"凌敬再三争辩，窦建德不高兴，命人把他架了出去。

唐军密探报告："窦建德探听到唐军草料用完，在黄河以北放马，准备袭击武牢。"五月，戊午（初一），秦王李世民向北渡过黄河，从南面逼进广武，侦察敌情，乘机留下一千多匹马，在黄河边放牧以引诱窦建德，当晚返回武牢。己未（初二），窦建德果然倾巢而出，从板诸出牛口列战阵，北靠黄河，西临祀水，南连鹊山，连绵二十里，擂鼓前进。唐军诸将都十分惊慌，李世民带几名骑兵登上高丘瞭望敌阵，对诸将说："敌人从山东起兵，还没有碰见过强大的对手；如今身涉险境却很喧嚣，是没有纪律；逼近城池排列战阵，有轻视我们的意思。我们如果按兵不动，他们的勇气自然就会衰竭，列阵时间一长，士卒饥饿，势必就会自动撤退，我们再追上去攻击，必然会取胜。我和各位相约，一过正午，肯定能打败他们！"窦建德轻视唐军，派三百骑兵涉过汜水，在离唐营一里地方停下。派人通报李世民说："请挑选几百名精兵和他们打着玩玩。"李世民派王君廓带领二百名长枪手应战，相互交锋，骤进骤退，双方不分胜负，各自返回营地。王琬骑着隋炀帝的青骢马，恺甲兵器都很新，远离阵前向众人夸耀。李世民说："他骑的真是匹好马！"尉迟敬德请求去夺马，李世民制止他说："怎么能为了一匹马损失一员猛士呢？"尉迟敬德不听，和高甄生、梁建方三人骑马直冲入敌阵，活捉了王碗，牵着他的坐骑奔回唐营，众人没有敢阻挡的。李世民派人征调黄河以北的牧马，等到来后才出战。

窦建德排列战阵，从早晨到中午，士卒们饥饿疲惫，都成排地坐了下来，又争着喝水，迟疑着想撤退。李世民命令宇文士及带三百骑兵经过窦建德军阵西边向南奔驰，告诫他："敌人如果不动，你就带兵返回，如果动了，就领兵东进。"宇文士及到窦建德阵前，敌阵果然动了，李世民说："可以打了！"这时黄河滩上的牧马也已到达，于是下令出击。李世民率领轻骑先出发，大军跟随在后，向东涉过汜水，直扑敌阵。窦建德的群臣正在朝谒，唐军骑兵突然降临，朝臣都跑向窦建德，窦建德召骑兵抵御唐军，因朝臣阻隔骑兵过不去，窦建德挥手令朝臣退下，这一进一退之际，唐军已到阵前，窦建德形势窘迫，后撤靠近东面的山坡。窦抗带兵攻打他，交战后形势稍不利。李世民率领骑兵赴援，所向披靡。淮阳王李道玄挺身冲锋陷阵，直冲出敌阵后方，又重新返回冲入阵中，几番进出，身上聚集的箭像刺猬毛一样，勇气仍然不减，放箭射人，都应声倒地。李世民把自己备用的战马送给他，让他跟随自己。于是各军大战，战场上尘土飞扬，遮天蔽日。李世民率领史大奈、程知节、秦叔宝、宇文歆等人将旌旗卷起，冲入敌阵，从阵后而出，打开唐军旗帜，窦建德的士兵回头看见唐旗在阵后飘扬，迅速崩溃，唐军追出三十里，杀了三千多人。窦建德被长枪刺中，逃窜到牛口渚躲避。唐车骑将军白士让、杨武威追逐窦建德，窦建德落马，白士让挺枪欲刺，窦建德说："别杀我，我是夏王，献上我可以使你们得到富贵荣华。"杨武威下马捉住窦建德，用备用马驮着窦建德，来见李世民。李世民斥责窦建德道："我们讨伐王世充，与你有什么相干，竟跑到你的领土之外，来与我们交战！"窦建德说："现在我不自己来，恐怕以后还得烦您远途去攻取。”窦建德的将士都逃走了，唐军俘虏了五万人，李世民当天就遣散了俘虏，让他们返回家乡。

王世充的将领王德仁放弃旧洛阳城逃跑，副将赵季卿以城降唐。秦王李世民押解着窦建德、王琬、长孙安世、郭士衡等人到洛阳城下，给王世充看。王世充流着泪和窦建德接话，于是李世民让长孙安世等人进城叙说失败的情况。王世充召集诸将商议突围，准备南奔襄阳，众将领都说：“我们依赖的是夏王窦建德，如今夏王已被俘，我们就是突围，最终也无法成功。”丙寅（五月初九），王世充身穿白衣带领郑国的太子、百官及二千多人到军营门前投降。李世民按礼节接受他们投降，王世充俯下身汗流浃背。李世民说道：“你总认为我是个小孩，如今见了小孩，为什么这么恭敬？”王世充叩头谢罪。于是李世民分派出一部分人，先进入洛阳，分别把守市场商铺，禁止骚扰抢掠，没有一人敢违犯禁令。

窦建德败亡时，他手下的将领有不少盗窃了仓库中的财物藏起来，待到在民间安居，又暴虐横行乡里，成了老百姓的祸害。唐朝官吏将他们绳之以法，有时用鞭子痛笞他们，因此窦建德的旧将领都惊恐不安。高雅贤、王小胡的家在洺州，打算私下带着家财逃跑，官吏追捕他们，高雅贤等人逃到贝州。恰好高祖征召窦建德的旧将范愿、董康买、曹湛以及高雅贤等人，于是范愿等人互相商量：“王世充以洛阳降唐，他的将相大臣段达、单雄信等人都遭满门抄斩；我们到长安，肯定也逃不脱。自大业十年以来，我们这些人身经百战，早就该死了，现在为什么还吝惜余生，而不用有生之年干一番大事呢？况且夏王抓住唐淮安王李神通，以客人的礼节对待他，而唐捉住夏王却马上杀了他。我们这些人都受到夏王的厚待，现在不替他报仇，以后怎么见天下的人？”于是策划反叛，占卜的结果，以姓刘的人为首领吉利，于是一同到漳南县，去见窦建德的旧将领刘雅，将计划告诉了刘雅。刘雅说：“天下刚刚安定，我打算在乡下养老，不想再起兵！”众人很生气，又怕计划被泄露，于是杀了刘雅。窦建德所封汉东公刘黑闼，这时在漳南隐居，众将领去拜见他，告诉了他计划，刘黑闼欣然从命。刘黑闼正在种菜，当即杀了耕牛和众将领一同边吃边商定大计，集合了一百人。甲戌（七月十九日），他们袭击并占领了漳南县。当时，各道如若有事就设置行台尚书省，无事就停罢。唐朝廷得知刘黑闼作乱，于是在铭州设置了山东行台，在魏、冀、定、沧等州都设置了总管府。丁丑（七月二十二日），唐任命淮安王李神通为山东道行台右仆射。

当初，洛阳平定后，徐圆朗请求投降，唐授予他兖州总管，封鲁郡公。刘黑闼反叛，秘密地与徐圆朗联系。高祖命葛公盛彦师安抚河南，走到任城。辛亥（八月二十六日），徐圆朗逮捕盛彦师，起兵反唐。刘黑闼以徐圆朗为大行台元帅，兖、郓、陈、郢、伊、洛、曹、戴等八州的豪强均响应徐圆朗。

唐下诏征发巴、蜀军队，任命赵郡王李孝恭为荆湘道行军总管，李靖代理行军长史，统领十二总管，从夔州沿长江向东顺流而下；又任命庐江王李瑗为荆郢道行军元帅，黔州刺史田世康取道辰州道，黄州总管周法明走夏口道，会同攻打萧铣。

高祖因为秦王李世民功勋卓著，前代王朝的官爵都不能够与之相称，于是特别设置天策上将，位置在王、公之上。冬季，十月，任命秦王李世民为天策上将，领司徒、陕东道大行台尚书令，食邑增加到二万户，于是建立天策府，设置官员。任命齐王李元吉为司空。

赵郡王李孝恭率领二千多艘战船沿长江向东而下，萧铣因为长江正在涨水，未做任何防备，李孝恭等人率军攻克了萧铣荆门、宜都二镇，推进到夷陵。萧铣的将领文士弘率数万精兵驻扎在清江，癸巳（十月初九），李孝恭打退了他，缴获三百多艘战船，杀死、淹死的人数以万计，一直追击到百里洲。文士弘收拾残兵再战，唐军又打败了他，进入北江。萧铣的江州总管盖彦举以五州降唐。

萧铣裁去军队经营农业时，只留了几千名士兵担任警卫，听说唐军已压境，文士弘战败，大为惊慌，仓猝征兵，所征之兵都在长江、五岭以南，路途遥远，不能马上调集，于是将现有兵力全部用来迎敌。李孝恭准备攻打萧铣，李靖劝阻道："对方是挽救败局的军队，计谋没有预先制订，势头不会持久，不如暂且停泊在南岸，缓一天进攻，他们必然会分散兵力，有的留下来阻挡我军，有的返回城守卫，兵力一分散势力就削弱，我军乘敌军松懈发起进攻，必然取胜。现在如果马上攻打，敌方会拼力死战，楚兵又剽悍勇猛，不易抵挡。"李孝恭不听，留李靖守卫军营，自己带领精锐部队出战，果然失败逃跑，奔向南岸。萧铣的部队放弃船只去收拾抢夺唐军丢下的军资，人人都背负很多，李靖见敌军混乱，挥兵奋击，大败敌军，乘胜直抵江陵，进入江陵外城。又攻拔了水城，缴获大批船舰，李靖让李孝恭把所获船舰全部散弃于长江中。诸将领都说："打败敌人缴获战利品，应当利用，怎么能够放弃用来资助敌人？"李靖说："萧铣的地盘，南到五岭以南，东到洞庭湖。我们孤军深入，如果攻城不下，敌人援军从四方赶来，我军就会腹背受敌，进退不成，虽然有船舰又怎么能用？现在放弃船舰，让它们堵满长江顺流而下，敌方援军见到，必然认为江陵城已被攻陷，就不敢轻易进军，要前来侦察，他们行动迟缓十天半个月，我军取胜就有把握了。"萧铣的援兵见到舟舰，果然怀疑，不敢前进。萧铣的交州刺史丘和、长史高士廉、司马杜之松准备去江陵朝见，得知萧铣失败，全都到李孝恭军前投降。

卫国公李靖

李孝恭带军包围江陵，萧铣内外断绝消息，向中书侍郎岑文本询问对策，岑文本劝他投降，于是萧铣对他的大臣们说："上天不保佐梁，我们不能再支撑了。如果一定要等到力尽粮绝，百姓就会蒙受忧患，怎么能为了我一个人的缘故让百姓遭涂炭呢？"乙巳（十月二十一日），萧铣用牛、羊、猪三牲在太庙祭告了祖先，下令打开城门出城投降，守城的人皆哭泣。萧铣带领他的群臣穿着丧服到唐军营门前，说："该死的只有我萧铣一个人，百姓无罪，希望不要屠杀抢掠。"李孝恭进城占领了江陵，各位将领想大肆掠夺，岑文本劝李孝恭说："江南的百姓，从隋末以来，受虐政的残害，加上群雄争斗，如今生存下来的，都是刀枪下逃出的性命，他们苦苦盼望着贤明的君主，萧氏君臣、江陵的父老所以决定归顺，是认为也许可以从此安定了。眼下若是放纵军队抢掠，恐怕从江陵向南的广大地区，不再有归顺之心了！"李孝恭认为他的意见很对，立即下令禁止抢掠。诸将领又说："梁的将帅抵抗官军战死的，罪恶深重，请求籍没他们的家产，用来赏赐将士。"李靖说："王者之师，应当以仁义为先声。他们为自己的君主战斗而死，是忠臣，怎么能与叛逆罪一样籍没其家呢？"于是，江陵城中井然有序，秋毫无犯。南方各州县闻讯，均望风归顺。萧铣投降几天后，他的十几万援军来到江陵，听说江陵失守，纷纷脱下征袍放下武器降唐。

十二月，乙卯（初三），刘黑闼攻陷冀州，杀唐冀州刺史麹棱。刘黑闼打败淮安王李神通后，致函赵、魏两地，窦建德的旧部纷纷起兵杀死唐朝官吏响应刘黑闼。庚申（初八），唐派遣右屯卫大将军义安王李孝常带兵讨伐刘黑闼。刘黑闼带几万兵马进逼宗城，唐黎州总管李世勣驻扎在宗城，此时放弃宗城逃走，退保洺州。甲子（十二日），刘黑闼追击李世勣等人，打败了唐军，杀了五千名士兵，李世勣只身逃脱。丙寅（十四日），洺州当地豪强在城中反叛响应刘黑闼。刘黑闼在洺州城东南祭告上天及窦建德然后进入洺州城。此后十天，带兵攻下相州，捉住唐相州刺史房晃，右武卫将军张士贵突围逃走。刘黑闼向南攻取了黎、卫两州，半年之间，恢复了全部窦建德旧地。刘黑闼又派遣使节北面联合突厥，颉利可汗派俟斤宋邪那率领突厥骑兵随刘黑闼征战。唐右武卫将军秦武通、洺州刺史陈君宾、永宁县令程名振都从河北逃回长安。

丁卯（十二月十五日），唐高祖命令秦王李世民、齐王李元吉率兵讨伐刘黑闼。

第一百九十卷 唐纪六

译文诵读

高祖神尧大圣光孝皇帝中之下武德五年（壬午，622）

春，正月，刘黑闼自称汉东王，改元天造，定都洺州。以范愿为左仆射，董康买为兵部尚书，高雅贤为右领军，征王琮为中书令，刘斌为中书侍郎；窦建德时文武悉复本位。其设法行政，悉师建德，而攻战勇决过之。

丙子，李艺取刘黑闼定、栾、廉、赵四州，获黑闼尚书刘希道，引兵与秦王世民会洺州。

刘黑闼攻洺水甚急。城四旁皆有水，广五十余步，黑闼于城东北筑二甬道以攻之；世民三引兵救之，黑闼拒之，不得进。世民恐王君廓不能守，召诸将谋之，李世勣曰："若甬道达城下，城必不守。"行军总管郯勇公罗士信请代君廓守之。世民乃登城南高冢，以旗招君廓，君廓帅其徒力战，溃围而出；士信帅左右二百人乘之入城，代君廓固守。黑闼昼夜急攻，会大雪，救兵不得往，凡八日，丁丑，城陷。黑闼素闻其勇，欲生之，士信词色不屈，乃杀之，时年二十。

秦王世民与刘黑闼相持六十余日。黑闼潜师袭李世勣营，世民引兵掩其后以救之，为黑闼所围，尉迟敬德帅壮士犯围而入，世民与略阳公道宗乘之得出。道宗，帝之从子也。世民度黑闼粮尽，必来决战，乃使人堰洺水上流，谓守吏曰："待我与贼战，乃决之。"丁未，黑闼帅步骑二万南渡洺水，压唐营而陈，世民自将精骑击其骑兵，破之，乘胜蹂其步兵。黑闼帅众殊死战，自午至昏，战数合，黑闼势不能支。王小胡谓黑闼曰："智力尽矣，宜早亡去。"遂与黑闼先遁，余众不知，犹格战。守吏决堰，洺水大至，深丈余，黑闼众大溃，斩首万余级，溺死数千人，黑闼与范愿等二百骑奔突厥，山东悉平。

辛酉，上谓群臣曰："突厥入寇而复求和，和与战孰利？"太常卿郑元琦曰："战则怨深，不如和利。"中书令封德彝曰："突厥恃犬羊之众，有轻中国之意，若不战而和，示之以弱，明年将复来。臣愚以为不如击之，既胜而后与和，则恩威兼著矣！"上从之。

己巳，并州大总管襄邑王神符破突厥于汾东；汾州刺史萧颢破突厥，斩首五千余级。

丙子，突厥寇廉州，戊寅，陷大震关。上遣郑元玮诣颉利。是时，突厥精骑数十万，自介休至晋州，数百里间，填溢山谷。元玮见颉利，责以负约，与相辨诘，颉利颇惭。元玮因说颉利曰："唐与突厥，风俗不同，突厥虽得唐地，不能居也。今虏掠所得，皆入国人，于可汗何有？不如旋师，复修和亲，可无跋涉之劳，坐受金币，又皆入可汗府库，孰与弃昆弟积年之欢，而结子孙无穷之怨乎！"颉利悦，引兵还。元玮自义宁以来，五使突厥，几死者数焉。

林士弘遣其弟鄱阳王药师攻循州，刺史杨略与战，斩之，其将王戎以南昌州降。士弘惧，己巳，请降。寻复走保安成山洞，袁州人相聚应之。洪州总管若干则遣兵击破之。会士弘死，其众遂散。

淮阳王道玄之败也，山东震骇，洺州总管庐江王瑗弃城西走，州县皆叛附于黑闼，旬日间，黑闼尽复故地，乙亥，进据洺州。十一月，庚辰，沧州刺史程大买为黑闼所迫，弃城走。齐王元吉畏黑闼兵强，不敢进。

上之起兵晋阳也，皆秦王世民之谋，上谓世民曰："若事成，则天下皆汝所致，当以汝为太子。"世民拜且辞。及为唐王，将佐亦请以世民为世子，上将立之，世民固辞而止。太子建成，性宽简，喜酒色游畋；齐王元吉，多过失；皆无宠于上。世民功名日盛，上常有意以代建成，建成内不自安，乃与元吉协谋，共倾世民，各引树党友。

上晚年多内宠，小王且二十人，其母竞交结诸长子以自固。建成与元吉曲意事诸妃嫔，谄谀赂遗，无所不至，以求媚于上。或言蒸于张婕妤、尹德妃，宫禁深秘，莫能明也。是时，东宫、诸王公、妃主之家及后宫亲戚横长安中，恣为非法，有司不敢诘。世民居承乾殿，元吉居武德殿后院，与上台、东宫昼夜通行，无复禁限。太子、二王出入上台，皆乘马、携弓刀杂物，相遇如家人礼。太子令、秦齐王教与诏敕并行，有司莫知所从，唯据得之先后为定。世民独不奉事诸妃嫔，诸妃嫔争誉建成、元吉而短世民。

世民每侍宴宫中，对诸妃嫔，思太穆皇后早终，不得见上有天下，或歔欷流涕，上顾之不乐。诸妃嫔因密共谮世民曰："海内幸无事，陛下春秋高，唯宜相娱乐，而秦王每独涕泣，正是憎疾妾等，陛下万岁后，妾母子必不为秦王所容，无孑遗矣！"因相与泣，且曰："皇太子仁孝，陛下以妾母子属之，必能保全。"上为之怆然。由是无易太子意，待世民浸疏，而建成、元吉日亲矣。

刘黑闼攻魏州未下，太子建成、齐王元吉大军至昌乐，黑闼引兵拒之，再陈，皆不战而罢。魏徵言于太子曰："前破黑闼，其将帅皆悬名处死，妻子系虏，故齐王之来，虽有诏书赦其党与之罪，皆莫之信。今宜悉解其囚俘，慰谕遣之，则可坐视离散矣！"太子从之。黑闼食尽，众多亡，或缚其渠帅以降。黑闼恐城中兵出，与大军表里击之，遂夜遁。至馆陶，永济桥未成，不得度。壬申，太子、齐王以大军至，黑闼使王小胡背水而陈，自视作桥成，即过桥西，众遂大溃，舍仗来降。大军度桥追黑闼，度者才千余骑，桥坏，由是黑闼得与数百骑亡去。

六年（癸未，623）

春，正月，己卯，刘黑闼所署饶州刺史诸葛德威执黑闼，举城降。时太子遣骑将刘弘基追黑闼，黑闼为官军所迫，奔走不得休息，至饶阳，从者才百余人，馁甚。德威出迎，延黑闼入城，黑闼不可，德威涕泣固请，黑闼乃从之。至城旁市中憩止，德威馈之食；食未毕，德威勒兵执之，送诣太子，并其弟十善斩于洺州。黑闼临刑叹曰："我幸在家锄菜，为高雅贤辈所误至此！"

突厥数为边患，并州大总管府长史窦静表请于太原置屯田以省馈运，议者以为烦扰，不许。静切论不已，敕征静入朝，使与裴寂、萧瑀、封德彝相论难于上前，寂等不能屈，乃从静议，岁收谷数千斛，上善之，命检校并州大总管。静，抗之子也。十一月，辛巳，秦王世民复请增置屯田于并州之境，从之。

七年（甲申，624）

三月，初定令，以太尉、司徒、司空为三公，次尚书、门下、中书、秘书、殿中、内侍为六省，次御史台，次太常至太府为九寺，次将作监，次国子学，次天策上将府，次左、右卫至左、右领卫为十四卫。东宫置三师、三少、詹事及两坊、三寺、十率府。王、公置府佐、国官，公主置邑司，并为京职事官。州、县、镇、戍为外职事官。自开府仪同三司至将仕郎，二十八阶，为文散官；骠骑大将军至陪戎副尉三十一阶，为武散官；上柱国至武骑尉十二等，为勋官。

初定均田租、庸、调法：丁、中之民，给田一顷，笃疾减什之六，寡妻妾减七，皆以什之二为世业，八为口分。每丁岁入租，粟二石。调随土地所宜，绫、绢、絁、布。岁役二旬。不役则收其佣，日三尺。有事而加役者，旬有五日，免其调。三旬，租、调俱免。水旱虫霜为灾，什损四以上免租，损六以上免调，损七以上课役俱免。凡民赀业分九等。百户为里，五里为乡，四家为邻，四邻为保。在城邑者为坊，田野者为村。食禄之家，无得与民争利；工商杂类，无预士伍。男女始生为黄，四岁为小，十六为中，二十为丁，六十为老。岁造计帐，三年造户籍。

唐高祖武德五年（壬午，公元622年）

春季，正月，刘黑闼自称汉东王，改年号为天造，都城设在洺州。任命范愿为左仆射，董康买为兵部尚书，高雅贤为右领军，征召王琮为中书令，刘斌为中书侍郎，窦建德时期的文武官员全部恢复了原来的职位。刘黑闼的法令行政，全部效法窦建德，但他作战勇猛果敢则超过窦建德。

丙子（二月二十四日），李艺夺取刘黑闼占据的定、栾、廉、赵四州，抓获刘黑闼的尚书刘希道，然后带兵与秦王李世民在洺州会师。

刘黑闼攻洺水很猛。洺水城四周都是水，水宽五十多步，刘黑闼在城东北修建二条甬道用来攻城；秦王李世民三次带军救援，都受到刘黑闼的阻拦，无法前进。李世民怕王君廓守不住城池，召集众将领商议救援之事，李世勣说："如果甬道修到城下，城池必定失守。"行军总管郯勇公罗士信请求代替王君廓守城。李世民于是登上城南的高坟，用旗语招王君廓，王君廓率领部下奋战，突出包围，罗士信趁机率二百士卒进城，代替王君廓坚守城池。刘黑闼昼夜猛攻洺水，恰逢大雪，唐军无法增援，经过八天，丁丑（二月二十五日），洺水城陷落。刘黑闼早就听说罗士信勇猛，不想杀他，罗士信言语态度威武不屈，于是刘黑闼杀了他，当时罗士信仅二十岁。

秦王李世民与刘黑闼相持六十多天。刘黑闼暗中率军袭击李世勣的营地，李世民带兵突然袭击刘黑闼的背后以救援李世勣，结果被刘黑闼包围，尉迟敬德率领壮士冲入包围圈，李世民与略阳公李道宗趁势脱险。李道宗是皇帝的侄子。李世民推测刘黑闼的粮食已经吃光，必定前来决战，于是命人在洺水上游筑坝截断河水，对看守堤坝的官吏说："等我和敌人交战时，就决开堤坝。"丁未（三月二十六日），刘黑闼率领两万步兵骑兵向南渡过洺水，逼近唐军营寨列阵，李世民亲自统率精锐骑兵攻打刘黑闼的骑兵，打败了刘军，乘胜用马踩踏刘的步兵。刘黑闼带领部队殊死战斗，从中午到黄昏，几度交锋，刘黑闼的兵力无法再坚持下去。王小胡对刘黑闼说："我们的计谋和体力都已穷尽，应该快点逃走。"王小胡便和刘黑闼先逃跑，其余的将士不知道头领已经逃走，还在继续格斗。唐看守堤坝的官吏决开堤坝，洺水一下子涌到战场，水深一丈多，刘黑闼的军队大败，一万多人被杀，几千人被淹死，刘黑闼与范愿等二百人骑马逃入突厥，唐平定了整个山东地区。

辛酉（八月十二日），高祖对群臣说："突厥入侵，但又来求和，和与战哪个更有利？"太常卿郑元璹说："交战会加深仇怨，不如讲和有利。"中书令封德彝认为："突厥仗着兵力众多，轻视我们中原的大唐王朝，如果不战而和，是向他们显示软弱，明年还会重来。以臣的愚见不如打击他们，取胜以后再讲和，这样就恩威并重了！"皇上听从了封德彝的意见。

己巳（八月二十日），唐并州大总管襄邑王李神符在汾东打败突厥；汾州刺史萧颉打败突厥，斩首五千多级。

丙子（八月二十七日），突厥侵犯廉州，戊寅（八月二十九日），攻陷大震关。高祖派郑元璹去见颉利可汗。当时，突厥几十万精骑兵，充斥着从介休到晋州几百里之间的山谷。郑元璹见到颉利，责备他背叛盟约，与颉利展开辩论，颉利颇为惭愧。郑元璹趁机劝颉利道："唐与突厥，风俗不同，突厥就是得到唐的领土，也不能居住。如今俘虏与抢夺的财物，都给了突厥百姓，可汗您得到了什么？不如回军，重新和亲，可以免除了跋涉的辛劳，坐享金银财物，并且都进了可汗您的仓库，比起抛弃了兄弟之间多年的交情，给子孙后代结下无穷的仇怨，哪一个更好呢？”颉利愉快地听从了他的意见，带兵撤回突厥。郑元璹从义宁年间以来，五次出使突厥，多次面临死亡的威胁。

林士弘派遣他的弟弟鄱阳王林药师攻打循州，唐循州刺史杨略与林药师交战，杀了他，林药师的将领王戎以南昌州投降。林士弘害怕了，己巳（十月二十一日），也请求投降。随即又逃入安成的山洞，袁州百姓相互聚合响应林士弘，唐洪州总管若干则派兵打败了他们。恰好林士弘死亡，他的部下便散去。

淮阳王李道玄失败，山东地区感到震惊，唐洺州总管庐江王李瑗放弃城池向西逃跑，州县也都反叛归附了刘黑闼，十天之内，刘黑闼就收复了他原来的全部地盘，乙亥（十月二十七日），进军占据了洺州。十一月庚辰（初三），唐沧州刺史程大买因为刘黑闼的逼近，放弃城池逃跑。齐王李元吉畏惧刘黑闼军队的强盛，不敢进军。

高祖在晋阳起兵，都是秦王李世民的计谋，高祖对李世民说：“如果事业成功，那么天下都是你带来的，该立你为太子。”李世民拜谢并推辞。待到高祖成为唐王，将领们也请求以李世民为世子，高祖准备立他，李世民坚决推辞才作罢。太子李建成性情松缓惰慢，喜欢饮酒，贪恋女色，爱打猎；齐王李元吉，常有过错，均不受高祖宠爱。李世民功勋名望日增，高祖常常有意让他取代李建成为太子，李建成心中不安，于是与李元吉共同谋划，一起排挤李世民，他们各自交结建立自己的党羽。

高祖晚年宠幸的妃嫔很多，有近二十位小皇子，他们的母亲争相交结各位年长的皇子来巩固自己的地位。李建成和李元吉都曲意侍奉各位妃嫔，奉承献媚、贿赂、馈赠，无所不用，以求得皇上的宠爱。也有人说他们与张婕妤、尹德妃私通，宫禁幽深神秘，没有人能够探明。当时，太子东宫、各王公、妃主之家以及后宫妃嫔的亲属，在长安横行霸道，为非作歹，而主管部门却不敢追究。李世民住在承乾殿，李元吉住在武德殿后院，他们的住处与皇帝寝宫、太子东宫之间日夜通行，不再有所限制。太子与秦、齐二王出入皇帝寝宫，均乘马、携带刀弓杂物，彼此相遇只按家人行礼。太子所下达的令，秦、齐二王所下达的教和皇帝的诏敕并行，有关部门不知所从，只有按照收到的先后为准。唯有李世民不去讨好诸位妃嫔，诸妃嫔争相称赞李建成、李元吉而诋毁李世民。

李世民每次在宫中侍奉高祖宴饮，面对诸位妃嫔，想起母亲太穆皇后死得早，没能看到高祖拥有天下，有时不免叹气流泪，高祖看到后很不高兴。各位妃嫔趁机暗中一同诋毁李世民道：“天下幸好平安无事，陛下年寿已高，只适合娱乐娱乐，而秦王总是一个人流泪，这实际上是憎恨我们，陛下作古后，我们母子必定不为秦王所容，会被杀得一个不留！”因此相互对着流泪，并且说：“皇太子仁爱孝顺，陛下将我们母子托付给太子，必然能获得保全。”高祖也为此很伤心。从此高祖打消了改立太子的念头，对李世民逐渐疏远，而对李建成、李元吉却日益亲密了。

刘黑闼没有攻下魏州，太子李建成、齐王李元吉的大军到达昌乐，刘黑闼带兵来抵抗，两次列阵，都没有打就停了下来。魏徵对太子说："以前打败刘黑闼，他的将帅都预先写上名字处以死罪，妻儿被俘虏，因此齐王前来，虽然有诏书赦免刘黑闼党羽的罪过，但他们都不相信。如今应当全部放掉那些被囚禁和俘虏的人，加以安慰晓谕再放他们走，这样就可以眼看着刘黑闼的势力分崩离析了！"太子听从了他的意见。刘黑闼粮食吃光了，部下纷纷逃跑，有些绑了自己的头领投降了唐军。刘黑闼恐怕魏州城里的守军出来，与唐大军里外夹击，便于夜晚逃跑。跑到馆陶，永济桥还未建好，不能过河。壬申（十二月二十五日），太子、齐王率大军到馆陶，刘黑闼让王小胡背靠河水列阵，自己看着桥搭好，立即过桥到了西岸，于是他的兵马迅速崩溃，士兵放下兵器前来投降。唐大军过桥追击，才过了一千多骑兵，桥梁毁坏，刘黑闼因此得以和几百名骑兵逃走。

六年（癸未，公元623年）

春季，正月，己卯（初五），刘黑闼任命的饶州刺史诸葛德威捉住刘黑闼，举城降唐。当时太子李建成派骑兵将领刘弘基追击刘黑闼，刘黑闼被唐军追赶，日夜奔逃无法休息，到达饶阳，随行的才一百多人，十分饥饿。诸葛德威出城迎接刘黑闼，请他进城，刘黑闼不进城，诸葛德威流泪反复请求，于是刘黑闼答应了他的邀请。到城旁边的市场中休息，诸葛德威送给他们食物，还没吃完，诸葛德威便带兵把刘黑闼抓了起来，送到李建成处，刘黑闼和他的弟弟刘十善一起在洺州被斩首。刘黑闼在临刑前叹息道："我有幸在家种菜，却被高雅贤这些人害得落到如此下场！"

突厥屡次为祸边境，唐并州大总管府长史窦静上表请求在太原设置屯田以省军粮的运输，议政者认为过于麻烦，不批准。窦静不停地极力论说此事，高祖下敕令征窦静入朝，让他与裴寂、萧瑀、封德彝等人在皇上面前辩论此事，裴寂等人无法说服窦静，于是听从了窦静的建议，每年收获数千斛粮食，高祖很赞赏他，命窦静为检校并州大总管。窦静是窦抗的儿子。十一月，辛巳（初九），秦王李世民又请求在并州境内增设屯田，高祖批准了他的请求。

七年（甲申，公元624年）

三月，唐初次定令，以太尉、司徒、司空为三公，其次是尚书、门下、中书、秘书、殿中、内侍六个省，其次是御史台，其次太常至太府等九个寺，其次是将作监，其次国子学，其次天策上将府，其次左、右卫至左、右领卫等十四卫；东宫设置三师、三少、詹事以及两坊、三寺、十率府；王、公设置府佐、国官，公主设置邑司，以上部门官员均为京职事官。州、县、镇、戍的官员为外职事官。从开府仪同三司到将仕郎，共二十八阶，为文散官；骠骑大将军至陪戎副尉，共三十一阶，为武散官；上柱国到武骑尉，共十二等，为勋官。

唐初次制定均田制与租、庸、调的办法：每位成年丁男及十六岁以上二十以下的中男，给一顷田，有严重疾病者减去十分之六，寡妻、寡妾减去十分之七，所有授田均以其中十分之二为世业田，十分之八为口分田。每一成年男子每年交纳的租是二石粟。调按照当地物产情况，分别交纳绫、绢、絁、布。每年劳役二十日，不服劳役则收取佣，每天三尺；有事增加劳役者，加十五日劳役，免除应交之调；加三十日劳役，应交纳的租、调均予免除。如遇水、旱、虫、霜等自然灾害，收成损失十分之四以上，免除租；损失十分之六以上，免除调；损失在十分之七以上，免去全部应交纳的租调及应服劳役。百姓的资产分为九等。一百户为一里，五个里成为一乡，四家为邻，四个邻成一保。在城镇居住区为坊，在乡村居住区为村。官宦之家有国家俸禄，不准与百姓争夺利益；工商杂色人等，不准加入士人阶层。男女初生为黄，四岁以上为小，十六岁以上为中，二十岁以上为丁，六十岁以上为老。每年编制计账，每三年编造一次户籍。

唐纪七 第一百九十一卷

译文诵读

高祖神尧大圣光孝皇帝下之上武德七年（甲申，624）

壬戌，庆州都督杨文幹反。

初，齐王元吉劝太子建成除秦王世民，曰："当为兄手刃之！"世民从上幸元吉第，元吉伏护军宇文宝于寝内，欲刺世民，建成性颇仁厚，遽止之。元吉愠曰："为兄计耳，于我何有！"

建成擅募长安及四方骁勇二千余人为东宫卫士，分屯左、右长林，号长林兵。又密使右虞候率可达志从燕王李艺发幽州突骑三百，置宫东诸坊，欲以补东宫长上。为人所告，上召建成责之，流可达志于嶲州。

杨文幹尝宿卫东宫，建成与之亲厚，私使募壮士送长安。上将幸仁智宫，命建成居守，世民、元吉皆从。建成使元吉就图世民，曰："安危之计，决在今岁。"又使郎将尔朱焕、校尉桥公山以甲遗文幹。二人至豳州，上变，告太子使文幹举兵，使表里相应。又有宁州人杜凤举亦诣宫言状。上怒，托他事，手诏召建成，令诣行在。建成惧，不敢赴。太子舍人徐师谟劝之据城举兵；詹事主簿赵弘智劝之贬损车服，屏从者，诣上谢罪，建成乃诣仁智宫。未至六十里，悉留其官属于毛鸿宾堡，以十余骑往见上，叩头谢罪，奋身自掷，几至于绝。上怒不解，是夜，置之幕下，饲以麦饭，使殿中监陈福防守，遣司农卿宇文颖驰召文幹。颖至庆州，以情告之，文幹遂举兵反。上遣左武卫将军钱九陇与灵州都督杨师道击之。

元吉与妃嫔更迭为建成请，封德彝复为之营解于外，上意遂变，复遣建成还京师居守。惟责以兄弟不睦，归罪于太子中允王珪、左卫率韦挺、天策兵曹参军杜淹，并流于嶲州。

杨文幹袭陷宁州，驱掠吏民出据百家堡。秦王世民军至宁州，其党皆溃。癸酉，文幹为其麾下所杀，传首京师。获宇文颖，诛之。

是时，颉利、突利二可汗举国入寇，连营南上，秦王世民引兵拒之。会关中久雨，粮运阻绝，士卒疲于征役，器械顿弊，朝廷及军中咸以为忧。世民与虏遇于豳州，勒兵将战。己卯，可汗帅万余骑奄至城西，陈于五陇阪，将士震恐。世民谓元吉曰："今虏骑凭陵，不可示之以怯，当与之一战，汝能与我俱乎？"元吉惧曰："虏形势如此，奈何轻出，万一失利，悔可及乎！"世民曰："汝不敢出，吾当独往，汝留此观之。"世民乃帅骑驰诣虏陈，告之曰："国家与可汗和亲，何为负约，深入我地！我秦王也，可汗能斗，独出与我斗；若以众来，我直以此百骑相当耳。"颉利不之测，笑而不应。世民又前，遣骑告突利曰："尔往与我盟，有急相救。今乃引兵相攻，何无香火之情也！"突利亦不应。世民又前，将渡沟水，颉利见世民轻出，又闻香火之言，疑突利与世民有谋，乃遣止世民曰："王不须渡，我无他意，更欲与王申固盟约耳。"乃引兵稍却。是后霖雨益甚，世民谓诸将曰："虏所恃者弓矢耳，今积雨弥时，筋胶俱解，弓不可用，彼如飞鸟之折翼。吾屋居火食，刀槊犀利，以逸制劳，此而不乘，将复何待！"乃潜师夜出，冒雨而进，突厥大惊。世民又遣说突利以利害，突利悦，听命。颉利欲战，突利不可，乃遣突利与其夹毕特勒阿史那思摩来见世民，请和亲，世民许之。思摩，颉利之从叔也。突利因自托于世民，请结为兄弟，世民亦以恩意抚之，与盟而去。

九年（丙戌，626）

建成夜召世民，饮酒而鸩之。世民暴心痛，吐血数升，淮安王神通扶之还西宫。

建成、元吉与后宫日夜谮诉世民于上，上信之，将罪世民。

世民召玄龄谋之，玄龄曰："大王功盖天地，当承大业！今日忧危，乃天赞也。愿大王勿疑。"乃与府属杜如晦共劝世民诛建成、元吉。

建成、元吉以秦府多骁将，欲诱之使为己用，密以金银器一车赠左二副护军尉迟敬德，并以书招之曰："愿迂长者之眷，以敦布衣之交。"敬德辞曰："敬德，蓬户瓮牖之人，遭隋末乱离，久沦逆地，罪不容诛。秦王赐以更生之恩，今又策名藩邸，唯当杀身以为报。于殿下无功，不敢谬当重赐。若私交殿下，乃是贰心，徇利忘忠，殿下亦何所用！"建成怒，遂与之绝。敬德以告世民，世民曰："公心如山岳，虽积金至斗，知公不移。相遗但受，何所嫌也！且得以知其阴计，岂非良策！不然，祸将及公。"既而元吉使壮士夜刺敬德，敬德知之，洞开重门，安卧不动，刺客屡至其庭，终不敢入。元吉乃谮敬德于上，下诏狱讯治，将杀之，世民固请，得免。又谮左一马军总管程知节，出为康州刺史。知节谓世民曰："大王股肱羽翼尽矣，身何能久！知节以死不去，愿早决计。"又以金帛诱右二护军段志玄，志玄不从。建成谓元吉曰："秦府智略之士，可惮者独房玄龄、杜如晦耳。"皆谮之于上而逐之。

世民腹心唯长孙无忌尚在府中，与其舅雍州治中高士廉、右候车骑将军三水侯君集及尉迟敬德等，日夜劝世民诛建成、元吉。世民犹豫未决。

会突厥郁射设将数万骑屯河南，入塞，围乌城，建成荐元吉代世民督诸军北征，上从之，命元吉督右武卫大将军李艺、天纪将军张瑾等救乌城。元吉请尉迟敬德、程知节、段志玄及秦府右三统军秦叔宝等与之偕行，简阅秦王帐下精锐之士以益元吉军。率更丞王晊密告世民曰："太子语齐王：'今汝得秦王骁将精兵，拥数万之众，吾与秦王饯汝于昆明池，使壮士拉杀之于幕下，奏云暴卒，主上宜无不信。吾当使人进说，令授吾国事。敬德等既入汝手，宜悉坑之，孰敢不服！'"世民以晊言告长孙无忌等，无忌等劝世民先事图之。世民叹曰："骨肉相残，古今大恶。吾诚知祸在朝夕，欲俟其发，然后以义讨之，不亦可乎！"敬德曰："人情谁不爱其死！今众人以死奉王，乃天授也。祸机垂发，而王犹晏然不以为忧，大王纵自轻，如宗庙社稷何！大王不用敬德之言，敬德将窜身草泽，不能留居大王左右，交手受戮也！"无忌曰："不从敬德之言，事今败矣。敬德等必不为王有，无忌亦当相随而去，不能复事大王矣！"世民曰："吾所言亦未可全弃，公更图之。"敬德曰："王今处事有疑，非智也；临难不决，非勇也。且大王素所畜养勇士八百余人，在外者今已入宫，擐甲执兵，事势已成，大王安得已乎！"

世民访之府僚，皆曰："齐王凶戾，终不肯事其兄。比闻护军薛实尝谓齐王曰：'大王之名，合之成"唐"字，大王终主唐祀。'齐王喜曰：'但除秦王，取东宫如反掌耳。'彼与太子谋乱未成，已有取太子之心。乱心无厌，何所不为！若使二人得志，恐天下非复唐有。以大王之贤，取二人如拾地芥耳，奈何徇匹夫之节，忘社稷之计乎！"世民犹未决，众曰："大王以舜为何如人？"曰："圣人也。"众曰："使舜浚井不出，则为井中之泥，涂廪不下，则为廪上之灰，安能泽被天下，法施后世乎！是以小杖则受，大杖则走，盖所存者大故也。"世民命卜之，幕僚张公谨自外来，取龟投地，曰："卜以决疑，今事在不疑，尚何卜乎！卜而不吉，庸得已乎！"于是定计。

庚申，世民帅长孙无忌等入，伏兵于玄武门。张婕妤窃知世民表意，驰语建成。建成召元吉谋之，元吉曰："宜勒宫府兵，托疾不朝，以观形势。"建成曰："兵备已严，当与弟入参，自问消息。"乃俱入，趣玄武门。上时已召裴寂、萧瑀、陈叔达等，欲按其事。

建成、元吉至临湖殿，觉变，即跋马东归宫府。世民从而呼之，元吉张弓射世民，再三不彀，世民射建成，杀之。尉迟敬德将七十骑继至，左右射元吉坠马。世民马逸入林下，为木枝所绁，坠不能起。元吉遽至，夺弓将扼之，敬德跃马叱之。元吉步欲趣武德殿，敬德追射，杀之。翊卫车骑将军冯翊冯立闻建成死，叹曰："岂有生受其恩而死逃其难乎！"乃与副护军薛万彻、屈咥直府左车骑万年谢叔方帅东宫、齐府精兵二千驰趣玄武门。张公谨多力，独闭关以拒之，不得入。云麾将军敬君弘掌宿卫兵，屯玄武门，挺身出战，所亲止之曰："事未可知，且徐观变，俟兵集，成列而战，未晚也。"君弘不从，与中郎将吕世衡大呼而进，皆死之。君弘，显儁之曾孙也。守门兵与万彻等力战良久，万彻鼓噪欲攻秦府，将士大惧。尉迟敬德持建成、元吉首示之，宫府兵遂溃。万彻与数十骑亡入终南山。冯立既杀敬君弘，谓其徒曰："亦足以少报太子矣！"遂解兵，逃于野。

上方泛舟海池，世民使尉迟敬德入宿卫，敬德擐甲持矛，直至上所。上大惊，问曰："今日乱者谁邪？卿来此何为？"对曰："秦王以太子、齐王作乱，举兵诛之，恐惊动陛下，遣臣宿卫。"上谓裴寂等曰："不图今日乃见此事，当如之何？"萧瑀、陈叔达曰："建成、元吉本不预义谋，又无功于天下，疾秦王功高望重，共为奸谋。今秦王已讨而诛之，秦王功盖宇宙，率土归心，陛下若处以元良，委之国事，无复事矣！"上曰："善！此吾之夙心也。"时宿卫及秦府兵与二宫左右战犹未已，敬德请降手敕，令诸军并受秦王处分，上从之。天策府司马宇文士及自东上阁门出宣敕，众然后定。上又使黄门侍郎裴矩至东宫晓谕诸将卒，皆罢散。上乃召世民，抚之曰："近日以来，几有投杼之惑。"世民跪而吮上乳，号恸久之。

诸将欲尽诛建成、元吉左右百余人，籍没其家，尉迟敬德固争曰："罪在二凶，既伏其诛，若及支党，非所以求安也！"乃止。是日，下诏赦天下。凶逆之罪，止于建成、元吉，自余党与，一无所问。其僧、尼、道士、女冠并宜依旧。国家庶事，皆取秦王处分。

癸亥，立世民为皇太子。又诏："自今军国庶事，无大小悉委太子处决，然后闻奏。"

臣光曰：立嫡以长，礼之正也。然高祖所以有天下，皆太宗之功；隐太子以庸劣居其右，地嫌势逼，必不相容。向使高祖有文王之明，隐太子有泰伯之贤，太宗有子臧之节，则乱何自而生矣！既不能然，太宗始欲俟其先发，然后应之，如此，则事非获已，犹为愈也。既而为群下所迫，遂至蹀血禁门，推刃同气，贻讥千古，惜哉！夫创业垂统之君，子孙之所仪刑也，彼中、明、肃、代之传继，得非有所指拟以为口实乎！

癸亥，制传位于太子，太子固辞，不许。甲子，太宗即皇帝位于东宫显德殿，赦天下。关内及蒲、芮、虞、泰、陕、鼎六州免二年租调，自余给复一年

颉利、突利二可汗合兵十余万寇泾州，进至武功，京师戒严。

丙子，立妃长孙氏为皇后。后少好读书，造次必循礼法，上为秦王，与太子建成、齐王元吉有隙，后奉事高祖，承顺妃嫔，弥缝其阙，甚有内助。及正位中宫，务存节俭，服御取给而已。上深重之，尝与之议赏罚，后辞曰："'牝鸡之晨，唯家之索。'妾妇人，安敢豫闻政事！"固问之，终不对。

己卯，突厥进寇高陵。辛巳，泾州道行军总管尉迟敬德与突厥战于泾阳，大破之。获其俟斤阿史德乌没啜，斩首千余级。

癸未，颉利可汗进至渭水便桥之北，遣其腹心执失思力入见，以观虚实。

上自出玄武门，与高士廉、房玄龄等六骑径诣渭水上，与颉利隔水而语，责

以负约。突厥大惊，皆下马罗拜。俄而诸军继至，旌甲蔽野，颉利见执失思力不返，而上挺身轻出，军容甚盛，有惧色。上麾诸军使却而布陈，独留与颉利语。萧瑀以上轻敌，叩马固谏，上曰："吾筹之已熟，非卿所知。突厥所以敢倾国而来，直抵郊甸者，以我国内有难，朕新即位，谓我不能抗御故也。我若示之以弱，闭门拒守，虏必放兵大掠，不可复制。故朕轻骑独出，示若轻之，又震曜军容，使之必战，出虏不意，使之失图。虏入我地既深，必有惧心，故与战则克，与和则固矣。制服突厥，在此一举。卿第观之！"是日，颉利来请和，诏许之。上即日还宫。乙酉，又幸城西，斩白马，与颉利盟于便桥之上。突厥引兵退。

萧瑀请于上曰："突厥未和之时，诸将争请战，陛下不许，臣等亦以为疑，既而虏自退，其策安在？"上曰："吾观突厥之众虽多而不整，君臣之志唯贿是求，当其请和之时，可汗独在水西，达官皆来谒我，我若醉而缚之，因袭击其众，势如拉朽。又命长孙无忌、李靖伏兵于豳州以待之，虏若奔归，伏兵邀其前，大军蹑其后，覆之如反掌耳。所以不战者，吾即位日浅，国家未安，百姓未富，且当静以抚之。一与虏战，所损甚多。虏结怨既深，惧而修备，则吾未可以得志矣。故卷甲韬戈，啖以金帛，彼既得所欲，理当自退，志意骄惰，不复设备，然后养威伺衅，一举可灭也。将欲取之，必固与之，此之谓矣。卿知之乎？"瑀再拜曰："非所及也。"

唐高祖武德七年（甲申，公元624年）

壬戌（六月二十四日），庆州都督杨文幹反叛朝廷。

当初，齐王李元吉劝说太子李建成除去秦王李世民，他说："我自当替哥哥亲手将他杀掉！"李世民随从高祖前往李元吉的府第，李元吉将护军宇文宝埋伏在寝室里面，准备刺杀李世民。李建成生性颇为仁爱宽厚，连忙制止了他。元吉恼怒地说："我这是为哥哥着想罢了，对我有什么好处！"

李建成擅自招募长安及各地的骁勇之士两千多人，充当东宫卫士，让他们分别在东宫左右长林门驻扎下来，号称长林兵。李建成还暗中让右虞侯率可达志，从燕王李艺那里调集来幽州骁勇精锐的骑兵三百人，将他们安置在东宫东面的各个坊市中，准备用他们来补充在东宫担任警卫的低级军官，结果被人告发。于是，高祖把李建成叫去责备了一番，将可达志流放到嶲州去了。

杨文幹曾经在东宫担任警卫，李建成亲近并厚待他，私下里让他募集勇士，送往长安。高祖准备前往仁智宫，命令李建成留守京城，李世民与李元吉一起随行。李建成让李元吉乘机图谋李世民，他说："无论我们的打算是平安无事还是面临危险，都要在今年决定下来。"李建成又指使郎将尔朱焕和校尉桥公山将盔甲赠给杨文幹。两人来到豳州的时候，上报发生变故，有人告发太子指使杨文幹起兵，让他

唐仕女狩猎纹银杯

与自己内外呼应。还有一位宁州人杜凤举也前往仁智宫讲了这一情形。高祖大怒，借口别的事情，以亲笔诏书传召李建成，让他前往仁智宫。李建成心中害怕，不敢前去。太子舍人徐师謩劝他占据京城，发兵起事；詹事主簿赵弘智劝他免去太子的车驾章服，屏除随从人员，到高祖那里去承认罪责。于是，李建成决定前往仁智宫。还没有走完六十里的路程，李建成便将所属官员，全部留在北魏毛鸿宾遗留下来的堡栅中，带领十多个人骑马前去觐见皇帝，向皇帝伏地叩头，承认罪责，把身子猛然用力撞了出去，弄得几乎晕死过去。但是，高祖的怒气仍然没有消除。这一天夜里，高祖将他放在帐帷里，给他麦饭充饥，让殿中监陈福看守着他，派遣司农卿宇文颖速去传召杨文幹。宇文颖来到庆州，将情况告诉了杨文幹。于是，杨文幹起兵造反。高祖派遣左武卫将军钱九陇和灵州都督杨师道进击杨文幹。

李元吉与嫔妃轮番替李建成讲情，封德彝又在外朝设法解救李建成。于是，高祖改变了原意，又让李建成回去驻守京城。高祖只以兄弟关系不睦责备他，将罪责推给了太子中允王珪、左卫率韦挺和天策兵曹参军杜淹，将他们一并流放到了巂州。

杨文幹掩袭并攻陷宁州，驱赶劫掠官吏与百姓出城，占据了百家堡。秦王李世民的军队来到宁州以后，杨文幹的党羽便全部溃散。癸酉（七月初五），杨文幹被自己的部下杀死，他的头颅被传送到京城。李世民捉获了宇文颖，将他杀掉。

这时候，颉利、突利两可汗率领全国兵马前来侵犯，兵营相互连接着向南进军，秦王李世民带领兵马抵御敌兵。适逢关中地区多日降雨不止，粮食运输被隔断，将士们因行军跋涉而疲惫不堪，军用器械钝损破败，朝廷百官与军中将领都为此担忧。李世民在豳州与突厥遭遇，准备率领兵马接战。己卯（八月十二日），突厥可汗率领骑兵一万多人突然来到豳州城的西面，在五陇阪布成阵势，唐军将士惊恐不安。李世民对李元吉说：“现在突厥进逼我军，我军不能够向他们显示出畏缩不前的样子来，应当与他们大战一场，你能够与我一同前去迎敌吗？”李元吉害怕地说：“突厥军队的阵势这样盛大，怎么能够轻易出击呢？万一交战失利，后悔还来得及吗！”李世民说：“既然你不敢前去，我就独自前往，你留在这里看我的吧。”于是，李世民便率领骑兵疾驰到突厥的军阵前面，告诉他们说：“我国与可汗议和，结为姻亲，为什么违背盟约，深入到我国的领土中来！我就是秦王，如果可汗能够比武，就独自出来与我比武；倘若可汗让大家一齐上，我就只有用这一百名骑兵来抵挡了。”颉利摸不清李世民的底细，只是笑了一笑，并不回答。李世民又向前推进，派遣骑兵告诉突利说：“以往你与我订有盟约，约定在发生急难的时候互相援救。现在你却率领兵马攻打我，怎么连一点盟誓的情分都不讲呢！”突利也没有回答。李世民再次向前推进，准备渡过一条河沟，颉利看到李世民轻易出战，又听到他关于订盟立誓的话，怀疑突利与李世民另有计谋，便派人阻止李世民说：“秦王不必渡过河沟，我没有别的意思，只是打算与秦王重申并加强原有的盟约罢了。”于是，颉利率领兵马略微后退。此后，连绵大雨愈发落个不停，李世民对各位将领说：“突厥所仗恃着的是弓箭，现在雨水经久不息，筋弦松弛，胶性失粘，弓就不能够使用了，这使他们像飞鸟折断了翅膀一样。我们居住在房屋里，吃熟食，兵器锐利，可以养精蓄锐，相机制服疲乏的敌军。假如对这一时机都不加利用，还准备等待什么样的时机呢！”于是，李世民在夜间暗中出兵，冒雨前进，突厥大为震惊。李世民又派人向突利陈述利弊得失，突利很高兴，愿意服从命令。颉利打算出战，突利不同意，颉利这才派遣突利和他的夹毕特勒阿史那思摩前来会见李世民，请求通和修好，李世民答应了他们。阿史那思摩是颉利的堂叔。突利于是主动依托李世民，请求与李世民结拜成兄弟。李世民也以恩情安抚他，与他立下盟约，突利这才离去。

九年（丙戌，公元626年）

李建成在夜间叫来李世民，与他饮酒，以经过鸩羽浸泡的毒酒毒害他。李世民突然心脏痛楚，吐了几升血，淮安王李神通搀扶着他返回西宫。

李建成、李元吉与后宫的嫔妃日夜不停地向高祖诬陷李世民，高祖信以为真，便准备惩治李世民。

李世民传召房玄龄计议此事，房玄龄说：“大王的功劳足以遮盖天地，应当继承皇帝的伟大勋业。现在大王心怀忧虑戒惧，正是上天在帮助大王啊。希望大王不要疑惑不定了。”于是，房玄龄与秦王府属杜如晦共同劝说李世民诛杀李建成与李元吉。

由于秦王府拥有许多骁勇的将领，李建成与李元吉打算引诱他们为己所用，便暗中将一车金银器物赠送给左二副护军尉迟敬德，并且写就一封书信招引他说：“希望得到您的屈驾眷顾，以便加深我们之间的布衣之交。”尉迟敬德推辞说：“我是编蓬为户、破瓮作窗人家的小民，遇到隋朝末年战乱不息、百姓流亡的时局，长期沦落在抗拒朝廷的境地里，罪大恶极，死有余辜。秦王赐给我再生的恩典，现在我又在秦王府注册为官，只应当以死报答秦王。我没有为殿下立过尺寸之功，不敢凭空接受殿下如此丰厚的赏赐。倘若我私自与殿下交往，就是对秦王怀有二心，就是因贪图财利而忘掉忠义，殿下要这种人又有什么用处呢！”李建成大怒，便与他断绝了往来。尉迟敬德将此事告诉了李世民，李世民说：“您的心就像山岳那样坚实牢靠，即使他赠送给您的金子堆积得顶住了北斗星，我知道您的心还是不会动摇的。他赠给您什么，您就接受什么，这又有什么值得猜疑的呢！况且，这样做能够了解他的阴谋，难道不是一个上好的计策吗！否则，祸事就将降临到您的头上了。”不久，李元吉指使勇士在夜间刺杀尉迟敬德，尉迟敬德得知这一消息以后，将层层门户敞开，自己安然躺着不动，刺客屡次来到他的院子，终究没敢进屋。于是，李元吉向高祖诬陷尉迟敬德，敬德被关进奉诏命特设的监狱里审问处治，准备将他杀掉，由于李世民再三请求保全他的性命，这才得以不死。李元吉又诬陷左一马军总管程知节，高祖将他外放为康州刺史。程知节对李世民说：“大王的辅佐之臣快走光了，大王自身又怎么能够长久呢！我誓死不离开京城，希望大王及早将计策决定下来。”李元吉又用金银布帛引诱右二护军段志玄，段志玄不肯从命。李建成对李元吉说：“在秦王府有智谋才略的人物中，值得畏惧的是房玄龄和杜如晦。”李建成与李元吉又向高祖诬陷他们二人，使他们遭到斥逐。

李世民的亲信只剩下长孙无忌还留在秦王府中，他与他的舅舅雍州治中高士廉、右候车骑将军三水人侯君集以及尉迟敬德等人，夜以继日地劝说李世民诛讨李建成和李元吉，李世民犹豫不决。

适逢突厥郁射设带领数万骑兵驻扎在黄河以南，进入边塞，包围乌城，李建成便推荐李元吉代替李世民督率各军北征突厥。高祖听从了他的建议，命令李元吉督率右武卫大将军李艺、天纪将军张瑾等人前去援救乌城。李元吉请求让尉迟敬德、程知节、段志玄以及秦王府右三统军秦叔宝等人与自己一同前往，检阅并挑选秦王军中精悍勇锐的将士，来增强李元吉的军队。率更丞王晊秘密禀告李世民说：“太子对齐王说：‘现在，你已经得到秦王骁勇的将领和精悍的士兵，拥有数万人马了。我与秦王在昆明池为你饯行，让勇士就在帐幕里摧折秦王的身体，将他杀死，上奏时就说他暴病身亡，皇上该不会不相信。我自当让人进言申说，使皇上将国家事务交给我。尉迟敬德等人被你掌握以后，应该将他们悉数活埋，有谁敢不服呢！’”李世民将王晊的话告诉了长孙无忌等人，长孙无忌等人劝说李世民在事发以前设法对付他们。李世民叹息着说：“骨肉相互残杀，是古往今来的大丑事。我诚然知道祸事即将来临，但我打算在祸事发动以后，再仗义讨伐他们，这不也是可以的吗！”尉迟敬德说：“作为人们的常情，有谁能够舍得死去！现在大家誓死拥戴大王，这是上天所授。祸患的机栝就要发动，大王却仍旧态度安然，不为此事担忧。即使大王把自己看得很轻，又怎么对得起宗庙社稷呢！如果大王不肯采用我的主张，我就准备逃身荒野了。我是不能够留在大王身边，拱手任人宰割的！”长孙无忌说：“如果大王不肯听从尉迟敬德的主张，事情现在便没有指望了。尉迟敬德等人肯定不会再追随大王，我也应当跟着他们离开大王，不能够再事奉大王了！”李世民说：“我讲的意见也不能够完全舍弃，您再计议一下吧。”尉迟敬德说：“如今大王处理事情犹豫不定，这是不明智的；面临危难，不能决断，这是不果敢的。况且，大王平时畜养的八百多名勇士，凡是在外面的，现在已经进入宫中，他们穿好衣甲，握着兵器，起事的形势已经形成，大王怎么能够制止得住呢！”

李世民就此事征求秦王府僚属的意见，大家都说："齐王凶恶乖张，是终究不愿意事奉自己的兄长的。近来听说护军薛实曾经对齐王说：'大王的名字，合起来可以成为一个唐字，看来大王终究是要主持大唐的祭祀的。'齐王欢喜地说：'只要能够除去秦王，捉拿太子就易如反掌了。'李元吉与太子谋划作乱还没有成功，就已经有了捉拿太子的心思。作乱的心思没个满足，又有什么事情做不出来呢！假使这两个人如愿以偿了，恐怕天下就不再归大唐所有。凭着大王的贤能，捉拿这两个人就像拾取地上的草芥一般容易，怎么能够为了信守平常人的节操，而忘记了国家大计呢！"李世民仍然没有做出决定。大家说："大王认为虞舜是什么样的人呢？"李世民说："是圣人。"大家说："假如虞舜在疏浚水井的时候没有躲过父亲与哥哥在上面填土的毒手，他便化为井中的泥土了，假如他在涂饰粮仓的时候没有逃过父亲和哥哥在下面放火的毒手，他便化为粮仓上的灰烬了，还怎么能够使自己恩泽遍及天下，法度流传后世呢！所以，虞舜在遭到父亲用小棍棒笞打的时候便忍受了，在遭到父亲用大棍棒笞打的时候便逃走了，这恐怕是因为虞舜心里所想的是大事啊。"李世民让人卜算是否应该采取行动，恰好秦王幕府的僚属张公谨从外面进来，便将龟甲拿过来扔在地上说："占卜是为了决定疑难之事的，现在事情并无疑难，还占卜什么呢！如果卜算的结果是不吉利的，难道就能够不采取行动了吗？"于是，大家便定下了采取行动的计划。

庚申（六月初四），李世民率领长孙无忌等人入朝，将兵力埋伏在玄武门。张婕妤暗中得知了李世民上表的大意，急忙前去告诉李建成。李建成将李元吉叫来商议此事，李元吉说："我们应当统率好东宫与齐王府中的军队，托称有病，不去上朝，以便观察形势。"李建成说："军队的防备已很严密了，我与你应当入朝参见，亲自打听消息。"于是，二人一起入朝，向着玄武门走来。当时，高祖已经将裴寂、萧瑀、陈叔达等人召集前来，准备查验这件事情了。

李建成与李元吉来到临湖殿的时候，察觉到发生了变故，立即勒转马头，准备向东返回东宫和齐王府。李世民跟在后面招呼他们，李元吉拉开弓射李世民，一连两三次，都没有将弓拉满，李世民箭射李建成，却将他射死了。尉迟敬德带领骑兵七十人相继赶到，他身边的将士将李元吉射下马来。李世民的坐骑奔入树林，被树枝挂住，倒在地上，不能起来。李元吉迅速赶到，夺过弓来，准备掐死李世民，尉迟敬德跃马奔来大声呵斥他。李元吉打算步行前往武德殿，尉迟敬德追着射他，将他射死了。翊卫车骑将军冯翊人冯立得知李建成死去消息以后，叹息说："难道能够人家活着时蒙受人家的恩惠，人家一死便逃避人家的祸难吗！"于是，他与副护军薛万彻、屈咥直府左车骑万年人谢叔方率领东宫和齐王府的精锐兵马两千人，急驰玄武门。张公谨膂力过人，他独自关闭了大门，挡住冯立等人，冯立等人无法进入。云麾将军敬君弘掌管着宿卫军，驻扎在玄武门。他挺身而起，准备出战，与他亲近的人阻止他说："事情未见分晓，姑且慢慢观察事态的发展变化，等到兵力集合起来，结成阵列再出战，也是为时不晚的啊。"敬君弘不肯听从，便与中郎将吕世衡大声呼喊着奔向前去，结果全部战死。敬君弘是敬显隽的曾孙。把守玄武门的士兵与薛万彻等人奋力交战，持续了很长时间，薛万彻擂着鼓，呼喊着，准备进攻秦王府，将士们大为恐惧。这时，尉迟敬德提着李建成和李元吉的头颅，给薛万彻等人看，东宫和齐王府的人马因而溃散，薛万彻与骑兵数十人逃进终南山。冯立杀死敬君弘以后，对手下人说："这也足够略微报答太子了。"于是，他丢掉兵器，落荒而逃。

高祖正在海池划船。李世民让尉迟敬德入宫担任警卫，尉迟敬德身披铠甲，手握长矛，径直来到高祖所在的地方。高祖极为震惊，便问他说："今天作乱的人是谁呀？你到这里来做什么？"尉迟敬德回答说："由于太子和齐王作乱，秦王起兵诛杀了他们。秦王担心惊动陛下，便派我担任警卫。"高祖对裴寂等人说："不料今天竟然会出现这种事情，你们认为应当怎么办呢？"萧瑀和陈叔达说："李建成与李元吉原来就没有参与举义反隋的谋议，又没有为天下立下功劳。他们嫉妒秦王功勋大，威望高，便一起策划邪恶的阴谋。现在，秦王已经声讨并诛杀了他们，秦王的功绩布满天下，我国疆域以内的人们都诚心归向于他。如果陛下能够决定立他为太子，将国家政务交托给他，就不会再发生事端了。"高祖说："好！这也正是我平素的心愿啊。"当时，宿卫军和秦王府的兵马与东宫和齐王府的亲信交战还没有停止，尉迟敬德请求高祖颁布亲笔敕令，命令各军一律接受秦王的处置，高祖听从了他的建议。天策府司马宇文士及由东上阁门出来宣布敕令，大家便安定下来。高祖又让黄门侍郎裴矩前往东宫晓谕开导各个将士，将士们便都散开。于是，高祖传召李世民前来，抚慰他说："近些日子以来，我几乎出现了曾母误听曾参杀人而丢开织具逃走的疑惑。"李世民跪了下来，伏在高祖的胸前，长时间地放声痛哭。

各位将领准备将李建成和李元吉的一百多名亲信全部诛除，将他们的家产没收官府，尉迟敬德再三争辩说："罪过都在两个元凶身上，他们已经受到死刑的处罚了。倘若还要牵连他们的党羽，就不是谋求安定的做法了！"于是各位将领停止追杀下去。当天，高祖颁诏赦免天下罪囚，叛逆的罪名只加给李建成和李元吉二人，对其余的党羽，一概不加追究。僧人、尼姑和男女道士都应当依照原先颁布的诏令处理。国家的各项政务，全部听候秦王的处置。

癸亥（六月初七），高祖将李世民立为皇太子，还颁布诏书说："从今天起，军队和国家的各项事务，无论大小，全部交付太子处置决定，然后再报告朕知。"

司马光曰：将嫡长子立为太子，是礼制的正常法则。然而，高祖之所以拥有天下，完全是由于李世民的功劳。隐太子李建成平庸低劣，却位居李世民之上，所处的地位易生嫌猜，所拥有的权力相互威胁，兄弟二人必然不能相容。假如高祖有周文王的明智，隐太子李建成有泰伯的贤达，太宗有子臧的节操，变乱又会从哪里产生出来呢！既然不能如此，太宗这才打算等待李建成首先发难，然后采取相应的行动。这样说来，太宗也是出于不得已，尚且算是做得较好的了。接着，李世民被各位下属施加压力，于是导致宫廷门前发生了流血事件，对自己的同胞兄弟白刃相加，为后世所讥刺，真是太可惜了！一般说来，创立基业传给后世的君主，是子孙后代学习的典范，后来中宗、玄宗、肃宗、代宗的帝位传承，能不是在对太宗的指顾与效法中找到借口的吗！

癸亥（八月初八），高祖颁布制书，将皇位传给太子李世民。太子李世民再三推辞，高祖不肯答应。甲子（初九），太宗在东宫显德殿即皇帝位，大赦天下，关内地区以及蒲州、芮州、虞州、泰州、陕州、鼎州六地免除租调两年，其余各地免除徭役一年。

颉利可汗与突利可汗二人汇合兵马十多万人侵犯泾州，进兵到武功，京城严加戒备。

丙子（八月二十一日），太宗将皇妃长孙氏立为皇后。长孙皇后年少时喜欢读书，即使在仓猝之间，她的行为也一定要遵守礼教的规定。太宗在当秦王的时候，与太子李建成和齐王李元吉结下嫌隙，长孙皇后侍奉高祖，顺从高祖的妃嫔，弥补秦王的缺失，给秦王带来很大的帮助。长孙氏被立为中宫皇后以后，务求保持节俭的本色，车马衣服等物品只求够用罢了。太宗深深地器重她，曾经与她议论奖赏与刑罚的事，长孙皇后推辞说："'如果母鸡在早晨打鸣，就只会使这个人家倾家荡产。'我是妇女，怎么敢过问朝中政务！"太宗再三问她，她到底没有回答。

己卯（八月二十四日），突厥进军侵犯高陵县。辛巳（八月二十六日），泾州道行军总管尉迟敬德与突厥在泾阳交战，大破突厥，擒获了突厥的俟斤阿史德乌没啜，斩首一千多级。

癸未（八月二十八日），颉利可汗前进到渭水便桥的北岸，派遣他的亲信执失思力入京晋见太宗，以便观察唐的情况。

太宗亲自出玄武门，与高士廉、房玄龄等六人骑马径直来到渭水边上，同颉利可汗隔着渭水对语，责备他背弃盟约。突厥大为吃惊，纷纷跳下马来，对着太宗罗列而拜。一会儿，唐朝各军相继赶到，旗帜与盔甲遮盖了原野。颉利可汗看到执失思力没有回来，而太宗挺身而出，唐军的阵容又很盛大，脸上也浮现出恐惧的神色。太宗指挥各军退出一些地方来结成阵列，自己仍独自留下与颉利可汗交谈，萧瑀认为太宗轻敌，便勒住太宗的坐骑再三劝阻。太宗说："朕已经周密地谋划过了，你还不了解其中的用意。突厥之所以胆敢竭尽全国兵力前来，径直抵达京城的郊野，是因为我们国家内部出现了祸难，朕又是新近即位，认为我军不能抵抗防御他们的缘故。如果我军向他们示弱，关闭城门，防守抵御，突厥必然要放纵兵马大规模地劫掠，使我们难以遏制。所以，朕轻装骑马独自前来，是要显示出看不起他们的样子；又向他们大肆炫耀军队的阵容，是要让他们知道我军肯定会出战；朕的行动出于突厥的意料之外，是要让他们失去主张。突厥已经深入到我国疆域中来，肯定怀有戒惧之心。所以，如果我军与他们交战，便能取胜，与他们通好言和，便能够巩固。制服突厥，就看这一行动了。你尽管看着好了。”当日，颉汗可汗前来请求讲和，得到了太宗的许可。太宗当天返回宫中。乙酉（八月三十日），又前往城西，宰白马歃血，与颉利可汗在便桥订盟，突厥率领兵马撤退。

萧瑀向太宗请教说：“在突厥没有准备言和的时候，各位将领争先请求出战，陛下没有允许，我等对陛下的做法也感到疑惑不解。不久，突厥果然自动撤退了，奥妙何在？”太宗说：“朕观察突厥兵马虽然为数众多，但是阵容并不整饬，突厥君臣的意图只是一味贪图财物。当突厥请求讲和的时候，可汗独自留在渭水西岸，他的职位显要的官员都来谒见朕，如果我们将他们灌醉了，再将他们捉拿起来，就势袭击突厥兵马，那形势就如摧毁朽坏的物品一样容易。朕再让长孙无忌和李靖在豳州埋伏兵力，等待他们前往，假如突厥向回逃奔，前面有埋伏着的兵马阻拦截击，后面有大部队跟踪追击，消灭他们易如反掌。朕不肯与他们交战，是由于朕即位的时间太短，国家尚未安定，百姓并不富足，暂且应当休息生养，以安抚为务。一经与突厥开战，带来的损失一定很多。突厥在与我们结下深深的怨仇以后，因恐惧而整饬武备，我们便不能够得其所欲如愿以偿了。所以才决定停战息兵，以金银布帛诱惑他们。他们的欲望得到满足以后，理应自动撤退，心志骄矜，意气怠惰，不再设置军备。然后，我军蓄养军威，窥伺破绽，就能够一举消灭他们。打算有所索取，就要先有所给予，说的就是这个道理。你明白了吗？”萧瑀再次叩拜说：“这不是我所能够想到的啊！”

第一百九十二卷
唐纪八

译文诵读

高祖神尧大圣光孝皇帝下之下武德九年（丙戌，626）

九月，突厥颉利献马三千匹，羊万口。上不受，但诏归所掠中国户口，征温颜博还朝。

上尝言：“吾自少经略四方，颇知用兵之要，每观敌陈，则知其强弱，常以吾弱当其强，强当其弱。彼乘吾弱，逐奔不过数十百步，吾乘其弱，必出其陈后反击之，无不溃败，所以取胜，多在此也！”

上于弘文殿聚四部书二十余万卷，置弘文馆于殿侧，精选天下文学之士虞世南、褚亮、姚思廉、欧阳询、蔡允恭、萧德言等，以本官兼学士，令更日宿直，听朝之隙，引入内殿，讲论前言往行，商榷政事，或至夜分乃罢。又取三品已上子孙充弘文馆学士。

癸亥，立皇子中山王承乾为太子，生八年矣。

初，上皇欲强宗室以镇天下，故皇再从、三从弟及兄弟之子，虽童孺皆为王，王者数十人。上从容问群臣：“遍封宗子，于天下利乎？”封德彝对曰：“前世唯皇子及兄弟乃为王，自余非有大功，无为王者。上皇敦睦九族，大封宗室，自两汉以来未有如今之多者。爵命既崇，多给力役，恐非示天下以至公也！”上曰：“然。朕为天子，所以养百姓也，岂可劳百姓以养己之宗族乎！”十一月，庚寅，降宗室郡王皆为县公，惟有功者数人不降。

丙午，上与群臣论止盗。或请重法以禁之，上哂之曰：“民之所以为盗者，由赋繁役重，官吏贪求，饥寒切身，故不暇顾廉耻耳。朕当去奢省费，轻徭薄赋，选用廉吏，使民衣食有余，则自不为盗，安用重法邪！”自是数年之后，海内升平，路不拾遗，外户不闭，商旅野宿焉。

上又尝谓侍臣曰：“君依于国，国依于民。刻民以奉君，犹割肉以充腹，腹饱而身毙，君富而国亡。故人君之患，不自外来，常由身出。夫欲盛则费广，费广则赋重，赋重则民愁，民愁则国危，国危则君丧矣。朕常以此思之，故不敢纵欲也。”

上患吏多受赇，密使左右试赂之。有司门令史受绢一匹，上欲杀之，民部尚书裴矩谏曰："为吏受赂，罪诚当死，但陛下使人遗之而受，乃陷人于法也，恐非所谓'道之以德，齐之以礼。'"上悦，召文武五品已上告之曰："裴矩能当官力争，不为面从，傥每事皆然，何忧不治！"

臣光曰：古人有言：君明臣直。裴矩佞于隋而忠于唐，非其性之有变也。君恶闻其过，则忠化为佞，君乐闻直言，则佞化为忠。是知君者表也，臣者景也，表动则景随矣。

太宗文武大圣大广孝皇帝上之上贞观元年（丁亥，627）

上以兵部郎中戴胄忠清公直，擢为大理少卿。上以选人多诈冒资荫，敕令自首，不首者死。未几，有诈冒事觉者，上欲杀之。胄奏："据法应流。"上怒曰："卿欲守法而使朕失信乎？"对曰："敕者出于一时之喜怒，法者国家所以布大信于天下也。陛下忿选人之多诈，故欲杀之，而既知其不可，复断之以法，此乃忍小忿而存大信也！"上曰："卿能执法，朕复何忧！"胄前后犯颜执法，言如涌泉，上皆从之，天下无冤狱。

右骁卫大将军长孙顺德受人馈绢，事觉，上曰："顺德果能有益国家，朕与之共有府库耳，何至贪冒如是乎！"犹惜其有功，不之罪，但于殿庭赐绢数十匹。大理少卿胡演曰："顺德枉法受财，罪不可赦，奈何复赐之绢？"上曰："彼有人性，得绢之辱，甚于受刑；如不知愧，一禽兽耳，杀之何益！"

初，隋末丧乱，豪杰并起，拥众据地，自相雄长。唐兴，相帅来归，上皇为之割置州县以宠禄之，由是州县之数，倍于开皇、大业之间。上以民少吏多，思革其弊。二月，命大加并省，因山川形便，分为十道：一曰关内，二曰河南，三曰河东，四曰河北，五曰山南，六曰陇右，七曰淮南，八曰江南，九曰剑南，十曰岭南。

秋，七月，壬子，以吏部尚书长孙无忌为右仆射。无忌与上为布衣交，加以外戚，有佐命功，上委以腹心，其礼遇群臣莫及，欲用为宰相者数矣。文德皇后固请曰："妾备位椒房，家之贵宠极矣，诚不愿兄弟复执国政。吕、霍、上官，可为切骨之戒，幸陛下矜察！"上不听，卒用之。

初，突厥性淳厚，政令质略。颉利可汗得华人赵德言，委用之。德言专其威福，多变更旧俗，政令烦苛，国人始不悦。颉利又好信任诸胡而疏突厥，胡人贪冒，多反覆，兵革岁动。会大雪，深数尺，杂畜多死，连年饥馑，民皆冻馁。颉利用度不给，重敛诸部，由是内外离怨，诸部多叛，兵浸弱。言事者多请击之，上以问萧瑀、长孙无忌曰："颉利君臣昏虐，危亡可必。今击之，则新与之盟；不击，恐失机会。如何而可？"瑀请击之。无忌对曰："虏不犯塞而弃信劳民，非王者之师也。"上乃止。

上谓公卿曰："昔禹凿山治水而民无谤讟者，与人同利故也。秦始皇营宫室而人怨叛者，病人以利己故也。夫靡丽珍奇，固人之所欲，若纵之不已，则危亡立至。朕欲营一殿，材用已具，鉴秦而止。王公已下，宜体朕此意。"由是二十年间，风俗素朴，衣无锦绣，公私富给。

初，突厥既强，敕勒诸部分散，有薛延陀、回纥、都播、骨利干、多滥葛、同罗、仆固、拔野古、思结、浑、斛薛、结、阿跌、契苾、白霫等十五部，皆居碛北，风俗大抵与突厥同。薛延陀于诸部为最强。

回纥等六部在郁督军山者，东属始毕可汗。统叶护可汗势衰，乙失钵之孙夷男帅部落七万余家，附于颉利可汗。颉利政乱，薛延陀与回纥、拔野古等相帅叛之。颉利遣其兄子欲谷设将十万骑讨之，回纥酋长菩萨将五千骑，与战于马鬣山，大破之。欲谷设走，菩萨追至天山，部众多为所虏，回纥由是大振。薛延陀又破其四设，颉利不能制。

颉利益衰，国人离散。会大雪，平地数尺，羊马多死，民大饥，颉利恐唐乘其弊，引兵入朔州境上，扬言会猎，实设备焉。鸿胪卿郑元璹使突厥还，言于上曰："戎狄兴衰，专以羊马为候。今突厥民饥畜瘦，此将亡之兆也，不过三年。"上然之。群臣多劝上乘间击突厥，上曰："新与人盟而背之，不信；利人之灾，不仁；乘人之危以取胜，不武。纵使其种落尽叛，六畜无余，朕终不击，必待有罪，然后讨之。"

二年（戊子，628）

春，正月，辛亥，右仆射长孙无忌罢。时有密表称无忌权宠过盛者，上以表示之，曰："朕于卿洞然无疑，若各怀所闻而不言，则君臣之意有不通。"又召百官谓之曰："朕诸子皆幼，视无忌如子，非他人所能间也。"无忌自惧满盈，固求逊位，皇后又力为之请，上乃许之，以为开府仪同三司。

上问魏徵曰："人主何为而明，何为而暗？"对曰："兼听则明，偏信则暗。昔尧清问下民，故有苗之恶得以上闻；舜明四目，达四聪，故共、鲧、驩兜不能蔽也。秦二世偏信赵高，以成望夷之祸；梁武帝偏信朱异，以取台城之辱；隋炀帝偏信虞世基，以致彭城阁之变。是故人君兼听广纳，则贵臣不得拥蔽，而下情得以上通也。"上曰："善！"

二月，上谓侍臣曰："人言天子至尊，无所畏惮。朕则不然，上畏皇天之监临，下惮群臣之瞻仰，兢兢业业，犹恐不合天意，未副人望。"魏徵曰："此诚致治之要，愿陛下慎终如始，则善矣。"

上谓房玄龄等曰："为政莫若至公。昔诸葛亮窜廖立、李严于南夷，亮卒而立、严皆悲泣，有死者，非至公能如是乎！又高颎为隋相，公平识治体，隋之兴亡，系颎之存没。朕既慕前世之明君，卿等不可不法前世之贤相也！"

初，突厥突利可汗建牙直幽州之北，主东偏，奚、霫等数十部多叛突厥来降，颉利可汗以其失众责之。及薛延陀、回纥等败欲谷设，颉利遣突利讨之，突利兵又败，轻骑奔还。颉利怒，拘之十余日而挞之，突利由是怨，阴欲叛颉利。颉利数征兵于突利，突利不与，表请入朝。上谓侍臣曰："向者突厥之强，控弦百万，凭陵中夏，用是骄恣以失其民。今自请入朝，非困穷，肯如是乎！朕闻之，且喜且惧。何则？突厥衰则边境安矣，故喜。然朕或失道，他日亦将如突厥，能无惧乎！卿曹宜不惜苦谏，以辅朕之不逮也。"

唐高祖武德九年（丙戌，公元626年）

九月，突厥颉利可汗进献三千匹马、一万头羊，唐太宗推辞不受，只是下诏令其归还所掠夺的中原人口，并征召上一年被突厥俘虏的温彦博回到朝中。

太宗曾说过："我从小南征北战，东略西讨，颇知用兵之道。每次观察敌军阵势，即知道它的强弱，并常以我军弱旅抵挡其强兵，而以强师击其弱旅。敌军追逐我方弱旅不过走数百步，我军攻其弱旅，一定要突至其阵后乘势反击，敌军无不溃败奔逃，这就是我的取胜之道！"

太宗聚集经史子集四部书二十余万卷藏于弘文殿，并于殿旁设置弘文馆。遴选虞世南、褚亮、姚思廉、欧阳询、蔡允恭、萧德言等国内精通学术之人，以原职兼任弘文馆学士，让他们轮流值宿，皇上在听政之暇，领他们进入内殿，讲论先哲言行，商榷当朝大政，有时要到午夜时分才结束。又选取三品以上官员的子孙充任弘文馆学生。

癸亥（初八），朝廷立中山王李承乾为皇太子，时年仅八岁。

起初，高祖想以加强皇室宗族的力量来威震天下，所以与皇帝同曾祖、同高祖的远房堂兄弟以及他们的儿子，即使童孺幼子均封为王，达数十人。为此，太宗语气和缓地征求群臣的意见："遍封皇族子弟为王，对天下有利吗？"封德彝回答道："前世只有皇帝的儿子及兄弟才封为王，其他宗亲如果不是有大功勋，便没有封王的。太上皇亲善厚待皇亲国戚，大肆分封宗室，自东、西汉以来都没有如此之多。封给的爵位既高，又多赐给劳力仆役，这恐怕不能向天下人显示自己的大公无私吧！"太宗说："有道理。朕做天子，就是为了养护百姓，怎么可以劳顿百姓来养护自己的宗族呢！"十一月，庚寅（初五），将宗室郡王降格为县公，只有功勋卓著的几位不降。

丙午（二十一日），太宗与群臣讨论防盗问题。有人请求设严刑重法以禁盗，太宗微笑着答道："老百姓之所以做盗贼，是因为赋役繁重，官吏贪财求贿，百姓饥寒交集，所以便顾不得廉耻了。朕主张应当杜绝奢侈浪费，轻徭薄赋，选用廉吏，使老百姓吃穿有余，自然不去做盗贼，何必用严刑重法呢！"从此经过数年之后，天下太平，路不拾遗，夜不闭户，商人旅客可在野外露宿。

太宗曾对身边的大臣说："君主依靠国家，国家仰仗百姓。剥削百姓来奉养君主，如同割下身上的肉来充腹，腹饱而身死，君主富了而国家灭亡。所以君主的忧虑，不来自于外面，而常在于自身。凡欲望多则花费大，花费大则赋役繁重，赋役繁重则百姓愁苦，百姓愁苦则国家危急，国家危急则君主地位不保。朕常常思考这些，所以不敢放纵自己的欲望。"

太宗担心官吏中多有接受贿赂的，便秘密安排身边的人去试探他们。有一个刑部的司门令史收受绢帛一匹，太宗得悉后想要杀掉他。民部尚书裴矩劝谏道："当官的接受贿赂，罪的确应当处死；但是陛下派人送上门去让其接受，这是有意引人触犯法律，恐怕不符合孔子所谓'用道德加以诱导，以礼教来整齐民心'的古训。"太宗听了很高兴，召集文武五品以上的官员，对他们说："裴矩能够做到在位敢于力争，并不一味地顺从我，假如每件事情都能这样做，国家怎么能治理不好呢！"

臣司马光曰：古人说过：君主贤明则臣下敢于直言。裴矩在隋朝是位佞臣而在唐则是忠臣，不是他的品性有变化。君主讨厌听人揭短，则大臣的忠诚便转化为谄谀；君主乐意听到直言劝谏，则谄谀又会转化成忠诚。由此可知君主如同测影的表，大臣便似影子，表一动则影子随之而动。

唐太宗贞观元年（丁亥，公元627年）

太宗认为兵部郎中戴胄忠诚清正耿直，提升他为大理寺少卿。当时许多候选官员都假冒资历和门荫，太宗令他们自首，否则即处死。没过几天，有假冒被发觉的，太宗要杀掉他。戴胄上奏道："根据法律应当流放。"太宗大怒道："你想遵守法律而让我失信于天下吗？"戴胄回答道："敕令出于君主一时的喜怒，法律则是国家用来向天下人昭示最大信用的。陛下气愤于候选官员的假冒，所以想要杀他们，但是现在已知道这样做不合适，再按照法律来裁断，这就是忍住一时的小愤而保全大的信用啊！"太宗说："你如此执法，朕还有何忧虑！"戴胄前后多次冒犯皇上而执行法律，奏答时滔滔不绝，太宗都听从他的意见，国内没有冤案。

右骁卫大将军长孙顺德接受别人送的绢帛，事情暴露，太宗说："长孙顺德如果能有益于国家，朕与他共享府库的资财，他何至于如此贪婪呢！"太宗仍爱惜他有功于大唐，不予惩罚，反而在宫殿上赐给他数十匹绢帛。大理寺少卿胡演说："长孙顺德贪赃枉法，犯下的罪不可饶恕，为什么又要赐他绢帛呢？"太宗说："如果他有人性的话，得到朕赐给绢帛的羞辱，远甚于受到刑罚；如果不知道羞耻，不过是禽兽而已，杀他又有何用呢！"

起初，隋朝末年天下大乱，英雄豪杰蜂拥而起，据地拥兵，各自称雄一方。唐兴起后相继归附，高祖为他们分置州县，施以荣禄，由此州县的数目，大大超过隋朝开皇、大业年间。太宗认为官多民少，想革除弊端。二月，下令州县大加合并，依山川地势条件，将全国分为十道：一关内，二河南，三河东，四河北，五山南，六陇右，七淮南，八江南，九剑南，十岭南。

唐太宗李世民

秋季，七月，壬子（初二），任命吏部尚书长孙无忌为尚书右仆射。无忌与太宗早年为布衣之交，加上皇后兄长的外戚身份，又有辅佐太宗即位的大功，太宗视为心腹，对他的礼遇无人堪比，几次想重用他为宰相。文德皇后固执地请求："我身为皇后，家族的尊贵荣耀已达到顶点，实在不愿意我的兄弟再去执掌国政。汉代的吕、霍、上官三家外戚都是痛彻骨髓的前车之鉴，望陛下体恤明察！"太宗不听，最后还是予以重用。

起初，突厥族风俗淳厚，政令简质疏略。颉利可汗得到汉人赵德言，加以重用，德言恃势专权，大量地改变旧有风俗习惯，政令也变得繁琐苛刻，百姓们大为不满。颉利又信任各胡族人，而疏远突厥本族人，这些胡族人贪得无厌，反复无常，干戈连年不息。又赶上大雪天，雪深达数尺，牲畜多冻死，加以连年饥荒，百姓都饥寒交迫。颉利费用不足，便向各部落征收重税，由此上下离心，怨声载道，各部落多反叛，兵力渐弱。唐朝大臣们议事时多请求乘机出兵，太宗问萧瑀和长孙无忌："颉利君臣昏庸残暴，必然面临危亡。现在出兵讨伐，则刚刚与突厥订立盟约，师出无名；不出兵，恐怕又要失去机会，怎么办呢？"萧瑀请求出兵。长孙无忌说："突厥并没有侵我边塞，却要背信弃义、劳民伤财，这不是正义之师的所为。"太宗于是没有出兵。

太宗对公卿说："从前大禹凿山治水而百姓没有怨谤之言，是因为与民利益攸关的缘故。秦始皇营造宫室而百姓怨声载道、图谋反叛，是因为秦始皇损民以利己的缘故。奇珍异宝，本是每个人都想得到的，假如放纵自己不止，那么国家就会立刻面临危亡。朕想要营造一个宫殿，材料已经齐备，有鉴于秦的灭亡，便停止了这项工程。亲王公卿以下，应当体会朕的这个想法。"从此二十年间，风俗质朴淳厚，穿着不用锦绣，官府与百姓均很富足。

起初，突厥族已经强大，敕勒各部落分散，有薛延陀、回纥、都播、骨利幹、多滥葛、同罗、仆固、拔野古、思结、浑、斛薛、结、阿跌、契苾、白霫等十五部，均居住在漠北地区，风俗习惯大致与突厥相同。薛延陀在各部落中实力最强。

回纥等六部聚居在郁督军山，东隶属于突厥始毕可汗。西突厥统叶护可汗势力衰微，乙失钵的孙子夷男率本部落七万多户，依附于突厥颉利可汗。颉利政治混乱，薛延陀与回纥、拔野古等相继反叛。颉利可汗派他的侄子欲谷设统领十万骑兵讨伐，回纥酋长菩萨率五千骑兵迎战于马鬣山，大败欲谷设。欲谷设仓皇奔逃，菩萨追到天山，俘虏其大部，回纥从此兴盛。薛延陀又乘机击败突厥四个设的军队，颉利可汗无法控制。

颉利可汗日益衰败，百姓纷纷离散。正赶上天下大雪，雪深达数尺，羊、马多冻死，百姓饥寒交迫，颉利可汗担心大唐帝国乘突厥衰败进兵，于是带领兵马到朔州边境，扬言要会猎，实际上是防备唐朝。鸿胪寺卿郑元璹出使突厥还朝，对太宗说："戎狄族的兴衰隆替，专以羊马的情状作为征候。现在突厥百姓饥饿、牲畜瘦弱，这是将要灭亡的先兆，不会超过三年。"太宗颇以为然。众大臣都劝说太宗乘此机会袭击突厥，太宗说："刚刚与人家订盟却要背约，这是不守信用；利用人的灾祸，这是不仁义；乘人之危来取胜，这不是勇武的行为。即使突厥的各部落都叛离，牲畜所剩无几，朕还是不出击，一定要等到他们有罪过，然后讨伐他们。"

二年（戊子，公元628年）

春季，正月，辛亥（初三），尚书右仆射长孙无忌离职。当时有人上密表称长孙无忌权力过大，荣宠太盛，太宗将密表拿给长孙无忌看，并说："朕对你丝毫不怀疑，假如各有所闻而不说，则君臣的想法便不能沟通。"又召集百官对他们说："朕的儿子均年幼，所以视无忌如亲子一般，不是其他人所能离间的。"长孙无忌自己担心富贵至极会带来灾祸，一再请求让位，长孙皇后也尽力为他请求，太宗于是准许离职，改封为开府仪同三司。

太宗问魏徵："君主如何做称为明，如何做称为暗？"魏徵答道："能听取各方面的意见，就是明，偏听偏信，就是暗。从前尧帝体恤下情，详细询问民间疾苦，所以能够知道有苗的恶行；舜帝目明能远视四方，耳聪能远听四方，所以共工、鲧、驩兜不能掩匿罪过。秦二世偏信赵高，造成望夷宫的灾祸；梁武帝偏信朱异，招来台城的羞辱；隋炀帝偏信虞世基，导致彭城阁的变故。所以君主善于听取各方面意见，则亲贵大臣就无法阻塞言路，下情也就得以上达。"太宗说："非常对！"

二月，太宗对亲近的大臣说："人们都说君主至为尊贵，无所畏惧。朕则并非如此，上怕皇天的监督，下惧群臣的注视，兢兢业业，还怕不符合上天的旨意和百姓的期望。"魏徵说："这的确是达到治世的要旨，希望陛下能慎始慎终，那就好了。"

太宗对房玄龄等人说："处理政务没有比大公无私更重要的了。以前诸葛亮流放廖立、李严到南夷之地，诸葛亮死的时候，廖立悲痛万分，李严哀伤而死，如果不是大公无私能这样吗？再如高颎为隋朝丞相，公正无私，颇识治国之本，隋朝的兴亡，与高颎的生死相关。朕既然仰慕前代的明君，你们也不可不效法前代的贤相啊！"

起初，突厥突利可汗建牙帐于幽州北面，主持东部事务，奚、霫等数十部大多反叛突厥投降唐朝，颉利可汗责备他失去了这些部落。等到薛延陀、回纥等打败欲谷设，颉利派突利讨伐，突利的军队又吃败仗，单枪匹马逃回。颉利大怒，将突利拘禁了十几天，并鞭笞他，突利从此怨恨颉利，暗中想背叛颉利。颉利几次向他征兵，他都不给，向唐朝上表请求归附。太宗对大臣们说："以前突厥强盛，拥有百万兵马，侵凌中原，却因如此骄横放纵而失去百姓的支持。现在请求归附，如果不是深陷困境，能这么做吗？朕听到这个消息是又高兴又担心。为什么呢？突厥衰败则大唐边境即得安宁，所以高兴。然而朕若有过失，日后也会像突厥一样，能不担心忧虑吗？望你们直言苦谏，来帮助朕弥补不足。"

第一百九十三卷 唐纪九

译文诵读

太宗文武大圣大广孝皇帝上之中贞观二年（戊子，628）

徵状貌不逾中人，而有胆略，善回人主意，每犯颜苦谏。或逢上怒甚，徵神色不移，上亦为霁威。尝谒告上冢，还，言于上曰："人言陛下欲幸南山，外皆严装已毕，而竟不行，何也？"上笑曰："初实有此心，畏卿嗔，故中辍耳。"上尝得佳鹞，自臂之，望见徵来，匿怀中，徵奏事固久不已，鹞竟死怀中。

上曰："为朕养民者，唯在都督、刺史，朕常疏其名于屏风，坐卧观之，得其在官善恶之迹，皆注于名下，以备黜陟。县令尤为亲民，不可不择。"乃命内外五品已上，各举堪为县令者，以名闻。

西突厥统叶护可汗为其伯父所杀，伯父自立，是为莫贺咄侯屈利俟毗可汗。国人不服，弩失毕部推泥孰莫贺设为可汗，泥孰不可。统叶护之子咥力特勒避莫贺咄之祸，亡在康居，泥孰迎而立之，是为乙毗钵罗肆叶护可汗，与莫贺咄相攻，连兵不息，俱遣使来请婚。上不许，曰："汝国方乱，君臣未定，何得言婚！"且谕以各守部分，勿复相攻。于是西域诸国及敕勒先役属西突厥者皆叛之。

三年（己丑，629）

丁巳，上谓房玄龄、杜如晦曰："公为仆射，当广求贤人，随才授任，此宰相之职也。比闻听受辞讼，日不暇给，安能助朕求贤乎！"因敕"尚书细务属左右丞，唯大事应奏者，乃关仆射。"

玄龄明达政事，辅以文学，夙夜尽心，惟恐一物失所。用法宽平，闻人有善，若已有之，不以求备取人，不以己长格物。与杜如晦引拔士类，常如不及。至于台阁规模，皆二人所定。上每与玄龄谋事，必曰："非如晦不能决。"及如晦至，卒用玄龄之策。盖元龄善谋，如晦能断故也。二人深相得，同心徇国，故唐世称贤相，推房、杜焉。玄龄虽蒙宠待，或以事被谴，辄累日诣朝堂，稽颡请罪，恐惧若无所容。

故事：凡军国大事，则中书舍人各执所见，杂署其名，谓之五花判事。中书侍郎、中书令省审之，给事中、黄门侍郎驳正之。上始申明旧制，由是鲜有败事。

在平人马周，客游长安，舍于中郎将常何之家。六月，壬午，以旱，诏文武官极言得失。何武人不学，不知所言，周代之陈便宜二十余条。上怪其能，以问何，对曰："此非臣所能，家客马周为臣具草耳。"上即召之；未至，遣使督促者数辈。及谒见，与语，甚悦，令直门下省，寻除监察御史，奉使称旨。上以常何为知人，赐绢三百匹。

代州都督张公谨上言突厥可取之状，以为"颉利纵欲逞暴，诛忠良，昵奸佞，一也；薛延陀等诸部皆叛，二也；突利、拓设、欲谷设皆得罪，无所自容，三也；塞北霜旱，糇粮乏绝，四也；颉利疏其族类，亲委诸胡，胡人反覆，大军一临，必生内变，五也；华人入北，其众甚多，比闻所在啸聚，保据山险，大军出塞，自然响应，六也。"上以颉利可汗既请和亲，复援梁师都，丁亥，命兵部尚书李靖为行军总管讨之，以张公谨为副。

庚申，以行并州都督李世勣为通汉道行军总管，兵部尚书李靖为定襄道行军总管，华州刺史柴绍为金河道行军总管，灵州大都督薛万彻为畅武道行军总管，众合十余万，皆受李靖节度，分道出击突厥。

四年（庚寅，630）

春，正月，李靖帅骁骑三千自马邑进屯恶阳岭，夜袭定襄，破之。突厥颉利可汗不意靖猝至，大惊曰："唐不倾国而来，靖何敢孤军至此！"其众一日数惊，乃徙牙于碛口。靖复遣谍离其心腹，颉利所亲康苏密以隋萧后及炀帝之孙政道来降。乙亥，至京师。先是，有降胡言"中国人或潜通书启于萧后者"。至是，中书舍人杨文瓘请鞫之，上曰："天下未定，突厥方强，愚民无知，或有斯事。今天下已安，既往之罪，何须问也！"

李世勣出云中，与突厥战于白道，大破之。

甲辰，李靖破突厥颉利可汗于阴山。

先是，颉利既败，窜于铁山，馀众尚数万，遣执失思力入见，谢罪，请举国内附，身自入朝。上遣鸿胪卿唐俭等慰抚之，又诏李靖将兵迎颉利。颉利外为卑辞，内实犹豫，欲俟草青马肥，亡入漠北。靖引兵与李世勣会白道，相与谋曰："颉利虽败，其众犹盛，若走度碛北，保依九姓，道阻且远，追之难及，今诏使至彼，虏必自宽，若选精骑一万，赍二十日粮往袭之，不战可擒矣。"以其谋告张公谨，公谨曰："诏书已许其降，使者在彼，奈何击之！"靖曰："此韩信所以破齐也。唐俭辈何足惜！"遂勒兵夜发，世勣继之，军至阴山，遇突厥千余帐，俘以随军，颉利见使者大喜，意自安。靖使武邑苏定方帅二百骑为前锋，乘雾而行，去牙帐七里，虏乃觉之。颉利乘千里马先走，靖军至，虏众遂溃。唐俭脱身得归。靖斩首万余级，俘男女十余万，获杂畜数十万，杀隋义成公主，擒其子叠罗施。颉利帅万余人欲度碛，李世勣军于碛口，颉利至，不得度，其大酋长皆帅众降，世勣虏五万余口而还。斥地自阴山北至大漠，露布以闻。

突厥颉利可汗至长安。夏，四月，戊戌，上御顺天楼，盛陈文物，引见颉利，数之曰："汝藉父兄之业，纵淫虐以取亡，罪一也；数与我盟而背之，二也；恃强好战，暴骨如莽，三也；蹂我稼穑，掠我子女，四也；我宥汝罪，存汝社稷，而迁延不来，五也。然自便桥以来，不复大入为寇，以是得不死耳。"颉利哭谢而退。诏馆于太仆，厚廪食之。

上皇闻擒颉利，叹曰："汉高祖困白登，不能报。今我子能灭突厥，吾托付得人，复何忧哉！"上皇召上与贵臣十馀人及诸王、妃、主置酒凌烟阁，酒酣，上皇自弹琵琶，上起舞，公卿迭起为寿，逮夜而罢。

诸宰相侍宴，上谓王珪曰："卿识鉴精通，复善谈论，玄龄以下，卿宜悉加品藻，且自谓与数子何如？"对曰："孜孜奉国，知无不为，臣不如玄龄。才兼文武，出将入相，臣不如李靖。敷奏详明，出纳惟允，臣不如温彦博。处繁治剧，众务毕举，臣不如戴胄。耻君不及尧、舜，以谏争为己任，臣不如魏徵。至于激浊扬清，嫉恶好善，臣于数子，亦有微长。"上深以为然，众亦服其确论。

上之初即位也，尝与群臣语及教化，上曰："今承大乱之后，恐斯民未易化也。"魏徵对曰："不然。久安之民骄佚，骄佚则难教；经乱之民愁苦，愁苦则易化。譬犹饥者易为食，渴者易为饮也。"上深然之。封德彝非之曰："三代以还，人渐浇讹，故秦任法律，汉杂霸道，盖欲化而不能，岂能之而不欲邪！魏徵书生，未识时务，若信其虚论，必败国家。"徵曰："五帝、三王不易民而化，昔黄帝征蚩尤，颛顼诛九黎，汤放桀，武王伐纣，皆能身致太平，岂非承大乱之后邪！若谓古人淳朴，渐至浇讹，则至于今日，当悉化为鬼魅矣，人主安得而治之！"上卒从徵言。

元年，关中饥，米斗直绢一匹。二年，天下蝗。三年，大水。上勤而抚之，民虽东西就食，未尝嗟怨。是岁，天下大稔，流散者咸归乡里，米斗不过三、四钱，终岁断死刑才二十九人。东至于海，南极五岭，皆外户不闭，行旅不赍粮，取给于道路焉。上谓长孙无忌曰："贞观之初，上书者皆云：'人主当独运威权，不可委之臣下。'又云：'宜震耀威武，征讨四夷。'唯魏徵劝朕'偃武修文，中国既安，四夷自服。'朕用其言。今颉利成擒，其酋长并带刀宿卫，部落皆袭衣冠，徵之力也，但恨不使封德彝见之耳！"徵再拜谢曰："突厥破灭，海内康宁，皆陛下威德，臣何力焉！"上曰："朕能任公，公能称所任，则其功岂独在朕乎！"

五年（辛卯，631）

初，上令群臣议封建，魏徵议以为："若封建诸侯，则卿大夫咸资俸禄，必致厚敛。又，京畿赋税不多，所资畿外，若尽以封国邑，经费顿阙。又，燕、秦、赵、代俱带外夷，若有警急，追兵内地，难以奔赴。"礼部侍郎李百药以为："运祚修短，定命自天，尧、舜大圣，守之而不能固；汉、魏微贱，拒之而不能却。今使勋戚子孙皆有民有社，易世之后，将骄淫自恣，攻战相残，害民尤深，不若守令之迭居也。”中书侍郎颜师古以为：“不若分王诸子，勿令过大，间以州县，杂错而居，互相维持，使各守其境，协力同心，足扶京室。为置官寮，皆省司选用，法令之外，不得擅作威刑，朝贡礼仪，具为条式。一定此制，万世无虞。”十一月，诏：“皇家宗室及勋贤之臣，宜令作镇藩部，贻厥子孙，非有大故，毋或黜免，所司明为条例，定等级以闻。”

唐太宗贞观二年（戊子，公元628年）

魏徵相貌平平，但是很有胆略，善于挽回皇帝的主意，常常犯颜直谏。有时碰上太宗非常恼怒的时候，他面不改色，太宗的神威也为之收敛。他曾经告假去祭扫祖墓，回来后，对太宗说：“人们都说陛下要临幸南山，外面都已严阵以待、整装完毕，而您最后又没去，不知为什么？”太宗笑着说：“起初确实有这个打算，害怕你又来嗔怪，所以中途停止了。”太宗曾得到一只好鹞鹰，将它置于臂膀上，远远望见魏徵走过来，便藏在怀里；魏徵站在那里上奏朝政大事，很久不停下来，鹞鹰最后竟死在太宗的怀里。

太宗说：“为朕养护百姓的，唯有都督、刺史，朕常常将他们的名字书写在屏风上，坐卧都留心观看，得知在任内的善恶事迹，均注于他们的名下，以备升迁和降职时参考。县令尤其与百姓亲近，不可不慎加选择。”于是下令朝廷内外五品以上官员，各荐举能胜任县令职位的人，呈报他们的姓名。

西突厥统叶护可汗被其伯父杀死，其伯父自立为首领，是为莫贺咄侯屈利俟毗可汗。国人不服，弩失毕部推举泥孰莫贺设为可汗，泥孰不应允。统叶护的儿子咥力特勒，为躲避莫贺咄的祸乱，逃到了康居，泥孰迎回他立为首领，这便是乙毗钵罗肆叶护可汗，与莫贺咄相攻伐，争斗不息，都派使臣请求与唐朝通婚。太宗不应允，说：“你们的国家刚发生内部争斗，君臣尚未确定，怎么能谈得上求婚呢？”而且传谕各部保持稳定，不要再相攻伐。于是先前依附西突厥的敕勒和西域各国均叛离。

三年（己丑，公元629年）

丁巳（三月十六日），太宗对房玄龄、杜如晦说：“你们身为仆射，应当广求天下贤才，因才授官，这是宰相的职责。近来听说你们受理词讼案情，日不暇接，怎么能帮助朕求得贤才呢？”因此下令：“尚书省琐细事务归尚书左右丞掌管，只有应当奏明的大事，才由左右仆射处理。”

房玄龄通晓政务，又有文才，昼夜操劳，惟恐偶有差池；运用法令宽和平正，听到别人的长处，便如同自己所有，待人不求全责备，不以己之所长要求别人，与杜如晦提拔后进，不遗余力。至于尚书省的制度程式，均系二人所定。太宗每次与房玄龄谋划政事，一定要说："非杜如晦不能敲定。"等到杜如晦来，最后还是采用房玄龄的建议。这是因为房玄龄善于谋略，杜如晦长于决断。二人深相投合，同心为国出力。所以唐朝称为贤相者，首推房、杜二人。房玄龄虽然多蒙太宗宠爱，有时因某事受谴责，总是一连数日到朝堂内，磕头请罪，恐惧得好像无地自容。

按以前的惯例，诏书凡涉及军国大事，则让中书舍人各执所见，大家分别署名，称之为五花判事。中书侍郎、中书令加以审核，给事中、黄门侍郎予以驳正。太宗开始申明旧的规制，于是很少有错误。

茌平人马周，游历来到长安，住在中郎将常何家里。六月，壬午（十二日），天下大旱，诏令文武百官畅言得失。常何乃一介武夫，不学无术，不知道说什么，马周便代他上呈建议二十多条。太宗惊奇常何的能力。便问常何，常何答道："这不是我能写的，而是我的客人马周代我起草的。"太宗立刻召见马周，没有来，又派人催促了几次。马周到宫中谒见太宗，太宗与他谈论，十分高兴，令其暂在门下省做事，不久又任命为监察御史，奉使出巡很合旨意。太宗认为常何知人善任，赐给绢帛三百匹。

代州都督张公谨上奏称可取突厥的理由，以为："颉利可汗奢华残暴，诛杀忠良，亲近奸佞之人，是其一；薛延陀等各部落均已叛离，是其二；突利、拓设、欲谷设均得罪颉利，没有地方收留，是其三；塞北地区经历霜冻干旱，粮食匮乏，是其四；颉利疏离其族人，委重任于胡人，胡人反复无常，大唐帝国军队一到，必然内部纷乱，是其五；汉人早年到北方避乱，至此时人数较多，近来听说他们聚众武装，占据险要之地，大军出塞，自然内部响应，是其六。"太宗认为颉利可汗既然想与唐朝和亲，又出兵援助大唐的敌人梁师都，丁亥（八月十九日），任命兵部尚书李靖为行军总管，张公谨为副总管，率兵讨伐突厥。

庚申（十一月二十三日），任命兼任并州都督的李世勣为通汉道行军总管，兵部尚书李勣为定襄道行军总管，华州刺史柴绍为金河道行军总管，灵州大都督薛万彻为畅武道行军总管，合兵力十余万，均受李靖节度，分兵进攻突厥。

四年（庚寅，公元630年）

春季，正月，李靖率领三千骁骑从马邑出发，进驻恶阳岭，当夜，突袭定襄城，取得大胜。突厥颉利可汗想不到李靖出兵如此神速，大惊失色道："唐朝没有倾全国兵力北来，李靖怎么敢孤军深入到这里。"突厥兵一天内数次受惊，于是将牙帐迁移至碛口。李靖又派间谍离间其心腹，颉利的亲信康苏密携带隋萧后及炀帝的孙子杨政道投降唐朝。乙亥（初九），到达长安，先前，有投降的胡人称"唐朝有人私下与隋萧皇后通书信"。到此时，中书舍人杨文瓘请求讯问，太宗说："大唐未定天下时，突厥正当强盛，百姓愚昧无知，或许会有这种事，现在天下已安定，既往的过错，何须追问呢！"

李世勣出兵云中城，与突厥兵大战于白道，突厥大败。

甲辰，（二月初八），李靖在阴山大败突厥颉利可汗的军队。

先前，颉利兵败后，逃窜到铁山，残余兵力尚有数万人。颉利派执失思力谒见太宗，当面谢罪，请求倾国降附，自己入朝抵罪。太宗派鸿胪寺卿唐俭等人抚慰，又令李靖领兵迎接颉利。颉利外表谦卑，内心尚在犹豫，想等到草青马肥的时候，再逃回到漠北重整旗鼓。李靖率领兵马与李世勣在白道会合，相互谋划道："颉利虽然被打败，其兵马还很强大，如果走碛北一带，颉利可依靠旧部族，道路阻隔而且遥远，恐怕一时很难追上。现在朝廷的使节已经到了突厥营地，突厥颉利可汗一定觉得宽慰，如果挑选精锐骑兵一万人，带着二十天的粮草前去袭击，可以不战而生擒颉利。"二人将他们的计谋告诉张公瑾，张公瑾说："圣上已下诏接受他们投降，大唐的使者在对方，怎么能进攻呢？"李靖说："当年韩信就是靠偷袭打败齐国的。唐俭等人不值得怜惜！"于是率兵夜间出发，李世勣随后，行军到阴山，遇上了突厥一千多营帐，全部俘获令随唐军。颉利见到大唐使者唐俭后十分高兴，内心稍稍安定。李靖派武邑人苏定方带领二百名骑兵做为前锋，趁大雾秘密行军，距离突厥牙帐只有七里，突厥兵才发现，颉利乘千里马先逃，李靖大军赶到，突厥兵纷纷溃败。唐俭及时脱身回到唐朝。李靖军队杀死突厥兵一万多人，俘虏男女十余万人，得牲畜数十万头，杀掉隋义成公主，生俘她的儿子叠罗施。颉利率领一万多人想要渡过沙漠，李世勣军队守住碛口，颉利兵至，通不过去，手下的部族首领均率兵众投降，李世勣俘虏五万多人还朝。开拓土地从阴山北到沙漠，捷报迅速传到了朝廷。

突厥颉利可汗被押送到长安。夏季，四月，戊戌（初三），太宗在顺天门城楼，陈列大量文物，召见颉利，责备他说："你借父兄立下的功业，骄奢淫逸自取灭亡，这是第一条罪状。你几次与我订盟而反复背约，这是第二条罪状。你自恃强大崇武好战，造成白骨遍野，这是第三条罪状。践踏我大唐土地上的庄稼，抢夺人口，这是第四条罪状。我原宥你的罪过，保存你的社稷江山，而你却数次拖延不来朝，这是第五条罪状。自从武德九年我与你在渭水便桥订盟以来，没有大规模的入侵行为。就因这一点可免你一死。"颉利痛哭谢罪，退下宫去。太宗下诏让其住在太仆寺，赐给丰厚的食物。

太上皇李渊听说擒住了颉利可汗，感叹道："当年汉高祖刘邦被匈奴围困在白登城，不能报仇；现在我的儿子能一举剿灭突厥，证明我托付的人是对的，我还有什么忧虑呢！"太上皇召集太宗皇帝与十几位显贵大臣，以及诸王、王妃、公主等，在凌烟阁摆下酒宴，酒喝到兴处，太上皇自己弹奏琵琶，太宗翩翩起舞，公卿大臣纷纷起身祝寿，一直到深夜才散。

众位宰相陪太宗饮宴，太宗对王珪说："你精通鉴别人才，又很健谈，房玄龄以下宰臣，望你能详细加以品评，而且自己衡量与他们相比如何？"王珪答道："勤勤恳恳地事奉大唐，尽心竭力无所保留，我不如房玄龄。文武全才，出将入相，我不如李靖。议事详尽周到，传达诏令，反映群臣意见，都平允恰当，我不如温彦博。处理繁重、艰难的事务都能办好，我不如戴胄。惟恐君王赶不上尧、舜，专以苦言强谏为己任，我不如魏徵。说到辨别清浊，疾恶奖善，我与他们相比，倒是略有长处。”太宗非常赞同，众人也钦佩他的高论。

太宗刚即位时，曾与群臣谈到教化问题，太宗说：“如今刚经过一场大劫乱，我担心百姓不容易教化。”魏徵回答说：“我认为并非如此。长久安定的百姓容易骄逸，骄逸则难以教化；经过动乱的百姓易于忧患，忧患则容易教化。这如同饥饿的人不苛择饮食，饥渴的人不苛择饮水一样。”太宗深表赞同。封德彝否定其说法，说道：“三代以后，人心渐趋浇薄奸诈，所以秦朝专用法律，汉代采用王道的同时掺杂霸道内容，正是想行仁义教化而不能收效，哪里是能推行而不想推行呢？魏徵是一介书生，不识时务，如果听信他的空谈，必然败坏国家。”魏徵说：“五帝、三王不是换掉百姓而施教化，从前黄帝征伐蚩尤，颛顼诛灭九黎，商汤放逐夏桀，武王讨伐纣王，均能达到生前的太平盛世，难道不是承接大动乱之后的缘故吗？如果说上古人淳朴，后代渐变得浇薄奸诈，那么到了今天，应当全都化为鬼魅了，君主怎么能统治他们呢？”太宗最后听从了魏徵的意见。

贞观元年时，关中地区闹饥荒，一斗米值一匹绢；贞观二年，全国出现蝗灾；贞观三年发大水。太宗勤勉听政，并加以安抚，百姓虽然东乞西讨，也未曾抱怨。这一年，全国大丰收，背井离乡的人都回归故里，一斗米不过三四钱，整个一年犯死罪的只有二十九个人。东到大海，南至五岭，均夜不闭户，旅行不带粮，只是在路途上取食物。太宗对长孙无忌说：“贞观初年，大臣们上书都说：‘君王应当独自运用权威，不能委任给臣下。’又说：‘应当耀武扬威，讨伐四方。’只有魏徵劝朕说：‘放下武力勤修文教，中原安定之后，四方自然钦服。’朕采纳他的意见。如今颉利成了俘虏，其部族首领成为宿卫官，各部落都受到中原礼教的熏染，这都是魏徵的功劳，只是遗憾封德彝见不到了！”魏徵再次拜谢说：“突厥灭亡，海内承平，都是陛下的威德，我有何功德呢？”太宗说：“朕能够重用你，你能够十分称职，那么功劳怎么能是我一个人的呢？”

五年（辛卯，公元631年）

起初，太宗令大臣们议论分封诸王的事，魏徵认为：“如果分封诸王建诸侯国，则卿大夫们都靠俸禄生活，必然导致大量征赋。另外，京城一带赋税不多，原来依靠京都以外，如果都分封给诸侯国，则国家经费顿时短缺，再加上燕、秦、赵、代诸国均管辖有夷族，如有出现紧急情况，到内地调兵，难以及时奔赴所在地。”礼部侍郎李百药认为：“朝廷运祚的长短，命在上天，尧、舜都是大圣人，守定国祚却不能长久；汉、魏虽然微贱，恣纵却国运长久，推却不掉。如今让皇亲国戚子子孙孙均有自己封国的百姓与社稷，几代之后，将骄奢淫逸，相互攻伐残杀，对老百姓危害尤大，不如不断地更换郡守县令呢！”中书侍郎颜师古认为：

“不如分封亲王宗子，不使他们过于强大，以州县相间隔，交错为界，互相维持牵制，让他们各自遵守自己的境土，同心协力，足以扶持京城皇室。并且为他们设置的官吏，均由尚书省选拔录用，除皇朝法令外，不许他们擅自施行刑罚，朝贡礼仪，都订立格式。这种制度一旦确定，千秋万代可保平安。”十一月，太宗下诏：“皇室宗亲以及勋贵大臣，应让他们担任地方长官，并传给其子孙，没有大的变故，不得随意黜免，各部门明文规定条例，定下不同等级以上报朝廷。”

第一百九十四卷 唐纪十

译文诵读

太宗文武大圣大广孝皇帝上之下贞观六年（壬辰，632）

文武官复请封禅，上曰："卿辈皆以封禅为帝王盛事，朕意不然。若天下乂安，家给人足，虽不封禅，庸何伤乎！昔秦始皇封禅，而汉文帝不封禅，后世岂以文帝之贤不及始皇邪！且事天扫地而祭，何必登泰山之巅，封数尺之土，然后可以展其诚敬乎！"群臣犹请之不已，上亦欲从之，魏徵独以为不可。上曰："公不欲朕封禅者，以功未高邪？"曰："高矣！""德未厚邪？"曰："厚矣！""中国未安邪？"曰："安矣！""四夷未服邪？"曰："服矣！""年谷未丰邪？"曰："丰矣！""符瑞未至邪？"曰："至矣！""然则何为不可封禅？"对曰："陛下虽有此六者，然承隋末大乱之后，户口未复，仓廪尚虚，而车驾东巡，千乘万骑，其供顿劳费，未易任也。且陛下封禅，则万国咸集，远夷君长，皆当扈从。今自伊、洛以东至于海、岱，烟火尚希，灌莽极目，此乃引戎狄入腹中，示之以虚弱也。况赏赉不赀，未厌远人之望；给复连年，不偿百姓之劳。崇虚名而受实害，陛下将焉用之！"会河南、北数州大水，事遂寝。

长乐公主将出降，上以公主，皇后所生，特爱之，敕有司资送倍于永嘉长公主。魏徵谏曰："昔汉明帝欲封皇子，曰：'我子岂得与先帝子比！'皆令半楚、淮阳。今资送公主，倍于长主，得无异于明帝之意乎！"上然其言，入告皇后。后叹曰："妾亟闻陛下称重魏徵，不知其故，今观其引礼义以抑人主之情，乃知真社稷之臣也！妾与陛下结发为夫妇，曲承恩礼，每言必先候颜色，不敢轻犯威严。况以人臣之疏远，乃能抗言如是，陛下不可不从。"因请遣中使赍钱四百缗、绢四百匹以赐徵，且语之曰："闻公正直，乃今见之，故以相赏。公宜常秉此心，勿转移也。"上尝罢朝，怒曰："会须杀此田舍翁。"后问为谁，上曰："魏徵每廷辱我。"后退，具朝服立于庭，上惊问其故。后曰："妾闻主明臣直，今魏徵直，由陛下之明故也，妾敢不贺！"上乃悦。

上谓魏徵曰："为官择人，不可造次。用一君子，则君子皆至；用一小人，则小人竞进矣。"对曰："然。天下未定，则专取其才，不考其行；丧乱既平，则非才行兼备不可用也。”

七年（癸巳，633）

十一月，壬辰，以开府仪同三司长孙无忌为司空，无忌固辞，曰：“臣忝预外戚，恐天下谓陛下为私。”上不许，曰：“吾为官择人，惟才是与。苟或不才，虽亲不用，襄邑王神符是也；如其有才，虽仇不弃，魏徵等是也。今日所举，非私亲也。”

帝谓左庶子于志宁、右庶子杜正伦曰：“朕年十八，犹在民间，民之疾苦情伪，无不知之。及居大位，区处世务，犹有差失。况太子生长深宫，百姓艰难，耳目所未涉，能无骄逸乎！卿等不可不极谏！”太子好嬉戏，颇亏礼法，志宁与右庶子孔颖达数直谏，上闻而嘉之，各赐金一斤，帛五百匹。

上问魏徵曰：“群臣上书可采，及召对多失次，何也？”对曰：“臣观百司奏事，常数日思之，及至上前，三分不能道一。况谏者拂意触忌，非陛下借之辞色，岂敢尽其情哉！”上由是接群臣辞色愈温，尝曰：“炀帝多猜忌，临朝对群臣多不语。朕则不然，与群臣相亲如一体耳。”

八年（甲午，634）

甲申，吐蕃赞普弃宗弄赞遣使入贡，仍请婚。吐蕃在吐谷浑西南，近世浸强，蚕食他国，土宇广大，胜兵数十万，然未尝通中国。其王称赞普，俗不言姓，王族皆曰论，宦族皆曰尚。弃宗弄赞有勇略，四邻畏之。上遣使者冯德遐往慰抚之。

九年（乙未，635）

夏，闰四月，癸酉，任城王道宗败吐谷浑于库山。吐谷浑可汗伏允悉烧野草，轻兵走入碛。诸将以为“马无草，疲瘦，未可深入”。侯君集曰：“不然。向者段志玄军还，才及鄯州，虏已至其城下。盖虏犹完实，众为之用故也。今一败之后，鼠逃鸟散，斥候亦绝，君臣携离，父子相失，取之易于拾芥，此而不乘，后必悔之。”李靖从之。中分其军为两道：靖与薛万均、李大亮由北道，君集与任城王道宗由南道。戊子，靖部将薛孤儿败吐谷浑于曼头山，斩其名王，大获杂畜，以充军食。癸巳，靖等败吐谷浑于牛心堆，又败诸赤水源。侯君集、任城王道宗引兵行无人之境二千余里，盛夏降霜，经破逻真谷，其地无水，人龁冰，马啖雪。五月，追及伏允于乌海，与战，大破之，获其名王。薛万均、薛万徹又败天柱王于赤海。

赤水之战，薛万均、薛万徹轻骑先进，为吐谷浑所围，兄弟皆中枪，失马步斗，从骑死者什六七，左领军将军契苾何力将数百骑救之，竭力奋击，所向披靡，万均、万徹由是得免。李大亮败吐谷浑于蜀浑山，获其名王二十人。将军执失思力败吐谷浑于居茹川。李靖督诸军经积石山河源，至且末，穷其西境。闻伏允在突伦川，将奔于阗，契苾何力欲追袭之，薛万均惩其前败，固言不可。何力曰：“虏非有城郭，随水草迁徙，若不因其聚居袭取之，一朝云散，岂得复倾其巢穴邪！”自选骁骑千馀，直趣突伦川，万均乃引兵从之。碛中乏水，将士刺马血饮之。袭破伏允牙帐，斩首数千级，获杂畜二十余万，伏允脱身走，俘其妻子。侯君集等进逾星宿川，至柏海，还与李靖军合。

十年（丙申，636）

长孙皇后性仁孝俭素，好读书，常与上从容商略古事，因而献替，裨益弘多。上或以非罪谴怒宫人，后亦阳怒，请自推鞫，因命囚系，俟上怒息，徐为申理，由是宫壸之中，刑无枉滥。豫章公主早丧其母，后收养之，慈爱逾于所生。妃嫔以下有疾，后亲抚视，辍己之药膳以资之，宫中无不爱戴。训诸子，常以谦俭为先，太子乳母遂安夫人尝白后，以东宫器用少，请奏益之。后不许，曰：“为太子，患在德不立，名不扬，何患无器用邪！”

及疾笃，与上诀。时房玄龄以谴归第，后言于帝曰：“玄龄事陛下久，小心慎密，奇谋秘计，未尝宣泄，苟无大故，愿勿弃之。妾之本宗，因缘葭莩以致禄位，既非德举，易致颠危，欲使其子孙保全，慎勿处之权要，但以外戚奉朝请足矣。妾生无益于人，不可以死害人，愿勿以丘垄劳费天下，但因山为坟，器用瓦木而已。仍愿陛下亲君子，远小人，纳忠谏，屏谗慝，省作役，止游畋，妾虽没于九泉，诚无所恨。儿女辈不必令来，见其悲哀，徒乱人意。”因取衣中毒药以示上曰：“妾于陛下不豫之日，誓以死从乘舆，不能当吕后之地耳。”己卯，崩于立政殿。

后尝采自古妇人得失事为《女则》三十卷，又尝著论驳汉明德马后以不能抑退外亲，使当朝贵盛，徒戒其车如流水马如龙，是开其祸败之源而防其末流也。及崩，宫司并《女则》奏之，上览之悲恸，以示近臣曰：“皇后此书，足以垂范百世。朕非不知天命而为无益之悲，但入宫不复闻规谏之言，失一良佐，故不能忘怀耳！”乃召房玄龄，使复其位。

是岁，更命统军为折冲都尉，别将为果毅都尉。凡十道，置府六百三十四，而关内二百六十一，皆隶诸卫及东宫六率。凡上府兵千二百人，中府千人，下府八百人。三百人为团，团有校尉；五十人为队，队有正；十人为火，火有长。每人兵甲粮装各有数，皆自备，输之库，有征行则给之。年二十为兵，六十而免。其能骑射者为越骑，其余为步兵。每岁季冬，折冲都尉帅其属教战，当给马者官予其直市之。凡当宿卫者番上，兵部以远近给番，远疏、近数，皆一月而更。

唐太宗贞观六年（壬辰，公元632年）

文武百官又请行封禅大礼，太宗说：“你们都认为登泰山封禅是帝王的盛举，朕不以为然，如果天下安定，百姓家家富足，即使不去封禅，又有什么伤害呢？从前秦始皇行封禅礼，而汉文帝不封禅，后代岂能认为文帝的贤德不如秦始皇吗！而且侍奉上天扫地而祭祀，何必要去登泰山之顶峰，封筑几尺的泥土，然后才算展示其诚心敬意呢！”群臣还是不停地请求，太宗也想听从此意见，惟独魏徵认为不可。太宗说：“你不想让朕去泰山封禅，认为朕的功劳不够高吗？”魏徵答道：“够高了！”“德行不厚吗？”答道：“很厚了！”“大唐不安定吗？”答道：“安定！”“四方夷族未归服吗？”答道：“归服了”。“年成没丰收吗？”答道：“丰收了！”“符瑞没有到吗？”答道：“出现了！”“那么为什么不可以行封禅礼？”答道：“陛下虽然有上述六点理由，然而承接隋亡大乱之后，户口没有恢复，国家府库粮仓还很空虚，而陛下的车驾东去泰山，大量的骑兵车辇，其劳顿耗费，必然难以承担。而且陛下封禅泰山，则各国君主咸集，远方夷族首领跟从，如今从伊水、洛水东到大海、泰山，人烟稀少，满目草木丛生，这是引戎狄进入大唐腹地，并展示我方的虚弱。况且赏赐供给无数，也不能满足这些远方人的欲望；几年免除徭役，也不能补偿老百姓的劳苦。像这样崇尚虚名而实际对百姓有害的政策，陛下怎么能采用呢。”正赶上黄河南北地区数州县发大水，于是就停止封禅事。

长乐公主将要出嫁长孙仲，太宗以公主是皇后亲生，特别疼爱，敕令有关部门所给陪送比皇姑永嘉长公主多一倍。魏徵劝谏说：“过去汉明帝想要分封皇子采邑，说：‘我的儿子怎么能和先帝的儿子相比呢？’均令分给楚王、淮阳王封地的一半。如今公主的陪送，比长公主多一倍，岂不是与汉明帝的意思相差太远吗？”太宗觉得有理，进宫中告知皇后，皇后感慨系之：“我总是听得陛下称赞魏徵，不知是什么缘故，如今见其引征礼义来抑制君王的私情，这真是辅佑陛下的栋梁大臣呀！我与陛下是多年的结发夫妻，多蒙恩宠礼遇，每次讲话还都要察言观色，不敢轻易冒犯您的威严。何况大臣与陛下较为疏远，还能如此直言强谏，陛下不能不听从其意见。”于是皇后请求太宗派宦官去魏徵家中，赏赐给四百缗钱，四百匹绢。并且对他说：“听说您十分正直，今日得以亲见，所以赏赐这些。希望您经常秉持此忠心，不要有所迁移。”有一次太宗曾罢朝回到宫中，怒气冲冲地说：“以后找机会一定杀了这个乡巴佬。”皇后问是谁惹怒陛下，太宗说：“魏徵常在朝堂上羞辱我。”皇后退下，穿上朝服站在庭院内，太宗惊奇地问这是何故。皇后说：“我听说君主开明则臣下正直，如今魏徵正直敢言，是因为陛下的开明，我怎能不祝贺呢！”太宗才转怒为喜。

太宗对魏徵说：“因官职而去选择人才，不可仓促行事。任用一位君子，则众位君子都会来到；任用一位小人，则其他小人竞相引进。”答道：“是这样。天下未平定时，则对一个人专取其才能，并不看重和考察其德行；动乱平定后，则不是德才兼备的人才不能使用。”

七年（癸巳，公元633年）

十一月，壬辰（十八日），朝廷任命开府仪同三司长孙无忌为司空，长孙无忌执意推辞，说："我忝列外戚，担心天下人说陛下徇私情。"太宗不允许，说："我根据官职来选择人，惟才是举。如果没有才能，即使是亲属也不使用，襄邑王李神符就是这样的人；如果有才能，即使过去有仇也不弃置，魏徵等人就是如此。今日推举你为司空，并不是徇私情。"

太宗对左庶子于志宁、右庶子杜正伦说："朕年十八的时候，还在民间，百姓的疾苦与真伪，都非常了解。等到即皇位，处理日常事务还有失误。何况太子生长在深宫，老百姓的艰难困苦，听不见看不到，能不产生骄逸吗？你们不能不极力强谏！"太子喜好玩耍，不遵守礼法，于志宁与右庶子孔颖达多次直言劝谏。太宗知道后赞扬他们，各赐给黄金一斤，帛五百匹。

太宗问魏徵："众位大臣的上书多有可取，等到当面对答时则多语无伦次，为什么呢？"魏徵答道："我观察各部门上奏言事，常常思考几天，等到了陛下的面前，则三分不能道出一分。况且行谏的人违背圣上的旨意触犯圣上的忌讳，如果不是陛下语色和悦，怎么敢尽情陈述呢？"于是太宗接见大臣时语言脸色更加温和，曾说道："隋炀帝性情多猜忌，每次临朝与群臣相对多不说话。朕则不是这样，与大臣们亲近得如同一个人。"

八年，（甲午，公元634年）

甲申（十一月十六日），吐蕃赞普弃宗弄赞派使臣进献贡品，仍然请求通婚。吐蕃在吐谷浑的西南面，近来国力渐强，便侵吞蚕食周围小国，疆域逐渐扩大，拥兵几十万，然而未曾与大唐交通。他们的君王称为赞普，按着他们的习惯不称姓，王族均叫论，官员家族均称做尚。弃宗弄赞有勇有谋，四方邻国均畏惧他。太宗派使者冯德遐前往吐蕃抚慰。

九年（乙未，公元635年）

夏季，闰四月，癸酉（初八），任城王李道宗在库山击败吐谷浑军队。吐谷浑可汗伏允将野草烧光，然后率轻骑兵逃入大沙漠。唐朝众位将领认为马无粮草，已很疲弱，不可孤军深入。侯君集说："不然。从前段志玄军队还朝，才到鄯州，吐谷浑士兵已到了城下。因当时吐谷浑还较强大，众人还为他们效力。如今敌军一次战败之后，鼠逃鸟散，候望的哨兵也已撤离，君臣离散，父子难以相见，攻取他们比拾芥草还容易，此时不乘胜追击，以后必定后悔。"李靖听从他的意见。将所率军队分作两路：李靖与薛万均、李大亮为北路军，侯君集与任城王李道宗为南路军。戊子（二十三日），李靖手下将领薛孤儿在曼头山大败吐谷浑，将其著名首领斩首，获大批牲畜，以充军队食物。癸巳（二十八日），李靖等人在牛心堆打败吐谷浑，在赤水源再次取胜。侯君集、任城王李道宗率南路军在沓无人烟地区行军二千余里，盛夏季节天降霜雪，经过破逻真谷，该地区无水，人吃冰，马吃雪。五月，在乌海追赶上伏允，发生激战，取得大胜，俘获其著名首领。薛万均、薛万彻在赤海又打败天柱王。

赤水源一战，薛万均、薛万彻率轻骑兵先行，被吐谷浑包围，兄弟二人均中枪，跌下马后徒步参战，随从骑兵死伤十之六七。左领军将军契何力率数百骑兵前往救援，拼力厮杀进击，所向披靡，薛万均、薛万彻于是得免一死。李大亮在蜀浑山打败吐谷浑军，俘获其著名首领二十人。将军执失思力在居茹川大败吐谷浑军。李靖率领各路军马途经积石山河源，到达且末，直抵其西部边境。听说伏允在突伦川，将要逃奔到于阗，契苾何力想要乘势追击，薛万均以先前的失败为教训，坚持说不行。何力说："吐谷浑不定居，没有城郭，随水草迁移流动，如果不趁他们聚居在一起时袭击他们，等到他们四处游荡，怎么能捣毁他们的巢穴呢？"于是亲自挑选骁勇骑兵一千多人，直逼进突伦川，万均率部随后。沙漠中缺水，将士们抽饮马血。唐朝军队攻破伏允牙帐，杀掉几千名吐谷浑兵，获牲畜二十多万，伏允只身脱逃，唐军俘获其妻子儿女，侯君集等穿越星宿川，到了柏海，重与李靖的部队会师。

十年（丙申，公元636年）

长孙皇后仁义孝敬，生活俭朴，喜欢读书，经常和太宗随意谈论历史，乘机劝善规过，提出很多有益的意见。有一次太宗无故迁怒于宫女，皇后也佯装恼怒，请求亲自讯问，于是下令将宫女捆绑起来，等到太宗息怒了，才慢慢地为其申辩，从此后宫之中，没有出现枉滥刑罚。豫章公主早年丧母，皇后将她收养，慈爱胜过亲生。自妃嫔以下有疾病，皇后都亲自探视，并拿自己的药物饮食供其服用，宫中人人都爱戴皇后。训诫几个儿子，常常以谦虚节俭为主要话题。太子的乳母遂安夫人，曾对皇后说，东宫的器物用具比较少，请求皇后奏请皇上增加一些。皇后不允许，且说："身为太子，忧虑的事在于德行不立，声名不扬，又何愁没有器物用具呢？"

等到皇后病重，与太宗诀别时，房玄龄已受谴回家，皇后对太宗说："玄龄侍奉陛下多年，小心翼翼，做事缜密，朝廷机密要闻，不曾有一丝泄露，如果没有大的过错，望陛下不要抛弃他。我的亲属，由于沾亲带故而得到禄位，既然不是因德行而升至高位，便容易遭灭顶之灾，要使他们的子孙得以保全，望陛下不要将他们安置在权要的位置上，只是以外戚身份定期朝见皇上就足够了。我活着的时候对别人没有用处，死后更不能对人有害，希望陛下不要建陵墓而浪费国家财力，只要依山做坟，瓦木为随葬器物就可以了。仍然希望陛下亲近君子，疏远小人，接纳忠言直谏，摒弃谗言，节省劳役，禁止游猎，我即使在九泉之下，也毫无遗憾了。也不必让儿女们前来探视，看见他们悲哀，只会搅乱人心。"于是取出衣带上的毒药示意太宗，说道："我在陛下有病的日子，曾发誓以死跟定陛下到地下，不能走到吕后那样的地步。"己卯（六月二十一日），皇后在立政殿驾崩。

长孙皇后曾经搜集上古以来妇人得失诸事编为《女则》三十卷，又曾亲自做文章批驳汉明德马皇后不能抑制外戚势力的发展，使他们在朝中显贵一时，而只是就他们车如流水马如龙提出警告，这是开启其祸乱的根源而防范其末流枝叶。皇后驾崩后，宫中尚仪局的司籍奏呈《女则》一书，太宗看后十分悲痛，展示给身边大臣，说道："皇后这本书，足以成为百世的典范。朕不是不知上天命数而沉溺无益的悲哀，只是在宫中再也听不见规谏的话了。失却了贤内助，所以不能忘怀呀！"于是征召房玄龄，官复原职。

这一年，唐朝将统军改名为折冲都尉，别将改为果毅都尉。全国设立十道，六百三十四府，其中关内占二百六十一府，均隶属于诸卫及东宫六率。凡上府有兵一千二百人，中府一千人，下府八百人。每三百人为团，团有校尉；五十人为队，队有正；十人为火，火有长。每人兵甲粮食装备都有数额，均自己筹备，平时放在库中，有征战时再发给个人。二十岁当兵，六十岁免役。其中能骑善射的称为越骑，其余皆为步兵。每年冬季，折冲都尉统率下属教习演练，应该给马的由官府出钱自己购买。凡应当宿卫者轮流值勤，兵部根据距离远近排班，路远的轮值次数较少，路近的轮值次数较勤，都是一个月一轮换。

第一百九十五卷 唐纪十一

译文诵读

太宗文武大圣大广孝皇帝中之上贞观十一年（丁酉，637）

故荆州都督武士彟女，年十四，上闻其美，召入后宫，为才人。

十二年（戊戌，638）

吏部尚书高士廉、黄门侍郎韦挺、礼部侍郎令狐德棻、中书侍郎岑文本撰《氏族志》成，上之。先是，山东人士崔、卢、李、郑诸族，好自矜地望，虽累叶陵夷，苟他族欲与为昏姻，必多责财币，或舍其乡里而妄称名族，或兄弟齐列而更以妻族相陵。上恶之，命士廉等遍责天下谱谍，质诸史籍，考其真伪，辩其昭穆，第其甲乙，褒进忠贤，贬退奸逆，分为九等。士廉等以黄门侍郎崔民幹为第一。上曰："汉高祖与萧、曹、樊、灌皆起闾阎布衣，卿辈至今推仰，以为英贤，岂在世禄乎！高氏偏据山东，梁、陈僻在江南，虽有人物，盖何足言！况其子孙才行衰薄，官爵陵替，而犹卬然以门地自负，贩鬻松槚，依托富贵，弃廉忘耻，不知世人何为贵之！今三品以上，或以德行，或以勋劳，或以文学，致位贵显。彼衰世旧门，诚何足慕！而求与为昏，虽多输金帛，犹为彼所偃蹇，我不知其解何也！今欲厘正讹谬，舍名取实，而卿曹犹以崔民幹为第一，是轻我官爵而徇流俗之情也。"乃更命刊定，专以今朝品秩为高下，于是以皇族为首，外戚次之，降崔民幹为第三。凡二百九十三姓，千六百五十一家，颁于天下。

初，上遣使者冯德遐抚慰吐蕃，吐蕃闻突厥、吐谷浑皆尚公主，遣使随德遐入朝，多赍金宝，奉表求婚，上未之许。使者还，言于赞普弃宗弄赞曰："臣初至唐，唐待我甚厚，许尚公主。会吐谷浑王入朝，相离间，唐礼遂衰，亦不许婚。"弄赞遂发兵击吐谷浑。吐谷浑不能支，遁于青海之北，民畜多为吐蕃所掠。

吐蕃进破党项、白兰诸羌，帅众二十余万屯松州西境，遣使贡金帛，云来迎公主。寻进攻松州，败都督韩威，羌酋阎州刺史别丛卧施、诺州刺史把利步利并以州叛归之。连兵不息，其大臣谏不听而自缢者凡八辈。壬寅，以吏部尚书侯君集为当弥道行军大总管，甲辰，以右领军大将军执失思力为白兰道、左武卫将军牛进达为阔水道、左领军将军刘简为洮河道行军总管，督步骑五万击之。

吐蕃攻城十余日，进达为先锋，九月，辛亥，掩其不备，败吐蕃于松州城下，斩首千余级。弄赞惧，引兵退，遣使谢罪，因复请婚。上许之。

十三年（己亥，639）

戊午，加左仆射房玄龄太子少师。玄龄自以居端揆十五年，男遗爱尚上女高阳公主，女为韩王妃，深畏满盈，上表请解机务，上不许。玄龄固请不已，诏断表，乃就职。太子欲拜玄龄，设仪卫待之，玄龄不敢谒见而归，时人美其有让。玄龄以度支系天下利害，尝有阙，求其人未得，乃自领之。

二月，庚辰，以光禄大夫尉迟敬德为鄜州都督。

上尝谓敬德曰："人或言卿反，何也？"对曰："臣反是实！臣从陛下征伐四方，身经百战，今之存者，皆锋镝之馀也。天下已定，乃更疑臣反乎！"因解衣投地，出其瘢痍。上为之流涕，曰："卿复服，朕不疑卿，故语卿，何更恨邪！"

上又尝谓敬德曰："朕欲以女妻卿，何如？"敬德叩头谢曰："臣妻虽鄙陋，相与共贫贱久矣。臣虽不学，闻古人富不易妻，此非臣所愿也。"上乃止。

高昌王麹文泰多遏绝西域朝贡，伊吾先臣西突厥，既而内属，文泰与西突厥共击之。上下书切责，征其大臣阿史那矩，欲与议事，文泰不遣，遣其长史麹雍来谢罪。颉利之亡也，中国人在突厥者或奔高昌，诏文泰归之，文泰蔽匿不遣。又与西突厥共击破焉耆，焉耆诉之。上遣虞部郎中李道裕往问状，且谓其使者曰："高昌数年以来，朝贡脱略，无藩臣礼，所置官号，皆准天朝，筑城掘沟，预备攻讨。我使者至彼，文泰语之云：'鹰飞于天，雉伏于蒿，猫游于堂，鼠噍于穴，各得其所，岂不能自生邪！'又遣使谓薛延陀曰：'既为可汗，则与天子匹敌，何为拜其使者！'事人无礼，又间邻国，为恶不诛，善何以劝！明年当发兵击汝。"三月，薛延陀可汗遣使上言："奴受恩思报，请发所部为军导以击高昌。"上遣民部尚书唐俭、右领军大将军执失思力赍缯帛赐薛延陀，与谋进取。

上犹冀高昌王文泰悔过，复下玺书，示以祸福，征之入朝，文泰竟称疾不至。十二月，壬申，遣交河行军大总管、吏部尚书侯君集，副总管兼左屯卫大将军薛万均等将兵击之。

十四年（庚子，640）

二月，丁丑，上幸国子监，观释奠，命祭酒孔颖达讲《孝经》，赐祭酒以下至诸生高第帛有差。是时上大征天下名儒为学官，数幸国子监，使之讲论，学生能明一大经已上皆得补官。增筑学舍千二百间，增学生满二千二百六十员，自屯营飞骑，亦给博士，使授以经，有能通经者，听得贡举。于是四方学者云集京师，乃至高丽、百济、新罗、高昌、吐蕃诸酋长亦遣子弟请入国学，升讲筵者至八千余人。上以师说多门，章句繁杂，命孔颖达与诸儒撰定《五经》疏，谓之《正义》，令学者习之。

高昌王文泰闻唐兵起，谓其国人曰："唐去我七千里，沙碛居其二千里，地无水草，寒风如刀，热风如烧，安能致大军乎！往吾入朝，见秦、陇之北，城邑萧条，非复有隋之比。今来伐我，发兵多则粮运不给；三万已下，吾力能制之。当以逸待劳，坐收其弊。若顿兵城下，不过二十日，食尽必走，然后从而虏之。何足忧也！"及闻唐兵临碛口，忧惧不知所为，发疾卒，子智盛立。

军至柳谷，诇者言文泰刻日将葬，国人咸集于彼，诸将请袭之，侯君集曰："不可，天子以高昌无礼，故使吾讨之，今袭人于墟墓之间，非问罪之师也。"于是鼓行而进，至田城，谕之，不下，诘朝攻之，及午而克，虏男女七千余口。以中郎将辛獠儿为前锋，夜，趋其都城，高昌逆战而败。大军继至，抵其城下。

智盛致书于君集曰："得罪于天子者，先王也，天罚所加，身已物故。智盛袭位未几，惟尚书怜察！"君集报曰："苟能悔过，当束手军门。"智盛犹不出。君集命填堑攻之，飞石雨下，城中人皆室处。又为巢车，高十丈，俯瞰城中。有行人及飞石所中，皆唱言之。先是，文泰与西突厥可汗相结，约有急相助。可汗遣其叶护屯可汗浮图城，为文泰声援。及君集至，可汗惧而西走千余里，叶护以城降。智盛穷蹙，癸酉，开门出降。君集分兵略地，下其二十二城，户八千四十六，口一万七千七百，地东西八百里，南北五百里。

上欲以高昌为州县，魏徵谏曰："陛下初即位，文泰夫妇首来朝，其后稍骄倨，故王诛加之。罪止文泰可矣，宜抚其百姓，存其社稷，复立其子，则威德被于遐荒，四夷皆悦服矣。今若利其土地以为州县，则常须千余人镇守，数年一易，往来死者什有三四，供办衣资，违离亲戚，十年之后，陇右虚耗矣。陛下终不得高昌撮粟尺帛以佐中国，所谓散有用以事无用，臣未见其可。"上不从，九月，以其地为西州，以可汗浮图城为庭州，各置属县。乙卯，置安西都护府于交河城，留兵镇之。

君集虏高昌王智盛及其群臣豪杰而还。于是唐地东极于海，西至焉耆，南尽林邑，北抵大漠，皆为州县，凡东西九千五百一十里，南北一万九百一十八里。

唐太宗贞观十一年（丁酉，公元637年）

已故荆州都督武士彟的女儿，年方十四岁，太宗听说她貌美，召入后宫，册封为才人。

十二年（戊戌，公元638年）

吏部尚书高士廉、黄门侍郎韦挺、礼部侍郎令狐德棻、中书侍郎岑文本编撰《氏族志》，书成，上奏给太宗。这以前，山东崔、卢、李、郑等世家大族，喜欢自我标榜门第族望，虽然好几代已衰落，但如果非世族人家想与他们通婚，定要多索财物，导致当时的风俗有人丢弃原来的里贯而冒称名门士族，有的兄弟二人族望相等便以妻族背景相互比斗。太宗非常厌恶这些，命高士廉等人普查全国的谱牒，质证于史籍，考辨其真伪，辨别其昭穆伦序，编排行次，褒扬奖进忠贤，贬斥奸逆，分做九等。士廉等人将黄门侍郎崔民幹列为第一。太宗说："汉高祖与萧何、曹参、樊哙、灌婴等人均以布衣起兵，你们至今仍然十分推重景仰，认为是一代英豪，难道在乎他们的世卿世禄地位吗？高氏偏守山东，梁、陈二朝僻居江南，虽然也有个别英豪，又何足挂齿！何况他们的子孙才气衰竭，德行浇薄，官爵降低，然而还很骄傲地以门第族望自负，挂羊头卖狗肉，依赖高贵人家，寡廉鲜耻，不知道世上的人为什么要尊贵他们？如今三品以上公卿大臣，有的以仁德行世，有的以功勋称道，有的以文章练达，致身显赫。那些衰微的世族们，不值得羡慕。然而那些希望与世族们通婚的，即使多供给金银财物，还为他们所看不起，朕不知道他们在想什么！如今想要厘正错谬，舍弃虚名追求实际，而你们仍然将崔民幹列为第一位，这是轻视大唐的官爵而依循流俗的观念。"于是下令重新刊正，专以当朝品秩高下订定标准，于是便以皇族李姓为首位，外戚次之，将崔民幹降为第三。共定二百九十三姓，一千六百五十一家，颁行全国。

起初，太宗派遣使者冯德遐安抚慰问吐蕃，吐蕃听说突厥、吐谷浑都曾娶唐室公主为妻，便派使节随冯德遐到长安，带着大量金银财宝，上表请求通婚。太宗没有答应。使者回到吐蕃，对其首领赞普弃宗弄赞说："我初次到大唐，大唐待我礼遇甚厚，答应嫁公主。正赶上吐谷浑首领入朝，相与离间，唐朝礼节渐淡，也不答应通婚了。"弃宗弄赞于是发兵攻打吐谷浑，吐谷浑军队抵抗不住，逃到青海北面，百姓的牲畜多被吐蕃掠走。

吐蕃进而攻占党项、白兰等羌族，率兵二十多万驻扎在松州西部边境，派使节进献金银绸缎，声称前来迎接公主。不久进攻松州，打败都督韩威；羌族首领阔州刺史别丛卧施、诺州刺史把利步利一同举州投降吐蕃。吐蕃连年征战不息，大臣劝谏不听而自杀的总共有八个人。壬寅（八月二十七日），唐朝廷任命吏部尚书侯君集为当弥道行军大总管，甲辰（二十九日），任命右领军大将军执失思力为白兰道、左武卫将军牛进达为阔水道、左领军将军刘简为洮河道行军总管，统率步、骑兵五万人攻打吐蕃。

吐蕃进攻松州城十多天，牛进达为唐军先锋。九月，辛亥（初六），乘吐蕃军毫无防备，大败吐蕃于松州城下，杀死一千多人。弃宗弄赞害怕，率兵退回本地，派人到长安请罪，借此再次请求通婚。太宗应允。

十三年（己亥，公元639年）

戊午（十四日），加封左仆射房玄龄为太子少师。玄龄自己觉得身居尚书仆射的高位十五年，儿子房遗爱娶太宗女儿高阳公主，女儿为韩王妃，深怕富贵至极反招灾祸，上表请求解除所任机要职务，太宗不应允。玄龄不停地执意请求，太宗下诏断绝上表，玄龄只好就职。太子想向玄龄行弟子礼，设仪卫等待他，玄龄即不敢谒见太子转身回到家中，当时人称赞他有谦让之风。玄龄认为度支郎中一职关系国家利害，曾有空缺，未能访求到合适人选，于是便自己兼领此职。

二月庚辰（初七），任命光禄大夫尉迟敬德为鄜州都督。

太宗曾对尉迟敬德说："有人说你要谋反，为什么？"尉迟敬德回答说："我谋反是实！我跟随陛下征伐四方，身经百战，如今身上留下的都是刀锋箭头的痕迹。现在天下已经安定，便开始怀疑我要谋反吗？"因而脱下衣服置之地上，展示身上的疮疤。太宗见此流下眼泪，说："你尉迟穿上衣服，朕丝毫不怀疑你，所以才跟你这么说，何必这么恼怒呢？"

太宗又曾对尉迟敬德说："朕想要将女儿许配给你，怎么样？"尉迟敬德叩头辞谢说："我的妻子虽然微贱，但与我同甘共苦好多年。我虽然才疏学浅，听说过古人富贵了不换妻子，此并非我的本愿。"太宗只好作罢。

高昌王麹文泰多次阻止西域诸国向唐帝国进贡，伊吾先臣服西突厥，不久又归附唐朝，麹文泰联合西突厥一同讨伐伊吾。太宗寄书责备他，又征召其大臣阿史那矩，想与他议事，文泰不让他出来，而派他的长史麹雍前来谢罪。颉利可汗灭亡后，在突厥的中原人多投奔高昌，太宗诏令文泰放他们回到唐朝，麹文泰将他们隐匿不放。又与西突厥一同进攻焉耆，焉耆上告唐朝。太宗派虞部郎中李道裕前往询问情状，并且对高昌来使说："高昌这几年以来，不向我大唐进献贡品，不行藩臣的礼节，所设官职称号，均与我大唐一样，挖城掘沟，预备进攻。我大唐使者到那里，麹文泰对他说：'鹰飞翔在天空，鸡伏窝于草蒿，猫戏游于厅堂，鼠嚼食于洞穴，各得其所，难道不能让其自我发展吗？'又派使者对薛延陀说：'你既然身为可汗，就应与大唐天子平起平坐，为什么要拜他的使者呢？'待人无礼，又离间周围邻国作恶，不除掉他，怎么能劝善止恶！将于明年发兵讨伐你们高昌。"三月，薛延陀可汗派使者上言："我等禀受隆恩想要回报，请求征发我方军队为先导进攻高昌。"太宗派民部尚书唐俭、右领军大将军执失思力携带丝绸送给薛延陀，与他合谋共同出兵。

太宗仍希望高昌王文泰能够悔过，又下玺书，晓示祸福利害，征召他入朝；文泰竟称病不去唐朝。十二月，壬申（初四），派交河行军大总管、吏部尚书侯君集，副总管兼左屯卫大将军薛万均等领兵进攻高昌。

十四年（庚子，公元640年）

二月，丁丑（初十），太宗临幸国子监，观看释奠礼，命国子监祭酒孔颖达讲解《孝经》，赏赐祭酒以下直至成绩优异诸生多少不等的绢帛。此时太宗大量征召全国名儒学者为学官，并多次亲临国子监，让他们讲论古代经典，学生中如有能够通晓《礼记》《春秋左氏传》中的一种或更多的均得补为官员。又扩建学舍一千二百间，增加学生满二千二百六十人，连屯营飞骑，也派去博士，给他们传授经典，有能通晓经义的，便可入贡举。于是全国各地学生云集长安，甚至高句丽、百济、新罗、高昌、吐蕃等首领派他们的子弟请求入国子监学习，一时间就读学生达八千多人。太宗认为古书师出多门，注释也较为繁杂，便命孔颖达与其他学者共同撰定《五经》的注疏，称之为《正义》，令学生们研习。

高昌王麹文泰听说唐朝已发兵前来讨伐，对其臣僚说："唐朝距离我们有七千里，其中二千里是沙漠地带，地无水草，寒风刮起来如同刀割一样，热风如同火烧一般，怎么能派大部队呢？以前我去唐朝，看见秦、陇北面一带，城邑萧条，人烟稀少，不能与隋朝时相比。如今唐朝派军队来攻伐，发兵多则粮草供应不上，三万以内的兵力我们足能对付他们。应当以逸待劳，坐等他们疲敝。如果他们陈兵城下，不超过二十天，粮绝必然撤退，而后我们可以俘虏他们。有什么值得忧虑的呢？"但等到听说唐朝军队兵临碛口，他又内心恐惧，不知怎么办才好，最后发病死去。他的儿子智盛即可汗位。

唐朝的军队到了柳谷，探马禀报说文泰近日即将安葬，高昌国内人士都聚集在葬地，众位将领请求袭击他们，侯君集说："不能这么做，大唐天子认为高昌怠慢无礼，所以派我们讨伐他们，如今要是在安葬墓地袭击他们，不是问罪的正义之师。"于是擂鼓进军，到达田城，下书晓谕他，高昌不应，便于清晨发动进攻，到了中午便攻下城池，俘虏男女七千多人。又让中郎将辛獠儿为前锋，当夜，直逼其都城，高昌人迎击后被击败，唐朝大部队赶到，直抵其城下。

智盛给侯君集写信说："得罪大唐天子的是我的父亲，由于上天的惩罚，已经死去。智盛刚刚即位不久，请尚书谅宥！"君集回信写道："如果你真的悔过，应当主动到营门投降。"智盛还是不出来。侯君集命令填土攻城，城上飞石如雨下，城内人均躲在房屋中。唐军又造巢车，高十丈，可以俯瞰城内。城内行人走动以及飞石所中目标，在巢车上的人都大声告知唐军。先前，麹文泰与西突厥可汗相互勾结，约定一方遇急另一方相救援；西突厥可汗便派他的大臣驻守可汗浮图城，作为文泰的援助力量。等到侯君集兵临城下，西突厥可汗害怕，西逃一千多里，驻守大臣举城投降。智盛处境狼狈，癸酉（八月初八），开门出城投降。侯君集分兵占据各地，共攻下城池二十二座，获得八千零四十六户，一万七千七百人，占地东西八百里，南北五百里。

太宗想将高昌改为州县建置，魏徵劝谏道："陛下刚即位时，文泰夫妇首先来到朝中拜谒，此后逐渐骄傲自大，所以加以诛伐。只问罪文泰一人就可以了，应当安抚高昌百姓，保存其社稷，立他的儿子为可汗，则皇上的威德及于荒远之地，四方民族都会心悦诚服的。如今要是将其地改置州县，那么还要经常有一千多人镇守，几年一换，来来往往死掉十分之三四，置备衣物，远离亲人，十年以后，陇右一带将耗费殆尽。陛下最终还是不能使高昌的粮食布匹供给大唐，正所谓分散有用资财以供奉无用之地，我觉得不可行。"太宗不听从其意见，九月，将高昌所在地改置西州，改可汗浮图城为庭州，并各设所辖县。乙卯（二十一日），在交河城设立安西都护府，留下兵力镇守。

侯君集俘虏高昌王智盛及其贵族大臣还朝。于是唐朝地域东到大海，西至焉耆，南达林邑，北抵大沙漠，均设立州县，总共东西九千五百一十里，南北一万九百一十八里。

第一百九十六卷 唐纪十二

译文诵读

太宗文武大圣大广孝皇帝中之中贞观十五年（辛丑，641）

丁丑，命礼部尚书江夏王道宗持节送文成公主于吐蕃。赞普大喜，见道宗，尽子婿礼，慕中国衣服、仪卫之美，为公主别筑城郭宫室而处之，自服纨绮以见公主。其国人皆以赭涂面，公主恶之，赞普下令禁之；亦渐革其猜暴之性，遣子弟入国学，受《诗》《书》。

上遣职方郎中陈大德使高丽，八月，己亥，自高丽还。大德初入其境，欲知山川风俗，所至城邑，以绫绮遗其守者，曰："吾雅好山水，此有胜处，吾欲观之。"守者喜，导之游历，无所不至，往往见中国人，自云："家在某郡，隋末从军，没于高丽，高丽妻以游女，与高丽错居，殆将半矣。"因问亲戚存没，大德绐之曰："皆无恙。"咸涕泣相告。数日后，隋人望之而哭者，遍于郊野。大德言于上曰："其国闻高昌亡，大惧，馆候之勤，加于常数。"上曰："高丽本四郡地耳，吾发卒数万攻辽东，彼必倾国救之，别遣舟师出东莱，自海道趋平壤，水陆合势，取之不难。但山东州县凋瘵未复，吾不欲劳之耳！"

乙巳，上谓侍臣曰："朕有二喜一惧。比年丰稔，长安斗粟直三四钱，一喜也；北虏久服，边鄙无虞，二喜也。治安则骄侈易生，骄侈则危亡立至，此一惧也。"

十六年（壬寅，642）

春，正月，乙丑，魏王泰上《括地志》。泰好学，司马苏勖说泰，以古之贤王皆招士著书，故泰奏请修之。于是大开馆舍，广延时俊，人物辐凑，门庭如市。泰月给逾于太子，谏议大夫褚遂良上疏，以为："圣人制礼，尊嫡卑庶，世子用物不会，与王者共之。庶子虽爱，不得逾嫡，所以塞嫌疑之渐，除祸乱之源也。若当亲者疏，当尊者卑，则佞巧之奸，乘机而动矣。昔汉窦太后宠梁孝王，卒以忧死；宣帝宠淮阳宪王，亦几至于败。今魏王新出阁，宜示以礼则，训以谦俭，乃为良器，此所谓'圣人之教不肃而成'者也。"上从之。

上又令泰徙居武德殿。魏徵上书，以为："陛下爱魏王，常欲使之安全，宜每抑其骄奢，不处嫌疑之地。今移居此殿，乃在东宫之西，海陵昔尝居之，时人不以为可。虽时异事异，然亦恐魏王之心不敢安息也。"上曰："几致此误。"遽遣泰归第。

丁巳，营州都督张俭奏高丽东部大人泉盖苏文弑其王武。盖苏文凶暴多不法，其王及大臣议诛之。盖苏文密知之，悉集部兵若校阅者，并盛陈酒馔于城南，召诸大臣共临视，勒兵尽杀之，死者百余人。因驰入宫，手弑其王，断为数段，弃沟中，立王弟子藏为王，自为莫离支，其官如中国吏部兼兵部尚书也。于是号令远近，专制国事。盖苏文状貌雄伟，意气豪逸，身佩五刀，左右莫敢仰视。每上下马，常令贵人、武将伏地而履之。出行必整队伍，前导者长呼，则人皆奔迸，不避坑谷，路绝行者，国人甚苦之。

十七年（癸卯，643）

春，正月，丙寅，上谓群臣曰："闻外间士人以太子有足疾，魏王颖悟，多从游幸，遽生异议，徼幸之徒，已有附会者。太子虽病足，不废步履。且《礼》，嫡子死，立嫡孙。太子男已五岁，朕终不以孽代宗，启窥窬之源也！"

郑文贞公魏徵寝疾，上遣使者问讯，赐以药饵，相望于道。又遣中郎将李安俨宿其第，动静以闻。上复与太子同至其第，指衡山公主欲以妻其子叔玉。戊辰，徵薨，命百官九品以上皆赴丧，给羽葆鼓吹，陪葬昭陵。其妻裴氏曰："徵平生俭素，今葬以一品羽仪，非亡者之志。"悉辞不受，以布车载柩而葬。上登苑西楼，望哭尽哀。上自制碑文，并为书石。上思徵不已，谓侍臣曰："人以铜为镜，可以正衣冠；以古为镜，可以见兴替；以人为镜，可以知得失。魏徵没，朕亡一镜矣！"

戊申，上命图画功臣赵公长孙无忌、赵郡元王孝恭、莱成公杜如晦、郑文贞公魏徵、梁公房玄龄、申公高士廉、鄂公尉迟敬德、卫公李靖、宋公萧瑀、褒忠壮公段志玄、夔公刘弘基、蒋忠公屈突通、郧节公殷开山、谯襄公柴绍、邳襄公长孙顺德、郧公张亮、陈公侯君集、郯襄公张公谨、卢公程知节、永兴文懿公虞世南、渝襄公刘政会、莒公唐俭、英公李世勣、胡壮公秦叔宝等于凌烟阁。

初，太子承乾喜声色及畋猎，所为奢靡，畏上知之，对宫臣常论忠孝，或至于涕泣，退归宫中，则与群小相亵狎。宫臣有欲谏者，太子先揣知其意，辄迎拜，敛容危坐，引咎自责，言辞辩给，宫臣拜答不暇。宫省秘密，外人莫知，故时论初皆称贤。

太子作八尺铜炉，六隔大鼎，募亡奴盗民间马牛，亲临烹煮，与所幸厮役共食之。又好效突厥语及其服饰，选左右貌类突厥者五人为一落，辫发羊裘而牧羊，作五狼头纛及幡旗，设穹庐，太子自处其中，敛羊而烹之，抽佩刀割肉相啖。又尝谓左右曰："我试作可汗死，汝曹效其丧仪。"因僵卧于地，众悉号哭，跨马环走，临其身，嫠面。良久，太子欻起，曰："一朝有天下，当帅数万骑猎于金城西，然后解发为突厥，委身思摩，若当一设，不居人后矣。"

左庶子于志宁、右庶子孔颖达数谏太子，上嘉之，赐二人金帛以风励太子，仍迁志宁为詹事。志宁与左庶子张玄素数上书切谏，太子阴使人杀之，不果。

汉王元昌所为多不法，上数谴责之，由是怨望。太子与之亲善，朝夕同游戏，分左右为二队，太子与元昌各统其一，被毡甲，操竹矟，布陈大呼交战，击刺流血，以为娱乐。有不用命者，披树檛之，至有死者。且曰："使我今日作天子，明日于苑中置万人营，与汉王分将，观其战斗，岂不乐哉！"又曰："我为天子，极情纵欲，有谏者辄杀之，不过杀数百人，众自定矣。"

魏王泰多艺能，有宠于上，见太子有足疾，潜有夺嫡之志，折节下士以求声誉。上命黄门侍郎韦挺摄泰府事，后命工部尚书杜楚客代之，二人俱为泰要结朝士。楚客或怀金以赂权贵，因说以魏王聪明，宜为上嗣。文武之臣，各有附托，潜为朋党。太子畏其逼，遣人诈为泰府典签上封事，其中皆言泰罪恶，敕捕之，不获。

太子私幸太常乐童称心，与同卧起。道士秦英、韦灵符挟左道，得幸太子。上闻之，大怒，悉收称心等杀之，连坐死者数人，诮让太子甚至。太子意泰告之，怨怒愈甚，思念称心不已，于宫中构室，立其像，朝夕奠祭，徘徊流涕。又于苑中作冢，私赠官树碑。

上意浸不怿，太子亦知之，称疾不朝谒者动涉数月，阴养刺客纥干承基等及壮士百余人，谋杀魏王泰。

吏部尚书侯君集之婿贺兰楚石为东宫千牛，太子知君集怨望，数令楚石引君集入东宫，问以自安之术，君集以太子暗劣，欲乘衅图之，因劝之反，举手谓太子曰："此好手，当为殿下用之。"又曰："魏王为上所爱，恐殿下有庶人勇之祸，若有敕召，宜密为之备。"太子大然之。太子厚赂君集及左屯卫中郎将顿丘李安俨，使诇上意，动静相语。安俨先事隐太子，隐太子败，安俨为之力战，上以为忠，故亲任之，使典宿卫。安俨深自托于太子。

汉王元昌亦劝太子反，且曰："比见上侧有美人，善弹琵琶，事成，愿以垂赐。"太子许之。洋州刺史开化公赵节，慈景之子也，母曰长广公主，驸马都尉杜荷，如晦之子也，尚城阳公主，皆为太子所亲昵，预其反谋。凡同谋者皆割臂，以帛拭血，烧灰和酒饮之，誓同生死，潜谋引兵入西宫。杜荷谓太子曰："天文有变，当速发以应之，殿下但称暴疾危笃，主上必亲临视，因兹可以得志。"太子闻齐王祐反于齐州，谓纥干承基等曰："我宫西墙，去大内正可二十步耳，与卿为大事，岂比齐王乎！"会治祐反事，连承基，承基坐系大理狱，当死。

唐太宗贞观十五年（辛丑，公元641年）

丁丑（正月十五日），太宗令礼部尚书、江夏王李道宗持旌节护送文成公主到吐蕃。吐蕃赞普非常高兴，见到李道宗，完全按婿礼行事，羡慕唐朝的服装和仪仗之美，将公主安置在特意营筑的城郭宫室之内，自己穿戴着精美的丝绸服装与公主见面。吐蕃人的脸上都涂着红褐色、公主感到厌恶，赞普便下令禁止涂面；并且逐渐改变其猜忌粗暴的本性，派遣本族子弟到长安国子学，学习《诗经》《尚书》等典籍。

太宗派职方郎中陈大德出使高丽国，八月，己亥（初十），从高丽返回长安。陈大德起初进入高丽境内时，很想知道当地山川名胜与风俗，经过某一城镇，将绫罗绸缎送给当地官员，说："我一向喜爱山水，此地如有名胜，我想去看一看。"当地官员十分高兴，引导他去游历，无处不去，处处见到有中原人，自我介绍说："家住在某郡，隋末充军东征，留在高丽，娶离家远游的女子为妻，与高丽杂错居处，几乎占当地人的一半。"并向陈大德询问他们中原的亲属的生死状况，大德哄骗他们说："均完好无恙。"他们听后挥泪互相转告。几天后，隋朝留在高丽的中原人来见大德，都眼含泪水，城郊野外聚集着很多人。大德回到朝中对太宗说："高丽人听说高昌已经灭亡，大为惊恐，频频去馆舍中问候，超过以往。"太宗说："高丽本来是汉武帝所设四郡，我大唐如果发动数万兵力攻打辽东，高丽必然要倾国相救，如果另外派水师出东莱，从海道直驱平壤，水陆合围，攻取高丽并不难。只是关东一带州县凋疲，尚未复原，朕不想再疲劳百姓。"

乙巳（十六日），太宗对身边大臣说："朕有二件喜事一件忧事。连年丰收，长安城一斗粟仅值三、四钱，这是一喜；北方部族久已服顺，边境没有祸患，这是二喜。政治安定则容易滋生骄奢淫逸，骄奢淫逸则立刻招致危亡，此是一件忧虑的事。"

十六年（壬寅，公元642年）

春季，正月，乙丑（初九），魏王李泰进呈《括地志》一书。李泰勤勉好学，司马苏勖劝说李泰，古代的贤能王子均招徕学者著书立说，故而李泰奏请修撰《括地志》。于是大开馆舍，广泛延请天下俊彦贤才，人才济济，门庭若市。李泰每月的费用超过了太子，谏议大夫褚遂良上奏疏言道："圣人制定礼仪，是为了尊嫡卑庶，供太子用的物品不作计算，与君王待遇相共。对庶出的儿子虽然喜欢，也不得超过嫡生子，这是为了堵塞嫌疑的发生，除去祸乱的根源。如果应当亲近的人反而疏远，应当尊贵的人反而卑贱，则那些奸佞之人，必然会乘此时机得势。从前西汉窦太后宠幸梁孝王，最后忧虑而死；汉宣帝宠幸淮阳宪王，也几乎导致败亡。如今魏王刚刚做藩王，应该向他显示礼仪制度，用谦虚节俭来训导，如此才能使他成为良才，正所谓'圣人的教导不待严肃而自然有成。'"太宗听从其意见。

太宗又让李泰迁居到武德殿。魏徵上奏疏言道："陛下喜欢魏王，常常想让他安全，正应当多多抑制他的骄奢习气，不让他处于嫌疑之地。如今移居到武德殿中，位在东宫西面，当年海陵剌王李元吉曾在此居住，时人均认为不可取。虽然时势事情都不同，然而我也担心魏王的心里惊恐不敢安闲。”太宗说：“差一点造成失误。”即刻让李泰回到原宅第。

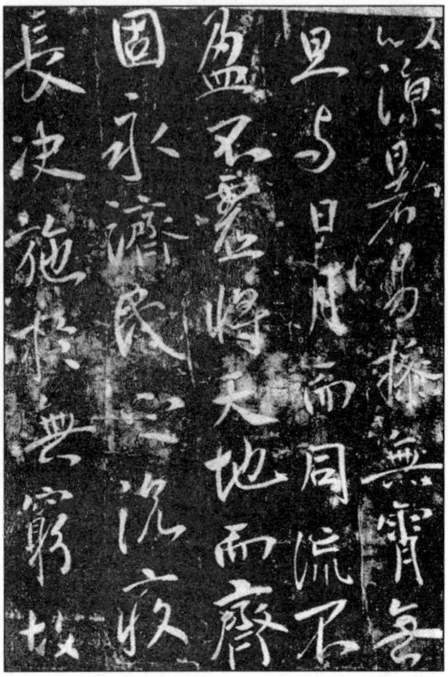
太宗书法

丁巳（十一月初五），营州都督张俭上奏称高丽东部大人泉盖苏文杀死高丽王高武。盖苏文凶残暴虐，多不守法度，高丽王和大臣们商议将其处死。盖苏文暗中得知消息，召集全部兵马装作校阅模样，并且在城南大摆酒宴，召集众位大臣亲往观看，勒令手下士兵将他们全部杀掉，共有一百多人。接着冲进王宫，亲手杀死高丽王，腰斩数段，扔在水沟中，立高丽王的侄子高藏为王；自封为莫离支，其官职便如同我大唐的吏部兼兵部尚书。于是远近都听其号令，独掌高丽国政。盖苏文身材魁伟，气概豪爽，身上佩带五把短刀，身边的人都不敢抬头看他。每次上马下马，常让贵族、武将伏在地下由他踩着。出行定要整齐队伍，前导者拉长声呼喊，路人急忙奔逃，也不避积水浅坑，路上绝少有行人，高丽国百姓叫苦连天。

十七年（癸卯，公元643年）

春季，正月，丙寅（十五日），太宗对大臣们说：“听说外面士大夫传言承乾太子有脚病行走不便，魏王李泰聪颖。由于李泰多次跟随朕游幸，便突生疑义，一些别有企图的人，已有附会其法的。太子虽然脚有病，但并不妨碍行走。而且依据《礼记》：嫡长子死，应立嫡长孙。承乾的儿子已有五岁，朕终究不会以庶子取代嫡生子，来开启觊觎皇位的根源。”

郑文贞公魏徵卧病不起，太宗派人前去问讯，赐给他药饵，送药的人往来不绝。又派中郎将李安俨在魏徵的宅院里留宿，一有动静便立即报告。太宗又和太子一同到其住处，指着衡山公主，想要将她嫁给魏徵的儿子魏叔玉。戊辰（十七日），魏徵去世，太宗命九品以上文武百官均去奔丧，赐给手持羽葆的仪仗队和吹鼓手，陪葬在昭陵。魏徵的妻子说：“魏徵平时生活俭朴，如今用鸟羽装饰旌旗，用一品官的礼仪安葬，这并不是死者的愿望。”全都推辞不受，仅用布罩上车子载着棺材安葬。太宗登上禁苑西楼，望着魏徵灵车痛哭，非常悲哀。太宗亲自撰写碑文，并且书写墓碑。太宗不停地思念魏徵，对身边的大臣说：“人们用铜做成镜子，可以用来整齐衣帽，将历史作为镜子，可以观察到历朝的兴衰更替，将人比做镜子，可以确知自己行为的得失。魏徵死去了，朕失去了一面绝好的镜子。”

戊申（二月二十八日），太宗命人在凌烟阁画上朝廷的大功臣。他们是：赵公长孙无忌、赵郡元王李孝恭、莱成公杜如晦、郑文贞公魏徵、梁公房玄龄、申公高士廉、鄂公尉迟敬德、卫公李靖、宋公萧瑀、褒忠壮公段志玄、夔公刘弘基、蒋忠公屈突通、郧节公殷开山、谯襄公柴绍、邳襄公长孙顺德、勋公张亮、陈公侯君集、郯襄公张公谨、卢公程知节、永兴文懿公虞世南、渝襄公刘政会、莒公唐俭、英公李世勣、胡壮公秦叔宝等二十四人。

起初，太子李承乾贪恋声色及打猎，极为奢侈，害怕被太宗皇帝知道，便对东宫臣僚时常谈论忠孝，有时甚至还要流泪，回到东宫，则与一群小人戏耍狎玩。宫中臣僚有人想要劝谏，太子先揣摸出他的意思，然后迎上前去行礼，面色凝重，正襟危坐，引咎自责，言辞颇多狡辩，进谏的臣僚急忙拜答，无暇再行劝。东宫内部的秘密，外面人无法得知，所以当时议论起来颇多称赞之词。

太子制作八尺高的铜炉和六隔大鼎，招募一些逃亡官奴偷盗民间的牛马，亲自烹煮，与宠幸的仆人们一同吃掉。又喜欢学说突厥语和穿戴其服饰，挑选身边容貌像突厥人的分五人为一落，梳上辫子穿上羊皮衣赶着羊，又制作五个狼头旗及长条旗，设立突厥人住的穹庐，太子自己身处其中，逮住羊烹煮，抽出佩刀割羊肉吃。又曾对身边的人说：“我试着假装可汗死了，你们众人模仿他们的丧礼。”于是僵卧在地上，众人都号啕大哭，跨上马环绕着他的身体，又贴近他的身体，用刀划他的脸。过了很久，太子突然坐起，说道：“我一旦拥有天下，当亲率数万骑兵狩猎于金城西面，然后解开头发做突厥人，委身于思摩，如果担当典兵将领，不会甘居人后。”

左庶子于志宁、右庶子孔颖达多次劝谏太子，太宗赞许他们，赐给二人金银财物以讽喻激励太子，并且改任于志宁为太子詹事。于志宁与左庶子张玄素多次上书直谏，太子暗中派人杀他们，没有成功。

汉王李元昌常做不法之事，受太宗多次责怪，从此心中怨恨。太子和他关系密切，朝夕相处游玩，分身边的人为二队，太子与李元昌各统领其中一队，身披毛毡甲胄，手拿竹制长矛，摆下战阵大声呼喊着交战，击刺流血，作为娱乐。有不听命令的，吊在树上抽打，甚至有人被打死。太子还说：“假如我今天做大唐天子，明天就在禁苑中设置万人营房，与汉王分别统领，观看他们厮杀，岂不痛快！”又说：“我要是做天子，必然任情纵欲，有劝谏者一律杀掉。也不过杀几百人，众人便会自守安定了。”

魏王李泰多才多艺，得到太宗宠爱，他看见太子有脚病，便暗地里产生夺嫡而立的想法，于是折节礼贤下士而捞取名声。太宗让黄门侍郎韦挺管理魏王府中事务，后来又命工部尚书杜楚客取而代之，二人都为李泰联络朝中大臣。杜楚客有时怀揣黄金以贿赂权贵，对他们说魏王如何聪明，应当立为太子；文武大臣，各有所托，暗中结为朋党。太子害怕李泰威胁自己的位置，便派人诈称为魏王府典签上书言事，都诉说李泰的罪过，太宗敕令逮捕这些告状人，查无所获。

太子私下宠幸太常寺的乐童称心，与他同吃同住。道士秦英、韦灵符以妖法道术，得以亲幸太子。太宗听说后，勃然大怒，将称心等人全抓起来杀掉，连坐被斩首有数人，太宗并对太子大加斥责。太子认为是李泰告发的，怨恨更深，不停地思念称心，在东宫中特筑一小屋，立称心的像，早晚祭奠，徘徊在室内，痛哭流涕。又在宫苑内堆成一个小坟，私下赠予称心官爵树立石碑。

太宗越来越不喜欢太子，太子也知道，动辄几个月称病不去朝见；暗中豢养刺客纥干承基等人及一百多名壮士，想要杀掉魏王李泰。

吏部尚书侯君集的女婿贺兰楚石为东宫府千牛，太子知道侯君集一直有积怨，便多次让贺兰楚石带引侯君集到东宫，向他询问自我保全的策略，侯君集认为太子愚昧低能，便想乘机利用他，于是劝太子谋反，他举起手来对太子说："这一双好手，当为殿下使用。"又说："魏王受皇上宠爱，我担心殿下会有隋太子杨勇被免为平民的灾祸，如有敕令宣召进宫，应当秘密加以防备。"太子大为赞同这种议论，用重礼贿赂侯君集以及左屯卫中郎将、顿丘人李安俨，让他们刺探太宗的心思，一有动静便告诉他。李安俨先前侍奉隐太子李建成，李建成败亡后，李安俨为李建成拼死搏斗，太宗认为他忠诚，所以特别信任他，让他掌管宿卫。李安俨便将身家性命寄托在太子身上。

汉王李元昌也劝说太子谋反，还说道："近来看见皇上身旁有一个美人，善于弹奏琵琶，事成之后，希望将美人赐给我。"太子应允。扬州刺史、开化公赵节，是赵慈景的儿子，母亲是高祖女儿长广公主；驸马都尉杜荷，是杜如晦的儿子，娶城阳公主为妻，二人均被太子所亲昵，参与了谋反事宜。凡是同谋者都要割开手臂，用帛擦血，烧灰混在酒中喝掉，发誓同生死共患难，暗中谋划率领兵马进入西宫。杜荷对太子说："天象有变化，应当迅即发兵以应天象，殿下只需称得暴病十分危险，皇上必然会亲自来探视，乘此机会可以得手。"太子听说齐王李祐在齐州谋反，对纥干承基等人说："我住的东宫西墙，离皇上住的大内正好二十步左右，与你们谋划大事，岂是齐王所能比的！"正赶上处理李祐谋反的事，牵连到纥干承基，纥干承基因此被关押在大理寺牢狱中，按其罪行，应当处死。

第一百九十七卷
唐纪十三

译文诵读

太宗文武大圣大广孝皇帝中之下贞观十七年（癸卯，643)

夏，四月，庚辰朔，承基上变，告太子谋反。敕长孙无忌、房玄龄、萧瑀、李世勣与大理、中书、门下参鞫之，反形已具。上谓侍臣："将何以处承乾？"群臣莫敢对，通事舍人来济进曰："陛下不失为慈父，太子得尽天年，则善矣！"上从之。济，护儿之子也。

乙酉，诏废太子承乾为庶人，幽于右领军府。上欲免汉王元昌死，群臣固争，乃赐自尽于家，而宥其母、妻、子。侯君集、李安俨、赵节、杜荷等皆伏诛。左庶子张玄素、右庶子赵弘智、令狐德棻等以不能谏争，皆坐免为庶人。余当连坐者，悉赦之。詹事于志宁以数谏，独蒙劳勉。以纥干承基为祐川府折冲都尉，爵平棘县公。

承乾既废，上御两仪殿，群臣俱出，独留长孙无忌、房玄龄、李世勣、褚遂良，谓曰："我三子一弟，所为如是，我心诚无聊赖！"因自投于床，无忌等争前扶抱；上又抽佩刀欲自刺，遂良夺刀以授晋王治。无忌等请上所欲，上曰："我欲立晋王。"无忌曰："谨奉诏。有异议者，臣请斩之！"上谓治曰："汝舅许汝矣，宜拜谢。"治因拜之。上谓无忌等曰："公等已同我意，未知外议何如？"对曰："晋王仁孝，天下属心久矣，乞陛下试召问百官，有不同者，臣负陛下万死。"上乃御太极殿，召文武六品以上，谓曰："承乾悖逆，泰亦凶险，皆不可立。朕欲选诸子为嗣，谁可者？卿辈明言之。"众皆欢呼曰："晋王仁孝，当为嗣。"上悦。是日，泰从百余骑至永安门，敕门司尽辟其骑，引泰入肃章门，幽于北苑。

丙戌，诏立晋王治为皇太子，御承天门楼，赦天下，酺三日。上谓侍臣曰："我若立泰，则是太子之位可经营而得。自今太子失道，藩王窥伺者，皆两弃之，传诸子孙，永为后法。且泰立，承乾与治皆不全；治立，则承乾与泰皆无恙矣。"

闰月，辛亥，上谓侍臣曰："朕自立太子，遇物则诲之，见其饭，则曰：'汝知稼穑之艰难，则常有斯饭矣。'见其乘马，则曰：'汝知其劳逸，不竭其力，则常得乘之矣。’见其乘舟，则曰：‘水所以载舟，亦所以覆舟，民犹水也，君犹舟也。’见其息于木下，则曰：‘木从绳则正，后从谏则圣。’”

九月，庚辰，新罗遣使言百济攻取其国四十余城，复与高丽连兵，谋绝新罗入朝之路，乞兵救援。上命司农丞相里玄奖赍玺书赐高丽曰：“新罗委质国家，朝贡不乏，尔与百济各宜戢兵，若更攻之，明年发兵击尔国矣！”

十八年（甲辰，644）

八月，壬子，上谓司徒无忌等曰：“人苦不自知其过，卿可为朕明言之。”对曰：“陛下武功文德，臣等将顺之不暇，又何过之可言！”上曰：“朕问公以己过，公等乃曲相谀悦，朕欲面举公等得失以相戒而改之，何如？”皆拜谢。上曰：“长孙无忌善避嫌疑，应物敏速，决断事理，古人不过，而总兵攻战，非其所长。高士廉涉猎古今，心术明达，临难不改节，当官无朋党，所乏者骨鲠规谏耳。唐俭言辞辩捷，善和解人，事朕三十年，遂无言及于献替。杨师道性行纯和，自无愆违；而情实怯懦，缓急不可得力。岑文本性质敦厚，文章华赡；而持论恒据经远，自当不负于物。刘洎性最坚贞，有利益；然其意尚然诺，私于朋友。马周见事敏速，性甚贞正，论量人物，直道而言，朕比任使，多能称意。褚遂良学问稍长，性亦坚正，每写忠诚，亲附于朕，譬如飞鸟依人，人自怜之。”

甲午，以刑部尚书张亮为平壤道行军大总管，帅江、淮、岭、峡兵四万，长安、洛阳募士三千，战舰五百艘，自莱州泛海趋平壤。又以太子詹事、左卫率李世勣为辽东道行军大总管，帅步骑六万及兰、河二州降胡趣辽东，两军合势并进。庚子，诸军大集于幽州，遣行军总管姜行本、少府少监丘行淹先督众工造梯冲于安萝山。时远近勇士应募及献攻城器械者不可胜数，上皆亲加损益，取其便易。又手诏谕天下，以“高丽盖苏文弑主虐民，情何可忍！今欲巡幸幽、蓟，问罪辽、碣，所过营顿，无为劳费。”且言：“昔隋炀帝残暴其下，高丽王仁爱其民，以思乱之军击安和之众，故不能成功。今略言必胜之道有五：一曰以大击小，二曰以顺讨逆，三曰以治乘乱，四曰以逸待劳，五曰以悦当怨，何忧不克！布告元元，勿为疑惧！”于是凡顿舍供费之具，减者太半。

十九年（乙巳，645）

庚戌，上自将诸军发洛阳，以特进萧瑀为洛阳宫留守。乙卯，诏：“朕发定州后，宜令皇太子监国。”开府仪同三司致仕尉迟敬德上言：“陛下亲征辽东，太子在定州，长安、洛阳心腹空虚，恐有玄感之变。且边隅小夷，不足以勤万乘，愿遣偏师征之，指期可殄。”上不从。以敬德为左一马军总管，使从行。

李世勣军发柳城，多张形势，若出怀远镇者，而潜师北趣甬道，出高丽不意。夏，四月，戊戌朔，世勣自通定济辽水，至玄菟。高丽大骇，城邑皆闭门自守。壬寅，辽东道副大总管江夏王道宗将兵数千至新城，折冲都尉曹三良引十余骑直压城门，城中惊忧，无敢出者。营州都督张俭将胡兵为前锋，进渡辽水，趋建安城，破高丽兵，斩首数千级。

壬子，李世勣、江夏王道宗攻高丽盖牟城。丁巳，车驾至北平。癸亥，李世勣等拔盖牟城，获二万余口，粮十余万石。

张亮帅舟师自东莱渡海，袭卑沙城，其城四面悬绝，惟西门可上。程名振引兵夜至，副总管王文度先登，五月，己巳，拔之，获男女八千口。分遣总管丘孝忠等曜兵于鸭绿水。

乙未，进军白岩城。丙申，右卫大将军李思摩中弩矢，上亲为之吮血，将士闻之，莫不感动。乌骨城遣兵万余为白岩声援，将军契苾何力以劲骑八百击之，何力挺身陷陈，槊中其腰，尚辇奉御薛万备单骑往救之，拔何力于万众之中而还。何力气益愤，束疮而战，从骑奋击，遂破高丽兵，追奔数十里，斩首千余级，会暝而罢。万备，万彻之弟也。

唐太宗贞观十七年（癸卯，公元643年）

夏季，四月，庚辰朔（初一），纥干承基上书告发太子李承乾谋反。太宗敕令长孙无忌、房玄龄、萧瑀、李世勣与大理寺、中书省、门下省一同参与审问，谋反的情形已经昭彰。太宗对身边的大臣说：“你们看将如何处置承乾？”众位大臣不敢应答，通事舍人来济进言说：“陛下不失为慈父的形象，让太子享尽自然寿数，就不错了。”太宗听从其意见。来济是来护儿的儿子。

乙酉（初六），太宗下诏废黜太子李承乾为平民，幽禁在右领军府。太宗想要免除汉王李元昌的死罪，群臣执意争辩，于是便赐他在家中自尽，宽宥他的母亲、妻子儿女。侯君集、李安俨、赵节、杜荷等人皆处斩。左庶子张玄素、右庶子赵弘智、令狐德棻等人以不能劝谏太子，均获罪免为平民。其余应当连坐的，全部赦免。詹事于志宁因为曾多次劝谏，单独蒙受嘉勉。任命纥干承基为川府折冲都尉，封爵平棘县公。

李承乾被废掉太子后，太宗亲御两仪殿，群臣都退朝，只留下长孙无忌、房玄龄、李世勣、褚遂良四人，太宗对他们说：“朕的三个儿子、一个弟弟，如此作为，我的心里实在是苦闷，百无聊赖。”于是将身体向床头撞去，长孙无忌等人争抢上前抱住他；太宗又抽出佩刀想要自杀，褚遂良夺下刀交给晋王李治。长孙无忌等请求太宗告知有什么要求，太宗说：“朕想要立晋王为太子。”无忌说：“我等谨奉诏令；如有异议者，我请求将其斩首。”太宗对李治说：“你舅父许诺你为太子，你应当拜谢他。”李治拜谢长孙无忌。太宗对长孙无忌等人说：“你们已经与朕的意见相同，但不知外朝议论如何？”答道：“晋王仁义孝敬，天下百姓属心很久了，望陛下召见文武百官试探问一下，如有不同意的，就是臣等有负陛下罪该万死。”太宗于是亲临太极殿，召见六品以上文武大臣，对他们说：“李承乾大逆不道，李泰也居心险恶，都不能立为太子。朕想要从众位皇子中选一人为继承人，谁可以为太子？你们须当面明讲。”众人都高声说道：“晋王仁义孝敬，应当做太子。”太宗十分高兴。这一天，李泰率领一百多骑兵到永安门；太宗敕令城门官员遣散李泰的护骑，带李泰进入肃章门，将其幽禁在北苑。

丙戌（初七），太宗下诏立晋王李治为皇太子，太宗亲临承天门楼，大赦天下，饮宴三天。太宗对身边大臣说：“朕如果立李泰为太子，那就表明太子的位置可以苦心经营而得到。自今往后，太子失德背道，而藩王企图谋取的，两人都要弃置不用，这一规定传给子孙后代，永为后代效法。而且李泰为太子，则李承乾和李治均难以保全，李治为太子，则李承乾与李泰均安然无恙。”

闰六月，辛亥（初四），太宗对身边大臣说：“朕自从立李治为太子，遇见任何事情都亲加教诲，看见他用饭，就说：‘你知道耕稼的艰难，就能常吃上这些饭了。’看见他骑马，就说：‘你知道马要劳逸结合，不耗尽马的力量，就能经常骑着它了。’看见他坐船，则说：‘水能够载船，也能够翻船，百姓便如同这水，君主便如同这船。’见到他在树下休息，则说：‘木头依从墨线处理才能正直，君主纳谏言才为圣君。’”

九月，庚辰（初四），新罗派使节来称百济攻取他国中四十多座城，又与高丽国联合，图谋断绝新罗到唐朝的通道，因而请求派兵救援。太宗命令司农寺丞相里玄奖带皇帝玺书前往高丽，对他们说：“新罗归顺我大唐，每年不停朝贡，你们与百济都停止兵战，假如再行攻打，明年大唐就要发兵攻伐你们国家。”

十八年（甲辰，公元644年）

八月，壬子（十一日），太宗对司徒长孙无忌等说：“人们苦于不自知过错，你可以为朕言明。”无忌答道：“陛下的文德武功，我们这些人承顺都应接不暇，又有什么过错可言呢？”太宗说：“朕向你们询问我的过失，你们却要曲意逢迎使我高兴，朕想要当面列举出你们的优缺点以互相鉴诫改正，你们看怎么样？”众大臣急忙磕头称谢。太宗说：“长孙无忌善于避开嫌疑，应答敏捷，断事果决超过古人；然而领兵作战，并非他所擅长。高士廉涉猎古今，心术明正通达，面临危难不改气节，做官没有私结朋党；所缺乏的是直言规谏。唐俭言辞敏捷善辩，善解人纠纷；事奉朕三十年，却很少批评朝政得失。杨师道性情温和，自身少有过失；而性格实怯懦，缓急之务不可依托。岑文本性情质朴敦厚，文章做的华美；然而持论常依远大规划，自然不违于事理。刘洎性格最坚贞，讲究利人；然而崇尚然诺信用，对朋友有私情。马周处事敏捷，性情正直，品评人物，直抒胸臆，朕近来委任他做事，多能称心如意。褚遂良学问优于他人，性格也耿直坚贞，每每倾注他的忠诚，亲附于朕，如同飞鸟依人，人见了自然怜悯。”

甲午（十一月二十四日），任命刑部尚书张亮为平壤道行军大总管，率领江、淮、岭、峡四州兵马四万人，又在长安、洛阳招募士兵三千人，战舰五百艘，从莱州渡海直逼平壤；又任命太子詹事、左卫率李世勣为辽东道行军大总管，率领步骑兵六万人以及兰、河二州投降的胡族兵马进逼辽东，两支部队合围并进。庚子（三十日），各路大军会集在幽州，太宗派行军总管姜行本、少府少监丘行淹先行在安罗山监督众工匠制造练习登高冲锋用的云梯。当时远近的勇士纷纷应召当兵以及献出各种攻城器械不计其数，太宗都亲自加以挑选淘汰，取其方便简易的器械。又手书诏令传令天下，说道："高丽盖苏文杀死君王肆虐百姓，其情形实在是忍无可忍！如今朕要亲自巡幸幽、蓟二州，向辽东、碣石一带兴师问罪，所经过之地的停留食宿，不要过于劳费钱财。"而且说："从前隋炀帝残暴百姓，高丽王却对百姓仁爱，以人心思乱的军队去进攻求安思和的民众，所以不能取得胜利。现在朕略说必胜之道有五条：一是以强大进攻弱小；二是以顺应时势去讨伐倒行逆施；三是以安定去乘机进攻敌方的内乱；四是以逸待劳；五是以百姓悦服的国家去进攻百姓积怨的国家，何愁不能取胜！以此布告黎民百姓，不要产生疑惧。"于是各种行军征战的物资费用减少了一大半。

十九年（乙巳，公元645年）

庚戌（十二日），太宗亲自统率各路大军从洛阳出发东征，任命特进萧瑀为洛阳皇宫的留守。乙卯（十七日），太宗下诏："朕从定州发兵后，便由皇太子监国。"退休的开府仪同三司尉迟敬德上书言道："陛下亲自征伐辽东，皇太子在定州，长安、洛阳两地内部空虚，恐怕会发生像杨玄感那样的变乱。而且高丽是个地处边陲的小国，不足以由皇上去辛苦操劳，希望陛下派一支部队征伐，指日可灭。"太宗不听从。任命尉迟敬德为左一马军总管，让他随行。

李世勣部队从柳城出发，大张声势，假装要通过怀远镇，而秘密派部队北上直趋甬道，出其不意进攻高丽。夏季，四月，戊戌朔（初一），李世勣从通定渡过辽水，到达玄菟。高丽人大为惊骇，各城都关闭城门自守。壬寅（初五），辽东道副大总管江夏王李道宗领兵数千人到达新城，折冲都尉曹三良带领十多个骑兵直压近城门，城中人惊恐不安，没有人敢出来应战。营州都督张俭率领胡族士兵作为前锋，渡过辽水，直趋建安城，大败高丽兵，斩首几千人。

壬子（十五日），李世勣、江夏王李道宗一道攻打高丽盖牟城。丁巳（二十日），太宗的车驾到达北平城。癸亥（二十六日），李世勣等人攻下盖牟城，俘虏二万多人，获得粮食十多万石。

张亮率领水师从东莱渡海，袭击卑沙城，该城四面环水悬隔，只有西门可以进入。程名振领兵夜间到达，副总管王文度先行登城。五月，己巳（初二），攻下了该城，俘获男女八千人。太宗分派总管丘孝忠等人在鸭绿江阅兵。

乙未（二十八日），唐军进军白岩城。丙申（二十九日），右卫大将军李思摩身上中箭，太宗亲自为他吮血，将士们听说后，没有不受感动的。乌骨城派一万多士兵增援白岩的高丽兵，将军契苾何力派八百名精锐骑兵阻击，何力奋力挺身冲锋陷阵，腰上被长矛刺中，尚辇奉御薛万备单枪匹马前去救护，在万人丛中救出何力回到唐军帐内。何力情绪更为激愤，包扎上伤口又去拼杀，跟从的骑兵们奋勇出击，于是大败高丽兵，乘胜追击几十里，杀死一千多人，直到天黑才收兵。薛万备是薛万彻的弟弟。

第一百九十八卷　唐纪十四

译文诵读

太宗文武大圣大广孝皇帝下之上贞观十九年（乙巳，645）

上之克白岩也，谓李世勣曰："吾闻安市城险而兵精，其城主材勇，莫离支之乱，城守不服，莫离支击之不能下，因而与之。建安兵弱而粮少，若出其不意，攻之必克。公可先攻建安，建安下，则安市在吾腹中，此兵法所谓'城有所不攻'者也。"对曰："建安在南，安市在北，吾军粮皆在辽东，今逾安市而攻建安，若贼断吾运道，将若之何？不如先攻安市，安市下，则鼓行而取建安耳。"上曰："以公为将，安得不用公策。勿误吾事！"世勣遂攻安市。

安市人望见上旗盖，辄乘城鼓噪，上怒，世勣请克城之日，男女皆坑之，安市人闻之，益坚守，攻久不下。高延寿、高惠真请于上曰："奴既委身大国，不敢不献其诚，欲天子早成大功，奴得与妻子相见。安市人顾惜其家，人自为战，未易猝拔。今奴以高丽十余万众，望旗沮溃，国人胆破，乌骨城耨萨老耄，不能坚守，移兵临之，朝至夕克。其馀当道小城，必望风奔溃。然后收其资粮，鼓行而前，平壤必不守矣。"群臣亦言："张亮兵在沙城，召之信宿可至，乘高丽凶惧，并力拔乌骨城，渡鸭绿水，直取平壤，在此举矣。"上将从之，独长孙无忌以为："天子亲征，异于诸将，不可乘危徼幸。今建安、新城之虏，众犹十万，若向乌骨，皆蹑吾后，不如先破安市，取建安，然后长驱而进，此万全之策也。"上乃止。

江夏王道宗督众筑土山于城东南隅，浸逼其城，城中亦增高其城以拒之。士卒分番交战，日六七合，冲车炮石，坏其楼堞，城中随立木栅以塞其缺。道宗伤足，上亲为之针。筑山昼夜不息，凡六旬，用功五十万，山顶去城数丈，下临城中，道宗使果毅傅伏爱将兵屯山顶以备敌。山颓，压城，城崩。会伏爱私离所部，高丽数百人从城缺出战，遂夺据土山，堑而守之。上怒，斩伏爱以徇，命诸将攻之，三日不能克。道宗徒跣诣旗下请罪，上曰："汝罪当死，但朕以汉武杀王恢，不如秦穆用孟明，且有破盖牟、辽东之功，故特赦汝耳。"

上以辽左早寒，草枯水冻，士马难久留，且粮食将尽，癸未，敕班师。先拔辽、盖二州户口渡辽，乃耀兵于安市城下而旋，城中皆屏迹不出。城主登城拜辞，上嘉其固守，赐缣百匹，以励事君。命李世勣、江夏王道宗将步骑四万为殿。

凡征高丽，拔玄菟、横山、盖牟、磨米、辽东、白岩、卑沙、麦谷、银山、后黄十城，徙辽、盖、岩三州户口入中国者七万人。新城、建安、驻骅三大战，斩首四万余级，战士死者几二千人，战马死者什七、八。上以不能成功，深悔之，叹曰："魏徵若在，不使我有是行也！"命驰驿祀徵以少牢，复立所制碑，召其妻子诣行在，劳赐之。

丙午，至营州。诏辽东战亡士卒骸骨并集柳城东南，命有司设太牢，上自作文以祭之，临哭尽哀。其父母闻之，曰："吾儿死而天子哭之，死何所恨！"上谓薛仁贵曰："朕诸将皆老，思得新进骁勇者将之，无如卿者，朕不喜得辽东，喜得卿也。"

二十年（丙午，646）

二月，乙未，上发并州。三月，己巳。车驾还京师。上谓李靖曰："吾以天下之众困于小夷，何也？"靖曰："此道宗所解。"上顾问江夏王道宗，具陈在驻骅时乘虚取平壤之言。上怅然曰："当时匆匆，吾不忆也。"

特进同中书门下三品宋公萧瑀，性狷介，与同寮多不合，尝言于上曰："房玄龄与中书门下众臣，朋党不忠，执权胶固，陛下不详知，但未反耳。"上曰："卿言得无太甚！人君选贤才以为股肱心膂，当推诚任之。人不可以求备，必舍其所短，取其所长。朕虽不能聪明，何至顿迷臧否，乃至于是！"瑀内不自得，既数忤旨，上亦衔之，但以其忠直居多，未忍废也。

上尝谓张亮曰："卿既事佛，何不出家？"瑀因自请出家。上曰："亦知公雅好桑门，今不违公意。"瑀须臾复进曰："臣适思之，不能出家。"上以瑀对群臣发言反覆，尤不能平，会称足疾不朝，或至朝党而不入见。上知瑀意终怏怏，冬，十月，手诏数其罪曰："朕于佛教，非意所遵。求其道者未验福于将来，修其教者翻受辜于既往。至若梁武穷心于释氏，简文锐意于法门，倾帑藏以给僧祇，殚人力以供塔庙。及乎三淮沸浪。五岭腾烟，假余息于熊蹯，引残魂于雀掭，子孙覆亡而不暇，社稷俄顷而为墟，报施之征，何其谬也！瑀践覆车之余轨，袭亡国之遗风。弃公就私，未明隐显之际；身俗口道，莫辨邪正之心。修累叶之殃源，祈一躬之福本，上以违忤君主，下则扇习浮华。自请出家，寻复违异。一回一惑，在乎瞬息之间；自可自否，变于帷扆之所。乖栋梁之体，岂具瞻之量乎！朕隐忍至今，瑀全无悛改。可商州刺史，仍除其封。"

二十二年（戊申，648）

春，正月，己丑，上作《帝范》十二篇以赐太子，曰《君体》《建亲》《求贤》《审官》《纳谏》《去谗》《戒盈》《崇俭》《赏罚》《务农》《阅武》《崇文》；且曰："修身治国，备在其中。一旦不讳，更无所言矣。"又曰："汝当更求古之哲王以为师，如吾，不足法也。夫取法于上，仅得其中；取法于中，不免为下。吾居位已来，不善多矣，锦绣珠玉不绝于前，宫室台榭屡有兴作，犬马鹰隼无远不致，行游四方，供顿烦劳，此皆吾之深过，勿以为是而法之。顾我弘济苍生，其益多；肇造区夏，其功大。益多损少，故人不怨；功大过微，故业不堕。然比之尽美尽善，固多愧矣。汝无我之功勤而承我之富贵，竭力为善，则国家仅安；骄惰奢纵，则一身不保。且成迟败速者，国也；失易得难者，位也。可不惜哉！可不慎哉！”

充容长城徐惠以上东征高丽，西讨龟兹，翠微、玉华，营缮相继，又服玩颇华靡，上疏谏，其略曰：“以有尽之农功，填无穷之巨浪；图未获之他众，丧已成之我军，昔秦皇并吞六国，反速危亡之基，晋武奄有三方，翻成覆败之业；岂非矜功恃大，弃德轻邦，图利忘危，肆情纵欲之所致乎！是知地广非常安之术，人劳乃易乱之源也。”又曰：“虽复茅茨示约，犹兴木石之疲，和雇取人，不无烦扰之弊。”又曰：“珍玩伎巧，乃丧国之斧斤；珠玉锦绣，寔迷心之鸩毒。”又曰：“作法于俭，犹恐其奢；作法于奢，何以制后！”上善其言，甚礼重之。

唐太宗贞观十九年（乙巳，公元645年）

太宗领兵攻克高丽白岩城后，对李世勣说：“我听说安市城地势险要、士兵精良，其城主智勇双全，当初莫离支叛乱时，城主不服命，莫离支久攻不能取胜，因而便仍由他管理此城。建安城兵力微弱、粮食稀少，如果出其不意进攻它，必然能够取胜。你可带兵先去攻建安，建安城攻下后，则安市城便如在我胸腹中，这正是孙子兵法所说的‘城有所不攻’的道理。”李世勣答道：“建安在南面，安市在北面，我方军粮都在辽东城；如今我们越过安市去进攻建安，假如敌人切断我方运粮通道，那将怎么办呢？倒不如先去攻打安市，攻下安市，则可以一鼓作气轻取建安。”太宗说：“你是统军将领，怎么能不用你的策略。但不要延误了我的军机大事。”李世勣于是领兵进攻安市。

安市人远远望见太宗的旗帜伞盖，总是登上城楼一起敲鼓呐喊，太宗大怒。李世勣请求攻下城池当天，将城中男女全部活埋。安市人听说后，更是顽强守城，唐军久攻不下。高延寿、高惠真向太宗请求道：“我们既然委身于大唐帝国，便不敢不献上一份忠诚，这样可以让大唐天子早成大功，我们也得与妻儿老小相见。安市人顾惜自己的家庭，人们各自为战，不容易立即攻克。如今我等以高丽兵十多万，望见旌旗即遭溃败，高丽人闻风丧胆，乌骨城首领多老迈无用，很难坚守城池，如果唐军移师临近该城，早晨到晚上即可攻克，其余中途挡道的小城，必定望风溃逃。然后广收他们物资粮草，一鼓作气，平壤必定坚守不住。”众位大臣们也都说：“张亮的部队在沙城，如果征召他们两个晚上即可到达，乘着高丽惊恐的时候，合力拿下乌骨城，渡过鸭绿江，直取平壤，就在于这次行动了。”太宗想要听从这个意见，惟独长孙无忌认为：“天子亲自征战，与一般将领统兵不同，不可以冒着危险侥幸取胜。如今建安、新城的敌兵还有十万人，如果我们移师乌骨城，他们都会追袭我军的后路，倒不如先攻下安市，占取建安，然后再长驱直入，这才是万全之策。”太宗于是停止移师乌骨的计划。

江夏王李道宗率领部下在城东南角筑土山，渐渐逼近城墙，城里也不断增高城墙与城外对抗。士兵们轮番攻战，每天有六七个回合，唐军用冲车和发射石块，撞开城墙垛，城中随即立木栅栏以堵塞缺口。李道宗脚部受伤，太宗亲自为他针灸。唐军昼夜不停地筑土山，总共用了六十天，用去劳力五十万人次，山顶离城只有几丈，可以向下俯瞰城中，李道宗让果毅都尉傅伏爱领兵驻守在山顶以防备高丽兵。土山坍毁，压向城墙，城墙崩塌，正赶上傅伏爱私自离开营所，高丽几百名士兵从城墙缺口处出来迎战，于是便夺下占据了土山，挖沟堑守护。太宗大怒，将傅伏爱斩首示众，命令众位将领攻城，却三天都未攻下来。李道宗光着脚到太宗的麾旗下请罪，太宗说：“你的罪过该当处死，但是朕想到汉武帝杀死大将王恢，倒不如秦穆公二次重用孟明，又念你攻破盖牟、辽东有功，所以特赦你不死。”

太宗认为辽东一带早寒，草木干枯水结冰，士兵马匹都不宜久留，而且粮食快要用光了，癸未（九月十八日），便敕令班师还朝。先让辽东、盖牟二城的百姓举家渡过辽水，于是在安市城下显耀兵力，而后凯旋，城中高丽人都藏身不出。城主登上城楼答礼为唐军送行，太宗称赞他能够坚守城池，赐给城主绸缎一百匹，用来鼓励他事奉高丽国王。命令李世勣与江夏王李道宗领步骑兵四万人殿后。

此次征伐高丽，总共攻克玄菟、横山、盖牟、磨米、白岩、辽东、卑沙、麦谷、银山、后黄十座城，迁徙辽、盖、岩三州户口加入唐朝户籍共七万人。新城、建安、驻骅三次较大的战役，杀死高丽兵四万多人，唐朝将士死近二千人，战马损失十分七八。太宗认为未能最后取胜，深自懊悔，感叹道：“如果魏徵在的话，不会让我此番出兵的！”命人乘驿马昼夜兼程到京城，用猪和羊祭祀魏徵，重新竖立贞观十七年曾毁坏的石碑，征召他妻子儿女到太宗所在行宫，亲自慰问赏赐。

丙午（十月十一日），唐军回到营州。太宗下诏令将在辽东阵亡的士兵的尸骨一并汇集在柳城东南，命令有关部门摆设牛羊猪祭祀，太宗亲自写诔文祭奠亡灵，并亲临灵堂痛哭，十分悲哀。死者的父母们听说此事后，都说：“我们的儿子死了，皇上亲自为他们哭灵，死还有什么遗憾！”太宗对薛仁贵说：“朕手下的各位将领都已经老了，考虑能得到骁勇善战的后起之秀为统兵将领，没有人能赶得上你了，朕对于得到辽东并不高兴，高兴的是得到了你。”

二十年（丙午，公元646年）

二月，乙未（初二），太宗从并州出发。三月，己巳（初七），太宗车驾回到了京城长安。太宗对李靖说：“我倾全国兵力却受困于小小的高丽，这是什么缘故？”李靖说：“这一点李道宗能够解释。”太宗又问江夏王李道宗，李道宗详细陈述在驻骅山时曾提出过乘机攻取平壤的话。太宗怅然若失，说道：“当时匆匆忙忙，我已经记不起来了。”

特进同中书门下三品、宋公萧瑀，性情耿介狷狂，与同僚们多不合，曾对太宗言道：“房玄龄与中书、门下省众位大臣，私结朋党对皇上不忠，操持权柄固执己见，陛下并不知道详情，只是尚未谋反罢了。”太宗说：“你讲得过分了！君王选择有才能的做为股肱心腹之人，应当推诚置腹予以重任。人不可以求全责备，应当舍弃其短处，取其所长。朕虽然不能做到耳聪目明，也不至于一下子糊涂到好坏不分这个程度。”萧瑀内心很不自在，既已多次忤犯圣意，太宗也心中很不高兴，只是念其忠直之处居多，不忍心将其废弃。

太宗曾对张亮说：“你既然敬事佛祖，为什么不出家呢？”萧瑀于是请求出家做和尚。太宗说：“朕也知道你素来喜好佛门，现在不违背你的意思。”过了一会儿萧瑀又进言说：“我刚刚考虑过了，不能出家。”太宗认为萧瑀当着大臣们讲话反复无常，心中愤愤不平；又赶上萧瑀声称有脚病不上朝，或者到了朝堂而不进去面见太宗，太宗知道他心情不快。冬季，十月，手书诏令数落其罪过说：“朕对佛教，无意遵从。那些求佛的人并未能验证将来福祉，却反而在过去受尽苦罪。至于像梁武帝潜心于佛教，梁简文帝执意于法门，倾尽府库所藏财物供给僧寺，耗费人力修筑塔庙。直至造成三淮五岭，到处发生变乱，最终结局像战国时楚成王和赵武灵王那样悲惨，子孙灭亡而无暇顾及，江山社稷倾刻间化为废墟，佛教报答施恩的征兆，是何等的荒谬！萧瑀重蹈梁朝的覆辙，承袭亡国者的遗风；抛弃公义曲就私情，不懂得扬名隐世的道理；身在俗世口诵佛语，不能分辨邪恶正义。想修去累世孽源，祈求一己的福根，对上违犯君王。对下则煽动浮华风气。自己请求出家，不久又有反复。瞬息之间反复变化无常；自我肯定与否定，都是在天子与群臣议政之处。如此深乖国家栋梁的体面，这难道是宰相之才的度量吗？朕一直隐忍到今天，萧瑀全无悔改之意。将他降为商州刺史，免除他的封爵。”

二十二年（戊申，公元648年）

春季，正月，己丑（初八），太宗写成《帝范》十二篇赐给太子，各篇名是《君体》《建亲》《求贤》《审官》《纳谏》《去谗》《戒盈》《崇俭》《赏罚》《务农》《阅武》《崇文》。太宗说道：“修身治理国家的道理，都在这十二篇之中了。我一旦逝去，就没有别的话可说了。”又说：“你应当以古代的先哲圣王为师，像我，则不足效法。古人说效法上等的，仅得其中，效法中等的，不免得其下。我即位以来，过失之处不少，锦绣珠玉不断于身前，又不停地修筑宫室台榭，犬马鹰鹘无论多远也要罗致来，游幸四方，使各地供给烦劳，这些都是我的大过失，千万不要认为正确而效法。回顾起来我普济苍生效益多，创建大唐基业功劳大。好处多损害少，所以百姓没有怨言；功劳大过失小，所以王业稳固；然而若是要求尽善尽美，实在是多有惭愧。你没有我这些功劳勤苦而承继我的富贵，竭力行善举，则国家仅得安定；如果骄奢懒惰，则自身都难保。而且成功来之不易，败亡却可迅速招致，是指国家而言；失去容易得之较难，是指皇位；能不珍惜吗！能不谨慎吗！”

宫中九嫔之一的充容、长城县人徐惠，认为太宗东征高丽，西讨龟兹，又相继营造翠微、玉华二宫，而且穿用颇为华丽奢靡，便上奏疏劝谏，大略说道：“陛下以有限的农业收成，去填充无穷尽的欲望；图谋那些还未归附的他国部众，却损失已具规模的大唐军队。从前秦始皇吞并六国，反而加速动摇其已危亡的基础，晋武帝统一三国，反而成了覆败的基业，难道不是自夸有功自恃强大，放弃德行轻视国家，贪图小利忘记安危，肆情纵欲所造成的吗？由此可知地域辽阔并非长久安定的谋略，百姓劳苦才是容易动乱的根源。”又说道：“即使将殿宇覆盖上茅草以示俭约，却还是大兴土木；名义是合理雇用，按价取值，实际仍然会有烦扰百姓的弊病。”又说：“各种珍玩、奇技淫巧，乃是丧国殃民的武器，珠宝绸缎，实为迷乱心灵的毒药。”又说：“制定法令节俭，还担心民风奢侈；如果法令本身就主张奢侈，怎么可能做为后人的榜样呢？”太宗非常欣赏她的话，待她十分有礼。

第一百九十九卷 唐纪十五

译文诵读

太宗文武大圣大广孝皇帝下之下贞观二十三年（己酉，649）

上苦利增剧，太子昼夜不离侧，或累日不食，发有变白者。上泣曰："汝能孝爱如此，吾死何恨！"丁卯，疾笃，召长孙无忌入含风殿。上卧，引手扪无忌颐，无忌哭，悲不自胜。上竟不得有所言，因令无忌出。己巳，复召无忌及褚遂良入卧内，谓之曰："朕今悉以后事付公辈。太子仁孝，公辈所知，善辅导之！"谓太子曰："无忌、遂良在，汝勿忧天下！"又谓遂良曰："无忌尽忠于我，我有天下，多其力也，我死，勿令谗人间之。"仍令遂良草遗诏。有顷，上崩。

太子拥无忌颈，号恸将绝，无忌揽涕，请处分众事以安内外，太子哀号不已，无忌曰："主上以宗庙社稷付殿下，岂得效匹夫唯哭泣乎！"乃秘不发丧。庚午，无忌等请太子先还，飞骑、劲兵及旧将皆从。辛未，太子入京城。大行御马舆，侍卫如平日，继太子而至，顿于两仪殿。以太子左庶子于志宁为侍中，少詹事张行成兼侍中，以检校刑部尚书、右庶子、兼吏部侍郎高季辅兼中书令。壬申，发丧太极殿，宣遗诏，太子即位。军国大事，不可停阙；平常细务，委之有司。诸王为都督、刺史者，并听奔丧，濮王泰不在来限。罢辽东之役及诸土木之功。四夷之人入仕于朝及来朝贡者数百人，闻丧皆恸哭，剪发、剺面、割耳，流血洒地。

六月，甲戌朔，高宗即位，赦天下。

高宗天皇大圣大弘孝皇帝上之上永徽元年（庚戌，650）

丙午，立妃王氏为皇后。后，思政之孙也。以后父仁祐为特进、魏国公。

五年（甲寅，654）

初，王皇后无子，萧淑妃有宠，王后疾之。上之为太子也，入侍太宗，见才人武氏而悦之。太宗崩，武氏随众感业寺为尼。忌日，上诣寺行香，见之，武氏泣，上亦泣。王后闻之，阴令武氏长发，劝上内之后宫，欲以间淑妃之宠。武氏巧慧，多权数，初入宫，卑辞屈体以事后。后爱之，数称其美于上。未几大幸，拜为昭仪，后及淑妃宠皆衰，更相与共谮之，上皆不纳。昭仪欲追赠其父而无名，故托以褒赏功臣，而武士彟预焉。

王皇后、萧淑妃与武昭仪更相谮诉，上不信后、淑妃之语，独信昭仪。后不能曲事上左右，母魏国夫人柳氏及舅中书令柳奭入见六宫，又不为礼。武昭仪伺后所不敬者，必倾心与相结，所得赏赐分与之。由是后及淑妃动静，昭仪必知之，皆以闻于上。

后宠虽衰，然上未有意废也。会昭仪生女，后怜而弄之，后出，昭仪潜扼杀之，覆之以被。上至，昭仪阳欢笑，发被观之，女已死矣，即惊啼。问左右，左右皆曰："皇后适来此。"上大怒曰："后杀吾女！"昭仪因泣数其罪。后无以自明，上由是有废立之志。又畏大臣不从，乃与昭仪幸太尉长孙无忌第，酣饮极欢，席上拜无忌宠姬子三人皆为朝散大夫，仍载金宝缯锦十车以赐无忌。上因从容言皇后无子以讽无忌，无忌对以他语，竟不顺旨，上及昭仪皆不悦而罢。昭仪又令母杨氏诣无忌第，屡有祈请，无忌终不许。礼部尚书许敬宗亦数劝无忌，无忌厉色折之。

六年（乙卯，655）

六月，武昭仪诬王后与其母魏国夫人柳氏为厌胜，敕禁后母柳氏不得入宫。秋，七月，戊寅，贬吏部尚书柳奭为遂州刺史。奭行至扶风，岐州长史于承素希旨奏奭漏泄禁中语，复贬荣州刺史。

唐因隋制，后宫有贵妃、淑妃、德妃、贤妃皆视一品。上欲特置宸妃，以武昭仪为之，韩瑗、来济谏，以为故事无之，乃止。

中书舍人饶阳李义府为长孙无忌所恶，左迁壁州司马。敕未至门下，义府密知之，问计于中书舍人幽州王德俭，德俭曰："上欲立武昭仪为后，犹豫未决者，直恐宰臣异议耳。君能建策立之，则转祸为福矣。"义府然之，是日，代德俭直宿，叩阁上表，请废皇后王氏，立武昭仪，以厌兆庶之心。上悦，召见，与语，赐珠一斗，留居旧职。昭仪又密遣使劳勉之，寻超拜中书侍郎。于是卫尉卿许敬宗、御史大夫崔义玄、中丞袁公瑜皆潜布腹心于武昭仪矣。

上一日退朝，召长孙无忌、李勣、于志宁、褚遂良入内殿。遂良曰："今日之召，多为中宫，上意既决，逆之必死。太尉元舅，司空功臣，不可使上有杀元舅及功臣之名，遂良起于草茅，无汗马之劳，致位至此，且受顾托，不以死争之，何以下见先帝！"勣称疾不入。无忌等至内殿，上顾谓无忌曰："皇后无子，武昭仪有子，今欲立昭仪为后，何如？"遂良对曰："皇后名家，先帝为陛下所娶。先帝临崩，执陛下手谓臣曰：'朕佳儿佳妇，今以付卿。'此陛下所闻，言犹在耳。皇后未闻有过，岂可轻废！臣不敢曲从陛下，上违先帝之命！"上不悦而罢。明日又言之，遂良曰："陛下必欲易皇后，伏请妙择天下令族，何必武氏。武氏经事先帝，众所具知，天下耳目，安可蔽也。万代之后，谓陛下为如何！愿留三思！臣今忤陛下，罪当死。”因置笏于殿阶，解巾叩头流血曰：“还陛下笏，乞放归田里。”上大怒，命引出。昭仪在帘中大言曰：“何不扑杀此獠！”无忌曰：“遂良受先朝顾命，有罪不可加刑。”于志宁不敢言。

韩瑗因间奏事，涕泣极谏，上不纳。明日又谏，悲不自胜，上命引出。瑗又上疏谏曰：“匹夫匹妇，犹相选择，况天子乎！皇后母仪万国，善恶由之，故嫫母辅佐黄帝，妲己倾覆殷王，诗云：‘赫赫宗周，褒姒灭之。’每览前古，常兴叹息，不谓今日尘黩圣代。作而不法，后嗣何观！顾陛下详之，无为后人所笑！使臣有以益国，菹醢之戮，臣之分也！昔吴王不用子胥之言而麋鹿游于姑苏。臣恐海内失望，棘荆生于阙庭，宗庙不血食，期有日矣！”来济上表谏曰：“王者立后，上法乾坤，必择礼教名家，幽闲令淑，副四海之望，称神祇之意。是故周文造舟以迎太姒，而兴《关雎》之化，百姓蒙祚；孝成纵欲，以婢为后，使皇统亡绝，社稷倾沦。有周之隆既如彼，大汉之祸又如此，惟陛下详察！”上皆不纳。

他日，李勣入见，上问之曰：“朕欲立武昭仪为后，遂良固执以为不可。遂良既顾命大臣，事当且已乎？”对曰：“此陛下家事，何必更问外人！”上意遂决。许敬宗宣言于朝曰：“田舍翁多收十斛麦，尚欲易妇，况天子欲立后，何豫诸人事而妄生异议乎！”昭仪令左右以闻。庚午，贬遂良为潭州都督。

唐太宗贞观二十三年（己酉，公元649年）

太宗病情加重，上吐下泻，太子昼夜不离身边，有时一连几日不进食，头发有的已变白。太宗流着泪说：“你这么孝敬疼爱我，我死了还有什么遗憾！”丁卯（五月二十四日），太宗病情危急，召长孙无忌到含风殿。太宗躺在床上，伸出手摸着长孙无忌的腮，无忌大声痛哭，不能自已。太宗竟说不出话来，于是令无忌出宫。己巳（二十六日），又召长孙无忌与褚遂良进入卧室内，对他们说：“朕如今将后事全都托付给你们。太子仁义孝敬，你们也都知道的，望你们善加辅佐教导！”对太子说：“有无忌、遂良在，你不用为大唐江山担忧！”又对褚遂良说：“无忌对我竭尽忠诚，我能拥有大唐江山，无忌出力较多，我死之后，不要让小人进谗言挑拨离间。”于是令褚遂良草拟遗诏。过了不久，太宗去世。

太子抱着长孙无忌的脖子，号啕痛哭，悲痛欲绝，长孙无忌抹去眼泪，请求太子处理众事以安朝内外，太子不停地哀号，无忌说：“皇上将宗庙社稷交付给殿下，怎么能效法一般人只知道哭泣呢？”于是秘不发丧。庚午（二十七日），长孙无忌等人请求太子先回到皇宫，飞骑、精悍步兵及旧将领纷纷跟随。辛未（二十八日），太子进入京城。辞世的天子所用的马车，侍卫兵如同平时一样，继太子之后到达京城，安顿在两仪殿。任命太子左庶子于志宁为侍中，少詹事张行成兼任侍中，任命检校刑部尚书、右庶子、兼吏部侍郎高季辅兼任中书令。壬申（二十九日），在太极殿发丧，宣示太宗遗诏，太子即皇帝位。军国大事，不可停下不办；平常琐细事务，委托给有关官署。诸王在外任都督、刺史的，都听凭他们前来奔丧，但濮王李泰不在奔丧的范围内。废止辽东的征战及各项土木工程。四方各部族在朝做官及来朝进贡的几百人，听说太宗死了，都失声痛哭，剪头发、用刀划脸、割耳朵等，流血满地。

六月，甲戌朔（初一），高宗李治即位，大赦天下。

唐高宗永徽元年（庚戌，公元650年）

丙午（正月初六），高宗立妃子王氏为皇后。皇后乃是王思政的孙女。封皇后的父亲王仁为特进、魏国公。

五年（甲寅，公元654年）

起初，王皇后没有儿子，萧淑妃得高宗宠幸，王皇后十分忌妒。高宗做太子的时候，进寝宫侍奉太宗，看见才人武氏便十分喜欢。太宗驾崩后，武氏随着众位妃嫔到感业寺当尼姑。到了太宗的忌日，高宗到感业寺行香拜佛，见到了她，武氏哭泣，高宗也流泪。王皇后听说后，暗中让武氏留发，劝说高宗纳武氏入后宫，想要以武氏来离间高宗对萧妃的宠爱。武氏机敏聪慧，善施权术，刚进宫时，侍奉皇后十分谦恭有礼。皇后十分喜欢她，多次在高宗面前称赞她。不久大得宠幸，拜为昭仪，皇后与萧妃均失宠，二人又一同诬告武氏，高宗均不予采纳。武昭仪想要追赠他的父亲武士彟的官爵，而苦于没有什么名义，于是便假托要褒奖赏赐十三位功臣，其中便有武士彟。

王皇后、萧淑妃与武昭仪之间相互诬告诽谤，高宗不相信王后、萧妃的话，惟独信任武昭仪。王皇后不会曲意事奉高宗身边的人，她的母亲魏国夫人柳氏及舅舅中书令柳奭进见六宫妃嫔，又不讲礼节。武昭仪观察到皇后讨厌的人，便与之倾心相交，所得到的赏赐也要分给她们。因此王皇后与萧妃的一举一动，武氏都知道，并且都告诉给高宗。

王皇后虽然失宠，但高宗并未有废后的想法。正巧此时武昭仪生下一个女孩，皇后怜爱她并逗弄她玩，皇后走出去后，武氏趁没人将女孩掐死，又盖上被子。正好高宗来到，武氏假装欢笑，打开被子一同看孩子，发现女婴已经死了，武氏大声哭闹。问身边的人是怎么回事，身边的人都说："皇后刚刚来过这里。"高宗勃然大怒，说道："皇后杀了我的女儿！"武昭仪借机哭泣着数落其罪过。皇后无法申辩，高宗从此有了废皇后立武昭仪为后的打算。又担心大臣们不服，于是便和武氏一道临幸太尉长孙无忌的宅第，宴饮酣畅欢乐到极点，酒席上将无忌宠姬的三个儿子都拜为朝散大夫，又命人装载金银财宝、锦缎丝绸等共十车赐给无忌。高宗乘机讲到王皇后没有子嗣，以此暗示无忌，无忌顾左右而言他，竟然没有顺从旨意，高宗与武氏二人在不愉快中结束这场酒宴。武昭仪又让自己的母亲杨氏到无忌的宅第，多次请求，无忌最终还是没有答应。礼部尚书许敬宗也曾多次劝说无忌，无忌正言厉色斥责了他。

六年（乙卯，公元655年）

六月，武昭仪诬陷王皇后和她的母亲魏国夫人柳氏求巫施厌胜术诅咒昭仪，高宗敕令禁止皇后母亲柳氏进入宫内。秋季，七月，戊寅（初十），将吏部尚书柳奭贬为遂州刺史。柳奭赴任走到扶风县，岐州长史于承素揣摸圣意上奏称柳奭泄漏宫禁秘密，又贬为荣州刺史。

唐朝因袭隋朝制度，后宫有贵妃、淑妃、德妃、贤妃，都是正一品。高宗想要特别设置一个宸妃，封给武昭仪，韩瑗、来济谏阻，认为无旧例可循，于是作罢。

中书舍人、饶阳人李义府为长孙无忌所厌恶，降职为壁州司马。敕令还未到门下省，李义府已经暗中得知，便向中书舍人、幽州人王德俭问计，德俭说："高宗想要立武昭仪为皇后，正在犹豫不决，只是担心宰相们会有异议。你如果能提建议立武氏为后，则转祸为福了。"李义府同意他的话，这一天，他代替德俭值宿，叩门向高宗上表章，请求废掉王皇后，立武昭仪为后，以满足黎民百姓的愿望。高宗十分高兴，亲自召见李义府，与他谈话，赐给珍珠一斗，留下他官居原职。武氏又暗中派人慰劳勉励他，不久破格提拔为中书侍郎。在此之后，卫尉卿许敬宗、御史大夫崔义玄、御史中丞袁公瑜都暗中向武氏表达其效忠之心。

有一天高宗退朝后，宣召长孙无忌、李世勣、于志宁、褚遂良进入内殿。褚遂良说："今天皇上宣召，多半是为了后宫的事，皇上的主意既已定了，违抗者必是死罪。太尉是元舅，司空是功臣，不可以让皇上承担杀元舅与功臣的不好名声。我褚遂良乃是自平民起家，没有汗马功劳，到了今日这个地位，而且接受先帝托孤，不以死谏诤，无颜去见先帝！"李世勣称病没去内殿。无忌等人到了内殿，高宗对他们说："皇后没有子嗣，武昭仪有，如今朕想立武昭仪为皇后，你们看怎么样？"褚遂良答道："皇后出身名家，是先帝为陛下娶的。先帝临死的时候，拉着陛下的手对我说：'朕的好儿子好儿媳，如今就交付给你了。'这些话都是陛下亲耳听到的，言犹在耳。未听说皇后有什么过错，怎么能够轻易废掉呢！我不敢曲意顺从陛下，以违背先帝的遗愿！"高宗十分不高兴，只好作罢。第二天又言及此事，褚遂良说："陛下一定要更换皇后，我请求遴选全国的世家望族，何必非武氏不可。武氏曾经侍奉过先帝，这是众所周知，天下人的耳目，怎么能遮掩呢？千秋万代之后，人们又将怎么评价陛下呢？愿陛下三思而后行！我今日触怒陛下，罪该处死。"说完将朝笏放在殿内台阶上，解下头巾磕头直到血流满面，说道："还给陛下朝笏，乞求放我回老家去。"高宗勃然大怒，命人将他带出去。武昭仪在隔帘内大声说道："何不就地杀了这老东西！"长孙无忌说："褚遂良是先朝顾命大臣，有罪也不可以加刑。"于志宁不敢说话。

韩瑗找个时机上奏疏，流泪极力劝阻废皇后，高宗不予采纳。他第二天又劝谏，悲伤得不能自已，高宗命人将他带出去。韩瑗又上奏疏劝谏道：“一般的夫妇，还要相互选择后再结合，何况天子呢？皇后乃是天下妇女的仪范，善恶由她而生，所以说嫫母辅佐黄帝；妲己倾覆殷朝，《诗经》说：‘赫赫有名的宗周，就灭在褒姒之手。’每次观览前朝史事，常会发出感慨，没想到今天圣明之世也会受到玷污。做事不依法度，后世将如何看呢！希望陛下再三考虑，不要让后人讥笑。假使臣下我的话有益于国家，即使被剁成肉酱，臣也死得其所！当年吴王不听伍子胥的话，结果吴都姑苏破败，麋鹿出没。臣下我担心陛下令海内之人失望，使宫廷长满荆棘，宗庙不能继续享有祭祀的情况，为期不远了！”来济上表章劝谏说：“君主册立皇后，应该依据天地之理，必须选择名门礼教之家的淑女，幽雅娴静，贤淑美好，才可与人的厚望相副，也能称神灵的意图。所以说周文王造船迎接太姒，这才有《关雎》的教化，百姓承受福祚；汉成帝纵欲成性，以婢女为皇后，使皇统断绝，社稷倾覆。周代的隆盛是那样，汉代的祸患又是这样，希望陛下明察！”高宗对这些谏言都不予采纳。

又一天，李世勣进宫见高宗，高宗问他：“朕想要立武昭仪为皇后，褚遂良固执己见认为不可以。褚遂良既是顾命大臣，他反对，那么事情就应该停止吗？”李世勣答道：“这是陛下的家事，何必又去问外人呢！”高宗废后主意于是定了下来。许敬宗在朝中扬言道：“庄稼汉多收了十斛麦子，还想着要换个老婆呢？何况天子要立皇后，人们又何必管那么多事而妄生异议呢？”武昭仪让身边的人将此话讲给高宗听。庚午（九月初三），将褚遂良贬为潭州都督。

第二百卷　唐纪十六

译文诵读

高宗天皇大圣大弘孝皇帝上之下永徽六年（乙卯，655）

冬，十月，己酉，下诏称："王皇后、萧淑妃谋行鸩毒，废为庶人，母及兄弟，并除名，流岭南。"许敬宗奏："故特进赠司空王仁祐告身尚存，使逆乱余孽犹得为荫，并请除削。"从之。

乙卯，百官上表请立中宫，乃下诏曰："武氏门著勋庸，地华缨黻，往以才行选入后庭，誉重椒闱，德光兰掖。朕昔在储贰，特荷先慈，常得侍从，弗离朝夕，宫壸之内，恒自饬躬，嫔嫱之间，未尝迕目，圣情鉴悉，每垂赏叹，遂以武氏赐朕，事同政君，可立为皇后。"

十一月，丁卯朔，临轩命司空李勣赍玺绶册皇后武氏。是日，百官朝皇后于肃义门。

故后王氏、故淑妃萧氏，并囚于别院，上尝念之，间行至其所，见其室封闭极密，惟窍壁以通食器，恻然伤之，呼曰："皇后、淑妃安在？"王氏泣对曰："妾等得罪为宫婢，何得更有尊称！"又曰："至尊若念畴昔，使妾等再见日月，乞名此院为回心院。"上曰："朕即有处置。"武后闻之，大怒，遣人杖王氏及萧氏各一百，断去手足，捉酒瓮中，曰："令二妪骨醉！"数日而死，又斩之。王氏初闻宣敕，再拜曰："愿大家万岁！昭仪承恩，死自吾分。"淑妃骂曰："阿武妖猾，乃至于此！愿他生我为猫，阿武为鼠，生生扼其喉。"由是宫中不畜猫。寻又改王氏姓为蟒氏，萧氏为枭氏。武后数见王、萧为祟，被发沥血如死时状。后徙居蓬莱宫，复见之，故多在洛阳，终身不归长安。

显庆元年（丙辰，656）

韩瑗上疏，为褚遂良讼冤曰："遂良体国忘家，捐身徇物，风霜其操，铁石其心，社稷之旧臣，陛下之贤佐。无闻罪状，斥去朝廷，内外氓黎，咸嗟举措。臣闻晋武弘裕，不贻刘毅之诛；汉祖深仁，无恚周昌之直。而遂良被迁，已经寒暑，违忤陛下，其罚塞焉。伏愿缅鉴无辜，稍宽非罪，俯矜微款，以顺人情。"上谓瑗曰："遂良之情，朕亦知之。然其悖戾好犯上，故以此责之，卿何言之深也！"对曰："遂良社稷忠臣，为谗谀所毁。昔微子去而殷国以亡，张华存而纲纪不乱。陛下无故弃逐旧臣，恐非国家之福！"上不纳。瑗以言不用，乞归田里，上不许。

二年（丁巳，657）

许敬宗、李义府希皇后旨，诬奏侍中韩瑗、中书令来济与褚遂良潜谋不轨，以桂州用武之地，授遂良桂州都督，欲以为外援。八月，丁卯，瑗坐贬振州刺史，济贬台州刺史，终身不听朝觐。又贬褚遂良为爱州刺史，荣州刺史柳奭为象州刺史。

遂良至爱州，上表自陈："往者濮王、承乾交争之际，臣不顾死亡，归心陛下。时岑文本、刘洎奏称：'承乾恶状已彰，身在别所，其于东宫，不可少时虚旷，请且遣濮王往居东宫。'臣又抗言固争，皆陛下所见。卒与无忌等四人共定大策。及先朝大渐，独臣与无忌同受遗诏。陛下在草土之辰，不胜哀恸，臣以社稷宽譬，陛下手抱臣颈。臣与无忌区处众事，咸无废阙，数日之间，内外宁谧。力小任重，动罹愆过，蝼蚁余齿，乞陛下哀怜。"表奏，不省。

四年（己未，659）

武后以太尉赵公长孙无忌受重赐而不助己，深怨之。及议废王后，燕公于志宁中立不言，武后亦不悦。许敬宗屡以利害说无忌，无忌每面折之，敬宗亦怨。武后既立，无忌内不自安，后令敬宗伺其隙而陷之。

会洛阳人李奉节告太子洗马韦季方、监察御史李巢朋党事，敕敬宗与辛茂将鞫之。敬宗按之急，季方自刺，不死，敬宗因诬奏季方欲与无忌构陷忠臣近戚，使权归无忌，伺隙谋反，今事觉，故自杀。上惊曰："岂有此邪！舅为小人所间，小生疑阻则有之，何至于反！"敬宗曰："臣始末推究，反状已露，陛下犹以为疑，恐非社稷之福。"上泣曰"我家不幸，亲戚间屡有异志，往年高阳公主与房遗爱谋反，今元舅复然，使朕惭见天下之人。兹事若实，如之何？"对曰："遗爱乳臭儿，与一女子谋反，势何所成！无忌与先帝谋取天下，天下服其智，为宰相三十年，天下畏其威，若一旦窃发，陛下遣谁当之！今赖宗庙之灵，皇天疾恶，因按小事，乃得大奸，实天下之庆也。臣窃恐无忌知季方自刺，窘急发谋，攘袂一呼，同恶云集，必为宗庙之忧。臣昔见宇文化及父述为炀帝所亲任，结以婚姻，委以朝政。述卒，化及复典禁兵，一夕于江都作乱，先杀不附己者，臣家亦豫其祸，于是大臣苏威、裴矩之徒，皆舞蹈马首，唯恐不及，黎明遂倾隋室。前事不远，愿陛下速决之！"上命敬宗更加审察。明日，敬宗复奏曰："昨夜季方已承与无忌同反，臣又问季方：'无忌与国至亲，累朝宠任，何恨而反？'季方答云：'韩瑗尝语无忌云："柳奭、褚遂良劝公立梁王为太子，今梁王既废，上亦疑公，故出高履行于外。"自此无忌忧恐，渐为自安之计。后见长孙祥又出，韩瑗得罪，日夜与季方等谋反。'臣参验辞状，咸相符合，请收捕准法。"上又泣曰："舅若果尔，朕决不忍杀之，若果杀之，天下将谓朕何，后世将谓朕何！”敬宗对曰：“薄昭，汉文帝之舅也，文帝从代来，昭亦有功，所坐止于杀人，文帝使百官素服哭而杀之，至今天下以文帝为明主。今无忌忘两朝之大恩，谋移社稷，其罪与薄昭不可同年而语也。幸而奸状自发，逆徒引服，陛下何疑，犹不早决！古人有言：‘当断不断，反受其乱。’安危之机，间不容发。无忌今之奸雄，王莽、司马懿之流也。陛下少更迁延，臣恐变生肘腋，悔无及矣！”上以为然，竟不引问无忌。戊辰，下诏削无忌太尉及封邑，以为扬州都督，于黔州安置，准一品供给。祥，无忌之从父兄子也，前此自工部尚书出为荆州长史，故敬宗以此诬之。

敬宗又奏：“无忌谋逆，由褚遂良、柳奭、韩瑗构扇而成。奭仍潜通宫掖，谋行鸩毒，于志宁亦党附无忌。”于是诏追削遂良官爵，除奭、瑗名，免志宁官。遣使发道次兵援送无忌诣黔州。无忌子秘书监驸马都尉冲等皆除名，流岭表。遂良子彦甫、彦冲流爱州，于道杀之。益州长史高履行累贬洪州都督。

六月，丁卯，诏改《氏族志》为《姓氏录》。

初，太宗命高士廉等修《氏族志》，升降去取，时称允当。至是，许敬宗等以其书不叙武氏本望，奏请改之，乃命礼部郎中孔志约等比类升降，以后族为第一等，其余悉以仕唐官品高下为准，凡九等。于是士卒以军功致位五品，豫士流，时人谓之“勋格”。

秋，七月，命御史往高州追长孙恩，象州追柳奭，振州追韩瑗，并枷锁诣京师，仍命州县簿录其家。恩，无忌之族弟也。

壬寅，命李勣、许敬宗、辛茂将与任雅相、卢承庆更共覆按无忌事。许敬宗又遣中书舍人袁公瑜等诣黔州，再鞫无忌反状，至则逼无忌令自缢。诏柳奭、韩瑗所至斩决。使者杀柳奭于象州。韩瑗已死，发验而还。籍没三家，近亲皆流岭南为奴婢。常州刺史长孙祥坐与无忌通书，处绞。长孙恩流檀州。

初，太宗疾山东士人自矜门地，婚姻多责资财，命修《氏族志》例降一等。王妃、主婿皆取勋臣家，不议山东之族。而魏徵、房玄龄、李勣家皆盛与为婚，常左右之，由是旧望不减，或一姓之中，更分某房某眷，高下悬隔。李义府为其子求婚不获，恨之，故以先帝之旨，劝上矫其弊。壬戌，诏后魏陇西李宝、太原王琼、荥阳郑温、范阳卢子迁、卢浑、卢辅、清河崔宗伯、崔元孙、前燕博陵崔懿、晋赵郡李楷等子孙，不得自为婚姻。仍定天下嫁女受财之数，毋得受陪门财。然族望为时所尚，终不能禁，或载女窃送夫家，或女老不嫁，终不与异姓为婚。其衰宗落谱，昭穆所不齿者，往往反自称禁婚家，益增厚价。

五年（庚申，660）

冬，十月，上初苦风眩头重，目不能视，百司奏事，上或使皇后决之。后性明敏，涉猎文史，处事皆称旨。由是始委以政事，权与人主侔矣。

唐高宗永徽六年（乙卯，公元655年）

冬季，十月，己酉（十三日），高宗下诏说：“王皇后、萧淑妃因阴谋用毒酒杀人，废黜为平民。她们的母亲兄弟一并削除官爵，流放岭南。”许敬宗上奏说：“已故特进赠司空王仁祐授官的凭信还保存着，这将使逆乱的余孽还得以受荫任官，请一并削除他的官爵。”高宗采纳他的意见。

乙卯（十九日），百官上奏表请求立皇后，于是高宗下诏说：“武氏出身于有大功劳的家庭，累世都任官职，以前因才德出众选入后宫，声誉满后宫，品德光照宫闱。朕从前当太子时，她蒙受我已故母亲的特殊恩宠，时常侍从皇帝，日夜不离左右，在后宫中经常检点自己的行为，嫔妃之间未曾闹矛盾，皇帝看得很清楚，时常赞赏，于是将武氏赏赐给朕，就像汉宣帝将宫女王政君赏赐给了皇太子一样。武氏可以立为皇后。”

十一月，丁卯朔（初一），高宗让司空李世勣携带印玺在殿前册封武则天为皇后。当天，百官朝拜皇后于肃义门。

原皇后王氏，原淑妃萧氏，一同被囚禁在后宫别院，高宗曾思念她们，私下去囚禁她们的地方，看见囚室封闭得极为严密，只在墙壁上凿开小洞以便送食物的器具能进出。他为她们感到悲伤，呼喊道：“皇后、淑妃在哪里？”王氏哭泣回答说：“我等犯罪已成宫中奴婢，哪里还得再有后、妃等尊贵的称号！”又说：“至尊如果思念从前的情分，让我等再见天日，请命名这个院子为回心院。”高宗说：“朕即有所安排。”武后听说后，大怒，派人将王氏和萧氏各杖打一百下，砍去手足，投入酒瓮中，说：“让这两个女人连骨头都喝醉！”数日后她们死去，又被砍下脑袋。当皇后王氏听到宣布处置她们的命令时，拜了两拜说：“祝愿皇帝万岁！武昭仪承受皇恩，死自然是我的本分。”淑妃萧氏大骂道：“阿武邪恶狡诈，竟然到了这种地步！愿来生我变为猫，她变为鼠，我活生生地扼住她的咽喉。”从此宫中不养猫。不久又改王氏姓蟒氏，萧氏姓枭氏。武后多次看见王氏和萧氏的鬼魂作祟，披散着头发，浑身滴血，如同死时候的模样。她后来移居蓬莱宫，还是看见同样情形，所以她多居住在洛阳，终身不回长安。

显庆元年（丙辰，公元656年）

韩瑗上疏，为褚遂良申诉冤屈说：“褚遂良为国家着想而忘记自己的家，生命财产都愿意奉献，品行高洁，意志坚定，是国家的旧臣，是陛下有道德有才能的助手。没有听说他犯罪，就被斥退离开朝廷，朝廷内外和黎民百姓都为这种处置叹息。我听说晋武帝宽宏大量，不判处刘毅死罪；汉高祖仁德深厚，不怨恨周昌的耿直。而褚遂良被降职已经一年，违抗陛下的罪责，对他的处罚已经抵偿。希望陛下念他无辜，稍微宽恕无罪，同情他的忠诚，以顺应人心。”高宗对韩瑗说：“褚遂良的情况，朕也知道。但他粗暴犯上，所以用这种办法责备他，你为什么说得那么严重！”回答说：“褚遂良是国家的忠臣，被用恶言伤人以讨好上边的人诽谤。

从前微子离去而殷国因而灭亡，张华留任而国家的法度不乱。陛下无故抛弃驱逐旧臣，恐怕不是国家之福。”高宗没有采纳他的意见。韩瑗因自己的话没有被采用，请求辞官回家乡，高宗不允许。

二年（丁巳，公元657年）

许敬宗、李义府迎合皇后的旨意，诬奏侍中韩瑗、中书令来济与褚遂良私下图谋不轨，因桂州是用武的地方，他们授任褚遂良为桂州都督，是想利用他为外援。八月，丁卯（十一日），韩瑗因此被降职为振州刺史，来济被降职为台州刺史，终身不许朝见皇帝。又将褚遂良降职为爱州刺史，荣州刺州柳奭降职为象州刺史。

褚遂良来到爱州，上奏自我陈述说：“以前濮王、承乾相互争斗的时候，我不顾死活，诚心归附陛下。当时岑文本、刘洎上奏说：‘承乾的罪状已经显露，已被关在别所，东宫不可有哪怕是短时间的空缺，请先派遣濮王去东宫居住。’我又高声坚持抗争，这些都是陛下所看见的。最后我又与长孙无忌等四人共同决定立陛下为皇太子的重大决策。及至太宗病危，只有我与长孙无忌共同接受遗诏。陛下在守丧的时候，经受不住哀痛，我以国家为重宽慰劝解，陛下还用手抱住我的脖子。我与长孙无忌分别处理众多的事情，全都没有荒废缺失，数日之间，内外安宁。我能力小，责任重，常常出现差错，微贱的余年，乞请陛下哀怜。”奏表上达后，唐高宗没有考虑处理。

四年（己未，公元659年）

武后因太尉赵公长孙无忌受到优厚的赏赐而不肯帮助自己，十分怨恨他。在讨论废黜王皇后时，燕公于志宁持中立态度，不肯发言，武后也不高兴。许敬宗一再想用陈述利害的办法说服长孙无忌，长孙无忌每次都当面驳斥他，许敬宗因此也怨恨长孙无忌。武则天已立为皇后，长孙无忌内心不安，武后命令许敬宗寻找空子陷害他。

这时正遇到洛阳人李奉节告发太子洗马韦季方、监察御史李巢纠结宗派的事情，高宗命令许敬宗与辛茂将审讯他们。许敬宗讯问紧迫，韦季方自己刺杀自己，结果没有死。许敬宗因此诬奏韦季方想与长孙无忌诬陷忠臣和皇帝近亲，使权力归于长孙无忌，以便寻找机会谋反，现在事情暴露，所以自杀。高宗吃惊地说：“哪里有这种事呢！舅舅被小人离间，产生小的猜疑隔阂是有的，哪里至谋反！”许敬宗说：“我从始至终推求研究，谋反的情况已很明显，陛下还以为可疑，这恐怕不是国家之福。”高宗流泪说：“我家不幸，亲戚之间一再出现有叛变意图的人，往年高阳公主与房遗爱谋反，现在大舅又这样，使朕愧见天下人。这事如果属实，怎么办？”回答说：“房遗爱幼稚小子，与一个女子谋反，能成什么气候！长孙无忌与先帝谋划夺取天下，天下人佩服他的智谋；任宰相三十年，天下人畏惧他的权威；如果有一天暗地发动，陛下派遣谁能抵挡他！现在仰赖宗庙神灵，皇天憎恨邪恶，因审问小事，而发现大恶人，实在是天下之福。我私下担心长孙无忌知道韦季方自己刺杀自己，处境困迫而发动变乱，振臂一呼，同党聚集，必定成为国家的忧患。我以前看见过宇文化及的父亲宇文述为隋炀帝所亲信重用，互通婚姻，将朝政托付给他。宇文述死后，宇文化及又主管皇帝的亲兵，一天晚上在江都作乱，先杀死不归附自己的人，我家也受其害，于是大臣苏威、裴矩之流，在马前舞蹈庆贺还唯恐来不及，天刚亮就倾覆隋朝。这是不久以前发生的事情，希望陛下赶快拿主意！”高宗命令许敬宗进一步查审这件事。第二天，许敬宗又上奏说：“昨天晚上韦季方已承认与长孙无忌一同谋反，我又问韦季方：‘长孙无忌与皇帝是至亲，历朝受宠信重用，因什么仇恨而要谋反？’韦季方回答说：‘韩瑗曾对长孙无忌说：柳奭、褚遂良劝您立梁王为太子，现在梁王已被废黜，皇帝也怀疑您，所以将您的亲戚高履行调任外地。从此长孙无忌忧虑恐惧．逐渐准备自我保护的计策。后来看到长孙祥又调任外地，韩瑗得罪，便日夜与韦季方等谋反。’我检验供词和事实，都相符合，请依法逮捕他。”高宗又流泪说：“舅父果真如此，朕决不忍杀他，否则天下人将说朕什么，后代将说朕什么！”许敬宗回答说：“薄昭是汉文帝的舅父，迎接汉文帝从代地回来即帝位，薄昭也有功劳，所犯的罪只限于杀人，汉文帝便让百官穿上丧服哭他使他自杀，到现在天下人将汉文帝视为明主。现在长孙无忌忘掉两朝的隆重恩宠，图谋窃取国家政权，他罪恶之大与薄昭简直不能同年而语。幸而邪恶的情状暴露，叛逆的人认罪，陛下有什么疑虑，还不早做决断！古人说：‘当断不断，反受其乱。’平安和危险的机会相距极有限，中间没有容下一根头发的间隔。长孙无忌是当今富于权诈、才能足以欺世的野心家，属于王莽、司马懿一流人物；陛下稍经拖延，我恐怕事变即发生在身边，后悔都来不及了。”高宗认为他说的是对的，居然没有召见长孙无忌加以审问。戊辰（四月二十二日），高宗下令削除长孙无忌太尉职务和封地，任命他为扬州都督，在黔州安置，按一品官的标准供应。长孙祥是长孙无忌堂兄的儿子，这以前由工部尚书调出任荆州长史，所以许敬宗用这件事诬陷长孙无忌。

许敬宗又上奏：“长孙无忌图谋叛逆，是由褚遂良、柳奭、韩瑗串通煽动而成；柳奭屡次暗通后宫，图谋用毒酒杀人，于志宁也依附长孙无忌。”于是高宗下令削除褚遂良官爵，削除柳奭、韩瑗官爵，免去于志宁官职；派遣使者征发途中驻军帮助押送长孙无忌到黔州。长孙无忌的儿子秘书监驸马都尉长孙冲等都被削除官爵，流放岭南。褚遂良的儿子褚彦甫、褚彦冲流放爱州，在途中被杀。益州长史高履行接连降职为洪州都督。

六月，丁卯（二十二日），唐高宗下令改《氏族志》为《姓氏录》。

当初，太宗命令高士廉等撰修《氏族志》，姓氏地位的升或降、姓氏的收录或删除，当时称赞他处理得恰当。到这时候，许敬宗等因它不叙述武氏本原和郡望，上奏请求修改。于是朝廷命令礼部郎中孔志约等比照类别定升降，以皇后家族为第一等，其余全部按照在唐朝当官的官品高低为标准，共分九等。自此士卒因军功提升到五品官位，便进入士人一流，当时人称这为“勋格”。

秋季，七月，唐朝命令御史往高州追捕长孙恩，往象州追捕柳奭，往振州追捕韩瑗，全都枷锁押送京师，同时命令州县查抄他们的家产。长孙恩是长孙无忌的同族弟弟。

壬寅（二十七日），唐朝命令李世勣、许敬宗、辛茂将与任雅相、卢承庆一起重新审查长孙无忌事件。许敬宗又派遣中书舍人袁公瑜等到黔州，再次审讯长孙无忌谋反罪行，刚到那里即逼迫长孙无忌上吊自杀。高宗命令将柳奭、韩瑗就地斩首。使者杀柳奭于象州。韩瑗已死，使者开棺验尸后返回。查抄这三家的家产，他们的近亲都流放岭南为奴婢。常州刺史长孙祥因与长孙无忌通信获罪，被处以绞刑。长孙恩流放檀州。

当初，唐太宗厌恶崤山以东的士大夫自夸门第，婚姻多索取财礼，命令撰修《氏族志》时照例降一等；王妃、驸马都选取功臣人家，不选择崤山以东的家族。而魏徵、房玄龄、李世勣家都纷纷与他们通婚，常扶助他们，因此他们旧时的声望并不衰减；或者一姓当中，又分某一分支某一眷属，声望高低悬殊。李义府为儿子向他们求婚没有如愿，因而憎恨他们，所以用太宗上述旨意，劝高宗纠正它的弊病。壬戌（十月十九日），高宗命令后魏陇西人李宝，太原人王琼，荥阳人郑温，范阳人卢子迁、卢浑、卢辅，清河人崔宗伯、崔元孙，前燕博陵人崔懿，晋赵郡人李楷等人的子孙，内部不得通婚。仍然规定天下嫁女接受财礼的数目，不得接受女家因门第不高而付给门第高的男家的“陪门财”。但家族声望为当时所崇尚，始终不能禁止，有人装载着女儿私下送去夫家，有人的女儿到老也不嫁，最终不与外姓通婚。那些在士族中衰败、宗谱失载，为同族人看不起的，往往反而自称是被禁止通婚的家族，更加多收“陪门财”。

五年（庚申，公元660年）

冬季，十月，高宗开始因风邪两眼昏花头重，眼睛不能看东西，各部门上奏事情，高宗有时让皇后决定。皇后生性聪明机智，广泛阅读文史书籍，处理事情都符合高宗的旨意。从此高宗将国家政事委托她，她的权势与皇帝等同了。

第二百零一卷
唐纪十七

译文诵读

高宗天皇大圣大弘孝皇帝中之上龙朔三年（癸亥，663）

右相河间郡公李义府典选，恃中宫之势，专以卖官为事，铨综无次，怨讟盈路，上颇闻之，从容谓义府曰："卿子及婿颇不谨，多为非法，我尚为卿掩覆，卿宜戒之！"义府勃然变色，颈、颊俱张，曰："谁告陛下？"上曰："但我言如是，何必就我索其所从得邪！"义府殊不引咎，缓步而去。上由是不悦。

望气者杜元纪谓义府所居第有狱气，宜积钱二十万缗以厌之，义府信之，聚敛尤急。义府居母丧，朔望给哭假，辄微服与元纪出城东，登古冢，候望气色，或告义府窥觇灾眚，阴有异图。又遣其子右司议郎津召长孙无忌之孙延，受其钱七百缗，除延司津监，右金吾仓曹参军杨行颖告之。夏，四月，乙丑，下义府狱，遣司刑太常伯刘祥道与御史、详刑共鞫之，仍命司空李勣监焉。事皆有实。戊子，诏义府除名，流巂州；津除名，流振州；诸子及婿并除名，流庭州。朝野莫不称庆。

麟德元年（甲子，664）

初，武后能屈身忍辱，奉顺上意，故上排群议而立之。及得志，专作威福，上欲有所为，动为后所制，上不胜其忿。有道士郭行真，出入禁中，尝为厌胜之术，宦者王伏胜发之。上大怒，密召西台侍郎、同东西台三品上官仪议之。仪因言："皇后专恣，海内所不与，请废之。"上意亦以为然，即命仪草诏。

左右奔告于后，后遽诣上自诉。诏草犹在上所，上羞缩不忍，复待之如初，犹恐后怨怒，因绐之曰："我初无此心，皆上官仪教我。"仪先为陈王谘议，与王伏胜俱事故太子忠，后于是使许敬宗诬奏仪、伏胜与忠谋大逆。十二月，丙戌，仪下狱，与其子庭芝、王伏胜皆死，籍没其家。戊子，赐忠死于流所。右相刘祥道坐与仪善，罢政事，为司礼太常伯，左肃机郑钦泰等朝士流贬者甚众，皆坐与仪交通故也。

自是上每视事，则后垂帘于后，政无大小，皆与闻之。天下大权，悉归中宫，黜陟、杀生，决于其口，天子拱手而已，中外谓之二圣。

乾封元年（丙寅，666）

春，正月，戊辰朔，上祀昊天上帝于泰山南。己巳，登泰山，封玉牒，上帝册藏以玉匮，配帝册藏以金匮，皆缠以金绳，封以金泥，印以玉玺，藏以石䃭。庚午，降禅于社首，祭皇地祇。上初献毕，执事者皆趋下。宦者执帷，皇后升坛亚献，帷帟皆以锦绣为之。酌酒，实俎豆，登歌，皆用宫人。壬申，上御朝觐坛，受朝贺，赦天下，改元。文武官三品已上赐爵一等，四品已下加一阶。先是阶无泛加，皆以劳考叙进，至五品三品，仍奏取进止，至是始有泛阶，比及末年，服绯者满朝矣。

初，武士彟娶相里氏，生男元庆、元爽；又娶杨氏，生三女，长适越王府法曹贺兰越石，次皇后，次适郭孝慎。士彟卒，元庆、元爽及士彟兄子惟良、怀运皆不礼于杨氏，杨氏深衔之。越石、孝慎及孝慎妻并早卒，越石妻生敏之及一女而寡。后既立，杨氏号荣国夫人，越石妻号韩国夫人，惟良自始州长史超迁司卫少卿，怀运自瀛州长史迁淄州刺史，元庆自右卫郎将为宗正少卿，元爽自安州户曹累迁少府少监。荣国夫人尝置酒，谓惟良等曰："颇忆畴昔之事乎？今日之荣贵复何如？"对曰："惟良等幸以功臣子弟，早登宦籍，揣分量才，不求贵达，岂意以皇后之故，曲荷朝恩，夙夜忧惧，不为荣也。"荣国不悦。皇后乃上疏，请出惟良等为远州刺史，外示谦抑，实恶之也。于是以惟良检校始州刺史，元庆为龙州刺史，元爽为濠州刺史。元庆至州，以忧卒。元爽坐事流振州而死。

韩国夫人及其女以后故出入禁中，皆得幸于上。韩国寻卒，其女赐号魏国夫人。上欲以魏国为内职，心难后未决，后恶之。会惟良、怀运兴诸州刺史诣泰山朝觐，从至京师，惟良等献食。后密置毒醢中，使魏国食之，暴卒，因归罪于惟良、怀运，丁未，诛之，改其姓为蝮氏。怀运兄怀亮早卒，其妻善氏尤不礼于荣国，坐惟良等没入掖庭，荣国令后以他事束棘鞭之，肉尽见骨而死。

冬，十二月，己酉，以李勣为辽东道行军大总管，以司列少常伯安陆郝处俊副之，以击高丽。庞同善、契苾何力并为辽东道行军副大总管兼安抚大使如故。其水陆诸军总管并运粮使窦义积、独孤卿云、郭待封等，并受勣处分。河北诸州租赋悉诣辽东给军用。待封，孝恪之子也。

总章元年（戊辰，668）

二月，壬午，李勣等拔高丽扶馀城。薛仁贵既破高丽于金山，乘胜将三千人将攻扶馀城，诸将以其兵少，止之。仁贵曰："兵不在多，顾用之何如耳。"遂为前锋以进，与高丽战，大破之，杀获万余人，遂拔扶馀城。扶馀川中四十余城皆望风请服。

九月，癸巳，李勣拔平壤。勣既克大行城，诸军出他道者皆与勣会，进至鸭绿栅，高丽发兵拒战，勣等奋击，大破之，追奔二百余里，拔辱夷城，诸城遁逃及降者相继。契苾何力先引兵至平壤城下，勣军继之，围平壤月余，高丽王藏遣泉男产帅首领九十八人，持白幡诣勣降，勣以礼接之。泉男建犹闭门拒守，频遣兵出战，皆败。男建以军事委僧信诚，信诚密遣人诣勣，请为内应。后五日，信诚开门，勣纵兵登城鼓噪，焚城四月，男建自刺，不死，遂擒之。高丽悉平。

二年（己巳，669）

司空、太子太师、英贞武公李勣寝疾，上悉召其子弟在外者，使归侍疾。上及太子所赐药，勣则饵之。子弟为之迎医，皆不听进，曰：“吾本山东田夫，遭值圣明，致位三公，年将八十，岂非命邪！修短有期，岂能复就医工求活！”一旦，忽谓其弟司卫少卿弼曰：“吾今日少愈，可共置酒为乐。”于是子孙悉集，酒阑，谓弼曰：“吾自度必不起，故欲与汝曹为别耳。汝曹勿悲泣，听我约束。我见房、杜平生勤苦，仅能立门户，遭不肖子荡覆无余。吾有此子孙，今悉付汝。葬毕，汝即迁入我堂，抚养孤幼，谨察视之。其有志气不伦，交游非类者，皆先挝杀，然后以闻。”自是不复更言。十二月，戊申，薨。上闻之悲泣，葬日，幸未央宫，登楼望辒车恸哭。起冢象阴山、铁山、乌德鞬山，以旌其破突厥、薛延陀之功。

勣为将，有谋善断，与人议事，从善如流。战胜则归功于下，所得金帛，悉散之将士，故人思致死，所向克捷。临事选将，必訾相其状貌丰厚者遣之。或问其故，勣曰：“薄命之人，不足与成功名。”

勣长子震早卒，震子敬业袭爵。

时承平既久，选人益多，是岁，司列少常伯裴行俭始与员外郎张仁祎设长名姓历榜，引铨注之法。又定州县升降、官资高下。其后遂为永制，无能革之者。

大略唐之选法，取人以身、言、书、判，计资量劳而拟官。始集而试，观其书、判；已试而铨，察其身、言；已铨而注，询其便利；已注而唱，集众告之。然后类以为甲，先简仆射，乃上门下，给事中读，侍郎省，侍中审之，不当者驳下。既审，然后上闻，主者受旨奉行，各给以符，谓之告身。兵部武选亦然。课试之法，以骑射及翘关、负米。人有格限未至，而能试文三篇，谓之宏词，试判三条，谓之拔萃，入等者得不限而授。其黔中、岭南、闽中州县官，不由吏部，委都督选择土人补授。凡居官以年为考，六品以下，四考为满。

唐高宗龙朔三年（癸亥，公元663年）

右相、河间郡公李义府主管选拔官吏，依仗皇后武则天的权势，专以卖官为能事，选授没有次第，弄得怨声载道，唐高宗也时有所闻，曾从容不迫地对李义府说：“你的儿子和女婿很不谨慎，做了不少违法的事，我还为你遮掩，你应当警告他们。”李义府脸色骤变，涨红着脸和脖子说：“是谁告诉陛下的？”唐高宗说：“只是我这样说，何必向我追索从哪里得来的呢？”李义府根本不承认自己的过失，缓步离去。唐高宗因此不高兴。

望云气以预言吉凶的人杜元纪说李义府的住宅有冤狱造成的怨气，应当积蓄二十万缗钱抑制它。李义府相信他，于是搜刮更加急切。李义府为母亲守丧期间，每月初一、十五朝廷给他哭吊亡母的假期，他总是换上平民服装与杜元纪出城东行，登上古坟墓，观望云气。有人告发李义府窥测灾异，图谋不轨。他又派遣儿子右司议郎李津找长孙无忌的孙子长孙延，收受七百缗钱后，授给长孙延司津监的官职。右金吾仓曹参军杨行颖将此事告发。夏季，四月，乙丑，朝廷将李义府逮捕入狱，派遣司刑太常伯刘祥道与御史、详刑寺官员共同审讯，还命令司空李世勣监督此事。他所犯罪行都属实。戊子（初五），唐高宗下诏令，将李义府削除名籍，流放巂州；将李津削除名籍，流放振州；他另外的几个儿子及女婿，都被削除名籍，流放庭州。朝廷和民间人人互相庆贺。

麟德元年（甲子，公元664年）

当初，皇后武则天能屈身忍辱，顺从唐高宗的旨意，所以唐高宗排除不同意见，立她为皇后；等到她得志之后，恃势专权，唐高宗想有所作为，常为她所牵制，唐高宗非常愤怒。有道士叫郭行真，出入皇宫，曾施行用诅咒害人的“厌胜”邪术，太监王伏胜揭发了这件事。唐高宗大怒，秘密召来西台侍郎、同东西台三品上官仪商议。上官仪于是进言说：“皇后专权自恣，天下人都不说好话，请废黜她。”唐高宗也认为应当这么办，立即命令上官仪起草诏令。

皇帝左右的人跑去告诉武后，武后赶忙来到唐高宗处诉说。当时废黜的诏令草稿还在唐高宗处，他羞惭畏缩，不忍心废黜，又像原来一样对待她；恐怕她怨恨恼怒，还哄骗她说：“我本来没有这个想法，都是上官仪给我出的主意。”上官仪原先任陈王咨议，与王伏胜都曾事奉已被废黜的太子李忠，武后于是便指使许敬宗诬奏上官仪、王伏胜与李忠阴谋背叛朝廷。十二月，丙戌（十三日），上官仪被逮捕入狱，和他儿子上官庭芝以及王伏胜都被处死，家财被查抄没收。戊子（十五日），赐李忠自尽于流放处所。右相刘祥道因与上官仪友善，被免去相位，降职为司礼太常伯，左肃机郑钦泰等朝廷官员被流放贬谪的很多，都因与上官仪有来往的缘故。

此后，唐高宗每逢临朝治事，武后都在后边垂帘听政，政事无论大小，她都要参与。天下大权全归于武后，官员升降生杀取决于她一句话，皇帝只是无所事事的清闲人而已，朝廷内外称他们为“二圣”。

乾封元年（丙寅，公元666年）

春季，正月，戊辰朔（初一），唐高宗祭祀昊天上帝于泰山南。己巳（初二），登上泰山，亲自缄封玉册，上帝的玉册放在玉匮里，配帝的玉册放在金匮里，都缠上金绳子，封上金泥，加盖玉玺，藏入封禅专用的石匣中。庚午（初三），在泰山下面的社首山祭祀皇地祇。唐高宗第一个献祭品完了，执事人都退下。太监用手张起帷幔，皇后登坛第二个献祭品，帷幔和帐幕都用锦绣做成；斟酒、往俎豆中放祭品、登坛唱歌都用宫女。壬申（初五），唐高宗登上朝觐坛，接受朝贺；大赦天下罪人，更改年号。文武官员三品以上的赐爵一等，四品以下加一阶。以前没有普遍加封官阶的先例，都是依据劳绩的考核依次进升，到了五品、三品官，还要奏请皇帝决定，到这时才开始有普遍加阶的事；到了高宗末年，穿红色衣服的官员已满朝都是了。

当初，武士彟娶相里氏，生儿子武元庆、武元爽；又娶杨氏，生三个女儿，长女嫁给越王府法曹贺兰越石，二女儿即皇后武则天，三女儿嫁给郭孝慎。武士彟死后，武元庆、武元爽及武士彟哥哥的儿子武惟良、武怀运等都不依礼对待杨氏，杨氏对他们怀恨在心。贺兰越石、郭孝慎及他的妻子都早死，贺兰越石妻生儿子贺兰敏之和一个女儿后守寡。武则天立为皇后，杨氏封为荣国夫人，贺兰越石妻封为韩国夫人，武惟良由始州长史越级提升为司卫少卿，武怀运由瀛州长史提升为淄州刺史，武元庆由右卫郎将任宗正少卿，武元爽由安州户曹连续提升到少府少监。荣国夫人杨氏曾设酒席，对武惟良等说："还记得从前的事情吗？今日的荣耀贵显又如何？"回答说："我等因是功臣子弟，有幸很早地进入官吏行列，揣度名分衡量才能，不求富贵显达，没有想到因皇后的关系，得到朝廷的非分恩宠，日夜忧虑畏惧，不觉得荣耀。"荣国夫人听后很不高兴。皇后武则天于是给唐高宗上书，请求让武惟良等出任边远州的刺史，表面上是谦虚抑制自己的亲属，实际上是憎恶他们。结果任命武惟良为检校始州刺史，武元庆为龙州刺史，武元爽为濠州刺史。武元庆到龙州后，因忧虑得病而死。武元爽因事定罪流放振州而死。

韩国夫人和她的女儿因皇后武则天的关系，出入皇宫，都得到唐高宗的宠爱。韩国夫人不久去世，她女儿被赐号为魏国夫人。唐高宗想让她担任宫廷女官，心里害怕皇后而没有决定，皇后武则天因此憎恶她。恰好武惟良、武怀运与各州刺史到泰山朝见皇帝，跟随皇帝回到京师长安。武惟良等进献食品，皇后武则天秘密将毒药放入肉酱中，让魏国夫人吃，食后突然死去，于是归罪于武惟良、武怀运，丁未（八月十四日），将他们处死，改他们的姓为蝮氏。武怀运的哥哥武怀亮早死，他的妻子善氏尤其不以礼对待荣国夫人，善氏因武惟良等犯罪被没入后宫为奴，荣国夫人让皇后武则天找借口用成束带刺的树枝鞭打她，直到肉烂见骨而死。

冬季，十二月，己丑，唐朝任命李世勣为辽东道行军大总管，司列少常伯安陆人郝处俊为副大总管，以进攻高丽。庞同善、契苾何力同为辽东道行军副大总管并仍兼安抚大使；水陆诸军总管和运粮使窦义积、独孤卿云、郭待封等，都受李世勣指挥。河北各州县租赋全部送辽东供军用。郭待封是郭孝恪的儿子。

总章元年（戊辰，公元668年）

二月，壬午（二十八日），李世勣等攻下高丽扶馀城。薛仁贵在金山打败高丽兵后，率领三千人准备乘胜进攻扶馀城，诸将认为他兵少，阻止他。薛仁贵说："兵不在多，看你如何使用罢了。"于是作为前锋部队前进，与高丽兵交战，获得大胜利，杀死和俘虏万余人，于是攻下扶馀城。扶馀川中的四十余城都望风请求投降。

九月，癸巳（十二日），李世勣攻下平壤。李世勣攻克大行城后，从不同路线前进的各军都同他会合，推进到鸭绿栅。高丽发兵抵抗，李世勣等奋力进击，把他们打得大败，追击二百余里，攻下辱夷城，其他各城敌人弃城逃跑和投降的接连不断。契苾何力先领兵来到平壤城下，李世勣军接着到达，包围平壤一个多月后，高丽王高藏派遣泉男产率首领九十八人，打着白旗到李世勣军前投降。李世勣以礼接待他们。泉男建仍然闭门抵抗，不断派兵出战，但都失败了。泉男建把军事委托给僧人信诚，信诚秘密派人找李世勣，请求做内应。过了五天，信诚打开城门，李世勣发兵登城呐喊，焚烧城四角，泉男建自杀没有死，被俘虏。高丽全部平定。

唐　佛传图断片 四门出游

二年（己巳，公元669年）

司空、太子太师、英贞武公李世勣病重，唐高宗将他在外地的子弟全部召回京师，让他们服侍他。唐高宗和太子赏赐的药物，李世勣就服用；他家子弟为他请医生，他都不让看病，说："我本是崤山以东的种田人，遇到圣明君主，位至三公，年纪将近八十岁，这难道不是命运的安排吗！寿命长短有定期，哪能再向医生求活命！"一日，李世勣忽然对他弟弟司卫少卿李弼说："我今天稍好些，可以设酒席共同高兴一番。"于是儿孙全都聚齐。酒席将散时，他对李弼说："我自己知道病好不了，所以想与你们诀别。你们不要悲伤哭泣，听我的安排。我看房玄龄、杜如晦平生勤苦，才能树立门户，但被不肖子孙把家业败尽。我这些子孙现在全都托付给你。我的葬事完毕，你即搬进我家居住，抚养儿孙，仔细监察他们，凡有心志不端、结交行为不正之人的，都先打死，然后报我知道。"此后便不再说别的话了。十二月，戊申（初三日），李世勣去世。唐高宗得知死讯后，悲痛哭泣，下葬的日子，又到未央宫，登楼目送灵车而痛哭。埋葬后所起的坟头仿象阴山、铁山、乌德鞬山，以表彰李世勣破突厥、薛延陀的功劳。

李世勣作为将领，有谋略，善于决断；和人讨论事情，能从善如流；打胜仗，则把功劳归于下属，所获得的金帛等财物，全部分给将士，所以人人愿出死力，战无不胜。临战时选派将领，必选择相貌丰满的人。有人问他这样做的原因，他说："薄命的人，不值得与他成就功名。"

李世勣长子李震早逝，李震的儿子李敬业承袭李世勣的封爵。

这时，唐朝太平时间已久，参加铨选等候授职的人越来越多。今年，司列少常伯裴行俭与员外郎张仁祎开始设立开列候选人姓名资历的长榜，规定铨选注授官职的办法。同时还规定州县官升降的等第和官吏资格的高低等次。此后即成为固定制度，无人能改变它。

唐朝官员铨选的办法，一般根据身、言、书、判，计算资历、衡量劳绩而后拟定官职。首先集中于吏部进行考试，看书法的好坏，判词文理的优劣；考试后入选的，再察看体貌是否丰满高大，言词是否明白准确。入选的即可拟定官职，但要征询本人意见；官职拟定后，在应选人中公开宣布。公布后本人同意的列为甲类，先报告仆射，再由仆射报门下省，由给事中审读，侍郎查核，侍中审定，对不适当的提出异议。审定后上报皇帝，吏部按皇帝旨意授官，分别发给凭证，称为"告身"。兵部选拔武官也采取同样的办法。考试的内容为骑马射箭、举重、负重行走。因某种规定所限，未能参加上述铨选，能够应三篇文章考试的，称为"宏词"，应三条判文考试的，称为"拔萃"，考中的可以破格授官。黔中、岭南、闽中等地的州县官，不由吏部选授，委托都督选择本地人充任。凡在任官员，每任满一年考核一次，六品以下官员，经四次考核为任职期满。

第二百零二卷
唐纪十八

译文诵读

高宗天皇大圣大弘孝皇帝中之下咸亨二年（辛未，671）

初，武元庆等既死，皇后奏以其姊子贺兰敏之为士彟之嗣，袭爵周公，改姓武氏，累迁弘文馆学士、左散骑常侍。魏国夫人之死也，上见敏之，悲泣曰：“向吾出视朝犹无恙，退朝已不救，何苍猝如此！”敏之号哭不对。后闻之，曰：“此儿疑我。”由是恶之。敏之貌美，烝于太原王妃。及居妃丧，释衰绖，奏妓。司卫少卿杨思俭女，有殊色，上及后自选以为太子妃，婚有日矣，敏之逼而淫之。后于是表言敏之前后罪恶，请加窜逐。六月，丙子，敕流雷州，复其本姓。至韶州，以马缰绞死。朝士坐与敏之交游，流岭南者甚众。

上元元年（甲戌，674）

贺兰敏之既得罪，皇后奏召武元爽之子承嗣于岭南，袭爵周公，拜尚衣奉御，夏，四月，辛卯，迁宗正卿。

秋，八月，壬辰，追尊宣简公为宣皇帝，妣张氏为宣庄皇后；懿王为光皇帝，妣贾氏为光懿皇后；太武皇帝为神尧皇帝，太穆皇后为太穆神皇后；文皇帝为太宗文武圣皇帝，文德皇后为文德圣皇后。皇帝称天皇，皇后称天后，以避先帝、先后之称。改元，赦天下。

壬寅，天后上表，以为：“国家圣绪，出自玄元皇帝，请令王公以下皆习《老子》，每岁明经，准《孝经》《论语》策试。”又请：“自今父在，为母服齐衰三年。又，京官八品以上，宜量加俸禄。”及其余便宜，合十二条。诏书褒美，皆行之。

二年（乙亥，675）

上苦风眩甚，议使天后摄知国政。中书侍郎同三品郝处俊曰：“天子理外，后理内，天之道也。昔魏文著令，虽有幼主，不许皇后临朝，所以杜祸乱之萌也。陛下奈何以高祖、太宗之天下，不传之子孙而委之天后乎！”中书侍郎昌乐李义琰曰："处俊之言至忠，陛下宜听之！"上乃止。

天后多引文学之士著作郎元万顷、左史刘祎之等，使之撰《列女传》《臣轨》《百僚新戒》《乐书》，凡千余卷。朝廷奏议及百司表疏，时密令参决，以分宰相之权，时人谓之北门学士。祎之，子翼之子也。

太子弘仁孝谦谨，上甚爱之。礼接士大夫，中外属心。天后方逞其志，太子奏请，数迕旨，由是失爱于天后。义阳、宣城二公主，萧淑妃之女也，坐母得罪，幽于掖庭，年逾三十不嫁。太子见之惊恻，遽奏请出降，上许之。天后怒，即日以公主配当上翊卫权毅、王遂古。己亥，太子薨于合璧宫，时人以为天后鸩之也。

壬寅，车驾还洛阳宫。五月，戊申，下诏："朕方欲禅位皇太子，而疾遽不起，宜申往命，加以尊名，可谥为孝敬皇帝。"

六月，戊寅，立雍王贤为皇太子，赦天下。

仪凤三年（戊寅，678）

刘仁轨镇洮河，每有奏请，多为李敬玄所抑，由是怨之。仁轨知敬玄非将帅才，欲中伤之，奏言："西边镇守，非敬玄不可。"敬玄固辞。上曰："仁轨须朕，朕亦自往，卿安得辞！"丙子，以敬玄代仁轨为洮河道大总管兼安抚大使，仍检校鄯州都督。又命益州大都督府长史李孝逸等发剑南、山南兵以赴之。孝逸，神通之子也。

丙寅，李敬玄将兵十八万与吐蕃将论钦陵战于青海之上，兵败，工部尚书、右卫大将军彭城僖公刘审礼为吐蕃所虏。时审礼将前军深入，顿于濠所，为虏所攻，敬玄懦怯，按兵不救。闻审礼战没，狼狈还走，顿于承风岭，阻泥沟以自固，虏屯兵高冈以压之。左领军员外将军黑齿常之，夜帅敢死之士五百人袭击虏营，虏众溃乱，其将跋地设引兵遁去，敬玄乃收余众还鄯州。

审礼诸子自缚诣阙，请入吐蕃赎其父，敕听次子易从诣吐蕃省之。比至，审礼已病卒，易从昼夜号哭不绝声。吐蕃哀之，还其尸，易从徒跣负之以归。

上嘉黑齿常之之功，擢拜左武卫将军，充河源军副使。

李敬玄之西征也，监察御史原武娄师德应猛士诏从军，及败，敕师德收集散亡，军乃复振。因命使于吐蕃，吐蕃将论赞婆迎之赤岭。师德宣导上意，谕以祸福，赞婆甚悦，为之数年不犯边。师德迁殿中侍御史，充河源军司马，兼知营田事。

上以吐蕃为忧，悉召侍臣谋之，或欲和亲以息民；或欲严设守备，俟公私富实而讨之；或欲亟发兵击之。议竟不决，赐食而遣之。

调露元年（己卯，679）

二月，壬戌，吐蕃赞普卒，子器弩悉弄立，生八年矣。时器弩悉弄与其舅麹萨若诣羊同发兵，有弟生六年，在论钦陵军中。国人畏钦陵之强，欲立之，钦陵不可，与萨若共立器弩悉弄。

上闻赞普卒，命裴行俭乘间图之。行俭曰："钦陵为政，大臣辑睦，未可图也。"乃止。

永隆元年（庚辰，680）

秋，七月，吐蕃寇河源，左武卫将军黑齿常之击却之。擢常之为河源军经略大使。常之以河源冲要，欲加兵戍之，而转输险远，乃广置烽戍七十余所，开屯田五千余顷，岁收五百余万石，由是战守有备焉。

先是，剑南募兵于茂州。西南筑安戎城，以断吐蕃通蛮之路。吐蕃以生羌为乡导，攻陷其城，以兵据之，由是西洱诸蛮皆降于吐蕃。吐蕃尽据羊同、党项及诸羌之地，东接凉、松、茂、嶲嶲等州，南邻天竺，西陷龟兹、疏勒等四镇，北抵突厥，地方万余里，诸胡之盛，莫与为比。

太子贤闻宫中窃议，以贤为天后姊韩国夫人所生，内自疑惧。明崇俨以厌胜之术为天后所信，常密称"太子不堪承继，英王貌类太宗"，又言"相王相最贵"。天后尝命北门学士撰《少阳正范》及《孝子传》以赐太子，又数作书诮让之，太子愈不自安。

及崇俨死，贼不得，天后疑太子所为。太子颇好声色，与户奴赵道生等狎昵，多赐之金帛，司议郎韦承庆上书谏，不听。天后使人告其事。诏薛元超、裴炎与御史大夫高智周等杂鞫之，于东宫马坊搜得皂甲数百领，以为反具。道生又款称太子使道生杀崇俨。上素爱太子，迟回欲宥之，天后曰："为人子怀逆谋，天地所不容。大义灭亲，何可赦也！"甲子，废太子贤为庶人，遣右监门中郎将令狐智通等送贤诣京师，幽于别所，党与皆伏诛，仍焚其甲于天津桥南以示士民。承庆，思谦之子也。

乙丑，立左卫大将军、雍州牧英王哲为皇太子，改元，赦天下。

开耀元年（辛巳，681）

初，太原王妃之薨也，天后请以太平公主为女官以追福。及吐蕃求和亲，请尚太平公主，上乃为立太平观，以公主为观主以拒之。至是，始选光禄卿汾阴薛曜之子绍尚焉。绍母，太宗女城阳公主也。

秋，七月，公主适薛氏，自兴安门南至宣阳坊西，燎炬相属，夹路槐木多死。绍兄顗以公主宠盛，深忧之，以问族祖户部郎中克构，克构曰："帝甥尚主，国家故事，苟以恭慎行之，亦何伤！然谚曰：'娶妇得公主，无事取官府。'不得不为之惧也。"

天后以顗妻萧氏及顗弟绪妻成氏非贵族，欲出之，曰："我女岂可使与田舍女为妯娌邪！"或曰："萧氏，瑀之侄孙，国家旧姻。"乃止。

唐高宗咸亨二年（辛未，公元671年）

当初，皇后武则天的哥哥武元庆等已死，皇后便上奏唐高宗，以她姐姐的儿子贺兰敏之作为她父亲武士彟的嗣子，承袭周国公爵位，改姓武氏。武敏之连续升官，此时任弘文馆学士、左散骑常侍。魏国夫人被武则天毒死时，唐高宗遇见武敏之，悲痛哭泣，说："早上我外出临朝听政时，她还安然无恙，退朝时就无法抢救了，为何死得如此匆促？"武敏之只是大哭，并不答话。武则天听到这个情况后，说："这小子怀疑我。"于是开始憎恨他。武敏之相貌漂亮，与他外祖母太原王妃杨氏淫乱；在为杨氏守丧期间，他又脱去丧服，命歌妓奏乐歌舞。司卫少卿杨思俭的女儿美貌出众，唐高宗和武则天亲自选她为太子妃，婚期已定，武敏之竟强奸了她。武则天于是给唐高宗上书，揭露他前后的罪恶，请求将他放逐到边远地区。六月，丙子（十一日），唐高宗命令把武敏之流放到雷州，恢复他的本姓贺兰。敏之走到韶州，被用马缰绳绞死。朝廷官吏中不少人因曾与他交游，被流放岭南。

上元元年（甲戌，公元674年）

贺兰敏之获罪以后，皇后武则天奏请从岭南召回她哥哥武元爽的儿子武承嗣，承袭周国公的爵位，担任尚衣奉御。夏季，四月，辛卯（十二日），升任宗正卿。

秋季，八月，壬辰（十五日），唐高宗追尊他的七世祖宣简公李熙为宣皇帝，七世祖母张氏为宣庄皇后；六世祖懿王李天赐为光皇帝，六世祖母贾氏为光懿皇后；祖父太武皇帝李渊为神尧皇帝，祖母太穆皇后为太穆神皇后；父亲文皇帝李世民为太宗文武圣皇帝，母亲文德皇后为文德圣皇后。为了回避已故皇帝、皇后的称号，唐高宗改称天皇，皇后武则天改称天后；改年号为上元，赦免天下罪人。

壬寅（十二月二十七日），天后武则天上表高宗，认为："国家圣业的开端，出自玄元皇帝，请皇帝命令王公以下各级官员都学习《老子》，每年明经科加试《老子》，考试方法同《孝经》《论语》一样。"又请求"从现在起，父亲仍在世，为死去的母亲服丧，着齐衰丧服三年。又，八品以上在京官员，应当酌量增加俸禄"，以及其他应办的事情，共十二条。唐高宗下诏对武则天给予表扬，全部接受并实行她的建议。

二年（乙亥，公元675年）

唐高宗受严重风眩病的困扰，商议由天后武则天代理国家政事，中书侍郎、同三品郝处俊说："皇帝治理外朝，皇后治理后宫，是天经地义的。从前魏文帝曹丕曾立下法令，虽然皇帝幼小，也不许太后临朝听政，为的是防止祸乱发生。陛下为何不将高祖、太宗的天下传给子孙，而托付给天后呢！"中书侍郎昌乐人李义琰说："郝处俊的话是最忠诚的，陛下应当听取！"唐高宗于是放弃原来的打算。

天后武则天广泛招揽文人学士，如著作郎元万顷、左史刘祎之等，要他们撰写《列女传》《臣轨》《百僚新戒》《乐书》，共一千多卷。朝廷的奏议及各部门的表疏，时常秘密地让他们参与裁决，以此来削减宰相的权力，当时的人称这批人为北门学士。刘祎之就是刘子翼的儿子。

太子李弘仁爱孝顺、谦虚谨慎，唐高宗很喜欢他。他对士大夫能以礼相待，得到了朝廷内外的爱戴。天后武则天正要施展个人抱负，太子李弘奏事多次违反她的旨意，因此武则天对他不喜欢。义阳、宣城二位公主，是萧淑妃的女儿，因受母亲牵连而获罪，被囚禁在后宫中，年过三十不能结婚。太子李弘见到这种情况，既吃惊又同情，便立即上奏请求准许她们出嫁，得到唐高宗的批准。武则天很恼火，当天便把她们分别嫁给正在值班的翊卫权毅、王遂古。己亥（四月二十五日），太子李弘死于合璧宫，当时人以为是被天后武则天用酒毒死的。

壬寅（二十八日），唐高宗回到洛阳宫。五月，戊申（初五），唐高宗下诏说："朕正准备把帝位禅让给太子，而他忽然一病不起。应当重申以前的旨意，给予尊贵的名号，可定谥号为孝敬皇帝。"

六月，戊寅（初五），唐朝立雍王李贤为皇太子，赦免天下罪人。

仪凤三年（戊寅，公元678年）

刘仁轨镇守洮河，每次上书向唐高宗提出什么要求，多被李敬玄压制，因此对他怀恨。刘仁轨明知道李敬玄并无将帅的才能，为了陷害他，便上奏说："西边的镇守任务，非李敬玄不能胜任。"李敬玄对此一再推辞。唐高宗对他说："刘仁轨如果需要朕，朕也亲自去，你怎么能推辞呢！"丙子（正月十九日）任命李敬玄接替刘仁轨为洮河道大总管兼安抚大使，并任检校鄯州都督。又命令益州大都督府长史李孝逸等发剑南、山南兵支援他。李孝逸是淮安王李神通的儿子。

丙寅（九月十二日），李敬玄率兵十八万与吐蕃将领论钦陵交战于青海之上，打了败仗，工部尚书、右卫大将军彭城僖公刘审礼被吐蕃俘虏。当时刘审礼正率前军深入敌境，驻扎在濠所，被吐蕃攻击，李敬玄畏惧，不敢前去救援。听说刘审礼战败被俘，他又狼狈后撤，驻扎在承风岭，利用泥沟自我防卫，吐蕃屯兵高岗，居高临下向他施加压力。左领军员外将军黑齿常之，夜间率领敢死队五百人袭击吐蕃军营，吐蕃军溃散，他们的将领跋地设领兵逃走，李敬玄于是收集残余士兵返回鄯州。

唐高宗李治像

刘审礼的几个儿子自己捆绑着来到皇宫门前，请求赴吐蕃赎回他们的父亲。唐高宗准许他的次子刘易从去吐蕃探望。等到他抵达吐蕃时，刘审礼已病死。刘易从日夜不停地痛哭，吐蕃人同情他，交还他父亲的遗体。刘易从背着父亲遗体，赤足步行而归。

唐高宗嘉奖黑齿常之的功劳，提升他为左武卫将军，充任河源军副使。

李敬玄西征时，监察御史原武人娄师德在朝廷招募勇士时应募从军。西征失败，唐高宗命令娄师德收集被打散的兵卒，军力又得以恢复，于是又命令他出使吐蕃。吐蕃将领论赞婆在赤岭迎接他。他向论赞婆传达唐高宗的旨意，指明利害关系，论赞婆很高兴，为此好几年没有侵扰唐朝边境。娄师德升任殿中侍御史，充任河源军司马，兼管屯田事宜。

唐高宗认为与吐蕃的关系是可忧虑的事情，于是召集全部身边的大臣讨论对策，有人想用和亲的办法求取和平，使百姓得到休息；有人想加强守备，待公私都富足时再讨伐；有人想马上发兵讨伐。讨论到最后也没有取得一致意见，只好赐给大家一顿饭吃，然后让他们散去。

调露元年（己卯，公元679年）

二月，壬戌（十一日），吐蕃赞普去世，他八岁的儿子器弩悉弄继位。当时器弩悉弄同他舅舅麹萨若去羊同国征兵，他六岁的弟弟正在论钦陵军中。吐蕃人畏惧论钦陵拥有强兵，想让他弟弟继位，论钦陵不同意，与麹萨若共同拥立器弩悉弄。

唐高宗得知赞普去世，命令裴行俭乘机进攻吐蕃。裴行俭说："论钦陵掌权，大臣团结和睦，不能进攻。"于是没有行动。

永隆元年（庚辰，公元680年）

秋季，七月，吐蕃侵扰河源，左武卫将军黑齿常之把他们击退。唐朝提升黑齿常之为河源军经略大使。黑齿常之因为河源地处要冲，打算增兵戍守，但运输道路遥远而且艰险，于是增设烽火台戍守点七十余处，开屯田五千余顷，每年收获粮食五百余万石，从此战争和防守都有足够的粮食贮备。

在这以前，剑南招募士兵，在茂州西南修筑安戎城，用它来阻断吐蕃通蛮的道路。吐蕃用生羌人为向导，攻陷安戎城，并驻兵镇守，从此西洱诸蛮都投降吐蕃。吐蕃全部据有羊同、党项及诸羌住地，东面连接唐朝的凉、松、茂、嶲等州，南面与天竺相邻，西边攻陷龟兹、疏勒等四镇，北边抵达突厥，地方万余里，诸胡中最强盛的也不能与之相比。

太子李贤听到宫中私下议论说，他是天后武则天的姐姐韩国夫人所生，暗自疑惑畏惧。明崇俨凭借用诅咒制胜的迷信法术获得天后武则天的信任，常私下说"太子不能够继承帝位，英王李哲的相貌像唐太宗"，又说"相王李轮相貌最显贵"。天后武则天曾命北门学士撰《少阳正范》及《孝子传》赏赐给太子，又几次写信谴责他，太子心里越来越不安。

及至明崇俨死去，捕不到杀死他的盗贼，天后武则天便怀疑这事是太子所干。太子颇好音乐、女色，与家奴赵道生等亲近，多赏赐他们金帛，司议郎韦承庆上书规劝，太子不听。天后武则天指使人告发这些事。唐高宗命令薛元超、裴炎与御史大夫高智周等一起审问太子，在东宫马坊搜查出黑甲数百件，作为谋反物证；赵道生又供认太子指使他杀死明崇俨。唐高宗一贯喜爱太子，迟疑不决，想赦免他，天后武则天说："作为人子而有叛逆之心，天地所不容。应该大义灭亲，怎么可以赦免！"甲子（八月二十二日），废太子李贤为平民，派遣右监门中郎将令狐智通等送李贤到京师，幽禁于别所，同党都被处死，搜查出的黑甲在洛阳天津桥南焚烧示众。韦承庆就是韦思谦的儿子。

乙丑（二十三日），唐朝立左卫大将军、雍州牧英王李哲为太子，更改年号，大赦天下。

开耀元年（辛巳，公元681年）

当初，太原王王妃逝世，天后武则天请求让自己女儿太平公主为女道士，为死者乞求冥福。后来吐蕃要求和亲，请求娶太平公主，唐高宗便为她建立太平观，任她为观主，以拒绝吐蕃。到这时候，才选择光禄卿汾阴人薛曜的儿子薛绍结婚。薛绍的母亲就是唐太宗的女儿城阳公主。

秋季，七月，太平公主出嫁薛家时，自兴安门南至宣阳坊西，火炬接连不断，路两边的槐树多被烧死。薛绍的哥哥薛顗因太平公主恩宠太盛，深为忧虑，询问远房叔祖父户部郎中薛克构该怎么办，薛克构说："皇帝的外甥娶公主，是皇家旧例，如果以恭敬谨慎的态度对待，又有什么关系！但有谚语说：'娶妻得公主，无事抓进官府。'不能不令人担忧。"

天后武则天认为薛顗的妻子萧氏和他弟弟薛绪的妻子成氏不是贵族，想让薛家遗弃她们，说："怎么能让我女儿与田舍翁的女儿作妯娌呢！"有人说："萧氏，是萧瑀的侄孙女，皇家的旧姻亲。"事情才算了结。

第二百零三卷

唐纪十九

译文诵读

高宗天皇大圣大弘孝皇帝下永淳元年（壬午，682）

上既封泰山，欲遍封五岳，秋，七月，作奉天宫于嵩山南。监察御史里行李善感谏曰："陛下封泰山，告太平，致群瑞，与三皇、五帝比隆矣。数年以来，菽粟不稔，饿殍相望，四夷交侵，兵车岁驾，陛下宜恭默思道以禳灾谴，乃更广营宫室，劳役不休，天下莫不失望。臣忝备国家耳目，窃以此为忧！"上虽不纳，亦优容之。自褚遂良、韩瑗之死，中外以言为讳，无敢逆意直谏，几二十年。及善感始谏，天下皆喜，谓之"凤鸣朝阳"。

弘道元年（癸未，683）

上自奉天宫疾甚，宰相皆不得见。丁未，还东都，百官见于天津桥南。

十二月，丁巳，改元，赦天下。上欲御则天门楼宣赦，气逆不能乘马，乃召百姓入殿前宣之。是夜，召裴炎入，受遗诏辅政，上崩于贞观殿。遗诏太子柩前即位，军国大事有不决者，兼取天后进止。废万泉、芳桂、奉天等宫。

庚申，裴炎奏太子未即位，未应宣敕，有要速处分，望宣天后令于中书、门下施行。甲子，中宗即位，尊天后为皇太后，政事咸取决焉。太后以泽州刺史韩王元嘉等，地尊望重，恐其为变，并加三公等官以慰其心。

则天顺圣皇后上之上光宅元年（甲申，684）

立太子妃韦氏为皇后，擢后父玄贞自普州参军为豫州刺史。

中宗欲以韦玄贞为侍中，又欲授乳母之子五品官，裴炎固争，中宗怒曰："我以天下与韦玄贞何不可！而惜侍中邪！"炎惧，白太后，密谋废立。二月，戊午，太后集百官于乾元殿，裴炎与中书侍郎刘祎之、羽林将军程务挺、张虔勖勒兵入宫，宣太后令，废中宗为庐陵王，扶下殿。中宗曰："我何罪？"太后曰："汝欲以天下与韦玄贞，何得无罪！"乃幽于别所。

己未，立雍州牧豫王旦为皇帝。政事决于太后，居睿宗于别殿，不得有所预。

立豫王妃刘氏为皇后。后，德威之孙也。

时诸武用事，唐宗室人人自危，众心愤惋。会眉州刺史英公李敬业及弟盩厔令敬猷、给事中唐之奇、长安主簿骆宾王、詹事司直杜求仁皆坐事，敬业贬柳州司马，敬猷免官，之奇贬栝苍令，宾王贬临海丞，求仁贬黟令。求仁，正伦之侄也。盩厔尉魏思温尝为御史，复被黜。皆会于扬州，各自以失职怨望，乃谋作乱，以匡复庐陵王为辞。

思温为之谋主，使其党监察御史薛仲璋求奉使江都，令雍州人韦超诣仲璋告变，云"扬州长史陈敬之谋反"。仲璋收敬之系狱。居数日，敬业乘传而至，矫称扬州司马来之官，云："奉密旨，以高州酋长冯子猷谋反，发兵讨之。"于是开府库，令士曹参军李宗臣就钱坊，驱囚徒、工匠授以甲。斩敬之于系所。录事参军孙处行拒之，亦斩以徇，僚吏无敢动者。遂起一州之兵，复称嗣圣元年。开三府：一曰匡复府，二曰英公府，三曰扬州大都督府。敬业自称匡复府上将，领扬州大都督。以之奇、求仁为左、右长史，宗臣、仲璋为左、右司马，思温为军师，宾王为记室，旬日间得胜兵十余万。

移檄州县，略曰："伪临朝武氏者，人非温顺，地实寒微。昔充太宗下陈，尝以更衣入侍，洎乎晚节，秽乱春宫。密隐先帝之私，阴图后庭之嬖，践元后于翚翟，陷吾君于聚麀。"又曰："杀姊屠兄，弑君鸩母，人神之所同嫉，天地之所不容。"又曰："包藏祸心，窃窥神器。君之爱子，幽之于别宫；贼之宗盟，委之以重任。"又曰："一抔之土未干，六尺之孤安在！"又曰："试观今日之域中，竟是谁家之天下！"太后见檄，问曰："谁所为？"或对曰："骆宾王。"太后曰："宰相之过也。人有如此才，而使之流落不偶乎！"

敬业求得人貌类故太子贤者，绐众云："贤不死，亡在此城中，令吾属举兵。"因奉以号令。

楚州司马李崇福帅所部三县应敬业。盱眙人刘行举独据县不从，敬业遣其将尉迟昭攻盱眙。诏以行举为游击将军，以其弟行实为楚州刺史。

甲申，以左玉钤卫大将军李孝逸为扬州道大总管，将兵三十万，以将军李知十、马敬臣为之副，以讨李敬业。

魏思温说李敬业曰："明公以匡复为辞，宜帅大众鼓行而进，直指洛阳，则天下知公志在勤王，四面响应矣。"薛仲璋曰："金陵有王气，且大江天险，足以为固，不如先取常、润，为定霸之基，然后北向以图中原，进无不利，退有所归，此良策也！"思温曰："山东豪杰以武氏专制，愤惋不平，闻公举事，皆自蒸麦饭为粮，伸锄为兵，以俟南军之至。不乘此势以立大功，乃更蓄缩自谋巢穴，远近闻之，其谁不解体！"敬业不从，使唐之奇守江都，将兵渡江攻润州。思温谓杜求仁曰："兵势合则强，分则弱，敬业不并力渡淮，收山东之众以取洛阳，败在眼中矣！"

壬辰，敬业陷润州，执刺史李思文，以李宗臣代之。思文，敬业之叔父也，知敬业之谋，先遣使间道上变，为敬业所攻，拒守久之，力屈而陷。思温请斩以徇，敬业不许，谓思文曰："叔党于武氏，宜改姓武。"润州司马刘延嗣不降，敬业将斩之，思温救之，得免，与思文皆囚于狱。刘延嗣，审礼从父弟也。曲阿令河间尹元贞引兵救润州，战败，为敬业所擒，临以白刃，不屈而死。

丁酉，追削李敬业祖考官爵，发冢斫棺，复姓徐氏。

徐敬业闻李孝逸将至，自润州回军拒之，屯高邮之下阿溪；使徐敬猷逼淮阴，别将韦超、尉迟昭屯都梁山。

李孝逸军至临淮，偏将雷仁智与敬业战不利，孝逸惧，按兵不进。殿中侍御史魏元忠谓孝逸曰："天下安危，在兹一举。四方承平日久，忽闻狂狡，注心倾耳以俟其诛。今大军久留不进，远近失望，万一朝廷更命他将以代将军，将军何辞以逃逗挠之罪乎！"孝逸乃引军而前。壬寅，马敬臣击斩尉迟昭于都梁山。

十一月，辛亥，以左鹰扬大将军黑齿常之为江南道大总管，讨敬业。

韦超拥众据都梁山，诸将皆曰："超凭险自固，士无所施其勇，骑无所展其足；且穷寇死战，攻之多杀士卒，不如分兵守之，大军直趣江都，覆其巢穴。"支度使薛克杨曰："超虽据险，其众非多。今多留兵则前军势分，少留兵则终为后患，不如先击之，其势必举，举都梁，则淮阴、高邮望风瓦解矣！"魏元忠请先击徐敬猷，诸将曰："不如先攻敬业，敬业败，则敬猷不战自擒矣。若击敬猷，则敬业引兵救之，是腹背受敌也。"元忠曰："不然。贼之精兵，尽在下阿，乌合而来，利在一决，万一失利，大事去矣！敬猷出于博徒，不习军事，其众单弱，人情易摇，大军临之，驻马可克。敬业虽欲救之，计程必不能及。我克敬猷，乘胜而进，虽有韩、白不能当其锋矣！今不先取弱者而遽攻其强，非计也。"孝逸从之，引兵击超，超夜遁，进击敬猷，敬猷脱身走。

庚申，敬业勒兵阻溪拒守，后军总管苏孝祥夜将五千人，以小舟渡溪先击之，兵败，孝祥死，士卒赴溪溺死者过半。左豹韬卫果毅渔阳成三朗为敬业所擒，唐之奇绐其众曰："此李孝逸也！"将斩之，三朗大呼曰："我果毅成三朗，非李将军也。官军今大至矣，尔曹破在朝夕。我死，妻子受荣，尔死，妻子籍没，尔终不及我也！"遂斩之。

孝逸等诸军继至，战数不利。孝逸惧，欲引退，魏元忠与行军管记刘知柔言于孝逸曰："风顺荻干，此火攻之利。"固请决战。敬业置陈既久，士卒多疲倦顾望，陈不能整；孝逸进击之，因风纵火，敬业大败，斩首七千级，溺死者不可胜纪。敬业等轻骑走入江都，挈妻子奔润州，将入海奔高丽。孝逸进屯江都，分遣诸将追之。乙丑，敬业至海陵界，阻风，其将王那相斩敬业、敬猷及骆宾王首来降。余党唐之奇、魏思温皆捕得，传首神都，扬、润、楚三州平。

垂拱元年（乙酉，685）

太后修故白马寺，以僧怀义为寺主。怀义，鄠人，本姓冯，名小宝，卖药洛阳市，因千金公主以进，得幸于太后。太后欲令出入禁中，乃度为僧，名怀义。又以其家寒微，令与驸马都尉薛绍合族，命绍以季父事之。出入乘御马，宦者十余人侍从。士民遇之者皆奔避，有近之者，辄挝其首流血，委之而去，任其生死。见道士则极意殴之，仍髡其发而去。朝贵皆匍匐礼谒，武承嗣、武三思皆执僮仆之礼以事之，为之执辔，怀义视之若无人。多聚无赖少年，度为僧，纵横犯法，人莫敢言。右台御史冯思勖屡以法绳之，怀义遇思勖于途，令从者殴之，几死。

二年（丙戌，686）

春，正月，太后下诏复政于皇帝。睿宗知太后非诚心，奉表固让。太后复临朝称制。辛酉，赦天下。

三月，戊申，太后命铸铜为匦：其东曰“延恩”，献赋颂、求仕进者投之；南曰“招谏”，言朝政得失者投之；西曰“伸冤”，有冤抑者投之；北曰：“通玄”，言天象灾变及军机秘计者投之。命正谏、补阙、拾遗一人掌之，先责识官，乃听投表疏。

徐敬业之反也，侍御史鱼承晔之子保家教敬业作刀车及弩，敬业败，仅得免。太后欲周知人间事，保家上书，请铸铜为匦以受天下密奏。其器共为一室，中有四隔，上各有窍，以受表疏，可入不可出。太后善之。未几，其怨家投匦，告保家为敬业作兵器，杀伤官军甚众，遂伏诛。

太后自徐敬业之反，疑天下人多图己，又自以久专国事，且内行不正，知宗室大臣怨望，心不服，欲大诛杀以威之。乃盛开告密之门，有告密者，臣下不得问，皆给驿马，供五品食，使诣行在。虽农夫樵人，皆得召见，廪于客馆，所言或称旨，则不次除官，无实者不问。于是四方告密者蜂起，人皆重足屏息。

有胡人索元礼，知太后意，因告密召见，擢为游击将军，令案制狱。元礼性残忍，推一人必令引数十百人，太后数召见赏赐以张其权。于是尚书都事长安周兴、万年人来俊臣之徒效之，纷纷继起。兴累迁至秋官侍郎，俊臣累迁至御史中丞，相与私畜无赖数百人，专以告密为事；欲陷一人，辄令数处俱告，事状如一。俊臣与司刑评事洛阳万国俊共撰《罗织经》数千言，教其徒网罗无辜，织成反状，构造布置，皆有支节。太后得告密者，辄令元礼等推之，竞为讯囚酷法，有“定百脉”、“突地吼”、“死猪愁”、“求破家”、“反是实”等名号。或以椽关手足而转之，谓之“凤皇晒翅”；或以物绊其腰，引枷向前，谓之“驴驹拔撅”；或使跪捧枷，累甓其上，谓之“仙人献果”；或使立高木，引枷尾向后，谓之“玉女登梯”；或倒悬石缒其首，或以醋灌鼻，或以铁圈毂其首而加楔，至有脑裂髓出者。每得囚，辄先陈其械具以示之，皆战栗流汗，望风自诬。每有赦令，俊臣辄令狱卒先杀重囚，然后宣示。太后以为忠，益宠任之。中外畏此数人，甚于虎狼。

苏良嗣遇僧怀义于朝堂，怀义偃蹇不为礼。良嗣大怒，命左右捽曳，批其颊数十。怀义诉于太后，太后曰：“阿师当于北门出入，南牙宰相所往来，勿犯也。”

太后托言怀义有巧思，故使入禁中营造。补阙长社王求礼上表，以为："太宗时，有罗黑黑善弹琵琶，太宗阉为给使，使教宫人。陛下若以怀义有巧性，欲宫中驱使者，臣请阉之，庶不乱宫闱。"表寝不出。

唐高宗永淳元年（壬午，公元682年）

唐高宗封泰山后，又想遍封五岳，秋季，七月，营造奉天宫于嵩山南面。监察御史里行李善感进谏说："陛下封泰山，向上天报告太平，招致众多的吉兆，可与三皇、五帝比兴盛。近几年以来，粮食歉收，饿死的人到处都是，四夷交相侵犯，兵车连年出动。陛下应当恭敬静默地思索治道以消除上天降下的灾害，却又广造宫室，劳役没有休止的时候，天下百姓无不感到失望。我忝列国家的耳目，私下为此而忧虑！"唐高宗虽不采纳他的意见，但也宽容他。自褚遂良、韩瑗死后，朝廷内外官员都以多说话为忌讳，不敢违背皇帝的意思直言规劝几乎有二十年时间；及至李善感开始进谏，天下人都高兴，称之为"凤鸣朝阳"，认为是天下太平的征兆。

弘道元年（癸未，公元683年）

高宗自从在奉天宫病重，连宰相都不得进见。丁未（十一月二十四日），回东都洛阳，百官朝见于天津桥南。

十二月，丁巳（初四），唐朝更改年号，大赦天下。高宗想上则天门楼宣布赦令，因气喘不能乘马，便召集百姓到殿前宣布赦令。这天夜里，高宗召裴炎入宫，接受遗诏，辅佐朝政。高宗在贞观殿驾崩。他在遗诏中命令太子在他灵柩前即帝位，军国大事有不能决断的，兼请天后处置。废除万泉、芳桂、奉天等宫。

庚申（初七），裴炎上奏说太子尚未即帝位，不宜由他直接发布诏令，有急需处理的重要事情，希望发布天后的命令由中书省、门下省施行。甲子（十一日），唐中宗即皇帝位，尊天后武则天为皇太后，政事全取决于她。太后因泽州刺史韩王李元嘉等地位尊贵，威望很高，恐怕他们发动变乱，便都给他们加三公等官衔以安定他们的情绪。

则天皇后光宅元年（甲申，公元684年）

唐朝立太子妃韦氏为皇后；皇后父亲韦玄贞由普州参军提升为豫州刺史。

中宗打算任命韦玄贞为侍中，又打算授给乳母的儿子五品官，裴炎坚持不同意见，中宗大怒，说："我将天下交给韦玄贞有什么不可以！难道还吝惜侍中职位！"裴炎畏惧，报告太后，并密谋废立皇帝的事。二月，戊午（初六），太后召集百官于乾元殿，裴炎与中书侍郎刘之、羽林将军程务挺、张虔勖领兵入宫，宣布太后命令，废中宗为庐陵王，扶他下殿。中宗说："我犯了什么罪？"太后说：

大唐迎佛盛典

“你想将天下交给韦玄贞，怎么会没有罪！”于是将他幽禁在别的地方。

己未（初七），唐朝立雍州牧豫王李旦为皇帝。政事取决于太后，让皇帝睿宗居于别殿，对政事不得有所干预。立豫王妃刘氏为皇后。皇后就是刘德威的孙女。

当时武氏亲属掌权，唐皇族人人自危，大家心中悲愤惋惜。正好眉州刺史英公李敬业和他弟弟盩厔令李敬猷、给事中唐之奇、长安主簿骆宾王、詹事司直杜求仁都因事获罪，李敬业被降职为柳州司马，李敬猷被免官，唐之奇被降职为栝苍令，骆宾王被降职为临海丞，杜求仁被降职为黟县令。杜求仁就是杜正伦的侄子。盩厔尉魏思温曾任御史，再次被罢黜。他们都聚会于扬州，各自因失去官职心怀不满，便阴谋作乱，以挽救恢复庐陵王的帝位为借口。

魏思温充当谋主，指使他的党羽监察御史薛仲璋要求奉命出使江都，然后让雍州人韦超到薛仲璋处报告，说“扬州长史陈敬之阴谋造反”。薛仲璋逮捕陈敬之入狱。数日后，李敬业乘驿车到达，伪称自己是扬州司马前来赴任，说“奉太后密旨，因高州酋长冯子猷谋反，要发兵讨伐。”于是开府库，命扬州士曹参军李宗臣到铸钱工场，驱赶囚徒、工匠发给他们盔甲。将陈敬之在监狱斩首；录事参军孙处行抗拒，也被斩首示众，扬州官吏再没有敢反抗的。于是征发一州的兵马，又使用中宗的年号嗣圣元年。设置三个府署：第一个称为匡复府，第二个叫英公府，第三个叫扬州大都督府。李敬业自称匡复府上将，领扬州大都督。任命唐之奇、杜求仁为左、右长史，李宗臣、薛仲璋为左、右司马，魏思温为军师，骆宾王为记室，十来日便聚集士兵十余万人。

李敬业传布檄文到各州县，内容大致说：“僭窃帝位的武氏，本性并不温顺，出身非常贫寒低贱。她从前居于太宗后宫的下列，曾找机会侍奉太宗，得到宠幸，等到太宗晚年，又与太子淫乱。她隐瞒了同先帝的私情，暗地里谋求在后宫的宠幸，终于登上皇后的宝座，使我们的君主陷于形同禽兽的乱伦境地。”又说：“武氏杀害姐姐，屠戮哥哥，杀死皇帝，毒死母亲，为人和神所共同憎恨，为天地所不能容忍。”又说：“包藏着祸心，图谋窃取帝位。君王的爱子，被幽禁于别殿；武氏的宗族亲近，都给予重任。”又说：“先帝坟墓上的黄土还未干燥，成年的孤儿现在哪里！”又说：“试看今日国家之内，究竟是谁家的天下！”太后看到檄文以后问：“这是谁写的？”有人回答说：“骆宾王。”太后说：“这是宰相的过失。此人有这样的才华，却让他飘泊失意，不得重用！”

李敬业找到一个相貌像已故太子李贤的人，欺骗众人说：“李贤没有死，逃亡在这个城中，他命令我们起兵。”于是侍奉他以号令天下。

楚州司马李崇福率领属下三县响应李敬业。只有盱眙人刘行举占据县城，不肯从命，李敬业派他的将领尉迟昭进攻盱眙。太后下诏任命刘行举为游击将军，任命他弟弟刘行实为楚州刺史。

甲申（九月），唐朝任命左玉钤卫大将军李孝逸为扬州道大总管，领兵三十万，任命将军李知十、马敬臣为他的副职，讨伐李敬业。

魏思温劝李敬业说：“您以恢复皇帝的权力为口号，应当率领大军大张旗鼓地前进，直向东都洛阳，那么天下人知道您以救援天子为志向，四面八方都会响应。”薛仲璋说：“金陵有帝王气象，又有长江天险，足以固守，不如先夺取常、润二州，作为奠定霸业的基础，然后再向北以图夺取中原，这样进可以取胜，退有归宿，这是最好的策略。”魏思温说：“崤山以东豪杰因武氏专制，愤怒惋惜，心中不平，听说您起事，都自动蒸麦饭为干粮，举起锄头为武器，以等待南军的到来。不乘这种形势建立大功，反而退缩，自求建造巢穴，远近的人听到了，哪有不人心离散的！”李敬业不肯接受他的主张，派唐之奇守江都，自己领兵渡过长江，攻打润州。魏思温对杜求仁说：“兵力合在一起则强大，分散则削弱，李敬业不合力渡过淮河，收集山东的兵众以夺取洛阳，失败就在眼前了！”

壬辰，李敬业攻陷润州，抓获刺史李思文，用李宗臣取代他。李思文是李敬业的叔父，知道李敬业的阴谋，事先派遣使者走小道向朝廷报告即将发生的这一叛乱事件，被李敬业进攻后，拒守很长一段时间，力竭而城被攻陷。魏思温请求将他斩首示众，李敬业不同意，对思文说：“叔父阿附于武氏，应改姓武。”润州司马刘延嗣不肯投降，李敬业将要杀死他，魏思温救他，得免于死，和李思文一起被关进狱中。刘延嗣是刘审礼的堂弟。曲阿令河间人尹元贞领兵救润州，打了败仗，被李敬业擒获，李敬业用刀威胁他，因不肯屈服而被杀。

丁酉，唐朝追削李敬业祖父和父亲的官职封爵，掘墓砍棺，恢复其本姓徐氏。

徐敬业听说李孝逸将到，从润州回军抵抗，屯兵高邮境内的下阿溪；派徐敬猷进逼淮阴，别将韦超、尉迟昭屯兵都梁山。

李孝逸进军至临淮，偏将雷仁智与徐敬业交战失利，李孝逸因而畏惧，按兵不动。殿中侍御史魏元忠对李孝逸说：“天下安危，在此一举。天下太平的日子已久，一旦听说疯狂凶暴的人，都全神贯注侧着耳朵等待他们的灭亡。现在大军长久停留不进，远处和近处的百姓失望，万一朝廷另外任命其他将领取代您，您有什么理由可以逃避徘徊观望的罪责呢！”李孝逸这才领军前进。壬寅，马敬臣进击，斩杀尉迟昭于都梁山。

十一月，辛亥（初四），唐朝任命左鹰扬大将军黑齿常之为江南道大总管，讨伐徐敬业。

韦超拥兵占据都梁山，唐军诸将都说："韦超凭险要自守，我军士卒无法施展勇力，骑兵无法展足奔驰；而且穷寇死战，强攻，自己的士卒伤亡大，不如分兵围困，大军直指江都，颠覆他们的巢穴。"支度使薛克杨说："韦超虽然据有险要，但兵不多。现在多留兵围困则前军兵力分散，少留兵则终归是后患，不如先进攻他，只要进攻一定能攻下，攻下都梁山，则淮阴、高邮的敌人都会望风瓦解了！"魏元忠请求先进击徐敬猷，诸将说："不如先进攻徐敬业，徐敬业一失败，则徐敬猷可不战而擒。若进攻徐敬猷，则徐敬业发兵救他，我们将腹背受敌。"魏元忠说："不对。敌人的精兵集中在下阿，他们仓促聚集而来，利在一次决战，万一我军失利，大事便无可挽回！徐敬猷出身于赌徒，不熟习军事，兵力又单薄，军心容易动摇，大军进逼，马上可以攻下。徐敬业虽想救他，从距离计算看根本来不及。我军摧毁徐敬猷，乘胜而进，虽有韩信、白起也不能抵挡。如今不先攻取弱者而急着去攻强者，不是上策。"李孝逸听从他的意见，领兵进击韦超，韦超乘黑夜逃走；进攻徐敬猷，徐敬猷只身逃跑。

庚申（十三日），徐敬业统兵凭借下阿溪固守。后军总管苏孝祥夜里带领五千人，用小船渡过溪水先发起进攻，结果兵败身死，士卒涉水时淹死过半。左豹韬卫果毅渔阳人成三朗被徐敬业俘虏，唐之奇欺骗他的部众说："这就是李孝逸！"准备斩首，成三朗大喊："我是果毅成三朗，不是李将军。官军已大批到达，你们覆亡就在眼前。我死后，妻子儿女蒙受荣耀，你们死后，妻子儿女被籍没为奴婢，你们最终不如我。"最终被斩首。

李孝逸等军相继到达，数次交战失利。李孝逸畏惧，准备撤退，魏元忠与行军管记刘知柔对他说："现在正是顺风，芦荻干燥，是火攻的好机会。"他们坚决请求决战。徐敬业布阵已久，士卒多疲倦观望，战阵不能整肃；李孝逸进击，乘风纵火，徐敬业大败，斩首七千级，淹死的不计其数。徐敬业等轻装骑马逃入江都，带着妻子儿女投奔润州，准备从海路逃往高丽；李孝逸进兵屯驻江都，分别派遣各将领追击徐敬业。乙丑（十八日），徐敬业到达海陵地界，被大风所阻止，他的部将王那相砍下徐敬业、徐敬猷和骆宾王的脑袋向官军投降。余党唐之奇、魏思温都被捕获。斩首后，他们的脑袋被送往神都。扬、润、楚三州平定。

垂拱元年（乙酉，公元685年）

太后重修原来的白马寺，任用和尚怀义为该寺的住持人。怀义是鄠县人，原本姓冯，名叫小宝，卖药于洛阳街市，因千金公主的关系而进宫，得到太后的宠幸；太后想让小宝出入宫禁，便命他剃度为和尚，取名怀义。又因他出身寒微，便让他与驸马都尉薛绍互认为同族，命令薛绍以叔父事奉他。他出入乘皇帝用的马，太监十多人侍从；官民遇上他都得赶快躲避，有走近他的，就被打得头破血流，扔下而去，不管死活。他见到道士则尽情殴打，还要剃光他们的头发才离去。朝廷亲贵都伏地行礼拜谒，武承嗣、武三思都行奴仆之礼以侍奉他，出行时为他牵马，怀义都不把他们放在眼里。他还聚集不少无赖少年，剃度为和尚，恣意犯法，人们敢怒不敢言。右台御史冯思勖多次依法处置他们，后来怀义和他在途中相遇，便指使随从殴打他，几乎把他打死。

二年（丙戌，公元686年）

春季，正月，太后下诏将朝政交还给皇帝。睿宗知道太后并非诚心，上表坚决辞让；太后又临朝行使皇帝的权力。辛酉（二十日），大赦天下。

三月，戊申（初八），太后命令铸造铜匦：东边的名叫“延恩”，进献赋颂文字和要求做官的人可将奏表投入；南边的名叫“招谏”，谈论朝政得失的人可将奏表投入；西边的名叫“申冤”，有冤屈的人可将奏表投入；北边的名叫“通玄”，讲天象灾异和军机秘计的人可将奏表投入。命令正谏、补缺、拾遗各一人掌管，要先找到认识自己的官员作保，然后才允许将表疏投入。

徐敬业造反时，侍御史鱼承晔的儿子鱼保家教徐敬业制造刀、车和弩，徐敬业败亡，他仅得以免死。太后想遍知人间的事情，鱼保家便上书，请求铸铜匦以接受天下人的秘密上奏。这个铜匦合为一室，中间隔成四小间，每间上面各有孔，以便将表疏投入，只能入不能出。太后认为很好。不久，与鱼保家有仇怨的人投表疏，告发他曾为徐敬业制造兵器，杀伤很多官军，于是他被处死。

太后从徐敬业造反后，怀疑天下人多想算计自己，又因自己长期专擅国家事务，而且操行不正，知道皇族大臣心怀不满，心中不服，就想大加诛杀以威慑他们。于是大开告密的渠道，有告密的人，臣下不得过问，都提供驿站的马匹，供应五品官标准的伙食，送往太后的住地。虽是农夫或打柴人，都被召见，由客馆供给食宿，所说的事如符合旨意，就破格授官，与事实不符，也不问罪。于是四方告密的人蜂拥而起，人们都吓得不敢迈步，不敢出声。

酷吏来俊臣

有个胡人名叫索元礼，了解太后的用意，因告密被召见，提拔为游击将军，太后命令他查办奉诏令特设的监狱里的囚犯。索元礼性情残忍，审讯一个人必让他牵连数十或上百人。太后多次召见赏赐他以扩大他的威权。于是尚书都事长安人周兴、万年人来俊臣之流争相仿效，纷纷而起。周兴连续升官至秋官侍郎，来俊臣连续升官至御史中丞。他们一起私下豢养无赖数百人，专门从事告密活动；想诬陷一个人，便让他们几处同时告发，所告的内容都一样。来俊臣与司刑评事洛阳人万国俊共同撰写《罗织经》数千言，教他们的门徒如何搜罗无罪人的言行，编成谋反罪状，捏造安排得都像真有其事。太后得到告密的人，即命令索元礼等审讯被告，他们争相制定审讯囚徒的残酷办法，制作多种大枷，有“定百脉”“突地吼”“死猪愁”“求破家”“反是实”等名号。或用椽子串连人的手脚而旋转，叫做“凤凰晒翅”；或用东西牵制住人的腰部，将颈上的枷向前拉，叫做“驴驹拔撅”；或让人跪着捧枷，在枷上垒砖，叫做“仙人献果”；或让人站立在高木桩上，将颈上的枷向后拉，叫作“玉女登梯”；或将人倒吊，在脑袋上挂石头；或用醋灌鼻孔；或用铁圈罩脑袋，在脑袋与铁圈之间加楔子，以至于有脑袋裂开，脑浆外流的。每次抓来囚犯，即先陈列刑具让他们观看，他们无不颤抖流汗，一看到便无罪而自认有罪。每当有赦免令，来俊臣总是命令狱卒先杀死重罪犯，然后宣布赦令。太后认为他们忠诚，更加宠爱信任。朝廷内外畏惧这几个人，超过畏惧虎狼。

苏良嗣与和尚怀义在朝堂相遇，怀义傲慢不行礼；苏良嗣大怒，命令随从拽住他，打耳光数十下。怀义告诉太后，太后说：“阿师应当从北门出入，南牙是宰相往来之地，不要去触犯。”

太后借口怀义有巧妙的设计，所以让他入宫中搞建筑。补阙长社人王求礼上表认为：“太宗时，有个叫罗黑黑的人善于弹琵琶，太宗将他阉割后充当内侍，让他教宫女弹琵琶。陛下若认为怀义心性灵巧，想在宫中使用，请阉割他，以免扰乱后宫。”奏表被搁置起来，没有答复。

第二百零四卷

唐纪二十

译文诵读

则天顺圣皇后上之下垂拱四年（戊子，688）

太后潜谋革命，稍除宗室。绛州刺史韩王元嘉、青州刺史霍王元轨、邢州刺史鲁王灵夔、豫州刺史越王贞及元嘉子通州刺史黄公譔、元轨子金州刺史江都王绪、虢王凤子申州刺史东莞公融、灵夔子范阳王蔼、贞子博州刺史琅邪王冲，在宗室中皆以才行有美名，太后尤忌之。元嘉等内不自安，密有匡复之志。

譔谬为书与贞云："内人病浸重，当速疗之，若至今冬，恐成痼疾。"及太后召宗室朝明堂，诸王因递相惊曰："神皇欲于大飨之际，使人告密，尽收宗室，诛之无遗。"譔诈为皇帝玺书与冲云："朕遭幽絷，诸王宜各发兵救我。"冲又诈为皇帝玺书云："神皇欲移李氏社稷以授武氏。"八月，壬寅，冲召长史萧德琮等令募兵，分告韩、霍、鲁、越及贝州刺史纪王慎，令各起兵共趣神都。太后闻之，以左金吾将军丘神勣为清平道行军大总管以讨之。

冲募兵得五千余人，欲渡河取济州。先击武水，武水令郭务悌诣魏州求救。莘令马玄素将兵千七百人中道邀冲，恐力不敌，入武水，闭门拒守。冲推草车塞其南门，因风纵火焚之，欲乘火突入。火作而风回，冲军不得进，由是气沮。堂邑董玄寂为冲将兵击武水，谓人曰："琅邪王与国家交战，此乃反也。"冲闻之，斩玄寂以徇，众惧而散入草泽，不可禁止，惟家僮左右数十人在。冲还走博州，戊申，至城门，为守门者所杀，凡起兵七日而败。丘神勣至博州，官吏素服出迎，神勣尽杀之，凡破千余家。

越王贞闻冲起，亦举兵于豫州，遣兵陷上蔡。九月，丙辰，命左豹韬大将军麹崇裕为中军大总管，岑长倩为后军大总管，将兵十万以讨之，又命张光辅为诸军节度。削冲属籍，更姓虺氏。贞闻冲败，欲自锁诣阙谢罪，会所署新蔡令傅延庆募得勇士二千余人，贞乃宣言于众曰："琅邪已破魏、相数州，有兵二十万，朝夕至矣。"发属县兵共得五千，分为五营，使汝南县丞裴守德等将之，署九品以上官五百余人。所署官皆受迫协，莫有斗志，惟守德与之同谋，贞以其女妻之，署大将军，委以腹心。贞使道士及僧诵经以求事成，左右及战士皆带辟兵符。麹崇裕等军至豫州城东四十里，贞遣小子规及裴守德拒战，兵溃而归。贞大惧，闭阁自守。崇裕等至城下，左右谓贞曰："王岂可坐待戮辱！"贞、规、守德及其妻皆自杀。与冲皆枭首东都阙下。

初，范阳王蔼遣使语贞及冲曰："若四方诸王一时并起，事无不济。"诸王往来相约结，未定而冲先发，惟贞狼狈应之，诸王皆不敢发，故败。

贞之将起兵也，遣使告寿州刺史赵瓌，瓌妻常乐长公主谓使者曰："为我语越王：昔隋文帝将篡周室，尉迟迥，周之甥也，犹能举兵匡救社稷，功虽不成，威震海内，足为忠烈。况汝诸王，先帝之子，岂得不以社稷为心！今李氏危若朝露，汝诸王不舍生取义，尚犹豫不发，欲何须邪！祸且至矣，大丈夫当为忠义鬼，无为徒死也。"

及贞败，太后欲悉诛韩、鲁等诸王，命监察御史蓝田苏珦按其密状。珦讯问，皆无明验，或告珦与韩、鲁通谋，太后召珦诘之，珦抗论不回。太后曰："卿大雅之士，朕当别有任使，此狱不必卿也。"乃命珦于河西监军，更使周兴等按之，于是收韩王元嘉、鲁王灵夔、黄公諲、常乐公主于东都，迫协皆自杀，更其姓曰"虺"，亲党皆诛。

以文昌左丞狄仁杰为豫州刺史。时治越王贞党与，当坐者六七百家，籍没者五千口，司刑趣使行刑。仁杰密奏："彼皆诖误，臣欲显奏，似为逆人申理；知而不言，恐乖陛下仁恤之旨。"太后特原之，皆流丰州。道过宁州，宁州父老迎劳之曰："我狄使君活汝邪？"相携哭于德政碑下，设斋三日而后行。

济州刺史薛顗、顗弟绪、绪弟驸马都尉绍，皆与琅邪王冲通谋。顗闻冲起兵，作兵器，募人。冲败，杀录事参军高纂以灭口。十一月，辛酉，顗、绪伏诛，绍以太平公主故，杖一百，饿死于狱。

十二月，乙酉，司徒、青州刺史霍王元轨坐与越王连谋，废徙黔州，载以槛车，行至陈仓而死。江都王绪、殿中监郕公裴承先皆戮于市。承先，寂之孙也。

天授元年（庚寅，690）

醴泉人侯思止，始以卖饼为业，后事游击将军高元礼为仆，素诡谲无赖。恒州刺史裴贞杖一判司，判司使思止告贞与舒王元名谋反，秋，七月，辛巳，元名坐废，徙和州，壬午，杀其子豫章王亶；贞亦族灭。擢思止为游击将军。时，告密者往往得五品，思止求为御史，太后曰："卿不识字，岂堪御史！"对曰："獬豸何尝识字，但能触邪耳。"太后悦，即以为朝散大夫、侍御史。他日，太后以先所籍没宅赐之，思止不受，曰："臣恶反逆之人，不愿居其宅。"太后益赏之。

衡水人王弘义，素无行，尝从邻舍乞瓜，不与，乃告县官，瓜田中有白兔。县官使人搜捕，蹂践瓜田立尽。又游赵、贝，见闾里耆老作邑斋，遂告以谋反，杀二百余人。擢授游击将军，俄迁殿中侍御史。或告胜州都督王安仁谋反，敕弘义按之。安仁不服，弘义即于枷上刎其首。又捕其子，适至，亦刎其首，函之以归。道过汾州，司马毛公与之对食，须臾，叱毛公下阶，斩之，枪揭其首入洛，见者无不震栗。

时置制狱于丽景门内，入是狱者，非死不出，弘义戏呼曰“例竟门”。朝士人人自危，相见莫敢交言，道路以目。或因入朝密遭掩捕，每朝，辄与家人诀曰：“未知复相见否？”

时法官竞为深酷，唯司刑丞徐有功、杜景俭独存平恕，被告者皆曰：“遇来、侯必死，遇徐、杜必生。”

有功，文远之孙也，名弘敏，以字行。初为蒲州司法，以宽为治，不施敲朴。吏相约有犯徐司法杖者，众共斥之。迨官满，不杖一人，职事亦修。累迁司刑丞，酷吏所诬构者，有功皆为直之，前后所活数十百家。尝廷争狱事，太后厉色诘之，左右为战栗，有功神色不挠，争之弥切。太后虽好杀，知有功正直，甚敬惮之。景俭，武邑人也。

东魏国寺僧法明等撰《大云经》四卷，表上之，言太后乃弥勒佛下生，当代唐为阎浮提主，制颁于天下。

太后欲以太平公主妻其伯父士让之孙攸暨，攸暨时为右卫中郎将，太后潜使人杀其妻而妻之。公主方额广颐，多权略，太后以为类己，宠爱特厚，常与密议天下事。旧制，食邑，诸王不过千户，公主不过三百五十户；太平食邑独累加至三千户。

八月，甲寅，杀太子少保、纳言裴居道。癸亥，杀尚书左丞张行廉。辛未，杀南安王颖等宗室十二人，又鞭杀故太子贤二子，唐之宗室于是殆尽矣，其幼弱存者亦流岭南，又诛其亲党数百家。惟千金长公主以巧媚得全，自请为太后女，仍改姓武氏。太后爱之，更号延安大长公主。

九月，丙子，侍御史汲人傅游艺帅关中百姓九百余人诣阙上表，请改国号曰周，赐皇帝姓武氏。太后不许；擢游艺为给事中。于是百官及帝室宗戚、远近百姓、四夷酋长、沙门、道士合六万余人，俱上表如游艺所请，皇帝亦上表自请赐姓武氏。戊寅，群臣上言：有凤皇自明堂飞入上阳宫，还集左台梧桐之上，久之，飞东南去；及赤雀数万集朝堂。

庚辰，太后可皇帝及群臣之请。壬午，御则天楼，赦天下，以唐为周，改元。乙酉，上尊号曰圣神皇帝，以皇帝为皇嗣，赐姓武氏，以皇太子为皇孙。

二年（辛卯，691）

或告文昌右丞周兴与丘神勣通谋，太后命来俊臣鞫之，俊臣与兴方推事对食，谓兴曰：“囚多不承，当为何法？”兴曰：“此甚易耳！取大瓮，以炭四周炙之，令囚入中，何事不承！”俊臣乃索大瓮，火围如兴法，因起谓兴曰：“有内状推兄，请兄入此瓮！”兴惶恐叩头伏罪。法当死，太后原之，二月，流兴岭南，在道，为仇家所杀。

兴与索元礼、来俊臣竞为暴刻，兴、元礼所杀各数千人，俊臣所破千余家。元礼残酷尤甚，太后亦杀之以慰人望。

先是，凤阁舍人修武张嘉福使洛阳人王庆之等数百人上表，请立武承嗣为皇太子。文昌右相、同凤阁鸾台三品岑长倩以皇嗣在东宫，不宜有此议，奏请切责上书者，告示令散。太后又问地官尚书、同平章事格辅元，辅元固称不可。由是大忤诸武意，故斥长倩令西征吐蕃，未至，征还，下制狱。承嗣又谮辅元。来俊臣又胁长倩子灵原，令引司礼卿兼判纳言事欧阳通等数十人，皆云同反。通为俊臣所讯，五毒备至，终无异词，俊臣乃诈为通款。冬，十月，己酉，长倩、辅元、通等皆坐诛。

王庆之见太后，太后曰："皇嗣我子，奈何废之？"庆之对曰："'神不歆非类，民不祀非族。'今谁有天下，而以李氏为嗣乎！"太后谕遣之。庆之伏地，以死泣请，不去，太后乃以印纸遗之曰："欲见我，以此示门者。"自是庆之屡求见，太后颇怒之，命凤阁侍郎李昭德赐庆之杖。昭德引出光政门外，以示朝士曰："此贼欲废我皇嗣，立武承嗣，"命扑之，耳目皆血出，然后杖杀之，其党乃散。

昭德因言于太后曰："天皇，陛下之夫；皇嗣，陛下之子。陛下身有天下，当传之子孙为万代业，岂得以侄为嗣乎！自古未闻侄为天子而为姑立庙者也！且陛下受天皇顾托，若以天下与承嗣，则天皇不血食矣。"太后亦以为然。昭德，乾祐之子也。

则天皇后垂拱四年（戊子，公元688年）

太后私下图谋取代唐朝，逐渐清除皇族。绛州刺史韩王李元嘉、青州刺史霍王李元轨、邢州刺史鲁王李灵夔、豫州刺史越王李贞及李元嘉的儿子通州刺史黄公李禩、李元轨的儿子金州刺史江都王李绪、虢王李凤的儿子申州刺史东莞公李融、李灵夔的儿子范阳王李蔼、李贞的儿子博州刺史琅邪王李冲，在皇族中都凭才能和操行享有美名，太后尤其忌恨他们。李元嘉等内心不安，暗中有挽救恢复皇帝权力的志向。

李禩写信给李贞假称："妻子的病越来越重，应当赶紧治疗，如果拖延到今年冬天，恐怕要成为顽症。"等到太后召集宗室到明堂朝见，诸王于是轮番相互警戒说："神皇准备在接受朝见大摆宴席的时候，指使人告密，尽数逮捕皇族，全部杀光。"李禩假造皇帝用玺印密封的书信给李冲说："朕被幽禁，诸王应该各自发兵救我。"李冲又伪造皇帝用玺印密封的书信说："神皇打算将李氏的国家交给武氏。"八月，壬寅（十七日），李冲召集长史萧德琮等，命令他们招募兵卒，同时分别告知韩、霍、鲁、越各王，以及贝州刺史纪王李慎，让他们各自起兵，共同向神都进发。太后得知后，任命左金吾将军丘神勣为清平道行军大总管讨伐他们。

李冲募兵得到五千余人，想横渡黄河，夺取济州；先进攻武水，武水县令郭务悌前往魏州求救。莘县县令马玄素领兵一千七百人在中途截击李冲，因怕兵力不足以抗敌，便进入武水县城，闭门防守。李冲推草车堵塞该城南门，趁风纵火焚烧城门，想乘火势冲入城中；不料火起后风向逆转，李冲的军队不能前进，因此士气低落。堂邑人董玄寂为李冲领兵进攻武水，对人说："琅邪王与国家交战，这是造反。"李冲听说后，斩董玄寂示众，部下畏惧四散逃入荒野，李冲禁止不住，只剩下自家的僮仆和左右共数十人在身边。李冲往回逃奔博州，戊申（二十三日），至博州城门，被守门的人杀死，起兵前后共七日就失败。丘神勣到达博州，官吏身穿民服出来迎接，丘神勣将他们全部杀死，共使一千余家家破人亡。

越王李贞听说李冲起兵，也在豫州起兵，派兵攻陷上蔡。九月，丙辰（初一），朝廷任命左豹韬大将军、崇裕为中军大总管，岑长倩为后军大总管，领兵十万人讨伐他，又命张光辅为诸军节度。朝廷削除李贞、李冲在皇族名册中的名字，改姓虺氏。李贞听说李冲失败，本想捆绑自己到皇宫前请罪，正遇上他所任命的新蔡县令傅延庆招募到勇士二千余人，李贞便向大家宣告说："琅邪王已攻破魏、相等数州，有兵二十万，很快就要到达这里了。"又征发豫州属下各县兵共五千人，分为五营，指派汝南县丞裴守德等率领，任命九品以上官员五百余人。所任命的官吏都是受胁迫的，没有斗志，只有裴守德与他同谋，李贞将女儿嫁给他，任命他为大将军，结为亲信。李贞让道士、和尚诵经以祈求事情成功，身边的人及战士都佩带避免兵器伤害的神符。麹崇裕等军到达豫州城东四十里，李贞派遣小儿子李规及裴守德迎战，结果溃败而回。李贞大惊，闭门自守。麹崇裕等到达城下，身边的人对李贞说："您难道可以坐着等待被杀被污辱！"于是李贞、李规、裴守德及他们的妻子都自杀。他们与李冲都在东都皇宫门前阙楼下被悬首示众。

当初，范阳王李蔼派使者对李贞和李冲说："如果四方诸王同时起事，一定能成功。"于是诸王往来协商约定时间，还没有最后约定，李冲就首先发难，只有李贞匆忙响应，其他诸王都不敢起事，所以失败。

李贞将起兵时，派使者告诉寿州刺史赵瓌，赵瓌的妻子常乐长公主对使者说："替我转告越王：从前隋文帝将要篡夺北周帝位，尉迟迥是北周皇帝的外甥，还能起兵匡救国家，虽然没有成功，但威震海内，足可称为忠诚壮烈之士。何况你们诸王还是先帝的儿子，难道还能不把国家放在心上！现今李氏王朝的危险就像早晨的露水一样，你们诸王不舍生取义，还犹豫不发兵，想等什么呢！大祸就要临头了，大丈夫应当做忠义之鬼，不应当白白等死。"

到李贞失败，太后打算全部处死韩、鲁等诸王，命令监察御史蓝田人苏珦清查他们密谋的情况。苏珦经过审讯，都没有得到明确的罪证，有人密告苏珦与韩、鲁等诸王串通，太后召苏珦责问，苏珦直言争论，不改变自己的看法。太后说："你是才德高雅的读书人，朕将另有任用，这个案子不用你办理了。"便命令苏珦到河西监军，改由周兴等审理，于是收捕韩王李元嘉、鲁王李灵夔、黄公李譔、常乐公主等到东都洛阳，全迫胁他们自杀，改他们姓“虺”，他们的亲属党羽都被处死。

朝廷任命文昌左丞狄仁杰为豫州刺史。当时正惩治越王李贞的党羽，要判罪的有六七百家，籍没官府充当奴婢的有五千人，司刑寺催促豫州执行判决。狄仁杰给太后上密奏说：“他们都是受连累的，我想明白上奏，似乎是在为叛逆的人申辩；知而不言，又恐怕有悖于陛下仁爱怜悯的本意。”太后因此特意原谅他们，都流放丰州。当他们路过宁州时，宁州父老迎接慰劳说：“是我们的狄使君救活你们的吧？”互相搀扶着在宁州百姓当年为狄仁杰立的功德碑下痛哭，斋戒三天后才继续往前走。

济州刺史薛颉、薛颉的弟弟薛绪、薛绪的弟弟驸马都尉薛绍，都同琅邪王李冲通谋。薛颉听说李冲起兵，即制造武器，招募人员；李冲失败后，他们杀录事参军高纂以灭口。十一月，辛酉（初六），薛颉、薛绪被处死，薛绍因娶太平公主的缘故，被打一百棍子后，饿死于监狱中。

十二月，乙酉（初一），司徒、青州刺史霍王李元轨因犯与越王李贞通谋罪，被废黜并流放到黔州，用囚车运送，行至陈仓死去。江都王李绪、殿中监郕公裴承先都被处死于街市。裴承先是裴寂的孙子。

天授元年（庚寅，公元690年）

醴泉人侯思止，起初靠卖饼谋生，后来给游击将军高元礼当仆人，一贯诡诈无赖。恒州刺史裴贞杖责一名判司，判司指使侯思止诬告裴贞与舒王李元名谋反，秋季，七月，辛巳（初七），李元名因此被废黜，迁移到和州，壬午（初八），处死他的儿子豫章王李亶；裴贞也被灭族。朝廷提拔侯思止为游击将军。当时，告密的人往往能当五品官，侯思止要求担任御史，太后说：“你不识字，怎么能担任御史！”回答说：“獬豸哪里识字，只能用角触邪恶的人。”太后高兴，即任命他为朝散大夫、侍御史。过些天，太后将早先没收的住宅赐给他，侯思止不肯接受，说：“我憎恶叛逆的人，不愿意居住他们的住宅。”太后更加赞赏他。

衡水人王弘义，一贯品行不好，曾向邻居讨瓜吃，邻居不给，便向县官报告说，瓜田中有白兔；县官派人搜捕，结果瓜田都被踩坏了。他又游历赵州、贝州，见乡间父老作佛事活动，便诬告他们谋反，结果杀死二百余人。王弘义被提拔为游击将军，很快又升任殿中侍御史。有人密告胜州都督王安仁谋反，太后命令王弘义审讯他，王安仁不服，王弘义就在他戴着枷锁的时候砍下他的脑袋；又搜捕他的儿子，他的儿子恰好来到，便也砍下他的脑袋，用盒子盛着带回。路过汾州，汾州司马毛公和他一起进餐，突然间，他怒喝毛公下台阶，砍下脑袋，用枪挑着进入洛阳，看见的人无不恐惧颤抖。

当时太后的特别监狱设在丽景门内，被关入这个监狱的，不死不能出狱，所以王弘义戏称丽景门为“例竟门”。朝廷官员人人自危，相见时不敢交谈，在路上相遇只能用眼睛示意。有的入朝时突然被秘密逮捕，因此每次入朝前，总与家人诀别说："不知道是否还能再相见？"

当时执法的官吏竞相施行严刑峻法，只有司刑丞徐有功、杜景俭保持公平宽恕，被告发的人都说："遇到来俊臣、侯思止一定死，遇到徐有功、杜景俭一定生还。"

徐有功是徐文远的孙子，名叫弘敏字有功，人们习惯称呼他的字。他初任蒲州司法参军，以宽大为治狱原则，不动用刑杖。属吏互相约定，有犯法使徐有功动用刑杖的，大家一致斥责他。直到他职任期满，也没有杖责过一名犯人，任内的事务也得到治理。他连续升官至司刑丞。对被酷吏诬陷的人，徐有功都为他们平反，前后救活数十上百家。徐有功曾在朝廷争辩有关刑狱的事，太后严厉责问他，左右都替他胆战心惊，而他神色不变，争辩更加坚决。太后虽然好杀人，但知道他为人正直，对他很恭敬也很畏惧。杜景俭是武邑人。

东魏国寺和尚法明等撰写《大云经》四卷，上奏表将书进献，书中说太后是弥勒佛降生，当取代唐朝作为人间的主宰。太后下令将它颁布于天下。

太后想将女儿太平公主嫁给她伯父武士让的孙子武攸暨。武攸暨当时任右卫中郎将，太后秘密指使人杀死他的妻子而后将女儿嫁给他。太平公主方额大腮，多权变谋略，太后以为同自己相像，因此特别宠爱她，常同她秘密议论天下大事。按旧制规定，朝廷赐给封户，诸王不能超过一千户，公主不能超过三百五十户，唯独太平公主却连续追加至三千户。

八月，甲寅（十一日），朝廷杀太子少保、纳言裴居道；癸亥（二十日），杀尚书左丞张行廉；辛未（二十八日），杀南安王李颖等皇族十二人，又用鞭子打死故太子李贤的两个儿子，唐朝皇族于是差不多被清除净尽了，年幼还活着的也都流放岭南，又处死他们的亲党数百家。只有千金长公主靠善于献媚得以保全性命，她自己请求做太后的女儿，并改姓武氏；太后喜欢她，改封号为延安大长公主。

九月，丙子（初三），侍御史汲县人傅游艺率领关中百姓九百余人到皇宫前上奏表，请求改国号为周，赐皇帝姓武氏。太后没有允许；但提升傅游艺任给事中。于是百官以及帝室的同宗亲属、远近百姓、四夷的酋长、和尚、道士共六万余人，都上表提出同傅游艺一样的请求，皇帝也上表自己请求赐姓武氏。戊寅（初五），群臣进言：有凤凰从明堂飞入上阳宫，又飞回停在左台的梧桐树上，过了很久，才向东南飞去；还有赤雀数万只飞集朝堂。

庚辰（初七），太后同意皇帝及群臣的请求。壬午（初九），太后上则天门城楼，宣布大赦天下，改唐为周，更改年号。乙酉（十二日），上尊号称圣神皇帝，以皇帝为皇位继承人，赐姓武氏族；以皇太子为皇孙。

二年（辛卯，公元691年）

有人告发文昌右丞周兴与丘神勣串通谋反，太后命令来俊臣审讯他。来俊臣与周兴正讨论事情一起进餐，来俊臣对周兴说："囚犯多不认罪，应当采用什么办法？”周兴说：“这很容易，取一个大瓮，用炭火在四周烤它，让囚犯进入瓮中，还有什么事情不承认？”来俊臣便找来大瓮一个，按周兴说的办法四周用火烤，然后站起来对周兴说：“有宫内的文书要审问老兄，请老兄进这大瓮！”周兴惶恐叩头认罪。依法应判周兴死刑，太后原谅他，二月，流放岭南，途中被仇人杀死。

周兴与索元礼、来俊臣竞相施行暴虐，周兴、索元礼各杀数千人，来俊臣毁灭一千多家。索元礼尤其残酷，太后也杀他以图抚慰人们的怨恨情绪。

在这以前，凤阁舍人修武人张嘉福指使洛阳人王庆之等数百人上奏表，请求立武承嗣为皇太子。文昌右相、同凤阁鸾台三品岑长倩认为皇嗣在东宫，不应该有这样的建议，因此上奏请求严词谴责上书的人，通知他们散去。太后又询问地官尚书、同平章事格辅元的意见，他也坚持说不可以。因此大大违反了诸位武氏掌权者的意愿，于是他们排斥岑长倩，命令他西征吐蕃，未到达前线，又征召他回来，关入太后的特别监狱。武承嗣又诬陷格辅元。来俊臣又胁迫岑长倩的儿子岑灵原，让他牵连司礼卿兼判纳言事欧阳通等数十人，都说他们一同谋反。欧阳通被来俊臣审讯，毒刑用遍，始终不承认，来俊臣便假造他服罪的口供。冬季，十月，己酉（十二日），岑长倩、格辅元、欧阳通等都被处死。

王庆之朝见太后，太后说：“皇嗣是我的儿子，为何要废黜他？”王庆之回答说：“‘神灵不享受别族人的祭品，百姓不祭祀别族的鬼神。’现在是谁拥有天下，却要以李氏为继承人吗？”太后指示将他遣送出去。王庆之趴在地上，以死哭请，不愿离去，太后便送给他盖有印章的一纸凭证说：“以后想见我，拿它让守门人看。”从此，王庆之屡次求见，太后很不高兴，命令凤阁侍郎李昭德赐王庆之杖刑。李昭德将他领出光政门外，指着他对官员们说：“这个坏蛋想废黜我朝皇嗣，立武承嗣为太子。”命令将他摔倒，摔得他耳朵眼睛都流血，然后用刑杖打死，他的党羽才散去。

李昭德于是向太后进言说：“天皇，是陛下的丈夫；皇嗣，是陛下的儿子。陛下自己拥有天下，应当传给子孙作为万代家业，怎么能用侄子为继承人呢！自古以来没有听说侄子作天子而为姑母立庙的！况且陛下受天皇临终托付，如果将天下交给武承嗣，则天皇就无人祭祀了。”太后也同意这看法。李昭德是李乾祐的儿子。

第二百零五卷
唐纪二十一

译文诵读

则天顺圣皇后中之上长寿元年（壬辰，692）

春，一月，丁卯，太后引见存抚使所举人，无问贤愚，悉加擢用，高者试凤阁舍人、给事中，次试员外郎、侍御史、补阙、拾遗、校书郎。试官自此始。时人为之语曰："补阙连车载，拾遗平斗量；欋推侍御史，碗脱校书郎。"有举人沈全交续之曰："麹心存抚使，眯目圣神皇。"为御史纪先知所擒，劾其诽谤朝政，请杖之朝堂，然后付法，太后笑曰："但使卿辈不滥，何恤人言！宜释其罪。"先知大惭。太后虽滥以禄位收天下人心，然不称职者，寻亦黜之，或加刑诛。挟刑赏之柄以驾御天下，政由己出，明察善断，故当时英贤亦竞为之用。

宁陵丞庐江郭霸以谄谀干太后，拜监察御史。中丞魏元忠病，霸往问之，因尝其粪，喜曰："大夫粪甘则可忧；今苦，无伤也。"元忠大恶之，遇人辄告之。

左台中丞来俊臣罗告同平章事任知古、狄仁杰、裴行本、司礼卿崔宣礼、前文昌左丞卢献、御史中丞魏元忠、潞州刺史李嗣真谋反。先是，来俊臣奏请降敕，一问即承反者得减死。及知古等下狱，俊臣以此诱之，仁杰对曰："大周革命，万物惟新，唐室旧臣，甘从诛戮。反是实！"俊臣乃少宽之。判官王德寿谓仁杰曰："尚书定减死矣。德寿业受驱策，欲求少阶级，烦尚书引杨执柔，可乎？"仁杰曰："皇天后土遣狄仁杰为如此事！"以头触柱，血流被面；德寿惧而谢之。

侯思止鞫魏元忠，元忠辞气不屈；思止怒，命倒曳之。元忠曰："我薄命，譬如坠驴，足絓于镫，为所曳耳。"思止愈怒，更曳之，元忠曰："侯思止，汝若须魏元忠头则截取，何必使承反也！"

狄仁杰既承反，有司待报行刑，不复严备。仁杰裂衾帛书冤状，置绵衣中，谓王德寿曰："天时方热，请授家人去其绵。"德寿许之。仁杰子光远得书，持之告变，得召见。则天览之，以问俊臣，对曰："仁杰等下狱，臣未尝褫其巾带，寝处甚安，苟无事实，安肯承反！"太后使通事舍人周綝往视之，俊臣暂假仁杰等巾带，罗立于西，使綝视之；綝不敢视，惟东顾唯诺而已。俊臣又诈为仁杰等谢死表，使綝奏之。

乐思晦男未十岁，没入司农，上变，得召见，太后问状，对曰：“臣父已死，臣家已破，但惜陛下法为俊臣等所弄，陛下不信臣言，乞择朝臣之忠清、陛下素所信任者，为反状以付俊臣，无不承反矣。”太后意稍寤，召见仁杰等，问曰：“卿承反何也？”对曰：“不承，则已死于拷掠矣。”太后曰：“何为作谢死表？”对曰：“无之。”出表示之，乃知其诈，于是出此七族。庚午，贬知古江夏令，仁杰彭泽令，宣礼夷陵令，元忠涪陵令，献西乡令；流行本、嗣真于岭南。

俊臣与武承嗣等固请诛之，太后不许。俊臣乃独称行本罪尤重，请诛之；秋官郎中徐有功驳之，以为：“明主有更生之恩，俊臣不能将顺，亏损恩信。”

殿中侍御史贵乡霍献可，宣礼之甥也，言于太后曰：“陛下不杀崔宣礼，臣请陨命于前。”以头触殿阶，血流沾地，以示为人臣者不私其亲。太后皆不听。献可常以绿帛裹其伤，微露之于幞头下，冀太后见之以为忠。

五月，丙寅，禁天下屠杀及捕鱼虾。江淮旱，饥，民不得采鱼虾，饿死者甚众。

右拾遗张德，生男三日，私杀羊会同僚，补阙杜肃怀一啖，上表告之。明日，太后对仗，谓德曰：“闻卿生男，甚喜。”德拜谢。太后曰：“何从得肉？”德叩头服罪。太后曰：“朕禁屠宰，吉凶不预。然卿自今召客，亦须择人。”出肃表示之。肃大惭，举朝欲唾其面。

夏官侍郎李昭德密言于太后曰：“魏王承嗣权太重。”太后曰：“吾侄也，故委以腹心。”昭德曰：“侄之于姑，其亲何如子之于父？子犹有篡弑其父者，况侄乎！今承嗣既陛下之侄，为亲王，又为宰相，权侔人主，臣恐陛下不得久安天位也！”太后矍然曰：“朕未之思。”秋，八月，戊寅，以文昌左相、同凤阁鸾台三品武承嗣为特进，纳言武攸宁为冬官尚书，夏官尚书、同平章事杨执柔为地官尚书，并罢政事。以秋官侍郎新郑崔元综为鸾台侍郎，夏官侍郎李昭德为凤阁侍郎，检校天官侍郎姚璹为文昌左丞，检校地官侍郎李元素为文昌右丞，与司宾卿崔神基并同平章事。璹，思廉之孙；元素，敬玄之弟也。辛巳，以营缮大匠王璇为夏官尚书、同平章事。承嗣亦毁昭德于太后，太后曰：“吾任昭德，始得安眠，此代吾劳，汝勿言也。”

是时，酷吏恣横，百官畏之侧足，昭德独廷奏其奸。太后好祥瑞，有献白石赤文者，执政诘其异，对曰：“以其赤心。”昭德怒曰：“此石赤心，他石尽反邪？”左右皆笑。襄州人胡庆以丹漆书龟腹曰：“天子万万年。”诣阙献之。昭德以刀刮尽，奏请付法。太后曰：“此心亦无恶。”命释之。

太后自垂拱以来，任用酷吏，先诛唐宗室贵戚数百人，次及大臣数百家，其刺史、郎将以下，不可胜数。每除一官，户婢窃相谓曰：“鬼朴又来矣。”不旬月，辄遭掩捕、族诛。监察御史朝邑严善思，公直敢言。时告密者不可胜数，太后亦厌其烦，命善思按问，引虚伏罪者八百五十余人。罗织之党为之不振，乃相与构陷善思，坐流驩州。太后知其枉，寻复召为浑仪监丞。善思名譔，以字行。

二年（癸巳，693）

春，一月庚子，以夏官侍郎娄师德同平章事。师德宽厚清慎，犯而不校。与李昭德俱入朝，师德体肥行缓，昭德屡待之不至，怒骂曰："田舍夫！"师德徐笑曰："师德不为田舍夫，谁当为之！"其弟除代州刺史，将行，师德谓曰："吾备位宰相，汝复为州牧，荣宠过盛，人所疾也，将何以自免？"弟长跪曰："自今虽有人唾某面，某拭之而已，庶不为兄忧。"师德愀然曰："此所以为吾忧也！人唾汝面，怒汝也。汝拭之，乃逆其意，所以重其怒。夫唾，不拭自干，当笑而受之。"

或告岭南流人谋反，太后遣司刑评事万国俊摄监察御史就按之。国俊至广州，悉召流人，矫制赐自尽。流人号呼不服，国俊驱就水曲，尽斩之，一朝杀三百余人。然后诈为反状，还奏，因言诸道流人，亦必有怨望谋反者，不可不早诛。太后喜，擢国俊为朝散大夫、行侍御史。更遣右翊卫兵曹参军刘光业、司刑评事王德寿、苑南面监丞鲍思恭、尚辇直长王大贞、右武威卫兵曹参军屈贞筠皆摄监察御史，诣诸道按流人。光业等以国俊多杀蒙赏，争效之，光业杀七百人，德寿杀五百人，自余少者不减百人，其远年杂犯流人亦与之俱毙。太后颇知其滥，制："六道流人未死者并家属皆听还乡里。"国俊等亦相继死，或得罪流窜。

延载元年（甲午，694）

太后出黎花一枝以示宰相，宰相皆以为瑞。杜景俭独曰："今草木黄落，而此更发荣，阴阳不时，咎在臣等。"因拜谢。太后曰："卿真宰相也！"

天册万岁元年（乙未，695）

乙未，作无遮会于明堂，凿地为坑，深五丈，结彩为宫殿，佛像皆于坑中引出之，云自地涌出。又杀牛取血，画大像，首高二百尺，云怀义刺膝血为之。丙申，张像于天津桥南，设斋。时御医沈南璆亦得幸于太后，怀义心愠，是夕，密烧天堂，延及明堂，火照城中如昼，比明皆尽，暴风裂血像为数百段。太后耻而讳之，但云内作工徒误烧麻主，遂涉明堂。时方酺宴，左拾遗刘承庆请辍朝停酺以答天谴，太后将从之。姚琦曰："昔成周宣榭，卜代愈隆；汉武建章，盛德弥永。今明堂布政之所，非宗庙也，不应自贬损。"太后乃御端门，观酺如平日。命更造明堂、天堂，仍以怀义充使。又铸铜为九州鼎及二十神，皆高一丈，各置其方。

僧怀义益骄恣，太后恶之。既焚明堂，心不自安，言多不顺；太后密选宫人有力者百余人以防之。壬子，执之于瑶光殿前树下，使建昌王武攸宁帅壮士殴杀之，送尸白马寺，焚之以造塔。

则天皇后长寿元年（壬辰，公元692年）

春季，一月，丁卯（初一），太后接见存抚使所荐举的人员，无论有才能与否，都加以任用，才高的试任凤阁舍人、给事中，其次的试任员外郎、侍御史、补阙、拾遗、校书郎。试任制度从此开始。当时人编顺口溜说："补阙接连用车载，拾遗平常用斗量；耙子推成堆的侍御史，模子脱出的校书郎。"有个被荐举的人沈全交补充说："面浆糊心的存抚使，眯了眼睛的圣神皇。"御史纪先知将他擒获，弹劾他诽谤朝政，请求在朝堂上对他施杖刑，然后依法治罪。太后笑着说："只要使你们自己称职，何必怕人家说话！应该宽免他的罪。"纪先知大为惭愧。太后虽然滥用禄位以笼络天下人心，但对不称职的人，也随即撤职，或加以判刑或处死。她掌握着刑罚和赏赐的权柄以驾御天下人，政令由自己做出，明察事理，善于决断，所以当时的杰出人材也竞相为她所用。

宁陵县丞庐江人郭霸靠对太后阿谀奉承以求取禄位，当上了监察御史。御史中丞魏元忠患病，郭霸去探视，亲口尝他的粪便，高兴地说："大夫的粪便如果味甘便可忧了；现在是苦的，没有事。"魏元忠因此极厌恶他，逢人就揭露这件事。

左台中丞来俊臣罗织罪名告发同平章事任知古、狄仁杰、裴行本、司礼卿崔宣礼、前文昌左丞卢献、御史中丞魏元忠、潞州刺史李嗣真谋反。这以前，来俊臣曾奏请太后下命令：一经审问即承认谋反的人可以减免死罪。等到任知古等入狱，来俊臣便用这道命令引诱他们认罪。狄仁杰回答说："大周改朝换代，万物更新，唐朝旧臣，甘愿听任诛戮。谋反是事实！"来俊臣便对他稍加宽容。来俊臣的属官王德寿对狄仁杰说："您一定能减免死罪了。我已受人指使，想略找一个升迁阶梯，烦您牵连杨执柔，可以吗？"狄仁杰说："天神地神在上，竟要狄仁杰干这种事！"说完一头撞在柱子上，血流满面；王德寿害怕，因而向他道歉。

侯思止审讯魏元忠，魏元忠义正词严不屈服；侯思止大怒，命令在地上倒着拖他。魏元忠说："我命运不好，譬如从驴背上掉下来，脚挂在足镫上，被驴拉着走。"侯思止愈加发怒，命令接着拖他。魏元忠说："侯思止，你如果需要我魏元忠的脑袋就砍下，何必让我承认谋反呢！"

狄仁杰已承认谋反，有关部门只等待判罪执行刑罚，不再严加防备。狄仁杰便从被子上撕下一块帛，书写冤屈情况，塞在绵衣里面，对王德寿说："天气热了，请将绵衣交给我家里人撤去丝绵。"王德寿同意。狄仁杰的儿子狄光远得到帛书，拿着去说有事变要报告，得到太后召见。武则天看了帛书，质问来俊臣，他回答说："狄仁杰等入狱后，我未曾剥夺他们的头巾和腰带，生活很安适，假如没有事实，怎么肯承认谋反！"太后派通事舍人周綝前往查看，来俊臣临时发给狄仁杰等头巾腰带，让他们排列站立在西边让周綝验看；周綝不敢向西看，只是面向东边唯唯诺诺而已。来俊臣又伪造狄仁杰等的谢死罪表，让周綝上奏太后。

乐思晦的儿子未满十岁，被籍没入司农寺为奴，他要求上告特别情况，获得太后召见。太后问他有什么情况，他回答说："我父亲已死，我家已破，只可惜陛下

武后出行

的刑法为来俊臣等所玩弄，陛下如果不相信我说的话，请选择朝臣中忠诚清廉、陛下一贯信任的人，提出他们谋反的罪状交给来俊臣，他们没有不承认谋反的。”太后心中稍有醒悟，召见狄仁杰等，问道：“你承认谋反，为什么？”回答说：“不承认，便已经死于严刑拷打了。”太后说：“为何作谢死罪表？”回答说：“没有。”太后出示所上的奏表，才知道是伪造的，于是释免这七个家族。庚午（初四），任知古降职为江夏县令、狄仁杰降职为彭泽县令、崔宣礼降职为夷陵县令、魏元忠降职为涪陵县令、卢献降职为西乡县令；流放裴行本、李嗣真于岭南。

来俊臣与武承嗣等仍坚持请求处死他们七个人，太后不答应。来俊臣便又特别提出裴行本罪恶尤其严重，请处死他；秋官郎中徐有功予以反驳，以为：“英明君主有使臣下再生的恩惠，来俊臣不能顺势促成，有损君主恩信”。

殿中侍御史贵乡人霍献可是崔宣礼的外甥，对太后说：“陛下不杀崔宣礼，我请求死在陛下眼前。”他一头撞在宫殿台阶上，流血浸湿地面，用以表示作臣下的不袒护自己的亲戚。太后都不听从。霍献可时常用绿帛包扎伤口，略为显露于帽子下面，希望太后看见认为他忠诚。

五月，丙寅（初一），朝廷禁止天下屠杀牲畜及捕捞鱼虾。江、淮间旱灾，发生饥荒，百姓不得捕鱼虾，饿死的人很多。

右拾遗张德，生儿子三天，私自杀羊宴请同事，补阙杜肃怀揣宴席上的一些食物，上表告发。第二天，太后临朝听政，对张德说：“听说你生儿子，很高兴。”张德拜谢。太后说：“从哪里弄来的肉？”张德叩头认罪。太后说：“朕禁止屠宰牲畜，有吉凶事不干涉。但你今后请客，也必须选择人。”说完拿出杜肃的奏表给他看。杜肃十分惭愧，满朝文武官员都想啐他的脸。

夏官侍郎李昭德私下对太后说：“魏王武承嗣权太重。”太后说：“他是我的侄儿，所以任为亲信。”李昭德说：“侄儿对于姑姑，怎么能比得上儿子对于父亲亲近？儿子还有杀死父亲的，何况侄儿呢！现在武承嗣既是陛下的侄儿，是亲王，又任宰相，权势与君主等同，我恐怕陛下不能久安于天子之位！”太后震惊地说：“朕没有想到这点。”秋季，八月，戊寅（十六日），朝廷任命文昌左相、同凤阁鸾台三品武承嗣为特进，纳言武攸宁为冬官尚书，夏官尚书、同平章事杨执柔为地官尚书，一并罢去相职；任命秋官侍郎新郑人崔元综为鸾台侍郎，夏官侍郎李昭德为凤阁侍郎，检校天官侍郎姚琦为文昌左丞，检校地官侍郎李元素为文昌右丞，与司宾卿崔神基并任同平章事。姚琦是姚思廉的孙子；李元素是李敬玄的弟弟。辛巳（十九日），朝廷任命营缮大匠王璿为夏官尚书、同平章事。武承嗣也向太后诋毁李昭德，太后说："我任用李昭德，才睡得安稳，他可以为我代劳，你不要说了。"

当时，酷吏恣意横行，百官畏惧他们，不敢正面站立，只有李昭德敢于在朝廷揭露他们的邪恶。太后迷信祥瑞，有人进献有赤色花纹的白石，主管官员责问他这石头有什么特别之处，回答说："因为它的心忠诚。"李昭德大怒说："这块石头的心忠诚，其他石头全都造反吗？"身边的人都发笑。襄州人胡庆用红漆在龟的腹部书写"天子万万年"几个字，到皇宫门口进献。李昭德用刀把字刮除净尽，奏请将进献者法办。太后说："这个人用心并不坏。"命令释放他。

太后自垂拱年间以来，任用酷吏，首先处死唐朝皇族和贵戚数百人，然后杀大臣数百家，杀刺史、郎将以下官吏更数不清。每任命一名官吏，宫中守门的官婢便私下互相说道："做鬼的材料又来了。"不满一个月，这些官吏即遭突然逮捕，举族被杀。监察御史朝邑人严善思公正耿直敢说话。当时告密的人多到数不清，太后也厌烦，命令严善思查问，结果承认诬告服罪而死的有八百五十余人。罗织罪名害人的集团为之丧气，他们便共同诬陷严善思，结果他被流放驩州。太后知道他冤枉，不久又召他回来担任浑仪监丞。严善思名叫谟，字善思，人们习惯称呼他的字。

二年（癸巳，公元693年）

春季，一月，庚子（初十），太后任命夏官侍郎娄师德为同平章事。娄师德为人宽厚，清廉谨慎，冒犯他也不计较。他与李昭德一同入朝，娄师德身体肥胖行动缓慢，李昭德老等他不来，便怒骂他："乡下佬！"娄师德笑着说："我不做乡下佬，谁应当做乡下佬！"他的弟弟授任代州刺史，将要赴任时，娄师德对他说："我任宰相，你又为州刺史，得到的恩宠太盛，是别人所妒忌的，将如何自己避祸？"他弟弟直身而跪说："今后就是有人唾我脸上，我只擦拭而已，希望不致使哥哥担忧。"娄师德神色忧虑地说："这正是使我担忧的！人家唾你脸，是因为恨你，你擦拭，便违反人家的意愿，正好加重人家的怒气。唾液，不擦拭它会自己干，应当笑而承受。"

有人告发岭南流放人员谋反，太后派遣司刑评事万国俊代理监察御史前往查问。万国俊到达广州后，召集全部流放人员，假传太后命令让他们自尽。流放人员呼喊着不服罪，万国俊将他们驱赶到河边，全部斩首，一个早上就杀死三百多人。然后伪造他们谋反的罪状，回来上报，同时还对太后说其他各道的流放者，也一定有怀恨而谋反的，不能不及早清除掉。太后高兴，提升万国俊为朝散大夫、行侍御史。太后又派遣右翊卫兵曹参军刘光业、司刑评事王德寿、苑南面监丞鲍思恭、尚辇直长王大贞、右武威卫兵曹参军屈贞筠都任代理监察御史，到各道审查流放人员。刘光业等因万国俊多杀人受到奖赏，争相仿效他。刘光业杀死七百人，王德寿杀死五百人，其余少的也不少于一百人，早年的各种罪犯、流放人员也一同被杀。太后也颇知滥杀的情况，因此下令“六道流放人员未死的连同他们的家属，都准许返回家乡。”万国俊等也相继死去，或获罪流放。

延载元年（甲午，公元694年）

太后拿出一枝梨花给宰相们看，宰相们都以为是吉兆。只有杜景俭说：“现在草木枯黄凋落，而梨树却开花，这是阴阳错乱，过失在我们这些人。”他因此跪下谢罪。太后说：“你是真正的宰相。”

天册万岁元年（乙未，公元695年）

乙未（正月），太后作无遮法会于明堂，挖地为坑，深五丈，结扎彩绸作宫殿，佛像都从深坑中拉出，说是从地下涌出。又杀牛取血，用来画大佛像，佛像的头高二百尺，说是和尚怀义刺膝取血画的。丙申（初八），在天津桥南边张挂大佛像，摆上供神佛用的食品。当时御医沈南璆也得到太后宠幸，和尚怀义对此心里不高兴，当晚秘密焚烧天堂，延烧到明堂，火光照得洛阳城中如同白昼，到天亮时天堂明堂全部烧光，狂风刮坏牛血画的佛像断成数百段。太后羞愧而不敢说明真相，只说是在天堂里干活的工徒疏忽烧着纻麻布佛像，而延烧明堂。当时全城臣民正在聚饮，左拾遗刘承庆请求停止朝会和聚饮，以回答上天的谴责，太后准备接受。姚琦说：“从前周代成周城宣榭失火，占卜的结果是朝代更加兴盛；汉武帝时柏梁台失火后再造建章宫，盛德更加久远。现在明堂只是发布政令的场所，并不是宗庙，不应自我贬抑。”太后于是登上端门，像平时一样观看臣民会饮。她命令重新建造明堂、天堂，仍然任命和尚怀义为主持建造的使者；又为九州各铸一座铜鼎及十二属相神，都高一丈，安置在各自的方位。

和尚怀义日益骄傲放纵，太后因此憎恨他。他焚烧明堂后，内心不安，言语多不恭顺；太后秘密挑选一百多名身强力壮的宫女以防备他。壬子（二月初四），在瑶光殿前树下将他逮捕，让建昌王武攸宁率领壮士将他打死，把尸体送往白马寺，焚尸造塔。

第二百零六卷 唐纪二十二

译文诵读

则天顺圣皇后中之下神功元年（丁酉，697）

尚乘奉御张易之，行成之族孙也，年少，美姿容，善音律。太平公主荐易之弟昌宗入侍禁中，昌宗复荐易之，兄弟皆得幸于太后，常傅朱粉，衣锦绣。昌宗累迁散骑常侍，易之为司卫少卿；拜其母臧氏、韦氏为太夫人，赏赐不可胜纪，仍敕凤阁侍郎李迥秀为臧氏私夫。迥秀，大亮之族孙也。武承嗣、三思、懿宗、宗楚客、晋卿皆候易之门庭，争执鞭辔，谓易之为五郎，昌宗为六郎。

司仆少卿来俊臣倚势贪淫，士民妻妾有美者，百方取之。或使人罗告其罪，矫称敕以取其妻，前后罗织诛人，不可胜计。自宰相以下，籍其姓名而取之。自言才比石勒。监察御史李昭德素恶俊臣，又尝庭辱秋官侍郎皇甫文备，二人共诬昭德谋反，下狱。

俊臣欲罗告武氏诸王及太平公主，又欲诬皇嗣及庐陵王与南北牙同反，冀因此盗国权，河东人卫遂忠告之。诸武及太平公主恐惧，共发其罪，系狱，有司处以极刑。太后欲赦之，奏上三日，不出。王及善曰："俊臣凶狡贪暴，国之元恶，不去之，必动摇朝廷。"太后游苑中，吉顼执辔，太后问以外事，对曰："外人唯怪来俊臣奏不下。"太后曰："俊臣有功于国，朕方思之。"项曰："于安远告虺贞反，既而果反，今止为成州司马。俊臣聚结不逞，诬构良善，赃贿如山，冤魂塞路，国之贼也，何足惜哉！"太后乃下其奏。

丁卯，昭德、俊臣同弃市，时人无不痛昭德而快俊臣。仇家争啖俊臣之肉，斯须而尽，抉眼剥面，披腹出心，腾蹋成泥。太后知天下恶之，乃下制数其罪恶，且曰："宜加赤族之诛，以雪苍生之愤，可准法籍没其家。"士民皆相贺于路曰："自今眠者背始帖席矣。"

甲寅，太后谓侍臣曰："顷者周兴、来俊臣按狱，多连引朝臣，云其谋反；国有常法，朕安敢违！中间疑其不实，使近臣就狱引问，得其手状，皆自承服，朕不以为疑。自兴、俊臣死，不复闻有反者，然则前死者不有冤邪？"夏官侍郎姚元崇对曰："自垂拱以来坐谋反死者，率皆兴等罗织，自以为功。陛下使近臣问之，近臣亦不自保，何敢动摇！所问者若有翻覆，惧遭惨毒，不若速死。赖天启圣心，兴等伏诛，臣以百口为陛下保，自今内外之臣无复反者；若微有实状，臣请受知而不告之罪。”太后悦曰：“向时宰相皆顺成其事，陷朕为淫刑之主；闻卿所言，深合朕心。”赐元崇钱千缗。

时人多为魏元忠讼冤者，太后复召为肃政中丞。元忠前后坐弃市流窜者四。尝侍宴，太后问曰：“卿往者数负谤，何也？”对曰：“臣犹鹿耳，罗织之徒欲得臣肉为羹，臣安所避之！”

圣历元年（戊戌，698）

武承嗣、三思营求为太子，数使人说太后曰：“自古天子未有以异姓为嗣者。”太后意未决。狄仁杰每从容言于太后曰：“文皇帝栉风沐雨，亲冒锋镝，以定天下，传之子孙。大帝以二子托陛下。陛下今乃欲移之他族，无乃非天意乎！且姑侄之与母子孰亲？陛下立子，则千秋万岁后，配食太庙，承继无穷；立侄，则未闻侄为天子而祔姑于庙者也。”太后曰：“此朕家事，卿勿预知。”仁杰曰：“王者以四海为家，四海之内，孰非臣妾，何者不为陛下家事！君为元首，臣为股肱，义同一体，况臣备位宰相，岂得不预知乎！”又劝太后召还庐陵王。王方庆、王及善亦劝之。太后意稍寤。他日，又谓仁杰曰：“朕梦大鹦鹉两翼皆折，何也？”对曰：“武者，陛下之姓，两翼，二子也。陛下起二子，则两翼振矣。”太后由是无立承嗣、三思之意。

孙万荣之围幽州也，移檄朝廷曰：“何不归我庐陵王？”吉顼与张易之、昌宗皆为控鹤监供奉，易之兄弟亲狎之。顼从容说二人曰：“公兄弟贵宠如此，非以德业取之也，天下侧目切齿多矣。不有大功于天下，何以自全？窃为公忧之！”二人惧，流涕问计。顼曰：“天下士庶未忘唐德，咸复思庐陵王。主上春秋高，大业须有所付；武氏诸王非所属意。公何不从容劝上立庐陵王以系苍生之望！如此，非徒免祸，亦可以长保富贵矣。”二人以为然，承间屡为太后言之。太后知谋出于顼，乃召问之，顼复为太后具陈利害，太后意乃定。

三月，己巳，托言庐陵王有疾，遣职方员外郎瑕丘徐彦伯召庐陵王及其妃、诸子诣行在疗疾。戊子，庐陵王至神都。

皇嗣固请逊位于庐陵王，太后许之。壬申，立庐陵王哲为皇太子，复名显。赦天下。

二年（己亥，699）

太后春秋高，虑身后太子与诸武不相容。壬寅，命太子、相王、太平公主与武攸暨等为誓文，告天地于明堂，铭之铁券，藏于史馆。

纳言、陇右诸军大使娄师德薨。

师德在河陇，前后四十余年，恭勤不怠，民夷安之。性沉厚宽恕，狄仁杰之入相也，师德实荐之，而仁杰不知，意颇轻师德，数挤之于外。太后觉之，尝问仁杰曰："师德贤乎？"对曰："为将能谨守边陲，贤则臣不知。"又曰："师德知人乎？"对曰："臣尝同僚，未闻其知人也。"太后曰："朕之知卿，乃师德所荐也，亦可谓知人矣。"仁杰既出，叹曰："娄公盛德，我为其所包容久矣，吾不得窥其际也。"是时罗织纷纭，师德久为将相，独能以功名终，人以是重之。

久视元年（庚子，700）

正月，戊寅，内史武三思罢为特进、太子少保。天官侍郎、同平章事吉顼贬安固尉。

太后以顼有干略，故委以腹心。顼与武懿宗争赵州之功于太后前。顼魁岸辩口，懿宗短小伛偻，顼视懿宗，声气陵厉。太后由是不悦，曰："顼在朕前，犹卑我诸武，况异时讵可倚邪！"他日，顼奏事，方援古引今，太后怒曰："卿所言，朕饫闻之，无多言！太宗有马名师子骢，肥逸无能调驭者。朕为宫女侍侧，言于太宗曰：'妾能制之，然须三物，一铁鞭，二铁楇，三匕首。铁鞭击之不服，则以楇楇其首，又不服，则以匕首断其喉。'太宗壮朕之志。今日卿岂足污朕匕首邪！"顼惶惧流汗，拜伏求生，乃止。诸武怨其附太子，共发其弟冒官事，由是坐贬。

辞日，得召见，涕泣言曰："臣今远离阙庭，永无再见之期，愿陈一言。"太后命之坐，问之，顼曰："合水土为泥，有争乎？"太后曰："无之。"又曰："分半为佛，半为天尊，有争乎？"曰："有争矣。"顼顿首曰："宗室、外戚各当其分，则天下安。今太子已立而外戚犹为王，此陛下驱之使他日必争，两不得安也。"太后曰："朕亦知之。然业已如是，不可何如。"

六月，改控鹤为奉宸府，以张易之为奉宸令。太后每内殿曲宴，辄引诸武、易之及弟秘书监昌宗饮博嘲谑。太后欲掩其迹，乃命易之、昌宗与文学之士李峤等修《三教珠英》于内殿。武三思奏昌宗乃王子晋后身。太后命昌宗衣羽衣，吹笙，乘木鹤于庭中，文士皆赋诗以美之。

太后又多选美少年为奉宸内供奉，右补阙朱敬则谏曰："陛下内宠有易之、昌宗，足矣。近闻右监门卫长史侯祥等，明自媒衒，丑慢不耻，求为奉宸内供奉，无礼无仪，溢于朝听。臣职在谏诤，不敢不奏。"太后劳之曰："非卿直言，朕不知此。"赐彩百段。

易之、昌宗竞以豪侈相胜。弟昌仪为洛阳令，请属无不从。尝早朝，有选人姓薛，以金五十两并状邀其马而赂之。昌仪受金，至朝堂，以状授天官侍郎张锡。数日，锡失其状，以问昌仪，昌仪骂曰："不了事人！我亦不记，但姓薛者即与之。"锡惧，退，索在铨姓薛者六十余人，悉留注官。锡，文瓘之兄也。

则天皇后神功元年（丁酉，公元697年）

尚乘奉御张易之，是张行成的同族侄孙，年轻、貌美，精通音律。太平公主推荐张易之的弟弟张昌宗入侍宫中，张昌宗又推荐张易之，兄弟二人都得到太后的宠幸，常涂脂抹粉，穿华丽的衣服。张昌宗连续升官后任散骑常侍，张易之任司卫少卿；授给他们的母亲臧氏、韦氏太夫人的封号，赏赐多得数不清，又命令凤阁侍郎李迥秀为臧氏的姘夫。李迥秀，是李大亮的同族侄孙。武承嗣、武三思、武懿宗、宗楚客、宗晋卿等人，时常等候在张易之家门口，争着为他执马鞭牵马，称张易之为五郎，张昌宗为六郎。

司仆少卿来俊臣仗势贪求女色，官民妻妾有漂亮的，千方百计夺取；有时指使人罗织罪名告发某人，然后假传太后命令夺取他的妻妾，前后罗织罪名杀人无法计算。自宰相以下，他登记姓名按顺序夺取他们的妻妾。他自称才能可比石勒。监察御史李昭德一贯憎恶来俊臣，又曾经在朝廷侮辱秋官侍郎皇甫文备。这二人便共同诬告李昭德谋反，将他逮捕入狱。

来俊臣想罗织罪名诬告武氏诸王及太平公主，又想诬告皇嗣及庐陵王与南北衙禁卫军一同谋反，希望借此窃取国家权力，河东人卫遂忠告发他。武氏诸王及太平公主恐惧，共同揭发他的罪恶，将他关进监狱，有关部门判处他死刑。太后想赦免他，处死的奏章送上已经三天，仍不批下。王及善说："来俊臣凶残狡猾，贪婪暴虐，是国家的大恶人，不除掉他，必然动摇朝廷。"太后游览宫廷园林时，吉顼牵马，太后向他询问宫外的事情，他回答说："外边的人只奇怪处死来俊臣的奏章没有批下来。"太后说："来俊臣有功于国家，我正在考虑这件事。"吉顼说："于安远告虺贞谋反，后来真的反了，于安远现在只任成州司马。来俊臣聚集为非作歹的人，诬陷好人，贪赃受贿的财物堆积如山，被他冤屈而死的鬼魂满路，是危害国家的坏人，有什么可怜惜的！"太后于是批准处死他。

丁卯（六月初三日），李昭德、来俊臣一同在闹市被处死并暴尸，当时人无不痛惜李昭德，而为处死来俊臣拍手称快。仇家争相吃来俊臣的肉，片刻之间便吃光，挖眼睛，剥面皮，剖腹取心，辗转践踏成泥。太后知道天下人憎恨他，才下诏指责他的罪恶，而且说："应该诛灭他全家族，以申雪百姓的愤恨，可依法查抄他的家产。"官吏和百姓在路上相见时都互相庆贺说："今后睡觉的人背部才可以贴着席子了。"

甲寅（九月二十一日），太后对身边的大臣说："近期以来周兴、来俊臣审理案件，多牵连朝廷大臣，说他们谋反；国家有固定的法律，朕怎么敢违反！有时怀疑它不真实，指派亲信大臣到监狱提问，得到犯人的自供状，都是自己承认的，朕便不加怀疑。自从周兴、来俊臣死后，不再听说有谋反的人，这样看来，以前被处死的人不是有冤枉吗？"夏官侍郎姚元崇回答说："自垂拱年间以来因谋反罪被处死的人，大概都是由于周兴等罗织罪名，以便自己求取功劳造成的。陛下派亲近大臣去查问，这些亲近大臣也不能保全自己，哪里还敢动摇他们的结论！被问的人如果翻供，又惧怕惨遭毒刑，与其那样不如早死。仰赖上天启迪圣心，周兴等被诛灭，我以一家百口人的生命向陛下担保，今后朝廷内外大臣不会再有谋反的人；若稍有谋反的事实，我愿承受知而不告的罪过。”太后高兴地说：“以前的宰相都顺着周兴他们，使他们得逞，贻误朕成为滥用刑罚的君主；听到你说的话，很合朕心意。”于是赏赐姚元崇钱一千缗。

当时有很多人为魏元忠诉冤，太后又召回他担任肃政中丞。魏元忠前后被判处死刑和流放共有四次。有一次曾陪从太后宴饮，太后问他：“你从前多次蒙受诽谤，为什么？”回答说：“我好比鹿，罗织罪名的人想得到我的肉作羹，我如何能躲过他们！”

圣历元年（戊戌，公元698年）

女皇武则天

武承嗣、武三思谋求充当太子，多次指使人劝太后说：“自古以来的天子没有以外姓人为继承人的。”太后还拿不定主意，狄仁杰常从容不迫地对太后说：“太宗文皇帝不避风雨，亲自冒着刀枪箭镞，平定天下，传给子孙。高宗大帝将两个儿子托付陛下。陛下现在却想将国家移交给外姓，这不是不符合上天的意思吗？而且姑侄与母子相比谁更亲？陛下立儿子为太子，则千秋万岁之后，配祭太庙，代代相承，没有穷尽；立侄儿为太子，则未听说过侄儿当了天子而合祭姑姑于太庙的。”太后说：“这是朕家里的事，你不要参与。”狄仁杰说：“君王以四海为家，四海之内，谁不是臣妾，什么事不是陛下家里的事！君主是元首，臣下为四肢，情义如同一体，何况我数任宰相，哪能不参与呢！”他又劝太后召回庐陵王。王方庆、王及善也劝说太后。太后心里稍微醒悟。有一天，太后又对狄仁杰说：“我梦见大鹦鹉两翼都折断，这是什么意思？”回答说：“武是陛下的姓，两翼是两个儿子。陛下起用两个儿子，则两翼便振作起来了。”太后因此便打消了立武承嗣、武三思为太子的意思。

孙万荣包围幽州，传送檄文给朝廷说：“为何不送回我们的庐陵王？”吉顼与张易之、张昌宗都任控鹤监供奉，张易之兄弟与吉顼亲近。吉顼不慌不忙地劝他二人说：“您们兄弟如此贵显得宠，但并不是靠品德功业取得的，天下对你们怒目而视、咬牙切齿的人很多。没有大功劳于天下，用什么保全自己？我为你们担忧！”二人畏惧，流着泪询问计策。吉顼说：“天下官民还未忘记唐朝的恩德，都还思念着庐陵王。皇上年事已高，皇帝的大业需有所付托；武氏诸王不是她注意的对象，您何不从容地劝皇上立庐陵王以维系百姓的期望！这样，不但可以免祸，也可以长期保持富贵了。”二人认为对，趁机一再劝说太后。太后知道这个主意出自吉顼，就召他询问，吉顼又为太后备陈利害，太后的主意才最后定下来。

三月，己巳（初九），朝廷假托庐陵王有病，派遣职方员外郎瑕丘人徐彦伯召庐陵王和他的妃、儿子们到太后驻地治病。戊子（二十八日），庐陵王到达神都洛阳。

皇嗣坚持请求让位于庐陵王，太后同意。壬申（九月十五日），立庐陵王李哲为皇太子，恢复原来的名字李显，大赦天下。

二年（己亥，公元699年）

太后年纪大了，恐怕自己死后太子与武氏诸王等不能相容。壬寅（四月十八日），命令太子、相王、太平公主和武攸暨等拟定互不伤害的誓词，在明堂向天地立誓，并将誓词铭刻在铁契上，收藏于史馆中。

纳言、陇右诸军大使娄师德去世。

娄师德在河陇，前后四十多年，谦恭勤奋，毫不懈怠，百姓和夷族都安定。他秉性朴实稳重，宽宏大量，狄仁杰入朝任宰相，实际上是他推荐的；而狄仁杰不知道，心里很轻视娄师德，一再排挤他到外地。太后发觉后，曾问狄仁杰：“娄师德有道德才能吗？”回答说：“作为将领能谨慎守卫边疆，是否有道德才能我不知道。”太后又说：“娄师德善于识别人才吗？”回答说：“我曾经与他同事，没有听说他善于识别人才。”太后说：“朕所以知道你，便是由于娄师德的推荐，他也可以称得上是善于识别人才了。”狄仁杰退出后，感叹说：“娄公有盛德，我受到他的包涵宽容已经很久了，我看不到他盛德的边际。”当时罗织罪名的风气很盛，娄师德长期担任将领和宰相，却能以功成名就告终，人们因此敬重他。

久视元年（庚子，公元700年）

正月，戊寅（二十八日），内史武三思被罢免为特进、太子少保。天官侍郎、同平章事吉顼降职为安固县尉。

太后因吉顼有才干谋略，所以以他为亲信。吉顼与武懿宗在太后面前争在赵州和突厥作战的功劳。吉顼体格魁梧能言善辩，武懿宗矮小驼背，吉顼怒视武懿宗，声色俱厉。太后因此不高兴，说：“吉顼在朕面前，还敢轻视我们姓武的，以后难道还可以依靠吗？”后来，吉顼面奏事情，正引证古今，太后发怒说：“你所说的，朕听够了，不要多说了！太宗有马名叫师子骢，肥壮任性，没有人能驯服它。朕当时作为宫女侍奉在太宗身边，对太宗说：‘我能制服它，但需要有三件东西：一是铁鞭，二是铁棍，三是匕首。用铁鞭抽打它，不服，则用铁棍敲击它的脑袋，又不服，则用匕首割断它的喉管。’太宗夸奖朕的志气。今天你难道值得玷污朕的匕首吗！”吉顼害怕得浑身流汗，跪伏地上请求免死，太后这才没有杀他。姓武的亲贵们怨恨他依附太子，共同揭发他弟弟假冒官吏的事，因此被降职。

辞行的那天，他获得太后召见，流着泪对太后说：“我现在远离朝廷，永远没有再见到陛下的机会，请准许进一言。”太后让他坐下，问他想说什么，他说：“水和土合成泥，有争斗吗？”太后说：“没有。”又说：“分一半给佛家，一半给道教，有争斗吗？”太后说：“这就有争斗了”。吉顼叩头说：“皇族、外戚各守本分，则天下安定。现在已经立太子而外戚还当王，这是陛下驱使他们以后必然相互争斗，双方都不得安生。”太后说：“朕也知道，但事情已经这样，无可奈何。”

六月，朝廷改控鹤监为奉宸府，任命张易之为奉宸令。太后每次在内宫私宴，即召来武姓亲贵、张易之和他弟弟秘书监张昌宗一起饮酒、赌博、调笑。太后为了掩盖这种劣迹，便命令张易之、张昌宗和文学侍从李峤在内宫编撰《三教珠英》。武三思上奏说张昌宗是古代周灵王太子晋转世。太后便命令张昌宗穿羽毛做的衣服，吹笙，在内宫庭院乘坐木鹤。文学侍从们都作诗赞美他。

太后又挑选许多美貌少年充任奉宸内供奉，右补阙朱敬则进谏说：“陛下的内宫宠臣有张易之、张昌宗，已足够了。近来听说右监门卫长史侯祥等人，公开自我介绍与炫耀，丑恶放肆而无耻，谋求充当奉宸内供奉，无视礼仪法度，满朝百官都知道。我担任谏官，不敢不上奏。”太后勉励他说：“不是你直言相告，朕不知道这件事。”赏赐他彩绸一百段。

张易之、张昌宗以豪华奢侈相攀比。他们的弟弟张昌仪任洛阳县令，私下送贿赂求他办事没有不答应的。一次早上入宫朝见太后时，有一名姓薛的候选官员，拿着五十两金子和要求任职的文书拦住他的坐骑贿赂他。张昌仪收下金子，到朝廷后把文书交给天官侍郎张锡。几天后，张锡把文书遗失，便问张昌仪，张昌仪骂他，说：“糊涂人！我也记不得了，只要是姓薛的即授官。”张锡畏惧他，退朝后，找出姓薛的候选官员六十多人全部留下注授官职。张锡是张文瓘哥哥的儿子。

第二百零七卷
唐纪二十三

译文诵读

则天顺圣皇后下久视元年（庚子，700）

太后信重内史梁文惠公狄仁杰，群臣莫及，常谓之国老而不名。仁杰好面引廷争，太后每屈意从之。尝从太后游幸，遇风吹仁杰巾坠，而马惊不能止，太后命太子追执其鞚而系之。仁杰屡以老疾乞骸骨，太后不许。入见，常止其拜，曰："每见公拜，朕亦身痛。"仍免其宿直，戒其同僚曰："自非军国大事，勿以烦公。"辛丑，薨，太后泣曰："朝堂空矣！"自是朝廷有大事，众或不能决，太后辄叹曰："天夺吾国老何太早邪！"

太后尝问仁杰："朕欲得一佳士用之，谁可者？"仁杰曰："未审陛下欲何所用之？"太后曰："欲用为将相。"仁杰对曰："文学缊藉，则苏味道、李峤固其选矣。必欲取卓荦奇才，则有荆州长史张柬之，其人虽老，宰相才也。"太后擢柬之为洛州司马。数日，又问仁杰，对曰："前荐柬之，尚未用也。"太后曰："已迁矣。"对曰："臣所荐者可为宰相，非司马也。"乃迁秋官侍郎。久之，卒用为相。仁杰又尝荐夏官侍郎姚元崇、监察御史曲阿桓彦范、太州刺史敬晖等数十人，率为名臣。或谓仁杰曰："天下桃李，悉在公门矣。"仁杰曰："荐贤为国，非为私也。"

初，仁杰为魏州刺史，有惠政，百姓为之立生祠。后其子景晖为魏州司功参军，贪暴为人患，人遂毁其像焉。

丁巳，纳言韦巨源罢，以文昌右丞韦安石为鸾台侍郎、同平章事。安石，津之孙也.

时武三思、张易之兄弟用事，安石数面折之。尝侍宴禁中，易之引蜀商宋霸子等数人在座同博。安石跪奏曰："商贾贱类，不应得预此会。"顾左右逐出之，座中皆失色。太后以其言直，劳勉之，同列皆叹服。

长安元年（辛丑，701）

是月，大雪，苏味道以为瑞，帅百官入贺。殿中侍御史王求礼止之曰："三月雪为瑞雪，腊月雷为瑞雷乎？”味道不从。既入，求礼独不贺，进言曰：“今阳和布气，草木发荣，而寒雪为灾，岂得诬以为瑞！贺者皆谄谀之士也。”太后为之罢朝。

时又有献三足牛者，宰相复贺。求礼扬言曰：“凡物反常皆为妖。此鼎足非其人，政教不行之象也。”太后为之愀然。

三年（癸卯，703）

太后尝命朝贵宴集，易之兄弟皆位在宋璟上。易之素惮璟，欲悦其意，虚位揖之曰：“公方今第一人，何乃下坐？”璟曰：“才劣位卑，张卿以为第一，何也？”天官侍郎郑杲谓璟曰：“中丞奈何卿五郎？”璟曰：“以官言之，正当为卿。足下非张卿家奴，何郎之有！”举坐悚惕。时自武三思以下，皆谨事易之兄弟，璟独不为之礼。诸张积怒，常欲中伤之。太后知之，故得免。

四年（甲辰，704）

秋，七月丙戌，以神都副留守杨再思为内史。

再思为相，专以谄媚取容。司礼少卿张同休，易之之兄也，尝召公卿宴集，酒酣，戏再思曰：“杨内史面似高丽。”再思欣然，即剪纸帖巾，反披紫袍，为高丽舞，举坐大笑。时人或誉张昌宗之美曰：“六郎面似莲花。”再思独曰：“不然。”昌宗问其故，再思曰：“乃莲花似六郎耳。”

太后寝疾，居长生院，宰相不得见者累月，惟张易之、昌宗侍侧。疾少间，崔玄暐奏言：“皇太子、相王，仁明孝友，足侍汤药。宫禁事重，伏愿不令异姓出入。”太后曰：“德卿厚意。”易之、昌宗见太后疾笃，恐祸及己，引用党援，阴为之备。屡有人为飞书及榜其书于通衢，云“易之兄弟谋反”，太后皆不问。

中宗大和大圣大昭孝皇帝上神龙元年（乙巳，705）

太后疾甚，麟台监张易之、春官侍郎张昌宗居中用事，张柬之、崔玄暐与中台右丞敬晖、司刑少卿桓彦范、相王府司马袁恕己谋诛之。柬之谓右羽林卫大将军李多祚曰：“将军今日富贵，谁所致也？”多祚泣曰：“大帝也。”柬之曰：“今大帝之子为二竖所危，将军不思报大帝之德乎！”多祚曰：“苟利国家，惟相公处分，不敢顾身及妻子？”因指天地以自誓。遂与定谋。

初，柬之与荆府长史阌乡杨元琰相代，同泛江，至中流，语及太后革命事，元琰慨然有匡复之志。及柬之为相，引元琰为右羽林将军，谓曰：“君颇记江中之言乎？今日非轻授也。”柬之又用彦范、晖及右散骑侍郎李湛皆为左、右羽林将军，委以禁兵。易之等疑惧，乃更以其党武攸宜为右羽林大将军，易之等乃安。

俄而姚元之自灵武至，柬之、彦范相谓曰：“事济矣！”遂以其谋告之。彦范以事白其母，母曰：“忠孝不两全，先国后家可也。”时太子于北门起居，彦范、晖谒见，密陈其策，太子许之。

癸卯，柬之、玄暐、彦范与左威卫将军薛思行等帅左右羽林兵五百余人至玄武门，遣多祚、湛及内直郎、驸马都尉安阳王同皎诣东宫迎太子。太子疑，不出，同皎曰："先帝以神器付殿下，横遭幽废，人神同愤，二十三年矣。今天诱其衷，北门、南牙，同心协力，以诛凶竖，复李氏社稷，愿殿下暂至玄武门以副众望。"太子曰："凶竖诚当夷灭，然上体不安，得无惊怛！诸公更为后图。"李湛曰："诸将相不顾家族以徇社稷，殿下奈何欲纳之鼎镬乎！请殿下自出止之。"太子乃出。

同皎扶抱太子上马，从至玄武门，斩关而入。太后在迎仙宫，柬之等斩易之、昌宗于庑下，进至太后所寝长生殿，环绕侍卫。太后惊起，问曰："乱者谁邪？"对曰："张易之、昌宗谋反，臣等奉太子令诛之，恐有漏泄，故不敢以闻。称兵宫禁，罪当万死！"太后见太子曰："乃汝邪？小子既诛，可还东宫。"彦范进曰："太子安得更归！昔天皇以爱子托陛下，今年齿已长，久居东宫，天意人心，久思李氏。群臣不忘太宗、天皇之德，故奉太子诛贼臣。愿陛下传位太子，以顺天人之望！"李湛，义府之子也。太后见之，谓曰："汝亦为诛易之将军邪？我于汝父子不薄，乃有今日！"湛惭不能对。又谓崔玄暐曰："他人皆因人以进，惟卿朕所自擢，亦在此邪？"对曰："此乃所以报陛下之大德。"

于是收张昌期、同休、昌仪，皆斩之，与易之、昌宗枭首天津南。是日，袁恕己从相王统南牙兵以备非常，收韦承庆、房融及司礼卿崔神庆系狱，皆易之之党也。初，昌仪新作第，甚美，逾于王主，或夜书其门曰："一日丝能作几日络？"灭去，复书之，如是六七。昌仪取笔注其下曰："一日亦足。"乃止。

甲辰，制太子监国，赦天下。以袁恕己为凤阁侍郎、同平章事，分遣十使赍玺书宣慰诸州。乙巳，太后传位于太子。

丙午，中宗即位。赦天下，惟张易之党不原；其为周兴等所枉者，咸令清雪，子女配没者皆免之。相王加号安国相王，拜太尉、同凤阁鸾台三品，太平公主加号镇国太平公主。皇族先配没者，子孙皆复属籍，仍量叙官爵。

丁未，太后徙居上阳宫，李湛留宿卫。戊申，帝帅百官诣上阳宫，上太后尊号曰则天大圣皇帝。

则天皇后久视元年（庚子，公元700年）

武则天十分信任和推崇内史梁文惠公狄仁杰，没有哪一个大臣能比得上。她常常称狄仁杰为国老，而不是直呼其名。狄仁杰习惯于在朝堂上当面直言规谏，武则天则常常采纳他的建议，即使这样做违背了自己的本意时也是如此。有一次狄仁杰陪同武则天巡游，途中遇到大风，狄仁杰的头巾被风吹落在地，他的坐骑也因受惊而无法驾驭，武则天让太子李显追上惊马，抓住它的笼头并将它拴好。狄仁杰曾屡次因年老多病的缘故而提出退休的请求，武则天都没有答应。武则天在狄仁杰入朝参见的时候，还常常阻止他行跪拜礼，说：“每当看到您行跪拜礼的时候，朕的身体都会感到痛楚。”武则天还免除了狄仁杰晚上在宫中轮流值班的义务，并告诫他的同僚们说：“如果没有十分重要的军国大事，都不要去打扰狄老先生。”辛丑（九月），狄仁杰去世，武则天流着眼泪说：“朝堂上再也没有可以依靠的师长了！”此后朝廷一有大事，如果群臣无法决断，武则天就会叹息道：“老天为什么这么早就把我的国老夺走呢！”

武则天曾经问狄仁杰：“朕希望能找到一位杰出的人才委以重任，您看谁合适呢？”狄仁杰问道：“不知道陛下想让他担任什么职务？”武则天说：“我想让他担任将相。”狄仁杰回答道：“如果您所要的是文采风流的人才，那么苏味道、李峤本来就是合适的人选。如果您一定要找出类拔萃的奇才，那就只有荆州长史张柬之了，他的年纪虽然老了一些，但却实实在在地是一位宰相之才。”武则天于是提拔张柬之做了洛州司马。过了几天之后，武则天又要求狄仁杰举荐人才，狄仁杰回答说：“我前几天推荐的张柬之，您还没有任用呢。”武则天说：“我已经给他升了官了。”狄仁杰回答说：“我所推荐的张柬之是可以做宰相的人才，不是用来做一个司马的。”武则天于是任命张柬之为秋官侍郎。过了很长时间，终于任命他为宰相。狄仁杰还先后向武则天推荐了夏官侍郎姚元崇、监察御史曲阿人桓彦范、太州刺史敬晖等数十人，后来这些人都成为唐代名臣。有人对狄仁杰说：“治理天下的贤能之臣，都出自您门下。”狄仁杰回答说：“举荐贤才是为国家着想，并不是为我个人打算。”

起初，狄仁杰担任魏州刺史，因为他施政仁爱宽厚，所以魏州百姓为他建造了生祠。后来他的儿子狄景晖担任魏州司功参军，贪婪残暴，成了百姓的祸害，于是老百姓又捣毁了狄仁杰的塑像。

丁巳（十三日），武则天免去纳言韦巨源的职务，任命文昌右丞韦安石为鸾台侍郎、同平章事。韦安石是韦津的孙子。

这时正值武三思和张易之兄弟执掌朝政，韦安石屡次当面驳斥他们。有一次韦安石在宫中陪武则天用膳，见张易之带进蜀地富商宋霸子等几个人在一起赌博，便向武则天跪拜奏道：“商贾之徒，名列贱籍，没有资格参加这样的宴会。”说完就让侍臣们将这几个人赶出去，在座的臣僚们都吓得变了脸色。由于韦安石敢于直言规谏，武则天特意对他慰劳嘉勉，他的同僚也因此而对他十分钦佩。

长安元年（辛丑，公元701年）

就在这个月（三月），突然降下大雪，苏味道认为这是吉兆，便带领文武百官入朝祝贺。殿中侍御史王求礼上前制止，他说：“如果说阳春三月下的雪是瑞雪，那么寒冬腊月打雷就应该是瑞雷啦！”苏味道不听劝阻。入朝之后，惟独王求礼不但不称贺，反而向武则天进言道：“现在正是春天温暖的气息散发、草木生长开花的季节，而突然降下大雪会成为灾害，怎么能歪曲说这场大雪象征着吉兆呢？称贺的人都是阿谀奉承之辈。”武则天因此而罢朝。

这时又有人来献一头三条腿的牛，宰相们又一次入朝称贺。王求礼大声疾呼：“反常的东西都算妖，出现三足牛的现象，是三公没有合适的人选以及国家的刑赏教化没有得到实行的象征。”武则天听完之后愁容满面。

三年（癸卯，公元703年）

武则天曾宴请朝中权贵。张易之兄弟的官职都在宋璟之上，但张易之素来惧怕宋璟，为了取悦宋璟，于是空出上位来请宋璟坐，说道：“您是当今第一人，为什么在下位落坐呀？”宋璟说：“本人才智低劣，职务卑微，张卿反说我是当今第一人，这是什么道理？”天官侍郎郑杲对宋璟说：“中丞为什么称五郎为张卿呢？”宋璟说：“根据他的官职，称他为张卿最为合适。您本人并不是张卿的家奴，为什么要称他为郎呢？”所有在座的人听到这话都为他提心吊胆。当时朝中大臣自武三思以下，都谨慎地奉承张易之兄弟，惟独宋璟对他们不给予礼遇。张易之兄弟怀恨已久，常常想恶意诬陷宋璟。武则天清楚这一点，宋璟才因此而得以幸免。

四年（甲辰、公元704年）

秋季，七月，丙戌（初三），武则天任命神都副留守杨再思为内史。

杨再思做宰相，专门靠阿谀奉承来取悦于人。司礼少卿张同休是张易之的哥哥，有一次他宴请朝中公卿大臣。在酒喝到最畅快的时候，张同休拿杨再思开玩笑说：“杨内史脸长得像高丽人。”杨再思听了反倒很高兴，当即剪纸贴在帽子上，反披着紫色朝服，表演起高丽舞来，满座的人都大笑。当时还有人称颂张昌宗长得漂亮，说：“六郎的脸长得像莲花一样。”唯独杨再思道：“不是这样的。”张昌宗问他否定别人说法的原因，他回答说：“应当说莲花长得像六郎才对。”

武则天一病不起，住在长生院，只有张易之和张昌宗二人在身旁侍奉，宰相们无法与她相见已经几个月。当武则天的病情稍有好转的时候，崔玄暐上奏说：“皇太子和相王，仁德彰明，孝顺母亲，友爱兄弟，完全可以在您身旁侍奉汤药。皇宫是重地，事关重大，希望陛下不要让异姓人随意出入。”武则天说：“我十分感激您的厚意。”张易之、张昌宗见武则天病情十分严重，担心她死后自己大祸临头，便拉同伙援助自己，暗地里做准备。不断有人写匿名信和将匿名信张贴于通衢闹市，说“张易之兄弟阴谋反叛”，武则天对这些消息一概不闻不问。

唐中宗神龙元年（乙巳，公元705年）

武则天病得非常严重，麟台监张易之和春官侍郎张昌宗居宫中执政，张柬之、崔玄暐与中台右丞敬晖、司刑少卿桓彦范以及相王府司马袁恕己谋划杀掉张易之和张昌宗。张柬之问右羽林卫大将军李多祚说：“将军今日的荣华富贵，是谁给的？”李多祚流着眼泪回答说：“是高宗大帝给的。”张柬之说：“现在大帝的儿子受到张易之和张昌宗这两个小子的威胁，难道将军不想报答大帝的恩德吗！”李多祚回答说：“只要对国家有利，我一切都听相公安排，不敢顾及自身以及妻儿的安危。”于是自己指天发誓，并且与张柬之、崔玄暐等人一同定下了铲除张易之和张昌宗的计谋。

当初，张柬之接替荆州都督府长史阌乡人杨元琰的职务，二人一同泛舟于长江之中，当小船漂到江心时，谈到了武则天以周代唐的事，杨元琰慷慨激昂，有匡复大唐的志向。张柬之入朝做了宰相后，便推荐杨元琰担任右羽林将军，并且提醒他说：“您大概还记得我们当初在江心泛舟时所说的话吧？今天这项任命可不是随便给您的呀。”张柬之还任用了桓彦范、敬晖以及右散骑侍郎李湛，都让他们担任左、右羽林将军，把禁军交给他们指挥。这件事引起了张易之等人的怀疑和忧虑，张柬之于是又任用他的党羽武攸宜为右羽林大将军，张易之等人才放了心。

不久，姚元之从灵武回朝，张柬之和桓彦范交谈说：“大事就要成功了！”于是把商量好的计谋告诉姚元之。桓彦范将这事禀告了他的母亲，母亲勉励他说：“忠孝不能两全，应当先为国家大事着想，然后再考虑自家的小事。”当时太子李显都从北门入宫向天子问安，桓彦范和敬晖前往拜见，秘密地把他们的计策告诉太子，太子允许他们这样去做。

癸卯（正月二十二日），张柬之、崔玄暐、桓彦范与左威卫将军薛思行等人率领左右羽林兵五百余人来到玄武门，派李多祚、李湛及内直郎、驸马都尉安阳人王同皎到东宫去迎接太子李显。太子有所怀疑，没有出来，王同皎说：“先帝把皇位传给殿下，殿下无故遭到幽禁废黜，皇天后土、士民百姓无不义愤填膺，已经有二十三年了。现在上天诱导人心。北门的羽林诸将与南牙朝臣得以同心协力，立志诛灭凶恶的小人，恢复李氏的江山社稷，希望殿下暂时到玄武门去以满足大家的期望。”太子回答说：“凶恶的小人的确应该剪除，但是天子圣体欠安，你们这样做能不使天子受惊吗！请诸位日后再图此事。”李湛说：“诸位将帅宰相为了国家不顾身家性命，殿下为什么非要让他们面临鼎镬的酷刑呢！请殿下亲自去制止他们好了。”太子这才出来。

王同皎将太子抱到马上，并陪同太子来到玄武门，斩断门闩进入宫中。此时武则天在迎仙宫，张柬之等人在迎仙宫的走廊里将张易之和张昌宗斩首，然后进至武则天居住的长生殿，在她周围环绕侍卫。武则天吃惊地坐起来，问道：“是谁作乱？”张柬之回答说：“张易之、张昌宗阴谋造反，臣等已奉太子的命令将他们杀掉了，因为担心可能会走漏消息，所以没有向您禀告。在皇宫禁地举兵诛杀逆贼，惊动天子，臣等罪该万死！”武则天看见太子李显也在人群之中，便对他说：“这件事是你让干的吗？这两个小子已经被诛杀了，你可以回到东宫里去了。”桓彦范上前说：“太子哪能还回到东宫里去呢？当初天皇把心爱的太子托付给陛下，现在他年纪已大，却一直在东宫当太子，天意民心，早已思念李家。群臣不敢忘怀太宗、天皇的恩德，所以尊奉太子诛灭犯上作乱的逆臣。希望陛下将帝位传给太子，以顺从上天与下民的心愿！”李湛是李义府的儿子，武则天发现了他，对他说：“你也是杀死张易之的将军吗？我平时对你们父子不薄，想不到竟然有今天的变故！”李湛满面羞惭，无法回答。武则天又对崔玄暐说：“别的人都是经他人推荐之后提拔的，只有你是朕亲手提拔的，你怎么也在这里呢？”崔玄暐说：“我这样做正是为了报答陛下对我的大恩大德。”

接下来逮捕了张昌期、张同休、张昌仪等人，将他们全部处斩，并在神都天津桥的南边将上述人犯与张易之、张昌宗二人一道枭首示众。在这一天里，为防范突然事变的发生，袁恕己随从相王李旦统率南牙兵马，他们将韦承庆、房融及司礼卿崔神庆等逮捕下狱，这些人都是张易之的同党。先前，张昌仪新建起一幢非常豪华的宅第，规模比诸王及诸位公主的宅第还要宏大，有人晚上在他的门上写道：“一日的丝能织几日的薄纱？”张昌仪让人把字迹除掉，结果又被人写上，这种情况总共出现了六七次。张昌仪用笔在门上写道：“即使是只织一天，我也感到满足。”此后便没有再出现这种情况。

甲辰（二十三日），武则天颁下制书，决定由太子李显代行处理国政，大赦天下。任命袁恕己为凤阁侍郎、同平章事，派遣十位使者分别携带天子的玺书前往各州进行安抚工作。乙巳（二十四日），武则天将帝位传给太子李显。

丙午（二十五日），唐中宗李显即皇帝位。中宗下诏大赦天下，只有张易之的党羽们不在赦免之列；那些被周兴等人冤枉的人，都让进行清理和昭雪，他们的子女中如有被发配流放或者被没入官府做奴婢的，都予以赦免。唐中宗还加相王李旦封号为安国相王，并任命他为太尉、同凤阁鸾台三品；加太平公主封号为镇国太平公主。此外，皇族先前被发配或没入官府为奴的，他们的子孙都恢复皇族身份，并且根据具体情况封授官爵。

丁未（二十六日），武则天搬到上阳宫居住，李湛留下负责警卫。戊申（二十七日），唐中宗带领文武百官来到上阳宫，上武则天尊号为则天大圣皇帝。

第二百零八卷 唐纪二十四

译文诵读

中宗大和大圣大昭孝皇帝中神龙元年（乙巳，705）

甲寅，复国号曰唐。郊庙、社稷、陵寝、百官、旗帜、服色、文字皆如永淳以前故事。复以神都为东都，北都为并州，老君为玄元皇帝。

甲子，立妃韦氏为皇后，赦天下。追赠后父玄贞为上洛王、母崔氏为妃。

初，韦后生邵王重润，长宁、安乐二公主，上之迁房陵也，安乐公主生于道中，上特爱之。上在房陵与后同幽闭，备尝艰危，情爱甚笃。上每闻敕使至，辄惶恐欲自杀，后止之曰："祸福无常，宁失一死，何遽如是！"上尝与后私誓曰："异时幸复见天日，当惟卿所欲，不相禁制。"及再为皇后，遂干预朝政，如武后在高宗之世。桓彦范上表，以为："《易》称'无攸遂，在中馈，贞吉'；《书》称'牝鸡之辰，惟家之索'。伏见陛下每临朝，皇后必施帷幔坐殿上，预闻政事。臣窃观自古帝王，未有与妇人共政而不破国亡身者也。且以阴乘阳，违天也；以妇陵夫，违人也。伏愿陛下览古今之戒，以社稷苍生为念，令皇后专居中宫，治阴教，勿出外朝干国政。"

二张之诛也，洛州长史薛季昶谓张柬之、敬晖曰："二凶虽除，产、禄犹在，去草不去根，终当复生。"二人曰："大事已定，彼犹机上肉耳，夫何能为！所诛已多，不可复益也。"季昶叹曰："吾不知死所矣。"朝邑尉武强刘幽求亦谓桓彦范、敬晖曰："武三思尚存，公辈终无葬地；若不早图，噬脐无及。"不从。

上女安乐公主适三思子崇训。上官婉儿，仪之女孙也，仪死，没入掖庭，辩慧善属文，明习吏事。则天爱之，自圣历以后，百司表奏多令参决。及上即位，又使专掌制命，益委任之，拜为婕妤，用事于中。三思通焉，故党于武氏，又荐三思于韦后，引入禁中，上遂与三思图议政事，张柬之等皆受制于三思矣。上使韦后与三思双陆，而自居旁为之点筹；三思遂与后通，由是武氏之势复振。

张柬之等数劝上诛诸武，上不听。柬之等曰："革命之际，宗室诸李，诛夷略尽；今赖天地之灵，陛下返正，而武氏滥官僭爵，按堵如故，岂远近所望邪！愿颇抑损其禄位以慰天下！"又不听。柬之等或抚床叹愤，或弹指出血，曰："主上昔为英王，时称勇烈，吾所以不诛诸武者，欲使上自诛之以张天子之威耳。今反如此，事势已去，知复奈何！”

癸巳，敬晖等帅百官上表，以为：“五运迭兴，事不两大。天授革命之际，宗室诛窜殆尽，岂得与诸武并封！今天命惟新，而诸武封建如旧，并居京师，开辟以来未有斯理。愿陛下为社稷计，顺遐迩心，降其王爵以安内外。”上不许。

敬晖等畏武三思之谗，以考功员外郎崔湜为耳目，伺其动静。湜见上亲三思而忌晖等，乃悉以晖等谋告三思，反为三思用；三思引为中书舍人。湜，仁师之孙也。

先是，殿中侍御史南皮郑愔谄事二张，二张败，贬宣州司士参军，坐赃，亡入东都，私谒武三思。初见三思，哭甚哀，既而大笑。三思素贵重，甚怪之，愔曰：“始见大王而哭，哀大王将戮死而灭族也。后乃大笑，喜大王之得愔也。大王虽得天子之意，彼五人皆据将相之权，胆略过人，废太后如反掌。大王自视势位与太后孰重？彼五人日夜切齿欲噬大王之肉，非尽大王之族不足以快其志。大王不去此五人，危如朝露，而晏然尚自以为泰山之安，此愔所以为大王寒心也。”三思大悦，与之登楼，问自安之策，引为中书舍人，与崔湜皆为三思谋主。

三思与韦后日夜谮晖等，云：“恃功专权，将不利于社稷。”上信之。三思等因为上画策：“不若封晖等为王，罢其政事，外不失尊宠功臣，内实夺之权。”上以为然，甲午，以侍中齐公敬晖为平阳王，桓彦范为扶阳王，中书令汉阳公张柬之为汉阳王，南阳公袁恕己为南阳王，特进、同中书门下三品博陵公崔玄晖为博陵王，罢知政事，赐金帛鞍马，令朝朔望。仍赐彦范姓韦氏，与皇后同籍。寻又以玄晖检校益州长史、知都督事，又改梁州刺史。三思令百官复修则天之政，不附武氏者斥之，为五王所逐者复之，大权尽归三思矣。

二年（丙午，706）

武三思与韦后日夜谮敬晖等不已，复左迁晖为郎州刺史，崔玄晖为均州刺史，桓彦范为亳州刺史，袁恕己为郢州刺史。与晖等同立功者皆以为党与坐贬。

武三思使郑愔告朗州刺史敬晖、亳州刺史韦彦范、襄州刺史张柬之、郢州刺史袁恕己、均州刺史崔玄晖与王同皎通谋，六月，戊寅，贬晖崖州司马，彦范泷州司马，柬之新州司马，恕己窦州司马，玄晖白州司马，并员外置，仍长任，削其勋封，复彦范姓桓氏。

秋，七月，戊申，立卫王重俊为太子。太子性明果，而官属率贵游子弟，所为多不法。左庶子姚珽屡谏，不听，珽，璹之弟也。

武三思阴令人疏皇后秽行，榜于天津桥，请加废黜。上大怒，命御史大夫李承嘉穷核其事。承嘉奏言：“敬晖、桓彦范、张柬之、袁恕己、崔玄晖使人为之，虽云废后，实谋大逆，请族诛之。”三思又使安乐公主谮之于内，侍御史郑愔言之于外，上命法司结竟。大理丞三原李朝隐奏称：“晖等未经推鞫，不可遽就诛夷。”

大理丞裴谈奏称："晖等宜据制书处斩籍没，不应更加推鞫。"上以晖等尝赐铁券，许以不死，乃长流晖于琼州，彦范于瀼州，柬之于泷州，恕己于环州，玄暐于古州，子弟年十六以上，皆流岭外。擢承嘉为金紫光禄大夫，进爵襄武郡公，谈为刑部尚书。出李朝隐为闻喜令。

三思又讽太子上表，请夷晖等三族，上不许。

中书舍人崔湜说三思曰："晖等异日北归，终为后患，不如遣使矫制杀之。"三思问谁可使者，湜荐大理正周利用。利用先为五王所恶，贬嘉州司马，乃以利用摄右台侍御史，奉使岭外。比至，柬之、玄暐已死，遇彦范于贵州，令左右缚之，曳于竹槎之上，肉尽至骨，然后杖杀。得晖，剐而杀之。恕己素服黄金，利用逼之使饮野葛汁，尽数升不死，不胜毒愤，掊地，爪甲殆尽，仍捶杀之。利用还，擢拜御史中丞。薛季昶累贬儋州司马，饮药死。

三思既杀五王，权倾人主，常言："我不知代间何者谓之善人，何者谓之恶人。但于我善者则为善人，于我恶者则为恶人耳。"

时兵部尚书宗楚客、将作大匠宗晋卿、太府卿纪处讷、鸿胪卿甘元柬皆为三思羽翼。御史中丞周利用、侍御史冉祖雍、太仆丞李俊、光禄丞宋之逊、监察御史姚绍之皆为三思耳目，时人谓之五狗。

丙辰，以蒲州刺史窦从一为雍州刺史。从一，德玄之子也，初名怀贞，避皇后父讳，更名从一，多谄附权贵。太平公主与僧寺争碾硙，雍州司户李元纮判归僧寺。从一大惧，亟命元纮改判。元纮大署判后曰："南山可移，此判无动！"从一不能夺。元纮，道广之子也。

安乐公主恃宠骄恣，卖官鬻狱，势倾朝野。或自为制敕，掩其文，令上署之。上笑而从之，竟不视也。自请为皇太女，上虽不从，亦不谴责。

景龙元年（丁未，707）

皇后以太子重俊非其所生，恶之。特进德静王武三思尤忌太子。上官婕妤以三思故，每下制敕，推尊武氏。安乐公主与驸马左卫将军武崇训常陵侮太子，或呼为奴。崇训又教公主言于上，请废太子，立己为皇太女。太子积不能平。

秋，七月，辛丑，太子与左羽林大将军李多祚、将军李思冲、李承况、独孤祎之、沙吒忠义等，矫制发羽林千骑兵三百余人，杀三思、崇训于其第，并亲党十余人。又使左金吾大将军成王千里及其子天水王禧分兵守宫城诸门，太子与多祚引兵自肃章门斩关而入，叩阁索上官婕妤。婕妤大言曰："观其意欲先索婉儿，次索皇后，次及大家。"上乃与韦后、安乐公主、上官婕妤登玄武门楼以避兵锋，使右羽林大将军刘景仁帅飞骑百余人屯于楼下以自卫。杨再思、苏瓌、李峤与兵部尚书宗楚客、左卫将军纪处讷拥兵二千余人屯太极殿前，闭门自守。多祚先至玄武楼下，欲升楼，宿卫拒之。多祚与太子狐疑，按兵不战，冀上问之。宫闱令石城杨思勖在上侧，请击之。多祚婿羽林中郎将野呼利为前锋总管，思勖挺刃斩之，多祚军夺气。上据槛俯谓多祚所将千骑曰："汝辈皆朕宿卫之士，何为从多祚反！苟能斩反者，勿患不富贵。"于是千骑斩多祚、承况、祎之、忠义，余众皆溃。成王千里、天水王禧攻右延明门，将杀宗楚客、纪处讷，不克而死。太子以百骑走终南山，至鄠西，能属者才数人，憩于林下，为左右所杀。上以其首献太庙及祭三思、崇训之柩，然后枭之朝堂。更成王千里姓曰蝮氏，同党皆伏诛。

东宫僚属无敢近太子尸者，唯永和县丞宁嘉勖解衣裹太子首号哭，贬兴平丞。

太子兵所经诸门守者皆坐流。韦氏之党奏请悉诛之，上更命法司推断。大理卿宋城郑惟忠曰："大狱始决，人心未安，若复有改推，则反仄者众矣。"上乃止。

唐中宗神龙元年（乙巳，公元705年）

甲寅（二月初四），唐中宗下诏恢复大唐国号，并规定郊庙、社稷、陵寝、百官、旗帜、服色、文字等都恢复唐高宗永淳年间以前的旧制，神都又恢复东都旧名，北都恢复并州旧名，老君仍称为玄元皇帝。

甲子（十四日），唐中宗将他的妃子韦氏立为皇后，大赦天下；又追赠韦后之父韦玄贞为上洛王，追赠韦后之母崔氏为上洛王妃。

先前，韦后共生育了邵王李重润以及长宁和安乐两公主，在唐中宗被放逐到房陵去的时候，安乐公主在路上出生，所以唐中宗特别喜欢她。中宗与韦后在房陵被幽禁期间，共同经历了各种艰难困苦的生活，因而两个人的感情十分深厚。中宗每当听到武则天派使者前来的消息，就惊慌失措地想要自杀，韦后制止他说："祸福并非一成不变，最多不过一死，您何必这么着急呢！"中宗曾经私下对韦后发誓："如果日后我能重见天日，一定会让你随心所欲，不加任何限制。"所以在韦氏重新成为皇后以后，便像武则天在高宗朝那样干预起朝政来了。桓彦范上表，认为："《周易》说：'妇女没有什么错失，在家中主持家务，就是吉利。'《尚书》说：'如果母鸡司晨打鸣，这个家庭就要败落了。'我发现陛下每次临朝，皇后总是坐在帷帐后面参预对军国大事的处理。臣观察历朝帝王，没有哪一个与妇人共同执政而不导致国破身亡的。再说阴凌驾于阳之上，是违背自然法则的；妇人欺凌丈夫，是违背人伦之道的。希望陛下观察古今治乱兴衰的经验教训，时刻想着社稷与百姓，让皇后只住在中宫里，致力于女子的教化，不要到外朝来干预国家政事。"

张易之、张昌宗被诛灭后，洛州长史薛季昶对张柬之和敬晖说："张易之、张昌宗这两个元凶虽然已被铲除，但吕产、吕禄这样人还在朝中任职，锄草时不铲掉草根，终究还会长出草来。"张柬之、敬晖回答说："现在大局已定，你说的那些人不过是案板上的肉罢了，还能有什么作为！现在杀的人已经够多的了，不能再多杀了。"薛季昶叹口气说："我不知道将死在哪里了。"朝邑尉武强人刘幽求也对桓彦范和敬晖说："武三思还没有受到惩处，你们这些人终究会死无葬身之地；

如果现在不及早做准备，等到大祸临头再后悔就来不及了。”桓彦范和敬晖也没有采纳他的建议。

唐中宗的女儿安乐公主嫁给了武三思的儿子武崇训。上官婉儿是上官仪的孙女，上官仪被杀后，她被没入后宫。上官婉儿聪明伶俐，能言善辩，写得一手好文章，又熟悉官府事务。武则天十分喜欢她，自圣历年间以后，经常让她参与对各衙门所上表章奏疏的处理；唐中宗即位后，更加信任她，又让她专门负责草拟皇帝的命令，封她为婕妤，让她执掌宫中事务。上官婉儿与武三思私通，所以偏袒武氏，她又向韦后推荐武三思，将武三思领进宫中，唐中宗于是开始与武三思商议政事，张柬之等人从此都受到了武三思的遏制。唐中宗让韦后与武三思一起玩一种叫作双陆的游戏，自己则坐在一旁为他们数筹码；武三思于是又开始与韦后私通，武氏的势力因此又强大起来。

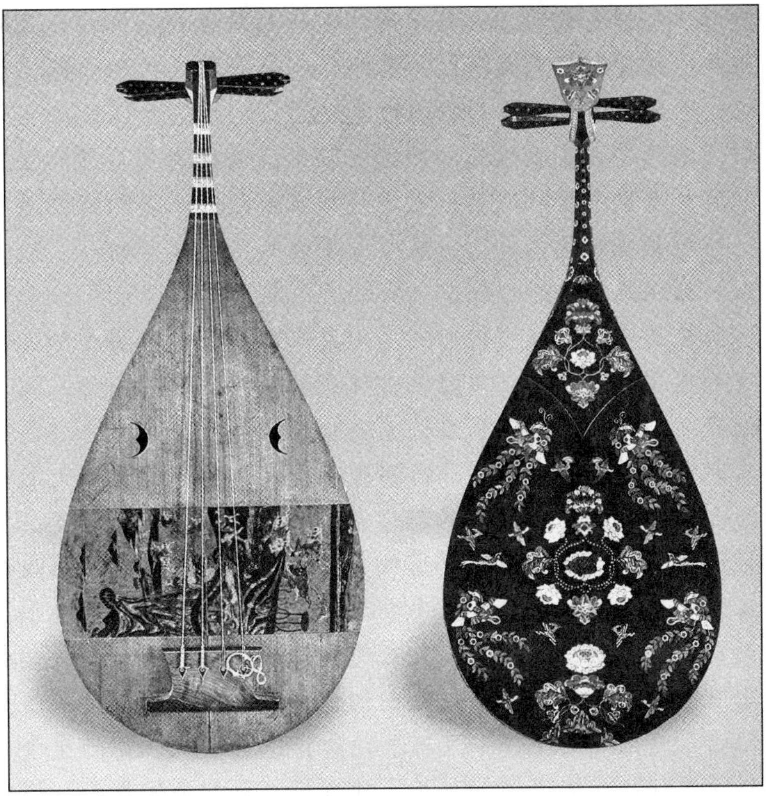

唐 木画紫檀琵琶

张柬之等人屡次劝告唐中宗诛灭武氏集团，唐中宗都不听。张柬之等人说：“武则天改唐为周的时候，李唐宗室被诛杀殆尽；现在多亏天地神灵的庇佑，陛下又重登帝位，但武氏却像以往一样安稳地把持着他们所窃取的官爵职位，这种情形难道是朝野之士所希望看到的吗？希望陛下减少他们的俸禄，削夺他们的官爵，以告慰天下之人！”唐中宗仍然没有采纳他们的建议。张柬之等人有的拍着几案叹息，有的弹击手指以致出血，纷纷说：“皇上过去作英王时，在人们眼里是一个勇武刚烈的人，我们之所以没有诛灭武氏集团，是为了让皇上能亲自诛杀他们以扩大天子的声威。现在皇上却反过头来重用武氏集团成员，大势已去，谁知以后又会怎么样！”

癸巳（五月十五日），敬晖等人率领文武百官上表唐中宗，认为：“五德之运轮流兴起，没有两德同时盛大的事情。天授年间改朝换代之际，李唐宗室被诛杀流徙殆尽，哪里有与武氏同殿受封的权利！现在上天又重新眷顾李姓，但武氏仍然像以往那样受封为王，与李姓宗室一起居住在京师，开天辟地以来从未有过这样的道理。希望陛下为大唐江山着想，顺从朝野士民的心愿，削夺他们的王爵以安定人心。”唐中宗没有同意他们的建议。

敬晖等人害怕武三思的谗言陷害，便把考功员外郎崔湜当做自己的耳目，以便随时刺探武三思的消息。崔湜见中宗亲近武三思而猜忌敬晖等人，便把敬晖等人的全部打算告诉了武三思，反而成了为武三思效劳的人。武三思推荐崔湜做了中书舍人。崔湜是崔仁师的孙子。

在这以前，殿中侍御史南皮县人郑愔巴结张易之和张昌宗，二张败死之后，被贬为宣州司士参军，又因犯贪赃罪的缘故，逃到东都，私下拜见武三思。郑愔刚见到武三思时，哭得很悲哀，一会儿又放声大笑。武三思向来位尊任重，对郑愔的悲喜无常感到非常奇怪。郑愔解释道：“我在刚刚见到大王时之所以痛哭失声，是在为大王将被戮尸灭族而感到悲哀。悲哀之后又放声大笑，是在为大王能得到郑愔的帮助从而得以免祸而感到高兴。大王您虽然深得天子的欢心，但张柬之、敬晖、桓彦范、崔湜和袁恕己五人手中都掌握着将相大权，并且个个胆略过人，以至于废掉太后的帝位都易如反掌。大王您自己考虑您与太后相比哪一个权势地位更重一些？那五个人对您恨之入骨，日夜都想吃下您的肉，如果不能把大王灭族，他们是不会称心如意的。大王您如果不尽快除掉这五个人，您的生命安全就会像早晨的露水一样没有保障，可是您却还是怡然自乐，自以为像泰山一样安然无恙，这就是我郑愔为大王您感到痛心的原因。”武三思十分高兴，与郑愔一起上楼，向他请教使自己平安无祸的办法，并荐举他做了中书舍人，与崔湜一道成为自己的谋主。

武三思与韦后天天在唐中宗面前诬陷敬晖等人，说他们“倚仗功劳专擅朝政，将对大唐的江山社稷不利。”中宗相信了他们两人的谗言。武三思等人趁机为中宗出谋划策，“不如封敬晖等人为王，同时罢免他们所担任的职务，这样的话，表面不失为尊崇功臣，而实际上又能剥夺他们的权力。”唐中宗认为这样做很好。甲午（十六日），唐中宗封侍中、齐公敬晖为平阳王，谯公桓彦范为扶阳王，中书令、汉阳公张柬之为汉阳王，南阳公袁恕己为南阳王，特进、同中书门下三品、博陵公崔玄暐为博陵王，同时免去他们的宰相职务，赏赐上述五人金帛鞍马，只要求他们于每月初一、十五朝见天子；又赐桓彦范姓韦氏，让他与韦后同族。不久唐中宗又任命崔玄暐为检校益州长史、知都督事，后来又改任他为梁州刺史。随后武三思便下令文武百官重新恢复执行武则天时期的政策，凡是拒不趋附武氏集团的人都被排斥，那些被张柬之、桓彦范等人贬逐的人又重新得到起用，朝政大权全部落入武三思之手。

二年（丙午，公元706年）

武三思和韦后日夜不停地诬陷敬晖等人，于是唐中宗又将敬晖降职为郎州刺史，将崔玄暐降职为均州刺史，将桓彦范降职为亳州刺史，将袁恕己降职为郢州刺史；当时与敬晖等一起诛灭张易之、张昌宗而立下功勋的人都被当做敬晖等人的同党而受到贬职处分。

武三思指使郑愔控告郎州刺史敬晖、亳州刺史韦彦范、襄州刺史张柬之、郢州刺史袁恕己和均州刺史崔玄暐与王同皎合谋废掉韦后。六月，戊寅（初六），唐中宗将敬晖贬为崖州司马，将韦彦范贬为泷州司马，将张柬之贬为新州司马，将袁恕己贬为窦州司马，将崔玄暐贬为白州司马，一律为员外官，并长期留任，又削夺他们的封爵；此外，还将韦彦范的赐姓夺回，恢复他原来的桓姓。

秋季，七月，戊申（初七），唐中宗立卫王李重俊为太子。太子生性聪明果决，但太子的官属都是王公贵族子弟，这些人平常所做的大多是违法的事情。左庶子姚珽屡次进谏，太子都不听从他的劝告。姚珽，是姚璹的弟弟。

武三思暗地里派人分条列出韦后的肮脏行为，将这些文字张贴在东都洛阳的天津桥上，文中还请求中宗下诏废黜韦后。唐中宗勃然大怒，下令御史大夫李承嘉彻底追查此事。李承嘉上奏说："这些文字是敬晖、桓彦范、张柬之、袁恕己和崔玄暐派人书写和张贴的，虽然上面所写的只是请求废黜皇后，但他们实际上是图谋叛逆，请陛下允许将这五个人灭族。"武三思又指使安乐公主在宫中对五人横加诬陷，还指使侍御史郑愔在外朝对五人大加弹劾，唐中宗于是下令司法部门将他们结案判刑。大理丞三原人李朝隐上奏说："敬晖等人还没有经过详细审讯，不能急于将他们处死。"大理丞裴谈上奏说："对敬晖等人应当按照皇帝的制命处以斩刑，没收财产，不需要再经过审讯了。"唐中宗考虑到曾赐给敬晖等人铁券，许诺过不对他们处以死刑，便下令对他们处以长期流刑，将敬晖流放到琼州，将桓彦范流放到瀼州，将张柬之流放到泷州，将袁恕己流放到环州，将崔玄暐流放到古州，五人的子弟中凡十六岁以上的都流放到岭外。中宗提升李承嘉为金紫光禄大夫，将其爵位晋升为襄武郡公，大理丞裴谈也被提拔为刑部尚书，又将李朝隐外放为闻喜令。

武三思又暗示太子李重俊上表，请求将敬晖等人夷三族，唐中宗没有同意。

中书舍人崔湜对武三思说："日后如果敬晖等人又回到朝中，最终还是要成为祸患，您不如派使者诈称皇帝的命令把他们杀掉。"武三思问他谁可以作使者，崔湜向他推荐了大理正周利用。在这以前周利用因受到敬晖等人的憎厌，被贬为嘉州司马。武三思于是让周利用代理右台侍御史职务，奉命出使岭外，等到周利用到达岭外时，张柬之和崔玄暐已经去世，周利用在贵州遇到桓彦范，便命令手下人将桓彦范捆绑起来，放倒在竹筏子上拖着走，直到身上的肉被磨掉露出骨头时，才将他用杖打死；在抓住敬晖后，便将他剐死；袁恕己平素服食丹药，周利用硬逼着他喝有毒的野葛汁，袁恕己喝下好几升之后还没有被毒死，但毒性发作难以忍受，疼得他用手扒土，几乎把手上的指甲都磨掉，然后周利用才用棍棒将他活活打死。周利用回朝后，唐中宗将他提升为御史中丞。薛季昶多次被贬，一直到被贬为儋州司马时服毒自杀。

武三思杀死张柬之、敬晖、桓彦范等五人之后，权势已经超过唐中宗，他常常说：“我不知道世上什么样的人是善人，什么样的人是恶人；我只知道只要是对我好的人就是善人，对我不好的人就是恶人罢了。”

当时，兵部尚书宗楚客、将作大匠宗晋卿、太府卿纪处讷和鸿胪卿甘元柬都是武三思的党羽。御史中丞周利用、侍御史冉祖雍、太仆丞李俊、光禄丞宋之逊、监察御史姚绍之五人都是武三思的耳目，当时人们称这五人为“五狗”。

丙辰（十一月十六日），唐中宗任命蒲州刺史窦从一为雍州刺史。窦从一是窦德玄的儿子，原名窦怀贞，为避韦皇后之父韦玄贞的名讳，才改名为窦从一。他为人一向阿谀依附权贵。太平公主与佛寺为争夺一座利用水力加工米面的碾硙而打官司，雍州司户李元纮判决佛寺胜诉。窦从一非常害怕，急忙下令李元纮改判太平公主胜诉。李元纮在判决书最后用大字写道：“南山可以移动，这个判决不能更改！”窦从一无法使他改变决定。李元纮，是李道广的儿子。

安乐公主倚仗着中宗的宠爱骄横放纵，卖官鬻爵，贪赃枉法，权势压过朝廷内外的人，甚至自己起草制书敕令，将内容覆盖后让唐中宗在下面签名。唐中宗笑着为她签字画押，竟连敕文的内容都不看。安乐公主自己请求唐中宗将她立为皇太女，中宗虽然没有照她说的去做，却也没有责怪她。

景龙元年（丁未，公元707年）

韦后认为太子李重俊不是她自己亲生的，所以很讨厌他；特进、德静王武三思尤其忌恨太子李重俊。上官婕妤因为与武三思私通的缘故，在她所拟定的制书敕令中，常常推崇武氏集团。安乐公主与驸马、左卫将军武崇训经常欺凌侮辱太子，甚至有时称太子为奴才。武崇训还唆使安乐公主向唐中宗建议废掉太子，立她自己为皇太女。太子心中积愤已久，无法平静。

秋季，七月，辛丑（初六），太子李重俊会同左羽林大将军李多祚、将军李思冲、李承况、独狐祎、沙吒忠义等人，假传皇帝的命令调集羽林千骑兵三百余人，将武三思、武崇训父子及其亲属十余人杀死在武三思家中；又让左金吾大将军成王李千里和他的儿子天水王李禧分头带兵把守宫城各门，太子和李多祚带领兵马从肃章门砍断门闩冲入宫中，四处登门搜寻上官婕妤。上官婕妤大声喊道：“看起来他们是想先抓住我上官婉儿，其次抓住皇后，最后是要抓住皇帝。”唐中宗便与韦后、安乐公主、上官婕妤一起爬上玄武门门楼躲避，同时派右羽林大将军刘景仁率领羽林飞骑一百多人聚集在门楼之下以保护自己。杨再思、苏瓌、李峤与兵部尚书宗楚客、左卫将军纪处讷拥兵二千余人聚集在太极殿前闭门坚守。李多祚率先来到玄武楼下，想要上楼，但受到警卫士兵的拦阻。李多祚和太子都有些犹豫不决，勒住兵马，没有立即攻打玄武楼，而是希望唐中宗能出来询问他们起兵的原因。宫闱令石城县人杨思勖站在唐中宗身旁，请求皇帝允许他带兵出击。李多祚的女婿羽林中郎将野呼利当时担任前锋总管，杨思勖拔剑将他斩首，李多祚手下军士当时就丧失了胆气。唐中宗手扶玄武楼上的栏杆，俯身对楼下李多祚所带领的千骑兵们说：

“你们这些人都是朕的卫士，为什么要跟着李多祚谋反呢！如果你们能杀掉谋反的人，不必担心没有荣华富贵。”于是千骑兵们将李多祚、李承况、独狐祎之、沙吒忠义斩首，其他的人都四散溃逃。成王李千里、天水王李禧父子攻打太极宫右延明门，打算杀死宗楚客和纪处讷，但未能攻下反而战死。太子李重俊带着一百多骑兵逃往终南山，到达鄠西时，能够跟得上的只有几个人了，当他在树林里歇息时，被手下人杀死。唐中宗将太子李重俊的首级献到太庙，然后又用它祭奠武三思和武崇训的灵柩，最后在朝堂悬首示众。此外，中宗又将成王李千里的姓改为蝮氏，太子的同党都被处以死刑。

东宫的僚属中没有人敢于靠近太子的尸体。只有永和县丞宁嘉勖脱下衣服裹住太子的头颅放声痛哭，他因此而被贬为兴平丞。

太子起兵时所通过的各个宫门的守卫者都被判处流刑。韦后集团的成员奏请将这些人全部处死，唐中宗下令司法部门重新审理推问此案。大理卿宋城县人郑惟忠说：“现在这件大案刚刚判决，人心尚未安定下来，如果再重新改判的话，那么因此而辗转不安的人就太多了。”唐中宗这才放弃了这个想法。

第二百零九卷

唐纪二十五

译文诵读

中宗大和大圣大昭孝皇帝下景龙二年（戊申，708）

安乐、长宁公主及皇后妹郕国夫人、上官婕妤、婕妤母沛国夫人郑氏、尚宫柴氏、贺娄氏，女巫第五英儿、陇西夫人赵氏，皆依势用事，请谒受赇，虽屠沽臧获，用钱三十万，则别降墨敕除官，斜封付中书，时人谓之“斜封官”。钱三万则度为僧尼。其员外、同正、试、摄、检校、判、知官凡数千人。西京、东都各置两吏部侍郎，为四铨，选者岁数万人。

上官婕妤及后宫多立外第，出入无节，朝士往往从之游处，以求进达。安乐公主尤骄横，宰相以下多出其门。与长宁公主竞起第舍，以侈丽相高，拟于宫掖，而精巧过之。安乐公主请昆明池，上以百姓蒲鱼所资，不许。公主不悦，乃更夺民田作定昆池，延袤数里，累石象华山，引水象天津，欲以胜昆明，故名定昆。安乐有织成裙，直钱一亿，花卉鸟兽，皆如粟粒，正视旁视，日中影中，各为一色。

初，武崇训之尚公主也，延秀数得侍宴。延秀美姿仪，善歌舞，公主悦之。及崇训死，遂以延秀尚焉。

己卯，成礼，假皇后仗，分禁兵以盛其仪卫，命安国相王障车。庚辰，赦天下。以延秀为太常卿，兼右卫将军。辛巳，宴群臣于两仪殿，命公主出拜公卿，公卿皆伏地稽首。

三年（己酉，709）

太平、安乐公主各树朋党，更相谮毁，上患之。冬，十一月，癸亥，上谓修文馆直学士武平一曰：“比闻内外亲贵多不辑睦，以何法和之？”平一以为：“此由谗谄之人阴为离间，宜深加诲谕，斥逐奸险。若犹未已，伏愿舍近图远，抑慈存严，示以知禁，无令积恶。”上赐平一帛而不能用其言。

睿宗玄真大圣大兴孝皇帝上景云元年（庚戌，710）

散骑常侍马秦客以医术，光禄少卿杨均以善烹调，皆出入宫掖，得幸于韦后，恐事泄被诛。安乐公主欲韦后临朝，自为皇太女；乃相与合谋，于饼餤中进毒。六月，壬午，中宗崩于神龙殿。

韦后秘不发丧，自总庶政。癸未，召诸宰相入禁中，征诸府兵五万人屯京城，使驸马都尉韦捷、韦灌、卫尉卿韦璇、左千牛中郎将韦锜、长安令韦播、郎将高嵩分领之。璇，温之族弟；播，从子；嵩，其甥也。中书舍人韦元徼巡六街。又命左监门大将军兼内侍薛思简等将兵五百人驰驿戍均州，以备谯王重福。以刑部尚书裴谈、工部尚书张锡并同中书门下三品，仍充东都留守。吏部尚书张嘉福、中书侍郎岑羲、吏部侍郎崔湜并同平章事。羲，长倩之从子也。

太平公主与上官昭容谋草遗制，立温王重茂为皇太子，皇后知政事，相王旦参谋政事。宗楚客密谓韦温曰："相王辅政，于理非宜。且于皇后，嫂叔不通问，听朝之际，何以为礼！"遂帅诸宰相表请皇后临朝，罢相王政事。苏瓌曰："遗诏岂可改邪！"温、楚客怒，瓌惧而从之，乃以相王为太子太师。

甲申，梓宫迁御太极殿，集百官发丧，皇后临朝摄政，赦天下，改元唐隆。进相王旦太尉，雍王守礼为豳王，寿春王成器为宋王，以从人望。命韦温总知内外守捉兵马事。

丁亥，殇帝即位，时年十六。尊皇后为皇太后，立妃陆氏为皇后。

宗楚客与太常卿武延秀、司农卿赵履温、国子祭酒叶静能及诸韦共劝韦后遵武后故事，南北卫军、台阁要司皆以韦氏子弟领之，广聚党众，中外连结。楚客又密上书称引图谶，谓韦氏宜革唐命。谋害殇帝，深忌相王及太平公主，密与韦温、安乐公主谋去之。

相王子临淄王隆基，先罢潞州别驾，在京师，阴聚才勇之士，谋匡复社稷。初，太宗选官户及蕃口骁勇者，著虎文衣，跨豹文鞯，从游猎，于马前射禽兽，谓之百骑。则天时稍增为千骑，隶左右羽林。中宗谓之万骑，置使以领之。隆基皆厚结其豪杰。

兵部侍郎崔日用素附韦、武，与宗楚客善，知楚客谋，恐祸及己，遣宝昌寺僧普润密诣隆其告之，劝其速发。隆基乃与太平公主及公主子卫尉卿薛崇暕，苑总监赣人钟绍京，尚衣奉御王崇晔、前朝邑尉刘幽求、利仁府折冲麻嗣宗谋先事诛之。韦播、高嵩数榜捶万骑，欲以立威，万骑皆怨。果毅葛福顺、陈玄礼见隆基诉之，隆基讽以诛诸韦，皆踊跃请以死自效。万骑果毅李仙凫亦预其谋。或谓隆基当启相王，隆基曰："我曹为此以徇社稷，事成福归于王，不成以身死之，不以累王也。今启而见从，则王预危事；不从，将败大计。"遂不启。

庚子，晡时，隆基微服与幽求等入苑中，会钟绍京廨舍。绍京悔，欲拒之，其妻许氏曰："忘身徇国，神必助之。且同谋素定，今虽不行，庸得免乎！"绍京乃趋出拜谒，隆基执其手与坐。时羽林将士皆屯玄武门，逮夜，葛福顺、李仙凫皆至隆基所，请号而行。向二鼓，天星散落如雪，刘幽求曰："天意如此，时不可失！"福顺拔剑直入羽林营，斩韦璇、韦播、高嵩以徇，曰："韦后鸩杀先帝，谋危社稷，今夕当共诛诸韦，马鞭以上皆斩之。立相王以安天下。敢有怀两端助逆党者，罪及三族。”羽林之士皆欣然听命。乃送璇等首于隆基，隆基取火视之，遂与幽求等出苑南门，绍京帅丁匠二百余人，执斧锯以从，使福顺将左万骑攻玄德门，仙凫将右万骑攻白兽门，约会于凌烟阁前，即大噪，福顺等共杀守门将，斩关而入。隆基勒兵玄武门外，三鼓，闻噪声，帅总监及羽林兵而入，诸卫兵在太极殿宿卫梓宫者，闻噪声，皆被甲应之。韦后惶惑走入飞骑营，有飞骑斩其首献于隆基。安乐公主方照镜画眉，军士斩之。斩武延秀于肃章门外，斩内将军贺娄氏于太极殿西。

初，上官昭容引其从母之子王昱为左拾遗，昱说昭容母郑氏曰：“武氏，天之所废，不可兴也。今婕妤附于三思，此灭族之道也，愿姨思之！”郑氏以戒昭容，昭容弗听。及太子重俊起兵讨三思，索昭容，昭容始惧，思昱言，自是心附帝室，与安乐公主各树朋党。及中宗崩，昭容草遗制立温王，以相王辅政，宗、韦改之。及隆基入宫，昭容执烛帅宫人迎之，以制草示刘幽求。幽求为之言，隆基不许，斩于旗下。

时少帝在太极殿，刘幽求曰：“众约今夕共立相王，何不早定！”隆基遽止之，捕索诸韦在宫中及守诸门，并素为韦后所亲信者皆斩之。比晓，内外皆定。辛巳，隆基出见相王，叩头谢不先启之罪。相王抱之泣曰：“社稷宗庙不坠于地，汝之力也。”遂迎相王入辅少帝。

闭宫门及京城门，分遣万骑收捕诸韦亲党。斩太子少保、同中书门下三品韦温于东市之北。中书令宗楚客衣斩衰、乘青驴逃出，至通化门，门者曰：“公，宗尚书也。”去布帽，执而斩之，并斩其弟晋卿。相王奉少帝御安福门，慰谕百姓。初，赵履温倾国资以奉安乐公主，为之起第舍，筑台穿池无休已，褫紫衫，以项挽公主犊车。公主死，履温驰诣安福楼下舞蹈称万岁；声未绝，相王令万骑斩之。百姓怨其劳役，争割其肉立尽。秘书监汴王邕娶韦后妹崇国夫人，与御史大夫窦从一各手斩其妻首以献。邕，凤之孙也。左仆射、同中书门下三品韦巨源闻乱，家人劝之逃匿，巨源曰：“吾位大臣，岂可闻难不赴！”出至都街，为乱兵所杀，时年八十。于是枭马秦客、杨均、叶静能等首，尸韦后于市。崔日用将兵诛诸韦于杜曲，襁褓儿无免者，诸杜滥死非一。

是日，赦天下，云：“逆贼魁首已诛，自余支党一无所问。”以临淄王隆基为平王，兼知内外闲厩，押左右厢万骑。薛崇暕赐爵立节王。以钟绍京守中书侍郎，刘幽求守中书舍人，并参知机务。麻嗣宗行右金吾卫中郎将。武氏宗属，诛死流窜殆尽。侍中纪处讷行至华州，吏部尚书同平章事张嘉福行至怀州，皆收斩之。

癸卯，太平公主传少帝命，请让位于相王，相王固辞。以平王隆基为殿中监、同中书门下三品，以宋王成器为左卫大将军，衡阳王成义为右卫大将军，巴陵王隆范为左羽林大将军，彭城王隆业为右羽林大将军，光禄少卿嗣道王微检校右金吾卫大将军。微，元庆之孙也。以黄门侍郎李日知、中书侍郎钟绍京并同中书门下三品。太平公主之子薛崇训为右千牛卫将军。隆基有二奴，王毛仲、李守德，皆趫勇善骑射，常侍卫左右。隆基之入苑中也，毛仲避匿不从，事定数日方归，隆基不之责，仍超拜将军。毛仲，本高丽也。汴王邕贬沁州刺史，左散骑常侍、驸马都尉杨慎交贬巴州刺史，中书令萧至忠贬许州刺史，兵部尚书、同中书门下三品韦嗣立贬宋州刺史，中书侍郎、同平章事赵彦昭贬绛州刺史，吏部侍郎、同平章事崔湜贬华州刺史。

刘幽求言于宋王成器、平王隆基曰："相王畴昔已居宸极，群望所属。今人心未安，家国事重，相王岂得尚守小节，不早即位以镇天下乎！"隆基曰："王性恬淡，不以代事婴怀。虽有天下，犹让于人，况亲兄之子，安肯代之乎！"幽求曰："众心不可违，王虽欲高居独善，其如社稷何！"成器、隆基入见相王，极言其事，相王乃许之。甲辰，少帝在太极殿东隅西向，相王立于梓宫旁，太平公主曰："皇帝欲以此位让叔父，可乎！"幽求跪曰："国家多难，皇帝仁孝，追踪尧、舜，诚合至公；相王代之任重，慈爱尤厚矣。"乃以少帝制传位相王。时少帝犹在御座，太平公主进曰："天下之心已归相王，此非儿座！"遂提下之。睿宗即位，御承天门，赦天下。复以少帝为温王。

上将立太子，以宋王成器嫡长，而平王隆基有大功，疑不能决。成器辞曰："国家安则先嫡长，国家危则先有功；苟违其宜，四海失望。臣死不敢居平王之上。"涕泣固请者累日。大臣亦多言平王功大宜立。刘幽求曰："臣闻除天下之祸者，当享天下之福。平王拯社稷之危，救君亲之难，论功莫大，语德最贤，无可疑者。"上从之。丁未，立平王隆基为太子。隆基复表让成器，不许。

太平公主沈敏多权略，武后以为类己，故于诸子中独爱幸，颇得预密谋，然尚畏武后之严，未敢招权势。及诛张易之，公主有力焉。中宗之世，韦后、安乐公主皆畏之，又与太子共诛韦氏。既屡立大功，益尊重，上常与之图议大政，每入奏事，坐语移时。或时不朝谒，则宰相就第咨之。每宰相奏事，上辄问："尝与太平议否？"又问："与三郎议否？"然后可之。三郎，谓太子也。公主所欲，上无不听，自宰相以下，进退系其一言，其余荐士骤历清显者不可胜数，权倾人主，趋附其门者如市。子薛崇行、崇敏、崇简皆封王，田园遍于近甸，收市营造诸器玩，远至岭、蜀，输送者相属于路，居处奉养，拟于宫掖。

丁巳，以洛州长史宋璟检校吏部尚书、同中书门下三品；岑羲罢为右散骑常侍，兼刑部尚书。璟与姚元之协心革中宗弊政，进忠良，退不肖，赏罚尽公，请托不行，纲纪修举，当时翕然以为复有贞观、永徽之风。

唐中宗景龙二年（戊申，公元708年）

安乐公主、长宁公主及韦皇后的妹妹郕国夫人、上官婕妤、上官婕妤的母亲沛国夫人郑氏、尚宫柴氏、贺娄氏，女巫第五英儿、陇西夫人赵氏等人，全都仗势专擅朝政，大肆收受贿赂，为行贿者请托授官。不管是屠夫酒肆之徒，还是为他人当奴婢的人，只要向这些人行贿三十万钱，就能够直接得到由皇帝的亲笔敕书任命的官位，由于这种敕书是斜封着交付中书省的，因而这类官员被当时的人称为“斜封官”；如果行贿三万钱，就可以被剃度为僧尼。她们受贿之后所任命的员外官、员外同正官、试官、摄官、检校官、判某官事、知某官事共计数千人之多。在西京和东都两地分别设置两员吏部侍郎，每年四次选授官职，选任官员达数万人。

上官婕妤及宫中的妃嫔姬妾们大多在宫外修建了私宅，这些人随意出入宫禁，在朝为官的人常常与她们交往以求飞黄腾达。在这些人中间，安乐公主尤为骄傲专横，自宰相以下为官的人，大多数是由于走了她的门路才得以上任。安乐公主还与中宗的另一个女儿长宁公主竞相大兴土木，广建宅第，并在建筑的奢侈豪华方面互相攀比，不仅建筑规模模仿皇宫，甚至精巧的程度超过皇宫。安乐公主请求将昆明池赏赐给她，唐中宗以昆明池是百姓用来养殖蒲鱼的地方为由而拒绝。安乐公主很不高兴，便抢夺百姓田宅修建定昆池，南北绵延数里，仿照华山的样子堆石建造假山，又按照天河的样子引水入池。由于安乐公主想要使此湖胜过昆明池，所以将它命名为定昆池。安乐公主还有编织成的价值一亿钱的裙子，上面有谷粒大小的花卉和鸟兽的图案，从正面看或者从侧面看，在日光中看或者在阴影中看，图案的色彩都有不同。

起初，武崇训娶了安乐公主，武延秀曾多次陪同参加宴会。武延秀长得英俊潇洒，又能歌善舞，安乐公主很喜欢他。等到武崇训被太子李重俊杀死后，唐中宗便把安乐公主嫁给了武延秀。

己卯（十一月二十一日），安乐公主与武延秀举行成婚典礼，安乐公主所使用的是只有皇后才能使用的仪仗，唐中宗又派禁兵参加典礼以壮大仪仗和卫士队伍的声势，还指派安国相王李旦迎候公主的车马。庚辰（二十二日），唐中宗下诏赦免天下罪囚，并任命武延秀为太常卿兼右卫将军。辛巳（二十三日），唐中宗在两仪殿设宴招待群臣，并让安乐公主出来拜见公卿大臣，群臣都趴在地上叩头还礼。

三年（己酉，公元709年）

太平公主和安乐公主各自拉帮结党，彼此之间互相诽谤诬陷，唐中宗对此十分忧虑。冬季，十一月，癸亥（十一日），唐中宗向修文馆直学士武平一问道：“近来听说朝廷内外的很多皇亲国戚彼此之间很不和睦，用什么办法能使他们彼此和解呢？”武平一认为：“这是由于有专门讲别人坏话的人和阿谀奉承之徒暗中挑拨离间的缘故，陛下应该严加训诫，并驱逐那些奸邪阴险的小人。如果这样还不能使他们和解的话，臣希望陛下舍弃亲近的人，寻求疏远的人，遏制慈爱宽仁之心，保存严格要求之意，让他们懂得应当遵守的规矩，不要使他们彼此之间的仇恨越积越多。”唐中宗赏赐了武平一一些绢帛，却没有采纳他的建议。

唐睿宗景云元年（庚戌，公元710年）

散骑常侍马秦客精于医术，光禄少卿杨均善于烹调，两人借此得以随意出入后宫，并与韦后勾搭成奸，他们担心此事泄露出去会被处死；安乐公主希望韦后能临朝主持政事，自己好当皇太女；于是这些人共同策划杀掉唐中宗，他们在进给中宗吃的糕饼里投放了毒药，六月，壬午（初二），唐中宗在神龙殿驾崩。

韦后不公布中宗驾崩的消息，自己总揽了朝廷的大小事务。癸未（初三），韦后将诸位宰相召进宫中，又调集各府兵共五万人驻扎在长安城中，指派驸马都尉韦捷、韦灌、卫尉卿韦璿、左千牛中郎将韦锜、长安令韦播、郎将高嵩分头统领这些兵马。韦璿是韦温的族弟；韦播是韦温的侄子；高嵩是韦温的外甥。韦后又命令中书舍人韦元负责巡察城中六街，还命令左监门大将军兼内侍薛思简等人带领五百名士兵迅速前往均州戍守，以防范均州刺史谯王李重福。韦后任命刑部尚书裴谈、工部尚书张锡为同中书门下三品，让他们仍然担任东都留守。韦后又任命吏部尚书张嘉福、中书侍郎岑羲、吏部侍郎崔湜为同平章事。岑羲是岑长倩的侄子。

太平公主与上官昭容商议起草唐中宗遗诏，立温王李重茂为太子，由韦皇后主持政事，相王李旦参谋政事。宗楚客私下对韦温说："由相王辅政在道理上有些讲不通，再说相王与韦后乃是叔嫂关系，不应互相问候，两人在一起处理朝廷政务的时候，又如何执行礼的规定呢！"于是宗楚客率领宰相们一同上表，请求韦皇后临朝主持政事，免去相王李旦参谋政事的职务。苏瓌质问道："先帝的遗诏怎么可以随意更改呢！"韦温和宗楚客大怒，苏瓌非常害怕，便顺从了他们，于是任命相王李旦为太子太师。

甲申（初四），韦后将唐中宗的灵柩迁到太极殿，召集文武百官公布中宗驾崩的消息，并宣布由她自己临朝摄政，大赦天下囚徒，改年号为唐隆。韦后还将相王李旦提升为太尉，改封雍王李守礼为豳王，改封寿春王李成器为宋王，以便顺从人们的愿望。此外，韦后又任命韦温总管朝廷内外守捉兵马事务。

丁亥（初七），年仅十六岁的殇帝即位。殇帝将韦皇后尊为皇太后，将妃子陆氏立为皇后。

宗楚客伙同太常卿武延秀、司农卿赵履温、国子祭酒叶静能以及韦家诸人一同劝说皇太后韦氏沿用武则天的惯例登基称帝，当时守卫宫城的南北禁卫军以及地位重要的尚书省诸司，都已经被韦氏子弟所控制，他们大量网罗党羽，在朝廷内外互相勾结。宗楚客又秘密地上书皇太后韦氏，引用图谶来说明韦氏理当取代大唐朝而君临天下。宗楚客还打算害死殇帝，只是十分担心相王李旦与太平公主会从中作梗，于是与韦温和安乐公主密谋除掉他们。

相王李旦的儿子临淄王李隆基，在此之前已被免去潞州别驾的职务，他在京师私下招集智勇双全之士，谋划匡复大唐社稷。当初唐太宗选拔官户和蕃口中骁勇善战的人员，让他们身穿绘有虎皮花纹的衣服，使用绘有豹皮花纹的马鞍，在太宗巡游狩猎时，就让他们随侍在鞍前马后一同射杀飞禽走兽，这些人被称为百骑；武则

韦皇后下毒

天时期逐渐增为千骑，隶属于左右羽林军；唐中宗把这支部队称为万骑，并设置官员统领。李隆基对万骑兵中的豪杰之士都深相结纳。

兵部侍郎崔日用平素一向依附韦后及武氏集团，与宗楚客交情也很好，他得知宗楚客的阴谋以后，担心自己会因此遇祸，便派宝昌寺僧人普润秘密地去向李隆基报告，并劝李隆基尽快发难。李隆基于是与太平公主及其子卫尉卿薛崇暕、西京苑总监赣县人钟绍京、尚衣奉御王崇晔、前任朝邑尉刘幽求、利仁府折冲麻嗣宗等人策划先行举兵发难，铲除韦氏集团。韦播、高嵩二人为了树立自己的威严，多次鞭打万骑兵，从而引起万骑兵对他们的普遍怨恨。果毅葛福顺和陈玄礼向李隆基诉说此事，李隆基暗示他们应当诛除韦后集团，两人听后都精神振奋地表示愿效死力。万骑果毅李仙凫也参与了具体谋划。有人建议李隆基应当把这件事告诉他的父亲相王李旦，李隆基回答说："我们这些人是为了大唐的江山社稷才干这种事的，事成之后福分归于相王，万一事情失败了我们为宗庙牺牲也就是了，不必因此而连累相王。如果告诉了他，他同意这样做，就等于让他也参预这种极为危险的事；若是他不同意这样做，那就只会坏了大事。"于是李隆基没有把这件事告诉其父相王李旦。

庚子（二十日），申时，李隆基身穿便服与刘幽求等人进入禁苑之中，到钟绍京的住所集合。此时钟绍京已有后悔之意，便想将李隆基拒之门外，他的妻子许氏对他说："为了国家大事而不计个人安危的人必得神助，再说你平常就一直与他们共同谋划这件事，现在即使你不去亲自参加，又哪里能够脱得了干系呢！"钟绍京听完后赶忙开门出来拜见李隆基，李隆基拉着他的手与他一起坐下。这时左右羽林军将士都驻扎在玄武门，等到夜色降临之际，葛福顺和李仙凫都来到李隆基处，求问起事的信号以便行事。将近二更时，夜空的流星散落如雪，刘幽求说道："天意如此，机不可失！"葛福顺拔剑直闯羽林营，将韦璿、韦播、高嵩三人斩首示众，高声喝道："韦后毒死先帝，谋危社稷，今晚大家要齐心协力，铲除韦家人及其死党，凡是长得高过马鞭的人一律斩杀；拥立相王为帝以安定天下。倘若有人胆敢首鼠两端帮助逆党，判的罪要连及三族。"羽林军将士全都欣然从命。于是葛福顺将韦璿等人的首级送给李隆基，李隆基在灯下看过之后，便与刘幽求等人一同走出禁苑南门，钟绍京率领着工匠二百余人，手持斧子锯子跟在后面。李隆基派葛福顺率领左万骑攻打玄德门，派李仙凫率领右万骑攻打白兽门，双方约定在凌烟阁前会师后，即大声鼓噪。葛福顺等人分别杀掉守门的兵将，攻入宫中。李隆基率兵守在玄武门外，三更时分，听到宫中鼓噪声之后，即率领总监及羽林兵进入宫中，在太极殿负责守卫中宗灵柩的南牙卫兵们听到鼓噪之后，全都披挂整齐响应李隆基等人。韦后惶惑中逃入飞骑营，有一个飞骑兵将韦后斩首，并把首级献给李隆基。安乐公主正对着镜子画眉，被士兵斩杀。此外还将武延秀斩首于肃章门外，将内将军贺娄氏斩首于太极殿西。

当初，上官昭容举荐她的姨母之子王昱为左拾遗，王昱劝上官昭容的母亲郑氏说："武氏已被上天废弃，是不可能再次复兴的，现在婕妤依附武三思，是自取灭族，希望姨母仔细考虑一下！"郑氏于是用这些道理来告诫上官昭容，但上官昭容根本不听劝告。太子李重俊起兵讨伐武三思的时候，曾四处搜捕上官昭容，上官昭容这才感到恐惧，想起了王昱曾经说过的话。此后上官昭容才倾心依附唐中宗，与安乐公主各自结成帮派。中宗驾崩后，上官昭容起草遗诏，将温王李重茂立为太子，由相王李旦辅政；宗楚客、韦后将这个内容改掉了。在李隆基率军进入宫中时，上官昭容手执灯笼率领宫人迎接，并把她起草的中宗遗诏的底稿拿给刘幽求看。刘幽求为她向李隆基求情，李隆基没有答应，下令将上官昭容在旗下斩首。

这时少帝住在太极殿，刘幽求对众人说道："大家约好了今晚上拥立相王为帝，现在为什么不早一点儿定下来呢！"李隆基急忙制止了他，下令将士们捕捉宫中和把守宫中各门的韦氏族人，平常得到韦后信任重用的人也一起斩首。天将破晓，宫内外均已平定。辛巳（二十一日），李隆基出宫拜见其父相王李旦，为自己起事之前未能告诉相王而叩头谢罪。相王李旦流着眼泪抱住李隆基说："大唐宗庙社稷得以保全，全是你的功劳！"李隆基于是率军迎接相王李旦入宫辅佐少帝。

李隆基下令将京城各门及所有宫门关闭，然后又派遣万骑兵分头搜捕韦家的亲属徒党。将太子少保、同中书门下三品韦温斩首于东市之北。中书令宗楚客身穿丧服，骑着一头黑驴外逃，在他到通化门时被守门的兵士认出。兵士对他说："您就是宗尚书吧！"说完摘下他的孝帽并将他斩首，同他一起被杀的还有他的弟弟宗晋卿。相王李旦侍奉少帝来到安福门安抚百姓。起初，赵履温不惜耗尽国家资财以讨安乐公主的欢心，没完没了地为安乐公主起宅第、修园林，甚至于用手按住自己的紫色官服，用脖子驾着公主坐的牛车。安乐公主被杀后，赵履温赶忙跑到安福楼下手舞足蹈地山呼万岁；声音未落，相王李旦便下令万骑兵将其斩首。老百姓早已因赵履温屡次增派劳役而对他恨之入骨，此时见他被杀，便争相割下他尸体上的肉，转眼就只剩下一副骷髅。秘书监汴王李邕的妻子是韦后的妹妹崇国夫人，他与御史大夫窦从一分别砍下各自妻子的首级进献给相王李旦。李邕是李凤的孙子。左仆射、同中书门下三品韦巨源听到李隆基起事的消息后，家人劝他外逃躲避，他回答说："我身为朝廷大臣，怎么能有难不赴！"说完便走出家门，来到大街上，被乱兵所杀，时年八十岁。此时李隆基已派人将马秦客、杨均、叶静能枭首示众，并将韦后暴尸街头。崔日用带兵到京城南边的杜曲诛杀韦氏家族的其他成员，连尚在襁褓中的婴儿也不放过，居住在杜曲的杜氏家族也有很多人被冤杀。

在这一天，少帝下诏赦免全国罪囚，诏书上说："图谋叛逆的罪魁祸首均已伏诛，其余徒党概不追究。"改封临淄王李隆基为平王，并且让他主持内外闲厩事务和掌管左右厢万骑兵。将薛崇暕赐爵为立节王。任命钟绍京署理中书侍郎职务，刘幽求署理中书舍人职务，均参知机务政事。又任命麻嗣宗行右金吾卫中郎将。至此时，武氏家族成员几乎全被诛杀或者流放了。侍中纪处讷走到华州，吏部尚书、同平章事张嘉福走到怀州，都被捕获斩首。

癸卯（二十三日），太平公主传达了少帝的旨意，要求将皇位让给相王李旦，相王坚决推辞不受。少帝任命平王李隆基为殿中监、同中书门下三品，任命宋王李成器为左卫大将军，衡阳王李成义为右卫大将军，巴陵王李隆范为左羽林大将军，彭城王李隆业为右羽林大将军，光禄少卿嗣道王李微为检校右金吾卫大将军。李微是李元庆的孙子。任命黄门侍郎李日知、中书侍郎钟绍京二人为同中书门下三品。任命太平公主之子薛崇训为右千牛将军。李隆基有两个武艺高强骁勇善战的奴仆，名叫王毛仲和李守德，平常都是这两人做他的随身侍卫。李隆基举事进入禁苑之际，王毛仲躲起来没有露面，在大局已定之后好几天才又回到李隆基身边，李隆基并没有责罚他，还是将他破格提拔为将军。王毛仲原本是高丽人。少帝又将汴王李邕贬为沁州刺史，左散骑常侍、驸马都尉杨慎交贬为巴州刺史，中书令萧至忠贬为许州刺史，兵部尚书、同中书门下三品韦嗣立贬为宋州刺史，中书侍郎、同平章事赵彦昭贬为绛州刺史，吏部侍郎、同平章事崔湜贬为华州刺史。

刘幽求对宋王李成器、平王李隆基说："相王在以前就曾当过皇帝，是万民所向往的。现在民心尚未安定，皇室国家之事至为重要，相王怎能还拘于小节，不早日登基称帝以安定天下呢！"李隆基回答说："相王生性淡泊，从来不把世事放在心上，即使他已经君临天下，还要把帝位让给别人，何况当今天子乃相王亲哥哥的儿子，他又怎么肯取而代之呢！"刘幽求说："民心不可违背，相王虽想高居世外独善其身，但大唐的宗庙社稷又怎么办呢！"李成器和李隆基入内拜见相王李旦，尽力劝说，相王才答应重登帝位。甲辰（二十四日），少帝在太极殿内东边面向西坐着，相王李旦站在唐中宗的灵柩旁边，太平公主说道："皇帝想把帝位让给他的叔父，可以吗？"刘幽求跪在地上回答说："在这国家多灾多难之际，皇帝仁爱孝顺，效法尧舜禅位贤人的传统，实在是出于至公无私之心；相王代替皇帝挑起治理天下的重担，乃是叔父对侄儿慈爱备至的表现。"于是便根据少帝制书的旨意将帝位传给相王李旦。这时少帝还坐在皇帝的宝座上，太平公主上前对他说道："天下臣民之心已归附相王，这个宝座已经不再属于你这小子了！"说完便将他从宝座上拉了下来。唐睿宗即皇帝位，并亲临承天门，下诏赦免天下罪囚，同时又恢复了少帝李重茂的温王爵位。

唐睿宗想要立太子，但由于宋王李成器是嫡长子，而平王李隆基有大功，所以在太子的人选上犹豫不决。李成器推辞道："国泰民安则应当先立嫡长子，国家多难则应当首先将有功的人立为太子；如果在这个问题上违反时宜，就会让普天之下的人大失所望。臣宁可去死也不敢位居于平王之上。"为此他接连几天一直流着眼泪向睿宗坚决请求将太子之位让给平王李隆基。大臣们也大多认为平王李隆基有大功于社稷，应当被立为太子。刘幽求说："臣听说铲除天下祸患的人应当享有天下的福分。平王使大唐社稷免遭倾覆，拯救君亲于危难之中，讲功劳没有谁比他更大的，论德行又最为贤良，立他为太子是没有什么可怀疑的。”唐睿宗听从了他的建议。丁未（二十七日），唐睿宗将平王李隆基立为太子。李隆基又上表请求将太子之位让给李成器，唐睿宗没有同意。

太平公主遇事沉着机敏，富有权变的谋略，武则天认为她很像自己，因而在众多的子女中对她格外偏爱，经常让她参预军国机密要事的谋划，但她还是惧怕武则天的威严，没有敢招势揽权。张柬之等人诛杀张易之、张昌宗兄弟时，太平公主有功劳。唐中宗时期，韦后和安乐公主都惧怕她，后来她又和太子李隆基一起铲除了韦氏集团。太平公主屡立大功后，权势地位更加显赫重要，唐睿宗经常同她商量朝廷的大政方针，每次她入朝奏事，都要和睿宗坐在一起谈上一段时间；有时她没去上朝谒见，睿宗会派宰相到她的家中征求她对某些问题的处理意见。每当宰相们奏事的时候，睿宗就要询问：“这件事曾经与太平公主商量过吗？”接下来还要问道：“与三郎商量过吗？”在得到宰相们肯定的答复之后，睿宗才会对宰相们的意见表示同意。三郎指的是皇太子李隆基。凡是太平公主想干的事，睿宗没有不同意的，朝中文武百官自宰相以下，或升迁或降免，全在她的一句话，其余经过她的举荐而平步青云担任要职的士人更是不可胜数。由于太平公主的权势甚至超过了睿宗皇帝，所以对她趋炎附势的人数不胜数。太平公主的儿子薛崇行、薛崇敏、薛崇简三人都受封为王。太平公主的田产园林遍布于长安城郊外各地，她家在收买或制造各种珍宝器物时，足迹远至岭表及巴蜀地区，为她运送这类物品的人不绝于路。太平公主在日常衣食住行的各个方面，也处处模仿宫廷的排场。

丁巳（七月初八），唐睿宗任命洛州长史宋璟为检校吏部尚书、同中书门下三品；岑羲被罢免为右散骑常侍兼刑部尚书。宋璟和姚元之齐心协力地革除唐中宗时期的各种弊端，提拔任用忠正贤良之士，贬黜斥退奸邪不肖之徒，行赏施罚完全依据公理，行贿说情的不良风气没有了市场，各项法度重新得到整饬，当时朝野上下一致认为国家又恢复了贞观、永徽时期的良好风尚。

第二百一十卷
唐纪二十六

译文诵读

睿宗玄真大圣大兴孝皇帝下景云元年（庚戌，710）

太平公主以太子年少，意颇易之；既而惮其英武，欲更择暗弱者立之以久其权，数为流言，云："太子非长，不当立。"己亥，制戒谕中外，以息浮议。公主每觇伺太子所为，纤介必闻于上，太子左右，亦往往为公主耳目，太子深不自安。

二年（辛亥，711）

太平公主与益州长史窦怀贞等结为朋党，欲以危太子，使其婿唐晙邀韦安石至其第，安石固辞不往。上尝密召安石，谓曰："闻朝廷皆倾心东宫，卿宜察之。"对曰："陛下安得亡国之言！此必太平之谋耳。太子有功于社稷，仁明孝友，天下所知，愿陛下无惑谗言。"上瞿然曰："朕知之矣，卿勿言。"时公主在帘下窃听之，以飞语陷安石，欲收按之，赖郭元振救之，得免。

公主又尝乘辇邀宰相于光范门内，讽以易置东宫，众皆失色，宋璟抗言曰："东宫有大功于天下，真宗庙社稷之主，公主奈何忽有此议！"

璟与姚元之密言于上曰："宋王陛下之元子，豳王高宗之长孙，太平公主交构其间，将使东宫不安。请出宋王及豳王皆为刺史，罢岐、薛二王左、右羽林，使为左、右率以事太子。太平公主请与武攸暨皆于东都安置。"上曰："朕更无兄弟，惟太平一妹，岂可远置东都！诸王惟卿所处。"乃先下制云："诸王、驸马自今毋得典禁兵，见任者皆改他官。"

顷之，上谓侍臣曰："术者言五日中当有急兵入宫，卿等为朕备之。"张说曰："此必谗人欲离间东宫。愿陛下使太子监国，则流言自息矣。"姚元之曰："张说所言，社稷之至计也。"上说。

二月，丙子朔，以宋王成器为同州刺史，豳王守礼为豳州刺史，左羽林大将军岐王隆范为左卫率，右羽林大将军薛王隆业为右卫率，太平公主蒲州安置。

丁丑，命太子监国，六品以下除官及徒罪以下，并取太子处分。

太平公主闻姚元之、宋璟之谋，大怒，以让太子。太子惧，奏元之、璟离间姑、兄，请从极法。甲申，贬元之为申州刺史，璟为楚州刺史。丙戌，宋王、豳王亦寝刺史之命。

上召群臣三品以上，谓曰："朕素怀澹泊，不以万乘为贵，曩为皇嗣，又为皇太弟，皆辞不处。今欲传位太子，何如？"群臣莫对。太子使右庶子李景伯固辞，不许。殿中侍御史和逢尧附太平公主，言于上曰；"陛下春秋未高，方为四海所依仰，岂得遽尔！"上乃止。

戊子，制："凡政事皆取太子处分。其军旅死刑及五品已上除授，皆先与太子议之，然后以闻。"

五月，太子请让位于宋王成器；不许。请召太平公主还京师；许之。

玄宗至道大圣大明孝皇帝上之上先天元年（壬子，712）

太平公主使术者言于上曰："彗所以除旧布新，又帝座及心前星皆有变，皇太子当为天子。"上曰："传德避灾，吾志决矣。"太平公主及其党皆力谏，以为不可，上曰："中宗之时，群奸用事，天变屡臻。朕时请中宗择贤子立之以应灾异，中宗不悦，朕忧恐数日不食。岂可在彼则能劝之，在己则不能邪！"太子闻之，驰入见，自投于地，叩头请曰："臣以微功，不次为嗣，惧不克堪，未审陛下遽以大位传之，何也？"上曰："社稷所以再安，吾之所以得天下，皆汝力也。今帝座有灾，故以授汝，转祸为福，汝何疑邪！"太子固辞。上曰："汝为孝子，何必待柩前然后即位邪！"太子流涕而出。

壬辰，制传位于太子，太子上表固辞。太平公主劝上虽传位，犹宜自总大政。上乃谓太子曰："汝以天下事重，欲朕兼理之邪？昔舜禅禹，犹亲巡狩，朕虽传位，岂忘家国！其军国大事，当兼省之。"

八月，庚子，玄宗即位，尊睿宗为太上皇。上皇自称曰朕，命曰诰，五日一受朝于太极殿。皇帝自称曰予，命曰制、敕，日受朝于武德殿。三品以上除授及大刑政决于上皇，余皆决于皇帝。

初，河内人王琚预于王同皎之谋，亡命，佣书于江都。上之为太子也，琚还长安，选补诸暨主簿，过谢太子。琚至廷中，故徐行高视，宦者曰："殿下在帘内。"琚曰："何谓殿下？当今独有太平公主耳！"太子遽召见，与语，琚曰："韦庶人弑逆，人心不服，诛之易耳。太平公主，武后之子，凶猾无比，大臣多为之用，琚窃忧之。"太子引与同榻坐，泣曰："主上同气，唯有太平，言之恐伤主上之意，不言为患日深，为之奈何？"琚曰："天子之孝，异于匹夫，当以安宗庙社稷为事。盖主，汉昭帝之姊，自幼供养，有罪犹诛之。为天下者，岂顾小节！"太子悦曰："君有何艺，可以与寡人游？"琚曰："能飞炼、恢嘲。"太子乃奏为詹事府司直，日与游处，累迁太子中舍人。及即位，以为中书侍郎。

是时，宰相多太平公主之党，刘幽求与右羽林将军张暐谋以羽林兵诛之，使暐密言于上曰："窦怀贞、崔湜、岑羲皆因公主得进，日夜为谋不轻。若不早图，一旦事起，太上皇何以得安！请速诛之。臣已与幽求定计，惟俟陛下之命。”上深以为然。暐泄其谋于侍御史邓光宾，上大惧，遽列上其状。丙辰，幽求下狱。有司奏：“幽求等离间骨肉，罪当死。”上为言幽求有大功，不可杀。癸亥，流幽求于封州，张暐于峰州，光宾于绣州。

开元元年（癸丑，713）

太平公主依上皇之势，擅权用事，与上有隙，宰相七人，五出其门。文武之臣，太半附之，与窦怀贞、岑羲、萧至忠、崔湜及太子少保薛稷、雍州长史新兴王晋、左羽林大将军常元楷、知右羽林将军事李慈、左金吾将军李钦、中书舍人李猷、右散骑常侍贾膺福、鸿胪卿唐晙、及僧慧范等谋废立，又与宫人元氏谋于赤箭粉中置毒进于上。晋，德良之孙也。元楷、慈数往来主第，相与结谋。

王琚言于上曰：“事迫矣，不可不速发。”左丞张说自东都遣人遗上佩刀，意欲上断割。荆州长史崔日用入奏事，言于上曰：“太平谋逆有日，陛下往在东宫，犹为臣子，若欲讨之，须用谋力。今既光临大宝，但下一制书，谁敢不从？万一奸宄得志，悔之何及！”上曰：“诚如卿言；直恐惊动上皇。”日用曰：“天子之孝在于安四海。若奸人得志，则社稷为墟，安在其为孝乎！请先定北军，后收逆党，则不惊动上皇矣。”上以为然。以日用为吏部侍郎。

秋，七月，魏知古告公主欲以是月四日作乱，令元楷、慈以羽林兵突入武德殿，怀贞、至忠、羲等于南牙举兵应之。上乃与岐王范、薛王业、郭元振及龙武将军王毛仲、殿中少监姜皎、太仆少卿李令问、尚乘奉御王守一、内给事高力士、果毅李守德等定计诛之。皎，谟之曾孙；令问，靖弟客师之孙；守一，仁皎之子；力士，潘州人也。

甲子，上因王毛仲取闲厩马及兵三百余人，自武德殿入虔化门，召元楷、慈，先斩之，擒膺福、猷于内客省以出，执至忠、羲于朝堂，皆斩之。怀贞逃入沟中，自缢死，戮其尸，改姓曰毒。上皇闻变，登承天门楼。郭元振奏，皇帝前奉诰诛窦怀贞等，无他也。上寻至楼上，上皇乃下诰罪状怀贞等，因赦天下，惟逆人亲党不赦。薛稷赐死于万年狱。

乙丑，上皇诰：“自今军国政刑，一皆取皇帝处分。朕方无为养志，以遂素心。”是日，徙居百福殿。

太平公主逃入山寺，三日乃出，赐死于家，公主诸子及党与死者数十人。薛崇简以数谏其母被挞，特免死，赐姓李，官爵如故。籍公主家，财货山积，珍物侔于御府，厩牧羊马、田园息钱，收入数年不尽。慧范家亦数十万缗。改新兴王晋之姓曰厉。

己巳，赏功臣郭元振等官爵、第舍、金帛有差。以高力士为右监门将军，知内侍省事。

初，太宗定制，内侍省不置三品官，黄衣廪食，守门传命而已。天后虽女主，宦官亦不用事。中宗时，嬖幸猥多，宦官七品以上至千余人，然衣绯者尚寡。上在藩邸，力士倾心奉之，及为太子，奏为内给事，至是以诛萧、岑功赏之。是后宦官稍增至三千余人，除三品将军者浸多，衣绯、紫至千余人，宦官之盛自此始。

甲辰，猎于渭川。上欲以同州刺史姚元之为相，张说疾之，使御史大夫赵彦昭弹之，上不纳。又使殿中监姜皎言于上曰："陛下常欲择河东总管而难其人，臣今得之矣。"上问为谁，皎曰："姚元之文武全才，真其人也。"上曰："此张说之意也，汝何得面欺，罪当死！"皎叩头首服，上即遣中使召元之诣行在。既至，上方猎，引见，即拜兵部尚书、同中书门下三品。

元之吏事明敏，三为宰相，皆兼兵部尚书，缘边屯戍斥候，士马储械，无不默记。上初即位，励精为治，每事访于元之，元之应答如响，同僚唯诺而已，故上专委任之。元之请抑权幸，爱爵赏，纳谏诤，却贡献，不与群臣亵狎，上皆纳之。

唐睿宗景云元年（庚戌，公元710年）

太平公主认为太子李隆基还很年轻，因而起初并未把太子放在心上；不久之后又因惧怕太子的英明威武，转而想要改立一位昏庸懦弱的人作太子，以便使她自己能长期保住现有的权势地位。太平公主屡次散布流言，声称："太子并非皇帝的嫡长子，因此不应当被立为太子。"己亥（十月二十二日），唐睿宗颁下制书晓谕警告天下臣民，以平息各种流言蜚语。太平公主还常常派人监视太子李隆基的所作所为，即使一些细微之事也要报知唐睿宗，此外，太平公主还在太子身边安插了很多耳目，太子心里感到十分不安。

二年（辛亥，公元711年）

太平公主同益州长史窦怀贞等结成朋党，想加害于太子李隆基，便指使她的女婿唐晙邀请韦安石到自己的家中来，韦安石坚决推辞，没有前往。唐睿宗曾经秘密地召见韦安石，对他说："听说朝廷文武百官全都倾心归附太子，您应当对此多加留意。"韦安石回答说："陛下从哪里听到这种亡国之言呢！这一定是太平公主的主意。太子为宗庙社稷立下了大功，而且一向仁慈明智，孝顺父母，友爱兄弟，这是天下人都知道的事实，希望陛下不要被谗言所迷惑。"唐睿宗听过这话之后十分惊异地说："朕明白了，您不要再提这件事了。"当时太平公主正在帘子后面偷听他们君臣之间的谈话，事后便散布各种流言蜚语对韦安石横加陷害，想把他逮捕下狱严加审讯，多亏了郭元振的救助才得以幸免。

太平公主还曾乘辇车在光范门内拦住宰相，暗示他们应当改立皇太子，在场的宰相们全都大惊失色。宋璟大声质问道："太子为大唐社稷立下了莫大的功劳，是宗庙社稷的真正主人，公主为什么突然提出这样的建议呢！"

宋璟与姚元之秘密地向唐睿宗进言道："宋王李成器是陛下的嫡长子，豳王李守礼是高宗皇帝的长孙，太平公主在他俩与太子之间互相构陷，制造事端，将会使得东宫地位不稳。请陛下将宋王和豳王两人外放为刺史；免去岐王李隆范和薛王李隆业所担任的左、右羽林大将军职务，任命他们为太子左、右卫率以事奉太子；将太平公主与武攸暨安置到东都洛阳。"唐睿宗说："朕现在已没有兄弟了，只有太平公主这一个妹妹，怎么可以将她远远地安置到东都去呢！至于诸王则任凭你们安排。"于是先颁下制命说："今后诸王、驸马一律不得统率禁军，现在任职的都必须改任其他官职。"

过了不久，唐睿宗对身边的侍臣说："占卜的人说五天之内将会有起事发难的军队闯入宫中，你们要为朕严加防范。"张说紧接着说道："这一定又是奸邪小人用谗言离间陛下与太子的关系。希望陛下让太子代行处理政务，那么种种流言蜚语就会自然而然地销声匿迹。"姚元之说："张说所提出的办法，是使社稷宗庙长治久安的上上之策。"唐睿宗听完之后十分高兴。

二月，丙子朔（初一），唐睿宗任命宋王李成器为同州刺史，豳王李守礼为豳州刺史，任命左羽林大将军岐王李隆范为左卫率，右羽林大将军薛王李隆业为右卫率；又将太平公主安置在蒲州。

丁丑（初二），唐睿宗下诏让太子李隆基代行处理政务，规定凡是六品以下官员的任命以及对犯徒刑罪以下罪犯的审核等事，均由太子全权处理。

太平公主得知姚元之与宋璟的计谋之后勃然大怒，并以此责备太子李隆基。太子感到害怕，便向唐睿宗奏称姚元之和宋璟挑拨自己与姑母太平公主和兄长宋王李成器、豳王李守礼之间的关系，并请求对他们两人严加惩处。甲申（初九），唐睿宗将姚元之贬为申州刺史，将宋璟贬为楚州刺史。丙戌（十一日），宋王李成器和豳王李守礼被任命为刺史的事也停止执行。

唐睿宗召见三品以上官员，对他们说："朕一向恬淡寡欲，并不以天子的尊位为贵，当初任皇嗣以及中宗时做皇太弟，都坚决地推辞掉了。现在朕打算把皇位传给皇太子，你们认为怎么样？"在场的大臣们都没有回答。太子李隆基让右庶子李景伯出面坚决推辞，唐睿宗没有同意。殿中侍御史和逢尧向来依附太平公主，便对唐睿宗说道："陛下年纪还不很老，正是被天下人依靠景仰的时候，怎么能急急忙忙地禅位于皇太子呢！"唐睿宗这才打消了这个念头。

戊子（四月十三日），唐睿宗发布制命："所有朝廷政务，一律由皇太子负责处理。涉及军旅重事、死刑的审核以及对五品以上官员的任命，都要先与皇太子商议，然后再上奏。"

五月，太子李隆基请求将太子之位让给宋王李成器，唐睿宗没有同意。太子又请求将太平公主召回京师。唐睿宗表示同意。

唐玄宗李隆基像

唐玄宗先天元年（壬子，公元712年）

太平公主指使一个懂天文历法的人向唐睿宗进言说："彗星的出现标志着将要除旧布新，再说位于天市垣内的帝座以及心前星均有变化，所主之事乃是皇太子应当登基即位。"唐睿宗说："将帝位传给有德之人，以避免灾祸，我的决心已定。"太平公主和她的同伙们都极力谏阻，认为这样做不行，唐睿宗说："中宗皇帝在位时，一群奸佞小人专擅朝政，上天屡次用灾异来表示警告。朕当时请求中宗选择贤明的儿子立为皇帝以避免灾祸，但中宗很不高兴，朕也因此而担忧恐惧以至于几天吃不下饭。朕怎么能够对中宗可以劝他禅位，对自己却不能做到这一点呢！"太子李隆基知道这个消息后，赶忙入宫朝见，跪在地上边叩头边说："臣因尺寸之功，就被破格立为皇嗣，即使是做太子还担心无法胜任，陛下又突然要将帝位传给臣，不清楚这究竟是为了什么！"唐睿宗对太子说："大唐的宗庙社稷之所以再次安然无恙，我之所以能够君临天下，都是由于你立下大功。现在帝座星有灾异出现，所以我将帝位禅让给你，以便能转祸为福，你还有什么可疑惑的呢！"太子李隆基还是坚决推辞不受。唐睿宗说："你是一个孝子，为什么非要等到站在我的灵柩前才能即皇帝之位呢！"太子只好流着眼泪走了出来。

壬辰（七月二十五日），唐睿宗颁发制命，决定将帝位传给太子李隆基，太子上表坚决推辞。太平公主劝说唐睿宗，最好在禅让之后，还要亲自执掌朝政大事。于是唐睿宗对太子说："你是不是觉得国家事务十分繁重，要让朕帮你处理一些事务呢？想当初唐尧将帝位禅让给虞舜后，还要亲自到各地去巡视，现在朕虽然将帝位传给了你，哪里就能对家国之事漠不关心呢！此后凡有军国大事，朕还是会参予处理的。"

八月，庚子（初三），唐玄宗即皇帝位，将唐睿宗尊奉为太上皇。太上皇自称为"朕"，所发布的命令称为"诰"，每五天一次在太极殿接受群臣朝见。皇帝自称为"予"，所发布的命令称为"制""敕"，每天都在武德殿接受群臣朝见。凡涉及到三品以上官员的任命以及重大的刑狱政务由太上皇决定，其余政务均由皇帝决断。

当初河内人王琚参预了王同皎等人谋杀武三思的谋划，事发后亡命出逃，在江都以代他人抄书为生。唐玄宗被立为太子以后，王琚回到了长安，被选拔任命为诸暨县主簿，上东宫去拜谢李隆基。王琚走上殿廷之后，故意走得很慢，视线也放得很高，宦官说："殿下在帘子内。"王琚说："什么殿下不殿下的？当今只有一个太平公主！”太子听后马上召见他，并与他谈话，王琚说：“先前韦庶人弑帝为逆，人心不服，杀掉她是件容易事。太平公主是武后的女儿，再加上她无比的凶狠狡猾，大臣们大多秉承她的旨意办事，我对此十分担忧。”太子拉他与自己同坐在一张榻上，流着眼泪对他说：“现在父皇的兄弟姊妹中，就只有一位太平公主了，如果把这些事禀告父皇的话，恐怕会让他老人家伤心，可如果不去禀告，又担心她所造成的危害会越来越严重，这可怎么办呢？”王琚回答说：“天子所讲究的孝道，与平民百姓不同，应当考虑的是宗庙社稷的安危。盖主是汉昭帝的姐姐，将昭帝从小养大，有了罪也还是要杀掉。治理天下的人，怎么能顾及小节呢！”太子很高兴地问他：“您有什么本事可以和寡人在一起呢？”王琚回答说：“我既擅长炼丹，又能诙谐嘲谑。”于是太子奏请唐睿宗将王琚任命为詹事府司直，每天与他交往相处，并逐渐将他提拔为太子中舍人；等到太子即位之后，又任命他为中书侍郎。

这时，宰相大多数是太平公主的党羽，刘幽求与右羽林将军张暐谋划调集羽林兵将他们一网打尽，并让张暐秘密地对唐玄宗说：“窦怀贞、崔湜、岑羲等人都是依仗太平公主才爬上宰相职位的，他们时时刻刻都在策划如何作乱。如果陛下不早点除掉他们，一旦事变突然发生，太上皇怎么能平安呢！请快些诛杀他们。臣已经与刘幽求定好了计策，就只等陛下下命令了。”唐玄宗认为他说得很对。但事后张暐将这一计谋泄露给了侍御史邓光宾，唐玄宗知道以后十分害怕，急忙将刘幽求等人的罪状开列出来上奏了太上皇。丙辰（十九日），刘幽求被逮捕下狱。负责审理此案的官员上奏道：“刘幽求挑拨离间陛下骨肉，应当判处死刑。”唐玄宗又为刘幽求等人向太上皇求情，说刘幽求为大唐朝廷立过大功，不能判处死刑。癸亥（二十六日），唐睿宗将刘幽求流放到封州，将张暐流放到峰州，将邓光宾流放到绣州。

开元元年（癸丑，公元713年）

太平公主倚仗太上皇唐睿宗的势力专擅朝政，与唐玄宗发生尖锐的冲突，朝中七位宰相之中，有五位是出自她的门下，文臣武将之中也有一半以上的人依附她。太平公主与窦怀贞、岑羲、萧至忠、崔湜以及太子少保薛稷、雍州长史新兴王李晋、左羽林大将军常元楷、知右羽林将军事李慈、左金吾将军李钦、中书舍人李猷、右散骑常侍贾膺福、鸿胪寺卿唐晙和胡僧慧范等一起图谋废掉唐玄宗，此外，太平公主又与宫女元氏合谋，准备在进献给玄宗皇帝服用的天麻粉中投毒。李晋是李德良的孙子。常元楷和李慈多次前往太平公主的私宅，与她订下作乱的计谋。

王琚对唐玄宗进言道：“形势已十分紧迫，陛下不可不迅速行动了。”尚书左丞张说从东都洛阳派人给唐玄宗送来了一把佩刀，意思是请玄宗及早决断，铲除太平公主的势力。荆州长史崔日用入朝奏事，对唐玄宗说：“太平公主图谋叛逆，是由来已久的事情。当初，陛下在东宫作太子时，在名分上还是臣子，如果那时想铲除太平公主，需要施用计谋。现在陛下已为全国之主，只需颁下一道制书，有哪一个敢于抗命不从？如果犹豫不决，万一奸邪之徒的阴谋得逞，那时候再后悔可就来不及了！”唐玄宗说：“你说得非常正确，只是朕担心会惊动太上皇。”崔日用又说道：“天子的大孝在于使四海安宁。倘若奸党得志，则社稷宗庙将化为废墟，陛下的孝行又怎么体现出来呢！请陛下首先控制住左右羽林军和左右万骑军，然后再将太平公主及其党羽一网打尽，这样就不会惊动太上皇了。”唐玄宗认为他说得很对，便任命他为吏部侍郎。

秋季，七月，魏知古告发太平公主计划在本月四日发动叛乱，指使常元楷、李慈率领羽林军突入武德殿，另派窦怀贞、萧至忠、岑羲等人在南牙举兵响应。唐玄宗于是与岐王李范、薛王李业、郭元振以及龙武将军王毛仲、殿中少监姜皎、太仆少卿李令问、尚乘奉御王守一、内给事高力士、果毅李守德等人定计率先下手诛除太平公主集团。姜皎是姜謩的曾孙；李令问是李靖之弟李客师的孙子；王守一是王仁皎的儿子；高力士是潘州人。

甲子（初三），唐玄宗通过王毛仲调用闲厩中的马匹以及禁兵三百余人，从武德殿进入虔化门，召见常元楷和李慈二人先将他们斩首，在内客省逮捕了贾膺福和李猷并将他们带出，又在朝堂上逮捕了萧至忠和岑羲，下令将上述四人一起斩首。窦怀贞逃入城壕之中自缢而死，唐玄宗下令斩戮他的尸体，并将他的姓改为毒氏。太上皇唐睿宗听到事变发生的消息后，登上了承天门的门楼。郭元振上奏唐睿宗道：“皇帝只是奉太上皇诰命诛杀窦怀贞等奸臣逆党，并没有发生什么其他的事。”玄宗皇帝也随后来到门楼之上，唐睿宗于是颁发诰命列举窦怀贞等人的罪状，并大赦天下，只是逆臣的亲属党羽不在赦免之列。薛稷被赐死在万年县狱中。

乙丑（初四），太上皇唐睿宗发布诰命：“从现在起，所有军国政务与刑赏教化，均由皇帝处理。朕正好清静无为，修心养性，以遂平生夙愿。”在这一天，太上皇移居到百福殿居住。

太平公主逃入山寺，直到事发三天以后才出来，被唐玄宗下诏赐死在她自己的家中，她的儿子以及党羽被处死的达数十人。薛崇简因为平日屡次谏阻其母太平公主而受到责打，所以例外地被免于死刑，唐玄宗将他赐姓为李氏，并准许他留任原职。唐玄宗还下令将太平公主的所有财产没收充公，在抄家时发现公主家中的财物堆积如山，珍宝器玩可以与皇家府库媲美，厩中牧养的羊马、拥有的田地园林和放债应得的利息，几年也没收不完。胡僧慧范也拥有家产达数十万缗。唐玄宗又下令将新兴王李晋的姓氏改为厉。

己巳（初八），唐玄宗赏赐有功之臣郭元振等人大小不等的官职爵位以及数量不同的田宅钱物，还任命高力士为右监门将军，让他主持内侍省事务。

当初唐太宗曾定下制度，内侍省不设置三品官，内侍们只是身着黄色朝服，领取皇家发放的禄米，做一些把守宫门、传达诏命之类的事情。武则天虽是女皇帝，宦官也不掌权。唐中宗时期，受到他亲信宠爱的近臣很多，以至于级别在七品以上的宦官达一千余人，但是身着绯色朝服的宦官尚不多见。唐玄宗任亲王的时候，高力士就对他倾心事奉，玄宗被立为太子之后，便奏请唐睿宗任命高力士为内给事，此次因诛除萧至忠、岑羲等人有功，唐玄宗又赐给他高官。从此以后宦官逐渐增加到三千多人，被任命为三品将军的人也越来越多，穿红、紫朝服的达到一千余人，宦官的兴盛自此开始。

甲辰，（十月十四日），唐玄宗在渭川狩猎。唐玄宗想任用同州刺史姚元之为宰相，张说一向忌恨姚元之，便指使御史大夫赵彦昭弹劾他，但唐玄宗不理睬。张说又指使殿中监姜皎向唐玄宗进言道：“陛下早就想任命一位河东总管，却苦于找不到合适的人选，臣现在发现了这样一位称职的人。”唐玄宗问他这个人是谁，姜皎回答说：“姚元之文武全才，是担任河东总管的合适人选。”唐玄宗说：“这是张说的主意，你竟敢当面欺骗朕，应当处以死刑！”姜皎赶忙叩头自首谢罪，唐玄宗当即派遣宦者将姚元之征召到渭川来。姚元之抵达后，唐玄宗正在狩猎，马上召见了他，并任命他为兵部尚书、同中书门下三品。

姚元之处理政务精明干练，曾三次担任宰相，每次都兼任兵部尚书，他对于边境地区的戍兵驻屯营地和侦察瞭望哨所，以及士卒马匹仓储器械的数量，无不默默地记在心里。唐玄宗刚刚即位，励精图治，遇事都要先听听姚元之的意见，元之也是每次都能对答如流，他的同僚则只能唯唯诺诺而已，所以玄宗也就一心信任他。姚元之请求唐玄宗削夺受宠的权贵之家的权势，珍惜手中的爵禄赏赐，采纳敢于犯颜直谏的臣子的建议，不接受臣下进献的贡品，不与群臣开一些轻慢无礼的玩笑。唐玄宗对他的上述建议都一一采纳。

第二百一十一卷　唐纪二十七

译文诵读

玄宗至道大圣大明孝皇帝上之中开元二年（甲寅，714）

中宗以来，贵戚争营佛寺，奏度人为僧，兼以伪妄，富户强丁多削发以避徭役，所在充满。姚崇上言："佛图澄不能存赵，鸠摩罗什不能存秦，齐襄、梁武，未免祸殃。但使苍生安乐，即是福身，何用妄度奸人，使坏正法！"上从之。丙寅，命有司沙汰天下僧尼，以伪妄还俗者万二千余人。

黄门监魏知古，本起小吏，因姚崇引荐，以至同为相。崇意轻之，请知古摄吏部尚书、知东都选事，遣吏部尚书宋璟于门下过官。知古衔之。

崇二子分司东都，恃其父有德于知古，颇招权请托；知古归，悉以闻。他日，上从容问崇："卿子才性何如？今何官也？"崇揣知上意，对曰："臣有三子，两在东都，为人多欲而不谨；是必以事干魏知古，臣未及问之耳。"上始以崇必为其子隐，及闻崇奏，喜问："卿安从知之？"对曰："知古微时，臣卵而翼之。臣子愚，以为知古必德臣，容其为非，故敢干之耳。"上于是以崇为无私，而薄知古负崇，欲斥之。崇固请曰："臣子无状，挠陛下法，陛下赦其罪，已幸矣；苟因臣逐知古，天下必以陛下为私于臣，累圣政矣。"上久乃许之。辛亥，知古罢为工部尚书。

宋王成器，申王成义，于上兄也；岐王范，薛王业，上之弟也；豳王守礼，上之从兄也。上素友爱，近世帝王莫能及；初即位，为长枕大被，与兄弟同寝。诸王每旦朝于侧门，退则相从宴饮，斗鸡，击毬，或猎于近郊，游赏别墅，中使存问相望于道。上听朝罢，多从诸王游，在禁中，拜跪如家人礼，饮食起居，相与同之。于殿中设五幄，与诸王更处其中。或讲论赋诗，间以饮酒、博弈、游猎，或自执丝竹。成器善笛，范善琵琶，与上更奏之。诸王或有疾，上为之终日不食，终夜不寝。业尝疾，上方临朝，须臾之间，使者十返。上亲为业煮药，回飙吹火，误爇上须，左右惊救之。上曰："但使王饮此药而愈，须何足惜？"成器尤恭慎，未尝议及时政，与人交结。上愈信重之，故谗间之言无自而入。然专以声色畜养娱乐之，不任以职事。群臣以成器等地逼，请循故事出刺外州。六月，丁巳，以宋王成器兼岐州刺史，申王成义兼豳州刺史，豳王守礼兼虢州刺史，令到官但领大纲，自余州务，皆委上佐主之。是后诸王为都护、都督、刺史者并准此。

上以风俗奢靡，秋，七月，乙未，制："乘舆服御、金银器玩，宜令有司销毁，以供军国之用；其珠玉、锦绣，焚于殿前；后妃以下，皆毋得服珠玉锦绣。"戊戌，敕："百官所服带及酒器、马衔、镫，三品以上，听饰以玉，四品以金，五品以银，自余皆禁之。妇人服饰从其夫、子。其旧成锦绣，听染为皂。自今天下更毋得采珠玉，织绵绣等物，违者杖一百，工人减一等。"罢两京织锦坊。

> 臣光曰：明皇之始欲为治，能自刻厉节俭如此，晚节犹以奢败；甚哉奢靡之易以溺人也！
>
> 《诗》云："靡不有初，鲜克有终。"可不慎哉！

民间讹言，上采择女子以充掖庭，上闻之，八月，乙丑，令有司具车牛于崇明门，自选后宫无用者载还其家，敕曰："燕寝之内，尚令罢遣，闾阎之间，足可知悉。"

三年（乙卯，715）

春，正月，癸卯，以卢怀慎检校吏部尚书兼黄门监。怀慎清谨俭素，不营资产，虽贵为卿相，所得俸赐，随散亲旧，妻子不免饥寒，所居不蔽风雨。

姚崇尝有子丧，谒告十余日，政事委积，怀慎不能决，惶恐，入谢于上。上曰："朕以天下事委姚崇，以卿坐镇雅俗耳。"崇既出，须臾，裁决俱尽，颇有得色，顾谓紫微舍人齐浣曰："余为相，可比何人？"浣未对。崇曰："何如管、晏？"浣曰："管、晏之法虽不能施于后，犹能没身。公所为法，随复更之，似不及也。"崇曰："然则竟如何？"浣曰："公可谓救时之相耳。"崇喜，投笔曰："救时之相，岂易得乎！"

怀慎与崇同为相，自以才不及崇，每事推之，时人谓之"伴食宰相"。

山东大蝗，民或于田旁焚香膜拜设祭而不敢杀，姚崇奏遣御史督州县捕而瘗之。议者以为蝗众多，除不可尽。上亦疑之。崇曰："今蝗满山东，河南、北之人，流亡殆尽，岂可坐视食苗，曾不救乎！借使除之不尽，犹胜养以成灾。"上乃从之。卢怀慎以为杀蝗太多，恐伤和气。崇曰："昔楚庄吞蛭而愈疾，孙叔杀蛇而致福，奈何不忍于蝗而忍人之饥死乎！若使杀蝗有祸，崇请当之。"

皇后妹夫尚衣奉御长孙昕以细故与御史大夫李杰不协。

四年（丙辰，716）

春，正月，昕与其妹夫杨仙玉于里巷伺杰而殴之。杰上表自诉曰："发肤见毁，虽则痛身，冠冕被陵，诚为辱国。"上大怒，命于朝堂杖杀，以谢百僚。仍以敕书慰杰曰："昕等朕之密戚，不能训导，使陵犯衣冠，虽置以极刑，未足谢罪。

卿宜以刚肠疾恶，勿以凶人介意。”

丙申，以尚书左丞源乾曜为黄门侍郎、同平章事。

姚崇无居第，寓居罔极寺，以病痁谒告，上遣使问饮食起居状，日数十辈。源乾曜奏事或称旨，上辄曰：“此必姚崇之谋也。”或不称旨，辄曰：“何不与姚崇议之！”乾曜常谢实然。每有大事，上常令乾曜就寺问崇。癸卯，乾曜请迁崇于四方馆，仍听家人入侍疾。上许之。崇以四方馆有簿书，非病者所宜处，固辞。上曰：“设四方馆，为官吏也；使卿居之，为社稷也。恨不可使卿居禁中耳，此何足辞！”

崇子光禄少卿彝、宗正少卿异，广通宾客，颇受馈遗，为时所讥。主书赵诲为崇所亲信，受胡人赂，事觉，上亲鞫问，下狱当死，崇复营救，上由是不悦。会曲赦京城，敕特标诲名，杖之一百，流岭南。崇由是忧惧，数请避相位，荐广州都督宋璟自代。

十二月，上将幸东都，以璟为刑部尚书、西京留守，令驰驿诣阙，遣内侍、将军杨思勖迎之。璟风度凝远，人莫测其际，在途竟不与思勖交言。思勖素贵幸，归，诉于上，上嗟叹良久，益重璟。

闰月，己亥，姚崇罢为开府仪同三司，源乾曜罢为京兆尹、西京留守，以刑部尚书宋璟守吏部尚书兼黄门监，紫微侍郎苏颋同平章事。

璟为相，务在择人，随材授任，使百官各称其职。刑赏无私，敢犯颜直谏。上甚敬惮之，虽不合意，亦曲从之。

姚、宋相继为相，崇善应变成务，璟善守法持正，二人志操不同，然协心辅佐，使赋役宽平，刑罚清省，百姓富庶。唐世贤相，前称房、杜，后称姚、宋，他人莫得比焉。二人每进见，上辄为之起，去则临轩送之。及李林甫为相，虽宠任过于姚、宋，然礼遇殊卑薄矣。紫微舍人高仲舒博通典籍，齐浣练习时务，姚、宋每坐二人以质所疑，既而叹曰：“欲知古，问高君，欲知今，问齐君，可以无阙政矣。”

五年（丁巳，717）

贞观之制，中书、门下及三品官入奏事，必使谏官、史官随之，有失则匡正，美恶必记之。诸司皆于正牙奏事，御史弹百官，服豸冠，对仗读弹文，故大臣不得专君而小臣不得为谗慝。及许敬宗、李义府用事，政多私僻，奏事官多俟仗下，于御坐前屏左右密奏，监奏御史及待制官远立以俟其退；谏官、御史皆随仗出，仗下后事，不复预闻。武后以法制群下，谏官、御史得以风闻言事，自御史大夫至监察得互相弹劾，率以险诐相倾覆。及宋璟为相，欲复贞观之政，戊申，制：“自今事非的须秘密者，皆令对仗奏闻，史官自依故事。”

唐玄宗开元二年（甲寅，公元714年）

自唐中宗即位以来，皇亲国戚竞相营建佛寺，奏请度人出家为和尚，其中有不少弄虚作假的；富裕人家的子弟以及身强力壮的男子纷纷削发为僧以逃避徭役，这种人简直到处都是。姚崇向唐玄宗建议道："佛图澄未能使后赵国运长久，鸠摩罗什也无法使后秦免于覆亡，齐襄帝、梁武帝同样未能免于国破家亡。只要陛下能够使百姓安居乐业，就是有福之身，哪里用得着剃度奸诈之徒为僧，让他们败坏佛法呢！"唐玄宗采纳了他的建议。丙寅（正月），唐玄宗命令有关部门筛选淘汰全国的和尚、尼姑，因弄虚作假被勒令还俗的僧、尼共计一万二千余人。

黄门监魏知古本是小吏出身，凭借着姚崇的引荐，才与姚崇同朝为相。姚崇内心里有些轻视他，所以让他代理吏部尚书职务，负责主持东都洛阳的官吏铨选之事，另派吏部尚书宋璟在门下省负责审定吏部、兵部注拟的六品以下职事官。魏知古因此对姚崇十分不满。

姚崇的两个儿子在分设于东都洛阳的中央官署任职，倚仗其父对魏知古有恩，大肆揽权，为他人私下向魏知古求官；魏知古回到长安后，把这些事全都告诉了玄宗皇帝。过了几天，玄宗漫不经心地向姚崇问道："您的儿子才干品性怎么样？现在担任什么官职啊？"姚崇揣摸到了玄宗的心思，便回答说："臣有三个儿子，其中有两个在东都任职，他们为人欲望很大，行为也很不检点；现在他们一定是有事私下嘱托魏知古，只不过是臣没有来得及去讯问他们而已。"唐玄宗原先以为姚崇一定会为他的儿子隐瞒，在听了他的这番回答之后，高兴地问道："您怎么知道这件事的呢？"姚崇回答说："在魏知古地位卑微之时，臣曾经多方关照他。臣的儿子非常愚鲁，认为魏知古一定会因此而感激臣，从而会容忍他们为非作歹，所以才敢于向他请托干禄。"唐玄宗因此而认为姚崇忠正无私，而看不起魏知古的忘恩负义，想要罢黜他的职务。姚崇坚决地请求玄宗不要这样做，他说："此事乃是臣的两个儿子有罪，破坏了陛下的法度，陛下赦免了他们的罪过，臣已经是感到万幸了；如果由于臣的缘故而斥逐魏知古，天下的人们一定会认为陛下是在偏袒臣，这样会累及圣朝的声誉。"唐玄宗沉吟了很久才答应了他的请求。辛亥（五月二十五日），魏知古被免去相职，改任工部尚书。

宋王李成器和申王李成义是玄宗的兄长；岐王李范和薛王李业是玄宗的弟弟；豳王李守礼是玄宗的堂兄。唐玄宗一向对兄弟十分友爱，这一点是近世帝王比不上的；玄宗刚刚即皇帝位时，特意让人做了一套长长的枕头和一床特别宽大的被子，以便他能够与兄弟们同床共寝。诸王每天早上在侧门朝见天子，退下后便聚在一起进膳饮酒、斗鸡、击毬；或者是到京城近郊去狩猎，或者是到别墅里观赏游玩，奉命前去问候的宦官络绎不绝。唐玄宗在每天临朝听政之后，经常与诸王在一起游乐，兄弟们在宫中相处时，彼此跪拜都依照家人的礼节，饮食起居也无分别。玄宗还下令在宫中设置五座帐幕，自己与诸王轮流在里面住宿。他们有时在一起谈论、一起赋诗，有时饮酒，有时玩博戏下围棋，有时策马纵犬外出打猎，有时手持丝竹乐器吹拉弹唱；李成器擅长吹奏笛子，李范擅长弹奏琵琶，他们都曾和玄宗在一起轮流演奏。诸王中倘若有哪一位生了病，玄宗甚至急得终日吃不下饭、终夜睡不着觉。有一次薛王李业生了病，当时玄宗正在临朝听政，一会儿工夫就十次派使者前往问候。唐玄宗还亲手为李业熬制汤药，旋风吹来，燃着玄宗的胡须，左右侍从赶忙上前帮他扑火。唐玄宗说道："只要薛王服下这碗药以后病能痊愈，朕的胡须有什么值得可惜呢？"宋王李成器平日尤其恭敬谨慎，从不谈起有关朝政的事，也从不与他人结交；玄宗也因此而越发信任他，所以破坏和离间兄弟感情的话也无从进入。即使如此，玄宗也只是一味用声色犬马、衣食器玩等来尽量使他们得到快乐，而从不任命他们什么具体的职务。群臣认为宋王李成器等人地位逼近皇帝，便请玄宗按照历朝的惯例放他们到地方任刺史。六月，丁巳（初二），唐玄宗任命宋王李成器兼任岐州刺史，申王李成义兼任豳州刺史，豳王李守礼兼任虢州刺史，要他们到任之后只管重要事条，其他的行政事务都委托长史、司马负责处理。从此以后诸王任都护、都督、刺史的也都照此办理。

唐玄宗认为社会风俗日益趋于奢侈腐化。秋季，七月，乙未（初十），玄宗颁布制命："天子使用的金银器物，都应由有关部门负责销熔，以供军国财政支出的需要；凡属珠宝玉器、锦绣织物，均在殿前焚毁；宫中自后妃以下，一律不得使用以珠玉锦绣制成的物品。"戊戌（十三日），唐玄宗又发布敕命："文武百官所使用的腰带、酒器、马嚼子、马蹬，三品以上的，可以用玉来装饰；四品官，可以用金来装饰；五品官，可以用银来装饰；其余官员一律禁止使用任何饰物；妇女使用的饰物随从其丈夫或儿子。至于过去织成的锦绣，可以染成黑色使用。从今以后全国各地均不得采集珠玉，纺织锦绣织物，违犯这项禁令的处以杖刑一百，工匠违反禁令的减一等治罪。"玄宗还下令撤销了设于东西两京的织锦坊。

臣司马光曰：唐明皇即位之初，励精图治，能这样严格要求自己、这样节俭，可到晚年仍然由于奢侈导致国家败落，奢靡之风对于人的腐蚀实在是太厉害了！《诗经》上说："靡不有初，鲜克有终。"对此怎么可以不慎之又慎呢！

民间纷纷谣传唐玄宗将挑选美女以充实后宫，玄宗听到了这种传闻后，八月，乙丑（初十），下令有关部门在崇明门准备好车辆和牛马，然后亲自从后宫中选出多余的宫女，让他们坐车回家，并且发布敕命说："朕对于后宫中的宫女，尚且要遣返回家，对于民间女子会怎么样，应当是可想而知的事情。"

三年（乙卯，公元715年）

春季，正月，癸卯（二十日），唐玄宗任命卢怀慎为检校吏部尚书兼黄门监。卢怀慎为官清廉谨慎，生活节俭朴素，从不谋求资财产业。虽然做了卿相的高官，但常将得到的俸禄和赏赐随手周济亲朋故旧，因而他自己的妻子儿女的生活不能免于饥寒，他所住的房子也因长期失修而难以遮风挡雨。

姚崇曾有一次为儿子办丧事请了十几天的假，从而使得应当处理的政务堆积成山，卢怀慎无法决断，感到十分惶恐，入朝向玄宗谢罪。唐玄宗对他说："朕把天下之事委托给姚崇，只是想让您安坐而对雅士俗人起镇抚作用罢了。"姚崇假满复出之后，只用了一会儿工夫便将未决之事处理完毕，不禁面有得意之色，回头对紫微舍人齐浣道："我做宰相，可以与历史上那些宰相相比？"齐浣没有回答。姚崇继续问道："我与管仲、晏婴相比，谁更好些？"齐浣回答说："管仲、晏婴所奉行的法度虽然未能传之后世，起码也做到终身实施。您所制定的法度则随时更改，似乎比不上他们。"姚崇又问道："那么到底我是什么样的宰相呢？"齐浣回答说："您可以说是一位救时之相。"姚崇听后十分高兴，将手中的笔扔在桌案上说："一位救时宰相，也是不容易找到的呀！"

卢怀慎与姚崇同时担任宰相，自认为才能不及姚崇，所以每遇到一件事，都要请姚崇处理，当时的人将他称为"伴食宰相"。

山东出现特大蝗虫灾害，有些灾民在受灾田地的旁边焚香膜拜设祭祈福，却不敢下手捕杀蝗虫。姚崇奏请派遣御史督促各州县捕杀埋葬蝗虫。有些人认为蝗虫数量太多，无法尽行除灭，玄宗也对此举能否奏效感到疑惑。姚崇说；"现在山东蝗虫漫山遍野，黄河南北两岸百姓逃亡略尽，岂可坐视蝗虫吞噬禾苗，却不动手灭蝗救灾呢！即使这样做没能将蝗虫全部杀死，也要比养蝗虫造成灾害强。"唐玄宗于是同意按他的意见去办。卢怀慎认为如果杀灭的蝗虫太多，恐怕会对天地阴阳之气的调和造成妨害。姚崇道："当年楚庄王吞吃了水蛭，他的病就痊愈了；孙叔敖杀死了两头蛇，上天降福给他。为什么不忍心看到蝗虫被杀死却忍心看着百姓被饿死呢！倘若杀死蝗虫会招来灾祸，那么我姚崇请求一人承当责任！"

王皇后的妹夫、尚衣奉御长孙昕因一些小事与御史大夫李杰关系不睦。

四年（丙辰，公元716年）

春季，正月，长孙昕和他的妹夫杨仙玉在小巷里等候李杰，将他痛打了一顿。李杰上表自诉道："臣的头发皮肤被毁伤，只不过是受了皮肉之苦，臣的朝服衣冠受侵凌，则使国家的尊严受到了侮辱。"唐玄宗听了勃然大怒，下令在朝堂将长孙昕和杨仙玉用刑杖活活打死，以向文武臣僚谢罪。玄宗还专门降敕安慰李杰道："长孙昕等人是朕的近亲，朕平日训导不力，致使他们敢侵犯朝廷大臣。现在虽已将他们处以极刑，恐怕仍不足以谢罪。还望您仍以刚正之心，憎恨坏人坏事，千万不要把这样的恶人放在心上。"

丙申（十一月二十四日），唐玄宗任命尚书左丞源乾曜为黄门侍郎、同平章事。

姚崇自己没有住宅，寓居在罔极寺中，因身患疟疾向玄宗请假，玄宗屡次派使者询问他的日常饮食起居状况，每日竟达数十次之多。源乾曜上奏言事时，每当他的回答符合玄宗的旨意，玄宗总是说："这一定是姚崇的主意。"如果有时回答的不符合玄宗的旨意，玄宗就说："你为什么不事先与姚崇商量一下呢！"源乾曜也常常向玄宗道歉，承认确实是如此。朝中一有大事，玄宗就要让源乾曜到罔极寺询问姚崇的意见。癸卯，源乾曜请求将姚崇从罔极寺搬到四方馆居住，并准许他的家属入馆照料他的病，玄宗答应了这个要求。姚崇认为四方馆内存有官署的文书，不是病人应当居住的地方，因此坚决推辞。唐玄宗对他说："设置四方馆本来就是为官员服务的，朕安排您住进来，是为国家考虑。朕恨不得让您住到宫里，您还有什么可推辞的呢！"

姚崇的两个儿子光禄少卿姚彝和宗正少卿姚异，平日广交宾客，收受了许多礼物，受到当时人们的非议。主书赵诲受到姚崇的亲近信任，他接受胡人的贿赂被发觉，玄宗亲自审讯，罪当处以死刑，姚崇出面营救，唐玄宗因此不高兴。恰巧赶上因特殊情况赦免京城的在押罪犯，唐玄宗在赦免敕书中专门标出赵诲的名字，另处以杖刑一百，并流放岭南。姚崇因此而感到担心和恐惧，便屡次请求辞去宰相职务，推荐广州都督宋璟代替自己为相。

十二月，唐玄宗将要到东都洛阳，任命宋璟为刑部尚书、西京留守，他日夜兼程赶赴京城，并派内侍、将军杨思勖前去迎接。宋璟风度凝重深沉，令人难测，在赴京途中居然没有与杨思勖交谈。杨思勖一向深得玄宗宠幸，回京后便向玄宗诉说，唐玄宗慨叹了好长时间，越发敬重宋璟。

闰十二月，己亥（二十八日），姚崇被罢免为开府仪同三司；源乾曜被罢免为京兆尹、西京留守。唐玄宗任命刑部尚书宋璟守吏部尚书兼黄门监，还任命紫微侍郎苏颋为同平章事。

宋璟做宰相，致力于选拔人才，根据才能的不同授予相应的官职，使文武百官人人称职；宋璟行赏施罚不徇私情，对皇帝也敢于犯颜直谏。玄宗对他也十分敬畏，有时他奏对不合己意，玄宗也往往曲意听从。

姚崇和宋璟相继为相，姚崇擅长随机应变以圆满地完成任务，宋璟则擅长遵守成法坚持正道；两个人的志向操守不同，却能同心协力辅佐玄宗，使得这个时期赋役宽平，刑罚清省，百姓富庶。在唐一代的贤相中，前有贞观朝的房玄龄和杜如晦，后有开元朝的姚崇和宋璟，其他的人，则无法与此四人相提并论。姚崇与宋璟进见时，唐玄宗常常要站起来迎接，他们离开时，唐玄宗便要在殿前相送。等到李林甫作宰相时，虽然受到的宠信超过了姚崇和宋璟，但得到的礼遇就太微薄了。这一时期的紫微舍人高仲舒博通典籍，齐浣则通达时务，姚崇和宋璟每有疑难问题，都要向高仲舒和齐浣征求意见，得到满意的答复之后感叹道："想了解往古之制，可以向高君请教，想知道当今之事，可以向齐君请教，这样，处理政事就不会出现差错了。"

五年（丁巳，公元717年）

贞观时期曾规定：中书省、门下省以及三品官入朝奏事，须有谏官、史官随同，如有过失则及时匡正，无论善恶均记录在册；诸司奏事均在正衙，御史弹劾百官时，必须头戴獬豸冠，对着皇帝的仪仗朗读弹劾的奏表；所以大臣无法独自控制和蒙蔽君主，小臣也无从进谗行恶。到了许敬宗、李义府执政时期，朝政多隐秘策划、邪僻不正，官员奏事大多是等仪仗撤下后，屏退左右，在皇帝御坐之前秘密进行的，监察御史和待制官只是远远侍立以等候奏事的大臣退下；谏官和史官也是随皇帝仪仗一同退出的，至于仪仗撤下以后发生的事，则无从得知。武则天以刑法控制臣下，谏官和御史可以仅凭传闻奏事，自御史大夫至监察御史可以互相弹奏，致使臣下大多以邪谄不正的手段相互陷害。宋璟做宰相以后，想恢复贞观时期的制度。戊申（九月十二日），唐玄宗发布制命："从今以后，凡事如果不是必须保密的，一律对仗奏闻，史官也要按贞观时的旧例加以记录。"

第二百一十二卷
唐纪二十八

译文诵读

玄宗至道大圣大明孝皇帝上之下开元六年（戊午，718）

广州吏民为宋璟立遗爱碑。璟上言：“臣在州无他异迹，今以臣光宠，成彼谄谀。欲革此风，望自臣始，请敕下禁止。”上从之。于是他州皆不敢立。

七年（己未，719）

三月，乙卯，以左武卫大将军、检校内外闲厩使、苑内营田使王毛仲行太仆卿。毛仲严察有干力，万骑功臣、闲厩官吏皆惮之，苑内所收常丰溢。上以为能，故有宠。虽有外第，常居闲厩侧内宅，上或时不见，则悄然若有所失。宦官杨思勖、高力士皆畏避之。

九月，甲寅，徙宋王宪为宁王。上尝从复道中见卫士食毕，弃余食于窦中，怒，欲杖杀之，左右莫敢言。宪从容谏曰：“陛下从复道中窥人过失而杀之，臣恐人人不自安。且陛下恶弃食于地者，为食可以养人也。今以余食杀人，无乃失其本乎！”上大悟，蹶然起曰：“微兄，几至滥刑。”遽释卫士。是日，上宴饮极欢，自解红玉带，并所乘马以赐宪。

选人宋元超于吏部自言侍中璟之叔父，冀得优假。璟闻之，牒吏部云：“元超，璟之三从叔，常在洛城，不多参见。既不敢缘尊辄隐，又不愿以私害公。向者无言，自依大例，既有声听，事须矫枉，请放。”

八年（庚申，720）

侍中宋璟疾负罪而妄诉不已者，悉付御史台治之。谓中丞李谨度曰：“服不更诉者出之，尚诉未已者且系。”由是人多怨者。会天旱有魃，优人作魃状戏于上前，问魃：“何为出？”对曰：“奉相公处分。”又问：“何故？”魃曰：“负冤者三百余人，相公悉以系狱抑之，故魃不得不出。”上心以为然。

丁卯，以源乾曜为侍中，张嘉贞为中书令。

乾曜上言：形要之家多任京官，使俊乂之士沉废于外。臣三子皆在京，请出其二人。”上从之。因下制称乾曜之公，命文武官效之，于是出者百余人。

张嘉贞吏事强敏，而刚躁自用。中书舍人苗延嗣、吕太一、考功员外郎员嘉静、殿中侍御史崔训皆嘉贞所引进，常与之议政事。四人颇招权，时人语曰：“令公四俊，苗、吕、崔、员。”

上禁约诸王，不使与群臣交结。光禄少卿驸马都尉裴虚己与岐王范游宴，仍私挟谶纬。戊子，流虚己于新州，离其公主。万年尉刘庭琦、太祝张谔数与范饮酒赋诗，贬庭琦雅州司户，谔山茌丞。然待范如故，谓左右曰：“吾兄弟自无间，但趋竞之徒强相托附耳。吾终不以此责兄弟也。”上尝不豫，薛王业妃弟内直郎韦宾与殿中监皇甫恂私议休咎。事觉，宾杖死，恂贬锦州刺史。业与妃惶惧待罪，上降阶执业手曰：“吾若有心猜兄弟者，天地实殛之。”即与之宴饮，仍慰谕妃，令复位。

九年（辛酉，721）

监察御史宇文融上言，天下户口逃移，巧伪甚众，请加检括。融，弼之玄孙也，源乾曜素爱其才，赞成之。二月，乙酉，敕有司议招集流移、按诘巧伪之法以闻。

丁亥，制：“州县逃亡户口听百日自首，或于所在附籍，或牒归故乡，各从所欲。过期不首，即加检括，谪徙边州，公私敢容庇者抵罪。”以宇文融充使，括逃移户口及籍外田，所获巧伪甚众。迁兵部员外郎兼侍御史。融奏置劝农判官十人，并摄御史，分行天下。其新附客户，免六年赋调。使者竞为刻急，州县承风劳扰，百姓苦之。阳翟尉皇甫憬上疏言其状。上方任融，贬憬盈川尉。州县希旨，务于获多，虚张其数，或以实户为客，凡得户八十余万，田亦称是。

蒲州刺史陆象先政尚宽简，吏民有罪，多晓谕遣之。州录事言于象先曰：“明公不施棰挞，何以示威！”象先曰：“人情不远，此属岂不解吾言邪！必欲棰挞以示威，当从汝始！”录事惭而退。象先尝谓人曰：“天下本无事，但庸人扰之耳。苟清其源，何忧不治！”

丁未，梁文献公姚崇薨，遗令：“佛以清净慈悲为本，而愚者写经造像，冀以求福。昔周、齐分据天下，周则毁经像而修甲兵，齐则崇塔庙而弛刑政，一朝合战，齐灭周兴。近者诸武、诸韦，造寺度人，不可胜纪，无救族诛。汝曹勿效儿女子终身不寤，追荐冥福！道士见僧获利，效其所为，尤不可延之于家。当永为后法！”

安州别驾刘子玄卒。子玄即知几也，避上嫌名，以字行。

著作郎吴兢撰《则天实录》，言宋璟激张说使证魏元忠事。说修史见之，知兢所为，谬曰：“刘五殊不相借！”兢起对曰：“此乃兢所为，史草具在，不可使明公枉怨死者。”同僚皆失色。其后说阴祈兢改数字，兢终不许，曰：“若徇公请，则此史不为直笔，何以取信于后！”

十年（壬戌，722）

初，上之诛韦氏也，王皇后颇预密谋，及即位数年，色衰爱弛。武惠妃有宠，阴怀倾夺之志，后心不平，时对上有不逊语。上愈不悦，密与秘书监姜皎谋以后无子废之，皎泄其言。嗣滕王峤，后之妹夫也，奏之。上怒，张嘉贞希旨构成其罪，云："皎妄谈休咎。"甲戌，杖皎六十，流钦州，弟吏部侍郎晦贬春州司马。亲党坐流、死者数人，皎卒于道。

己亥，敕："宗室、外戚、驸马，非至亲毋得往还。其卜相占候之人，皆不得出入百官之家。"

初，诸卫府兵，自成丁从军，六十而免，其家又不免杂徭，浸以贫弱，逃亡略尽，百姓苦之。张说建议，请召募壮士充宿卫，不问色役，优为之制，逋逃者必争出应募。上从之。旬日，得精兵十三万，分隶诸卫，更番上下。兵农之分，从此始矣。

十一年（癸亥，723）

上置丽正书院，聚文学之士秘书监徐坚、太常博士会稽贺知章、监察御史鼓城赵冬曦等，或修书，或侍讲。以张说为修书使以总之。有司供给优厚。中书舍人洛阳陆坚以为此属无益于国，徒为糜费，欲悉奏罢之。张说曰："自古帝王于国家无事之时，莫不崇宫室，广声色，今天子独延礼文儒，发挥典籍，所益者大，所损者微。陆子之言，何不达也！"上闻之，重说而薄坚。

十二年（甲子，724）

六月，壬辰，制听逃户自首，辟所在闲田，随宜收税，毋得差科征役，租庸一皆蠲免。仍以兵部员外郎兼侍御史宇文融为劝农使，巡行州县，与吏民议定赋役。

姜皎既得罪，王皇后愈忧畏不安，然待下有恩，故无随而谮之者，上犹豫不决者累岁。后兄太子少保守一，以后无子，使僧明悟为后祭南北斗，剖霹雳木，书天地字及上名，合而佩之，祝曰："佩此有子，当如则天皇后。"事觉，己卯，废为庶人，移别室安置。贬守一潭州别驾，中路赐死。户部尚书张嘉贞坐与守一交通，贬台州刺史。

己亥，以宇文融为御史中丞

融乘驿周流天下，事无大小，诸州先牒上劝农使，后申中书。省司亦待融指伪，然后处决。时上将大攘四夷，急于用度，州县畏融，多张虚数，凡得客户八十余万，田亦称是。岁终，增缗钱数百万，悉进入宫，由是有宠。议者多言烦扰，不利百姓，上亦令集百寮于尚书省议之。公卿已下，畏融恩势，不敢立异。惟户部侍郎杨玚独抗议，以为："括客免税，不利居人。征籍外田税，使百姓困弊，所得不补所失。"未几，玚出为华州刺史。

十三年（乙卯，725）

王毛仲有宠于上，百官附之者辐凑。毛仲嫁女，上问何须。毛仲顿首对曰："臣万事已备，但未得客。"上曰："张说、源乾曜辈岂不可呼邪？"对曰："此则得之，"上曰："知汝所不能致者一人耳，必宋璟也。"对曰："然。"上笑曰："朕明日为汝召客。"明日，上谓宰相："朕奴毛仲有婚事，卿等宜与诸达官悉诣其第。"既而日中，众客未敢举箸，待璟，久之，方至，先执酒西向拜谢，饮不尽卮，遽称腹痛而归。璟之刚直，老而弥笃。

唐玄宗开元六年（戊午，公元718年）

广州的官吏百姓为宋璟修建遗爱碑。宋璟向玄宗进言说："臣任广州都督期间并无优异的政绩，现在由于臣地位显耀，才造成那些人的阿谀奉承；要革除这种恶劣的风气，希望从臣这儿开始，请陛下降敕禁止为臣立碑。"玄宗采纳了他的建议。于是其他各州都不敢再干立碑的事。

七年（己未，公元719年）

三月，乙卯（二十六日），唐玄宗任命左武卫大将军、检校内外闲厩使、苑内营田使王毛仲担任太仆寺卿。王毛仲谨严精明，有才干能力，万骑军中的有功之臣和闲厩官吏都惧怕他，苑中的收入一般很丰盛。唐玄宗认为他很有才干，因此受到了玄宗的宠爱。王毛仲虽然在外面有宅第，却常常住在宫内闲厩旁边的宅中，有时玄宗见不到他，就会感到若有所失。宦官杨思勖和高力士都对他十分敬畏。

九月，甲寅，玄宗将宋王李宪改封为宁王。有一次玄宗在楼阁之间的天桥上发现卫士将吃剩的饭菜倒在坑穴中，感到非常生气，想要将这个卫士用刑杖活活打死。玄宗身边的人没有敢说话的。李宪不慌不忙地规劝道："陛下从天桥上偷偷地发现他人的过失，就要将其处死，臣担心这样做会使得人人自危。再说陛下憎恶他人将饭菜倒在地上，是因为饭菜能够养活人，如果现在因为一点点剩饭剩菜就要杀人，恐怕与陛下的本意不符吧！"玄宗恍然大悟，急忙站起来回答说："幸亏有了皇兄的规谏，否则几乎要滥用刑罚了。"说完赶忙将卫士释放。在这一天的宴席上，玄宗极为高兴，亲自解下自己的红玉带，连同自己所乘的坐骑一起赏赐给李宪。

候选的官员宋元超在吏部自称是侍中宋璟的叔父，希望因此能得到关照。宋璟得知此事后，发文书给吏部说："宋元超是我同高祖的叔父，由于他定居在洛城，因而未能经常前去参见。我既不敢因为他是长辈就为之隐瞒，又不愿以私害公。以往他没有提出这层关系，吏部自然可以照章办事，现在他既然已把我们的关系声张出去，那么就必须矫枉过正了，请不要录用他。"

八年（庚申，公元720年）

侍中宋璟很厌恶那些明明有罪却没完没了地四处告状的人，便将这些人全都交付御史台治罪。他对御史中丞李谨度说："你应当将那些已认罪不再上诉的人释放，把那些还在不停地申诉的人先关起来。"所以很多人怨恨他。正赶上旱神作怪，天下大旱，宫中演滑稽戏的俳优在玄宗面前扮作旱神模样演戏，其中一个演员问"旱神"道："你为什么到人间来降灾呢？""旱神"回答说："我是奉了丞相的命令降临人间的。"又问："这是为什么？""旱神"接着回答："蒙冤者达三百余人，丞相将他们全都关进监狱，借此压制他们，所以我不得不到人间降灾以示警告。"唐玄宗心中对此也有同感。

丁卯（五月十五日），唐玄宗任命源乾曜为侍中，任命张嘉贞为中书令。

源乾曜进言："现在出身于权贵之家的人大多在京师任官，德高望重之士反在京外任职。臣有三个儿子，均在京城任官，请陛下将其中两个外放任职。"玄宗答应了他的请求，并颁下制命称赞源乾曜公正无私，命令文武百官向他学习，于是到京外任职的达一百余人。

张嘉贞处理公务精明强干，只是性情急躁刚愎自用。中书舍人苗延嗣、吕太一、考功员外郎员嘉静和殿中侍御史崔训都是张嘉贞提拔任用的，张嘉贞也常与这四个人商议朝政大事。这四个人处处揽权，当时的人这样流传说："中书令张公的四位俊才，是苗延嗣、吕太一、崔训和员嘉静。"

唐玄宗禁止诸王与群臣交结。光禄少卿驸马都尉裴虚己与岐王李范一起游观宴饮，并且私自挟带谶纬之书；戊子（十月初九），唐玄宗将裴虚己流放到新州，并让霍国公主与他离婚。万年县尉刘庭琦和太常寺太祝张谔也因屡次与李范在一起饮酒赋诗而分别被贬为雅州司户和山茌县丞。但玄宗仍然像以往那样善待李范，他对左右侍臣说："朕的兄弟自然没有问题，不过是那些趋炎附势的小人极力巴结而已。朕决不会因此而责怪自己的兄弟。"有一次玄宗生了病，薛王李业之妃的弟弟、内直郎韦宾与殿中监皇甫恂私议吉凶之事；事发后，韦宾被用刑杖打死，皇甫恂被贬为锦州刺史。李业与其妃子十分惶恐，只等着玄宗治罪了，唐玄宗走下台阶拉着

唐玄宗与杨贵妃夫伴妇舞

李业的手说：“我如果有猜忌兄弟之心，天地不容。”并且与他一同入席饮酒，此外还好言安慰李业之妃，让他仍当王妃。

九年（辛酉，公元721年）

监察御史宇文融进言，认为全国各地民户人口流散逃移，弄虚作假现象十分普遍，希望加以核查。宇文融是宇文歆的玄孙，源乾曜向来喜欢他的才能，故而极为赞成他的建议。二月，乙酉（初八），玄宗敕令有关部门研究一下招集流散人口以及追查弄虚作假现象的办法，并将研究结果上奏。

丁亥（初十），唐玄宗颁下制命：“各州县逃亡的户口，允许在百日内自己主动申报，或在现在的住地编入户籍，或发文书回原籍申报户口，都可按自己的心愿办理。凡过期不报者，一经官府查出，一律迁徙到边远州县安置。官民人等如有隐藏包庇者，也照此处治。”任命宇文融充任朝廷使者，负责搜求逃亡流失的户口及清查隐瞒不报的田地，查出的弄虚作假现象非常多。宇文融因此被擢升为兵部员外兼侍御史。宇文融还奏请唐玄宗设置了十位劝农判官，都兼任代理御史，分头巡行全国各地。凡新近编入户籍的客户，均免除六年的赋调。各路使者在执法上竞相追求严峻苛刻，所在州县官吏又一味迎合使者，变本加厉地骚扰百姓，致使百姓苦不堪言。阳翟县尉皇甫憬上疏反映这一情况，由于玄宗正信任宇文融，所以皇甫憬反被贬职为盈川尉。州县官吏迎合上司的旨意，务求多得逃户，为此不惜虚报数量，甚至有的把户籍中原有的户也当做新增的客户呈报上去。此次共查出流失的民户八十余万，查出的被隐瞒土地的数目也与此基本相当。

蒲州刺史陆象先为政崇尚宽厚简约，属下官吏百姓有罪，多当面用好言劝诫，然后让他们离开。蒲州录事对陆象先说：“明公不用刑杖，怎么能显示威风呢！”陆象先回答说：“人心都是相通的，难道这些人不理解我的话吗！如果你一定要我用刑杖来显示威风，那就应当从你开始！”录事十分惭愧，赶忙退出。陆象先曾对人说：“天下本无事，庸人自扰之。为政若能正本清源，何忧天下不治！”

丁未（九月初三），梁文献公姚崇去世，临死留下这样的遗嘱：“佛教以清静慈悲为本，愚昧的人却希望通过抄写经文、建造佛像来求得来世之福。过去的北齐与北周两国对峙，北周毁弃佛经佛像而整治军队，北齐却丢开刑罚与政令，大量建造佛寺，等到两国一交战，结果是北齐灭亡，北周勃兴。近代的武氏成员和韦氏诸人，所建之寺与所度之僧数不胜数，却并未免除其宗族被夷灭的后果。在我死后，你们不要像凡夫俗女那样愚昧无知。为我诵经超度以求死后之福！道士们见僧尼因此而获利，也效法僧尼，更不能将他们请进家门。这条家训，子孙后代必须永远遵守！”

安州别驾刘子玄去世。刘子玄即刘知几，为避玄宗皇帝李隆基姓名的同音字而以字行于世。

著作郎吴兢撰修了《则天实录》，其中记载了宋璟激励张说为魏元忠做证的真实经过。张说在修史时见到了这段记载，心里知道是吴兢所写，嘴里却故意说道：

“刘五（即刘知几）在修史时对我一点都不帮忙！”吴兢马上站起来回答说：“这一段是我吴兢写的，所有的草稿都还在，我不能让明公您错怪了已经死去的刘子玄。”在座的同僚听了这话全都大惊失色。后来张说私下里请求吴兢将这段记载略改几字，吴兢始终没有答应，他说：“我要是曲从您的要求，《则天实录》就不再是秉笔直书的信史，将何以取信于后人！”

十年（壬戌，公元722年）

起初，在唐玄宗定诛除韦后之计的时候，王皇后参与了很多秘密的策划，到了玄宗即位几年以后，皇后姿色渐衰，玄宗对她的宠幸也大不如前。此时武惠妃颇受玄宗宠爱，内心里便有了夺取皇后之位的企图，王皇后对此心中不平，常常对玄宗出言不逊。玄宗对皇后越发不满，暗地里与秘书监姜皎商议，打算以皇后无子为借口将其废黜，姜皎将玄宗这番话泄露了出去。继任的滕王李峤是王皇后的妹夫，便将此事上奏给玄宗。唐玄宗很生气，宰相张嘉贞迎合玄宗的旨意，便罗织而成姜皎的罪名，声称：“姜皎妄谈吉凶之事。”甲戌（八月），姜皎被处以杖刑六十，流放钦州，姜皎之弟吏部侍郎姜晦也被贬为春州司马；姜氏家族的亲属党羽之中还有几个被处以流刑或死刑的，姜皎在赴钦州的途中死去。

己亥，唐玄宗发布敕命：“宗室、外戚、驸马若非骨肉至亲，一律不得相互往来交结；所有占卜看相和观察天象预测吉凶的术士，一律不得出入文武百官之家。”

起初，各卫的府兵，自成丁之年开始从军，至六十岁时方可免役，府兵家中又须负担各种杂役，长此以往便逐渐贫弱，所以各卫的府兵逃亡殆尽，百姓也深以从军为苦。张说向玄宗提出一个建议，请求招募壮丁充任禁兵，应募入伍的壮丁不须负担各种劳役，再制定一些优待他们的条规，这样逃避兵役的人就会争相出来应募。唐玄宗采纳了他的建议。十天之内，即募得精兵十三万，分别隶属于各卫，并轮番值班。唐代兵、农的分离，就是从这时候开始的。

十一年（癸亥，公元723年）

唐玄宗设立丽正书院，招纳了秘书监徐坚、太常博士会稽人贺知章、监察御史彭城人赵冬曦等文学之士，这些人有的著书立说，有的给皇帝讲论文史；玄宗还任命张说为修书使主持其事，有关部门给予这些人的供应十分优厚。中书舍人洛阳人陆坚认为这些人所干的事对国家没有什么益处，只是白白地耗费钱财，打算奏请皇帝将他们全部罢免。张说道：“自古以来的帝王在国家安定时期，无不大建宫室，增广耳目声色之好，唯独当今天子延纳和礼遇博学的儒者，阐发和弘扬先圣所遗留下来的文献典籍，这样做对国家大有好处，并且耗费的钱财也极为有限。陆子所说的话，怎么如此不明事理！”玄宗得知此事后，愈发推重张说而鄙视陆坚。

十二年（甲子，公元724年）

六月，壬辰（初五），唐玄宗发布制命，允许没有户籍的民户自动申报，辟出各地闲置的土地供他们耕种，由官府根据具体情况征收赋税，但不得征派徭役，租庸也一律蠲免。玄宗又任命兵部员外郎兼侍御史宇文融为劝农使，到各州县巡视，与当地吏民商定应出赋税徭役的具体数量。

姜皎被流放之后，王皇后心中越发忧惧不安，但由于平日对手下人多有恩惠，因而没有人乘机到玄宗那里去诬陷她，唐玄宗在几年之间也一直对是否废掉皇后一事犹豫不决。由于王皇后没有生儿子，他的哥哥太子少保王守一便指使僧人明悟为皇后祭北斗七星和南斗六星，并剖开霹雳木，在上面写下天地二字和玄宗的姓名，然后将两个半片合在一起，让皇后佩戴在身上，又向神祈祷道："佩戴上这个东西，就会生儿子，就像则天皇后那样。"此事被发觉，己卯（七月二十二日），玄宗将王皇后废为庶人，迁到别的房间中安置；又将王守一贬为潭州别驾，并在赴任途中将他赐死。户部尚书张嘉贞因与王守一互相交结而获罪，被贬为台州刺史。

己亥（八月十二日），唐玄宗任命宇文融为御史中丞。

宇文融乘着驿车周游天下，事情不论大小，各州都要先向他这个劝农使汇报，然后再呈报给中书省；尚书省左右司长官也都是在看到宇文融提出的意见之后，才对具体问题做出处理决定。当时唐玄宗正准备对四方异族大事征伐，急需钱用，地方州县官惧怕宇文融，多虚报清查出的户口和土地的数量，所以总共得到无户籍的客户八十余万，查出的隐匿土地数量也与此相当。到年终决算时，共增加财政收入达数百万缗，宇文融将这些收入全部上缴宫中，因而深得唐玄宗的宠爱。群臣大多认为他这样做冗杂繁乱，对百姓不利，唐玄宗也曾将文武百官召集到尚书省共同讨论此事。但公卿以下官员大多忌惮宇文融的恩宠、权势，所以不敢提出反对意见。只有户部侍郎杨玚例外，他认为："清查隐漏的户口，对自首的人免除租庸徭役，对在籍的百姓不利；征收不在籍的隐漏户的田税，会使得百姓生计困苦，所失大于所得。"过了不久，杨玚便被外放为华州刺史。

十三年（乙丑，公元725年）

王毛仲深得唐玄宗的宠幸，巴结他的文武官员数不胜数。王毛仲的女儿将要出嫁，玄宗问他还缺什么东西。王毛仲叩头回答道："臣万事均已齐备，只是没有请到客人。"玄宗问道："张说、源乾曜这类人难道喊不来吗？"王毛仲回答说："这些已经请到了。"唐玄宗说："朕知道你请不动的只有一个人，那就是宋璟。"王毛仲说："正是。"玄宗笑着说："朕明天亲自替你请客人。"第二天，玄宗对宰相说："朕的奴才王毛仲为女儿办喜事，你们应当与各位朝廷要员一起去他家贺喜。"直到正午时分，所有的来宾还都不敢动筷子，只等宋璟一人，过了很久，宋璟才到，他先端起酒杯向西行礼拜谢君命，然后未等喝完这一杯酒，便忽然说腹中疼痛难忍而退席回家。宋璟为人刚直，老而更甚。

第二百一十三卷
唐纪二十九

译文诵读

玄宗至道大圣大明孝皇帝中之上开元十四年（丙寅，726）

上欲以武惠妃为皇后，或上言："武氏乃不戴天之仇，岂可以为国母！人间盛言张说欲取立后之功，更图入相之计。且太子非惠妃所生，惠妃复自有子，若登宸极，太子必危。"上乃止。然宫中礼秩，一如皇后。

十七年（己巳，729）

开府王毛仲与龙武将军葛福顺为婚。毛仲为上所信任，言无不从，故北门诸将多附之，进退唯其指使。吏部侍郎齐浣乘间言于上曰："福顺典禁兵，不宜与毛仲为婚。毛仲小人，宠过则生奸，不早为之所，恐成后患。"上悦曰："知卿忠诚，朕徐思其宜。"浣曰："君不密则失臣，愿陛下密之。"会大理丞麻察坐事左迁兴州别驾，浣素与察善，出城饯之，因道禁中谏语。察性轻险，遽奏之。上怒，召浣责之曰："卿疑朕不密，而以语麻察，讵为密邪？且察素无行，卿岂不知邪？"浣顿首谢。秋，七月，丁巳，下制："浣、察交构将相，离间君臣，浣可高州良德丞，察可浔州皇化尉。"

八月，癸亥，上以生日宴百官于花萼楼下。左丞相乾曜、右丞相说帅百官上表，请以每岁八月五日为千秋节，布于天下，咸令宴乐。寻又移社就千秋节。

庚辰，工部尚书张嘉贞薨。嘉贞不营家产，有劝其市田宅者，嘉贞曰："吾贵为将相，何忧寒馁！若其获罪，虽有田宅，亦无所用。比见朝士广占良田，身没之日，适足为无赖子弟酒色之资，吾不取也。"闻者是之。

宇文融性精敏，应对辩给，以治财赋得幸于上，始广置诸使，竞为聚敛，由是百官浸失其职而上心益侈，百姓皆怨苦之。为人疏躁多言，好自矜伐，在相位，谓人曰："使吾居此数月，则海内无事矣。"

信安王祎，以军功有宠于上，融疾之。祎入朝，融使御史李寅弹之，泄于所亲。祎闻之，先以白上。明日，寅奏果入，上怒。九月，壬子，融坐贬汝州刺史，凡为相百日而罢。是后言财利以取贵仕者，皆祖于融。

宇文融既得罪，国用不足，上复思之，谓裴光庭曰：“卿等皆言融之恶，朕既黜之矣，今国用不足，将若之何！卿等何以佐朕？”光庭等惧不能对。会有飞状告融赃贿事，又贬平乐尉。至岭外岁余，司农少卿蒋岑奏融在汴州隐没官钱巨万计，制穷治其事，融坐流岩州，道卒。

十八年（庚午，730）

开府仪同三司、内外闲厩监牧都使霍国公王毛仲恃宠，骄恣日甚，上每优容之。毛仲与左领军大将军葛福顺、左监门将军唐地文、左武卫将军李守德、右威卫将军王景耀、高广济亲善，福顺等倚其势，多为不法。毛仲求兵部尚书不得，怏怏形于辞色，上由是不悦。

是时，上颇宠任宦官，往往为三品将军，门施棨戟。奉使过诸州，官吏奉之惟恐不及，所得赂遗，少者不减千缗，由是京城郊畿田园，参半皆在官矣。杨思勖、高力士尤贵幸，思勖屡将兵征讨，力士常居中侍卫。而毛仲视宦官贵近者若无人，甚卑品者，小忤意，辄詈辱如僮仆。力士等皆害其宠而未敢言。

会毛仲妻产子，三日，上命力士赐之酒馔、金帛甚厚，且授其儿五品官。力士还，上问：“毛仲喜乎？”对曰：“毛仲抱其襁中儿示臣曰：‘此儿岂不堪作三品邪！’上大怒曰：“昔诛韦氏，此贼心持两端，朕不欲言之。今日乃敢以赤子怨我！”力士因言：“北门奴，官太盛，相与一心，不早除之，必生大患。”上恐其党惊惧为变。

十九年（辛未，731）

春，正月，壬戌，下制，但述毛仲不忠怨望，贬瀼州别驾，福顺、地文、守德、景耀、广济皆贬远州别驾，毛仲四子皆贬远州参军，连坐者数十人。毛仲行至永州，追赐死。

自是宦官势益盛。高力士尤为上所宠信，尝曰：“力士上直，吾寝则安。”故力士多留禁中，稀至外第。四方表奏，皆先呈力士，然后奏御。小者力士即决之，势倾内外。金吾大将军程伯献、少府监冯绍正与力士约为兄弟。力士母麦氏卒，伯献等被发受吊，擗踊哭泣，过于己亲。力士娶瀛州吕玄晤女为妻，擢玄晤为少卿，子弟皆王傅。吕氏卒，朝野争致祭，自第至墓，车马不绝。然力士小心恭恪，故上终亲任之。

辛未，遣鸿胪卿崔琳使于吐蕃。琳，神庆之子也。吐蕃使者称公主求《毛诗》《春秋》《礼记》。正字于休烈上疏，以为：“东平王汉之懿亲，求《史记》《诸子》，汉犹不与。况吐蕃，国之寇仇，今资之以书，使知用兵权略，愈生变诈，非中国之利也。”事下中书门下议之。裴光庭等奏：“吐蕃聋昧顽嚚，久叛新服，因其有请，赐以《诗》《书》，庶使之渐陶声教，化流无外。休烈徒知书有权略变诈之语，不知忠、信、礼、义，皆从书出也。”上曰：“善！”遂与之。休烈，志宁之玄孙也。

二十一年（癸酉，733）

三月，乙巳，侍中裴光庭薨。太常博士孙琬议："光庭用循资格，失劝奖之道，请谥曰克。"其子稹讼之，上赐谥忠献。

上问萧嵩可以代光庭者，嵩与右散骑常侍王丘善，将荐之；固让于右丞韩休。嵩言休于上。甲寅，以休为黄门侍郎、同平章事。

休为人峭直，不干荣利；及为相，甚允时望。始，嵩以休恬和，谓其易制，故引之。及与共事，休守正不阿，嵩渐恶之。宋璟叹曰："不意韩休乃能如是！"上或宫中宴乐及后苑游猎，小有过差，辄谓左右曰："韩休知否？"言终，谏疏已至。上尝临镜默然不乐，左右曰："韩休为相，陛下殊瘦于旧，何不逐之！"上叹曰："吾貌虽瘦，天下必肥。萧嵩奏事常顺指，既退，吾寝不安。韩休常力争，既退，吾寝乃安。吾用韩休，为社稷耳，非为身也。"

夏，六月，癸亥，制："自今选人有才业操行，委吏部临时擢用；流外奏用不复引过门下。"虽有此制，而有司以循资格便于己，犹踵行之。是时，官自三师以下一万七千六百八十六员，吏自佐史以上五万七千四百一十六员，而入仕之涂甚多，不可胜纪。

是岁，分天下为京畿、都畿、关内、河南、河东、河北、陇右、山南东道、山南西道、剑南、淮南、江南东道、江南西道、黔中、岭南，凡十五道，各置采访使，以六条检察非法；两畿以中丞领之，余皆择贤刺史领之。非官有迁免，则使无废更。惟变革旧章，乃须报可；自余听便宜从事，先行后闻。

唐玄宗开元十四年（丙寅，公元726年）

唐玄宗想立武惠妃为皇后，有人上书说："您与武氏有不共戴天之仇，怎么能立她为国母？民间盛传张说想谋取册立皇后之功，进而再做担任宰相的打算。况且太子不是武惠妃所生，她自己又有儿子，如果她登上皇后之位，太子必然很危险。"唐玄宗听后才打消了这个念头，但武惠妃在宫中的礼仪级别，一切都如同皇后。

十七年（己巳，公元729年）

开府王毛仲与龙武将军葛福顺成了亲家。王毛仲很受唐玄宗的信任，唐玄宗对他的话没有不听从的，因此羽林军各将领大多依附于他，行动只听他的指使。吏部侍郎齐浣找机会向唐玄宗说："葛福顺主管禁军，不适宜与王毛仲结为亲家。王毛仲是个小人，过分宠爱就会心生邪恶；如果不及早安排，恐怕会成为后患。"唐玄宗高兴地说："我知道你这是一片忠诚，朕会慢慢地考虑个妥善的处理办法。"齐浣说："君主如不保守秘密就会失去臣子，希望陛下对这事保密。"适逢大理丞麻察因事获罪，被降职为兴州别驾；齐浣一向与麻察很要好，出城为他饯行，顺便说起在宫中向唐玄宗劝谏的话。麻察生性轻薄险恶，很快就把这事报告了唐玄宗。唐玄宗勃然大怒，立即召见齐浣，斥责他说："你怀疑我不能保密，却又把事情告诉麻察，你这样做难道是保密吗？况且麻察素来没有德行，你难道不知道吗？"齐浣拼命磕头请罪。秋季，七月，丁巳（二十九日），唐玄宗下令："齐浣、麻察两人一起诬陷将相，离间君臣；齐浣降为高州良德县丞，麻察降为浔州皇化县尉。"

八月，癸亥（初五），唐玄宗为庆贺自己的生日，在花萼楼下宴请百官。左丞相源乾曜、右丞相张说率领百官呈上表章，请唐玄宗将每年八月五日定为千秋节，公布于全国，让老百姓都摆宴同乐。不久，唐玄宗又下令将祭祀土地神的日子移到千秋节。

庚辰（二十二日），工部尚书张嘉贞去世。张嘉贞不经营家产，有人劝他买田地住宅，他说："我居于将相的高位，担忧什么饥寒！如果犯了法，即使有田地住宅，也没有什么用。近来我见到朝中的士大夫大占良田，身死之后，这些只能成为无赖子弟贪恋酒色的本钱。我不做这种事。"听了他的话的人，都认为他讲得对。

宇文融性情精明机智，应对敏捷有口才，因善于治理财务赋税而受到唐玄宗的宠幸，他为相后开始广泛设置众使，竞相为朝廷聚敛财富，从此百官渐渐荒废了自己的职守，而唐玄宗的心思却越来越奢侈，百姓都怨恨宇文融给他们带来痛苦。宇文融为人粗俗浮躁，爱多说话，喜欢自夸功劳。他当上丞相时，对人说："让我这丞相当上几个月，那全国就太平无事了。"

信安王李祎因为军功显赫而受到唐玄宗的宠爱，宇文融很嫉妒他。李祎入朝，宇文融指使御史李寅弹劾他，这事被宇文融泄漏给了他亲近的人。李祎听到消息后，抢先把这事报告了唐玄宗。第二天，李寅的奏章果然递了上来。唐玄宗见此大怒，九月，壬子（二十五日），宇文融因罪被贬为汝州刺史。宇文融当丞相仅仅一百天就被罢了官。此后，向皇帝谈论财货利益以取得显贵官位的人，都是效法宇文融的。

宇文融获罪后，国家用度不足，唐玄宗又想起他来，就对裴光庭说："你们都说宇文融不好，我已经降了他的职；如今国家费用不足，这将如何是好，你们有什么办法帮助朕？"裴光庭等人害怕，不能回答。恰好有匿名诉状告发宇文融收受贿赂的事，唐玄宗又将宇文融贬为昭州平乐县尉。宇文融到岭外一年余，司农少卿蒋岑上奏，告发他在汴州隐藏吞没了数以万计的官钱，唐玄宗下令彻底查处这事，宇文融因此获罪被流放岩州，在半路上死去。

十八年（庚午，公元730年）

开府仪同三司、内外闲厩监牧都使霍国公王毛仲依恃唐玄宗的宠爱，一天比一天骄傲放纵，唐玄宗常常容忍他。王毛仲和左领军大将军葛福顺、左监门将军唐地

诗仙李白

文、左武卫将军李守德、右威卫将军王景耀、高广济很亲近，葛福顺等人依靠他的权势，做了很多不法的事。王毛仲向唐玄宗要求当兵部尚书没有得到同意，常常在言语表情中流露出不满，唐玄宗因此很不高兴。

这时，唐玄宗十分宠信宦官，往往让他们当三品将军，府门前排列棨戟的仪仗。他们奉命出使经过各州，官员们都竭力奉承，只怕达不到他们的要求，每次他们得到的贿赂馈赠都不少于一千缗；因此京城郊区的田园，三分之一以上都到了宦官手中。杨思勖、高力士尤其受宠。杨思勖多次率兵出征，高力士常常在宫中侍卫。但王毛仲对受到天子重视亲近的宦官视若无人；那些品级低的宦官，如稍有违背他的心意，他就像对仆人一样地辱骂他们。高力士等人对王毛仲受到唐玄宗的宠爱都很嫉妒，但又不敢说话。

恰好王毛仲的妻子生了孩子，第三天，唐玄宗派高力士送给他很多好酒美食、金银丝绸，并且授予他儿子五品官。高力士回来，唐玄宗问："王毛仲高兴吗？"高力士回答说："王毛仲抱着他襁褓中的儿子给我看并且说：'我这儿子怎么做不了三品官呢！'"唐玄宗勃然大怒说："以前铲除韦氏，此贼就怀有二心，朕不想说他；今天竟敢用刚出世的儿子来埋怨我。"高力士趁机说："禁卫军的奴才，给他们的官职太大了，他们互相勾结，如不早日除去，必定会发生大乱。"唐玄宗担心王毛仲的党羽因惊惧而发生变故。

十九年（辛未，公元731年）

春季，正月，壬戌（十三日），唐玄宗下命令，只指出王毛仲对他不忠而且有怨恨情绪，因此降职为瀼州别驾，葛福顺、唐地文、李守德、王景耀、高广济都降职任边远各州的别驾，王毛仲的四个儿子都降职为边远各州的参军，受他们牵连的有几十人。王毛仲走到永州时，唐玄宗又派人在路上将他赐死。

从此，宦官的势力越来越大。高力士尤其被唐玄宗所宠信，唐玄宗曾经说："高力士值班，我睡觉才安心。"所以高力士多数时间留在宫中，很少到宫外的府第居住。各地上报的奏表，都要先呈送高力士，然后上奏唐玄宗。小一点的事，高力士就自己决定了，他的权势超越了所有内侍外臣。金吾大将军程伯献、少府监冯绍正与高力士结为兄弟。高力士的母亲麦氏去世，程伯献等人也去接受百官的吊唁。他们披头散发，捶胸顿足，悲声哭泣，比自己母亲死了还要悲痛。高力士娶瀛州吕玄晤的女儿为妻，就提拔吕玄晤当少卿，吕家子弟都成为诸王傅。吕氏去世，朝野上下的人都争先恐后前去吊唁哭祭，从他家府门一直到墓前，车马络绎不绝。

但高力士一直小心谨慎，恭敬有礼，因此，唐玄宗始终亲近信任他。

辛未（二十二日），唐玄宗派鸿胪寺卿崔琳出使吐蕃。崔琳是崔神庆的儿子。吐蕃使者说金城公主想要《毛诗》《春秋》《礼记》。正字于休烈上书认为："东平王刘宇是汉成帝的亲弟弟，他请求得到《史记》《诸子》，汉成帝尚且不给。何况吐蕃，是我国的仇敌，如果现在把这些书送给他们，使他们知道了用兵的韬略，就会更加机变狡诈，这不符合我国的利益。"唐玄宗把此事交给中书门下商议。裴光庭等人奏道："吐蕃愚昧、顽固而放肆，长期反叛，新近才降服，应该借这次他们求书的机会，把《毛诗》《尚书》送给他们，这可能会使他们逐渐受到大唐教化的陶冶，使教化流布，无远不至。于休烈只知道书籍中有权术谋略、机变狡诈的话语，却不知道忠、信、礼、义也都可以从书籍里表达出来。"唐玄宗说："你们说得好。"就命人把《毛诗》等书送给吐蕃的使节。于休烈是于志宁的玄孙。

二十一年（癸酉，公元733年）

三月，乙巳（初七），侍中裴光庭去世。太常博士孙琬议论说："裴光庭按照年资用人，不能勉励人才上进，请将他谥为'克'。"裴光庭的儿子裴稹力争，唐玄宗将裴光庭谥为"忠献"。

唐玄宗向萧嵩询问可以代替裴光庭为相的人，萧嵩和右散骑常侍王丘很要好，想举荐他；王丘坚持要让给尚书右丞韩休。于是，萧嵩向唐玄宗推荐韩休。甲寅（十六日），唐玄宗任命韩休为黄门侍郎、同平章事。

韩休为人严峻正直，不追求名位利禄；等他当了宰相，很符合当时朝廷上下的期望。开始，萧嵩因为韩休恬淡平和，认为他容易控制，所以引荐了他。等到与他共事时，才发现韩休刚正不阿，于是渐渐就厌恶他了。宋璟叹道："没想到韩休竟能做到这样！"唐玄宗有时在宫中设宴行乐或到后苑游玩打猎，稍有过失，就问左右的人："这事韩休知道不知道？"话音刚落，韩休的劝谏书已经送到。唐玄宗曾经对着镜子默默不乐，旁边的人说："韩休当宰相以来，您比以前瘦多了，为什么不将他斥退？"唐玄宗叹道："我虽然消瘦，天下人必定长胖了，萧嵩上奏事情常常依顺我的旨意，可退朝后，我睡觉都不安心。韩休常常和我争辩，可退朝后，我睡觉就安心了。我任用韩休，是为了国家，不是为了我自己。"

夏季，六月，癸亥（二十八日），唐玄宗下命令："从现在起，候选官员中有才能、学问和品行的人，委托吏部随时提拔任用；九品以外官员的进用，不用再经过门下省审定。"虽然有了这个命令，但有关部门认为按年资升迁对自己很方便，仍沿袭实行老办法。此时，自太师、太傅、太保以下的官员共一万七千六百八十六名，从佐史以上的胥吏共五万七千四百一十六名，做官的途径多得数不胜数。

这一年，唐玄宗将全国分为京畿道、都畿道、关内道、河南道、河东道、河北道、陇右道、山南东道、山南西道、剑南道、淮南道、江南东道、江南西道、黔中道、岭南道，共十五个道，分别设置采访使，用六条规定检察官员的非法行为；两畿采访使由御史中丞兼任，其他都选择贤明的刺史兼任。如果不是刺史的职位有迁转黜免，则采访使的职务也不会有变动。只有变革旧的规章，仍须上报朝廷批准；其余的采访使可以根据情况自行处理，先执行后报告。

唐纪三十 第二百一十四卷

译文诵读

玄宗至道大圣大明孝皇帝中之中开元二十二年（甲戌，734）

吏部侍郎李林甫，柔佞多狡数，深结宦官及妃嫔家，伺候上动静，无不知之，由是每奏对，常称旨，上悦之。时武惠妃宠幸倾后宫，生寿王清，诸子莫得为比，太子浸疏薄。林甫乃因宦官言于惠妃，愿尽力保护寿王；惠妃德之，阴为内助，由是擢黄门侍郎。五月，戊子，以裴耀卿为侍中，张九龄为中书令，林甫为礼部尚书、同中书门下三品。

上种麦于苑中，帅太子以下亲往芟之，谓曰："此所以荐宗庙，故不敢不亲，且欲使汝曹知稼穑艰难耳。"又遍以赐侍臣曰："比遣人视田中稼，多不得实，故自种以观之。"

二十三年（乙亥，735）

唐初，公主实封止三百户，中宗时，太平公主至五千户，率以七丁为限。开元以来，皇妹止千户，皇女又半之，皆以三丁为限；驸马皆除三品员外官，而不任以职事。公主邑入至少，至不能具车服，左右或言其太薄，上曰："百姓租赋，非我所有。战士出死力，赏不过束帛；女子何功，而享多户邪？且欲使之知俭啬耳。"秋，七月，咸宜公主将下嫁，始加实封至千户。公主，武惠妃之女也。于是诸公主皆加至千户。

二十四年（丙子，736）

张守珪使平卢讨击使、左骁卫将军安禄山讨奚、契丹叛者，禄山恃勇轻进，为虏所败。夏，四月，辛亥，守珪奏请斩之。禄山临刑呼曰："大夫不欲灭奚、契丹邪，奈何杀禄山！"守珪亦惜其骁勇，乃更执送京师。张九龄批曰："昔穰苴诛庄贾，孙武斩宫嫔，守珪军令若行，禄山不宜免死。"上惜其才，敕令免官，以白衣将领。九龄固争曰："禄山失律丧师，于法不可不诛。且臣观其貌有反相，不杀必为后患。"上曰："卿勿以王夷甫识石勒，枉害忠良。"竟赦之。

安禄山者，本营州杂胡，初名阿荦山。其母，巫也；父死，母携之再适突厥安延偃。会其部落破散，与延偃兄子思顺俱逃来，故冒姓安氏，名禄山。又有史窣干者，与禄山同里闬，先后一日生。及长，相亲爱，皆为互市牙郎，以骁勇闻。张守珪以禄山为捉生将，禄山每与数骑出，辄擒契丹数十人而返。狡猾，善揣人情，守珪爱之，养以为子。

窣干尝负官债亡入奚中，为奚游弈所得，欲杀之；窣干绐曰："我，唐之和亲使也，汝杀我，祸且及汝国。"游弈信之，送诣牙帐。窣干见奚王，长揖不拜，奚王虽怒，而畏唐，不敢杀，以客礼馆之，使百人随窣干入朝。窣干谓奚王曰："王遣人虽多，观其才皆不足以见天子。闻王有良将琐高者，何不使之入朝！"奚王即命琐高与牙下三百人随窣干入朝。窣干将至平卢，先使人谓军使裴休子曰："奚使琐高与精锐俱来，声云入朝，实欲袭军城，宜谨为之备，先事图之。"休子乃具军容出迎，至馆，悉坑杀其从兵，执琐高送幽州。张守珪以窣干为有功，奏为果毅，累迁将军。后入奏事，上与语，悦之，赐名思明。

秋，八月，壬子，千秋节，群臣皆献宝镜。张九龄以为以镜自照见形容，以人自照见吉凶。乃述前世兴废之源，为书五卷，谓之《千秋金镜录》，上之，上赐书褒美。

初，上欲以李林甫为相，问于中书令张九龄，九龄对曰："宰相系国安危，陛下相林甫，臣恐异日为庙社之忧。"上不从。时九龄方以文学为上所重，林甫虽恨，犹曲意事之。侍中裴耀卿与九龄善，林甫并疾之。是时，上在位岁久，渐肆奢欲，怠于政事。而九龄遇事无细大皆力争；林甫巧伺上意，日思所以中伤之。

上之为临淄王也，赵丽妃、皇甫德仪、刘才人皆有宠，丽妃生太子瑛，德仪生鄂王瑶，才人生光王琚。及即位，幸武惠妃，丽妃等爱皆弛；惠妃生寿王瑁，宠冠诸子。太子与瑶、琚会于内第，各以母失职有怨望语。驸马都尉杨洄尚咸宜公主，常伺三子过失以告惠妃。惠妃泣诉于上曰："太子阴结党与，将害妾母子，亦指斥至尊。"上大怒，以语宰相，欲皆废之。九龄曰："陛下践阼垂三十年，太子诸王不离深宫，日受圣训，天下之人皆庆陛下享国久长，子孙蕃昌。今三子皆已成人，不闻大过，陛下奈何一旦以无根之语，喜怒之际，尽废之乎！且太子天下本，不可轻摇。昔晋献公听骊姬之谗杀申生，三世大乱。汉武帝信江充之诬罪戾太子，京城流血。晋惠帝用贾后之谮废愍怀太子，中原涂炭。隋文帝纳独孤后之言黜太子勇，立炀帝，遂失天下。由此观之，不可不慎。陛下必欲为此，臣不敢奉诏。"上不悦。林甫初无所言，退而私谓宦官之贵幸者曰："此主上家事，何必问外人！"上犹豫未决。惠妃密使官奴牛贵儿谓九龄曰："有废必有兴，公为之援，宰相可长处。"九龄叱之，以其语白上，上为之动色，故讫九龄罢相，太子得无动。林甫日夜短九龄于上，上浸疏之。

上即位以来，所用之相，姚崇尚通，宋璟尚法，张嘉贞尚吏，张说尚文，李元纮、杜暹尚俭，韩休、张九龄尚直，各其所长也。九龄既得罪，自是朝廷之士，皆容身保位，无复直言。

李林甫欲蔽塞人主视听，自专大权，明召诸谏官谓曰："今明主在上，群臣将顺之不暇，乌用多言！诸君不见立仗马乎？食三品料，一鸣辄斥去。悔之何及！"补阙杜琎尝上书言事，明日，黜为下邽令。自是谏争路绝矣。

二十五年（丁丑，737）

杨洄又奏太子瑛、鄂王瑶、光王琚，云与太子妃兄驸马薛锈潜构异谋，上召宰相谋之。李林甫对曰："此陛下家事，非臣等所宜豫。"上意乃决。乙丑，使宦者宣制于宫中，废瑛、瑶、琚为庶人；流锈于瀼州；瑛、瑶、琚寻赐死城东驿，锈赐死于蓝田。瑶、琚皆好学有才识，死不以罪，人皆惜之。丙寅，瑛舅家赵氏、妃家薛氏、瑶舅家皇甫氏，坐流贬者数十人，惟瑶妃家韦氏以妃贤得免。

二十六年（戊寅，738）

太子瑛既死，李林甫数劝上立寿王瑁。上以忠王玙年长，且仁孝恭谨，又好学，意欲立之，犹豫岁余不决。自念春秋浸高，三子同日诛死，继嗣未定，常忽忽不乐，寝膳为之减。高力士乘间请其故。上曰："汝，我家老奴，岂不能揣我意！"力士曰："得非以郎君未定邪？"上曰："然。"对曰："大家何必如此虚劳圣心，但推长而立，谁敢复争！"上曰："汝言是也！汝言是也！"由是遂定。六月，庚子，立玙为太子。

戊午，册南诏蒙归义为云南王。

归义之先本哀牢夷，地居姚州之西，东南接交趾，西北接吐蕃。蛮语谓王曰诏，先有六诏：曰蒙舍，曰蒙越，曰越析，曰浪穹，曰样备，曰越澹，兵力相埒，莫能相壹，历代因之以分其势。蒙舍最在南，故谓之南诏。高宗时，蒙舍细奴逻初入朝。细奴逻生逻盛，逻盛生盛逻皮，盛逻皮生皮逻阁。皮逻阁浸强大，而五诏微弱；会有破洱河蛮之功，乃赂王昱，求合六诏为一。昱为之奏请，朝廷许之。仍赐名归义。于是以兵威胁服群蛮，不从者灭之，遂击破吐蕃，徙居大和城；其后卒为边患。

二十八年（庚寅，740）

是岁，天下县千五百七十三，户八百四十一万二千八百七十一，口四千八百一十四万三千六百九。西京、东都米斛直钱不满二百，绢匹亦如之。海内富安，行者虽万里不持寸兵。

二十九年（辛巳，741）

平卢兵马使安禄山，倾巧，善事人，人多誉之。上左右至平卢者，禄山皆厚赂之，由是上益以为贤。御史中丞张利贞为河北采访使，至平卢，禄山曲事利贞，乃至左右皆有赂。利贞入奏，盛称禄山之美。八月，乙未，以禄山为营州都督，充平卢军使，两蕃、勃海、黑水四府经略使。

唐玄宗开元二十二年（甲戌，公元734年）

吏部侍郎李林甫奸猾狡诈，与宦官以及后宫中的嫔妃深相交结，让他们暗中伺察玄宗的行动，掌握了他的一举一动，因此每次上朝奏事，都经常符合玄宗的意图，深受玄宗的喜爱。当时武惠妃在后宫的嫔妃中最受玄宗的宠爱，生子为寿王李清，也深得玄宗的喜欢，诸皇子难以相比，因此太子渐渐被疏远了。李林甫于是托宦官告诉武惠妃说，自己愿意尽力保护寿王。武惠妃听后十分感激，就暗中为助，因此李林甫被升为黄门侍郎。五月，戊子（二十八日），玄宗任命裴耀卿为侍中，张九龄为中书令，李林甫为礼部尚书、同中书门下三品。

玄宗在宫苑中种小麦，率领太子以下等皇子亲自去收割，对他们说："这些麦子将来是要用来祭祀祖先宗庙的，所以不敢不亲自去收割，并想借此使你们知道耕种庄稼的艰辛。"然后玄宗又把这些小麦遍赐侍臣，并对他们说："近年来我常派人去观察百姓田中庄稼的好坏，但难以得到实情，所以我就亲自耕种，来观察收成好坏。"

二十三年（乙亥，公元735年）

唐朝初年，公主的食邑实封只有三百户，到了中宗时，太平公主多达五千户，每户最多不超过七个成人。开元年间以来，皇妹最多只有一千户，皇女又减半，每户最多不超过三个成人。驸马都被命以三品员外官，而不实际任事。这些公主的食邑收入很少，以至不能满足车马服装费用的需要，左右有的人说这些公主的食邑太少，玄宗说："百姓的租赋，不是我私人的财产。前方的战士出生入死，也只不过赏赐一些布帛，这些女子有什么功劳，而应该享受那么多的食邑封户呢？再说这样也可以使她们知道节俭生活。"秋季，七月，咸宜公主将要出嫁，才加食邑实封至一千户。咸宜公主是武惠妃的女儿。于是其他的公主都加到一千户。

二十四年（丙子，公元736年）

幽州节度使张守珪派遣平卢讨击使、左骁卫将军安禄山讨伐反叛的奚与契丹，安禄山逞勇恃强，冒险轻敌，打了败仗。夏季，四月，辛亥（初二），张守珪上奏请求杀了安禄山。安禄山在临刑前大声高呼说："张大夫你难道不想消灭奚与契丹吗？为何要杀掉我安禄山！"张守珪也觉得安禄山骁勇善战，爱其才，于是就送往京师。张九龄在奏文中批道："春秋时代齐国的大将穰苴杀了骄横的监军庄贾，吴国的孙武杀了不听命令的宫女。如果张守珪已下了军令，安禄山不应该免死。"玄宗因为爱惜安禄山的才能，下敕令免去其官，成为无官职的将领。张九龄坚持说：“安禄山违令败军，按照法律，不可不杀。再说我观其面貌有反相，不杀必为后患”玄宗说：“你不要像晋朝王夷甫看石勒那样看安禄山，枉害了忠良之士。”最后竟赦免了安禄山。

杨贵妃出浴图

安禄山本是营州地方的杂种胡人，原名阿荦山。他的母亲是一个女巫。父亲死后，带着安禄山嫁给了突厥人安延偃。适逢突厥部落败散，就与安延偃哥哥的儿子安思顺逃到幽州，于是冒姓安氏，名叫禄山。还有一个杂种胡人名叫史窣干，与安禄山原是街坊邻居，两人生日相差一天。长大后，成为朋友，都做了互市牙郎，以勇敢而闻名。张守珪以安禄山为捉生将，每次带领数名骑兵出去，都要擒获数十名契丹人而回。又加上安禄山狡猾，善于揣摩人的心意，所以深受张守珪的喜爱，以为养子。

史窣干曾经因欠了官债，逃入奚族地区，被奚族巡逻兵抓获，要杀掉他，史窣干就欺骗他们说“我是唐朝的和亲使，你如果杀了我，你们的国家就要遭殃。”巡逻兵相信了他的话，就把他送到奚王的牙帐。史窣干见到奚王，只作揖而不拜，奚王虽然愤怒，但因为害怕唐朝，也不敢杀他，还把他当做宾客，让他住到馆舍里，又让一百人随史窣干入朝。史窣干对奚王说：“大王你虽然派了这么多的人入朝，但看他们的才能都不可以见我们的天子。听说大王有一名良将名叫琐高，为何不让他一起入朝！”于是奚王就命令琐高与部下的三百人随史窣干一起入朝。快到了平卢，史窣干先派人对军使裴休子说：“奚王派琐高带领精兵来了，声言入朝，实际上是想袭击军城，应该早为防备，先下手为强。”于是裴休子就整好军队来出迎，到了馆舍，把随从的奚兵全部活埋，然后抓住琐高送往幽州。张守珪认为史窣干立了大功，就奏请任命他为果毅，后又升为将军。后来史窣干入朝奏事，玄宗与他谈话，十分喜欢他，就赐名为思明。

秋季，八月壬子（初五），是玄宗生日，称为千秋节，群臣都奉献宝镜。张九龄认为用镜子自照可以见自己的形貌，将自己与别人相对照可以知道吉凶祸福。于是撰写了一部关于过去朝代兴盛衰败原因的书，共为五卷，名为《千秋金镜录》，献给玄宗。玄宗赐信赞扬他。

先前，玄宗想要任命李林甫为宰相，征求中书令张九龄的意见，张九龄回答说："宰相一身系国家之安危，陛下如果任命李林甫为宰相，恐怕以后要成为国家的祸患。"玄宗不听。当时张九龄因为有文学才能，正受到玄宗的器重，李林甫虽然怨恨他，但表面上还不得不奉承他。侍中裴耀卿与张九龄关系密切，所以也受到李林甫的嫉恨。这时玄宗做皇帝已有多年，生活逐渐奢侈腐化，懒于处理政事。而张九龄遇到事情，不论大小，觉得有不对之处，都要与玄宗争论。李林甫却善于窥伺玄宗的意图，日夜想着如何陷害中伤张九龄。

玄宗在当临淄王的时候，赵丽妃、皇甫德仪和刘才人都受到宠爱，赵丽妃生了太子李瑛、皇甫德仪生了鄂王李瑶，刘才人生了光王李琚。玄宗即帝位后，又爱上武惠妃，赵丽妃等人都被冷落。武惠妃生了寿王李瑁，李瑁受到的宠爱超过了其他皇子。太子曾与李瑶、李琚在禁中的宅第中聚会，都因为自己的母亲失宠而心中怨恨，大发牢骚。驸马都尉杨洄娶的是武惠妃的女儿咸宜公主，常常暗中打听三个皇子的过失，然后去告诉武惠妃。武惠妃哭泣着告诉玄宗说："太子阴谋网罗党羽，想要谋害我们母子，而且斥责皇上。"玄宗听后大怒，把此事告诉了宰相，想要废掉太子和鄂王、光王。张九龄说："陛下登上皇位将近三十年了，太子和诸王都没有离开过深宫，每天都受到皇上的训诫，天下的人都庆幸陛下治理有方，在位长久，子孙繁盛。现在三个皇子都已年长成人，没听说有什么大的过失，陛下为何要听信那些无稽之谈，以一时的喜怒，把他们全部废掉呢！再说太子是天下的根本，不可轻易动摇他的地位。春秋时代晋献公因为听信骊姬的谗言杀了太子申生，引起晋国三世大乱。汉武帝因为相信江充的诬告，治了戾太子的罪，使京城发生了流血事件。晋惠帝因为相信贾后的诬陷，废掉了愍怀太子，使五胡乱华，中原涂炭。隋文帝听信了独孤皇后的话，废掉了太子杨勇而立隋炀帝，以至失掉了天下。由此来看，对废立太子的事不可不谨慎对待。陛下如果一定要那样做，我难以遵命。"玄宗听后不高兴。李林甫起初没有说什么，而退朝后私下却对受玄宗器重的宦官说："这种事情是皇上的家事，何以要与外人商量！"玄宗仍然犹豫不决。武惠妃又暗中让官奴牛贵儿对张九龄说："有废必有立，你如果能够从中助一臂之力，就可以长做宰相。"张九龄斥责了牛贵儿，并把这些话告诉了玄宗，玄宗因此有所感悟，所以一直到张九龄罢相，太子的地位没有动摇。李林甫一有机会就在玄宗面前说张九龄的坏话，所以玄宗逐渐疏远张九龄。

玄宗即皇帝位以来，所任用的宰相中，姚崇善于调解各方面的关系，宋璟执法严厉，张嘉贞重视吏治，张说善于写文章，李元纮与杜暹能够节俭治国，韩休与张九龄个性直率，这些人都有所长。张九龄因罪被罢相后，朝廷中的百官从此都明哲保身，没有人再敢于直言。

李林甫想要堵塞住玄宗的视听，自己大权独揽，就把谏官们召来明确地告诉他们说："现在有贤明的君主在上，群臣顺从皇帝都顾不过来，哪里还用得着再多说什么！你们难道没有看见那些立在正殿下面作为仪仗用的马匹吗？虽然吃的是三品等级的粮料，但如果要嘶鸣叫唤，都要立刻被拉下去，到那时后悔也来不及了。"补阙杜琎曾经向玄宗上书谈论政事，第二天就被贬为下邽县令。从此玄宗的谏争之路断绝了。

二十五年（丁丑，公元737年）

杨洄又上奏说太子李瑛、鄂王李瑶与光王李琚联结太子妃子的哥哥驸马薛锈图谋不轨，玄宗就召宰相商议。李林甫回答说："这是陛下的家事，我们做臣下的不应该参与。"玄宗听后才下了决心。乙丑（四月二十一日），让宦官于宫中宣布制书，废李瑛、李瑶与李琚为平民，流放薛锈于瀼州。不久，李瑛、李瑶与李琚被赐死于京城东面的驿站，薛锈被赐死于蓝田县。李瑶与李琚都很有才学，无罪而死，人们都十分惋惜。丙寅（二十二日），李瑛的舅家赵氏、妃子家薛氏以及李瑶的舅家皇甫氏因此案被流放贬官的达数十人，只有李瑶的妃子家韦氏因为韦妃贤惠而免受惩罚。

二十六年（戊寅，公元738年）

太子李瑛死后，李林甫多次劝玄宗立寿王李瑁为太子。但玄宗认为忠王李玙年岁大，为人仁孝谨慎，并且勤于学习，想要立他为太子，犹豫了一年多还没有决定。玄宗想到自己年纪已大，三个儿子同日被杀掉，太子还没有确定，心中闷闷不乐，经常睡不好觉，饭量也因此减少。高力士乘机问其中的原因，玄宗说："你是我家的一个老奴仆，难道还不知道我的心意吗！"高力士说："是不是关于确立太子的事？"玄宗说："是。"高力士说："这件事您何必要如此劳费神心，只要推年长者而立，谁还敢来再争夺呢！"玄宗说："你说的好！你说的好！"因此立太子的事就确定了下来。六月庚子（初三），玄宗立李玙为太子。

戊午（二十三日），唐册封南诏蒙归义为云南王。

蒙归义的祖先本是哀牢夷，居住地在姚州的西面，东南与交趾相连，西北与吐蕃接壤。蛮语称王为诏，原先共有六诏：蒙舍、蒙越、越析、浪穹、样备、越澹，各自兵力相当，不能统一，历代王朝都借此分化他们的势力。因为蒙舍在最南面，所以称为南诏。高宗在位时，蒙舍细奴逻首次入朝。细奴逻生逻盛，逻盛生盛逻皮，盛逻皮生皮逻。皮逻时代，蒙舍逐渐强大，而其他五诏势力衰弱。适逢蒙舍因为有打败河蛮的功劳，就借机贿赂王昱，请求合并六诏为一国。王昱上奏朝廷，朝廷答应，就赐名归义。于是蒙归义就借着自己强大的兵力威胁群蛮，不服从就灭掉，并打败了吐蕃，移居到大和城。后来南诏竟日益强大，成为唐朝的边患。

二十八年（庚寅，公元740年）

这一年，唐朝的县有一千五百七十三，户数八百四十一万二千八百七十一，人口四千八百一十四万三千六百九。西京与东都每斛米的价格不到二百钱，每匹绢价格也如此。境内生活富有，秩序安定，出行的人远行万里也不必拿任何武器。

二十九年（辛巳，公元741年）

平卢兵马使安禄山性格巧诈，善于讨人喜欢，所以人们都称赞他。玄宗左右的人到了平卢，安禄山就用重金收买他们，因此唐玄宗更加认为他是贤能之士。御史中丞张利贞为河北采访使，到了平卢，安禄山刻意逢迎，以至利贞左右的人都受到禄山的贿赂。利贞入朝上奏，尽力说安禄山的好话。八月乙未（十七日），玄宗任命安禄山为营州都督，兼平卢军使，两蕃、勃海、黑水四府经略使。

第二百一十五卷

唐纪三十一

译文诵读

玄宗至道大圣大明孝皇帝中之下天宝元年（壬午，742）

壬子，分平卢别为节度，以安禄山为节度使。

是时，天下声教所被之州三百三十一，羁縻之州八百，置十节度、经略使以备边。安西节度抚宁西域，统龟兹、焉耆、于阗、疏勒四镇，治龟兹城，兵二万四千。北庭节度防制突骑施、坚昆，统瀚海、天山、伊吾三军，屯伊、西二州之境，治北庭都护府，兵二万人。河西节度断隔吐蕃、突厥，统赤水、大斗、建康、宁寇、玉门、墨离、豆卢、新泉八军，张掖、交城、白亭三守捉，屯凉、肃、瓜、沙、会五州之境，治凉州，兵七万三千人。朔方节度捍御突厥，统经略、丰安、定远三军，三受降城，安北、单于二都护府，屯灵、夏、丰三州之境，治灵州，兵六万四千七百人。河东节度与朔方掎角以御突厥，统天兵、大同、横野、岢岚四军，云中守捉，屯太原府忻、代、岚三州之境，治太原府，兵五万五千人。范阳节度临制奚、契丹，统经略、威武、清夷、静塞、恒阳、北平、高阳、唐兴、横海九军，屯幽、蓟、妫、檀、易、恒、定、漠、沧九州之境，治幽州，兵九万一千四百人。平卢节度镇抚室韦、靺鞨，统平卢、卢龙二军，榆关守捉，安东都护府，屯营、平二州之境，治营州，兵三万七千五百人。陇右节度备御吐蕃，统临洮、河源、白水、安人、振威、威戎、漠门、宁塞、积石、镇西十军，绥和、合川、平夷三守捉，屯鄯，廓、洮、河之境，治鄯州，兵七万五千人。剑南节度西抗吐蕃，南抚蛮獠，统天宝、平戎、昆明、宁远、澄川、南江六军，屯益、翼、茂、当、嶲、柘、松、维、恭、雅、黎、姚、悉十三州之境，治益州，兵三万九百人。岭南五府经略绥静夷、獠，统经略、清海二军，桂、容、邕、交四管，治广州，兵万五千四百人。此外又有长乐经略，福州领之，兵千五百人。东莱守捉，莱州领之；东牟守捉，登州领之；兵各千人。凡镇兵四十九万人，马八万余匹。开元之前，每岁供边兵衣粮，费不过二百万；天宝之后，边将奏益兵浸多，每岁用衣千二十万匹，粮百九十万斛，公私劳费，民始困苦矣。

李林甫为相，凡才望功业出己右及为上所厚、势位将逼己者，必百计去之；尤忌文学之士，或阳与之善，啖以甘言而阴陷之。世谓李林甫“口有蜜，腹有剑”。

上尝陈乐于勤政楼，垂帘观之。兵部侍郎卢绚谓上已起，垂鞭按辔，横过楼下。绚风标清粹，上目送之，深叹其蕴藉。林甫常厚以金帛赂上左右，上举动必知之，乃召绚子弟谓曰：“尊君素望清崇，今交、广藉才，圣上欲以尊君为之，可乎？若惮远行，则当左迁；不然，则以宾、詹分务东洛，亦优贤之命也，何如？”绚惧，以宾、詹为请。林甫恐乖众望，乃除华州刺史。到官未几，诬其有疾，州事不理，除詹事、员外同正。

上又尝问林甫以“严挺之今安在？是人亦可用”。挺之时为绛州刺史。林甫退，召挺之弟损之，谕以“上待尊兄意甚厚，盍为见上之策，奏称风疾，求还京师就医。”挺之从之。林甫以其奏白上云：“挺之衰老得风疾，宜且授以散秩，使便医药。”上叹吒久之；夏，四月，壬寅，以为詹事，又以汴州刺史、河南采访使齐浣为少詹事，皆员外同正，于东京养疾。浣亦朝廷宿望，故并忌之。

二年（癸未，743）

春，正月，安禄山入朝，上宠待甚厚，谒见无时。禄山奏言：“去年营州虫食苗，臣焚香祝天云：‘臣若操心不正，事君不忠，愿使虫食臣心；若不负神祇，愿使虫散。’即有群鸟从北来，食虫立尽。请宣付史官。”从之。

三载（甲申，744）

三月，己巳，以平卢节度使安禄山兼范阳节度使，以范阳节度使裴宽为户部尚书。礼部尚书席建侯为河北黜陟使，称禄山公直；李林甫、裴宽皆顺旨称其美。三人皆上所信任，由是禄山之宠益固不摇矣。

初，武惠妃薨，上悼念不已，后宫数千，无当意者。或言寿王妃杨氏之美，绝世无双。上见而悦之，乃令妃自以其意乞为女官，号太真；更为寿王娶左卫郎将韦昭训女。潜内太真宫中。太真肌态丰艳，晓音律，性警颖，善承迎上意，不期岁，宠遇如惠妃，宫中号曰“娘子”，凡仪体皆如皇后。

四载（乙酉，745）

八月，壬寅，册杨太真为贵妃；赠其父玄琰兵部尚书，以其叔父玄珪为光禄卿，从兄铦为殿中少监，锜为驸马都尉。癸卯，册武惠妃女为太华公主，命锜尚之。及贵妃三姊，皆赐第京师，宠贵赫然。

五载（丙戌，746）

杨贵妃方有宠，每乘马则高力士执辔授鞭，织绣之工专供贵妃院者七百人，中外争献器服珍玩。岭南经略使张九章，广陵长史王翼，以所献精美，九章加三品，翼入为户部侍郎；天下从风而靡。民间歌之曰：“生男勿喜女勿悲，君今看女作门棡。”妃欲得生荔支，岁命岭南驰驿致之，比至长安，色味不变。

至是，妃以妒悍不逊，上怒，命送归兄铦之第。是日，上不怿，比日中，犹未食，左右动不称旨，横被棰挞。高力士欲尝上意，请悉载院中储偫送贵妃，凡百余车，上自分御膳以赐之。及夜，力士伏奏请迎贵妃归院，遂开禁门而入。自是恩遇愈隆，后宫莫得进矣。

六载（丁亥，747）

戊寅，以范阳、平卢节度使安禄山兼御史大夫。

禄山体充肥，腹垂过膝，尝自称腹重三百斤。外若痴直，内实狡黠。常令其将刘骆谷留京师诇朝廷指趣，动静皆报之；或应有笺表者，骆谷即为代作通之。岁献俘虏、杂畜、奇禽、异兽、珍玩之物，不绝于路，郡县疲于递运。

禄山在上前，应对敏给，杂以诙谐，上尝戏指其腹曰：“此胡腹中何所有？其大乃尔！”对曰：“更无余物，正有赤心耳！”上悦。又尝命见太子，禄山不拜。左右趣之拜，禄山拱立曰：“臣胡人，不习朝仪，不知太子者何官？”上曰：“此储君也，朕千秋万岁后，代朕君汝者也。”禄山曰：“臣愚，向者惟知有陛下一人，不知乃更有储君。”不得已，然后拜。上以为信然，益爱之。上尝宴勤政楼，百官列坐楼下，独为禄山于御座东间设金鸡障，置榻使坐其前，仍命卷帘以示荣宠。命杨铦、杨锜、贵妃三姊皆与禄山叙兄弟。禄山得出入禁中，因请为贵妃儿。上与贵妃共坐，禄山先拜贵妃。上问何故，对曰：“胡人先母而后父。”上悦。

唐玄宗天宝元年（壬午，公元742年）

壬子（初六），分平卢另为节度镇，任命安禄山为节度使。

此时，唐王朝所统辖的州有三百三十一，羁縻州八百，设置了十个节度使、经略使守卫边疆。其中安西节度使镇抚西域，统辖龟兹、焉耆、于阗、疏勒四镇，治所在龟兹城，共有兵二万四千人。北庭节度使防备突骑施、坚昆，统辖瀚海、天山、伊吾三军，屯兵于伊州、西州境内，治所在北庭都护府，共有兵二万人。河西节度使断隔吐蕃与突厥的来往，统辖赤水、大斗、建康、宁寇、玉门、墨离、豆卢、新泉八军，张掖、交城、白亭三守捉，屯兵于凉、肃、瓜、沙、会等五州境内，治所在凉州城，共有兵七万三千人。朔方节度使抵御突厥，统辖经略、丰安、定远三军，三个受降城，安北、单于二都护府，屯兵于灵、夏、丰三州境内，治所在灵州城，共有兵六万四千七百人。河东节度使与朔方节度使成掎角之势共同防御突厥，统辖天兵、大同、横野、岢岚四军，云中守捉，屯兵于太原府的忻、代、岚三州境内，治所在太原府城，共有兵五万五千人。范阳节度使控制奚、契丹，统辖经略、威武、清夷、静塞、恒阳、北平、高阳、唐兴、横海九军，屯兵于幽、蓟、妫、檀、易、恒、定、漠、沧九州境内，治所在幽州城，共有兵九万一千四百人。平卢节度使镇抚室韦、靺鞨，统辖平卢、卢龙二军，榆关守捉，安东都护府，屯兵于营、平二州境内，治所在营州城，共有兵三万七千五百人。陇右节度使抵御吐蕃，统辖临洮、河源、白水、安人、振威、威戎、漠门、宁塞、积石、镇西十军，绥和、合川、平夷三守捉，屯兵于鄯、廓、洮、河四州境内，治所在鄯州城，共有兵七万五千人。剑南节度使西抗吐蕃，南镇蛮獠，统辖天宝、平戎、昆明、宁远、澄川、南江六军，屯兵于益、翼、茂、当、嶲、柘、松、维、恭、雅、黎、姚、悉十三州境内，治所在益州城，共有兵三万九百人。岭南五府经略使镇抚夷、獠，统辖经略、清海二军，桂府、容府、邕府、安南府四府，治所广州城，共有兵一万五千四百人。此外还有长乐经略使，由福州刺史兼任，共有兵一千五百人。东莱守捉，由莱州刺史兼任；东牟守捉，由登州刺史兼任，各有兵一千人。以上边镇共有兵四十九万人，战马八万余匹。开元以前，每年朝廷供给边镇兵的衣粮，费用不超过二百万。天宝以后，边将都上奏增兵，于是镇兵越来越多，每年衣服用布帛一千二十万匹，粮一百九十万斛，公私烦劳，费用浩大，老百姓从此生活困苦了。

李林甫为宰相后，对于朝中百官凡是才能和功业在自己之上而受到玄宗宠信或官位快要超过自己的人，一定要想方设法除去，尤其忌恨由文学才能而进官的士人。有时表面上装出友好的样子，说些动听的话，而暗中却阴谋陷害。所以世人都称李林甫“口有蜜，腹有剑”。

唐玄宗与杨玉环

有一次玄宗在勤政楼垂帘观看乐舞。兵部侍郎卢绚以为玄宗已离开，于是就提鞭按辔，从楼下穿过。卢绚风度清雅，玄宗目送其远去，感叹卢绚含蓄不露的风度。李林甫常常用金钱贿赂玄宗左右的人，玄宗的一举一动，李林甫都了如指掌。于是李林甫就召来卢绚的儿子说：“你父亲素来有名望，现今交州、广州需要有才能的人去治理，皇上想令你父亲去，不知是否可行？如果害怕远行，就应该降官，否则，只有以太子宾客或詹事的身份在东都任官。这也算是优惠贤者的任命，不知如何？”卢绚听后，十分害怕，于是就主动奏请担任太子宾客或詹事。李林甫又恐怕违背众望，就任命卢绚为华州刺史。到官时间不久，又诬陷说卢绚有病，不理州事，任命他为詹事、员外同正。

有一次玄宗问李林甫："严挺之现在在哪里任官？此人可以重用。"严挺之当时为绛州刺史。李林甫退朝后，即召严挺之的弟弟严损之，告诉他说："皇上十分器重你哥哥，为何不乘此机会，上奏说得了风疾，请求回京师治病。"严挺之就听从了李林甫的话。李林甫又因严挺之的奏言对玄宗说："严挺之衰老中风，应该授以散官，便于治病养身。"玄宗听后，感叹不已。夏季。四月壬寅（二十八日），任命严挺之为詹事。又任命汴州刺史、河南采访使齐浣为少詹事，二人都是员外同正，一道在东京养病。齐浣也是因为在朝中素有名望，所以遭到李林甫的猜忌。

二年（癸未，公元743年）

春季，正月，安禄山入朝。玄宗对他十分宠幸，随时可以进见。安禄山上奏说："去年营州蝗虫吃禾苗，我焚香祝告上天说：'我如果心术不正，对君王不忠，愿让蝗虫吃我的心；如果未负神灵，愿使蝗虫自动散去。'于是有一群鸟从北面飞来，立刻吃尽了蝗虫。希望能把此事交付史官记录。"玄宗答应。

三载（甲申，公元744年）

三月，己巳（初五），任命平卢节度使安禄山兼任范阳节度使，任命范阳节度使裴宽为户部尚书。礼部尚书席建侯为河北黜陟使，称赞安禄山公正无私，李林甫、裴宽也都顺旨意称颂安禄山。这三个人都是玄宗所信任的臣子，于是安禄山愈加受到玄宗的宠信稳固不可动摇。

起初，武惠妃死后，玄宗怀念不已，虽然后宫中有宫女数千，但没有称心如意的。这时有人告诉说，寿王李瑁的妃子杨氏美貌绝世。玄宗见后十分喜欢，于是命杨妃自己请求为女道士，号为太真，又另外为寿王李瑁娶了左卫郎将韦昭训的女儿为妃子。然后暗中把太真接入宫中。太真肌体丰满，容貌艳丽，通晓音乐，天资聪慧，善于奉迎玄宗的心意。进宫不满一年，受到的宠爱就如武惠妃一样，宫中都称她为"娘子"，一切礼仪与皇后相同。

四载（乙酉，公元745年）

八月，壬寅（十七日），玄宗册封杨太真为贵妃，追赠其父亲杨玄琰为兵部尚书，任命其叔父杨玄珪为光禄卿，堂兄杨铦为殿中少监，杨锜为驸马都尉。癸卯（十八日），册封武惠妃的女儿为太华公主，并命杨锜娶其为妻。杨贵妃的三个姐姐，都在京师赐给宅第，宠贵无比。

五载（丙戌，公元746年）

杨贵妃正受到玄宗的宠爱，每次骑马时，高力士都为她执鞭牵马，专门为杨贵妃织绣衣服的工匠多达七百人，朝野内外都争着奉献器物衣服珍宝。岭南经略使张九章与广陵长史王翼因为所进献的物品精美而被加官，张九章为三品官，王翼入朝为户部侍郎。天下的官吏都纷纷效法。因此民间歌唱道："生男莫喜女莫悲，君今看女显门威。"杨贵妃喜欢吃新鲜荔枝，玄宗就命令岭南每年都用驿马飞驰送来，到了长安，色味仍然不变。

这时，杨贵妃因为嫉妒、泼悍、无礼，激怒了玄宗，所以就下令把贵妃送回她哥哥杨铦的家里。这一天，玄宗闷闷不乐，到了中午，还没有吃饭，左右人的行动都不满他的意，常被鞭打。高力士想要试玄宗的意，就请把贵妃院中储备待用的器物送给贵妃，总共装了一百多车，玄宗又把自己吃的食物分赐给贵妃。到了晚上，高力士又跪下奏请接回贵妃，于是打开宫门让贵妃入宫。从此杨贵妃愈发受到宠爱，后宫其他人都受到冷落。

六载（丁亥，公元747年）

戊寅（正月），玄宗任命范阳、平卢节度使安禄山兼御史大夫。

安禄山身体肥胖，大腹便便，垂过膝盖，曾自言腹重三百斤。他外表看似老实，实际上内心狡猾，常令部将刘骆谷留在京师刺探朝廷的动向，一举一动都向他报告。如有事要向皇上奏表，刘骆谷就替他代写上奏。安禄山每年都向朝廷奉献俘虏、杂畜、奇禽、异兽和珍宝玩物，一路不绝，以至沿途郡县都因转运这些东西而疲乏。

安禄山在玄宗面前应对敏捷，常常还夹杂着一些诙谐幽默的言语，玄宗曾经开玩笑指着安禄山的肚子说："你这个胡人肚子中有什么东西，竟然这么大！"安禄山回答说："没有什么东西，只有对陛下的一片赤心！"玄宗听后十分高兴。玄宗又曾让安禄山去见太子，安禄山见后不礼拜。左右的人催促他礼拜，安禄山却站立着说："我是胡人，不懂得朝廷中的礼仪，不知道太子是什么官？"玄宗说："太子就是将来的皇上，朕去世之后，代朕做君王统治你的就是他。"安禄山说："我愚蠢浅陋，过去只知有陛下一人，不知还有太子。"不得已，然后才拜见。玄宗相信安禄山的这些话而更加宠爱他。玄宗曾在勤政楼设宴，百官都坐在楼下，却单独为安禄山于自己的座位东边设置了画金鸡的障子，设了床榻，使安禄山坐在前面，并命令卷起帘子以示宠爱。又命杨铦、杨锜、贵妃等都与安禄山叙兄弟之情。安禄山可以出入宫中，便乘机奏请做杨贵妃的儿子。玄宗与贵妃一起坐，安禄山却先拜贵妃。唐玄宗问他为什么先拜贵妃，安禄山回答说："我们胡人的习惯是先母而后父。"玄宗听后十分高兴。

第二百一十六卷

唐纪三十二

译文诵读

玄宗至道大圣大明孝皇帝下之上天宝六载（丁亥，747）

自唐兴以来，边帅皆用忠厚名臣，不久任，不遥领，不兼统，功名著者往往入为宰相。其四夷之将，虽才略如阿史那社尔、契苾何力犹不专大将之任，皆以大臣为使以制之。及开元中，天子有吞四夷之志，为边将者十余年不易，始久任矣；皇子则庆、忠诸王，宰相则萧嵩、牛仙客，始遥领矣；盖嘉运、王忠嗣专制数道，始兼统矣。李林甫欲杜边帅入相之路，以胡人不知书，乃奏言："文臣为将，怯当矢石，不若用寒畯胡人；胡人则勇决习战，寒族则孤立无党，陛下诚以恩洽其心，彼必能为朝廷尽死。"上悦其言，始用安禄山。至是，诸道节度尽用胡人，精兵咸戍北边，天下之势偏重，卒使禄山倾覆天下，皆出于林甫专宠固位之谋也。

七载（戊子，748）

夏，四月，辛丑，左监门大将军、知内侍省事高力士加骠骑大将军。力士承恩岁久，中外畏之，太子亦呼之为兄，诸王公呼之为翁，驸马辈直谓之爷。自李林甫、安禄山辈皆因之以取将相。其家富厚不赀。于西京作宝寿寺，寺钟成，力士作斋以庆之，举朝毕集。击钟一杵，施钱百缗，有求媚者至二十杵，少者不减十杵。然性和谨少过，善观时俯仰，不敢骄横，故天子终亲任之，士大夫亦不疾恶也。

八载（己丑，749）

先是，折冲府皆有木契、铜鱼，朝廷征发，下敕书、契、鱼，都督、郡府参验皆合，然后遣之。自募置彍骑，府兵日益堕坏，死及逃亡者，有司不复点补；其六驮马牛、器械、糗粮，耗散略尽。府兵入宿卫者，谓之侍官，言其为天子侍卫也。其后本卫多以假人，役使如奴隶，长安人羞之，至以相诟病。其戍边者，又多为边将苦使，利其死而没其财。由是应为府兵者皆逃匿，至是无兵可交。五月，癸酉，李林甫奏停折冲府上下鱼书；是后府兵徒有官吏而已。其折冲、果毅，又历年不迁，士大夫亦耻为之。其彍骑之法，天宝以后，稍亦变废，应募者皆市井负贩、无赖子弟，未尝习兵。时承平日久，议者多谓中国兵可销，于是民间挟兵器者有禁；子弟为武官，父兄摈不齿。猛将精兵，皆聚于西北，中国无武备矣。

九载（庚寅，750）

安禄山屡诱奚、契丹，为设会，饮以莨菪酒，醉而坑之，动数千人，函其酋长之首以献，前后数四。至是请入朝，上命有司先为起第于昭应。禄山至戏水，杨钊兄弟姊妹皆往迎之，冠盖蔽野；上自幸望春宫以待之。辛未，禄山献奚俘八千人，上命考课之日书上上考。前此听禄山于上谷铸钱五垆，禄山乃献钱样千缗。

十载（辛卯，751）

上命有司为安禄山治第于亲仁坊，敕令但穷壮丽，不限财力。既成，具幄帟器皿，充牣其中，有帖白檀床二，皆长丈，阔六尺；银平脱屏风，帐方丈六尺；于厨厩之物皆饰以金银，金饭罂二，银淘盆二，皆受五斗，织银丝筐及笊篱各一。他物称是。虽禁中服御之物，殆不及也。上每令中使为禄山护役，筑第及造储偫赐物，常戒之曰："胡眼大，勿令笑我。"

禄山入新第，置酒，乞降墨敕请宰相至第。是日，上欲于楼下击毬，遽为罢戏，命宰相赴之。日遣诸杨与之选胜游宴，侑以梨园教坊乐。上每食一物稍美，或后苑校猎获鲜禽，辄遣中使走马赐之，络绎于路。

甲辰，禄山生日，上及贵妃赐衣服、宝器、酒馔甚厚。后三日，召禄山入禁中，贵妃以锦绣为大襁褓，裹禄山，使宫人以彩舆舁之。上闻后宫欢笑，问其故，左右以贵妃三日洗禄儿对。上自往观之，喜，赐贵妃洗儿金银钱，复厚赐禄山，尽欢而罢。自是禄山出入宫掖不禁，或与贵妃对食，或通宵不出，颇有丑声闻于外，上亦不疑也。

安禄山求兼河东节度。二月，丙辰，以河东节度使韩休珉为左羽林将军，以禄山代之。

户部郎中吉温见禄山有宠，又附之，约为兄弟。说禄山曰："李右丞相虽以时事亲三兄，不必肯以兄为相；温虽蒙驱使，终不得超擢。兄若荐温于上，温即奏兄堪大任，共排林甫出之，为相必矣。"禄山悦其言，数称温才于上，上亦忘曩日之言。会禄山领河东，因奏温为节度副使、知留后，以大理司直张通儒为留后判官，河东事悉以委之。

是时，杨国忠为御史中丞，方承恩用事。禄山登降殿阶，国忠常扶掖之。禄山与王鉷俱为大夫，鉷权任亚于李林甫。禄山见林甫，礼貌颇倨。林甫阳以他事召王大夫，鉷至，趋拜甚谨；禄山不觉自失，容貌益恭。林甫与禄山语，每揣知其情，先言之，禄山惊服。禄山于公卿皆慢侮之，独惮林甫，每见，虽盛冬，常汗沾衣。林甫乃引与坐于中书厅，抚以温言，自解披袍以覆之。禄山忻荷，言无不尽，谓林甫为十郎。既归范阳，刘骆谷每自长安来，必问："十郎何言？"得美言则喜；或但云“语安大夫，须好检校！”辄反手据床曰：“噫嘻，我死矣！”

禄山既兼领三镇，赏刑己出，日益骄恣。自以曩时不拜太子，见上春秋高，颇内惧，又见武备堕弛，有轻中国之心。孔目官严庄、掌书记高尚因为之解图谶，劝之作乱。

禄山养同罗、奚、契丹降者八千余人，谓之“曳落河”。曳落河者，胡言壮士也。及家僮百余人，皆骁勇善战，一可当百。又畜战马数万匹，多聚兵仗，分遣商胡诣诸道贩鬻，岁输珍货数百万。私作绯紫袍、鱼袋，以百万计。以高尚、严庄、张通儒及将军孙孝哲为腹心，史思明、安守忠、李归仁、蔡希德、牛廷玠、向润容、李庭望、崔乾祐、尹子奇、何千年、武令珣、能元皓、田承嗣、田乾真、阿史那承庆为爪牙。尚，雍奴人，本名不危，颇有辞学，薄游河朔，贫困不得志，常叹曰：“高不危当举大事而死，岂能啮草根求活邪！”禄山引置幕府，出入卧内。尚典笺奏，庄治簿书。通儒，万岁之子；孝哲，契丹也。承嗣世为卢龙小校，禄山以为前锋兵马使。尝大雪，禄山按行诸营，至承嗣营，寂若无人，入阅士卒，无一人不在者，禄山以是重之。

十一载（壬辰，752）

南诏数寇边，蜀人请杨国忠赴镇，左仆射兼右相李林甫奏遣之。国忠将行，泣辞，上言必为林甫所害，贵妃亦为之请。上谓国忠曰：“卿暂到蜀区处军事，朕屈指待卿，还当入相。”林甫时已有疾，忧懑不知所为，巫言一见上可小愈，上欲就视之，左右固谏。上乃令林甫出庭中，上登降圣阁遥望，以红巾招之。林甫不能拜，使人代拜。国忠比至蜀，上遣中使召还，至昭应，谒林甫，拜于床下。林甫流涕谓曰：“林甫死矣，公必为相，以后事累公！”国忠谢不敢当，汗出覆面。十一月，丁卯，林甫薨。

上晚年自恃承平，以为天下无复可忧，遂深居禁中，专以声色自娱，悉委政事于林甫。林甫媚事左右，迎合上意，以固其宠；杜绝言路，掩蔽聪明，以成其奸；妒贤疾能，排抑胜己，以保其位；屡起大狱，诛逐贵臣，以张其势。自皇太子以下，畏之侧足。凡在相位十九年，养成天下之乱，而上不之寤也。

唐玄宗天宝六载（丁亥，公元747年）

从唐朝建立以来，边防将帅用的都是忠厚名臣，不让久任，不让在朝中遥领，不让同时任数职，功名显著的常常入朝为宰相。四方夷族的将领，虽然才略像阿史那社尔、契苾何力那样的名将，也不让他们为一方大将，都任命朝中大臣为使职来节制他们。到了开元年间，天子有并吞周边民族的志向，为边将的人十多年都不替换，边将开始久任；皇子中有庆王、忠王等人，宰相中有萧嵩、牛仙客等人，开始遥领边将之职；盖嘉运、王忠嗣等一人节制数道之兵，开始兼职统领军队。李林甫想要杜绝边将入朝为宰相的路，因胡人没有文化，就上奏说：“文臣为将帅，怯懦不敢作战，不如用出身低贱从事过农耕的胡人。胡人都勇敢好战，出身低贱而孤立没有党援，陛下如果真能够用恩惠笼络他们，他们一定能够为朝廷尽力死战。”玄宗觉得李林甫的话很有道理，就重用了安禄山。这时，各镇节度使都是用胡人，精兵强将都戍守在北方边疆，形成里轻外重的局面，最后安禄山得以发动叛乱，几乎推翻唐朝的天下，这都是因为李林甫追求专宠和巩固自己地位的阴谋所致。

七载（戊子，公元748年）

夏季，四月，辛丑（初二），左监门大将军、知内侍省事高力士加官为骠骑大将军。高力士侍候玄宗已有许多年了，深受玄宗赏识，朝野内外都敬畏他，就连太子也称他为兄，诸王公主则称他为翁，驸马辈的称他为爷。李林甫、安禄山都是靠他而被任命为将帅宰相。他家中十分富有，财产难以计算。他在西京建宝寿寺，寺钟铸成后，高力士举行斋会庆祝，朝中百官都来与会，击钟一次，施钱一百缗，有故意献媚的一连撞击二十下，少的也不下于十下。但是高力士性情温和谨慎，少有过错，善于观察时势行事，不敢骄横，所以玄宗始终信任他，士大夫们也不嫉恨他。

八载（己丑，公元749年）

先前，府兵制下的折冲府都有木契、铜鱼，朝廷如果要征发府兵，就颁下敕书、木契和铜鱼，经都督府和郡府检验，木契、铜鱼都对合，然后才能发兵。自从招募了𫸩骑以后，府兵日益衰落，其中有死的，有跑的，官吏不再清点补充。府兵装备的六驮马牛、武器和干粮也都消耗散尽。原来府兵入朝宿卫者被称为侍官，意思是去保卫天子。后来宿卫的府兵多雇人顶替，军官也像奴隶一样役使士兵，以至长安城中的人以做侍官为耻辱，把他们作为嬉笑时辱骂的对象。而被派往边疆戍边的府兵也多被边将当做苦力役使，为的是这些府兵死后边将可以吞掉他们的财产。所以那些应该当府兵的人纷纷逃亡，这时各折冲府已没有兵员可交。五月，癸酉（初十），李林甫奏请停止折冲府上下的铜鱼和敕书，从此府兵只保留原来的官吏。又因为府兵的折冲都尉和果毅都尉多年得不到升迁，士大夫们都以做这类官为耻辱。招募兵骑的办法，从天宝年间以后，也逐渐变化，并被荒废，应募的人都是一些市中商贩和刁猾之辈，未经过严格的训练。当时天下太平日久，大多数人都认为中国可以裁掉军队，因此在民间禁止私人携带兵器，子弟做武官的，父母兄弟都瞧不起他们。唐朝的猛将精兵都聚集在西北方，而国内空虚，没有任何武备。

九载（庚寅，公元750年）

安禄山多次引诱奚人和契丹人，假装设宴招待他们，让他们饮用毒草莨菪浸泡过的酒，等醉倒后，就把他们活埋，一次常常达数千人，然后把他们酋长的头颅装进盒子中，献给朝廷，前后有许多次。这时安禄山请求入朝，玄宗命令有关官员先在昭应县为安禄山建起宅第。安禄山到了戏水，杨钊兄弟姐妹都去迎接，迎接的队伍浩浩荡荡，以至车盖似乎遮满了原野。玄宗也来到望春宫等待安禄山。辛未（十月十六日），安禄山献上奚族俘虏八千人，玄宗命令考察官吏政绩时为安禄山记最高一级的上上考。以前玄宗允许安禄山于上谷起五炉铸造钱币，这时安禄山献上所铸钱的样品一千缗。

能歌善舞的杨玉环

十载（辛卯，公元751年）

玄宗命令有关官吏为安禄山于亲仁坊建造宅第，并下敕书说不管耗费多少钱财，越壮丽越好。宅第建成以后，又装饰了各种幄帐，放置了许多日用器物，以至都放满了宅屋。其中有帖白檀香木床两个，都是长一丈，宽六尺；用银平脱工艺制成的屏风，长宽一丈六尺。厨房和马厩中所用的物品也都用金银装饰，其中有金饭罂两个，银淘盆两个，都能装五斗粮，还有织银丝筐和笊篱各一个。其他器物还有许多。就是宫禁中皇上所使用的器物，大概都比不上。玄宗命令宦官监工，在建造宅第和制作屋中所用的器物时，玄宗常常告诫监工的宦官说："胡人大方，不要让他笑我小气。"

安禄山住进新建的宅第后，设置酒宴，并请求玄宗下敕书让宰相至宅第赴宴。这一天，玄宗原来准备在楼下击毬，却立刻取消了游戏，命令宰相去赴会。又每天让杨家的人与安禄山选择风景优美的地方游玩宴会，并让梨园弟子和教坊乐队陪伴。玄宗每吃到一种鲜美的食物，或者在后苑中猎获了鲜禽，都要派宦官骑马赐给安禄山，以至走马络绎，不绝于路。

甲辰（二十日），安禄山生日，玄宗和杨贵妃赏赐给安禄山许多衣服、珍宝器物以及丰盛的酒菜食物。过了三天，又把安禄山召进宫中，杨贵妃用锦绣做成的大襁褓裹住安禄山，让宫女用彩轿抬起。唐玄宗听见后宫中的欢声笑语，就问是在干什么，左右的人说是贵妃为儿子安禄山三天洗身。玄宗亲自去观看，十分高兴，赏赐给杨贵妃洗儿金银钱，又重赏安禄山，尽兴而散。从此安禄山可以自由出入宫中，不加禁止，有时与杨贵妃同桌而食，有时一夜不出宫，宫外的许多人都知道这件丑事，而玄宗却不怀疑。

安禄山请求兼任河东节度使。二月丙辰（初二），唐玄宗任命河东节度使韩休珉为左羽林将军，由安禄山代任河东节度使。

户部郎中吉温见安禄山受到玄宗的宠信，就又依附于安禄山，与他结拜为兄弟。并对安禄山说："李右丞相现在虽然与你亲善，但是一定不会推荐你为宰相。我虽然为他效力受他驱使，但终久得不到提拔。你如果能够向皇上推荐我，我就向皇上上奏说你能够担当大任，我们联合起来排斥李林甫出朝，你就一定能够当宰相。"安禄山觉得吉温的话很有道理，所以多次在玄宗面前说吉温有才能，玄宗也忘记了过去所说的话。这时安禄山兼任河东节度使，就上奏吉温为节度副使、知留后事，并任命大理司直张通儒为留后判官，把河东镇的政事全权委托给他们。

这时杨国忠为御史中丞，正受到玄宗的重用。安禄山上下殿前的台阶时，杨国忠常扶着他。安禄山与王𫓩都为御史大夫，王𫓩的权位仅次于李林甫。安禄山看见李林甫时，态度十分傲慢。李林甫就假装有事召来王𫓩，王𫓩见到李林甫时，态度十分谦恭。安禄山不自觉地有所失态，态度也恭敬起来。李林甫与安禄山谈话时，总是揣摩他的心意，先说了出来，使安禄山惊讶叹服。安禄山对于其他公卿朝士都十分傲慢，有时还侮辱他们，但独独害怕李林甫，每当见到李林甫时，虽然是寒冬季节，也汗流沾衣。而李林甫却把安禄山引进中书省办事的厅中坐下，用好言相慰问，并解下自己的披袍给安禄山穿上。安禄山十分感激，对李林甫无话不谈，并称李林甫为十郎。安禄山回到范阳后，刘骆谷每次从长安回来，安禄山一定要问："十郎说什么了吗？"如果听到李林甫赞扬他，就十分高兴。如果听到李林甫说："告诉安大夫，要检点一些！"安禄山就反手握着床说："噫嘻，我活不成了！"

安禄山一身兼任范阳、平卢、河东三镇节度使，手握大权，赏罚由己，日益骄横。自认为过去见太子没有下拜，而如今玄宗年事已高，十分惧怕。又看到唐朝的武备松弛，有轻视朝廷之心。孔目官严庄和掌书记高尚又借机为他讲解预卜吉凶祸福的图谶，劝他起兵叛乱。

安禄山豢养了投降的同罗、奚和契丹士兵八千多人，称为"曳落河"。曳落河，胡语就是壮士的意思。还有家奴一百余人。这些人个个都骁勇善战，一可当百。又畜养战马数万匹，大量地聚集武器，分派胡商到各地去做买卖，每年输送珍宝货物价值数百万缗钱。暗中制作绯色、紫色袍子和金鱼袋等，数以百万计。以高尚、严庄、张通儒及将军孙孝哲等人作为自己的心腹，史思明、安守忠、李归仁、蔡希德、牛廷玠、向润容、李庭望、崔乾祐、尹子奇、何千年、武令珣、能元皓、田承嗣、田乾真、阿史那承庆等将领作为爪牙。高尚是雍奴县人，原来名叫不危，很有才学，青年时漫游河朔地区，贫困不得志，常常感叹说："我高不危宁可干惊天动地的大事而死，也不愿贫穷一生吃草根而生活下去！"后来被安禄山引为幕僚，可以出入安禄山的寝室。高尚专掌草写笺表奏疏，严庄专掌文书。张通儒是张万岁的儿子。孙孝哲是契丹族人。田承嗣世世代代做卢龙地方小校一类的军官，安禄山任命他为前锋兵马使。有一次天下大雪，安禄山去检查军营，来到田承嗣的营中，寂静无声，好似无人。而在营中检阅士卒，没有一人不在，所以受到安禄山的器重。

十一载（壬辰，公元752年）

南诏多次入侵唐朝的边疆，蜀人请求派杨国忠前往剑南镇。左仆射兼右相李林甫上奏玄宗，请派杨国忠往蜀地。杨国忠临行前哭泣着与玄宗辞别，并说此行一定会被李林甫害死，杨贵妃也为他说情。玄宗对杨国忠说："你暂时到蜀中处理一下军政大事，我屈指计日等着你回来，然后任命你为宰相。"这时李林甫已重病在身，心中忧伤烦闷，不知道怎么办才好，巫人告诉他说，看见皇上病情就可以好转。玄宗想去看望李林甫，左右的人坚持劝阻。于是玄宗就命令李林甫从屋里出来到庭院中，玄宗登上降圣阁远远地看他，挥起红色的围巾向他招手。李林甫已不能下拜，就让人代他向玄宗下拜。杨国忠刚到蜀中，玄宗就派宦官把他召了回来。杨国忠到昭应县，去见李林甫，拜倒在床下。李林甫流着眼泪对杨国忠说："我活不长了，我死后您必定要当宰相，后事就拜托您了。"杨国忠表示感谢，并说不敢当，汗流满面。十一月，丁卯（二十四日），李林甫故去。

玄宗晚年自认为天下太平，没有可以忧愁的事了，于是居于深宫之中，沉湎于声色犬马，寻求欢娱，把政事都委托给李林甫。李林甫巴结讨好玄宗左右的人，故意迎合玄宗的心意，以巩固自己受宠信的地位；杜绝堵塞向玄宗进谏的门路，蒙蔽玄宗，以施展自己的奸猾的权术；嫉妒贤能之士，排斥压抑才能胜过自己的人，以保持自己的地位；多次制造冤假错案，杀戮驱逐朝中大臣，以扩大自己的权势。皇太子以下的人，都畏之如虎。李林甫当宰相共十九年，造成了天下大乱的局势，而玄宗还不省悟。

第二百一十七卷 唐纪三十三

译文诵读

玄宗至道大圣大明孝皇帝下之下十三载（甲午，754）

春，正月，己亥，安禄山入朝。是时杨国忠言禄山必反，且曰："陛下试召之，必不来。"上使召之，禄山闻命即至。庚子，见上于华清宫，泣曰："臣本胡人，陛下宠擢至此，为国忠所疾，臣死无日矣！"上怜之，赏赐巨万，由是益亲信禄山，国忠之言不能入矣。太子亦知禄山必反，言于上，上不听。

己丑，安禄山奏："臣所部将士讨奚、契丹、九姓、同罗等，勋效甚多，乞不拘常格，超资加赏，仍好写告身付臣军授之。"于是除将军者五百余人，中郎将者二千余人。禄山欲反，故先以此收众心也。

三月，丁酉朔，禄山辞归范阳。上解御衣以赐之，禄山受之惊喜。恐杨国忠奏留之，疾驱出关。乘船沿河而下，令船夫执绳板立于岸侧，十五里一更，昼夜兼行，日数百里，过郡县不下船。自是有言禄山反者，上皆缚送。由是人皆知其将反，无敢言者。

十四载（乙未，755）

安禄山专制三道，阴蓄异志，殆将十年，以上待之厚，欲俟上晏驾然后作乱。会杨国忠与禄山不相悦，屡言禄山且反，上不听；国忠数以事激之，欲其速反以取信于上。禄山由是决意遽反，独与孔目官、太仆丞严庄、掌书记、屯田员外郎高尚、将军阿史那承庆密谋，自馀将佐皆莫之知，但怪其自八月以来，屡飨士卒，秣马厉兵而已。会有奏事官自京师还，禄山诈为敕书，悉召诸将示之曰："有密旨，令禄山将兵入朝讨伐杨国忠，诸君宜即从军。"众愕然相顾，莫敢异言。十一月，甲子，禄山发所部兵及同罗、奚、契丹、室韦凡十五万众，号二十万，反于范阳。命范阳节度副使贾循守范阳，平卢节度副使吕知诲守平卢，别将高秀岩守大同。诸将皆引兵夜发。

诘朝，禄山出蓟城南，大阅誓众，以讨杨国忠为名，榜军中曰："有异议扇动军人者，斩及三族！"于是引兵而南。禄山乘铁舆，步骑精锐，烟尘千里，鼓噪震地。时海内久承平，百姓累世不识兵革，猝闻范阳兵起，远近震骇。河北皆禄山统内，所过州县，望风瓦解，守令或开门出迎，或弃城窜匿，或为所擒戮，无敢拒之者。禄山先遣将军何千年、高邈将奚骑二十，声言献射生手，乘驿诣太原。乙丑，北京副留守杨光翙出迎，因劫之以去。太原具言其状。东受降城亦奏禄山反。上犹以为恶禄山者诈为之，未之信也。

庚午，上闻禄山定反，乃召宰相谋之。杨国忠扬扬有德色，曰："今反者独禄山耳，将士皆不欲也。不过旬日，必传首诣行在。"上以为然，大臣相顾失色。上遣特进毕思琛诣东京，金吾将军程千里诣河东，各简募数万人，随便团结以拒之。辛未，安西节度使封常清入朝，上问以讨贼方略，常清大言曰："今太平积久，故人望风惮贼。然事有逆顺，势有奇变，臣请走马诣东京，开府库，募骁勇，挑马棰渡河，计日取逆胡之首献阙下！"上悦。壬申，以常清为范阳、平卢节度使。常清即日乘驿诣东京募兵，旬日，得六万人；乃断河阳桥，为守御之备。

丁丑，以荣王琬为元帅，右金吾大将军高仙芝副之，统诸军东征。出内府钱帛，于京师募兵十一万，号曰天武军，旬日而集，皆市井子弟也。

十二月，丙戌，高仙芝将飞骑、彍骑及新募兵、边兵在京师者合五万人，发长安。上遣宦者监门将军边令诚监其军，屯于陕。

壬辰，上下制欲亲征，其朔方、河西、陇右兵留守城堡之外，皆赴行营，令节度使自将之，期二十日毕集。

初，平原太守颜真卿知禄山且反，因霖雨，完城浚壕，料丁壮，实仓廪，禄山以其书生，易之。及禄山反，牒真卿以平原、博平兵七千人防河津，真卿遣平原司兵李平间道奏之。上始闻禄山反，河北郡县皆风靡，叹曰："二十四郡，曾无一人义士邪！"及平至，大喜曰："朕不识颜真卿作何状，乃能如是！"真卿遣亲客密怀购贼牒诣诸郡，由是诸郡多应者。真卿，杲卿之从弟也。

安禄山引兵向荥阳，太守崔无诐拒之；士卒乘城者，闻鼓角声，自坠如雨。癸巳，禄山陷荥阳，杀无诐，以其将武令珣守之。禄山声势益张，以其将田承嗣、安忠志、张孝忠为前锋。封常清所募兵皆白徒，未更训练，屯武牢以拒贼；贼以铁骑蹂之，官军大败。常清收余众，战于葵园，又败；战上东门内，又败。丁酉，禄山陷东京，贼鼓噪自四门入，纵兵杀掠。常清战于都亭驿，又败；退守宣仁门，又败；乃自苑西坏墙西走。

封常清帅余众至陕，陕郡太守窦廷芝已奔河东，吏民皆散。常清谓高仙芝曰："常清连日血战，贼锋不可当。且潼关无兵，若贼豕突入关，则长安危矣。陕不可守，不如引兵先据潼关以拒之。"仙芝乃帅见兵西趣潼关。贼寻至，官军狼狈走，无复部伍，士马相腾践，死者甚众。至潼关，修完守备，贼至，不得入而去。禄山使其将崔乾祐屯陕，临汝、弘农、济阴、濮阳、云中郡皆降于禄山。是时，朝廷征兵诸道，皆未至，关中恟惧。会禄山方谋称帝，留东京不进，故朝廷得为之备，兵亦稍集。

上议亲征，辛丑，制太子监国，谓宰相曰："朕在位垂五十载，倦于忧勤，去秋已欲传位太子；值水旱相仍，不欲以余灾遗子孙，淹留俟稍丰。不意逆胡横发，朕当亲征，且使之监国。事平之日，朕将高枕无为矣。"杨国忠大惧，退谓韩、虢、秦三夫人曰："太子素恶吾家专横久矣，若一旦得天下，吾与姊妹并命在旦暮矣！"相与聚哭。使三夫人说贵妃，衔土请命于上，事遂寝。

高仙芝之东征也，监军边令诚数以事干之，仙芝多不从。令诚入奏事，具言仙芝、常清桡败之状，且云："常清以贼摇众，而仙芝弃陕地数百里，又盗减军士粮赐。"上大怒，癸卯，遣令诚赍敕即军中斩仙芝及常清。初，常清既败，三遣使奉表陈贼形势，上皆不之见。常清乃自驰诣阙，至渭南，敕削其官爵，令还仙芝军，白衣自效。常清草遗表曰："臣死之后，望陛下不轻此贼，无忘臣言！"时朝议皆以为禄山狂悖，不日授首，故常清云然。令诚至潼关，先引常清，宣敕示之；常清以表附令诚上之。常清既死，陈尸蘧蒢。仙芝还，至听事，令诚索陌刀手百余人自随，乃谓仙芝曰："大夫亦有恩命。"仙芝遽下，令诚宣敕。仙芝曰："我遇敌而退，死则宜矣。今上戴天，下履地，谓我盗减粮赐则诬也。"时士卒在前，皆大呼称枉，其声震地，遂斩之。以将军李承光摄领其众。

河西、陇右节度使哥舒翰病废在家，上藉其威名，且素与禄山不协，召见，拜兵马副元帅，将兵八万以讨禄山，仍敕天下四面进兵，会攻洛阳。翰以病固辞，上不许，以田良丘为御史中丞，充行军司马，起居郎萧昕为判官，蕃将火拔归仁等各将部落以从，并仙芝旧卒，号二十万，军于潼关。翰病，不能治事，悉以军政委田良丘；良丘复不敢专决，使王思礼主骑，李承光主步，二人争长，无所统壹。翰用法严而不恤，士卒皆懈弛，无斗志。

肃宗文明武德大圣大宣孝皇帝上之上至德元载（丙申，756）

春，正月，乙卯朔，禄山自称大燕皇帝，改元圣武，以达奚珣为侍中，张通儒为中书令。高尚、严庄为中书侍郎。

唐玄宗天宝十三载（甲午，公元754年）

春季，正月，己亥（初三），安禄山入朝。当时杨国忠进言说安禄山必反，并说："陛下试召他入朝，他一定不来。"于是玄宗就派人召见安禄山，安禄山听见命令立刻来朝。庚子（初四），安禄山晋见玄宗于华清宫，哭诉说："我本是一名胡人，只是受到陛下的信任才有今天的地位，但却不为杨国忠所容，恐怕难以活命了！"玄宗听后十分怜爱，重加赏赐，因此更加信任安禄山，杨国忠的话一点也听不进去。太子李亨也知道安禄山要谋反，告诉玄宗，玄宗不听。

己丑（二月二十三日），安禄山上奏说："我所率领的部下将士讨伐奚、契丹、九姓胡、同罗等，功勋卓著，乞望陛下能够打破常规，越级封官赏赐，并希望写好委任状，让我在军中授予他们。”因此安禄山部将被任命为将军的有五百多人，中郎将的有二千多人。安禄山要谋反，所以借此收买人心。

三月丁酉朔（初一），安禄山向玄宗告辞，要回范阳。玄宗脱下自己的衣服赐给他，安禄山十分惊喜。安禄山恐怕杨国忠向玄宗上奏把他留在朝中，所以急忙出潼关。然后乘船沿黄河而下，命令船夫手执挽船用的绳板立在岸边，十五里一换，昼夜兼程，日行数百里，经过郡县也不下船。从此有说安禄山谋反的人，玄宗都把他们捆绑起来送给安禄山，因此人们都知道安禄山要谋反，但没有人敢说。

十四载（乙未，公元755年）

安禄山一身兼任三道节度使，阴谋作乱已将近十年，只是因为玄宗待他很好，所以想等到玄宗死后再反叛。这时杨国忠因为与安禄山不和，多次上言说他要谋反，玄宗不信。杨国忠又多次以事激怒安禄山，想让他立刻反叛以取信于玄宗。安禄山于是决意举兵反叛，只与孔目官、太仆丞严庄和掌书记、屯田员外郎高尚以及将军阿史那承庆等人密谋，其他将领都不让知道。其他将领只是觉得奇怪，不知道安禄山为什么从八月份以来多次招待士卒，秣马厉兵，准备打仗。这时有入朝奏事官从京师回来，安禄山就假造敕书，把将领都召来告诉他们说：“皇上有密诏给我，让我率兵入朝讨伐杨国忠，你们应该听我指挥随军行动。”众将领听完后都十分惊愕，相看而不敢反对。十一月甲子（初九），安禄山率领所统辖的三镇军队及同罗、奚、契丹、室韦兵共十五万人，号称二十万，在范阳起兵反叛。安禄山又命令范阳节度副使贾循留守范阳，平卢节度副使吕知诲留守平卢，别将高秀岩守卫大同，其余的将领都率兵深夜出发。

第二天早晨，安禄山出蓟城南门，召集全军检阅誓师，以讨伐杨国忠为名，在军中发文告说：“谁要是煽动军人反对这一行动，灭杀他的三族！”然后率兵向南进军。安禄山坐着铁车，精锐步骑兵浩浩荡荡，战尘千里，鼓角震地。当时唐朝国内长治久安，老百姓几代没有经过战争，猛然得知范阳兵起，远近惊骇。河北地区都在安禄山的统辖之内，所以叛军经过的州县望风瓦解，郡守与县令有的大开城门迎接敌人，有的弃城逃命，有的被叛军俘虏杀害，没有人敢于抵抗。安禄山先派将军何千年与高邈率领奚族骑兵二十名，声称是向朝廷献射生手，乘驿马到太原。乙丑（初十），北京副留守杨光翙出城迎接，被劫持而去。太原向朝廷报告了这一情况，东受降城也上奏说安禄山反叛。玄宗还认为这是恨安禄山的人故意捏造事实，不相信真有其事。

庚午（十五日），玄宗得知安禄山确实率兵造反，才召来宰相商议应变之策。杨国忠得意扬扬地说：“现在要反叛的只有安禄山一个人，所部将士都不想反叛。不过十天，一定会把安禄山的头颅割下来送到行在。”玄宗信以为然，大臣们听后则大惊失色。玄宗派特进毕思琛往东京，金吾将军程千里往河东，各招募数万人，各随便利，编组教练，以便抗拒叛军。辛未（十六日），安西节度使封常清入朝，玄宗向他问平叛之计，常清夸大其辞地说："现在因为天下太平已久，所以人人看见叛军都十分害怕。但事情有逆顺，形势会突变。我请求立刻到东京，打开府库，招募勇士，然后跃马挥师渡过黄河，用不了几天就会把逆贼安禄山的头颅取下献给陛下！"玄宗大喜。壬申（十七日），任命封常清为范阳、平卢节度使。封常清当天即乘驿马到东京募兵，十天募得六万人。然后毁坏河阳桥，准备抵御叛军的进攻。

丁丑（二十二日），玄宗任命荣王李琬为元帅，右金吾大将军高仙芝为副元帅，统帅各路军队东征。又拿出内府中的金钱布帛，在京师招募军队十一万，号为天武军，十天便集合起来，成员都是市民子弟。

十二月丙戌（初一），副元帅高仙芝率领飞骑、彍骑及新招募的兵，再加上留在京师的边镇兵共五万人，从长安出发。玄宗及派监门将军宦官边令诚去监军，屯于陕郡。

壬辰（初七），玄宗颁下制书说要亲自率兵去征讨安禄山，命令朔方、河西、陇右的镇兵除留守城堡以外，全部开赴行营，并命令各镇节度使亲自率领，限二十天内全部到齐。

起初，平原太守颜真卿知道安禄山要举兵反叛，就借下大雨之机，修筑城壕，统计能作战的成年人，并充实仓库。安禄山认为颜真卿不过是一介书生，没有注意他。等到安禄山起兵谋反，就发公文让颜真卿率领平原和博平二郡的七千兵守卫黄河渡口，颜真卿即派平原司兵李平从小路去报告朝廷。玄宗最初得知安禄山举兵反叛，河北地区的郡县都纷纷投降的消息时，感叹说："河北地区的二十四郡中难道就没有一位仁义之士吗！"李平到后，玄宗高兴地说："朕不认识颜真卿是什么样子，竟如此忠义！"颜真卿又派亲信暗藏悬赏捕杀叛军的文告到其他州郡联络，因此有许多州郡纷纷响应。颜真卿是颜杲卿的堂弟。

安禄山率兵进军荥阳，太守崔无诐率官兵拒守，登上城头的士兵听见叛军的鼓角之声，吓得直往下掉。癸巳（初八），安禄山攻陷荥阳，杀了崔无诐，让部将武令珣守卫。安禄山叛军的声势更加浩大，他命令部将田承嗣、安忠志、张孝忠为先锋进攻东京。封常清所招募的兵都是一些没有经过军事训练而临时被招来的平民，他率领这些兵屯驻武牢关以抵御叛军。叛军的精锐骑兵一阵冲锋，官军大败。封常清收罗残兵，与叛军战于葵园，又被打败。战于上东门内，官军又败。丁酉（十二日），安禄山攻陷东京，叛军呐喊着从四面的城门涌入城内，纵兵烧杀抢掠。封常清与叛军战于都亭驿，又被打败；只好退守宣仁门，又败于叛军；于是就推倒禁苑的西墙向西逃走。

封常清率领残兵逃到陕郡，陕郡太守窦廷芝已逃往河东，官吏和民众也都已逃跑。封常清对高仙芝说："我连日与叛军血战，叛军锐不可当。再说潼关无兵守卫，如果叛军突入关中，京城长安就危险了。陕郡不能守，不如率兵先占据潼关以抗御叛军。”于是高仙芝就率领所有的兵西向潼关。不久叛军追至，官军狼狈而逃，不成队伍，士卒与战马互相践踏，死了许多。退到了潼关，整饬防守器械，叛军追兵赶到，不能够入关而退去。安禄山派部将崔乾祐率兵屯于陕郡，临汝、弘农、济阴、濮阳、云中等郡都降于安禄山。这时朝廷向诸道所征的兵都还没有赶到，关中民众十分惊慌。正好安禄山谋划着称帝，留在东京不再进攻，所以朝廷才得到喘息的时间备战，所征的兵也陆续赶到。

玄宗想要亲自挂帅去征讨安禄山，辛丑（十六日），下制书令太子监国，对宰相们说：“朕在皇帝位快五十年了，懒于处理政事，去年秋天就想传位给太子，又逢水灾旱灾不断，朕不想把这些灾祸留给子孙去承担，想等到形势好转后再传位。不料逆胡安禄山举兵谋反，朕一定要亲自去征讨，让太子监国。待叛乱平定后，朕将高枕无忧地退位。”杨国忠听后大为恐惧，退朝后对韩国、虢国和秦国三夫人说：“太子早就恨我们杨家专权，如果让他当皇帝得天下，我与姊妹们的生命将会危在旦夕！”杨家诸姊妹相聚哭泣。杨国忠就让三夫人去劝说杨贵妃，杨贵妃又死命地阻拦玄宗，这件事遂不能实行。

高仙芝率兵东征，监军宦官边令诚多次因事求他，高仙芝大都不听。边令诚入朝奏事，向玄宗报告了高仙芝、封常清战败的情况，并且说：“封常清借叛军的强大势力动摇军心，高仙芝无故丧失陕郡数百里之地，还盗减军士的粮食和物资。”玄宗大为愤怒，癸卯（十八日），派边令诚手持敕书到军中杀高仙芝及封常清。起初封常清兵败后，三次派使者入朝上表陈述叛军的形势，玄宗都不见。于是封常清就亲自骑马入朝报告，到了渭南，玄宗下敕书剥夺了他的官职和爵位，让他回到高仙芝的军中作为一名普通的士卒去效命。封常清草写了上给玄宗的遗表说：“我死了以后，希望陛下千万不要轻视逆贼安禄山，不要忘记我说的话！”当时朝臣都认为安禄山狂傲叛逆，用不了多长时间就会失败，所以封常清这样告诫玄宗。边令诚到了潼关，先把封常清叫来，向他宣示了敕书。封常清把自己草写的遗表交给边令诚呈送玄宗。封常清被杀后，尸体陈放在一张粗席子上面。高仙芝回到官署后，边令诚带领着陌刀手一百余人，对高仙芝说：“皇帝也有恩命给高大夫。”高仙芝听后立刻下厅，边令诚遂宣示敕书。高仙芝说：“我遇到叛军没有抵抗而退却，死了是应该的。但是现在上有天下有地，说我盗减士兵的军粮和物资实在是冤枉。”当时高仙芝部下的士卒都在场，大呼高仙芝冤枉，吼声震地，但边令诚还是杀了他。然后命令将军李承光代理统领军队。

河西、陇右节度使哥舒翰因病在家中休养，玄宗因为他有威名，而且素来与安禄山关系不和，于是就召见他，拜为兵马副元帅，率兵八万去征讨安禄山。还下敕让各地进军，集兵收复洛阳。哥舒翰因病坚辞不受，玄宗不答应，并任命田良丘为御史中丞兼行军司马，起居郎萧昕为判官，蕃人将领火拔归仁等都率领部落军队归哥舒翰指挥，再加上高仙芝原来的军队，号为二十万，守卫潼关。哥舒翰因病不能料理军务，就把军政大事都委托给田良丘处理。田良丘又不敢一人决定大事，于是就让王思礼统领骑兵，李承光统领步兵，又因为这二人争权，军令无法统一。哥舒翰用法严厉而不体恤士卒，所以士卒们意志松懈，士气低落，没有战斗力。

唐肃宗至德元载（丙申，公元756年）

春季，正月，乙卯朔（初一），安禄山自封为大燕皇帝，改年号为圣武，并任命达奚珣为侍中，张通儒为中书令，高尚、严庄为中书侍郎。

第二百一十八卷
唐纪三十四

译文诵读

肃宗文明武德大圣大宣孝皇帝上之下至德元载（丙申，756）

是时，天下以杨国忠骄纵召乱，莫不切齿。又，禄山起兵以诛国忠为名，王思礼密说哥舒翰，使抗表请诛国忠，翰不应。思礼又请以三十骑劫取以来，至潼关杀之，翰曰："如此，乃翰反，非禄山也。"或说国忠："今朝廷重兵尽在翰手，翰若援旗西指，于公岂不危哉！"国忠大惧，乃奏："潼关大军虽盛，而后无继，万一失利，京师可忧，请选监牧小儿三千于苑中训练。"上许之，使剑南军将李福德等领之。又募万人屯灞上，令所亲杜乾运将之，名为御贼，实备翰也。翰闻之，亦恐为国忠所图，乃表请灞上军隶潼关。六月，癸未，召杜乾运诣关，因事斩之。国忠益惧。

会有告崔乾祐在陕，兵不满四千，皆羸弱无备，上遣使趣哥舒翰进兵复陕、洛。翰奏曰："禄山久习用兵，今始为逆，岂肯无备！是必羸师以诱我，若往，正堕其计中。且贼远来，利在速战；官军据险以扼之，利以坚守。况贼残虐失众，兵势日蹙，将有内变；因而乘之，可不战擒也。要在成功，何必务速！今诸道征兵尚多未集，请且待之。"郭子仪、李光弼亦上言："请引兵北取范阳，覆其巢穴，质贼党妻子以招之，贼必内溃。潼关大军，唯应固守以弊之，不可轻出。"国忠疑翰谋已，言于上，以贼方无备，而翰逗留，将失机会。上以为然，续遣中使趣之，项背相望。翰不得已，抚膺恸哭。丙戌，引兵出关。

已丑，遇崔乾祐之军于灵宝西原。乾祐据险以待之，南薄山，北阻河，隘道七十里。庚寅，官军与乾祐会战。乾祐伏兵于险，翰与田良丘浮舟中流以观军势，见乾祐兵少，趣诸军使进。王思礼等将精兵五万居前，庞忠等将余兵十万继之，翰以兵三万登河北阜望之，鸣鼓以助其势。乾祐所出兵不过万人，什什伍伍，散如列星，或疏或密，或前或却，官军望而笑之。乾祐严精兵，陈于其后。兵既交，贼偃旗如欲遁者，官军懈，不为备。须臾，伏兵发，贼乘高下木石，击杀士卒甚众。道隘，士卒如束，枪槊不得用。翰以毡车驾马为前驱，欲以冲贼。日过中，东风暴急，乾祐以草车数十乘塞毡车之前，纵火焚之。烟焰所被，官军不能开目，妄自相杀，谓贼在烟中，聚弓弩而射之。日暮，矢尽，乃知无贼。乾祐遣同罗精骑自南山过，出官军之后击之，官军首尾骇乱，不知所备，于是大败。或弃甲窜匿山谷，若相挤排入河溺死，嚣声振天地，贼乘胜蹙之。后军见前军败，皆自溃，河北军望之亦溃。翰独与麾下数百骑走，自首阳山西渡河入关。关外先为三堑，皆广二丈，深丈，人马坠其中，须臾而满；余众践之以度，士卒得入关者才八千余人。辛卯，乾祐进攻潼关，克之。

翰至关西驿，揭榜收散卒，欲复守潼关。蕃将火拔归仁等以百余骑围驿，入谓翰曰："贼至矣，请公上马。"翰上马出驿，归仁帅众叩头曰："公以二十万众一战弃之，何面目复见天子！且公不见高仙芝、封常清乎？请公东行。"翰不可，欲下马。归仁以毛縶其足于马腹，及诸将不从者，皆执之以东。会贼将田乾真已至，遂降之，俱送洛阳。安禄山问翰曰："汝常轻我，今定何如？"翰伏地对曰："臣肉眼不识圣人。今天下未平，李光弼在常山，李祗在东平，鲁炅在南阳，陛下留臣，使以尺书招之，不日皆下矣。"禄山大喜，以翰为司空、同平章事。谓火拔归仁曰："汝叛主，不忠不义。"执而斩之。翰以书招诸将，皆复书责之。禄山知不效，乃囚诸苑中。潼关既败，于是河东、华阴、冯翊、上洛防御使皆弃郡走，所在守兵皆散。

是日，翰麾下来告急，上不时召见，但遣李福德等将监牧兵赴潼关。及暮，平安火不至，上始惧。壬辰，召宰相谋之。杨国忠自以身领剑南，闻安禄山反，即令副使崔圆阴具储偫，以备有急投之，至是首唱幸蜀之策。上然之。癸巳，国忠集百官于朝堂，惶懅流涕；问以策略，皆唯唯不对。国忠曰："人告禄山反状已十年，上不之信，今日之事，非宰相之过。"仗下，士民惊扰奔走，不知所之，市里萧条。国忠使韩、虢入宫，劝上入蜀。

甲午，百官朝者什无一二。上御勤政楼，下制，云欲亲征，闻者皆莫之信。以京兆尹魏方进为御史大夫兼置顿使；京兆少尹灵昌崔光远为京兆尹，充西京留守；将军边令诚掌宫闱管钥。托以剑南节度大使颍王璬将赴镇，令本道设储偫。是日，上移仗北内。既夕，命龙武大将军陈玄礼整比六军，厚赐钱帛，选闲厩马九百余匹，外人皆莫之知。乙未，黎明，上独与贵妃姊妹、皇子、妃、主、皇孙、杨国忠、韦见素、魏方进、陈玄礼及亲近宦官、宫人出延秋门，妃、主、皇孙之在外者，皆委之而去。上过左藏，杨国忠请焚之，曰："无为贼守。"上愀然曰："贼来不得，必更敛于百姓，不如与之，无重困吾赤子。"是日，百官犹有入朝者，至宫门，犹闻漏声，三卫立仗俨然。门既启，则宫人乱出，中外扰攘，不知上所之。于是王公、士民四出逃窜，山谷细民争入宫禁及王公第舍，盗取金宝，或乘驴上殿。又焚左藏大盈库。崔光远、边令诚帅人救火，又募人摄府、县官分守之，杀十余人，乃稍定。光远遣其子东见禄山，令诚亦以管钥献之。

丙申，至马嵬驿，将士饥疲，皆愤怒。陈玄礼以祸由杨国忠，欲诛之，因东宫宦者李辅国以告太子，太子未决。会吐蕃使者二十余人遮国忠马，诉以无食，国忠未及对，军士呼曰："国忠与胡虏谋反！"或射之，中鞍。国忠走至西门内，军士追杀之，屠割支体，以枪揭其首于驿门外，并杀其子户部侍郎暄及韩国、秦国夫人。御史大夫魏方进曰："汝曹何敢害宰相！"众又杀之。韦见素闻乱而出，为乱兵所挝，脑血流地。众曰："勿伤韦相公。"救之，得免。军士围驿，上闻喧哗，问外何事，左右以国忠反对。上杖屦出驿门，慰劳军士，令收队，军士不应。上使高力士问之，玄礼对曰："国忠谋反，贵妃不宜供奉，愿陛下割恩正法。"上曰："朕当自处之。"入门，倚杖倾首而立。久之，京兆司录韦谔前言曰："今众怒难犯，安危在晷刻，愿陛下速决！"因叩头流血。上曰："贵妃常居深宫，安知国忠反谋？"高力士曰："贵妃诚无罪，然将士已杀国忠，而贵妃在陛下左右，岂敢自安！愿陛下审思之，将士安则陛下安矣。"上乃命力士引贵妃于佛堂，缢杀之。舆尸置驿庭，召玄礼等入视之。玄礼等乃免胄释甲，顿首请罪，上慰劳之，令晓谕军士。玄礼等皆呼万岁，再拜而出，于是始整部伍为行计。谔，见素之子也。国忠妻裴柔与其幼子晞及虢国夫人、夫人子裴徽皆走，至陈仓，县令薛景仙帅吏士追捕，诛之。

丁酉，上将发马嵬，朝臣惟韦见素一人，乃以韦谔为御史中丞，充置顿使。将士皆曰："国忠谋反，其将吏皆在蜀，不可往。"或请之河、陇，或请之灵武，或请之太原，或言还京师。上意在入蜀，虑违众心，竟不言所向。韦谔曰："还京，当有御贼之备。今兵少，未易东向，不如且至扶风，徐图去就。"上询于众，众以为然，乃从之。及行，父老皆遮道请留，曰："宫阙，陛下家居，陵寝，陛下坟墓，今舍此，欲何之？"上为之按辔久之，乃令太子于后宣慰父老。父老因曰："至尊既不肯留，某等愿帅子弟从殿下东破贼，取长安。若殿下与至尊皆入蜀，使中原百姓谁为之主？"须臾，众至数千人。太子不可，曰："至尊远冒险阻，吾岂忍朝夕离左右。且吾尚未面辞，当还白至尊，更禀进止。"涕泣，跋马欲西。建宁王倓与李辅国执鞚谏曰："逆胡犯阙，四海分崩，不因人情，何以兴复！今殿下从至尊入蜀，若贼兵烧绝栈道，则中原之地拱手授贼矣。人情既离，不可复合，虽欲复至此，其可得乎！不如收西北守边之兵，召郭、李于河北，与之并力东讨逆贼，克复两京，削平四海，使社稷危而复安，宗庙毁而更存，扫除宫禁以迎至尊，岂非孝之大者乎！何必区区温凊，为儿女之恋乎！"广平王俶亦劝太子留。父老共拥太子马，不得行。太子乃使俶驰白上。上总辔待太子，久不至，使人侦之，还白状，上曰："天也！"乃分后军二千人及飞龙厩马从太子，且谕将士曰："太子仁孝，可奉宗庙，汝曹善辅佐之。"又谕太子曰："汝勉之，勿以吾为念。西北诸胡，吾抚之素厚，汝必得其用。"太子南向号泣而已。又使送东宫内人于太子，且宣旨欲传位，太子不受。俶、倓，皆太子之子也。

太子既留，莫知所适。广平王俶曰："日渐晏，此不可驻，众欲何之？"皆莫对。建宁王倓曰："殿下昔尝为朔方节度大使，将吏岁时致启，倓略识其姓名。今河西、陇右之众皆败降贼，父兄子弟多在贼中，或生异图。朔方道近，士马全盛，裴冕衣冠名族，必无贰心。贼入长安方虏掠，未暇徇地，乘此速往就之，徐图大举，此上策也。”众皆曰：“善！”至渭滨，遇潼关败卒，误与之战，死伤甚众。已，乃收余卒，择渭水浅处，乘马涉渡，无马者涕泣而返。太子自奉天北上，比至新平，通夜驰三百里，士卒、器械失亡过半，所存之众不过数百。新平太守薛羽弃郡走，太子斩之。是日，至安定，太守徐瑴亦走，又斩之。

壬寅，上至散关，分扈从将士为六军。使颍王璬先行诣剑南，寿王瑁等分将六军以次之。丙午，上至河池郡。崔圆奉表迎车驾，具陈蜀土丰稔，甲兵全盛。上大悦，即日，以圆为中书侍郎、同平章事，蜀郡长史如故。以陇西公瑀为汉中王、梁州都督、山南西道采访、防御使。瑀，琎之弟也。

安禄山不意上遽西幸，遣使止崔乾祐兵留潼关，凡十日，乃遣孙孝哲将兵入长安，以张通儒为西京留守，崔光远为京兆尹；使安忠顺将兵屯苑中，以镇关中。孝哲为禄山所宠任，尤用事，常与严庄争权；禄山使监关中诸将，通儒等皆受制于孝哲。孝哲豪侈，果于杀戮，贼党畏之。禄山命搜捕百官、宦者、宫女等，每获数百人，辄以兵卫送洛阳。王、侯、将、相扈从车驾、家留长安者，诛及婴孩。陈希烈以晚节失恩，怨上，与张均、张垍等皆降于贼。禄山以希烈、垍为相，自余朝士皆授以官。于是贼势大炽，西胁汧、陇，南侵江、汉，北割河东之半。然贼将皆粗猛无远略，既克长安，以为得志，日夜纵酒，专以声色宝贿为事，无复西出之意，故上得安行入蜀，太子北行亦无追迫之患。

太子至平凉数日，朔方留后杜鸿渐、六城水陆运使魏少游、节度判官崔漪、支度判官卢简金、盐池判官李涵相与谋曰：“平凉散地，非屯兵之所，灵武兵食完富，若迎太子至此，北收诸城兵，西发河、陇劲骑，南向以定中原，此万世一时也。”乃使涵奉笺于太子，且籍朔方士马、甲兵、谷帛、军须之数以献之。涵至平凉，太子大悦。会河西司马裴冕入为御史中丞，至平凉见太子，亦劝太子之朔方，太子从之。鸿渐，暹之族子；涵，道之曾孙也。鸿渐、漪使少游居后，葺次舍，庀资储，自迎太子于平凉北境，说太子曰：“朔方，天下劲兵处也。今吐蕃请和，回纥内附，四方郡县大抵坚守拒贼以俟兴复。殿下今理兵灵武，按辔长驱，移檄四方，收揽忠义，则逆贼不足屠也。”少游盛治宫室，帷帐皆仿禁中，饮膳备水陆。秋，七月，辛酉，太子至灵武，悉命撤之。

裴冕、杜鸿渐等上太子笺，请遵马嵬之命，即皇帝位，太子不许。冕等言曰：“将士皆关中人，日夜思归，所以崎岖从殿下远涉沙塞者，冀尺寸之功。若一朝离散，不可复集。愿殿下勉徇众心，为社稷计！”笺五上，太子乃许之。是日，肃宗即位于灵武城南楼，群臣舞蹈，上流涕歔欷。尊玄宗为上皇天帝，赦天下，改元。以杜鸿渐、崔漪并知中书舍人事，裴冕为中书侍郎、同平章事。改关内采访使为节度使，徙治安化，以前蒲关防御使吕崇贲为之。以陈仓令薛景仙为扶风太守，兼防御使；陇右节度使郭英乂为天水太守，兼防御使。时塞上精兵皆选入讨贼，惟余老弱守边，文武官不满三十人，披草莱，立朝廷，制度草创，武人骄慢。大将管崇嗣在朝堂，背阙而坐，言笑自若，监察御史李勉奏弹之，系于有司。上特原之，叹曰："吾有李勉，朝廷始尊！"勉，元懿之曾孙也。旬日间，归附者渐众。

张良娣性巧慧，能得上意，从上来朔方。时从兵单寡，良娣每寝，常居上前。上曰："御寇非妇人所能。"良娣曰："苍猝之际，妾以身当之，殿下可从后逸去。"至灵武，产子，三日起，缝战士衣。上止之，对曰："此非妾自养之时。"上以是益怜之。

安禄山使孙孝哲杀霍国长公主及王妃、驸马等于崇仁坊，刳其心，以祭安庆宗。凡杨国忠、高力士之党及禄山素所恶者皆杀之，凡八十三人，或以铁棓揭其脑盖，流血满街。己巳，又杀皇孙及郡、县主二十余人。

癸巳，灵武使者至蜀，上皇喜曰："吾儿应天顺人，吾复何忧！"丁酉，制："自今改制敕为诰，表疏称太上皇。四海军国事，皆先取皇帝进止，仍奏朕知，俟克复上京，朕不复预事。"己亥，上皇临轩，命韦见素、房琯、崔涣奉传国宝玉册诣灵武传位。

唐肃宗至德元载（丙申，公元756年）

这时，人们都认为安禄山叛乱是因为杨国忠骄横放纵所致，无不对杨国忠切齿痛恨。而且安禄山起兵是以讨伐杨国忠为名，所以王思礼就悄悄地劝哥舒翰，让他上表请求玄宗杀掉杨国忠，哥舒翰没有答应。王思礼又请求率领三十个骑兵把杨国忠劫持出京师，到潼关把他杀掉，哥舒翰说："如果这样做就是我谋反，而不是安禄山谋反。"有人劝杨国忠说："现在朝廷的重兵都在哥舒翰掌握之中，他如果挥兵西向京城，您不就危险了吗！"杨国忠大为恐惧，于是就上奏玄宗说："现在潼关虽然有大军把守，但后无援兵，一旦潼关失守，京师就难保，请求挑选牧马的士卒三千人于禁宛中训练，以应付不测。"玄宗同意，于是就派剑南军将李福德等人统领这支队伍。杨国忠又招募了一万人屯兵于灞上，命令他的亲信杜乾运率领，名义上是抵御叛军，实际上却是为了防备哥舒翰。哥舒翰得知后，也怕被杨国忠谋算，于是就上表玄宗请求把驻扎在灞上的军队归于潼关军队统一指挥。六月，癸未（初一），哥舒翰把杜乾运召到潼关，借机杀了他，杨国忠更加害怕。

唐军大战"安史"叛军

这时有人告诉玄宗说崔乾祐

在陕郡的兵力不到四千，都是老弱兵，而且没有准备，玄宗就派人催促哥舒翰出兵收复陕郡和洛阳。哥舒翰上奏说："安禄山善于用兵，现在刚举兵反叛，怎么能够不设防呢！这一定是故意示弱来引诱我们，如果出兵攻打，正中了他的计谋。再说叛军远来，利在速战速决，我们据险扼守，利在长期坚持。何况叛军残暴，失去人心，兵势正在变为不利，将会有内乱，到那时再乘机进攻，就可不战而获胜。我们最主要是要取胜，何必要立刻出兵呢！现在各地所征的兵大多都还没有到达，请暂且等待一段时间。"郭子仪与李光弼也上言说："请让我们率兵向北攻取范阳，直捣叛军巢穴，抓住他们的妻子、儿子作为人质用来招降，这样叛军内部必定大乱。坚守潼关的大军应该固守以挫敌锐气，不可轻易出战。"杨国忠怀疑哥舒翰想要谋害他，就告诉玄宗说叛军没有准备，而哥舒翰却逗留拖延，将要失去战机。玄宗信以为然，于是又派宦官去催促出兵，连续不断。哥舒翰没有办法，抚胸痛哭。丙戌（初四），亲自率兵出关。

己丑（初七），官军与崔乾祐的叛军相遇于灵宝西原。崔乾祐的军队占据着险要之地，南靠大山，北据黄河天险，有狭道七十里。庚寅（初八），官军与崔乾祐的叛军交战。崔乾祐先把精兵埋伏在险要的地方，哥舒翰与田良丘乘船在黄河中观察军情，看见崔乾祐兵少，就命令大军前进。王思礼等率领精兵五万在前，庞忠等率领其余的十万在后，哥舒翰率兵三万登上黄河北岸的高丘观察指挥，并鸣鼓助战。崔乾祐出兵不到一万，三五成群，稀稀拉拉，队伍有疏有密，士兵有前有后，官军看见后都大笑叛军不会用兵。而崔乾祐却把精兵摆在阵后。两军一交战，叛军偃旗息鼓假装败逃，官军斗志松懈，毫无准备。不一会，叛军伏兵齐发，占据着高地，用滚木石块打击官军，官军死伤惨重。又因为道路狭窄，士卒拥挤，刀枪伸展不开。哥舒翰又让马拉毡车为前队，去冲击叛军。过了中午，东风骤起，崔乾祐把数十辆草车塞于毡车之前，放火焚烧。顿时大火熊熊，烟雾蔽天，官军睁不开眼睛，敌我不分，互相冲杀，以为叛军在烟火中，就召集弓箭手和弩机手射击。持续到天黑，箭已射尽，才知道没有叛军。这时崔乾祐派同罗精锐骑兵过南山，从官军后面发起进攻，官军腹背受敌，首尾大乱，不知道如何抵挡，因此大败。有的丢盔弃甲逃入山谷，有的互相拥挤被推入黄河中淹死，喊声震天动地，叛军又乘胜追击。官军后面的将士看见前军大败，也纷纷溃逃，黄河北岸的军队看见了也向后逃跑。哥舒翰仅与部下数百骑兵得以逃脱，从首阳山西面渡过黄河，进入潼关。潼关城外先前挖了三条深沟，都是宽二丈，深一丈，过关的人马坠落沟中，很快就填满了沟，后面的人踏着他们得以通过，残兵逃入关内的才八千多人。辛卯（初九），崔乾祐率兵攻陷潼关。

哥舒翰到了关西驿站，张贴告示收罗逃散的士卒，想重新守卫潼关。这时蕃人将领火拔归仁等率领一百余名骑兵包围了驿站，进去对哥舒翰说："叛军来了，请您赶快上马。"哥舒翰上马出驿站后，火拔归仁率部下叩头说："您率领二十万军队一战而全军覆没，还有什么脸面去见天子呢！再说您没有看到封常清与高仙芝的下场吗？还不如向东去归降安禄山。”哥舒翰不同意，想要下马。火拔归仁就用毛绳把他的双脚捆绑在马肚子下，对于将领中不愿意投降的，也都捆起来押往东方。这时叛军将领田乾真赶到，火拔归仁就投降了他，被一起送往洛阳。安禄山问哥舒翰说：“你过去总是看不起我，现在怎么样呢？”哥舒翰伏地而拜回答说：“我凡人肉眼不识圣人。现在天下还没有平定，李光弼率兵在常山，吴王李祗在东平，鲁炅在南阳，陛下如果能够留我一条性命，让我写信招降他们，用不了多长时间就会平定。”安禄山很高兴，于是就拜哥舒翰为司空、同平章事。又对火拔归仁说：“你背叛了你的主人，是不忠不义。”然后就杀了他。哥舒翰写信招降其他将帅，他们都复信责备他的背叛行为。安禄山知道没有什么效果，就把哥舒翰囚禁于禁苑中。潼关既已失守，于是河东、华阴、冯翊、上洛等郡的防御使都弃郡而逃，部下的守兵也纷纷逃命。

潼关失守的当天，哥舒翰的部下到朝廷报告情况危急，玄宗当时没有召见，只是派李福德等人率领监牧小儿组成的军队开赴潼关增援。到了晚上，没看到报告平安的烽火，玄宗才感到惧怕。壬辰（初十），玄宗把宰相召来商议对策。杨国忠因为自己兼任剑南节度使，安禄山反叛后，即命令节度副使崔圆暗中准备物资，以防备危急时到剑南使用，所以这时他首先提出到蜀中避难。玄宗赞成他的意见。癸巳（十一日），杨国忠召集百官于朝堂，神色惊惧，痛哭流涕地问他们有什么计策，百官都不回答。杨国忠说：“人们告安禄山的反状已有十年了，但皇上总是不相信。现在事情发展到这种地步，不是宰相的过错。”罢朝后卫兵退下，这时长安城中的百姓惊慌逃命，都不知道该往哪里躲避，店铺关门，城里一片萧条。杨国忠又让韩国夫人与虢国夫人入宫，劝说玄宗到蜀中去避难。

甲午（十二日），百官上朝的不到十分之一二。玄宗登临勤政楼，下制书说要亲自率兵征讨安禄山，听到的人都不相信。玄宗又任命京兆尹魏方进为御史大夫兼置顿使，京兆少尹灵昌人崔光远为京兆尹，兼西京留守，让将军边令诚掌管宫殿的钥匙。玄宗假称剑南节度大使颍王李璬将要赴镇，命令剑南道准备所用物资。当天，玄宗移居大明宫。天黑以后，玄宗命令龙武大将军陈玄礼集合禁军六军，重赏他们金钱布帛，又挑选了闲厩中的骏马九百余匹，所做的这些事情外人都不知晓。乙未（十三日），天刚发亮，玄宗只与杨贵妃姊妹、皇子、皇妃、公主、皇孙、杨国忠、韦见素、魏方进、陈玄礼及亲信宦官、宫人从延秋门出发，在宫外的皇妃、公主及皇孙都弃而不顾，只管自己逃难。玄宗路过左藏库，杨国忠请求放火焚烧，并说：“不要把这些钱财留给叛贼。”玄宗心情凄惨地说：“叛军来了没有钱财，一定会向百姓征收，还不如留给他们，以减轻百姓们的苦难。”这一天，百官还有入朝的，到了宫门口，还能听到漏壶滴水的声音，仪仗队的卫士们仍然整齐地站在那里，待宫门打开后，则看见宫人乱哄哄地出逃，宫里宫外一片混乱，都不知道皇上在哪里。于是王公贵族、平民百姓四出逃命，山野小民争着进入皇宫及王公贵族的宅第，盗抢金银财宝，有的还骑驴跑到殿里，还放火焚烧了左藏大盈库。崔光远与边令诚带人赶来救火，又招募人代理府、县长官分别守护，杀了十多个人，局势才稳定下来。崔光远派他的儿子去见安禄山，边令诚也把宫殿各门的钥匙献给安禄山。

丙申（十四日），玄宗一行到了马嵬驿，随从的将士因为饥饿疲劳，心中怨恨愤怒。龙武大将军陈玄礼认为天下大乱都是杨国忠一手造成的，想杀掉他，于是就让东宫宦官李辅国转告太子，太子犹豫不决。这时有吐蕃使节二十余人拦住杨国忠的马，向他诉说没有吃的，杨国忠还没有来得及回答，士卒们就喊道："杨国忠与胡人谋反！"有人用箭射击，射中了杨国忠坐骑的马鞍。杨国忠急忙逃命，逃至马嵬驿西门内，被士兵追上杀死，并肢解了他的尸体，把头颅挂在矛上插于西门外示众，然后杀了他的儿子户部侍郎杨暄与韩国夫人、秦国夫人。御史大夫魏方进说："你们胆大妄为，竟敢谋害宰相！"士兵们又把他杀了。韦见素听见外面大乱，跑出驿门察看，被乱兵用鞭子抽打得头破血流。众人喊道："不要伤了韦相公。"韦见素才免于一死。士兵们又包围了驿站，玄宗听见外面的喧哗之声，就问是什么事，左右侍从回答说是杨国忠谋反。玄宗走出驿门，慰劳军士，命令他们撤走，但军士不答应。玄宗又让高力士去问话，陈玄礼回答说："杨国忠谋反被诛，杨贵妃不应该再侍奉陛下，愿陛下能够割爱，把杨贵妃处死。"玄宗说："这件事由我自行处置。"然后进入驿站，拄着拐杖侧首而立。过了一会儿，京兆司录参军韦谔上前说道："现在众怒难犯，形势十分危急，安危在片刻之间，希望陛下赶快作出决断！"说着不断地跪下叩头，以至血流满面。玄宗说："杨贵妃居住在戒备森严的宫中，不与外人交结，怎么能知道杨国忠谋反呢？"高力士说："杨贵妃确实是没有罪，但将士们已经杀了杨国忠，而杨贵妃还在陛下的左右侍奉，他们怎么能够安心呢！希望陛下好好地考虑一下，将士安宁陛下就会安全。"玄宗这才命令高力士把杨贵妃引到佛堂内，用绳子勒死了她。然后把尸体抬到驿站的庭中，召陈玄礼等人入驿站察看。陈玄礼等人脱去甲胄，叩头谢罪，玄宗安慰他们，并命令告谕其他的军士。陈玄礼等都高喊万岁，拜了两拜而出，然后整顿军队准备继续行进。韦谔是韦见素的儿子。杨国忠的妻子裴柔与她的小儿子杨晞、虢国夫人与她的儿子裴徽都乘乱逃走，到了陈仓县，被县令薛景仙率领官吏抓获杀掉。

丁酉（十五日），玄宗将要从马嵬驿出发，朝臣中只有韦见素一人随行，于是就任命韦谔为御史中丞，并兼任置顿使。这时将士们都说："杨国忠谋反被杀，而他的部下亲信都在蜀中，不能去那里避难。"有人请求去河西、陇右，有人请求去灵武，有人请求去太原，还有的请求回京师。玄宗想去蜀中，又恐怕违背众心，所以沉默不言。韦谔说："如果要返回京师，就要有足够的兵力抵御叛军。而现在兵力单薄，不要轻易向东。不如暂时到扶风郡，再慢慢考虑去向。"玄宗征求大家的意见，大家都同意，于是准备去扶风。等到出发时，当地的父老乡亲拦在路中请求玄宗留下，并说："森严宏壮的宫殿是陛下的家室，那些列祖列宗的陵园是陛下先人的葬地，现在都舍弃不顾，想要到哪里去呢？"玄宗骑在马上停留了很长时间，然后命令太子留在后面安慰这些父老乡民。父老们因此对太子说："皇上既然不愿意留下来，我们愿意率领子弟跟随殿下向东讨伐叛军，收复长安。如果殿下与皇上都逃向蜀中，那么谁为中原的百姓们做主呢？"不一会儿，来到太子跟前的多达数千人。太子不肯，并说："父皇冒艰历险，远出避难，我怎么忍心早晚都不在他身边呢！再说我也没有当面向他辞别，我要回去告诉父皇，然后听候他的吩咐。"说着涕泣流泪，要回马西行。这时建宁王李倓与宦官李辅国拉着太子的马笼头进谏说："逆胡安禄山举兵反叛，进犯长安，以至四海沸腾，国家分裂，如果不服从民意，怎么能够复兴大唐天下呢！现在殿下随从皇上入蜀中避难，如果叛军焚烧断绝了通向蜀中的栈道，那么中原大地就拱手送给叛军了。人心既已分离，就难以再聚合，到那时就是想要有所作为，恐怕也不可能了。不如现在收聚西北边防的镇兵，再加上郭子仪与李光弼在河北地区的兵力，与他们合兵东讨叛贼，收复两京，平定四海，挽救国家于危难之中，使大唐的帝业得以继续，然后再打扫宫殿，迎接皇上返回京师，这难道不是最好的孝顺行为吗！何必因为区区温情，而做儿女之恋呢！"广平王李俶也劝太子留下来。父老乡亲们都拦住太子的马，使他无法前行。于是太子就让广平王李俶驰马去报告玄宗。玄宗骑在马上等待太子，久等不见，就派人去打听，被派去的人回来报告了太子的情况，玄宗说："这真是天意！"于是就从后军中分出二千人，再加上一批最好的飞龙厩马给予太子，并且告谕将士说："太子仁义孝顺，能够继承我们大唐的帝业，希望你们好好辅佐他。"然后又告谕太子说："希望你好自为之，不要为我而担心。西北地区的各族胡人，我一直待他们厚道，你一定能用得上。"太子听后向南号叫哭泣。玄宗又派人把太子东宫中的宫女送给太子，并且宣旨说要传帝位给太子，太子不接受。广平王李俶和建宁王李倓都是太子的儿子。

太子留下来以后，不知道该往哪里去。广平王李俶说："天已经快黑了，此地不宜久留，大家觉得到哪里去好呢？"众人都不说话。这时建宁王李倓说："殿下过去曾经做过朔方节度大使，朔方镇的将领官吏每年送来问安书，我大略记得他们的姓名。现在河西与陇右的兵都因战败投降了叛军，父兄子弟多有在叛军中的，到那里去恐怕有危险。而朔方距离较近，军队完好，兵马强盛，再说河西行军司马裴冕出自世家大族，一定不会有二心。叛军正在进入长安大肆抢掠财物，还顾不上向外攻城略地，趁此机会应该立刻往朔方，到那里以后再图谋大计，这是最好的战略。"大家听后都说："好！"到了渭河岸边，遇上了潼关战败后退下来的士卒，误以为是叛军而交战，死伤了许多人。不久弄清楚后，就又收罗散兵，选择了一处水浅的地方，乘马渡过渭水，没有马匹的人只好流泪而返回。太子从奉天县向北，到达新平，一夜行进了三百里，清点士卒和武器装备，已丢失大半，留下来的人也不过数百。新平太守薛羽弃郡逃跑，被太子杀掉。当天到了安定郡，太守徐彀也要逃跑，太子又把他杀了。

壬寅（二十日），玄宗到达散关，把护卫的士兵分为六军，派颍王李璬先往剑南，寿王李瑁分别率领六军随后。丙午（二十五日），玄宗到达河池郡。蜀郡长史崔圆持表书前来迎接，并说蜀中富饶，粮食丰收，兵马强盛。玄宗非常高兴，当天就任命崔圆为中书侍郎、同平章事，仍兼蜀郡长史。又任命陇西公李瑀为汉中王、梁州都督、山南西道采访及防御使。李瑀是李琎的弟弟。

安禄山没料想玄宗那么快就会西去避难。就派人让崔乾祐留兵潼关，十天后才派孙孝哲率兵进入长安，任命张通儒为西京留守，崔光远为京兆尹。派安忠顺率重兵驻守在禁苑中，以镇抚关中地区。孙孝哲是安禄山最宠信的心腹，喜欢专权用事，常常与严庄争权。安禄山派孙孝哲监督关中诸将帅的军队，张通儒等人都受他的节制。孙孝哲性情粗犷，处事果断，用刑严厉，叛军将领都十分害怕他。安禄山命令搜捕朝臣、宦官和宫女，每抓到数百人时，就派兵护送到洛阳。对于跟随玄宗避难而家还留在长安的王侯将相，连婴儿也杀死。陈希烈因为晚年失去玄宗的信任，所以心中怨恨，就与张均、张垍兄弟等人投降了叛军。安禄山任命陈希烈、张垍为宰相，其余投降的朝臣都授以官职。因此叛军的势力大盛，向西威胁汧阳、陇州，向南侵扰江南与汉水流域，向北占领了河东道的一半。但是叛军将领都勇猛有余，而智谋不足，既已攻陷长安，志骄意满，日夜纵酒取乐，沉湎于声色珍宝财物，再也没有向西进攻的意图，所以玄宗得以安全地避入蜀中，而太子北上也不必担心敌军的追赶逼迫。

太子李亨到达平凉数天以后，朔方留后杜鸿渐、六城水陆运使魏少游、节度判官崔漪、支度判官卢简金与盐池判官李涵等人商议说："平凉地势平坦，不是屯驻军队之地，而灵武兵强粮足，如果把太子迎接到该地，向北召集诸郡之兵，向西征发河西、陇右的精锐骑兵，然后挥师南下，平定中原，这实在是千载难逢的大好时机。"于是就派李涵持笺表上于太子，并且把朔方镇的士卒、马匹、武器、粮食、布帛以及其他军用物资的帐籍一同奉献给太子。李涵到平凉见太子后，太子非常高兴。这时河西司马裴冕入朝为御史中丞，路过平凉见到太子，也奉劝太子去朔方，太子同意。杜鸿渐是杜暹同族的侄子。李涵是李道的曾孙。杜鸿渐与崔漪让魏少游留下来修葺房舍，准备食物用具，自己去平凉的北面去迎接太子，并对太子说："朔方镇是天下精兵强将所聚之地。现在境外吐蕃求和，回纥归附，境内的郡县大都坚守城池，抵御叛军，等待大唐王朝的复兴。殿下如果能够

王昌龄贬官龙标县

集兵于灵武，然后挥师长驱，南下平叛，传告四方郡县，收揽忠义之士，则反叛的逆贼就不难平定。”魏少游留下来后，大力修治宫室，就连所用的帐幕都模仿皇宫中的样子，所备的饮食水陆之物俱备。秋季，七月，辛酉（初九），太子到达灵武，命令把这些奢侈品全部撤去。

裴冕、杜鸿渐等人向太子上笺表，请求他遵照玄宗在马嵬驿的命令即皇帝位，太子不同意。裴冕等人对太子说：“殿下所率领的将士都是关中人，日夜思念着家乡，他们所以经历艰险跟随殿下到这种荒沙野城中来，就是希望能够建功立业。这些人一旦离散，就难以再聚集到一起。希望殿下能够顺应人心，也为国家着想！”一连五次上笺奏，太子才同意。当天，肃宗于灵武城南楼即帝位，群臣拜舞，肃宗也流涕唏嘘。尊称玄宗为上皇天帝，大赦天下，改天宝十五载为至德元载。肃宗任命杜鸿渐、崔漪为中书舍人，裴冕为中书侍郎、同平章事。改关内采访使为节度使，把治所迁到安化郡，任命前蒲关防御使吕崇贲为节度使。又任命陈仓县令薛景仙为扶风太守，兼防御使；陇右节度使郭英乂为天水太守，兼防御使。当时塞外的精兵都入内地讨伐叛军，只剩下老弱残兵防守边疆，文武官吏不到三十人，他们披荆斩棘，建立朝廷，但因为制度草创，武人骄横傲慢。大将管崇嗣在朝堂中背对宫阙而坐，言笑自若，监察御史李勉上奏弹劾他，并把他关了起来。肃宗特下令赦免了管崇嗣，并感叹说：“我只是因为有李逸这样的人，朝廷才开始有尊严！”李勉是李元懿的曾孙。肃宗即帝位后十多天内，归附的人越来越多。

张良娣性情乖巧聪明，善于讨肃宗的欢心，所以跟随肃宗来到朔方。当时保卫肃宗的兵力不多，张良娣每当睡觉时，总是睡在肃宗的前面。肃宗说：“抵御敌寇不是妇人能做的事情。”张良娣却说：“如果发生了事情，我可先用身体抵挡，以使殿下能够从后面逃走。”到了灵武，张良娣生了一个孩子，三天后就起来为战士们缝补衣服。肃宗阻止她，她说：“现在不是我自己休养身体的时候。”因此肃宗对她更加怜爱。

安禄山让孙孝哲于长安崇仁坊杀了霍国长公主以及王妃、驸马等人，挖下他们的心肝，用来祭奠安庆宗。凡是杨国忠、高力士的亲信党羽以及安禄山平时憎恨的人都被杀掉，总共八十三人。有的被叛军用铁棒揭去脑盖，以至血流满街。己巳（十七日），叛军又杀死皇孙及郡主、县主二十余人。

癸巳（八月十二日），灵武派出的使者到了蜀中，玄宗高兴地说：“我儿子顺应天命人心，即皇帝位，我还有什么忧愁的呢！”丁酉（十六日），玄宗下制书说：“从今以后改制敕为诰令，所上的表疏称太上皇。国家的军政大事都先听候皇帝的处置，然后再奏报朕知即可。等收复京城后，朕就不再参预政事。”己亥（十八日），玄宗亲临殿前的台阶，命令韦见素、房琯与崔涣奉送传国宝器与玉册往灵武传皇帝位。

第二百一十九卷
唐纪三十五

译文诵读

肃宗文明武德大圣大宣孝皇帝中之上至德元载（丙申，756）

饶阳裨将束鹿张兴，力举千钧，性复明辨，贼攻饶阳，弥年不能下。及诸郡皆陷，思明并力围之，外救俱绝，太守李系窘迫，赴火死，城遂陷。思明擒兴，立于马前，谓曰："将军真壮士，能与我共富贵乎？"兴曰："兴，唐之忠臣，固无降理。今数刻之人耳，愿一言而死。"思明曰："试言之。"兴曰："主上待禄山，恩如父子，群臣莫及，不知报德，乃兴兵指阙，涂炭生人。大丈夫不能翦除凶逆，乃北面为之臣乎！仆有短策，足下能听之乎？足下所以从贼，求富贵耳，譬如燕巢于幕，岂能久安！何如乘间取贼，转祸为福，长享富贵，不亦美乎！"思明怒，命张于木上，锯杀之，詈不绝口，以至于死。

贼每破一城，城中衣服、财贿、妇人皆为所掠。男子，壮者使之负担，羸、病、老、幼皆以刀槊戏杀之。禄山初以卒三千人授思明，使定河北，至是，河北皆下之，郡置防兵三千，杂以胡兵镇之。思明还博陵。

尹子奇将五千骑渡河，略北海，欲南取江、淮。会回纥可汗遣其臣葛逻支将兵入援，先以二千骑奄至范阳城下，子奇闻之，遽引兵归。

十二月，戊午，回纥至带汗谷，与郭子仪军合；辛酉，与同罗及叛胡战于榆林河北，大破之，斩首三万，捕虏一万，河曲皆平。子仪还军洛交。

上问李泌曰："今敌强如此，何时可定？"对曰："臣观贼所获子女金帛，皆输之范阳，此岂有雄据四海之志邪！今独虏将或为之用，中国之人惟高尚等数人，自余皆胁从耳。以臣料之，不过二年，天下无寇矣。"上曰："何故？"对曰："贼之骁将，不过史思明、安守忠、田乾真、张忠志、阿史那承庆等数人而已。今若令李光弼自太原出井陉，郭子仪自冯翊入河东，则思明、忠志不敢离范阳、常山，守忠、乾真不敢离长安，是以两军絷其四将也，从禄山者，独承庆耳。愿敕子仪勿取华阴，使两京之道常通，陛下以所征之兵军于扶风，与子仪、光弼互出击之，彼救首则击其尾，救尾则击其首，使贼往来数千里，疲于奔命，我常以逸待劳，贼至则避其锋，去则乘其弊，不攻城，不遏路。来春复命建宁为范阳节度大使，并塞北出，与光弼南北犄角以取范阳，覆其巢穴。贼退则无所归，留则不获安，然后大军四合而攻之，必成擒矣。”上悦。

二载（丁酉，757）

安禄山自起兵以来，目渐昏，至是不复睹物，又病疽，性益躁暴，左右使令，小不如意，动加棰挞，或时杀之。既称帝，深居禁中，大将希得见其面，皆因严庄白事。庄虽贵用事，亦不免棰挞，阉宦李猪儿被挞尤多，左右人不自保。禄山嬖妾段氏，生子庆恩，欲以代庆绪为后，庆绪常惧死，不知所出。庄谓庆绪曰：“事有不得已者，时不可失。”庆绪曰：“兄有所为，敢不敬从。”又谓猪儿曰：“汝前后受挞，宁有数乎！不行大事，死无日矣！”猪儿亦许诺。庄与庆绪夜持兵立帐外，猪儿执刀直入帐中，斫禄山腹。左右惧，不敢动。禄山扪枕旁刀，不获，撼帐竿，曰：“必家贼也。”肠已流出数斗，遂死。掘床下深数尺，以毡裹其尸埋之，诫宫中不得泄。乙卯旦，庄宣言于外，云禄山疾亟。立晋王庆绪为太子，寻即帝位，尊禄山为太上皇，然后发丧。庆绪性昏懦，言辞无序，庄恐众不服，不令见人。庆绪日纵酒为乐，兄事庄，以为御史大夫、冯翊王，事无大小，皆取决焉；厚加诸将官爵以悦其心。

郭子仪以河东居两京之间，得河东则两京可图。时贼将崔乾祐守河东，丁丑，子仪潜遣人入河东，与唐官陷贼者谋，俟官军至，为内应。

郭子仪自洛交引兵趣河东，分兵取冯翊。已丑夜，河东司户韩旻等翻河东城迎官军，杀贼近千人。崔乾祐逾城得免，发城北兵攻城，且拒官军，子仪击破之。乾祐走，子仪追击之，斩首四千级，捕虏五千人。乾祐至安邑，安邑人开门纳之，半入，闭门击之，尽殪。乾祐未入，自白径岭亡去。遂平河东。

上至凤翔旬日，陇右、河西、安西、西域之兵皆会，江、淮庸调亦至洋川、汉中。上自散关通表成都，信使骆驿。长安人闻车驾至，从贼中自拔而来者日夜不绝。西师憩息既定，李泌请遣安西及西域之众，如前策并塞东北，自归、檀南取范阳。上曰：“今大众已集，庸调亦至，当乘兵锋捣其腹心，而更引兵东北数千里，先取范阳，不亦迂乎？”对曰：“今以此众直取两京，必得之。然贼必再强，我必又困，非久安之策。”上曰：“何也？”对曰：“今所恃者，皆西北守塞及诸胡之兵，性耐寒而畏暑，若乘其新至之锐，攻禄山已老之师，其势必克。两京春气已深，贼收其余众，遁归巢穴，关东地热，官军必困而思归，不可留也。贼休兵秣马，伺官军之去，必复南来，然则征战之势未有涯也。不若先用之于寒乡，除其巢穴，则贼无所归，根本永绝矣。”上曰：“朕切于晨昏之恋，不能待此决矣。”

安庆绪以史思明为范阳节度使，兼领恒阳军事，封妫川王；以牛廷介领安阳军事；张忠志为常山太守兼团练使，镇井陉口；余各令归旧任，募兵以御官军。先是安禄山得两京，珍货悉输范阳。思明拥强兵，据富资，益骄横，浸不用庆绪之命；庆绪不能制。

上以郭子仪为司空、天下兵马副元帅，使将兵赴凤翔。庚寅，李归仁以铁骑五千邀之于三原北，子仪使其将仆固怀恩、王仲升、浑释之、李若幽伏兵击之于白渠留运桥，杀伤略尽，归仁游水而逸。若幽，神通之玄孙也。

是时府库无蓄积，朝廷专以官爵赏功，诸将出征，皆给空名告身，自开府、特进、列卿、大将军，下至中郎、郎将，听临事注名。其后又听以信牒授人官爵，有至异姓王者。诸军但以职任相统摄，不复计官爵高下。及清渠之败，复以官爵收散卒。由是官爵轻而货重，大将军告身一通，才易一醉。凡应募入军者，一切衣金紫，至有朝士僮仆衣金紫，称大官，而执贱役者。名器之滥，至是而极焉。

戊辰，上劳飨诸将，遣攻长安，谓郭子仪曰："事之济否，在此行也！"对曰："此行不捷，臣必死之。"

唐肃宗至德元载（丙申，公元756年）

饶阳副将束鹿人张兴不但勇力过人，而且心有计谋，叛军围攻饶阳，一年都未攻克。及至其他的郡城都被攻陷，史思明遂全力围攻饶阳。外援全部断绝，太守李系无计可施，投火而死，城遂被攻陷。史思明抓住了张兴，让他立在马前，然后说："将军真是一位壮士，不知道能否与我同享富贵？"张兴说："我张兴，是唐朝的忠臣，绝没有投降的道理。现在活在世上的时间已不长了，只希望进一言而死。"史思明说："请你说出来。"张兴说："皇上对待安禄山恩如父子，群臣都无法相比，安禄山却忘恩负义，不知报答皇上的恩德，反而兴兵攻打长安，使生灵涂炭。大丈夫不能平叛除掉逆凶，怎么还能再做逆臣呢！我有一点浅见，不知道足下愿意听否？足下之所以跟随安禄山反叛，贪图的不过是富贵，这就好似燕子做巢于帷幕之上，怎么能够长久呢！不如乘机攻灭叛贼，转祸为福，长享荣华富贵，不也是一件美事吗！"史思明听后大怒，命令把张兴捆绑在木头上，用锯子锯杀了他。张兴到死还骂不绝口。

叛军每当攻破一城，就把城中的衣服、财物和妇女全部抢掠而去，让壮年男人为他们运送，把老弱病幼者在嬉笑中用刀枪杀死。起初，安禄山授给史思明兵卒三千，让他平定河北地区，至此，河北地区全部落入叛军之手，每郡驻兵三千，并掺杂胡兵镇守，史思明返回博陵。

叛军大将尹子奇率领骑兵五千渡过黄河，侵犯北海郡，想向南攻占江、淮地区。适逢回纥可汗派大臣葛逻支率兵助唐平叛，先以骑兵二千突然出现在范阳城下，尹子奇得知后，立刻领兵退回。

十二月，戊午（初八），回纥兵到达带汗谷，与郭子仪兵相会。辛酉（十一日），回纥及唐兵与同罗及反叛的胡兵战于榆林河北岸，大获全胜，杀敌三万余人，俘虏一万，河曲平定。郭子仪率军返回洛交。

肃宗问李泌说："现在叛军如此强大，不知什么时候才能够平定？"李泌回答说："我看到叛军把抢掠的子女与财物都运往老巢范阳，这难道有雄踞天下的志向吗！现在只是那些胡人将领为安禄山卖力，汉人只有高尚等几个人，其余的都不过是一些胁从。以我的看法，不过二年，天下就会平定。"肃宗说："这有什么道理？"李泌回答说："叛军中勇将不过是史思明、安守忠、田乾真、张忠志、阿史那承庆等几个人。现在我们如果命令李光弼率兵从太原出井陉关，郭子仪率兵从冯翊进入河东，这样史思明与张忠志便不敢离开范阳与常山，安守忠与田乾真则不敢离开长安，我们以两支军队拖住了叛军的四员骁将，跟随安禄山的只有阿史那承庆了。希望下敕书命令郭子仪不要攻取华阴，使两京之间的道路畅通，陛下率领所征召的军队驻扎于扶风，与郭子仪、李光弼交互攻击叛军，叛军如果救援这头，就攻击他们的那头，如果救援那头，就攻击这头，使叛军在数千里长的战线上往来，疲于奔命，我们则以逸待劳，叛军如果来交战，就避开他的锋芒，如果要撤退，就乘机攻击，不攻占城池，不切断来往的道路。明年春天再任命建宁王李倓为范阳节度大使，从塞北出击，与李光弼形成南北夹击之势，以攻取范阳，颠覆叛军的巢穴。这样叛军想要撤退则归路已断，要留在两京则不得安宁，然后各路大军四面合击而进攻，就一定能够平息叛军。"肃宗听后很高兴。

二载（丁酉，公元757年）

安禄山从起兵反叛以来，视力逐渐下降，至此已看不清东西，又因为身上长了毒疮，性情更加暴躁，对左右的官员稍不如意，就用鞭子抽打，有时干脆杀掉。称帝以后，居于深宫之中，大将难得见他的面，都是通过严庄向安禄山报告。严庄虽然贵有权势，但也免不了被鞭打。宦官李猪儿挨的打尤其多，安禄山左右的人都感到自身难保。安禄山的爱妾段氏生子名叫庆恩，想要替代安庆绪为太子。所以安庆绪常常害怕被杀死，不知道怎么办才好。严庄对安庆绪说："事情往往有迫不得已的时候，机不可失。"安庆绪说："老兄如果要想有所为，我怎么敢不跟从。"严庄又对李猪儿说："你前后挨的毒打难道还有数吗！如果再不干大事，恐怕离死就不远了！"李猪儿也答应一块儿行动。于是严庄与安庆绪夜里手持武器立在帐幕外面，李猪儿手执大刀直入帐中，向安禄山的腹部砍去。安禄山左右的人因为恐惧都不敢动。安禄山用手摸枕旁的刀，没有拿到，于是就用手摇动帐幕的竿子说："这一定是家贼干的。"这时肠子已流出一大堆，随即死去。严庄等在安禄山的床下挖了数尺深的坑，用毡包裹了安禄山的尸体，埋了进去，并告诫宫中人不得向外泄露真相。乙卯（初六）早晨，严庄向外宣布说安禄山病重，立晋王安庆绪为太子。不久安庆绪即皇帝位，尊称安禄山为太上皇，然后才发丧。安庆绪性情昏庸懦弱，说话时语无伦次，严庄恐怕众人不服，所以不让安庆绪出来见人。安庆绪每天以饮酒为乐，称严庄为兄，任命他为御史大夫，封冯翊王爵位，大小事情都由严庄决定，并加封诸将的官爵，借以取悦人心。

郭子仪认为河东居于东京与西京之间，如果占据了河东则两京就容易收复。当时叛军大将崔乾祐率兵守卫河东，丁丑（二十八日），郭子仪秘密地派人潜入河东，与陷于叛军中的唐朝官员密谋，等待唐军来攻时，作为内应。

郭子仪从洛交率兵向河东进发，途中分兵攻取了冯翊。己丑（二月十一日）夜晚，河东司户参军韩旻等翻越河东城来迎接官军，杀死叛军近一千人。叛军大将崔乾祐跳过城墙得以逃脱，然后他召集驻扎在城北的士兵来攻城，并阻击郭子仪的军队，被郭子仪击败。崔乾祐领兵退逃，郭子仪领兵追击，杀死四千人，俘虏五千人。崔乾祐逃至安邑，安邑人打开城门，让他入城，当叛军人马进去一半时，安邑人闭门袭击，把进入城中的敌人全部杀死。崔乾祐没有入城，从白径岭逃走。郭子仪于是平定了河东。

李光弼策降二将

肃宗到达凤翔十天，陇右、河西、安西、西域的援兵都来相会，江、淮地区所征收的丝织品与布匹也运到洋川、汉中。肃宗从散关向在成都的玄宗上表书，信使络绎不绝。长安城中的民众听说皇上到达，纷纷从叛军的统治下逃出，奔向朝廷，日夜不绝。西方增援的部队既已休整充足，李泌请求肃宗按原来制定的战略，派遣安西及西域兵进军东北，从归州、檀州向南攻取范阳。肃宗说：“现在大军已集，征收的丝织品、布匹等庸调也到达，应该以强兵直捣叛军的腹心，而您却要领兵向东北数千里，先攻取范阳，不是迂腐的计策吗？”李泌回答说：“现在让大军直接攻取两京，一定能够收复，但是叛军还会东山再起，我们又会陷入困难的境地，这不是久安之策。”肃宗说：“你说的有什么根据？”李泌说：“我们现在所依靠的是西北各军镇的守兵以及西域各国的胡兵，他们能够忍耐寒冷而害怕暑热，如果借新到之兵的锐气，攻击安禄山已经疲劳的叛军，定能够取胜。但是两京已到了春天，叛军如果收集残兵，逃回老巢，而关东地区气候炎热，官军必定会由于炎热的气候而想要西归，难以在那里久留。叛军休整兵马，看见官军撤退，一定会卷土重来，这样与叛军的交战就会无休无止。不如先向北方寒冷的地区用兵倾覆叛军的巢穴，那样叛军就会无路可退，可以一举彻底平息叛乱。”肃宗说：“朕急于收复两京，迎接上皇回来，不能按照你的战略行事。”

安庆绪任命史思明为范阳节度使，并兼任指挥恒阳军事，封爵为妫川王；又命令牛廷介指挥安阳军事；任命张忠志为常山太守兼团练使，镇守井陉口。其余的将领仍各任旧职，招募军队抵御官军。先前安禄山攻陷两京时，把两京中的珍宝财物全部运往范阳。史思明手握重兵，拥有财物，更加骄横，逐渐不听从安庆绪的命令，安庆绪不能节制。

肃宗任命郭子仪为司空、天下兵马副元帅，让他率兵赴凤翔。庚寅（四月十三日），叛军大将李归仁率领五千精锐骑兵在三原县北面截击郭子仪，郭子仪派部将仆固怀恩、王仲升、浑释之、李若幽等埋伏于白渠留运桥，几乎全歼叛军，李归仁游水逃脱。李若幽是李神通的玄孙。

当时朝廷的府库中没有财物积蓄，对于立功的将士只能赏赐官爵，诸将出征时，都给予空名委任状，上自开府、特进、列卿、大将军，下至中郎、郎将，都允许临时填写名字。后来又允许用信牒授予官爵，以至有异姓被封为王的。各路军队都以职务大小相互统辖，不看官爵的高低。这次清渠战败后，又滥赏官爵以召集散兵游勇。因此官爵贱而钱货贵，一通大将军委任状才能换取一次酒醉。凡是被招募参军的人，都穿金紫色衣服，甚至有朝士的仆人身着金紫色衣服，口称自己是大官，而实际却干的是低贱的工作。唐朝的封官赏爵之滥，至此达到了极点。

戊辰（闰八月二十三日），肃宗犒劳诸位将领，让他们进攻长安，并对郭子仪说："事情成功与否，在此一举！"郭子仪回答说："这一次如果不能够战胜，我一定以死相报。"

第二百二十卷 唐纪三十六

译文诵读

肃宗文明武德大圣大宣孝皇帝中之下至德二载（丁酉，757）

郭子仪以回纥兵精，劝上益征其兵以击贼。怀仁可汗遣其子叶护及将军帝德等将精兵四千余人来至凤翔。上引见叶护，宴劳赐赉，惟其所欲。丁亥，元帅广平王俶将朔方等军及回纥、西域之众十五万，号二十万，发凤翔。俶见叶护，约为兄弟，叶护大喜，谓俶为兄。回纥至扶风，郭子仪留宴三日。叶护曰："国家有急，远来相助，何以食为！"宴毕，即行。日给其军羊二百口，牛二十头，米四十斛。

庚子，诸军俱发；壬寅，至长安西，陈于香积寺北沣水之东。李嗣业为前军，郭子仪为中军，王思礼为后军。贼众十万陈于其北，李归仁出挑战，官军逐之，逼于其阵，贼军齐进，官军却，为贼所乘，军中惊乱，贼争趣辎重。李嗣业曰："今日不以身饵贼，军无孑遗矣。"乃肉袒、执长刀，立于阵前，大呼奋击，当其刀者，人马俱碎，杀数十人，阵乃稍定。于是嗣业帅前军各执长刀，如墙而进，身先士卒，所向摧靡。都知兵马使王难得救其裨将，贼射之中眉，皮垂鄣目。难得自拔箭，掣去其皮，血流被面，前战不已。贼伏精骑于阵东，欲袭官军之后，侦者知之，朔方左厢兵马使仆固怀恩引回纥就击之，翦灭殆尽，贼由是气索。李嗣业又与回纥出贼阵后，与大军夹击，自午及酉，斩首六万级，填沟堑死者甚众，贼遂大溃。余众走入城，迨夜，嚣声不止。

仆固怀恩言于广平王俶曰："贼弃城走矣，请以二百骑追之，缚取安守忠、李归仁等。"俶曰："将军战亦疲矣，且休息，俟明旦图之。"怀恩曰："归仁、守忠，贼之骁将，骤胜而败，此天赐我也，奈何纵之！使复得众，还为我患，悔之无及！战尚神速，何明旦也！"俶固止之，使还营。怀恩固请，往而复反，一夕四五起。迟明，谍至，守忠、归仁与张通儒、田乾真皆已遁矣。癸卯，大军入西京。

初，上欲速得京师，与回纥约曰："克城之日，土地、士庶归唐，金帛、子女皆归回纥。"至是，叶护欲如约。广平王俶拜于叶护马前曰："今始得西京，若遽俘掠，则东京之人皆为贼固守，不可复取矣，愿至东京乃如约。"叶护惊跃下马答拜，跪捧王足，曰："当为殿下径往东京。"即与仆固怀恩引回纥、西域之兵自城南过，营于浐水之东。百姓、军士、胡虏见俶拜，皆泣曰：“广平王真华、夷之主！”上闻之喜曰：“朕不及也！”俶整众入城，百姓老幼夹道欢呼悲泣。俶留长安，镇抚三日，引大军东出。以太子少傅虢王巨为西京留守。

甲辰，捷书至凤翔，百寮入贺。上涕泗交颐，即日，遣中使啖庭瑶入蜀奏上皇，命左仆射裴冕入京师，告郊庙及宣慰百姓。

郭子仪引蕃、汉兵追贼至潼关，斩首五千级，克华阴，弘农二郡。关东献俘百余人，敕皆斩之。监察御史李勉言于上曰：“今元恶未除，为贼所污者半天下，闻陛下龙兴，咸思洗心以承圣化，今悉诛之，是驱之使从贼也。”上遽使赦之。

张通儒等收余众走保陕，安庆绪悉发洛阳兵，使其御史大夫严庄将之，就通儒以拒官军，并旧兵步骑犹十五万。己未，广平王至曲沃。回纥叶护使其将军鼻施吐拨裴罗等引军旁南山搜伏，因驻军岭北。郭子仪等与贼遇于新店，贼依山而陈，子仪等初与之战，不利，贼逐之下山。回纥自南山袭其背，于黄埃中发十余矢。贼惊顾曰：“回纥至矣！”遂溃。官军与回纥夹击之，贼大败，僵尸蔽野。严庄、张通儒等弃陕东走，广平王俶、郭子仪入陕城，仆固怀恩等分道追之。

严庄先入洛阳告安庆绪。庚申夜，庆绪帅其党自苑门出，走河北，杀所获唐将哥舒翰、程千里等三十余人而去。许远死于偃师。

壬戌，广平王俶入东京。回纥意犹未厌，俶患之。父老请率罗绵万匹以赂回纥，回纥乃止。

丙寅，上至望贤宫，得东京捷奏。丁卯，上入西京。百姓出国门奉迎，二十里不绝，舞跃呼万岁，有泣者。上入居大明宫。御史中丞崔器令百官受贼官爵者皆脱巾徒跣立于含元殿前，搏膺顿首请罪，环之以兵，使百官临视之。太庙为贼所焚，上素服向庙哭三日。是日，上皇发蜀郡。

安庆绪走保邺郡，改邺郡为安成府，改元天成。从骑不过三百，步卒不过千人，诸将阿史那承庆等散投常山、赵郡、范阳。旬日间，蔡希德自上党，田承嗣自颍川，武令珣自南阳，各帅所部兵归之。又召募河北诸郡人，众至六万，军声复振。

广平王俶之入东京也，百官受安禄山父子官者陈希烈等三百余人，皆素服悲泣请罪。俶以上旨释之，寻勒赴西京。己巳，崔器令诣朝堂请罪，如西京百官之仪，然后收系大理、京兆狱。其府县所由、祗承人等受贼驱使追捕者，皆收系之。

十一月，广平王俶、郭子仪来自东京，上劳子仪曰：“吾之家国，由卿再造。”

丙申，上皇至凤翔，从兵六百余人，上皇命悉以甲兵输郡库。上发精骑三千奉迎。十二月，丙午，上皇至咸阳，上备法驾迎于望贤宫。上皇在宫南楼，上释黄袍，著紫袍，望楼下马，趋进，拜舞于楼下。上皇降楼，抚上而泣，上捧上皇足，呜咽不自胜。上皇索黄袍，自为上著之，上伏地顿首固辞。上皇曰：“天数、人心皆归于汝，使朕得保养余齿，汝之孝也！”上不得已，受之。父老在仗外，欢呼且拜。上令开仗，纵千余人入谒上皇，曰："臣等今日复睹二圣相见，死无恨矣！"上皇不肯居正殿，曰："此天子之位也。"上固请，自扶上皇登殿。尚食进食，上品尝而荐之。丁未，将发行宫，上亲为上皇习马而进之上皇。上皇上马，上亲执鞚。行数步，上皇止之。上乘马前引，不敢当驰道。上皇谓左右曰："吾为天子五十年，未为贵；今为天子父，乃贵耳！"左右皆呼万岁。上皇自开远门入大明宫，御含元殿，慰抚百官，乃诣长乐殿谢九庙主，恸哭久之。即日，幸兴庆宫，遂居之。上累表请避位还东宫，上皇不许。

乾元元年（戊戌，758）

张后生兴王佋，才数岁，欲以为嗣，上疑未决，从容谓考功郎中、知制诰李揆曰："成王长，且有功，朕欲立为太子，卿意何如？"揆再拜贺曰："此社稷之福，臣不胜大庆。"上喜曰："朕意决矣。"庚寅，立成王俶为皇太子。揆，玄道之玄孙也。

安庆绪之初至邺也，虽枝党离析，犹据七郡六十多城，甲兵资粮丰备。庆绪不亲政事，专以缮台沼楼船、酣饮为事。其大臣高尚、张通儒等争权不叶，无复纲纪。蔡希德有才略，部兵精锐，而性刚，好直言，通儒谮而杀之，麾下数千人皆逃散，诸将怨怒不为用。以崔乾祐为天下兵马使，总中外兵。乾祐愎戾好杀，士卒不附。

庚寅，命朔方郭子仪、淮西鲁炅、兴平李奂、滑濮许叔冀、镇西北庭李嗣业、郑蔡季广琛、河南崔光远七节度使及平卢兵马使董秦将步骑二十万讨庆绪；又命河东李光弼、关内泽潞王思礼二节度使将所部兵助之。上以子仪、光弼皆无勋，难相统属，故不置元帅，但以宦臣开府仪同三司鱼朝恩为观军容宣慰处置使。观军容之名自此始。

郭子仪引兵自杏园济河，东至获嘉，破安太清，斩首四千级，捕虏五百人。太清走保卫州，子仪进围之；丙午，遣使告捷。鲁炅自阳武济，季广琛、崔光远自酸枣济，与李嗣业兵皆会子仪于卫州。庆绪悉举邺中之众七万救卫州，分三军，以崔乾祐将上军，田承嗣将下军，庆绪自将中军。子仪使善射者三千人伏于垒垣之内，令曰："我退，贼必逐我，汝乃登垒，鼓噪而射之。"既而与庆绪战，伪退，贼逐之，至垒下，伏兵起射之，矢如雨注，贼还走，子仪复引兵逐之，庆绪大败。获其弟庆和，杀之。遂拔卫州。庆绪走，子仪等追之至邺，许叔冀、董秦、王思礼及河东兵马使薛兼训皆引兵继至。庆绪收余兵拒战于愁思冈，又败。前后斩首三万级，捕虏千人。庆绪乃入城固守，子仪等围之。庆绪窘急，遣薛嵩求救于史思明，且请以位让之。思明发范阳兵十三万欲救邺，观望未敢进，先遣李归仁将步骑一万军于滏阳，遥为庆绪声势。

平卢节度使王玄志薨，上遣中使往抚将士，且就察军中所欲立者，授以旌节。高丽人李怀玉为裨将，杀玄志之子，推侯希逸为平卢军使。希逸之母，怀玉姑也。

故怀玉立之。朝廷因以希逸为节度副使。节度使由军士废立自此始。

唐肃宗至德二载（丁酉，公元757年）

郭子仪认为回纥兵精，能征善战，就劝肃宗多征回纥兵以平叛。回纥怀仁可汗派他的儿子叶护和将军帝德等率领精兵四千余人来到凤翔，肃宗接见叶护，设宴招待，赏赐财物，随其所愿，无不满足。丁亥（九月十二日），元帅广平王李俶率领朔方等各镇兵及回纥、西域各国兵共十五万，号称二十万，从凤翔出发。李俶见到回纥叶护，二人约为兄弟，叶护十分高兴，称李俶为兄。回纥人到达扶风，郭子仪留他们宴请三天。叶护说："国家在危难之中，我们远来援助，还没有作战，哪里顾得上大吃大喝！"宴会后便立即出发。唐朝每天供给回纥军羊二百头，牛二十头，米四十斛。

庚子（二十五日），各路大军同时出发，壬寅（二十七日），到达长安城西，在香积寺北面沣水东岸结成阵列。李嗣业为前军，郭子仪为中军，王思礼为后军。叛军十万在北面列阵，叛将李归仁出阵挑战，官军追击，逼近叛军阵中，叛军一齐进发，官军退却，叛军乘机突进，官军十分吃惊，顿时大乱，叛军争着抢夺军用物资。这时李嗣业说；"今天如果不拼死抵抗，官军就会彻底灭亡。"于是就袒露上身，手执长刀，立于阵前，大声呼喊，奋勇杀敌，叛军遇到他的刀锋，人马纷纷落地，接连杀死数十人，才稳住了官军的阵地。然后李嗣业率领前军各持长刀，排成横队，如墙向前推进，自己身先士卒，叛军纷纷后退，官军所向披靡。都知兵马使王难得为了救他的裨将，被叛军射中眼眉，垂下的肉皮遮住了眼睛。王难得自己拔去箭头，扯掉肉皮，血流满面，但仍然奋勇作战，不下战场。叛军埋伏精兵于阵地东面，想要从后面袭击官军，被官军侦察发觉，朔方左厢兵马使仆固怀恩领回纥兵袭击叛军伏兵，叛军被全部消灭，因而士气大落。李嗣业又与回纥兵绕道至叛军阵后，与大军前后夹击，从午时至酉时，共杀敌六万余人，被填于沟堑中的死者无数，叛军大败而溃退。其余的残兵逃入长安城中，夜晚喧叫声不止。

仆固怀恩对广平王李俶说："叛军要放弃长安城逃走，请让我率领二百名骑兵追击，捉住安守忠、李归仁等人。"李俶说："将军作战已经很疲劳了，暂且休息，等到明天再作计议。"仆固怀恩说："李归仁与安守忠都是叛军中骁勇善战的大将，现在骤然被我们打败，实在是天赐良机，为何要放虎归山呢！如果让他们收拾残兵，再来与我们作战，那时后悔就来不及了！再说兵贵神速，为何要等到明天呢！"但广平王李俶坚持不同意，让仆固怀恩返回营中。仆固怀恩坚请不已，来来回回，一夜达四五次。等到天亮，侦察人员回来，报告说叛军守将安守忠、李归仁与张通儒、田乾真等都已逃跑。癸卯（二十八日），唐朝大军进入西京。

起初，肃宗急于收复京师，与回纥相约定："收复了京城之日，土地与男子归唐朝所有，金帛与女人全部归于回纥。”这时，回纥叶护要按约定办事。广平王李俶拜于回纥叶护马前说：“现在刚克复了西京，如果大肆进行抢掠，那么在东京的人就会为叛军死守，难以再攻取，希望到东京后再履行约定。”回纥叶护吃惊地跳下马回拜，并跪下来捧着广平王的脚，说：“我当率军为殿下立刻前往东京。”于是与仆固怀恩率领回纥、西域的军队从长安城南经过，扎营于浐水东岸。百姓、军士以及胡人见到广平王李俶纷纷下拜，都哭泣着说：“广平王真不愧汉夷各族的主人！”肃宗得知后高兴地说：“朕不如广平王！”于是广平王李俶整军入京城，城中百姓不分男女老幼，都夹道欢呼悲泣。李俶留在长安，镇守安抚了三天后，率领大军向东去收复洛阳。任命太子少傅虢王李巨为西京留守。

甲辰（二十九日），报捷的文书到达凤翔，百官都入宫祝贺。肃宗泪流满面，当天即派宦官啖庭瑶入蜀中上奏玄宗，又命令左仆射裴冕先入京师，告慰祖宗陵庙并安抚百姓。

郭子仪率领蕃、汉兵马追击叛军至潼关，杀敌五千人，攻克了华阴、弘农二郡。关东向朝廷献来俘虏一百余人，肃宗下敕书让把他们全部杀掉，这时监察御史李勉向肃宗进言说：“现在举行叛乱的元凶还没有被除掉，战乱波及了大半个国家，许多人都受到了牵连，他们得知陛下即皇帝位，率兵平叛，都想着洗心革面，来服从陛下，现在如果把这些被俘的人全部杀掉，是逼迫那些跟随反叛的人继续作乱。”肃宗听后立即命令赦免了他们。

叛军大将张通儒等收罗残兵退保陕郡，安庆绪调集了洛阳的全部兵力，命令他的御史大夫严庄率领，与张通儒合兵，共有步、骑兵十五万阻挡官军。己未（十月十五日），广平王李俶率兵到达曲沃。回纥叶护命令其部将鼻施吐拨裴罗等率兵顺着南山搜寻叛军，于是驻军于岭北。郭子仪等人率兵与叛军相遇于新店，叛军依山而布阵，郭子仪初战不利，被叛军赶到山下。这时回纥军从南山袭击叛军的背面，在漫天黄尘中射了十余箭。叛军回头一看，吃惊地说：“回纥兵来了！”于是溃败。官军与回纥军乘机前后夹击，叛军被打得大败，尸横遍野。严庄与张通儒等人放弃陕郡向东败逃，广平王李俶与郭子仪进入陕城，仆固怀恩率兵分头追击叛军。

严庄先进入洛阳向安庆绪报告败状。庚申（十六日）夜晚，安庆绪率领他的部下从苑门逃出，逃向河北，并在逃走前杀了所俘虏的朝廷将领哥舒翰、程千里等三十余人。许远死于偃师县。

壬戌（十八日），广平王李俶率兵进入东京。回纥军还不满足，李俶十分忧虑。东京父老百姓请求以一万匹丝织品贿赂回纥军，回纥军才罢休。

丙寅（二十二日），肃宗到达咸阳望贤宫，收到了东京克复的捷报。丁卯（二十三日），肃宗进入西京。城中百姓出城门外二十里来迎接，一路不绝，拜舞跳跃，高呼万岁，还有人哭泣。肃宗入居大明宫。御史中丞崔器命令接受过安禄山叛军官爵的人都解下头巾赤脚立于含元殿前，让他们自己捶打自己的胸口，叩头谢罪，周围站立着持武器的士卒，并让百官在含元殿台上观看。因为太庙被叛军烧

郭子仪免胄见酋

毁，肃宗身着白色的服装，向着太庙大哭三天。当天，玄宗从蜀郡出发。

安庆绪率领部下败退到邺郡，于是改邺郡为安成府，改年号为天成。这时跟随他的骑兵不过三百，步兵不过一千人，其他部将如阿史那承庆等都分别逃向常山、赵郡、范阳等地。十天之内，蔡希德从上党，田承嗣从颍川，武令珣从南阳，各自率领本部兵马投奔邺郡。安庆绪又在河北各郡招募人马，兵众达到六万，军队的声势又一次振作起来。

广平王李俶进入东京后，百官中接受过安禄山与安庆绪父子官爵的陈希烈等三百余人，都穿着白色的衣服悲泣请罪，李俶按照肃宗的意旨，都释放了他们，不久又把他们押送往西京。己巳（二十五日），崔器命令他们到朝堂向肃宗请罪，如同在西京对待接受伪职的百官那样，然后把他们关进大理寺和京兆的狱中。府县中那些为叛军干过事的小官吏，被抓住后，全都关进狱中。

十一月，广平王李俶与郭子仪从东京来到西京，肃宗慰劳郭子仪说：“我们李家的大唐王朝，是由你复兴的。”

丙申（二十二日），玄宗到达凤翔，跟随护卫的士兵有六百多人，玄宗命令他们把兵器全部交到凤翔郡的武器库中。肃宗派精锐骑兵三千去迎接。十二月丙午（初三），玄宗到达咸阳，肃宗准备了皇帝所乘的车驾在望贤宫迎接玄宗。玄宗在望贤宫中的南楼上，肃宗脱下黄袍，身着紫袍，望着南楼下马，用小步快速前行，伏身拜于楼下。玄宗从楼上下来，抚摸肃宗而哭泣，肃宗手捧玄宗的双脚，呜咽不已。玄宗要来黄袍，亲自为肃宗穿上，肃宗伏地叩头，坚辞不敢接受。玄宗说：“天命与人心都已经归于你，你能够让我安度晚年，就是你的忠孝了！”肃宗推辞不过，只好接受了黄袍。这时被挡在仪仗外面的父老百姓们，都高声欢呼拜舞。肃宗命令士卒们开禁，让一千余人进宫谒见玄宗，他们说：“我们今天重又见到二位圣人相逢，就是死了也不感到遗憾！”玄宗不肯居住在宫中的正殿，说：“这是天子的住地。”肃宗坚请，并亲自扶玄宗上殿。尚食官进上食物时，肃宗都亲自品尝后再献上去让玄宗吃。丁未（初四），玄宗将要从行宫出发，肃宗亲自为玄宗练马然后进上。等玄宗上马后，肃宗亲自为玄宗牵马。行走了数步后，被玄宗制止。肃宗又乘马在前面引导，不敢在路中央驰马。玄宗对左右的人说：“我做了五十年天子，都没有感到高贵过；现在做了天子的父亲，才高贵了！”左右的人听后，都高呼万岁。玄宗一行从开远门进入大明宫，驾临含元殿，抚慰百官，然后到长乐殿中谢九庙神主，恸哭了很久。当天，玄宗前往兴庆宫，就居住在宫中。肃宗多次上表请求归帝位于玄宗，自己还东宫仍为太子，玄宗不答应。

乾元元年（戊戌，公元758年）

张皇后所生的兴王李佋，年纪才几岁，张皇后就想要把他立为太子。肃宗犹豫不决，就口气和缓地对考功郎中、知制诰李揆说：“成王李俶年纪大，并且有战功，我想立他为太子，你看如何？”李揆拜了两拜祝贺说：“这真是国家的大幸，我不胜欢喜。”肃宗高兴地说：“朕绝不再犹豫了。”庚寅（五月十九日），肃宗立成王李俶为皇太子。李揆是李玄道的玄孙。

安庆绪刚到邺郡时，虽然势力分崩，党羽离析，但还占据着七郡六十余城，兵器资粮充足。但安庆绪不理政事，而是热衷于大兴土木，修建宫殿庭台，楼船沼池，以饮酒为乐。他的大臣高尚与张通儒等人又因争权不和，没有政令。大将蔡希德有才略，所率领的部队精锐，但性格刚正，直言不讳，张通儒就进谗言杀死了他，蔡希德部下数千人都离军而逃，诸将也怨恨不肯卖力。安庆绪又任命崔乾祐为天下兵马使，总揽兵权。崔乾祐刚愎好杀，士卒都不愿意为他出力。

庚寅（九月二十一日），肃宗命令朔方节度使郭子仪、淮西节度使鲁炅、兴平节度使李奂、滑濮节度使许叔冀、镇西及北庭节度使李嗣业、郑蔡节度使季广琛与河南节度使崔光远等七节度使以及平卢兵马使董秦率领步、骑兵二十万讨伐安庆绪，又命令河东节度使李光弼与关内及泽潞节度使王思礼率兵助战。肃宗因为郭子仪与李光弼二人都是元勋功臣，难以相互统属，所以不设置元帅，只是任命宦官开府仪同三司鱼朝恩为观军容宣慰处置使。观军容使之名从此开始。

郭子仪率兵从卫州汲县杏园渡过黄河，向东到达获嘉，击败叛军安太清，杀敌四千人，俘虏五百人。安太清退保卫州，郭子仪进兵包围，丙午（十月初七），派使者入朝报捷。鲁炅从阳武渡过黄河，季广琛、崔光远从酸枣渡过黄河，与李嗣业部队一起到卫州与郭子仪会师。安庆绪发邺中的全部兵七万来救卫州，分为三军，崔乾祐率领上军，田承嗣率领下军，安庆绪亲自率领中军。郭子仪命令善射手三千埋伏在军营垒墙的后面，命令他们说：“我如果领兵退却，叛军必定来追击，那时你们就登上垒墙，擂鼓叫喊而射击。”郭子仪与安庆绪交战，假装退却，叛军遂来追赶，来到垒下，伏兵齐发而射击，箭如雨下，叛军退走，郭子仪又率兵追击，安庆绪大败。俘虏了安庆绪的弟弟安庆和，立即杀了他。于是克复了卫州。安庆绪败逃，郭子仪等率兵一直追到邺城，这时许叔冀、董秦、王思礼及河东兵马使薛兼训都领兵相继来到。安庆绪收罗残兵与官军战于愁思冈，又被打败。前后杀死叛军三万人，俘虏一千人。于是安庆绪入城固守，郭子仪等率兵包围了邺城。安庆绪危急，于是就派薛嵩向史思明求救，并请求把帝位让给史思明。史思明发范阳兵十三万想要救援邺城，但不敢贸然进军，先派部将李归仁率领步、骑兵一万驻扎于滏阳，与安庆绪遥相呼应。

平卢节度使王玄志故去，肃宗派宦官去安抚将士，并察看军中将士想要立谁为节度使，以便授给旌节，加以任命。高丽人裨将李怀玉杀了王玄志的儿子，推立侯希逸为平卢军使。因为侯希逸的母亲是李怀玉的姑母，所以李怀玉推立他为军使。于是朝廷任命侯希逸为节度副使。唐朝的节度使由军中将士自行废立从此开始。

第二百二十一卷　唐纪三十七

译文诵读

肃宗文明武德大圣大宣孝皇帝下之上乾元二年（己亥，759）

春，正月，己巳朔，史思明筑坛于魏州城北，自称大圣燕王，以周挚为行军司马。李光弼曰："思明得魏州而按兵不进，此欲使我懈惰，而以精锐掩吾不备也。请与朔方军同逼魏城，求与之战，彼惩嘉山之败，必不敢轻出。得旷日引久，则邺城必拔矣。庆绪已死，彼则无辞以用其众也。"鱼朝恩以为不可，乃止。

郭子仪等九节度使围邺城，筑垒再重，穿堑三重，壅漳水灌之。城中井泉皆溢，构栈而居，自冬涉春，安庆绪坚守以待史思明，食尽，一鼠直钱四千，淘墙麸及马矢以食马。人皆以为克在朝夕，而诸军既无统帅，进退无所禀。城中人欲降者，碍水深，不得出。城久不下，上下解体。

思明乃自魏州引兵趣邺，使诸将去城各五十里为营，每营击鼓三百面，遥胁之。又每营选精骑五百，日于城下抄掠，官军出，辄散归其营；诸军人马牛车日有所失，樵采甚艰，昼备之则夜至，夜备之则昼至。时天下饥馑，转饷者南自江、淮，西自并、汾，舟车相继。思明多遣壮士窃官军装号，督趣运者，责其稽缓，妄杀戮人，运者骇惧；舟车所聚，则密纵火焚之；往复聚散，自相辨识，而官军逻捕不能察也。由是诸军乏食，人思自溃。思明乃引大军直抵城下，官军与之刻日决战。

三月，壬申，官军步骑六十万陈于安阳河北，思明自将精兵五万敌之，诸军望之，以为游军，未介意。思明直前奋击，李光弼、王思礼、许叔冀、鲁炅先与之战，杀伤相半；鲁炅中流矢。郭子仪承其后，未及布陈，大风忽起，吹沙拔木，天地昼晦，咫尺不相辨，两军大惊，官军溃而南，贼溃而北，弃甲仗辎重委积于路。子仪以朔方军断河阳桥保东京。战马万匹，惟存三千；甲仗十万，遗弃殆尽。东京士民惊骇，散奔山谷；留守崔圆、河南尹苏震等官吏南奔襄、邓；诸节度各溃归本镇。士卒所过剽掠，吏不能止，旬日方定。惟李光弼、王思礼整勒部伍，全军以归。

子仪至河阳，将谋城守，师人相惊，又奔缺门。诸将继至，众及数万，议捐东京，退保蒲、陕。都虞候张用济曰："蒲、陕荐饥，不如守河阳，贼至，并力拒之。"子仪从之。使都游弈使灵武韩游瓌将五百骑前趣河阳，用济以步卒五千继之。周挚引兵争河阳，后至，不得入而去。用济役所部兵筑南、北两城而守之。段秀实帅将士妻子及公私辎重自野戍渡河，待命于河清之南岸，荔非元礼至而军焉。诸将各上表谢罪，上皆不问，惟削崔圆阶封，贬苏震为济王府长史，削银青阶。

史思明审知官军溃去，自沙河收整士众，还屯邺城南。安庆绪收子仪营中粮，得六七万石，与孙孝哲、崔乾祐谋闭门更拒思明。诸将曰："今日岂可复背史王乎！"思明不与庆绪相闻，又不南追官军，但日于军中飨士。张通儒、高尚等言于庆绪曰："史王远来，臣等皆应迎谢。"庆绪曰："任公暂往。"思明见之涕泣，厚礼而归之。经三日，庆绪不至。思明密召安太清令诱之，庆绪窘蹙，不知所为，乃遣太清上表称臣于思明，请待解甲入城，奉上玺绶。思明省表，曰："何至如此！"因出表遍示将士，咸称万岁。乃手疏唁庆绪而不称臣，且曰："愿为兄弟之国，更作藩篱之援。鼎足而立，犹或庶几；北面之礼，固不敢受。"并封表还之。庆绪大悦，因请歃血同盟，思明许之。庆绪以三百骑诣思明营，思明令军士擐甲执兵以待之，引庆绪及诸弟入至庭下。庆绪再拜稽首曰："臣不克荷负，弃失两都，久陷重围，不意大王以太上皇之故，远垂救援，使臣应死复生，摩顶至踵，无以报德。"思明忽震怒曰："弃失两都，亦何足言。尔为人子，杀父夺其位，天地所不容。吾为太上皇讨贼，岂受尔佞媚乎！"即命左右牵出，并其四弟及高尚、孙孝哲、崔乾祐皆杀之；张通儒、李庭望等悉授以官。思明勒兵入邺城，收其士马，以府库赏将士，庆绪先所有州、县及兵皆归于思明。遣安太清将兵五千取怀州，因留镇之。思明欲遂西略，虑根本未固，乃留其子朝义守相州，引兵还范阳。

史思明自称大燕皇帝，改元顺天，立其妻辛氏为皇后，子朝义为怀王，以周挚为相，李归仁为将，改范阳为燕京，诸州为郡。

观军容使鱼朝恩恶郭子仪，因其败，短之于上。秋，七月，上召子仪还京师，以李光弼代为朔方节度使、兵马元帅。士卒涕泣，遮中使请留子仪。子仪给之曰："我饯中使耳，未行也。"因跃马而去。

光弼愿得亲王为之副，辛巳，以赵王系为天下兵马元帅，光弼副之，仍以光弼知诸节度行营。光弼以河东骑五百驰赴东都，夜，入其军。光弼治军严整，始至，号令一施，士卒、壁垒、旌旗、精采皆变。是时朔方将士乐子仪之宽，惮光弼之严。

唐肃宗乾元二年（己亥，公元759年）

春季，正月，己巳朔（初一），史思明在魏州城北建筑祭坛，祭天称王，自称大圣燕王，任命周挚为行军司马。李光弼说："史思明攻占魏州后，按兵不动，是想松懈我们的意志，然后用精兵突然袭击我们的不备。请让我与朔方军联兵进逼魏州城，向史思明挑战，史思明鉴于嘉山之败的经验，必定不敢轻易出战。这样旷日持久，我们就能够收复邺城。如果安庆绪败死，史思明就会失去号召力，难以指挥叛军。”而观军容使宦官鱼朝恩却认为此计不可行，只好作罢。

郭子仪等九节度使包围了邺城，筑垒两道，挖壕三重，堵塞漳河水灌城。邺城中井泉都水满溢出，人们只好构栈而住，从冬天一直到春天，安庆绪死死坚守，等待史思明率兵解围，城中粮食吃尽，以至一只老鼠值钱四千，士卒挖出墙中的麦秸及马粪来喂养战马。人们都认为邺城危在旦夕，必能攻克，但是官军的各路军队因为没有统帅，进退没有统一指挥，城中的人想要投降，但因为水深不得出城。这样邺城久攻不下，官军疲困解体，没有士气。

这时，史思明才率兵从魏州进军邺城，命令诸将在距离邺城五十里处扎营，每个营中击鼓三百面，遥为安庆绪声缓，威胁官军。史思明又从每个营中挑选精锐骑兵五百，每天到城下抢掠，官军如果出来交战，他们就散归自己的军营中。这样官军各路的人马牛车每天都有丧失，甚至连采集薪柴都很艰难。官军白天防备，叛军骑兵就在夜里来骚扰，如果夜里防备，叛军就白天来。当时天下饥荒，军中所用粮饷都是南从江、淮地区，西自并州、汾州运来，船车相继不断。于是史思明派壮士穿上官军的服装，窃取官军的号令，去督促运粮者，斥责他们缓慢，随便杀戮，使转运的人心中惊骇恐惧。他们又在运送粮饷船车聚集的地方，暗中放火焚烧。神出鬼没，聚散无常，他们自己能够相识别，但巡逻的官军士卒却抓不到，也侦察不出行迹。因此官军各路军队都缺乏粮食，人心涣散。史思明这才率领大军直抵城下，与官军定好了决战的日期。

三月，壬申（初六），官军步、骑兵六十万在安阳河北岸摆开阵势，史思明亲自率领精兵五万来交战，官军望见，以为是流动部队，不加介意。史思明身先士卒，率军冲锋，李光弼、王思礼、许叔冀与鲁炅先领兵迎战，杀伤各半，鲁炅还被乱箭射中。郭子仪率兵紧跟在后面，还未及布阵，大风急起，吹沙拔木，天地一片昏暗，咫尺之间，人马不辨，两军都大吃一惊，接着官军向南溃退，叛军向北溃退，所丢弃的武器盔甲等军用物资满路都是。郭子仪命令朔方军切断了河阳桥，以确保东京的安全。一万匹战马

唐大将郭子仪

仅剩下三千，十万盔甲兵器差不多全部丧失。东京城中的官吏民众十分惊恐，都纷纷逃向山中，留守崔圆与河南尹苏震等官吏向南逃奔襄州、邓州，各路节度使也率领自己的兵马逃回本镇。这些败兵沿路大肆抢掠，胡作非为，当地官吏和军中将帅无法制止，十多天才安定下来。只有李光弼与王思礼整理队伍，全军返回。

郭子仪到达河阳，想要坚守河阳城，因为部队自相惊扰，又逃奔缺门。这时部将都陆续赶到，点检人马，才有几万，大家商议放弃东京，退保蒲州、陕州。都虞侯张用济说："蒲州与陕州连年饥荒，不如坚守河阳，叛军如果来攻，就全力坚守。"郭子仪同意。于是就派都游弈使灵武人韩游瓌率领五百骑兵先进军河阳，张用济率领五千步兵继后。叛军的行军司马周挚领兵来争夺河阳，因为晚到一步，无法入城而退去。张用济让士兵筑南、北两城准备坚守。段秀实率领镇西将士的家眷以及公私物资从野戍渡过黄河，在河清县南面待命，荔非元礼到后遂驻军于此。各路将帅都上表谢罪，肃宗都不责问，只是削夺了崔圆的封爵与官阶，并贬苏震为济王府长史，削夺银青光禄大夫官阶。

史思明得知官军败退，就从沙河整顿兵马，还军邺城南面。安庆绪收集了郭子仪军队败退时留在营中的粮食，有六七万石，于是就与孙孝哲、崔乾祐等计谋闭城门抗拒史思明。这时各位将领说："我们现在怎么能够背叛史王呢！"而史思明既不与安庆绪通报情况，也不南下追击官军，只是每天在军中宴请士卒。张通儒、高尚等人对安庆绪说："史王远道率兵来救援我们，我们都应该去迎接感谢。"安庆绪说："随你们去吧。"史思明见到张通儒、高尚等，痛哭流涕，重加礼赏，然后让他们回去。过了三天，安庆绪还不来。于是史思明就暗中把安太清召来，让他诱骗安庆绪，安庆绪无计可施，不知道怎么办才好，只好派安太清向史思明上表称臣，并说等待史思明安顿好部队入城后，就奉上皇帝印玺。史思明看了表书后说："你何必要这样呢！"并把表书拿出来让将士们看，将士们都呼喊万岁。因此史思明就亲手写信安慰安庆绪，并不称臣，只是说："愿与你作为兄弟邻国，互相援助。我们之间地位平等，鼎足而立，这还差不多；如果向我称臣，万不敢接受。"并把表书封缄后还给安庆绪。安庆绪十分高兴，因此请求与史思明歃血结盟，史思明同意。于是安庆绪带领三百名骑兵来到史思明军营中，史思明命令士卒全副武装以防备安庆绪，然后引安庆绪与他的几个弟弟进入庭中。安庆绪叩头再拜，说："作为臣下我治军无方，丧失东西二京，长期陷于重兵包围之中，没有想到大王看在我父亲太上皇的情分上，远来救危，使我得以复生，恩深如海，终生难以报答。"史思明忽然大怒说："丢失两京，何足挂齿。你身为人子，杀父篡位，为天地之所不容。我是为太上皇讨伐你这个逆贼，怎么肯受你讨好的假话欺骗呢！"当即命令左右的人把安庆绪拉出去了，连同他的四个弟弟以及高尚、孙孝哲、崔乾祐等全部杀掉。张通儒、李庭望等人都被授以官职。然后史思明整军入邺城，收集了安庆绪的兵马，把府库中的财物分赏给将士，安庆绪原先所占据的州、县以及兵马都归史思明所有。史思明又派安太清率兵五千攻取怀州，因此留安太清镇守怀州。

史思明想立刻率兵向西发展，考虑到后方还不稳固，于是就把他的儿子史朝义留下镇守相州，自己率兵返回范阳。

史思明自称大燕皇帝，改年号为顺天，立妻子辛氏为皇后，儿子史朝义为怀王，任命周挚为宰相，李归仁为大将，改范阳为燕京，各州改称为郡。

宦官观军容使鱼朝恩忌恨郭子仪，因此借相州之败，在肃宗面前进谗言。秋季，七月，肃宗召郭子仪回京师，任命李光弼为朔方节度使、兵马元帅。朔方士卒痛哭流涕，拦住传达命令的宦官，请求把郭子仪留下来。郭子仪欺骗士卒们说："我先去送别传达命令的宦官，不是要离开。"借此跳上马而去。

李光弼希望能让一位亲王为天下兵马元帅，自己为副元帅。辛巳（十七日），肃宗任命赵王李系为天下兵马元帅（统领），李光弼为副元帅，仍李光弼主持诸节度行营。李光弼率领河东镇的五百骑兵驰往东都赴任，在夜晚进入朔方军。李光弼治军严整，到达朔方军营中后，号令一经下达，朔方军的士卒、营垒、旌旗等军容为之一变。这时朔方军的将士都喜欢郭子仪的宽厚，而害怕李光弼的严厉。

唐纪三十八　第二百二十二卷

译文诵读

肃宗文明武德大圣大宣孝皇帝下之下上元二年（辛丑，761）

或言："洛中将士皆燕人，久戍思归，上下离心，击之，可破也。"陕州观军容使鱼朝恩以为信然，屡言于上，上敕李光弼等进取东京。光弼奏称："贼锋尚锐，未可轻进。"朔方节度使仆固怀恩，勇而愎，麾下皆蕃、汉劲卒，恃功，多不法，郭子仪宽厚曲容之，每用兵临敌，倚以集事。李光弼性严，一裁之以法，无所假贷。怀恩惮光弼而心恶之，乃附朝恩，言东都可取。由是中使相继，督光弼使出师，光弼不得已，使郑陈节度使李抱玉守河阳，与怀恩将兵会朝恩及神策节度使卫伯玉攻洛阳。

戊寅，陈于邙山。光弼命依险而陈，怀恩陈于平原，光弼曰："依险则可以进，可以退；若平原，战而不利则尽矣。思明不可忽也。"命移于险，怀恩复止之。史思明乘其陈未定，进兵薄之，官军大败，死者数千人，军资器械尽弃之。光弼、怀恩渡河走保闻喜，朝恩、伯玉奔还陕，抱玉亦弃河阳走，河阳、怀州皆没于贼。朝廷闻之，大惧，益兵屯陕。

史思明猜忍好杀，群下小不如意，动至族诛，人不自保。朝义，其长子也，常从思明将兵，颇谦谨，爱士卒，将士多附之，无宠于思明。思明爱少子朝清，使守范阳，常欲杀朝义，立朝清为太子，左右颇泄其谋。思明既破李光弼，欲乘胜西入关，使朝义将兵为前锋，自北道袭陕城，思明自南道将大军继之。三月，甲午，朝义兵至礓子岭，卫伯玉逆击，破之。朝义数进兵，皆为陕兵所败。思明退屯永宁，以朝义为怯，曰："终不足成吾事！"欲按军法斩朝义及诸将。戊戌，命朝义筑三隅城，欲贮军粮，期一日毕。朝义筑毕，未泥，思明至，诟怒之，令左右立马监泥，斯须而毕。思明又曰："俟克陕州，终斩此贼。"朝义忧惧，不知所为。

思明在鹿桥驿，令腹心曹将军将兵宿卫；朝义宿于逆旅，其部将骆悦、蔡文景说朝义曰："悦等与王，死无日矣！自古有废立，请召曹将军谋之。"朝义俯首不应。悦等曰："王苟不许，悦等今归李氏，王亦不全矣。"朝义泣曰："诸君善为之，勿惊圣人！"悦等乃令许叔冀之子季常召曹将军，至，则以其谋告之。曹将军知诸将尽怨，恐祸及已，不敢违。是夕，悦等以朝义部兵三百被甲诣驿，宿卫兵怪之，畏曹将军，不敢动。悦等引兵入至思明寝所，值思明如厕，问左右，未及对，已杀数人，左右指示之。思明闻有变，逾垣至厩中，自鞴马乘之，悦傔人周子俊射之，中臂，坠马，遂擒之。思明问："乱者为谁？"悦曰："奉怀王命。"思明曰："我朝来语失，宜其及此。然杀我太早，何不待我克长安！今事不成矣。"悦等送思明于柳泉驿，囚之，还，报朝义曰："事成矣。"朝义曰："不惊圣人乎？"悦曰："无。"时周挚、许叔冀将后军在福昌，悦等使许季常往告之，挚惊倒于地；朝义引军还，挚、叔冀来迎，悦等劝朝义执挚，杀之。军至柳泉，悦等恐众心未壹，遂缢杀思明，以毡裹其尸，橐驼负归洛阳。

朝义即皇帝位，改元显圣。密使人至范阳，敕散骑常侍张通儒等杀朝清及朝清母辛氏并不附己者数十人。其党自相攻击，战城中数月，死者数千人，范阳乃定。朝义以其将柳城李怀仙为范阳尹、燕京留守。时洛阳四面数百里，州、县皆为丘墟，而朝义所部节度使皆安禄山旧将，与思明等夷，朝义召之，多不至，略相羁縻而已，不能得其用。

宝应元年（壬寅，762）

甲寅，上皇崩于神龙殿，年七十八。乙卯，迁坐于太极殿。上以寝疾，发哀于内殿，群臣发哀于太极殿。蕃官剺面割耳者四百余人。丙辰，命苗晋卿摄冢宰。上自仲春寝疾，闻上皇登遐，哀慕，疾转剧，乃命太子监国。甲子，制改元，复以建寅为正月，月数皆如其旧，赦天下。

初，张后与李辅国相表里，专权用事，晚年，更有隙。内射生使三原程元振党于辅国。上疾笃，后召太子谓曰："李辅国久典禁兵，制敕皆从之出，擅逼迁圣皇，其罪甚大，所忌者吾与太子。今主上弥留，辅国阴与程元振谋作乱，不可不诛。"太子泣曰："陛下疾甚危，二人皆陛下勋旧之臣，一旦不告而诛之，必致震惊，恐不能堪也。"后曰："然则太子姑归，吾更徐思之。"太子出，后召越王系谓曰："太子仁弱，不能诛贼臣，汝能之乎？"对曰："能。"系乃命内谒者监段恒俊选宦官有勇力者二百余人，授甲于长生殿后。乙丑，后以上命召太子。元振知其谋，密告辅国，伏兵于陵霄门以俟之。太子至，以难告。太子曰："必无是事，主上疾亟召我，我岂可畏死而不赴乎！"元振曰："社稷事大，太子必不可入。"乃以兵送太子于飞龙厩，且以甲卒守之。是夜，辅国、元振勒兵三殿，收捕越王系、段恒俊及知内侍省事朱光辉等百余人，系之。以太子之命迁后于别殿。时上在长生殿，使者逼后下殿，并左右数十人幽于后宫，宦官宫人皆惊骇逃散。丁卯，上崩。辅国等杀后并系及兖王僩。是日，辅国始引太子素服于九仙门与宰相相见，叙上皇晏驾，拜哭，始行监国之令。戊辰，发大行皇帝丧于两仪殿，宣遗诏。己巳，代宗即位。

李辅国恃功益横，明谓上曰："大家但居禁中，外事听老奴处分。"上内不能平，以其方握禁兵，外尊礼之。乙亥，号辅国为尚父而不名，事无大小皆咨之，群臣出入皆先诣，辅国亦晏然处之。以内飞龙厩副使程元振为左监门卫将军。知内侍省事朱光辉及内常侍啖庭瑶、山人李唐等二十余人皆流黔中。

以雍王适为天下兵马元帅。辛酉，辞行，以兼御史中丞药子昂、魏琚为左右厢兵马使，以中书舍人韦少华为判官，给事中李进为行军司马，会诸道节度使及回纥于陕州，进讨史朝义。上欲以郭子仪为适副，程元振、鱼朝恩等沮之而止。加朔方节度使仆固怀恩同平章事兼绛州刺史，领诸军节度行营以副适。

上在东宫，以李辅国专横，心甚不平，及嗣位，以辅国有杀张后之功，不欲显诛之。壬戌夜，盗入其第，窃辅国之首及一臂而去。敕有司捕盗，遣中使存问其家，为刻木首葬之，仍赠太傅。

雍王适至陕州，回纥可汗屯于河北，适与僚属从数十骑往见之。可汗责适不拜舞，药子昂对以礼不当然。回纥将军车鼻曰："唐天子与可汗约为兄弟，可汗于雍王，叔父也，何得不拜舞？"子昂曰："雍王，天子长子，今为元帅。安有中国储君向外国可汗拜舞乎！且两宫在殡，不应舞蹈。"力争久之，车鼻遂引子昂、魏琚、韦少华、李进各鞭一百，以适年少未谙事，遣归营。琚、少华一夕而死。

戊辰，诸军发陕州，仆固怀恩与回纥左杀为前锋，陕西节度使郭英义、神策观军容使鱼朝恩为殿，自渑池入；潞泽节度使李抱玉自河阳入；河南等道副元帅李光弼自陈留入；雍王留陕州。辛未，怀恩等军于同轨。

史朝义闻官军将至，谋于诸将。阿史那承庆曰："唐若独与汉兵来，宜悉众与战；若与回纥俱来，其锋不可当，宜退守河阳以避之。"朝义不从。壬申，官军至洛阳北郊，分兵取怀州；癸酉，拔之。乙亥，官军陈于横水。贼众数万，立栅自固，怀恩陈于西原以当之。遣骁骑及回纥并南山出栅东北，表里合击，大破之。朝义悉其精兵十万救之，陈于昭觉寺，官军骤击之，杀伤甚众，而贼陈不动；鱼朝恩遣射生五百人力战，贼虽多死者，陈亦如初。镇西节度使马璘曰："事急矣！"遂单骑奋击，夺贼两牌，突入万众中。贼左右披靡，大军乘之而入，贼众大败；转战于石榴园、老君庙，贼又败；人马相蹂践，填尚书谷，斩首六万级，捕虏二万人，朝义将轻骑数百东走。怀恩进克东京及河阳城，获其中书令许叔冀、王伷等，承制释之。怀恩留回纥可汗营于河阳，使其子右厢兵马使玚及朔方兵马使高辅成帅步骑万余乘胜逐朝义，至郑州，再战皆捷。朝义至汴州，其陈留节度使张献诚闭门拒之，朝义奔濮州，献诚开门出降。

回纥入东京，肆行杀略，死者万计，火累旬不灭。朔方、神策军亦以东京、郑、汴、汝州皆为贼境，所过虏掠，三月乃已。比屋荡尽，士民皆衣纸。回纥悉置所掠宝货于河阳，留其将安恪守之。

十一月，丁丑，露布至京师。

朝义自濮州北渡河，怀恩进攻滑州，拔之，追败朝义于卫州。朝义睢阳节度使田承嗣等将兵四万余人与朝义合，复来拒战，仆固玚击破之，长驱至昌乐东。朝义帅魏州兵来战，又败走。于是邺郡节度使薛嵩以相、卫、洺、邢四州降于陈郑、泽潞节度使李抱玉，恒阳节度使张忠志以赵、恒、深、定、易五州降于河东节度使辛云京。嵩，楚玉之子也。抱玉等已进军入其营，按其部伍，嵩等皆受代；居无何，仆固怀恩皆令复位。由是抱玉、云京疑怀恩有贰心，各表言之，朝廷密为之备；怀恩亦上疏自理，上慰勉之。辛巳，制："东京及河南、北受伪官者，一切不问。"

郭子仪以仆固怀恩有平河朔功，请以副元帅让之。己亥，以怀恩为河北副元帅，加左仆射兼中书令、单于、镇北大都护、朔方节度使。

史朝义走至贝州，与其大将薛忠义等两节度合，仆固玚追之至临清。朝义自衡水引兵三万还攻之，玚设伏击走之。回纥又至，官军益振，遂逐之；大战于下博东南，贼大败，积尸拥流而下，朝义奔莫州。怀恩都知兵马使薛兼训、兵马使郝庭玉与田神功、辛云京会于下博，进围朝义于莫州，青淄节度使侯希逸继至。

代宗睿文孝武皇帝上之上广德元年（癸卯，763）

史朝义屡出战，皆败，田承嗣说朝义，令亲往幽州发兵，还救莫州，承嗣自请留守莫州。朝义从之，选精骑五千自北门犯围而出。朝义既去，承嗣即以城降，送朝义母、妻、子于官军。于是仆固玚、侯希逸、薛兼训等帅众三万追之，及于归义，与战，朝义败走。

时朝义范阳节度使李怀仙已因中使骆奉仙请降，遣兵马使李抱忠将兵三千镇范阳县，朝义至范阳，不得入。官军将至，朝义遣人谕抱忠以大军留莫州、轻骑来发兵救援之意，因责以君臣之义，抱忠对曰："天不祚燕，唐室复兴，今既归唐矣，岂可更为反覆，独不愧三军邪！大丈夫耻以诡计相图，愿早择去就以谋自全。且田承嗣必已叛矣，不然，官军何以得至此！"朝义大惧，曰："吾朝来未食，独不能以一餐相饷乎！"抱忠乃令人设食于城东。于是范阳人在朝义麾下者，并拜辞而去，朝义涕泣而已，独与胡骑数百既食而去。东奔广阳，广阳不受；欲北入奚、契丹，至温泉栅，李怀仙遣兵追及之。朝义穷蹙，缢于林中，怀仙取其首以献。仆固怀恩与诸军皆还。

唐肃宗上元二年（辛丑，公元761年）

有人说："洛中的将士都是燕地人，因长期戍守洛中，都思归故乡，军中上下离心离德，这时攻击他们，就可以将他们打败。"陕州观军容使鱼朝恩信以为然，多次在肃宗面前提到此事，于是肃宗命令李光弼等人去攻取东京。李光弼上奏说："贼军士气还很盛，不可轻举冒进。"朔方节度使仆固怀恩生性勇敢，但刚愎自用，他的部下都是蕃、汉劲旅，他们依仗有功，做了许多违法乱纪的事情，郭子仪对他们宽仁厚待，委曲包容，每次在临敌用兵之际，都依靠他们成事。而李光弼生性严厉，将他们一一绳之以法，决不宽容。仆固怀恩害怕李光弼，内心又十分厌恶他，于是附和鱼朝恩的意见，说东京可以攻取。由此，中使一个接着一个，督促李光弼出师，李光弼迫不得已，派遣郑陈节度使李抱玉镇守河阳，自己与仆固怀恩率领军队会合鱼朝恩及神策节度使卫伯玉进攻洛阳。

唐代战乱征兵图

戊寅（二月二十三日），官军在邙山布阵。李光弼下令军队依据险要地形布阵，当时仆固怀恩在平原地带布阵，李光弼对他说："依据险要地形布阵，可以进攻，也可以退守；如果在平原地带布阵，交战不利就全完了。我们不能小看史思明这个人。"于是命令军队转移到险要的地方布阵，但仆固怀恩又制止了这种做法。这时，史思明乘官军阵势还没有部署完毕，发兵进攻，结果官军大败，死了数千人，军资器械全部丢弃。李光弼、仆固怀恩渡过黄河，退保闻喜，鱼朝恩、卫伯玉逃回陕州，李抱玉也放弃河阳城逃跑，于是河阳、怀州都陷入叛军之手。朝廷得知此事，大为惊恐，便增兵驻守陕州。

史思明猜忌残忍，好杀无辜，部下稍不如他的意，动辄就诛杀九族，因而人人都不能自保。史朝义是史思明的长子，经常跟随史思明带兵，比较恭谦谨慎，爱惜士兵，将士们多归心于他，但史朝义没有受到史思明的宠爱。史思明偏爱小儿子史朝清，派他镇守范阳，时常想杀掉史朝义，立史朝清为太子，史思明的随从对他的打算颇有泄露。史思明已经击败李光弼的军队，想乘胜西进入关，便派遣史朝义率兵作为前锋，自北道袭击陕城，史思明亲率大军自南道进攻。三月甲午（初九），史朝义军至礓子岭，遭到唐军卫伯玉部的反击而失败。史朝义数次进攻，均被卫伯玉部打败。史思明退兵驻守永宁，以为史朝义临阵胆怯，史思明说："史朝义终究不能成就我的大事！"想要按军法斩杀史朝义及其部下诸位将领。戊戌（十三日），史思明命令史朝义修筑三隅城，打算贮存军粮，限期一天修完。史朝义修筑完毕，尚未抹泥，史思明来到，大肆怒骂史朝义，命令随从骑在马上监督抹泥，片刻之间完成。史思明又说："等攻克陕州，终究要杀掉史朝义。"史朝义十分忧虑恐惧，不知如何是好。

史思明在鹿桥驿，命令心腹曹将军率军值宿警卫。这时史朝义在旅馆住宿，他的部将骆悦、蔡文景劝史朝义说："我们与您已经死到临头了！自古以来就有废立君王之事，请您召见曹将军，共商大事。"史朝义低着头，没有回答。骆悦等人又说："您假如不允许的话，我们今天就归附李氏，那么您也就完了。"史朝义哭着说："诸位好好处理这件事，不要惊吓我父亲！"骆悦等人就命令许叔冀的儿子许季常去召见曹将军，他来到后，就将他们的计划告诉了他。曹将军知道诸位将领都心怀怨恨，害怕自己受害，不敢违抗。当天傍晚，骆悦等人率领史朝义的士兵三百人，全副武装来到驿站，值宿的卫兵颇觉奇怪，但他们惧怕曹将军，不敢拦阻。骆悦等人带兵闯入史思明的卧室，正好史思明上厕所了，于是问他身边的人，没等他们回答，骆悦已经杀掉了好几个人，史思明身边的人指出了他的去向。史思明听到情况有变，跳墙来到马厩里，自己驾马逃跑，骆悦的侍从周子俊发箭，射中手臂，史思明坠落马下，于是被他们抓住。史思明问道："谁在作乱？"骆悦回答说："奉怀王史朝义的命令。"史思明说："早晨我说话失口，应该得到这样的下场。但是这样杀我太早了，为什么不等到攻克长安呢！如今不能成就大业了。"骆悦等人将史思明押送柳泉驿，囚禁起来，然后回去报告史朝义说："大事已经完成。"史朝义说："没有惊吓我父亲吗？"骆悦回答说："没有。"当时周挚、许叔冀率领后军驻扎在福昌，骆悦等人派许季常前去通告此事，周挚惊倒在地。史朝义率领军队回来，周挚，许叔冀出来迎接，骆悦等人劝史朝义拿下周挚，将他杀了。军队到达柳泉，骆悦等人害怕众心不一，于是勒杀史思明，用毡毯裹尸，用骆驼驮运回洛阳。

史朝义即帝位，改年号为显圣。他秘密派人到范阳，命令散骑常侍张通儒等人杀掉史朝清以及史朝清的母亲辛氏，还有数十名不归附自己的人。叛军自相攻击，在城中打了几个月，死掉数千人，范阳这才平定。史朝义任命他的部将柳城人李怀仙为范阳尹、燕京留守。当时洛阳四周数百里，州、县城都成为废墟，而史朝义所部节度使都是安禄山的旧部将，与史思明同辈，史朝义召见他们，他们多不前来，相互之间大致仅仅维持君臣关系而已，不能为史朝义所用。

宝应元年（壬寅，公元762年）

甲寅（四月初五），太上皇玄宗在神龙殿驾崩，享年七十八岁。乙卯（初六），将太上皇的神座迁到太极殿。肃宗因为卧病不起，在内殿举哀，大臣们在太极殿举哀。有四百多名蕃官划破面孔、割耳表示哀悼。丙辰（初七），肃宗命令苗晋卿总摄朝政。自从仲春以来，肃宗卧病不起，听说太上皇驾崩，十分哀痛，病情由此加重，便命令太子监理国政。甲子（十五日），肃宗下诏改年号为宝应，又以建寅（夏历六月）为正月，其他月份都恢复旧称。大赦天下。

从前，张皇后与李辅国内外勾结，掌握大权，独断专行，晚年时，二人有了裂痕。内射生使三原人程元振与李辅国结成一党。肃宗病情恶化，张皇后召见太子，对他说："李辅国长期执掌禁军，皇上的制敕都从他手中发出，又擅自威逼太上皇迁到太极宫，他的罪行很大，所顾忌的就是我和太子你了。如今皇上已处在弥留之际，李辅国暗中与程元振图谋作乱，不能不杀。"太子哭着说："陛下病情十分危急，他们二人都是陛下有功勋的旧臣，一旦不告诉陛下而杀掉他们，必然会使陛下震惊，恐怕承受不住。”张皇后说：“那么太子暂且回去，我再慢慢考虑。”太子出去后，张皇后召见越王李系，对他说：“太子仁慈软弱，不能杀掉贼臣，你能够办这件事吗？”李系回答说：“能。”于是李系便命令内谒者监段恒俊挑选勇敢有力的宦官二百多人，在长生殿后授给他们铠甲兵器。乙丑（十六日），张皇后假传皇上的命令召见太子。程元振知道了张皇后的阴谋，悄悄地将此事告诉了李辅国，又在陵霄门埋下伏兵，等待太子的到来。太子来到后，程元振告诉他皇后发难。太子说：“一定没有这样的事，皇上病重才召见我，我难道可以怕死而不去吗！”程元振说：“社稷事大，太子万万不可入宫。”于是派士兵将太子送到飞龙厩，并且让全副武装的士兵守住他。当天夜里，李辅国、程元振率军来到三殿，逮捕越王李系、段恒俊以及掌管内侍省事务的朱光辉等一百多人，将他们囚禁起来。又以太子的命令将张皇后迁到别殿。当时肃宗在长生殿，使者逼着张后离开长生殿，将她和左右数十人一起幽禁在后宫，宦官和宫女都惊恐害怕，纷纷逃散。丁卯（十八日），肃宗驾崩。李辅国等人杀掉张皇后和李系以及兖王李僩。这一天，李辅国才带着太子，让他身着素服，在九仙门与宰相相见，讲述太上皇驾崩以后宫中的一系列变故，并且哭拜，太子这才开始行使监国的权力。戊辰（十九日），太子在两仪殿给大行皇帝发丧，宣读遗诏。己巳（二十日），唐代宗即位。

李辅国自恃有功而更加专横，公然对代宗说：“陛下住在宫中就可以了，外面的事让老奴处理。”代宗内心忿忿不平，但因李辅国正掌握着禁军，所以表面上对他十分尊敬。乙亥（二十六日）代宗尊称李辅国为尚父，而不直呼其名，事无大小都征询他的意见，大臣们出入宫中都先见李辅国，李辅国也安然处之。代宗任命内飞龙厩副使程元振为左监门卫将军。掌管内侍省事务的朱光辉以及内常侍啖庭瑶、隐士李唐等二十多人都被流放到黔中。

代宗任命雍王李适为天下兵马元帅。辛酉（十日十六日），雍王李适向代宗辞行，代宗任命兼任御史中丞的药子昂、魏琚为左右厢兵马使，中书舍人韦少华为判官，给事中李进为行军司马，前去陕州会合诸道节度使和回纥军队，共同进军讨伐史朝义。代宗想让郭子仪担任李适的副手，程元振、鱼朝恩等人阻止，代宗只好作罢。另外加援朔方节度使仆固怀恩同平章事兼绛州刺史，统领各军节度行营，担任李适的副手。

代宗在东宫当太子时，因为李辅国专横跋扈，心里忿忿不平，等到即位后，因为李辅国有杀掉张后的功劳，不想公开杀掉他。壬戌（十七日）夜里，盗贼进入李辅国的宅第，杀掉李辅国，带了他的头和一条臂走了。代宗敕令有关部门捕捉盗贼，又派遣中使慰问李辅国的家属，为他刻了一个木脑袋来安葬李辅国，还追赠他为太傅。

雍王李适到达陕州时，回纥可汗驻扎在陕州河北县，李适与僚属随从数十人乘马前往看望回纥可汗。回纥可汗叱责李适不行拜舞大礼，药子昂回答说，按照礼仪不应当这样。回纥将军车鼻说："唐朝天子与可汗已经结为兄弟，对雍王来说，可汗是叔父，怎么能不拜舞呢？"药子昂说："雍王是天子的长子，如今又为元帅。哪里有中国的储君向外国可汗拜舞的道理呢！况且太上皇和先帝尚未出殡，也不应该舞蹈。"力争好长时间，于是车鼻将药子昂、魏琚、韦少华、李进各打一百鞭，以李适年少不懂事，遣送回营。魏琚、韦少华过了一夜就死了。

戊辰（二十三日），各路军队从陕州出发，仆固怀恩与固纥左杀为前锋，陕西节度使郭英义、神策观军容使鱼朝恩殿后，从渑池入攻洛阳；潞泽节度使李抱玉从河阳入攻洛阳，河南等道副元帅李光弼从陈留入攻洛阳。雍王李适留守陕州。辛未（二十六日），仆固怀恩等在同轨驻扎。

史朝义听说官军即将到达，便与诸将商议对策。阿史那承庆说："如果唐朝廷单独以汉军前来，就应当率领全军与他们决战。如果与回纥军队一起来，兵锋锐不可当，我们就应该退守河阳，避其锋芒。"史朝义不同意。壬申（二十七日），官军到达洛阳北郊，分兵夺取怀州。癸酉（二十八日），官军攻克怀州。乙亥（三十日），官军在横水布阵。数万叛军，设置栅栏，各自固守，仆固怀恩在西原布阵抵挡叛军。又派遣劲骑以及回纥军队出南山攻到栅栏东北，里外合击，将叛军打得大败。史朝义率领他所有的精锐部队十万人前去救援，在昭觉寺布阵，官军急速冲击敌阵，杀伤很多敌军，但贼军阵势仍然没有动摇。鱼朝恩派遣射生军五百人奋力冲杀，虽然叛军死者众多，但阵势仍如当初。镇西节度使马璘说："事情急迫了！"于是单枪匹马奋力冲击，夺得叛军两块盾牌，突入千军万马之中。叛军纷纷倒下，大部队乘机突入敌阵，叛军大乱。双方转战到石榴园、老君庙一带，叛军又遭惨败，人马互相践踏，填满了尚书谷。官军杀死六万人，捕获二万人，史朝义仅率领数百名轻骑向东逃窜。仆固怀恩进而攻克东京以及河阳城，抓获史朝义的中书令许叔冀、王伷等人，遵照代宗的制令又将他们释放了。仆固怀恩留在河阳回纥河汗的营帐中，派他的儿子右厢兵马使仆固玚以及朔方兵马使高辅成率领步、骑兵一万多人乘胜追击史朝义，到达郑州时，又与叛军交战，都取得了胜利。史朝义逃到汴州，他的陈留节度使张献诚紧闭城门，拒绝让他进城，史朝义又逃奔濮州，张献诚打开城门出城向官军投降。

回纥军队进入东京，肆意杀掠，死者数以万计，大火几十天都没有熄灭。朔方、神策军也因为东京、郑州、汴州、汝州都是叛军控制的区域，所过之处大肆掳掠，三个月之后才停止。一排排的房屋被毁坏荡尽，百姓都只好穿上纸衣。回纥可汗将他们所掠的财物全部存放到河阳，留下他的将领安恪看守。

十一月，丁丑（初二），捷报传到京师。

史朝义从濮州北渡黄河，仆固怀恩进攻并攻克了滑州，又在卫州追上史朝义，将他击败。史朝义的睢阳节度使田承嗣等人率兵四万多人与史朝义会合，又前来抵抗。仆固玚将他们击败，长驱直入，到达昌乐县东面。史朝义率领魏州的军队前来交战，又兵败退走。于是邺郡节度使薛嵩献出相州、卫州、洺州、邢州，向陈郑、泽潞节度使李抱玉投降。恒阳节度使张忠志献出赵州、恒州、深州、定州、易州，向河东节度使辛云京投降。薛嵩是薛楚玉的儿子。李抱玉等人已进军到薛嵩的军营中，检查他的部队，薛嵩等人都接受李抱玉派人取代。没过多久，仆固怀恩让他们都官复原位。因此，李抱玉、辛云京怀疑仆固怀恩怀有二心，分别上表说到此事，朝廷暗地里防备仆固怀恩。仆固怀恩也上书为自己辩护，代宗安慰和勉励他一番。辛巳（初六），代宗下制令："东京以及河南、河北接受伪职的人概不追究。"

郭子仪因为仆固怀恩有平定河朔的功劳，请求代宗将副元帅的职位让给他。己亥（二十四日），代宗任命仆固怀恩为河北副元帅，加任左仆射兼中书令、单于、镇北大都护、朔方节度使。

史朝义逃到贝州，与他的大将薛忠义等二节度使会合，仆固玚一直追击到临清县，史朝义从衡水率军三万回师反攻，仆固玚设下伏兵将他们击退。此时回纥军队又抵达临清县，官军势力更加壮大，于是追击史朝义。在下博县东南双方大战，贼军大败，成堆的尸体随着河流冲走了。史朝义逃往莫州。仆固怀恩部下都知兵马使薛兼训、兵马使郝庭玉在下博县与田神功、辛云京会合后，便进军莫州，围攻史朝义，青淄节度使侯希逸也随后赶到。

唐代宗广德元年（癸卯，公元763年）

史朝义屡次出战，都遭失败，田承嗣劝说史朝义，他亲自前往幽州征调军队，回救莫州，请求让自己留下守卫莫州。史朝义采纳了他的建议，挑选五千精锐骑兵从北门冲出包围。史朝义离去之后，田承嗣马上举城投降，将史朝义的母亲、妻子、儿子一起送到官军那儿。于是仆固玚、侯希逸、薛兼训等人率领三万士兵追击史朝义，在归义县追上了史朝义，双方交战，史朝义又败走。

当时史朝义部下范阳节度使李怀仙已经通过中使骆奉仙向朝廷请求投降，并派遣兵马使李抱忠率领三千士兵镇守范阳县。史朝义来到范阳，李抱忠不让他入城。官军即将追到，史朝义派人将大部队留在莫州、轻装骑兵前来征调军队救援的意图告诉了李抱忠，并且用君臣道理责备他，李抱忠回答说："老天不让燕人做皇帝，唐室又复兴了，今天既然已经归顺唐朝，难道可以再反复，就不愧对三军将士吗？大丈夫以诡计相图为可耻，但愿你能早点选择后路，考虑保全自己。况且田承嗣一定已经叛变了，不然的话，官军怎么能够追到这里呢！"史朝义十分害怕，说："从早晨以来，我们滴水未进，难道不能让我们吃一顿饭吗？"李抱忠便让人在城东供应膳食。于是史朝义手下的范阳人一起向史朝义叩拜辞别而去，史朝义只是痛哭流涕而已，吃罢饭，独自与数百名胡人骑兵离去。史朝义向东奔赴广阳，广阳也不接收他们。史朝义想向北进入奚、契丹境内，来到温泉栅时，李怀仙派兵追上了他们。史朝义走投无路，在树林中上吊自杀，李怀仙割取了他的头颅献给朝廷。仆固怀恩与各路军队都回军。

第二百二十三卷 唐纪三十九

译文诵读

代宗睿文孝武皇帝上之下广德元年（癸卯，763）

吐蕃入大震关，陷兰、廓、河、鄯、洮、岷、秦、成、渭等州，尽取河西、陇右之地。唐自武德以来，开拓边境，地连西域，皆置都督、府、州、县。开元中，置朔方、陇右、河西、安西、北庭诸节度使以统之，岁发山东丁壮为戍卒，缯帛为军资，开屯田，供糗粮，设监牧，畜马牛，军城戍逻，万里相望。及安禄山反，边兵精锐者皆征发入援，谓之行营，所留兵单弱，胡虏稍蚕食之；数年间，西北数十州相继沦没，自凤翔以西，邠州以北，皆为左衽矣。

吐蕃之入寇也，边将告急，程元振皆不以闻。冬，十月，吐蕃寇泾州，刺史高晖以城降之，遂为之向导，引吐蕃深入；过邠州，上始闻之。辛未，寇奉天、武功，京师震骇。诏以雍王适为关内元帅，郭子仪为副元帅。出镇咸阳以御之。

子仪闲废日久，部曲离散，至是召募，得二十骑而行，至咸阳，吐蕃帅吐谷浑、党项、氐、羌二十余万众，弥漫数十里，已自司竹园渡渭，循山而东。子仪使判官中书舍人王延昌入奏，请益兵，程元振遏之，竟不召见。癸酉，渭北行营兵马使吕月将将精卒二千破吐蕃于盩厔之西。乙亥，吐蕃寇盩厔，月将复与力战，兵尽，为虏所擒。

上方治兵，而吐蕃已度便桥，仓猝不知所为，丙子，出幸陕州，官吏藏窜，六军逃散。郭子仪闻之，遽自咸阳归长安，比至，车驾已去。上才出苑门，渡浐水，射生将王献忠拥四百骑叛还长安，胁丰王珙等十王西迎吐蕃。遇子仪于开远门内，子仪叱之，献忠下马，谓子仪曰："今主上东迁，社稷无主，令公身为元帅，废立在一言耳。"子仪未应。珙越次言曰："公何不言！"子仪责让之，以兵援送行在。丁丑，车驾至华州，官吏奔散，无复供拟，扈从将士不免冻馁。会观军容使鱼朝恩将神策军自陕来迎，上乃幸朝恩营。丰王珙见上于潼关，上不之责，退至幕中，有不逊语，群臣奏议诛之，乃赐死。

戊寅，吐蕃入长安，高晖与吐蕃大将马重英等立故邠王守礼之孙承宏为帝，改元，置百官，以前翰林学士于可封等为相。吐蕃剽掠府库市里，焚闾舍，长安中萧然一空。苗晋卿病卧家，遣人舆入，迫胁之，晋卿闭口不言，虏不敢杀。于是六军散者所在剽掠，士民避乱，皆入山谷。

辛巳，上至陕，百官稍有至者。郭子仪引三十骑自御宿川循山而东，谓王延昌曰："六军将士逃溃者多在商州，今速往收之，并发武关防兵，数日间，北出蓝田以向长安，吐蕃必遁。"过蓝田，遇元帅都虞候臧希让、凤翔节度使高升，得兵近千人。子仪与延昌谋曰："溃兵至商州，官吏必逃匿而人乱。"使延昌自直径入商州抚谕之。诸将方纵兵暴掠，闻子仪至，皆大喜听命。子仪恐吐蕃逼乘舆，留军七盘，三日乃行，比至商州，行收兵，并武关防兵合四千人，军势稍振。子仪乃泣谕将士以共雪国耻，取长安，皆感激受约束。子仪请太子宾客第五琦为粮料使，给军食。上赐子仪诏，恐吐蕃东出潼关，征子仪诣行在。子仪表称："臣不收京城无以见陛下，若出兵蓝田，虏必不敢东向。"上许之。鄜延节度判官段秀实说节度使白孝德引兵赴难，孝德即日大举，南趣京畿，与蒲、陕、商、华合势进击。

吐藩既立广武王承宏，欲掠城中士、女、百工，整众归国。子仪使左羽林大将军长孙全绪将二百骑出蓝田观虏势，令第五骑摄京兆尹，与之偕行，又令宝应军使张知节将兵继之。全绪至韩公堆，昼则击鼓张旗帜，夜则多然火，以疑吐蕃。前光禄卿殷仲卿聚众近千人，保蓝田，与全绪相表里，帅二百余骑直渡浐水。吐蕃惧，百姓又绐之曰："郭令公自商州将大军不知其数至矣！"虏以为然，稍稍引军去。全绪又使射生将王甫入城阴结少年数百，夜击鼓大呼于朱雀街，吐蕃惶骇，庚寅，悉众遁去。高晖闻之，帅麾下三百余骑东走，至潼关，守将李日越擒而杀之。

壬辰，诏以元载判元帅行军司马，以第五琦为京兆尹。癸巳，以郭子仪为西京留守。甲午，子仪发商州。己亥，以鱼朝恩部将皇甫温为陕州刺史，周智光为华州刺史。

王甫自称京兆尹，聚众二千余人，署置官属，暴横长安中。壬寅，郭子仪至浐水西，甫按兵不出。或谓子仪，城不可入。子仪不听，引三十骑徐进，使人传呼召甫；甫失据，出迎拜伏，子仪斩之，其兵尽散。白孝德与邠宁节度使张蕴琦将兵屯畿县，子仪召之入城，京畿遂安。

十二月，丁亥，车驾发陕州。左丞颜真卿请上先谒陵庙，然后还宫，元载不从，真卿怒曰："朝廷岂堪相公再坏邪！"载由是衔之。甲午，上至长安，郭子仪帅城中百官及诸军迎于浐水东，伏地待罪。上劳之曰："用卿不早，故及于此。"

以鱼朝恩为天下观军容宣慰处置使，总禁兵，权宠无比，筑城于鄠县及中渭桥，屯兵以备吐蕃。以骆奉仙为鄠县筑城使，遂将其兵。

二年（甲辰，764）

自丧乱以来，汴水堙废，漕运者自江、汉抵梁、洋，迂险劳费，三月己酉，以太子宾客刘晏为河南、江、淮以来转运使，议开汴水。庚戌，又命晏与诸道节度使均节赋役，听便宜行毕以闻。时兵火之后，中外艰食，关中米斗千钱，百姓挼穗以给禁军，宫厨无兼时之积。晏乃疏浚汴水，遗元载书，具陈漕运利病，令中外相应。自是每岁运米数十万石以给关中，唐世推漕运之能者，推晏为首，后来者皆遵其法度云。

永泰元年（乙巳，765）

仆固怀恩诱回纥、吐蕃、吐谷浑、党项、奴剌数十万众俱入寇，令吐蕃大将尚结悉赞摩、马重英等自北道趣奉天，党项帅任敷、郑庭、郝德等自东道趣同州，吐谷浑、奴剌之众自西道趣盩厔，回纥继吐蕃之后，怀恩又以朔方兵继之。

郭子仪使行军司马赵复入奏曰："虏皆骑兵，其来如飞，不可易也。请使诸道节度使凤翔李抱玉、滑濮李光庭、邠宁白孝德、镇西马璘、河南郝庭玉、淮西李忠臣各出兵以扼其冲要。"上从之。诸道多不时出兵。李忠臣方与诸将击毬，得诏，亟命治行。诸将及监军皆曰："师行必择日。"忠臣怒曰："父母有急，岂可择日而后救邪！"即日勒兵就道。

怀恩中途遇暴疾而归，丁酉，死于鸣沙。大将张韶代领其众，别将徐璜玉杀之，范志诚又杀璜玉而领其众。怀恩拒命三年，再引胡寇，为国大患，上犹为之隐，前后敕制未尝言其反，及闻其死，悯然曰："怀恩不反，为左右所误耳！"

唐代宗广德元年（癸卯，公元763年）

吐蕃侵入大震关，攻陷兰州、廓州、河州、鄯州、洮州、岷州、秦州、成州、渭州等地，河西、陇右地区均为吐蕃占领。自从武德年间以来，唐朝向外开拓疆域，地域与西域相连。在这些地区都设置了都督、府、州、县等。开元年间，朝廷设置朔方、陇右、河西、安西、北庭各节度使管理西北地区，每年征发崤山以东的壮丁为戍守士卒，丝织品为军费，开荒屯田，为军队提供食粮，设置监牧，蓄养牛马，军城和巡逻哨所，万里相望。及至安禄山反叛，边镇的精锐部队都被抽调回来援救朝廷，称为行营。剩下留守边镇的部队势单力薄，吐蕃军队便逐渐地将他们蚕食。数年时间，西北地区数十州相继沦陷，自凤翔以西，邠州以北，均为吐蕃军队所占领。

吐蕃军队入侵唐朝，边镇将领告急，但是程元振不向代宗禀报。冬季，十月，吐蕃军队进犯泾州，泾州刺史高晖举城投降。于是，高晖为吐蕃军队作向导，引导他们向内地深入。吐蕃军队经过邠州时，代宗才知道这个消息。辛未（初二），吐蕃军队进犯奉天、武功，京师大为震惊。代宗下诏任命雍王李适为关内元帅，郭子仪为副元帅，出镇咸阳抵御吐蕃军队的进攻。

郭子仪闲居京师已久，部下早已离散。这时，郭子仪才临时招募，征得骑兵二十人启程。到咸阳时，吐蕃率领吐谷浑、党项、氐、羌等各族军队二十多万人，漫山遍野，前后达数十里，已经从司竹园渡过渭河，顺着山脉向东涌来。郭子仪派遣判官中书舍人王延昌入朝奏报军情，请求增兵支援。程元振阻拦，王延昌竟然没有被代宗召见。癸酉（初四），渭北行营兵马使吕月将率领精锐部队二千人，在盩厔以西打败了吐蕃军队。乙亥（初六），吐蕃军队进犯盩厔，吕月将再次与敌军拼死作战，士兵全部战死，吕月将也为吐蕃军队擒获。

代宗正在操练军队，这时，吐蕃军队已经跨过便桥，代宗临事仓促，不知所措。丙子（初七），代宗逃往陕州，官吏躲藏逃窜，禁军部队则一哄而散。郭子仪闻听此事，急忙从咸阳赶回长安，等到长安时，代宗已经走了。代宗才出宫苑门，渡过浐水，射生将王献忠就率领四百骑兵叛降后返回长安，胁迫丰王李珙等十王西去迎接吐蕃军队。当他们走到开远门内时，遇上郭子仪。郭子仪大声呵斥，王献忠跳下马来，跟郭子仪说道："如今皇上已经东迁，国家无主，您身为元帅，皇上的废立就在于您一句话了！"郭子仪没有回答，李珙上前说道："你为什么不说话！"郭子仪训斥他们一番，然后派兵护送他们前往行在。丁丑（初八），代宗到达华州，这时，州府官吏早已逃散，无法为代宗一行提供食宿，随从将士不免饥寒交迫。幸亏碰上观军容使鱼朝恩率领神策军从陕州前来迎驾，于是代宗前往鱼朝恩的营帐。丰王李珙在潼关拜见代宗，代宗没有责怪他。然而，李珙退回到营帐中，出言不逊。大臣们上奏建议杀掉李珙，于是代宗将他赐死。

戊寅（初九），吐蕃军队进入长安，高晖与吐蕃大将马重英等立已故邠王李守礼之孙李承宏为皇帝，更改年号，设置百官，任命前翰林学士于可封等人为宰相，吐蕃军队大肆抢劫府库市里的财物，焚毁居宅，长安城中一片萧条。苗晋卿正病卧在家，吐蕃派人将他抬来，胁迫他出任伪职，苗晋卿闭口不言，吐蕃也不敢杀他，此时溃散的禁军也到处抢劫，士人平民纷纷逃入山谷，躲避战乱。

郭子仪像

辛巳（十二日），代宗到达陕州，一些官员也有逐渐到达的。郭子仪率领三十名骑兵从御宿川沿着山麓向东开来。郭子仪对王延昌说："溃逃的禁军将士多在商州，如今，我们应当迅速前去收容他们，同时，征调防守武关的军队。几天之内，我军北出兰田，直指长安，吐蕃军队必定会望风而逃的。"郭子仪经过兰田时，遇到元帅都虞候臧希让、凤翔节度使高升，又得到近千名士兵。郭子仪和王延昌商量说："溃逃的士兵到达商州，当地官吏一定会躲藏起来，那么当地就会人心大乱。"郭子仪派王延昌抄近路去商州安抚人心。诸将正在纵兵掳掠，听说郭子仪要来，都非常欣喜，甘愿听命。郭子仪恐怕吐蕃军队去进逼代宗的驻地，让军队停留在七盘。三日后，郭子仪才率军启程。等到达商州，郭子仪就收容残兵，与武关守军合起来共达四千人，这时军队的力量稍有振作。于是，郭子仪哭着晓喻将士，勉励他们要共雪国耻，攻取长安，将士们颇受感动，都表示愿意受郭子仪的统帅。郭子仪请太子宾客第五琦担任粮料使，供给军粮。代宗赐郭子仪诏书，因为担心吐蕃军队东出潼关，召他前往陕州。郭子仪上表说："我不收复京城，无法来见陛下。如果我出兵兰田，吐蕃军队一定不敢向东出击。"代宗表示同意。鄜延节度判官段秀实劝说节度使白孝德率军前来急救国难，白孝德即日大举南下，奔赴京畿，与蒲州、陕州、商州、华州的军队同心协力，共击吐蕃军队。

吐蕃已经立广武王李承宏为皇帝，想掳掠长安城中的士人、妇女和工匠，然后整队回国。郭子仪派左羽林大将军长孙全绪率领二百骑兵出蓝田，前去观察吐蕃军队的形势，命令第五琦代理京兆尹，让他与全绪一起行动，又命令宝应军使张知节率军跟随其后。长孙全绪到达韩公堆，白天就击鼓摇旗，夜里就燃起许多火堆，用来迷惑吐蕃军队。前光禄卿殷仲卿则聚集近一千人的军队保卫蓝田，与长孙全绪内外呼应，又率领二百多骑兵直接渡过浐水。吐蕃军队害怕，而老百姓又哄骗他们说："郭令公已经从商州率领大军来了！军队多得数不清！"吐蕃军队信以为真，逐渐率军撤退。长孙全绪又派射生将王甫入城秘密纠集数百名少年，夜里在朱雀街击鼓呐喊，吐蕃军队更加惶恐不安，庚寅（二十一日），他们便都逃跑了。高晖听到吐蕃军队已逃跑，也率领部下三百多名骑兵向东出逃，到达潼关时，被潼关守将李日越抓获并杀死。

壬辰（二十三日），代宗下诏任命元载兼任元帅行军司马，第五琦为京兆尹。癸巳（二十四日），任命郭子仪为西京留守。甲午（二十五日），郭子仪从商州出发。己亥（三十日），代宗任命鱼朝恩部将皇甫温为陕州刺史，周智光为华州刺史。

王甫自称京兆尹，聚集二千多人，设置属吏，并在长安城中横行霸道。壬寅（十一月初三），郭子仪来到浐水西岸，王甫按兵不动。有人跟郭子仪说，不能到城里去。郭子仪不听，带领三十名骑兵慢慢向城里走去，同时派人去传呼王甫；王甫进退两难，只得出来伏拜迎接，于是，郭子仪杀掉了他，其部下也一哄而散。白孝德和邠宁节度使张蕴琦率兵驻扎在京畿各县，郭子仪将他们召入京城。于是京畿地区得到安宁。

十二月，丁亥（十九日），代宗从陕州启程返京。左丞颜真卿请求代宗先拜谒祖宗陵庙，然后回宫，元载不听从他的建议，颜真卿愤怒地说："难道朝廷还能经受住你再去败坏吗！"元载由此对他怀恨在心。甲午（二十六日），代宗到达长安，郭子仪率领城中群臣和军队，在浐水东岸迎接代宗，并且伏地等待代宗惩处。代宗慰问郭子仪说："朕没能及早任用你，所以落到这种地步。"

代宗任命鱼朝恩为天下观军容宣慰处置使，总管禁军，权势和宠幸无人能比。代宗又下令在鄠县以及中渭桥修筑城池，屯兵防备吐蕃进攻。代宗任命骆奉仙为鄠县筑城使。于是，骆奉仙掌握了那里的军队。

二年（甲辰，公元764年）

自从安史之乱以来，汴水荒废不治，漕运都从长江、汉水运抵梁州、洋州，绕道险阻，劳费财力。三月己酉（十二日），代宗任命太子宾客刘晏为河南、江、淮以来转运使，商议开通汴水。庚戌（十三日），代宗又命令刘晏和诸道节度使节用赋役，见机行事，事后再行上报。当时，战乱之后全国粮食匮乏，关中一斗米价值一千钱，老百姓摘取麦穗来供给禁军，宫廷厨师也没有可供二个季节用的存粮。于是，刘晏就疏浚汴水，又给宰相元载上书，陈述漕运的利弊，要求全国各地响应。从此以后，每年运米数十万石供给关中地区。终唐一代，掌管漕运之事最有才能的首推刘晏，后来者都遵循他的法令制度。

永泰元年（乙巳、公元765年）

仆固怀恩诱使回纥、吐蕃、吐谷浑、党项、奴剌数十万人众共同进犯唐朝，仆固怀恩命令吐蕃大将尚结悉赞摩、马重英等人从北道奔赴奉天，党项帅任敷、郑庭、郝德等人从东道奔赴同州，吐谷浑、奴剌的部队从西道奔赴盩厔，回纥部队则跟随吐蕃后面，仆固怀恩又让朔方军队紧随其后。

郭子仪派行军司马赵复入朝奏报："敌军都是骑兵，进军如飞，不可轻敌。请求陛下派遣凤翔节度使李抱玉、滑濮节度使李光庭、邠宁节度使白孝德、镇西节度使马璘、河南节度使郝庭玉、淮西节度使李忠臣分别出兵扼守各军事要冲。"代宗采纳了他的建议。当时，诸道节度使大多不按时出兵。然而李忠臣正与诸将领打马毬，得到诏书后，马上下令整队出发。诸将领及监军都说："军队出发必须选择良辰吉日。"李忠臣气愤地对他们说："父母有急难，难道也要选择良辰吉日然后再去援救吗！"李忠臣当日就统率军队出发了。

仆固怀恩在进军途中突然得急病，只好返回灵武。丁酉（九月初八），在鸣沙县去世。大将张韶代理仆固怀恩统率军队，别将徐璜玉将他杀掉，范志诚又杀掉徐璜玉而统率军队。仆固怀恩抗拒圣命三年，两次勾引胡人军队进犯唐朝，成为国家一大祸害。但是代宗仍然隐晦此事，前后敕制都没有提及仆固怀恩谋反。及至代宗听到仆固怀恩死讯时，怜悯地说："仆固怀恩没有谋反，只是为部下所误罢了！"

第二百二十四卷 唐纪四十

译文诵读

代宗睿文孝武皇帝中之上大历元年（丙午，766）

元载专权，恐奏事者攻讦其私，乃请："百官凡论事，皆先白长官，长官白宰相，然后奏闻。"仍以上旨谕百官曰："比日诸司奏事烦多，所言多谗毁，故委长官、宰相先定其可否。"

二年（丁未，767）

二月，丙戌，郭子仪入朝。上命元载、王缙、鱼朝恩等互置酒于其第，一会之费至十万缗。上礼重子仪，常谓之大臣而不名。

郭暧尝与升平公主争言，暧曰："汝倚乃父为天子邪！我父薄天子不为！"公主恚，奔车奏之。上曰："此非汝所知。彼诚如是，使彼欲为天子，天下岂汝家所有邪！"慰谕令归。子仪闻之，囚暧，入待罪。上曰："鄙谚有之：'不痴不聋，不作家翁。'儿女子闺房之言，何足听也！"子仪归，杖暧数十。

始，上好祠祀，未甚重佛。元载、王缙、杜鸿渐为相，三人皆好佛。缙尤甚，不食荤血，与鸿渐造寺无穷。上尝问以："佛言报应，果为有无？"载等奏以："国家运祚灵长，非宿植福业，何以致之！福业已定，虽时有小灾，终不能为害，所以安、史悖逆方炽而皆有子祸；仆固怀恩称兵内侮，出门病死；回纥、吐蕃大举深入，不战而退：此皆非人力所及，岂得言无报应也！"上由是深信之，常于禁中饭僧百余人；有寇至则令僧讲《仁王经》以禳之，寇去则厚加赏赐。胡僧不空，官至卿监，爵为国公，出入禁闼，势移权贵，京畿良田美利多归僧寺。敕天下无得棰曳僧尼，造金阁寺于五台山，铸铜涂金为瓦，所费巨亿；缙给中书符牒，令五台僧数十人散之四方，求利以营之。载等每侍上从容，多谈佛事，由是中外臣民承流相化，皆废人事而奉佛，政刑日紊矣。

三年（戊申，768）

六月，壬辰，幽州兵马使朱希彩、经略副使昌平朱泚、泚弟滔共杀节度使李怀仙，希彩自称留后。闰月，成德军节度使李宝臣遣将将兵讨希彩，为希彩所败；朝廷不得已宥之。庚申，以王缙领卢龙节度使；丁卯，以希彩领幽州留后。

十一月，丁亥，以幽州留后朱希彩为节度使。

郭子仪还河中。元载以吐蕃连岁入寇，马璘以四镇兵屯邠宁，力不能拒，而郭子仪以朔方重兵镇河中，深居腹中无事之地，乃与子仪及诸将议，徙璘镇泾州，而使子仪以朔方兵镇邠州，曰："若以边土荒残，军费不给，则以内地租税及运金帛以助之。"诸将皆以为然。十二月，己酉，徙马璘为泾原节度使，以邠、宁、庆三州隶朔方。璘先往城泾州，以都虞候段秀实知邠州留后。

初，四镇、北庭兵远赴中原之难，久羁旅，数迁徙，四镇历汴、虢、凤翔，北庭历怀、绛、鄜然后至邠，颇积劳弊。及徙泾州，众皆怨诽。刀斧兵马使王童之谋作乱，期以辛酉旦警严而发。前夕，有告之者，秀实阳召掌漏者，怒之，以其失节，令每更来白，辄延之数刻，遂四更而曙，童之不果发，秀实欲讨之而乱迹未露，恐军中疑其冤。告者又云："今夕欲焚马坊草，因救火谋作乱。"中夕，火果起，秀实命军中行者皆止，坐者勿起，各整部伍，严守要害。童之白请救火，不许。及旦，捕童之及其党八人，皆斩之。下令曰："后徙者族，流言者刑！"遂徙于泾。

四年（己酉，769）

春，正月，丙子，郭子仪入朝，鱼朝恩邀之游章敬寺。元载恐其相结，密使子仪军吏告子仪曰："朝恩谋不利于公。"子仪不听。吏亦告诸将，将士请衷甲以从者三百人。子仪曰："我，国之大臣，彼无天子之命，安敢害我！若受命而来，汝曹欲何为！"乃从家僮数人而往。朝恩迎之，惊其从者之约。子仪以所闻告，且曰："恐烦公经营耳。"朝恩抚膺捧手流涕曰："非公长者，能无疑乎！"

五年（庚戌，770）

观军容宣慰处置使、左监门卫大将军兼神策军使、内侍监鱼朝恩，专典禁兵，宠任无比，上常与议军国事，势倾朝野。朝恩好于广座恣谈时政，陵侮宰相，元载虽强辩，亦拱默不敢应。

神策都虞候刘希暹，都知兵马使王驾鹤，皆有宠于朝恩。希暹说朝恩于北军置狱，使坊市恶少年罗告富室，诬以罪恶，捕系地牢，讯掠取服，籍没其家赀入军，并分赏告捕者。地在禁密，人莫敢言。朝恩每奏事，以必允为期，朝廷政事有不豫者，辄怒曰："天下事有不由我者邪！"上闻之，由是不怿。

朝恩养子令徽尚幼，为内给使，衣绿。与同列忿争，归告朝恩。朝恩明日见上曰："臣子官卑，为侪辈所陵，乞赐之紫衣。"上未应，有司已执紫衣于前，令徽服之，拜谢。上强笑曰："儿服紫，大宜称。"心愈不平。

元载测知上指，乘间奏朝恩专恣不轨，请除之。上亦知天下共怨怒，遂令载为方略。朝恩每入殿，常使射生将周皓将百人自卫，又使其党陕州节度使皇甫温握兵于外以为援。载皆以重赂结之，故朝恩阴谋密语，上一一闻之，而朝恩不之觉也。

刘希暹颇觉上意异，以告鱼朝恩，朝恩始疑惧。然上每见之，恩礼益隆，朝恩亦以此自安。皇甫温至京师，元载留之未遣，因与温及周皓密谋诛朝恩。既定计，载白上。上曰："善图之，勿反受祸！"

三月，癸酉，寒食，上置酒宴贵近于禁中，载守中书省。宴罢，朝恩将还营，上留之议事，因责其异图。朝恩自辩，语颇悖慢，皓与左右擒而缢杀之，外无知者。上下诏，罢朝恩观军容等使，内侍监如故。诈云"朝恩受诏乃自缢"，以尸还其家，赐钱六百万以葬。

丁丑，加刘希暹、王驾鹤御史中丞，以慰安北军之心。丙戌，赦京畿系囚，命尽释朝恩党与，且曰："北军将士，皆朕爪牙，并宜仍旧。朕今亲御禁旅，勿有忧惧。"

元载既诛鱼朝恩，上宠任益厚，载遂志气骄溢。每众中大言，自谓有文武才略，古今莫及，弄权舞智，政以贿成，僭侈无度。吏部侍郎杨绾，典选平允，性介直，不附载；岭南节度使徐浩，贪而佞，倾南方珍货以赂载。载以绾为国子祭酒，引浩代之。浩，越州人也。载有丈人自宣州来，从载求官，载度其人不足任事，但赠河北一书而遣之。丈人不悦，行至幽州，私发书视之，书无一言，惟署名而已。丈人大怒，不得已试谒院僚，判官闻有载书，大惊，立白节度使，遣大校以箱受书，馆之上舍，留宴数日，辞去，赠绢千匹。其威权动人如此。

七年（壬子，772）

卢龙节度使朱希彩既得位，悖慢朝廷，残虐将卒；孔目官李怀瑗因众怒，伺间杀之。众未知所从。经略副使朱泚营于城北，其弟滔将牙内兵，潜使百余人于众中大言曰："节度使非朱副使不可。"众皆从之。泚遂权知留后，遣使言状。冬，十月，辛未，以泚为检校左常侍、幽州、卢龙节度使。

八年（癸丑，773）

回纥自乾元以来，岁求和市，每一马易四十缣，动至数万匹，马皆驽瘠无用。朝廷苦之，所市多不能尽其数，回纥待遣、继至者常不绝于鸿胪。至是，上欲悦其意，命尽市之。秋，七月，辛丑。回纥辞归，载赐遗及马价，共用车千余乘。

魏博节度使田承嗣为安、史父子立祠堂，谓之四圣，且求为相。上令内侍孙知古因奉使讽令毁之。冬，十月，甲辰，加承嗣同平章事以褒之。

元载大权独揽，害怕上奏论事者揭露他私揽大权，就奏请说：“百官如果有事论奏，都应当先告诉有关部门长官，由各长官告诉宰相，然后再奏报陛下。”他还以圣旨的名义告诉百官说：“近来，各有关部门上奏论事繁多，所说的多是谗言诋毁之词，所以委托诸长官、宰相首先确定所说的事是否可以上奏。”

二年（丁未，公元767年）

升平公主生活图

二月丙戌（初六），郭子仪入朝。代宗命令元载、王缙、鱼朝恩等人分别在他们的宅第设置酒席款待郭子仪，一次宴席花费高达十万缗。代宗对待郭子仪礼遇厚重，常常称他为大臣而不直呼其名。

郭暧曾经与升平公主发生口角，郭暧说：“你倚仗你父亲是天子吗？我父亲是不屑于做天子！”公主怨恨，乘车飞奔入宫奏报此事。代宗说：“此事并非你所能知。他们真是这样，假使他们想要做天子，天下怎么会是你家的呢！”代宗安慰劝说一番，让公主回去。郭子仪听说此事后，将郭暧囚禁起来，自己入朝等待代宗的惩处。代宗对郭子仪说：“有一句俗话说：‘不痴不聋，当不了家长。’儿女闺房中的话，哪值得去听呢！”郭子仪回家，打了郭暧数十大棍。

起初，代宗喜欢祠堂祭祀，并未看重佛教。元载、王缙、杜鸿渐担任宰相，他们三人都崇信佛教。王缙信奉尤笃，他不吃荤食，与杜鸿渐无止境地修造寺院。代宗曾经问他们：“佛教所说的报应，果真有吗？”元载等人奏称：“国家能够国运长久，如果不是平素植下福业怎么可能达到呢！福业已经确定，虽然时常有些小灾小难，终究不能危害。所以安禄山、史思明反叛朝廷，正当旺盛之际，便都遭到他们儿子的杀害。仆固怀恩率军进攻朝廷，才出门就得病而死。回纥、吐蕃大举深入内地，最后不战而退，这一切都不是人的力量所能达到的，难道能说没有报应吗！”代宗因此十分崇信佛教，经常在宫中设斋，供养一百多名和尚，有敌人前来就命令和尚宣讲《护国仁王经》，来祈祷免灾，敌人撤退后就赏赐给和尚丰厚的礼物。胡人和尚不空，官做到卿监，赐爵位为国公，出入宫中，权势能左右权贵，京畿地区的良田和获利大的事业多归佛寺所有。代宗敕令天下不得鞭打和欺辱僧尼，在五台山修造金阁寺，铸造鎏金铜瓦，所耗费的资金数以亿计。王缙将中书省的文书发给和尚，命令五台山和尚数十人到全国各地去募捐集资，用来营建佛寺。元载等人每当侍奉代宗，从容闲暇时，往往谈论佛事。因此朝廷内外的官吏及百姓互相效仿、影响，都不做世人之事，而去崇奉佛教，政务刑法日益紊乱。

三年（戊申，公元768年）

六月壬辰（二十日），幽州兵马使朱希彩、经略副使昌平人朱泚和他的弟弟朱滔一起杀死节度使李怀仙，朱希彩自称为留后。闰六月，成德军节度使李宝臣派遣将领率军讨伐朱希彩，被朱希彩打败，朝廷不得已，只好宽恕朱希彩。庚申（十八日），代宗任命王缙兼任卢龙节度使。丁卯（二十五日），让朱希彩兼任幽州留后。

十一月丁亥（十七日），代宗任命幽州留后朱希彩为幽州节度使。

郭子仪返回河中。元载认为吐蕃连年进犯，马璘率领四镇军队驻扎邠宁，其兵力无法与吐蕃对抗，而郭子仪率领朔方重兵镇守河中，深居在没有战事的腹心之地，便与郭子仪和诸将商议，让马璘移镇泾州，而让郭子仪率领朔方军队镇守邠州，元载说道："如果因为边地荒芜，军费不足，就用内地的租税和运送财物来资助。"诸将都认为这种办法妥当。十二月己酉（初九），代宗让马璘改任泾原节度使，将邠州、宁州、庆州归属于朔方。马璘先去泾州修筑城池，让都虞候段秀实担任邠州留后。

当初，四镇、北庭的军队远途奔赴中原，解救朝廷的危难，长久客居他乡，多次迁移驻地，四镇的军队历经汴州、虢州、凤翔，北庭的军队历经怀州、绛州、鄜州，然后到达邠州，军队颇为辛劳疲惫。等到迁移泾州，将士都怨恨毁谤。刀斧兵马使王童之图谋叛乱，确定在辛酉（二十一日）凌晨击鼓报晓时发难。前一天夜晚，有人将此事告诉段秀实。段秀实佯作召见执掌更漏的士兵，对他发火，借口时辰失调，命令他每到一更就前来禀告，每更故意延长几刻，于是到四更时天已破晓，王童之未能起事叛乱。段秀实想讨伐王童之，然而叛乱的迹象尚未暴露，害怕军中将士怀疑王童之蒙受冤屈。告密的人又说："今天夜里王童之想焚烧马坊草垛，借口救火图谋叛乱。"午夜时分，草垛果然起火，段秀实命令军中正在行走的将士都停止走动，坐着的人不要起来，各自整理队伍，严守要害之地。王童之禀告段秀实请求前去救火，没有得到同意。等到天亮，段秀实逮捕了王童之及其同伙八人，将他们全都杀掉。下命令说："迁移迟的人要诛杀九族，散布流言蜚语的人要严刑惩处！"于是军队全部迁移到泾州。

四年（己酉，公元769年）

春季，正月丙子（初七），郭子仪入朝，鱼朝恩邀请他去章敬寺游玩。元载害怕他们互相勾结，就秘密派郭子仪的军吏告诉郭子仪说："鱼朝恩对你图谋不利。"郭子仪不听。军吏也告诉各位将领，将士们有三百人请求衣内穿甲跟从郭子仪前去。郭子仪说："我是国家的大臣，他没有天子的命令，哪里敢暗害我！如果他受皇命而来，你们想干什么呢！"于是郭子仪带了几名家僮前往章敬寺。鱼朝恩迎接郭子仪，对他随从俭省感到惊奇。郭子仪将所听到的事告诉鱼朝恩，并且说：

“害怕麻烦你张罗。”鱼朝恩抚胸拱手、痛哭流涕地说：“如果不是您这样的长者，能不怀疑我吗！”

五年（庚戌，公元770年）

观军容宣慰处置使、左监门卫大将军兼神策军使、内侍监鱼朝恩，专门掌管禁军，代宗对他无比宠幸，经常与他议论国家的军政大事，朝廷内外，他的权势最大。鱼朝恩喜欢在大臣聚集的场所放肆地谈论时政，侮辱宰相，元载虽然能言善辩，但也拱手沉默，不敢应对。

神策都虞候刘希暹，都知兵马使王驾鹤都受到鱼朝恩的宠爱。刘希暹劝说鱼朝恩在北军中设置监狱，让坊市的无赖少年搜罗并控告富豪人家，诬告他们犯了罪，逮捕关进地牢，用严刑逼供，使他们屈服，没收他们的家产归北军所有，并且分别奖赏诬告和搜捕的人。监狱处于宫内隐秘处，人们都不敢说。鱼朝恩每次上奏论事，所期待的就是代宗一定认可。偶尔朝廷政事没有与他商议，就愤怒地说：“天下的大事有不经过我手的吗！”代宗听说后，因此很不高兴。

鱼朝恩的养子鱼令徽年龄还小，担任内给使，身着绿衣。他与同事发生激烈的争执，回家后告诉了鱼朝恩。第二天，鱼朝恩面见代宗说：“我儿子官职卑微，被同辈欺负，乞求陛下赐给他紫衣。”代宗尚未答应，有关官员已经拿着紫衣来到面前，鱼令徽穿上紫衣，向代宗叩拜致谢。代宗强作笑颜，说道：“小孩子穿紫衣也很合适。”但心里更加愤愤不平。

元载察觉到代宗的心事，乘机上奏控告鱼朝恩独断专行，图谋不轨，请求除掉他。代宗也知道天下人对鱼朝恩都很怨恨和愤怒，于是命令元载想办法。鱼朝恩每次入殿，常派射生将周皓率领一百人保护自己，又派他的同党陕州节度使皇甫温掌握重兵作为外援。元载对他们都用重金贿赂，进行结交。所以，鱼朝恩的阴谋和机密的言谈，代宗都了若指掌，而鱼朝恩却未察觉。

刘希暹颇觉代宗对鱼朝恩已有异图，告诉了鱼朝恩，鱼朝恩这才感到疑惑和恐惧。然而代宗每次见到鱼朝恩，对他礼遇更加隆重，鱼朝恩也因此自安。皇甫温来到京师，元载将他留住京师不派遣他回去，与他和周皓密谋杀掉鱼朝恩。计策已经确定，元载便告诉了代宗，代宗说：“好好图谋他，不要反遭祸！”

三月，癸酉（初十），寒食节，代宗在宫中设酒席宴请亲近大臣，元载留守中书省。宴席散后，鱼朝恩将要回营，代宗留他商议事情，于是斥责他有叛变的意图。鱼朝恩自我辩解，言辞颇为顶撞傲慢，周皓与部下擒住鱼朝恩，将他勒死，外面没有人知道这件事。代宗颁下诏书，罢免鱼朝恩观军容使等职务，内侍监仍然保留。谎称：“鱼朝恩接到诏书后便上吊自杀了。”将他的尸体送回家，赏赐六百万钱用来埋葬。

丁丑（十四日），代宗晋升刘希暹、王驾鹤为御史中丞，以便安抚北军的军心。丙戌（二十三日），唐代宗赦免了京畿地区在押囚犯，下令释放鱼朝恩的所有党羽，并且说："北军的将士们都是朕的亲信，都应该仍然像过去一样跟随朕。今天朕亲自统御禁军，请不要忧虑恐惧。"

元载杀掉鱼朝恩后，代宗对他更加宠幸和重用，于是元载趾高气扬。每每在大臣中大言不惭地吹嘘，自称有文才武略，古往今来的人都不如他。他玩弄权势和计谋，施政办事根据贿赂多少而定，生活奢侈无度。吏部侍郎杨绾主管官吏的选拔，办事公平允当，又生性耿直，从不依附元载。岭南节度使徐浩贪婪而善于阿谀奉承，他倾竭南方各种珍贵物品来贿赂元载。元载让杨绾改任国子祭酒，让徐浩代替杨绾任吏部侍郎。徐浩是越州人。元载有一位长辈从宣州来，向元载谋求官职，元载估计这个人不足以任用办事，仅给他一封信，让他捎给河北节度使。长辈不高兴，走到幽州时，私自拆信偷看，见信中一句话也没有，仅仅是元载的署名罢了。长辈大怒，但又迫不得已，试着去拜见河北节度使院的幕僚，节度判官听到他捎来元载的书信，大为吃惊，立即告诉了节度使，节度使派遣大校用箱子接受元载的书信，把他安排在上等客房，挽留宴请数天，在他辞行时，赠给他一千匹绢。元载的威势权力就是如此撼动人心。

七年（壬子，公元772年）

卢龙节度使朱希彩谋得节度使职位后，便忤慢朝廷，残害虐待将士。孔目官李怀瑗依靠部众的愤怒，伺机杀掉了朱希彩，部众不知所从。经略副使朱泚在城北扎营，他的弟弟朱滔统帅牙内兵，偷偷地派了一百多人到部众中大喊道："节度使非朱副使担当不可。"部众都听从。于是朱泚暂且执掌留后事务，又派遣使者奏报了这一情况。冬季，十月，辛未（二十四日），唐代宗任命朱泚为检校左常侍及幽州、卢龙节度使。

八年（癸丑，公元773年）

从乾元以来，回纥每年都请求唐朝和市，每一匹马换四十匹缣帛，动辄就交换数万匹马，而这些马全都跑不快，瘦弱无用。朝廷以此为苦，多不能尽数购买，因此在鸿胪寺等待回去和接踵而来的回纥人常常络绎不绝。到这时候，代宗想求得回纥的欢心，下令将他们的马全部买下。秋季，七月，辛丑（二十八日），回纥人辞行归去，车上装载着朝廷赏赐和换马得到的财物，总共用了一千多辆车。

魏博节度使田承嗣为安禄山、史思明父子建立祠堂，称他们为四圣，并且请求让自己出任宰相。代宗命令内侍孙知古奉命出使，婉言劝说田承嗣拆毁祠堂。冬季，十月，甲辰（初二），代宗加封田承嗣为平章事来表彰他。

唐纪四十一　第二百二十五卷

译文诵读

代宗睿文孝武皇帝中之下大历十年（乙卯，775）

二月，乙丑，田承嗣诱卫州刺史薛雄，雄不从，使盗杀之，屠其家，尽据相、卫四州之地，自置长吏，掠其精兵良马，悉归魏州。逼魏知古与共巡磁、相二州，使其将士割耳剺面，请承嗣为帅。

初，成德节度使李宝臣、淄青节度使李正己，皆为田承嗣所轻。宝臣弟宝正娶承嗣女，在魏州，与承嗣子维击毬，马惊，误触维死。承嗣怒，囚宝正，以告宝臣。宝臣谢教敕不谨，封杖授承嗣，使挞之。承嗣遂杖杀宝正，由是两镇交恶。及承嗣拒命，宝臣、正己皆上表请讨之，上亦欲因其隙讨承嗣。夏，四月，乙未，敕贬承嗣为永州刺史，仍命河东、成德、幽州、淄青、淮西、永平、汴宋、河阳、泽潞诸道发兵前临魏博，若承嗣尚或稽违，即令进讨；罪止承嗣及其侄悦，自余将士弟侄苟能自拔，一切不问。

时朱滔方恭顺，与宝臣及河东节度使薛兼训攻其北，正己与淮西节度使李忠臣等攻其南。五月，乙未，承嗣将霍荣国以磁州降。丁未，李正己攻德州，拔之。李忠臣统永平、河阳、怀、泽步骑四万进攻卫州。六月，辛未，田承嗣遣其将裴志清等攻冀州，志清以其众降李宝臣。甲戌，承嗣自将围冀州，宝臣使高阳军使张孝忠将精骑四千御之，宝臣大军继至，承嗣烧辎重而遁。孝忠，本奚也。

田承嗣以诸道兵四合，部将多叛而惧，秋，八月，遣使奉表，请束身归朝。

十一年（丙辰，776）

二月，庚辰，田承嗣复遣使上表，请入朝。上乃下诏，赦承嗣罪，复其官爵，听与家属入朝，其所部拒朝命者，一切不问。

泾原节度使马璘疾亟，以行军司马段秀实知节度事，付以后事。秀实严兵以备非常，丙申，璘薨，军中奔哭者数千人，喧咽门屏，秀实悉不听入。命押牙马頔治丧事于内，李汉惠接宾客于外，妻妾子孙位于堂，宗族位于庭，将佐位于前，牙士卒哭于营伍，百姓各守其家。有离立偶语于衢路，辄执而囚之；非护丧从行者无得远送。致祭拜哭，皆有仪节，送丧近远，皆有定处，违者以军法从事。都虞候史廷干、兵马使崔珍、十将张景华谋因丧作乱，秀实知之，奏廷干入宿卫，徙珍屯灵台，补景华外职，不戮一人，军府晏然。

璘家富有无算，治第京师，甲于勋贵，中堂费二十万缗，他室所减无几，其子孙无行，家赀寻尽。

十二年（丁巳，777）

中书侍郎、同平章事元载专横，黄门侍郎、同平章事王缙附之，二人俱贪。载妻王氏及子伯和、仲武，缙弟、妹及尼出入者，争纳贿赂。又以政事委群吏，士之求进者，不结其子弟及主书卓英倩等，无由自达。上含容累年，载、缙不悛。

上欲诛之，恐左右漏泄，无可与言者，独与左金吾大将军吴凑谋之。凑，上之舅也。会有告载、缙夜醮图为不轨者，庚辰，上御延英殿，命凑收载、缙于政事堂，又收仲武及卓英倩等系狱。命吏部尚书刘晏与御史大夫李涵等同鞫之，问端皆出禁中，仍遣中使诘以阴事，载、缙皆伏罪。是日，先杖杀左卫将军、知内侍省事董秀于禁中，乃赐载自尽于万年县。载请主者："愿得快死！"主者曰："相公须受少污辱，勿怪！"乃脱秽袜塞其口而杀之。王缙初亦赐自尽，刘晏谓李涵等曰："故事，重刑覆奏，况大臣乎！且法有首从，宜更禀进止。"涵等从之。上乃贬缙栝州刺史。载妻王氏，忠嗣之女也，及子伯和、仲武、季能皆伏诛。有司籍载家财，胡椒至八百石，他物称是。

元载以仕进者多乐京师，恶其逼己，乃制俸禄，厚外官而薄京官，京官不能自给，常从外官乞贷。杨绾、常衮奏京官俸太薄。己酉，诏加京官俸，岁约十五万六千余缗。

五月，辛亥，诏自都团练使外，悉罢诸州团练守捉使。又令诸使非军事要急，无得擅召刺史及停其职务，差人权摄。又定诸州兵，皆有常数，其召募给家粮、春冬衣者，谓之"官健"；差点土人，春夏归农、秋冬追集、给身粮酱菜者，谓之"团结"。自兵兴以来，州县官俸给不一，重以元载、王缙随情徇私，刺史月给或至千缗、或数十缗，至是，始定节度使以下至主簿、尉俸禄，掊多益寡，上下有叙，法制粗立。

京兆尹黎干奏秋霖损稼，韩滉奏干不实；上命御史按视，丁未，还奏，"所损凡三万余顷。"渭南令刘澡阿附度支，称县境苗独不损，御史赵计奏与澡同。上曰："霖雨溥博，岂得渭南独无！"更命御史朱敖视之，损三千余顷。上叹息久之，曰："县令，字人之官，不损犹应言损，乃不仁如是乎！"贬澡南浦尉，计澧州司户，而不问滉。

平卢节度使李正己先有淄、青、齐、海、登、莱、沂、密、德、棣十州之地，及李灵曜之乱，诸道合兵攻之，所得之地，各为己有，正己又得曹、濮、徐、兖、郓五州，因自青州徙治郓州，使其子前淄州刺史纳守青州。正己用刑严峻，所在不敢偶语；然法令齐一，赋均而轻，拥兵十万，雄据东方，邻藩皆畏之。是时田承嗣据魏、博、相、卫、洺、贝、澶七州，李宝臣据恒、易、赵、定、深、冀、沧七州，各拥众五万；梁崇义据襄、邓、均、房、复、郢六州，有众二万；相与根据蟠结，虽奉事朝廷而不用其法令，官爵、甲兵、租赋、刑杀皆自专之，上宽仁，一听其所为。朝廷或完一城，增一兵，辄有怨言，以为猜贰，常为之罢役；而自于境内筑垒、缮兵无虚日。以是虽在中国名藩臣，而实如蛮貊异域焉。

十四年（己未，779）

五月，癸卯，上始有疾，辛酉，制皇太子监国。是夕，上崩于紫宸之内殿，遗诏以郭子仪摄冢宰。癸亥，德宗即位，在谅阴中，动遵礼法。尝召韩王迥食，食马齿羹，不设盐、酪。

至德初，第五琦始榷盐以佐军用，及刘晏代之，法益精密。初岁入钱六十万缗，末年所入逾十倍，而人不厌苦。大历末，计一岁所入总一千二百万缗，而盐利居其太半。以盐为漕佣，自江、淮至渭桥，率万斛佣七千缗，自淮以北，列置巡院，择能吏主之，不烦州县而集事。

代宗优宠宦官，奉使四方者，不禁其求取。尝遣中使赐妃族，还，问所得颇少，代宗不悦，以为轻我命。妃惧，遽以私物偿之。由是中使公求赂遗，无所忌惮。宰相尝贮钱于阁中，每赐一物，宣一旨，无徒还者；出使所历州县，移文取货，与赋税同，皆重载而归。上素知其弊。遣中使邵光超赐李希烈旌节，希烈赠之仆、马及缣七百匹，黄茗二百斤。上闻之，怒，杖光超六十而流之。于是中使之未归者，皆潜弃所得于山谷，虽与之，莫敢受。

唐代宗大历十年（乙卯，公元775年）

二月，乙丑（初一），田承嗣引诱卫州刺史薛雄造反，薛雄不从，田承嗣便派强盗杀掉薛雄，屠杀他的家属，占据相州、卫州等四州的全部地区，自行设置长吏，将那里的精兵良马全都掳掠到魏州。田承嗣逼迫魏知古与他一起巡视磁州、相州，又让他的将士割耳划脸，请田承嗣担任主帅。

从前，成德军节度使李宝臣和淄青节度使李正己，都被田承嗣所瞧不起。李宝臣的弟弟李宝正娶田承嗣的女儿，在魏州与田承嗣的儿子田维打马球，马受了惊，误将田维踢死。田承嗣恼怒，囚禁了李宝正，然后告诉李宝臣。李宝臣以管教不严表示歉意，将封闭的棍棒交给田承嗣，让他杖责李宝正。于是田承嗣打死李宝正，从此两镇结了怨仇。及至田承嗣拒从皇命，李宝臣和李正己都上表请求讨伐他，代宗也打算趁他们有裂痕时进行讨伐。夏季，四月乙未，代宗下敕贬田承嗣为永州刺史，仍旧下令河东、成德、幽州、淄青、淮西、永平、汴宋、河阳、泽潞各道调动军队前去魏博，假如田承嗣还拖延违抗，即命令他们进军讨伐；只惩治田承嗣和他的侄子田悦的罪行，其余将士、弟侄假如能自拔，概不追究。

那时朱滔很恭顺，他与李宝臣及河东节度使薛兼训从北面进攻，李正己与淮西节度使李忠臣等人从南面进攻。五月，乙未（初三），田承嗣的部将霍荣国献出磁州向朝廷投降。丁未（十五日），李正己进攻德州，并将德州攻克。李忠臣统率永平、河阳、怀、泽等道四万步、骑兵进攻卫州。六月辛未（初九），田承嗣派遣他的部将裴志清等人进攻冀州，裴志清却率领他的部下投降了李宝臣。甲戌（十二日），田承嗣亲自率军围攻冀州，李宝臣派高阳军使张孝忠率领精锐骑兵四千人前去抵御，李宝臣的大部队随后到达，田承嗣烧毁辎重逃跑。张孝忠本是奚族人。

田承嗣因为各道军队四面合力进攻，他的部将又多叛变，心中恐惧，秋季，八月，派遣使者上表，请求约束自身归顺朝廷。

十一年（丙辰，公元776年）

二月，庚辰（二十二日），田承嗣再次派遣使者上表，请求入朝。代宗颁下诏书，赦免田承嗣之罪，恢复官爵，允许他与家属入朝，他的部下抗拒过朝廷命令的人，概不追究。

泾原节度使马璘病重，他让行军司马段秀实执掌节度使的事务，将后事托付给他。段秀实整肃兵马以防不测，丙申（十二月十三日），马璘去世，军中数千人奔走号哭，节度府的门庭屏墙外一片哀哭声，段秀实都不让他们进去。段秀实命令押牙马頔在里面办理丧事，李汉惠在外面接待宾客，妻妾子孙位居堂中，宗族父老位居庭内，高级将领位居堂前，衙内亲兵在营中哭泣，百姓分别在家守候。如果二个人在通衢要道偶然说话，就将他们抓住，囚禁起来；不是护送灵柩出丧的人不得远送。吊唁哭拜都有仪式和礼节，送丧远近都有规定，违者依军法处置。都虞候史廷干、兵马使崔珍、十将张景华图谋在治丧时作乱，段秀实知道后，奏报朝廷让史廷干入朝宿卫；崔珍移军驻守灵台，将张景华补任外职，不杀一人，节度军府安然无恙。

马璘家境富有，资产多得无法估算，京师所建的宅第，在功臣权贵中首屈一指，修建中堂花费二十万缗，其它居室也所减无几。马璘的子孙没有德行，不久家产就用尽了。

十二年（丁巳，公元777年）

中书侍郎、同平章事元载十分专横，黄门侍郎、同平章事王缙依附元载，二人都很贪婪。元载的妻子王氏和儿子元伯和、元仲武，王缙的弟弟、妹妹和出入王门的尼姑，都争相收纳贿赂。元载、王缙又将政务委托官吏们办理，求取功名的士人，如果不巴结他们的子弟和主书卓英倩等人，就无法进入仕途。代宗多年来包涵宽容，但元载、王缙仍不悔改。

代宗想杀掉他们，害怕左右泄露消息，没有可以商谈的人，唯独与左金吾大将军吴凑谋划此事。吴凑是代宗的舅舅。恰巧有人控告元载、王缙夜里举行祷神的祭礼，图谋不轨。庚辰（三月二十八日），代宗驾临延英殿，命令吴凑在政事堂逮捕元载、王缙，又将元仲武及卓英倩等逮捕入狱。代宗命令吏部尚书刘晏和御史大夫李涵等人共同审讯他们，起诉文书都出自宫中，还派遣宦官使者责问他们的秘密勾当，元载、王缙全都服罪。当天，代宗先在宫中将左卫将军、掌管内侍省事务的董秀杖打而死，后又赐元载在万年县自杀。元载请求主管官员说："我希望死得快些！"主管官员说："你应该受些小的污辱，请别见怪！"于是脱下臭袜子塞进元载嘴里将他杀掉。开始王缙也被赐自尽，刘晏跟李涵等人说："按照惯例，施用重刑应当审查上奏，何况大臣呢！而且法律上有首犯和从犯之别，应当再次禀报皇上听候处理。"李涵等人同意。于是代宗将王缙贬为栝州刺史。元载妻王氏，即王忠嗣的女儿，以及儿子元伯和、元仲武和元季能全都伏法。有关部门没收了元载的家产，仅胡椒就达八百石，其他财物也与此相称。

元载因为进入仕途的人多喜欢在京师任官，讨厌他们逼迫自己，便在订立俸禄制度时规定：出任外官的俸禄丰厚，而京官的俸禄微薄。京官生活不能自给，经常向外官乞求借贷。杨绾、常衮上奏说京官俸禄太少。己酉（四月二十八日），唐代宗下诏增加京官的俸禄，每年约十五万六千多缗。

五月辛亥（初一），代宗下诏，除都团练使以外，将各州团练守捉使全部取消。又下令各使，非军事紧急不得擅自召见刺史及停其职务，派人暂时代理。又规定各州的军队都有一定数额，各州招募的由官府供给家人粮食、春冬二季衣服的士兵，称之为"官健"；选择当地人服兵役，春夏二季解甲归田，秋冬二季召集训练，官府供给本人粮食和酱菜的称之为"团结"。自从兵兴以来，州县官吏的俸禄供给不一，加以元载、王缙任意徇私，刺史月薪有的多达一千缗，有的仅数十缗，到这时候，才规定从节度使以下到主簿、县尉俸禄的数额，减多补少，上下次序分明，法令制度初步确立。

京兆尹黎干奏报说秋雨连绵，损坏庄稼，韩滉则上奏说黎干所说与事实不符，代宗命令御史前去视察核实。丁未（十月二十九日），御史回报说："所损坏的庄稼约三万多顷。"渭南县令刘澡奉承依附度支韩滉，声称唯独渭南县境内的禾苗没有损坏；御史赵计所奏也与刘澡相同，代宗说："大雨连绵，分布区域又广，难道单单渭南没有！"再命令御史朱敖去视察，渭南实际上受损庄稼三千多顷。代宗长长地叹息，说道："县令是抚养人民的父母官，无损坏还应该说有损坏，但他们竟不仁到这种地步！"将刘澡贬为南浦县尉，赵计贬为澧州司户，但不问韩滉罪。

平卢节度使李正己起先占有淄、青、齐、海、登、莱、沂、密、德和棣等十州地区，等到李灵曜叛乱，各道合兵进攻，所得的地都各自据为己有，李正己又得到曹、濮、徐、兖和郓等五州，因而将治所从青州迁到郓州，派他的儿子前淄州刺史李纳镇守青州。李正己使用严酷的刑法，当地人们都不敢相对私语，但他法令统一，赋税平均而不繁重，拥有十万军队，雄踞东方，邻近的藩镇都害怕他。此时，田承嗣占据魏、博、相、卫、洺、贝和澶等七州，李宝臣占据恒、易、赵、定、深、冀和沧等七州，各自拥有五万军队；梁崇义占据襄、邓、均、房、复和郢等六州，拥有二万军队。他们互相依靠勾结，虽然拥戴朝廷，但不用朝廷的法令，官爵、士兵、租赋和刑杀都由自己掌握。代宗宽宏仁厚，听任他们为所欲为。朝廷有时修补一城，增加一兵，他们就有怨言，认为朝廷怀疑他们有二心，朝廷往往因此而罢役。而他们自己在境内天天修筑堡垒，整治军队。因此，他们名为朝廷藩臣，实际同境外蛮貊一样。

十四年（己未，公元779年）

五月，癸卯（初三），代宗开始患病，辛酉（二十一日），下诏让皇太子代行处理国政。当夜，代宗在紫宸殿的内殿中驾崩。遗诏让郭子仪总摄群臣，辅助朝政。癸亥（二十三日），唐德宗即位，在居丧之所服丧，一切行动都遵照丧礼规定。德宗曾经召韩王李迥进餐，吃马齿羹，不放盐和乳酪。

至德初年，第五琦开始实行食盐专卖，以补充军事费用，到刘晏取代他后，食盐专卖法更加精密完备。开始一年收入钱六十万缗，到末年收入超过十倍，而百姓并不厌苦。大历末年统计一年所收入的钱总数达一千二百万缗，而盐的收入就占一大半。将盐的收入用于漕运雇工，从长江、淮河至东渭桥，大抵一万斛盐雇工费七千缗，自淮河以北，沿路设置巡院，挑选能力强的官吏主事，不烦劳州县就能完成漕运事务。

代宗特别宠幸宦官，奉命出使各地的宦官，都不禁止他们求取财物。代宗曾经派遣中使去赏赐妃子的家族，回来后一问，宦官所得的财物较少，代宗很不高兴，以为鄙视自己的命令。妃子很害怕，马上用自己的东西进行补偿。因此，宦官使者公开求取贿赂和馈赠，无所顾忌。宰相都曾经将钱存放在橱柜中，宦官每次来赏赐一件东西，宣读一次圣旨，没有空手回去的。宦官出使地方，所经州县，发放公文，收取财物，如同征收赋税一样，都满载而归。德宗平素就知道这个弊病。他派遣宦官使者邵光超赏赐给李希烈旌节，李希烈赠给邵光超奴仆、马匹以及七百匹细绢，二百斤黄茗。德宗听说后，很恼火，打了邵光超六十大板，然后将他流放。于是出使未归的宦官都偷偷地把所得的东西扔在山谷中，虽然给他们东西，他们都不敢接受。

第二百二十六卷

唐纪四十二

译文诵读

代宗睿文孝武皇帝下大历十四年（己未，779）

旧制，天下金帛皆贮于左藏，太府四时上其数，比部覆其出入。及第五琦为度支、盐铁使，时京师多豪将，求取无节，琦不能制，乃奏尽贮于大盈内库，使宦官掌之，天子亦以取给为便，故久不出。由是以天下公赋为人君私藏，有司不复得窥其多少，校其赢缩，殆二十年。宦官领其事者三百余员，皆蚕食其中，蟠结根据，牢不可动。杨炎顿首于上前曰："财赋者，国之大本，生民之命，重轻安危，靡不由之，是以前世皆使重臣掌其事，犹或耗乱不集。今独使中人出入盈虚，大臣皆不得知，政之蠹敝，莫甚于此。请出之以归有司。度宫中岁用几何，量数奉入，不敢有乏。如此，然后可以为政。"上即日下诏："凡财赋皆归左藏，一用旧式，岁于数中择精好者三、五千匹，进入大盈。"炎以片言移人主意，议者称之。

德宗神武孝文皇帝一建中元年（庚申，780）

春，正月，丁卯朔，改元。群臣上尊号曰圣神文武皇帝；赦天下。始用杨炎议，命黜陟使与观察、刺史"约百姓丁产，定等级，改作两税法。比来新旧征科色目，一切罢之；二税外辄率一钱者，以枉法论。"

唐初，赋敛之法曰租、庸、调，有田则有租，有身则有庸，有户则有调。玄宗之末，版籍浸坏，多非其实。及至德兵起，所在赋敛，迫趣取办，无复常准。赋敛之司增数而莫相统摄，各随意增科，自立色目，新故相仍，不知纪极。民富者丁多，率为官、为僧以免课役，而贫者丁多，无所伏匿，故上户优而下户劳。吏因缘蚕食，旬输月送，不胜困弊，率皆逃徙为浮户，其土著百无四五。至是，炎建议作两税法：先计州县每岁所应费用及上供之数而赋于人，量出以制入。户无主、客，以见居为簿；人无丁、中，以贫富为差；为行商者，在所州县税三十之一，使与居者均，无侥利。居人之税，秋、夏两征之。其租、庸、调杂徭悉省，皆总统于度支。上用其言，因赦令行之。

二月，丙申朔，命黜陟使十一人分巡天下。先是，魏博节度使田悦事朝廷犹恭顺，河北黜陟使洪经纶，不晓时务，闻悦军七万人，符下，罢其四万，令还农。悦阳顺命，如符罢之。既而集应罢者，激怒之曰："汝曹久在军中，有父母妻子，今一旦为黜陟使所罢，将何资以自衣食乎！"众大哭。悦乃出家财以赐之，使各还部伍。于是军士皆德悦而怨朝廷。

二年（辛酉，781）

春，正月，戊辰，成德节度使李宝臣薨。宝臣欲以军府传其子行军司马惟岳，以其年少暗弱，豫诛诸将之难制者深州刺史张献诚等，至有十余人同日死者。宝臣召易州刺史张孝忠，孝忠不往，使其弟孝节召之。孝忠使孝节谓宝臣曰："诸将何罪，连颈受戮！孝忠惧死，不敢往，亦不敢叛，正如公不入朝之意耳。"孝节泣曰："如此，孝节必死。"孝忠曰："往则并命，我在此，必不敢杀汝。"遂归，宝臣亦不之罪也。兵马使王武俊，位卑而有勇，故宝臣特亲爱之，以女妻其子士真，士真复厚结其左右；故孝忠、武俊独全。

及薨，孔目官胡震，家僮王他奴劝惟岳匿丧二十余日，诈为宝臣表，求令惟岳继袭，上不许；遣给事中汲人班宏往问宝臣疾，且谕之。惟岳厚赂宏，宏不受，还报。惟岳乃发丧，自为留后，使将佐共奏求旌节，上又不许。

初，宝臣与李正己、田承嗣、梁崇义相结，期以土地传之子孙。故承嗣之死，宝臣力为之请于朝，使以节授田悦；代宗从之。悦初袭位，事朝廷礼甚恭，河东节度使马燧表其必反，请先为备。至是悦屡为惟岳请继袭，上欲革前弊，不许；或谏曰："惟岳已据父业，不因而命之，必为乱。"上曰："贼本无资以为乱，皆藉我土地，假我位号，以聚其众耳。向日因其所欲而命之多矣，而乱日益滋。是爵命不足以已乱而适足以长乱也。然则惟岳必为乱，命与不命等耳。"竟不许。悦乃与李正己各遣使诣惟岳，潜谋勒兵拒命。

田悦卒与李正己、李惟岳定计，连兵拒命，遣兵马使孟祐将步骑五千北助惟岳。薛嵩之死也，田承嗣盗据洺、相二州，朝廷独得邢、磁二州及临洺县。悦欲阻山为境，曰："邢、磁如两眼，在吾腹中，不可不取。"乃遣兵马使康愔将八千人围邢州，别将杨朝光将五千人栅于邯郸西北以断昭义救兵，悦自将兵数万围临洺；邢州刺史李共、临洺将张伾坚壁拒守。

贝州刺史邢曹俊，田承嗣旧将也，老而有谋，悦宠信牙官扈崿而疏之，及攻临洺，召曹俊问计，曹俊曰："兵法十围五攻；尚书以逆犯顺，势更不侔，今顿兵坚城之下，粮竭卒尽，自亡之道也。不若置万兵于崞口以遏西师，则河北二十四州皆为尚书有矣。"诸将恶其异己，共毁之，悦不用其策。

唐代宗大历十四年（己未，公元779年）

根据原有的制度，全国的钱帛都收归左藏贮存，由太府按季节上报钱帛数额，由比部复核钱帛的收支情况。及至第五琦担任度支、盐铁使，当时京城中的豪帅很多，索取赏赐毫无节制，第五琦不能制止，便上奏将左藏钱帛悉数贮存于大盈内库，并让宦官管理，皇上也认为如此取用方便，所以贮存的钱帛长期不能再由内库搬出。从此，国家的财赋收入成了皇上的私人储藏，主管部门不能得知数量多少，无法核查盈亏情况，几乎达二十年之久。掌管内库的宦官有三百余人，都在蚕食内库的财富，其势力盘根错节，牢固不可动摇。杨炎在德宗面前叩头说："财赋是国家的根本，百姓的命脉，国家的盛衰安危，无不与财赋相关。所以，以前各朝都以重臣掌管财赋，即便如此，有时还会有财赋损耗、管理混乱的情况发生。现在，专门让宦官掌握财赋的收支盈亏，大臣都无法知道，朝政的蛀蚀败坏，没有比这更为严重的了。请将全国的财赋搬出内库，以便交还给主管部门管理。推算好宫中每年需用多少，悉数进上，决不敢有所缺少。能够这样，此后才能办好朝政。"德宗当日颁下诏书："一切财赋都交还左藏，完全采用原有的法式，每年在财赋数额内挑选出精良的布帛三五千匹，进献到大盈内库。"杨炎只用一席话便改变了皇上的主意，议事的人们都称赞他。

唐德宗建中元年（庚申，公元780年）

春季，正月，丁卯朔（初一），更改年号。群臣为德宗进献尊号，称作圣神文武皇帝。大赦天下。德宗开始采用杨炎的建议，命令黜陟使和观察使、刺史："估量百姓的人丁财产，定出等级，改变旧税法，实行两税法。将近年来原有和新增的各项征收名目一律取消。在两税以外，就是向百姓再收敛一个铜钱，便以违法论处。"

在唐朝的初期，征收赋税的办法称作租、庸、调，有田土便要交租，有人丁便要服庸，有户口便要纳调。在玄宗当政末期，户籍逐渐遭到破坏，大多已经与实际不符。到了至德年间，战事四起，到处征收赋敛，逼迫催促，再也没有一定的标准。征收部门增加了，可是互相没有隶属关系而是各自随意增加课税，巧立名目，新老名目相互重复，毫无限度。富足人家人丁多，大抵做官当僧人得以免除赋役；而贫困人家人丁多，全无隐瞒逃避的去处，所以上等户优游而下等户劳瘁。征税的吏员又乘机侵吞，百姓十天输赋一月送税，经受不了如此困窘，大抵都逃亡流徙成为浮户，那些留下来的本地百姓，不足百分之四五。至此，杨炎建议实行两税法：首先计算州县每年所需费用和上交朝廷的数额，并以此数额向百姓征税，通过对支出的估量来制定收入的数额。无论主户、客户，都按现在的居地制订簿册；无论成丁、中男，都按贫富状况划为等级；流动经商的人，在所居州县纳税三十分之一，使他们与定居民户一同纳税，不能侥幸获利。定居百姓的赋税，在秋天和夏天两次征收。那些租、庸、调以及杂徭等全部省去，整个征税事务由度支统一掌管。德宗采纳了杨炎的建议，于是颁布赦令实施。

二月，丙申朔（初一），德宗命令黜陟使十一人分道巡查全国。在此之前，魏博节度使田悦事奉朝廷还算恭顺，河北黜陟使洪经纶不通晓时务，听说田悦军有七万人，便发下军符，要求裁减四万人，命他们解甲归农。田悦佯装从命，按军符减员。不久，田悦召集应当裁减的士兵，激怒他们说："你们长期在军中，都有父母、妻子、儿女，现在一下子被黜陟使裁减了，你们拿什么来养活自己呢！"大家放声大哭起来。田悦于是拿出家财，分给士兵，让他们都回到军中。由此，士兵都感谢田悦的恩德而怨恨朝廷。

二年（辛酉，公元781年）

春季，正月，戊辰（初九），成德节度使李宝臣去世。李宝臣打算将军府主帅的位子传给他的儿子行军司马李惟岳，因为李惟岳年纪尚小，愚昧软弱，便事先诛杀了难以辖制的部下将领深州刺史张献诚等人，甚至有十余人同一天被杀。李宝臣传召易州刺史张孝忠，张孝忠不肯前往，李宝臣又让他的弟弟张孝节去传召他。张孝忠让张孝节转告李宝臣说："各位将领究竟犯了什么罪，接连不断地遭到杀戮！我张孝忠怕死，既不敢前往，也不敢反叛，正如你不肯入朝当官一样。"张孝节哭着说："如果这样，我一定被杀。"张孝忠说："如果前往，你我便会一齐丧命，有我在这儿，李宝臣一定不敢杀你。"于是，张孝节回到成德，李宝臣也没有加罪于他。兵马使王武俊职位低下，但是作战勇敢，所以李宝臣特别亲近爱护他，还把女儿嫁给他的儿子王士真为妻，王士真又深深结纳了李宝臣身边的人。所以，唯有张孝忠和王武俊得以保全。

到李宝臣去世，孔目官胡震和家仆王他奴劝告李惟岳隐瞒丧事二十余天，假冒李宝臣上表，请求让李惟岳袭任节度使。德宗不予许可，派遣给事中汲县人班宏前往问候李宝臣的病情，并进行开导。李惟岳以厚资贿赂班宏，班宏不肯接受，回朝上报。李惟岳于是为李宝臣发丧，自称留后，让将领佐吏连名上奏，请求颁赐节度使的旌节，德宗又没有许可。

当初，李宝臣与李正己、田承嗣、梁崇义深相结纳，约定将所管辖的土地传给子孙后代。所以，田承嗣死时，李宝臣竭力向朝廷请求，让朝廷将节度使的旌节授给田悦，代宗听从了他的建议。田悦最初袭任节度使时，事奉朝廷的礼节很是恭谨，河东节度使马燧上表说田悦定会反叛，请朝廷预先做好防备。至此，田悦屡次为李惟岳请求继任，但德宗准备革除以往的弊端，不肯答应。有人劝谏说："李惟岳已经据有父业，若不顺水推舟任命他，准会酿成变乱。"德宗说："寇贼本来没有资格作乱，都是假借着我的土地和职位名号，才得以招聚人马的啊！往日朝廷顺着他们的欲望来任命他们的事不少了，但是变乱还是日益增长。这说明爵位的任命不但不足以止息变乱，反而助长变乱。如果李惟岳一定要发起变乱，任命他与不任命他都一样。"德宗到底还是没有答应下来。于是，田悦与李正己各自派遣使者至李惟岳处，暗中策划率兵抗拒朝命。

田悦终于与李正己、李惟岳定下计划，联合三镇兵马，抗拒朝命，派遣兵马使孟祐带领步兵、骑兵共五千人，北去援助李惟岳。薛嵩死去时，田承嗣私下强占了洺州和相州，朝廷只得到邢州和磁州以及临洺县。田悦打算依凭山势划分边境，便说："邢州和磁州就像围棋中的两个眼，在我的中腹部位，不可不攻取。"于是，田悦派遣兵马使康愔带领八千人包围邢州，派遣别将杨朝光带领五千人在邯郸西北竖起栅栏，以切断昭义的救兵，田悦则亲自带兵数万人，包围临洺县。邢州刺史李共、临洺将领张伾坚固壁垒，抵御围兵。

贝州刺史邢曹俊是田承嗣原来的将领，年事高，有谋略，但田悦宠信牙官扈崿而疏远邢曹俊。及至攻打临洺时，田悦将邢曹俊召来询问计策，邢曹俊说："兵法认为，兵力十倍于敌人，才可包围敌人，五倍于敌人，才可攻打敌人，你以叛逆军队侵犯朝廷，这形势就更不能同兵法上讲的相比了。现在军队受阻于坚固的城池之下，粮食一光，士卒便会跑光，这真是自取灭亡。不如在崞口安置士兵一万人，以便阻止西面的军队，河北二十四州便都归你所有了。"诸将领讨厌邢曹俊的说法与自己不同，便一同诋毁他，田悦就未采用邢曹俊的计策。

第二百二十七卷 唐纪四十三

译文诵读

德宗神武圣文皇帝二建中二年（辛酉，781）

辛丑，汾阳忠武王郭子仪薨。子仪为上将，拥强兵，程元振、鱼朝恩谗毁百端，诏书一纸征之，无不即日就道，由是谗谤不行。尝遣使至田承嗣所，承嗣西望拜之曰："此膝不屈于人若干年矣！"李灵曜据汴州作乱，公私物过汴者皆留之，惟子仪物不敢近，遣兵卫送出境。校中书令考凡二十四，月入俸钱二万缗，私产不在焉；府库珍货山积。家人三千人，八子、七婿皆为朝廷显官；诸孙数十人，每问安，不能尽辩，颔之而已。仆固怀恩、李怀光、浑瑊皆出麾下，虽贵为王公，常颐指役使，趋走于前，家人亦以仆隶视之。天下以其身为安危殆三十年，功盖天下而主不疑，位极人臣而众不疾，穷奢极欲而人不非之，年八十五而终。其将佐至大官，为名臣者甚众。

癸未，河东节度使马燧，昭义节度使李抱真，神策先锋都知兵马使李晟，大破田悦于临洺。

时平卢节度使李正己已薨，子纳秘之，擅领军务。悦求救于纳及李惟岳，纳遣大将卫俊将兵万人，惟岳遣兵三千人救之。悦收合散卒，得二万余人，军于洹水；淄青军其东，成德军其西，首尾相应。马燧帅诸军进屯邺，奏求河阳兵自助；诏河阳节度使李艽将兵会之。

范阳节度使朱滔将讨李惟岳，军于莫州；张孝忠将精兵八千守易州，滔遣判官蔡雄说孝忠曰："惟岳乳臭儿，敢拒朝命！今昭义、河东军已破田悦，淮宁李仆射克襄阳，计河南诸军，朝夕北向，恒、魏之亡，可伫立而须也。使君诚能首举易州以归朝廷，则破惟岳之功自使君始，此转祸为福之策也。"孝忠然之，遣牙官程华诣滔，遣录事参军董稹奉表诣阙，滔又上表荐之；上悦。九月，辛酉，以孝忠为成德节度使。命惟岳护丧归朝，惟岳不从。孝忠德滔，为子茂和娶滔女，深相结。

壬戌，加李希烈同平章事。

初，李希烈请讨梁崇义，上对朝士亟称其忠。黜陟使李承自淮西还，言于上曰："希烈必立微功；但恐有功之后，偃蹇不臣，更烦朝廷用兵耳！"上不以为然。

三年（壬戌，782）

丙寅，李惟岳遣兵与孟祐守束鹿，朱滔、张孝忠攻拔之，进围深州。惟岳忧惧，掌书记邵真复说惟岳，密为表，先遣弟惟简入朝；然后诛诸将之不从命者，身自入朝，使妻父冀州刺史郑诜权知节度事，以待朝命。惟简既行，孟祐知其谋，密遣告田悦。悦大怒，使衙官扈岌往见惟岳，让之曰："尚书举兵，正为大夫求旌节耳，非为己也。今大夫乃信邵真之言，遣弟奉表，悉以反逆之罪归尚书，自求雪身，尚书何负于大夫而至此邪！若相为斩邵真，则相待如初；不然，当与大夫绝矣。"判官毕华言于惟岳曰："田尚书以大夫之故陷身重围，大夫一旦负之，不义甚矣。且魏博、淄青兵强食富，足抗天下，事未可知，奈何遽为二三之计乎！"惟岳素怯，不能守前计，乃引邵真，对扈岌斩之；发成德兵万人，与孟祐俱围束鹿。丙寅，朱滔、张孝忠与战于束鹿城下，惟岳大败，烧营而遁。

兵马使王武俊为左右所构，惟岳疑之，惜其才，未忍除也。束鹿之战，使武俊为前锋，私自谋曰："我破朱滔，则惟岳军势大振，归，杀我必矣。"故战不甚力而败。

朱滔欲乘胜攻恒州，张孝忠引军西北，军于义丰。滔大惊，孝忠将佐皆怪之，孝忠曰："恒州宿将尚多，未易可轻。迫之则并力死斗，缓之则自相图。诸君第观之，吾军义丰，坐待惟岳之殄灭耳。且朱司徒言大而识浅，可与共始，难与共终也！"于是滔亦屯束鹿，不敢进。

惟岳将康日知以赵州归国，惟岳益疑王武俊，武俊甚惧。或谓惟岳曰："先相公委腹心于武俊，使之辅佐大夫，又有骨肉之亲。武俊勇冠三军，今危难之际，复加猜阻；若无武俊，欲使谁为大夫却敌乎！"惟岳以为然，乃使步军使卫常宁与武俊共击赵州，又使王士真将兵宿府中以自卫。

王武俊既出恒州，谓卫常宁曰："武俊今幸出虎口，不复归矣！当北归张尚书。"常宁曰："大夫暗弱，信任左右，观其势终为朱滔所灭。今天子有诏，得大夫首者，以其官爵与之，中丞素为众所服，与其出亡，曷若倒戈以取大夫，转祸为福，特反掌耳；事苟不捷，归张尚书，未晚也。"武俊深以为然。会惟岳使要藉谢遵至赵州城下，武俊引遵同谋取惟岳；遵还，密告王士真。闰月，甲辰，武俊、常宁自赵州引兵还袭惟岳；遵与士真矫惟岳命，启城门内之。黎明，武俊帅数百骑突入府门；士真应之于内，杀十余人。武俊令曰："大夫叛逆，将士归顺，敢违拒者族！"众莫敢动。遂执惟岳，收郑诜、毕华、王它奴等，皆杀之。武俊以惟岳旧使之子，欲生送之长安。常宁曰："彼见天子，将复以叛逆之罪归咎于中丞。"乃缢杀之，传首京师。深州刺史杨荣国，惟岳姊夫也，降于朱滔；滔使复其位。

二月，戊午，李惟岳所署定州刺史杨政义降。时河北略定，惟魏州未下；河南诸军攻李纳于濮州，纳势日蹙。朝廷谓天下不日可平；甲子，以张孝忠为易、定、沧三州节度使，王武俊为恒冀都团练观察使，康日知为深赵都团练观察使，以德、棣二州隶朱滔，令还镇。滔固请深州，不许，由是怨望，留屯深州。王武俊素轻张孝忠，自以手诛李惟岳，功在康日知上，而孝忠为节度使，已与康日知俱为都团练使，又失赵、定二州，亦不悦。又诏以粮三千石给朱滔，马五百匹给马燧。武俊以为朝廷不欲使故人为节度使，魏博既下，必取恒冀，故分其粮马以弱之，疑，未肯奉诏。

田悦闻之，遣判官王侑、许士则间道至深州，说朱滔曰："司徒奉诏讨李惟岳，旬朔之间，拔束鹿，下深州，惟岳势蹙，故王大夫因司徒胜势，得以枭惟岳之首，此皆司徒之功也。又天子明下诏书，令司徒得惟岳城邑，皆隶本镇；今乃割深州以与日知，是自弃其信也。且今上志欲扫清河朔，不使藩镇承袭，将悉以文臣代武臣，魏亡，则燕、赵为之次矣；若魏存，则燕、赵无患。然则司徒果有意矜魏博之危而救之，非徒得存亡继绝之义，亦子孙万世之利也。"又许以贝州赂滔。滔素有异志，闻之，大喜，即遣王侑归报魏州，使将士知有外援，各自坚。又遣判官王郅与许士则俱诣恒州，说王武俊曰："大夫出万死之计，诛逆首，拔乱根，康日知不出赵州，岂得与大夫同日论功！而朝廷褒赏略同，谁不为大夫愤邑者！今又闻有诏支粮马与邻道，朝廷之意，盖以大夫善战，恐为后患，先欲贫弱军府，俟平魏之日，使马仆射北首，朱司徒南向，共相灭耳。朱司徒亦不敢自保，使郅等效愚计，欲与大夫共救田尚书而存之。大夫自留粮马以供军；朱司徒不欲以深州与康日知，愿以与大夫，请早定刺史以守之。三镇连兵，若耳目手足之相救，则他日永无患矣！"武俊亦喜，许诺，即遣判官王巨源使于滔，且令知深州事，相与刻日举兵南向。滔又遣人说张孝忠，孝忠不从。

上遣中使发卢龙、恒冀、易定兵万人诣魏州讨田悦。王武俊不受诏，执使者送朱滔，滔言于众曰："将士有功者，吾奏求官勋，皆不遂；今欲与诸君敕装共趋魏州，击破马燧以取温饱，何如？"皆不应。三问，乃曰："幽州之人，自安、史之反，从而南者无一人得还，今其遗人痛入骨髓。况太尉、司徒皆受国宠荣，将士亦各蒙官勋，诚且愿保目前，不敢复有侥冀。"滔默然而罢。乃诛大将数十人，厚抚循其士卒。

康日知闻其谋，以告马燧，燧以闻。上以魏州未下，王武俊复叛，力未能制滔，壬戌，赐滔爵通义郡王，冀以安之。滔反谋益甚，分兵营于赵州以逼康日知，以深州授王巨源，武俊以其子士真为恒、冀、深三州留后，将兵围赵州。

涿州刺史刘怦闻滔欲救田悦，以书谏之曰："今昌平故里，朝廷改为太尉乡、司徒里，此亦丈夫不朽之名也。但以忠顺自持，则事无不济。窃思近日务大乐战，不顾成败而家灭身屠者，安、史是也。怦忝密亲，默而无告，是负重知。惟司徒图之，无贻后悔。"滔虽不用其言，亦嘉其尽忠，卒无疑贰。

滔将起兵，恐张孝忠为后患，复遣牙官蔡雄往说之。孝忠曰："昔者司徒发幽州，遣人语孝忠曰：'李惟岳负恩为逆'，谓孝忠归国即为忠臣。孝忠性直，用司徒之教。今既为忠臣矣，不复助逆也。且孝忠与武俊皆出夷落，深知其心最喜翻覆。司徒勿忘鄙言，他日必相念矣！"雄复欲以巧辞说之，孝忠怒，欲执送京师；

雄惧，逃归。滔乃使刘怦将兵屯要害以备之。孝忠完城砺兵，独居强寇之间，莫之能屈。

滔将步骑二万五千发深州，至束鹿；诘旦将行，吹角未毕，士卒忽大乱，喧噪曰："天子令司徒归幽州，奈何违敕南救田悦！"滔大惧，走入驿后堂避匿。蔡雄与兵马使宗项等矫谓士卒曰："汝辈勿喧，听司徒传令。"众稍止。雄又曰："司徒将发范阳，恩旨令得李惟岳州县即有之，司徒以幽州少丝纩，故与汝曹竭力血战以取深州，冀得其丝纩以宽汝曹赋率，不意国家无信，复以深州与康日知。又，朝廷以汝曹有功，赐绢人十匹，至魏州西境，尽为马仆射所夺。司徒但处范阳，富贵足矣；今兹南行，乃为汝曹，非自为也。汝曹不欲南行，任自归北，何用喧悖，乖失军礼！"众闻言，不知所为，乃曰："敕使何得不为军士守护赏物！"遂入敕使院，擘裂杀之。又呼曰："虽知司徒此行为士卒，终不如且奉诏归镇。"雄曰："然则汝曹各还部伍，诘朝复往深州，休息数日，相与归镇耳。"众然后定。滔即引军还深州，密令诸将访察唱率为乱者，得二百余人，悉斩之，余众股栗；乃复引军而南，众莫敢前却。进，取宁晋，留屯以待王武俊。武俊将步骑万五千取元氏，东趣宁晋。

田悦恃援兵将至，遣其将康愔将万余人出城西，与马燧等战于御河上，大败而还。

时两河用兵，月费百余万缗，府库不支数月。太常博士韦都宾、陈京建议，以为："货利所聚，皆在富商，请括富商钱，出万缗者，借其余以供军。计天下不过借一二千商，则数年之用足矣。"上从之。甲子，诏借商人钱，令度支条上。判度支杜佑大索长安中商贾所有货，意其不实，辄加搒捶，人不胜苦，有缢死者，长安嚣然如被寇盗。计所得才八十余万缗。又括僦柜质钱，凡蓄积钱帛粟麦者，皆借四分之一，封其柜窖；百姓为之罢市，相帅遮宰相马自诉，以千万数。卢杞始慰谕之，势不可遏，乃疾驱自他道归。计并借商所得，才二百万缗，人已竭矣。京，叔明之五世孙也。

朱滔、王武俊军至魏州，田悦具牛酒出迎，魏人欢呼动地。滔营于惬山，是日，李怀光军亦至，马燧等盛军容迎之。滔以为袭己，遽出陈；怀光勇而无谋，欲乘其营垒未就击之。燧请且休将士，观衅而动，怀光曰："彼营垒既立，将为后患，此时不可失也。"遂击滔于惬山之西，杀步卒千余人，滔军崩沮；怀光按辔观之，有喜色。士卒争入滔营取宝货，王武俊引二千骑横冲怀光军，军分为二；滔引兵继之，官军大败，蹙入永济渠溺死者不可胜数，人相蹈藉，其积如山，水为之不流，马燧等各收军保垒。是夕，滔等堰永济渠入王莽故河，绝官军粮道及归路，明日，水深三尺余。马燧惧，遣使卑辞谢滔，求与诸节度归本道，奏天子，请以河北事委五郎处之。滔欲许之，王武俊以为不可；滔不从。秋七月，燧与诸军涉水而西，退保魏县以拒滔，滔乃谢武俊，武俊由是恨滔。后数日，滔等亦引兵营魏县东南，与官军隔水相拒。

田悦德朱滔之救，与王武俊议奉滔为主，称臣事之，滔不可，曰："惬山之捷，皆大夫二兄之力，滔何敢独居尊位！"于是幽州判官李子千、恒冀判官郑濡等共议："请与郓州李大夫为四国，俱称王而不改年号，如昔诸侯奉周家正朔。筑坛同盟，有不如约者，众共伐之。不然，岂得常为叛臣，茫然无主，用兵既无名，有功无官爵为赏，使将吏何所依归乎！"滔等皆以为然。滔乃自称冀王，田悦称魏王，王武俊称赵王，仍请李纳称齐王。是日，滔等筑坛于军中，告天而受之。滔为盟主，称孤；武俊、悦、纳称寡人。所居堂曰殿，处分曰令，群下上书曰笺。妻曰妃，长子曰世子。各以其所治州为府，置留守兼元帅，以军政委之；又置东西曹，视中书、门下省；左右内史，视侍中、中书令；余官皆仿天朝而易其名。

十二月，丁丑，李希烈自称天下都元帅、太尉、建兴王。时朱滔等与官军相拒累月，官军有度支馈粮，诸道益兵，而滔与王武俊孤军深入，专仰给于田悦，客主日益困弊。闻李希烈军势甚盛，颇怨望，乃相与谋遣使诣许州，劝希烈称帝，希烈由是自称天下都元帅。

唐德宗建中二年（辛酉，公元781年）

辛丑（六月十四日），汾阳忠武王郭子仪去世。郭子仪是位杰出的将领，拥有强兵，程元振、鱼朝恩曾对他用谗言百般诋毁，但只要有一纸诏书征召，他没有一次不是当日启程的，由于这些，诽谤才失去了作用。郭子仪曾经派遣使者到田承嗣处，田承嗣向西下拜说："我这膝盖不向人弯曲已经有若干年头了！"李灵曜依凭汴州发起叛乱，公私物品经过汴州的，全都被他扣留，惟有郭子仪的物品，他不敢靠近，还派兵护卫，送出州境。据统计，郭子仪担任中书令共计二十四年，每月收入薪俸钱二万缗，私产尚不在计算之列，家中的仓库里珍异宝货堆积如山。郭子仪举家三千人，有八个儿子、七个女婿，都是朝廷中显要的官员。他的孙子有数十人，每当向他问安时，他不能一一辨认，只是向他们点头而已。仆固怀恩、李怀光、浑瑊都是他的部下，虽然贵为王公，但郭子仪经常对他们颐指气使，任意驱使，而他们在郭子仪面前用小步快走，以示身份卑微，郭子仪家人也将他们视为仆从。郭子仪以一身维系全国安危将近三十年，他的功劳天下无双，但皇上不猜疑他；他的地位达到了人臣的顶峰，但众人不妒忌他；他穷极奢华，尽情享受；但人们不非难他。他八十五岁时寿终。他的将佐当上大官、成为名臣的人物很多。

癸未（七月二十六日），河东节度使马燧、昭义节度使李抱真、神策先锋都知兵马使李晟在临洺大破田悦。

当时，平卢节度使李正己已经去世，李正己的儿子李纳隐瞒了这一消息，擅自接管了平卢军务。田悦向李纳和李惟岳求救，李纳派遣大将卫俊带兵一万人，李惟岳派兵三千人，去援救田悦。田悦收聚溃散的士兵，得到二万余人，驻扎在洹水。

淄青军在田悦东边驻扎，成德军在田悦西边驻扎，首尾相互接应。马燧率领各军进军至邺城屯驻，上奏请求让河阳兵前来援助，德宗颁诏命令河阳节度使李艽带兵与马燧会师。

范阳节度使朱滔准备前去讨伐李惟岳，在莫州驻扎。张孝忠带领精兵八千防守易州，朱滔派遣判官蔡雄劝告张孝忠说："李惟岳不过是个了乳臭小儿，竟敢抗拒朝命！现在昭义、河东二军已经打败田悦，淮宁李仆射攻克襄阳，算来河南各军早晚要向北挺进，恒州、魏州的覆亡，那是可以立待而至的了。你如果能够带头将易州归属朝廷，那么，打败李惟岳的功劳便是由你开头的，这正是你转祸为福的良策啊。"张孝忠认为言之有理，便派遣牙官程华至朱滔处，派遣录事参军董稹到朝廷去进献表章，朱滔又上表举荐张孝忠，德宗很是高兴。九月，辛酉（初六），德宗任命张孝忠为成德节度使。命令李惟岳护送死者回朝，李惟岳不肯听从。张孝忠感激朱滔的恩德，为儿子张茂和娶朱滔女儿，两人深相结纳。

壬戌（初七），德宗加封李希烈同平章事。

当初，李希烈请求讨伐梁崇义，德宗对朝中人士屡次称道李希烈有忠心。黜陟使李承从淮西回朝，对德宗说："李希烈肯定能立点微小的功劳，只怕有了功劳以后，骄横傲慢，不尽为臣之道，还要烦劳朝廷再用刀兵罢了！"德宗不以为然。

唐德宗李适像

三年（壬戌，公元782年）

丙寅（正月十二日），李惟岳派兵与孟祐防守束鹿，朱滔和张孝忠将束鹿攻打下来，进兵围困深州。李惟岳担忧而恐惧，掌书记邵真又劝说李惟岳，让他暗中上表，先派遣弟弟李惟简入朝，然后杀掉诸将领中不服从命令的人，亲身入朝，让岳丈冀州刺史郑诜暂且代理节度使事务，等待朝廷的任命。李惟简已经出发，孟祐知道了这一计谋，秘密派人告诉了田悦。田悦非常生气，让衙官扈岌前往求见李惟岳，责备李惟岳说："尚书起兵，正是要为大夫您请求节度使的旌节，不是为自己。现在大夫却听信了邵真的话，派遣令弟上表，将叛逆的罪名全部归于尚书，以求开脱自身，尚书是怎么对不起大夫，以至到了如此地步呢！倘若能够为尚书杀掉邵真，那么尚书就像当初一样对待大夫，否则，当与大夫绝交。"判官毕华对李惟岳说："田尚书是由于大夫的原故而身陷重围的，大夫一旦背弃了他，就太不仁义了。而且，魏博和淄青兵马强盛，粮食丰足，足以与天下相抗争，事情还未见分晓，怎能突然就三心二意之计呢！"李惟岳素来怯懦，不能维持原先的打算，便召来邵真，当着扈岌的面将他杀了，派出成德兵一万人，与孟祐一起包围束鹿。丙寅（十二日），朱滔和张孝忠与魏博和成德军在束鹿城下交战，李惟岳大败，烧了营房逃跑。

兵马使王武俊被李惟岳的亲信陷害，李惟岳既怀疑他，又赏识他的才能，不忍心将他除掉。在束鹿之战中，李惟岳让王武俊担任前锋，王武俊私下里为自己打算说："我若打败朱滔，李惟岳军便会声势大振了，回去以后，将我杀掉便是必然的了。"所以王武俊在交战中不太出力，于是败了下来。

朱滔准备乘胜进攻恒州，而张孝忠则率领军队开向西北，在义丰驻扎。朱滔大为震惊，张孝忠的将佐也都感到奇怪。张孝忠说："恒州宿将还很多，未可轻视。逼迫紧了，他们就会合力奋死搏斗；缓和下来，他们就会自相图谋。请诸位尽管看下去，我将军队驻扎在义丰，是要坐等李惟岳的覆灭。而且，朱司徒能说大话而见识短浅，只可与他同始，难以与他同终啊！"于是，朱滔也在束鹿屯扎下来，不敢前进。

李惟岳的将领康日知率赵州归顺国家，李惟岳益发猜疑王武俊，王武俊很是恐惧。有人对李惟岳说："先相公把王武俊当做亲信，让他辅佐大夫，而你们又有亲戚关系。王武俊的勇敢可谓全军之冠，现在我军处在危难之中，又对他加以猜疑，若是失去王武俊，想让谁来为大夫去退却敌兵呢！"李惟岳认为很对，便让步军使卫常宁与王武俊一起进击赵州，同时让王士真带兵住在军府中，以保卫自己。

王武俊出了恒州后，对卫常宁说："我今天侥幸脱出虎口，不会再回去了。我应该北去，归依张尚书。"卫常宁说："李大夫愚昧软弱，信任亲信，观其趋势，终究被朱滔吞灭。现在皇上颁有诏书，取得李大夫人头的，便将李大夫的官爵任命给他，中丞素为众人心服，与其出走逃亡，哪如倒戈俘获李大夫，转祸为福，仅费反掌之劳呢。如果此事不能成功，再去归依张尚书，也为时不晚。"王武俊认为此话很对。适逢李惟岳让要藉官谢遵来到赵州城下，王武俊便延引谢遵一齐策划俘获李惟岳。谢遵回去后，暗中告诉了王士真。闰正月，甲辰（二十一日），王武俊和卫常宁从赵州率兵回来袭击李惟岳，谢遵和王士真假托李惟岳的命令，打开城门，放进王武俊、卫常宁的军队。天刚亮，王武俊带领骑兵数百人冲入军府，王士真在里边响应，杀了十余人。王武俊命令说："李大夫背叛朝廷，将士归顺朝廷，敢于违抗者，满门抄斩。"大家都不敢轻举妄动。王武俊于是擒住了李惟岳，收捕了郑诜、毕华、王它奴等人，将他们都杀掉了。王武俊念及李惟岳是原节度使的儿子，准备将他活着送往长安，卫常宁说："他见到皇上，将会把叛逆的罪名重新转嫁给中丞的。"于是，王武俊将李惟岳缢杀，把他的头颅传送给京城。深州刺史杨荣国是李惟岳的姐夫，他归降了朱滔，朱滔让他官复原职。

二月，戊午（初五），李惟岳所任命的定州刺史杨政义投诚。当时，河北基本平定，只有魏州尚未攻克。河南各军在濮州进攻李纳，李纳所处的形势日见窘迫。朝廷认为，过不了多久，天下便可以平定下来。甲子（十一日），德宗任命张孝忠为易、定、沧三州节度使，任命王武俊为恒、冀都团练观察使，任命康日知为深、赵都团练观察使，将德、棣二州隶属于朱滔，让他回归本镇。朱滔再三请求将深州归属于己，朝廷不许，由此怨恨不满，留兵屯驻深州。王武俊素来轻视张孝忠，自认为亲手诛杀李惟岳，功劳在康日知之上，但是张孝忠当了节度使，自己却与康日知都是都团练使，还失去了赵、定二州，也心中不快。德宗又下诏命令王武俊给朱滔拨粮三千石，给马燧拨马五百匹。王武俊认为朝廷不愿意让成德旧将担任节度使，魏博攻克以后，必然要攻取恒、冀二州，所以才分割他的粮食、马匹来削弱他。他心怀疑虑，不肯接受诏命。

田悦听说了这种情况，派遣判官王侑和许士则抄小路来到深州，劝说朱滔说："司徒奉诏讨伐李惟岳，只用了一个月的时间，便攻克束鹿，打下深州，使李惟岳形势紧迫，因此王大夫乘司徒取胜的声势，得以将李惟岳斩首，这都是司徒的功劳啊。加之皇上明明颁下诏书，让司徒所得的李惟岳城镇，全都隶属于本镇，而现在却分割深州给康日知，这是朝廷在自弃信义啊。而且，皇上的意图是准备扫荡河朔，不让藩镇世袭，打算全部以文臣代替武将，如果魏亡，接下来便是燕、赵了。倘若魏存在，那么燕、赵也就不必忧虑。这么说来，司徒果真有心怜悯魏博的危难，而去援助他们，这不仅深得救亡图存、继绝扶危的大义，而且对子孙万代也是有利的。"魏博还许诺将贝州赠给朱滔。朱滔平素便有心背叛朝廷，听了这一席话，非常高兴，立即打发王侑回魏州报告，使魏州将士知道有外援，各自坚定信念。朱滔又派遣判官王郅与许士则一同至恒州，劝说王武俊道："大夫出于九死一生的考虑，诛杀叛逆的首脑，铲除祸乱的根源，而康日知不曾离开赵州，哪里能够与大夫的功劳同日而语呢！然而朝廷对你们的奖赏大致相同，谁不为大夫感到愤郁不平呢！现在又听说下诏让你支付粮食和马匹给邻道，朝廷的意思，大概是由于大夫善于打仗，恐为后患，打算先使军府贫弱，待到魏博削平时，让马仆射北进，朱司徒南下，共同消灭你。朱司徒也不敢说自保，让我二人献上此条愚计，打算与大夫一起援救田尚书，使他存活。大夫可以自己留着粮食和马匹来供给军需，朱司徒不打算将深州交给康日知，而愿意交给大夫，请及早派定刺史去守城吧。范阳、恒冀、魏博三镇兵马连结，有如耳目手足相互救助，以后便永远没有祸患了。"王武俊也觉欢喜，便应承下来，随即派遣判官王巨源到朱滔处，并让他代理深州事务，限定日期，一道起兵南进。朱滔又派人劝说张孝忠，张孝忠不肯听从。

德宗派遣中使征调卢龙、恒冀、易定兵一万人，到魏州讨伐田悦。王武俊不接受诏命，把朝廷的使者抓起来送给了朱滔。朱滔对部将说："对于将士中立下功劳的人，我为他们上奏请求官职勋位，但都未能如愿。现在我打算与诸位整饰军装，一起开往魏州，打败马燧，好过温饱的日子，好吗？"大家都没有应声。朱滔问了三次，才说："幽州的将士，自从安禄山、史思明反叛以来，随从他们南进的人没有一个得以生还，他们抛下的亲人至今还在深切的悲痛之中。何况太尉、司徒都深受国家的荣宠，而将士也各自蒙受官职勋位，我们愿意姑且保住目前的状况，不敢再有侥幸的希图。"朱滔沉默无语，只好作罢。于是朱滔杀掉大将数十人，而对士兵却厚加抚慰。

康日知听到朱滔的策谋，便告诉了马燧，马燧又上奏朝廷。德宗认为魏州尚未攻下，王武俊再次反叛，朝廷的力量还不足以制服朱滔，壬戌（四月初十），赐爵朱滔为通义郡王，指望以此稳住朱滔。但是，朱滔的反叛图谋愈发加剧。他分兵在赵州设立军营，以便进逼康日知，又将深州交给王巨源。王武俊也任命他的儿子王士真为恒、冀、深三州留后，带领兵马包围赵州。

涿州刺史刘怦听说朱滔欲救田悦，便用书信劝谏朱滔说："如今你在昌平县的故乡，朝廷为你而改称太尉乡、司徒里，这也算是大丈夫不朽的名声了，只要自己保持对朝廷的忠心和顺从，办事便无不成功。我私下里想过，近年以来，贪大而乐于争战，不顾成功与失败，落得举家灭亡而身遭屠戮的，便是安禄山和史思明了。我愧为你的近亲，若是沉默不对你讲，是我辜负了你的器重和知遇。但请司徒考虑我的话，不要留下后悔。"朱滔虽然不肯采纳刘怦的建言，却也嘉许他能尽忠心，一直不曾对他产生猜疑。

朱滔将要起兵，唯恐张孝忠成为后患，再次派遣牙官蔡雄前去劝说张孝忠。张孝忠说："昔日朱司徒发兵幽州，曾派人对我讲：'李惟岳辜负朝廷恩典即为叛逆。'并告诉我归顺朝廷便是忠臣。我生性耿直，接受了司徒的指教。而今我已经做了忠臣。不想再去帮助叛逆了。此外，我和王武俊都出自夷人部落，深知王武俊的为人，反复无常。请司徒别忘了我的话，将来必定会想起来的。"蔡雄还想用花言巧语劝说张孝忠，张孝忠大怒，打算把他抓送京城。蔡雄害怕，便逃回去了。于是朱滔让刘怦领兵在要害地区驻扎，以便防备张孝忠。张孝忠修葺城防，磨砺兵器，虽然独自处在强大的敌寇之间，但是无人能够使他屈服。

朱滔率领步兵、骑兵二万五千人从深州出发，来到束鹿。早晨将要出发，号角尚未吹完，士兵忽然大乱，大声喊叫："皇上命令司徒回幽州去，为何违背敕令南下援救田悦！"朱滔很害怕，便逃到驿舍的后堂中躲藏起来。蔡雄与兵马使宗项等人对士兵诈称："你们不要喧哗，快听司徒传达命令。"大家稍微安静了一些，蔡雄又说："在司徒将从范阳发兵时，皇上传下圣旨，诸将凡是能够攻得李惟岳的州县的，便可拥有这些州县。司徒念及幽州缺少丝绵，所以才与你们一起竭力血战，攻取深州，希望获得那里的丝绵，来宽解你们完纳赋敛的负担。不料朝廷言而无信，又将深州给了康日知。再者，朝廷认为你们立了功劳，赐给每人绢十匹，但绢才运到魏州西部边境，便全部被马仆射夺走。司徒只须待在范阳，便富贵十足了，如今此次向南进军，只是为你们，而不是为自己打算啊。你们不想南进，任凭你们回北方去，何必无理取闹，背离军礼呢！"大家听了蔡雄这一席话，不知怎么办才好，便说："皇上的敕使怎么可以不为士兵守护好奖赏物品呢！"于是进入敕使院，将敕使撕裂而死。大家又喊叫说："我们虽然已经知道司徒此次南行是为士兵着想，到底不如暂且遵照诏命回到本镇去。"蔡雄说："既然如此，你们都先回各自的部伍，明晨再前往深州，休息几天，然后就回本镇吧。"大家便平静下来。朱滔随即带领军队回到深州，暗中命令诸将领查找带头闹事的人，查到二百余人，悉数杀掉，剩下的人们吓得两腿发抖。于是朱滔又一次带领军队南下，众人再也不敢上前阻拦。朱滔进军占领了宁晋，留驻在那里等待王武俊。王武俊带领步兵，骑兵一万五千人攻取元氏，向着宁晋东奔而来。

田悦仗恃援兵就要来到，派遣部下将领康愔带领一万余人开到城西，与马燧等人在御河上开战，大败而回。

当时，两河地区正在用兵打仗，每月消耗钱财一百余万缗，国库不能支撑几个月。太常博士韦都宾、陈京提出建议，认为："财利都聚集在富商手中，请征用富商的钱财，对于收入超过一万缗的富商，征借他万缗以外的钱财，以便供应军需。算来只不过要向全国一两千个商人征借此钱，便可以满足数年之内的费用了。"德宗听从了他们的建议。甲子（十二日），德宗颁诏向商人征借用钱，命令度支条陈奏上。判度支杜佑大力搜索长安城中商人所有的财货，只要估计某商人申报不得其实，便加以鞭笞棒打，人们禁受不住痛楚，有的自缢而死。长安城中一片愁苦，就像遭受盗寇的洗劫。朝廷所得的钱算来也有八十余万缗。朝廷又决定征用当铺的利钱，凡是存有钱帛粟麦的人，都被征借四分之一，封存该物拥有者的钱柜和粮窖。百姓为此而举行罢市，一起拦着宰相的坐骑自诉苦情的人们数以千万计。一开始，卢杞还劝慰这些罢市的人们，但势不可遏，卢杞便急忙从另外的道路驰马而回了。加上向商人征借所得，算起来也才只得到二百万缗，而百姓已被敲榨得财力枯竭了。陈京是陈叔明的五世孙。

朱滔和王武俊的军队来到魏州时，田悦备办了牛肉和酒食出来迎接，魏州人欢呼动地。朱滔在惬山扎营，这一天，李怀光的军队也到达此地，马燧等人以盛大的军容迎接李怀光。朱滔以为要袭击自己，急忙出营列阵。李怀光有勇无谋，想要趁着朱滔营垒未曾安顿好便去进击他。马燧请他暂且让将士休息一下，看出破绽，再动不迟。李怀光说："他们若是已经将营垒安顿下来，终将成为后患，这个时机可是不能失去的。"于是李怀光便在连惬山西面向朱滔发起攻击，杀步兵一千余人，朱滔的军队崩溃沮丧。李怀光勒住马缰，观看形势，面有喜色。士兵争着进入朱滔的营垒夺取珍宝财货时，王武俊带领二千骑兵拦腰冲击李怀光军，军队被截成两段，朱滔又带领士兵接踵而来，官军大败，被逼迫落入永济渠淹死的士兵多得数不过来，兵士互相践踏，尸体堆积如山，河水也因此而不能流动，马燧等人只好各自收兵，各保营垒。这一天傍晚，朱滔等人在永济渠上筑起堤坝，将永济渠水导入王莽故河，断绝了官军的粮道与归路，第二天，水深已有三尺多了。马燧害怕，派遣使者用谦卑的辞句向朱滔道歉，求他允许让自己与诸节度使回归本道，向德宗上奏，请求将河北事务委托给五郎朱滔处理。朱滔打算应允来使，王武俊认为不能答应，朱滔不肯听从。秋季，七月，马燧与诸军蹚过水向西而行，退保魏县，以抵抗朱滔。于是朱滔向王武俊认错，王武俊却自此恨朱滔。过了几天，朱滔等人也领兵在魏县东南扎营，与官军隔着一条河相互对抗。

田悦感激朱滔援救自己的恩德，便与王武俊商议尊奉朱滔为谋主，以臣属之礼侍奉他。朱滔认为不妥，就说："惬山获胜，都是大夫二哥出的力气，我怎么敢独自居此尊显的位子呢！”于是幽州判官李子千、恒冀判官郑濡等人共同计议说：“请与郓州李大夫一起共立四国，一律称王，但不改变年号，就像昔年的诸侯尊奉周王室的正朔一样。筑起坛场，共同结盟，若有不履行盟约的人，大家就一起讨伐他。如果不这样做，难道能够永远去做一个叛臣，使大家茫然无主，对朝廷用兵既没有名义，将士有功也没有官职爵位作为奖赏吗？将士和官吏还有什么指望呢！”朱滔等人都认为讲得很对。于是，朱滔自称冀王，田悦自称魏王，王武俊自称赵王，三人还请李纳自称齐王。这一天，朱滔等人在军营中筑起坛场，祭告上天，领受王位。朱滔担任盟主，自称“孤”。王武俊、田悦、李纳自称“寡人”。四人居住的堂舍称作殿，对事情的处置称作令，众部下上书称作笺。四人的妻子称作妃，长子称作世子。四人各自将所管理的州改为府，设置留守兼元帅，将军政委托给他们。又设置东西两曹，来比附中书省和门下省；设置左右内史，来比附侍中和中书令。其余官职一律模仿朝廷的建制，只是改换了名称。

十二月，丁丑（二十九日），李希烈自称天下都元帅、太尉、建兴王。当时，朱滔等人与官军相对抗已有好几个月，官军有度支运送粮食，有各道增补兵员，而朱滔与王武俊孤军深入，专门依赖田悦供给，因此朱、王的军队与田悦都一天天地艰难疲困起来。他们听说李希烈军队声势甚为盛大，李希烈又颇为怨恨不满，便一起谋划派遣使者到许州，劝说李希烈称帝，李希烈自此以后才自称天下都元帅。

唐纪四十四　第二百二十八卷

译文诵读

德宗神武圣文皇帝三建中四年（癸亥，783）

庚寅，李希烈遣其将李克诚袭陷汝州，执别驾李元平。元平，本湖南判官，薄有才艺，性疏傲，敢大言，好论兵；关播奇之，荐于上，以为将相之器，以汝州距许州最近，擢元平为汝州别驾，知州事。元平至汝州，即募工徒治城；希烈阴使壮士应募执役，入数百人，元平不之觉。希烈遣克诚将数百骑突至城下，应募者应之于内，缚元平驰去。元平为人眇小，无须，见希烈恐惧，便液污地。希烈骂之曰："盲宰相以汝当我，何相轻也！"以判官周晃为汝州刺史，又遣别将董待名等四出抄掠，取尉氏，围郑州，官军数为所败。逻骑西至彭婆，东都士民震骇，窜匿山谷；留守郑叔则入保西苑。

庚戌，初行税间架、除陌钱法。时河东、泽潞、河阳、朔方四军屯魏县，神策、永平、宣武、淮南、浙西、荆南、江泗、沔鄂、湖南、黔中、剑南、岭南诸军环淮宁之境。旧制，诸道军出境，皆仰给度支；上优恤士卒，每出境，加给酒肉，本道粮仍给其家，一人兼三人之给，故将士利之。各出军才逾境而止，月费钱百三十余万缗，常赋不能供。判度支赵赞乃奏行二法：所谓税间架者，每屋两架为间，上屋税钱二千，中税千，下税五百，吏执笔握算，入人室庐计其数。或有宅屋多而无他资者，出钱动数百缗。敢匿一间，杖六十，赏告者钱五十缗。所谓除陌钱者，公私给与及卖买，每缗官留五十钱，给他物及相贸易者，约钱为率。敢隐钱百，杖六十，罚钱二千，赏告者钱十缗，其赏钱皆出坐事之家。于是愁怨之声，盈于远近。

上发泾原诸道兵救襄城。冬，十月，丙午，泾原节度使姚令言将兵五千至京师。军士冒雨，寒甚，多携子弟而来，冀得厚赐遗其家，既至，一无所赐。丁未，发至浐水，诏京兆尹王翃犒师，惟粝食菜啖；众怒，蹴而覆之，因扬言曰："吾辈将死于敌，而食且不饱，安能以微命拒白刃邪！闻琼林、大盈二库，金帛盈溢，不如相与取之。"乃擐甲张旗鼓噪，还趣京城。令言入辞，尚在禁中，闻之，驰至长乐阪，遇之。军士射令言，令言抱马鬣突入乱兵，呼曰："诸君失计！东征立功，何患不富贵，乃为族灭之计乎！”军士不听，以兵拥令言而西。上遽命赐帛，人二匹；众益怒，射中使。又命中使宣慰，贼已至通化门外，中使出门，贼杀之。又命出金帛二十车赐之；贼已入城，喧声浩浩，不复可遏。百姓狼狈骇走，贼大呼告之曰：“汝曹勿恐，不夺汝商货僦质矣！不税汝间架陌钱矣！”上遣普王谊、翰林学士姜公辅出慰谕之；贼已陈于丹凤门外，小民聚观者以万计。

初，神策军使白志贞掌召募禁兵，东征死亡者志贞皆隐不以闻，但受市井富儿赂而补之，名在军籍受给赐，而身居市廛为贩鬻。司农卿段秀实上言：“禁兵不精，其数全少，卒有患难，将何待之！”不听。至是，上召禁兵以御贼，竟无一人至者。贼已斩关而入，上乃与王贵妃、韦淑妃、太子、诸王、唐安公主自苑北门出，王贵妃以传国宝系衣中以从；后宫诸王、公主不及从者什七八。

初，鱼朝恩既诛，宦官不复典兵，有窦文场、霍仙鸣者，尝事上于东宫，至是，帅宦官左右仅百人以从，使普王谊前驱，太子执兵以殿。司农卿郭曙以部曲数十人猎苑中，闻跸，谒道左，遂以其众从。曙，暧之弟也。右龙武军使令狐建方教射于军中，闻之，帅麾下四百人从，乃使建居后为殿。

姜公辅叩马言曰：“朱泚尝为泾帅，坐弟滔之故，废处京师，心尝怏怏。臣谓陛下既不能推心待之，则不如杀之，毋贻后患。今乱兵若奉以为主，则难制矣。请召使从行。”上仓猝不暇用其言，曰：“无及矣！”遂行。夜至咸阳，饭数匕而过。时事出非意，群臣皆不知乘舆所之。卢杞、关播逾中书垣而出。白志贞、王翃及御史大夫于颀、中丞刘从一、户部侍郎赵赞、翰林学士陆贽、吴通微等追及上于咸阳。颀，頔之从父兄弟；从一，齐贤之从孙也。

贼入宫，登含元殿，大呼曰：“天子已出，宜人自求富！”遂欢谍，争入府库，运金帛，极力而止。小民因之，亦入宫盗库物，通夕不已。其不能入者，剽夺于路。诸坊居民各相帅自守。姚令言与乱兵谋曰：“今众无主，不能持久，朱太尉闲居私第，请相与奉之。”众许诺。乃遣数百骑迎泚于晋昌里第。夜半，泚按辔列炬，传呼入宫，居含元殿，设警严，自称权知六军。

戊申旦，泚徙居白华殿，出榜于外，称：“泾原将士久处边陲，不闲朝礼，辄入宫阙，至惊乘舆，西出巡幸。太尉已权临六军，应神策军士及文武百官凡有禄食者，悉诣行在；不能往者，即诣本司。若出三日，检勘彼此无名者，皆斩！”于是百官出见泚，或劝迎乘舆；泚不悦，百官稍稍遁去。

源休以使回纥还，赏薄，怨朝廷，入见泚，屏人密语移时，为泚陈成败，引符命，劝之僭逆。泚喜，然犹未决。宿卫诸军举白幡降者，列于阙前甚众。泚夜于苑门出兵，旦自通化门人，骆驿不绝，张弓露刃，欲以威众。

上思桑道茂之言，自咸阳幸奉天。县僚闻车驾猝至，欲逃匿山谷；主簿苏弁止之。弁，良嗣之兄孙也。文武之臣稍稍继至；己酉，左金吾大将军浑瑊至奉天。瑊素有威望，众心恃之稍安。

庚戌，源休劝朱泚禁十城门，毋得出朝士，朝士往往易服为佣仆潜出。休又为泚说诱文武之士，使之附泚。检校司空、同平章事李忠臣久失兵柄，太仆卿张光晟自负其才，皆郁郁不得志，泚悉起而用之。工部侍郎蒋镇出亡，坠马伤足，为泚所得。先是休以才能，光晟以节义，镇以清素，都官员外郎彭偃以文学，太常卿敬钎以勇略，皆为时人所重，至是皆为泚用。

凤翔、泾原将张廷芝、段诚谏将数千人救襄城，未出潼关，闻朱泚据长安，杀其大将陇右兵马使戴兰，溃归于泚。泚于是自谓众心所归，谋反遂定。以源休为京兆尹、判度支，李忠臣为皇城使。百司供亿，六军宿卫，咸似乘舆。

辛亥，以浑瑊为京畿、渭北节度使，行在都虞候白志贞为都知兵马使，令狐建为中军鼓角使，以神策都虞候侯仲庄为左卫将军兼奉天防城使。

朱泚自白华殿入宣政殿，自称大秦皇帝，改元应天。癸丑，泚以姚令言为侍中、关内元帅，李忠臣为司空兼侍中，源休为中书侍郎、同平章事、判度支，蒋镇为吏部侍郎，樊系为礼部侍郎，彭偃为中书舍人，自余张光晟等各拜官有差。立弟滔为皇太弟。姚令言与源休共掌朝政，凡泚之谋划、迁除、军旅、资粮，皆禀于休。休劝泚诛翦宗室在京城者以绝人望，杀郡王、王子、王孙凡七十七人。寻又以蒋镇为门下侍郎，李子平为谏议大夫，并同平章事。镇忧惧，每怀刀欲自杀，又欲亡窜，然性怯，竟不果。源休劝泚诛朝士之窜匿者以胁其余，镇力救之，赖以全者甚众。樊系为泚撰册文，既成，仰药而死。大理卿胶水蒋沇诣行在，为贼所得，沇绝食称病，潜窜得免。

右龙武将军李观将卫兵千余人从上于奉天，上委之召募，数日，得五千余人，列之通衢，旗鼓严整，城人为之增气。

姚令言之东出也，以兵马使京兆冯河清为泾原留后，判官河中姚况知泾州事。河清、况闻上幸奉天，集将士大哭，激以忠义，发甲兵、器械百余车，通夕输行在。城中方苦无甲兵，得之，士气大振。诏以河清为四镇、北庭行营、泾原节度使，况为行军司马。

朱泚遣使遗朱滔书，称：“三秦之地，指日克平；大河之北，委卿除殄，当与卿会于洛阳。”滔得书，宣示军府，移牒诸道，以自夸大。

上遣中使告难于魏县行营，诸将相与恸哭。李怀光帅众赴长安，马燧、李芃各引兵归镇，李抱真退屯临洺。

朱泚自将逼奉天，军势甚盛。以姚令言为元帅，张光晟副之，以李忠臣为京兆尹、皇城留守，仇敬忠为同、华等州节度、拓东王，以扞关东之师，李日月为西道先锋经略使。

邠宁留后韩游瓌，庆州刺史论惟明，监军翟文秀，受诏将兵三千拒泚于便桥，与泚遇于醴泉。游瓌欲还趣奉天，文秀曰：“我向奉天，贼亦随至，是引贼以迫天子也。不若留壁于此，贼必不敢越我向奉天；若不顾而过，则与奉天夹攻之。”游瓌曰：“贼强我弱，若贼分军以缀我，直趣奉天，奉天兵亦弱，何夹攻之有！我今急趣奉天，所以卫天子也。且吾士卒饥寒而贼多财，彼以利诱吾卒，吾不能禁也。”遂引兵入奉天；泚亦随至。官军出战，不利，泚兵争门，欲入；浑瑊与游瓌血战竟日。门内有草车数乘，瑊使虞候高固帅甲士以长刀斫贼，皆一当百，曳车塞门，纵火焚之，众军乘火击贼，贼乃退，会夜，泚营于城东三里，击柝张火，布满原野，使西明寺僧法坚造攻具，毁佛寺以为梯冲。韩游瓌曰：“寺材皆干薪，但具火以待之。”固，侃之玄孙也。泚自是日来攻城，瑊、游瓌等昼夜力战。幽州兵救襄城者闻泚反，突入潼关，归泚于奉天，普润戍卒亦归之，有众数万。

朱泚夜攻奉天东、西、南三面。甲子，浑瑊力战却之；左龙武大将军吕希倩战死。乙丑，泚复攻城，将军高重捷与泚将李日月战于梁山之隅，破之；乘胜逐北，身先士卒，贼伏兵擒之。其麾下十余人奋不顾死，追夺之；贼不能拒，乃斩其首，弃其身而去。麾下收之入城，上亲抚而哭之尽哀，结蒲为首而葬之，赠司空。朱泚见其首，亦哭之曰：“忠臣也！”束蒲为身而葬之。李日月，泚之骁将也，战死于奉天城下；泚归其尸于长安，厚葬之。其母竟不哭，骂曰：“奚奴！国家何负于汝而反？死已晚矣！”及泚败，贼党皆族诛，独日月之母不坐。

唐德宗建中四年（癸亥，公元783年）

庚寅（正月十三日），李希烈派遣他的将领李克诚袭击并攻陷了汝州，捉住别驾李元平。李元平原来是湖南判官，稍有才学技艺，生性疏散傲慢，敢说大话，喜欢谈论用兵。关播将他视为奇才，便向德宗推荐，说他有出将入相的才能。由于汝州距离许州最近，便提升李元平为汝州别驾，并且代理州中事务。李元平来到汝州，立即招募工匠和劳力整治州城。李希烈暗地里让军中勇士前去应募服役，入城有数百人之多，李元平没有觉察。李希烈派遣李克诚带领骑兵数百人突击到汝州城下，应募的人在城里响应，捆绑着李元平急奔而去。李元平个子矮小，不长胡须，见到李希烈，惊恐畏惧，粪尿齐下，污臭满地。李希烈骂他说：“瞎了眼的宰相用你来抵挡我，真是太小看我了！”李希烈任命判官周晃为汝州刺史，又派遣别将董待名等人四下里抢劫财物，攻取尉氏县，围困郑州城，官军好几次都被董待名等人打败。李希烈巡逻游弋的骑兵向西到了彭婆镇，东都洛阳的士绅百姓为之震惊恐骇，纷纷逃避到山谷，留守郑叔则进入西苑固守。

庚戌（六月初五），开始施行税间架法和除陌钱法。当时，河东、泽潞、河阳、朔方四军屯驻在魏县，神策、永平、宣武、淮南、浙西、荆南、江西、沔鄂、湖南、黔中、剑南、岭南各军环绕在淮宁周围。根据原有制度，各道军队开出本道，一概由度支提供给养。德宗优待体恤士兵，每当出境时，增加酒肉供给，士兵在本道的口粮仍然拨给他们的家庭，一人可以得到三人的给养，所以将士愿从中获利，于是各自出军，才越过本道便停下来，每月消耗钱一百三十余万缗，通常的赋税无法保证供给。判度支赵赞于是上奏施行税间架和除陌钱二法。所谓税间架法，每房屋两架为一间，上等房屋征税二千钱，中等的征税一千，下等的征税五百。吏人拿着笔，握着计算工具算，进入百姓家中，计算应征税额。有些住宅房屋多而没有其他资财的人家，交出的税钱动不动就是数百缗。敢于隐藏房屋一间的，杖责六十，奖赏告发人钱五十缗。所谓除陌钱法，就是凡公家私人所给予和买卖所得的钱，官家每缗钱中留取五十钱，对于给予其他物品和以物易物所得到的，约计成钱，进行计算。敢于瞒钱一百的，杖责六十，罚钱二千，奖赏告发人钱十缗，这奖赏钱一律出在获罪的人家。于是，愁苦怨恨之声，充满了远近各地。

德宗征发泾原各道兵马援助襄城。冬季，十月，丙午（初二），泾原节度使姚令言领兵五千人来到京城。士兵冒雨而行，甚是寒冷，他们多数携带着自家子弟前来，希望得到丰厚的赏赐送给自己家中的人，来到以后，却没有得到任何赏赐。丁未（初三），泾原军出发来到浐水，诏命京兆尹王翃犒劳军队，送去的只有粗米饭和菜饼。众人愤怒了，便踢翻了犒劳品，并借机扬言说：“我们将要赴敌而死，却连口饱饭都吃不上，怎么能够拿自己的小命去往雪白的刀刃上撞呢！听说皇上琼林、大盈两个内库里金银锦帛装得满满的，我们不如一块儿去取吧。”于是众人穿上铠甲，举起旗帜，擂鼓呐喊，回军开向京城。姚令言入朝辞行，还在宫中，听说此事，乘马急驰来到长乐坂，与众人相遇。士兵用箭射姚令言，姚令言伏在马背上冲进哗乱的士兵之中，呼喊道：“诸位打错了主意！这次东征，前去立功，还愁不能富贵吗，怎么竟做这种满族抄斩的打算呢！”士兵不听劝告，用兵器簇拥着姚令言西进京城。德宗急忙命令赐给锦帛，每人两匹。众人更加愤怒，用箭射中使。德宗又命令中使前去安抚，而乱兵已经来到通化门外，中使才出了通化门，乱兵便将他杀死。德宗又命令拿出金银锦帛二十车赐给乱兵，但是乱兵已经进入城内，喧哗之声浩大，再不能够遏止。百姓惊惶狼狈而逃，乱兵大声喊叫着告诉他们：“你们不必恐慌，不会夺取你们的商货典当的利钱了，不会向你们征缴间架税和除陌钱了！”德宗派遣普王李谊与翰林学士姜公辅出来劝慰乱兵，而乱兵已经在丹凤门外结成阵列，围观的百姓数以万计。

当初，神策军使白志贞主持招募禁兵，对东征死亡的兵员一概隐瞒不报，但凡收受到市井商贾富人的贿赂，便将他补为兵员。这些人名字写在军籍里，享受供给与赏赐，而自身仍然住在商肆之中贩卖货物。司农卿段秀实上言：“禁兵不精良，员额全都缺少，倘若猝然发生祸难，那将如何防御呢！”德宗不听段秀实的进言。至此，德宗召集禁兵去抵御乱兵，竟然没有一人到来。乱兵已经杀开关门而入，德宗这才与王贵妃、韦淑妃、太子、诸王、唐安公主等人从宫苑的北门出走，王贵妃把传国之宝系在衣服中从行，后宫中的诸王、公主来不及跟从德宗出走的人有十分之七八。

当初，鱼朝恩既已诛除，宦官不再掌管军事。有名叫窦文场、霍仙鸣的，曾经在德宗居东宫时事奉过他，至此，他们带领宦官侍从仅一百人跟随德宗出走。德宗让普王李谊在前面开路，太子手握兵器殿后。司农卿郭曙带着家兵数十人在禁苑中打猎，听说德宗车驾出行，便在道东谒见，并带着他的家兵随行。郭曙是郭暧的弟弟。右龙武军使令狐建正在军中教练射箭，得知消息后，便率领部下四百人从行，于是德宗让令狐建在后面作为殿军。

姜公辅挽住德宗的马缰进言说："朱泚曾经担任过泾原的节帅，由于受到弟弟朱滔牵连的原故，遭到废黜，闲居京城，内心一度郁郁不乐。我认为陛下既然不能推心置腹地对待他，便不如将他杀掉，不要留下后患。现在哗乱的士兵如果拥戴他为首领，那就难于控制了。请将朱泚召来，让他随从出走。"德宗在仓猝间无暇照着姜公辅的话去办，说："来不及了！"便出发了。夜里来到咸阳，大家只吃了几勺饭便过去了。当时，事情出于意料之外，群臣都不知道德宗的去向。卢杞、关播从中书省逾墙而出。白志贞、王翃以及御史大夫于颀、中丞刘从一、户部侍郎赵赞、翰林学士陆贽、吴通微等人在咸阳追上了德宗。于颀是于頔的叔伯兄弟。刘从一是刘齐贤的从孙。

乱兵进入宫中，登上含元殿，大声喊叫着说："皇上已经出走，应该让人各自想法发财了！"于是乱兵欢呼鼓噪，争着进入府库，运走金银锦帛，直到运不动了，才停止下来。乘此时机，百姓也进入宫中，盗窃库房中的物品，彻夜不止。那些未能进入宫中库房的人们，便在路上抢劫。诸坊的居民都各自聚在一起自行守卫。姚令言和哗乱士兵商议说："现在大家没有主子，不可能长久。朱太尉正在私人府第中闲居，请一起拥戴他吧。"大家答应，便派出几百人骑马到晋昌里府第迎接朱泚。半夜时分，朱泚紧扣马缰缓行，张列火炬，前后传呼着进入宫中，在含元殿住下，设置了严密的警戒，自称暂且统辖六军。

戊申（初四），早晨，朱泚移居白华殿，在宫外张出告示，声称："泾原的将士长期身居边疆，不熟悉朝廷的礼仪，便进入宫中，使圣上受到惊动，西出巡幸。朱太尉已经暂且统辖六军。神策军士兵以及文武百官凡是靠俸禄过活的，应当全部前往圣上出巡的地方，不能前往的，可到本官官署来。如果超过三天，查出两处都未具名的人，一概斩首。"于是百官只好出来见朱泚。有的人劝说朱泚前去迎接德宗，朱泚不高兴，于是百官逐渐逃走。

源休出使回纥归来，由于赏赐菲薄而埋怨朝廷，这时他入宫去见朱泚，摈退在场的人，秘密交谈了一段时间。他为朱泚陈述古今成败之理，征引符命之说，劝朱泚称帝。朱泚大喜，但还犹豫未决。在宫中为皇上值宿警卫的各支军队举起白旗归降朱泚的人，排列在宫门前面，为数很多。朱泚在夜间由宫苑大门放出士兵，到天亮再由通化门进来，络绎不绝，弩张剑拔，打算以此向群众示威。

德宗想起桑道茂的话，便从咸阳前往奉天。县中的官员听说皇上的车驾突然来到，打算逃到山谷中躲藏起来，主簿苏弁制止了他们。苏弁是苏良嗣之兄的孙子。这时，文武臣僚逐渐地相继到来。己酉（初五），左金吾大将军浑瑊到达奉天。浑瑊素来便有威望，大家倚恃浑瑊，心情稍微安定。

庚戌（初六），源休劝说朱泚关闭长安的十个城门，不许将朝廷官员放出城外。朝廷官员往往改换服装，扮作雇工或仆人，暗中出城。源休又为朱泚劝诱文武官员，让他们依附朱泚。检校司空、同平章事李忠臣长期失去兵权，太仆卿张光晟以才干自负，都郁郁不得志，朱泚全都起用了他们。工部侍郎蒋镇出逃时，掉下马来，脚部摔伤，也被朱泚得到。在此之前，由于源休才能出众，张光晟能守节义，蒋镇清正俭朴，都官员外郎彭偃有文采学识，太常卿敬釭而有谋略，都为当时人所推重，至此，他们都被朱泚所起用。

凤翔、泾原将领张廷芝、段诚谏带领数千人援助襄城，还未走出潼关，听说朱泚占据长安，便杀死大将陇右兵马使戴兰，乱哄哄地归降了朱泚。朱泚因此自认为人心所向，便决定谋反。他任命源休为京兆尹、判度支，李忠臣为皇城使。各部门的供给，六军宿卫宫禁，都仿照皇帝的设置。

辛亥（初七），德宗任命浑瑊为京畿、渭北节度使，行在都虞候白志贞为都知兵马使，令狐建为中军鼓角使，神策都虞候侯仲庄为左卫将军兼任奉天防城使。

朱泚从白华殿进入宣政殿，自称大秦皇帝，更改年号为应天。癸丑（初九），朱泚任命姚令言为侍中、关内元帅，李忠臣为司空兼侍中，源休为中书侍郎、同平章事、判度支，蒋镇为吏部侍郎，樊系为礼部侍郎，彭偃为中书舍人，其余张光晟等人也都分别封拜官职，大小不等。又立弟弟朱滔为皇太弟。姚令言与源休共同执掌朝政，凡是朱泚的谋划、任官、军事和物资粮草等事，都要向源休禀报。源休劝说朱泚消灭留在京城的宗室，以便根绝人们的期望，杀郡王、王子、王孙共七十七人。不久，朱泚又任命蒋镇为门下侍郎，李子平为谏议大夫，二人并同平章事。蒋镇又愁又怕，每每怀揣刀子，准备自杀，又打算逃亡，然而生性怯懦，终究未能实施。源休劝说朱泚诛杀逃亡隐匿的朝臣，以便胁迫其余的朝臣，蒋镇尽力营救他们，赖蒋镇得以全身的人甚多。樊系为朱泚撰写册文，写完以后，便服毒自杀。大理卿胶水人蒋沇前往行在，被叛军捉住。蒋沇拒绝进食，佯称染病，暗中逃去，幸免于难。

唐彩绘塔式罐

右龙武将军李观带领卫兵一千余人到奉天跟随德宗，德宗委托他招募兵员。数天之后，李观募得五千余人，将他们排列在大道上，军容布列严整，奉天城中的人们因此而勇气大增。

姚令言东出泾原时，让兵马使京兆人冯河清担任泾原留后，让判官河中人姚况担任知泾州事。冯河清和姚况听说德宗出走奉天，集合将士，当场大哭，以忠义激发将士，发出铠甲、兵器、器械等一百余车，彻夜运往行在。奉天城中正苦于没有铠甲兵器，得到这些供给，士气大振。德宗颁诏任命冯河清为四镇、北庭行营、泾原节度使，姚况为行军司马。

朱泚派遣使者给朱滔送信，内称："三秦一带，在屈指可数的日子里便可平定。大河以北，委托你来消灭敌军，我自当与你在洛阳见面。"朱滔接到书信便向军府宣布，并向诸道发布文书，借以自夸自大。

德宗派遣中使向魏县行营通告蒙难，各位大将在一块儿放声大哭。李怀光率领部众开赴长安，马燧、李艽各自领兵回归本镇，李抱真退兵屯扎临洺。

朱泚亲自领兵进逼奉天，军队的声势甚为盛大。他任命姚令言为元帅，张光晟为其副职，任命李忠臣为京兆尹、皇城留守，仇敬忠为同、华等州节度使、拓东王，以抵御关东的军队，还任命李日月为西道先锋经略使。

唐彩绘镇墓兽

邠宁留后韩游瓌、庆州刺史论惟明、监军翟文秀，接受诏旨，带领兵马三千人在便桥抵御朱泚，与朱泚在醴泉遭遇，韩游瓌打算回军直趋奉天，翟文秀说："我军开向奉天，敌军也会随后而来，这是招引敌军来逼迫圣上啊。不如留下来，在此扎营，敌军必定不敢越过我军，开向奉天。如果敌军不顾我军便开过去，那我军便与奉天军两面夹攻敌军。"韩游瓌说："敌强我弱，如果敌军分出一支军队拖住我军，大军直趋奉天，奉天的兵马也很薄弱，还谈什么两面夹攻！现在我军赶忙开往奉天，这正是为了保卫圣上啊。而且，我军士兵饥饿寒冷，而敌军的财物很多，敌军若用财物诱惑我军士兵，我是无法禁止的。"于是韩游瓌领兵开入奉天。朱泚随在韩游瓌后面也赶到了，官军出城交战失利。朱泚军争夺城门，打算进城，浑瑊与韩游瓌血战了一整天。城门里面有几辆草车，浑瑊虞候高固率领身穿铠甲的战士用长刀砍杀敌人，个个以一当百，又把草车拖过来堵塞在城门口，放火烧车，各军乘着火势出击敌人，敌军只好后退。到了夜晚，朱泚在奉天城东三里扎营，击木梆报时的声音和燃起的火堆布满了原野。朱泚让西明寺僧人法坚制造攻城用具，毁掉佛寺，取其木材，制作云梯和冲车。韩游瓌说："西明寺的木材都是干燥柴禾，只要准备好火种，等着敌人攻城。"高固是高侃的玄孙。此后朱泚每天都来攻城，浑瑊、韩游瓌等昼夜奋力作战。派去援救襄城的幽州兵听说朱泚造反，便冲入潼关，在奉天归附了朱泚，戍守普润的士兵也归附了他，朱泚的兵马达到数万人。

朱泚在夜间攻打奉天城的东、西、南三面，甲子（二十日），浑瑊奋力而战，击退了朱泚，左龙武大将军吕希倩战死。乙丑（二十一日），朱泚又来攻城，将军高重捷与朱泚的将领李日月在梁山的一个角落中交战，打败了李日月。高重捷乘胜追击败兵，身先士卒，敌军用伏兵将他擒获。高重捷部下有十余人奋不顾身，追赶并援救高重捷，敌军不能抵挡，便砍去高重捷的头颅，丢下他的躯体走了。部下将高重捷的躯体收起，带进城来，德宗亲自抚摩着高重捷的躯体，极度悲哀地向他哭泣着，用香蒲结扎成头颅将他埋葬，还追封他为司空。朱泚见到高重捷的头颅，也哭着说："他是一位忠臣啊！"朱泚用香蒲结扎成躯体而埋葬了他。李日月是朱泚的一员骁将，在奉天城下战死，朱泚将他的尸体送回长安，予以厚葬。他的母亲始终没有哭，还骂着说："奚人的奴才！国家哪儿辜负了你，你非要造反？你死得已经很晚了！"及至朱泚败亡，敌人的同党都遭到灭族的杀戮，只有李日月的母亲未受牵连。

第二百二十九卷 唐纪四十五

译文诵读

德宗神武圣文皇帝四建中四年（癸亥，783）

泚攻城益急，穿堑环之。泚移帐于乾陵，下视城中，动静皆见之，时遣使环城招诱士民，笑其不识天命。

神策河北行营节度使李晟疾愈，闻上幸奉天，帅众将奔命。张孝忠迫于朱滔、王武俊，倚晟为援，不欲晟行，数沮止之。晟乃留其子凭，使娶孝忠女为妇，又解玉带赂孝忠亲信，使说之，孝忠乃听晟西归，遣大将杨荣国将锐兵六百与晟俱。晟引兵出飞狐道，昼夜兼行，至代州。丁丑，加晟神策行营节度使。

朱泚攻围奉天经月，城中资粮俱尽。上尝遣健步出城觇贼，其人恳以苦寒为辞，跪奏乞一襦袴。上为之寻求不获，竟悯默而遣之。时供御才有粝米二斛，每伺贼之休息，夜，缒人于城外，采芜菁根而进之。上召公卿将吏谓曰："朕以不德，自陷危亡，固其宜也。公辈无罪，宜早降以救室家。"群臣皆顿首流涕，期尽死力，故将士虽困急而锐气不衰。

上之幸奉天也，粮料使崔纵劝李怀光令入援，怀光从之。纵悉敛军资与怀光皆来。怀光昼夜倍道，至河中，力疲，休兵三日。河中尹李齐运倾力犒宴，军尚欲迁延。崔纵先辇货财渡河，谓众曰："至河西，悉以分赐。"众利之，西屯蒲城，有众五万。齐运，恽之孙也。

李晟行且收兵，亦自蒲津济，军于东渭桥；其始有卒四千，晟善于抚御，与士卒同甘苦，人乐从之，旬月间至万余人。

神策兵马使尚可孤讨李希烈，将三千人在襄阳，自武关入援，军于七盘，败泚将仇敬，遂取蓝田。可孤，宇文部之别种也。

镇国军副使骆元光，其先安息人，骆奉先养以为子，将兵守潼关近十年，为众所服。朱泚遣其将何望之袭华州，刺史董晋弃州走行在。望之据其城，将聚兵以绝东道；元光引关下兵袭望之，走还长安。元光遂军华州，召募士卒，数日，得万余人。泚数遣兵攻元光，元光皆击却之，贼由是不能东出。上即以元光为镇国军节度使，元光乃将兵二千西屯昭应。

马燧遣其行军司马王权及其子汇将兵五千人入援，屯中渭桥。

于是泚党所据惟长安而已，援军游骑时至望春楼下。李忠臣等屡出兵，皆败，求援于泚，泚恐民间乘弊抄之，所遣兵皆昼伏夜行。

泚内以长安为忧，乃急攻奉天，使僧法坚造云梯，高广各数丈，裹以兕革，下施巨轮，上容壮士五百人；城中望之恟惧。上以问群臣，浑瑊、侯仲庄对曰："臣观云梯势甚重，重则易陷，臣请迎其所来凿地道，积薪蓄火以待之。"神武军使韩澄曰："云梯小伎，不足上劳圣虑，臣请御之。"乃度梯之所傃，广城东北隅三十步，多储膏油松脂薪苇于其上。丁亥，泚盛兵鼓噪攻南城，韩游瓌曰："此欲分吾力也。"乃引兵严备东北。戊子，北风甚讯，泚推云梯，上施湿毡，悬水囊，载壮士攻城，翼以辒辌，置人其下，抱薪负土填堑而前，矢石火炬所不能伤。贼并兵攻城东北隅，矢石如雨，城中死伤者不可胜数。贼已有登城者，上与浑瑊对泣，群臣惟仰首祝天。上以无名告身自御史大夫、实食五百户以下千余通授瑊，使募敢死士御之，仍赐御笔，使视其功之大小书名给之，告身不足则书其身，且曰："今便与卿别。"瑊俯伏流涕，上拊其背，歔欷不自胜。时士卒冻馁，又乏甲胄，瑊抚谕，激以忠义，皆鼓噪力战。瑊中流矢，进战不辍，初不言痛。会云梯辗地道，一轮偏陷，不能前却，火从地中出，风势亦回，城上人投苇炬，散松脂，沃以膏油，欢呼震地。须臾，云梯及梯上人皆为灰烬，臭闻数里，贼乃引退。于是三门皆出兵，太子亲督战，贼徒大败，死者数千人。将士伤者，太子亲为裹疮。入夜，泚复来攻城，矢及御前三步而坠；上大惊。

李怀光自蒲城引兵趣泾阳，并北山而西，先遣兵马使张韶微服间行诣行在，藏表于蜡丸。韶至奉天，值贼方攻城，见韶，以为贱人，驱之使与民俱填堑；韶得间，逾堑抵城下呼曰："我朔方军使者也。"城上人下绳引之，比登，身中数十矢，得表于衣中而进之。上大喜，舁韶以徇城，四隅欢声如雷。癸巳，怀光败泚兵于澧泉。泚闻之惧，引兵遁归长安。众以为怀光复三日不至，则城不守矣。

朱泚至长安，但为城守之计，时遣人自城外来，周走呼曰："奉天破矣！"欲以惑众。泚既据府库之富，不爱金帛以悦将士，公卿家属在城者皆给月俸。神策及六军从车驾及哥舒曜、李晟者，泚皆给其家粮；加以缮完器械，日费甚广。及长安平，府库尚有余蓄，见者皆追怨有司之暴敛焉。

或谓泚曰："陛下既受命，唐之陵庙不宜复存。"泚曰："朕尝北面事唐，岂忍为此！"又曰："百官多缺，请以兵胁士人补之。"泚曰："强授之则人惧。但欲仕者则与之，何必叩户拜官邪！"泚所用者惟范阳、神策团练兵；泾原卒骄，皆不为用，但守其所掠资货，不肯出战；又密谋杀泚，不果而止。

李怀光性粗疏，自山东来赴难，数与人言卢杞、赵赞、白志贞之奸佞，且曰："天下之乱，皆此曹所为也！吾见上，当请诛之。"既解奉天之围，自矜其功，谓上必接以殊礼。或说王翃、赵赞曰："怀光缘道愤叹，以为宰相谋议乖方，度支赋敛烦重，京尹犒赐刻薄；致乘舆播迁者，三臣之罪也。今怀光新立大功，上必披襟布诚，询得失，使其言入，岂不殆哉！”翃、赞以告卢杞，杞惧，从容言于上曰：“怀光勋业，社稷是赖，贼徒破胆，皆无守心，若使之乘胜取长安，则一举可以灭贼，此破竹之势也。今听其入朝，必当赐宴，留连累日，使贼入京城，得从容成备，恐难图矣！”上以为然。诏怀光直引军屯便桥，与李建徽、李晟及神策兵马使杨惠元刻期共取长安。怀光自以数千里竭诚赴难，破朱泚，解重围，而咫尺不得见天子，意殊怏怏，曰：“吾今已为奸臣所排，事可知矣！”遂引兵去，至鲁店，留二日乃行。

时南方藩镇各闭境自守，惟曹王皋数遣使间道贡献。李希烈攻逼汴、郑，江、淮路绝，朝贡皆自宣、饶、荆、襄趣武关。皋治邮驿，平道路，由是往来之使，通行无阻。

李怀光顿兵不进，数上表暴扬卢杞等罪恶；众论喧腾，亦咎杞等。上不得已，十二月，壬戌，贬杞为新州司马，白志贞为恩州司马，赵赞为播州司马。宦者翟文秀，上所信任也，怀光又言其罪，上亦为杀之。

陆贽言于上曰：“今盗遍天下，舆驾播迁，陛下宜痛自引过以感人心。昔成汤以罪己勃兴，楚昭以善言复国。陛下诚能不吝改过，以言谢天下，使书诏无所避忌，臣虽愚陋，可以仰副圣情，庶令反侧之徒革心向化。”上然之，故奉天所下书诏，虽骄将悍卒闻之，无不感激挥涕。

兴元元年（甲子，784）

春，正月，癸酉朔，赦天下，改元，制曰：“致理兴化，必在推诚；忘己济人，不吝改过。朕嗣服丕构，君临万邦，失守宗祧，越在草莽。不念率德，诚莫追于既往；永言思咎，期有复于将来。明征其义，以示天下。

“小子惧德弗嗣，罔敢怠荒，然以长于深宫之中，暗于经国之务，积习易溺，居安忘危，不知稼穑之艰难，不恤征戍之劳苦，泽靡不究，情未上通，事既拥隔，人怀疑阻。犹昧省己，遂用兴戎，征师四方，转饷千里，赋车籍马，远近骚然，行赍居送，众遮劳止，或一日屡交锋刃，或连年不解甲胄。祀奠乏主，室家靡依，死生流离，怨气凝结，力役不息，田莱多荒。暴令峻于诛求，疲氓空于杼轴，转死沟壑，离去乡闾，邑里丘墟，人烟断绝。天谴于上而朕不寤，人怨于下而朕不知，驯致乱阶，变兴都邑，万品失序，九庙震惊，上累于祖宗，下负于蒸庶，痛心觍貌，罪实在予，永言愧悼，若坠泉谷。自今中外所上书奏，不得更言‘圣神文武’之号。

“李希烈、田悦、王武俊、李纳等，咸以勋旧，各守藩维，朕抚御乖方，致其疑惧；皆由上失其道而下罹其灾，朕实不君，人则何罪！宜并所管将吏等一切待之如初。

“朱滔虽缘朱泚连坐，路远必不同谋，念其旧勋，务在弘贷，如能效顺，亦与惟新。

“朱泚反易天常，盗窃名器，暴犯陵寝，所不忍言，获罪祖宗，朕不敢赦。其胁从将吏百姓等，但官军未到京城以前，去逆效顺并散归本道、本军者，并从赦例。

“诸军、诸道应赴奉天及进收京城将士，并赐名奉天定难功臣。其所加垫陌钱、税间架、竹、木、茶、漆、榷铁之类，悉宜停罢。”

赦下，四方人心大悦。及上还长安明年，李抱真入朝为上言：“山东宣布赦书，士卒皆感泣，臣见人情如此，知贼不足平也！”

朱泚更国号曰汉，自号汉元天皇，改元天皇。

王武俊、田悦、李纳见赦令，皆去王号，上表谢罪。惟李希烈自恃兵强财富，遂谋称帝，遣人问仪于颜真卿，真卿曰：“老夫尝为礼官，所记惟诸侯朝天子礼耳！”希烈遂即皇帝位，国号大楚，改元武成。置百官，以其党郑贲为侍中，孙广为中书令，李绶、李元平同平章事。以汴州为大梁府，分其境内为四节度。希烈遣其将辛景臻谓颜真卿曰：“不能屈节，当自焚！”积薪灌油于其庭。真卿趋赴火，景臻遽止之。

唐德宗建中四年（癸亥，公元783年）

朱泚攻打奉天城愈发急迫，他凿通沟堑，将全城环绕起来。朱泚将军帐迁移到乾陵，由此向下察看城中的动静虚实，全都能够看清。朱泚还不时派人环绕着奉天城引诱城中的将士和百姓，嘲笑他们看不清天命所归。

神策、河北行营节度使李晟的疾病痊愈了，听说德宗出行奉天，便率领众将领前去赴命。张孝忠被朱滔、王武俊所逼迫，有赖于李晟的声援，不想让李晟离去，有好几次阻止他前往。于是李晟将自己的儿子李凭留下来，让他娶张孝忠的女儿为媳妇，又解下玉带贿赂张孝忠的亲信，让他劝说张孝忠。于是张孝忠听任李晟西进归朝，还派遣大将杨荣国带领精锐兵马六百人与李晟同去。李晟领兵经过飞狐道，日夜兼程，来到代州。丁丑（十一月初四），德宗加任李晟为神策行营节度使。

朱泚攻打、围困奉天已经有一个月了，城中的物资和粮食都已用光。德宗曾经派遣善于行走的人出城察看敌情，该人说是天气寒冷，跪着恳求德宗，要一件短袄和套裤。德宗为他寻找，未能找到，最后还是难过地默然打发他去了。当时供给德宗的粮食，仅有粗米二斛，官吏每每窥伺敌军的休息时间，夜里将人系在绳索上放到城外，去采集蔓菁根，献给皇上。德宗将公卿将官召集起来，对他们说：“朕因无德，自陷于危亡之中，固然是应该的。诸位没有罪过，最好及早投降，以便救出自己的家人。”群臣都伏地叩头，痛哭流涕，相互约定要竭尽自己最大的力量。所以将士们虽然置身于困苦危急之中，但是他们的锐气却并不衰减。

德宗出行奉天时，粮料使崔纵劝说李怀光让他前往增援，李怀光听从了他的主张。崔纵将军中物资悉数聚集起来，与李怀光一起前来。李怀光日夜兼程，来到河中，人力疲乏，让士兵休息三天。河中尹李齐运全力设宴犒劳，军队还想拖延不行。崔纵先将物资钱财运过黄河，然后对大家说："到了河西，便将他们全部分给大家。"众人贪图其利，西进蒲城屯驻，当时有五万人。李齐运是李恽的孙子。

李晟锦裘督战

李晟一边行进，一边招集士兵，也从蒲津渡过黄河，在东渭桥驻扎下来。在渡河之初，他只有士兵四千人，由于他善于抚恤与驾驭士兵，与士兵同甘共苦，人们都愿意跟随他，所以在一个月之间便发展到万余人。

神策兵马使尚可孤讨伐李希烈，在襄阳带领三千人，由武关前往增援，在七盘驻扎，打败了朱泚的将领仇敬，于是攻取蓝田。尚可孤是宇文部的别支。

镇国军副使骆元光，他的先人是安息人，骆奉先将他收为养子。他带兵防守潼关将近十年，兵众都服从他的指挥。朱泚派遣他的将领何望之袭击华州，华州刺史董晋放弃了州城，逃奔行在。何望之占领华州城后，准备集中兵力，以便截断东行的道路。骆元光带领潼关兵袭击何望之，何望之逃回长安。于是骆元光驻军华州，招募士兵，不过几天，招得一万余人。朱泚多次派兵进攻骆元光，都被骆元光击退，敌军自此不能东出。德宗随即任命骆元光为镇国军节度使。骆元光领兵两千人，向西屯驻昭应。

马燧派遣他的行军司马王权及其儿子王汇带兵五千人前去增援奉天，在中渭桥屯驻。

当时，朱泚一伙所占领的地盘只有长安而已，援军的巡哨骑兵有时前进到望春楼的下面。李忠臣等人屡次出兵，都被打败，便向朱泚求援。朱泚唯恐民间乘己疲困，前来抄袭，他所派遣的兵马都是昼伏夜行。

朱泚心中为长安感到忧虑，便加紧进攻奉天。他让僧人法坚制造云梯，长宽各有数丈，外面包裹着牛皮，下面安装着巨大的轮子，上面可以容纳勇士五百人，城中的人们望见，都感到忧恐畏惧。德宗询问群臣的意见，浑瑊、侯仲庄回答说：“我们看云梯势必甚为沉重，沉重就容易下陷。我们请求迎着云梯的来路开凿地道，积蓄柴禾与火种，等待它的到来。”神武军使韩澄说：“靠云梯攻城这种小小伎俩，不足以烦劳圣上费心，请让我来对付云梯。”韩澄估量了云梯的指向，于是在城东北角拓宽了三十步，在上面储备了大量的膏油、松脂和柴禾、芦苇等。丁亥（十四日），朱泚军大举出动，擂鼓呐喊，攻打奉天南城。韩游瓌说；“这是打算分散我军的力量。”于是，他领兵严密防备奉天城的东北面。戊子（十五日），北风甚是猛烈，朱泚军推出云梯，上面包裹着浸湿的毡子，悬挂水袋，运载勇士攻城。两侧用兵车遮护着，将士兵安置在兵车棚顶之下，让兵士抱柴背土，填平壕沟，向前冲锋。乱箭、飞石、火炬不能伤害他们。敌军合兵进攻城东北角，箭石如雨，城中死伤的人无法计算，敌军已经有人登上城了。德宗与浑瑊相对而泣，群臣只好仰首祷告上天。德宗将一千余份自御史大夫、实封食邑五百户以下的空白委任官职文凭“告身”交给浑瑊，让他募集敢死之士去抵御敌军，还将御笔赐给他，让他根据人们所立功劳的大小，在告身上填写上名字加以委任，如果告身不够用，便写在该人身上，战后再给告身。而且说：“现在我就与你永别。”浑瑊趴在地上，泪流满面，德宗抚摸着他的后背，抽咽不能自已。当时，士兵又冻又饿，又缺乏铠甲头盔，浑瑊对他们抚慰劝导，用忠义激发他们，士兵们都擂鼓呐喊，奋力而战。浑瑊中了乱箭，仍然向前奋战不止，初时也未讲疼痛。恰好云梯辗压地道，一只轮子偏倒陷落，不能向前或后退，火从地道中冒出来，大风也往回吹，城上的人们投下芦苇火把，撒上松脂，浇上膏油，欢呼之声，震动大地。不一会儿，云梯和梯上的人全部化为灰烬，散发的焦臭之气，数里以外都可以闻到，于是敌军退却。此时奉天城东、南、北三门都发兵出击，太子亲自督战，敌军徒众大败，死亡的人有数千。对于受伤的将士，太子亲自为他们包扎伤口。到了夜晚，朱泚再来攻城，箭落到德宗面前三步远的地方，德宗大惊。

名相陆贽像

李怀光从蒲城领兵直趋泾阳，傍着北山向西而行。事先，他派遣兵马使张韶穿着老百姓的衣服抄小道前往行在，将表章藏在蜡丸之中。张韶来到奉天，正当敌军刚刚攻城，见到张韶，以为卑贱之人，便驱使他与老百姓一起填塞壕沟。张韶看准间隙，越过壕沟，抵达城下呼喊道：“我是朔方军的使者。”城上的人放下绳索，把他拉到城上。及至登到城上，张韶身上被射中几十枝箭，得以将藏在衣服中的表章进呈德宗。德宗大为高兴，让人抬着张韶在城中绕行宣示，四处欢声雷动。癸巳（二十日），李怀光在澧泉将朱泚军打败。朱泚闻此，害怕起来，于是领兵逃回长安。大家认为，倘若李怀光再有三天不来，奉天城便要失陷了。

朱泚回到长安以后，只做守城的打算，时常派人从城外来，绕城奔走呼喊说：“奉天城攻破啦！”企图借此迷惑民众。朱泚据有朝廷库存的财富以后，便不惜用金帛取悦将士，对留在城中的公卿家属一概每月支付薪俸。对于神策军和随从德宗车驾六军以及哥舒曜、李晟等人，朱泚一概向他们的家属供给粮食。加上修治完善各种器械，每日耗费甚巨。但及至长安平定，朝廷库存仍有剩余的财产，看到的人都追溯怨恨有关部门的横征暴敛。

有人对朱泚说：“陛下既然秉受天命，唐朝的陵园寝庙不应该再存在下去。”朱泚说：“我曾经北面称臣，事奉唐朝，哪能忍心干这种事！”又有人说：“百官空缺很多，请派兵胁迫读书人来补充。”朱泚说：“勉强授给官职，人家就恐惧了。想做官的人便给他官，哪有敲门封官拜职的呢！”朱泚所能指挥的只有范阳兵和神策团练兵。泾原兵骄横跋扈，都不服从指挥，只是守护着他们劫掠来的钱财，不愿意出外打仗。泾原兵还密谋诛杀朱泚，未能实现，只好作罢。

李怀光生性粗疏，从山东前来奔赴国难，多次与人们谈到卢杞、赵赞、白志贞的邪恶谄媚，而且说：“天下的祸乱，都是这号人造成的！我见到圣上，自当奏请杀了他们。”李怀光解除了对奉天的围困以后，自己矜夸功劳，认为德宗一定会以特殊的礼节接待他。有人劝说王翃、赵赞说：“李怀光沿途激愤感叹，认为宰相谋划议论乖谬无方，度支收敛赋税烦多，京兆尹犒劳赏赐苛刻不丰。致使圣上流离迁徙的，是宰相、度支、京兆尹三人的罪过。如今李怀光新近立下了巨大的功劳，圣上肯定会对他敞开胸襟，推诚相待，征询为政得失。假使他的话传到圣上耳中，岂不是很危险吗！”王翃、赵赞将此话告诉了卢杞，卢杞害怕，便语气和缓地对德宗说：“李怀光的功勋业绩，为国家所依赖。敌寇已吓破了胆，全然没有守城的心思。如果让李怀光乘胜攻取长安，一下子便可以消灭敌军，这真是势如破竹啊。现在听任他入城朝见，必定要赏赐设宴，拖延好几天，致使敌军开进京城，得以从容地做好防备，恐怕就难以图谋了。”德宗认为很对，便诏命李怀光直接带领军队屯驻便桥，与李建徽、李晟以及神策兵马使杨惠元按限定日期共同攻取长安。李怀光认为自己由数千里外竭尽赤诚，奔赴国难，打败朱泚，解除重重围困，现在身在咫尺，却不能够见到皇上，心里甚为不满意。他说：“我如今已经被奸臣所排挤，事情不问可知了！”于是李怀光带兵离去，来到鲁店，停留了两天，才又出发。

当时，南方的藩镇各自封锁边境，据守一方，只有曹王李皋几次派遣使者抄小路向朝廷进献贡物。李希烈进攻逼迫汴州、郑州，江淮道路断绝，朝廷的贡物都从宣、饶、荆、襄各州取道武关。李皋修治驿站，平整道路，此后，使者往来通行无阻。

李怀光屯兵途中，不肯前进，屡次上表揭露卢杞等人的罪恶，群臣议论喧腾，也归罪于卢杞等人。德宗出于不得已，十二月，壬戌（十九日），贬卢杞为新州司马，白志贞为恩州司马，赵赞为播州司马。宦官翟文秀是德宗所信任的人，李怀光又弹劾他的罪过，德宗也为此把他杀了。

陆贽对德宗说：“如今盗寇遍及天下，车驾流亡在外，陛下应当痛心地自动承担过失以感动人心。往昔成汤因加罪于自己而勃然兴起，楚昭王因讲了善言而复兴楚国。如果陛下能够不怕纠正过失，以言语向天下谢罪，让诏书写得没有任何闪避忌讳，大概可以使反复无常之徒革心洗面，归向德化。尽管我愚昧浅陋，但可以写得符合圣上的心意。”德宗同意了他的意见。所以，德宗在奉天所颁布的诏书，便是骄横的将领、凶悍的士卒听了，也无不感动得挥泪而泣。

兴元元年（甲子，公元784年）

春季，正月，癸酉朔（初一），大赦天下，改年号。德宗颁制说：“要想导致安定，兴起教化，就一定要对人推心置腹，忘掉自己的利益，救助别人的困难，不惜痛改前非。朕继承帝位，统领天下，然而却使祖宗的庙堂失守，使自己沦落于草莽之间。这是由于过去没有遵循德化行事。现在诚然不能将以往的失误追回，但朕久久地思考着犯下的罪责，希望在将来有所改正。现在朕无所掩饰地将这个意思讲出来，让天下之人都能看到。

“我恐怕自己的德行不能继承先人的业绩，不敢懈怠荒唐。但是，由于生活在深宫之中，不熟悉治理国家政务，积久成习，容易沉溺，居于平安之地，忘记了可能发生的危险，不懂得收种庄稼的艰难，没有体恤征战屯戍的劳苦，恩泽不能普施于百姓，民情不能上达于朝廷，既然上下之间声气阻隔，人们自然便会心怀疑虑。朕却仍然不知深自反省，终于导致了战争。征调兵马，遍及四方，转运粮饷，连绵千里，征用车辆马匹，致使远近各处骚动不安。离家当兵的人要携带衣食等物，留在家中的人要辗转相送，大家都受尽了劳苦。有时在一天之内屡次短兵相接，有时连续几年不能解甲归田。祭奠祖先时没有主人，家属无所依靠。生死无定，流离失所，怨恨之气，凝聚盘结。征发力役没有止息，耕田多已荒芜。残暴的长官严厉索求，疲惫的百姓不再织布，人们辗转流亡，葬身沟壑，离开乡里，致使城邑乡村化为荒丘废墟，没有人烟。上有上天的谴责，但朕不省悟；下有百姓的愤怨，但朕不知道。从此而致乱，致使京城发生了变故，万事失去秩序，九庙为之震惊。朕对上连累了列宗列祖，对下辜负了黎民百姓，心中痛切，脸上惭愧，这些罪责都在朕身上，为此久久地惭愧着，哀悼着，有如坠入深渊山谷。从今以后，朝廷内外所进上的书表章奏，不允许再称‘圣神文武’的尊号。

“李希烈、田悦、王武俊、李纳等人，原都是有功勋的老臣，各自守卫藩镇。朕安抚驾驭无方，致使他们疑虑畏惧。这全是因为上面无道而使下面遭受灾殃，实在是朕丧失了为君的体统，下面有什么罪过！现应将李希烈等人连同他们所管辖的将士官吏等一切人都像当初一样对待。

“朱滔虽然因为朱泚而受到牵连，但相隔遥远，势必不能同谋，念及朱滔原是朝廷的有功之臣，务必宽大处理，如果能够向朝廷投诚，也给他改过自新。

“朱泚改变天道常规，盗用名号与车服仪制，残暴地冒犯列宗列祖的陵园寝庙，令人不忍言状。他得罪了列祖列宗，朕不敢赦免于他。那些被裹胁进来的将士、官吏、百姓等人，只要在官军没有开到京城以前，脱离逆军，向朝廷投诚，并且解散队伍而回到本道本军去的，一概按照赦免之例处理。

“各军、各道一切奔赴奉天和进军收复京城的将士，一概赐名称作‘奉天定难功臣’。那些加征的除陌钱、间架、竹、木、茶、漆等税以及专营铸铁等项，应该全部免除。”

赦文颁下以后，各地人心大为欢悦。及至德宗回到长安的第二年，李抱真入朝对德宗说：“在崤山以东宣布赦文时，士兵们都感动得流下了眼泪，我看到人情这样，便知道平定敌军是不足为虑的了！”

朱泚更改国号称作汉，更改年号为“天皇”，自号“汉元天皇”。

王武俊、田悦、李纳见到赦令后，都免去了王的称号，上表认罪。只有李希烈仗着自己兵力强盛，资财丰饶，策谋称帝。李希烈派人向颜真卿询问有关礼仪，颜真卿说：“我曾经担任过掌管礼仪的官员，所记着的只有诸侯朝见天子的礼仪而已！”李希烈于是登上皇帝的宝位，国号称作大楚，更改年号为武成。李希烈设置百官，任命他的同党郑贲为侍中，孙广为中书令，以李绥、李元平同平章事。将汴州称为大梁府，将他境内地盘划分成四处，分别设置节度使。李希烈派遣他的将领辛景臻对颜真卿说：“你不肯失气节，就该自己烧死！”在颜真卿居住的院中堆起柴禾，浇上油脂。颜真卿快步走向火堆，辛景臻急忙止住了他。

第二百三十卷

唐纪四十六

译文诵读

德宗神武圣文皇帝五兴元元年（甲子，784）

朱泚自奉天败归，李晟谋取长安。刘德信与晟俱屯东渭桥，不受晟节制；晟因德信至营中，数以沪涧之败及所过剽掠之罪，斩之；因以数骑驰入德信军，劳其众，无敢动者，遂并将之，军势益振。

李怀光既胁朝廷逐卢杞等，内不自安，遂有异志。又恶李晟独当一面，恐其成功，奏请与晟合军；诏许之。晟与怀光会于咸阳西陈涛斜，筑垒未毕，泚众大至。晟谓怀光曰："贼若固守宫苑，或旷日持久，未易攻取；今去其巢穴，敢出求战，此天以贼赐明公，不可失也！"怀光曰："军适至，马未秣，士未饭，岂可遽战邪！"晟不得已乃就壁。晟每与怀光同出军，怀光军士多掠人牛马，晟军秋毫不犯。怀光军士恶其异己，分所获与之，晟军终不敢受。

怀光屯咸阳累月，逗留不进；上屡遣中使趣之，辞以士卒疲弊，且当休息观衅。诸将数劝之攻长安，怀光不从，密与朱泚通谋。李晟屡奏，恐其有变，为所并，请移军东渭桥；上犹冀怀光革心，收其力用，寝晟奏不下。

李晟以为："怀光反状已明，缓急宜有备，蜀、汉之路不可壅，请以裨将赵光铣等为洋、利、剑三州刺史，各将兵五百以防未然。"上疑未决，欲亲总禁兵幸咸阳，以慰抚为名，趣诸将进讨。或谓怀光曰："此汉祖游云梦之策也！"怀光大惧，反谋益甚。

上垂欲行，怀光辞益不逊，上犹疑谗人间之，甲子，加怀光太尉，增实食，赐铁券，遣神策右兵马使李卞等往谕旨。怀光对使者投铁券于地曰："圣人疑怀光邪？人臣反，赐铁券；怀光不反，今赐铁券，是使之反也！"辞气甚悖。朔方左兵马使张名振当军门大呼曰："太尉视贼不许击，待天使不敬，果欲反邪！功高太山，一旦弃之，自取族灭，富贵他人，何益哉！我今日必以死争之。"怀光闻之，谓曰："我不反，以贼方强，故须蓄锐俟时耳。"怀光又言："天子所居必有城隍。"乃发卒城咸阳，未几，移军据之。张名振曰："乃者言不反，今日拔军此来，何也？何不攻长安，杀朱泚，取富贵，引军还邠邪！"怀光曰："名振病心矣！”命左右引去，拉杀之。

李卞等还，言怀光骄慢之状，于是行在始严门禁，从臣皆密装以待。

乙丑，加李晟河中、同绛节度使；上犹以为薄，丙寅，又加同平章事。

丁卯，怀光遣其将赵升鸾入奉天，约其夕使别将达奚小俊烧乾陵，令升鸾为内应以惊胁乘舆。升鸾诣浑瑊自言，瑊遽以闻，且请决幸梁州。上命瑊戒严，瑊出，部勒未毕，上已出城西，命戴休颜守奉天，朝臣将士狼狈扈从。戴休颜徇于军中曰：“怀光已反！”遂乘城拒守。

李晟得除官制，拜哭受命，谓将佐曰：“长安，宗庙所在，天下根本，若诸将皆从行，谁当灭贼者！”乃治城隍，缮甲兵，为复京城之计。先是东渭桥有积粟十余万斛，度支给李怀光军，几尽。是时怀光、朱泚连兵，声势甚盛，车驾南幸，人情扰扰；晟以孤军处二强寇之间，内无资粮，外无救援，徒以忠义感激将士，故其众虽单弱而锐气不衰。又以书遗怀光，辞礼卑逊，虽示尊崇而谕以祸福，劝之立功补过，故怀光惭恧，未忍击之。晟曰：“畿内虽兵荒之余，犹可赋敛。宿兵养寇，患莫大焉！”乃以判官张彧假京兆尹，择四十余人，假官以督渭北刍粟，不旬日，皆充羡；乃流涕誓众，决志平贼。

上这发奉天也，韩游瓌帅其麾下八百余人还邠州。李怀光以李晟军浸盛，恶之，欲引军自咸阳袭东渭桥；三令其众，众不应，窃相谓曰：“若与我曹击朱泚，惟力是视；若欲反，我曹有死，不能从也！”怀光知众不可强，问计于宾佐，节度巡官良乡李景略曰：“取长安，杀朱泚，散军还诸道，单骑诣行在，如此，臣节亦未亏，功名犹可保也。”顿首恳请，至于流涕，怀光许之。都虞候阎晏等劝怀光东保河中，徐图去就，怀光乃说其众曰：“今且屯泾阳，召妻孥于邠，俟至，与之俱往河中。春装既办，还攻长安，未晚也。东方诸县皆富实，军发之日，听尔俘掠。”众许之。怀光乃谓景略曰：“向者之议，军众不从，子宜速去，不且见害！”遣数骑送之。景略出军门，恸哭曰：“不意此军陷于不义！”

始，怀光方强，朱泚畏之，与怀光书，以兄事之，约分帝关中，永为邻国。及怀光决反，逼乘舆南幸，其下多叛之，势益弱。泚乃赐怀光诏书，以臣礼待之，且征其兵。怀光惭怒，内忧麾下为变，外怒李晟袭之，遂烧营东走，掠泾阳等十二县，鸡犬无遗。及富平，大将孟涉、段威勇将数千人奔于李晟，将士在道散亡相继。至河中，或劝河中守将吕鸣岳焚桥拒之，鸣岳以兵少恐不能支，遂纳之，河中尹李齐运弃城走。怀光遣其将赵贵先筑垒于同州，刺史李纾惧，奔行在；幕僚裴向摄州事，诣贵先，责以逆顺之理，贵先感寤，遂请降，同州由是获全。向，遵庆之子也。怀光使其将符峤袭坊州，据之，渭北守将窦觎帅猎团七百围之，峤请降。诏以觎为渭北行军司马。

贽在翰林，为上所亲信，居艰难中，虽有宰相，大小之事，上必与贽谋之，故当时谓之内相，上行止必与之俱。梁、洋道险，尝与贽相失，经夕不至，上惊忧涕泣，募得贽者赏千金。久之，乃至，上喜甚，太子以下皆贺。然贽数直谏，忤上意，卢杞虽贬官，上心庇之。贽极言杞奸邪致乱，上虽貌从，心颇不悦，故刘从一、姜公辅皆自下陈登用，贽恩遇虽隆，未得为相。

壬辰，车驾至梁州。山南地薄民贫，自安、史以来，盗贼攻剽，户口减耗太半，虽节制十五州，租赋不及中原数县。及大驾驻跸，粮用颇窘。上欲西幸成都，严震言于上曰："山南地接京畿，李晟方图收复，藉六军以为声援。若幸西川，则晟未有收复之期也。"众议未决，会李晟表至，言："陛下驻跸汉中，所以系亿兆之心，成灭贼之势；若规小舍大，迁都岷、峨，则士庶失望，虽有猛将谋臣，无所施矣！"上乃止。严震百方以聚财赋，民不至困穷而供亿无乏。牙将严砺，震之从祖弟也，震使掌转饷，事甚修辨。

己亥，以行在都知兵马使浑瑊同平章事兼朔方节度使，朔方、邠宁、振武、永平、奉天行营兵马副元帅。

庚子，诏数李怀光罪恶，叙朔方将士忠顺功名，犹以怀光旧勋，曲加容贷，其副元帅、太尉、中书令、河中尹并朔方诸道节度、观察等使，宜并罢免，授太子太保；其所管兵马，委本军自举一人功高望重者便宜统领，速具奏闻，当授旌旄，以从人欲。

甲辰，加李晟鄜坊、京畿、渭北、商华副元帅。晟家百口及神策军士家属皆在长安，朱泚善遇之。军中有言及家者，晟泣曰："天子何在，敢言家乎！"泚使晟亲近以家书遗晟曰："公家无恙。"晟怒曰："尔敢为贼为间！"立斩之。军士未授春衣，盛夏犹衣裘褐，终无叛志。

唐德宗兴元元年（甲子，公元784年）

朱泚从奉天大败而归，李晟谋划攻取长安。刘德信与李晟一道屯驻在东渭桥，但他不接受李晟的管束。李晟借刘德信来到营中之机，列举他在沪涧战败和沿途抢劫掳掠的罪行，将他斩杀。李晟因而以数名骑兵奔入刘德信军中，慰劳他的部众，没有人敢有所举动。于是李晟一并统领了此军，军队的声势益发振作。

李怀光胁迫朝廷贬逐了卢杞等人以后，内心不能自安，于是有了反叛朝廷的意图。李怀光又嫌恶李晟独当一面，惟恐他有所建树，便上奏请求与李晟合兵，德宗颁诏答应了他的请求。李晟与李怀光在咸阳西面的陈涛斜会师，营垒还没有修筑完毕，朱泚军队大批开到。李晟对李怀光说："假如敌军顽固把守宫城和苑城，也许会空废时日，延宕许久，不容易攻打下来。现在敌军离开了他们的巢穴，竟敢出城挑战，这是上天把敌军赐给明公，决不能放走他们！"李怀光说："我军刚刚赶到，战马还没有喂料，士兵还没有吃饭，哪能匆匆接战呢！"李晟没有办法，只好自回营垒。每次李晟与李怀光一同派出军队，李怀光的将士常常掠夺百姓的牛马，李晟军却秋毫无犯。李怀光的将士嫌恶李晟军与自己两样，将所得物品分给他们，但李晟军始终不敢接受。

李怀光在咸阳屯驻了好几个月，不肯前进。德宗屡次派遣中使催促他，他便以士兵疲困不堪，而且应当保养兵力，观察敌军的破绽为理由而推辞。诸将领好几次劝说李怀光攻打长安，李怀光不肯听从，还暗中与朱泚勾结合谋。李晟屡屡上奏，惟恐发生变故，被李怀光吞并，请求将军队转移到东渭桥，但德宗仍然希望李怀光洗心革面，争取使他尽力效命，便压了李晟的奏章，不肯批示。

李晟认为："李怀光造反的情状已经很清楚，在危急的关头，应当有所准备。通往蜀郡、汉中的道路是不能堵塞的，请任命副将赵光铣等人为洋、利、剑三州刺史，让他们各自领兵五百人，以便防患于未然。"德宗迟疑不决，准备亲自总领禁兵出走咸阳，以抚慰将士的名义，督促各将领进军讨伐。有人对李怀光说："这就是汉高祖巡游云梦泽的计策！"李怀光大为恐惧，图谋反叛更为强烈。

德宗将近出行之际，李怀光讲话益发不恭顺。德宗仍然怀疑有好进谗言的人从中离间他。甲子（二月二十三日），德宗加封李怀光为太尉，增加食实封，赐铁券，派遣神策右兵马使李卞等人前往传达圣旨。李怀光当着使者的面，把铁券丢在地上说："皇上怀疑我李怀光吗？臣下造反时，才赐铁券。我不曾造反，现在赐铁券，这是让我造反的吧！"他的言辞和语气都很无礼。朔方左兵马使张名振面对军营的大门大声喊道："太尉对待敌军，不许出击，对待皇上的使者，很不恭敬，果真是要造反吗！你的功劳像泰山一样高，忽然舍弃了它们，自取灭族，而让他人去享受富贵，这有什么好处呢！我今天一定要不惜一死，前去争论。"李怀光听了，对他说："我不会造反。只是以为正当敌军强盛，必须积蓄锐气，等待时机罢了。"李怀光又说："皇上所住的地方一定要有城壕。"于是，李怀光派出士兵去修筑咸阳城。不久，他迁移军队，占据了咸阳城。张名振说："以前你说不会造反，现在你调动军队到这里来，这是为什么？为什么你不进攻长安，杀掉朱泚，获取富贵，然后率领军队回到邠州去呢！"李怀光说："张名振得了精神病了！"李怀光命令侍从人员将他拉到外面，把他摧折至死。

李卞等人回朝，讲了李怀光骄横傲慢的情况，于是行在开始对宫门城关严加警戒，侍从皇上的官员都暗中置办行装，等待离开奉天。

乙丑（二十四日），德宗加封李晟为河中、同绛节度使。德宗仍然认为封拜不够优厚，丙寅（二十五日），又加封李晟同平章事。

丁卯（二十六日），李怀光派遣他的将领赵升鸾进入奉天城，约定在当天傍晚让别将达奚小俊焚烧乾陵，让赵升鸾做为内应，来威胁德宗的车驾。赵升鸾到浑瑊处主动讲了此事，浑瑊赶忙上奏德宗，并且请德宗出走梁州。德宗命令浑瑊戒严。浑瑊从朝中出来，部署尚未停当，德宗已经出城西行，命令戴休颜防守奉天，朝中的臣僚和将士们狼狈不堪地随从而行。戴休颜在军队中当众宣布说："李怀光已经造反了！"于是他便登城防守。

李晟接到任官的制书，拜倒在地，哭泣着接受了任命。他对将佐说："长安是宗庙的所在地，是全国的根本。如果各位将领都跟从皇上出行，那将由谁来担当消灭敌军的任务呢！”于是，李晟整治城壕，修缮铠甲兵器，做着收复京城的打算。在此之前，东渭桥有积存的粮食十万余斛，度支供给李怀光军，几乎把粮食用尽。当时，李怀光和朱泚联合用兵，声势很是盛大，德宗向南出走，民情纷乱不堪。李晟仅凭一支孤立无援的军队，处在两个强大的敌寇中间，内部没有资财粮草，外部没有救援，他只用忠义来感发激励将士，所以他的兵力虽然单薄微弱，但锐气并未衰减。李晟又给李怀光去信，措辞执礼都很谦卑恭顺。他虽然表示对李怀光的尊敬与推崇，但开导他去祸就福，规劝他建树功劳，弥补过失，所以李怀光感到惭愧，不忍心向他出击。李晟说：“畿辅地区虽在经受战乱之后，但仍然可以征收赋税。军队停滞不前，姑息敌寇，没有比这更大的祸患了！”于是，李晟使判官张彧代理京兆尹，选择了四十余人，让他们都代理一定的官职，以便督促渭北的粮草。不到十天，各处粮草都充足有余了。于是，李晟流着眼泪与部众起誓，决意平定敌寇。

德宗从奉天出发时，韩游瓌率领着他的部下八百余人回到邠州。李怀光因李晟军渐渐强盛，憎恶他，打算率领军队从咸阳袭击东渭桥。李怀光给部众前后下达了三次命令，大家仍然不肯答应，还私下相互交谈说：“如果他与我辈去进击朱泚，我辈有多大力气便使多大力气。他如果打算造反，我辈唯有一死，决不能服从他的命令！”李怀光知道大家不可勉强，便向宾客将佐征询计策。节度巡官良乡人李景略说：“攻取长安，诛杀朱泚，解散军队，返回各道，你单人匹马前往行在。做到这些，臣下的操守也不算亏缺，已有的功名还可以保住。”李景略向李怀光伏地叩拜，恳切地请求，以至于流下了眼泪，李怀光答应了他。都虞候阎晏等人劝说李怀光东进，防守河中，何去何从，再从长计议。于是李怀光劝说他的部众说：“现在我们姑且在泾阳屯驻，将妻子儿女从邠州召来，等他们到后，与他们一同前往河中。待春天的衣装置办好了，再回军进攻长安，也为时不晚。东边各县都很富庶，在军队出发那一天，任凭你们掳掠。”大家都答应下来。于是，李怀光对李景略说：“你前些时候的建议，将士们不肯依从。你最好赶紧逃跑吧，不然会遭到杀害的！”他让几个人骑马护送李景略。李景略出了军营的大门，极其悲切地哭着说：“不料这支军队沉陷于不义之中了！”

开始时，正当李怀光强盛，朱泚畏惧他。朱泚给李怀光书信，以兄长对待他，约定与他分别在关中称帝，永远互为邻邦。及至李怀光决意谋反，逼迫德宗向南出走时，他的部下有许多人背叛了他，势力也日益薄弱。于是朱泚向李怀光颁赐诏书，以臣属的礼节对待他，并且征调他的军队。李怀光既惭愧，又气愤，对内担心部下作乱，对外恼怒李晟的袭击，于是烧掉营房，向东而去，将泾阳等十二县掳掠得鸡犬不剩。李怀光来到富平时，大将孟涉、段威勇带领数千人投奔李晟，将士沿途一批批散失流亡。李怀光来到河中时，有的人劝河中守将吕鸣岳烧掉蒲津桥，阻止李怀光，吕鸣岳因自己兵力薄弱，惟恐不能支撑下去，于是让李怀光开过蒲津桥

唐坊肆赛茶会

来，河中尹李齐运放弃府城逃走。李怀光派遣他的将领赵贵先在同州修筑壁垒，同州刺史李纾害怕，逃往行在。李纾的幕僚裴向代理同州事务，他到赵贵先处，用叛逆与效忠的道理谴责赵贵先。赵贵先深受触动，幡然醒悟，于是请求归降，同州因此得以保全。裴向是裴遵庆的儿子。李怀光让他的将领符峤袭击并占据了坊州，渭北守将窦觎率领由猎户组成的队伍七百人围困坊州，符峤请求归降。德宗颁诏任命窦觎为渭北行军司马。

陆贽供职翰林院，受到德宗的亲近信任。在艰难的日子里，虽然有宰相，但是无论大事小事，德宗一定要与陆贽商量，所以当时人们把他叫做内宰相。德宗无论到哪里去，也一定要有陆贽伴随。由于梁州、洋州道路险恶难行，德宗曾经与陆贽失散。过了一夜，陆贽还没有到来，德宗担惊发愁流眼泪，征召能够找到陆贽的人，赏赐一千金。过了许久，陆贽才到，德宗非常高兴，太子以下的人们都来祝贺。然而，陆贽常常直言谏诤，有违德宗的意旨。卢杞虽被贬官，但德宗内心中还是庇护他。陆贽极力陈诉、卢杞的邪恶导致了变乱，德宗虽然表面上同意，心中却很不高兴。所以，刘从一、姜公辅都从低的职位进用为宰相，陆贽得到德宗的恩宠和知遇虽然隆盛，却没有出任宰相。

壬辰（三月二十一日），德宗的车驾来到梁州。山南道土地瘠薄，人民贫困。自从安禄山、史思明作乱以来，强盗攻打，寇贼抢劫，户口减少了一多半。虽然该道管辖十五个州，但所有的税收还赶不上中原几个县。及至德宗的车驾暂驻于此地，粮食与一应用度颇为困窘。德宗打算西行到成都，严震对德宗说：“山南道与京畿接连，李晟正在计划收复京城，借助陛下六军作为声援。倘若出行西川，李晟收复京城便没有日期了。”大家还没有议论出结果，适逢李晟的表章送到，他说：“陛下车驾驻扎在汉中，是维系天下民心，造成消灭贼寇形势的保证。倘若图谋不利，舍弃大业，将都城迁到岷峨一带，士子与庶民便会失去希望，虽然有勇猛的将领、多谋的大臣，也没有什么办法了！”于是，德宗停止西行。严震千方百计地征敛税赋，使百姓不至于穷困，而供给车驾的东西又不缺少。牙将严砺是严震的堂弟，严震让他掌管转运粮饷，他把诸事办理得甚是周备。

己亥（二十八日），德宗任命行在都知兵马使浑瑊为同平章事，兼任朔方节度使，出任朔方、邠宁、振武、永平、奉天行营兵马副元帅。

庚子（二十九日），德宗颁诏数说李怀光的罪恶，评定朔方将士忠心顺承朝廷的功绩和声名。德宗仍然看在李怀光是原来的有功之臣的份上，对他曲意宽容，将他的副元帅、太尉、中书令、河中尹连同朔方诸道节度使、观察使等职务一并罢免，授给他太子太保的名号。他所掌管的兵马，委托本军自行推举一个功劳高、威望重的人，因利乘便地加以统领，赶快草拟奏章上报朝廷，朝廷自当授给旌节，以便顺从人们的愿望。

甲辰（初四），德宗加封李晟为鄜坊、京畿、渭北、商华副元帅。李晟一家百口以及神策军将士的家属都留在长安，朱泚对他们都给予很好的待遇。军中有人谈到家室，李晟哭着说："还不知道皇上在哪儿呢，哪敢谈论自己的家室！"朱泚让李晟所亲近的人将李晟的家信送给他，并说："你家没事儿。"李晟生气地说："你竟敢替贼寇充当奸细！"立刻将此人斩杀了。将士们没有发给春天的服装，盛夏还穿着皮衣和粗布衣服，但始终没有背叛的打算。

第二百三十一卷　唐纪四十七

译文诵读

德宗神武圣文皇帝六兴元元年（甲子，784）

庚寅，李晟大陈兵，谕以收复京城。先是，姚令言等屡遣谍人觇晟进军之期，皆为逻骑所获。晟引示以所陈兵，谓曰："归语诸贼：努力固守，勿不忠于贼也！"皆饮之酒，给钱而纵之。遂引兵至通化门外，曜武而还，贼不敢出。晟召诸将，问兵所从入，皆请"先取外城，据坊市，然后北攻宫阙"。晟曰："坊市狭隘，贼若伏兵格斗，居人惊乱，非官军之利也。今贼重兵皆聚苑中，不若自苑北攻之，溃其腹心，贼必奔亡。如此，则宫阙不残，坊市无扰，策之上者也！"诸将皆曰："善！"乃牒浑瑊及镇国节度使骆元光、商州节度使尚可孤，刻期集于城下。

壬辰，尚可孤败泚将仇敬忠于蓝田西，斩之。乙未，李晟移军于光泰门外米仓村。丙申，晟方自临筑垒，泚骁将张庭芝、李希倩引兵大至，晟谓诸将曰："始吾忧贼潜匿不出，今来送死，此天赞我，不可失也！"命副元帅兵马使吴诜等纵兵击之。时华州营在北，兵少，贼并力攻之，晟命牙前将李演等帅精兵救之。演等力战，贼败走；演等追之，乘胜入光泰门；再战，又破之。会夜，晟敛兵还。贼馀众走入白华门，夜，闻恸哭。希倩，希烈之弟也。

丁酉，晟复出兵，诸将请待西师至夹攻之。晟曰："贼数败，已破胆，不乘胜取之，使其成备，非计也。"贼又出战，官军屡捷；骆元光败泚众于浐西。戊戌，晟陈兵于光泰门外，使李演及牙前兵马使王佖将骑兵，牙前将史万顷将步兵，直抵苑墙神麚村。晟先使人夜开苑墙二百余步，比演等至，贼已树栅塞之，自栅中刺射官军，官军不得进。晟怒，叱诸将曰："纵贼如此，吾先斩公辈矣！"万顷惧，帅众先进，拔栅而入，佖、演引骑兵继之，贼众大溃，诸军分道并入。姚令言等犹力战，晟命决胜军使唐良臣等步骑蹙之，且战且前，凡十余合，贼不能支。至白华门，有贼数千骑出官军之背，晟帅百余骑回御之，左右呼曰："相公来！"贼皆惊溃。

先是，泚遣张光晟将兵五千屯九曲，去东渭桥十余里，光晟密输款于晟。及泚败，光晟劝泚出亡，泚乃与姚令言帅余众西走，犹近万人。光晟送泚出城，还，降于晟。晟遣兵马使田子奇以骑兵追泚。晟屯含元殿前，舍于右金吾仗，令诸军曰：

"晟赖将士之力，克清宫禁。长安士庶，久陷贼庭，若小有震惊，非吊民伐罪之意。晟与公等室家相见非晚，五日内无得通家信。"命京兆尹李齐运等安慰居人。晟大将高明曜取贼妓，尚可孤军士擅取贼马，晟皆斩之，军中股栗。公私安堵，秋毫无犯，远坊有经宿乃知官军入城者。

是日，浑瑊、戴休颜、韩游瓌亦克咸阳，败贼三千余众，闻泚西走，分兵邀之。

己亥，晟使京西兵马使孟涉屯白华门，尚可孤屯望仙门，骆元光屯章敬寺，晟以牙前三千人屯安国寺，以镇京城；斩泚党李希倩、敬钉、彭偃等八人于市。

六月，癸卯，李晟遣掌书记吴人于公异作露布上行在曰："臣已肃清宫禁，祗谒寝园，钟虡不移，庙貌如故。"上泣下曰："天生李晟，以为社稷，非为朕也。"

朱泚将奔吐蕃，其众随道散亡，比至泾州，才百余骑。田希鉴闭城拒之，泚谓之曰："汝之节，吾所授也。奈何临危相负！"使焚其门；希鉴取节投火中曰："还汝节！"泚众皆哭。泾卒遂杀姚令言，诣希鉴降。泚独与范阳亲兵及宗族、宾客北趣驿马关；宁州刺史夏侯英拒之。至彭原西城屯，其将梁庭芬射泚坠坑中，韩旻等斩之，诣泾州降。源休、李子平奔凤翔，李楚琳斩之，皆传首行在。

乙巳，诏吏部侍郎班宏充宣慰使，劳问将士，抚慰蒸黎。

丙午，李晟斩文武官受朱泚宠任者崔宣、洪经纶等十余人；又表守节不屈者刘迺、蒋沇等。

李晟综理长安以备百司，自请至凤翔迎扈，上不许。内常侍尹元贞奉使同华，辄诣河中招谕李怀光。晟奏："元贞矫制擅赦元恶，请理其罪！"

秋，七月，丙子，车驾至凤翔，斩乔琳、蒋镇、张光晟等。李晟以光晟虽臣贼，而灭贼亦颇有力，欲全之；上不许。

副元帅判官高郢数劝李怀光归款，怀光遣其子璀诣行在谢罪，请束身归朝。庚辰，诏遣给事中孔巢父赍先除怀光太子太保敕诣河中宣慰，朔方将士悉复官爵如故。

壬午，车驾至长安，浑瑊、韩游瓌、戴休颜以其众扈从，李晟、骆元光、尚可孤以其众奉迎，步骑十余万，旌旗数十里。晟谒见上于三桥，先贺平贼，后谢收复之晚，伏路左请罪。上驻马慰抚，为之掩涕，命左右扶上马。至宫，每闲日，辄宴勋臣，赏赐丰渥，李晟为之首，浑瑊次之，诸将相又次之。

丁亥，孔巢父至河中，李怀光素服待罪，巢父不之止。怀光左右多胡人，皆叹曰："太尉无官矣！"巢父又宣言于众曰："军中谁可代太尉领军者？"于是怀光左右发怒喧噪；宣诏未毕，众杀巢父及中使啖守盈，怀光亦不之止，复治兵马拒守之备。

先是，上命浑瑊、骆元光讨李怀光军于同州，怀光遣其将徐庭光以精卒六千军于长春宫以拒之，瑊等数为所败，不能进。时度支用度不给，议者多请赦怀光，上不许。李怀光遣其妹婿要廷珍守晋州，牙将毛朝扬守隰州，郑抗守慈州，马燧皆遣人说下之。上乃加浑瑊河中、绛州节度使，充河中、同华、陕虢行营副元帅，加马燧奉诚军、晋、慈、隰节度使，充管内诸军行营副元帅，与镇国节度使骆元光、鄜坊节度使唐朝臣合兵讨怀光。

度支以李怀光所部将士数万与怀光同反，不给冬衣，上曰："朔方军累代忠义，今为怀光所制耳，将士何罪！"冬，十月，诏："朔方及诸军在怀光所者，冬衣及赏钱皆当别贮，俟道路稍通，即时给之。"

初，鱼朝恩既诛，代宗不复使宦官典兵。上即位，悉以禁兵委白志贞，志贞得罪，上复以宦官窦文场代之，从幸山南，两军稍集。上还长安，颇忌宿将握兵多者，稍稍罢之。戊辰，以文场监神策军左厢兵马使，王希迁监右厢兵马使，始令宦官分典禁旅。

唐德宗兴元元年（甲子，公元784年）

庚寅（五月二十日），李晟将兵马布成巨大的阵列，向将士宣布前去收复京城。在此之前，姚令言等人屡次派遣探子前来刺探李晟进军的日期，但都被巡逻的骑兵俘虏了。现在，李晟领着这些俘虏，让他们观看自己布成阵列的兵马，对他们说："你们回去告诉每一个贼兵贼将，让他们卖力气地坚决防守吧，可不要不忠于朱泚老贼！"李晟让他们都喝了酒，给了一些钱，便将他们放了回去。李晟于是领兵来到通化门外，将武力显示了一番才又回去，敌军不敢出城。李晟召集各位将领，询问军队攻打入城的路线，将领们都主张先夺取外廓城，占领坊市，然后向北攻打宫苑。李晟说："坊市狭窄，倘若贼军在那里埋伏下兵马，与我军搏斗，居民惊惶散乱，对官军并没有好处。现在贼军的重兵都聚集在宫苑中，不如从宫苑北面进攻他们，使他们的核心先行崩溃，敌军肯定就会逃亡。这样做，宫苑不会残破，坊市不受骚扰，这才是上策呢！"各将领都说："好。"于是，李晟给浑瑊以及镇国节度使骆元光、商州节度使尚可孤送去文书，限定日期，在城下会集。

壬辰（二十二日），尚可孤在蓝田西面打败朱泚的将领仇敬忠，并诛杀了他。乙未（二十五日），李晟将军队调到光泰门外的米仓村。丙申（二十六日），李晟正在亲自指挥修筑营垒时，朱泚的骁将张庭芝、李希倩领兵卷地而来，李晟对各将领说："最初我还担心贼军躲藏着不肯出战，现在赶来送死，这是上天助我，良机决不可失！"李晟命令副元帅、兵马使吴诜等人放出兵马，进击敌军。当时，骆元光华州军的营垒在北面，兵马较少，敌军便合力攻打骆元光部，李晟命令牙前将领李演等人率领精锐兵马前去援救。李演等人奋力接战，贼军败走。李演等人追击敌军，乘胜进入光泰门，再次接战，又打败敌军。适逢夜幕降临，李晟收兵回营。敌军的残余人马逃入白华门，夜里可以听到极其悲痛的哭声。李希倩是李希烈的弟弟。

丁酉（二十七日），李晟再次出兵，各将领请求等待西面的浑瑊军赶到后夹攻敌军，李晟说："贼军屡次失败，已经吓破了胆，不乘胜攻取敌军，而使他们做好防备，这不是良策。"敌军又来出战，官军屡屡获胜，骆元光又在浐水西面打败了朱泚军。戊戌（二十八日），李晟在光泰门外面摆开军阵，让李演以及牙前兵马使王佖带领骑兵，让牙前将领史万顷带领步兵，直接抵达宫苑墙边的神麚村。李晟事先让人在夜间凿开宫苑的垣墙宽二百余步，待到李演等人到来时，敌军已经竖起栅栏堵塞了宫苑垣墙的缺口，从栅栏里面刺杀、射击官军，官军不能前进。李晟愤怒地大声呵斥各将领说："你们放纵贼军到这般地步，我要先斩诸位了！"史万顷害怕，率领部众首先前进，拔除栅栏，冲了进去，王佖、李演带领骑兵相继而入，敌军纷纷逃散，各军分路一齐进入宫苑。姚令言等人仍然在奋力接战，李晟命令决胜军使唐良臣等人的步兵、骑兵迫近他们，一边接战，一边前进，约有十余回合，敌军不能支持。来到白华门前时，敌军有骑兵数千人从官军背后出战，李晟率领骑兵一百余人回头抵御他们，李晟身边的人大声喊道："李相公来了！"敌军都惊惶地溃散了。

在此之前，朱泚派遣张光晟领兵五千人在九曲屯驻，该处距离东渭桥有十余里，张光晟暗中向李晟表示诚意。到朱泚战败时，张光晟劝说朱泚出城逃走，朱泚便与姚令言率领残余部众向西面逃跑，这时朱泚仍然有将近一万人。张光晟将朱泚送出城，又回到城中，归降了李晟。李晟派遣兵马使田子奇率领骑兵追击朱泚。李晟在含元殿前驻扎军队，在右金吾仗的房舍住下，他命令各军说："我依靠将士们的努力，得以肃清宫禁。长安的士子庶民，长期失陷在贼寇的统治之下，如果使他们稍微受到些震惊，就不是安抚人民、讨伐罪人的本意了。我与诸位同家里人相见的时候不会太晚了，但五天以内不能与家里人互通消息。"他命令京兆尹李齐运等安慰居民。李晟的大将高明曜占有了敌人的歌妓，尚可孤的将士擅自牵走了敌人的马匹，李晟将他们一概斩杀，军中将士害怕得连大腿都发抖了。公私相安无事，官军对百姓没有丝毫侵犯，偏远的店铺，有过了一夜以后才知道官军已经进了都城。

这一天，浑瑊、戴休颜、韩游瓌也攻克了咸阳，打败敌军三千余人。浑瑊等人听说朱泚向西逃走，便分兵拦击朱泚。

己亥（二十九日），李晟让京西兵马使孟涉在白华门驻扎，让尚可孤在望仙门驻扎，让骆元光在章敬寺驻扎，李晟自率牙前兵三千人在安国寺驻扎，以便镇守京城。李晟又命令将朱泚的党羽李希倩、敬釭、彭偃等八人在闹市中斩杀。

六月，癸卯（初四），李晟派遣掌书记吴地人氏于公异草拟告捷文书进上行在说："我已经肃清宫禁，恭敬地参谒了陵寝墓园，连钟磬的支架都没有移动，宗庙的面貌仍然与过去一个模样。"德宗流着眼泪说："上天让李晟降生，是为了国家，而不是为了朕啊。"

朱泚准备逃奔吐蕃，他的部众沿途散失流亡，及至来到泾州时，剩下骑兵才一百余人。田希鉴关闭城门，不让他进城，朱泚对他说："你的节度使的旌节，乃是我授给你的，你怎么能够在我面临危难时，便辜负了我呢！”他让人去烧掉泾州城门，田希鉴取出旌节，丢在火中说：“还你旌节！”朱泚的部众都哭了起来。于是泾州士兵杀了姚令言，到田希鉴那里投降。朱泚独自与范阳亲兵及其本宗族人和幕府宾客向北奔向驿马关，宁州刺史夏侯英拒绝让他通过。到彭原县西城屯时，朱泚将领梁庭芬将他射落到土坑之中，韩旻等人斩杀了朱泚，前往泾州归降。源休、李子平逃奔凤翔，李楚琳将他们斩杀了。他们的头颅，全都被传送到行在。

乙巳（初六），德宗颁诏命令吏部侍郎班宏充任宣慰使，前去慰劳将士，安抚百姓。

丙午（初七），李晟斩掉文武官员中受到朱泚宠信与任用的崔宣、洪经纶等十余人，又表奏恪守臣节、不肯屈敌的刘迺、蒋沇等人。

李晟总揽治理长安事务，以便使各部门完备起来。他主动请求到凤翔去迎接德宗，扈从车驾，德宗不允。内常侍尹元贞奉命出使同华，却随即到河中劝说李怀光归顺朝廷，李晟上奏说：“尹元贞假托朝命，擅自赦免首恶，请将他治罪！”

秋季，七月，丙子（初七），德宗的车驾来到凤翔，斩杀了乔琳、蒋镇、张光晟等人。张光晟虽然曾向朱泚称臣，但消灭朱泚也很出力，因此李晟打算保全他，德宗不肯答应。

浑瑊隧陷云梁

副元帅判官高郢屡次劝说李怀光投诚，李怀光让他的儿子李璀前往行在承认罪责，请求到朝廷投案。庚辰（十一日），德宗颁诏派遣给事中孔巢父带着原先封拜李怀光为太子太保的敕书，前往河中安抚李怀光，悉数恢复朔方将士的官爵，一如既往。

壬午（十三日），德宗的车驾来到长安。浑瑊、韩游瓌、戴休颜率领自己的部众扈从德宗前来，李晟、骆元光、尚可孤率领自己的部众前去迎候，步兵、骑兵十余万人，旗帜连绵了几十里。李晟在三桥谒见德宗，首先为平定了朱泚而道贺，然后为收复京城太迟而道歉，跪在道路左侧请求恕罪。德宗停下马来安慰他，被他感动得掩而流泪，命令侍从人员扶他上马。回到宫中后，每逢不上朝的日子。德宗总是宴请立下功勋的大臣，赏赐的物品甚为丰厚，每次都是李晟居于首位，浑瑊居于第二，各将相又居于他们之下。

丁亥（十八日），孔巢父来到河中，李怀光穿着民服，等待治罪，孔巢父没有制止他。李怀光的亲信多是胡人，他们都叹着气说：“太尉保不住官爵了！”孔巢父又向大家扬言说：“军中有谁可以代替太尉统领军队呢？”于是，李怀光的亲信生气地喧闹起来，诏书还没有宣读完毕，众人便杀死了孔巢父以及中使啖守盈。李怀光对此也不加制止，再次整治兵马，做抵御防守的准备。

在此之前，德宗命令浑瑊、骆元光讨伐李怀光，二将在同州驻扎。李怀光派遣他的将领徐庭光率领精锐士兵六千人驻扎在长春宫，以便抵抗二将。浑瑊等人屡次被徐庭光打败，不能前进。当时，度支的开支供给不足，计议此事的人们多数请求赦免李怀光，德宗不允。李怀光派遣他的妹夫要廷珍防守晋州，派遣牙将毛朝扬防守隰州，派遣郑抗防守慈州。马燧一一派人说服他们归顺了。于是德宗加封浑瑊为河中、绛州节度使，充任河中、同华、陕虢行营副元帅，加封马燧为奉诚军、晋、慈、隰节度使，充任管辖范围以内诸军行营副元帅，与镇国节度使骆元光、鄜坊节度使唐朝臣合兵一处，讨伐李怀光。

由于李怀光所统领的将士数万人曾与李怀光共同造反，度支不给他们冬天的衣装。德宗说："朔方军多少世代以来都是忠义的，如今只是被李怀光控制了而已，将士有什么罪过！"冬季，十月，德宗颁诏说："朔方军以及在李怀光统领下的各军，其冬季衣装以及赏钱都应当另外储存着，等候道路逐渐畅通以后，立刻及时发给他们。"

当初，鱼朝恩被杀后，代宗不再让宦官掌管军事。德宗即位后，将禁卫亲军全部交给白志贞掌管。白志贞获罪后，德宗再次让宦官窦文场代替他，窦文场跟随德宗出行山南，神策两军渐渐有了一些规模。德宗回到长安后，对掌握兵马较多的宿将颇有顾忌，逐渐地削除他们的兵权。戊辰（三十日），德宗任命窦文场为监神策军左厢兵马使，任命王希迁为监神策军右厢兵马使，开始让宦官分别掌管禁卫亲军。

第二百三十二卷 唐纪四十八

译文诵读

德宗神武圣文皇帝七贞元元年（乙丑，785）

马燧至行营，与诸将谋曰："长春宫不下，则怀光不可得。长春宫守备甚严，攻之旷日持久，我当身往谕之。"遂径造城下，呼怀光守将徐庭光，庭光帅将士罗拜城上。燧知其心屈，徐谓之曰："我自朝廷来，可西向受命。"庭光等复西向拜。燧曰："汝曹自禄山已来，徇国立功四十余年，何忽为灭族之计！从吾言，非止免祸，富贵可图也。"众不对。燧披襟曰："汝不信吾言，何不射我！"将士皆伏泣。燧曰："此皆怀光所为，汝曹无罪。弟坚守勿出。"皆曰"诺"。

壬申，燧与浑瑊、韩游瓌进军逼河中，至焦篱堡；守将尉珪以七百人降。是夕，怀光举火，诸营不应。骆元光在长春宫下，使人招徐庭光；庭光素轻元光，遣卒骂之，又为优胡于城上以侮之，且曰："我降汉将耳！"元光使白燧，燧还至城下，庭光开门降。燧以数骑入城慰抚，其众大呼曰："吾辈复为王人矣！"浑瑊谓僚佐曰："始吾谓马公用兵不吾远也，今乃知吾不逮多矣！"诏以庭光试殿中监兼御史大夫。

甲戌，燧帅诸军至河西，河中军士自相惊曰："西城擐甲矣！"又曰："东城娖队矣！"须臾，军士皆易其号为"太平"字；怀光不知所为，乃缢而死。

朔方将牛名俊断怀光首出降。河中兵犹万六千人，燧斩其将阎晏等七人，余皆不问。燧自辞行至河中平，凡二十七日。燧出高郢、李鄘于狱，皆奏置幕下。

二年（丙寅，786）

三月，李希烈别将寇郑州，义成节度使李澄击破之。希烈兵势日蹙，会有疾，夏，四月，丙寅，大将陈仙奇使医陈山甫毒杀之；因以兵悉诛其兄弟妻子，举众来降。甲申，以仙奇为淮西节度使。

关中仓廪竭，禁军或自脱巾呼于道曰："拘吾于军而不给粮，吾罪人也！"上忧之甚，会韩滉运米三万斛至陕，李泌即奏之。上喜，遽至东宫，谓太子曰："米已至陕，吾父子得生矣！"时禁中不酿，命于坊市取酒为乐。又遣中使谕神策六军，军士皆呼万岁。

时比岁饥馑，兵民率皆瘦黑，至是麦始熟，市有醉人，当时以为嘉瑞。人乍饱食，死者复伍之一。数月，人肤色乃复故。

秋，七月，淮西兵马使吴少诚杀陈仙奇，自为留后。少诚素狡险，为李希烈所宠任，故为之报仇。己酉，以虔王谅为申、光、随、蔡节度大使，以少诚为留后。

丙戌，吐蕃尚结赞大举寇泾、陇、邠、宁，掠人畜，芟禾稼，西鄙骚然，州县各城守。诏浑瑊将万人，骆元光将八千人屯咸阳以备之。

吐蕃游骑及好畤；乙巳，京城戒严，复遣左金吾将军张献甫屯咸阳。民间传言上复欲出幸以避吐蕃，齐映见上言曰："外间皆言陛下已理装，具糗粮，人情恟惧。夫大福不再，陛下奈何不与臣等熟计之！"因伏地流涕，上亦为之动容。

三年（丁卯，787）

二月，壬戌，以检校左庶子崔浣充入吐蕃使。

三月，丁酉，以左庶子李铦充入吐蕃使。

初，吐蕃尚结赞得盐、夏州，各留千馀人戍之，退屯鸣沙；自冬入春，羊马多死，粮运不继，又闻李晟克摧沙，马燧、浑瑊等各举兵临之，大惧，屡遣使求和，上未之许。乃遣使卑辞厚礼求和于马燧，且请修清水之盟而归侵地，使者相继于路。燧信其言，留屯石州，不复济河，为之请于朝。

李晟曰："戎狄无信，不如击之。"韩游瓌曰："吐蕃弱则求盟，强则入寇，今深入塞内而求盟，此必诈也！"韩滉曰："今两河无虞，若城原、鄯、洮、谓四州，使李晟、刘玄佐之徒将十万众戍之，河、湟二十余州可复也。其资粮之费，臣请主办。"上由是不听燧计，趣使进兵。燧请与吐蕃使论颊势俱入朝论之，会滉薨，燧、延赏皆与晟有隙，欲反其谋，争言和亲便。上亦恨回纥，欲与吐蕃和，共击之，得二人言，正会己意，计遂定。

延赏数言"晟不宜久典兵，请以郑云逵代之"。上曰："当令自择代者。"乃谓晟曰："朕以百姓之故，与吐蕃和亲决矣。大臣既与吐蕃有怨，不可复之凤翔，宜留朝廷，朝夕辅朕；自择一人可代凤翔者。"晟荐都虞候刑君牙。君牙，乐寿人也。丙午，以君牙为凤翔尹兼团练使。丁未，加晟太尉、中书令，勋、封如故；余悉罢之。

辛亥，马燧入朝。燧既来，诸军皆闭壁不战，尚结赞遽自鸣沙引归，其众乏马，多徒行者。

崔浣见尚结赞，责以负约。尚结赞曰："吐蕃破朱泚，未获赏，是以来，而诸州各城守，无由自达。盐、夏守将以城授我而遁，非我取之也。今明公来，欲践修旧好，固吐蕃之愿也。今吐蕃将相以下来者二十一人，浑侍中尝与之共事，知其忠信。灵州节度使杜希全、泾原节度使李观皆信厚闻于异域，请使之主盟。"

夏，四月，丙寅，浣至长安。辛未，以浣为鸿胪卿，复使入吐蕃语尚结赞曰：

“希全守灵，不可出境，李观已改官，今遣浑瑊盟于清水。”且令先归盐、夏二州。五月甲申，浑瑊自咸阳入朝，以为清水会盟使。戊子，以兵部尚书崔汉衡为副使，司封员外郎郑叔矩为判官，特进宋奉朝为都监。己丑，瑊将二万余人赴盟所。

乙巳，尚结赞遣其属论泣赞来言：“清水非吉地，请盟于原州之土梨树；既盟而归盐、夏二州。”上皆许之。神策将马有麟奏：“土梨树多阻险，恐吐蕃设伏兵，不如平凉川坦夷。”时论泣赞已还，丁未，遣使追告之。

浑瑊之发长安也，李晟深戒之以盟所为备不可不严。张延赏言于上曰：“晟不欲盟好之成，故戒瑊以严备。我有疑彼之形，则彼亦疑我矣，盟何由成！”上乃召瑊，切戒以推诚待虏，勿自为猜贰以阻虏情。

瑊奏吐蕃决以辛未盟，延赏集百官，以瑊表称诏示之曰：“李太尉谓吐蕃和好必不成，此浑侍中表也，盟日定矣。”晟闻之，泣谓所亲曰：“吾生长西陲，备谙虏情，所以论奏，但耻朝廷为犬戎所侮耳！”

上始命骆元光屯潘原，韩游瓌屯洛口，以为瑊援。元光谓瑊曰：“潘原距盟所且七十里，公有急，元光何从知之！请与公俱。”瑊以诏指固止之。元光不从，与瑊连营相次，距盟所三十余里。元光壕栅深固，瑊壕栅皆可逾也。元光伏兵于营西，韩游瓌亦遣五百骑伏于其侧，曰：“若有变，则汝曹西趣柏泉以分其势。”

尚结赞与瑊约，各以甲士三千人列于坛之东西，常服者四百人从至坛下。辛未，将盟，尚结赞又请各遣游骑数十更相觇索，瑊皆许之。吐蕃伏精骑数万于坛西，游骑贯穿唐军，出入无禁；唐骑入虏军，悉为所擒，瑊等皆不知，入幕，易礼服。虏伐鼓三声，大噪而至，杀宋奉朝等于幕中。瑊自幕后出，偶得他马乘之，伏鬣入其衔，驰十余里，衔方及马口，故矢过其背而不伤。唐将卒皆东走，虏纵兵追击，或杀或擒之，死者数百人，擒者千余人，崔汉衡为虏骑所擒。浑瑊至其营，则将卒皆遁去，营空矣。骆元光发伏成陈以待之，虏追骑愕眙。瑊入元光营，追骑顾见邠宁军四驰，乃还。元光以辎重资瑊，与瑊收散卒，勒兵整陈而还。

是日上临朝，谓诸相曰：“今日和戎息兵，社稷之福！”马燧曰：“然。”柳浑曰：“戎狄，豺狼也，非盟誓可结。今日之事，臣窃忧之！”李晟曰：“诚如浑言。”上变色曰：“柳浑书生，不知边计；大臣亦为此言邪！”皆伏地顿首谢，因罢朝。是夕，韩游瓌表言“虏劫盟者，兵临近镇”。上大惊，街递其表以示浑。明旦，谓浑曰：“卿书生，乃能料敌如此其审乎！”上欲出幸以避吐蕃，大臣谏而止。

甲戌，尚结赞至故原州，引见崔汉衡等曰：“吾饰金械，欲械瑊以献赞普。今失瑊，虚致公辈。”又谓马燧之侄弇曰：“胡以马为命，吾在河曲，春草未生，马不能举足，当是时，侍中渡河掩之，吾全军覆没矣！所以求和，蒙侍中力。今全军得归，奈何拘其子孙！”命弇与宦官俱文珍、浑瑊将马宁俱归。分囚崔汉衡等于河、廓、鄯州。上闻尚结赞之言，由是恶马燧。

六月，丙戌，以马燧为司徒兼侍中，罢其副元帅、节度使。

初，吐蕃尚结赞恶李晟、马燧、浑瑊，曰："去三人，则唐可图也。"于是离间李晟，因马燧以求和，欲执浑瑊以卖燧，使并获罪，因纵兵直犯长安，会失浑瑊而止。张延赏惭惧，谢病不视事。

吐蕃之戍盐、夏者，馈运不继，人多病疫思归，尚结赞遣三千骑逆之，悉焚其庐舍，毁其城，驱其民而去。灵盐节度使杜希全遣兵分守之。

唐德宗贞元元年（乙丑，公元785年）

马燧来到行营，与各将领计议说："不将长春宫攻打下来，便不能捉住李怀光。长春宫的防守戒备甚为严密，若是攻打它，势必空费时日，相持很久，我应当亲自前去开导他们。"于是，马燧径直来到城下，呼喊李怀光的守城将领徐庭光，徐庭光率领将士在城上列队向马燧下拜，马燧看出徐庭光内心已经屈服，便和缓地对他说："我是从朝廷来的，你们应该向着西面接受朝命。"徐庭光等便又向西面下拜。马燧说："自从安禄山以来，你们献身国家，建立功勋，已有四十余年，为什么忽然做这种诛灭家族的打算！听我的话，你们不仅可以免去灾祸，而且还可以谋求富贵呢。"众人都不肯回答。马燧敞开衣襟说："既然你们不相信我的话，为什么不用箭射我！"城上将士都伏在地上哭泣。马燧说："这些罪过都是李怀光犯下的，你们是没有罪的。你们只管坚守这座城不出来就是了。"众人回答："是。"

壬申（八月初十），马燧与浑瑊、韩游瓌进军迫近河中，抵达焦篱堡，守卫的将领尉珪率七百人归降。这天傍晚，李怀光举火报警，各军营没有响应的。骆元光在长春宫下面，让人招呼徐庭光，徐庭光平素看不起骆元光，派士兵骂他，又扮成胡人在城上侮辱他，而且说："我们向汉族将领投降！"骆元光让人禀告马燧，马燧来到城下，徐庭光打开城门归降。马燧带着数人骑马入城，慰问安抚众人。徐庭光的部众大声呼喊着说："我们又成了圣上的子民啦！"浑瑊对佐助自己的官吏说："开始我自以为马公用兵与我不会相差太多，现在才知道我是远远赶不上他的。"德宗颁诏任命徐庭光为试殿中监，兼任御史大夫。

甲戌（十二日），马燧率领诸军来到河西县，河中将士自相惊扰地说："西城将士已经穿上铠甲啦！"又说："东城将士已经排好列啦！"一会儿，将士们全将旗号改成了"太平"二字。李怀光不知所措，于是自缢而死。

朔方将领牛名俊割下李怀光的头颅出城投降。河中兵还有一万六千人，马燧将他们的将领阎晏等七人斩杀，对剩下的人都不予追究。马燧从告别德宗到平定河中，共用了二十七天。马燧将高郢、李鄘放出监狱，奏请将他们都安置在自己的幕府之中。

二年（丙寅，公元786年）

三月，李希烈的别将侵犯郑州，义成节度使李澄击败了他。李希烈军的形势日益紧迫，恰好他生了病，夏季，四月，丙寅（初七），大将陈仙奇指使医生陈山甫将他毒死。陈仙奇于是派兵将李希烈的兄弟、妻子、儿女全部诛杀，率众前来投降。甲申（二十五日），德宗任命陈仙奇为淮西节度使。

关中粮食库存已经用光，禁军中有人摘下头巾，在道上大喊："把我拘束在军中，但不给粮食，我简直成罪人了！"德宗甚为忧虑，适逢韩滉将三万斛米运到陕州。李泌当即奏报朝廷。德宗大喜，匆忙来到东宫，对太子说："米已运到陕州，我父子能够活下去了！"当时，宫廷中不造酒，德宗让人上街取酒回来作乐。德宗又派遣中使告诉神策六军，军中将士都高呼万岁。

当时，由于连年饥荒，将士、百姓全都又瘦又黑。至此，麦子开始成熟，街市中有了醉酒之人，当时认为这是嘉兆瑞象。人们骤然吃得很饱，因此而致死的人又有五分之一。过了几个月，人们皮肤的颜色才恢复原状。

秋季，七月，淮西兵马使吴少诚杀死陈仙奇，自任留后。吴少诚素来狡猾阴险，被李希烈所眷宠信任，所以吴少诚为他报仇。己酉（二十二日），德宗任命虔王李谅为申、光、随、蔡节度大使，任命吴少诚为留后。

丙戌（八月三十日），吐蕃尚结赞大规模地侵犯泾州、陇州、邠州、宁州，掳掠人口与牲畜，收割庄稼，西部边境骚动不安，州县各自据城防守。德宗颁诏命令浑瑊带领一万人，骆元光带领八千人在咸阳驻扎，以防御吐蕃。

吐蕃游动作战的骑兵已经到达好畤。乙巳（九月十九日），京城采取了严密的防备措施，还派遣左金吾将军张献甫在咸阳屯驻。民间传说皇上准备再次出走，以便躲避吐蕃。齐映进见德宗说："外面都说陛下已经整顿行装，备办干粮，人们的情绪既震惊，又恐惧。一般说来，巨大的福气是不会再出现的，怎么陛下就不肯与我等详细计议一下呢！"他说着便跪伏于地，流下了眼泪。德宗也被他感动得改变了脸色。

三年（丁卯，公元787年）

二月，壬戌（初七），德宗让检校左庶子崔浣充任入吐蕃使。

三月，丁酉（十三日），德宗让左庶子李铦充任入吐蕃使。

当初，吐蕃尚结赞在得到盐州、夏州后，各自留下一千余人戍守其地，自己退至鸣沙县屯

马燧披心示贼

驻。由冬天转入春天后，羊马多数死去，粮食运输供给不上，又听说李晟攻克摧沙堡，马燧、浑瑊等人各自起兵亲临鸣沙，尚结赞大为恐惧，屡次派遣使者请求和好，德宗没有答应他。于是尚结赞派遣使者以谦卑的辞令和丰厚的礼物向马燧求和，而且请求遵守清水会盟的约定，归还他们所侵夺的土地，派出的使者在道路上前后相继。马燧相信了尚结赞的说法，留在石州屯扎，不再渡过黄河，还替尚结赞向朝廷请求。

李晟说："吐蕃不讲信用，不如向他们发起进攻。"韩游瓌说："吐蕃削弱的时候才请求会盟，强盛的时候便侵犯内地。现在，吐蕃深入到边界之内，反而请求盟会，这一定是在骗人！"韩滉说："如今两河一带没有祸患，假如在原州、鄯州、洮州、渭州四处筑城，让李晟、刘玄佐这些人带领十万人马戍守在那里，河湟地区的二十多个州是可以收复的。他们所需物资粮食的费用，请让我来主持办理。"因此，德宗没有听从马燧的意见，还敦促他进军。马燧请求与吐蕃使者论颊热一同入朝辩论和亲之事，适逢韩滉去世，马燧、张延赏都与李晟有嫌隙，打算反对李晟的谋略，便争着称道和亲有利。德宗也因心恨回纥，准备与吐蕃和好，以便共同进击回纥，听到马、张二人的主张，正符合自己的意愿，于是便拿定了主意。

张延赏屡次说："李晟不适合长期执掌军事，请让郑云逵代替他。"德宗说："应该让他自己选择替代他的人选。"于是德宗对李晟说："为了百姓的原故，朕已经决定与吐蕃和亲了。既然你与吐蕃结有怨仇，所以不能再到凤翔去了，最好是留在朝廷，时时辅佐朕。你自己选择一个可以替代你出任凤翔的人选吧。"李晟推荐都虞候邢君牙。邢君牙是乐寿人。丙午（二十二日），德宗任命邢君牙为凤翔尹兼团练使。丁未（二十三日），加封李晟为太尉、中书令，他的勋位、爵号仍然一如往昔，对封拜给他的其余官职，则一概罢除了。

辛亥（二十七日），马燧入京朝见。马燧来到朝廷以后，各军都关闭营门，不再出战。尚结赞急忙从鸣沙带领军队退回，他的军队缺少马匹，有许多人只好徒步而行。

崔浣见到尚结赞，责备他背弃盟约。尚结赞说："吐蕃打败朱泚，没有得到赏赐，所以便前来了，然而诸州各自据城防守，还是无法传达我们的要求。盐州、夏州的守城将领把城池交给我们以后便逃走了，这可不是我们攻取下来的。现在您来了，打算履行前言，重新恢复原来的盟好，这正是吐蕃的愿望啊。如今吐蕃将相以下官员前来的有二十一人，浑侍中曾经与他们一起讨伐朱泚，知道他们是讲究忠信的。灵州节度使杜希全、泾原节度使李观信义用事，厚道待人，都闻名于异国，请让他们主持会盟吧。"

夏季，四月，丙寅（十二日），崔浣来到长安。辛未（十七日），德宗任命崔浣为鸿胪卿，让他再次前往吐蕃对尚结赞说："杜希全防守灵州，不能够离开本州疆境，李观已经改任官职。现在派遣浑瑊到清水会盟。"并且让吐蕃先归还盐州、夏州两地。五月，甲申（初一），浑瑊从咸阳入京朝见，德宗任命他为清水会盟使。戊子（初五），德宗任命兵部尚书崔汉衡为清水会盟副使，司封员外郎郑叔矩为判官，特进宋奉朝为都监。己丑（初六），浑瑊带领二万余人前往会盟地点。

乙巳（二十二日），尚结赞派遣他的下属论泣赞前来说：“清水不是吉祥的地方，请在原州的土梨树会盟。会盟以后，便归还盐、夏二州。”德宗一概答应下来。神策军将领马有麟上奏说：“土梨树多半是险阻之地，恐怕吐蕃会设下埋伏的兵马，不如在平凉川会盟，那里地势平坦。”当时，论泣赞已经回去，丁未（二十四日），德宗派遣使者追赶论泣赞，告诉他这一决定。

浑瑊从长安出发时，李晟深切地告诫他在会盟地点的防备不可不严密。张延赏对德宗说：“李晟不希望会盟交好获得成功，所以他才告诫浑瑊严加防备。我们有了怀疑吐蕃的形迹，吐蕃就也要怀疑我们了，会盟还怎么能够成功呢！”于是德宗传召浑瑊，极力告诫他对待吐蕃要有诚意，不要自怀疑忌而拒绝了吐蕃的真情。

浑瑊上奏，吐蕃决定在辛未（闰五月十九日）这一天会盟。张延赏招集百官，把浑瑊的表章拿给大家看，他说：“李太尉认为与吐蕃和好必定不能成功，这就是浑侍中的表章，会盟的日期已经确定了。”李晟听说此事后，哭泣着对亲近的人说：“我生长在西部边疆，完全熟悉吐蕃的情况，我上奏论说此事的本意，只是不愿意让朝廷遭受吐蕃的侮辱罢了！”

一开始，德宗命令骆元光驻扎在潘原，韩游瓌驻扎在洛口，以此来应援浑瑊。骆元光对浑瑊说：“潘原距离会盟地点将近七十里，倘若你发生了紧急情况，我哪里能够得到你的消息呢！请让我与你一同前往吧。”浑瑊根据诏书的意旨坚决阻止了他。骆元光不肯听命，与浑瑊的营地连接着驻扎下来，距离会盟地点有三十多里。骆元光的壕堑挖得很深，栅栏扎得很牢固，浑瑊的壕堑和栅栏却完全可以轻易跳过去。骆元光在营地西边设下伏兵。韩游瓌也派遣骑兵五百人，在骆元光的旁边埋伏下来，他说：“如果发生变故，你们这班人便向西直奔柏泉，以便分散吐蕃的声势。”

尚结赞与浑瑊约定，双方各自派出身著铠甲的将士三千人，排列在坛场的东西两侧，再派出身着平时服装的将士四百人随着来到坛场下面。辛未（十九日），将要会盟时，尚结赞又要求双方各自派出流动巡逻的骑兵数十人，互相检查对方的行动，浑瑊完全答应了他的要求。吐蕃将精锐的骑兵数万人埋伏在坛场西边，流动巡逻的骑兵在唐朝军队中穿来穿去，进进出出，不受禁止。唐朝的骑兵进入吐蕃军后，全部被吐蕃擒获。浑瑊等人一概没有觉察，走入帐幕，去换礼服。吐蕃擂鼓三声，大声呼喊着赶上前来，在帐幕中杀掉了宋奉朝等人。浑瑊从帐幕后边逃出来，偶然得到一匹别人的马骑了上去，伏在马背上，往马口中戴嚼子，奔驰了十余里地，嚼子才戴到马口上，所以乱箭从他背上掠过去，但他并没有受伤。唐朝的将士都向东逃跑，吐蕃放纵士兵追击，将唐军杀的杀，捉的捉，总计被杀的有数百人，被捉的有一千余人，崔汉衡也被吐蕃骑兵擒获了。浑瑊赶到他的营地时，将士们都已逃跑，营中已空了。骆元光发动伏兵，结成阵列，等待着他，吐蕃追赶而来的骑兵只好瞠目而视。浑瑊进入骆元光的营地，吐蕃追击的骑兵回头看见邠宁军向西奔驰而去，于是回去了。骆元光以本军的辎重资助浑瑊，与浑瑊一起招集逃散的士兵，统率着军队，整顿好阵列，也向回开去。

就在这一天，德宗上朝，对各位宰相说："今天与吐蕃讲和，停止战争，这是国家的福气啊！"马燧说："对呀。"柳浑说："吐蕃豺狼成性，不是会盟立誓便可以约束得住的。今天的事情，我私下里总在为它担心！"李晟说："正如柳浑所说的那样。"德宗脸色一变，说："柳浑是一个书生，不晓得边疆大计。你也说这种话吗！"大家都伏地叩头谢罪，于是便结束了朝会。当天傍晚，韩游瓌上表说："吐蕃劫持了会盟的人们，他们的兵马已经来到临近的州镇。"德宗大为震惊，让衔使将韩游瓌的表章传示柳浑。第二天早晨，德宗对柳浑说："你是一个书生，预料敌情竟然能够这般确切啊！"德宗准备出走，以躲避吐蕃人，大臣们规劝他打消了念头。

甲戌（二十二日），尚结赞来到原州故地，接见崔汉衡等人说："我治办了金枷锁，准备用它囚禁浑瑊，以便献给赞普。现在，浑瑊跑掉了，却空自捉住你们这些人。"尚结赞又对马燧的侄子马弇说："胡人把马匹视为性命。我在河曲时，春天的草木还未萌生，马匹饿得抬不起脚来。当此时，如果马侍中渡过黄河袭击我们，我们便会全军覆没了！我们请求和好能够成功，全赖马侍中从中出力。如今我们全军得以回去了，怎么能够扣留他的子孙呢！"他让马弇与宦官俱文珍、浑瑊的将领马宁一起回国，而将崔汉衡等人分别囚禁在河州、廓州和鄯州。德宗听到尚结赞的说法，由此便嫌恶马燧了。

六月，丙戌（初五），德宗任命马燧为司徒兼侍中，免除了他副元帅、节度使的职务。

当初，吐蕃尚结赞憎恶李晟、马燧、浑瑊，他说："除去这三个人，唐朝便可以图谋了。"于是，他离间朝廷对李晟的信任，通过马燧向朝廷求和，打算借着捉拿浑瑊来出卖马燧，使二人一起受到惩罚，而他能够趁机放纵兵马直接侵犯长安。适逢浑瑊走脱，只好作罢。张延赏又惭愧，又恐惧，推托有病，不再处理朝中事务。

戍守盐州和夏州的吐蕃将士，因给养运送接济不上，多数患瘟疫，希望回国，尚结赞派出三千骑兵迎接他们。他们将当地的房舍全部烧掉，将城墙拆毁并驱散百姓，便离开了。灵盐节度使杜希全派兵分别防守二州。

第二百三十三卷
唐纪四十九

译文诵读

德宗神武圣文皇帝八贞元三年（丁卯，787）

戊申，吐蕃帅羌、浑之众寇陇州，连营数十里，京城震恐。九月，丁卯，遣神策将石季章戍武功，决胜军使唐良臣戍百里城。丁巳，吐蕃大掠汧阳、吴山、华亭，老弱者杀之，或断手凿目，弃之而去；驱丁壮万余悉送安化峡西，将分隶羌、浑，乃告之曰："听尔东向哭辞乡国！"众大哭，赴崖谷死伤者千余人。未几，吐蕃之众复至，围陇州，刺史韩清沔与神策副将苏太平夜出兵击却之。

上谓李泌曰："每岁诸道贡献，共直钱五十万缗，今岁仅得三十万缗。言此诚知失体，然宫中用度殊不足。"泌曰："古者天子不私求财，今请岁供宫中钱百万缗，愿陛下不受诸道贡献及罢宣索。必有所须，请降敕折税，不使奸吏因缘诛剥。"上从之。

回纥合骨咄禄可汗屡求和亲，且请昏；上未之许。会边将告乏马，无以给之，李泌言于上曰："陛下诚用臣策，数年之后，马贱于今十倍矣！"上曰："何故？"对曰：愿陛下推至公之心，屈己徇人，为社稷大计，臣乃敢言。"上曰："卿何自疑若是！"对曰："臣愿陛下北和回纥，南通云南，西结大食、天竺，如此，则吐蕃自困，马亦易致矣。"上曰："三国当如卿言，至于回纥则不可！"泌曰："臣固知陛下如此，所以不敢早言。为今之计，当以回纥为先，三国差缓耳。"上曰："唯回纥卿勿言。"泌曰："臣备位宰相，事有可否在陛下，何至不许臣言！"上曰："朕于卿言皆听之矣，至于回纥，宜待子孙；于朕之时，则固不可！"泌曰："岂非以陕州之耻邪！"上曰："然。韦少华等以朕之故受辱而死，朕岂能忘之！属国家多难，未暇报之，和则决不可。卿勿更言！"泌曰："害少华者乃牟羽可汗，陛下即位，举兵入寇，未出其境，今合骨咄禄可汗杀之。然则今可汗乃有功于陛下，宜受封赏，又何怨邪！其后张光晟杀突董等九百余人，合骨咄禄竟不敢杀朝廷使者，然则合骨咄禄固无罪矣。"上曰："卿以和回纥为是，则朕固非邪？"对曰："臣为社稷而言，若苟合取容，何以见肃宗、代宗于天上！"上曰："容朕徐思之。"自是泌凡十五余对，未尝不论回纥事，上终不许。泌曰：

“陛下既不许回纥和亲，愿赐臣骸骨。”上曰：“朕非拒谏，但欲与卿较理耳，何至遽欲去朕邪！”对曰：“陛下许臣言理，此固天下之福也。”上曰：“朕不惜屈己与之和，但不能负少华辈。”对曰：“以臣观之，少华辈负陛下，非陛下负之也。”上曰：“何故？”对曰：“昔回纥叶护将兵助讨安庆绪，肃宗但令臣宴劳之于元帅府，先帝未尝见也。叶护固邀臣至其营，肃宗犹不许。及大军将发，先帝始与相见。所以然者，彼戎狄豺狼也，举兵入中国之腹，不得不过为之防也。陛下在陕，富于春秋，少华辈不能深虑，以万乘元子径造其营，又不先与之议相见之仪，使彼得肆其桀骜，岂非少华辈负陛下邪？死不足偿责矣。且香积之捷，叶护欲引兵入长安，先帝亲拜之于马前以止之，叶护遂不敢入城。当时观者十万余人，皆叹息曰：‘广平王真华、夷主也！’然则先帝所屈者少，所伸者多矣。叶护乃牟羽之叔父也。牟羽身为可汗，举全国之兵赴中原之难，故其志气骄矜，敢责礼于陛下；陛下天资神武，不为之屈。当是之时，臣不敢言其他，若可汗留陛下于营中，欢饮十日，天下岂得不寒心哉！而天威所临，豺狼驯扰，可汗母捧陛下于貂裘，叱退左右，亲送陛下乘马而归。陛下以香积之事观之，则屈己为是乎？不屈为是乎？陛下屈于牟羽乎？牟羽屈于陛下乎？”上谓李晟、马燧曰：“故旧不宜相逢。朕素怨回纥，今闻泌言香积之事，朕自觉少理。卿二人以为何如？”对曰：“果如泌所言，则回纥似可恕。”上曰：“卿二人复不与朕，朕当奈何！”泌曰：“臣以为回纥不足怨，向来宰相乃可怨耳。今回纥可汗杀牟羽，其国人有再复京城之勋，夫何罪乎！吐蕃幸国之灾，陷河、陇数千里之地，又引兵入京城，使先帝蒙尘于陕，此乃必报之仇，况其赞普尚存，宰相不为陛下别白言此，乃欲和吐蕃以攻回纥，此为可怨耳。”上曰：“朕与之为怨已久，又闻吐蕃劫盟，今往与之和，得无复拒我，为夷狄之笑乎？”对曰：“不然。臣曩在彭原，今可汗为胡禄都督，与今国相白婆帝皆从叶护而来，臣待之颇亲厚，故闻臣为相而求和，安有复相拒乎！臣今请以书与之约：称臣，为陛下子，每使来不过二百人，印马不过千匹，无得携中国人及商胡出塞。五者皆能如约，则主上必许和亲。如此，威加北荒，旁詟吐蕃，足以快陛下平昔之心矣。”上曰：“自至德以来，与为兄弟之国，今一旦欲臣之，彼安肯和乎？”对曰：“彼思与中国和亲久矣，其可汗、国相素信臣言，若其未谐，但应再发一书耳。”上从之。

既而回纥可汗遣使上表称儿及臣，凡泌所与约五事，一皆听命。上大喜，谓泌曰：“回纥何畏服卿如此！”对曰：“此乃陛下威灵，臣何力焉！”上曰：“回纥则既和矣，所以招云南、大食、天竺奈何？”对曰：“回纥和，则吐蕃已不敢轻犯塞矣。次招云南，则是断吐蕃之右臂也。云南自汉以来臣属中国，杨国忠无故扰之使叛，臣于吐蕃，苦于吐蕃赋役重，未尝一日不思复为唐臣也。大食在西域为最强，自葱岭尽西海，地几半天下，与天竺皆慕中国，代与吐蕃为仇，臣故知其可招也。”

癸亥，遣回纥使者合阙将军归，许以咸安公主妻可汗，归其马价绢五万匹。

吐蕃寇华亭及连云堡，皆陷之。甲戌，吐蕃驱二城之民数千人及邠、泾人畜万计而去，置之弹筝峡西。泾州恃连云为斥候，连云既陷，西门不开，门外皆为虏境，樵采路绝。每收获，必陈兵以扞之，多失时，得空穗而已。由是泾州常苦乏食。

吐蕃以苦寒不入寇，而粮运不继；十一月，诏浑瑊归河中，李元谅归华州，刘昌分其众归汴州，自余防秋兵退屯凤翔、京兆诸县以就食。

自兴元以来，是岁最为丰稔，米斗直钱百五十、粟八十，诏所在和籴。

庚辰，上畋于新店，入民赵光奇家，问："百姓乐乎？"对曰："不乐。"上曰："今岁颇稔，何为不乐？"对曰："诏令不信。前云两税之外悉无他徭，今非税而诛求者殆过于税。后又云和籴，而实强取之，曾不识一钱。始云所籴粟麦纳于道次，今则遣致京西行营，动数百里，车摧马毙，破产不能支。愁苦如此，何乐之有！每有诏书优恤，徒空文耳！恐圣主深居九重，皆未知之也！"上命复其家。

四年（戊辰，788）

云南王异牟寻欲内附，未敢自遣使，先遣其东蛮鬼主骠旁、苴梦冲、苴乌星入见。五月，乙卯，宴之于麟德殿，赐赉甚厚，封王给印而遣之。

回纥合骨咄禄可汗得唐许昏，甚喜，遣其妹骨咄禄毗伽公主及大臣妻并国相、跌跌都督以下千余人来迎可敦，辞礼甚恭，曰："昔为兄弟，今为子婿，半子也。若吐蕃为患，子当为父除之！"因詈辱吐蕃使者以绝之。冬，十月，戊子，回纥至长安，可汗仍表请改回纥为回鹘，许之。

吐蕃发兵十万将寇西川，亦发云南兵；云南内虽附唐，外未敢叛吐蕃，亦发兵数万屯于泸北。韦皋知云南计方犹豫，乃为书遗云南王，叙其叛吐蕃归化之诚，贮以银函，使东蛮转致吐蕃。吐蕃始疑云南，遣兵二万屯会川，以塞云南趣蜀之路。云南怒，引兵归国。由是云南与吐蕃大相猜阻，归唐之志益坚；吐蕃失云南之助，兵势始弱矣。然吐蕃业已入寇，遂分兵四万攻两林骠旁，三万攻东蛮，七千寇清溪关，五千寇铜山。皋遣黎州刺史韦晋等与东蛮连兵御之，破吐蕃于清溪关外。

庚子，册命咸安公主，加回鹘可汗长寿天亲可汗。十一月，以刑部尚书关播为送咸安公主兼册回鹘可汗使。

五年（己巳，789）

春，二月，丁亥，韦皋遗异牟寻书，称："回鹘屡请佐天子共灭吐蕃，王不早定计，一旦为回鹘所先，则王累代功名虚弃矣。且云南久为吐蕃屈辱，今不乘此时依大国这势以复怨雪耻，后悔无及矣。"

冬，十月，韦皋遣其将曹有道将兵与东蛮、两林蛮及吐蕃青海、腊城二节度战于嶲州台登谷，大破之，斩首二千级，投崖及溺死者不可胜数，杀其大兵马使乞藏遮遮。乞藏遮遮，虏之骁将也，既死，皋所攻城栅无不下；数年，尽复嶲州之境。

十二月，庚午，闻回鹘天亲可汗薨，戊寅，遣鸿胪卿郭锋册命其子为登里罗没密施俱录忠贞毗伽可汗。先是，安西、北庭皆假道于回鹘以奏事，故与之连和。北庭去回鹘尤近，诛求无厌，又有沙陀六千余帐与北庭相依。及三葛禄，白服突厥皆附于回鹘，回鹘数侵掠之。吐蕃因葛禄，白服之众以攻北庭，回鹘大相颉干迦斯将兵救之。

云南虽贰于吐蕃，亦未敢显与之绝。壬辰，韦皋复以书招谕之。

六年（庚午，790）

春，诏出岐山无忧王寺佛指骨迎置禁中，又送诸寺以示众，倾都瞻礼，施财巨万；二月，乙亥，遣中使复葬故处。

回鹘忠贞可汗之弟弑忠贞而自立，其大相颉干迦斯西击吐蕃未还，夏，四月，次相帅国人杀篡者而立忠贞之子阿啜为可汗，年十五。

回鹘颉干迦斯与吐蕃战不利，吐蕃急攻北庭。北庭人苦于回鹘诛求，与沙陀酋长朱邪尽忠皆降于吐蕃；节度使杨袭古帅麾下二千人奔西州。六月，颉干迦斯引兵还国，次相恐其有废立，与可汗皆出郊迎，俯伏自陈擅立之状，曰："今日惟大相死生之。"盛陈郭锋所赍国信，悉以遗之。可汗拜且泣曰："儿愚幼，若幸而得立，惟仰食于阿多，国政不敢豫也。"虏谓父为阿多，颉干迦斯感其卑屈，持之而哭，遂执臣礼，悉以所遗颁从行者，己无所受。国中由是稍安。

秋，颉干迦斯悉举国兵数万将复北庭，又为吐蕃所败，死者大半。袭古收余众数百，将还西州，颉干迦斯绐之曰："且与我同至牙帐"；既而留不遣，竟杀之。安西由是遂绝，莫知存亡，而西州犹为唐固守。

葛禄乘胜取回鹘之浮图川，回鹘震恐，悉迁西北部落于牙帐之南以避之；遣达北特勒梅录随郭锋偕来，告忠贞可汗之丧，且求册命。先是，回鹘使者入中国，礼容骄慢，刺史皆与之钧礼。梅录至丰州，刺史李景略欲以气加之，谓梅录曰："闻可汗新没，欲申吊礼。"景略先据高垄而坐，梅录俯偻前哭。景略抚之曰："可汗弃代，助尔哀慕。"梅录骄容猛气，索然俱尽。自是回鹘使至，皆拜景略于庭，威名闻塞外。

七年（辛未，791）

韦皋比年致书招云南王异牟寻，终未获报。然吐蕃每发云南兵，云南与之益少。皋知异牟寻心附于唐，讨击副使段忠义，本阁罗凤使者也，六月，丙申，皋遣忠义还云南，并致书敦谕之。

吐蕃攻灵州，为回鹘所败，夜遁。九月，回鹘遣使来献俘；冬，十二月，甲午，又遣使献所获吐蕃酋长尚结心。

吐蕃知韦皋使者在云南，遣使让之。云南王异牟寻绐之曰："唐使，本蛮也，皋听其归耳，无他谋也。"因执以送吐蕃。吐蕃多取其大臣之子为质，云南愈怨。

勿邓酋长苴梦冲，潜通吐蕃，扇诱群蛮，隔绝云南使者。韦皋遣三部落总管苏嵔将兵至琵琶川。

唐德宗贞元三年（丁卯，公元787年）

戊申（八月二十八日），吐蕃率领羌族、浑族的人马侵犯陇州，营地连绵几十里地，京城震惊恐惧。九月，丁卯（十七日），朝廷派遣神策军将领石季章戍守武功，派遣决胜军使唐良臣戍守百里城。丁巳（七日），吐蕃大规模地掳掠汧阳、吴山、华亭，杀戮年老体弱的人，有的砍断手臂，有的挖去眼睛，然后将他们抛弃。吐蕃军将成年壮丁一万多人全部驱赶到安化峡的西面，把他们分别归属于羌族和浑族，还告诉他们说："准许你们向着东方哭泣，告别故乡！"大家放声哭号，从山崖跳下深谷而死亡和受伤的有一千多人。没过多久，吐蕃众军再次前来，包围陇州，陇州刺史韩清沔与神策副将苏太平在夜间派出兵马击退了他们。

德宗对李泌说："每年各道进贡的物品共计值钱五十万缗，今年只得到三十万缗。谈论此事，朕本来也知道有失体统，但是宫中的费用实在不够。"李泌说："古时候，天子不私自谋求钱财，如今请让我每年供给宫中钱一百万缗，希望陛下不要接受各道进贡的物品，并停止颁旨向各地索取财货。如果一定需要什么东西，请陛下下达敕令，将所需物品折合成税钱，防止奸邪的吏人借机搜刮钱财。"德宗听从了这一建议。

回纥合骨咄禄可汗屡次谋求通好，而且请求通婚，德宗没有应允。适逢边疆的将领报告缺少马匹，朝廷拨不出马匹来供给他们，李泌便对德宗说："陛下果真能够采用我的策略，几年以后，马匹的价格便只是现在的十分之一了！"德宗说："这是怎么回事呢？"李泌回答说："希望陛下能够用极为公正的态度对待此事，委屈自己，顺从别人，为国家的重大谋略着想，我才敢说出来。"德宗说："你怎么如此疑虑！"李泌回答说："我希望陛下在北面与回纥和好，在南面与云南交往，在西面与大食和天竺结交。如果能够做到这些，吐蕃便会自然困难起来，马匹也容易得到了。"德宗说："对于云南、大食、天竺三国，就按你说的办吧，至于回纥，那是不行的！"李泌说："我本来就知道陛下是持此态度的，所以不敢及早说出来。为当前考虑，应当将回纥排在首位，其余三国还可以略微往后排些哩。"德宗说："只有回纥你不要谈。"李泌说："我占着宰相的职位，裁定事情的可行与不可行，取决于陛下，但是哪至于不允许我讲话呢！"德宗说："对于你所说的话，朕完全听从了。至于回纥，最好等待朕的子孙去解决。在朕在位时期，那是肯定不行！"李泌说："莫不是由于陛下在陕州受到的耻辱吧！"德宗说："是啊。韦少华等人由于朕的原故蒙受羞辱而死，朕怎么会忘记那些事情！那时适值国家多难，没有余暇来报复他们，至于通好，那是断然不行的。你不用再说了！"李泌说：“残害韦少华的是牟羽可汗。陛下即位后，他发兵前来侵犯，还没有走出国境，现在的合骨咄禄可汗便将他杀了。这样说来，现在的可汗对陛下是有功劳的，应当受到封拜赏赐，又哪里有什么怨恨呢！此后，张光晟杀了突董等九百多人，合骨咄禄还是不敢诛杀朝廷的使者，这样说来，合骨咄禄当然是没有罪过的了。”德宗说：“你认为与回纥和好是对的，那朕当然是不对的了？”李泌回答说：“我是为国家讲这番话的。倘若我去迎合陛下，以求容身，让我怎么到天上去见肃宗和代宗呢！”德宗说：“让我慢慢想一想吧。”自此以后，李泌大约奏对了十五次以上，没有一次不谈论有关回纥的事情，但德宗始终不肯答应下来。李泌说：“既然陛下不肯答应与回纥和好，希望准许我退职。”德宗说：“不是朕不接受规劝，只是朕想与你比较其中道理罢了，你怎么至于马上就要离开朕呢！”李泌回答说：“陛下允许我讲清道理，这当然是国家的福气啊。”德宗说：“朕并不顾惜委屈自己去与回纥和好，但朕不能够辜负了韦少华这些人。”李泌回答说：“在我看来，是韦少华这些人辜负了陛下，而不是陛下辜负了他们啊。”德宗说：“为什么这样说呢？”李泌回答说：“过去，回纥叶护领兵帮助朝廷讨伐安庆绪时，肃宗仅仅让我在元帅府设宴慰劳他们，先帝并不曾接见他们。就是叶护坚持邀请我到他的营垒去，肃宗仍然不肯答应。及至大批的军队将要出发时，先帝才与他们见面。这样做的原因在于，回纥是戎狄，豺狼成性，他们发兵进入中原腹地，我们不能不特别小心防备他们。陛下在陕州时，还很年轻，韦少华这些人不能周密计虑，引着万乘之主的长子径直前往回纥营垒，而且事先没有与回纥议定相见的礼仪，致使他们得以肆意凶暴，这难道不是韦少华这些人辜负了陛下吗？就是他们死了，也是不能够偿清罪责的。而且，香积寺获胜时，叶护准备领兵开进长安，先帝亲自在他马前施礼来制止他，于是叶护便不敢开进长安城了。当时，看到这一情景的有十万多人，他们都叹息着说：‘广平王真是华夏与蛮夷的共主啊！’这样说来，先帝对人屈尊时较少，而向人伸展抱负时却较多。叶护便是牟羽的叔父。牟羽身为可汗，率领着全国兵马奔赴中原的祸难，所以他的心志与气度是傲慢自负的，是敢于向陛下要求礼遇的，而陛下天赋的资质是神明威武的，并没有被他所屈服。在那个时刻，我不敢说别的，若是牟羽可汗将陛下留在营中，欢饮十天酒，天下百姓难道能不感到痛心吗？然而，陛下如天的威严所到之处，连豺狼也驯顺起来了，可汗的母亲向陛下双手献上貂皮衣服，喝退周围的人，并亲自送陛下乘马而归。陛下以香

敦煌壁画中的回纥王子

积寺的事情来看，说成委屈了陛下是对的呢，还是说成没有委屈陛下是对的呢？这是陛下向牟羽屈服了呢，还是牟羽向陛下屈服了呢？”德宗对李晟和马燧说：“故人最好别再见面。朕素来怨恨回纥，现在听李泌说了香积寺的事情，朕觉着自己少理，你们二人有什么看法？”二人回答说：“果真像李泌讲的那样，回纥似乎可以宽恕。”德宗说：“你们二人也不赞成朕的做法，朕应当怎么去做呢？”李泌说：“我认为没有足够的理由去怨恨回纥，近年以来的宰相才是应当怨恨的。如今回纥可汗诛杀了牟羽，而回纥人又立下两次收复京城的功勋，有什么罪过呢！而吐蕃庆幸我国发生灾祸，攻陷了河陇地区几千里地，还领兵进入京城，致使先帝流亡陕州，这才是一定要报的仇怨，何况当时的赞普尚且在位呢！宰相不向陛下将这件事情分辨明白，就准备与吐蕃和好，以便进攻回纥，这才是应当怨恨的啊。”德宗说：“朕与回纥结下的怨仇为时已久，他们又听说吐蕃在会盟时作乱，现在前往与他们通和，不是要再次拒绝我们，惹来夷狄之人的耻笑吗！”李泌回答说：“不是这样。往日我在彭原时，现在的可汗当时担任胡禄都督，他与现在的国相白婆帝一起跟随叶护前来，我接待他们，颇为亲善优厚，所以，他们听说我出任宰相，便向我们请求和好，怎么会再次拒绝我们呢！现在请让我写一封书信与他们约定，让可汗称臣，做陛下的儿子，每次前来的使者，随员不能超过二百人，互市的马匹不能超过一千匹，不允许携带汉人以及胡族商人到塞外去。如果回纥能够遵守五条约定，那么，陛下就一定要答应与他们和好。这样，陛下的声威可以延展到北部荒远的地方，从侧面震慑吐蕃，这也足以使陛下平素的志向为之一快。”德宗说：“自从至德年间以来，我们与回纥两国结成兄弟关系，现在一下子打算让他们做臣属，他们怎么肯和好呢？”李泌回答说：“他们想与大唐和好已经有很长时间了。他们的可汗、国相素来相信我的话，如果一封信还不能把事情处理妥善的话，只需要再发一封书信就可以了。”德宗听从了李泌的建议。

不久，回纥可汗派遣使者上表自称儿臣，凡是李泌与他们约定的五件事情，全部听从命令。德宗非常高兴，他对李泌说：“怎么回纥这样畏惧并折服于你呢！”李泌回答说：“这是陛下的声威与福气所致，我有什么力量！”德宗说：“回纥已经通和了，又应当怎样招抚云南、大食和天竺呢？”李泌回答说：“与回纥和好了，吐蕃便已经不敢轻易侵犯边界了。接下来招抚云南，就是砍断吐蕃右边的臂膀。自汉朝以来，云南都是中国的臣属。杨国忠没缘由地搅扰他们，使他们背叛朝廷，臣服于吐蕃。他们被吐蕃的繁重赋役搅扰得困苦不堪，没有一天不想再做唐朝的臣属啊！大食在西域各国中最为强盛，由葱岭起，直抵西海边，地域几占天下的一半。大食与天竺都仰慕中国，而又世代与吐蕃结下怨仇，所以我知道他们是可以招抚的。”

癸亥（十三年），德宗打发回纥使者合阙将军回国，答应将咸安公主嫁给可汗，以绢五万匹偿还他们马价。

吐蕃侵犯华亭以及连云堡，将两处都攻陷了。甲戌（二十四日），吐蕃人驱赶着华亭、连云堡二城的几千百姓和数以万计的邠州、泾州人和牲畜离去，将人和牲畜安置在弹筝峡的西面。泾州倚靠连云堡作为前哨，连云堡失陷后，西城大门难以开放，城门外都成了吐蕃的地盘，打柴的道路都被切断。每当收获时，必须布置军队来保卫庄稼，人们经常不能按时收获，仅得到无籽粒的禾穗罢了。自此以后，泾州常常因缺少粮食而困苦不堪。

吐蕃苦于天气严寒，不曾前来侵犯，然而官军的粮食运输也难以接济。十一月，德宗颁诏，命令浑瑊回河中，李元谅回华州，刘昌分出部分人马回汴州，其余防御吐蕃的兵马撤退到凤翔、京兆各县驻扎，以便就地取得粮食供给。

自从兴元年间以来，这一年的年景最丰熟，米一斗值一百五十钱。粟一斗值八十钱，德宗颁诏命令在丰收的地区由官府收购粮食。

庚辰（十二月初一），德宗在新店打猎，来到农民赵光奇的家中。德宗问："老百姓高兴吗？"赵光奇回答说："不高兴。"德宗说："今年庄稼颇获丰收，为什么不高兴？"赵光奇回答说："诏令没有信用。以前说是两税以外全没有其他徭役，现在不属于两税的搜刮大约比两税还多。以后又说是收购粮食，但实际是强行夺取粮食，还不曾见过一个钱。开始时说官府买进的谷子和麦子只须在道旁交纳，现在却让送往京西行营，动不动就是几百里地，车坏马死，人破产，难以支撑下去了。百姓这般忧愁困苦，有什么可高兴的！每次颁发诏书都说优待并体恤百姓，只是一纸空文而已！恐怕圣明的主上深居在九重皇宫里面，对这些是全然不曾知晓的吧！"德宗命令免除他家的赋税和徭役。

四年（戊辰，公元788年）

云南王异牟寻打算归附朝廷，但不敢自行派遣使者，首先派遣他的东蛮鬼主骠旁、苴梦冲、苴乌星入京朝见。五月，乙卯（初八），德宗在麟德殿设宴款待他们，对他们的赏赐甚为丰厚，还封他们为王，发给印绶，然后打发他们回去。

回纥合骨咄禄可汗得到唐朝允许通婚的消息后，非常高兴，便派出他的妹妹骨咄禄毗伽公主以及大臣的妻子，连同国相、跌跌都督以下一千多人，前来迎接可汗的妻子阿敦，措辞与执礼都很恭敬。他们说："往日两国结为兄弟，如今可汗是皇上的女婿，是皇上的半个儿子了。如果吐蕃危害朝廷，儿子自当为父亲除去他们。"于是回纥责骂、侮辱了吐蕃的使者，与吐蕃断绝了往来。冬季，十月，戊子（十四日），回纥使者来到长安，可汗上表请求将回纥改称为回鹘，德宗答应了。

吐蕃征发十万兵马，准备侵犯西川，同时也征发云南兵马。云南虽然暗中已经归附唐朝，但表面上还不敢背叛吐蕃，因而也派出数万兵马在泸水北岸驻扎。韦皋了解到云南王还在拿不定主意，便写了一封给云南王的书信，在信中陈述了云南王叛离吐蕃，归于王化的诚意，装在银盒子中，让东蛮转交吐蕃。吐蕃开始怀疑云南王，便派兵两万在会川驻扎，以便堵住云南前往蜀中的通路。云南王大怒，领兵回国去了。自此以来，云南与吐蕃互相猜疑，云南归顺唐朝的意图愈发坚定，而吐蕃失去云南的帮助，军队的声势便开始削弱了。然而，吐蕃已经出兵，于是分出四万兵马攻打两林，骠旁，三万兵马攻打东蛮，七千兵马侵犯清溪关，五千兵马侵犯铜山。韦皋派遣黎州刺史韦晋等人与东蛮联合兵马，抵御吐蕃，在清溪关外面打败了他们。

庚子（二十六日），德宗册封咸安公主，加封回鹘可汗为长寿天亲可汗。十一月，任命刑部尚书关播为护送咸安公主兼册回鹘可汗使。

五年（己巳，公元789年）

春季，二月，丁亥（十四日），韦皋给异牟寻写去一封书信，内称："回鹘屡次请求帮助皇上一同消灭吐蕃，如果大王还不及早确定谋略，有朝一日被回鹘赶在前头，大王世代相沿的功劳与名声便白白丢弃掉了。而且，云南长期遭受吐蕃欺压的屈辱，如今若还不乘这一时机，依靠大国的力量，来报复怨仇，洗雪耻辱，后悔也来不及了。"

冬季，十月，韦皋派遣他的将领曹有道领兵与东蛮、两林蛮以及吐蕃的青海、腊城两节度在巂州台登谷交战，大破敌军，斩首两千级，敌兵跳下山崖和落入水中而死的人多得无法计算，还杀掉了敌军的大兵马使乞藏遮遮。乞藏遮遮是敌军中骁勇的将领，在他死去后，韦皋所攻打的城池寨栅无不陷落，经过数年，完全收复了巂州全境。

十二月，庚午（初三），德宗听说回鹘天亲可汗去世，戊寅（十一日），派遣鸿胪卿郭锋册封他的儿子为登里罗没密施俱录忠贞毗伽可汗。在此之前，安西、北庭都向回鹘借道，以便向朝廷奏报事情，所以与回鹘联合。北庭距离回鹘尤其近，回鹘对他的需索毫无止境。又有沙陀六千多帐与北庭相互依存。还有三葛禄部和白服突厥，都依附于回鹘，而回鹘屡次侵扰劫掠他们。于是，吐蕃利用葛禄和白服突厥的人众前去攻打北庭，回鹘的大相颉干迦期领兵援救他们。

虽然云南对吐蕃怀有二心，但也不敢公开与吐蕃断交。壬辰（二十五日），再次写书信劝诱开导他们归附朝廷。

六年（庚午，公元790年）

春季，德宗颁诏命令取出岐山县无忧王寺中佛的手指骨，迎接并安置在宫廷中，然后又送到各个寺院中去，以便让大家观看。全京城的人都前去瞻仰礼拜，布施的钱财数额异常巨大。二月，乙亥（初八），德宗派遣中使将佛的手指骨重新安葬到原处。

回鹘忠贞可汗的弟弟杀了忠贞可汗而自立为可汗，回鹘的大相颉干迦斯向西进击吐蕃还没回来。夏季，四月，回鹘次相率领国中百姓杀了篡位者而拥立忠贞可汗的儿子阿啜为可汗，阿啜十五岁。

回鹘颉干迦斯与吐蕃交战不利，吐蕃急切地进攻北庭。北庭人苦于回鹘的搜刮，便与沙陀的酋长朱邪尽忠一起向吐蕃投降，北庭节度使杨袭古率领部下二千人逃奔西州。六月，颉干迦斯领兵回国，次相惟恐他另有废立，便与可汗一同前往郊外迎接，跪在地上陈述自己擅自扶立的情况，还说："我的生死，今天只有让大相来决定了。"他郑重地摆出郭锋带来的传国印信，全部交给了颉干迦期。可汗一边跪拜，一边哭泣着说："我年幼无知，如果有幸被立为可汗，惟有依赖阿多过活，不敢过问国家政事。"回鹘人将父亲称作阿多。颉干迦斯被他卑躬屈己打动了，也扶着他哭了。于是，颉干迦斯以为臣的礼节对待可汗，将可汗交给他的物品全部发给随行的人们，自己一点也没有接受。于是，回鹘国内渐渐安定下来。

秋季，颉干迦斯率领全国兵马数万人准备收复北庭，又一次被吐蕃打败，死去的人马有一多半。杨袭古收拾残余兵马数百人，准备返回西州，颉干迦斯欺骗他说："姑且和我一起到牙帐。"接着，颉干迦斯将他扣留，不让他回去，最后将他杀死。由此，安西与朝廷的联系便断绝了，也不知安西是存是亡。然而，西州仍然在为唐朝固守。

葛禄部乘胜攻取回鹘的浮图川，回鹘震惊恐惧，将西北方面的部落全部迁徙到牙帐的南面来，以便躲避葛禄部。回鹘派遣达北特勒梅录跟随郭锋一道来唐朝，上报忠贞可汗的丧事，而且请求封立新可汗。以前，回鹘的使者来到大唐时，礼节和容色骄横傲慢，刺史都与他们平礼相待。现在梅录来到丰州，该州刺史李景略打算在气概上压倒他，便对梅录说："听说可汗新近去世，我要向你表示哀悼的礼节。"于是，李景略首先靠着高的土埂坐了下来，梅录在他前面低头曲背地哭泣着。李景略安慰他说："可汗离开人世，我与你一样悲哀地怀念他。"梅录骄横的容色和凶猛的气势索然尽失了。自此以后，回鹘使者前来，都要在庭中礼拜李景略，李景略的威望与名声传播到边塞以外。

七年（辛未，公元791年）

近年以来，韦皋发信招抚云南王异牟寻，始终没有得到回报。然而，每当吐蕃向云南征发兵员时，云南发给吐蕃的兵员却越来越少。由此，韦皋知道异牟寻本心是归附唐朝的。讨击副使段忠义，原来是罗凤的使者，六月，丙申（初七），韦皋派遣段忠义返回云南，并且给异牟寻写去书信，劝导他归顺朝廷。

吐蕃攻打灵州，被回鹘击败，便连夜逃走了。九月，回鹘派遣使者前来进献俘虏。冬季，十二月，甲午（初八），回鹘又派遣使者进献所俘获的吐蕃酋长尚结心。

吐蕃了解到韦皋的使者在云南后，便派遣使者责备云南。云南王异牟寻欺骗来使说："唐朝的使者，本来便是蛮人，韦皋听任他回来，并没有别的图谋。"于是便将韦皋的使者抓起来，送交给吐蕃。吐蕃带走许多云南大臣的儿子作为人质，云南愈发怨恨吐蕃了。

勿邓部落的酋长苴梦冲，暗中勾结吐蕃，煽动诱惑群蛮，隔断云南使者与唐朝的往来，韦皋派遣两林、勿邓、丰琶三部落的总管苏嵬领兵来到琵琶川。

第二百三十四卷
唐纪五十

译文诵读

德宗神武圣文皇帝九贞元八年（壬申，792）

春，二月，壬寅，执梦冲，数其罪而斩之；云南之路始通。

初，窦参为度支转运使，班宏副之。参许宏，俟一岁以使职归之，岁余，参无归意；宏怒。司农少卿张滂，宏所荐也，参欲使滂分主江、淮盐铁，宏不可；滂知之，亦怨宏。及参为上所疏，乃让度支使于宏，又不欲利权专归于宏，乃荐滂于上；以滂为户部侍郎、盐铁转运使，仍隶于宏以悦之。

张滂请盐铁旧簿于班宏，宏不与。滂与宏共择巡院官，莫有合者，阙官甚多。滂言于上曰："如此，职事必废，臣罪无所逃。"丙午，上命宏、滂分掌天下财赋，如大历故事。

秋，七月，甲寅朔，户部尚书判度支班宏薨。陆贽请以前湖南观察使李巽权判度支，上许之。既而复欲用司农少卿裴延龄，贽上言，以为："今之度支，准平万货，刻吝则生患，宽假则容奸。延龄诞妄小人，用之交骇物听。尸禄之责，固宜及于微臣；知人之明，亦恐伤于圣鉴。"上不从。己未，以延龄判度支事。

吐蕃、云南日益相猜，每云南兵至境上，吐蕃辄亦发兵，声言相应，实为之备。辛酉，韦皋复遗云南王书，欲与共袭吐蕃，驱之云岭之外，悉平吐蕃城堡，独与云南筑大城于境上，置戍相保，永同一家。

左神策大将军柏良器，募才勇之士以易贩鬻者，监军窦文场恶之。会良器妻族饮醉，寓宿宫舍。十二月，丙戌，良器坐左迁右领军。自是宦官始专军政。

九年（癸酉，793）

春，正月，癸卯，初税茶。凡州、县产茶及茶山外要路，皆估其直，什税一，从盐铁使张滂之请也。滂奏："去岁水灾减税，用度不足，请税茶以足之。自明年以往，税茶之钱，令所在别贮，俟有水旱，以代民田税。"自是岁收茶税钱四十万缗，未尝以救水旱也。

初，盐州既陷，塞外无复保障；吐蕃常阻绝灵武，侵扰鄜坊。辛酉，诏发兵三万五千人城盐州，又诏泾原、山南、剑南各发兵深入吐蕃以分其势，城之二旬而毕；命盐州节度使杜彦光戍之，朔方都虞候杨朝晟戍木波堡，由是灵、夏、河西获安。

云南王异牟寻遣使者三辈，一出戎州，一出黔州，一出安南，各赍生金、丹砂诣韦皋，金以示坚，丹砂以示赤心，三分皋所与书为信，皆达成都。异牟寻上表请弃吐蕃归唐，并遗皋帛书，自称唐云南王孙、吐蕃赞普义弟日东王。皋遣其使者诣长安，并上表贺。上赐异牟寻诏书，令皋遣使慰抚之。

癸卯，户部侍郎裴延龄奏："自判度支以来，检责诸州欠负钱八百余万缗，收诸州抽贯钱三百万缗，呈样物三十余万缗，请别置欠负耗剩季库以掌之，染练物则别置月库以掌之。"诏从之。欠负皆贫人无可偿，徒存其数者，抽贯钱给用随尽，呈样、染练皆左藏正物。延龄徙置别库，虚张名数以惑上。上信之，以为能富国而宠之，于实无所增也，虚费吏人簿书而已。

冬，十月，甲子，韦皋遣其节度巡官崔佐时赍诏书诣云南，并自为帛书答之。

十年（甲戌，794）

崔佐时至云南所都羊苴咩城，吐蕃使者数百人先在其国，云南王异牟寻尚不欲吐蕃知之，令佐时衣牂柯服而入。佐时不可，曰："我大唐使者，岂得衣小夷之服！"异牟寻不得已，夜迎之。佐时大宣诏书，异牟寻恐惧，顾左右失色；业已归唐，乃歔欷流涕，俯伏受诏。郑回密见佐时教之，故佐时尽得其情，因劝异牟寻悉斩吐蕃使者，去吐蕃所立之号，献其金印，复南诏旧名；异牟寻皆从之。仍刻金契以献。异牟寻帅其子寻梦凑等与佐时盟于点苍山神祠。

先是，吐蕃与回鹘争北庭，大战，死伤甚众，征兵万人于云南。异牟寻辞以国小，请发三千人，吐蕃少之；益至五千，乃许之。异牟寻遣五千人前行，自将数万人踵其后，昼夜兼行，袭击吐蕃，战于神川，大破之，取铁桥等十六城，虏其五王，降其众十余万。戊戌，遣使来献捷。

唐德宗贞元八年（壬申，公元792年）

春季，二月，壬寅（十七日），韦皋捉获苴梦冲，在数说他的罪行后，斩杀了他。前往云南的道路开始畅通了。

当初，窦参出任度支转运使，班宏担任他的副职。窦参向班宏许诺，等到一年以后，便将度支转运使的正职交给他。过了一年多时间，窦参还没有交出使职的意思，班宏大怒。司农少卿张滂是由班宏荐举上来的，窦参打算让张滂分管江淮地区的盐铁事务，班宏不肯答应。张滂听说此事，也怨恨班宏。及至窦参被德宗疏远以后，他才将度支使让给班宏，但是他又不愿意让财政大权独自落到班宏手中，于是便向德宗推荐张滂。德宗任命张滂为户部侍郎、盐铁转运使，仍然隶属于班宏，以便取悦于他。

张滂请班宏交出原有的盐铁账簿，班宏不肯给他。张滂与班宏一起选任巡院官，两人的意见没有相合的时候，因而缺任的官员为数很多。张滂向德宗进言说："像这个样子，职任以内的事必然要荒废了，我的罪责是无法逃脱的了。"丙午（四月二十二日），德宗命令班宏与张滂分别掌管全国的财税，一如大历年间的先例。

秋季，七月，甲寅朔（初一），户部尚书、判度支班宏去世。陆贽奏请任命前湖南观察使李巽暂时兼管度支，德宗准许了这一建议。不久，德宗又打算起用司农少卿裴延龄，陆贽进言，认为："如今度支使的职任，需要运输各种货物，平抑物价，如果刻薄吝啬，便会生出麻烦，如果宽容，便会姑息邪恶。裴延龄是一个荒诞虚妄的小人，起用他会震骇人们的视听。尸位素餐的罪责，固然应当有我这微末小臣的一份；若说到知人善任的明德，恐怕也会有损陛下圣明的裁鉴。"德宗不肯听从。己未（初六），德宗让裴延龄兼管度支事务。

吐蕃与云南的互相猜疑与日俱增。每当云南的兵马开到边境上，吐蕃总是也派出兵马，声称前来接应，实际上是在防备云南。辛酉（十一月十日），韦皋再次给云南王送去书信，希望与云南一起袭击吐蕃，将他们驱逐到云岭以外，全部摧毁吐蕃的城关堡垒，仅与云南在边境上修筑起一座大城，设置戍守人员自相保卫，永远像一家人般地和睦相处。

左神策大将军柏良器，招募既有才干又很勇敢的人们更换军中的买卖人，监军窦文场憎恶他。恰巧柏良器妻子的族人喝醉了酒，曾在宫中值宿的房舍中过夜。十二月，丙戌（初五），柏良器获罪，贬为右领军。自此，宦官开始专擅军中大政。

九年（癸酉，公元793年）

唐壁画中的茶作坊

春季，正月，癸卯（二十四日），开始征收茶税。凡是生产茶叶的州、县以及通往茶山的重要道路，都要估算茶叶的价值，收取十分之一的茶税，这是听从盐铁使张滂的建议才实行的。张滂上奏："去年因发生水灾而减少税收，国家的费用不够，请征收茶税来补足税收的缺额。从明年以后，对征收茶税得到钱，可以让征收茶税所在地另行储存，等遇到水旱灾害时，用此钱代替百姓的田税。"自此以后，朝廷每年征收茶税得钱四十万缗，但不曾用来救济水旱灾害。

当初，盐州陷落以后，边疆地区不再有防守的屏障，吐蕃经常截断灵武的通路，侵害搅扰鄜州、坊州。辛酉（十二日），德宗颁诏派兵三万五千人修筑盐州城，还颁诏命令泾原、山南、剑南各自派兵深入吐蕃地区，以便分散吐蕃的势力。盐州城经二十天的修筑便告竣工了，朝廷命令盐州节度使杜彦光前往戍守，命令朔方都虞候杨朝晟戍守木波堡。从此以后，灵州、夏州、河西一带获得安宁。

云南王异牟寻派遣使者共三批，一批取道戎州，一批取道黔州，一批取道安南，各自携带着金矿石和砂前往韦皋处，金矿石用以表示心的坚定，朱砂用以表示心的真诚。云南又将韦皋给他们写的书信分成三份作为凭信，全都带到成都。异牟寻上表请求背弃吐蕃，归顺唐朝，并且给韦皋送去用丝织品写成的文书，称自己为唐云南王孙、吐蕃赞普义弟日东王。韦皋打发云南使者前往长安，并且上表祝贺。德宗向异牟寻颁赐了诏书，命令韦皋派遣使者慰问安抚云南。

癸卯（七月二十七日），户部侍郎裴延龄上奏说：“我自从兼管度支事务以来，查收各州亏欠钱计有八百多万缗，收取各州抽贯钱三百万缗，进呈上贡样品三十多万缗。请将归还亏欠和消耗所剩的钱另外交给季库掌管，而将着色熟绢另外交给月库掌管。”德宗颁诏同意此议。亏欠官府钱的，都是一些贫穷的人，无法偿还，徒然存留着亏欠的数额，抽贯钱用来支付用度，随用随光，进呈上贡样品与着色熟绢本来都是应归左藏储存的物品。裴延龄徒然将它们安放到别的仓库里，虚张名目与数额，以此迷惑德宗。德宗信以为真，认为他能够使国家富裕起来，因而宠爱他。实际上他什么也没有增加，只是白白浪费吏人账簿罢了。

冬季，十月，甲子（十八日），韦皋派遣他的节度巡官崔佐时携带诏书前往云南，并且亲自用丝织品写成文书来答复云南王。

十年（甲戌，公元794年）

崔佐时来到云南的都城羊苴哶城，几百名吐蕃使者原先便在云南国中。云南王异牟寻还不打算让吐蕃知道自己已经归附唐朝，便让崔佐时穿着牂柯人的服装进入羊苴哶城。崔佐时认为不恰当，他说：“我是大唐朝廷的使者，怎么能穿著小小夷人的衣服呢！”异牟寻没有办法，只好在夜晚迎接他。崔佐时大声宣读诏书，异牟寻害怕，他望着周围的人们，连脸色都改变了。然而，已经归顺唐朝，只好抽抽咽咽地流着眼泪，趴在地上接受诏旨。郑回暗中去见崔佐时，教给他如何去做。所以崔佐时完全了解了其中的情由，因而劝说异牟寻悉数斩杀吐蕃使者，除去吐蕃封立的名号，献出吐蕃给予的金印，恢复南诏原来的名称，异牟寻完全听从了这些建议，还刻成金质的契约献给崔佐时。异牟寻带领他的儿子寻梦凑等人与崔佐时在点苍山神祠会盟。

在此之前，吐蕃与回鹘争夺北庭，发生激战，死亡与负伤的人很多，便向云南征调兵员一万人。异牟寻借口国家微小，请求派兵三千人，吐蕃嫌少，云南将兵员增加到五千人，吐蕃才答应下来。异牟寻派遣五千人在前面行进，自己却率领好几万人跟随在他们后边，日夜兼程，前去袭击吐蕃。云南吐蕃在神川交战，大破吐蕃，占领了铁桥等十六座城，俘虏了吐蕃的五个王，降服吐蕃人众十余万。戊戌（正月二十四日），云南派遣使者前来进献捷报。

第二百三十五卷 唐纪五十一

译文诵读

德宗神武圣文皇帝十贞元十年（甲戌，794）

云南王异牟寻遣其弟凑罗楝献地图、土贡及吐蕃所给金印，请复号南诏。癸丑，以祠部郎中袁滋为册南诏使，赐银窠金印，文曰“贞元册南诏印”。滋至其国，异牟寻北面跪受册印，稽首再拜，因与使者宴，出玄宗所赐银平脱马头盘二以示滋。又指老笛工、歌女曰：“皇帝所赐《龟兹乐》，惟二人在耳。”滋曰：“南诏当深思祖考，子子孙孙尽忠于唐。”异牟寻拜曰：“敢不谨承使者之命！”

裴延龄奏称官吏太多，自今缺员请且勿补，收其俸为实府库。上欲修神龙寺，须五十尺松，不可得，延龄曰：“臣近见同州一谷，木数千株，皆可八十尺。”上曰：“开元、天宝间求美材于近畿犹不可得，今安得有之？”对曰：“天生珍材，固待圣君乃出，开元、天宝，何从得之！”

延龄奏：“左藏库司多有失落，近因检阅使置簿书，乃于粪土之中得银十三万两，其匹段杂货百万有余。此皆已弃之物，即是羡馀，悉应移入杂库以供别敕支用。”太府少卿韦少华不伏，抗表称：“此皆每月申奏见在之物，请加推验。”执政请令三司详覆；上不许，亦不罪少华。延龄每奏对，恣为诡谲，皆众所不敢言亦未尝闻者，延龄处之不疑。上亦颇知其诞妄，但以其好诋毁人，冀闻外事，故亲厚之。

中书侍郎、同平章事陆贽以上知待之厚，事有不可，常力争之。所亲或规其太锐，贽曰：“吾上不负天子，下不负所学，他无所恤。”裴延龄日短贽于上。赵憬之入相也，贽实引之，既而有憾于贽，密以贽所讥弹延龄事告延龄，故延龄益得以为计，上由是信延龄而不直贽。贽与憬约至上前极论延龄奸邪，上怒形于色，憬默而无言。壬戌，贽罢为太子宾客。

十一年（乙亥，795）

陆贽既罢相，裴延龄因谮京兆尹李充、卫尉卿张滂、前司农卿李铦党于贽。会旱，延龄奏言：“贽等失势怨望，言于众曰，‘天下旱，百姓且流亡，度支多欠诸军刍粮，军中人马无所食，其事奈何！’以动摇众心，其意非止欲中伤臣而已。”后数日，上猎苑中，适有神策军士诉云：“度支不给马刍。”上意延龄言为信，遽还宫。夏，四月，壬戌，贬贽为忠州别驾，充为涪州长史，滂为汀州长史，铦为邵州长史。

初，阳城自处士征为谏议大夫，拜官不辞。未至京师，人皆想望风采，曰：“城必谏诤，死职下。”及至，诸谏官纷纷言事细碎，天子益厌苦之。而城方与二弟及客日夜痛饮，人莫能窥其际，皆以为虚得名耳。前进士河南韩愈作《争臣论》以讥之，城亦不以屑意。有欲造城而问者，城揣知其意，辄强与酒。客或时先醉仆席上，城或时先醉卧客怀中，不能听客语。及陆贽等坐贬，上怒未解，中外惴恐，以为罪且不测，无敢救者。城闻而起曰：“不可令天子信用奸臣，杀无罪人。”即帅拾遗王仲舒、归登、右补阙熊执易、崔邠等守延英门，上疏论延龄奸佞，贽等无罪。上大怒，欲加城等罪。太子为之营救，上意乃解，令宰相谕遣之。于是金吾将军张万福闻谏官伏阁谏，趋往至延英门，大言贺曰：“朝廷有直臣，天下必太平矣！”遂遍拜城与仲舒等，已而连呼“太平万岁！太平万岁！”万福，武人，年八十余，自此名重天下。登，崇敬之子也。时朝夕相延龄，阳城曰：“脱以延龄为相，城当取白麻坏之，恸哭于庭。”有李繁者，泌之子也，城尽疏延龄过恶，欲密论之，以繁故人子，使之缮写，繁径以告延龄。延龄先诣上，一一自解。疏入，上以为妄，不之省。

十二年（丙子，796）

六月，乙丑，以监句当左神策窦文场、监句当右神策霍仙鸣皆为护军中尉，监左神威军使张尚进、监右神威军使焦希望皆为中护军。初，上置六统军，视六尚书，以处节度使罢镇者，相承用麻纸写制。至是，文场讽宰相比统军降麻。翰林学士郑絪奏言：“故事惟封王、命相用白麻，今以命中尉，不识陛下特以宠文场邪，遂为著令也？”上乃谓文场曰：“武德、贞观时，中人不过员外将军同正耳，衣绯者无几。自辅国以来，堕坏制度。朕今用尔，不谓无私。若复以麻制宣告天下，必谓尔胁我为之矣。”文场叩头谢。遂焚其麻，命并统军自今中书降敕。明日，上谓絪曰：“宰相不能违拒中人，朕得卿言方悟耳。”是时窦、霍势倾中外，藩镇将帅多出神策军，台省清要亦有出其门者矣。

宣歙观察使刘赞卒。

初，上以奉天窘乏，故还宫以来，尤专意聚敛，藩镇多以进奉市恩，皆云“税外方圆”，亦云“用度羡馀”，其实或割留常赋，或增敛百姓，或减刻利禄，或贩鬻蔬果，往往私自入，所进才什一二。李兼在江西有月进，韦皋在西川有日进。其后常州刺史济源裴肃以进奉迁浙东观察使，刺史进奉自肃始。及刘赞卒，判官严绶掌留务，竭府库以进奉，征为刑部员外郎，幕僚进奉自绶始。绶，蜀人也。

十一月，乙未，以右补阙韦渠牟为左谏议大夫。上自陆贽贬官，尤不任宰相，自御史、刺史、县令以上皆自选用，中书行文书而已。然深居禁中，所取信者裴延龄、李齐运、户部郎中王绍、司农卿李实、翰林学士韦执谊及渠牟，皆权倾宰相，趋附盈门。绍谨密无损益；实狡险掊克；执谊以文章与上唱和，年二十余，自右拾遗召入翰林；渠牟形神恌躁，尤为上所亲狎，上每对执政，漏不过三刻，渠牟奏事率至六刻，语笑款狎往往闻外；所荐引咸不次迁擢，率皆庸鄙之士。

十三年（丁丑，797）

十二月，徐州节度使张建封入朝。先是，宫中市外间物，令官吏主之，随给其直。比岁以宦者为使，谓之宫市，抑买人物，稍不如本估。其后不复行文书，置白望数百人于两市及要闹坊曲，阅人所卖物，但称宫市，则敛手付与，真伪不复可辩，无敢问所从来及论价之高下者，率用直百钱物买人直数千物，多以红紫染故衣、败缯，尺寸裂而给之，仍索进奉门户及脚价钱。人将物诣市，至有空手而归者，名为宫市，其实夺之。商贾有良货，皆深匿之；每敕使出，虽沽浆、卖饼者皆撤业闭门。尝有农夫以驴负柴，宦者称宫市取之，与绢数尺，又就索门户，仍邀驴送柴至内。农夫啼泣，以所得绢与之；不肯受，曰："须得尔驴。"农夫曰："我有父母妻子，待此然后食。今以柴与汝，不取直而归，汝尚不肯，我有死而已。"遂殴宦者。街吏擒以闻，诏黜宦者，赐农夫绢十匹。然宫市亦不为之改，谏官御史数谏，不听。建封入朝，具奏之，上颇嘉纳；以问户部侍郎判度支苏弁，弁希宦者意，对曰："京师游手万家，无土著生业，仰宫市取给。"上信之，故凡言宫市者皆不听。

十四年（戊寅，798）

八月，初置左、右神策统军。时禁军戍边，禀赐优厚，诸将多请遥隶神策军，称行营，皆统于中尉，其军遂至十五万人。

太学生薛约师事司业阳城，坐言事，徙连州；城送之郊外。上以城党罪人，己巳，左迁城道州刺史。城治民如治家，州之赋税不登，观察使数加诮让，城自署其考曰："抚字心劳，征科政拙，考下下。"观察使遣判官督其赋，至州，城先自囚于狱。判官大惊，驰入，谒城于狱曰："使君何罪！某奉命来候安否耳。"留一二日未去，城不复归；馆门外有故门扇横地，城昼夜坐卧其上，判官不自安，辞去。其后又遣他判官往按之，他判官载妻子中道逸去。

十五年（己卯，799）

以常州刺史李锜为浙西观察使、诸道盐铁转运使。锜，国贞之子也。闲厩、宫苑使李齐运受其赂数十万，荐之于上，故用之。锜刻剥以事进奉，上由是悦之。

唐德宗贞元十年（甲戌，公元794年）

云南王异牟寻派遣他的弟弟凑罗楝献上地图、土产贡物和吐蕃授给的金印，请求恢复南诏的国号。癸丑（六月十二日），德宗任命祠部郎中袁滋为册南诏使，赐给以银作底的金印，印文称作“贞元册南诏印”。袁滋来到云南国，异牟寻面向北方跪着接受了册封的印信，叩头至地，拜了两拜，接着便设宴招待使者，拿出玄宗赐给的两个银平脱马头盘给袁滋看，还指着年迈的吹笛者和歌女说：“皇帝赐给《龟兹乐》时带来的乐工，只有这两个人还活着。”袁滋说：“南诏应当深深仰慕祖先的事迹，子子孙孙对唐朝竭尽忠心。”异牟寻行着礼说：“我怎敢不恭谨地承受使者的教导！”

裴延龄上奏声称官吏太多，从今以后，对于官吏中出现的缺员，请暂且不要补充，收取这部分薪俸，用来充实国家的库存。德宗打算修建神龙寺，需要五十尺长的松木，但无法找到，裴延龄说：“近来我在同州看到一处山谷，谷内有好几千棵树木，都是高八十尺的。”德宗说：“开元、天宝年间在京城周围寻找上好的木材尚且无法找到，现在怎么会有这么多的木材？”裴延龄回答说：“上天生出珍贵的木材，当然是等待圣明的君主出世时才会出现，开元、天宝期间，怎么能够得到这些呢！”

裴延龄上奏说：“左藏库执掌的物品损失遗落很多，近来由于检阅使去放账簿，于是在垃圾中得到银子十三万两，成匹成段的布帛和零杂货物超过一百万。这都是已经丢弃的物品，也就成为额外的收入，应当全部搬到杂库去，好供给陛下另外颁敕支取使用。”太府少卿韦少华不承认这一说法，便上表直言声称：“这都是每月申报上奏的现存物品，请加以推究验查。”主持政务的长官请求命令三司详细审察，德宗没有答应，但也不责怪韦少华。每当裴延龄当面回答德宗提出的问题时，任意去说怪诞的事情，都是大家所不敢说、也不曾听说过的，裴延龄却将这些事情说得无可怀疑。德宗也知道裴延龄是荒诞虚妄的，但由于他喜欢恶意诬蔑别人，希望从他那里听到外间的事情，所以亲近厚待他。

中书侍郎、同平章事陆贽因德宗知遇，对待他情义深厚，凡有不同意的事情，经常竭力争议。有些与他亲近的人规劝他说，这样做过于显露锋芒，陆贽说：“只要我上不辜负天子，下不辜负平生的学问，别的事情就没有值得顾惜的了。”裴延龄天天在德宗面前指责陆贽的短处。赵憬出任宰相，实在是陆贽引荐了他。不久，他对陆贽有不满意的地方，便暗中将陆贽抨击裴延龄的事情告诉了裴延龄，所以裴延龄愈发能够做好预谋。从此，德宗相信裴延龄而不再认为陆贽是对的了。陆贽与赵憬约好了到德宗面前极力论说裴延龄的邪恶，德宗的怒气在脸色上都表现出来了，而赵憬却沉默不语。壬戌（十二月二十三日），陆贽被罢免为太子宾客。

十一年（乙亥，公元795年）

陆贽被罢黜宰相职务以后，裴延龄接着又诬陷京兆尹李充、卫尉卿张滂、前司农卿李铦偏袒陆贽。适逢天旱，裴延龄上奏说：“陆贽等人因失去权势而怨恨不满，他们对大家说：‘天下干旱，百姓将要流离散亡了。度支亏欠各军粮草很多，军中的人马没有吃的，这种事情将怎么办才好！’他们以此动摇大家的心意，他们的企图恐怕不限于中伤我一个人就算了事。”过了几天，德宗在禁苑中打猎，恰巧有神策军的将士申诉说：“度支不供给喂马的草料。”德宗猜测裴延龄的话是可信的，急忙回到宫中。夏季，四月，壬戌（二十五日），将陆贽贬为忠州别驾，李充贬为涪州长史，张滂贬为汀州长史，李铦贬为邵州长史。

唐壁画中的宴饮图

当初，阳城由未做官的士人被征召为谏议大夫，对任命他的官职并不推辞。阳城还没有来到京城，人们便思慕他的风度文采，都说：“阳城肯定会直言规谏，效忠职守，以至于死的。”及至阳城来到朝廷以后，谏官们谈论政事时纷纷讲些细小琐碎的事情，德宗愈加厌烦不堪。然而，阳城却正与自己的两个弟弟以及宾客日夜开怀饮酒，人们对他摸不着边际，都认为他是虚有其名罢了。前进士河南人韩愈写了一篇《争臣论》来讥讽他，阳城也并不介意。有人打算前去质问阳城，阳城揣度清楚来人的用意以后，总是强劝来人饮酒，有时客人先醉倒在酒席上，有时阳城先醉躺在客人的怀抱中，不能听客人讲话了。及至陆贽等人获罪被贬以后，德宗的怒气尚未消散，朝廷内外恐惧不安，都认为对他们的罪罚将是难以测度的，因而没有人敢营救他们。阳城闻知此情，站起来说道：“不能让天子相信任用奸臣，杀害没有罪过的人。”他当即带领拾遗王仲舒、归登、右补阙熊执易、崔邠等人在延英门守候着，奏上疏章，论说裴延龄邪恶谄谀，而陆贽等人没有罪。德宗大怒，准备将阳城等人治罪，太子为此而出面营救，德宗的态度才缓和下来，使宰相宣旨让他们离去。当此时，金吾将军张万福听说谏官跪在延英殿阁进谏，便快步前往延英门，大声祝贺道：“朝廷有直言的臣下，天下肯定要太平了！”于是，他逐一拜谢阳城与王仲舒等人，随即连声大呼“太平万岁！太平万岁！”张万福是一员武将，年纪有八十多岁，自此以后，他的名声便为天下推重了。归登是归崇敬的儿子。当时，随时都有任命裴延龄为宰相的可能，阳城说：“倘若让裴延龄出任宰相，我就会将任命他的白麻诏书拿来毁掉，还要在朝廷上痛哭一场。”有个叫李繁的人，是李泌的儿子，阳城疏陈裴延龄的全部过失与罪恶，想秘密弹劾他，因李繁是旧友的儿子，便让他誊抄疏章，李繁却径直将此事告诉了裴延龄。裴延龄事先前往德宗处逐条自行解释，待到疏章送入内廷，德宗认为这是虚妄的，便不去观看这一疏章了。

十二年（丙子，公元796年）

六月，乙丑（初六），德宗命监句当左神策窦文场、监句当右神策霍仙鸣都担任护军中尉，命监左神威军使张尚进、监右神威军使焦希望都担任中护军。当初，德宗设置左右羽林、龙武、神武六军统军，比照六部尚书，用来安置免除节镇职务的节度使，相沿使用麻纸书写制书。至此，窦文场婉言劝说宰相，对护军中尉、中护军的任命要比照任命统军的成例，颁降白麻纸诏书。翰林学士郑絪上奏说：“根据惯例，只有封拜王位、任命宰相才使用白麻纸，现在要用白麻纸任命护军中尉，不知陛下这是特别以此宠任窦文场呢，还是就此便成为定式呢？”于是，德宗对窦文场说：“在武德、贞观时期，宦官的职位不超过员外将军置同正品而已，连穿戴绯色朝服的都没有几个人。自从李辅国以来，制度被败坏了。现在朕任用你，不能说没有私情。如果再使用白麻纸书写的制书向天下宣告，肯定要说这是你胁迫我写的了。”窦文场叩头认错。于是德宗烧掉任命中尉的白麻纸制书，命令从今以后连同统军的任命也由中书省颁降敕书。第二天，德宗对郑絪说：“连宰相都不能违抗宦官的意旨，朕得到你的进言才算醒悟了。”这时候，窦文场、霍仙鸣的权势压倒朝廷内外官员，藩镇的将领与主帅大多出于神策军，尚书省、中书省与门下省中职务尊贵、掌握枢要的官员也有出于宦官门下的了。

宣歙观察使刘赞去世。

当初，德宗因在奉天时财政窘迫困乏，所以自从回到宫中以来，尤其注意搜刮财货。许多藩镇凭着进献贡物来换取德宗的恩宠，贡物都称作“税外方圆”，也称作“用度羡余”，实际上有的是从固定税收中分割出一部分留下来，有的对百姓增加征税的数额，有的削减官吏的俸禄，有的贩卖蔬菜瓜果，经常是藩镇官员中饱私囊，真正能够进献上去的只有十分之一二。李兼在江西每月都要进献贡物，韦皋在西川每天都要进献贡物。后来，常州刺史济源人裴肃凭着进献贡物被升任为浙东观察使，刺史进献贡物便是由裴肃开始的。及至刘赞去世，判官严绶掌管留后事务，竭尽库存来进献贡物，被征召为刑部员外郎，幕僚进贡物便是由严绶开始的。严绶是蜀地人。

十一月，乙未（初八），德宗任命右补阙韦渠牟为左谏议大夫。自从陆贽贬官以来，德宗尤其不肯信任宰相，对御史、刺史、县令以上的官员，都是亲自选拔任用，中书省只是收发文书罢了。然而，德宗住在深宫之中，取得德宗信任的人裴延龄、李齐运、户部郎中王绍、司农卿李实、翰林学士韦执谊以及韦渠牟，都是权势压倒宰相，趋炎附势的人挤满家门。王绍恭谨缜密，不改成法。李实狡黠阴险，搜刮民财。韦执谊以文章与德宗相互唱和，年仅二十有余，便由右拾遗被征召进入翰林院。韦渠牟的形貌神态轻薄浮躁，但尤为德宗亲昵，德宗每次与主持政务的官员谈话，漏壶的刻符不会超过三刻时间，而韦渠牟奏陈事情一般长达六刻时间，亲昵的说笑声常常可以从外边听到，他推荐的人都不拘等次地得到提拔，而他们大都是些庸俗鄙陋的人。

十三年（丁丑，公元797年）

十二月，徐州节度使张建封入京朝见。在此之前，宫廷中购买外面的物品，

唐三彩胡人骑驼图

命令官吏主持其事，随时付给购物的价钱。近年以来，任命宦官为使者，称作宫市，低价购买人们的物品，逐渐与本来的价值不相符合了。在此以后，不再行使文书，宦官在长安东、西两市以及地当要冲、繁华热闹的城坊曲巷安排了好几百个四处张望，白白取人物品的人们，被称作“白望”。“白望”到处察看人们出卖的物品，只要自称是宫市，人们便只好把物品拱手交付给他们。人们不再能够分辨真假，也没有人敢询问他们的由来和讲论价钱的高低。他们一般是用价值一百钱的物品换取人们价值好几千钱的物品，经常用染上红色、紫色的陈旧的衣服和变坏的丝帛，按照尺寸撕下来付给卖主，还要勒索所谓进奉门户钱和脚价钱。人们带着物品到市场上去，甚至有空着手回家的人。他们名义上叫做宫市，实际上却是向人夺取。如果商人有上好的货物，便都暗中隐藏起来。每当宫廷使者出来时，即使是卖汤水面饼的人家，也都停止营业，关闭门户。曾经有一个农夫，用驴驮着木柴来卖，宦官自称宫市，拿走他的木柴，给了他几尺绢，又就地索取进奉门户钱，还要求用驴将木柴送到内廷去。农夫哭了，把得到的绢又给了宦官，宦官不肯接受，说：“必须得到你的这匹驴才行。”农夫说：“我家有父母、妻子、儿女，要靠它赚钱糊口。现在我把木柴给了你，不向你要价钱就往回走了，而你还是不肯放我，我也只有和你拼了！”于是农夫殴打了宦官，街使的属吏捉住他上报，德宗颁诏将宦官废免，赐给农夫十匹绢。然而，宫市并不因此而改变，谏官与御史们屡次规谏，德宗都不肯听从。张建封入朝以后，将宫市的事情条陈奏上，德宗很是嘉许他，也想采纳他的意见。德宗又就此事询问户部侍郎、判度支苏弁的意见，苏弁迎合宦官的意旨，便回答说：“京城中空手闲荡的人们有万家之多，都没有一定的住所和职业，就靠着宫市获取供给。”德宗相信了他的话，所以对所有指责宫市的话，全听不进去了。

十四年（戊寅，公元798年）

八月，最初设置左、右神策军统军。当时，禁卫亲军戍守边疆，待遇优越而丰厚，各将领往往请求遥遥隶属于神策军，号称神策军行营，一概归中尉统领，于是神策军达到十五万人之多。

太学生薛约以师长之礼对待国子司业阳城，因言事获罪，迁徙连州，阳城把他送到郊野以外。德宗认为阳城与有罪之人结党，己巳（九月二十三日），将阳城降职为道州刺史。阳城治理百姓如同治理家人一般，州中的赋税收不上来，观察使有好几次加以谴责，于是阳城自行题写他的任官考核成绩道："抚养爱护百姓，心神为之劳瘁，征收科派的政绩低劣，考核成绩下下。"观察使派遣判官督促他征税，判官来到道州时，阳城事先已经将自己囚禁在监狱中了。判官大惊，急奔进去，在监狱中谒见阳城说："您有什么罪过！我是接受命令前来问候您安康的啊。"判官逗留了一两天还没有离去，阳城便不回家。判官下榻的馆舍门外有一块旧门扇横放在地上，阳城就日夜坐卧在门扇上，判官感到不安，便辞别而去了。此后，观察使又派遣另外一个判官前往按察阳城，这个判官却乘车载着妻子儿女在中途逃跑了。

十五年（己卯，公元799年）

德宗任命常州刺史李锜为浙西观察使、诸道盐铁转运使。李锜是李国贞的儿子。闲厩、宫苑使李齐运接受他的贿赂有几十万，于是向德宗推荐他，所以德宗起用他。李锜通过苛刻盘剥而使进献的贡物增加，因此德宗便赏识他。

資治通鑑

文白对照精选本

第六卷

〔北宋〕司马光 编著
张宏儒 主编

融媒体出版物

党建读物出版社
（英华电子音像出版社）
河北冠林数字出版有限公司

目录

译文诵读

第二百三十六卷 唐纪五十二

译文诵读

德宗神武圣文皇帝十一贞元十七年（辛巳，801）

李锜执天下利权，以贡献固主恩，以馈遗结权贵，恃此骄纵，无所忌惮，盗取县官财，所部官属无罪受戮者相继。浙西布衣崔善贞诣阙上封事，言宫市、进奉及盐铁之弊，因言锜不法事。上览之，不悦，命械送锜。锜闻其将至，先凿坑于道旁；己亥，善贞至，并锁械内坑中，生瘗之。远近闻之，不寒而栗。锜复欲为自全计，增广兵众，选有材力善射者谓之挽强，胡、奚杂类谓之蕃落，给赐十倍他卒。转运判官卢坦屡谏不悛，与幕僚李约等皆去之。约，勉之子也。

十九年（癸未，803）

初，翰林待诏王伾善书，山阴王叔文善棋，俱出入东宫，娱侍太子。伾，杭州人也。

叔文谲诡多计，自言读书知治道，乘间常为太子言民间疾苦。太子尝与诸侍读及叔文等论及宫市事，太子曰："寡人方欲极言之。"众皆称赞，独叔文无言。既退，太子自留叔文，谓曰："向者君独无言，岂有意邪？"叔文曰："叔文蒙幸太子，有所见，敢不以闻。太子职当视膳问安，不宜言外事。陛下在位久，如疑太子收人心，何以自解！"太子大惊，因泣曰："非先生，寡人无以知此。"遂大爱幸，与王伾相依附。

叔文因为太子言："某可为相，某可为将，幸异日用之。"密结翰林学士韦执谊及当时朝士有名而求速进者陆淳、吕温、李景俭、韩晔、韩泰、陈谏、柳宗元、刘禹锡等，定为死友。而凌准、程异等又因其党以进，日与游处，踪迹诡秘，莫有知其端者。藩镇或阴进资币，与之相结。淳，吴人，尝为左司郎中；温，渭之子，时为左拾遗；景俭，瑀之孙，进士及第；晔，滉之族子；谏，尝为侍御史；宗元、禹锡，时为监察御史。

二十年（甲申，804）

九月，太子始得风疾，不能言。

顺宗至德弘道大圣大安孝皇帝永贞元年（乙酉，805）

春，正月，辛未朔，诸王、亲戚入贺德宗，太子独以疾不能来，德宗涕泣悲叹，由是得疾，日益甚。凡二十余日，中外不通，莫知两宫安否。

癸巳，德宗崩；苍猝召翰林学士郑絪、卫次公等至金銮殿草遗诏。宦官或曰："禁中议所立尚未定。"众莫敢对。次公遽言曰："太子虽有疾，地居冢嫡，中外属心。必不得已，犹应立广陵王；不然，必大乱。絪等从而和之，议始定。次公，河东人也。太子知人情忧疑，紫衣麻鞋，力疾出九仙门，召见诸军使，人心粗安。

甲午，宣遗诏于宣政殿，太子缞服见百官；丙申，即皇帝位于太极殿。卫士尚疑之，企足引领而望之，曰："真太子也！"乃喜而泣。

时顺宗失音，不能决事，常居宫中施帘帷，独宦者李忠言、昭容牛氏侍左右；百官奏事，自帷中可其奏。自德宗大渐，王伾先入，称诏召王叔文，坐翰林中使决事。伾以叔文意入言于忠言，称诏行下，外初无知者。以杜佑摄冢宰。二月，癸卯，上始朝百官于紫宸门。

辛亥，以吏部郎中韦执谊为尚书左丞、同平章事。王叔文欲掌国政，首引执谊为相，己用事于中，与相唱和。

壬戌，以殿中丞王伾为左散骑常侍，依前翰林待诏，苏州司功王叔文为起居舍人、翰林学士。

伾寝陋、吴语，上所亵狎；而叔文颇任事自许，微知文义，好言事，上以故稍敬之，不得如伾出入无阻。叔文入至翰林，而伾入至柿林院，见李忠言、牛昭容计事。大抵叔文依伾，伾依忠言，忠言依牛昭容，转相交结。每事先下翰林，使叔文可否，然后宣于中书，韦执谊承而行之。外党则韩泰、柳宗元等主采听外事。谋议唱和，日夜汲汲如狂，互相推奖，曰伊、曰周、曰管、曰葛，僩然自得，谓天下无人；荣辱进退，生于造次，惟其所欲，不拘程式。士大夫畏之，道路以目。素与往还者，相次拔擢，至一日除数人。其党或言曰，"某可为某官，"不过一二日，辄已得之。于是叔文及其党十余家之门，昼夜车马如市。客候见叔文、伾者，至宿其坊中饼肆、酒垆下，一人得千钱，乃容之。伾尤阘茸，专以纳贿为事，作大匮贮金帛，夫妇寝其上。

甲子，上御丹凤门，赦天下，诸色逋负，一切蠲免，常贡之外，悉罢进奉。贞元之末政事为人患者，如宫市、五坊小儿之类，悉罢之。

乙丑，罢盐铁使月进钱。先是，盐铁月进羡余而经入益少；至是，罢之。

三月辛未，以王伾为翰林学士。

丙戌，加杜佑度支及诸道盐铁转运使。以浙西观察使李锜为镇海节度使，解其盐铁转运使。锜虽失利权而得节旄，故反谋亦未发。

以王叔文为度支、盐铁转运副使。先是叔文与其党谋，得国赋在手，则可以结诸用事人，取军士心，以固其权，又惧骤使重权，人心不服，借杜佑雅有会计之名，位重而务自全，易可制，故先令佑主其名，而自除为副以专之。叔文虽判两使，不以簿书为意，日夜与其党屏人窃语，人莫测其所为。

上疾久不愈，时扶御殿，群臣瞻望而已，莫有亲奏对者，中外危惧；思早立太子，而王叔文之党欲专大权，恶闻之。宦官俱文珍、刘光琦、薛盈珍皆先朝任使旧人，疾叔文、忠言等朋党专恣，乃启上召翰林学士郑絪、卫次公、李程、王涯入金銮殿，草立太子制。时牛昭容辈以广陵王淳英睿，恶之；絪不复请，书纸为“立嫡以长”字呈上；上颔之。癸巳，立淳为太子，更名纯。程，神符五世孙也。

乙巳，上御宣政殿，册太子。百官睹太子仪表，退，皆相贺，至有感泣者，中外大喜。而王叔文独有忧色，口不敢言，但吟杜甫题《诸葛亮祠堂》诗曰：“出师未捷身先死，长使英雄泪满襟。”闻者哂之。

五月，辛未，以右金吾大将军范希朝为左、右神策京西诸城镇行营节度使。甲戌，以度支郎中韩泰为其行军司马。王叔文自知为内外所憎疾，欲夺取宦官兵权以自固，借希朝老将，使主其名，而实以泰专其事；人情不测其所为，益疑惧。

辛卯，以王叔文为户部侍郎，依前充度支、盐铁转运副使。俱文珍等恶其专权，削去翰林之职。叔文见制书，大惊，谓人曰：“叔文日时至此商量公事，若不得此院职事，则无因而至矣。”王伾即为疏请，不从。再疏，乃许三五日一入翰林，去学士名。叔文始惧。

六月，己亥，贬宣歙巡官羊士谔为汀州宁化尉。士谔以公事至长安，遇叔文用事，公言其非。叔文闻之，怒，欲下诏斩之，执谊不可；则令杖煞之，执谊又以为不可；遂贬焉。由是叔文始大恶执谊，往来二人门下者皆惧。

王叔文既以范希朝、韩泰主京西神策军，诸宦者尚未寤。会边上诸将各以状辞中尉，且言方属希朝。宦者始寤兵柄为叔文等所夺，乃大怒曰：“从其谋，吾属必死其手。”密令其使归告诸将曰：“无以兵属人。”希朝至奉天，诸将无至者。韩泰驰归白之，叔文计无所出，唯曰：“奈何！奈何！”无几，其母病甚。丙辰，叔文盛具酒馔，与诸学士及李忠言、俱文珍、刘光琦等饮于翰林。叔文言曰：“叔文母病，以身任国事之故，不得亲医药，今将求假归侍。叔文比竭心力，不避危难，皆为朝廷之恩。一旦去归，百谤交至，谁肯见察以一言相助乎？”文珍随其语辄折之，叔文不能对，但引满相劝，酒数行而罢。丁巳，叔文以母丧去位。

王叔文既有母丧，韦执谊益不用其语。叔文怒，与其党日夜谋起复，必先斩执谊而尽诛不附己者，闻者恟惧。

自叔文归第，王伾失据，日诣宦官及杜佑请起叔文为相，且总北军；既不获，则请以为威远军使、平章事，又不得；其党皆忧悸不自保。是日，伾坐翰林中，疏三上，不报，知事不济，行且卧，至夜，忽叫曰：“伾中风矣！”明日，遂舆归不出。己丑，以仓部郎中、判度支案陈谏为河中少尹；伾、叔文之党至是始去。

乙未，制以“积疢未复，其军国政事，权令皇太子纯句当。”时内外共疾王叔文党与专恣，上亦恶之；俱文珍屡启上请令太子监国，上固厌倦万机，遂许之。又以太常卿杜黄裳为门下侍郎，左金吾大将军袁滋为中书侍郎，并同平章事。俱文珍等以其旧臣，故引用之。又以郑珣瑜为吏部尚书，高郢为刑部尚书，并罢政事。太子见百官于东朝堂，百官拜驾；太子涕泣，不答拜。

八月，庚子，制“令太子即皇帝位，朕称太上皇，制敕称诰。”

辛丑，太上皇徙居兴庆宫，诰改元永贞，立良娣王氏为太上皇后。后，宪宗之母也。

壬寅，贬王伾开州司马，王叔文渝州司户。伾寻病死贬所。明年，赐叔文死。

癸丑，西川节度使南康忠武王韦皋薨。皋在蜀二十一年，重加赋敛，丰贡献以结主恩。厚给赐以抚士卒，士卒婚嫁死丧，皆供其资费，以是得久安其位而士卒乐为之用，服南诏，摧吐蕃。幕僚岁久官崇者则为刺史，已复还幕府，终不使还朝，恐泄其所为故也。府库既实，时宽其民，三年一复租赋，蜀人服其智谋而畏其威，至今画像以为土神，家家祀之。

支度副使刘辟自为留后

己卯，贬神策行军司马韩泰为抚州刺史，司封郎中韩晔为池州刺史，礼部员外郎柳宗元为邵州刺史，屯田员外郎刘禹锡为连州刺史。

壬申，贬中书侍郎、同平章事韦执谊为崖州司马。执谊以尝与王叔文异同，且杜黄裳婿，故独后贬。然叔文败，执谊亦自失形势，知祸将至，虽尚为相，常不自得，奄奄无气，闻人行声，辄惶悸失色，以至于贬。

朝议谓王叔文之党或自员外郎出为刺史，贬之太轻；己卯，再贬韩泰为虔州司马，韩晔为饶州司马，柳宗元为永州司马，刘禹锡为朗州司马；又贬河中少尹陈谏为台州司马，和州刺史凌准为连州司马，岳州刺史程异为郴州司马。

己酉，以给事中刘辟为西川节度副使、知节度事。上以初嗣位，力未能讨故也。右谏议大夫韦丹上疏，以为：“今释辟不诛，则朝廷可以指臂而使者，惟两京耳。此外谁不为叛！”上善其言。壬子，以丹为东川节度使。丹，津之五世孙也。

唐德宗贞元十七年（辛巳，公元801年）

李锜执掌全国的财政大权后，通过进献贡物来巩固主上的恩宠，通过赠送财物来结纳地位高、有权势的人，依仗着这一点而骄横放纵，没有一点顾忌与畏惧，非法盗占国库的财物，他统领的属吏中无罪而遭到杀害的人相继不断。浙西平民崔善贞前往朝廷进献秘密奏章，谈论宫市、进献贡物以及经营盐铁的弊病，因而讲到李锜不守法纪的事情。德宗看了他的奏章，很不高兴，命令将他用枷锁拘禁着送交李锜。李锜听说他就要到来，事先在道路旁边挖了一个土坑。己亥（六月初八），崔善贞到了，李锜将他连同枷锁一起推进坑中，活埋了他。远近各地的人们听说此事后，都不寒而栗。李锜又做了些想要自我保全的安排：增加士兵的人数，选拔多才强力、善于射箭的人，将他们称作“挽强”；对所收容的胡、奚等各族人，将他们称作“蕃落”，对他们的供给与赏赐，是其他士兵的十倍。转运判官卢坦屡次劝谏，他都不肯悔改，于是卢坦与幕僚李约等人都离开了他。李约是李勉的儿子。

十九年（癸未，公元803年）

当初，翰林待诏王伾擅长书法，山阴人王叔文擅长下棋，都在东宫出出进进，侍奉太子，供太子娱乐。王伾是杭州人。

王叔文诡计多端，自称读过书而懂得治理国家的道理，经常趁机向太子讲说民间的疾苦。太子曾经与各位侍读以及王叔文等人谈论到宫市的事情，太子说：“寡人正准备就此事尽力进言。”大家都表示称赞，唯独王叔文不发一言。大家退去后，太子亲自将王叔文留下来，对他说：“刚才只有你不发一言，难道有用意吗?”王叔文说：“我承蒙太子的钟爱，发现问题，怎敢不告诉太子闻知！太子的职分应当是省视进食、问候平安，最好不要谈外间的事情。陛下在位的时间长了，如果怀疑太子收揽人心，太子怎么为自己解释呢！”太子大惊，因而哭泣着说：“若不是先生这一席话，寡人无法知道这个道理。”于是，太子对王叔文极为宠爱，而王叔文则与王伾相互依托。

王叔文趁机对太子说：“某人可以担任宰相，某人可以担任将领，希望太子在将来起用他们。”王叔文暗中结交翰林学士韦执谊以及当时已有名声但希图快速晋升的朝廷官员陆淳、吕温、李景俭、韩晔、韩泰、陈谏、柳宗元、刘禹锡等人，约定为生死相托的朋友。另外，凌准、程异等人又靠着这一伙人得以进用，时时与他们交游往来，行踪都很诡诈隐秘，没有人了解他们的端倪。有些藩镇暗中进献资财礼物，与他们相互结纳。陆淳是吴中人，曾经担任左司郎中。吕温是吕渭的儿子，当时担任左拾遗。李景俭是李玮的孙子，进士及第。韩晔是韩滉的族侄。陈谏曾经担任侍御史。柳宗元与刘禹锡当时担任监察御史。

二十年（甲申，公元804年）

九月，太子开始身患中风，不能讲话。

唐顺宗永贞元年（乙酉，公元805年）

春季，正月，辛未朔（初一），诸王、亲戚前来宫中向德宗祝贺，唯独太子因病不能到来。德宗流着眼泪，唉声叹气，从此患病，并一天比一天加重。大约二十多天，内宫与外廷断了消息，都不知道德宗与太子平安与否。

癸巳（二十三日），德宗驾崩。人们匆匆忙忙地把翰林学士郑絪、卫次公等人叫到金銮殿，起草德宗的遗诏。有个宦官说：“内廷计议册立谁人还没有确定呢。”大家都不敢答话。卫次公赶忙说：“虽然太子身患疾病，但是身居嫡长的地

唐顺宗李诵

位，为朝廷内外所归向。如果没有别的办法，也应该册立广陵王。否则，肯定要出大乱子。”郑絪等人也随声附和卫次公的意见，这才算议定下来。卫次公是河东人。太子知道人们的情绪还在担忧疑虑，便身著紫衣，足穿麻鞋，勉强支撑着有病的身体，走出九仙门，召见各军使，才使人心略微安定了一些。

甲午（二十四日），德宗的遗诏在宣政殿宣布了，太子穿着丧服，接见朝廷官员。丙申（二十六日），太子在太极殿正式继承皇位。卫士们仍然怀疑登位的是不是太子，便跷着脚，伸着脖子，向殿上张望了一番，这才说：“的确是真正的太子！”于是，卫士们高兴得哭了。

当时，顺宗无法讲话，不能处理朝中事务，经常住在宫中，周围挂着帘幕，只有宦官李忠言、牛昭容在顺宗身边侍奉。朝中官员奏请什么事情，顺宗便在帘幕中认可他们的奏请。自从德宗病情垂危以来，王伾率先进入内廷，声称有诏传召王叔文，让他坐在翰林院中处理朝中事务。王伾将王叔文的意图带进内廷，告诉李忠言，便声称诏书颁发下来，外界起初没有人知道这一内情。任命杜佑为摄冢宰。二月，癸卯（初三），顺宗在紫宸门初次受朝中官员的朝见。

辛亥（十一日），顺宗任命吏部郎中韦执谊为尚书左丞、同平章事。王叔文打算执掌国家大政，便首先延引韦执谊出任宰相，自己在内廷当权，与他相互呼应。

壬戌（二十二日），顺宗任命殿中丞王伾为左散骑常侍，依然如前充任翰林待诏，任命苏州司功王叔文为起居舍人、翰林学士。

王伾状貌丑陋，口操吴地方言，为顺宗所亲近宠幸。而王叔文颇以能办大事自我称道，稍稍懂得一些文辞大义，喜欢谈论朝中事务，顺宗因此对他稍微采取敬重的态度，不像王伾那样在内宫通行无阻。王叔文进入翰林院，而王伾进入柿林院，得以与李忠言和牛昭容会面议事。大致说来，王叔文依赖王伾，王伾依赖李忠言，李忠言依赖牛昭容，转相勾结。每遇一事，他们首先下达翰林院，让王叔文做出判断，然后向中书省宣布，由韦执谊承命奉行。他们在外廷的同党则有韩泰、柳宗元等人，主持搜集探听外界的事情。他们策划计议，相互应和，夜以继日，急切如狂，还互相推崇，说他们是伊尹，是周公，是管仲，是诸葛亮，豪壮得意，认为天下再没有别的人物。他们使荣宠与屈辱、晋升与贬斥，发生于仓促之间，只有他们想要做什么，便可不受规程法式的约束。士大夫对他们心怀畏惧，敢怒而不敢言。平素与他们有交往的人们，一个接着一个地被提拔升官，以至于一天内便封拜好几个人。只要他们的同党中有人说“某人可以担任某官”，过不了一两天，此人便已经得到这一职位。因此王叔文及其同党十多家的门前，昼夜车马往来，门庭若市。等候谒见王伾、王叔文的客人，以至于要在他们所住街坊的饼店卖酒之处过夜，饼店酒家收取每人一千钱，方肯收留为房客。王伾尤其猥琐卑下，专门以收受贿赂为能事，他制做了一个收藏金钱丝帛的大柜子，他们夫妇二人便在大柜子上就寝。

甲子（二十四日），顺宗驾临丹凤门，大赦天下；对各种名目的租税拖欠，一律免除；在固定的贡品以外，停止所有的贡物进献。对贞元末年损害百姓利益的施政措施，如宫市和雕、鹘、鹞、鹰、狗五坊给役一类，全部罢除。

乙丑（二十五日），顺宗免除盐铁使每月进献的月进钱。在此之前，盐铁使每月进献正税以外的杂税钱，但正常的经费收入却越来越少。至此，便将月进钱免除了。

三月，辛未（初二），顺宗任命王伾为翰林学士。

丙戌（十七日），顺宗加封杜佑为度支使和诸道盐铁转运使，任命浙西观察使李锜为镇海节度使，解除他盐铁转运使的职务。李锜虽然失去了财政大权，但得到了节度使的旌节，所以他反叛朝廷的阴谋也就没有表露出来。

顺宗任命王叔文为度支副使和盐铁转运副使。在此之前，王叔文与他的同党谋议，将国家的赋税收入抓到手中，就能够用此来交结各方面当权人物，争取得到将士的拥护，以便巩固他们手中的权力。他又担心骤然担任握有重大财权的使职，人们不能心悦诚服，便借着杜佑平素有善于管理财物的名声，地位尊显而务求保全自己，又为人平易，可以控制，所以首先让杜佑在名义上主持财政，而任命自己为副职，以便专擅财政。虽然王叔文兼任了度支与盐铁转运两项使职，但他并不把簿籍文书放在心上，而是日夜与他的同党在一起，摒退外人，私下密谈，他在干什么，人们都不得而知。

顺宗的疾病许久不能痊愈，只好不时让人扶着他登上大殿，会见群臣，群臣也只有从远处看一看顺宗罢了，从没有亲自回答过顺宗的提问。朝廷内外的官员们都感到忧惧不安，希望及早册立太子。然而，王叔文一党准备独揽大权，讨厌听到人们的这种议论。宦官俱文珍、刘光琦、薛盈珍都是前朝任用的旧臣，他们忌恨王叔文、李忠言等人树立朋党，专横恣肆，便启奏顺宗传召翰林学士郑䌹、卫次公、李程、王涯等人前往金銮殿草拟册立太子的制书。当时，牛昭容一伙人因广陵王李淳英俊明达，便憎恶他。郑䌹不再请示，在纸上写了“册立嫡长子”几个字上呈顺宗，顺宗点了点头。癸巳（二十四日），册立李淳为太子，改名为李纯。李程是李神符的五世孙。

乙巳（四月初六），顺宗驾临宣政殿，册封太子。官员们目睹太子仪表堂堂，退下来以后，纷纷互相庆贺，以至有人感动得哭泣了，朝廷内外都非常高兴。然而，唯独王叔文脸上带着忧虑的神色，口中又不敢说什么，只是吟诵杜甫所作《诸葛亮祠堂》诗道：“出师未捷身先死，长使英雄泪满襟。”听到他读诗的人们都讥笑他。

五月，辛未（初三），顺宗任命右金吾大将军范希朝为左右神策、京西诸城镇行营节度使；甲戌（初六），任命度支郎中韩泰为范希朝的行军司马。王叔文知道自己被朝廷内外的官员们所憎恶忌恨，打算夺取宦官手中的兵权来巩固自己的地位，借着范希朝作为朝廷宿将的声望，让他在名义上主持军事，但实际上是让韩泰专擅兵权。人们猜不出他们要做些什么，愈加疑惑恐惧。

辛卯（二十三日），顺宗任命王叔文为户部侍郎，依然如前充任度支副使和盐铁转运副使。俱文珍等人憎恶王叔文独揽大权，设法免除了他翰林学士的职务。王叔文看到制书后，大为震惊，他对别人说："我每天按时到这里来商量公务，如果不能够在翰林院担任职务，就没有到这里来的理由了。"王伾当即替王叔文上疏请求保留学士职务，顺宗不肯听从。王伾再次上疏，顺宗才允许王叔文隔三五天到翰林院来一次，但仍免除翰林学士的职称，王叔文开始恐惧了。

六月，己亥（初二），顺宗将宣歙巡官羊士谔贬为汀州宁化县尉。羊士谔因公务来到长安，适逢王叔文当权，便公开谈论他的错误。王叔文得知这一消息后，非常生气，打算发布诏书，将他斩杀，韦执谊不肯同意。王叔文又打算用杖刑将他打死，韦执谊认为也不能这样做，于是将羊士谔以贬官论处。自此，王叔文开始非常嫌恶韦执谊，在他们二人门下往来的人们都恐惧起来了。

王叔文使范希朝、韩泰主持京西神策军以后，诸宦官还没有明白其中的道理。适逢边疆各将领各自呈送书状向中尉陈辞，而且提到他们刚刚归属范希朝统辖。宦官们开始明白兵权已经被王叔文等人夺走，于是大为恼怒地说："如果按照他们的计谋干下去，我们这些人肯定要死在他们手里。"于是秘密命令各边防来使回去禀告各将领说："不要将军队归属别人。"范希朝来到奉天时，各将领没有前来的。韩泰骑马回来报告了这一情况，王叔文无计可施，只是说："这可怎么办？这可怎么办！"没过多久，王叔文的母亲病情严重。丙辰（十九日），王叔文备办了丰盛的酒食，与各位翰林学士和李忠言、俱文珍、刘光琦等人在翰林院饮酒。王叔文说："我的母亲有病，过去因我承担着国家政务的原故，无法亲自为母亲求医访药，现在我准备请假回家侍奉母亲。近来我竭尽心力，不避危险艰难，这都是为了报答朝廷的恩典。我一旦离开朝廷，返回家乡去，各种诽谤纷至沓来，谁肯体察我的隐衷，说一句话帮助我呢？"俱文珍总是随着王叔文的话抢白他，王叔文无法对答，只好斟满了酒劝大家喝，酒过数巡，便散了宴席。丁巳（二十日），王叔文因母亲去世而免除了官位。

王叔文像

王叔文为母亲服丧后，韦执谊益发不肯采用他的意见。王叔文大怒，与他的同党日夜图谋再被起用，并一定要首先斩杀韦执谊，把不肯附和自己的人全部诛灭。听说此事的人都震恐不安。

自从王叔文回家后，王伾失去着落，便天天到宦官和杜佑那里请求起用王叔文担任宰相，并且统领北军。既然没有得到认可，他便请求任命王叔文为威远军使、平章事，又没有得到认可。他的同党都忧恐惊悸，感到难以自保。这一天，王伾坐在翰林院中，接连三次上疏，全不见回复，知道难以成事，坐卧不宁。到了夜间，王伾忽然大叫道："我中风啦！"第二天，他被抬回家中，于是再也不曾走出家门。己丑（七月二十二日），顺宗任命仓部郎中、判度支案陈谏为河中少尹。至此，王伾、王叔文的同党开始从朝中被斥逐出去了。

乙未（二十八日），顺宗颁布制书称："由于朕旧病在身，未能康复，军务与国政中的一切施政要务，暂时命令皇太子李纯代为办理。"当时，朝廷内外的官员们都痛恨王叔文的党羽肆意专断，顺宗也憎恶他们。俱文珍屡次启奏顺宗，请求命令皇太子监理国政，顺宗本来对处理日常的纷繁政务感到厌倦，于是同意了俱文珍的请求。又任命太常卿杜黄裳为门下侍郎，任命左金吾大将军袁滋为中书侍郎，二人一并同平章事。俱文珍等人认为他们是朝廷的老臣，所以起用了他们。还任命郑珣瑜为吏部尚书，任命高郢为刑部尚书，一并免去二人的宰相职务。太子在东朝堂会见百官，百官行礼祝贺，太子哭得泪流满面，没有向百官答礼。

八月，庚子（初四），顺宗颁布制书称："命令太子即帝位，朕号称太上皇，朕颁布的制书敕令称作诰。"

辛丑（初五），太上皇迁移到兴庆宫居住，颁布诰命，改年号为永贞，将良娣王氏立为太上皇后。太上皇后是宪宗的母亲。

壬寅（初六），将王伾贬为开州司马，将王叔文贬为渝州司户。不久，王伾在贬地病死。第二年，宪宗赐王叔文自裁而死。

癸丑（十七日），西川节度使南康忠武王韦皋去世。韦皋在蜀中任职二十一年，对百姓征收繁重的赋税，通过进献丰美的贡物，来维系主上的恩典，靠着发放优厚的军饷来安抚部下的将士，遇到将士婚配丧葬时，一概供给他们所需的费用，所以他能够长期任职，安然无恙，而将士们也愿意为他效力，终于得以慑服南诏，挫败吐蕃。对于在幕府供事多年，官位已高的僚属，韦皋便让他们出任刺史，当他们任职期满以后，便让他们重返幕府，到底不肯让他们回朝供职，这是因为韦皋担心他们将自己的所做所为泄露出来的原故。在军府的库存充实后，韦皋还时常缓解治下百姓的负担，每隔三年，便实行一次赋税豁免，蜀地的人们佩服他的才智与权谋，同时又畏惧他的威严，时至今日，人们还在供奉他的画像，把他当做土神，家家户户都祭祀他。

支度副使刘辟自命为西川留后。

己卯（九月十三日），宪宗将神策行军司马韩泰贬为抚州刺史，将司封郎中韩晔贬为池州刺史，将礼部员外郎柳宗元贬为邵州刺史，将屯田员外郎刘禹锡贬为连州刺史。

壬申（十一月初七），宪宗将中书侍郎、同平章事韦执谊贬为崖州司马。由于韦执谊曾经与王叔文意见分歧，而且又是杜黄裳的女婿，所以只有他在最后才遭贬斥。然而，在王叔文失败后，韦执谊也失去了原来的权力与地位，他知道祸事即将来临，尽管仍然担任着宰相职务，但是经常心不自安，变得气息奄奄，就是听到行人的脚步声，都会惊惶失色，直到被贬，都是这个样子。

朝廷大臣的议论认为，王叔文一党中有人由员外郎出任刺史，对他们贬责太轻。己卯（十四日），宪宗再次将韩泰贬为虔州司马，将韩晔贬为饶州司马，将柳宗元贬为永州司马，将刘禹锡贬为郎州司马，还将河中少尹陈谏贬为台州司马，将和州刺史凌准贬为连州司马，将岳州刺史程异贬为郴州司马。

己酉（十二月十四日），任命给事中刘辟为西川节度副使、知节度使事。这是由于宪宗认为自己刚刚继位，没有足够的力量去讨伐他的原故。右谏议大夫韦丹上疏主张："如今开释了刘辟的死罪，朝廷可以挥臂指使的地区，便只有东西两京了。在两京以外，还有谁不想背叛朝廷呢！"宪宗很重视韦丹的意见。壬子（十七日），宪宗任命韦丹为东川节度使。韦丹是韦津的五世孙。

第二百三十七卷 唐纪五十三

译文诵读

宪宗昭文章武大圣至神孝皇帝上之上元和元年（丙戌，806）

刘辟既得旌节，志益骄，求兼领三川，上不许。辟遂发兵围东川节度使李康于梓州，欲以同幕卢文若为东川节度使。推官莆田林蕴力谏辟举兵，辟怒，械系于狱，引出，将斩之，阴戒行刑者使不杀，但数砺刃于其颈，欲使屈服而赦之。蕴叱之曰："竖子，当斩即斩，我颈岂汝砥石邪！"辟顾左右曰："真忠烈之士也！"乃黜为唐昌尉。

上欲讨辟而重于用兵，公卿议者亦以为蜀险固难取，杜黄裳独曰："辟狂戆书生，取之如拾芥耳！臣知神策军使高崇文勇略可用，愿陛下专以军事委之，勿置监军，辟必可擒。"上从之。翰林学士李吉甫亦劝上讨蜀，上由是器之。戊子，命左神策行营节度使高崇文将步骑五千为前军，神策京西行营兵马使李元奕将步骑二千为次军，与山南西道节度使严砺同讨辟。时宿将名位素重者甚众，皆自谓当征蜀之选；及诏用崇文。皆大惊。

高崇文屯长武城，练卒五千，常如寇至，卯时受诏，辰时即行，器械糗粮，一无所阙。甲午，崇文出斜谷，李元奕出骆谷，同趣梓州。崇文军至兴元，军士有食于逆旅，折人匕箸者，崇文斩之以徇。

刘辟陷梓州，执李康。二月，严砺拔剑州，斩其刺史文德昭。

高崇文引兵自阆州趣梓州，刘辟将邢泚引兵遁去，崇文入屯梓州。辟归李康于崇文以求自雪，崇文以康败军失守，斩之。丙子，严砺奏克梓州。丁丑，制削夺刘辟官爵。

东川节度使韦丹至汉中，表言"高崇文客军远斗，无所资，若与梓州，缀其士心，必能有功。"夏，四月，丁酉，以崇文为东川节度副使、知节度事。

刘辟城鹿头关，连八栅，屯兵万余人以拒高崇文。六月，丁酉，崇文击败之。辟置栅于关东万胜堆。戊戌，崇文遣骁将范阳高霞寓攻夺之，下瞰关城；凡八战皆捷。

秋，七月，癸丑，高崇文破刘辟之众万人于玄武。甲午，诏："凡西川继援之兵，悉取崇文处分。

壬寅，高崇文又败刘辟之众于鹿头关；严秦败刘辟之众于神泉。河东将阿跌光颜将兵会高崇文于行营，愆期一日，惧诛，欲深入自赎，军于鹿头之西，断其粮道，城中忧惧。于是辟、绵江栅将李文悦、鹿头守将仇良辅皆以城降于崇文；获辟婿苏强，士卒降者万计。崇文遂长驱直指成都，所向崩溃，军不留行；辛亥，克成都。刘辟、卢文若帅数十骑西奔吐蕃，崇文使高霞寓等追之，及于羊灌田；辟赴江不死，擒之。文若先杀妻子，乃系石自沈。崇文入成都，屯于通衢，休息士卒，市肆不惊，珍货山积，秋豪不犯，槛刘辟送京师。斩辟大将邢泚、馆驿巡官沈衍，余无所问。军府事无巨细，命一遵韦南康故事，从容指㧑，一境皆平。

杜黄裳建议征蜀及指受高崇文方略，皆悬合事宜。崇文素惮刘澭，黄裳使谓之曰："若无功，当以刘澭相代。"故能得其死力。及蜀平，宰相入贺，上目黄裳曰："卿之功也！"

戊子，刘辟至长安，并族党诛之。

二年（丁亥，807）

夏，蜀既平，藩镇惕息，多求入朝。镇海节度使李锜亦不自安，求入朝；上许之，遣中使至京口慰抚，且劳其将士。锜虽署判官王澹为留后，实无行意，屡迁行期，澹与敕使数劝谕之；锜不悦，上表称疾，请至岁暮入朝。上以问宰相，武元衡曰："陛下初即政，锜求朝得朝，求止得止，可否在锜，将何以令四海！"上以为然，下诏征之。锜诈穷，遂谋反。

王澹既掌留务，于军府颇有制置，锜益不平，密谕亲兵使杀之。会颁冬服，锜严兵坐幄中，澹与敕使入谒，有军士数百噪于庭曰："王澹何人，擅主军务！"曳下，脔食之；大将赵琦出慰止，又脔食之；注刃于敕使之颈，诟詈，将杀之；锜阳惊，救之。

冬，十月，己未，诏征锜为左仆射，以御史大夫李元素为镇海节度使。庚申，锜表言军变，杀留后、大将。先是锜选腹心五人为所部五州镇将，姚志安处苏州，李深处常州，赵惟忠处湖州，丘自昌处杭州，高肃处睦州，各有兵数千，伺察刺史动静。至是，锜各使杀其刺史，遣牙将庾伯良将兵三千治石头。常州刺史颜防用客李云计，矫制称招讨副使，斩李深，传檄苏、杭、湖、睦，请同进讨。湖州刺史辛秘潜募乡闾子弟数百，夜袭赵惟忠营，斩之。苏州刺史李素为姚志安所败，生致于锜，具桎梏钉于船舷，未及京口，会锜败，得免。

乙丑，制削李锜官爵及属籍。以淮南节度使王锷统诸道兵为招讨处置使；征宣武、义宁、武昌兵并淮南、宣歙兵俱出宣州，江西兵出信州，浙东兵出杭州，以讨之。

李锜以宣州富饶，欲先取之，遣兵马使张子良、李奉仙、田少卿将兵三千袭之。三人知锜必败，与牙将裴行立同谋讨之。行立，锜之甥也，故悉知锜之密谋。

三将营于城外，将发，召士卒谕之曰："仆射反逆，官军四集，常、湖二将继死，其势已蹙。今乃欲使吾辈远取宣城，吾辈何为随之族灭！岂若去逆效顺，转祸为福乎！"众悦，许诺，即夜，还趋城。行立举火鼓噪，应之于内，引兵趋牙门。锜闻子良等举兵，怒，闻行立应之，抚膺曰："吾何望矣！"跣走，匿楼下。亲将李钧引挽强三百趋山亭，欲战；行立伏兵邀斩之。锜举家皆哭，左右执锜，裹之以幕，缒于城下，械送京师。挽强、蕃落争自杀，尸相枕藉。癸酉，本军以闻。乙亥，群臣贺于紫宸殿。上愀然曰："朕之不德，致宇内数有干纪者，朕之愧也，何贺之为！"

十一月，甲申朔，锜至长安，上御兴安门，面诘之。对曰："臣初不反，张子良等教臣耳。"上曰："卿为元帅，子良等谋反，何不斩之，然后入朝？"锜无以对。乃并其子师回腰斩之。

有司籍锜家财输京师。翰林学士裴垍、李绛上言，以为："李锜僭侈，割剥六州之人以富其家，或枉杀其身而取其财。陛下闵百姓无告，故讨而诛之，今辇金帛以输上京，恐远近失望。愿以逆人资财赐浙西百姓，代今年租赋。"上嘉叹久之，即从其言。

盩厔尉、集贤校理白居易作乐府及诗百余篇，规讽时事，流闻禁中；上见而悦之，召入翰林为学士。

是岁，李吉甫撰《元和国计簿》上之，总计天下方镇四十八，州府二百九十五，县千四百五十三。其凤翔、鄜坊、邠宁、振武、泾原、银夏、灵盐、河东、易定、魏博、镇冀、范阳、沧景、淮西、淄青等十五道七十一州不申户口外，每岁赋税倚办止于浙江东、西、宣歙、淮南、江西、鄂岳、福建、湖南八道四十九州，一百四十四万户，比天宝税户四分减三。天下兵仰给县官者八十三万余人，比天宝三分增一，大率二户资一兵。其水旱所伤，非时调发，不在此数。

三年（戊子，808）

夏，四月，上策试贤良方正直言极谏举人，伊阙尉牛僧孺、陆浑尉皇甫湜、前进士李宗闵皆指陈时政之失，无所避；吏部侍郎杨于陵、吏部员外郎韦贯之为考策官，贯之署为上第。上亦嘉之，诏中书优与处分。李吉甫恶其言直，泣诉于上，且言"翰林学士裴垍、王涯覆策。湜，涯之甥也，涯不先言；垍无所异同。"上不得已，罢垍、涯学士，垍为户部侍郎，涯为都官员外郎，贯之为果州刺史。后数日，贯之再贬巴州刺史，涯贬虢州司马。乙亥，以杨於陵为岭南节度使，亦坐考策无异同也。僧孺等久之不调，各从辟于藩府。僧孺，弘之七世孙；宗闵，元懿之玄孙；贯之，福嗣之六世孙；湜，睦州新安人也。

四年（己丑，809）

成德节度使王士真薨，其子副大使承宗自为留后。河北三镇，相承各置副大使，以嫡长为之，父没则代领军务。

唐宪宗元和元年（丙戌，公元806年）

刘辟得到节度使的任命以后，愈发心志骄矜，又要求兼管整个三川，宪宗不肯答应。于是，刘辟派兵在梓州围困东川节度使李康，打算让本幕府的卢文若担任东川节度使。推官莆田人林蕴极力规劝刘辟不要起兵，刘辟大怒，给林蕴加上枷锁，投入监牢。后来又将他拖出来，做出将要杀他的样子，却又暗中告诫执行刑罚的人不要杀死他，只在他的脖子上用刀刃磨上几下，打算使他屈服，而赦免他。林蕴呵斥执行刑罚的人说："小子！要杀就杀，我的脖子难道是你的磨刀石吗！"刘辟环顾着周围的人们说："林蕴真是一位忠烈之士啊！"于是，刘辟将林蕴罢免为唐昌县尉。

宪宗打算讨伐刘辟，但是又不愿意轻易开启战端，公卿中议论此事的人们也认为蜀地险要坚固，难以攻取。惟独杜黄裳说："刘辟是一个心气狂傲但又戆直无谋的书生，征服他就如同拾取芥子一般容易。据我了解，神策军使高崇文有勇有谋，堪当此任，希望陛下将军中事务交托给他，不要设置监军，刘辟肯定能够就擒。"宪宗听从了他的建议。翰林学士李吉甫也规劝宪宗讨伐蜀中，宪宗由此便器重他了。戊子（正月二十三日），宪宗命令左神策行营节度使高崇文率领步、骑兵五千人担当前军，神策京西行营兵马使李元奕率领步、骑兵两千人担当后军，与山南西道节度使严砺共同讨伐刘辟。当时，名声与地位平素便为人们推重的老将很多，都自认为自己应当是征讨蜀中的人选，及至宪宗颁诏起用了高崇文，都感到非常惊讶。

高崇文在长武城驻扎时，训练了五千士兵，经常保持着战备状态。他在卯时接受诏命，到辰时便已启程，军中的器械装备与制成的干粮，没有一样是缺少的。甲午（二十九日），高崇文由斜谷出兵，李元奕由骆谷出兵，共同奔赴梓州。高崇文军来到兴元的时候，将士们途中在客舍进餐，有人把主人的筷子折断了，高崇文便将此人斩首示众。

刘辟攻陷梓州，捉住了李康。二月，严砺攻克剑州，将剑州刺史文德昭斩杀。

高崇文领兵由阆州奔赴梓州，刘辟的将领邢泚领兵逃走，高崇文进入梓州，屯扎下来。刘辟为了洗刷自己的罪责，将李康交还给高崇文，高崇文因李康打了败仗，失去梓州，便将他斩杀了。丙子（三月十二日），严砺奏称攻克梓州。丁丑（十三日），宪宗颁布制书革除刘辟的官职爵位。

东川节度使韦丹来到汉中后，上表声称："高崇文率领外来的军队长途征战，没有任何凭依，如果将梓州归属于他，维系他部下的心愿，他肯定能够获得成功。"夏季，四月，丁酉（初四），宪宗任命高崇文为东川节度副使，知节度使

唐宪宗李纯像

事。

刘辟修筑鹿头关，连结八座栅垒，屯聚兵马一万多人，以便抵御高崇文。六月，丁酉（初五），高崇文打败了刘辟。刘辟又在鹿头关东面的万胜堆设置栅垒。戊戌（初六），高崇文派遣骁将范阳人高霞寓前去攻取了万胜堆，由此可以俯视鹿头关全城。共计经过八次交战，高霞寓全都获胜。

秋季，七月，癸丑，高崇文在玄武打败刘辟的部众一万人。甲午（初三），宪宗颁诏："凡是在西川相继增援的军队，一概听从高崇文的指挥。"

壬寅（九月十二日），高崇文再次在鹿头关打败刘辟的部众，严秦在神泉也打败了刘辟的部众。河东将领阿跌光颜带领兵马与高崇文在行营会合，耽误了一天时间，因害怕高崇文杀他，打算深入前敌，赎回自己的过失，在鹿头关西面驻扎下来，断绝了刘辟的运粮通道，使鹿头关内将士忧愁恐惧。于是，刘辟的绵江栅守将李文悦、鹿头关守将仇良辅都率城向高崇文投降，还捉获了刘辟的女婿苏强，投降的士兵数以万计。于是，高崇文迅速地直逼成都，所到之处，无不崩溃，军队在行进中从未受阻。辛亥（二十一日），高崇文攻克成都。刘辟、卢文若带领数十人骑马向西逃奔吐蕃，高崇文让高霞寓等人追赶，并在羊灌田追上了他们。刘辟跳入长江、没有淹死，终被擒获。卢文若事先将妻子儿女杀死，然后便在身上系了石头沉江自杀。高崇文进入成都后，在四通八达的大道上驻扎下来，让士兵就地休息。市中的店铺没有受到惊动，市场上珍贵的货财堆积如山，也没有遭受丝毫的侵犯。高崇文将刘辟装入槛车，送往京城，斩杀了刘辟的大将邢泚和馆驿巡官沈衍，对其余的人一概不加追究。对军府的事务，无论大小，高崇文命令一律遵从南康郡王韦皋先前奉行的惯例，从容不迫地指挥着，西川全境便完全平定了。

杜黄裳建议征讨蜀中并授意高崇文应采取的谋略，这些谋略对后来发生的事情完全适宜。由于高崇文平时畏惧刘澭，杜黄裳便让人告诉他说："如果你不能取得成功，便会让刘澭替代你。"所以杜黄裳能够使高崇文尽到最大的力量。及至平定蜀中后，宰相入朝祝贺，宪宗望着杜黄裳说："这都是你的功劳啊！"

戊子（十月二十九日），刘辟被押送到长安，朝廷命令将他连同他的同族亲属一并诛杀。

二年（丁亥，公元807年）

夏州杨惠琳、蜀中刘辟被平定后，藩镇极为恐惧，多数请求入京朝见。镇海节度使李锜也感到不安，请求入京朝见，宪宗答应了他的请求，派遣中使前往京口抚慰他，而且慰劳他部下的将士们。李锜虽然委任判官王澹暂且担任留后，但实际并没有离开的打算，好几次拖延了启程的日期。王澹与宪宗派来的敕使屡次劝告他，李锜心中不快，上表声称身染疾病，请求延缓到年底再入京朝见。宪宗就此事征询宰相的意见，武元衡说："陛下刚刚执掌朝政大权，李锜要求朝见就得以朝见，要求中止朝见就得以中止朝见，由李锜决定去就，将来怎么就够对全国发号施令呢！"宪宗认为有理，便颁发诏书征召他前来。李锜计谋已穷，于是便策划造反。

王澹执掌留后事务后，对军府的建制颇有些改革，李锜愈发愤郁不满，便暗中谕示亲兵杀掉王澹。适逢发放冬季的服装，李锜全副武装地坐在帐幕中间，正当王澹与宪宗敕使进帐谒见时，有数百名将士在庭院中喧噪着说："王澹是什么人，竟敢擅自掌管军中事务！"于是，将士们将他拖了出来，割他的肉吃。大将赵琦出来劝慰阻止将士们，大家又割他的肉吃。将士们用兵器直指宪宗敕使的脖颈痛骂，准备将他杀掉，李锜佯装大惊，将他救了下来。

冬季，十月，己未（初五），宪宗颁诏征调李锜出任左仆射，任命御史大夫李元素为镇海节度使。庚申（初六），李锜上表宣称军队发生变故，杀害了留后与大将。在此之前，李锜选拔出五个亲信，担任他所管辖的五个州的镇守将领，姚志安在苏州，李深在常州，赵惟忠在湖州，丘自昌在杭州，高肃在睦州，各自拥有兵马数千人，伺察刺史的举动。至此，李锜让他们分别杀掉本州刺史，又派遣牙将庾伯良率领兵马三千人修整石头城。常州刺史颜防采用宾客李云的计策，假托制书已有任命，自称招讨副使，斩杀李深，向苏州、杭州、湖州、睦州传送檄文，请各州共同进军讨伐李锜。湖州刺史辛秘暗中募集乡里子弟数百人，在夜间袭击赵惟忠的营地，并将赵惟忠斩杀。苏州刺史李素被姚志安击败，姚志安将李素交送李锜，给李素带上脚镣手铐，再将脚镣手铐钉死在船舷上，但是在没有到达京口以前，赶上李锜失败，李素得以幸免。

乙丑（十一日），宪宗颁布制书，命令革除李锜的官职爵位，并在宗室名册中除名，命令淮南节度使王锷统领各道兵马，出任招讨处置使；征调宣武、义宁、武昌兵马，连同淮南、宣歙兵马一起由宣州进军，江西兵马由信州进军，浙东兵马由杭州进军，以便讨伐李锜。

李锜认为宣州富庶丰饶，准备首先夺取此地，便派遣兵马使张子良、李奉仙和田少卿带领兵马三千人袭击宣州。三人知道李锜肯定要失败，便与牙将裴行立共同策划讨伐李锜。裴行立是李锜的外甥，所以他完全了解李锜的机密策谋。三位将领在镇海军城外扎营，在准备出发时，把将士们召集起来，开导他们说："李仆射谋反叛逆，官军已经从各地汇集起来，常州和湖州的李深与赵惟忠二位将领接连败死，李锜的形势已经窘迫。现在，李锜准备让我们这些人经长途攻取宣州，我们这些人为什么要跟着他而使自己整个家族遭受诛灭呢？何不脱离李锜，效力朝廷，将祸殃转变为福缘呢？"大家都很高兴，便应承下来了。就在当天夜晚，三位将领回军直奔镇海军城。裴行立点着火，擂鼓呐喊，在镇海军城内响应，领兵真奔军府牙门。李锜得知张子良等人起兵，大怒，得知裴行立接应他们后，捶着自己胸口说：“我还有什么希望呢！”他光着脚逃走，躲藏在一座楼下。李锜的亲信将领李钧率领能挽强弓的亲兵三百人直奔山亭，准备交战，裴行立埋伏的兵马截击并斩杀了他。李锜全家人都哭泣，李锜的随从们捉住李锜，用帐幕裹着他，用绳索将他缒到城下，给他带上枷锁，送往京城。李锜的能挽强弓的亲兵和由胡人、奚人等组成的番兵纷纷自杀，尸体纵横交陈。癸酉（十九日），镇海军将本军发生的事情上奏朝廷闻知。乙亥（二十一日），群臣在紫宸殿向宪宗祝贺，宪宗愁容满面地说：“由于朕不施恩德，致使国内屡次出现违犯法纪的人，朕惭愧得很啊，有什么值得祝贺的呢！”

十一月，甲申朔（初一），李锜被押送到长安，宪宗亲临兴安门，当面责问他。李锜回答说：“我起先并没有造反，是张子良等人教我这样做的。”宪宗说：“你身为主帅，既然张子良等人策划造反，你为什么不将他们杀了，然后再入京朝见？”李锜无法回答了，于是将他连同他的儿子李师回一并腰斩处死。

有关部门没收李锜家财，准备运到京城，翰林学士裴垍与李绛进言认为：“李锜过度奢侈，残酷掠夺润、睦、常、苏、湖、杭六州百姓，使自己家富有，甚至滥杀无辜，从中夺取资财。陛下怜悯百姓无处说理，所以征讨并诛杀了他，现在要将没收的金银丝帛装载成车，转运京城，恐怕会使各地的人们感到失望。希望将李锜的物资钱财颁赐给浙西的百姓，用以代替他们今年应交纳的赋税。”宪宗嘉许赞叹良久，随即听从了他们的建议。

盩厔县尉、集贤校理白居易写作乐府与诗歌一百多篇，婉言规谏时事，流传到宫廷之中。宪宗看了白居易的乐府与诗歌后，很是喜爱，便传召白居易进入翰林院，担任翰林学士。

这一年，李吉甫撰写成《元和国计簿》，进献给朝廷。据该书记载，总计全国有方镇四十八个，有州府二百九十五个，有县一千四百五十三个。其中凤翔、鄜坊、邠宁、振武、泾原、银夏、灵盐、河东、易定、魏博、镇冀、范阳、沧景、淮西、淄青等十五个道七十一个州不向朝廷申报户口外，每年的赋税征收只靠着浙江东西、宣歙、淮南、江西、鄂岳、福建、湖南等八个道四十九个州，在编人口共一百四十四万户，比天宝年间纳税人户减少了四分之三。全国依赖国库供给的军队有八十三万多人，比天宝年间增加了三分之一，大约每两户人家供养一个士兵。若有旱涝灾害损坏收成，或者有临时的征发调用，还不能包括在这个数目以内。

三年（戊子，公元808年）

夏季，四月，宪宗对有关部门推举的贤良方正、直言极谏科的考生举行考试，伊阙县尉牛僧孺、陆浑县尉皇甫湜、前科进士李宗闵等人，指明并陈述当时政务的过失，都能够毫无避讳。吏部侍郎杨于陵、吏部员外郎韦贯之担任主考策对的官员，韦贯之将牛僧孺等人纳入成绩优秀的上第中，宪宗对他们也很嘉许，颁诏命令中书省对他们从优安排。李吉甫讨厌他们言语直切，哭泣着向宪宗陈诉，而且说：“策对考试是由翰林学士裴垍和王涯来复核审定的。皇甫湜是王涯的外甥，王涯没有事先说明，裴垍也没有提出异议。”宪宗没有办法，免除了裴垍与王涯翰林学士的职务，让裴垍出任户部侍郎，王涯出任都官员外郎，韦贯之出任果州刺史。几天以后，韦贯之又被贬为巴州刺史，王涯被贬为虢州司马。乙亥（二十三日），宪宗任命杨于陵为岭南节度使，他也是由于主考策对时没有提出异议而受到处罚。牛僧孺等人长期不得调任，分别被藩镇征用为幕府的僚属。牛僧孺是牛弘的七世孙。李宗闵是李元懿的玄孙。韦贯之是韦福嗣的六世孙。皇甫湜是睦州新安人。

四年（己丑，公元809年）

成德节度使王士真去世，他的儿子副大使王承宗自命为留后。河北三镇相继分别设置了副大使，由节度使的嫡长子担任，父亲去世后便代替父亲统领军中事务。

第二百三十八卷
唐纪五十四

译文诵读

宪宗昭文章武大圣至神孝皇帝上之下元和四年（己丑，809）

时吴少诚病甚，绛等复上言："少诚病必不起。淮西事体与河北不同，四旁皆国家州县，不与贼邻，无党援相助；朝廷命帅，今正其时，万一不从，可议征讨。臣愿舍恒冀难致之策，就申蔡易成之谋。脱或恒冀连兵，事未如意，蔡州有衅，势可兴师，南北之役俱兴，财力之用不足。傥事不得已，须赦承宗，则恩德虚施，威令顿废。不如早赐处分，以收镇冀之心，坐待机宜，必获申蔡之利。"既而承宗久未得朝命，颇惧，累表自诉。八月，壬午，上乃遣京兆少尹裴武诣真定宣慰，承宗受诏甚恭，曰："三军见迫，不暇俟朝旨，请献德、棣二州以明恳款。"

九月，甲辰朔，裴武复命。庚戌，以承宗为成德节度使、恒、冀、深、赵州观察使，德州刺史薛昌朝为保信军节度、德、棣二州观察使。昌朝，嵩之子，王氏之婿也，故就用之。田季安得飞报，先知之，使谓承宗曰："昌朝阴与朝廷通，故受节钺。"承宗遽遣数百骑驰入德州，执昌朝，至真定，囚之。中使送昌朝节过魏州，季安阳为宴劳，留使者累日，比至德州，已不及矣。

己亥，吐突承璀将神策兵发长安，命恒州四面藩镇各进兵招讨。

初，吴少诚庞其大将吴少阳，名以从弟，署为军职，出入少诚家如至亲，累迁申州刺史。少诚病，不知人，家僮鲜于熊儿诈以少诚命召少阳摄副使、知军州事。少诚有子元庆，少阳杀之。十一月，己巳，少城薨，少阳自为留后。

五年（庚寅，810）

春，正月，刘济自将兵七万人击王承宗，时诸军皆未进，济独前奋击，拔饶阳、束鹿。

丁卯，河东将王荣拔王承宗洄湟镇。吐突承璀至行营，威令不振，与承宗战，屡败；左神策大将军郦定进战死。定进，骁将也，军中夺气。

河南尹房式有不法事，东台监察御史元稹奏摄之，擅令停务；朝廷以为不可，罚一季俸，召还西京。至敷水驿，有内侍后至，破驿门呼骂而入，以马鞭击稹伤面；

上复引稹前过，贬江陵士曹。翰林学士李绛、崔群言稹无罪。白居易上言："中使陵辱朝士，中使不问而稹先贬，恐自今中使出外益暴横，人无敢言者。又，稹为御史，多所举奏，不避权势，切齿者众，恐自今无人肯为陛下当官执法，疾恶绳愆，有大奸猾，陛下无从得知。"上不听。

上以河朔方用兵，不能讨吴少阳。三月，己未，以少阳为淮西留后。

秋，七月，庚子，王承宗遣使自陈为卢从史所离间，乞输贡赋，请官吏，许其自新。李师道等数上表请雪承宗，朝廷亦以师久无功，丁未，制洗雪承宗，以为成德军节度使，复以德、棣二州与之；悉罢诸道行营将士，共赐布帛二十八万端匹；加刘济中书令。

九月，己亥，吐突承璀自行营还，辛亥，复为左卫上将军，充左军中尉。裴垍曰："承璀首唱用兵，疲弊天下，卒无成功，陛下纵以旧恩不加显戮，岂得全不贬黜以谢天下乎！"给事中段平仲、吕元膺言承璀可斩。李绛奏称："陛下不责承璀，他日复有败军之将，何以处之？若或诛之。则同罪异罚，彼必不服；若或释之，则谁不保身而玩寇乎！愿陛下割不忍之恩，行不易之典，使将帅有所惩劝。"间二日，上罢承璀中尉，降为军器使；中外相贺。

翰林学士、司勋郎中李绛面陈吐突承璀专横，语极恳切。上作色曰："卿言太过！"绛泣曰："陛下置臣于腹心耳目之地，若臣畏避左右，爱身不言，是臣负陛下；言之而陛下恶闻，乃陛不负臣也。"上怒解，曰："卿所言皆人所不能言，使朕闻所不闻，真忠臣也。他日尽言，皆应如是。"已丑，以绛为中书舍人，学士如故。

绛尝从容谏上聚财，上曰："今两河数十州，皆国家政令所不及，河、湟数千里，沦于左衽，朕日夜思雪祖宗之耻，而财力不赡，故不得不蓄聚耳。不然，朕宫中用度极俭薄，多藏何用邪！"

六年（辛卯，811）

六月，丁卯，李吉甫奏："自秦至隋十有三代，设官之多，无如国家者。天宝以后，中原宿兵，见在可计者八十余万，其余为商贾、僧、道不服田亩者什有五六，是常以三分劳筋苦骨之人奉七分待衣坐食之辈也。今内外官以税钱给俸者不下万员，天下千三百余县，或以一县之地而为州，一乡之民而为县者甚众，请敕有司详定废置，吏员可省者省之，州县可并者并之，入仕之涂可减者减之。又，国家旧章，依品制俸，官一品月俸钱三十缗；职田禄米不过千斛。艰难以来，增置使额，厚给奉钱，大历中，权臣月俸至九千缗，州无大小，刺史皆千缗。常兖为相，始立限约，李泌又量其闲剧，随事增加，时谓通济，理难减削。然犹有名存职废，或额去俸存，闲剧之间，厚薄顿异。请敕有司详考俸料、杂给，量定以闻。"于是命给事中段平仲、中书舍人韦贯之、兵部侍郎许孟容、户部侍郎李绛同详定。

己丑，以户部侍郎李绛为中书侍郎、同平章事。李吉甫为相，多修旧怨，上颇知之，故擢绛为相。吉甫善逢迎上意，而绛鲠直，数争论于上前；上多直绛而从其言，由是二人有隙。

七年（壬辰，812）

三月，丙戌，上御延英殿，李吉甫言："天下已太平，陛下宜为乐。"李绛曰："汉文帝时兵木无刃，家给人足，贾谊犹以为厝火积薪之下，不可谓安。今法令所不能制者，河南、北五十余州；犬戎腥膻，近接泾、陇，烽火屡惊；加之水旱时作，仓廪空虚，此正陛下宵衣旰食之时，岂得谓之太平，遽为乐哉！"上欣然曰："卿言正合朕意。"退，谓左右曰："吉甫专为悦媚；如李绛，真宰相也！"

唐宪宗元和四年（己丑，公元809年）

当时，吴少诚病情非常严重，李绛等人再次进言说："吴少诚的病肯定不会再好起来了。淮西的局势与河北并不相同，周围都是国家的州县，不与贼寇的疆境相毗邻，没有同党应援帮助，朝廷任命淮西主帅，现在正是时候，如果淮西不肯听从，可以计议出兵征讨他们。我希望陛下丢开恒冀这一难达目的的筹策，归向申蔡这一容易成功的谋划。假如对恒冀需要连续用兵，战事并不令人满意，而蔡州出现缝隙，具备可以发兵的形势，南北两方同时用兵，国家的财物人力的用度就难以充足了。倘若事情出于迫不得已，而必须赦免王承宗，那就会使陛下的恩典与仁德空自施行，朝廷的威严与号令立刻废弃了。这就不如及早颁赐对王承宗的处理办法，以便收揽恒冀的归向之心，坐等时机，肯定能够在申蔡得到好处。"不久，王承宗因很久没有得到朝廷任命，感到很是恐惧，屡次上表自行陈诉。八月，壬午（初九），宪宗便派遣京兆少尹裴武前往真定安抚王承宗，王承宗接受诏旨时很是恭敬地说："由于我受到部下各军的逼迫，来不及等候朝廷颁旨任命。请让我献出德州与棣州，用以表明我的诚意。"

九月，甲辰朔（初一），裴武回报完成使命。庚戌（初七），宪宗任命王承宗为成德节度使和恒、冀、深、赵四州观察使，德州刺史薛昌朝为保信军节度使和德、棣二州观察使。薛昌朝是薛嵩的儿子，王承宗的女婿，所以朝廷就势起用了他。田季安得到快马传递的报告，事先已经知道了朝廷的任命，便派人告诉承宗说："薛昌朝暗中与朝廷交往，所以他才得到节度使的职位。"王承宗连忙派遣数百名骑兵奔入德州，将薛昌朝捉拿到真定囚禁起来。中使颁送任命薛昌朝为节度使的旌节经过魏州，田季安佯装设宴犒劳中使，将中使留了好几天，及至中使来到德州时，薛昌朝已经被捉拿走了。

己亥（二十七日），吐突承璀带领神策军从长安出发，命令恒州四周的藩镇各自进军招抚讨伐。

当初，吴少诚宠爱他的大将吴少阳，便以堂弟的名义，委任他担当军中职务，吴少阳在吴少诚家中往来，就像最近的亲属一样。历经多次升迁，他已担任了申州刺史。吴少诚得病后，连人都不能分辨出来了。家中的仆人鲜于熊儿诈称吴少诚的命令，传召吴少阳代理彰义节度副使，掌管军中和地方事务。吴少诚有个儿子叫吴元庆，吴少阳将他杀掉。十一月，己巳（二十七日），吴少诚去世，吴少阳自命为彰义留后。

五年（庚寅，公元810年）

春季，正月，刘济亲自带领兵马七万人进击王承宗。当时，各军都没有前进，只有刘济向前奋力进击，攻克了饶阳与束鹿。

丁卯（二十六日），河东将领王荣攻克了王承宗的洄湟镇。吐突承璀来到行营后，军威政令不振，与王承宗交战，屡次失败，左神策大将军郦定进战死。郦定进是一员骁勇的将领，军中将士因他的战死而士气低落。

河南尹房式做了不守法纪的事情，东台监察御史元稹奏请将他拘捕，同时擅自命令停止房式办理本职事务。朝廷认为不能够这样处理，罚元稹一个季度的薪俸，将他召回西京长安。元稹来到敷水驿时，有一个内侍宦官从后面赶到，撞开驿站的大门，叫喊喝骂着走了进去，用马鞭抽打元稹，打伤了他的脸。宪宗又联系元稹以前的过失，将他贬为江陵士曹。翰林学士李绛与崔群都说元稹是无罪的。白居易也进言说：“中使欺凌羞辱朝中官员，不去追究中使的罪过，反而首先将元稹贬官，恐怕从今以后中使外出会愈加暴虐骄横，人们没有再敢说话的了。再者，元稹担任御史，提出不少检举奏报，对权贵势要人士无所避忌，痛恨他的人很多，现在将元稹贬逐了，恐怕从今以后没有人愿意为陛下担当官职而执行法令，憎恨邪恶而纠正过失了。即使出现了特大的奸险狡猾的人物，陛下也无法得知了。”宪宗不肯听信他的谏言。

宪宗因河朔地区正在使用武力，不再能够讨伐吴少阳。三月，己未（十九日），任命吴少阳为淮西留后。

秋季，七月，庚子（初二），王承宗派遣使者陈述自己是被卢从史从中挑拨的，请求缴纳赋税，要求朝廷任命官吏，允许他改过自新。李师道等人屡次上表请求为王承宗平反，朝廷也由于长期用兵，无所建树，丁未（初九），宪宗便颁布制书为王承宗平反，任命他为成德军节度使，将德州与棣州两地重新归属给他，将各道行营的将士们全部遣还，一共向他们颁赐布帛二十八万端匹，还加封刘济为中书令。

九月，己亥（初二），吐突承璀从行营回到朝廷。辛亥（十四日），吐突承璀重新担任左卫上将军，充任左神策军中尉。裴垍说：“吐突承璀首先提倡使用武力，使天下百姓穷乏困苦，到头来还是不能获得成功。即使陛下因旧日的恩情而不肯将他处决示众，为了向天下百姓道歉，难道能够对他全然不加贬斥吗？”给事中段平仲与吕元膺说吐突承璀应当斩杀。李绛上奏声称：“如果陛下不肯处罚吐突承璀，以后再出现战败的将领，能够怎样处治他们呢？如果诛杀他们，那便是同样的罪责，不同的处罚，他们定然不会服气；如果对他们免予治罪，那还有谁不保全自身，姑息敌军呢！希望陛下割舍对他不能狠下心来的私恩，行使不可更改的刑典，使将帅们得到一些警戒与勉励。”隔了两天，宪宗免除了吐突承璀左神策军中尉的职务，将他降职为军器使，朝廷内外的人们都相互祝贺。

翰林学士、司勋郎中李绛当着宪宗的面陈诉吐突承璀骄横专断，言辞极为恳切。宪宗气得变了脸色说：“你说得太过分了吧！”李绛哭泣着说：“陛下将我安置在亲近信任的地位上，如果我在陛下面前畏怯退缩，爱惜自身，不肯进言，这便是我辜负了陛下。我把话讲出来了，但陛下讨厌去听，这就是陛下辜负我了。”宪宗的怒气消除了，便说：“你讲的全是人们不能讲的，使朕听到了无法得知的事情，是一位真正的忠臣啊！你以后尽情而言，完全应该像现在这个样子。”己丑（二十三日），宪宗任命李绛为中书舍人，翰林学士的职务仍如往常。

李绛曾经从容不迫地规劝皇帝不要聚敛钱财，宪宗说：“现在河南、河北的好几十个州，都没有实行国家的政教法令，河、湟地区的好几千里地，还沦陷在异族手中，朕日夜想着洗雪祖宗的耻辱，但是财力不够丰足，所以不得不积蓄聚敛啊。不然，朕在宫廷中的花费极为俭约，多储藏财物又有什么用呢！”

六年（辛卯，公元811年）

六月，丁卯（初四），李吉甫上奏说：“由秦朝到隋朝的十三个朝代，设置官员的数量，没有比我朝更多的了。天宝年间以后，中原地区驻屯军队，现在能够计算出来的就有八十多万人，其余作为商人、僧人、道士等不从事农业的人口有十分之五六，这是经常以十分之三的劳苦筋骨的人们去奉养十分之七的不织而衣、不劳而食的人们。现在，朝廷内外需要以税收的钱财供给薪俸的官员不少于一万人，全国有一千三百多个县，以一个县的地方设置成一个州，以一个乡的人口编制成一个县的情况为数很多。请陛下敕令有关部门详细地规定州县的废弃与设立，对可以省除的吏员要省除，对可以合并的州县要合并，对可以减少的入仕途径要减少。再者，根据朝廷以往的典章制度，依照官员的品级制定薪俸，一品官员每月薪俸钱三十缗，职田上所产的禄米不超过一千斛。国家遭受艰难困苦以来，增设诸使的名额，发给优厚的薪俸钱，到大历年间，有权势的大臣每月薪俸达到钱九千缗，各州不分大小，刺史一概每月薪俸钱一千缗。常衮担任宰相时，开始设立限制约束，李泌又酌量职务清闲与繁重的不同情况，顺从事情的机宜增加薪俸，当时号称通达融贯，从道理上说来是难以削减的。然

唐官图

而，仍然还有名义存在而职事废弃，或者名额免除而薪俸存在的情形，在任职的清闲与繁重之间，薪俸的优厚与菲薄顿时显出差别来了。请陛下敕令有关部门详细考核薪俸食料、杂项供给，酌情参定，上报闻知。”因此，宪宗命令给事中段平仲、中书舍人韦贯之、兵部侍郎许孟容、户部侍郎李绛共同详细参定。

己丑（二十八日），宪宗任命户部侍郎李绛为中书侍郎、同平章事。李吉甫出任宰相以来，往往报复旧日与自己结怨的人们，宪宗也略微了解一些情况，因此才提升李绛出任宰相。李吉甫善于逢迎皇上的意旨，而李绛刚正不阿，二人屡次在宪宗面前争论，宪宗时常认为李绛正确，听从他的主张。因此，二人有了嫌隙。

七年（壬辰，公元812年）

三月，丙戌（二十八日），宪宗驾临延英殿，李吉甫进言说：“天下已经太平，陛下应该作乐。”李绛说：“汉文帝时，兵器钝弊，没有锋刃，家家富裕，人人丰足，贾谊尚且认为这是将火种放到堆积着的木柴下面，不能够说这是安定的。现在，朝廷的法纪号令不能够控制的地区，有河南、河北五十多个州；异族秽恶的气息，近处已经与泾州与陇州连接，边防上的烽火屡次报警；再加上水旱灾害经常发生，库存的粮食空匮乏用，这正是陛下应当天亮以前就起床，傍晚时分才进食时，怎么能够将现在称为太平，忙着作乐呢！”宪宗高兴地说：“你的话恰好符合朕的心意。”退朝以后，宪宗对身边的人说：“李吉甫专门阿谀献媚，像李绛那样，才是真正的宰相哩！”

第二百三十九卷　唐纪五十五

译文诵读

宪宗昭文章武大圣至神孝皇帝中之上元和九年（甲午，814）

闰月，丙辰，彰义节度使吴少阳薨。少阳在蔡州，阴聚亡命，牧养马骡，时抄掠寿州茶山以实其军。其子摄蔡州刺史元济，匿丧，以病闻，自领军务。

上自平蜀，即欲取淮西。淮南节度使李吉甫上言："少阳军中上下携离，请徙理寿州以经营之。"会朝廷方讨王承宗，未暇也。及吉甫入相，田弘正以魏博归附。吉甫以为汝州扞蔽东都，河阳宿兵，本以制魏博，今弘正归顺，则河阳为内镇，不应屯重兵以示猜阻。辛酉，以河阳节度使乌重胤为汝州刺史，充河阳、怀、汝节度使，徙理汝州。己巳，弘正检校右仆射，赐其军钱二十万缗，弘正曰："吾未若移河阳军之为喜也。"

吴少阳判官苏兆、杨元卿、大将侯惟清皆劝少阳入朝；元济恶之，杀兆，囚惟清。元卿先奏事在长安，具以淮西虚实及取元济之策告李吉甫，请讨之。时元济犹匿丧，元卿劝吉甫，凡蔡使入奏者，所在止之。少阳死近四十日，不为辍朝，但易环蔡诸镇将帅，益兵为备。元济杀元卿妻及四男以圬射堋。淮西宿将董重质，吴少诚之婿也，元济以为谋主。

李吉甫言于上曰："淮西非如河北，四无党援，国家常宿数十万兵以备之，劳费不可支也。失今不取，后难图矣。"上将讨之，张弘靖请先为少阳辍朝、赠官，遣使吊赠，待其有不顺之迹，然后加兵，上从之，遣工部员外郎李君何吊祭。元济不迎敕使，发兵四出，屠舞阳，焚叶，掠鲁出、襄城，关东震骇。君何不得入而还。

壬戌，以忠武节度副使李光颜为节度使。甲子，以严绶为申、光、蔡招抚使，督诸道兵招讨吴元济；乙丑，命内常侍知省事崔潭峻监其军。戊辰，以尚书左丞吕元膺为东都留守。

十年（乙未，815）

吴元济纵兵侵掠，及于东畿。已亥，制削元济官爵，命宣武等十六道进军讨之。严绶击淮西兵，小胜，不设备，淮西兵夜还袭之；二月，甲辰，绶败于磁丘，却五十余里，驰入唐州而守之。寿州团练使令狐通为淮西兵所败，走保州城，境上诸栅尽为淮西所屠。癸丑，以左金吾大将军李文通代之，贬通昭州司户。

吴元济遣使求救于恒、郓；王承宗、李师道数上表请赦元济，上不从。是时发诸道兵讨元济而不及淄青，师道使大将将二千人趣寿春，声言助官军讨元济，实欲为元济之援也。

诸军讨淮西久未有功，五月，上遣中丞裴度诣行营宣慰，察用兵形势。度还，言淮西必可取之状，且曰："观诸将，惟李光颜勇而知义，必能立功。"上悦。

丙申，李光颜奏败淮西兵于时曲。淮西兵晨压其垒而陈，光颜不得出，乃自毁其栅之左右，出骑以击之。光颜自将数骑冲其陈，出入数四，贼皆识之，矢集其身如猬毛；其子揽辔止之，光颜举刃叱去。于是人争致死，淮西兵大溃，杀数千人。上以裴度为知人。

上自李吉甫薨，悉以用兵事委武元衡。李师道所养客说李师道曰："天子所以锐意诛蔡者，元衡赞之也，请密往刺之。元衡死，则他相不敢主其谋，争劝天子罢兵矣。"师道以为然，即资给遣之。

王承宗遣牙将尹少卿奏事，为吴元济游说。少卿至中书，辞指不逊，元衡叱出之；承宗又上书诋毁元衡。

六月，癸卯，天未明，元衡入朝，出所居靖安坊东门；有贼自暗中突出射之，从者皆散走，贼执元衡马行十余步而杀之，取其颅骨而去。又入通化坊击裴度，伤其首，坠沟中，度毡帽厚，得不死；傔人王义自后抱贼大呼，贼断义臂而去。京城大骇，于是诏宰相出入，加金吾骑士张弦露刃以卫之，所过坊门呵索甚严。朝士未晓不敢出门。上或御殿久之，班犹未齐。

裴度病疮，卧二旬，诏以卫兵宿其第，中使问讯不绝。或请罢度官以安恒、郓之心，上怒曰："若罢度官，是奸谋得成，朝廷无复纲纪。吾用度一人，足破二贼。"甲子，上召度入对。乙丑，以度为中书侍郎、同平章事。度上言："淮西，腹心之疾，不得不除；且朝廷业已讨之，两河藩镇跋扈者，将视此为高下，不可中止。"上以为然，悉以用兵事委度，讨贼甚急。初，德宗多猜忌，朝士有相过从者，金吾皆伺察以闻，宰相不敢私第见客。度奏："今寇盗未平，宰相宜招延四方贤才与参谋议，"始请于私第见客，许之。

初，上以严绶在河东，所遣裨将多立功，故使镇襄阳，且督诸军讨吴元济。绶无他材能，到军之日，倾府库，赉士卒，累年之积，一朝而尽；又厚赂宦官以结声援，拥八州之众万余人屯境上，闭壁经年，无尺寸功。裴度屡言其军无政。

九月，癸酉，以韩弘为淮西诸军都统。弘乐于自擅，欲倚贼自重，不愿淮西速平。李光颜在诸将中战最力，弘欲结其欢心，举大梁城索得一美妇人，教之歌舞丝竹，饰以珠玉金翠，直数百万钱，遣使遗之。使者先致书。光颜大飨将士，使者进妓，容色绝世，一座尽惊。光颜谓使者曰："相公愍光颜羁旅，赐以美妓，荷德诚深。然战士数万，皆弃家远来，冒犯白刃，光颜何忍独以声色自娱悦乎！”因流涕，座者皆泣；即于席上厚以缯帛赠使者，并妓返之，曰：“为光颜多谢相公，光颜以身许国，誓不与逆贼同戴日月，死无贰矣！”

冬，十月，庚子，始分山南东道为两节度，以户部侍郎李逊为襄、复、郢、均、房节度使；以右羽林大将军高霞寓为唐、随、邓节度使。朝议以唐与蔡接，故使霞寓专事攻战，而逊调五州之赋以饷之。

十一年（丙申，816）

六月，甲辰，高霞寓大败于铁城，仅以身免。时诸将讨淮西者，胜则虚张杀获，败则匿之；至是，大败不可掩，始上闻，中外骇愕。宰相入见，将劝上罢兵，上曰：“胜负兵家之常，今但当论用兵方略，察将帅之不胜任者易之，兵食不足者助之耳。岂得以一将失利，遽议罢兵邪！”于是独用裴度之言，他人言罢兵者亦稍息矣。己酉，霞寓退保唐州。

上责高霞寓之败，霞寓称李逊应接不至。秋，七月，贬霞寓为归州刺史，逊亦左迁恩王傅。以河南尹郑权为山南东道节度使。以荆南节度使袁滋为彰义节度、申、光、蔡、唐、随、邓观察使，以唐州为理所。

讨淮西诸军近九万，上怒诸将久无功，辛巳，命知枢密梁守谦宣慰，因留监其军，授以空名告身五百通及金帛，以劝死事。庚寅，先加李光颜等检校官，而诏书切责，示以无功必罚。

袁滋至唐州，去斥候，止其兵不使犯吴元济境，元济围其新兴栅，滋卑辞以请之，元济由是不复以滋为意。朝廷知之，甲寅，以太子詹事李愬为唐、随、邓节度使。愬，听之兄也。

唐宪宗元和九年（甲午，公元814年）

闰八月，丙辰（十二日），彰义节度使吴少阳去世。吴少阳任职蔡州，暗中聚合逃亡的罪犯，放养骡子、马匹，时常抢劫寿州茶山的财物来充实军需。他的儿子摄蔡州刺史吴元济，隐瞒了吴少阳的死讯，以吴少阳患病上报朝廷，由自己统领军中事务。

自从平定蜀中刘辟以来，宪宗就打算攻取淮西。淮南节度使李吉甫进言说：“吴少阳军中将士对上面已有背叛之心，请将淮南的治所迁移到寿州去，以便让我来经略规划淮西。”适逢朝廷正在讨伐王承宗，没有余暇考虑他的建议。及至李吉甫担任宰相后，田弘正率领魏博归顺了朝廷，李吉甫认为：“东都有汝州护卫着，在河阳屯驻兵马，本来是为了控制魏博的。现在，田弘正归顺了朝廷，河阳便成了内地的军镇，不应该屯驻重兵，显示对魏博的猜疑。”辛酉（十七日），宪宗任命河阳节度使乌重胤为汝州刺史，充任河阳、怀、汝节度使，将治所迁移汝州。己巳（二十五日），加封田弘正检校右仆射，赐给魏博军钱二十万缗。田弘正说：“没有比迁移河阳军更使我高兴的啦。”

吴少阳的判官苏兆、杨元卿和大将侯惟清等人都曾劝说吴少阳入京朝见。吴元济憎恶他们，诛杀了苏兆，囚禁了侯惟清。事前，杨元卿在长安奏请事情，将淮西的情况和攻取吴元济的计策全部告诉了李吉甫，并请求讨伐吴元济。当时，吴元济仍然在隐瞒吴少阳的死讯，杨元卿劝说李吉甫，对入朝奏事的蔡州使者，各处均要阻止他们入朝。吴少阳死去将近四十天了，但朝廷并没有为他停止上朝以表示哀悼，只是改换了围绕着蔡州的各军镇将帅，增调兵马，做好防备。吴元济杀掉杨元卿的妻子和四个儿子，用他们的血涂射箭的靶子。淮西老将董重质是吴少诚的女婿，吴元济使让他作为自己的主谋人。

李吉甫向宪宗进言说：“淮西与河北不同，四周是没有同伙援助的。国家经常屯驻数十万兵马，以便防备淮西，将士的劳苦与国家的开支都是难以支撑下去的。如果现在失去攻取吴少阳的时机，以后便难以图谋了。”宪宗准备讨伐淮西，张弘靖请求事先为吴少阳停止上朝表示哀悼，给他追赠官爵，派遣使者前去吊丧，赠送助丧的财物，等淮西出现了对朝廷不恭顺的行迹，然后以兵力相加。宪宗听从了他的建议，派遣工部员外郎李君何前去吊唁祭奠。吴元济不肯迎接敕使，派出兵马，四面出击，屠杀舞阳县，火烧叶县，掳掠鲁山与襄城，关东震恐惊骇。李君何无法进入淮西，只好回朝。

壬戌（十月十九日），宪宗任命忠武节度副使李光颜为节度使。甲子（二十一日），宪宗任命严绶为申、光、蔡招抚使，督促各道兵马招抚讨伐吴元济。乙丑（二十二日），宪宗命令内常侍知省事崔潭峻担任严绶的监军。戊辰（二十五日），宪宗任命尚书左丞吕元膺为东都留守。

裴度像

十年（乙未，公元815年）

吴元济放纵兵马侵扰劫掠，到了东都洛阳周围的地区。己亥（正月二十七日），宪宗颁制削夺吴元济的官职与爵位，命令宣武等十六道进军讨伐吴元济。严绶进击淮西兵马，略微取得了一些胜利，便不再设置防备，淮西兵马在夜间返回来袭击严绶。二月，甲辰（初二），严绶在磁丘战败，后退了五十多里地，急速奔入唐州，据城防守。寿州团练使令狐通被淮西兵马打败，逃奔寿州城自保，州境上各处栅垒的士兵全部遭到淮西军的屠杀。癸丑（十一日），宪宗使左金吾大将军李文通代替令狐通，将令狐通贬为昭州司户。

吴元济派遣使者向恒州与郓州请求援救，王承宗和李师道屡次上表请求赦免吴元济，宪宗不肯听从。当时，朝廷征调各道兵马讨伐吴元济，还没有讨伐淄青，李师道便让大将率领二千人奔赴寿春，声称帮助官军讨伐吴元济，实际却是打算去援助吴元济。

各军长时间讨伐淮西，没有建树。五月，宪宗派遣御史中丞裴度前往行营抚慰将士，察看采取军事行动的情况。裴度回朝后，陈述了淮西肯定能够攻取的情况，而且说："我观察各位将领，只有李光颜骁勇善战，深明大义，一定能够建立功勋。"宪宗感到高兴。

丙申（二十六日），李光颜奏称在时曲打败淮西兵马。早晨，淮西兵马紧紧逼迫着李光颜的营垒结成阵列，李光颜无法出兵，便自行毁除本军周围的栅栏，派出骑兵，向淮西军进击。李光颜亲自率领几个骑兵向淮西阵中冲锋，多次冲进去，杀出来，敌人都认识他，箭像刺猬毛般密集地向他身上射去。他的儿子抓住缰绳，请他停止冲锋，李光颜举起兵器，呵斥他走开。于是，人们争着拼死力战，淮西兵马大规模地溃退，被杀死了数千人。宪宗认为裴度是善于识别人才的。

自从李吉甫去世以后，宪宗将采取军事行动的事情全部交托给武元衡。李师道豢养的宾客规劝李师道说："天子专心一意地声讨蔡州的根由，在于有武元衡辅佐他，请让我秘密前去刺杀他。如果武元衡死了，其他宰相不敢主持讨伐蔡州的谋划，就会争着劝说天子停止用兵了。"李师道认为此言有理，当即发给盘资，打发他前去。

王承宗派遣牙将尹少卿奏报事情，为吴元济四处说情。尹少卿来到中书省时，言词的意旨颇不谦恭，武元衡便将他呵斥出去。王承宗又上书恶意诬蔑武元衡。

六月，癸卯（初三），天色尚未大亮，武元衡前往朝廷，从他居住的靖安坊东门出来。突然，有一个贼人从暗地里出来用箭射他，随从人员纷纷逃散。贼人牵着武元衡的马匹走出十多步以后，将他杀死，砍下他的头颅，便离开了。贼人又进入通化坊，前去刺杀裴度，使他头部受伤，跌落在水沟中。由于裴度戴的毡帽很厚实，因而得以不死。随从王义从背后抱住贼人大声呼叫，贼人砍断他的胳臂，得以走脱。京城的人们都非常惊骇。于是，宪宗颁诏命令，宰相外出时，加派金吾骑士护卫。金吾骑士张满弓弦，亮出兵器，在需要经过的坊市门前喝呼搜索，很是严密。朝中百官在天未亮时不敢走出家门。有时皇上登殿，等了许久，朝班中的官员仍然不能到齐。

裴度创口不愈，卧病二十天，宪宗颁诏命令卫兵住在他的府第中，前去问候的中使接连不断。有人请求免除裴度的官职，以便使恒州王承宗、郓州李师道放下心来。宪宗生气地说："倘若免除裴度的官职，那就是邪恶的阴谋得逞了，朝廷不再有法度可言。我任用裴度一个人，就足够打败王承宗和李师道两个人。"甲子（二十四日），宪宗传召裴度入朝奏对。乙丑（二十五日），宪宗任命裴度为中书侍郎、同平章事。裴度进言说："淮西地区是腹心之患，不能不予根除。而且，朝廷已经讨伐淮西，河南、河北骄横强暴的藩镇，都打算比照此一战事，来决定对朝廷的态度。因此，讨伐吴元济是不能够半途而止的。"宪宗认为言之有理，便将采取军事行动的事务全部交托给裴度，对吴元济的讨伐甚为急切。当初，德宗往往猜疑妒忌臣下，对于相互往来的朝中百官，金吾卫一概侦察情报，上报德宗，宰相也不敢在私人宅第中会见客人。裴度奏称："如今敌人还没有平定，宰相应当招揽延引各地德才兼备的人才参与谋划计议。"于是，他初次请求在私人宅第中会见宾客，宪宗答应了他的请求。

当初，严绶在河东时，他派出的副将有许多人立了功劳，所以宪宗让他镇守襄阳，并且督促各军讨伐吴元济。严绶没有别的才能，只是在到军镇就任时，竭尽库存，赏赐将士，多年的积蓄，一时散尽。他又大力贿赂宦官，与他们互相援助。他掌握着襄、邓、唐、随、均、房、郢、复八州兵众一万多人，驻扎在边境上，将营垒关闭了一年，没有立下任何功劳，裴度屡次说他治军无善政。

九月，癸酉（初五），宪宗任命韩弘为淮西诸军都统。韩弘喜欢专断独行，打算借助敌军加重自己的地位，不愿意迅速将淮西平定。李光颜在各将领中间作战最为出力，韩弘打算博取他的欢心，在全大梁城中找到一个漂亮的妇女，教给她唱歌跳舞，弹奏乐器，用珠宝玉石、金银翡翠将她打扮起来，价值数百万钱，派遣使者将她赠给李光颜。使者首先将书信交给李光颜，正值李光颜大宴将士。使者将歌妓进献上来，歌妓的容貌姿色冠绝当代，满座将士都惊呆了。李光颜告诉使者说："韩相公同情我客居他乡，赐给我漂亮的歌妓，我蒙受韩相公的恩德诚然深厚。但是，我这里有数万战士，都是丢下家庭，远道而来，在白晃晃的兵器中间冲撞，难道我能够忍心单独以娇声美色自己娱乐吗！"说着，他便流下了眼泪，在座的人们也都哭泣起来。李光颜当即在席上赠给使者许多缯帛，连同歌妓也退还给他，还说："替我多谢韩相公。我已决心以自身为国效命，立誓不肯与忤逆的贼人共存于世间，就是死了，也不会有二心！"

冬季，十月，庚子（初三），朝廷开始将山南东道分成两个节度军府，任命户部侍郎李逊为襄、复、郢、均、房节度使，任命右羽林大将军高霞寓为唐、随、邓节度使。朝臣计议认为唐州与蔡州接壤，所以让高霞寓专门从事攻伐接战，而让李逊调发五州的赋税来供给高霞寓军饷。

十一年（丙申，公元816年）

六月，甲辰（初十），高霞寓在铁城大败，仅仅使自己幸免于难。当时，讨伐淮西的诸位将领，打了胜仗便凭空夸大杀伤俘获的数额，打了败仗便将实情隐瞒下来。至此，巨大的失败已无法掩盖，这才往上奏报，朝廷内外都很惊异。宰相们入朝进见，准备劝说宪宗停止用兵，宪宗说："胜败乃兵家常事，现在只应该讨论使用兵力的方略，察明不能够胜任的将帅，将他们撤换下来，发现哪里军粮不充足，便去帮助哪里。难道能因为一个将领失利了，便忙着商议停止用兵吗？”于是，宪宗惟独采用了裴度的进言，其他主张停止用兵者的言论也逐渐平息了。己酉（十五日），高霞寓退兵防守唐州。

宪宗责问高霞寓兵败之事，高霞寓声称李逊没有前来接应。秋季，七月，宪宗将高霞寓贬为归州刺史，李逊也被降职为恩王傅。同时，宪宗任命河南尹郑权为山南东道节度使，任命荆南节度使袁滋为彰义节度使和申、光、蔡、唐、随、邓观察使，以唐州作为治所。

讨伐淮西各军有将近九万人，宪宗恼怒各将领长时间不能取得成功。辛巳（十一月二十日），命令知枢密梁守谦前去安抚将士，就此留下来监督各军，还交给他五百份空着姓名的委任官职的文凭及金帛等，以勉励人们为国效死。庚寅（二十九日），宪宗首先给李光颜等人加封散官，然后在诏书中严厉责备他们，向他们表示，如果不能取得成功，一定要遭受惩处。

袁滋来到唐州后，撤除了岗哨，不让他的士兵去侵犯吴元济的疆境。吴元济包围了袁滋的新兴栅，袁滋便以恭敬谦虚的言词请求他撤围。从此，吴元济不再把袁滋放在心上。朝廷得到这一消息后，甲寅（十二月二十三日），任命太子詹事李愬为唐、随、邓节度使。李愬是李听的哥哥。

第二百四十卷
唐纪五十六

译文诵读

宪宗昭文章武大圣至神孝皇帝中之下元和十二年（丁酉，817）

春，正月，甲申，贬袁滋为抚州刺史。

李愬至唐州，军中承丧败之余，士卒皆惮战，愬知之，有出迓者，愬谓之曰："天子知愬柔懦，能忍耻，故使来拊循尔曹。至于战攻进取，非吾事也。"众信而安之。

愬亲行视士卒，伤病者存恤之，不事威严。或以军政不肃为言，愬曰："吾非不知也。袁尚书专以恩惠怀贼，贼易之，闻吾至，必增备，吾故示之以不肃。彼必以吾为懦而懈惰，然后可图也。"淮西人自以尝败高、袁二帅，轻愬名位素微，遂不为备。

李愬谋袭蔡州，表请益兵；诏以昭义、河中、鄜坊步骑二千给之。丁酉，愬遣十将马少良将十余骑巡逻，遇吴元济捉生虞候丁士良，与战，擒之。士良，元济骁将，常为东边患；众请刳其心，愬许之。既而召诘之，士良无惧色。愬曰："真丈夫也！"命释其缚。士良乃自言："本非淮西士，贞元中隶安州，与吴氏战，为其所擒，自分死矣，吴氏释我而用之，我因吴氏而再生，故为吴氏父子竭力。昨日力屈，复为公所擒，亦分死矣，今公又生之，请尽死以报德。"愬乃给其衣服器械，署为捉生将。

丁士良言于李愬曰："吴秀琳拥三千之众，据文城栅，为贼左臂，官军不敢近者，有陈光洽为之谋主也。光洽勇而轻，好自出战，请为公先擒光洽，则秀琳自降矣。"戊申，士良擒光洽以归。

吴秀琳以文城栅降于李愬。戊子，愬引兵至文城西五里，遣唐州刺史李进诚将甲士八千至城下，召秀琳，城中矢石如雨，众不得前。进诚还报："贼伪降，未可信也。"愬曰："此待我至耳。"即前至城下，秀琳束兵投身马足下；愬抚其背慰劳之，降其众三千人。秀琳将李宪有材勇，愬更其名曰忠义而用之，悉迁妇女于唐州。于是唐、邓军气复振，人有欲战之志。贼中降者相继于道，随其所便而置之；闻有父母者，给粟帛遣之，曰："汝曹皆王人，勿弃亲戚。"众皆感泣。

丁丑，李愬遣方城镇遏使李荣宗击青喜城，拔之。

愬每得降卒，必亲引问委曲，由是贼中险易远近虚实尽知之。愬厚待吴秀琳，与之谋取蔡。秀琳曰："公欲取蔡，非李祐不可，秀琳无能为也。"祐者，淮西骑将，有勇略，守兴桥栅，常陵暴官军。庚辰，祐率士卒刈麦于张柴村，愬召厢虞候史用诚，戒之曰："尔以三百骑伏彼林中，又使人摇帜于前，若将焚其麦积者。祐素易官军，必轻骑来逐之。尔乃发骑掩之，必擒之。"用诚如言而往，生擒祐以归。将士以祐向日多杀官军，争请杀之；愬不许，释缚，待以客礼。

时愬欲袭蔡，而更密其谋，独召祐及李忠义屏人语，或至夜分，他人莫得预闻。诸将恐祐为变，多谏愬；愬待祐益厚。士卒亦不悦，诸军日有牒称祐为贼内应，且言得贼谍者具言其事。愬恐谤先达于上，已不及救，乃持祐泣曰："岂天不欲平此贼邪！何吾二人相知之深而不能胜众口也。"因谓众曰："诸君既以祐为疑，请令归死于天子。"乃械祐送京师，先密表其状，且曰："若杀祐，则无以成功。"诏释之，以还愬。愬见之喜，执其手曰："尔之得全，社稷之灵也！"乃署散兵马使，令佩刀巡警，出入帐中；或与之同宿，密语不寐达曙，有窃听于帐外者，但闻祐感泣声。时唐、随牙队三千人，号六院兵马，皆山南东道之精锐也。愬又以祐为六院兵马使。

吴元济见其下数叛，兵势日蹙，六月，壬戌，上表谢罪，愿束身自归。上遣中使赐诏，许以不死；而为左右及大将董重质所制，不得出。

诸军讨淮、蔡，四年不克，馈运疲弊，民至有以驴耕者。上亦病之，以问宰相。李逢吉等竞言师老财竭，意欲罢兵；裴度独无言，上问之，对曰："臣请自往督战。"乙卯，上复谓度曰："卿真能为朕行乎！"对曰："臣誓不与此贼俱生。臣比观吴元济表，势实窘蹙，但诸将心不壹，不并力迫之，故未降耳。若臣自诣行营，诸将恐臣夺其功，必争进破贼矣。"上悦，丙戌，以度为门下侍郎、同平章事、兼彰义节度使，仍充淮西宣慰招讨处置使。又以户部侍郎崔群为中书侍郎、同平章事。制下，度以韩弘已为都统，不欲更为招讨，请但称宣慰处置使；仍奏刑部侍郎马总为宣慰副使，右庶子韩愈为彰义行军司马，判官、书记，皆朝廷之选，上皆从之。度将行，言于上曰："臣若贼灭，则朝天有期；贼在，则归阙无日。"上为之流涕。

裴度过襄城南白草原，淮西人以骁骑七百邀之；镇将楚丘曹华知而为备，击却之。度虽辞招讨名，实行元帅事，以郾城为治所。甲申，至郾城。先是，诸道皆有中使监陈，进退不由主将，胜则先使献捷，不利则陵挫百端；度悉奏去之，诸将始得专军事，战多有功。

甲寅，李愬将攻吴房，诸将曰："今日往亡。"曰："吾兵少，不足战，宜出其不意。彼以往亡不吾虞，正可击也。"遂往，克其外城，斩首千余级。余众保子城，不敢出，愬引兵还以诱之，淮西将孙献忠果以骁骑五百追击其背；众惊，将走，愬下马据胡床，令曰："敢退者斩！"返旆力战，献忠死，淮西兵乃退。或劝愬乘胜攻其子城，可拔也。愬曰："非吾计也。"引兵还营。

李祐言于李愬曰："蔡之精兵皆在洄曲，及四境拒守，守州城者皆羸老之卒，可以乘虚直抵其城。比贼将闻之，元济已成擒矣。"愬然之。冬，十月，甲子，遣掌书记郑澥至郾城，密白裴度。度曰："兵非出奇不胜，常侍良图也。"

辛未，李愬命马步都虞候、随州刺史史旻留镇文城，命李祐、李忠义帅突将三千为前驱，自与监军将三千人为中军，命田进诚将三千人殿其后。军出，不知所之；愬曰："但东行！"行六十里，夜，至张柴村，尽杀其戍卒及烽子。据其栅，命士少休，食干精，整羁靮，留义成军五百人镇之，以断洄曲及诸道桥梁，复夜引兵出门；诸将请所之，愬曰："入蔡州取吴元济！"诸将皆失色。监军哭曰："果落李祐奸计！"时大风雪，旌旗裂，人马冻死者相望。天阴黑，自张柴村以东道路，皆官军所未尝行，人人自以为必死；然畏愬，莫敢违。夜半，雪愈甚，行七十里，至州城；近城有鹅鸭池，愬令击之以混军声。

自吴少诚拒命，官军不至蔡州城下三十余年，故蔡人不为备。壬申，四鼓，愬至城下，无一人知者。李祐、李忠义镢其城，为坎以先登，壮士从之；守门卒方熟寐，尽杀之，而留击柝者，使击柝如故。遂开门纳众，及里城，亦然，城中皆不之觉。鸡鸣，雪止，愬入居元济外宅。或告元济曰："官军至矣！"元济尚寝，笑曰："俘囚为盗耳！晓当尽戮之。"又有告者曰："城陷矣！"元济曰："此必洄曲子弟就吾求寒衣也。"起，听于廷，闻愬军号令曰："常侍传语。"应者近万人。元济始惧，曰："何等常侍，能至于此！"乃帅左右登牙城拒战。

时董重质拥精兵万余人据洄曲。愬曰："元济所望者，重质之救耳！"乃访重质家，厚抚之，遣其子传道持书谕重质；重质遂单骑诣愬降。

愬遣李进诚攻牙城，毁其外门，得甲库，取器械。癸酉，复攻之，烧其南门，民争负薪刍助之，城上矢如猬毛。晡时，门坏，元济于城上请罪，进诚梯而下之。甲戌，愬以槛车送元济诣京师，且告于裴度。是日，申、光二州及诸镇捕二万余人相继来降。

自元济就擒，愬不戮一人，凡元济官吏、帐下、厨厩之卒，皆复其职，使之不疑，然后屯于鞠场以待裴度。

己卯，淮西行营奏获吴元济，光禄少卿杨元卿言于上曰："淮西大有珍宝，臣能知之，往取必得。"上曰："朕讨淮西，为人除害，珍宝非所求也。"

十一月，上御兴安门受俘，遂以吴元济献庙社，斩于独柳之下。

初，淮西之人劫于李希烈、吴少诚之威虐，不能自拔，久而老者衰，幼者壮，安于悖逆，不复知有朝廷矣。自少诚以来，遣诸将出兵，皆不束以法制，听各以便宜自战，故人人得尽其才。韩全义之败于溵水也，于其帐中得朝贵所与问讯书，少诚束以示众曰："此皆公卿属全义书，云破蔡州日，乞一将士妻女为婢妾。"由是众皆愤怒，以死为贼用；虽居中土，其风俗犷戾过于夷貊。故以三州之众，举天下之兵环而攻之，四年然后克之。

十三年（戊戌，818）

淮西既平，上浸骄侈。户部侍郎判度支皇甫镈、卫尉卿、盐铁转运程异晓其意，数进羡余以供其费，由是有宠。镈又以厚赂结吐突承璀。甲辰，镈以本官、异以工部侍郎并同平章事，判使如故。制下，朝野骇愕，至于市井负贩者亦嗤之。

功德使上言："凤翔法门寺塔有佛指骨，相传三十年一开，开则岁丰人安。来年应开，请迎之。"十二月，庚戌朔，上遣中使帅僧众迎之。

十四年（己亥，819）

中使迎佛骨至京师，上留禁中三日，乃历送诸寺，王公士民瞻奉舍施，惟恐弗及，有竭产充施者，有然香臂顶供养者。

刑部侍郎韩愈上表切谏，以为："佛者，夷狄之一法耳。自黄帝以至禹、汤、文、武，皆享寿考，百姓安乐，当是时，未有佛也。汉明帝时，始有佛法。其后乱亡相继，运祚不长。宋、齐、梁、陈、元魏已下，事佛渐谨，年代尤促。惟梁武帝在位四十八年，前后三舍身为寺家奴，竟为侯景所逼，饿死台城，国亦寻灭。事佛求福，乃更得祸。由此观之，佛不足信亦可知矣！百姓愚冥，易惑难晓，苟见陛下如此，皆云'天子犹一心敬信，百姓微贱，于佛岂可更惜身命。'佛本夷狄之人，口不言先王之法言，身不服先王之法服，不知君臣之义、父子之恩。假如其身尚在，奉国命来朝京师，陛下容而接之，不过宣政一见，礼宾一设，赐衣一袭，卫而出之于境，不令惑众也。况其身死已久，枯朽之骨，岂宜以入宫禁！古之诸侯行吊于国，尚先以桃茢祓除不祥，今无故取朽秽之物亲视之，巫祝不先，桃茢不用，群臣不言其非，御史不举其罪，臣实耻之！乞以此骨付有司，投诸水火，永绝根本，断天下之疑，绝后代之惑，使天下之人知大圣人之所作为，出于寻常万万也，岂不盛哉！佛如有灵，能作祸福，凡有殃咎，宜加臣身。"

上得表，大怒，出示宰相，将加愈极刑。裴度、崔群为言："愈虽狂，发于忠恳，宜宽容以开言路。"癸巳，贬愈为潮州刺史。

自战国之世，老、庄与儒者争衡，更相是非。至汉末，益之以佛，然好者尚寡。晋、宋以来，日益繁炽，自帝王至于士民，莫不尊信。下者畏慕罪福，高者论难空有。独愈恶其蠹财惑众，力排之，其言多矫激太过。惟《送文畅师序》最得其要，曰："夫鸟俯而啄，仰而四顾，兽深居而简出，惧物之为已害也，犹且不免焉。弱之肉，强之食。今吾与文畅安居而暇食，优游以生死，与禽兽异者，宁可不知其所自邪！"

唐宪宗元和十二年（丁酉，公元817年）

春季，正月，甲申（二十四日），宪宗将袁滋贬为抚州刺史。

李愬来到唐州。唐州的军队在经受死丧败亡后，将士们都害怕作战，李愬也知道这种状况。有些人出来迎接李愬，李愬便对他们说："天子知道我柔弱怯懦，能够忍受耻辱，因此让我来抚慰你们。至于采取军事行动，就不是我的事情了。"大家相信了他的话，都放心了。

李愬亲自去看望将士们，慰问抚恤受伤和生病的人，不摆威严的架子。有人进言说军中政事不够整肃，李愬说："我并不是不知道。袁尚书专门以恩惠安抚敌人，敌人轻视他。现在，敌人得知我来了，肯定要增设防备。我故意让敌人看到我军不够整肃，他们肯定以为我是懦弱而又懒惰的，此后才能够设法对付他们。"淮西人自认为曾经打败过高霞寓和袁滋的两个主帅，因李愬的名望与官位素来卑微而轻视他，便不再做防备。

李愬策划袭击蔡州，上表请求增派兵力，宪宗颁诏将昭义、河中、鄜坊的步、骑兵两千人拨给了他。丁酉（二月初七），李愬派遣十将马少良率骑兵十余人巡回侦察，遇到吴元济的捉生虞候丁士良，与他交战，将他擒获。丁士良是吴元济骁勇善战的将领，经常危害东部的唐州、邓州等地。大家请求将丁士良的心剜出来，李愬答应下来。不久，李愬把丁士良叫来，当面责问他，丁士良没有一点恐惧的神色。李愬说："丁士良真是一位大丈夫！"他命令为丁士良松绑。于是，丁士良主动说："我原来不是淮西的官吏，贞元年间我隶属安州，与吴氏作战，被吴氏擒获，自忖就要被处死了，吴氏却释放并起用了我。我因为吴氏而得以再次存活下来，所以我为吴氏父子尽力效命。昨天我力不能支，又被您所擒获，我也料想这次可要被处死了，现在您又让我存活下来。请让我竭尽死力，报答您的恩德。"于是，李愬将衣服和器具又给了他，任命他为捉生将。

丁士良向李愬进言说："吴秀琳拥有三千兵马，据有文城栅，犹如敌人的左臂。官军不敢靠近他的原由，就在于有陈光洽做他的主谋。陈光洽勇敢善战，但是不够稳重，喜欢亲自出来接战，请让我替您首先捉住陈光洽，吴秀琳自然就会投降了。"戊申（十八日），丁士良捉获了陈光洽，带着他回来了。

吴秀琳率文城栅兵马向李愬投降。戊子（二十八日），李愬领兵来到文城西面五里处，派遣唐州刺史李愬进诚率领兵士八千人来到城下，召呼吴秀琳，城中箭石密集如雨，大家无法上前。李愬进诚回来报告说："敌人是假装投降，是不能够相信的。"李愬说："这是等候我前去哩。"李愬当即来到城下，吴秀琳收起兵器，一头伏在李愬的马前，李愬抚摩着他的脊背，好言安慰他，收降了吴秀琳的三千人马。吴秀琳的将领李宪既有才能，又很勇敢，李愬为他改名为李忠义，并且起用了他。李愬将文城各将领的女眷全部迁移到唐州。于是，唐州与邓州军中的士气又振作起来，人人都有准备打仗的决心。前来投降的敌军在道路上一个接着一个，李愬便根据他们的具体情况，一一做出安置。得知归降者家中有父母需要照料的，便发给粮食与布帛，打发他们回去，还说："你们都是朝廷的百姓，不能丢下亲属不管。"大家都感动得哭起来。

李愬雪夜入蔡

丁丑（五月十八日），李愬派遣方城镇遏使李荣宗攻克青喜城。

每当李愬得到归降的士兵，一定要亲自领来询问淮西的底细，因此他对敌方的地形和兵力分布都了解清楚了。李愬优待吴秀琳，与他策划夺取蔡州。吴秀琳说："如果您打算夺取蔡州，非有李祐不可，我是无能为力的。"李祐是淮西的骑兵将领，勇敢而有谋略，防守兴桥栅，经常侵凌欺辱官军。庚辰（二十一日），李祐率领士兵在张柴村收割麦子，李愬叫来厢虞候史用诚，告诫他说："你带领骑兵三百人在那片树林中埋伏下来，再让人在前面摇动旗帜，做出将要焚烧他们的麦堆的样子。李祐平时小看官军，肯定会率领轻装的骑兵前来驱逐他们。这时，你便派骑兵袭取他，肯定能够将他擒获。"史用诚按照李愬的吩咐前往，活捉李祐而回。由于李祐往日杀害了许多官军，将士们争着请求将他杀掉。李愬不肯答应，给他松了绑，以宾客的礼节对待他。

当时，李愬准备掩袭蔡州，谋划更为隐秘。他单独叫来李祐和李忠义，摈退外人后才进行交谈，有时谈话一直延续到夜半，别人都不能够参与商议。各将领担心李祐制造变故，往往规劝李愬，而李愬对待李祐更为优厚。士兵们也不高兴，各军每天都有文书声称李祐是淮西的内应，而且说是听敌方奸细讲的。李愬担心诽谤事先传到朝廷，自己来不及搭救李祐，便握着李祐的手哭泣着说："难道是上天不愿意平定这伙贼人吗？为什么你我二人相互了解得如此深切，但就是不能够制服众人的议论呢？"因而，李愬对大家说："既然诸位怀疑李祐，请大家让他到天子那里接受死刑吧！"于是，李愬给李祐加上枷锁，将他送往京城，事先暗中上表讲清具体情况，而且说："如果杀了李祐，就无法取得成功。"宪宗颁诏释放李祐，将他还给李愬。李愬见到李祐时，高兴地握着李祐的手说："你得以保全，这是社稷的威灵有知啊！"李愬便任命李祐为散兵马使，让他带着佩刀，巡视警戒，在自己的帐中往来。有时，李愬与他一同就寝，秘密交谈，直到透出曙色也不入睡，有人在帐外暗中偷听，只能听到李祐感动的哭泣声。当时，唐州、随州节度使牙卫队三千人，号称六院兵马，都是山南东道精悍勇锐的军队，李愬又任命李祐为六院兵马使。

吴元济看到部下屡次背叛自己，军事形势日益紧迫，六月，壬戌（初四），他上表认罪，表示愿意亲自回朝投案。宪宗派遣中使向他颁赐诏书，答应可以免他一死。然而，吴元济被自己的亲信和大将董重质等人所控制，无法离开蔡州。

诸军讨伐淮西蔡州，历时四年，没有攻克，物资转运使人们疲惫不堪，以至于有些百姓只好用驴来耕种田地。宪宗也为此忧虑，便就此事询问宰相。李逢吉等人争着说军中士气低落，财物消耗已尽，意思是打算停止用兵。惟独裴度一言不发，宪宗征求他的意见，他回答说："我请求亲自前去督战。"乙卯（七月二十八日），宪宗又对裴度说："你果真能够为朕去走一遭吗？"裴度回答说："我发誓不与这些贼人一起生存。近日我看了吴元济的奏表，他面临的形势实在已经窘困紧迫，但是各将领心不齐，不能够合力紧逼他，所以他还没有降顺。如果我亲自前往行营，各将领惟恐我夺去他们的功劳，肯定争先进军破敌了。"宪宗大悦，丙戌，任命裴度为门下侍郎、同平章事、兼彰义节度使，还充任淮西宣慰招讨处置使，同时任命户部侍郎崔群为中书侍郎、同平章事。制书下达后，裴度因韩弘已经出任都统，不打算再担当招讨使，请求只称宣慰处置使。他还奏请由刑部侍郎马总担任宣慰副使，右庶子韩愈担任彰义行军司马，判官、书记等职，都由朝廷选派，宪宗全部依从了他。在将要启程时，裴度对宪宗说："倘若贼人覆灭了，我不久就会前来朝见陛下；倘若贼人尚在，我就不会回到朝廷中来。"宪宗听得此言，不禁流下了眼泪。

裴度经过襄城南面的白草原时，淮西军派出骁勇的骑兵七百人前来截击他。镇将楚丘人曹华事先得到消息，做好了准备，便将他们击退了。虽然裴度辞去了招讨的名称，实际上是行使元帅的职事，他选定郾城作为自己的官署。甲申（八月二十七日），裴度来到郾城。在此之前，诸道都有中使监督战阵，军队的行动不能由主将做主。打了胜仗，中使率先使人向朝廷报捷；作战失利了，中使便对将帅百般凌辱。裴度奏请将各处监督战阵的中使全部罢除，各将领这才得以专力办理军中事务，在作战中经常取胜。

甲寅（九月二十八日），李愬准备攻打吴房县。诸将领都说："今天是不利前往的往亡日啊。"李愬说："我们兵马为数较少，正面作战，兵力不够用的，适于采取出其不意的行动。敌人因今天是往亡日便不会戒备我们，这正是可以进击的时候。"于是，李愬率军前往，攻克了吴房的外城，斩首一千余级。剩下来的吴房兵马防守内城，不敢出战。李愬率领兵马撤回，以便诱使吴房兵马出动，淮西将领孙献忠果然率领骁勇的骑兵五百人在背后追击。大家惊慌失措，准备逃走，李愬跳下马来，靠在胡床上，下达命令说："有胆敢退却的，一概斩杀！"大家回军尽力作战，孙献忠阵亡，淮西兵马这才撤退。有人劝说李愬乘胜攻打吴房的内城，认为是能够攻克的。李愬说："这不是我的计策。"于是，李愬率领兵马返回营地。

李祐向李愬进言说："蔡州的精锐兵马全都被派往洄曲及四周的边境上，在那里防御守备。防守蔡州城的兵力都是老弱残兵，可以乘蔡州空虚，直接抵达蔡州城。及至敌军将领得知消息时，吴元济已经就擒了。"李愬认为言之有理。冬季，十月，甲子（初八），李愬派遣掌书记郑澥前往郾城，秘密禀报裴度。裴度说：

“用兵打仗，不出奇兵，不能取胜，李常侍提出了一个很好的计划啊！”

辛未（十五日），李愬命令马步都虞候、随州刺史史旻留下来镇守文城，命令李祐与李忠义率领由敢死之士组成的突将三千人作为前导，自己与监军率领三千人作为中军，命令田进诚率领三千人居于军队的后部。军队出发以后，还不知道是往哪里开进。李愬说；“只须向着东方行进！”军队走了六十里路，夜晚来到张柴村，将屯戍村中的淮西士兵和守候烽火的人员全部杀死，占领了敌军的栅垒。李愬命令将士稍作休息，吃些干饭，整顿马具，将义成军的五百人留下来镇守张柴村，以便截断洄曲与各条道路间的桥梁。李愬又连夜率领兵马出了张柴村的栅门，各位将领请示进军目标，李愬说：“到蔡州去捉拿吴元济！”各位将领都大惊失色。监军哭着说；“果然中了李祐的奸计了！”当时，风雪大作，旗帜破裂，冻死的战士与马匹到处可见。加之天色阴暗，由张柴村往东去的道路，都是官军从来没有走过的，人人都暗自以为肯定活不成了。但是，他们畏惧李愬，不敢违抗命令。到了半夜，雪下得更大了。官军走了七十里路，来到蔡州城下。靠近城边有一处喂养鹅鸭的池塘，李愬命令哄打鹅鸭，以便遮掩军队行走的声音。

自从吴少诚抗拒朝命，官军不到蔡州城下已经有三十多年，所以蔡州人没有防备。壬申（十六日），四更时，李愬来到蔡州城下，敌军无人知晓。李祐和李忠义用锄头在城墙上掘出坑坎，率先登城，强壮的士兵便跟在他们身后。看守蔡州城门的士兵正在熟睡，李祐等人将他们全部杀掉，只将巡夜打更的人留了下来，让他依然如故地去敲打木梆。于是，李祐等人打开城门，让大家进去。来到内城时，也是采用这种办法，城中的人们都没有发觉官军。鸡叫时，雪停，这时李愬已经进入吴元济的外宅。有人向吴元济报告说：“官军到啦！”吴元济还在躺着，笑着说：“不过是被俘的囚徒在做盗窃行径罢了！天亮后我会把他们都杀了。”又有前来报告的人说：“州城陷落啦！”吴元济说：“这肯定是洄曲的后生们到我这里来要求发放冬季服装的。”他站起身来，走到院子中向外聆听，听到李愬军在发布号令说：“常侍传话。”响应号令的有将近一万人。吴元济这才害怕地说：“这是个什么样的常侍，竟能够到此地来呢！”于是，吴元济率领亲信，登上牙城，抵御官军。

当时，董重质拥有精锐兵马一万多人，占据着洄曲。李愬说：“吴元济盼望的事情，只是董重质前来援救而已！”于是，李愬寻找到董重质的家人，深深地抚慰他们，派遣他的儿子董传道带着书信前去规劝董重质，董重质便单人匹马前往李愬处投降。

李愬派遣李进诚攻打牙城，毁去牙城的外门，得到了兵甲仓库，取出了军用器具。癸酉（十七日），李进诚再次攻打牙城，火烧牙城的南门，百姓争着背来柴草帮助官军，射向城上的箭像刺猬毛一样密集。到了申时，城门毁坏了，吴元济在城上请罪，李进诚用梯子将他接了下来。甲戌（十八日），李愬用囚车将吴元济送往京城，并且向裴度做了报告。这一天，申、光二州以及各城镇军两万多人相继前来归降。

自从吴元济被擒获后，李愬没有杀戮任何一人。凡是吴元济的官吏及帐下、厨房、马厩的士兵，李愬一概恢复他们的职事，使他们没有疑虑。然后，李愬便在鞠球场上驻屯兵马，等候裴度前来。

己卯（二十三日），淮西行营奏称俘获了吴元济。光禄少卿杨元卿向宪宗进言说：“淮西有许多珍宝，我知道它们，让我前去寻取，一定能够得到。”宪宗说：“朕讨伐淮西，是为民除害，朕并不要在那里寻求珍宝啊！”

十一月，宪宗驾临兴安门，接受战俘，便以吴元济献祭宗庙社稷，将他在独柳下斩杀。

当初，淮西百姓遭受李希烈与吴少诚威压虐待，无法从中摆脱出来，时间久了，老一辈的人们衰弱下去了，少一辈的人们强壮起来了，他们在悖乱忤逆的环境中心安理得，不知道还有朝廷在上了。从吴少诚以来，派遣诸将领外出打仗，一概不用法令制度约束他们，听任他们见机行事，各自为战，所以各将领得以人尽其才。韩全义在溵水战败时，淮西军在韩全义的营帐中得到朝廷权贵写给他的相互问候的书信，吴少诚将书信捆成一束，呈示在大家面前说：“这些都是公卿们嘱托韩全义的书信，说是在打破蔡州时，要得到一位将士的妻子或女儿作为婢女姬妾。”因此，大家都心怀愤怒，誓死为叛军效力。虽然蔡州地居中原，但民间的风尚猛悍暴戾超过了异族。所以，吴元济凭着蔡、光、申三州人众作乱，朝廷发动全国的兵力将他包围起来，四面攻打，经过四年时间才将他制服。

十三年（戊戌，公元818年）

平定淮西后，宪宗逐渐骄傲奢侈起来。户部侍郎、判度支皇甫镈与卫尉卿、盐铁转运使程异晓得宪宗的心意，屡次进献额外税收，供给宪宗花销，因此两人都得到宪宗的宠爱。皇甫镈还用大量的贿赂来交结吐突承璀。甲辰（八月二十三日），皇甫镈以本来的官职，程异以工部侍郎的职务一并同平章事，兼任使职一如既往。制书颁布后，朝廷与民间都感到惊异，连市肆中担货贩卖之人也在嗤笑他们。

功德使进言说：“凤翔法门寺的塔中有释迦牟尼佛的手指骨，相传寺塔三十年开放一次，开放时就会年成丰熟，人民安宁。明年法门寺塔正当开放，请去迎接佛指骨。”十二月，庚戌朔（初一），宪宗派遣中使率领僧众迎接佛指骨。

十四年（己亥，公元819年）

中使将佛骨迎接到京城，宪宗让佛骨在宫禁中停留了三天，于是遍送各寺。上自王公，下至士子与庶民，人人瞻仰供奉，施舍钱财，惟恐不能赶上。有人将全部家产充当布施，也有人在胳膊与头顶上点燃香火供养佛骨。

刑部侍郎韩愈上表直言极谏，他认为：“佛是夷狄的一种法而已。由黄帝以至夏禹、商汤、周文王、周武王，都年高寿长，百姓安宁快活，那个时候，是没有佛

奉迎佛骨图

的。东汉明帝时期，开始有了佛法。此后，中国变乱危亡接连不断，朝廷的命运与福气都不甚久长。宋、齐、梁、陈、北魏以后，对佛的侍奉逐渐恭敬起来，而这些朝代存在的年代尤其短促。只有梁武帝在位四十八年，他曾前后三次舍身去当寺院的家奴，最终却遭受侯景的逼迫，在台城饿死，不久以后国家也灭亡了。侍奉佛是为了祈求福缘，但梁武帝却反而招致了祸殃。由此看来，佛不值得使人相信，也是清楚可见的了！百姓愚昧无知，冥顽不化，容易受到迷惑，难以晓谕开导，如果看到陛下都这样去做，都说：'天子尚且专心一意地敬佛信佛，我们老百姓低微下贱，对待佛难道还能够顾惜性命吗？'佛本来就是夷狄人氏，口中不讲先代帝王留传下来的合乎礼法的言论，身上不穿先代帝王规定下来的标准的中原服装，不懂得君臣之间的大义，不明白父子之间的恩情。假如佛本身尚在人世，接受本国的命令前来京城朝拜，陛下宽容地接待他，只不过在宣政殿见他一面，在礼宾院设上一宴，赐给他衣服一套，派人护卫他走出国境，是不会让他迷惑众人的。何况佛本身久已故去，剩下来的枯朽的骸骨，怎么宜于将它请进宫殿！古代的诸侯在国内举行吊唁，还要先使巫师用桃树与笤帚去驱除不吉祥的鬼魂。现在陛下没由来地拿腐朽秽浊的东西亲自观看，事先不让巫师降神祈福，不用桃树与笤帚除凶去垢，群臣不议论这种做法的错误，御史不纠举这种做法的罪责，我实在为此感到羞耻！请求陛下将此佛骨交付给有关部门，将它丢到水里火里消灭掉，永远断绝此事的本源，切断天下的疑问，杜绝后世的迷惑。使天下的人们知道大圣人做出的事情，超过平凡人物的千万倍，这难道不是盛大的事情吗！如果佛有灵性，能够制造祸福，一切灾殃与罪责，都加在我的身上好了。"

宪宗得到上表，非常恼怒，拿出来给宰相们传阅，准备以最严厉的刑罚处治韩愈。裴度与崔群为韩愈进言说："韩愈虽然狂妄，但他所言发自内心的忠诚，陛下应当对他宽容，以开通言路。"癸巳（正月十四日），宪宗将韩愈贬为潮州刺史。

自从战国时代以来，老子、庄子与儒家较量胜负，交相议论我是你非。及至东汉末年，又增加了佛家，但是喜好佛家的为数尚少。晋、宋年间以来，佛家日益繁盛，由帝王以至于士子庶民，没有不尊崇信奉佛家的。庸俗的人们害怕得罪，羡慕福缘，清高的人们谈论空泛诘难实有。惟独韩愈憎恶佛家损耗资财，迷惑百姓，尽力排斥佛家，他的话往往过于偏激。只有他的《送文畅师序》论述最得要领，文章说：“大凡飞禽低下头来啄食，仰起头来四面张望，走兽在深密之处藏身，很少出来走动，这是害怕有些物种危害自己，但仍然不能幸免。弱者的血肉，就是强者的食物。现在我与文畅安心地居住着，悠闲地饮食着，从生到死都过着闲逸自得的生活，与飞禽走兽面临的境状不同，怎么能够不知道这是从哪里得来的呢！”

第二百四十一卷 唐纪五十七

译文诵读

宪宗昭文章武大圣至神孝皇帝下元和十五年（庚子，820）

初，左军中尉吐突承璀谋立澧王恽为太子，上不许。及上寝疾，承璀谋尚未息；太子闻而忧之，密遣人问计于司农卿郭钊，钊曰："殿下但尽孝谨以俟之，勿恤其他。"钊，太子之舅也。

上服金丹，多躁怒，左右宦官往往获罪，有死者，人人自危；庚子，暴崩于中和殿。时人皆言内常侍陈弘志弑逆，其党类讳之，不敢讨贼，但云药发，外人莫能明也。

中尉梁守谦与诸宦官马进潭、刘承偕、韦元素、王守澄等共立太子，杀吐突承璀及澧王恽，赐左、右神策军士钱人五十缗，六军、威远人三十缗，左、右金吾人十五缗。

闰月，丙午，穆宗即位于太极殿东序。是日，召翰林学士段文昌等及兵部郎中薛放、驾部员外郎丁公著对于思政殿。放，戎之弟；公著，苏州人；皆太子侍读也。上未听政，放、公著常侍禁中，参预机密，上欲以为相，二人固辞。

上见夏州观察判官柳公权书迹，爱之。辛酉，以公权为右拾遗、翰林侍书学士。上问公权："卿书何能如是之善？"对曰："用笔在心，心正则笔正。"上默然改容，知其以笔谏也。公权，公绰之弟也。

初，膳部员外郎元稹为江陵士曹，与监军崔潭峻善。上在东宫，闻宫人诵稹歌诗而善之；及即位，潭峻归朝，献稹歌诗百余篇。上问"稹安在？"对曰："今为散郎。"夏，五月，庚戌，以稹为祠部郎中、知制诰；朝论鄙之。会同僚食瓜于阁下，有青蝇集其上，中书舍人武儒衡以扇挥之曰："适从何来，遽集于此！"同僚皆失色，儒衡意气自若。

上甫过公除，即事游畋声色，赐与无节。九月，欲以重阳大宴，拾遗李珏帅其同僚上疏曰："伏以元朔未改，园陵尚新，虽陛下就易月之期，俯从人欲；而《礼经》著三年之制，犹服心丧。遵同轨之会始离京，告远夷之使未复命。遏密弛禁，盖为齐人；合乐后庭，事将未可。"上不听。

穆宗睿圣文惠孝皇帝上长庆元年（辛丑，821）

卢龙节度使刘总既杀其父兄，心常自疑，数见父兄为祟；常于府舍饭僧数百，使昼夜为佛事，每视事退则处其中，或处他室，则惊悸不敢寐。晚年，恐惧尤甚；亦见河南、北皆从化，己卯，奏乞弃官为僧；仍乞赐钱百万缗以赏将士。

翰林学士李德裕，吉甫之子也，以中书舍人李宗闵尝对策讥切其父，恨之。宗闵又与翰林学士元稹争进取有隙。右补阙杨汝士与礼部侍郎钱徽掌贡举，西川节度使段文昌、翰林学士李绅各以书属所善进士于徽；及榜出，文昌、绅所属皆不预，及第者，郑朗，覃之弟；裴撰，度之子；苏巢，宗闵之婿；杨殷士，汝士之弟也。

文昌言于上曰："今岁礼部殊不公，所取进士皆子弟无艺，以关节得这。"上以问诸学士，德裕、稹、绅皆曰："诚如文昌言。"上乃命中书舍人王起等覆试。夏，四月，丁丑，诏黜朗等十人，贬徽江州刺史，宗闵剑州刺史，汝士开江令。

或劝徽奏文昌、绅属书，上必悟，徽曰："苟无愧心，得丧一致，奈何奏人私书，岂士君子所为邪！"取而焚之，时人多之。绅，敬玄之曾孙；起，播之弟也。自是德裕、宗闵各分朋党，更相倾轧，垂四十年。

初，刘总奏分所属为三道：以幽、涿、营为一道，请除张弘靖为节度使；平、蓟、妫、檀为一道，请除平卢节度使薛平为节度使；瀛、莫为一道，请除权知京兆尹卢士玫为观察使。

弘靖先在河东，以宽简得众，总与之邻境，闻其风望，以燕人桀骜日久，故举弘靖自代以安辑之。平，嵩之子，知河朔风俗，而尽诚于国，故举之。士玫，则总妻族之亲也。

总又尽择麾下伉健难制者都知兵马使朱克融等送之京师，乞加奖拔，使燕人有慕羡朝廷禄位之志。又献征马万五千匹，然后削发委去。克融，滔之孙也。

是时上方酣宴，不留意天下之务，崔植、杜元颖无远略，不知安危大体，苟欲崇重弘靖，惟割瀛、莫二州，以士玫领之，自余皆统于弘靖。朱克融等久羁旅京师，至假丐衣食，日诣中书求官，植、元颖不之省。及除弘靖幽州，勒克融辈归本军驱使，克融辈皆愤怨。

先是，河北节度使皆亲冒寒暑，与士卒均劳逸。及弘靖至，雍容骄贵，肩舆于万众之中，燕人讶之。弘靖庄默自尊，涉旬乃一出坐决事，宾客将吏罕得闻其言，情意不接，政事多委之幕僚。而所辟判官韦雍辈多年少轻薄之士，嗜酒豪纵，出入传呼甚盛，或夜归烛火满街，皆燕人所不习也。诏以钱百万缗赐将士，弘靖留其二十万缗充军府杂用，雍辈复裁刻军士粮赐，绳之以法，数以反虏诟责吏卒，谓军士曰："今天下太平，汝曹能挽两石弓，不若识一丁字！"由是军中人人怨怒。

唐宪宗元和十五年（庚子，公元820年）

当初，左神策军护军中尉吐突承璀密谋拥立澧王李恽为皇太子，唐宪宗不许。待到唐宪宗卧病时，吐突承璀的阴谋仍未止息。太子听说这个消息后，十分忧愁，密派人向司农卿郭钊询问应付此事的计策，郭钊说："殿下只要对皇上竭尽孝顺，等待事情发展的结果，而不要忧虑其他事情。"郭钊是皇太子的舅舅。

唐宪宗服用金丹后，常常暴躁发怒，左右随从宦官往往被怪罪责骂挨打，甚至有人被打死。由此人人自危。庚子（正月二十七日），唐宪宗在中和殿突然死亡，当时人都说是被内常侍陈弘志杀死的。陈弘志的同党内宫官员，为了隐瞒真相，不敢追究凶手，只是说宪宗吃金丹后药性发作而死，外人都无法辨明事情真假。

神策军护军中尉梁守谦和诸位宦官马进潭、刘承偕、韦元素、王守澄等人，共同拥立太子继皇帝位，杀吐突承璀和澧王李恽，赏赐左、右神策军士每人钱五十缗，左右羽林、左右龙武、左右神武六军、威远营军士每人钱三十缗，左右金吾军士每人钱十五缗。

闰月，丙午（初三），唐穆宗在太极殿东厢即皇帝位。当天，在思政殿召见翰林学士段文昌等人，以及兵部郎中薛放、驾部员外郎丁公著。薛放，即德宗朝福建观察使幕僚薛戎的弟弟；丁公著是苏州人。二人都是穆宗即位前的太子侍读。穆宗这时正为宪宗服丧，尚未亲政。薛放和丁公著常常在宫中陪伴穆宗，参预朝廷的机密工作。穆宗打算任命这两个人为宰相，二人坚决推辞。

唐穆宗李恒像

唐穆宗看到夏州观察判官柳公权的书法墨迹，十分喜爱。辛酉（三月十九日），任命柳公权为右拾遗、翰林侍书学士。穆宗问柳公权："你的字为什么写得这么好？"柳公权回答说："写字运笔在于用心，心正则笔正。"穆宗听后默然不语，神色改变，知道柳公权是以用笔作譬来规劝自己。柳公权是鄂岳观察使柳公绰的弟弟。

当初，膳部员外郎元稹任江陵士曹时，和监军崔潭峻关系亲密。当时，唐穆宗还在东宫做太子，听到宫中有人朗诵元稹的诗歌，十分喜爱。待到他继位做了皇帝以后，崔潭峻回到京城，向穆宗献上元稹的诗歌一百多篇。穆宗问道："元稹现在在哪里？"潭峻回答说："他现在任职为散郎。"夏季，五月，庚戌（初九），穆宗任命元稹为祠部郎中、知制诰。百官知道元稹是由于得到宦官推荐而被提拔的，都鄙视他的为人。这一天，正好中书省的官员们在一起吃瓜，一群苍蝇落在瓜上，中书舍人武儒衡用扇子一边扇一边说道："这些苍蝇是从哪里来的，都聚集在这里！"同僚们听他用苍蝇来讥讽元稹，都大惊失色，武儒衡却面不改色，神态自若。

唐穆宗刚刚为宪宗服丧期满，就开始游乐打猎，喜好歌舞和女色，对臣下赏赐毫无节制。九月，穆宗计划在重阳节举行盛大宴会。拾遗李珏率领同僚上奏说："如今年号尚未更改，先帝的陵墓也还是新的。虽然陛下采取以日易月的丧期，俯从人们的愿望，但是根据《礼经》服丧三年的制度，还应当在内心继续哀悼。现在，邻国前来吊丧的使者才刚刚离开京城，朝廷赴各国告丧的使者还没有回来禀告。解除丧期的各种禁令，都是为了百姓；在后宫举行宴乐，恐怕不妥。"穆宗不听。

唐穆宗长庆元年（辛丑，公元821年）

卢龙（幽州）节度使刘总自从杀死他的父亲和兄弟后，心中常常自疑不安，多次梦见父亲和兄弟变为鬼祟，危害自己。于是，经常在节度使府的一个房间招待几百名僧人就餐，让他们昼夜为自己念佛，以便避免灾祸。他每次办公后就住在这里，如果偶然住在别处，就会惊吓得睡不着觉。到了晚年，他更加恐惧。同时，看到河南、河北的藩镇都已归顺朝廷，己卯（二月十二日），上奏朝廷，乞请弃官为僧，并请求朝廷赐钱一百万缗，用来赏赐将士。

翰林学士李德裕是李吉甫的儿子，因为中书舍人李宗闵曾经在元和三年科举考试的对策中讽刺他的父亲，十分痛恨。李宗闵又与翰林学士元稹争官，二人产生矛盾。这一年，右补阙杨汝士和礼部侍郎钱徽二人主持进士考试。西川节度使段文昌、翰林学士李绅分别给钱徽写信，推荐自己所亲近的考生。等到放榜后，文昌和李绅所推荐的考生都落选了，中榜的进士当中郑朗是郑覃的弟弟；裴撰是裴度的儿子；苏巢是李宗闵的女婿；杨殷士是杨汝士的弟弟。

段文昌对唐穆宗说："今年，礼部考试很不公正，所录取的进士都是朝廷公卿大臣的子弟，没有才能，靠行贿和托人情才考中的。"穆宗将段文昌所说的情况问翰林诸位学士，李德裕、元稹、李绅都异口同说："确实像文昌说的那样。"于是，穆宗命中书舍人王起等人复试。夏季，四月，丁丑（十一日），下诏废除郑朗等十个进士，贬钱徽为江州刺史。李宗闵为剑州刺史，杨汝士为开江令。

有人劝钱徽向朝廷揭发段文昌、李绅曾写信为自己的亲友请托，认为这样的话，皇上必定会明白是非曲直，收回诏书。钱徽说："如果我问心无愧，无论升官还是贬官，都无所谓，为什么要去揭发人家的私人信件？这难道是士大夫和君子所应当干的事吗？"说完，就把段文昌和李绅的信拿出来烧了，当时的人都称赞他有君子的风度。李绅是唐高宗时宰相李敬玄的曾孙；王起是王播的弟弟。从此以后，李德裕和李宗闵二人各分为朋党，相互倾轧，近四十年。

当初，幽州节度使刘总上奏，建议将幽州所管辖的州县分为三道：幽州、涿州、营州为一道，请求任命张弘靖为节度使；平州、蓟州、妫州、檀州为一道，请求任命平卢节度使薛平为节度使；瀛州、莫州为一道，请求任命代理京兆尹卢士玫为观察使。

张弘靖过去河东做节度使时，对部下宽容大度，因而得到将士的拥戴。幽州与河东相邻，刘总听说张弘靖在河东的情况，考虑到幽州人桀骜不驯已天长日久，因此，推荐张弘靖代替自己，以便能够安抚将士。薛平是唐代宗时相卫节度使薛嵩的儿子，熟悉河朔地区的风俗习惯，所以推荐他来幽州任职。卢士玫是刘总妻子家族的亲戚。

刘总又把部下骄纵强横难以管辖的将士，如都知兵马使朱克融等人全部挑选出来，送到京城，请朝廷奖励并予以提拔，以便让幽州人都能产生羡慕朝廷官爵俸禄的意向。同时，他又向朝廷奉献战马一万五千匹，然后，剃发离开幽州。朱克融是唐德宗时幽州节度使朱滔的孙子。

这时，唐穆宗整天沉湎于酒宴之中，不大留意天下的政务；宰相崔植、杜元颖缺乏深谋远虑，没有考虑朝政的安危大局，只是想尊崇张弘靖官位。于是，仅仅把瀛州、莫州从幽州节度使管辖的地区中分割出来，由卢士玫统辖，其余各州，都由张弘靖统领。朱克融等人在京城客居很久，窘迫到借衣讨食的地步，每天到中书省去请求授予官职，崔植、杜元颖不理。等到朝廷正式任命张弘靖为幽州节度使，勒令朱克融等人归回幽州，受张弘靖指使效力。朱克融等人十分怨怒。

以前，幽州节度使都能冒着严寒酷暑，亲自和士卒同甘共苦。等到张弘靖来到幽州上任后，却雍容闲雅，傲慢华贵，乘轿出入于众人之中，幽州人很看不惯，十分惊讶。张弘靖庄重自尊，每十天才到节度使府办处理军政事务一次，他的幕僚和部下将吏很难听到他说话，因此，上下关系很不融洽，日常政务大多委托他的幕僚处理。他所任命的判官韦雍等人大多都是年少轻浮的人，嗜好饮酒奢侈，行为放纵，进出官府时，随从传叫呼喊，十分隆重，有时夜间从外面回来，烛火满街。这些，都是幽州人所不习惯的。穆宗下诏赐将士钱一百万缗，张弘靖截留其中二十万缗，充作节度使府杂用。韦雍等人又克扣兵士的军粮，将士不满，动不动就绳之以法，并经常嘲笑责骂官吏和士卒为反虏，他们对兵士说："现在天下太平，你们虽然能拉开两石的强弓，但不如认识一个字!"于是，军中将士人人怨恨愤怒。

第二百四十二卷　唐纪五十八

译文诵读

穆宗睿圣文惠孝皇帝中长庆元年（辛丑，821）

秋，七月，甲辰，韦雍出，逢小将策马冲其前导，雍命曳下，欲于街中杖之。河朔军士不贯受杖，不服。雍以白弘靖，弘靖命军虞候系治之。是夕，士卒连营呼噪作乱，将校不能制，遂入府舍，掠弘靖货财、妇女、囚弘靖于蓟门馆，杀幕僚韦雍、张宗元、崔仲卿、郑埙、都虞候刘操、押牙张抱元。明日，军士稍稍自悔，悉诣馆谢弘靖，请改心事之，凡三请，弘靖不应，军士乃相谓曰："相公无言，是不赦吾曹。军中岂可一日无帅！"乃相与迎旧将朱洄，奉以为留后。洄，克融之父也，时以疾废卧家，自辞老病，请使克融为之；众从之。众以判官张彻长者，不杀。彻骂曰："汝何敢反，行且族灭！"众共杀之。

甲寅，幽州监军奏军乱；丁巳，贬张弘靖为宾客、分司；己未，再贬吉州刺史。庚申，以昭义节度使刘悟为卢龙节度使。悟以朱克融方强，奏请"且授克融节钺，徐图之。"乃复以悟为昭义节度使。

自定两税以来，钱日重，物日轻，民所输三倍其初，诏百官议革其弊。户部尚书杨於陵以为："钱者所以权百货，贸迁有无，所宜流散，不应蓄聚。今税百姓钱藏之公府；又，开元中天下铸钱七十余炉，岁入百万，今才十余炉，岁入十五万，又积于商贾之室及流入四夷。又，大历以前淄青、太原、魏博贸易杂用铅铁，岭南杂用金、银、丹砂、象齿，今一用钱。如此，则钱焉得不重，物焉得不轻！今宜使天下输税课者皆用谷、帛，广铸钱而禁滞积及出塞者，则钱日滋矣。"朝廷从之，始令两税皆输布、丝、纩；独盐、酒课用钱。

宿州刺史李直臣坐赃当死，宦官受其赂，为之请，御史中丞牛僧孺固请诛之。上曰："直臣有才，可惜！"僧孺对曰："彼不才者，无过温衣饱食以足妻子，安足虑！本设法令，所以擒制有才之人。安禄山、朱泚皆才过于人，法不能制者也。"上从之。

二年（壬寅，822）

初，上在东宫，闻天下厌苦宪宗用兵，故即位，务优假将卒以求姑息。三月，壬辰，诏：“神策六军使及南牙常参武官具由历、功绩，牒送中书，量加奖擢。其诸道大将久次及有功者，悉奏闻，与除宫。应天下诸军，各委本道据守旧额，不得辄有减省。”于是商贾、胥吏争赂藩镇，牒补列将而荐之，即升朝籍。奏章委积，士大夫皆扼腕叹息。

庚辰，上与宦者击毬于禁中，有宦者坠马，上惊，因得风疾，不能履地，自是人不闻上起居；宰相屡乞入见，不报。裴度三上疏请立太子，且请入见。十二月，辛卯，上见群臣于紫宸殿，御大绳床，悉去左右卫官，独宦者十余人侍侧，人情稍安。李逢吉进言：“景王已长，请立为太子。”裴度请速下诏，副天下望。既而两省官亦继有请立太子者。癸巳，诏立景王湛为皇太子。上疾浸瘳。

唐穆宗长庆元年（辛丑，公元821年）

秋季，七月，甲辰（初十），韦雍外出，碰到一个小将骑马冲撞他的仪仗前导，韦雍下令把小将从马上拉下来，打算在街道中间杖责。河朔地区的军士不习惯受杖责，拒不服从。韦雍于是报告张弘靖，张弘靖命令军虞候把小将拘捕治罪。当晚，士卒连营呼噪作乱，将校制止不住，士卒便冲入节度使府舍，掠夺张弘靖的财产和妻妾，随后，把张弘靖关押在蓟门馆，杀死他的幕僚韦雍、张宗元、崔仲卿、郑埙、都虞候刘操、押牙张抱元。第二天，军士渐渐悔悟，都到蓟门馆向张弘靖请罪，表示愿意洗心革面，仍然跟随张弘靖，做他的部从。军士几次请求，张弘靖闭口不言。于是，军士商议说：“张相公闭口不言，是不愿赦免我们。但是，军中岂可一日没有统帅！”便一齐去迎接幽州的老将朱洄，拥戴他为留后。朱洄，即朱克融的父亲，这时由于身患疾病，在家卧床休养，他以自己年老多病，辞谢留后，请求让给儿子朱克融，军士都表示同意。军士因为判官张彻年长而没有杀他，张彻骂道：“你们怎敢反叛朝廷，马上就会被族灭的！”军士一拥而上，把张彻杀死。

甲寅（二十日），幽州监军奏报军乱。丁巳（二十三日），穆宗贬张弘靖为太子宾客、分司东都。己未（二十五日），再贬张弘靖为吉州刺史。庚申（二十六日），任命昭义节度使刘悟为卢龙（幽州）节度使。刘悟认为朱克融势力正强，奏请“暂且任命朱克融为节度使，然后，再慢慢想办法除掉他。”于是，仍任命刘悟为昭义节度使。

自从建中元年实行两税法以来，钱的价值越来越高，而实物的价值越来越低，百姓纳税的数额比建中元年实际高出三倍之多。唐穆宗下诏，命百官商议革除两税法的弊端。户部尚书杨於陵认为：“钱是用来衡量货物价值的东西，天下商人贩运买卖，无处不有，所以，钱也应四处流通，不应当蓄积一处。现在，百姓交纳的

唐朝科举考试

钱，都收藏在官府仓库。另外，开元时期全国铸钱七十多炉，每年收入一百万缗；而现在铸钱十几炉，每年收入才十五万缗。这些钱又大多集中于商人，以及夷狄的手中。还有，大历年以前，淄青、太原、魏博商品交易兼用钱和铅、铁，岭南则兼用金、银、丹砂、象牙，现在，都统一用钱。这样一来，钱的价值怎么能不高，而实物的价值又怎么能不低呢？现在，应当下令全国纳税的人都交纳粮食和布帛，增加铸钱而禁止蓄积以及钱流出塞外。如果这样，钱就会逐渐多起来。”朝廷采纳杨於陵的建议，下令以后两税都交纳布、丝和丝棉；惟独盐、酒专卖仍然用钱。

宿州刺史李直臣贪污，根据法律应当判处死刑。宦官受了他的贿赂，为他辩护。御史中丞牛僧孺一再请求杀掉，穆宗说：“直臣很有才能，杀了可惜！”牛僧孺回答说：“那些没有才能的人，整天考虑的不过是吃饱穿暖，满足妻子的要求，对这些人，国家又有什么可顾虑的！制定法律的目的，本来就是约束那些有才能的人。安禄山、朱泚都才智过于常人，由于法律未能约束，才胆敢发动叛乱的。”穆宗听从了他的意见。

二年（壬寅，公元822年）

当初，唐穆宗在东宫为皇太子时，听说天下人苦于宪宗长期用兵削藩伐叛，因此，即位以后，尽量宽容和优赏将士，以求相安无事。三月，壬辰（初一），下诏：“凡北衙禁军神策军，羽林、龙武、神武六军军使，以及南衙常参武官，各将自己所历任军职、功绩报达中书省，朝廷根据各人情况，适当予以奖励提拔。诸道大将任职已久及有功者，也都报告朝廷，授予官职。各地军队，都由本道遵循以往既定的兵额，不得随便裁减人数。”诏书下达后，各地商贾和官府中的小吏都争相贿赂藩镇节度使、观察使，以便由藩镇补授一个军将的职务，再推荐到朝廷，授予官衔。各道的奏章成批的堆积在中书省，士大夫都扼腕叹息授官太滥，而无可奈何。

庚辰（十一月二十四日），唐穆宗和宦官在宫中踢球，有一宦官不慎从马上掉下来，穆宗受惊，得手足麻木的疾病，不能下地走路。以后，百官都不知穆宗的日常活动和行踪。宰相多次请求入宫面见，都没有答复。裴度多次上奏，请求立皇太子，并请入宫面见穆宗。十二月，辛卯（初八），穆宗在紫宸殿接见群臣百官，坐在大绳床上，命左右禁卫兵暂且退下，仅留十多个宦官在身边侍候。于是，人心逐渐安定。李逢吉上言说："景王已长大成人，请立为皇太子。"裴度请求穆宗尽快下诏立皇太子，以便符合天下人们的心意。接着，中书、门下两省的官员也有人相继上奏，请求立皇太子。癸巳（初十），穆宗下诏，立景王李湛为皇太子。随后，穆宗的病渐渐痊愈。

第二百四十三卷
唐纪五十九

译文诵读

穆宗睿圣文惠孝皇帝下长庆三年（癸卯，823）

户部侍郎牛僧孺，素为上所厚。初，韩弘之子右骁卫将军公武为其父谋，以财结中外。及公武卒，弘继薨，稚孙绍宗嗣，主藏奴与吏讼于御史府。上怜之，尽取弘财簿自阅视，凡中外主权，多纳弘货，独朱名细字曰："某年月日，送户部牛侍郎钱千万，不纳。"上大喜，以示左右曰："果然，吾不缪知人！"三月，壬戌，以僧孺为中书侍郎、同平章事。

时僧孺与李德裕皆有入相之望；德裕出为浙西观察使，八年不迁，以为李逢吉排己，引僧孺为相。由是牛、李之怨愈深。

四年（甲辰，824）

庚午，上疾复作；壬申，大渐，命太子监国。宦官欲请郭太后临朝称制，太后曰："昔武后称制，几危社稷。我家世守忠义，非武氏之比也。太子虽少，但得贤宰相辅之，卿辈勿预朝政，何患国家不安！自古岂有女子为天下主而能致唐、虞之理乎！"取制书手裂之。太后兄太常卿钊闻有是议，密上笺曰："苟果徇其请，臣请先帅诸子纳官爵归田里。"太后泣曰："祖考之庆，钟于吾兄。"是夕，上崩于寝殿。癸酉，以李逢吉摄冢宰。丙子，敬宗即位于太极东序。

上视朝每晏，戊辰，日绝高尚未坐，百官班于紫宸门外，老病者几至僵踣。谏议大夫李渤白宰相曰："昨日疏论坐晚，今晨愈甚，请出阁待罪于金吾仗。"既坐班退，左拾遗刘栖楚独留，进言曰："宪宗及先帝皆长君，四方犹多叛乱。陛下富于春秋，嗣位之初，当宵衣求理；而嗜寝乐色，日晏方起，梓宫在殡，鼓吹日喧，令闻未彰，恶声遐布。臣恐福祚之不长，请碎首玉阶以谢谏职之旷。"遂以额叩龙墀，见血不已，响闻阁外。李逢吉宣曰："刘栖楚休叩头，俟进止！"栖楚捧首而起，更论宦官事，上连挥令出。栖楚曰："不用臣言，请继以死。"牛僧孺宣曰："所奏知，门外俟进止！"栖楚乃出，待罪于金吾仗，于是宰相赞成其言。上命中使就仗，并李渤宣慰令归。寻擢栖楚为起居舍人，仍赐绯。栖楚辞疾不拜，归东都。

乙未，以布衣姜洽为补阙，试大理评事陆洿、布衣李虞、刘坚为拾遗。时李逢吉用事，所亲厚者张又新、李仲言、李续之、李虞、刘栖楚、姜洽及拾遗张权舆、程昔范，又有从而附丽之者，时人恶逢吉者，目之为八关、十六子。

乙未，徐泗观察使王智兴以上生日，请于泗州置戒坛，度僧尼以资福；许之。自元和以来，敕禁此弊，智兴欲聚货，首请置之，于是四方辐凑，江、淮尤甚，智兴家赀由此累钜万。浙西观察使李德裕上言："若不钤制，至降诞日方停，计两浙、福建当失六十万丁。"奏至，即日罢之。

敬宗睿武昭愍孝皇帝宝历元年（乙巳，825）

上游幸无常，昵比群小，视朝月不再三，大臣罕得进见。二月，壬午，浙西观察使李德裕献《丹扆六箴》：一曰《宵衣》，以讽视朝希晚；二曰《正服》，以讽服御乖异；三曰《罢献》，以讽征求玩好；四曰《纳诲》，以讽侮弃谠言；五曰《辨邪》，以讽信任群小；六曰《防微》，以讽轻出游幸。

上欲幸骊山温汤，左仆射李绛、谏议大夫张仲方等屡谏不听，拾遗张权舆伏紫宸殿下，叩头谏曰："昔周幽王幸骊山，为犬戎所杀；秦始皇葬骊山，国亡；玄宗宫骊山而禄山乱；先帝幸骊山，享年不长。"上曰："骊山若此之凶邪？我宜一往以验彼言。"十一月庚寅。幸温汤，即日还宫，谓左右曰："彼叩头者之言，安足信哉！"

文宗元圣昭献孝皇帝上之上太和元年（丁未，827）

忠武节度使王沛薨。庚申，以太仆卿高瑀为忠武节度使。

自大历以来，节度使多出禁军，其禁军大将资高者，皆以倍称之息贷钱于富室，以赂中尉，动逾亿万，然后得之，未尝由执政；至镇，则重敛以偿所负。及沛薨，裴度、韦处厚始奏以瑀代之。中外相贺曰："自今债帅鲜矣！"

二年（戊申，828）

自元和之末，宦官益横，建置天子在其掌握，威权出人主之右，人莫敢言。上亲策制举人，贤良方正昌平刘蕡对策，极言其祸，其略曰："陛下宜先忧者，宫闱将变、社稷将危、天下将倾、海内将乱。"又曰："陛下将杜篡弑之渐，则居正位而近正人，远刀锯之贱，亲骨鲠之直，辅相得以专其任，庶职得以守其官，奈何以亵近五六人总天下大政！祸稔萧墙，奸生帷幄，臣恐曹节、侯览复生于今日。"又曰："忠贤无腹心之寄。阍寺持废立之权，陷先君不得正其终，致陛下不得正其始。"又曰："威柄陵夷，藩臣跋扈。或有不达人臣之节，首乱者以安君为名；不究《春秋》之微，称兵者以逐恶为义。则政刑不由乎天子，征伐必自于诸侯。"又曰："陛下何不塞阴邪之路，屏亵狎之臣，制侵陵迫胁之心，复门户扫除之役，戒其所宜戒，忧其所宜忧！既不能治于前，当治于后；既不能正其始，当正其终；则可以虔奉典谟，克承丕构矣。昔秦之亡也失于强暴，汉之亡也失于微弱。强暴则贼臣畏死而害上，微弱则奸臣窃权而震主。伏见敬宗皇帝不虞亡秦之祸，不翦其萌。伏惟陛下深轸亡汉之忧，以杜其渐，则祖宗之鸿业可绍，三、五之遐轨可追矣。”又曰：“臣闻昔汉元帝即位之初，更制七十余事，其心甚诚，其称甚美，然而纪纲日紊，国祚日衰，奸宄日强，黎元日困者，以其不能择贤明而任之，失其操柄也。”又曰：“陛下诚能揭国权以归相，持兵柄以归将，则心无不达，行无不孚矣。”又曰：“法宜画一，官宜正名。今分外官、中官之员，立南司、北司之局，或犯禁于南则亡命于北，或正刑于外则破律于中，法出多门，人无所措，实由兵农势异而中外法殊也。”又曰：“今夏官不知兵籍，止于奉朝请；六军不主兵事，止于养勋阶。军容合中官之政，戎律附内臣之职。首一戴武弁，疾文吏如仇雠；足一蹈军门，视农夫如草芥。谋不足以翦除凶逆而诈足以抑扬威福，勇不足以镇卫社稷而暴足以侵轶里闾。羁绁藩臣，于陵宰辅，隳裂王度，汩乱朝经。张武夫之威，上以制君父；假天子之命，下以御英豪。有藏奸观衅之心，无伏节死难之义。岂先王经文纬武之旨邪！”又曰：“臣非不知言发而祸应，计行而身戮，盖痛社稷之危，哀生人之困，岂忍姑息时忌，窃陛下一命之宠哉！”

甲午，贤良方正裴休、李郃、李甘、杜牧、马植、崔玙、王式、崔慎由等二十二人中第，皆除官。考官左散骑常侍冯宿等见刘蕡策，皆叹服，而畏宦官，不敢取。诏下，物论嚣然称屈。谏官、御史欲论奏，执政抑之。李郃曰：“刘蕡下第，我辈登科，能无厚颜！”乃上疏，以为：“蕡所对策，汉、魏以来无与为比。今有司以蕡指切左右，不敢以闻，恐忠良道穷，纲纪遂绝。况臣所对不及蕡远甚，乞回臣所授以旌蕡直。”不报。蕡由是不得仕于朝，终于使府御史。牧，佑之孙；植，勋之子；式，起之子；慎由，融之玄孙也。

唐穆宗长庆三年（癸卯，公元823年）

户部侍郎牛僧孺向来被唐穆宗所器重。当初，宣武节度使韩弘的儿子、右骁卫将军韩公武为了巩固父亲的地位，向朝廷内外的许多当权的官员行贿。后来，韩公武去世。接着，韩弘也去世了，韩弘的小孙子韩绍宗继承家业。这时，韩绍宗家里主管储藏的家奴和宣武的官吏向御史台起诉韩公武行贿的问题。穆宗怜悯韩绍宗，于是，把韩弘家里的财产登记本全部调来，亲自审阅，发现朝廷内外凡当权的官员，大多接受过韩弘的贿赂。登记本上只有一处用红笔小字记载着：“某年某月某日，送户部牛侍郎钱一千万，拒而不收。”穆宗看后大喜，拿来给左右侍从看，并说：“果然不出我的所料，我没有看错人！”三月，壬戌（初七），任命牛僧孺为中书侍郎、同平章事。

这时，牛僧孺和李德裕都有升迁宰相的希望，但李德裕被任命为浙西道观察使，以后八年没有升迁。因此，他认为是宰相李逢吉为了排斥自己，而引荐牛僧孺为宰相。从此以后，牛僧孺和李德裕二人之间的怨恨越来越深。

四年（甲辰，公元824年）

庚午（正月二十日），唐穆宗疾病再次发作。壬申（二十二日），病重，命皇太子代理朝政。宦官想请郭太后临朝代行皇权，太后说："过去，武皇后称帝，几乎危害江山社稷，我家世代恪守忠义，决非武氏所能相比。太子虽然年轻，但如果能有德才兼备的宰相辅佐，你们这些人也都不干预朝政，就不用忧虑国家不安定！自古以来，岂有女人主宰天下，而能达到唐尧、虞舜那样的天下大治呢？"说完，把宦官拟定的制书拿过来撕了。郭太后的兄弟、太常卿郭钊听到宦官的建议，秘密上书给郭太后说："如果您听从宦官的请求，那么，我就和儿子们把自己的官衔和爵位交还朝廷，然后回家种田。"郭太后哭着说："祖先庆幸有我的兄弟这样的好后代。"当晚，穆宗在寝殿驾崩。癸酉（二十三日），朝廷任命李逢吉兼任冢宰，主持穆宗的治丧事宜。丙子（二十六日），唐敬宗李湛在太极殿东厢即位。

唐敬宗每次上朝都很晚。戊辰（十九日），太阳已经很高了尚未来到，百官在紫宸门外列班等待，老弱有病者几乎双腿麻木跌倒。谏议大夫李渤对宰相说："昨天我上疏论皇上上朝太晚，不料今天早晨上朝更晚。皇上不改，请允许我在金吾仗前等候皇上治罪。"敬宗上朝结束，百官退朝后，左拾遗刘栖楚独自留下，对敬宗说："宪宗皇帝和先帝都是成年后即位，但各地仍多有叛乱。陛下年纪正轻，即位之初，应当早起晚睡，勤于政事，以求治理天下。但您却喜好音乐女色，贪睡晚起。现在，先皇帝的棺木还未下葬，治丧的乐队鼓吹声不绝于耳。而陛下勤政的名声尚未显扬，不孝的恶名却已遐迩闻知。我担心国家的命运难以长久，现在，我请求死在陛下面前，作为对我这个谏官失职罪责的惩罚。"说完，用前额叩撞敬宗前面的龙形台阶，流血不止，叩撞声连宫殿外面都能听见。李逢吉宣布敬宗的旨意说："刘栖楚不要再叩头了，现在听候皇上的决定！"刘栖楚用手捧头而起，接着，又上奏宦官专权的问题。敬宗很不耐烦，连连挥手令他出去。刘栖楚说："陛下如果不采纳我的意见，我请求接着死在陛下面前。"牛僧孺又宣布敬宗的旨意说："你的上奏已经知道了，请到门外听候皇上的决定！"刘栖楚于是出去，到金吾仗前等候。这时，宰相都上奏赞成刘栖楚的意见。于是，敬宗派宦官到金吾仗前安抚刘栖楚和李渤，命二人回家。不久，提拔刘栖楚为起居舍人，并赐予五品的红色官服。刘栖楚借口身体有病而不接受，回到东都去了。

牛僧孺像

乙未（四月十六日），唐敬宗任命平民姜洽为补阙，试大理评事陆洿、平民李虞、刘坚为拾遗。这时，宰相李逢吉专制朝政，他所亲信重用的人有张又新、李仲言、李续之、李虞、刘栖楚、姜洽以及拾遗张权舆、程昔范，还有一些顺从而依附他们的士人。当时憎恨李逢吉的人，把他们称为八关、十六子。

乙未（十二月二十一日），徐泗观察使王智兴借口唐敬宗要过生日，奏请在泗州设置戒坛，剃度僧尼，以此作为向皇上生日的祝福，敬宗批准。自从元和年以来，朝廷下敕禁止各地设戒坛剃度僧尼这种弊政，王智兴企图积聚钱财，首先破例请求设置。于是，四方百姓云集而来。其中，以江、淮尤多，王智兴的家财由此而达到数万之多。浙西道观察使李德裕上奏说："如果不赶快制止，到了陛下的生日才停止的话，那么，总计浙江东道、浙江西道、福建道就会丧失六十万个劳动力。"奏折送到朝廷的当天，敬宗命令王智兴停罢。

唐敬宗宝历元年（乙巳，公元825年）

唐敬宗三天两头游乐，亲近左右小人，每月听朝不过几次，即使大臣也很难进见。二月，壬午（初八），浙西道观察使李德裕向敬宗奉献《丹扆六箴》，第一叫《宵衣箴》，规劝敬宗勤政爱民，上朝不要太少太晚；第二叫《正服箴》，规劝敬宗遵循法度，服饰不要杂乱而不合制度；第三叫《罢献箴》，规劝敬宗禁止各地奉献，不要向地方征求珍宝古玩；第四叫《纳诲箴》，规劝敬宗虚心纳谏，不要侮弄和抛弃百官的忠直上言；第五叫《辨邪箴》，规劝敬宗辨别忠正奸邪，不要信用左右的小人；第六叫《防微箴》，规劝敬宗提高警惕，不要轻易外出游玩。

唐敬宗打算前往骊山温泉游玩，左仆射李绛、谏议大夫张仲方等人多次劝阻，敬宗不听。拾遗张权舆拜伏在紫宸殿下，叩头劝阻说："过去，周幽王到骊山巡行游玩时，被犬戎杀死；秦始皇埋葬在骊山，后来秦朝也灭亡了；唐玄宗在骊山建筑宫殿，结果导致安禄山叛乱；先帝由于到骊山去游乐，后来寿命不长。"敬宗说："骊山真的这么不吉利吗？那么，我应当亲自前往一次，以便验证他说的话是否灵验。"十一月，庚寅（二十一日），敬宗前往骊山温泉，当天回到宫中，对左右侍从说："那个叩头的人所说的话，能相信吗？"

唐文宗太和元年（丁未，公元827年）

忠武节度使王沛去世。庚申（四月二十九日）唐文宗任命太仆卿高瑀为忠武节度使。

自从唐代宗大历年间以来，藩镇节度使大多出自禁军将领。禁军大将凡是资历较高者，都愿出百分之一百的利息向富豪贷款，用来贿赂神策军护军中尉，请求授任节度使。贿赂的钱数动不动就是数万，数额巨大，所以，往往能够达到预期的目的，而不曾经过宰相。他们赴任以后，再重税盘剥百姓，以便偿还所欠的本息。王沛去世后，裴度、韦处厚方才奏请由高瑀继任。于是，朝廷内外官员都相互庆贺说："从今以后，'债帅'就少了！"

二年（戊申，公元828年）

自从元和末年以后，宦官日益骄横跋扈，皇帝废立都由他们掌握，权威远在皇帝之上，百官敢怒而不敢言。这时，唐文宗亲自主持科举考试，贤良方正科考生、昌平县人刘蕡在回答文宗的对策中，愤怒抨击宦官的专权的罪行，大意说："陛下首先应当忧虑的是，宫廷即将发生变乱，国家即将出现危机，天下即将倾覆，海内即将大乱。"又说："陛下如果真想杜绝有人可能篡夺皇位的野心，就应当端正自己的言行，亲近百官，疏远宦官，信用耿直忠正的大臣做宰相，主持朝政，使朝廷各个部门都能忠于自己的职守。但是，为什么现在却放任身边的五六个宦官专制朝政！这样下去，宫廷内部就必然酝酿祸乱，陛下身边出现奸邪小人，我担心汉桓帝时宦官曹节、侯览专权的局面又可能在今天重演。"又说："忠正贤良的大臣得不到朝廷的信用，而宦官小人却窃取了废立皇帝的大权，使敬宗皇帝惨遭杀害，不能堂堂正正地终了一生，而陛下又被宦官所拥立即位，也不能堂堂正正地开始亲政。"又说："现在，朝廷威信扫地，藩镇骄横跋扈，在此情况下，如果有不懂儒家人臣礼义的武夫悍将，就可能以安定皇位为名，首先举兵发动叛乱；而不明白孔子在《春秋》中微言大义的节将大臣，也可能以清君侧为旗号，举兵发动内战。这样一来，朝廷的大政方针就由不得陛下做主，征战讨伐都出于藩镇的好恶。"又说："陛下为什么不下决心杜绝奸邪小人往上爬的门路，革除身边那些阿谀放纵的臣僚，制止当权宦官的凌辱和威胁，总结历史经验，从中汲取必要的教训，引以为戒；同时和朝廷大臣一起制定周密的计划，并注意保守秘密，设身处地替他们的处境考虑，以免遭受当权宦官的诬陷迫害。因此，我认为陛下既然已经未能在这以前有效地治理天下，也应当在今后力求做到这一点；既然已经未能在即位之初堂堂正正地开始亲政，也应当在今后堂堂正正地执掌朝政。如果这样，也就算是真正的奉行儒家的经典，继承祖宗所开创的宏图大业了。过去秦朝灭亡是由于皇帝强横残暴，而汉朝灭亡则是由于皇帝软弱无能。皇帝强横残暴，则乱臣贼子惧怕被杀，千方百计地谋害皇上；皇帝软弱无能，则朝廷大权易被奸臣窃取，威震皇上。先帝敬宗皇帝未能汲取秦朝灭亡的经验教训，把可能发生的问题消灭在萌芽之中，而导致自身被害。所以，陛下应当深入地总结汉朝灭亡的经验教训，根绝朝廷大权可能旁落的根源。这样，不仅能够真正继承祖宗的宏图大业，而且，也可追随三皇五帝所开创的圣贤大德。"又说："我听说过去汉元帝刚刚即位的时候，就大刀阔斧地革除朝廷弊政七十多件，励精图治，内心十分虔诚，由此而获得朝廷内外对他的美好赞誉。然而，没过多久，朝政却日益紊乱，国家日益衰败，奸臣日益强盛，百姓日益贫困，原因在于他未能选拔德才兼备的大臣予以重任，以致朝廷大权落到奸臣手中。"又说："陛下如果真的能够把朝廷大权交还宰相掌握，把军权交还大将执掌，那么，您励精图治的愿望就会完全实现，您所发布的诏令就会全部得到贯彻执行。"又说："朝廷执法应当内外统一，设官任职应当名正言顺。现在，朝廷的官制区分为外官、内官，设置南衙、北司分别统辖。有人在南衙犯法，就逃往北司躲

唐宦打马球

避；同一罪行在南衙被判刑，在北司却被枉法释免，以致法出多门，人们不知所措。原因在于国家自从府兵制度崩溃后，兵农分离，宦官执掌军权，因而对中官、外官法律不一的缘故。”又说：“现在，朝廷的兵部不管军队，仅仅上朝时充数装装门面，禁卫六军大将不统帅兵马，仅仅靠勋爵领取俸禄而已。而由宦官担任的军容使掌握军权，藩镇军将都依附于由宦官担任的监军。宦官一旦身着军装，就视文官如同仇敌，鄙视农夫如同草芥。他们在朝廷用兵伐叛时毫无谋略，而耀武扬威时却诡计多端；保卫国家时胆怯无勇，而侵掠百姓时却凶狠残暴。他们在地方钳制和欺凌节度使，在朝廷凌辱宰相，败坏法纪，搅乱朝政。他们倚仗掌握军权的威势，在朝廷挟制皇上，同时，又假借皇上的诏令，对下驾驭百官和藩镇，心怀叵测，伺机而动，牟取私利，却毫无忠义之心去为国家赴难而死的节义。朝政弄到这个地步，难道是古代的圣王所倡导的用文治武功治理天下的本意吗？”又说：“我并非不知道自己毫无顾忌地抨击宦官后，必然遭受他们的打击报复，即使皇上采纳我的意见，我也难免被迫害致死。只是由于痛感国家面临危机，百姓身处水深火热，因此，岂能姑息这些现实丑恶的现象，窃取陛下对我的恩宠呢！”

甲午（闰三月初九），参加贤良方正科考试的考生裴休、李郃、李甘、杜牧、马植、崔玙、王式、崔慎由等二十二人应试中选，都被授予官职。担任考官的左散骑常侍冯宿等人看到刘蕡的对策后，都赞叹不绝，十分佩服他的才能和胆识，但由于惧怕宦官，而不敢录取。朝廷录取的诏书宣布后，舆论哗然，都认为刘蕡被冤屈。谏官和御史台官员打算上奏反映，被当权宰相所制止。考生李郃说：“刘蕡落选，而我们却中举了，能不感到厚颜无耻吗？”于是上疏，认为：“刘蕡对策的水平，自从汉和魏以来，没有人能够和他相比。现在，考官考虑到刘蕡的对策抨击陛下左右的亲信宦官，不敢把他的对策上报陛下，我担心这样一来，忠正贤良的读书人今后入仕做官再无指望，朝廷的法纪至此荡然无存。况且我的对策远不如刘蕡，请求朝廷把授予我的官职转授给刘蕡，作为对他的表彰。”没有得到答复。于是，刘蕡一直未能在朝廷任职，到他去世为止，都在藩镇担任幕僚。杜牧是杜佑的孙子；马植是马勋的儿子；王式是王起的儿子；崔慎由是崔融的玄孙。

第二百四十四卷 唐纪六十

译文诵读

文宗元圣昭献孝皇帝上之下太和三年（己酉，829）

征浙西观察使李德裕为兵部侍郎，裴度荐以为相。会吏部侍郎李宗闵有宦官之助，甲戌，以宗闵同平章事。

上性俭素，九月，辛巳，命中尉以下毋得衣纱縠绫罗；听朝之暇，惟以书史自娱，声乐游畋未尝留意。驸马韦处仁尝著夹罗巾，上谓曰：“朕慕卿门地清素，故有选尚。如此巾服，听其他贵戚为之，卿不须尔。”

壬辰，以李德裕为义成节度使。李宗闵恶其逼己，故出之。

四年（庚戌，830）

李宗闵引荐牛僧孺；辛卯，以僧孺为兵部尚书、同平章事。于是二人相与排摈李德裕之党，稍稍逐之。

南诏之寇成都也，诏山南西道发兵救之，兴元兵少，节度使李绛募兵千人赴之，未至，蛮退而还。

兴元兵有常额，诏新募兵悉罢之。二月，乙卯，绛悉召新军，谕以诏旨而遣之，仍赐以廪麦，皆怏怏而退。往辞监军，监军杨叔元素恶绛不奉己，以赐物薄激之。众怒，大噪，掠库兵，趋使牙。绛方与僚佐宴，不为备，走登北城。或劝缒而出，绛曰：“吾为元帅，岂可逃去！”麾推官赵存约令去。存约曰：“存约受明公知，何可苟免！”牙将王景延与贼力战死，绛、存约及观察判官薛齐皆为乱兵所害，贼遂屠绛家。

戊午，叔元奏绛收新军募直以致乱。庚申，以尚书右丞温造为山南西道节度使。是时，三省官上疏共论李绛之冤；谏议大夫孔敏行具呈叔元激怒乱兵，上始悟。

温造行至褒城，遇兴元都将卫志忠征蛮归，造密与之谋诛乱者，以其兵八百人为牙队，五百人为前军，入府，分守诸门。己卯，造视事，飨将士于牙门，造曰：“吾欲问新军去留之意，宜悉使来前。”既劳问，命坐，行酒。志忠密以牙兵围之，既合，唱“杀！”新军八百余人皆死。杨叔元起，拥造靴求生，造命囚之。其手杀绛者，斩之百段，余皆斩首，投尸汉水，以百首祭李绛，三十首祭死事者，具事以闻。己丑，流杨叔元于康州。

上患宦者强盛，宪宗、敬宗弑逆之党犹有在左右者；中尉王守澄尤专横，招权纳贿，上不能制。尝密与翰林学士宋申锡言之，申锡请渐除其逼。上以申锡沈厚忠谨，可倚以事，擢为尚书右丞；七月，癸未，以申锡同平章事。

西川节度使郭钊以疾求代，冬，十月，戊申，以义成节度使李德裕为西川节度使。

蜀自南诏入寇，一方残弊，郭钊多病，未暇完补。德裕至镇，作筹边楼，图蜀地形，南入南诏，西达吐蕃。日召老于军旅、习边事者，虽走卒蛮夷无所间，访以山川、城邑、道路险易广狭远近，未逾月，皆若身尝涉历。

五年（辛亥，831）

上与宋申锡谋诛宦官，申锡引吏部侍郎王璠为京兆尹，以密旨谕之。璠泄其谋，郑注、王守澄知之，阴为之备。

上弟漳王凑贤，有人望，注令神策都虞候豆卢著诬告申锡谋立漳王。戊戌，守澄奏之，上以为信然，甚怒。守澄欲即遣二百骑屠申锡家，飞龙使马存亮固争曰：“如此，则京城自乱矣！宜召他相与议其事。”守澄乃止。

是日，旬休，遣中使悉召宰相至中书东门。中使曰：“所召无宋公名。”申锡知获罪，望延英，以笏扣头而退。宰相至延英，上示以守澄所奏，相顾愕眙。上命守澄捕豆卢著所告十六宅宫市品官晏敬则及申锡亲事王师文等，于禁中鞫之；师文亡命。三月，庚子，申锡罢为右庶子。自宰相大臣无敢显言其冤者，独京兆尹崔琯、大理卿王正雅连上疏请出内狱付外廷核实，由是狱稍缓。正雅，翊之子也。晏敬则等自诬服，称申锡遣王师文达意于王，结异日之知。

狱成，壬寅，上悉召师保以下及台省府寺大臣面询之。午际，左常侍崔玄亮、给事中李固言、谏议大夫王质、补阙卢钧、舒元褒、蒋系、裴休、韦温等复请对于延英，乞以狱事付外覆按。上曰：“吾已与大臣议之矣。”屡遣之出，不退。玄亮叩头流涕曰：“杀一匹夫犹不可不重慎，况宰相乎！”上意稍解，曰：“当更与宰相议之。”乃复召宰相入，牛僧孺曰：“人臣不过宰相，今申锡已为宰相，假使如所谋，复与何求！申锡殆不至此！”郑注恐覆按诈觉，乃劝守澄请止行贬黜。癸卯，贬漳王凑为巢县公，宋申锡为开州司马。存亮即日请致仕。玄亮，磁州人；质，通五世孙；系，乂之子；元褒，江州人也。晏敬则等坐死及流窜者数十百人，申锡竟卒于贬所。

六年（壬子，832）

丁未，以前西川节度使李德裕为兵部尚书。

初，李宗闵与德裕有隙，及德裕还自西川，上注意甚厚，朝夕且为相，宗闵百方沮之不能。京兆尹杜悰，宗闵党也，尝诣宗闵，见其有忧色，曰："得非以大戎乎？"宗闵曰："然。何以相救？"悰曰："悰有一策，可平宿憾，恐公不能用。"宗闵曰："何如？"悰曰："德裕有文学而不由科第，常用此为慊慊，若使之知举，必喜矣。"宗闵默然有间，曰："更思其次。"悰曰："不则用为御史大夫。"宗闵曰："此则可矣。"悰再三与约，乃诣德裕。德裕迎揖曰："公何为访此寂寥？"悰曰："靖安相公令悰达意。"即以大夫之命告之。德裕惊喜泣下，曰："此大门官，小子何足以当之！"寄谢重沓。宗闵复与给事中杨虞卿谋之，事遂中止。虞卿，汝士之从弟也。

七年（癸丑，833）

丙戌，以兵部尚书李德裕同平章事。德裕入谢，上与之论朋党事，对曰："方今朝士三分之一为朋党。"时给事中杨虞卿与从兄中书舍人汝士、弟户部郎中汉公、中书舍人张元夫、给事中萧浣等善交结，依附权要，上干执政，下挠有司，为士人求官及科第，无不如志，上闻而恶之，故与德裕言首及之；德裕因得以排其所不悦者。初，左散骑常侍张仲方尝驳李吉甫谥，及德裕为相，仲方称疾不出。三月，壬辰，以仲方为宾客分司。

前邠宁行军司马郑注，依倚王守澄，权势熏灼，上深恶之。九月，丙寅，侍御史李款阁内奏弹注："内通敕使，外连朝士，两地往来，卜射财贿，昼伏夜动，干窃化权，人不敢言，道路以目；请付法司。"旬日之间，章数十上。守澄匿注于右军，左军中尉韦元素、枢密使杨承和、王践言皆恶注。左军将李弘楚说元素曰："郑注奸猾无双；卵鷇不除，使成羽翼，必为国患。今因御史所劾匿军中，弘楚请以中尉意，诈为有疾，召使治之，来则中尉延与坐，弘楚侍侧，伺中尉举目，擒出杖杀之。中尉因见上叩头请罪，具言其奸，杨、王必助中尉进言。况中尉有翼戴之功，岂以除奸而获罪乎！"元素以为然，召之。注至，蠖屈鼠伏，佞辞泉涌；元素不觉执手款曲，谛听忘倦。弘楚诇伺再三，元素不顾，以金帛厚遗注而遣之。弘楚怒曰："中尉失今日之断，必不免他日之祸矣！"因解军职去；顷之，疽发背卒。王涯之为相，注有力焉，且畏王守澄，遂寝李款之奏。守澄言注于上而释之；寻奏为侍御史，充右神策判官，朝野骇叹。

庚子，上始得风疾，不能言。于是王守澄荐昭义行军司马郑注善医；上征注至京师，饮其药，颇有验，遂有宠。

唐文宗太和三年（己酉，公元829年）

唐文宗征召任命浙西道观察使李德裕为兵部侍郎。裴度推荐李德裕为宰相。这时，吏部侍郎李宗闵得到宦官的帮助，甲戌（八月二十七日），文宗任命李宗闵为同平章事。

唐文宗生性节俭朴素。九月，辛巳（初四），命令神策护军中尉以下官员不得穿纱縠绫罗之类的高级丝织品。文宗在处理朝政以外的闲暇时间，仅仅以读书观史为乐，对于女色、音乐和外出打猎从来不曾留意。一次，驸马韦处仁曾头戴夹罗巾，文宗对他说："朕羡慕你家门第清高素雅，所以，挑选你做驸马。像这样贵重的头巾，听任其他贵戚去戴，你不必这样。"

壬辰（十五日），唐文宗任命李德裕为义成节度使。宰相李宗闵忌恨李德裕可能威胁自己的地位，所以建议文宗任命他外出赴任。

四年（庚戌，公元830年）

宰相李宗闵向文宗推荐牛僧孺。辛卯（正月十六日），文宗任命牛僧孺为兵部尚书、同平章事。于是，二人一起排挤李德裕的党羽，逐渐把他们从朝廷中贬逐出去。

南诏国当初侵犯成都的时候，朝廷诏命山南西道派兵前往增援。山南西道节度使驻地兴元府的兵力太少，于是，节度使李绛招募新兵一千人前往。尚未到达西川，南诏兵已经退走，新兵于是返回兴元。

兴元府的兵力编制历来有严格规定，因此朝廷诏命新招募的兵士一律遣返。二月，乙卯（初十），李绛召集新兵，传达朝廷的诏令，然后，每人赏赐麦子，命令他们回家。新兵闷闷不乐而退，前去向监军杨叔元辞别。杨叔元向来恨李绛不阿谀奉迎自己，就借口说赏赐的东西太少，故意激怒新兵对李绛不满。新兵果然被激怒，顿时哗变，掠抢库存的兵器后，直向节度使衙门冲去。这时，李绛正和自己的幕僚在一起饮酒宴乐，毫无防备，于是慌忙向北城跑去。有人劝李绛从城上縋下逃走，李绛说："我是节度使，岂能逃走！"命令推官赵存约赶快走。赵存约说："我以往得到您的赏识和重用，岂可现在自己苟且偷生！"牙将王景延和乱兵拼力厮杀而死。李绛、赵存约和观察判官薛齐都被乱兵杀害。接着，乱兵屠杀了李绛的全家。

戊午（十三日），杨叔元上奏朝廷说，李绛擅自收取招募新兵用的财物，因而导致新兵哗变。庚申（十五日），唐文宗任命尚书右丞温造为山南西道节度使。这时，中书省、门下省、尚书省的官员联名上疏，申诉李绛冤枉，谏议大夫孔敏行把杨叔元如何激怒新兵作乱的事实经过呈奏文宗，文宗这才明白李绛被害的事实真相。

温造赶赴山南西道上任，走到褒城时，遇到兴元都将卫志忠刚刚讨伐蛮人回来。温造和卫志忠秘密商议诛讨新兵哗变者的方案。于是，以卫志忠所率领的八百人作为自己的亲兵，另外五百人作为前锋，到达兴元后，进入节度使衙门，分兵把守各门。己卯（三月初五），温造开始办公，在衙门用酒肉犒劳将士，他对部下说："我想问一问新兵是愿走还是愿留，请把他们全部找来。"温造慰劳新兵后，命大家都坐下，然后开始喝酒。这时，卫志忠秘密地布置亲兵包围新兵，包围圈刚刚完成，卫志忠大喊一声"杀！"顿时，新兵八百多人全被杀死。监军杨叔元急忙起身，抱住温造的靴子请求免死，温造下令把他拘捕。当时亲手杀死李绛的凶手，被斩成一百段，其余的新兵，都被斩首，尸体全被投到汉江中。温造命用一百个新兵的首级祭奠李绛，三十个首级祭奠其他死者，然后，把以上情况向朝廷报告。己丑（十五日），唐文宗下令，将杨叔元流放到康州。

唐文宗忧虑宦官势力过于强盛，这时，杀害唐宪宗、唐敬宗的凶手，仍有人在文宗左右侍从。神策军中尉王守澄尤其专横跋扈，招权纳贿，文宗无法驾驭。一次，文宗秘密地对翰林学士宋申锡谈及宦官专权的问题，宋申锡认为应当逐渐剪除宦官势力。文宗认为宋申锡性情深沉宽厚，忠正谨慎，可以信任依靠，和他密议诛除宦官。于是，提拔宋申锡为尚书右丞。七月，癸未（十一日），任命宋申锡为同平章事。

剑南西川节度使郭钊由于身体有病，请求辞职。冬季，十月，戊申（初七），唐文宗任命义成节度使李德裕为剑南西川节度使。

西川自从遭南诏国侵掠以后，残破凋敝。郭钊由于身体多病，因而未暇修补。李德裕上任后，修建筹边楼，派人绘制西川的地形图，南到南诏国，西到吐蕃国。他又每天召集那些长期在军队中供职，熟悉边防情况的将士，即使是士卒或夷人、蛮人也不放过，向他们仔细询问山川、城市、道路的险易、宽窄和远近情况。不到一个月，就了如指掌，如身历其境一般。

五年（辛亥，公元831年）

唐文宗和宰相宋申锡密谋诛除宦官，宋申锡推荐吏部侍郎王璠为京兆尹，把文宗打算诛除宦官的意图透露给他。王璠泄露了文宗的意图，郑注、王守澄得知后，暗地里进行防备。

文宗的弟弟漳王李凑德才兼备，很有声望。郑注令神策军都虞候豆卢著诬告宋申锡阴谋拥立漳王，戊戌（二月二十九日），王守澄把豆卢著的诬告奏报文宗，文宗信以为真，大为恼怒。王守澄随即要派二百个骑兵去屠杀宋申锡全家，飞龙使马存亮一再劝阻说："如

李嗣业袒护决阵

果这样，京城肯定大乱！最好召集宰相一起商议这件事。”王守澄这才作罢。

这天，正值宰相休假，文宗派宦官召集全体宰相到中书省东门。宰相到齐后，宦官说：“皇上召集的名单中没有宋申锡。”宋申锡明白自己被人诬告，于是，遥望延英殿，手执笏板磕头后退下。宰相到延英殿后，文宗拿出王守澄的奏折让宰相看，宰相们大吃一惊，面面相觑。文宗命令王守澄派人逮捕豆卢著所诬告的管理十六宅宫晏敬则、宋申锡的亲信侍从王师文等人，押到宫中由宦官审讯。王师文得知消息后逃亡。三月，庚子（初二），宋申锡被罢免宰相职务，担任太子右庶子。从宰相到大臣百官，几乎没有人敢上书为宋申锡辩冤，只有京兆尹崔琯、大理卿王正雅接连上疏，请求将宫中审讯的结果交付御史台复核。于是，宦官对此案的审理才稍微放缓。王正雅是王翊的儿子。晏敬则等人承认豆卢著所诬告的都是事实，并声称确是宋申锡派王师文向漳王转达他的意向，将来拥立漳王为皇帝。

审讯结束后，壬寅（初四），文宗召集太子太师、太子太保以下官员，以及御史台，中书、门下、尚书三省，大理寺的大臣当面询问审讯的情况。快到中午时，左常侍崔玄亮、给事中李固言、谏议大夫王质、补阙卢钧、舒元褒、蒋系、裴休、韦温等人再次请求在延英殿面见文宗，乞请将审讯结果交御史台复审。文宗说：“我已经和朝廷大臣商议过了。”接着，多次下令这几个人退出，崔玄亮等人不退。崔玄亮一边磕头，一边哭着说：“杀掉一个百姓都不能不慎重，何况宰相呢！”文宗的怒气逐渐缓解，说：“我打算再和宰相商议。”于是，再次召集宰相来延英殿。宰相们到后，牛僧孺说：“做臣下的地位再高也不过是宰相，现在，宋申锡已经担任了宰相。假如他真的想拥立漳王而谋反，那么，他又能得到什么呢！我认为宋申锡决不会傻到这种地步！”郑注恐怕复审使他们的骗局揭穿，于是，劝王守澄奏请文宗尽快结案处理。癸卯（初五），唐文宗贬漳王李凑为巢县公，宋申锡为开州司马。飞龙使马存亮知宋申锡被冤枉，而自己无法为他辩冤，同时憎恨王守澄专横跋扈，于是，当日请求退休。崔玄亮是磁州人；王质是王通的第五代子孙；蒋系是蒋乂的儿子；舒元褒是江州人。晏敬则等近百人因此案牵连而被判处死刑或被流放。宋申锡最后死在被贬之地。

六年（壬子，公元832年）

丁未（十二月），唐文宗任命前剑南西川节度使李德裕为兵部尚书。

当初，李宗闵和李德裕有矛盾。这时，李德裕从西川调来朝廷任职，文宗对他寄予很大希望，急于任命他为宰相，李宗闵千方百计阻止而未果。京兆尹杜悰是李宗闵的党羽，一次，往见李宗闵，发现他面有忧色，就问：“是不是忧虑兵部尚书李德裕即将被拜为宰相？”李宗闵说：“是，但又有什么办法能够阻止他呢？”杜悰说：“我有一计，可以消除您以往对他的仇恨，只是恐怕您不能采纳。”李宗闵说：“什么计策？”杜悰说：“德裕擅长文学，但没有经过科举考试而获得进士的出身，常常为此而感到不快。如果能让他掌管科举考试，肯定会喜出望外。”李宗闵沉默了一会儿，说："是否再考虑其他的办法。"杜悰说："如果您不愿意让他掌管科举考试，那么，就任命他为御史大夫。"李宗闵说："这条计策可以。"于是，杜悰再三和李宗闵约定，不得泄露消息，然后，去见李德裕。李德裕作揖欢迎杜悰，说："您为什么事情来到我这个被人遗忘的地方？"杜悰说："靖安相公李宗闵让我来转达他关于安排您职位的意向。"随即把将要任命李德裕为御史大夫的意向透露给李德裕。李德裕听后惊喜不已，不由得流下泪来，说："御史大夫是朝廷举行大礼时在宫门纠察百官班列的重要职务，作为晚辈，我怎敢担当！"连连请他转达对李宗闵的感谢。李宗闵又和给事中杨虞卿进行商议，结果，停止了这项计划。杨虞卿是杨汝士的堂弟。

七年（癸丑，公元833年）

丙戌（二月二十八日），唐文宗任命兵部尚书李德裕为同平章事。李德裕前来拜谢，文宗和他讨论朋党的问题，李德裕说："现今朝廷中有三分之一的人都参与了朋党活动。"这时，给事中杨虞卿和他的堂兄中书舍人杨汝士，他弟弟户部郎中杨汉公，中书舍人张元夫、给事中萧浣等人相互交结，关系亲密。他们依附于朝廷中的权贵，在上层攀附宰相，在下层干扰有关部门，为读书人求取官职和科举考试中榜及第，无不达到目的。文宗得知后十分憎恨，所以和李德裕先说起这方面的事。此后，李德裕因此而得以排挤他所不喜欢的人。当初，左散骑常侍张仲方曾经驳斥过朝廷礼官给李德裕父亲李吉甫拟定的谥号太优，这时，李德裕被任命为宰相，张仲方于是借口身体有病，请假而不上朝。三月，壬辰（初五），朝廷任命张仲方为太子宾客、分司东都。

前邠宁行军司马郑注依赖右神策军中尉王守澄，权势熏天，唐文宗十分憎恨他。九月，丙寅（十三日），侍御史李款在紫宸殿弹劾郑注说："郑注在宫中交结宦官，在南衙交结百官，两地往来奔走，收取贿赂，窥测动向，窃取大权，人们都敢怒而不敢言。请求朝廷批准把他交付御史台审查治罪。"在十多天的时间里，他接连几十次上书弹劾郑注。王守澄把郑注藏在右神策军中。左神策中尉韦元素、枢密使杨承和、王践言也都憎恨郑注。这时，左神策军将李弘楚劝韦元素说："郑注阴险狡诈，举世无双。如果不趁他尚在卵翼的时候及时除去，等到羽毛丰满时，必定成为国家的心腹大患。现在，他被侍御史李款弹劾，躲藏在右神策军中。我请求让我以您的名义去见他，借口说您身体有病，请他前来诊断。来后您请他坐下来谈话，我站在旁边侍候，看到您用眼睛向我示意，我就把他抓出去杀掉。然后，您面见皇上，叩头请罪，把他以往的罪行一一向皇上汇报。届时，枢密使杨承和、王践言肯定会帮助您说话。况且您对皇上有拥立的功劳，怎么会因为除去一个奸人而被怪罪！"韦元素认为很有道理，就派李弘楚去召唤郑注。郑注来后，对韦元素点头哈腰，毕恭毕敬，接着，夸夸其谈，奸邪的言辞像泉水一样，源源不断。韦元素听得入了迷，不知不觉亲切地拉住他的手，聚精会神，不觉疲倦。李弘楚在旁边多次暗示韦元素应该动手，韦元素根本不理。随后，赠送郑注大批金银钱帛，送他回去。李弘楚大怒，说：“您失去今天诛杀他的机会，将来必然难免遭受他的陷害。”于是辞职而去，不久背部长疮去世。当初王涯升任宰相时，郑注曾在幕后为他活动。这时，王涯惧怕王守澄的权势，因而把李款弹劾郑注的奏章压下来，不在朝廷讨论。王守澄又在文宗的面前为郑注辩护，于是，文宗赦免了郑注。不久，王守澄又奏请朝廷任命郑注为侍御史，充任右神策军判官。朝廷内外无不惊讶感叹。

庚子（十二月十八日），唐文宗中风后不能说话。王守澄向文宗推荐说，昭义行军司马郑注擅长医术。文宗召郑注来京城，吃了他开的药后很有效果。于是，郑注开始得到文宗的宠爱。

第二百四十五卷 唐纪六十一

译文诵读

文宗元圣昭献孝皇帝中太和八年（甲寅，834）

九月，辛亥，征昭义节度副使郑注至京师。王守澄、李仲言、郑注皆恶李德裕，以山南西道节度使李宗闵与德裕不相悦，引宗闵以敌之。壬戌，诏征宗闵于兴元。

庚寅，以李宗闵为中书侍郎、同平章事。甲午，以中书侍郎、同平章事李德裕同平章事，充山南西道节度使。是日，以李仲言为翰林侍讲学士。给事中高铢、郑肃、韩佽、谏议大夫郭承嘏、中书舍人权璩等争之，不能得。承嘏，晞之孙；璩，德舆之子也。

李德裕见上自陈，请留京师。丙午，以德裕为兵部尚书。

李宗闵言李德裕制命已行，不宜自便。乙亥，复以德裕为镇海节度使，不复兼平章事。时德裕、宗闵各有朋党，互相挤援。上患之，每叹曰："去河北贼易，去朝廷朋党难！"

十二月，己卯，以昭义节度副使郑注为太仆卿。郭承嘏累上疏言其不可，上不听。于是注诈上表固辞，上遣中使再以告身赐之，不受。

九年（乙卯，835）

癸巳，以郑注守太仆卿，兼御史大夫，注始受之，仍举仓部员外郎李款自代曰："加臣之罪，虽于理而无辜；在款之诚，乃事君而尽节。"时人皆哂之。

初，京兆尹河南贾𫗧，性褊躁轻率，与李德裕有隙，而善于李宗闵、郑注。上巳，赐百官宴于曲江，故事，尹于外门下马，揖御史。𫗧恃其贵势，乘马直入，殿中侍御史杨俭、苏特与之争，𫗧骂曰："黄面儿敢尔！"坐罚俸。𫗧耻之，求出，诏以为浙西观察使；尚未行，戊戌，以𫗧为中书侍郎、同平章事。

初，宋申锡获罪，宦官益横；上外虽包容，内不能堪。李训、郑注既得幸，揣知上意，训因进讲，数以微言动上。上见其才辨，意训可与谋大事；且以训、注皆因王守澄以进，冀宦官不之疑，遂密以诚告之。训、注遂以诛宦官为己任，二人相挟，朝夕计议，所言于上无不从，声势烜赫。注多在禁中，或时休沐，宾客填门，赂遗山积。外人但知训、注倚宦官擅作威福，不知其与上有密谋也。

上之立也，右领军将军兴宁仇士良有功；王守澄抑之，由是有隙。训、注为上谋，进擢士良以分守澄之权。五月，乙丑，以士良为左神策中尉，守澄不悦。

京城讹言郑注为上合金丹，须小儿心肝，民间惊惧，上闻而恶之。郑注素恶京兆尹杨虞卿，与李训共构之，云此语出于虞卿家人。上怒，六月，下虞卿御史狱。注求为两省官，中书侍郎、同平章事李宗闵不许，注毁之于上。会宗闵救杨虞卿，上怒，叱出之；壬寅，贬明州刺史。

李训、郑注为上画太平之策，以为当先除宦官，次复河、湟，次清河北，开陈方略，如指诸掌。上以为信然，宠任日隆。

是时李训、郑注连逐三相，威震天下，于是平生丝恩发怨无不报者。

时注与李训所恶朝士，皆指目为二李之党，贬逐无虚日，班列殆空，廷中恟恟，上亦知之。训、注恐为人所摇，九月，癸卯朔，劝上下诏："应与德裕、宗闵亲旧及门生故吏，今日以前贬黜之外，余皆不问。"人情稍安。

郑注求为凤翔节度使，门下侍郎、同平章事李固言不可。丁卯，以固言为山南西道节度使，注为凤翔节度使。李训虽因注得进，及势位俱盛，心颇忌注。谋欲中外协势以诛宦官，故出注于凤翔。其实俟既诛宦官，并图注也。

戊辰，以右神策中尉、行右卫上将军、知内侍省事王守澄为左、右神策观军容使，兼十二卫统军。李训、郑注为上谋，以虚名尊守澄，实夺之权也。

李训、郑注密言于上，请除王守澄。辛巳，遣中使李好古就第赐鸩，杀之，赠扬州大都督。训、注本因守澄进，卒谋而杀之，人皆快守澄之受佞而疾训、注之阴狡，于是元和之逆党略尽矣。

十一月，丙午，以大理卿郭行余为邠宁节度使。癸丑，以河东节度使、同平章事李载义兼侍中。丁巳，以户部尚书、判度支王璠为河东节度使。戊午，以京兆尹李石为户部侍郎、判度支；以京兆少尹罗立言权知府事。石，神符之五世孙也。己未，以太府卿韩约为左金吾卫大将军。

始，郑注与李训谋，至镇，选壮士数百，皆持白棓，怀其斧，以为亲兵。是月，戊辰，王守澄葬于浐水，注奏请入护葬事，因以亲兵自随。仍奏令内臣中尉以下尽集浐水送葬，注因阖门，令亲兵斧之，使无遗类。约既定，训与其党谋："如此事成，则注专有其功，不若使行余、璠以赴镇为名，多募壮士为部曲，并用金吾、台府吏卒，先期诛宦者，已而并注去之。"行余、璠、立言、约及中丞李孝本，皆训素所厚也，故列置要地，独与是数人及舒元舆谋之，他人皆莫之知也。

壬戌，上御紫宸殿。百官班定，韩约不报平安，奏称："左金吾听事后石榴夜有甘露，卧递门奏讫。"因蹈舞再拜，宰相亦帅百官称贺。训、元舆劝上亲往观之，以承天贶，上许之。百官退，班于含元殿。日加辰，上乘软舆出紫宸门，升含元殿。先命宰相及两省官诣左仗视之，良久而还。训奏："臣与众人验之，殆非真甘露，未可遽宣布，恐天下称贺。”上曰：“岂有是邪！”顾左、右中尉仇士良、鱼志弘帅诸宦者往视之。宦者既去，训遽召郭行余、王璠曰：“来受敕旨！”璠股栗不敢前，独行余拜殿下。时二人部曲数百，皆执兵立丹凤门外，训已先使人召之，令入受敕。独东兵入，邠宁兵竟不至。

仇士良等至左仗视甘露，韩约变色流汗，士良怪之曰：“将军何为如是？”俄风吹幕起，见执兵者甚众，又闻兵仗声。士良等惊骇走出，门者欲闭之，士良叱之，关不得上。士良等奔诣上告变。训见之，遽呼金吾卫士曰：“来上殿卫乘舆者，人赏钱百缗！”宦者曰：“事急矣，请陛下还宫！”即举软舆，迎上扶升舆，决殿后罘罳，疾趋北出。训攀舆呼曰：“臣奏事未竟，陛下不可入宫！”金吾兵已登殿；罗立言帅京兆逻卒三百余自东来，李孝本帅御史台从人二百余自西来，皆登殿纵击，宦官流血呼冤，死伤者十余人。乘舆迤逦入宣政门，训攀舆呼益急，上叱之，宦者郗志荣奋拳殴其胸，偃于地。乘舆既入，门随阖，宦者皆呼万岁，百官骇愕散出。训知事不济，脱从吏绿衫衣之，走马而出，扬言于道曰：“我何罪而窜谪！”人不之疑。王涯、贾餗、舒元舆还中书，相谓曰：“上且开延英，召吾属议之。”两省官诣宰相请其故，皆曰：“不知何事，诸公各自便！”士良等知上豫其谋，怨愤，出不逊语，上惭惧不复言。

士良等命左、右神策副使刘泰伦、魏仲卿等各帅禁兵五百人，露刃出阁门讨贼。王涯等将会食，吏白：“有兵自内出，逢人辄杀！”涯等狼狈步走，两省及金吾吏卒千余人填门争出；门寻阖，其不得出者六百余人皆死。士良等分兵闭宫门，索诸司，捕贼党。诸司吏卒及民酤贩在中者皆死，死者又千余人，横尸流血，狼藉涂地，诸司印及图籍、帷幕、器皿俱尽。又遣骑各千余出城追亡者，又遣兵大索城中。舒元舆易服单骑出安化门，禁兵追擒之。王涯徒步至永昌里茶肆，禁兵擒入左军。涯时年七十余，被以桎梏，掠治不胜苦，自诬服，称与李训谋行大逆，尊立郑注。王璠归长兴里私第，闭门，以其兵自防。神策将至门，呼曰：“王涯等谋反，欲起尚书为相，鱼护军令致意！”璠喜，出见之。将趋贺再三，璠知见绐，涕泣而行；至左军，见王涯曰：“二十兄自反，胡为见引？”涯曰：“五弟昔为京兆尹，不漏言于王守澄，岂有今日邪！”璠俯首不言。又收罗立言于太平里，及涯等亲属奴婢，皆入两军系之。户部员外郎李元皋，训之再从弟也，训实与之无恩，亦执而杀之。故岭南节度使胡证，家钜富，禁兵利其财，托以搜贾餗入其家，执其子溵，杀之。又入左常侍罗让、詹事浑鐬、翰林学士黎埴等家，掠其赀财，扫地无遗。鐬，瑊之子也。坊市恶少年因之报私仇，杀人，剽掠百货，互相攻劫，尘埃蔽天。

癸亥，百官入朝，日出，始开建福门，惟听以从者一人自随，禁兵露刃夹道。至宣政门，尚未开。时无宰相御史知班，百官无复班列。上御紫宸殿，问：“宰相何为不来？”仇士良曰：“王涯等谋反系狱。”因以涯手状呈上，召左仆射令狐楚、右仆射郑覃等升殿示之。上悲愤不自胜，谓楚等曰：“是涯手书乎？”对曰：“是也！”“诚如此，罪不容诛！”因命楚、覃留宿中书，参决机务。使楚草制宣告中外。楚叙王涯、贾𫗧反事浮泛，仇士良等不悦，由是不得为相。

时坊市剽掠者犹未止，命左、右神策将杨镇、靳遂良等各将五百人分屯通衢，击鼓以警之，斩十余人，然后定。

贾𫗧变服潜民间经宿，自知无所逃，素服乘驴诣兴安门，自言："我宰相贾𫗧也，为奸人所污，可送我诣两军！"门者执送西军。李孝本改衣绿，犹服金带，以帽障面，单骑奔凤翔，至咸阳西，追擒之。

甲子，以右仆射郑覃同平章事。

李训素与终南僧宗密善，往投之。宗密欲剃其发而匿之，其徒不可。训出山，将奔凤翔，为盩厔镇遏使宋楚所擒，械送京师。至昆明池，训恐至军中更受酷辱，谓送者曰："得我则富贵矣！闻禁兵所在搜捕，汝必为所夺，不若取我首送之！"送者从之，斩其首以来。

乙丑，以户部侍郎、判度支李石同平章事，仍判度支。前河东节度使李载义复旧任。

左神策出兵三百人，以李训首引王涯、王璠、罗立言、郭行余，右神策出兵三百人，拥贾𫗧、舒元舆、李孝本献于庙社，徇于两市。命百官临视，腰斩于独柳之下，枭其首于兴安门外。亲属无问亲疏皆死，孩稚无遗，妻女不死者没为官婢。百姓观者怨王涯榷茶，或诟詈，或投瓦砾击之。

是日，以令狐楚为盐铁转运使，左散骑常侍张仲方权知京兆尹。时数日之间，杀生除拜，皆决于两中尉，上不豫知。

初，王守澄恶宦者田全操、刘行深、周元稹、薛士幹、似先义逸、刘英𧦧等，李训、郑注因之遣分诣盐州、灵武、泾原、夏州、振武、凤翔巡边，命翰林学士顾师邕为诏书赐六道，使杀之。会训败，六道得诏，皆废不行。丙寅，以师邕为矫诏，下御史狱。

先是，郑注将亲兵五百，已发凤翔，至扶风。扶风令韩辽知其谋，不供具，携印及吏卒奔武功。注知训已败，复还凤翔。仇士良等使人赍密敕授凤翔监军张仲清令取注，仲清惶惑，不知所为。押牙李叔和说仲清曰："叔和为公以好召注，屏其从兵，于坐取之，事立定矣！"仲清从之，伏甲以待注。注恃其兵卫，遂诣仲清。叔和稍引其从兵，享之于外，注独与数人入。既啜茶，叔和抽刀斩注，因闭外门，悉诛其亲兵。乃出密敕，宣示将士，遂灭注家，并杀副使钱可复、节度判官卢简能、观察判官萧杰、掌书记卢弘茂等及其枝党，死者千余人。可复，徽之子；简能，纶之子；杰，俛之弟也。朝廷未知注死，丁卯，诏削夺注官爵，令邻道按兵观变。以左神策大将军陈君奕为凤翔节度使。戊辰夜，张仲清遣李叔和等以注首入献，枭于兴安门，人情稍安，京师诸军始各还营。

诏将士讨贼有功及娖队者，官爵赐赉各有差。右神策军获韩约于崇义坊，己巳，斩之。仇士良等各进阶迁官有差。自是天下事皆决于北司，宰相行文书而已。宦官气益盛，迫胁天子，下视宰相，陵暴朝士如草芥。每延英议事，士良等动引训、注折宰相。郑覃、李石曰："训、注诚为乱首，但不知训、注始因何人得进？"宦者稍屈，缙绅赖之。

李训、郑注既诛，召六道巡边使。田全操追忿训、注之谋，在道扬言："我入城，凡儒服者，无贵贱当尽杀之！"癸未，全操等乘驿疾驱入金光门，京城讹言有寇至，士民惊噪纵横走，尘埃四起。两省诸司官闻之，皆奔散，有不及束带袜而乘马者。

郑覃、李石在中书，顾吏卒稍稍逃去。覃谓石曰："耳目颇异，宜且出避之！"石曰："宰相位尊望重，人心所属，不可轻也！今事虚实未可知，坚坐镇之，庶几可定。若宰相亦走，则中外乱矣。且果有祸乱，避亦不免！"覃然之。石坐视文案，沛然自若。

敕使相继传呼："闭皇城诸司门！"左金吾大将军陈君赏帅其众立望仙门下，谓敕使曰："贼至，闭门未晚，请徐观其变，不宜示弱！"至晡后乃定。是日，坊市恶少年皆衣绯皂，持弓刀北望，见皇城门闭，即欲剽掠，非石与君赏镇之，京城几再乱矣。时两省官应入直者，皆与其家人辞诀。

开成元年（丙辰，836）

昭义节度使刘从谏上表请王涯等罪名，且言："涯等儒生，荷国荣宠，咸欲保身全族，安肯构逆！训等实欲讨除内臣，两中尉自为救死之谋，遂致相杀；诬以反逆，诚恐非辜。设若宰相实有异图，当委之有司，正其刑典，岂有内臣擅领甲兵，恣行剽劫，延及士庶，横被杀伤！流血千门，僵尸万计，搜罗枝蔓，中外恫疑。臣欲身诣阙庭，面陈臧否，恐并陷孥戮，事亦无成。谨当修饰封疆，训练士卒，内为陛下心腹，外为陛下藩垣。如奸臣难制，誓以死清君侧！"丙申，加从谏检校司徒。

刘从谏复遣牙将焦楚长上表让官，称："臣之所陈，系国大体。可听则涯等宜蒙湔洗，不可听则赏典不宜妄加！安有死冤不申而生者荷禄！"因暴扬仇士良等罪恶。辛酉，上召见楚长，慰谕遣之，时士良等恣横，朝臣日忧破家。及从谏表至，士良等惮之。由是郑覃、李石粗能秉政，天子倚之亦差以自强。

上自甘露之变，竟忽忽不乐，两军毬鞠之会什减六七，虽宴享音伎杂遝盈庭，未尝解颜；闲居或徘徊眺望，或独语叹息。壬午，上于延英谓宰相曰："朕每与卿等论天下事，则不免愁。"对曰："为理者不可以速成。"上曰："朕每读书，耻为凡主。"李石曰："方今内外之臣，其间小人尚多疑阻，愿陛下更以宽御之，彼有公清奉法如刘弘逸、薛季棱者，陛下亦宜褒赏以劝为善。"甲申，上复谓宰相曰："我与卿等论天下事，有势未得行者，退但饮醇酒求醉耳！"对曰："此皆臣等之罪也。"

唐文宗太和八年（甲寅，公元834年）

九月，辛亥（初三），文宗命昭义节度副使郑注来京城。王守澄、李仲言、郑注都憎恨李德裕，鉴于山南西道节度使李宗闵和李德裕有矛盾，于是，向文宗推荐李宗闵，以便排挤李德裕。壬戌（十四日），文宗下诏，命李宗闵从山南西道的治所兴元来京城。

庚寅（十月十三日），唐文宗任命李宗闵为中书侍郎、同平章事。甲午（十七日），任命中书侍郎、同平章事李德裕以同平章事头衔，充任山南西道节度使。同日，任命李仲言为翰林侍讲学士。给事中高铢、郑肃、韩佽，谏议大夫郭承嘏，中书舍人权璩等人争辩，认为不可，但他们的意见不被文宗采纳。郭承嘏是郭晞的孙子。权璩是权德舆的儿子。

李德裕面见文宗，表示不愿出任山南西道节度使，请求留在京城任职。丙午（二十九日），文宗任命他为兵部尚书。

宰相李宗闵上言说，朝廷任命李德裕为山南西道的制书已经下达，不应当由于他自己不愿上任就中途改变。乙亥（十一月二十九日），唐文宗任命李德裕为镇海节度使，不再兼任同平章事的头衔。这时，李德裕和李宗闵各有自己的党羽，相互之间极力排挤对方，声援同党。文宗对此十分忧虑，经常感叹地说："诛除河北三镇的叛贼容易，但去除朝廷的朋党实在太难！"

十二月，己卯（初三），唐文宗任命昭义节度副使郑注为太仆卿。谏议大夫郭承嘏多次上疏认为不可，文宗不听。于是，郑注上表，虚假地一再表示不能接受任命。文宗又派宦官把任命书授予郑注，郑注仍然不接受。

九年（乙卯，公元835年）

癸巳（四月十八日），唐文宗任命郑注为太仆卿，兼御史大夫。郑注这才接受任命，同时推荐仓部员外郎李款代替自己原来的职务，他说："李款加罪于我，我是无辜的；李款出于忠诚，是为侍奉君王而弹劾过我，但是，他这样做也是尽节。"当时人都嘲笑他假装宽宏大度。

当初，京兆尹、河南人贾餗性情急躁轻率。他和李德裕有矛盾，和李宗闵、郑注关系亲近。上巳（三月三日），唐文宗在曲江举行宴会，招待百官。按照以往惯例，京兆尹应当在门外下马，向御史台官员行礼，然后进门。贾餗依恃他的地位和权势，乘马直接入门。殿中侍御史杨俭、苏特和他争论起来，贾餗破口大骂，说："你们这些黄脸儿怎么敢挡我！"于是，因罪而被罚俸禄。贾餗觉得十分耻辱，请求出任藩镇职务。文宗下诏，任命他为浙西道观察使。尚未成行，戊戌，唐文宗任命他为中书侍郎、同平章事。

当初，宋申锡被判罪贬官后，宦官更加骄横。文宗虽然外表不露声色，内心却不能容忍。李训、郑注得到文宗信用后，揣摸了解了文宗的心思。于是，李训在给文宗讲读经典时，多次暗示文宗。文宗觉得李训很有才能，能言善辩，认为可以和他商议诛除宦官。同时考虑到李训和郑注都是宦官王守澄推荐的，估计和二人商议，宦官不会疑心。于是，把自己的意图秘密地告诉了二人。李训、郑注因此以诛除宦官为己任。二人相互依赖，昼夜商议对策，凡给文宗的建议，文宗无不采纳，声势喧赫。郑注经常待在宫中，有时休假在家，要求拜见他的人站满他的门前，贿赂他的财物堆积如山。外面人只知道李训和郑注依靠宦官的权势擅自作威作福，却不知道他们二人和文宗密谋诛除宦官。

当初文宗被拥立为皇帝时，右领军将军、循州兴宁县人仇士良曾经有很大的功劳。但他受到王守澄的压制，于是，二人产生了矛盾。这时，李训、郑注向文宗建议，提拔仇士良以便分割王守澄的权力。五月，乙丑（二十一日），文宗任命仇士良为左神策军护军中尉，王守澄得知后很不高兴。

京城长安盛传谣言，说郑注为皇上合制金丹，必须用小孩的心肝入药，百姓为此而惊扰惧怕。文宗得知后十分恼恨。郑注向来憎恶京兆尹杨虞卿，于是，他和李训一起诬陷杨虞卿，说谣言出于虞卿的家属。文宗大怒，六月，下令将杨虞卿逮捕，押在御史台狱中。此前，郑注曾经求做中书、门下两省的官员，中书侍郎、同平章事李宗闵不许，郑注因此在文宗面前诽谤李宗闵。这时，正好李宗闵为杨虞卿辩解，文宗大怒，呵斥李宗闵出宫。壬寅（初四），贬李宗闵为明州刺史。

李训、郑注为文宗谋划革除朝廷弊政，收复失地，达到天下大治太平的策略，认为应当首先诛除宦官，其次出兵收复河、湟地区，最后平定河北三镇。二人开陈方略，了如指掌。文宗认为言之有理，宠信日益深厚。

这时，李训、郑注接连诬陷贬逐李德裕、路隋、李宗闵三位宰相，权势威震天下。于是，凡是过去对自己稍有恩德的人无不提拔，和自己稍有怨恨的人无不报复。

这时，郑注和李训对他们所厌恶的朝官，都指斥为李德裕和李宗闵的党羽，每天都有人被贬逐。上朝时，百官的班列为之一空，朝廷上下人心恐惧。文宗也得知这种情况。郑注和李训担心被人控告，动摇自己的地位，于是，九月，癸卯朔（初一），二人劝文宗下诏："凡是李德裕、李宗闵的亲戚朋友，以及他们的学生弟子和原来的部下，除今日以前贬黜的以外，其余一律不再追究。"于是，人心逐渐安定。

郑注请求担任凤翔节度使，门下侍郎、同平章事李固言认为不可。丁卯（二十五日），唐文宗任命李固言为山南西道节度使，郑注为凤翔节度使。李训虽然是通过郑注推荐而被提拔的，但当他的职务和权势都已达到顶点时，心中十分妒忌郑注。他密谋在朝廷里应外合诛除宦官，所以建议郑注担任凤翔节度使。其实，是想等诛除宦官后，连同郑注也一同除掉。

戊辰（二十六日），唐文宗任命右神策军护军中尉、行右卫上将军、知内侍省事王守澄为左、右神策军观军容使，兼十二卫统军。李训、郑注为文宗策划，擢拔王守澄担任荣誉性的最高级军职，以表示对他的尊崇，实际上削除他的兵权。

李训、郑注秘密地向文宗建议，请求诛杀王守澄。辛巳（十月初九），文宗派遣宦官李好古前往王守澄的住宅，赐王守澄毒酒，把他杀死。随后，追赠王守澄为扬州大都督。李训、郑注本来是通过王守澄的推荐才被提拔的，但最后却密谋把他杀死。所以，百官都为王守澄因奸佞被杀而拍手称快，同时厌恶李训、郑注的阴险狡诈。这样，元和末年暗害唐宪宗的叛贼逆党几乎被诛除干净。

十一月，丙午（初五），唐文宗任命大理卿郭行余为邠宁节度使。癸丑（十二日），任命河东节度使、同平章事李载义兼侍中。丁巳（十六日），任命户部尚书、判度支王璠为河东节度使。戊午（十七日），任命京兆尹李石为户部侍郎、判度支，京兆少尹罗立言暂时处理京兆府的政务。李石是李神符的第五代子孙。己未（十八日），任命太府卿韩约为左金吾卫大将军。

最初，郑注和李训商议，待郑注到凤翔上任后，挑选几百名壮士，每人携带一根白色棍棒，怀揣一把利斧，作为亲兵。二人约定，本月戊辰（二十七日），朝廷在浐河旁埋葬王守澄时，由郑注奏请文宗批准率兵护卫葬礼，于是便可带亲兵随从前往。同时奏请文宗，命神策军护军中尉以下所有宦官都到河旁为王守澄送葬。届时，郑注下令关闭墓门，命亲兵用利斧砍杀宦官，全部诛除。计划已经约好，李训又和他的同党密谋说："如果这个计划成功，那么，诛除宦官的功劳就全部归于郑注，不如让郭行余和王璠以赴邠宁、河东上任为名，多招募一些壮士，作为私兵，同时调动韩约统领的金吾兵和御史台、京兆府官吏和士卒，先于郑注一步，在京城诛除宦官，随后，把郑注除掉。"邠宁节度使郭行余、河东节度使王璠、左金吾卫大将军韩约、京兆少尹罗立言和御史中丞李孝本，都是李训所信用的官员，所以，任命他们担任要职，李训只和这几个人以及宰相舒元舆密谋，其他朝廷百官都一概不知。

宰相李训像

壬戌（二十一日），唐文宗御临紫宸殿。百官列班站定后，左金吾卫大将军韩约不按规定报告平安，奏称："左金吾衙门后院的石榴树上，昨晚发现有甘露降临，这是祥瑞的征兆，昨晚我已通过守卫宫门的宦官向皇上报告。"于是，行舞蹈礼，再次下拜称贺，宰相也率领百官向文宗祝贺。李训、舒元舆乘机劝文宗亲自前往观看，以便承受上天赐予的祥瑞。文宗表示同意。接着，百官退下，列班于含元殿。辰时刚过，文宗乘软轿出紫宸门，到含元殿升朝。先命宰相和中书、门下两省的官员到左金吾后院察看甘露，过了很久才回来。李训奏报说："我和众人去检查过了，不像是真正的甘露，不可匆忙向全国宣布。否则，全国各地就会向陛下祝贺。"文宗说："难道还有这种事！"随即命左、右神策军护军中尉仇士良、鱼志弘率领诸位宦官再次前往左金吾后院察看。宦官走后，李训急忙召集郭行余、王璠，说："快来接受皇上的圣旨！"王璠紧张得两腿发抖，不敢前去，只有郭行余一人拜倒在含元殿下接旨。这时，二人招募的私兵几百人都手执兵器，立在丹凤门外等待命令。李训已经先派人去叫他们来含元殿前，接受文宗下达的诛除宦官的命令。结果，只有郭行余率领的河东兵来了，王璠率领的邠宁兵竟没有来。

仇士良率领宦官到左金吾后院去察看甘露，韩约紧张得浑身流汗，脸色十分难看。仇士良觉得很奇怪，问："将军为什么这样？"过了一会儿，一阵风把院中的帐幕吹起来，仇士良发现很多手执兵器的士卒，又听到兵器的碰撞声音。仇士良等人大惊，急忙往外跑，守门的士卒正想关门，被仇士良大声呵斥，门闩没有关上。仇士良等人急奔含元殿，向文宗报告发生兵变，被李训看见。李训急呼金吾士卒说："快来上殿保护皇上，每人赏钱百缗！"宦官对文宗说："事情紧急，请陛下赶快回宫！"随即抬来软轿，迎上前去搀扶文宗上轿，冲断殿后面的丝网，向北急奔而去。李训拉住文宗的软轿大声说："我奏请朝政还没有完，陛下不可回宫！"这时，金吾兵已经登上含元殿。同时，罗立言率领京兆府担负巡逻任务的士卒三百多人从东边冲来，李孝本率领御史台随从二百多人从西边冲来，一齐登上含元殿，击杀宦官。宦官血流如注，大声喊冤，死伤十几个人。文宗的软轿一路向北进入宣政门，李训拉住软轿不放，呼喊更加急迫。文宗呵斥李训，宦官郗志荣乘机挥拳奋击李训的胸部，李训被打倒在地。文宗的软轿进入宣政门后，大门随即关上，宦官都大呼万岁。这时，正在含元殿上朝的百官都大吃一惊，四散而走。李训见文宗已入后宫，知道大事不好，于是，换上随从官吏的绿色官服，骑马而逃。一路上大声扬言说："我有什么罪而被贬逐！"因而，人们也不怀疑。宰相王涯、贾𫗧、舒元舆回到政事堂，相互商议说："皇上过一会儿就会开延英殿，召集我们商议朝政。"中书、门下两省的官员来问王涯三人，到底发生了什么事？三人都说："我们也不知怎么回事，诸位各自随便先去吧！"仇士良等宦官知道文宗参与了李训的密谋，十分愤恨，在文宗面前出语不逊。文宗羞愧惧怕，不再作声。

仇士良等人命令左、右神策军副使刘泰伦、魏仲卿等各率禁兵五百人，持刀露刃从紫宸殿冲出讨伐贼党。这时，王涯等宰相在政事堂正要吃饭，忽然有官吏报告说："有一大群士兵从宫中冲出，逢人就杀！"王涯等人狼狈逃奔。中书、门下两省和金吾卫的士卒和官吏一千多人争着向门外逃跑。不一会儿，大门被关上，尚未逃出的六百多人全被杀死。仇士良下令分兵关闭各个宫门，搜查南衙各司衙门，逮捕贼党。各司的官吏和担负警卫的士卒，以及正在里面卖酒的百姓和商人一千多人全部被杀，尸体狼藉，流血遍地。各司的大印、地图和户籍档案、衙门的帷幕和办公用具被捣毁、抄掠一空。仇士良等人又命左、右神策军各出动骑兵一千多人出城追击逃亡的贼党，同时派兵在京城大搜捕。舒元舆换上民服后，一人骑马从安化门逃出，被骑兵追上逮捕。王涯步行到永昌里的一个茶馆，被禁兵逮捕，押送到左神策军中。王涯这时年迈已七十多岁，被戴上脚镣手铐，遭受毒打，无法忍受，因而违心地承认和李训一起谋反，企图拥立郑注为皇帝。王播回到长兴里家中后，闭门不出，用招募的私兵防卫。神策将前来搜捕，到他的门口时，大声喊道："王涯等人谋反，朝廷打算任命您为宰相，护军中尉鱼志弘派我们来向您致意！"王播大喜，马上出来相见。神策将再三祝贺他升迁，王播发现被骗，流着眼泪跟随神策将而去。到了左神策军中，见到王涯，王播说："你参与谋反，为什么要牵连我？"王涯说："你过去担任京兆尹时，如果不把宋申锡诛除宦官的计划透露给王守澄，哪里会发生今天的事！"王播自知理亏，低头不语。神策军又在太平里逮捕了罗立言，以及王涯的亲属奴婢，都关押在左、右神策军中。户部员外郎李元皋是李训的远房表弟，其实李训并没有提拔重用他，也被逮捕杀死。前岭南节度使胡证是京城的巨富，禁军士卒想掠夺他的财物，借口说贾餗藏在他家，进行搜查，把他的儿子胡溵抓住杀死。禁军又到左常侍罗让、詹事浑鏻、翰林学士黎埴等人的家中掠夺财产，扫地无遗。浑鏻是中唐名将浑瑊的儿子。这时，京城的恶少年也乘机报平日的私仇，随意杀人，剽掠商人和百姓的财物，甚至相互攻打，以致尘埃四起，漫天蔽日。

癸亥（二十三日），百官开始上朝。直到太阳已经出来时，大明宫右侧的建福门才刚刚打开。宫中传话说，百官每人只准带一名随从进门。里面禁军手持刀枪，夹道防卫。到宣政门时，大门尚未打开。这时，由于没有宰相和御史大夫率领，百官队伍混乱，不成班列。唐文宗亲临紫宸殿，问："宰相怎么没有来？"仇士良回答："王涯等人谋反，已经被逮捕入狱。"接着，把王涯的供词递呈文宗，文宗召左仆射令狐楚、右仆射郑覃上前，让他们观看王涯的供词。文宗既悲伤又气愤，几乎难以自持，问令狐楚和郑覃："是不是王涯的笔迹？"二人回答说："是！"文宗说："如果真的这样，那就罪不容诛！"于是，命令二人留在政事堂，参与决策朝廷大政方针。同时，又命令狐楚起草制书，将平定李训、王涯等人叛乱宣告朝廷内外。令狐楚在制书中叙述王涯、贾餗谋反的事实时，浮泛而不切要害，仇士良等人对此很不满，由此令狐楚未能被擢拔为宰相。

这时，京城街坊和集市中的剽掠仍未停止。朝廷命左、右神策军将领杨镇、靳遂良等人各率五百人分别把守街道的主要路口，敲击街鼓加以警告，同时斩首十几个罪犯，这才安定下来。

贾餗换了官服以后，潜藏在百姓家里。过了一夜，感到实在无法逃脱，于是，换上丧服，骑驴到兴安门，说："我是宰相贾餗，被奸人所污蔑，你们把我抓起来送到左、右神策军去吧！"守门人随即把他押送到右神策军中。李孝本改换六品、七品官员穿的绿色官服，但仍旧系着只有五品以上官员才能穿戴的金带，用帽子遮住脸，一个人骑着马直奔凤翔，打算投靠郑注。到了咸阳城西，被追兵逮捕。

甲子（二十二日），唐文宗任命右仆射郑覃为同平章事。

李训向来和终南山的僧人宗密关系亲近，于是，前往投奔。宗密想为李训剃发，装扮成僧人，然后藏在寺院中。他的徒弟们都认为不妥。李训只好出山，打算前往凤翔投靠郑注，被周至镇遏使宋楚逮捕，戴上脚镣手铐，押送到京城。走到昆明池，李训恐怕到神策军后被毒打污辱，便对押送他的人说："无论谁抓住我都能得到重赏而富贵！听说禁军到处搜捕，他们肯定会把我夺走。不如把我杀了，拿我的首级送到京城！"押送他的人表示同意，于是，割下李训的头送往京城。

乙丑（二十四日），唐文宗任命户部侍郎、判度支李石为同平章事，仍兼判度支。命前河东节度使李载义官复原职。

左神策军出兵三百人，以李训的首级引导王涯、王播、罗立言和郭行余，右神策军出兵三百人，押贾悚、舒元舆和李孝本，献祭太庙和太社，接着，在东、西两市游街示众，命百官前往观看。在京城独柳树下把他们腰斩，首级挂在兴安门外示众。李训等人的亲属不管亲疏老幼，全部被杀。妻子女儿没有死的，没收为官奴婢。观看的百姓都怨恨王涯主持茶叶专卖，有的人大声怒骂，有的人拿瓦块往他身上打。

同日，唐文宗任命令狐楚为盐铁转运使，左散骑常侍张仲方暂时代理京兆尹。这时，在几天之内，朝廷的大政方针，包括处决罪犯和任免官员，都由左、右神策军护军中尉决定，文宗事前全然不知。

当初，王守澄厌恶宦官田全操、刘行深、周元稹、薛士幹、似先义逸、刘英诩等人，李训、郑注乘机建议文宗派遣他们分别到盐州、灵武、泾原、夏州、振武、凤翔去巡视边防，同时，命翰林学士顾师邕起草诏书，下令盐州等六道杀掉田全操等六人。这时，恰好李训失败，六道接到诏书后，都未执行。丙寅（二十五日），仇士良等人认为顾师邕伪造诏书，把他逮捕，押到御史台监狱。

此前，郑注按照事先和李训的约定，率亲兵五百人已经从凤翔出发，到达扶风县。扶风县令韩辽知道他和李训的密谋，因此，不加接待，携带县印和下属胥吏、士卒逃往武功。这时，郑注得到李训失败的消息，于是，又返回凤翔。仇士良等人派人携带文宗的密敕授予凤翔监军张仲清，命令他诛除郑注。张仲清疑惧不知所措。押牙李叔和劝张仲清说："我以您的名义用好言好语召来郑注，然后设计退下他的亲兵，在坐席把他杀死，叛乱即刻就可平定！"张仲清同意，于是，设下伏兵等待郑注。郑注依恃他的亲兵，因而也不怀疑，径直进入凤翔城来见张仲清。李叔和把郑注的亲兵引到门外予以款待，只有郑注和几个随从进入监军使院。郑注刚刚喝完茶，被李叔和抽刀斩首。随即关闭外门，全部诛杀郑注的亲兵。于是，张仲清出示文宗的密敕，向将士宣布。接着，杀死郑注的家眷，以及节度副使钱可复、节度判官卢简能、观察判官萧杰、掌书记卢弘茂等人和他们的同党，总共一千多人。钱可复是钱徽的儿子；卢简能是卢纶的儿子；萧杰是萧俛的弟弟。这时，朝廷还不知道郑注已经被杀，丁卯（二十六日），文宗下诏，免去郑注的职务和爵位，命令与凤翔邻近的藩镇按兵不动，观察凤翔城中的动静。同时，任命左神策大将军陈君奕为凤翔节度使。戊辰（二十七日）夜晚，张仲清派李叔和等人前往京城献上郑注的首级，朝廷命挂在兴安门上示众。于是，京城的人心逐渐安定，禁军诸军开始各回军营。

洛阳奉先寺卢舍那大佛

唐文宗下诏，凡讨伐贼党有功的禁军将士以及追捕逃亡贼党有功者，各根据功劳大小授予官爵和赏赐财物。右神策军在崇义坊抓获韩约，己巳（二十八日），把他斩首。文宗又下令，仇士良等有功的宦官，各根据功劳大小迁升阶品和职位。从此以后，凡朝政大事都由北司的宦官决定，宰相仅仅奉命下达文书而已。宦官的气焰更加嚣张，逼迫威胁皇上，鄙视宰相，凌辱百官如同草芥。每逢延英殿商议朝政，仇士良等人动不动就拿李训、郑注谋反的事折辱宰相。郑覃、李石说："李训、郑注的确是谋反的为首者，但究竟他们是由谁推荐提拔的呢？"宦官理屈词穷，嚣张气焰逐渐有所收敛。百官由此都倚赖郑覃和李石。

李训、郑注被杀以后，朝廷下令召回盐州等六道的巡边使。田全操追究李训、郑注企图诛杀自己的阴谋，在回京途中扬言说："等我到京城后，凡是看到穿读书人衣服的，不管贵贱，都全部杀死！"癸未（十二月十二日），全操等人乘驿马急速驰入京城西北的金光门。京城有谣言说盗贼攻进城中，官吏和百姓惊扰喧哗，到处奔逃，尘埃四起。中书、门下两省各司的官员听到谣言后，也都四散奔逃，有人甚至在乘马逃跑时都来不及系上带袜。

这时，郑覃和李石正在政事堂办公，看到手下的官吏和士卒渐渐逃去，郑覃对李石说："现在很乱，人心难测，最好暂且出去躲避一会儿！"李石说："宰相的职位崇高，责任重大，一举一动，都为天下人所瞩目，不可轻动！现在，事情的虚实还不知道，如果静坐而镇守于此，也许很快可以安定。相反，如果宰相也跟着逃走，那么，朝廷内外就会大乱。况且真的发生灾祸，就是逃避也难免受害！"郑覃表示同意。李石继续坐在那里审阅公文，神情自若。

这时，朝廷的敕使不断传达命令说："请关皇城诸司门！"左金吾大将军陈君赏率领士卒站在大明宫南面的望仙门下，对敕使说："如果盗贼来临，关门也不晚。请求先慢慢地观察情况的变化，不要现在马上关门，对盗贼表示出朝廷的软弱！"结果，一直到黄昏时，京城才安定下来。当天，街坊和集市中的恶少年都穿着大红色和黑色的衣服，手拿弓箭、刀枪向北眺望，一旦皇城门关闭，就要开始剽掠。如果不是李石和陈君赏镇定自若，京城几乎再次大乱。当时中书、门下两省值班的官员，都认为不可能再回来了，离开家时和亲属诀别。

开成元年（丙辰，公元836年）

昭义节度使刘从谏上表朝廷，请问宰相王涯等人被杀的罪名，说："王涯等人都是读书人出身，享受国家的荣华恩宠，谁不愿意保全自己的身家性命，怎么能够谋反呢！李训等人实际上是想诛讨宦官，左、右神策军护军中尉是为自身性命考虑，因而把他们杀掉。但是，却诬陷说他们要谋反。我认为，他们实在都是无辜的。假如宰相真是想谋反，那也应当交给御史台等有关部门，根据国家法律治罪。怎么能够由宦官擅自率领兵马，恣意剽掠杀戮，以致士大夫和百姓都遭到伤亡！宫门附近流血遍地，尸体达万人之多。接着，又以搜捕同党为名，牵连亲朋好友。朝廷内外，人人自危。我本想前往京城，向陛下当面陈述我对朝政得失的看法，但又恐怕连我也被诬陷杀害，以至于事无成。因此，我想最好还是恪守自己的职位，训练士卒，在朝廷内部，充当陛下的心腹，在朝廷外部，则充当捍卫陛下的疆吏。如果朝廷中的奸臣确实骄横难以控制的话，我向陛下保证，誓死出兵以清君侧！"丙申（二十六日），唐文宗任命刘从谏为检校司徒。

昭义节度使刘从谏又派牙将焦楚长上表朝廷，辞让授予自己的检校司徒的职务。上表说："我在这以前上奏朝廷的意见，都是关系到国家前途命运的大事。如果朝廷采纳，那么，就应当为王涯等人平反昭雪；如果不予采纳，那么，也不应当随便给我升迁。现在，怎么能不去为王涯等含冤而死的官员申冤平反，反而为我们这些活着的人升官加赏呢？"于是，他大肆抨击仇士良等人的罪恶。辛酉（三月二十二日），文宗召见焦楚长，好言安抚，然后命他返回。这时，仇士良等人骄横跋扈，百官人人自危，每天都担心会家破人亡。等到刘从谏的上奏送达朝廷后，仇士良等人畏惧。由此宰相郑覃、李石开始能够主持朝政，文宗也倚赖刘从谏而得以自强。

唐文宗自从甘露之变以后，心情闷闷不乐，左、右神策军蹋毬的集会也因此而十减六七。即使在出席宴会时，奏乐的伎工遍布庭院，文宗也不曾解开愁容。文宗在退朝后闲暇的时候，有时徘徊眺望，有时一个人自言自语地叹息。壬午（十一月十七日），文宗在延英殿对宰相说："朕每次和你们商议天下大事，就不免发愁。"宰相说："治理天下不可能速成。"文宗说："朕每次读书，看到古往今来的君臣事迹，耻为碌碌无为的平凡君主。"李石说："现今南衙和北司的臣僚中，有些小人对陛下还有很多的不满，但愿陛下以宽容的态度对待他们。如果他们中间有人能像刘弘逸、薛季棱那样奉公守法，就应当加以表彰，以劝勉官员们奉公守法。"甲申（十九日），文宗又对宰相说："我和你们商议天下大事后，有些被奸臣所迫而无法实行，退朝后只好喝醇酒，以便大醉，借酒消愁罢了！"宰相回答说："这都是我们的罪过。"

第二百四十六卷

唐纪六十二

译文诵读

文宗元圣昭献孝皇帝下开成三年（戊午，838）

春，正月，甲子，李石入朝，中涂有盗射之，微伤，左右奔散，石马惊，驰归第。又有盗邀击于坊门，断其马尾，仅而得免。上闻之大惊，命神策六军遣兵防卫，敕中外捕盗甚急，竟无所获。乙丑，百官入朝者九人而已。京城数日方安。

中书侍郎、同平章事李石，承甘露之乱，人情危惧，宦官恣横，忘身徇国，故纪纲粗立。仇士良深恶之，潜遣盗杀之，不果。石惧，累表称疾辞位；上深知其故而无如之何。丙子，以石同平章事，充荆南节度使。

四年（己未，839）

冬，十月，乙卯，上就起居舍人魏谟取记注观之，谟不可，曰：“记注兼书善恶，所以儆戒人君。陛下但力为善，不必观史！”上曰：“朕向尝观之。”对曰：“此向日史官之罪也。若陛下自观史，则史官必有所讳避，何以取信于后！”上乃止。

杨妃请立皇弟安王溶为嗣，上谋于宰相，李珏非之。丙寅，立敬宗少子陈王成美为皇太子。

丁卯，上幸会宁殿作乐，有童子缘橦，一夫来往走其下如狂。上怪之，左右曰：“其父也。”上泫然流涕曰：“朕贵为天子，不能全一子！”召教坊刘楚材等四人，宫人张十十等十人责之曰：“构会太子，皆尔曹也，今更立太子，复欲尔邪？”执以付吏，己巳，皆杀之。上因是感伤，旧疾遂增。

乙亥，上疾少间，坐思政殿，召当直学士周墀，赐之酒，因问曰：“朕可方前代何主？”对曰：“陛下尧、舜之主也。”上曰：“朕岂敢比尧、舜！所以问卿者，何如周赧、汉献耳？”墀惊曰：“彼亡国之主，岂可比圣德！”上曰：“赧、献受制于强诸侯，今朕受制于家奴，以此言之，朕殆不如！”因泣下沾襟，墀伏地流涕，自是不复视朝。

五年（庚申，840）

春，正月，己卯，诏立颍王瀍为皇太弟，应军国事权令句当。且言太子成美年尚冲幼，未渐师资，可复封陈王。时上疾甚，命知枢密刘弘逸、薛季棱引杨嗣复、李珏至禁中，欲奉太子监国。中尉仇士良、鱼志弘以太子之立，功不在己，乃言太子幼，且有疾，更议所立。李珏曰："太子位已定，岂得中变！"士良、弘志遂矫诏立瀍为太弟。是日，士良、弘志将兵诣十六宅，迎颍王至少阳院，百官谒见于思贤殿。瀍沈毅有断，喜愠不形于色。与安王溶皆素为上所厚，异于诸王。

辛已，上崩于太和殿。以杨嗣复摄冢宰。

癸未，仇士良说太弟赐杨贤妃、安王溶、陈王成美死。敕大行以十四日殡，成服。谏议大夫裴夷直上言期日太远，不听。时仇士良等追怨文宗，凡乐工及内侍得幸于文宗者，诛贬相继。夷直复上言："陛下自藩维继统，是宜俨然在疚，以哀慕为心，速行丧礼，早议大政，以慰天下。而未及数日，屡诛戮先帝近臣，惊率土之视听，伤先帝之神灵，人情何瞻！国体至重，若使此辈无罪，固不可刑；若其有罪，彼已在天网之内，无所逃伏，旬日之外行之何晚！"不听。

辛卯，文宗始大敛。武宗即位。甲午，追尊上母韦妃为皇太后。

初，上之立非宰相意，故杨嗣复、李珏相继罢去，召淮南节度使李德裕入朝；九月，甲戌朔，至京师，丁丑，以德裕为门下侍郎、同平章事。

开府仪同三司、左卫上将军兼内谒者监仇士良请以开府荫其子为千牛，给事中李中敏判曰："开府阶诚宜荫子，谒者监何由有儿？"士良惭恚。李德裕亦以中敏为杨嗣复之党，恶之，出为婺州刺史。

武宗至道昭肃孝皇帝上会昌元年（辛酉，841）

初，知枢密刘弘逸、薛季棱有宠于文宗，仇士良恶之。上之立，非二人及宰相意，故杨嗣复出为湖南观察使，李珏出为桂管观察使。士良屡谮弘逸等于上，劝上除之，乙未，赐弘逸、季棱死，遣中使就潭、桂州诛嗣复及珏。户部尚书杜悰奔马见李德裕曰："天子年少，新即位，兹事不宜手滑！"丙申，德裕与崔珙、崔郸、陈夷行三上奏，又邀枢密使至中书，使入奏。以为："德宗疑刘晏动摇东宫而杀之，中外咸以为冤，两河不臣者由兹恐惧，得以为辞；德宗后悔，录其子孙。文宗疑宋申锡交通藩邸，窜谪至死；既而追悔，为之出涕。嗣复、珏等若有罪恶，乞更加重贬；必不可容，亦当先行讯鞫，俟罪状著白，诛之未晚。今不谋于臣等，遽遣使诛之，人情莫不震骇。愿开延英赐对！"至晡时，开延英，召德裕等入。

德裕等泣涕极言："陛下宜重慎此举，毋致后悔！"上曰："朕不悔。"三命之坐，德裕等曰："臣等愿陛下免二人于死，勿使既死而众以为冤。今未奉圣旨，臣等不敢坐。"久之，上乃曰："特为卿等释之。"德裕等跃下阶舞蹈。上召升坐，叹曰："朕嗣位之际，宰相何尝比数！李珏、季棱志在陈王，嗣复、弘逸志在安王。陈王犹是文宗遗意，安王则专附杨妃。嗣复仍与妃书云：'姑何不效则天临朝！’向使安王得志，朕那复有今日？”德裕等曰：“兹事暧昧，虚实难知。”上曰：“杨妃尝有疾，文宗听其弟玄思入侍月余，以此得通指意。朕细询内人，情状皎然，非虚也。”遂追还二使，更贬嗣复为潮州刺史，李珏为昭州刺史，裴夷直为驩州司户。

上颇好田猎及武戏，五坊小儿得出入禁中，赏赐甚厚。尝谒郭太后，从容问为天子之道，太后劝以纳谏。上退，悉取谏疏阅之，多谏游猎。自是上出畋稍稀，五坊无复横赐。

二年（壬戌，842）

上信任李德裕，观军容使仇士良恶之。会上将受尊号，御丹凤楼宣赦。或告士良，宰相与度支议草制减禁军衣粮及马刍粟，士良扬言于众曰：“如此，至日，军士必于楼前喧哗！”德裕闻之，乙酉，乞开延英自诉。上怒，遽遣中使宣谕两军：“赦书初无此事。且赦书皆出朕意，非由宰相，尔安得此言！”士良乃惶愧称谢。丁亥，群臣上尊号曰仁圣文武至神大孝皇帝；赦天下。

唐文宗开成三年（戊午，公元838年）

春季，正月，甲子（初五），宰相李石上朝时，半路上有盗贼用弓箭暗杀他，受了轻伤，左右侍从一哄而散。李石的马受惊后驰回他的住宅，又有盗贼在街坊的门口进行拦击，斩断马的尾巴。李石幸免于难。唐文宗得知后大惊，下令神策军和禁军六军派兵防卫宰相，同时下敕，命朝廷内外迅速派人捉拿刺客，最后一无所获。乙丑（初六），百官仅仅九个人去上朝。京城几天后才安定下来。

中书侍郎、同平章事李石在甘露之变以后，在人心恐惧不安、宦官骄横的情况下，为国家忘我操劳，以致朝廷的法制初步恢复，朝政运转基本正常。左神策军护军中尉仇士良因此十分痛恨他，秘密地派遣刺客去暗杀他，没有达到目的。李石非常恐惧，多次以身体有病为由，上表请求辞职。唐文宗完全明白李石辞职的原因，但也无可奈何。丙子（十七日），任命李石以同平章事的头衔，充任荆南节度使。

四年（己未，公元839年）

冬季，十月，乙卯（初七），唐文宗命起居舍人魏谟把记载朝政大事的《起居注》拿来观看。魏谟认为不妥，说：“《起居注》既记载善行，也记载恶事，用来警诫帝王，去恶从善。陛下只管努力勤政为善，而不必观看《起居注》！”文宗说：“过去我曾经看过。”魏谟说：“这是以往史官的过错。如果陛下亲自观看本朝的《起居注》，那么，史官在记载时就会有所避讳，将来怎样让后人相信呢？”文宗这才作罢。

杨妃请求文宗立自己的弟弟安王李溶为太子。文宗和宰相商议，李珏反对。丙寅（十八日），文宗立敬宗的小儿子陈王李成美为皇太子。

丁卯（十九日），文宗亲临会宁殿观赏音乐杂技。有一个儿童表演爬杆，底下有一人来往如狂奔，进行保护。文宗很奇怪，左右侍从说：“那人是这个儿童的父亲。”文宗顿时伤心流泪说：“朕富贵而为天子，却不能保全自己的一个儿子！”于是，召见教坊刘楚材等四人、宫女张十十等十人责斥说：“当初设计陷害皇太子李永，都是你们这些人。现在已重新立皇太子，难道你们还要陷害他吗？”随即命人把他们逮捕。己巳（二十一日），下令全部杀死。文宗由此而感伤不已，旧病逐渐加重。

乙亥（十一月二十七日），唐文宗病情稍有好转，这一天，坐在思政殿，召见翰林院值班学士周墀，赐他一起喝酒，问道：“朕可以和前代的哪些帝王相比？”周墀回答说：“陛下是尧、舜一类的帝王。”文宗说：“朕岂敢和尧、舜相比！我问你的意思是，我是否能赶上周赧王和汉献帝？”周墀大惊，说：“周赧王和汉献帝都是最后亡国的帝王，怎么比得上陛下的大圣大德。”文宗说：“周赧王、汉献帝不过受制于各地强大的诸侯，而今朕受制于宦官家奴。就此而言，我实在还不如他们！”文宗因此哭泣，泪下沾襟。周墀也拜伏在地，流泪不已。从此以后，文宗不再上朝。

五年（庚申，公元840年）

春季，正月，己卯（初二），唐文宗下诏，立颍王李瀍为皇太弟，凡国家大事，由他全权决定。诏令又说，皇太子李成美尚年幼，没有经过老师的训导，仍封为陈王。当时，文宗病重，命知枢密刘弘逸、薛季棱引宰相杨嗣复、李珏来宫中，打算由二人辅佐太子代行皇上职权，处理朝政。左、右神策军护军中尉仇士良、鱼志弘鉴于当初立皇太子的时候，自己没有一点功劳，于是上言，说皇太子年幼，而且有病，建议废除重立。李珏说：“皇太子的地位已定，怎么能轻易改变！”于是仇士良、鱼志弘假称文宗的诏令，立李瀍为皇太弟。当天，仇士良、鱼志弘率禁兵至十六宅宫，迎颍王李瀍到少阳院。接着，百官在思贤殿拜见李瀍。李瀍性情深沉而刚毅，处理问题十分果断，喜怒不形于色。他和安王李溶，都向来为文宗所厚爱，而区别于其他皇子诸王。

辛巳（初四），唐文宗在太和殿驾崩。朝廷任命杨嗣复暂摄冢宰，主持治丧。

癸未（初六），仇士良劝说皇太弟李瀍下令，命杨贤妃、安王李溶、陈王李成美自尽。李瀍又下敕，命于本月十四日举行文宗入棺大殓的仪式，凡亲属和百官等一律穿上丧服。谏议大夫裴夷直上言大殓的日期太远，李瀍不听。这时，仇士良等人仍怨恨文宗，于是，凡教坊的乐工和曾经被文宗宠爱的宦官，相继被诛杀或贬逐。裴夷直又上言说：“陛下由藩王的身份继承帝位，所以应当像真正忧病一样，尽心哀悼文宗皇帝，迅速举行丧礼，从而早日亲政，以便安抚天下人心。但现在文宗皇帝去世还不到几天，就多次诛杀他的亲近臣僚，以致各地的官员都被惊扰，先帝的神灵不免也被伤害。这样下去，人们会怎样看待陛下呢？现在，国家的体面最为重要，假如先帝的亲近臣僚无罪，就不应惩罚他们；假如有罪，他们已经处于国家法律的天罗地网之中，无法脱逃，等十天后先帝入棺大殓结束，再加惩罚也不晚！”李瀍不听。

辛卯（十四日），文宗的尸体正式入棺大殓。同日，武宗李瀍即位。甲午（十七日），武宗追尊母亲韦妃为皇太后。

当初，武宗被立为皇太弟，不是出于宰相的建议。所以，武宗即位后，相继罢免宰相杨嗣复、李珏的职务，召淮南节度使李德裕来京。九月，甲戌朔（初一），李德裕抵达京城。丁丑（初四），李德裕被任命为门下侍郎、同平章事。

开府仪同三司、左卫上将军兼内谒者监仇士良请求朝廷批准，根据自己的官爵等级，授予儿子千牛备身的职务。给事中李中敏批文说：“按照开府仪同三司的品级，应当授予他的儿子官位，但仇士良作为宦官，怎么能有儿子呢？”仇士良惭愧而愤怒。李德裕也因为李中敏是杨嗣复的党羽，因而厌恶他，把他调出朝廷担任婺州刺史。

唐武宗会昌元年（辛酉，公元841年）

当初，知枢密刘弘逸、薛季棱很得唐文宗的宠信，因而仇士良厌恶他二人。唐武宗即位，并非出于刘、薛二人和宰相的本意，所以武宗即位后，罢免宰相杨嗣复、李珏的职务，把他们调出朝廷，分别担任湖南观察使和桂管观察使。仇士良又多次在武宗面前说刘弘逸等人的坏话，劝武宗诛除他们。乙未（三月二十四日），武宗命刘弘逸、薛季棱自尽，并派宦官前往潭州、桂州杀杨嗣复和李珏。户部尚书杜悰得知后，急忙骑马去见李德裕，说：“皇上年轻，刚刚即位，这件事不应当让他放手蛮干！”丙申（二十五日），李德裕和同僚崔珙、崔郸、陈夷行联名几次上奏，又邀请枢密使到中书省，让他们也劝阻武宗。李德裕等人的奏折说：“过去，德宗曾怀疑刘晏动摇自己当初为皇太子时的地位，因而把他诛杀。朝廷内外的官员都认为刘晏冤枉，黄河南北割据跋扈的藩镇因而都感到恐惧，于是，以此为理由，更加骄横跋扈。德宗后来悔悟，录用刘晏的子孙到朝廷做官。文宗曾

唐武宗李瀍像

猜疑宋申锡和漳王李凑交结，结果，贬逐宋申锡，以至于死。但后来又后悔，为宋申锡冤死而流泪。杨嗣复、李珏等人如果真有罪恶，请求陛下再加重贬。假如陛下还不能容忍，也应当先进行审讯，待他们的犯罪事实昭然若揭，再杀也不晚。现在，陛下不和我们商议，就急忙派使者前往诛杀，百官得知后，无不震惊。希望陛下开延英殿让我们当面奏对！”直到傍晚，武宗才命开延英殿，召见李德裕等人。

李德裕等人哭泣着，极力劝阻武宗说：“陛下应慎重地决定这件事，不要以后再后悔！”武宗说：“朕不后悔。”随即几次命李德裕等人坐下。李德裕等人说：“我们希望陛下赦免杨嗣复和李珏的死刑，以免二人死后，百官都认为冤枉。现在，陛下尚未批准，我们不敢坐。”过了很久，武宗才说：“朕考虑到你们的请求，特此赦免他们。”李德裕等人高兴地跳下台阶，向武宗行舞蹈礼。武宗命李德裕等人向前坐下，感叹地说：“朕被立为皇太弟的时候，当时的宰相哪里曾想到要我继位！李珏、薛季棱的意图是立陈王李成美，杨嗣复、刘弘逸的意图是立安王李溶。立陈王还算是文宗的遗言，立安王，则是专意阿附杨妃。据说杨嗣复曾给杨妃写信说：‘您为什么不效法武则天而临朝称帝！’假如安王被立为皇太子继承帝位，朕哪里还有今日？”李德裕等人说：“这件事十分暧昧，是真是假难以得知。”武宗说：“杨妃曾经患病，文宗同意他的弟弟到宫中侍候过一个多月，杨嗣复就是通过他向杨妃转达自己的书信的。朕已经仔细问过宫中的宦官，事实一清二楚，绝不是虚构。”于是，武宗派人追回诛杀杨嗣复和李珏的使者，再贬杨嗣复为潮州刺史，李珏为昭州刺史，裴夷直为驩州司户。

唐武宗十分喜爱打猎，以及蹋球、骑射、摔跤等习拳练武一类的游戏。于是，五坊使下属的当差杂役得以出入宫中，武宗常常给予他们优厚的赏赐。一次，武宗到兴庆宫去看望祖母郭太后，从容不迫地问她怎样当好皇帝，太后劝武宗虚心听取百官的劝阻。武宗回宫后，把百官规劝自己的上疏都拿出来阅览，发现百官大多劝阻自己游乐打猎。从此以后，武宗外出打猎逐渐减少，对于五坊的当差杂役也不再随便赏赐。

二年（壬戌，公元842年）

唐武宗信任宰相李德裕，观军容使仇士良因此憎恨李德裕。这时，武宗即将由百官上尊号，御临丹凤楼宣赦天下。于是，有人告诉仇士良，说宰相正和度支商议起草制书，减少禁军的衣粮待遇，以及军马的草料。仇士良在稠人广众中扬言说：“如果这样，那么到了百官上尊号的那天，禁军军士肯定要在丹凤楼前喧哗闹事！”李德裕得知后，乙酉（四月二十一日），请求武宗开延英殿，让自己当面申诉。武宗得知后大怒，立即派宦官转告左、右神策军中尉说：“赦书从一开始就没有这方面的内容，况且赦书的内容都出自朕的本意，而不是宰相的意思，你们怎能这样讲！”仇士良惊慌而惭愧，连连谢罪。丁亥（二十三日），君臣为武宗上尊号，称为仁圣文武至神大孝皇帝。然后，武宗大赦天下。

第二百四十七卷

唐纪六十三

译文诵读

武宗至道昭肃孝皇帝中会昌三年（癸亥，843）

夏，四月，辛未，李德裕乞退就闲局，上曰：“卿每辞位，使我旬日不得所。今大事皆未就，卿岂得求去！”

初，昭义节度使刘从谏累表言仇士良罪恶，士良亦言从谏窥伺朝廷。及上即位，从谏有马高九尺，献之，上不受。从谏以为士良所为，怒杀其马，由是与朝廷相猜恨。遂招纳亡命，缮完兵械，邻境皆潜为之备。

从谏疾病，谓妻裴氏曰：“吾以忠直事朝廷，而朝廷不明我志，诸道皆不我与。我死，他人主此军，是吾家无炊火矣！”乃与幕客张谷、陈扬庭谋效河北诸镇，以弟右骁卫将军从素之子稹为牙内都知兵马使，从子匡周为中军兵马使，孔目官王协为押牙亲事兵马使，以奴李士贵为使宅十将兵马使，刘守义、刘守忠、董可武、崔玄度分将牙兵。谷，郓州人；扬庭，洪州人也。

从谏寻薨，稹秘不发丧。王协为稹谋曰：“正当如宝历年样为之，不出百日，旌节自至。但严奉监军，厚遗敕使，四境勿出兵，城中暗为备而已。”使押牙姜崟奏求国医，上遣中使解朝政以医问疾。稹又逼监军崔士康奏称从谏疾病，请命其子稹为留后。上遣供奉官薛士干往谕指云：“恐从谏疾未平，宜且就东都疗之；俟稍瘳，别有任使。仍遣稹入朝，必厚加官爵。”

上以泽潞事谋于宰相，宰相多以为：“回鹘余烬未灭，边境犹须警备，复讨泽潞，国力不支，请以刘稹权知军事。”谏官及群臣上言者亦然。李德裕独曰：“泽潞事体与河朔三镇不同。河朔习乱已久，人心难化，是故累朝以来，置之度外。泽潞近处心腹，一军素称忠义，尝破走朱滔，擒卢从史。顷时多用儒臣为帅，如李抱真成立此军，德宗犹不许承袭，使李缄护丧归东都。敬宗不恤国务，宰相又无远略，刘悟之死，因循以授从谏。从谏跋扈难制，累上表迫胁朝廷，今垂死之际，复以兵权擅付竖子。朝廷若又因而授之，则四方诸镇谁不思效其所为，天子威令不复行矣！”上曰：“卿以何术制之？果可克否？”对曰：“稹所恃者河朔三镇。但得镇、魏不与之同，则稹无能为也。若遣重臣往谕王元逵、何弘敬，以河朔自艰难以来，列圣许其传袭，已成故事，与泽潞不同。今朝廷将加兵泽潞，不欲更出禁军至山东。其山东三州隶昭义者，委两镇攻之；兼令遍谕将士，以贼平之日厚加官赏。苟两镇听命，不从旁沮桡官军，则稹必成擒矣！”上喜曰：“吾与德裕同之，保无后悔。”遂决意讨稹，群臣言者不复入矣。

上命德裕草诏赐成德节度使王元逵、魏博节度使何弘敬，其略曰：“泽潞一镇，与卿事体不同，勿为子孙之谋，欲存辅车之势。但能显立功效，自然福及后昆。”丁丑，上临朝，称其语要切，曰：“当如此直告之是也！”又赐张仲武诏，以“回鹘余烬未灭，塞上多虞，专委卿御侮。”元逵、弘敬得诏，悚息听命。

上虽外尊宠仇士良，内实忌恶之。士良颇觉之，遂以老病求散秩。诏以左卫上将军兼内侍监、知省事。

李德裕言于上曰：“议者皆云刘悟有功，稹未可亟诛，宜全恩礼。请下百官议，以尽人情。”上曰：“悟亦何功，当时迫于救死耳，非素心徇国也。藉使有功，父子为将相二十余年，国家报之足矣，稹何得复自立！朕以为凡有功当显赏，有罪亦不可苟免也。”德裕曰：“陛下之言，诚得理国之要。”

癸酉，仇士良以左卫上将军、内侍监致仕。其党送归私第，士良教以固权宠之术曰：“天子不可令闲，常宜以奢靡娱其耳目，使日新月盛，无暇更及他事，然后吾辈可以得志。慎勿使之读书，亲近儒生，彼见前代兴亡，必知忧惧，则吾辈疏斥矣。”其党拜谢而去。

丙子，诏王元逵、李彦佐、刘沔、王茂元、何弘敬以七月中旬五道齐进，刘稹求降皆不得受。又诏刘沔自将兵取仰车关路以临贼境。

甲戌，薛茂卿破科斗寨，擒河阳大将马继等，焚掠小寨一十七，距怀州才十余里。茂卿以无刘稹之命，故不敢入。时议者鼎沸，以为刘悟有功，不可绝其嗣。又，从谏养精兵十万，粮支十年，如何可取！上亦疑之，以问李德裕，对曰：“小小进退，兵家之常。愿陛下勿听外议，则成功必矣！”上乃谓宰相曰：“为我语朝士；有上疏沮议者，我必于贼境上斩之！”议者乃止。

四年（甲子，844）

上好神仙，道士赵归真得幸，谏官屡以为言。丙子，李德裕亦谏曰：“归真，敬宗朝罪人，不宜亲近！”上曰：“朕宫中无事时与之谈道涤烦耳。至于政事，朕必问卿等与次对官，虽百归真不能惑也。”德裕曰：“小人见势利所在，则奔趣之，如夜蛾之投烛。闻旬日以来，归真之门，车马辐凑。愿陛下深戒之！”

唐武宗会昌三年（癸亥，公元843年）

夏季，四月，辛未（十三日），宰相李德裕乞请辞职，退居闲散的职位。唐武宗说："你每次提出辞职，都让我十来天心神不宁，现在，朝廷的大政方针还都没有安排就绪，你怎么能辞职呢！"

当初，昭义节度使刘从谏多次上表指斥左神策军护军中尉仇士良的罪行，仇士良也向朝廷上言，说刘从谏窥伺朝廷的动向。唐武宗即位以后，刘从谏把自己一匹高达九尺的良马献给武宗，武宗拒绝没有接受。刘从谏认为是仇士良从中作梗，大怒，杀掉了这匹良马。从此以后，和朝廷之间相互猜忌怨恨。于是，招收亡命之徒，修造完善各种兵器军械。与昭义邻接的藩镇都秘密地防备他。

唐皮囊式银壶

后来，刘从谏身患疾病，对他的妻子裴氏说："我对朝廷忠心直言，但朝廷却不明了我的心意，各个藩镇也都不了解我。我死了以后，如果朝廷另外派人来担任昭义节度使，我们家的香火从此也就断绝了！"于是，他和幕僚张谷、陈扬庭密谋效法河北藩镇，实行割据，任命他的弟弟右骁卫将军刘从素的儿子刘稹为牙内都知兵马使，侄子刘匡周为中军兵马使，孔目官王协为押牙亲事兵马使，家奴李士贵为使宅十将兵马使。命令刘守义、刘守忠、董可武、崔玄度分别统辖亲兵。张谷是郓州人；陈扬庭是洪州人。

不久，刘从谏去世，刘稹封锁消息，不为刘从谏治丧。王协为刘稹谋划说："现在，只要你按照宝历元年刘悟去世后，刘从谏得以世袭而为节度使那样行事，尊奉监军，对朝廷的使者厚加贿赂，四邻边境切勿出兵侵扰，城中秘密地进行防备。这样，不出一百天，朝廷任命你为节度使的旌节自然就会送来。"于是，刘稹命押牙姜崟向朝廷上奏，请求派宫廷中著名的医生为刘从谏治病。武宗派遣宦官解朝政携朝廷医官前往昭义，为刘从谏诊断。刘稹又逼迫监军崔士康上奏，说刘从谏身患疾病，请求朝廷任命他的侄子刘稹为留后。武宗于是又派供奉官薛士干出使昭义，传达武宗的旨意说："朝廷恐怕刘从谏的病一直不好，因此让他暂且到东都洛阳去治病，等到病情逐渐好转，再另外安排任命。并让刘从谏命刘稹到京城朝拜，朝廷必定授予优厚的官爵。"

唐武宗召集宰相商议如何处置昭义的事宜，多数宰相认为："回鹘的残余还未消灭，边境仍然需要加强防守。现在，又要征讨昭义，恐怕国家的财政难以支持。因此，请求任命刘稹暂为昭义留后。"谏官和凡是上言朝廷的百官也都持同样看法。只有宰相李德裕说："昭义的情况和河朔地区的魏博、成德、幽州三个割据跋扈的藩镇不同。河朔地区割据跋扈已有很长时间，人心难以感化，所以，几朝皇上都承认现状，不再讨伐他们。昭义则邻近京城，处于国家的心腹地区。昭义的将士向来以忠义而闻名，曾经在贞元元年出兵击退幽州节度使朱滔的叛乱，元和三年擒拿本镇的叛将卢从史。过去，朝廷大多任用文官担任昭义节度使。如李抱真，最初组建昭义的军队，有很大的功劳，唐德宗仍不许他的儿子李缄世袭为该镇的节度使，命令他护送父亲的灵柩回归东都洛阳。后来，唐敬宗不理朝政，当时的宰相也缺乏远见卓识，因此，在节度使刘悟去世后，命他的儿子刘从谏世袭担任了节度使。刘从谏跋扈骄横，朝廷难以控制，他多次上表逼迫威胁朝廷。现在，在临死的时候，又擅自把兵权传给自己的侄子。如果朝廷又沿袭过去的惯例，任命刘稹为节度使，那么，全国各地的藩镇谁不想效法他们的做法。这样一来，皇上的威严和诏令也就难以在全国贯彻执行了！”武宗问：“你有什么办法能够制服刘稹？而且，果真能够奏效吗？”李德裕回答说：“刘稹所依赖的是河朔魏博、成德和幽州三个割据藩镇。如果能使成德和魏博不与他相互勾结，那么，刘稹就无所作为了。假如朝廷能够派遣一位德高望重的大臣前往成德和魏博，向两镇的节度使王元逵、何弘敬转达皇上的旨意，说明自从安史之乱以后，历代皇上许可他们传位子孙，世袭节度使，已经成为惯例，和昭义不同。现在，朝廷准备出兵讨伐昭义，但不打算派禁军攻打昭义在太行山以东的邢、洺、磁三州，而命成德和魏博两镇攻讨；同时也向这两个藩镇的将士转达皇上的旨意，在平定昭义的叛乱后，朝廷将给予将士优厚的官爵和赏赐。如果成德和魏博听从朝廷的命令，不从旁阻挠官军的行动，那么，刘稹肯定会被官军擒获！”武宗大喜，说：“我和德裕意见一致，以后保证不后悔。”于是，决心讨伐刘稹，百官再有人上言劝阻，武宗不再听取。

武宗命李德裕起草给成德节度使王元逵、魏博节度使何弘敬的诏令，大略说：“昭义和你们两镇的情况不同，你们不必为自己的子孙考虑，而和刘稹相互勾结，互相依存。只要在讨伐刘稹时卓立战功，朝廷自然承认你们两镇的现状，允许传位于子孙。”丁丑（十九日），武宗上朝时，称赞李德裕起草的诏令切中要害，说：“就应当这样直言不讳地告诉他们！”接着，又命德裕起草给幽州节度使张仲武的诏令，说：“回鹘的残余还没有消灭干净，北方边境不免遭受侵扰。现在，朝廷委任你专门防备。”王元逵、何弘敬二人接到朝廷诏令后，都恐惧惊慌，表示听从。

唐武宗虽然在外表上尊重和宠遇左神策军护军中尉仇士良，心中其实非常忌恨厌恶他。仇士良也逐渐感觉到了，于是，以年老多病为由，请求辞职担任散官。武宗因此下诏，任命他为左卫上将军兼内侍监，主持内侍省的事宜。

李德裕对武宗说：“现在，凡是议论昭义的官员都说，刘悟曾经立过战功，因此不可匆忙诛讨他的孙子刘稹，应当保全朝廷对他以往的恩典。我请求陛下将此事交百官讨论，以便让大家充分发表意见。”武宗说：“刘悟有什么功劳，当年他起兵诛杀李师道，只不过是迫于李师道要杀他，为了自救而已，并非一贯忠于朝廷。即使他有战功，父子二人担任将相职务二十多年，国家对他的报答也足够了。现在，刘稹凭什么又要世袭自立！朕认为凡是对国家有功的人，都应当重赏。但如果犯罪，也不可苟且赦免。”李德裕说：“陛下这番话，确实抓住了治理国家的关键。”

癸酉（六月十六日），仇士良以左卫上将军、内侍监的职位退休。他的党羽送他返回家中，仇士良教给他们保持权力和恩宠的秘诀，说：“对于天子，不能让他有闲暇的时间。应当经常变换花样，供他游戏玩乐，以便沉湎于骄奢侈靡的生活之中，无暇顾及朝政。这样，我们才可以得志。千万不要让他读书，亲近读书人。如果天子喜爱读书，明白了以前各个朝代兴亡更替的经验教训，惧怕丧失政权，就会励精图治，那么，我们就会被斥责疏远。”他的党羽都下拜感谢，然后离去。

丙子（十九日），唐武宗下诏，命王元逵、李彦佐、刘沔、王茂元、何弘敬五个藩镇，于七月中旬共同进兵讨伐刘稹。刘稹如果请求投降，都不得接受。同时又下诏命刘沔亲自率兵，取道仰车关，以兵临昭义的边境。

甲戌（八月十八日），昭义衙内十将薛茂卿率兵攻破河阳的科斗寨，擒获河阳大将马继等人，焚烧并掠夺河阳的小营寨十七个，进兵距怀州十几里才停止。薛茂卿鉴于没有刘稹的命令，所以才没敢进攻怀州。朝廷得知后，议论哗然，百官都认为刘悟过去有功，不应该讨伐灭绝他的后代。又有人说，刘从谏豢养精兵十万，储存的粮食可以支持十年，怎么能够轻易攻取！武宗也感到疑惑，问李德裕，李德裕说：“小小失败，是兵家的常事。希望陛下不要听外人的议论，肯定讨伐昭义能够成功！”于是，武宗对宰相说：“请向百官转达我的命令，如果有人胆敢上疏劝阻讨伐昭义，我一定要在贼兵的边境上把他斩首！”百官的议论这才停止。

四年（甲子，公元844年）

唐武宗喜好道教的神仙，于是，道士赵归真等人得到宠爱。谏官多次上言劝阻武宗。丙子（四月二十三日），李德裕劝阻武宗说：“赵归真是敬宗朝的罪人，这种人不应当亲近！”武宗说：“朕只不过是在宫中没事的时候和他谈论道教，以便解除烦闷罢了。至于朝政大事，朕肯定要和你以及其他宰相、次对官商议，即使有一百个赵归真，也不可能迷惑我。”李德裕说：“小人唯利是图，看到有利的地方，就拼命钻营，就像黑夜中的飞蛾扑向烛火一样。听说近十多天以来，赵归真的门口，车马拥挤，不少人看他得陛下的宠爱，争相去和他交结。希望陛下深加戒备！”

第二百四十八卷　唐纪六十四

译文诵读

武宗至道昭肃孝皇帝下会昌四年（甲子，844）

王协荐王钊为洺州都知兵马使；钊得众心，而多不遵使府约束，同列高元武、安玉言其有贰心。稹召之，钊辞以“到洺州未立少功，实所惭恨，乞留数月，然后诣府。”许之。

王协请税商人，每州遣军将一人主之，名为税商，实籍编户家赀，至于什器无所遗，皆估为绢匹，十分取其二，率高其估。民竭浮财及糗粮输之，不能充，皆汹汹不安。

军将刘溪尤贪残，刘从谏弃不用；溪厚赂王协，协以邢州富商最多，命溪主之。裴问所将兵号“夜飞”，多富商子弟，溪至，悉拘其父兄；军士诉于问，问为之请，溪不许，以不逊语答之。问怒，密与麾下谋杀溪归国，并告刺史崔嘏，嘏从之。丙子，嘏、问闭城，斩城中大将四人，请降于王元逵。时高元武在党山，闻之，亦降。

先是使府赐洺州军士布，人一端，寻有帖以折冬赐。会税商军将至洺州，王钊因人不安，谓军士曰：“留后年少，政非己出。今仓库充实，足支十年，岂可不少散之以慰劳苦之士！使帖不可用也。”乃擅开仓库，给士卒人绢一匹，谷十二石，士卒大喜。钊遂闭城请降于何弘敬。安玉在磁州，闻二州降，亦降于弘敬。尧山都知兵马使魏元谈等降于王元逵，元逵以其久不下，皆杀之。

八月，辛卯，镇、魏奏邢、洺、磁三州降，宰相入贺。李德裕曰：“昭义根本尽在山东，三州降，则上党不日有变矣。”上曰：“郭谊必枭刘稹以自赎。”德裕曰：“诚如圣料。”上曰：“于今所宜先处者何事？”德裕请以卢弘止为三州留后，曰“万一镇、魏请占三州，朝廷难于可否。”上从之。诏山南东道兼昭义节度使卢钧乘驿赴镇。

潞人闻三州降，大惧。郭谊、王协谋杀刘稹以自赎；稹再从兄中军使匡周兼押牙，谊患之，言于稹曰：“十三郎在牙院，诸将皆莫敢言事，恐为十三郎所疑而获罪，以此失山东。今诚得十三郎不入，则诸将始敢尽言，采于众人，必获长策。”

稹召匡周谕之，使称疾不入。匡周怒曰："我在院中，故诸将不敢有异图；我出院，家必灭矣！"稹固请之，匡周不得已，弹指而出。

谊令稹所亲董可武说稹曰："山东之叛，事由五舅，城中人人谁敢相保！留后今俗何如？"稹曰："今城中尚有五万人，且当闭门坚守耳。"可武曰："非良策也。留后不若束身归朝，如张元益，不失作刺史。且以郭谊为留后，俟得节之日，徐奉太夫人及室家金帛归之东都，不亦善乎？"稹曰："谊安肯如是？"可武曰："可武已与之重誓，必不负也。"乃引谊入。稹与之密约既定，乃白其母，母曰："归朝诚为佳事，但恨已晚。吾有弟不能保，安能保郭谊！汝自图之！"稹乃素服出门，以母命署谊都知兵马使。王协已戒诸将列于外厅，谊拜谢稹已，出见诸将，稹治装于内厅。李士贵闻之，帅后院兵数千攻谊。谊叱之曰："何不自取赏物，乃欲与李士贵同死乎！"军士乃退，共杀士贵。谊易置将吏，部署军士，一夕俱定。

明日，使董可武入谒稹曰："请议公事。"稹曰："何不言之！"可武曰："恐惊太夫人。"乃引稹步出牙门，至北宅，置酒作乐。酒酣，乃言："今日之事欲全太尉一家，须留后自图去就，则朝廷必垂矜闵。"稹曰："如所言，稹之心也。"可武遂前执其手，崔玄度自后斩之，因收稹宗族，匡周以下至襁褓中子皆杀之。又杀刘从谏父子所厚善者张谷、陈扬庭、李仲京、郭台、王羽、韩茂章、茂实、王渥、贾庠等凡十二家，并其子侄甥婿无遗。仲京，训之兄；台，行余之子；羽，涯之从孙；茂章、茂实，约之子；渥，璠之子；痒，竦之子也。甘露之乱，仲京等亡归从谏，从谏抚养之。凡军中有小嫌者，谊日有所诛，流血成泥。乃函稹首，遣使奉表及书，降于王宰。首过泽州，刘公直举营恸哭，亦降于宰。

乙未，宰以状闻。丙申，宰相入贺。李德裕奏："今不须复置邢、洺、磁留后，但遣卢弘止宣慰三州及成德、魏博两道。"上曰："郭谊宜如何处之？"德裕曰："刘稹騃孺子耳，阻兵拒命，皆谊为之谋主；及势孤力屈，又卖稹以求赏。此而不诛，何以惩恶！宜及诸军在境，并谊等诛之！"上曰："朕意亦以为然。"乃诏石雄将七千人入潞州，以应谣言。杜悰以馈运不给，谓谊等可赦，上熟视不应。德裕曰："今春泽潞未平，太原复扰，自非圣断坚定，二寇何由可平！外议以为若在先朝，赦之久矣。"上曰："卿不知文宗心地不与卿合，安能议乎！"罢卢钧山南东道，专为昭义节度使。

戊戌，刘稹传首至京师。诏："昭义五州给复一年，军行所边州县免今年秋税。昭义自刘从谏以来，横增赋敛，悉从蠲免。所籍土团并纵遣归农。诸道将士有功者，等级加赏。"

郭谊既杀刘稹，日望旌节；既久不闻问，乃曰："必移他镇。"于是阅鞍马，治行装；及闻石雄将至，惧失色。雄至，谊等参贺毕，敕使张仲清曰："郭都知告身来日当至；诸高班告身在此，晚牙来受之！"乃以河中兵环毬场，晚牙，谊等至，唱名引入，凡诸将桀黠拒官军者，悉执送京师。加何弘敬同平章事。丁未，诏发刘从谏尸，暴于潞州市三日；石雄取其尸置毬场斩剉之。

戊申，加李德裕太尉、赵国公，德裕固辞。上曰："恨无官赏卿耳！卿若不应得，朕必不与卿。"

丁巳，卢钧入潞州。钧素宽厚爱人，刘稹未平，钧已领昭义节度，襄州士卒在行营者，与潞人战，常对陈扬钧之美。及赴镇，入天井关，昭义散卒归之者，钧皆厚抚之，人情大洽，昭义遂安。

刘稹将郭谊、王协、刘公直、安全庆、李道德、李佐尧、刘武德、董可武等至京师，皆斩之。

李德裕怨太子太傅东都留守牛僧孺、湖州刺史李宗闵，言于上曰："刘从谏据上党十年，太和中入朝，僧孺、宗闵执政，不留之，加宰相纵去，以成今日之患，竭天下力乃能取之，皆二人之罪也。"德裕又使人于潞州求僧孺、宗闵与从谏交通书疏，无所得，乃令孔目官郑庆言从谏每得僧孺、宗闵书疏，皆自焚毁。诏追庆下御史台按问，中丞李回、知杂郑亚以为信然。河南少尹吕述与德裕书，言稹破报至，僧孺出声叹恨。德裕奏述书，上大怒，以僧孺为太子少保、分司，宗闵为漳州刺史；戊子，再贬僧孺汀州刺史，宗闵漳州长史。

十一月，复贬牛僧孺循州长史，宗闵长流封州。

五年（乙丑，845）

祠部奏括天下寺四千六百，兰若四万，僧尼二十六万五百。

上恶僧尼耗蠹天下，欲去之，道士赵归真等复劝之；乃先毁山野招提，兰若，敕上都、东都两街各留二寺，每寺留僧三十人；天下节度、观察使治所及同、华、商、汝州各留一寺，分为三等：上等留僧二十人，中等留十人，下等五人。余僧及尼并大秦穆护、袄僧皆勒归俗。寺非应留者，立期令所在毁撤，仍遣御史分道督之。财货田产并没官，寺材以葺公廨驿舍，铜像、钟磬以铸钱。

八月，李德裕等奏："东都九庙神主二十六，今贮于太微宫小屋，请以废寺材复修太庙。"

壬午，诏陈释教之弊，宣告中外。凡天下所毁寺四千六百余区，归俗僧尼二十六万五百人，大秦穆护、袄僧二千余人，毁招提、兰若四万余区。收良田数千万顷，奴婢十五万人。所留僧皆隶主客，不隶祠部。百官奉表称贺。寻又诏东都止留僧二十人，诸道留二十人者减其半，留十人者减三人，留五人者更不留。

五台僧多亡奔幽州。李德裕召进奏官谓曰："汝趣白本使，五台僧为将必不如幽州将，为卒必不如幽州卒，何为虚取容纳之名，染于人口！独不见近日刘从谏招聚无算闲人，竟有何益！"张仲武乃封二刀付居庸关曰："有游僧入境则斩之。"

上饵方士金丹，性加躁急，喜怒不常。冬，十月，上问李德裕以外事，对曰："陛下威断不测，外人颇惊惧。向者寇逆暴横，固宜以威制之；今天下既平，愿陛下以宽理之，但使得罪者无怨，为善者不惊，则为宽矣。"

上自秋冬以来，觉有疾，而道士以为换骨。上秘其事，外人但怪上希复游猎，宰相奏事者亦不敢久留。诏罢来年正旦朝会。

六年（丙寅，846）

上自正月乙卯不视朝，宰相请见，不许；中外忧惧。

初，宪宗纳李锜妾郑氏，生光王怡。怡幼时，宫中皆以为不慧，太和以后，益自韬匿，群居游处，未尝发言。文宗幸十六宅宴集，好诱其言以为戏笑，上性豪迈，尤所不礼。及上疾笃，旬日不能言。诸宦官密于禁中定策，辛酉，下诏称："皇子冲幼，须选贤德，光王怡可立为皇太叔，更名忱，应军国政事令权句当。"太叔见百官，哀戚满容；裁决庶务，咸当于理，人始知有隐德焉。

甲子，上崩。以李德裕摄冢宰。丁卯，宣宗即位。宣宗素恶李德裕之专，即位之日，德裕奉册；既罢，谓左右曰："适近我者非太尉邪？每顾我，使我毛发洒淅。"夏，四月，辛未朔，上始听政。

壬申，以门下侍郎、同平章政事李德裕同平章事，充荆南节度使。德裕秉权日久，位重有功，众不谓其遽罢，闻之莫不惊骇。甲戌，贬工部尚书、判盐铁转运使薛元赏为忠州刺史，弟京兆少尹、权知府事元龟为崖州司户，皆德裕之党也。

杖杀道士赵归真等数人，流罗浮山人轩辕集于岭南。五月，乙巳，赦天下。上京两街先听留两寺外，更各增置八寺；僧、尼依前隶功德使，不隶主客，所度僧、尼仍令祠部给牒。

以循州司马牛僧孺为衡州长史，封州流人李宗闵为郴州司马，恩州司马崔珙为安州长史，潮州刺史杨嗣复为江州刺史，昭州刺史李珏为郴州刺史。僧孺等五相皆武宗所贬逐，至是，同日北迁。宗闵未离封州而卒。

二年（戊辰，848）

秋，九月，甲子，再贬潮州司马李德裕为崖州司户，湖南观察使李回为贺州刺史。

十一月，庚午，万寿公主适起居郎郑颢。颢，䌹之孙，登进士第，为校书郎、右拾遗内供奉，以文雅著称。公主，上之爱女，故选颢尚之。有司循旧制请用银装车，上曰："吾欲以俭约化天下，当自亲者始。"令依外命妇以铜装车。诏公主执妇礼，皆如臣庶之法，戒以毋得轻夫族，毋得预时事。又申以手诏曰："苟违吾戒，必有太平、安乐之祸。"颢弟𫖮，尝得危疾，上遣使视之，还，问"公主何在？"曰："在慈恩寺观戏场。"上怒，叹曰："我怪士大夫家不欲与我家为婚，良有以也！"亟命召公主入宫，立之阶下，不之视。公主惧，涕泣谢罪。上责之曰："岂有小郎病，不往省视，乃观戏乎！"遣归郑氏。由是终上之世，贵戚皆兢兢守礼法，如山东衣冠之族。

唐武宗会昌四年（甲子，公元844年）

昭义军府押牙王协推荐王钊为洺州都知兵马使。王钊很得部众的心，而其部众大都不遵从节度使府的约束，王钊的同僚将领高元武、安玉声言王钊有二心。刘稹召王钊，王钊推辞说："到洺州来没有立下多少功劳，实在是惭愧自恨，乞求再留任州几个月，然后再回节度使府效劳。"刘稹也只好准许。

王协又请刘稹向商人收税，洺州派遣军将一人主持收税事宜。名义上说是收税，实际上却是把所有百姓的财产都登记造册，以至于连家庭日用器具也一扫无遗。这些器具全用来估价折算成绢匹，按其价值十分收取其二，并动不动就将其价估高，多收税钱。百姓虽然竭尽浮财以及存粮交纳给军府，也无法充实军府的税收，以致群情激愤，上下不安。

昭义军将刘溪尤其贪暴残忍，以前刘从谏对他弃而不用。刘溪用丰厚的财物贿赂王协，王协见邢州富商最多，任命刘溪为邢州主税官。当时裴问所率领的兵将号称"夜飞"，大多是富商子弟，刘溪到邢州主税，将他们的父兄全部拘捕。夜飞军士向裴问申诉，裴问为他们向刘溪求情，并请求释放士兵家属，刘溪不许，竟用极不礼貌的语言回答裴问。裴问勃然大怒，秘密与麾下谋划杀刘溪，归降朝廷，并告知邢州刺史崔嘏，崔嘏表示赞同。丙子（闰七月二十五日），崔嘏、裴问将邢州城关闭，斩城中四员大将，向成德节度使王元逵请降。当时高元武在党山，闻知此讯，也向官军投降。

先前昭义节度使府曾赐给洺州军士布匹，每人得一端，不久使府又下帖文，要以这一端布折充为冬赐。恰值使府派遣的税商军将来到洺州，致使人心不安。王钊趁机向军士鼓动说："留后刘稹年少，军政命令并非由刘稹所出。今军府仓库充实，足可支付十年的用度，岂可以不稍微散出一些财物，用以慰劳辛苦备至的士兵！节度使府的使帖我们不能从命。"于是擅自打开仓库，分给士卒每人绢一匹，谷十二石，士卒皆大为欢喜。王钊趁势关闭洺州城门，请降于魏博节度使何弘敬。安玉在滋州，闻知邢州、洺州都已投降，也以磁州请降于何弘敬。尧山都知兵马使魏元谈等也降于成德节度使王元逵，王元逵对魏元谈等人据守尧山久攻不克，于是，将他们全都杀掉。

八月，辛卯（十一日），镇州、魏州藩镇使府向朝廷上奏，称邢、洺、磁三州皆已投降，宰相们入朝向唐武宗庆贺。李德裕对唐武宗说："昭义镇的根本尽在太行山以东，邢、洺、磁三州归降朝廷后，上党肯定在不久之内会有变故。"唐武宗说："郭谊必定会斩下刘稹的首级，挂在竹竿上，归降朝廷以赎自己的罪。"李德裕回答说："实际情况必定会如皇上所预料的那样。"唐武宗说："那么，现在首先应该处理什么事呢？"李德裕请求以卢弘止为邢、洺、磁三州留后，说："万一镇、魏藩镇请求占有三州，朝廷将难于表态。"唐武宗同意了李德裕的请求，颁下诏书任命山南东道兼昭义节度使卢钧乘驿马赶赴镇治。

潞州人听说邢、洺、磁三州降唐，大为恐惧。郭谊、王协密谋杀刘稹以向朝廷赎罪；刘稹的远房堂兄中军使刘匡周兼任押牙，郭谊对他有顾虑，于是对刘稹说：“由于十三郎刘匡周在牙院，诸位将领都不敢说话言事，恐怕为十三郎猜疑而获罪，正因如此，我们才失去了太行山以东三个州。今天如果使十三郎不入牙院，诸位将领才敢于尽其所言，您如果听计于众人，必定能获得万全长策。”刘稹听后召刘匡周晓以道理，让刘匡周宣称有疾病而不入牙院。刘匡周勃然大怒说：“正由于我在牙院中，诸将领才不敢有异图；我若出牙院，刘家必遭破灭！”刘稹还是坚持要刘匡周出牙院，刘匡周不得已，又气又恨，只得即刻走出了牙院。

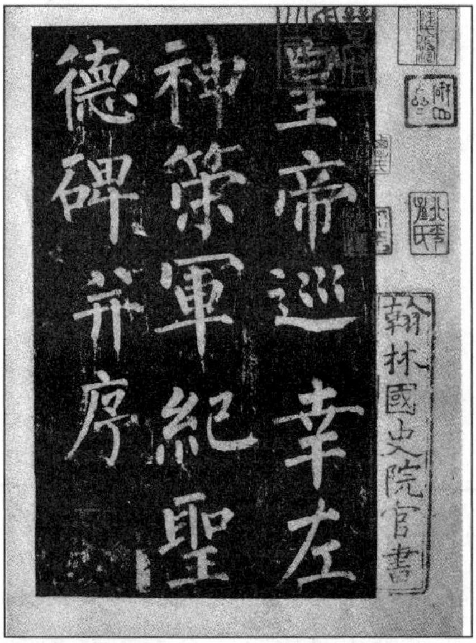

唐柳公权楷书

郭谊又指使刘稹所信任的董可武游说刘稹说：“太行山以东三州的叛变，事由您的五舅裴问发起，现在上党城中人谁敢保护您！您今天想怎么办？”刘稹回答说：“目前上党城中尚有五万人，应当紧闭城门坚守吧！”董可武说：“这不是良策，留后您不如将自己捆绑起来归降朝廷，如文宗时张元益那样，还不失作一个刺史。应暂让郭谊充任留后，待得到旌节的时候，从容不迫地奉太夫人以及家室财产归居东都洛阳，不是也很好吗？”刘稹说：“郭谊怎么肯这么做呢？”董可武说：“我已与郭谊立下重誓，必定不会背负誓约的。”于是引郭谊入见刘稹。刘稹与郭谊密谋降唐事宜，密约既定，然后告诉母亲裴氏，裴氏说：“归降朝廷当然是一件好事，只恨已经太晚。我弟裴问尚不忠于你，又如何能保证郭谊不背负于你呢！请您自己再三考虑吧！”刘稹不加思索，穿着素服出使府牙门，以母亲裴氏之命任郭谊为都知兵马使。这时王协已经告诫诸将领，于使府外庭站立排列，郭谊拜谢刘稹礼毕后，出使府门接见诸位将领，刘稹则于内厅整理行装。李士贵听说事变，率领后院兵数千人攻击郭谊。郭谊向后院兵大喊说：“你们为何不各自求取赏物，而想与李士贵同死吗？”军士听后纷纷后退，共同将李士贵杀死。郭谊改换使府将吏，安插自己的亲信，重新部署军士，一个晚上就全部准备就绪。

次日，郭谊又指使董可武入室谒见刘稹，说：“郭公请您商讨公事。”刘稹说：“为何不到此对我讲？”董可武说：“恐怕惊动了太夫人。”于是引刘稹步行出使府牙门，来到使府之北的别宅，摆设酒宴作乐痛饮。当喝得痛快之时，董可武对刘稹说：“今天的事是想保全您祖父太尉刘悟传下的一家人，但您必须自己决定去留，这样朝廷才会同情和照顾您的家属。”刘稹回答说：“如您所说，我心里也这么想。”于是董可武上前抓住刘稹的手，崔玄度自后面将刘稹斩首。接着，收捕刘稹宗族家人，刘匡周以下以至襁褓之中的婴儿全部杀死。又杀死原刘从谏父子所信任善待的张谷、陈扬庭、李仲京、郭台、王羽、韩茂章、韩茂实、王渥、贾庠等总共十二家，并株连他们的子侄、外甥、女婿等，无一人能幸存。李仲京是李训的兄长；郭台为郭行余的儿子；王羽是王涯的族孙；韩茂章、韩茂实兄弟皆为韩约的儿子；王渥是王璠的儿子；贾庠为贾餗的儿子。唐文宗时甘露之变，李仲京等人逃亡投奔刘从谏，得到刘从谏的保护和抚养。这时郭谊总揽昭义军政大权，凡军中对他稍有嫌隙的人，郭谊也将其诛杀，以致每天都要杀人，血流在地上碾成了血泥。大局稳定后，郭谊将刘稹的首级封装在一个盒子里，派遣使者带着表文和书札，向王宰投降。刘稹的首级经过泽州，刘公直及其营垒的将士痛哭失声，也就一同投降王宰。

乙未（十五日），王宰将情况写成状奏告朝廷。丙申（十六日），宰相们入朝向唐武宗祝贺。李德裕奏言："如今不需要再设置邢、洺、磁留后，只须派遣卢弘止去宣慰这三者以及成德、魏博两道。"唐武宗问："郭谊应当如何处置呢？"李德裕说："刘稹是个傻小子罢了，其调兵遣将抗拒朝廷命令，都是郭谊为他出主意，做谋主；到刘稹势孤力单不能支持时，郭谊又出卖刘稹以求朝廷的赏赐。对这种人不加以诛除，又如何能说是惩治罪魁祸首。应该趁诸征讨大军压境之时，将郭谊等人一并诛除！"唐武宗说："我也认为这样处置为好。"于是下诏命石雄率领七千人进入潞州，以和先前的谣言相应。杜悰则以军饷运输困难，不能供给为由，声言郭谊等人可以赦免，唐武宗对其奏议不予理睬。李德裕说："今年春天泽潞未能平定，太原又出现骚扰，如果不是皇上圣明坚决果断，两处贼寇怎么可能平定！朝外议论认为如果是先朝皇上，像郭谊这样情况早就赦免了。"唐武宗说："你不知文宗心里和你意见不合，怎么能议到一处去呢！"于是，罢除卢钧山南东道节度使的职务，让他专任昭义节度使。

戊戌（十八日），刘稹的首级被传送至京师长安。唐武宗颁布诏书："昭义镇所属泽、潞、邢、洺、磁五州免除赋役一年，为攻打刘稹，而行军所过的州县也免除今年秋季的税收。昭义镇所辖之境自刘从谏以来，所增加的无理赋税，全部予以免除。抽调平民所组建的土团也全部解散回家务农。诸道征讨刘稹的军队中有功的将士，按等级给予赏赐。"

郭谊既已杀死刘稹，日夜盼望着朝廷赐予留后的旗子和符节；过了很久也没有音讯，于是郭谊自言自语："必定要移往其它藩镇。"于是开始检阅自己的鞍马，整治自己的行装；待听说石雄将到来，大惊失色。石雄赶到，郭谊等人参贺既毕，宣示皇帝诏书的敕者张仲清说："都知兵马使郭谊的委任状过几天就会到来，其他诸将领的委任状在我这里，晚上牙院参拜时来受命！"于是调河中镇兵马包围毬场。至晚牙院参拜时，郭谊等人纷纷赶到，张仲清点名将他们一个一个地引入毬场，凡是诸将领狡猾凶狠曾死命抗拒官军者，全都逮捕，囚送京师长安。唐武宗又加何弘敬为同平章事衔。丁未（二十七日），武宗下诏命令掘刘从谏墓，将刘从谏尸首暴露于潞州街市三天；石雄又取刘从谏尸放置于毬场斩杀并剁成碎块。

戊申（二十八日），唐武宗加封李德裕为太尉、赵国公，李德裕坚决推辞。唐武宗说："我只恨没有什么好官赏给你呀！你如果不该得，朕必定不会轻易赏给你的。"

丁巳（九月初七），卢钧进入潞州。卢钧平素待人宽厚爱护，刘稹还未平定时，卢钧已经领昭义节度使衔，襄州士卒在征讨行营与潞州人作战时，常对阵喊话，宣扬卢钧的美德。到卢钧赴镇上任，入天井关，昭义溃散的士卒归镇者，卢钧都善意抚慰，待他们十分厚道，以致上下人情大为融洽，昭义镇于是安定。

刘稹的部将郭谊、王协、刘公直、安全庆、李道德、李佐尧、刘武德、董可武等被押送至京师长安，全被斩首。

李德裕怨恨太子太傅、东都留守牛僧孺和湖州刺史李宗闵，他对唐武宗上言说："刘从谏占据上党有十年，文宗太和年间曾入朝，当时牛僧孺、李宗闵执政，不扣留刘从谏，反而给他加上宰相头衔，放纵他归还上党，以致形成今天的祸患，竭尽天下人力物力才将上党攻取，这都是牛僧孺、李宗闵二人的罪过。"李德裕又派人到潞州搜求牛僧孺、李宗闵与刘从谏相互交往的书信，却一无所得，于是命令孔目官郑庆上言，称刘从谏每次得到牛僧孺、李宗闵的书信，都要自己将信烧毁。唐武宗下诏催促郑庆往御史台进行查问，御史中丞李回、御史台侍御史知杂事郑亚查问后认为情况属实。河南少尹吕述也给李德裕写信，声称刘稹被剿灭的捷报传到东都洛阳时，牛僧孺发出叹惜声，有怨恨之言。唐武宗得知后勃然大怒，将牛僧孺降为太子少保、分司东都，李宗闵降为漳州刺史；十月，戊子（初九），再将牛僧孺贬为汀州刺史，将李宗闵贬为漳州长史。

十一月，唐朝廷再贬牛僧孺为循州长史，李宗闵长期流放于封州。

五年（乙丑、公元845年）

祠部上奏朝廷，全国有佛教寺院四千六百座，小佛祠四万，僧尼有二十六万五百人。

唐武宗厌恶像蠹虫一样耗费天下财物的和尚和尼姑，企图将他们罢废还俗。道士赵归真等人又竭力劝武宗废佛。于是唐武宗下令先拆毁山野之间的寺庙，上都长安和东都洛阳的左、右两街各留佛寺两所，每个寺院留僧侣三十人；天下各镇凡节度使、观察使的治所以及同州、华州、商州、汝州各留一所佛寺，将佛寺分为三等：上等可留僧侣二十人，中等可留僧侣十人，下等可留僧侣五人。其余僧侣及尼姑以及大秦穆护（摩尼教）、祆教僧人也一并勒令还俗。寺庙除应该留下的以外，立即命令所在官府拆毁，并且由朝廷派遣御史到各道去进行监督。佛寺的财产、田产全部没收入官府，寺庙的建筑材料用以修缮公家的官舍和驿站的房屋，佛教铜像、钟磬等器物熔化后用以铸造钱币。

八月，李德裕等人向唐武宗奏言："东都洛阳九庙有高祖以来神主二十六尊，现在贮藏在太微宫小屋子里，请求用拆毁佛寺所得的木材来修复太庙。"

壬午（初七），唐武宗下诏陈述佛教的危害弊端，并宣告朝廷内外。在全国范围内折毁佛寺四千六百余区，勒令还俗的僧侣、尼姑有二十六万零五百人，大秦穆护（摩尼教）、袄教僧人也有二千余人，又折毁大小佛祠四万余区。从寺院收得良田数千万顷，收得寺院奴婢十五万人。其余所留下的僧侣都隶属于尚书省礼部主客郎中管辖，而不再隶属于尚书省礼部祠部郎中。对于上述处置，朝廷百官都奉表称赞庆贺。不久，唐武宗又命令东都只留僧侣二十人。诸道原留僧侣二十人者减去一半，留十人者减去三人，留五人者全部减去，一个不留。

五台山的僧侣有很多逃亡投奔幽州。李德裕召来幽州的进奏官，对他说："你回去告诉你的节度使，五台山的僧人充当将领必定不如幽州的将领，为士卒也必定不如幽州的士卒，为何要平白无故地得一个容纳僧侣的恶名，而成为人家的口实！你没有看见不久前刘从谏招纳收聚无数的闲人，最终有什么好处！"幽州节度使张仲武于是将两把刀封好送给居庸关的守将，宣称："若有游僧进入幽州之境，一概斩首。"

唐武宗吃下道教方士炼的金丹，性情更加暴躁，喜怒无常。冬季，十月，唐武宗问李德裕朝外之事，李德裕回答说："您的严厉决断人们难以猜测，朝外人士感到很惊诧和恐惧。以前贼寇叛逆专横暴虐，当然应该用严厉的威刑来制服他们；但如今天下既已平定，希望您能以宽容治理政事，如果能使犯罪的人服罪无怨言，为善的人不感到惊慌恐怖，那就能称得上为政宽容了。"

唐武宗自从秋冬之际以来，感觉患有疾病，而道士却认为是换骨。唐武宗将疾病隐瞒起来，宫禁之外的朝臣只是奇怪唐武宗很少出来游猎，宰相入朝奏事也不敢停留太久。武宗又下诏书取消明年元旦的大朝会。

六年（丙寅，公元846年）

唐武宗自从正月乙卯（十三日）以来就不再上朝视事，宰相请求见皇上，也不获允许；朝廷内外都深感忧惧。

起初，唐宪宗收纳李锜的妾郑氏，生光王李怡。李怡年幼时，后宫中人们都认为他不聪明，唐文宗太和年以后，李怡更是自己韬光养晦，在大庭广众游乐相处时，从不发言。唐文宗到十六宅为诸王设宴集会，喜欢引逗李怡发言以作笑料，唐武宗性格豪迈，对光王李怡更加无礼。唐武宗危病，十来天不能说话，诸宦官于是暗中在宫禁内策划立新皇帝。辛酉（二月二十日），禁中传出以唐武宗名义颁发的诏书称："皇子们都太年幼，必须选择贤德的皇族成员继承皇位，光王李怡可以立为皇太叔，改其名称李忱，所有军国政事可让他暂时处置。"皇太叔李忱出宫见百官时，满脸悲哀戚惨的样子；而裁决细小军政事务时，都能合情合理，人们这才知道他隐德。

甲子（二十三日），唐武宗驾崩。李德裕受命兼任冢宰办理后事。丁卯（二十六日），唐宣宗李忱即皇帝位。唐宣宗李忱平素厌恶李德裕专权，即皇帝位的那一天，由李德裕手捧册封的诏书；册立仪式结束后，宣宗对左右近侍说："刚才靠近我的是不是李太尉呢？每看我一眼，都使人毛骨悚然。”夏季，四月，辛未朔（初一），唐宣宗开始上朝听政。

壬申（初二），唐宣宗下令调门下侍郎、同平章政事李德裕仍带平章事衔，出任荆南节度使。李德裕在朝掌握权柄很久，位望崇重，立有大功，众朝官想不到他突然被罢免，消息传来，百官无不感到惊骇。甲戌（初四），唐宣宗又下令贬工部尚书、判盐铁转运使薛元赏为忠州刺史，他的弟弟京兆少尹、权知府事薛元龟贬为崖州司户，因为他们都是李德裕的党羽。

唐宣宗下令用棍棒打杀道士赵归真等数人，将罗浮山人轩辕集流放到岭南。五月，乙巳（初五），宣告大赦天下。又宣告上京长安两街除以前留下的两座佛教寺庙外，再各增置八座寺庙；佛教僧侣、尼姑依照以前的规定隶属于左、右街功德使，不隶属于尚书省礼部主客郎中，这些寺庙所度的僧侣、尼姑都可由祠部发给度牒，准许他们出家。

唐宣宗任命循州司马牛僧孺为衡州长史，任命流放封州的李宗闵为郴州司马，任命恩州司马崔珙为安州长史，任命潮州刺史杨嗣复为江州刺史，任命昭州刺史李珏为郴州刺史。牛僧孺等五位前宰相都是唐武宗所贬逐的，到这时，五人同日北还。李宗闵还未离开封州就死了。

二年（戊辰，公元848年）

秋季，九月，甲子（八日），唐宣宗再次将潮州司马李德裕贬为崖州司户，将湖南观察使李回贬为贺州刺史。

十一月，庚午（十四日），万寿公主嫁起居郎郑颢。郑颢是郑絪的孙子，举进士第，任校书郎、右拾遗内供奉，以文才风度儒雅而著称。而万寿公主是唐宣宗的爱女，所以宣宗选郑颢娶公主。有关礼官请遵循旧制度用银子装饰马车，唐宣宗说：“我正想以俭朴节约来教化天下人，应当从我的亲人开始。”于是命令礼官依照一品外命妇的标准用铜装饰车辆。唐宣宗又颁下诏书令万寿公主要执守妇人的礼节，一切规矩都依照臣下庶民的法律，并告诫万寿公主不得轻视丈夫家族的人，不得干预时事。唐宣宗自写诏书告诫万寿公主说：“如果违背我给你的告诫，必然会有当年太平公主、安乐公主那样的祸患。”郑颢之弟郑颉曾患有重病，十分危急，唐宣宗派遣使者去探视，回宫后，唐宣宗问道：“万寿公主在什么地方？”使者回答说：“在慈恩寺观戏场。”唐宣宗听后勃然大怒，感叹说：“我奇怪士大夫家族不想与我家结婚，确实是有原因的！”立即命令召万寿公主入禁宫，让她站立在庭殿台阶之下，看也不看她一眼。万寿公主感到恐慌，泪流满面，向父皇谢罪。唐宣宗责备女儿说：“哪有小叔子病危，嫂子不去探望，反而有兴致去看戏的道理！”派人将万寿公主送回郑颢家。于是直到唐宣宗死，终其朝，皇亲贵戚都兢兢遵守礼法，不敢有违逆，像崤山以东以礼法门风相尚的世族一样。

第二百四十九卷
唐纪六十五

译文诵读

宣宗元圣至明成武献文睿智章仁神聪懿道大孝皇帝下大中四年（庚午，850）

夏，四月，庚戌，以中书侍郎、同平章事马植为天平节度使。上之立也，左军中尉马元贽有力焉，由是恩遇冠诸宦者，植与之叙宗姓。上赐元贽宝带，元贽以遗植，植服之以朝，上见而识之，植变色，不敢隐。明日，罢相，收植亲吏董侔，下御史台鞫之，尽得植与元贽交通之状，再贬常州刺史。

五年（辛未，851）

春，正月，壬戌，天德军奏摄沙州刺史张义潮遣使来降。义潮，沙州人也，时吐蕃大乱，义潮阴结豪杰，谋自拔归唐；一旦，帅众被甲噪于州门，唐人皆应之，吐蕃守将惊走，义潮遂摄州事，奉表来降。以义潮为沙州防御使。

以兵部侍郎裴休为盐铁转运使。休，肃之子也。自太和以来，岁运江、淮米不过四十万斛，吏卒侵盗、沈没，舟达渭仓者什不三四，大隳刘晏之法，休穷究其弊，立漕法十条，岁运米至渭仓者百二十万斛。

进士孙樵上言："百姓男耕女织，不自温饱，而群僧安坐华屋，美衣精馔，率以十户不能养一僧。武宗愤其然，发十七万僧，是天下一百七十万户始得苏息也。陛下即位以来，修复废寺，天下斧斤之声至今不绝，度僧几复其旧矣。陛下纵不能如武宗除积弊，奈何兴之于已废乎！日者陛下欲修国东门，谏官上言，遽为罢役。今所复之寺，岂若东门之急乎？所役之功，岂若东门之劳乎？愿早降明诏，僧未复者勿复，寺未修者勿修，庶几百姓犹得以息肩也。"秋，七月，中书门下奏："陛下崇奉释氏，群下莫不奔走，恐财力有所不逮，因之生事扰人，望委所在长吏量加撙节。所度僧亦委选择有行业者，若容凶粗之人，则更非敬道也。乡村佛舍，请罢兵日修。"从之。

张义潮发兵略定其旁瓜、伊、西、甘、肃、兰、鄯、河、岷、廓十州，遣其兄义泽奉十一州图籍入见，于是河、湟之地尽入于唐。十一月，置归义军于沙州，以义潮为节度使。十一州观察使；又以义潮判官曹义金为归义军长史。

八年（甲戌，854）

上自即位以来，治弑宪宗之党，宦官、外戚乃至东宫官属，诛窜甚众。虑人情不安，丙申，诏："长庆之初，乱臣贼子，顷搜擿余党，流窜已尽，其余族从疏远者，一切不问。"

秋，九月，丙戌，以右散骑常侍高少逸为陕虢观察使。有敕使过硖石，怒饼黑，鞭驿吏见血；少逸封其饼以进。敕使还，上责之曰："深山中如此食岂易得！"谪配恭陵。

上以甘露之变，惟李训、郑注当死，自余王涯、贾悚等无罪，诏皆雪其冤。

上召翰林学士韦澳，托以论诗，屏左右与之语曰："近日外间谓内侍权势何如？"对曰："陛下威断，非前朝之比。"上闭目摇首曰："全未，全未！尚畏之在。卿谓策将安出？"对曰："若与外廷议之，恐有太和之变，不若就其中择有才识者与之谋。"上曰："此乃末策。自衣黄、衣绿至衣绯，皆感恩，才衣紫则相与为一矣！"上又尝与令狐绹谋尽诛宦官，绹恐滥及无辜，密奏曰："但有罪勿舍，有阙勿补，自然渐耗，至于尽矣。"宦者窃见其奏，由是益与朝士相恶，南北司如水火矣。

九年（乙亥，855）

二月，以醴泉令李君奭为怀州刺史。初，上校猎渭上，有父老以十数，聚于佛祠，上问之，对曰："醴泉百姓也。县令李君奭有异政，考满当罢，诣府乞留，故此祈佛，冀谐所愿耳。"及怀州刺史阙，上手笔除君奭，宰相莫之测。君奭入谢，上以此奖励，众始知之。

上尝苦不能食，召医工梁新诊脉，治之数日，良已。新因自陈求官，上不许，但敕盐铁使月给钱三千缗而已。

十年（丙子，856）

上以京兆久不理，夏，五月，丁卯，以翰林学士、工部侍郎韦澳为京兆尹。澳为人公直，既视事，豪贵敛手。郑光庄吏恣横，积年租税不入，澳执而械之。上于延英问澳，澳具奏其状，上曰："卿何以处之？"澳曰："欲置于法。"上曰："郑光甚爱之，何如？"对曰："陛下自内庭用臣为京兆，欲以清畿甸之积弊；若郑光庄吏积年为蠹，得宽重辟，是陛下之法独行于贫户，臣未敢奉诏。"上曰："诚如此。但郑光殢我不置；卿与痛杖，贷其死，可乎？"对曰："臣不敢不奉诏，愿听臣且系之，俟征足乃释之。"上曰："灼然可。朕为郑光故桡卿法，殊以为愧。"澳为府，即杖之；督租数百斛足，乃以吏归光。

十一年（丁丑，857）

上欲幸华清宫，谏官论之甚切，上为之止。上乐闻规谏，凡谏官论事、门下封驳，苟合于理，多屈意从之；得大臣章疏，必焚香盥手而读之。

教坊祝汉贞，滑稽敏给，上或指物使之口占，摹咏有如宿构，由是宠冠诸优。一日，在上前抵掌诙谐，颇及外事，上正色谓曰："我畜养尔曹，正供戏笑耳，岂得辄预朝政邪！"自是疏之。会其子坐赃，杖死，流汉贞于天德军

乐工罗程，善琵琶，自武宗朝已得幸；上素晓音律，尤有宠。程恃恩暴横，以睚眦杀人，系京兆狱。诸乐工欲为之请，因上幸后苑奏乐，乃设虚坐，置琵琶，而罗拜于庭，且泣。上问其故，对曰："罗程负陛下，万死，然臣等惜其天下绝艺，不复得奉宴游矣！"上曰："汝曹所惜者罗程艺，朕所惜者高祖、太宗法。"竟杖杀之。

十二年（戊寅，858）

冬，十月，建州刺史于延陵入辞，上曰："建州去京师几何？"对曰："八千里。"上曰："卿到彼为政善恶，朕皆知之，勿谓其远！此阶前则万里也，卿知之乎？"延陵悸慑失绪，上抚而遣之。到官，竟以不职贬复州司马。

令狐绹拟李远杭州刺史，上曰："吾闻远诗云：'长日惟消一局棋，'安能理人！"绹曰："诗人托此为高兴耳，未必实然。"上曰："且令往试观之。"

十三年（己卯，859）

初，上长子郓王温，无宠，居十六宅，余子皆居禁中。夔王滋，第三子也，上爱之，欲以为嗣，为其非次，故久不建东宫。

上饵医官李玄伯、道士虞紫芝、山人王乐药，疽发于背。八月，疽甚，宰相及朝士皆不得见。上密以夔王属枢密使王归长、马公儒、宣徽南院使王居方，使立之。三人及右军中尉王茂玄，皆上平日所厚也。独左军中尉王宗实素不同心，三人相与谋，出宗实为淮南监军；宗实已受敕于宣化门外，将自银台门出，左军副使亓元实谓宗实曰："圣人不豫逾月，中尉止隔门起居；今日除改，未可辨也。何不见圣人而出？"宗实感寤，复入，诸门已踵故事增人守捉矣。亓元实翼导宗实直至寝殿，上已崩，东首环泣矣。宗实叱归长等，责以矫诏；皆捧足乞命。乃遣宣徽北院使齐元简迎郓王。壬辰，下诏立郓王为皇太子，权句当军国政事，仍更名漼。收归长、公儒、居方，皆杀之。癸巳，宣遗制，以令狐绹摄冢宰。

宣宗性明察沉断，用法无私，从谏如流，重惜官赏，恭谨节俭，惠爱民物，故大中之政，讫于唐亡，人思咏之，谓之小太宗。

丙申，懿宗即位。癸卯，尊皇太后为太皇太后。以王宗实为骠骑上将军。李玄伯、虞紫芝、王乐皆伏诛。

唐宣宗大中四年（庚午，公元850年）

夏季，四月，庚戌，（初二），唐宣宗任命中书侍郎、同平章事马植为天平节度使。唐宣宗被立为皇帝，宦官左神策军中尉马元贽出了大力，于是唐宣宗对他的恩遇超过其他宦官。马植与马元贽攀亲，叙为马姓宗族，唐宣宗赐给马元贽金宝腰带，马元贽转赠给马植，马植系上宝带上朝，被唐宣宗看见并认出，马植当即脸上变色，不敢隐瞒。第二天，唐宣宗罢马植宰相官位，收捕马植的亲信胥吏董侔，送交御史台加以审问，将马植与马元贽内外交通的情状全部查清，于是再贬马植为常州刺史。

五年（辛未，公元851年）

春季，正月，壬戌，唐天德军向朝廷奏称代理沙州刺史张义潮派遣使者来归降。张义潮是沙州人，时值吐蕃内部发生大变乱，张义潮暗中连合沙州豪杰之士，谋划以自己的力量攻拔沙州，归降唐朝。一天早晨，张义潮率领部众全副武装在州门前喧噪鼓动，原属唐朝的汉族人全都响应，吐蕃族的守将惊慌失措逃走，于是张义潮摄领沙州军政事务，向唐朝上表归降。唐宣宗任命张义潮为沙州防御使。

唐宣宗任命兵部侍郎裴休为盐铁转运使。裴休是裴肃的儿子。自从唐文宗太和年间以来，每年漕运到京师的江、淮地区的大米不过四十万斛，由于路上遭受官吏和士卒的偷盗侵吞以及船沉没于河底，运米船到达谓仓的不到十分之三四，使刘晏创立的漕运之法遭到极大的破坏，裴休坚决追究漕运过程中的弊端，制定漕运法规十条，使每年通过漕运输送至渭仓的江、淮大米达到一百二十万斛。

唐宣宗李忱

进士孙樵向唐宣宗上言：“老百姓男耕女织，辛勤劳动却不能使自己获得温饱，而一大群不劳而获的佛教僧侣却安然自得地坐在华丽的房间里，身穿华美的衣裳，吃精美的饭菜，大概十户农家也养不起一个僧侣。武宗对僧侣不劳而食，蠹耗国家感到愤慨，勒令十七万僧侣蓄发还俗，使得天下一百七十万农户得以喘息复苏。而陛下即位以来，即下令修复被废的佛教寺庙，以致到今天天下修复庙宇的斧头刀锯之声仍不绝于耳，重新剃度的僧尼几乎恢复到以前的数目。您即使不能像武宗那样革除僧侣蠹国的积弊，又为什么要使已废除的积弊重新复兴呢！近日您想修缮长安城东门，谏官上言劝阻，您立即就罢除这项工役。而目前所恢复的寺庙，岂能比修复东门更加急迫？所花费的工役，岂能比修缮东门更少？希望您尽早降下圣明的诏书，命令凡僧尼还没有恢复身份的不准再予恢复，寺庙还未修复的也不准再做，或许劳苦的百姓为此仍然可以获得喘息的机会。”秋季，七月，中书门下奏称：“陛下您崇奉佛教，使下面的人莫不为之奔走，恐怕国家的财力无法承受，且因为推奉佛教而引发事端，骚扰人民。希望陛下能命令掌管佛事的有关官吏，对修建寺庙的费用适当地加以节约。对所剃度的僧侣也让有关部门加以选择，让有道行通佛性的人出家，如果容纳凶残粗野的人入佛门，当然就不是敬奉佛法了。乡村间的小佛舍，请等到收复河、湟罢兵后再修。”唐宣宗表示同意。

张义潮调发军队大致平定沙州近旁的瓜、伊、西、甘、肃、兰、鄯、河、岷、廓十州之地，派遣他的兄长张义泽奉十一州地图名籍入朝见唐宣宗，于是河、湟之地全部归入唐朝版图。十一月，唐宣宗置归义军于沙州，任命张义潮为归义军节度使、十一州观察使；又任命张义潮的判官曹义金为归义军长史。

八年（甲戌，公元854年）

唐宣宗自从即皇帝位以来，整治弑唐宪宗的逆党，宦官、外戚以至东宫的官属，很多人受牵连，被诛杀的和被流放的人很多。由于怕造成人心不安，丙申（正月十一日），唐宣宗颁布诏书宣称：“长庆初年的乱臣贼子，前一段时间搜捕其余党，已经全部依罪流放，其余与罪犯较疏远的亲族，一概不予追究。”

秋季，九月，丙戌（初四），唐宣宗任命右散骑常侍高少逸为陕虢观察使。有一位宦官敕使路过硖石县，对驿馆供给他食用的饼太黑感到愤怒，用鞭抽打驿吏，使驿吏流血。高少逸将那块饼封于盒送交朝廷，当这位宦官敕使还朝时，唐宣宗斥责他说：“在深山中这样的食物，又岂能是容易得到的！”即将他降职发配去守恭陵。

唐宣宗认为甘露之变，惟有李训、郑注应当处死，其余王涯、贾悚等人无罪，颁布诏书昭雪他们的冤枉。

唐宣宗召来翰林学士韦澳，假借讨论诗文，屏去左右近侍对韦澳说：“近日禁宫外对内侍宦官的权势有哪些说法？”韦澳回答说：“都说陛下对宦官的处置威严果断，不是前朝皇帝可以相比的。”唐宣宗闭上眼睛摇摇头说：“都不是这么回事，都不是这么回事！朕对宦官还有畏惧呢。你看有什么良策能对付宦官呢？”韦澳回答说：“如果与宫廷之外的宰相大臣谋议诛除宦官，恐怕会有像太和年间那样的变故，还不如就在宦官当中选择一些有才识的人，与他们来谋议。”唐宣宗说：“这是末策，朕已试行过，当朕提拔他们，让他们穿上黄色衣裳、绿色衣裳，以至绯衣时，他们都感恩戴德，一旦赐给他们紫衣时，他们便与为首作恶的宦官抱成一团，不再听朕的话了！”唐宣宗又曾经与令狐绹密谋，企图将宦官全部诛杀干净，令狐绹恐怕会滥杀无辜，秘密地奏告唐宣宗说：“只要对有罪的宦官不予放过，宦官有缺不予补充，就会自然而然地慢慢消耗，最后死光，用不着您的操劳忧虑了。”有宦官偷偷地看到了令狐绹的奏状，于是更加与外朝士大夫过不去，使南衙朝官与北司宦官势如水火。

九年（乙亥，公元855年）

二月，唐宣宗任命醴泉县令李君奭为怀州刺史。起初，唐宣宗于渭上游猎，看见十几位父老聚集在一个佛祠前，唐宣宗上前讯问其缘故，父老们回答说："我们是醴泉县百姓，县令李君奭有优异的政绩，任期届满当罢官，我们到官府乞求他留任，为此而祈祷于佛祠，希望都能如我们所愿。"后来怀州刺史空缺，唐宣宗亲手写诏敕任命李君奭，宰相们对李君奭的升迁摸不到头脑。李君奭入朝向唐宣宗谢恩，唐宣宗才以所得于父老之言来奖励李君奭，众人这才明白了李君奭被提升的缘故。

唐宣宗曾经为不能吃东西而困扰，召医工梁新来把脉诊治，治疗了几天，病情好转。梁新为此自己开口向唐宣宗要求赏一个官位，唐宣宗不予准许，只是下敕命令盐铁使每月给梁新三千缗钱而已。

十年（丙子，公元856年）

唐宣宗因为京兆地方很久得不到治理，夏季，五月，丁卯（二十五日），任命翰林学士、工部侍郎韦澳为京兆尹。韦澳为人公正爽直，既到京兆府上任办公，豪猾贵戚均有所收敛，不敢为非作歹。国舅郑光庄园的庄吏骄横无比，多年的租税不交官府，韦澳将他逮捕并锁了起来。唐宣宗于延英殿问韦澳，韦澳将逮捕郑光庄吏的原委全部向唐宣宗陈奏，唐宣宗说："你怎么处置他呢？"韦澳回答说："将依照法律处置。"唐宣宗又说："郑光特别喜爱这位庄吏，怎么办呀？"韦澳回答说；"陛下从宫禁内庭的翰林院任用我为京兆尹，希望我清扫京畿地区多年的积弊；如果郑光的庄吏多年为蠹害，却能得到宽大免于刑事处分，那么陛下所制定的法律，看来只是用来约束贫困户，我实在是不敢奉陛下的诏命再去办事了。"唐宣宗说："你说的确实全合乎道理，但舅舅郑光的面子朕不能不顾；你可以用棍杖狠狠地处罚庄吏，但免他一死，行吗？"韦澳回答说："我不敢不听从陛下的当面诏告，请求陛下让我关押那个骄横的庄吏，等到他租税交足之后再释放他。"唐宣宗说："你的话灼然可行。朕为母舅郑光的缘故阻挠你依法行事，的确是惭愧呀！"韦澳回到京兆府，即重杖庄吏；督促他交满数百斛租税后，才将他交还郑光。

十一年（丁丑，公元857年）

唐宣宗想去华清宫，谏官们极力上言加以劝阻，为此唐宣宗放弃了去华清宫游玩的想法。唐宣宗喜欢听规谏之言，凡是谏官们论事、门下省封驳，只要合乎情理，大都能虚心接受，表示听从。得到重臣所奏上的章疏，必烧香洗手然后阅读。

宫廷教坊里有一个优人名祝汉贞，为人滑稽敏捷，唐宣宗有时随意指着某一物件，让祝汉贞当场表演口戏，祝汉贞即照着唐宣宗所指物编造故事笑话，口若悬河，就像早已编造好了一样，使听者捧腹大笑，于是得到唐宣宗的喜爱，受宠超过其他各位伎优。一天，祝汉贞又在唐宣宗面前拍着手掌表演诙谐戏，所说口戏涉及到许多外朝政事，唐宣宗马上正色训斥祝汉贞："我养你们这群优人，只是要你演戏以供我嬉笑休息罢了，你岂得随意干预朝政呢！"从此以后即对祝汉贞疏远。正值祝汉贞的儿子因贪赃判杖刑被乱棍打死，唐宣宗即将祝汉贞流放于天德军。

宫廷乐工罗程，善于弹奏琵琶，自唐武宗朝已得到宠幸；唐宣宗平素通晓音律，对罗程更加宠爱。罗程依恃皇帝的恩宠暴虐专横，有人对他瞪一眼，就将人杀死，因此被京兆府逮捕入狱。宫廷诸乐工想请求唐宣宗赦罗程，待唐宣宗到后苑听音乐演奏时，为罗程设一虚坐，放上罗程的琵琶，并一起跪拜于庭前，哭泣不已。唐宣宗问诸乐工为何哭泣，乐工们回答说："罗程辜负了陛下的恩情，罪该万死，但我们可惜罗程的琵琶演奏是天下无双的绝艺，恐怕以后在陛下的宴会和游乐中，再也听不到这样精美的表演了。"唐宣宗说："你们可惜的是罗程的琵琶演奏技艺，朕所珍惜的是高祖、太宗留下的法律。"最后，罗程被判处杖刑，被乱棍打死。

十二年（戊寅，公元858年）

冬季，十月，建州刺史于延陵入朝向唐宣宗辞行，唐宣宗说："建州距离京师有多远？"于延陵回答说："八千里。"唐宣宗说："你到建州后为政的善恶，朕都知道，不要以为距朝廷太远就胡作非为！万里之遥就像在这台阶之前一样，你知道吗？"于延陵被吓得惊恐失措，应对错乱，唐宣宗抚慰他并让他出宫。于延陵到建州刺史任，最后因为不称职而被贬为复州司马。

令狐绹想任用李远为杭州刺史，唐宣宗说："我听说李远写过这么一句诗：'长日惟消一局棋。'这样一个棋迷怎么能处理好人事！"令狐绹说："诗人写诗，假托下棋以尽其兴致，以为高兴罢了，李远未必当真如此。"唐宣宗说："可暂且让李远任杭州刺史，试一试看吧。"

十三年（己卯，公元859年）

起初，唐宣宗的长子郓王李温不为父亲喜爱，居住于十六宅，而唐宣宗的其他儿子都居住于宫中。夔王李滋，是唐宣宗第三个儿子，倍受父亲宠爱，唐宣宗想以他为皇嗣。因为李滋上有兄长，依照礼法轮不到他当皇太子，所以唐宣宗久久不立太子。

唐宣宗吃了医官李玄伯、道士虞紫芝、山人王乐所炼的丹药，背上长起毒疮。八月，毒疮发作，唐宣宗卧病不起，宰相和朝士都不得见。唐宣宗密将夔王李滋托付给宦官枢密使王归长、马公儒、宣徽南院使王居方，让他们出来立李滋继承皇位。三人和右神策军中尉王茂玄都是唐宣宗平日所信重的人。惟有左神策军中尉王宗实素来就不与他们同心，王归长等三人密谋，将王宗实挤出禁廷，外任淮南监军。王宗实已于宣化门外接受出任淮南监军的敕令，将由银台门出禁宫，左神策军

出家入道的唐公主

副使亓元实对王宗实说："皇上卧病不起已一个多月了，中尉您只是隔着门问皇上的起居，今日改任你为淮南监军的诏敕，真假未可分辨。为什么不见到皇上之后再出来呢？"王宗实恍然大悟，再入禁宫，禁宫诸门已按旧规矩增人把守。亓元实引导王宗实直走到唐宣宗的寝殿，唐宣宗已经驾崩，周围的人正都在失声痛哭。王宗实大骂王归长等人，斥责他们假造皇帝的诏命；王归长等人皆跪下乞求饶命。王宗实于是派遣宣徽北院使齐元简去十六宅迎接郓王李温，壬辰（初九），王宗实等以唐宣宗的名义颁布诏书，立郓王为皇太子，暂时掌管军事，并改名为李漼。将王归长、马公儒、王居方收捕，全部杀死。癸巳（初十），宣布唐宣宗的遗诏，以令狐绹摄冢宰，主持后事。

唐宣宗聪明细致，沉着果断，用法不徇私情，能虚心纳谏，从谏如流，不轻易将官位赏人，谦恭谨慎，生活节俭，爱护百姓的财物，所以大中年间的政治较清明，一直到唐朝灭亡，都有人思念歌咏，称唐宣宗为小太宗。

丙申（十三日），唐懿宗即皇帝位。癸卯（二十日），唐懿宗尊皇太后为太皇太后。任命王宗实为骠骑上将军。给唐宣宗吃丹药的李玄伯、虞紫芝、王乐都被处死。

第二百五十卷
唐纪六十六

译文诵读

懿宗昭圣恭惠孝皇帝上咸通元年（庚辰，860）

于是山海诸盗及他道无赖亡命之徒，四面云集，众至三万，分为三十二队。其小帅有谋略者推刘暀，勇力推刘庆、刘从简。群盗皆遥通书币，求属麾下。甫自称天下都知兵马使，改元曰罗平，铸印曰天平。大聚资粮，购良工，治器械，声震中原。

三月，辛亥朔，式入对，上问以讨贼方略。对曰："但得兵，贼必可破。"有宦官侍侧，曰："发兵，所费甚大。"式曰："臣为国家惜费则不然。兵多贼速破，其费省矣。若兵少不能胜贼，延引岁月，贼势益张，则江、淮群盗将蜂起应之。国家用度尽仰江、淮，若阻绝不通，则上自九庙，下及十军，皆无以供给，其费岂可胜计哉！"上顾宦官曰："当与之兵。"乃诏发忠武、义成、淮南等诸道兵授之。

及王式除书下，浙东人心稍安。裘甫方与其徒饮酒，闻之不乐。刘暀叹曰："有如此之众而策画未定，良可惜也！今朝廷遣王中丞将兵来，闻其人智勇无敌，不四十日必至。兵马使宜急引兵取越州，凭城郭，据府库，遣兵五千守西陵，循浙江筑垒以拒之，大集舟舰。得间，则长驱进取浙西，过大江，掠扬州货财以自实，还，修石头城而守之，宣歙、江西必有响应者。遣刘从简以万人循海而南，袭取福建。如此，则国家贡赋之地尽入于我矣；但恐子孙不能守耳，终吾身保无忧也。"甫曰："醉矣，明日议之！"暀以甫不用其言，怒，阳醉而出。有进士王辂在贼中，贼客之。辂说甫曰："如刘副使之谋，乃孙权所为也。彼乘天下大乱，故能据有江东；今中国无事，此功未易成也。不如拥众据险自守，陆耕海渔，急则逃入海岛，此万全策也。"甫畏式，犹豫未决。

先是，贼谍入越州，军吏匿而饮食之。文武将吏往往潜与贼通，求城破之日免死及全妻子；或诈引贼将来降，实窥虚实；城中密谋屏语，贼皆知之。式阴察知，悉捕索，斩之；刑将吏尤横猾者；严门禁，无验者不得出入，警夜周密，贼始不知我所为矣。

式命诸县开仓廪以赈贫乏，或曰："贼未灭，军食方急，不可散也。"式曰："非汝所知。"

官军少骑卒。式曰："吐蕃、回鹘比配江、淮者，其人习险阻，便鞍马，可用也。"举籍府中，得骁健者百余人。虏久羁旅，所部遇之无状，困馁甚；式既犒饮，又赒其父母妻子，皆泣拜欢呼，愿效死，悉以为骑卒，使骑将石宗本将之。凡在管内者，皆视此籍之，又奏得龙陂监马二百匹，于是骑兵足矣。

或请为烽燧以诇贼远近众寡，式笑而不应；选懦卒，使乘健马，少与之兵，以为侯骑；众怪之，不敢问。

于是阅诸营见卒，及土团子弟，得四千人，使导军分路讨贼；府下无守兵，更籍土团千人以补之。乃命宣歙将白琮、浙西将凌茂贞帅本军，北来将韩宗政等帅土团，合千人，石宗本帅骑兵为前锋，自上虞趋奉化，解象山之围，号东路军。又以义成将白宗建、忠将游君楚、淮南将万璘帅本军与台州唐兴军合，号南路军。令之曰："毋争险易，毋焚庐舍，毋杀平民以增首级！平民胁从者，募降之。得贼金帛，官无所问。俘获者，皆越人也，释之。"

府中闻甫入剡，复大恐，王式曰："贼来就擒耳！"命趋东、南两路军会于剡，辛卯，围之。贼城守甚坚，攻之，不能拔；诸将议绝溪水以渴之，贼知之，乃出战。三日，凡八十三战，贼虽败，官军亦疲。贼请降，诸将出白式，式曰："贼欲少休耳，益谨备之，功垂成矣。"贼果复出，又三战。庚子夜，裘甫、刘暀、刘庆从百余人出降，遥与诸将语，离城数十步，官军疾趋，断其后，遂擒之。壬寅，甫等至越州，式腰斩暀、庆等二十余人，械甫送京师。

诸将还越，式大置酒。诸将乃请曰："某等生长军中，久更行陈，今年得从公破贼，然私有所不谕者，敢问：公之始至，军食方急，而遽散以赈贫乏，何也？"式曰："此易知耳。贼聚谷以诱饥人，吾给之食，则彼不为盗矣。且诸县无守兵，贼至，则仓谷适足资之耳。"又问："不置烽燧，何也！"式曰："烽燧所以趣救兵也，兵尽行，城中无兵以继之，徒惊士民，使自溃乱耳。"又问："使懦卒为候骑而少给兵，何也！"式曰："彼勇卒操利兵，遇敌且不量力而斗；斗死，则贼至不知矣。"皆曰："非所及也！"

唐懿宗咸通元年（庚辰，公元860年）

（春正月）由于裘甫打败浙东官军，山林海岛中的盗贼以及其他地方的无赖亡命之徒，四面云集于裘甫的旗帜之下，部众发展到三万余人，分为三十二个队。各队小帅中较有谋略者首推刘暀，有武勇力气者推刘庆、刘从简。群盗都由远处地方向裘甫通信送款，要求归属于裘甫麾下。裘甫自称天下都知兵马使，改元称罗平，铸造的大印上刻着天平。于是大量聚积资财粮草，雇请优良的工匠，制造军用器械，其浩大的声势震动了中原。

三月，辛亥朔（初一），王式入朝问对，唐懿宗问王式有关讨伐裘甫贼军的方略。王式回答说："只要给我军队，贼军必然可以攻破。"有宦官侍立在唐懿宗近侧，说："调发军队，所花费的军费太大。"王式说："我为国家珍惜费用就不是这样。调发的军队多，贼军可迅速消灭，所用军费反而可以节省。若调发军队少，不能战胜贼军，或者是将战事拖延几年几月，贼军的势力日益壮大，江、淮之间的群盗就将蜂起响应。现在国家的财政用度几乎全部仰仗于江、淮地区，如果这一地区被叛乱的贼众阻绝，使财赋输送之路不通，就会使上自九庙，下及北门十军，都没有办法保证供给，那样耗费的费用岂可胜计！"唐懿宗望着宦官说："应当给王式调兵。"于是颁下诏书，调发忠武、义成、淮南等诸道军队交给王式指挥。

当王式任浙东观察使的委任文书颁发下后，浙东地区的人心才稍微安定。裘甫正与部下徒从饮酒，得知王式到来，很不高兴。刘晫感叹说："我们有如此众多的军队，而战略计划还没有制定，实在是可惜！今天朝廷派遣王中丞率军队来镇压，听说这个人智勇双全，所向无敌，不过四十天时间必然会赶到。裘将军您应该赶快率领军队攻取越州，凭借越州高大的城郭，占据官府的仓库，再派遣五千军队驻守西陵，沿浙江修筑堡垒，以抗拒王式所率官军，同时要大量地收集各种船舰。如果

王式大败贼军

获得机会，就率大军长驱进取浙西，渡过长江，掠取扬州的货物财宝来充实自己的军资费用。回军后，修缮石头城坚守，这时宣歙、江西地区必定会有人起而响应。您再派遣刘从简率领军队一万人沿海南征，袭取福建。这样，就使唐朝的东南贡赋之地全部归于我们手中。虽然说我们的子孙恐怕不能守住东南半壁山河，但我们这辈子可以保证无忧虑了。”裘甫说：“喝醉了，明天再商议吧！”刘晊因为裘甫不用他的战略谋划，十分愤怒，假装喝醉走出。有一位名叫王辂的唐朝进士在裘甫军中，被当做宾客受到优礼。王辂对裘甫说：“如果按兵马副从使刘晊的谋划行事，正是当年孙权所做的割据江东的事业。但孙权是乘天下大乱的机会，因而能保据江东；如今中原无事，划江称帝的功业不容易办成。不如率领部众去占据险要地方，自守天涯一角，在陆地上耕种，在大海中捕鱼，事危急时就逃入海岛，这才是万全的计策。”裘甫畏惧王式，犹豫而不能决。

先前，裘甫派间谍潜入越州，越州军府官吏竟把他们藏起来，给他们供应饮食。州府文武将吏也往往暗中与裘甫军通款，以求城被贼军攻破的日子，能免死并存全妻子儿女；有的人假装引裘甫手下的将领来投降，实际上是来窥探军情虚实；城中官府的密谋和暗语，裘甫军全都知道。（四月）王式暗中将这一切查明，把通敌将吏全部逮捕，并处斩；又对州府中特别专横狡猾的将吏用刑，严格门禁法规，没有过关凭证公验的人不得出入，夜里安排周密的警戒，裘甫贼军于是不再能探知官军的虚实。

王式命令越州所属诸县打开仓库的储粮，用以赈救贫苦乏食的百姓，有人说：“裘甫贼寇还未消灭，军粮正急于要用，不可散发。”王式说：“这就不是你所能知道的了。”

唐官军缺少骑兵，王式说：“吐蕃、回鹘的降俘发配到江、淮的人不少，这些人在艰难险阻的环境中生活惯了，熟悉鞍马骑射，可以起用他们。”于是查明发配到浙东观察府吐蕃、回鹘族人名籍，得到骁勇强健的人一百余。这些胡虏远离家乡，被流放看管的年月已久，看管他们的军吏对他们凶恶狠毒，使他们贫困饥饿极了，王式将他们召来后既供给酒食，又接济他们的父母妻儿，于是都感恩欢呼哭拜，愿为王式效劳出死力。王式将他们配为骑兵，让骑兵将领石宗本统率他们。凡是流放在越州管辖境内的吐蕃、回鹘族人，均按照这种办法征集来，又上奏求得汝州龙陂监好马二百匹，于是骑兵充足了。

有人请求建设烽火台，用来警报来犯贼寇的远近、众寡，王式只是笑一笑，而不予答应。王式又选懦弱的士兵，让他们骑强健的战马，配以很少的武器作为侦察骑兵，部下众人感到奇怪，但也不敢多问。

王式察看越州城内诸军营，当时有州府士兵以及土团私家子弟四千人，王式让他们引导入援官军分路讨伐贼寇。越州府下没有守兵，王式又再征土团民兵一千人来补充。然后王式命令宣歙将领白琮、浙西将领凌茂贞率领本部军队，北来将领韩宗政等人率领土团，合起来有一千人，由石宗本率领骑兵为前锋，从上虞县开往奉化县，去解象山之围，这支军队号称东路军。王式又命令义成镇将领白宗建、忠武镇将领游君楚、淮南将领万璘率领本部军队，与台州军会合，号称南路军。王式下令说："不管是艰险还是容易，各军不要对所布置的任务进行争夺，不准焚烧老百姓的房屋茅舍，不准杀平民来增加首级冒功，平民被迫参加贼寇的，应招募他们归降。缴获贼寇的金帛财产，官府不加过问，擒获的俘虏，都是越州本地人，放他们回家。"

裘甫进入剡县城，官军府探知情报，感到恐慌，王式说："裘甫贼不过是来束手就擒而已！"于是命令东、南两路军到剡县来会合，辛卯（六月十二日），将剡县城团团围住。裘甫军的城防守卫十分坚固，官军攻城，无法攻拔。王式部下诸将议论断绝溪水，渴死城内人，裘甫贼军知道官军要断绝其水源，于是出城交战。三天内共交战八十三次，贼军虽被战败，官军也很疲倦。裘甫贼军请求投降，王式部下诸将向王式报告，王式说："裘甫贼企图获得稍许休整时间，我们应更加谨慎守备，大功就要告成了。"裘甫贼军果然出城，又与官军交战了三次。庚子（二十一日）夜，裘甫、刘晊、刘庆率百余人出城投降，并远远地对官军诸将喊话，请求收纳，官军迅速赶往城下，切断裘甫等人的后路，于是将裘甫等百余人擒获。壬寅（二十三日）裘甫等人被押送到越州，王式下令将刘晊、刘庆等二十余人拦腰处斩，将裘甫锁于车上，押送到京师长安去报功。

官军诸将回到越州，王式大摆酒宴庆功。诸镇将领于是向王式请教说："我们这些人生长在军队行伍之中，久经战阵，今年能够随从您攻破裘甫贼党，实在是荣幸，但我们有些事仍没有明白过来，请问：您刚到越州上任时，军粮正紧张，而您立即将官府仓库的屯粮散给老百姓，赈救贫困乏粮者，其中用意是什么？"王式回答说："这个道理容易理解，裘甫贼众屯聚谷米来引诱饥饿的人民，我分发粮食，饥民就不会被裘甫引诱入伙为盗贼。况且诸县没有守兵，裘甫贼军赶到，官府仓库的谷米正好成为贼寇的资粮，为资贼所用。"诸将又问道："您不设置烽火台，这又是为什么？"王式说："设烽火台是为了求取救兵，我手下的军队都已安排了任务，越州城中没有军队可用作援兵，设烽火台不过是徒费工夫，惊扰士民，使我军自乱溃散而已。"诸部将领又问："您派懦弱的士兵充当侦察骑兵，而且给他们配以很少的武器，这是什么道理呢？"王式回答说："如果侦察骑兵选派勇武敢斗的士兵，并配给锋利的兵器，遇到敌军就可能会不自量力上前搏斗，搏斗战死，就没有人回来报告，我们就不知道贼军来了，这样的侦察兵有什么用呢？"众部将听完后，都十分佩服，说："这都不是我们的智力所能达到的啊！"

卷第二百五十一

唐纪六十七

译文诵读

懿宗昭圣恭惠孝皇帝中咸通九年（戊子，868）

初，南诏陷安南，敕徐泗募兵二千赴援，分八百人别戍桂州，初约三年一代。徐泗观察使崔彦曾，慎由之从子也，性严刻；朝廷以徐兵骄，命镇之。都押牙尹戡、教练使杜璋、兵马使徐行俭用事，军中怨之。戍桂州者已六年，屡求代还，戡言于彦曾，以军帑空虚，发兵所费颇多，请更留戍卒一年；彦曾从之。戍卒闻之，怒。

都虞候许佶、军校赵可立、姚周、张行实皆故徐州群盗，州县不能讨，招出之，补牙职。会桂管观察使李丛移湖南，新使未至，秋，七月，佶等作乱，杀都将王仲甫，推粮料判官庞勋为主，劫库兵北还，所过剽掠，州县莫能御。

戊午，行及徐城，勋与许佶等乃言于众曰："吾辈擅归，思见妻子耳。今闻已有密敕下本军，至则支分灭族矣！丈夫与其自投网罗，为天下笑，曷若相与戮力同心，赴蹈汤火，岂徒脱祸，兼富贵可求！况城中将士皆吾辈父兄子弟，吾辈一唱于外，彼必响应于内矣。然后遵王侍中故事，五十万赏钱，可翘足待也！"众皆呼跃称善。将士赵武等十二人独忧惧，欲逃去，悉斩之，遣使致其首于彦曾，且为申状，称："勋等远戍六年，实怀乡里；而武等因众心不安，辄萌奸计。将士诚知诖误，敢避诛夷！今既蒙恩全宥，辄共诛首恶以补愆尤。"

初，辛云京之孙谠，寓居广陵，喜任侠，年五十不仕；与杜慆有旧，闻庞勋作乱，诣泗州，劝慆挈家避之，慆曰："安平享其禄位，危难弃其城池，吾不为也！且人各有家，谁不爱之？我独求生，何以安众！誓与将士共死此城耳！"谠曰："公能如是，仆与公同死！"乃还广陵，与其家诀，壬辰，复如泗州。时民避乱，扶老携幼，塞途而来，见谠，皆止之曰："人皆南走，子独北行，取死何为！"谠不应。至泗州，贼已至城下，谠急棹小舟得入，慆即署团练判官。

丁未夜，乘小舟潜渡淮，至洪泽，说厚本，厚本不听，比明，复还。已酉，贼攻城益急，欲焚水门，城中几不能御；谠请复往求救。慆曰："前往徒还，今往何益？"谠曰："此行得兵则生返，不得则死之。"慆与之泣别。谠复乘小舟负户突围出，见厚本，为陈利害。厚本将从之，淮南都将袁公弁曰："贼势如此，自保恐不足，何暇救人！"说拔剑嗔目谓公弁曰："贼百道攻城，陷在朝夕；公受诏救援而逗留不进，岂惟上负国恩！若泗州不守，则淮南遂为寇场，公讵能独存邪！我当杀公而后止耳！"起，欲击之，厚本起，抱止之，公弁仅免。说乃回望泗州，恸哭终日，士卒皆为之流涕。厚本乃许分五百人与之，仍问将士，将士皆愿行。说举身叩头以谢将士，遂帅之抵淮南岸，望贼方攻城，有军吏言曰："贼势已似入城，还去则便。"说逐之，揽得其髻，举剑击之，士卒共救之，曰："千五百人判官，不可杀也。"说曰："临陈妄言惑众，必不可舍！"众请不能得，乃共夺之。说素多力，众不能夺。说曰："将士但登舟，我则舍此人。"众竞登舟，乃舍之。士卒有回顾者，则斫之。驱至淮北，勒兵击贼。慆于城上布兵与之相应，贼遂败走，鼓噪逐之，至晡而还。

泗州援兵既绝，粮且尽，人食薄粥。闰月，已亥，辛说言于杜慆，请出求救于淮、浙，夜，帅敢死士十人，执长柯斧，乘小舟，潜往斫贼水寨而出。明旦，贼乃觉之，以五舟遮其前，以五千人夹岸追之。贼舟重行迟，说舟轻行疾，力斗三十余里，乃得免。癸卯，至扬州，见令狐绹；甲辰，至润州，见杜审权。时泗州久无声问，或传已陷，说既至，审权乃遣押牙赵翼将甲士二千人，与淮南共输米五千斛、盐五百斛以救泗州。

十年（己丑，869）

辛说以浙西之军至楚州，敕使张存诚以舟助之。徐贼水陆布兵，锁断淮流，浙西军惮其强，不敢进，说曰："我请为前锋，胜则继之，败则汝走。"犹不可；说乃募选军中敢死士数十人，牒补职名，先以米舟三艘、盐舟一艘乘风逆流直进，贼夹攻之，矢著舟板如急雨，及销，说帅众死战，斧断其锁，乃得过。城上人喧呼动地，杜慆及将佐皆泣迎之。乙酉，城上望见舟师张帆自东来，识其旗浙西军也；去城十余里，贼列火船拒之，帆止不进。慆令说帅死士出迎之，乘战舰冲贼陈而过，见张存诚帅米舟九艘，曰："将士在道前却，存诚屡欲自杀，仅得至此，今又不进。"说扬言："贼不多，甚易与耳。"帅众扬旗鼓噪而前，贼见其势猛锐，避之，遂得入城。

先是，辛说复自泗州引骁勇四百人迎粮于扬、润，贼夹岸攻之，转战百里，乃得出。至广陵，止于公馆，不敢归家，舟载盐米二万石，钱万三千缗，乙未，还至斗山。贼将王弘芝帅众万余，拒之于盱眙，密布战舰百五十艘以塞淮流，又纵火船逆之。说命以长叉托过，自卯战及未，众寡不敌，官军不利。贼缚木于战舰，旁出四五尺为战棚，说命勇士乘小舟入其下，矢刃所不能及，以枪揭火牛焚之，战舰既然，贼皆溃走，官军乃得过入城。

丙申，引兵发徐州

戊午，开门出降。玄稔见承训，肉袒膝行，涕泣谢罪。承训慰劳，即宣敕，拜御史中丞，赐遗甚厚。

玄稔复进言："今举城归国，四远未知，请诈为城陷，引众趋苻离及徐州，贼党不疑，可尽擒也！"承训许之。宿州旧兵三万，承训益以数百骑，皆赏劳而遣之。玄稔复入城，暮发平安火如常日。已未向晨，玄稔积薪数千束，纵火焚之，如城陷军溃之状，直趋苻离，苻离纳之，既入，斩其守将，号令城中，皆听命，收其兵，复得万人，北趋徐州。庞举直、许佶闻之，婴城拒守。

辛酉，玄稔至彭城，引兵围之，按兵未攻，先谕城上人曰："朝廷唯诛逆党，不伤良心；汝曹奈何为贼城守？若尚狐疑，须臾之间，同为鱼肉矣！"于是守城者稍稍弃甲投兵而下。崔彦曾故吏路审中开门纳官军，庞举直、许佶帅其党保子城，日昃，贼党自北门出，玄稔遣兵追之，斩举直、佶首，余党多赴水死，悉捕戍桂州者亲族，斩之，死者数千人，徐州遂平。

庞勋将兵二万自石山西出，所过焚掠无遗。庚申，承训始知，引步骑八万西击之，使朱邪赤心将数千骑为前锋。勋袭宋州，陷其南城，刺史郑处冲守其北城，贼知有备，舍去，渡汴，南掠亳州，沙陀追及之。勋引兵循涣水而东，将归彭城，为沙陀所逼，不暇饮食，至蕲，将济水，李衮发桥，勒兵拒之。贼惶惑不知所之，至县西，官军大集，纵击，杀贼近万人，余皆溺死，降者才及千人，勋亦死而人莫之识，数日，乃获其尸。贼宿迁等诸寨皆杀其守将而降。宋威亦取萧县，吴迥独守濠州不下。

唐懿宗咸通九年（戊子，公元868年）

起初，南诏蛮军攻陷安南，唐懿宗下敕令徐泗镇招募士兵二千人往安南赴援，并分其中八百人另往桂州屯戍，最初约定三年轮换一批。徐泗观察使崔彦曾是崔慎由的侄子，性情严酷刻薄。朝廷因为徐州士兵骄横，所以任命崔彦曾镇抚徐泗。都押牙尹戡、教练使杜璋、兵马使徐行俭在使府用事掌权，遭到军中将士的怨愤，当时戍守桂州的徐泗士兵已戍边六年，屡次请求轮换回乡，尹戡向崔彦曾上言，军府帑藏空虚，再调军队往桂州轮换替代，费用太多，请让桂林戍卒再留一年。崔彦曾听从了尹戡的建议。戍卒们得知消息，怒火冲天。

戍军都虞候许佶、军校赵可立、姚周、张行实都是以前的徐州盗贼，州县不能征讨，于是招安出山，用以被充军队，出任牙职。恰值桂管观察使李丛调往湖南镇守，新任观察使尚未到任，秋季，七月，许佶等人发动叛乱，杀死都将王仲甫，推举粮料判官庞勋为主帅，抢劫军用仓库的兵器，武装起来结队北还，他们在所过之地四处劫掠，地方州县不能抵御。

戊午（九月二十八日），庞勋等行至徐城县，庞勋与许佶等人对部众宣称："我辈擅自归来，是因为思念妻儿，日夜想和他们相见啊！今天听说，已有皇帝的密赦到了徐州军府，到徐州我们将被肢解灭族！大丈夫与其自投罗网，为天下人所笑，还不如大家同心协力，赴汤蹈火干一番大事业。这样不仅摆脱祸殃，而且可求得富贵。更何况徐州城内的将士都是我们的父兄子弟，我们在外一声高喊，他们在城内必然响应。然后遵照王智兴侍中过去所做的事去办，五十万缗赏钱，可以翘足以待！”众戍卒听后都欢呼雀跃，拍手称好。只有将士赵武等十二人感到忧虑和恐惧，企图逃之夭夭，庞勋将他们全部处斩，派遣使者将赵武等十二人的首级送交崔彦曾，并且再递上申诉状，宣称：“庞勋等远戍桂州六年，实在是怀念故乡故里；而赵武等人因为众心不安，竟萌生奸计，骗我们擅自归来。将士们当然知道被赵武等迷误将受到处罚，怎敢冒着诛灭全家的危险不听府使的命令！今天既承蒙观察使的大恩，得以免罪保全性命，大家也就立即将首恶分子赵武等十二人诛死，以弥补我们所犯下的罪过。”

起初，辛云京的孙子辛谠，在广陵闲居，行侠仗义，已五十岁了却不愿入朝做官。辛谠与杜慆多年友好，听说庞勋在徐泗叛乱，来到泗州，劝杜慆携带家属弃城逃走。杜慆说：“平安时期享有朝廷的俸禄官位，危难时期抛弃朝廷委交给我管理的城池，这是我所不能干的！况且人各有自己的家，谁不爱自己的家呢？我独自逃走求生，如何来安定部众的心！我誓与将士同生死，要死也一起死在泗州城！”辛谠说：“您能这样做，我也与您一同死在城里！”于是回到广陵，与自己的家属诀别，壬辰（十一月初三），再回到泗州城。当时民众为避战乱，扶老携幼，向南逃亡，道路也被人流所堵塞，逃亡的百姓见到辛谠，都劝阻他说：“人们都往南走，您独自北行，不是去找死吗！”辛谠不搭理。来到泗州，叛军已开到城下，辛谠拼命地划小船，得入城内，杜慆当即任命辛谠为团练判官。

丁未（十八日）夜晚，辛谠乘小船偷渡淮河，来到洪泽，游说郭厚本，郭厚本不听，到天亮，辛谠回到泗州城。己酉（二十日），贼军攻城更加急迫，企图焚烧泗州城的水门，城中将士几乎不能抵御，辛谠请求再往洪泽求救。杜慆说：“您前次去没有搬来救兵，独自回来，今天再去又有何用？”辛谠说：“这次去能搬来救兵就活着回来，搬不到救兵就死在那里。”杜慆于是与辛谠流着眼泪告别。辛谠再乘小船背朝着泗州突围而出，见到郭厚本，陈说利害。郭厚本正要听从辛谠的劝说，淮南镇都将袁公弁说：“叛贼势力这样强大，我们自保恐怕还不足够，还有什么余力去援救别人！”辛谠拔

唐懿宗赐赠法门寺专门用于珍藏佛骨舍利的八重宝函

出剑瞪着眼对袁公弁说："叛贼从四面八方进攻泗州城，泗州城沦陷就在朝夕之间。您受皇上的诏敕率军前来援救，却逗留不进，岂止是上负国家的恩情！如果泗州城守不住，淮南就要成为贼寇逐鹿的战场，您怎么能够独自生存呢？我应当先杀死您，然后自杀！"于是愤然起身，举剑要杀袁公弁，郭厚本忙起来抱住辛谠，按住辛谠的手，袁公弁得免遭一剑。辛谠于是回头望着泗州，痛哭终日，士卒们都被感动得流泪。郭厚本于是准许分五百人给辛谠，并问将士谁愿随辛谠去，将士们都表示愿意前往。辛谠转身向将士们叩头，表示感谢，于是率领士兵进抵淮河南岸，看见贼军正在围攻泗州城，有一个军吏叫喊："贼军势强，似乎已攻入城了，还是回去为好。"辛谠追上前去，抓住军吏的头发，举起剑将杀死他，士兵们都来求情赦免，说："他是一千五百人的判官，不可杀死。"辛谠说："临阵信口胡说，妖言惑众，绝对不能免他的死！"大家见求情无效，于是一齐来夺辛谠手中的剑。辛谠很有力气，众人夺不下他的剑。于是辛谠说："大家只要登上船，我就放下这个人。"众人竞相登船，辛谠这才放手舍下那位军吏。船上士卒有谁回头看，辛谠即用剑砍谁。船行至淮河北岸，辛谠即率领士卒向贼军发动袭击。杜慆在泗州城上布置军队与辛谠相接应，贼军于是被打败退走，官军敲鼓呼喊着追逐，直到午后才回城。

泗州的援兵既已断绝，粮食也将吃尽，人们只能喝稀粥。闰十二月，己亥（初十），辛谠对杜慆说，请出城向淮、浙地区请求救兵。夜晚，辛谠率领敢死战士十人，手持长柄斧，乘小船，偷偷地砍断贼军水寨栅围逃出。次日早晨，贼军才发现，于是派五艘船阻击辛谠的小船，又派五千军队夹着河岸追击。贼军的船大体重，行动迟缓，辛谠的船小轻便，划得较快，辛谠与贼军奋力拼斗了三十余里，终于突出重围。癸卯（十四日），来到扬州，见到唐淮南节度使令狐绹；甲辰（十五日），又来到润州，见到唐镇海节度使杜审权。当时已很久没有得到泗州的消息，有传言说泗州已沦陷，辛谠既赶到，杜审权于是派遣押牙赵翼率领武装得很好的士兵二千人，与淮南共输送大米五千斛、盐五百斛，前往援救泗州。

十年（己丑，公元869年）

辛谠率领浙西军队赶到楚州，宦官敕使张存诚率领船队来协助。徐州叛贼在水上和陆上布置了军队，封锁截断了淮河水流，浙西军队畏惧贼军的强大，不敢前进，辛谠对张存诚及诸将领们说："我请求当前锋，得胜你们就跟着我前进，失败你们就赶快撤退。"仍然得不到同意。辛谠于是招募军中的敢死士兵数十人，用牒写下每个人的职位姓名，先驾驶装米的船三艘，装盐的船一艘，乘风逆流而进，直冲泗州城。贼军在两岸夹击，箭头射在船板上，犹如急雨。船行至贼军封锁河道的铁锁前，辛谠率领部众奋力死战，用斧砍断铁锁，船得以通过。泗州城上欢呼之声震天动地，杜慆及部下将佐都哭着赶来迎接。乙酉（正月二十七日），泗州城上官军望见有战船张帆自东方而来，认出船上的旗帜是浙西军。离泗州城有十余里，徐州贼军排列火船进行阻挡，使浙西船队拉下船帆无法前进。杜慆命令辛谠率领敢死士兵出城迎接。辛谠乘战船冲向贼军阵地，冲过敌船后，看见张存诚率领装米的船九艘停在河中，张存诚喊："将士们惧怕贼军不敢前进，在河道中停留，我几次要自杀，才将船开到这里，现在船又不敢前进。"辛谠扬言说："贼军不多，前进并不太难。"于是率领众军扬起军旗，打鼓喧噪，奋力前进。贼军见浙西船队来势相当凶猛，避不敢迎战，于是船队得入泗州城。

此前，辛谠再次从泗州率领骁勇士兵四百人到扬州、润州迎粮，贼军在河岸夹击，辛谠转战一百里，才突围而出。来到广陵，住宿于官府旅馆，不敢回家，用船运载盐米二万石、钱一万三千缗回泗州，乙未（四月初八），来到斗山。贼军将领王弘芝率领一万余人，将辛谠阻挡于盱眙县，贼军在淮河密布战船一百五十艘，用以堵塞淮河水道，又放火船冲撞辛谠的船队。辛谠命令将士用长杈将火船拖走，自卯时战到未时，由于寡不敌众，官军处境极为不利。贼军在战船上绑上木头，出船侧四五尺作为战棚，辛谠派勇士划小船钻入贼船战棚下，船上的刀箭均打不到，用长矛绑上草，放火烧贼船。贼船既已燃烧，贼军都跳船逃走，辛谠于是得率船队进入泗州城。

丙申（初九），庞勋率领军队自徐州出发。

戊午（九月初四），张玄稔打开宿州城门率众出城投降。张玄稔见康承训时，袒胸露臂，跪地爬行，号哭流泪，口称请罪。康承训慰劳张玄稔等人，当即宣布唐懿宗的敕令，拜张玄稔为御史中丞，赐给的也相当丰厚。

张玄稔又向康承训进言献策："我今天举宿州城归降朝廷，远方四邻尚不知道，请让我假装为城被攻陷，率部众往苻离及徐州，贼将党羽不会猜疑我，可将他们全部擒获！"康承训表示同意。宿州原有军队三万人，康承训再增补数百骑兵，均给予赏钱，厚加慰劳，派遣他们出征。张玄稔再入宿州城，至傍晚时像平常一样点燃平安火。己未（初五）凌晨，张玄稔堆积干柴数千捆，纵火焚烧，做出城被攻陷军队溃散的模样，率领军队直奔苻离城。苻离贼军收纳张玄稔，既入城，张玄稔率军斩苻离贼军守将，向城中军民发号施令，众人都听从命令，于是纠集苻离城中军队，再收得一万人，向北进攻徐州。庞举直、许佶得知张玄稔叛变的情况，紧闭徐州城门拒守。

辛酉（初七），张玄稔赶到彭城，指挥军队将城团团围住，按兵未做进攻，先告谕城上的人说："朝廷只诛杀叛贼逆党，不会伤害好人，你们为什么要为叛贼守城呢？如果还迟疑不降，要不了多少时间，你们就要同叛贼逆党一同去见阎王，成为俎上的鱼肉！"于是城上渐渐有人脱去衣甲，抛下武器而跳下城。原先在崔彦曾手下办过事的官吏路审中打开徐州城门接纳官军，庞举直、许佶率领部下党羽退到内城拒守。太阳偏西时，庞举直等贼党从北门逃出，张玄稔派遣军队追击，砍下庞举直、刘佶的头，其余党羽大都跳到水里淹死。张玄稔将桂州戍卒叛乱者的亲属家族全部逮捕，处斩刑，被杀死的人有好几千，徐州于是被讨平。

庞勋率领军队二万人从石山向西进发，所过之处烧杀抢掠，一无所存。庚申（初六），康承训才知道庞勋的动向，于是率领步兵和骑兵八万人向西讨击庞勋，派遣朱邪赤心率领数千骑兵为前锋。庞勋袭击宋州，攻破宋州南城，宋州刺史郑处冲据守宋州北城，庞勋等知道城里官军有准备，即放弃宋州，渡过汴水，向南攻掠亳州，结果被沙陀骑兵追上。庞勋率领军队沿涣水向东走，企图回彭城，由于沙陀骑兵的追逼，日夜奔波，连吃饭的工夫都没有。赶到蕲县，准备渡河，李衮阻断桥梁，令官军摆好阵势准备抵抗。庞勋及其部众无法渡河，惶恐疑惑不知往哪里去为好，转至蕲县西面，大批官军赶到，纵兵进击，杀死贼军近一万人，其余的人都跳于河中淹死，投降的才一千人，庞勋也战死，但没有人认识他，数天后，才获得他的尸体。贼军设在宿迁县等地的几个营寨的士兵都杀死守将投降。宋威也攻取萧县，只有贼将吴迥据守濠州城未能攻下。

第二百五十二卷
唐纪六十八

译文诵读

懿宗昭圣恭惠孝皇帝下咸通十一年（庚寅，870）

西川之民闻蛮寇将至，争走入成都。时成都但有子城，亦无壕，人所占地各不过一席许，雨则戴箕盎以自庇；又乏水，取摩诃池泥汁，澄而饮之。

将士不习武备，节度使卢耽召彭州刺史吴行鲁使摄参谋，与前泸州刺史杨庆复共修守备，选将校，分职事，立战棚，具炮樏，造器备，严警逻。先是，西川将士多虚职名，亦无禀给。至是，揭榜募骁勇之士，补以实职，厚给粮赐，应募者云集。庆复乃谕之曰："汝曹皆军中子弟，年少材勇，平居无由自进，今蛮寇凭陵，乃汝曹取富贵之秋也，可不勉乎！"皆欢呼踊跃。于是列兵械于庭，使之各试所能，两两角胜，察其勇怯而进退之，得选兵三千人，号曰："突将"。行鲁，彭州人也。

二月，癸未朔，蛮合梯冲四面攻成都，城上以钩缳挽之使近，投火沃油焚之，攻者皆死。卢耽以杨庆复、摄左都押牙李骧各帅突将出战，杀伤蛮二千余人，会暮，焚其攻具三千余物而还。蜀人素怯，其突将新为庆复所奖拔，且利于厚赏，勇气自倍，其不得出者，皆愤郁求奋。后数日，贼取民篱，重沓湿而屈之，以为蓬，置人其下，举以抵城而劚之，矢石不能入，火不能然，庆复熔铁汁以灌之，攻者又死。

初，韦皋招南诏以破吐蕃，即而蛮诉以无甲弩，皋使匠教之，数岁，蛮中甲弩皆精利。又，东蛮苴那时、勿邓、梦冲三部助皋破吐蕃有功，其后边吏遇之无状，东蛮怨唐深，自附于南诏，每从南诏入寇，为之尽力，得唐人，皆虐杀之。

朝廷贬窦滂为康州司户，以颜庆复为东川节度使，凡援蜀诸军，皆受庆复节制。癸巳，庆复至新都，蛮分兵往拒之。甲午，与庆复遇，庆复大破蛮军，杀二千余人，蜀民数千人争操芟刀、白棓以助官军，呼声震野。乙未，蛮步骑数万复至，会右武卫上将军宋威以忠武二千人至，即与诸军会战，蛮军大败，死者五千余人，退保星宿山。威进军沱江驿，距成都三十里。蛮遣其臣杨定保诣支详请和，详曰："宜先解围退军。"定保还，蛮围城如故。城中不知援军之至，但见其数来请和，知援军必胜矣。戊戌，蛮复请和，使者十返，城中亦依违答之。蛮以援军在近，攻城尤急，骠信以下亲立矢石之间。庚子，官军至城下与蛮战，夺其升迁桥，是夕，蛮自烧攻具遁去，比明，官军乃觉之。

初，朝廷使颜庆复救成都，命宋威屯绵、汉为后继。威乘胜先至城下，破蛮军功居多，庆复疾之。威饭士欲追蛮军，城中战士亦欲与北军合势俱进，庆复牒威，夺其军，勒归汉州。蛮至双流，阻新穿水，造桥未成，狼狈失度。三日，桥成，乃得过，断桥而去，甲兵服物遗弃于路，蜀人甚恨之。黎州刺史严师本收散卒数千保邛州，蛮围之，二日，不克，亦舍去。

颜庆复始教蜀人筑壅门城，穿堑引水满之，植鹿角，分营铺，蛮知有备，自是不复犯成都矣。

僖宗惠圣恭定孝皇帝上之上乾符元年（甲午，874）

南诏乘胜陷黎州，入邛崃关，攻雅州。大渡河溃兵奔入邛州，成都惊扰，民争入城，或北奔他州。城中大为守备，而堑垒比向时严固。骠信使其坦绰遗节度使牛丛书云："非敢为寇也，欲入见天子，面诉数十年为谗人离间冤抑之事。倘蒙圣恩矜恤，当还与尚书永敦邻好。今假道贵府，欲借蜀王厅留止数日，即东上。"丛素懦怯，欲许之，杨庆复以为不可；斩其使者，留二人，授以书，遣还，书辞极数其罪，詈辱之，蛮兵及新津而还。丛恐蛮至，豫焚城外，民居荡尽，蜀人尤之。诏发河东、山南西道、东川兵援之，仍命天平节度使高骈诣西川制置蛮事。

二年（乙未，875）

春，正月，丙戌，以高骈为西川节度使。

高骈于剑州，先遣使走马开成都门。或曰："蛮寇逼近成都，相公尚远，万一豨突，奈何？"骈曰："吾在交趾破蛮二十万众，蛮闻我来，逃窜不暇，何敢辄犯成都！今春气向暖，数十万人蕴积城中，生死共处，污秽郁蒸，将成疠疫，不可缓也！"使者至成都，开城纵民出，各复常业，乘城者皆下城解甲；民大悦。蛮方攻雅州，闻之，遣使请和，引兵去。骈又奏："南蛮小丑，易以枝梧。今西川新旧兵已多，所发长武、鄜坊、河东兵，徒有劳费，并乞勒还。"敕止河东兵而已。

高骈至成都，明日，发步骑五千追南诏，至大渡河，杀获甚众，擒其酋长数十人，至成都，斩之。修复邛崃关、大渡河诸城栅，又筑城于戎州马湖镇，号平夷军，又筑城于沐源川，皆蛮入蜀之要路也，各置兵数千戍之。自是蛮不复入寇。骈召黄景复，责以大渡河失守，腰斩之。骈又奏请自将本管及天平、昭义、义成等军共六万人击南诏，诏不许。

先是，南诏督爽屡牒中书，辞语怨望，中书不答。卢携奏称："如此，则蛮益骄，谓唐无以答，宜数其十代受恩以责之。然自中书发牒，则嫌于体敌，请赐高骈及岭南西道节度使辛谠诏，使录诏白，牒与之。"众之。

王仙芝及其党尚君长攻陷濮州、曹州，众至数万；天平节度使薛崇出兵击之，为仙芝所败。

冤句人黄巢亦聚众数千人应仙芝。巢少与仙芝皆以贩私盐为事，巢善骑射，喜任侠，粗涉书传，屡举进士不第，遂为盗，与仙芝攻剽州县，横行山东，民之困于重敛者争归之，数月之间，众至数万。

三年（丙申，876）

丙子，王仙芝陷汝州，执刺史王镣。镣，铎之从父兄弟也。东都大震，士民挈家逃出城。乙酉，敕赦王仙芝、尚君长罪，除官，以招谕之。

十二月，王仙芝攻申、光、庐、寿、舒、通等州。

王仙芝进攻蕲州。蕲州刺史裴偓，王铎知举时所擢进士也。王镣在贼中，为仙芝以书说偓。偓与仙芝约，敛兵不战，许为之奏官；镣亦说仙芝许以如约。偓乃开城延仙芝及黄巢辈三十余人入城，置酒，大陈货贿以赠之，表陈其状。诸宰相多言："先帝不赦庞勋，期年卒诛之。今仙芝小贼，非庞勋之比，赦罪除官，益长奸宄。"王铎固请，许之；乃以仙芝为左神策军押牙兼监察御史，遣中使以告身即蕲州授之。

仙芝得之甚喜，镣、偓皆贺。未退，黄巢以官不及已，大怒曰："始者共立大誓，横行天下，今独取官赴左军，使此五千余众安所归乎！"因殴仙芝，伤其首，其众喧噪不已。仙芝畏众怒，遂不受命，大掠蕲州，城中之人，半驱半杀，焚其庐舍。偓奔鄂州，敕使奔襄州，镣为贼所拘。贼乃分其军三千余人从仙芝及尚君长，二千余人从巢，各分道而去。

唐懿宗咸通十一年（庚寅，公元870年）

西川人民听说南诏蛮军将要入侵，争相避难逃入成都，使城中人口爆满。当时成都只有内城，连护城壕也没有，每人平均所占不过一席之地，因无住房，下雨天只好戴斗笠和木盆以避雨淋。又缺乏饮水，只好取摩诃池泥汁，待沉淀见清后饮用。

西川军队缺少训练，将士不习武备，节度使卢耽为此召彭州刺史吴行鲁充当参谋，与前泸州刺史杨庆复共同修复守备，选拔将校，分配守城职事。又搭起临时战棚，储存大量石炮和檑木，修造各种军用器械，并在城内设警备巡逻。先前，西川将士中很多是虚额职名，也没有固定的粮饷给养。至此开始揭榜公开招募，招徕骁勇之士以补充军队缺额，充实军官队伍，并厚给粮饷，因而应募的人很多。杨庆复教谕应募者说："你们都是军人子弟，年轻有为，有智有勇，平时太平无事，没有施展才能的机会，而今南蛮入侵，欺凌百姓，这正是你们报效国家，获取功名富贵的时刻，与诸位共勉，切莫错失良机啊！”应募者听后都情绪高涨，欢呼雀跃。于是在大庭排列各式兵器，让应募者大显身手，各试所能，并让他们两人一组进行角力，通过考察选用勇者，辞退怯者。于是选得精壮三千人，号称“突将”。吴行鲁是彭州人。

二月，癸未朔（初一），南诏蛮军架云梯和冲车向成都城四面围攻，城上唐军用环钩套住云梯，向下浇滚烫的沸油，并投火焚烧，城下攻城的蛮军大都被烧死。卢耽命杨庆复和摄左都押牙李骧各率突将出城袭击，杀伤南诏蛮军二千余人，至日暮之时，焚南诏攻城器械三千余具，回到城中。蜀人一向懦怯，而“突将”却是最近选拔出来的勇士，加上给赏优厚，所以勇气百倍，未能出城作战的人，也个个求战请缨，深为自己未能出战而惋惜。几天之后，南诏军又取民间的篱笆，用水浇湿后编成竹篷，兵将在其下举着进抵城下，一时城上矢石不能入，火也不能燃烧。南诏军在竹篷掩护下挖掘城墙，杨庆复命唐军熔铁汁往下倾倒，结果城下蛮军全被烧死。

先前，韦皋招致南诏军队以进攻吐蕃，南诏军声称没有兵甲弓弩，韦皋于是派工匠往南诏教其制造，几年后，南诏所造兵甲弓弩都很精致锋利。另外，东蛮苴那时、勿邓、梦冲三部曾协助韦皋击破吐蕃军队，有功于唐朝，而后来唐朝的边境官吏却对他们敲诈勒索，引致东蛮怨恨唐朝，依附于南诏，经常随南诏军入侵唐朝边境，为南诏尽力，凡捕获唐人，都横加虐待并杀死。

朝廷将窦滂贬为康州司户，任颜庆复为东川节度使，凡援蜀的诸路军队，全都受颜庆复节制。癸巳（十一日）颜庆复到达新都，南诏分兵往新都抗拒颜庆复。甲午（十二日），南诏军与颜庆复所统率的唐军相遇，颜庆复指挥唐军大破南诏蛮军，杀死二千多人，蜀中老百姓数千人也拿着刀和木棒争先恐后地赶来助战，呼喊声震动山野。乙未（十三日），南诏蛮军步骑数万人又来挑战，恰好唐右武卫上将军宋威率忠武军二千人赶到，与颜庆复指挥的诸路唐军会合，南诏蛮军被杀得大败，死者五千多人，蛮军退守星宿山，宋威率军进至沱江驿，距成都仅三十里。这时，南诏再遣使臣杨定保往支详处请和，支详声言：“应先解成都围退军”。杨定保回到军中，南诏军仍然围城如故。成都城内并不知道唐援军已至，但见到南诏屡派使者来请和，推测援军必定胜利。戊戌（十六日），南诏又遣使者来成都请和，使者往返十来次，城中也不给予明确答复。南诏军见唐援军就在成都近边，攻城更加急迫，骠信以下军官都亲自立于矢石之间。庚子（十八日），唐官军赶到城下与蛮军接战，夺得南诏的升迁桥。至夜晚，南诏军烧毁其攻城器具而遁走，至第二天清晨，唐军才察觉南诏蛮军已离去。

起初，朝廷派颜庆复往救成都，而命宋威率军屯于绵州、汉州做后继。但宋威乘胜先至成都城下，破南诏蛮军所立战功最多，遭到颜庆复的妒嫉。南诏蛮军乘夜逃走后，宋威令士兵赶紧吃饭，企图追击蛮军，成都城中的战士也想与自北而来的唐军合势共同追击，颜庆复行文给宋威，收夺其兵权，令宋威归汉州据守。南诏蛮军退至双流，被新穿水阻挡，一时造桥不成，军队狼狈拥挤失去控制，三天后才造好桥，得以通过新穿水，其兵甲器物衣服很多都遗弃于路上。蜀中人士对颜庆复不准宋威追击蛮军的举动极为痛恨。黎州刺史严师本收集散卒数千人保据邛州，被南诏军围困，围攻两天不能克，南诏军也只得舍城而去。

颜庆复开始教蜀中士民筑壅门城，即于城门之外再筑垣墙以遮住城门，又挖壕堑并灌满水，在城外空旷之地插木杈为鹿角，在城上分立营寨，住守士卒。南诏知唐人已严加守备，自后不再进犯成都了。

唐僖宗乾符元年（甲午，公元874年）

南诏蛮军乘胜攻陷黎州，进入邛崃关，又攻雅州。大渡河溃散下来的唐兵逃奔入邛州，消息传来，成都一片惊慌，士民争先恐后地逃入成都城，有的人还向北逃奔其他州府。成都城中更加强守备，修筑的堑壕与堡垒比先时更加严固。南诏骠信遣其官员给唐节度使牛丛送信，声称："我们不敢侵犯唐境，是想入朝见唐天子，当面诉说数十年来南诏受小人进谗离间所遭受的冤屈事，若蒙唐天子的圣恩怜悯和抚恤，我们就将与牛尚书永远结为睦邻友好。今天借道来到贵军府，希望能借成都城内的蜀王厅留住数天，然后我们就东上长安。"牛丛一向胆小懦怯，想要准许南诏的要求，杨庆复认为这样做不可，于是斩南诏使者，仅留下二人，让他们持回信回到南诏蛮军中。牛丛的复信尽数南诏蛮军侵犯唐境的罪恶，并恶语辱骂，南诏军进至新津后即退走。牛丛恐怕蛮军来攻，事先将成都城外的居民住屋烧了个精光，使蜀地百姓非常怨恨。唐僖宗颁下诏书调发河东、山南西道、东川的军队救援成都，并且命令天平军节度使高骈前往西川布置和指挥对南诏蛮军抗战之事。

二年（乙未，公元875年）

春季，正月，丙戌（初二），朝廷任命高骈为西川节度使。

高骈来到剑州，先派遣使者骑马让成都打开诸城门，有人声称："南诏蛮寇已逼近成都，高相公距成都尚很远，万一出现意外，将如何是好？"高骈回答说："我在交趾大破蛮军二十万众，蛮军听说我来了，逃窜都来不及，如何敢在这时侵犯成都！目前春季气候转暖，数十万军民拥挤在城中，虽生死共处，但污秽郁积，恐怕发生疾疫，这就更难办了。请传我命令，开城门切不可缓！"使者赶到成都，打开诸城门纵士民出城使他们各自恢复日常产业，守城的军人也都下城解去兵甲，一时士民欢悦，紧张的情绪一下子放松了。南诏蛮军正进攻雅州，听到高骈到来，成都解除戒备，也遣使向唐军请和，引兵归国。高骈因此又上奏朝廷："南蛮小丑，很容易对付。目前西川新兵、旧兵已很多，原先征发来赴援的长武、鄜坊、河东军队自远道来赴，只是徒然耗费军饷，请求让这些军队归还原处。"朝廷得到高骈奏文后，只是下令河东兵归镇而已。

高骈到达成都，第二天即调发步兵和骑兵五千人追击南诏军队，至大渡河，俘获和杀死南诏军人很多，并擒获南诏酋长几十人，送至成都斩首。高骈又下令修复邛崃关和大渡河诸城堡、栅寨，并于戎州马湖镇筑城，号为平夷军。又于沐源川筑城，这些城堡都是南诏入蜀的要路，每个城堡和栅寨均各置数千士兵戍守。此后南诏蛮军不再敢侵犯蜀地。高骈将黄景复召至西川节度使府，指责他在大渡河失守，处以腰斩。高骈又上奏朝廷，请求亲自率领西川兵马及天平、昭义、义成等军队共六万人进击南诏，僖宗下诏不许。

先前，南诏督爽官屡次向唐中书门下送牒文，牒文辞语怨望无礼，中书门下不予回答。卢携上奏称："倘若这样不理不睬，南蛮必定越来越骄横，以为唐廷无言以答，应该历数南诏十代受恩于唐，责备他们负义背恩。然而由朝廷中书门下发牒文，又有将南蛮置与朝廷平起平坐的地位的嫌疑，请将诏文赐予高骈及岭南西道节度使辛谠，让他们抄录诏文，以地方官的身份给南诏下牒文。"唐僖宗遵从卢携的建议。

(六月)王仙芝及其党羽尚君长率军攻陷濮州、曹州，其队伍发展至数万人；唐天平军节度使薛崇出兵北伐，被王仙芝打败。

冤句人黄巢也聚集了数千人响应王仙芝。黄巢少年时与王仙芝都以贩私盐为生，黄巢善于骑马射箭，性格豪爽任侠，粗略地涉猎了史传经书，但屡次参加进士科考试均未及第，于是成为盗贼，与王仙芝攻略州、县，横行于山东。农民在官府重敛下无以为生，于是争相投奔黄巢，几个月内，队伍即发展到数万人。

三年（丙申，公元876年）

丙子（九月初二），王仙芝攻陷汝州城，活捉唐汝州刺史王镣。王镣是王铎的叔伯堂兄弟。消息传来，东都洛阳人心震动，一片惊慌，士民携带家眷争先恐后地逃出城去。乙酉（十一日），颁下诏敕赦免王仙芝、尚君长的罪，给二人任以官爵，企图招降他们。

十二月，王仙芝率军进攻申州、光州、庐州、寿州、舒州、通州等地。

王仙芝率军攻蕲州。蕲州刺史裴偓是王铎主掌科举考试时所选取的进士。王镣被俘后在贼军中，为王仙芝写书信劝说裴偓，于是裴偓与王仙芝约和，将军队收回不再进行争战，并答应为王仙芝向朝廷奏请求得一个官爵。王镣也劝说王仙芝准许裴偓的约和请求。于是裴偓大开蕲州城请王仙芝及黄巢等三十余人入城，置酒投宴，并摆出大量的宝货赠送给王仙芝等人，以表示其约和的诚意。朝廷诸宰相大都以为不可，说："先帝唐懿宗不赦庞勋之罪，当年就将庞勋诛除，今天王仙芝不过是一个小贼，其势力无法与庞勋相比，赦免他的罪而给予官爵，只能是更加助长奸贼的反叛气焰。"只有王铎坚持招降王仙芝，唐僖宗听信王铎之言，准许招降。于是任命王仙芝为左神策军押牙兼监察御史，派遣宦官中使将委任状送到蕲州以授给王仙芝。

王仙芝得到委任状欢喜万分，王镣、裴偓均来祝贺。王仙芝等尚未退出蕲州，黄巢以朝廷给官没有自己的份，勃然大怒，对王仙芝说："我与你曾共同立下誓言，要横行天下，今天你独自获得朝廷的官爵而要赴长安为禁军左军军官，让我们五千多弟兄怎么办？归于何处？"愤怒之余，黄巢竟殴打王仙芝，将王仙芝的头打伤，其余部众也喧闹不已。王仙芝畏惧士众的怒气，于是不接受唐廷的委任状，在蕲州大肆剽掠，蕲州城内的百姓，一半被驱出城外，一半被屠杀，居民的房屋被焚毁。唐蕲州刺史裴偓逃奔鄂州，宦官中使逃奔襄州，王镣被贼军拘留。于是贼军分兵三千余人跟从王仙芝及尚君长，二千余人随黄巢北上，各自分路离去。

第二百五十三卷
唐纪六十九

译文诵读

僖宗惠圣恭定孝皇帝上之下乾符四年（丁酉，877）

招讨副使、都监杨复光遣人说谕王仙芝，仙芝遣尚君长等请降于复光，宋威遣兵于道中劫取君长等。十二月，威奏与君长等战于颍州西南，生擒以献；复光奏君长等实降，非威所擒。招待御归仁绍等鞫之，意不能明；斩君长等于狗脊岭。

五年（戊戌，878）

曾元裕奏大破王仙芝于黄梅，杀五万余人，追斩仙芝，传首，余党散去。

黄巢方攻亳州未下，尚让帅仙芝余众归之，推巢为主，号冲天大将军，改元王霸，署官属。巢袭陷沂州、濮州。既而屡为官军所败，乃遗天平节度使张杨书，请奏之。诏以巢为右卫将军，令就郓州解甲；巢竟不至。

六年（已亥，879）

黄巢与浙东观察使崔璆、岭南东道节度使李迢文，求天平节度使，二人为之奏闻；朝廷不许。巢复上表求广州节度使，上命大臣议之。左仆射于琮以为："广州市舶宝货所聚，岂可令贼得之！"亦不许，乃议别除官。六月，宰相请除巢府率，从之。

九月，黄巢得率府率告身，大怒，诟执政，急攻广州，即日陷之，执节度使李迢，转掠岭南州县。巢使迢草表述其所怀，迢曰："予代受国恩，亲戚满朝，腕可断，表不可草。"巢杀之。

黄巢在岭南，士卒罹瘴疫死者什三四，其徒劝之北还以图大事，巢从之。自桂州编大筏数十，乘暴水，沿湘江而下，历衡、永州，癸未，抵潭州城下。李系婴城不敢出战，巢急攻，一日，陷之，系奔朗州。巢尽杀戍兵，流尸蔽江而下。尚让乘胜进逼江陵，众号五十万。时诸道兵未集，江陵兵不满万人，王铎留其将刘汉宏守江陵，自帅众趣襄阳，云欲会刘巨容之师。铎既去，汉宏大掠江陵，焚荡殆尽，士民逃窜山谷。会大雪，僵尸满野。后旬余，贼乃至。汉宏，兖州人也，帅其众北归为群盗。

广明元年（庚子，880）

秋，七月，黄巢自采石渡江，围天长、六合，兵势甚盛。淮南将毕师铎言于高骈曰："乾廷倚公为安危，今贼数十万众乘胜长驱，若涉无人之境，不据险要之地以击之，使逾长淮，不可复制，必为中原大患。"骈以诸道兵已散，张璘复死，自度力不能制，畏怯不敢出兵，但命诸将严备，自保而已，且上表告急，称："贼六十余万屯天长，去臣城无五十里。"先是，卢携谓："骈有文武长才，若悉委以兵柄，黄巢不足平。"朝野虽有谓骈不足恃者，然犹庶几望之。及骈表至，上下失望，人情大骇。诏书责骈散遣诸道兵，致贼乘无备渡江。骈上表言："臣奏闻遣归，亦非自专。今臣竭力保卫一方，必能济办；但恐贼迤逦过淮，宜急敕东道将士善为御备。"遂称风痹，不复出战。

唐僖宗乾符四年（丁酉，公元877年）

招讨副使、宦官都监杨复光派遣使者往王仙芝处劝谕，王仙芝派遣尚君长等为代表向杨复光请降，宋威企图邀功，派遣士兵于道路上将尚君长等人劫走。十二月，宋威向朝廷奏称与贼帅尚君长等在颍州西南战斗，生擒尚君长等献给朝廷。杨复光向朝廷奏称尚君长等人确实是来投降，并不是宋威于战阵中擒获。唐僖宗下诏命侍御使归仁绍等进行审查，居然无法查明真相，于是将尚君长等人斩于狗脊岭。

五年（戊戌，公元878年）

（二月）曾元裕上奏，称在黄梅大破王仙芝率领的贼军，杀五万余人，并追斩王仙芝，传首京师，王仙芝党羽大都散去。

黄巢率军正围攻亳州不下，尚让率领王仙芝余众来归，合兵一处，众人共推黄巢为盟主，号称"冲天大将军"，改年号为王霸，设置官职属僚，又领兵攻陷沂州、濮州。然后却屡次被唐朝官军打败，于是黄巢给唐天平节度使张杨一封求降信，请求代向朝廷上奏。唐僖宗得到奏文后下诏任命黄巢为右卫将军，命令黄巢率部众到郓州解除武装；黄巢没有从命，根本未去郓州。

六年（己亥，公元879年）

黄巢向唐浙东观察使崔璆、岭南东道节度使李迢投书，请求天平节度使的职位，崔璆和李迢为黄巢奏闻于朝廷，朝廷不准。黄巢再向朝廷上表乞求广州节度使的职位，唐僖宗命满朝大臣对此事讨论。左仆射于琮认为："广州有市舶司，每年蕃船往来，聚集到大量宝货，这样重要的地方岂能让盗贼控制！"于是又不批准黄巢乞任广州节度使的要求，而让大臣们议论给黄巢其他官职。六月，宰相们提出可任黄巢为巢府率，唐僖宗表示同意。

九月，黄巢得到朝廷给予的巢府率的委任状，大怒，大骂当朝宰相，并率军急攻广州，当天即将广州攻陷，活捉广州节度使李迢，并挥师转掠岭南地区各州县。黄巢又让李迢草写表文向朝廷申述自己想当广州节度使的愿望，李迢回答说："我世代蒙受国家的恩典，亲戚当官的布满朝廷，我宁愿被斩断手腕，决不为你草写表文。"黄巢将其杀死。

黄巢军在岭南地区，士卒得瘴疫死者有十分之三四，黄巢的部下劝黄巢北还以图大事，黄巢表示赞同。于是自桂州编制大木筏数十个，乘洪水沿湘江顺流而下，穿过衡州、永州，癸未（十月二十七日），抵达潭州城下。李系紧把城门不敢出来迎战，黄巢急攻一日，将城攻陷，李系逃奔朗州。黄巢将潭州戍兵全部杀死，将尸体抛入湘江顺流而下，以致死尸把江面都遮盖住了。尚让率军乘胜进逼江陵，号称五十万。当时诸道军队尚未集结，江陵官军兵不满万人，王铎留下部将刘汉宏据守江陵，自己率众赶往襄阳，宣称将要会合刘巨容所率军队。王铎既已离去，刘汉宏趁机对江陵大肆抢劫，几乎将江陵城烧了个干净。士民逃窜于山谷，值天降大雪，大批冻死于山野，使山上一片僵尸。十多天后，黄巢的军队才赶到。刘汉宏是兖州人，这时率领其部众向北逃亡成为群盗。

广明元年（庚子，公元880年）

秋季，七月，黄巢军从采石渡过长江，围攻天长、六合，兵势相当强大。淮南军将毕师铎向高骈进言："朝廷把安危倚仗于您，如今贼众数十万乘胜长途驱进，有如进入无人之境，倘若不及时占据险要之地攻击贼军，让他们越过长淮，就再也没有办法制服他们了，必定要成为中原的大患。"高骈因诸道援军已遣散，张璘又战死，自己感到不能制止黄巢北进，畏惧之心加上懦怯使他不敢出兵，只是命令诸将严加戒备，采取自保策略而已，并且上表朝廷告急，声称："黄巢贼六十余万众屯聚天长，距我城不到五十里。"先前，卢携声言："高骈有文武大才，如果将兵柄全都委交于他，平定黄巢将不在话下。"朝野人士虽然有不少人说高骈不足以依恃，但犹对他抱有一线希望。当高骈的表文送达朝廷，使朝野上下一片失望，人情震恐。唐僖宗下诏谴责高骈妄自遣散诸道军，致使黄巢贼众乘唐军无备而渡过长江。高骈上表辩解说："我上奏建议遣归诸道军队，不能算是自我专权。今天我竭尽全力保卫一方，必定是能办到的。只是恐怕贼众连绵曲折渡过淮河，应紧急命令东面诸道将士加强戒备，奋力抵御为是。"于是高骈宣称患有风痹症，不再派兵与黄巢作战。

第二百五十四卷 唐纪七十

译文诵读

僖宗惠圣恭定孝皇帝中之上广明元年（庚子，880）

汝郑把截制置都指挥使齐克让奏黄巢自称天补大将军，转牒诸军云，“各宜守垒，勿犯吾锋！吾将入东都，即至京邑，自欲问罪，无预众人。”上召宰相议之。豆卢瑑、崔沆请发关内诸镇及两神策军守潼关。壬戌，日南至。上开延英，对宰相泣下。

丁卯，黄巢陷东都，留守刘允章率百官迎谒；巢入城，劳问而已，闾里晏然。

以周岌为忠武节度使。初，薛能遣牙将上蔡秦宗权调发至蔡州，闻许州乱，托云赴难，选募蔡兵，遂逐刺史，据其城。及周岌为节度使，即以宗权为蔡州刺史。

十二月，庚辰朔，承范等至潼天，搜菁中，得村民百许，使运石汲水，为守御之备；与齐克让军皆绝粮，士卒莫有斗志。是日，黄巢前锋军抵关下，白旗满野，不见其际，克让与战，贼小却，俄而巢至，举军大呼，声振河、华。克让力战，自午至酉始解，士卒饥甚，遂喧噪，烧营而溃，克让走入关。关左有谷，平日禁人往来，以榷征税，谓之“禁坑”。贼至仓猝，官军忘守之，溃兵自谷而入，谷中灌水寿藤茂密如织，一夕践为坦途。承范尽散其辎囊以给士卒，遣使上表告急，称：“臣离京六日，甲卒未增一人，馈饷未闻影响。到关之日，巨寇已来，以二千余人拒六十万众，外军饥溃，蹋开禁坑。臣之失守，鼎镬甘心；朝廷谋臣，愧颜何寄！或闻陛下已议西巡，苟銮舆一动，由上下土崩。臣敢以犹生之躯奋冒死之语，愿与近密及宰臣熟议，急征兵以救关防，则高祖、太宗之业庶几犹可扶持，使黄巢继安禄山之亡，微臣胜哥舒翰之死！”

辛巳，贼急攻潼关，承范悉力拒之，自寅及申，关上矢尽，投石以击之。关外有天堑，贼驱民千余人入其中，掘土填之，须臾，即平，引兵而度。夜，纵火焚关楼俱尽。承范分兵八百人，使王师会守禁坑，比至，贼已入矣。壬午旦，贼夹攻潼关，关上兵皆溃，师会自杀，承范变服帅余众脱走。至野狐泉，遇奉天援兵二千继至，承范曰：“汝来晚矣！”博野、凤翔军还至渭桥，见所募新军衣裘温鲜，怒曰：“此辈何功而然，我曹反冻馁！”遂掠之，更为贼乡导，以趣长安。

甲申，以翰林学士承旨、尚收左丞王徽为户部侍郎，翰林学士、户部侍郎裴澈为工部侍郎，并同平章事。以卢携为太子宾客、分司。田令孜闻黄巢已入关，恐天子责己，乃归罪于携而贬之，荐徽、澈为相。是夕，携饮药死。澈，休之从子也。

百官退朝，闻乱兵入城，布路窜匿。令孜帅神策兵五百奉帝自金光门出，惟福、穆、泽、寿四王及妃嫔数人从行，百官皆莫知之。上奔驰昼夜不息，从官多不能及。车驾既去，军士及坊市民竞入府库盗金帛。

晡时，黄巢前锋将柴存入长安，金吾大将军张直方帅文武数十人迎巢于霸上。巢乘金装肩舆，其徒皆被发，约以红缯，衣锦绣，执兵以从，甲骑如流，辎重塞途，千里络绎不绝。民夹道聚观，尚让历谕之曰："黄王起兵，本为百姓，非如李氏不爱汝曹，汝曹但安居无恐。"巢馆于田令孜第，其徒为盗久，不胜富，见贫者，往往施与之。居数日，各出大掠，焚市肆，杀人满街，巢不能禁；尤憎官吏，得者皆杀之。

庚寅，黄巢杀唐宗室在长安者无遗类。辛卯，巢始入宫。壬辰，巢即皇帝位于含元殿，画皂缯为衮衣，击战鼓数百以代金石之乐。登丹凤楼，下赦书；国号大齐，改元金统。谓廣明之号，去唐下体而著黄家日月，以为己符瑞。唐官三品以上悉停任，四品以下位如故。以妻曹氏为皇后。以尚让为太尉兼中书令，赵璋兼侍中，崔璆、杨希古并同平章事，孟楷、盖洪为左右仆射、知左右军事，费传古为枢密使。以太常博士皮日休为翰林学士。璆，邠之子也，时罢浙东观察使，在长安，巢得而相之。

丁酉，车驾至兴元，诏诸道各出全军收复京师。

己亥，黄巢下令，百官诣赵璋第投名衔者，复其官。

中和元年（辛丑，881）

黄巢以其将王玫为邠宁节度使，邠州通塞镇将朱玫起兵诛之，让别将李重古为节度使，自将兵讨巢。

是时，唐弘夫屯渭北，王重荣屯沙苑，王处存屯渭桥，拓跋思恭屯武功，郑畋屯盩厔。弘夫乘龙尾之捷，进薄长安。

壬午，黄巢帅众东走，程宗楚先自延秋门入，弘夫继至，处存帅锐卒五千夜入城。坊市民喜，争欢呼出迎官军，或以瓦砾击贼，或拾箭以供官军。宗楚等恐诸将分其功，不报凤翔、鄜夏，军士释兵入第舍，掠金帛、妓妾。处存令军士系白罽为号，坊市少年或窃其号以掠人。贼露宿霸上，诇知官军不整，且诸军不相继，引兵还袭之，自诸门分入，大战长安中，宗楚、弘夫死，军士重负不能走，是以甚败，死者什八九。处存收余众还营。

丁亥，巢复入长安，怒民之助官军，纵兵屠杀，流血成川，谓之洗城。于是诸军皆退，贼势愈炽。

唐僖宗广明元年（庚子，公元880年）

汝郑把截制置都指挥使齐克让向朝廷奏称：黄巢已自称天补大将军，并写牒文转送给唐诸镇军，宣称："你们应各自据守自己的城垒，不要阻犯我军的兵锋！我将亲率大军攻入东都，接着攻入京师，向朝廷问罪，与你们没有关系。"唐僖宗将宰相们召到内殿商议对策。豆卢瑑、崔沆建议调发在关内的诸藩镇军及左、右神策军去拒守潼关。壬戌（十一月十二日），冬至，唐僖宗开延英殿最高决策会议，由于找不到御敌良策，竟对着宰相们流泪。

丁卯（十七日），黄巢军攻陷东都，唐东都留守刘允章率领百官迎拜；黄巢大军入城，对城中百姓劳问而已，坊里和平常一样，人民生活正常。

又任命周岌为忠武军节度使。起初，薛能派遣其牙将上蔡人秦宗权调发军队到蔡州，闻知许州发生军乱，托言赴难，选募蔡州人为兵，于是驱逐蔡州刺史，占据蔡州城。这时周岌为忠武军节度使，当即任命秦宗权为蔡州刺史。

十二月，庚辰朔（初一），张承范等率军赶到潼关，在青草茂密处搜得村民一百来人，即让他们为役运石汲水，做守城的准备。这时张承范军与齐克让军都已绝粮，士卒个个都没有斗志。这一天，黄巢军的前锋进抵潼关城下，白旗遍布山野，一望无际。齐克让率军出战，黄巢军小败。接着黄巢率大军赶到，全军大声呐喊，声音震撼黄河、华山。齐克让奋力拼战，自午时至酉时才停战。这时士卒已饿极了，于是呼喊喧闹着把营寨烧毁，溃散而去，齐克让也奔入潼关。潼关左边有山谷，平时禁止人在谷中往来，以便榷征商税，人们称此谷为"禁坑"。黄巢大军来得仓促，官军猝不及防，溃兵自山谷而入禁坑，里面灌木长藤茂密犹如蜘蛛网，一夕之间踏成一条平坦的大道。张承范将辎重和私囊全部散发给士卒，派人上表朝廷告急，表称："我率军离京六天，士卒没有增加一人，军饷更连影也未见到。到潼关之日，黄巢巨寇已来到关下，我以二千余人抗拒六十万敌众，在关外的齐克让军因饥饿而溃散，踏开禁坑。我如果将潼关失守，就是处以投身油锅的极刑也心甘情愿；但是朝廷宰相谋臣，羞愧之颜又寄托于何处！听人说陛下已经议论要西巡至蜀中，而如果陛下的金銮轿子一动，恐怕朝廷上下将土崩瓦解。我敢在战死之前，以尚存一刻的身躯，大胆说几句冒死之话，希望陛下与亲近宦官及宰相大臣深思熟虑，紧急征兵来救援潼关的关防，如果潼关能守，我大唐高祖、太宗创立的基业或许还可以扶持，使黄巢步安禄山的后尘遭到灭亡，而微臣我战死了也比哥舒翰要强！"

顾况遥望宫城图

辛巳（初二），黄巢军猛攻潼关，张承范竭尽全力进行抵抗，自寅时到申时，关上官军弓箭已无矢可射，于是用石头投向黄巢军，潼关外有壕沟，黄巢军驱赶平民千余人来壕中，掘土将壕沟填上，不一会儿，即将壕沟填平。于是黄巢军渡过壕沟。入夜，纵火将关楼全部焚烧干净。张承范于是分八百士兵，交王师会，令他拒守禁坑，当王师会率军赶到禁坑时，黄巢军已经通过。壬午（初三）早晨，黄巢军夹攻潼关，关上唐守军全部溃散，王师会自杀。张承范身穿便服率领残余士兵逃脱回到长安，行至野狐泉，遇到相继到来的奉天援兵二千人，张承范对他们说："你们来晚了！"于是退还。博野镇和凤翔镇的军队退至渭桥，见田令孜所招募的新军穿着新衣皮裘，十分愤怒，说："这些家伙有什么功劳能穿上这样好的衣服，我们殊死拼战反倒受冻挨饿！"于是抢劫新军，并为黄巢军作向导，往长安进发。

甲申（初五），唐僖宗任命翰林学士承旨、尚书左丞王徽为户部侍郎，任翰林学士、户部侍郎裴澈为工部侍郎，二人都为同平章事。贬宰相卢携为太子宾客、分司东都。田令孜听说黄巢率大军已进入关中，恐怕天下人追究自己的责任，于是归罪于卢携，而将他贬官，荐举王徽、裴澈为宰相。这天傍晚，卢携喝毒药自杀身亡。裴澈是裴休的侄子。

百官退出朝堂，听说乱兵已入长安城，分路躲藏。田令孜率领神策军士兵五百人护卫着唐僖宗自金光门出城，只有福王、穆王、泽王、寿王等四王及几个妃嫔随銮驾而去，百官竟无人知晓，不知皇帝去向。唐僖宗昼夜不停地奔驰，随从官员大多跟不上。唐僖宗的车驾既已远去，长安城中的军士及坊市百姓争先恐后地闯入皇家府库盗取金帛。

临近傍晚时，黄巢部下前锋将柴存进入长安城，唐金吾大将军张直方率文武官数十人往霸上迎接黄巢。黄巢坐着用黄金装饰的轿子，其部下全都披着头发，穿着红丝锦绣衣裳，手持兵器跟从着，铁甲骑兵行如流水，辎重车辆塞满道路，大军延绵千里络绎不绝。长安居民夹道聚观，尚让挨个向士民们宣谕说："我黄王起兵，本为了百姓！不像唐朝李氏皇帝不爱你们，你们只管安居乐业，不要恐慌。"黄巢住宿于田令孜的家，其部下将士为盗贼既久，极为富有，看到贫穷的人，往往施舍财物。但居住几天以后，又各自出来大肆抢劫，焚烧坊市，到处杀人，使死尸满街，黄巢无法禁止。黄巢部下尤其憎恨唐朝官吏，凡抓获到的全部杀死。

庚寅（十一日），黄巢将留在长安的唐朝宗室全部杀光，一个不剩。辛卯（十二日），黄巢始入居禁宫。壬辰（十三日），黄巢在含元殿即皇帝位，在黑色丝织物上作画，作为天子礼服，敲响战鼓数百声，以替代金石音乐，作为登基之礼。黄巢登上丹凤楼，颁下赦书：定国号为大齐，改年号为金统。宣称僖宗年号廣明，"廣"字去掉"唐"字的下半截而加上了"黄"家，再将日、月合并"明"字，认为这正是自己将当皇帝的符瑞。黄巢又发布命令，凡唐朝三品以上官员全部停任，四品以下官员保留官位如故。又册立其妻子曹氏为皇后。任命尚让为太尉兼中书令，赵璋为兼侍中，崔璆、杨希古并为同平章事，孟楷、盖洪为左右仆射、知左右军事，费传古为枢密使。又任命太常博士皮日休为翰林学士。崔璆即崔邠的儿子，当时正罢去浙东观察使的官职，居住在长安，被黄巢俘获而任为宰相。

丁酉（十八日），唐僖宗的车驾来到兴元，即向天下诸道颁发诏书，命令各道调发全军收复京师。

己亥（二十日），黄巢颁布命令：唐朝百官到大齐宰相赵璋的宅第投报官位姓名者，可以恢复其官位。

中和元年（辛丑，公元881年）

黄巢任命其部将王玫为邠宁节度使。唐邠州通塞镇将朱玫起兵将王玫诛杀，让别将李重古为邠州节度使，自己率领军队攻讨黄巢军。

这时，唐弘夫率军驻扎于渭北，王重荣率军屯驻沙苑，王处存驻军渭桥，拓跋思恭屯军武功，郑畋统率大军进驻盩厔，形成四面合围长安的形势。唐弘夫乘龙尾大捷的余威率军猛进，逼近长安。

壬午（四月初五），黄巢率军出长安城向东方撤退，唐将程宗楚率军首先自延秋门进入长安城，唐弘夫紧接着率军赶到，王处存率领精锐士兵五千人于夜晚也进入长安。长安坊市居民十分欢喜，争先恐后地出来欢迎官军，欢呼声响成一片，有的人还用瓦砾投击黄巢军，也有人收拾箭头供给官军。入城的程宗楚等人恐怕其他将领入城分去他们的战功，竟不通报凤翔节度使郑畋和鄜夏节度使拓跋思恭。入城的官军士兵们放下军器进入居民私宅，抢夺金帛，掠取妓妾。王处存下令军士系上白色丝绸头巾作为记号，但坊市无赖少年不少人也戴上白丝头，照样掠人劫货，使长安城内一片混乱。黄巢率军露宿于霸上，侦察到城内官军号令不整，而且围长安的诸路官军互不联系，于是率军还袭长安。黄巢军自诸城门分别进入，大战于城中，唐将程宗楚、唐弘夫都被杀死，官军士兵由于抢劫物太多，负重而走不动路，被黄巢军杀得大败，死者有十分之八九。王处存收拾残兵余众归还到渭桥扎营地。

丁亥，（十月）黄巢再进入长安，对长安居民帮助官军感到极为愤怒，于是纵兵进行屠杀，长安城血流成河，称之为洗城。于是唐诸路军全部撤退，黄巢军的声势更盛。

第二百五十五卷
唐纪七十一

译文诵读

僖宗惠圣恭定孝皇帝中之下中和二年（壬寅，882）

黄巢所署同州防御使朱温屡请益兵以扞河中，知右军事孟楷抑之，不报。温见巢兵势日蹙，知其将亡，亲将胡真、谢瞳劝温归国；九月，丙戌，温杀其监军严实，举州降王重荣。温以舅事重荣，王铎承制以温为同华节度使，使瞳奉表诣行在。

以朱温为右金吾大将军、河中行营招讨副使，赐名全忠。

黄巢兵势尚强，王重荣患之，谓行营都监杨复光曰："臣贼则负国，讨贼则力不足，奈何？"复光曰："雁门李仆射，骁勇，有强兵，其家尊与吾先人尝共事相善，彼亦有徇国之志；所以不至者，以与河东结隙耳。诚以朝旨谕郑公而召之，必来，来则贼不足平矣！"东面宣慰使王徽亦以为然。时王铎在河中，乃以墨敕召李克用，谕郑从谠。十一月，克用将沙陀万七千自岚、石路趣河中，不敢入太原境，独与数百骑过晋阳城下与从谠别，从谠以名马、器币赠之。

三年（癸卯，883）

李克用与忠武将庞从、河中将白志迁等引兵先进，与黄巢军战于渭南，一日三战，皆捷；义成、义武等诸军继之，贼众大奔。甲辰，克用等自光泰门入京师，黄巢力战不胜，焚宫室遁去。贼死及降者甚众，官军暴掠，无异于贼，长安室屋及民所存无几。巢自蓝田入商山，多遗珍宝于路，官军争取之，不急追，贼遂逸去。

克用时年二十八，于诸将最少，而破黄巢，复长安，功第一，兵势最强，诸将皆畏之。克用一目微眇，时人谓之"独眼龙"。

四年（甲辰，884）

五月，癸亥，大雨，平地三尺，黄巢营为水所漂，且闻李克用将至，遂引兵东北趣汴州，屠尉氏。尚让以骁骑五千进逼大梁，至于繁台；宣武将丰人朱珍、南华庞师古击却之。全忠复告急于李克用，丙寅，克用与忠武都监使田从异发许州，戊辰，追及黄巢于中牟北王满渡，乘其半济，奋击，大破之，杀万余人，贼遂溃。尚让帅其众降时溥，别将临晋李谠、曲周霍存、甄城葛从周、冤句张归霸及弟归厚帅其众降朱全忠。巢逾汴而北，已巳，克用追击之于封丘，又破之。庚午夜，复大雨，贼惊惧东走，克用追之，过胙城、匡城。巢收余众近千人，东奔兖州；辛未，克用追至冤句，骑能属者才数百人，昼夜行二百余里，人马疲乏，粮尽，乃还汴州，欲裹粮复追之，获巢幼子及乘舆器服符印，得所掠男女万人，悉纵遣之。

甲戌，李克用至汴州，营于城外；朱全忠固请入城，馆于上源驿。全忠就置酒，声乐、馔具皆精丰，礼貌甚恭；克用乘酒使气，语颇侵之，全忠不平。薄暮，罢酒，从者皆沾醉，宣武将杨彦洪密与全忠谋，连车树栅以塞衢路，发兵围驿而攻之，呼声动地。克用醉，不之闻；亲兵薛志勤、史敬思等十余人格斗，侍者郭景铢灭烛，扶克用匿床下，以水沃其面，徐告以难，克用始张目援弓而起。志勤射汴人，死者数十。须臾，烟火四合，会大雨震电，天地晦冥，志勤扶克用帅左右数人逾垣突围，乘电光而行，汴人扼桥，力战得度，史敬思为后拒，战死。克用登尉氏门，缒城得出，监军陈景思等三百余人，皆为汴人所杀。杨彦洪谓全忠曰："胡人急则乘马，见乘马则射之。"是夕，彦洪乘马适在全忠前，全中射之，殪。

克用妻刘氏，多智略，左右先脱归者以汴人为变告，刘氏神色不动，立斩之，阴召大将约束，谋保军以还。比明，克用至，欲勒兵攻全忠，刘氏曰："公比为国讨贼，救东诸侯之急，今汴人不道，乃谋害公，自当诉之朝廷。若擅举兵相攻，则天下孰能辨其曲直！且彼得以有辞矣。"克用从之，引兵去，但移书责全忠，全忠复书曰："前夕之变，仆不之知，朝廷自遣使者与杨彦洪为谋，彦洪既伏其辜，惟公谅察。"

唐僖宗中和二年（壬寅，公元882年）

黄巢任命的同州防御使朱温多次请求增兵，以固守河中一带，知右军事孟楷把这事压下而不上报。朱温看到黄巢队伍的形势越来越紧迫，知道其将以失败告终，亲信将领胡直、谢瞳二人规劝朱温归顺大唐。九月，丙戌（十七日），朱温杀掉监军严实，率同州全部人马投降王重荣。朱温把王重荣当做舅舅来侍奉。王铎秉承旨意，让朱温做同华节度使，派谢瞳恭奉表文到皇帝处所报告。

（十日）唐僖宗以朱温为右金吾大将军、河中行营招讨副使，并赐名为全忠。

黄巢的兵势还比较强大，王重荣对此深表忧虑，他对行营都监杨复光说："对贼寇称臣就辜负了大唐，讨伐贼寇又兵力不足，怎样才好？"杨复光说："雁门节度使李克用，作战勇猛，并拥有强大的军队，他的父亲与我已故的养父曾经一同共事，相处很好，他也有以身殉国的宏大志愿，之所以他不来，是因为他与河东的郑从谠有矛盾。若是诚恳地用朝廷的旨意谕劝郑从谠，从而召唤李克用，李克用一定会来。李克用若来，则平灭贼寇不在话下了！”东面宣慰使王徽也这样认为。当时王铎在河中，就用墨敕召集李克用，谕劝郑从谠。十一月，李克用带领一万七千沙陀人马，从岚州、石州赶往河中，但不敢进入太原境内，只带几百骑兵经过晋阳城与郑从谠告别，郑从谠赠送给他名马、器具和钱币。

三年（癸卯，公元883年）

李克用与忠武将军庞从、河中将军白志迁等带领人马先行进军，在渭南与黄巢军队展开激战，一天交战三次，都获得胜利；义成、义武等军相继赶到，黄巢人马只好争相败逃。甲辰（四月初八），李克用等从光泰门进入京师长安，黄巢顽强争战而不能取胜，最后放火焚烧宫殿后逃跑。贼寇战死和投降的人很多，但官军横暴抢掠，与贼寇没有什么两样，长安城内的房屋和百姓所剩无几。黄巢从蓝田进入商山，在路上扔下许多珍宝，官军争抢这些东西，而不急于追击，贼寇于是逃脱了。

李克用当时年仅二十八岁，在各位将领中是最年轻的，可是打败黄巢，收复长安，李克用的功劳实属第一，军队实力也最强大，各位将领对他都很畏惧。李克用的一只眼睛略微小些，当时人们都叫他“独眼龙”。

四年（甲辰，公元884年）

五月，癸亥（初三），天下大雨，雨水淹没地面三尺深，黄巢的军营被水淹漫，又听说李克用将要来到，于是带领人马往东北方向的汴州奔去，进屠尉氏。尚让带领精壮骑兵五千逼近大梁，到达繁台，宣武将军丰州人朱珍、南华人庞师古将尚让击退。朱全忠又向李克用告急请求援救，丙寅（初六），李克用与忠武都监使田从异从许州出发，戊辰（初八），在中牟北面的王满渡追赶上黄巢。李克用乘黄巢人马渡到汴河一半的时候，奋勇攻打，击败黄巢的队伍，斩杀一万余人，贼寇于是溃退。尚让率领他的人马向时溥投降，其他将领临晋人李谠、曲周人霍存、甄城人葛从周、冤句人张归霸以及他的堂弟张归厚带领所部向朱全忠投降。黄巢经过汴河向北奔去，己巳（初九），李克用在封丘追上黄巢，又将黄巢打败。庚午（初十）夜间，又下大雨，贼寇惊慌畏惧向东逃跑，李克用穷追不舍，先后经过胙城、匡城。黄巢把剩余的人马收集起将近一千人，向东奔往兖州。辛未（十一日），李克用追到冤句，统领的骑兵仅几百人，一天一夜行程二百余里，士兵和马匹都疲惫不堪，粮食也断绝了，于是回到汴州，想携带这里的粮食再次追击黄巢。李克用捉住黄巢的幼子，缴获了黄巢乘坐的车马和他的器具、服装、符节和印章，并收得黄巢以前掠抢的男女百姓有一万多，把他们全部放回去。

甲戌（十四日），李克用到达汴州，在城外安营扎寨；朱全忠坚持请李克用进入城内，在上源驿为李克用设立馆舍。朱全忠为李克用置办酒席招待，有精彩的歌舞音乐，丰盛的美食佳肴，礼貌十分恭谦。李克用乘着酒兴大发脾气，多有恶语伤人之处，朱全忠心里愤愤不平。到了傍晚，酒宴结束，李克用的随从都饮酒大醉。

宣武将军杨彦洪与朱全忠谋划，把马车连起来用树木做栅栏以堵塞主要道路，然后派出军队包围上源驿攻打李克用，呼喊的声音惊天动地。李克用已醉，不知道这一切，他的亲兵薛志勤、史敬思等十几人展开激烈的搏杀，侍卫郭景铢扑灭蜡烛，搀扶李克用藏到床下，用凉水浇李克用的脸，慢慢地告诉他所发生的灾难，李克用才睁开眼睛拿着弓箭起来。薛志勤用箭射汴州的人，射死几十名。不一会儿，浓烟烈火从四面扑来，恰好天下大雨，电闪雷鸣，天地昏暗，薛志勤扶着李克用率领身边的几名卫兵，越过墙垣突破包围，乘着闪电的光亮向前走。汴州军队把守渡桥，经过激烈的交战李克用才过去，史敬思在后面阻击掩护，战死。李克用登上汴州城的南门尉氏门，用绳子拴住身体溜下去，得以逃出。监军陈景思等三百余人，都被汴州军队杀害。杨彦洪对朱全忠说：“北方的胡人遇有急事就乘骑马匹，我们见到有骑马人便射他。”当天晚上，杨彦洪恰好骑着马出现在朱全忠的面前，朱全忠当即射箭，杀死了杨彦洪。

李克用的妻子刘氏，智多善谋，李克用身边的人有的先从汴州城内逃脱回去，把汴州城内朱全忠发动变乱一事告诉给她，刘氏不动声色，立即将逃回来的人斩杀，暗中召集各大将军，谋划以求全军回还。等到天亮，李克用回来，要率领所部官兵去攻打朱全忠，刘氏说：“你正在为国家讨伐贼寇，解救东面各路官军的燃眉之急，今天汴州朱全忠一伙人不仁道，竟阴谋杀害你，正应当去呈诉朝廷。如果你擅自带领人马去攻打他，那么天下的人谁还能辨别这件事的是非曲直？而且那样会让朱全忠有话可说了。”李克用听从了妻子刘氏的话，带领军队离去，只是写信责备朱全忠。朱全忠回信说：“前天晚上的变乱，我实在不知道，是朝廷派遣的使臣与杨彦洪相谋划的，杨彦洪既然已经伏罪处死，只有请你体察原谅了。”

第二百五十六卷 唐纪七十二

译文诵读

僖宗惠圣恭定孝皇帝下之上中和四年（甲辰，884）

甲辰，武宁将李师悦与尚让追黄巢至瑕丘，败之。巢众殆尽，走至狼虎谷，丙午，巢甥林言斩巢兄弟妻子首，将诣时溥；遇沙陀博野军，夺之，并斩言首以献于溥。

光启元年（乙巳，885）

初，田令孜在蜀募新军五十四都，每都千人，分隶两神策，为十军以统之，又南牙、北司官共万余员，是时藩镇各专租税，河南、北、江、淮无复上供，三司转运无调发之所，度支惟收京畿、同、华、凤翔等数州租税，不能赡，赏赉不时，士卒有怨言。令孜患之，不知所出。先是，安邑、解县两池盐皆隶盐铁，置官榷之；中和以来，河中节度使王重荣专之，岁献三千车以供国用，令孜奏复如旧制隶盐铁。夏，四月，令孜自兼两池榷盐使，收其利以赡军。重荣上章论诉不已，遣中使往谕之，重荣不可。

王重荣求救于李克用，克用方怨朝廷不罪朱全忠，选兵市马，聚结诸胡，议攻汴州，报曰："待吾先灭全忠，还扫鼠辈如秋叶耳！"重荣曰："待公自关东还，吾为虏矣。不若先除君侧之恶，退擒全忠易矣。"时朱玫、李昌符亦阴附朱全忠，克用乃上言："玫、昌符与全忠相表里，欲共灭臣，臣不得不自救，已集蕃、汉兵十五万，决以来年济河，自渭北讨二镇；不近京城，保无惊扰。既诛二镇，乃旋师灭全忠以雪仇耻。"上遣使者谕释，冠盖相望。

朱玫欲朝廷计克用，数遣人潜入京城，烧积聚，或刺杀近侍，声云克用所为，于是京师震恐，日有讹言。令孜遣玫、昌符将本军及神策鄜、延、灵、夏等军各三万人屯沙苑，以讨王重荣，重荣发兵拒之，告急于李克用，克用引兵赴之。十一月，重荣遣兵攻同州，刺史郭璋出战，败死。重荣与玫等相守月余，克用兵至，与重荣俱壁沙苑，表请诛令孜及玫、昌符；诏和解之，克用不听。十二月，癸酉，合战，玫、昌符大败，各走还本镇，溃军所过焚掠。克用进逼京城，乙亥夜，令孜奉天子自开远门出幸凤翔。

初，黄巢焚长安宫室而去，诸道兵入城纵掠，焚府寺民居什六七，王徽累年补葺，仅完一二，至是复为乱兵焚掠，无孑遗矣。

二年（丙午，886）

李克用还军河中，与王重荣同表请大驾还宫，因罪状田令孜，请诛之。上复以飞龙使杨复恭为枢密使。

戊子，令孜请上幸兴元，上不从。是夜，令孜引兵入宫，劫上幸宝鸡，黄门卫士从者才数百人，宰相朝臣皆不知。翰林学士承旨杜让能宿直禁中，闻之，步追乘舆，出城十余里，得人所遗马，无羁勒，解带系颈而乘之，独追及上于宝鸡；明日，乃有太子少保孔纬等数人继至。

时田令孜弄权，再致播迁，天下共忿疾之；朱玫、李昌符亦耻为之用，且惮李克用、王重荣之强，更与之合。

朱玫以田令孜在天子左右，终不可去，言于萧遘曰："主上播迁六年，中原将士冒矢石，百姓供馈饷，战死饿死，什减七八，仅得复京城。天下方喜车驾还宫，主上更以勤王之功为敕使之荣，委以大权，使堕纲纪，骚扰藩镇，召乱生祸。玫昨奉尊命来迎大驾，不蒙信察，反类胁君。吾辈报国之心极矣，战贼之力殚矣，安能垂头弭耳，受制于阉寺之手哉！李氏孙尚多，相公盍改图以利社稷乎？"遘曰："主上践阼十余年，无大过恶；正以令孜专权肘腋，致坐不安席，上每言之，流涕不已。近日上初无行意，令孜陈兵帐前，迫胁以行，不容俟旦。罪皆在令孜，人谁不知！足下尽心王室，正有引兵还镇，拜表迎銮。废立重事，伊、霍所难，遘不敢闻命！"玫出，宣言曰："我立李氏一王，敢异议者斩！"

夏，四月，壬子，玫逼凤翔百官奉襄王煴权监军国事，承制封拜指挥，仍遣大臣入蜀迎驾，盟百官于石鼻驿。玫使萧遘为册文，遘辞以文思荒落；仍使兵部侍郎判户部郑昌图为之。乙卯，煴受册，玫自兼左、右神策十军使，帅百官奉煴还京师；以郑昌图同平章事、判度支、盐铁、户部，各置副使，三司之事一以委焉。河中百官崔安潜等上襄王笺，贺受册。

戊戌，襄王煴遣使至晋阳赐李克用诏，言"上至半涂，六军变扰，苍黄晏驾，吾为藩镇所推，今已受册。"朱玫亦与克用书，克用闻其谋皆出于玫，大怒。大将盖寓说克用曰："銮舆播迁，天下皆归咎于我，今不诛玫，黜李煴，无以自湔洗。"克用从之，燔诏书，囚使者，移檄邻道，称："玫敢欺藩方，明言晏驾。当道已发蕃、汉三万兵进讨凶逆，当共立大功。"寓，蔚州人也。

杨复恭传檄关中，称"得朱玫首者，以静难节度使赏之。"王行瑜战数败，恐获罪于玫，与其下谋曰："今无功，归亦死；曷若与汝曹斩玫首，迎大驾，取邠宁节钺乎？"众从之。甲寅，行瑜自凤州擅引兵归京师，玫方视事，闻之，怒，召行瑜，责之曰："汝擅归，欲反邪？"行瑜曰："吾不反，欲诛反者朱玫耳！"遂擒斩之，并杀其党数百人。诸军大乱，焚掠京城，士民无衣冻死者蔽地。裴澈、郑昌图帅百官二百余人奉襄王奔河中，王重荣诈为迎奉，执煴，杀之，囚澈、昌图；百官死者殆半。

唐僖宗中和四年（甲辰，公元884年）

甲辰（六月十五日），武宁将军李师悦和尚让追击黄巢到瑕丘，打败黄巢。黄巢的人马没剩下多少，逃到泰山东南部的狼虎谷。丙午（十七日），黄巢的外甥林言斩下黄巢和黄巢的兄弟、妻子的头颅，正要拿着送到时溥那里，遇上了沙陀博野军，将黄巢等人的头颅夺去，并且砍下林言的脑袋，一同献给了时溥。

光启元年（乙巳，公元885年）

起初，田令孜在蜀地招募新的军队设五十四都，每都一千人，分别隶属左右神策军，共组成十个军进行统率，还有南牙、北司的官员共一万余人。当时各藩镇独占田租赋税，河南道、河北道、江南道、淮南道不再向朝廷进贡纳赋。朝廷的盐铁使、度支使、户部使三司转运钱粮而没有调取征发的地方，财政上只是收取京畿、同州、华州和凤翔等几个州的田租赋税，不够用，赏赐不能准时，军中士卒有怨言。田令孜对此很担心，但又不知从何处开辟财源。在这以前，安邑、解县两处池盐都隶属盐铁使，朝廷命官吏管理池盐专卖事宜。中和年号以来，河中节度使王重荣独占池盐收入，每年向朝廷进献三千车盐供国家调用。田令孜上奏请求恢复过去的制度仍由盐铁使管理安邑、解县两盐池。夏季，四月，田令孜自己兼任安邑、解县两盐池的榷盐使，收取所得利钱来供养军队。王重荣不停地上奏辩论申诉，唐僖宗派遣宦官前往晓谕，王重荣仍不罢休。

王重荣向李克用请求救援，李克用正在怨恨朝廷对朱全忠在上源驿陷害他而不治罪，挑选兵卒购买马匹，聚集联合北方的各胡族部落，商议攻打汴州，他回答王重荣说："等我先消灭了朱全忠，回头再收拾这些鼠辈就像秋风扫落叶一样容易！"王重荣说："等您从关东回来，我已成为阶下囚了。不如先除掉皇帝身边的恶棍，然后再退兵擒拿朱全忠就容易了。"当时朱玫、李昌符也暗中归附朱全忠，李克用于是上疏说："朱玫、李昌符与朱全忠内外勾结，要一起消灭我，我不得不自救。现已集结蕃夷和汉族的军队十五万，决意在明年过河，从渭河的北面讨伐朱玫、李昌符，但不逼近京城，保证长安不会受到惊扰。杀掉朱玫、李昌符二人之后，便撤回军队消灭朱全忠，以报仇雪耻。"唐僖宗接连不断地派遣使臣前往李克用处进行规劝解释。

朱玫想使朝廷讨伐李克用，多次派人偷偷进入京城，纵火焚烧积聚的财物，或者刺杀近臣，放出风声说是李克用干的，于是京师长安震惊恐慌，每天都有谣言传出。田令孜派遣朱玫、李昌符带领他们自身的军队以及神策军、鄜州、延州、灵州、夏州等地的军队共三万人，驻扎在沙苑，以征伐王重荣，王重荣派出军队进行抵抗，并向李克用告急，李克用带领人马赶往这里。十一月，王重荣派遣军队攻打同州，刺史郭璋出来迎战，战败身亡。王重荣与朱玫、李昌符相互对峙一个多月，李克用的军队赶到，与王重荣一起在沙苑设置营垒，进呈表文请求诛杀田令孜及朱玫、李昌符。唐僖宗颁诏劝李克用与田令孜等和解，李克用拒绝接受。十二月，癸酉（二十三日），双方会战，朱玫、李昌符大败，分别逃回自己的镇所，溃败的军队在所经过的地方大肆焚烧抢掠。李克用逼近京城，乙亥（二十五日）夜间，田令孜侍奉唐僖宗从长安城的开远门出奔凤翔。

当初，黄巢离开长安时曾纵火焚烧宫殿房舍，各道官兵进入长安城后大肆抢掠，焚烧官府、寺庙和民房有十分之六七，经王徽多年修补，仅完成了十分之一二，到这时再次遭到作乱军队的焚烧抢掠，就没有什么遗留的了。

二年（丙午，公元886年）

李克用撤军回到河中，与王重荣一同进呈表章请唐僖宗返回长安，并指出田令孜的罪状，请求诛杀田令孜。唐僖宗再次任命飞龙使杨复恭为枢密使。

戊子（正月初八），田令孜请僖宗前往兴元，唐僖宗不同意。这天夜间，田令孜带领军队进入僖宗的行宫，劫持僖宗前去宝鸡，跟随的宦官侍卫士兵仅几百人，宰相和朝中大臣都不知道。翰林学士承旨杜让能这天正在唐僖宗行宫值宿，听说僖宗被劫持，跑步追赶皇帝的车舆。出了凤翔城十几里，杜让能碰到一匹别人遗弃的马，没有笼头缰绳，便解下腰带绑在马脖子上，骑马独自追到宝鸡见到僖宗。第二天，才有太子少保孔纬等几个人相继赶到。

当时田令孜玩弄权势，以致皇帝再次离开京城流亡迁徙，天下的人们都对田令孜愤怒痛恨。朱玫、李昌符也感到被田令孜利用的羞耻，并且惧怕李克用、王重荣兵力的强大，便改弦更张与李克用、王重荣联合起来。

朱玫因为田令孜在唐僖宗身边，到头来还是没有把他除掉，就对萧遘说："六年来皇上流离迁徙，中原一带的将领士卒出入于刀箭之中，老百姓供给军粮，交战中阵亡和饥饿致死的人，十分已去了七八，才得以收复京师。天下官民正为皇上返回长安宫殿高兴，皇上却把拯救皇室的功劳归于宦官田令孜，将朝廷大权委任给他，致使朝纲法纪遭到践踏，各藩镇不时受到骚扰，招致王重荣兴兵作乱惹出祸害。我昨天奉您的命令来迎接皇上，不但没有受到信任理解，反而似乎有胁迫皇上的嫌疑。我们这些人报效国家的一片忠心最为赤诚，征讨贼寇竭尽全力，现在怎能俯首帖耳，去受宦官们的控制管束！大唐皇室李氏的子孙还有许多，你为什么不为社稷国家的长治久安而另做图谋呢？"萧遘对他说："当今皇上即位十几年来，没有什么大的过错。正是因为田令孜在皇上身边擅揽大权，致使皇上坐立不安，皇上每当谈到这些，都痛哭流涕不止。近些天的事，皇上起初没有意图迁移，无奈田令孜在皇上的住所安置兵卒，强迫皇上出走，竟不容许等到天亮。一切罪过都在田令孜身上，人们有谁不知。你对皇室尽心效力，正应当带领人马回到镇所，进呈表章

宫廷茶宴

迎接皇上。废黜和拥立皇上事关重大，商朝伊尹放逐商王太甲、汉朝霍光废黜昌邑王都曾感到为难，我萧遘可不敢遵命！”朱玫出去后，公开宣告说：“我拥立大唐皇室李氏的一个王，有敢反对的人一律斩头！”

夏季，四月，壬子（初三），朱玫逼迫留在凤翔的朝中百官尊奉襄王李煴暂且监管军国大事，受命授任指挥各官，仍派遣大臣进入蜀地迎接车驾，在石鼻驿会盟百官。朱玫让萧遘撰写拥立襄王李煴的册文，萧遘以文笔生疏思路不畅为托词推辞了。于是朱玫委命兵部侍郎判户部郑昌图起草册文。乙卯（初六），李煴接受众官拥立他的册文，朱玫自己兼任左、右神策十军使，率领朝中百官侍奉李煴返回京师长安。又任命郑昌图为同平章事，判度支、盐钱、户部事，分别设置副使，所有三司的事务都委托给他一人。留在河中府的朝中百官崔安潜等人向襄王李煴进呈表笺，恭贺他接受拥立。

戊戌（五月二十日），襄王李煴派遣使臣赴晋阳赐给李克用诏书，诏书上说：“皇帝行至半路，朝廷的禁卫军发生变乱纷扰，皇帝不幸死去，我被各藩镇推举拥立，现在已接受册封。”朱玫也给李克用写了信，李克用听说拥立襄王李煴这件事都是朱玫谋划的，勃然大怒。大将军盖寓规劝李克用说：“皇帝流离迁徙，天下都归罪于我们当初进逼京师，现在如果不诛杀朱玫，废黜襄王李煴，就没有办法洗清我们自己。”李克用听从盖寓的话，焚烧了襄王李煴的诏书，囚禁派来的使臣，向邻近各道发出檄文，说：“朱玫竟敢欺骗藩镇，公然说皇帝死了。本道已派出蕃夷、汉族军队三万人讨伐这一凶顽恶逆，大家应当一起建立大的功业。”盖寓是蔚州人。

杨复恭向关中传发檄文，说：“谁能斩下朱玫脑袋，就把朱玫静难节度使转授给他。”王行瑜与李铤、满存交战，屡战屡败，担心朱玫治他的罪，就与属下谋划说：“现在没有战功，回去也是死，不如和你们一起砍下朱玫的脑袋，迎接皇帝回来，拿到邠宁的符节与黄钺，怎么样？”大家依从王行瑜的意见。甲寅（十二月初十），王行瑜从凤州擅自带领军队返回京师长安，朱玫正在料理政事，听说此事，十分震怒，召来王行瑜，责问他说：“你擅自回来。要谋反吗？”王行瑜说：“我不谋反，而是要诛杀谋反的人朱玫！”于是将朱玫擒获斩杀，并且杀死朱玫的党羽几百人，各路军队顿时乱成一团，焚烧抢掠京城长安，士人百姓因没有衣服被冻死的，尸体遍地都是。裴澈、郑昌图率领众官二百多人侍奉襄王李煴奔往河中，王重荣假装出来迎接，抓住李煴，将他杀死，囚禁裴澈、郑昌图，众官被处死的将近一半。

第二百五十七卷
唐纪七十三

译文诵读

僖宗惠圣恭定孝皇帝下之下光启三年（丁未，887）

高骈闻秦宗权将寇淮南，遣左厢都知兵马使毕师铎将百骑屯高邮。

时吕用之用事，宿将多为所诛，师铎自以黄巢降将，常自危。师铎有美妾，用之欲见之，师铎不许；用之因师铎出，窍往见之，师铎惭怒，出其妾，由是有隙。

师铎将如高邮，用之待之加厚，师铎益疑惧，谓祸在旦夕。

会骈子四十三郎者素恶用之，欲使师铎帅外镇将吏疏用之罪恶，闻于其父，密使人绐之曰："用之比来频启令公，欲因此相图，已有委曲在张尚书所，宜备之！"师铎问神剑曰："昨夜使司有文书，翁胡不言？"神剑不寤，曰："无之。"师铎不自安，归营，谋于腹心，皆劝师铎起兵诛用之，师铎曰："用之数年以来，人怨鬼怒，安知天不假手于我诛之邪！淮宁军使郑汉章，我乡人，昔归顺时副将也，素切齿于用之，闻吾谋，必喜。"乃夜与百骑潜诣汉章，汉章大喜，悉发镇兵及驱居民合千余人从师铎至高邮。师铎诘张神剑以所得委曲，神剑惊曰："无有。"师铎声色浸厉，神剑奋曰："公何见事之暗！用之奸恶，天地所不容。况近者重赂权贵得岭南节度，复不行，或云谋窃据此土，使其得志，吾辈岂能握刀头事此妖物邪！要剐此数贼以谢淮海，何必多言！"汉章喜，遂命取酒，割臂血沥酒，共饮之。乙巳，众推师铎为行营使，为文告天地，移书淮南境内，言诛用之及张守一、诸葛殷之意。

庚戌，诇骑以白高骈，吕用之匿之。

毕师铎兵奄至广陵城下，城中惊扰。

乙卯，师铎射书入城，用之不发，即焚之。

丁巳，用之以甲士百人入见骈于延和阁下，骈大惊，匿于寝室，久而后出，曰："节度使所居，无故以兵入，欲反邪！"命左右驱出。用之大惧，出子城南门，举策指之曰："吾不可复入此！"自是高、吕始判矣。

乙丑，师铎纵兵大掠。骈不得已，命彻备，与师铎相见于延和阁下，交拜如宾主之仪，署师铎节度副使、行军司马，仍承制加左仆射，郑汉章等各迁官有差。

左莫邪都虞候申及，本徐州健将，入见骈，说之日："师铎逆党不多，请令公及此选元从三十人，夜自教场门出，比师铎觉之，追不及矣。然后发诸镇兵，还取府城，此转祸为福也。若一二日事定，浸恐艰难，及亦不得在左右矣。"言之，且泣，骈犹豫不听。及恐语泄，遂窜匿，会张雄至东塘，及往归之。

丙寅，师铎果分兵守诸门，搜捕用之亲党，悉诛之。师铎入居使院，秦稠以宣军千人分守使宅及诸仓库。丁卯，骈牒请解所任，以师铎兼判府事。

师铎遣孙约至宣城，趣秦彦过江。或说师铎日："仆射向者举兵，盖以用之辈奸邪暴横，高令公坐自聋瞽，不能区理，故顺众心为一方去害。今用之既败，军府廓然，仆射宜复奉高公而佐之，但总其兵权以号令，谁敢不服！用之乃淮南一叛将耳，移书所在，立可枭擒。如此，外有推奉之名，内得兼并之实，虽朝廷闻之，亦无亏臣节。使高公聪明，必知内愧；如其不俊，乃机上肉耳，奈何以此功业付之他人，岂惟受制于人，终恐自相鱼肉！前日秦稠先守仓库，其相疑已可见。且秦司空为节度使，庐州、寿州其肯为之下乎！仆见战攻之端未有穷已，岂惟淮南之人肝脑涂地，窃恐仆射功名成败未可知也！不若及今亟止秦司空勿使过江，彼若粗识安危，必不敢轻进；就使他日责我以负约，犹不失为高氏忠臣也。"师铎大以为不然，明日，以告郑汉章，汉章日："此智士也！"散求之，其人畏祸，竟不复出。

戊辰，骈迁家出居南第，师铎以甲士百人为卫，其实囚之也。

辛未，高骈密以金遗守者，毕师铎闻之，壬午，复迎骈入道院，收高氏子弟甥侄十余人同幽之。

高骈在道院，秦彦供给甚薄，左右无食，至然木像、煮革带食之，有相啖者。彦与毕师铎出师屡败，疑骈为厌胜，外围益急，恐骈党有为内应者。有妖尼王奉仙言于彦日："扬州分野极灾，必有一大人死，自此喜矣。"甲戌，命其将刘匡时杀骈，并其子弟甥侄无少长皆死，同坎瘗之。乙亥，杨行密闻之，帅士卒缟素向城大哭三日。

杨行密围广陵且半年，秦彦、毕师铎大小数十战，多不利；城中无食，米斗直钱五十缗，草根木实皆尽，以堇泥为饼食之，饿死者太半。宣军掠人诣肆卖之，驱缚屠割如羊豕，讫无一声，积骸流血，满于坊市。彦、师铎无如之何，濒蹙而已。外围益急，彦、师铎忧懑，殆无生意，相对抱膝，终日悄然。行密亦以城久不下，欲引还。己巳夜，大风雨，吕用之部将张审威帅麾下士三百，晨，伏于西壕，俟守者易代，潜登城，启关纳其众，守者皆不斗而溃。先是，彦、师铎信重尼奉仙，虽战陈日时，赏罚轻重，皆取决焉。至是复咨于奉仙日："何以取济？"奉仙日："走为上策！"乃自开化门出奔东塘。行密帅诸军合万五千人入城，以梁缵不尽节于高氏，为秦、毕用，斩于戟门之外；韩问闻之，赴井死。以高骈从孙愈摄副使，使改殡骈及其族。城中遗民才数百家，饥羸非复人状，行密辇西寨米以赈之。行密自称淮南留后。

唐僖宗光启三年（丁未，公元887年）

高骈听说秦宗权将要侵扰淮南，派遣左厢都知兵马使毕师铎带领一百骑兵驻扎高邮。

当时吕用之当权，有丰富经验的老将大多被他诛杀，毕师铎因为是从黄巢那里投降过来的将领，常常为自己的安危担忧。毕师铎有一个漂亮的小妾，吕用之想见见她，毕师铎不准许。吕用之趁着毕师铎外出的机会，偷偷地前去看那美妾。毕师铎羞愧恼怒，将小妾休掉，为此毕师铎与吕用之结下了仇怨。

毕师铎将要去高邮，吕用之对待他更加优厚，毕师铎却越来越疑虑恐惧，认为大祸就在眼前了。

恰好高骈的一个叫四十三郎的儿子一向憎恨吕用之，想让毕师铎率领在外镇守的将领官吏分条陈述吕用之的罪恶行径，报告给他的父亲高骈，并且暗中派人欺骗毕师铎说："吕用之近来一再诱导高骈，想要以此来谋害你，已经有机密文书在张神剑那里，应当早做防备！"毕师铎去问张神剑说："昨天夜间淮南节度使司送来了机密信函，你怎么不对我说？"张神剑不清楚怎么回事，说："没有什么机密信函。"毕师铎不能安下心来，便回到军营中，与心腹亲信商量对策，都劝毕师铎发兵讨伐吕用之，毕师铎说："多年来，对吕用之人民怨恨，鬼神愤怒，苍天是不是要借助我的力量来诛灭吕用之呀！淮宁军使郑汉章，是我的同乡，当初离开黄巢投奔高骈时是个副将，一向痛恨吕用之，如果知道了我讨伐吕用之的计谋，他一定会高兴的。"于是毕师铎连夜与一百骑兵秘密到达郑汉章那里，郑汉章大为高兴，把镇所的军队全部发动起来，又驱使当地百姓总共一千余人跟随毕师铎到达高邮。毕师铎追问张神剑收到的秘密文书，张神剑惊异地说："根本没有机密信函。"毕师铎的声色更加严厉，张神剑激奋地说道："你看事情怎么这样糊涂！吕用之奸邪凶恶，是天地所不容的。况且近来他大肆贿赂身居高位有权势的人，得到岭南东道节度使的官职，又不前去赴任，有的人说吕用之是在筹谋夺取这里的地盘。假使他的狂妄野心得逞，我们这些人怎么能够手握刀把为这种妖魔鬼怪做事！我们要把吕用之这几个乱臣贼子千刀万剐以答谢淮海一带的人民，还有什么可说的！"郑汉章听后大快，于是命令拿酒来，用刀划破胳膊让血滴到酒里，把酒喝掉。乙巳（四月初二），大家推举毕师铎为行营使，起草檄文祭告天地，向淮南境内传送檄文，说明讨伐吕用之以及张守一、诸葛殷的意图。

庚戌（初七），毕师铎派告密骑兵前往广陵向高骈禀告出师情由，被吕用之隐匿起来。

毕师铎的军队忽然到达广陵城下，城内兵民

内置佛骨宝光塔

惊慌混乱。

乙卯（十二日）毕师铎写信，用箭射入广陵城，吕用之竟不开启，当即烧掉。

丁巳（十四日），吕用之带着身披战甲的士兵一百人到延和阁下去见高骈，高骈大为吃惊，隐藏在卧室里，很长时间才出来，说道：“节度使所居住的地方，你无故带着士兵进入，要谋反吗？”命令身边侍卫将他们赶出去。吕用之十分恐惧，从内城的南门出去，手举马鞭指着广陵内城说：“我不再进人这里了！”从此，高骈和吕用之分道扬镳。

乙丑（二十二日），毕师铎怂恿军队大肆掠抢。高骈没有办法，命令撤除防备，与毕师铎在延和阁下相互见面，彼此行礼只像宾客和主人一样。高骈任毕师铎为节度副使、行军司马，依然承制加封他左仆射，郑汉章等人的官职也分别有不同的升迁。

左莫邪都虞候申及，本来是徐州勇猛强健的将领，他进城拜见高骈，劝说道：“毕师铎一伙叛逆党羽人数不多，请你趁着这个机会挑选主要的随从人员三十人，今天夜间就从教场门出去，等到毕师铎察觉到，追赶也来不及了。离开广陵城后再发动各个镇所的军队，回来攻取广陵城，就能把灾祸转变为福音。如果过了一两天大局已定，恐怕形势更加危险紧迫，我申及也不能再留在你的身边了。”申及一面说这些话一面哭泣，高骈犹豫不决，没有听从申及的劝告。申及担心自己的话泄漏出去，于是逃走藏匿起来，适逢张雄来到广陵东塘，申及便投奔了张雄。

丙寅（二十三日），毕师铎果然分派军队把守广陵城的各个城门，搜捕吕用之的亲信党羽，将他们全都斩杀。毕师铎进入高骈的节度使司官署，秦稠带领宣州军队一千人分头守护节度使官署以及各个仓库。丁卯（二十四日），高骈书写公文请解除他所担任的官职，任命毕师铎兼管淮南节度使司事宜。

毕师铎派遣孙约前赴宣州城，催促秦彦渡过长江。有人劝毕师铎说：“你日前发动军队前来广陵，是因为吕用之等人奸诈邪恶暴虐横行，高骈由此如同耳聋眼瞎一样，难以料理政务，因此你顺应众人的心愿为这一带剪除祸害。现在吕用之已经失败，广陵城内的军府旷然一清，你应当再尊奉高骈而辅佐他，只总揽他的兵权来发号施令，有谁敢不服从！吕用之不过是淮南的一个叛逆将领，把檄文传递到他所在的地方，马上就可以擒获他。这样一来，在外间有拥戴高骈的美名，在内又得到了兼并他人力量的实惠，即使朝廷知道了，你也没有亏负做臣子的节操。如果高骈聪明的话，他一定会在内心感到惭愧；如果高骈还不能觉醒改过，他也不过是菜板上的肉罢了。你为什么要把这样的功劳大业交给别人，那样的话不仅要受到别人的制约，恐怕最终还要把自己变成别人的美餐！昨天秦稠抢先据守仓库，值得怀疑的地方已显而易见。而且，秦彦如果做淮南节度使，庐州的杨行密、寿州的张翱又哪肯俯首帖耳地听他的指令！我感到相互攻打会没完没了，岂止是淮南的百姓要惨遭战祸，我担心你的功业与名誉、成功还是失败是难以预测的！不如趁着现在赶快阻止秦彦，不要让他渡过长江。他如果还能大体地意识到自己的安危，一定不敢轻易进发。即使是日后秦彦责备我们背弃了先前的誓约，我们还可以说是高骈的忠诚臣下。”毕师铎却完全不这样认为。第二天，毕师铎把这件事告诉了郑汉章，郑汉章说：“这是一个有智谋的才子呀！”到处寻找他，这个人害怕祸患，竟然再也不露面了。

戊辰（二十五日），高骈全家迁出延和阁到城南府第居住，毕师铎命令甲士一百人护卫高骈，实际上是把他囚禁起来。

辛未（二十八日），高骈暗中向看守他的士兵赠送金钱，毕师铎察觉到这事，壬午，又把高骈接入道院，把高骈的儿子、兄弟、外甥、侄子十几个都一同集中幽禁起来。

高骈被囚禁在广陵城内的道院，秦彦供给他的吃用东西极其缺少，身边的人没有吃的，以致燃烧道院内的木像煮皮带吃，有的竟相互吃人肉。秦彦与毕师铎出动军队一再失败，怀疑是高骈通过巫术诅咒他们，广陵城外的围攻又越来越紧迫，秦彦担心高骈的党羽中有做内应的人。有一个行妖术的尼姑王奉仙对秦彦说：“扬州上空的天象预兆这里要有大灾大难，一定要有一个大人物死去，而后才会顺心如意。”甲戌（九月初四），秦彦命令属下将领刘匡时将高骈斩杀，连同高骈的儿子、兄弟、外甥、侄子不论年龄大小全都处死，把他们一同埋葬在一个大坑内。乙亥（初五），杨行密得知高骈被害，率领军中士卒身穿丧服向着广陵城大声痛哭三天。

杨行密围攻广陵将近半年，秦彦、毕师铎与他交战大大小小几十次，大多失利。城内没有粮食，一斗米竟值五十缗钱，草根和花木的果实都吃完了，便用黏土做饼充饥，饿死的人超过一半。宣州军队抢掠百姓到店铺出卖，驱赶捆绑屠杀宰割就像对待猪羊一样。一直到街上没有一点声音，堆积的尸骨和流淌的鲜血，布满了店铺。秦彦、毕师铎对这种状况也没办法，只是皱眉头罢了。广陵城外的围攻更加紧迫，秦彦和毕师铎忧心忡忡抑郁不快，笼罩着死气沉沉的气氛，两个人面对面抱着膝盖，一天到晚都是一副忧愁的样子。而杨行密也因为好长时间不能攻下广陵城，想要带领军队返回庐州。己巳（十月二十九日）夜晚，狂风暴雨大作，吕用之的属下将领张审威率领手下士卒三百人，在早晨埋伏在城西堑壕，等到城内的护守士卒换班，偷偷地登上城墙，打开关卡把他的人马都放进去，城内的守卫士卒未经一战就溃散了。在这之前，秦彦、毕师铎信赖器重尼姑王奉仙，连兴兵作战的阵容日期时辰，奖赏惩罚的多少，都由尼姑王奉仙来决定。到这时，秦彦、毕师铎又询问王奉仙说：“怎样才能挽救局面？”王奉仙回答说：“离城出走是最好的对策！”于是，秦彦、毕师铎从开化门出城奔往东塘。杨行密带领各路人马合计一万五千人进入广陵城，因为梁缵未能对高骈效忠至死，后来为秦彦、毕师铎效力，杨行密便在戟门的外面将他斩杀。韩问听说与他一样的梁缵已被杨行密处死，便跳井自杀。杨行密委任高骈胞弟的孙子高愈暂为副使，命令重新安葬高骈和被害的族人。广陵城内剩下的百姓仅有几百家，饥饿瘦弱得都没有人样子，杨行密便从广陵城西的营寨载运粮米来赈济他们。杨行密自称淮南留后。

第二百五十八卷
唐纪七十四

译文诵读

昭宗圣穆景文孝皇帝上之上龙纪元年（己酉，889）

上在藩邸，素疾宦官，及即位，杨复恭恃援立功，所为多不法，上意不平；政事多谋于宰相，孔纬、张浚劝上举大中故事抑宦者权。复恭常乘肩舆至太极殿。他日，上与宰相言及四方反者，孔炜曰："陛下左右有将反者，况四方乎！"上矍然问之，纬指复恭曰："复恭陛下家奴，乃肩舆造前殿，多养壮士为假子，使典禁兵，或为方镇，非反而何！"复恭曰："子壮士，欲以收士心，卫国家，岂反邪！"上曰："卿欲卫国家，何不使姓李而姓杨乎？"复恭无以对。

大顺元年（庚戌，890）

赫连铎、李匡威表请讨李克用。朱全忠亦上言："克用终为国患，今因其败，臣请帅汴、滑、孟三军，与河北三镇共除之。乞朝廷命大臣为统帅。"

初，张浚因杨复恭以进，复恭中废，更附田令孜而薄复恭。及复恭再用事，深恨之。上知浚与复恭有隙，特亲倚之；浚亦以功名为己任，每自比谢安、裴度。克用之讨黄巢屯河中也，浚为都统判官。克用薄其为人，闻其作相，私谓诏使曰："张公好虚谈而无实用，倾覆之士也。主上采其名而用之，他日交乱天下，必是人也。"浚闻而衔之。

上从容与浚论古今治乱，浚曰："陛下英睿如此，而中外制于强臣，此臣日夜所痛心疾首也。"上问以当今所急，对曰："莫若强兵以服天下。"上于是广募兵于京师，至十万人。

及全忠等请讨克用，上命三省、御史台四品以上议之，以为不可者什六七，杜让能、刘崇望亦以为不可。浚欲倚外势以挤扬复恭，乃曰："先帝再幸山南，沙陀所为也。臣常虑其与河朔相表里，致朝廷不能制。今两河藩镇共请讨之，此千载一时。但乞陛下付臣兵柄，旬月可平。失今不取，后悔无及。"孔纬曰："浚言是也。"复恭曰："先朝播迁，虽藩镇跋扈，亦由居中之臣措置未得其宜。今宗庙甫安，不宜更造兵端。"上曰："克用有兴复大功，今乘其危而攻之，天下其谓我何？”纬曰：“陛下所言，一时之体也；张浚所言，万世之利也。昨计用兵、馈运、犒赏之费，一二年间未至匮乏，在陛下断志行之耳。”上以二相言叶，僶俛从之，曰：“兹事今付卿二人，无贻朕羞！”

五月，诏削夺克用官爵，属籍，官军出阴地关，游兵至于汾州。李克用遣薛志勤、李承嗣将骑三千营于洪洞，李存孝将兵五千营于赵城。镇国节度使韩建以壮士三百夜袭存孝营，存孝知之，设伏以待之；建兵不利，静难、凤翔之兵不战而走。河东兵乘胜逐北，抵晋州西门；张浚出战，又败，官军死者近三千人。静难、凤翔、保大、定难之军先渡河西归，浚独有禁军及宣武军合万人，举韩建闭城拒守，自是不敢复出。存孝引兵攻绛州，十一月，刺史张行恭弃城走。存孝进攻晋州，三日，与其众谋曰：“张浚宰相，俘之无益；天子禁兵，不宜加害。”乃退五十里而军；浚、建自含口遁去。存孝取晋、绛二州，大掠慈、隰之境。

先是，克用遣韩归范归朝，附表讼冤，言：“臣父子三代，受恩四朝，破庞勋，翦黄巢，黜襄王，存易定，致陛下今日冠通天之冠，佩白玉之玺，未必非臣之力也！若以攻云州为臣罪，则拓跋思恭之取鄜延，朱全忠之侵徐、郓，何独不讨？赏彼诛此，臣岂无辞！且朝廷当阽危之时，则誉臣为韩、彭、伊、吕；及既安之后，则骂臣为戎、羯、胡、夷。今天下握兵立功之人，独不惧陛下他日之骂乎！况臣果有大罪，六师征之，自有典刑，何必幸臣之弱而后取之邪！今张浚既出师，则固难束手，已集蕃、汉兵五十万，欲直抵蒲、潼，与浚格斗；若其不胜，甘从削夺。不然，方且轻骑叩阍，顿首丹陛，诉奸回于陛下之扆坐，纳制敕于先帝之庙庭，然后自拘司败，恭俟铁质。”表至，浚已败，朝廷震恐。浚与韩建逾王屋至河阳，撤民屋为筏以济河，师徒失亡殆尽。

是役也，朝廷倚朱全忠及河朔三镇；及浚至晋州，全忠方连兵徐、郓，虽遣将攻泽州而身不至。行营乃求兵粮于镇、魏，镇、魏倚河东为扞蔽，皆不出兵；惟华、邠、凤翔、鄜、夏之兵会之。兵未交而孙揆被擒，幽、云俱败，杨复恭复从中沮之，故浚军望风自溃。

二年（辛亥，891）

庚申，制以太保、门下侍郎、同平章事孔纬为荆南节度使，中书侍郎、同平章事张浚为鄂岳观察使。

杨复恭使人劫孔纬于长乐坡，斩其旌节，资装俱尽，纬仅能自免。李克用复遣使上表曰：“张浚以陛下万代之业，邀自己一时之功，知臣与朱温深仇，私相连结。臣今身无官爵，名是罪人，不敢归陛下藩方，且欲于河中寄寓，进退行止，伏俟指麾。”诏再贬孔纬均州刺史，张浚连州刺史。赐克用诏，悉复其官爵，使归晋阳。

唐昭宗龙纪元年（己酉，公元889年）

昭宗身为寿王居住藩邸时，一向憎恨宦官，到了他登基称帝以后，杨复恭倚仗着当初拥立昭宗即位有功，所作所为大多违犯法度，昭宗在心中对他愤愤不平。有关朝政事务，昭宗大多和宰相商讨，孔纬、张浚奉劝皇帝施行大中年间的成例，抑制宦官的权力。杨复恭经常乘坐轿子到太极殿。有一天，昭宗与宰相谈论四方谋反叛乱的人，孔纬说："陛下的身边就有将要谋反的人，何况四方呢！"昭宗惊惶地追问他，孔纬指着杨复恭说："杨复恭是陛下的家奴，竟敢乘坐轿子到前殿，招养许多壮士为养子，委任他们统管朝廷的军队，有的则充任地方节度使、刺史，这不是谋反是什么！"杨复恭辩解说："我招养壮士为义子，是想收拢将士的心，保卫国家，哪里是谋反呀！"昭宗说："你想保卫国家，为什么不让这些壮士姓李而姓杨？"杨复恭无话可答。

大顺元年（庚戌，公元890年）

（四月）赫连铎、李匡威进呈表章请求讨伐李克用。朱全忠也向朝廷进言说："李克用最终是国家祸患，现在趁着他势力衰败，我请求率领汴州、滑州、孟州三路军队，和河北的三镇人马一起去除掉李克用。恳望朝廷任命大臣充任统帅。"

当初，张浚凭借杨复恭的势力得以晋升，杨复恭后来失宠，张浚便又去依附田令孜而疏远了杨复恭。等到杨复恭再次当权，他对张浚深怀忌恨。唐昭宗知道张浚与杨复恭有怨仇，便格外地亲近倚重张浚；张浚也把已有的功名看成是自己所能胜任的，常常把自己比作谢安、裴度。李克用讨代黄巢驻扎在河中时，张浚充任都统判官。李克用蔑视张浚的为人，听说他做了宰相，私下对传达诏令的使臣说："张浚喜好空谈而不能务实办事，是个颠覆朝廷的人，皇上听信他的虚名而重用他，将来有一天导致天下大乱的，一定是这个人。"张浚听到这些，对李克用怀恨在心。

昭宗从容地与张浚谈论从古到今的乱世治理，张浚说："陛下这样英明聪慧，却在内在外受制于宦官、藩镇，这是我日日夜夜所痛心疾首的事。"昭宗向张浚询问当今最为紧迫的事情是什么，张浚回答说："任何事情都不如增强军队以威服天下重要。"唐昭宗于是大规模招募军队，聚集在京师长安，人数达到十万。

等到朱全忠等人请求讨伐李克用，昭宗便命令尚书省、门下省、中书省和御史台四品以上的官员共同商议这件事，认为不能兴兵讨伐的人占十分之六七，杜让能、刘崇望也认为不能这样做。张浚试图凭借外边的势力来排挤杨复恭，于是说："先帝第二次巡幸山南，是李克用带着沙陀人马逼迫的。我常常忧虑担心李克用与黄河以北的藩镇内外勾结，致使朝廷不能控制。现在河南的朱全忠、河北的李匡威共同请求讨伐李克用，这是千载难逢的一个时机。只请求陛下授予我统领军队的大权，一个月就可以消灭李克用。如果错失现在的良机而不争取，那么将后悔莫及。"孔纬附和道："张浚说得对。"杨复恭则说："先帝流离迁徙，虽然由于藩镇骄横跋扈造成，但也是因为朝中大臣举止不当措施不力。现在朝廷刚刚安定下来，不应当再兴兵大战。”昭宗说：“李克用有打败黄巢收复京城的大功，现在趁着他处于困境而去攻打，天下的人们会怎样说我？”孔纬说：“陛下所说的，是现在一时的体面；张浚所说的，是今后世代的大利。昨天计算调遣军队、运送物资、犒劳奖赏的费用，一两年内都不至于缺乏，就在陛下当机立断兴兵讨伐了！”昭宗因为张浚和孔纬两位宰相一唱一和，不得已依从了他们的意见，说：“这件事现在就交给你们二人去办理，但不要给朕带来羞辱！”

五月，昭宗颁发诏令削去李克用的官职、爵位及赐他李姓后所编的属籍。

张浚统领的官军从阴地关开出，游击的军队到达汾州。李克用派遣薛志勤、李承嗣带领骑兵三千在洪洞县安设营寨，李存孝带领军队五千在赵城县安设营寨。镇国节度使韩建派出强壮士卒三百人在夜间去袭击李存孝的军营，李存孝事先知道了，便设下埋伏等待韩建人马的到来。韩建军队没有得手，静难、凤翔军队也未经交战就后撤，李克用的河东军队乘胜追击，直达晋州城的西门。张浚带领军队出城交战，再次打了败仗，官军被斩杀的将近三千名。静难、凤翔、保大、定难各路军队于是抢先渡过黄河往西回奔，张浚只剩下长安禁军和宣武军总共一万人，与韩建一起关闭晋州城门固守，从此不敢再出城。李存孝带领军队先去攻打绛州，十一月，刺史张行恭放弃绛州城逃跑。李存孝再回兵进攻晋州，围攻了三天，他与属下商议说：“张浚身为宰相，我们俘获他也没有什么好处，天子手下的京师禁军，我们不应当斩杀。”于是，李存孝率领军队后退五十里驻扎。张浚、韩建从含口逃走。李存孝攻取了晋州、绛州，大肆抢掠慈州、隰州一带。

在此之前，李克用放韩归范回到朝廷，附带表章诉冤说：“我家父子三代人，蒙受武宗、宣宗、懿宗、僖宗四朝皇帝的恩德，攻破庞勋叛逆，剪除黄巢贼寇，废黜襄王李煴，保存易州定州，使得陛下现在头戴帝王的冠冕，身佩洁白的玉玺，这不能说没有我的功劳！如果因为攻打云州而认为我有罪，那么拓跋思恭夺取鄜延，朱全忠攻打徐州的时溥、郓州的朱瑄，为什么朝廷却不进行讨伐？同样的举动，那里受到奖赏，这里却遭受讨伐，我怎么会没有话说呢！况且当朝廷处在危机时刻，就赞誉我是当今的韩信、彭越、伊尹、吕尚；等到天下稍微安定以后，就辱骂我是北戎、羯族、胡人、蛮夷。这样，现在天下掌握重兵立有战功的人，难道就不担心陛下将来有一天会辱骂他们吗？！而且，若是我果真有弥天大罪，派出朝廷的军队进行征伐，自然有刑法惩处，何必趁我的军力衰弱以后再来攻取！现在张浚既然已经出动军队，我就很难束手待擒，我已经集聚了蕃族、汉人的军队五十万，要直抵蒲州、潼关，与张浚决一死战；如果不能获胜，我也甘心被革除官职削去爵位。不然，我就要轻装骑马去敲皇宫的大门，在殿阶前磕头，至陛下屏风宝座下自陈奸恶回人，去先帝的庙堂缴纳诏令敕书，然后把自己捆绑起来到刑官那里，恭敬地等候用刑被斩。”表章送到时，张浚已经兵败，朝中群臣震惊恐慌。张浚和韩建经过王屋山到达河阳，拆除民人的房屋做成木筏以便渡过黄河，军中士卒失踪死亡几乎没剩下多少。

这次战役，朝廷想倚助朱全忠和黄河以北三镇。但等到张浚到达晋州，朱全忠才联合徐州、郓州的军队，虽然派遣将领攻打泽州却不亲身前往。张浚的行营于是向镇州、魏州求助军队和粮食，可是镇州、魏州把李克用的河东军队当做自己的屏障，都拒不出兵，只有华州、邠州、凤翔、鄜州、夏州的军队前去和张浚会合。军队还没有交战，孙揆就被擒获，幽州的李匡威、云州的赫连铎都打了败仗，杨复恭又在这中间作梗，因此张浚的军队一战即溃，望风而逃。

二年（辛亥，公元891年）

庚申（正月初九），唐昭宗颁发诏令，将太保、门下侍郎、同平章事孔纬贬职为荆南节度使，中书侍郎、同平章事张浚贬为鄂岳观察使。

杨复恭派出人马在长乐坡拦截抢劫孔纬，斩断孔纬的节度使旌旗节钺，抢光了孔纬的资财装备，孔纬仅能保住自身一命。李克用再次派遣使者向唐昭宗进呈表章说："张浚用陛下世世代代的基业，来谋取他自己一时的功名，他知道我与朱温有着很深的怨仇，便与朱温在暗中勾结。我现在身上已没有官职爵位，是被朝廷指名讨伐的罪人，不敢再回去做陛下的藩镇，只是想在河中一带留居，是进是退如何举动，敬候朝廷指示。"唐昭宗诏令将孔纬再次贬职，降为均州刺史，张浚也再次贬职，降为连州刺史。同时，向李克用赐发诏书，全部恢复他以前的官职爵位，让他回到晋阳。

第二百五十九卷 唐纪七十五

译文诵读

昭宗圣穆景文孝皇帝上之中景福元年（壬子，892）

丁酉，杨行密帅众归杨州；秋，七月，丙辰，至广陵，表田頵守宣州，安仁义守润州。

先是，扬州富庶甲天下，时人称扬一、益二，及经秦、毕孙、杨兵火之余，江、淮之间，东西千里扫地尽矣。

八月，以杨行密为淮南节度使、同平章事，以田頵知宣州留后，安仁义为润州刺史。

孙儒降兵多蔡人，行密选其尤勇健者五千人，厚其禀赐，以皂衣蒙甲，号“黑云都”，每战，使之先登陷陈，四邻畏之。

行密以用度不足，欲以茶盐易民布帛，掌书记舒城高勖曰：“兵火之余，十室九空，又渔利以困之，将复离叛。不若悉我所有易邻道所无，足以给军；选贤守令功课农桑，数年之间，仓库自实。”行密从之。田頵闻之曰：“贤者之言，其利远哉！”行密驰射武伎，皆非所长，而宽简有智略，善抚御将士，与同甘苦，推心待物，无所猜忌。尝早出，从者断马鞦，取其金，行密知而不问，他日，复早出如故，人服其度量。

淮南被兵六年，士民转徙几尽；行密初至，赐与将吏，帛不过数尺，钱不过数百；而能以勤俭足用，非公宴，未尝举乐。招抚流散，轻徭薄敛，未及数年，公私富庶，几复承平之旧。

二年（癸丑，893）

王建屡请杀陈敬瑄、田令孜，朝廷不许。夏，四月，乙亥，建使人告敬瑄谋作乱，杀之新津。又告令孜通凤翔书，下狱死。建使节度判官冯涓草表奏之曰：“开匣出虎，孔宣父不责他人；当路斩蛇，孙叔敖盖非利已。专杀不行于阃外，先机恐失于彀中。”涓，宿之孙也。

李茂贞恃功骄横，上表及遗杜让能书，辞语不逊。上怒，欲讨之。茂贞又上表，略曰：“陛下贵为万乘，不能庇元舅之一身；尊极九州，不能戮复恭之一竖。”又曰：“今朝廷但观强弱，不计是非。”又曰：“约衰残而行法，随盛壮以加恩；体物锱铢，看人衡纩。”又曰：“军情易变，戎马难羁，唯虑甸服生灵，因兹受祸，未审乘舆播越，自此何之！”上益怒，决讨茂贞，命杜让能专掌其事，让能谏曰：“陛下初临大宝，国步未夷，茂贞近在国门，臣愚以为未宜与之构怨，万一不克，悔之无及。”上曰：“王室日卑，号令不出国门，此乃志士愤痛之秋。药弗瞑眩，厥疾弗瘳。朕不能甘心为孱懦之主，愔愔度日，坐视陵夷。卿但为朕调兵食，朕自委诸王用兵，成败不以责卿！”让能曰：“陛下必欲行之，则中外大臣共宜胁力以成圣志，不当独以任臣。”上曰：“卿位居元辅，与朕同休戚，无宜避事！”让能泣曰：“臣岂敢避事！况陛下所欲行者，宪宗之志也；顾时有所未可，势有所不能耳。但恐他日臣徒受晁错之诛，不能弭七国之祸也。敢不奉诏，以死继之！”上乃命让能留中书，计画调度，月余不归。崔昭纬阴结邠、岐，为之耳目，让能朝发一言，二镇夕必知之。本茂贞使其党纠合市人数百千人，拥观军容使西门君遂马诉曰：“岐帅无罪，不宜致讨，使百姓涂炭。”君遂曰：“此宰相事，非吾所及。”市人又邀崔昭纬、郑延昌肩舆诉之，二相曰：“兹事主上专委杜太尉，吾曹不预知。”市人因乱投瓦石，二相下舆走匿民家，仅自免，丧堂印及朝服。上命捕其唱帅者诛之，用兵之意益坚。京师民或亡匿山谷，严刑所不能禁。八月，以嗣覃王嗣周为京西招讨使，神策大将军李鐬副之。

李存孝夜犯李存信营，虏奉诚军使孙考老。李克用自引兵攻邢州，掘堑筑垒环之。存孝时出兵突击，堑垒不能成。河东牙将袁奉韬密使人谓存孝曰：“大王惟俟堑成即归晋阳，尚书所惮者独大王耳，诸将非尚书敌也。大王若归，咫尺之堑，安能沮尚书之锋锐邪！”存孝以为然，按兵不出。旬日，堑垒成，飞走不能越、存孝由是遂穷。

乙亥，覃王嗣周帅禁军三万送凤翔节度使徐彦若赴镇，军于兴平。李茂贞、王行瑜合兵近六万，军于盩厔以拒之。禁军皆新募市井少年，茂贞、行瑜所将皆边兵百战之余，壬午，茂贞等进福兴平，禁军皆望风逃溃，茂贞等乘胜进攻三桥，京城大震，士民奔散，市人复守阙请诛首议用兵者。崔昭纬心害太尉、门下侍郎、同平章事杜让能，密遗茂贞书曰：“用兵非主上意，皆出于杜太尉耳。”甲申，茂贞陈于临皋驿，表让能罪，请诛之。让能言于上曰：“臣固先言之矣，请以臣为解。”上涕下不自禁，曰：“与卿诀矣！”是日，贬让能梧州刺史，制辞略曰：“弃卿士之臧谋，构藩垣之深衅，咨询之际，证执弥坚。”又流观军容使西门君遂于儋州，内枢密使李周潼于崖州，段诩于欢州。乙酉，上御安福门，斩君遂、周潼、诩，再贬让能雷州司户。遣使谓茂贞曰：“惑朕举兵者，三人也，非让能之罪。”以内侍骆全瓘、刘景宣为左右军中尉。

李茂贞勒兵不解，请诛杜让能然后还镇，崔昭纬复从而挤之。冬，十月，赐让能及其弟户部侍郎弘徽自尽。复下诏布告中外，称“让能举枉错直，爱憎系于一时；鬻狱卖官，聚敛逾于巨万。”自是朝廷动息皆禀于邠、岐，南、北司往往依附二镇以邀恩泽。有崔鋋、王超者，为二镇判官，凡天子有所可否，其不逞者，辄诉于鋋、超，二人则教茂贞、行瑜上章论之，朝廷少有依违，其辞语已不逊。

制复以茂贞为凤翔节度使兼山南西道节度使、守中书令，于是茂贞尽有凤翔、兴元、洋、陇秦等十五州之地。

唐昭宗景福元年（壬子，公元892年）

丁酉（六月二十五日），杨行密率领人马返回扬州；秋季，七月，丙辰（十四日），杨行密回到广陵，上表请求任命田頵为宣州长官，安仁义为润州长官。

在此之前，扬州的富庶天下无比，当时人们称颂扬州第一，益州第二，等到经过秦彦、毕师铎、孙儒、杨行密各股军队的战火之后，江、淮之间，东西方圆千里一片败落景象。

八月，朝廷任命杨行密为淮南节度使、同平章事，委任田頵为宣州留后，任命安仁义为润州刺史。

孙儒投降过来的军队大多是蔡州人，杨行密挑选他们当中特别勇猛强健的人五千名，予以丰厚的俸饷和赏赐，用黑色的外衣蒙盖上甲胄，号称“黑云都”，每当作战时，就让这些人首先冲锋陷阵，四周邻近的军队都很惧怕他们。

杨行密因为军中费用缺乏，想用茶叶和食盐换取百姓的布帛，掌书记舒城人高勖说：“战乱刚刚过去，老百姓十户有九家是空的，官府却又要以商谋利使他们艰难窘迫，这将会使百姓再次叛离我们。不如拿出我们拥有的东西去与缺少此物的邻道贸易，这样完全可以供给军队，再挑选贤明的地方长官劝勉人民耕作纺织，几年的时间，仓库自然就会充盈。”杨行密采纳了高勖的意见。田頵听到这件事后说：“贤明人士的话，其利益深远呀！”杨行密对于骑马射箭比武这些技艺，都没有什么专长，可是他对人宽厚，生活节俭又有智谋胆略，善于安抚驾御宫中将士，与他们同甘共苦，待人处事推心置腹，没有任何猜疑顾忌。有一次早晨出去，跟随的人剪断驾辕马臀部的皮带，拿走那上面的金饰，杨行密知道了也不追问，后来仍像以前一样在早晨外出，人们都佩服他的心胸度量。

淮南一带遭受战乱接连六年，当地士人和百姓辗转迁移几乎走光了。杨行密刚到这里时，赏赐将领官吏，布帛不过几尺，银钱不到几百。可是杨行密能够靠勤奋节俭保证军中供给充足，除非因公摆设宴会，他自己从不举办歌舞声乐。杨行密招收安抚流离的人民，减轻徭役少征赋税，没有几年的工夫，官府和人民都富有起来，几乎恢复到太平盛世时的状态。

二年（癸丑，公元893年）

王建一再请求杀掉陈敬瑄、田令孜，朝廷不准许。夏季，四月，乙亥（初七），王建指使人告发陈敬瑄谋反作乱，在新津将他杀死。又指使人告发田令孜与凤翔节度使李茂贞暗中通信，把他囚禁狱中致死。王建命令节度判官冯涓起草表章奏报说：“打开木笼放出猛虎，孔子责备其弟子不责备别人；孙叔敖将两头蛇杀死，并不是为了他自己的利益。统兵在外的将帅如果没有专杀大权，重要的机会就要在奸臣的圈套中丧失。”冯涓是冯宿的孙子。

李茂贞倚仗有功骄傲强横，向昭宗进呈表章以及给杜让能写信，言语很不恭谦。昭宗十分愤怒，想要讨伐李茂贞。李茂贞再次上表，大略说：“陛下身为一统天下的大唐皇帝，却不能庇护皇舅王瓌一人的性命；陛下在天下最受尊崇，却不能斩杀杨复恭这个家伙。”又说：“现在朝廷只看各节度使的强弱与否，而不计议是非曲直。”还说：“朝廷约束势力弱者对他们行之以法，附和势力强盛者对他们施加恩赏；处事视其轻重而斤斤计较，看人权衡利害而仰人鼻息。”他又说：“军中情形千变万化，战争胜负难以约束，我是担心京畿一带的百姓因此遭受祸害，不知道皇帝流离迁徙，今后还能到哪里去！”昭宗更加愤怒，决心讨伐李茂贞，命令杜让能专门掌管征讨事宜。杜让能劝昭宗说：“陛下刚刚即位不久，国家的命运还不平安，凤翔的李茂贞离京师长安这样近，我认为不应当与他结下怨仇，万一不能消灭他，那么后悔也来不及了。”昭宗说：“现在皇室的地位越来越低下，朝廷的号令在京师以外的地方就得不到推行，这正是仁人志士痛心疾首的时刻。服药不到使眼睛昏花程度，疾病就不会痊愈。朕不能甘心做一个软弱可欺的君主，默默无闻地度过时日，坐在这里看着别人来欺侮。你只管为朕调动军队粮食，朕亲自委派各王统领军队，不论成功与失败都不会追究你的责任。”杜让能回答说：“陛下一定要兴兵讨伐李茂贞，那么朝廷内外的大臣都应当齐心协力效助陛下实现宏图大志，而不应当惟独任用我一人。”昭宗对杜让能说：“你身为宰相，与朕应当同甘共苦，不应遇事躲避！”杜让能流着泪说：“我怎么敢遇事躲避呢！况且陛下所要施行的事情，是当年宪宗皇帝的志愿；只是天时还有所不利，形势也不允许罢了。只恐怕将来有一天我会像汉景帝时的晁错一样白白遭受杀身大祸，而不能平息吴楚等七国叛乱的战祸。我怎敢不奉行诏令，以死相报！”昭宗于是任命杜让能留在中书省，筹划调度，一个多月没有回家。崔昭纬暗中与邠州、岐州交结，探听消息，杜让能早晨说一句话，邠州、岐州傍晚就一定会知道。李茂贞指使他的党羽纠集集市中成百上千的人，包围在观军容使西门君遂马前诉说：“李茂贞大帅没有罪，不应当对他进行征讨，而使百姓遭受战祸。”西门君遂说：“这是宰相的事，不是我力所能及的。”那些被收集的人又拦截崔昭纬、郑延昌乘坐的轿子进行诉说，两位宰相说：“这件事皇帝专门委任太尉杜让能料理，我们事先也不知道。”市中百姓于是四处乱投砖瓦石块，崔昭纬、郑延昌两位宰相慌忙下了轿子跑到民户家里躲藏起来，仅以自身得免，大堂官印和上朝服装都丢失了。唐昭宗命令捕拿这次闹事中倡导的人予以诛杀，出兵讨伐的念头更加坚定。京师长安的人民有的逃到山谷中藏匿起来，虽然动用严酷的刑法也禁止不住。八月，唐昭宗任命续任覃王李嗣周为京西招讨使，神策大将军李钞为副使。

李存孝在夜间进攻李存信的营寨，虏获了奉诚军使孙考老。李克用亲自率领军队攻打邢州，环绕邢州城挖掘堑壕修筑营垒。李存孝不时派出军队突然袭击，使他的堑壕营垒不能建成。河东牙将袁奉韬秘密派人对李存孝说："陇西郡王李克用只是等着堑壕营垒修成就返回晋阳，尚书你所惧怕的只有大王李克用罢了，他手下的各位将领都不是你的对手。大王李克用如果返回晋阳，几尺宽的堑壕，怎么能阻止住尚书你的锋芒锐势呢！"李存孝认为很对，便止住军队不再出城袭击。十几天的时间，李克用的堑壕营垒修造完毕，即使插上翅膀飞也越不过去，李存孝因此处境艰难。

乙亥（九月初十），覃王李嗣周率领禁军三万护送凤翔节度使徐彦若前赴镇所，在兴平驻扎。李茂贞、王行瑜联合军队约近六万人，驻扎在盩厔进行抗击。朝廷禁军都是刚刚从市街上招募来的少年，而李茂贞、王行瑜所带领的都是边防士兵，经历过大大小小上百次的战斗。壬午（十七日），李茂贞等进军逼近兴平，朝廷禁军都望风逃散，李茂贞等乘胜进攻三桥，京师长安大为震惊，士人百姓四处奔逃，市街的百姓又踞守在皇宫门前请求诛杀首先倡议发兵进行征伐的人。崔昭纬存心陷害太尉、门下侍郎、同平章事杜让能，秘密给李茂贞送去书信说："朝廷用兵征伐并不是皇帝的意图，都是太尉杜让能出的主意罢了。"甲申（十九日），李茂贞在长安城西的临皋驿陈列军队，向唐昭宗进呈表章历数杜让能的罪行，请求将他诛杀。杜让能对唐昭宗说："我本来就有言在先，现在就请通过惩处我来排解战事吧。"唐昭宗痛哭流涕不能控制，对杜让能说："只能与你分别了！"当天，就把杜让能贬职为梧州刺史，诏令大略说："朕没有听取谋臣的深谋远虑，构成了藩镇的挑衅，最后商议之时，争执更加坚决。"接着，唐昭宗又把观军容使西门君遂流放到儋州，内枢密使李周潼流放到崖州，段诩流放到驩州。乙酉（二十日），唐昭宗亲临安福门，将西门君遂、李周潼、段诩处斩，将杜让能再次贬为雷州司户，派遣使臣对李茂贞说："蛊惑朕出兵的，是西门君遂、李周潼和段诩这三个人，不是杜让能的罪过。"朝廷任命宦官骆全瓘、刘景宣为左、右军中尉。

李茂贞控制军队而不解除对京师的威胁，表示只有朝廷杀掉杜让能才能返回凤翔，崔昭纬又在内怂恿施加压力。冬季，十月，昭宗赐令杜让能和他的弟弟户部侍郎杜弘徽自杀。还向朝廷内外颁布诏书，说："杜让能荐举邪恶的人而不用直朴的人，对人的喜好和憎恶都凭一时决定；他拿案狱官司做买卖，卖官卖爵，搜刮的钱财超过上万。"从这以后，朝廷的一举一动都要禀告邠州、岐州，朝廷官员和宫内宦官也往往依附李茂贞、王行瑜以博得恩赏提拔。崔鋋、王超二人，是邠州、岐州的判官，凡是昭宗对一些事情的决断，使某些人未能得逞，他们就向崔鋋、王超申诉，崔鋋、王超二人便教唆李茂贞、王行瑜上呈表章进行辩论，朝廷对他们的事稍微有些不同意见，李茂贞、王行瑜便出言不逊。

昭宗颁发诏令重新任命李茂贞为凤翔节度使兼任山南西道节度使、守中书令，于是李茂贞占据了凤翔、兴元、洋州、陇秦等十五个州的全部地盘。

第二百六十卷
唐纪七十六

译文诵读

昭宗圣穆景文孝皇帝上之下乾宁二年（乙卯，895）

初，王行瑜求尚书令不获，由是怨朝廷。畿内有八镇兵，隶左右军。郃阳镇近华州，韩建求之；良原镇近邠州，王行瑜求之。宦官曰：“此天子禁军，何可得也！”王珂、王珙争河中，行瑜、建及李茂贞皆为珙请，不能得，耻心。珙使人语三帅曰：“珂不受代而与河东婚姻，必为诸公不利，请讨之。”行瑜使其弟匡国节度使行约攻河中，珂求救于李克用。行瑜乃与茂贞、建各将精兵数千入朝，甲子，至京师，坊市民皆窜匿。上御安福门以待之，三帅盛陈甲兵，拜伏舞蹈于门下。上临轩，亲诘之曰：“卿等不奏请俟报，辄称兵入京城，其志欲何为乎？若不能事朕，今日请避贤路！”行瑜、茂贞流汗不能言，独韩建粗述入朝之由。上与三帅宴，三帅奏称：“南、北司互有朋党，堕紊朝政。韦昭度讨西川朱策，李谿作相，不合众心，请诛之。”上未之许。是日，行瑜等杀昭度、谿于都亭驿，又杀枢密使康尚弼及宦官数人。又言：“王珂、王珙嫡庶不分，请除王珙河中，徙王行约于陕，王珂于同州。”上皆许之。始，三帅谋废上，立吉王保；至是，闻李克用已起兵于河东，行瑜、茂贞各留兵二千人宿卫京师，与建皆辞还镇。贬户部尚书杨堪为雅州刺史。堪，虞卿之子，昭度之舅也

李克用大举蕃、汉兵南下，上表称王行瑜、李茂贞、韩建称兵犯阙，贼害大臣，请讨之，又移檄三镇，行瑜等大惧。克用军至绛州，刺史王瑶闭城拒之；克用进攻，旬日，拔之，斩瑶于军门，杀城中违拒者千余人。秋，七月，丙辰朔，克用至河中，王珂迎谒于路。

右军指挥使李继鹏，茂贞假子也，本姓名阎珪，与骆全瓘谋劫上幸凤翔；中尉刘景宣与王行实知之，欲劫上幸邠州；孔纬面折景宣，以为不可轻离宫阙。向晚，继鹏连奏请车驾出幸，于是王行约引左军攻右军，鼓噪震地。上闻乱，登承天楼，欲谕止之，捧日都头李筠将本军，于楼前侍卫。李继鹏以凤翔兵攻筠，矢拂御衣，著于楼桷，左右扶上下楼；继鹏复纵火焚宫门，烟炎蔽天。时有盐州六都兵屯京师，素为两军所惮，上急召令入卫；既至，两军退走，各归邠州及凤翔。城中大

乱，互相剽掠，上与诸王及亲近幸李筠营，护跸都头李居实帅众继至。

或传王行瑜、李茂贞欲自来迎车驾，上惧为所迫，辛酉，以筠、居实两都兵自卫，出启夏门，趣南山，宿莎城镇。士民追从车驾者数十万人，比至谷口，暍死者三之一，夜，复为盗所掠，哭声震山谷。时百官多扈从不及，户部尚书、判度支及盐铁转运使薛王知柔独先至，上命权知中书事及置顿使。

李克用遣兵攻华州；韩建登城呼曰："仆于李公未尝失礼，何为见攻？"克用使谓之曰："公为人臣，逼逐天子，公为有礼，孰为无礼者乎！"会郗廷昱至，言李茂贞将兵三万至盩厔，王行瑜将兵至兴平，皆欲迎车驾，克用乃释华州之围，移兵营渭桥。

时宫室焚毁，未暇完葺，上寓居尚书省，百官往往无袍笏仆马。

李克用引兵逼邠州，王行瑜登城，号哭谓克用曰："行瑜无罪，迫胁乘舆，皆李茂贞及李继鹏所为，请移兵问凤翔，行瑜愿束身归朝。"克用曰："王尚父何恭之甚！仆受诏讨三贼臣，公预其一，束身归朝，非仆所得专也。"丁卯，行瑜挈族弃城走。克用入邠州，封府库，抚居人，命指挥使高爽权巡抚军城，奏趣苏文建赴镇。行瑜走至庆州境，部下斩行瑜，传首。

李克用遣掌书记李袭吉人谢恩，密言于上曰："比年以来，关辅不宁，乘此胜势，遂取凤翔，一劳永逸，时不可失。臣屯军渭北，专俟进止。"上谋于贵近，或曰："茂贞复灭，则沙陀大盛，朝廷危矣！"上乃赐克用诏，褒其忠款，而言："不臣之状，行瑜为甚。自朕出幸以来，茂贞、韩建自知其罪，不忘国恩，职贡相继，且当休兵息民。"克用奉诏而止。既而私于诏使曰："观朝廷之意，似疑克用有异心也。然不去茂贞，关中无安宁之日。"又诏免克用入朝，将佐或言："今密迩阙庭，岂可不入见天子！"克用犹豫未决，盖寓言于克用曰："向者王行瑜辈纵兵狂悖，致銮舆播越，百姓奔散。今天子还未安席，人心尚危，大王若引兵渡渭，窃恐复惊骇都邑。人臣尽忠，在于勤王，不在入觐，愿熟图之！"克用笑曰："盖寓尚不欲吾入朝，况天下之人乎！"乃表称："臣总帅大军，不敢径入朝觐，且惧部落士卒侵扰渭北居人。"辛亥，引兵东归。表到京师，上下始安。诏赐河东士卒钱三十万缗。克用既去，李茂贞骄横如故，河西州县多为茂贞所据，以其将故敬璋为河西节度使。

三年（丙辰，896）

秋，七月，茂贞进逼京师。延王戒丕曰："今关中藩镇无可依者，不若自鄜州济河，幸太原，臣请先往告之。"辛卯，诏幸鄜州；壬辰，上出至渭北；韩建遣其子从允奉表请幸华州，上不许。以建为京畿都指挥、安抚制置及开通四面道路、催促诸道纲运等使。而建奉表相继，上及从官亦惮远去，癸巳，至富平，遣宣徽使元公讯如建，面议去留。甲午，建诣富平见上，顿首涕泣言："方今藩臣跋扈者，非止茂贞。陛下若去宗庙园陵，远巡边鄙，臣恐车驾济河，无复还期。今华州兵力虽微，控带关辅，亦足自固。臣积聚训厉，十五年矣，西距长安不远，愿陛下临之，以图兴复。”上乃从之。乙未，宿下邽；丙申，至华州，以府署为行宫；建视事于龙兴寺。茂贞遂入长安，自中和以来所葺宫室、市肆，燔烧俱尽。

宰相畏韩建，不敢专决政事。八月，丙辰，诏建关议朝政；建上表固辞，乃止。

韩建移檄诸道，令共输资粮诣行在，李克用闻之，叹曰：“去岁从余言，岂有今日之患！”又曰：“韩建天下痴物，为贼臣弱帝室，是不为李茂贞所擒，则为朱全忠所虏耳！”因奏将与邻道发兵入援。

唐昭宗乾宁二年（乙卯，公元895年）

当初，王行瑜谋求尚书令官职未能获得，因此怨恨朝廷。京师长安所辖地区有八镇军队，隶属左、右神策军。郃阳镇靠近华州，韩建请求兼管；良远镇接近邠州，王行瑜希望由他统领。宫内宦官说：“这都是皇帝的禁卫军，怎么能让他们得到！”王珂、王珙争夺河中节度使这一官职，王行瑜、韩建以及李茂贞都为王珙请求，结果王珙却未能得到，这几个人都感到很耻辱。王珙派人对王行瑜、韩建、李茂贞三位节度使说：“王珂在河中不接受我的代替而与河东节度使李克用结成姻亲，对你们各位一定不利，请求你们讨伐王珂。”王行瑜便派他的弟弟匡国节度使王行约攻打河中，王珂向李克用请求救援。王行瑜于是与李茂贞、韩建各带领精兵几千人奔赴朝廷。甲子（五月初八），王行瑜等人率军到达京师，长安街市居民都到处逃窜躲藏。唐昭宗来到安福门等待他们，三位节度使把披甲军队大规模排列开来，在安福门下行大跪大拜礼仪。昭宗走到门楼前，亲自责问他们说：“你们不上表奏请等待朝廷回话，就发动军队进入京城，你们的意图究竟要干什么？如果你们不能侍奉朕，今天就请你们退离官位让给贤明的人！”王行瑜、李茂贞听后浑身冒冷汗而不能说一句话，惟有韩建粗略地陈述了前来京师的原因。昭宗与三位节度使宴会，三位节度使向皇帝奏道：“朝中大臣和宫内宦官互相结党为奸，败坏扰乱朝廷大政。韦昭度讨伐西川决策失误，李谿充任宰相，不合群臣的心愿，请将李谿诛杀。”昭宗没有准许他们的奏请。这一天，王行瑜等在朱雀门外都亭驿将韦昭度、李谿杀死，又杀掉枢密使康尚弼及宦官好几人。王行瑜等又向唐昭宗进言说：“王珂、王珙的作用是不分子嫡和庶子的尊卑，现在请求任命王珙为河中节度使，把王行约调往陕州，王珂调到同州。”昭宗都予以同意。开始，王行瑜等三位节度使谋划废黜唐昭宗，拥立吉王李保称帝。这时，听说李克用已在河东起兵，王行瑜、李茂贞便分别留下军队二千人守护京师，与韩建一同辞别返回镇所。昭宗又诏令把户部尚书杨堪贬职为雅州刺史。杨堪是杨虞卿的儿子，韦昭度的舅舅。

李克用大规模地发动蕃族和汉人的军队向南开进，他向唐昭宗上表声称王行瑜、李茂贞、韩建派兵进犯京师，残害朝中大臣，请求讨伐他们。李克用又向王行瑜、李茂贞、韩建三位节度使发去征讨檄文，王行瑜等大为恐惧。李克用的军队到达绛州，绛州刺史王瑶关闭城门抵抗；李克用发动进攻，十天就将绛州攻克，在军营的大门将王瑶斩杀，并杀掉城内进行抵抗的一千余人。秋季，七月，丙辰朔（初一），李克用到达河中，王珂在路上迎接拜见他。

右军指挥使李继鹏，是李茂贞的养子，原本叫阎珪，他与骆全瓘策划劫持唐昭宗前往凤翔。中尉刘景宣与王行实知道了，则想劫持昭宗前赴邠州。孔纬当面驳斥刘景宣，认为皇帝不能轻易离开长安宫殿。近傍晚时，李继鹏接连上奏请昭宗出走凤翔，王行约见李继鹏要抢先劫走昭宗，便带领他的左军攻打李继鹏的右军，喧闹声惊天动地。昭宗听到外面混乱，便登上承天楼，想谕令制止他们，捧日都头李筠带领自己的军队，在承天楼前护卫昭宗。李继鹏指挥凤翔军队攻打李筠，飞箭掠过昭宗的衣服，落在承天楼椽木上，身边的侍卫搀扶着昭宗下楼；李继鹏又放火焚烧宫门，浓烟烈焰遮盖了天空。当时有盐州六都军队驻扎京师，平时左、右两军都很惧怕他们，昭宗便紧急召令这支军队入宫护卫；盐州六都军队到达后，左、右两军都撤退离去，分别返回邠州和凤翔。长安城内大为混乱，到处抢劫掠夺，昭宗与各王以及亲近人员到李筠的军营躲避，神策军护跸都头李居实率领人马随后也赶到。

有人传说王行瑜、李茂贞要亲自来长安迎接皇帝，昭宗担心被他们逼迫，辛酉（初六），命令李筠、李居实的两都军队进行护卫，出长安城南面的启夏门，急速奔往南山，在莎城镇过夜。追随昭宗车驾的人有几十万，等到抵达南山的谷口时，中暑而死的人竟有三分之一。夜里，流亡的百姓又遭受盗贼的抢掠，哭喊的声音震动山谷。当时朝廷百官大多没有来得及跟随上昭宗，惟有户部尚书、判度支及盐铁转运使薛王李知柔首先赶到，昭宗便任命他暂时掌管中书省事务及兼任置顿使。

李克用派遣军队进攻华州。韩建登上华州城楼呼喊着说："我对李公不曾失礼，为什么要攻打我？"李克用派人对他说："你是大唐的臣子，却逼迫驱赶皇帝，你这样如果还算有礼，那么天下还有谁是无礼呢？"恰巧这时郗廷昱赶到，他对李克用说，李茂贞带领军队三万已到盩厔，王行瑜率领军队到达兴平，都想迎接唐昭宗的车驾，李克用于是解除对华州的围攻，把军队开赴渭桥安营扎寨。

当时宫殿被焚烧毁坏，没有来得及修建整理，昭宗暂时住在尚书省，朝中百官常常没有长袍朝笏和仆役马匹。

李克用带领军队进逼邠州，王行瑜登上城楼，号哭着对李克用说："我王行瑜没有罪过，逼迫威胁皇帝的车驾，都是李茂贞和李继鹏干的事，请你调开军队去讨伐凤翔节度使李茂贞，我王行瑜愿意捆绑自己回到朝廷。"李克用说："王尚父真是太恭谦了！我受朝廷的诏令讨伐你和李茂贞、韩建三个乱臣贼子，你是其中的一个，你想自己捆绑入朝，这不是我能擅自做主的。"丁卯（十一月十五日），王行瑜带着全家族的人弃城逃跑。李克用进入邠州城，封闭官府库房，安抚居民，任命指挥使高爽暂且掌管巡抚军城事宜，又奏请朝廷催促苏文建赶赴镇所。王行瑜逃到庆州境内，部下将他斩杀，把头颅传送朝廷。

李克用派遣军府的掌书记李袭吉进入京师向朝廷谢恩，秘密对唐昭宗说：“近些年来，浦、潼、陇、蜀、蓝田诸关和京师长安一带不得安宁，现在乘着朝廷取胜的优势，应一举攻克凤翔，一劳永逸，时机不可丧失。我时下在渭水北部驻扎，专门等候朝廷的命令以便行动。”唐昭宗和朝中权贵及近臣商谋，有人说：“李茂贞如果被消灭，那么李克用的势力就会大大膨胀，朝廷则在危险之中了！”唐昭宗于是向李克用颁赐诏书，赞扬他对朝廷的忠诚，但又说：“叛逆朝廷的罪行，王行瑜十分严重。这次自从朕离开京师出巡以来，李茂贞、韩建已经知道他们自己的罪过，没有忘记朝廷的恩德，进献的赋税贡品接连不断，姑且停止对他们的征伐，让军队休整百姓安宁。”李克用接奉这一诏令后便不再行动。不久，李克用私下里对朝廷传达诏令的使臣说：“我看朝廷的意思，似乎怀疑我李克用有别的意图。可是不铲除李茂贞，关中一带就没有安宁的日子。”唐昭宗又诏令免去李克用入京上朝，李克用的将领佐僚中有人说：“现在与朝廷近在咫尺，怎么能不进入京师拜见皇帝呢？”李克用自己犹豫不决，盖寓这时对李克用说：“从前王行瑜一伙放纵士兵背叛朝廷，致使皇帝车驾流离迁徙，百姓逃散。现在天子返回京师还没有安宁下来，人心尚在忧惧之中，大王你如果带领军队渡过渭水，我担心会再次让京城惊恐。做臣子的效忠朝廷，在于为皇室起兵救难，而不在于入朝拜见皇帝，然望大王你仔细考虑！”李克用笑着说：“盖寓尚且不希望我入京上朝，更何况天下的人们呢！”于是，李克用上表朝廷奏称：“我统领着大军，不敢随意进入京城拜见皇上，并且担心所部士兵会侵扰渭水以北的居民。”辛亥（十二月二十九日），李克用率领手下人马东返晋阳。他的表文送达京师，上至朝廷下到百姓才安宁下来。唐昭宗诏令赐给河东士兵三十万缗钱。李克用离开后，李茂贞骄横如同以往，河西的州县大多被李茂贞占据，他又任命手下将领胡敬璋为河西节度使。

三年（丙辰，公元896年）

秋季，七月，李茂贞进军逼近京师长安。延王李戒丕说：“现在关中一带的藩镇没有可以依靠的，不如从鄜州渡过黄河，到太原去避难，我请求先行一步去告诉河东节度使李克用。”辛卯（十二日），昭宗颁下诏令出巡鄜州。壬辰（十三日），唐昭宗离开京师到达渭水之北。韩建派遣他的儿子韩从允手捧表章请唐昭宗到华州去，唐昭宗不同意。朝廷任命韩建为京畿都指挥、安抚制置使及开通四面道路使、催促诸道纲运使等职，可是韩建进呈的表章接二连三地送到要请皇帝去华州，昭宗和跟随的朝中各官也有些怕到远处去。癸巳（十四日），昭宗到达富平，派遣宣徽使元公讯召韩建前来，要与他当面商议是东去太原还是留在华州。甲午（十五日），韩建到达富平拜见昭宗，他下跪磕头痛哭说：“当今各藩镇大臣骄横跋扈的，并不止李茂贞一人，陛下如果离开宗庙园陵，到边远的地方巡游，我担心皇帝的车驾渡过黄河，就再也没有返回的时候了。现在华州军队虽然不是很强大，但控制关中京畿一带，也还足以自卫。我积聚资财训练军队已经十五年了，而且华州往西距离长安也不远，希望陛下驾临华州，以图振兴光复。”昭宗于是依从了韩建的意见。乙未（十六日），昭宗在下邽住宿；丙申（十七日），到达华州，把韩建的节度使司作为皇帝的行宫。韩建则改在龙兴寺办理政务。唐昭宗离开京师后，李茂贞便进入长安，自从中和年间以来所修缮的宫殿、市街店铺，全都被李茂贞放火烧毁。

朝中宰相惧怕韩建，不敢决断政事。八月，丙辰（初八），昭宗诏令韩建入朝商议朝廷政事；韩建上呈表章坚决推辞，昭宗于是停止召见。

韩建向各道发出檄文，命令他们共同运输资财粮食送到华州唐昭宗这里。李克用听到后，叹息道：“上年皇上若是听从了我的话，怎么会有今天的祸患！”又说：“韩建是当今世上的愚人，替乱臣贼子削弱大唐皇室，这样他不被李茂贞擒拿，就被朱全忠虏获！”于是，李克用上奏朝廷要与邻近各道发兵前往救援。

第二百六十一卷

唐纪七十七

译文诵读

昭宗圣穆景文孝皇帝中之上乾宁四年（丁巳，897）

春，正月，甲申，韩建奏："防城将张行思等告睦、济、韶、通、彭、韩、仪、陈八王谋杀臣，劫车驾幸河中。"建恶诸王典兵，故使行思等告之。上大惊，召建谕之；建称疾不入。令诸王诣建自陈，建表称："诸王忽诣臣理所，不测事端。臣详酌事体，不应与诸王相见。"又称："诸王当自避嫌疑，不可轻为举措。陛下若以友爱含容，请依旧制，令归十六宅，妙选师傅，教以诗书，不令典兵预政。"且曰："乞散彼乌合之兵，用光《麟趾》之化。"建虑上不从，引麾下精兵围行宫，表疏连上。上不得已，是夕，诏诸王所领军士并纵归田里，诸王勒归十六宅，其甲兵并委韩建收掌。建又奏："陛下选贤任能，足清祸乱，何必别置殿后四军！显有厚薄之恩，乖无偏无党之道。且所聚皆坊市无赖奸猾之徒，平居犹思祸变，临难必不为用，而使之张弓挟刃，密迩皇舆，臣窃寒心，乞皆罢。"诏亦从之。于是殿后四军二万余人悉散，天子之亲军尽矣。捧日都头李筠，石门扈从功第一，建复奏斩于大云桥。建又奏："玄宗之末，永王璘暂出江南，遽谋不轨。代宗时吐蕃入寇，光启中朱玫乱常，皆援立宗支以系人望。今诸王衔命四方者，乞皆召还。"又奏："诸方士出入禁庭，眩惑圣听，宜皆禁止，无得入宫。"诏悉从之。建既幽诸王于别第，知上意不悦，乃奏请立德王为太子，欲以解之。丁亥，诏立德王祐为皇太子，仍更名裕。

延王戒丕还自晋阳，韩建奏："自陛下即位以来，与近辅交恶，皆因诸王典兵，凶徒乐祸，致銮舆不安。比者臣奏罢兵权，实虑不测之变。今闻延王、覃王尚苞阴计，愿陛下圣断不疑，制于未乱，则社稷之福。"上曰："何至于是！"数日不报，建乃与知枢密刘季述矫制发兵围十六宅，诸王被发，或缘垣，或升屋，呼曰："宅家救儿！"建拥建、沂、睦、济、韶、彭、韩、陈、覃、延、丹十一王至石堤谷，尽杀之，以谋反闻。

唐昭宗乾宁四年（丁巳，公元897年）

春季，正月，甲申（初八），韩建向朝廷上奏说："华州防城将张行思等控告皇室的睦、济、韶、通、彭、韩、仪、陈八王图谋杀害我，要劫持皇上的车驾到河中去。"韩建憎恨各王掌管军队，因此指使张行思等控告他们。昭宗接到韩建的表章大为惊慌，召见韩建，想向他说明，韩建以有病为托词拒不前来。唐昭宗又命令各王到韩建那里去自行陈述，韩建上表道："各王若忽然来我的住所，变乱之事难以揣测。我仔细斟酌这件事，不应当和各王见面。"韩建又说："各王应当自动避开嫌疑，不可轻举妄动。陛下如果因为同祖同宗的友爱之情而宽容他们，就请依照旧制，命令诸王回到十六宅，精心挑选师傅，教他们学习诗文书画，而不让他们掌管军队干预朝政。"韩建并且说："请求解散各王手下的乌合之众，以光大大唐皇室子孙的教化。"韩建担心唐昭宗不依从他的意见，就带领手下精壮士兵围困昭宗的行宫，表章奏疏接二连三地向朝廷呈递。昭宗不得已，在这天傍晚，诏令各王所管领的军中士兵全都解散遣回田间故里，强迫诸王回到十六宅，各王原有的盔甲兵器全部交给韩建掌管。韩建又上奏说："陛下挑选贤良任用能人，这样足可以清除祸患平定战乱，何必另外设置安圣、捧宸、保宁、宣化这四支亲军呢！显然皇恩有厚薄亲疏之分，与没有偏向没有私党这样的王道相背离。况且这四支陛下亲军里，聚集的都是市镇里巷中游手好闲奸邪狡猾的无赖。他们在平静安居的时候还企图作乱惹祸发动变乱，当朝廷遇到艰难处境他们一定不会为陛下效力的。可是现在却让这帮人拉弓拔刀，紧紧地跟随陛下的车驾，我私下里为陛下担惊受怕，请求立即把亲军全部解散。"昭宗颁下诏书，又依从了韩建的意见。于是，护卫昭宗的四支军队二万余人全部解散，天子的亲军完全裁撤了。捧日都头李筠，当初在石门跟随护卫昭宗，功劳堪数第一，韩建又上奏朝廷，将李筠在华州大云桥斩杀。韩建接着又向昭宗奏道："玄宗末年，永王李璘暂时调出京师到江南任职，马上就背叛朝廷图谋不轨。代宗时，吐蕃侵入，拥立广武王李承宏。光启年间，朱玫叛逆作乱，拥立襄王李煴。他们都是靠着拥立皇族宗室的分支来笼络民心。现在奉陛下之命在各地的皇室诸王，请求把他们全都召回朝廷。"韩建还奏称："那些鼓吹仙术的方士在皇宫出出进进，迷惑皇帝的耳目，应当一律禁止，不许他们进入皇宫。"昭宗下诏全都依从韩建的奏请。韩建把皇室各王幽禁在其他府第后，知道昭宗心中不高兴，便上呈奏章请求立德王为太子，想以此来缓解。丁亥（十一日），昭宗颁下诏令，立德王李祐为皇太子，按成制改名为李裕。

延王李戒丕从晋阳返回华州，韩建上奏说："自从陛下即位以来，朝廷与靠近京师的藩镇关系恶化，这都是因为皇室各王掌管兵权，逞凶作恶之徒喜好惹祸生灾，使陛下的车驾不能安稳。近来我向朝廷奏请罢免各王的兵权，实在是担心会有难以预测的变乱。现在我听说延王李戒丕、覃王李嗣周正在酝酿阴谋诡计，希望陛下圣明果断毫不迟疑，在没有发生变乱前就采取措施，那就是大唐天下的福气了。"唐昭宗看了韩建的奏章说："哪里至于这样呀！"几天过去都没有答复。韩建于是与知枢密刘季述假借朝廷的诏令发兵围攻各王的住所十六宅，诸王披头散发，有的攀援爬上墙头，有的登高跑到屋顶，狂呼道："皇上快来救我！"韩建把通王、沂王、睦王、济王、韶王、彭王、韩王、陈王、覃王、延王、丹王这十一个王裹挟到华州西部的石堤谷，全部杀掉，然后向唐昭宗奏报说他们谋反因而处死。

第二百六十二卷 唐纪七十八

译文诵读

昭宗圣穆景文孝皇帝中之中光化三年（庚申，900）

初，崔胤与帝密谋尽诛宦官，及宋道弼、景务脩死，宦官益惧。上自华州还，忽忽不乐，多纵酒，喜怒不常，左右尤自危。于是左军中尉刘季述、右军中尉王仲先、枢密使王彦范、薛齐偓等阴相与谋曰："主上轻佻多变诈，难奉事；专听任南司，吾辈终罹其祸。不若奉太子立之，尊主上为太上皇，引岐、华兵为援，控制诸藩，谁能害我哉！"

十一月，上猎苑中，因置酒，夜，醉归，手杀黄门、侍女数人。明旦，日加辰巳，宫门不开。季述诣中书白崔胤曰："宫中必有变，我内臣也，得以便宜从事，请入视之。"乃帅禁兵千人破门而入，访问，具得其状。出，谓胤曰："主上所为如是，岂可理天下！废昏立明，自古有之，为社稷大计，非不顺也。"胤畏死，不敢违。庚寅，季述召百官，陈兵殿庭，作胤等连名状，请太子监国，以示之，使署名；胤及百官不得已皆署之。上在乞巧楼，季述、仲先伏甲士千人于门外，与宣武进奏官程岩等十余人入请对。季述、仲先甫登殿，将士大呼，突入宣化门，至思政殿前，逢宫人，辄杀之。上见兵入，惊堕床下，起，将走，季述、仲先掖之令坐。宫人走白皇后，后趋至，拜请曰："军容勿惊宅家，有事取军容商量。"季述等乃出百官状白上，曰："陛下厌倦大宝，中外群情，愿太子监国，请陛下保颐东宫。"上曰："昨与卿曹乐饮，不觉太过，何至于是！"对曰："此非臣等所为，皆南司众情，不可遏也。愿陛下且之东宫，待事小定，复迎归大内耳。"后曰："宅家趣依军容语！"即取传国宝以授季述，宦官扶上与后同辇，嫔御侍从者才十余人，适少阳院。季述以银挝画地数上曰："某时某事，汝不从我言，其罪一也。"如此数十不止。乃手锁其门，熔铁锢之，遣左军副使李师虔将兵围之，上动静辄白季述，穴墙以通饮食。凡兵器针刀皆不得入，上求钱帛俱不得，求纸笔亦不与。时大寒，嫔御公主无衣衾，号器闻于外。季述等矫诏令太子监国，迎太子入宫。辛卯，矫诏令太子嗣位，更名缜。以上为太上皇，皇后为太上皇后。甲午，太子即皇帝位，更名少阳院曰问安宫。

季述加百官爵秩，与将士皆受优赏，欲以求媚于众。杀睦王倚；凡宫人、左右、方士、僧、道为上所宠信者，皆榜杀之。每夜杀人，昼以十车载尸出，一车或止一两尸，欲以立威。将杀司天监胡季林，季林曰：“军容幽囚君父，更欲多杀无辜乎！”季述惮其言正而止。季述欲杀崔胤，而惮朱全忠，但解其度支盐铁转运使而已。

太子即位累旬，藩镇笺表多不至。王仲先性苛察，素知左、右军多积弊，及为中尉，钩校军中钱谷，得隐没为奸者，痛捶之，急征所负；将士颇不安。有盐州雄毅军使孙德昭为左神策指挥使，自刘季述废立，常愤惋不平。崔胤闻之，遣判官石戬与之游。德昭每酒酣必泣，戬知其诚，乃密以胤意说之曰：“自上皇幽闭，中外大臣至于行间士卒，孰不齿！今反者独季述、仲先耳，公诚能诛此二人，迎上皇复位，则富贵穷一时，忠义流千古；苟狐疑不决，则功落他人之手矣！”德昭谢曰：“德昭小校，国家大事，安敢专之！苟相公有命，不敢爱死。”戬以白胤。胤割衣带，手书以授之。德昭复结右军清远都将董彦弼、周承诲，谋以除夜伏兵安福门外以俟之。

天复元年（辛酉，901）

春，正月，乙酉朔，王仲先入朝，至安福门，孙德昭擒斩之，驰诣少阳院，叩门呼曰：“逆贼已诛，请陛下出劳将士。”何后不信，曰：“果尔，以其首来！”德昭献其首，上乃与后毁扉而出。崔胤迎上御长乐门楼，帅百官称贺。周承诲擒刘季述、王彦范继至，方诘责，已为乱梃所毙。薛齐偓赴井死，出而斩之。灭四人之族，并诛其党二十余人。宦官奉太子匿于左军，献传国宝。上曰：“裕幼弱，为凶竖所立，非其罪也。”命还东宫，黜为德王，复名裕。丙戌，以孙德昭同平章事，充静海节度使，赐姓名李继昭。

崔胤请上尽诛宦官，但以宫人掌内诸司事；宦官属耳，颇闻之，韩全诲等涕泣求哀于上，上乃令胤，“有事封疏以闻，勿口奏。”宦官求美女知书者数人，内之宫中，阴令诇察其事，尽得胤密谋，上不之觉也。全诲等大惧，每宴聚，流涕相决别，日夜谋所以去胤之术。胤时领三司使，全诲等教禁军对上喧噪，诉胤减损冬衣；上不得已，解胤盐铁使。

时朱全忠、李茂贞各有挟天子令诸侯之意，全忠欲上幸东都，茂贞欲上幸凤翔。胤知谋泄，事急，遗朱全忠书，称被密诏，令全忠以兵迎车驾，且言：“昨者返正，皆令公良图，而凤翔先入朝抄取其功。今不速来，必成罪人，岂惟功为他人所有，且见征讨矣！”全忠得书，秋，七月，甲寅，遽归大梁发兵。

冬，十月，戊戌，朱全忠大举兵发大梁。

韩全诲闻朱全忠将至，丁酉，令李继筠、李彦弼等勒兵劫上，请幸凤翔，宫禁诸门皆增兵防守，人及文书出入搜阅甚严。上遣人密赐崔胤御札，言皆凄怆，末云：“我为宗社大计，势须西行，卿等但东行也。惆怅，惆怅！”

戊戌，上遣赵国夫人出语韩偓："朝来彦弼辈无礼极甚，欲召卿对，其势未可。"且言："上与皇后但涕泣相向。"自是，学士不复得对矣。

癸卯，韩全诲等令上入阁召百官，追寝正月丙午敕书，悉如咸通以来近例。是日，开延英，全诲等即侍侧，同议政事。

壬子，韩全诲等陈兵殿前，言于上曰："全忠以大兵逼京师，欲劫天子幸洛阳，求传禅；臣等请奉陛下幸凤翔，收兵拒之。"上不许，杖剑登乞巧楼。全诲等逼上下楼，上行才及寿春殿，李彦弼已于御院纵火。是日冬至，上独坐思政殿，翘一足，一足蹋阑干，庭无群臣，旁无侍者。顷之，不得已，与皇后、妃嫔、诸王百余人皆上马，恸哭声不绝，出门，回顾禁中，火已赫然。是夕，宿鄠县。

戊辰，朱全忠至凤翔，军于城东。李茂贞登城谓曰："天子避灾，非臣不无礼；谗人误公至此。"全忠报曰："韩全诲劫迁天子，今来问罪，迎扈还宫。岐王苟不预谋，何烦陈谕！"上屡诏全忠还镇，全忠乃拜表奉辞。辛未，移兵北趣邠州。

唐昭宗光化三年（庚申，公元900年）

当初，崔胤与唐昭宗秘密谋划全部杀死宦官，等到宋道弼、景务修死后，宦官更加恐惧。唐昭宗自华州回到京城以后，精神恍惚，抑郁不乐，常常纵情饮酒，喜怒无常，左右的人尤其人人自危。于是，左军中尉刘季述、右军中尉王仲先、枢密使王彦范、薛齐偓等暗中共同商量说："主上轻浮而多机变欺诈，难于侍奉；并且凡事专听任宰相办理，我等终究要遭受他的祸害。不如立太子为皇帝，尊主上为太上皇，招岐州李茂贞、华州韩建的军队为援助，控制各个藩镇，谁还能加害我们呢！"

十一月，唐昭宗在禁苑中打猎，因此摆酒纵饮，夜里大醉回宫，亲手杀死宦官、侍女数人。天明，已经是辰巳左右，宫门还没有开。刘季述到中书省告诉崔胤说："宫中一定有了变故，我是内臣，能够根据实际情况自行斟酌处理，请进宫察看发生了什么事情。"于是，率领宫禁警卫一千人破门而入，经过访查讯问，获得具体情况。刘季述出来对崔胤说："主上所为如此，岂可管理国家！废黜昏君，拥立明主，自古就有这样做的，为了国家大计，这样做不是叛逆。"崔胤害怕被杀，不敢违抗。庚寅（初六），刘季述召集文武百官到来，在殿庭布置了军队，起草崔胤等请太子代管国事的联名状，出示给文武官员看，让他们签名。崔胤及文武百官不得已，都签了名。昭宗在乞巧楼，刘季述、王仲先在门外埋伏一千名全副武装的将士，与宣武进奏官程岩等十余人进楼请求奏对。刘季述、王仲先刚登殿，将士大声呼喊，突然冲入宣化门，到思政殿前，遇到宫人就杀。昭宗看见军队闯入，被惊吓得掉到床下，起来将要逃走，刘季述、王仲先架着让他坐下。宫人跑去禀报皇后，何皇后快步走来，向刘季述等拜请说："军容使不要惊吓皇上，有事求军容使商量。"刘季述等于是拿出文武百官的联名状，禀告昭宗说："陛下厌倦帝位，内外群臣希望太子代行管理国家事务，请陛下在东宫颐养天年。"昭宗说："昨天与卿等玩乐饮酒，不觉喝得太多。怎么能弄到这种地步！"刘季述等回答说："这联名状不是我等所定，都是南司百官群情激昂，不能阻止啊！请陛下暂且前去东宫，等到事情稍微安定，再迎陛下回归正宫来罢了。"何皇后说："皇上赶快依从军容使的话！"立即取出传国玺印授予刘季述。宦官扶持昭宗与何皇后同乘一车，与嫔御侍从十余人往少阳院去。刘季述用银挝画地，数落昭宗说："某时某事，你不听从我的话，这是一条罪。"这样数十下还不停止。于是，刘季述亲手锁了少阳院的门，熔化铁水将锁灌实，派遣左军副使李师虔带兵将少阳院包围，昭宗一有动静就禀报刘季述，凿出墙洞来递送饮食。凡是兵器针刀都不能入内，昭宗要些钱帛全不成，要些纸笔也不给。当时天气十分寒冷，嫔御公主没有衣被，号哭之声传到墙外。刘季述等假传昭宗的诏书，令太子代管国事，迎太子入宫。辛卯（初七），刘季述等又假传昭宗的诏书，令太子继承皇位，更名李缜。于是，以昭宗为太上皇，何皇后为太上皇后。甲（初十），太子即皇帝位，把少阳院改名叫问安宫。

唐代斗鸡图

刘季述给百官加封爵位，参与将士都受到优厚的赏赐，想要以此向众人讨好。杀了睦王李倚，凡被唐昭宗宠信的宫人、侍臣、方士、僧侣、道人等，都用木棍打死。每夜杀人，白天总是用十辆车载着尸体送出，一车有时只一两具尸体，想要用此树立淫威。刘季述等将要杀司天监胡秀林，秀林说："军容使幽禁君父，还想要多杀无辜吗！"刘季述畏惧他话的刚正而住手。刘季述想要杀崔胤，但畏惧朱全忠，于是就只解除了崔胤的度支盐铁转运使而已。

太子即位几十天，各藩镇例应奏进的笺表大多不到。右军中尉王仲先性情苛刻细察，向来知道左、右军积弊很多。等到担任中尉，查考校核军中钱谷，查到隐没钱谷为奸的人，就痛加鞭打，紧急征索所欠，将士很不安宁。有盐州雄毅军使孙德昭，担任左神策指挥使，自刘季述废黜唐昭宗、强立太子之后，经常愤惋不平。崔胤听说后，派遣度支盐铁判官石戬与孙德昭交游。孙德昭每次饮酒到酣畅时，一定哭泣，石戬知道他诚实，就秘密按照崔胤的意思劝说他，说："自太上皇幽禁以来，内外大臣以至于军队士卒，谁不咬牙切齿！如今造反的只有刘季述、王仲先二人而已，您如果能杀死这两个人，迎太上皇复位，就会富贵穷极一时，忠义流传千古；如果犹豫不决，就要功落他人之手了！"孙德昭叩谢说："德昭不过是个小军官，国家大事，岂敢专擅！如果相公有命令，德昭不敢惜死。”石戬把孙德昭的情况禀报了崔胤。崔胤割下衣带，亲笔书写命令，交给孙德昭。孙德昭又结交右军清远都将董彦弼、周承诲，商量在除夕夜里伏兵安福门外，俟机行事。

天复元年（辛酉公元901年）

春季，正月，乙酉（初一），右军中尉王仲先入宫朝见，行至安福门，孙德昭将他捉住杀死，随即快马奔赴少阳院，敲门高喊道：“逆贼王仲先已被杀死，请陛下出来慰劳将士。”何皇后听了不相信，说：“果然这样，将他的首级拿来！”孙德昭献上王仲先的首级，昭宗才与何皇后毁坏门扇出来。崔胤迎接昭宗登上长乐门楼，率领文武百官称颂庆贺。这时，周承诲捉获刘季述、王彦范接着到达，昭宗刚责问他们的谋逆罪行，就已被乱棍打死了。薛齐偓投井淹死，被捞出来斩了首级。杀灭王仲先、刘季述、王彦范、薛齐偓四人全家，并把他们的党羽二十余人处死。宦官侍奉太子藏在左军之中，把传国宝玺献了出来。昭宗说：“李裕年幼懦弱，被凶恶小人立为皇帝，不是他的罪过。”命令他回东宫废黜为德王，并恢复旧名李裕。丙戌（初二），唐昭宗任命孙德昭为同平章事，担任静海节度使，赐姓名为李继昭。

崔胤奏请昭宗把宦官全部处死，只用宫人掌管内廷各司的事务。宦官耳闻，听到了一些，韩全诲等哭泣着向昭宗乞求哀怜。昭宗于是指示崔胤：“有事要密封奏疏报告，不要口奏。”宦官寻找识字的美女数人送进内宫，暗中叫她们侦察刺探这件事，全部掌握了崔胤的秘密计划，昭宗却没有觉察到。韩全诲等知道崔胤的计划后非常害怕，每次宴饮聚会，都流着眼泪相互诀别，日夜谋划能够除去崔胤的办法。崔胤当时兼任户部、度支、盐铁三司使，韩全诲等教唆警卫宫禁的军队向唐昭宗喧哗叫嚷，申诉崔胤减少将士的冬季衣服。唐昭宗无可奈何，只得解除崔胤的盐铁使职务。

其时，朱全忠、李茂贞各有挟制天子以号令诸侯的意图，朱全忠想要唐昭宗驾临东都洛阳，李茂贞想要唐昭宗驾临凤翔。崔胤知道谋杀宦官的计划已经泄露，事情急迫，就送信给朱全忠，假称奉有秘密诏书，令朱全忠派遣军队迎接皇上车驾，并且说：“前次恢复皇上君位都是您朱公的妙计，可是李茂贞先进京入朝夺取其功。这次您再不立即来京，必定成为有罪之人，岂止功劳为他人所有，并且要被征讨了！”朱全忠收到书信，秋季，七月，甲寅（初五），急忙回大梁发兵。

冬季，十月，戊戌（二十日），朱全忠率领大军从大梁出发，前往京师长安。

韩全诲听说朱全忠将要到达，丁酉（十九日），命令李继筠、李彦弼等率领卫兵劫持唐昭宗，强请驾临凤翔，并增兵防守皇宫各门，人及文书出入搜查检阅非常严格。昭宗派人秘密地给崔胤送去亲笔书信，言语都很凄凉，末尾说：“我为了宗庙社稷的大计，势必西去凤翔，卿等只管东行。惆怅！惆怅！”

戊戌（二十日），唐昭宗派遣赵国夫人出宫到翰林院告诉韩偓：“早晨以来，李彦弼等无礼之极，想要召卿入宫答对，形势不许可了。”并且说：“皇上与皇后只是相对哭泣。”从此翰林学士不再能进宫应对了。

癸卯（二十五日），韩全诲等命令唐昭宗入阁召见百官，宣布停止执行正月丙午（二十二日）颁布的敕书，完全恢复咸通以来“宰臣奏事，枢密使侍侧”的近例。当天，召宰相在延英殿奏事，韩全诲等在旁侍立，共同商议政事。

壬子（十一月初四），韩全诲等在殿前布置军队，向唐昭宗说：“朱全忠率大军进逼京师，想要劫持天子前往洛阳，要求把帝位禅让给他。我等请求陛下驾临凤翔，收集军队进行抵抗。”唐昭宗不允许，持剑登乞巧楼。韩全诲等逼迫唐昭宗下楼，唐昭宗刚走到寿春殿，李彦弼已经在后院放火。这天是冬至，唐昭宗独自坐在思政殿，翘着一只脚，另一只脚踏着栏杆，院里没有文武官员，旁边没有侍奉之人。过了一会儿，不得已，与皇后、妃嫔、诸王等百余人全都上马，恸哭之声不停，出门回顾宫中，已是大火熊熊燃烧。这天晚上，在鄠县住宿。

戊辰（二十日），朱全忠率兵抵达凤翔，在城东驻扎。李茂贞登上城楼，对城外的朱全忠说：“天子避灾来到这里，并非臣下无礼劫持来的。说坏话的人误你前来。”朱全忠答复说：“韩全诲劫迁天子，我今来问罪，迎接扈从天子回宫。岐王如果没有参预策划，何烦陈说表白！”昭宗屡次诏令朱全忠返回镇所，朱全忠于是上表受命。辛未（二十三日），朱全忠率领军队转移，向北奔赴邠州。

第二百六十三卷
唐纪七十九

译文诵读

昭宗圣穆景文孝皇帝中之下天复二年（壬戌，902）

甲申，李茂贞大出兵，自将之，与朱全忠战于虢县之北，大败而还，死者万余人。丙戌，全忠遣其将孔勍出散关攻凤州，拔之。丁亥，全忠进军凤翔城下。全忠朝服向城而泣，曰：“臣但欲迎车驾还宫耳，不与岐王角胜也。”遂为五寨环之。

庚辰，朱全忠遣幕僚司马邺奉表入城；甲申，又遣使献熊白；自是献食物、缯帛相继。上皆先以示李茂贞，使启视之，茂贞亦不敢启。丙戌，复遣使请与茂贞议连和，民出城樵采者皆不抄掠。丁亥，全忠表请修宫阙及迎车驾。己丑，遣国子司业薛昌祚、内使王延绩赍诏赐全忠。

甲辰，上使赵国夫人诇学士院二使皆不在，亟召韩偓、姚洎，窃见之于土门外，执手相泣。洎请上速还，恐为他人所见；上遽去。

汴军每夜鸣鼓角，城中地如动。攻城者诟城上人云“劫天子贼”，乘城者诟城下人云“夺天子贼”。是冬，大雪，城中食尽，冻馁死者不可胜计；或卧未死已为人所咼。市中卖人肉，斤直钱百，犬肉直五百。茂贞储偫亦竭，以犬彘供御膳。上鬻御衣及小皇子衣于市以充用，削渍松柹以饲御马。

丁酉，上召李茂贞、苏检、李继诲、李彦弼、李继岌、李继远、李继忠食，议与朱全忠和，上曰：“十六宅诸王以下，冻馁死者日有数人。在内诸王及公主、妃嫔，一日食粥，一日食汤饼，今亦竭矣。卿等意如何？”皆不对。上曰：“速当和解耳！”

三年（癸亥，903）

戊甲，李茂贞独见上，中尉韩全诲、张彦弘、枢密使袁易简、周敬容皆不得对。茂贞请诛全诲等，与朱全忠和解，奉车驾还京。上喜，即遣内养帅凤翔卒四十人收全诲等，斩之。以御食使第五可范为左军中尉，宣徽南院使仇承坦为右军中尉，王知古为上院枢密使，杨虔朗为下院枢密使。是夕，又斩李继筠、李继诲、李彦弼及内诸司使韦处廷等十六人。

庚午，全忠、崔胤同对。胤奏：“国初承平之时，宦官不典兵预政。天宝以来，宦官浸盛。贞元之末，分羽林卫为左、右神策军以便卫从，始令宦官主之，以二千人为定制。自是参掌机密，夺百司权，上下弥缝，共为不法，大则构扇藩镇，倾危国家；小则卖官鬻狱，蠹害朝政。王室衰乱，职此之由，不翦其根，祸终不已。请悉罢诸司使，其事务尽归之省寺，诸道监军俱召还阙下。”上从之。是日，全忠以兵驱宦官第五可范等数百人于内侍省，尽杀之，冤号之声，彻于内外。其出使外方者，诏所在收捕诛之，止留黄衣幼弱者三十人以备洒扫。又诏成德节度使王镕选进五十人充敕使，取其土风深厚，人性谨朴也。上愍可范等或无罪，为文祭之。自是宣传诏命，皆令宫人出入；其两军内外八镇兵悉属六军，以崔胤兼判六军十二卫事。

臣光曰：宦官用权，为国家患，其来久矣。盖以出入宫禁。人主自幼及长，与之亲狎，非如三公六卿，进见有时，可严惮也。其间复有性识儇利，语言辩给，伺候颜色，承迎志趣，受命则无违忤之患，使令则有称惬之效。自非上智之主，烛知物情，虑患深远，侍奉之外，不任以事，则近者日亲，远者日疏，甘言卑辞之请有时而从，浸润肤受之诉有时而从。于是黜陟刑赏之政，潜移于近习而不自知，如饮醇酒，嗜其味而忘其醉也。黜陟刑赏之柄移而国家不危乱者，未之有也。

东汉之衰，宦官最名骄横，然皆假人主之权，依凭城社，以浊乱天下，未有能劫胁天子如制婴儿，废置在手，东西出其意，使天子畏之若乘虎狼而挟蛇虺如唐世者也。所以然者非他，汉不握兵，唐握兵故也。

太宗鉴前世之弊，深抑宦官无得过四品。明皇始隳旧章，是崇是长，晚节令高力士省决章奏，乃至进退将相，时与之议，自太子王公皆畏事之，宦官自此炽矣。及中原板荡，肃宗收兵灵武，李辅国以东宫旧隶参预军谋，宠过而骄，不能复制，遂至爱子慈父皆不能庇，以忧悸终。代宗践阼，仍遵覆辙，程元振、鱼朝恩相继用事，窃弄刑赏，壅蔽聪明，视天子如委裘，陵宰相如奴虏。是以来瑱入朝，遇谗赐死；吐蕃深侵郊甸，匿不以闻，致狼狈幸陕；李光弼危疑愤郁，以陨其生；郭子仪摈废家居，不保丘垄；仆固怀恩冤抑无诉，遂弃勋庸，更为叛乱。德宗初立，颇振纲纪，宦官稍绌。而返自兴元，猜忌诸将，以李晟、浑瑊为不可信，悉夺其兵，而以窦文场、霍仙鸣为中尉，使典宿卫，自是太阿之柄，落其掌握矣。宪宗末年，吐突承璀欲废嫡立庶，以成陈洪志之变。宝历狎昵群小，刘克明与苏佐明为逆，其后绛王及文、武、宣、懿、僖、昭六帝，皆为宦官所立，势益骄横。王守澄、仇士良、田令孜、杨复恭、刘季述、韩全诲为之魁杰，至自称“定策国老”，目天子为门生，根深蒂固，疾成膏肓，不可救药矣！文宗深愤其然，志欲除之，以宋申锡之贤，犹不能有所为，反受其殃；况李训、郑注反覆小人，欲以一朝谲诈之谋，翦累世胶固之党，遂至涉血禁涂，积尸省户，公卿大臣，连颈就诛，阖门屠灭，天子阳喑纵酒，饮泣吞气，自比赧、献，不亦悲乎！以宣宗之严毅明察，犹闭目摇首，自谓畏之。况懿、僖之骄侈，苟声色球猎足充其欲，则政事一以付之，呼之以父，固无怪矣。贼污官阙，两幸梁、益，皆令孜所为也。昭宗不胜其耻，力欲清涤，而所任不得其人，所行不由其道。始则张浚覆军于平阳，增李克用跋扈之势；复恭亡命于山南，启宋文通不臣之心；终则兵交阙庭，矢及御衣，漂泊莎城，流寓华阴，幽辱东内，劫迁岐阳。崔昌遐无如之何，更召朱全忠以讨之。连兵围城，再罹寒暑，御膳不足于糗粮，王侯毙踣于饥寒，然后全诲就诛，乘舆东出，翦灭其党，靡有孑遗，而唐之庙社因以丘墟矣！然则宦官之祸，始于明皇，盛于肃、代，成于德宗，极于昭宗。易曰："履霜坚冰至。"为国家者，防微杜渐，可不慎其始哉！此其为患，章章尤著者也。自余伤贤害能，召乱致祸，卖官鬻狱，沮败师徒，蠹害烝民，不可遍举。

夫寺人之官，自三王之世，具载于《诗》《礼》，所以谨闺闼之禁，通内外之言，安可无也。如巷伯之疾恶，寺人披之事君，郑众之辞赏，吕强之直谏，曹日升之救患，马存亮之弭乱，杨复光之讨贼，严遵美之避权，张承业之竭忠，其中岂无贤才乎！顾人主不当与之谋议政事，进退士大夫，使有威福足以动人耳。果或有罪，小则刑之，大则诛之，无所宽赦；如此，虽使之专横，孰敢焉！岂可不察臧否，不择是非，欲草剃而禽猕之，能无乱乎！是以袁绍行之于前而董卓弱汉，崔昌遐袭之于后而朱氏篡唐，虽快一时之忿而国随以亡。是犹恶衣之垢而焚之，患木之蠹而伐之，其为害岂不益多哉！孔子曰："人而不仁，疾之已甚，乱也。"斯之谓矣！

唐昭宗天复二年（壬戌，公元902年）

甲申（六月初十），李茂贞亲自统率大军从凤翔出发，在虢县以北与朱全忠的军队激战，被打得大败而回，一万余人死去。丙戌（十二日），朱全忠派遣他的部将孔勍出散关，攻打凤州，夺取了州城。丁亥（十三日），朱全忠进军凤翔城下。朱全忠穿着朝服向城哭泣，说："我只想迎车驾回宫，不想与岐王较量胜负哪！"于是，环城设置五座营寨。

朱全忠像

庚辰（十月初八），朱全忠遣幕僚司马邺捧表进入凤翔城；甲申（十二日），又派遣使者进献熊脂；从这以后，进献食物、缯帛连续不断。昭宗都先给李茂贞，让他打开看，李茂贞也不敢打开。丙戌（十四日），朱全忠又派遣使者请求与李茂贞商议讲和，出城打柴草的百姓都不检查没收。丁亥（十五日），朱全忠上表请求修理宫阙和迎接昭宗回京。己丑（十七日），昭宗派遣国子监司业薛昌祚、内使王延缋带诏书赐给朱全忠。

甲辰（十一月初二），昭宗派赵国夫人探明学士院二使都不在，便急召翰林学士韩偓、姚洎，在土门外暗中相见，拉着手相对流泪。姚洎请昭宗赶快回去，担心被别人看见；昭宗急忙离去。

汴州军队每夜击鼓鸣角，城中好像在地震。攻城的人骂城上的人是“劫天子贼”，城上的人骂城下的人是“夺天子贼”。这年冬天，天下大雪，城中食物吃完了，冻饿而死的人不可计数；有的躺下还没有死已经被人割肉离骨。市中卖人肉，一斤值一百钱，狗肉一斤值五百钱。李茂贞贮存的食物也用完了，用猪狗供应昭宗的膳食。昭宗在市上卖掉自己及小皇子的衣服以供日用，削松木片浸水来喂御马。

丁酉（十二月二十五日），昭宗召集李茂贞、苏检、李继诲、李彦弼、李继岌、李继远、李继忠吃饭，商议与朱全忠和解，昭宗说：“十六宅诸王以下，每天冻饿死的有好几个人；在内诸王及公主、妃嫔，一天吃粥，一天吃汤饼，现在也完了。卿等意下如何？”李茂贞等都不回答。昭宗说：“应当赶快和解了！”

三年（癸亥，公元903年）

戊申（正月初六），李茂贞单独进见昭宗，中尉韩全诲、张彦弘，枢密使袁易简、周敬容都不能进对。李茂贞请求杀死韩全诲等，与朱全忠和好，护送昭宗回长安。昭宗听后非常高兴，立即派遣宦官率领凤翔兵卒四十人拘捕韩全诲等，将他们斩首。任命御食使第五可范为左军中尉，宣徽南院使仇承坦为右军中尉，王知古为上院枢密使，杨虔朗为下院枢密使。这天晚上，又将李继筠、李继诲、李彦弼及皇宫内诸司使韦处廷等十六人斩首。

庚午（二十八日），朱全忠、崔胤一同进宫奏对。崔胤奏称：“国初太平的时候，宦官不掌管军权、干预朝政。天宝以来，宦官逐渐强盛。贞元末年，分羽林卫为左、右神策军以便随从护卫，开始令宦官主管，以二千人为定制。从此，宦官参与掌管机密事务，夺取百司权力，上下遮掩，共为不法之事，大则勾结煽动藩镇，倾覆危害国家；小则以官爵狱讼做买卖，败坏朝政。朝廷衰微扰乱，正是由于这个原由，不铲除它的根源，祸患终究不能停止。请全部罢免诸司使，他们掌管的事务尽归省寺管理，各道监军全都召还京城。”昭宗听从他的建议。当天，朱全忠领兵驱赶宦官第五可范等数百人到内侍省，全部把他们杀死，呼冤喊屈、号啕大哭之声，响彻内外。宦官中有出使外地的，诏令所在地方把他们收捕处死，只留品秩卑微的幼弱宦官三十人以备洒扫。又诏令成德节度使王镕选进五十人充任敕使。因为那地方的风俗淳厚，人性谨朴。昭宗哀怜第五可范等有的无罪，撰文祭奠他们。自这以后，宣布传达诏命，全令宫人出入办理；左、右神策两军所辖的内外八镇军队，也都归属左右龙武、羽林、神策等六军，任命崔胤兼领六军十二卫事务。

臣司马光曰：宦官当权，成为国家祸患，由来已久了。这是因为宦官经常出入皇宫，君主从小到大，与他们亲近狎昵，不像三公六卿，进见有一定的时间，有威严畏惧。宦官中间又有的性情乖巧，言语敏捷，察言观色，迎合君主的志向兴趣，这样，接受命令就没有违逆抵触的顾虑，使唤差遣就有称心满意的效果。如果不是圣明的君主，洞察事物的情理，考虑祸患的深远，除了侍奉以外，不委任宦官掌管事务，那么，近在内宫的宦官就会一天天地亲近，远在外朝的百官就会一天天地疏远，君主就会有时应允甜言卑辞的请求，听从逐渐渗透的诉说。于是，降革升迁、刑罚奖赏的国家政令，就无形中转由亲信宦官掌握而不能自知，如同饮美酒一样，喜好它的味道而忘记它能醉人了。所以降革升迁、刑罚奖赏的权力已经转移而国家不发生危险祸乱，是从来没有过的。

东汉衰亡之时，宦官的骄傲专横最为闻名。然而人们都是借助君主的权力，如同城狐社鼠有所仗恃凭依，来扰乱天下。没有能够像唐代这样，劫持胁迫天子如同控制婴儿，废立在手，往东往西全出己意，使天子惧怕他们如同骑着猛虎恶狼而腋下夹着毒蛇一样。所以如此，不是别的原因，是东汉宦官不掌握兵权，唐代宦官掌握兵权的原故。

唐太宗鉴于前代的弊病，对宦官严加抑制，官阶不得超过四品。唐明皇开始毁坏原有的章程，对宦官尊重任用。晚年让高力士省阅批复章奏，甚至任免将军、宰相，也时常与他商议，自太子王公都敬畏地侍奉他，宦官的势焰自此炽烈了。等到中原动荡，肃宗在灵武即位，撤回军队，李辅国以东宫太子的旧属参预军事计划。过分的宠信使他骄横放纵，不能再加控制，竟至爱子慈父不能庇护，因忧虑恐惧而死。唐代宗即位，仍蹈覆辙，程元振、鱼朝恩相继当权，暗中玩弄刑赏大权，阻塞蒙蔽视听，看待天子如同放在皇位上的衣裳，欺凌宰相如同奴隶。所以来瑱入京朝见，遇谗言而被赐死；吐蕃深入侵犯京师郊野，隐匿军情不行奏报，致使唐代宗狼狈驾临陕州；李光弼忧惧怀疑，烦闷怨恨，因此丧生；郭子仪被排斥罢官，赋闲家居，不保坟墓；仆固怀恩被冤枉压制，无处申诉，于是舍弃功劳，改为叛乱。唐德宗刚即位，大力整顿法纪，宦官稍被贬斥。但自兴元返京后，猜忌诸将，认为李晟、浑瑊不可信任，全部夺取他们的兵权，而任命窦文场、霍仙鸣为中尉，让他们主管宫禁的值宿警卫，从此军权落入他们手里。唐宪宗末年，吐突承璀想要废掉嫡子，改立庶子，酿成陈洪志之变。宝历年间，敬宗过分亲近宦官，刘克明与苏佐明进行叛逆，此后绛王及文宗、武宗、宣宗、懿宗、僖宗、昭宗六帝，都是宦官所立，势力越发骄横。王守澄、仇士良、田令孜、杨复恭、刘季述、韩全诲是宦官中的首领，以至于自称“定策国老”，视天子为门生，根深蒂固，病入膏肓，不可救药了！唐文宗非常怨恨宦官这样，立志要除掉他们，以宋申锡那样贤德的人，尚且不能够有所作为，反受祸殃，何况李训、郑注这些反复无常的小人，想要用一个早晨的奸诈计谋，剪除数代胶粘固结的死党，竟至鲜血流满宫禁道路，尸体堆积台省门前，公卿大臣一个接一个被杀，全家屠灭，天子假装哑巴，纵情饮酒，泪流满面，不敢出声，自比周赧王、汉献帝，不可悲吗！以唐宣宗的严正坚毅，明察秋毫，尚且闭目摇头，自称害怕，何况懿宗、僖宗那样骄奢淫逸，只要歌舞美女、踢球游猎可满足欲望，便将一切政事交付宦官，称呼宦官为父亲，就本不足为怪了。贼寇玷污宫殿，皇帝两次驾临梁州、益州，都是田令孜造成的。昭宗不能忍受这样的耻辱，想要尽力清洗，但是任用的人不合适，使用的方法不对头。开始就是张浚在平阳全军覆没，增强了李克用专横暴戾的气势；杨得恭向山南逃命，开启了宋文通不守臣节的心思；结果在皇宫里彼此交战，箭头射中皇上的衣服，昭宗漂泊莎城，流寓华阴，被幽禁在东宫受辱，又被劫持胁迫到岐阳。崔胤无可奈何，再召朱全忠发兵讨伐。朱全忠统帅大军包围岐阳城，再次遭受寒暑之苦，昭宗的御膳不足，王侯遭受饥寒饿死冻僵。然后韩全诲被杀，昭宗圣驾东行，剪除韩全诲的同党，一个不留。然而唐朝的宗庙社稷因此成了坟墓废墟！这样看来，宦官的祸乱，始于明皇，盛于肃宗、代宗，成于德宗，极于昭宗。《易经》说："行于霜上而知道严寒冰冻将要到来。"治理国家的人，应防微杜渐，怎么能不重视它的起始呢！以上这些是宦官为害尤其明显昭著的事例。另外像伤害贤才，招致祸乱灾难，贿卖官爵讼事，败坏军队，坑害百姓，不能一一遍举。

寺人的官职，始自夏禹、商汤、周文王三王的时代，备载于《诗》《礼》，用来谨严皇宫内室的门禁，传达皇宫内外的话语，怎么能够没有呢？如巷伯的痛恨邪恶，寺人披的忠诚侍奉君主，郑众的辞却赏赐，吕强的直言规劝，曹日昇的解救患难，马存亮的消弭祸乱，杨复光的讨伐逆贼，严遵美的避让权位，张承业的竭尽忠诚，他们中间难道没有贤才吗？只是国君不应当与他们谋划商议国家政务和进退升降官吏的大事，使他们有威福能够左右他人罢了。倘若宦官有人犯罪，小罪就惩罚他，大罪就杀死他，不予宽恕赦免。这样，即使让他专横跋扈，又有谁敢呢？怎么能够不详察善恶，不区别是非，想要像割除蔓草、捕杀禽兽那样除尽杀绝，能够没有祸乱吗！因此，袁绍实行屠杀于前而董卓削弱汉室，崔胤重复杀戮于后，而朱全忠篡夺大唐，虽然痛快发泄了一时的愤恨，但国家也随着灭亡了。这如同厌恶衣服上的污垢就烧掉衣服，忧虑树木上的蛀虫就砍伐树木，那造成的损害不是更多吗！孔子说："人如果不仁慈，痛恨过分，就要发生祸乱了。"说的就是这个道理啊！

第二百六十四卷 唐纪八十

译文诵读

昭宗圣穆景文孝皇帝下之上天复三年（癸亥，903）

初，崔胤假朱全忠兵力以诛宦官，全忠既破李茂贞，并吞关中，威震天下，遂有篡夺之志。胤惧，与全忠外虽亲厚，私心渐异，乃谓全忠曰："长官密迩茂贞，不可不为守御之备。六军十二卫，但有空名，请召募以实之，使公无西顾之忧。"全忠知其意，曲从之，阴使麾下壮士应募以察其变。胤不之知，与郑元规等缮治兵仗，日夜不息。及朱友伦死，全忠益疑胤，且欲迁天子都洛，恐胤立异。

天祐元年（甲子，904）

春，正月，全忠密表司徒兼侍中、判六军十二卫事、充盐铁转运使、判度支崔胤专权乱国，离间君臣，并其党刑部尚书兼京兆尹、六军诸卫副使郑元规、威远军使陈班等，皆请诛之。乙巳，诏责授胤太子少傅、分司，贬元规循州司户，班溱州司户。丙午，下诏罪状胤等；以裴枢判左三军事、充盐铁转运使，独孤损判右三军事、兼判度支；胤所募兵并纵遣之。以兵部尚书崔远为中书侍郎，翰林学士、左拾遗柳璨为右谏议大夫，并同平章事。璨，公绰之从孙也。戊申，朱全忠密令宿卫都指挥使朱友谅以兵围崔胤第，杀胤及郑元规、陈班并胤所亲厚者数人。

初，上在华州，朱全忠屡表请上迁都洛阳，上虽不许，全忠常令东都留守佑国军节度使张全义缮修官室。

己酉，全忠引兵屯河中。丁巳，上御延喜楼，朱全忠遣牙将寇彦卿奉表，称邠、岐兵逼畿甸，请上迁都洛阳；及下楼，裴枢已得全忠移节，促百官东行。戊午，驱徙士民，号哭满路，骂曰："贼臣崔胤召朱温来倾覆社稷，使我曹流离至此！"老幼襁属，月余不绝。

壬戌，车驾发长安，全忠以其将张廷范为御营使，毁长安宫室百司及民间庐舍，取其材，浮渭沿河而下，长安自此遂丘墟矣。

全忠发河南、北诸镇丁匠数万，令张全义治东都宫室，江、浙、湖、岭诸镇附全忠者，皆输货财以助之。

甲子，车驾至华州，民夹道呼万岁，上泣谓曰："勿呼万岁，朕不复为汝主矣！"馆于兴德宫，谓侍臣曰："鄙语云：'纥干山头冻杀雀，何不飞去生处乐。'朕今漂泊，不知竟落何所！"因泣下沾襟，左右莫能仰视。

二月，乙亥，车驾至陕，以东都宫室未成，驻留于陕。丙子，全忠自河中来朝，上延全忠入寝室见何后，后泣曰："自今大家夫妇委身全忠矣！"

三月，丁未，以朱全忠兼判左、右神策及六军诸卫事。癸丑，全忠置酒私第，邀上临幸。乙卯，全忠辞上，先赴洛阳督修宫室。上与之宴群臣，既罢，上独留全忠及忠武节度使韩建饮，皇后出，自捧玉卮以饮全忠，晋国夫人可证附上耳语。建蹑全忠足，全忠以为图己，不饮，阳醉而出。全忠奏以长安为佑国军，以韩建为佑国节度使，以郑州刺史刘知俊为匡国节度使。

丁巳，上复遣间使以绢诏告急于王建、杨行密、李克用等，令纠帅藩镇以图匡复，曰："朕至洛阳，则为所幽闭，诏敕皆出其手，朕意不复得通矣！"

夏，四月，辛巳，朱全忠奏洛阳宫室已成，请车驾早发，表章相继。上屡遣宫人谕以皇后新产，未任进路，请俟十月东行。全忠疑上徘徊俟变，怒甚，谓牙将寇彦卿曰："汝速至陕，即日促官家发来！"闰月，丁酉，车驾发陕；壬寅，全忠逆于新安。上之在陕也，司天监奏："星气有变，期在今秋，不利东行。"故上欲以十月幸洛。至是，全忠令医官许昭远告医官使阎祐之、司天监王墀、内都知韦周、晋国夫人可证等谋害元帅，悉收杀之。

癸卯，上憩于谷水。自崔胤之死，六军散亡俱尽，所余击毬供奉、内园小儿共二百余人，从上而东。全忠犹忌之，为设食于幄，尽缢杀之，豫选二百余人大小相类者，衣其衣服，代之侍卫。上初不觉，累日乃寤。自是上之左右职掌使令皆全忠之人矣。

唐昭宗天复三年（癸亥，公元903年）

当初，崔胤借助朱全忠的兵力来诛杀宦官，朱全忠已经打败李茂贞，并吞了关中，声威震动天下，于是有篡夺帝位的志向。崔胤大惧，与朱全忠表面上虽然亲厚，内心里渐渐背离，于是对朱全忠说："长安靠近李茂贞，不可不做守御的准备。六军十二卫，只有空名，请招募补足，使您没有西顾的忧虑。"朱全忠知道他的意图，勉强依从他，暗地里让部下壮士应募来观察他的变化。崔胤不知道其中的情由，与郑元规等整治兵器，日夜不停。等到宿卫都指挥使朱友伦摔死，朱全忠更加怀疑崔胤，并且想劫持昭宗迁都洛阳，恐怕崔胤另立异论阻止。

天祐元年（甲子，公元904年）

春季，正月，朱全忠上密表揭发司徒兼侍中、判六军十二卫事、充盐铁转运使、判度支崔胤专权乱国，离间君臣，连同他的党羽刑部尚书兼京兆尹、六军诸卫副使郑元规，威远军使陈班等，奏请全部处死。乙巳（初九），昭宗颁布诏令，谴责并改授崔胤为太子少傅、分司，贬郑元规为循州司户，陈班为溱州司户。丙午（初十），昭宗颁下诏令，公布崔胤等的罪状；任命裴枢判左三军事、充盐铁转运使，独孤损判右三军事、兼判度支；崔胤招募的兵士一并放走遣返；任命兵部尚书崔远为中书侍郎，翰林学士、左拾遗柳璨为右谏议大夫，都为同平章事。柳璨是柳公绰的从孙。戊申（十二日），朱全忠密令宿卫都指挥使朱友谅率兵包围崔胤的住宅，杀死崔胤及郑元规、陈班以及崔胤的亲信数人。

当初，昭宗在华州，朱全忠屡次上表请昭宗迁都洛阳，昭宗虽然没有允许，朱全忠却常令东都留守佑国军节度使张全义缮修宫室。

己酉（十三日），朱全忠率兵驻扎河中。丁巳（二十一日），昭宗在延禧楼，朱全忠派遣牙将寇彦卿捧着奏表，称邠州、岐州的军队已经逼近京城管区，请昭宗迁都洛阳；等到昭宗下楼，裴枢已经收到朱全忠迁都的文书，催促文武百官东行。戊午（二十二日），被驱赶迁徙的士人百姓，号哭满路，大骂道：“贼臣崔胤召朱温前来颠覆社稷，使我们颠沛流离到这种地步！”扶老携幼鱼贯而行，一个多月没断。

壬戌（二十六日），昭宗从长安出发，朱全忠任命他的部将张廷范为御营使，拆毁长安的宫室、官署及民间房舍，取出木材，抛入渭河之中，顺黄河漂浮东下，长安自此成为废墟了。

朱全忠征发河南、河北各镇民夫工匠数万人，命令东都留后张全义建造东都宫室，江、浙、湖、岭诸镇归附朱全忠的，都运送钱物到洛阳来帮助修建。

甲子（二十八日），昭宗到达华州，百姓夹道呼万岁，昭宗哭着对他们说：“不要呼万岁，朕不再是你们的君主了！”当晚，昭宗在兴德宫住宿，对侍臣说：“俗语说：‘纥干山头冻得要死的山雀，为什么不飞到能够活的地方去快乐。’朕今东奔西走，行止无定，不知道究竟流落到哪里！”因此哭湿了衣襟，左右的人不能抬头仰视。

二月，乙亥（初十），昭宗到达陕州，因为东都洛阳的宫室还没有建成，就在陕州停留暂住。丙子（二十一日），朱全忠从河中前来朝见，昭宗邀请朱全忠进寝室见何皇后，何皇后哭着说：“自今我们夫妇托身给全忠了！”

三月，丁未（十二日），昭宗任命朱全忠兼判左右神策军及六军诸卫事。癸丑（十八日），朱全忠在私宅摆设酒筵，邀请昭宗前去赴宴。乙卯（二十日），朱全忠辞别昭宗，先往洛阳去监督修建宫室。昭宗与他一同宴请群臣，宴会散后，昭宗只留下朱全忠及忠武节度使韩建继续饮酒。何皇后走出，亲自捧着玉杯请朱全忠喝，晋国夫人可证贴着昭宗耳朵说话。韩建踩朱全忠的脚，朱全忠以为暗算自己，便不喝，假装喝醉而离去。朱全忠奏请将长安改为佑国军，任命韩建为佑国节度使，任命郑州刺史刘知俊为匡国节度使。

丁巳（二十二日），昭宗又派遣密使以绢写诏令向王建、杨行密、李克用等告急，命令他们纠集统帅藩镇来设法匡复国家，诏令说："朕到洛阳，就被朱全忠幽禁了，诏令敕书都出自他的手，朕意不再能够传达了！"

夏季，四月，辛巳（十六日），朱全忠奏报洛阳宫室已经建成，请昭宗车驾早日出发，表章接连不断，一再催促。昭宗屡次派遣宫人告诉他皇后刚生婴儿，不能登路，请等到十月东去洛阳。朱全忠怀疑昭宗故意徘徊不前等待事变，勃然大怒，对牙将寇彦卿说："你速到陕州，即日催促天子出发前来！"闰四月丁酉（初三），昭宗从陕州出发；壬寅（初八），朱全忠迎于新安。昭宗在陕州的时候，司天监曾经奏称："星气有变化，时间在今年秋天，东行不利。"所以昭宗想要在十月前往洛阳。到这个时候，朱全忠命医官许昭远告发医官使阎之、司天监王墀、内都知韦周、晋国夫人可证等谋害元帅朱全忠，于是把他们全都拘捕杀死。

癸卯（初九），昭宗在穀水边休息。自崔胤被杀之后，六军全都逃散，余下的击球供奉、内园小儿共二百余人，跟从昭宗来东行。朱全忠还忌恨他们，就在帷幄中为他们设置食物，把他们全部勒死。预先挑选大小相似的二百余人，穿上他们的衣服，代替他们侍从护卫。昭宗开始没有察觉，过了几天才发觉。从此，昭宗左右的管事调遣全是朱全忠的人了。

第二百六十五卷 唐纪八十一

译文诵读

昭宗圣穆景文孝皇帝下之下天祐元年（甲子，904）

时李茂贞、杨崇本、李克用、刘仁恭、王建、杨行密、赵匡凝移檄往来，皆以兴复为辞。全忠方引兵西讨，以帝有英气，恐变生于中，欲立幼君，易谋禅代。乃遣判官李振至洛阳，与玄晖及左龙武统军朱友恭、右龙武统军氏叔琮等图之。

八月，壬寅，帝在椒殿，玄晖选龙武牙官史太等百人夜叩宫门，言军前有急奏，欲面见帝。夫人裴贞一开门见兵，曰："急奏何以兵为？"史太杀之。玄晖问："至尊安在？"昭仪李渐荣临轩呼曰："宁杀我曹，勿伤大家！"帝方醉，遽起，单衣绕柱走，史太追而弑之。渐荣以身蔽帝，太亦杀之。又欲杀何后，后求哀于玄晖，乃释之。

癸卯，蒋玄晖矫诏称李渐荣、裴贞一弑逆，宜立辉王祚为皇太子，更名柷，监军国事。又矫皇后令，太子于柩前即位。宫中恐惧，不敢出声哭。丙午，昭宣帝即位，时年十三。

朱全忠闻朱友恭等弑昭宗，阳惊，号哭自投于地，曰"奴辈负我，令我受恶名于万代！"癸巳，至东都，伏梓宫恸哭流涕，又见帝自陈非己志，请讨贼。先是，护驾军士有掠米于市者，甲午，全忠奏朱友恭、氏叔琮不戢士卒，侵扰市肆，友恭贬崖州司户，复姓名李彦威，叔琮贬白州司户，寻皆赐自尽。彦威临刑大呼曰："卖我以塞天下之谤，如鬼神何！行事如此，望有后乎！"

昭宣光烈孝皇帝天祐二年（乙丑，905）

丁卯，至大梁。

先是，全忠急于传禅，密使蒋玄晖等谋之。玄晖与柳璨等议：以魏、晋以来皆先封大国，加九锡、殊礼，然后受禅，当次第行之。乃先除全忠诸道元帅，以示有渐，仍以刑部尚书裴迪为送官告使，全忠大怒。宣徽副使王殷、赵殷衡疾玄晖权宠，欲得其处，因谮之于全忠曰："玄晖、璨等欲延唐祚，故逗留其事以须变。"玄晖闻之惧，自至寿春，具言其状。全忠曰："汝曹巧述闲事以沮我，借使我不受九锡，岂不能作天子邪！”玄晖曰：“唐祚已尽，天命归王，愚智皆知之。玄晖与柳璨等非敢有背德，但以今兹晋、燕、岐、蜀皆吾勍敌，王遽受禅，彼心未服，不可不曲尽义理，然后取之，欲为王创万代之业耳。”全忠叱之曰：“奴果反矣！”玄晖惶遽辞归，与璨议行九锡。时天子将郊祀，百官既习仪，裴迪自大梁还，言全忠怒曰：“柳璨、蒋玄晖等欲延唐祚，乃郊天也。”璨等惧，庚午，敕改用来年正月上辛。殷衡本姓孔名循，为全忠家乳母养子，故冒姓赵，后渐贵，复其姓名。

辛巳，以全忠为相国，总百揆。以宣武、宣义、天平、护国、天雄、武顺、佑国、河阳、义武、昭义、保义、戎昭、武定、泰宁、平卢、忠武、匡国、镇国、武宁、忠义、荆南等二十一道为魏国，进封魏王，仍加九锡。全忠怒其稽缓，让不受。十二月，戊子，命枢密使蒋玄晖赍手诏诣全忠谕指。癸巳，玄晖自大梁还，言全忠怒不解。甲午，柳璨奏称：“人望归梁王，陛下释重负，今其时也。”即日遣璨诣大梁达传禅之意，全忠拒之。

初，璨陷害朝士过多，全忠亦恶之。璨与蒋玄晖、张廷范朝夕宴聚，深相结，为全忠谋禅代事。何太后泣遣宫人阿虔、阿秋达意玄晖，语以他日传禅之后，求子母生全。王殷、赵殷衡谮玄晖，云“与柳璨、张廷范于积善堂夜宴，对太后焚香为誓，期兴复唐祚。”全忠信之，乙未，收玄晖及丰德库使应顼、御厨使朱建武系河南狱；以王殷权知枢密，赵殷衡权判宣徽院事。全忠三表辞魏王、九锡之命；丁酉，诏许之，更以为天下兵马元帅，然全忠已修大梁府舍为宫阙矣。是日，斩蒋玄晖，仗杀应顼、朱建武。庚子，省枢密使及宣徽南院使，独置宣徽使一员，以王殷为之，赵殷衡为副使。辛丑，敕罢宫人宣传诏命及参随视朝。追削蒋玄晖为凶逆百姓，令河南揭尸于都门外，聚众焚之。

玄晖既死，王殷、赵殷衡又诬玄晖私侍何太后，令阿秋、阿虔通导往来。己酉，全忠密令殷、殷衡害太后于积善宫，敕追废太后为庶人，阿秋、阿虔皆于殿前扑杀。庚戌，以皇太后丧，废朝三日。

癸丑，守司空兼门下侍郎、同平章事柳璨贬登州刺史，太常卿张廷范贬莱州司户。甲寅，斩璨于上东门外，车裂廷范于都市。璨临刑呼曰：“负国贼柳璨，死其宜矣！”

三年（丙寅，906）

初，田承嗣镇魏博，选募六州骁勇之士五千人为牙军，厚其给赐以自卫，为腹心；自是父子相继，亲党胶固，岁久益骄横；小不如意，辄族旧帅而易之，自史宪诚以来皆立于其手。天雄节度使罗绍威心恶之，力不能制。朱全忠之围凤翔也，绍威遣军将杨利言密以情告全忠，欲借其兵以诛之。全忠以事方急，未暇如其请，阴许之。及李公佺作乱，绍威益惧，复遣牙将臧延范趣全忠。全忠乃发河南诸镇兵十万，遣其将李思安将之，会魏、镇兵屯深州乐城；声言击沧州，讨其纳李公佺也。会全忠女适绍威子廷规者卒，全忠遣客将马嗣勋实甲兵于橐中，选长直兵千人为担夫，帅之入魏，诈云会葬；全忠自以大军继其后，云赴行营；牙军皆不之疑。庚午，绍威潜遣人入库断弓弦、甲襻，是夕，绍威帅其奴客数百，与嗣勋合击牙军，牙军欲战而弓甲皆不可用，遂阖营殪之，凡八千家，婴孺无遗。诘旦，全忠引兵入城。

罗绍威既诛牙军，魏之诸军皆惧，绍威虽抚数谕之，而猜怨益甚。朱全忠营于魏州城东数旬，将北巡行营，会天雄牙将史仁遇作乱，聚众数万据高唐，自称留后，天雄巡内诸县多应之。全忠移军入城，遣使召行营兵还攻高唐，至历亭，魏兵在行营者作乱，与仁遇相应。元帅府左司马李周彝、右司马苻道昭击之，所杀殆半，进攻高唐，克之，城中兵民无少长皆死。擒史仁遇，锯杀之。

秋，七月，朱全忠克相州。时魏之乱兵散据贝、博、澶、相、卫州，全忠分命诸将攻讨，至是悉平之，引兵南还。

全忠留魏半岁，罗绍威供亿，所杀牛羊豕近七十万，资粮称是，所赂遗又近百万；比去，蓄积为之一空。绍威虽去其逼，而魏兵自是衰弱。绍威悔之，谓人曰：“合六州四十三县铁，不能为此错也！”

唐昭宗天祐元年（甲子，公元904年）

当时，李茂贞、杨崇本、李克用、刘仁恭、王建、杨行密、赵匡凝往来传移檄文，都以兴复皇室为辞。朱全忠正在率领军队向西讨伐岐州、邠州，因昭宗有英武之气，恐怕宫中产生变故，想要另立幼君，以谋求禅让取代。于是，朱全忠派遣判官李振到洛阳，与蒋玄晖及左龙武统军朱友恭、右龙武统军氏叔琮等谋划。

八月，壬寅（十一日），昭宗在何皇后殿内，枢密使蒋玄晖选择龙武牙官史太等一百人，在夜里敲击宫门，说军事前线有急事奏报，要面见昭宗。夫人裴贞一开门见兵士，说：“有急事奏报用兵士做什么？”史太杀了她。蒋玄晖问：“陛下在哪里？”昭仪李渐荣对窗大叫道：“宁可杀了我们，不要伤害陛下！”昭宗刚醉，急忙起来，穿着单衣绕柱逃跑，史太追上并把他杀死。李渐荣用身体遮挡昭宗，史太也杀了她。史太又要杀何皇后，何皇后向蒋玄晖哀求，才放了她。

癸卯（十二日），蒋玄晖假造诏令，称李渐荣、裴贞一谋杀昭宗，应该立辉王李祚为皇太子，更名李柷，代理军国政事。又假传皇后令，太子于灵柩前即位。宫中一片恐惧气氛，不敢哭出声来。丙午（十五日），昭宣帝即位，时年十三岁。

朱全忠听到朱友恭等杀死昭宗的消息，假装震惊，放声大哭，自己扑倒在地上，说：“奴才们害死我了，让我千秋万代蒙受恶名！”癸巳（十月初三），朱全忠到达东都洛阳，伏在昭宗的灵柩上恸哭流涕；又进见昭宣帝，自陈杀死昭宗不是自己的心意，请求讨伐乱臣贼子。在这之先，护卫皇帝的军士有在市上抢米的，甲午（初四），朱全忠奏参朱友恭、氏叔琮不能约束士卒，侵扰街市店铺，将朱友恭贬为崖州司马，恢复原姓名李彦威，氏叔琮贬为白州司马，不久都赐令自尽。李彦威自杀前大声呼喊说：“出卖我来堵塞天下的指责，但拿鬼神怎么办！如此行事，还指望有后代吗！”

唐昭宣帝天祐二年（乙丑，公元905年）

丁卯（十一月十三日），朱全忠到达大梁。

在这以前，朱全忠急于传位禅让称帝，密令蒋玄晖等商议筹划。蒋玄晖与柳璨等人商议：由于魏、晋以来，都是先封大国，加九锡之礼、特殊的礼遇，然后接受禅让，应当依次序进行。于是，先授给朱全忠诸道元帅，用以表示有先后次序，并以刑部尚书裴迪担任送官告使，朱全忠勃然大怒。宣徽副使王殷、赵殷衡嫉妒蒋玄晖专权受宠，想要得到他的位置，因此向朱全忠诬陷蒋玄晖说：“蒋玄晖、柳璨等想要延续唐室的宗脉，所以迟缓禅让的事来等待事变。”蒋玄晖听说后非常害怕，亲自到寿春，详细地说明这件事的情形。朱全忠说：“你们巧言陈述无关紧要的事情来阻止我，假使我不受九锡之礼，难道不能做天子吗！”蒋玄晖说：“唐室的气数已尽，天命归属大王，无论愚笨还是聪明的人都知道。玄晖与柳璨等不敢违背恩德，但由于现在晋、燕、岐、蜀都是我们的劲敌，大王突然接受禅让帝位，他们心里不服，不能不设法尽理尽义，然后取得帝位，这只想为大王创建万代基业罢了。”朱全忠大声责骂他说：“奴才果然反了！”蒋玄晖惊惧立即告辞回洛阳，与柳璨商议行九锡之礼。当时，唐昭宣帝将要举行祭天祀典，百官已经练习礼仪，裴迪从大梁回到洛阳，传达朱全忠生气时说的话：“柳璨、蒋玄晖等想要延长唐室的福运，才郊祀祭天。”柳璨等惧怕，庚午（十六日）敕令改用来年正月上旬的辛日，赵殷衡本来姓孔名循，是朱全忠家奶妈的养子，所以冒充姓赵，后来渐渐显贵，恢复原来姓名。

辛巳（二十七日），任命朱全忠为相国，总理一切事务；以宣武、宣义、天平、护国、天雄、武顺、佑国、河阳、义武、昭义、保义、戎昭、武定、泰宁、平卢、忠武、匡国、镇国、武宁、忠义、荆南等二十一道为魏国，进封魏王，并加九锡之礼。朱全忠怨恨他们迟缓，辞让不接受。十二月戊子（初四），派枢密使蒋玄晖捧着亲笔诏书到朱全忠处宣旨。癸巳（初九），蒋玄晖自大梁回到洛阳，说朱全忠的怒气没有消解。甲午（初十），柳璨奏称：“众望归向梁王，陛下放弃沉重的负担，现在正是时候。”当天，派遣柳璨前往大梁传达禅让帝位的意思，朱全忠拒绝接受。

当初，柳璨陷害朝中官吏过多，朱全忠也厌恶他。柳璨与蒋玄晖、张廷范日夜饮宴聚会，深相交结，替朱全忠谋划禅让帝位的事。何太后哭着派遣宫人阿虔、阿秋向蒋玄晖转达意愿，说他日禅让帝位之后，请求保全母子活命。王殷、赵殷衡诬陷蒋玄晖，说他“与柳璨、张廷范在积善宫夜宴，对着何太后焚香发誓，约定兴复唐室帝位”。朱全忠相信他们的话，乙未（十一日），逮捕蒋玄晖及丰德库使应项、御厨使朱建武关押在河南府监狱；任命王殷暂时主持枢密院，赵殷衡暂时署理宣徽院事务。朱全忠三次上表辞让关于魏王、九锡的诏命。丁酉（十三日），颁诏允准朱全忠的辞让，再任命他为天下兵马元帅，然而朱全忠已经改修大梁府舍为宫殿了。这一天，斩蒋玄晖，仗杀应顼、朱建武。庚子（十六日），取消枢密使及宣徽南院使，只设宣徽使一员，任命王殷担任，赵殷衡任副使。辛丑（十七日），敕令停止宫人宣传诏命及参与朝会。追革蒋玄晖官职为凶逆百姓，令河南府把蒋玄晖的尸体抬到都门外，聚众焚烧。

蒋玄晖已经死了，王殷、赵殷衡又诬陷蒋玄晖与何太后私通，让宫人阿秋、阿虔通导往来。己酉（二十五日），朱全忠密令王殷、赵殷衡在积善宫害死何太后，敕令追废何太后为平民，阿秋、阿虔都在殿前用刑仗打死。庚戌（二十六日），因为皇太后之丧，停朝三日。

癸丑（二十九日），守司空兼门下侍郎、同平章事柳璨被贬为登州刺史，太常卿张廷范被贬为莱州司户。甲寅（三十日），将柳璨在上东门外斩首，在都中闹市车裂张廷范。柳璨临刑时大喊说："负国贼子柳璨，死得应该呀！"

三年（丙寅，公元906年）

当初，田承嗣镇守魏博，选募六州矫健勇猛武士五千人为牙军，给予他们优厚的给养赏赐，藉以保卫自己，作为心腹亲信。从此，父子相继，亲族团结，年久更加骄傲专横，稍不如意，就消灭旧主帅而更换，自史宪诚以来的节度使都是立于他们之手。天雄节度使罗绍威心里厌恶他们，但力量小不能制服他们。朱全忠包围凤翔的时候，罗绍威派遣军将杨利言秘密地把情况告诉朱全忠，想借他的军队诛灭牙军。朱全忠因为当时军情紧急，没有空闲时间依照罗绍威的请求，暗中答应了他。等到李公佺作乱，罗绍威更加畏惧，又派遣牙将臧延范催促朱全忠。朱全忠这才发河南等镇兵十万，派遣他的部将李思安率领，会同魏博、镇冀的军队驻扎深州乐城，声言攻击沧州刘守文，讨伐他接纳天雄叛将李公佺。适逢嫁给罗绍威之子罗廷规的朱全忠之女死了，朱全忠派遣客将马嗣勋在口袋里装满铠甲兵器，挑选长年警卫的兵士一千人装作挑夫，率领他们进入魏州，欺骗说是前来会葬。朱全忠亲自统帅大军跟在他们的后边，说是到行营去，魏博的牙军都没有怀疑他们。庚午（正月十六日），罗绍威秘密地派人进入武库把弓弦、铠甲系带弄断，当天晚上，罗绍威率领他的家奴宾客数百人，与马嗣勋合击牙

唐军征战图

军，牙军想要应战但弓甲都不能用了，于是全营牙军都被杀死，一共八千家，婴儿幼童没有遗留一个。第二天早晨，朱全忠带领军队进入魏州城。

罗绍威消灭牙军后，魏博各军都非常害怕，罗绍威虽然屡次安抚晓谕他们，但猜疑怨恨更加厉害。朱全忠在魏州城东扎营数十天，将要北上巡视行营，恰巧天雄牙将史仁遇作乱，聚众数万，占据高唐，自称天雄留后，天雄巡内各县多数响应他。朱全忠把军队移入魏州城内，派遣使者召唤行营兵回来攻高唐。行营兵到达历亭，其中的魏兵作乱，与史仁遇相呼应。元帅府左司马李周彝、右司马符道昭攻击作乱魏兵，杀死近一半。又进攻高唐，将城夺取，城中兵民无论年少年长全都死了。活捉了史仁遇，用锯把他锯死了。

秋季，七月，朱全忠攻克相州。当时魏博乱兵散据贝、博、澶、相、卫五州，朱全忠分别派遣诸将攻击讨伐，到这时全都平定了，于是带兵回河南。

朱全忠在魏州留居半年，罗绍威按需要供给，所杀牛、羊、猪近七十万钱，物资粮草与此相当，贿赂赠送的财货又近百万，等到朱全忠离开，积蓄贮藏全空了。罗绍威虽然除去了威胁自己的牙军，但是魏博军队从此衰弱了。罗绍威为此非常悔恨，对人说："聚集所属六州四十三县的铁也铸不成这次大错啊！"

第二百六十六卷
后梁纪一

译文诵读

太祖神武元圣孝皇帝上开平元年（丁卯，907）

淮南节度使兼侍中、东面诸道行营都统弘农郡王杨渥既得江西，骄侈益甚，谓节度判官周隐曰："君卖人国家，何面复相见！"遂杀之。由是将佐皆不自安。

渥居丧，昼夜酣饮作乐，然十围之烛以击毬，一烛费钱数万。或单骑出游，从者奔走道路，不知所之。左、右牙指挥使张颢、徐温泣谏，渥怒曰："汝谓我不才，何不杀我自为之！"二人惧。渥选壮士，号"东院马军"，广署亲信为将吏；所署者恃势骄横，陵蔑勋旧。颢、温潜谋作乱。渥父行密之世，有亲军数千营于牙城之内，渥迁出于外，以其地为射场，颢、温由是无所惮。

丙戌，渥晨视事，颢、温帅牙兵二百，露刃直入庭中，渥曰："尔果欲杀我邪？"对曰："非敢然也，欲诛王左右乱政者耳！"因数渥亲信十余人之罪，曳下，以铁楇击杀之。谓之"兵谏"。诸将不与之同者，颢、温稍以法诛之，于是军政悉归二人，渥不能制。

梁王始御金祥殿，受百官称臣，下书称教令，自称曰寡人。辛亥，令诸笺、表、薄、籍皆去唐年号，但称月、日。

壬戌，梁王更名晃。

甲子，张文蔚、杨涉乘辂自上源驿从册室，诸司各备仪卫卤簿前导，百官从其后，至金祥殿前陈之。王被兖冕，即皇帝位。

乙亥，下制削夺李克用官爵。是时惟河东、凤翔、淮南称"天祐"，西川称"天复"年号；余皆禀梁正朔，称臣奉贡。

岐王治军甚宽，待士卒简易。有告部将符昭反者，岐王直诣其家，悉去左右，熟寝经宿而还；由是众心悦服；然御军无纪律。及闻唐亡，以兵羸地蹙，不敢称帝，但开岐王府，置百官，名其所居为宫殿，妻称皇后，将吏上书称笺表，鞭、扇、号令多拟帝者。

契丹遣其臣袍笏梅老来通好，帝遣太府少卿高颀报之。

初，契丹有八部，部各有大人，相与约，推一人为王，建旗鼓以号令诸部，每三年则以次相代。咸通末，有习尔者为王，土宇始大。其后钦德为王，乘中原多故，时入盗边。及阿保机为王，尤雄勇，五姓奚及七姓室韦、达靼咸役属之。阿保机姓邪律氏，恃其强，不肯受代。久之，阿保机击黄头室韦还，七部劫之于境上，求如约。阿保机不得已，传旗鼓，且曰；“我为王九年，得汉人多，请帅种落居古汉城，与汉人守之，别自为一部。”七部许之。汉城，故后魏滑盐县也。地宜五谷，有盐池之利。其后阿保机稍以兵击灭七部，复并为一国。又北侵室韦、女真，西取突厥故地，击奚，灭之，复立奚王而使契丹监其兵。东北诸夷皆畏服之。

是岁，阿保机帅众三十万寇云州，晋州与之连和，面会东城，约为兄弟，延之帐中，纵酒，握手尽欢，约以今冬共击梁。或劝晋王：“因其来，可擒也，”王曰：“仇敌未灭而失信夷狄，自亡之道也。”阿保机留旬日乃去，晋王赠以金缯数万。阿保机留马三千匹，杂畜万计以酬之。阿保机归而背盟，更附于梁，晋王由是恨之。

己卯，以河南尹兼河阳节度使张全义为魏王；镇海、镇东节度使吴王钱镠为吴越王；加清海节度使刘隐、威武节度王审知兼侍中，仍以隐为大彭王。

癸未，以权知荆南留后高季昌为节度使。荆南旧统八州，乾符以来，寇乱相继，诸州皆为邻道所据，独余江陵。季昌到官，城邑残毁，户口凋耗。季昌安集流散，民皆复业。

蜀王会将佐议称帝，皆曰：“大王虽忠于唐，唐已亡矣，此所谓‘天与不取’者也！”冯涓独献议请以蜀王称制，曰：“朝兴则未爽称臣，贼在则不同为恶。”王不从，涓杜门不出。王用安抚副使、掌书记韦庄之谋，帅吏民哭三日；己亥，即皇帝位，国号大蜀。

二年（戊辰，908）

晋王疽发于首，病笃。周德威等退屯乱柳。晋王命其弟内外蕃汉都知兵马使振武节度使克宁、监军张承业、大将李存璋、吴珙、掌书记卢质立其子晋州刺史存勖为嗣，曰：“此子志气远大，必能成吾事，尔曹善教导之！”辛卯，晋王谓存勖曰：“嗣昭厄于重围，吾不及见矣。俟葬毕，汝与德威辈速竭力救之！”又谓克宁等曰：“以亚子累汝！”亚子，存勖小名也。言终而卒。克宁纲纪军府，中外无敢喧哗。

癸亥，鸩杀济阴王于曹州，追谥曰唐哀皇帝。

淮南左牙指挥使张颢、右牙指挥使徐温专制军政，弘农威王心不能平，欲去之而未能。二人不自安，共谋弑王，分其地以臣于梁。戊寅，颢遣其党纪祥等弑王于寝室，诈云暴薨。

已卯，颢集将吏于府庭，夹道及庭中堂上各列白刃，令诸将悉去卫从然后入。颢厉声问曰：“嗣王已薨，军府谁当主之？”三问，莫应，颢气色益怒。幕僚严可求前密启曰：“军府至大，四境多虞，非公主之不可；然今日则恐太速。”颢曰：

“何谓速也？”可求曰：“刘威、陶雅、李遇、李简皆先王之等夷，公今自立，此曹肯为公下乎？不若立幼主辅之，诸将孰敢不从！”颢默然久之。可求因屏左右，急书一纸置袖中，麾同列诣使宅贺，众莫测其所为；既至，可求跪读之，乃太夫人史氏教也。大要言：”先王创业艰难，嗣王不幸早世，隆演次当立，诸将宜无负杨氏，善开导之。“辞旨明切。颢气色皆沮，以其义正，不敢夺，遂奉威王弟隆演称淮南留后、东面诸道行营都统。既罢，副都统朱瑾诣可求所居，曰：”瑾年十六七即横戈跃马，冲犯大敌，未尝畏慑，今日对颢，不觉流汗，公面折之如无人；乃知瑾匹夫之勇，不及公远矣。”因以兄事之。

颢以徐温为浙西观察使，镇润州，严可求说温曰：“公舍牙兵而出外藩，颢必以弑君之罪归公。”温惊曰：“然则奈何？”可求曰：“颢刚愎而暗于事，公能见听，请为公图之。”时副使李承嗣参预军府之政，可求又说承嗣曰：“颢凶威如此，今出徐于外，意不徒然，恐亦非公之利。”承嗣深然之。可求往见颢曰：“公出徐公于外，人皆言公欲夺其兵权而杀之，多言亦可畏也。”颢曰：“右牙欲之，非吾意也。业已行矣，奈何？”可求曰：“止之易耳。”明日，可求邀颢及承嗣俱诣温，可求瞋目责温曰：“古人不记一饭之恩，况公杨氏宿将！今幼嗣初立，多事之时，乃求自安于外，可乎？”温谢曰：“苟诸公见容，温何敢自专！”由是不行。颢知可求阴附温，夜，遣盗刺之。可求知不免，请为书辞府主。盗执刀临之，可求操笔无惧色；盗能辩字，见其辞旨忠壮，曰：“公长者，吾不忍杀。”掠其财以复命，曰：“捕之不获。”颢怒曰：“吾欲得可求首，何用财为！”

温与可求谋诛颢，可求曰：“非钟泰章不可。”泰章者，合肥人，时为左监门卫将军，温使亲将翟虔告之。泰章闻之喜，密结壮士三十人，夜，刺血相饮为誓；丁亥旦，直入斩颢于牙堂，并其亲近。温始暴颢弑君之罪，轘纪祥等于市。

初，温与颢谋弑威王，温曰：“参用左、右牙兵，心必不一；不若独用吾兵。”颢不可，温曰：“然则独用公兵。”颢从之。至是，穷治逆党，皆左牙兵也，由是人以温为实不知谋也。隆演以温为左、右牙都指挥使，军府事咸取决焉。以严可求为扬州司马。

温性沈毅，自奉简俭，虽不知书，使人读狱讼之辞而决之，皆中情理。先是，张颢用事，刑罚酷滥，纵亲兵剽夺市里，温谓严可求曰：”大事已定，吾与公辈当力行善政，使人解衣而寝耳。”乃立法度，禁强暴，举大纲，军民安之。温以军旅委严可求，以财赋委支计官骆知祥，皆称其职，淮南谓之“严、骆”。

后梁太祖开平元年（丁卯，公元907年）

淮南节度使兼侍中、东面诸道行营都统弘农郡王杨渥夺取江西以后，骄横奢侈更加厉害，对节度判官周隐说：“您出卖我们的国家，有什么脸面再相见！”于是杀了周隐。因此属下将佐都自感不安。

杨渥服丧期间日夜饮酒，点燃粗十围的蜡烛来击球，一支蜡烛费钱数万。有时单独骑马外出游玩，随从的人在道路奔走，不知他到哪里去了。左、右牙指挥使张颢、徐温哭着劝谏，杨渥勃然大怒说：“你们认为我没有才能，为什么不杀死我自己当节度使！”张颢、徐温二人非常惧怕。杨渥挑选壮士，号称“东院马军”，广泛安置亲信为将领官吏。所任命的人仗势骄傲专横，欺凌蔑视功臣旧人。张颢、徐温暗中谋划发动叛乱。杨渥父亲杨行密在世的时候，有数千名亲军驻扎在节度使所居的牙城之内，杨渥把他们迁出在外，用腾出的空地作为骑射的场地，张颢、徐温因此没有忌惮了。

丙戌（正月初九），杨渥早晨处理事务，张颢、徐温率领二百牙兵，手执刀剑直入庭中，杨渥说：“你们真的要杀我吗？”张颢、徐温回答说：“不敢这样做，想要杀您左右扰乱政事的人罢了！”于是数说杨渥的亲信十余人的罪状，拖下去，用铁楇打死。称之为“兵谏”。诸将当中不与张颢、徐温同心合力的，二人逐渐设法将其处死，于是军政大权全归二人，杨渥不能控制。

庚戌（四月初四），梁王朱全忠开始登金祥殿，接受唐室文武百官称臣，下行文书称教令，自称寡人。辛亥（初五），命令各种笺、表、簿、籍都去掉唐朝年号，只称月、日。

壬戌（十六日），梁王朱全忠更名为晃。

甲子（十八日），张文蔚、杨涉乘大车自上源驿随从册宝，诸司各备陈仪仗、卫士、车驾在前导引，唐朝的文武百官随后，到金祥殿前排列。梁王朱全忠身披衮袍，头戴冠冕，即皇帝位。

乙亥（二十九日），下令削夺李克用的官职爵位。这时，只有河东、凤翔、淮南称天祐年号，西川称天复年号，其余各镇都接受后梁的年号，向后梁称臣纳贡。

岐王李茂贞治军很宽松，对待兵士平易坦率。有人告发部将符昭谋反，岐王李茂贞特意前往符昭家里，让左右的人全部离开，自己在符昭家里熟睡一夜而回去，所以众人心悦诚服。但他统率军队却没有纪律。听说唐室灭亡，由于兵士衰弱，地盘狭小，不敢自称皇帝，只是扩大岐王府，设置文武百官，把居住的房全称为宫殿，妻称为皇后，将领官吏上书称为笺表，鸣鞭、持扇、号令多数模仿皇帝。

契丹派遣使臣袍笏梅老到大梁互通友好，后梁太祖派遣太府少卿高颀回访。

起初，契丹有八部，每部各有大人，共同约定，推举一人为王，建置旗鼓以号令各部，每三年就依次相代。咸通末年，有名叫习尔的为王，疆土开始扩大。其后钦德为王，趁着中原多难，时常入侵中原边境抢劫。等到阿保机为王，尤其威武勇敢，五姓奚及七姓室韦、达靼都附属于他。阿保机姓邪律氏，仗恃自己强大，不肯在三年任满的时候接受替代。过了很久，阿保机攻打黄头室韦回来，其他七部在边界上胁迫他，要求遵守三年一换王的约定。阿保机无可奈何，只得传与旗鼓，并且说：“我为王九年，得到汉人很多，请率领同种部落在古汉城居住，与汉人共同守护，另外自为一部。”七部应允了他。汉城是原来的后魏滑盐县，土地适宜五谷生长，有盐池之利。后来阿保机逐渐发兵灭亡其他七部，合并成为一国。阿保机又北侵室韦、女真，西取突厥旧地，攻打、灭亡五姓奚，后来又立奚王而让契丹监督他的军队。东北各夷族都敬畏服从他。

这一年，阿保机率领部众三十万侵犯云州，晋王李克用与他和好，在云州东城会面，相约为兄弟，延请到帐中，纵情饮酒，握手尽欢，相约在当年冬天共同攻梁。有人劝晋王说：“趁着阿保机前来，可以擒住他。”晋王说：“仇敌朱全忠没有消灭，却对夷狄失信，是自取灭亡之道啊。”阿保机留住十天才离开云州，晋王赠送给他金缯数万。阿保机留下马三千匹，各种牲畜数以万计，用来酬谢晋王。阿保机回去以后就背叛了盟约，又归附了后梁，晋王李克用因此怨恨阿保机。

己卯（五月初三），后梁太祖进封河南尹兼河阳节度使张全义为魏王，镇海、镇东节度使吴王钱镠为吴越王，加授清海节度使刘隐、威武节度使王审知兼侍中，并以刘隐为大彭王。

癸未（初七），后梁太祖任命暂时代理荆南留后的高季昌为荆南节度使。荆南过去统辖荆、归、硖、夔、忠、万、澧、朗八州，唐僖宗乾符年间以来，外寇内乱一个接一个，诸州都被相邻各道占据，只剩下了江陵。高季昌到任，城邑残破毁坏，户口零落减损。高季昌安顿抚恤流散的人，百姓全都恢复了常业。

蜀王王建会同部将僚佐商议称帝，都说：“大王虽然忠于唐室，但唐室已经灭亡了，这就是所说的‘上天授与不取’了！”冯涓独自进献意见请以蜀王代行皇帝事，说：“这样做，唐朝复兴就没有丧失臣节，贼子存在就没有一起作恶。”王建没有听从，冯涓闭门不出。王建采用安抚副使、掌书记韦庄的计谋，率领官吏、百姓哭三日。已亥（九月二十五日），即皇帝位，国号大蜀。

二年（戊辰，公元908年）

晋王李克用头上生毒疮，病情严重。周德威等撤退到乱柳驻扎。晋王李克用命他的弟弟内外蕃汉都知兵马使与振武节度使李克宁，监军张承业，大将李存璋、吴珙，掌书记卢质等人拥立他的儿子晋州刺史李存勖为嗣，说：“此子志向远大，必能成就我的事业，你们好好教导他！”辛卯（正月十九日），晋王对李存勖说：“李嗣昭困于重围，我来不及见他了。等到葬事完毕，你与周德威等立即竭力救他！”又对李克宁等说：“那亚子烦劳你们照管了！”亚子是李存勖的小名。话说完就死了。李克宁治理军府，内外没有人敢于

石麒麟兽

喧哗。

癸亥（二十二日），后梁太祖派人在曹州用毒酒害死济阴王李柷，追谥称为唐哀皇帝。

淮南左牙指挥使张颢、右牙指挥使徐温专断军政事务，弘农威王杨渥心中不平，想要除掉他们却不能。张颢、徐温自感不安，共同策划杀死杨渥，瓜分他的国土来向后梁称臣投降。戊寅（初八），张颢派遣其党羽纪祥等在寝室把杨渥杀死，欺骗说是得急病突然死去。

已卯（初九），张颢召集将吏到节度使府庭院，夹道及庭中堂上各摆列着利刃，命令诸将让卫兵全都离开然后进入。张颢大声喝问说："嗣王已经去世，节度使府应当由谁主持？"问了三次，没有人答应，张颢的气色更加愤怒，幕僚严可求向前秘密开导说："节度使府极大，四方边境问题很多，非您主持不可。但是，今天就当恐怕太快了。"张颢说："怎么说太快了？"严可求说："刘威、陶雅、李遇、李简，都是先王同等地位的人，您今天自立为王，这些人能做您的属下吗？不如立幼主辅佐他，诸将谁敢不听从！"张颢沉默了很久。严可求于是躲过左右的人，急写一纸放进衣袖里，召呼同事各官前往节度使住宅去祝贺，众人猜不透他要做什么。到了节度使住宅，严可求跪在地上宣读，原来是太夫人史氏的教书。大要说："先王创业艰难，嗣王不幸早逝，隆演按照次序应当嗣立，诸将应该不辜负杨氏，很好地开导教诲他。"言辞意旨明白恳切。张颢的气色很沮丧，因为史氏的告谕合乎正义，不敢强行夺取，于是奉弘农威王杨渥的二弟杨隆演称为淮南留后、东面诸道行营都统。这事情完了以后，副都统朱瑾前往严可求的住所，说："我十六七岁就横戈跃马，冲犯强大的敌人，从来没有畏惧，今天面对张颢，不觉流汗，您当面指摘他像没有人一样。这才知道我只是匹夫之勇，比您差得太远了。"于是，把严可求作为哥哥侍奉。

张颢委任徐温为浙西观察使，镇守润州。严可求劝说徐温道："您舍弃牙兵而出任外藩，张颢一定把杀死君王的罪名归在您身上。"徐温大惊，说："既然这样，怎么办？"严可求说："张颢刚愎自用而又不明事理，如果您能够听从，请为您想办法。"当时，淮南行军副使李承嗣参预节度使府的军政事务，严可求又劝李承嗣说；"张颢凶恶淫威如此，现在将徐温调到外地，意图不仅于此，恐怕对您也不利。"李承嗣深以为是。严可求前去见张颢说："您将徐温调到外地，人们都说您想要夺他的兵权并把他杀死，很多人这样说那是可怕的。"张颢说："徐温自己想去，不是我的意思。事情已经这样，怎么办？"严可求说："阻止他很容易。"第二天，严可求邀张颢及李承嗣一同拜访徐温，严可求瞪着眼睛责问徐温说："古人不忘记一顿饭的恩德，何况您是杨氏的老将！现在幼主初立，正是多事的时候，却求自己安适到外地去，能这样吗？"徐温谢罪说："如果您们宽容，徐温我哪里敢自己独断独行！"因此，没有前往润州。张颢知道严可求暗地里依附徐温，夜里派遣强盗前去刺杀严可求。严可求知道不能避免，请求强盗允许他写文书向府主杨隆演辞别。强盗拿刀对着他，严可求挥笔疾书没有惧色。强盗能识字，见他言辞意旨忠诚雄壮，说："您是年高有德的人，我不忍心杀您。"抢劫他的财物回去复命，说："没有抓到严可求。"张颢勃然大怒说："我想要得到严可求的首级，要财物做什么！"

徐温与严可求商量杀死张颢，严可求说："非钟泰章不可。"钟泰章是合肥人，当时担任左监门卫将军。徐温派亲将彭城人翟虔告诉钟泰章。钟泰章听说后非常高兴，秘密结交壮士三十人，夜里刺血互饮立下盟誓。丁亥（十七日）晨，钟泰章等直入左右牙指挥使厅把张颢及其亲近的人斩首。徐温开始揭露张颢杀死弘农威王杨渥的罪状，并在市上把纪祥等人车裂。

当初，徐温与张颢谋杀弘农威王杨渥，徐温说："同用左、右牙兵，心必不一，不如只用我的兵。"张颢不同意，徐温说："那么，只用您的兵士。"张颢答应了。到这个时候，彻底惩办逆党，都是左牙兵，因此人们以为徐温确实不知道张颢的密谋。杨隆演任命徐温为左、右牙都指挥使，军府事务都取决于他。任命严可求为扬州司马。

徐温性格沉稳坚毅，生活简朴，虽然不识字，但让人阅读诉讼案件的口供呈状而做出判决，都符合情理。在这以前，张颢当权，刑罚极端残酷，放纵亲兵抢劫市井闾里。徐温对严可求说："大事已定，我与您等应当力行善政，使人们能够脱衣安稳睡觉呀。"于是，制定法律，禁除强暴，提出大纲，军民相安。徐温把军队事务委交严可求，把财货赋税委交支计官骆知祥，都很称职，淮南称他们为"严、骆"。

第二百六十七卷 后梁纪二

译文诵读

太祖神武元圣孝皇帝中开平二年（戊辰，908）

华原贼帅温韬聚众嵯峨山，暴掠雍州诸县，唐帝诸陵发之殆遍。

四年（庚午、910）

上疑赵王镕贰于晋，且欲因邺王绍威卒除移镇、定。会燕王守光发兵屯涞水，欲侵定州，上遣供奉官杜廷隐、丁延徽监魏博兵三千分屯深、冀，声言恐燕兵南寇，助赵守御；又云分兵就食。赵将石公立戍深州，白赵王镕，请拒之。镕遽命开门，移公立于外以避之。

梁人有亡奔真定，以其谋告镕者，镕大惧，又不敢先自绝；但遣使诣洛阳，诉称“燕兵已还，与定州讲和如故，深、冀民见魏博兵入，奔走惊骇，乞召兵还。”上遣使诣真定慰谕之。未几，廷隐等闭门尽杀赵戍兵，乘城拒守。镕始命石公立攻之，不克，乃遣使求援于燕、晋。

镕使者到晋阳，义武节度使王处直使者亦至，欲共推晋王为盟主，合兵攻梁。晋王会将佐谋之，皆曰：“镕久臣朱温，岁输重赂，结以婚姻，其交深矣；此必诈也，宜徐观之。”王曰：“彼亦择利害而为之耳。王氏在唐世犹或臣或叛，况肯终为朱氏之臣乎？彼朱温之女何如寿安公主！今救死不赡，何顾婚姻！我若疑而不救，正堕朱氏计中。宜趣发兵赴之，晋、赵叶力，破梁必矣。”乃发兵，遣周德威将之，出井陉，屯赵州。

镕使者至幽州，燕王守光方猎，幕僚孙鹤驰诣野谓守光曰：“赵人来乞师，此天欲成王之功业也。”守光曰：“何故？”对曰：“比常患其与朱温胶固。温之志非尽吞河朔不已，今彼自为仇敌，王若与之并力破梁，则镇、定皆敛衽而朝燕矣。王不出师，但恐晋人先我矣。”守光曰：“王镕数负约，今使之与梁自相弊，吾可以坐承其利，又何救焉！”自是镇、定复称唐天祐年号，复以武顺为成德军。

十二月，己未，上闻赵与晋合，晋兵已屯赵州，乃命王景仁等将兵击之。庚申，景仁等自河阳渡河，会罗周翰兵，合四万，军于邢、洺。

赵王镕复告急于晋，晋王以蕃汉副总管李存审守晋阳，自将兵自赞皇东下，王处直遣将将兵以从。辛巳，晋王至赵州，与周德威合，获梁刍荛者二百人，问之曰："初发洛阳，梁主有何号令？"对曰："梁主戒上将云：'镇州反覆，终为子孙之患。今悉以精兵付汝，镇州虽以铁为城，必为我取之。'"晋王命送于赵。

壬午，晋王进军，距柏乡三十里，遣周德威等以胡骑迫梁营挑战，梁兵不出。癸未，复进，距柏乡五里，营于野河之北，又遣胡骑迫梁营驰射，且诟之。梁将韩勍等将步骑三万，分三道追之，铠胄皆被缯绮，镂金银，光彩炫耀，晋人望之夺气。周德威谓李存璋曰："梁人志不在战，徒欲曜兵耳。不挫其锐，则吾军不振。"乃徇于军曰："彼皆汴州天武军，屠酤佣贩之徒耳，衣铠虽鲜，十不能当汝一。擒获一夫，足以自富，此乃奇货，不可失也。"德威自引千余精骑击其两端，左右驰突，出入数四，俘获百余人，且战且却，距野河而止；梁兵亦退。

德威言于晋王曰："贼势甚盛，宜按兵以待其衰。"王曰："吾孤军远来，救人之急，三镇乌合，利于速战，公乃欲按兵持重，何也？"德威曰："镇、定之兵，长于守城，短于野战。且吾所恃者骑兵，利于平原广野，可以驰突。今压贼垒门，骑无所展其足；且众寡不敌，使彼知吾虚实，则事危矣。"王不悦，退卧帐中，诸将莫敢言。德威往见张承业曰："大王骤胜而轻敌，不量力而务速战。今去贼咫尺，所限者一水耳，彼若造桥以薄我，我众立尽矣。不若退军高邑，诱贼离营，彼出则归，彼归则出，别以轻骑掠其馈饷，不过逾月，破之必矣。"承业入，褰帐抚王曰："此岂王安寝时耶！周德威老将知兵，其言不可忽也。"王蹶然兴曰："予方思之。"时梁兵闭垒不出，有降者，诘之，曰："景仁方多造浮桥。"王谓德威曰："果如公言。"是日，拔营，退保高邑。

乾化元年（辛未，911）

柏乡比不储刍，梁兵刈刍自给，晋人日以游军抄之，梁兵不出。丁亥，周德威与别将史建瑭、李嗣源将精骑三千压梁垒门而诟之，王景仁、韩勍怒，悉众而出。德威等转战至高邑南；李存璋以步兵陈于野河之上，梁军横亘数里，竞前夺桥，镇、定步兵御之，势不能支。晋王谓匡卫都指挥使李建及曰："贼过桥则不可复制矣。"建及选卒二百，援枪大噪，力战却之。建及，许州人，姓王，李罕之之假子也。晋王登高丘以望曰："梁兵争进而嚣，我兵整而静，我必胜。"战自巳至午，胜负未决。晋王谓周德威曰："两军已合，势不可离，我之兴亡，在此一举。我为公先登，公可继之。"德威叩马而谏曰："观梁兵之势，可以劳逸制之，未易以力胜也。彼去营三十余里，虽挟糗粮，亦不暇食，日昳之后，饥渴内迫，矢刃外交，士卒劳倦，必有退志。当是时，我以精骑乘之，必大捷。于今未可也。"王乃止。

时魏、滑之兵陈于东，宋、汴之兵陈于西。至晡，梁军未食，士无斗志，景仁等引兵稍却，周德威疾呼曰："梁兵走矣！"晋兵大噪争进，魏、滑兵先退，李嗣源帅众噪于西陈之前曰："东陈已走，尔何久留！"梁兵互相惊怖，遂大溃。

李存璋引步兵乘之，呼曰："梁人亦吾人也，父兄子弟饷军者勿杀。"于是战士悉解甲投兵而弃之，嚣声动天地。赵人以深、冀之憾，不顾剽掠，但奋白刃追之，梁之龙骧、神捷精兵殆尽，自野河至柏乡，僵尸蔽地。王景仁、韩勍、李思安以数十骑走。晋兵夜至柏乡，梁兵已去，弃粮食、资财、器械不可胜计。凡斩首二万级。李嗣源等追奔至邢州，河朔大震。保义节度使王檀严备，然后开城纳败卒。给以资粮，散遣归本道。晋王收兵屯赵州。

二月，已未，晋王至魏州，攻之，不克。上以罗周翰年少，且忌其旧将佐，庚申，以户部尚书李振为天雄节度副使，命杜廷隐将兵千人卫之，自杨刘济河，间道夜入魏州，助周翰城守。癸亥，晋王观河于黎阳，梁兵万余将渡河，闻晋王至，皆弃舟而去。

后梁太祖开平二年（戊辰，公元908年）

（十月）华原贼帅温韬聚众嵯峨山，肆意抢劫雍州各县，唐帝的陵墓几乎全被发掘。

四年（庚午，公元910年）

后梁太祖怀疑赵王王镕暗中依附于晋，并且想趁着邺王罗绍威去世移调镇、定两处节度使。恰巧燕王刘守光发兵驻扎涞水，想要侵犯定州，梁太祖派遣供奉官杜廷隐、丁延徽监督魏博兵三千分别驻扎深州、冀州，声称担心燕兵南犯，前来帮助赵兵防守抵御；又说分兵到粮多之处就地取得给养。赵将石公立戍守深州，禀报赵王王镕，请求拒绝他们。王镕急速命令打开深州城门，让石公立转移到城外回避梁军。

梁人有逃奔到真定的，把后梁太祖想要移调镇、定的图谋告诉王镕，王镕非常害怕，又不敢先自己断绝与后梁的关系，只是派遣使者到洛阳，诉说："燕兵已经撤走，与定州讲和像从前一样，深州、冀州人民看见魏博军队进城，奔走惊慌，乞求把魏博军队召回。"太祖派遣使者到真定慰劳宣谕他们。过了不久，杜廷隐等关闭城门，把赵的戍防兵士全部杀死，登城抵御防守。王镕才命令石公立攻打，不能攻取，于是派遣使者向燕、晋求援。

王镕的使者到晋阳，义武节度使王处直的使者也到了，想要共同推举晋王李存勖为盟主，合兵攻后梁。晋王会同将佐商议对策，都说："王镕长期向朱温称臣，每年输送众多的财物，结为儿女姻亲，他们的交情太深了。这一定是欺骗手段，应当慢慢观察他们的动静。"李存勖说："他也是择其利害而为之罢了。王氏在唐代尚且有时臣属、有时叛变，怎么肯愿意始终做朱氏的臣子呢？那个朱温的女儿怎么比得上寿安公主！现在救死都不够，哪里还顾得上婚姻！我如果怀疑他而不去援

周德威锤中野义

救，正好落入朱氏的计谋之中。应当急速发兵前往，晋、赵协力，打败梁兵是肯定的了。”于是发兵，派遣周德威领兵，出井陉，驻扎赵州。

王镕的使者到幽州，燕王刘守光正在外出打猎，幕僚孙鹤驰往野外打猎的地方对刘守光说：“赵人前来乞求援兵，这是上天想要成全大王的功业了。”刘守光说：“这是什么缘故？”孙鹤回答说：“近来常常忧虑王镕与朱温关系牢固。朱温的志向是不全部吞并河朔不会停止，现在他们自己为仇敌，大王如果与王镕并力打败梁兵，那么镇州、定州都提起衣襟朝见燕王了。大王您不出兵，只怕晋人已经在我之先发兵了。”刘守光说：“王镕屡次背弃盟约，现在让他与梁自相败坏，我可以坐收其利，救他做什么呢！”赵的使者在路上接连不断，刘守光结果不发兵救援。从此镇州王镕、定州王处直又称唐天祐年号，再将武顺军改称成德军。

十二月，己未（初三），太祖听说赵王王镕与晋王李存勖联合，晋兵驻扎赵州，于是命令王景仁等率兵前去攻打。庚申（初四），王景仁等自河阳渡过黄河，会同天雄留后罗周翰的军队，合兵四万，在邢州、洺州扎营。

赵王王镕再次向晋告急，晋王李存勖任命蕃汉副总管李存审守卫晋阳，亲自统率军队自赞皇向东进发，王处直派遣部将率兵五千跟从。辛巳（二十五日），李存勖率兵到达赵州，与周德威会合，俘获割草打柴的后梁兵二百人，问他们说：“当初从洛阳出发的时候，梁主有什么号令？”后梁兵回答说：“梁主告诫上将说：‘镇州王镕反复无常，终究要成为子孙的祸患。现在把精锐部队都交付给你，镇州即使用铁铸城，也一定为我夺取。’”李存勖命令把俘获的后梁兵送到赵王王镕那里去。

壬午（二十六日），李存勖率军前进，距离柏乡三十里，派遣周德威等率胡人骑兵逼近后梁营挑战，后梁兵不出。癸未（二十七日），又向前推进，距柏乡五里，在野河的北面扎营，又派遣胡人骑兵逼近后梁营纵马射箭，并且辱骂他们。梁将韩勍等率领步兵、骑兵三万人马，分三路追击挑战的晋兵，铁甲头盔都披着华丽的丝织品，雕刻着金银花纹，光彩闪烁夺目，晋兵望见不禁丧失士气。周德威对李存璋说："梁人的目的不在争战，只是显示兵威罢了。不挫伤他们的锐气，我军就不能振作。"于是巡视军中说："他们都是汴州的天武军，屠夫、酒徒、佣工、商贩之类罢了，衣甲虽然鲜艳，十个人不能抵挡你们一个人。擒获他们一个人，足够使自己富裕了，这是奇货，不可失去啊！"周德威亲自带领精锐骑兵一千余人攻击后梁兵的两头，左右奔驰冲击，出入再四，俘获一百余人，边战边退，到野河为止，后梁兵也撤退了。

周德威向晋王说："贼人的声势很盛，应当按兵不动来等待他们士气衰退。"晋王李存勖说："我孤军远道而来，救别人的危急，三镇军队是乌合之众，利于速战速决，您却要按兵不动持重求稳，什么缘故呢？"周德威说："镇州、定州的军队，坚守城池是他们的长处，在城外旷野里作战是他们的短处。我军所仗恃的是骑兵，在平原旷野里作战最为有利，可以纵马奔驰冲击。现在迫近敌人的营垒墙门，战马没有施展它的四足的地方。况且敌众我寡难于持久，如果敌人知道我军的虚实，那就危险了。"李存勖不高兴，退入帐中躺在床上，诸将没有人敢说话。周德威前去见监军张承业，说："大王突然胜利就轻敌，不量力就追求速战。现在离敌人只有咫尺，两军不过一水之隔罢了，敌人如果造桥过河来逼近我军，我军兵众立刻就会被消灭。不如退兵到高邑，引诱敌人离开营垒，他们出来我们就回营，他们回营我们就出来。另派轻捷骑兵抄夺他们输送的粮饷，不过一个多月，打败敌人是必然无疑了。"张承业进去，掀帐拍着晋王李存勖说："现在难道是大王安稳睡觉的时候吗！周德威老将知兵，他的话不可忽视啊！"李存勖突然站起来说："我正在思考他的建议！"当时后梁兵关闭营垒不出，有来投降的便盘问他们，回答说："王景仁正在造许多浮桥。"李存勖对周德威说："果然像您说的那样。"当天，撤营退保高邑。

乾化元年（辛未，公元911年）

柏乡近来不贮存草料，后梁兵割草供给自己，晋人每天用流动部队抄掠他们，后梁兵不出营寨。丁亥（正月初二），周德威与别将史建瑭、李嗣源率领三千精锐骑兵逼近后梁军营门辱骂，王景仁、韩勍大怒，率领全体部众出战。周德威等转战到达高邑南边。晋将李存璋率步兵在野河岸边列阵，后梁军东西绵延数里，争相向前抢夺桥梁，镇州、定州的步兵抵御他们，势不能支。晋王李存勖对匡卫都指挥使李建及说："梁贼过桥就不能再遏制他们了。"李建及挑选步兵二百名，手执长枪大声喧噪，努力奋战把后梁兵打退。李建及是许州人，姓王，是李罕之的养子。晋王李存勖登上小土山眺望两军对战情形说："梁兵争相前进而喧哗，我兵整齐有序而安静严肃，我军一定胜利。"战斗自巳时打到午时，两个时辰没有决出胜负。李存勖对周德威说："两军已经交战，势难分开，我们的兴亡，就在此一举。我为您先冲上前去，您可以随后跟上。"周德威拉住战马，直言劝诫说："观察梁兵的情势，可以逸待劳制服他，不易用力量战胜他。梁兵离开营地三十余里，即使带着干粮，也没有空闲时间吃，日落以后，饥渴在腹中相逼，箭矢兵刃在身外交加，士卒劳累疲倦，一定有退却之心。这时，我用精锐骑兵追逐他们，一定大胜，现在不可攻击啊！”李存勖这才止住。

当时，魏州、滑州的后梁兵在东边列阵，宋州、汴州的后梁兵在西边列阵。到太阳下山的时候，后梁军没有吃东西，兵士没有斗志，王景仁等带兵逐渐退却。周德威大声呼喊说：“梁兵跑了！”晋兵大声喧噪，争相前进，魏州、滑州军队先退。李嗣源率众在西边阵前大声呼叫，说：“东阵已经逃跑，你们为什么久留！”后梁兵互相惊慌恐怖，于是大溃。李存璋率领步兵追逐逃散的梁兵，大声呼唤说：“梁人也是我们的人，父兄子弟运送军粮的不杀。”于是，梁兵都脱下铠甲，扔掉兵器，喧哗声惊天动地。赵人怀着后梁兵屠杀深州、冀州戍卒的仇恨，顾不上抢夺财物，只是挥舞利刃追杀后梁兵，后梁的龙骧、神捷两军的精兵几乎全歼，从野河到柏乡，伏尸遍地。王景仁、韩勍、李思安率数十名骑兵逃走。晋兵夜里到达柏乡，后梁兵已经离开，抛弃的粮食、资财、器械不可计算。总共斩首二万级。李嗣源等追赶到邢州，河朔大为震动。保义节度使王檀严密戒备，然后打开城门接纳残兵败卒，给予钱粮，分别遣送返回本道。晋王李存勖收兵驻扎赵州。

二月，己未（初四），晋王李存勖到达魏州，发动攻击，没有攻下。后梁太祖认为天雄留后罗周翰年纪轻，并且憎恶他父亲时的将领僚佐，庚申（初五），任命户部尚书李振为天雄节度副使，命供奉官杜廷隐率兵一千人保卫他，从杨刘渡过黄河，从偏僻的小路在夜里进入魏州，帮助罗周翰防守。癸亥（初八），李存勖到黎阳观看黄河，一万多后梁兵将要渡黄河，听说晋王李存勖到来，都抛下船只而离开。

第二百六十八卷 后梁纪三

译文诵读

太祖神武元圣孝皇帝下乾化元年（辛未，911）

燕主守光尝衣赭袍，顾谓将吏曰："今天下大乱，英雄角逐，吾兵强地险，亦欲自帝，何如？"孙鹤曰："今内难新平，公私困竭，太原窥吾西，契丹伺吾北，遽谋自帝，未见其可。大王但养士爱民，训兵积谷，德政既修，四方自服矣。"守光不悦。

又使人讽镇、定，求尊己为尚父，赵王镕以告晋王。晋王怒，欲伐之，诸将皆曰："是为恶极矣，行当族灭，不若阳为推尊以稔之。"乃与镕及义武王处直、昭义李嗣昭、振武周德威、天德宋瑶六节度使共奉册推守光为尚书令、尚父。

守光不寤，以为六镇实畏己，益骄，乃具表其状曰："晋王等推臣，臣荷陛下厚恩，未之敢受。窃思其宜，不若陛下授臣河北都统，则并、镇不足平矣。"上亦知其狂愚，乃以守光为河北道采访使，遣阁门使王瞳、受旨史彦群册命之。

守光命僚属草尚父、采访使受册仪。乙卯，僚属取唐册太尉仪献之，守光视之，问何得无郊天、改元之事，对曰："尚父虽贵，人臣也，安有郊天、改元者乎？"守光怒，投之于地，曰："我地方二千里，带甲三十万，直作河北天子，谁能禁我！尚父何足为哉！"命趣具即帝位之仪，械系瞳、彦群及诸道使者于狱，既而皆释之。

燕主守光将称帝，将佐多窃议以为不可，守光乃置斧质于庭曰："敢谏者斩！"孙鹤曰："沧州之破，鹤分当死，蒙王生全，以至今日，今日敢爱死而忘恩乎！窃以为今日之帝未可也。"守光怒，伏诸质上，令军士冎而啖之。鹤呼曰："不出百日，大兵当至！"守光命以土窒其口，寸斩之。

甲子，守光即皇帝位，国号大燕，改元应天。

燕主守光集将吏谋攻易定，幽州参军景城冯道以为未可；守光怒，系狱，或救之，得免。道亡奔晋，张承业荐于晋王，以为掌书记。

戊申，燕主守光将兵二万寇易定，攻容城。王处直告急于晋。

甲子，晋王遣蕃汉马步总管周德威将兵三万攻燕，以救易定。

二年（壬申，912）

丁酉，德威至幽州城下，守光来求救。二月，帝疾小愈，议自将击镇、定以救之。

甲子，帝发洛阳。

乙亥，帝至魏州，命都招讨使宣义节度使杨师厚、副使前河阳节度使李周彝围枣强，招讨应接使平卢节度使贺德伦、副使天平留后袁象先围蓨县。

帝昼夜兼行，三月，辛巳，至下博南，登观津冢。赵将符习引数百骑巡逻，不知是帝，遽前逼之。或告曰："晋兵大至矣！"帝弃行幄，亟引兵趣枣强，与杨师厚军合。

枣强城小而坚，赵人聚精兵数千人守之，师厚急攻之，数日不下，城坏复修，死伤者以万数。城中矢石将竭，谋出降，有一卒奋曰："贼自柏乡丧败已来，视我镇人裂眦，今往归之，如自投虎狼之口耳。困穷如此，何用身为！我请独往试之。"夜，缒城出，诣梁军诈降，李周彝召问城中之备，对曰："非半月未易下也。"因谋曰："某既归命，愿得一剑，效死先登，取守城将首。"周彝不许，使荷担从军。卒得间举担击周彝首，踣地，左右救至，得免。帝闻之，愈怒，命师厚昼夜急攻，丙戌，拔之，无问老幼皆杀之，流血盈城。

五月，甲申，帝至洛阳，疾甚。

闰月，壬戌，帝疾增甚，谓近臣曰："我经营天下三十年，不意太原余孽更昌炽如此！吾观其志不小，天复夺我年，我死，诸儿非彼敌也，吾无葬地矣！"因哽咽，绝而复苏。

帝长子郴王友裕早卒。次假子博王友文，帝特爱之，常留守东都，兼建昌宫使。次郢王友珪，其母亳州营倡也，为左右控鹤都指挥使。次均王友贞，为东都马步都指挥使。

初，元贞张皇后严整多智，帝敬惮之。后殂，帝纵意声色，诸子虽在外，常征其妇入侍，帝往往乱之。友文妇王氏色美，帝尤宠之，虽未以友文为太子，帝意常属之。友珪心不平。友珪尝有过，帝挞之，友珪益不自安。帝疾甚，命王氏召友文于东都，欲与之诀，且付以后事。友珪妇张氏亦朝夕侍帝侧，知之，密告友珪曰："大家以传国宝付王氏怀往东都，吾属死无日矣。"夫妇相泣。左右或说之曰："事急计生，何不改图，时不可失！"

六月，丁丑朔，帝命敬翔出友珪为莱州刺史，即令之官。已宣旨，未行敕。时左迁者多追赐死，友珪益恐。

戊寅，友珪易服微行入左龙虎军，见统军韩勍，以情告之。勍亦见功臣宿将多以小过被诛，惧不自保，遂相与合谋。勍以牙兵五百人从友珪杂控鹤士入，伏于禁中，中夜斩关入，至寝殿，侍疾者皆散走。帝惊起，问："反者为谁？"友珪曰："非他人也。"帝曰："我固疑此贼，恨不早杀之。汝悖逆如此，天地岂容汝乎！"友珪曰："老贼万段！"友珪仆夫冯廷谔刺帝腹，刃出于背。友珪自以败毡裹之，瘗于寝殿，秘不发丧。遣供奉官丁昭溥驰诣东都，命均王友贞杀友文。

己卯，矫诏称："博王友文谋逆，遣兵突入殿中，赖郢王友珪忠孝，将兵诛之，保全朕躬。然疾因震惊，弥致危殆，宜令友珪权主军国之务。"韩勍为友珪谋，多出府库金帛赐诸军及百官以取悦。

辛巳，丁昭溥远，闻友文已死，乃发丧，宣遗制，友珪即皇帝位。

均王上上乾化三年（癸酉，913）

郢王友珪既得志，遽为荒淫，内外愤怒，友珪虽啖以金缯，终莫之附。驸马都尉赵岩，犨之子，太祖之婿也，左龙虎统军、侍卫亲军都指挥使袁象先，太祖之甥也。岩奉使至大梁，均王友贞密与之谋诛友珪，岩曰："此事成败，在招讨杨令公耳。得其一言谕禁军，吾事立办。"均王乃遣腹心马慎交之魏州说杨师厚曰："郢王篡弑，人望属在大梁，公若因而成之，此不世之功也。"且许事成之日赐犒军钱五十万缗。师厚与将佐谋之，曰："方郢王弑逆，吾不能即讨；今君臣之分已定，无故改图，可乎？"或曰："郢王亲弑君父，贼也；均王举兵复仇，义也。奉义讨贼，何君臣之有！彼若一朝破贼，公将何以自处乎？"师厚曰："吾几误计。"乃遣其将王舜贤至洛阳，阴与袁象先谋，遣招讨马步都虞候谯人朱汉宾将兵屯滑州为外应。赵岩归洛阳，亦与象先密定计。

友珪治龙骧军溃乱者，搜捕其党，获者族之，经年不已。时龙骧军有戍大梁者，友珪征之，均王因使人激怒其众曰："天子以怀州屯兵叛，追汝辈欲尽坑之。"其众皆惧，莫知所为。丙戌，均王奏龙骧军疑惧，未肯前发。戊子，龙骧将校见均王，泣请可生之路，王曰："先帝与汝辈三十余年征战，经营王业。今先帝尚为人所弑，汝辈安所逃死乎！"因出太祖画像示之而泣曰："汝能自趣洛阳雪仇耻，则转祸为福矣。"众皆踊跃呼万岁，请兵仗，王给之。

庚寅旦，袁象先等帅禁兵数千人突入宫中。友珪闻变，与妻张氏及冯廷谔趋北垣楼下，将逾城，自度不免，令廷谔先杀妻，后杀己，廷谔亦自刭。诸军十余万大掠都市，百司逃散。

象先、岩赍传国宝诣大梁迎均王，王曰："大梁国家创业之地，何必洛阳！"乃即帝位于大梁，复称乾化三年，追废友珪为庶人，复博王友文官爵。

卢龙巡属皆入于晋，燕主守光独守幽州城，求援于契丹；契丹以其无信，竟不救。守光屡请降于晋，晋人疑其诈，终不许。至是，守光登城谓周德威曰："俟晋王至，吾则开门泥首听命。"德威使白晋王。十一月，甲辰，晋王以监军张承业权知军府事，自诣幽州，辛酉，单骑抵城下，谓守光曰："朱温篡逆，余本与公合河朔五镇之兵兴复唐祚。公谋之不臧，乃效彼狂僭。镇、定二帅皆俯首事公，而公曾不之恤，是以有今日之役。丈夫成败须决所向，公将何如？"守光曰："今日俎上肉耳，惟王所裁。"王悯之，与折弓矢为誓，曰："但出相见，保无他也。"守光辞以他日。

先是，守光爱将李小喜多赞成守光之恶，言听计从，权倾境内。至是，守光将出降，小喜止之。是夕，小喜逾城诣晋军，且言城中力竭。壬戌，晋王督诸军四面攻城，克之，擒刘仁恭及其妻妾，守光帅妻子亡去。癸亥，晋王入幽州。

后梁太祖乾化元年（辛未，公元911年）

燕主刘守光曾经穿唐代皇帝所穿的赤褐色袍服，回头对将吏们说："现在天下大乱，英雄武力竞争，我兵马强壮，地势险要，也想自己称帝，怎么样？"孙鹤说："现在内部危难刚平定，公家私人都困苦竭蹶，太原晋王李存勖窥伺我们的西部，契丹王阿保机窥伺我们的北部，匆忙谋划自己称帝，未见其可行之处。大王只要尊养读书人，爱恤老百姓，训练军队，积贮粮食，修行德政，四方自然服从了。"刘守光不高兴。

刘守光又派人婉言劝说镇州王熔、定州王处直，要求他们尊奉自己为"尚父"。赵王王熔把这件事告诉晋王李存勖，晋王勃然大怒，想要讨伐刘守光，诸将都说："这个刘守光作恶到极点了，应当诛灭他的全族，不如假装推尊他为尚父来让他恶贯满盈。"于是与王熔、义武节度使王处直、昭义节度使李嗣昭、振武节度使周德威、天德节度使宋瑶，六镇节度使共同奉册推尊刘守光为尚书令、尚父。

刘守光不醒悟，以为六镇节度使确实畏惧自己，更加骄横，于是上表给后梁太祖详细陈情："晋王等推尊我，我承受陛下的深恩，没有敢接受。我私下考虑适宜的办法，不如陛下任命我为河北都统，那么，并州、镇州不值得平定了。"后梁太祖也知道刘守光狂妄愚蠢，于是任命刘守光为河北道采访使，派遣阁门使王瞳、崇政院受旨史彦群前去册命他。

刘守光命令属官草拟尚父、采访使承受册封的礼仪。乙卯（六月初三），属官取唐代册封太尉的礼仪呈献，刘守光看后，问怎么能没有南郊祀天、改变年号的事宜，属官回答说："尚父虽然尊贵，也是天子的臣属，哪里有南郊祀天、改变年号的事呢？"刘守光勃然大怒，把册仪仍在地上，说："我的领地二千里，披甲的将士三十万，径直做河北的天子，谁能禁止我！尚父怎么值得做呢！"命令赶快准备即皇帝位的礼仪，把阁门使王瞳、崇政院受旨史彦群及各道的使者用刑具拘系，投入狱中，不久又把他们都释放了。

燕主刘守光将要自称皇帝，将佐大多私下议论以为不可，刘守光于是在大厅里摆置刀斧、砧板，说："敢进谏的斩首！"孙鹤说："沧州被攻破的时候，孙鹤本该当死，蒙大王保全性命，以至今天，今日岂敢贪生怕死而忘记恩情吗！我以为今天的皇帝是不可以做的。"刘守光勃然大怒，把孙鹤按伏在砧板上，命令军士剐下他的肉并且吃掉。孙鹤大声呼喊说："不出百日，一定有大兵来到。"刘守光命令军士用土塞他的嘴，一寸寸地剁斩。

甲子（八月十三日），刘守光即皇帝位，国号大燕，改年号为应天。

燕主刘守光召集将吏商量进攻易州、定州，幽州参军景城人冯道认为不可行。刘守光勃然大怒，把冯道拘禁监狱，有人救他，得以释放。冯道逃奔到晋，张承业向晋王李存勖推荐，任命他为掌书记。

戊申（十一月二十八日），燕主刘守光率兵二万侵犯易州、定州，攻打容城。王处直向晋王告急求救。

甲子（十四日），晋王李存勖派遣蕃汉马步总管周德威率领三万军队攻燕，藉以救援易州、定州。

二年（壬申，公元912年）

丁酉（正月十八日），周德威率兵到达幽州城下，燕主刘守光派人来请求救援。二月，后梁太祖的病稍愈，商议亲自率领军队前去攻击镇州、定州来救援刘守光。

甲子（十五日），后梁太祖从洛阳出发。

乙亥（二十六日），后梁太祖到达魏州，命都招讨使及宣义节度使杨师厚、副使及前河阳节度使李周彝包围枣强，招讨应接使及平卢节度使贺德伦、副使及天平留后袁象先包围蓨县。

后梁太祖日夜兼程，三月，辛巳（初二），到达下博南，登上观津冢。赵将符习带领数百名骑兵巡逻到这里，不知道是后梁太祖，立即上前逼近。有人报告说："晋兵大批人马来到了！"太祖抛弃出行用的帐幕，赶快带兵奔赴枣强，与杨师厚的军队会合。

枣强城小而坚固，赵人聚集精锐军队数千人据城防守，杨师厚紧急攻打，数日没有攻下，城墙坏了又修复，后梁兵死伤以万计。城中箭矢石块将要用完，商量出城投降，有一士兵奋力高呼说："梁贼自柏乡失败以来，视我镇州人如眼中死敌，现在前去归顺他们，如同自己投入虎狼口中罢了。艰难窘迫到这个地步，要身体做什么！我请求独自前去试试他们。"夜里，用绳索缒出城去，前往后梁军营假装投降，李周彝召他来询问城中戒备情形，回答说："没有半月的时间，是不容易攻下的。"于是商议说："我既已归服受命，希望得到一把利剑，拼死抢先登城，取下守城将领的首级。"李周彝没有允许，派他挑担随从军队。这个士兵得空挥起扁担猛击李周彝的脑袋，李周彝跌倒在地，左右的人前来营救，才得免死。后梁太祖听说这件事，更加愤怒，命令杨师厚日夜加紧攻城，丙戌（初七），把城攻克，不管老幼全部杀死，鲜血流满全城。

五月，甲申（初六），后梁太祖回到洛阳，病情严重。

闰五月，壬戌（十五日），后梁太祖的病情加重，对亲近官员说："我经营谋取天下三十年，想不到太原李克用的余孽更加兴旺强大如此！我看他的志向不小，上天又削除我的年寿，我死了，诸儿不是他们的敌手，我没有葬身之地了！"于是哽咽失声，呼吸停止后却又苏醒过来。

后梁太祖的长子郴王朱友裕早死，次养子博王朱友文，特别受太祖喜爱，经常留守东都大梁，兼建昌宫使。郢王朱友珪，担任左右控鹤都指挥使，他的母亲是亳州营妓。均王朱友贞担任东都马步都指挥使。

当初，元贞张皇后严肃端正，聪明多智，后梁太祖对她恭敬而畏惧。张皇后死后，后梁太祖纵情歌舞女色，诸子即使在外地，也常征召他们的妻子入宫侍奉，太祖往往与她们淫乱。朱友文的妻子王氏容貌美丽，太祖尤其宠爱她，虽然没有立朱友文为太子，太祖的意向时常专注于他。朱友珪心里愤愤不平。朱友珪曾经犯有过错，太祖用鞭子打了他，朱友珪更加不能自安。后梁太祖病情严重，命王氏到东都大梁召朱友文来西都洛阳，想要与他诀别，并且托付后事。朱友珪的妻子张氏也日夜侍奉在太祖身边，知道这件事，秘密告知朱友珪说："皇上把传国宝玺交给王氏带往东都，我们的死没有几天了。"夫妇二人相对流泪。左右有人劝解他们说："事急生计，何不另外设法，时机不可错过！"

六月，丁丑朔（初一），后梁太祖命敬翔将朱友珪调出任莱州刺史，立即让他赴任。已经传旨，但没有颁行敕书。当时贬官者大多追命赐死，朱友珪越发恐慌。

戊寅（初二），朱友珪改换服装隐藏身份，进入左龙虎军，会见左龙虎统军韩勍，把实情告诉他。韩勍也见功臣老将多因小过被杀，惧怕不能保全自己，于是与朱友珪共同策划。韩勍领牙兵五百人随从朱友珪混杂在控鹤军士中进入皇宫，埋伏在宫内，半夜砍断门闩进入，到达寝殿，侍候病人的都逃散了。后梁太祖惊起，问："谋反的是谁？"朱友珪说："不是别人。"太祖说："我原来怀疑你这贼子，只恨没有早把你杀死。你如此叛逆，天地难道容你吗！"朱友珪说："把老贼碎尸万段！"朱友珪的马夫冯廷谔猛刺太祖的肚子，刀尖从背上穿出。朱友珪亲自用毁坏的毡子把太祖裹起来，埋在寝殿里，封锁消息，不发丧。派遣供奉官丁昭溥驰往东都大梁，命令均王朱友贞杀死朱友文。

己卯（初三），朱友珪假造诏令称："博王朱友文谋反，派兵冲入殿中。朕依赖郢王朱友珪忠诚孝敬，率领军队把朱友文杀死，保全朕身。但朕病因为震动惊恐，更加危险，应令朱友珪暂时主持军队国家事务。"韩勍替朱友珪谋划，大量取出府库内的金帛赐给各军及百官来取悦于人。

辛巳（初五），供奉官丁昭溥返回，朱友珪听说朱友文已死，这才发丧，宣布先帝遗留的制书，朱友珪即皇帝位。

后梁均王乾化三年（癸酉，公元913年）

郢王朱友珪得志以后，马上变得荒淫无度，引起朝内外愤怒，朱友珪虽用金帛引诱，但始终没有人依附他。驸马都尉赵岩是赵犨的儿子，后梁太祖的女婿。左龙虎统军、侍卫亲军都指挥使袁象先是后梁太祖的外甥。赵岩奉命出使到大梁，均王朱友贞秘密地与他谋划杀死朱友珪，赵岩说："这件事的成败，操在都招讨使杨师厚令公手中。得他一句话晓谕禁军，我的事马上就办。”均王朱友贞于是派遣心腹马慎交到魏州劝导杨师厚说：“郢王朱友珪杀父篡位，众望专注在大梁均王朱友贞身上，您如果能够因此成功，这是非凡的功勋啊。”并且答应事成之日赏赐给他犒劳将士的钱五十万缗。杨师厚与将佐商议这件事，说：“当郢王杀父叛逆的时候，我不能立即讨伐；现在君臣名分已定，无故改变主意，可以吗？”有人说：“郢王亲自杀死君父，是贼；均王发兵复仇，是正义的。尊奉正义，讨伐逆贼，有什么君臣之分！他们如果一旦打败逆贼，您将怎么安顿自己呢？”杨师厚说：“我几乎打错算盘。”于是派遣他的部将王舜贤到洛阳，暗中与左龙虎统军、侍卫亲军都指挥使袁象先商量，派遣招讨马步都虞候谯人朱汉宾率兵驻守滑州作为外应。驸马都尉赵岩返回洛阳，也与袁象先秘密制定计策。

朱友珪惩治龙骧军内逃散作乱的人，搜捕他们的余党，逮住的灭族，经历一年而不停。当时龙骧军有戍守大梁的，朱友珪召他们回洛阳，均王朱友贞于是派人激怒他们说：“天子因戍守怀州的龙骧军叛变，追查你们打算全部活埋。”龙骧军的兵众都很害怕，不知道怎么办。丙戌（二月十三日），均王奏报大梁的龙骧军怀疑恐惧，不肯起程。戊子（十五日），龙骧军将校进见均王，流着泪请求指示生存的道路，均王说：“先帝与你们三十余年南征北战，筹划经营帝王事业。现在先帝尚且被人杀死，你们到何处能够逃脱死亡呢！”于是拿出后梁太祖的画像给他们看，并且流着泪说：“你们能够自己奔赴洛阳报仇雪耻，就转祸为福了。”龙骧军兵众跳跃高呼万岁，请求发给兵器。均王发给了他们。

庚寅（十七日）早晨，袁象先等率领禁军数千人冲入宫中。朱友珪听说兵变，与妻子张氏及冯廷谔跑到北垣墙楼下，将要越过城墙，自己估计不能免死，命令冯廷谔先把妻子张氏杀死，后杀死自己，冯廷谔也自杀。诸军十余万人大肆抢掠市中财物，百官逃散。

袁象先和赵岩带着传国宝玺前往大梁迎接均王朱友贞，均王说：“大梁是国家创立基业的地方，何必到洛阳去！”于是，在东都大梁即帝位，又把年号改为乾化三年，追废朱友珪为平民，恢复博王朱友文的官爵。

朱友珪征战图

卢龙节度使的管辖属地都被晋占有，燕主刘守光独自据守幽州城，向契丹请求救援。契丹认为他没有信用，终于没有救援。刘守光多次向晋请求归降，晋人怀疑他欺诈，始终不接受他投降。到这时，刘守光登上城楼，对周德威说：“等晋王到了，我就打开城门，伏首听命。”周德威派遣使者禀报晋王。十一月甲辰（初六），晋王任命监军张承业暂且主持军府事务，自己亲往幽州。辛酉（二十三日），晋王单骑到达幽州城下，对刘守光说：“朱温篡唐叛逆，我本想与您会合河朔五镇的军队共同兴复唐室的国运。您图谋不善，竟然效法朱温狂妄僭越。镇州王熔、定州王处直二帅，都驯服恭顺地侍奉您，然而您却从来不体恤他们，所以才有今天这场战斗。男子汉无论成功还是失败，必须决定去向，您将要怎么办？”刘守光说：“今天我是砧板上的肉罢了，只听大王裁决。”晋王怜悯刘守光，与他折断弓箭起誓，说：“只要您出城相见，我保证没有别的事情。”刘守光用改换他日来推托。

在这以前，刘守光的爱将李小喜多佐助促成刘守光的恶行，刘守光对李小喜言听计从，李小喜的权势倾动境内。到这个时候，刘守光将要出城投降，李小喜止住了他。这天晚上，李小喜越过城墙，前往晋军投降，并且说幽州城内已经力量用尽。壬戌（二十四日），晋王李存勖统率诸军从四面同时攻城，夺取了幽州城，擒获刘仁恭及他的妻妾，刘守光带着妻子儿女逃走。癸亥（二十五日），晋王进入幽州。

第二百六十九卷 后梁纪四

译文诵读

均王上乾化三年（癸酉，913）

燕主守光将奔沧州就刘守奇，涉寒，足肿，且迷失道，至燕乐之境，昼匿坑谷，数日不食，令妻祝氏乞食于田父张师造家。师造择妇人异状。诘知守光处，并其三子擒之。癸酉，晋王方宴，将吏擒守光适至，王语之曰："主人何避客之深邪！"并仁恭置之馆舍，以器服膳饮赐之。王命掌书记王缄草露布，缄不知故事，书之于布，遣人曳之。

晋王欲自云、代归，赵王熔及王处直请由中山、真定趣井陉，王从之。庚辰，晋王发幽州，刘仁恭父子皆荷校于露布之下。守光父母唾其面而骂之曰："逆贼，破我家至此！"守光俯首而已。

贞明元年（乙亥，915）

天雄节度使兼中书令邺王杨师厚卒。师厚晚年矜功恃众，擅割财赋，选军中骁勇，置银枪效节都数千人，给赐优厚，欲以复故时牙兵之盛。帝虽外加尊礼，内实忌之，及卒，私于宫中受贺。租庸使赵岩、判官邵赞言于帝曰："魏博为唐腹心之蠹，二百馀年不能除去者，以其地广兵强之故也。罗绍威、杨师厚据之，朝廷皆不能制。陛下不乘此时为之计，所谓'弹疽不严，必将复聚，'安知来者不为师厚乎！宜分六州为两镇以弱其权。"帝以为然，以平卢节度使贺德伦为天雄节度使；置昭德军于相州，割澶、卫二州隶焉，以宣徽使张筠为昭德节度使，仍分魏州将士府库之半于相州。筠，海州人也。二人既赴镇，朝廷恐魏人不服，遣开封尹刘鄩将兵六万自白马济河，以讨镇、定为名，实张形势以胁之。

魏兵皆父子相承数百年，族姻磐结，不愿分徙。德伦屡趣之，应行者皆嗟怨，连营聚哭。己丑，刘鄩屯南乐，先遣澶州刺史王彦章将龙骧五百骑入魏州，屯金波亭。魏兵相与谋曰："朝廷忌吾军府强盛，欲设策使之残破耳。吾六州历代藩镇，兵未尝远出河门，一旦骨肉流离，生不如死。"是夕，军乱，纵火大掠，围金波亭，王彦章斩关而走。诘旦，乱兵入牙城，杀贺德伦之亲兵五百人，劫德伦置楼上。有效节军校张彦者，自帅其党，拔白刃，止剽掠。

夏，四月，帝遣供奉官扈异抚谕魏军，许张彦以刺史。彦请复相、澶、卫三州如旧制。异还，言张彦易与，但遣刘鄩加兵，立当传首。帝由是不许，但以优诏答之。使者再返，彦裂诏书抵于地，戟手南向诟朝廷，谓德伦曰："天子愚暗，听人穿鼻。今我兵甲虽强，苟无外援，不能独立，宜投款于晋。"遂逼德伦以书求援于晋。

晋王进屯永济，张彦选银枪效节五百人，皆执兵自卫，诣永济谒见，王登驿楼语之曰："汝陵胁主帅，残虐百姓，数日中迎马诉冤者百馀辈。我今举兵而来，以安百姓，非贪人土地。汝虽有功于我，不得不诛以谢魏人。"遂斩彦及其党七人，馀众股栗。王召谕之曰："罪止八人，馀无所问。自今当竭力为吾爪牙。"众皆拜伏，呼万岁。明日，王缓带轻裘而进，令张彦之卒擐甲执兵，翼马而从，仍以为帐前银枪都。众心由是大服。

二年（丙子，916）

初，燕人苦刘守光残虐，军士多归地契丹，及守光被围于幽州，其北边士民多为契丹所掠；契丹日益强大。契丹王阿保机自称皇帝，国人谓之天皇王，以妻述律氏为皇后，置百官；至是，改元神册。

述律后勇决多权变，阿保机行兵御众，述律后常预其谋。阿保机尝度碛击党项，留述律后守其帐，黄头、臭泊二室韦乘虚合兵掠之；述律后知之，勒兵以待其至，奋击，大破之，由是名震诸夷。述律后有母有姑，皆踞榻受其拜，曰："吾惟拜天，不拜人也。"晋王方经营河北，欲结契丹为援，常以叔父事阿保机，以叔母事述律后。

刘守光末年衰困，遣参军韩延徽求援于契丹，契丹主怒其不拜，使牧马于野。延徽，幽州人，有智略，颇知属文。述律后言于契丹主曰："延徽能守节不屈，此今之贤者，奈何辱以牧圉！宜礼而用之。"契丹主召延徽与语，悦之，遂以为谋主，举动访焉。延徽始教契丹建牙开府，筑城郭，立市里，以处汉人，使各有配偶，垦艺荒田。由是汉人各安生业，逃亡者益少。契丹威服诸国，延徽有助焉。

顷之，延徽逃奔晋阳。晋王欲置之幕府，掌书记王缄疾之；延徽不自安，求东归省母，过真定，止于乡人王德明家，德明问所之，延徽曰："今河北皆为晋有，当复诣契丹耳。"德明曰："叛而复往，得无取死乎！"延徽曰："彼自吾来，如丧手目；今往诣之，彼手目复完，安肯害我！"既省母，遂复入契丹。契丹主闻其至，大喜，如自天而下，拊其背曰："向者何往？"延徽曰："思母，欲告归，恐不听，故私归耳。"契丹主待之益厚。及称帝，以延徽为相，累迁至中书令。

晋王遣使至契丹，延徽寓书于晋王，叙所以北去之意，且曰："非不恋英主，非不思故乡，所以不留，正惧王缄之谗耳。"因以老母为托，且曰："延徽在此，契丹必不南牧。"故终同光之世，契丹不深入为寇，延徽之力也。

三年（丁丑，917）

初，幽州北七百里有渝关，下有渝水通海。自关东北循海有道，道狭处才数尽，，旁皆乱山，高峻不可越。比至进牛口，旧置八防御军，募土兵守之，田租皆供军食，不入于蓟，幽州岁致缯纩以供战士衣。每岁早获，清野坚壁以待契丹，契丹至，辄闭壁不战，俟其去，选骁勇据隘邀之，契丹常失利走。土兵皆自为田园，力战有功则赐勋加赏，由是契丹不敢轻入寇。及周德威为卢龙节度使，恃勇不修边备，遂失渝关之险，契丹每刍牧于营、平之间。德威又忌幽州旧将有名者，往往杀之。

吴王遣使遗契丹主以猛火油，曰："攻城，以此油然火焚楼橹，敌以水沃之，火愈炽。"契丹主大喜，即选骑三万欲攻幽州，述律后哂之曰："岂有试油而攻一国乎！"因指帐前树谓契丹主曰；"此树无皮，可以生乎？"契丹主曰："不可。"述律后曰："幽州城亦犹是矣。吾但以三千骑伏其旁，掠其四野，使城中无食，不过数年，城自困矣，何必如此躁动轻举！万一不胜，为中国笑，吾部落亦解体矣。"契丹主乃止。

三月，卢文进引契丹兵急攻新州，刺史安金全不能守，弃城走；文进以其部将刘殷为刺史，使守之。晋王使周德威合河东、镇、定之兵攻之，旬日不克。契丹主帅众三十万救之，德威众寡不敌，大为契丹所败，奔归。

契丹乘胜进围幽州，声言有众百万，毡车毳幕弥漫山泽。卢文进教之攻城，为地道，昼夜四面俱进，城中穴地然膏以邀之；又为土山以临城，城中熔铜以洒之，日杀千计，而攻之不止。周德威遣间使诣晋王告急，王方与梁相持河上，欲分兵则兵少，欲勿救恐失之，谋于诸将，独李嗣源、李存审、阎宝劝王救之。王喜曰："昔太宗得一李靖犹擒颉利，今吾有猛将三人，复何忧哉！"存审、宝以为虏无辎重，势不能久，俟其野无所掠，食尽自还，然后踵而击之。李嗣源曰："周德威社稷之臣，今幽州朝夕不保，恐变生于中，何暇待虏之衰！臣请身为前锋以赴之。"王曰："公言是也。"即日，命治兵。夏，四月，晋王命嗣源将兵先进，军于涞水，阎宝以镇、定之兵继之。

后梁均王乾化三年（癸酉，公元913年）

燕主刘守光被周德威击败后，将要向南投奔沧州刘守奇，由于步行过河，水寒冷，脚肿了，而且迷失了道路。行至燕乐县境内时，白天藏匿在阬谷之中，好几天都没有吃上饭，就让他的妻子祝氏到老农张师造家讨饭。老农张师造觉得刘守光的妻子祝氏形状很怪异，盘问得知刘守光的住处，于是连刘守光的三个儿子一并捉拿起来。癸酉（十二月初六），晋王正要举行宴会时，将吏把刘守光押送刚刚到达，晋王对他们说："主人为什么要这样畏避客人呢？"于是将刘仁恭和刘守光一并安置到客舍，并赐给他们衣食用具。随后晋王又命令掌管书牍记录的官员王缄起草露布，晓示天下。王缄不知露布的旧例，便把情况书写在布匹上，派人拉着。

晋王打算经过云州、代州回晋阳，赵王王熔和王处直请求经由中山、真定，并取道井陉返回晋阳，晋王听从了他们的意见。庚辰（十三日），晋王从幽州出发，刘仁恭父子都戴着枷锁在露布之下。刘守光的母亲和父亲将唾沫唾在他的脸上并骂他说：“逆贼，把我的家败坏到这种地步！”刘守光只是低着头而已。

贞明元年（乙亥，公元915年）

天雄节度使兼中书令邺王杨师厚去世。杨师厚在晚年时常居功自夸，擅自夺取财赋，并挑选军中勇敢善战的士卒设置私人军队数千人，号称银枪效节都，供给赏赐十分优厚，打算恢复过去牙兵的盛况。后梁帝虽然表面上对他尊礼有加，内心却很忌恨他，到他死后，在宫中暗自庆贺。租庸使赵岩、判官邵赞对后梁帝说：“魏博一带是唐朝心腹中的蠹虫，之所以二百余年来不能铲除它的割据形势，主要原因是地广兵强。罗绍威、杨师厚占据这块地方以后，朝廷都不能够控制它。陛下如果不乘此时重新考虑，就像所说的‘弹除脓血不净，必将重新瘀结’，怎么能够知道未来的天雄节度使不像杨师厚呢？应当将魏博六州分为两镇，削弱它的权力。”后梁帝认为言之有理，于是任命原平卢节度使贺德伦为天雄节度使。在相州增置了昭德军，割出澶、卫二州隶属相州，任命原宣徽使张筠为昭德节度使，又将魏州的将士、府库财产的一半分给相州。张筠是海州人。贺德伦、张筠已经赴任，但朝廷又害怕魏州人不服，于是又派遣开封尹刘鄩率兵六万，从白马渡过黄河，以讨伐镇州、定州为名，其实是虚张声势用威力来强迫魏人服从。

魏州士卒数百年来都是父子相承，族与族之间婚姻盘结，不愿意分离。天雄节度使贺德伦多次催促他们分离，但答应离开的人都哀叹怨恨，甚至连营聚集在一起号啕大哭。己丑（三月二十九日），开封尹刘鄩的军队驻扎在南乐，先派澶州刺史王彦章率领龙骧骑兵五百人进入魏州，驻扎在金波亭。魏州的士卒们互相谋划说：“朝廷非常忌恨我们的军府强盛，打算用计策让我们军府自行残破。我们六个州历代都是一个藩镇，士卒从来没有远出过河门，一旦骨肉流离，生不如死。”当天晚上，魏军大乱，放火掠夺，包围了金波亭，澶州刺史王彦章斩杀了守门士卒才得以逃出。第二天早晨，魏州乱兵进入了后梁军主将居住的牙城，杀了贺德伦的亲兵五百余人，并劫持了贺德伦，把他放到了牙城的城楼上。有个効节军军校叫张彦的人，率领自己的同伙，拔出刀枪，制止抢劫活动。

夏季，四月，后梁帝派遣供奉官扈异前往抚慰魏军，并答应让张彦做刺史。张彦请求恢复相、澶、卫三州隶属天雄的旧制。扈异回到朝廷以后说，张彦容易对付，只需命令刘鄩派兵增援，马上就可以拿回张彦的首级来。后梁帝因此没有同意任命张彦做刺史，仅仅以褒扬的诏书回答他。使者返回魏军时，张彦将诏书撕碎扔在地上，用手指着南面怒骂朝廷，并对贺德伦说：“天子愚昧昏庸，听凭别人牵着鼻子走。现在我们的军队虽然还很强盛，但是如果没有外援，仍然不能自立，应当向晋王表示亲善。”于是逼着贺德伦写信向后晋王求援。

晋王率领军队向前推进，驻扎在永济。张彦挑选银枪效节五百人，都全副武装，加强自卫，到永济拜见晋王。晋王登上驿城楼对他说：“你欺凌逼迫主帅，残害百姓，连日来迎马诉冤的就有百余人。我今天率兵而来，目的是安定百姓，并非来贪图别人的土地。你虽然对我有功，但为了向魏州人民谢罪，不得不将你杀掉。”于是晋王斩了张彦及其同伙共七人，其余的乱兵吓得腿都发抖，十分恐惧。晋王把其余乱兵召集来对他们说：“有罪的只有八人、其余的一概不追究。从今以后你们应当竭力成为我的亲信。”大家听后都跪伏在地感谢，高呼万岁。第二天，晋王宽带轻衣，十分从容地继续前进，命令张彦的士卒披甲执枪，全副武装，跟随在晋王的两侧，把他们仍然作为帐前银枪都。乱军士兵从此顺服了晋王。

二年（丙子，公元916年）

起初，燕人苦于刘守光对他们的残酷虐待，军士中有很多人归属契丹，刘守光被围困在幽州时，幽州北面的士民们有很多被契丹人抢夺过去，契丹由是日益强大起来。契丹王阿保机自称皇帝，契丹国人称他为天皇王，以他的妻子述律氏为皇后，设置了百官。至此，契丹王改年号为神册。

述律后勇敢果断，又多权变，阿保机每兴师动众，述律后经常参与谋划。阿保机曾经穿过沙漠攻打党项，留下述律后守卫帐幕，黄头、臭泊二室韦打算乘阿保机不在而合伙率兵抢掠帐幕。述律后知道了这件事后，整治兵众等待他们到来，率兵奋力反击，大破二室韦的士兵，由此，述律后名震诸夷。述律后有母亲、婆婆，述律后都坐在床上接受她们的礼拜，述律后说：“我只拜天，是不拜人的。”晋王李有勖刚刚治理河北时，打算结交契丹作为后援，所以经常把阿保机当做叔父来侍奉，把述律后当做叔母来侍奉。

刘守光的晚年非常衰困，曾派遣参军韩延徽到契丹国去求援，契丹主对于他不行拜见礼十分生气，于是就把韩延徽发配到野外牧马。韩延徽是幽州人，很有智谋，也很懂写文章。述律后对契丹主说：“韩延徽能够操守气节而不屈服，是当今的贤者，怎么能侮辱他而让他去放马呢？应当以礼相待而起用他。”于是契丹主召见韩延徽，并和他谈话，非常喜欢他，于是把他当做主要的参谋人物，只要一有举动，就要去和他商量。韩延徽初到契丹时就教契丹建牙开府，修筑城郭，设立市场里巷，用来安置汉民，使每个人都有配偶，开垦种植荒田。从此以后，汉族人都各自安居乐业，逃亡的人越来越少。契丹能够威服各国，韩延徽给予了很大帮助。

没多久，韩延徽逃奔到晋阳。晋王打算把他安置在自己的幕府里，掌书记王缄很嫉妒他。韩延徽感到不能自安，所以请求回幽州看望母亲，路过真定时，在同乡人王德明家住下。王德明问他下一步到哪里去，韩延徽说：“现在河北地区都归晋国所有，应当重新回到契丹国去。”王德明说：“你背叛了契丹国，而今又要返回去，这不是去找死吗？”韩延徽说：“契丹国自从我出走后，国王如丧手目，今天我再返回契丹国，契丹国王的手目不是又完备了吗？他怎么能够杀害我呢？”等他看望了母亲以后，就又重新回到了契丹国。契丹国主听说韩延徽回来非常高兴，就好像韩延徽从天而降，国王抚着韩延徽的背说：“前一段你走到哪里去了？”韩延徽说：“我很思念母亲，本想请假回去看看，但又害怕国王不答应我，所以我就私自回去了。”从此以后，契丹国主待他更加丰厚。契丹国主称皇帝时，就任命韩延徽为宰相，一直提拔到中书令。

晋王派出使者到契丹国，韩延徽借机给晋王写信，追叙了当初所以北去契丹的原因。并且说：“不是我不留恋英明的君主，也不是我不思念故乡，我之所以不能留在晋国，正是害怕王缄嫉妒我而说我的坏话。”因此又以老母相托，信中又说：“有我韩延徽在此，契丹国一定不会向南侵扰。”所以在李存勖成为后唐庄宗的时期，契丹不向南面深入侵扰，靠的是韩延徽之力。

三年（丁丑，公元917年）

当初，在幽州以北七百里的地方有一个渝关，关下有一条渝水直通于海。从关东北顺着海有一条路，这条路的狭窄处只有几尺宽，旁边都是高低起伏的山峰，山高不可攀越。北至进牛口，过去在这里设置有八防御军，招募乡土兵士把守。这里的田租都供给军用，不需送到蓟县，幽州每年往这里运送布帛和棉絮，做成衣服供士兵穿戴。这里每年都收获很早，坚壁清野后等待契丹的入侵。契丹军来了，他们就关起壁垒不出去作战。等到契丹军离开，就选拔一些勇敢善战的士卒占据隘口阻截他们，契丹军经常失利而退走。这里的士兵们都自己耕种田园，奋力作战而立功者，会加赏封官。因此，契丹人也不敢轻易进来侵略。周德威任卢龙节度使时，他依仗自己勇敢而从不修整边防设备，于是慢慢失掉了渝关的险要，契丹人也经常来营州、平州之间放牧和割草。周德威还嫉妒幽州旧将领中有名望的人，往往把他们杀掉。

吴王派遣使者送给契丹主“猛火油”，说：“攻城时，用这种油点燃焚烧城楼，敌人用水来浇它，火势更旺。”契丹主特别高兴，便选拔三万骑兵准备攻打幽州，述律后讥笑他说：“哪里有为了试验油而发起对一国的攻打？”因此指着军帐前面的树对契丹主说：“这棵树没有树皮，它还可以生长吗？”契丹主回答说：“不可以”。述律后说：“幽州城也和这棵树一样。我们只用三千骑兵埋

契丹犯幽州

伏在幽州城的旁边，抢掠了它的四周，使城中没有粮食可吃，不用几年，幽州城自然会处于困境，何必如此轻举妄动！万一打不胜，被中原各国所讥笑，我们的部落也就会解体。”契丹主于是停止了对幽州城的进攻。

三月，卢文进引契丹兵迅速向新州发起进攻，新州刺史安金全不能坚守，弃城逃跑。卢文进因此任命他的部将刘殷为新州刺史，让他坚守新州。晋王派周德威会合河东、镇州、定州的部队向新州发起进攻，十几天都未能攻克。契丹主率领三十万大军前往援救，周德威由于寡不敌众，被契丹打得大败，逃了回去。

契丹乘胜前进包围了幽州，声言有百万大军，挂毡毯的大车和毡帐布满了山上山下。卢文进教他们攻城的方法，挖地道，白天黑夜四面一起进攻，城里挖地穴点燃膏油来阻截他们。又在城边垒起土山以居高临城，城中熔铜来投洒敌人，每天杀死的人近一千，就这样还进攻不止。周德威秘密派出使者到晋王那里告急，此时晋王刚和后梁军相持在河上，想分兵救援，又觉得兵力太少，打算不去救援，又怕失去幽州。于是和诸将商量，只有李嗣源、李存审、阎宝劝晋王去解救幽州。晋王高兴地说：“从前唐太宗得到一个李靖还能抓获颉利，今天我有猛将三人，又有什么可忧虑的呢？”李存审、阎宝认为敌人没有带多少军用物资，这种形势不会维持太久，等到他们在野外掠夺不到什么，粮食吃完的时候，就会自己撤回去。然后紧追其后而攻打。李嗣源说：“周德威是国命所系的大臣，现在幽州朝夕难保，恐怕这段时间里就会发生变化，哪有时间等待敌人的衰弱！我请求身为前锋赶赴前线作战。”晋王说：“你说的很对。”当天就让他整理军队。夏季，四月，晋王命令李嗣源领兵率先前进，在涞水驻扎下来，阎宝率领镇州、定州的军队跟在后面。

第二百七十卷 后梁纪五

译文诵读

均王中贞明三年（丁丑，917）

契丹围幽州且二百日，城中危困。李嗣源、阎宝、李存审步骑七万会于易州，存审曰："虏众吾寡，虏多骑，吾多步，若平原相遇，虏以万骑蹂吾陈，吾无遗类矣。"嗣源曰："虏无辎重，吾行必载粮食自随，若平原相遇，虏抄吾粮，吾不战自溃矣。不若自山中潜行趣幽州，与城中合势，若中道遇虏，则据险拒之。"甲午，自易州北行，庚子，逾大房岭，循涧而东。嗣源与养子从珂将三千骑为前锋，距幽州六十里，与契丹遇，契丹惊却，晋兵翼而随之。契丹行山上，晋兵行涧下，每至谷口，契丹辄邀之，嗣源父子力战，乃得进。至山口，契丹以万余骑遮其前，将士失色；嗣源以百余骑先进，免胄扬鞭，胡语谓契丹曰："汝无故犯我疆埸，晋王命我将百万众直抵西楼，灭汝族族！"因跃马奋檛，三入其陈，斩契丹酋长一人。后军齐进，契丹兵却，晋兵始得出。李存审命步兵伐木为鹿角，人持一枝，止则成寨。契丹骑环寨而过，寨中发万弩射之，流矢蔽日，契丹人马死伤塞路。将至幽州，契丹列陈待之。存审命步兵陈于其后，戒勿动，先令羸兵曳柴然草而进，烟尘蔽天，契丹莫测其多少；因鼓噪合战，存审乃趣后陈起乘之，契丹大败，席卷其众自北山去，委弃车帐铠仗羊马满野，晋兵追之，俘斩万计。辛丑，嗣源等入幽州，周德威见之，握手流涕。

四年（戊寅，918）

吴内外马步都军使、昌化节度使、同平章事徐知训，骄倨淫暴。

知训狎侮吴王，无复君臣之礼。尝与王为优，自为参军，使王为苍鹘，总角弊衣执帽以从。又尝泛舟浊河，王先起，知训以弹弹之。又尝赏花于禅智寺，知训使酒悖慢，王惧而泣，四座股栗；左右扶王登舟，知训乘轻舟逐之，不及，以铁挝杀王亲吏。将佐无敢言者，父温皆不之知。

知训及弟知询皆不礼于徐知诰，独季弟知谏以兄礼事之，知训尝召兄弟饮，知诰不至，知训怒曰："乞子不欲酒，欲剑乎！"又尝与知诰饮，伏甲欲杀之，知谏蹑知诰足，知诰阳起如厕，遁去，知训以剑授左右刁彦能使追杀之；彦能驰骑及于中涂，举剑示知诰而还，以不及告。

平卢节度使、同平章事、诸道副都统朱瑾遣家妓通候问于知训，知训强欲私之，瑾已不平。知训恶瑾位加己上，置静淮军于泗州，出瑾为静淮节度使，瑾益恨之，然外事知训愈谨。瑾有所爱马，冬贮于幄，夏贮于帱；宠妓有绝色；知训过别瑾，瑾置酒，自捧觞，出宠妓使歌，以所爱马为寿，知训大喜。瑾因延之中堂，伏壮士于户内，出妻陶氏拜之，知训答拜，瑾以笏自后击之踣地，呼壮士出斩之。瑾先系二悍马于庑下，将图知训，密令人解纵之，马相蹄啮，声甚厉，以是外人莫之闻。瑾提知训首出，知训从者数百人皆散走。瑾驰入府，以首示吴王曰："仆已为大王除害。"王惧，以衣障面，走入内，曰："舅自为之，我不敢知！"瑾曰："婢子不足与成大事！"以知训首击柱，挺剑将出，子城使翟虔等已阖府门勒兵讨之，乃自后逾城，坠而折足，顾追者曰："吾为万人除害，以一身任患。"遂自刭。

吴徐温入朝于广陵，疑诸将皆预朱瑾之谋，欲大行诛戮。徐知诰、严可求具陈徐知训过恶，所以致祸之由，温怒稍解，乃命网瑾骨于雷塘而葬之，责知训将佐不能匡救，皆抵罪；独刁彦能屡有谏书，温赏之。戊戌，以知诰为淮南节度行军副使、内外马步都军副使、通判府事，兼江州团练使。以徐知谏权润州团练事。温还镇金陵，总吴朝大纲，自馀庶政，皆决于知诰。

知诰悉反知训所为，事吴王尽恭，接士大夫以谦，御众以宽，约身以俭。以吴王之命，悉蠲天祐十三年以前逋税，余俟丰年乃输之。求贤才，纳规谏，除奸猾，杜请托。于是士民翕然归心，虽宿将悍夫无不悦服。先是，吴有丁口钱，又计亩输钱，钱重物轻，民甚苦之。齐丘说知诰，以为"钱非耕桑所得，今使民输钱，是教民弃本逐末也。请蠲丁口钱；自余税悉输谷帛，䌷绢匹直千钱者当税三千。"或曰："如此，县官岁失钱亿万计。"齐丘曰："安有民富而国家贫者邪！"知诰从之。由是江、淮间旷土尽辟，桑柘满野，国以富强。

知诰欲进用齐丘而徐温恶之，以为殿直、军判官。知诰每夜引齐丘于水亭屏语，常至夜分，或居高堂，悉去屏障，独置大炉，相向坐，不言，以铁箸画灰为字，随以匙灭去之，故其所谋，人莫得而知也。

越主岩祀南郊，大赦，改国号曰汉。

后梁均王贞明三年（丁丑，公元917年）

契丹围困幽州将近二百天，幽州城内十分困难。晋将李嗣源、阎宝、李存审率领七万名士卒和骑兵在易州会师。李存审说："敌众我寡，敌人的骑兵多，我们的步兵多，如果在平原上两军相遇，敌人用一万名骑兵践踏我们的阵地，我们的兵士将被他们活活踩死而没有活着回去的。”李嗣源说：“敌人没有多少军需，我们行军必须随军拉着粮食，如果在平原上两军相遇，敌人一定会抢我们的粮食，我军将不战自败。不如从山中偷偷地直抵幽州，形成和幽州城内结合的形势。如果在途中遇上敌人，我们就占据险要的地方来抵御他们。”甲午（八月十七日），李嗣源、阎宝、李存审率兵从易州向北出发，庚子（二十三日），翻过大房岭，沿着山涧向东进发。李嗣源和他的养子李从珂率领三千骑兵为前锋部队，在距离幽州六十里的地方，与契丹军队相遇。契丹军队感到惊恐而退却，晋军从两翼紧随其后。契丹军在山上走，晋军在山涧走，每到一个谷口，契丹军就拦截晋军，李嗣源父子奋力战斗，才能继续前进。到达山口时，契丹部队用一万多骑兵挡在晋军前面，晋军将士吓得脸都变了色。李嗣源带领百余骑兵率先前进，他不戴头盔不穿铠甲，马上扬鞭，并用契丹语对契丹人说：“你们无故侵犯我们的疆土，晋王命令我率兵百万直捣西楼，消灭你们种族。”于是跃马奋击，三次冲入契丹军阵，斩杀契丹酋长一人。晋军后面的部队也赶了上来，一起向契丹军进攻，契丹军队退却，晋军才得以出了山口。李存审命令他的士卒伐木，做成防御营寨的鹿角，每人手持一根，部队停下来时，就做成营寨。契丹军队绕着晋军的营寨经过，晋军从营寨中万箭齐发，射击契丹军，飞出来的箭遮天蔽日，契丹死伤的人马几乎把路堵塞。晋军快要到达幽州时，契丹军早已严阵以待。李存审命令部队在契丹军的后面摆好阵势，告诫他们暂不要动。他先命令疲弱的军队拿着点燃的柴草前进，使烟雾遮天，契丹人不知道晋军到底有多少人马。在这种情况下晋军击鼓喧闹，一起出战，李存审催促后面的军队乘势追击，契丹被打得大败，席卷其全部士卒从北山逃跑，满山遍野都是契丹军丢弃了的战车、帐篷、铠甲、羊、马等。晋军乘胜追击，俘获和斩杀了的契丹兵数以万计。辛丑（二十四日），李嗣源等进入幽州，周德威见到他，握着他的手痛哭流涕。

四年（戊寅，公元918年）

吴国内外马步都军使、昌化节度使、同平章事徐知训傲慢淫暴。

徐知训对吴王杨隆演戏弄轻慢，没有君臣礼节。曾和吴王扮作优伶，他自己当参军，让吴王当僮奴，把头发扎为两个丫角，穿着破旧的衣服，手里拿着帽子，跟在他后面。徐知训又曾和吴王在浊河上划船，吴王先起来，徐知训用弹子儿弹他。徐知训也曾和吴王在禅智寺一起赏花，徐知训喝酒时很狂悖傲慢，吴王都被他吓哭了，四座的人害怕得两腿发抖。吴王的左右侍从扶着他登船，徐知训乘轻便的船追逐，因没有追上吴王，就用铁器打死了吴王亲近的官吏。将佐们没有敢说话的，徐知训的父亲徐温都不知道这些事。

唐朝茶具

徐知训和他的弟弟徐知询都对徐温的养子徐知诰没有

礼貌，惟独三弟徐知谏对徐知诰以兄礼相待。徐知训曾经召集他的兄弟们一起喝酒，徐知诰没有参加，徐知训十分生气地说："讨饭的家伙不想喝酒，难道想吃剑吗？"后来徐知训又曾和徐知诰一起喝酒，埋伏了甲兵，准备杀死徐知诰。徐知谏暗踩徐知诰的脚以示意，徐知诰假装起来上厕所而逃走。徐知训把剑交给他的亲信刁彦能，让他去追赶徐知诰把他杀掉。刁彦能骑马追到半路上，只是举起剑来向徐知诰表示一下就回去了。回来后告诉徐知训说是没有追上。

平卢节度使、同平章事、诸道副都统朱瑾派他家里的女艺人去问候徐知训，徐知训打算强行占为己有，朱瑾已经愤愤不平。徐知训又恨朱瑾的地位比自己高，于是在泗州设置了静淮军，派朱瑾出任静淮节度使，朱瑾因此更加仇恨徐知训，但从外表上对待徐知训更加谨慎。朱瑾有匹非常喜爱的马，冬天把它圈在用布做的帐篷里，夏天把它圈在用纱做的葛帐里。朱瑾的宠妓很漂亮。（六月）徐知训路过朱瑾家时向他告别，朱瑾摆了酒席，自己拿着酒杯，让宠妓出来唱歌，并用自己所喜爱的马送给徐知训为他祝寿，徐知训十分高兴。朱瑾领着徐知训进了中堂，让他的勇士们埋伏在门内，然后让他的妻子陶氏出来拜见徐知训，徐知训答拜，朱瑾用笏板从后面把徐知训打倒在地，叫出勇士们把他杀死。在此之前，朱瑾在庑下拴了两匹暴躁的马，在准备杀徐知训时，秘密地让人去把马解开，两匹马相互踢咬，声音很大，所以外面的人没有听见里面的事情。朱瑾提着徐知训的脑袋出去时，徐知训的数百随从都已经逃跑了。朱瑾又骑着马直奔王府，把徐知训的头拿出来给吴王看，并对吴王说："我已经为大王除掉了祸害。"吴王感到害怕，用衣服遮住了脸不敢看，向里面走，说："舅舅你自己干的，我也不想知道。"朱瑾说："这小子不足以和他共成大事。"于是用徐知训的头去击柱，然后拔出剑来出了王府。子城使翟虔等已经关上了府门，率兵准备讨伐朱瑾，于是朱瑾从后面翻越城墙，结果摔下去脚骨折断。他回过头对追赶的人们说："我为万人除害，我一个人来承担大家的忧患。"说完就自杀了。

吴国的徐温回到广陵的朝内，他怀疑诸将都参与了朱瑾的谋划，准备大开杀戒。徐知诰、严可求一起陈述了徐知训的罪恶和导致被杀的原因之后，徐温的怒气才稍缓解一些。于是让人到雷塘打捞起朱瑾的尸骨埋葬，并谴责徐知训的左右将领不能匡救他的过失，让他们都承担了应有的罪责。惟独刁彦能经常规劝徐知训，徐温很赏识他。戊戌（七月二十七日），任命徐知诰为淮南节度行军副使、内外马步都军副使、通判府事，兼江州团练使。让徐知谏暂管润州团练的事情。后来徐温又回到金陵镇守，总管吴朝大事，其余的政事，全都由徐知诰决定。

徐知诰和徐知训的所作所为截然相反，侍奉吴王特别恭敬，接见士大夫很谦虚，以宽容驭使众人，以节俭约束自己。用吴王的命令，全部免除天祐十三年以前所拖欠的税收，其余的等到年景丰收时再交纳。他访求贤才，接受规劝，铲除奸猾，杜绝请托。因此百姓们很自然地归心于他，就连那些耆宿老将和强悍勇夫也无不悦服。在此以前，吴国征收丁口钱，又要按照耕种的田地亩数交钱，以致钱重物轻，百姓们感到十分困苦。宋齐丘劝说徐知诰，他认为："钱并不是耕种养桑可以得到的，现在让百姓们交钱，就是让百姓们弃本逐末。请求免除丁口钱，其余的税钱全部折合谷帛交纳，细绢每匹值一千钱的可以当三千税钱。"有人说："这样下去，朝廷每年失掉的钱就有亿万。"宋齐丘说："哪里有百姓富足了而国家还贫穷的呢？"徐知诰听从了他的意见。从此以后，江、淮之间空旷的土地也全部开垦出来，遍野都种植上了桑柘树，国家因此富足起来。

徐知诰打算起用宋齐丘，但遭到徐温的反对，于是提拔他为殿直、军判官。徐知诰每天晚上都领宋齐丘到水亭密谈，经常谈到半夜。有时候在殿堂，把屏障撤去，摆上一个大火炉，相向而坐，都不说话，用铁筷子在灰上写字，随即就用勺子把字涂掉，所以，他们所谋划的事情，外面的人们无法得知。

（十一月）越主刘岩到南郊去祭祀，实行大赦，改国号叫汉。

第二百七十一卷

后梁纪六

译文诵读

均王下贞明六年（庚辰，920）

吴宣王重厚恭恪，徐温父子专政，王未尝有不平之意形于言色，温以是安之。及建国称制，尤非所乐，多沈饮鲜食，遂成寝疾。

五月，温自金陵入朝，议当为嗣者。或希温意言曰："蜀先主谓武侯：'嗣子不才，君宜自取。'"温正色曰："吾果有意取之，当在诛张颢之初，岂至今日邪！使杨氏无男，有女亦当立之。敢妄言者斩！"乃以王命迎丹杨公溥监国，徙溥兄濛为舒州团练使。

己丑，宣王殂。六月，戊申，溥即吴王位。

赵王镕自恃累世镇成德，得赵人心，生长富贵，雍容自逸，治府第园沼，极一时之盛，多事嬉游，不亲政事，事皆仰成于僚佐，深居府第，权移左右，行军司马李蔼、宦者李弘规用事于中外，宦者石希蒙尤以谄谀得幸。

初，刘仁恭使牙将张文礼从其子守文镇沧州，守文诣幽州省其父，文礼于后据城作乱，沧人讨之，奔镇州。文礼好夸诞，自言知兵，赵王熔奇之，养以为子，更名德明，悉以军事委之。德明将行营兵从晋王，熔欲寄以腹心，使都指挥使符习代还，以为防城使。

镕晚年好事佛及求仙，专讲佛经，受符箓，广斋醮，合炼仙丹，盛饰馆宇于西山，每往游之，登山临水，数月方归，将佐士卒陪从者常不下万人，往来供顿，军民皆苦之。是月，自西山还，宿鹘营庄，石希蒙劝王复之他所；李弘规言于王曰："晋王夹河血战，栉风沐雨，亲冒矢石，而王专以供军之资奉不急之费。且时方艰难，人心难测，王久虚府第，远出游从，万一有奸人为变，闭关相距，将若之何？"王将归，希蒙密言于王曰："弘规妄生猜间，出不逊语以劫协王，专欲夸大于外，长威福耳。"王遂留，信宿无归志。弘规乃教内牙都将苏汉衡帅亲军，擐甲拔刃，诣帐前白王曰："士卒暴露已久，愿从王归！"弘规因进言曰："石希蒙劝王游从不已，且闻欲阴谋弑逆，请诛之以谢众。"王不听，牙兵遂大噪，斩希蒙首，诉于前。王怒且惧，亟归府。是夕，遣其长子副大使昭祚与王德明将兵围弘规及李蔼之第，族诛之，连坐者数十家。又杀苏汉衡，收其常与，穷治反状，亲军大恐。

龙德元年（辛巳，921）

蜀主、吴主屡以书劝晋王称帝，晋王以书示僚佐曰："昔王太师亦尝遗先王书，劝以唐室已亡，宜自帝一方。先王语余云：'昔天子幸石门，吾发兵诛贼臣，当是之时，威振天下，吾若挟天子据关中，自作九锡禅文，谁能禁我！顾吾家世忠孝，立功帝室，誓死不为耳。汝他日当务以复唐社稷为心，慎勿效此曹所为！'言犹在耳，此议非所敢闻也。"因泣。

既而将佐及藩镇劝进不已，乃令有司市玉造法物。黄巢之破长安也，魏州僧传真之师得传国宝，藏之四十年，至是，传真以为常玉，将鬻之，或识之，曰："传国家也。"传真乃诣行台献之，将佐皆奉觞称贺。

张承业在晋阳闻之，诣魏州谏曰；"吾王世世忠于唐室，救其患难，所以老奴三十余年为王捃拾财赋，召补兵马，誓灭逆贼，复本朝宗社耳。今河北甫定，朱氏尚存，而王遽即大位，殊非从来征伐之意，天下其谁不解体乎！王何不先灭朱氏，复列圣之深仇，然后求唐后而立之，南取吴，西取蜀，汛扫宇内，合为一家，当是之时，虽使高祖、太宗复生，谁敢居王上者？让之愈久则得之愈坚矣。老奴之志无他，但以受先王大恩，欲为王立万年之基耳。"王曰："此非余所愿，奈群下意何。"承业知不可止，恸哭曰："诸侯血战，本为唐家，今王自取之，误老奴矣！"即归晋王邑，成疾，不复起。

赵王既杀李弘规、李蔼，委政于其子昭诈。昭祚性骄愎，既得大权，向时附弘规者皆族之。弘规部兵五百人欲逃，聚泣偶语，未知所之。会诸军有给赐，赵王忿亲军之杀石希蒙，独不时与，众益惧。王德明素蓄异志，因其惧而激之曰；"王命我尽坑尔曹。吾念尔曹无罪并命，欲从王命则不忍，不然又获罪于王，奈何？"众皆感泣。

是夕，亲军有宿于潭城西门者，相与饮酒而谋之。酒酣，其中骁健者曰："吾曹识王太保意，今夕富贵决矣！"即逾城入。赵王方焚香受箓，二人断其首而出，因焚府第。军校张友顺帅众诣德明第，请为留后，德明复姓名曰张文礼，尽灭王氏之族，独置昭祚之妻普宁公主以自托于梁。

晋王既许藩镇之请，求唐旧臣，欲以备百官。朱友谦遣前礼部尚书苏循诣行台，循至魏州，入牙城，望府廨即拜，谓之拜殿。见王呼万岁舞蹈，泣而称臣。翌日，又献大笔三十枚，谓之"画日笔"。王大喜，即命循以本官为河东节度副使。张承业深恶之。

张文礼虽受晋命，内不自安，复遣间使因卢文进求援于契丹；又遣间使来告曰："王氏为乱兵所屠，公主无恙。今臣已北召契丹，乞朝廷发精甲万人相助，自德、棣渡河，则晋人遁逃不暇矣。"帝疑未决。敬翔曰："陛下不乘此衅以复河北，则晋人不可复破矣。宜徇其请，不可失也。”赵、张辈皆曰：“今强寇近在河上，尽吾兵力以拒之，犹惧不支，何暇分万人以救张文礼乎！且文礼坐持两端，欲以自固，于我何利焉！”帝乃止。

晋人屡于塞上及河津获文礼蜡丸绢书，晋王皆遣使归之，文礼惭惧。文礼忌赵故将，多所诛灭。符习将赵兵万人从晋王在德胜，文礼请召归，以他将代之，且以习子蒙为都督府参军，遣人赍钱帛劳行营将士以悦之。习见晋王，泣涕请留，晋王曰：“吾与赵王同盟讨贼，义犹骨肉，不意一旦祸生肘腋，吾诚痛之。汝苟不忘旧君，能为之复仇乎？吾以兵粮助汝。”习与部将三十余人举身投地恸哭曰：“故使授习等剑，使之攘除寇敌。自闻变故以来，冤愤无诉，欲引剑自刭，顾无益于死者。今大王念故使辅佐之勤，许之复冤，习等不敢烦霸府之兵，愿以所部径前搏取凶竖，以报王氏累世之恩，死不恨矣！”

八月，庚申，晋王以习为成德留后，又命天平节度使阎宝、相州刺史史建瑭将兵助之，自邢洺而北。文礼先病腹疽；甲子，晋兵拔赵州，刺史王铤降，晋王复以为刺史，文礼闻之，惊惧而卒。其子处瑾秘不发丧，与其党韩正时谋悉力拒晋。九月，晋兵渡滹沱，围镇州，决漕渠以灌之，获其深州刺史张友顺。壬辰，史建瑭中流矢卒。

后梁均王贞明六年（庚辰，公元920年）

吴宣王很厚道，而且谦恭谨慎，徐温父子掌管全权，宣王从来没有不平之意表现在脸色上，徐温因此就安然自在。到了建国称王以后，宣王更没有什么所高兴的，经常喝酒，很少吃饭，慢慢就卧床生病了。

五月，徐温从金陵回朝，商议谁当为继承王位的人。有人迎合徐温的心意说：“蜀先主刘备对武侯说：‘嗣子没有才能，您可以自代王位。’”徐温严肃地说：“我如果真有心取代王位，是在杀掉张颢的时候，哪能等到今日！即使杨氏没有儿子，有女儿也应当立她为王。再有敢胡说的，一律杀掉！”于是以宣王之命迎接丹杨公杨溥回来代行处理政事，调杨溥的哥哥杨濛任舒州团练使。

己丑（二十八日），宣王去世。六月，戊申（十八日），杨溥登吴王位。

赵王王镕依仗世代镇守成德，颇得赵地人心，生活富裕，地位显贵，容仪温文，悠然自得。他治理的府第园池，在当时是最好的。他经常游玩，不问政事，一切政事都依靠僚佐来处理。他深居府第，把大权交给了他的左右官员。行军司马李蔼、宦官李弘规掌管内外事务。宦官石希蒙尤其靠阿谀奉承得到宠爱。

当初，刘仁恭派牙将张文礼随他的儿子刘守文去镇守沧州，刘守文到幽州去看望父亲，张文礼随后占据了沧州城发动叛乱，沧州人讨伐他，他逃到了镇州。张文礼喜欢吹大话，自称会打仗，赵王王熔认为他很奇特，于是收为养子，并改名为德明，把全部的军事委托给他。德明率领着行军部队跟随着晋王，王熔想委派一个亲信去，于是派都指挥使符习替代德明，让他回来，任防城使。

王熔晚年信佛，喜欢求仙，专门讲习佛经，又学习道家符箓，广设斋醮向仙道祈祷，冶炼金丹。在西山把馆宇装饰得非常华丽，经常去那里游玩。他登山观水，几个月后才回来，陪他的左右将士经常不下一万人。来往食宿，耗资巨大，军民都深受其苦。这个月，从西山回返，住在鹘营庄，石希蒙劝王熔再到别的地方去玩。李弘规对王熔说："晋王在黄河两岸和梁军血战，栉风沐雨，亲自冒着箭石率兵前进。而大王专门把供给军队用的物资挪用于一些不急的事情，况且时下正处在困难时期，人心难测，大王如果长期离开府第，远出游玩，万一有奸人叛变，关起关门，把我们隔在外面，该怎么办呢？"赵王准备回去，石希蒙又偷偷地和赵王说："李弘规胡乱猜想，口出不逊之言来威胁大王，专门对外夸示自己，以提高自己的威福。"于是赵王又留了下来，连续住了两夜还不想回去。李弘规于是让内牙都将苏汉衡率领亲军穿甲持刀，到帐篷前面对赵王说："士卒们离家在外已经很长时间了，都希望跟从大王回去。"李弘规因此也劝赵王说："石希蒙劝大王没完没了地游玩，而且还听说他准备谋害大王，请把他杀掉来向大家认错。"赵王不听，于是卫队士卒大声喧哗起来，杀了石希蒙，拿着他的头到赵王面前诉说。赵王十分生气也很害怕，于是赶快回到了府第。当天晚上赵王就派他的长子副大使王昭祚和王德明率兵包围了李弘规和李蔼的住宅，把他的全家全部杀掉，受牵连的有几十家。又将苏汉衡杀掉，拘捕了他的党羽，彻底追究他们反叛的情况，赵王的亲信部队感到十分惊恐。

龙德元年（辛巳，公元921年）

前蜀主、吴主曾多次写信劝晋王称帝，晋王把这些书信让他的僚属们看，并说："从前王太师也曾给先王书信，劝说唐室已经灭亡，应该自己称帝，占据一方。先王对我说：'从前天子巡视石门时，我派兵去诛灭了乱臣贼子，当时，威震天下，我如果在那时挟持天子，占据关中，自己起草赐封九锡和禅让的文告，谁能禁止我？但是我家世代效忠皇帝，常为朝廷立功，我誓死不能这样做。你以后应当全心全意恢复唐朝社稷，小心不要效法这些人的做法。'先王对我讲的话好像还在耳边，这种建议我听都不敢听。"说完就哭了。

不久，晋王的左右将佐以及藩镇官吏们不断地劝他称帝，于是他让有关部门购买玉石制作传国宝物。以前黄巢攻破长安的时候，魏州僧人传真的师父得到传国之宝，珍藏了四十年。这时，传真以为是一块普通的玉石，将要把它卖掉，有人认出这块宝玉来，对传真说："这是传国之宝。"于是传真就到魏州行台献上宝玉。晋王的左右将佐们都举杯祝贺。

张承业在晋阳听说这件事后，到魏州劝晋王说："大王世世代代效忠唐朝王室，解救了唐朝的不少患难，所以老奴我三十多年来为大王收集财赋，招兵买马，誓死消灭叛逆之人，恢复唐朝的宗庙社稷。现在黄河以北刚刚安定下来，朱氏还存在，大王就急急忙忙登帝位，和你当初奋力作战的意思大不一样，这样天下的人心怎么能不离散呢？大王何不先灭掉朱氏，报了各位先王的深仇。然后寻到唐王室的后人拥立为帝，向南夺取吴国，向西夺取蜀国，横扫天下，合为一家。到那时候，即使高祖、太宗起死回生，又有谁敢位于你的上面呢？谦让的时间越长，所得到的就越牢固。老奴我没有别的想法，只是因为接受了先王的大恩，愿为大王创建万年大业的基础。”晋王听了以后说：“这并不是我的愿望，只是对左右大臣的意见无可奈何。”张承业知道阻止不了，痛哭着说：“诸侯们浴血奋战，本来是为了恢复唐朝大业，现在大王自己取得帝位，欺骗了老奴我啊！”马上把自己的封地交还给晋王。后来张承业得了病，没能再恢复。

赵王王熔把李弘规、李蔼杀掉后，让他的儿子王昭祚掌管政权。王昭祚性情骄傲，刚愎自用，掌握大权以后，把从前依附李弘规的人们都全家斩杀。李弘规部队的五百士卒打算逃跑，他们聚集在一起一边哭一边小声私语，不知道该往哪里去。正好这时赏赐各部队，赵王恨他的亲军杀死石希蒙，惟独没有及时分给他们，大家更感到害怕。太保王德明平素就怀有异心，现在利用他们心里恐惧刺激他们说：“赵王命令我把你们这些人全部坑杀。我觉得你们没有罪却被杀死，想服从赵王的命令但又不忍心杀你们，不杀你们我又得罪了赵王，怎么办呢？”大家都感动得流下了眼泪。

这天晚上，赵王的亲军中有人住在潭城的西门，他们在一起喝酒，相与谋划。喝得高兴的时候，有位勇敢的人说：“我们很明白王太保的意思，今晚上就能让大家富贵了。”说完他们就翻过城墙进入城内，此时赵王正在烧香，接受道主天尊所受符箓，两个人杀死王熔，焚烧了赵王的住宅。军校张友顺率领士卒来到王德明的住地，请他做留后官。王德明恢复了姓名叫张文礼，把王氏的家族全部杀掉，只留下王昭祚的妻子普宁公主，以此来托身于后梁。

晋王既然同意了藩镇官吏们的请求，就访求唐韩旧臣，打算准备朝廷百官。朱友谦派前礼部尚书苏循到行台，苏循到了魏州，进入牙城，看到官府就拱手弯腰行礼，这叫做拜殿。见了晋王就高呼万岁，手舞足蹈，边哭边自称臣下。第二天，苏循又献给晋王三十枝大笔，叫做“画日笔”。晋王十分高兴，马上就恢复苏循的原职，任命他为河东节度副使。张承业对苏循特别反感。

张文礼虽然接受了晋王的命令，但心里很不安，又秘密派使者通过卢文进向契丹求援。同时秘密派使者来告诉后梁说：“王氏被敌兵杀死，但公主十分安全。现在我已经向北面招请契丹人，请求朝廷派出一万精锐部队相助，从德州、棣州渡过黄河，这样晋人就没有空隙逃跑了。”后梁帝犹疑不决。敬翔说：“陛下如果不乘这个机会收复黄河以北，那么晋人是很难再被攻破的。应当顺从他们的请求，机不可失啊！”赵岩、张汉杰等人都说：“现在强大的敌人离我们很近，就在黄河边上，用我们的全部兵力来抵抗他们，还怕支持不下来，哪里能够分出一万多士卒去援救张文礼呢！况且张文礼脚踩两只船，打算以此来巩固自己，对于我们有什么好处呢？”于是后梁帝停止了对张文礼的援救。

晋人曾多次在边境上和黄河的渡口边抓获张文礼送给契丹和后梁国的用蜡丸密封、用白绢书写的书信，晋王每次都派使者给张文礼送回去，张文礼感到惭愧惧怕。张文礼十分忌恨赵王原来的将领们，大多数都被诛杀。符习率领一万多赵国士卒随从着晋王在德胜，张文礼请求将符习召回，由别的将领代替，并且用符习的儿子符蒙作为都督府参军，张文礼还派人带着钱财物品去慰劳前线将士，以讨好他们。符习见到晋王以后，一边哭泣一边请求留下，晋王说：“我和赵王曾经订立同盟共同抗敌，其情义像骨肉一般，不料一下子在身边发生祸端，我确实痛心。你如果没有忘记过去的君主，能为他报仇吗？我将援助你士卒和粮食。”符习和三十多位部将一起跪在地上边哭边说：“王熔交给我符习等人宝剑，让我们消灭敌寇。自从发生变乱以来，深冤大恨无处可诉，本想引剑自杀，但又想到这样对死去的人没有什么好处。现在大王怀念王熔对你的辅佐之恩，答应为王熔报仇，我符习等不敢麻烦尊府的士兵，我们愿意率领部下前去杀凶手，来报答王氏对我们世世代代的恩情，虽然死去也没什么悔恨的！”

八月，庚申（初七），晋王任命符习为成德留后，又命令天平节度使阎宝、相州刺史史建瑭率兵帮助他，从邢州、洺州向北进发。张文礼原先肚子上长了个毒疮，甲子（十一日），晋军攻下了赵州，赵州刺史王铤投降了晋军，晋王仍任命为赵州刺史。张文礼听说以后，惊恐而死。张文礼的儿子张处瑾不发布张文礼死亡的消息，而与他的同党韩正时谋划如何全力抵御晋军。九月，晋军渡过了滹沱河，包围了镇州，并把漕渠挖开，用水灌镇州，抓获了深州刺史张友顺。壬辰（初十），史建瑭被流箭击中而身亡。

后唐纪一　第二百七十二卷

译文诵读

庄宗光圣神闵孝皇帝上同光元年（癸未，923）

晋王筑坛于魏州牙城之南，夏，四月，已巳，升坛，祭告上帝，遂即皇帝位，国号大唐，大赦，改元。

甲午，契丹寇幽州，至易定而还。

时契丹屡入寇，钞掠馈运，幽州食不支半年，卫州为梁所取，潞州内叛，人情岌岌，以为梁未可取，帝患之。会郓州将卢顺密来奔。先是，梁天平节度使戴思远屯杨村，留顺密与巡检使刘遂严、都指挥使燕颙守郓州。顺密言于帝曰："郓州守兵不满千人，遂严、颙皆失众心，可袭取也。"郭崇韬等皆以为"悬军远袭，万一不利，虚弃数千人，顺密不可从。"帝密召李嗣源于帐中谋之曰："梁人志在吞泽潞，不备东方，若得东平，则溃其心腹。东平果可取乎？"嗣源自胡柳有渡河之惭，常欲立奇功以补过，对曰："今用兵岁久，生民疲弊，苟非出奇取胜，大功何由可成！臣愿独当此役，必有以报。"帝悦。壬寅，遣嗣源将所部精兵五千自德胜趣郓州。比及杨刘，日已暮，阴雨道黑，将士皆不欲进，高行周曰："此天赞我也，彼必无备。"夜，渡河至城下，郓人不知，李从珂先登，杀守卒，启关纳外兵，进攻牙城，城中大扰。癸卯旦，嗣源兵尽入，遂拔牙城，刘遂严、燕颙奔大梁。

梁主闻郓州失守，大惧，斩刘遂严、燕颙于市，罢戴思远招讨使，降授宣化留后，遣使诘让北面诸将段凝、王彦章等，趣令进战。敬翔知梁室已危，以绳内靴中，入见梁主曰："先帝取天下，不以臣为不肖，所谋无不用。今敌势益强，而陛下弃忽臣言，臣身无用，不如死。"引绳将自经。梁主止之，问所欲言，翔曰："事急矣，非用王彦章为大将，不可救也。"梁主从之，以彦章代思远为北面招讨使，仍以段凝为副。

帝闻之，自将亲军屯澶州，命蕃汉马步都虞候朱守殷守德胜，戒之曰："王铁枪勇决，乘愤激之气，必来唐突，宜谨备之！"守殷，王幼时所役苍头也。

梁主召问王彦章以破敌之期，彦章对曰："三日。"左右皆失笑。彦章出，两日，驰至滑州。辛酉，置酒大会，阴遣人具舟于杨村；夜，命甲士六百，皆持巨斧，载冶者，具鞴炭，乘流而下。会饮尚未散，彦章阳起更衣，引精兵数千循河南岸趋德胜。天微雨，朱守殷不为备，舟中兵举锁烧断之，因以巨斧斩浮桥，而彦章引兵急击南城。浮桥断，南城遂破，时受命适三日矣。守殷以小舟载甲士济河救之，不及。彦章进攻潘张、麻家口、景店诸寨，皆拔之，声势大振。

帝遣宦者焦彦宾急趣杨刘，与镇使李周固守，命守殷弃德胜北城，撤屋为筏，载兵械浮河东下，助杨刘守备，徙其刍粮薪炭于澶州，所耗失殆半。王彦章亦撤南城屋材浮河而下，各行一岸，每遇湾曲，辄于中流交斗，飞矢雨集，或全舟覆没，一日百战，互有胜负。比及杨刘，殆亡士卒之半。己巳，王彦章、段凝以十万之众攻杨刘，百道俱进，昼夜不息，连巨舰九艘，横亘河津以绝援兵。城垂陷者数四，赖李周悉力拒之，与士卒同甘苦，彦章不能克，退屯城南，为连营以守之。

杨刘告急于帝，请日行百里以赴之；帝引兵救之，曰："李周在内，何忧！"日行六十里，不废畋猎，六月，乙亥，至杨刘。梁兵堑垒重复，严不可入，帝患之，问计于郭崇韬，对曰："今彦章据守津要，意谓可以坐取东平；苟大军大南，则东平不守矣。臣请筑垒于博州东岸以固河津，既得以应接东平，又可以分贼兵势。但虑彦章诇知，径来薄我，城不能就。愿陛下募敢死之士，日令挑战以缀之，苟彦章旬日不东，则城成矣。"时李嗣源守郓州，河北声问不通，人心渐离，不保朝夕。会梁右先锋指挥使康延孝密请降于嗣源，延孝者，太原胡人，有罪，亡奔梁，时隶段凝麾下。嗣源遣押牙临漳范延光送延孝蜡书诣帝，延光因言于帝曰："杨刘控扼已固，梁人必不能取，请筑垒马家口以通郓州之路。"帝从之，遣崇韬将万人夜发，倍道趣博州，至马家口渡河，筑城昼夜不息。帝在杨刘，与梁人昼夜苦战。崇韬筑新城凡六日，王彦章闻之，将兵数万人驰至，戊子，急攻新城，连巨舰十余艘于中流以绝援路。时板筑仅毕，城犹卑下，沙土疏恶，未有楼橹及守备；崇韬慰劳士卒，以身先之，四面拒战，遣间使告急于帝。帝自杨刘引大军救之，陈于新城西岸，城中望之增气，大呼叱梁军，梁人断绁敛舰；帝舣舟将渡，彦章解围，退保邹家口。郓州奏报始通。

壬申，帝以大军自杨刘济河，癸酉，至郓州，中夜，进军逾汶，以李嗣源为前锋，甲戌旦，遇梁兵，一战败之，追至中都，围其城。城无守备，少顷，梁兵溃围出，追击，破之。王彦章以数十骑走，龙武大将军李绍奇单骑追之，识其声，曰："王铁枪也！"拔矟刺之，彦章重伤，马踬，遂擒之。

彦章尝谓人曰："李亚子斗鸡小儿，何足畏！"至是，帝谓彦章曰："尔常谓我小儿，今日服未？"又问："尔名善将，何不守兖州？中都无壁垒，何以自固？"彦章对曰："天命已去，无足言者。"帝惜彦章之材，欲用之，赐药傅其创，屡遣人诱谕之。彦章曰："余本匹夫，蒙梁恩，位至上将，与皇帝交战十五年；今兵败力穷，死自其分，纵皇帝怜而生我，我何面目见天下之人乎！岂有朝为梁将，暮为唐臣！此我所不为也。"帝复遣李嗣源自往谕之，彦章卧谓嗣源曰：

“汝非邈佶烈乎？”彦章素轻嗣源，故以小名呼之。于是诸将称贺，帝举酒属嗣源曰：“今日之功，公与崇韬之力也。向从绍宏辈语，大事去矣。”

帝又谓诸将曰：“向所患惟王彦章，今已就擒，是天意灭梁也。段凝犹在河上，进退之计，宜何向而可？”诸将以为：“传者虽云大梁无备，未知虚实，今东方诸镇兵皆在段凝麾下，所馀空城耳，以陛下天威临之，无不下者。若先广地，东傅于海，然后观衅而动，可以万全。”康延孝固请亟取大梁。李嗣源曰：“兵贵神速。今彦章就擒，段凝必未之知；就使有人走告，疑信之间尚须三日。设若知吾所向，即发救兵，直路则阻决河，须自白马南渡，数万之众，舟楫亦难猝办。此去大梁至近，前无山险，方陈横行，昼夜兼程，信宿可至。段凝未离河上，友贞已为吾擒矣。延孝之言是也。请陛下以大军徐进，臣愿以千骑前驱。”帝从之。令下，诸军皆踊跃愿行。

是夕，嗣源帅前军倍道趣大梁。乙亥，帝发中都。

梁主遣张汉伦驰骑追段凝军；汉伦至滑州，坠马伤足，复限水不能进。

梁主登建国楼，面择亲信厚赐之，使衣野服，赍蜡诏，促段凝军，既辞，皆亡匿。或请幸洛阳，收集诸军以拒唐，唐虽得都城，势不能久留。或请幸段凝军，控鹤都指挥使皇甫麟曰：“凝本非将才，官由幸进，今危窘之际，望其临机制胜，转败为功，难矣。且凝闻彦章败，其胆已破，安知能终为陛下尽节乎！”赵岩曰：“事势如此，一下此楼，谁心可保！”梁主乃止。复召宰相谋之，郑珏请自怀传国宝诈降以纾国难，梁主曰：“今日固不敢爱宝，但如卿此策，竟可了否？”珏俯首久之，曰：“但恐未了。”左右皆缩颈而笑。梁主日夜涕泣，不知所为；置传国宝于卧内，忽失之，已为左右窃之迎唐军矣。

梁主谓皇甫麟曰：“李氏吾世雠，理难降首，不可俟彼刀锯。吾不能自裁，卿可断吾首。”麟泣曰：“臣为陛下挥剑死唐军则可矣，不敢奉此诏。”梁主曰：“卿欲卖我邪？”麟欲自刭，梁主持之曰：“与卿俱死。”麟遂弑梁主，因自杀。梁主为人温恭约，无荒淫之失；但宠信赵、张，使擅威福，疏弃敬、李旧臣，不用其言，以至于亡。

滑州留后李绍钦因伶人景进纳货于宫掖，除泰宁节度使。

帝幼善音律，故伶人多有宠，常侍左右；帝或时自傅粉墨，与优人共戏于庭，以悦刘夫人，优名谓之“李天下”。尝因为优，自呼曰：“李天下，李天下”，优人敬新磨遽前批其颊。帝失色，群优亦骇愕，新磨徐曰：“理天下者只有一人，尚谁呼邪！”帝悦，厚赐之。帝尝畋于中牟，践民稼，中牟令当马前谏曰：“陛下为民父母，奈何毁其所食，使转死沟壑乎！”帝怒，叱去，将杀之。敬新磨追擒至马前，责之曰：“汝为县令，独不知吾天子好猎邪？奈何纵民耕种，以妨吾天子之驰骋乎！汝罪当死！”因请行刑，帝笑而释之。

诸伶出入宫掖，侮弄缙绅，群臣愤嫉，莫能出气；亦反有相附托以希恩泽者，四方藩镇争以货赂结之。其尤蠹政害人者，景进为之首。进好采闾阎鄙细事闻于上，上亦欲知外间事，遂委进以耳目。进每奏事，常屏左右问之，由是进得施其谗慝，干预政事。自将相大臣皆惮之，孔岩常以兄事之。

后唐庄宗同光元年　（癸未，公元923年）

晋王在魏州牙城的南面修筑祭祀用的坛宇，夏季，四月，己巳（二十五日），晋王登上祭坛，祭告上帝，随即登皇帝宝位，国号为大唐，实行大赦，改年号。

甲午（二十日），契丹人侵略幽州，行至易定又退回。

这时契丹人经常入侵后唐，强夺他们的粮食，幽州一年的粮食不够半年用。卫州被后梁夺取，潞州内部也发生叛乱，人们都感到很危险，认为不能消灭后梁，后唐帝也为此担忧。这时正好后梁郓州将领卢顺密来投奔。在此之前，后梁天平节度使戴思远驻扎在杨村，留下卢顺密和巡检使刘遂严、都指挥使燕颙驻守郓州。卢顺密告诉后唐帝说："驻守郓州的士兵不足一千人，刘遂严和燕颙都失掉了民心，可以攻取郓州。"郭崇韬等都认为："孤军远征，万一不利，白白丢掉数千人，卢顺密的话不可听从。"后唐帝秘密召见李嗣源，在帷帐中谋划说："梁人的计划是吞并泽州、潞州，东边没有什么防备，如果能取得东平，就击败了他的心腹之地。东平可以夺取吗？"李嗣源自从在胡柳战役中因为没有跟从晋王率兵北渡黄河，一直感到惭愧，经常打算建立奇功来弥补过去的过错。于是他回答后唐帝说："现在打了一年多仗，百姓们很疲惫，如果不出奇制胜，怎能成就大的功业。我希望一个人挑起这次战役的重担，一定会有好消息报告皇帝。"后唐帝很高兴。壬寅（二十八日），派遣李嗣源率领他所属部队的五千精锐士卒从德胜直取郓州。到达杨刘时，太阳已经落山，阴雨绵绵，道路漆黑，将士们都不想继续前进了。高行周说："这是天助我也，他们一定毫无准备。"黑夜，渡过黄河到了城下，郓州人根本不知道，李从珂首先登上城墙，杀死守城门的士卒，打开城门让队伍进去，接着进攻牙城，城中大乱。癸卯（二十九日）早晨，李嗣源的部队全部进入城内，攻取了牙城。刘遂严、燕颙逃奔到大梁。

后梁主听说郓州失守，十分害怕，在大街上把刘遂严、燕颙斩了，罢免了戴思远的招讨使官职，降为宣化留后。梁主派遣使者去责问驻守在北面的段凝、王彦章等将领，让他们前进作战。敬翔知道后梁王室已经很危险了，于是把绳子装在靴子里进宫内求见后梁主，说："先帝夺取天下的时候，不认为我敬翔没有才能，无论什么谋划都让我参与。现在敌人的势力更加强大，而陛下不听或忽视我的话，我已经没有什么用了，不如死去。"把绳子从靴子里取出来就要上吊自缢。后梁主赶快劝阻，并问他有什么话想说。敬翔说："现在的事情十分紧急，不用王彦章为大将，不能挽救梁王室的危亡。"后梁主听从了他的建议，让王彦章代替戴思远为北面招讨使，仍然用段凝为副招讨使。

后唐庄宗

后唐帝听说这件事后，亲自率领亲军驻守在澶州，命令蕃汉马步都虞候朱守殷坚守德胜，并告诫他说："王铁枪勇敢果断，他们乘士卒愤怒激动的气势，一定会突然到来，应当谨慎小心地防备他们。"朱守殷是后唐帝小时候所用的奴仆。

后梁主召见王彦章，问他多长时间可以击败敌人，王彦章回答说："三天。"左右大臣都哑然失笑。王彦章率兵出发，用了两天时间，飞速到达滑州。辛酉（五月十八日），王彦章大办宴会，并秘密派人在杨村准备舟船。晚上，命令六百名士卒都拿着大斧，船上载着冶炼的工匠，准备了吹火用的皮囊和炭，顺流而下。这时宴会还没有结束，王彦章表面上是出去换衣服，实际上他率领数千精兵沿着黄河南岸直奔德胜。这时天下着小雨，朱守殷没有一点防备，王彦章船上的士兵将城门的锁用火烧断，用大斧把浮桥砍断。王彦章率兵迅速向南城发起进攻。浮桥被砍断，南城就被攻破，此时正好是接受命令以后的第三天。朱守殷用小船载着士卒渡过黄河来援救，但已来不及了。王彦章又向潘张、麻家口、景店诸寨发起进攻，都攻了下来。王彦章的声势大振。

后唐帝派遣宦官焦彦宾迅速赶到杨刘，与杨刘镇使李周在那里坚守。命令朱守殷放弃德胜北城，把房屋拆掉做成木筏，载着士兵和武器从黄河上向东漂下，帮助杨刘坚守，把德胜的粮草薪炭运往澶州，损失了将近一半。王彦章也把德胜南城的房屋拆掉，做成木筏，顺着黄河漂下去。王彦章和朱守殷各走一岸，每遇上黄河弯曲的地方，就在河中间战斗，射出的箭像雨一般密集，有时整船覆没，一日交战百余次，两军互有胜负。到达杨刘时，朱守殷的士卒有一半伤亡。己巳（二十六日），王彦章、段凝率领十万大军向杨刘发起进攻，四面八方一起推进，昼夜不停。把九艘大船连在一起，横放在黄河的渡口上，来阻挡朱守殷的援兵。杨刘城几次都差一点被攻陷，全靠李周与士卒同甘共苦，全力抵御，王彦章才没攻下，于是率兵退到城南驻扎，把营寨连起来坚守。

杨刘方面向后唐帝告急，请求皇帝日行百里赶快到达杨刘。后唐帝率兵前往援救，说："有李周在那里，有什么忧虑的。"于是日行六十里，在路上还照常打猎。六月，乙亥（初二），到达杨刘。后梁军修筑了重重营垒，防守十分严密，很难深入，后唐帝十分担忧，就问郭崇韬怎么办好，郭崇韬回答说："现在王彦章据守着重要的渡口，他的意思是想坐取东平。如果大军不向南开进，那么东平就难以坚守。我请求在博州东岸修筑营垒，巩固黄河渡口，既可以接应东平，又可以分散敌人的兵力。只要忧虑王彦章侦察到我们的情况，直接逼近我们，到那时我们的城还修不好。希望陛下招募敢死的士卒，每天让他们挑动敌人出动来牵制他们，如果王彦章十几天不向东去，城垒就可以修好。”这时李嗣源在郓州坚守，黄河以北的消息一点也不通，人心离散，朝不保夕。正好后梁军右先锋指挥使康延孝秘密请求投降李嗣源，康延孝是太原地区的胡人，因为有罪，逃奔到后梁，当时属于段凝的部下。李嗣源派押牙临漳人范延光把康延孝请求投降的信用蜡封好送到后唐皇帝那里，范延光因此对后唐帝说：“杨刘把守很坚固，梁军一定攻不下来，请在马家口修筑城堡，打通通往郓州的道路。”后唐帝听从了他的意见，派郭崇韬率领万人连夜出发，兼程进奔博州，到马家口渡过黄河，昼夜不停地在那里修筑城堡。后唐帝则在杨刘，与后梁军昼夜苦战。郭崇韬修筑新城共用了六天时间，王彦章听到此事，便率领数万大军直奔新城，戊子（十五日），对新城发起紧急攻击，把十余艘战船连起来放到河的中间，断绝郭崇韬的援兵。当时马家口城垒的板墙刚刚修好，但城墙很低小，修墙用的沙土质量也不好，还没有修建瞭望台和守备设施。郭崇韬慰劳士卒，以身率先，四面抗战，同时也派出密使向后唐帝告急。后唐帝从杨刘率领大军前来援救，在新城西岸摆开阵势。城里的士卒望见援兵来到，斗志倍增，大声斥骂后梁军。后梁军砍断了连接战船的绳子收回了战船。后唐帝的船刚要渡河，王彦章撤除了包围，退到邹家口坚守。郓州向后唐帝奏报的道路才打通。

壬申（十月初二），后唐帝率领大军从杨刘渡过黄河。癸酉（初三），到达郓州。半夜，继续进军，过了汶水，命令李嗣源为前锋部队。甲戌（初四）早晨，与后梁军相遇，一战就打败了后梁军，一直追到中都，包围了中都城。城中没有防备，不一会儿，后梁军冲出包围，后唐军奋勇追击，打败了后梁军。王彦章率领几十个骑兵逃跑，龙武大将军李绍奇单人独马追击他。李绍奇听出是王彦章的声音，说：“王铁枪！”于是拔出长矟刺向王彦章，王彦章负重伤，马跌倒，抓获了王彦章。

王彦章曾经对人说：“李存勖是个斗鸡小儿，没有什么可怕的。”到现在，后唐帝李存勖对王彦章说：“你常说我是小儿，今天服不服？”又问王彦章说：“你名为善战将领，为什么不坚守兖州？中都没有修筑防御工事，怎么能保卫住？”王彦章回答说：“天命已去，没有什么好说的。”后唐帝很珍惜王彦章的才能，打算起用他，赐药让他治疗伤口，曾多次派人去诱导他。王彦章说：“我本是一个平民，承蒙梁国的恩爱，把我提拔成上将，与皇帝交战了十五年。今天兵败力穷，死是预料之中的事，纵使皇帝可怜我让我活着，我拿什么面目去见天下的人呢？哪里有早晨还是梁国的将领，晚上就变成唐朝的大臣的道理。这些我是不能干的。”后唐帝又派李嗣源亲自去说服他，王彦章躺着对李嗣源说：“你不是邈佶烈吗？”王彦章平素很轻视李嗣源，所以用小名来叫他。这时，各位将领都在举杯庆贺胜利，后唐帝也举杯对李嗣源说：“今日之功，全靠你和郭崇韬的力量。如果听了李绍宏等人的话，就耽误了我的大事了。”

后唐帝又对各位将领说：“原来我所忧患的只有王彦章，今天他已被抓获，这是天意要消灭梁国。段凝目前还在黄河边上，是进是退，应该向哪个方向去才好呢？”各位将领认为：“传说梁国没有什么防备，但不知道是虚是实。现在东方各镇的兵力都集中到段凝的军队里，所剩下的全是空城，用陛下的天威去攻打这些城池，没有攻不下的。如果先扩大我们占据的地方，东面靠近海边，然后乘空行动，这样可以万无一失。”康延孝则坚决请求急速攻取大梁。李嗣源说：“兵贵神速。现在王彦章已被抓获，段凝一定还不知道。即使有人跑去告诉他，段凝是信是疑也需要三天时间来决定。假使他知道了我军所向，就会发兵援救。如果我们从直路去，有决口的黄河阻挡，需要从白马以南渡过黄河，几万军队，船只难以很快地办到。从这里去大梁最近，前面也没有高山险要的地方，把部队排成方阵，所向无阻，这样昼夜兼程，过两个晚上就能到达。段凝还没离开黄河边，朱友贞就会被我们抓获。康延孝所讲是对的，请求陛下率领大军慢慢推进，我愿率领一千骑兵作为前锋。”后唐帝听从了他的意见。命令下达后，各路军队都踊跃希望出发。

这天晚上，李嗣源率领前锋部队快速直奔大梁。乙亥（初五），后唐帝从中都出发。

后梁主派出张汉伦骑马急追段凝的军队。张汉伦到滑州时，从马上掉下来摔伤了脚，后来又被水挡住不能前进。

后梁主登上大梁城建国楼，当面选择亲信，丰厚地赏赐他们，让他们穿上老百姓的衣服，又送给他们一份用蜡封的诏书，让他们催促段凝的军队。刚刚告别，这些人就都逃跑躲藏起来了。有人请求后梁主到洛阳，把各军集合起来抵御后唐军，后唐军虽然占领了都城，但形势不允许他们久留。有人请求到段凝的军队那里。控鹤都指挥使皇甫麟说：“段凝本来就不是将才，他的官位是因为他妹妹才晋升的，现在正值危难之际，希望他面对情势灵活机动地取得胜利，立下扭转败局的功劳是很难的。况且段凝听到王彦章已被击败，他的胆子已被吓破，怎么知道他能够在最后时刻为陛下尽忠尽节呢？”赵岩说：“事态发展到现在这样，一下此楼，谁的心都难保证。”后梁主决定不到段凝那里。后来又召来宰相郑珏商量，郑珏请求自己拿着传国之宝去假装投降后唐军来缓解国难。后梁主说：“今天固然我不敢爱国宝，只是如果按你的这一办法去办，真能解除国难吗？”郑珏低下头，好久才说：“恐怕不能。”后梁主的左右大臣们都缩着脖子发笑。后梁主日夜哭哭啼啼，不知道怎么办好。他把传国之宝放在卧室里，有一天忽然不见了，后梁主以为是左右大臣们偷偷地去迎接后唐军去了。

后梁主对皇甫麟说：“李氏是我世世代代的仇人，理难投降他们，不能等着让他们来杀害我。如果我不能自杀，你可以把我的头砍下来。”皇甫麟哭着说：“我为陛下挥剑抗战死于唐军之手是可以的，但不敢接受这个诏令。”后梁主说：“你打算出卖我吗？”皇甫麟想自杀，后梁主拉住他说：“我和你一起死。”皇甫麟于是杀了梁主，随即自杀。后梁主为人温和并恭敬，而且简朴，没有荒淫方面的过失。只是特别宠爱和相信赵岩、张汉杰，使他们独断专行，作威作福，丢弃和疏远了敬翔、李振等旧臣，不听他们的意见，所以最终导致灭亡。

滑州留后李昭钦通过伶人景进向皇宫贡献了财货，结果被任命为泰州节度使。

后唐帝小时候就喜欢音乐，所以伶人倍受宠爱，经常侍奉在他左右。后唐帝有时候也自己涂上粉墨，和优伶一起在宫廷里玩，来讨刘夫人高兴，他艺名为“李天下”。因为他在演戏时，自己喊自己“李天下，李天下”，有一个叫敬新磨的戏子突然上前打他的脸，后唐帝突然变了脸色，众戏子也感到害怕。敬新磨慢慢地说：“治理天下的人只有一个，你还呼谁呢？”后唐帝听了很高兴，于是赏赐他丰厚的礼物。后唐帝曾经在中牟打猎，践踏了百姓的庄稼，中牟县令站在他的马前进谏说：“陛下是老百姓的父母，怎么能够毁坏了他们所吃的东西呢？是想让他们饿死后把尸体扔到山沟里吗？”后唐帝听了十分生气，大声斥责让他离去，准备杀死他。敬新磨赶快追上他，并把他抓回后唐帝的马前，责骂他说：“你当县令，难道不知道我们的天子喜欢打猎吗？为什么你要任意让百姓耕种，来妨碍我们的天子驰骋打猎呢？你罪当处死。”因此请求后唐帝把他杀掉，后唐帝笑了笑就把他给释放了。

王彦章棘林赤足

优伶们常出入于皇宫，捉弄欺负士大夫，大臣们非常愤恨，但又不敢对他们生气，反而有人依附或拜托他们求得后唐帝的恩泽，四面八方的藩镇官员们也争相贿赂、巴结。害政害人最严重的，景进是第一个。景进喜欢采集一些民间小事说给后唐帝听，后唐帝也想知道一些外面的事情，于是把景进当做自己的耳目。景进每次去后唐帝那里报告事情，后唐帝都要让左右的人们退下去后才问他，因此景进也乘机说别人一些坏话，干预政事。从将相大臣往下的官员们都害怕他，孔谦常把他当做兄长来对待他。

第二百七十三卷

后唐纪二

译文诵读

庄宗光圣神闵孝皇帝中同光二年（甲申，924）

崇韬位兼将相，复领节旄，以天下为已任，权侔人主，旦夕车马填门。性刚急，遇事辄发，嬖幸侥求，多所摧抑，宦官疾之，朝夕短之于上；崇韬扼腕，欲制之不能。豆卢革、韦说尝问之曰：“汾阳王本太原人徙华阴，公世家雁门，岂其枝派邪？”崇韬因曰：“遭乱，亡失谱谍，尝闻先人言，上距汾阳四世耳。”革曰：“然则固从祖也。”崇韬由是以膏粱自处，多甄别流品，引拔浮华，鄙弃勋旧。有求官者，崇韬曰：“深知公功能，然门地寒素，不敢相用，恐为名流所嗤。”由是嬖幸疾之于内，勋旧怨之于外。崇韬屡请以枢密使让李绍宏，上不许；又请分枢密院事归内诸司以轻其权，而宦官谤之不已。崇韬郁郁不得志，与所亲谋赴本镇以避之，其人曰：“不可。蛟龙失水，蝼蚁足以制之。”

先是，上欲以刘夫人为皇后，而有正妃韩夫人在，太后素恶刘夫人，崇韬亦屡谏，上以是不果。于是所亲说崇韬曰：“公若请立刘夫人为皇后，上必喜。内有皇后之助，则伶宦辈不能为患矣。”崇韬从之，与宰相帅百官共奏刘夫人宜正位中宫。癸未，立魏国夫人刘氏为皇后。皇后生于寒微，既贵，专务蓄财，其在魏州，薪苏果茹皆贩鬻之。及为后，四方贡献皆分为二，一上天子，一上中宫。以是宝货山积，惟用写佛经，施尼师而已。

是时皇太后诰，皇后教，与制敕交行于藩镇，奉之如一。

帝遣客省使李严使于蜀，严盛称帝威德，有混一天下之志。且言朱氏篡窃，诸侯曾无勤王之举。王宗俦以其语侵蜀，请斩之，蜀主不从。宣徽北院使宋光葆上言：“晋王有凭陵我国家之志，宜选将练兵，屯戍边鄙，积糗粮，治战舰以待之。”蜀主乃以光葆为梓州观察使，充武德节度留后。

戊申，蜀主遣李严还。初，帝因严入蜀，令以马市宫中珍玩，而蜀法禁锦绮珍奇不得入中国，其粗恶者乃听入中国，谓之“入草物。”严还，以闻，帝怒曰：“王衍宁免为入草地人乎！”严因言于帝曰：“衍童呆荒纵，不亲政务，斥远故老，昵比小人。其用事之臣王宗弼、宋光嗣等，谄谀专恣，黩货无厌，贤愚易位，刑赏紊乱，君臣上下专以奢淫相尚。以臣观之，大兵一临，瓦解土崩，可翘足而待也。”帝深以为然。

三年（乙酉，925）

丁酉，帝与宰相议伐蜀，威胜节度使李绍钦素谄事宣徽使李绍宏，绍宏荐“绍钦有盖世奇才，虽孙、吴不如，可以大任。”郭崇韬曰：“段凝亡国之将，奸谄绝伦，不可信也。”众举李嗣源，崇韬曰：“契丹方炽，总管不可离河朔。魏王地当储副，未立殊功，请依故事，以为伐蜀都统，成其威名。”帝曰：“儿幼，岂能独往，当求其副。”既而曰：“无以易卿。”庚子，以魏王继岌充西川四面行营都统，崇韬充东北面行营都招讨制置等使，军事悉以委之。

郭崇韬以北都留守孟知祥有荐引旧恩，将行，言于上曰：“孟知祥信厚有谋，若得西川而求帅，无逾此人者。”又荐邺都副留守张宪谨重有识，可为相。戊申，大军西行。

癸亥，蜀主引兵数万发成都，甲子，至汉州。武兴节度使王承捷告唐兵西上，蜀主以为群臣同谋沮己，犹不信，大言曰：“吾方欲耀武。”遂东行。在道与群臣赋诗，殊不为意。

丁丑，李绍琛攻蜀威武城，蜀指挥使唐景思将兵出降；城使周彦禋等知不能守，亦降。景思，秦州人也。得城中粮二十万斛。绍琛纵其败兵万馀人逸去，因倍道趣凤州。李严飞书以谕王承捷。李继曮竭凤翔蓄积以馈军，不能充，人情忧恐。郭崇韬入散关，指其山曰：“吾辈进无成功，不得复还此矣。当尽力一决。今馈运将竭，宜先取凤州，因其粮。”诸将皆言蜀地险固，未可长驱，宜按兵观衅。崇韬以问李愚，愚曰：“蜀人苦其主荒淫，莫为之用。宜乘其人心崩离，风驱霆击，彼皆破胆，虽有险阻，谁与守之！兵势不可缓也。”是日李绍琛告捷。崇韬喜，谓李愚曰：“公料敌如此，吾复何忧！”乃倍道而进。戊寅，王承捷以凤、兴、文、扶四州印节迎降，得兵八千，粮四十万斛。崇韬曰：“平蜀必矣。”即以都统牒命承捷摄武兴节度使。

己卯，蜀主至利州，威武败卒奔还，始信唐兵之来。王宗弼、宋光嗣言于蜀主曰：“东川、山南兵力尚完，陛下但以大军扼利州，唐人安敢悬兵深入！”从之。庚辰，以随驾清道指挥使王宗勋、王宗俨、兼侍中王宗昱为三招讨，将兵三万逆战。从驾兵自绵、汉至深渡，千里相属，皆怨愤，曰：“龙武军粮赐倍于他军，他军安能御敌！”

李绍琛等与蜀三招讨战于三泉，蜀兵大败，斩首五千级，余众溃走。又得粮十五万斛于三泉，由是军食优足。

蜀主闻王宗勋等败，自利州倍道西走，断桔柏津浮梁；命中书令、判六军诸卫事王宗弼将大军守利州，且令斩王宗勋等三招讨。

李绍琛昼夜兼行趣利州。蜀武德留后宋光葆遗郭崇韬书，“请唐兵不入境，当举巡属内附；苟不如约，则背城决战以报本朝。”崇韬复书抚纳之。乙丑，魏王继岌至兴州，光葆以梓、绵、剑、龙、普五州，武定节度使王承肇以洋、蓬、壁三州，山南节度使王宗威以梁、开、通、渠、麟五州，阶州刺史王承岳以阶州，皆降。承肇，宗侃之子也。自余城镇皆望风款附。

天雄节度使王承休与副使安重霸谋掩击唐军，重霸曰：“击之不胜，则大事去矣。蜀中精兵十万，天下险固，唐兵虽勇，安能直度剑门邪！然公受国恩，闻难不可不赴，愿与公俱西。”承休素亲信之，以为然。重霸请赂羌人买文、扶州路以归；承休从之，使重霸将龙武军及所募兵万二千人以从。将行，州人饯于城外。承休上道，重霸拜于马前曰：“国家竭力以得秦、陇，若从开府还朝，谁当守之！开府行矣，重霸请为公留守。”承休业已上道，无如之何，遂与招讨副使王宗讷自扶、文而南；其地皆不毛，羌人抄之，且战且行，士卒冻馁，比至茂州，馀众二千而已。重霸遂以秦、陇来降。

郭崇韬遗王宗弼等书，为陈利害；李绍琛未至利州，宗弼弃城引兵西归。王宗勋等三招讨追及宗弼于白芳，宗弼怀中探诏书示之曰：“宋光嗣令我杀尔曹。”因相持而泣，遂合谋送款于唐。

后唐庄宗同光二年（甲申，公元924年）

郭崇韬位兼将相，又兼任地方节度使，他以天下为己任，其权力和皇帝相近，每天早晚门前的车马都是满满的。他的性情刚愎而急躁，遇事易发脾气，后唐帝宠爱的人想求他办事，多数都遭到失败。宦官们很憎恨他，每天在后唐帝那里说他的短处。郭崇韬感到很愤怒，想制服他们但又不能。豆卢革、韦说曾经问他说：“汾阳王郭子仪本是太原人，后迁到华阴，您世世代代在雁门，难道是他的枝派吗？”郭崇韬因此回答说：“因遭动乱，谱牒丢失，曾经听先人说，上距汾阳王只有四世。”豆卢革说：“既然如此，那么本是同一祖宗了。”从此，郭崇韬以出生高门而悠然自处，同时也重视辨别人的门第，推荐选拔一些华而不实的人，鄙视一些过去有功劳的故旧。有人向郭崇韬请求封官，郭崇韬说：“我很了解你的功绩和才能，但因出身寒门，不敢起用，害怕名流们讥笑。”因此，宫廷内皇帝宠幸的人忌恨他，朝廷外过去的功臣们怨恨他。郭崇韬曾多次请求把枢密使让给李绍宏，后唐帝始终没有答应。他又请求把一部分枢密院的事情分给宦官掌握的内诸司，以此来减轻他的一些权力，但宦官们却没完没了地指责他的过失。郭崇韬感到愁闷不得志，于是和他的亲信们商量准备到本镇去回避。有人说：“不可以。蛟龙离开了水，蝼蚁都可以制服它。”

在此以前，后唐帝打算把刘夫人立为皇后，因有正妃韩夫人在，皇太后平素又恨刘夫人，郭崇韬也曾多次劝说，因此后唐帝没有把刘夫人立为皇后。于是，亲信们劝郭崇韬说："您如果请求立刘夫人为皇后，皇帝一定很高兴。这样，内有皇后的帮助，那些伶官们就不会成为您的忧患了。"郭崇韬听从了这些人的意见。于是和宰相带领百官一起上奏，请求立刘夫人为中宫皇后。癸未（二月十五日），后唐帝立魏国夫人刘氏为皇后。皇后出身很贫寒，等到她显贵以后，专力集蓄财物，她在魏州时，那些柴草果菜都进行贩卖。等到立为皇后以后，四方送给朝廷的贡品都分为二份，一份送给皇帝，一份送给中宫。因此财宝堆积如山，只用来抄写佛经或馈赠尼师而已。

这时，皇太后发的诰令，皇后发的教令，和皇帝发的制敕在藩镇中相互交行，藩镇的官吏们奉之如一。

后唐帝派遣客省使李严出使前蜀，李严十分夸耀后唐帝的威德，有统一天下的志向。而且还说朱氏篡夺政权时，诸侯们却没有一点儿为唐王室尽力的举动。王宗俦认为他的话是在攻击前蜀，请求把他斩杀，但前蜀主没有听从他的意见。宣徽北院使宋光葆对前蜀主说："晋王有进一步逼迫我国的野心，我们应当选将练兵，在边境上驻守军队，积蓄粮草，建造战船，以防他来侵略。"于是前蜀主任命宋光葆为梓州观察使，并充当武德节度留后。

戊申（五月十一日），前蜀主派李严回归后唐。当初，后唐帝派李严进入前蜀，让他用马交换前蜀宫中珍贵的玩赏器物。但前蜀法规定，蜀国上好的丝织品不能流入中原地区，做工比较粗劣的可以让流入中原地区，当地人称为"入草物"。李严回到后唐后，把这些情况告诉了后唐帝，后唐帝很生气地说："王衍难道可以免为入草之人吗？"李严于是对后唐帝说："王衍像小孩子一样痴愚，昏乱放纵，不亲自处理政事，把一些过去的老人排斥得很远，亲近小人。他用的那些掌权的大臣王宗弼、宋光嗣等，靠奉承皇帝而专横跋扈，贪得无厌，贤愚颠倒，刑赏混乱，君臣上下相互都崇尚奢侈荒淫。以我来看，大兵一来，他们就会土崩瓦解，我们可以在极短的时间内把蜀国得到。"后唐帝深感他讲得对。

三年（乙酉，公元925年）

丁酉（九月初七），后唐帝与宰相商议讨伐前蜀，威胜节度使李绍钦平时巴结讨好宣徽使李绍宏，李绍宏推荐说："李绍钦有盖世奇才，孙子、吴起都不如他，可以委任他干大事。"郭崇韬说："李绍钦是亡国之将，他奸诈献媚到了无与伦比的地步，不能相信他。"大家又推举李嗣源，郭崇韬说："契丹方面正打的激烈，总管李嗣源不能离开河朔。魏王应当是君位的继承人，但他没有立过什么特殊功劳，请按照过去的惯例，任命他为讨伐蜀国的统帅，成全他的威名。"后唐帝说："儿子还小，怎么能让他单独前去，应当给他寻找一个副统帅。"后来后唐帝又说："没有人可以代替你。"庚子（初十），任命魏王李继岌出任西川四面行营都统，郭崇韬担任东北面行营都招讨制置等使，军队的全部事务都委托给郭崇韬。

郭崇韬为了报答北都留守孟知祥过去引荐他的旧恩，临出发以前，对后唐帝说：“孟知祥忠厚诚实，又有谋略，如果能夺得西川而寻求统帅，那没有人能够超过他。”郭崇韬还推荐邺都副留守张宪稳重有见识，可以任他为相。戊申（十八日），大军向西出发。

癸亥（十月初四），前蜀主率领数万大军从成都出发。甲子（初五），到达汉州。武兴节度使王承捷报告说后唐兵从西面上来，前蜀主以为是大臣们合谋阻止他，对王承捷所讲的不大相信，于是他夸口说：“我正想炫耀一下武力，显示一下我的威风。”于是向东前进。在路上还和大臣们吟诗赋歌，根本不在意。

丁丑（十八日），李绍琛率军向前蜀威武城进攻，前蜀指挥使唐景思率兵投降。城使周彦禋等知道难以坚守，也投降了。唐景思是秦州人。李绍琛夺得城中的粮食二十万斛。李绍琛放走了前蜀军败兵一万余人，然后兼程直奔凤州。李严飞速向王承捷报信。后唐凤翔节度使李继曮把凤翔积蓄的粮食全部馈送军士，但还不能满足，人心有点担忧和害怕。郭崇韬进入散关后，指着这里的山说：“我们如果进攻不能成功，就不能再回到这里来。应当尽力决一死战。现在运来的粮食快要吃完了，应当首先夺取凤州，用那里的粮食。”各位将领都说蜀地险要坚固，不可长驱直入，应当按兵不动，观察一下蜀兵的动向。郭崇韬以此询问李愚，李愚回答说：“蜀人对蜀主荒淫无度感到很苦恼，都不想为他效力。应当乘蜀国人心涣散时迅速发起进攻，这样他们都会被吓破了胆，虽然有险阻，又有谁来为他坚守呢？战机不可迟缓。”当天李绍琛又传来捷报，郭崇韬听了之后十分高兴，对李愚说：“你料敌如此，我还有什么可忧患的！”因此率军兼程前进。戊寅（十九日），王承捷持凤、兴、文、扶四州的印节来投降，得到八千多降兵，粮食四十万斛。郭崇韬说：“平定蜀国是必定无疑了。”因此以都统的命令让王承捷代理武兴节度使。

己卯（二十日），前蜀主到达利州，威武城被打败的士卒逃了回来，他才相信后唐兵已经到来。王宗弼、宋光嗣对前蜀主说：“东川、山南的军队还是很完整的，陛下只要用大军据守利州，唐人怎么敢孤军深入。”前蜀主听从了他们的意见。庚辰（二十一日），任命随驾清道指挥使王宗勋、王宗俨、兼侍中王宗昱为三招讨，率兵三万迎战后唐军。随驾的士卒从绵、汉出发到达深渡，相连千里，士卒们都很怨恨，说：“皇帝赏赐给龙武军的粮饷是其他军的一倍，其他军队怎么能来抵御敌军呢？”

李绍琛等和前蜀国三个招讨在三泉作战，前蜀军大败，五千余人被斩首，其余的士卒都溃逃。李绍琛在三泉又夺得十五万斛粮食，军队的粮食又富足起来。

前蜀主听说王宗勋等战败，从利州快速向西逃跑，沿途拆除了桔柏津的浮桥。并令中书令、判六军诸卫事王宗弼率领大军坚守利州，又令将王宗勋等三个招讨斩杀。

李绍琛昼夜兼程直奔利州。前蜀国武德留后宋光葆送给郭崇韬一封信，信中说：“请求唐军不要进入境内，如果办到，我就将管辖范围内的地方全部归附于唐军。如果不能按约定办，我就背城一战，以此来报答蜀主。”郭崇韬回信表示愿如约接纳他们。乙丑，魏王李继岌到达兴州，宋光葆率梓、绵、剑、龙、普五州，武定节度使王承肇率洋、蓬、壁三州，山南节度使王宗威率梁、开、通、渠、麟五州，阶州刺史王承岳率阶州，全部投降了后唐军。王承肇是王宗侃的儿子。其余城镇都望风归附后唐军。

天雄节度使王承休和副使安重霸谋划伏击后唐军，安重霸说："袭击如果不能取得胜利，那么大事就完了。蜀国有十万精兵，地形险要牢固，唐军虽然勇敢，怎么能够顺利到达剑门呢？国家对你的恩情很大，听到国家有危难不可不赴难，我希望和你一起向西回朝。"王承休平素很信任安重霸，认为他讲得对。安重霸请求贿赂一下羌族人，买通文、扶二州的道路以便回蜀时通过。王承休也听从了他的意见，并让安重霸率领龙武军以及招募来的一万二千多士卒跟随他一起回朝。临行前，州人在城外为他饯行。王承休上路后，安重霸在他的马前跪拜说："国家用全部力量夺得秦、陇二州，如果我也跟随你回朝，谁来坚守这里呢？你走之后，我请求为你坚守在这里。"王承休已经上路，对安重霸没有办法，于是与招讨副使王宗汭从扶、文二州向南前进。这里都是不毛之地，羌族人从后面抄袭他们，王承休率军边战边走，士卒们又冻又饿，到茂州时只剩下二千人。于是安重霸就率秦、陇二州投降了后唐军。

郭崇韬给王宗弼等送去一封信，向他们说明利害关系。此时李绍琛还没有到达利州，王宗弼就弃城率兵向西撤退。王宗勋等三个招讨在白芳追上了王宗弼，王宗弼从怀中取出诏书给他们看，并对他们说："宋光嗣命令我杀死你们。"三个招讨使和王宗弼一起哭了起来，最后他们合谋准备归顺后唐。

后唐纪三 第二百七十四卷

译文诵读

庄宗光圣神闵孝皇帝下同光三年（乙酉，925）

王宗弼至成都，登大玄门，严兵自卫。蜀主及太后自往劳之，宗弼骄慢无复臣礼。乙巳，劫迁蜀主及太后后宫诸王于西宫，收其玺绶，使亲吏于义兴门邀取内库金帛，悉归其家。其子承涓杖剑入宫，取蜀主宠姬数人以归。丙午，宗弼自称权西川兵马留后。

宗弼遣使以币马牛酒劳军，且以蜀主书遗李严曰："公来吾即降。"或谓严："公首建伐蜀之策，蜀人怨公深入骨髓，不可往。"严不从，欣然驰入成都，抚谕吏民，告以大军继至。

辛亥，继岌至德阳。宗弼遣使奉笺，称已迁蜀主于西第，安抚军城，以俟王师。又使其子承班以蜀主后宫及珍玩赂继岌及郭崇韬，求西川节度使，继岌曰："此皆我家物，奚以献为！"留其物而遣之。

乙卯，至成都。丙辰，李严引蜀主及百官仪卫出降于升迁桥，蜀主白衣、衔璧、牵羊，草绳萦首，百官衰绖、徒跣、舆榇，号哭俟命。继岌受璧，崇韬解缚，焚榇，承制释罪；君臣东北向拜谢。丁巳，大军入成都。崇韬禁军士侵掠，市不改肆。自出师至克蜀，凡七十日。得节度十，州六十四，县二百四十九，兵三万，铠仗、钱粮、金银、缯绵共以千万计。

初，帝遣宦者李从袭等从魏王继岌伐蜀；继岌虽为都统，军中制置补署一出郭崇韬，崇韬终日决事，将吏宾客趋走盈庭，而都统府惟大将晨谒外，牙门索然，从袭等固耻之。及破蜀，蜀之贵臣大将争以宝货、妓乐遗崇韬及其子廷诲，魏王所得，不过匹马、束帛、唾壶、麈柄而已，从袭等益不平。

王宗弼之自为西川留后也，赂崇韬求为节度使，崇韬阳许之，既而久未得，乃帅蜀人列状见继岌，请留崇韬镇蜀。从袭等因谓继岌曰："郭公父子专横，今又使蜀人请已为帅，其志难测，王不可不为之备。"继岌谓崇韬曰："主上倚侍中如山岳，不可离庙堂，岂肯弃元老于蛮夷之域乎！且此非余之所敢知也，请诸人诣阙自陈。"由是继岌与崇韬互相疑。

会宋光葆自梓州来，诉王宗弼诬杀宋光嗣等；又，崇韬征犒军钱数万缗于宗弼，宗弼靳之，十卒怨怒，夜，纵火喧噪，崇韬欲诛宗弼以自明，己巳，白继岌收宗弼及王宗勋、王宗渥，皆数其不忠之罪，族诛之，籍没其家。蜀人争食宗弼之肉。

癸酉，王承休、王宗汭至成都，魏王继岌诘之曰："居大镇，拥强兵，何以不拒战？"对曰："畏大王神武。"曰："然则何以不降？"对曰："王师不入境。"曰："所俱入羌者几人？"对曰："万二千人。"曰："今归者几人？"对曰："二千人。"曰："可以偿万人之死矣。"皆斩之，并其子。

丙子，以知北都留守事孟知祥为西川节度使、同平章事，促召赴洛阳。

郭崇韬素疾宦官，尝密谓魏王继岌曰："大王他日得天下，騬马亦不可乘，况任宦官！宜尽去之，专用士人。"吕知柔窃听，闻之，由是宦官皆切齿。

时成都虽下，而蜀中盗贼群起。布满山林。崇韬恐大军既去，更为后患，命任圜、张筠分道招讨，以是淹留未还。帝遣宦者向延嗣促之，崇韬不出郊迎，及见，礼节又倨，延嗣怒。李从袭谓延嗣曰："魏王，太子也；主上万福，而郭公专权如是。郭廷诲拥徒出入，日与军中饶将、蜀土豪杰狎饮，指天画地，近闻白其父请表己为蜀帅；又言'蜀地富饶，大人宜善自为谋。'今诸军将校皆郭氏之党，王寄身于虎狼之口，一朝有变，吾属不知委骨何地矣。"因相向垂涕。延嗣归，具以语刘后。后泣诉于帝，请早救继岌之死。

前此帝闻蜀人请崇韬为帅，已不平，至是闻延嗣之言，不能无疑。帝阅蜀府库之籍，曰："人言蜀中珍货无算，何如是之微也？"延嗣曰："臣闻蜀破，其珍货皆入于崇韬父子，崇韬有金万两，银四十万两，钱百万缗，名马千匹，他物称是，廷诲所取，复在其外；故县官所得不多耳。"帝遂怒形于色。及孟知祥将行，帝语之曰："闻郭崇韬有异志，卿到，为朕诛之。"知祥曰："崇韬，国之勋旧，不宜有此。俟臣至蜀察之，苟无他志则遣还。"帝许之。

壬子，知祥发洛阳。帝寻复遣衣甲库使马彦珪驰诣成都观崇韬去就，如奉诏班师则已，若有迁延跋扈之状，则与继岌图之。彦珪见皇后，说之曰："臣见向延嗣言蜀中事势忧在朝夕，今上当断不断，夫成败之机，间不容发，安能缓急禀命于三千里外乎！"皇后复言于帝，帝曰："传闻之言，未知虚实，岂可遽尔果决！"皇后不得请，退，自为教与继岌，令杀崇韬。知祥行至石壕，彦珪夜叩门宣诏，促知祥赴镇，知祥窃叹曰："乱将作矣！"乃昼夜兼行。

明宗圣德和武钦孝皇帝上之上天成元年（丙戌，926）

魏王继岌将发成都，令任圜权知留事，以俟孟知祥。诸军部署已定，是日，马彦珪至，以皇后教示继岌，继岌曰："大军垂发，彼无衅端，安可为此负心事！公辈勿复言。且主上无敕，独以皇后教杀招讨使，可乎？"李从袭等泣曰："既有此迹，万一崇韬闻之，中途为变，益不可救矣。"相与巧陈利害，继岌不得已从之。

甲子旦，从袭以继岌之命召崇韬计事，继岌登楼避之。崇韬方升阶，继岌从者李环挝碎其首，并杀其子廷诲、廷信。外人犹未之知。都统推官滏阳李崧谓继岌曰："今行军三千里外，初无敕旨，擅杀大将，大王奈何行此危事！独不能忍之至洛阳邪？"继岌曰："公言是也，悔之无及。"崧乃召书吏数人，登楼去梯，矫为敕书，用蜡印宣之，军中粗定。崇韬左右皆窜匿，独掌书记滏阳张砺诣魏王府恸哭久之。继岌命任圜代崇韬总军政。

壬戌，李嗣源至邺都，营于城西南；甲子，嗣源下令军中，诘旦攻城。是夜，从马直军士张破败作乱，帅众大噪，杀都将，焚营舍。诘旦，乱兵逼中军，嗣源帅亲军拒战，不能敌，敌兵益炽。嗣源叱而问之曰："尔曹欲何为？"对曰："将士从主上十年，百战以得天下。今主上弃恩任威，贝州戍卒思归，主上不赦，云'克城之后，当尽坑魏博之军'；近从马直数卒喧竞，遽欲尽诛其众。我辈初无叛心，但畏死耳。今众议欲与城中合势击退诸道之军，请主上帝河南，令公帝河北，为军民之主。"嗣源泣谕之，不从。嗣源曰："尔不用吾言，任尔所为，我自归京师。"乱兵拔白刃环之，曰："此辈虎狼也，不识尊卑，今公去欲何之！"因拥嗣源及李绍真等入城，城中不受外兵，皇甫晖逆击张破败，斩之，外兵皆溃。赵在礼帅诸校迎拜嗣源，泣谢曰："将士辈负令公，敢不惟命是听！"嗣源诡说在礼曰："凡举大事，须藉兵力，令外兵流散无所归，我为公出收之。"在礼乃听嗣源、绍真俱出城，宿魏县，散兵稍有至者。

李嗣源之为乱兵所逼也，李绍荣有众万人，营于城南，嗣源遣牙将张虔钊、高行周等七人相继召之，欲与共诛乱者。绍荣疑嗣源之诈，留使者，闭壁不应。及嗣源入邺都，遂引兵去。嗣源在魏县，众不满百，又无兵仗；李绍真所将镇兵五千，闻嗣源得出，相帅归之，由是嗣源兵稍振。嗣源泣谓诸将曰："吾明日当归藩，上章待罪，听主上所裁。"李绍真及中门使安重诲曰："此策非宜。公为元帅，不幸为凶人所劫；李绍荣不战而退，归朝必以公藉口。公若归藩，则为据地邀君，适足以实谗慝之言耳。不若星行诣阙，面见天子，庶可自明。"嗣源曰："善！"丁卯，自魏县南趣相州，遇马坊使康福，得马数千匹，始以戍军。

壬午，嗣源入大梁。

帝至万胜镇，闻嗣源已据大梁，诸军离叛，神色沮丧，登高叹曰："吾不济矣！"即命旋师。帝之出关也，扈从兵二万五千，及还，已失万余人，乃留秦州都指挥使张唐以步骑三千守关。癸未，帝还过罂子谷，道狭，每遇卫士执兵仗者，辄以善言抚之曰：""适报魏王又进西川金银五十万，到京当尽给尔曹。"对曰：""陛下赐已晚矣，人亦不感圣恩！"帝流涕而已。又索袍带赐从官，内库使张容哥称颁给已尽，卫士叱容哥曰："致吾君失社稷，皆此阉竖辈也。"抽刀逐之；或救之，获免。容哥谓同类曰："皇后吝财致此，今乃归咎于吾辈；事若不测，吾辈万段，吾不忍待也。"因赴河死。

甲申，帝至石桥西，置酒悲涕，谓李绍荣等诸将曰："卿辈事吾以来，急难富贵靡不同之；今致吾至此，皆无一策以相救乎！”诸将百余人，皆截发置地，誓以死报，因相与号泣。是日晚，入洛城。

后唐庄宗同光三年（乙酉，公元925年）

王宗弼到成都后，登上了大玄门，严兵自卫。前蜀主和太后亲自去慰劳他，王宗弼很傲慢，没有向前蜀主回拜臣下之礼。乙巳（十一月十六日），王宗弼劫持前蜀主、太后以及后宫诸王，把他们迁至西宫，没收了他们的玺印。同时让前蜀主的亲信官吏在义兴门领取内库的金帛，全部让他们回家。王宗弼的儿子王承涓持剑进入宫中，领着几个前蜀主宠爱的姬妾回到家中。丙午（十七日），王宗弼自称代理西川兵马留后。

王宗弼派遣使者拿着钱财、马牛、酒肉去慰劳后唐军，并把前蜀主的信送给李严，信中说："你来了我就投降。"有人对李严说："你首先提出讨伐蜀国的策略，蜀国人对你恨之入骨，你千万不可去。"李严没有听从这个人的意见，仍高高兴兴地直奔成都。他到了成都，安抚慰恤那里官吏和百姓，告诉他们大军将相继到来。

辛亥（二十二日），李继岌到达德阳。王宗弼派遣使者送去书信，说已经把前蜀主迁到他西边的住宅里，安抚了城中的军队，以等待大王军队的到来。又派他的儿子王承班用前蜀主妻妾及珍贵玩物来贿赂李继岌和郭崇韬，请求能任用他为西川节度使。李继岌说："这些都是我家的东西，怎么用这些东西作为贡献呢？"把他送来的东西留下而把来人送走了。

乙卯（二十六日），李继岌到达成都。丙辰（二十七日），李严领着前蜀主以及百官、仪仗和卫士在升迁桥投降。前蜀主穿着白衣服，口里含着玉璧，手里牵着羊，用草绳攀绕着头。百官们身穿丧服，光着脚，用车子拉着空棺，他们都大声号哭着等待李继岌的命令。李继岌接受了前蜀主的玉璧，郭崇韬解开了前蜀主脖子上的草绳，并把那些空棺都烧掉，按照后唐帝的旨意，免除他们的罪过，并释放了他们。前蜀国君臣都向着东北面拜谢了后唐帝。丁巳（二十八日），后唐军进入成都。郭崇韬禁止士卒进行抢掠，街市上照常贸易往来。从后唐出兵到攻克前蜀国，共用了七十天。取得十个节度使、六十四个州、二百四十九个县，俘获三万士卒，铠仗、钱粮、金银、缯帛等数以千万计。

当初，后唐帝派遣宦官李从袭等跟从魏王李继岌前往讨伐前蜀。李继岌虽然身为都统，但军中的经营谋划、委任官职等全部由郭崇韬掌管。郭崇韬整天处理事务，将吏宾客们你来我往，门庭若市，而都统住的地方只有大将早晨来谒拜，牙门里冷冷清清，李从袭等感到羞辱。攻破前蜀国后，前蜀国的贵臣将领们争着给郭崇韬和他的儿子郭廷诲送宝物、妓艺，而魏王李继岌所得到的，只不过是一些马匹、束帛、唾壶、麈柄等而已，李从袭等更加愤愤不平了。

王宗弼自己当西川留后时，贿赂郭崇韬请求做西川节度使，郭崇韬表面上答应，但过了很久王宗弼还没有得到这个官，于是就带着蜀人来见李继岌，列举了很多理由，请求留下郭崇韬镇守蜀地。李从袭等因此对李继岌说："郭公父子十分专横，现在又让蜀人为自己请求统帅，他的志向难以猜透，大王对他不可没有防备。"李继岌对郭崇韬说："主上依靠你如靠大山，不可让你离开庙堂，难道肯把元老丢弃在这蛮夷地区吗？再说这些不是我所敢知道的，请诸位到朝廷里自己去陈说吧！"从此李继岌和郭崇韬之间就相互产生了猜疑。

这时正好宋光葆从梓州来到，他诉说王宗弼诬杀宋光嗣等的情况。又赶上郭崇韬向王宗弼征收数万缗钱想用来慰劳军队，但王宗弼吝惜不肯给，士卒们非常愤怒，晚上，在王宗弼的住处放火喧闹。郭崇韬想杀了王宗弼表明自己清白，己巳（初十），郭崇韬告诉李继岌，把王宗弼、王宗汭、王宗渥抓起来，谴责他们的不忠之罪，然后就把他们以及他们的家属全部斩杀，并没收了他们的家产。王宗弼被杀之后，前蜀人争抢着吃王宗弼的肉。

癸酉（十四日），王承休、王宗汭到达成都，魏王李继岌责问说："你们驻守大镇，拥有强兵，为什么不抵抗？"回答道："害怕大王的神明威武。"李继岌问："那么为什么不投降？"答道："大王的军队没有进入境内。"李继岌问："你们进入羌地共有多少人？"答曰："一万两千人。"李继岌又问："现在回来的有多少人？"他们回答说："二千人。"李继岌最后说："可以给死去的一万人抵命了。"于是就把王承休等二千人以及他们的儿子全部杀死。

丙子（十七日），任命知北都留守事孟知祥为西川节度使、同平章事，并催促他去洛阳。

郭崇韬平素就嫉恨宦官，曾暗中对魏王李继岌说："大王他日得到天下，骟了的马都不能骑，更何况任用宦官！应当把他们全部辞去，专门起用士人。"吕知柔正好在外面偷听到郭崇韬的话，宦官们因此对郭崇韬都恨得咬牙切齿。

当时成都虽然被攻取，但蜀中盗贼四起，布满山林。郭崇韬担心大军撤离，成为后患，命令任圜、张筠分路去招抚讨伐他们，郭崇韬于是停留下来没有回洛阳。唐帝派宦官向延嗣催促，郭崇韬没有到郊外去迎接，见了向延嗣后，礼节又十分傲慢，向延嗣十分生气。李从袭对向延嗣说："魏王是太子，主上多福，而郭公如此独裁，郭廷诲和他的同党们经常往来，每天和军队中勇敢的将领们、蜀地的豪杰们喝酒胡混，指天画地、胡吹乱捧。近来又听说他让父亲郭崇韬上表请求为蜀帅，又说'蜀地非常富饶，大人应当为自己妥善地谋划一番'。现在诸军将领都是郭氏的同党，大王寄身在虎狼之口，一旦有变，我们都不知道自己的骨头丢在什么地方啊！"于是面对面地痛哭流涕。向延嗣回到洛阳之后，把这些情况全部告诉了刘后，刘后边哭边告诉给后唐帝，并请求及早挽救李继岌，使他免于一死。

在此以前，后唐帝听到蜀人请求郭崇韬做他们的统帅，心中已经愤愤不平，这时又听到向延嗣的这番话，不能不表示怀疑。后唐帝查看前蜀府库的账簿时，说：“人们都说蜀中的珍宝无法计算，为什么账簿上这么少呢？”向延嗣说：“我听说蜀国被攻破以后，珍宝都到了郭崇韬父子的手中，郭崇韬有黄金一万两，白银四十万两，钱百万串，名贵的马一千匹，其他的东西与此相当。至于郭廷诲所拿到的还在这些之外，所以朝廷所得到的并不很多。”于是后唐帝脸上流露出愤怒的表情。等到孟知祥将要出发到成都时，后唐帝对他说：“听说郭崇韬有异心，你到了那里，帮我把他杀掉。”孟知祥说：“郭崇韬是国家的有功之臣，不应这样处理。等我到了蜀地观察他一段，如果没有异心就送他回来。”后唐帝答应了。

壬子（十二月二十四日），孟知祥从洛阳出发。不久，后唐帝又派衣甲库使马彦珪迅速赶到成都观察郭崇韬到底愿不愿离开那里。如果能按照后唐帝的命令班师回朝则已，如果拖延时间或表现出飞扬跋扈的样子，就和李继岌一起把他杀掉。马彦珪见到皇后，劝她说：“我看如果像向延嗣所说蜀中形势，忧患就在朝夕，现在皇上当断不断，成败的时机，间不容发，怎么能够在三千里之外不顾缓急请示呢？”皇后又把这些告诉了后唐帝，后唐帝说：“道听途说的话，不能判断是真是假，怎么可以仓促做出决定呢？”皇后的请求未得允准，只好退出。她自己给李继岌写了个告谕，命令他杀死郭崇韬。孟知祥到达石碳，马彦珪黑夜敲开他的门宣布了后唐帝的命令，催他赶住成都，孟知祥私下叹息地说：“乱子将要发生了。”于是他日夜兼程，赶赴成都。

熹平石经

后唐明宗天成元年（丙戌，公元926年）

魏王李继岌将从成都出发，命令任圜暂管留下的事情，等待孟知祥的到来。各路军队已部署好，就在这一天里，马彦珪来到成都，把皇后的告谕拿给李继岌看，李继岌说：“大军将要出发，郭崇韬也没有什么迹象，怎么可以做这种对不起人的事呢？你们不能再说这种话了。况且皇上也没有命令，仅凭皇后的告谕就把招讨使杀死，这样做可以吗？”李从袭等哭着说：“既然有了这种迹象，万一郭崇韬听说以后，中途发生了变化，那就更不可以挽救了。”于是李从袭等一起花言巧语地向李继岌陈说利害，李继岌不得已只好听从了他们的意见。甲子（正月初七）晨，李从袭以李继岌的命令召见郭崇韬议事，李继岌上楼躲避。郭崇韬刚要上台级，跟随李继岌的李环击碎了他的头，并杀死了他的儿子郭廷诲、郭廷信。外面的人还不知道这件事。都统推官滏阳李崧对李继岌说：“现在部队将要出发在三千里之外，一开始就没有皇上的命令而擅自杀死大将，大王怎么可以做出这种危险的事情！难道不能忍一忍到洛阳再说吗？”李继岌说：“你说得很对，但后悔也来不及了。”于是李崧召集了好几个书吏来，登上楼，然后把梯子撤去，假造一个皇帝的命令，又用蜡摹刻了个印盖上，才对外宣谕，这样军中才稍稍安定下来。而郭崇韬的左右亲信们都逃跑躲藏起来，只有掌书记滏阳人张砺到魏王府痛哭了很长时间。李继岌任命任圜代替郭崇韬总管军政。

壬戌（三月初六），李嗣源到达邺都，在城西南安下营寨。甲子（初八），李嗣源下达命令，明晨攻打邺都城。这天夜里，从马直军士张破败叛乱，带领好多人大声喧闹，杀死都将，焚烧营寨。第二天早晨，叛乱的士卒逼近中军，李嗣源率领随身护卫部队抵抗，抵挡不住，乱兵的气势更加猖狂。李嗣源大声斥问他们说：“你们想干什么？”乱兵回答说：“将士们跟随主上已有十年，经过百战夺得了天下。现在主上忘恩负义，威凌士卒，驻守在贝州的士卒只是想回家，主上不能饶恕他们，还说‘攻下城以后，应当把魏博的军队全部坑杀’。近来从马直少数士卒争逐喧闹，便想把这些士卒全数杀掉。我们从来没有背叛的想法，只是害怕被杀。现在大家商量想和城里的人联合起来，击退各路军队，请主人在河南称帝，您李嗣源在河北称帝，成为这里军民的主上。”李嗣源哭泣着劝谕他们，可没人听从。李嗣源说：“你们不听我的话，任你们随便干，我自回京师。”叛乱的士兵们拔出刀剑把他围起来，并说：“这些人都是虎狼之辈，不懂得尊卑，你离开这里准备去哪里呢？”于是簇拥着李嗣源和李绍真等进城，结果城里的人不让外面的兵进去，皇甫晖迎战张破败，张破败被击杀，城外的兵被打败。赵在礼率领各位校官迎接拜见了李嗣源，边哭边谢罪说：“将士们对不起您，敢不惟命是从！”李嗣源假意对赵在礼说：“凡是要做大的事情，必须借助兵力，现在城外的士卒被打散后无处可归，我为你出去收集他们。”赵在礼同意李嗣源和李绍真一起出城，他们住在魏县，被击散的士卒逐渐回来了。

李嗣源被乱兵逼迫的时候，李绍荣有一万士卒驻扎在邺都城南，李嗣源派遣牙将张虔钊、高行周等七人相继通知他，想和他联合起来消灭乱兵。李绍荣怀疑李嗣源有诈，于是把使者扣留下来，关起军营大门拒不响应。等到李嗣源进入邺都，他率兵离开这里。李嗣源在魏县时，士卒不到一百人，又没有武器。李绍真所率领的镇州五千士卒，听说李嗣源出来，一起归附了他，因此李嗣源的军队渐渐振兴起来。李嗣源边哭边对诸将说：“我明天就回藩镇去，上奏皇上请求治罪，听从皇上的裁决。”李绍真和中门使安重诲说：“这种策略不大适当。您身为元帅，不幸被乱兵劫持。李绍荣不战而退，回到朝廷后一定会以您为借口。如果您回到藩镇，那就是占据地盘来胁迫君主，正足以证实那些谗言了。不如日夜兼程回到朝廷，面见天子，这样方可不讲自明。”李嗣源说：“很好！”丁卯（十一日），从魏县出发向南直奔相州，遇到了马坊使康福，得到了几千匹马，才组成军队。

壬午（二十六日），李嗣源进入大梁。

后唐帝到达万胜镇，听说李嗣源已经占据了大梁城，诸军离叛，神色沮丧，他登上高处叹息地说：“我不能成功了。”于是马上命令回师。后唐帝出关时，随从的部队有二万五千人，等到回师的时候，已失去一万余人，于是他留下秦州都指挥使张唐率领三千骑兵步兵把守关口。癸未（二十七日），后唐帝路过罂子谷，道路狭窄，每逢遇到拿着兵器仪仗的卫士，他就用友好爱惜的话安抚他们说：“刚才有人报告说魏王又进贡西川的金银五十两，等到了京师全部分给你们。”士卒们回答说：“陛下的赏赐已经晚了，人们也不会感谢圣恩了。”后唐帝只是哭泣而已。后唐帝又寻找袍带赏赐给跟从他的官吏们。内库使张容哥说颁赐的东西已经用完了，卫士们骂张容哥说：“使国君失去了江山，都是你们这些阉竖们干的！”于是拔出刀来追逐他。刚好有人救了他，才免于一死。张容哥对他的同伙们说：“皇后吝啬财物到了如此地步，现在却归咎于我们。如果发生意外的事情，我们将会碎尸万段，我不能忍心等待那一天的到来。”因此，他跳进黄河淹死了。

甲申（二十八日），后唐帝到达石桥的西面，摆开酒宴，悲痛地对李绍荣等诸位将领说：“你们侍奉我以来，急难同当，富贵同享，今天使我到了如此地步，都没有一个计策能救我吗？”一百多位将领都割断头发放在地上，誓死以报答后唐帝，于是一起放声大哭。当天晚上，进入洛城。

第二百七十五卷 后唐纪四

译文诵读

明宗圣德和武钦孝皇帝上之下天成元年（丙戌，926）

是日，李嗣源至罂子谷，闻之，恸哭，谓诸将曰："主上素得士心，正为群小蔽惑至此，今吾将安归乎！"

百官三笺请嗣源监国，嗣源乃许之。甲午，入居兴圣宫，始受百官班见。下令称教，百官称之曰殿下。

有司议即位礼。李绍真、孔循以为唐运已尽，宜自建国号。监国问左右："何谓国号？"对曰："先帝赐姓于唐，为唐复雠，继昭宗后，故称唐。今梁朝之人不欲殿下称唐耳。"监国曰："吾年十三事献祖，献祖以吾宗属，视吾犹子。又事武皇垂三十年，先帝垂二十年，经纶攻战，未尝不预；武皇之基业则吾之基业也，先帝之天下则吾之天下也，安有同家而异国乎！"令执政更议。吏部尚书李琪曰："若改国号，则先帝遂为路人，梓宫安所托乎！不惟殿下忘三世旧君，吾曹为人臣者能自安乎！前代以旁支入继多矣，宜用嗣子柩前即位之礼。"众从之。丙午，监国自兴圣宫赴西宫，服斩衰，于柩前即位，百官缟素。既而御衮冕受册，百官吉服称贺。

辛巳，契丹主阿保机卒于夫馀城，述律后召诸将及酋长难制者之妻，谓曰："我今寡居，汝不可不效我。"又集其夫泣问曰："汝思先帝乎？"对曰："受先帝恩，岂得不思！"曰："果思之，宜往见之。"遂杀之。

契丹述律后爱中子德光，欲立之，至西楼，命与突欲俱乘马立帐前，谓诸酋长曰："二子吾皆爱之，莫知所立，汝曹择可立者执其辔。"酋长知其意，争执德光辔欢跃曰："愿事元帅太子。"后曰："众之所欲，吾安敢违。"遂立之为天皇王。突欲愠，帅数百骑欲奔唐，为逻者所遏；述律后不罪，遣归东丹。天皇王尊述律后为太后，国事皆决焉。太后复纳其侄为天皇王后。

后唐明宗天成元年（丙戌，公元926年）

这一天，李嗣源到达罨子谷，听说后唐皇帝庄宗已死，痛哭一场，并对诸位将领说："主上平时很得人心，正是被这一群小人蒙蔽迷惑才到了这种地步，现在我将到哪里去呢？"

百官第三次送上书札请求李嗣源监国，李嗣源答应了他们的请求。甲午（初八），进入兴圣宫居住，开始接受百官按次序的拜见。他下发的命令称作教，百官称他为殿下。

主管官吏商议监国即皇帝位的仪礼。李绍真、孔循认为唐朝的世运已经完了，应当自己建立国号。监国问左右大臣说："什么叫做国号？"回答说："先帝接受唐朝赐给的姓，为唐朝报仇，继唐昭宗之后，所以称唐。现在梁朝的人们不想让殿下的国号称作唐。"监国说："我十三岁时侍奉献祖李国昌，献祖把我看做同一宗族，对我就像对待儿子一样。后来又侍奉武皇李克用近三十年，侍奉先帝李存勖近二十年，每次筹划治理国家的大事和攻伐征战，我未尝不参预。武皇的基业就是我的基业，先帝的天下就是我的天下，哪有同家而异国的道理！"于是命令主持政务的人们重新商议一下。吏部尚书李琪说："如果改变国号，那先帝就成了与国家没有关系的人，他的棺材往哪里安放呢？这不仅仅是殿下忘记了三世旧的君主，我们这些做大臣的心里能够自安吗？过去的朝代以旁支继承王位的有很多，应当用嗣子在棺材前面即位的礼仪即位。"大家听从了他的意见。丙午（二十日），监国从兴圣宫到西宫，穿着用粗麻布做的重丧服，在棺材前面即皇帝位，百官们都穿着白丧服。不一会儿，监国穿上皇帝的礼服和礼帽，接受册书，百官们穿着吉祥的服装祝贺。

辛巳（七月二十七日），契丹主阿保机在扶馀城去世。述律后召见诸将以及酋长中难以制服的人的妻子，然后对她们说："我现在一人独居，你们不可不效法我。"又召集她们的丈夫边哭边问他们说："你们思念先帝吗？"这些人回答说："先帝对我们有很大恩情，怎么能不思念他呢？"述律后说："果然思念他，就应该去见他。"于是就把他们都杀死了。

契丹述律后喜欢中子德光，想立他为契丹主。到了西楼，让他和突欲一起骑着马立在帐前，然后她对各位酋长说："这两个儿子我都很喜欢，不知道该立那个为契丹主，你们选择一个可以立为契丹主的，然后拉住他的马缰绳。"酋长们知道她的心思，都争着去拉德光的马缰绳，并高兴地跳着说："愿意侍奉元帅太子。"述律后说："大家的愿望，我怎么敢违背。"于是立德光为天皇王。突欲心中不平，率几百骑兵想投奔后唐，被巡逻的人所阻止。述律后没有治他罪，只是把他遣送回东丹。天皇王尊述律后为太后，国家大事都由她来决定。太后又聘她的侄女为天皇王的王后。

第二百七十六卷 后唐纪五

译文诵读

明宗圣德和武钦孝皇帝中之上天成三年（戊子，928）

枢密使、同平章事孔循，性狡佞，安重诲亲信之。帝欲为皇子娶重诲女，循谓重诲曰："公职居近密，不宜复与皇子为婚。"重诲辞之。久之，或谓重诲说："循善离间人，不可置之密地。"循知之，阴遣人结王德妃，求纳其女；德妃请娶循女为从厚妇，帝许之。重诲大怒，乙未，以循同平章事，充忠武节度使兼东都留守。

重诲性强愎。秦州节度使华温琪入朝，请留阙下，帝嘉之，除左骁卫上将军，月别赐钱谷，岁余，帝谓重诲曰："温琪旧人，宜择一重镇处之。"重诲对以无阙。他日，帝屡言之，重诲愠曰："臣累奏无阙，惟枢密使可代耳。"帝曰："亦可。"重诲无以对。温琪闻之惧，数月不出。

重诲恶成德节度使、同平章事王建立，奏建立与王都交结，有异志。建立亦奏重诲专权，求入朝面言其状，帝召之；既至，言重诲与宣徽使判三司张延朗结婚，相表里，弄威福。三月，辛亥，帝见重诲，气色甚怒，谓曰："今与卿一镇自休息，以王建立代卿，张延朗亦除外官。"重诲曰："臣披荆棘事陛下数十年，值陛下龙飞，承乏机密，数年间天下幸无事；今一旦弃之外镇，臣愿闻其罪！"帝不怿而起，以语宣徽使朱弘昭，弘昭曰："陛下平日待重诲如左右手，奈何以小忿弃之！愿垂三思。"帝寻召重诲慰抚之。明日，建立辞归镇，帝曰："卿比奏欲入分朕忧，今复去何之！"会门下侍郎兼刑部尚书、同平章事郑珏请致仕，己未，以珏为左仆射致仕；癸亥，以建立为右仆射兼中书侍郎、同平章事、判三司。

四年（己丑，929）

吴诸道副都统、镇海宁国节度使兼侍中徐知询自以握兵据上流，意轻徐知诰，数与知诰争权，内相猜忌，知诰患之；内枢密使王令谋曰："公辅政日久，挟天子以令境内，谁敢不从！知询年少，恩信未洽于人，无能为也。"知询待诸弟薄，诸弟皆怨之。徐玠知知询不可辅，反持其短以附知诰。吴越王镠遗知询金玉鞍勒、器皿，皆饰以龙凤；知询不以为嫌，乘用之。知询典客周廷望说知询曰："公诚能捐宝货以结朝中勋旧，使皆归心于公，则彼谁与处！"知询从之，使廷望如江都谕意。廷望与知诰亲吏周宗善，密输款于知诰，亦以知诰阴谋告知询。知询召知诰诣金陵除父温丧，知诰称吴主之命不许，周宗谓廷望曰："人言侍中有不臣七事，宜亟入谢！"廷望还，以告知询。十一月，知询入朝，知诰留知询为统军，领镇海节度使，遣右雄武都指挥使柯厚征金陵兵还江都，知诰自是始专吴政。知询责知诰曰："先王违世，兄为人子，初不临丧，可乎？"知诰曰："尔挺剑待我，我何敢往！尔为人臣，畜乘舆服御物，亦可乎？"知询又以廷望所言诘知诰，知诰曰："以尔所为告我者，亦廷望也"。遂斩廷望。

十二月，吴加徐知诰兼中书令，领宁国节度使。知诰召徐知询饮，以金钟酌酒赐之，曰："愿弟寿千岁。"知询疑有毒，引他器均之，跽献知诰曰："愿与兄各享五百岁。"知诰变色，左右顾，不肯受，知询捧酒不退。左右莫知所为，伶人申渐高径前为诙谐语，掠二酒合饮之，怀金钟趋出，知诰密遣人以良药解之，已脑溃而卒。

后唐明宗天成二年（戊子，公元928年）

枢密使、同平章事孔循性情狡猾，善于花言巧语，安重诲很亲信他。后唐帝想为他的儿子娶安重诲的女儿为妻子，孔循对安重诲说："您身为皇上的近臣，你们又很密切，不应再和皇子为婚姻亲戚。"于是安重诲就推辞了女儿的婚事。过一段时间，有人对安重诲说："孔循善于挑拨离间，不可安排在与皇上密切接触的位置。"孔循知道这件事后，就暗暗派人去巴结王德妃，请求接纳他的女儿。王德妃请求后唐帝为皇子李从厚娶孔循的女儿为妻，后唐帝答应了她的请求。安重诲听到这件事后大发雷霆。乙未（二月十九日），后唐帝任命孔循为同平章事、忠武节度使兼东都留守。

安重诲性情刚愎。秦州节度使华温琪入朝，请求留在朝廷，后唐帝表彰了他，任他为左骁卫上将军，每月除了俸禄外还要赏赐他些钱谷。一年多以后，后唐帝对安重诲说："华温琪是旧交，应该选择一个重镇来安排他。"安重诲回答说没有空缺。又一天，后唐帝又反复说起这件事，安重诲恼怒地说："我曾多次上奏说没有空缺，只有枢密使可以代替。"后唐帝说："也可以。"安重诲无言以对。华温琪听说这件事后感到非常害怕，好几个月不敢出门。

安重诲很恨成德节度使、同平章事王建立，上奏说王建立和王都互相勾结，有叛变的意图。王建立也奏称，安重诲独揽大权，请求入朝当面向后唐帝说明情况，后唐帝就召见他。他到了朝廷，说安重诲与宣徽使判三司张延朗结为婚姻亲戚，内外勾结，作威作福。三月，辛亥（初五），后唐帝见了安重诲，满脸怒气，对他说："现在给你一镇自己休息去，用王建立代替你，张延朗也放为外任。"安重诲说："臣披荆斩棘侍奉陛下数十年，正值陛下兴起，缺乏适当人选，臣任机要，几年来天下平安无事。现在把我抛弃去外，我希望听听有什么罪过。"后唐帝很不高兴地站起来，告诉了宣徽使朱弘昭，朱弘昭说："陛下平日待安重诲如左右手，怎么能因小的忿怒就抛弃了他呢？希望陛下三思。”不久，后唐帝又召见安重诲安抚慰问。第二天，王建立辞别回镇，后唐帝说：“你近来上奏说，想在朝廷分担我的忧愁，今天又要到哪儿去！”正好这时门下侍郎兼刑部尚书、同平章事郑珏请求退休，己未（十三），命郑珏为左仆射退休。癸亥（十七日），任命王建立为右仆射兼中书侍郎、同平章事、判三司。

四年（己丑，公元929年）

吴国诸道副都统、镇海宁国节度使兼侍中徐知询自以为手握兵权而且占据在上游，心中很轻视徐知诰，曾多次和徐知诰争权夺利，在内部互相猜忌，徐知诰很担心他。内枢密使王令谋对徐知诰说：“你辅佐皇上时间已经很长，挟天子以令境内，谁敢不服从！徐知询年轻，他的信义和恩德还没有润泽众人，办不了什么大事。”徐知询对待各个弟弟也很刻薄，他的弟弟们也怨恨他。徐玠知道徐知询不可辅佐，掌握着他的短处以归附徐知诰。吴越王钱镠送给徐知询用金玉制作的马鞍、马勒、器皿，都装饰上龙凤。徐知询不知道由此会引起嫌疑，竟乘用这些东西。掌握礼仪事务的官吏周廷望劝徐知询说：“你如果能真心诚意把这些宝货捐献出来来交结朝中有功劳的勋旧大臣，使他们都和你同心同意，还有谁和徐知诰在一起呢？”徐知询听从了他的意见。并派周廷望去江都说明他的意思。周廷望和徐知诰的亲信官吏周宗很好，偷偷向徐知诰表达诚心，同时也将徐知诰的阴谋告诉了徐知询。徐知询叫徐知诰到金陵解除为父亲徐温治丧的丧服，徐知诰回告他说吴主下令不允许，周宗对周廷望说：“人们说侍中徐知询有反叛的事迹七件，应当赶快入朝谢罪。”周廷望回去以后，把这些都告诉了徐知询。十一月，徐知询回到朝廷，徐知诰留下徐知询做统军，兼领镇海节度使，并派遣右雄武都指挥使柯厚去征调金陵的士卒返回江都，徐知诰从此开始独揽吴国政权。徐知询谴责徐知诰说：“先王离世，你是先王的儿子，一点儿也不去哭办父亲的丧事，那样可以吗？”徐知诰说：“你拔出剑等待我，我怎么敢去呢？你为人臣，蓄积这些天子的车驾服饰，难道也可以吗？”徐知询又用周廷望的话来责问徐知诰。徐知诰说：“把你的所作所为告诉我的人也就是周廷望。”于是斩杀了周廷望。

十二月，吴国加封徐知诰兼任中书令，并领宁国节度使。徐知诰请徐知询来喝酒，用金酒杯酌酒给他喝，并说：“希望弟弟能活千岁。”徐知询怀疑其中有毒，又拿其他杯子把酒平均分开，跪着献给徐知诰，并说：“希望和兄长各享五百岁。”徐知诰脸色都变了，左顾右盼，但徐知询捧着酒一直不退。左右从人不知怎么办，伶人申渐高径直走到他们面前说了几句诙谐的话，就夺过两杯酒，倒在一起喝下去，然后怀揣金杯很快退出。徐知诰偷偷派人用良药去给申渐高解酒毒，但他的脑子已经溃烂而死亡。

第二百七十七卷 后唐纪六

译文诵读

明宗圣德和武钦孝皇帝中之下长兴元年（辛卯，931）

二月，己丑朔，石敬瑭以遂、阆既陷，粮运不继，烧营北归。军前以告孟知祥，知祥匿其书，谓赵季良曰："北军渐进，奈何？"季良曰："不过绵州，必遁。"知祥问其故，曰："我逸彼劳，彼悬军千里，粮尽，能无遁乎！"知祥大笑，以书示之。

两川兵追石敬瑭至利州，壬辰，昭武节度使李彦琦弃城走；甲午，两川兵入利州。孟知祥以赵廷隐为昭武留后，廷隐遣使密言于知祥曰："董璋多诈，可与同忧，不可与共乐，他日必为公患。因其至剑州劳军，请图之。并两川之众，可以得志于天下。"知祥不许。璋入廷隐营，留宿而去。廷隐叹曰："不从吾谋，祸难未已！"

三年（壬辰，932）

东川节度使董璋会诸将谋袭成都，皆曰必克；前陵州刺史王晖曰："剑南万里，成都为大，时方盛夏，师出无名，必无成功。"孟知祥闻之，遣马军都指挥使潘仁嗣将三千人诣汉州诇之。

璋入境，破白杨林镇，执戍将武弘礼，声势甚盛，知祥忧之，赵季良曰："璋为人勇而无恩，士卒不附，城守则难克，野战则成擒矣。今不守巢穴，公之利也。璋用兵精锐皆在前锋，公宜以羸兵诱之，以劲兵待之，始虽小衄，后必大捷。璋素有威名，今举兵暴至，人心危惧，公当自出御之，以强众心。"赵廷隐以季良言为然，曰："璋轻而无谋，举兵必败，当为公擒之。"辛巳，以廷隐为行营马步军都部署，将三万人拒之。

五月，壬午朔，廷隐入辞。董璋檄书至，又有遗季良、廷隐及李肇书，诬之云，季良、廷隐与己通谋，召己令来。知祥以书授廷隐，廷隐不视，投之于地，曰："不过为反间，欲令公杀副使与廷隐耳。"再拜而行。知祥曰："事必济矣。"肇素不知书，视之，曰："璋教我反耳。"囚其使者，然亦拥众为自全计。

璋兵至汉州，潘仁嗣与战于赤水，大败，为璋所擒，璋遂克汉州。

癸未，知祥留赵季良、高敬柔守成都，自将兵八千趣汉州，至弥牟镇，赵廷隐陈于镇北。甲申，迟明，廷隐陈于鸡踪桥，义胜定远都知兵马使张公铎陈于其后。俄而璋望西川兵盛，退陈于武侯庙下，璋帐下骁卒大噪曰："日中曝我辈何为！"璋乃上马。前锋始交，东川右厢马步都指挥使张守进降于知祥，言"璋兵尽此，无复后继，当急击之。"知祥登高冢督战，左明义指挥使毛重威、左冲山指挥使李瑭守鸡踪桥，皆为东川兵所杀；赵廷隐三战不利，牙内都指挥副使侯弘实兵亦却，知祥惧，以马棰指后阵。张公铎帅众大呼而进，东川兵大败，死者数千人，擒东川中都指挥使元瓌、牙内副指挥使董光演等八十余人。璋拊膺曰："亲兵皆尽，吾何依乎！"与数骑遁去，余众七千人降，复得潘仁嗣。知祥引兵追璋至五侯津，东川马步都指挥使元瓌降。西川兵入汉州府第，求璋不得，士卒争璋军资，故璋走得免。赵廷隐追至赤水，又降其卒三千人。是夕，知祥宿雒县。命李昊草榜谕东川吏民，及草书劳问璋，且言将如梓州，询负约之由，请见伐之罪。乙酉，知祥会廷隐于赤水，遂西还，命廷隐将兵攻梓州。

璋至梓州，肩舆而入，王晖迎问曰："太尉全军出征，今还者无十人，何也？"璋涕泣不能对。至府第，方食，晖与璋从子牙内都虞候延浩帅兵三百大噪而入。璋引妻子登城，子光嗣自杀。璋至北门楼，呼指挥使潘稠使讨乱兵，稠引十卒登城，斩璋首，及取光嗣首以授王晖，晖举城迎降。赵廷隐入梓州，封府库以待知祥。李肇闻璋败，始斩其使以闻。

丙戌，知祥入成都，丁亥，复将兵八千如梓州。至新都，赵廷隐献董璋首。己丑，发玄武，赵廷隐帅东川将吏来迎。

壬辰，孟知祥有疾，癸巳，疾甚，中门副使王处回侍左右，庖人进食，必空器而出，以安众心。李仁罕自遂州来，赵廷隐迎于板桥；仁罕不称东川之功，侵侮廷隐，廷隐大怒。乙未，知祥疾瘳；丁酉，入梓州。戊戌，犒赏将士，既罢，知祥谓李仁罕、赵廷隐曰："二将谁当镇此？"仁罕曰："令公再与蜀州，亦行耳。"廷隐不对。知祥愕然，退，命李昊草牒，俟二将有所推则命一人为留后，昊曰："昔梁祖、庄宗皆兼领四镇，今二将不让，惟公自领之为便耳。公宜亟还府，更与赵仆射议之。"

己亥，契丹使者迭罗卿辞归国，上曰："朕志在安边，不可不少副其求。"乃遣萴骨舍利与之俱归。契丹以不得萴刺，自是数寇云州及振武。

孟知祥命李仁罕归遂州，留赵廷隐东川巡检，以李昊行梓州军府事。昊曰："二虎方争，仆不敢受命，愿从公还。"乃以都押牙王彦铢为东川监押。癸卯，知祥至成都，赵廷隐寻亦引兵西还。

知祥谓李昊曰："吾得东川，为患益深。"昊请其故，知祥曰："自吾发梓州，得仁罕七状，皆云'公宜自领东川，不然诸将不服。'廷隐言'本不敢当东川，因仁罕不让，遂有争心耳。'君为我晓廷隐，复以阆州为保宁军，益以果、蓬、渠、开四州，往镇之。吾自领东川，以绝仁罕之望。”廷隐犹不平，请与仁罕斗，胜者为东川；昊深解之，乃受命。六月，以廷隐为保宁留后。戊午，赵季良帅将吏请知祥兼镇东川，许之。季良等又请知祥称王，权行制书，赏功臣，不许。

董璋之攻知祥也，山南西道节度使王思同以闻，范延光言于上曰：“若两川并于一贼，抚众守险，则取之益难，宜及其交争，早图之。”上命思同以兴元之兵密规进取。未几，闻璋败死，延光曰：“知祥虽据全蜀，然士卒皆东方人，知祥恐其思归为变，亦欲倚朝廷之重以威其众，陛下不屈意抚之，彼则无从自新。”上曰：“知祥吾故人，为人离间至此，何屈意之有！”乃遣供奉官李存瓌赐知祥诏曰：“董璋狐狼，自贻族灭。卿丘园亲戚皆保安全，所宜成家世之美名，守君臣之大节。”存瓌，克宁之子，知祥之甥也。

后唐明宗长兴元年（辛亥，公元931年）

二月，己丑朔（初一），石敬瑭由于遂州、阆州已经陷落，粮秣运输接应不上，烧了营寨北归。前锋把情况报告孟知祥，孟知祥藏起了报告信，对赵季良说：“北军渐渐向前推进，该怎么办？”赵季良说：“他们到不了绵州，必然要退回去。”孟知祥问是什么原因，赵季良说：“我逸彼劳，他们把军队远远派遣在千里之外，粮食吃完了，能不走吗？”孟知祥大笑，才把报告信拿给他看。

两川兵马追赶石敬瑭到利州，壬辰（初四），昭武节度使李彦琦放弃城池逃走；甲午（初六），两川兵进入利州。孟知祥用赵廷隐为昭武留后，赵廷隐派使者秘密对孟知祥说：“董璋为人多诈变，可以和他同忧患，不可和他共安乐，这个人以后必然是您的祸患。乘他到剑州慰劳军队，请您谋取他。并吞两川之众，可以得志于天下。”孟知祥不答应。董璋来到赵廷隐的军营，留住一夜而去。赵廷隐叹息说：“不依我的计谋，祸害还没有结束！”

三年（壬辰，公元932年）

东川节度使董璋聚会众将谋议袭击成都，众将都说一定能够攻克。前陵州刺史王晖说：“剑南万里地方，以成都为大郡，现在又正当盛夏，师出无名，一定不能成功。”孟知祥听说董璋来袭，派马军都指挥使潘仁嗣统领三千人马到汉州侦察。

董璋进入西川境内，攻破白杨林镇，抓住守将武弘礼，声势很盛。孟知祥担忧，赵季良说：“董璋为人勇猛而没有恩德，士兵心中不依附他。如果他据城固守，就难以攻克；如果进行野战，就容易擒获他了。现在，他不守自己的巢穴，对您是有利的。董璋用兵，精锐都放在前锋，您应用弱兵引诱他，用强兵等待他，开始虽然要有小挫折，最后必然取得大胜利。董璋素来以威武扬名，现在他兴兵骤至，人心害怕，您应当亲自出战去抗御他，来加强兵众的斗志。”赵廷隐认为赵季良的话说得对，也说："董璋轻率而没有谋略，他举兵必然要失败，我应当为您把他捉住。"辛巳（四月二十九日），任赵廷隐为行营马步军都部署，统领三万人抗拒董璋。

五月，壬午朔（初一），赵廷隐来辞别孟知祥。董璋的兴兵文书送到成都，还有给赵季良、赵廷隐及李肇的信，信中造谣说，赵季良、赵廷隐和他自己事先设谋，召唤他来攻西川。孟知祥把来信交给赵廷隐，赵廷隐根本不看，投掷于地，说道："不过是施行反间之计，要使令公杀节度副使和廷隐而已。"便向孟知祥郑重地道别登程了。孟知祥说："事情一定能够成功。"李肇素来不认识字，一看来信，便说："董璋教我反叛哟！"把董璋派来的使者囚禁起来，然而也调集兵马做了自我保全的准备。

董璋的兵马到了汉州，潘仁嗣和他在赤水开战，打得大败，被董璋擒获，董璋便占领汉州。

癸未（初二），孟知祥留下赵季良、高敬柔守卫成都，自己带领八千兵马奔向汉州。到达弥牟镇，赵廷隐陈兵于镇北。甲申（初三），天刚亮，赵廷隐在鸡踪桥摆开阵势，义胜定远都知兵马使张公铎在他的后面布开阵势。过了一些时候，董璋望见西川兵势盛大，自己把阵线退到武侯庙下。董璋帐下的骁勇的兵卒大事鼓噪说："太阳正当午，把我们大家曝晒在烈日之下要干什么！"董璋这才上马向前进军。前锋刚刚交战，东川右厢马步都指挥使张守进向孟知祥投降，并说："董璋的兵马全部在这里，再没有后继部队，应该快速出击。"孟知祥登上高坟头督战，左明义指挥使毛重威、左冲山指挥使李瑭把守鸡踪桥，都被东川兵所杀；赵廷隐三次交战都失利，牙内都指挥副使侯弘实的兵也退却下来，孟知祥害怕，用马鞭指挥后阵。张公铎率领众兵大喊着进军向前，东川兵大败，死亡数千人，擒获东川中都指挥使元瓌、牙内副指挥使董光演等八十余人。董璋捶打着胸脯说："亲近兵士都丧失了，我还依靠谁啊！"只同几个骑兵逃遁而去，其余兵众七千多人投降了，把潘仁嗣也拯救回来。孟知祥领兵追赶董璋到五侯津，东川马步都指挥使元瓌投降。西川兵攻入汉州府第，寻找不见董璋。当时，士兵争着劫掠董璋的军事物资，所以董璋得以走脱。赵廷隐追赶到赤水，又迫降其士卒三千人。这一晚，孟知祥留宿在雒县。命李昊草拟文榜告谕东川吏民。又起草书信慰劳问候董璋，并且说要到梓州去询问董璋为什么不守协约，质问他兴兵见伐的罪名。乙酉（初四），孟知祥与赵廷隐在赤水会师，便西还成都，命令赵廷隐统兵进攻梓州。

董璋退至梓州，坐着肩舆回来，王晖迎接时问道："太尉全军出征西川，现在回来的不到十人，是怎么回事？"董璋涕哭着不能答对。到了自家府第，正在吃饭，王晖与董璋的侄子牙内都虞候董延浩带领兵丁三百人大声呼喊着进来。董璋拉着妻子登上城垣，他的儿子董光嗣自杀。董璋跑到北门城楼，呼唤指挥使潘稠让他镇压乱兵。潘稠带着十个兵丁登上城，斩了董璋的头，又取下董光嗣的头，一起交给王晖，王晖便开城迎入西川兵而投降了。赵廷隐进入梓州，封闭了府库财物以等待孟知祥到来。李肇听说董璋失败，才把原来囚禁的董璋派来的使者杀了，并报告孟知祥。

丙戌（初五），孟知祥返回成都，丁亥（初六），又率兵八千人赴梓州。到新都时，赵廷隐向他呈献董璋的人头。己丑（初八），从玄武出发，赵廷隐带领着东川的将吏来迎接。

壬辰（十一日），孟知祥患病。癸巳（十二日），病加剧。中门副使王处回侍奉在左右，厨师送食物进来，必然空着食器送出，用以安定众人之心。李仁罕从遂州来，赵廷隐在板桥迎接他。李仁罕不称道攻取东川的功劳，侮谩赵廷隐，赵廷隐很是恼怒。乙未（十四日），孟知祥病好了；丁酉（十六日），进入梓州。戊戌（十七日），犒赏战士，饮宴之后，孟知祥对李仁罕、赵廷隐说："二位将军谁应当镇戍在这里？"李仁罕说："令公如果再把蜀州交给我领管，我也可以去。"赵廷隐不说话。孟知祥觉着为难，回来之后，让李昊起草公文，等二将有所推让便任用一个为留后，李昊说："以前梁朝太祖、我朝庄宗都一身而兼领四镇，现在二将不肯相让，只有令公自己领管为宜。您最好赶快回成都，同赵季良仆射商量。"

董璋潜逃

己亥（十八日），契丹使者迭罗卿辞别朝廷归国，后唐明宗说："朕的意愿是要使边境安宁，不可不稍微符合他们的要求。"便把萴骨舍利遣返，与使者同归。契丹因为萴刺没有遣回，从此屡次侵犯云州及振武。

孟知祥命令李仁罕返回遂州，留下赵廷隐为东川巡检，任用李昊行使梓州军府的管理事务。李昊说："两只老虎正争斗得凶，我不敢接受这个命令，愿意跟随您回成都。"于是，便用都押牙王彦铢为东川监押。癸卯（二十二日），孟知祥到达成都，赵廷隐不久也领兵向西还军。

孟知祥对李昊说："我取得东川，忧虑更多了。"李昊问其缘故，孟知祥说："自从我离开梓州，收到李仁罕七次表文，都说：'您应该亲自领镇东川，不然诸将会不心服。'赵廷隐则说：'本来不敢领镇东川，因李仁罕不相让，才有了与他争任之心。'请你替我晓谕赵廷隐，我要恢复阆州为保宁军，加上果、蓬、渠、开四州，请他去镇守。我自己兼领东川，以断绝李仁罕的企望。"赵廷隐听了还是愤愤不平，要求与李仁罕比武，谁胜谁领东川。李昊一再劝解他，他才接受了孟知祥的命令。六月，任用赵廷隐为保宁留后。戊午（初七），赵季良带领将吏请求孟知祥兼镇东川，孟知祥答应了。赵季良等又请求孟知祥称王，发布命令暂称制书，赏赐功臣，孟知祥不准。

董璋攻打孟知祥的时候，山南西道节度使王思同向后唐朝廷做了报告，范延光对明宗上言：“如果两川合并于一个盗贼掌握，安抚民众，守卫险要，那就更难于攻取了，最好在他们交争之中，早日收服他。”明宗命王思同用兴元之兵暗中规划准备进取西蜀。没有多久，听到董璋败死，范延光又说：“孟知祥虽已据有全蜀，然而他的士兵都是东边的人。孟知祥怕他们思归致变，也想依赖朝廷的重望以震慑他的兵众。陛下如果不屈意委婉地安抚他，他就无从改过自新。”明宗说：“孟知祥是我的故旧相好，是被人离间才干出抗拒朝廷的事情，有什么‘屈意’可说的！”于是，派遣供奉官李存瓌赐给孟知祥以诏书说：“董璋是狐狼之辈，自找族灭全家。爱卿的祖宗墓园和亲戚都保障了安全，你应该保全家世的美名，遵守君臣的大节。”李存瓌是李克宁的儿子，孟知祥的外甥。

第二百七十八卷 后唐纪七

译文诵读

明宗圣德和武钦孝皇帝下长兴三年（壬辰，932）

秦王从荣喜为诗，聚浮华之士高辇等于幕府，与相唱和，颇自矜伐。每置酒，辄令僚属赋诗，有不如意者面毁裂抵弃。壬子，众荣入谒，帝语之曰："吾虽不知书，然喜闻儒生讲经义，开益人智思。吾见庄宗好为诗，将家子文非素习，徒取人窃笑，汝勿效也。"

秦王从荣为人鹰视，轻佻峻急；既判六军诸卫事，复参朝政，多骄纵不法。初，安重诲为枢密使，上专属任之。从荣及宋王从厚自襁褓与之亲狎，虽典兵，常为重诲所制，畏事之。重诲死，王淑妃与宣徽使孟汉琼宣传帝命，范延光、赵延寿为枢密使，从荣皆轻侮之。河阳节度使、同平章事石敬瑭兼六军诸卫副使，其妻永宁公主与从荣异母，素相憎疾。从荣以从厚声名出己右，尤忌之；从厚善以卑弱奉之，故嫌隙不外见。石敬瑭不欲与从荣共事，常思外补以避之。范延光、赵延寿亦虑及祸，屡辞机要，请与旧臣迭为之，上不许。会契丹欲入寇，上命择帅臣镇河东，延光、延寿皆曰："当今帅臣可往者独石敬瑭、康义诚耳。"敬瑭亦愿行，上即命除之。既受诏，不落六军副使，敬瑭复辞，上乃以宣徽使朱弘昭知山南东道，代义诚诣阙。

四年（癸巳，933）

言事者请为亲王置师傅，宰相畏秦王从荣，不敢除人，请令王自择。秦王府判官、太子詹事王居敏荐兵部侍郎刘瓒于从荣，从荣表请之。癸丑，以瓒为秘尽监、秦王傅，前襄州支使山阳鱼崇远为记室。瓒自以左迁，泣诉，不得免。王府参佐皆新进少年，轻脱谄谀，瓒独从容规讽，从荣不悦。瓒虽为傅，从荣一概以僚属待之，瓒有难色；从荣觉之，自是戒门者勿为通，月听一至府，或竟日不召，亦不得食。

太仆少卿何泽见上寝疾，秦王从荣权势方盛，冀己复进用，表请立从荣为太子。上览表泣下，私谓左右曰："群臣请立太子，朕当归老太原旧第耳。"不得已，丙戌，诏宰相枢密使议之。丁卯，从荣见上，言曰："窃闻有奸人请立臣为太子；臣幼少，且愿学治军民，不愿当此名。”上曰：“群臣所欲也。”从荣退，见范延光、赵延寿曰：“执政欲以吾为太子，是欲夺我兵柄，幽之东宫耳。”延光等知上意，且惧从荣之言，即具以白上；辛未，制以从荣为天下兵马大元帅。

秦王从荣请严卫、捧圣步骑两指挥为牙兵。每入朝，从数百骑，张弓挟矢，驰骋衢路；令文士试草檄淮南书，陈己将廓清海内之意。从荣不快于执政，私谓所亲曰：“吾一旦南面，必族之。”范延光、赵延寿惧，屡求外补以避之。上以为见己病而求去，甚怒，曰：“欲去自去，奚用表为！”齐国公主复为延寿言于禁中，云“延寿实有疾，不堪机务。”丙申，二人复言于上曰：“臣等非敢惮劳，愿与勋旧迭为之。亦不敢俱去，愿听一人先出。若新人不称职，复召臣，臣即至矣。”上乃许之。戊戌，以延寿为宣武节度使；以山南东道节度使朱弘昭为枢密使、同平章事。制下，弘昭复辞，上叱之曰：“汝辈皆不欲在吾侧，吾蓄养汝辈何为！”弘昭乃不敢言。

戊子，帝疾复作，己丑，大渐，秦王从荣入问疾，帝俯首不能举。王淑妃曰：“从荣在此。”帝不应。从荣出，闻宫中皆哭，从荣意帝已殂，明旦，称疾不入。是夕，帝实小愈，而从荣不知。

从荣自知不为时论所与，恐不得为嗣，与其党谋，欲以兵入侍，先制权臣。辛卯，从荣遣都押牙马处钧谓朱弘昭、冯赟曰：“吾欲帅牙兵入宫中侍疾，且备非常，当止于何所？”二人曰：“王自择之。”既而私于处钧曰：“主上万福，王宜竭心忠孝，不可妄信人浮言。”从荣怒，复遣处钧谓二人曰：“公辈殊不爱家族邪？何敢拒我！”二人患之，入告王淑妃及宣徽使孟汉琼，咸曰：“兹事不得康义诚不可济。”乃召义诚谋之，义诚竟无言，但曰：“义诚将校耳，不敢预议，惟相公所使。”弘昭疑义诚不欲众中言之，夜，邀至私第问之，其对如初。

赟驰入右掖门，见弘昭、义诚、汉琼及三司使孙岳方聚谋于中兴殿门外，赟具道处钧之言，因让义诚曰：“秦王言‘祸福在须臾’，其事可知，公勿以儿在秦府，左右顾望！主上拔擢吾辈，自布衣至将相，苟使秦王兵得入此门，置主上何地？吾辈尚有遗种乎？”义诚未及对，监门白秦王已将兵至端门外。汉琼拂衣起曰：“今日之事，危及君父，公犹顾望择利邪？吾何爱余生，当自帅兵拒之耳！”即入殿门，弘昭，赟随之，义诚不得已，亦随之入。

汉琼见帝曰：“从荣反，兵已攻端门，须臾入宫，则大乱矣。”宫中相顾号哭，帝曰：“从荣何苦乃尔！”问弘昭等：“有诸？”对曰：“有之，适已令门者阖门矣。”帝指天泣下，谓义诚曰：“卿自处置，勿惊百姓！”控鹤指挥使李重吉，从珂之子也，时侍侧，帝曰：“吾与尔父，冒矢石定天下，数脱吾于厄；从荣辈得何力，今乃为人所教，为此悖逆！我固知此曹不足付大事，当呼尔父授以兵柄耳。汝为我部闭诸门。”重吉即帅控鹤兵守宫门。孟汉琼被甲乘马，召马军都指挥使朱洪实，使将五百骑讨从荣。

从荣方据胡床，坐桥上，遣左右召康义诚。端门已闭，叩左掖门，从门隙中窥之，见朱洪实引骑兵北来，走白从荣；从荣大惊，命取铁掩心擐之，坐调弓矢。俄而骑兵大至，从荣走归府，僚佐皆窜匿，牙兵掠嘉善坊溃去。从荣与妃刘氏匿床下，皇城使安从益就斩之，并杀其子，以其首献。初，孙岳颇得豫内廷密谋，冯、朱患从荣狼伉，岳尝为之极言祸福之归；康义诚恨之，至是，乘乱密遣骑士射杀之。帝闻从荣死，悲骇，几落御榻，绝而复苏者再，由是疾复剧。从荣一子尚幼，养宫中，诸将请除之，帝泣曰："此何罪！"不得已，竟与之。癸巳，冯道帅群臣入见帝于雍和殿，帝雨泣呜咽，曰："吾家事至此，惭见卿等！"

潞王上清泰元年（甲午，934）

蜀将吏劝蜀王知祥称帝；己巳，知祥即皇帝位于成都。

后唐明宗长兴三年（壬辰，公元932年）

秦王李从荣喜欢作诗，聚集浮华放荡的文士高辇等人在幕府中，同他们相与唱和，很是标榜自夸。每次设宴摆酒，往往让僚属们吟赋诗篇，有作得不如意的，当面撕毁丢弃。壬子（十月初四），李从荣入朝谒见，明宗对他说道："我虽然不识文字，然而喜欢听取儒生讲说经文大义，可以开发人的智识和思考。我见庄宗皇帝喜好作诗，武将家的儿子文墨不是素所研习，只是白白让人背地笑话，你不要效法那个。"

秦王李从荣的为人常常像鹰眼一样侧目看人，既轻薄又尖刻。他被任用为判理六军诸卫事务后，又参与朝政，往往骄纵不守法纪。以前，安重诲做枢密使，明宗特别依重他。李从荣及宋王李从厚从幼儿时就和他亲昵戏闹，后来，虽然成为统兵大吏，也常被安重诲所牵制，对安重诲很敬重。安重诲死后，王淑妃与宣徽使孟汉琼宣布传达皇帝意旨，由范延光、赵延寿做枢密使，而李从荣对他们都很轻慢、看不起。河阳节度使、同平章事石敬瑭兼任六军诸卫副使，他的妻子永宁公主与李从荣是异母所生，素来就相互憎恶不和。李从荣因为李从厚的名声比自己高，便尤其忌恨他。李从厚善于用谦卑软弱的姿态对待李从荣，所以嫌隙之状表面上看不出来。石敬瑭因不愿与李从荣共事，常想到外面藩镇补领一职来避开他。范延光、赵延寿也顾虑弄不好招祸，多次请求辞去枢要职务，与可信用的老臣更换充任，明宗不答应。当时正逢契丹要来侵扰，明宗授命秉政大臣选择可当统帅的人材去镇守河东，范延光、赵延寿都说："现在可任统帅去河东的只有石敬瑭、康义诚而已。"石敬瑭也愿意前去，于是，明宗就任命委派他去。等到诏书下来，不落六军副使的职位名款，石敬瑭又辞谢不受，明宗便任用宣徽使朱弘昭主持山南东道的事务，代替康义诚的职位，让康义诚到朝廷来。

四年（癸巳，公元933年）

奏事的人建议给亲王们设立师傅，宰相惧怕秦王李从荣，不敢派人，请求让秦王自己选择师傅。秦王府判官、太子詹事王居敏荐举兵部侍郎刘瓒给李从荣，李从荣上表请求选派他。癸丑（三月初七），朝廷任命刘瓒为秘书监、秦王傅，前襄州支使山阳人鱼崇远为记室。刘瓒自己以为这是降职，涕泣诉说，不能得到改免。秦王府里的参谋佐辅人员都是新进拔的少年，轻浮放荡而好谄媚阿谀奉承，惟有刘瓒从容冷静地进行规劝，李从荣便不高兴。刘瓒虽为师傅，李从荣以对僚属的态度对待他，刘瓒有难堪之色。李从荣觉察到了，从此告诫守门人不要给他通报，每月让他到府内一次，也许一天也不召见他，也不供膳。

太仆少卿何泽看到明宗卧病，秦王李从荣权势正在发展，他希望自己能重新得到起用，便上表请求立李从荣为太子。明宗看到表章流下眼泪，私下对左右亲近的人说："群臣请求立太子，朕自当归老在太原旧府第了。"不得已，壬戌（八月十八日），下诏让宰相、枢密使议论此事。丁卯（二十三日），李从荣谒见明宗，说道："听说有奸臣请陛下立臣为太子，臣年纪幼小，并且臣愿意学习带兵，不愿担当这个名义。"明宗说："这是群臣所要求的。"李从荣退下来，去见范延光、赵延寿说："你们执政的各位要让我当太子，这是想夺我的兵权，把我幽禁在东宫而已。"范延光等知道明宗并不愿立太子，而且畏惧李从荣讲的话，就把他的话如实上奏明宗。辛未（二十七日），明宗下制书，任命李从荣为天下兵马大元帅。

秦王李从荣请求把严卫军和捧圣军的步骑两指挥作为从属于自己的牙兵。每逢他入朝，随从几百骑马的兵勇，张着弓，带着箭，奔驰在通衢大路上；又令文士替他试着起草征讨淮南的宣言，表示他将要平定海内的意志。李从荣对执政者不满意，私下对他的亲信讲："我有朝一日做了皇帝，必定把他们灭门诛杀。"范延光、赵延寿害怕，几次请求补放在外镇为官以躲避灾祸。明宗以为他们是看到自己有病而要求离去，很恼火，说："要走便自己走，何必上表！"赵延寿的妻子齐国公主又替赵延寿在内宫进言，说："赵延寿确实有病，承担不了机要重务。"丙申（九月二十三日），范、赵二人再次上奏明宗说："我们不是怕辛劳，而是愿意与勋旧老臣轮流担负枢要重任。我们也不敢一下都走，希望能允许先走一个。如果新任的人不称职，可以再把我们召回，我们必定马上回来。"明宗这才准许了。戊戌（二十五日），外调赵延寿为宣武节度使，另行调入山南东道节度使朱弘昭为枢密使、同平章事。明宗制命下来，朱弘昭又推辞不受，明宗斥责他说："你们这些人都不想在我身边，我供养你们干什么！"朱弘昭才不敢再说。

戊子（十一月十六日），明宗的病复发，己丑（十七日），明显见好，秦王李从荣进宫问候，明宗低着头不能抬起。王淑妃说："从荣在这里。"明宗没有回答。李从荣出来，听到宫中人都在恸哭，他以为明宗已经死了，第二天早上，自称有病不进宫省问。这天晚上，明宗实际上是稍见好转，而李从荣却不知道。

李从荣自己知道当时人心舆论对他不利，害怕继承不了皇帝大位，便同他的党

牧马图

羽策划，要用武力入宫侍卫，先要制服权臣。辛卯（十九日），李从荣派都押牙马处钧告诉朱弘昭、冯赟说：“我要带兵进入宫内侍候皇上疾病，并且防备非常之变，应该在哪里居处？”朱、冯二人答称：“请王爷自己选择地方。”接着私下对马处钧说：“皇上平安无事，秦王应该竭尽心力实行忠孝之道，不可乱信坏人的胡说。”李从荣大怒，又派马处钧告诉朱、冯二人：“你们两位难道不爱惜自己的家族吗？怎么敢抗拒我！”朱、冯二人害怕，入宫报告王淑妃及宣徽使孟汉琼，都说：“这件事不得到康义诚的合作和支持就不可能办好。”便把康义诚召入内廷和他商议办法，康义诚竟然不拿主意，只是说：“义诚是带兵的军人，不敢干预朝廷政务，我只听从宰相大人的驱使。”朱弘昭怀疑康义诚不想当着众人表态，夜间，把他邀请到家里再次问他，康义诚对答得和原来一样。

冯赟快马奔入右掖门，见到朱弘昭、康义诚、孟汉琼及三司使孙岳正聚集在中兴殿门外会商，冯赟便把马处钧的传语告诉他们，并因而责难康义诚说：“秦王说‘是祸是福决于顷刻’，这件事的利害十分清楚，您可不要因为自己儿子在秦王府中供职而左顾右望！皇上提拔我们这些人，从平民百姓高升至将相，假如让秦王的兵卒得以进入这禁内大门，把皇上置于何等地位？我们这些人还能有遗族吗？”康义诚还未来得及回答，监门官进来报告：秦王已经带领兵丁到达端门之外。孟汉琼一甩袖子站起来说道：“今天的事，危害到了皇上，您还犹豫观望，计较个人的利害得失吗？我怎么能爱惜自己的余生，只能带领兵士去抗拒他！”立即进入中兴殿门，朱弘昭、冯赟跟着他，康义诚不得已，也随着他进入内宫。

孟汉琼见了明宗，奏报说：“秦王从荣造反了，他的兵众已攻到端门，马上要打进宫内来，可要大乱了。”宫里的人相视号哭，明宗说：“从荣何苦要这样干！”便向朱弘昭等说：“有没有这回事？”朱等回答说：“有这回事，刚才已经命令守门人关上了大门。”明宗指着天落泪不止，对康义诚说：“请你自己做主去处理，不要惊扰百姓！”控鹤指挥使李重吉，是李从珂的儿子，当时正侍奉在明宗身边，明宗对他说：“我和你的父亲，冒着枪林箭雨，平定了天下，几次把我从危难中抢救出来；从荣他们这些人出过什么力，现在竟被人教唆，干这种悖逆不道的事！我本来就知道这种人不足以把大事托付给他们，理当召唤你父亲前来，把掌兵的大权交付给他。你替我部署关闭所有宫门，把它们防守好。”李重吉立即率领控鹤兵士守卫着宫门。孟汉琼披挂铠甲，骑上战马，召来马军都指挥使朱洪实，让他带领五百名骑兵去讨伐李从荣。

此时，李从荣正倚据着胡床，坐在桥上，让左右侍从召唤康义诚来。由于端门已经被关闭，便叩打左掖门，并从门缝中向内窥视，看见朱洪实正率领骑兵从北面驰来，急忙报告李从荣；李从荣大为吃惊，命令取来铁掩心盔甲披挂，坐在那里调拨弓矢。不多久，骑兵大量奔压过来，李从荣退避逃归河南府署，他的僚属都逃窜藏匿起来，牙兵抢掠嘉善坊之后溃逃四散。李从荣和他的妃子刘氏藏躲在床下，皇城使安从益就地把他们杀了，并杀了他的儿子，把他们的首级进献朝廷。起初，孙岳参预内廷密谋陷得很深，冯赟、朱弘昭害怕李从荣乖戾难于应付，孙岳曾经为他们竭力剖析利害之所归；康义诚很厌恨他，此时便趁着混乱之中暗地派骑兵把他射杀了。明宗听说李从荣被杀，很是吃惊悲伤，几乎从床榻上跌落下来，几次昏厥又复苏过来，从此病情加剧。李从荣有一个儿子还很幼小，养于宫中，众将要求把他杀掉，明宗涕泣着说："这孩子有什么罪！"不得已竟把孩子交给了众将。癸巳（二十一日），冯道带领群臣入朝，在雍和殿觐见明宗，明宗泪下如雨，呜咽不止，悲痛地说："我家的事情闹到这样，实在惭愧见到你们众位公卿！"

后唐潞王清泰元年（甲午，公元934年）

蜀国将吏向蜀王孟知祥劝进称帝；己巳（二十八日），孟知祥在成都即皇帝位。

第二百七十九卷 后唐纪八

译文诵读

潞王下清泰元年（甲午，934）

潞王既与朝廷猜阻，朝廷又命洋王从璋权知凤翔。从璋性粗率乐祸，前代安重诲镇河中，手杀之；潞王闻其来，尤恶之，欲拒命则兵弱粮少，不知所为，谋于将佐，皆曰："主上富于春秋，政事出于朱、冯，大王功名震主，离镇必无全理，不可受也。"王问观察判官滴河马胤孙曰："今道过京师，当何向为便？"对曰："君命召，不俟驾。临丧赴镇，又何疑焉！诸人凶谋，不可从也。"众哂之。王乃移檄邻道，言"朱弘昭等乘先帝疾亟，杀长立少，专制朝权，别疏骨肉，动摇藩垣，惧倾覆社稷。今从珂将入朝以清君侧之恶，而力不能独办，愿乞灵邻藩以济之。"

潞王以西都留守王思同当东出之道，尤欲与之相结，遣推官郝诩、押牙朱廷乂等相继诣长安，说以利害，饵以美妓，不从则令就图之。思同谓将吏曰："于受明宗大恩，今与凤翔同反，借使事成而荣，犹为一时之叛臣，况事败而辱，流千古之丑迹乎！"遂执诩等，以状闻。时潞王使者多为邻道所执，不则依阿操两端，惟陇州防御使相里金倾心附之，遣判官薛文遇往来计事。金，并州人也。

丁酉，加王思同同平章事，知凤翔行府；以护国节度使安彦威为西面行营都监。思同虽有忠义之志，而御军无法；潞王老于行陈，将士徼幸富贵者心皆向之。

乙卯，诸道兵大集于凤翔城下攻之，克东西关城，城中死者甚众。丙辰，复进攻城，期于必取。凤翔城堑卑浅，守备俱乏，众心危急，潞王登城泣谓外军曰："吾未冠从先帝百战，出入生死，金创满身，以立今日之社稷；汝曹从我，目睹其事。今朝廷信任谗臣，猜忌骨肉，我何罪而受诛乎！"因恸哭。闻者哀之。

张虔钊性褊急，主攻城西南，以白刃驱士卒登城，士卒怒，大诟，反攻之，虔钊跃马走免，杨思权因大呼曰："大相公，吾主也。"遂帅诸军解甲投兵，请降于潞王，自西门入，以幅纸进潞王曰："愿王克京城日，以臣为节度使，勿以为防、团。"潞王即书"思权可邠宁节度使"授之。王思同犹未之知，趣士卒登城，尹晖大呼曰："城西军已入城受赏矣。"众皆弃甲投兵而降，其声震地。日中，乱兵悉入，外军亦溃，思同等六节度使皆遁去。潞王悉敛城中将吏士民之财以犒军，至于鼎釜皆估直以给之。丁巳，王思同、药彦稠等走至长安，西京副留守刘遂雍闭门不内，乃趣潼关。遂雍，鄩之子也。

庚申，潞王至长安，遂雍迎谒，率民财以充赏。

是日，西面步军都监王景从等自军前奔还，中外大骇。帝不知所为，谓康义诚等曰："先帝弃万国，朕外守藩方，当是之时，为嗣者在诸公所取耳，朕实无心与人争国。既承大业，年在幼冲，国事皆委诸公。朕于兄弟间不至榛梗，诸公以社稷大计见告，朕何敢违！军兴之初，皆自夸大，以为寇不足平；今事至于此，何方可以转祸？朕欲自迎潞王，以大位让之，若不免于罪，亦所甘心。"朱弘昭、冯赟大惧，不敢对。义诚欲悉以宿卫兵迎降为己功，乃曰："西师惊溃，盖主将失策耳。今侍卫诸军尚多，臣请自往扼其冲要，招集离散以图后效，幸陛下勿为过忧！"帝遣使召石敬瑭，欲令将兵拒之。义诚固请自行，帝乃召将士慰谕，空府库以劳之，许以平凤翔，人更赏二百缗，府库不足，当以宫中服玩继之。军士益骄，无所畏忌，负赐物，扬言于路曰："至凤翔更请一分。"

遣楚匡祚杀李重吉于宋州；匡祚榜棰重吉，责其家财。又杀尼惠明。

壬戌，潞王至昭应，闻前军获王思同，王曰："思同虽失计，然尽心所奉，亦可嘉也。"癸亥，至灵口，前军执思同以至，王责让之，对曰："思同起行间，先帝擢之，位至节将，常愧无功以报大恩。非不知附大王立得富贵，助朝廷自取祸殃，但恐死之日无面目见先帝于泉下耳。败而衅鼓，固其所也。请早就死！"王为之改容，曰："公且休矣。"王欲宥之，而杨思权之徒耻见其面。王之过长安，尹晖尽取思同家资及妓妾，屡言于刘延朗曰："若留思同，虑失士心。"属王醉，不待报，擅杀思同及其妻子。王醒，怒延朗，嗟惜者累日。

丁卯，潞王至陕，僚佐说王曰："今大王将及京畿，传闻乘舆已播迁，大王宜少留于此，先移书慰安京城士庶。"王从之，移书谕洛阳文武士庶，惟朱弘昭、冯赟两族不赦外，自馀勿有忧疑。

康义诚军至新安，所部将士自相结，百什为群，弃甲兵，争先诣陕降，累累不绝。义诚至干壕，麾下才数十人；遇潞王候骑十余人，义诚解所佩弓剑为信，因候骑请降于潞王。

戊辰，闵帝闻潞王至陕，义诚军溃，忧骇不知所为，急遣使召朱弘昭谋所向，弘昭曰："急召我，欲罪之也。"赴井死。安从进闻弘昭死，杀冯赟于第，灭其族，传弘昭、赟首于潞王。帝欲奔魏州，召孟汉琼使诣魏州为先置；汉琼不应召，单骑奔陕。

初，帝在藩镇，爱信牙将慕容迁，及即位，以为控鹤指挥使；帝将北渡河，密与之谋，使帅部兵守玄武门。是夕，帝以五十骑出玄武门，谓迁曰："朕且幸魏州，徐图兴复，汝帅有马控鹤从我。"迁曰："生死从大家。"乃阳为团结；帝既出，即阖门不行。

己巳，冯道等入朝，及端门，闻朱、冯死，帝已北走；道及刘昫欲归，李愚曰："天子之出，吾辈不预谋。今太后在宫，吾辈当至中书，遣小黄门取太后进止，然后归第，人臣之义也。"道曰："主上失守社稷，人臣惟君是奉，无君而入宫城，恐非所宜。潞王已处处张榜，不若归俟教令。"乃归。至天宫寺，安从进遣人语之曰："潞王倍道而来，且至矣，相公宜帅百官至谷水奉迎。"乃止于寺中，召百官。中书舍人卢导至，冯道曰："俟舍人久矣，所急者劝进文书，宜速具草。"导曰："潞王入朝，百官班迎可也；设有废立，当俟太后教令，岂可遽议劝进乎？"道曰："事当务实。"导曰："安有天子在外，人臣遽以大位劝人者邪！若潞王守节北面，以大义见责，将何辞以对！公不如帅百官诣宫门，进名问安，取太后进止，则去就善矣。"道未及对，从进屡遣人趣之曰："潞王至矣，太后、太妃已遣中使迎劳矣，安得百官无班！"道等即纷然而去。既而潞王未至，三相息于上阳门外，卢导过于前，道复召而语之，导对如初。李愚曰："舍人之言是也。吾辈之罪，擢发不足数。"

夏，四月，庚午朔，未明，闵帝至卫州东数里，遇石敬瑭；帝大喜，问以社稷大计，敬瑭曰："闻康义诚西讨，何如？陛下何为至此？"帝曰："义诚亦叛去矣。"敬瑭俯首长叹数四，曰："卫州刺史王弘贽，宿将习事，请与图之。"乃往见弘贽问之，弘贽曰："前代天子播迁多矣，然皆有将相、侍卫、府库、法物，使群下有所瞻仰；今皆无之，独以五十骑自随，虽有忠义之心，将若之何？"敬瑭还，见帝于卫州驿，以弘贽之言告。弓箭库使沙守荣、奔洪进前责敬瑭曰："公明宗爱婿，富贵相与共之，忧患亦宜相恤。今天子播越，委计于公，冀图兴复，乃以此四者为辞，是直欲附贼卖天子耳！"守荣抽佩刀欲刺之，敬瑭亲将陈晖救之，守荣与晖斗死，洪进亦自刎。敬瑭牙内指挥使刘知远引兵入，尽杀帝左右及从骑，独置帝而去。敬瑭遂趣洛阳。

癸酉，太后下令废少帝为鄂王，以潞王知军国事，权以书诏印施行。百官诣至德宫门待罪，王命各复其位。甲戌，太后令潞王宜即皇帝位；乙亥，即位于柩前。

王弘贽迁闵帝于州廨，帝遣弘贽之子殿直峦往鸩之。戊寅，峦至卫州谒见，闵帝问来故，不对。弘贽数进酒，闵帝知其有毒，不饮，峦缢杀之。

闵帝性仁厚，于兄弟敦睦，虽遭秦王忌疾，闵帝坦怀待之，卒免于患。及嗣位，于潞王亦无嫌，而朱弘昭、孟汉琼之徒横生猜间，闵帝不能违，以致祸败焉。

刘昫与冯道昏姻。昫性苛察，李愚刚褊；道既出镇，二人论议多不合，事有应改者，愚谓昫曰："此贤亲家所为，更之不亦便乎！"昫恨之，由是动成忿争，至相诟骂，各欲非时求见，事多凝滞。帝患之，欲更命相，问所亲信以朝臣闻望宜为相者，皆以尚书左丞姚顗、太常卿卢文纪、秘书监崔居俭对；论其才行，互有优劣。帝不能决，乃置其名于琉璃瓶，夜焚香祝天，且以箸挟之，首得文纪，次得顗。秋，七月，辛亥，以文纪为中书侍郎、同平章事。居俭，荛之子也。

后唐潞王清泰元年（甲午，公元934年）

后唐潞王李从珂已经与朝廷猜忌疏远，朝廷又任命洋王李从璋暂主凤翔事务。李从璋性情粗鲁而且幸灾乐祸，以前代替安重诲镇守河中，亲手槌杀安重诲；李从珂听说要派他来接替自己，心里尤其厌恶，想要拒绝朝廷的命令，却兵弱粮少，不知怎么办为好，便同所属将佐商议。众人都说："自从皇上年纪衰老以来，国家政事都操纵在朱弘昭、冯赟手中，大王您功高名大，震慑君主，离开镇所必然不能保全自己，不能接受别人的替代。"李从珂询问观察判官滴河人马胤孙说："现在，我需要前往京师洛阳，应当朝哪个方向为好？"马胤孙回答说："君主有命相召，不能等待。您应该去京师参加先皇的葬礼，然后去太原的北都留守镇所，又有什么可犹豫的！大家给您出的是极坏主意，可不能听从他们的意见。"大家都笑他不达时变，太迂阔。于是李从珂便向邻近各道发出宣告文书，言称："朱弘昭等人，趁先帝患病严重之际，杀长立少，专擅朝廷大权，离间挑拨皇室骨肉，动摇宗藩根基，深恐他们要倾覆唐室的江山社稷。现在，从珂即将入朝以清君侧的坏人，而又不是个人力量所能办到，愿意请求邻藩各道支援，合力达到这个目的。"

路王李从珂认为西都长安留守王思同正处在从凤翔东讨洛阳的必经之路上，尤其希望和他相交结。便派遣推官郝诩、押牙朱廷义等接连到长安去见王思同，向他说明利害，并馈赠美妓作诱饵。如果他不顺从，便就地把他处置了。王思同对所属将吏说："我受过明宗皇帝的大恩，如果现在与凤翔一起造反，即使事情成功而获得荣耀，也还是一时的叛臣，何况事败而遭受耻辱，流下千古的丑恶遗迹呢！"便把郝诩等拘系起来，向朝廷做了报告。当时，潞王李从珂派出的使者大多被邻道所拘留，没有被拘留的就是依附了对方或脚踩两只船，只有陇州防御使相里金全心全意地依附顺从于他，派判官薛文遇往来商议联络。相里金是并州人。

丁酉（二月二十七日），加封王思同为同平章事，主持凤翔行府；任用护国节度使安彦威为西面行营都监。王思同虽然有忠义的志向，但是驾驭军队却没有法度；潞王对于治理行军作战很有经验，将士希望升迁跻身富贵的，内心都愿意归附他。

乙卯（三月十五日），诸道之兵会集在凤翔城下大举进攻，攻下了东、西城关，城里人死亡的很多。丙辰（十六日），继续进兵攻打城垣，一定要把城池攻取下来。凤翔城垣堑壕低矮浅薄，守备器材都不足，兵众和市民都感到很危急。李从珂登上城墙对城外进攻军队流着泪说："我从十几岁就跟随先帝经历上百次战斗，出生入死，满身创伤，创建了今日的天下；你们大家跟我，亲眼看到过那些事实。现在，朝廷相信和任用坏人，猜忌自家骨肉，我有什么罪而受到诛伐啊！"因而痛哭不已，听到的人都哀伤而同情他。

张虔钊性情偏激而急躁，他负责主攻城西南，用刀驱逼士兵登城。士兵发怒，大骂他，反身攻击他。张虔钊赶忙骑马逃逸，才免一死。杨思权因势大声喊着说："大相公潞王，是我的君主。"便率领军队解去铠甲，丢掉兵器，向潞王请降，他从西门进入，用一张纸递给潞王说："希望大王攻克京城的时候，派我当节度使，不要让我当防御、团练的职务。"李从珂立即写了个"杨思权可任邠宁节度使"的字条给他。王思同还不知道这些情况，仍在督促士兵登城，尹晖大喊说："城西的官军已经入城接受赏赐了。"于是，兵众都弃甲缴械投降，那声音响的地动山摇。到了中午，乱兵都进了城，外面的军队也溃散了，王思同等六位节度使都逃跑了。潞王便把城中所有将吏士民的财物收集起来，用来犒劳军队，甚至连锅釜等器皿都估价赏赐给军队。丁巳（十七日），王思同、药彦稠等败退到长安，西京副留守刘遂雍关上城门不接纳，只得奔向潼关。刘遂雍是刘鄩的儿子。

庚申（二十日），潞王来到长安，刘遂雍迎接拜见他，并聚敛民间资财来充当赏金。

这一天，西面步军都监王景从等从前线奔逃回洛阳，朝廷内外都很震惊。闵帝不知该怎么办，对康义诚等人说："先帝辞世之际，朕正在外边戍守藩镇，当这个时候，谁来继承大位，只在诸位明公所选取而已，朕实在没有心思与别人争当皇帝。后来继承了大业，年纪还很轻，国家大事都委托给诸位明公办理。朕和兄弟之间不至于隔阻不通，诸位明公把有关国家社稷的大计见告，朕哪里敢不听从？这次兴兵讨伐凤翔之初，都夸大其辞，认为凤翔乱寇很容易讨平；现在事情已经到了这个地步，有什么办法可以扭转祸局？朕打算亲自迎接潞王，把皇帝大位让给他，如果不能免去罪罚，也心甘情愿。"朱弘昭、冯赟大为恐惧，不敢答对。康义诚想用全部宿卫兵迎降作为自己的功劳，便说："朝廷的军队溃败惊散，是由于主将的指挥失策。现在，还有很多侍卫部队，我请求亲自去扼守住冲要之地，招集离散了的部队，来谋求以后的效果，请陛下不要过于忧虑！"闵帝想派使臣去召唤石敬瑭，让他统兵去抗拒李从珂的人马。康义诚坚持请求自己去，闵帝便把将士召集起来进行慰问和动员，调用全部府库财物犒劳军队，并且许愿：平定凤翔之乱以后，每人加赏二百缗钱，如果府库不足，便用宫中锦帛珍玩变价补充。因此，军士更加骄横，肆无忌惮，背负着所赏赐的东西，在路上张扬说："到了凤翔，还要再弄一份。"

朝廷派遣楚匡祚到宋州把李从珂的儿子李重吉杀了；楚匡祚拷打李重吉，没收了他的家财，又杀了李从珂已经出家为尼的女儿李惠明。

壬戌（二十二日），潞王李从珂到达昭应，听说前军抓获王思同，潞王说："虽然王思同的谋划有所失误，然而他竭尽心力为其所奉侍的主上，也是可以嘉许的。"癸亥（二十三日），到达灵口，前军把王思同押见李从珂，李从珂责备他，王思同回答说："思同起于行伍之间，先帝提拔我，位至建立节度的大将，经常惭愧自己没有功劳报答重用的大恩。并非不知道依附大王您马上就能得到富贵，帮助朝廷是自取祸殃，只是怕临死之日没有面目在九泉之下见先帝。如果失败了就用我的血来祭奠战鼓，也算是得其所了。请您让我早些就死！"潞王听了这些话大受感动，改容相敬，说道："您别说了。"潞王想赦免了他，而杨思权一班人却羞见其面。当潞王兵过长安时，尹晖全部掠取了王思同的家财和姬妾，并多次对潞王心腹刘延朗说："如果留下王思同，恐怕要失掉吏士之心。”趁着潞王酒醉，不等到向上报告，擅自杀了王思同和他的妻子。潞王酒醒之后，很恼怒刘延朗，叹息了许多天。

丁卯（二十七日），潞王到达陕州，僚佐劝潞王说：“现在大王将要到达京畿，传闻皇帝乘舆已经转移出去，大王最好稍微在这里停留一下，先发布文告慰抚京城士庶。”潞王听从这个意见，便发布安抚文告传谕洛阳文武士庶说，除了朱弘昭、冯赟两个家族不赦免之外，其余人等都不要有忧疑。

康义诚的军队到达新安，所部将士自己相互结合，百八十人为一群，丢弃兵器铠甲，争先奔向陕州投降，连续不断。康义诚到达干壕后，在他指挥下的人只剩几十个，路上遇到潞王在那里的候骑十多人，康义诚解下所佩戴的弓和剑作证，随着候骑请求向潞王投降。

戊辰（二十八日），闵帝闻报潞王到达陕州，康义诚军队溃败，忧愁害怕，不知如何是好，急忙派人召见朱弘昭商量怎么办。朱弘昭说：“急切召见我，是要加罪于我啊。”便投井而死。安从进听说朱弘昭死讯后，便在冯赟的府第杀了他，并杀灭了他的家族，把朱弘昭、冯赟的首级传送给潞王。闵帝想逃奔魏州，召见孟汉琼让他到魏州先去安置；孟汉琼不应召命，自己单骑奔向陕州。

从前，闵帝在藩镇时，宠信牙将慕容迁，即位为帝后，任用他为控鹤指挥使；闵帝将要北渡黄河去魏州，秘密地与他策划，让他带领所属兵士把守玄武门。当晚，闵帝带了五十名骑兵出玄武门，对慕容迁说：“朕即将去魏州，慢慢再图复兴，你率领有马的控鹤军跟我走。”慕容迁说：“生死跟着皇上。”表面上团结在闵帝周围；等到闵帝出了宫城后，他就关了城门不跟随了。

己巳（二十九日），冯道等人入朝，刚到端门，听说朱弘昭、冯赟已经死了，闵帝已经向北逃走。冯道和刘昫就要回家，李愚说：“天子出走，我们这些人未能参与谋划。现在，太后还在宫中，我们应当到中书省去，派小黄门太监去听取太后如何进止，然后再回自己的宅第，这是人臣的大义啊！”冯道说：“主上把江山社稷丢了，作为人臣只能侍奉君主，没有了君主而进入宫城，恐怕不合适。潞王已经处处张贴榜文，不如回去听候命令。”便回去了。到了天宫寺，安从进派人告诉他说：“潞王加倍赶路而来，即将到达，相公您应该率领百官到城西谷水去迎接。”冯道便在寺中停留下来，召集百官。中书舍人卢导来到，冯道说：“等待舍人先生很久了，现在所急需办的事，是准备劝进的文书，请赶快起草。”卢导说：“潞王入朝，百官列班相迎就可以了；如果有废立之事，应当听候太后的教令，岂能仓促之间草率建议劝进呢？”冯道说：“办事应当从现实出发。”卢导说：“哪有天子在外，人臣却突然拿皇帝大位劝人进据的啊！如果潞王坚持在北面守臣节，用君臣大义来责备我们，将用什么话来回对？您不如率领百官进谒宫门，送进名帖问安，听从太后的进止，那样便去就两善了。”冯道还未及回答，安从进已经几次派人来催促，并说：“潞王来了，太后、太妃已经派遣宫中使者去迎接慰劳了，怎么能百官无人列班！”冯道等人就纷纷散去。过了一会儿潞王尚未到达，三个宰相冯道、李愚、刘昫正停息在上阳门外，卢导从他们面前经过，冯道又召他来谈劝进的事，卢导对答如初。李愚说：“舍人的话是对的。我们这些人的罪过是拔下头发也数不尽了。”

夏季，四月庚午朔（初一），天还没有亮，闵帝到达卫州以东几里的地方，遇到石敬瑭，闵帝大喜，便向他询问如何保存社稷的大计。石敬瑭说：“听说康义诚向西讨伐，怎么样了？陛下为什么来到这里？”闵帝说：“康义诚也叛变离去了。”石敬瑭垂头长叹了好几次，说：“卫州刺史王弘贽是位宿将，懂得很多事情，请您等我和他商量。”于是石敬瑭就去问王弘贽，王弘贽说：“前代天子流亡的也不少，然而都随从有将相、侍卫、府库、法物，使得随从的人有所依恃和希望；现在主上什么也没有，只有五十骑兵跟随着他自己，我们虽然有忠义之心，还能有什么办法呢？”石敬瑭回来，到卫州的驿馆去见闵帝，把王弘贽的话告诉闵帝。弓箭库使沙守荣、奔洪进上前责备石敬瑭说：“您是明宗的爱婿，富贵相互共同享有，忧患也应该相互体谅、承担。现在，天子奔波在外，把希望寄托给您，以图复兴，竟然拿这四样来做托辞，这简直是要依附于叛贼而出卖天子呀！”沙守荣抽出佩刀要刺杀他，石敬瑭的亲将陈晖救他，沙守荣与陈晖相斗而死，奔洪进也自刎而死。石敬瑭的牙内指挥使刘知远带着兵卒进来，杀死闵帝左右及随从的骑兵，只是留下闵帝不顾而去。石敬瑭便向洛阳进发。

癸酉（初四），太后下令废除闵帝为鄂王，委任潞王李从珂主持军国大事，暂且以书诏印施行政令。百官进诣至德宫门待罪，潞王命他们各还其位。甲戌（初五），太后命令潞王应该即皇帝之位；乙亥（初六），在明宗灵柩前即位。

王弘贽把闵帝从驿馆迁居到州署，末帝派王弘贽的儿子殿直王峦前往用毒酒去鸩杀他。戊寅（初九），王峦到卫州谒见闵帝，闵帝问他干什么，王峦不回答。王弘贽几次进酒，闵帝知道其中有毒，不肯喝，王峦把他勒死。

闵帝性情宽厚，对于兄弟敦诚和睦，虽然遭到秦王李从荣的忌恨，但闵帝以坦白心怀对待他，终于避免了祸患。继位以后，对潞王李从珂也没有什么嫌隙，而朱弘昭、孟汉琼那一伙人横生猜疑离间，闵帝不能不听从他们，所以招致了祸败。

刘昫与冯道通婚，结成儿女亲家。刘昫性情狭隘、好计较小事，李愚性情刚愎偏颇；冯道出镇同州后，二人议论往往不能一致，遇到有应该改变的事情，李愚就对刘昫说：“这是你的贤亲家所办，变更了不是很方便吗？”刘昫恼恨他，从此二人动不动就争吵，直至互相诟骂，都要求不是接见的时刻谒见末帝，事情往往拖延，不能及时处理。末帝很恼怒，要另行任命宰相，询问所亲信之人，朝臣中的威望声誉谁是适合当宰相的，都提到尚书左丞姚觊、太常卿卢文纪、秘书监崔居俭；论评三人的才干和品行，互有优劣。末帝不能决定，于是把三人的名字放在琉璃瓶内，夜里，焚香祝天，用筷子夹取，首先得到卢文纪，其次得到姚觊。秋季，七月，辛亥（十三日），末帝任用卢文纪为中书侍郎、同平章事。崔居俭是崔荛的儿子。

第二百八十卷 后晋纪一

高祖圣文章武明德孝皇帝上之上天福元年（丙申，936）

初，石敬瑭欲尝唐主之意，累表自陈羸疾，乞解兵柄，移他镇；帝与执政议从其请，移镇郓州。房暠、李崧、吕琦等皆力谏，以为不可，帝犹豫久之。

五月，庚寅夜，李崧请急在外，薛文遇独直，帝与之议河东事，文遇曰："谚有之：'当道筑室，三年不成。'兹事断自圣志；群臣各为身谋，安肯尽言！以臣观之，河东移亦反，不移亦反，在旦暮耳，不若先事图之。"先是，术者言国家今年应得贤佐，出奇谋，定天下，帝意文遇当之，闻其言，大喜，曰："卿言殊豁吾意，成败吾决行之。"即为除目，付学士院使草制。辛卯，以敬瑭为天平节度使，以马军都指挥使、河阳节度使宋审虔为河东节度使。制出，两班闻呼敬瑭名，相顾失色。

甲午，以建雄节度使张敬达为西北蕃汉马步都部署，趣敬瑭之郓州。敬瑭疑惧，谋于将佐曰："吾之再来河东也，主上面许终身不除代；今忽有是命，得非如今年千春节与公主所言乎？我不兴乱，朝廷发之，安能束手死于道路乎！今且发表称疾以观其意，若其宽我，我当事之；若加兵于我，我则改图耳。"幕僚段希尧极言拒之，敬瑭以其朴直，不责也。节度判官华阴赵莹劝敬瑭赴郓州；观察判官平遥薛融曰："融书生，不习军旅。"都押牙刘知远曰："明公久将兵，得士卒心；今据形胜之地，士马精强，若称兵传檄，帝业可成，奈何以一纸制书自投虎口乎！"掌书记洛阳桑维翰曰："主上初即位，明公入朝，主上岂不知蛟龙不可纵之深渊邪？然卒以河东复授公，此乃天意假公以利器。明宗遗爱在人，主上以庶孽代之，群情不附。公明宗之爱婿，今主上以反逆见待，此非首谢可免，但力为自全之计。契丹素与明宗约为兄弟，今部落近在云、应，公诚能推心屈节事之，万一有急，朝呼夕至，何患无成。"敬瑭意遂决。

石敬瑭遣间使求救于契丹，令桑维翰草表称臣于契丹主，且请以父礼事之，约事捷之日，割卢龙一道及雁门关以北诸州与之。刘知远谏曰："称臣可矣，以父事之太过。厚以金帛赂之，自足致其兵，不必许以土田，恐异日大为中国之患，悔之无及。”敬瑭不从。表至契丹，契丹主大喜，白其母曰：“儿比梦石郎遣使来，今果然，此天意也。”乃为复书，许俟仲秋倾国赴援。

九月，契丹主将五万骑，号三十万，自扬武谷而南，旌旗不绝五十馀里。代州刺史张朗、忻州刺史丁审琦婴城自守，虏骑过城下，亦不诱胁。审琦，洺州人也。

辛丑，契丹主至晋阳，陈于汾北之虎北口。先遣人谓敬瑭曰：“吾欲今日即破贼可乎？”敬瑭遣人驰告曰：“南军甚厚，不可轻，请俟明日议战未晚也。”使者未至，契丹已与唐骑将高行周、符彦卿合战，敬瑭乃遣刘知远出兵助之。张敬达、杨光远、安审琦以步兵陈于城西北山下，契丹遣轻骑三千，不被甲，直犯其陈。唐兵见其羸，争逐之，至汾曲，契丹涉水而去。唐兵循岸而进，契丹伏兵自东北起，冲唐兵断而为二，步兵在北者多为契丹所杀，骑兵在南者引归晋安寨。契丹纵兵乘之，唐兵大败，步兵死者近万人，骑兵独全。敬达等收余众保晋安，契丹亦引兵归虎北口。敬瑭得唐降兵千余人，刘知远劝敬瑭尽杀之。

是夕，敬瑭出北门，见契丹主。契丹主执敬瑭手，恨相见之晚。敬瑭问曰：“皇帝远来，士马疲倦，遽与唐战而大胜，何也？”契丹主曰：“始吾自北来，谓唐必断雁门诸路，伏兵险要，则吾不可得进矣。使人侦视，皆无之，吾是以长驱深入，知大事必济也。兵既相接，我气方锐，彼气方沮，若不乘此急击之，旷日持久，则胜负未可知矣。此吾所以亟战而胜，不可以劳逸常理论也。”敬瑭甚叹伏。

契丹主谓石敬瑭曰：“吾三千里赴难，必有成功。观汝器貌识量，真中原之主也。吾欲立汝为天子。”敬瑭辞让者数四，将吏复劝进，乃许之。契丹主作册书，命敬瑭为大晋皇帝，自解衣冠授之，筑坛于柳林，是日，即皇帝位。割幽、蓟、瀛、莫、涿、檀、顺、新、妫、儒、武、云、应、寰、朔、蔚十六州以与契丹，仍许岁输帛三十万匹。己亥，制改长兴七年为天福元年，大赦；敕命法制，皆遵明宗之旧。

闰月，赵延寿献契丹主所赐诏及甲马弓剑，诈云德钧遣使致书于契丹主，为唐结好，说令引兵归国；其实别为密书，厚以金帛赂契丹主，云：“若立己为帝，请即以见兵南平洛阳，与契丹为兄弟之国；仍许石氏常镇河东。”契丹主自以深入敌境，晋安未下，德钧兵尚强，范延光在其东，又恐山北诸州邀其归路，欲许德钧之请。

帝闻之，大惧，亟使桑维翰见契凡主，说之曰：“大国举义兵以救孤危，一战而唐兵瓦解，退守一栅，食尽力穷。赵北平父子不忠不信，畏大国之强，且素蓄异志，按兵观变，非以死徇国之人，何足可畏，而信其诞妄之辞，贪豪末之利，弃垂成之功乎！且使晋得天下，将竭中国之财以奉大国，岂此小利之比乎！”契丹主曰：“尔见捕鼠者乎，不备之，犹或啮伤其手，况大敌乎！”对曰：“今大国已扼其喉，安能啮人乎！”契丹主曰：“吾非有渝前约也，但兵家权谋不得不尔。”对曰：“皇家以信义救人之急，四海之人俱属耳目，奈何二三其命，使大义不终！臣窃为皇帝不取也。”跪于帐前，自旦至暮，涕泣争之。契丹主乃从之，指帐前石谓德钧使者曰："我已许石郎，此石烂，可改矣。"

赵德钧、赵延寿南奔潞州，唐败兵稍稍从之，其将时赛帅卢龙轻骑东还渔阳。帝先遣昭义节度使高行周还具食，至城下，见德钧父子在城上，行周曰："仆与大王乡曲，敢不忠告！城中无斗粟可守，不若速迎车驾。"甲戌，帝与契丹主至潞州，德钧父子迎谒于高河，契丹主慰谕之，父子拜帝于马首，进曰："别后安否？"帝不顾，亦不与之言。契丹主问德钧曰："汝在幽州所置银鞍契丹直何在？"德钧指示之，契丹主命尽杀之于西郊，凡三千人。遂琐德钧、延寿，送归其国。

德钧见述律太后，悉以所赍宝货并籍其田宅献之，太后问曰："汝近者何为往太原？"德钧曰："奉唐主之命。"太后指天曰："汝从吾儿求为天子，何妄语邪！"又自指其心曰："此不可欺也。"又曰："吾儿将行，吾戒之云：赵大王若引兵北向渝关，亟须引归，太原不可救也。汝欲为天子，何不先击退吾儿，徐图亦未晚。汝为人臣，既负其主，不能击敌，又欲乘乱邀利，所为如此，何面目复求生乎？"德钧俯首不能对。又问："器玩在此，田宅何在？"德钧曰："在幽州。"太后曰："幽州今属谁？"曰："属太后。"太后曰："然则又何献焉？"德钧益惭。自是郁郁不多食，逾年而卒。张砺与延寿俱入契丹，契丹主复以为翰林学士。

帝将发上党，契丹主举酒属帝曰："余远来徇义，今大事已成，我若南向，河南之人必大惊骇；汝宜自引汉兵南下，人必不甚惧。我令太相温将五千骑卫送汝至河梁，欲与之渡河者多少随意。余且留此，俟汝音闻，有急则下山救汝；若洛阳既定，吾即北返矣。"与帝执手相泣，久之不能别，解白貂裘以衣帝，赠良马二十匹，战马千二百匹，曰："世世子孙勿相忘。"又曰："刘知远、赵莹、桑维翰皆创业功臣，无大故，勿弃也。"

辛巳，唐主与曹太后、刘皇后，雍王重美及宋审虔等携传国宝登玄武楼自焚。皇后积薪欲烧宫室，重美谏曰："新天子至，必不露居，他日重劳民力；死而遗怨，将安用之！"乃止。王淑妃谓太后曰："事急矣，宜且避匿，以俟姑夫。"太后曰："吾子孙妇女一朝至此，何忍独生！妹自勉之。"淑妃乃与许王从益匿于毬场，获免。

闽人闻唐主之亡，叹曰："潞王之罪，天下未之闻也，将如吾君何！"

后晋高祖天福元年（丙申，公元936年）

过去，石敬瑭想试探末帝的意图，多次上表陈诉身体羸弱，请求解除他的兵权，调迁到别的镇所；末帝与执政大臣商议后答应了他的请求，把他移镇郓州。房暠、李崧、吕琦等人都极力谏劝，认为不能这样做，末帝犹疑了很长时间。

五月，庚寅（初二）夜间，李崧因有急事请假在外，薛文遇独自承值夜班，末帝同他议论河东的事情，薛文遇说："俗谚说：'在道路当中盖房，三年也盖不成。'这种事情只能由主上的意志进行决断。群臣各为自身利害做打算，怎么肯什么话都说！以臣看来，河东的事，移镇也反，不移也要反，只是时间早晚而已，不如走在前头，先把他解决了。"以前，术士说国家今年应该得到贤人辅佐，提出奇谋，安定天下。末帝以为这个人当由薛文遇来应验，听到他的话，大为高兴，说道："爱卿的话，很使我心意豁然开朗，不论成功还是失败，我决心施行。"立即命薛文遇写出封授官职的拟议，交付学士院草拟任命制书。辛卯（初三），任命石敬瑭为天平节度使，任用马军都指挥使、河阳节度使宋审虔为河东节度使。制令一出，文武两班听到呼叫石敬瑭的名字，相顾失色。

甲午（初六），末帝任用建雄节度使张敬达为西北蕃汉马步都部署，催促石敬瑭速赴郓州。石敬瑭很是疑惧，便和他的将佐计议说："我第二次来河东时，主上曾当面答应我终身不再派别人来替换我；现在又忽然有了这样的命令，莫不是像今年过千春节时，主上同公主所讲的那样吗？我如果不造反，朝廷要先发制人，怎么能束手被擒，死于道路之间呢！今天我要上表说有病，来观察他对我的意向。如果他对我宽容，我就臣事他；如果他对我用兵，那我就要另做打算了。"幕僚段希尧极力主张抗拒朝廷的命令，石敬瑭因为他为人直率，并不责怪他。节度判官华阴人赵莹劝石敬瑭去郓州赴任；观察判官平遥人薛融说："我是个书生，不懂得遣兵作战的事。"都押牙刘知远说："明公您长期统率兵将，很能受到士兵的拥护；现在正占据着有利的地势，将士和马步军队都很精锐强悍，如果起兵，传发檄文宣示各道，可以完成统一国家的帝王大业，怎么能只为一道朝廷制令便自投虎口呢！"掌书记洛阳人桑维翰说："主上当初即位时，明公您入京朝贺，主上岂能不懂得蛟龙不可纵之归渊的道理？然而到底还是把河东再次交给您，这正是天意要借一把利器给您。先帝明宗的遗爱留给了后人，主上却用旁支的庶子取代大位，群情是不依附于他的。您是明宗的爱婿，可是现在主上却把您当做叛逆看待，这就不是仅仅靠表示低头谢罪所能取得宽免，只能努力为保全自己想办法了。契丹向来同明宗协约做兄弟之邦，现在，他们的部落近在云州、应州，您如果真能推心置腹地曲意讨好他们，万一有了急变之事，早上给契丹打个招呼，他们晚上就能来到，还担心什么事不能办成吗？"石敬瑭于是便下了造反的决心。

石敬瑭派使者从僻路求救于契丹，让桑维翰草写表章向契丹主称臣，并且请求用对待父亲的礼节来侍奉他，约定事情成功之日，划割卢龙一道及雁门关以北诸州给契丹。刘知远劝谏他说："称臣就可以了，用父亲的礼节对待他就太过分了。用丰厚的金银财宝贿赂他，自然是足以促使他发兵，不必许诺割给他土田，恐怕那样以后要成中国的大患，后悔就来不及了。"石敬瑭不听。表章送到契丹，契丹国主耶律德光非常高兴，告诉他的母亲述律太后说："孩儿最近梦见石郎派遣使者来，现在果然来了，这真是天意啊。"便向石敬瑭写了回信，答应等到仲秋时节，发动全国人马来支援他。

九月，契丹主耶律德光统领五万骑兵，号称三十万，从代州扬武谷向南进发，旌旗连绵不断达五十余里。代州刺史张朗、忻州刺史丁审琦绕城自守，敌人骑兵经过城下时，也不诱降挟胁他。丁审琦是洺州人。

辛丑（十五日），契丹主到达晋阳，把兵马布列在汾北的虎北口。先派人对石敬瑭说："我打算今天攻打贼兵，行不行？"石敬瑭派人驰奔告诉他们说："南军力量很雄厚，不可以轻视，请等到明天议论好如何开战也不晚。"使者还未到达契丹军营，契丹兵已经同后唐骑将高行周、符彦卿打了起来，石敬瑭便派刘知远出兵帮助他们。张敬达、杨光远、安审琦用步兵列阵在城西北山下，契丹派轻骑兵三千人，不披铠甲，直奔唐兵阵列。唐兵看到契丹兵单薄，争相驱赶，到了汾水之曲，契丹兵涉水而去。唐兵沿着河岸向北进取，契丹伏兵从东北涌起，冲击唐兵，把唐兵截为两段，在北面的步兵大多被契丹所杀，在南面的骑兵引退回到晋安营寨。契丹放开兵马乘乱攻击，唐兵大败，步兵死亡近万人，骑兵却保全了。张敬达等收集余众退保晋安，契丹也率领其兵返回虎北口。石敬瑭俘获后唐降兵一千余人，刘知远劝石敬瑭把他们都杀了。

契丹主耶律德光

这天晚上，石敬瑭出北门，会见契丹主。契丹主握住石敬瑭的手，只恨相见晚了。石敬瑭问道："皇帝远道而来，兵马疲倦，急切同唐兵作战而取得大胜，这是什么原因？"契丹主说："开始我从北面过来，以为唐兵必然要切断雁门的各条道路，埋伏兵众在险要之地，那样我就不能顺利前进了。我使人侦察，发现断路和伏险都没有，这样，我才得以长驱深入，知道大事必然成功了。兵马相接以后，我方气势正锐盛，彼方气势正沮丧，如果不乘此时急速攻击他，旷日持久，那谁胜谁负就不可预料了。这就是我之所以速战而胜的道理，不能用谁劳谁逸的通常的道理来衡量了。"石敬瑭很是叹服。

契丹主对石敬瑭说："我从三千里以外来帮助你解决危难，必然会成功。观察你的器宇容貌和见识气量，真的是个中原的国主啊。我想扶立你做天子。"石敬瑭推辞逊让了好几次，将吏又反复劝他进大位，于是便答应了。契丹主制作册封的文书，命令石敬瑭为大晋皇帝，自己解下衣服冠冕亲授给他，在柳林搭筑坛台，就在这一天，即了皇帝之位，并割让了幽、蓟、瀛、莫、涿、檀、顺、新、妫、儒、武、云、应、寰、朔、蔚十六个州给予契丹，仍然答应每年贡帛三十万匹给他们。己亥（十一月十四日），后晋高祖皇帝石敬瑭下制令，更改长兴七年为天福元年，实行大赦；敕命各种法制都遵守明宗时的旧规。

闰十一月，赵延寿奉献出契丹主所赐的诏书以及铠甲、马匹、弓矢、刀剑，诈称赵德钧遣派的使者致信给契丹主，为后唐求结和好，劝说契丹让他们引兵归国；其实又另具秘密书信，用丰厚的金宝财帛贿赂契丹主，并说："如果立自己为中国皇帝，请求就用现有兵马向南平定洛阳，与契丹约为兄弟之国；仍然允许石敬瑭常镇河东。"契丹主自以为深入敌境，晋安没有攻下，赵德钧兵力尚强，范延光在他的东面，又怕太行山以北诸州遮断他的归路，想要答应赵德钧的请求。

后晋帝听说，很是害怕，赶紧派桑维翰去见契丹主耶律德光，劝他说："您大国发动义兵来救援孤危，一次战斗就使唐兵瓦解，退守到一栅之后，食粮用尽，力量穷竭。赵德钧父子不忠于唐，不信于契丹，只是畏惧大国之强盛，而且素怀异志，按兵不动，以窥测变化，并非以死殉国的人，有什么可怕的。您怎么能因而相信他的妄诞之词，贪取毫末小利，丢弃将要完成的功业呢？而且如果让晋国得了天下，将要竭尽中国之财以奉献给大国，哪里是这些小利可比的！"契丹主说："你看见捕鼠的人吗，不防备它，还可能咬伤了手，何况是大敌啊！"回答说："现在大国已经卡住它的喉咙，岂能再咬人啊！"契丹主说："我不是要改变以前的约定，只是用兵的权谋不能不这样。"回答说："皇帝用信义救人的急难，四海人的耳目都注意到了这件事，怎么能忽而这样、忽而那样，以致使得大义不能贯彻始终，臣私下认为皇帝不能这样做啊！"于是，跪在帐前，从早到晚，哭泣流涕地争辩不止。契丹主便依从了他，指着帐前的石头对赵德钧的使者说："我已经许诺了石郎，除非这块石头烂了，才能改变。"

赵德钧、赵延寿向南逃奔到潞州，后唐败兵渐渐跟着他们，其将领时赛率领卢龙的轻骑兵向东回到渔阳。后晋高祖先派遣昭义节度使高行周回到潞州准备粮秣，到达城下，见赵德钧父子在城上，高行周说："我和您是同乡，怎能不向您进言忠告！城中没有一斗粟米可守，不如赶快迎接晋帝车驾。"甲戌（十九日），后晋高祖与契丹主到达潞州，赵德钧父子在高河迎接并谒见，契丹主好言安慰他们，赵氏父子在马前拜见后晋高祖，又走近后晋高祖身边说："分别以后安好吗？"后晋高祖不看他们，也不同他们交谈。契丹主问赵德钧说："你在幽州所设置的银鞍契丹兵现在哪里？"赵德钧指给他看，契丹主下令在西郊把这些人都杀了，共有三千人。于是，便拘拿了赵德钧、赵延寿，押送到契丹国。

赵德钧谒见契丹主的母亲述律太后，把所有带来的宝货及没收得来的田宅都献出来作贡物，太后问道："你最近为什么到太原去？"赵德钧说："是奉唐主之命。"太后指着天说道："你向我儿请求扶你当天子，为什么说瞎话！"又指指自己的心说："这里是不能欺骗的。"又说："我儿将要出行时，我告诫他说：赵大王如果率领兵马向渝关北进时，就赶紧带领部众回来，太原不必去救他。你想当天子，为什么不先把我儿击退，再慢慢谋取也不晚。你作为人臣，既辜负自己的君主，不能攻击敌人，又想乘着危乱之时谋求自己的利益，你干出来这样的事，还有什么面目来求生存呢？”赵德钧低着头不能回答。太后又问他：“你所献的器物玩好在这里，但你所献的田宅在哪里？”赵德钧说：“在幽州。”太后说：“幽州现在是属于谁的？”回答说：“属于太后。”太后说：“那你还献什么啊！”赵德钧更加羞惭。从此郁郁吃不下东西，一年之后便死了。张砺与赵延寿一起进入契丹，契丹主仍然让他做翰林学士。

后晋高祖将要进军上党，契丹主举着酒杯对他说：“我远道而来履行协约，现在大事已经完成，我如果再向南进军，黄河以南的人必然要引起大的惊骇。你应该自己率领汉兵南下，人心定不会太恐惧。我命令太相温带领五千骑兵保卫护送你到河阳桥，你想要多少人随你渡河由你决定。我暂时留在这里，等你的消息，有紧急情况，我便下山去援救你。如果你能把洛阳安定下来，我就返回北面去。”于是与后晋高祖执手相泣，久久不能作别，脱下自己的白貂裘给后晋高祖穿上，又赠送了好马二十匹，战马一千二百匹，说：“世世代代子孙不要相忘。”又说：“刘知远、赵莹、桑维翰都是创业的功臣，没有大的过失，不要丢弃他们。”

辛巳（二十六日），后唐末帝与曹太后、刘皇后、雍王李重美及宋审虔等携带着传国宝玺登上宣武楼自焚。刘皇后积聚薪柴想把宫室也烧了，李重美劝谏说：“新天子来了，必定不能露天居住，以后修建宫室还要劳费民力；我们死了，还要给民众遗留怨恨，能有什么好处！”于是，便停止了焚烧宫室。王淑妃对曹太后说：“事情已经危急了，应该暂且躲藏一下，等候姑夫来了再说。”曹太后说：“我的儿子、孙子、媳妇、女儿一旦到了如此地步，我怎么忍心独自生存！妹妹你自己勉励吧。”王淑妃便同许王李从益藏匿在毬场，终免一死。

闽国人听到后唐末帝的灭亡消息后，叹息着说：“潞王的罪行，我们没有听说过，他比起我们的国君又能怎么样呢！”

第二百八十一卷
后晋纪二

译文诵读

高祖圣文章武明德孝皇帝上之下天福二年（丁酉，937）

契丹主自上党过云州，大同节度使沙彦珣出迎，契丹主留之，不使还镇。节度判官吴峦在城中，谓其众曰："吾属礼义之俗，安可臣于夷狄乎！"众推峦领州事，闭城不受契丹之命，契丹攻之，不克。应州马军都指挥使金城郭崇威亦耻臣契丹，挺身南归。

契丹主过新州，命威塞节度使翟璋敛犒军钱十万缗。初，契丹主阿保机强盛，室韦、奚、霫皆役属焉。奚王去诸苦契丹贪虐，帅其众西徙妫州，依刘仁恭父子，号西奚。去诸卒，子扫剌立。唐庄宗灭刘守光，赐扫剌姓李名绍威。绍威娶契丹逐不鲁之姊。逐不鲁获罪于契丹，奔绍威，绍威纳之；契丹怒，攻之，不克。绍威卒，子拽剌立。及契丹主德光自上党北还，拽剌迎降，时逐不鲁亦卒，契丹主曰："汝诚无罪，扫剌、逐不鲁负我。"皆命发其骨，硙而飏之。诸奚畏契丹之虐，多逃叛。契丹主劳翟璋曰："当为汝除代，令汝南归。"己亥，璋表乞征诣阙。既而契丹遣璋将兵讨叛奚，攻云州，有功，留不遣璋，璋郁郁而卒。

张砺自契丹逃归，为追骑所获，契丹主责之曰："何故舍我去？"对曰："臣华人，饮食衣服皆不与此同，生不如死，愿早就戮。"契丹主顾通事高彦英曰："吾常戒汝善遇此人，何故使之失所而亡去？若失之，安可复得邪！"笞彦英而谢砺。砺事契丹主甚忠直，遇事辄言，无所隐避，契丹主甚重之。

吴历阳公濛知吴将亡，甲午，杀守卫军使王宏；宏子勒兵攻濛，濛射杀之。以德胜节度使周本吴之勋旧，引二骑诣庐州，欲依之。本闻濛至，将见之，其子弘祚固谏，本怒曰："我家郎君来，何为不使我见！"弘祚合扉不听本出，使人执濛于外，送江都。徐诰遣使称诏杀濛于采石，追废为悖逆庶人，绝属籍。侍卫军使郭悰杀濛妻子于和州，诰归罪于悰，贬池州。

吴司徒、门下侍郎、同平章事、内枢使、忠武节度使王令谋老病无齿，或劝之致仕，令谋曰："齐王大事未毕，吾何敢自安！"疾亟，力劝徐诰受禅。是月，吴主下诏，禅位于齐。李德诚复诣金陵帅百官劝进，宋齐丘不署表。九月，癸丑，令谋卒。

丙寅，吴主命江夏王璘奉玺绶于齐。冬，十月，甲申，齐王诰即皇帝位于金陵，大赦，改元升元，国号唐。追尊太祖武王曰武皇帝。乙酉，遣右丞相玠奉册诣吴主，称受禅老臣诰谨拜稽首上皇帝尊号曰高尚思玄弘古让皇，宫室、乘舆、服御皆如故，宗庙、正朔、徽章、服色悉从吴制。

唐主宴群臣于天泉阁，李德诚曰："陛下应天顺人，惟宋齐丘不乐。"因出齐丘止德诚劝进书，唐主执书不视，曰："子嵩三十年旧交，必不相负。"齐丘顿首谢。

己丑，唐主表让皇改东都宫殿名，皆取于仙经。让皇常服羽衣，习辟谷术。辛卯，吴宗室建安王珙等十二人皆降爵为公，而加官增邑。丙申，以吴同平章事张延翰及门下侍郎张居咏、中书侍郎李建勋并同平章事。让皇以唐主上表，致书辞之；唐主表谢而不改。

丁酉，加宋齐丘大司徒。齐丘虽为左丞相，不预政事，心愠怼，闻制词云"布衣之交"，抗声曰："臣为布衣时，陛下为刺史；今日为天子，可以不用老臣矣。"还家请罪，唐主手诏谢之，亦不改命。久之，齐丘不知所出，乃更上书请迁让皇于他州，及斥远吴太子琏，绝其婚；唐主不从。

唐主赐杨琏妃号永兴公主；妃闻人呼公主则流涕而辞。

三年（戊戌，938）

帝上尊号于契丹主及太后，戊寅，以冯道为太后册礼使，左仆射刘煦为契丹主册礼使，备卤簿、仪仗、车辂，诣契丹行礼；契丹主大悦。帝事契丹甚谨，奉表称臣，谓契丹主为"父皇帝"；每契丹使至，帝于别殿拜受诏敕。岁输金帛三十万之外，吉凶庆吊，岁时赠遗，玩好珍异，相继于道。乃至应天太后、元帅太子、伟王、南、北二王、韩延徽、赵延寿等诸大臣皆有赂；小不如意，辄来责让，帝常卑辞谢之。晋使者至契丹，契丹骄倨，多不逊语。使者还，以闻，朝野咸以为耻，而帝事之曾无倦意，以是终帝之世与契丹无隙。然所输金帛不过数县租赋，往往托以民困，不能满数。其后契丹主屡止帝上表称臣，但令为书称"儿皇帝"，如家人礼。

后晋高祖天福二年（丁酉，公元937年）

契丹主耶律德光从上党北上经过云州时，大同节度使沙彦珣出城迎接，契丹主把他留下，不让回镇所。节度判官吴峦在城中对他的下属将士说："我们属于有礼义之俗的国家，怎么可以做夷狄的臣民啊！"众人推举吴峦领导全州的事务，关上城门不接受契丹的命令，契丹兵攻城，攻不下来。应州马军都指挥使金城人郭崇威也耻于向契丹称臣，挺身南归。

契丹主经过新州，命令威塞节度使翟璋收集犒劳军队的钱十万缗。以前，契丹主耶律德光的父亲契丹太祖耶律阿保机强盛，室韦、奚、霫都成为他的属地而为其役使。奚王去诸苦于契丹的贪求和虐待，带领他的属众向西迁徙到妫州，依附于刘仁恭父子，号称西奚。去诸死后，他的儿子扫剌继立。后唐庄宗讨灭刘守光时，赐给扫剌姓李，名绍威。李绍威娶了契丹逐不鲁的姐姐。逐不鲁得罪了契丹，投奔李绍威，李绍威接纳了他。契丹发怒，攻打他，没有攻下来。李绍威死后，子拽剌继立。等到契丹主耶律德光从上党北归时，拽剌迎接并投降于他，当时逐不鲁也死了，契丹主耶律德光说："你实在是没有罪过的，扫剌、逐不鲁有负于我。"便令人把二人的尸骨挖掘出来，磨碎后加以散扬。各处奚人畏惧契丹的暴虐，很多都叛离逃走。契丹主慰劳翟璋说："我一定找人替代你的职务，让你回到南朝。"己亥（十六日），翟璋上表后晋朝廷，请求召他回朝。没有多久，契丹派遣翟璋领兵去讨伐叛变的奚人，进攻云州，有功劳，便把他留下，不让他回去，最后翟璋郁郁而死。

翰林学士张砺从契丹逃归南方，被追赶的契丹骑兵抓获，契丹主责备他说："你为什么离我而去？"张砺回答说："我是中原人，饮食、衣服都同此地不一样，活着还不如死了，我愿意您早日把我杀了。"契丹主对着翻译高彦英说："我常常告诫你要优厚地对待这个人，你为什么让他流离失所而逃走？如果失去他，还能到哪里去获得这样的人！"便笞打高彦英而向张砺道歉。张砺侍奉契丹主很是忠心和直率，遇到问题往往进言，没有什么隐藏和躲避的，契丹主很器重他。

吴国历阳杨濛公知道吴国快要败亡了，甲午（八月十四日），杀了守卫他的军使王宏；王宏的儿子带领兵卒攻击杨濛，杨濛射杀了他。因为德胜节度使周本是吴国有功勋的旧臣，便带领两个骑兵来到庐州，想依托于他。周本听说杨濛来了，将要会见他，他的儿子周弘祚坚决劝阻，周本发怒说："我家的少主来了，为什么不让我见他！"周弘祚关上门不让周本出去，并让人在外边把杨濛抓起来，送往江都。徐诰派使者称吴主下诏，在采石杀了杨濛，并把他追废为"悖逆庶人"，从宗室名册中删除。侍卫军使郭悰在和州把杨濛的妻子杀了，徐诰归罪于郭悰，把他贬移到池州。

吴国司徒、门下侍郎、同平章事、内枢使、忠武节度使王令谋年老有病，连牙齿都没有了，有人劝他退休，王令谋说："齐王的大事还没完成，我怎么敢自图安逸！"病得快死了，还极力劝说徐诰接受吴主让位。就在这个月里，吴主杨溥下诏书，把帝位禅让给齐王徐诰。李德诚再次到金陵率领百官劝进，宋齐丘不在劝进表上署名。九月，癸丑（初四），王令谋去世。

丙寅（十七日），吴主杨溥命江夏王杨璘奉献皇帝的国玺和绶带给齐王。冬季，十月，甲申（初五），齐王徐诰在金陵即皇帝位，实行大赦，改年号为升元，国号唐，追尊他的父亲太祖武王徐温称武皇帝。乙酉（初六），遣派右丞相徐玠奉送上尊号的册文去进谒吴主杨溥，称言受禅老臣诰谨拜稽首上皇帝尊号为高尚思玄弘古让皇，宫室、乘舆、服御都照旧，宗庙、正朔、徽章、服色都仍按吴国制度。

南唐国主徐诰在天泉阁宴请群臣，李德诚奏称："陛下应天顺人，只有宋齐丘不愉快。"因而把宋齐丘阻止李德诚劝进的信拿出来作为证明，南唐主拿着这封信而不看，并说："子嵩是我三十年的老朋友，必定不会负我。"宋齐丘顿首拜谢。

己丑（初十），南唐主上表让皇，请求更改东都江都的宫殿名称，都是从神仙经书中取名的。让皇经常穿着道士羽衣，习练辟谷修仙的法术。辛卯（十二日），吴国宗室建安王杨珙等十二人都降爵为公，但加授了官职并增了食邑，以示安慰。丙申（十七日），南唐主任用吴国前同平章事张延翰及门下侍郎张居咏、中书侍郎李建勋都任同平章事。让皇因为南唐主仍用上表的形式，写信表示不能接受，南唐主上表致谢，但仍不改变。

丁酉（十八日），南唐主加授宋齐丘为大司徒。宋齐丘虽然任左丞相，但不能参预政事，心里怨怒，听说南唐主所作词中称是"布衣之交"，便抗辩说："我当老百姓时，陛下是刺史，现在您当了天子，可以不用老臣了。"回家请求治罪，南唐主手诏向他致谢，但也不再改变授官命令。时间长了，宋齐丘不知怎么办为好，便上书建议把让皇行移到其他州府，并疏远吴太子杨琏，断绝与他的婚姻；南唐主没有听从他的意见。

南唐主赐杨琏的妃子号为永兴公主，这位妃子听到别人称呼她为公主便流眼泪而推辞。

三年（戊戌，公元938年）

后晋高祖给契丹国主耶律德光及述律太后上尊号，戊寅，任命冯道为太后册礼使，左仆射刘煦为契丹主册礼使，配备着卤簿、仪仗、车辂，送至契丹行礼；契丹主极为高兴。后晋高祖事奉契丹很恭谨，上表称臣，叫契丹主为"父皇帝"；每当契丹的使者来到，后晋高祖在别殿拜接契丹的诏书和敕令。每年除了要输送金帛三十万之外，各种吉凶庆吊，季节馈赠，玩好珍异，运送的车马接连于道路。而且对于述律太后、元帅太子、伟王、南王、北王、韩延徽、赵延寿等诸大臣都有贿赠；他们小有不如意的，便来责备、索取，后晋高祖往往用谦卑的语言谢罪。晋朝的使者到契丹，契丹骄横倨慢，语多不逊。使者回朝，向后晋高祖报告，朝廷内外都以为羞耻，而后晋高祖卑恭对待契丹，从来没有怠慢过，因此，整个后晋高祖在位的时期，同契丹没有发生过嫌隙。然而所输送的金帛，不过是几个县的田租赋税。往往托词说民间困乏，不能满额送到。后来，契丹主多次制止后晋高祖上表称臣，只叫他写信时自称"儿皇帝"，像家庭之间行礼一样。

第二百八十二卷 后晋纪三

译文诵读

高祖圣文章武明德孝皇帝中天福四年（己亥，939）

唐群臣江王知证等累表请唐主复姓李，立唐宗庙，乙丑，唐主许之。群臣又请上尊号，唐主曰："尊号虚美，且非古。"遂不受。其后子孙皆踵其法，不受尊号，又不以外戚辅政，宦者不得预事，皆他国所不及也。

二月，乙亥，改太祖庙号曰义祖。己卯，唐主为李氏考妣发哀，与皇后斩衰居庐，如初丧礼，朝夕临凡五十四日。江王知证、饶王知谔请亦服斩衰；不许。李建勋之妻广德长公主假衰绖入哭尽礼，如父母之丧。

庚寅，唐主更名昪。

初，闽惠宗以太祖元从为拱宸、控鹤都，及康宗立，更募壮士二千为腹心，号宸卫都，禄赐皆厚于二都；或言二都怨望，将作乱，闽主欲分隶漳、泉二州，二都益怒。闽主好为长夜之饮，强群臣酒，醉则令左右伺其过失；从弟继隆醉失礼，斩之。屡以猜怒诛宗室，叔父左仆射，同平章事延羲阳为狂愚以避祸，闽主赐以道士服，置武夷山中；寻复召还，幽于私第。

闽主数侮拱宸、控鹤军使永泰朱文进、光山连重遇，二人怨之。会北宫火，求贼不获；闽主命重遇将内外营兵扫除余烬，日役万人，士卒甚苦之。又疑重遇知纵火之谋，欲诛之；内学士陈郯私告重遇。辛巳夜，重遇入直，帅二都兵焚长春宫以攻闽主，使人迎延羲于瓦砾中，呼万岁；复召外营兵共攻闽主；独宸卫都拒战，闽主乃与李后如宸卫都。比明，乱兵焚宸卫都，宸卫都战败，余众千余人奉闽主及李后出北关，至梧桐岭，众稍逃散。延羲使兄子前汀州刺史继业将兵追之，及于村舍；闽主素善射，引弓杀数人。俄而追兵云集，闽主知不免，投弓谓继业曰："卿臣节安在！"继业曰："君无君德，臣安有臣节！新君，叔父也，旧君，昆弟也，孰亲孰疏？"闽主不复言。继业与之俱还，到陀庄，饮以酒，醉而缢之，并李后及诸子、王继恭皆死。宸卫余众奔吴越。

延羲自称威武节度使、闽国王，更名曦，改元永隆，赦系囚，颁赉中外。以宸卫弑闽主赴于邻国；谥闽主曰圣神英睿文明广武应道大弘孝皇帝，庙号康宗。遣商人间道奉表称藩于晋；然其在国，置百官皆如天子之制。以太子太傅致仕李真为司空兼中书侍郎、同平章事。

连重遇之攻康宗也，陈守元在宫中，易服将逃，兵人杀之。重遇执蔡守蒙，数以卖官之罪而斩之。闽王曦既立，遣使诛林兴于泉州。

五年（庚子，940）

闽王曦既立，骄淫苛虐，猜忌宗族，多寻旧怨。其弟建州刺史延政数以书谏之，曦怒，复书骂之；遣亲吏业翘监建州军，教练使杜汉崇监南镇军，二人争捃延政阴事告于曦，由是兄弟积相猜恨。一日，翘与延政议事不叶，翘诃之曰："公反邪！"延政怒，欲斩翘；翘奔南镇，延政发兵就攻之，败其戍兵。翘、汉崇奔福州，西鄙戍兵皆溃。

二月，曦遣统军使潘师逵、吴行真将兵四万击延政。师逵军于建州城西，行真军于城南，皆阻水置营，焚城外庐舍。延政求救于吴越，壬戌，吴越王元瓘遣宁国节度使、同平章事仰仁诠、内都监使薛万忠将兵四万救之，丞相林鼎谏，不听。三月，戊辰，师逵分兵三千，遣都军使蔡弘裔将之出战，延政遣其将林汉彻等败之于茶山，斩首千余级。

丁丑，王延政募敢死士千余人，夜涉水，潜入潘师逵垒，因风纵火，城上鼓噪以应之，战棹都头建安陈诲杀师逵，其众皆溃。戊寅，引兵欲攻吴行真寨，建人未涉水，行真及将士弃营走，死者万人。延政乘胜取永平，顺昌二城。自是建州之兵始盛。

吴越仰仁诠等兵至建州，王延政以福州兵已败去，奉牛酒犒之，请班师；仁诠等不从，营于城之西北。延政惧，复遣使乞师于闽王。闽王以泉州刺史王继业为行营都统，将兵二万救之；且移书责吴越，遣轻兵绝吴越粮道。会久雨，吴越食尽，五月，延政遣兵出击，大破之，俘斩以万计。癸未，仁诠等夜遁。

唐主遣客省使尚全恭如闽，和闽王曦及王延政。六月，延政遣牙将及女奴持誓书及香炉至福州，与曦盟于宣陵。然兄弟相猜恨犹如故。

六年（辛丑，941）

成德节度使安重荣耻臣契丹，见契丹使者，必箕踞慢骂，使过其境，或潜遣人杀之；契丹以让帝，帝为之逊谢。六月，戊午，重荣执契丹使拽剌，遣骑掠幽州南境，军于博野，上表称："吐谷浑、两突厥、浑、契苾、沙陀各帅部众归附；党项等亦遣使纳契丹告身职牒，言为虏所陵暴，又言自二月以来，令各具精甲壮马，将以上秋南寇，恐天命不佑，与之俱灭，愿自备十万众，与晋共击契丹。又朔州节度副使赵崇已逐契丹节度使刘山，求归命朝廷。臣相继以闻。陛下屡敕臣承奉契丹，勿自起衅端；其如天道人心，难以违拒，机不可失，时不再来。诸节度使没于虏庭者，皆延颈企踵以待王师，良可哀闵。愿早决计。"表数千言，大抵斥帝父事契丹，竭中国以媚无厌之虏。又以此意为书遗朝贵及移藩镇，云已勒兵，必与契丹决战。帝以重荣方握强兵，不能制，甚患之。

时邺都留守、侍卫马步都指挥使刘知远在大梁；泰宁节度使桑维翰知重荣已蓄奸谋，又虏朝廷重违其意，密上疏曰："陛下免于晋阳之难而有天下，皆契丹之功也，不可负之。今重荣恃勇轻敌，吐浑假手报仇，皆非国家之利，不可听也。臣窃观契丹数年以来，士马精强，吞噬四邻，战必胜，攻必取，割中国之土地，收中国之器械；其君智勇过人，其臣上下辑睦，牛羊蕃息，国无天灾，此未可与为敌也。且中国新败，士气凋沮，以当契丹乘胜之威，其势相去甚远。又，和亲既绝，则当发兵守塞，兵少则不足以待寇，兵多则馈运无以继之。我出则彼归，我归则彼至，臣恐禁卫之士疲于奔命，镇、定之地无复遗民。今天下粗安，疮痍未复，府库虚竭，蒸民困弊，静而守之，犹惧不济，其可妄动乎！契丹与国家恩义非轻，信誓甚著，彼无间隙而自启衅端，就使克之，后患愈重；万一不克，大事去矣。议者以岁输缯帛谓之耗蠹，有所卑逊谓之屈辱。殊不知兵连而不休，祸结而不解，财力将匮，耗蠹孰甚焉！用兵则武吏功臣过求姑息，边藩远郡得以骄矜，下陵上替，屈辱孰大焉！臣愿陛下训农习战，养兵息民，俟国无内忧，民有余力，然后观衅而动，则动必有成矣。又，邺都富盛，国家藩屏，今主帅赴阙，军府无人，臣窃思慢藏诲盗之言，勇夫重闭之义，乞陛下略加巡幸，以杜奸谋。"帝谓使者曰："朕比日以来，烦懑不决，今见卿奏，如醉醒矣，卿勿以为忧。"

曦淫侈无度，资用不给，谋于国计使南安陈匡范，匡范请日进万金；曦悦，加匡范礼部侍郎，匡范增算商贾数倍。曦宴群臣，举酒属匡范曰："明珠美玉，求之可得；如匡范人中之宝，不可得也。"未几，商贾之算不能足日进，贷诸省务钱以足之，恐事觉，忧悸而卒，曦祭赠甚厚。诸省务以匡范贷帖闻，曦大怒，斫棺，断其尸弃水中，以连江人黄绍颇代为国计使。绍颇请"令欲仁者，自非荫补，皆听输钱即授之，以资望高下及州县户口多寡定其直，自百缗至千缗。"从之。

刘知远遣亲将郭威以诏指说吐谷浑酋长白承福，令去安重荣归朝廷，许以节钺。威还，谓知远曰："虏惟利是嗜，安铁胡止以袍袴赂之；今欲其来，莫若重赂乃可致耳。"知远从之，且使谓承福曰："朝廷已割尔曹隶契丹，尔曹当自安部落；今乃南来助安重荣为逆，重荣已为天下所弃，朝夕败亡，尔曹宜早从化，勿俟临之以兵，南北无归，悔无及矣。"承福惧，冬，十月，帅其众归于知远。知远处之太原东山及岚、石之间，表承福领大同节度使，收其精骑以隶麾下。

始，安重荣移檄诸道，云与吐谷浑、达靼、契苾同起兵，既而承福降知远，达靼、契苾亦莫之赴，重荣势大沮。

后晋高祖天福四年（己亥，公元939年）

南唐群臣江王徐知证等几次上表请求南唐王徐诰恢复姓李，建立唐室宗庙，乙丑（正月二十三日），南唐主准许。群臣又请求上帝王尊号，南唐主说：“尊号是一种虚美，并且不是古制。”便没有接受。此后，子孙都依照这种做法，不受尊号，又不用外戚辅理政事，宦官不准干预国事，这都是其他国家所做不到的。

二月，乙亥（初三），更改南唐太祖徐温的庙号称为义祖。己卯（初七），南唐主为李氏父母举行哀悼，同皇后一起披麻戴孝，值守于祭堂，像初丧之礼一样，早晚拜祭达五十四天。徐温的亲子江王徐知证、饶王徐知谔请求也披麻戴孝，南唐主不准许。李建勋之妻广德长公主身穿丧服到祭堂哀哭尽礼，如同父母之丧一样。

庚寅（十八日），南唐主更名为李昪。

过去，闽惠宗王璘把太祖王审知的原来侍从立为拱宸、控鹤二都。等到康宗王昶即位后，又募集壮士二千作为腹心，号称宸卫都，俸禄和赏赐都厚于二都。有人传言，二都有怨气，将要作乱，闽主想把二者分别隶属于漳、泉二州，二都更加愤怒。闽主喜欢做长夜的饮宴，强制群臣喝酒，喝醉了便让左右之人伺机找他的过失；闽主的堂弟王继隆醉后失礼，把他斩了。这样，由于多次猜疑、发怒而诛杀宗室。闽主的叔父左仆射、同平章事王延羲表面上装作狂呆用来躲避祸端，闽主赐给他道士服装，把他放置在武夷山中；不久，又把他召回来，幽禁在他自己的私第。

闽主几次轻侮拱宸、控鹤军使永泰人朱文进、光山人连重遇，二人很怨恨。没过多久，北宫失火，查究放火贼人但没有寻获；闽主命令连重遇带领内外营兵扫除余烬，每天役使上万人，士兵感到很痛苦。又怀疑连重遇知道纵火的阴谋，想要把他杀了；内廷学士陈郯私下告诉了连重遇。辛巳（闰七月十二日）夜，连重遇进宫值勤，率领二都之兵焚烧了长春宫，袭击闽主，派人从瓦砾中把王延羲迎接出来，对着他呼喊万岁，又召集外营的兵众共同攻击闽主；只有宸卫都的兵士抗拒进行战斗，闽主便和皇后李春燕避往宸卫都。待到天亮，乱兵焚烧了宸卫。宸卫都战败，剩下的千余人保护着闽主和李后出了北关，到达梧桐岭，剩下的人又有逃散的。王延羲让他哥哥的儿子前汀州刺史王继业带兵追赶他们，一直逃到村舍。闽主平素擅长射术，拉起弓射杀几个人。不多时，追兵云集，闽主自知不能逃脱，便丢下弓箭对王继业说：“你的臣节到哪里去了！”王继业说：“君既然没有君德，臣还有什么臣节！新君，是我的叔父，旧君，是我的兄弟，谁亲谁疏？”闽主不再说话。王继业同他一起回来，到达陀庄，让他喝酒，醉后把他勒死了。连同李后及几个儿子，王继恭都杀死了。宸卫都的余众投奔吴越。

王延羲自称威武节度使、闽国王，改名王曦，改年号为永隆。赦放系押的囚犯，对朝廷内外进行赐赏。宣称宸卫都杀了闽主投赴邻国，给闽主上谥号为圣神英睿文明广武应道大弘孝皇帝，庙号康宗。遣派商人从便道去上表，向后晋朝廷称藩；然而在他的国内，设置百官都如同天子的制度。任用已经以太子太傅名义退休的李真为司空兼中书侍郎、同平章事。

连重遇攻击康宗时，陈守元正在宫中，换了衣服将要逃跑，兵士把他杀了。连重遇抓住了蔡守蒙，数责他的卖官之罪而把他杀了。闽王王曦即位以后，派使者到泉州去把林兴也杀了。

五年（庚子，公元940年）

闽主王曦即位以后，骄奢淫逸，酷苛暴虐，猜忌宗族，常常寻找旧怨加以报复。他的弟弟建州刺史王延政多次上书劝谏他，王曦发怒，复书责骂王延政；派遣亲信官吏业翘监察建州军，教练使杜汉崇监福州与建州之间的南镇军。这两个人争着搜集王延政的阴私之事向王曦报告，因此兄弟二人长期相互猜忌怨恨。有一天，业翘与王延政议论事情意见不和，业翘呵斥王延政说："你要造反啊！"王延政发怒，要杀业翘；业翘奔向南镇，王延政发兵到南镇攻击他，打败了南镇的守兵，业翘、杜汉崇奔向福州，西郊边境的守兵都溃散了。

二月，王曦派遣统军使潘师逵、吴行真统兵四万攻打王延政。潘师逵屯军在建州城西，吴行真屯军在建州城南，都隔着水设置营地，焚烧了城外的房舍。王延政求救于吴越，壬戌（二十六日），吴越王钱元瓘派宁国节度使、同平章事仰仁诠、内都监使薛万忠统兵四万去救援他。闽国丞相林鼎谏阻王曦，不听。三月，戊辰（初二），潘师逵分兵三千，派都军使蔡弘裔领着他们出战。王延政派其将林汉彻等在茶山把他们打败，斩首千余级。

丁丑（十一日），闽国建州刺史王延政募集了一千多敢于冒死的士卒，乘着夜间涉水，潜伏进入潘师逵的营垒，顺风纵火，城上擂鼓呐喊来响应他们。战棹都头建安人陈诲杀了潘师逵，他的兵众都溃散了。戊寅（十二日），王延政率领兵卒要进攻吴行真的营寨，还未等到建州兵涉水过来，吴行真和将士就弃营逃走，死亡达万人。王延政乘胜攻取了永平、顺昌二城。从此以后，建州的兵卒开始强盛起来。

吴越国仰仁诠等率援军到达建州，王延政因为闽国福州兵已经败走，取出肉酒犒劳他们，请他们班师回吴越。仰仁诠等不依从，在建州城的西北扎营。王延政害怕，又遣使者向闽王请求发兵救援。闽王王曦任命泉州刺史王继业为行营都统，率兵二万来救援；并且送信责备吴越，派遣轻兵断绝吴越的运粮道路。正好遇上长时间下雨，吴越兵粮食用尽，五月，王延政派兵出击，大破吴越之兵，俘虏斩杀上万人。癸未（十八日），仰仁诠等乘夜间逃走。

南唐主遣派客省使尚全恭赴闽国，与闽王王曦及王延政议和。六月，王延政派遣牙将及女奴带着誓书及香炉到福州，与王曦定盟于闽太祖王审知的宣陵。但是，兄弟相互猜疑忌恨依然如故。

六年（辛丑，公元941年）

成德节度使安重荣耻于向契丹称臣，会见契丹使者时，一定伸开两腿箕踞谩骂，使者经过他的辖境，有时暗中派人把使者杀了；契丹以此责备后晋高祖，后晋高祖常替他道歉谢过。六月，戊午（二十九日）安重荣拘执契丹使者拽剌，派出骑兵掠抢幽州的南境，把军队屯扎在博野，上表称说："吐谷浑、两突厥、浑、契苾、沙陀各自率领部众来归附；党项等也遣派使者缴出契丹委任职务的告身职牒，诉说被契丹所欺凌虐待，又说自从二月以来，契丹命令他们各自准备精兵壮马，将要在入秋时向南寇掠，他们害怕老天爷不保佑，与契丹一道灭亡，愿意自己准备十万人马，与晋国共同攻击契丹。又有朔州节度副使赵崇已经驱逐了契丹任命的节度使刘山，请求归顺朝廷。我已经把这些情况相继报告朝廷。陛下多次命令我仰承恭奉契丹，不要自己去挑起衅端；可是现在天道人心，难以违抗，机不可失，时不再来。诸节度使被执陷在胡虏境内的都伸长脖子、提起脚跟在等待着王师北伐，实在值得同情哀怜。愿朝廷早做决计。"表章共有几千言，大体都是斥责后晋高祖把契丹当做父亲来侍奉，竭尽中原所有以谄媚贪得无厌的胡虏。安重荣又用这种意思写信送给朝中贵官，并且传送给各藩镇，说已经调动兵将，决心同契丹决战。后晋高祖由于安重荣正掌握着强大兵力，不能辖制他，极为忧虑。

当时，邺都留守、侍卫马步都指挥使刘知远在大梁入朝；泰宁节度使桑维翰知道安重荣已经心怀奸谋，又怕朝廷难违其意，秘密上疏说："陛下免除了晋阳之难而领有天下，都是契丹的功绩啊，不可亏负他。现在，安重荣依恃勇悍，轻视敌人，吐谷浑想借我们的手来报仇，都不是对国家有利的事，不能听从他们。我观察契丹数年以来，士马精强，吞并四邻，战必胜，攻必取，割据中原的土地，收缴中原的器械；他的君主智勇过人，他的臣僚上下洽睦，牛羊繁殖茂盛，国家没有天灾，是不可以把他视为敌人的。而且，中原刚刚败给他们，士气低落沮丧，用这样的军队去抵挡契丹乘胜的威势，这种形势，相差太远。再者，和亲的关系既已断绝，就应当发兵戍守边塞。但是，兵少了是不足以应付敌寇的，兵多了又使得后勤运输接济不上。我军出战，他就退走，我军回守，他又出来骚扰，我担心禁卫的士兵疲于奔命，镇州、定州之地不能再有遗留的民众。现在，天下刚刚稍有安定，国

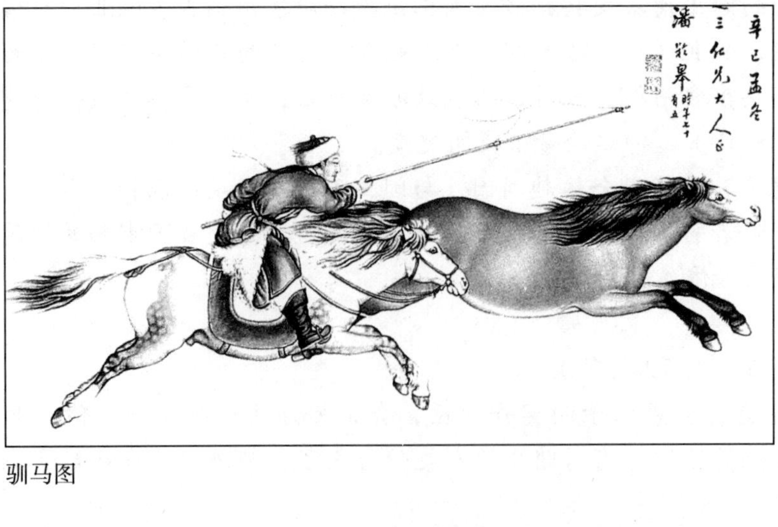

驯马图

家的创伤没有恢复，府库空虚穷竭，百姓困苦凋敝，平静地来守护还怕不能济事，怎么可以再妄做举动呢！契丹与我们国家恩义不浅，彼此对信守誓约都很重视，他没有差错而我们自取衅端，即使战胜了他，后患也会更加严重；万一不能战胜他，大事就完了。人们议论认为每年运送缯帛给他们叫做耗蠹，有所卑恭谦逊叫做屈辱。殊不知如果兵战连绵而不罢休，灾祸纠结而不解除，财力将要匮乏，耗蠹哪个更厉害呢！用兵就会使得武将功臣过分要求姑息迁就他们，边藩远郡因此得以骄傲矜伐，下颓上废，不思振作，屈辱哪个更大呢！我希望陛下训劝农耕，习练军战，养备兵众，与民休息，等到国家没有内忧，民众有了余力，然后看形势而动，才能动必有成。再者，邺都丰富繁盛，是国家的屏障，现在它的主帅赴京朝见，军府无人主事，我想到《易经》上说的不谨守所藏，要招引盗贼的话，《左传》上所讲勇敢的人重视守护的道理，请求陛下略做巡视检查，以杜绝奸谋。”后晋高祖对来使说：“朕这几天心里烦扰，不能决定怎么办，今天见到你们节帅的奏章，就像酒醉醒来，告诉你们节帅不要忧虑。”

王曦淫侈无度，资金用度接不上，于是就同国计使南安人陈匡范商讨办法，陈匡范请求每天进万金。王曦高兴，加封陈匡范为礼部侍郎，陈匡范向商贾收费时增算数倍。王曦宴会群臣时，举酒对陈匡范说：“明珠美玉，求之可以得到；像匡范这样的人是人中之宝，不可得啊！”没多久，商贾的赋不能凑足日进之额，陈匡范就借用各部门的经费来补足，又怕被发觉，忧惧而死，王曦对他祭奠赠赐很丰厚。各部门把陈匡范借据上奏，王曦大怒，劈了陈匡范的棺材，斩断他的尸体抛掷到水中。另行任用连江人黄绍颇代做国计使。黄绍颇建议：“命令那些要做官的人，只要不是因功绩荫庇补官的，都听凭捐纳金钱就授给他官职，用资望高下及州县户口多少来定价格，从百缗直到千缗不等。”王曦听从了这个办法。

刘知远派遣他的亲近将领郭威，根据朝廷诏命去劝说吐谷浑酋长白承福，让他脱离安重荣归附后晋朝廷，答应让他当节度使。郭威回来，对刘知远说：“胡虏只喜欢对自己有好处的事，安重荣只是用袍袴之类贿赂他；现在，我们要把他拉过来，不如用重赂，才能让他过来。”刘知远听了他的建议，并且让使者去告诉白承福说：“朝廷已经把你们割划隶属于契丹，你们就应该安分治理自己的部落，现在竟然南来帮助安重荣当叛逆，安重荣已经被天下所唾弃，早晚之间就要败亡，你们要早日顺从归化，不要等到用兵力加临于你们，弄得南、北都无所适从，那时后悔就来不及了。”白承福害怕，冬季，十月，率领他的兵众依附于刘知远。刘知远把他们置放在太原东山及岚州、石州之间，上表请任白承福领受大同节度使，收揽他的精锐骑兵隶属在自己的指挥之下。

开始，安重荣传送檄文给诸道，说与吐谷浑、达靼、契苾共同起兵。不久，白承福向刘知远投降，达靼、契苾也不去参加起兵，安重荣的势力大为沮丧。

第二百八十三卷 后晋纪四

译文诵读

高祖圣文章武明德孝皇帝下天福七年（壬寅，942）

曦荒淫无度，尝夜宴，光准醉忤旨，命执送都市斩之；吏不敢杀，系狱中。明日，视朝，召复其位。是夕，又宴，收翰林学士周维岳下狱。吏拂榻待之，曰："相公昨夜宿此，尚书勿忧。"醒而释之。他日，又宴，侍臣皆以醉去，独维岳在。曦曰："维岳身甚小，何饮酒之多？"左右或曰："酒有别肠，不必长大。"曦欣然，命捽维岳下殿，欲剖视其酒肠。或曰："杀维岳，无人侍陛下剧饮者。"乃舍之。

齐王上天福八年（癸卯，943）

唐宣城王景达，刚毅开爽，烈祖爱之，屡欲以为嗣；宋齐丘亟称其才，唐主以齐王璟年长而止。璟以是怨齐丘。

驾部郎中冯延己，为齐王元帅府掌书记，性倾巧，与宋齐丘及宣徽副使陈觉相结；同府在己上者，延己稍以计逐之。延己尝戏谓中书侍郎孙晟曰："公有何能，为中书郎？"晟曰："晟，山东鄙儒，文章不如公，谈谐不如公，谄诈不如公。然主上使公与齐王游处，盖欲以仁义辅导之也，岂但为声色狗马之友邪！晟诚无能；公之能，适足为国家之祸耳。"延己，歙州人也。

又有魏岑者，亦在齐王府。给事中常梦锡屡言陈觉、冯延己、魏岑皆佞邪小人，不宜侍东宫；司门郎中判大理寺萧俨表称陈觉奸回乱政；唐主颇感悟，未及去。

会疽发背，秘不令人知，密令医治之，听政如故。庚午，疾亟，太医吴廷裕遣亲信召齐王璟入侍疾。唐主谓璟曰："吾饵金石，始欲益寿，乃更伤生，汝宜戒之！"是夕，殂。秘不发丧，下制："以齐王监国，大赦。"

孙晟恐冯延己等用事，欲称遗诏令太后临朝称制。翰林学士李贻业曰："先帝尝云：'妇人预政，乱之本也，'安肯自为厉阶！此必近习奸人之诈也。且嗣君春秋已长，明德著闻，公何得遽为亡国之言！若果宣行，吾必对百官毁之。"晟惧而止。贻业，蔚之从曾孙也。

丙子，始宣遗制。烈祖末年卞急，近臣多罹谴罚。陈觉称疾，累月不入，及宣遗诏，乃出。萧俨劾奏："觉端居私室，以俟升遐，请按其罪。"齐王不许。

自烈祖相吴，禁压良为贱，令买奴婢者通官作券。冯延己及弟礼部员外郎延鲁，俱在元帅府，草遗诏听民卖男女；意欲自买姬妾，萧俨驳曰："此必延己等所为，非大行之命也。昔延鲁为东都判官，已有此请；先帝访臣，臣对曰：'陛下昔为吴相，民有鬻男女者，为出府金，赎而归之，故远近归心。今即位而反之，使贫人之子为富人厮役，可乎？'先帝以为然，将治延鲁罪。臣以为延鲁愚，无足责。先帝斜封延鲁章，抹三笔，持入宫。请求请宫中，必尚在。"齐王命取先帝时留中章奏千余道，皆斜封一抹，果得延鲁疏。然以遗诏已行，竟不之改。

唐元宗即位，大赦，改元保大。秘书郎韩熙载请俟逾年改元，不从。

唐主未听政，冯延己屡入白事，一日至数四。唐主曰："书记有常职，何为如是其烦也！"

唐主为人谦谨，初即位，不名大臣，数延公卿论政体，李建勋谓人曰："主上宽仁大度，优于先帝；但性习未定，苟旁无正人，但恐不能守先帝之业耳。"

唐主以镇南节度使宋齐丘为太保兼中书令，奉化节度使周宗为侍中。唐主以齐丘、宗先朝勋旧，故顺人望召为相，政事皆自决之。

初，唐主为齐王，知政事，每有过失，常梦锡常直言规正；始虽忿怼，终以谅直多之。及即位，许以为翰林学士，齐丘之党疾之，坐封驳制书，贬池州判官。池州多迁客，节度使上蔡王彦俦，防制过甚，几不聊生，惟事梦锡如在朝廷。

宋齐丘待陈觉素厚，唐主亦以觉为有才，遂委任之。冯延己、延鲁、魏岑，虽齐邸旧僚，皆依附觉，与休宁查文徽更相汲引，侵蠹政事，唐人谓觉等为"五鬼"。延鲁自礼部员外郎迁中书舍人、勤政殿学士，江州观察使杜昌业闻之，叹曰："国家所以驱驾群臣，在官爵而已。若一言称旨，遽跻通显，后有立功者，何以赏之！"未几，唐主以岑及文徽皆为枢密副使。岑既得志，会觉遭母丧，岑即暴扬觉过恶，摈斥之。

初，河阳牙将乔荣从赵延寿入契丹，契丹以为回图使，往来贩易于晋，置邸大梁。及契丹与晋有隙，景延广说帝囚荣于狱，悉取邸中之货。凡契丹之人贩易在晋境者，皆杀之，夺其货。大臣皆言契丹有大功，不可负。戊子，释荣，慰赐而归之。

荣辞延广，延广大言曰："归语而主，先帝为北朝所立，故称臣奉表。今上乃中国所立，所以降志于北朝者，正以不敢忘先帝盟约故耳。为邻称孙，足矣，无称臣之理。北朝皇帝勿信赵延寿诳诱，轻侮中国。中国士马，尔所目睹。翁怒则来战，孙有十万横磨剑，足以相待。他日为孙所败，取笑天下，毋悔也！"荣自以亡失货财，恐归获罪，且欲为异时据验，乃曰："公所言颇多，惧有遗忘，愿记之纸墨。"延广命吏书其语以授之，荣具以白契丹主。契丹主大怒，入寇之志始决。晋使如契丹，皆絷之幽州，不得见。

桑维翰屡请逊辞以谢契丹，每为延广所沮。帝以延广有定策功，故宠冠群臣；又总宿卫兵，故大臣莫能与之争。河东节度使刘知远，知延广必致寇，而畏其方用事，不敢言，但益募兵，奏置兴捷、武节等十馀军以备契丹。

后晋高祖天福七年（壬寅，公元942年）

闽主王曦荒淫无度，有一次举行夜宴时，因为李光准醉酒违背了闽主意旨，便命人把他绑起来送到市街上问斩；下边的官吏不敢杀他，拘留在牢狱里。第二天，闽主上朝视事，又召来恢复他的职位。这天晚间，又举行宴会，把翰林学士周维岳又拘系下狱。下边的属吏扫干净了床接待他，并说："昨天宰相爷也住在这里，尚书大人您不必忧虑。"闽主酒醒以后，果然也把他释放了。过了些日子，又举行宴会，陪侍的大臣都因醉酒散去，只有周维岳还在。闽主王曦说："周维岳身材矮小，为什么他能喝那么多的酒？"左右的人有的说："能喝酒的人，另有盛酒的肠子，不必非长得高大不可。"王曦听了很高兴，便命人把他揪拿下殿，想要把他割腹看他的酒肠。有人又说："杀了周维岳，可就没有人能陪伴陛下放开量痛快饮酒了。"便又释放了他。

后晋齐王天福八年（癸卯，公元943年）

南唐宣城王李景达，为人刚毅开朗，烈祖李昪很喜爱他，几次想让他继承皇位，宋齐丘极力称赞他的才干，南唐主因为齐王李璟年纪居长而没有实行。李璟因此怨恨宋齐丘。

驾部郎中冯延已，为齐王元帅府掌书记，为人性格乖巧投机，与宋齐丘及宣徽副使陈觉相互勾结；同时在齐王府任职而名位在自己之上的，冯延已便小施计谋把他排挤出去。冯延已曾经对中书侍郎孙晟加以戏弄地说："您有什么本事，当了中书郎？"孙晟说："我孙晟不过是山东的一个鄙陋的儒生，作文章比不上您，谈吐诙谐比不上您，谄媚狡诈比不上您。但是，主上让您同齐王一起行动和居处，是想请您用仁义的言行去辅导他，怎么能只是成为声色狗马的朋友啊！我孙晟确实没有什么本事，然而您的本事，恰好是给国家造成灾祸而已啊。"冯延已是歙州人。

又有一个名叫魏岑的人，也在齐王府中。给事中常梦锡几次上言，说陈觉、冯延已、魏岑都是佞邪的小人，不适合让他们在东宫侍奉太子；司门郎中判大理寺萧俨上表指称陈觉奸邪乱政；南唐主很有些感受和觉察，但没有来得及去掉他们。

不久，南唐主背上长了痈疽，把消息封锁起来不让人知道，秘密地让医士来治疗，他上朝听取政事仍和原来一样。庚午（二月二十二日），病情严重恶化，太医吴廷裕派亲信之人去把齐王李璟召入宫中侍奉疾病。南唐主李昪对李璟说："我服用金石丹药，本来是想延年益寿，哪知反而更加伤害生命，你可要警惕戒备这件事！”这天傍晚，便死去了。把丧事隐秘不宣布，下达制令：“任用齐王监国，实行大赦。”

孙晟怕冯延己等人把持朝政，想宣告：遵照先帝遗诏，命令太后临朝代行天子之事。翰林学士李贻业说：“先帝曾经说过：‘妇人干预政事，是致乱的根源。’怎么肯自己开创恶端！这必然是亲近中的奸人搞的欺诈行为。而且继嗣之君年事已长成，明德的声望很昭著，您为什么突然讲这种亡国的说法！如果真的这样宣布施行，我一定要向百官揭露抵制这个做法。”孙晟害怕而没有这样做。李贻业是唐僖宗时宰相李蔚的曾侄孙。

丙子（二十八日），开始宣布遗制。南唐烈祖李昪末年脾气急躁，近身的大臣往往遭到谴责和惩罚。陈觉称说有病，整月整月地不入朝门，及至宣告遗诏才出来。萧俨弹劾他奏称：“陈觉端坐在私人的居室，来等待先帝升仙，请朝廷按律治他的罪。”齐王李璟不准。

自从南唐烈祖李昪在吴国当宰相，便禁止压迫良民作奴婢，命令买奴婢的人要通过官府立字为据。冯延己和他的弟弟礼部员外冯延鲁，都在元帅府供职，起草烈祖遗诏，听由民间卖儿女；他们想要自己买入姬妾。萧俨驳斥说：“这事必然是冯延己等人干的，不是先帝大行之前的命令。以前，冯延鲁任东都留守判官时，已经有过这样的请求；当时先帝询问过我，我回答说：‘陛下从前做吴国的宰相，民间有卖儿女的，您为了他们拿出府库中的金钱，把人赎出来，归还给他们的父母，因此远近都仰敬而归心于您。现在您即位当皇帝而实行相反的办法，让穷人的子女去为富人做役使，这样合适吗？’先帝以为我说得对，将要治冯延鲁的罪。当时我以为冯延鲁愚蠢，不足以责备他。先帝便把冯延鲁的奏章斜封了，抹了三笔，拿进宫去。请您让人到诸宫中去寻求，必然还在。”齐王让人取出先帝时留在宫中的章奏千余道，都是斜封后一抹的，果然找到冯延鲁的上疏。然而，由于烈祖的遗诏已经施行，也就没有再做改变。

南唐元宗李璟即位，实行大赦，改年号为保大。秘书郎韩熙载请求等过了年后再改元，没有依从。

南唐国主李璟尚未听政视事，冯延己已经屡次入朝陈述政事，一天来几次，国主说：“书记有正常的职守，为什么这样烦琐啊！”

南唐国主为人谦虚谨慎，初即位，不呼唤大臣的名字，几次邀请公卿议论政治措施，李建勋对人说：“主上宽仁大度，比先帝为好；但是性格和习惯尚未定型，如果没有正派人辅佐，只怕不能守住先帝创立的基业。”

南唐国主任用镇南节度使宋齐丘为太保兼中书令，奉化节度使周宗为侍中。国主因为宋齐丘、周宗是先朝的功勋旧臣，所以顺从人望召他们为宰相，但政事都由自己做决定。

从前，南唐国主为齐王，知政事，每当有过失时，常梦锡常常率直上言来规劝更正他；开始虽然厌烦，最后总是原谅他直言而称赞他。及至即位称帝，答应让他做翰林学士，宋齐丘的党羽忌恨他，加给他封驳皇帝制书的罪名，贬降为池州判官。池州这个地方在南唐辖境中有较多贬迁的官属，节度使上蔡人王彦俦防备控制他们很严厉，几乎不能维持生活，惟独对待常梦锡仍如他在朝廷时一样。

宋齐丘对待陈觉素来厚重，南唐国主也认为陈觉是有本事的人，便委以重任。冯延已、冯延鲁、魏岑三个人虽然是齐王府的旧僚属，也都依附于陈觉，他们与休宁人查文徽互相勾结援引，把持败坏政事，南唐人把陈觉等人称作“五鬼”。冯延鲁从礼部员外郎升迁为中书舍人、勤政殿学士，江州观察使杜昌业听说了，感叹地说：“国家用来驱使驾驭群臣的，就在于掌握官爵的任免。如果有一句话说中了主上的心意，便骤然把他提拔到通达显要的地位，那么以后再有立功于国家的人，拿什么来赏授他呢！”没过几天，南唐国主把魏岑和查文徽都提拔为枢密副使。魏岑得志以后，遇到陈觉遭逢母亲的丧事归里守孝，魏岑就揭露宣扬陈觉的过失和恶行，把他排斥掉。

过去，河阳牙将乔荣，跟随赵延寿投归契丹，契丹任命他为回图使，在契丹和晋境之间往来贩卖贸易，在后晋京都大梁设置了官邸。待到契丹同晋国有了嫌隙时，景延广说服出帝把乔荣囚拘在牢狱里，把他府邸中的财宝都夺取过来。凡是契丹的人在晋国境内贩卖贸易者，都杀了，夺取其财货。晋国的大臣都上言说契丹有过大功，不能辜负。戊子（十三日），释放了乔荣，慰问并赏赐他，让他归返契丹。

乔荣向景延广告辞，景延广说大话：“回去告诉你的主子，先帝高祖是北朝所扶立，所以向你们称臣上表章。现在的皇帝乃是中原自己所立，之所以还向北朝降低身份，正是因为不敢忘记先帝同北朝做过盟约。作为邦自称为孙，已经足够了，没有再向北朝称臣的道理。北朝的皇帝不要听信赵延寿的诱骗，轻慢欺侮中原。中原的兵将马队，是你亲眼看到的。祖翁如果发怒来侵犯，孙儿有十万横磨凌厉的剑，足以用来相待。以后如果被孙儿打败，被天下人取笑，可不要后悔呀！”乔荣自己认为丢掉了货物和钱财，怕归来获罪，并且想替今后取得证据，就说：“您说的内容太多，怕遗忘了说不全，希望把您讲的话用纸墨记录下来。”景延广便让属吏记下他的话交给乔荣，乔荣就拿着证据把情况都告诉了契丹主。契丹主耶律德光大怒，向中原发动进攻的心志便决定下来。晋国使者来到契丹，都被执系在幽州，不能见到契丹主。

桑维翰屡次请求用谦逊的语言向契丹道歉，往往被景延广所阻拦。出帝因为景延广有扶立他继位的功绩，所以恩宠比群臣都高；又总管宫廷宿卫将士，因此朝中大臣不敢同他争论。河东节度使刘知远，知道景延广必然要造反，但是怕景延广正在当权用事，不敢上言，只是更加募集兵丁，奏请设置兴捷、武节等十多个军，用以防备契丹。

第二百八十四卷 后晋纪五

译文诵读

齐王中开运元年（甲辰，944）

闽拱宸都指挥使朱文进，阁门使连重遇，既弑康宗，常惧国人之讨，相与结婚以自固。闽主曦果于诛杀，尝游西园，因醉杀控鹤指挥使魏从朗。从朗，朱、连之党也。又尝酒酣诵白居易诗云："惟有人心相对间，咫尺之情不能料，"因举酒属二人。二人起，流涕再拜，曰："臣子事君父，安有他志！"曦不应。二人大惧。

李后妒尚贤妃之宠，欲弑曦而立其子亚澄，使人告二人曰："主上殊不平于二公，奈何？"

会后父李真有疾，乙酉，曦如真第问疾。文进、重遇使拱宸马步使钱达弑曦于马上，召百官集朝堂，告之曰："太祖昭武皇帝，光启闽国，今子孙淫虐，荒坠厥绪。天厌王氏，宜更择有德者立之。"众莫敢言。重遇乃推文进升殿，被衮冕，帅群臣北面再拜称臣。文进自称闽主，悉收王氏宗族延喜以下少长五十余人，皆杀之。葬闽主曦，谥曰睿文广武明圣元德隆道大孝皇帝，庙号景宗。以重遇总六军。礼部尚书、判三司郑元弼抗辞不屈，黜归田里，将奔建州，文进杀之。文进下令，出宫人，罢营造，以反曦之政。

殷主延政遣统军使吴成义将兵讨文进，不克。

殷主延政遣其将陈敬佺以兵三千屯尤溪及古田，卢进以兵二千屯长溪。

泉州散员指挥使桃林留从效谓同列王忠顺、董思安、张汉思曰："朱文进屠灭王氏，遣腹心分据诸州。吾属世受王氏恩，而交臂事贼，一旦富沙王克福州，吾属死有余愧！"众以为然。十一月，从效等各引军中所善壮士，夜饮于从效之家，从效绐之曰："富沙王已平福州，密旨令吾属讨黄绍颇。吾观诸君状貌，皆非久处贫贱者。从吾言，富贵可图；不然，祸且至矣。"众皆踊跃，操白梃，逾垣而入，执绍颇，斩之。从效持州印诣王继勋第，请主军府。从效自称平贼统军使，函绍颇首，遣副兵马使临淮陈洪进赍诣建州。

洪进至尤溪，福州戍兵数千遮道。洪进绐之曰："义师已诛朱福州，吾倍道逆嗣君于建州，尔辈尚守此何为乎？"以绍颇首示之，众遂溃，大将数人从洪进诣建州。延政以继勋为侍中、泉州刺史，从效、忠顺、思安、洪进皆为都指挥使。漳州将程谟闻之，亡杀刺史程文纬立王继成权州事。继勋、继成，皆延政之从子也，朱文进之灭王氏，二人以疏远获全。

汀州刺史许文稹奉表请降于殷。

朱文进闻黄绍颇死，大惧，以重赏募兵二万，遣统军使林守谅、内客省使李廷锷将之攻泉州，钲鼓相闻五百里。殷主延政遣大将军杜进将兵二万救泉州，留从效开门与福州兵战，大破之，斩守谅，执廷锷。延政遣统军使吴成义帅战舰千艘攻福州，朱文进遣子弟为质于吴越以求救。

乙未，朱文进遣同平章事李光准等奉国宝于殷。

丁酉，福州南廊承旨林仁翰谓其徒曰："吾曹世事王氏，今受制贼臣，富沙王至，何面见之！"帅其徒三十人被甲趣连重遇第，重遇方严丘自卫，三十人者望之，稍稍遁去。仁翰执槊直前刺重遇，杀之，斩其首以示众曰："富沙王且至，汝辈族矣！今重遇已死，何不亟取文进以赎罪！"众踊跃从之，遂斩文进，迎吴成义入城，函二首送建州。

二年（乙巳，945）

契丹连岁入寇，中国疲于奔命，边民涂地；契丹人畜亦多死，国人厌苦之。述律太后谓契丹主曰："使汉人为胡主，可乎？"曰："不可。"太后曰："然则汝何故欲为汉主？"曰："石氏负恩，不可容。"太后曰："汝今虽得汉地，不能居也；万一蹉跌，悔何所及！"又谓其群下曰："汉儿何得一向眠！自古但闻汉和蕃，未闻蕃和汉。汉儿果能回意，我亦何惜与和！"

桑维翰屡劝帝复请和于契丹以纾国患，帝假开封军将张晖供奉官，使奉表称臣诣契丹，卑辞谢过。契丹主曰："使景延广、桑维翰自来，仍割镇、定两道隶我，则可和。"朝廷以契丹语忿，谓其无和意，乃止。及契丹主入大梁，谓李崧等曰："向使晋使再来，则南北不战矣。"

后晋齐王开运元年（甲辰，公元944年）

闽国拱宸都指挥使朱文进、阁门使连重遇，杀了康宗王昶以后，常常害怕国人声讨他们，便互相结为婚姻，用来巩固自己的势力。闽主王曦对诛杀很随便，他曾经游览西园，因为醉酒杀了控鹤指挥使魏从朗。魏从朗是朱文进、连重遇的党羽，又曾经在酒兴正浓时吟诵白居易的诗道："惟有人心相对间，咫尺之情不能料。"边诵边举酒对着朱、连二人，二人起立，流涕再拜，说："臣子侍奉君父，哪能有二心！"王曦没有什么反应，二人大为惶恐。

李后妒忌尚贤妃受到闽主王曦的宠爱，想要谋杀王曦而立她的儿子王亚澄为帝，派人告诉二人说："主上对待你们二位很不公平，怎么办？"

适逢李后的父亲李真生病，乙酉三月（十三日），王曦到李真的府第问候疾病。朱文进、连重遇指使拱宸马步使钱达在马上把王曦杀了，召集百官到朝堂，向大家宣告说："太祖昭武皇帝光辉地开创闽国，现在子孙淫乱暴虐，使他的遗绪荒废坠落，上天厌弃王氏，应该另外选择有德的人拥立他为皇帝。"众人不敢讲话。连重遇便把朱文进推拥上殿升座，穿上帝王的衣服冠冕，率领群臣向北面再拜称臣。朱文进自称闽主，把王氏宗族从王曦的弟弟王延喜以下少长五十余人，全部收拘，都杀了。埋葬了闽主王曦，谥为睿文广武明圣元德隆道大孝皇帝，庙号景宗。任用连重遇总领六军。礼部尚书、判三司郑元弼言词抗驳不屈服，罢黜他回归田里，在他将要投奔建州时，朱文进把他杀了。朱文进下令，遣出宫人，停止营建，以此改变王曦的政策。

殷主王延政遣派统军使吴成义领兵征讨朱文进，未能取胜。

殷国国主王延政遣派其将陈敬佺领兵三千屯驻在尤溪及古田，卢进领兵二千屯驻在长溪。

泉州散员指挥使桃林人留从效对同列为官的王忠顺、董思安、张汉思说："朱文进屠灭了王氏家族，派遣他的心腹之人分别占据各州。我们这些人世代蒙受王氏的恩惠，却拱手服从奸贼，一旦富沙王攻下福州，我们死有余愧啊！"众人认为他说得对。十一月，留从效等各自率领军中所要好的壮士，夜晚在留从效家中饮酒，留从效骗诱他们说："富沙王已经平定福州，有密旨让我们讨拿黄绍颇。我看诸位的相貌，都不是久居贫贱之人。听我的话，富贵可以谋求；不然的话，大祸就要临头了。"众人都积极响应，拿起棍棒，跳墙而入，捉住黄绍颇，把他杀了。留从效拿着泉州的印信到王继勋的府第去见他，请他出来主持军府的事务。留从效自称是平贼统军使，用匣子装了黄绍颇的首级，遣派副兵马使临淮人陈洪进捧着送到建州王延政那里。

陈洪进到达尤溪，福州方面的戍兵数千人挡住道路。陈洪进骗他们说："起义的部队已经诛杀福州的朱文进，我正加倍赶路到建州去迎接君王继承人，你们还戍守在这里干什么呢？"并把黄绍颇的首级给他们看，这些兵众便逃散了，有几员大将跟随陈洪进到了建州。王延政任用王继勋为侍中、泉州刺史，留从效、王忠顺、董思安、陈洪进都任为都指挥使。漳州将官程谟听说这件事后，也杀了刺史程文纬，扶立王继成暂理州府事务。王继勋、王继成都是王延政的本家侄儿，朱文进族灭王氏家族时，这两个人由于关系疏远而得以保全。

汀州刺史许文稹上表章请求顺降于殷国。

朱文进听说黄绍颇死了，大为恐惧，用重赏招募兵卒二万人，遣派统军使林守谅、内客省使李廷锷统领他们进攻泉州，钲鼓之声相闻达五百里。殷主王延政派大将军杜进领兵二万救援泉州，留从效打开城门与福州兵交战，把对方打得大败，斩了林守谅，捉住李廷锷。王延政派统军使吴成义率领战船千艘攻打福州，朱文进遣派子弟到吴越作人质，向吴越求救。

乙未（闰十二月二十七日），朱文进派同平章事李光准等护送国宝给殷国。

丁酉（二十九日），福州南廊承旨林仁翰对他的徒众说：“我们世世代代侍奉王氏，现在受到贼臣的辖制，富沙王来了，有什么脸面见他！”于是率领他的徒众三十人披上铠甲奔向连重遇的府第，连重遇正用兵卒严密地保卫自己，这三十个人看到如此情状，渐渐逃去。林仁翰手执长槊直奔向前刺连重遇，把他杀了，砍下他的头来示众说：“富沙王将要来到，你们这些人要全家族灭了！现在连重遇已死，为什么还不赶快去攻取朱文进来为自己赎罪！”众人踊跃地跟着他，从而杀了朱文进，迎接吴成义进城，用匣装了朱、连二人的首级送往建州。

二年（乙巳，公元945年）

契丹连年入侵，中原疲于奔命，边民受尽苦难；契丹的人和牲畜也死了许多，他的民众对这种状况也厌恶和痛苦。述律太后对契丹主说：“让汉人来当胡人皇帝行不行？”回答说：“不行！”太后说：“那么你为什么要当汉人的皇帝？”回答说：“姓石的辜负了对他们的恩义，不能容忍。”太后说：“你现在虽然取得了汉地，不能居留；万一有了差失，后悔也来不及！”又对她的下属众人说：“汉儿哪曾得到过睡一晌好觉！自古只听说汉来和蕃，没有听说过蕃和汉。汉儿如果能回心转意，我们又何必吝惜与他和好！”

桑维翰屡次劝后晋出帝仍然请和于契丹以缓解国家的祸患，后晋出帝借助于开封军将张晖供奉官，让他奉表称臣前去契丹，用谦卑的语言谢过。契丹主说：“让景延广、桑维翰亲自来，仍然割让镇州、定州两道归属于我国，就可以和。”后晋朝廷认为契丹讲话愤慨，说他没有和意，便停止了。后来契丹主耶律德光入主大梁时对李崧等说：“如果当时晋国使者再来我国，那就南北不战了。”

第二百八十五卷 后晋纪六

译文诵读

齐王下开运二年（乙巳，945）

初，帝疾未平，会正旦，枢密使、中书令桑维翰遣女仆入宫起居太后，因问："皇弟睿近读书否？"帝闻之，以告冯玉，玉因谮维翰有废立之志；帝疑之。

李守贞素恶维翰，冯玉、李彦韬与守贞合谋排之；以中书令行开封尹赵莹柔而易制，共荐以代维翰。丁亥，罢维翰政事，为开封尹；以莹为中书令，李崧为枢密使、守侍中。维翰遂称足疾，希复朝谒，杜绝宾客。

或谓冯玉曰："桑公元老，今既解其枢务，纵不留之相位，犹当优以大藩，奈何使之尹京，亲猥细之务乎？"玉曰："恐其反耳。"曰："儒生安能反！"玉曰："纵不自反，恐其教人耳。"

三年（丙午，946）

契丹主大举入寇，自易、定趣恒州。杜威等至武强，闻之，将自贝、冀而南。彰德节度使张彦泽时在恒州，引兵会之，言契丹可破之状；威等复趣恒州，以彦泽为前锋。甲寅，威等至中度桥，契丹已据桥，彦泽帅骑争之，契丹焚桥而退。晋兵与契丹夹滹沱而军。

始，契丹见晋军大至，又争桥不胜，恐晋军急渡滹沱，与恒州合势击之，议引兵还。及闻晋军筑垒为持久之计，遂不去。

杜威虽以贵戚为上将，性懦怯。偏裨皆节度使，但日相承迎，置酒作乐，罕议军事。

磁州刺史兼北面转运使李榖说威及李守贞曰："今大军去恒州咫尺，烟火相望。若多以三股木置水中，积薪布土其上，桥可立成。密约城中举火相应，夜募将士斫虏营而入，表里合势，虏必遁逃。"诸将以为然，独杜威不可，遣榖南至怀、孟督军粮。

契丹以大军当晋军之前，皆潜遣其将萧翰、通事刘重进将百骑及羸卒，并西山出晋军之后，断晋粮道及归路。樵采者遇之，尽为所掠；有逸归者，皆称虏众之盛，军中恟惧。翰等至栾城，城中戍兵千余人，不觉其至，狼狈降之。契丹获晋民，皆黥其面曰“奉敕不杀”，纵之南走；运夫在道遇之，皆弃车惊溃。翰，契丹主之舅也。

己未，帝始闻大军屯中度；是夕，关勋至。庚申，杜威奏请益兵，诏悉发守宫禁者得数百人，赴之。又诏发河北及滑、孟、泽、潞刍粮五十万诣军前；督迫严急，所在鼎沸。辛酉，威又遣从者张祚等来告急，祚等还，为契丹所获。自是朝廷与军前声问两不相通。

时宿卫兵皆在行营，人心懔懔，莫知为计。开封尹桑维翰，以国家危在旦夕，求见帝言事；帝方在苑中调鹰，辞不见。又诣执政言之，执政不以为然。退，谓所亲曰：“晋氏不血食矣！”

帝欲自将北征，李彦韬谏而止。时符彦卿虽任行营职事，帝留之，使戍荆州口。壬戌，诏以归德节度使高行周为北面都部署，以彦卿副之，共戍澶州；以西京留守景延广戍河阳，且张形势。

奉国都指挥使王清言于杜威曰：“今大军去恒州五里，守此何为！营孤食尽，势将自溃。请以步卒二千为前锋；夺桥开道，公帅诸军继之；得入恒州，则无忧矣。”威许诺，遣清与宋彦筠俱进。清战甚锐，契丹不能支，势小却；诸将请以大军继之，威不许。彦筠为契丹所败，浮水抵岸得免。清独帅麾下陈于水北力战，互有杀伤，屡请救于威，威竟不遣一骑助之。清谓其众曰：“上将握兵，坐观吾辈困急而不救，此必有异志。吾辈当以死报国耳！”众感其言，莫有退者，至暮，战不息。契丹以新兵继之，清及士众尽死。由是诸军皆夺气。清，洺州人也。

甲子，契丹遥以兵环晋营，内外断绝，军中食且尽。杜威与李守贞、宋彦筠谋降契丹，威潜遣腹心诣契丹牙帐，邀求重赏。契丹主绐之曰：“赵延寿威望素浅，恐不能帝中国。汝果降者，当以汝为之。”威喜，遂定降计。丙寅，伏甲召诸将，出降表示之，使署名。诸将骇愕，莫敢言者，但唯唯听命。威遣阁门使高勋赍诣契丹，契丹主赐诏慰纳之。是日，威悉命军士出陈于外，军士皆踊跃，以为且战，威亲谕之曰：“今食尽涂穷，当与汝曹共求生计。”因命释甲。军士皆恸哭，声振原野。威、守贞仍于众中扬言：“主上失德，信任奸邪，猜忌于己。”闻者无不切齿。契丹主遣赵延寿衣赭袍至晋营慰抚士卒，曰：“彼皆汝物也。”杜威以下，皆迎谒于马前；亦以赭袍衣威以示晋军，其实皆戏之耳。以威为太傅，李守贞为司徒。

壬申，帝始闻杜威等降；是夕，又闻彦泽至滑州，召李崧、冯玉、李彦韬入禁中计事，欲诏刘知远发兵入援。癸酉，未明，彦泽自封丘门斩关而入，李彦韬帅禁兵五百赴之，不能遏。彦泽顿兵明德门外，城中大扰。

帝于宫中起火，自携剑驱后宫十余人将赴火，为亲军将薛超所持。俄而彦泽自宽仁门传契丹主与太后书慰抚之，且召桑维翰、景延广，帝乃命灭火，悉开宫城门。帝坐苑中，与后妃相聚而泣，召翰林学士范质草降表，自称“孙男臣重贵，祸至神惑，运尽天亡。今与太后及妻冯氏，举族于郊野面缚待罪次。遣男镇宁节度使延煦，威信节度使延宝，奉国宝一、金印三出迎。”太后亦上表称“新妇李氏妾”。

傅住儿入宣契丹主命，帝脱黄袍，服素衫，再拜受宣，左右皆掩泣。帝使召张彦泽，欲与计事。彦泽曰：“臣无面目见陛下。”帝复召之，彦泽微笑不应。

或劝桑维翰逃去。维翰曰：“吾大臣，逃将安之！”坐而俟命。彦泽以帝命召维翰，维翰至天街，遇李崧，驻马语未毕，有军吏于马前揖维翰赴侍卫司。维翰知不免，顾谓崧曰：“侍中当国，今日国亡，反令维翰死之，何也？”崧有愧色。彦泽踞坐见维翰，维翰责之曰：“去年拔公于罪人之中，复领大镇，授以兵权，何乃负恩至此！”彦泽无以应，遣兵守之。

甲戌，张彦泽迁帝于开封府，顷刻不得留，宫中恸哭。帝与太后、皇后乘肩舆，宫人、宦者十余人步从。见者流涕。帝悉以内库金珠自随。彦译使人讽之曰：“契丹主至，此物不可匿也。”帝悉归之，亦分以遗彦泽，彦泽择取其奇货，而封其余以待契丹。彦泽遣控鹤指挥使李筠以兵守帝，内外不通。帝姑乌氏公主赂守门者，入与帝诀，相持而泣，归第自经。帝与太后所上契丹主表章，皆先示彦泽，然后敢发。

帝使取内库帛数段，主者不与，曰：“此非帝物也。”又求酒于李崧，崧亦辞以他故不进。又欲见李彦韬，彦韬亦辞不往。帝惆怅久之。

是夕，彦泽杀桑维翰。以带加颈，白契丹主，云其自经。契丹主曰：“吾无意杀维翰，何为如是！”命厚抚其家。

高行周、符彦卿皆诣契丹牙帐降。契丹主以阳城之战为彦卿所败，诘之。彦卿曰：“臣当时惟知为晋主竭力，今日死生惟命。”契丹主笑而释之。

己卯，延煦、延宝自牙帐还，契丹主赐帝手诏，且遣解里谓帝曰：“孙勿忧，必使汝有啖饭之所。”帝心稍安，上表谢恩。

契丹以听献传国宝追琢非工，又不与前史相应，疑其非真，以诏书诘帝，使献真者。帝奏：“顷王从珂自焚，旧传国宝不知所在，必与之俱烬。此宝先帝所为，群臣备知。臣今日焉敢匿宝！”乃止。

帝闻契丹主将渡河，欲与太后于前途奉迎；张彦泽先奏之，契丹主不许。有司又欲使帝衔璧牵羊，大臣舆榇，迎于郊外，先具仪注白契丹主，契丹主曰：“吾遣奇兵直取大梁，非受降也。”亦不许。又诏晋文武群官，一切如故；朝廷制度，并用汉礼。有司欲备法驾迎契丹主，契丹主报曰：“吾方擐甲总戎，太常仪卫，未暇施也。”皆却之。

先是契丹主至相州，即遣兵趣河阳捕景延广。延广苍猝无所逃伏，往见契丹主于封丘。契丹主诘之曰：“致两主失欢，皆汝所为也。十万横磨剑安在！”召乔荣，使相辩证，事凡十条。延广初不服，荣以纸所记语示之，乃服。每服一事，辄授一筹。至八筹，延广但以面伏地请死，乃锁之。

后晋齐王开运二年（乙巳，公元945年）

当初，后晋出帝的病情还未平复，恰值正月初一，早晨，枢密使、中书令桑维翰派女仆入宫向太后问安，便询问："皇弟睿近来读书吗？"出帝听到，告诉冯玉，冯玉于是诬陷桑维翰有废出帝、立石重睿的异志；出帝听后便对桑维翰产生怀疑。

李守贞历来憎恶桑维翰，冯玉、李彦韬与李守贞合谋排挤桑维翰；因中书令代理开封府尹赵莹为人软弱易于控制，他们共同荐举他取代桑维翰。丁亥（十二月二十五日），罢免桑维翰朝中的职务，让他做开封尹；任命赵莹为中书令，李崧为枢密使兼侍中。桑维翰于是称脚有病，很少再入朝谒见，并谢绝宾客。

有人对冯玉说："桑公是开国元老，现在已经解除他枢密使的职务，纵然不能留在宰相的职位上，也应当优待他任大藩镇的长官，怎能用他做开封尹，亲自去干那些闲杂琐碎的事务呢？"冯玉说："怕他造反。"那人说道："他一个读书的儒生怎能造反？"冯玉说："纵然他自己不出头造反，也怕他会教唆别人造反。"

三年（丙午，公元946年）

契丹主率兵大举入侵，从易州、定州直向恒州。杜威等到达武强，听到这个消息，要从贝州、冀州往南走。彰德节度使张彦泽当时在恒州，领兵前去和杜威等人会师，并陈述契丹可以被打败的理由，杜威等又开往恒州，命张彦泽为前锋。甲寅（十一月二十七日），杜威等来到中度桥，但契丹已占领了桥，张彦泽率骑兵前去争夺，契丹兵把桥烧掉退却了。于是后晋兵马和契丹军队隔着滹沱河驻扎下来。

开始，契丹人见后晋军队浩浩荡荡开来，前来争桥又没取胜，担心对方会强渡滹沱河，和恒州联合夹击，商议退兵返回；但听到后晋军队已筑起营垒做持久的准备，于是就不退兵了。

杜威虽然以皇帝亲戚身份担任上将，但生性懦弱胆小。他手下的将领都是节度使，只是天天奉承迎合，饮酒作乐，很少谈论军事。

磁州刺史兼北面转运使李穀劝说杜威和李守贞道："现在大军距恒州近在咫尺，彼此的烟火都能望见。如果把许多三股木放到水中，在上面放上柴草铺上土，桥就立刻架成了。再密约城中的守军点起火堆为联络信号，趁夜里组织将士砍断敌虏营盘的栅栏冲进去，里外合兵，胡虏一定败逃。"众将领都认为说得对，只有杜威认为不行，派李穀往南到怀、孟二州督运军粮。

契丹用大军挡在后晋军队的前面，又悄悄派出将领萧翰、通事刘重进率领一百名骑兵和羸弱的步卒，沿西山出现在后晋军队的后面，切断后晋军的粮道和退路。打柴的樵夫遇到他们，全被抓走了；有逃跑回来的，都说契丹军队的强盛，后晋军中人心惶惶。萧翰等到达了栾城，城中后晋守军有一千多人，没想到敌人来临，慌乱狼狈中全都投降了。契丹抓到的后晋百姓，全都在脸上刺"奉敕不杀"四个字，放他们往南走；运粮的民夫在路上遇见他们，都撂下辎重惊慌溃逃了。萧翰是契丹主耶律德光的舅舅。

己未（十二月初三），后晋出帝才知道大军驻扎在中度桥的消息。这天傍晚，关勋已赶到大梁。庚申（初四），杜威上奏章请求增兵，后晋出帝下诏调全部守卫宫禁的几百人，赶往中度桥；又下诏调发河北及滑、孟、泽、潞各州粮草五十万送到军营。因为督运时间紧迫，催促严急，各地惊扰沸腾。辛酉（初五），杜威又派遣部下张祚等前去告急，张祚等在回来的途中被契丹抓获。从此，朝廷和军队之间消息不通。

杜威降契

当时宫中的宿卫兵都在行营里，人人心里畏惧，不知该怎么办。开封尹桑维翰认为国家的存亡已经危在旦夕，请求朝见皇帝、上报情况。后晋出帝正在御苑里玩弄猎鹰，推辞不见。桑维翰又去向执掌权柄的大臣陈述，那些大臣不以为然。桑维翰退下来，对亲近的人说："晋氏的宗庙得不到祭祀了！"

后晋出帝要亲自率兵北征，被李彦韬劝谏阻止。当时符彦卿虽然担任行营的职务，后晋出帝把他留下，让他守卫荆州口。壬戌（初六），下诏命归德节度使高行周为北面都部署，命符彦卿任副职，一起守卫澶州；命西京留守景延广守卫河阳，摆开了迎战的架势。

奉国都指挥使王清向杜威进言道："现在大军离恒州城只有五里，守在这里干什么！军营孤立，粮食吃完，必将自己溃败。请求率步兵二千为先锋，夺取桥梁，开辟道路，您率领各军紧随其后，能够进入恒州，就没有忧虑了。"杜威允许了，派王清和宋彦筠一起前进。王清作战锐不可当，契丹兵不能支持，稍稍退却；众将领请求立刻派大军随后前进，杜威不允许。宋彦筠被契丹打败了，自己游回岸边，免于一死。王清独自率麾下兵士在河北岸布阵奋力作战，两军互有伤亡；王清屡次向杜威求救，杜威竟然不派一骑前去支援。王清对士兵们说："上将手握重兵，却坐观我们在困急当中不来救援，他一定有叛变之意。我们应该以死报国！"大家为他的话所感动，没有一人后退的，到了日暮，仍然战斗不息。契丹又派新的军队前来进攻，王清和士兵们全都战死。从此后晋各军丧失了士气。王清是洺州人。

甲子（初八），契丹派兵从远处包围了后晋军营，军营与外界联系断绝了，军中粮食将尽。杜威和李守贞、宋彦筠谋划投降契丹，杜威还暗中派遣了心腹到契丹主的牙帐里，邀功求取重赏。契丹主骗他说："赵延寿威望素来浅薄，恐怕不能做中原的皇帝。你果真能投降，就让你当皇帝。”杜威欢喜，于是拟定投降的计划。丙寅（初十），军帐周围埋伏了全副武装的士兵，召集众将领前来，杜威拿出降表来给他们看，让他们署名。众将领惊愕害怕，没有敢说话的，只有“是、是”地听从命令。杜威派阎门使高勋带降表送给契丹，契丹主赐下诏书抚慰收纳他们。这一天，杜威命全军士兵到营外列阵，军士们十分踊跃，以为就要打仗。杜威亲自告诉他们：“现在粮食吃光无路可走，应和你们一同求取生存的办法。”于是命令全军放下武装。军士们都抱头痛哭，哭声震动了原野。杜威、李守贞还在众人中宣扬：“君主无德，听信任用奸臣小人，猜忌我们。”听的人没有不咬牙切齿的。契丹主派赵延寿身穿赭袍来到后晋营中抚慰士兵，指着赭袍说：“这都将是你的东西。”杜威以下将领都到马前迎接拜见；赵延寿也给杜威穿上赭袍，给后晋将士们看，其实这都是戏弄他们罢了。契丹任命杜威为太傅，李守贞为司徒。

壬申（十六日），后晋出帝才知道杜威等人已投降。当天傍晚，又听说张彦泽已到滑州，就召李崧、冯玉、李彦韬到宫中议事，打算诏命刘知远起兵来援救都城。癸酉（十七日），天还没亮，张彦泽已从封丘门破关冲入城中，李彦韬率领禁军五百名前往迎敌，不能阻止。张彦泽在明德门外驻军，城中大乱。

后晋出帝在宫中点起了火，自己提着宝剑驱赶后宫的十几个人将跳入火中，被亲军将领薛超抱住了。一会儿，张彦泽从宽仁门外传进契丹主给太后的书信以示抚慰，并召桑维翰、景延广前来。后晋出帝于是命令灭火，打开所有的宫门。后晋出帝坐在御苑中和后妃们相聚哭泣，召翰林学士范质草拟降表，自称：“孙男臣重贵，祸事来临神鬼迷惑，运数已尽天命灭亡。现在和太后及妻子冯氏，全族大小都在郊野两手反绑向前排列等待降罪。派儿子镇宁节度使石延煦、威信节度使石延宝，奉上国宝一枚、金印三枚出城迎接。”太后也上表称“新妇李氏妾”。

傅住儿入宫内宣示契丹主的命令，后晋出帝脱下黄袍，穿上素色衣衫，再次叩拜听从宣示，宫内左右侍从们都掩面涕泣。后晋出帝让人召张彦泽来，想和他议事。张彦泽说：“臣没脸去见陛下。”出帝再次召他去，他只是微笑不答应。

有人劝桑维翰逃走，他说：“我是大臣，逃了又往哪里去！”静坐待命。张彦泽以皇帝的命令召桑维翰入宫，桑维翰来到天街时，遇见李崧，停下马来说话未完，就有军吏在马前揖请桑维翰去侍卫司，他知道自己难免一死，回头对李崧说：“您这位侍中主持国政，现在国家灭亡，反而要让我去死，为什么呢？”李崧脸上露出惭愧的表情。张彦泽傲慢地倚坐接见桑维翰，桑维翰指责他道：“去年从罪人之中把你提拔出来，又让你管辖一个大的藩镇，授予你兵权，你怎么能如此负恩！”张彦泽无话可答，派兵看守住桑维翰。

甲戌（十八日），张彦泽把出帝迁往开封府，片刻不许停留，宫里大哭。出帝和太后、皇后坐着肩舆，宫人、宦官十几人步行跟随。路上见到的人都流下眼泪。出帝把内库的金银珠宝都随身带走，张彦泽派人对他说：“契丹主来时，这些东西不可藏匿。”出帝将这些财宝都放回内库，也分一部分给张彦泽；张彦泽选取其中的奇珍异宝，封存其余留待契丹人到来。张彦泽派控鹤指挥使李筠率兵看守出帝，出帝和外界的联系不通。出帝的姑姑乌氏公主贿赂看门人，进来与出帝诀别，然后回到家中上吊自杀。出帝和太后给契丹主所上的表章，都先给张彦泽看过，然后才敢发出。

后晋出帝让人取几段内库的丝帛，管库的人不给，说："这不是你的东西。"又向李崧要酒，李崧也用其它原因推托不送来。他又想见李彦韬，李彦韬也推辞不来，出帝为此惆怅了许久。

这天傍晚，张彦泽杀了桑维翰，用带子套在他脖子上，告诉契丹主，说他是上吊自杀。契丹主说："我无意杀桑维翰，他为什么这样！"命人丰厚地抚恤他的家属。

高行周、符彦卿都到契丹主的牙帐投降。契丹主因阳城之战被符彦卿打败，追问符彦卿，彦卿说："臣当时只知为晋主竭尽全力，今日死生听你决定。"契丹主一笑而释放了他。

己卯（二十三日），石延煦、石延宝从牙帐回来，契丹主赐给出帝手诏，并派解里前去对出帝说："孙儿不要担忧，一定让你有吃饭的地方。"出帝心里稍稍安稳，上表谢恩。

契丹认为所献的传国之宝雕琢不精细，又和前代历史所记不相吻合，怀疑不是真品，下诏书追问出帝，让他献出真宝。出帝上奏道："不久前王从珂自焚时，旧的传国之宝就不知在哪里，一定是和他一起化为灰烬了。这个国宝是先帝所制，众大臣全知道。我今天哪里还敢藏匿国宝啊！"于是作罢。

出帝听说契丹主将要渡黄河，想和太后事先到前面迎接；张彦泽事先奏报，契丹主不同意。有关官员又想让出帝口衔璧、手牵羊，大臣拉着车上的棺材，到郊外迎接；先将这些仪式告诉契丹主，契丹主说："我派奇兵直取大梁，不是来受降的。"也不允许。又下诏书告诉后晋文武百官，一切都照旧；朝廷制度沿用汉人礼仪。有关官署要备法驾去迎接契丹主，契丹主说："我正戎装总理军队，太常仪卫没工夫使用。"一概推却了。

早先，契丹主来到相州，旋即派兵开往河阳捕捉景延广。景延广仓促之间无处逃跑藏匿，就到封丘去见契丹主。契丹主责问他道："导致两主不和，全是你所干的事！你所说的'十万横磨剑'在哪里？"召来乔荣，让他们互相申辩对证，共十件事。景延广最初不服，乔荣把纸上所记的话给他看，景延广才认服，每承认一件事，就给他一个筹码。到第八个筹码时，景延广只能把脸伏在地上请求死罪，于是把他关押起来。

第二百八十六卷
后汉纪一

译文诵读

高祖睿文圣武昭肃孝皇帝上天福十二年（丁未，947）

春，正月，丁亥朔，百官遥辞晋主于城北，乃易素服纱帽，迎契丹主，伏路侧请罪。契丹主貂帽、貂裘，衷甲，驻马高阜，命起，改服，抚慰之。左卫上将军安叔千独出班胡语，契丹主曰："汝安没字邪？汝昔镇邢州，已累表输诚，我不忘也。"叔千拜谢呼跃而退。

晋主与太后已下迎于封丘门外，契丹主辞不见。

契丹主入门，民皆惊呼而走。契丹主登成楼，遣通事谕之曰："我亦人也，汝曹勿惧！会当使汝曹苏息。我无心南来，汉兵引我至此耳。"至明德门，下马拜而后入宫。以其枢密副使刘密权开封尹事。日暮，契丹主复出，屯于赤冈。

高勋诉张彦泽杀其家人于契丹主，契丹主亦怒彦泽剽掠京城，并傅住儿锁之。以彦泽之罪宣示百官，问："应死否？"皆言"应死"。百姓亦投牒争疏彦泽罪。己丑，斩彦泽、住儿于北市，仍命高勋监刑。彦泽前所杀士大夫子孙，皆绖杖号哭，随而诟詈，以杖扑之。勋命断腕出锁，剖其心以祭死者。市人争破其脑取髓，脔其肉而食之。

契丹送景延广归其国，庚寅，宿陈桥，夜，伺守者稍怠，扼吭而死。

癸巳，契丹迁晋主及其家人于封禅寺，遣大同节度使兼侍中河内崔廷勋以兵守之。契丹主数遣使存问，晋主每闻使至，举家忧恐。时雨雪连旬，外无供亿，上下冻馁。太后使人谓寺僧曰："吾尝于此饭僧数万，今日独无一人相念邪！"僧辞以"虏意难测，不敢献食。"晋主阴祈守者，乃稍得食。

是日，契丹主自赤冈引兵入宫，都城诸门及宫禁门，皆以契丹守卫，昼夜不释兵仗。磔犬于门，以竿悬羊皮于庭为厌胜。契丹主谓群臣曰："自今不修甲兵，不市战马，轻赋省役，天下太平矣。"废东京，降开封府为汴州，尹为防御使。乙未，契丹主改服中国衣冠，百官起居皆如旧制。

契丹主犹欲诛晋兵。赵延寿言于契丹主曰："皇帝亲冒矢石以取晋国，欲自有之乎，将为他人取之乎？"契丹主变色曰："朕举国南征，五年不解甲，仅能得之，岂为他人乎！”延寿曰：“晋国南有唐，西有蜀，常为仇敌，皇帝亦知之乎？”曰：“知之。”延寿曰：“晋国东自沂、密，西及秦、凤，延袤数千里，边于吴、蜀，常以兵戍之。南方暑湿，上国之人不能居也。他日车驾北归，以晋国如此之大，无兵守之，吴、蜀必相与乘虚入寇，如此，岂非为他人取之乎？”契丹主曰：“我不知也。然则奈何？”延寿曰：”陈桥降卒，可分以戍南边，则吴、蜀不能为患矣。”契丹主曰：“吾昔在上党，失于断割，悉以唐兵授晋。既而返为寇仇，北向与吾战，辛勤累年，仅能胜之。今幸入吾手，不因此时悉除之，岂可复留以为后患乎？”延寿曰：“向留晋兵于河南，不质其妻子，故有此忧。今若悉徙其家于恒、定、云、朔之间，每岁分番使戍南边，何忧其为变哉！此上策也。”契丹主悦曰：“善！惟大王所以处之。”由是陈桥兵始得免，分遣还营。

契丹主广受四方贡献，大纵酒作乐，每谓晋臣曰：“中国事，我皆知之，吾国事，汝曹不知也。”

赵延寿请给上国兵廪食，契丹主曰：“吾国无此法。”乃纵胡骑四出，以牧马为名，分番剽掠，谓之“打草谷”。丁壮毙于锋刃，老弱委于沟壑，自东、西两畿及郑、滑、曹、濮，数百里间，财畜殆尽。

契丹主谓判三司刘昫曰：“契丹兵三十万，既平晋国，应用优赐，速宜营办。”时府库空竭，昫不知所出，请括借都城士民钱帛，自将相以下皆不免。又分遣使者数十人诣诸州括借，皆迫以严诛，人不聊生。其实无所颁给，皆蓄之内库，欲辇归其国。于是内外怨愤，始患苦契丹，皆思逐之矣。

契丹主召晋百官悉集于庭，问曰：“吾国广大，方数万里，有君长二十七人；今中国之俗异于吾国，吾欲择一人君之，如何？”皆曰：“天无二日。夷、夏之心，皆愿推戴皇帝。”如是者再。契丹主乃曰：“汝曹既欲君我，今兹所行，何事为先？”对曰：“王者初有天下，应大赦。”二月，丁巳朔，契丹主服通天冠、绛纱袍，登正殿，设乐悬、仪卫于庭。百官朝贺，华人皆法服，胡人仍胡服，立于文武班中间。下制称大辽会同十年，大赦。仍云：“自今节度使、刺史，毋得置牙兵，市战马。”

赵延寿以契丹主负约，心怏怏，令李崧言于契丹主曰：“汉天子所不敢望，乞为皇太子。”崧不得已为言之。契丹主曰：“我于燕王，虽割吾肉，有用于燕王，吾无所爱。然吾闻皇太子当以天子儿为之，岂燕王所可为也！”因令为燕王迁官。时契丹以恒州为中京，翰林承旨张砺奏拟燕王中京留守、大丞相、录尚书事、都督中外诸军事，枢密使如故。契丹主取笔涂去“录尚书事都督中外诸军事”而行之。

刘知远闻何重建降蜀，叹曰：“戎狄凭陵，中原无主，今藩镇外附，吾为方伯，良可愧也！”

于是将佐劝知远称尊号，以号令四方，观诸侯去就。知远不许。闻晋主北迁，声言欲出兵井陉，迎归晋阳。丁卯，命武节都指挥使荥泽史弘肇集诸军于毬场，告以出军之期。军士皆曰：“今契丹陷京城，执天子，天下无主。主天下者，非我王而谁！宜先正位号，然后出师。”争呼万岁不已。知远曰：“虏势尚强，吾军威未振，当且建功业。士卒何知！”命左右遏止之。

己巳，行军司马潞城张彦威等三上笺劝进，知远疑未决。郭威与都押牙冠氏杨邠入说知远曰：“今远近之心，不谋而同，此天意也。王不乘此际取之，谦让不居，恐人心且移，移则反受其咎矣。”知远从之。

辛未，刘知远即皇帝位。自言未忍改晋，又恶开运之名，乃更称天福十二年。

初，晋置乡兵，号天威军。教习岁余，村民不闲军旅，竟不可用；悉罢之，但令七户输钱十千，其铠仗悉输官。而无赖子弟，不复肯复农业，山林之盗，自是而繁。及契丹入汴，纵胡骑打草谷；又多以其子弟及亲信左右为节度使、刺史，不通政事，华人之狡狯者多往依其麾下，教之妄作威福，掊敛货财，民不堪命。于是所在相聚为盗，多者数万人，少者不减千百，攻陷州县，杀掠吏民。滏阳贼帅梁晖，有众数百，送款晋阳求效用，帝许之。磁州刺史李穀密通表于帝，令晖袭相州；晖侦知高唐英未至，相州积兵器，无守备，丁丑夜，遣壮士逾城入，启关纳其众，杀契丹数百，其守将突围走。晖据州自称留后，表言其状。

契丹主以船数十艘载晋铠仗，将自汴溯河归其国，命宁国都虞候榆次武行德将士卒千余人部送之。至河阴，行德与将士谋曰：“今为虏所制，将远去乡里。人生会有死，安能为异域之鬼乎！虏势不能久留中国，不若共逐其党，坚守河阳，以俟天命之所归者而臣之，岂非长策乎！”众以为然。行德即以铠仗授之，相与杀契丹监军使。会契丹河阳节度使崔廷勋以兵送耿崇美之潞州，行德遂乘虚入据河阳，众推行德为河阳都部署。行德遣弟行友奉蜡表间道诣晋阳。

契丹主闻河阳乱，叹曰：“我有三失，宜天下之叛我也！诸道括钱，一失也；令上国人打草谷，二失也；不早遣诸节度使还镇，三失也。”

契丹主至临城，得疾；及栾城，病甚，苦热，聚冰于胸腹手足，且啖之。丙子，至杀胡林而卒。国人剖其腹，实盐数斗，载之北去，晋人谓之“帝羓”。

赵延寿恨契丹主负约，谓人曰：“我不复入龙沙矣。”即日，先引兵入恒州，契丹永康王兀欲及南北二王，各以所部兵相继而入。延寿欲拒之，恐失大援，乃纳之。

时契丹诸将已密议奉兀欲为主，兀欲登鼓角楼受叔兄拜；而延寿不之知，自称受契丹皇帝遗诏，权知南朝军国事，仍下教布告诸道，所以供给兀欲与诸将同，兀欲衔之。恒州诸门管钥及仓库出纳，兀欲皆自主之。延寿使人请之，不与。

契丹主丧至国，述律太后不哭，曰：“待诸部宁一如故，则葬汝矣。”

后汉高祖天福十二年（丁未，公元947年）

春季，正月，丁亥朔（初一），后晋的文武百官在大梁城北远远地向后晋出帝辞别，然后改换白衣纱帽，迎接契丹主耶律德光，全都在路旁伏服请罪。契丹主头戴貂帽，身披貂裘，内裹铁甲，立马于高岗之上，命令归降的百官起立，改换服装，安抚勉慰百官。左卫上将军安叔千独自从百官的行列中站出来，向契丹主耶律德光说了一番胡语。契丹主说：“你就是‘安没字’吗？你过去镇守邢州时，已多次向我表示忠诚，我没忘记啊！”安叔千欢呼跳跃拜谢而退。

后晋出帝和太后以下在封丘门外迎接，契丹主推辞不见。

契丹主进入大梁城门时，百姓们都惊呼着跑掉了。契丹主登上城楼，命翻译告诉百姓们：“我也是人，你们不要害怕！我要让你们休养生息。我无心南来，是汉兵引我来到这儿的。”来到明德门，契丹主下马叩拜，然后入宫。命令他的枢密副使刘密为代理开封尹。日落时分，契丹主退出都城，屯兵于赤冈。

高勋向契丹主耶律德光控诉张彦泽杀他的家属。契丹主也愤恨张彦泽剽掠京城，将张彦泽和监军傅住儿一起抓了起来。契丹主把张彦泽的罪行向百官宣布，并问：“张彦泽应不应该处死？”百官都说：“应该处死。”全城百姓也争先恐后递上状牒上书张彦泽的罪行。己丑（初三），命将张彦泽、傅住儿押往北市斩首，并命高勋监斩。张彦泽原来所杀的士大夫的子孙，这时都携带丧杖，随后怒骂，用丧杖痛打张彦泽的尸首。高勋命令砍断手腕从铐锁中取出尸体，剖腹取心来祭奠被他杀害的人。市民们争着砸碎他的头，取出他的脑髓，剁碎他的肉并分吃掉。

契丹押解景延广返归契丹，庚寅（初四）那天，夜宿于陈桥镇，趁看押人懈怠的时候，他掐脖子自杀了。

癸巳（初七），契丹把后晋出帝和他全家人迁到封禅寺，派大同节度使兼侍中河内人崔廷勋领兵看守。契丹主多次派使者前去探望问候；后晋出帝每听说使者到，全家都惊恐担忧。当时雨夹雪下了十几天，寺外断绝了供给，全家老小又冷又饿。李太后派人对寺内的和尚说：“我曾在这里供给数万和尚的斋饭，现在难道就没有一个人记着我吗？”和尚以“契丹用心难料，不敢献上食品”为推辞。后晋出帝只好偷偷地哀求看守，才得到一点食物。

当天，契丹主率兵从赤冈进入宫中。都城各门和宫禁大门，都派契丹兵把守，昼夜不离兵器。并且在大门前杀狗，在庭院中竖起长竿挂上羊皮作为诅咒。契丹主对群臣说：“从今以后，不整治兵器，不购置战马，减轻赋税，少征徭役，天下太平了！”废除东京建制，降开封府为汴州，原府尹为防御使。乙未（初九）契丹主改穿中原衣冠，文武百官上朝退朝一切均按旧有的典章制度。

契丹主还是想诛杀后晋降卒。赵延寿对他说：“皇帝亲自率兵冒着飞矢流石夺取了晋国江山，是想自己占有呢，还是想替他人夺取呢？”契丹主脸色突变道：“朕统率全国南征，五年不解衣甲，才刚刚得到，岂能是为他人！”赵延寿说：“晋南面有唐，西面有蜀，常常互为仇敌，皇帝也知道吧？”契丹主答：“知道。”赵延寿又说：“晋国东起沂州、密州，西至秦州、凤州，绵延广袤数千里，边境与吴、蜀相接，常要派兵镇守。南方暑热潮湿，北国人不能居住。他日您车驾北归，而这么辽阔的晋国疆土无兵把守，吴、蜀一定乘虚入侵，这样，难道不是为他人夺取江山吗？”契丹主说：“这是我没料到的。那么应该怎么办呢？”赵延寿说：“陈桥的降兵，可分开来把守南部边疆，这样吴、蜀就不能成为后患了。”契丹主说：“我过去在上党，失策在于当断不断，把唐兵交给晋。没想到反过来与我为仇，北面同我作战，辛苦勤劳好几年，才把他们战胜。现在有幸落在我的手里，不乘这时把他们剪除干净，难道还留作后患吗？”赵延寿说：“过去把晋兵留在河南，不将他们的妻子作为人质，所以才有这种忧患。现在如果把他们的家全迁到恒、定、云、朔各州之间，每年轮番让他们把守南部边疆，何怕他们发生突变！这是上策呵。”契丹主高兴地说：“对！全按你燕王的意见办理！”于是陈桥降兵才得豁免，分别遣返兵营。

契丹主广泛接受四面八方送上来的进贡礼品，大肆饮酒作乐，常常对原后晋的臣子说：“你们中原的事，我都知道；可我国的事，你们就不晓得了！”

赵延寿请求供给北国军队的粮饷，契丹主说：“我国没有这个法。”于是就四处放出胡骑兵，以放马为名，四处抢掠，称为“打草谷”。百姓中年轻力壮的死于契丹兵的刀口，年老体弱的填于沟壑，从大梁、洛阳的辖区直到郑、滑、曹、濮各州，几百里地的地面上，财产牲畜几乎抢掠一空。

契丹主对判三司刘昫说：“契丹大军三十万，平掉了晋国，就应该发给丰厚的赏赐，要赶快准备操办。”当时官府仓库里已经空竭，刘昫不知从何处而出，于是就向都城的士人百姓借钱，自将相以下都免不了。又分别派遣几十名使者到各州中借款，都用严刑相威胁，民不聊生。其实钱本不颁发给契丹士兵，都聚积到皇宫内库里，打算装车运往本国。于是内外怨恨、愤怒，开始感到契丹的祸患痛苦，都想驱逐他们了。

契丹主召集后晋的全部文武百官在庭中，问他们：“我国土辽阔广大，方圆数万里，有君长二十七人；而中原的习俗和我国不一样，我想选一个人做中原的君长，怎么样？”百官都说：“天上没有两个太阳。无论夷族、华夏的人心，都愿拥戴您为皇帝。”这样劝进两次。契丹主于是说：“你们既然愿意让我做皇帝，那么现在要办的事，第一项是什么？”百官答道：“皇帝刚刚得到天下，应该大赦罪人。”二月，丁巳朔（初一），契丹主头戴通天冠，身披绛纱袍，在皇宫正殿登基，

卤簿玉辂

庭下设置了大典乐器和仪仗卫队。百官都来朝贺，汉人都穿礼服，胡人仍穿胡服，立在汉人文、武两班中间。契丹主传下命令，称大辽会同十年，大赦天下。并说：“从今以后，节度使、刺史不许设置亲兵卫队，不得购买战马。”

赵延寿因为契丹主负约，心里愤懑不平，派李崧向契丹主说：“我不敢奢望为汉人天子，但请求做个皇太子。”李崧不得已，把这话转告给契丹主。契丹主说：“我对燕王，即使是割我身上的肉，只要于燕王有用，也在所不惜。但是我听说皇太子应当是天子的儿子才能当，哪能是燕王所能做的！”于是命令给燕王晋升官职。当时契丹以恒州作为中京，翰林承旨张砺奏拟燕王为中京留守、大丞相、录尚书事、都督中外诸军事，枢密使照旧。契丹主取笔涂去“录尚书事、都督中外诸军事”后，发布此令。

刘知远听说何重建投降后蜀，感叹道：“戎狄入侵蹂躏，中原没有君主，致使藩镇向外投靠，我身为一方长官，太感惭愧了！”

于是他手下的将佐劝刘知远称皇帝尊号，以便号令四方，看各处诸侯的去向。刘知远不同意。听说后晋出帝北上迁徙，刘知远放出风声要出兵井陉，迎接后晋出帝回晋阳城。丁卯（十一日），命令武节都指挥使荥泽人史弘肇集合各军到球场，公布了出兵的日期。军士们都说：“现在契丹攻陷京城，抓走天子，天下已没有君主了。能够做天下君主的，除了我们北平王还有谁！应该先确定皇帝名号，然后再出兵。”于是争着呼喊“万岁”不止。刘知远说：“胡虏的兵力还强，而我们的军威还不振，应当先建功业。这些事士兵怎能知道呢！”命左右将佐制止士兵的喧哗。

己巳（十三日），行军司马潞城人张彦威等三次上书劝登皇帝位。刘知远迟疑不决。郭威和都押牙冠氏人杨邠入内劝说刘知远道：“现在远近的人心，不谋而合，这是天意啊！如果您不趁这个时候取天下，而谦让不就，只怕人心就要转移，而转移了您就要反受其害了。”刘知远听从了他们的劝进。

辛未（十五日），刘知远登皇帝位。自称不忍改后晋年号，但厌恶开运这个年号，于是改称天福十二年。

当初，后晋设置乡兵，号称“天威军”。教习演练了一年多，村民们还是不熟悉军旅作战，结果不能使用。于是又下令解散了，只让每七户交钱十千，原来的兵器铠甲全部交纳官府。而乡兵中的无赖子弟，不再肯干农活，占聚山林的盗贼，从此多了起来。到了契丹进入大梁城，放纵胡人骑兵四处“打草谷”；又大多命他们的子弟和亲信左右为节度使、刺史，但这些人并不通晓政事，华人中狡猾者往往依附于他们麾下，教他们肆无忌惮地作威作福，苛敛钱财，使得老百姓活不下去。于是就地相聚成为盗贼，多的有几万人，少的也不低于千儿八百，他们攻陷州县，杀戮抢掠官民。滏阳盗贼头目梁晖，聚众数百人，向晋阳上表归诚请求效力，后汉高祖同意了。磁州刺史李穀向后汉高祖呈密报，命令梁晖袭击相州。梁晖侦察到高唐英还没到，而相州聚积了许多兵器，且没有守备军兵。丁丑（二月二十一日）夜里，派壮士爬过城墙，到城中打开城门，众人涌入，杀死契丹人数百名，他们的守将突围逃跑了。梁晖占据了相州，自称留后，并向后汉高祖上表陈述作战经过。

契丹主用几十艘大船装载着后晋国中的武器铠甲向北运走，计划从汴水沿着黄河而上返回辽国，命令宁国都虞候榆次人武行德率领士卒一千多人护送船只。到达河阴，武行德和将士们商议："现在我们被胡虏挟制，即将远离家乡。人活着都会有死，但怎能去做异国他乡的野鬼呢！胡虏势力必然不能久留中原，不如一起赶走他们，坚守河阳城，等到有天命所归的天子出现而做他的臣民，这难道不是长远之计吗？"大家都觉得他说得对。武行德就把船中的武器发给大家，一起杀死了契丹的监军使。这时，正赶上契丹的河阳节度使崔廷勋派兵送耿崇美到潞州，武行德趁城中空虚占领了河阳。将士们推举武行德为河阳都部署。武行德立即派弟弟武行友将表章封在蜡丸里抄小路送往晋阳。

契丹主听说河阳之乱，感叹道："我有三个失误，天下应该背叛我啊！许各道搜刮钱财，这是第一个失误；命北国人'打草谷'，这是第二个失误；没有及早派各个节度使返回镇所，这是第三个失误。"

契丹主到临城，得了病；到了栾城，已病体沉重，身上滚烫，把冰放在胸腹和手脚上，还吃冰。丙子（四月二十一日），到达杀胡林而去世。契丹人把他的肚子剖开，装进几斗盐，载着尸体北上，后晋人称之为"帝羓"。

赵延寿怨恨契丹主背弃信约，对人说："我不再进龙沙了。"当天就领兵先进了恒州，契丹永康王兀欲和南、北二王各自率领他们的军队相继进入恒州。赵延寿想把他们拒之恒州城外，又怕失去大部队支援，就放他们进来。

这时契丹的众多将领已秘密商议拥戴兀欲为契丹主，兀欲登上鼓角楼受叔父、兄弟的朝拜。而赵延寿不知道这些，还自称受契丹皇帝的遗诏，代理主持南朝军国事务，并下令布告各道，给兀欲的日常供给和其他将领一样，兀欲对此含恨。恒州各城门的钥匙及仓库的出入，兀欲都亲自管理。赵延寿派人去代管此事，兀欲不允许。

契丹主的尸体运到辽国，述律太后没有哭，说："等到各部落像以前那样安宁统一时，就来安葬你！"

第二百八十七卷 后汉纪二

译文诵读

高祖睿文圣武昭肃孝皇帝中天福十二年（丁未，947）

麻荅贪猾残忍，民间有珍货、美妇女，必夺取之。又捕村民，诬以为盗，披面，抉目，断腕，焚炙而杀之，欲以威众。常以其具自随，左右悬人肝、胆、手、足，饮食起居于其间，语笑自若。出入或被黄衣，用乘舆，服御物，曰：“兹事汉人以为不可，吾国无忌也。”又以宰相员不足，乃牒冯道判弘文馆，李崧判史馆，和凝判集贤，刘昫判中书，其僭妄如此。然契丹或犯法，无所容贷，故市肆不扰。常恐汉人亡去，谓门者曰：“汉有窥门者，即断其首以来。”

麻荅遣使督运于洺州，洺州防御使薛怀让闻帝入大梁，杀其使者，举州降。帝遣郭从义将兵万人会怀让攻刘铎于邢州，不克。铎请兵于麻荅，麻荅遣其将杨安及前义武节度使李殷将千骑攻怀让于洺州。怀让婴城自守，安等纵兵大掠于邢、洺之境。

契丹所留兵不满二千，麻荅令所司给万四千人食，收其余以自入。麻荅常疑汉兵，且以为无用，稍稍废省，又损其食以饲胡兵；众心怨愤，闻帝入大梁，皆有南归之志。前颍州防御使何福进，控鹤指挥使太原李荣，潜结军中壮士数十人谋攻契丹，然畏契丹尚强，犹豫未发。会杨衮、杨安等军出，契丹留恒州者才八百人，福进等遂决计，约以击佛寺钟为号。

辛巳，契丹主兀欲遣骑至恒州，召前威胜节度使兼中书令冯道、枢密使李崧、左仆射和凝等，会葬契丹主德光于木叶山。道等未行，食时，钟声发。汉兵夺契丹守门者兵击契丹，杀十余人，因突入府中。李荣先据甲库，悉召汉兵及市人，以铠仗授之，焚牙门，与契丹战。荣召诸将并力，护圣左厢都指挥使、恩州团练使白再荣狐疑，匿于别室，军吏以佩刀决幕，引其臂，再荣不得已而行。诸将继至，烟火四起，鼓噪震地。麻荅等大惊，载宝货家属，走保北城。而汉兵无所统一，贪狡者乘乱剽掠，懦者窜匿。八月，壬午朔，契丹自北门入，势复振，汉民死者二千余人。前磁州刺史李榖恐事不济，请冯道、李崧、和凝至战所慰勉士卒，士卒见道等至，争自奋。会日暮，有村民数千噪于城外，欲夺契丹宝货、妇女，契丹惧而北遁，麻荅、刘晞、崔廷勋皆奔定州，与义武节度使邪律忠合。忠，即郎五也。

冯道等四出安抚兵民，众推道为节度使。道曰："我书生也，当奏事而已，宜择诸将为留后。"时李荣功最多，而白再荣位在上，乃以再荣权知留后，具以状闻，且请援兵，帝遣左飞龙使李彦从将兵赴之。

白再荣贪昧，猜忌诸将。奉国军主华池王饶恐为再荣所并，诈称足疾，据东门楼，严兵自卫。司天监赵延乂善于二人，往来谕释，始得解。

再荣以李崧、和凝久为相，家富，遣军士围其第求赏给，崧、凝各以家财与之，又欲杀崧、凝以灭口。李穀往见再荣，责之曰："国亡主辱，公辈握兵不救。今仅能逐一虏将，镇民死者几三千人，岂独公之力邪！才得脱死，遽欲杀宰相，新天子若诘公专杀之罪，公何辞以对？"再荣惧而止。又欲率民财以给军，穀力争之，乃止。汉人尝事麻荅者，再荣皆拘之以取其财，恒人以其贪虐，谓之"白麻荅。"

戊戌，帝至邺都城下，舍于高行周营。行周言于帝曰："城中食未尽，急攻，徒杀士卒，未易克也。不若缓之，彼食尽自溃。"帝然之。幕容彦超数因事陵轹行周，行周泣诉于执政，掬粪壤实其口，苏逢吉、杨邠密以白帝。帝深知彦超之曲，犹命二臣和解之；又召彦超于帐中责之，且使诣行周谢。

杜重威声言车驾至即降，帝遣给事中陈观往谕指，重威复闭门拒之。城中食浸竭，将士多出降者。慕容彦超固请攻城，帝从之。丙午，亲督诸将攻城，自寅至辰，士卒伤者万余人，死者千余人，不克而止。彦超乃不敢复言。

初，契丹留幽州兵千五百戍大梁。帝入大梁，或告幽州兵将为变，帝尽杀之于繁台之下。及围邺都，张琏将幽州兵二千助重威拒守，帝屡遣人招谕，许以不死；琏曰："繁台之卒，何罪而戮？今守此，以死为期耳。"由是城久不下。十一月，丙辰，内殿直韩训献攻城之具，帝曰："城之所恃者，众心耳。众心苟离，城无所保，用此何为！"

杜重威之叛，观察判官金乡王敏屡泣谏，不听。及食竭力尽，甲戌，遣敏奉表出降。乙亥，重威子弘琏来见；丙子，妻石氏来见，石氏，即晋之宋国长公主也，帝复遣入城。丁丑，重威开门出降，城中馁死者什七八，存者皆尫瘠无人状。张琏先邀朝廷信誓，诏许以归乡里，及出降，杀琏等将校数十人；纵其士卒北归，将出境，大掠而去。

郭威请杀重威牙将百余人，并重威家赀籍之以赏战士，从之。以重威为太傅兼中书令、楚国公。重威每出入，路人往往掷瓦砾诟之。

臣光曰：汉高祖杀幽州无辜千五百人，非仁也；诱张琏而诛之，非信也；杜重威罪大而赦之，非刑也。仁以合众，信以行令，刑以惩奸。失此三者，何以守国！其祚运之不延也，宜哉！

后汉高祖天福十二年（丁未，公元947年）

麻荅为人贪婪、奸诈、残忍，民间有的珍奇宝物、美貌妇女，他都一定要夺取到手。他还捕捉村民，诬陷为强盗，剥皮、挖眼、砍手，用火活活烧死，想用这些酷刑来威吓百姓。他常把那些刑具随身携带，居室周围悬挂有人的肝、胆、手、脚，而他在里面饮食起居，从容谈笑。进出有时身穿黄袍，乘坐天子的车驾，使用宫中物品，他说："这些事，汉人认为不可，可是在我国是毫无忌讳的。"又因宰相人员不足，就用牒文命冯道兼判弘文馆，命李崧兼判史馆，命和凝兼判集贤馆，命刘昫兼判中书，他的僭越妄为竟到达如此地步。然而规定，契丹人如有犯法，不能宽免，所以街市店铺不受滋扰。他常怕城中的汉人偷偷跑掉，对把守城门的人说："汉人如有窥探城门的，就砍掉他的脑袋来见我！"

麻荅派使者到州督运粮草，洺州防御使薛怀让听说后汉高祖已入大梁城，就杀死那使者，率全州归降。后汉高祖派郭从义领兵一万会同薛怀让进攻邢州的刘铎，没有攻克。刘铎向麻荅请求救兵，麻荅派将领杨安和前义武节度使李殷率一千骑兵攻击洺州的薛怀让。薛怀让绕城固守，杨安等人纵兵大肆抢掠邢州、洺州一带。

契丹留在恒州的兵不满二千人，麻荅却让有关司衙发给一万四千人粮饷，他把多出的收入自己的腰包。麻荅常怀疑汉人兵将，而且认为毫无用处，逐渐地削减其兵员，又减少其粮食供给，而用来给契丹兵吃。众汉兵心里怨恨愤怒，听说后汉高祖入大梁，就都有向南投奔的意愿。前颍州防御使何福进、控鹤指挥使太原李荣，暗地里联络军中的几十名壮士，谋划袭击契丹人，但怕契丹兵力尚强，所以犹豫没有发起行动。正赶上杨衮、杨安等人率兵外出作战，契丹留在城内的士兵才有八百人，何福进等人于是决定，约好以佛寺敲钟为起事信号。

辛巳（七月二十九日），契丹主兀欲派骑兵到恒州，召前威胜节度使兼中书令冯道、枢密使李崧、左仆射和凝等，会同安葬契丹先帝耶律德光于木叶山。冯道等人还没上路，吃饭时钟声突然响起。汉兵夺过契丹守门兵士的兵器进攻契丹人，杀死了十几人，又冲入府衙中。李荣首先占领武库，召唤汉人士兵和市民，将兵器铠甲分发给他们，焚烧牙门，和契丹兵厮杀。李荣号召汉将合力起事。护圣左厢都指挥使、恩州团练使白再荣狐疑不定，藏匿到其他房子的帘幕后；起事官兵用佩刀砍掉帘幕，拽着他的胳膊，白再荣不得已而一起走。其它汉军将领相继到达，四周烟火冲天，鼓噪喊杀声震地。麻荅等人大为惊恐，装上钱财宝物和家属，逃往北城拒守。而汉兵没有统一指挥行动，贪婪狡诈的乘乱抢掠，胆小怕事的鼠窜藏匿。八月壬午朔（初一），契丹军队从北门开入恒州城，势头又振作起来，汉民被杀的有二千多人。前磁州刺史李穀怕起事不成，就请冯道、李崧、和凝到阵前慰问勉励士兵，士兵见冯道等人来，各自争先奋勇杀敌。适逢日落西山，有好几千村民在城外鼓噪呐喊，要抢夺契丹人的金银财宝和妇女，契丹害怕而向北逃去。麻荅、刘晞、崔廷勋全都逃往定州，与义武节度使邪律忠会合。邪律忠就是邪律郎五。

冯道等人四出巡行安抚士兵和百姓，大家推举冯道为节度使。冯道说："我是个书生，只能向上奏报事情罢了，应从众位武将里选择留后。"当时李荣功劳最大，而白再荣官位在他以上，就让白再荣代理主持留后事务，写成奏章上报，并且请派援兵。后汉高祖派左飞龙使李彦从领兵前往。

白再荣为人贪婪昏昧，猜忌其他将领。奉国军主华池人王饶怕被白再荣吞并，假称脚有病，占据东门楼，严加防范守卫。司天监赵延和王、白二人友善，往来劝说解释，才得和解。

白再荣认为李崧、和凝等人久做宰相，家中殷富，派军士们包围二人的住宅，请求发赏钱。李崧、和凝各自拿出家财分给他们，但白再荣又想杀掉二人以灭口。李穀前去会见白再荣，责备他说："国家灭亡、君主蒙辱，你们手握兵权不去解救。现在刚刚驱逐了一个胡虏将领，镇州百姓死了近三千人，难道单单是你的力量！刚刚脱离死境，就想杀戮宰相，新天子如果追究你擅杀大臣的罪过，你用什么话来回答？"白再荣害怕而住手。他又想搜刮百姓的钱财来供给军队，李穀极力抗争，才算作罢。汉人中曾给麻荅供事的，白再荣都把他们抓起来索取财物，恒州人因为他贪婪暴虐，都叫他"白麻荅"。

戊戌（十月十七日），后汉高祖来到邺都城下，住在高行周军营中。高行周对高祖说："城中粮食未尽，现在猛攻，白白损失士卒，不容易攻克城池；不如慢慢围困它，城中粮尽自然溃败。"高祖认为是这样。慕容彦超屡次借事端凌辱高行周，高行周向执政大臣哭诉，用双手捧粪土塞嘴，苏逢吉、杨邠将情况密报高祖。高祖深知慕容彦超理屈，仍命两位大臣和解；又把慕容彦超召到营帐里责备，并让他去向高行周谢罪。

杜重威曾声称高祖的车驾到达就投降，高祖派给事中陈观前去宣布旨意，杜重威却又关城门拒绝。城中粮食逐渐吃光，将士多有出城投降的。慕容彦超坚持请求攻城，高祖同意。丙午（二十五日），高祖亲自督励众将攻城，从寅时攻到辰时，士卒伤了一万多人，死了一千多人，未能攻下而收兵。慕容彦超于是不敢再说攻城。

当初，契丹留下一千五百名幽州兵守卫大梁。高祖进入大梁，有人密报幽州兵将发动兵变，高祖把所有幽州兵都杀死在繁台下面。待现在围困邺都，张琏率二千名幽州兵帮助杜重威拒守，高祖于是屡次派人劝谕招降，许诺不杀死。张琏说："繁台下面的幽州兵卒，有什么罪而遭杀戮？现在坚守此城，只求一死罢了。"因此城池久攻不下。十一月丙辰（初六），内殿直韩训进献攻城的器械，高祖说："守城所倚仗的，是众人的心；如果众人离心离德，城池就无人保卫，用这些器械干什么！"

杜重威背叛后汉，观察判官金乡人王敏屡次哭泣劝谏，杜重威不听。到现在粮食吃光、气力用尽，甲戌（二十四日），派王敏出城奉上降表。乙亥（二十五日），杜重威的儿子杜弘琏前来朝见；丙子（二十六日），杜重威的妻子石氏来朝见，石氏就是后晋的宋国长公主。高祖再次把他们送回城中。丁丑（二十七日），杜重威大开城门，出城投降。这时，城中十有七八的人都饿死了，活着的也都骨瘦如柴没有人样。张琏先要求朝廷讲信用发誓，高祖下诏令允许返归家乡。等出降以后，杀张琏等将领军校几十人，释放其他士兵北归家乡。那些幽州兵将出魏州地界时，大肆抢掠而去。

郭威请求杀死杜重威的一百多名牙将，并抄没杜重威家中的资财赏给战士们，高祖同意了。高祖任命杜重威为太傅兼中书令、楚国公。杜重威每次出入，路上的人常常向他扔碎砖烂瓦诟骂他。

臣司马光曰：后汉高祖杀害无辜的幽州士卒一千五百人，是不仁；引诱张琏投降而又杀死他，是不信；杜重威罪恶大却赦免了他，是不刑。仁用以团结大众，信用以执行命令，刑用以惩罚奸佞。失掉这三者，凭什么守卫国家！他的皇位不能延续，也是应该的！

第二百八十八卷
后汉纪三

译文诵读

高祖睿文圣武昭肃孝皇帝下乾祐元年（戊申，948）

侯益家富于财，厚赂执政及史弘肇等，由是大臣争誉之。丙寅，以益兼中书令，行开封尹。

侯益盛毁王景崇于朝，言其恣横。景崇闻益尹开封，知事已变，内不自安，且怨朝廷。会诏遣供奉官王益如凤翔，征赵匡赞牙兵诣阙，赵思绾等甚惧，景崇因以言激之。思绾途中谓其党常彦卿曰：“小太尉已落其手，吾属至京师，并死矣，奈何？”彦卿曰：“临机制变，子勿复言！”

癸酉，至长安，永兴节度副使安友规、巡检乔守温出迎王益，置酒于客亭。思绾前白曰：“壕寨使已定舍馆于城东。今将士家属皆在城中，欲各入城挈家诣城东宿。”友规等然之。时思绾等皆无铠仗，既入西门，有州校坐门侧，思绾遽夺其剑斩之。其徒因大噪，持白梃，杀守门者十余人，分遣其党守诸门。思绾入府，开库取铠仗给之，友规等皆逃去。思绾遂据城，集城中少年，得四千余人，缮城隍，葺楼堞，旬日间，战守之具皆备。

丁丑，罢涛政事，勒归私第。

是日，邠、泾、同、华四镇俱上言护国节度使兼中书令李守贞与永兴、凤翔同反。

始，守贞闻杜重威死而惧，阴有异志。自以晋世尝为上将，有战功，素好施，得士卒心。汉室新造，天子年少初立，执政皆后进，有轻朝廷之志。乃招纳亡命，养死士，治城堑，缮甲兵，昼夜不息。遣人间道赍蜡丸结契丹，屡为边吏所获。

浚仪人赵修己，素善术数，自守贞镇滑州，署司户参军，累从移镇，为守贞言：“时命不可，勿妄动！”前后切谏非一，守贞不听，乃称疾归乡里。僧总伦，以术媚守贞，言其必为天子，守贞信之。又尝会将佐置酒，引弓指《舐掌虎图》曰：“吾有非常之福，当中其舌。”一发中之，左右皆贺。守贞益自负。

会赵思绾据长安，奉表献御衣于守贞，守贞自谓天人协契，乃自称秦王。遣其骁将平陆王继勋据潼关，以思绾为晋昌节度使。

自河中、永兴、凤翔三镇拒命以来，朝廷继遣诸将讨之。昭义节度使常思屯潼关，白文珂屯同州，赵晖屯咸阳。惟郭从义、王峻置栅近长安，而二人相恶如水火，自春徂秋，皆相仗莫肯攻战。帝患之，欲遣重臣临督，壬午，以郭威为西面军前招慰安抚使，诸军皆受威节度。

威将行，问策于太师冯道。道曰："守贞自谓旧将，为士卒所附，愿公勿爱官物，以赐士卒，则夺其所恃矣。"威从之。由是众心始附于威。

郭威与诸将议攻讨，诸将欲先取长安、凤翔。镇国节度使扈从珂曰："今三叛连衡，推守贞为主，守贞亡，则两镇自破矣。若舍近而攻远，万一王、赵拒吾前，守贞掎吾后，此危道也。"威善之。于是威自陕州，白文珂及宁江节度使、侍卫步军都指挥使刘词自同州，常思自潼关，三道攻河中。威对待士卒，与同苦乐，小有功辄赏之，微有伤常亲视之；士无贤不肖，有所陈启，皆温辞色而受之；违忤不怒，小过不责。由是将卒咸归心于威。

始，李守贞以禁军皆尝在麾下，受其恩施，又士卒素骄，苦汉法之严，谓其至则叩城奉迎，可以坐而待之。既而士卒新受赐于郭威，皆忘守贞旧恩，已亥，至城下，扬旗伐鼓，踊跃诟噪；守贞视之失色。

诸将欲急攻城，威曰："守贞前朝宿将，健斗好施，屡立战功。况城临大河，楼堞完固，未易轻也。且彼冯城而斗，吾仰而攻之，何异帅士卒投汤火乎！夫勇有盛衰，攻有缓急，时有可否，事有后先；不若且设长围而守之，使飞走路绝。吾洗兵牧马，坐食转输，温饱有余。俟城中无食，公帑家财皆竭，然后进梯冲以逼之，飞羽檄以招之。彼之将士，脱身逃死，父子且不相保，况乌合之众乎！思绾、景崇，但分兵縻之，不足虑也。"乃发诸州民夫二万余人，使白文珂等帅之，刳长壕，筑连城，列队伍而围之，威又谓诸将曰："守贞向畏高祖，不敢鸱张；以我辈崛起太原，事功未著，有轻我心，故敢反耳。正宜静以制之。"乃偃旗卧鼓，但循河设火铺，连延数十里，番步卒以守之。遣水军舣舟于岸，寇有潜往来者，无不擒之。于是守贞如坐网中矣。

隐皇帝上乾祐二年（己酉，949）

赵思绾好食人肝，尝面剖而脍之，脍尽，人犹未死。又好以酒吞人胆，谓人曰："吞此千枚，则胆无敌矣。"及长安城中食尽，取妇女、幼稚为军粮，日计数而给之，每犒军，辄屠数百人，如羊豕法。思绾计穷，不知所出。郭从义使人诱之。

初，思绾少时，求为左骁卫上将军致仕李肃仆，肃不纳，曰："是人目乱而语诞，他日必为叛臣。"肃妻张氏，全义之女也，曰："君今拒之，后且为患。"乃厚以金帛遗之。及思绾据长安，肃闲居在城中，思绾数就见之，拜伏如故礼。肃曰："是子亟来，且污我。"欲自杀。妻曰："曷若劝之归国！"会思绾问自全之计，肃乃与判官程让能说思绾曰："公本与国家无嫌，但惧罪耳。今国家三道用兵，俱未有功，若以此时翻然改图，朝廷必喜，自可不失富贵。孰与坐而待毙乎！”思绾从之，遣使诣阙请降。乙丑，以思绾为华州留后，都指挥使常彦卿为虢州刺史，令便道之官。

秋，七月，甲辰，赵思绾释甲出城受诏，郭从义以兵守其南门，复遣还城。思绾求其牙兵及铠仗，从义亦给之；思绾迁延，收敛财贿，三改行期。从义等疑之，密白郭威，请图之，威许之。壬子，从义与都监、南院宣徽使王峻按辔入城，处于府舍，召思绾酌别，因执之，并常彦卿及其父兄部曲三百人，皆斩于市。

甲寅，郭威攻河中，克其外郭。李守贞收余众，退保子城。诸将请急攻之，威曰：“夫鸟穷则啄，况一军乎！涸水取鱼，安用急为！”

壬戌，李守贞与妻及子崇勋等自焚，威入城，获其子崇玉等及所署丞相靖under、孙愿、枢密使刘芮、国师总伦等，送大梁，磔于市。征赵修己为翰林天文。

威阅守贞文书，得朝廷权臣及藩镇与守贞交通书，词意悖逆，欲奏之，秘书郎榆次王溥谏曰：“魑魅乘夜争出，见日自消。愿一切焚之，以安反侧。”威从之。

赵晖急攻凤翔，周璨谓王景崇曰：“公向与蒲、雍相表里；今二镇已平，蜀儿不足恃，不如降也。”景崇曰：“善，吾更思之。”

后数日，外攻转急。景崇谓其党曰：“事穷矣，吾欲为急计。”乃谓其将公孙辇、张思练曰：“赵晖精兵，多在城北，来日五鼓前，尔二人烧城东门诈降，勿令寇入，吾与周璨以牙兵出北门突晖军。纵无成而死，犹胜束手。”皆曰：“善。”

癸巳，未明，辇、思练烧东门请降，府牙火亦发；二将遣人诇之，景崇已与家人自焚矣。璨亦降。

后汉高祖乾祐元年（戊申，公元948年）

侯益家里财产丰厚，送厚礼贿赂执掌政权的大臣和史弘肇等人，因此众大臣交口称赞。丙寅（三月十七日），任命侯益兼中书令，代理开封尹。

侯益在朝中大肆诋毁王景崇，说他恣意横行。王景崇听说侯益为开封尹，明白事态已产生变化，内心忐忑不安，而且埋怨朝廷。正赶上诏令派供奉官王益到凤翔，取赵匡赞的牙兵带回京城，牙校赵思绾等人很害怕，王景崇乘机用话语相激。赵思绾在路上对他的党羽常彦卿说：“小太尉赵匡赞已落入他们的手中，我们到达京城，都得死了，怎么办？”常彦卿说：“见机行事，你不要再说！”

癸酉（二十四日），到达长安，永兴节度副使安友规、巡检乔守温出城迎接王益，并在客亭设置酒宴款待。这时，赵思绾走上前来说：“壕寨使已经把舍馆定在城东，现在将士的家属都在城中，想各自进城把家属带到城东住宿。”安友规等人同意。当时赵思绾等人都没有武器铠甲，进了西门，见有该州军校坐在门旁，赵思绾突然夺过他的剑把他杀死；赵思绾的党羽乘势大喊大叫，拿着棍子，打死十

薛仁贵 天山三箭

几个守门兵士，派遣党羽分别把守各个大门。赵思绾进入府衙，打开府库取出武器铠甲分给大家，安友规等人都逃跑离开。赵思绾于是占据了长安城，集中城内少年，约有四千多人，修缮护城壕沟，整治城楼矮墙，十天之内，作战守卫的器械样样齐备。

丁丑（二十八日），罢免李涛官职，勒令回归家中。

当天，邠、泾、同、华四镇都向朝廷上报：护国节度使兼中书令李守贞和永兴、凤翔二镇同时反叛。

开始，李守贞听说杜重威被杀而心中害怕，暗中萌生反叛念头。自以为后晋时曾为上将，有战功，平常慷慨好施，所以颇得士兵之心。现在后汉新建，皇帝年轻刚刚继位，执掌朝政都是后来进身的官员，所以有轻视朝廷的看法。于是招纳亡命之徒，豢养敢死之士，治理城墙壕堑，修缮武器铠甲，日夜不停。又派人从小路带着蜡丸密信去勾结契丹，多次被把守边关的官吏所查获。

浚仪人赵修己，素来擅长星象占卜之术，自从李守贞镇守滑州，署理司户参军，屡次跟随藩镇调动，对李守贞说："时运、天命不允许，不要轻举妄动！"前后恳切劝谏不止一次，李守贞不听，他于是声称有病回家乡。僧人总伦，用他的法术讨好李守贞，说他一定要做天子，李守贞信以为真。又曾和将佐聚会设置酒宴，弯弓搭箭指着《舐掌虎图》说："我如果有非常的福分，就当射中它的舌头。"一箭射中，周围人都向他祝贺，李守贞更加自命不凡。

正赶上赵思绾占领了长安城，向李守贞奉上表章献上御衣。李守贞自认为是天意、人心共同默契，于是自称秦王，派他的骁将平陆人王继勋占据潼关，任命赵思绾为晋昌节度使。

自从河中、永兴、凤翔三个藩镇抗拒朝廷命令以来，朝廷连续派众将领讨伐他们。昭义节度使常思屯兵潼关，白文珂屯兵同州，赵晖屯兵咸阳。只有郭从义、王峻在靠近长安的地方设置栅栏，但是郭、王二人相互交恶，就像水火不能相容，所以从春到秋二人都对峙观望不肯进攻作战。后汉隐帝为此忧虑，想派一位朝廷重臣临阵督战，壬午（八月初六），命郭威为西面军前招慰安抚使，各军都受郭威的调度。

郭威将要上路，向太师冯道请教良策。冯道说："李守贞自认为是老将，士兵之心都归附于他；望您不要吝惜官家的财物，要用以赏赐士兵，这样就夺走了他所倚仗的优势了。”郭威听从了冯道的这条计策。从此，众人之心开始归附郭威。

郭威与众将领商议讨伐进攻，众将领想先夺取长安、凤翔。镇国节度使扈从珂说：“现在三个叛藩联合，推举李守贞为主，如果李守贞灭亡，那两个藩镇便不攻自破了。如果舍近攻远，万一王、赵在前面抵抗，李守贞在背后夹击，这是危亡之道。”郭威认为很有道理。于是郭威从陕州，白文珂及宁江节度使、侍卫步军都指挥使刘词从同州，常思从潼关，从三条路进攻河中。郭威抚养士兵，和他们同甘共苦，士兵们稍立军功就受到赏赐，稍有伤就经常亲自看望；谋士中无论是贤者还是品行不好的，只要有事来陈述的，都和颜悦色地接待他们；违背触犯他不发怒，小的过错不责罚。因此士兵、将领之心都归附于郭威。

开始，李守贞以为禁军都曾是自己的老部下，受过他的恩惠，而且士兵一贯骄横，苦于后汉军法的严格，认为禁军一到就会前来敲城门奉迎他为君主，可以坐着等待。但是士兵们新近在郭威处受到赏赐，都忘了李守贞的旧恩；己亥（二十三日），兵至城下，挥扬军旗，擂响战鼓，踊跃辱骂呼喊。李守贞在城上看到，大惊失色。

众将领想赶快攻城，郭威说：“李守贞是前朝有经验的老将，勇猛善斗，慷慨好施，多次建立战功。况且城临黄河，城楼护墙完好坚固，不容轻视。而且他凭借高城而战，我们仰面进攻，这和领着士兵去赴汤蹈火有什么不同！勇气有盛有衰，进攻有慢有急，时机有可有不可，办事情有后有先；不如先设置长长的包围圈困守他，使他上天无路入地无门。而我们磨洗兵器，放牧战马，静坐享用转运来的粮食，做到温饱有余。等城中没粮了，官家、私人的钱财全都枯竭，然后推进云梯冲车来逼近他们，飞传羽檄来招降他们。那边的将领士兵，各自脱身逃亡，就是父子也难以互相保护，何况是些乌合之众！赵思绾、王景崇二处，只要分兵牵制住，不值得忧虑。”于是征发各州民夫二万多人，让白文珂等人率领他们，挖长沟，筑连城，排列队伍把河中城团团围住。郭威又对众将领说：“李守贞过去害怕高祖，所以不敢嚣张；认为我们从太原崛起，事业功勋不显赫，有轻视我们之心，所以敢于反叛。我们正应该用静来制服他。”于是把军旗、战鼓都收起来，只沿黄河设置“火铺”传递军情，连绵几十里，派步卒轮番守护；派水军船只停泊在岸边，敌人有偷偷往来的，无不抓获，于是李守贞就像坐在罗网中了。

后汉隐帝乾祐二年（己酉，公元949年）

赵思绾喜吃人肝，曾经当面剖开人腹取肝而切成细丝，切完了，人还没死。又好用酒吞吃人胆，对人说：“吞吃一千个，就胆大无敌了。”长安城中绝粮时，就靠吃妇女、小孩充当军粮，每天有一定数量的供给。每次犒劳军队，就屠杀几百个人吃，同杀猪宰羊一样。赵思绾计谋用尽，不知出路何在。郭从义派人引诱他。

当初，赵思绾少年时，请求当已退休的左骁卫上将军李肃的仆人，李肃不收纳他，说：“这个人眼珠乱转而且言语荒诞，来日一定是个叛臣。”李肃的妻子张氏，是张全义的女儿，说：“你现在这样拒绝他，以后会成为你的祸患。”于是送赠许多金银钱财把他打发走了。等赵思绾占据长安，李肃闲住在城中，赵思绾多次前往探望，向李肃叩拜伏地如同旧日礼节。李肃说："这个人老是来，是玷污我的清白！"想要自杀。妻子说："劝他归附国家怎么样？"正赶上赵思绾前来请教能保全自己的办法，李肃就和判官程让能劝说他："你本来和国家并无嫌隙，只不过是怕获罪而已。现在国家三路用兵，都没有成功。如果趁现在幡然悔过，改弦更张，朝廷一定高兴，自然可以不会失掉富贵，比坐以待毙哪个强呢！"赵思绾听从了他们的劝告，派遣使者前往朝廷请求归降。乙丑（五月二十二日），朝廷任命赵思绾为华州留后，都指挥使常彦卿为虢州刺史，让他们走近道直接前往就任。

秋季，七月，甲辰（初三），赵思绾脱下盔甲出城接受后汉隐帝的诏书，郭从义派兵把守南门，又把他接回城里。赵思绾要他的卫队和兵器，郭从义也都给了他；赵思绾拖延时间，在城中收敛钱财，三次改变行期。郭从义等人产生怀疑，密报郭威，请求采取果断措施。郭威同意了。壬子（十一日），郭从义和都监、南院宣徽使王峻骑马入城，来到府署馆舍，召赵思绾饯行话别，就势抓住了他，连同常彦卿及父亲、兄弟、部下共三百个人，全部推到街市上斩首。

甲寅（十三日），郭威进攻河中城，攻克外城。李守贞收集余部退守子城。各将领要求赶快进攻子城，郭威说："鸟没处逃时还会啄人，何况是一支军队！把水慢慢舀干了再抓鱼，急什么！"

壬戌（二十一日），李守贞和妻子及儿子李崇勋等自焚而死，郭威军队入城，抓住了李守贞的儿子李崇玉等及所委任的宰相靖崊、孙愿，枢密使刘芮，国师总伦等人，押解到大梁，全都杀掉并暴尸街头。征召赵修己为翰林天文。

郭威查阅李守贞的公文书信，得到朝廷权臣及藩镇大员和李守贞来往勾结的书信，言语大逆不道，郭威想上奏朝廷，但秘书郎榆次人王溥劝谏道："鬼魅在夜里才争着出来，而见到太阳自然会消失。希望把这一切统统烧掉，来安定那些反复无常的人。"郭威听从此言。

赵晖加紧进攻凤翔，周璨对王景崇说："你过去与李守贞、赵思绾二藩镇互为表里，而现在两个藩镇已被平定，后蜀小儿也不可依仗，不如投降。"王景崇说："好，容我再想想。"

过了几天，城外围攻得更加紧急，王景崇对他的党羽们说："事情已经山穷水尽了，我想采取应急计策。"于是对他的将领公孙辇、张思练说："赵晖的精锐部队，大多布置在城北，明天五鼓以前，你二人烧城东门诈降，但不要让敌军进城；我和周璨率领卫队亲兵出北门冲击赵晖的军队，纵然不成而死，也胜过束手就擒。"众将领都说："好！"

癸巳（十二月二十四日），天还没明，公孙辇、张思练二人放火烧东城门，请求投降，府衙内也火光冲天而起；二位将领派人去侦察，原来王景崇已和家里人自焚。周璨也投降了。

第二百八十九卷 后汉纪四

译文诵读

隐皇帝下乾祐三年（庚戌，950）

帝自即位以来，枢密使、右仆射、同平章事杨邠总机政，枢密使兼侍中郭威主征伐，归德节度使、侍卫亲军都指挥使兼中书令史弘肇典宿卫，三司使、同平章事王章掌财赋。邠颇公忠，退朝，门无私谒，虽不却四方馈遗，有余辄献之，弘肇督察京城，道不拾遗。是时承契丹荡覆之余，公私困竭，章捃摭遗利，吝于出纳，以实府库。属三叛连衡，宿兵累年而供馈不乏；及事平，赐予之外，尚有余积，以是国家粗安。

章聚敛刻急。旧制，田税每斛更输二升，谓之“雀鼠耗”，章始令更输二斗，谓之“省耗”；旧钱出入皆以八十为陌，章始令人者八十，出者七十七，谓之“省陌”；有犯盐、矾、酒曲之禁者，锱铢涓滴，罪皆死；由是百姓愁怨。章尤不喜文臣，尝曰：“此辈授之握算，不知纵横，何益于用！”俸禄皆以不堪资军者给之，吏已高其估，章更增之。

帝左右嬖幸浸用事，太后亲戚亦干预朝政，邠等屡裁抑之。太后有故人子求补军职，弘肇怒而斩之。武德使李业，太后之弟也，高祖使掌内帑，帝即位，尤蒙宠任。会宣徽使阙，业意欲之，帝及太后亦讽执政；邠、弘肇以为内使迁补有次，不可以外戚超居，乃止。内客省使阎晋卿次当为宣徽使，久而不补；枢密承旨聂文进、飞龙使后匡赞、翰林茶酒使郭允明皆有宠于帝，久不迁官，共怨执政。文进，并州人也。刘铢罢青州归，久奉朝请，未除官，常戟手于执政。

帝初除三年丧，听乐，赐伶人锦袍、玉带。伶人诣弘肇谢，弘肇怒曰：“士卒守边苦战，犹未有以赐之，汝曹何功而得此！”皆夺以还官。帝欲立所幸耿夫人为后，邠以为太速；夫人卒，帝欲以后礼葬之，邠复以为不可。帝年益壮，厌为大臣所制。邠、弘肇尝议事于帝前，帝曰：“审图之，勿令人有言！”邠曰：“陛下但禁声，有臣等在。”帝积不能平，左右因乘间谮之于帝云：“邠等专恣，终当为乱。”帝信之。尝夜闻作坊锻声，疑有急兵，达旦不寐。司空、同平章事苏逢吉既与弘肇有隙，知李业等怨弘肇，屡以言激之。帝遂与业、文进、匡赞、允明谋诛邠等，议既定，入白太后，太后曰："兹事何可轻发！更宜与宰相议之。"业时在旁，曰："先帝尝言，朝廷大事不可谋及书生，懦怯误人。"太后复以为言，帝忿曰："国家之事，非闺门所知！"拂衣而出。乙亥，业等以其谋告阎晋卿，晋卿恐事不成，诣弘肇第欲告之，弘肇以他故辞不见。

丙子旦，邠等入朝，有甲士数十自广政殿出，杀邠、弘肇、章于东庑下。文进亟召宰相、朝臣班于崇元殿，宣云："邠等谋反，已伏诛，与卿等同庆。"又召诸军将校至万岁殿庭，帝亲谕之，且曰："邠等以稚子视朕，朕今始得为汝主，汝辈免横忧矣！"皆拜谢而退。又召前节度使、刺史等升殿谕之，分遣使者帅骑收捕邠等亲戚、党与、傔从，尽杀之。

弘肇待侍卫步军都指挥使王殷尤厚，邠等死，帝遣供奉官孟业赍密诏诣澶州及邺都，令镇宁节度使李洪义杀殷，又令邺都行营马军都指挥使郭崇威、步军都指挥使真定曹威杀郭威及监军、宣徽使王峻。洪义，太后之弟也。又急诏征天平节度使高行周、平卢节度使符彦卿、永兴节度使郭从义、泰宁节度使慕容彦超、匡国节度使薛怀让、郑州防御使吴虔裕、陈州刺史李穀入朝。以苏逢吉权知枢密院事，前平卢节度使刘铢权知开封府，侍卫马军都指挥使李洪建权判侍卫司事，内侍省使阎晋卿权侍卫马军都指挥使。洪建，业之兄也。

时中外人情忧骇，苏逢吉虽恶弘肇，而不预李业等谋，闻变惊愕，私谓人曰："事太匆匆，主上傥以一言见问，不至于此！"业等命刘铢诛郭威、王峻之家，铢极其惨毒，婴孺无免者。命李洪建诛王殷之家，洪建但使人守视，仍饮食之。

丁丑，使者至澶州，李洪义畏懦，虑王殷已知其事，不敢发，乃引孟业见殷；殷囚业，遣副使陈光穗以密诏示郭威。威召枢密吏魏仁浦，示以诏书曰："奈何？"仁浦曰："公，国之大臣，功名素著，加之握强兵，据重镇，一旦为群小所构，祸出非意，此非辞说之所能解。时事如此，不可坐而待之。"威乃召郭崇威、曹威及诸将，告以杨邠等冤死及有密诏之状，且曰："吾与诸公，披荆棘，从先帝取天下，受托孤之任，竭力以卫国家，今诸公已死，吾何心独生！君辈当奉行诏书，取吾首以报天子，庶不相累。"郭崇威等皆泣曰："天子幼冲，此必左右群小所为，若使此辈得志，国家其得安乎！崇威愿从公入朝自诉，荡涤鼠辈以清朝廷，不可为单使所杀，受千载恶名。"翰林天文赵修己谓郭威曰："公徒死何益！不若顺众心，拥兵而南，此天启也。"郭威乃留其养子荣镇邺都，命郭崇威将骑兵前驱，戊寅，自将大军继之。

辛巳，鸯脱至大梁。前此帝议欲自往澶州，闻郭威已至河上而止。帝甚有悔惧之色，私谓窦贞固曰："属者亦太草草。"李业等请空府库以赐诸军，苏禹珪以为未可，业拜禹珪于帝前，曰："相公且为天子勿惜府库！"乃赐禁军人二十缗，下军半之，将士在北者给其家，使通家信以诱之。

癸未，南、北军遇于刘子陂。帝欲自出劳军，太后曰："郭威吾家故旧，非死亡切身，何以至此！但按兵守城，飞诏谕之，观其志趣，必有辞理，则君臣之礼尚全，慎勿轻出。”帝不从。时扈从军甚盛，太后遣使戒聂文进曰：“大须在意！”对曰：“有臣在，虽郭威百人，可擒也！”至暮，两军不战，帝还宫。慕容彦超大言曰：“陛下来日宫中无事，幸再出观臣破贼。臣不必与之战，但叱散使归营耳！”

甲申，帝欲再出，太后力止之，不可。既陈，郭威戒其众曰：“吾来诛群小，非敢敌天子也，慎勿先动。”久之，慕容彦超引轻骑直前奋击，郭崇威与前博州刺史李荣帅骑兵拒之。彦超马倒，几获之。彦超引兵退，麾下死者百余人，于是诸军夺气，稍稍降于北军。侯益、吴虔裕、张彦超、袁𩶆、刘重进皆潜往见郭威，威各遣还营，又谓宋延渥曰：“天子方危，公近亲，宜以牙兵往卫乘舆，且附奏陛下，愿乘间早幸臣营。”延渥未至御营，乱兵云扰，不敢进而还。比暮，南军多归于北。慕容彦超与麾下十余骑奔还兖州。

是夕，帝独与三相及从官数十人宿于七里寨，余皆逃溃。乙酉旦，郭威望见天子旌旗在高阪上，下马免胄往从之，至则帝已去矣。帝策马将还宫，至玄化门，刘铢在门上，问帝左右：“兵马何在？”因射左右。帝回辔，西北至赵村，追兵已至，帝下马入民家，为乱兵所弑。苏逢吉、阎晋卿、郭允明皆自杀；聂文进挺身走，军士追斩之。李业奔陕州，后匡赞奔兖州。郭威闻帝遇弑，号恸曰：“老夫之罪也！”

初，蛮酋彭师暠降于楚，楚人恶其犷直；楚王希广独怜之，以为强弩指挥使，领辰州刺史，师暠常欲为希广死。及朱进忠与蛮兵合七千余人至长沙，营于江西，师暠登城望之，言于希广曰：“朗人骤胜而骄，杂以蛮兵，攻之易破也。愿假臣步卒三千，自巴溪渡江，出岳麓之后，至水西，令许可琼以战舰渡江，腹背合击，必破之。前军败，则其大军自不敢轻进矣。”希广将从之。时马希萼已遣间使以厚利啖许可琼，许分湖南而治，可琼有贰心，乃谓希广曰：“师暠与梅山诸蛮皆族类，安可信也！可琼世为楚将，必不负大王，希萼竟何能为！”希广乃止。

希萼寻以战舰四百余艘泊江西。希广命诸将皆受可琼节度，日赐可琼银五百两，希广屡造其营计事。可琼常闭垒，不使士卒知朗军进退，希广叹曰：“真将军也，吾何忧哉！”可琼或夜乘单舸诈称巡江，与希萼会水西，约为内应。一旦，彭师暠见可琼，嗔目叱之，拂衣入见希广曰：“可琼将叛国，人皆知之，请速除之，无贻后患。”希广曰：“可琼，许侍中之子，岂有是邪！”师暠退，叹曰：“王仁而不断，败亡可翘足俟也！”

潭州大雪，平地四尺，潭、朗两军久不得战。希广信巫觋及僧语，塑鬼于江上，举手以却朗兵，又作大像于高楼，手指水西，怒目视之，命众僧日夜诵经，希广自衣僧服膜拜求福。

甲辰，朗州步军指挥使武陵何敬真等以蛮兵三千陈于杨柳桥，敬真望韩礼营旌旗纷错，曰：“彼众已惧，击之易破也。”朗人雷晖衣潭卒之服潜入礼寨，手剑击礼，不中，军中惊扰；敬真等乘其乱击之，礼军大溃，礼被创走，至家而卒。于是朗兵水陆急攻长沙，步军指挥使吴宏、小门使杨涤相谓曰："以死报国，此其时矣！"各引兵出战。宏出清泰门，战不利；涤出长乐，战自辰至午、朗兵小却；许可琼、刘彦瑫按兵不救。涤士卒饥疲，退就食；彭师暠战于城东北隅。蛮兵自城东纵火，城上人招许可琼军使救城，可琼举全军降希萼，长沙遂陷。朗兵及蛮兵大掠三日，杀吏民，焚庐舍，自武穆王以来所营宫室，皆为灰烬，所积宝货，皆入蛮落。李彦温望见城中火起，自驼口引兵救之，朗人已据城拒战。彦温攻清泰门，不克，与刘彦瑫各将千余人奉文昭王及希广诸子趣袁州，遂奔唐。张晖降于希萼。左司马希崇帅将吏诣希萼劝进。吴宏战血满袖，见希萼曰："不幸为许可琼所误，今日死，不愧先王矣！"彭师暠投槊于地，大呼请死。希萼叹曰："铁石人也！"皆不杀。

乙巳，希崇迎希萼入府视事，闭城，分捕希广及掌书记李弘皋、弟弘节、都军判官唐昭胤及邓懿文、杨涤等，皆获之。希萼谓希广曰："承父兄之业，岂无长幼乎？"希广曰："将吏见推，朝廷见命耳。"希萼皆囚之。丙午，希萼命内外巡检侍卫指挥使刘宾禁止焚掠。

丁未，希萼自称天策上将军、武安、武平、静江、宁远等军节度使、楚王。以希崇为节度副使、判军府事；湖南要职，悉以朗人为之。脔食李弘皋、弘节、唐昭胤、杨涤，斩邓懿文于市。戊申，希萼谓将吏曰："希广懦夫，为左右所制耳，吾欲生之，可乎？"诸将皆不对。朱进忠尝为希广所笞，对曰："大王三年血战，始得长沙，一国不容二主，他日必悔之。"戊申，赐希广死。希广临刑，犹诵佛书；彭师暠葬之于浏阳门外。

后汉隐帝乾祐三年（庚戌，公元950年）

后汉隐帝从即位以来，枢密使、右仆射、同平章事杨邠总理机要政务，枢密使兼侍中郭威主持征战，归德节度使、侍卫亲军都指挥使兼中书令史弘肇典领京城警卫，三司使、同平章事王章掌管财政赋税。杨邠十分秉公忠心，退朝回家，门下没有私人拜会，虽然不拒绝四方的馈赠，但有多余的就进献皇上。史弘肇负责京城治安，路上丢了东西没有人捡。这时正好紧承契丹大乱中原之后，官府、百姓的财力困难拮据。王章搜集点滴余利，节约开支，以此充实国库，虽然跟着就有李守贞、王景崇、赵思绾的三镇叛乱互相勾结，却用兵多年而供应没有短缺；到了事态平息，除赏赐之外，还有积余，因此国家基本安定。

王章征集赋税苛刻严厉。以前规定，田税每斛之外再交二升，叫做"雀鼠耗"，王章开始下令再交二斗，称做"省耗"；以前钱币的付出、收入都以八十文为"陌"，王章开始下令收入的以八十文为"陌"，付出的以七十七文为"陌"，称做"省陌"；有违反盐、矾、酒曲禁令的，即使只有一两一钱、一点一滴，也都定为死罪；百姓因此忧愁怨恨。王章特别不喜欢文官，曾经说："这帮人交给他一把筹码，也不知道如何摆弄，有什么用处！"文官的俸禄都以不能用于军事的供给，有关官吏已对文官俸禄超值估算，王章又再增加。

后汉隐帝的左右宠臣逐渐被任用，太后的亲戚也干预朝政，杨邠等屡次加以裁减抑制。太后有个旧友的儿子要求补个军职，史弘肇发怒斩了他。武德使李业，是太后的弟弟，后汉高祖让他掌管宫内财物，到了后汉隐帝即位，他特别受到宠幸信任。适逢宣徽使空缺，李业心想补缺，后汉隐帝和太后也给执政官打了招呼；杨邠、史弘肇认为内朝使职的升迁递补有规定次序，不能因为外戚而越级担任，于是作罢。内朝客省使阎晋卿按次序应当担任宣徽使，但迟迟没有递补；枢密承旨聂文进、飞龙使后匡赞、翰林茶酒使郭允明都得到后汉隐帝的宠爱，却长时间没有升官，因此共同怨恨执政官。聂文进是并州人。刘铢免职从青州归来，长期闲散无事，没有委派职务，故此经常用手对执政官指指戳戳怨恨他。

隐帝刚解除高祖的三年之丧，就听音乐，赏赐优伶锦袍、玉带。优伶到史弘肇处告谢，史弘肇大怒道："将士守卫边疆殊死苦战尚且没有赏赐这些，你们这等人有什么功劳得到锦袍、玉带！"随即全部没收还归官府。后汉隐帝想立所宠爱的耿夫人为皇后，杨邠认为太快；耿夫人去世，隐帝想用皇后之礼安葬，杨邠又认为不可。后汉隐帝年龄渐渐增大，讨厌被大臣所制约。杨邠、史弘肇曾在隐帝面前议论政事，隐帝说："仔细考虑，不要让人有闲话！"杨邠说："陛下只管闭口不出声，有我们在。"隐帝的积怨久不能平，左右宠臣就乘机向隐帝进谗言说："杨邠等人专横跋扈肆无忌惮，最终定当犯上作乱。"隐帝听信了这话。隐帝曾经夜里听到手工作坊打铁声响，怀疑有人在紧急赶制兵器，到天亮都没入睡。司空、同平章事苏逢吉已与史弘肇有了隔阂，知道李业等人怨恨史弘肇，就多次用言语激他们。隐帝于是和李业、聂文进、后匡赞、郭允明谋划诛杀杨邠等人，商议已定，入内禀告太后。太后说："这事怎么可轻举妄动！应该再同宰相商议。"李业当时在旁边，说："先帝曾经说过，朝廷大事不可同书生谋划，书生胆小怕事会误事害人。"太后又重复她刚才所说的话，隐帝于是生气地说："国家大事，不是闺门女人所能知晓的！"拂袖而出。乙亥（十二日），李业等将他们的密谋告诉阎晋卿，阎晋卿恐怕事情不成，到史弘肇宅第想报告他，史弘肇因为别的事推辞不见。

丙子（十三日）早晨，杨邠等上朝，有几十名全副武装的武士从广政殿出来，在东面廊屋下杀死杨邠、史弘肇、王章。聂文进立刻召集宰相、朝臣在崇元殿按朝班排列，宣旨说："杨邠等人谋划造反，已经伏罪处决，与诸位共同庆贺。"又召集各军将校到万岁殿庭中，隐帝亲自向他们宣布了这事，并且说："杨邠等人把朕当做小孩子来看待，朕今日开始得为你们的君主，你们从此免除权臣专横的忧患了。"众人全都拜谢退下。隐帝又召集在京前节度使、刺史等上殿宣布此事，分头派遣使者率领骑兵逮捕杨邠等人的亲属、党羽、随从，全部杀死。

史弘肇对侍卫步军都指挥使王殷特别厚待，杨邠等死后，隐帝派遣供奉官孟业

隐帝遭乱兵杀身

携带绝密诏书到澶州以及邺都，命令镇宁节度使李洪义杀死王殷，又命令邺都行营马军都指挥使郭崇威、步军都指挥使真定人曹威杀死郭威以及监军、宣徽使王峻。李洪义是太后的弟弟。又紧急下诏征调天平节度使高行周、平卢节度使符彦卿、永兴节度使郭从义、泰宁节度使慕容彦超、匡国节度使薛怀让、郑州防御使吴虔裕、陈州刺史李穀进京入朝。任命苏逢吉临时主持枢密院事务，前平卢节度使刘铢临时主持开封府事务，侍卫马军都指挥使李洪建临时兼管侍卫司事务，内侍省使阎晋卿代理侍卫马军都指挥使。李洪建是李业的哥哥。

当时朝廷内外人心惶惶，苏逢吉虽然厌恶史弘肇，但没有参预李业等人密谋，闻悉事变陡然一惊，私下里对人说："事情干得太草率，皇上倘若有一语问我，绝不会到这个地步！"李业等命令刘铢诛杀郭威、王峻的家属，刘铢极其残忍，连婴儿小孩都没有幸免于难的。命令李洪建诛杀王殷的家属，李洪建只派人守卫监视，仍旧供应饮食。

丁丑（十四日），使者到达澶州，李洪义畏缩胆怯，顾虑王殷已经知道此事，不敢动手，于是带着孟业去见王殷；王殷囚禁孟业，派遣副使陈光穗把绝密诏书拿给郭威看。郭威召见枢密吏魏仁浦，把诏书拿给他看，说："怎么办？"魏仁浦说："您是国家的大臣，功勋名声素来卓著，加上掌握强兵，据守重镇，一旦被小人们所诬陷，灾祸出于不测，这不是用言词所能排解的。事态已经如此，不可坐着等待。"郭威于是召集郭崇威、曹威以及众将，告知杨邠等人蒙冤屈死以及有绝密诏书的情况，并且说："我与杨邠等人，披荆斩棘，跟随先帝夺取天下，接受托孤的重任，尽心竭力保卫国家，如今他们已死，我还有什么心思独自活着！各位应当执行诏书指令，斩取我的脑袋来禀报天子，大概能不受牵累。"郭崇威等都流着泪说："天子年少，这必定是天子身边小人们所干的，倘若让这帮小人得志，国家岂能得到安宁！我郭崇威情愿跟从您进京入朝亲自申诉，扫除无能鼠辈来肃清朝廷污浊，切不可被一个使者所杀，蒙受千古恶名。"翰林天文赵修己对郭威说："您白白送死有什么好处！不如顺应众人之心，领兵南行，这是天赐良机啊。"郭威于是留下他的养子郭荣镇守邺都，命令郭崇威率骑兵前面开路，戊寅（十五日），自己带领大部队接着进发。

辛巳（十八日），鸯脱到达京城大梁。在此之前隐帝提议准备亲自前往澶州，听说郭威已到黄河边上而作罢。隐帝颇有后悔恐惧的神色，私下对窦贞固说：“日前也太草率了。”李业等人请求清空仓库来赏赐各军，苏禹珪认为不可以，李业在隐帝面前叩拜苏禹珪，说：“相公暂且为天子考虑而不要吝惜仓库财物。”于是赏赐禁军每人二十缗钱，其他军队减半，将士在北面郭威军队中的给他们的家里，让眷属通家信来引诱他们。

癸未（二十日），南、北两方军队在刘子陂相遇。隐帝准备亲自出去慰劳军队，太后说：“郭威是我家的旧臣，如果不是生死攸关，哪里会到这个地步！只要按兵不动守在城中，飞传诏书告诉他，观察他的志向，必定有解说道理，那君臣大礼就可以保全，千万不要轻易出去。”隐帝不听。当时扈从军队很多，太后派人告诫聂文进说：“须非常留意！”聂文进回答说：“有我在，即使一百个郭威，也可捉拿来！”到傍晚，两军没有交战，隐帝回宫。慕容彦超说大话道：“陛下明日若宫中无事，恭请再次出来观看臣下如何攻破贼军。我不必同他们交战，只须呼喝驱散他们即可使他们返归营地！”

甲申（二十一日），后汉隐帝想再次出城，太后极力制止，不答应。已经摆好军阵，郭威训诫部众说：“我来诛讨这帮小人，不是敢与天子对抗，千万不要首先动手。”过了好久，慕容彦超带领轻骑兵径直前进猛烈攻击，郭崇威与前博州刺史李荣率领骑兵抵抗。慕容彦超坐骑摔倒，差点被抓获。慕容彦超带兵撤退，手下死亡一百多人，于是南面各军丧失士气，逐渐向北方军队投降。侯益、吴虔裕、张彦超、袁巖、刘重进都暗中前往拜见郭威，郭威逐一遣返他们回营，又对宋延渥说：“天子正处危难，您是天子的亲近，应该带领牙帐卫兵前往保卫天子，并请附带启奏陛下，希望有空早日光临臣下军营。”宋延渥没到天子营帐，乱兵纷扰，不敢前进而退回。到了天黑，南面军队大多数投归到北面。慕容彦超与手下十几名骑士逃跑返回兖州。

当晚，隐帝只与窦贞固、苏逢吉、苏禹珪三位宰相以及随从官员数十人在七里寨住宿，其余人都逃跑溃散。乙酉（二十二日）早晨，郭威望见天子的旌旗在高坡上，便下马脱去头盔前往跟随，到达后隐帝已经离去了。隐帝扬鞭赶马准备回宫，到达大梁玄化门，刘铢在城门上，问隐帝周围的人：“兵马在何处？”就向隐帝身边人射箭。隐帝掉转马头，往西北到达赵村，追兵已经赶到，隐帝下马进入百姓家，被乱兵所杀。苏逢吉、阎晋卿、郭允明都自杀；聂文进挺身逃跑，被军士追上斩杀。李业逃奔陕州，后匡赞逃奔兖州。郭威听说隐帝遇害，呼喊痛哭道：“是我老夫的罪过啊！”

当初，蛮族部落首领彭师暠向楚国投降，楚人讨厌他粗犷耿直，只有楚王马希广爱怜他，任命为强弩指挥使，兼领辰州刺史，彭师暠随时准备为马希广献身。及至朱进忠与蛮军会合七千多人到达长沙，在湘江西岸扎营，彭师暠登城眺望敌军，对马希广说：“朗州人因突然取胜而骄傲，同蛮军混杂在一起，攻打它容易击破。

希望给臣下步兵三千，从巴溪渡过湘江，从岳麓的后面出去，绕到湘江西面，让许可琼用战舰横渡湘江，前后合击，必定击破敌人。前锋军队失败，那么他的大队人马自然不敢轻易前进了。”马希广打算听从此计。当时，马希萼已经派遣密使用厚利引诱许可琼，答应和他瓜分湖南共同统治，许可琼有了二心，就对马希广说：“彭师暠与梅山各蛮都是同一族类，哪里可以轻信呢！我许可琼世代为楚国将军，必定不背负大王，那马希萼究竟能有什么作为！”马希广于是取消彭师暠的计划。

马希萼不久率领战舰四百余艘停泊湘江西岸。马希广命令众将都接受许可琼的调度，每日赐给许可琼白银五百两，马希广多次到许可琼的营帐筹划军事。许可琼经常关闭营垒，不让士兵知道朗州军队进退情况，马希广感叹说：“真正的将军啊，我还有什么可忧虑的呢！”许可琼有时夜晚乘坐单只小船假称巡视江面，同马希萼在湘水西岸会面，相约作为内应。一天，彭师暠见到许可琼，瞪大眼珠叱斥他，拂袖而去进见马希广说：“许可琼将要叛国，一般人都知道，请迅速除掉他，不要贻留后患。”马希广说：“可琼是侍中许德勋的儿子，岂能有这样的事呢！”彭师暠退下，叹息道：“楚王仁义而不果断，失败灭亡会立等可到啊！”

潭州下起大雪，平地积雪四尺，潭州、朗州两军许久不能交战。马希广相信巫师以及僧侣的话，在江边上塑造鬼像，举着手来使朗州军队退兵；又在高楼上制作巨大鬼像，手指着湘江西岸，怒目而视；命令许多僧侣日夜诵念经文，马希广自己穿上僧侣服装向鬼像顶礼膜拜祈求赐福。

甲辰（十一日），朗州步军指挥使武陵人何敬真等领蛮军三千在杨柳桥列阵，何敬真望见韩礼营中旗帜纷乱，说：“对方兵众已经恐惧，攻打他容易击破。”朗州人雷晖穿上潭州士兵的衣服潜入韩礼营寨，手持长剑刺向韩礼，虽没刺中，但军营中已惊恐骚扰。何敬真等乘乱出击，韩礼军队大败，韩礼带伤逃跑，到家而去世。于是朗州军队从水陆两路猛攻长沙，步军指挥使吴宏、小门使杨涤相互勉励说：“以死报国，这是时候了！”各自领兵出战。吴宏从清泰门出，交战失利；杨涤从长乐门出，战斗从辰时持续到午时，朗州军队稍稍退却；但许可琼、刘彦按兵不去救援。杨涤的士兵饥饿疲乏，撤退吃饭；彭师暠在城东北角战斗。蛮军从城东面放火，城上人招呼许可琼军队让他们救援城内，但许可琼带领全体部下投降马希萼，长沙于是沦陷。朗州军队和蛮军大抢三天，砍杀官吏百姓，焚烧房屋建筑。从楚武穆王以来所营造的宫殿居室，全都化为灰烬；所积聚的金银财宝，全都落入蛮人部族。李彦温望见城中起火，从驼口领兵来救援，朗州人已经占据城市作战抵抗。李彦温部攻打清泰门，没有攻克，与刘彦瑫各领千余人护送楚文昭王马希范和马希广的儿子们赶赴袁州，于是投奔南唐。张晖向马希萼投降。左司马马希崇率领将官前往马希萼处劝即王位。吴宏作战鲜血沾满袍袖，看见马希萼说：“不幸被许可琼所耽误，今日虽死，也不愧对先王了。”彭师暠将长矛扔到地上，大喊求死。马希萼叹息说：“真是像铁石一样坚硬的人啊！”都没杀。

乙巳（十二日），马希崇迎接马希萼进入府第治理政事，关闭城门，分头搜捕马希广以及掌书记李弘皋、其弟李弘节、都军判官唐昭胤和邓懿文、杨涤等，全部抓获。马希萼对马希广说：“继承父兄家业，难道没有长幼之分吗？”马希广说：“我只是被将校官吏所推举，被朝廷天子所册命罢了。”马希萼将他们全部囚禁。丙午（十三日），马希萼命令内外巡检侍卫指挥使刘宾去禁止纵火抢掠。

丁未（十四日），马希萼自称天策上将军，武安、武平、静江、宁远等军节度使、楚王。任命马希崇为节度副使，兼管军府事务；湖南的重要职务，全用朗州人来担任。将李弘皋、李弘节、唐昭胤、杨涤切成肉块处死，在闹市将邓懿文斩首。戊申（十五日），马希萼对将校官吏说：“马希广是个懦夫，只是被左右小人所控制罢了。我想让他活着，行吗？”众将官都不回答。朱进忠曾经被马希广鞭打过，回答说：“大王经过三年浴血苦战，方才取得长沙。一个国家不能容纳两个君主，如让马希广活的话，到时候必定会后悔。”戊申（十五日），马希萼便命马希广自杀。马希广临刑之时，仍然口诵佛经，彭师暠把他葬在浏阳门外。

第二百九十卷 后周纪一

译文诵读

太祖圣神恭肃文孝皇帝上广顺元年（辛亥，951）

春，正月，丁卯，汉太后下诰，授监国符宝，即皇帝位。监国自皋门入宫，即位於崇元殿，制曰："朕周室之裔，虢叔之后，国号宜曰周。"改元，大赦。

初，河东节度使兼中书令刘崇闻隐帝遇害，欲举兵南向，闻迎立湘阴公，乃止，曰："吾儿为帝，吾又何求！"太原少尹李骧阴说崇曰："观郭公之心，终欲自取，公不如疾引兵逾太行，据孟津，俟徐州相公即位，然后还镇，则郭公不敢动矣；不然，且为所卖。"崇怒曰："腐儒，欲离间吾父子！"命左右曳出斩之。骧呼曰："吾负经济之才而为愚人谋事，死固甘心！家有老妻，愿与之同死。"崇并其妻杀之，且奏於朝廷，示无二心。及赟废，崇乃遣使请赟归晋阳。诏报以"湘阴公比在宋州，今方取归京师，必令得所，公勿以为忧。公能同力相辅，当加王爵，永镇河东。"

戊寅，杀湘阴公於宋州。

是日，刘崇即皇帝位於晋阳，仍用乾祐年号，所有者并、汾、忻、代、岚、宪、隆、蔚、沁、辽、麟、石十二州之地。

北汉主闻湘阴公死，哭曰："吾不用忠臣之言，以至於此！"为李骧立祠，岁时祭之。

楚王希萼既得志，多思旧怨，杀戮无度，昼夜纵酒荒淫，悉以军府事委马希崇。希崇复多私曲，政刑紊乱。府库既尽於乱兵，籍民财以赏赉士卒，或封其门而取之，士卒犹以不均怨望；虽朗州旧将佐从希萼来者，亦皆不悦，有离心。

刘光辅之入贡于唐也，唐主待之厚，光辅密言："湖南民疲主骄，可取也。"唐主乃以营屯都虞候边镐为信州刺史，将兵屯袁州，潜谋进取。

小门使谢彦颙，本希萼家奴，以首面有宠於希萼，至与妻妾杂坐，恃恩专横。常肩随希崇，或拊其背；希崇衔之。故事，府宴，小门使执兵在门外；希萼使彦颙预坐，或居诸将之上，诸将皆耻之。

希萼以府舍焚荡，命朗州静江指挥使王逵、副使周行逢帅所部兵千余人治之，执役甚劳，又无犒赐，士卒皆怨，窃言曰："囚免死则役作之。我辈从大王出万死取湖南，何罪而囚役之！且大王终日酣歌，岂知我辈之劳苦乎！"逵、行逢闻之，相谓曰："众怨深矣，不早为计，祸及吾曹。"壬申旦，帅其众各执长柯斧、白挺，逃归朗州。时希萼醉未醒，左右不敢白；癸酉，始白之。希萼遣湖南指挥使唐师翥将千余人追之，不及，直抵朗州；逵等乘其疲乏，伏兵纵击，士卒死伤殆尽，师翥脱归。

逵等黜留后马光赞，更以希萼兄子光惠知州事。光惠，希振之子也。寻奉光惠为节度使，逵等与何敬真及诸军指挥使张仿参决军府事。希萼具以状言於唐，唐主遣使以厚赏招谕之；逵等纳其赏，纵其使，不答其诏，唐亦不敢诘也。

楚王希萼既克长沙，不赏许可琼，疑可琼怨望，出为蒙州刺史。遣马步都指挥使徐威、左右军马步使陈敬迁、水军都指挥使鲁公绾、牙内侍卫指挥使陆孟俊帅部兵立寨于城西北隅，以备朗兵，不存抚役者，将卒皆怨怒，谋作乱。希崇知其谋，戊寅，希萼宴将吏，徐威等不预，希崇亦辞疾不至。威等使人先驱踶啮马十余入府，自帅其徒执斧斤、白梃，声言縶马，奄至座上，纵横击人，颠踣满地。希萼逾垣走，威等执囚之；执谢彦颙，自顶及踵锉之。立希崇为武安留后，纵兵大掠。幽希萼於衡山县。

刘言闻希崇立，遣兵趣潭州，声言讨其篡夺之罪，壬午，军于益阳之西。希崇惧，癸未，发兵二千拒之，又遣使如朗州求和，请为邻藩。掌书记桂林李观象说言曰："希萼旧将佐犹在长沙，此必不欲与公为邻；不若先檄希崇取其首，然后图湖南，可兼有也。"言从之。希崇畏言，即断都军判官杨仲敏、掌书记刘光辅、牙内指挥使魏师进、都押牙黄勍等十余人首，遣前辰阳县令李翊赍送朗州；至则腐败，言与王逵等皆以为非仲敏等首，怒责翊，翊惶恐自杀。

希崇既袭位，亦纵酒荒淫，为政不公，语多矫妄，国人不附。

初，马希萼入长沙，彭师暠虽免死，犹杖背黜为民；希崇以为师暠必怨之，使送希萼于衡山，实欲师暠杀之，师暠曰："欲使我为弑君之人乎！"奉事逾谨。丙戌，至衡山，衡山指挥使廖偃，匡图之子也，与其季父节度巡官匡凝谋曰："吾家世受马氏恩，今希萼长而被黜，必不免祸，盍相与辅之！"於是帅庄户及乡人悉为兵，与师暠共立希萼为衡山王，以县为行府，断江为栅，编竹为战舰，以师暠为武清节度使，召募徒众，数日，至万余人，州县多应之。遣判官刘虚已求援于唐。

徐威等见希崇所为，知必无成，又畏朗州、衡山之逼，恐一朝丧败，俱及祸，欲杀希崇以自解。希崇微觉之，大惧，密遣客将范守牧奉表请兵于唐，唐主命边镐自袁州将兵万人西趣长沙。

唐边镐引兵入醴陵。癸巳，楚王希崇遣使犒军。壬寅，遣天策府学士拓跋恒奉笺诣镐请降。恒叹曰："吾久不死，乃为小儿送降状！"癸卯，希崇帅弟侄迎镐，望尘而拜，镐下马称诏劳之。甲辰，希崇等从镐入城，镐舍於浏阳门楼，湖南将吏毕贺，镐皆厚赐之。时湖南饥馑，镐大发马氏仓粟赈之，楚人大悦。

马希萼望唐人立己为谭帅，而潭人恶希萼，共请边镐为帅，唐主乃以镐为武安节度使。

唐边镐趣马希崇帅其族入朝，马氏聚族相泣，欲重赂镐，奏乞留居长沙，镐微哂曰："国家与公家世为仇敌，殆六十年，然未尝敢有意窥公之国。今公兄弟斗阋，困穷自归，若复二三，恐有不测之忧。"希崇无以应，十一月，辛酉，与宗族及将佐千余人号恸登舟，送者皆哭，响震川谷。

后周太祖广顺元年（公元951年）

春季，正月，丁卯（初五），后汉太后颁下诰令，授予监国郭威传国玺印，正式即皇帝位。郭威从皋门进入皇宫，在崇元殿即位，下制书说："朕是周代宗室的子孙，虢叔的后裔，国号应该叫周。"改年号，实行大赦。

当初，河东节度使兼中书令刘崇听说后汉隐帝遇害，准备起兵向南进发，听说迎立湘阴公刘赟继位，于是作罢，说："我儿子当皇帝，我又有什么可求！"太原少尹李骧私下劝说刘崇道："观察郭威的心思，终究是要自取帝位，您不如火速领兵翻过太行山，占据孟津，等待徐州相公刘赟即帝位，然后返回镇所，那郭威就不敢动手了。不然，将要被人出卖。"刘崇发怒道："你这个腐儒，想要离间我父子关系！"命令手下人将李骧拉出去斩首。李骧大喊道："我怀经世济民的才能却在为愚人谋划事情，死了本当甘心！但家中还有年老的妻子，希望和她同死。"刘崇便连他的妻子一齐杀了，并且向朝廷奏报，表示没有二心。到了刘赟被废黜，刘崇才派遣使者请求让刘赟返归晋阳。诏书回答说："湘阴公刘赟近在宋州，如今正取道返归京城，必定让他得其所宜，您不要为此忧虑。您如能一同出力辅佐朝廷，理当加封王爵，永远镇守河东。"

戊寅（十六日），在宋州杀死湘阴公刘赟。

当天，刘崇在晋阳即皇帝位，仍旧沿用乾祐年号，所统辖的有并州、汾州、忻州、代州、岚州、宪州、隆州、蔚州、沁州、辽州、麟州、石州，共十二州之地。

北汉君主听说湘阴公刘赟死讯，哭着说："我不听忠臣的话，才至于此！"为李骧建立祠堂，逢年过节祭祀他。

楚王马希萼既已得志称王，便时常回忆旧日怨仇，诛杀屠戮没有节制，日夜纵酒，荒淫无度，把军政事务全部委托给马希崇。马希崇又多私人好恶，政治刑律混乱不堪。官府仓库已经在战乱中荡然无存，便搜刮没收百姓财产来赏赐士兵，有的封百姓的门而夺取家中财物，士兵仍然因为分配不均而怨恨。即使朗州旧日将佐跟从马希萼一同来的，也都不高兴，渐渐产生背离之心。

刘光辅到南唐进贡，南唐主待他很优厚，刘光辅秘密进言道："湖南百姓疲惫，君主骄横，可以攻取啊！"南唐君主于是任命营屯都虞候边镐为信州刺史，领兵屯驻袁州，暗中谋划进攻夺取湖南。

小门使谢彦颙，原本是马希萼的家奴，因为面目姣美得到马希萼宠幸，甚至与马希萼的妻妾同坐，依仗恩宠专横跋扈。谢彦颙经常与马希崇并肩相随，有时拍马希崇的背；马希崇怀恨在心。旧例，府中设宴，小门使手持兵器站在门外，马希萼让谢彦颙入席同坐，有时坐在众将的上方，众将都为此感到耻辱。

马希萼因为府第房舍焚烧毁坏，命令朗州静江指挥使王逵、副使周行逢率领所管辖的士兵千余人修建，承担的徭役十分辛苦，又没有犒劳赏赐，士兵都怨恨，私下说道："囚犯免死便罚作苦役。我们跟从大王出生入死攻取湖南，有什么罪过要像囚犯那样服苦役呀！况且大王终日醉酒当歌，哪里知道我们的辛劳苦处啊！"王逵、周行逢听到这些，相互说："大家的积怨深了，不早做打算，灾祸会轮到我们头上。"壬申（三月十一日）早晨，他俩便率领部众各人手拿长柄斧子、白木棍棒，逃回朗州。当时马希萼酒醉没醒，周围的人不敢报告。癸酉（十二日），才报告此事。马希萼派遣湖南指挥使唐师翥带领千余人追赶，没追上，一直追到朗州。王逵等乘他们疲惫困乏，埋伏的士兵全力出击，追兵死伤几乎全军覆没，唐师翥脱身逃归。

王逵等废黜留后马光赞，改用马希萼哥哥的儿子马光惠主持朗州政事。马光惠是马希振的儿子。不久奉立马光惠为节度使，王逵等与何敬真以及诸军指挥使张仿参预决策军政大事。马希萼详细将情况通报给南唐，南唐主派遣使者用丰厚的赏赐来招降安抚。王逵等收下南唐的赏赐，放走使者，不回答诏谕，南唐也不敢追问。

楚王马希萼既已攻克长沙，没有奖赏许可琼，怀疑许可琼有怨恨，便让他出任蒙州刺史。派遣马步都指挥使徐威、左右军马步使陈敬迁、水军都指挥使鲁公绾、牙内侍卫指挥使陆孟俊率领所部军队在城西北角安营扎寨，用以防备朗州军队，不慰问安抚从事劳役的军队，服役的将士都怨恨愤怒，谋划发动叛乱。马希崇知道将士的阴谋，戊寅（九月十九日），马希萼宴请将领官吏，徐威等人不参加，马希崇也推辞有病而不到。徐威等派人先驱赶十几匹尥蹶子咬人的劣马进入府中，自己带领部下手持斧子、白木棍棒，声称来绊缚劣马，突然闯到坐席上面，任意砍杀赴宴的人，倒下的人躺满一地。马希萼翻墙逃跑，徐威等抓住囚禁了他，抓住谢彦颙，从头到脚剁成碎块。拥立马希崇为武安留后，放纵士兵大肆抢掠。将马希萼幽禁在衡山县。

刘言听说马希崇立为武安留后，便调遣军队奔赴潭州，声称要讨伐他篡位夺权的罪行，壬午（二十三日），军队驻扎在益阳西面。马希崇恐惧，癸未（二十四日），发兵二千抵抗，又派遣使者前往朗州求和，请结为睦邻藩镇。掌书记桂林人李观象劝说刘言道："马希萼的旧部将佐还在长沙，那些人必定不愿与您结为友邻；不如先驰传檄文命马希崇取来他们的首级，然后筹划夺取湖南，便可最后兼并占有整个湖南了。"刘言听从此计。马希崇畏惧刘言，立即斩下都军判官杨仲敏、掌书记刘光辅、牙内指挥使魏师进、都押牙黄等十几人的首级，派遣前辰阳县令李翊带着送往朗州。等到朗州，首级已经腐烂，刘言与王逵等都认为不是杨仲敏等人的头，发怒斥责李翊，李翊惶恐不安而自杀。

马希崇继位之后，也纵酒狂饮，荒淫无度，办事不公，言语多虚妄，国中之人都不亲附他。

当初，马希萼进入长沙，彭师暠虽然免于死刑，但仍背受杖刑废黜为民。马希崇认为彭师暠必定仇恨马希萼，便派他送马希萼到衡山，实际要彭师暠杀死马希萼。彭师暠说："这是要让我做弑君犯上的人啊！"反而侍候马希萼愈加小心谨慎。丙戌（二十七日），到达衡山县。衡山指挥使廖偃是廖匡图的儿子，与他叔父节度巡官寥匡凝商量说："我家世代承受马氏恩德，如今马希萼年长而被废黜，必定不能避免杀身大祸，何不一起辅助他！"于是率领庄中佃户和乡里百姓全部组成军队，与彭师暠共立马希萼为衡山王；将县府作为临时王府，横截湘江设置栅栏，编排竹子作为战舰；任命彭师暠为武清节度使，招募部众，数天之后，达到一万多人，邻近州县也大多响应。派遣判官刘虚己向南唐求援。

徐威等人见马希崇的所作所为，知道必定不能成功，又畏惧朗州、衡山的压力，恐怕有朝一日马希崇覆亡，同遭祸殃，打算杀死马希崇来解脱自己。马希崇暗中察觉此事，大为惊恐，秘密派遣客将范守牧携带表书到南唐请求出兵，南唐主命令边镐从袁州领兵一万人向西赶赴长沙。

南唐边镐领兵进入醴陵。癸巳（初五），楚王马希崇派遣使者犒劳军队。壬寅（十四日），派遣天策府学士拓跋恒奉持笺书到边镐住处请求投降。拓跋恒叹息说："我这么长时间没有死，竟是为了给这小子递送投降书！"癸卯（十五日），马希崇率领兄弟侄子迎接边镐，刚望见远处的行尘便叩拜，边镐下马宣读诏书慰劳马希崇。甲辰（十六日），马希崇等人跟从边镐进入长沙城，边镐住宿在浏阳门楼，湖南将领官吏全来祝贺，边镐都重赏他们。当时湖南闹饥荒，边镐大量散发马氏仓库粮食救济百姓，楚地人民非常喜悦。

马希萼希望南唐人扶立自己为潭州主帅，但潭州人憎恨马希萼，一齐请求边镐为主帅，南唐主于是任命边镐为武安节度使。

南唐边镐催促马希崇带领家族进京入朝，马氏聚集族人相对哭泣，打算用重礼贿赂边镐，上奏乞求留住长沙，边镐微微一笑说："国家与您马家世代互为仇敌，将近六十年，然而未曾敢有窥窬您马氏楚国的意思。如今您兄弟争斗，自己落得穷困下场，倘若再有三长两短，恐怕又会产生无法预测的忧患。"马希崇无言以答，十一月，辛酉（初三），和同宗族人以及将佐一千余人呼喊痛哭登上船只，送行的人也都哭着，哭声震动江河山谷。

第二百九十一卷
后周纪二

译文诵读

太祖圣神恭肃文武孝皇帝中广顺二年（壬子，952）

唐武安节度使边镐，昏懦无断，在湖南，政出多门，不合众心。吉水人欧阳广上书，言："镐非将帅才，必丧湖南，宜别择良帅，益兵以救其败。"不报。

唐主使镐经略朗州，有自朗州来者，多言刘言忠顺，镐由是不为备。唐主召刘言入朝，言不行，谓王逵曰："唐必伐我，奈何？"逵曰："武陵负江湖之险，带甲数万，安能拱手受制于人！边镐抚御无方，士民不附，可一战擒也。"言犹豫未决，周行逢曰："机事贵速，缓则彼为之备，不可图也。"言乃以逵、行逢及牙将何敬真、张仿、蒲公益、朱全琇、宇文琼、彭万和、潘叔嗣、张文表十人皆为指挥使，部分发兵。叔嗣、文表，皆朗州人也。行逢能谋，文表善战，叔嗣果敢，三人多相须成功，情款甚昵。

诸将欲召溆州酋长苻彦通为援，行逢曰："蛮贪而无义，前年从马希萼入潭州，焚掠无遗。吾兵以义举，往无不克，乌用此物，使暴殄百姓哉！"乃止。然亦畏彦通为后患，以蛮酋土团都指挥使刘瑫为群蛮所惮，补西境镇遏使以备之。

冬，十月，逵等将兵分道趣长沙，以孙朗、曹进为先锋使，边镐遣指挥使郭再诚等将兵屯益阳以拒之。戊子，逵等克沅江，执都监刘承遇，裨将李师德帅众五百降之。壬辰，逵等命军士举小舟自蔽，直造益阳，四面斧寨而入，遂克之，杀戍兵二千人。边镐告急于唐。甲午，逵等克桥口及湘阴，乙未，至潭州，边镐婴城自守；救兵未至，城中兵少，丙申夜，镐弃城走，吏民俱溃。醴陵门桥折，死者万余人，道州刺史廖偃为乱兵所杀。丁酉旦，王逵入城，自称武平节度副使、权知军府事，以何敬真为行军司马。遣敬真等追镐，不及，斩首五百级。蒲公益攻岳州，唐岳州刺史宋德权走，刘言以公益权知岳州。唐将守湖南诸州者，闻长沙陷，相继遁去。刘言尽复马氏岭北故地，惟郴、连入于南汉。

唐主削边镐官爵，流饶州。初，镐以都虞候从查文徽克建州，凡所俘犹皆全之，建人谓之"边佛子"；及克潭州，市不易肆，潭人谓之"边菩萨"；既而为节度使，政无纲纪，惟日设斋供，盛修佛事，潭人失望，谓之"边和尚"矣。

显德元年（甲寅，954）

帝屡戒晋王曰："昔吾西征，见唐十八陵无不发掘者，此无他，惟多藏金玉故也。我死，当衣以纸衣，敛以瓦棺；速营葬，勿久留宫中；圹中无用石，以甓代之；工人役徒皆和雇，勿以烦民；葬毕，募近陵民三十户，蠲其杂徭，使之守视；勿修下宫，勿置守陵宫人，勿作石羊、虎、人、马，惟刻石置陵前云：'周天子平生好俭约，遗令用纸衣、瓦棺，嗣天子不敢违也。'汝或吾违，吾不福汝。"又曰："李洪义当与节钺，魏仁浦勿使离枢密院。"

帝命趣草制，以端明殿学士、户部侍郎王溥为中书侍郎、同平章事。壬辰，宣制毕，左右以闻，帝曰："吾无恨矣！"以枢密副使王仁镐为永兴军节度使，以殿前都指挥使李重进领武信节度使，马军都指挥使樊爱能领武定节度使，步军都指挥使何徽领昭武节度使。重进年长于晋王荣，帝召入禁中，属以后事，仍命拜荣，以定君臣之分。是日，帝殂于滋德殿，秘不发丧。乙未，宣遗制。丙申，晋王即皇帝位。

庚申，太师、中书令瀛文懿王冯道卒。道少以孝谨知名，唐主宗世始贵显，自是累朝不离将、相、三公、三师之位，为人清俭宽弘，人莫测其喜愠，滑稽多智，浮沉取容，尝著《长乐老叙》，自述累朝荣遇之状，时人往往以德量推之。

欧阳修论曰：礼义廉耻，国之四维；四维不张，国乃灭亡。"礼义，治人之大法；廉耻，立人之大节。况为大臣而无廉耻，天下其有不乱，国家其有不亡者乎！予读冯道《长乐老叙》，见其自述以为荣，其可谓无廉耻者矣，则天下国家可从而知也。

予于五代得全节之士三，死事之人十有五，皆武夫战卒，岂于儒者果无其人哉？得非高节之士，恶时之乱，薄其世而不肯出欤？抑君天下者不足顾，而莫能致之欤？

予尝闻五代时有王凝者，家青、齐之间，为虢州司户参军，以疾卒于官。凝家素贫，一子尚幼，妻李氏，携其子，负其遗骸以归，东过开封，止于旅舍，主人不纳。李氏顾天已暮，不肯去，主人牵其臂而出之。李氏仰天恸曰："我为妇人，不能守节，而此手为人所执邪！"即引斧自断其臂，见者为之嗟泣。开封尹闻之，白其事于朝，厚恤李氏而笞其主人。呜呼！士不自爱其身而忍耻以偷生者，闻李氏之风，宜少知愧哉！

臣光曰：天地设位，圣人则之，以制礼立法，内有夫妇，外有君臣。妇之从夫，终身不改；臣之事君，有死无贰；此人道之大伦也。苟或废之，乱莫大焉！范质称冯道厚德稽古，宏才伟量，虽朝代迁贸，人无间言，屹若巨山，不可转也。臣愚以为正女不从二夫，忠臣不事二君。为女不正，虽复华色之美，织纴之巧，不足贤矣；为臣不忠，虽复材智之多，治行之优，不足贵矣。何则？大节已亏故也。道之为相，历五朝、八姓，若逆旅之视过客，朝为仇敌，暮为君臣，易面变辞，曾无愧怍，大节如此，虽有小善，庸足称乎！

或以为自唐室之亡，群雄力争，帝王兴废，远者十余年，近者四三年，虽有忠智，将若之何！当是之时，失臣节者非道一人，岂得独罪道哉！臣愚以为忠臣扰公如家，见危致命，君有过则强谏力争，国败亡则竭节致死。智士邦有道则见，邦无道则隐，或灭迹山林，或优游下僚。今道尊宠则冠三师，权任则首诸相，国存则依违拱嘿，窃位素餐，国亡则图全苟免，迎谒劝进。君则兴亡接踵，道则富贵自如，兹乃奸臣之尤，安得与他人为比哉！或谓道能全身远害于乱世，斯亦贤已。臣谓君子有杀身成仁，无求生害仁，岂专以全身远害为贤哉！然则盗跖病终而子路醢，果谁贤乎？

抑此非特道之愆也，时君亦有责焉。何则？不正之女，中士羞以为家；不忠之人，中君羞以为臣。彼相前朝，语其忠则反君事雠，语其智则社稷为墟；后来之君，不诛不弃，乃复用以为相，彼又安肯尽忠于我而能获其用乎！故曰，非特道之愆，亦时君之责也。

后周太祖广顺二年（壬子，公元952年）

南唐武安节度使边镐，昏庸怯懦不决断，在湖南，政令出自多家，不符合民众心意。吉水人欧阳广上书说："边镐不是将帅之才，必定会丧失湖南，应该另外选择好的主帅，并增加军队来挽救败亡。"没有答复。

南唐主让边镐筹划治理朗州，有从朗州来的人，大多说刘言忠诚顺服，边镐因此不做防备。南唐主召刘言进京入朝，刘言不去，对王逵说："唐必定讨伐我，怎么办？"王逵说："武陵依托长江、洞庭湖的险要，全副武装的士卒数万，怎么能束手待毙受制于人！边镐治理无方，士人百姓不愿亲附，可以一战就擒获。"刘言犹豫不决，周行逢说："机密之事贵在神速，动作迟缓的话对方就会做准备，不可谋取了。"刘言于是任命王逵、周行逢以及牙将何敬真、张仿、蒲公益、朱全琇、宇文琼、彭万和、潘叔嗣、张文表十人都为指挥使，部署发兵。潘叔嗣、张文表都是朗州人。周行逢擅长计谋，张文表善于作战，潘叔嗣果断勇敢，三人经常互相配合取胜，情投意合，非常亲密。

众将想召唤溆州酋长苻彦通作为援军，周行逢说："蛮人贪婪而不讲信义，前年跟从马希萼进入潭州，烧杀抢掠没有遗留。我军以义起事勇往直前，攻无不克，何必动用这家伙，让他暴虐残害百姓呢！"于是作罢。然而又怕苻彦通成为后顾之忧，因蛮人酋长团都指挥使刘瑫被众蛮人部落所畏服，便补授他为西境镇遏使来防备苻彦通。

冬季，十月，王逵等领兵分路奔赴长沙，任命孙朗、曹进为先锋使，边镐派遣

指挥使郭再诚等领兵屯驻益阳抵抗。戊子（初五），王逵等攻克沅江，抓获都监刘承遇，副将李师德率部众五百人投降。壬辰（初九），王逵等命令军士举着小船遮蔽自己，直达益阳城下，从四面用斧子砍破寨门进入，于是攻克益阳，杀死戍守士兵二千人。边镐向南唐告急。甲午（十一日），王逵等攻克桥口及湘阴；乙未（十二日），到达潭州，边镐据城亲自守卫。救兵没有到达，城中士兵又少，丙申（十三日）夜晚，边镐弃城逃跑，官吏百姓全都溃逃。潭州城东的醴陵门桥断裂，死的有一万多人，道州刺史廖偃被乱军所杀。丁酉（十四日）清晨，王逵进入潭州城，自称武平节度副使，代理主持军府事务，任命何敬真为行军司马。派遣何敬真等追赶边镐，没有追上，斩得首级五百。蒲公益进攻岳州，南唐岳州刺史宋德权逃跑，刘言任命蒲公益代理主持岳州军政。南唐将领守卫湖南各州的，听说长沙陷落，相继逃跑离去。刘言全部收复马氏大庾岭以北旧地，只有郴州、连州落入南汉之手。

南唐主削去边镐的官职爵位，流放饶州。当初，边镐任都虞候跟随查文徽攻克建州，凡是所捕获俘虏都保全性命，建州人称他“边佛子”；及至攻克潭州，市场照常营业，潭州人称他“边菩萨”；不久当了节度使，为政没有章法，只是每天摆设斋品，大修佛事，潭州人很失望，称他“边和尚”了。

显德元年（甲寅，公元954年）

后周太祖屡次告诫晋王说：“从前我西征时，看到唐朝十八座皇陵没有不被发掘的，这没有别的原因，只是多藏金银宝玉的缘故。我死后，定当用纸衣给我穿上，用土烧的棺材收敛我；迅速办理安葬，不要久留宫中；墓穴中不要用石头，拿砖代替；工匠役徒都由官府出钱雇佣，不要麻烦百姓；安葬完毕，招募靠近陵墓的百姓三十家，免除他们的各种徭役，让他们看守陵墓；不要修建地下宫室，不要设置守陵宫人，不要造石羊、石虎、石人、石马，只刻一块石碑立在陵前，写上：‘周天子平生好俭约，遗令用纸衣、瓦棺，嗣天子不敢违也。’你如果违背我的话，我就不施福给你。”又说：“李洪义应当授予符节和斧钺，魏仁浦不要让他离开枢密院。”

南唐后主李煜像

后周太祖命令赶快起草制书，任命端明殿学士、户部侍郎王溥为中书侍郎、同平章事。壬辰（正月十七日），宣布制书完毕，左右的人将此事奏告后周太祖，太祖说：“我没有遗憾了。”任命枢密副使王仁镐为永兴军节度使，任命殿前都指挥使李重进兼任武信节度使，马军都指挥使樊爱能兼任武定节度使，步军都指挥使何

徽兼任昭武节度使。李重进年龄大于晋王郭荣，太祖召他入宫中，托付后事，并命他拜见郭荣，以确定君臣之间的名分。当天，后周太祖死于滋德殿，封锁消息不发丧。乙未（二十日），宣布太祖遗制。丙申（二十一日），晋王即皇帝位。

庚申（四月十七日），太师、中书令瀛文懿王冯道去世。冯道少年时以孝顺谨慎闻名，后唐庄宗时代开始尊贵显赫，从此历朝官不离将军、宰相、三公、三师的职位；为人清静俭朴宽容大度，别人无法猜测他的喜怒哀乐；能言善辩，足智多谋，与世沉浮，左右逢源，曾经作《长乐老叙》，自述历朝荣誉礼遇的情况，当时的人每每用有德行度量来推崇他。

欧阳修论曰："礼、义、廉、耻，是国家赖以生存的四条纲维；这四条纲维不能张立，国家就灭亡。"礼、义，是统治人民的根本大法；廉、耻，是安身立命的基本节操。况且身为大臣而毫无廉耻，天下岂有不乱，国家岂有不亡的啊！我读冯道《长乐老叙》，看他的自述不讲礼义廉耻反以为荣耀，真可谓是毫无廉耻的人了，那天下国家的命运也就可以从而知晓了。

我从五代历史中找到保全节操的志士有三位，为事业而死的仁人有十五位，都是武夫战士，难道在儒者中间果真没有那样的人吗？莫非是高尚节操的士人，憎恶时势的浊乱，鄙薄那世道不肯出来？还是统治天下的君主来不及关顾，而没能召唤他们出来呢？

我曾经听说五代时有个叫王凝的人，家在青州、齐州之间，担任州司户参军，因为疾病在任上去世。王凝家中素来贫寒，一个儿子还年幼，他的妻子李氏，带着孩子，背着王凝的尸骨回老家，向东经过开封，在旅店住下，店主不愿接纳。李氏眼看天色已晚，不肯离去，店主拉她的胳膊让她出去。李氏仰天痛哭说："我是个女人，不能守住贞操，而让这只手臂被别的男人抓过了！"立即拿起斧子自己砍断那条胳膊，看见的人为她叹息流泪。开封尹听说后，将此事向朝廷禀报，优厚地周济李氏而鞭打了那位店主。呜呼！士人不自己珍爱他的身子而忍受耻辱苟且偷生的，听说李氏的高风亮节，应当稍微知道羞愧吧！

臣司马光曰：天地设置方位，圣人作为准则，用来制定礼仪、建立法律，家中有夫妇，家外有君臣。妇人随从丈夫，终身不能改变；臣子侍奉君主，至死没有二心；这是为人之道的最大伦常。如果有人废弃它，祸乱就没有比这更大的了！范质称赞冯道德行深厚精研古道，才器雄伟度量宏大，虽然朝代变迁，人们也没有闲言，像大山那样巍然屹立，不可震撼转动！臣下我认为正派的女人不会跟从两个丈夫，忠诚的臣子不会事奉两位君主。做女人不正派，即使再有如花美貌，纺纱织锦巧的手，也称不上贤惠了；做臣子不忠诚，即使再有才能，足智多谋政绩卓著，也不值得看重了。什么缘故呢？因为大节已亏缺了。冯道担任宰相，经历五个朝代、八位君主，如同旅店看待过客，清晨还是仇敌，傍晚已成君臣，更换面孔、变化腔调，竟无羞愧之心，大节如此，即使

有小善，哪里值得称道呢！

有人认为自从大唐皇室灭亡，群雄武力相争，一位帝王的兴盛衰亡，长的十几年，短的三四年，虽然有忠臣智士，又能怎么样呢！在这种时候，丧失为臣节操的不止冯道一个人，岂能单独怪罪冯道呢！臣下我认为忠臣担忧国运如同家运，见到危险敢于献出生命，君主有过失就努力谏诤，国家衰败灭亡就尽节而献出生命。智士见国家清明有道就出来，国家昏庸无道就隐居，或者遁入山林不留踪迹，或者充当小吏悠闲自在。如今冯道论尊贵恩宠则胜过太师、太傅、太保三师，论权力责任则居各宰相之首，国家存在便拱着手闭着嘴不置可否，窃据权位无功受禄；国家灭亡便图谋保全苟且免死，迎接拜谒新主或上表劝进帝位。国君兴盛灭亡一个接着一个，冯道荣华富贵依然故我，这是奸臣之最，哪能与其他一般人相提并论呢！有人认为冯道能够在乱世中保全自身远离祸害，这也算得上贤能了。臣下认为君子只有敢于牺牲自己成全仁义，决不能为追求活命而损害仁义，哪能将专门保全自身远离祸害当做贤能呢！那么盗跖虽是大盗却生病老死，而子路虽为忠臣却被砍成肉酱，究竟谁贤能呢？

然而这不光是冯道的过错，当时的君主也有责任。什么缘故呢？不正派的女人，一般男子羞以为妻；不忠诚的小人，一般君主羞以为臣。冯道为前朝宰相，说他忠诚却背叛前君事奉仇敌，说他智慧却听任国家变成废墟；后来的君主，对他既不诛杀又不抛弃，却再任用为宰相，他又怎么肯要求自己竭尽忠诚从而能派上他的用场呢！所以说，不光是冯道的过错，当时的君主也有责任啊！

第二百九十二卷 后周纪三

译文诵读

太祖圣神恭肃文武孝皇帝下显德元年（甲寅，954）

初，宿卫之士，累朝相承，务求姑息，不欲简阅，恐伤人情，由是羸老者居多；但骄蹇不用命，实不可用，每遇大敌，不走即降，其所以失国，亦多由此。帝因高平之战，始知其弊，癸亥，谓侍臣曰："凡兵务精不务多，今以农夫百未能养甲士一，奈何浚民之膏泽，养此无用之物乎！且健懦不分，众何所劝！"乃命大简诸军，精锐者升之上军，羸者斥去之。又以骁勇之士多为潘镇所蓄，诏募天下壮士，咸遣诣阙，命太祖皇帝选其尤者为殿前诸班，其骑步诸军，各命将帅选之。由是士卒精强，近代无比，征伐四方，所向皆捷，选练之力也。

世宗睿武孝文皇帝上显德二年（乙卯，955）

帝常愤广明以来中国日蹙，及高平既捷，慨然有削平天下之志。会秦州民夷有诣大梁献策请恢复旧疆者，帝纳其言。

上谓宰相曰："朕每思致治之方，未得其要，寝食不忘。又自唐、晋以来，吴、蜀、幽、并皆阻声教，未能混壹，宜命近臣著《为君难为臣不易论》及《开边策》各一篇，朕将览焉。"

比部郎中王朴献策，以为："中国之失吴、蜀、幽、并，皆由失道。今必先观所以失之之原，然后知所以取之之术。其始失之也，莫不以君暗臣邪，兵骄民困，奸党内炽，武夫外横，因小致大，积微成著。今欲取之，莫若反其所为而已。夫进贤退不肖，所以收其才也；恩隐诚信，所以结其心也；赏功罚罪，所以尽其力也；去奢节用，所以丰其财也；时使薄敛，所以阜其民也。俟群才既集，政事既治，财用既充，士民既附，然后举而用之，功无不成矣！彼之人观我有必取之势，则知其情状者愿为间谍，知其山川者愿为乡导，民心既归，天意必从矣。

"凡攻取之道，必先其易者。唐与吾接境几两千里，其势易扰也。扰之当以无备之处为始，备东则扰西，备西则扰东，彼必奔走而救之。奔走之间，可以知其虚实强弱，然后避实击虚，避强击弱。未须大举，且以轻兵扰之。南人懦怯，闻小有

警，必悉师以救之。师数动则民疲而财竭，不悉师则我可以乘虚取之。如此，江北诸州将悉为我有。既得江北，则用彼之民，行我之法，江南亦易取也。得江南则岭南、巴蜀可传檄而定。南方既定，则燕地必望风内附；若其不至，移兵攻之，席卷可平矣。惟河东必死之寇，不可以恩信诱，当以强兵制之，然彼自高平之败，力竭气沮，必未能为边患，宜且以为后图，俟天下既平，然后伺间，一举可擒也。今士卒精练，甲兵有备，群下畏法，诸将效力，期年之后可以出师，宜自夏秋蓄积实边矣。”

上欣然纳之。时群臣多守常偷安，所对少有可取者，惟朴神峻气劲，有谋能断，凡所规画，皆称上意，上由是重其气识，未几，迁左谏议大夫，知开封府事。

敕天下寺院，非敕额者悉废之。禁私度僧尼，凡欲出家者必俟祖父母、父母、伯叔之命。惟两京、大名府、京兆府、青州听设戒坛。禁僧俗舍身、断手足、炼指、挂灯、带钳之类幻惑流俗者。令两京及诸州每岁造僧帐，有死亡、归俗，皆随时开落。是岁，天下寺院存者二千六百九十四，废者三万三百三十六，见僧四万二千四百四十四，尼一万八千七百五十六。

帝以县官久不铸钱，而民间多销钱为器皿及佛像，钱益少，九月，丙寅朔，敕始立监采铜铸钱，自非县官法物、军器及寺观钟磬钹铎之类听留外，自余民间铜器、佛像，五十日内悉令输官，给其直；过期隐匿不输，五斤以上其罪死，不及者论刑有差。上谓侍臣曰：“卿辈勿以毁佛为疑。夫佛以善道化人，苟志于善，斯奉佛矣。彼铜像岂所谓佛邪！且吾闻佛在利人，虽头目犹舍以布施，若朕身可以济民，亦非所惜也。”

臣光曰：若周世宗，可谓仁矣，不爱其身而爱民；若周世宗，可谓明矣，不以无益废有益。

三年（丙辰，956）

唐主遣园苑使尹延范如泰州，迁吴让皇之族于润州。延范以道路艰难，恐杨氏为变，尽杀其男子六十人，还报，唐主怒，腰斩之。

后周太祖显德元年（甲寅，公元954年）

当初，宫禁警卫士兵，历朝相承，只求息事宁人，不想再检查挑选，恐怕伤害人情，因此瘦弱年老的占据多数。但又骄横傲慢，不听命令，实际无法使用，每次遇到大敌，不是逃跑就是投降，各朝之所以丧失国家，也大多由于这个原因。后周世宗通过高平一战，开始知道它的弊端，癸亥（十月二十二日），对侍从大臣说：“大凡军队只求精而不求多，如今用一百个农夫也未必能供养得起一名全副武装的

士兵，怎么能榨取百姓的血汗，去养活这批无用的东西呢！况且勇健懦弱不加区分，用什么去激励士众！”于是命令各军普遍检查挑选兵员，精锐的提升到上军，瘦弱的逐出军队。又因强健勇猛的战士大多被藩镇所收养，下诏征募天下壮士，全部遣送到京城，命令宋太祖皇帝赵匡胤挑选其中最好的组成殿前诸班，其余骑兵、步兵各军，分别命令将帅挑选士兵。由此士兵精干强壮，近代以来没有比得过的，征伐四方，所到之处频传捷报，这就是挑选兵员的功效啊！

后周世宗显德二年（乙卯，公元955年）

后周世宗经常为唐僖宗广明以来中原日益缩小而愤慨，及至高平一战奏捷，慨然萌生削平各国统一天下的志向。正好秦州各族百姓有到大梁进献计策请求恢复旧日大唐疆域的，世宗采纳他的意见。

后周世宗对宰相说：“朕经常思考达到大治的方略，没有得到其中的要领，睡觉吃饭都不能忘记。又从后唐、后晋以来，吴地、蜀地、幽州、并州都被隔断了政令教化，不能统一，应该命令左右大臣撰写《为君难为臣不易论》和《开边策》各一篇，朕将一一阅览。”

后周世宗柴荣

比部郎中王朴进献策文，认为：“中原朝廷丧失吴地、蜀地、幽州、并州，都是由于丧失了治国之道。如今一定要首先考察所以丧失土地的根本原因，然后才能知晓所以收取失地的方法。当开始丧失国土时，没有不是因为君主昏庸臣子奸邪，军队骄横百姓穷困，奸人乱党在朝内炙手可热，强将武夫在外面横行霸道，由小变大，积微成著。如今要收取失地，只不过反其道而行之罢了。进用贤人斥退坏人，是收罗人材的办法；布施恩泽讲究信用，是团结人心的办法；奖赏功劳惩罚罪过，是鼓励大家贡献力量的办法；革除奢侈节约费用，是增加财富的办法；按时使用民力，减少赋税，是使百姓富足的办法。等到群贤毕集，政事理顺，财用充足，士民归附，然后起兵而使用他们，千秋功业没有不成功的了！对方的人民看到我方有必定取胜的形势，知道内部情况的就愿意当间谍，熟悉山川地理的就愿意当向导，民心已归附，那么天意也必然会顺从了。”

“大凡进攻夺取的方法，必定先从容易的地方下手。南唐与我们相接的国境将近二千里，这地势很容易骚扰对方。骚扰对方应当从没有防备的地方开始，防备东面就骚扰西面，防备西面就骚扰东面，对方必定东奔西走去救援。东奔西走之间，就可以探明对方的虚实强弱，然后避实击虚，避强击弱。不须大举进攻时，暂且用小部队骚扰。南方人生性懦弱胆小，听说有小小的警报，必定出动全部军队去救援。军队频繁出动就会使百姓疲劳而财物耗竭，不出动全国军队救援，我们就可以乘着空虚夺取土地。像这样，长江以北各州将全部被我们占有。既得长江以北，

就可利用他们的百姓，实行我们的办法，那长江以南也容易夺取了。取得江南，那么岭南、巴蜀之地就可以传递檄文而平定。南方既已平定，那燕地必定望风披靡归附中原；倘若它不归顺，就调动军队进攻，犹如卷席子那样很快可以平定了。只有河东北汉是必然要拼死一战的敌人，没法用恩惠信义诱导，应当用强大的军队制服它。然而它从高平失败以后，国力空虚士气沮丧，必定不能再起边患，应该暂且放在以后谋取。等待天下已经平定，然后瞅准时机，一举就可以擒获。如今士兵精干，武器齐全，部下畏服军法，众将愿意效力，一年以后可以出师，应该从夏季、秋季就开始积蓄粮草来充实边疆了。"

后周世宗欣然接受。当时群臣大多墨守成规，苟且偷安，所对策略很少有可取的，只有王朴神情峻逸、气势刚劲，有智谋能决断，凡是有所规划建议，都符合世宗的心意，世宗因此看重王朴的气质胆识，不久，迁升他为左谏议大夫、知开封府事。

后周世宗敕命天下寺院，未经朝廷敕赐匾额的全部废除。禁止私下剃发出家当和尚、尼姑，凡是打算出家的人必须得到祖父母、父母亲、伯伯叔叔的同意，只有东京、西京、大名府、京兆府、青州准许设立受戒的佛坛。禁止僧侣舍身自杀、斩断手足、手指上燃香、裸体挂钩点灯、身带铁钳之类惑乱破坏社会风俗的行为。命令东京、西京以及各州每年编制僧侣名册，如有死亡、返俗，都随时注销。这一年，天下寺院保存的有二千六百九十四座，废除的有三万三百三十六座，现有和尚四万二千四百四十四人，尼姑一万八千七百五十六人。

后周世宗因为朝廷长久没有铸造铜钱，而民间许多人销毁钱币做成器皿以及佛像，铜钱越来越少，九月，丙寅朔（初一），敕令开始设立机构采集铜来铸造钱币，除了朝廷的礼器、兵器以及寺庙道观的钟磬、钹镲、铃铎之类准许保留外，其余民间的铜器、佛像，五十天内全部让送交官府，付给等值的钱；超过期限隐藏不交，重量在五斤以上的判死罪，不到五斤的量刑判处不同的罪。世宗对侍从大臣说："你们不要为毁佛而疑虑。佛用善道来教化人，假如立志行善，这就是信佛了。那些铜像岂是所说的佛呢！况且我听说佛的宗旨是在于利人，即使是脑袋、眼睛也都可以舍弃布施给需要的人。倘若朕的身子可用来普济百姓，也不值得吝惜啊！"

臣司马光曰：像周世宗，可以称得上仁爱了，不吝惜自身而爱护百姓；像周世宗，可以称得上英明了，不为无益的东西来废弃有益的东西。

三年（丙辰，公元956年）

南唐主派遣园苑使尹延范前往泰州，将吴让皇的家族迁居到润州。尹延范因为道路艰难，恐怕杨氏家族发生变乱，将其中男子六十人全部杀死，返回报告，南唐主大怒，腰斩尹延范。

第二百九十三卷 后周纪四

译文诵读

世宗睿武孝文皇帝中显德三年（丙辰，956）

唐主复以右仆射孙晟为司空，遣与礼部尚书王崇质奉表入见，称："自天祐以来，海内分崩，或跨据一方，或迁革异代，臣绍袭先业，奄有江表，顾以瞻乌未定，附凤何从！今天命有归，声教远被，愿比两浙、湖南，仰奉正朔，谨守土疆，乞收薄伐之威，赦其后服之罪，首于下国，俾作外臣，则柔远之德，云谁不服！"又献金千两，银十万两，罗绮二千匹。晟谓冯延已曰："此行当在左相，晟若辞之，则负先帝。"既行，知不免，中夜，叹息谓崇质曰："君家百口，宜自为谋。吾思之熟矣，终不负永陵一培土，余无所知！"

丙午，孙晟等至上所。庚戌，上遣中使以孙晟诣寿春城下，且招谕之。仁赡见晟，戎服拜于城上。晟谓仁赡曰："君受国厚恩，不可开门纳寇。"上闻之，甚怒，晟曰："臣为宰相，岂可教节度使外叛邪！"上乃释之。

唐主使李德明、孙晟言于上，请去帝号，割寿、濠、泗、楚、光、海六州之地。仍岁输金帛百万以求罢兵。上以淮南之地已半为周有，诸将捷奏日至，欲尽得江北之地，不许。德明见周兵日进，奏称："唐主不知陛下兵力如此之盛，愿宽臣五日之诛，得归白唐主，尽献江北之地。"上乃许之。晟因奏遣王崇质与德明俱归。上遣供奉官安弘道送德明等归金陵，赐唐主书，其略曰："但存帝号，何爽岁寒！傥坚事大之心，终不迫人于险。"又曰："俟诸郡之悉来，即大军之立罢。言尽于此，更不烦云；苟曰未然，请从兹绝。"又赐其将相书，使熟议而来。唐主复上表谢。

李德明盛称上威德及甲兵之强，劝唐主割江北之地；唐主不悦。宋齐丘以割地为无益；德明轻佻，言多过实，国人亦不之信。枢密使陈觉、副使李徵古素恶德明与孙晟，使王崇质异其言，因谮德明于唐主曰："德明卖国求利。"唐主大怒，斩德明于市。

秋，七月，辛卯朔，以周行逢为武平节度使，制置武安、静江等军事。行逢既兼总湖、湘，乃矫前人之弊，留心民事，悉除马氏横赋，贪吏猾民为民害者皆去

之，择廉平吏为刺史、县令。

郎州民夷杂居，刘言、王逵旧将多骄横，行逢壹以法治之，无所宽假，众怨怼且惧。有大将与其党十余人谋作乱，行逢知之，大会诸将，于座中擒之，数曰："吾恶衣粝食，充实府库，正为汝曹，何负而反！今日之会，与汝诀也！"立挝杀之，座上股栗。行逢曰："诸君无罪，皆宜自安。"乐饮而罢。

行逢多计数，善发隐伏，将卒有谋乱及叛亡者，行逢必先觉，擒杀之，所部凛然。然性猜忍，常散遣人密诇诸州事，其之邵州者，无事可复命，但言刺史刘光委多宴饮。行逢曰："光委数聚饮，欲谋我邪！"即召还，杀之。亲卫指挥使、衡州刺史张文表恐获罪，求归治所；行逢许之。文表岁时馈献甚厚，及谨事左右，由是得免。

行逢妻郧国夫人邓氏，陋而刚决，善治生，尝谏行逢用法太严，人无亲附者，行逢怒曰："汝妇人何知！"邓氏不悦，因请之村墅视田园，遂不复归府舍。行逢屡遣人迎之，不至；一旦，自帅僮仆来输税，行逢就见之，曰："吾为节度使，夫人何自苦如此！"邓氏曰："税，官物也。公为节度使，不先输税，何以率下！且独不记为里正代人输税以免楚挞时邪？"行逢欲与之归，不可，曰："公诛杀太过，常恐一旦有变，村墅易为逃匿耳。"行逢惭怒，其僚属曰："夫人言直，公宜纳之。"

行逢婿唐德求补吏，行逢曰："汝才不堪为吏，吾今私汝则可矣；汝居官无状，吾不敢以法贷汝，则亲戚之恩绝矣。"与之耕牛、农具而遣之。

行逢少时尝坐事黥，隶辰州铜阬，或说行逢："公面有文，恐为朝廷使者所嗤，请以药灭之。"行逢曰："吾闻汉有黥布，不害为英雄，吾何耻焉！"

自刘言、王逵以来，屡举兵，将吏积功及所羁縻蛮夷，检校官至三公者以千数。前天策府学士徐仲雅，自马希广之废，杜门不出，行逢慕之，署节度判官。仲雅曰："行逢昔趋事我，奈何为之幕吏！"辞疾不至。行逢迫胁固召之，而授文牒，终辞不取，行逢怒，放之邵州，既而召还。会行逢生日，诸道各遣使致贺，行逢有矜色，谓仲雅曰："自吾兼镇三府，四邻亦畏我乎？"仲雅曰："侍中境内，弥天太保，遍地司空，四邻那得不畏！"行逢复放之邵州，竟不能屈。有僧仁及，为行逢所信任，军府事皆预之，亦加检校司空，娶数妻，出入导从如王公。

初，唐人以茶盐强民而征其粟帛，谓之博征，又兴营田于淮南，民甚苦之；及周师至，争奉牛酒迎劳。而将帅不之恤，专事俘掠，视民如土芥；民皆失望，相聚山泽，立堡壁自固，操农器为兵，积纸为甲，时人谓之"白甲军"。周兵讨之，屡为所败，先所得唐诸州，多复为唐有。

四年（丁巳，957）

议者以唐援兵尚强，多请罢兵，帝疑之。李穀寝疾在第，二月，丙寅，帝使范质、王溥就与之谋，穀上疏，以为："寿春危困，破在旦夕，若銮驾亲征，则将士

争奋，援兵震恐，城中知亡，必可下矣！”上悦。

后周世宗显德三年（丙辰，公元956年）

南唐主又任命右仆射孙晟为司空，派遣他与礼部尚书王崇质奉持表章入周进见，表称：“自从唐朝天祐以来，天下分崩离析，有的地区割据一方，有的地区改朝换代，臣下继承祖先基业，拥有江表之地，只是因为看那乌鸦都没有落脚，要想附凤攀龙又从何谈起！如今天命已有归宿，声威教化泽被远近，希望比照两浙的吴越、湖南的楚国，敬奉中原号令，谨守土地疆域，乞求收敛征伐的威势，赦免后来臣服的罪过，从我小国开始，让我做您域外臣子，那么安抚边远的德政，还有谁不服从！”又贡献黄金千两，白银十万两，罗绮二千匹。孙晟对冯延已说：“此行应当由您左相出使，然而我孙晟如果推辞，那就有负先帝烈祖厚望。”上路以后，自知不免一死，半夜叹息，对王崇质说：“您家有一百多口人，应该好好地为自己盘算。我已经考虑得很成熟了，最后决不辜负永陵烈祖的在天之灵，其余的一无所知了。”

南唐主观舞

丙午（三月十三日），孙晟等人到达后周世宗所在之处。庚戌（十七日），后周世宗派遣朝廷使者带孙晟到寿春城下，并且让他招安南唐守将。刘仁赡见到孙晟，在城上身着戎装行拜礼。孙晟对刘仁赡说：“您身受国君深厚恩泽，不可打开城门迎纳敌寇。”世宗听说后，十分恼怒，孙晟说：“臣下我身为宰相，岂能教唆节度使叛变投敌呢！”世宗于是释放了他。

南唐主派遣李德明、孙晟对后周世宗说，请求废除帝号，割让寿州、濠州、泗州、楚州、光州、海州等六州之地，并且每年进贡黄金绢帛百万，以求休兵停战。世宗因为淮南之地已经一半被后周占有，各路将领捷报连日到达，便打算取得全部长江以北的地方，不答应唐主所请。李德明眼看后周军队日益推进，上奏称述：“唐主不知道陛下的兵力如此强盛，希望给臣下五天不做讨伐的宽限，使臣下得以返归禀告唐主，献出全部长江以北之地。”世宗于是准许他。孙晟便奏请派王崇质与李德明一道返归。世宗派遣供奉官安弘道送李德明等人返归金陵，赐南唐主书信，信中大致说：“只管保存帝号，为什么要失去松柏不怕天寒地冻依旧郁郁葱葱的品格！倘若能坚定自己事奉大周的信念，终究不会被人逼入险境绝地。”又说：“等到江北各州全部献来，我的大军立即休战。话已在此说尽，不再赘述；倘若说还不行，请从此决绝。”又赐给南唐将相书信，让他们仔细商议而来。南唐主又上表道谢。

李德明盛赞后周世宗声威德行和军队强盛，规劝南唐主割让长江以北之地，南唐主不高兴。宋齐丘认为割让土地无济于事；李德明为人轻浮，经常言过其实，国中之人也不相信他的话。枢密使陈觉、副使李徵古素来憎恶李德明和孙晟，让王崇质说得同李德明不一样，趁势对南唐主说李德明的坏话道："李德明出卖国家求取私利。"南唐主勃然大怒，将李德明在街市斩首。

秋季，七月，辛卯朔（初一），后周世宗任命周行逢为武平节度使，制置武安、静江等军事。周行逢既已兼管洞庭湖、湘水地区，于是就矫正前人的弊端，关心百姓生计，全部废除马氏的横征暴敛，贪官污吏扰民成为百姓祸害的全部革去，选择廉洁平正的官吏担任刺史、县令。

郎州地区华夏、蛮夷之民共同居住，刘言、王逵旧日将领大多骄横不法，周行逢一律用法制来管理，没有一点宽容姑息，众人既怨恨又恐惧。有个大将与其党羽十几人阴谋发动叛乱，周行逢知道此事，便设宴大会众将，在座位上擒获他，数落说："我穿布衣、吃粗粮，充实国库，正是为了你们，为何负心而谋反！今日宴会，是与你诀别！"立刻打死他，在座将领吓得双腿发抖。周行逢说："诸位没有罪过，都应该自己心安。"大家高兴地饮酒而结束。

周行逢足智多谋，善于抉发隐患，将吏士兵有阴谋作乱和叛变逃亡的，周行逢必定事先察觉，拘捕斩杀，因此部众对他十分敬畏。然而他生性多疑残忍，经常分头派人秘密探察各州情况，他派到邵州的人，没有情况可以报告，便只说刺史刘光委经常设宴饮酒。周行逢说："刘光委多次聚众宴饮，想算计我吧！"立即召回，杀死他。亲卫指挥使、衡州刺史张文表畏恐无辜获罪，请求解除兵权回归治所衡州，周行逢准许。张文表一年四季馈赠贡献十分丰厚，同时小心事奉周行逢身边亲信，因此得以免罪。

周行逢妻子郧国夫人邓氏，丑陋而刚强决断，善于操持生计，曾经规劝周行逢，用法太严的话别人就不会亲附。周行逢发怒说："你妇道人家知道什么！"邓氏不愉快，因此请求到乡村草房看守田园，于是不再回归府第官舍。周行逢屡次派人接她，不肯到来；有一天，她亲自带领家僮仆人前来交纳赋税，周行逢上前见她，说："我身为节度使，夫人为何如此自找苦吃？"邓氏说："赋税，是官家的财富。您身为节度使，不首先交纳赋税，用什么去做下面百姓的表率！再说你难道不记得当里正代人交纳赋税来免除刑杖拷打的时候了吗？"周行逢想同她回家，她不答应，说："您诛杀太过分，我常常担心有朝一日发生变化，乡村草房容易逃避藏匿。"周行逢又羞又气，他的僚属说："夫人说得有理，您应该接受。"

周行逢的女婿唐德要求补任官吏，周行逢说："你的才能不配做官吏，我如今私下照顾你倒是可以的；但如你当官不像样，我不敢用法来宽容你，那亲戚间的情谊就断绝了。"给他耕牛、农具而遣送回家。

周行逢年轻时曾经因事定罪受黥刑，发配辰州铜阬，有人劝说周行逢："您脸上刺有字，恐怕会被朝廷使者所嗤笑，请用药来除去。"周行逢说："我听说汉代

有个黥布，并不因此妨碍他成为英雄，我何必为此感到羞耻呢！”

从刘言、王逵以来，多次起兵，将领官吏积累功劳以及所属羁縻州县的蛮夷部落首领，赏赐加封得到司徒、司马、司空三公散官头衔的数以千计。前天策府学士徐仲雅，从马希广被废黜以后，闭门不出，周行逢仰慕他，任命他代理节度判官。徐仲雅说：“周行逢昔日在我手下做事，我怎么能做他幕府的官吏！”推辞有病而不到职。周行逢强迫威胁再三征召，当面授予任职文书，终究坚辞不就，周行逢发怒，将他流放到邵州，不久又召回。遇上周行逢生日，各府州分别派遣使者表示祝贺，周行逢面有骄色，对徐仲雅说：“从我总领武平、武安、静江三府之后，四方比邻也都畏服我吗？”徐中雅说：“侍中您管辖境内，满天太保，遍地司空，四邻八方哪能不畏服呢！”周行逢再次将他流放到邵州，最后没能使他屈服。有个叫仁及的僧人，得到周行逢信任，军府事务都参与，也加封为检校司空，娶了好几个妻子，出来进去开道跟从的排场如同王公一般。

当初，南唐将茶、盐强行配给农民而征收粮食布帛，称为“博征”，又在淮南兴造营田，农民很吃苦头；及至后周军队到达，农民争相奉送牛酒来迎接慰劳。但后周将帅不体贴安抚，反而专门从事掳掠，把农民视为粪土草芥；农民都很失望，相互聚集在山林湖泽，建立城堡壁垒自己固守，操持农具作为武器，拼缀纸片作为铠甲，当时人称之为“白甲军”。后周军队讨伐他们，屡次被打败，先前所得到南唐各州，大多再为南唐所有。

四年（丁巳，公元957年）

议事的人认为南唐援军还强大，大多请求撤兵，世宗怀疑所议。李穀卧病在家，二月，丙寅（初八），世宗派范质、王溥前去与他商议，李穀上书，认为：“寿春危难困苦，朝夕之间可以攻破，倘若皇上亲自出征，将士就会奋勇争先，南唐援军震惊恐慌，城中守军知道危亡，就必定可以攻下了！”世宗很高兴。

第二百九十四卷 后周纪五

译文诵读

世宗睿武孝文皇帝下显德五年（戊午，958）

上欲引战舰自淮入江，阻北神堰，不得渡；欲凿楚州西北鹳水以通其道，遣使行视，还言地形不便，计功甚多。上自往视之，授以规画，发楚州民夫浚之，旬日而成，用功甚省，巨舰数百艘皆达于江，唐人大惊，以为神。

辛卯，上如迎銮镇，屡至江口，遣水军击唐兵，破之。上闻唐战舰数百艘泊东汭州，将趣海口扼苏、杭路，遣殿前都虞候慕容延钊将步骑，右神武统军宋延渥将水军，循江而下。甲午，延钊奏大破唐兵于东汭州；上遣李重进将兵趣庐州。

唐主闻上在江上，恐遂南渡，又耻降号称藩，乃遣兵部侍郎陈觉奉表，请传位于太子弘冀，使听命于中国。时淮南惟庐、舒、蕲、黄未下，丙申，觉至迎銮，见周兵之盛，白上，请遣人渡江取表，献四州之地，画江为境，以求息兵，辞指甚哀。上曰："朕本兴师止取江北，尔主能举国内附，朕复何求！"觉拜谢而退。丁酉，觉请遣其属阁门承旨刘承遇如金陵，上赐唐主书，称"皇帝恭问江南国主"，慰纳之。

唐主复遣刘承遇奉表称唐国主，请献江北四州，岁输贡物十万。于是江北悉平，得州十四，县六十。

唐主避周讳，更名景。下令去帝号，称国主，凡天子仪制皆有降损，去年号，用周正朔，仍告于太庙。左仆射、同平章事冯延己罢为太子太傅，门下侍郎、同平章事严续罢为少傅，枢秘使、兵部侍郎陈觉罢守本官。

初，冯延己以取中原之策说唐主，由是有宠。延己尝笑烈祖戢兵为龌龊，曰："安陆所丧才数千兵，为之辍食咨嗟者旬日，此田舍翁识量耳，安足与成大事！岂如今上暴师数万于外，而击球宴乐无异平日，真英主也！"延己与其党谈论，常以天下为己任，更相唱和。翰林学士常梦锡屡言延己等浮诞，不可信；唐主不听，梦锡曰："奸言似忠，陛下不悟，国必亡矣！"及臣服于周，延己之党相与言，有谓周为大朝者，梦锡大笑曰："诸公常欲致君尧、舜，何意今日自为小朝邪！"众默然。

六年（己未，959）

唐主遣其子纪公从善与钟谟俱入贡，上问谟曰："江南亦治兵，修守备乎？"对曰："既臣事大国，不敢复尔。"上曰："不然。向时则为仇敌，今日则为一家，吾与汝国大义已定，保无他虞；然人生难期，至于后世，则事不可知。归语汝主：可及吾时完城郭，缮甲兵，据守要害，为子孙计。"谟归，以告唐主。唐主乃城金陵，凡诸州城之不完者葺之，戍兵少者益之。

臣光曰：或问臣：五代帝王，唐庄宗、周世宗皆称英武，二主孰贤？臣应之曰：夫天子所以统治万国，讨其不服，抚其微弱，行其号令，壹其法度，敦明信义，以兼爱兆光民者也。庄宗既灭梁，海内震动，湖南马氏遣子希范入贡，庄宗曰："比闻马氏之业，终为高郁所夺。今有儿如此，郁岂能得之哉？"郁，马氏之良佐也。希范兄希声闻庄宗言，卒矫其父命而杀之。此乃市道商贾之所为，岂帝王之体哉！盖庄宗善战者也，故能以弱晋胜强梁，既得之，曾不数年，外内离叛，置身无所。诚由知用兵之术，不知为天下之道故也。世宗以信令御群臣，以正义责诸国，王环以不降受赏，刘仁赡以坚守蒙褒，严续以尽忠获存在，蜀兵以反覆就诛，冯道以失节被弃，张美以私恩见疏；江南未服，则亲犯矢石，期于必克，既服，则爱之如子，推诚尽言，为之远虑。甚宏规大度，岂得与庄宗同日语哉！《书》曰："无偏无党，王道荡荡。"又曰："大邦畏其力，小邦怀其德。"世宗近之矣。

上欲相枢密使魏仁溥，议者以仁溥不由科第，不可为相。上曰："自古用文武才略者为辅佐，岂尽由科第邪！"己丑，加王溥门下侍郎，与范质皆参加枢密院事。以仁浦为中书侍郎、同平章事，枢密使如故。仁溥虽处权要而能谦谨，上性严急，近职有忤旨者，仁溥多引罪归己以救之，所全活什七八，故虽起刀笔吏，致位宰相，时人不以为忝。

上尝问大臣可为相者于兵部尚书张昭，昭荐李涛。上愕然曰："涛轻薄无大臣体，朕问相而卿首荐之，何也？"对曰："陛下所责者细行也，臣所举者大节也。昔晋高祖之世，张彦泽虐杀不辜，涛累疏请诛之，以为不杀必为国患，汉隐帝之世，涛亦上疏清解先帝兵权。夫国家安危未形而能见之，此真宰相器也，臣是以荐之。"上曰："卿言甚善且至公，然如涛者，终不可置之中书。"涛喜诙谐，不修边幅，与弟瀚俱以文学著名，虽甚友爱，而多谑浪，无长幼体，上以是薄之。

上以翰林学士单父王著，幕府旧僚，屡欲相之，以其嗜酒无检而罢。

癸巳，大渐，召范质等入受顾命。上曰："王著藩邸故人，朕若不起，当相之。"质等出，相谓曰："著终日游醉乡，岂堪为相！慎勿泄此言。"是日，上殂。

上在藩，多务韬晦，及即位，破高平之寇，人始服其英武。其御军，号令严明，人莫敢犯，攻城对敌，矢石落其左右，人皆失色而上略不动容；应机决策，出

入意表。又勤于为治，百司簿籍，过目无所忘，发奸擿伏，聪察如神。闲暇则召儒者读前史，商榷大义。性不好丝竹珍玩之物，常言太祖养成王峻、王殷之恶，致君臣之分不终，故群臣有过则面质责之，服则赦之，有功则厚赏之。文武参用，各尽其能，人无不畏其明而怀其惠，故能破敌广地，所向无前。然用法太严，君臣职事小有不举，往往置之极刑，虽素有才干声明，无所开宥，寻亦悔之，末年寖宽。登遐之日，远迩哀慕焉。

后周世宗显德五年（戊午，公元958年）

后周世宗打算率领战舰从淮水进入长江，但受到北神堰阻挡，没法渡过，就打算开凿楚州西北的鹳水来通淮水、长江的河道。派遣使者巡视，回来说地形条件不便利，预计费工很多。世宗亲自前往视察，口授工程规划，征发楚州民夫疏通河道，十天便完成，花费工日很少，数百艘巨大战舰都直接到达长江，南唐人大为惊讶，认为神奇。

辛卯（三月初十），后周世宗前往迎銮镇，屡次到达长江口，派遣水军攻击南唐军队，打败敌军。世宗听说南唐数百艘战舰停泊在东州，将要赶赴入海口扼守通往苏州、杭州的路，便派遣殿前都虞候慕容延钊带领步兵、骑兵，右神武统军宋延渥带领水军，沿江而下。甲午（十三日），慕容延钊奏报在东州大败南唐军队；世宗派遣李重进率领军队赶赴庐州。

南唐主闻知世宗在长江岸畔，恐怕就要南下渡江，又耻于贬降帝号改称藩臣，于是派遣兵部侍郎陈觉奉持表章，请求传位给太子李弘冀，让他听从后周的命令。当时淮南只有庐州、舒州、蕲州、黄州没有攻下。丙申（十五日），陈觉到达迎銮镇，看到后周军队的强盛，向世宗禀报，请求派人渡过长江拿取表章，进献四州土地，划江为界，来要求休战，言辞旨意非常悲哀。世宗说："朕兴师出兵本只为取得江北之地，你的君主能够率国归附，朕还要求什么呢！"陈觉叩拜道谢而退下。丁酉（十六日），陈觉请求派遣他的属官阁门承旨刘承遇前往金陵，世宗赐给南唐主书信，说"皇帝恭问江南国主"，安慰接纳他。

南唐主再派刘承遇奉送表章自称唐国主，请求献出长江北面庐、舒、蕲、黄等四州，每年献送贡品十万。于是长江以北全部平定，得到十四个州、六十个县。

南唐主为避后周世宗祖先名讳，改名为景。下令取消帝号，只称国主，所有原来的天子仪仗规制都有所降低贬损，取消交泰年号，改用后周年号历法，并向太庙报告。左仆射、同平章事冯延己免职后为太子太傅，门下侍郎、同平章事严续免职后为少傅，枢密使、兵部侍郎陈觉免去同平章事保留原来官职。

当初，冯延己用夺取中原的策略来劝说南唐主，因此得到宠幸。冯延己曾经嘲笑南唐烈祖息兵是心胸狭窄，说："安陆所丧失的才几千士兵，就为之禁食叹息有十

天，这是乡村田舍老翁的见识度量，怎么能与他成就大事！哪像如今皇上几万大军风餐露宿在野外，而自己打球玩耍取乐与平日没有两样，真是英明的君主啊！”冯延己与他的同党谈论时，总是把治理天下作为自己的责任，互相唱和呼应。翰林学士常梦锡多次上言说冯延己等人浮夸荒诞，不可信任；南唐主不听从，常梦锡说：“奸臣的话好似忠言，陛下如果再不觉悟，国家必定灭亡了！”及至向后周臣服，冯延己党羽相互言谈，有称后周为大朝的，常梦锡大笑说：“诸位平常想引导国君成为统治天下的唐尧、虞舜，哪里想得到今日却自称小朝廷呢？”众人沉默无语。

六年（己未，公元959年）

南唐主派遣他的儿子纪公李从善与钟谟一道入朝进贡，世宗问钟谟说：“江南也在操练军队进行战备吗？”回答说：“既已臣事大国，不敢再这样了。”世宗说：“不对。昔日是仇敌，今日已成一家，我朝同你们国家的名分大义已经确定，保证没有其它变故；然而人生难以预料，至于后世，则事情更不可知晓。回去对你家君主说：可以趁着我在的时候加固城郭，修缮武器，据守要塞，为子孙后代着想。”钟谟回国，将世宗的话禀告南唐主。南唐主于是修建金陵城墙，凡是各州城池有不坚固的便整治修理，守卫士兵少的便补充增加。

臣司马光曰：有人问臣下，五代帝王之中，唐庄宗、周世宗都号称英武，两位君主中谁更贤明？臣下回答说：天子统治万方国家，讨伐不肯降服者，安抚微小虚弱者，实行其号令，统一其法度，敦厚信用、昭明大义，是用以兼爱亿万百姓的。唐庄宗灭亡梁以后，天下震动，湖南马殷派遣儿子马希范入朝进贡，唐庄宗说：“近来听人说马氏的家业，终将被高郁所夺取。如今他有这样的儿子，高郁怎么能得到马氏家业呢？”高郁是马氏的优秀辅佐大臣。马希范的哥哥马希声听说唐庄宗的话，结果假造他父亲的命令杀死了高郁。这只是街市中道路上的行商坐贾所干的事，哪里是帝王的风度啊！唐庄宗是个善于打仗的人，所以能以弱小的晋国战胜强大的梁国，但是取得梁国以后，居然不出几年，众叛亲离，没有安身之处。实在是因为只知用兵方术，而不知治理天下道理的缘故啊。周世宗以信用驾驭群臣，以正义要求各国，王环因不投降而受奖赏，刘仁赡因坚守不屈而蒙褒扬，严续因尽忠报国获得生存，后蜀士兵因朝三暮四而被杀戮，冯道因丧失臣节被遗弃，张美因私人恩惠而被疏远；江南没有归服，就亲身冒着飞矢流石，抱定必胜的信念，降服以后，便像对待子女那样地爱护，推心置腹地把话说尽，为之做长远考虑。他的宏伟规制，博大襟怀，哪能与唐庄宗同日而语啊！《尚书》说：“不要偏袒不要结党，为王之道浩浩荡荡。”又说：“大国畏惧他的实力，小国怀念他的恩德。”周世宗可谓接近《尚书》上的话了。

柴再用林中夺马

后周世宗打算任用枢密使魏仁浦为宰相，参预商议的人认为魏仁浦不从科举及第，不可以担任宰相。世宗说："自古以来任用有文才武略的人作为辅佐，哪里全是从科举及第的呢！"己丑（六月十五日），王溥加官门下侍郎，与范质都参预主持枢密使院事务。任命魏仁浦为中书侍郎、同平章事，枢密使之职照旧。魏仁浦虽然处身权力要津而能谦虚谨慎，世宗性格严厉急躁，周围官员有违反旨意的，魏仁浦大多将罪过归于自己来拯救他们，所保全救活的占十分之七八，所以虽然出身于办理文书的小吏，官至宰相，但当时人们并不认为他有愧于居此高位。

世宗曾经问兵部尚书张昭，大臣中何人可为宰相，张昭举荐李涛。世宗惊愕地说："李涛为人轻薄没有大臣的风度，朕问宰相人选而爱卿首先荐举他，为什么？"回答说："陛下所指责的是小事，臣下所荐举的是他的大节。从前晋高祖之世，张彦泽滥杀无辜，李涛屡次上疏请求杀他，认为不杀必定成为国家祸患；到汉隐帝之世，李涛也上书请求解除先帝太祖的兵权。国家的安危还没有形成便能预见，这才是真正宰相的人材，臣下因此荐举他。"世宗说："爱卿之言很好而且极为公正，然而像李涛这样的人，终究无法安置在中书省。"李涛喜欢说笑逗乐，不拘小节，与弟弟李澣以文章博学而著名，虽然互相很友爱，却常常调笑放浪，没有长幼的规矩，世宗因此轻视他。

世宗因为翰林学士单父人王著是从前幕府的僚属，多次想用他为相，因他嗜好喝酒不检点而作罢。

癸巳（十九日），世宗病情加剧恶化，召见范质等人入宫接受遗嘱。世宗说："王著是我在藩镇府第的老人，朕若一病不起，应当起用他为宰相。"范质等人出宫，相互说："王著终日醉生梦死，哪配当宰相！千万不要泄露这话。"当天，世宗去世。

世宗在藩镇时，很注意韬光养晦，及至即皇帝之位，在高平大破北汉入侵之敌，人们开始佩服他的英勇神武。他统率军队，纪律严明，没有人敢违反，攻打城

市面对敌寇，流矢飞石落在身边，别人都惊慌失色，而世宗面不改色镇定自若；应付机变决定策略，出人意料之外。又勤勉治国，各个部门的簿籍，过目不忘，发现奸人粉饰隐患，洞察秋毫犹如神明。闲暇之时便召见儒生文人诵读前代史书，商榷其中主旨大义。生性不喜好乐器、珍宝一类东西。经常说先帝太祖姑息惯养酿成王峻、王殷的大恶，致使君臣的情分有始无终，所以百官群臣有过失就当面对质斥责，服罪改过就赦免他，有功就重赏他。文武人材一齐任用，各人发挥自己的才能。大家无不畏服他的严明而又怀念他的恩惠，所以能攻破敌国拓广领土，所向披靡，一往无前。然而使用刑法过于严厉，百官群臣奉职办事稍有做得不好的，往往处以极刑。即使平素再有才干名望，也没有一点宽容。不久自己也觉后悔，最后几年逐渐放宽。去世之日，四方远近都哀悼仰慕他。